Weinreich · Klein

Fachanwaltskommentar Familienrecht

Weinreich · Klein

Fachanwaltskommentar Familienrecht

Herausgegeben von

Gerd Weinreich
Vorsitzender Richter am Oberlandesgericht

Michael Klein
Rechtsanwalt, Fachanwalt für Familienrecht

5. Auflage 2013

Luchterhand Verlag 2013

Zitiervorschlag: FAKomm-FamR/*Bearbeiter*

Bibliografische Information Der Deutschen Nationalbibliothek

Die Deutsche Nationalbibliothek verzeichnet diese Publikation in der Deutschen Nationalbibliographie; detaillierte bibliografische Daten sind im Internet über http://dnb.d-nb.de abrufbar.

ISBN 978-3-472-08315-3

www.wolterskluwer.de
www.luchterhand-fachverlag.de

Umschlagkonzeption: Martina Busch, Grafikdesign, Homburg Kirrberg
Satz: TypoScript GmbH, München
Druck und Weiterverarbeitung: L. E. G. O. S. p. A. – Lavis, Itlay

Gedruckt auf säurefreiem und alterungsbeständigem Papier

Vorwort

Das Familienrecht ist wie kein zweites Rechtsgebiet stetigen Änderungen ausgesetzt. Nachdem zwei Jahre seit dem Erscheinen der 4. Auflage vergangen sind, war es deshalb wiederum an der Zeit, dass der Fachanwaltskommentar in einer Neuauflage erschien. Insbesondere war die Rechtsprechung in dieser Zeit damit befasst, die Gesetzesreformen von 2008 und 2009 umzusetzen, und sie war – verfassungsrechtlich veranlasst – starken Änderungen unterworfen. Die in dieser Zeit ergangene aktuelle Rechtsprechung zu den für den Familienrechtler relevanten Themen, insbesondere zum Unterhaltsrecht, aber auch zum Güter- und Vermögensrecht sind deshalb in diese Neuauflage eingefügt worden.

Die Auflage ist aber teilweise auch neu konzipiert, was mit dem Eintritt neuer Autoren in das Team verbunden war. So ist das so genannte Nebengüterrecht in die bewährten Hände von Herrn Rechtsanwalt Rossmann gelegt worden, der sich für diesen Bereich von der an Paragrafen gebundenen Bearbeitung gelöst hat. Die Kommentierung des Ehevertragsrechts ist von Herrn RiOLG Henjes übernommen worden, während Teile des Unterhaltsrechts von den Rechtsanwälten Dr. Müting und Uecker und das Recht der Eheaufhebung sowie das Abstammungsrecht von Herrn RiOLG aD Dr. Friederici bearbeitet worden sind. Der teilweise Wechsel in der Autorenschaft hat zur Folge, dass neue Ideen in das Werk Eingang gefunden haben, was sicher eine Aufwertung zur Folge hatte. Eine teilweise Neugliederung des Buches soll dessen Übersichtlichkeit steigern.

Verlag, Herausgeber und Autoren hoffen, dass auch die 5. Auflage dieses Werkes wiederum Ihre Zustimmung findet. Zugleich bedanken wir uns für die zahlreichen Anregungen aus dem Kreis der Leser und bitten auch für diese Auflage um kritische, aber natürlich auch zustimmende Äußerungen.

Oldenburg, Regensburg im Oktober 2012

Gerd Weinreich

Michael Klein

Die Bearbeiter

Dieter Büte
Vorsitzender Richter am Oberlandesgericht

Dr. Peter Friederici
Vorsitzender Richter am Oberlandesgericht a.D.

Michael Henjes
Richter am Oberlandesgericht

Dr. Norbert Kleffmann
Rechtsanwalt, Fachanwalt für Familienrecht, Notar

Michael Klein
Rechtsanwalt, Fachanwalt für Familienrecht

Marion Klein
Rechtsanwältin, Fachanwältin für Familienrecht

Prof. Dr. Dieter Martiny
Professor (em) der Universität Frankfurt/O.

Dr. Christina Müting
Rechtsanwältin, Fachanwältin für Familienrecht

Renate Perleberg-Kölbel
Rechtsanwältin, Fachanwältin für Familien-, Insolvenz- und Steuerrecht, Mediatorin

Dr. Franz-Thomas Roßmann
Rechtsanwalt, Fachanwalt für Familienrecht

Peter Schwolow
Rechtsanwalt, Fachanwalt für Familienrecht

Gerd Uecker
Rechtsanwalt, Fachanwalt für Familienrecht

Gerd Weinreich
Vorsitzender Richter am Oberlandesgericht

Hartmut Wick
Vorsitzender Richter am Oberlandesgericht

Theo Ziegler
Vorsitzender Richter am Landgericht

Im Einzelnen haben bearbeitet:

§§ 1297–1302	BGB	Weinreich
§§ 1303–1312	BGB	Klein, Marion
§§ 1313–1320	BGB	Friederici[1]
§§ 1353–1359	BGB	Weinreich
Vor §§ 1360–1360b	BGB	Klein, Michael
§§ 1360–1360b	BGB	Klein, Marion
Grundlagen der Einkommensermittlung		Kleffmann
§ 1361	BGB	Klein, Marion
§§ 1361a–1371	BGB	Weinreich
Nebengüterrecht		Rossmann
§§ 1372–1374	BGB	Weinreich
§§ 1375–1384	BGB	Weinreich
Vor §§ 1385–1388	BGB	Weinreich
§§ 1385–1390	BGB	Weinreich
§§ 1408–1413	BGB	Henjes
§§ 1414–1449	BGB	Weinreich
§§ 1564–1568b	BGB	Weinreich
§§ 1569–1587	BGB	Uecker
§§ 1–54	VersAusglG	Wick
§§ 1588–1590	BGB	Klein, Marion
§§ 1591–1600d	BGB	Friederici[2]
§§ 1601–1615	BGB	Müting
§§ 1615a–1615o	BGB	Schwolow
§§ 1616–1625	BGB	Büte
§§ 1626–1698b	BGB	Ziegler
§§ 1712–1772	BGB	Friederici
Art. 1–220	EGBGB[3]	Martiny

---

1 Bis zur 4. Aufl. kommentiert von Richter a.D. Klaus Pieper.
2 Bis zur 4. Aufl. kommentiert von Richter a.D. Klaus Pieper.
3 Bis zur 3. Aufl. kommentiert von Prof. Dr. Hans Rausch (†).

---

4 Bis zur 3. Aufl. bearbeitet von RA Pedro Schöppe-Fredenburg.

Inhalt
(Alphabetischer Überblick)

Inhaltsverzeichnis

Inhaltsverzeichnis

---

1 Bis zur 3. Auflage kommentiert von Prof. Dr. Hans Rausch.

Abkürzungsverzeichnis

a. A.	anderer Ansicht
a. M.	anderer Meinung
AbgG	Abgeordnetengesetz
abger.	abgerundet
abl.	ablehnend
ABl.	Amtsblatt
Abs.	Absatz
abw.	abweichend
abzgl.	abzüglich
AcP	Archiv für die civilistische Praxis
AdVermiG	Gesetz über die Vermittlung der Annahme als Kind und über das Verbot der Vermittlung von Ersatzmüttern
AdWirkG	Gesetz über Wirkungen der Annahme als Kind nach ausländischem Recht
AEAO	Anwendungserlass zur Abgabenordnung
AEUV	Vertrag über die Arbeitsweise der Europäischen Union
a.F.	alte Fassung
AfA	Absetzung für Abnutzung
AG	Amtsgericht
AgrarR	Agrarrecht (Zeitschrift)
allg. M.	allgemeine Meinung
ALG	Gesetz über die Alterssicherung der Landwirte
Alt.	Alternative
Amtl. Begr.	Amtliche Begründung
Amtsbl	Amtsblatt
Anh.	Anhang
Anm.	Anmerkung
AnpG	Anpassungsgesetz
AnwBl	Anwaltsblatt
AO	Abgabenordnung
ArbGG	Arbeitsgerichtsgesetz
Arg.	Argument
Art.	Artikel
ARW	Außensteuergesetz
AStG	Gesetz über die Besteuerung bei Auslandsbeziehungen
AUG	Auslandsunterhaltsgesetz
Aufl.	Auflage
ausf.	ausführlich
AVG	Angestelltenversicherungsgesetz
BAG	Bundesarbeitsgericht
BayL	Bayrische Leitlinien
BayObLG	Bayerisches Oberstes Landgericht
BB	Betriebsberater (Zeitschrift)
BGG	Bundesbeamtengesetz
Bd.	Band
BDO	Bundesdisziplinarordnung
BeamtVG	Beamtenversorgungsgesetz
Begr.	Begründung
bej.	bejahend
betr.	betreffend/betrifft
BetrAV	Betriebliche Altersversorgung (Zeitschrift)
BetrAVG	Gesetz zur Verbesserung der betrieblichen Altersversorgung
BeurkG	Beurkundungsgesetz

BewG	Bewertungsgesetz
BfA	Bundesversicherungsanstalt für Angestellte
BfF	Bundesamt für Finanzen
BFH	Bundesfinanzhof
BFH/NV	nicht veröffentlichte Entscheidungen des BFH
BGB	Bürgerliches Gesetzbuch
BGBl	Bundesgesetzblatt (Jahr, Teil und Seite)
BGH	Bundesgerichtshof
BGHZ	Entscheidungen des Bundesgerichtshofs in Zivilsachen
BKGG	Bundeskindergeldgesetz
BMF	Bundesministerium der Finanzen
BMJ	Bundesministerium der Justiz
BRAGO	Bundesrechtsanwaltsgebührenordnung
BRAK-Mitt.	BRAK-Mitteilungen
BR-Drucks.	Bundesratsdrucksache
BSG	Bundessozialgericht
BSHG	Bundessozialhilfegesetz
bspw.	beispielsweise
BStBl	Bundessteuerblatt
BSZG	Bundessonderzahlungsgesetz
BT-Drucks.	Bundestagsdrucksache
BVerfG	Bundesverfassungsgericht
BVerfGE	Entscheidungen des Bundesverfassungsgerichts
BVerfGG	Gesetz über das Bundesverfassungsgericht
BVersTG	Bundesversorgungsteilungsgesetz
BVerwG	Bundesverwaltungsgericht
BVFG	Gesetz über die Angelegenheiten der Vertriebenen und Flüchtlinge
BWNotZ	Zeitschrift für das Notariat in Baden-Württemberg
bzgl.	bezüglich
bzw.	beziehungsweise
ca.	circa
CMEC	Child Maintenance and Enforcement Commission
d.h.	das heißt
DB	Der Betrieb (Zeitschrift)
DBA	Doppelbesteuerungsabkommen
DDR	Deutsche Demokratische Republik
dergl.	dergleichen
ders.	derselbe
DNeuG	Dienstrechtsneuordnungsgesetz
DNotZ	Deutsche Notar-Zeitschrift
DRiG	Deutsches Richtergesetz
DRiZ	Deutsche Richter-Zeitung
DStR	Deutsches Steuerrecht
DtZ	Deutsch-Deutsche Rechts-Zeitschrift
DVO	Durchführungsverordnung
e. A.	Einstweilige Anordnung
EBAO	Einforderungs- und Beitreibungsanordnung
EDV	Elektronische Datenverarbeitung
EFG	Entscheidungen der Finanzgerichte
EG	Europäische Gemeinschaft
EGBGB	Einführungsgesetz zum Bürgerlichen Gesetzbuch
EGGVG	Einführungsgesetz zum Gerichtverfassungsgesetz
EGMR	Europäischer Gerichtshof für Menschenrechte
EGVVG	Einführungsgesetz zum Versicherungsvertragsgesetz
EheG	Ehegesetz

EheRG	Eherechtsreformgesetz
Einf.	Einführung
Einl.	Einleitung
EMRK	Europäische Menschenrechtskonvention (Konvention zum Schutze der Menschenrechte und Grundfreiheiten)
ErbbRVO	Erbbaurechtsverordnung
ErbStDV	Durchführungsverordnung zum Erbschaftsteuerrecht
ErbStG	Erbschaftsteuer- und Schenkungsteuergesetz
ErbStR	Erbschaftsteuerrecht
ErbStVA	Allgemeine Verwaltungsanweisung für die Erbschaftsteuer
Erl.	Erläuterung
ErwSÜ	Haager Übereinkommen über den internationalen Schutz von Erwachsenen
ESchG	Embryonenschutzgesetz
EStG	Einkommensteuergestez
EStR	Einkommensteuerrichtlinien
etc.	et cetera
EU	Europäische Union
EuGVÜ	Europäisches Übereinkommen über die gerichtliche Zuständigkeit und die Vollstreckung gerichtlicher Entscheidungen in Zivil- und Handelssachen
EuZustVO	Verordnung über die Zustellung gerichtlicher und außergerichtlicher Schriftstücke in Zivil- oder Handelssachen in den Mitgliedstaaten
e.V.	eingetragener Verein; eidesstattliche Versicherung
evtl.	eventuell
EWR	Europäischer Wirtschaftsraum
€	Euro
f., ff.	folgende, fortfolgende
FA	Finanzamt
FamRB	Familienrechtsberater (Zeitschrift)
FamRBint	Familienrechtsberater international (Zeitschrift)
FamFG	Gesetz über das Verfahren in Familiensachen und in den Angelegenheiten der freiwilligen Gerichtsbarkeit
FamGKG	Gesetz über Gerichtskosten in Familiensachen
FamG	Familiengericht
FamNamRG	Gesetz zur Neuordnung des Familiennamensrechts -Familiennamensrechtsgesetz
FamFR	Familienrecht und Familienverfahrensrecht (Zeitschrift)
FamR	Familienrecht
FamRZ	Zeitschrift für das gesamte Familienrecht
FAO	Fachanwaltsordnung
FG	Finanzgericht
FGG	Gesetz über die Angelegenheiten der Freiwilligen Gerichtsbarkeit
FGG-RG	Gesetz zur Reform des Verfahrens in Familiensachen und in den Angelegenheiten der freiwilligen Gerichtsbarkeit
Fn.	Fußnote
FPR	Familie, Partnerschaft, Recht (Zeitschrift)
FR	Finanz-Rundschau
FuR	Familie und Recht (Zeitschrift)
GBO	Grundbuchordnung
gem.	gemäß
gerichtl.	gerichtlich
ges.	gesetzliche/n/r
GmbH	Gesellschaft mit beschränkter Haftung

GewSchG	Gesetz zum zivilrechtlichen Schutz vor Gewalttaten und Nachstellungen (Gewaltschutzgesetz – GewSchG)
GG	Grundgesetz
ggf.	gegebenenfalls
GKG	Gerichtskostengesetz
GmbHR	GmbH-Rundschau
grds.	grundsätzlich
GrEStG	Grunderwerbsteuergesetz
GVG	Gerichtsverfassungsgesetz
h.M.	herrschende Meinung
HEZ	Höchstrichterliche Entscheidungen in Zivilsachen
HGB	Handelsgesetzbuch
HKiEntÜ	Übereinkommen über die zivilrechtlichen Aspekte internationaler Kindesentführungen
HKÜ	Haager Übereinkommen über die zivilrechtlichen Aspekte internationaler Kindesentführung (HKÜ)
HöfeO	Höfeordnung
Hrsg.	Herausgeber
Hs.	Halbsatz
HUÜ	Haager Unterhlatsübereinkommen
i.d.F.	in der Fassung
i.d.R.	in der Regel
i.E.	im Einzelnen
i.H.v.	in Höhe von
IPR	Internationales Privatrecht
IPRG	Gesetz zur Neuregelung des Internationalen Privatrechts vom 25.07.1986
i.R.	im Rahmen
i.S.	im Sinne
i.S.d.	im Sinne des/der
i.S.v.	im Sinne von
i.V.m.	in Verbindung mit
INF	Die Information über Steuer und Wirtschaft (Zeitschrift)
insb.	insbesondere
IPRax	Praxis des Internationalen Privat- und Verfahrensrechts (Zeitschrift)
IZPR	Internationales Zivilprozessrecht
JA	Juristische Arbeitsblätter
JBeitrO	Justizbeitreibungsordnung
JMBl NRW	Justizministerialblatt Nordrhein-Westfalen
JR	Juristische Rundschau
Jura	Jura (Zeitschrift)
JurBüro	Das Juristische Büro (Zeitschrift für Kostenrecht und Zwangsvollstreckung)
JuS	Juristische Schulung
JZ	Juristenzeitung
Kap.	Kapitel
kaufm.	kaufmännisch
KEZ	Kindererziehungszeit
KG	Kammergericht, Kommanditgesellschaft
KGaA	Kommanditgesellschaft auf Aktien
KindRVerbG	Kinderrechteverbesserungsgesetz
KostREuroUG	Gesetz zur Umstellung des Kostenrechts und der Steuerberatergebührenverordnung auf Euro
krit.	kritisch

KSÜ	Haager Kinderschutz-übereinkommen (KSÜ)
LG	Landgericht
li. Sp.	linke Spalte
LPartG	Lebenspartnerschaftsgesetz
Ls(e)	Leitsatz(e)
LugÜ	Lugano-Übereinkommen
LVA	Landesversicherungsanstalt
m.E.	meines Erachtens
M.M.	Mindermeinung
m.N.	mit Nachweisen
m.w.N.	mit weiteren Nachweisen
MDR	Monatsschrift für Deutsches Recht
MedR	Medizinrecht (Zeitschrift)
MittBayNot	Mitteilungen der Bayerischen Notarkammer
MittRhNotK	Mitteilungen der Rheinischen Notarkammer
Mot.	Motive
MüKo	Münchener Kommentar
Nachw.	Nachweise
NÄG	Namensänderungsgesetz
n.F.	neue Fassung
Nicht rkr.	nicht rechtskräftig
NJW	Neue Juristische Wochenschrift
NJW-RR	NJW-Rechtsprechungsreport
NK	Nomos-Kommentar
Nr.	Nummer
NWB	Neue Wirtschaftsbriefe
NZV	Neue Zeitschrift für Verkehrsrecht
o.ä.	oder ähnlich(es)
o.g.	oben genannte
OFD	Oberfinanzdirektion
OHG	Offene Handelsgesellschaft
OLG	Oberlandesgericht
OVG	Oberverwaltungsgericht
PflVFG	Pflichtversicherungsgesetz
PKH	Prozesskostenhilfe
PStG	Personenstandsgesetz
RA	Rechtsanwalt
RAín	Rechtsanwältin
RabelsZ	Rabels Zeitschrift für ausländisches und internationales Privatrecht
RdL	Recht der Landwirtschaft (Zeitschrift)
Rdn.	Interne Randnummer (innerhalb des Werkes)
Re. Sp.	rechte Spalte
Rev.	Revision
RG JW	Reichsgericht in der Juristischen Wochenschrift
RGRK	Reichsgerichtsräte-Kommentar
RGZ	Reichsgerichtliche Entscheidungen in Zivilsachen
Rn.	Externe Randnummer
RPfleger	Der Deutsche Rechtspfleger
RPflG	Rechtspflegergesetz
Rspr.	Rechtsprechung
RV	Rentenversicherung

RVG	Rechtsanwaltsvergütungsgesetz
RVO	Reichsversicherungsordnung
S.	Seite
s.	siehe
s.o.	siehe oben
s.u.	siehe unten
Satz	Satz (nicht abkürzen)
SchlHAnz	Schleswig-Holsteinische Anzeigen
SGB	Sozialgesetzbuch
sog.	sogenannt
SoldG	Soldatengesetz
StAZ	Zeitschrift Das Standesamt
StbJb	Steuerberater-Jahrbuch
std. Rspr.	ständige Rechtsprechung
stpfl.	steuerpflichtig
str.	streitig
StSenkG	Gesetz zur Senkung der Steuersätze und zur Reform der Unternehmensbesteuerung
StuB	Steuern und Bilanzen
StuW	Steuer und Wirtschaft
SVG	Soldatenversorgungsgesetz
Tz.	Textziffer
u.	und/unten
u.a.	und andere/unter anderem
u.ä.	und Ähnliches
u.E.	unseres Erachtens
u.U.	unter Umständen
UVR	Umsatzsteuer und Verkehrsteuerrecht
v.	vom/von
VA	Versorgungsausgleich
VAHRG	Gesetz zur Regelung von Härten im Versorgungsausgleich
VAStrReG	Gesetz zur Strukturreform des Versorgungsausgleichs
VAÜG	Gesetz zur Überleitung des Versorgungsausgleichs auf das Beitrittsgebiet
VAwMG, VersAusglMaßnG	Gesetz über weitere Maßnahmen auf dem Gebiet des Versorgungsausgleichs
VBL	Versorgungsanstalt des Bundes und der Länder
VBL-S	Satzung der Versorgungsanstalt des Bundes und der Länder
VGH	Verwaltungsgerichtshof
v.H.	vom Hundert
vern.	verneinend
VersAusglG	Gesetz über den Versorgungsausgleich (Versorgungsausgleichsgesetz)
VersAusglR	Versorgungsausgleichsrecht
VersR	Versicherungsrecht
VFGüterstandsG	Gesetz über den ehelichen Güterstand von Vertriebenen und Flüchtlingen
VG	Verwaltungsgericht
vgl.	vergleiche
VKH	Verfahrenskostenhilfe
VO	Verordnung
Vorb.	Vorbemerkung
VVG	Versicherungsvertragsgesetz
VZ	Veranlagungszeitraum

WIB	Wirtschaftsrechtliche Beratung
WM	Wertpapier-Mitteilungen
WPg	Die Wirtschaftsprüfung (Zeitschrift)
z.B.	zum Beispiel
ZBR	Zeitschrift für Beamtenrecht
z.T.	zum Teil
ZAP	Zeitschrift für die Anwaltspraxis
Zerb	Zeitschrift für Erbrecht
ZEV	Zeitschrift für Erbrecht und Vermögensnachfolge
Ziff.	Ziffer
ZPO	Zivilprozessordnung
ZRP	Zeitschrift für Rechtspolitik
ZSEG	Gesetz über die Entschädigung von Zeugen und Sachverständigen
zust.	zustimmend
ZVG	Gesetz über die Zwangsversteigerung und Zwangsverwaltung
zzgl.	zuzüglich

Literaturverzeichnis

AnwKomm	*B. Dauner-Lieb, T. Heidel, G. Ring, D. Kaiser, K. Schnitzler, P. Friederici,* AnwaltKommentar BGB, Band 4: Familienrecht, 2. Aufl. 2010
Assenmacher/Mathias/Mümmler	Kostenordnung, Kommentar, 16. Aufl. 2008
Bamberger/Roth/Bearbeiter	*H. G. Bamberger, H. Roth* Kommentar zum BGB, 2. Aufl. 2007
v. Bar	C. v. Bar Internationales Privatrecht 1. Band Allgemeine Lehren 2003 2. Band Besonderer Teil 2005
Baumbach/Lauterbach/Albers/Hartmann	*A. Baumbach, W. Lauterbach, J. Albers, P. Hartmann* Zivilprozessordnung, 68. Aufl. 2010
Bäumel/Büte/Poppen	*D. Bäumel, D. Büte, E. Poppen* Unterhaltsrecht, 2. Aufl. 2009
Bergmann/Ferid/Henrich	*A. Bergmann, M. Ferid. D. Henrich* Internationales Ehe- und Kindschaftsrecht mit Staatsangehörigkeitsrecht (Loseblattsammlung)
Bergner	*L. Bergner* Kommentar zum reformierten Versorgungsausgleich (KomRefVA), 1. Aufl. 2009
Bergschneider	*L. Bergschneider* Die Ehescheidung und ihre Folgen, 5. Aufl. 2002
Bergschneider	*L. Bergschneider* Verträge in Familiensachen, 3. Aufl. 2006
Bergschneider	*L. Bergschneider* Richterliche Inhaltskontrolle von Eheverträgen und Scheidungsvereinbarungen, 2008
Bergerfurth	*B. Bergerfurth* Der Ehescheidungsprozess und die anderen Eheverfahren, 15. Aufl. 2006
BGB-RGRK/Bearbeiter	*Das Bürgerliche Gesetzbuch mit besonderer Berücksichtigung der Rechtsprechung des Reichsgerichts und des Bundesgerichtshofes, Kommentar, 12. Aufl. 1974 ff.*
Bischof/Jungbauer/Bräuer u.a.	*H. H. Bischof, S. Jungbauer, A. Bräuer u.a.* RVG Kommentar, 3. Aufl. 2010
Böhmer/Finger	*C. Böhmer , P. Finger* Das gesamte Familienrecht – Das internationale Recht (IntFamR) (Loseblattsammlung)
Borth	*H. Borth* Versorgungsausgleich in anwaltlicher und familiengerichtlicher Praxis, 6. Aufl. 2012
Bruns/Kemper/Bearbeiter	*M. Bruns, R. Kemper* Lebenspartnerschaftsrecht Handkommentar, 2. Aufl. 2005
Burhoff	*D. Burhoff* Handbuch der nichtehelichen Lebensgemeinschaft, 3. Aufl. 2009
Büte	*D. Büte* Das Umgangsrecht bei Kindern geschiedener oder getrennt lebender Eltern, 2. Aufl. 2005
Büte	Büte, Zugewinnausgleich bei Ehescheidung, 4. Aufl., 2012
Coester-Waltjen/Lipp/Schumann/Veit	Europäisches Unterhaltsrecht, 2009
Duderstadt	*J. Duderstadt* Erwachsenenunterhalt, 4. Aufl. 2007
Dose	*H.-J. Dose* Einstweiliger Rechtsschutz in Familiensachen, 3. Aufl. 2010
von Eicken/Hellstab/Lappe/Madert	*K. von Eicken, H. Hellstab, F. Lappe, W. Madert* Die Kostenfestsetzung, 20. Aufl. 2010
Engels	*R. Engels* Steuerrecht für die familienrechtliche Praxis, 2009
Erman/Bearbeiter	*Erman* Bürgerliches Gesetzbuch, Handkommentar, 13. Aufl. 2011
Eschenbruch/Klinkhammer	*K. Eschenbruch, F. Klinkhammer* Der Unterhaltsprozess, 5. Aufl. 2009
FamRefK	Familienrechtsreformkommentar, 1998
Fehmel	*H. W. Fehmel* Hausratsverordnung, 1992

Literaturverzeichnis

Geimer/Schütze	Europäisches Zivilverfahrensrecht Kommentar zur EuGVVO, EUEheVO, EUZustellungsVO, EUInsVO, EUVTVO, zum Lugano-Übereinkommen und zum nationalen Kompetenz- und Anerkennungsrecht, 3. Aufl. 2010
Gerhardt/von Heintschel-Heinegg/Klein	*Gerhardt/von Heintschel-Heinegg/Klein*, Handbuch des Fachanwalts Familienrecht, 7. Aufl. 2009
Gerold/Schmidt/Bearbeiter	*W. Gerold, H. Schmidt* BRAGO, 15. Aufl. 2002
Göppinger/Bearbeiter	*H. Göppinger, U.Börger* Vereinbarungen anlässlich der Ehescheidung, 8. Aufl. 2005
Göttlich/Mümmler/Rehberg/Xanke	*W. Göttlich, A. Mümmler, J. Rehberg, P. Xanke* Rechtsanwaltsvergütungsgesetz, 3. Aufl. 2009
Götsche/Rehbein/Breuers	*F. Götsche, F. Rehbein, C. Breuers* Versorgungsausgleichsrecht, Handkommentar, 2012 (Nomos-Kommentar)
Gießler/Soyka	*H. Gießler, J. Soyka* Vorläufiger Rechtsschutz in Ehe-, Familien- und Kindschaftssachen, 5. Aufl. 2010
Glockner/Hoenes/Weil	*R. Glockner, U. Hoenes, A. Voucko-Glockner, K. Weil* Der neue Versorgungsausgleich, 2009
Glockner/Übelhack	*R. Glockner, B. Übelhack* Die betriebliche Altersversorgung im Versorgungsausgleich, 1993
Göppinger/Wax	*P. Wax* Unterhaltsrecht, 9. Aufl. 2008
Graba	*H.-U. Graba* Die Abänderung von Unterhaltstiteln, 3. Aufl. 2004
Groß	*I. Groß* Anwaltsgebühren in Ehe- und Familiensachen, 2. Aufl. 2007
Hansens	*H. Hansens* BRAGO, 8. Aufl. 1995
Hartmann	*P. Hartmann* Kostengesetze, 40. Aufl. 2010
Hauß	*J Hauß* Versorgungsausgleich und Verfahren in der anwaltlichen Praxis, 1. Aufl. 2004
Hauß/Eulering	*J. Hauß, R.-M. Eulering* Versorgungsausgleich und Verfahren in der Praxis, 2009
Haußleiter/Schulz	*O. Haußleiter, W. Schulz* Vermögensauseinandersetzung bei Trennung und Scheidung, 5. Aufl. 2004
Heilmann	*S. Heilmann* Kindliches Zeitempfinden und Verfahrensrecht, 1998
v. Heintschel-Heinegg	Das Verfahren in Familiensachen, 9. Aufl. 2009
Heiß/Born	*B. Heiß, W. Born* Unterhaltsrecht, 32. Aufl. Stand: August 2007
Helms/Kieninger/Rittner,	Abstammungsrecht in der Praxis, 2010
Höfer	*R. Höfer* Der Versorgungsausgleich in der betrieblichen Altersversorgung, 2010
Henjes	*M. Henjes* Das neue Güterrecht, 2010
Hohloch	*G. Hohloch* (Hrsg.) Internationales Scheidungs- und Scheidungsfolgenrecht, 1998
Hoppenz	*R. Hoppenz* Familiensachen, 9. Aufl. 2009
Hüßtege	*R. Hüßtege* Internationales Privatrecht, 4. Aufl. 2005
Jansen/Bearbeiter	*P. Jansen* FGG Großkommentar 3. Aufl. 2006
Jayme/Hausmann	*E. Jayme, R. Hausmann* Internationales Privat- und Verfahrensrecht Textausgabe, 14. Aufl. 2008
Johannsen/Henrich/Bearbeiter	*K. H. Johannsen, D. Henrich* Eherecht, 5. Aufl. 2010
JurisPK-BGB/Bearbeiter	*Online-Kommentar zum BGB, 5. Aufl. 2010*
Kaiser/Schnitzler/Friederici	*D. Kaiser, K. Schnitzler, P. Friederici* BGB, Band 4: Familienrecht, 2. Aufl. 2010 (Nomos-Kommentar)
Jansen/Bearbeiter	*P. Jansen* FGG Großkommentar 3. Aufl. 2006

Jüdt/Kleffmann/Weinreich	*E. Jüdt, N. Kleffmann, G. Weinreich* Formularbuch des Fachanwalts Familienrecht 2010
Kalthoener/Büttner/Niepmann	*E. Kalthoener, H. Büttner, B. Niepmann* Die Rechtsprechung zur Höhe des Unterhalts, 9. Aufl. 2004
Kalthoener/Büttner/Wrobel-Sachs	*E. Kalthoener, H. Büttner, H. Wrobel-Sachs* Prozesskostenhilfe und Beratungshilfe, 5. Aufl. 2009
Keidel	*T. Keidel* FamFG, Kommentar zum Gesetz über das Verfahren in Familiensachen und die Angelegenheiten der freiwilligen Gerichtsbarkeit, 17. Aufl. 2011
Keske	*M. Keske* Das neue FamGKG, 2009
Klein	*M. Klein* Entscheidungssammlung zum Familienrecht – EzFamR (Loseblattwerk)
Klein	*M. Klein* Reform der Zugewinngemeinschaft, 2009
Klein	*Klein/Roßmann,* Familienvermögensrecht, 2011
Baronin von König	*R. Baronin von König* Kosten in Familiensachen, 2009
Korintenberg/Bearbeiter	*W. Korintenberg, F. Lappe, M. Bengel* Kostenordnung, 18. Aufl. 2010
Kuckenburg/Perleberg-Kölbel	*B. Kuckenburg, R. Perleberg-Kölbel* Unterhaltseinkommen, 2009
Langenfeld	*G. Langenfeld* Handbuch der Eheverträge und Scheidungsvereinbarungen, 5. Aufl. 2005
Lappe	*F. Lappe* Kosten in Familiensachen, 5. Aufl. 1994
Laws	*R. Laws* Steuerliche Unterlagen im Unterhaltsrecht, 2. Aufl. 2004
Löhnig	*M. Löhnig* Zivilrechtlicher Gewaltschutz, 2. Aufl. 2004
Madert/Müller-Rabe	*W. Madert, S. Müller-Rabe* Kostenhandbuch Familiensachen, 2001
Meyer/Mittelstädt	*Th. Meyer, A. Mittelstädt* Das Lebenspartnerschaftsgesetz, 2001
Meyer	*D. Meyer* Gerichtskostengesetz, 8. Aufl. 2006
MüKo BGB/Bearbeiter	Münchener Kommentar zum bürgerlichen Gesetzbuch, 5. Aufl. 2008 ff.
MüKo BGB/Bearbeiter	Münchener Kommentar zum bürgerlichen Gesetzbuch, 4. Aufl. 2001–2004
Münch	*Münch,* Ehebezogene Rechtsgeschäfte, 3. Aufl., 2010
MünchKomm ZPO/Bearbeiter	Münchener Kommentar zur ZPO, 3. Aufl. 2007
Musielak/Bearbeiter	*H. J. Musielak* Kommentar zur ZPO, 7. Aufl. 2009
Oelkers	*H. Oelkers* Sorge- und Umgangsrecht, 2. Aufl. 2004
Oesterreich/Winter/Hellstab	*A. Oesterreich, G. Winter, H. Hellstab* Gerichtskostengesetz – Kommentar (Loseblattwerk)
Otto/Klüsener/May	*K. Otto, W. Klüsener, A. May* Die neuen Kostengesetze, 2004
Palandt/Bearbeiter	*O. Palandt* Bürgerliches Gesetzbuch, 71. Aufl. 2012
Palandt/Bearbeiter	*O. Palandt* Bürgerliches Gesetzbuch, 69. Aufl. 2010
Prütting/Gehrlein	*H. Prütting, M. Gehrlein* ZPO-Kommentar, 2. Aufl. 2010
Prütting/Helms/Bearbeiter	*H. Prütting, T. Helms* FamFG Kommentar, 2. Aufl. 2011
Prütting/Wegen/Weinreich	*H. Prütting, G. Wegen, G. Weinreich* BGB Kommentar, 5. Aufl. 2010
Pump/Leibner	*H. Pump, W. Leitner* Kommentar zur Abgabenordnung
Rahm/Künkel	*W. Rahm, B. Künkel* Handbuch des Familiengerichtsverfahrens (Loseblattwerk)
Rauscher	*Th. Rauscher* Familienrecht, 2. Aufl. 2008
Riedel/Sußbauer/Bearbeiter	*F. Riedel, H. Sußbauer* Rechtsanwaltsvergütungsgesetz: RVG, 9. Aufl. 2005
Rohs/Wedewer/Bearbeiter	*G. Rohs, P. Wedewer* Kostenordnung Kommentar (Loseblattwerk)

Literaturverzeichnis

Ruland	*F. Ruland* Versorgungsausgleich, 3. Aufl. 2011
Sarres	*E. Sarres* Grundlagen der Mandatspraxis – Familienrecht, 2. Aufl. 2003
Schimke	*H.-J. Schimke* Das neue Kindschaftsrecht, 2. Aufl. 1998
Schmidt	*L. Schmidt* Einkommensteuergesetz (EStG) Kommentar, 29. Aufl. 2010
Schneider/Herget	*E. Schneider, K. Herget* Streitwertkommentar für den Zivilprozess, 12. Aufl. 2007
Schneider/Wolf/Volpert/ Bearbeiter	*Familiengerichtskostengesetz, Handkommentar, 2010*
Schöppe-Fredenburg/ Schwolow	*P. Schöppe-Fredenburg, P. Schwolow* Formularsammlung Familienrecht, 2. Aufl. 2007
Scholz/Kleffmann/Motzer	Scholz/Kleffmann/Motzer, Praxishandbuch Familienrecht
Schreiber	*Chr. Schreiber* Die nichteheliche Lebensgemeinschaft, 2. Aufl. 2000
Schröder	*R. Schröder* Bewertungen im Zugewinnausgleich, 4. Aufl. 2007
Schröder/Bergschneider/ Bearbeiter	*R. Schröder, L. Bergschneider* Familienvermögensrecht, 2. Aufl. 2007
Schulz/Hauß	*W. Schulz, J. Hauß* Familienrecht, Handkommentar, 2. Aufl. 2012 (Nomos-Kommentar)
Schröder/Bergschneider	*R. Schröder, L. Bergschneider* Familienvermögensrecht, 2. Aufl. 2007
Schürmann	*H. Schürmann* Tabellen zum Familienrecht, 30. Aufl. 2009
Schulte-Bunert	*K. Schulte-Bunert* Das neue FamFG, 2. Aufl. 2010
Schulte-Bunert/Weinreich/ Bearbeiter	*K. Schulte-Bunert, G. Weinreich* FamFG Kommentar, 3. Aufl. 2012
Schulte-Bunert/Weinreich	*K. Schulte-Bunert, G. Weinreich* FamFG Kommentar, 2. Aufl. 2010
Schwab/Bearbeiter	*D. Schwab* Handbuch des Scheidungsrechts, 6. Aufl. 2010
Schwab/Dose	*D. Schwab, H.J.Dose* Familienrecht in Praxis und Theorie, Festschrift für Meo-Micaela Hahne, 2012
Soergel/Bearbeiter	*T. Soergel* Bürgerliches Gesetzbuch, 13. Aufl. 2000
von Staudinger/Bearbeiter	*J. von Staudinger* Kommentar zum Bürgerlichen Gesetzbuch, 13. Aufl. 1993ff, danach in bandweiser Bearbeitung 2007 (Weinreich)
Thomas/Putzo/Bearbeiter	*H. Thomas, H. Putzo* ZPO, 31. Aufl. 2010
Tröndle/Fischer	Strafgesetzbuch, Kommentar, 57. Aufl. 2010
Walter	Gesetz zur Regelung von Härten im Versorgungsausgleich (HRG), 1983
Weinreich/Klein/Bearbeiter	*G. Weinreich, M. Klein* Fachanwaltskommentar Familienrecht, 3. Aufl. 2007
Wendl/Dose	*P. Wendl, H.-J. Dose* Das Unterhaltsrecht in der familienrichterlichen Praxis, 8. Aufl. 2011
Wever	*R. Wever* Vermögensauseinandersetzung der Ehegatten außerhalb des Güterrechts, 5. Aufl. 2009
Wick	*H. Wick* Der Versorgungsausgleich, 2. Aufl. 2007
Wittich	*T. Wittich* Die Gütergemeinschaft, 2000
Zöller/Bearbeiter	*R. Zöller* Zivilprozessordnung, 28. Aufl. 2010

Bürgerliches Gesetzbuch – BGB (§§ 1297–1360b)

Buch 4 Familienrecht

Abschnitt 1 Bürgerliche Ehe

Titel 1 Verlöbnis

§ 1297 Unklagbarkeit, Nichtigkeit eines Strafversprechens

(1) Aus einem Verlöbnis kann nicht auf Eingehung der Ehe geklagt werden.

(2) Das Versprechen einer Strafe für den Fall, dass die Eingehung der Ehe unterbleibt, ist nichtig.

A. Begriff des Verlöbnisses

Das Verlöbnis ist das gegenseitige Versprechen zweier Personen verschiedenen Geschlechts, in Zukunft miteinander die Ehe einzugehen. Verlobte stehen in einem rechtlich geregelten personenrechtlichen Gemeinschaftsverhältnis.[1] Die §§ 1297 ff. regeln dazu lediglich den Ausschluss der Einklagbarkeit und von Strafversprechen (§ 1297) sowie die Rechtsfolgen der Auflösung des Verlöbnisses (§§ 1298–1302). Zustandekommen und Wirksamkeit des Verlöbnisses richten sich dagegen mangels spezieller Regelungen nach den allgemeinen Vorschriften über das Wirksamwerden von Rechtsgeschäften. Das wechselseitige Heiratsversprechen ist nach h.M. als Vertrag i.S.d. §§ 137 ff., 145 ff. zu qualifizieren.[2]   **1**

Vom Verlöbnis zu unterscheiden ist die nichteheliche Lebensgemeinschaft, bei der es an dem für § 1297 erforderlichen Eheversprechen fehlt. §§ 1297 ff. sind auf solche Lebensgemeinschaften weder direkt noch analog anzuwenden. Das schließt aber nicht aus, dass zwischen zusammenlebenden Partnern zugleich ein Verlöbnis besteht. In einem solchen Fall konkurrieren dann §§ 1297 ff. mit den von der Rechtsprechung entwickelten Grundsätzen zur Rückabwicklung von Leistungen.[3]   **2**

Dem gesetzlichen Verlöbnisbegriff unterfällt nicht das Versprechen zweier Personen gleichen Geschlechts, eine **Lebenspartnerschaft** zu begründen. Nach § 1 Abs. 3 LPartG sind auf ein solches Versprechen die Verlöbnisvorschriften jedoch entsprechend anzuwenden.   **3**

---

1 BGH FamRZ 1992, 160.
2 Zum praktisch bedeutungslosen Theorienstreit zur Rechtsnatur s. Staudinger/Strätz [2007]vor § 1297 Rn. 18 ff. m.w.N.
3 Siehe dazu näher vor § 1297 Rdnr. 3.

B. Wirksamkeitsvoraussetzungen

4   Das **Zustandekommen** eines Verlöbnisses erfordert übereinstimmende Willenserklärungen des Mannes und der Frau, die das ernsthafte gegenseitige Versprechen beinhalten, einander zu heiraten. Ein bloßes Liebesgeständnis oder Zusammenleben reichen nicht. Die Erklärungen müssen wechselseitig zugehen. Eine Form ist dagegen gesetzlich nicht vorgeschrieben. Weder öffentliche Bekanntmachung oder Erklärung gegenüber Dritten noch der Austausch von Verlobungsringen sind erforderlich. Die gegenseitige Erklärung des Eheversprechens kann auch konkludent erfolgen. Schlüssiges Verhalten, aus dem sich die einvernehmliche Heiratsabsicht ergibt, sind z.B. religiöse Eheschließung vor standesamtlicher Trauung, Anmeldung der Eheschließung beim Standesamt, gemeinsame Hochzeitsvorbereitungen, Einladung von Gästen zum Polterabend oder zur Hochzeitsfeier. Hingegen reicht die Selbstbezeichnung zusammenlebender Partner als »Verlobte« nicht, wenn kein ernstliches Eheversprechen vorliegt.[4] Mündet das Verlöbnis nicht nach einem angemessenen Zeitraum in die Ehe, wird von seiner Beendigung auszugehen sein.

5   Stellvertretung wie auch gesetzliche **Vertretung** sind angesichts der höchstpersönlichen Natur des Eheversprechens ausgeschlossen. Die Verknüpfung mit einer **Bedingung** ist dagegen, anders als nach § 1312 Satz 2 für die Eheschließung, möglich.[5] Ebenso zulässig ist **Zeitbestimmung** auf einen Anfangstermin i.S.v. § 163, nicht aber die Befristung auf einen Endtermin.

6   Als Rechtsgeschäft erfordert das Verlöbnis **Geschäftsfähigkeit** beider Partner. Ein Geschäftsunfähiger kann sich nicht verloben. Bei beschränkter Geschäftsfähigkeit gelten die §§ 106 ff. Der Minderjährige bedarf daher der Zustimmung seines gesetzlichen Vertreters. Ein ohne dessen Einwilligung erklärtes Verlöbnis ist schwebend unwirksam; mit Genehmigung des gesetzlichen Vertreters oder der Genehmigung des volljährig Gewordenen wird es rückwirkend wirksam. Auch ohne Vorliegen der erforderlichen Zustimmung des gesetzlichen Vertreters ist der volljährige Partner des Minderjährigen, der um dessen Minderjährigkeit wusste, an das Verlöbnis gebunden (§ 109 Abs. 2). Unter dem Gesichtspunkt des Minderjährigenschutzes gilt dies auch dann, wenn ihm die Minderjährigkeit nicht bekannt war.[6] Da beschränkte Geschäftsfähigkeit bereits mit sieben Jahren beginnt (§ 106) und die Vorschriften über die Ehemündigkeit (§ 1303) auf das Verlöbnis nicht anzuwenden sind, ist fraglich, inwieweit Kinderverlobungen rechtliche Anerkennung finden können. Im Hinblick auf das verfassungsrechtliche Kinderschutzgebot (Art. 6 Abs. 2 GG) kann das »Eheversprechen« eines Kindes, welches mangels **Reife und Einsichtsfähigkeit** über eine Partnerwahl und die rechtlichen Folgen eines Verlöbnisses nicht selbstbestimmt entscheiden kann, keine Wirksamkeit entfalten. Dies gilt auch dann, wenn pflichtvergessene oder an Wertvorstellungen anderer Kulturkreise orientierte Eltern der »Verlobung« zustimmen. Von daher wird man die Fähigkeit zur Abgabe eines rechtlich relevanten Eheversprechens kaum vor Vollendung des 14. Lebensjahres ansetzen können.

7   Die Nichtigkeitsgründe der §§ 134 (**gesetzliches Verbot**) und 138 Abs. 1 (**Sittenwidrigkeit**) gelten auch für das Verlöbnis. Sind die Partner Geschwister oder in gerader Linie miteinander verwandt – auch nur infolge einer Adoption –, führt der damit verbundene Verstoß gegen die Eheverbote in §§ 1307, 1308 Abs. 1 zur Nichtigkeit des Verlöbnisses. Sittenwidrig ist stets das Verlöbnis mit einem Verheirateten; die daraus folgende Nichtigkeit ist auch dann gegeben, wenn die Scheidungsvoraussetzungen vorliegen und die Scheidung betrieben wird.[7] Indes schließt eine solche Nichtigkeit nicht aus, dass der gutgläubige Partner, der auf die Gültigkeit des Verlöbnisses vertraut hat, durch analoge Anwendung der §§ 1298 ff. in seinem Vertrauen geschützt wird.[8]

---

4 BayObLG FamRZ 1983, 1226.
5 RGZ 80, 88.
6 Im Ergebnis ebenso Erman/Kroll-Ludwigs § 1297 Rn. 7 ff.; MüKo/Roth § 1297 Rn. 8.
7 BGH FamRZ 1984, 386.
8 OLG Karlsruhe NJW 1988, 3023.

Auf das Verlöbnis anwendbar sind die Vorschriften zur Wirksamkeit bei verheimlichtem **Vorbe-**   8
halt (§ 116 Satz 1) sowie zur Nichtigkeit bei erkanntem Vorbehalt (§ 116 Satz 2), beim **Scheinge-**
schäft (§ 117) und bei **Mangel der Ernstlichkeit** (§ 118 mit Schadenersatzpflicht aus § 122).
Nicht anwendbar sind die Vorschriften zur **Anfechtung** von Rechtsgeschäften (§§ 119 ff., 142 f.);
nach zutreffender h.M.[9] werden sie durch §§ 1298 f. als spezielle Regelungen zum Rücktritt vom
Verlöbnis verdrängt.

C. Wirkungen

I. Kein Zwang zur Eingehung der Ehe

Die aus einem wirksam zustande gekommenen Verlöbnis resultierende **Verpflichtung zur Einge-**   9
hung der Ehe ist zwar materiell-rechtlich wirksam und mit den in §§ 1298 ff. geregelten Rechtsfolgen verbunden, jedoch im Verfahren **nicht durchsetzbar** (Abs. 1). Dies entspricht der durch
Art. 6 Abs. 1 GG gewährleisteten Freiheit, die Ehe mit einem selbst gewählten Partner einzugehen
ohne auch nur mittelbar zur Ehe mit einem anderen Partner gezwungen zu sein.[10] Der Klagbar-
keitsausschluss ist Verfahrenshindernis, eine Klage oder ein Antrag solchen Inhalts ist unzulässig.
Eine dennoch ergangene gerichtliche Entscheidung ist nicht vollstreckbar (§§ 888 Abs. 3, 894
Abs. 2 ZPO). Ein ausländisches Urteil diesen Inhalts ist als ordre-public-widrig nicht anerken-
nungsfähig (§ 109 Abs. 1 Nr. 4 FamFG). Zulässig ist hingegen ein selbständiger Antrag auf Feststellung der Wirksamkeit – oder Unwirksamkeit – des Verlöbnisses.[11]

Weiteres Mittel zur Verhinderung eines auch nur mittelbaren Zwangs zur Eheschließung ist die in   10
Abs. 2 normierte **Nichtigkeit von Strafvereinbarungen** für den Fall, dass die Eingehung der Ehe
unterbleibt.

II. Sonstige Wirkungen

Im **Familienrecht** beschränkt sich das Gesetz (§§ 1298–1302) auf die Regelung von Schadener-   11
satz- und Rückgewähransprüchen bei Beendigung des Verlöbnisses (s. dazu Rn. 1 ff.). Außer der
nicht einklagbaren Verpflichtung zur Eingehung der Ehe und einer gegenseitigen Beistandspflicht
hat das nicht aufgelöste Verlöbnis keine familienrechtlichen Wirkungen. Es gibt keine Unterhaltspflicht und kein Güterrecht für Verlobte. Verlobung vermittelt keine Schwägerschaft.

Im **Erbrecht** existieren etliche Sondervorschriften für Verlobte. Dies gilt für den Erbverzicht   12
(§§ 2347 Abs. 1, 2351, 2352), den Erbvertrag (§§ 2275 Abs. 3, 2276 Abs. 2, 2279 Abs. 2, 2290
Abs. 3) und das Unwirksamwerden der Bedenkung des Partners bei Auflösung des Verlöbnisses
(§ 2077 Abs. 2). Insoweit gelten für Verlobte die gleichen Besonderheiten wie für Ehegatten. Sie
können jedoch kein gemeinschaftliches Testament errichten (§ 2265). Ein gesetzliches Erbrecht
des überlebenden Verlobten gibt es nicht.

Das **Prozess- und Verfahrensrecht** gewährt Verlobten wie Eheleuten Verweigerungsrechte (§§ 383   13
Nr. 1, 385 Abs. 1 ZPO, 52 Abs. 1 Nr. 1, 55, 61 Nr. 2, 63 StPO) sowie das Recht zur Verweigerung
des Gutachtens (§§ 408 Abs. 1 ZPO, 76 Abs. 1 StPO).

Verlobte sind »Angehörige« i.S. des **Strafrechts** (§ 11 Abs. 1 Nr. 1 a StGB), was u.a. für bestimmte   14
Entschuldigungs-, Strafausschluss- und Strafmilderungsgründe von Bedeutung ist. Hingegen
haben Verlobte keinen Anspruch auf Witwenversorgung i.S.d. Gesetzes über die Entschädigung
für Opfer von Gewalttaten.[12]

---

  9 LG Saarbrücken NJW 1970, 327; Staudinger/Strätz [2007] vor § 1297 Rn. 79.
10 Vgl. BVerfG FamRZ 2004, 765.
11 Staudinger/Strätz [2007] vor § 1297 Rn. 2.
12 BSG FamRZ 1992, 808.

D. Beendigung

I. Voraussetzungen

15 Das Verlöbnis endet durch Rücktritt oder einverständliche Entlobung, durch anderweitige Verlobung oder Heirat sowie durch den Tod eines der Verlobten.

16 **Rücktritt** ist, wie aus der speziellen Regelung in §§ 1298, 1299 abzuleiten ist, die einseitige Erklärung eines Verlobten, nicht mehr an das Eheversprechen gebunden zu sein. Der Rücktritt kann formlos oder auch konkludent erfolgen; die Erklärung muss dem anderen Verlobten zugehen. Sowohl rechtsgeschäftliche als auch gesetzliche Vertretung sind ausgeschlossen.[13] Im Hinblick auf die Eheschließungsfreiheit ist der Rücktritt jederzeit möglich, ein Grund hierfür nicht erforderlich. Ein minderjähriger Verlobter bedarf für den Rücktritt nicht der Zustimmung seines gesetzlichen Vertreters.[14]

17 Die **einverständliche Entlobung** erfolgt durch formlos oder konkludent möglichen Aufhebungsvertrag, zu dem ein minderjähriger Verlobter der Zustimmung seines gesetzlichen Vertreters nicht bedarf.

II. Rechtsfolgen

18 Bei Beendigung des Verlöbnisses zu Lebzeiten beider Verlobter entsteht der wechselseitige Anspruch auf **Rückgabe der einander gemachten Geschenke** (§ 1301 Satz 1). Bei Beendigung durch den Tod eines Verlobten ist ein solcher Anspruch im Zweifel ausgeschlossen (§ 1301 Satz 2).

19 Bei Rücktritt vom Verlöbnis kommen Ansprüche auf **Schadenersatz** in Betracht. Anspruchsgrundlagen hierfür sind §§ 1298, 1299. Daneben können Ansprüche aus unerlaubter Handlung (§§ 823 ff.) gegeben sein. Ansprüchen aus Leistungsstörung hingegen steht die Spezialität der §§ 1298 ff. entgegen. Dasselbe gilt für die schuldrechtlichen Rücktrittsfolgen, so dass §§ 346 ff. auf den Rücktritt vom Verlöbnis nicht anwendbar sind.

E. Auslandsbezug

20 Zum Verlöbnisstatut gibt es weder supranationale noch innerstaatlich kodifizierte Regelungen. Nach h.M. ist auf das Zustandekommen des Verlöbnisses Art. 13 Abs. 1 EGBGB analog anzuwenden.[15] Vorfragen sind selbstständig anzuknüpfen, so die Form nach Art. 11 EGBGB, die Geschäftsfähigkeit nach Art. 7 EGBGB, die gesetzliche Vertretung durch Eltern nach Art. 21 EGBGB. Für Ansprüche aus Beendigung des Verlöbnisses ist maßgeblich das Heimatrecht des Verlobten, gegen den solche Ansprüche vom anderen Teil geltend gemacht werden.[16] Die internationale Zuständigkeit zur Geltendmachung solcher Ansprüche folgt aus der örtlichen Zuständigkeit.[17]

§ 1298   Ersatzpflicht bei Rücktritt

(1) [1]Tritt ein Verlobter von dem Verlöbnis zurück, so hat er dem anderen Verlobten und dessen Eltern sowie dritten Personen, welche an Stelle der Eltern gehandelt haben, den Schaden zu ersetzen, der daraus entstanden ist, dass sie in Erwartung der Ehe Aufwendungen gemacht

---

13 LG Saarbrücken NJW 1970, 327.
14 RGZ 98, 13.
15 BGH FamRZ 1959, 105; Staudinger/Strätz [2007] vor § 1297 Rn. 117.
16 BGH FamRZ 2005, 1151.
17 BGH FamRZ 2005, 1151.

haben oder Verbindlichkeiten eingegangen sind. [2]Dem anderen Verlobten hat er auch den Schaden zu ersetzen, den dieser dadurch erleidet, dass er in Erwartung der Ehe sonstige sein Vermögen oder seine Erwerbsstellung berührende Maßnahmen getroffen hat.

(2) Der Schaden ist nur insoweit zu ersetzen, als die Aufwendungen, die Eingehung der Verbindlichkeiten und die sonstigen Maßnahmen den Umständen nach angemessen waren.

(3) Die Ersatzpflicht tritt nicht ein, wenn ein wichtiger Grund für den Rücktritt vorliegt.

A. Anwendungsbereich

Die Vorschrift regelt den Ausgleich für durch **einseitige Beendigung eines Verlöbnisses nutzlos** **gewordene Aufwendungen oder sonstige Maßnahmen,** die der betroffene Verlobte, seine Eltern oder anstelle der Eltern Handelnde in Erwartung der Ehe getätigt haben. Sie normiert einen Anspruch auf Schadenersatz und knüpft diesen an den Rücktritt vom Verlöbnis, den der in Anspruch genommene Verlobte erklärt hat. Zu diesem Ersatzanspruch werden Voraussetzungen und Grenzen bestimmt.   1

Zur **Konkurrenz** der Schadenersatzpflicht aus § 1298 mit anderen Anspruchsgrundlagen s § 1297 Rdn. 19.

B. Anspruchsvoraussetzungen

Gesetzliche Voraussetzung ist zunächst ein **wirksames Verlöbnis** – s. dazu § 1297 Rdn. 4–8.   2

Darüber hinaus sind §§ 1298, 1299 **analog anwendbar,** wenn zwar kein wirksames Verlöbnis vorliegt, jedoch ein minderjähriger oder gutgläubiger Partner auf die Gültigkeit eines wegen fehlender Zustimmung des gesetzlichen Vertreters unwirksamen oder nach § 138 Abs. 1 nichtigen Verlöbnisses vertraut hat und deswegen schutzbedürftig ist. Dies ist der Fall, wenn der gutgläubige »Verlobte« den Nichtigkeitsgrund – etwa eine bestehende Ehe seines Partners – nicht kannte oder der volljährige Partner des Minderjährigen um dessen Minderjährigkeit wusste (Rechtsgedanke des § 109 Abs. 2). Unter dem Gesichtspunkt des Minderjährigenschutzes hat dies auch dann zu gelten, wenn dem volljährigen Partner die Minderjährigkeit nicht bekannt war.   3

Voraussetzung ist stets, dass der **Rücktritt** vom Verlöbnis erklärt worden ist. – s. dazu näher § 1297 Rdn. 16. In Fällen analoger Anwendbarkeit der Norm muss sich der Rücktritt auf das vermeintliche Verlöbnis bezogen haben. Bei einverständlicher Entlobung ist § 1297 – wie auch § 1298 – nicht anwendbar.   4

Anspruchsberechtigt ist der von der Rücktrittserklärung betroffene Verlobte. Dasselbe gilt für die Eltern des Verlobten, wenngleich in geringerem Umfang als der Verlobte selbst (s. Rdn. 6). Den Eltern stehen dritte Personen gleich, die anstelle der Eltern, d.h. aus persönlicher Bindung und sittlichem Empfinden wie Eltern gehandelt haben – z.B. Großeltern, Stiefelternteile, Pflegeeltern, ältere Geschwister. Sonstige Dritte sind nicht anspruchsberechtigt.   5

Ersatzfähig sind bestimmte Maßnahmen, die die Anspruchsberechtigte im Hinblick auf die künftige Eheschließung getätigt hat. Für den Verlobten sind dies solche Aufwendungen, die er in Erwartung der Ehe gemacht hat, wegen der erwarteten Verlobung eingegangene Verbindlichkeiten (Abs. 1 Satz 1) oder sonstige ehebezogene Maßnahmen, die das Vermögen oder die Erwerbsstellung des Anspruchstellers berühren (Abs. 1 Satz 2). Andere Schäden – insbesondere immaterieller   6

Art – können über § 1297 nicht liquidiert werden. Für Eltern und an deren Stelle handelnde Dritte sind nur in Erwartung der Ehe gemachte Aufwendungen oder aus diesem Grund eingegangene Verbindlichkeiten ersatzfähig (Abs. 1 Satz 1), nicht aber sonstige Maßnahmen.

7 **Aufwendungen** sind vom Anspruchsteller aus seinem Vermögen in Erwartung der Ehe erbrachte Leistungen.[1] Vermögensopfer dieser Art sind z.B. Anschaffungen für den Haushalt, Zahlung von Miete oder Kaufpreis für eine Wohnung oder ein Wohngrundstück, Umzugskosten in Erwartung des Zusammenlebens nach der Heirat, Kauf des Brautkleids, Kosten der Verlobungsfeier, geldwerte Arbeitsleistungen bei unbezahltem Urlaub, unentgeltlich erbrachte freiberufliche oder gewerbliche Dienste,[2] Finanzierung einer Ausbildung des Verlobten.[3]

8 Als ehebezogene **Verbindlichkeiten** kommen in Betracht die Bestellung von Lieferungen oder Dienstleistungen für Verlobungs- oder Hochzeitsfeier, die Aufnahme eines Kredits zum Erwerb von Hausrat, Eigentumswohnung oder Eigenheim sowie der Abschluss dahingehender Miet- oder Kaufverträge, soweit dies nicht nur dem Zusammenleben in der Partnerschaft vor Eingehung der Ehe dient.[4]

9 Zugunsten des betroffenen Verlobten sind neben ehebezogenen Aufwendungen und Verbindlichkeiten auch **sonstige Maßnahmen** ersatzfähig, die er in Erwartung der Ehe in Bezug auf sein Vermögen oder seine Erwerbsstellung getroffen hat (Abs. 1 Satz 2). Hierunter fallen die Aufgabe einer Erwerbstätigkeit, die Kündigung der bisherigen Wohnung, die Veräußerung von bisher genutztem Hausrat oder von Wertgegenständen, der Verzicht auf Unterhaltsansprüche aus früherer Ehe.[5]

10 Aufwendungen, Verbindlichkeiten oder sonstige Vermögensdispositionen müssen **in Erwartung der Ehe** getätigt worden sein. Hierzu ist die Feststellung erforderlich, dass die Maßnahme bei Wissen um das Scheitern der Verlobung vernünftigerweise unterblieben wäre. Dies ist nicht gegeben, wenn eine Verlobte ihre Berufstätigkeit infolge Schwangerschaft und damit nicht im Hinblick auf die erwartete Eheschließung aufgibt. Der Ausgleich der durch die Schwangerschaft bedingten finanziellen Nachteile wird vom Schutzzweck des § 1298 nicht erfasst.[6] Insoweit ist § 1615l spezialgesetzliche Regelung.

11 Die getätigten Aufwendungen, Verbindlichkeiten oder sonstigen Maßnahmen sind nur insoweit ersatzfähig, als sie den Umständen nach **angemessen** waren (§ 1298 Abs. 2). Sie müssen den persönlichen und wirtschaftlichen Verhältnissen der Verlobten entsprechen und in Relation zur Dauer der Verlobung und zur zeitlichen Nähe des Hochzeitstermins stehen. Unangemessen ist daher die Aufgabe einer gesicherten Erwerbstätigkeit nach nur kurzer Verlobungsdauer und bei noch nicht absehbarer Eheschließung[7] oder die Übertragung eines wesentlichen Teils des Vermögens bei noch fernem Hochzeitstermin.[8]

C. Schadenersatz

12 Zu ersetzen sind nicht die getätigten Aufwendungen, Verbindlichkeiten oder Maßnahmen selbst, sondern nur der durch solche Dispositionen dem Anspruchsberechtigten entstandene Schaden. Hierfür gelten die allgemeinen Regeln zum Schadenersatz, also §§ 249 ff., insbesondere auch § 254

---

1 BGH FamRZ 1961, 424.
2 BGH FamRZ 1961, 424.
3 MüKo/Roth § 1298 Rn. 4.
4 Vgl OLG Köln FamRZ 1995, 1142.
5 RGZ 163, 280.
6 OLG Hamm FamRZ 1995, 296.
7 BGH FamRZ 1961, 424; OLG Stuttgart NJW 1977, 1779.
8 OLG Oldenburg FamRZ 2009, 2004.

und die Rechtsprechung zur Vorteilsausgleichung.[9] Der Ersatzanspruch ist abtretbar, verzichtbar, pfändbar und vererblich.[10]

D. Ausschluss der Ersatzpflicht

Die Verpflichtung des vom Verlöbnis zurückgetretenen Verlobten zum Schadenersatz ist ausgeschlossen, wenn ein **wichtiger Grund zum Rücktritt** gegeben war (§ 1298 Abs. 3). Ein solcher Rücktrittsgrund liegt vor, wenn sich Tatsachen ergeben, die den Zurücktretenden bei verständiger Würdigung von der Verlobung abgehalten hätten.[11] Auf ein Verschulden des anderen Verlobten kommt es hierbei nicht an. Andererseits steht eigenes Verschulden des Zurücktretenden der Annahme eines wichtigen Grundes entgegen. Als Rücktrittsgründe kommen in Betracht: Bruch der Verlöbnistreue;[12] schwere Erkrankung des anderen Verlobten (insbesondere HIV-Infektion); gewichtige Persönlichkeitsstörungen des anderen Verlobten; grundlose Verzögerung der Eheschließung; Schläge, Beleidigungen oder grundlose Verdächtigungen seitens des anderen Verlobten; ernsthafte Zerwürfnisse zwischen den Verlobten; Täuschung bezüglich der persönlichen oder wirtschaftlichen Verhältnisse des anderen Verlobten; Nichteinhaltung dem Zurücktretenden gemachter und für diesen wichtiger Zusagen. Hingegen ist das Erlöschen der emotionalen Zuneigung bzw. die gewonnene Überzeugung, die Ehe könne nicht glücklich werden, nach zutreffender h.M.[13] kein wichtiger Grund zum Rücktritt.

13

§ 1299 Rücktritt aus Verschulden des anderen Teils

Veranlasst ein Verlobter den Rücktritt des anderen durch ein Verschulden, das einen wichtigen Grund für den Rücktritt bildet, so ist er nach Maßgabe des § 1298 Abs. 1, 2 zum Schadensersatz verpflichtet.

Gibt ein Verlobter dem anderen schuldhaft Anlass zu dessen Rücktritt aus wichtigem Grund, so hat der Zurückgetretene seinerseits Anspruch auf Schadenersatz gegen den Veranlasser. Schuldhaftes Veranlassen liegt vor, wenn der Verlobte vorsätzlich oder fahrlässig (§ 276 BGB) gegen die aus dem Verlöbnis resultierenden Pflichten – insbesondere: Verlöbnistreue, Fürsorge und Beistandsleistung, Eheschließung – verstößt. Dieses Verschulden muss ursächlich für den Rücktritt sein. Zur Erklärung des Rücktritts sowie zum Umfang der Ersatzfähigkeit und des zu ersetzenden Schadens gilt § 1298 Abs. 1 und 2 BGB entsprechend – s. dazu § 1298 Rdn. 2–12. Zum wichtigen Grund s. § 1298 Rdn. 13.

1

Haben beide Teile einen wichtigen Grund für den Rücktritt verschuldet, bestehen nach zutreffender h.M.[1] beiderseits keine Ansprüche auf Schadensersatz.

2

---

9 Vgl BGH NJW-RR 2004, 79.
10 MüKo/Roth § 1298 Rn. 17 m.w.N.
11 Palandt/Brudermüller § 1298 Rn. 8.
12 Vgl OLG Koblenz FamRZ 1995, 1068.
13 Staudinger/Strätz § 1298 Rn. 16; MüKo/Roth § 10.
1 OLG Zweibrücken FamRZ 1986, 354; Palandt/Brudermüller § 1298 Rn. 8; aA: MüKo/Roth Rn 4, der einen Schadensersatzanspruch auch dann geben will, wenn beide Teile einen wichtigen Grund für den Rücktritt geliefert haben.

§ 1300

(weggefallen)

§ 1301   Rückgabe der Geschenke

[1]Unterbleibt die Eheschließung, so kann jeder Verlobte von dem anderen die Herausgabe desjenigen, was er ihm geschenkt oder zum Zeichen des Verlöbnisses gegeben hat, nach den Vorschriften über die Herausgabe einer ungerechtfertigten Bereicherung fordern. [2]Im Zweifel ist anzunehmen, dass die Rückforderung ausgeschlossen sein soll, wenn das Verlöbnis durch den Tod eines der Verlobten aufgelöst wird.

1   Als selbstständiger Bereicherungstatbestand[1] regelt die Vorschrift die Pflicht der Verlobten, zum Zeichen der Verlobung gegebene oder sonst einander geschenkte Gegenstände bei Beendigung des Verlöbnisses gegenseitig wieder zurückzugeben. Aufgrund der Rechtsfolgenverweisung in Satz 1 sind §§ 814 ff. – mit Ausnahme von §§ 819 Abs. 2, 820 – anwendbar. Die Norm gilt für jeden Fall der Beendigung des Verlöbnisses.

2   Rückgabepflichtige **Geschenke** sind unentgeltliche Zuwendungen eines Verlobten an den anderen, die mit der Auflösung des Verlöbnisses ihre Grundlage verlieren. Der Schenkungsbegriff ist weit auszulegen.[2] Außer der Zuwendung von Sachen können auch die Befreiung von Verbindlichkeiten, der Erlass von Ansprüchen oder die Erbringung von Arbeitsleistungen ohne anderweitigen Verdienstausfall Schenkung sein. Ausgenommen sind kleinere Gelegenheitsgeschenke (§ 814). Nicht unter § 1301 fallen Aufwendungen, die mit einem Vermögensopfer verbunden sind; für diese gelten die speziellen Regelungen zum Schadenersatz bei Rücktritt in §§ 1298, 1299. Ebenso wenig fallen Unterhaltsbeiträge unter Verlobten, die bereits vor der Heirat einen gemeinsamen Haushalt führen, in den Anwendungsbereich der Norm.[3]

3   **Anspruchsberechtigt** ist der zuwendende Verlobte. Für Zuwendungen Dritter gilt die Vorschrift ihrem klaren Wortlaut nach nicht und ist auf diese auch nicht analog anwendbar.[4] Schenkungen Dritter können ggf. nach § 530 widerrufen werden. Der Rückforderungsanspruch eines Verlobten ist entsprechend § 815 ausgeschlossen, wenn er die Eheschließung wider Treu und Glauben verhindert hat.[5]

4   Ansprüche aus § 1301 sind vererblich, übertragbar, pfändbar und abdingbar. Wird das Verlöbnis durch Tod beendet, ist nach der Auslegungsregel in Satz 2 im Zweifel anzunehmen, dass die Verlobten den Rückforderungsanspruch für diesen Fall ausgeschlossen haben.

§ 1302   Verjährung

Die Verjährungsfrist der in den §§ 1298 bis 1301 bestimmten Ansprüche beginnt mit der Auflösung des Verlöbnisses.

---

1 BGH FamRZ 1996, 601.
2 BGH FamRZ 2005, 1151.
3 BGH FamRZ 2005, 1151.
4 Staudinger/Strätz [2007] § 1301 Rn. 8; Palandt/Brudermüller § 1301 Rn. 1; MüKo/Roth Rn. 7.
5 BGH NJW 1966, 1653.

Die Norm wurde durch Art. 1 Nr. 4 des ErbVerjRÄndG vom 24.09.2009 (BGBl I S. 3142) mit 1
Wirkung zum 01.01.2010 geändert. Die bis dahin kürzere Verjährungsfrist von nur 2 Jahren entfällt und wird durch die allgemeinen Verjährungsregeln ersetzt. Die geänderte Vorschrift ist auf
alle am 01.01.2010 noch nicht verjährten Ansprüche anzuwenden (Art. 2 § 23 des genannten
Gesetzes).

Verjährungsbeginn ist die Auflösung des Verlöbnisses. Bei Rücktritt ist dies der Zeitpunkt des 2
Zugangs der Rücktrittserklärung. Bei Auflösung aus anderem Grunde ist das auflösende Ereignis
(einverständliche Entlobung, anderweitige Verlobung, anderweitige Heirat oder Tod eines Verlobten) maßgeblich; auf dessen Kenntnis kommt es im Hinblick auf Normtext und Normzweck – Vermeidung hinausgeschobener Auseinandersetzungen nach Auflösung des Verlöbnisses – nicht an.[1]

Titel 2   Eingehung der Ehe

Untertitel 1   Ehefähigkeit

§ 1303   Ehemündigkeit

(1) **Eine Ehe soll nicht vor Eintritt der Volljährigkeit eingegangen werden.**

(2) **Das Familiengericht kann auf Antrag von dieser Vorschrift Befreiung erteilen, wenn der
Antragsteller das 16. Lebensjahr vollendet hat und sein künftiger Ehegatte volljährig ist.**

(3) **Widerspricht der gesetzliche Vertreter des Antragstellers oder ein sonstiger Inhaber der Personensorge dem Antrag, so darf das Familiengericht die Befreiung nur erteilen, wenn der
Widerspruch nicht auf triftigen Gründen beruht.**

(4) **Erteilt das Familiengericht die Befreiung nach Absatz 2, so bedarf der Antragsteller zur Eingehung der Ehe nicht mehr der Einwilligung des gesetzlichen Vertreters oder eines sonstigen
Inhabers der Personensorge.**

A. Strukturen der Norm

§ 1303 normiert die vom **Lebensalter** abhängige **Ehemündigkeit** als besondere Voraussetzung der 1
Ehefähigkeit; sie ist zu unterscheiden von der in § 1304 geregelten weiteren Voraussetzung der
Geschäftsfähigkeit. Die Ehemündigkeit knüpft an die Volljährigkeit an, also an die Vollendung
des 18. Lebensjahres (Abs. 1 i.V.m. § 2). Das Familiengericht kann hiervon Befreiung erteilen,
wenn der Antragsteller das 16. Lebensjahr vollendet hat, und wenn sein künftiger Ehegatte volljährig ist (Abs. 2). Da Befreiung vom Erfordernis der Volljährigkeit nur einem Verlobten und auch
diesem nicht vor Vollendung des 16. Lebensjahres erteilt werden kann, ist eine Eheschließung nie
zulässig, wenn beide Verlobte noch nicht 18 Jahre alt sind oder einer zwar das 18. Lebensjahr vollendet hat, der andere jedoch noch nicht 16 Jahre alt ist. Auf die Erteilung der Befreiung besteht,
wenn die entsprechenden Voraussetzungen vorliegen, ein Rechtsanspruch (Art. 6 Abs. 1 und 2
Satz 2 GG kein Ermessen, sondern gebundene Entscheidung).

---

1 Palandt/Brudermüller § 1302 Rn. 1 – str.

2 Widerspricht der gesetzliche Vertreter des Antragstellers oder ein sonstiger Inhaber der Personensorge dem Antrag, dann darf das Familiengericht die Befreiung nur erteilen, wenn der Widerspruch nicht auf triftigen Gründen beruht (Abs. 3). Hat das Familiengericht die Befreiung nach Absatz 2 erteilt, dann bedarf der Antragsteller zur Eheschließung nicht mehr der Einwilligung des gesetzlichen Vertreters oder eines sonstigen Inhabers der Personensorge (Abs. 4).

B. Befreiung von der Ehemündigkeit

I. Voraussetzungen

3 Die familiengerichtliche Befreiung vom Erfordernis der Ehemündigkeit setzt unabdingbar voraus, dass zum Zeitpunkt der Eheschließung ein **Verlobter mindestens 18 Jahre** und der **andere mindestens 16 Jahre alt** ist. Auf das Geschlecht kommt es hierbei nicht an, so dass Befreiung auch möglich ist, wenn eine volljährige Frau einen minderjährigen Mann heiraten will. Die Befreiung muss auch dann beantragt werden, wenn der/die gesetzliche/n Vertreter des Minderjährigen der Eheschließung zustimmen.

4 Die Befreiung ist zu versagen, wenn eine Gesamtbewertung aller für und gegen die Eheschließung sprechenden Umstände ergibt, dass das Wohl des Minderjährigen voraussichtlich beeinträchtigt sein wird, die beabsichtigte Ehe also unter den gegebenen Umständen dem wohlverstandenen Interesse des Minderjährigen widerspricht. Maßgebendes Kriterium zur Entscheidung über den Befreiungsantrag ist als ungeschriebenes Tatbestandsmerkmal das **Wohl des minderjährigen Verlobten** (vgl. § 1697a). Hierfür sind die konkreten Umstände, insb. auch die Person des volljährigen Partners maßgebend, da die Befreiung nicht allgemein, sondern nur zur Eheschließung mit einem bestimmten Partner erteilt werden kann. Der Minderjährige muss über die erforderliche persönliche Reife verfügen, die volle Tragweite seines Heiratsentschlusses zu erfassen.[1] Auch sein nachdrücklich geäußerter Heiratswille kann daher für sich alleine die Befreiung nicht rechtfertigen, da die grds. lebenslangen Konsequenzen einer Eheschließung mangels Reife im Überschwang der Gefühle zuweilen nicht hinreichend bedacht werden. Auch das Vorliegen einer Schwangerschaft ist angesichts der Abschaffung des Statusunterschieds zwischen ehelichen und nichtehelichen Kindern und der Möglichkeit, auch ohne Ehe ein Sorgerecht des Vaters zu begründen (vgl. §§ 1626a Abs. 1 Nr. 1, 1626b Abs. 2, 1678 Abs. 1), heute kein bedeutsamer Befreiungsgrund mehr.[2]

5 Die Prüfung des Minderjährigenwohls gebietet die Abwägung aller Umstände, die das weitere seelische und körperliche Befinden des noch minderjährigen Verlobten bei Eingehung der Ehe voraussichtlich beeinflussen werden (**Gesamtbetrachtung**). Hierfür sind u.a. auffällige Chraktereigenschaften, Vorstrafen, Ausbildungsstand und wirtschaftliche Situation des volljährigen Partners sowie der Altersunterschied von Bedeutung; eine Ehe, die nicht einigermaßen Bestand erwarten lässt oder in der Gewalt oder Erniedrigung zu befürchten ist, kann dem Minderjährigenwohl nicht dienlich sein. Heute kann es auch kein Argument mehr sein, dass Eltern zur Heirat drängen. Indes kann zu erwartender Sozialhilfebezug für sich alleine kein Verweigerungsgrund sein.[3] Notwendig ist hingegen, dass der Minderjährige die Entscheidung, zu heiraten, in voller Erkenntnis ihrer Tragweite getroffen hat.[4]

6 Es muss eine echte wechselseitige Bindung zwischen den Partnern bestehen. Sie müssen die mit der Ehe verbundenen Pflichten übernehmen können und wollen; weiterhin müssen die notwendi-

---

1 OLG Saarbrücken FamRZ 2008, 275 – keine Befreiung vom Erfordernis der Volljährigkeit bei fehlender persönlicher Reife, die Tragweite des Heiratsentschlusses zu erfassen.
2 Ähnlich Palandt/Brudermüller § 1303 Rn. 8; Erman/A. Roth § 1303 Rn. 6.
3 OLG Karlsruhe FamRZ 2000, 819.
4 OLG Thüringen FamRZ 1997, 1274.

Klein, Marion

gen wirtschaftlichen Grundlagen für die Ehe gegeben sein. Der Heiratswunsch muss dem eigenen inneren Antrieb der Verlobten entspringen und darf nicht nur auf dem Einfluss der Umwelt oder auf wirtschaftlichen Überlegungen beruhen. Die ordnungsgemäße Erziehung eines gemeinsamen Kindes muss zu erwarten sein. Ausschlaggebend ist dann, ob die Verlobten die für eine Ehe erforderliche charakterliche Reife besitzen, wobei der Antragsteller nicht zwingend die persönliche Reife eines 18-jährigen besitzen muss; notwendig ist hingegen, dass der Minderjährige die Entscheidung, zu heiraten, in voller Erkenntnis ihrer Tragweite getroffen hat.[5] Dass der in Aussicht genommene Ehemann über keine Einkünfte aus einer beruflichen Tätigkeit verfügt, rechtfertigt jedenfalls eine Nichterteilung der Befreiung nicht, ebenso wenig die Folgerung, einer mit 16 Jahren schwanger gewordenen minderjährigen Antragstellerin fehle es an der erforderlichen Reife.[6] Auch allein die Tatsache, dass der künftige Ehepartner strafrechtlich in Erscheinung getreten ist, reicht nicht aus. Etwa vorhandene Vorstrafen müssen nämlich den Schluss zulassen, dass entweder die Ehe voraussichtlich scheitern wird, oder dass ein weiterer Umgang aufgrund der Art der Vorstrafe nicht dem Kindeswohl entspricht.[7]

Widerspricht der **Personensorgeberechtigte** dem Antrag des Minderjährigen, ist nach Abs. 3 die   **7** Erteilung der Befreiung ausgeschlossen, wenn der Widerspruch auf **triftigen Gründen** beruht. Die Widerspruchsbefugnis als höchstpersönliches Recht resultiert aus dem Personensorgerecht und steht demjenigen zu, der als Sorgeberechtigter gem. § 1629 zur Vertretung des Minderjährigen in dessen persönlichen Angelegenheiten berechtigt ist. Wer hingegen lediglich die Vermögenssorge innehat, ist nicht widerspruchsbefugt. Sowohl miteinander verheiratete (§ 1626) wie auch nicht miteinander verheiratete Eltern, die Sorgeerklärungen gemeinsam abgegeben haben (§ 1626a Abs. 1 Nr. 1), haben als Vertreter des Kindes (1629) ein Widerspruchsrecht. Grundsätzlich hat jeder Elternteil ein eigenes Widerspruchsrecht; § 1629 Abs. 1 Satz 3 ist nicht anwendbar. Falls jedoch einem Elternteil die Vertretung in persönlichen Angelegenheiten allein zusteht (wie etwa in den Fällen der §§ 1626a Abs. 2, 1671 oder § 1672) oder diese einem Vormund übertragen ist (§ 1671), so ist dieser widerspruchsbefugt, nicht jedoch derjenige, dem die Personensorge gänzlich entzogen ist.[8]

Da einziger Maßstab zur Entscheidung über den Befreiungsantrag das Wohl des Minderjährigen   **8** ist, kommen als in diesem Sinne triftige Gründe nur solche Umstände in Betracht, die die Person des Minderjährigen oder seines Partners zum Gegenstand haben oder die beabsichtigte Ehe betreffen. Unbeachtlich sind persönliche Interessen des Sorgeberechtigten, sonstiger Angehöriger oder Dritter, insb. auch religiöse Einstellungen, aufgrund derer eine konfessionsfremde oder nicht religiöse Ehe oder Kindeserziehung verhindert werden soll. Dies bedeutet, dass als Entscheidungskriterien letztlich dieselben Gesichtspunkte wie vorstehend dargestellt maßgeblich sind. Die Bedeutung der Regelung in Abs. 3 liegt damit lediglich darin, dass bei Zustimmung des Personensorgeberechtigten und dem Fehlen offensichtlicher Gegenargumente im Zweifel die Befreiung zu erteilen ist, bei Widerspruch hingegen beachtenswerte Bedenken im Zweifel zur Ablehnung des Befreiungsantrages führen; der Sache nach handelt sich um eine Regelung für den non-liquet-Fall.[9]

Ist die familiengerichtliche Befreiung erteilt worden, **bedarf** es zur **Eheschließung nicht mehr** der   **9** **Einwilligung** des **Inhabers** des **Sorgerechts** (Abs. 4). Dies gilt unabhängig davon, ob seine Zustimmung zur Befreiung vorgelegen hat, evtl. später widerrufen wurde, oder ob die Befreiung nach Abs. 3 gegen den Widerspruch des Personensorgeberechtigten erfolgt ist.

---

5 OLG Thüringen FamRZ 1997, 1274.
6 OLG Hamm FamRZ 2010, 1801.
7 OLG Hamm FamRZ 2010, 1801.
8 BayObLG NJW 1965, 868.
9 MüKo/Müller-Gindullis § 1303 Rn. 19.

II. Wirksamkeit der Ehe

10 Eine entgegen § 1303 ohne familiengerichtliche Befreiung geschlossene Ehe ist nach § 1314 Abs. 1 aufhebbar und, wie sich aus § 1313 Satz 2 ergibt, erst mit Rechtskraft des Aufhebungsurteils aufgelöst. Nach § 1315 Abs. 1 Nr. 1 ist die Aufhebung ausgeschlossen, wenn das Familiengericht nachträglich die Eheschließung genehmigt oder der bei Eheschließung Minderjährige nach Erreichen der Volljährigkeit zu erkennen gibt, dass er die Ehe fortsetzen will (»Bestätigung«). Eine unter Verstoß gegen § 1303 geschlossene Ehe ist daher **wirksam**. Die Anwendung von ausländischem Recht kann bei starkem Inlandsbezug gegen den deutschen ordre public verstoßen, wenn sie dazu führen würde, dass ein 14-jähriges Mädchen wirksam die Ehe geschlossen hat.[10] Ist eine Ehe wirksam nach ausländischem Recht geschlossen und fehlen sachliche oder förmliche Voraussetzungen, so bestimmt das verletzte Recht auch dann die Rechtsfolgen, wenn sich das Fehlen von Voraussetzungen nur aus der Sicht des deutschen Rechtskreises aufgrund einer Nichtanwendung ausländischer Vorschriften zur Vermeidung eines ordre-public-Verstoßes ergibt. Greift die Vorbehaltsklausel des Art. 6 EGBGB ein, ist deshalb grds. zunächst eine Lösung im fremden Recht zu suchen.

III. Verfahrensrecht

11 Der **Antrag** auf Befreiung muss beim Familiengericht gestellt werden. Antragsberechtigt ist der hierfür selbst verfahrensfähige Minderjährige, auch wenn er das Mindestalter von 16 Jahren noch nicht erreicht hat. Im Hinblick auf die Höchstpersönlichkeit der Eheschließungsfreiheit und den Gesetzeswortlaut, der in Abs. 3 den »Antragsteller« von dessem gesetzlichen Vertreter abgrenzt, hat letzterer kein eigenes Antragsrecht.

12 In dem Verfahren nach § 1303 Abs. 2 über die Befreiung von dem Regelalterserfordernis der Volljährigkeit zur Eingehung der Ehe muss das nach §§ 23a Abs. 1 Nr. 1, 23b Abs. 1 Nr. 1 GVG, §§ 111 Nr. 2, 151 Nr. 1 FamFG zuständige **Familiengericht** zur Aufklärung des Sachverhalts von Amts wegen die Eltern des Minderjährigen (§ 160 FamFG), den Minderjährigen selbst (§ 159 FamFG) und das Jugendamt (§ 162 FamFG) **anhören**; in aller Regel soll auch der volljährige Verlobte angehört werden (§ 26 FamFG).[11] Es besteht Richtervorbehalt gem. § 14 Abs. 1 Nr. 13 RPflG.

§ 1304 Geschäftsunfähigkeit

Wer geschäftsunfähig ist, kann eine Ehe nicht eingehen.

1 § 1304 normiert neben der in § 1303 geregelten lebensaltersabhängigen Ehemündigkeit die **Geschäftsfähigkeit** als weitere **Voraussetzung** der **Ehefähigkeit**: Danach ist eheunfähig, wer geschäftsunfähig ist.

2 Geschäftsunfähigkeit bestimmt sich nach § 104. Gem § 104 Nr. 1 ist geschäftsunfähig, wer nicht das 7. Lebensjahr vollendet hat. Dieser Tatbestand hat indes keine praktische Bedeutung für den Ausschluss der Ehefähigkeit, da Kinder diesen Alters ohnehin nicht ehemündig sind. Bedeutsam hingegen ist die **natürliche Geschäftsunfähigkeit** i.S.v. § 104 Nr. 2. Die Norm kommt in Betracht bei volljährigen sowie bei mindestens 16 Jahre alten minderjährigen – und damit unter den Voraussetzungen des § 1303 ggf. ehemündigen – Heiratswilligen. Geschäftsunfähigkeit in diesem Sinne ist zu unterscheiden von Zuständen der Bewusstlosigkeit oder vorübergehenden Störung der

---

10 KG StAZ 2012, 142 (hier: zu § 6 des Ottomanischen Familiengesetzes).
11 OLG Saarbrücken FamRZ 2003, 1662.

Geistestätigkeit (§ 105 Abs. 2), die § 1304 nicht unterfallen und daher der Ehefähigkeit nicht entgegenstehen, allerdings einen besonderen Aufhebungsgrund (§ 1314 Abs. 2 Nr. 1) ergeben.[1]

Geschäftsfähigkeit i.S.v. § 1304 ist unter Berücksichtigung der in Art. 6 Abs. 1 GG verfassungs- **3** rechtlich garantierten Eheschließungsfreiheit als »Ehegeschäftsfähigkeit« zu beurteilen.[2] Bei dieser handelt es sich um einen Unterfall der Geschäftsfähigkeit, nach der es einzig darauf ankommt, ob der Verlobte in der Lage ist, das Wesen der Ehe zu begreifen und insoweit eine freie Willensentscheidung zu treffen; seine sonstigen Verstandesfähigkeiten sind nicht ausschlaggebend. Die Bestellung eines Betreuers ist kein Indiz für Geschäftsunfähigkeit und somit auch nicht für Eheunfähigkeit. Eine erhebliche geistige Behinderung muss nicht die Einsichtsfähigkeit in das Wesen der Ehe und die freie Willensentscheidung zur Eheschließung ausschliessen, mag auch die Einsichtsfähigkeit für andere Rechtsgeschäfte fehlen. Zur Ehefähigkeit reicht daher eine insoweit vorhandene **partielle Geschäftsfähigkeit** aus. Es können daher auch psychisch und geistig Behinderte heiraten, auch wenn Betreuung und ein Einwilligungsvorbehalt angeordnet sind, soweit nicht die Voraussetzungen des § 104 Nr. 2 vorliegen. Da die Ehegeschäftsfähigkeit nicht allein von der Intensität der Geistesstörung abhängt, sondern von der Frage, ob die Geistesstörung die Einsicht in die Bedeutung der Ehe und die Freiheit des Willensentschlusses zur Eingehung der Ehe beeinträchtigt, ist es für die Frage der Ehegeschäftsfähigkeit nicht entscheidend, ob der Betroffene die rechtlichen Konsequenzen einer Ehe erfassen kann, sondern es ist ausreichend, dass er den Sinn einer Ehe und die Veränderung in seinem Leben durch eine Eheschließung erkennen und begreifen kann, da selbst eine erhebliche geistige Behinderung nicht zwingend die notwendige Einsichtsfähigkeit in das Wesen der Ehe und die freie Willensentscheidung zur Eheschließung ausschließen muss.[3]

Die entgegen § 1304 von einem Geschäftsunfähigen geschlossene Ehe ist nach §§ 1313, 1314 **4** Abs. 1 durch richterliche Entscheidung aufhebbar und ist erst mit Rechtskraft des Aufhebungsurteils aufgelöst (§ 1313 Satz 2). Antragsberechtigt für das Verfahren der Eheaufhebung sind bei einem Verstoß gegen § 1304 jeder Ehegatte sowie die zuständige Verwaltungsbehörde (§ 1316 Abs. 1 Nr. 1). Der Standesbeamte muss seine Mitwirkung nach § 1310 Abs. 1 Satz 2 Hs. 2 verweigern, wenn offenkundig ist, dass eine nur vorübergehende Störung der Geistestätigkeit vorlag, da in diesem Fall die Ehe nach §§ 1314 Abs. 2 Nr. 1, 105 Abs. 2 aufhebbar ist. Nach § 1315 Abs. 1 Nr. 2 ist die Aufhebung ausgeschlossen, wenn der Ehegatte nach Wegfall der Geschäftsunfähigkeit zu erkennen gibt, dass er die Ehe fortsetzen will (»Bestätigung«). Eine unter Verstoß gegen § 1304 geschlossene Ehe ist daher **wirksam.** Hat die Verwaltungsbehörde ein Eheaufhebungsverfahren beantragt, dann hat das Gericht das Eingreifen der Härteklausel nach § 1316 Abs. 3 eigenständig zu prüfen. Ist dies zu bejahen, hat es den Antrag der Verwaltungsbehörde als unzulässig abzuweisen. Bei der Prüfung des Härtefalles ist das bestehende öffentliche Ordnungsinteresse gegen die privaten Interessen der Ehegatten und Kinder unter Beachtung der Grundrechtsgarantien des Art. 6 Abs. 1 GG abzuwägen. Eine Aufhebung der Ehe ist jedenfalls dann nicht geboten, wenn vom Standpunkt eines billig und gerecht denkenden Betrachters dem öffentlichen Interesse an der Aufhebung kein wesentliches Gewicht mehr beigemessen werden kann.[4]

Auslandsbezug: Ehefähigkeit wie auch Geschäftsfähigkeit bestimmen sich gem. Art. 13 Abs. 1 **5** und 7 EGBGB nach dem Heimatrecht des Verlobten. Bei danach gegebener Ehefähigkeit, jedoch fehlender Ehegeschäftsfähigkeit i.S.v. § 1304 – wie auch im umgekehrten Falle – kommt ein ordre-public-Verstoß (Art. 6 EGBGB) in Betracht.

---

1 Zu den Einzelvoraussetzungen natürlicher Geschäftsunfähigkeit und deren Abgrenzung zu Zuständen der Bewusstlosigkeit oder vorübergehenden Störung der Geistestätigkeit s. PWW/Völzmann-Stickelbrock BGB § 104 Rn. 5 und § 105 Rn. 4.
2 Vgl. BVerfG FamRZ 2003, 359.
3 S. etwa OLG Brandenburg FamRZ 2011, 216.
4 BGH, FamRZ 2012, 940 = FuR 2012, 371.

§ 1305

(weggefallen)

Untertitel 2   Eheverbote

§ 1306   Bestehende Ehe oder Lebenspartnerschaft

Eine Ehe darf nicht geschlossen werden, wenn zwischen einer der Personen, die die Ehe miteinander eingehen wollen, und einer dritten Person eine Ehe oder eine Lebenspartnerschaft besteht.

A. Eheschließungsverbot

1   Die Vorschrift wurde durch das EheschlRG vom 04.05.1998[1] mit Wirkung vom 01.07.1998 in das BGB eingefügt. Sie löst die bisher geltenden entsprechenden Vorschriften des EheG[2] (dort insb. §§ 5, 20, 23) ab und gilt damit uneingeschränkt für alle Eheschließungen, die seit dem 01.07.1998 vorgenommen werden. Das in § 5 EheG normierte Eheverbot war als solches inhaltsgleich mit § 1306.

2   Die Norm statuiert ausnahmslos das Verbot der Eheschließung, wenn zumindest einer der Verlobten mit einem Dritten wirksam verheiratet ist.[3] Als **zweiseitiges Verbot** gilt es bei Eheschließung im Inland auch dann, wenn ein ausländischer Verlobter nach seinem Heimatrecht mehrere Ehen eingehen darf. Kein Verstoß liegt vor, wenn die frühere Ehe eine Nichtehe (Eheschließung unwirksam aufgrund aufgrund schwerwiegender formeller oder materiell-rechtlicher Mängel) ist, wenn sie geschieden oder aufgehoben oder wenn sie nach früherem oder ausländischen Recht für nichtig erklärt worden ist. § 1 Abs. 3 Nr. 1 LPartG bestätigt das Eheverbot auch bei einer bestehenden Lebenspartnerschaft. Adressat der Vorschrift des § 1306 sind zunächst die Heiratswilligen selbst, wie sich aus der Strafbarkeit der Doppelehe nach § 172 StGB ergibt. Als Ehehindernis gilt die Vorschrift in gleicher Weise für den Standesbeamten, der vor Vornahme einer Eheschließung von Amts wegen zu prüfen hat, ob zum Zeitpunkt der Eheschließung eine anderweitige Ehe vorliegt (§ 13 Abs. 1 PStG). Soweit dies der Fall ist, muss die Vornahme der neuen Eheschließung verweigert werden, es sei denn, die Auflösung der anderweitigen Ehe durch Tod des früheren Ehegatten oder aufgrund rechtskräftiger und nicht wieder aufgehobener[4] Scheidung, Aufhebung oder Nichtigerklärung ist festzustellen. Die Beweisführung dazu ist geregelt in § 13 Abs. 2 PStG.

---

1   BGBl I 833.
2   Zuletzt geltende Fassung BGBl 1986 I 1142.
3   Zur Rücknahme von wegen Verstoßes gegen das Verbot von Doppelehen rechtswidrig erteilten Aufenthaltstiteln s. zuletzt OVG Saarland FamFR 2010, 216.
4   BGH FamRZ 1976, 336, 338.

B. Wirksamkeitsfrage

I. Eheschließung seit 01.07.1998

Ist eine Ehe unter Verstoß gegen das in § 1306 normierte Ehehindernis geschlossen worden, ist zu **3** klären, ob eine solche Ehe dennoch wirksam ist oder nicht. **Seit 01.07.1998 bigamisch geschlossene Ehen** sind nach § 1314 Abs. 1 **aufhebbar**, jedoch **wirksam bis zur Rechtskraft des Aufhebungsurteils** (§ 1313 Satz 2). Bei rechtskräftiger Aufhebung tritt ex nunc[5] Unwirksamkeit ein; für die Vergangenheit bleibt die Ehe voll gültig. Nach dem Tod eines Ehegatten ist eine Aufhebung nicht mehr möglich; § 131 FamFG gilt auch hier.[6]

Zur Aufhebung der bigamischen Ehe **antragsberechtigt** sind nach § 1316 Abs. 1 Nr. 1 jeder Ehe- **4** gatte, die zuständige Verwaltungsbehörde und »die dritte Person«, also der Partner der vorangehenden Ehe. Dessen Aufhebungsantrag ist allerdings unzulässige Rechtsausübung, wenn die erste Ehe im Zeitpunkt der Entscheidung über die Aufhebung der bigamischen Ehe bereits aufgelöst war.[7]

Die unterhalts- und güterrechtlichen **Folgen** einer **rechtskräftigen Aufhebung** sowie diejenigen zu **5** Versorgungsausgleich, Ehewohnung und Hausrat ergeben sich aus § 1318 Abs. 1–4. Das gesetzliche Erbrecht des überlebenden Ehegatten ist bei rechtskräftiger Aufhebung der Ehe vor dem Erbfall ausgeschlossen (vgl. 1931 Abs. 1). Bei bloßer Aufhebbarkeit ist das Erbrecht nur unter den besonderen Voraussetzungen des § 1933 Satz 2 oder des § 1318 Abs. 5 ausgeschlossen. Liegen diese Voraussetzungen nicht vor, ist – auch – der überlebende Ehegatte einer bigamischen Ehe gesetzlicher Erbe.

Heilung der wegen Bigamie fehlerhaften – jedoch wirksamen – Eheschließung im Sinne eines **6** **Ausschlusses** der **Aufhebbarkeit** ergibt sich nach § 1315 Abs. 2 Nr. 1 für den Fall, dass bei Eingehung der bigamischen Ehe ein **Scheidungs- oder Aufhebungsurteil** bezüglich der früheren Ehe **bereits ausgesprochen** wurde, jedoch noch nicht rechtskräftig war. Mit dessen Rechtskraft ist die Aufhebung der späteren Ehe ausgeschlossen.

Ein weiterer, allerdings eingeschränkter Ausschluss der Aufhebbarkeit folgt aus §§ 1319, 1320. **7** Nach § 1319 Abs. 1 können weder die Partner der bigamischen Ehe noch der frühere Ehegatte noch die zuständige Verwaltungsbehörde die Aufhebung beantragen, wenn die neue **Eheschließung nach unrichtiger Todeserklärung** bezüglich eines der früheren Ehegatten erfolgt ist und zumindest einer der nunmehr Eheschließenden nicht wusste, dass der für tot Erklärte noch lebt. Die neue Ehe erlangt Bestandschutz dadurch, dass die frühere Ehe gem. § 1319 Abs. 2 aufgelöst wird.[8] Allerdings kann der Ehepartner, welcher mit dem zu Unrecht für tot Erklärten verheiratet war, gem. § 1320 Abs. 1 fristgebunden die Aufhebung betreiben, jedoch nur, wenn er bei Eingehung der Zweitehe nicht wusste, dass der für tot Erklärte noch lebt. **Darüber hinaus** gibt es **keine Heilung der bigamischen Ehe**. Deren Partnern bleibt es unbenommen, nach Aufhebung ihrer Ehe und Auflösung der entgegenstehenden anderweitigen Ehe einander erneut zu heiraten und auf diesem Wege für die Zukunft eine nicht aufhebbare Ehe zu begründen.

II. Altehen

Bei bigamischer **Eheschließung vor dem 01.07.1998** ergab sich aus §§ 5, 20 Abs. 1, 23 EheG **8** »Nichtigkeit«, welche allerdings **erst mit Rechtskraft** des die **Nichtigkeit aussprechenden Urteils rückwirkend** eintrat; **ohne ein solches Urteil** galt die *Ehe* als **wirksam**. Die Nichtigerklärung war auch noch nach dem Tode eines der Ehegatten möglich (§ 24 EheG). Übergangsregelung zur

---

5 BGH FamRZ 2001, 685, 686 = FuR 2001, 363, 366.
6 Im Gegensatz zu dem bis zum 30.06.1998 geltenden Recht (§ 24 Abs. 1 Satz 2 EheG).
7 BGH FamRZ 2002, 604 = FuR 2002, 220.
8 BGH FamRZ 1994, 498 zum inhaltsgleichen § 38 EheG.

Nichtigerklärung/Aufhebung solcher Ehen ist, wenn diese nicht bereits vor dem 01.07.1998 erfolgt ist, Art. 226 Abs. 2 und 3 EGBGB. Danach ist grds. neues Recht auf die Aufhebung anzuwenden (Art. 226 Abs. 3 EGBGB), also keine rückwirkende Nichtigerklärung mehr möglich. Nur für am 01.07.1998 bereits rechtshängige Nichtigkeitsklagen verblieb es beim alten Recht (Art. 226 Abs. 2 EGBGB).

9   Besonderheiten gelten für vor dem 03.10.1990 auf dem Gebiet der damaligen **DDR** geschlossene bigamische Ehen. Nach Anlage I Kap. III Sachgebiet B Abschnitt III Nr. 11a des Vertrages zur Herstellung der deutschen Einheit vom 30.09.1990[9] gelten §§ 1–21 EheG nicht für vor dem 03.10.1990 geschlossene Ehen. Die Wirksamkeit solcher Ehen bestimmt sich nach dem bis dahin auf dem Gebiet der ehemaligen DDR geltenden Recht. Bis zum Erlass der VO über Eheschließung und Eheauflösung vom 24.11.1955[10] war dies das Ehegesetz,[11] seit dem 01.04.1966 das FGB/DDR, welches bis zum Beitritt galt.[12] Diese Regelungen waren, was die Nichtigkeit der Doppelehe betraf, letztlich inhaltsgleich mit denjenigen im Ehegesetz.

III. Auslandsbezug

10   Ist eine Doppelehe zwischen Ausländern oder unter Beteiligung eines ausländischen Partners oder im Ausland geschlossen worden, ist zur Wirksamkeitsfrage zunächst kollisionsrechtlich zu klären, welche Rechtsordnung hierfür maßgeblich ist. Kollisionsnorm zur Anknüpfung der **materiellrechtlichen** Voraussetzungen der Eheschließung unter Einschluss der Wirksamkeitsfrage bei materiell-rechtlich fehlerhafter Eheschließung ist Art. 13 Abs. 1 und 2 EGBGB. Davon zu unterscheiden ist das Statut zur **Form** für die Eingehung der Ehe, welches selbständig anzuknüpfen ist; es beinhaltet auch die Anknüpfung zur Wirksamkeitsfrage bei Verletzung von Formvorschriften. Dessen Regelung findet sich in Art. 13 Abs. 3 EGBGB, allerdings nur für den Fall der Eheschließung im Inland – bei Eheschließung im Ausland ergibt sich das Formstatut aus Art. 11 Abs. 1 EGBGB. Das nach niederländischem Recht bestehende Ehehindernis der registrierten Partnerschaft zwischen einem Niederländer und einer Deutschen steht deren Eheschließung in Deutschland entgegen.[13]

§ 1307   Verwandtschaft

[1]Eine Ehe darf nicht geschlossen werden zwischen Verwandten in gerader Linie sowie zwischen vollbürtigen und halbbürtigen Geschwistern. [2]Dies gilt auch, wenn das Verwandtschaftsverhältnis durch Annahme als Kind erloschen ist.

A. Eheschließungsverbot

1   Die Vorschrift wurde durch das EheschlRG mit Wirkung vom 01.07.1998 in das BGB eingefügt. Sie löst die zuvor maßgeblichen Vorschriften des EheG (dort §§ 4, 21, 23) ab und gilt damit

---

9 BGBl II 885 ff.
10 GBl DDR I 849 f.
11 I.d.F. des KontrollratsG Nr. 16 vom 20.02.1946 (KRABl 77 und 294).
12 BGH FamRZ 2001, 685 = FuR 2001, 363, 364.
13 KG StAZ 2012, 107.

uneingeschränkt für alle Eheschließungen, die seit dem 01.07.1998 vorgenommen wurden/werden. Das in § 4 EheG normierte Eheverbot war insoweit weitergehend als § 1307, als es – im Gegensatz zum nunmehrigen Recht – auch eine Eheschließung zwischen miteinander in gerader Linie Verschwägerten ausschloss.

§ 1307 statuiert ausnahmslos das Verbot der Eheschließung, wenn die Verlobten miteinander in **gerader Linie verwandt** oder **Geschwister** sind. Als **zweiseitiges Verbot** gilt es bei Eheschließung im Inland z.B. auch dann, wenn ein ausländischer Verlobter nach seinem Heimatrecht eine Geschwisterehe eingehen darf. Das Eheverbot korrespondiert mit der Strafbarkeit des Beischlafs zwischen in dieser Weise miteinander Verwandten (§ 173 StGB). Als Ehehindernis gilt es insb. auch für den Standesbeamten, der vor Vornahme einer Eheschließung von Amts wegen zu prüfen hat, ob Verwandtschaft i.S.v. § 1307 vorliegt (§ 13 Abs. 1 PStG). Soweit dies der Fall ist, muss er die Vornahme der Eheschließung verweigern.

Verwandtschaft in gerader Linie bestimmt sich grds. nach § 1589 Satz 1. Voraussetzung ist die Abstammung voneinander; auf den Grad der Verwandtschaft kommt es nicht an. Über § 1589 hinaus bedeutet »Abstammung« hierbei nicht nur die über §§ 1591 ff. anzuknüpfende rechtliche Abstammung, sondern **jede genetische Abstammung**. Dasselbe gilt für vollbürtige und halbbürtige Geschwister, also Personen, die unmittelbar von zumindest einem gemeinsamen Elternteil abstammen.

Das Eheverbot besteht sowohl bei blutsmäßiger wie auch bei rechtlicher Verwandschaft. Derjenige, der gem. § 1592 Nr. 1 bzw. 2 als Vater des Kindes gilt, weil das Kind in der Ehe geboren oder die Vaterschaft anerkannt wurde, darf sein Kind nicht heiraten, auch wenn das Kind genetisch nicht von ihm abstammt. In bestimmtem gesetzlich geregeltem Umfang entsteht bei **Adoption** rechtliche Verwandtschaft zwischen i.d.R. nicht durch genetische Abstammung verbundenen Personen, während zu anderen Personen bestehende Verwandtschaft ggf. erlischt. Hierbei gilt als Grundsatz die Regelung in § 1754 Abs. 1 und 2, wonach das adoptierte Kind die rechtliche Stellung eines Kindes des Annehmenden erhält und damit im Rechtssinne mit diesem verwandt wird, was sich auf die Verwandten des Annehmenden sowie des Angenommenen erstreckt. Umgekehrt erlöschen grds. die Verwandtschaftsverhältnisse des angenommenen Kindes und seiner Abkömmlinge zu seinen bisherigen Verwandten (§ 1755). Ausnahmen gelten bei der Verwandten- und der Stiefkindadoption (§ 1756) sowie bei der Adoption Volljähriger (§ 1770). Besonderheiten gelten für vor dem 01.01.1977 Adoptierte (Art. 12 §§ 1–3 AdoptG v. 02.07.1976).[1] Nach Satz 2 bleibt das **Eheverbot** bei **adoptionsrechtlich bedingtem Erlöschen** eines **Verwandtschaftsverhältnisses bestehen.** Auf adoptionsrechtlich bedingtes **Entstehen** von Verwandtschaft ist § 1307 nicht anwendbar; das dahingehende Ehehindernis findet seine spezielle Regelung in § 1308.

Eine Befreiung vom Eheverbot des § 1307 ist nicht möglich.

B. Wirksamkeitsfrage

I. Eheschließung seit dem 01.07.1998

Fraglich ist, welche Auswirkung der Verstoß gegen § 1307 auf die Wirksamkeit einer dennoch geschlossenen Ehe hat. Seit dem 01.07.1998 entgegen dem Eheverbot des § 1307 geschlossene Ehen sind gem. § 1314 Abs. 1 aufhebbar, jedoch wirksam bis zur Rechtskraft des Aufhebungsurteils (§ 1313 Satz 2). Bei rechtskräftiger Aufhebung tritt ex nunc Unwirksamkeit ein;[2] für die Vergangenheit bleibt die Ehe voll gültig. Nach dem Tode eines Ehegatten ist eine Aufhebung nicht mehr möglich: § 131 FamFG gilt – im Gegensatz zu dem bis zum 30.06.1998 geltenden Recht (§ 24 Abs. 1 2 EheG) – auch hier.

---

1 BGBl I 1749.
2 BGH FamRZ 2001, 685 = FuR 2001, 363.

7   Die unterhalts- und güterrechtlichen **Folgen** einer **rechtskräftigen Aufhebung** sowie diejenigen zu Versorgungsausgleich, Ehewohnung und Hausrat ergeben sich aus § 1318 Abs. 1–4. Ein gesetzliches Erbrecht des Überlebenden besteht nicht, falls die Ehe vor dem Erbfall rechtskräftig aufgehoben worden ist (vgl. § 1931 Abs. 1). Bei bloßer Aufhebbarkeit ist das Erbrecht nur unter den besonderen Voraussetzungen des § 1933 Satz 2 oder des § 1318 Abs. 5 ausgeschlossen. Liegen diese Voraussetzungen nicht vor, ist der überlebende Ehegatte einer verbotswidrig zwischen Verwandten geschlossenen Ehe gesetzlicher Erbe.

8   Die Aufhebbarkeit einer entgegen § 1307 geschlossenen Ehe erfährt keine Ausnahme: Heilung ist ausgeschlossen.

II. Altehen

9   Bei **Eheschließung vor dem 01.07.1998** ergab sich aus §§ 5, 20 Abs. 1, 23 EheG »**Nichtigkeit**« der verbotswidrig geschlossenen Verwandtenehe, welche allerdings erst mit **Rechtskraft** des die **Nichtigkeit aussprechenden Urteils rückwirkend** eintrat; ohne ein solches Urteil galt die Ehe als wirksam. Die Nichtigerklärung war auch noch nach dem Tode eines der Ehegatten möglich (§ 24 EheG). Übergangsregelung zur Nichtigerklärung/Aufhebung solcher Ehen ist, wenn diese nicht bereits vor dem 01.07.1998 erfolgt ist, Art. 226 Abs. 2 und 3 EGBGB. Danach ist grds. neues Recht auf die Aufhebung anzuwenden (Art. 226 Abs. 3 EGBGB), also keine rückwirkende Nichtigerklärung mehr möglich. Nur für am 01.07.1998 bereits rechtshängige Nichtigkeitsklagen verblieb es beim alten Recht (Art. 226 Abs. 2 EGBGB).

10   Besonderheiten gelten für vor dem 03.10.1990 auf dem Gebiet der damaligen **DDR** geschlossene Ehen. Nach Anlage I Kap. III Sachgebiet B Abschnitt III Nr. 11 a des Vertrages zur Herstellung der deutschen Einheit vom 30.09.1990 gelten §§ 1–21 EheG nicht für vor dem 03.10.1990 geschlossene Ehen. Die Wirksamkeit solcher Ehen bestimmt sich nach dem bis dahin auf dem Gebiet der ehemaligen DDR geltenden Recht. Bis zum Erlass der VO über Eheschließung und Eheauflösung vom 24.11.1955 war dies das EheG (i.d.F. des KontrollratsG Nr. 16 vom 20.02.1946), seit dem 01.04.1966 das FGB/DDR, welches bis zum Beitritt galt (BGH FamRZ 2001, 685). Diese Regelungen waren, was die Nichtigkeit der Verwandtenehe betraf, letztlich inhaltsgleich mit denjenigen im EheG.

§ 1308 Annahme als Kind

(1) ¹Eine Ehe soll nicht geschlossen werden zwischen Personen, deren Verwandtschaft im Sinne des § 1307 durch Annahme als Kind begründet worden ist. ²Dies gilt nicht, wenn das Annahmeverhältnis aufgelöst worden ist.

(2) ¹Das Familiengericht kann auf Antrag von dieser Vorschrift Befreiung erteilen, wenn zwischen dem Antragsteller und seinem künftigen Ehegatten durch die Annahme als Kind eine Verwandtschaft in der Seitenlinie begründet worden ist. ²Die Befreiung soll versagt werden, wenn wichtige Gründe der Eingehung der Ehe entgegenstehen.

1   Während § 1307 den Umfang des Ehehindernisses wegen leiblicher Verwandtschaft im Sinne von § 1589 regelt, betrifft § 1308 die Frage, inwieweit durch **Adoption entstandene Verwandtschaft** der Eheschließung entgegensteht. Ein solches Verwandtschaftsverhältnis wird begründet bei der Annahme Minderjähriger gem. § 1754 Abs. 1, 2 und bei der Annahme Volljähriger gem. §§ 1767 Abs. 2, 1754 Abs. 1, 2, 1770 Abs. 1 Satz 1, 1772 Abs. 1. Das **Ehehindernis** besteht zwischen Adoptiveltern und -kindern (auch: Adoptivgroßeltern und -enkeln) sowie zwischen Adoptivgeschwistern. Der Standesbeamte hat das Ehehindernis von Amts wegen zu prüfen (§ 5 Abs. 2 PStG) und muss zutreffendenfalls die Eheschließung ablehnen. Gem. Abs. 1 Satz 2 besteht das Ehehindernis nicht mehr, wenn das Annahmeverhältnis aufgehoben worden ist (§§ 1759 ff., 1771).

Gem **Abs. 2** kann bei einer zwischen Adoptivgeschwistern beabsichtigten Eheschließung durch das **2** Familiengericht **Befreiung** erteilt werden. Für durch Adoption in gerader Linie miteinander Verwandte ist dies nicht möglich. Maßstab für die Entscheidung über die Befreiung ist, ob der beabsichtigten Eheschließung »wichtige Gründe« entgegenstehen (Satz 2). Die Befreiung ist die Regel, ihre Verweigerung die Ausnahme. Das Gericht hat kein Ermessen, sondern ist lediglich zur Prüfung des unbestimmten Rechtsbegriffs »wichtige Gründe« berechtigt und verpflichtet. Solche Gründe müssen in der Sphäre des bestehenden Familienverbands liegen; Aspekte aus dem persönlichen Verhältnis der Heiratswilligen – etwa: Prognose der neuen Ehe, Altersunterschied – sind nicht maßgebend.[1]

Wird eine **Ehe unter Verletzung** des **Ehehindernisses** des § 1308 **geschlossen**, ist sie **wirksam** und **3** nicht aufhebbar. Falls die Ehe zwischen einem Adoptivelternteil und dem Adoptivkind (oder Adoptivenkel) geschlossen wurde, ist gem. § 1766 das Annahmeverhältnis aufgehoben.

Untertitel 3   Ehefähigkeitszeugnis

§ 1309   Ehefähigkeitszeugnis für Ausländer

(1) [1]Wer hinsichtlich der Voraussetzungen der Eheschließung vorbehaltlich des Artikels 13 Abs. 2 des Einführungsgesetzes zum Bürgerlichen Gesetzbuche ausländischem Recht unterliegt, soll eine Ehe nicht eingehen, bevor er ein Zeugnis der inneren Behörde seines Heimatstaats darüber beigebracht hat, dass der Eheschließung nach dem Recht dieses Staates kein Ehehindernis entgegensteht. [2]Als Zeugnis der inneren Behörde gilt auch eine Bescheinigung, die von einer anderen Stelle nach Maßgabe eines mit dem Heimatstaat des Betroffenen geschlossenen Vertrags erteilt ist. [3]Das Zeugnis verliert seine Kraft, wenn die Ehe nicht binnen sechs Monaten seit der Ausstellung geschlossen wird; ist in dem Zeugnis eine kürzere Geltungsdauer angegeben, ist diese maßgebend.

(2) [1]Von dem Erfordernis nach Absatz 1 Satz 1 kann der Präsident des Oberlandesgerichts, in dessen Bezirk das Standesamt, bei dem die Eheschließung angemeldet worden ist, seinen Sitz hat, Befreiung erteilen. [2]Die Befreiung soll nur Staatenlosen mit gewöhnlichem Aufenthalt im Ausland und Angehörigen solcher Staaten erteilt werden, deren Behörden keine Ehefähigkeitszeugnisse im Sinne des Absatzes 1 ausstellen. [3]In besonderen Fällen darf sie auch Angehörigen anderer Staaten erteilt werden. [4]Die Befreiung gilt nur für die Dauer von sechs Monaten.

A. Geltungsbereich

Die Vorschrift steht im Kontext mit der Regelung zum Eheschließungsstatut in Art. 13 Abs. 1 **1** EGBGB. Danach ergeben sich die materiellen Voraussetzungen der Eheschließung für jeden Verlobten aus dem Recht des Staates, dem er unmittelbar vor der Eheschließung angehörte;[1] Anknüpfungspunkt ist die jeweilige Staatsangehörigkeit. Da auf das jeweilige Heimatrecht beider Verlob-

---

1 Vgl KG FamRZ 1984, 582 zur gleichgelagerten Problematik im vormaligen § 4 Abs. 3 EheG (Befreiung von dem damals geltenden Ehehindernis der Schwägerschaft).
1 BGH NJW 1966, 1811.

ter verwiesen wird, darf die Ehe nur dann geschlossen werden, wenn alle Voraussetzungen nach den aufgrund der doppelten Verweisung berufenen Rechtsordnungen vorliegen. Liegt nach nur einer Rechtsordnung ein Ehehindernis vor, nach der anderen jedoch nicht, steht dies der Eheschließung entgegen. Nach § 13 Abs. 1 PStG hat der Standesbeamte von Amts wegen zu prüfen, ob der Eheschließung ein Ehehindernis entgegensteht, insb. also auch festzustellen, dass bei einem ausländischen Verlobten kein nach dessen Heimatrecht bestehendes Hindernis vorliegt. Zur Erleichterung dieser Prüfung normiert § 1309 für ausländische Verlobte die Verpflichtung, dem Standesbeamten ein **Ehefähigkeitszeugnis** vorzulegen, welches von der zuständigen Behörde seines Heimatstaats ausgestellt worden ist und bescheinigt, dass nach dem Recht dieses Staates kein Ehehindernis besteht. Anhand des Ehefähigkeitszeugnisses soll eine dem Heimatrecht des Ehegatten widersprechende »hinkende« Ehe vermieden werden.[2]

2   Wie sich aus dem Wortlaut von Abs. 1 Satz 1 ergibt, ist die Norm – entgegen dem missverständlichen Wortlaut der Überschrift: »für Ausländer« – nicht auf jeden Nichtdeutschen anwendbar, sondern nur auf denjenigen Verlobten, für den Art. 13 Abs. 1 EGBGB zutrifft. Damit besteht keine Verpflichtung zur Vorlage eines Ehefähigkeitszeugnisses für solche Nichtdeutsche, deren Personalstatut sich nicht nach der Staatsangehörigkeit, sondern ihrem gewöhnlichen Aufenthalt im Inland bestimmt. Dabei handelt es sich um Staatenlose und Personen, deren Staatsangehörigkeit nicht festgestellt werden kann (heimatlose Ausländer); für diesen Personenkreis gilt gem. dem New Yorker UN-Übereinkommen über die Rechtsstellung der Staatenlosen v. 28.09.1954 sowie nach Art. 5 Abs. 2 EGBGB Ersatzanknüpfungspunkt anstelle der Staatsangehörigkeit der gewöhnliche Aufenthalt. Dasselbe gilt für Flüchtlinge, die unter das Genfer UN-Abkommen über die Rechtsstellung der Flüchtlinge v. 28.07.1951 i.V.m. dem New Yorker Protokoll v. 31.01.1967 oder unter das Gesetz über Maßnahmen für im Rahmen humanitärer Hilfsaktionen aufgenommene Flüchtlinge v. 22.07.1980 (Kontingentflüchtlinge) fallen. Nach § 3 AsylVG gilt dies auch für anerkannte Asylberechtigte, und zwar rückwirkend für die Zeit vor der stattgebenden Asylentscheidung ab Aufenthaltsbegründung im Inland.[3]

3   Für **Doppelstaater**/Mehrstaater ist zu unterscheiden: Nach Art. 5 Abs. 1 Satz 1 EGBGB kommt es grds. auf die effektive Staatsangehörigkeit an, also darauf, zu welchem Staat die engste persönliche Beziehung besteht.[4] Besitzt jedoch der Doppelstaater/Mehrstaater auch die deutsche Staatsangehörigkeit, darf nicht auf die effektive Staatsangehörigkeit abgestellt werden; gem. Art. 5 Abs. 1 Satz 2 EGBGB ist allein die deutsche Staatsangehörigkeit maßgeblich, völlig unabhängig davon, ob sie für den Betroffenen auch tatsächlich die effektive darstellt. Für einen Verlobten, der mehreren Staaten angehört, ist daher grds. die Beibringung eines Ehefähigkeitszeugnisses desjenigen Staates erforderlich, mit dem er am engsten verbunden ist. Dies gilt jedoch nicht, wenn er auch die deutsche Staatsangehörigkeit besitzt.

4   Die Verweisung auf das Heimatrecht der Verlobten ist Gesamtverweisung i.S.v. Art. 4 Abs. 1 EGBGB,[5] d.h. in dessen **Kollisionsrecht**, was zur grds.en Beachtlichkeit von Rück- und Weiterverweisungen führt. Dennoch ist § 1309, da er dem Standesbeamten die Prüfung erleichtern und soweit wie möglich sicherstellen soll, dass das Heimatrecht insgesamt richtig angewendet wird, auch dann anwendbar, wenn in das deutsche Recht zurückverwiesen wird.[6]

5   Für **deutsche** Verlobte generell sowie für Staatenlose, heimatlose Ausländer, ausländische Flüchtlinge und Asylberechtigte mit gewöhnlichem Aufenthalt im Inland (s.o. Rdn. 2) gilt § 1309 nicht. Für diesen Personenkreis ermöglicht § 39 PStG die Ausstellung eines Ehefähigkeitszeugnisses durch den deutschen Standesbeamten, falls es eines solchen zur Eheschließung im Ausland bedarf.

---

2   BGHZ 41, 136, 139 = FamRZ 1964, 188; OLG Hamm NJW 1973, 2158.
3   BGH FamRZ 1993, 48.
4   S. dazu BGH FamRZ 1980, 673.
5   BGH NJW 1966, 1811.
6   Erman/A. Roth § 1309 Rn. 3 m.w.N.

Die Regelungen in § 1309 und § 39 PStG werden ergänzt durch das **CIEC-Übereinkommen** 6
Nr. 20 über die Ausstellung von Ehefähigkeitszeugnissen vom 05.09.1980.[7] Das Übereinkommen
normiert die Verpflichtung der Vertragsstaaten, Ehefähigkeitszeugnisse gemäß einem einheitlichen
Muster auszustellen und die hierfür zuständigen Behörden bekanntzugeben. Inhaltlich wird
§ 1309 durch das Übereinkommen nicht betroffen.[8]

B. Wirksamkeit des Ehefähigkeitszeugnisses

Für den Standesbeamten ist ein beigebrachtes Ehefähigkeitszeugnis nur dann beachtlich, wenn es 7
von der zuständigen Behörde des Heimatstaates ausgestellt (Abs. 1 Satz 1 und 2) und noch nicht
durch Zeitablauf kraftlos geworden ist (Abs. 1 Satz 3). Zur Ausstellung **zuständig** ist nach **Abs. 1
Satz 1** die »innere« Behörde des Heimatstaates, grds. also keine andere Stelle, insb. keine diploma-
tische Vertretung. Nach **Abs. 1 Satz 2** indes kann das Zeugnis auch von einer anderen Stelle, ggf.
einer diplomatischen Vertretung, ausgestellt werden, wenn ein zwischen der Bundesrepublik
Deutschland und dem Heimatstaat geschlossener Vertrag dies vorsieht. Ein solcher Vertrag ist das
CIEC-Übereinkommen v. 05.09.1997.[9]

Das Ehefähigkeitszeugnis wird 6 Monate nach seiner Ausstellung **kraftlos**, wenn bis dahin keine 8
Eheschließung erfolgt ist. Bei im Zeugnis angegebener kürzerer Geltungsdauer tritt mit deren
Ablauf Kraftlosigkeit ein (**Abs. 1 Satz 3**).

C. Befreiung

Angehörigen von Staaten, die kein Ehefähigkeitszeugnis kennen, muss es – insb. im Hinblick auf 9
die grundrechtlich gewährleistete Eheschließungsfreiheit[10] – möglich sein, dass sie auch ohne die
Vorlage eines Ehefähigkeitszeugnisses im Inland eine Ehe eingehen können. Die Regelung dazu
enthält **Abs. 2**. Sie gilt auch für Staatenlose mit gewöhnlichem Aufenthalt im Ausland und sieht
eine **förmliche Befreiungsentscheidung** durch den Präsidenten des OLG, in dessen Bezirk der
zuständige Standesbeamte seinen Sitz hat, vor (**Abs. 2 Satz 1**). Der Standesbeamte hat den dafür
erforderlichen Antrag entgegenzunehmen und die Entscheidung des OLG-Präsidenten vorzubereiten. Der Antragsteller hat die Ehevoraussetzungen soweit wie möglich zu belegen und urkundliche
Nachweise zu beschaffen und vorzulegen.[11]

Maßstab für die Erteilung der Befreiung ist vorrangig die **Frage**, ob das **Heimatrecht** des **Verlob-** 10
ten der **geplanten Eheschließung entgegensteht**. Der OLG-Präsident muss demgemäß entspr.
§ 26 FamFG von Amts wegen ermitteln[12] und feststellen, dass nach dem gem. Art. 13 Abs. 1
EGBGB anwendbaren Recht kein Ehehindernis besteht. Dies gilt auch für ein nur aufschiebendes
Eheverbot und ist unabhängig davon, ob die Verletzung des Ehehindernisses die Gültigkeit der
gleichwohl geschlossenen Ehe beeinträchtigt oder nicht.[13]

Besteht nach dem Heimatrecht des Verlobten ein Ehehindernis, ist dennoch Befreiung zu erteilen, 11
wenn das zusätzlich zu berücksichtigende deutsche Recht diesem Ehehindernis aus Gründen des **ordre
public** die Anerkennung versagt (Art. 6 EGBGB). Der Eheschließungsfreiheit entgegenstehende Rege-

---

7 Für die BRD auf Grund des Gesetzes vom 05.06.1997 (BGBl 1997 II 1086) in Kraft; vgl. dazu Gaaz
   StAZ 1996, 289, 290 f.
8 Auflistung der Staaten, die Ehefähigkeitszeugnisse ausstellen: § 166 Abs. 4 Dienstanweisung (DA) für die
   Standesbeamten.
9 Zu daraus folgenden anderweitigen Zuständigkeiten s. DA für die Standesbeamten § 166 Abs. 4.
10 BVerfG FamRZ 2004, 765.
11 Riedel StAZ 1989, 243.
12 Bamberger/Roth/F. Lohmann § 1309 Rn. 24.
13 BGH FamRZ 1971, 366.

lungen fremden Rechts[14] sind hierzu Anlass. Soweit die Unauflöslichkeit einer früheren Ehe entgegensteht, ist Art. 13 Abs. 2 Nr. 3 EGBGB für Eheschließungen ab dem 01.09.1986 als konkrete Ausprägung von Art. 6 EGBGB heranzuziehen. Soweit die Ehe vor diesem Zeitpunkt geschlossen worden ist, kommt Art. 6 EGBGB direkt zur Anwendung.[15] Danach ist ordre-public-Widrigkeit des Festhaltens an der Unauflösbarkeit als weiterwirkendem Eheverbot immer gegeben, wenn die Scheidung der früheren Ehe im Inland rechtskräftig geworden oder anzuerkennen ist.

12   Ausnahmsweise kann eine Befreiung auch Angehörigen von Staaten, die ein Ehefähigkeitszeugnis kennen, erteilt werden. Nach **Abs. 2 Satz 3** ist dies in **besonderen Fällen** möglich; dies sind Sachverhalte, bei deren Vorliegen die Beschaffung des Ehefähigkeitszeugnisses im Heimatstaat undurchführbar oder unzumutbar ist, etwa bei Krieg, Naturkatastrophen oder wegen politischer Verhältnisse.[16] Das Interesse, Formalitäten oder Kosten zu sparen, reicht zur Annahme eines besonderen Falles nicht aus.

13   Die Befreiung wird 6 Monate nach ihrer Erteilung **kraftlos**, wenn bis dahin keine Eheschließung erfolgt ist (**Abs. 2 Satz 4**).

14   **Rechtsbehelf** gegen die Versagung der Befreiung ist der Antrag auf gerichtliche Entscheidung gem. Art. 23 ff. EGGVG. Die vom OLG getroffene Entscheidung ist für den Standesbeamten bindend.

D. Ehehindernis, Ehewirksamkeit

15   Die Erforderlichkeit der Vorlage eines Ehefähigkeitszeugnisses bedeutet ein vom Standesbeamten gem. § 13 Abs. 1 PStG zu beachtendes **aufschiebendes Ehehindernis**, das nur bei Beibringung des Zeugnisses oder mit der Befreiungsentscheidung des OLG-Präsidenten entfällt. Eine unter Verletzung der Pflicht zur Beibringung des Ehefähigkeitszeugnisses **gleichwohl geschlossene Ehe** ist **wirksam**: § 1309 ist eine der Wirksamkeit der Ehe nicht entgegenstehende Sollvorschrift.

Untertitel 4   Eheschließung

§ 1310   Zuständigkeit des Standesbeamten, Heilung fehlerhafter Ehen

(1) [1]Die Ehe wird nur dadurch geschlossen, dass die Eheschließenden vor dem Standesbeamten erklären, die Ehe miteinander eingehen zu wollen. [2]Der Standesbeamte darf seine Mitwirkung an der Eheschließung nicht verweigern, wenn die Voraussetzungen der Eheschließung vorliegen; er muss seine Mitwirkung verweigern, wenn offenkundig ist, dass die Ehe nach § 1314 Abs. 2 aufhebbar wäre.

(2) [1]Als Standesbeamter gilt auch, wer, ohne Standesbeamter zu sein, das Amt eines Standesbeamten öffentlich ausgeübt und die Ehe in das Eheregister eingetragen hat.

(3) Eine Ehe gilt auch dann als geschlossen, wenn die Ehegatten erklärt haben, die Ehe miteinander eingehen zu wollen, und

1.   der Standesbeamte die Ehe in das Eheregister eingetragen hat,
2.   der Standesbeamte im Zusammenhang mit der Beurkundung der Geburt eines gemeinsamen Kindes der Ehegatten einen Hinweis auf die Eheschließung in das Geburtenregister eingetragen hat oder

---

14   Z.B. absolute Unauflöslichkeit einer früheren Ehe sowie das Verbot der Eheschliessung bei unterschiedlicher Religionszugehörigkeit – zu letzterem BGH FamRZ 1971, 366; OLG Koblenz FamRZ 1994, 1262.
15   BGH FamRZ 1997, 542.
16   Vgl. OLG Oldenburg NJW-RR 1989, 774; OLG Köln NJW 1990, 644.

Klein, Marion

3. der Standesbeamte von den Ehegatten eine familienrechtliche Erklärung, die zu ihrer Wirksamkeit eine bestehende Ehe voraussetzt, entgegengenommen hat und den Ehegatten hierüber eine in Rechtsvorschriften vorgesehene Bescheinigung erteilt worden ist

und die Ehegatten seitdem zehn Jahre oder bis zum Tode eines der Ehegatten, mindestens jedoch fünf Jahre, als Ehegatten miteinander gelebt haben.

A. Obligatorische Zivilehe

Eine **Ehe** i.S.d. § 1310 – wie auch der §§ 1303–1309, 1311, 1312 – kann nur zwischen **Mann** **1** **und Frau** geschlossen werden. Partner gleichen Geschlechts können keine Ehe eingehen;[1] ihnen steht die Begründung einer vom Begriff der Ehe zu unterscheidenden Lebenspartnerschaft offen (§ 1 LPartG).

Abs. 1 Satz 1 normiert die zwingende Notwendigkeit der **Eheschließung vor dem Standesbeam-** **2** **ten.** Vor einem Religionsdiener oder einer sonstigen Trauungsperson geschlossene Ehen zeitigen für das staatliche Recht keine Wirkungen (vgl. auch § 1588). Dass die Eheschließung »vor« dem Standesbeamten erfolgen muss, bedeutet i.V.m. der in § 1311 Satz 1 normierten Pflicht zur persönlichen Anwesenheit das Verbot der Ferntrauung.

Standesbeamter ist, wer für einen bestimmten Standesamtsbezirk förmlich zum Standesbeamten **3** bestellt worden ist (§ 2 PStG), wobei »Standesbeamter« auch eine Frau sein kann (generisches Maskulinum, vgl. § 2 Abs. 4 PStG). Die Ehe ist unter den Voraussetzungen des § 1310 Abs. 2 auch formgültig geschlossen, wenn sie vor einem Nicht-Standesbeamten zustande kommt. Dies setzt voraus, dass die Person, die an der Eheschließung mitgewirkt hat, das Amt des Standesbeamten **öffentlich ausübt**, das standesamtliche Geschäft also wie ein Standesbeamter tatsächlich ausübt (etwa ein noch nicht oder nicht mehr bestellter Beamter, der stellvertretende Bürgermeister, dessen Vertreterbestellung nicht die Aufgabe des Standesbeamten umfasst, oder der Standesbeamte, der außerhalb seines Bezirks tätig wird). Weitere Voraussetzung ist, dass der Scheinstandesbeamte anschließend die Ehe in das Eheregister einträgt (§ 15 PStG); Eintragung durch den richtigen Standesbeamten genügt nicht.

Die Regelung in Abs. 1 Satz 1 gilt uneingeschränkt für die Eheschließung deutscher Verlobter **im** **4** **Inland.** Für hier vorgenommene Eheschließungen von Ausländern kann sich bei Vorliegen der in Art. 13 Abs. 3 Satz 2 EGBGB normierten besonderen Voraussetzungen eine Ausnahme ergeben. Das Formstatut für im Ausland vorgenommene Eheschließungen richtet sich nach Art. 11 Abs. 1 EGBGB.

Liegen keine Ehehindernisse vor, kann der Standesbeamte seine **Mitwirkung an der Eheschlie-** **5** **ßung** nur verweigern, wenn für ihn offenkundig ist, dass die Ehe nach § 1314 Abs. 2 aufhebbar wäre (**Abs. 1 Satz 2**). Dies ist der Fall bei Bewusstlosigkeit oder vorübergehender Störung der Geistestätigkeit eines Verlobten, bei fehlendem Wissen eines Verlobten vom Stattfinden einer Eheschließung, bei arglistiger Täuschung oder Drohung gegenüber einem Verlobten sowie bei Absicht der Verlobten, lediglich eine Scheinehe zu schließen.

---

1 BVerfG FamRZ 1993, 1419.

B. Nichtehe, Heilung

6   Verstöße gegen Abs. 1 Satz 1, also **Eheschließung durch gleichgeschlechtliche Partner** oder **Eheschließung ohne Mitwirkung des Standesbeamten**, stehen ipso jure dem Zustandekommen einer Ehe entgegen; eine dennoch geschlossene »Ehe« ist absolut nichtig und zeitigt keine Rechtswirkungen (**Nichtehe**). Ein Aufhebungsverfahren kommt mangels Vorliegens einer Ehe nicht in Betracht; jedoch kann die Unwirksamkeit mit einer Klage auf Feststellung des Nichtbestehens einer Ehe geltend gemacht werden (§ 121 Nr. 3 FamFG, § 256 ZPO).

7   Eine ohne Mitwirkung des Standesbeamten geschlossene (Nicht-)Ehe kann mit der Rechtsfolge rückwirkender Wirksamkeit[2] **geheilt** werden, wenn die in **Abs. 3** normierten besonderen Voraussetzungen vorliegen. Dazu ist erforderlich, dass der Standesbeamte trotz Unwirksamkeit der Ehe bestimmte **ehebezogene Amtshandlungen** vorgenommen hat **und** die vermeintlichen Ehegatten über einen bestimmten Zeitraum **als Ehegatten miteinander gelebt** haben. Als Amtshandlungen des Standesbeamten kommen in Betracht die Eintragung der Ehe in das Eheregister (Abs. 3 Nr. 1), die Eintragung eines Hinweises auf die Eheschließung im Geburtenbuch bei Beurkundung der Geburt eines gemeinsamen Kindes (Abs. 3 Nr. 2) sowie die Entgegennahme von eheabhängigen familienrechtlichen – etwa namensrechtlichen – Erklärungen nebst Erteilung einer dahingehenden Bescheinigung nach personenstandsrechtlichen Vorschriften (Abs. 3 Nr. 3). Hinzukommen muss eheliches Zusammenleben über einen Zeitraum von 10 Jahren seit Vornahme der Amtshandlung. Ist ein Ehegatte gestorben, genügt es, wenn das Zusammenleben mindestens 5 Jahre bis zu seinem Tode angedauert hat (Abs. 3 a.E.). Die Heilung kann mit einer Klage auf Feststellung des Bestehens einer Ehe geltend gemacht werden (§ 121 Nr. 3 FamFG, § 256 ZPO). Die Heilung entfaltet Rückwirkung. Um nicht die 10-Jahresfrist einhalten zu müssen, kann der Formmangel durch erneute Eheschließung geheilt werden, dann allerdings verbunden mit ex-nunc Wirkung.

§ 1311   Persönliche Erklärung

[1]Die Eheschließenden müssen die Erklärungen nach § 1310 Abs. 1 persönlich und bei gleichzeitiger Anwesenheit abgeben. [2]Die Erklärungen können nicht unter einer Bedingung oder Zeitbestimmung abgegeben werden.

1   Bei der Eheschließung vor dem Standesbeamten müssen beide Verlobte gleichzeitig anwesend sein (Satz 1 a.E.). Sukzessivbeurkundung ist nicht möglich. An bestimmte Formerfordernisse ist § 1311 nicht gebunden; § 1312 ist lediglich Ordnungsvorschrift.

2   Die Erklärung der Verlobten, miteinander die Ehe eingehen zu wollen, ist höchstpersönlicher Natur (Satz 1). Vertretung – Stellvertretung oder gesetzliche Vertretung – wie auch Erklärung durch Boten ist ausgeschlossen. Wenn ein Vertreter oder Bote handeln will, muss der Standesbeamte, wenn er dies erkennt, seine Mitwirkung verweigern.[1] Erfolgt gleichwohl die Erklärung der Eheschließung durch einen Vertreter, steht dies der Wirksamkeit der Ehe nicht entgegen. Ist die Vertretung dem anderen Verlobten bekannt, kommt die Ehe mit dem nicht erschienenen Vertretenen zustande. Ist die Vertretung dem anderen Verlobten nicht bekannt (verdeckte Vertretung), kommt es darauf an, ob dieser seiner Vorstellung nach den tatsächlich Erschienenen oder den – möglicherweise mit dem Erschienenen verwechselten – Vertretenen heiraten will: Im ersten Fall kommt die Ehe mit dem erschienenen Vertreter zustande, im zweiten Fall mit dem verdeckt Vertretenen.[2]

---

2   Palandt/Brudermüller § 1310 Rn. 14.
1   Bamberger/Roth/Lohmann § 1311 Rn. 1; DA für die Standesbeamten § 184 Abs. 1 5.
2   Erman/Roth § 1311 Rn. 4; Palandt/Brudermüller § 1311 Rn. 5 m.w.N.; OLG Karlsruhe StAZ 1994, 286 zum insoweit inhaltsgleichen griechischen Recht.

Die Erklärung der Eheschließung ist bedingungs- und befristungsfeindlich (Satz 2). Soll eine 3
Bedingung oder Befristung mit der Erklärung verbunden werden, muss der Standesbeamte, wenn
er dies erkennt, seine Mitwirkung verweigern. Für den Standesbeamten nicht erkennbare Bedingungen, Befristungen oder Vorbehalte sind unwirksam:[3] die Ehe hingegen ist wirksam.

Eine unter Verstoß gegen § 1311 geschlossene Ehe ist gem. § 1314 Abs. 1 aufhebbar, jedoch bis 4
zur Rechtskraft des Aufhebungsurteils wirksam (§ 1313 Satz 2). Bei rechtskräftiger Aufhebung
tritt ex nunc[4] Unwirksamkeit ein; für die Vergangenheit bleibt die Ehe voll gültig. Bei Vorliegen
der Voraussetzungen in § 1315 Abs. 2 Nr. 2 ist die Aufhebung ausgeschlossen. Nach dem Tode
eines Ehegatten ist die Aufhebung nicht mehr möglich (§ 619 ZPO).

§ 1312   Trauung

[1]Der Standesbeamte soll bei der Eheschließung die Eheschließenden einzeln befragen, ob sie die
Ehe miteinander eingehen wollen, und, nachdem die Eheschließenden diese Frage bejaht haben,
aussprechen, dass sie nunmehr kraft Gesetzes rechtmäßig verbundene Eheleute sind. [2]Die Eheschließung kann in Gegenwart von einem oder zwei Zeugen erfolgen, sofern die Eheschließenden dies wünschen.

Abs. 1 Satz 1 regelt die vom Standesbeamten bei der Eheschließung durchzuführende **Trauung** 1
und die dabei einzuhaltenden Förmlichkeiten. Die Vorschrift wird ergänzt durch die in § 14
Abs. 2 PStG, § 187 der Dienstanweisung (DA) für die Standesbeamten enthaltenen Anweisungen
zur würdigen Ausgestaltung der Eheschließung. Da es sich bei diesen Rechtsgrundlagen und bei
Abs. 1 Satz 1 um Soll-Vorschriften handelt, sind **Verstöße folgenlos**: Sie stehen der Wirksamkeit
der Ehe nicht entgegen und ergeben keinen Aufhebungsgrund. Deshalb ist auch der Ausspruch
des Standesbeamten, dass die Eheschließenden nunmehr kraft Gesetzes rechtmäßig verbundene
Eheleute seien, rein deklaratorischer Natur.

Seit der Eheschließungsrechtsreform 1998 ist die Anwesenheit von **Trauzeugen** nicht mehr vorge- 2
schrieben. Auf Wunsch der Eheschließenden können Trauzeugen anwesend sein (**Abs. 1 Satz 2**).

Die Eheschließung ist gem. 14 Abs. 3 PStG zu **beurkunden** und gem. **Abs. 2** i.V.m. § 15 PStG in 3
das **Eheregister** einzutragen. **Verstöße** hiergegen sind **folgenlos**; sie stehen der Wirksamkeit der
Ehe nicht entgegen und ergeben keinen Aufhebungsgrund. Für nach dem 01.01.2009 geschlossene Ehen werden keine Familienbücher mehr angelegt. An die Stelle der **Personenstandsbücher**
traten mit Wirkung zum 01.01.2009 elektronische **Personenstandsregister**. Rechtlich bedeutsam
ist die Eintragung in das Eheregister somit nur bei Eheschließungen vor einem Nicht-Standesbeamten gem. § 1310 Abs. 2 sowie bei Heilung von Nichtehen gem. § 1310 Abs. 3.

Vorbemerkung vor §§ 1313–1320 – Aufhebung der Ehe

---

3 BayObLG FamRZ 1982, 603.
4 BGH FamRZ 2001, 685 = FuR 2001, 363.

A. Auflösungsmöglichkeiten der Ehe

1   Eine Ehe kann nur durch den Tod aufgelöst oder durch richterliche Entscheidung geschieden (§ 1564 Abs. 1 Satz 1) oder aufgehoben (§ 1313 Abs. 1 Satz 1) werden. Vorausgesetzt ist eine wirksam geschlossene Ehe, mag sie auch fehlerhaft zustande gekommen sein. Ausnahme: **Nichtehe** (z.B. Eheschließung vor einem Bediensteten, der nicht das Amt eines Standesbeamten ausübt, § 1310 Abs. 2 oder vor einem Geistlichen). Sie ist wegen schwerwiegender formeller oder materieller Fehler ohne jede familienrechtliche Wirkung.

B. Zweigleisigkeit von Eheaufhebung und Ehenichtigkeit abgeschafft

2   Das Gesetz kennt seit 01.07.1998 neben der Scheidung als wichtigstem Auflösungsgrund nur noch die Eheaufhebung (bisher: §§ 28–37 EheG). Die Nichtigerklärung der Ehe (bisher §§ 16–26 EheG) wurde mit der Beseitigung des EheG durch Art. 14 Nr. 1 des Gesetzes zur Neuregelung des Eheschließungsgesetzes (EheschlRG) abgeschafft. Die bisherigen Ehenichtigkeitsgründe (z.B. wegen Formnichtigkeit, Mangel an Geschäfts- oder Urteilsfähigkeit oder Doppelehe) sind jetzt in den Katalog der Aufhebungsgründe aufgenommen. Fehlerhaft zustande gekommene Ehen sind nicht mehr wie früher rückwirkend vernichtbar, sondern können ausschließlich »ex nunc« mit Rechtskraft der Entscheidung aufgehoben werden (§ 1313 Satz 2). Bis zu diesem Zeitpunkt ist die aufhebbare Ehe voll gültig.[1]

C. Unterschiede: Ehescheidung – Eheaufhebung

I. Materielles Recht

3   Während bei der Scheidung die Ehe aus Gründen geschieden wird, die **nach** der Eheschließung liegen und die Ehe zum Scheitern gebracht haben (»**zerrüttete Ehe**«), erfolgt die Eheaufhebung aus Gründen die **bei** der Eheschließung vorgelegen haben (»**fehlerhafte Ehe**«). Einziger Scheidungsgrund ist das Gescheitertsein der Ehe (§ 1565 Abs. 1). Die verschiedenen Aufhebungsgründe sind (abschließend) in § 1314 aufgezählt.

II. Verfahrensrecht

4   Das Aufhebungsverfahren ist weitgehend dem Scheidungsverfahren (§§ 121–131 FamFG) nachgebildet. Im ersten Rechtszug gelten die Bestimmungen vor den Landgerichten entsprechend (§ 113 Abs. 1 FamFG). Das Aufhebungsverfahren ist Ehesache (§ 121 Nr. 2 FamFG), insb. gelten dieselben Regelungen für die sachliche (§ 111 Nr. 1 FamFG) und örtliche Zuständigkeit (§ 122 FamFG) sowie die Vorschriften über die Antragsschrift (§ 113 Abs. 5 FamFG). Die Parteien heißen Antragsteller und Antragsgegner. Allerdings kennt das Aufhebungsverfahren nicht den Verfahrensverbund nach § 137 FamFG, sodass mehrere Familiensachen isoliert behandelt werden müssen.

5   **Scheidungs- und Aufhebungsverfahren** können miteinander verbunden werden (§ 126 FamFG). Über beide Verfahren muss gemeinsam verhandelt und entschieden werden. Auch wenn die Streitgegenstände beider Verfahren unterschiedlich sind, kann die Ehe doch nur einmal aufgelöst werden. Wird dem Aufhebungsbegehren stattgegeben, wird das Scheidungsverfahren gegenstandslos. Sind beide Begehren begründet, ist nur auf Aufhebung der Ehe zu erkennen (§§ 126 Abs. 3 FamFG).

---

1   BGH FamRZ 2001, 685, 686.

Titel 3   Aufhebung der Ehe

§ 1313   Aufhebung durch richterliche Entscheidung

[1]Eine Ehe kann nur durch richterliche Entscheidung auf Antrag aufgehoben werden. [2]Die Ehe ist mit der Rechtskraft der Entscheidung aufgelöst. [3]Die Voraussetzungen, unter denen die Aufhebung begehrt werden kann, ergeben sich aus den folgenden Vorschriften.

A. Allgemeines

Die Aufhebung erfolgt wie die Scheidung durch rechtskräftige Entscheidung.   1

B. Die materiellen Voraussetzungen der Eheaufhebung

– **Ehe** bedeutet eine familienrechtlich wirksam zustande gekommene Ehe. Eine Nichtehe (vor   2
  § 1313 Rdn. 1) kann nicht aufgehoben werden. Ob eine bereits geschiedene Ehe aufgehoben
  werden kann, ist str. (§ 1317 Rdn. 4).
– **Aufhebungsgrund** sind die in § 1314 abschließend geregelten Aufhebungstatbestände.
– Die Aufhebung darf **nicht ausgeschlossen** sein (§ 1315).
– Die Antragsfrist (**Jahresfrist**) muss bei einigen Tatbeständen beachtet werden (§ 1317).
– Der Antrag eines **Antragberechtigten** ist erforderlich (§ 1316).
– Die **Rechtsfolgen** der Aufhebung regelt § 1318.

§ 1314   Aufhebungsgründe

(1) Eine Ehe kann aufgehoben werden, wenn sie entgegen den Vorschriften der §§ 1303, 1304, 1306, 1307, 1311 geschlossen worden ist.

(2) Eine Ehe kann ferner aufgehoben werden, wenn

1. ein Ehegatte sich bei der Eheschließung im Zustand der Bewusstlosigkeit oder vorübergehender Störung der Geistestätigkeit befand;
2. ein Ehegatte bei der Eheschließung nicht gewusst hat, dass es sich um eine Eheschließung handelt;
3. ein Ehegatte zur Eingehung der Ehe durch arglistige Täuschung über solche Umstände bestimmt worden ist, die ihn bei Kenntnis der Sachlage und bei richtiger Würdigung des Wesens der Ehe von der Eingehung der Ehe abgehalten hätten; dies gilt nicht, wenn die Täuschung Vermögensverhältnisse betrifft oder von einem Dritten ohne Wissen des anderen Ehegatten verübt worden ist;
4. ein Ehegatte zur Eingehung der Ehe widerrechtlich durch Drohung bestimmt worden ist;
5. beide Ehegatten sich bei der Eheschließung darüber einig waren, dass sie keine Verpflichtung gemäß § 1353 Abs. 1 begründen wollen.

A. Allgemeines

1 § 1314 enthält eine abschließende Aufzählung aller Aufhebungsgründe (§ 1313 Satz 3). Die in **Abs. 1** aufgeführten Aufhebungsgründe beziehen sich auf Verstöße gegen Eheschließungsvorschriften. **Abs. 2 Nr. 1–4** betrifft Fehler bei der Bildung des Eheschließungswillens. **Neu** ist der Aufhebungsgrund der Scheinehe (**Abs. 2 Nr. 5**).

2 Wenn offenkundig ist, dass die beabsichtigte Eheschließung nach Abs. 2 aufhebbar wäre, muss der Standesbeamte seine Mitwirkung an der Eheschließung ablehnen (§ 1310 Abs. 1 Satz 2 –2. Hs. –).

B. Abs. 1 Eheschließungsfehler

I. Verstoß gegen § 1303 Abs. 1 (Ehemündigkeit)

3 Aufhebbar ist eine Ehe, wenn ein Ehegatte bei Eheschließung minderjährig war. Das FamG kann aber Befreiung vom Erfordernis der Ehemündigkeit erteilen, wenn der minderjährige Heiratswillige das 16. Lebensjahr vollendet hat und der künftige Ehegatte volljährig ist (§ 1303 Abs. 2). Der Sorgerechtsinhaber kann der Ehemündigerklärung aus triftigen Gründen widersprechen (§ 1303 Abs. 3). In diesem Fall hat das Gericht die wichtigen Gründe zu prüfen und kann, wenn diese für nicht wichtig erachtet werden, die Befreiung dennoch erteilen. Wird der Dispens erteilt, kann der ehemündig gewordene Minderjährige ohne Einwilligung der Sorgerechtsinhaber die Ehe schließen (§ 1303 Abs. 4).

1. Fortfall der Aufhebbarkeit

Wird die Ehe ohne Dispens geschlossen, entfällt die Aufhebbarkeit, wenn entweder dem minder- 4
jährigen Verlobten nachträglich der Dispens erteilt wird (§ 1315 Abs. 1 Satz 1 Nr. 1 – 1. Alt. –)
oder der bei Eheschließung minderjährige Ehegatte inzwischen volljährig geworden ist und die
Ehe bestätigt (§ 1315 Abs. 1 Satz 1 Nr. 1 – 2. Alt. –).

2. Antragsberechtigt

ist jeder Ehegatte sowie die nach Landesrecht zuständige Verwaltungsbehörde (§ 1316 Abs. 1 5
Nr. 1), die aber von der Antragstellung absehen kann (§ 1316 Abs. 3 gilt nicht). Der minderjährige
Ehegatte kann den Aufhebungsantrag ohne Zustimmung seines gesetzlichen Vertreters stellen
(§ 1316 Abs. 2 Satz 2). Der Aufhebungsantrag ist **nicht befristet** (Umkehrschluss aus § 1317
Abs. 1).

3. Rechtsfolgen

Die **Rechtsfolgen** der Aufhebung richten sich nach § 1318. Ist die fehlende Ehemündigkeit bei 6
Eheschließung verborgen geblieben, kann jeder Ehegatte (also auch Volljährige) vom anderen
nacheheliche **Unterhalt** verlangen. War allerdings dem antragstellenden Ehegatten das Fehlen
von Ehemündigkeit und/oder Dispens bekannt, ist sein Unterhaltsanspruch ausgeschlossen
(Umkehrschluss aus § 1318 Abs. 2 Satz 1 Nr. 1). Der Ausschluss gilt auch dann, wenn beide Ehegatten bösgläubig waren (Umkehrschluss aus § 1318 Abs. 2 Satz 1 Nr. 2).

II. Verstoß gegen § 1304 (Geschäftsunfähigkeit)

Die Ehe des bei Eheschließung Geschäftsunfähigen (§ 104 Nr. 2) ist wirksam, aber aufhebbar. Für 7
beschränkt Geschäftsfähige (§ 106) gilt § 1303. Die Geschäftsunfähigkeit muss ehebezogen sein
(»**Ehegeschäftsunfähigkeit**«). Es kommt deshalb darauf an, ob bei dem Verlobten Einsichtsfähigkeit für das Wesen der Ehe besteht und ob er in der Lage ist, seine Entscheidung zur Eheschließung von vernünftigen Erwägungen abhängig zu machen.[1] Bei ernst zu nehmendem Heiratswillen
kann auch bei einer stark debilen Person eine Eheschließung in Betracht kommen,[2] ebenso in
einem »lichten Augenblick« oder wenn trotz Geistesschwäche partielle Geschäftsfähigkeit für die
Eheschließung besteht.[3]

Der **Standesbeamte** muss **Zweifeln** an der Geschäftsfähigkeit von Amts wegen nachgehen. Dazu 8
besteht in der Regel Veranlassung, wenn für den Betroffenen ein Betreuer bestellt ist, insb. wenn
ein Einwilligungsvorbehalt (§ 1903) besteht, der allerdings speziell für die Erklärung zur Eheschließung nicht angeordnet werden darf (§ 1903 Abs. 2 – 1. Alt. –). Bei fortbestehenden Zweifeln
muss der Standesbeamte durch **Einschaltung des Amtsgerichts** die Geschäftsfähigkeit durch Gutachten klären lassen (§ 49 Abs. 2 PStG). Teilt das Amtsgericht seine Zweifel nicht, kann es den
Standesbeamten zur Vornahme der Eheschließung veranlassen (§ 49 Abs. 1 PStG). Bei nur vorübergehender Geistesstörung liegt keine Geschäftsunfähigkeit vor (§ 104 Nr. 2 – 2. Hs. –) Der Standesbeamte muss gleichwohl die Eheschließung ablehnen, weil sie gem. § 1314 Abs. 2 Nr. 1
– 2. Alt. – aufhebbar wäre.

1. Fortfall der Aufhebbarkeit

Die Aufhebbarkeit entfällt, wenn der nicht mehr Geschäftsunfähige die **Ehe bestätigt** (§ 1315 9
Abs. 1 Nr. 2).

---

1 OLG Düsseldorf FamRZ 1997, 294, 295.
2 AG Rottweil FamRZ 1990, 626.
3 BayObLG FamRZ 1997, 297.

2. Antragsberechtigt

10 **Antragsberechtigt** sind die Eheleute und die zuständige Verwaltungsbehörde (§ 1316). Für den zur Zeit des Aufhebungsverfahrens geschäftsunfähigen Ehegatten kann nur der gesetzliche Vertreter den Antrag stellen (§ 1316 Abs. 2), der selbst kein eigenes Antragsrecht hat. Die Verwaltungsbehörde soll nur in Härtefällen von der Antragstellung absehen (§ 1316 Rdn. 9).

3. Rechtsfolgen

11 Der Aufhebungsantrag ist **nicht befristet** (Umkehrschluss aus § 1317 Abs. 1 Satz 1).

Die **Rechtsfolgen der Aufhebung** richten sich nach § 1318.

Dem gutgläubigen Ehegatten soll ein **Unterhaltsanspruch** zustehen (§ 1318 Abs. 2 Satz 1 Nr. 1). Da Gutgläubigkeit hier Nichtkennen der Geschäftsunfähigkeit bedeutet, dem Geschäftsunfähigen aber die Fähigkeit zu rechtlich relevantem Handeln fehlt, steht ihm ein Unterhaltsanspruch auch bei »Bösgläubigkeit« zu; denn dem betreffenden Ehegatten kann seine Geschäftsunfähigkeit nicht angelastet werden.[4] Weitere Voraussetzung ist, dass der andere Ehegatte bösgläubig war.

Ob andererseits der gutgläubige Ehegatte vom Geschäftsunfähigen Unterhalt beanspruchen kann, wird unterschiedlich beurteilt. Die Schutzbedürftigkeit des Geschäftsunfähigen dürfte als unterhaltsrechtliche Sperre wirken.[5]

III. Verstoß gegen Eheverbote (§§ 1306, 1307, 1311)

1. Doppelehe/Bigamie (§ 1306)

12 Die Doppelehe mit einem Dritten ist aufhebbar. Sonderregelungen gelten bei Wiederheirat nach unrichtiger Todeserklärung (§§ 1319, 1320). Eine aufhebbare Zweitehe liegt vor, wenn die Erstehe **bei Eingehung** der Zweitehe besteht. Das wird auch angenommen, wenn die Erstehe bei Zustandekommen der Zweitehe zwar aufgelöst war, jedoch das Scheidungs- oder Aufhebungsurteil nachträglich[6] unwirksam geworden ist.

13 Wurde die Erstehe **im Ausland** aufgelöst, kommt es auf die Anerkennung der ausländischen Scheidung im Inland nach Art. 7 § 1 FamRÄndG, § 107 FamFG an (vgl. Art. 13 Abs. 2 Nr. 3, Hs. 2 Alt. 3 EGBGB). Wurde die Erstehe des Ausländers aber im Inland aufgelöst, ist allein diese Entscheidung maßgebend, auch wenn das Heimatrecht des Ausländers das deutsche Urteil nicht anerkennen sollte (Art. 13 Abs. 2 Nr. 3, Hs. 2 Alt. 2 EGBGB).

a) Fortfall der Aufhebungsmöglichkeit

14 Da die Eheaufhebung nur »ex nunc« wirkt, vermag die Aufhebung an der für die Vergangenheit bestehenden Konkurrenz zur Erstehe nichts mehr zu ändern. Deshalb stellt der Aufhebungsantrag im **Regelfall** eine **unzulässige Rechtsausübung** dar, wenn die erste Ehe im Zeitpunkt der Entscheidung über die Aufhebung der bigamischen Ehe bereits aufgelöst ist.[7] Bei der Geltendmachung eigener Belange des früheren Ehegatten soll ein Aufhebungsantrag **ausnahmsweise** zulässig sein.[8]

15 Die Aufhebbarkeit der Zweitehe entfällt i.Ü. dann, wenn die Erstehe aufgrund einer Entscheidung aufgelöst wird, die bei Schließung der Zweitehe schon verkündet war (§ 1315 Abs. 2 Nr. 1) aber erst

---

4 BT-Drucks. 13/4898 S. 21.
5 Johannsen/Henrich § 1318 Rn. 7; a.A. MüKo/Müller-Gindullis § 1318 Rn. 4.
6 Z.B. in einem Wiederaufnahmeverfahren BGH FamRZ 76, 336.
7 BGH MDR 2002, 520.
8 BGH MDR 2002, 520.

nach diesem Zeitpunkt rechtskräftig wird. Liegt dieser Ausnahmefall nicht vor, können die Eheleute nur durch erneute Heirat mit ex-nunc-Wirkung die Aufhebbarkeit der Zweitehe beseitigen.

b) Antragsberechtigt

Antragsberechtigt ist jeder Ehegatte, der (frühere) Ehegatte der Erstehe sowie die zuständige Verwaltungsbehörde, die nur in Härtefällen von der Antragstellung absehen soll (§ 1316 Rdn. 9).   **16**

Der Aufhebungsantrag ist **nicht befristet** (Umkehrschluss aus § 1317 Abs. 1 Satz 1).

c) Rechtsfolgen

Die **Rechtsfolgen** der Aufhebbarkeit richten sich nach § 1318.   **17**

Unterhaltsberechtigt kann **jeder** Ehegatte sein, gleichgültig ob er bei Eheschließung gutgläubig war oder ob er von der Erstehe gewusst hat (§ 1318 Abs. 2 Satz 1 Nr. 1 u. 2). Ist auch der Ehegatte der Erstehe gegenüber dem Bigamisten unterhaltsberechtigt, schuldet dieser dem Erstehegatten und dem gutgläubigen Ehegatten der Zweitehe gleichrangig Unterhalt. War der Ehegatte der Zweitehe bösgläubig, ist er gegenüber dem Erstehegatten nachrangig (§ 1318 Abs. 2 Satz 1 Nr. 2).

d) Güterrecht, Versorgungsausgleich, Hausrat

Im Rahmen der Billigkeitserwägungen (§ 1318 Abs. 2–4; § 1318 Rdn. 7, 10 u. 11) sind die   **18**
Belange des Erstehegatten »besonders« zu berücksichtigen. Dadurch ist die frühere Rechtsprechung, die den Zugewinnausgleich und Versorgungsausgleich auf **drei** Personen verteilte,[9] überholt.

Das **Ehegattenerbrecht** bleibt dem bösgläubigen Zweitehegatten versagt (§ 1318 Abs. 5). Wenn der Bigamist vorsätzlich eine zweite Ehe eingeht, liegen besondere Umstände vor, die regelmäßig zum Ausschluss des **Versorgungsausgleichs** wegen grober Unbilligkeit (§ 27 VersAusglG) führen.[10]

2. §§ 1307, 1308 (Ehe unter Blutsverwandten und Adoptierten)

Das Eheverbot der **blutsmäßigen Abstammung** betrifft die Eheschließung zwischen Personen,   **19**
deren eine von der anderen abstammt (§ 1589 Satz 1), sowie zwischen Geschwistern und Halbgeschwistern, mag das Verwandtschaftsverhältnis auch durch Adoption (§ 1755) eines Beteiligten später erloschen sein (§ 1307 Satz 2). Entfällt dagegen das Verwandtschaftsverhältnis rückwirkend wegen **Anfechtung** der Abstammung, entfällt mit ex-nunc-Wirkung auch das Eheverbot, so dass keine Aufhebung (mehr) möglich ist.[11]

Die **gesetzliche Verwandtschaft** ist der blutsmäßigen Verwandtschaft gleichzustellen. Deshalb   **20**
kann der Ehemann die von seiner Frau im Ehebruch empfangene Tochter nicht heiraten, solange er nicht seine Vaterschaft (§ 1592 Nr. 1) wirksam angefochten hat. Die Gleichstellung gilt auch in den Fällen der **Leihmutterschaft** (vgl. § 1591 Rdn. 3). Deshalb darf der Sohn seine Mutter – die Leihmutter – nicht heiraten, obwohl er mit ihr genetisch nicht verwandt ist.[12]

a) Sonderfall Adoptivverwandtschaft

Das Eheverbot gilt gem. § 1308 Abs. 1 Satz 1 für den in § 1307 beschriebenen Personenkreis auch   **21**
dann, wenn das Verwandtschaftsverhältnis auf Adoption beruht (§ 1754). Das Verbot entfällt bei nachträglicher Auflösung der Adoption (§ 1308 Abs. 1 Satz 2 i.V.m. §§ 1759, 1760, 1763). Der

---

9 BGH FamRZ 1982, 474.
10 OLG Karlsruhe FamRZ 2005, 370.
11 Johannsen/Henrich § 1314 Rn. 28.
12 Palandt/Brudermüller § 1307 Rn. 5.

Richter (§ 14 Abs. 1 Nr. 16 RpflG) kann adoptierten Geschwistern auf Antrag vom Eheverbot Befreiung erteilen (§ 1308 Abs. 2 Satz 1), die nur aus wichtigen Gründen versagt werden darf (§ 1308 Abs. 2 Satz 2).

b) Seit 01.07.1998 entfallene Eheverbote

22   Seit In-Kraft-Treten des EheschlRG besteht kein Eheverbot der **Schwägerschaft** mehr. Ebenso sind die Eheverbote der **Wartezeit** und des fehlenden **Auseinandersetzungszeugnisses** (früher: §§ 8 und 9 EheG) entfallen.

Antragsberechtigt ist jeder Ehegatte sowie die zuständige Verwaltungsbehörde, die nur in Härtefällen von der Antragstellung absehen soll (§ 1316 Rdn. 9).

Der Aufhebungsantrag ist **nicht befristet** (Umkehrschluss aus § 1317 Abs. 1 Satz 1).

23   Die **Rechtsfolgen** der Aufhebung richten sich nach § 1318.

Unterhaltsansprüche bestehen unabhängig von Gutgläubigkeit oder Bösgläubigkeit des Anspruchstellers. Jedoch kann der Bösgläubige vom gutgläubigen Ehegatten keinen Unterhalt verlangen.

Das **Ehegattenerbrecht** bleibt dem bösgläubigen Ehegatten versagt (§ 1318 Abs. 5).

3. Verstoß gegen Formvorschriften (§ 1311)

24   Während die Regelung über den Trauvorgang (§ 1312) nur Ordnungscharakter hat, führt ein Verstoß gegen § 1311 zur Aufhebbarkeit der Ehe (§ 1314 Abs. 1).

Die Erklärungen zur Eheschließung müssen bei **gleichzeitiger persönlicher Anwesenheit** vor dem Standesbeamten abgegeben werden, gegebenenfalls unter Zuhilfenahme eines Dolmetschers. Eine Vertretung ist nicht zulässig. Bei **falscher Namensangabe** oder **verdeckter Stellvertretung** kommt die Ehe zwischen den Erschienenen formgültig zustande, kann aber aus anderen Gründen aufhebbar sein (z.B. wegen Scheinehe, § 1314 Abs. 2 Nr. 5).

25   Die Verlobten dürfen ihre Erklärungen vor dem Standesbeamten nicht unter einer **Bedingung oder Zeitbestimmung** abgeben. Eine gleichwohl geschlossene Ehe ist wegen Formmangels aufhebbar. Nur **interne Absprachen** berühren nicht die Formgültigkeit der Ehe,[13] die aber aus anderen Gründen aufhebbar sein kann (z.B. Scheinehe, vgl. § 1314 Abs. 2 Nr. 5).

a) Fortfall der Aufhebbarkeit

26   Die Aufhebungsmöglichkeit entfällt durch **Zeitablauf**, wenn die Eheleute 5 Jahre zusammengelebt haben. Zeiten des Getrenntlebens (vgl. § 1567) hemmen den Fristablauf. Tritt der Fristablauf während des Aufhebungsverfahrens ein, bleibt die Aufhebung zulässig (§ 1315 Abs. 2 Nr. 2). Die Aufhebungsmöglichkeit entfällt weiterhin, wenn ein Ehegatte stirbt, die Eheleute aber bis zu dessen Tod 3 Jahre zusammengelebt haben. Der Tod eines Ehegatten während des Aufhebungsverfahrens berührt nicht die Zulässigkeit der Aufhebung (§ 1315 Abs. 2 Nr. 2).

b) Antragsberechtigt

27   **Antragsberechtigt** sind die Ehegatten sowie die zuständige Verwaltungsbehörde, die aber von der Antragstellung absehen kann. § 1316 Abs. 3 gilt nicht.

Der Aufhebungsantrag ist **nicht befristet** (Umkehrschluss aus § 1317 Abs. 1 Nr. 1).

---

13   BayObLG FamRZ 1982, 603 ff.

c) Rechtsfolgen

Die **Rechtsfolgen** der Aufhebung richten sich nach § 1318. 28

Es gelten die Regelungen gem. Rdn. 25. Ausgeschlossen ist also (nur) der **Unterhaltsanspruch** des bösgläubigen gegen den gutgläubigen Ehegatten. Auch hier bleibt dem bösgläubigen Ehegatten das Erbrecht versagt.

C. Willensfehler (Abs. 2 Nr. 1 und 2)

I. Abs. 2 Nr. 1 (Bewusstlosigkeit, Geistesstörung)

Die Grenze zwischen **Bewusstlosigkeit** und **vorübergehender Störung der Geistestätigkeit** (§ 105 29 Abs. 2) ist fließend, so dass eine graduelle Abstufung zwischen Bewusstlosigkeit und hochgradiger Bewusstseinstrübung[14] entbehrlich erscheint. Entscheidend ist, ob die freie Willensbildung ausgeschlossen ist. **Beispiele:** Drogeneinfluss, Alkoholeinfluss, Hypnose, Fieber.

1. Fortfall der Aufhebbarkeit

Besteht der Willensdefekt nicht mehr, kann der betreffende Ehegatte die Fortsetzung seiner Ehe 30 **bestätigen** und dadurch deren Aufhebbarkeit beseitigen (§ 1315 Abs. 1 Nr. 3). Ist er noch **minderjährig**, muss sein gesetzlicher Vertreter zustimmen, im Weigerungsfalle kann die Zustimmung gerichtlich ersetzt werden (§ 1315 Abs. 1 Satz 3).

2. Antragsberechtigt

Antragsberechtigt ist jeder Ehegatte und die zuständige Verwaltungsbehörde, die nur in Härtefäl- 31 len von der Antragstellung absehen soll (§ 1316 Abs. 3).

Der Antrag ist **nicht befristet** (Umkehrschluss aus § 1317 Abs. 1 Nr. 1).

3. Rechtsfolgen

Die **Rechtsfolgen** der Aufhebung richten sich nach § 1318. 32

Für den **Unterhaltsanspruch** gelten zunächst dieselben Grundsätze wie zu § 1304, jedoch ist eine **beiderseitige** Bösgläubigkeit der Ehegatten aus Rechtsgründen ausgeschlossen.

Dem bösgläubigen Ehegatten bleibt das Ehegattenerbrecht versagt (§ 1318 Abs. 5).

II. Abs. 2 Nr. 2 (Eheschließungsirrtum)

Eheschließungsirrtum liegt vor, wenn der Ehegatte die Bedeutung des Vorgangs als Eheschlie- 33 ßung nicht erkannt (»gewusst«) hat. Zweifel genügen nicht. **Beispiel:** Irrtum eines ausländischen Verlobten, für den die kirchliche Trauung maßgebend ist und der wegen unzureichender Deutschkenntnisse die Erklärungen vor dem Standesbeamten nur als bürokratische Vorstufe der kirchlichen Trauung ansieht.

Der Irrtum über **persönliche Eigenschaften** des anderen Ehegatten oder über dessen Person 34 **(Identität)** ist kein Aufhebungsgrund mehr, kann jedoch im Falle arglistiger Täuschung zur Aufhebbarkeit nach § 1314 Abs. 2 Nr. 3 führen.[15]

---

14 Johannsen/Henrich § 4 Rn. 38.
15 Stockmann jurisPR-FamR 21/2004 Anm. 2.

1. Fortfall der Aufhebbarkeit

35   Wenn der Ehegatte, der sich geirrt hat, nach Entdeckung des Irrtums die Fortsetzung der Ehe bestätigt (§ 1315 Abs. 1 Nr. 4).

2. Antragsberechtigt

36   **Antragsberechtigt** ist allein der Ehegatte, der sich geirrt hat (§ 1316 Abs. 1 Nr. 2).

Der Antrag ist auf **1 Jahr befristet** (§ 1317 Abs. 1 Satz 1). Die Frist beginnt mit der Kenntnis der Aufhebungstatsachen.[16]

3. Rechtsfolgen

37   Die **Rechtsfolgen** der Aufhebung richten sich nach § 1318.

Unterhaltsberechtigt ist nur der gutgläubige Ehegatte (§ 1318 Abs. 2 Satz 1 Nr. 1). Das **Ehegattenerbrecht** ist nicht über § 1933 hinaus ausgeschlossen, da § 1314 Abs. 2 Nr. 5 in § 1318 Abs. 5 nicht erwähnt ist.

D. Abs. 2 Nr. 3 (Arglistige Täuschung)

38   Arglistige Täuschung ist der in der Praxis **häufigste Aufhebungsgrund**. Er liegt vor, wenn der täuschende Verlobte durch Vorspiegelung falscher oder Unterdrückung wahrer Tatsachen, die für den anderen erkennbar von Bedeutung sind, den anderen Ehegatten zur Eheschließung veranlasst hat. Die Täuschung muss für die Eheschließung ursächlich und erheblich gewesen sein. Zu fragen ist, ob der Getäuschte durch Umstände zur Eheschließung veranlasst worden ist, die ihn bei Kenntnis der Sachlage und verständiger Würdigung des Wesens der Ehe von der Eheschließung abgehalten hätten.[17] Täuschung über Vermögensverhältnisse nimmt das Gesetz aus, ebenso die Täuschung durch einen Dritten (z.B. Heiratsvermittler) (Abs. 2 Nr. 3 –2. Hs. –), sofern er nicht mit dem anderen Verlobten kollusiv zusammengewirkt hat.

39   ▶ **Beispiele**

Täuschung über frühere Ehen, erhebliche Vorstrafen, Vorhandensein von Kindern, Schwangerschaft von einem Dritten (vgl. § 1599 Rdn. 20), nachhaltige Ausübung der Prostitution,[18] fehlende Bereitschaft, die Ehe zu vollziehen,[19] Beischlafunfähigkeit, Sterilität,[20] gleichgeschlechtliche Veranlagung, erhebliche Krankheiten (Multiple Sklerose, Parkinson, AIDS, TB), eigene berufliche Stellung.

40   Die bloße Behauptung, der Ehegatte habe subjektive Empfindungen nur vorgespiegelt (hier: das **Fehlen von Liebe und ehelicher Gesinnung**) reicht zur schlüssigen Darlegung der Eheaufhebungstatsachen nicht aus,[21] wenn nicht zugleich Tatsachen vorgetragen werden, aus welchen der die Aufhebung begehrende Ehegatte vernünftigerweise auf das tatsächliche Vorliegen dieser subjektiven Empfindungen schließen durfte.[22]

---

16 BGH FamRZ 1967, 372.
17 Johannsen/Henrich § 1314 Rn. 57–60.
18 OLG Brandenburg FamRZ 2006, 1376.
19 Vgl. OLG Zweibrücken FamRZ 2006, 1201.
20 OLG Stuttgart FamRZ 2005, 33; vgl. hierzu Stockmann jurisPR-FamR 21/2004 Anm. 2.
21 OLG Hamm FamRZ 2004, 545, LS.
22 OLG Zweibrücken FamRZ 2002, 1560.

Friederici

I. Fortfall der Aufhebungsmöglichkeit

Bei **Bestätigung** der Ehe durch den Getäuschten nach Entdeckung der Täuschung (§ 1315 Abs. 1 **41**
Nr. 4), z.B. durch Beischlaf.[23]

II. Antragsberechtigt

Antragsberechtigt ist nur der Getäuschte (§ 1316 Abs. 1 Nr. 2). **42**

Der Antrag ist auf **1 Jahr befristet** (§ 1317 Abs. 1 Satz 1). Zum Fristbeginn vgl. Rdn. 39. Dem
Getäuschten muss auch die Täuschungsabsicht bekannt geworden sein.

III. Rechtsfolgen

Die **Rechtsfolgen** der Aufhebung richten sich nach § 1318. **43**

Nur der vom anderen getäuschte Ehegatte kann **Unterhalt** verlangen (§ 1318 Abs. 2 Satz 1 Nr. 1).

Das **Erbrecht** ist nicht über § 1933 hinaus ausgeschlossen, da § 1314 Abs. 2 Nr. 3 in § 1318 Abs. 5
nicht erwähnt ist.

E. Abs. 2 Nr. 4 (Drohung)

Durch **Drohung** (§ 123) gegen den Verlobten oder dessen Angehörigen muss die Eheschließung **44**
herbeigeführt worden sein. **Beispiele:** Androhung von Gewalt, Selbstmord, Strafanzeige, Enterbung.

I. Fortfall der Aufhebungsmöglichkeit

bei **Bestätigung** der Ehe durch den Bedrohten nach Beendigung der Zwangslage (§ 1315l Nr. 4). **45**

II. Antragsberechtigt

Antragsberechtigt ist nur der Bedrohte (§ 1316 Abs. 1 Nr. 2). **46**

Der Antrag ist auf **1 Jahr befristet** (§ 1317 Abs. 1 Satz 1). Die Frist beginnt mit dem Aufhören der
Zwangslage (§ 1317 Abs. 2 Nr. 4).

III. Rechtsfolgen

Die **Rechtsfolgen** der Aufhebung richten sich nach § 1318. **47**

Es treten dieselben Folgen ein wie bei arglistiger Täuschung.

F. Abs. 2 Nr. 5 (Scheinehe)

Eine **Scheinehe** liegt vor, wenn die Eheleute nur formal geheiratet haben, in Wirklichkeit aber **48**
eine eheliche Lebensgemeinschaft i.S.e. **Verantwortungsgemeinschaft** (§ 1353 Abs. 1 Satz 2 Hs. 2)
ablehnen. **Beispiele:** Aufenthalts-Ehe,[24] Staatsangehörigkeits-Ehe, Namens-Ehe, Versorgungs-Ehe,
Ehe nur aus steuerlichen Gründen.

---

23 OLG Köln FamRZ 2003, 375.
24 BVerwG FamRZ 2005, 1671; OLG Düsseldorf FamRZ 2008, 277.

49 **Prozesskostenhife** für einen Aufhebungsantrag kann wegen Mutwilligkeit verweigert werden, wenn die Schließung und Aufhebung der Ehe von vornherein von einem einheitlichen Willen umfasst war.[25] Jedenfalls muss ein für die Eingehung der Ehe gezahltes Entgelt zur Bestreitung der Prozesskosten eingesetzt werden und rechtfertigt die Verweigerung der Prozesskostenhilfe wegen selbstverschuldeter Hilfsbedürftigkeit.[26]

50 Der **Standesbeamte** muss seine Mitwirkung an der Eheschließung verweigern, wenn aufgrund konkreter Umstände offenkundig eine Scheinehe geschlossen werden soll (§ 1310 Abs. 1 Satz 2 Hs. 2). Er muss den Sachverhalt von Amts wegen zu klären suchen und kann die Sache im Zweifelsfalle dem AG vorlegen (§ 49 Abs. 2 PStG).[27] Lehnt er wegen seiner Zweifel die Vornahme der Eheschließung ab, so kann er dazu auf Antrag der Verlobten oder der Aufsichtsbehörde angehalten werden (§ 49 Abs. 1 PStG).

I. Fortfall der Aufhebbarkeit

51 Wenn die Ehegatten die Verantwortungsgemeinschaft aufnehmen (§ 1315 Abs. 1 Nr. 5), die Ehe also wechselseitig bestätigen. Maßgebend ist der äußere Eindruck einer auf Dauer angelegten Lebensgemeinschaft, ohne dass es auf die tatsächliche Dauer des Zusammenlebens ankommt.[28]

II. Antragsberechtigt

52 **Antragsberechtigt** ist jeder Ehegatte und die zuständige Verwaltungsbehörde (§ 1316 Abs. 1 Nr. 5), die nur in Härtefällen von der Antragstellung absehen soll (§ 1316 Abs. 3).

Der Antrag ist **nicht befristet** (Umkehrschluss aus § 1317 Abs. 1).

III. Rechtsfolgen

53 Die **Rechtsfolgen** der Aufhebung richten sich nach § 1318.

Ein **Unterhaltsanspruch** besteht von vornherein nicht, weil er dem Wesen der Scheinehe als nicht ernstlich gewählter Pflichtengemeinschaft widerspricht.[29]

Auch die Zubilligung von **Zugewinn** und **Versorgungsausgleich** verbietet sich aus demselben Grund. Zumindest wären derartige Ansprüche grob unbillig (§ 1318 Abs. 3).

Allenfalls ein Anspruch nach §§ 1365a, 1365b ist im Einzelfall denkbar (§ 1318 Abs. 4).

54 Die Partner einer Scheinehe haben die Wahl zwischen Eheaufhebung und Scheidung. Im Falle der Aufhebung können keine Unterhaltsansprüche geltend gemacht werden. Außerdem ist das Trennungsjahr (§ 1565 Abs. 2 BGB) nicht zu beachten. Die Durchführung der Scheidung dauert dagegen länger, eröffnet aber die Chance von Unterhaltsansprüchen.

---

25 Str.; wie hier: OLG Koblenz FamRZ 2004, 548; a.A. OLG Frankfurt FamRZ 2006, 1128.
26 BGH FamRZ 2005, 1477.
27 OLG Thüringen FamRZ 2000, 1365.
28 OLG Celle FamRZ 2004, 949.
29 OLG Thüringen FamRZ 2000, 1365.

§ 1315 Ausschluss der Aufhebung

(1) [1]Eine Aufhebung der Ehe ist ausgeschlossen

1. bei Verstoß gegen § 1303, wenn die Voraussetzungen des § 1303 Abs. 2 bei der Eheschließung vorlagen und das Familiengericht, solange der Ehegatte nicht volljährig ist, die Eheschließung genehmigt oder wenn der Ehegatte, nachdem er volljährig geworden ist, zu erkennen gegeben hat, dass er die Ehe fortsetzen will (Bestätigung),

2. bei Verstoß gegen § 1304, wenn der Ehegatte nach Wegfall der Geschäftsunfähigkeit zu erkennen gegeben hat, dass er die Ehe fortsetzen will (Bestätigung),

3. im Falle des § 1314 Abs. 2 Nr. 1, wenn der Ehegatte nach Wegfall der Bewusstlosigkeit oder der Störung der Geistestätigkeit zu erkennen gegeben hat, dass er die Ehe fortsetzen will (Bestätigung),

4. in den Fällen des § 1314 Abs. 2 Nr. 2 bis 4, wenn der Ehegatte nach Entdeckung des Irrtums oder der Täuschung oder nach Aufhören der Zwangslage zu erkennen gegeben hat, dass er die Ehe fortsetzen will (Bestätigung),

5. in den Fällen des § 1314 Abs. 2 Nr. 5, wenn die Ehegatten nach der Eheschließung als Ehegatten miteinander gelebt haben.

[2]Die Bestätigung eines Geschäftsunfähigen ist unwirksam. [3]Die Bestätigung eines Minderjährigen bedarf bei Verstoß gegen § 1304 und im Falle des § 1314 Abs. 2 Nr. 1 der Zustimmung des gesetzlichen Vertreters; verweigert der gesetzliche Vertreter die Zustimmung ohne triftige Gründe, so kann das Familiengericht die Zustimmung auf Antrag des Minderjährigen ersetzen.

(2) Eine Aufhebung der Ehe ist ferner ausgeschlossen

1. bei Verstoß gegen § 1306, wenn vor der Schließung der neuen Ehe die Scheidung oder Aufhebung der früheren Ehe oder die Aufhebung der Lebenspartnerschaft ausgesprochen ist und dieser Ausspruch nach der Schließung der neuen Ehe rechtskräftig wird;

2. bei Verstoß gegen § 1311, wenn die Ehegatten nach der Eheschließung fünf Jahre oder, falls einer von ihnen vorher verstorben ist, bis zu dessen Tode, jedoch mindestens drei Jahre als Ehegatten miteinander gelebt haben, es sei denn, dass bei Ablauf der fünf Jahre oder zur Zeit des Todes die Aufhebung beantragt ist.

A. Allgemeines

§ 1315 regelt die Voraussetzungen, unter denen die Aufhebung einer nach § 1314 aufhebbaren 1
Ehe ausgeschlossen ist. Der Ausschluss bewirkt, dass der Aufhebungsantrag unbegründet ist und die Ehe trotz aller Mängel uneingeschränkt gültig bleibt. Der **Ausschluss gilt für alle** Antragsberechtigten i.S.v. § 1316.

Die Ausschlusstatbestände treffen für jeden einzelnen Aufhebungsgrund des § 1314 eine separate Regelung. Wegen der Einzelheiten wird auf die Erläuterungen der Einzeltatbestände des § 1314 verwiesen.

B. Ausschluss durch Bestätigung

Die Aufhebbarkeit wegen Minderjährigkeit oder gestörtem Eheschließungswillen infolge 2
Geschäftsunfähigkeit, Bewusstlosigkeit, Störung der Geistestätigkeit, Irrtum, Täuschung oder Drohung kann durch »Bestätigung« geheilt werden (**Abs. 1 Satz 1 Nr. 1–4**), es sei denn, der Bestä-

tigende ist geschäftsunfähig (**Abs. 1 Satz 2**). Grundsätzlich kann auch der Minderjährige die Ehe bestätigen (Umkehrschluss aus Satz 3).

3 Nur in den Fällen der früheren Geschäftsunfähigkeit, Bewusstlosigkeit oder vorübergehenden Störung der Geistestätigkeit ist die Zustimmung des gesetzlichen Vertreters zur Bestätigung notwendig (**Abs. 1 Satz 3**), weil der Minderjährige nach Beseitigung seines Willensdefekts erstmals eine einer Genehmigung zugängliche Willenserklärung abgeben konnte.

4 **Bestätigung** bedeutet die Manifestation des Festhaltewillens.

▶ **Beispiele:**

Eheverkehr, erstmaliges Zusammenleben oder Wiederaufnahme der Verantwortungsgemeinschaft. Verbale Streicheleinheiten reichen regelmäßig nicht aus. Ein mehrmonatiges Zusammenleben nach Feststellen der Zeugungsunfähigkeit kann allerdings dann nicht als Bestätigung gewertet werden, wenn der Ehegatte durchgehend aber vergeblich versucht hat, den anderen zur Teilnahme an medizinischen Maßnahmen zur Behebung der Zeugungsunfähigkeit zu veranlassen.[1]

5 Die Bestätigung muss **spätestens** bis zur letzten mündlichen Verhandlung in der Ehesache erfolgen.

6 Das Gesetz fingiert eine **Doppelbestätigung**, wenn beide Eheleute die Verantwortungsgemeinschaft aufnehmen, nachdem sie bisher nur eine Scheinehe geführt haben (**Abs. 1 Satz 1 Nr. 5**). Maßgebend für das Merkmal des Miteinanderlebens ist der äußere Eindruck, ohne dass die tatsächliche Dauer des Zusammenlebens entscheidend ist.[2]

C. Sonstige Ausschließungsgründe

7 Zum Ausschluss der Aufhebbarkeit bei Bigamie (§ 1306) und fehlerhafter Eheschließungserklärung (§ 1311) wird auf § 1314 Rdn. 21, 38 verwiesen.

§ 1316   Antragsberechtigung

(1) [1]Antragsberechtigt

1. sind bei Verstoß gegen die §§ 1303, 1304, 1306, 1307, 1311 sowie in den Fällen des § 1314 Abs. 2 Nr. 1 und 5 jeder Ehegatte, die zuständige Verwaltungsbehörde und in den Fällen des § 1306 auch die dritte Person. [2]Die zuständige Verwaltungsbehörde wird durch Rechtsverordnung der Landesregierungen bestimmt. [3]Die Landesregierungen können die Ermächtigung nach Satz 2 durch Rechtsverordnung auf die zuständigen obersten Landesbehörden übertragen;
2. ist in den Fällen des § 1314 Abs. 2 Nr. 2 bis 4 der dort genannte Ehegatte.

(2) [1]Der Antrag kann für einen geschäftsunfähigen Ehegatten nur von seinem gesetzlichen Vertreter gestellt werden. [2]In den übrigen Fällen kann ein minderjähriger Ehegatte den Antrag nur selbst stellen; er bedarf dazu nicht der Zustimmung seines gesetzlichen Vertreters.

(3) Bei Verstoß gegen die §§ 1304, 1306, 1307 sowie in den Fällen des § 1314 Abs. 2 Nr. 1 und 5 soll die zuständige Verwaltungsbehörde den Antrag stellen, wenn nicht die Aufhebung der Ehe für einen Ehegatten oder für die aus der Ehe hervorgegangenen Kinder eine so schwere Härte darstellen würde, dass die Aufrechterhaltung der Ehe ausnahmsweise geboten erscheint.

---

1 OLG Stuttgart FamRZ 2005, 33.
2 OLG Celle FamRZ 2004, 949.

A. Allgemeines

Die Vorschrift regelt abschließend, wer den Aufhebungsantrag stellen darf. Antragsberechtigte **1** können sein: einer oder beide Ehegatten, die zuständige Verwaltungsbehörde oder – bei Bigamie – der andere Ehegatte der Erstehe. Zur Antragsberechtigung vgl. im Übrigen die Einzelerläuterungen zu § 1314.

B. Antragsberechtigt

Antragberechtigt sind: **2**

- **jeder** Ehegatte bei Verstoß gegen §§ 1303, 1304, 1306, 1307, 1311, 1314 Abs. 2 Nr. 1 u. 5 (**Abs. 1 Satz 1 Nr. 1**)
- **zusätzlich die zuständige Verwaltungsbehörde** in den Fällen des Abs. 1 Satz 1 Nr. 1,
- **nur der Ehegatte** der in § 1314 Abs. 2 Nr. 2 u. 4 genannt ist (**Abs. 1 Satz 1 Nr. 2**)
- **sowie zusätzlich der Erstehegatte** im Falle der Bigamie (**Abs. 1 Nr. 1**).

C. Eingeschränkte Geschäftsfähigkeit

Für den bei Antragstellung geschäftsunfähigen Ehegatten (§ 104 Nr. 2) kann nur der gesetzliche **3** Vertreter, der kein eigenes Antragsrecht hat, den Antrag stellen (**Abs. 2 Satz 1**) und das Verfahren führen (§ 125 Abs. 2 Satz 1 FamFG). Das Familien- oder Betreuungsgericht muss die Prozessführung genehmigen (§ 125 Abs. 2 Satz 2 FamFG). Ein in der Geschäftsfähigkeit beschränkter Ehegatte ist hingegen verfahrensfähig (§ 125 Abs. 1 FamFG).

D. Verwaltungsbehörden

Verwaltungsbehörden sind die nach dem Recht der einzelnen Bundesländer bestimmten Behör- **4** den. Sie sind an die Stelle der bisher antragsberechtigten Staatsanwaltschaften getreten.

I. Landesrechtliche Zuständigkeiten

Zuständig sind in: **5**

Baden-Württemberg	Regierungspräsidium Tübingen (VO v. 16.01.2001, GVBL S. 2)
Bayern	die Regierung von Mittelfranken (VO v. 02.05.2000, GVBl S. 293)
Berlin	die Bezirksverwaltungen (§§ 3 Abs. 2 Satz 1, 4 Abs. 1 Satz 2 AZG i.d.F. v. 22.07.1996, GVBl S. 302, 472)
Brandenburg	Ministerium der Justiz (§ 18 Bbg AGBGB v. 28.07.2000, GVBl S. 114)
Hamburg	die Bezirksämter (AO v. 01.08.1998, AA 2450)
Hessen	Regierungspräsidien (VO v. 22.12.1999, GVBl S. 26)

Mecklenburg-Vorpommern	Landkreise und kreisfreie Städte (VO v. 10.12.1999, GVBl S. 632)
Niedersachsen	Landkreise, kreisfreie und große selbständige Städte (G v. 05.11.2004, Nds GVBl, S. 394)
Nordrhein-Westfalen	die Bezirksregierungen Köln u. Arnsberg (VO v. 26.05.1998, GVBl S. 391)
Rheinland-Pfalz	Aufsichts- und Dienstleistungsdirektion (VO v. 03.07.1998, § 1, GVBl S. 188, i.d.F. v. 12.10.1999, GVBl S. 353)
Saarland	Landkreise, Stadtverband und die Stadt Saarbrücken (Gesetz v. 24.06.1998, Abl. 518)
Sachsen-Anhalt	die Landkreise und kreisfreien Städte (§ 1 Abs. 1 Nr. 14 VO v. 07.05.1994/09.12.1998; GVBl 94, 568; 98, 476)
Sachsen	die Regierungspräsidien (VO v. 26.06.1998, GVBl S. 265)
Schleswig-Holstein	die Landräte und Bürgermeister kreisfreier Städte (VO v. 26.05.1998, GVBl S. 199)
Thüringen	das Landesverwaltungsamt (VO v. 01.01.1999, GVBl S. 52)

II. Aufhebungsantrag der Behörde

6 Die Antragstellung steht im **pflichtgemäßen Ermessen** der Verwaltungsbehörde.[1] Bei Verstößen gegen § 1303 und § 1311 soll von der Antragstellung abgesehen werden, wenn zu erwarten ist, dass der Mangel gem. § 1315 Abs. 1 Nr. 1 oder Abs. 2 Nr. 2 geheilt wird. In allen anderen Anwendungsfällen soll die Behörde den Antrag stellen und nur in Härtefällen davon absehen (**Abs. 3**). Sie kann auch ein Wiederaufnahmeverfahren einleiten. Die Behörde ist postulationsfähig und unterliegt nicht dem Anwaltszwang. Der Antrag der Behörde ist gegen beide Eheleute zu richten (§ 129 Abs. 1 FamFG).

Unterbleibt die Antragstellung, kann die Behörde auch von keinem Dritten zur Antragstellung gezwungen werden.[2] Andererseits ist in dem durch die Behörde betriebenen Aufhebungsverfahren zu überprüfen, ob der Antrag ermessensfehlerhaft gestellt ist.[3]

7 **Zuständig** ist das Familiengericht am Sitz der Verwaltungsbehörde, wenn die Ehe kinderlos blieb und die Eheleute zu keiner Zeit einen gemeinsamen Aufenthalt im Inland hatten.[4]

III. Beteiligung der Behörde ohne eigenen Antrag

8 Stellt die Verwaltungsbehörde keinen Antrag, obwohl sie antragsberechtigt wäre (§ 1316 Abs. 1 Nr. 1; vgl. Rdn. 3), ist sie vom Familiengericht von der Antragstellung zu benachrichtigen (§ 129 Abs. 2 Satz 1 FamFG). Die Behörde kann dann das Verfahren selbständig betreiben, Anträge stellen und Rechtsmittel einlegen (§ 129 Abs. 2 Satz 2 FamFG), auch insoweit ohne Anwaltszwang (§ 114 Abs. 3 FamFG). Ist sie im ersten Rechtszug in das Verfahren eingetreten, muss sie die für

---

1 BVerwG NJW 1986, 3083.
2 OLG Düsseldorf FamRZ 1996, 109 betr. StA.
3 MüKo/Müller-Gindullis § 1316 Rn. 9.
4 OLG Dresden FamRZ 2004, 952.

die Parteien laufenden Rechtsmittelfristen einhalten.[5] Die Beteiligung der Behörde kann auf den Bestand oder die Aufhebung der Ehe abzielen.[6]

E. »Dritte Person« bei Doppelehe

»Dritte Person« ist der Erstehegatte des Bigamisten, wobei es nach dem Gesetzeswortlaut nicht 9 darauf ankommt, ob die frühere Ehe noch besteht.[7] Da die Aufhebung der Ehe bloß ex nunc wirkt,[8] können die Rechte des Erstehegatten durch die zweite Eheschließung nur beeinträchtigt werden, wenn die Erstehe im Zeitpunkt der Aufhebung der bigamischen Ehe noch besteht. Ist die Erstehe in diesem Zeitpunkt bereits aufgelöst, setzt der Aufhebungsantrag die Geltendmachung **eigener Belange** des Erstehegatten voraus.

Diese sind nur beachtlich, wenn seinen objektiven Interessen an der Aufhebung der Ehe (z.B. Renten- und Versorgungsansprüche) auch ggü. den Belangen der Ehegatten der Zweitehe und der daraus hervorgegangenen Kinder der Vorzug zu geben ist.[9]

§ 1317 Antragsfrist

(1) [1]Der Antrag kann in den Fällen des § 1314 Absatz 2 Nummer 2 und 3 nur binnen eines Jahres, im Falle des § 1314 Absatz 2 Nummer 4 nur binnen drei Jahren gestellt werden. [2]Die Frist beginnt mit der Entdeckung des Irrtums oder der Täuschung oder mit dem Aufhören der Zwangslage; für den gesetzlichen Vertreter eines geschäftsunfähigen Ehegatten beginnt die Frist jedoch nicht vor dem Zeitpunkt, in welchem ihm die den Fristbeginn begründenden Umstände bekannt werden, für einen minderjährigen Ehegatten nicht vor dem Eintritt der Volljährigkeit. [3]Auf den Lauf der Frist sind die §§ 206, 210 Abs. 1 Satz 1 entsprechend anzuwenden.

(2) Hat der gesetzliche Vertreter eines geschäftsunfähigen Ehegatten den Antrag nicht rechtzeitig gestellt, so kann der Ehegatte selbst innerhalb von sechs Monaten nach dem Wegfall der Geschäftsunfähigkeit den Antrag stellen.

(3) Ist die Ehe bereits aufgelöst, so kann der Antrag nicht mehr gestellt werden.

A. Allgemeines

Die Eheaufhebung bei Irrtum, arglistiger Täuschung und Drohung (§ 1314 Abs. 2 Nr. 2–4) kann 1 nur **binnen eines Jahres** gestellt werden (**Abs. 1 Satz 1**). Daraus folgt im Umkehrschluss, dass bei allen anderen Aufhebungsgründen der Antrag **nicht** befristet ist. Die nach §§ 187 Abs. 1, 188 Abs. 2 zu berechnende Ausschlussfrist unterliegt nicht der Parteidisposition.[1] Nach Fristablauf erlischt die Aufhebungsmöglichkeit.[2]

---

5 BayObLG FamRZ 1966, 640 betr. StA.
6 OLG Karlsruhe FamRZ 1991, 92 betr. StA.
7 BGH FamRZ 2002, 604 f.
8 BGH FamRZ 2001, 685 f.
9 BGH FamRZ 2002, 604 f. m. Anm. v. Oehlmann/Stille FuR 2003, 494.
1 RGZ 164, 109.
2 BGHZ 25, 74.

Beweislast: Der Antragsgegner muss den (früheren) Fristbeginn beweisen (RGZ 160, 19). Der Antragsteller trägt die Beweislast für die Wahrung der Frist und deren Hemmung (vgl. Abs. 1 S. 3).[3]

B. Fristbeginn und Fristwahrung

2 Bei einem geschäftsunfähigen Ehegatten kommt es für den Fristbeginn auf die Kenntnis seines gesetzlichen Vertreters an (**Abs. 1 Satz 2 Hs. 2**). Versäumt dieser die Frist, kann der Ehegatte – sofern seine Geschäftsunfähigkeit entfällt – noch 6 Monate lang selbst anfechten (**Abs. 2**). Für den minderjährigen Ehegatten beginnt die Frist erst mit dessen Volljährigkeit (**Abs. 1 Satz 2, letzte Alt.**).

Die Fristwahrung erfolgt durch Zustellung des Aufhebungsantrags, ggf. schon mit Einreichung des Antrags, wenn dieser alsbald zugestellt wird (§ 167 ZPO). Soweit für den Aufhebungsantrag die Genehmigung des FamG notwendig ist (vgl. § 1316 Rdn. 3), muss auch diese Genehmigung fristgerecht eingehen.[4]

C. Keine Aufhebung nach Eheauflösung

3 Eine bereits aufgelöste Ehe kann nicht mehr aufgehoben werden (**Abs. 3**). Deshalb kann eine aufgehobene Ehe nicht aus einem neuen Aufhebungsgrund (erneut) aufgehoben werden.

4 Auch eine **geschiedene** Ehe kann nicht aufgehoben werden, wenn sich später herausstellt, dass sie aufhebbar war. Das gilt jedenfalls dann, wenn (nur) angestrebt wird, aus ethischen Gründen oder wegen des gesellschaftlichen Ansehens das Scheidungsurteil durch ein Aufhebungsurteil »ersetzt« zu erhalten (BGH FamRZ 96, 1209, 1210 zu § 37 Abs. 2 EheG). Allerdings können sich bei unterschiedlichen Rechtsfolgen von Scheidung und Aufhebung (vgl. § 1318) Rechtsnachteile für den an sich Aufhebungsberechtigten ergeben. Er kann in diesem Fall ein schutzwürdiges Interesse haben, durch **Feststellungsantrag** klären zu lassen, dass die Ehe aufhebbar war und dass deshalb die **Rechtsfolgen** der Scheidung **nicht eingetreten sind**.[5]

§ 1318   Folgen der Aufhebung

(1) **Die Folgen der Aufhebung einer Ehe bestimmen sich nur in den nachfolgend genannten Fällen nach den Vorschriften über die Scheidung.**

(2) [1]Die §§ 1569 bis 1586b finden entsprechende Anwendung

1. zu Gunsten eines Ehegatten, der bei Verstoß gegen die §§ 1303, 1304, 1306, 1307 oder § 1311 oder in den Fällen des § 1314 Abs. 2 Nr. 1 oder 2 die Aufhebbarkeit der Ehe bei der Eheschließung nicht gekannt hat oder der in den Fällen des § 1314 Abs. 2 Nr. 3 oder 4 von dem anderen Ehegatten oder mit dessen Wissen getäuscht oder bedroht worden ist;
2. zu Gunsten beider Ehegatten bei Verstoß gegen die §§ 1306, 1307 oder § 1311, wenn beide Ehegatten die Aufhebbarkeit kannten; dies gilt nicht bei Verstoß gegen § 1306, soweit der Anspruch eines Ehegatten auf Unterhalt einen entsprechenden Anspruch der dritten Person beeinträchtigen würde.

---

3 Palandt/Brudermüller § 1317 Rn. 6, 7.
4 Johannsen/Henrich Rn. 8.
5 BGH FamRZ 1996, 1209, 1211; Palandt/Brudermüller § 1318 Rn. 10.

²Die Vorschriften über den Unterhalt wegen der Pflege oder Erziehung eines gemeinschaftlichen Kindes finden auch insoweit entsprechende Anwendung, als eine Versagung des Unterhalts im Hinblick auf die Belange des Kindes grob unbillig wäre.

(3) Die §§ 1363 bis 1390 und 1587 finden entsprechende Anwendung, soweit dies nicht im Hinblick auf die Umstände bei der Eheschließung oder bei Verstoß gegen § 1306 im Hinblick auf die Belange der dritten Person grob unbillig wäre.

(4) Die §§ 1568a und 1568b finden entsprechende Anwendung; dabei sind die Umstände bei der Eheschließung und bei Verstoß gegen § 1306 die Belange der dritten Person besonders zu berücksichtigen.

(5) § 1931 findet zu Gunsten eines Ehegatten, der bei Verstoß gegen die §§ 1304, 1306, 1307 oder § 1311 oder im Falle des § 1314 Abs. 2 Nr. 1 die Aufhebbarkeit der Ehe bei der Eheschließung gekannt hat, keine Anwendung.

A. Allgemeines

Die Rechtsfolgen der Aufhebung richten sich nach Maßgabe von Abs. 2 ff. nach den Vorschriften über die **Scheidungsfolgen (Abs. 1).** Danach können **entsprechend anwendbar** sein die Vorschriften über **1**

– Unterhalt (Abs. 2),
– Güterrecht und Versorgungsausgleich (Abs. 3),
– Hausrat und Ehewohnung (Abs. 4),
– sowie Namensführung (str., vgl. Rdn. 14).
– Abs. 5 regelt als Sonderfall schließlich den erweiterten Ausschluss des Ehegattenerbrechts.

Das Gesetz regelt **positiv** für jeden einzelnen Aufhebungstatbestand, mit welcher Modifikation **2** und für welchen Ehegatten die Scheidungsvorschriften Anwendung finden. Dadurch können sich unterschiedliche Rechtsfolgen ergeben, je nachdem, ob ein Scheidungs- oder ein Aufhebungsantrag gestellt wird. Die Unterschiede können je nach Parteirolle den Ausschlag dafür geben, ob eine Ehescheidung oder ein Aufhebungsverfahren betrieben wird.

Wegen der bei den verschiedenen Aufhebungstatbeständen anwendbaren einzelnen Scheidungsfolgen-Regelungen wird auf die Einzelerläuterungen zu § 1314 verwiesen.

B. Unterhalt (§§ 1569–1586b)

I. Grundsätze

Das G unterscheidet zwischen zwei Gruppen von Aufhebungstatbeständen: Liegen die Voraussetzungen der §§ 1303, 1304, 1206, 1311 und 1314 Abs. 2 Nr. 1 u. 2 vor, kann im Fall der Eheaufhebung grds. nur der bei Eheschließung **gutgläubige bzw. getäuschte oder bedrohte** Ehegatte nachehelichen Unterhalt verlangen (**Abs. 2 S. 1 Nr. 1**), in den Fällen der §§ 1306, 1307 und 1311 können **beide Ehegatten** Unterhaltsgläubiger sein (**Abs. 2 S. 1 Nr. 2**). **3**

II. Kenntnis

4   Kenntnis bedeutet Kenntnis der **Aufhebungstatsachen**, nicht die rechtliche Wertung dieser Tatsachen als Aufhebungsgrund.[1] Maßgebend ist die bei Eheschließung vorhandene und nicht die später erlangte Kenntnis.

III. Beweislast

5   Die Gutgläubigkeit wird vermutet. Wer den guten Glauben bestreitet, muss die Bösgläubigkeit beweisen.[2]

IV. Privilegierte Kindesbetreuung

6   Der nach Abs. 2 Satz 1 unterhaltsrechtlich an sich ausgeschlossene Ehegatte kann **ausnahmsweise** Unterhalt gem. § 1570 beanspruchen, wenn und soweit er gemeinsame Kinder versorgt und eine Unterhaltsversagung mit Blick auf die Kindesbelange **grob unbillig** wäre (**Abs. 2 Satz 2**). Zur »Wahrung der Kindesbelange« ist auf die Rspr. zu § 1579 zu verweisen.

C. Güterrecht und Versorgungsausgleich

7   Die güterrechtlichen Vorschriften (§§ 1363–1390) und die Regelungen über den Versorgungsausgleich (der Hinweis auf § 1587 ist zugleich ein Verweis auf die Vorschriften des VersAusglG) gelten entsprechend, **wenn nicht grobe Unbilligkeit** vorliegt (**Abs. 3**). Die Billigkeitsklausel ergänzt die §§ 1381 BGB, 27 VersAusglG durch zusätzliche Berücksichtigung der Aufhebungsumstände.

8   Im Falle der **Doppelehe** (§ 1306) sind darüber hinaus die Belange des 1. Ehegatten zu berücksichtigen, wenn der 2. Ehegatte bei Eheschließung bösgläubig war oder die Durchführung des VA zu seinen Gunsten mit Rücksicht auf die Belange der 1. Ehefrau grob unbillig wäre.[3]

9   Die **Stichtage** (§§ 3 Abs. 1 VersAusglG, 1384) werden durch die Rechtshängigkeit des Aufhebungsantrags bestimmt (BGH FamRZ 89, 153 zu § 1587 Abs. 2) und bleiben maßgebend, wenn an Stelle der Aufhebung die Scheidung beantragt wird.[4]

D. Ehewohnung und Hausrat

10   **Abs. 4** erwähnt nunmehr die die sinngemäße Anwendung der §§ 1568a und 1568b bei der Eheaufhebung, nachdem die bisher in Bezug genommene HausratsVO aufgehoben worden ist. Es gilt das zu Abs. 3 gesagte (Rdn. 7, 9).

E. Ehegattenerbrecht

11   Abs. 5 enthält abweichend von den vorangehenden Absätzen keine Verweisung auf anzuwendendes Scheidungsfolgenrecht für den Fall der Eheaufhebung, sondern regelt einen erbrechtlichen Sonderfall. Er erweitert den in § 1933 Satz 1 und 2 geregelten Ausschluss des Ehegattenerbrechts bei einer durch **Tod** aufgelösten **aufhebbaren** Ehe.

---

1   Johannsen/Henrich § 1318 Rn. 4; a.A. MüKo/Müller-Gindullis Rn. 4, »laienhafte Kenntnis der Rechtsfolgen erforderlich«.
2   RGZ 78, 589.
3   Palandt/Brudermüller § 1318 Rn. 12 und 13.
4   Palandt/Brudermüller § 1318 Rn. 13.

I. Erbrechtsausschluss nach § 1933

Das Ehegattenerbrecht (§ 1931) ist gem. § 1933 Satz 1 und 2 ausgeschlossen, wenn der Erblasser   12
zur Eheaufhebung berechtigt und sein Aufhebungsantrag zugestellt war.[5] Die Einreichung eines
PKH-Gesuchs für einen beabsichtigten Aufhebungsantrag erfüllt diese Voraussetzungen nicht.
Entfällt das Ehegattenerbrecht, ist der überlebende Ehegatte auf Unterhaltsansprüche gegen die
Erben angewiesen (§ 1933 Satz 3), deren Haftung gem. § 1586b Abs. 1 Satz 3 beschränkt ist.

II. Erweiterter Erbrechtsausschluss (Abs. 5)

War der Erblasser zur Eheaufhebung berechtigt, ist sein Aufhebungsantrag zu Lebzeiten aber nicht   13
rechtshängig geworden, verbliebe es bei bloßer Anwendung des § 1933 beim Ehegattenerbrecht.
Abs. 5 schließt jedoch das gesetzliche Erbrecht des überlebenden Ehegatten auch bei **noch nicht
rechtshängigem** Aufhebungsantrag des Verstorbenen aus, wenn der Überlebende bei Eheschließung die Aufhebbarkeit seiner Ehe wegen Geschäftsunfähigkeit, Bigamie, Verwandtschaft, Form-
verstoß oder Geistesstörung kannte. Diese Regelung verhindert, dass der bösgläubige Ehegatte
durch den Tod des anderen Ehegatten besser gestellt wird, als er stehen würde, wenn die Ehe noch
zu Lebzeiten des anderen Ehegatten aufgehoben oder dessen Aufhebungsantrag zugestellt worden
wäre.

F. Namensrecht

Namensrechtliche Folgen der Eheaufhebung sind gesetzlich nicht geregelt. Ob eine ausfüllungsbe-   14
dürftige Lücke besteht, ist **umstritten.**[6] Wer eine Lücke bejaht,[7] gelangt bei Gutgläubigkeit des
Überlebenden zur analogen Anwendung des § 1355 Abs. 5. Das neue Ehenamensrecht sieht nicht
mehr die Möglichkeit vor, dem anderen Ehegatten die Fortführung des Ehenamens nach Anfechtung der Ehe zu untersagen. Denkbar sind allerdings Ausnahmen in krassen Einzelfällen unter
dem Gesichtspunkt des Rechtsmissbrauchs gem. § 242 BGB.[8]

Titel 4   Wiederverheiratung nach Todeserklärung

§ 1319   Aufhebung der bisherigen Ehe

(1) Geht ein Ehegatte, nachdem der andere Ehegatte für tot erklärt worden ist, eine neue Ehe
ein, so kann, wenn der für tot erklärte Ehegatte noch lebt, die neue Ehe nur dann wegen Verstoßes gegen § 1306 aufgehoben werden, wenn beide Ehegatten bei der Eheschließung wussten,
dass der für tot erklärte Ehegatte im Zeitpunkt der Todeserklärung noch lebte.

(2) ¹Mit der Schließung der neuen Ehe wird die frühere Ehe aufgelöst, es sei denn, dass beide
Ehegatten der neuen Ehe bei der Eheschließung wussten, dass der für tot erklärte Ehegatte im
Zeitpunkt der Todeserklärung noch lebte. ²Sie bleibt auch dann aufgelöst, wenn die Todeserklä-
rung aufgehoben wird.

---

5 BGH FamRZ 1990, 1109 betr. Scheidungsantrag.
6 Verneinend: MüKo/Müller-Gindullis § 1318 Rn. 15.
7 Palandt/Brudermüller § 1318 Rn. 16.
8 BGH FamRZ 2005, 1658.

A. Allgemeines

1   Schließt ein Ehegatte, nachdem sein Ehepartner für tot erklärt worden ist, eine neue Ehe, stellt sich nachträglich heraus, dass er eine Doppelehe führt, wenn die Todeserklärung falsch war. Die Rechtsfolgen dieses Bigamieproblems regeln die §§ 1319, 1320. Die Bedeutung der Vorschriften ist in Friedenszeiten gering. Die §§ 1319, 1320 treffen als lex specialis gegenüber §§ 1306, 1314 Abs. 1 unterschiedliche Rechtsfolgen für die Aufhebung der Erstehe (§ 1319) und der Zweitehe (§ 1320).

B. Aufhebung der bisherigen Ehe (§ 1319)

I. Inhalt

2   Die Aufhebung der bisherigen Ehe hängt davon ab, ob die Ehegatten bei Abschluss der Zweitehe wussten, dass der für tot erklärte Ehegatte im Zeitpunkt der Todeserklärung noch lebte. Waren die Eheleute bösgläubig, kann die Zweitehe wie jede Doppelehe aufgehoben werden. Durch die gutgläubig geschlossene Zweitehe wird dagegen die Erstehe endgültig aufgelöst. Daran vermag auch eine spätere Aufhebung der Todeserklärung nichts zu ändern (Abs. 2 Satz 2).

II. Rechtsfolgen

3   Der fälschlich für tot erklärte Ehegatte hat im Falle der Aufhebung der Zweitehe gegen seinen bösgläubigen Ehegatten einen Anspruch auf Unterhalt und Durchführung des Versorgungsausgleichs in entspr Anwendung der gesetzlichen Vorschriften. Außerdem kann er die elterliche Sorge im früher innegehabten Umfang beanspruchen (vgl. § 1681 Abs. 2). Auf die Namensführung wird § 1355 Abs. 5 entsprechend angewandt.

C. Aufhebung der neuen Ehe (§ 1320)

I. Inhalt

4   Die Vorschrift ermöglicht dem gutgläubigen Bigamisten die Aufhebung seiner Zweitehe, obwohl er durch deren Abschluss bereits die Auflösung der Erstehe herbeigeführt hat, sofern er den Aufhebungsantrag binnen Jahresfrist ab Kenntnis der falschen Todeserklärung stellt.

II. Rechtsfolgen

5   Die Rechtsfolgen nach Aufhebung der Zweitehe richten sich nach § 1318.

§ 1320   Aufhebung der neuen Ehe

(1) [1]Lebt der für tot erklärte Ehegatte noch, so kann unbeschadet des § 1319 sein früherer Ehegatte die Aufhebung der neuen Ehe begehren, es sei denn, dass er bei der Eheschließung wusste, dass der für tot erklärte Ehegatte zum Zeitpunkt der Todeserklärung noch gelebt hat. [2]Die Aufhebung kann nur binnen eines Jahres begehrt werden. [3]Die Frist beginnt mit dem Zeitpunkt,

in dem der Ehegatte aus der früheren Ehe Kenntnis davon erlangt hat, dass der für tot erklärte Ehegatte noch lebt. [4]§ 1317 Abs. 1 Satz 3, Abs. 2 gilt entsprechend.

(2) Für die Folgen der Aufhebung gilt § 1318 entsprechend.

A. Allgemeines

Schließt ein Ehegatte, nachdem sein Ehepartner für tot erklärt worden ist, eine neue Ehe, stellt 1
sich nachträglich heraus, dass er eine Doppelehe führt, wenn die Todeserklärung falsch war. Die Rechtsfolgen dieses Bigamieproblems regeln die §§ 1319, 1320. Die Bedeutung der Vorschriften ist in Friedenszeiten gering. Die §§ 1319, 1320 treffen als lex specialis gegenüber §§ 1306, 1314 Abs. 1 unterschiedliche Rechtsfolgen für die Aufhebung der Erstehe (§ 1319) und der Zweitehe (§ 1320).

B. Aufhebung der bisherigen Ehe (§ 1319)

I. Inhalt

Die Aufhebung der bisherigen Ehe hängt davon ab, ob die Ehegatten bei Abschluss der Zweitehe 2
wussten, dass der für tot erklärte Ehegatte im Zeitpunkt der Todeserklärung noch lebte. Waren die Eheleute bösgläubig, kann die Zweitehe wie jede Doppelehe aufgehoben werden. Durch die gutgläubig geschlossene Zweitehe wird dagegen die Erstehe endgültig aufgelöst. Daran vermag auch eine spätere Aufhebung der Todeserklärung nichts zu ändern (Abs. 2 Satz 2).

II. Rechtsfolgen

Der fälschlich für tot erklärte Ehegatte hat im Falle der Aufhebung der Zweitehe gegen seinen 3
bösgläubigen Ehegatten einen Anspruch auf Unterhalt und Durchführung des Versorgungsausgleichs in entspr Anwendung der gesetzlichen Vorschriften. Außerdem kann er die elterliche Sorge im früher innegehabten Umfang beanspruchen (vgl. § 1681 Abs. 2). Auf die Namensführung wird § 1355 Abs. 5 entsprechend angewandt.

C. Aufhebung der neuen Ehe (§ 1320)

I. Inhalt

Die Vorschrift ermöglicht dem gutgläubigen Bigamisten die Aufhebung seiner Zweitehe, obwohl 4
er durch deren Abschluss bereits die Auflösung der Erstehe herbeigeführt hat, sofern er den Aufhebungsantrag binnen Jahresfrist ab Kenntnis der falschen Todeserklärung stellt.

II. Rechtsfolgen

Die Rechtsfolgen nach Aufhebung der Zweitehe richten sich nach § 1318. 5

§§ 1321–1352

(aufgehoben)

Titel 5   Wirkungen der Ehe im Allgemeinen

§ 1353   Eheliche Lebensgemeinschaft

(1) [1]Die Ehe wird auf Lebenszeit geschlossen. Die Ehegatten sind einander zur ehelichen Lebensgemeinschaft verpflichtet; sie tragen füreinander Verantwortung.

(2) [1]Ein Ehegatte ist nicht verpflichtet, dem Verlangen des anderen Ehegatten nach Herstellung der Gemeinschaft Folge zu leisten, wenn sich das Verlangen als Missbrauch seines Rechts darstellt oder wenn die Ehe gescheitert ist.

A. Allgemeines

1 Die durch das 1. EheRG eingefügte Norm enthält zwei voneinander unterschiedliche Aussagen. Sie stellt klar, dass die Ehe trotz der Abkehr vom Verschuldensprinzip und der Einführung der Zerrüttungsscheidung auf Lebenszeit geschlossen wird. Darüber hinaus begründet sie in sehr allgemeiner Form die Verpflichtung zur ehelichen Lebensgemeinschaft und ist damit die Grundnorm für das Verhalten in der Ehe.

2 Das BGB stellt – abgesehen von den in den §§ 1360, 1360a begründeten Verpflichtungen, zum Unterhalt der Familie beizutragen – keinen **Pflichtenkatalog für Eheleute** auf. Die aus der Eheschließung folgenden Rechte und Pflichten der Eheleute gegeneinander sind vielmehr in § 1353 Abs. 1 **generalklauselhaft** zusammengefasst. Deshalb ist die **Verpflichtung zur ehelichen Lebensgemeinschaft** und zur Verantwortung füreinander auch nicht nur eine **Auslegungsregel**, sondern eine **Rechtspflicht**, deren näherer Inhalt von der jeweiligen konkreten Situation abhängig ist.[1] Dem Begriff kommt jedoch auch erhebliche Bedeutung bei der Auslegung anderer die Ehe ausfüllender Normen zu. Im Übrigen bestimmen die Ehegatten in gleichberechtigter Partnerschaft ihre persönliche und wirtschaftliche Lebensführung; die Aufgabenverteilung in der Ehe unterliegt ihrer freien Entscheidung.[2] Die Familiengemeinschaft hat der Staat gem Art 6 Abs 1 GG sowohl im immateriell-persönlichen als auch im materiell-wirtschaftlichen Bereich als eigenständig und selbstverantwortlich zu respektieren.[3]

---

1 BVerfG FamRZ 2007, 529; NJW 1988, 2032.
2 BVerfG FamRZ 1982, 1185.
3 BVerfG FamRZ 2011, 1133 zur Frage der Abschiebung des Ehemannes einer pflegebedürftigen Ehefrau.

Wenn § 1353 auch echte Rechtspflichten begründet, ist deren Verletzung nicht umfassend durch 3
Sanktionen abgesichert. Insbesondere Pflichten im sexuellen Bereich sind nicht einklagbar.[4] Die
Vollstreckbarkeit scheitert in weitem Umfang an § 120 Abs. 3 FamFG.

B. Lebenszeitehe

Das Gesetz geht trotz der durch die Einführung der Zerrüttungsvermutungen eingeführten 4
Erleichterungen der Auflösung der Ehe im Grundsatz weiterhin von der Ehe als auf **Lebenszeit
angelegten Bund** aus. Dem entspricht das in § 1311 S. 2 enthaltene **Bedingungs- und Befristungsverbot** ebenso wie letztlich auch die nach der Ehescheidung latent fortbestehenden **Unterhaltsverpflichtungen** (§§ 1569 ff.).

Trotz der grundsätzlich lebenslangen Bindung sind aber auch **Zweckehen** rechtsgültig. Von einer 5
Zweckehe wird dann gesprochen, wenn wenigstens einer der Ehegatten neben der ehelichen
Lebensgemeinschaft auch andere Zwecke, etwa den Erwerb einer **Aufenthaltserlaubnis**, anstrebt.[5]

Dagegen hat der Standesbeamte seine Mitwirkung zu verweigern, wenn die Eheleute sich bei Ehe 6
schließung darüber einig waren, dass sie keine eheliche Lebensgemeinschaft begründen wollen
(§§ 1310 Abs. 1 Satz 2, 1314 Abs. 2 Nr. 5). Ist es gleichwohl zur Schließung einer derartigen
Scheinehe gekommen, so ist die Ehe zwar trotzdem wirksam zustande gekommen, jedoch **aufhebbar.**

C. Die Verpflichtung zur ehelichen Lebensgemeinschaft

Die Verpflichtung zur ehelichen Lebensgemeinschaft lässt sich im Wesentlichen in drei Gruppen 7
einteilen, die **Pflicht zur häuslichen Gemeinschaft**, die **Pflicht zur Geschlechtsgemeinschaft** und
die **Pflicht zur Haushaltsführung und Funktionsteilung**.

I. Pflicht zur häuslichen Gemeinschaft

Mit der Eheschließung begründen die Ehegatten die Verpflichtung, in häuslicher Gemeinschaft 8
zusammenzuleben, sofern die Lebensverhältnisse dem nicht entgegenstehen.[6] Weigert sich ein
Ehegatte ohne Grund, die häusliche Gemeinschaft mit dem anderen aufzunehmen, so kann dies
zum Ausschluss des Anspruchs auf nacheheliche Unterhalt führen.[7]

Die Pflicht zur häuslichen Gemeinschaft verbietet es den Ehegatten, ohne Notwendigkeit einen 9
Wohnsitzwechsel vorzunehmen, sofern durch diesen die Gemeinschaft zerstört wird.[8] Andererseits
setzt die eheliche Lebensgemeinschaft nicht zwingend einen **räumlichen Ehemittelpunkt** voraus.[9]

Aus der Pflicht zur häuslichen Gemeinschaft folgt andererseits das **Recht auf Mitbenutzung von** 10
Haushaltssachen und Ehewohnung, wobei es dabei auf die Eigentumsverhältnisse oder den
gewählten Güterstand nicht ankommt.[10] Durch die geschuldete **Gebrauchsüberlassung** wird Mitbesitz begründet, der wiederum Besitzschutzansprüche nach § 866 so wie – im Falle deren Verletzung – Ansprüche nach §§ 823, 1004, 1007 auslösen kann.[11]

---

4 Rauscher Rn. 237.
5 Staudinger/Voppel § 1353 Rn. 15.
6 MüKo/Roth § 1353 Rn. 34; Staudinger/Voppel [2007] § 1353 Rn. 70.
7 BGH FamRZ 1990, 492, 495; FamRZ 1987, 1761.
8 Staudinger/Voppel [2007] § 1353 Rn. 70.
9 BGH FamRZ 1980, 127.
10 OLG Düsseldorf FamRZ 1981, 545.
11 Palandt/Brudermüller § 1353 Rn. 6.

II. Pflicht zur Geschlechtsgemeinschaft

11   Daneben sind die Eheleute einander zur **Geschlechtsgemeinschaft** verpflichtet,[12] wobei diese Verpflichtung nicht Gegenstand eines **Herstellungsantrages** sein kann (§ 120 Abs. 3 FamFG).[13] Die Geschlechtsgemeinschaft besteht entsprechend den jeweiligen individuellen Verhältnissen, also dem Alter oder der gesundheitlichen und psychischen Disposition der Ehegatten.[14] Umfang und Rechtscharakter dieser Pflicht sind im Einzelnen streitig. Der Streit hat jedoch wegen der ohnehin nicht gegebenen Klagbarkeit für die Praxis keine entscheidende Bedeutung.

12   Die einseitige **Weigerung zur Zeugung oder zum Empfängnis von Kindern** stellt nach wohl herrschender Meinung eine Verletzung der Ehepflicht dann dar, wenn dem sich weigernden Ehegatten keine schutzwürdigen Belange zur Seite stehen.[15] Maßnahmen der **Familienplanung** sollten nur aufgrund gemeinsamer Abreden der Ehegatten getroffen werden, wobei jedoch auch die Befolgung der Abrede zum Gebrauch empfängnisverhütender Mittel oder zu deren Absetzung nicht justitiabel ist.[16] Von der einmal getroffenen Abrede kann sich jeder Ehegatte – gleich aus welchen Gründen – jederzeit wieder lossagen.[17]

13   Da die **Sterilisation** Kinderlosigkeit zur Folge hat, bedarf sie der Zustimmung des Ehegatten,[18] wobei dieser jedoch im Falle einer medizinischen Indikation hierzu verpflichtet ist.[19]

III. Pflicht zur Haushaltsführung und Funktionsteilung

14   Das **Recht** und die **Pflicht zur Haushaltsführung** ergeben sich nicht mehr nach einem gesetzlichen Leitbild der Ehe. § 1356 Abs. 1 überlässt die Regelung dem **gegenseitigen Einvernehmen** der Ehegatten. Fehlt es an einer Einigung, etwa weil beide Ehegatten in vollem Umfang berufstätig sind, so folgt die **Pflicht zur anteiligen Haushaltsführung** beider Ehegatten unmittelbar aus § 1353 Abs. 1.[20] Im Übrigen ist jeder Ehegatte verpflichtet, in dem von dem anderen geführten Haushalt in angemessenem Umfang mitzuwirken.[21]

15   Wie zur Führung des Haushalts sind die Eheleute auch zur **Betreuung gemeinsamer Kinder** verpflichtet (§ 1618a). Wurde ein Kind aus einer anderen Beziehung eines der Ehegatten einvernehmlich in den Haushalt mit aufgenommen, so erstreckt sich die Verpflichtung zur tatsächlichen Sorge auch auf dieses Kind.[22]

16   Die an sich nach § 1356 gegebene Möglichkeit der Ehegatten, die Haushaltsführung ebenso wie die Kinderbetreuung im Einvernehmen zu regeln, ist unterhaltsrechtlich nur durch die so genannte »Hausmann« Rechtsprechung eingeschränkt. Danach haben Ehegatten, sofern sie auch **Unterhaltsschuldner** sind, bei der zu treffenden Rollenwahl auch die Interessen der außerhalb der Ehe stehenden gleichrangigen **Unterhaltsberechtigten** zu berücksichtigen.[23] Das gilt im Rahmen der Ermittlung des Unterhaltsbedarfs des geschiedenen Ehegatten auch im Verhältnis zwischen diesem und dem neuen Ehegatten.[24]

---

12 OLG Schleswig NJW 1993, 2945; BGH FamRZ 1967, 1078.
13 Soergel/Lange § 1353 Rn. 11; Staudinger/Voppel [2007] § 1353 Rn. 35.
14 BGH NJW 1967, 1079.
15 Soergel/Lange § 1353 Rn. 11; Staudinger/Voppel [2007] § 1353 Rn. 35.
16 Staudinger/Voppel § 1353 Rn. 144.
17 BGH FamRZ 2001, 541.
18 Staudinger/Voppel [2007] § 1353 Rn. 42.
19 Soergel/Lange § 1353 Rn. 11.
20 Rauscher § 14 Rn. 242.
21 BGH JZ 1960, 371.
22 OLG Karlsruhe FamRZ 1961, 371; OLG Hamburg FamRZ 1967, 103.
23 BGH FamRZ 1996, 797; FamRZ 2006, 1827.
24 BGH FamRZ 2010, 111.

D. Die Verantwortungsgemeinschaft

Die eheliche Lebensgemeinschaft verpflichtet die Eheleute zur **Rücksichtnahme auf die berechtig-** 17
ten Interessen des anderen. Sie haben einander überdies in **wirtschaftlichen** wie **persönlichen**
Angelegenheiten Beistand zu leisten.

Im Einzelnen kann man die danach bestehenden Pflichten in folgende Gruppen einteilen: 18

1. Gefahrenabwehr und Hilfe in Notfällen
2. Beistand und Rücksichtnahme in persönlichen Angelegenheiten
3. Beistand und Rücksichtnahme in wirtschaftlichen Angelegenheiten

I. Gefahrenabwehr und Hilfe in Notfällen

Die eheliche Lebensgemeinschaft umfasst **gegenseitige Beistandspflichten**. Über die jeden tref- 19
fende und nach § 323c StGB strafbewehrte Pflicht zur Hilfeleistung hinaus trifft die Ehegatten die
Verpflichtung, dem jeweils anderen drohende Gefahren abzuwehren, soweit ihm dies zumutbar
ist. Insoweit erwächst dem Ehegatten sogar eine **Garantenpflicht im Sinne des § 13 StGB**.[25]

Im Einzelnen hat ein Ehegatte beispielsweise den anderen davon abzuhalten, **betrunken ein Kraft-** 20
fahrzeug zu führen, wenn er beobachtet, dass dieser im Begriff ist, dies zu tun[26] oder ihn auch
sonst von der Begehung **strafbarer Handlungen abzuhalten**.[27] Nimmt er seinen **hilflosen betrun-**
kenen Ehegatten in seinem Fahrzeug mit, hat er dafür Sorge zu tragen, dass dieser durch Anlegen
des **Sicherheitsgurtes** gesichert wird.[28]

Wenngleich eine strafrechtliche Garantenpflicht insoweit möglicherweise nicht anzunehmen ist, 21
ist der Ehegatte eherechtlich verpflichtet, den anderen von einem **geplanten Suizid abzuhalten**.[29]

Eine Verpflichtung zur **Pflege des schwerstpflegebedürftigen Ehegatten** besteht dagegen nicht.[30] 22

Der Ehegatte hat es in der Regel zu unterlassen, den anderen wegen des Verdachtes einer **Straftat** 23
oder eines **Steuervergehens anzuzeigen**,[31] jedenfalls dann, wenn **Rachsucht, Gehässigkeit** oder die
Absicht der Schädigung die für die Anzeige maßgeblichen Beweggründe waren.[32] Etwas anderes
gilt dann, wenn der Ehegatte ein von dem anderen **geplantes Verbrechen** anzeigt oder wenn er
mit der Anzeige **schwerwiegende berechtigte Eigeninteressen** verfolgt.[33]

II. Beistand und Rücksichtnahme in persönlichen Angelegenheiten

Die eheliche Lebensgemeinschaft umfasst die Pflicht zur **Rücksichtnahme auf berechtigte Interes-** 24
sen des anderen Ehegatten. Deshalb ist jeder Ehegatte verpflichtet, die **Aufnahme von Verwand-**
ten des anderen, insbesondere **Kindern aus dessen früherer Ehe oder Beziehung** zu dulden.[34]

---

25 LK/Jescheck § 13 StGB Rn. 22.
26 BGH NJW 1954, 1818; OLG Köln NJW 1973, 861.
27 BGH NJW 1954, 1818; OLG Köln NJW 1973, 861.
28 OLG Frankfurt FamRZ 1987, 381.
29 BGHSt 2, 150; BSG NJW 1957, 1943.
30 BGH FamRZ 1995, 537.
31 BGH MDR 1964, 911.
32 Staudinger/Voppel [2007] § 1353 Rn. 60.
33 BGH FamRZ 1963, 515.
34 Rauscher § 14 Rn. 244.

25 **Häusliche Gewalt** ist auch aus der Verpflichtung zur ehelichen Lebensgemeinschaft zu unterlassen.[35] Jeder Ehegatte ist gehalten, **Alkohol-**[36] **oder Medikamentmissbrauch**[37] einzustellen. Er hat die **Privat- und Intimsphäre** des anderen zu respektieren, also insbesondere das **Briefgeheimnis** zu wahren, sofern nicht ein besonders gewichtiges Interesse dem entgegensteht.[38]

26 Auf die **religiösen oder sittlichen Anschauungen** des Ehegatten hat jeder Rücksicht zu nehmen und diese zu achten.[39] Er hat es zu unterlassen, dem anderen die eigenen Lebensformen aufzuoktroyieren.[40]

III. Beistand und Rücksichtnahme in wirtschaftlichen Angelegenheiten

27 Zwar haben Ehegatten voneinander **getrennte Vermögen** und sind deshalb auch nicht verpflichtet, für die Verbindlichkeiten des jeweils anderen einzustehen. Trotzdem besteht aber unabhängig vom **Güterstand** die Verpflichtung, den anderen Ehegatten oder dessen **Eigentum vor Schaden zu bewahren**, was schon aus § 1359 abgeleitet werden kann. Diese Pflicht zur Rücksichtnahme überlagert z.B. die **Entschließungsfreiheit des Miteigentümers**, ob, wann und zu welchem Zeitpunkt er einer Veräußerung gemeinschaftlichen Eigentums zustimmt, so dass er gehalten ist, einen gemeinsamen Verkauf des gemeinsamen Eigentums nicht aus unsachlichen Gründen zu verhindern[41] oder umgekehrt den Antrag auf Teilungsversteigerung zur Unzeit zu stellen.[42] Verstößt ein Ehegatte gegen seine sich aus § 1353 ergebenden Pflichten, kann er verpflichtet sein, den durch einen späteren und ungünstigeren Verkauf entstehenden Schaden gem. § 826 zu ersetzen. Zu weitgehend und mit dem sich aus § 749 ergebenden Recht auf jederzeitige Beendigung der Gemeinschaft nicht zu vereinbaren ist die Auffassung, die Norm hindere daran, ohne die Zustimmung des anderen **Antrag auf Teilungsversteigerung** zu stellen.[43] Im Rahmen der Teilungsversteigerung folgt aus § 1353 die Verpflichtung des Ehegatten, Bietinteressenten jedenfalls dann den Zutritt zu seiner in dem gemeinsamen Haus gelegenen Wohnung zu gestatten, wenn die wirtschaftliche Situation der Eheleute die Versteigerung gebietet.[44]

27a Speziell in der Trennungsphase ist die bis dahin gemeinsam genutzte Mietwohnung häufig eine erhebliche finanzielle Belastung, so dass der die Wohnung nicht nutzende Ehegatte danach strebt, aus dem Mietverhältnis entlassen zu werden. Aus dem Gebot zur gegenseitigen Rücksichtnahme kann der andere Ehegatte auch verpflichtet sein, an der Entlassung des nicht in der Wohnung lebenden Ehegatten aus dem Mietverhältnis mitzuwirken, wenn diese Änderung angemessen und ihm zumutbar ist.[45] Dieser Entscheidung ist zuzustimmen, zumal eine Möglichkeit der Zuweisung der Wohnung zum Zwecke der Kündigung des Mietvertrages nicht besteht.[46]

28 Auch kann der Ehegatte gehalten sein, den anderen nicht dahingehend zu drängen, dass er sich für ausschließlich im eigenen Interesse des Ehegatten begründete Verbindlichkeiten **verbürgt**.[47]

---

35 Schwab FamRZ 1999, 1317.
36 OLG Frankfurt FamRZ 1982, 484.
37 BGHZ 43, 331.
38 BGH FamRZ 1970, 589.
39 OLG Schleswig MDR 1954, 417.
40 BGH NJW 1960, 1447.
41 OLG Frankfurt, OLGR Frankfurt 2001, 66.
42 Vgl. Weinreich FuR 2006, 403, 406.
43 So aber: AG Hannover FamRZ 2003, 938.
44 AG Aachen FamRZ 1999, 848; AG Wetzlar FamRZ 2002, 1500; Weinreich FuR 2006, 352, 355.
45 OLG Hamburg FamRZ 2011, 481.
46 Vgl § 1361b Rdn. 29.
47 BGH NJW 1995, 562; NJW 1994, 1726.

Die Pflicht zur Rücksichtnahme kann sogar eine **Einwendung** des Ehegatten gegen die Inan- 29 spruchnahme durch den anderen begründen.[48]

Nach der mittlerweile wohl herrschenden Meinung besteht nach dem Scheitern der Ehe ein 30 Anspruch auf **Übertragung des Schadensfreiheitsrabattes** für das ganz oder überwiegend[49] von einem Ehegatten genutzte Fahrzeug, wenn dieses nur aus formalen Gründen und wegen der Möglichkeit der kostengünstigeren Versicherung auf den Namen des den Wagen tatsächlich nicht oder nur untergeordnet nutzenden Ehegatten versichert war. Dieser Anspruch folgt aus der wechselseitigen Verpflichtung zu Beistand und Rücksichtnahme in wirtschaftlichen Angelegenheiten und besteht dann, wenn der andere Ehegatte als bisheriger Versicherungsnehmer nicht ein eigenes schützenswertes Interesse an der Fortführung des Vertrages hat.[50]

Aus der **Verpflichtung zur Minimierung finanzieller Lasten** sowie – nach Scheidung der Ehe – 31 einer **nachwirkenden ehelichen Solidarität** folgen weiter **steuerrechtliche Aufklärungs- und Mitwirkungspflichten**. So ist jeder Ehegatte verpflichtet, dem anderen die für die Steuererklärung erforderlichen **Auskünfte** zu erteilen. Sofern für ihn hieraus keine Nachteile erwachsen, ist jeder Ehegatte weiter verpflichtet, der **Zusammenveranlagung** nach § 26 Abs. 1 EStG zuzustimmen,[51] solange nicht die Ehegatten bereits eine getrennte Veranlagung beantragt haben.[52] Entstehen dem zur Zustimmung zur Zusammenveranlagung aufgeforderten Ehegatten in deren Folge steuerliche Nachteile, so ist er gleichwohl zur Zustimmung dann verpflichtet, wenn der andere sich im Gegenzug verpflichtet, die ihm aus der Zusammenveranlagung für die Zeit nach der Trennung entstehenden **Nachteile zu ersetzen**.[53] Leben und wirtschaften die Eheleute gemeinsam, profitieren sie jedoch beide von der Steuerklassenwahl, die sich für einen positiv (Steuerklasse III) und für den anderen isoliert betrachtet negativ (Steuerklasse V) auswirkt. Somit kann ein Ersatz eigener steuerrechtlicher Nachteile für diese Zeit nach der Trennung nicht beansprucht werden. Das gilt insbesondere auch deshalb, weil der ehelichen Lebensgemeinschaft die Auffassung zu Grunde liegt, mit dem Einkommen beider Ehegatten gemeinsam zu wirtschaften und finanzielle Mehrleistungen nicht auszugleichen[54].

Ist die günstigere Steuerklasse des Unterhaltspflichtigen im Rahmen eines Trennungsunterhaltsverfahrens bereits bei der Berechnung des Einkommens berücksichtigt worden und hat dies zu einem höheren Unterhaltsanspruch des zustimmungspflichtigen Ehegatten geführt,[55] ist zwar von einer grundlegenden Veränderung der Verhältnisse auszugehen, so dass grundsätzlich für die Ehegatten kein Anlass mehr besteht, an der früheren Übung festzuhalten, doch wurde auch jetzt mit dem aus den Steuerklassen III und V erzielten Einkommen gemeinsam gewirtschaftet. Denn der unterhaltsberechtigte Ehegatte hat von der Wahl der für ihn ungünstigen Steuerklasse im Ergebnis profitiert, weil sich sein Unterhaltsanspruch erhöht hat.

In beiden Fällen kommt also eine Erstattung steuerlicher Nachteile nicht in Betracht.[56]

Nur dann, wenn eine Beteiligung an den durch die Wahl der günstigeren Steuerklasse erzielten Vorteilen nicht erfolgt ist, weil zB kein Trennungsunterhalt gezahlt worden ist, hat der begünstigte

---

48 BGH FamRZ 1988, 143.
49 OLG Hamm NJW-RR 2011, 1227: 90%-ige Nutzung ist nicht ausreichend.
50 OLG Hamm NJW-RR 2011, 1227; LG Hildesheim FamRZ 2009, 608; LG Flensburg FamRZ 2007, 146; LG Freiburg FamRZ 2007, 146; vgl. auch Greger VersR 2006, 485; a.A.: Budde FuR 2004, 339.
51 BGH FamRZ 2007, 1229; FamRZ 1988, 143; OLG Dresden OLGR 2009, 114 zur Zustimmungspflicht des Insolvenzverwalters.
52 OLG Frankfurt FuR 2006, 134.
53 BGH FamRZ 2008, 40; FamRZ 2007, 1229, 1230; FamRZ 2002, 1024; OLG Stuttgart FamRZ 1993, 191; OLG Frankfurt FamRZ 2004, 877.
54 BGH FamRZ 2007, 1229.
55 OLG Bremen FamRZ 2011, 1226 (LS).
56 BGH FamRZ 2007, 1229; OLG Bremen FamRZ 2011, 1226 (LS).

Ehegatte die steuerlichen Nachteile des anderen zu erstatten. In dem Fall ist der benachteiligte Ehegatte für die Zeit ab Trennung so zu stellen, wie er gestanden hätte, wäre für diese Zeit eine getrennte steuerliche Veranlagung durchgeführt worden.[57] Bei Trennung im Veranlagungszeitraum ist eine anteilige Errechnung des Steuernachteils vorzunehmen.

31a   Nach der Insolvenz eines Ehegatten wird das Wahlrecht von dessen Insolvenzverwalter ausgeübt,[58] weshalb sich der Anspruch auf Zustimmung zur gemeinsamen Veranlagung dann auch gegen den Insolvenzverwalter richtet.[59] Der Anspruch stellt keine Insolvenzforderung dar. Der die gemeinsame Veranlagung begehrende Ehegatte hat der Insolvenzmasse die ihr entstehenden Nachteile zu erstatten. Weitergehende Ansprüche bestehen nicht. Insbesondere kann der Insolvenzverwalter seine Zustimmung nicht davon abhängig machen, dass ihm die erzielte Steuerersparnis des Ehegatten ausgezahlt wird.[60]

32   Für die Verpflichtung zur Zustimmung ist nicht zu prüfen, ob die **steuerrechtlichen Voraussetzungen** erfüllt sind; dies obliegt den Finanzbehörden. Aus diesem Grund besteht die Verpflichtung zur Zustimmung auch dann, wenn es zweifelhaft erscheint, ob die Wahlmöglichkeit nach § 26 Abs. 1 EStG besteht. Sie entfällt erst dann, wenn eine gemeinsame Veranlagung **zweifelsfrei nicht in Betracht** kommt.[61] Ein Ehegatte kann auch dann verpflichtet sein, der gemeinsamen Veranlagung zuzustimmen, wenn er während des Zusammenlebens steuerliche Verluste erwirtschaftet hat, die er im Wege des Verlustvortrages in einem späteren Veranlagungszeitraum zur Minderung seiner eigenen Steuerlast einsetzen könnte.[62] Die Ehegatten werden auf diese Weise auch nicht gezwungen, dem Finanzamt gegenüber unrichtige Angaben zu machen. Ist zwischen ihnen nämlich streitig, ob die Voraussetzungen für eine Zusammenveranlagung erfüllt sind, so können beide Ehegatten auch bei gemeinsamer Veranlagung getrennte Steuererklärungen abgeben und die Prüfung der Voraussetzungen damit den Finanzbehörden überlassen.[63] Da die Pflicht zur gemeinsamen steuerlichen Veranlagung **bedingungsfeindlich** ist, kann die Zustimmung auch nicht davon abhängig gemacht werden, dass eventuelle Rückforderungsansprüche des Finanzamtes erstattet werden.[64] Ein **Anspruch auf Sicherheitsleistung** besteht auch dann nicht, wenn konkrete Anhaltspunkte dafür ersichtlich sind, dass die mit der Zusammenveranlagung verbundenen Nachteile nicht ersetzt werden.[65] Zu seinem Schutz hat der zustimmende Ehegatte allerdings die Möglichkeit, beim Finanzamt einen Antrag auf Aufteilung der gesamtschuldnerischen Steuerschuld im Verhältnis der von beiden geleisteten Beiträge zu stellen. Die Zustimmung kann aber Zug um Zug gegen die Erklärung abgegeben werden, dass der andere Ehegatte die dem zustimmenden entstehenden steuerlichen Nachteile ersetzt. Nur dann, wenn ein Ehegatte seine Pflicht zur ehelichen Lebensgemeinschaft selbst verletzt, etwa durch körperliche Angriffe, kann andererseits auch die Pflicht entfallen, diesen Ehegatten vor wirtschaftlichen Nachteilen zu bewahren.[66]

33   Was für die gemeinsame steuerliche Veranlagung gilt, gilt auch für die das **begrenzte Realsplitting** nach § 10 Abs. 1 Nr. 1 EStG.[67] Nach dieser Vorschrift sind Unterhaltsleistungen an den geschiedenen oder dauernd getrennt lebenden Ehegatten im Jahr der Zahlung bis zu 13.805 € pro Jahr als Sonderausgaben abzugsfähig. Damit unterliegen allerdings auf Seiten des zustimmenden Ehegatten die Unterhaltsleistungen einschließlich seiner Eigeneinkünfte der Einkommensteuer, was mit

---

57 BGH FamRZ 2007, 1229.
58 BGH FamRZ 2007, 1229.
59 BGH FamRZ 2012, 357; FamRZ 2011, 210.
60 BGH FamRZ 2012, 357; FamRZ 2011, 210.
61 BGH FuR 2005, 183 = FamRZ 2005, 182.
62 BGH FamRZ 2010, 269.
63 BGH FuR 2005, 183 = FamRZ 2005, 182.
64 OLG Bremen FamRZ 2005, 800.
65 BGH FamRZ 2002, 1024, 1027; a.A.: AG Konstanz FamRZ 2003, 761.
66 AG Siegen FamRZ 2005, 520.
67 BGH FamRZ 1998, 953; OLG Nürnberg OLGR 2004, 173.

möglicherweise erheblichen Nachteilen verbunden ist. Aus diesem Grund kann der zustimmende Ehegatte verlangen, dass der andere ihn von den mit der Zustimmung verbundenen Nachteilen befreit. Hat er im Veranlagungszeitraum mit seinem neuen Ehegatten die Zusammenveranlagung gewählt, so kann er höchstens Ausgleich des steuerlichen Nachteils verlangen, der ihm bei getrennter Veranlagung durch die Besteuerung der Unterhaltsbezüge entstanden wäre.[68] Die Nachteile müssen nicht nur steuerliche sein. Durch die Überschreitung von Steuerfreigrenzen können auch sonstige Vorteile verloren gehen, wie der Anspruch auf Arbeitnehmersparzulage, Ausbildungsförderung oder Wohnungsbauprämie, weshalb die Zustimmung mit der Erklärung der Befreiung von **Nachteilen**, nicht nur steuerlichen Nachteilen, verbunden sein sollte. Zu diesen Nachteilen gehören unter Umständen auch die Kosten für die Hinzuziehung eines Steuerberaters, wenn diese erforderlich ist, um die mit der Zustimmung verbunden Nachteile zu ermitteln.[69] Die Zustimmung zum begrenzten Realsplitting ist formfrei, erfolgt jedoch üblicherweise durch Unterschrift unter die so genannte Erklärung »U« zur Einkommensteuererklärung. Zu deren Unterzeichnung ist der Ehegatte zwar nicht verpflichtet, doch muss er seine Erklärung wenigstens in anderer Weise so abgeben, dass der mit ihr verfolgte Zweck der Anerkennung des geleisteten Unterhalts als Sonderausgaben ohne weiteres erreicht wird.[70] Der Verpflichtung zur Erteilung der Zustimmung steht nicht entgegen, dass Streit über die Höhe der erbrachten Unterhaltsleistungen oder die steuerrechtliche Anerkennungsfähigkeit der erfolgten Leistungen besteht.[71] Wegen der internen Aufteilung von Steuerschulden bzw. Steuererstattungen vgl. vor §§ 1372 Rdn. 58 ff.

U.U. besteht auch die Verpflichtung, die **Weiterleitung des Kindergeldes** an den kindergeldberechtigen Elternteil zu bestätigen, sofern es zwar an den anderen gegangen, von diesem aber wirtschaftlich in einer Weise verwendet worden ist, die einer Auszahlung an den kindergeldberechtigten Elternteil gleich kommt.[72] Der in der privaten Krankenversicherung mit versicherte Ehegatte kann auch einen Anspruch auf Bevollmächtigung haben, Krankheitskosten eigenständig gegenüber der Krankenversicherung oder auch der Beihilfe abzurechnen. Grund hierfür ist der Umstand, dass der Inhalt höchstpersönlicher Vertrauensverhältnisse der Ehegatten, insbesondere das Arzt – Patientenverhältnis besonderen Schutz verdient.[73] In der Regel wird es diesen Anspruches aber nicht bedürfen, weil auch der Mitversicherte unmittelbar abrechnen kann (§ 6 Abs. 3 MBKK 94),[74] anders aber die Mutter des mitversicherten Kindes.[75] 34

Verweigert ein Ehegatte die Zustimmung zur gemeinsamen Veranlagung oder zum begrenzten Realsplitting grundlos, so macht er sich **schadensersatzpflichtig**.[76] Er hat dem anderen dann die aus der realen steuerlichen Veranlagung entstehenden Nachteile zu ersetzen. 35

Für Anträge auf Erteilung der Zustimmung zur gemeinsamen steuerlichen Veranlagung oder zum begrenzten Realsplitting oder auf Ersatz des wegen der Nichterteilung entstehenden Schadens bzw. auf Ersatz der mit der Zustimmung verbunden Nachteile ist die **Zuständigkeit der Familiengerichte** gegeben. Denn es handelt sich hierbei um sonstige Familiensachen i.S. § 266 Abs. 1 Nr. 2 oder 3 FamFG. Zwar hat der BGH noch im Jahre 2007 entschieden, dass die Klage des Unterhaltsberechtigten auf Ersatz der ihm durch das begrenzte Realsplitting eine Unterhaltssache sei,[77] doch dürfte die Zuständigkeit im Lichte der Neuregelung durch das FamFG anders zu beurteilen sein. 36

---

68 BGH FamRZ 2010, 717.
69 AG Biedenkopf FamRZ 2009, 607.
70 OLG Oldenburg FF 2011, 123.
71 OLG Bremen FamRZ 2001, 1371.
72 OLG Oldenburg FamRZ 2007, 147.
73 OLG Hamm FamRZ 2007, 1884.
74 BGH FamRZ 2007, 2065; FamRZ 2006, 618.
75 OLG Düsseldorf FamRZ 2009, 425.
76 BGH FamRZ 2010, 269; FamRZ 1993, 1304; NJW 1988, 1208, 1988, 2032; NJW 1988, 2886; OLG Hamm FamRZ 2001, 98, FamRZ 1998, 241 vgl. auch Rdn. 48.
77 BGH FamRZ 2008, 40.

37 Unabhängig von steuerlichen Vorgängen sind Ehegatten einander auch zur Erteilung von **Auskünften über Vermögensbewegungen**, jedenfalls in groben Zügen verpflichtet.[78] Dieser Anspruch geht aber nicht so weit wie der aus § 1379. Auskunft kann wechselseitig auch über das Einkommen beansprucht werden, soweit es für die Feststellung der Höhe des Familienunterhalts und eines Taschengeldes erforderlich ist.[79] Dabei wird allerdings nicht die Vorlage von Belegen oder die eidesstattliche Versicherung der Richtigkeit der Auskunft verlangt, weil eine solche Kontrollmöglichkeit mit dem in der Ehe herrschenden Vertrauen nicht zu vereinbaren wäre.[80]

38 Im Rahmen der aus § 1353 folgenden Beistandspflicht kann es auch geboten sein, den Ehegatten in **Rechtsangelegenheiten** zu beraten. Stellt die Rechtsberatung dann die Erfüllung der Pflicht zur ehelichen Beistandsleistung dar, so sind die Rechtsangelegenheiten für den beratenden Ehegatten unentgeltlich im Sinne des § 6 Abs. 1 RDG.[81]

39 Schließlich ist in diesem Zusammenhang noch die aus § 1356 folgende **Pflicht zur Mitarbeit im Beruf oder Geschäft des Ehegatten** zu nennen.

E. Wegfall der Herstellungspflicht (Abs. 2)

40 Ein Ehegatte ist nach Abs. 2 nicht verpflichtet, dem Verlangen des anderen Ehegatten nach **Herstellung der Gemeinschaft** Folge zu leisten, wenn sich das Verlangen als Missbrauch seines Rechtes darstellt, oder wenn die Ehe gescheitert ist.

41 Diese Vorschrift ist unter Berücksichtigung der geltenden Scheidungsvorschriften ohne praktische Bedeutung, zumal das Herstellungsverlangen nach § 120 Abs. 3 FamFG, der die Entschließungsfreiheit des Einzelnen im persönlich sittlichen Bereich schützt, ohnehin nicht vollstreckbar ist.

42 Im Übrigen braucht der Ehegatte im Falle der gescheiterten oder aufhebbaren Ehe dem Herstellungsverlangen nicht nachzukommen. Gescheitert ist die Ehe dann, wenn die Scheidungsvoraussetzungen der §§ 1565 ff. vorliegen

F. Schutz der ehelichen Lebensgemeinschaft vor Störungen

I. Unterlassungs- und Beseitigungsansprüche

43 Im Falle der Störung des so genannten **räumlich-gegenständlichen Bereichs der Ehe** gewährt die Rechtsprechung dem von der Störung betroffenen Ehegatten einen **Unterlassungs- und Beseitigungsanspruch**,[82] gegebenenfalls auch einen **Schadensersatzanspruch**. Die Anspruchsgrundlage wird allerdings nicht in § 1353, sondern in § 823 Abs. 1 gesehen, da der räumlich – gegenständliche Bereich der Ehe ein **absolutes Recht** im Sinne dieser Norm ist.[83] Weiter wird auch § 823 Abs. 2 für einschlägig gehalten, wobei das Schutzgesetz in Art. 6 GG gesehen wird.[84]

---

78 OLG Hamm FamRZ 2000, 228.
79 BGH FamRZ 2011, 21.
80 BGH a.a.O., 23.
81 BGH FamRZ 2001, 1521 zum RBerG.
82 BGHZ 6, 360; BGH FamRZ 1956, 50; BGHZ 34, 80; im Einzelnen vgl PWW/Schaub § 823 Rn. 75 mwN.
83 BGH NJW 1956, 1149, 1150.
84 BGHZ 6, 360, 366.

Der **Schutzbereich** des räumlich – gegenständlichen Bereichs der Ehe umfasst die **Ehewohnung**,[85] 44
unter Umständen aber auch **gewerblich genutzte Räume**[86] sowie **getrennte Räumlichkeiten**
innerhalb derselben Wohnung.[87]

II. Schadensersatzansprüche

Hinsichtlich des Bestehens von **Schadensersatzansprüchen** ist zu differenzieren: 45

1. Störungen im höchstpersönlichen Bereich

Die Verletzung von Pflichten, die dem eigentlichen **höchstpersönlichen Bereich der Ehe** zuzu- 46
rechnen sind, begründet keinen Schadensersatzanspruch, da die Erfüllung dieser Pflichten nur
durch die **eheliche Gesinnung** gewährleistet werden kann. Auch nur indirekter staatlicher Zwang
auf die Eheleute wäre damit unvereinbar.[88] Deshalb besteht im Falle der **Herbeiführung einer
Schwangerschaft** trotz einvernehmlicher Abrede zur Empfängnisverhütung kein Schadensersatzanspruch.[89] Aus dem gleichen Grunde hat die Ehefrau, die in Folge einer homologen In-vitro-Fertilisation schwanger wird, obwohl ihr Ehemann zuvor sein Einverständnis hiermit zurückgezogen
hat, auch keinen Grund zur Verwirkung ihres Unterhaltsanspruchs nach Trennung oder Scheidung gegeben.[90]

Auch die **eheliche Untreue** kann nicht Grundlage eines Schadensersatzanspruchs sein, weil dieser 47
Bereich nicht dem deliktischen Rechtsgüterschutz zuzuordnen ist; es handelt sich um rechtsfreie
innereheliche Vorgänge, die in den Schutzzweck der deliktischen Haftungstatbestände nicht einbezogen sind.[91] Das gilt selbst dann, wenn der Ehemann wegen der **Ehelichkeitsvermutung** des
§ 1592 für der ehelichen Untreue entstammende Kinder Unterhalt zu leisten hat.[92]

2. Störungen im geschäftsmäßigen Bereich

Etwas anders gilt allerdings dann, wenn die eheliche Lebensgemeinschaft durch rein **geschäftsmä-** 48
ßige Handlungen gestört wird. So kann die **unberechtigte Verweigerung der Zustimmung zur
steuerlichen Zusammenveranlagung** oder die Verletzung der **Mitwirkungspflicht beim begrenzten Realsplitting** Schadensersatzansprüche auslösen.[93]

Treten zu der Verletzung der Pflicht zur ehelichen Treue weitere schädigende Verletzungshandlun- 49
gen hinzu, gilt dasselbe. So besteht ein Schadensersatzanspruch dann, wenn die die Treue verletzt
habende Ehefrau ihrem Ehemann ausdrücklich vorspiegelt, nur er komme als Erzeuger des erwarteten Kindes in Betracht und ihn damit von der Erhebung der Anfechtungsklage abhält.[94] Die
Anspruchsgrundlage kann dabei entweder in §§ 823 Abs. 2 in Verbindung mit § 263 StGB oder
auch in § 826 gesehen werden.[95]

---

85 Staudinger/Voppel [2007] § 1353 Rn. 115.
86 BGH FamRZ 1961, 432; OLG Köln FamRZ 1984, 267; OLG Celle FamRZ 1963, 295.
87 OLG Celle FamRZ 1980, 242; OLG Karlsruhe FamRZ 1980, 139.
88 Palandt/Brudermüller § 1353 Rn. 14.
89 BGH FamRZ 1986, 773.
90 BGH FamRZ 2001, 541.
91 BGH FamRZ 1972, 33, 34.
92 BGH FamRZ 1957, 133.
93 BGH FamRZ 1993, 1304; Wever Rn. 801; vgl. oben Rdn. 42 ff.
94 BGH FamRZ 1981, 531.
95 BGH FamRZ 1990, 367.

§ 1354

(weggefallen)

§ 1355   Ehename

(1) [1]Die Ehegatten sollen einen gemeinsamen Familiennamen (Ehenamen) bestimmen. [2]Die Ehegatten führen den von ihnen bestimmten Ehenamen. [3]Bestimmen die Ehegatten keinen Ehenamen, so führen sie ihren zur Zeit der Eheschließung geführten Namen auch nach der Eheschließung.

(2) Zum Ehenamen können die Ehegatten durch Erklärung gegenüber dem Standesamt den Geburtsnamen oder den zur Zeit der Erklärung über die Bestimmung des Ehenamens geführten Namen der Frau oder des Mannes bestimmen.

(3) [1]Die Erklärung über die Bestimmung des Ehenamens soll bei der Eheschließung erfolgen. [2]Wird die Erklärung später abgegeben, so muss sie öffentlich beglaubigt werden.

(4) [1]Ein Ehegatte, dessen Name nicht Ehename wird, kann durch Erklärung gegenüber dem Standesamt dem Ehenamen seinen Geburtsnamen oder den zur Zeit der Erklärung über die Bestimmung des Ehenamens geführten Namen voranstellen oder anfügen. [2]Dies gilt nicht, wenn der Ehename aus mehreren Namen besteht. [3]Besteht der Name eines Ehegatten aus mehreren Namen, so kann nur einer dieser Namen hinzugefügt werden. [4]Die Erklärung kann gegenüber dem Standesamt widerrufen werden; in diesem Falle ist eine erneute Erklärung nach Satz 1 nicht zulässig. [5]Die Erklärung und der Widerruf müssen öffentlich beglaubigt werden.

(5) [1]Der verwitwete oder geschiedene Ehegatte behält den Ehenamen. [2]Er kann durch Erklärung gegenüber dem Standesamt seinen Geburtsnamen oder den Namen wieder annehmen, den er bis zur Bestimmung des Ehenamens geführt hat, oder dem Ehenamen seinen Geburtsnamen oder den zur Zeit der Bestimmung des Ehenamens geführten Namen voranstellen oder anfügen. [3]Absatz 4 gilt entsprechend.

(6) Geburtsname ist der Name, der in die Geburtsurkunde eines Ehegatten zum Zeitpunkt der Erklärung gegenüber dem Standesamt einzutragen ist.

A. Allgemeines

1   Seit dem Inkrafttreten des Familienrechtsreformgesetzes am 01.04.1994 ist es den Eheleuten freigestellt, ob sie einen gemeinsamen Familiennamen, den Ehenamen, führen oder nicht. Die Regelung des § 1355 Abs. 1 ist nur noch als Sollvorschrift ausgestaltet. Das Kindschaftsrechtsreformgesetz vom 16.12.1997 ermöglicht daneben die Bestimmung des Ehenamens auch noch nach der Eheschließung. Das Gesetz zur Änderung des Ehe- und Lebenspartnerschaftsnamensrechts vom 06.02.2005 setzt schließlich die Entscheidung des BVerfG vom 18.02.2004[1] um und gibt den Ehegatten nunmehr die Möglichkeit, durch eine frühere Eheschließung erworbene Namen zum Ehenamen auch ihrer neuen Ehe zu bestimmen.

---

1 BVerfG FamRZ 2004, 515.

Da das BVerfG seine Entscheidung gegen die frühere Gesetzeslage, nach der der durch eine Ehe- 2
schließung erworbene Name gerade nicht Ehename einer neuen Ehe werden konnte, auf Art. 2
Abs. 1 GG gestützt hat und die Freiheit auf Weitergabe des Namens auch die Freiheit umfasst, auf
eine solche Weitergabe zu verzichten, ist es zulässig, die Weitergabe des Namens in neue Ehen vertraglich auszuschließen.[2] Die entsprechende Unterlassungsverpflichtung kann durch eine Vertrags-
strafenvereinbarung gesichert werden, die auch vollstreckbar wäre.[3] Eine solche Vereinbarung ist
nicht generell sittenwidrig.[4] Wird der vertragliche Anspruch gerichtlich durchgesetzt, handelt es
sich dabei um eine sonstige Familiensache i.S. § 266 FamFG.

Regelungen über den Kindesnamen sind in §§ 1616–1618 enthalten. 3

B. Die Gestaltungsalternativen

I. Ehegatten ohne gemeinsamen Namen

Da die Eheleute einen gemeinsamen Namen nur bestimmen sollen, nicht müssen, ist auch die 4
Möglichkeit eröffnet, von der Wahl eines gemeinsamen Namens ganz abzusehen. Bestimmen die
Eheleute bei der Eheschließung keinen gemeinsamen Namen, so führt jeder seinen bis dahin
geführten Namen weiter.

II. Ehegatten mit gemeinsamem Namen

1. Einfacher Name (Abs. 2)

Das Gesetz sieht in Abs. 1 die Wahl eines gemeinsamen Namens zum Ehenamen als den Regelfall 5
vor.[5] Eine der dafür gegebenen Möglichkeiten ist diejenige, hierzu einen der **Geburtsnamen**, den
des Mannes oder den der Frau, zu bestimmen. Eine Kombination beider Geburtsnamen zu einem
»**unechten Doppelnamen**« ist dagegen nicht zulässig. Der Sinn dieses Verbots ist darin zu sehen,
dass in der Generationenfolge mehrgliedrige Namensketten vermieden werden sollen.[6] Das Verbot
begegnet keinen verfassungsrechtlichen Bedenken.[7] Zulässig ist es jedoch, zusammengesetzte
»**echte Doppelnamen**« oder Adelsprädikate wie einfache Namen zum Ehenamen zu bestimmen.

Geburtsname ist nach Abs. 5 derjenige Name, der in der Geburtsurkunde eines Ehegatten zum 6
Zeitpunkt der Erklärung über die Bestimmung des Ehenamens in der Geburtsurkunde einzutragen ist. Es ist nicht zwangsläufig derjenige Name, den ein Ehegatte zum Zeitpunkt der Geburt
geführt hat. Geburtsname ist vielmehr auch der Name, den das Kind nach einer Namensänderung
der Eltern erhalten hat (§ 1617c Abs. 1 Satz 1 BGB) oder den es nach einer Einbenennung
(§ 1618 BGB) oder Adoption trägt (§ 1757 BGB). Wird ein Ehegatte nach der Eheschließung
adoptiert, tritt an die Stelle des früheren Geburtsnamens der durch die Adoption erlangte. Ein
Wahlrecht des Ehegatten zwischen diesem und dem alten Geburtsnamen gibt es nicht. Will der
Ehegatte seinen neuen Geburtsnamen nicht als Beinamen zum Ehenamen führen, bleibt ihm nur
der Widerruf nach Abs. 4 Satz 1.[8]

Zulässig ist es auch, den zum Zeitpunkt der Erklärung über die Bestimmung des Ehenamens 7
geführten Namen, der nicht Geburtsname eines der Ehegatten ist, zum neuen Ehenamen zu
bestimmen. Damit kann beispielsweise auch der **Ehename** eines Ehegatten aus dessen **geschiede-**

---

2 Bergschneider Rn. 215, 216.
3 LG München FamRZ 2000, 1168.
4 BGH FamRZ 2008, 859.
5 Zu den Wahlmöglichkeiten vgl. Wagenitz/Bornhofen FamRZ 2005, 1425.
6 BT-Drucks. 12, 5982, 18.
7 BVerfG FamRZ 2009, 939; FamRZ 2002, 530.
8 BGH FamRZ 2011, 1718.

ner **Ehe** zum neuen Ehenamen bestimmt werden, solange nicht dem Ehegatten die Fortführung des Namens unter dem Gesichtspunkt des **Rechtsmissbrauchs** untersagt werden kann.[9] Ein solch krasser Einzelfall liegt nur dann vor, wenn ein auf den Namenserwerb oder die Namensführung gerichtetes Fehlverhalten des Ehegatten festzustellen ist, dass auch bei Berücksichtigung seines allgemeinen Persönlichkeitsrechts an dem aus der Ehe erworbenen Namen die Fortführung dieses Namens gegen den Willen seines früheren Ehegatten nach Treu und Glauben nicht länger gestattet werden kann.[10] Wird dieser Name nach der Scheidung der Ehe nach Abs. 5 Satz 5 abgelegt und nimmt der geschiedene Ehegatte seinen Namen aus einer früheren Ehe wieder an, so gilt dies auch für diesen Namen.

8 Danach können Herr A und Frau B nach einer Eheschließung entweder A oder B heißen, wobei es unerheblich ist, ob die Namen Geburtsnamen der beiden Ehegatten sind oder von ihnen nach einer früheren Eheschließung erworben wurden.

2. Zusammengesetzte Namen (Abs. 4)

9 Falls der Ehename nur aus einem Namen besteht, kann derjenige Ehegatte, dessen Name nicht zum Ehenamen bestimmt worden ist, seinen Geburtsnamen oder den zum Zeitpunkt der Bestimmung des Namens geführten Namen dem Ehenamen als **Begleitnamen** voranstellen oder anfügen. Der Begleitname wird dadurch nicht zum Bestandteil des Ehenamens[11] und darf auch nur aus einem Namen bestehen, was gleichfalls verfassungsrechtlich nicht zu beanstanden ist.[12] Hat dieser Ehegatte einen Doppelnamen geführt, kann nur einer der Doppelnamen zum Begleitnamen bestimmt werden (Abs. 4 Satz 3).

10 Die Bestimmung zum Begleitnamen kann widerrufen werden (Abs. 4 Satz 4). Unzulässig ist aber ein Widerruf mit dem Ziel, die Reihenfolge von Ehe- und Begleitnamen zu ändern.[13]

11 Herr A und Frau B können danach z.B. den Namen des A zum Ehenamen bestimmen, während Frau B ihren bei der Bestimmung geführten Namen voranstellen oder anfügen kann, mithin zu A – B oder B – A.

C. Der Name nach Verwitwung oder Scheidung (Abs. 5)

12 Der verwitwete oder geschiedene Ehegatte behält seinen bis zur Beendigung der Ehe geführten Namen grundsätzlich bei. Nach Abs. 5 Satz 2 kann er jedoch durch Erklärung gegenüber dem Standesamt seinen Ehenamen abwählen und wiederum seinen Geburtsnamen oder denjenigen Namen annehmen, den er bis zur Bestimmung des Ehenamens geführt hat, also etwa auch den Ehenamen aus einer früheren Ehe. Daneben hat er die Möglichkeit, einen der genannten Namen seinem Ehenamen als Begleitnamen voranzustellen oder anzufügen. Die Ehegatten können aber in einem Ehevertrag wirksam eine Abrede dahingehend treffen, dass sie im Fall der Scheidung den vor der Ehe geführten Namen wieder annehmen.[14]

13 Die verwitwete Frau A, geborene B, geschiedene C, kann danach entweder den Namen A fortführen, den Geburtsnamen B wieder annehmen, den bei der Bestimmung des Ehenamens geführten Namen C annehmen oder die Namen B oder C dem Namen A voranstellen oder anfügen, was ihr zahlreiche Gestaltungsmöglichkeiten gibt.

---

9 BGH FamRZ 2005, 1658.
10 BGH FamRZ 2005, 1658.
11 KG FamRZ 2000, 53.
12 BVerfG FamRZ 2009, 939.
13 BayObLG NJW-RR 1998, 1015.
14 BGH FamRZ 2008, 859.

Weinreich

D. Verfahren

Die Wahl des Namens erfolgt durch **mündliche Erklärung** gegenüber dem Standesbeamten 14 (Abs. 1 Satz 2). Zur Vermeidung sonst notwendiger Namensänderungen soll die Erklärung gemäß Abs. 3 Satz 1 bei der Eheschließung abgegeben werden. Davor abgegebene Erklärungen sind frei widerruflich.[15]

Nur die Bestimmung des Ehenamens bei der Eheschließung ist **formlos** möglich. Alle anderen 15 Erklärungen müssen dagegen **öffentlich beglaubigt** werden. Das gilt für die spätere Bestimmung des Ehenamens nach Abs. 3 Satz 2, die Wahl oder den Widerruf des Begleitnamens nach Abs. 4 Satz 5 oder auch die Erklärungen des geschiedenen oder verwitweten Ehegatten nach Abs. 5 Satz 3 in Verbindung mit Abs. 4 Satz 5.

Streitig ist, ob die Namensbestimmung ein **Rechtsgeschäft** ist.[16] Auch dann, wenn man bei ihr 16 von einem Rechtsgeschäft ausgeht, ist eine Anfechtung der Erklärung über die Wahl des Ehenamens aus Gründen der Rechtssicherheit nach h.M. aber nicht möglich, zumal die Norm in Abs. 4 und 5 spezielle Regelungen für den Widerruf der getroffenen Wahl enthält, die die Anwendung der allgemeinen Vorschriften ausschließt.[17]

§ 1356 Haushaltsführung, Erwerbstätigkeit

(1) ¹Die Ehegatten regeln die Haushaltsführung im gegenseitigen Einvernehmen. ²Ist die Haushaltsführung einem der Ehegatten überlassen, so leitet dieser den Haushalt in eigener Verantwortung.

(2) ¹Beide Ehegatten sind berechtigt, erwerbstätig zu sein. ²Bei der Wahl und Ausübung einer Erwerbstätigkeit haben sie auf die Belange des anderen Ehegatten und der Familie die gebotene Rücksicht zu nehmen.

A. Allgemeines

Da der Gesetzgeber bewusst auf ein gesetzliches Leitbild der Ehe verzichtet hat,[1] obliegt es den 1 Ehegatten selbst, sich um eine Einigung über die Bewältigung der im Haushalt anfallenden Aufgaben zu bemühen. Die Norm des § 1356 stellt eine Konkretisierung des § 1353 dar.

15 AnwKomm/Wellenhofer § 1355 Rn. 8.
16 So: Palandt/Brudermüller § 1355 Rn. 4.
17 OLG München StAZ 2009, 78; BayObLG NJW 1993, 337; OLG Zweibrücken FamRZ 2000, 1361; OLG Braunschweig NJW 1979, 1463; FAFamR/Schwarzer Kap. 3 Rn. 21; a.A.: AnwKomm/Wellenhofer § 1355 Rn. 9.
1 BT-Drucks. 7/650, S. 75.

B. Haushaltsführung (Abs. 1)

2 Die Ehegatten können in autonomer Selbstbestimmung darüber entscheiden, wer von ihnen in welchem Umfang erwerbstätig ist und wer die Haushaltsführung und ggf. die Kinderbetreuung übernimmt. Eingeschränkt wird ihre Freiheit allerdings u.U. dann, wenn Unterhaltspflichten insbesondere gegenüber minderjährigen Kindern bestehen. In diesen Fällen darf ein barunterhaltspflichtiger Ehegatte in einer neuen Ehe unterhaltsrechtlich nur dann die Haushaltsführung und Kindesbetreuung übernehmen, wenn wirtschaftliche Gesichtspunkte oder sonstige Gründe von gleichem Gewicht, die einen erkennbaren Vorteil für die neue Familie mit sich bringen, im Einzelfall den Rollentausch rechtfertigen.[2] Diese Einschränkung der Entschließungsfreiheit gilt im Rahmen der Ermittlung des Unterhaltsbedarfs des geschiedenen Ehegatten auch im Verhältnis zwischen diesem und dem neuen Ehegatten.[3]

3 Wird die Aufgabe der Haushaltsführung einem Ehegatten allein übertragen, liegt eine **Hausfrauen- bzw. Hausmannsehe** vor. Die hierfür zu treffende Einigung ist eine rechtsgeschäftliche.[4]

C. Erwerbstätigkeit (Abs. 2)

I. Berechtigung zur Erwerbstätigkeit

4 Beide Ehegatten sind grundsätzlich berechtigt, einer Erwerbstätigkeit nachzugehen. Das sich aus Abs. 2 Satz 1 ergebende Recht steht nach Abs. 2 Satz 2 jedoch unter dem Vorbehalt der **Familienverträglichkeit**. Zur Familie im Sinne dieser Norm gehören nicht nur die Mitglieder der häuslichen Gemeinschaft, sondern auch weitere Personen, denen gegenüber eine sittliche Verpflichtung zur Pflege und Betreuung besteht.[5]

5 Die **Entscheidungsfreiheit** kann weiter durch bestehende Unterhaltspflichten eingeschränkt werden. Diese können einerseits eine Pflicht zur Erwerbstätigkeit begründen, andererseits aber auch Einschränkungen bewirken, wenn etwa der andere Ehegatte durch vermehrte Erwerbstätigkeit Unterhaltspflichten zu erfüllen hat. Vergleiche im Übrigen oben Rdn. 2.

6 Die **Pflicht zur Rücksichtnahme** bei der Ausübung einer Erwerbstätigkeit bezieht sich auch auf politische[6] und gemeinnützige Tätigkeiten.[7]

II. Mitarbeit im Beruf oder Geschäft des Ehegatten

1. Mitarbeitspflicht als Ausnahme

7 Anders als noch nach § 1356 Abs. 2 in der bis zum 1. EheRG geltenden Fassung ist eine Pflicht zur Mitarbeit im Betrieb des anderen Ehegatten nicht mehr gesetzlich vorgeschrieben. Sie kann sich aber in Ausnahmefällen aus der sich aus § 1353 ergebenden ehelichen Beistandspflicht ergeben und ggf. auch unterhaltsrechtlich geschuldet sein[8] Diese Pflicht kann etwa bestehen beim Aufbau eines Unternehmens,[9] bei fehlenden Mitteln für die Einstellung einer Hilfskraft[10] oder bei

---

2 BGH FamRZ 2006, 1827; vgl. im Übrigen § 1603 Rdn. 121 ff.
3 BGH FamRZ 2010, 111.
4 Palandt/Brudermüller § 1356 Rn. 2; Haas FamRZ 2002, 205.
5 BT-Drucks. 7/4361, S. 26.
6 BGHZ 43, 384.
7 AnwKomm/Wellenhofen § 1356 Rn. 11.
8 Staudinger/Voppel [2007] § 1356 Rn. 34.
9 BGH FamRZ 1959, 454.
10 BGHZ 46, 385.

vorübergehendem Personalmangel. Auch dann kann der Ehegatte jedoch nicht verpflichtet werden, wegen der Mitarbeit auf eine einträglichere Existenz zu verzichten.[11]

Wie aus § 1353 die **Pflicht zur Mitarbeit** im Betrieb des Ehegatten folgen kann, kann aus dieser Norm unter Umständen auch ein **Recht auf Mitarbeit** im Betrieb des anderen hergeleitet werden. Das kann z.B. bei Arbeitslosigkeit des qualifizierten Ehegatten sowie gleichzeitiger Vakanz einer geeigneten Stelle der Fall sein,[12] oder dann, wenn diesem eine Erwerbstätigkeit obliegt, um Unterhaltspflichten gegenüber Dritten nachkommen zu können.[13]   8

2. Vergütung

Im Regelfall ist bei Mitarbeit im Betrieb des Ehegatten von einer Pflicht zur **Vergütung** auszugehen. Dabei sind von den Ehegatten getroffene Vereinbarungen vorrangig zu beachten.[14] **Unentgeltlichkeit** kann allenfalls bei unbedeutenden oder nur gelegentlichen Hilfstätigkeiten angenommen werden.[15] Sie folgt nicht etwa allein aus der Üblichkeit der Mitarbeit.[16] Nur unterhaltsrechtlich geschuldete Mitarbeit ist nicht zu vergüten.[17]   9

a) Arbeitsverhältnis

Grundlage der Mitarbeit im Betrieb des Ehegatten wird zumeist ein Arbeitsverhältnis sein, das unter Umständen auch konkludent begründet werden kann,[18] etwa bei ständiger Zahlung von Sozialversicherungsbeiträgen für den mitarbeitenden Ehegatten oder bei steuerlicher Berücksichtigung des Ehegattengehalts als Betriebsausgaben.[19] Steuerrechtlich werden solche Arbeitsverhältnisse nur anerkannt, sowie sie auch mit Dritten hätten vereinbart werden können[20] und die Vergütung tatsächlich ausgezahlt wird,[21] sei es auch auf ein Ehegatten – Oder – Konto.[22]   10

b) Ehegatteninnengesellschaft

Geht die Tätigkeit des Ehegatten über das Bestreben hinaus, die eheliche Lebensgemeinschaft zu verwirklichen, so können auch die Voraussetzungen einer Ehegatteninnengesellschaft erfüllt sein, die nach der Trennung der Eheleute Ausgleichsansprüche nach §§ 705 ff. auslösen kann.   11

c) Ausgleichsansprüche wegen Wegfalls der Geschäftsgrundlage

Kann das Bestehen eines Arbeitsvertrages nicht festgestellt werden, kann unter Umständen auch ein familienrechtlicher Vertrag sui generis Grundlage der Mitarbeit gewesen sein, dessen Geschäftsgrundlage nach dem Scheitern der Ehe entfallen ist.   12

---

11 BGH FamRZ 1967, 611.
12 Staudinger/Voppel [2007] § 1356 Rn. 38.
13 BGH NJW 1980, 340, 341.
14 BGH FamRZ 1990, 1219; BGH NJW 1995, 3383.
15 BGH FamRZ 1994, 1167.
16 Palandt/Brudermüller § 1356 Rn. 9.
17 AnwKomm/Wellenhofen § 1356 Rn. 13.
18 BGH NJW 1982, 2236.
19 OLG Bremen FamRZ 1999, 227.
20 BGH NJW 1989, 319; Genthe FuR 1992, 207.
21 BFH BB 1968, 1029.
22 BVerfG BStBl II 96, 34.

§ 1357   Geschäfte zur Deckung des Lebensbedarfs

(1) [1]Jeder Ehegatte ist berechtigt, Geschäfte zur angemessenen Deckung des Lebensbedarfs der Familie mit Wirkung auch für den anderen Ehegatten zu besorgen. [2]Durch solche Geschäfte werden beide Ehegatten berechtigt und verpflichtet, es sei denn, dass sich aus den Umständen etwas anderes ergibt.

(2) [1]Ein Ehegatte kann die Berechtigung des anderen Ehegatten, Geschäfte mit Wirkung für ihn zu besorgen, beschränken oder ausschließen; besteht für die Beschränkung oder Ausschließung kein ausreichender Grund, so hat das Familiengericht sie auf Antrag aufzuheben. [2]Dritten gegenüber wirkt die Beschränkung oder Ausschließung nur nach Maßgabe des § 1412.

(3) Absatz 1 gilt nicht, wenn die Ehegatten getrennt leben.

A. Allgemeines

1   Die durch das 1. EheRG zum 01.07.1977 umgestaltete Vorschrift ist an die Stelle der bis dahin geltenden Regelung über die so genannte Schlüsselgewalt getreten. Dieser lag das Leitbild der Hausfrauenehe zu Grunde, das jetzt aufgegeben ist.

2   Die Norm erfasst einen nicht nur auf den Haushalt bezogenen erweiterten Wirkungskreis, der durch die Formulierung »Geschäfte zur angemessenen Deckung des Lebensbedarfs der Familie« umschrieben ist. Nach § 1357 kann überdies jeder Ehegatte Geschäfte auch mit Wirkung für den anderen besorgen. Anders als im Falle der Vertretung werden dadurch beide Ehegatten berechtigt und verpflichtet. Daraus folgt, dass im Falle der Berechtigung aus einem Geschäft beide Ehegatten Gesamtgläubiger sind (§ 428 BGB), während sie im Falle der Verpflichtung Gesamtschuldner sind, weshalb sich der interne Ausgleich sodann nach § 426 BGB regelt.

3   Bedenken im Hinblick auf die Vereinbarkeit der Norm mit Art. 3 Abs. 1 und Art. 6 Abs. 1 GG hat das Bundesverfassungsgericht zerstreut und die Vereinbarkeit der Norm mit der Verfassung festgestellt.[1] Den durch die Gesamthaftung der Eheleute bewirkten Gläubigerschutz hat es als wichtigen, aber nicht vorrangigen oder gar alleinigen Zweck der Regelung bezeichnet und die Vorschrift als die Ehe in wirtschaftlicher Hinsicht ausgestaltende gewertet.[2] Sie dient aktuell dazu, die Unterhaltsgemeinschaft der beiden Eheleute zu stärken, damit die Beschaffung des Unterhaltsbedarfs unabhängig davon gewährleistet ist, welcher der beiden Ehegatten gerade tätig ist.[3]

4   Mit dem Inkrafttreten des FamFG ist die Zuständigkeit für Verfahren nach § 1357 Abs. 2 auf das Familiengericht übergegangen (§ 266 Abs. 2 FamFG).

---

1   BVerfG NJW 1990, 175 m. Anm. Derleder FuR 1990, 104.
2   BVerfG NJW 1990, 175.
3   Staudinger/Voppel [2007] § 1357 Rn. 15.

B. Voraussetzungen

I. Ehe

Die Möglichkeit der Verpflichtung auch des anderen Ehegatten besteht nur innerhalb einer wirk- 5
samen Ehe, also noch nicht während der **Verlobungszeit** und nicht mehr nach dem **Ehezeitende**,
wobei es für die Anwendbarkeit der Regelung auf den jeweiligen Güterstand nicht ankommt.[4]

II. Kein Getrenntleben (Abs. 3)

Nach Abs. 3 greift die Regelung auch nicht, wenn die Eheleute getrennt voneinander leben. Die 6
Möglichkeit, den anderen mit zu verpflichten, setzt also die **Führung eines gemeinsamen Haushalts** voraus. Wegen des Trennungsbegriffs kann auf § 1567 und die Ausführungen dazu verwiesen
werden. Da der Sinn der Vorschrift gerade auch darin besteht, die Beschaffung des Unterhaltsbedarfs für die Unterhaltsgemeinschaft zu sichern (vgl. oben Rdn. 3) entfällt die Berechtigung zur
Mitverpflichtung, sobald ein Anspruch auf Zahlung des Barunterhalts nach § 1361 besteht,[5] weshalb auch das Getrenntleben innerhalb der Ehewohnung dazu führt, die Befugnis zur Mitverpflichtung des anderen entfallen zu lassen.

Haben die Eheleute von Beginn an keinen gemeinsamen Haushalt, so treten die Wirkungen des 7
§ 1357 überhaupt nicht erst ein.[6] Bei nur vorübergehender Trennung, etwa bei Antritt der Strafhaft, wird die häusliche Gemeinschaft nicht zwingend aufgehoben.[7]

Maßgeblich ist allein, ob die Eheleute zum **Zeitpunkt der Vornahme des Geschäftes** zusammen 8
oder getrennt gelebt haben. Wird das Getrenntleben beendet und wiederum ein gemeinsamer
Haushalt begründet, so treten die Wirkungen der Norm ex tunc wieder ein. Eine Rückwirkung
auf während der Trennung geschlossene Geschäfte erfolgt nicht. Eine erst nach Abschluss des
Geschäftes erfolgte Trennung beseitigt umgekehrt die zuvor eingetretenen Rechtswirkungen nicht.
Das Vertrauen auf die Verpflichtungsbefugnis ist nicht geschützt.[8]

III. Geschäfts zur angemessenen Deckung des Lebensbedarfs der Familie

Geschäfte im Sinne der Norm sind Rechtsgeschäfte, die nach ihrer Art **objektiv der Deckung des** 9
privaten Lebensbedarfs dienen, die also einen **Bezug zur familiären Konsumgemeinschaft** aufweisen, womit an den **Familienunterhalt** nach §§ 1360, 1360 a angeknüpft wird.[9] Geschäfte im
Zusammenhang mit dem **beruflichen Bereich** oder der **Erwerbstätigkeit** fallen demnach unabhängig von Art und Umfang der Tätigkeit nicht darunter.[10] Betreffen die Geschäfte das **Kraftfahrzeug**, ist entscheidend, ob dieses der Familie zu dienen bestimmt ist oder für berufliche Zwecke
genutzt wird.[11]

Auch dann, wenn das Geschäft der Deckung des privaten Lebensbereichs der Familie dient, kommt 10
eine Mitverpflichtung des Ehegatten nur dann in Betracht, wenn es der angemessenen Deckung des
Lebensbedarfs dient. **Angemessenheit** liegt vor, wenn nach Art und Umfang des Geschäftes eine vorherige Abstimmung mit dem anderen Ehegatten nicht notwendig oder üblich erscheint und in der
Regel auch nicht stattfindet.[12] Die Angemessenheit fehlt dagegen, wenn das Geschäft ohne Schwie-

---

4 OLG München NJW 1972, 542.
5 Staudinger/Voppel [2007] § 1357 Rn. 100.
6 BGH NJW 1991, 2958; OLG Hamm NJW-RR 1972, 542.
7 OLG Hamm NJW 1975, 346.
8 LG Tübingen FamRZ 1984, 50; Dörr NJW 1989, 813.
9 MüKo/Roth § 1357 Rn. 19; AnwKomm/Wellenhofen § 1357 Rn. 13.
10 LG Hannover FamRZ 1984, 268.
11 LG Freiburg FamRZ 1988, 1052.
12 OLG Köln FamRZ 1991, 434; OLG Frankfurt FamRZ 1983, 913.

rigkeiten hätte zurückgestellt werden können, wenn es einen größeren Umfang aufgewiesen hat, wenn es nicht notwendig oder üblich gewesen ist oder wenn eine vorherige Vereinbarung angezeigt gewesen wäre.[13] Maßgebend für die Beurteilung ist der **äußere Zuschnitt des Haushalts**, der individuelle, äußerlich erkennbare Konsumstil.[14] Nur hilfsweise ist auf die bei Familien in vergleichbarer sozialer Lage üblichen Verbrauchsgewohnheiten abzustellen.[15]

11 Geschäfte zur angemessenen Deckung des Lebensbedarfs der Familie sind etwa der **Kauf von Lebensmitteln** und **notwendiger Kleidung**,[16] der Kauf von **Haushaltsgeräten, Hausrat** und hierauf bezogene **Reparaturaufträge**, der Kauf von **Spielzeug, Schulbedarf** und **Geschenken** in angemessenem Umfang,[17] der Abschluss von **Verträgen mit Telefon- und Kommunikationsgesellschaften**[18] oder betreffend die **Energieversorgung**[19] einschließlich des Kaufs von **Heizmaterial**. Dasselbe gilt für die Beauftragung von Handwerkern für **Reparaturarbeiten** in der Ehewohnung[20] oder des **Tierarztes** zur Behandlung von Haustieren.[21] Der angemessene Bedarf der Familie wird weiter gedeckt durch die Anstellung einer **Haushaltshilfe** oder die Kündigung des Dienstvertrages mit dieser, die Beauftragung eines **Wohnraummaklers**[22] und die Beauftragung eines **Rechtsanwalts** dann, wenn es um die Abwehr von Ansprüchen geht, die sich gegen die Erhaltung des gemeinsamen Heimes richten,[23] speziell der Abwehr einer Räumungsklage.[24] Unerheblich ist, ob es sich bei diesen Geschäften um Fernabsatz- oder Haustürgeschäfte handelt.[25]

12 Angemessene Bedarfsdeckung ist zu sehen in Verträgen über die **ärztliche Behandlung gemeinsamer Kinder**. Für Behandlungsverträge betreffend den **Ehegatten** gilt dies nur dann, wenn sich der Ehegatte nicht ausschließlich selbst verpflichten wollte und die Angemessenheit angesichts der Dringlichkeit sowie der Art der Behandlung gewahrt ist, wobei medizinisch notwendige und unaufschiebbare ärztliche Behandlungen stets als angemessen gelten.[26] Der Ehegatte, der durch die Vertretung des anderen bei Vertragsschluss eine kostenintensive privatärztliche Behandlung akzeptiert, haftet nach § 1357, sofern er nicht seine Ablehnung einer Mithaft zweifelsfrei klarstellt.[27] Mithaftung tritt auch dann ein, wenn der Ehegatte den Behandlungsvertrag betreffend die privatärztliche Behandlung mit unterzeichnet hat.[28]

13 Eine Mithaftung erfolgt dann nicht, wenn sich aus den **Umständen** ergibt, dass der Ehegatte die Mithaftung nicht übernehmen will (Abs. 1 Satz 2). Das ist dann der Fall, wenn er diesen Willen **ausdrücklich erklärt**[29] oder wenn sich der Wille daraus ergibt, dass eine **kostendeckende Krankenversicherung** besteht.[30] Eine Mitverpflichtung scheidet weiter dann aus, wenn der Ehegatte erklärt, er sei bei dem anderen mitversichert.[31] Schließt ein Ehemann den gynäkologischen

---

13 MüKo/Roth § 1357 Rn. 20.
14 BGH NJW 1985, 1394.
15 BGH NJW 1985, 1394.
16 RGZ 61, 78.
17 LG Stuttgart MDR 1967, 45.
18 LG Stuttgart FamRZ 2001, 1610.
19 OLG Düsseldorf NJW-RR 1998, 490; AG Neuruppin FamRZ 2009, 1221.
20 OLG Düsseldorf NJW-RR 2001, 1084.
21 AG Kerpen FamRZ 1989, 619.
22 OLG Oldenburg FamRZ 2011, 37; nicht die Verpflichtung zur Zahlung einer Maklerprovision von 15.000 €; LG Darmstadt NJW-RR 2005, 1583; LG Braunschweig FamRZ 1986, 61.
23 OLG Düsseldorf FamRZ 2011, 35; KG ZMR 2006, 207
24 OLG Düsseldorf FamRZ 2011, 35.
25 Staudinger/Voppel 2000 § 1357 Rn. 72.
26 BGH NJW 1992, 909; OLG Schleswig FamRZ 1994, 444.
27 OLG Köln FamRZ 1999, 1134.
28 LG Oldenburg FamRZ 2009, 1221.
29 BGH NJW 1992, 909.
30 OLG Köln MDR 1993, 55.
31 OLG Köln VersR 1994, 107.

Behandlungsvertrag im Namen seiner Frau ab, so muss er seinen Willen, die Mithaftung für beanspruchte Wahlleistungen nicht mit zu übernehmen, ausdrücklich erklären.[32] Zur Mitverpflichtung kommt es ferner dann nicht, wenn die Kosten der ärztlichen Behandlung die **wirtschaftliche Leistungsfähigkeit** der Familie eindeutig überschreiten.[33]

Zurückhaltung ist bei der **Buchung von Urlaubsreisen** geboten, da diese typischerweise abgesprochen werden.[34] Eine Mitverpflichtung des Ehegatten über § 1357 wird nur dann angenommen werden können, wenn die Buchungen im Einzelfall tatsächlich üblicherweise von nur einem Ehegatten allein vorgenommen werden. **14**

Nicht zu den Geschäften zur angemessenen Deckung des Lebensbedarfs der Familie rechnen **Veräußerungsgeschäfte**, da mit diesen niemals Bedarfsdeckung erzielt werden kann. Das gilt auch dann, wenn der Erlös hieraus für den Familienunterhalt eingesetzt wird.[35] Der Vertrag über den **Bau oder Kauf eines Hauses**[36] einschließlich der damit verbundenen Darlehensaufnahme[37] oder die Verpflichtung zur Zahlung einer Maklerprovision von 15.000 € im Zusammenhang hiermit.[38] fällt ebenso wenig unter § 1357 wie der Abschluss langfristiger **Pachtverträge** einschließlich deren Kündigung,[39] die **Anmietung einer Wohnung**[40] sowie **Kündigung**[41] oder **Aufhebung des Wohnraummietvertrages**.[42] Dasselbe gilt für Maßnahmen zur **Vermögensanlage oder -verwaltung**,[43] Aufwendungen für einen **Umzug zum Zwecke der Trennung**[44] oder den **Erwerb eines Kraftfahrzeugs**[45] einschließlich des Abschlusses eines entsprechenden Leasingvertrages, es sei denn, Anschaffungen dieser Art werden regelmäßig von nur einem der Ehegatten getätigt. Auf gewerbliche Mietverhältnisse ist die Norm nicht anwendbar.[46] **15**

C. Rechtsfolgen

Folge der Annahme eines Rechtsgeschäftes im Sinne des § 1357 ist es, dass **beide Ehegatten aus ihm berechtigt oder verpflichtet** sind (Abs. 1 Satz 2). Gegebenenfalls muss der mit verpflichtete Ehegatte sich die Kenntnis des anderen zurechnen lassen.[47] Beide Ehegatten haften als Gesamtschuldner, wobei sich die Mithaft auch auf Ansprüche aus **Pflichtverletzungen** (pVV, cic) erstreckt.[48] Etwas Anderes gilt allerdings für Schäden aus unerlaubter Handlung, zum Beispiel nach Ladendiebstahl.[49] Ist der geschlossene Vertrag nichtig, so haften beide Ehegatten bereicherungsrechtlich als Teilschuldner auf das jeweils Erlangte.[50] **16**

32 BGH NJW 1985, 1394.
33 OLG Saarbrücken NJW 2001, 1798; OLG Köln FamRZ 1999, 1662.
34 OLG Köln FamRZ 1991, 434; LG Hamburg NJW 2002, 1055.
35 AnwKomm/Wellenhofen § 1357 Rn. 17; einschränkend MüKo/Roth § 1357 Rn. 25, der die Norm auf einzelne Veräußerungsgeschäfte anwenden möchte.
36 BGH FamRZ 1989, 35.
37 LG Aachen FamRZ 1989, 1176.
38 OLG Oldenburg FamRZ 2011, 37; OLG Jena MDR 2011, 970.
39 OLG Koblenz NJW-RR 1991, 66; BGH NJW 1951, 309.
40 LG Mannheim FamRZ 1994, 445.
41 AG Münster MDR 1990, 900.
42 LG Köln FamRZ 1990, 744.
43 MüKo/Roth § 1357 Rn. 24.
44 LG Aachen FamRZ 1980, 996.
45 OLG Düsseldorf OLGR 2001, 508.
46 OLG Hamm OLGR 2007, 302.
47 BGH FamRZ 1982, 776.
48 AnwKomm/Wellenhofer § 1357 Rn. 23.
49 Palandt/Brudermüller § 1357 Rn. 21.
50 MüKo/Roth § 1357 Rn. 38.

17   Im Hinblick auf die Berechtigung sind beide Ehegatten **Gesamtgläubiger**.[51] Rechte wie die Anfechtung, Kündigung oder Gewährleistungsansprüche kann jeder Ehegatte allein geltend machen.[52] Dasselbe gilt für den Widerruf bei Verbraucherkreditverträgen.[53]

18   Eine **dingliche Wirkung** kommt der Norm nicht zu,[54] so dass die Ehegatten an einem erworbenen Gegenstand nicht automatisch auch Miteigentum erwerben. Hinsichtlich des Eigentumserwerbs gelten vielmehr die allgemeinen Regeln, bei Bargeschäften des täglichen Lebens insbesondere auch die vom Geschäft für den, den es angeht. Bei Erwerb von Haushaltsgegenständen geht der Wille der Ehegatten im Zweifel dahin, gemeinsames Eigentum zu erwerben.[55]

19   Im **Innenverhältnis** sind die Ehegatten im Zweifel berechtigt, den anderen mit zu verpflichten, wobei die Befugnis so weit geht, wie dem Ehegatten Haushaltsführungsfunktionen übertragen sind. Insoweit ist der Ehegatte Weisungen des anderen nicht unterworfen, während dieser ihm dafür das Haushaltsgeld im Rahmen der Unterhaltpflicht im Voraus zur Verfügung zu stellen hat. Wird der angemessene Rahmen überschritten, kommen Schadensersatzansprüche aus §§ 677 ff. in Betracht.[56]

D. Ausschluss und Beschränkung der Verpflichtungsbefugnis

20   Nach Abs. 2 Satz 1 kann jeder Ehegatte die Befugnisse des anderen aus § 1357 einseitig sowohl gegenüber diesem als gegenüber Dritten (§ 168 Satz 3) beschränken oder aufheben, ohne dass das Recht auf Haushaltsführung im Übrigen davon betroffen wäre. Diese Maßnahme ist nur berechtigt, wenn der haushaltsführende Ehegatte zur Führung der Geschäfte nicht fähig ist oder ernsthafte Gründe gegen seinen guten Willen sprechen Dritten gegenüber ist diese Maßnahme nur wirksam, wenn sie diesem bekannt oder im Güterrechtsregister eingetragen ist (Abs. 2 Satz 2, § 1412).

21   Der Antrag ist von dem Ehegatten allein an das zuständige Familiengericht zu richten (§§ 111 Nr. 10, 266 Abs. 2 FamFG), welches die Rechtmäßigkeit der Maßnahme zu prüfen hat.

§ 1358

(weggefallen)

§ 1359   Umfang der Sorgfaltspflicht

Die Ehegatten haben bei der Erfüllung der sich aus dem ehelichen Verhältnis ergebenden Verpflichtungen einander nur für diejenige Sorgfalt einzustehen, welche sie in eigenen Angelegenheiten anzuwenden pflegen.

---

[51] MüKo/Roth § 1357 Rn. 41.
[52] MüKo/Roth § 1357 Rn. 41.
[53] Staudinger/Voppel [2000] § 1357 Rn. 76; zur Thematik auch Berger FamRZ 2005, 1129.
[54] BGH NJW 1991, 2283.
[55] OLG Koblenz FamRZ 1992, 1303.
[56] Palandt/Brudermüller § 1357 Rn. 23.

A. Normzweck

Die (teilweise als überholt kritisierte, vom Gesetzgeber im Lebenspartnerschaftsgesetz – § 4 **1** LPartG – jedoch wieder aufgegriffene) Vorschrift der Haftungsbeschränkung dient der Erhaltung des Rechtsfriedens in der ehelichen Lebensgemeinschaft. Diese ist typischerweise (zumindest potentiell, wenn auch mit im Einzelfall unterschiedlicher Ausgestaltung) durch **engen räumlichen und persönlichen Kontakt** und daraus folgend auch durch gegenseitige Einflussnahme auf die Vermögensinteressen der Ehepartner gekennzeichnet; der übliche strenge Haftungsmaßstab des § 276 könnte dieses Zusammenleben über Gebühr belasten. Hinzu kommt, dass der Ehegatte den jeweils anderen mit seinen persönlichen Eigenschaften (oder trotzdem) gewählt hat.[1] Die Bestimmung ist damit letztlich Ausdruck (»Kehrseite«) der Pflicht zur gegenseitigen Rücksichtnahme (§ 1353 Abs. 1 Satz 2).[2]

Vergleichbare Haftungsbeschränkungen sind in den §§ 690, 708, 1664 und 2131 sowie in § 4 **2** LPartG (s. o. Rdn. 1) enthalten.

B. Anwendungsbereich

I. Persönlich

§ 1359 regelt das Verhältnis zwischen den Ehegatten, d.h. während bestehender Ehe, auch im **3** Falle einer gem. § 1313 aufhebbaren Ehe.[3] Jedenfalls nach Rechtskraft der Scheidung ist § 1359 nicht mehr anwendbar. Ob eine entsprechende Anwendung auf Verlobte oder nur eheähnlich Zusammenlebende in Betracht kommt, ist streitig. Einerseits wird sie mangels einer rechtlich verfestigten Lebensgemeinschaft (s. o. Rdn. 1, dort auch zu § 4 LPartG) abgelehnt.[4] Andererseits wird die Möglichkeit einer Analogie bejaht oder die Haftungsbegrenzung aus der gesellschaftsähnlichen Ausgestaltung der nichtehelichen Lebensgemeinschaft aus einer entsprechenden Anwendung des § 708 abgeleitet.[5]

Streitig ist auch, ob § 1359 auch für die Zeit nach (dauerhafter) **Trennung** der Ehegatten gilt. **4** Wenn man das enge Zusammenleben in der ehelichen Lebensgemeinschaft als maßgeblichen Grund für die Haftungsbeschränkung ansieht (s. o. Rdn. 1) und gar eine entsprechende Anwendung auf nichteheliche Lebensgemeinschaften bejaht, kommt nach Sinn und Zweck nur eine restriktive Auslegung der Norm in Betracht.[6]

---

1 Staudinger/Voppel § 1359 Rn. 5 ff.
2 Staudinger/Voppel § 1359 Rn. 7.
3 Staudinger/Voppel § 1359 Rn. 14; BGB-RGRK/Roth-Stielow § 1359 Rn. 8.
4 Soergel/Lange § 1359 Rn. 2 (für Verlobte); Gernhuber/Coester/Waltjen § 22 Rn. 3.
5 OLG Oldenburg FamRZ 1986, 675, 676; Rauscher Rn. 730.
6 Staudinger/Voppel § 1359 Rn. 14; Johannsen/Henrich/Brudermüller § 1361a Rn. 33.

II. Sachlich

5 § 1359 betrifft nur die **Erfüllung der sich aus dem ehelichen Verhältnis ergebenden Verpflichtungen**. Darunter fallen zunächst die typischen ehelichen Pflichten[7] in Bezug auf

- den Unterhalt (§§ 1360 ff.),
- den ehelichen Beistand, ggf. einschließlich einer daraus ableitbaren Pflicht zur Mitarbeit (§ 1353 Abs. 1 Satz 2),
- die Haushaltsführung (§ 1356) und Geschäfte zur Bedarfsdeckung (§ 1357), ferner
- die (heute nur noch eingeschränkt bedeutsame) Vermögensverwaltung im Rahmen der Gütergemeinschaft.

6 Soweit in diesem Rahmen die Haftung nach § 1359 beschränkt ist, gilt dies auch für **konkurrierende deliktische Ansprüche**.[8]

7 § 1359 gilt grundsätzlich **nicht** im Bereich **rechtsgeschäftlicher Absprachen**, die die Ehegatten wie Dritte treffen, z.B. bei Abschluss von Pacht- oder Darlehnsverträgen, aber auch im Arbeits- oder Gesellschaftsrecht.[9] Allerdings kommen bei letzteren andere spezifische Haftungsbeschränkungen in Betracht (Begrenzung der Arbeitnehmerhaftung; ferner § 708). Bei **Gefälligkeitsverträgen** (Auftragsrecht) kann sich aus den Umständen eine (stillschweigend vereinbarte) entsprechende Haftungserleichterung ergeben.[10]

8 Nach der Rechtsprechung des **BGH** gilt § 1359 ferner **nicht** für den wichtigen Bereich des **Verkehrsunfallrechts**.[11] Der schädigende Ehegatte könne sich im heutigen Straßenverkehr nicht darauf berufen, sich ständig verkehrswidrig zu verhalten. Die dogmatisch möglicherweise anfechtbare Beschränkung[12] ist inzwischen jedenfalls als richterliche Rechtsfortbildung anerkannt.[13] Damit wird im Übrigen das – erwünschte – Ergebnis erzielt, dass eine Haftpflichtversicherung des schädigenden Ehegatten in Anspruch genommen werden kann.[14]

9 Der schädigende Ehegatte selbst wird durch die Rechtsprechung des BGH in den wichtigsten Fällen nicht unangemessen benachteiligt. Denn nach der Schadensregulierung durch die Versicherung scheidet ein Regress gegen ihn wegen § 86 Abs. 3 VVG aus. Diese Vorschrift ist entsprechend anwendbar auf andere Fälle der Legalzession (§ 116 SGB X, § 87a BBG, § 6 EntgeltfortzG).[15] Soweit kein Versicherungsschutz besteht, kommt schließlich unter bestimmten Voraussetzungen auch noch eine Stillhaltepflicht des geschädigten Ehegatten in Betracht.[16]

10 Das Haftungsprivileg gilt auch nicht bei gemeinsamer Ausübung von **Freizeitsport**, wenn dieser eine dem Staßenverkehr vergleichbare Gefährlichkeit aufweist.[17]

---

7 Dazu im Einzelnen MüKo/Roth § 1359 Rn. 10 f.; Staudinger/Voppel § 1359 Rn. 24 f.
8 OLG Hamm VersR 2002, 732; Staudinger/Voppel [2007] § 1359 Rn 15; Soergel/Lange § 1359 Rn. 2.
9 Staudinger/Voppel § 1359 Rn. 16 f.
10 Staudinger/Voppel § 1359 Rn. 17; Soergel/Lange § 1359 Rn. 9.
11 BGHZ 53, 352, 355; 61, 101, 105; 63, 51, 57.
12 Vgl dazu; Staudinger/Voppel § 1359 Rn. 22.
13 Staudinger/Voppel § 1359 Rn. 23 m.w.N.
14 Ausführlich dazu Erman/Kroll-Ludwigs § 1359 Rn. 6; ferner MüKo/Roth § 1359 Rn. 16; Staudinger/Voppel § 1359 Rn. 20; jeweils m.w.N.; auch ein etwaiger Amtshaftungsanspruch wird dadurch nicht gefährdet, weil das Verweisungsprivileg gem. § 839 Abs. 1 S. 2 nicht mehr für durch Amtsträger verursachte Unfälle im Straßenverkehr gilt, BGHZ 68, 217.
15 Näher dazu MüKo/Roth § 1359 Rn. 21; Staudinger/Voppel § 1359 Rn. 26.
16 BGH FamRZ 1988, 476 m.w.N.; Soergel/Lange § 1359 Rn. 4.
17 BGH FamRZ 2009, 1048 für einen Unfall beim Wasserski.

Weinreich

C. Regelungsinhalt

I. Haftungserleichterung

§ 1359 bildet keinen selbständigen Haftungsgrund, sondern modifiziert lediglich § 276 Abs. 2 im   11
Siine einer Haftungserleichterung (»nur«); eine Haftungsverschärfung tritt nach außen (hier im
Verhältnis zum andern Ehegatten) auch dann nicht ein, wenn der Ehegatte üblicherweise in eige-
nen Angelegenheiten besonders sorgfältig verfährt.[18] Die **Grenze** nach unten bildet die **grobe
Fahrlässigkeit** (§ 277).

II. Haftungsmaßstab (Sorgfalt »in eigenen Angelegenheiten«)

Das Gesetz stellt nur auf die **tatsächlich angewandte Sorgfalt** ab ohne nähere normative Bestim-   12
mung.[19] Das entspricht dem Gedanken der Wahl des Ehegatten mit seinen tatsächlichen Eigenschaften (s.o. Rdn. 1), nicht mit einem seinen Fähigkeiten (bei gehöriger, ehedienlicher Anstrengung?) möglicherweise entsprechenden Verhalten. Den nötigen Schutz vor zu großer Nachlässigkeit bietet § 277 (s.o. Rdn. 11).[20]

III. Haftungsvereinbarungen

Es ist **streitig**, ob die Regelung des § 1359 generell verschärft oder noch weiter gemildert werden   13
kann. Häufig wird beides (unter Beachtung des § 276 Abs. 3) für zulässig gehalten.[21] Nach anderer
Ansicht sind derartige Vereinbarungen nur für begrenzte Einzelfälle oder nur in Form einer weitergehenden Milderung möglich.[22]

Außerhalb des Anwendungsbereichs des § 1359 sind **Haftungsausschlüsse** denkbar (bis zur Vor-   14
satzgrenze des § 276 Abs. 3). Sie sind jedoch nicht ohne weiteres anzunehmen (etwa bei gemeinsamen PKW-Fahrten, wenn Versicherungsschutz besteht).[23]

D. Beweislast

Der Geschädigte kann sich zunächst auf den Nachweis der Verletzung der im Verkehr erforderli-   15
chen Sorgfalt beschränken (§ 276 Abs. 2). Der Schädiger muss dann beweisen, dass er nicht anders
gehandelt hat als üblicherweise in eigenen Angelegenheiten.[24]

---

18 Allg. M.: z.B. Staudinger/Voppel § 1359 Rn. 4; MüKo/Roth § 1359 Rn. 6.
19 Zutr. Staudinger/Voppel § 1359 Rn. 10.
20 Staudinger/Voppel § 1359 Rn. 10; MüKo/Roth § 1359 Rn. 66.
21 Palandt/Brudermüller § 1359 Rn. 3; MüKo/Roth § 1359 Rn. 13 ff; Ermann/Kroll-Ludwigs § 1359 Rn. 8;
    grundsätzlich auch Bamberger/Roth/Hahn Rn. 3.
22 Vgl. dazu insbesondere Staudinger/Voppel § 1359 Rn. 11 ff.; Soergel/Lange § 1359 Rn. 1.
23 Soergel/Lange § 1359 Rn. 8.
24 Staudinger/Voppel § 1359 Rn. 28; jeweils auch zur (verneinten) Frage, ob eine Selbstschädigung ein hin-
    reichendes Indiz für eine generelle Sorglosigkeit ist.

Teil 1 Kommentierung der unterhaltsrechtlichen Vorschriften
Vorbemerkung vor §§ 1360–1360b

A. Unterhaltsschuldverhältnis[1]

I. Begriff »Unterhalt«

Das Unterhaltsrecht regelt die Übernahme von Verantwortung innerhalb der Familie[2] und den Umfang finanzieller Solidarität unter Verwandten, zwischen Ehegatten in bestehenden und geschiedenen Ehen sowie zwischen Eltern eines außerhalb einer bestehenden Ehe geborenen Kindes und nicht zuletzt zwischen Lebenspartnern i.S.d. Lebenspartnerschaftsgesetzes unter Beachtung des hohen Rangs, der dem Kindeswohl von Verfassungs wegen für die Ausgestaltung des Familienrechts zukommt.[3] Der **Begriff »Unterhalt«** umfasst alle diejenigen Mittel und Dienste,   1

---

1 Alle §§ im Folgenden ohne nähere Bezeichnung beziehen sich auf das BGB.

2 Eine »Familie« i.S.d. Art. 6 Abs. 1 GG ist eine aus Eltern und Kindern – wozu auch Stief-, Adoptiv- und Pflegekinder sowie (im Verhältnis zur Mutter) nichteheliche Kinder gehören – bestehende Gemeinschaft (BVerfGE 18, 97, 105 f.; 68, 176, 187; BGHZ 163, 84 = BGH, FamRZ 2005, 1817 = FuR 2005, 555).

3 Zum hohen Rang des Kindeswohls s. BVerfGE 80, 81, 90; 108, 82, 114; 121, 69 = FamRZ 2008, 845 = FuR 2008, 334; 127, 132 = FamRZ 2010, 1403 = FuR 2010, 691; BVerfG, FamRZ 2006, 187 = FuR 2006, 177.

die jeder Mensch für ein angemessenes Leben benötigt (**Lebensbedarf**), also sowohl die für das tägliche Leben erforderlichen Sachen und Leistungen (etwa **Natural-** bzw. **Betreuungsunterhalt**, bei Kindern gem. § 1610 Abs. 2 auch Ausbildung und Erziehung) als auch die zu ihrer Beschaffung notwendigen Geldmittel (**Barunterhalt**).

2 Soweit ein Mensch seinen Lebensbedarf nicht selbst sicherstellen kann und hierzu auch nicht verpflichtet ist, ist auf das Unterhaltsrecht zurückzugreifen, also auf die Summe aller Vorschriften, welche die Verpflichtung regeln, die offene Differenz zum Lebensbedarf zu decken. Insoweit ist grds. ein anderer, dem Unterhaltsgläubiger nahe stehender Mensch verpflichtet (Ehegatte und/oder naher Verwandter = **Unterhaltsrecht**), ansonsten (**ergänzend**, s. § 2 SGB XII) die öffentliche Hand (= **Sozialrecht**).[4] Art. 2 Abs. 1 GG gewährleistet die allgemeine Handlungsfreiheit im umfassenden Sinne, allerdings nur in den von dieser Grundrechtsnorm genannten Schranken. Insofern setzen auch das Unterhaltsrecht und das Sozialhilferecht in ihrer Auslegung durch die Gerichte der Handlungsfreiheit Grenzen, wobei jedoch Auslegung und Anwendung verfassungsgemäßer unterhalts- und sozialhilferechtlicher Regelungen nicht zu verfassungswidrigen Ergebnissen führen dürfen.[5] Der Tatrichter hat daher bei der Festsetzung der Unterhaltsrente sämtliche für die Bemessung dieser Rente im Bezugszeitraum künftig maßgebend werdenden Faktoren zu berücksichtigen.[6]

3 Die Unterhaltspflicht ist keine einheitliche, einmal entstandene und bis zum Wegfall einer ihrer Voraussetzungen fortdauernde Leistungspflicht, sondern der **Anspruch entsteht laufend** aufgrund eines familienrechtlichen Tatbestands in jedem **Zeitpunkt** und für jede **Zeiteinheit**, in der die jeweiligen Voraussetzungen vorliegen, **neu**, erneuert sich also fort und fort.[7] Über das allgemeine Schuldrecht hinaus, in dem eine späte Geltendmachung der Forderung allenfalls ein Gegenrecht (Verjährung, Verwirkung) begründen kann, erlischt der Unterhaltsanspruch daher, wenn der Gläubiger nicht besondere rechtswahrende Handlungen vorgenommen hat,[8] oder wenn das Gesetz diese nicht ausnahmsweise entbehrlich macht.[9] Dem widerspricht im Verwandtenunterhalt weder die Identität des Unterhaltsanspruchs eines Kindes vor und nach seiner Volljährigkeit (§ 244 FamFG),[10] noch die grds. lebenslang angelegte Unterhaltspflicht als zwingendes Recht.[11]

---

4 Zur Geschichte des Verwandtenunterhaltsrechts ausführlich Staudinger/Engler, Vorbem. zu §§ 1601 ff. Rn. 4 ff.; neuere Aufsätze zur Entwicklung des Unterhaltsrechts: Hahne, FF 1999, 66; Bosch, FF 1999, 68; Miesen, FF 2000, 47 ff., 119 ff.; Kleffmann, FuR 2001, 49 ff., 111 ff., 394 ff.; FuR 2002, 99 ff., 160 ff., 203 ff.; FuR 2003, 97 ff., 161 ff., 212 ff.; FuR 2004, 9 ff., 49 ff., 110 ff.; FuR 2005, 9 ff., 63 ff., 116 ff.; FuR 2006, 97 ff., 160 ff., 200 ff.; FuR 2007, 1 ff., 54 ff., 100 ff.; FuR 2008, 17 ff., 67 ff., 124 ff.; FuR 2009, 10 ff., 74 ff., 145 ff.; FuR 2010, 181 ff., 257 ff., 311 ff.; N. Kleffmann/C. Kleffmann, FuR 2011, 133 ff., 208 ff., 268 ff.; FuR 2012, 2 ff., 59 ff., 110 ff.; Dörr/Hansen, NJW 2001, 3230; Büttner/Niepmann, NJW 2000, 2547 ff.; NJW 2001, 2215 ff.; NJW 2003, 2492 ff.; NJW 2004, 2284 ff.; NJW 2005, 2352 ff.; NJW 2006, 2373 ff.; NJW 2007, 2375 ff.; NJW 2008, 2391 ff.; NJW 2009, 2499 ff.; Niepmann/Schwamb, NJW 2010, 2400 ff.; NJW 2011, 2404 ff.; Graba, FamRZ 2001, 585 ff.; FamRZ 2002, 715 ff.; FamRZ 2003, 577 ff.; FamRZ 2004, 581 ff.; FamRZ 2005, 561 ff.; FamRZ 2006, 297 ff.; FamRZ 2007, 421 ff.; FamRZ 2008, 825 ff.; FamRZ 2009, 553 ff.; FamRZ 2010, 601 ff.; FamRZ 2011, 601 ff.; ders., FF 2012, 92 ff.; Strohal, FPR 2010, 121 ff.

5 BVerfGE 80, 286, 294; BVerfG, FamRZ 2005, 1051 = FuR 2005, 376.

6 BGH, VersR 1990, 907; FamRZ 2004, 88 m.w.N.; FamRZ 2004, 777; FamRZ 2006, 1108.

7 BGHZ 82, 246, 250 = BGH, FamRZ 1982, 259; BGHZ 85, 16, 25 = FamRZ 1982, 1189; BGHZ 156, 105 = FamRZ 2003, 1544 = FuR 2004, 85, jeweils m.w.N.; OLG Celle, FamRZ 2003, 1116; FamRZ 2005, 1746; OLG Koblenz, FamRZ 2003, 109 ff.; OLG Naumburg, InVo 1999, 283; vgl. weiter Weisbrodt, FamRZ 2003, 1240; Hoppenz, FF 2003, 158 ff.; Kleffmann, FuR 2004, 9, 15; a.A. Wax, FamRZ 1993, 22 – eine Unterhaltspflicht entstehe als einheitliche Verpflichtung, wenn alle Voraussetzungen gegeben sind, und ende, wenn eine sachliche Voraussetzung entfällt oder das Schuldverhältnis erlischt.

8 BGHZ 43, 1, 7; BGH, FamRZ 1984, 775, 776.

9 BGH, FamRZ 2004, 800.

10 BGH, FamRZ 1984, 682; § 244 FamFG ist Nachfolgenorm des § 798a ZPO.

11 Zur steuerlichen Berücksichtigung von Unterhaltsaufwendungen gem. §§ 33, 33a EStG s. BFH, FamRZ 1996, 1005; BMF, NJW 1998, 584.

Klein, Michael

Materiell-rechtlich ist ohne Belang, dass Unterhaltsansprüche verfahrensrechtlich als einheitliche, wiederkehrende Leistung zu behandeln sind.[12]

II. Unterhaltsrechtliches Schuldverhältnis

Ein gesetzlicher Unterhaltsanspruch begründet ein Unterhaltsrechtsverhältnis (als **gesetzliches** **besonderes Schuldverhältnis**)[13] mit relativen Rechten zwischen (zumindest) zwei Personen, sofern eine Pflicht zur Leistung von vornherein vorhanden ist oder später entstehen kann. Alle Elemente dieses Schuldverhältnisses sind Folgen bestimmter Tatbestände. Das Schuldverhältnis ist demnach eine komplexe Einheit mit **wechselnder Zusammensetzung** und **wandelbarem Inhalt** der **Einzelelemente**. **4**

(zur Zeit nicht besetzt) **5-6**

In diesem Gefüge sind die zur geschlossenen Einheit zusammengefügten Einzelelemente aufeinander bezogen (Gefüge als **Relationssystem**) und voneinander abhängig (Gefüge als **Determinationssystem**). Das Gefüge ist beweglich, weil die Einzelelemente fortschreitend ausgewechselt werden können und wandelbar sind: Typisiert oder in ständiger Auseinandersetzung mit der sozialen Wirklichkeit des Einzelfalles werden Einzelelemente aufgebaut, abgebaut oder auch geändert. Änderungen treten ein durch Subjektsänderungen (etwa Zessionen), Entstehen oder Untergang von Positionen, Umgestaltung des Schuldinhalts (insb. durch Einschränkung und Erweiterung bestehender Pflichten) sowie gestaltende Rechtsakte (etwa Vertragsanpassung nach Wegfall der Geschäftsgrundlage). **7**

Unterhaltsansprüche sind **Massenerscheinungen**, auf die aus **Vereinfachungsgründen notwendig** **pauschalierende** und **typisierende Berechnungsmethoden** anzuwenden sind. Der BGH[14] hat daher seit jeher gebilligt, dass nach Vorwegabzug aller unterhaltsrechtlich anzuerkennenden Abzugsposten das restliche Erwerbseinkommen i.d.R. nach einer pauschalen Quote im Unterhaltsschuldverhältnis verteilt wird.[15] **8**

Das Verfahren in Unterhaltssachen wurde mit dem zum 01.09.2009 in Kraft getretenen **FamFG** neu geregelt.[16] Das FamFG findet auf alle Verfahren Anwendung, die nach dem 01.01.2009 anhängig geworden sind.[17] Das FamFG enthält eine weitgehend neue Terminologie.[18] Auf Unterhaltsverfahren als Familienstreitverfahren finden weiterhin die Regelungen der ZPO Anwendung (vgl. §§ 112, 113 FamFG). Die Befugnisse des Gerichts, Auskünfte von dritter Seite einzuholen, sind deutlich erweitert worden (§§ 235, 236 FamFG). In Unterhaltsverfahren herrscht nunmehr Anwaltszwang (§ 114 Abs. 1 FamFG). Das System der einstweiligen Anordnungen in Unterhaltssachen wurde grundlegend verändert (Wegfall der sog. Kongruenz und Akzessorietät einer Hauptsache). Unterhaltsrechtliche Abänderungsverfahren sind nunmehr in §§ 238 ff. FamFG als leges **9**

12 BGHZ 82, 246, 250 = BGH, FamRZ 1982, 259.
13 S. hierzu näher Schwab, FamRZ 1997, 521; zum Ideal der Unterhaltsgerechtigkeit s. Diederichsen, FuR 2002, 289 ff.
14 BGH, FamRZ 1997, 806.
15 Zur »Beratung in Sachen Unterhalt« s. Enders, FuR 2003, 64 ff.
16 Zu dem neuen Unterhaltsverfahren nach dem FamFG s. ausführlich Roßmann, ZFE 2008, 245 ff.; vgl. auch Schürmann, FuR 2009, 130; Büte, Fk 2009, 66; Kemper, FamRB 2009, 53; Roessink, FamRB 2009, 117; Hütter/Kodal, FamRZ 2009, 917; Rakete-Dombek, FPR 2009, 16; Löhnig, FamRZ 2009, 737; zu den Auswirkungen auf die notarielle Praxis Heinemann, DNotZ 2009, 6.
17 Eingehend zum FamFG-Verfahren in Unterhaltssachen Schürmann, FuR 2009, 130; Büte, Fk 2009, 66; zur einstweiligen Anordnung nach dem FamFG Klein, FuR 2009, 241 ff., 321 ff.; Goetsche, ZFE 2009, 24; Goetsche/Viefhues, ZFE 2009, 124; zu Vollstreckungsproblemen in Familiensachen ab 01.09.2009 Giers, FamRB 2009, 87.
18 Die vorliegende Kommentierung zum Unterhaltsrecht verwendet jedoch jeweils die Termini und Gesetzesvorschriften, die den jeweils zitierten Entscheidungen seinerzeit zugrunde lagen.

speziales zu § 323 ZPO geregelt. Die Rechtshängigkeit eines Herabsetzungsverlangens führt im Rahmen eines Hauptsacheverfahrens zur verschärften Haftung nach § 818 Abs. 4 (§ 241 FamFG), so dass es zumindest in diesen Verfahren nicht mehr der Klage auf Rückzahlung bedarf (str. allerdings noch für e.A.-Verfahren).[19] Unterhaltsschuldverhältnisse **kraft Sachzusammenhangs** sind Familiensachen geblieben (etwa akzessorische Nebenansprüche aufgrund von Legalzessionen – z.B. nach § 33 SGB II, § 94 SGB XII, § 7 UVG, § 37 Abs. 4 BAföG – sowie Auskunfts- und Belegvorlageansprüche, ebenso Vollstreckungsgegen- und Drittwiderspruchsanträge, wenn sie aus dem Unterhaltsrecht abgeleitet werden).[20]

III. Unbestimmte Rechtsbegriffe im Unterhaltsrecht

10 (Auch) im Unterhaltsrecht muss eine **Vielzahl unbestimmter Rechtsbegriffe** im **Einzelfall** präzisiert werden.[21] Unbestimmte Rechtsbegriffe haben den Vorteil, dass sie i.R.d. unterhaltsrechtlichen Strukturen geschmeidig vielfältige Lebenssachverhalte regeln können. Der Nachteil unbestimmter Rechtsbegriffe ist, dass unterschiedliche Entscheidungen zu einer Rechtsungleichheit führen, solange sich nicht eine einheitliche Rechtsprechung gebildet hat, und dass die Schwierigkeiten der Unterhaltsbemessung im jeweiligen Einzelfall zu einer gewissen Rechtsunsicherheit führt (»Verdichtungsprozess«,[22] »Glücksspiel«[23]). Rechtsprechung und Literatur haben zwischenzeitlich unbestimmte Rechtsbegriffe vielfach definierend ausgefüllt und eine Art **Regel-Ausnahme-Prinzip** geschaffen.

IV. Goldene Regeln des Unterhaltsrechts

11 Ein Unterhaltsanspruch kann nur dann entstehen, wenn **Bedürftigkeit** (Unterhaltsgläubiger) und **Leistungsfähigkeit** (Unterhaltsschuldner) **zeitgleich** vorliegen (»**Grundsatz der Gleichzeitigkeit**« von Bedürftigkeit und Leistungsfähigkeit). Das Gesetz normiert diesen Grundsatz zwar nicht ausdrücklich; er ist jedoch aus §§ 1601, 1602 und § 1603 abzuleiten. Daher gehen auch die Legalzessionen (s. etwa § 1607, § 33 SGB II, § 94 SGB XII, § 7 UVG, § 37 Abs. 4 BAföG) von einer **zeitlichen Kongruenz** zwischen Bedürftigkeit und Leistungsfähigkeit aus.[24] Nachträglich eintretende Zahlungsunfähigkeit befreit den Schuldner allerdings nicht von der Leistungspflicht, weil jedermann für seine finanzielle Leistungsfähigkeit einzustehen hat.[25]

12 Ein gesetzlicher Unterhaltsanspruch begründet ein (gesetzliches) Unterhaltsschuldverhältnis,[26] das – wie jedes Schuldverhältnis – **Haupt-** und **Nebenpflichten** (wechselseitige unterhaltsrechtliche **Obliegenheiten**, insb. **Erwerbsobliegenheiten**) kennt (»**Gegenseitigkeitsprinzip**«, s. etwa §§ 1610 Abs. 2, 1618a).[27] Dem **Unterhaltsgläubiger** obliegt, seine (Unterhalts-)Bedürftigkeit sobald als möglich zu mindern bzw. zu beenden, dem **Unterhaltsschuldner**, seine Leistungsfähigkeit bald- und höchstmöglich zu erhalten bzw. herzustellen. Diese Obliegenheiten bestehen glei-

---

19 Zur vorherigen Rechtslage s. BGH, FamRZ 2008, 1911 = FuR 2008, 542; ausführliche Darstellung s. Klein, FuR 2009, 241 ff., 321 ff.

20 S.a. den Überblick bei Schwolow, FuR 1999, 13 ff.; zur Zwangsvollstreckung s. Knittel, FF 2002, 49 ff.

21 Gernhuber, FamRZ 1983, 1069; Beispiele bei Staudinger/Engler, Vorbem. zu §§ 1601 ff. Rn. 50.

22 Gernhuber, FamRZ 1983, 1069, 1071.

23 OLG Karlsruhe, FamRZ 1988, 202.

24 BVerfG, FamRZ 2005, 1051 = FuR 2005, 376 – auch zu den Grenzen der Auslegung und Anwendung verfassungsgemäßer unterhaltsrechtlicher und sozialhilferechtlicher Regelungen (im Anschluss an BVerfGE 80, 286); BGH, FamRZ 1985, 155.

25 BGHZ 107, 92 ff. = BGH, NJW 1989, 1276, 1278 m.w.N.

26 S. hierzu näher Schwab, FamRZ 1997, 521.

27 BGH, FamRZ 1998, 671 = FuR 1998, 216; FamRZ 2000, 420 = FuR 2000, 92; FamRZ 2001, 757 = FuR 2001, 322, jeweils zum Anspruch auf Ausbildungsunterhalt; s.a. OLG Koblenz, OLGR 2002, 246; FG Münster, EFG 2002, 1306; OLG Brandenburg, FamRZ 2004, 106; OLG Jena, OLG-NL 2005, 110.

chermaßen und in gleichem Umfange für alle Parteien des Unterhaltsschuldverhältnisses: Die Obliegenheit des Unterhaltsgläubigers, für den eigenen Unterhalt zu sorgen, ist nicht grds. strenger zu beurteilen als die Anforderungen an den Unterhaltsschuldner, für den Bedarf des anderen aufzukommen (»**Gleichbehandlungsgrundsatz**«).[28] Neben einer tariflichen vollen Haupttätigkeit besteht grds. keine Verpflichtung zur Ausübung einer **Nebentätigkeit**; bei ihr handelt es sich regelmäßig um eine überobligationsmäßige zusätzliche Arbeitsbelastung, vergleichbar mit der Situation eines Überstunden leistenden Arbeitnehmers. Was dem Einzelnen nach der jeweils geltenden Sozialauffassung an Arbeit zumutbar ist, ist bei abhängiger Arbeit weitgehend durch Tarifverträge oder Gesetze geregelt. Grds. besteht bei abhängiger Arbeit demnach auch nur eine Verpflichtung zu tarif- bzw. dienstzeitgemäßer Erwerbstätigkeit.

Letztlich ist – i.R.d. Ehegattenunterhalts – auf den »**Symmetriegrundsatz**« (auch: »**Spiegelbild-** **prinzip**«) zu achten: Der Unterhaltsgläubiger darf aufgrund von Unterhaltszahlungen wirtschaftlich niemals besser gestellt sein als während intakter Ehe; eine wirtschaftliche Besserstellung verstieße gegen Art. 6 GG (Schutz von Ehe und Familie). Für eine solche Absicherung böte das Recht des nachehelichen Unterhalts, das – jedenfalls im Prinzip – nur die Risiken der mit der Scheidung fehlgeschlagenen Lebensplanung der Ehegatten und der von ihnen in der Ehe praktizierten Arbeitsteilung angemessen ausgleichen will, keine Rechtfertigung: Das Unterhaltsrecht will den bedürftigen Ehegatten nach der Scheidung wirtschaftlich im Grundsatz nicht besser stellen, als er ohne die Scheidung stünde.[29] **13**

Der **Halbteilungsgrundsatz** wurde zunächst im Unterhaltsrecht entwickelt: Gleichmäßige Teilhabe der Ehegatten am ehelichen Lebensstandard. Soweit Einkünfte eines Ehegatten nicht aus Erwerbstätigkeit herrühren, bedarf eine Abweichung von diesem Grundsatz der besonderen Begründung.[30] Allerdings durchzieht dieser Grundsatz das gesamte Familienrecht: Vermögensrechtliche Positionen sollen nicht mehrfach verteilt werden (etwa Versorgungsausgleich/Zugewinn oder Zugewinn/Unterhaltsrecht oder Versorgungsausgleich/Unterhaltsrecht). Eine Ausprägung dieses Grundsatzes verbietet, dass der Unterhaltsschuldner mehr als die Hälfte seines unterhaltsrelevant verfügbaren Einkommens an den anderen Ehegatten als Unterhaltsgläubiger leisten muss. **14**

Das Problem des aus dem Halbteilungsgrundsatz abgeleiteten Verbots der **Doppelverwertung** (auch: »**Doppelberücksichtigung**«) von Schulden bei Unterhalt und Zugewinnausgleich[31] ist weitgehend geklärt: Die Berücksichtigung eines Goodwills im Zugewinnausgleich verstößt nicht gegen das Doppelverwertungsverbot, weil er den am Stichtag vorhandenen immateriellen Vermögenswert unter Ausschluß der konkreten Arbeitsleistung des Inhabers betrifft, während der Unterhaltsanspruch auf der Arbeitsleistung des Inhabers und weiteren Vermögenserträgen beruht.[32] Unter Beachtung des Verbots der Doppelberücksichtigung kommt eine Berücksichtigung der aus Hausverbindlichkeiten resultierenden Darlehensraten trotz Prägung der ehelichen Lebensverhältnisse bei der Unterhaltsbemessung nicht mehr in Betracht, wenn diese bereits im Zugewinnausgleichsverfahren vermögensmindernd in Ansatz gebracht worden sind,[33] und umgekehrt. Haben die Par- **15**

---

28 BGH, FamRZ 1986, 40; s.a. OLG Karlsruhe, OLGR 2005, 195.

29 BGHZ 153, 358, 364 f. = BGH, FamRZ 2003, 590, 591 = FuR 2003, 254; BGHZ 166, 351 = FamRZ 2006, 683, 685 = FuR 2006, 266; BGH, FamRZ 2007, 793 = FuR 2007, 276.

30 BGH, FamRZ 2006, 387 = FuR 2006, 180.

31 Dazu zuletzt Schmitz, FPR 2007, 198; Jakobs, NJW 2007, 2885; FuR 2007, 450.

32 BGHZ 175, 207 = FamRZ 2008, 761, 765 mit Anm. Hoppenz zur Frage der Berücksichtigung des Vermögenswertes einer freiberuflichen Praxis einerseits im Zugewinnausgleich, andererseits bei der Unterhaltsbemessung = FuR 2008, 295; 188, 282 = FamRZ 2011, 622 = FuR 2011, 281; s.a. OLG Koblenz, FuR 2007, 542 = NJW 2007, 2646; OLG Hamm, OLGR 2009, 540.

33 OLG Saarbrücken, FamRZ 2006, 1038 m. Anm. Kogel, FamRZ 2006, 1039; zur Problematik vgl. weiter Kuckenburg, FuR 2005, 298; Schmitz, FamRZ 2005, 1520; Koch, FamRZ 2005, 848; Schulz, FamRZ 2005, 317; FamRZ 2006, 1237; Hoppenz, FamRZ 2006, 1242; Maier, FamRZ 2006, 897; Fischer-Winkelmann, FuR 2006, 295.

teien kraft – ggf. stillschweigender – Vereinbarung eine arbeitsrechtliche Abfindung des Unterhaltsverpflichteten in die Unterhaltsberechnung einbezogen, steht dies einem zusätzlichen güterrechtlichen Ausgleich zugunsten des Unterhaltsgläubigers entgegen.[34]

16 Eine Vielzahl von **Nebenpflichten** – auch zwischen geschiedenen Ehegatten – ist im **steuerlichen Bereich** angesiedelt,[35] etwa die Wahrnehmung von **Steuervorteilen** (Freibeträge, Abschreibungsmöglichkeiten, s.a. die Obliegenheiten zur Zusammenveranlagung gem. § 26 EStG[36] bzw. i.R.d. begrenzten **Realsplittings** gem. § 10 EStG),[37] die **Wahl** von **Lohnsteuerklassen** sowie der Eintrag entsprechender **Freibeträge** zur Minderung der Bedürftigkeit bzw. Steigerung der Leistungsfähigkeit.[38] So darf sich etwa der Unterhaltsschuldner im Fall der Wiederheirat nicht in die ungünstigere Steuerklasse V einstufen lassen, um den Unterhaltsgläubiger nicht zu benachteiligen.[39] Ist der neue Ehegatte abhängig erwerbstätig, darf er die Steuerklasse IV (Faktorverfahren!) wählen.[40] Unterlässt es der Unterhaltsschuldner, erreichbare Steuervorteile zu ziehen, bleibt er damit grds. hinter seinen individuellen Erwerbsmöglichkeiten zurück, so dass er sich **fiktive Einkünfte** in derjenigen Höhe anrechnen lassen muss, in der er sie durch die unterlassene Nutzung zumutbarer steuerlicher Vorteile erzielen könnte.[41] Fiktive Einkünfte sind auch dann anzusetzen, wenn Einkommensminderungen aufseiten des Unterhaltsschuldners auf einer Verletzung der Erwerbsobliegenheit beruhen oder durch freiwillige berufliche oder wirtschaftliche Dispositionen veranlasst sind und durch zumutbare Vorsorge aufgefangen werden können.[42]

17 Besonderheiten gelten allerdings für die **Obliegenheit** zur **Inanspruchnahme** des sog. **begrenzten Realsplittings** nach § 10 Abs. 1 Nr. 1 EStG. Danach sind Unterhaltsleistungen an den geschiedenen oder dauernd getrennt lebenden, im **Inland** unbeschränkt einkommensteuerpflichtigen Ehegatten als Sonderausgaben anzuerkennen, wenn der Unterhaltsschuldner dies mit Zustimmung des Unterhaltsgläubigers beantragt hat. Dabei trifft den Unterhaltsschuldner zwar grds. eine Obliegenheit, mögliche Steuervorteile im Wege des Realsplittings zu realisieren, soweit dadurch nicht eigene Interessen verletzt werden. Die Verpflichtung des Unterhaltsschuldners zur Inanspruchnahme steuerlicher Vorteile aus dem Realsplitting geht allerdings nur so weit, wie seine Unterhaltspflicht aus einem **Anerkenntnis** oder einer **rechtskräftigen Verurteilung** folgt oder **freiwillig erfüllt** wird. Ist das nicht der Fall, und wird der Unterhaltsschuldner erst zu Unterhaltsleistungen verurteilt, ist nicht gewährleistet, dass er im Umfang der Verurteilung von der Möglichkeit des Realsplittings Gebrauch machen kann, da sich der maßgebliche Zeitpunkt des Abzugs nach demjenigen der tatsächlichen Zahlung richtet (§ 11 Abs. 2 Satz 1 EStG). Unerheblich ist dagegen der Zeitraum, für den die Leistung wirtschaftlich erbracht wird.[43] Unterhaltszahlungen können

34 BGH, FamRZ 2003, 432, 433 = FuR 2003, 372 m.N.; 2004, 1352 = FuR 2005, 39.
35 Zur Abzugsfähigkeit von Unterhaltsleistungen als Sonderausgaben s. BFH, NJWE-FER 2001, 221; s.a. Kuckenburg, FuR 2010, 488 ff. – Steuerrecht aktuell für Familienrechtler.
36 Allerdings ist ein Ehepartner berechtigt, seine Zustimmung zur gemeinsamen steuerlichen Veranlagung zu verweigern, wenn die von dem anderen Ehepartner veranlasste gemeinsame Steuererklärung unrichtig ist, s. OLG Zweibrücken, OLGR 2002, 105.
37 S. OLG Brandenburg, FamRZ 2009, 1837; grundlegend zur Obliegenheit der Inanspruchnahme des Realsplittings bei rechtskräftiger Titulierung, Anerkenntnis oder freiwilliger Leistung BGH, FamRZ 2007, 882 = FuR 2007, 270; FamRZ 2008, 968 = FuR 2008, 297; zur Form der Zustimmung des Unterhaltsgläubigers zum begrenzten Realsplitting FuR 2011, 418 = FamRZ 2011, 1226 [Ls].
38 Zur steuerlichen Entlastung des Unterhaltsschuldners s. näher Heinke, ZFE 2002, 76 ff.
39 BGH, FamRZ 1980, 984.
40 OLG Köln, FamRZ 1989, 65; OLG Bamberg, FamRZ 1996, 628; OLG Hamm, FamRZ 2000, 311; vgl. auch OLG Frankfurt, FamRZ 2000, 26.
41 OLG Brandenburg, OLGR 2003, 188.
42 OLG Brandenburg, NJW-RR 2009, 1227.
43 BFHE 145, 507; BFHE 167, 58; BFHE 193, 383.

Klein, Michael

steuerlich deshalb nur für die Jahre berücksichtigt werden, in denen sie **tatsächlich geleistet** worden sind (sog. **In-Prinzip**).[44]

Der Unterhaltsschuldner hat dem Unterhaltsgläubiger sämtliche **wirtschaftlichen Nachteile** zu **ersetzen**, die aus der Inanspruchnahme dieser steuerlichen Entlastungsmöglichkeit entstehen, auch Nachteile infolge von Auswirkungen im Sozial- oder Sozialversicherungsrecht. Diese Verpflichtung zum Ausgleich der dem Unterhaltsgläubiger durch die Inanspruchnahme des begrenzten Realsplitting entstehenden Nachteile ist eine Ausprägung des Grundsatzes von Treu und Glauben innerhalb der unterhaltsrechtlichen Beziehung der Beteiligten. Mit der Festsetzung der Jahressteuer aufseiten des Unterhaltsgläubigers steht der **steuerliche Nachteil** für ihn und die Verpflichtung des Unterhaltsschuldners zum Ersatz der wirtschaftlichen Nachteile fest. **17a**

Aus der Vereinbarung der getrennt lebenden bzw. geschiedenen Ehegatten zum Nachteilsausgleich ergibt sich grds. auch die Verpflichtung des Unterhaltsschuldners zum Ausgleich eines Nachteils bereits für die vom FA festgesetzten **Steuervorauszahlungen**, soweit sie auf den Unterhaltsleistungen beruhen: Bereits in der Festsetzung von Steuervorauszahlungen ist ein gegenwärtiger Nachteil für den Unterhaltsgläubiger zu sehen, ohne dass weitere Voraussetzungen vorliegen müssen, wenn mit dem Ansatz des Realsplittings im fraglichen Jahr gerechnet werden kann, für das Vorauszahlungen erhoben werden. In unterhaltsrechtlicher Sicht dient die steuerrechtliche Möglichkeit der Inanspruchnahme des begrenzten Realsplittings den Interessen beider Ehegatten, da davon ausgegangen werden kann, dass sich die Einkommensverhältnisse des Unterhaltsschuldners verbessern, wenn die Parteien übereingekommen sind, das begrenzte Realsplitting in Anspruch zu nehmen. An der Verbesserung der Einkommensverhältnisse des Unterhaltsschuldners partizipiert der Unterhaltsgläubiger über die Unterhaltsquote. Dieses ausgewogene Verhältnis spiegelt sich in der Höhe des Unterhalts für den Unterhaltsgläubiger wider. Es ist ihm daher nicht zuzumuten, Mittel aus dem laufenden Unterhalt bzw. aus dem Vermögen zu entnehmen, um die Steuervorauszahlungen vorschussweise für den Unterhaltsschuldner zu übernehmen, zumal dieser immerhin die Möglichkeit hat, durch Eintragung eines Freibetrages den steuerlichen Vorteil bereits im laufenden Jahr zu realisieren, während der Unterhaltsgläubiger erst nach Abschluss des Kalenderjahres seine Steuererklärung abgeben kann und den Erlass des Einkommensteuerbescheids abwarten muss, bevor die ihm vom Unterhaltsschuldner zu ersetzende wirtschaftliche Belastung feststeht.[45] **17b**

Hat der unterhaltsberechtigte frühere Ehegatte dem Antrag des Unterhaltsschuldners auf Durchführung des begrenzten **Realsplittings** zugestimmt, und hat er für denselben Veranlagungszeitraum mit einem neuen Ehegatten die **Zusammenveranlagung** (§§ 26, 26b EStG) gewählt, so kann er von dem Unterhaltsschuldner höchstens den Ausgleich des steuerlichen Nachteils verlangen, der ihm bei getrennter Veranlagung (§ 26a EStG) durch die Besteuerung der Unterhaltsbezüge (§ 22 Nr. 1 EStG) entstanden wäre. Das gilt grds. auch dann, wenn die Unterhaltszahlungen nicht zeitgerecht, sondern verspätet geleistet worden sind.[46] **18**

---

44 BGHZ 171, 206 = BGH, FamRZ 2007, 793 = FuR 2007, 276; BGH, FamRZ 1998, 953, 954; FamRZ 2007, 882 = FuR 2007, 270; OLG Hamm, FamRZ 2010, 1452 = FuR 2010, 295 m. Anm. Melchers, FamRZ 2010, 1454.

45 OLG Oldenburg, FamRZ 2010, 1693 – auch zur Unzumutbarkeit der Vorfinanzierung der Steuerbelastung aus dem Vermögen; s.a. OLG Bamberg, FamRZ 1987, 1047, und OLG Köln, FamRZ 1988, 951. Nach einer anderen Auffassung (vgl. OLG Hamburg, FamRZ 2005, 519; OLG Frankfurt, NJW-RR 2007, 219) kann die Erstattung von Vorauszahlungen nur dann verlangt werden, wenn weitere Umstände hinzutreten: Der Unterhaltsschuldner müsse seine Absicht, das Realsplitting für das fragliche Jahr der Vorauszahlung durchzuführen, erklärt haben; den Unterhaltsgläubiger müssten die Zahlungen an das FA unter Berücksichtigung seiner sonstigen Einkommensverhältnisse fühlbar beeinträchtigen, und er müsse vergeblich versucht haben, die Vorauszahlungen abzuwenden oder aussetzen zu lassen.

46 BGH, FamRZ 2010, 717 = FuR 2010, 346 (Leistung des Unterhalts in dem auf die Wiederheirat folgenden Jahr) – im Anschluss an BGH, FamRZ 1992, 534; 1992, 1050.

V. Konkurrenzen Schuldrecht/Familienrecht

19   Entsteht ein Unterhaltsanspruch, dann entsteht damit gleichzeitig auch ein **gesetzliches Schuld-verhältnis** (§ 241), auf das grds. (auch) die allgemeinen Bestimmungen des Schuldrechts anzuwen-den sind (s. etwa die Verweisung des § 1613 Abs. 1 auf die Verzugsvorschriften, §§ 286 f.). Die Anwendung schuldrechtlicher Vorschriften ist nur dann ausgeschlossen, wenn familienrechtliche Bestimmungen oder die familienrechtliche Rechtsnatur des Schuldverhältnisses entgegenstehen.

20   Wird durch eine **unerlaubte Handlung** der Körper oder die Gesundheit eines anderen verletzt und dadurch die Erwerbsfähigkeit des Verletzten aufgehoben oder gemindert, oder werden infolge der Verletzung seine Bedürfnisse vermehrt, so kann der Verletzte nach § 843 Schadensersatz durch Entrichtung einer Geldrente verlangen. Wird ein Mensch getötet, dann muss der Ersatzpflichtige Dritten, denen der Getötete unterhaltspflichtig war oder werden konnte, nach § 844 Abs. 2 Scha-densersatz durch Entrichtung einer Geldrente leisten.[47] Dieser Anspruch besteht auch dann, wenn ein anderer dem Dritten unterhaltspflichtig ist (§ 844 Abs. 2 Satz 1 Hs. 2). Der Unterhaltsbedarf eines Kindes kann ersatzfähiger Schaden sein.[48] Ein gesetzlich geschuldeter Unterhalt i.S.d. § 844 Abs. 2 kann auch bei Gewährung des Unterhalts als Naturalunterhalt nach § 1612 Abs. 1 Satz 2 und Abs. 2 vorliegen.[49]

21   Für die **Bemessung** des **Schadens** in Bezug auf den **Barunterhalt** ist danach zu fragen, welche Beträge des Einkommens der Getötete, wäre er am Leben geblieben, hätte aufwenden müssen, um seinen unterhaltsberechtigten Angehörigen den Lebensunterhalt zu verschaffen, auf den sie Anspruch gehabt hätten. Analog den Grundsätzen zum Erwerbsschadensausgleich darf den Hin-terbliebenen nicht ohne Weiteres eine Quote an dem von dem Getöteten erzielten Einkommen zugewiesen werden, sondern es ist festzustellen, in welchem Umfang jeder Einzelne ohne den Tod des Unterhaltsverpflichteten einen Anspruch auf Unterhalt gehabt hätte. Für Kinder kommt es auf die Lebensstellung der Familie an. Ehegatten haben Anspruch auf Unterhalt nur in demjeni-gen Umfang, der den bisherigen ehelichen Lebensverhältnissen entspricht. Der Hinterbliebene erhält also nicht mehr, als er familienrechtlich zu beanspruchen gehabt hätte.

22   Der **Umfang** der **gesetzlichen Unterhaltspflicht** bestimmt sich nach den **unterhaltsrechtlichen Vorschriften**; den danach geschuldeten Unterhalt setzt § 844 Abs. 2 voraus.[50] Im Verhältnis zwi-schen einem zum Unfallzeitpunkt bereits volljährigen Kinde und seiner getöteten Mutter richtet sich der Umfang des fiktiven gesetzlichen Unterhalts nach dem Bedarf des Kindes und nach der persönlichen und wirtschaftlichen Leistungsfähigkeit des getöteten Elternteils, wobei der Unter-halt grds. durch Entrichtung einer Geldrente zu gewähren ist (vgl. §§ 1601, 1602, 1603, 1610, 1612). Für die Höhe eines Anspruchs aus § 844 Abs. 2 kommt es **allein** auf den **gesetzlich geschuldeten** und nicht auf den Unterhalt an, den der getötete möglicherweise tatsächlich gewährt hätte; eine tatsächlich über die gesetzlich geschuldete Unterhaltspflicht hinausgehende (»überobligationsmäßig«) erbrachte Unterhaltsleistung ist i.R.d. § 844 Abs. 2 nicht zu ersetzen.[51] Demgemäß genügt eine nur auf Vertrag beruhende Unterhaltspflicht nicht den Anforderungen, die § 844 Abs. 2 an die Schadensersatzpflicht des Schädigers ggü. mittelbar Geschädigten stellt.[52]

---

47   S. etwa OLG Koblenz, NJW-RR 2008, 1097 – entgangener Unterhalt als Schaden nach der Tötung eines Familienvaters.

48   BGHZ 124, 128, 136 ff. = BGH, FamRZ 1994, 364, 367 ff., 1328; BGH, FamRZ 1995, 1124, 1126 m.w.N.; zust. Giesen, JZ 1994, 286.

49   BGH, FamRZ 2006, 1108.

50   BGH, FamRZ 2004, 88; zur Ermittlung des Barunterhaltsschadens sowie zur Berücksichtigung der Altersentwicklung von Kindern bei der Höhe des Barunterhaltsschadens eines Elternteils nach Tötung eines gesetzlich zum Unterhalt Verpflichteten; s. zuletzt BGH, FamRZ 2012, 1300 = VersR 2012, 1048.

51   BGH, FamRZ 1988, 1030; FamRZ 1993, 411, jeweils m.w.N.

52   BGH, FamRZ 1969, 599; FamRZ 1984, 382; OLG München, VersR 1979, 1066 mit Nichtannahmebe-schluss des BGH, 10.07.1979 – VI ZR 228/78, n.v.

VI. Ersatzansprüche Dritter

Die **öffentliche Hand** kann bei dem jeweiligen Unterhaltsschuldner nur dann Rückgriff nehmen, **23** wenn der Unterhaltsanspruch dem Grunde und der Höhe nach rechtswirksam auf sie übergegangen ist. Das Gesetz unterscheidet zwischen **gesetzlichen** und **vertraglichen Forderungsübergängen**. Eine vertragliche Abtretung der Unterhaltsforderung an den öffentlichen Leistungsträger nach § 398 ist möglich, in der Praxis aber eher selten. Der gesetzliche Forderungsübergang verändert Rechtsnatur, Inhalt und Umfang der Unterhaltsforderung nicht, so dass es keinerlei materiellrechtliche Auswirkungen hat, dass der Unterhalt nicht mehr von dem Unterhaltsgläubiger, sondern von dem öffentlichen Leistungsträger geltend gemacht wird, der allerdings Unterhalt für die Vergangenheit nur dann verlangen kann, wenn er den Unterhaltsschuldner entweder nach § 1613 in Verzug gesetzt oder ihm nach den Regeln der öffentlich-rechtlichen Leistungsgesetze die Gewährung staatlicher Transferleistungen mitgeteilt hat.[53] Zwischen dem privaten Unterhaltsrecht und dem Sozialhilferecht besteht kein völliger Gleichklang, weil die Gewährung von Sozialhilfe anderen Kriterien folgt als die Beurteilung unterhaltsrechtlicher Zahlungsverpflichtungen.[54] »Dem kann mit Mitteln des Unterhaltsrechts nicht begegnet werden.«[55]

Ein auf den öffentlichen Leistungsträger übergegangener (dem Grunde nach unstreitiger) Unter- **24** haltsanspruch setzt voraus, dass durch die öffentliche Hilfe nicht nur der Bedarf i.S.d. Sozialhilferechts gedeckt wird, sondern dass überhaupt ein vom Leistungsträger zu deckender **bürgerlich-rechtlicher Unterhaltsanspruch** besteht. Der **sozialhilferechtliche Anspruch begrenzt** den **Anspruchsübergang** lediglich in der Höhe, was darauf zurückzuführen ist, dass Sozialhilfe und bürgerlich-rechtliche Unterhaltspflicht unterschiedliche Ausgangspunkte haben, und erstere teilweise weitere Wirkungen entfaltet als das Unterhaltsrecht. Der Sozialhilfeträger hat den bürgerlich-rechtlichen Unterhaltsbedarf daher schlüssig und nachvollziehbar darzulegen. Einkommen des Sozialleistungsempfängers ist grds. nicht nach den im Sozialhilferecht geltenden Anrechnungssätzen zu berücksichtigen, sondern nach den für zivilrechtliche Unterhaltsansprüche maßgeblichen Grundsätzen.[56] Wird der auf den öffentlichen Leistungsträger übergegangene Unterhaltsanspruch von diesem verspätet geltend gemacht, kann **Verwirkung** in Betracht kommen, sofern deren Tatbestandsvoraussetzungen erfüllt sind.[57] Die Schutzklausel des § 7 Abs. 3 Satz 2 UVG steht der Titulierung der übergangenen Unterhaltsansprüche auch dann nicht entgegen, wenn der Unterhaltsschuldner über den geschuldeten laufenden Unterhalt hinaus nicht leistungsfähig ist.[58]

Hat der Leistungsträger dem Unterhaltspflichtigen vor dem 01.08.2006 (Inkrafttreten des SGB II **24a** i.d.F. vom 20.07.2006) die Gewährung von Leistungen mitgeteilt, so kann diese Mitteilung nicht als die nach § 33 Abs. 3 S. 1 SGB II i.d.F. vom 20.07.2006 erforderliche Rechtswahrungsanzeige angesehen werden und eröffnet deshalb nach der genannten Bestimmung nicht die Möglichkeit der Inanspruchnahme des Unterhaltsschuldners für die Vergangenheit.[59] Im übrigen findet gemäß § 33 Abs. 1 SGB II in der bis zum 31.12.2008 geltenden Fassung ein Anspruchsübergang nur insoweit statt, als der Unterhaltsgläubiger Leistungen nach dem SGB II erhalten hat. § 33 Abs. 1

---

53 Zur Verwirkung von Ansprüchen aus übergegangenem Recht s. KG, KGR 2009, 858.
54 Vgl. etwa BGH, FamRZ 1999, 843, 844 = FuR 1999, 282; FamRZ 2001, 619, 620 = FuR 2001, 176; zum Einfluss von Sozialleistungen auf Unterhaltsansprüche ausführlich Reinecke, ZFE 2008, 294 ff., 331 ff.
55 So BGH, FamRZ 2004, 1370 = FuR 2004, 566.
56 S. etwa OLG Brandenburg, FamRZ 2010, 302 = FuR 2009, 625 zur schlüssigen Darlegung eines zivilrechtlichen Unterhaltsanspruchs eines volljährigen behinderten Kindes i.R.d. Übergangs von Unterhaltsansprüchen auf den Sozialhilfeträger.
57 BGHZ 152, 217 = BGH, FamRZ 2002, 1698, 1701 = FuR 2003, 26 m. Anm. Klinkhammer, FamRZ 2004, 1702; hierzu ausführlich auch van Els, ZfJ 2003, 240; Soyka, FPR 2003, 631.
58 BGH, FamRZ 2006, 1664.
59 BGH FamRZ 2011, 1386 = NJW-RR 2011, 1441.

S. 2 SGB II in der seit 01.01.2009 geltenden Fassung gilt nicht für Leistungen nach dem SGB II, die vor Inkrafttreten der Neuregelung erbracht worden sind.[60]

25 Aufgrund der **Legalzession** des § 94 SGB XII geht der bürgerlich-rechtliche Unterhaltsanspruch auf den Träger der Sozialhilfe über, soweit dieser Aufwendungen zum Lebensunterhalt anstelle des Unterhaltsschuldners geleistet hat, und zwar zugleich mit dem Auskunftsanspruch nach § 1605 – daneben besitzt der Sozialhilfeträger einen eigenen Auskunftsanspruch[61] –, damit er – wie jeder andere Unterhaltsgläubiger auch – die Möglichkeit hat, anhand der Auskunft des in Anspruch Genommenen hinsichtlich seiner Einkommens- und Vermögensverhältnisse den Unterhaltsanspruch der Höhe nach zu berechnen. Eine **Vergleichsberechnung** nach **sozialhilferechtlichen Maßstäben**[62] entfällt, da der Sozialhilfeträger nur einen von den Rechten des Hilfeempfängers abgeleiteten Anspruch geltend machen kann. Hat der Sozialhilfeträger den zu zahlenden Unterhaltsbetrag ggü. dem Unterhaltsschuldner festgesetzt, auf den danach vorgebrachten Einwand des Schuldners eine Überzahlung festgestellt und diese auf einen späteren Unterhaltszeitraum verrechnet, so hat er ggü. dem Unterhaltsschuldner einen Vertrauenstatbestand geschaffen, der eine nachträgliche Erhöhung des festgesetzten Unterhaltsbetrages nicht zulässt.[63] Hat ein Kind im Sozialhilfeantrag eines seiner Elternteile falsche Angaben zu dessen Vermögen gemacht, dann kann es sich ggü. dem übergeleiteten Unterhaltsanspruch nicht mehr auf fehlende Bedürftigkeit dieses Elternteils berufen.[64]

25a § 94 **Abs. 2** SGB XII sieht aus sozialstaatlichen Erwägungen eine Ausnahme vom allgemeinen Anspruchsübergang nach § 94 Abs. 1 SGB XII vor. Sinn dieser Regelung ist eine **Privilegierung** der **Eltern behinderter** oder **pflegebedürftiger volljähriger Kinder.** Dem liegt der Schutzgedanke zugrunde, dass die durch die Behinderung ihres erwachsenen Kindes ohnehin schwer getroffenen Eltern nicht auch noch mit hohen Pflegekosten belastet werden sollen.[65] § 94 Abs. 2 SGB XII beinhaltet für die dort genannten Fälle also eine Ausnahme von dem umfassenden Anspruchsübergang nach § 94 Abs. 1 SGB XII. Wenn die Voraussetzungen der Privilegierung nach § 94 Abs. 2 SGB XII nicht vorlägen, würde der gesamte Unterhaltsanspruch nach § 94 Abs. 1 Satz 1 SGB XII auf den Träger der Sozialhilfe übergehen. Würde die Privilegierung den Bezug von Kindergeld voraussetzen, liefe dies dem Gesetzeszweck zuwider. Die Zahlung des Kindergeldes ist mithin nicht Voraussetzung für die Anwendung des § 94 Abs. 2 SGB XII. Auch wenn kein Kindergeld gewährt wird, etwa weil bei getrennt lebenden oder geschiedenen Ehegatten der andere Elternteil das Kindergeld erhält oder die Behinderung oder Pflegebedürftigkeit erst nach Wegfall des Kindergeldes einsetzt, greift der privilegierte Anspruchsübergang ein.[66]

26 Der Übergang des Unterhaltsanspruchs ist allerdings gem. § 94 Abs. 3 Satz 1 Nr. 2 SGB XII ausgeschlossen, wenn dies für die auf Unterhalt in Anspruch genommene Person eine **unbillige Härte** bedeuten würde. Das Verständnis der unbilligen Härte i.S.d. § 94 Abs. 3 Satz 1 Nr. 2 SGB XII hängt von den sich wandelnden Anschauungen der Gesellschaft ab. Die Härte kann in materieller

---

60 BGH, FamRZ 2012, 956 = NJW-RR 2012, 898 im Anschluß an BGH, FamRZ 2011, 197 = FuR 2011, 152 [Berufungsgericht: OLG Brandenburg, FamRZ 2010, 228 = FuR 2010, 290], auch zum Anspruchsübergang nach § 33 Abs. 1 Satz 2 SGB II in der seit 01.01.2009 geltenden Fassung, soweit Kinder unter Berücksichtigung von Kindergeld keine Leistungen erhalten haben, und bei rechtzeitiger Leistung des Anderen keine oder geringere Leistungen an die Mitglieder der Haushaltsgemeinschaft erbracht worden wären, sowie zur Rechts- und Parteifähigkeit der Arbeitsgemeinschaften (Job-Center) in Anlehnung an die zur Rechts- und Parteifähigkeit der (Außen-)Gesellschaft bürgerlichen Rechts entwickelten Grundsätze.
61 BGH, FamRZ 2003, 1836, 1838 = FuR 2003, 573.
62 Dazu Hussmann, FPR 2003, 635; allgemein Brudermüller, FamRZ 1995, 1033; FuR 1995, 17.
63 OLG Karlsruhe, JAmt 2003, 157.
64 OLG Frankfurt, FamRZ 2004, 395.
65 BVerwGE 92, 330.
66 BGH, FamRZ 2010, 1418 m. Anm. Kieninger = FuR 2010, 571.

oder immaterieller Hinsicht bestehen und entweder in der Person des Unterhaltsgläubigers als Hilfeempfänger oder des Unterhaltsschuldners liegen. Bei der Auslegung ist in erster Linie die Zielsetzung der Hilfe zu berücksichtigen; daneben sind aber auch die allgemeinen Grundsätze der Sozialhilfe, die Belange der Familie und die wirtschaftlichen und persönlichen Beziehungen sowie die soziale Lage der Beteiligten heranzuziehen. Entscheidend ist allerdings stets, ob durch den Anspruchsübergang soziale Belange[67] vernachlässigt werden.[68]

Eine unbillige Härte liegt insb. vor, wenn und soweit der Grundsatz der familiengerechten Hilfe, **27** nach dem u.a. auf die Belange und Beziehungen in der Familie Rücksicht zu nehmen ist (vgl. § 16 SGB XII), ein Absehen von der Heranziehung gebietet, wenn die laufende Heranziehung in Anbetracht der sozialen und wirtschaftlichen Lage des Unterhaltsschuldners mit Rücksicht auf die Höhe und Dauer des Bedarfs zu einer nachhaltigen und unzumutbaren Beeinträchtigung seiner Lebensführung und der seiner Familie führen würde, wenn die Zielsetzung der Hilfe in der Gewährung von Schutz und Zuflucht, etwa in einem Frauenhaus, besteht, und dies durch die Mitteilung der Hilfe an den Unterhaltsschuldner gefährdet erscheint, oder wenn der Unterhaltsschuldner den Sozialhilfeempfänger bereits vor Eintritt der Sozialhilfe über das Maß einer zumutbaren Unterhaltsverpflichtung hinaus betreut oder gepflegt hat.[69] Allerdings sind diese Fallgruppen nicht abschließend, weil die gebotene Billigkeitsprüfung stets eine umfassende Abwägung aller relevanten Umstände voraussetzt.[70] Eine Störung familiärer Beziehungen i.S.d. § 1611 vermag nur dann eine unbillige Härte i.S.d. § 94 Abs. 3 Satz 1 Nr. 2 SGB XII zu begründen und damit einen Anspruchsübergang auf den Träger der Sozialhilfe auszuschließen, wenn der nach § 1611 zu beurteilende Lebenssachverhalt aus Sicht des Sozialhilferechts auch soziale Belange erfasst, die einen Übergang des Anspruchs nach öffentlich-rechtlichen Kriterien ausschließen.[71]

Ein **Elternteil**, dem **Hilfe** zur **Pflege** gewährt wird, weil sein Einkommen mit Rücksicht auf die **28** mit seinem Ehegatten bestehende Bedarfsgemeinschaft seitens des Sozialhilfeträgers nur teilweise angerechnet wird, ist im Verhältnis zu einem Abkömmling nicht unterhaltsbedürftig, wenn sein Einkommen ausreicht, den eigenen Bedarf zu decken. Die sozialhilferechtliche Berechnungsweise ist unterhaltsrechtlich nicht maßgebend. Der Unterhaltsanspruch dient allein der Behebung des eigenen Unterhaltsbedarfs. Sein Zweck geht deshalb nicht dahin, dem Empfänger die Möglichkeit zu bieten, seinerseits aus der Unterhaltsleistung Verbindlichkeiten zu erfüllen; anderenfalls würde man zu einer mittelbaren Unterhaltsgewährung nicht – oder noch nicht – Unterhaltspflichtiger gelangen, die es nach dem Gesetz nicht gibt.[72]

Eine Abzweigung nach § 48 Abs. 1 Satz 1 SGB I ist nur zulässig, wenn nach den Maßstäben des **29** Zivilrechts für den Leistungsberechtigten eine konkrete Pflicht zur Zahlung von Unterhalt besteht. Erst wenn die Tatbestandsvoraussetzungen des § 48 SGB I vorliegen, ist das Ermessen

---

67 BGH, FamRZ 2004, 1097, 1098 = FuR 2004, 515 – die unterhaltspflichtige Tochter wurde von dem Sozialhilfeträger auf Unterhaltsleistungen für ihren Vater in Anspruch genommen, der psychisch gestört aus dem 2. Weltkrieg heimgekehrt war und in der Folgezeit aufgrund dieser Erkrankung seine Tochter weder materielle noch emotionale Zuwendungen hat geben können. Da die Tochter aufgrund dieser Umstände bereits in der Kindheit in starkem Maße belastet war, würden durch einen Forderungsübergang auf den Sozialhilfeträger soziale Belange vernachlässigt.
68 BGH, FamRZ 2010, 1418 = FuR 2010, 571.
69 S. etwa BVerwGE 58, 209, 216.
70 BGH, FamRZ 2010, 1418 m. Anm. Kieninger = FuR 2010, 571 unter Hinweis auf BGH, FamRZ 2003, 1468, 1470 = FuR 2004, 71 m. Anm. Klinkhammer, FamRZ 2004, 266, 268 f.; FamRZ 2004, 1097, 1098 = FuR 2004, 515 (»Kriegsheimkehrer«) m. Anm. Klinkhammer, FamRZ 2004, 1283 f., und die Empfehlungen für die Heranziehung Unterhaltspflichtiger in der Sozialhilfe [SGB XII] vom Deutschen Verein für öffentliche und private Vorsorge (Stand: 01.07.2005), FamRZ 2005, 1387, 1388 Nr. 16 ff.
71 BGH, FamRZ 2010, 1888 = FuR 2011, 49 (zum Elternunterhalt) – Klarstellung zu BGH, FamRZ 2004, 1097 = FuR 2004, 515.
72 BGH, FamRZ 1985, 273, 275; FamRZ 2004, 1370 = FuR 2004, 566.

auszuüben. Das Vorliegen eines Unterhaltstitels für einen von mehreren Unterhaltsberechtigten führt bei der Abzweigung nicht zum Vorrang des titulierten Unterhaltsanspruchs.[73]

29a Ein Vergleich kann grds. nur zwischen den Parteien des Vergleichs abgeändert werden. Im Falle der Rechtsnachfolge – wie etwa beim gesetzlichen Forderungsübergang auf den Sozialhilfeträger – ist der Rechtsnachfolger allerdings die richtige passivlegitimierte Partei für eine Abänderungsklage des Schuldners des übergegangenen Anspruchs, soweit sich – wie etwa für die Zeit vor Rechtshängigkeit – die Rechtskraft eines Urteils zwischen den Vergleichsparteien nicht auf den Rechtsnachfolger erstrecken würde. Steht fest oder ist nicht auszuschließen, dass der titulierte Unterhaltsanspruch nur zum Teil auf den Sozialhilfeträger übergegangen ist, kann die Abänderungsklage – wenn sie Wirkung gegenüber Vergleichspartei und Teil-Rechtsnachfolger erzielen soll – gleichzeitig gegen den Sozialhilfeträger und gegen die Vergleichspartei gerichtet werden. Für die Zeit ab Rechtshängigkeit ist die Abänderungsklage zwar im Hinblick auf §§ 265 Abs. 2, 325 ZPO zwar grundsätzlich gegen die unterhaltsberechtigte Vergleichspartei zu richten; hat aber der Unterhaltsschuldner die Abänderungsklage für die Zeit ab Rechtshängigkeit tatsächlich einzig gegen den Sozialhilfeträger als Rechtsnachfolger erhoben, kann er nicht mehr darauf verwiesen werden, dass er nunmehr seine Rechte (umfassender) mit einer Klage gegen die Vergleichspartei verfolgen kann. Es ist gemäß § 259 ZPO jedoch zulässig, dass der Unterhaltsschuldner auch seine im Verhältnis zum Rechtsnachfolger erst künftigen – also gem. §§ 412, 404 erst nach dem Schluss der mündlichen Verhandlung übergehenden – Ansprüche aus § 313, 412, 404 mit einer Abänderungsklage (§ 323 ZPO) gegenüber dem Sozialhilfeträger als (künftigen) Rechtsnachfolger schon verfolgt, soweit davon ausgegangen werden kann, dass nach Schluss der mündlichen Verhandlung überhaupt noch Ansprüche übergehen werden.[74]

30 Neben den verschiedenen Legalzessionen (s. etwa § 33 Abs. 2 SGB II, § 94 SGB XII, § 7 UVG, § 37 Abs. 4 BAföG und § 1607 bzgl. nachrangig haftender Verwandter) ist der **Unterhaltsregress** des **Scheinvaters** nach erfolgreicher Vaterschaftsanfechtung (Übergang der Unterhaltsansprüche des Kindes gegen den Erzeuger auf den Scheinvater, § 1607 Abs. 3 Satz 2) in der Praxis von erheblicher Bedeutung.[75] Die Träger öffentlich-rechtlicher Leistungen können die noch nicht übergegangenen Ansprüche im Wege gewillkürter Prozessstandschaft geltend machen, wenn gewährleistet ist, dass der Unterhaltsberechtigte die Leistung erhält.[76] Bereicherungsansprüche gegen das Kind scheitern hingegen regelmäßig an § 818 Abs. 3.[77] Ansprüche aus GoA, aus §§ 812 ff. bzw. familienrechtliche Ausgleichsansprüche – etwa gem. § 1607 eines Elternteils, der ein eheliches Kind allein unterhalten hat, gegen den ebenfalls unterhaltspflichtigen anderen Elternteil – unterliegen vielfach Schranken, insb. denen des § 1613 Abs. 1.[78]

31 Ein **Schenker** kann die Erfüllung eines Schenkungsversprechens verweigern, wenn durch die Leistung die Erfüllung einer gesetzlichen Unterhaltspflicht gefährdet würde (§ 519 Abs. 1). Er kann

---

73 BSGE 93, 203 zur Abzweigung bei Verletzung der Unterhaltspflicht für minderjährige Kinder sowie zum Rangverhältnis der Unterhaltsansprüche bei Vorliegen eines Unterhaltstitels.

74 OLG Karlsruhe FamRZ 2005, 1756 = FuR 2005, 329 – noch zu § 323 ZPO.

75 Grundlegend BGH, FamRZ 1993, 696; BVerfG FamRZ 2010, 1235; BGHZ 176, 327 = FamRZ 2008, 1424 = FuR 2008, 400; BGH, FamRZ 2009, 32; 2012, 200 = FuR 2012, 134; 2012, 437 mit Anm. Wellenhofer = FuR 2012, 256; BFHE 211, 107 zur Anerkennung der Vaterschaft im finanzgerichtlichen Verfahren bei Streit um kindbedingte Steuerentlastung; zur Durchbrechung der Rechtsausübungssperre des § 1600d Abs. 4 Peschel-Gutzeit, JR 2009, 133 ff.; zum Unterhaltsregress des Scheinvaters bei inzidenter Vaterschaftsfeststellung Zimmermann, FPR 2008, 327 ff.; zum Anspruch des Scheinvaters auf Auskunft über die Identität des biologischen Vaters s. Neumann, FPR 2011, 366; ausführlich zu den Problemen des Scheinvaterregresses Schwonberg, FuR 2006, 395 ff., 443 ff., 501 ff; FamRZ 2008, 449 ff.

76 BGH, FamRZ 1998, 357 zu § 7 UVG.

77 OLG Frankfurt, FamRZ 1990, 558; zu Erstattungsansprüchen für Unterhaltsleistungen s.a. Deutsch, VersR 1995, 609.

78 BGH, FamRZ 1984, 775; OLG Celle, NJW-RR 1995, 136.

Klein, Michael

das Geschenk zurückfordern, wenn er nunmehr außerstande ist, seinen Unterhalt zu bestreiten oder seine Unterhaltspflicht zu erfüllen. Dieser in § 528 normierte Anspruch eines Schenkers auf **Rückforderung** seines Geschenks wegen **Verarmung** (»**Notbedarf des Schenkers**«) wird vielfach aufgrund von Legalzessionen von Sozialleistungsträgern herangezogen. Dem bedürftig gewordenen Schenker bleibt es grds. überlassen, ob er den Rückforderungsanspruch nach § 528 geltend machen will oder nicht. Er kann sich mit weniger als dem angemessenen Unterhalt begnügen, wenn er sich scheut, das Geschenk zurückzufordern. Hat er sich gegen die Inanspruchnahme des Beschenkten entschieden, geht sein Anspruch auf Herausgabe des Geschenks mit seinem Tode unter. Er erlischt jedoch nicht mit seinem Tode, sofern er ihn bereits geltend gemacht oder abgetreten hat; Gleiches gilt, wenn der Schenker durch die Inanspruchnahme unterhaltssichernder Leistungen Dritter zu erkennen gegeben hat, dass er ohne die Rückforderung des Geschenks nicht in der Lage war, seinen notwendigen Unterhalt zu bestreiten.[79] Der Anspruch geht sodann auf den/die Erben über und kann von diesem/n abgetreten werden, um den Zahlungsanspruch eines privaten Heim- oder Krankenhausträgers zu erfüllen, der durch die Pflege den Unterhalt des bedürftigen Schenkers sichergestellt hat.[80]

Die Anknüpfung an den angemessenen Unterhalt des Schenkers in § 528 Abs. 1 Satz 1 verweist den Schenker auf einen Unterhalt, der nicht zwingend seinem bisherigen individuellen Lebensstil entsprechen muss, sondern der **objektiv** seiner **Lebensstellung** nach der Schenkung **angemessen** ist.[81] § 1613 ist zwar nach § 528 Abs. 1 Satz 3 entsprechend auf den Rückforderungsanspruch des Schenkers anwendbar, aber nur, soweit sich die Zahlungspflicht aus § 528 Abs. 1 Satz 2 und nicht bereits aus § 528 Abs. 1 Satz 1 ergibt.[82] Der Anspruch auf Rückforderung wegen Verarmung des Schenkers (§ 528) unterliegt der regelmäßigen **Verjährung** auch dann, wenn er durch wiederkehrende Leistungen des Beschenkten in einer dem angemessenen Unterhaltsbedarf entsprechenden Höhe – bis zur Erschöpfung des Wertes der Schenkung – zu erfüllen ist.[83] 32

Ein Beschenkter, der wegen Notbedarfs des Schenkers zur Herausgabe des Geschenks verpflichtet ist, kann die Herausgabe der Schenkung durch **Zahlung** des für den Unterhalt erforderlichen Betrages **abwenden** (§ 528 Abs. 1 Satz 2). Ist der Beschenkte selbst arm, kann er die **Herausgabe** des Geschenks **verweigern** (§ 529 Abs. 2). Als Voraussetzung für diese Einrede des Beschenkten genügt die bloße Gefährdung des eigenen angemessenen Unterhalts oder der Erfüllung der gesetzlichen Unterhaltspflichten des Beschenkten. Insoweit hat der Beschenkte zur Erfüllung seiner Unterhaltspflichten den Stamm seines Vermögens nicht einzusetzen, wenn dies für ihn mit einem wirtschaftlich nicht mehr vertretbaren Nachteil verbunden wäre.[84] Für die Berechtigung der Einrede nach § 529 Abs. 2 ist es grds. unerheblich, wann und wodurch die eigene Bedürftigkeit des Beschenkten bzw. seines Erben entstanden ist; allerdings stellt die Berufung auf die eigene Bedürftigkeit eine unzulässige Rechtsausübung dar, wenn der Beschenkte bzw. sein Erbe Kenntnis von dem Notbedarf des Schenkers gehabt und gleichwohl die eigene Bedürftigkeit mutwillig herbeigeführt haben.[85] Zur Bemessung des dem Beschenkten verbleibenden angemessenen (»standesgemäßen«) Unterhalts i.R.d. § 529 Abs. 2 sind grds. die jeweils einschlägigen familienrechtlichen 33

---

79 BGHZ 147, 288 = BGH, FamRZ 2001, 1137 = FuR 2001, 465; zur Wertersatzpflicht des Beschenkten bei Verarmung des Beschenkten s. BGH FamRZ 2010, 463; zur Verjährung des Teilwertersatzes für einen Schenkungsrückforderungsanspruch s. BGH FamRZ 2010, 1330; zum Beginn der Zehn-Jahres-Frist für den Ausschluss der Rückforderung eines mit dem Vorbehalt lebenslanger Nutzung geschenkten Grundstücks s. BGHZ 190, 281 = FamRZ 2011, 1579.
80 BGH, EzFamR aktuell 2001, 147.
81 BGH, FamRZ 2003, 224 = FuR 2003, 317.
82 BGHZ 94, 141, 144 = BGH, FamRZ 1985, 778; BGHZ 96, 380, 384 = NJW 1986, 1606; EzFamR BGB § 1613 Nr. 8.
83 BGHZ 146, 228 = BGH, EzFamR 2001, 409 = FuR 2001, 282.
84 BGH, NJW 2000, 3488; EzFamR BGB § 1613 Nr. 8.
85 BGH, FamRZ 2000, 815; FamRZ 2001, 286 = FuR 2001, 171.

Bestimmungen und die von der Rechtsprechung hierzu entwickelten Grundsätze heranzuziehen.[86] Die Einrede nach § 529 Abs. 2 steht nicht dem Rückforderungsanspruch an sich, sondern nur dessen gegenwärtiger Durchsetzung entgegen.[87]

B. Vertragliche Unterhaltsschuldverhältnisse

34 Von den **vertraglichen** Unterhaltsschuldverhältnissen[88] sind die **gesetzlichen** zu sondern: Zunächst ist zu prüfen, ob Unterhalt aufgrund eines **Vertrages** oder aufgrund eines **gesetzlichen Unterhaltstatbestands** verlangt werden kann. **Regel**: Gesetz, **Ausnahme**: Vertrag, da nach der **Lebenserfahrung** der Wille der Parteien, einen Unterhaltsanspruch **völlig** auf eine rein vertragliche, vom gesetzlichen Unterhaltsanspruch völlig gelöste Grundlage zu stellen, nur dann angenommen werden kann, wenn besondere dafür sprechende Anhaltspunkte vorliegen.[89]

35 Verträge sind daher zunächst daraufhin zu überprüfen, ob sie sog. **unselbstständige** Unterhaltsvereinbarungen darstellen (der Vertrag soll eine bestehende gesetzliche Unterhaltpflicht nur ausgestalten und konkretisieren), oder ob die Vertragspartner einen sog. **selbstständigen** Unterhaltsvertrag schließen wollten (es sollte ein vom gesetzlichen Unterhaltsanspruch völlig gelöster, rein vertraglicher Anspruch begründet werden, der ggf. auch über den Tod eines der Vertragsparteien hinaus fortgelten kann).[90] Im Rahmen einer selbstständigen Unterhaltsvereinbarung vereinbaren die Parteien regelmäßig Unterhaltsrechte/-pflichten außerhalb der gesetzlichen Unterhaltstatbestände (etwa Geschwister untereinander, Erwachsene ggü. Stiefkindern,[91] Pflegeeltern ggü. Pflegekindern).[92]

36 Eine Vereinbarung der Eheleute über die Zustimmung zu einer heterologen Insemination enthält eine **vertragliche Unterhaltsverpflichtung** des Ehemannes ggü. dem Kind. Die Feststellung der Nichtehelichkeit des Kindes in einem Statusverfahren beendet deshalb die Unterhaltspflicht des Ehemannes nicht; eine Anpassung der vertraglichen Unterhaltspflicht an die veränderten Verhältnisse kommt nur nach den Grundsätzen des Wegfalls der Geschäftsgrundlage in Betracht. Dabei kann der Ehemann eine Änderung nicht verlangen, wenn er selbst Anfechtungsantrag erhoben hat,[93] sondern nur, wenn das Kind nach der Scheidung seiner Eltern seine Nichtehelichkeit feststellen ließ.[94]

37 **Unterhaltsverträge** zwischen Parteien, die durch ein **gesetzliches Unterhaltsschuldverhältnis** verbunden sind oder künftig verbunden sein können, konkretisieren bzw. modifizieren regelmäßig die gesetzlichen Unterhaltsrechte/-pflichten, v.a. hinsichtlich der unbestimmten Rechtsbegriffe, der Art der Unterhaltsgewährung u.a., ändern aber ihre Rechtsnatur nicht.[95] In solchen Fällen gelten die Vorschriften über gesetzliche Unterhaltspflichten ggf. auch ggü. dispositivem Recht fort; zwingendes Recht geht vertraglichen Regelungen sowieso vor. Stellt sich die vom Unterhalts-

---

86 BGH, FamRZ 2001, 21 = FuR 2001, 85.
87 BGH, FamRZ 2005, 1989; s.a. OLGR Celle 2003, 274.
88 Zu vertraglichen Unterhaltsregelungen s. Zimmermann, DNotZ 1996, 790; Riemann, DNotZ 1998, 461; Flieser-Hartl, FamRZ 2000, 335; Müller, FPR 2000, 255; zur steuerlichen Anerkennung von Familienverträgen (Verträge zwischen nahen Angehörigen und Verträge von Elternteilen mit minderjährigen Kindern) als alternative Formen der Unterhaltsgewährung s. Meyer, ZFE 2002, 243 ff.
89 BGH, FamRZ 1984, 874, 875; FamRZ 1985, 367; FamRZ 1988, 933; BGHZ 160, 186 = BGH, FamRZ 2004, 1546 = FuR 2004, 555.
90 S. etwa BGHZ 160, 186 = BGH, FamRZ 2004, 1546 = FuR 2004, 555; auch BGH, FamRZ 1985, 367, 368; OLG Bamberg, FamRZ 1999, 1278, 1279.
91 S. etwa BVerwG, NJW 1960, 1267; OLG Hamm, NJW 1988, 830.
92 BGH, FamRZ 1986, 669.
93 BGHZ 129, 297 = BGH, FamRZ 1995, 861.
94 BGH, FamRZ 1995, 865.
95 RGZ 164, 65; BGH, FamRZ 1986, 145.

schuldner in einer notariellen Scheidungsfolgenvereinbarung übernommene Zins- und Tilgungs-
verpflichtung aus einem Bausparvertrag als eine Zahlung dar, die anstelle des von ihm geschuldeten Ehegattenunterhalts i.S.d. § 364 vereinbart wurde, so unterliegt sie auch den Vorschriften über
den gesetzlichen Unterhaltsanspruch, aus denen sich die Voraussetzungen für den Fortbestand der
Leistungspflicht des Unterhaltsschuldners ergeben.[96] Erlischt der gesetzliche Unterhaltsanspruch,
dann entfällt auch der vertragliche.[97]

Unterhaltsverträge sind zwar grds. auch dann wirksam, wenn sie **formlos** zustande gekommen   **38**
sind (etwa durch regelmäßige Unterhaltszahlungen).[98] Das **UÄndG 2007** hat jedoch § 1585c
(Vereinbarungen über den Unterhalt) ergänzt: Nach wie vor können die Ehegatten zwar über die
Unterhaltspflicht für die Zeit nach der Scheidung Vereinbarungen treffen; allerdings bedarf nunmehr eine Vereinbarung, die vor der Rechtskraft der Scheidung getroffen wird, der **notariellen
Beurkundung** bzw. der Form eines gerichtlich protokollierten Vergleichs gem. § 127a. Umstritten
ist nach wie vor, ob Unterhaltsvereinbarungen zum nachehelichen Unterhalt auch in einem Trennungsunterhaltsverfahren protokolliert werden können.[99] Vereinbarungen unterliegen den Grundsätzen der Lehre von der Veränderung/vom Wegfall der **Geschäftsgrundlage** (§ 313). Auch ein
gerichtlicher Unterhaltsvergleich entfaltet als Vollstreckungstitel iSd § 323a ZPO, § 239 FamFG
keine materielle Rechtskraft; er unterliegt deswegen auch nicht den Beschränkungen des § 238
Abs. 2 und 3 FamFG, die auf der Rechtskraft eines abzuändernden Unterhaltstitels beruhen. Der
Umfang der Abänderung einer Vereinbarung oder einer Urkunde iSd § 323a Abs. 2 ZPO und
§ 239 Abs. 2 FamFG richtet sich allein nach materiellem Recht (§ 313). Auch danach sind Unterhaltsvereinbarungen jedoch nicht frei abänderbar; im Rahmen der Abänderung ist vielmehr stets
der Inhalt der Vereinbarung der Parteien zu wahren. Eine Abänderung kommt nach § 313 nur
dann in Betracht, wenn sie wegen nachträglicher Veränderungen der tatsächlichen Verhältnisse,
des anwendbaren Rechts oder der höchstrichterlichen Rechtsprechung nach den Grundsätzen
über den Wegfall oder die Änderung der Geschäftsgrundlage geboten ist.[100]

C. Gesetzliche Unterhaltsschuldverhältnisse

Für **gesetzliche Unterhaltsansprüche** gilt grds. folgendes **Prüfungsschema:**   **39**

(1) **Unterhaltstatbestand** (Anspruchsgrundlage)
(2) **(Lebens-) Bedarf** (Maßstab und Höchstgrenze des Unterhalts)
(3) **Bedürftigkeit** des Unterhaltsgläubigers (= Unterhaltsberechtigten)
(4) Bemessung (Höhe) des Unterhalts
(5) **Leistungsfähigkeit** des Unterhaltsschuldners (= Unterhaltspflichtigen)
(6) Sonstige Fragen, insb. Begrenzungen des Anspruchs.

---

96 OLG Köln, FamRZ 1998, 1236.
97 OLG Hamm, FamRZ 1999, 879.
98 OLG Karlsruhe, FamRZ 1981, 384 – allerdings reichen zehn Monate nicht aus; OLG Hamm, FamRZ
    1999, 1665 – stillschweigende Abänderung einer notariellen Urkunde durch protestlose Entgegen-
    nahme niedrigeren Unterhalts über Jahre hinweg.
99 Bejahend OLG Oldenburg FuR 2011, 589; vgl. zum Meinungsstand Steiniger/Viefhues, FuR 2009,
    114.
100 BGH in ständiger Rechtsprechung, s. BGHZ 148, 368 = BGH, FamRZ 2001, 1687 = FuR 2001, 206;
    2011, 1041 = FuR 2011, 458; 2011, 1498 = FuR 2011, 639; 2012, 772 = FuR 2012, 311.

39a Die mit dem UÄndG 2007 geänderte Rangfolge im Unterhaltsgläubigerrang (§ 1609 Nr. 1 bis 3) hat den Vorrang des geschiedenen Ehegatten weitgehend abgebaut und mit dem Gleichrang vieler Ehen entsprechend den derzeitigen gesellschaftlichen Verhältnissen Rechnung getragen. Der BGH hat diese Rechtsprechung mit seinem Urteilen vom 07.12.2011[101] aufgegeben, nachdem das BVerfG diese Rechtsprechung als nicht verfassungskonform verworfen hat.[102] Die ehelichen Lebensverhältnisse i.S.v. § 1578 Abs. 1 S. 1 werden (nunmehr wieder) grundsätzlich durch diejenigen Umstände bestimmt, die bis zur Rechtskraft der Ehescheidung eingetreten sind; nacheheliche Entwicklungen wirken sich auf die Bedarfsbemessung nach den ehelichen Lebensverhältnissen nur dann aus, wenn sie auch bei fortbestehender Ehe eingetreten wären oder in anderer Weise in der Ehe angelegt und mit hoher Wahrscheinlichkeit zu erwarten waren.

39b Eine nach Wiederverheiratung des Unterhaltsschuldners entstandene Unterhaltspflicht gegenüber dem neuen Ehegatten (§§ 1360 ff bzw § 1361) kann jedoch als sonstige Verpflichtung im Rahmen der Leistungsfähigkeit zu beachten sein.[103] Die Unterhaltspflichten für neue Ehegatten – sowie für nachehelich geborene Kinder und den dadurch bedingten Betreuungsunterhalt nach § 1615l – sind daher nicht (mehr) bei der Bemessung des Unterhaltsbedarfs eines geschiedenen Ehegatten nach § 1578 Abs. 1 S. 1 zu berücksichtigen. Vorteile aus der zweiten Ehe dürfen diese jedoch nicht benachteiligen;[104] dies wird durch die notwendige Vergleichsberechnung mit dem hypothetischen Bedarf der geschiedenen Ehefrau ohne Wiederverheiratung sichergestellt,[105] die gewährleistet, dass der Bedarf der geschiedenen Ehefrau nicht höher liegt, als er ohne die zweite Eheschließung läge.[106]

39c Allerdings ist im Rahmen der Leistungsfähigkeit (§ 1581) der Halbteilungsgrundsatz zu beachten, was zu einem relativen Mangelfall führen kann, wenn dem Unterhaltsschuldner für den eigenen Unterhalt weniger verbleibt, als der Unterhaltsberechtigte mit dem Unterhalt zur Verfügung hat. Sonstige Verpflichtungen gegenüber anderen Unterhaltsberechtigten, die nicht bereits den Bedarf des Unterhaltsschuldners beeinflußt haben, sind entsprechend ihrem Rang zu berücksichtigen.[107] Sind ein geschiedener und ein neuer Ehegatte nach § 1609 gleichrangig, hat der BGH eine Billigkeitsabwägung in Form einer Dreiteilung des gesamten unterhaltsrelevanten Einkommens im Rahmen der Leistungsfähigkeit revisionsrechtlich nicht beanstandet, aber auch eine Berücksichtigung weiterer individueller Billigkeitserwägungen nicht ausgeschlossen.

39d Rechtskräftige Entscheidungen, denen im Rahmen der Bemessung des **Bedarfs** nach den ehelichen Lebensverhältnisse zu Lasten des geschiedenen Ehegatten auf der Bedarfsebene die Dreiteilungsmethode zugrunde gelegt worden ist, können nunmehr wegen grundlegender Veränderung der rechtlichen Verhältnisse abgeändert werden (§ 238 Abs. 1 FamFG): Eine Änderung der rechtli-

---

101 XII ZR 151/09 – FamRZ 2012, 281 = FuR 2012, 180, und XII ZR 159/09 – FamRZ 2012, 288 = FuR 2012, 192.

102 BVerfGE 128, 193 = FamRZ 2011, 437 = FuR 2011, 220.

103 BGH, FamRZ 2012, 288 = FuR 2012, 192 (Berufungsgericht: OLG Koblenz, FamRZ 2010, 318 = FuR 2010, 42) – im Anschluß an BGH, FamRZ 2012, 281 = FuR 2012, 180; s. hierzu auch OLG Zweibrücken, FamRZ 2012, 791; zuvor hatte die Literatur vielfältige Lösungsvorschläge zu dieser Problematik vorgelegt; die Schwierigkeiten der Praxis zeigte instruktiv die Zusammenstellung von Hauß, FamRB 2011, 183: Fünf verschiedene Lösungsansätze für einen relativ einfach gelagerten Fall der Konkurrenz zweier Ehegatten-Unterhaltspflichten; ausführlich Dose, FamRZ 2011, 1341; FF 2012, 227; zur Bemessung des Unterhalts bei Konkurrenz mehrerer Unterhaltsansprüche s. Borth, FamRZ 2012, 253; zur Anwendung der Drittelmethode bei der Bemessung der Leistungsfähigkeit s. Graba, FamFR 2012, 49; zu den ehelichen Lebensverhältnisse nach der Änderung der Rechtsprechung des BGH zu den sog. wandelbaren ehelichen Lebensverhältnissen s. Gerhardt, FamRZ 2012, 589.

104 Vgl. BVerfG, FamRZ 2003, 1821, 1823 f.

105 Hinweis auf BGHZ 177, 356, 376 = BGH, FamRZ 2008, 1911, 1916 = FuR 2008, 542.

106 Zu allem ausführlich Klinkhammer, FamRZ 2010, 1777 ff.

107 BGH, FamRZ 2012, 281 = FuR 2012, 180 – im Anschluß an BGHZ 109, 72 = FamRZ 1990, 260 zu § 1581.

Klein, Michael

chen Verhältnisse ist nicht nur bei Gesetzesänderungen anzunehmen, sondern auch bei Änderungen der höchstrichterlichen Rechtsprechung, die einer Gesetzesänderung nahekommen. Entscheidungen des BVerfG, welche die höchstrichterliche Rechtsprechung eines obersten Fachgerichts für verfassungswidrig erklären, haben zwar keine Gesetzeskraft, binden jedoch die Fachgerichte (§ 31 Abs. 1 BVerfGG) und kommen daher einer Änderung der Gesetzeslage noch näher als die Änderung der höchstrichterlichen Rechtsprechung selbst. Sonstige Titel können gegebenenfalls gemäß § 239 FamFG nach den Regeln des materiellen Rechts (§ 313) geändert werden, wenn sich die geänderte Rechtslage wesentlich als schwerwiegende Störung der Geschäftsgrundlage darstellt.[108]

(zur Zeit nicht besetzt)   40-44

I. Unterhaltstatbestände (System der Anspruchsgrundlagen)

Das Gesetz regelt folgende **gesetzliche** Unterhaltsschuldverhältnisse: Ehegattenunterhalt, Verwandtenunterhalt und Unterhalt nach § 1615l (im **IPR** s. Art. 18 EGBGB,[109] zur Übergangsregelung betreffend die neuen Bundesländer s. Art. 234 § 5 EGBGB).   45

1. Unterhaltstatbestände des Ehegattenunterhalts

Die Ehe begründet – **zeitlich** scharf voneinander abgegrenzt – drei verschiedene **gesetzliche** 46 **Unterhaltsschuldverhältnisse**, die sich niemals zeitlich überschneiden können und gesetzlich unterschiedlich ausgestaltet, also **nicht identisch** sind, auch wenn sie jeweils auf der durch die Eheschließung füreinander übernommenen Verantwortung beruhen und demnach **verschiedene Streitgegenstände** darstellen (**Grundsatz der Nichtidentität**).[110] Verlangt ein **Ehegatte** Unterhalt von dem anderen, ist (bereits) bei Prüfung der Anspruchsgrundlage genau zu differenzieren, welcher Unterhaltstatbestand geltend gemacht werden soll. Der Anspruch auf nachehelichen Unterhalt ist stets ein **einheitlicher Anspruch**. Dies schließt jedoch nicht aus, dass der unterhaltsbedürftige Ehegatte **verschiedene Anspruchsgrundlagen kombinieren** kann. Das mögliche Bestehen verschiedener Anspruchsgrundlagen macht auch nach Inkrafttreten des UÄndG 2007 eine **genaue Differenzierung** und **Bezifferung** der **verschiedenen Teilansprüche** erforderlich, insbesondere im Hinblick auf spätere Abänderungsverfahren, aber auch im Rahmen der Prüfung der Billigkeitsvoraussetzungen nach § 1578b BGB.[111] Eine vor Rechtskraft der Scheidung erfolgte Zahlungsaufforderung begründet wegen der **Nichtidentität** von **Trennungsunterhalt** und **nachehelichem Unterhalt** keinen Verzug für den nachehelichen Unterhalt.[112]

a) Anspruchsgrundlagen

Im Rahmen der Anspruchsgrundlagen beim **Ehegattenunterhalt** ist zu unterscheiden: 47

– **Familienunterhalt** (§§ 1360 ff. – Unterhalt bei bestehender häuslicher Gemeinschaft): Ansprüche auf Familienunterhalt erstrecken sich auf den Zeitraum von der Eheschließung bis zur Trennung der Eheleute (s. § 1567), beziehen sich also auf die Dauer der ehelichen Lebensgemeinschaft. Sie beruhen auf der Familieneinheit bei bestehender häuslicher Gemeinschaft und umfassen den Bedarf der gesamten Familie zur Deckung der Haushaltskosten und der üblichen

---

108 Zu allem ausführlich Roßmann, FuR 2011, 184.
109 Zum nachehelichen Unterhalt im internationalen Privatrecht s. Scherpe/Schwarz, FamRZ 2004, 665; zur Gleichbehandlung der Unterhaltsschuldner im Steuerrecht und Art. 18 EGBGB s. Gebauer/Hufeld, IPRax 2004, 327.
110 BGH, FamRZ 1981, 242, 243; OLG Koblenz, FamRZ 2005, 460.
111 Grundlegend BGH FamRZ 1994, 228, und ständig; zuletzt BGH FamRZ 2009, 406 = FuR 2009, 203; 2010, 869 = FuR 2010, 394; 2010, 1050 = FuR 2010, 463; 2011, 192 = FuR 2011, 162; 2012, 1040 = FuR 2012, 421 Tz. 15, und Urteil vom 08.08.2012 – XII zR 97/10 – zVb (Tz. 17); s.a. OLG Schleswig FamRZ 2011, 302.
112 OLG Oldenburg, FamRZ 2009, 1159.

Ausgaben des täglichen Lebens. Der Familienunterhalt wird daher selten durch Geld-, zumeist durch Naturalleistungen erbracht. Beide Ehegatten sind **zugleich** Gläubiger und Schuldner (»Die Ehegatten sind einander verpflichtet«, § 1360 Satz 1);

– **Unterhalt** für die Zeit des **Getrenntlebens** (§ 1361 – Zeitraum ab Trennung der Eheleute gem. § 1567 bis zur rechtskräftigen Auflösung der Ehe). Der Trennungsunterhalt umfasst demnach nur noch den **Ehegatten-**, nicht mehr den Kindesunterhalt; der Anspruch beruht auf der noch bestehenden Ehe und schreibt die ehelichen Lebensverhältnisse in aller Regel fort; er kann regelmäßig nur durch eine Geldrente geleistet werden (§ 1361 Abs. 4 Satz 1);

– **Nachehelicher Unterhalt** setzt erst für die Zeit ab rechtskräftiger **Auflösung** der **Ehe** ein. Das **1. EheRG** hat mit Wirkung ab 01.07.1977 mit dem Übergang vom Verschuldens- zum Zerrüttungsprinzip (auch) das Recht des nachehelichen Unterhalts grundlegend neu gestaltet:[113] Nach dem **Grundsatz** der **wirtschaftlichen Eigenverantwortung** (§ 1569, »**Eigenverantwortungsprinzip**«) hat jeder Ehegatte nach der Scheidung **regelmäßig** selbst für seinen Unterhalt zu sorgen (**Regel-/Ausnahme-Prinzip** der §§ 1569 ff.). **Ausnahmsweise**[114] besteht (nur) dann ein Anspruch auf (nachehelichen) Unterhalt, wenn – ggf. zu bestimmten Einsatzzeitpunkten (s. etwa §§ 1571, 1572, 1573) – bestimmte Bedürfnislagen aufgrund der sechs in §§ 1570 bis 1576 enumerativ und abschließend normierten **Unterhaltstatbestände** vorliegen.

b) Zeitliches Abgrenzungskriterium

48 **Zeitliches Abgrenzungskriterium** der Ansprüche nach §§ 1360 ff. und § 1361 ist, ob die Eheleute **getrennt leben** oder nicht (§ 1567). Besteht die eheliche Lebensgemeinschaft zumindest noch teilweise, insb. in wirtschaftlicher Hinsicht, und erhält mindestens ein Ehegatte Unterhalt in einer durch die eheliche Lebensgemeinschaft gebotenen Weise, dann beruht der Unterhaltsanspruch auf § 1360.[115] Für die (ebenfalls zeitliche) Abgrenzung der Ansprüche nach § 1361 und §§ 1569 ff. ist der **Zeitpunkt** der **Rechtskraft** des **Beschlusses** in der **Ehesache** (Scheidung bzw. Aufhebung der Ehe) maßgebend.

c) Anwendungsbereiche der Unterhaltstatbestände

49 Das Gesetz hat den Ehegattenunterhalt **unterschiedlich ausgestaltet**, weil die jeweiligen Leistungspflichten differieren.

– Der **Familienunterhalt** begründet ein (gegenseitiges) Schuldverhältnis mit **gegenseitigen** jeweiligen Rechten und Pflichten (»sind einander verpflichtet«, § 1360 Satz 1). Es beruht auf der Einheit der Familie bei bestehender häuslicher Gemeinschaft und umfasst den Bedarf der gesamten Familie. Der Familienunterhalt kann sowohl durch Geld- als auch durch Naturalleistung (§ 1360a) erbracht werden.

– Nach Zerfall der Familie kann der bedürftige Ehegatte von dem anderen, sofern und soweit er leistungsfähig ist, Unterhalt – regelmäßig nur in Form einer Geldrente (§ 1361 Abs. 4 Satz 1) – beanspruchen. Der **Trennungsunterhalt** beruht auf der noch bestehenden Ehe; insoweit besteht – mit länger dauernder Trennung jedoch abnehmend – noch volle eheliche Solidarität.

– Der **nacheheliche Unterhalt** beruht auf **zwei Grundsätzen**: »**Eigenverantwortungsprinzip**« (§ 1569 – jeder Ehegatte ist nach der Scheidung für seinen Unterhalt selbst verantwortlich), eingeschränkt durch das »**Mitverantwortungsprinzip**« (solange und soweit der geschiedene Ehegatten aufgrund eines der sechs Unterhaltstatbestände **nachwirkende nacheheliche Solida-**

---

113 Das KindUG 1998 hat in das nacheheliche Unterhaltsrecht nicht eingegriffen.
114 BGH, FamRZ 1981, 242.
115 Der BGH (NJW 1961, 1811) hat – jedoch noch vor Inkrafttreten des § 1567 – einer Ehefrau, welche nach wie vor Kost und Logis im Handwerksbetrieb ihres Ehemannes erhielt, Kleider- und Taschengeld als Teil des Familienunterhalts zugebilligt, obwohl der Ehemann sich einer anderen Frau zugewandt hatte, mit der er in einer anderen Wohnung zusammenlebte.

Klein, Michael

rität einfordern kann, hat der wirtschaftlich stärkere Ehegatte für den anderen einzustehen).[116] **Beide Grundsätze** sind **gleichgewichtig**; es besteht **kein** Regel-Ausnahme-Verhältnis.

d) Grundsatz der Nichtidentität und seine Auswirkungen

Nach dem unterschiedlich ausgestalteten Anspruchssystem sind die Ansprüche auf Familienunter- **50** halt, Trennungsunterhalt und nachehelichen Unterhalt **nicht identisch** (Grundsatz der »**Nichtidentität**«).[117] Obwohl alle Ansprüche auf der durch die Eheschließung füreinander übernommen Verantwortung der Ehegatten beruhen, handelt es sich um **verschiedene Streitgegenstände** mit für den Unterhaltsgläubiger wie auch für den Unterhaltsschuldner unterschiedlichen Auswirkungen.

Der **Unterhaltsgläubiger** hat für die Zeiträume nach der Trennung bzw. nach der Scheidung **51** Unterhalt gesondert geltend zu machen; die bisherige Anspruchsgrundlage gilt nach der Trennung bzw. Scheidung nicht fort. Demgemäß kann auch die **Geltungsdauer** eines **Vollstreckungstitels** begrenzt sein: Aus einem Titel auf Trennungsunterhalt – gleichgültig, ob Beschluss (vormals: Urteil), Vergleich oder vollstreckbare Urkunde nach § 794 Abs. 1 Nr. 1, 5 ZPO – kann nach Rechtskraft der Scheidung nicht mehr vollstreckt werden, sofern nicht ein derartiger Titel ausdrücklich Trennungsunterhalt **und** nachehelichen Unterhalt regelt. Ein während des Getrenntlebens geschlossener **Unterhaltsvergleich** umfasst daher, sofern sich aus der Auslegung nichts anderes ergibt,[118] im Zweifel nur den Anspruch auf Trennungsunterhalt.[119] Ein im einstweiligen Anordnungsverfahren über Trennungsunterhalt geschlossener Vergleich bleibt im Zweifel lediglich bis zur Rechtskraft der Ehescheidung wirksam; es bedarf keiner ausdrücklichen Formulierung dahin, dass der vergleichsweise vereinbarte Unterhaltsanspruch nur »bis zur Rechtskraft der Ehescheidung« begrenzt ist.[120]

Der **Unterhaltsschuldner** muss, wenn aus einem Titel auf Familienunterhalt nach der Trennung **52** oder aus einem Titel betreffend Trennungsunterhalt nach der Scheidung noch laufender Unterhalt (nicht: Rückstände!) vollstreckt wird, Vollstreckungsabwehrantrag nach § 767 ZPO erheben: Gegen den Titel ist die rechtsvernichtende Einwendung des Endes des Familien- oder Trennungsunterhaltsanspruchs vorzutragen.[121] Die Nichtherausgabe eines **Vollstreckungstitels** verbunden mit der Ankündigung, bei Wiederentstehen eines Unterhaltsanspruchs dann diesen zur Vollstreckung zu nutzen, ist ausreichend, um die Herausgabe des Titels zu verlangen und, wenn dies verweigert wird, im Wege der Abänderung die Leistungsfreiheit feststellen zu lassen.[122]

Eine **einstweilige Anordnung** auf Unterhalt (s. §§ 49 ff., 246 ff. FamFG) ist kein Unterhaltstitel, **53** sondern nur eine **einstweilige Vollstreckungsmöglichkeit** wegen eines vorläufig als bestehend angenommenen Anspruchs. Sie tritt nur unter den Voraussetzungen des § 56 FamFG außer Kraft; aus ihr kann daher noch über die Rechtskraft eines Scheidungsbeschlusses hinaus bis zu ihrem Wegfall vollstreckt werden. Die Berufung auf die objektive Nichtidentität zwischen Trennungsunterhalt und nachehelichem Unterhalt kann allerdings treuwidrig sein, wenn die Parteien im Scheidungsverfahren von einer Identität ausgegangen sind.[123]

---

116 BVerfG, FamRZ 1981, 745.
117 BGHZ 103, 62 = BGH, FamRZ 1988, 370, und ständig, s. etwa BGH, FamRZ 1999, 1497; vgl. auch OLG Düsseldorf, FamRZ 1992, 943; OLG Hamm, FamRZ 1999, 30 – Familien- und Trennungsunterhalt; BGH, FamRZ 1981, 242 – Trennungsunterhalt und nachehelicher Unterhalt.
118 Vgl. BGHZ 99, 143 = BGH, FamRZ 1987, 268.
119 OLG München, OLGR 1998, 66.
120 OLG Brandenburg, OLGR 2004, 424.
121 BGH, FamRZ 1981, 242, 243 – Trennungsunterhalt und nachehelicher Unterhalt; OLG München, FamRZ 1981, 450, 451 – Familien- und Trennungsunterhalt.
122 OLG Naumburg, OLGR 2006, 369.
123 OLG Karlsruhe, FamRZ 1997, 895.

54 Der Anspruch auf nachehelichen Unterhalt kann mangels **Fälligkeit** nicht vor Rechtskraft der Scheidung (da entsteht der Anspruch erst!) **angemahnt** werden.[124] Da zwischen Trennungsunterhalt und nachehelichem Unterhalt keine Identität besteht, kann die rechtskräftige Abweisung des Auskunftsanspruchs bzgl. des Trennungsunterhalts keine rechtlichen Auswirkungen auf die Frage nach dem nachehelichen Unterhalt entfalten.[125]

2. Unterhaltstatbestand des Verwandtenunterhalts (§ 1601)

55 Unterhaltsansprüche und die hierzu korrespondierenden Leistungspflichten zwischen **Verwandten** sind in §§ 1601 ff. geregelt: Diese Ansprüche umfassen insb. Unterhalt von Kindern (der minderjährigen wie auch der volljährigen, der ehelichen wie auch der nichtehelichen) gegen ihre Eltern wie auch umgekehrt. § 1615a stellt nunmehr alle Kinder aus jeglichen rechtlichen Verbindungen gleich.

56 Das KindUG v. 06.04.1998[126] hat für die Unterhaltsansprüche aller minderjährigen Kinder ein **Regelunterhaltssystem** eingeführt.[127] Nach dem **Dynamiksystem** des § 1612a Abs. 1 konnte das Kind seinen Unterhalt als Vomhundertsatz des jeweiligen Regelbetrages nach der **RegelbetragVO** verlangen; damit hatten die Regelbeträge (auch) die Funktion einer Bezugsgröße für die Dynamisierung des jeweils individuellen Unterhalts.

57 Das **UÄndG 2007** hat nunmehr entsprechend dem Gebot des BVerfG[128] zur größeren Normenklarheit im Bereich des Kindesunterhaltsrechts eine **gesetzliche Definition** des **Mindestunterhalts** minderjähriger Kinder unter Bezugnahme auf den steuerrechtlichen Kinderfreibetrag (s. § 32 Abs. 6 Satz 1 EStG) und eine vereinfachte Kindergeldan- und -verrechnung eingeführt und damit – wenigstens zu einem kleinen Teil – eine Harmonisierung des Unterhaltsrechts mit dem Steuer- und Sozialrecht erreicht. Der **Mindestunterhalt**[129] entspricht damit im Wesentlichen dem **steuerrechtlichen Existenzminimum** eines **Kindes**, das an die Berechnung des steuerfrei zu stellenden sächlichen Existenzminimums im jeweiligen Existenzminimumbericht der Bundesregierung[130] anknüpft. Die Angleichung beruht auf der Feststellung, dass der Mindestbedarf von Kindern eine absolute Größe ist, die im Unterhaltsrecht grds. nicht anders bestimmt werden kann als im Steuer- und Sozialrecht. Mit der Anlehnung an den steuerlichen Kinderfreibetrag wurde die Festsetzung von Regelbeträgen wie auch die Differenzierung der Höhe des Kindesunterhalts in West- oder Ostdeutschland entbehrlich.

3. Anspruch auf Unterhalt nach § 1615l

57a Das UÄndG 2007[131] hat den **Betreuungsunterhalt** der nicht verheirateten Mutter (§ 1615l Abs. 2) und den nachehelichen Betreuungsunterhalt (§ 1570) neu strukturiert und einander weitgehend angeglichen. Der Anspruch auf Betreuungsunterhalt nach § 1615l Abs. 2 ist ein Unterhaltsanspruch des betreuenden Elternteils; darin unterscheidet sich der Anspruch nicht von dem Betreuungsunterhalt nach geschiedener Ehe gemäß § 1570. Da Art. 6 Abs. 5 GG eine Differenzierung zwischen dem Wohl ehelich und außerehelich geborener Kinder verbietet, wurde der Betreuungsunterhalt der Mutter eines nichtehelich geborenen Kindes nach § 1615l Abs. 2 erweitert und der

---

124 BGHZ 103, 62 = BGH, FamRZ 1988, 370; OLG Hamm, FamRZ 1998, 1512.
125 OLG Koblenz, FamRZ 2005, 460.
126 BGBl. I, S. 666.
127 S. BT-Drucks. 13/338, S. 22 ff., und BT-Drucks. 13/9596, S. 32 ff.
128 BVerfGE 108, 52 ff.
129 Die Regelbetrag-Verordnung wurde daher (zusammen mit der Ermächtigungsgrundlage und ihren weiteren Regelungen, § 1612a Abs. 3 Satz 1, Abs. 4 und 5) aufgehoben.
130 S. hierzu den Bericht der Bundesregierung über die Höhe des Existenzminimums von Erwachsenen und Kindern für das Jahr 2008 – BT-Drucks. 16/3265.
131 UÄndG 2007 v. 21.12.2007 – BGBl. I, S. 3189.

Klein, Michael

nachehelichen Betreuungsunterhalt nach § 1570 eingeschränkt; beide Ansprüche wurden somit im wesentlichen gleich ausgestaltet.[132]

Identität besteht beim:

- Basisunterhalt (§ 1570 Abs. 1 Satz 1 bzw. § 1615l Abs. 2 Satz 3 BGB),
- Billigkeitsunterhalt aus kindbezogenen Gründen (§ 1570 Abs. 1 Satz 2 und 3 bzw. § 1615l Abs. 2 Satz 4 und 5 BGB),
- Billigkeitsunterhalt aus elternbezogenen Gründen (§ 1570 Abs. 2 bzw. § 1615l Abs. 2 S. 4 und 5 BGB), wenn die »gelebte Familie«[133] einen besonderen Vertrauenstatbestand für den betreuenden Elternteil geschaffen hat.

Das bis zum Inkrafttreten des UÄndG praktizierte, auf Erfahrungssätzen der 80-er Jahre des vorigen Jahrhunderts beruhende **Altersphasenmodell** (»08/15-Modell«) darf nicht mehr angewendet werden. Der BGH immer wieder darauf hingewiesen, daß ein Altersphasenmodell, das bei der Frage der Verlängerung des Betreuungsunterhalts aus kindbezogenen Gründen allein oder wesentlich auf das Alter des Kindes, etwa während der Kindergarten- und Grundschulzeit oder bis zum 8. und zum 12. Lebensjahr abstellt, wird den gesetzlichen Anforderungen auch dann nicht gerecht, wenn solche Altersphasen nur als Regelfall behandelt werden, innerhalb dessen die Umstände des Einzelfalles zu berücksichtigen sind, die Begründung der Erwerbsobliegenheit des betreuenden Elternteils aber nicht auf individuelle Einzelumstände gestützt ist.[134] Soweit die Instanzgerichte[135] sich noch hieran orientieren, ist dies im Hinblick auf den eindeutigen Willen des Gesetzgebers nicht (mehr) haltbar. **57b**

In den ersten drei Lebensjahren des Kindes kann der betreuende Elternteil frei entscheiden, ob er das Kind selbst erziehen oder eine andere Betreuungsmöglichkeit in Anspruch nehmen will; er kann in dieser Zeit auch eine bereits begonnene Erwerbstätigkeit jederzeit wieder aufgeben (sog. **Basisunterhalt**). Erzielt er in dieser Zeit allerdings eigene Einkünfte, bleiben diese nicht als überobligatorisch völlig unberücksichtigt, sondern sind nach den Umständen des Einzelfalles anteilig zu berücksichtigen).[136] **57c**

Für die Zeit ab Vollendung des dritten Lebensjahres des Kindes steht dem betreuenden Elternteil nur noch dann ein fortdauernder Anspruch auf Betreuungsunterhalt zu, wenn, solange und soweit dies der **Billigkeit** entspricht (§ 1615l Abs. 2 Satz 4); dabei sind insb. die **Belange** des **Kindes** und die **bestehenden Möglichkeiten der Kinderbetreuung** zu berücksichtigen (sog. »kindbezogener« Billigkeitsunterhalt). Damit verlangt das neue Gesetz jedoch – wie auch i.R.d. § 1570 – regelmäßig keinen abrupten Wechsel von der elterlichen Betreuung zu einer Vollzeiterwerbstätigkeit, sondern insb. nach Maßgabe der im Gesetz ausdrücklich genannten kindbezogenen Gründe ist unter Berücksichtigung der bestehenden Möglichkeiten der Kinderbetreuung (§ 1615l Abs. 2 Satz 5) ein **gestufter Übergang** bis hin zu einer Vollzeiterwerbstätigkeit möglich. Ein solcher gestufter Über- **57d**

---

132 BVerfG, FamRZ 2007, 965; 2009, 492; grundlegend BGHZ 177, 272 = BGH, FamRZ 2008, 1739 = FuR 2008, 485, 2009, 770 = FuR 2009, 391; FamRZ 2009, 1391 = FuR 2009, 577 zum nachehelichen Betreuungsunterhalt; 2010, 357 = FuR 2010, 217 zum Anspruch nach § 1615l; 2010, 444 = FuR 2010, 286 m.w.N., und ständig, zuletzt BGH, FamRZ 2011, 791 = FuR 2011, 392; 2011, 1209 = FuR 2011, 566; 2011, 1375 = FuR 2011, 636; 2012, 1040 = FuR 2012, 421, und BGH, Urteil vom 08.08.2012 – XII ZR 97/10 – zVb; zum Betreuungsunterhalt nach § 1570 und § 1615l eingehend Gerhardt, FuR 2010, 61

133 BGHZ 177, 272 = FamRZ 2008, 1739 = FuR 2008, 485 s.a. Fn. 2.

134 BGH FamRZ 2011, 791 mit Anm. Norpoth = FuR 2011, 392; 2011, 1209 = FuR 2011, 566; 2011, 1375 = FuR 2011, 636, im Anschluß an BGHZ 180, 170 = FamRZ 2009, 770 = FuR 2009, 391; s. auch Wellenhofer, FamRZ 2007, 1282; Viefhues, FuR 2011, 654.

135 S. etwa OLG Zweibrücken FamRZ 2011, 882 = FuR 2011, 359; zur Kasuistik im übrigen s. Kleffmann, ZKJ 2011, 344.

136 BGH, FamRZ 2011, 1377; 2011, 1375 = FuR 2011, 636 m.w.N.

gang setzt aber voraus, dass der unterhaltsberechtigte Elternteil kind- und/oder elternbezogene Gründe vorträgt, die einer vollschichtigen Erwerbstätigkeit des betreuenden Elternteils mit Vollendung des dritten Lebensjahres entgegenstehen; nur an solchen individuellen Gründen kann sich der gestufte Übergang im Einzelfall orientieren.[137] Stets ist jedoch zu beachten, dass die gesetzliche Regel, wonach der Betreuungsunterhalt grds. nur für drei Jahre geschuldet ist und eine Verlängerung über diesen Zeitraum hinaus ausdrücklich begründet werden muss, nicht in ihr Gegenteil verkehrt werden darf.[138]

58–60 (zur Zeit nicht besetzt)

61 Wenn aus kindbezogenen Gründen kein Billigkeitsunterhalt mehr geschuldet ist, kann sich ein **Billigkeitsunterhalt** aus **elternbezogenen Gründen** anschließen. Zwar fehlt in § 1615l eine dem § 1570 Abs. 2 korrespondierende Regelung zur Berücksichtigungsfähigkeit elternbezogener Gründe; da § 1615l Abs. 2 Satz 5 jedoch eine Verlängerung des Unterhaltsanspruchs »insb.« aus kindbezogenen Gründen zulässt, kommen auch elternbezogene Umstände für eine Verlängerung des Betreuungsunterhalts in Betracht,[139] und zwar insb. dann, wenn die Eltern mit ihrem gemeinsamen Kind zusammengelebt haben (sog. »soziale Familie«) und deswegen auch ein evtl. Vertrauenstatbestand zu berücksichtigen ist.

62 Die **Darlegungs- und Beweislast** für die Voraussetzungen einer Verlängerung des Betreuungsunterhalts über die Dauer von drei Jahren hinaus trägt der Unterhaltsgläubiger; er hat insb. darzulegen und ggf. zu beweisen, dass keine kindgerechte Einrichtung für die Betreuung des gemeinsamen Kindes zur Verfügung steht, oder dass aus kindbezogenen Gründen eine persönliche Betreuung erforderlich ist. Er hat auch Umstände vorzutragen, die aus elternbezogenen Gründen zu einer eingeschränkten Erwerbspflicht und damit zu einer Verlängerung des Betreuungsunterhalts führen können.[140] An die Darlegung der individuellen Einzelfallumstände sind hohe Anforderungen zu stellen. Im Rahmen der Billigkeitsentscheidung kommt den kindbezogenen Gründen das stärkere Gewicht zu. Der Gesetzgeber hat den Vorrang der persönlichen Betreuung gegenüber anderen kindgerechten Betreuungsmöglichkeiten aufgegeben. In dem Umfang, in dem das Kind nach Vollendung des dritten Lebensjahres eine kindgerechte Einrichtung besucht oder aber besuchen könnte, kann sich der betreuende Elternteil nicht mehr auf die Notwendigkeit einer persönlichen Betreuung als Verlängerungsgrund berufen.[141] Die Anzahl der vom Anspruchsteller vorgetragenen Bewerbungen ist nur ein Indiz für seine dem Grundsatz der Eigenverantwortung entsprechenden Arbeitsbemühungen, nicht aber deren alleiniges Merkmal: Für ausreichende Erwerbsbemühungen kommt es vielmehr wie für das Bestehen einer realistischen Erwerbschance vorwiegend auf die individuellen Verhältnisse und die Erwerbsbiografie des Anspruchstellers an.[142]

63 Allerdings richtet sich der Unterhaltsbedarf nach § 1615l auch im Rahmen einer sog. gelebten Familie **nicht** als Quotenunterhalt nach den Einkommens- und Vermögensverhältnissen des nichtehelichen Vaters innerhalb der nichtehelichen Lebensgemeinschaft,[143] sondern nach der Lebensstellung der Mutter des Kindes vor dessen Geburt, wobei jedoch stets das **Existenzminimum** – Mindestbedarf zuzüglich Krankheits- und Pflegevorsorge, wenn und soweit der Unter-

---

137 BGH, FamRZ 2010, 357 = FuR 2010, 217; 2011, 1209 = FuR 2011, 566; 2011, 1377; 2011, 1375 = FuR 2011, 636 m.w.N. unter Hinweis auf BT-Drucks. 16/6980 S. 9.
138 Vgl. bereits BGHZ 177, 272 = BGH, FamRZ 2008, 1739 = FuR 2008, 485.
139 BGH, FamRZ 2010, 357 = FuR 2010, 217.
140 BGH, FamRZ 2010, 357 = FuR 2010, 217; vgl. auch BGH, FamRZ 2009, 1391 = FuR 2009, 577, und BGHZ 177, 272 = FamRZ 2008, 1739 = FuR 2008, 485; 180, 170 = FamRZ 2009, 770 = FuR 2009, 391.
141 BGH FamRZ 2011, 791 = FuR 2011, 392.
142 BGH FamRZ 2011, 1851 = FuR 2012, 85.
143 BGH, FamRZ 2007, 1303 = FuR 2007, 529 unter Hinweis auf BGH, FamRZ 2004, 1357, 1359; BGHZ 177, 272 = BGH, FamRZ 2008, 1739 = FuR 2008, 485.

haltsschuldner leistungsfähig ist – gewahrt werden muss. Auch der Unterhaltsbedarf der nicht verheirateten Mutter ist durch den auch i.R.d. § 1615l anwendbaren Grundsatz der **Halbteilung** begrenzt;[144] der Selbstbehalt des Unterhaltsschuldners ist i.R.d. § 1615l i.d.R. mit einem Betrag bemessen, der zwischen dem angemessenen Selbstbehalt nach § 1603 Abs. 1 und dem notwendigen Selbstbehalt des § 1603 Abs. 2 liegt.[145]

II. (Lebens-) Bedarf des Unterhaltsgläubigers

Bei der Ermittlung und Zurechnung von Einkommen ist zunächst stets zu unterscheiden, ob es **64** um Ehegattenunterhalt oder um Verwandtenunterhalt bzw. um Unterhalt nach § 1615l geht, sodann, ob und inwieweit die Bemessung des Lebensbedarfs einerseits oder die Feststellung der Bedürftigkeit (nicht vom Unterhaltsgläubiger selbst gedeckter oder zu deckender Teil seines Lebensbedarfs) bzw. die Leistungsfähigkeit zu klären ist.

Der (Lebens-)Bedarf des Unterhaltsgläubigers richtet sich i.R.d. **Ehegattenunterhalts** nach den **65** **ehelichen Lebensverhältnissen** (vgl. § 1360 für den Familienunterhalt, § 1361 Abs. 1 Satz 1 für den Trennungsunterhalt und § 1578 Abs. 1 für den nachehelichen Unterhalt), also nach den Erwerbs- und Vermögensverhältnissen der Eheleute während der Ehe: Sie sind zentraler Maßstab für die Höhe eines jeden Anspruchs auf Ehegattenunterhalt. Da die Lebensverhältnisse in jeder Ehe individuell angelegt sind, kann der Bedarf nach den ehelichen Lebensverhältnissen – im Gegensatz zum Verwandtenunterhalt – daher nicht an festen Bedarfssätzen ausgerichtet werden; bei der Ermittlung des Lebensbedarfs nach den ehelichen Lebensverhältnissen ist vielmehr festzustellen, durch welche Einkommen und Vermögen die jeweiligen ehelichen Lebensverhältnisse nachhaltig geprägt waren. Daher sind die wirtschaftlichen Grundlagen der Ehe festzustellen, also diejenigen wirtschaftlichen Verhältnisse, welche sich die Eheleute für ihren individuellen Lebenszuschnitt geschaffen haben, und den sie auch weiterhin aufrechterhalten hätten **und** könnten, wenn es nicht zur Trennung bzw. Scheidung gekommen wäre. Zentraler Maßstab für die Bestimmung des Lebensbedarfs nach den ehelichen Lebensverhältnissen ist regelmäßig zunächst die Summe aller Einkünfte der Ehegatten nach § 2 EStG, die während der Ehe für die allgemeine Lebensführung verfügbar waren, einschließlich fiktiver Einkünfte (insb. bei Verletzung von Erwerbsobliegenheiten und/oder Arbeitsleistungen ohne finanzielles Äquivalent) sowie aller während der Ehe verfügbaren Gebrauchs- und Nutzungsvorteile gem. § 100 u.v.a.m. einschließlich derjenigen Einkommensquellen, die als Surrogate an die Stelle früherer Haushaltstätigkeit/Kinderbetreuung und/oder sonstiger Vermögensbestandteile getreten sind. Diese Summe von Einkünften und Gebrauchsvorteilen ist sodann unterhaltsrelevant zu bereinigen.[146]

Die **ehelichen Lebensverhältnisse**, die sowohl für die Bemessung des Trennungsunterhalts (§ 1361 **66** Abs. 1) als auch für die Bemessung des nachehelichen Unterhalts (§ 1578 Abs. 1) relevant sind, richten sich nach den für die **allgemeine Lebensführung verfügbaren Mitteln** der Ehegatten. Allerdings ist sowohl bei der Bemessung des Trennungsunterhalts als auch bei der Bemessung des nachehelichen Unterhalts ein **objektiver Maßstab** anzulegen, um sowohl eine zu dürftige Lebensführung (sog. »Geizkragenehe«) als auch einen übermäßigen Aufwand (sog. »Luxusehe«) als Maßstab für den Ehegattenunterhalt auszuschließen. Entscheidend ist derjenige Lebensstandard, der nach dem vorhandenen Einkommen vom **Standpunkt** eines **vernünftigen Betrachters** aus als angemessen erscheint.[147] Dabei hat – gemessen am verfügbaren Einkommen – sowohl eine zu dürftige Lebensführung als auch ein übermäßiger Aufwand außer Betracht zu bleiben; nur in die-

---

144 BGH, FamRZ 2005, 442 = FuR 2005, 174; FamRZ 2007, 1303 = FuR 2007, 529.
145 BGH, FamRZ 2005, 354 = FuR 2005, 170.
146 Hierzu ausführlich BGHZ 148, 105 = BGH, FamRZ 2001, 986 = FuR 2001, 306 zur Änderung der bisherigen Rechtsprechung zur sog. Anrechnungsmethode (sog. Surrogations-Rechtsprechung).
147 OLG Zweibrücken, OLGR 2008, 143.

sem Rahmen kann das tatsächliche Konsumverhalten der Ehegatten während des Zusammenlebens berücksichtigt werden.[148]

67 Die Berechnung des ehelichen/nachehelichen Unterhaltsbedarfs nach einer **Quote** des vorhandenen Einkommens beruht auf der Annahme, daß das gesamte vorhandene Einkommen für den Lebensunterhalt der Ehegatten verwendet wird. Bei besonders günstigen Einkommensverhältnissen liegt nach der Lebenserfahrung (Erfahrungssatz!) die Vermutung nahe, daß regelmäßig nicht sämtliche Einnahmen für den Lebensunterhalt verbraucht werden, sondern sie teilweise auch der Vermögensbildung zufließen. Solche der Vermögensbildung vorbehaltene Einkommensteile dienen dann nicht mehr der Befriedigung laufender Lebensbedürfnisse und dürfen daher bei der Unterhaltsbemessung im Rahmen der Feststellung des sog. konkreten Bedarfs grundsätzlich nicht berücksichtigt werden.[149] Der für eine Korrektur unangemessener Vermögensbildung heranzuziehende Maßstab darf allerdings nicht dazu führen, dass der Boden der ehelichen Lebensverhältnisse verlassen wird und Vermögenseinkünfte als eheprägend zugrunde gelegt werden, die auch nach einem **objektiven Maßstab** nicht für die allgemeine Lebensführung verwendet worden wären.[150] Der getrennt lebende/geschiedene Ehegatte hat dann seinen Bedarf konkret entsprechend den gelebten ehelichen Lebensverhältnissen schlüssig und substantiiert darzulegen und im Bestreitensfalle nachzuweisen (sog. »konkreter Unterhalt«).[151]

67a Der konkrete Unterhaltsbedarf kann jedoch nicht dadurch beeinflußt werden, daß der Unterhaltsgläubiger seine Lebensverhältnisse infolge unzureichender Unterhaltsleistungen des Unterhaltsschuldners vorübergehend einschränken muss.[152]

67b Bei einer Bedarfsermittlung nach den konkreten Verhältnissen ist eigenes Erwerbseinkommen des Unterhaltsgläubigers zur Ermittlung der Bedürftigkeit nicht gekürzt um einen Erwerbstätigenbonus, sondern in vollem Umfang auf den Bedarf anzurechnen.[153]

68-70 (zur Zeit nicht besetzt)

71 I.R.d. **Verwandtenunterhalts** ist der (Lebens-)**Bedarf** nach den **familiären Verhältnissen** zu bemessen: Während Kinder – wenn und soweit sie nicht ausnahmsweise trotz Unterhaltsbedürftigkeit bereits eine eigene Lebensstellung besitzen – ihren Lebensbedarf von ihren Eltern ableiten (sog. abgeleiteter Unterhalt), ist der Lebensbedarf der Eltern, wenn ihre Kinder ihnen unterhaltspflichtig sind nicht von den Kindern abgeleitet, sondern eigenständig zu bestimmen. Abgeleiteter Unterhalt wird zumeist in pauschalierten **Tabellensätzen** ausgedrückt.

72 § 1615l normiert den **Lebensbedarf** der nichtehelichen Mutter nicht, sondern verweist in Abs. 3 Satz 1 auf die Vorschriften des Verwandtenunterhalts; daher bestimmt sich das Maß des nach § 1615l Abs. 2 zu gewährenden Unterhalts entsprechend § 1610 Abs. 1 nach der **Lebensstellung**

---

148 BGH, FamRZ 2007, 1532 = FuR 2007, 484 unter Hinweis auf BGH, FamRZ 1997, 281, 284; FamRZ 1989, 1160, 1161; FamRZ 1989, 838, 839.

149 OLG Köln, FamRZ 2010, 1445 – Feststellung des Unterhaltsbedarfs durch konkrete Bedarfsbestimmung, also diejenigen Mittel, die eine Einzelperson auch unter Berücksichtigung hoher Ansprüche sinnvollerweise ausgeben kann, im Rahmen des Trennungsunterhalts.

150 BGH, FamRZ 1984, 149, 151; FamRZ 1987, 36, 39; FamRZ 2007, 1532 = FuR 2007, 484 – Fortführung von BGH, FamRZ 1997, 281, 284; FamRZ 2012, 514.

151 BGH, FamRZ 2007, 1532, 1534 f.; 2010, 1637 = FuR 2010, 630 – das Einkommen von gegenwärtig 5.100 € bilde nur die Höchstgrenze des vom Einkommen des besser verdienenden Ehegatten abgeleiteten Quotenunterhalts, sofern dieser den Bedarf auf der Grundlage des Einkommens nach der höchsten Stufe der Düsseldorfer Tabelle [im Jahre 2012: 5.100 €] übersteigt; 2011, 192 mit Anm. Schürmann = FuR 2011, 162.

152 BGH, FamRZ 2010, 1637 = FuR 2010, 630 (hier: Reitpferd).

153 BGH, FamRZ 2011, 192 mit Anm. Schürmann = FuR 2011, 162, und mit Anm. Bömelburg, FF 2011, 67; das OLG Hamm (FamRZ 2008, 1184) hatte noch einen Bonus von 1/7 berücksichtigt, das OLG Köln (FamRZ 2010, 326) hingegen nicht.

Klein, Michael

der **Mutter**: Ausschlaggebend ist, in welchen wirtschaftlichen Verhältnissen sie bisher gelebt hat. Deshalb ergeben sich **unterschiedliche Ergebnisse** je nachdem, ob die Mutter über eigenes Einkommen verfügt oder ob sie Unterhalt bezogen oder ob sie staatliche Hilfe, etwa in Form von Sozialhilfeleistungen, in Anspruch genommen hat.[154] War sie vor der Geburt des Kindes erwerbstätig, dann bestimmt ihr früheres, bis zur Geburt nachhaltig erzieltes Einkommen ihren jetzigen Bedarf,[155] jedoch durch den **Halbteilungsgrundsatz** begrenzt. Anders als beim Trennungsunterhalt oder beim nachehelichen Unterhalt, bei denen der Bedarf von den ehelichen Lebensverhältnissen bestimmt wird (§§ 1361 Abs. 1, 1578 Abs. 1), sind die wirtschaftlichen Verhältnisse des Unterhaltsgläubigers für die Bedarfsbemessung nicht maßgebend. Der Lebensbedarf richtet sich auch dann nicht nach einer Quote des Einkommens des Unterhaltsgläubigers, wenn die nichtehelichen Partner längere Zeit in einer eheähnlichen Gemeinschaft gelebt haben. Die Unterhaltsleistung des erwerbstätigen Elternteils ist freiwillig und jederzeit aufkündbar. Abgesehen von der nach Art. 6 GG problematischen Gleichstellung mit der Ehe vermag eine nichteheliche Lebensgemeinschaft mangels rechtlicher Verbindlichkeit die Beziehung der Eltern über deren Fortdauer hinaus nicht zu prägen.[156] Auch spätere Änderungen beeinflussen den Unterhaltsbedarf nach der Lebensstellung des Unterhaltsgläubigers nicht.[157]

Leistungsfähigkeit des Unterhaltsschuldners vorausgesetzt ist in den ersten drei Lebensjahren des Kindes der **Mindestbedarf** der betreuenden Mutter zu sichern; er darf mit dem notwendigen Selbstbehalt eines nicht erwerbstätigen Unterhaltsschuldners pauschaliert werden.[158] Der Unterhaltsanspruch nach § 1615l Abs. 2 soll dem Berechtigten – wie auch der nacheheliche Betreuungsunterhalt nach § 1570 – eine aus kind- und elternbezogenen Gründen notwendige persönliche Betreuung und Erziehung des gemeinsamen Kindes in den ersten Lebensjahren ermöglichen. Damit der betreuende Elternteil daran nicht durch eine Erwerbstätigkeit gehindert ist, darf sein Unterhaltsbedarf nicht unterhalb des Existenzminimums liegen, zumal er sonst in weiterem Umfange als es nach den kind- und elternbezogenen Gründen angemessen ist erwerbstätig sein müsste. Ein Unterhaltsbedarf unterhalb des Existenzminimums würde die im Einzelfall notwendige persönliche Betreuung nicht sicherstellen.[159] Auch wenn der betreuende Elternteil vor der Geburt des Kindes von Sozialleistungen gelebt hat oder seine Einkünfte darunter lagen, und er deswegen auf ergänzende Sozialleistungen angewiesen war, konnte er von einer gesicherten Lebensstellung i.H.d. Existenzminimums ausgehen.[160] 73

Der **Mindestbedarf** bestimmt auch nicht generell den angemessenen Unterhalt i.S.d. § 1610 Abs. 1, sondern legt lediglich die unterste Schwelle des Unterhaltsbedarfs nach der Lebensstellung des Unterhaltsgläubigers fest. Der am Existenzminimum orientierte Mindestbedarf kann sich lediglich nach dem Betrag richten, der einem nicht erwerbstätigen Unterhaltsschuldner als notwendiger Selbstbehalt zur Verfügung steht, und der im Jahre 2012 nach der Düsseldorfer Tabelle und den unterhaltsrechtlichen Leitlinien der Oberlandesgerichte 770,00 € betrug. Soweit der Selbstbehalt eines Erwerbstätigen mit gegenwärtig 950,00 € darüber hinaus geht, schließt er einen 74

---

154 BGH, FamRZ 2005, 442 = FuR 2005, 174; FamRZ 2007, 1303 = FuR 2007, 529; FamRZ 2010, 357 = FuR 2010, 217.
155 BGHZ 177, 272 = BGH, FamRZ 2008, 1739 = FuR 2008, 485.
156 BGHZ 177, 272 = BGH, FamRZ 2008, 1739 = FuR 2008, 485.
157 BGH, FamRZ 2010, 444 = FuR 2010, 286.
158 BGH, FamRZ 2010, 357 = FuR 2010, 217; in BGH, FamRZ 2008, 1738 noch offengelassen; vgl. i.Ü. die Regelungen in Nr. 18 der Leitlinien; Zu allem BGH, FamRZ 2010, 357 = FuR 2010, 217; FamRZ 2010, 444 = FuR 2010, 286.
159 BGH, FamRZ 2010, 357 = FuR 2010, 217.
160 BGHZ 177, 272, 287 = BGH, FamRZ 2008, 1738, 1743 = FuR 2008, 485; BGH, FamRZ 2010, 357 = FuR 2010, 217; FamRZ 2010, 357 = FuR 2010, 217 (»Archäologin«); FamRZ 2010, 444 = FuR 2010, 286.

Erwerbsanreiz ein, der aufseiten des Unterhaltsschuldners seine Berechtigung hat, aber nicht in gleicher Weise auf den Unterhaltsgläubiger übertragen werden kann.[161]

III. Bedürftigkeit des Unterhaltsgläubigers

75 Die **Bedürftigkeit** (des Unterhaltsgläubigers) ist – je nach der gesetzlichen Regelung des betreffenden Schuldverhältnisses – unterschiedlich normiert: Für Ansprüche der **Ehegatten** auf Familienunterhalt in § 1360a Abs. 1, auf Trennungsunterhalt in § 1361 Abs. 1 Satz 1 und auf nachehelichen Unterhalt in § 1577 Abs. 1, für Ansprüche **Verwandter** untereinander in § 1602 und für den Anspruch nach § 1615l dort. Das für jeden Unterhaltsanspruch zwingend notwendige Tatbestandselement »Bedürftigkeit« folgt bereits aus dem allgemeinen unterhaltsrechtlichen Grundsatz, wonach jeder Mensch zunächst selbst für seinen Lebensbedarf aufkommen muss, ehe er auf fremde Hilfe zurückgreifen darf.

Bedürftig ist daher nur, wer

(1) außerstande ist, für seinen eigenen Lebensbedarf vollständig selbst zu sorgen, **und**
(2) hierzu auch nicht verpflichtet ist.

Nur unter diesen Voraussetzungen kann **Bedürftigkeit** überhaupt angenommen werden.

76 Die Abweisung eines Antrages auf künftigen Unterhalt wegen fehlender Bedürftigkeit für die Zeit ab der letzten mündlichen Verhandlung entfaltet auch dann keine materielle Rechtskraft für die Zukunft, wenn zugleich rückständiger Unterhalt zugesprochen wurde. Deswegen ist künftiger Unterhalt, der im Hinblick auf die geänderte Rechtsprechung des zur Bemessung der ehelichen Lebensverhältnisse bei Hausfrauenehen begehrt wird, mit einem Leistungs- und nicht mit einem Abänderungsantrag (s. §§ 238 f. FamFG) geltend zu machen.[162] Neben den übrigen Voraussetzungen des Unterhaltsanspruchs hat der Unterhaltsgläubiger seinen Lebensbedarf und seine Bedürftigkeit darzulegen und zu beweisen, während der Unterhaltsschuldner eine eventuelle (auch begrenzte) Leistungsfähigkeit, wenn er sich auf sie beruft auf die er sich beruft, beweisen muss.[163]

IV. Bemessung des Unterhalts

77 **Unterhalt** ist derjenige Teil seines **Lebensbedarfs**, den der Unterhaltsgläubiger – obwohl er insoweit seinen rechtlichen Verpflichtungen (»Obliegenheiten«) insgesamt nachkommt – **nicht selbst zumutbar zu decken** vermag. **Unselbstständige Teile** des **Gesamtunterhalts** sind Elementar-, Kranken-/Pflegeversicherungs-, Alters- und Berufsunfähigkeitsvorsorge- sowie Mehrbedarf; selbstständiger Teil des Gesamtunterhalts ist der Sonderbedarf (s. § 1613 Abs. 2). Da diese Teile des Unterhalts der Höhe nach voneinander abhängen, können sie nicht einzeln und unabhängig voneinander geltend gemacht werden.[164] Ein Unterhaltsbegehren ohne nähere Bezeichnung umfasst im **Zweifel** den **Gesamtunterhalt**, so dass Nachforderungen für die Vergangenheit regelmäßig ausgeschlossen sind.[165] Der Unterhaltsgläubiger kann jedoch – bezogen auf den Zeitpunkt der ersten Verurteilung zum Unterhalt – einen Nachforderungsantrag stellen, wenn er sich dies im Erstver-

---

161 BGH, FamRZ 2010, 357 = FuR 2010, 217; FamRZ 2010, 444 = FuR 2010, 286.
162 BGH, FamRZ 2005, 101 = FuR 2005, 178 (Berufungsgericht OLG Düsseldorf, FamRZ 2002, 1574) – Fortführung von BGH, FamRZ 1990, 863, und BGH, FamRZ 1985, 376; Abgrenzung zu BGH, FamRZ 1984, 353.
163 BGH, FamRZ 2010, 357 = FuR 2010, 217; FamRZ 2010, 444 = FuR 2010, 286.
164 BGH, FamRZ 1982, 255.
165 BGHZ 94, 145 = BGH, FamRZ 1985, 690.

fahren – in der Begründung des Antrages – vorbehalten hat.[166] Erfolgt kein Vorbehalt, spricht die Vermutung gegen einen **Teilantrag**.[167]

Unterhaltsbeträge sind, um sinnlose Kleinkrämerei zu vermeiden, **kaufmännisch** auf volle Euro zu runden (s. Nr. 24. BuL). **Geringfügige Einkommensdifferenzen** sind i.R.d. Ehegattenunterhalts, bezogen auf **alle Unterhaltstatbestände**,[168] **nicht** auszugleichen (Ausschluss von **Bagatellunterhalt**).[169] Ein Anspruch auf Ehegattenunterhalt kommt dann nicht in Betracht, wenn die Differenz der bereinigten Nettoeinkommens beider Eheleute nicht ins Gewicht fällt. Dies kann dann der Fall sein, wenn sich die Einkommensdifferenz auf weniger als 10% des Gesamteinkommens beläuft,[170] oder wenn der Aufstockungsteil unter 10% des bereinigten Nettoeinkommens des Unterhaltsgläubigers liegt.[171] Maßgebend für die **Größenordnung** des **Aufstockungsbetrages**, die nicht mehr vernachlässigt werden kann, sind die ehelichen Lebensverhältnisse:[172] Je niedriger sie sind, umso weniger kann Unterhalt versagt werden. **78**

1. Ehegattenunterhalt

Der (gesamte) **Lebensbedarf** ist i.R.d. **Ehegattenunterhalts** nach den **ehelichen Lebensverhältnissen** (s. §§ 1360a, 1361, 1578) zu bemessen. Erzielt der unterhaltsberechtigte Ehegatte nach der Trennung/Scheidung Einkommen, welches gleichsam als **Surrogat** des **wirtschaftlichen Wertes** seiner **bisherigen Haushaltstätigkeit/Kinderbetreuung** angesehen werden kann, dann ist dieses nach der sog. Differenz-/Additionsmethode in die Unterhaltsbemessung einzubeziehen. Der Wert seiner Haushaltsleistungen spiegelt sich dann in dem erzielten oder erzielbaren Einkommen wider, von Ausnahmen einer ungewöhnlichen, vom Normalverlauf erheblich abweichenden **Karriereentwicklung** abgesehen. Damit wird das beiderseitige Einkommen nach dem Grundsatz der **gleichmäßigen Teilhabe** an den **ehelichen Lebensverhältnissen** – ebenso wie früher die Familienarbeit beiden Ehegatten zu gleichen Teilen zugutekam – aufgeteilt.[173] Auch – etwa unter Verletzung entsprechender Erwerbsobliegenheiten – tatsächlich nicht erzielte, aber erzielbare Einkünfte sind grds. als die ehelichen Lebensverhältnisse prägend anzusehen und bestimmen mithin als **fiktive Einkünfte** (bereits) den Bedarf des unterhaltsberechtigten Ehegatten. **79**

Weitere **Surrogatformen**:

– Leistungen in einer **neuen Partnerschaft** nach Trennung/Scheidung,
– Bezug von **Renten** aus selbst erworbenen Rentenanwartschaften wie auch aus dem Versorgungsausgleich (jedoch nicht aus Mitteln des Vorsorgeunterhalts geschaffene Rentenanwartschaften), **und**
– Gebrauchsvorteile (etwa Mietwert einer während der Ehe eigengenutzten Immobilie nach ihrer Veräußerung, auch an den anderen Ehegatten).

---

166 BGHZ 94, 145 = BGH, FamRZ 1985, 690; BGH, FamRZ 1987, 368.
167 BGH, FamRZ 2003, 444; OLG Naumburg, FamRZ 2006, 1046.
168 OLG Karlsruhe, OLGR 2008, 410 – kein Anspruch auf Unterhalt wegen Alters nach § 1571 bei geringfügiger Einkommensdifferenz.
169 BGH, FamRZ 1984, 988 – »Größenordnung, die nicht vernachlässigt werden kann«; OLG Saarbrücken, FamRZ 1982, 269; OLG München, OLGR 1996, 254; OLG Brandenburg, FamRZ 2005, 210 – Ansprüche bis zu einer Höhe von vormals 100,00 DM (umgerechnet 51,13 €) seien als geringfügig anzusehen; OLG Köln, FamRZ 2007, 1463OLG Naumburg, 28.01.2010 – 8 UF 160/09, juris (hier: gerundet 2,00 €); s.a. OLG Düsseldorf, FamRZ 2006, 215; s.a. Jüdt, Unterhalt mit dem Taschenrechner? in FuR 2011, 487 ff.
170 OLG Koblenz, FamRZ 2006, 704 = FuR 2006, 45; vgl. auch OLG Düsseldorf, FamRZ 1996, 947; OLG München, FamRZ 1997, 425; OLG Brandenburg, FamRZ 2005, 210
171 OLG München FamRZ 2004, 1208 = FuR 2004, 179.
172 KG, FamRZ 1981, 156.
173 BGHZ 148, 105 = BGH, FamRZ 2001, 986 = FuR 2001, 306; BGH, FamRZ 2001, 1291 = FuR 2001, 404.

2. Verwandtenunterhalt

80 I.R.d. **Verwandtenunterhalts** bestimmt sich das Maß des zu gewährenden Unterhalts nach der **Lebensstellung** des **Bedürftigen** (§ 1610 Abs. 1 – »angemessener Unterhalt«). Der angemessene Unterhalt i.S.d. § 1610 ist damit immer ein Individualunterhalt, der sich nach den jeweiligen Verhältnissen des Einzelfalles aufseiten des Bedürftigen richtet. Maßgebend ist zunächst, ob und ggf. welche **eigenständige** soziale und berufliche **Stellung** der betreffende, Unterhalt begehrende Verwandte individuell erreicht hat; insoweit ist zwischen dem Unterhaltsschuldverhältnis der Kinder gegen die Eltern (s. § 1610) und den Unterhaltsschuldverhältnissen von Eltern gegen ihre Kinder zu unterscheiden. Allerdings sind als »angemessener Unterhalt« i.S.d. § 1610 auch bei bescheidenen wirtschaftlichen Verhältnissen zumindest diejenigen Mittel anzusehen, die das Existenzminimum nach dem SGB XII sicherstellen; sie bilden die **Untergrenze** des **Bedarfs**. Oftmals werden diese Mittel aufgrund der eigenverantwortlichen Lebensführung der Eltern mit all ihren Risiken zugleich aber auch die Obergrenze ihres Lebensbedarfs darstellen, wenn er der jeweiligen Lebenssituation des unterhaltsberechtigten Elternteils entspricht.

80a Der **Lebensbedarf** der **Verwandten** ist zumeist an **festen Bedarfssätzen** auszurichten; soweit dort vorgesehen können die in den Unterhaltstabellen vorgesehenen, am sozialhilferechtlichen Existenzminimum ausgerichteten **Eigenbedarfssätze** eines unterhaltsberechtigten Ehegatten als **Orientierungsgrößen** herangezogen werden.[174] **Unzulässig** sind pauschal-vereinfachende Vergleiche (»**Schematismus**«):[175] Die tabellarischen Selbstbehaltsätze wurden für die vereinfachte Handhabung einer Vielzahl von Fällen zur Bemessung des Unterhalts innerhalb eines zerbrochenen Familienverbands entwickelt, können jedoch in ihrer pauschalen Festlegung von dem nach sozialhilferechtlichen Grundsätzen individuell zu bemessenden **Existenzminimum** erheblich abweichen.[176]

81 I.R.d. **Deszendentenunterhalts** (»**Kindesunterhalt**«) ist die **Lebensstellung** von **Kindern** regelmäßig von derjenigen ihrer Eltern abzuleiten, wenn und soweit die Kinder noch keine eigene Lebensstellung erreicht haben. Der Unterhaltsbedarf orientiert sich bei minderjährigen Kindern ab Trennung ihrer Eltern regelmäßig an dem Einkommen des barunterhaltspflichtigen Elternteils, bei volljährigen Kindern (auch wenn sie nach § 1603 Abs. 2 Satz 2 privilegiert sind) an dem Einkommen beider Eltern.[177]

82 I.R.d. **Aszendentenunterhalts** (»**Elternunterhalt**«) ist der Lebensbedarf eines Elternteils in aller Regel **eigenständig** zu bestimmen.[178] Grds. wird er jedenfalls durch die Grundbedürfnisse, auch die Wohnsituation sowie die Pflegebedürftigkeit,[179] darüber hinaus auch durch die Mittel für individuelle Bedürfnisse oder für einen Mehrbedarf bei Behinderung durch die individuellen Einkommens- und Vermögensverhältnisse des betreffenden Elternteils auf denjenigen Betrag, der für die jeweilige Lebenssituation des unterhaltsberechtigten Elternteils aufgewendet werden muss, bestimmt.[180]

3. Unterhalt nach § 1615l

83 Da sich das Maß des einer nicht verheirateten Mutter nach § 1615l Abs. 2 zu gewährenden Unterhalts nach ihrer **Lebensstellung vor Geburt** des **Kindes** bestimmt (§§ 1615l Abs. 3 Satz 1, 1610 Abs. 1), ist ihr Unterhalt nicht als Quotenunterhalt nach den Einkommens- und Vermögensverhältnissen des nichtehelichen Vaters innerhalb einer gelebten nichtehelichen Lebensgemeinschaft

---

174 BGH, FamRZ 2003, 860, 861 = FuR 2003, 275; 2004, 1370 = FuR 2004, 566.
175 Brudermüller, NJW 2004, 633, 634.
176 BGHZ 156, 30 = BGH, FamRZ 2003, 1466 = FuR 2004, 78.
177 Zum MHBG (Minderjährigenhaftungsbeschränkungsgesetz, in Kraft getreten zum 01.01.1999) s. Habersack, FamRZ 1999, 1, und Behnke, NJW 1998, 3078.
178 BGH, FamRZ 2003, 860 = FuR 2003, 275.
179 BGH, FamRZ 2003, 860 = FuR 2003, 275.
180 BGH, FamRZ 2003, 860 = FuR 2003, 275; zur Bedarfsbemessung vgl. auch Müller, FPR 2003, 611.

zu bemessen;[181] zudem ist der Unterhaltsbedarf durch den Halbteilungsgrundsatz begrenzt.[182] Allerdings muss stets das Existenzminimum – Mindestbedarf zuzüglich Krankheits- und Pflegevorsorge – gewahrt werden, wenn und soweit der Unterhaltsschuldner leistungsfähig ist.

V. Leistungsfähigkeit des Unterhaltsschuldners (»Mangellagen«)

Grundvoraussetzung eines jeden Unterhaltsanspruchs ist neben der Bedürftigkeit des Unterhaltsgläubigers Leistungsfähigkeit des Unterhaltsschuldners, die **zeitgleich** mit der Bedürftigkeit vorliegen muss (»**Gleichzeitigkeitsgrundsatz**«). **Künftiges Einkommen** sowie **Nachzahlungen** (etwa von Arbeitsbezügen, Renten, Unfallversicherung u.a.) erhöhen die Leistungsfähigkeit daher lediglich für die Zukunft.[183] Das UÄndG 2007 hat die **Rangverhältnisse** auf **Gläubigerseite** in § 1609 neu geordnet; auf **Schuldnerseite** gelten nach wie vor §§ 1606, 1608. Ist der Unterhaltsschuldner insgesamt oder teilweise leistungsunfähig, fallen sämtliche gleich- oder nachrangigen Unterhaltsgläubiger aus; sie sind darauf verwiesen, insgesamt oder ergänzend Sozialleistungen in Anspruch zu nehmen.[184]   **84**

Der Rechtszustand bis zum 31.12.2007 ging in § 1582 a.F. aufgrund der sog. »**Hypothekentheorie**« vom Grundsatz des Vorrangs der Erstehe aus. Diesen Grundsatz hat die Unterhaltsrechtsreform mit Wirkung zum 01.01.2008 aufgegeben.[185] Mit der **Neuordnung** des **Gläubigerrangs** in § 1609 hat der Gesetzgeber auch eines seiner wichtigen Reformziele »Vereinfachung der Bemessung des Unterhalts in Mangellagen« erreicht. § 1609 ist jedoch nur dann von Bedeutung, wenn ein Unterhaltsschuldner mit seinem unterhaltsrelevant bereinigten Einkommen nicht für den Unterhalt **aller** Unterhalt begehrenden Berechtigten aufkommen kann (teilweise mangelnde bzw. vollständig fehlende Leistungsfähigkeit, sog. **Mangellage**).[186]   **85**

§ 1609 i.d.F. des UÄndG 2007 hat die bisher über mehrere Bestimmungen verteilte (§§ 1582 Abs. 1, 1609, 1615l Abs. 3, jeweils a.F.), teilweise nicht mehr verfassungskonforme, teil nicht mehr sachgerechte frühere Rangregelung ersetzt. Der neue absolute Vorrang minderjähriger und gem. § 1603 Abs. 2 Satz 2 sog. privilegierter volljähriger Kinder (§ 1609 Nr. 1) entspringt dem Kinderschutz: Da diese sich regelmäßig nicht selbst unterhalten können, soll bei beengten Verhältnissen zumindest ihr Mindestunterhalt gesichert sein.[187] Einem verfassungsrechtlichen Gebot[188] folgend wurden verheiratete und nicht verheiratete Elternteile i.R.d. Kinderbetreuung gleichgestellt (§ 1609 Nr. 2); auch hier wird der Gedanke des Kinderschutzes nur durchbrochen von der Gleichstellung im Rang bei Ehegatten mit langer Ehedauer. Allerdings kann sich ein Ehegatte auf lange Ehedauer i.S.d. § 1609 Nr. 2 nur dann berufen, wenn neben einer langen Ehedauer auch ehebedingte Nachteile i.S.d. § 1578b Abs. 1 Satz 2 und 3 vorliegen, wenn also durch Ehe und/oder Kinderbetreuung Nachteile im Hinblick auf die Möglichkeit eingetreten sind, für den eigenen Unter-

181 BGH, FamRZ 2007, 1303 = FuR 2007, 529 unter Hinweis auf BGH, FamRZ 2004, 1357, 1359; BGHZ 177, 272 = BGH, FamRZ 2008, 1739 = FuR 2008, 485.
182 BGH, FamRZ 2005, 442 = FuR 2005, 174 im Anschluss an BGHZ 161, 124 = BGH, FamRZ 2005, 347 = FuR 2005, 165; BGH, FamRZ 2005, 354 = FuR 2005, 170; FamRZ 2007, 1303 = FuR 2007, 529; s.a. oben Rdn. 57a ff.
183 BGH, FamRZ 1985, 155; OLG Nürnberg, FamRZ 1997, 961; OLG Naumburg, OLG-NL 1997, 140 zu einer Unfallversicherung.
184 S. etwa BGH, FamRZ 1996, 1272 unter Hinweis auf Hampel, FamRZ 1996, 513, 516; OLG Hamburg, ZfJ 1999, 354; zu allem zuletzt BGH, FamRZ 2009, 307 = FuR 2009, 97; FamRZ 2009, 579 = FuR 2009, 342; FamRZ 2010, 444 = FuR 2010, 286; FamRZ 2010, 357 = FuR 2010, 217.
185 S.a. Schürmann, FamFR 2010, 217 ff. – »Neue Ehe und neue Fiktionen«.
186 BGH, FamRZ 2008, 968 = FuR 2008, 297; FamRZ 2008, 1911 = FuR 2008, 542; FamRZ 2010, 111 = FuR 2010, 164.
187 BT-Drucks. 16/1830, S. 23 f.
188 BVerfG, FamRZ 2007, 965.

halt zu sorgen.[189] Die Rangfolge ab § 1609 Nr. 4 entspricht – nunmehr jedoch übersichtlicher gestaltet – der früheren Rechtslage.[190]

86 In **Mangellagen** darf daher für einzelne Unterhaltsgläubiger **nicht** durch **Teilbeschluss** entschieden werden, wenn der Unterhaltsschuldner nicht uneingeschränkt leistungsfähig ist und alle Unterhaltsberechtigte gleichrangig sind, weil zur Durchführung einer Mangelfallberechnung der gesamte aus der ungenügenden Verfügungsmasse zu berücksichtigende Unterhaltsbedarf bekannt sein muss.[191]

1. Strukturen zur Leistungsfähigkeit

87 **Nicht** oder nur **begrenzt leistungsfähig** ist nur, wer

(1) nicht über ausreichende Mittel außerhalb seines eigenen Lebensbedarfs (»**Selbstbehalt**«) verfügt, **und**

(2) auch nicht verpflichtet ist, sich solche Mittel zu beschaffen.

Nur unter diesen Voraussetzungen kann überhaupt vollständige oder auch nur eingeschränkte **Leistungsfähigkeit** angenommen werden.[192] Für die Erfüllung von Unterhaltspflichten ist somit nur das über dem Selbstbehalt liegende Einkommen (»**Verteilungsmasse**«) verfügbar; reicht dieses nicht aus, den Bedarf aller Unterhaltsgläubiger zu decken, liegt ein **Mangelfall** (für den Unterhaltsschuldner) vor (eine Mangellage aufseiten der Unterhaltsgläubiger ist in § 1608 geregelt).

88 Einem Unterhaltsschuldner müssen (zumindest) diejenigen Mittel verbleiben, die notwendig sind, seinen eigenen Lebensbedarf nach sozialhilferechtlichen Grundsätzen in der jeweiligen Lebenssituation (eigene Existenz = notwendiger Eigenbedarf = sog. notwendiger »**Selbstbehalt**«) zu decken, und die sich sodann jeweils nach der konkreten Unterhaltspflicht bemessen. Die finanzielle Leistungsfähigkeit endet deswegen jedenfalls dort, wo der Unterhaltsschuldner nicht mehr in der Lage ist, seine eigene Existenz zu sichern. Leistungspflichten bestehen also nicht, wenn und soweit der Unterhaltsschuldner infolge einer Unterhaltsleistung selbst sozialhilfebedürftig würde.[193] Reicht das nach Abzug des Eigenbedarfs für Unterhalt verfügbare Einkommen des Unterhaltsschuldners (sog. »**Verteilungsmasse**«) nicht für die Erfüllung aller Unterhaltspflichten aus, dann liegt ein sog. »**Mangelfall**« vor; es sind dann die **Rangverhältnisse** auf Gläubiger – wie auf Schuldnerseite zu prüfen.[194]

89 Allerdings darf dem Unterhalt begehrenden Ehegatten nicht Verfahrenskostenhilfe mit der Begründung verweigert werden, sein Unterhaltsantrag sei mutwillig i.S.v. § 114 ZPO, weil eine **Zwangsvollstreckung** gegen den Unterhaltsschuldner **erfolglos** wäre: Selbst wenn das Verbraucherinsolvenzverfahren eröffnet werden sollte, dürfte der Unterhaltsgläubiger gem. § 850d ZPO in die Einkünfte weitergehend vollstrecken als andere Gläubiger.[195]

---

189 BGHZ 177, 356 = BGH, FamRZ 2008, 1911 = FuR 2008, 542 – 27-jährige kinderlose Ehe, bei der die Frau seit ca. 13 Jahren wieder vollschichtig im erlernten Beruf als Verkäuferin arbeitete.

190 BT-Drucks. 16/1830, S. 24.

191 OLG Zweibrücken, EzFamR **aktuell** 2000, 317; OLGR 2002, 105.

192 Zu allem zuletzt BGH, FamRZ 2006, 683; FamRZ 2008, 1911 = FuR 2008, 542; FamRZ 2009, 411 = FuR 2009, 159; FamRZ 2010, 111 = FuR 2010, 164.

193 BGHZ 111, 194, 198 = BGH, FamRZ 1990, 849; BGHZ 123, 49 = FamRZ 1993, 1186, 1188; BGHZ 166, 351, 356 = FamRZ 2006, 683 = FuR 2006, 266; BGHZ 175, 182 = FamRZ 2008, 968 = FuR 2008, 297; BGH, FamRZ 1996, 1272, 1273; FamRZ 2000, 221 = FuR 2000, 249.

194 Zum Rangverhältnis im Unterhaltsrecht s. Joosten, ZFE 2003, 75.

195 OLG Hamburg, FamRZ 2003, 1102; s.a. Pape, ZFE 2010, 136 – Die Familie des Schuldners im Insolvenzverfahren; Schwarz/Facius, FF 2010, 189 zum Unterhaltsanspruch im Insolvenzverfahren und in der Wohlverhaltensperiode des Unterhaltsschuldners.

2. Verfassungsrechtlicher Schutz des Selbstbehalts

Der **Eingriff** in die und die Begrenzung der an sich durch Art. 2 Abs. 1 GG geschützten **finanziel- 90 len Handlungsfreiheit** des Unterhaltsschuldners als Folge der Unterhaltspflicht rechtfertigt sich aus der sei es ggü. dem Ehegatten (§§ 1360 ff., 1361, 1569 ff.) übernommenen, sei es ggü. Verwandten (in gerader Linie, §§ 1601 ff.) bzw. der nichtehelichen Mutter eines Kindes (§ 1615l) bestehenden Verantwortung. Je **höher** diese **Verantwortung** ist, um so schärfer wird der **Selbstbehalt** des Unterhaltsschuldners begrenzt. Nach dem Grundsatz der Verhältnismäßigkeit ist daher im jeweiligen **Einzelfall** zu prüfen, ob der Unterhaltsschuldner in der Lage ist, den beanspruchten Unterhalt zu zahlen, oder ob dieser seine finanzielle Leistungsfähigkeit übersteigt.[196]

3. Bemessung des Selbstbehalts im Einzelfall

Die **Bemessung** des dem Unterhaltsschuldner zu belassenden **Selbstbehalts** ist in jedem **Einzelfall 91** Aufgabe des Tatrichters, dem es nicht verwehrt ist, sich an Erfahrungs- und Richtwerte anzulehnen, sofern nicht im Einzelfall besondere Umstände eine Abweichung gebieten; der Tatrichter muss daher die gesetzlichen Wertungen und die Bedeutung des jeweiligen Unterhaltsanspruchs berücksichtigen.[197] Weiter hat er die gesetzlichen Vorgaben zu beachten, die sich insb. aus dem Wesen der Unterhaltspflicht und der Rangfolge des Anspruchs im Verhältnis zu anderen Unterhaltsgläubigern ergeben. Ob und in welchem Umfange der dem Unterhaltsschuldner zu belassende Selbstbehalt über den jeweils regional maßgeblichen sozialhilferechtlichen Mindestbedarf hinausgehen kann, haben die Gerichte unter Berücksichtigung der gesetzlichen Vorgaben zu bestimmen, die sich insb. aus der Bedeutung und Ausgestaltung des jeweiligen Unterhaltsanspruchs und seiner Rangfolge im Verhältnis zu anderen Unterhaltsansprüchen ergeben.

a) Unterhalt minderjähriger und privilegierter volljähriger Kinder

Der Unterhaltsschuldner haftet ggü. seinen minderjährigen und den ihnen nach § 1603 Abs. 2 **92** Satz 2 gleichgestellten volljährigen unverheirateten (sog. privilegierten) Kindern **gesteigert** (§ 1603 Abs. 1 Satz 2),[198] sodass von einem nur wenig über dem Sozialhilfebedarf liegenden **notwendigen Selbstbehalt** auszugehen ist.[199] Der Regelungshintergrund dieser Vorschrift ist darin zu sehen, dass minderjährigen Kindern wegen ihres Alters von vornherein die Möglichkeit verschlossen ist, durch eigene Anstrengungen zur Deckung ihres notwendigen Lebensbedarfs beizutragen.[200] Der Gesetzgeber hat den stärkeren Schutz des Unterhaltsanspruchs minderjähriger bzw. privilegierter volljähriger Kinder auch durch das UÄndG 2007 betont, indem er in § 1609 Nr. 1 deren Unterhalt als ggü. anderen Unterhaltsansprüchen, auch ggü. dem Betreuungsunterhalt nach §§ 1570, 1615l Abs. 2 (vgl. insoweit § 1609 Nr. 2), vorrangig ausgestaltet hat.

Der **notwendige Selbstbehalt** ggü. den Unterhaltsansprüchen minderjähriger und privilegierter **93** volljähriger Kinder kann noch weiter bis auf den jeweils konkret maßgeblichen Sozialhilfesatz herabgesetzt werden, wenn der Unterhaltsschuldner in einer neuen Lebensgemeinschaft wohnt und dadurch Kosten der gemeinsamen Haushaltsführung erspart, wenn und soweit der Partner einen Kostenbeitrag zum gemeinsamen Haushalt erbringen kann, wenn auch (nur) aus Sozialhilfeleistungen (Schlagwort: »**Generalunkostenersparnis**«).[201]

---

196 BVerfG, FamRZ 2003, 661 = FuR 2003, 533.
197 BGH wie zuvor unter Hinweis auf BGHZ 166, 351, 356 = BGH, FamRZ 2006, 683, 684 = FuR 2006, 266.
198 S. hierzu BVerfG, FamRZ 2007, 273 = FuR 2007, 76.
199 BGH, FamRZ 2008, 594 = FuR 2008, 203.
200 BGHZ 166, 351, 356 ff. = BGH, FamRZ 2006, 683, 684 = FuR 2006, 266.
201 BGHZ 175, 182 = BGH, FamRZ 2008, 968 = FuR 2008, 297 m.w.N.; s. etwa OLG Hamm, OLGR 2004, 289 = FamRZ 2005, 366 [LS] – keine Versorgungsleistungen für den arbeitslosen und haushaltführenden Lebenspartner bei vollschichtiger Berufstätigkeit.

b) Ehegattenunterhalt

94 Ggü. dem Anspruch auf **Ehegattenunterhalt** soll dem Unterhaltsschuldner regelmäßig nicht nur der notwendige Selbstbehalt (§ 1603 Abs. 2) verbleiben, sondern der Selbstbehalt ist i.d.R. mit einem Betrag zu bemessen, der zwischen dem angemessenen (§ 1603 Abs. 1) und dem notwendigen (§ 1603 Abs. 2) Selbstbehalt liegt,[202] auch wenn das Existenzminimum des anderen (geschiedenen) Ehegatten nicht sichergestellt und dieser daher gezwungen ist – überhaupt oder in stärkerem Maße, als es sonst der Fall wäre –, öffentliche Mittel für seinen Unterhalt in Anspruch zu nehmen.[203] Das gilt jedoch für geschiedene oder getrennt lebende Ehegatten nicht in gleichem Maße, auch nicht wenn es sich um Betreuungsunterhalt handelt. Das Verhältnis der Ehegatten während ihrer Trennungszeit unterscheidet sich von demjenigen nach der Scheidung noch durch die **eheliche Bindung**: Einerseits tragen die Ehegatten während der Ehe noch mehr Verantwortung füreinander als nach der Ehescheidung; andererseits legt die besondere Verbundenheit, von der das Verhältnis der Ehegatten geprägt wird, dem Unterhaltsgläubiger während des Getrenntlebens auch noch ein höheres Maß an Rücksichtnahme auf die Interessen des Unterhaltsschuldners auf, als dies nach der Scheidung der Fall ist. Diese Pflicht kann auch dazu führen, dass dem Unterhaltsschuldner jedenfalls während der Trennungszeit die Verwertung seines Vermögens nicht zugemutet werden kann.[204]

95 Der Unterhaltsschuldner ist daher für **Ehegattenunterhalt** – teilweise oder insgesamt – nicht leistungsfähig, wenn er »nach seinen Erwerbs- und Vermögensverhältnissen außerstande« ist, »ohne Gefährdung seines eigenen angemessenen Unterhalts dem Berechtigten Unterhalt zu gewähren« (Legaldefinition des **§ 1581 Satz 1** für den nachehelichen Unterhalt und **§ 1581 analog** für den Trennungsunterhalt, allerdings im Hinblick auf die vor rechtskräftiger Auflösung der Ehe noch bestehende größere Verantwortung der Ehegatten füreinander mit **verschärftem Haftungsmaßstab**): Mit zunehmender Dauer der Trennung sinkt die eheliche Solidarität ab bis hin zum Grundsatz der Eigenverantwortung (§ 1569).[205] Soweit der Unterhaltsschuldner ggü. dem bedürftigen Ehegatten weiter haftet, ist dies entweder aus der ehelichen oder aus der fortwirkenden (nach-)ehelichen **Solidarität** herzuleiten, deren verfassungsrechtliche Grundlage sich aus Art. 6 Abs. 1 GG ergibt.[206] I.R.d. Leistungsfähigkeit ist der Halbteilungsgrundsatz zu beachten, was zu einem relativen Mangelfall führen kann, wenn dem Unterhaltsschuldner für den eigenen Unterhalt weniger verbleibt, als der Unterhaltsgläubiger mit dem Unterhalt zur Verfügung hat.[207]

96 **Ausnahmsweise** kann jedoch dem Unterhaltsschuldner i.R.d. Billigkeitsabwägung im Einzelfall nach § 1581 analog i.R.d. Trennungsunterhalts (also innerhalb **ehelicher** Solidarität) eine Unterhaltsverpflichtung bis zur Grenze des eigenen notwendigen Selbstbehalts auferlegt werden, wenn ein unterhaltsberechtigter Ehegatte aus besonderen Gründen ähnlich hilflos und bedürftig wie ein

---

202 BGHZ 166, 351, 356 ff., 358 = BGH, FamRZ 2006, 683 = FuR 2006, 266; BGHZ 175, 182 = FamRZ 2008, 968 = FuR 2008, 297; BGH, FamRZ 2009, 307 = FuR 2009, 97 – Leistungsfähigkeit des Unterhaltsschuldners bei Bezug von Krankengeld i.R.d. Trennungsunterhalts; FamRZ 2009, 579 = FuR 2009, 342.

203 BGHZ 109, 72 = BGH, FamRZ 1990, 260 = FuR 1990, 161 unter Berufung auf BVerfGE 66, 84, 97 ff.; BGH, FamRZ 2006, 683 = FuR 2006, 266; s.a. OLG Saarbrücken, FamRZ 2007, 127 = FuR 2007, 184.

204 BGH, FamRZ 2005, 97, 99 = FuR 2005, 23; 2012, 514 = FuR 2012, 374.

205 S. OLG Koblenz, FamRZ 2008, 280 – eheangemessener Selbstbehalt von 1.000,00 € i.R.d. Trennungsunterhalts zumindest dann, wenn keine minderjährigen Kinder zu betreuen sind; OLG Stuttgart, FamRZ 2007, 1738 (995,00 €).

206 Anders aber – ohne nähere Begründung – BGH, FamRZ 2006, 683 = FuR 2006, 266 – identische Selbstbehalte im Rahmen von Trennungsunterhalt und nachehelichem Unterhalt trotz unterschiedlicher ehebezogener Solidarität.

207 BGH, FamRZ 2012, 281 = FuR 2012, 180.

minderjähriges Kind,[208] oder aber auch nach § 1581 i.R.d. **nachehelichen** Unterhalts, wenn die Belange gemeinsamer Kleinstkinder (also Kinder unter drei Jahren, s. §§ 1570, 1615l – sog. »**Basisunterhalt**«) dies rechtfertigen.[209] Eine **Billigkeitsabwägung** i.R.d. § 1581 kann aber auch dazu führen, dass dem Unterhaltsschuldner nur der notwendige Selbstbehalt verbleibt, wenn dies den ehelichen Lebensverhältnissen entspricht.[210] Bei Rentnern ist als Untergrenze des eheangemessenen Selbstbehalts i.d.R. der angemessene Selbstbehalt des Volljährigen anzusetzen, insb. wenn die Ehe kinderlos und nicht von langer Dauer war.[211]

Bei **Rangkonkurrenzen** ist zu beachten:　　　　　　　　　　　　　　　　　　　　　　　97

– In welchen Rang nach § 1609 Nr. 2 und 3 ist der Unterhalt begehrende Ehegatte überhaupt einzustufen, **und**
– Bei allen Rängen: Ist dem vorrangigen Unterhaltsgläubiger angemessener Unterhalt oder aber nur das Existenzminimum zuzugestehen, oder fallen weitere Ränge völlig aus?

c) Unterhalt volljähriger Kinder

§ 1603 differenziert zwischen dem **notwendigen** (= kleinen) Selbstbehalt (§ 1603 Abs. 2 – Eltern　98 haften ihren minderjährigen und diesen nach § 1603 Abs. 2 Satz 2 privilegierten und daher gleichgestellten volljährigen Kindern als unterste Grenze der Inanspruchnahme des Unterhaltsschuldners) und dem **angemessenen** (= großen) Selbstbehalt (§ 1603 Abs. 1) ggü. Unterhaltsansprüchen volljähriger Kinder.

4. Bedarfskontrollbetrag

Vom Selbstbehalt zu unterscheiden ist der **Bedarfskontrollbetrag**, der (nur) eine gleichmäßige　99 Verteilung des Einkommens zwischen dem Unterhaltsschuldner und den verschiedenen Unterhaltsgläubigern gewährleisten soll mit dem Ziel, dass dem Unterhaltsschuldner bei höherem Einkommen dem einzelnen Unterhaltsgläubiger ggü. jeweils mehr verbleibt als sein jeweiliger Selbstbehalt.[212] Wird der jeweilige Selbstbehalt unter Berücksichtigung des Ehegattenunterhalts unterschritten, dann ist für die Bestimmung des Kinderunterhalts der Bedarfsbetrag der nächst niedrigeren Einkommensgruppe anzusetzen, deren Kontrollbetrag dann seinerseits nicht unterschritten werden darf. In **Mangellagen** sind die **Bedarfskontrollbeträge ohne Belang**.[213]

5. Übersicht über die verschiedenen Selbstbehalte (DT 2013)

Die Selbstbehalte sind »feste Limits«, die im Regelfall nach unten nicht unterschritten werden　100 sollten,[214] und die seit 01.01.2008 regelmäßig bundeseinheitlich identisch angesetzt werden. Der Tatrichter ist an diese Vorgaben nicht gebunden; sie sind **Orientierungshilfen** und -**rahmen**.

208　BGHZ 109, 72 = BGH, FamRZ 1990, 260 = FuR 1990, 161; OLG Koblenz, FamRZ 2005, 1482 – die Unterhaltsgläubigerin war in vollem Umfange pflegebedürftig.

209　OLG Bamberg, OLGR 2007, 563.

210　OLG Koblenz, FamRZ 2007, 1330 m. Anm. Soyka, FuR 2007, 135 f., und Schürmann, NJW 2007, 1147.

211　OLG München, FamRZ 2006, 792.

212　S. ausführlich – und grds. billigend – BGH, FamRZ 2000, 1492 m. Anm. Scholz; OLG Düsseldorf, FamRZ 1999, 1165; OLG Schleswig, NJW-RR 2001, 363 – den Bedarfskontrollbeträgen komme auch in Anbetracht der »Mangelfall«-Entscheidung des BGH, FamRZ 1997, 806 bei der Berechnung des Kindesunterhalts weiterhin Bedeutung zu; krit. OLG Hamm, NJW 1998, 3128; OLG Schleswig, FamRZ 2000, 441 – die tatsächlich zur Verfügung stehenden Mittel seien zu berücksichtigen; abl. OLG Stuttgart, FamRZ 2000, 376; s. auch OLG Hamm, FamRZ 2010, 1346; OLG Brandenburg, NZS 2012, 471; zu allem ausführlich Scholz, FamRZ 2001, 1047.

213　S.a. OLG Stuttgart, FamRZ 2000, 377 = FuR 2000, 129.

214　BGH, FamRZ 2004, 370, 373.

Die verschiedenen Selbstbehalte:

1. Notwendiger = kleiner Selbstbehalt (§ 1603 Abs. 2): 800,00 €/1.000,00 €

Haften Eltern ihren minderjährigen und diesen nach § 1603 Abs. 2 Satz 2 privilegierten und daher gleichgestellten volljährigen Kindern, dann gilt im Allgemeinen der notwendige = kleine Selbstbehalt (§ 1603 Abs. 2) als unterste Grenze der Inanspruchnahme des Unterhaltsschuldners.[215]

2. Angemessener = großer Selbstbehalt (§ 1603 Abs. 1): 1.200,00 €

Für Unterhaltsansprüche volljähriger Kinder haftet der Unterhaltsschuldner bis zur Grenze des angemessenen = großen Selbstbehalts gem. § 1603 Abs. 1.[216]

3. Angemessener Ehegattenselbstbehalt (§ 1581) und Selbstbehalt nach § 1615l: 1.100,00 €

Ggü. Ehegatten gilt grds. der angemessene Selbstbehalt gem. § 1581, ein in etwa gemittelter Wert zwischen den Selbstbehalten des § 1603 Abs. 1 und des § 1603 Abs. 2;[217] dieser Selbstbehalt gilt gleichermaßen ggü. einem ein nichteheliches Kind betreuenden Elternteil (§ 1615l).[218]

4. Erweiterter großer Selbstbehalt (»Super-Selbstbehalt«)

Haften Kinder für den Lebensbedarf ihrer Eltern (»Elternunterhalt«) oder Großeltern für den Lebensbedarf ihrer Enkel (»Enkelunterhalt«), dann können sie sich auf die Haftungsgrenze des sog. erweiterten großen Selbstbehalts (sog. »Super-Selbstbehalt«) berufen: 1.600,00 € + 1/2 des diesen Satz übersteigenden Einkommens.[219] Dieser Selbstbehalt gilt auch für einen Elternteil gegenüber dem Unterhaltsanspruch seines erwachsenen Kindes, das seine bereits erlangte wirtschaftliche Selbständigkeit wieder verloren hat.[220]

6. Notwendigkeit individueller Mangelfall-Entscheidungen

101 Die nach § 1581 Abs. 1 Satz 1 gebotene Beachtung der Leistungsfähigkeit des unterhaltspflichtigen geschiedenen Ehegatten hat nach der Rechtsprechung des BGH eine doppelte Bedeutung: Zum einen wird sichergestellt, dass dem Unterhaltsschuldner ein fester Teil seines verfügbaren Einkommens als Mindestselbstbehalt verbleibt; kann er seine Unterhaltspflichten bei Wahrung seines eigenen Selbstbehalts nicht erfüllen, liegt ein **absoluter Mangelfall** vor. Der Selbstbehalt schützt als unterste Grenze das Existenzminimum, damit der Unterhaltsschuldner durch Erfüllung seiner Unterhaltspflicht nicht selbst sozialhilfebedürftig wird. Die Höhe des Selbstbehalts hängt zudem von der konkreten gesetzlichen Ausgestaltung des jeweiligen Unterhaltstatbestands ab. Gegenüber einem getrennt lebenden oder geschiedenen Ehegatten liegt der vom Tatrichter zu bemessende Ehegattenselbstbehalt regelmäßig zwischen dem notwendigen und dem angemessenen Selbstbehalt.[221] Darüber hinaus hat § 1581 auch i.R.d. Leistungsfähigkeit die Bedeutung, den Halbteilungsgrundsatz zu wahren: Sofern zusätzliche Belastungen des Unterhaltsschuldners nicht schon bei der Bedarfsbemessung berücksichtigt wurden und deswegen auch nicht in die quotale Halbteilung eingeflossen sind, ist im Rahmen der Leistungsfähigkeit zu prüfen, ob ihre Berücksichtigung zu einem **relativen Mangelfall** führt. Das gilt insbesondere für nachehelich entstandene weitere Unterhaltspflichten, die nicht bereits bei der Bedarfsbemessung des geschiedenen Ehegatten berücksichtigt werden durften, da § 1581 ausdrücklich die »Berücksichtigung sonstiger Verpflichtungen« anordnet. Auch bei Prüfung eines relativen Mangelfalls ist allerdings der Rang der verschiedenen Unterhaltspflichten zu berücksichtigen. Im Rahmen der Leistungsfähigkeit ist daher der »eigene angemessene Unterhalt« des Unterhaltsschuldners i.S.v. § 1581 als Kehrseite des Bedarfs des Unterhaltsgläubigers nach § 1578 Abs. 1 Satz 1 zu verstehen.[222] Eine **Mangellage** wird

---

215 BGH, FamRZ 1984, 1000.
216 BGH, FamRZ 2006, 26 = FuR 2006, 39.
217 BGH, FamRZ 2006, 683 = FuR 2006, 266; s.a. OLG Saarbrücken, FamRZ 2007, 1329.
218 BGH, FamRZ 2007, 1303 = FuR 2007, 529.
219 BGHZ 152, 217 = BGH, FamRZ 2002, 1698 = FuR 2003, 26.
220 BGH, FamRZ 2012, 530 = FuR 2012, 255 (Berufungsgericht: OLG Köln FamRZ 2010, 1739).
221 BGHZ 166, 351 = FamRZ 2006, 683; BGH, FamRZ 2009, 311 = FuR 2009, 95.
222 BGH, FamRZ 2012, 281 = FuR 2012, 180.

im Einzelfall, wenn mehrere Unterhaltsgläubiger beteiligt sind, nach folgendem Schema[223] festgestellt, wobei verkürzt vorgegangen werden kann, wenn die Verteilungsmasse erkennbar nur für vorrangige Unterhaltsgläubiger ausreicht:

- Errechnung des Unterhaltsbedarfs der einzelnen Unterhaltsgläubiger,
- Feststellung der Verteilungsmasse und damit ggf. der Mangellage,
- Prüfung der Rangfragen
- Ausscheiden der nachrangigen und Neuberechnung des Bedarfs der vorrangigen Unterhaltsgläubiger,
- Anteilige Unterhaltungskürzung bei den gleichrangigen Unterhaltsgläubigern,
- Ergebniskorrektur im Einzelfall nach Billigkeit und Angemessenheit.

In Mangellagen ist das errechnete **Ergebnis** zu überprüfen und ggf. zu korrigieren, wenn die Mangelfallkürzung zu einem **Ungleichgewicht** der verbleibenden Barmittel innerhalb der ersten und zweiten Familie führt, insb. wenn dadurch eine Familie Sozialleistungen in Anspruch nehmen muss.[224] **102**

Mangellagen verschärfen die beiderseitigen **Obliegenheiten** im Unterhaltsschuldverhältnis: Sowohl die unterhaltsrelevant ermittelten **bereinigten Nettoeinkommen** wie auch die jeweiligen Abzugsposten sind nochmals zu überprüfen und ggf. nach **Billigkeitskriterien** zu **korrigieren**. Berührt die Mangellage darüber hinaus auch **Ansprüche minderjähriger** und ihnen nach § 1603 Abs. 2 Satz 2 gleichgestellter **privilegierter volljähriger Kinder**, dann ist der insoweit anzulegende **Maßstab** nochmals zu verschärfen, weil diese Unterhaltsgläubiger sich regelmäßig nicht selbst unterhalten können und deshalb verstärkt schutzbedürftig sind (s. etwa § 1603 Abs. 2 Satz 1). Ähnliches gilt dann, wenn der getrennt lebende/geschiedene Ehegatte gemeinschaftliche Kleinstkinder betreut und deshalb nicht bzw. nur teilzeitig einer Erwerbstätigkeit nachgehen kann. **103**

Vielfach sind daher in **Mangellagen Korrekturen** veranlasst; insb. sind zu prüfen: **104**

- **Korrekturen des Einkommens**, insb. **Überprüfung** der **Abzüge** vom **Einkommen** (insb. Schulden),
- **Einsatz** üblicherweise **nicht zur Minderung** der **Bedürftigkeit** verfügbarer Mittel,
- **Korrekturen** des **Selbstbehalts** aus anderen Gründen.

a) Korrekturen des Einkommens

In Mangellagen ist das zunächst ermittelte bereinigte Nettoeinkommen der Beteiligten nochmals zu überprüfen und ggf. nach Billigkeitskriterien zu korrigieren, um eine Mangellage zu vermeiden. **105**

Wenn und soweit Tabellen/Leitlinien – bei entsprechenden Anhaltspunkten für **Erwerbsaufwand** – den Ansatz **pauschaler berufsbedingter Aufwendungen** billigen (5 %), sind diese Aufwendungen im Mangelfall jedenfalls dann **konkret** zu ermitteln, wenn die entsprechenden Kosten unterhalb dieser Pauschale liegen. Kosten für **Fahrten** zwischen **Wohnung/Arbeitsplatz** mit dem **eigenen Pkw** sind – auch bei längeren Fahrzeiten und ungünstigen Verkehrsverbindungen – in Mangellagen regelmäßig nicht abzugsfähig.[225] Geht es um den Unterhalt **minderjähriger** und ihnen nach § 1603 Abs. 2 Satz 2 gleichgestellter **privilegierter volljähriger Kinder**, kann – wenn überhaupt – in Ausnahmefällen (etwa schwierig zu erreichender Arbeitsplatz) trotz höherer Fahrtkosten allenfalls eine geringe **Pauschale** angesetzt werden.[226] **106**

---

223 Nach Gerhardt Die Unterhaltsberechnung im Mangelfall, FuR 2010, 241 mit sieben Beispielsfällen.
224 S. BT-Drucks. 16/1830, S. 24.
225 Zutr. OLG Brandenburg, FamRZ 1999, 110; FamRZ 2002, 981; zu den Anforderungen an die Darlegungs- und Beweislast bei berufsbedingten Fahrten zur Arbeitsstätte s. BGH, FamRZ 2009, 404 = FuR 2009, 157.
226 S. etwa BGH, FamRZ 2002, 536, 537 = FuR 2002, 228.

107 Nach der Rechtsprechung des BGH[227] ist bei der Bemessung des Unterhaltsbedarfs nach den ehelichen Lebensverhältnissen bei Erwerbstätigkeit regelmäßig von einer strikt hälftigen Aufteilung des Einkommens (»**Halbteilungsgrundsatz**«) in maßvoller Weise abzuweichen: Dem erwerbstätigen Unterhaltsschuldner muss im Verhältnis zum Unterhaltsgläubiger ein die Hälfte des »verteilungsfähigen Einkommens« maßvoll übersteigender Betrag verbleiben, um dem typischerweise mit der Berufstätigkeit verbundenen **erhöhten Aufwand** (»berufsbedingte Mehraufwendungen«), auch soweit er sich nicht in konkret messbaren Kosten niederschlägt, Rechnung zu tragen, und zugleich einen **Anreiz** zur **weiteren Erwerbstätigkeit** zu schaffen (sog. **Erwerbstätigenbonus**). Dies gilt aber dann nicht, wenn ein Arbeitnehmer unter Belassung seiner vollen Bezüge von der Erbringung der Arbeitsleistung freigestellt ist, und zwar auch dann, wenn er auf Abruf für einzelne Projekte zur Verfügung stehen muss.[228] In welcher Höhe der Erwerbstätigenbonus festzusetzen ist, steht allein im Ermessen des Tatrichters.[229]

108 Die **Differenz** zwischen den **Selbstbehalten** des Erwerbstätigen und des **Nichterwerbstätigen**[230] lässt sich, nachdem alle Tabellen/Leitlinien Erwerbsaufwand – sei es konkret, sei es in pauschalierter Form abstrakt – als Abzugsposten i.R.d. Ermittlung des unterhaltsrelevanten Einkommens anerkennen, nur mit einer Art **Erwerbstätigenbonus (das sind teils nicht bezifferbarer Erwerbsaufwand, teils Erwerbsanreiz)** begründen. Allerdings wird auch vertreten, es müsse nunmehr bei den für den Trennungsunterhalt wie auch für den nachehelichen Unterhalt gleichen Selbstbehalten nicht mehr unterschieden werden, ob der Unterhaltsschuldner Rentner ist oder im Erwerbsleben steht.[231]

109 Zwischen dem notwendigen Selbstbehalt eines **erwerbstätigen** Unterhaltsschuldners und demjenigen eines **nicht erwerbstätigen** Unterhaltsschuldners ist zu differenzieren, weil ein nicht erwerbstätiger Unterhaltsschuldner regelmäßig mehr Zeit zur Verfügung hat, seine Ausgaben durch sparsame Lebensführung zu reduzieren, und ein so differenzierter Selbstbehalt daneben auch dem gebotenen Erwerbsanreiz für den Unterhaltsschuldner dient.[232] Der am Existenzminimum orientierte Mindestbedarf kann sich daher lediglich nach dem Betrag richten, der einem nicht erwerbstätigen Unterhaltsschuldner als notwendiger Selbstbehalt zur Verfügung steht. Der darüber hinausgehende Selbstbehalt des Erwerbstätigen schließt einen Erwerbsanreiz ein, der aufseiten des Unterhaltsschuldners seine Berechtigung hat, aber nicht in gleicher Weise auf den Unterhaltsgläubiger übertragen werden kann, denn dieser ist ohnehin gehalten, im Rahmen seiner Möglichkeiten den eigenen Lebensbedarf sicherzustellen.

110 Der BGH hat die Betonung auf das »**verteilungsfähige Einkommen**« gelegt. Die ehelichen Lebensverhältnisse werden im Wesentlichen geprägt durch die Mittel, die den Ehegatten nach **Vorwegabzug** ihrer **Verbindlichkeiten Dritten ggü.** noch zum Verbrauch zur Verfügung stehen. Unterhaltsgläubiger wie Unterhaltsschuldner müssen sich daher von vornherein auf dasjenige beschränken, was insgesamt **nach Abzug** der **Verbindlichkeiten** übrig bleibt. Soweit einem Ehegatten aufgrund seiner Erwerbstätigkeit im Verhältnis zum anderen ein höherer Anteil des Einkommens zu belassen ist, kann sich dieser nur aus dem **restlichen verteilungsfähigen Einkommen** errechnen. Die Berechnung des Erwerbstätigenbonus aus einem unbereinigten oder jedenfalls **nur** um die messbaren berufsbedingten Aufwendungen bereinigten Nettoeinkommen würde dagegen zu einem Ungleichgewicht zulasten des Unterhaltsgläubigers führen: Er müsste zum einen die

---

227 BGH, FamRZ 1988, 265, 267; FamRZ 1991, 304, 305 m.N.; FamRZ 1997, 806.
228 OLG Koblenz, FamRZ 2008, 2281 – Beamter bei der Post.
229 Geringerer Ansatz als üblich im Mangelfall, so Billigung durch BGH, FamRZ 1997, 806.
230 Nach OLG Dresden, FamRZ 1999, 1015 sind auch Umschüler als nicht Erwerbstätige einzustufen.
231 OLG Karlsruhe, ZFE 2007, 194 (LS).
232 BGH, FamRZ 2008, 594 = FuR 2008, 203 unter Hinweis auf Klinkhammer, FamRZ 2007, 85, 92; s.a. Leitlinien der OLGe Nr. 21.2.

volle Last der Verbindlichkeiten mittragen, zum anderen aber sich einen damit nicht konformen, weil überhöhten Erwerbstätigenbonus des anderen Ehegatten entgegenhalten lassen.[233]

Der BGH hat in Abänderung seiner früheren langjährigen Rechtsprechung[234] i.R.d. unterhalts- **111** rechtlich gebotenen Pauschalierung auch beim Ehegattenunterhalt den Ansatz eines **Mindestbedarfs** in **Mangellagen** für gerechtfertigt erachtet (derzeit 770,00 €), weil jede Lebensstellung im Hinblick auf die gesetzlich garantierte Grundsicherung nach §§ 8 ff. SGB XII so hoch sein muss, dass man davon existieren kann.[235] Hat ein Ehegatte einen Bedarf über 770,00 €, der andere wegen der Ersparnis durch das Zusammenleben mit dem Unterhaltsschuldner unter 770,00 €, entfällt bereits aus rechnerischen Gründen der Ansatz eines Mindestbedarfs.[236] Der **Mindestbedarf** entspricht dem Existenzminimum eines Nichterwerbstätigen und ist damit dem **notwendigen Selbstbehalt** eines **nicht erwerbstätigen Unterhaltsschuldners gleichgestellt**. Die in dem **Differenzbetrag** zwischen dem **notwendigen Selbstbehalt** eines Erwerbstätigen und demjenigen eines Nichterwerbstätigen ebenfalls enthaltenen **gemischten Aufwendungen** haben zunehmend an Bedeutung verloren. Da der pauschalierte notwendige Selbstbehalt eines Nichterwerbstätigen über das Existenzminimum hinausgeht, sind diese Aufwendungen bereits darin enthalten. Soweit der Unterhaltsgläubiger eigene Einkünfte erzielt, können die damit verbundenen erwerbsbedingten Aufwendungen wie auch beim Unterhaltsschuldner abgesetzt werden.[237]

Aufwendungen für (überhaupt) berücksichtigungswürdige **Schulden** sind in Mangellagen **erneut** **112** kritisch zu prüfen:

– die Möglichkeit sog. **Schuldenmoratorien** ist in vollem Umfange auszuschöpfen;
– Ist das Existenzminimum **minderjähriger** und ihnen nach § 1603 Abs. 2 Satz 2 gleichgestellter **privilegierter volljähriger Kinder** wie auch **Kleinkinder betreuender Ehegatten** nicht sichergestellt, können Aufwendungen für Schulden nur in besonders gelagerten **Ausnahmefällen** berücksichtigt werden.[238]

b) Einsatz üblicherweise nicht für den Unterhalt verfügbarer Mittel

Überobligatorische Einkünfte, die nach § 1577 Abs. 2 aufseiten des Unterhaltsgläubigers[239] bzw. **113** nach § 242 aufseiten des Unterhaltsschuldners üblicherweise nur **teilweise** als **unterhaltsrelevant** angesehen werden, sind in erhöhtem Umfange heranzuziehen.[240] An die Erwerbsobliegenheit können verschärfte Anforderungen gestellt werden, etwa die Aufnahme von Nebentätigkeiten.[241] Ein privilegierter volljähriger Schüler kann im Gegensatz zu einem minderjährigen Kind verpflichtet sein, seinen Bedarf durch Nebentätigkeiten zu reduzieren.[242]

Freiwillige (weil ohne Rechtsanspruch gewährte, also nicht in einem Synallagma stehende) **unent-** **114** **geltliche Zuwendungen/Leistungen Dritter** sind grds. unterhaltsrechtlich ohne Relevanz,[243] da sie

---

233 BGH, FamRZ 1997, 806 unter Bezugnahme auf OLG Karlsruhe, FamRZ 1992, 1438; OLG München, FamRZ 1993, 328, 329; OLG Düsseldorf, FamRZ 1994, 1049, 1052.
234 Zuletzt FamRZ 2010, 802 = FuR 2010, 401 m.w.N., grundlegend BGHZ 166, 351, 356 = BGH, FamRZ 2006, 683, 684 = FuR 2006, 266.
235 BGH, FamRZ 2010, 357 = FuR 2010, 217.
236 Vgl. Fall 2 bei Gerhardt, FuR 2010, 241, 244.
237 Vgl. BGH, FamRZ 2010, 357 = FuR 2010, 217; FamRZ 2010, 444 = FuR 2010, 286; zuletzt, FamRZ 2010, 802.
238 BGH, FamRZ 2002, 536, 542 = FuR 2002, 228 – wenn der Regelbetrag nicht gesichert ist.
239 BGH, FamRZ 1983, 146.
240 BGH, FamRZ 1983, 146.
241 BGH, FamRZ 2003, 363, 365 = FuR 2003, 75.
242 BGH, FamRZ 1983, 146.
243 BGH, FamRZ 1980, 40, 42; FamRZ 1995, 537, 539 m.N.; FamRZ 1999, 843 = FuR 1999, 282; FamRZ 2000, 153 = FuR 1999, 377.

bereits nach dem Willen des Zuwenders grds. nur dem Empfänger der Zuwendung alleine zugute-kommen, sich auf ein Unterhaltsrechtsverhältnis aber nicht auswirken sollen.[244] Sie tangieren demnach weder den Lebensbedarf,[245] noch mindern sie die Bedürftigkeit,[246] noch erhöhen sie die Leistungsfähigkeit.[247] Sind die **wirtschaftlichen Verhältnisse** jedoch **äußerst beengt (Mangella-gen)**,[248] dann können solche Leistungen Dritter (etwa kostenloses Wohnen bei den Eltern)[249] auch gegen den Willen des Zuwenders – teilweise oder insgesamt – unter Billigkeitsgesichtspunkten im Einzelfall das Unterhaltsrechtsverhältnis berühren, aufseiten des Unterhaltsgläubigers **bedürftig-keitsmindernd**, aufseiten des Unterhaltsschuldners die **Leistungsfähigkeit stärkend** (meist über einen dann verminderten Selbstbehalt). Da eine solche Entscheidung den Dritten nicht bindet, kann er diese Leistungen jederzeit einstellen; die Mangellage ist dann abändernd erneut zu prüfen.

115 Zu allgemeinen Einsparmöglichkeiten kann ein dem Unterhaltsschuldner in seiner neuen Ehe bestehender **Wohnvorteil** hinzukommen, auch wenn der Unterhaltsschuldner in dem Hause sei-ner neuen Ehefrau wohnt, da diese ihm den Wohnvorteil nicht als freiwillige Leistung Dritter, sondern im Rahmen ihrer Pflicht zum Familienunterhalt nach § 1360a gewährt. Die Selbstbe-haltsätze in vielen Leitlinien der OLGe enthalten Kosten für Unterkunft und Heizung für den Regelfall. Zwar sind die ersparten Mietkosten auch schon bei der Bemessung des Unterhaltsbe-darfs zu berücksichtigen,[250] denn es handelt sich dabei um Gebrauchsvorteile i.S.d. § 100, die schon das verfügbare Einkommen entsprechend erhöhen; dieser Umstand steht einer weiteren Berücksichtigung i.R.d. Leistungsfähigkeit aber nicht entgegen.[251]

c) Kürzung des Selbstbehalts aus anderen Gründen

116 Der Selbstbehalt kann bei **längerer Krankheit reduziert** werden.[252]

117 Lebt der Unterhaltsschuldner in einer **neuen Lebensgemeinschaft**, dann kann sein Selbstbehalt um die durch gemeinsame Haushaltsführung eintretende Ersparnis (»**Generalunkostenspar-nis**«), höchstens jedoch bis auf sein **Existenzminimum** nach **sozialhilferechtlichen Grundsätzen** im Rahmen seiner Bedarfsgemeinschaft, herabgesetzt werden: Es ist keine Rechtfertigung dafür ersichtlich, dem Unterhaltsschuldner bei begrenzter Leistungsfähigkeit mehr zu belassen, als er in seiner konkreten Situation für den notwendigen eigenen Bedarf benötigt. Entscheidend ist daher allein, ob der Unterhaltsschuldner wegen des Synergieeffekts ohne Einbußen günstiger lebt und seinen Lebensstandard mit geringeren Mitteln aufrechterhalten kann als ein allein lebender Unter-haltsschuldner.[253]

118 Auch der jeweilige **Selbstbehalt** beim **Verwandtenunterhalt** kann unterschritten werden, wenn der eigene Unterhalt des Unterhaltsschuldners ganz oder teilweise durch seinen Ehegatten gedeckt ist, und wenn der Bedarf des neuen Ehegatten bei Unterhaltsansprüchen nachrangiger geschiedener

---

244 BGH, FamRZ 1995, 537 m.N.; FamRZ 1999, 843 = FuR 1999, 282; FamRZ 2000, 153 = FuR 1999, 377.
245 BGH, FamRZ 1999, 843 = FuR 1999, 282.
246 BGH, FamRZ 1980, 40; FamRZ 1982, 466; FamRZ 1990, 979.
247 BGH, FamRZ 1995, 537 – überobligationsmäßige Pflegeleistungen.
248 BGH, FamRZ 1999, 843 = FuR 1999, 282 m.N.; FamRZ 2000, 153 = FuR 1999, 377.
249 OLG Koblenz, FamRZ 2002, 1215.
250 BGH, FamRZ 2007, 879, 880 f. = FuR 2007, 263.
251 BGHZ 175, 182 = BGH, FamRZ 2008, 968 = FuR 2008, 297.
252 OLG Koblenz, FamRZ 1998, 1616.
253 Zu allem BGH, FamRZ 2008, 594 = FuR 2008, 203 (Berufungsgericht: OLG Karlsruhe, FamRZ 2005, 2091), im Anschluss an BGH, FamRZ 1998, 286, 288; FamRZ 2002, 742; FamRZ 2004, 24, und BGH, 17.01.2007 – XII ZA 37/06, n.v. (Berufungsgericht: OLG Brandenburg, OLGR 2007, 132); s.a. OLG Hamm, FamRZ 2002, 1708; FamRZ 2003, 1210; FamRZ 2005, 53; OLG Nürnberg, FamRZ 2004, 300; OLG München, FamRZ 2004, 485; OLG Stuttgart, FamRZ 2005, 54; OLG Köln, OLGR 2004, 330.

Klein, Michael

Ehegatten oder nachrangiger volljähriger Kinder lediglich mindestens 800,00 € beträgt und damit unter dem Ehegattenselbstbehalt liegt. Daher ist zu klären, ob das Einkommen der neuen Ehefrau in ihrer Bedarfsgemeinschaft eine Höhe erreicht, die eine Ersparnis für den Antragsteller durch das gemeinsame Wirtschaften rechtfertigt.[254]

Insoweit ist allerdings zu differenzieren, ob der Unterhaltsschuldner mit dem Partner **verheiratet** **119** ist oder mit ihm in **nichtehelicher Lebensgemeinschaft** lebt. Ist der Unterhaltsschuldner **verheiratet**, und sichert der Ehegatte mit seinem Einkommen den Bedarf des Unterhaltsschuldners teilweise oder insgesamt (§§ 1356, 1360), dann ist entscheidend darauf abzustellen, dass der Unterhaltsschuldner und der neue Ehegatte nach § 1360a einander zum **Familienunterhalt** verpflichtet sind, und er daher gegen seinen neuen Ehegatten einen Anspruch auf Familienunterhalt hat, der – im Falle der Leistungsfähigkeit des neuen Ehegatten – seinen Selbstbehalt ganz oder teilweise deckt.[255] Wechselseitig erbrachte Leistungen erfolgen deswegen auf dieser **rechtlichen Grundlage** und nicht als freiwillige Leistungen Dritter.[256]

Steht dem Unterhaltsschuldner weder ein Anspruch auf Familienunterhalt noch ein Anspruch für **120** Versorgungsleistungen zu, schließt dies eine Herabsetzung des ihm zu belassenden notwendigen Selbstbehalts wegen ersparter Kosten durch die **gemeinsame Haushaltsführung** nicht aus. Das gilt in gleichem Maße für die Kosten der Wohnung wie für die allgemeinen Lebenshaltungskosten, denn eine gemeinsame Haushaltsführung führt regelmäßig zu einer **Kostenersparnis** oder zu **Synergieeffekten**, die jeden Lebenspartner hälftig entlasten (sog. Generalunkostenersparnis).[257] Allerdings kann eine gemeinsame Haushaltsführung dem Unterhaltsschuldner nur dann Kosten ersparen, wenn auch der **Lebensgefährte** über **ausreichende Einkünfte**, und sei es nur aus eigenem Sozialhilfebezug, verfügt, um sich an den Kosten der Lebensführung zu beteiligen. Insoweit trifft ihn im Rahmen seiner begrenzten Leistungsfähigkeit die Darlegungs- und Beweislast für die Behauptung, sein neuer Lebensgefährte könne sich nicht ausreichend an den Kosten der gemeinsamen Lebensführung beteiligen. Diese Minderung des Selbstbehalts stellt keine freiwillige Leistung des neuen Lebensgefährten dar,[258] sondern sie beruht darauf, dass die Ausgaben infolge eines Synergieeffekts regelmäßig geringer sind als sie es wären, wenn jeder Partner der Lebensgemeinschaft einen eigenen Haushalt führen würde. Deswegen werden beide Partner der Lebensgemeinschaft durch die gemeinsame Haushaltsführung entlastet, ohne dafür eine eigene Leistung erbringen zu müssen.

Auch der Unterhaltsschuldner, der mit seinem Ehegatten oder einem Lebensgefährten zusammen- **121** lebt, erfährt durch die gemeinsame Haushaltsführung eine Ersparnis, die nach nunmehr allgemeiner Meinung in Anlehnung an § 20 Abs. 3 SGB II mit 10% des über dem Selbstbehalt liegenden Einkommens veranschlagt werden kann.[259] Synergieeffekte durch das Zusammenleben des Unterhaltsschuldners in einer neuen Ehe können jedoch nicht allein durch eine Absenkung des angemessenen Selbstbehalts berücksichtigt werden, weil dies nur den beiden Unterhaltsberechtigten in gleicher Weise zugute käme. Statt dessen kann dem Vorteil des Zusammenwohnens, der für jeden

---

254 BGHZ 175, 182 = BGH, FamRZ 2008, 968 = FuR 2008, 297 m.w.N.

255 BGH, FamRZ 2008, 594 = FuR 2008, 203 unter Hinweis auf seine sog. »Hausmann-Hausfrau-Rechtsprechung« (BGH, FamRZ 2006, 1010, 1013 f., und BGHZ 169, 200, 206 = BGH, FamRZ 2006, 1827, 1828 = FuR 2007, 19) und seine Rspr. zum Elternunterhalt (BGH, FamRZ 2004, 370, 372 = FuR 2004, 413); s.a. OLG Schleswig, FamRZ 1994, 1404; OLG Naumburg, OLG-NL 1997, 235; OLG Bamberg, FamRZ 1999, 398; OLG Frankfurt, FamRZ 1999, 399; OLG Celle, FamRZ 2000, 1430.

256 BGHZ 175, 182 = BGH, FamRZ 2008, 968 = FuR 2008, 297.

257 BGH, FamRZ 2008, 594 = FuR 2008, 203 unter Hinweis auf BGH, FamRZ 1998, 286, 288; FamRZ 2002, 742 = FuR 2002, 248; FamRZ 2004, 24 = FuR 2004, 33; OLG München, OLGR 2001, 147.

258 S. hierzu BGHZ 162, 384, 391 = BGH, FamRZ 2005, 1154, 1156 = FuR 2005, 364.

259 BGH, FamRZ 2010, 1535 = FuR 2010, 637 (im Anschluß an FamRZ 2010, 629 = FuR 2010, 342.

Ehegatten der neuen Ehe mit 10% in Ansatz zu bringen ist,[260] dadurch Rechnung getragen werden, daß die den zusammenlebenden Ehegatten zur Verfügung stehenden Mittel entsprechend gekürzt werden, und der Unterhalt des geschiedenen Ehegatten entsprechend erhöht wird. Im absoluten Mangelfall kann der Selbstbehalt aus diesen Gründen gekürzt und bis auf sein Existenzminimum herabgesetzt werden.[261]

122 Allerdings kann in solchen Fällen auch eine – gegenläufige – **Erhöhung** des **notwendigen Selbstbehalts** zu prüfen sein, etwa wegen der bei der Ausübung des **Umgangsrechts entstehenden besonders hohen Kosten.** Bei nicht unerheblichen Umgangskosten, die der Unterhaltsschuldner nicht aus den Mitteln bestreiten kann, die ihm über den notwendigen Selbstbehalt hinaus verbleiben, kommt eine maßvolle Erhöhung des Selbstbehalts in Betracht.[262]

123 Eine solche Kürzung des Selbstbehalts auf einen geringeren eigenen Bedarf kommt allerdings dann nicht in Betracht, wenn der konkrete Lebensbedarf des Unterhaltsschuldners (etwa Aufwand für Miete) teilweise oder insgesamt diese Regelsätze nicht erreicht, etwa wenn er besonders sparsam lebt (»Konsumverzicht«), oder aber weil er seine Bedürfnisse anders als in den Unterhaltstabellen vorgesehen gewichtet: Es steht ihm grds. frei, wie er seine Lebensverhältnisse gestaltet, wie er seine **Bedürfnisse gewichtet**, und welche **Schwerpunkte** er bei der **Deckung** seiner **notwendigen Ausgaben** setzt, für welche Zwecke er also seine verfügbaren Mittel verwendet.[263] Verzichtet der Unterhaltsschuldner auf den ihm zustehenden Wohnkomfort, und begnügt er sich mit einer preisgünstigeren Wohnung, so sind ihm die dadurch ersparten Mittel zu belassen; eine Absenkung des Selbstbehalts kommt nicht in Betracht.[264] Dies gilt auch und erst recht dann, wenn ein Ehegatte mietfrei im Hause seiner Eltern lebt und zudem im elterlichen Haushalt verköstigt wird: Soweit die Eltern dem Unterhaltsschuldner durch die Bereitstellung von Wohnraum und die Teilhabe an Mahlzeiten eine finanzielle Unterstützung zukommen lassen, handelt es sich um eine Zuwendung aus dem Familienkreis. Bei solchen Leistungen spricht die tatsächliche Vermutung dafür, dass sie allein dem begünstigten Familienangehörigen zugutekommen sollen; seine Leistungsfähigkeit im Hinblick auf den Ehegattenunterhalt wird dadurch nicht gesteigert.[265]

124 Dies gilt nach der Rechtsprechung des BGH sogar in gem. § 1603 Abs. 2 verschärften Mangellagen.[266] Dennoch kann in **absoluten Mangellagen** – je nach Gestaltung der Verhältnisse im Einzelfall – davon abzuweichen sein. Jedenfalls in einem absoluten Mangelfall (§ 1609 Nr. 1) kann der

---

260 BGHZ 186, 350 = FamRZ 2010, 1535 = FuR 2010, 637.
261 BGH, FamRZ 2012, 281 = FuR 2012, 180 unter Hinweis auf BGH, FamRZ 2008, 594 = FuR 2008, 203, sowie Graba, FF 2011, 102, 104, und Gerhardt/Gutdeutsch, FamRZ 2011, 597, 599; s.a. OLG Celle, FamRZ 1993, 1235; OLG Hamm, FamRZ 1999, 42; 2000, 311; NJWE-FER 2000, 249.
262 BGH, FamRZ 2008, 594 = FuR 2008, 203 im Anschluss an BGH, FamRZ 2005, 706, 708.
263 BGH, FamRZ 2004, 186, 189; FamRZ 2006, 1664, 1666; FamRZ 2008, 594 = FuR 2008, 203; zur Bemessung des notwendigen Selbstbehalts ggü. dem Unterhaltsbegehren eines minderjährigen Kindes, wenn die Wohnkosten des Unterhaltspflichtigen den insofern im Selbstbehalt berücksichtigten Betrag unterschreiten s. BGH, FamRZ 2006, 1664 im Anschluss an BGH, FamRZ 2004, 186, 189; OLG Hamm, NJW-RR 1997, 962 – sofern eine Haushaltshilfe notwendig ist, sei der erforderliche Betrag auch dann anzusetzen, wenn die Haushaltshilfe unentgeltlich von Familienangehörigen geleistet werde; OLG Karlsruhe, FamRZ 1998, 479; OLG Hamburg, FamRZ 2003, 1102 – wenn er als aus dem Erwerbsleben ausgeschiedener Erwachsener mit eigener Lebensstellung wieder im mütterlichen Haushalt »Unterschlupf« sucht, damit er das Ersparte für andere ihm wichtiger erscheinende Bedürfnisse einsetzen kann.
264 OLG Hamm, FamRZ 2006, 952 unter Hinweis auf BGH, FamRZ 2004, 370 = FuR 2004, 419.
265 OLGR Frankfurt 2007, 787.
266 BGH, FamRZ 2006, 1664 im Anschluss an BGH, FamRZ 2004, 186, 189 – Bemessung des notwendigen Selbstbehalts ggü. dem Unterhaltsbegehren eines minderjährigen Kindes, wenn die Wohnkosten des Unterhaltsschuldners den insoweit im Selbstbehalt berücksichtigten Betrag unterschreiten; s.a. OLG Hamburg, FamRZ 2003, 1102.

Selbstbehalt um die **Mietersparnis** zu kürzen sein, um die der Wohnbedarf des Unterhaltsschuldners hinter dem im Selbstbehalt ausgewiesenen Mietanteil zurückbleibt.[267]

7. Berechnung des Unterhalts in Mangellagen (Nr. 23 BuL)

Der Unterhaltsschuldner ist nur verpflichtet, Unterhalt zu leisten, wenn und soweit sein eigener angemessener Lebensbedarf (= **Selbstbehalt**) nicht gefährdet ist (§§ 1581, 1603): Nur das nach unterhaltsrelevanter Bereinigung seines Einkommens seinen eigenen Lebensbedarf übersteigende Einkommen (= **Verteilungsmasse**) ist für Unterhaltsleistungen verfügbar. Reicht diese (verfügbare) Verteilungsmasse nicht aus, den gesamten Bedarf der/des Unterhaltsgläubiger/s (= **Einsatzbeträge**) zu sichern, liegt eine **Mangellage** vor. Das **UÄndG 2007** hat die Berechnung des Unterhalts in sog. Mangellagen (»Mangelfälle«) nach einer jahrzehntelangen und immer wieder veränderten Rechtsprechung des BGH[268] deutlich vereinfacht. Zu unterscheiden sind nach den Rangregelungen des § 1609 i.d.F. des **UÄndG 2007**:   **125**

a) Unterhaltspflichten im 1. Rang (§ 1609 Nr. 1)

Reicht die Verteilungsmasse nicht aus, um alle Unterhaltsansprüche im **ersten Rang** (§ 1609 Nr. 1) voll zu erfüllen, dann liegt ein sog. **verschärfter** (oder **absoluter**) **Mangelfall** vor: Der kleine Selbstbehalt bleibt unberührt, und die verfügbare Verteilungsmasse ist dann anteilig auf alle Unterhaltsgläubiger im ersten Rang zu verteilen; nachrangige Unterhaltsgläubiger (§ 1609 Nr. 2 – 7) gehen leer aus. Der Vorrang minderjähriger und ihnen gem. § 1603 Abs. 2 gleichgestellter volljähriger Kinder (§ 1609 Nr. 1) lässt bereits die Vielzahl der Mangelfälle schrumpfen, wenn alle für Unterhalt verfügbaren Mittel bereits im ersten Rang verteilt sind; damit sind auch die sog. zweistufigen Mangelfallberechnungen (der ggü. dem Selbstbehalt i.R.d. Kindesunterhalts i.S.d. § 1603 erhöhte Betrag des Ehegattenselbstbehalts wird abschließend wieder auf die Kinder verteilt) nicht mehr notwendig. Die **Kürzungsformel** im **Gleichrang** lautet wie bisher: **126**

$$K = V: S \times 100$$

(K = Kürzungsfaktor; V = Verteilungsmasse; S = Summe aller Einsatzbeträge).

Reicht die Verteilungsmasse (Differenz zwischen dem notwendigen Selbstbehalt und dem unterhaltsrelevant bereinigten Einkommen des Unterhaltsschuldners) nicht aus, um den Unterhalt mehrerer gleichrangiger Kinder im 1. Rang zu decken, ist ihr Unterhalt entsprechend der obigen Kürzungsformel anteilig zu kürzen. Das Kindergeld ist nach § 1612b Abs. 1 vorab bedarfsdeckend abzusetzen.[269] Unterhaltsansprüche Nachrangiger (§ 1609 Nr. 2 ff.) sind wegen der Mangellage   **127**

---

267 OLG Dresden, FamRZ 1999, 1351; FamRZ 1999, 1522; FamRZ 2001, 47 (LS); OLG Hamm, FamRZ 2002, 1708 – Herabsetzung des Selbstbehalts des Unterhaltsschuldners, wenn dieser mit einem neuen Partner in häuslicher Gemeinschaft lebt und dadurch Wohn- und Haushaltskosten erspart; OLG Zweibrücken, NJW-RR 2006, 1660; a.A. OLG Frankfurt, FamRZ 1999, 1522; offengeblieben in OLG Düsseldorf, FamRZ 1990, 1028 – jedenfalls keine Prüfung dieser Frage im (summarischen) PKH-Verfahren.

268 BGHZ 104, 158 ff. = BGH, FamRZ 1988, 705; BGH, FamRZ 1983, 678 im Anschluss an BGH, FamRZ 1979, 692, 693; FamRZ 1987, 806; FamRZ 1995, 346 ff.; FamRZ 1996, 345 ff.; FamRZ 1997, 806; FamRZ 2002, 536; FamRZ 2003, 363 = FuR 2003, 75 m. Anm. Schöppe-Fredenburg, FuR 2003, 49 mit Beispielen, FuR 2003, 116 (Berufungsgericht: OLG Nürnberg, FamRZ 2000, 1177 = FuR 2000, 369); s.a. Klein, FuR 1997, 255 ff.; Scholz, FamRZ 2003, 514; Graba, FamRZ 2004, 1; Luthin, FF 2003, 40, Wohlgemuth, FPR 2003, 252, Knittel, JAmt 2003, 165, Finke, FF 2003, 119 (mit Beispielen); Oelkers/Kraeft, FamRZ 1999, 1476; s.a. Ewers, FamRZ 2001, 895; Viefhues/Kleinwegener, ZFE 2003, 100.

269 BGH, FamRZ 2008, 963 = FuR 2008, 283; FamRZ 2008, 2104 = FuR 2008, 597; FamRZ 2009, 311 = FuR 2009, 95; FamRZ 2009, 1300 = FuR 2009, 567.

nicht zu berücksichtigen. Für die Eingruppierung in die DT ist nur die Anzahl der minderjährigen und privilegierten volljährigen Kinder heranzuziehen.[270]

128 Ist der Unterhaltsschuldner nur **einem** Unterhaltsgläubiger ggü. unterhaltsverpflichtet, dann ist der Unterhalt **zweistufig** zu ermitteln:

(1) **Feststellung des vollen Unterhaltsbedarfs, und**
(2) **Kürzung** des festgestellten **vollen Unterhaltsbedarfs** auf die Verteilungsmasse (= unterhaltsrelevantes Einkommen ./. Selbstbehalt).

Der Unterhaltsanspruch entspricht in diesem Fall der Verteilungsmasse.

Rechenschema:

– Feststellung der Einsatzbeträge
– Feststellung der Verteilungsmasse
– Anwendung der Kürzungsfaktoren
– Überprüfung des Ergebnisses auf Angemessenheit und Billigkeit.

129 Die **Neufassung** der der Bemessung des Kindesunterhalts als Orientierungshilfe dienenden **Düsseldorfer Tabelle**, gültig ab **01.01.2010**, (**DT**) beruhte v.a. auf dem am 01.01.2010 in Kraft getretenen Wachstumsbeschleunigungsgesetz, das Familien mit Kindern, Unternehmen und Erben entlasten soll. Dieses Gesetz sieht einen deutlichen Anstieg des Freibetrages für das sächliche Existenzminimum eines Kindes (Kinderfreibetrag, Existenzminimum) von 6.024,00 € auf 7.008,00 € vor. Da der Mindestunterhalt minderjähriger Kinder, der den Beträgen der ersten Gruppe der Düsseldorfer Tabelle entspricht, sich nach diesem Freibetrag richtet (§ 1612a), und die Unterhaltsbeträge für höhere Einkommensgruppen wiederum auf den Mindestunterhaltsbeträgen (100 %) aufbauen, hatten sich die Tabellenbeträge ggü. 2009 deutlich erhöht. Der gesetzliche **Mindestbedarf** eines Kindes beträgt seit 01.01.2010 317,00 € in der ersten, 364,00 € in der zweiten und 426,00 € in der dritten Altersgruppe. Die Einkommensgruppen wurden unverändert beibehalten, ebenso die Bemessung des Unterhalts ab 5.101,00 € nach den Umständen des Falles.

130 Die deutliche **Erhöhung** der **Tabellenbeträge** wurde durch **zwei Veränderungen** wieder relativiert:

(1) Basis der DT ist ab 01.01.2010 eine bestehende Unterhaltspflicht ggü. **zwei** (statt bisher drei) Unterhaltsgläubigern (»**Tabellenfamilie**«); aufgrund dieser Umstufung ist nunmehr der Bedarf des Kindes ab Einkommensgruppe 2 der nächstniedrigeren Einkommensgruppe zu entnehmen, **und**
(2) die höheren Bedarfssätze der ab 01.01.2010 geltenden DT werden aufgrund der ebenfalls mit dem Wachstumsbeschleunigungsgesetz beschlossenen Kindergelderhöhung leicht abgemildert, nachdem auch künftig regelmäßig das hälftige Kindergeld von dem tabellarischen Bedarf des minderjährigen Kindes abgezogen werden darf; das Kindergeld wurde seit 01.01.2010 für jedes zu berücksichtigende Kind um 20,00 € erhöht; es beträgt nunmehr für das erste und zweite Kind **184,00 €**, für das dritte Kind **190,00 €** und ab dem vierten Kind **215,00 €**.

131 Sowohl bei der Bedarfsermittlung für den Ehegattenunterhalt gem. § 1578 Abs. 1 Satz 1 als auch bei der Beurteilung der Leistungsfähigkeit des Unterhaltsschuldners für den Ehegattenunterhalt ist seit 01.01.2008 nicht mehr der sog. Tabellenbetrag, sondern lediglich der tatsächliche (kindergeldbereinigte) **Zahlbetrag** des Unterhalts der gem. § 109 Nr. 1 vorrangig berechtigten Kinder vom Einkommen des Unterhaltsschuldners abzusetzen, auch im Rahmen einer Mangelfallrech-

---

270 Ein Rechenbeispiel hierzu enthalten die DT 2012 in Anm. C und die SüdL 2012 im Anhang 2.

nung, da nunmehr das staatliche Kindergeld auf den Lebensbedarf der Kinder anzurechnen ist (§ 1612b i.d.F. des UÄndG 2007).[271]

Aufgrund der Veränderungen der DT 2011 haben auch die Oberlandesgerichte ihre Leitlinien für 2011 sowie zum Teil 2012 neu gestaltet.[272]

1. Unterhaltspflichten

a. Betreuungsunterhalt (§ 1609 Nr. 1)

I.R.d. Betreuungsunterhalts (§§ 1570, 1615l) enthalten sie teilweise Kriterien, die für die Verlängerung des sog. Basisunterhalts (Betreuungsunterhalt bis zum dritten Lebensjahr eines gemeinsamen Kindes) über das dritte Lebensjahr eines gemeinsamen Kindes hinaus maßgeblich sind (sog. Billigkeitsunterhalt). Bei der Betreuung eines Kindes besteht keine Erwerbsobliegenheit vor Vollendung des 3. Lebensjahrs, danach nach den Umständen des Einzelfalles, insb. unter Berücksichtigung zumutbarer Betreuungsmöglichkeiten für das Kind und der Vereinbarkeit mit der Berufstätigkeit des betreuenden Elternteils, auch unter dem Aspekt des neben der Erwerbstätigkeit anfallenden Betreuungsaufwands (Nr. 17.1 der Leitlinien).

Manche Leitlinien[273] zeigen nunmehr sogar beispielhaft Kriterien auf, die für die Fortzahlung von Betreuungsunterhalt über das dritte Lebensjahr eines gemeinsamen Kindes hinaus maßgeblich sind. Die nach Vollendung des dritten Lebensjahres des Kindes grds. einsetzende Erwerbsobliegenheit des betreuenden Elternteils ist hinsichtlich Art und Umfang an den Belangen des Kindes auszurichten. Die Billigkeitsprüfung nach § 1570 Abs. 1 Satz 2 und Abs. 2 ist zumindest anhand folgender Kriterien vorzunehmen:

– **Kindbezogene** Gründe:

1. Betreuungsbedürftigkeit aufgrund der individuellen Entwicklung des Kindes,
2. Fehlende kindgerechte Betreuungsmöglichkeiten,
3. Krankheiten, die durch die Betreuung in einer Einrichtung nicht aufgefangen werden können und damit die Betreuung durch einen Elternteil erfordern;

– **Elternbezogene** Gründe:

1. Vertrauen in die vereinbarte oder praktizierte Rollenverteilung und Ausgestaltung der Kinderbetreuung, wobei dabei auch die Aufgabe einer Erwerbstätigkeit wegen Kindererziehung und die Dauer der Ehe zu berücksichtigen sind,
2. Umfang der Betreuungsbedürftigkeit des Kindes im Anschluss an die Betreuung in einer Betreuungseinrichtung.

Der betreuende Elternteil darf jedoch nicht durch Berufstätigkeit, Kinderbetreuung und Haushaltsführung überobligationsmäßig belastet werden; zur Beurteilung einer überobligationsmäßigen Belastung im Rahmen der Verlängerung des Betreuungsunterhalts ist daher auch der Aspekt einer gerechten Lastenverteilung zwischen unterhaltsberechtigten und unterhaltspflichtigem Elternteil zu berücksichtigen.[274]

---

271 BGH, FamRZ 2008, 963 = FuR 2008, 283 unter Hinweis auf Klinkhammer, FamRZ 2008, 193, 199; FamRZ 2009, 1300 = FuR 2009, 567; FamRZ 2009, 1477 = FuR 2009, 572 (Berufungsurteil: OLG Düsseldorf, FamRZ 2009, 338); FamRZ 2010, 802 unter Hinweis auf den ausdrücklichen Willen des Gesetzgebers, gegen Schürmann, FamRZ 2009, 1306, 1307 f.; Graba, FF 2009, 453, und Spangenberg, FamRZ 2010, 255 f.; s.a. Scholz, FamRZ 2007, 2221, 2224; Dose, FamRZ 2007, 1289, 1292 f.; Gerhardt, FamRZ 2007, 945, 948.
272 Alle Tabellen sind kostenfrei abzurufen unter www.Familienrecht-Deutschland.de.
273 S. etwa OLG Schleswig, Nr. 17.1 der Leitlinien.
274 BGH, FamRZ 2012, 1040 = FuR 2012, 421 (im Anschluß an BGHZ 177, 272 = FamRZ 2008, 1739 = FuR 2008, 485; 180, 170 = FamRZ 2009, 770 = FuR 2009, 391, und BGH, FamRZ 2010, 1050 = FuR 2010, 463.

b) Unterhaltspflichten in den weiteren Rängen (§ 1609 Nr. 2 ff.)

132 Erstreckt sich die Mangellage auf den zweiten Rang und auf weitere Gläubigerränge, dann liegt ein sog. **einfacher** (oder **relativer**) **Mangelfall** vor: Unterhaltsansprüche jedes folgenden Ranges (§ 1609 Nr. 2 bis 7) sind erst dann – ggf. auch anteilig – abzudecken, wenn die Unterhaltsansprüche des vorhergehenden Ranges insgesamt i.H.d. **Mindestunterhalts** befriedigt sind. Seit Inkrafttreten des UÄndG 2007 gelten die von der Rechtsprechung zur früheren Rechtslage entwickelten Grundsätze zu Mangelfallrechnungen aufgrund der neuen Rangordnung nach § 1609 nicht mehr.

aa) Neu: Mindestbedarf

133 In Veränderung seiner bisherigen Rechtsprechung hat der BGH sowohl bei Ehegatten wie auch i.R.d. § 1615l einen **Mindestbedarf** von Unterhaltsgläubigern i.H.d. **notwendigen Selbstbehalts** eines **Nichterwerbstätigen** (derzeit 800,00 €) anerkannt, auch wenn die jeweilige Lebensstellung der Unterhaltsgläubiger unter diesem Betrag lag.[275]

bb) Vorabzug Kindesunterhalt

134 I.R.d. Bemessung des Ehegattenunterhalts wie auch des Unterhalts nach § 1615l ist nach dem Willen des Gesetzgebers des UÄndG 2007 und ihm folgend der geänderten Rechtsprechung des BGH zur Ermittlung des unterhaltsrelevant bereinigten Einkommens des Unterhaltsschuldners zunächst der **vorrangige Kindesunterhalt** mit dem **Zahlbetrag** abzuziehen.[276]

cc) Angemessene und ausgewogene Verteilung bei § 1609 Nr. 1 und 2

135 Allerdings ist im Verhältnis von Kindern gem. § 1609 Nr. 1 und betreuender Elternteile immer auf eine **insgesamt angemessene** und **ausgewogene Aufteilung** der **Verteilungsmasse** zu achten. Da es beim Vorrang des Kindesunterhalts in erster Linie um die Sicherung des Existenzminimums durch den Mindestunterhalt geht, der dem Kind voll verbleibt, kann dies im Verhältnis minderjähriger/privilegierter volljähriger Kinder und betreuender Elternteile im Mangelfall nicht dazu führen, Kindern möglichst viel und nachrangigen betreuenden Elternteilen im Verhältnis zu wenig zuzusprechen.[277] Daher darf der Kindesunterhalt des § 1609 Nr. 1 im Mangelfall im zweiten Rang trotz Vorrangs nur als **Mindestunterhalt** angesetzt werden.[278] Die Lebensstellung des Kindes ist durch weitere Unterhaltsbelastungen des Unterhaltsschuldners eingeschränkt. Entweder ist in die unterste Gruppe der DT einzustufen, oder aber es sind zur angemessenen Verteilung der Unterhaltslasten die Bedarfskontrollbeträge der DT heranzuziehen,[279] was rechnerisch zum gleichen Ergebnis führt.[280]

dd) Ein bedürftiger Ehegatte

136 Liegt nach Vorabzug des Kindesunterhalts ein Mangelfall im zweiten Rang für einen Unterhaltsgläubiger vor, dann ist im Ergebnis kein Mindestbedarf anzusetzen, weil der Unterhaltsschuldner durch den Mindestselbstbehalt von derzeit 1.100,00 € ausreichend zu schützen ist.

---

275 BGH, FamRZ 2010, 357 = FuR 2010, 217; FamRZ 2010, 444 = FuR 2010, 286; FamRZ 2010, 629; FamRZ 2010, 802.
276 BGH, FamRZ 2009, 1300 = FuR 2009, 567.
277 Zu allem BT-Drucks. 16/1830 v. 15.06.2006, S. 24; BGH, FamRZ 2009, 1300 = FuR 2009, 567; Gerhardt/Gutdeutsch, FamRZ 2007, 778.
278 BGH, FamRZ 2008, 968 = FuR 2008, 297; FamRZ 2008, 2189; Gerhardt, FuR 2010, 241, 244.
279 BGH, FamRZ 2008, 968 = FuR 2008, 297.
280 Klinkhammer, FamRZ 2008, 193; zu allem auch Gerhardt, FuR 2010, 241, 244 unter Hinweis auf BT-Drucks. 16/1830, S. 24.

ee) Mehrere bedürftige Ehegatten

Sind mehrere Ehegatten – mit dem Unterhaltsschuldner zusammenlebend, von ihm getrennt **137** lebend oder geschieden – unterhaltsberechtigt, und lebt einer der Ehegatten mit dem Unterhalts- schuldner in **häuslicher Gemeinschaft**, dann ist sein Anspruch auf **Familienunterhalt** als **Rechen- faktor**, orientiert an § 1578, mit einem **Geldbetrag** anzusetzen, wobei insoweit kein Erwerbstäti- genbonus zu berücksichtigen ist.[281] Der Familienunterhalt der zweiten Ehefrau (§§ 1360, 1360a) ist zwar als gegenseitiger Anspruch der Ehegatten auf Leistung von Sach- und Geldbeiträgen zur Deckung der persönlichen Bedürfnisse der Ehegatten und der Kinder ausgestaltet; das Maß des Familienunterhalts bestimmt sich jedoch nach den ehelichen Lebensverhältnissen der neuen Ehe, so dass § 1578 als Orientierungshilfe herangezogen und der Familienunterhalt zum Zwecke der **rechnerischen Bedarfsermittlung** in einem Geldbetrag veranschlagt werden muss.[282]

Dies ist trotz freier Rollenwahl in der Ehe nach § 1356 entsprechend den **Grundsätzen** der **Haus-** **138** **mann-Hausfrau-Rechtsprechung** aus Gründen der Gleichbehandlung des ersten Ehegatten mit dem zweiten bei der Beurteilung seiner **Erwerbsobliegenheit** notwendig, um den Anspruch des geschiedenen Ehegatten nicht über Gebühr zu schmälern. Aufseiten des neuen Ehegatten kommt es daher bei der Unterhaltsbemessung nicht auf dessen Anspruch auf Familienunterhalt an, son- dern auf den hypothetischen Unterhaltsanspruch im Fall einer Scheidung. Kommt hierfür ein Anspruch wegen Kinderbetreuung infrage, so haben elternbezogene Gründe nach § 1570 Abs. 2, die auf der Rollenverteilung in der neuen Ehe beruhen, grds. außer Betracht zu bleiben, es sei denn, dass auch beim ersten Ehegatten wegen elternbezogener Gründe ein Anspruch auf Betreu- ungsunterhalt vorliegt.[283] Die sog. **Generalunkostenersparnis** (Ersparnis durch Zusammenleben in neuer ehelicher/nichtehelicher Lebensgemeinschaft)[284] wird in der DT 2012 (Anm. B IV, VI) und in Nr. 22 der Leitlinien mit 20 % angesetzt; dies entspricht auch den Vorstellungen des Gesetzge- bers in der Sozialgesetzgebung (vgl. etwa § 20 Abs. 3 SGB II). Die Ersparnis in dieser Höhe ist auf jeden Beteiligten bezogen, also mit jeweils 10 %, anzusetzen.[285]

Im Rahmen seiner Rechtsprechung zu den wandelbaren ehelichen Lebensverhältnissen und zu dem **139** damit verbundenen Wegfall der sog. Lebensstandardgarantie hatte der BGH den Bedarf mehrerer Ehegatten – auch außerhalb von Mangellagen – nach dem **Grundsatz** der **Gleichteilung** (»Halbtei- lung«, »Dreiteilung«, »Vierteilung« usw.) ermittelt;[286] der Unterhaltsschuldner war im Mangelfall durch die Gleichteilung und den Ehegattenselbstbehalt geschützt. Das BVerfG hat diese Rechspre- chung mit Beschluss vom 25.01.2011[287] als verfassungswidrig erachtet: Die zur Auslegung des § 1578 Abs. 1 Satz 1 entwickelte Rechtsprechung zu den »wandelbaren ehelichen Lebensverhältnissen« unter Anwendung der Berechnungsmethode der sog. Dreiteilung löse sich von dem Konzept des Gesetzge- bers zur Berechnung des nachehelichen Unterhalts und ersetze es durch ein eigenes Modell. Mit die- sem Systemwechsel überschreite sie die Grenzen richterlicher Rechtsfortbildung und verletze Art. 2 Abs. 1 GG in Verbindung mit dem Rechtsstaatsprinzip (Art. 20 Abs. 3 GG).

---

281 BGH, FamRZ 2004, 24 = FuR 2004, 33; FamRZ 2004, 792 = FuR 2004, 222; FamRZ 2007, 1081 = FuR 2007, 318 [LS]; FamRZ 2010, 111 = FuR 2010, 164.

282 BGHZ 177, 356 = BGH, FamRZ 2008, 1911 = FuR 2008, 542; BGHZ 179, 196 = BGH, FamRZ 2009, 411 = FuR 2009, 159 im Anschluss an BGH, FamRZ 2003, 860, 864 = FuR 2003, 275; FamRZ 2007, 1081, 1083 = FuR 2007, 318 [LS].

283 BGH, FamRZ 2010, 111 = FuR 2010, 164.

284 Hierzu BGH, FamRZ 2004, 24 = FuR 2004, 33; FamRZ 2004, 792 = FuR 2004, 222; FamRZ 2006, 1010 = FuR 2006, 367; FamRZ 2008, 594 = FuR 2008, 203; FamRZ 2010, 111 = FuR 2010, 164.

285 Gerhardt, FamRZ 2009, 1114; FuR 2010, 241, 244.

286 Zu allem BGH, FamRZ 2006, 683; FamRZ 2007, 793 = FuR 2007, 276; FamRZ 2008, 968 = FuR 2008, 297; FamRZ 2008, 1911 = FuR 2008, 542; FamRZ 2009, 23; FamRZ 2009, 411 = FuR 2009, 159; FamRZ 2009, 579 = FuR 2009, 342; FamRZ 2009, 1207; FamRZ 2010, 111 = FuR 2010, 164; s.a. BT-Drucks. 16/ 1830, S. 14, 18.

287 FamRZ 2011, 437 = FuR 2011, 220.

139a Nach der danach ergangenen neueren Rechtsprechung des BGH werden die ehelichen Lebensverhältnisse i.S.v. § 1578 Abs. 1 Satz 1 grundsätzlich durch die Umstände bestimmt, die bis zur Rechtskraft der Ehescheidung eingetreten sind. Nacheheliche Entwicklungen wirken sich auf die Bedarfsbemessung nach den ehelichen Lebensverhältnissen nur dann aus, wenn sie auch bei fortbestehender Ehe eingetreten wären oder in anderer Weise in der Ehe angelegt und mit hoher Wahrscheinlichkeit zu erwarten waren. Unterhaltspflichten für neue Ehegatten sowie für nachehelich geborene Kinder und den dadurch bedingten Betreuungsunterhalt nach § 1615l sind daher nicht (mehr) bei der Bemessung des Unterhalts**bedarfs** eines geschiedenen Ehegatten nach § 1578 Abs. 1 Satz 1 zu berücksichtigen. Im Rahmen der Leistungsfähigkeit nach § 1581 ist der Halbteilungsgrundsatz zu beachten, was zu einem relativen Mangelfall führen kann, wenn dem Unterhaltsschuldner für den eigenen Unterhalt weniger verbleibt, als der Unterhaltsgläubiger mit dem Unterhalt zur Verfügung hat. Sonstige Verpflichtungen gegenüber anderen Unterhaltsberechtigten, die nicht bereits den Bedarf des Unterhaltsberechtigten beeinflußt haben, sind entsprechend ihrem Rang zu berücksichtigen. Bei Gleichrang eines geschiedenen und eines neuen Ehegatten nach § 1609 ist im Rahmen der Leistungsfähigkeit eine Billigkeitsabwägung in Form einer Dreiteilung des gesamten unterhaltsrelevanten Einkommens nicht zu beanstanden, was allerdings eine Berücksichtigung weiterer individueller Billigkeitserwägungen nicht ausschliesst.[288]

140-146 (zur Zeit nicht besetzt)

147 Bei der Bemessung des Unterhaltsbedarfs nach den ehelichen Lebensverhältnissen hat der BGH schon immer Unterhaltslasten gleich-, aber auch nachrangiger Unterhaltsgläubiger berücksichtigt, da die Frage des Rangs nur bei der Leistungsfähigkeit von Bedeutung ist;[289] hierbei darf es allerdings i.R.d. **Abstimmung aller Unterhaltslasten nicht** zu einem **Missverhältnis** kommen. Ein solches Missverhältnis ist dann zu bejahen, wenn dem Unterhaltsgläubiger einschließlich seinem eigenen unterhaltsrelevant bereinigten Einkommens kein Mindestbedarf i.H.d. jeweiligen Selbstbehalts des Unterhaltsschuldners verbleibt. Bei Vorabzug des Unterhalts eines nicht privilegierten volljährigen Kindes muss daher dem bedürftigen Ehegatten einschließlich seines eigenen unterhaltsrelevant bereinigten Einkommens derzeit ein Betrag von 1.200,00 € verbleiben. Die Gleichstellung des Mindestbedarfs mit dem Selbstbehalt des Unterhaltsschuldners ergibt sich aus dem Grundsatz der Halbteilung, wonach dem Unterhaltsgläubiger einschließlich seines Eigeneinkommens durch die Unterhaltsleistung nicht mehr zustehen darf als dem Unterhaltsschuldner.[290] Durch den Vorabzug des Unterhalts eines nachrangigen Unterhaltsgläubigers darf dem vorrangigen Unterhaltsgläubiger nicht weniger als dem Unterhaltsschuldner belassen werden; dies gilt auch bei Konkurrenz mehrerer Ehegatten mit unterschiedlichem Rang.[291]

---

288 BGH FamRZ 2012, 281 = FuR 2012, 180 – im Anschluß an BVerfGE 128, 193 = FamRZ 2011, 437 = FuR 2011, 220, und an BGHZ 109, 72 = FamRZ 1990, 260; ausführlich hierzu auch Dose, FamRZ 2011, 1341 ff. zur Problematik der Teilhabegerechtigkeit und der entscheidend von der wirtschaftlichen Verflechtung der früheren Ehegatten abhängigen nachehelichen Solidarität als Aspekt der fortdauernden wechselseitigen Verantwortlichkeit geschiedener Ehegatten; ders., FF 2012, 227 zum Unterhalt nach den ehelichen Lebensverhältnissen unter Wahrung der Leistungsfähigkeit des Unterhaltsschuldners, insbesondere zu der Neudefinierung der Begriffe Bedarfsdeckung (§ 1578) und Leistungsfähigkeit (§ 1581 BGB) durch die Rechtsprechung des BGH im Anschluß an den Beschluss des BVerfG vom 25.01.2011 (FamRZ 2011, 437) zur Dreiteilungsmethode.

289 S. etwa BGH, FamRZ 1986, 553 – Vorabzug des Unterhalts volljähriger Kinder i.R.d. Bedarfsermittlung beim Ehegattenunterhalt; FamRZ 1991, 1163; FamRZ 2003, 860 = FuR 2003, 275; FamRZ 2004, 186; FamRZ 2004, 792 = FuR 2004, 222.

290 BGH, FamRZ 2008, 1911 = FuR 2008, 542; Gerhardt, FamRZ 2009, 1114; FuR 2010, 241.

291 BGH, FamRZ 2008, 1911 = FuR 2008, 542; Gerhardt, FamRZ 2009, 1114; FuR 2010, 241.

ff) Ansprüche nach § 1615l

Tritt durch den Vorabzug des Kindesunterhalts beim betreuenden Elternteil ein Mangelfall ein, ist **148** wegen des Gleichbehandlungsgebots des Art. 6 Abs. 5 GG auch in diesem Fall der **Kindesunterhalt** nur i.H.d. **Mindestunterhalts** in die **Mangelrechnung** einzustellen; der bedürftige Elternteil erhält den verbleibenden Rest aus der Verteilungsmasse. Der Unterhaltsbedarf wegen Betreuung eines nichtehelich geborenen Kindes bemisst sich zumindest nach einem Mindestbedarf i.H.d. Existenzminimums, der unterhaltsrechtlich mit dem notwendigen Selbstbehalt eines Nichterwerbstätigen (derzeit 800,00 €) pauschaliert werden darf.[292] Auch bei Ansprüchen nach § 1615l ist jedoch der Bedarf durch den Halbteilungsgrundsatz begrenzt.[293]

gg) Weitere nachrangige Unterhaltslasten (§ 1609 Nr. 3 ff.)

Bei sonstigen nachrangigen Unterhaltslasten ist zwischen Ehegatten- und Verwandtenunterhalt zu **140** differenzieren.

Bei der Ermittlung des **Unterhaltsbedarfs** eines **Ehegatten** sind auch alle nachrangigen Unter- **150** haltslasten zu berücksichtigen, da der Rang erst bei der Leistungsfähigkeit zu prüfen ist. Ergibt sich insoweit aufseiten des Unterhaltsschuldners eine Mangellage, sind die nachrangigen Unterhaltslasten auszuscheiden, und ist der Bedarf des Ehegatten neu zu berechnen. Entsteht durch den Vorabzug des Unterhalts eines nicht privilegierten volljährigen Kindes beim Ehegatten ein Mangelfall und damit ein Missverhältnis zu dem ihm verbleibenden Bedarf, ist für den Ehegatten ein Mindestbedarf anzusetzen,[294] der nach dem Gleichbehandlungsgrundsatz entsprechend dem Selbstbehalt des Unterhaltsschuldners zu bemessen ist. Entsprechendes gilt i.R.d. Vorabzugs von Elternunterhalt.

Bei der Ermittlung des Unterhaltsbedarfs i.R.d. **Verwandtenunterhalts** sind nachrangige Unter- **151** haltslasten nur beim Unterhalt minderjähriger und noch im Haushalt eines Elternteils lebender privilegierter volljähriger Kinder (Stufe 4 der DT) von Belang; sie werden insoweit über die Eingruppierung berücksichtigt (vgl. DT Anm. A 1). Ansonsten ist der Unterhalt vorrangiger Unterhaltsgläubiger nur i.R.d. Leistungsfähigkeit durch Vorabzug bei der Ermittlung des unterhaltsrelevanten Einkommens zu berücksichtigen.

2. Begrenzung des nachehelichen Unterhalts **152**

Manche Leitlinien 2011 und 2012 enthalten erstmals Aussagen zu einer **Begrenzung** von Unterhaltsansprüchen geschiedener Ehegatten, beispielhaft:[295]

Für die **Befristung** des nachehelichen Unterhalts ist bei der Billigkeitsprüfung nach § 1578b grds. vorrangig zu berücksichtigen, ob durch die **Rollenverteilung** in der Ehe, insb. wegen der Betreuung gemeinsamer Kinder und der Gestaltung der Haushaltsführung, **ehebedingte berufliche Nachteile** eingetreten sind. Diese stehen schon deswegen einer Befristung des nachehelichen Unterhalts regelmäßig entgegen, weil der Unterhaltsgläubiger dann seinen eigenen angemessenen Unterhalt nicht selbst erzielen kann.

Sind ehebedingte Nachteile vorhanden, die aus tatsächlichen Gründen nicht mehr ausgeglichen werden können, kommt im Regelfall nach einer **Übergangszeit** eine **Herabsetzung** des nachehelichen Unterhalts nur insoweit in Betracht, als dem berechtigten Ehegatten unter Berücksichtigung eigener und evtl. auch fiktiver Einkünfte jedenfalls derjenige Betrag zur Verfügung stehen muss,

292 BGH, FamRZ 2010, 357 = FuR 2010, 217 im Anschluss an BGHZ 177, 272, 287 = BGH, FamRZ 2008, 1738, 1743 = FuR 2008, 485.
293 BGH, FamRZ 2008, 1739 = FuR 2008, 485.
294 BGH, FamRZ 1986; FamRZ 1991, 1163; näher Gerhardt, FamRZ 2009, 1114.
295 S. etwa OLG Schleswig, Nr. 15.7 der Leitlinien.

den er ohne einen ehebedingten Nachteil zur Verfügung hätte, der also seiner eigenen Lebensstellung entspricht, wenn er in seinem alten Beruf ununterbrochen weiter gearbeitet hätte.

Liegen keine ehebedingten Nachteile vor, oder sind diese bereits ausgeglichen, dann ist i.R.d. umfassenden Billigkeitsabwägung bei der Entscheidung über eine Befristung oder Herabsetzung des nachehelichen Unterhalts eine – über die Kompensation ehelicher Nachteile hinausgehende – **nacheheliche Solidarität** zu berücksichtigen. Maßgebliche Kriterien für die insoweit gebotene Abwägung, ob auch nach einer Übergangszeit im Anschluss an die Ehescheidung und ggf. wie lange weiterhin Unterhalt zu zahlen ist, sind neben weiteren relevanten Umständen des Einzelfalles die Dauer der Pflege und Erziehung gemeinschaftlicher Kinder, die Gestaltung von Haushaltsführung und Erwerbstätigkeit während der Ehe sowie die Dauer der Ehe, die durch eine wirtschaftliche Verflechtung an Gewicht gewinnt, insb. durch Aufgabe einer eigenen Erwerbstätigkeit wegen Kinderbetreuung oder Haushaltsführung.[296]

Die **Darlegungs- und Beweislast** für diejenigen Umstände, aus denen die Unbilligkeit der Fortzahlung des Unterhalts resultiert, und die daher zu einer Begrenzung des nachehelichen Unterhalts führen können, trägt grundsätzlich der Unterhaltsschuldner, weil § 1578b BGB als Ausnahmetatbestand konzipiert ist. Hat er solche Umstände vorgetragen und ggf. bewiesen, obliegt es dem Unterhaltsgläubiger, die bei der Billigkeitsabwägung zu seinen Gunsten sprechenden Umstände darzulegen und zu beweisen.[297]

VI. Sonstige Fragen

153 Besteht – wie zumeist – entsprechender Anlass, sind auch noch **sonstige Fragen** zu prüfen, **insb.**

- **Begrenzung** von **Unterhaltsansprüchen** auf **Gläubigerseite** (etwa nach §§ 1578b,[298] 1579, 1611) bzw. auf **Schuldnerseite** (§ 1608),
- Geltendmachung **besonderer Unterhaltsteile** – etwa Sonderbedarf – sowie **rückständigen Unterhalts** (§§ 1585b, 1613 Abs. 1).

D. Tabellen und Leitlinien/Bundeseinheitliche Struktur für unterhaltsrechtliche Leitlinien (BuL)

154 Richter einzelner OLGe haben, damit die tägliche Praxis den Unterhalt in sog. Normalfällen einigermaßen einfach und gerecht bemessen kann, und um insoweit auch eine möglichst einheitliche Rechtsprechung zu ermöglichen, bereits frühzeitig **Tabellen** und **Leitlinien** als Hilfsmittel für die Bemessung des Unterhalts entwickelt.[299] Diese Tabellen/Leitlinien beziehen sich auf die jeweiligen einzelnen Oberlandesgerichtsbezirke, wobei sie teilweise bereits landesweit bzw. sogar länderübergreifend vereinheitlicht werden konnten (s. etwa die SüdL für die Bundesländer Bayern, Baden-Württemberg und für das OLG Zweibrücken). Diese Tabellen/Leitlinien haben daher auch keinerlei Normqualität; sie sind reine **Orientierungshilfen**, beinhalten aber eine Art Selbstbindung der Richter für künftige Entscheidungen, soweit diese sich als »Regel«-Fall darstellen. Wer sich auf einen »Ausnahme«-Fall beruft, trägt dafür die Darlegungs-, ggf. Beweislast. Unabhängig von der Anwendung von Tabellen/Leitlinien ist jedes Ergebnis einer Unterhaltsbemessung – auch außer-

---

296 Verweis auf BGH, FamRZ 2010, 1971 = FuR 2011, 35 (Berufungsurteil OLG Hamm, FuR 352 = OLGR 2009, 434).
297 BGH FamRZ 2009, 1990 = FuR 2010, 96; 2010, 875 = FuR 2010, 398; 2010, 1050 = FuR 2010, 463.
298 *Das UÄndG 2007 hat die bislang im Gesetz verstreuten Begrenzungsregelungen betreffend den nachehelichen Unterhalt auf eine Norm* [§ 1578b] *konzentriert.*
299 S. aber auch Jost, JR 2003, 89 ff. – »Unterhaltsrichtlinien als Rechtsquelle?«.

halb eines absoluten Mangelfalles[300] – stets abschließend auf Billigkeit und Angemessenheit zu überprüfen.[301]

Die Unterhaltskommission des Deutschen Familiengerichtstags e.V., bei der alle Oberlandesge-   **155**
richte durch ein Mitglied eines Familiensenats vertreten waren, hat sich am 14.02.2003 (in Berlin)
auf eine **bundeseinheitliche Struktur** für unterhaltsrechtliche Leitlinien[302] (im Folgenden: **BuL**)
verständigt. Diese Struktur ist jedoch nur als Gliederung zu verstehen, nach der – erstmals per
01.07.2003 – alle unterhaltsrechtlichen Leitlinien der verschiedenen Oberlandesgerichte aufgebaut sein sollen. Will ein OLG zu einem Gliederungspunkt keine Aussage machen, wird die
jeweilige Ziffer nicht belegt. Weitere Untergliederungen können erfolgen. Die Übersichtlichkeit
der einzelnen Leitlinien wird aufgrund der einheitlichen Struktur verbessert; Abweichungen und
Übereinstimmungen werden schneller erkennbar. Ein gewünschter Nebeneffekt ist bereits eingetreten: Aufgrund der Vereinfachung des Unterhaltsrechts sowohl durch den Gesetzgeber (**UÄndG
2007**, etwa Wegfall der Regelbetrag-VO und Anknüpfung des Kinderunterhalts an § 32 EStG) als
auch durch die Rechtsprechung des BGH[303] haben sich verschiedene Leitlinien auch inhaltlich
einander angenähert. Die BuL sind unzureichend strukturiert, und unabhängig von ihrer Struktur
weisen die verschiedenen Tabellen/Leitlinien noch immer eine unterschiedliche Regelungsdichte
auf.

Zum 01.01.2011 ist die im Jahre 2003 von der Unterhaltskommission des DFGT erarbeitete
»Bundeseinheitliche Leitlinienstruktur« (BuL) ergänzt worden.[304]

Bundeseinheitliche Leitlinienstruktur« (BuL) [Stand: 01.01.2011]   **156**
Präambel
Unterhaltsrechtlich maßgebendes Einkommen
Allgemeine Grundsätze [wie SüdL zu I o.ä. Steuerrechtliche Abgrenzung]
Allgemeine Grundsätze
1.   **Geldeinnahmen**
1.1   regelmäßiges Bruttoeinkommen einschließlich Renten und Pensionen
1.2   unregelmäßige Einkommen (z.B. Abfindungen etc.)
1.3   Überstunden
1.4   Spesen und Auslösungen
1.5   Einkommen aus selbständiger Tätigkeit
1.6   Einkommen aus Vermietung und Verpachtung sowie Kapitalvermögen
1.7   Steuererstattungen
1.8   sonstige Einnahmen (z.B. Trinkgelder)
2.   **Sozialleistungen**
2.1   Arbeitslosengeld und Krankengeld
2.2   Leistungen nach dem SGB II (mit Differenzierung)
2.3   Wohngeld
2.4   BAföG
2.5   Erziehungs- und Elterngeld
2.6   Unfall- und Versorgungsrenten
2.7   Leistungen aus der Pflegeversicherung, Blindengeld u.ä.
2.8   Pflegegeld

---

300 OLG Stuttgart, FamRZ 2004, 112.
301 S. hierzu BGH, FamRZ 1997, 806, 811.
302 FamRZ 2003, 909.
303 S. etwa BGHZ 162, 384 = BGH, FamRZ 2005, 1154 = FuR 2005, 364 zur Aufteilung überobligatori-
     schen Einkommens in einen unterhaltsrelevanten und in einen nicht unterhaltsrelevanten Teil; BGHZ
     164, 375 = BGH, FamRZ 2006, 99 = FuR 2006, 76 zur Kindergeldan- und -verrechnung.
304 Neu aufgenommen wurden insb. die Punkte Umgangskosten (Nr. 10.7), Bedarf bei mehreren Ehegatten
     und Berechtigten nach § 1615l BGB (Nr. 15.5), Begrenzung nach § 1578b BGB (Nr. 15.7), Selbstbehalt
     von Großeltern gegenüber Enkeln (Nr. 21.3.4) und Bedarf des vom Unterhaltsschuldner getrennt leben-
     den oder geschiedenen Ehegatten (Nr. 23).

E. Unterhaltstitel

I. Anspruch auf Titulierung eines Unterhaltsanspruchs

Mit Beschl. v. 02.12.2009 hat sich der BGH[305] ausführlich mit dem Anspruch auf Titulierung eines Unterhaltsanspruchs befasst. Der Unterhaltsschuldner hatte lediglich einen Teil des geschuldeten Unterhalts geleistet und damit Anlass zu einer Klage auf Kindesunterhalt gegeben. Das AG hatte die Kosten des Unterhaltsverfahrens nach Obsiegen und Unterliegen zwischen Unterhaltsgläubigern und Unterhaltsschuldner verteilt und dabei auch die Verurteilung des Unterhaltsschuldners im Rahmen seines Anerkenntnisses zu seinen Lasten gewertet. Das sofortige Anerkenntnis i.S.v. § 93 ZPO (s. hierzu auch § 243 Nr. 4 FamFG) mit der Folge einer vollen Kostenpflicht des Unterhaltsschuldners hatte ihm nicht geholfen.   **157**

Der Unterhaltsgläubiger hat grds. auch dann ein Rechtsschutzinteresse an der vollständigen **Titulierung** seines **Unterhaltsanspruchs** (»**Titulierungsinteresse**«), wenn der Unterhaltsschuldner den Unterhalt bisher stets freiwillig regelmäßig, rechtzeitig und vollständig bezahlt hat. Der Grund liegt darin, dass der Unterhaltsschuldner seine freiwilligen Zahlungen jederzeit einstellen kann, der Unterhaltsgläubiger jedoch auf laufende pünktliche Unterhaltsleistungen angewiesen ist und für diesen Fall einen Titel über den vollen Unterhalt benötigt. Der Antrag gem. § 258 ZPO – Möglichkeit einer Klage auf künftige wiederkehrende Leistungen – setzt keine Besorgnis der Nichterfüllung voraus.[306] Ein Rechtsschutzinteresse auf Errichtung eines Unterhaltstitels auf wiederkehrende, künf-   **158**

---

305   BGH, FamRZ 2010, 195 = FuR 2010, 157 – Streit um die Kostenquote im Unterhaltsrechtsstreit.
306   BGH, FamRZ 1998, 1165 = FuR 1998, 418; FamRZ 2010, 195 = FuR 2010, 157; OLG München, FamRZ 1990, 778; OLG Düsseldorf, FamRZ 1991, 1207; OLG Karlsruhe, FamRZ 1991, 468; OLG Hamm, FamRZ 1992, 831; zum Anspruch auf Titulierung des freiwillig gezahlten Unterhalts ausführlich Grün, FF 2003, 235 ff.

tig fällig werdende Leistungen ist daher selbst dann gegeben, wenn keine Besorgnis besteht, dass der Schuldner versuchen könnte, sich der rechtzeitigen Leistung zu entziehen. Es obliegt der Entscheidung des Unterhaltsgläubigers, ob der Kindesunterhalt in statischer oder in dynamisierter Form tituliert werden soll. Daher ist ein Abänderungsantrag zulässig, wenn ein Unterhaltstitel unter Missachtung des vom Unterhaltsgläubiger ausgeübten Wahlrechts gemäß § 1612a errichtet wurde, weil sonst dessen Wahlrecht gegenstandslos würde.[307] Die Titulierung des Kindesunterhalts kann auch über die Volljährigkeit des Kindes hinaus begehrt werden, und zwar ungeachtet der Frage, ob es sich um betragsmäßig festgelegten oder dynamisierten Unterhalt handelt.[308]

159 Allerdings gibt ein Unterhaltsschuldner, der den vollen geschuldeten Unterhalt regelmäßig zahlt, dem Unterhaltsgläubiger keinen Anlass zur Einleitung eines Unterhaltsverfahrens (s. § 93 ZPO). Der Unterhaltsgläubiger muss deswegen, wenn er die Rechtsfolgen eines sofortigen Anerkenntnisses nach § 243 Nr. 4 FamFG i.V.m. § 93 ZPO vermeiden will, den Unterhaltsgläubiger in solchen Fällen zunächst zur außergerichtlichen Titulierung des Unterhaltsanspruchs auffordern.[309] Zahlt der Unterhaltsschuldner den vollen geschuldeten Unterhalt, und wurde er vor Einleitung eines gerichtlichen Verfahrens nicht ordnungsgemäß zur Titulierung aufgefordert, bleibt ihm im Rechtsstreit die Möglichkeit eines sofortigen Anerkenntnisses mit der Kostenfolge nach § 243 Nr. 4 FamFG i.V.m. § 93 ZPO. Allerdings ist ein Anerkenntnis des Antragsgegners im VKH-Verfahren nicht möglich, um eine für ihn günstige Kostenentscheidung herbeizuführen, sondern der Unterhaltsschuldner hat den Unterhaltstitel zu erstellen, ihn vorzulegen und kann erst dann beantragen, VKH zu versagen. Gibt er dagegen durch seine Antragstellung zu erkennen, dass er nicht zur Unterhaltszahlung bereit ist, dann hat er das Entstehen vermeidbarer Gebühren provoziert, so dass § 243 FamFG i.V.m § 93 ZPO nicht mehr zu seinen Gunsten angewendet werden kann.[310]

160 Ist ein Unterhaltsschuldner allerdings nur zu **Teilleistungen** auf den geschuldeten Unterhalt bereit, scheidet die Möglichkeit eines sofortigen Anerkenntnisses in einem Rechtsstreit auf den vollen Unterhalt aus:[311] Auch dann hat der Gläubiger ein Titulierungsinteresse auf den **vollen** geschuldeten Unterhalt. Hinsichtlich des nicht gezahlten Teils des Unterhalts ist ein Titel schon deswegen erforderlich, weil erst dieser dem Unterhaltsgläubiger die Vollstreckung ermöglicht. Ein Titulierungsinteresse besteht allerdings auch, wie im Fall der Zahlung des vollen Unterhalts, hinsichtlich eines gezahlten Teilbetrages. Das Titulierungsinteresse unterscheidet sich also nicht von den Fällen, in denen der Unterhaltsschuldner regelmäßig den vollen Unterhalt zahlt. Damit gibt der Unterhaltsschuldner dem Unterhaltsgläubiger Anlass zur gerichtlichen Geltendmachung des **gesamten** Unterhalts, ohne dass es auf eine vorherige Aufforderung zur außergerichtlichen Titulierung ankommt.

160a Der Unterhaltsschuldner ist in solchen Fällen – wie sich schon aus den gezahlten Teilleistungen ergibt – gerade nicht freiwillig bereit, den **gesamten** geschuldeten Unterhalt zu leisten. Dem Unterhaltsgläubiger ist nicht zuzumuten, dass er um sog. »**Spitzenbeträge**« streitet und nach Abschluss des Verfahrens Verrechnung mit den nicht titulierten »Grundbeträgen« befürchten muss. Eine außergerichtliche Titulierung würde deswegen lediglich zu einem Titel über den freiwillig gezahlten Teil des geschuldeten Unterhalts führen. Ein weiter gehender Unterhaltsanspruch wäre auch dann nicht vollstreckbar, und der Unterhaltsgläubiger wäre auf einen weiteren Antrag hinsichtlich des nicht freiwillig titulierten Unterhalts angewiesen. Dabei wäre er im Regelfall auf

---

307 OLG Dresden FamRB 2011, 144 = FamRZ 2011, 1407 [Ls].
308 OLG Hamm, FamRZ 2012, 993.
309 OLG Naumburg, FamRZ 2006, 1052; OLG Bremen, NJW 2009, 2318; OLG Koblenz, FamRZ 2010, 1105; zum Inhalt einer Titulierungsaufforderung s. OLG Stuttgart, FamRZ 1990, 1368; OLG Saarbrücken, FamRZ 2012, 472.
310 OLG Thüringen, FamRZ 2011, 491 = FuR 2011, 115.
311 OLG Stuttgart, FamRZ 1990, 1368; OLG Düsseldorf, FamRZ 1991, 1207; OLG Hamm, FamRZ 1992, 577; OLG München, FamRZ 1994, 313 – erfolglose Aufforderung genüge; OLG Nürnberg, FuR 2002, 280; a.A. OLG Stuttgart, FamRZ 2001, 1381; s.a. OLG Köln, NJW-RR 2004, 297.

eine Leistungsklage nach § 257 ZPO verwiesen und müsste seinen Unterhaltsanspruch aus zwei verschiedenen Titeln vollstrecken, wobei es dem Unterhaltsschuldner freistünde, auf welchen Titel er freiwillig zahlt.[312]

Hat der Unterhaltsschuldner mit einem außergerichtlichen Titel lediglich einen Sockelbetrag als **161** Teilunterhalt anerkannt, dann ist der restliche Unterhalt nicht im Wege der Abänderungsklage nach §§ 238 f. FamFG, sondern zusätzlich mit der Leistungsklage nach § 258 ZPO geltend zu machen. Ein solches zweigleisiges Verfahren mit den Folgen der unterschiedlichen späteren Abänderbarkeit der beiden Titel nach § 313 für den außergerichtlichen Titel einerseits und nach § 238 FamFG für den ergänzenden gerichtlichen Titel mit materieller Rechtskraft andererseits ist dem Unterhaltsgläubiger nicht zumutbar. Deswegen gibt der Unterhaltsschuldner, der nicht den vollen Unterhalt leistet, grds. Anlass zur gerichtlichen Geltendmachung des **gesamten** geschuldeten Unterhalts, ohne dass er zunächst zur außergerichtlichen Titulierung aufgefordert werden muss. In solchen Fällen kommt ein sofortiges Anerkenntnis i.S.d. § 243 Nr. 4 FamFG i.V.m. § 93 ZPO also nicht mehr in Betracht.[313]

II. Kosten der Titulierung

Für die **Kosten** der **Errichtung** eines **Unterhaltstitels** hat immer der **Unterhaltsschuldner** aufzu- **162** kommen.

1. Ehegattenunterhalt

Für einen Anspruch auf Übernahme der Kosten für die **Errichtung** eines **Unterhaltstitels** bietet **163** das Gesetz keine Grundlage. Es werden verschiedene Auffassungen vertreten:

(1) Der getrennt lebende/geschiedene **Ehegatte** kann die **Errichtung** eines **Unterhaltstitels** nur dann **164** verlangen, wenn er ihn fordert, **und** wenn er die für die Errichtung einer notariellen Urkunde notwendigen Kosten vorschießt und letztlich übernimmt:[314] Der »anständige« Unterhaltsschuldner sei weder verpflichtet, den Anspruch auf Ehegattenunterhalt zu titulieren, noch bestehe eine entsprechende Obliegenheit.[315] Mit der Zahlung des Unterhalts (kostenfreie Übermittlung der Unterhaltssumme) erfülle der Schuldner seine Hauptpflicht; mehr könne von ihm insoweit nicht verlangt werden. Eine **Nebenpflicht** zur **Titulierung** bestehe **nicht**: Sie wäre nicht – wie in anderen Fällen – auf weitere unterhaltsrechtliche (Neben-)Leistungen gerichtet, sondern allein auf die Nichterfüllung der Hauptpflicht bezogen. Sie hätte damit Sicherungscharakter; die Pflicht zur Sicherheitsleistung sei im Gesetz jedoch nur für den nachehelichen Unterhalt in § 1585a geregelt. Die Titulierung des

---

312 BGH, FamRZ 2010, 195 = FuR 2010, 157; so auch schon OLG Koblenz, FamRZ 1986, 826; OLG Düsseldorf, FamRZ 1991, 1207; OLG Karlsruhe, FamRZ 2003, 102 = FuR 2002, 542; FamRZ 2009, 361; OLG Köln, NJW-RR 1998, 1703 = FuR 1998, 414; OLGR 2002, 384; OLG Zweibrücken, FamRZ 2002, 1130; s.a. OLG Hamm, FamRZ 2006, 627; OLG Koblenz, FamRZ 2006, 1611.

313 Zu allem BGHZ 172, 22 = BGH, FamRZ 2007, 983; BGH, FamRZ 1991, 320; FamRZ 2005, 101; FamRZ 2010, 195 = FuR 2010, 157.

314 KG, FamRZ 1988, 518; OLG Hamm, FamRZ 1993, 1217; OLG Nürnberg, FamRZ 1993, 1333; a.A. OLG Stuttgart, FamRZ 1990, 1368; OLG Düsseldorf, FamRZ 1991, 1207; OLG Hamm, FamRZ 1992, 577; OLG München, FamRZ 1994, 313 – auch bei freiwilliger Unterhaltsleistung bestehe ein Anspruch des Unterhaltsschuldners auf Titulierung seines Unterhaltsanspruchs, weil die Klage auf wiederkehrende Leistung nach § 258 ZPO (im Gegensatz zur Klage auf künftige Leistung nach § 259 ZPO) keine Besorgnis der Nichterfüllung voraussetze; das Rechtsschutzbedürfnis für eine Unterhaltsklage liege daher trotz freiwilliger, pünktlicher und regelmäßiger Zahlung des Unterhalts vor (Nebenpflicht des Schuldners).

315 OLG Schleswig, FamRZ 1983, 828 (Nr. 449); OLG Koblenz, NJWE-FER 2000, 163; OLG Stuttgart, NJW-RR 2001, 1010; OLG Karlsruhe, FamRZ 2003, 1763; OLG Hamm, FamRZ 2007, 1830; Bittmann, FamRZ 1986, 420; a.A. OLG Karlsruhe, FamRZ 1984, 584; OLG Düsseldorf, FamRZ 1988, 519; FamRZ 1990, 1369; FamRZ 1994, 1484; OLG München, FamRZ 1994, 313; FamRZ 1994, 1126.

Anspruchs sei keine darunter fallende Sicherungsmaßnahme, abgesehen davon, dass die Verpflichtung entfalle, wenn kein Grund zu der Annahme besteht, dass die Unterhaltsleistung gefährdet ist (§ 1585a Abs. 1 Satz 2). I.R.d. Trennungsunterhalts fehle auch insoweit eine gesetzliche Regelung; § 1585a könne nicht analog angewendet werden.[316]

165 (2) Da der Unterhaltsschuldner seine freiwilligen Zahlungen jederzeit einstellen kann, der regelmäßig finanzschwächere Unterhaltsgläubiger zur Bestreitung seines Lebensunterhalts jedoch auf vollständige laufende pünktliche Unterhaltsleistungen angewiesen ist und für diesen Fall einen Titel über den vollen Unterhalt benötigt, hat er auf Anforderungen den geschuldeten Unterhalt zu titulieren. Die Übernahme der Titulierungskosten ist somit als Nebenpflicht des Schuldners anzusehen, zumal er bei Prozessarmut für die notarielle Beurkundung wie auch für einen Anwaltsvergleich (§ 796a ZPO) VKH erhalten kann.

2. Kindesunterhalt

166 Ein Anspruch auf **Titulierung** des **Unterhalts** für ein minderjähriges oder ein ihm nach § 1603 Abs. 2 Satz 2 gleichgestelltes sog. privilegiertes volljähriges Kind besteht immer dann, wenn der Unterhaltsschuldner hierzu aufgefordert worden ist: Er kann nach § 59 SGB VIII (KJHG) einen Titel betreffend den Unterhalt Minderjähriger und Volljähriger bis zum Alter von 21 Jahren beim Jugendamt errichten lassen; dies ist ihm (daher) auch zumutbar,[317] zumal die Beurkundung von Verpflichtungen zur Erfüllung von Unterhaltsansprüchen eines Kindes durch einen Notar, dem die Gebühren für seine Tätigkeit selbst zufließen, nach Maßgabe der § 55a KostO i.V.m. § 62 Abs. 1 BeurkG gebührenbefreit ist.[318] Kommt ein Unterhaltsschuldner der Aufforderung, einen solchen Titel zu errichten, nicht nach, gibt er Anlass zur Einleitung eines Unterhaltsverfahrens.[319] Es besteht ein Anspruch auf zeitlich unbegrenzte Titulierung des Unterhaltsanspruchs eines minderjährigen Kindes.[320]

167 Wurde der Unterhaltsschuldner außergerichtlich zur Titulierung beim Jugendamt aufgefordert, und erkennt er in der ersten mündlichen Verhandlung den Anspruch an, liegt **kein sofortiges Anerkenntnis** vor.[321] Hat sich der Unterhaltsschuldner in einem Vergleich zur Erstellung einer Jugendamtsurkunde verpflichtet, fehlt bei mangelnder Erfüllung dieser Verpflichtung einem späteren Leistungsantrag des Unterhaltsgläubigers nicht das Rechtsschutzbedürfnis.[322] Die in einer Jugendamtsurkunde enthaltene Unterhaltsverpflichtung kann nur durch Erhebung des Abänderungsantrages nach § 239 FamFG, nicht aber durch Errichtung einer weiteren Jugendamtsurkunde formell wirksam abgeändert werden.[323]

III. Bestimmtheit eines Unterhaltstitels

168 Besteht ein Anspruch auf Errichtung eines Unterhaltstitels, dann ist auf **korrekte rechtswirksame Titulierung** zu achten, da ansonsten der Titel **nicht vollstreckungsfähig** ist.[324] Das Gericht ist berechtigt und verpflichtet, den auf Abänderung eines Unterhaltstitels (§§ 238 f. FamFG) dringenden Unterhaltsschuldner gem. § 139 Abs. 1 Satz 2 ZPO auf die Möglichkeit des verfahrensrechtlichen Gestaltungsantrages nach § 767 ZPO analog hinzuweisen, wenn es den abzuändernden Titel

---

316 Zu allem OLG Karlsruhe, FamRZ 2003, 1763.
317 OLG Hamm, JAmt 2012, 282; s.a. OLG Nürnberg, EzFamR **aktuell** 1992 Nr. 3 und 6.
318 OLG Düsseldorf, ZNotP 1999, 454 (LS).
319 OLG Brandenburg, FuR 2001, 45 (hier: Festsetzung im Vereinfachten Verfahren).
320 OLG Hamm, ZFE 2009, 111.
321 OLG Naumburg, FuR 2002, 287.
322 OLG Brandenburg, JAmt 2004, 507.
323 OLG Brandenburg, JAmt 2006, 264.
324 S. etwa OLG Zweibrücken, FuR 2002, 328 – die Begründung einer Leistungspflicht mit dem Zusatz »bereits bezahlte Beträge sind anzurechnen« ist unbestimmt und daher nicht vollstreckungsfähig.

mangels Bestimmtheit für nicht vollstreckungsfähig hält.[325] In **Gesamtbeträgen** geleistete **Zahlungen** an mehrere Unterhaltsgläubiger sind nach dem Verhältnis der Unterhaltsansprüche **quotenmäßig** anzurechnen, wenn der Unterhaltsschuldner keine Aufteilung bestimmt hat.[326]

1. Begriff »bestimmt genug«

Ein **Titel** ist nur dann **bestimmt genug** und zur **Zwangsvollstreckung** geeignet, wenn er den Anspruch des Gläubigers ausweist sowie Inhalt und Umfang der Leistungspflicht genau bezeichnet. Bei einem Zahlungstitel muss der zu vollstreckende Zahlungsanspruch betragsmäßig festgelegt sein[327] oder sich zumindest aus dem Titel ohne Weiteres errechnen lassen;[328] notfalls hat das Vollstreckungsorgan den **Inhalt** des **Titels** durch **Auslegung** festzustellen. Dabei muss der Titel jedoch aus sich heraus für eine Auslegung genügend bestimmt sein oder jedenfalls sämtliche Kriterien für seine Bestimmbarkeit eindeutig festlegen; es genügt nicht, wenn auf Urkunden Bezug genommen wird, die nicht Bestandteil des Titels sind, oder wenn die Leistung nur aus dem Inhalt anderer Schriftstücke ermittelt werden kann.[329]

2. Unterhaltstitel mit Anrechnungsklauseln

Einem Unterhaltstitel mit der **Anrechnungsklausel** »unter Anrechnung bereits gezahlter Beträge« kann mangels Konkretisierung und Bezifferung regelmäßig nicht entnommen werden, unter Abzug welcher Beträge der Unterhaltsanspruch jeweils zu vollstrecken ist, weil dieser Anrechnungsklausel nicht einmal mit hinreichender Sicherheit zu entnehmen ist, ob unter »bereits« gezahlten Beträgen nur solche zu verstehen sind, die vor der Titulierung, oder auch solche, die jedenfalls vor der jeweiligen Vollstreckung gezahlt worden sind. Die Vollstreckungsfähigkeit eines auf einem Anwaltsvergleich beruhenden und mit einer unbezifferten Anrechnungsklausel verbundenen Titels ist nur dann gewahrt, wenn sich aus ihm mit hinreichender Deutlichkeit ergibt, dass der Schuldner sich ohne Einschränkung der sofortigen Zwangsvollstreckung i.H.d. bezifferten Betrages unterwirft, und die Anrechnungsklausel lediglich einen (deklaratorischen) Vorbehalt darstellt, den Einwand der Erfüllung ggf. mit einem späteren Vollstreckungsgegenantrag nach § 767 ZPO geltend zu machen. Eine solche – auch für das Vollstreckungsorgan hinlänglich deutliche – Klarstellung lässt sich bspw. dadurch erreichen, dass zunächst nur der Betrag beziffert wird, über den der Titel errichtet wird, gefolgt von der Erklärung des Schuldners, sich der sofortigen Zwangsvollstreckung daraus zu unterwerfen. Soweit eine **unbezifferte Anrechnungsklausel** für erforderlich gehalten wird, sollte diese sodann einem **gesonderten Absatz** vorbehalten werden, der zugleich klarstellt, dass die Anrechnung gezahlter, aber derzeit noch nicht bezifferbarer Beträge mit dem Vollstreckungsgegenantrag nach § 767 ZPO geltend zu machen ist.[330]

3. Dynamisierte Unterhaltstitel (§ 1612a)

Ein Unterhaltstitel, der die Leistungspflicht auf Zahlung des Unterhalts nicht (mehr) numerisch beschreibt, sondern in einem **individuellen Prozentsatz**, bezogen auf den Mindestunterhalt einer bestimmten Altersgruppe (§ 1612a), ist **hinreichend bestimmt**. Die jeweils geltenden Mindestbe-

169

170

171

325 BGHZ 165, 223 = BGH, FamRZ 2006, 261 = FuR 2006, 125 (Berufungsgericht: OLG Zweibrücken, FamRZ 2003, 692 f.).
326 OLG Brandenburg, FuR 2005, 455 = NJW-RR 2005, 949.
327 BGHZ 22, 54, 57.
328 BGHZ 88, 62, 65 = BGH, NJW 1983, 2262.
329 BGHZ 165, 223 = BGH, FamRZ 2006, 261 = FuR 2006, 125 unter Hinweis auf BGH, FamRZ 1986, 45, 46 m.N.; OLG Köln, FamRZ 2012, 384 – ein ukrainischer Unterhaltstitel, der auf Unterhalt »in Höhe eines Viertels von allen Arten des Arbeitslohns« lautet, könne wegen fehlender Bestimmtheit in Deutschland nicht für vollstreckbar erklärt werden.
330 BGHZ 165, 223 = BGH, FamRZ 2006, 261 = FuR 2006, 125 (Berufungsgericht: OLG Zweibrücken, FamRZ 2003, 692 f.).

träge ergeben sich aus dem Gesetz, der Wohnort des Kindes und sein Alter (wegen der Einstufung der DT in Altersgruppen) aus dem Titel bzw. aus dem Vollstreckungsauftrag. Somit kann der auf den persönlichen Prozentsatz bezogene Währungsbetrag von allen Beteiligten einschließlich der Vollstreckungsorgane zuverlässig und mit geringem Aufwand ermittelt werden.[331] Entscheidend ist, dass die Titulierung des Kindesunterhalts mit einem Prozentsatz des jeweiligen Mindestunterhalts (s. § 1612a) entspricht. Ein Pfändungs- und Überweisungsbeschluss kann daher auch insoweit ergehen, als die Entscheidung in ihrem Tenor den Unterhalt als Prozentsatz des (im Entscheidungszeitpunkt noch nicht bekannten) Mindestunterhalts einer bestimmten Altersgruppe ausweist.

172 Kindergeld (§ 1612b) und ähnlich regelmäßig wiederkehrende kindbezogene und Kindergeld ausschließende Geldleistungen (§ 1612c) sind in den Anträgen und in der Entscheidung **gesondert** auszuweisen und dürfen daher nicht in den Unterhaltsbetrag einfließen, von dem ausgehend der Prozentsatz gebildet wird:[332] Zum einen, damit gesichert ist, dass die titulierte Summe die tatsächliche Unterhaltsschuld nicht übersteigt, und zum anderen, weil sich diese Beträge nicht so entwickeln wie die Mindestunterhaltssätze, also nicht der Dynamisierung unterliegen.

173 Ein **dynamisierter Unterhaltstitel** ist auch dann **bestimmt**, wenn er – nicht numerisch – die Anrechnung anrechenbarer Beträge für kindbezogene Leistungen (§§ 1612b, 1612c) ohne Nennung des Betrages bestimmt, weil sich die Höhe des staatlichen Kindergeldes aus dem Gesetz ergibt (§ 1612a Abs. 3 Satz 1, §§ 32, 62 ff. EStG, sog. variable – »dynamisierte« – Kindergeldanrechnung);[333] der Anteil des anzurechnenden Kindergeldes muss allerdings aus dem Titel heraus berechenbar sein (z.B.: die Hälfte des staatlichen Kindergeldes für ein erstes Kind).[334] Der Titel ist auch dann bestimmt, wenn bei Titulierung eines Unterhaltsanspruchs i.H.v. nur 107 % des Mindestunterhalts angeordnet wird, dass kein Kindergeld angerechnet wird.[335] Ist der zu zahlende Kindesunterhalt mit dem Mindestunterhalt abzgl. des jeweiligen anteiligen Kindergeldes der jeweiligen Altersstufe festgesetzt, treten nach Ansicht des OLG Oldenburg[336] bei einer solchen »dynamischen« Formulierung des Kindergeldabzugs in der Praxis häufig Probleme bei der Vollstreckung auf; daher sei eine auf die Aufnahme der derzeitigen Zahlbeträge in den Tenor gerichtete Beschwerde gegen einen solchen »dynamischen« Unterhaltstitel zulässig und begründet.

174 Es widerspricht prozessökonomischen Grundsätzen, wenn ein Unterhaltstitel bei jeder Kindergeldänderung nur deshalb geändert werden müsste, weil ein nicht zutreffender Kindergeldanteil genannt ist.[337] Wegen der ständigen Änderungen der Höhe des Kindergeldbezuges (§ 66 Abs. 1 Satz 1 EStG)[338] empfiehlt es sich dringend, bei allen Kindern die Bezugszahl als Ordnungszahl anzugeben.

---

331 S. hierzu BGHZ 22, 54 ff.; i.Ü. OLG Jena, FuR 2001, 40; FamRZ 2005, 916; OLG Bremen, OLGR 2000, 197; OLG Hamm, JAmt 2001, 369; OLG Stuttgart, JAmt 2001, 369; OLG Düsseldorf (3. FamS), JAmt 2001, 550; FamRZ 2002, 1046 = FuR 2002, 284; a.A. (unzutr.) OLG Naumburg, EzFamR aktuell 2002, 40 (LS); FuR 2004, 375; FamRZ 2004, 1133 = FuR 2004, 461; OLG Düsseldorf (8. FamS), JAmt 2001, 368; FamRZ 2001, 1096; OLG Brandenburg, FamRZ 2004, 396 (LS); s.a. OLG Frankfurt, OLGR 2001, 348 – keine Bedenken gegen die Bestimmtheit, bezogen auf die Kindergeldanrechnung bei dynamisierten Unterhaltstiteln unterhalb von 135 % des Regelbetrages.

332 Zur Tenorierung vgl. auch Weber, NJW 1998, 1995; Bischoff, FuR 1998, 390.

333 OLG Düsseldorf, FamRZ 2002, 1046 = FuR 2002, 284; OLG Düsseldorf, ZFE 2004, 154 (LS); a.A. OLG Naumburg, FamRZ 2007, 1182.

334 OLG Dresden, NJW-RR 2011, 1305 = FamRZ 2011, 1657 [Ls]; a.A. OLG Stuttgart, JAmt 2001, 369.

335 OLG Hamm, JAmt 2001, 369.

336 OLG Oldenburg, FuR 2002, 548.

337 OLG Stuttgart, FamRZ 1999, 659; OLG Düsseldorf, FuR 2002, 284; a.A. (unzutr.) OLG Naumburg, FamRZ 2002, 837.

338 Letzte Änderung: § 66 Abs. 1 Satz 1 EStG i.d.F. des Art. 1 des Wachstumsbeschleunigungsgesetzes v. 22.12.2009 (BGBl. I, S. 3950), erstmals anzuwenden ab dem Veranlagungszeitraum 2010.

4. Prozessuale Geltendmachung fehlender Vollstreckungsfähigkeit eines Titels

Die **fehlende Vollstreckungsfähigkeit** eines Titels kann mit dem **prozessualen Gestaltungsantrag**   175
analog § 767 ZPO geltend gemacht werden, ohne dass ein Rechtsschutzinteresse wegen der Möglichkeit, dies mit der Klauselerinnerung nach §§ 732, 797 Abs. 3 ZPO geltend zu machen, verneint werden kann.[339] Wird der auf einen in der Zukunft beginnenden Zeitraum beschränkte Vollstreckungsabwehrantrag gegen einen Unterhaltstitel mit dem Antrag verbunden, die andere Partei zur **Herausgabe des Titels** zu verurteilen, und sind für die Vergangenheit noch Unterhaltsraten offen, kann, soweit der Antrag auf Herausgabe des Titels abgewiesen werden müsste, gleichwohl § 92 Abs. 2 ZPO angewendet werden.[340]

F. Gegenrechte

Ansprüche auf Unterhalt sichern die Existenz eines Menschen; sie sind daher grds. **gegenrechtsfeind-**   176
lich: Aufseiten des Unterhaltsgläubigers darf keine Notlage dadurch eintreten, dass ihm die für den Lebensunterhalt notwendigen Mittel entzogen werden. **Aufrechnung, Zurückbehaltung** und **ähnliche Gegenrechte** sind demnach für den **Unterhaltsschuldner** nur ausnahmsweise durchsetzbar (z.B. Zug-um-Zug-Leistung wegen Vertragsuntreue bzw. aus Deliktrecht).[341] Das Verbot der Aufrechnung und der Geltendmachung eines Zurückbehaltungsrechts ggü. Unterhaltsforderungen gilt grds. auch

---

339   BGHZ 118, 230, 234; BGHZ 165, 223 = BGH, FamRZ 2006, 261 = FuR 2006, 125; ZIP 2004, 356, 358.
340   OLG Karlsruhe, FamRZ 2004, 1392 = FuR 2004, 371.
341   BGH, FamRZ 1984, 874; BGHZ 113, 90 = BGH, FamRZ 1991, 295 m. Anm. Rach, FamRZ 1991, 928, und Heinrichs, EWiR 1991, 241 – Aufrechnung der Honorarforderung des Verfahrensbevollmächtigten gegen den Auszahlungsanspruch des Elternteils bzgl. vollstreckten Kindesunterhalts; BGHZ 123, 49 FamRZ 1993, 1186 = FuR 1993, 226 (Berufungsinstanz: OLG Hamburg, FamRZ 1992, 328) – Ausnahme vom Aufrechnungsverbot gegen Unterhaltsforderungen aufgrund Arglisteinwands (hier: vorsätzliche unerlaubte Handlung) bei Schutz des Existenzminimums; FamRZ 1996, 1067 – Zulässigkeit der Aufrechnung mit Ansprüchen auf Ehegattenunterhalt gegen eine nicht familienrechtliche Forderung (hier: § 426); FamRZ 1997, 544 m. Anm. Schöppe-Fredenburg, FuR 1997, 135 – Unzulässigkeit der Aufrechnung mit einer behaupteten steuerlichen Verbindlichkeit aus der früheren Ehe ggü. dem Anspruch auf Ausgleich steuerlicher Nachteile aus dem begrenzten Realsplitting; FamRZ 2002, 1179 = FuR 2002, 473 zur Aufrechnung gegen eine Forderung auf Abfindung von Unterhalt; s.a. OLG Bamberg, FamRZ 1987, 1047 – Verbot der Aufrechnung und der Geltendmachung eines Zurückbehaltungsrechts gegen den Anspruch auf Erstattung von Steuernachteilen aus Realsplitting; JurBüro 1987, 1817 – Zulässigkeit der Aufrechnung mit einer Unterhaltsrückforderung gegen einen Kostenerstattungsanspruch; OLG Brandenburg, JAmt 2003, 556 zur Unwirksamkeit einer Aufrechnung mit und Abtretung von Kindesunterhaltsansprüchen gegen den anderen Elternteil; OLG Düsseldorf, FamRZ 1981, 970 – Ausnahmen vom Aufrechnungsverbot bei Unterhaltsansprüchen (hier: vorsätzlichen Schadenszufügung durch den Unterhaltsgläubiger i.R.d. selben Lebensverhältnisses); FamRZ 1982, 498 – Unzulässigkeit von Pfändung und Aufrechnung mit einer einmaligen gesetzlichen Unterhaltsforderung (hier: Sonderbedarf); FamRZ 1987, 705 – Zulässigkeit der Aufrechnung mit Unterhaltsansprüchen gegen Ansprüche auf Nutzungsentschädigung nach dem Auszug aus dem gemeinsamen Einfamilienhaus; FamRZ 1998, 847 – Aufrechnung mit Unterhalt gegen Kostenerstattungsansprüche; OLG Hamm, FamRZ 1988, 745 – Aufrechnungsverbot bzgl. einer im Hausratsverfahren angeordneten Ausgleichszahlung; FamRZ 1988, 952 zum Aufrechnungsverbot auch hinsichtlich von Verzugszinsen aus Unterhaltsrückständen; FamRZ 1999, 436 m. Anm. Ludwig, FamRZ 1999, 1659 – Aufrechnung mit einem Schadensersatzanspruch aus § 717 Abs. 2 ZPO wegen eines zu viel gepfändeten Unterhalts aus einem vorläufig vollstreckbaren Versäumnisurteil gegen einen Ausgleichsanspruch des Unterhaltsgläubigers aus Realsplitting; KG, FamRZ 1999, 405 – Zulässigkeit der Aufrechnung gegen Unterhalt nach einer Entscheidung des Vollstreckungsgerichts gem. § 850b Abs. 2 ZPO; OLG Karlsruhe, FamRZ 1997, 366 – Zulassung der Aufrechnung mit überzahltem Unterhalt gegen Erstattungsansprüche aus dem begrenzten Realsplitting aufgrund vertraglicher Vereinbarung; FamRZ 2002, 893 – Aufrechnungsverbot bzgl. zu viel vollstreckten Unterhalts gegen titulierten, deutlich unter dem Existenzminimum liegenden Kindesunterhalt; FamRZ

ggü. dem Anspruch auf Nachteilsausgleich aus dem begrenzten Realsplitting nach § 10 EStG. [342] Der **Unterhaltsgläubiger** kann dagegen mit seinem Unterhaltsanspruch jederzeit gegen Ansprüche des Unterhaltsschuldners – auch nichtfamilienrechtlicher Art – aufrechnen. [343]

I. Aufrechnung (Erfüllungssurrogat)

177 Eine Forderung kann nach § 400 nicht abgetreten und demnach auch nicht verpfändet werden (§ 1274 Abs. 2), soweit sie der Pfändung nicht unterworfen ist. Unterhaltsansprüche sind nach § 850b Abs. 1 Nr. 2 ZPO grds. nicht pfändbar, demnach grds. nicht abtretbar und auch nicht verpfändbar. Soweit Unterhaltsansprüche nach § 850b Abs. 1 ZPO unpfändbar sind, kann **gegen sie** – auch was einmalige Leistungen anlangt[344] – nicht aufgerechnet werden (§ 394),[345] etwa mit einem Anspruch auf Rückzahlung überzahlten Unterhalts.[346] Der Unterhaltsschuldner kann daher ggü. dem Anspruch eines unterhaltsberechtigten geschiedenen Ehegatten auf Erstattung der ihm als Folge des begrenzten steuerlichen **Realsplittings** (§ 10 Abs. 1 Nr. 1 EStG) erwachsenden steuer-

---

2003, 33 zum Verbot der Aufrechnung mit Ansprüchen auf Rückzahlung überzahlten Unterhalts ggü. Vollstreckung aus vorläufigem Unterhaltstitel; FamRZ 2003, 695 zu einem Vertrag zwischen Ehegatten über Aufrechnung mit Unterhaltsansprüchen gegen Vollstreckungsverzicht aus einem Kostentitel; OLG Koblenz, FamRZ 1988, 746 – Aufrechnung des Unterhaltsschuldners mit einem Schadensersatzanspruch nach § 767 Abs. 2 ZPO gegen Unterhaltsansprüche bei Aufrechnungslage vor Schluss der mündlichen Verhandlung im Vorprozess; FamRZ 1997, 368 – Zulässigkeit der Aufrechnung mit zu viel bezahltem Ehegattenunterhalt gegen die Ausgleichsforderung aus einem familienrechtlichen Ausgleichsanspruch; OLGR 2000, 333 – Zulässigkeit der Aufrechnung mit einem Anspruch auf Rückzahlung eines Prozesskostenvorschusses gegen die Forderung auf Zahlung rückständigen Unterhalts; FamRZ 2002, 1129 zur Aufrechnungserklärung nach Rechtshängigkeit bei vorprozessualer Aufrechnungslage; OLG Köln, FamRZ 1991, 1192 – fehlende Erfolgsaussicht bzw. Mutwilligkeit bei Aufrechnung mit Gegenanspruch; FamRZ 2001, 835; OLG München, FamRZ 1985, 84 – Zulässigkeit der Aufrechnung mit einer Unterhaltsforderung oder Zugewinnausgleichsforderung im Verfahren der allgemeinen Zivilgerichtsbarkeit; OLG Naumburg, OLGR 1998, 230 (LS) – Unzulässigkeit von Aufrechnung und Zurückbehaltungsrecht bezogen auf Krankenversicherungsunterhalt; FuR 1999, 28 = FamRZ 1999, 437 m. Anm. Vollkommer, FamRZ 1999, 1423, und Ludwig, FamRZ 1999, 1659 – Zulässigkeit der Aufrechnung mit einem Anspruch auf Rückzahlung zu viel gezahlten Unterhalts im Wege der Verrechnung mit geschuldeten laufenden Unterhalt; FamRZ 2001, 1236 – Unzulässigkeit der Aufrechnung rückständigen Kindesunterhalts gegen Ansprüche auf Zugewinnausgleich mangels Gegenseitigkeit der Forderungen; OLG Nürnberg, FamRZ 2000, 880 m. Anm. Hausmann – Unzulässigkeit der Aufrechnung überzahlten Ehegattenunterhalts mit Erstattungsansprüchen aus dem steuerrechtlichen begrenzten Realsplitting; OLG Schleswig, FamRZ 1986, 707 – Zulässigkeit der Aufrechnung des Unterhaltsschuldners mit Schadensersatzforderungen wegen Zwangsvollstreckung aus vorläufigen, später abgeänderten Unterhaltstiteln; OLGR 1997, 113 – Zulässigkeit der Aufrechnung mit einem Schadensersatzanspruch aus ungerechtfertigter vorläufiger Vollstreckung gem. § 717 Abs. 2 ZPO gegen einen Anspruch auf Freistellung von Steuerforderungen im Unterhaltsprozess; OLG Stuttgart, DAVorm 1985, 414 – Zulässigkeit der Aufrechnung mit und Unzulässigkeit der Aufrechnung gegen familienrechtliche Ausgleichsansprüche im Verhältnis unterhaltspflichtiger Eltern zueinander; FamRZ 1988, 204 – Verbot der Aufrechnung mit Anspruch aus überzahltem Unterhalt gegen den laufenden Unterhaltsanspruch.

342 OLG Oldenburg, FamRZ 2010, 1693.
343 BGH, FamRZ 1996, 1067, 1068; s.a. BGH, FamRZ 2002, 1179 = FuR 2002, 473 zur Zulässigkeit der Aufrechnung gegen Forderungen auf Abfindung von Unterhaltsansprüchen.
344 BGH, FamRZ 1997, 544; zur außerordentlichen Beschwerde gegen eine Entscheidung über die einstweilige Einstellung der Zwangsvollstreckung aus einem Unterhaltstitel sowie Aufhebung einer Vorratspfändung ohne Sicherheitsleistung s. OLG Karlsruhe, FamRZ 1996, 1486.
345 BGHZ 123, 49 = BGH, FamRZ 1993, 1186; BGHZ 1997, 544 – Erstattungsanspruch des Unterhaltsgläubigers nach Zustimmung zum begrenzten Realsplitting.
346 S.a. BGH, FamRZ 2012, 525 = FuR 2012, 254 zu einer vertraglich vereinbarten, zulässigen Aufrechnung; Büttner/Niepmann, NJW 2000, 2547, 2553; Wohlfahrt, FamRZ 2001, 1185, 1190; a.A. insoweit OLG Hamm, FamRZ 1999, 436; OLG Naumburg, FamRZ 1999, 437.

lichen Nachteile grds. nicht mit einer **Gegenforderung** aufrechnen.[347] Auch die Rückforderung einer überzahlten Leistung ist eine Gegenforderung, die unter das Aufrechnungsverbot fällt. Aufrechnung gegen eine Unterhaltsforderung ist auch dann unzulässig, wenn die Unterhaltsforderung auf einen Dritten gesetzlich übergegangen ist, und dem Unterhaltsschuldner seinerseits eine Forderung gegen den ursprünglichen Unterhaltsgläubiger zusteht. In diesem Fall scheitert die Aufrechnung zwar nicht an der Unpfändbarkeit der Unterhaltsforderung; der Aufrechnung steht jedoch der Einwand fehlender Gegenseitigkeit entgegen.[348]

Das Aufrechnungsverbot greift nur dann nicht ein, wenn der Unterhaltsgläubiger dem Unterhalts-   **178** schuldner den **Einwand** der **Arglist** entgegensetzen kann. **Ausnahmsweise** kann daher gegen eine an sich unpfändbare Unterhaltsforderung mit einer Schadensersatzforderung aus einer i.R.d. Unterhaltsverhältnisses begangenen vorsätzlichen unerlaubten Handlung **aufgerechnet** werden, da in einem solchen Fall dem Aufrechnungsverbot des § 394 der **Einwand** der **Arglist** entgegen steht; dem Unterhaltsgläubiger muss jedoch auch in einem solchen Falle das Existenzminimum verbleiben.[349] Der Unterhaltsgläubiger kann sich nach Treu und Glauben auch dann nicht auf das Aufrechnungsverbot gem. § 394 berufen, wenn die zur Verrechnung gestellten Überzahlungen darauf beruhen, dass er selbst rückwirkend eine Änderung der Steuerklassen beantragt und damit die Grundlagen für die vom Unterhaltsschuldner bereits geleisteten Unterhaltszahlungen nachträglich verändert hat.[350]

Die **Abtretung** unpfändbarer Unterhaltsansprüche ist jedoch zulässig, wenn sie der Unterhalts-   **179** gläubiger an denjenigen bewirkt, der ihm freiwillig oder vertragsgemäß Zahlungen i.H.d. abgetretenen Ansprüche geleistet hat oder leistet.[351] Wer also Unterhalt zahlt, ohne dazu verpflichtet zu sein, kann sich die entsprechenden Unterhaltsansprüche abtreten lassen. Das gilt jedoch nicht für eine Abtretung zur Erstattung von Sozialleistungen.[352] Auch wenn das Land vor dem Hintergrund bewilligter Leistungen nach dem UVG für die antragstellenden Kinder einen Unterhaltstitel in Höhe von 100 % des Regelbetrages erwirkt hat, sind diese nicht Rechtsnachfolger des Landes nach Beendigung der Gewährung von Leistungen nach dem UVG, und zwar weder aufgrund einer Forderungsabtretung noch aufgrund eines Forderungsübergangs kraft Gesetzes. Eine analoge Anwendung von § 727 ZPO kommt ebenfalls nicht in Betracht, weil es an einer planwidrigen Regelungslücke fehlt; vielmehr hat der Gesetzgeber bewusst die Möglichkeiten der Klauselerteilung aus Gründen der Rechtssicherheit beschränkt.[353] Bei **Überzahlungen** und **Nachzahlungen während** eines **laufenden Verfahrens** handelt es sich allerdings **nicht** um ein Problem der Aufrechnung, sondern der **Verrechnung**. Außerhalb eines laufenden Verfahrens ist jedoch regelmäßig weder Verrechnung noch Aufrechnung mit offen stehenden Unterhaltsbeträgen aus anderen Zeiträumen möglich, soweit in diesen Zeiträumen eine Überzahlung erfolgt ist; insoweit gilt das Aufrechnungsverbot gem. § 394, § 850b Abs. 1 Nr. 2 ZPO.[354]

---

347 BGH, FamRZ 1997, 544 zu behaupteten steuerlichen Verbindlichkeiten aus der früheren Ehe.
348 OLG Dresden, FamFR 2011, 319 = FamRZ 2011, 1681 [Ls].
349 BGHZ 123, 49 = BGH, FamRZ 1993, 1186 = FuR 1993, 226; s. etwa OLG Düsseldorf 2002, 835 zur Aufrechnung mit einem Anspruch auf hälftigen Ausgleich des Negativsaldos auf einem Girokonto mit einer Schadensersatzforderung wegen der Beschädigung eines Pkw hinsichtlich der Schadensbeseitigungskosten, mit einer Forderung für Vergütung für eine geschäftliche Urlaubsvertretung, mit Ansprüchen aus einer Bürgschaftsverpflichtung für ein Darlehen des Unterhaltsgläubigers sowie mit einem Anspruch auf Beteiligung an einer Steuerrückerstattung.
350 OLG Hamm, FamRZ 2004, 1668.
351 OLG Köln, FamRZ 1995, 308; zur Abtretung unpfändbarer Rentenansprüche gem. § 850b Abs. 1 Nr. 1 ZPO, s. BGHZ 59, 109, 115 m.w.N.
352 BGH, FamRZ 1994, 829.
353 OLG Hamm, FamRZ 2012, 910.
354 OLG Koblenz, FamRZ 2010, 2079 [LS].

180 **Ausnahmen** vom **Pfändungsverbot** aus **Billigkeitsgründen** nach § 850b Abs. 2 ZPO kann nur das VollstreckungsG, nicht das FamG gestatten.[355] Sind Unterhaltsansprüche daher ausnahmsweise unter bestimmten Voraussetzungen pfändbar, können sie auch abgetreten und verpfändet werden. Das Aufrechnungsverbot kann zwar unter Beachtung des Schutzzwecks des § 394 bei der im Einzelfall vorzunehmenden Abwägung nach Treu und Glauben eingeschränkt sein. Wird etwa Unterhalt zu **Unrecht gepfändet**, weil zu diesem Zeitpunkt ein Unterhaltsrückstand nicht mehr besteht, dann erleidet der Unterhaltsgläubiger durch die Aufrechnung keinen Nachteil, sondern eine für ihn günstige Rechtsstellung: Durch die Aufrechnung wird er so gestellt, als habe der Schuldner einen **Unterhaltsvorschuss** für künftige Unterhaltsansprüche[356] geleistet. Ein Unterhaltsvorschuss ist für den Unterhaltsgläubiger stets von Vorteil, weil er dadurch bereits in der Gegenwart eine Leistung erlangt, die erst in der Zukunft fällig wird. Er nimmt dem Gläubiger das Risiko, dass der geschuldete Unterhalt zum Zeitpunkt seiner Fälligkeit und des Eintritts des Unterhaltsbedarfs des Gläubigers nicht geleistet wird. Das Aufrechnungsverbot des § 394 Satz 1 will den Unterhaltsgläubiger davor schützen, dass ihm der laufende Lebensunterhalt entzogen wird. Dies ist jedoch dann stets ausgeschlossen, wenn ein Unterhaltsschuldner aufgrund einer unrechtmäßigen Pfändung zu viel Unterhalt zahlt und sodann mit seinem **Bereicherungsanspruch** die **Aufrechnung** gegen **künftige Unterhaltsansprüche** erklärt.[357]

181 Ist **ausnahmsweise Aufrechnung** statthaft, dann kann für die Zukunft gegen Familien-, Trennungs- und Verwandtenunterhalt nur für **drei Monate** (§§ 1614 Abs. 2, 1361 Abs. 4, 1360a Abs. 3, 760 Abs. 2), gegen nacheheheelichen Unterhalt nur für **sechs Monate** aufgerechnet werden.[358] Der Anspruch auf Zahlung eines Kostenvorschusses ist zweckbestimmt, damit nach § 399 nicht abtretbar oder übertragbar und nach § 851 Abs. 1 ZPO nicht pfändbar, sodass auch eine Aufrechnung nach § 394 nicht möglich ist.[359] Etwas anderes gilt für einen Anspruch auf **Rückzahlung** eines bereits geleisteten **Kostenvorschusses**.

II. Zurückbehaltungsrechte

182 Steht einem Schuldner aus **demselben rechtlichen Verhältnis**, auf dem seine **Leistungspflicht** beruht, ein fälliger Anspruch gegen den Gläubiger zu, kann er sich auf ein **Zurückbehaltungsrecht** berufen, sofern sich nicht aus dem Schuldverhältnis ein anderes ergibt (§ 273 Abs. 1). Soweit Unterhaltsansprüche auf der Ehe beruhen (§§ 1361, 1579 f.), muss der Gegenanspruch ebenfalls aus der Ehe entstanden sein. Richten sich die Unterhaltsansprüche nach §§ 1601 ff., kommt nur ein Gegenanspruch in Betracht, der (ebenfalls) auf dem Verwandtschaftsverhältnis beruht. Da Unterhalt der Existenzsicherung dient, kommt ein **Gegenrecht** bzgl. des laufenden Unterhalts allerdings nur in **äußersten Ausnahmefällen** in Betracht, wenn das Gegenrecht künftige Unterhaltsleistungen ausschließen soll.[360] Diese enge Grenze gilt allerdings bei Gegenrechten betreffend Unterhaltsrückständen nicht in diesem Maße. Weder §§ 1580, 1605 (Auskunftsansprüche) noch § 1619 (Dienstleistungspflicht eines Kindes) berechtigen demzufolge, laufende Unterhaltszahlungen zurückzuhalten.[361] Die Ausübung eines **Zurückbehaltungsrechts** nach § 273 Abs. 1 ist daher

---

355 OLG Bamberg, FamRZ 1988, 948.
356 Zur Eintragung einer Sicherungsvormerkung für bedingte Unterhaltsansprüche s. OLG Frankfurt, FuR 2004, 263.
357 OLG Naumburg, FamRZ 1999, 437 zur Aufrechnung eines Rückforderungsanspruchs zu Unrecht gepfändeter Gehaltsforderungen gegen Unterhaltsansprüche der Gläubigerin.
358 BGH, FamRZ 1993, 1186.
359 OLG Köln, FamRZ 1993, 1462.
360 OLG Bamberg, FamRZ 1985, 610; OLG Hamm, FamRZ 1996, 49 – Besuch einer Privatschule in Thailand; s.a. Müller, DAVorm 1996, 865.
361 Näher Staudinger/Engler, Vorbem zu §§ 1601 f. Rn. 91, 92.

(vorbehaltlich § 242) grds. auch bei Streitigkeiten unter Ehegatten denkbar, jedoch zumeist im **Familienvermögensrecht**,[362] kaum jedoch im Unterhaltsrecht.

Dem Anspruch des unterhaltspflichtigen Ehemannes auf Zustimmung zum begrenzten **Realsplitting** kann die Ehefrau kein Zurückbehaltungsrecht wegen Nichtzahlung des nachehelichen Unterhalts entgegensetzen, wenn die von ihr begehrte Zustimmung ein Jahr betrifft, für das der Ehemann seine Unterhaltsverpflichtungen erfüllt hat.[363] Sind keine Nachteile des Unterhaltsgläubigers auszugleichen, hängt die Zustimmungserklärung zum begrenzten Realsplitting allerdings nicht von der entsprechenden Verpflichtungserklärung des Unterhaltsschuldners ab.[364] Im Rahmen des Ausbildungsunterhalts führt die fehlende Vorlage von Leistungs- und Studiennachweisen zwar nicht zum Wegfall der Unterhaltspflicht; es besteht aber im Hinblick auf die Unterhaltszahlungen ein Zurückbehaltungsrecht bis zur Vorlage der entsprechenden Nachweise.[365] 183

G. Zinsen auf Unterhaltsansprüche

Rechtsgrundlagen für die **Verzinsung** von **Unterhaltsansprüchen**[366] sind 184

– **Schuldnerverzug** (§§ 286 ff.),
– **Prozessverzinsung** von dem Eintritt der Rechtshängigkeit eines Antrages an (§ 291 Satz 1 i.V.m. § 288 Abs. 1).[367]

Seit 01.01.2002 regelt § 247 den **Basiszinssatz**; der jeweilige Basiszinssatz ist um 5 Prozentpunkte zu erhöhen. Nach § 247 Abs. 1 beträgt der Basiszinssatz[368] 3,62 %. Er verändert sich zum 1. Januar und zum 1. Juli jeden Jahres (§ 247 Abs. 1 Satz 1) um diejenigen Prozentpunkte, um welche die Bezugsgröße seit der letzten Veränderung des Basiszinssatzes gestiegen oder gefallen ist. Bezugsgröße ist der Zinssatz für die jüngste Hauptrefinanzierungsoperation der Europäischen Zentralbank vor dem ersten Kalendertag des betreffenden Halbjahres. Der Basiszinssatz wird jeweils von der Deutschen Bundesbank im Bundesanzeiger bekannt gegeben (§ 247 Abs. 2).[369] Für die Berechnung von Zinsen ist für die **jeweiligen Zeiträume** der **jeweils gültige Basiszinssatz** als **Berechnungsgrundlage** anzusetzen. Ändert sich der Basiszinssatz im Berechnungszeitraum, dann ist für den betreffenden Zeitraum der geänderte Basiszinssatz als Berechnungsgrundlage heranzuziehen.

▶ **Beispiel eines Antrages:**
... nebst 5 Prozentpunkten über dem Basiszinssatz gem. § 247 (§§ 291, 288 Abs. 1 Satz 2), derzeit ...%.

I. Verzugszinsen

Das **Recht** der **Leistungsstörungen** (§§ 275 f.) ist auch im **Unterhaltsrecht grds.** anzuwenden (s. § 1613 Abs. 1). Die Vorschriften für den **Schuldnerverzug** (§§ 286 ff.) gelten daher auch für 185

---

362 BGH, FamRZ 2000, 355 = FuR 2000, 221 bei Streit über die Auszahlung des Versteigerungserlöses, m. Anm. Gruber, FamRZ 2000, 399; s.a. Diederichsen in: FS für Heinrichs (1997), S. 181.
363 OLG Stuttgart, FamRZ 2001, 1370.
364 OLG Brandenburg, OLGR 2008, 557.
365 OLG Brandenburg, FamRZ 2011, 1067 = FuR 2011, 333.
366 Diese Grundlagen zur Verzinsung sind mit Wirkung v. 13.04.2002 auch i.R.d. Kostenfestsetzung zu beachten (s. § 104 Abs. 1 Satz 2 ZPO).
367 S. näher BGH, FamRZ 1987, 352; OLG Hamm, FamRZ 1988, 952; Müller, DAVorm 1996, 865.
368 S. § 1 des Diskontsatz-Überleitungsgesetzes v. 09.06.1998 (DÜG – BGBl. I, S. 1242).
369 Der aktuelle Basiszinssatz kann jeweils im Internet unter **www.familienrecht-Deutschland.de** abgerufen werden.

Unterhaltsschulden:[370] Der Schuldner hat, wenn er in Verzug geraten ist, dem Gläubiger den Verzögerungsschaden[371] zu ersetzen (§§ 286 ff.). Wird dem Gläubiger Geld als geschuldete Leistung vorenthalten, ist darin stets ein Schaden zu sehen. Ist der Unterhaltsschuldner demnach säumig, muss er auch Verzugszinsen bezahlen.[372] § 288 fingiert in Abs. 1 einen verzugsbedingten Mindestschaden: Eine Geldschuld ist während des Verzugs mit 5 Prozentpunkten über dem Basiszinssatz zu verzinsen; die Geltendmachung eines weiteren Schadens ist nicht ausgeschlossen (§ 288 Abs. 4).

II. Prozesszinsen

186 Jedenfalls von dem Eintritt der Rechtshängigkeit an sind Unterhaltsschulden zu verzinsen (**Prozesszinsen**, § 291 Satz 1 i.V.m. § 288 Abs. 1),[373] und zwar auch Ansprüche auf künftigen Unterhalt, die nach Rechtshängigkeit fällig und nicht erfüllt werden. Die Verzinsungspflicht nach § 291 ist ihrem Wesen nach etwas anderes als die Verzinsungspflicht wegen Verzuges. Ihr **selbstständiger Rechtsgrund** ist allein die **Rechtshängigkeit**: Der Schuldner wird schon deshalb einer Zinspflicht unterworfen, weil er es zum Prozess hat kommen lassen und für das damit eingegangene Risiko einstehen soll. Dieser (Prozess-) Zinsanspruch ergreift nicht nur die bei Antragserhebung und Ausurteilung bereits fällig gewordenen, sondern von der jeweiligen Fälligkeit an auch die zugesprochenen künftig zu entrichtenden Unterhaltsraten, soweit sie nicht rechtzeitig gezahlt werden (s. § 258 ZPO, § 291 Satz 1).[374]

III. Isolierte Geltendmachung von Zinsansprüchen

187 **Zinsansprüche** können auch nach rechtskräftigem Abschluss des eigentlichen Unterhaltsprozesses **gesondert** geltend gemacht werden. Die Entscheidung über den Hauptsacheanspruch schließt einen Zinsanspruch nur insoweit aus, als der Antrag abgewiesen wird; (nur) in diesem Umfange erstreckt sich die Rechtskraft der Entscheidung über den Hauptanspruch auch auf den Zinsanspruch. Wird der Hauptanspruch dagegen für begründet erachtet, ist die Rechtskraft dieser Entscheidung auf den Hauptanspruch beschränkt und die zusätzliche und nachträgliche gerichtliche Durchsetzung von Zinsen nicht verwehrt. Dem steht auch die Rechtsprechung des BGH nicht entgegen, wonach ein Unterhaltsantrag im Zweifel nicht als Teilantrag anzusehen ist:[375] Sie bezieht sich allein auf den Unterhaltsanspruch als solchen und auf die Frage, ob ein Nachforderungsantrag wegen eines weiteren (unselbstständigen) Bedarfspostens – etwa wegen Vorsorgeunterhalts – zulässig ist. Die hierzu angestellten Erwägungen des BGH sind auf das Verhältnis von Unterhaltsanspruch und Anspruch auf Prozesszinsen nach § 291 nicht übertragbar; insofern gilt vielmehr der allgemeine Grundsatz, dass sich ein Antragsteller über den Antragsanspruch hinausgehende Ansprüche nicht eigens vorzubehalten braucht.[376] Regelmäßig darf nicht ohne Weiteres ein Verzicht angenommen werden, wenn Unterhalt eingeklagt und nicht gleichzeitig Verzinsung verlangt

370 OLG Hamburg, FamRZ 1984, 87; OLG München, FamRZ 1984, 310, 311; OLG Hamm, FamRZ 1984, 478; a.A. OLG Celle, FamRZ 1983, 525; Brüggemann, FamRZ 1983, 525; offengelassen in BGH, FamRZ 1985, 155, 158; FamRZ 1987, 352.
371 Als Verzögerungsschaden können insb. die Kosten eines Überbrückungskredits in Betracht kommen (näher Brüggemann, in: FS für F. W. Bosch, S. 95); zum Schuldnerverzug durch Leistungsverweigerung s.a. BGH, FamRZ 1985, 155.
372 S. näher BGH, FamRZ 1987, 352; OLG Hamm, FamRZ 1984, 478; FamRZ 1985, 604; FamRZ 1988, 952; OLG Hamburg, FamRZ 1984, 87; OLG München, FamRZ 1984, 310; OLG Frankfurt, FamRZ 1985, 704; Roth-Stielow, JR 1987, 419; Müller, DAVorm 1996, 865.
373 BGH, FamRZ 1987, 352 – Prozesszinsen mangels Verzugs des Unterhaltsschuldners zu einem früheren Zeitpunkt (erst) ab Rechtshängigkeit der Unterhaltsansprüche.
374 BGH, FamRZ 1987, 352 m.w.N.
375 BGH, FamRZ 1984, 374, 376; BGHZ 94, 145 = BGH, FamRZ 1985, 690.
376 BGHZ 34, 337, 340.

wird: Der **Verzicht** auf ein **Recht** ist **niemals** zu **vermuten**; vielmehr sind an die Feststellung eines Verzichtswillens strenge Anforderungen zu stellen.[377]

Verzugszinssätze ab 01.01.2002[378]   188

	Basiszinssatz § 247	Verzugszinssatz § 288 Abs. 1	Verzugszinssatz § 288 Abs. 2
	jährlich	Verbraucher[379] 5 % über Basiszins	Nichtverbraucher 8 % über Basiszins
01.01.2002 – 30.06.2002	2,57 %	7,57 %	10,57 %
01.07.2002 – 31.12.2002	2,47 %	7,47 %	10,47 %
01.01.2003 – 30.06.2003	1,97 %	6,97 %	9,97 %
01.07.2003 – 31.12.2003	1,22 %	6,22 %	9,22 %
01.01.2004 – 30.06.2004	1,14 %	6,14 %	9,14 %
01.07.2004 – 31.12.2004	1,13 %	6,13 %	9,13 %
01.01.2005 – 30.06.2005	1,21 %	6,21 %	9,21 %
01.07.2005 – 31.12.2005	1,17 %	6,17 %	9,17 %
01.01.2006 – 30.06.2006	1,37 %	6,37 %	9,37 %
01.07.2006 – 31.12.2006	1,95 %	6,95 %	9,95 %
01.01.2007 – 30.06.2007	2,70 %	7,70 %	10,70 %
01.07.2007 – 31.12.2007	3,19 %	8,19 %	11,19 %
01.01.2008 – 30.06.2008	3,32 %	8,32 %	11,32 %
01.07.2008 – 31.12.2008	3,19 %	8,19 %	11,19 %
01.01.2009 – 30.06.2009	1,62 %	6,62 %	9,62 %
01.07.2009 – 31.12.2009	0,12 %	5,12 %	8,12 %
01.01.2010 – 30.06.2010	0,12 %	5,12 %	8,12 %
01.07.2010 – 31.12.2010	0,12 %	5,12 %	8,12 %
01.01.2011 – 30.06.2011	0,12 %	5,12 %	8,12 %
01.07.2011 – 31.12.2011	0,37 %	5,37 %	8,37 %
01.01.2012 – 30.06.2012	0,12 %	5,12 %	8,12 %
01.07.2012 – 31.12.2012	0,12 %	5,12 %	8,12 %

H. Verjährung und Verwirkung von Unterhaltsansprüchen

Der Unterhaltsschuldner ist berechtigt, die Leistung zu verweigern, wenn er dem jeweiligen   189
Unterhaltsanspruch die Einrede der **Verjährung** gem. §§ 195, 214 oder den – von Amts wegen zu

---

377 BGHZ 105, 250 = BGH, FamRZ 1989, 150; BGH, WM 1982, 671, 673; FamRZ 1987, 40; FamRZ 1988, 478; NJW-RR 1999, 593; BFH/NV 2007, 1283.
378 Neuer variabler Basiszinssatz gem. § 247 – Veränderung je zum 01. 01 und 01. 07 eines Jahres.
379 § 13: Verbraucher ist jede natürliche Person, die ein Rechtsgeschäft zu einem Zweck abschließt, der weder ihrer gewerblichen noch ihrer selbstständigen beruflichen Tätigkeit zugerechnet werden kann.

berücksichtigenden – Einwand der **Verwirkung** (Ausprägung des Grundsatzes von Treu und Glauben, § 242) erfolgreich entgegenhalten kann.[380] Unterhaltsansprüche **verjähren** in drei Jahren, wenn sie fällig sind (regelmäßige Verjährungsfrist des § 195; s. aber auch **Vollstreckungsverjährung**).[381] Mit Gesetz zur Änderung des Erb- und Verjährungsrechts v. 24.09.2009,[382] das am 01.01.2010 in Kraft getreten ist, wurde die in § 197 Abs. 1 Nr. 2 a.F. enthaltene 30-jährige Verjährungsfrist für familien- und erbrechtliche Ansprüche aufgehoben; es gilt nurmehr die Verjährungsfrist des § 195 von drei Jahren. Werden einzelne, in der Vergangenheit fällig gewordene Unterhaltsansprüche längere Zeit nicht verfolgt, kann auf das Rechtsinstitut der Verwirkung zurückzugreifen sein, (auch) wenn der Anspruch (noch) nicht verjährt ist.

190 Da der Unterhaltsanspruch immer gleichzeitige Bedürftigkeit des Unterhaltsgläubigers und gleichzeitige Leistungsfähigkeit des Unterhaltsschuldners voraussetzt (Grundsatz der Gleichzeitigkeit), entsteht er Monat für Monat neu; frühestens dann können auch jeweils Verjährung/Verwirkung beginnen. Verjährung/Verwirkung ergreifen nur die **einzelnen**, monatlich fällig werdenden **Unterhaltsansprüche**, die aus dem Unterhaltsstammrecht fließen, aber **nicht** das Unterhaltsstammrecht, also die Unterhaltsberechtigung dem Grunde nach, aus der die einzelnen laufenden Unterhaltsansprüche fließen, selbst; daher können auch nur die einzelnen, aus dem Stammrecht fließenden rückständigen Unterhaltsansprüche verjähren bzw. nach § 242 verwirkt werden.[383] Auch die unterhaltsrechtlichen Sonderregelungen (etwa §§ 1579, 1611), die ein besonders schwerwiegendes Fehlverhalten des Unterhaltsgläubigers ggü. dem Unterhaltsschuldner mit dem (Teil-)Verlust des Unterhaltsanspruchs als solchem sanktionieren, werden zwar im allgemeinen Sprachgebrauch als Verwirkung bezeichnet; sie lassen das Unterhaltsstammrecht jedoch nicht endgültig erlöschen, sondern lassen – jedoch nur mehr in Ausnahmefällen – ein Wiederaufleben des Unterhaltsrechts zu, wenn der Härtegrund wegfällt: Ein nach § 1579 Nr. 2 begrenzter nachehelicher Unterhaltsanspruch kann nach Beendigung einer verfestigten Lebensgemeinschaft grundsätzlich im Interesse gemeinsamer Kinder als Betreuungsunterhalt wieder aufleben, wobei es einer umfassenden Zumutbarkeitsprüfung unter Berücksichtigung aller Umstände bedarf; für andere Unterhaltstatbestände gilt dies jedoch nur dann, wenn trotz der für eine gewisse Zeit verfestigten neuen Lebensgemeinschaft noch ein Maß an nachehelicher Solidarität geschuldet ist, das im Ausnahmefall eine weitergehende nacheheliche Unterhaltspflicht rechtfertigen kann.[384] Beide Vorschriften vermeiden daher im Wortlaut das Wort »Verwirkung« und sprechen nur von einer Unterhaltsversagung oder Herabsetzung wegen grober Unbilligkeit.

---

380 Grundlegend zum Rechtsinstitut der Verwirkung nach § 242 BGHZ 105, 290 = NJW 1989, 836; 167, 25 = NJW-RR 2006, 1277; BGHZ 184, 117 = NJW 2010, 1065; zuletzt BGH, FamRZ 2010, 1888 = FuR 2011, 49 zur Verwirkung von Elternunterhalt nach § 1611 bzw. nach § 242 wegen schwerer Verfehlung gegen den Unterhaltsschuldner; BGH, NJW 2011, 212; NVwZ-RR 2011, 58; zur Verwirkung des Beschwerderechts gegen die Zurückweisung des Antrags auf Prozesskostenhilfe wegen fehlender Erfolgsaussicht der beabsichtigten Rechtsverfolgung s. BGH, FamRZ 2011, 207; sehr ausführlich zur Verwirkung von Unterhaltsansprüchen »bei illoyal verspäteter Geltendmachung« Jüdt, FuR 2010, 548 ff, 624 ff, und Kofler, NJW 2011, 2470 ff; s. auch Hußmann, NJW 2010, 3695 ff zur Verwirkung und zur unbilligen Härte beim Elternunterhalt in einem gestörten Eltern-Kind-Verhältnis; zur Geltendmachung der Verwirkung nachehelichen Ehegattenunterhalts i.R.d. Vollstreckungsabwehrklage s. Heiß, FamFR 2010, 172 f.; zur Verwirkung bei Einleitung eines Stufenverfahrens im Rahmen des Zugewinnausgleichs OLG Brandenburg, FamFR 2010, 441; betr. Durchführung von Maßnahmen der Nachlassverwaltung OLG Frankfurt, FamRZ 2012, 247.

381 Ausführlich zur Verjährung titulierter Unterhaltsrückstände Knittel, FF 2002, 49 ff.; Bergjan/Wermes, FamRZ 2004, 1087 ff.

382 BGBl. I, S. 3142 ff.

383 BGH, FamRZ 2005, 1162 = FuR 2005, 370 (Berufungsurteil OLG Saarbrücken, OLGR 2002, 227); FamRZ 2007, 453 = FuR 2007, 172 m. Anm. Kühner, FamRB 2007, 164 (Berufungsgericht: OLG Oldenburg, FamRZ 2005, 722).

384 BGH, FamRZ 2011, 1498 = FuR 2011, 639.

I. Verjährung eines Anspruchs auf Unterhalt

Die **Verjährungsfrist beginnt** mit Schluss desjenigen Jahres, in dem der Anspruch entstanden ist, **191** und der Gläubiger von den den Anspruch begründenden Umständen und der Person des Schuldners Kenntnis erlangt hat oder ohne grobe Fahrlässigkeit erlangt haben müsste (§ 195). Dieses sog. **subjektive Verjährungsprinzip** wird ergänzt durch **kenntnisunabhängige, absolute Fristen** von zehn Jahren (§ 199 Abs. 4). Der Träger des Jugendamtes haftet, wenn er es unterlässt, im Rahmen einer Beistandschaft gegenüber dem Unterhaltpflichtigen einen seinem Einkommen entsprechenden Unterhalt durchzusetzen und entsprechende Ermittlungen durchzuführen. Der Schadensersatzanspruch des Unterhaltsberechtigten beginnt erst mit dem Ende der Beistandschaft zu verjähren.[385]

1. Nicht titulierte Unterhaltsansprüche

Nicht titulierte Unterhaltsansprüche unterliegen der **regelmäßigen Verjährungsfrist** von drei Jah- **192** ren gem. § 195. Sie wurden seinerzeit ausdrücklich aus der vormals i.Ü. bei familienrechtlichen Ansprüchen geltenden 30-jährigen Verjährungsfrist (§ 197 Abs. 1 Nr. 2 a.F.) herausgenommen, um so zum einen die existenznotwendige zeitnahe Durchsetzung seitens des Unterhaltsgläubigers zu sichern, und damit korrespondierend zum anderen den Unterhaltsschuldner vor einem ruinösen Anwachsen von Unterhaltsschulden, die er sonst regelmäßig durch seine laufenden Einkünfte zu bedienen hätte, zu schützen. Die Verjährungsfrist beginnt gem. § 199 Abs. 1 mit dem Schluss des Jahres, in dem der Anspruch entstanden ist. Der Unterhaltsgläubiger kann daher im günstigsten Fall für vier Jahre seine rückständigen Unterhaltsansprüche verfolgen, ehe ihm die Verjährungseinrede mit Erfolg entgegengehalten werden kann.

Der Ablauf der Verjährungsfrist ist für Trennungsunterhaltsansprüche bis zur rechtskräftigen **193** Scheidung und für Kindesunterhaltsansprüche bis zur Vollendung des 21. Lebensjahres des Kindes gem. § 207 Abs. 1 **gehemmt.**

2. Titulierte Unterhaltsansprüche

Grds. unterliegen zwar rechtskräftig festgestellte Ansprüche als auch vertragliche vollstreckbare **194** Titel der 30-jährigen **Vollstreckungsverjährungsfrist** gem. § 197 Abs. 1 Nr. 3 und 4. Bei Unterhaltsansprüchen ist jedoch gem. § 197 Abs. 2 zu unterscheiden: Titulierte rückständige Unterhaltsansprüche verjähren nach 30 Jahren, während **künftig fällig werdende titulierte Ansprüche** der **regelmäßigen Verjährungsfrist** von drei Jahren unterliegen.[386] Allerdings ist künftig fällig werdender Unterhalt zum rückständigen Unterhalt nicht materiell-rechtlich (mit dem Ablauf des Monats der Rechtshängigkeit gem. § 1613 Abs. 1) abzugrenzen, sondern maßgebend für die Zäsur zwischen rückständigen und künftig fällig werdenden Leistungen i.S.d. § 197 Abs. 2 ist der Ablauf des Monats der Rechtskraft des Beschlusses (vormals: Urteils) bzw. des Abschlusses des Vergleichs oder des Datums der Schuldurkunde; daher unterliegen auch die in einem Beschluss/Urteil (noch) als laufender Unterhalt bezeichneten Monatsbeträge bis zum **Monat** der **Rechtskraft** der **Entscheidung** der 30-jährigen Verjährungsfrist.

Schutz vor drohender Verjährung bietet neben der für Trennungs- und Verwandtenunterhalt **195** bestehenden **Hemmung** der Verjährungsfrist auch § 212 Abs. 1 Nr. 2: Mit jedem Antrag auf eine **Vollstreckungshandlung** beginnt die Verjährungsfrist von Neuem zu laufen. Kann eine solche Vollstreckungshandlung nicht beantragt werden, etwa weil der Unterhaltsschuldner unbekannten Aufenthalts ist, muss der Unterhaltsgläubiger erneut die vor Ablauf der Verjährungsfrist aufgelaufenen **Unterhaltsrückstände titulieren** lassen, um einer etwaigen späteren Verjährungseinrede auszuweichen. Das nach § 256 ZPO erforderliche Feststellungsinteresse liegt vor, wenn die Feststel-

---

385 OLG Saarbrücken, FamRZ 2012, 801.
386 S. etwa OLG Dresden, OLGR 2006, 667 = FamRZ 2006, 1530 [LS].

lungsklage als ultima ratio den Eintritt der Verjährung verhindern kann.[387] Ein (Feststellungs-)Antrag bei drohender Verjährung bereits titulierter Unterhaltsansprüche ist mangels Rechtsschutzinteresse jedoch unzulässig, wenn dem Antragsteller eine anderweitige Möglichkeit der Hemmung oder eines Neubeginns der Verjährung zur Verfügung steht, insb. dann, wenn durch Zwangsvollstreckung die Verjährung eines titulierten Anspruchs vermeidbar ist.[388]

II. Verwirkung eines Anspruchs auf Unterhalt

196 **Verwirkung** als Unterfall des venire contra factum proprium – **unzulässige »illoyal verspätete« Rechtsausübung** wegen widersprüchlichen Verhaltens (§ 242)[389] – kommt neben unterhaltsrechtlichen Sondertatbeständen der Verwirkung (s. etwa §§ 1579, 1611) nach allgemeinen Grundsätzen in Betracht, wenn der Berechtigte ein Recht längere Zeit nicht geltend macht, obwohl er dazu in der Lage wäre (sog. **Zeitmoment**), und der Verpflichtete sich mit Rücksicht auf das gesamte Verhalten des Berechtigten darauf einrichten durfte und eingerichtet hat, dass dieser sein Recht auch in Zukunft nicht geltend machen werde (sog. **Umstandsmoment**).[390] Für Unterhaltsrückstände gilt nichts anderes als für andere in der Vergangenheit fällig gewordenen Ansprüche: Auch der Unterhaltsgläubiger kann, da der Grundsatz von Treu und Glauben auch im Familienrecht uneingeschränkt gilt, seine Ansprüche auf rückständigen Unterhalt **verwirken**, wenn

– er ihn längere Zeit nicht geltend gemacht hat, obwohl er dazu in der Lage gewesen wäre (»**Zeitmoment**«),[391] **und**
– der Unterhaltsschuldner sich wegen dieser Untätigkeit seines Gläubigers über einen gewissen Zeitraum hinweg bei objektiver Beurteilung nach seinem Gesamtverhalten darauf einrichten durfte und auch darauf eingestellt hat, der Unterhaltsgläubiger werde sein Recht auch künftig nicht (mehr) geltend machen (»**Umstandsmoment**«).[392]

Verwirkung kann als Einwendung i.S.d. § 767 ZPO geltend gemacht werden, wenn der Rechtsmissbrauch den Bestand der Forderung betrifft.[393]

197 Rückständiger Unterhalt kann allerdings nur dann verwirkt sein, wenn **Zeitmoment** und **Umstandsmoment gleichzeitig** vorliegen; dabei ist auf die **Wechselwirkung** von Zeit- und Umstandsmoment zu achten: Je kürzer die Zeit, desto strenger sind die Anforderungen an das Umstandsmoment.[394]

---

387 Henjes, FuR 2009, 432 ff.
388 OLG Dresden, OLGR 2006, 667 = FamRZ 2006, 1530 [LS]; OLG Brandenburg, JAmt 2012, 168 im Anschluss an BGH, NJW-RR 2003, 1076.
389 BGHZ 103, 62, 70 f. = BGH, NJW 1988, 1137; BGHZ 146, 217, 220 f.; BGH, NJW-RR 1989, 768; NJW-RR 1992, 1240; NJW-RR 1996, 994; NJW 2001, 1649; NJ 2002, 38; NJW 2003, 824; WuM 2004, 198; FamRZ 2004, 531 = FuR 2004, 226; FamRZ 2005, 1162 = FuR 2005, 370 (Berufungsurteil OLG Saarbrücken, OLGR 2002, 227).
390 BGHZ 25, 47, 51; BGHZ 84, 280 ff. = BGH, FamRZ 1982, 898; BGHZ 103, 62, 67 = FamRZ 1988, 370; BGHZ 146, 217, 220 m.N.; BGHZ 152, 217 = FamRZ 2002, 1698 = FuR 2003, 26; BGH, FamRZ 1988, 478, 480; FamRZ 1999, 1422; FamRZ 2004, 531 = FuR 2004, 226, und ständig zuletzt ZIP 2011, 2001; NJW 2011, 212; 2011, 445; WM 2012, 1686; aus der Rspr. der Instanzgerichte zuletzt OLG Karlsruhe, FamRZ 2011, 1800 betr. Unterhalt nach § 1615l; OLG Brandenburg, FamRB 2011, 168 zur Verwirkung des Anspruchs auf Ehegattenunterhalt.
391 Zum Zeitmoment zuletzt BGH, FamRZ 2011, 1140 = FuR 2011, 526; NJW 2011, 445; NJW-RR 2011, 1350.
392 Zum Umstandsmoment zuletzt BGH, NJW-RR 2010, 807; FamRZ 2011, 1140 = FuR 2011, 526; NJW 2011, 445; ZIP 2011, 2001; WuM 2012, 317.
393 OLG Brandenburg, 26.03.2010 – 13 WF 41/08, juris.
394 OLG Brandenburg, FamRZ 2012, 993 zur Verwirkung titulierter Unterhaltsansprüche eines minderjährigen Kindes; s. auch Henjes, FuR 2009, 432 ff.

Ein Unterhaltsgläubiger, der seinen Anspruch auf Elternunterhalt nach Inverzugsetzung nicht **197a**
zügig gerichtlich geltend macht, sondern zunächst die – zögerliche – Auskunfterteilung des Unterhaltsschuldners sowie das verwaltungsgerichtliche Verfahren auf Inanspruchnahme des Trägers der
Sozialhilfe abwartet, kann seinen Unterhaltsanspruch auch dann verwirken, wenn der Unterhaltsanspruch bereits im Wege der Stufenklage rechtshängig geworden ist, der Unterhaltsgläubiger den
Rechtsstreit aber über einen längeren Zeitraum nicht betrieben hat.[395] Der Anspruch auf Elternunterhalt ist teilweise verwirkt, wenn der Unterhaltsschuldner aufgrund entsprechender Mitteilungen der Unterhaltsgläubiger darauf vertrauen darf, dass rückwirkend kein höherer Unterhalt geltend gemacht wird. Wenn und soweit der Unterhaltsgläubiger im Verlaufe der außergerichtlichen
Korrespondenz seine Unterhaltsforderung immer wieder ermäßigt, darf der Unterhaltsschuldner
darauf vertrauen, dass keine höhere Inanspruchnahme erfolgen wird.[396]

(zur Zeit nicht besetzt) **198**

Nach Ansicht des BGH[397] wertet das Gesetz den **Schuldnerschutz** bei Unterhaltsrückständen **199**
höher, indem es in § 1613 festlegt, dass Unterhalt für die Vergangenheit nur unter besonderen
Voraussetzungen und ausnahmsweise gefordert werden kann. Dennoch wird vielfach der Schutz
des Unterhaltsschuldners überbetont. Das Rechtsinstitut der Verwirkung dient nicht dazu, einen
Unterhaltsgläubiger zur zeitnahen Erfolg versprechenden Durchsetzung seines Rechts auf rückständigen Unterhalt zu zwingen. Muss der Unterhaltsschuldner aufgrund des Prozessverhaltens des
Unterhaltsgläubigers oder seines gesetzlichen Vertreters mit der Inanspruchnahme rechnen, ist es
möglich und geboten, dass er Rücklagen für den Fall einer erfolgreichen Inanspruchnahme durch
den Unterhaltsgläubiger bildet.[398] Der Umstand, dass die Verjährung der Unterhaltsansprüche
eines Kindes ggü. seinen Eltern bis zur Vollendung des 21. Lebensjahres des Kindes gehemmt ist
(§ 207 Abs. 1 Satz 2 Nr. 2), steht der Annahme einer Verwirkung grds. nicht entgegen, wenn aus
besonderen Gründen die Voraussetzungen sowohl des Zeit- als auch des Umstandsmoments
erfüllt sind.[399]

Dieselben Anforderungen gelten, wenn der Unterhaltsschuldner aus **übergangenem Recht** in **200**
Anspruch genommen wird: Auch auf die öffentliche Hand **übergeleitete Unterhaltsansprüche**
können verwirkt sein; der gesetzliche Übergang von Unterhaltsansprüchen verändert weder deren
Natur noch deren Inhalt und Umfang: Soweit der Staat den Lebensbedarf der Unterhaltsgläubiger
finanziell unterstützt, muss er darauf hinwirken, dass die Ansprüche zeitnah geltend gemacht werden.[400] Deshalb ist es auch nicht von Bedeutung, dass die öffentliche Hand nicht lebensnotwendig
auf die Realisierung der Forderungen angewiesen ist, jedoch ist sie aufgrund der Natur, des Inhalts
und des Umfangs des Unterhaltsanspruchs, der sich durch den Übergang nicht verändert, gehalten, sich um dessen zeitnahe Durchsetzung zu bemühen.[401] Der Unterhaltsschuldner kann daher
vertrauensvoll davon ausgehen, dass er jedenfalls für die weiter zurückliegende Vergangenheit keinen Unterhalt mehr schuldet, wenn die Ansprüche über einen längeren Zeitraum nicht verfolgt
werden. Verwirkung kann auch dann eintreten, wenn der Unterhaltsanspruch bereits im Wege des

---

395 KG, NJW-RR 2005, 1308; s.a. OLG Naumburg, FamRZ 2008, 1546 – bei Unterhaltsansprüchen spre-
     che vieles dafür, an das sog. Zeitmoment der Verwirkung keine strengen Anforderungen zu stellen.
396 OLG Celle, FamRZ 2009, 1076 zum Elternunterhalt.
397 BGH, FamRZ 2005, 1162 = FuR 2005, 370 (Berufungsurteil OLG Saarbrücken, OLGR 2002, 227) –
     das sei »lebensnah und vernünftig«.
398 OLG Hamm, FamRZ 2010, 303 zum Elternunterhalt.
399 OLG Frankfurt, OLGR 2007, 320 im Anschluss an BGH, FamRZ 1988, 370; FamRZ 1999, 1422.
400 BGH, FamRZ 1981, 250, 252; FamRZ 2002, 1698, 1699 = FuR 2003, 26; FamRZ 2005, 1162 = FuR
     2005, 370; OLG Düsseldorf, FamRZ 1994, 771; OLG Naumburg, DAVorm 1996, 733 – 2 1/2 Jahre;
     OLG Oldenburg, DAVorm 1997, 518 – keine Verwirkung eines nach § 7 UVG übergegangenen
     Anspruchs sogar nach Ablauf von zwei Jahren und 3 1/2 Monaten zwischen Zugang der Rechtswah-
     rungsanzeige und Zustellung des Mahnbescheids.
401 S. BGH, FamRZ 2002, 1698, 1699 = FuR 2003, 26; OLG Jena, FamRZ 2004, 1207.

Stufenantrages rechtshängig geworden ist, der Unterhaltsgläubiger den Rechtsstreit aber über einen längeren Zeitraum nicht betreibt.[402]

1. Zeitmoment

201 Unterhalt dient der **Existenzsicherung.** Von einem Unterhaltsgläubiger, der lebensnotwendig auf Unterhaltsleistungen angewiesen ist, weil er vom Unterhalt leben muss, kann daher eher als von einem Gläubiger anderer Forderungen erwartet werden, dass er sich zeitnah um die Durchsetzung seines Anspruchs bemüht und Unterhaltsrückstände nicht zulasten des vertrauensseligen Schuldners anwachsen lässt (vgl. hierzu den Rechtsgrundsatz »in praeteritum non vivitur«). Tut er dies nicht, erweckt sein Verhalten in aller Regel den Eindruck, er sei nicht bedürftig. Unterhaltsrückstände können zu einer erdrückenden Schuldenlast anwachsen. Diese Gründe, die eine möglichst zeitnahe Geltendmachung auch von Unterhalt nahe legen, sind so gewichtig, dass an das **Zeitmoment** der Verwirkung im Unterhaltsrecht keine allzu strengen Anforderungen gestellt werden.

202 Der Unterhaltsgläubiger darf daher nach einer einmal ausgesprochenen Mahnung nach Treu und Glauben nicht beliebig lange Zeit verstreichen lassen, bevor er den angemahnten Betrag gerichtlich geltend macht oder in sonstiger Weise auf die Mahnung zurückgreift (**Zeitmoment**). Das Zeitmoment kann zu bejahen sein, wenn nach dem Unterhaltsbegehren durch Mahnung längere Zeit verstrichen ist, ohne dass der Unterhaltsschuldner erneut zur Zahlung aufgefordert wurde, oder der Unterhaltsgläubiger seine Ansprüche gerichtlich – ggf. auch im Wege der Verfahrenskostenhilfe – geltend gemacht hat. Es kann vielfach bereits dann erfüllt sein, wenn die Rückstände Zeitabschnitte betreffen, die etwas mehr als ein Jahr zurückliegen.[403] Nach Ablauf von **drei Jahren** dürfte das Zeitmoment regelmäßig erfüllt sein, im Einzelfall bereits – im Hinblick auf den Rechtsgedanken der §§ 1585b Abs. 3, 1613 Abs. 2, 1615i Abs. 2 – im Bereich **eines Jahres** vor der Rechtshängigkeit gerichtlicher Maßnahmen.[404] Das Verstreichenlassen eines Zeitraums von etwa vier Jahren dürfte im Allgemeinen schon – unabhängig davon, ob und ggf. welche weiteren Umstände vorliegen – für die Vermutung sprechen, der Unterhaltsgläubiger wolle seine Forderung nicht mehr geltend machen. Rückständige Unterhaltsansprüche minderjähriger Kinder, die ordnungsgemäß angemahnt sind, können jedoch nicht schon deshalb verwirkt sein, weil sie nicht alsbald eingeklagt worden sind.[405]

203 Allerdings ist bei dem Tatbestandselement »Zeitmoment« zwischen **tituliertem** und **nicht tituliertem** Unterhalt zu differenzieren:

a) Verwirkung nicht titulierter Unterhaltsansprüche

204 I.R.d. **Verwirkung nicht titulierter Unterhaltsansprüche** sind an das **Zeitmoment** keine strengen Anforderungen zu stellen: Von einem Unterhaltsgläubiger muss eher als von einem Gläubiger anderer Forderungen erwartet werden, dass er sich zeitnah um die Durchsetzung des Anspruchs bemüht; anderenfalls können Unterhaltsrückstände zu einer erdrückenden Schuldenlast anwach-

---

402 KG, NJW-RR 2005, 1308.

403 BGHZ 84, 280 = BGH, FamRZ 1982, 898; BGHZ 103, 62, 68 = BGH, FamRZ 1988, 370, 372; BGH, FamRZ 2002, 1698, 1699 = FuR 2003, 26; FamRZ 2005, 1162 = FuR 2005, 370 (Berufungsurteil OLG Saarbrücken, OLGR 2002, 227).

404 S. etwa OLG Brandenburg, FamRZ 2002, 960 (LS); a.A. OLG Hamburg, FamRZ 2002, 327 – i.d.R. sei das Zeitmoment vor Ablauf der kurzen Verjährung (dort noch vier Jahre, s. aber jetzt § 195) nicht erfüllt.

405 OLG Köln, NJWE-FER 2000, 311; zum Zeitmoment zuletzt OLG Brandenburg, FamFR 2010, 297; 2010, 344; OLG Karlsruhe, FamRZ 2010, 2082 (Ls); OLG Celle, NJW 2010, 3727 = FamRZ 2010, 2082 (Ls); OLG Frankfurt, FamRZ 2011, 1693; OLG Köln, FamRZ 2011, 1063; OLG Hamm, NJW-RR 2012, 261 = FuR 2012, 330; KG, FamRZ 2012, 138 = FuR 2012, 99.

sen, die auch die Leistungsfähigkeit für den laufenden Unterhalt gefährdet.[406] Abgesehen davon sind im Unterhaltsrechtsstreit die für die Bemessung des Unterhalts maßgeblichen Einkommensverhältnisse der Parteien nach längerer Zeit oft nur schwer aufklärbar. Diese Gründe, die eine möglichst zeitnahe Geltendmachung von Unterhalt nahe legen, sind so gewichtig, dass das Zeitmoment der Verwirkung auch dann erfüllt sein kann, wenn die Rückstände Zeitabschnitte betreffen, die **etwas mehr** als **ein Jahr** zurückliegen; die in §§ 1585b Abs. 3,[407] 1613 Abs. 2 Nr. 1 vorgesehenen Zeitschranken einer Jahresfrist zur Geltendmachung von rückständigem Unterhalt sind auch für die Verwirkung von Unterhaltsansprüchen im Allgemeinen argumentativ heranzuziehen: Nach ungestörtem Ablauf dieser Zeit verdient der Gesichtspunkt des **Schuldnerschutzes** bei **Unterhaltsrückständen** für eine mehr als **ein Jahr** zurückliegende Zeit besondere Beachtung.[408] Allerdings ist diese Frist kein Dogma; das Zeitmoment richtet sich immer nach den **Umständen des jeweiligen Einzelfalles.** Der Zeitabschnitt beginnt bei Unterhaltsrenten für jeden Monat gesondert.[409]

b) Verwirkung titulierter Unterhaltsansprüche

Auch die Durchsetzung **titulierten** Unterhalts kann unter dem Gesichtspunkt der Verwirkung unzulässig sein, falls das Recht illoyal verspätet geltend gemacht wird.[410] Für die Verwirkung **titulierten Unterhalts** muss allerdings ein strengerer Maßstab angelegt werden als bei nicht tituliertem Unterhalt.[411] Auch er kann grds. verwirkt sein;[412] hier darf der Unterhaltsgläubiger aber (wenigstens) darauf vertrauen, dass ihn die kurze Verjährungsfrist schützt.[413] Den Unterhaltsschuldner schützt die Vollstreckungsverjährung: Er kennt seine (titulierten) Leistungspflichten. Kommt er ihnen nicht ordnungsgemäß nach, gibt es keinerlei Grund, ihn im gleichen Maße dem Vertrauensschutz zu unterstellen wie den Schuldner nicht titulierten Unterhalts. Nur in **besonderen Ausnahmefällen** kann daher dem Titelgläubiger innerhalb der Vollstreckungsverjährung die zwangsweise Durchsetzung seines rechtskräftig festgestellten Anspruchs verweigert werden.[414] Allerdings wird auch begründet, gerade in Fällen titulierter Forderungen könne aufgrund des Absehens des

205

---

406 OLG Brandenburg, JAmt 2001, 376, 377; FamRZ 2004, 972.

407 Die Norm ist bzgl. des Zeitmoments als spezielle Ausformung des Rechtsinstituts der Verwirkung anzusehen.

408 BGH, FamRZ 1988, 370, 372; FamRZ 2004, 531 = FuR 2004, 226 m.w.N.; OLG Naumburg, 25.09.2000 – 8 WF 177/00, n.v. – gerichtliche Geltendmachung der Unterhaltsrückstände nach drei Jahren; OLG Düsseldorf, NJWE-FER 2001, 69; OLG Schleswig, OLGR 2001, 248 – keine Verwirkung bei neun Monaten; OLG Hamm, FuR 2004, 271 betr. rückständigen Trennungsunterhalt nach Ablehnung des Antrages auf Bewilligung von PKH; OLG Brandenburg, FuR 2005, 455 = NJW-RR 2005, 949.

409 BGHZ 103, 62, 68 = BGH, FamRZ 1988, 370; OLG Düsseldorf, FamRZ 1989, 776; NJW-RR 1993, 1222; NJWE-FER 2001, 69; OLG Schleswig, NJW-RR 1994, 582; FamRZ 2001, 1707 – Kindesunterhalt; OLG Hamm, FamRZ 2000, 1173.

410 BGHZ 152, 217 = BGH, FamRZ 2002, 1698 = FuR 2003, 26; BGH, FamRZ 1999, 1422 = FuR 2000, 91; FamRZ 2004, 531 = FuR 2004, 226; OLG Stuttgart, FamRZ 1999, 859 – ab vier Jahre; OLG Frankfurt, FamRZ 1999, 1163 – sieben Jahre; OLG Schleswig, NJWE-FER 2000, 27; OLG Düsseldorf, NJWE-FER 2001, 69, 70.

411 Anders BGH, FamRZ 2004, 531 = FuR 2004, 226.

412 BGH, FamRZ 1999, 1422 = FuR 2000, 91.

413 OLG Hamburg, FamRZ 2002, 327 – grds. sei das Zeitmoment vor Ablauf der kurzen Verjährungsfrist nicht erfüllt; a.A. KG, FamRZ 1994, 771; OLG Brandenburg, FamRZ 2004, 972 = FuR 2004, 258; s.a. OLG Karlsruhe, FamRZ 1993, 1456; OLG Hamm, FamRZ 1998, 1189; OLG Stuttgart, FamRZ 1999, 859.

414 OLG Brandenburg, FamRZ 2000, 1044; a.A. aber BGH, FamRZ 2004, 531 = FuR 2004, 226 – »Der Schuldnerschutz verdient es somit auch im Falle der Titulierung künftig fällig werdender Unterhaltsforderungen, besonders beachtet zu werden, weshalb auch in diesen Fällen das Zeitmoment bereits nach dem Verstreichenlassen einer Frist von etwas mehr als einem Jahr als erfüllt anzusehen sein kann«.

Gläubigers von der zeitnahen Durchsetzung seiner Ansprüche nach Treu und Glauben der Eindruck der Nichtgeltendmachung erweckt werden, da die Durchsetzung titulierter Forderungen jedenfalls i.d.R. näher liege als die Durchsetzung nicht titulierter Forderungen.[415]

206 Umstritten ist, ob auch ein **minderjähriges Kind titulierte Unterhaltsansprüche** trotz § 207 Abs. 1 Satz 2 Nr. 2 – Hemmung der Verjährung bis zur Vollendung des 21. Lebensjahres des Kindes – **verwirken** kann.[416] Nach der Rechtsprechung des BGH[417] unterliegen auch erst nach ihrer Titulierung fällig gewordene Ansprüche eines minderjährigen Kindes dem relativ kurzen Zeitmoment. Hier sei zwar die Aufklärbarkeit der für die Bemessung des Unterhalts maßgeblichen Einkommensverhältnisse im Unterhaltsverfahren nicht ohne Bedeutung; entscheidend sei jedoch der **Schuldnerschutz**. Von einem Unterhaltsgläubiger, dessen Ansprüche bereits vor ihrer Fälligkeit tituliert sind, könne mindestens ebenso wie von einem Berechtigten, der über keinen Titel verfügt, erwartet werden, dass er seine Ansprüche zeitnah durchsetzt; in beiden Fällen könnten ansonsten Unterhaltsrückstände zu einer erdrückenden Schuldenlast anwachsen.[418] Der Schuldnerschutz verdiene somit auch im Fall der Titulierung künftig fällig werdender Unterhaltsforderungen besondere Beachtung, weshalb auch in diesen Fällen das Zeitmoment bereits nach dem Verstreichenlassen einer Frist von etwas mehr als einem Jahr als erfüllt anzusehen sein könne. Dieser Bewertung entspreche auch die gesetzliche Regelung der Verjährung von Unterhaltsansprüchen, die wie die Verwirkung u.a. dem Schuldnerschutz diene: Danach verbleibe es nämlich gem. § 218 Abs. 2 i.V.m. § 197 Abs. 2 i.V.m. § 195 auch im Fall der Titulierung von künftig fälligen Unterhaltsansprüchen bei der kurzen Verjährungsfrist, um das Anwachsen von Rückständen zu verhindern, die den Schuldner wirtschaftlich gefährden würden, was der Fall wäre, wenn auch diese künftigen Ansprüche der gewöhnlichen 30-jährigen Verjährung titulierter Ansprüche unterlägen.[419]

207 Das OLG Frankfurt[420] hatte titulierte Unterhaltsansprüche eines minderjährigen Kindes, die erst sieben Jahre nach der Einstellung der Unterhaltsleistungen geltend gemacht wurden, insoweit als verwirkt angesehen, soweit die Unterhaltsrückstände mehr als ein Jahr vor der erneuten Geltendmachung zurücklagen. Dies hat der BGH[421] gebilligt: Die Durchsetzung titulierter Ansprüche liege eher näher als die Durchsetzung nicht titulierter Forderungen. Auch der Umstand, dass die Verjährung der Unterhaltsansprüche eines Kindes ggü. seinen Eltern bis zur Vollendung des 21. Lebensjahres des Kindes gehemmt sei (s. § 207 Abs. 1 Satz 2 Nr. 2), stehe der Annahme einer Verwirkung der Ansprüche während der Dauer der Minderjährigkeit dann nicht entgegen, wenn aus besonderen Gründen die Voraussetzungen sowohl des Zeit- als auch des Umstandsmoments für die Bejahung der Verwirkung erfüllt sind.[422]

---

415 BGH, NJWE-FER 1999, 269; OLG Frankfurt, FamRZ 1999, 1163; OLG Brandenburg, JAmt 2001, 376, 377; FamRZ 2004, 972; OLG Dresden, JAmt 2004, 337 zur Erhöhung titulierter Unterhaltsforderungen.

416 S. hierzu zuletzt OLG Saarbrücken, MDR 2011, 168 = FamRZ 2011, 648 (Ls); OLG Oldenburg, FamRZ 2012, 148 = FuR 2012, 269 zur Verwirkung der Zwangsvollstreckung, also von titulierten Unterhaltsansprüchen für länger zurückliegende Zeiträume aus einem Kindesunterhaltstitel wegen Nichteinleitung von Vollstreckungsmaßnahmen; zur Verwirkung von rückständigem Minderjährigenunterhalt nach dem Eintritt der Volljährigkeit des Kindes s. OLG Celle, FamRZ 2008, 2230.

417 BGH, FamRZ 1999, 1422; FamRZ 2004, 531 = FuR 2004, 226; s.a. OLG Karlsruhe, FamRZ 2002, 1039, 1040; FamRZ 2005, 1855; krit. Brudermüller, NJW 2004, 633, 639; Büttner, FamRZ 2003, 449 f.

418 BGH, FamRZ 2004, 531 = FuR 2004, 226 unter Hinweis auf BGH, FamRZ 1999, 1422 = FuR 2000, 91.

419 BGH, FamRZ 2004, 531 = FuR 2004, 226.

420 FamRZ 1999, 1163.

421 BGH, FamRZ 1999, 1422 = FuR 2000, 91 unter Hinweis auf KG, FamRZ 1994, 771; OLG Karlsruhe, FamRZ 1993, 1456, 1457.

422 BGH, FamRZ 1999, 1422 = FuR 2000, 91 unter Hinweis auf BGHZ 103, 62, 68 m.H. auf OLG München, FamRZ 1986, 504, 505 zu § 204 Satz 2; s.a. OLG Hamm, FamRZ 2002, 230 zur Verjährung titulierten nachehelichen Unterhalts.

Dies ist insgesamt abzulehnen, obwohl vielfach – jedoch ohne nähere Begründung – angenom- **208** men wird, dass sich das Kind das Handeln seines ihn betreuenden Elternteils zurechnen lassen müsse; damit wird die Möglichkeit der Verwirkung von Unterhaltsansprüchen minderjähriger Kinder auch während der Zeit der Verjährungshemmung nach § 207 Abs. 1 Satz 2 Nr. 2 aner- kannt.[423] Der Schuldner titulierter Ansprüche darf sicherlich nicht in dem gleichen Maße wie der Schuldner nicht titulierter Ansprüche darauf vertrauen, der Gläubiger werde seine Rechte nicht durchsetzen. Geht es nur um den Mindestunterhalt für ein minderjähriges Kind, dann müssen jedenfalls besondere Gründe das Vorliegen des Zeit- und Umstandsmoments rechtfertigen, weil der Unterhaltsschuldner trotz Zeitablaufs nicht damit rechnen darf, dass ein minderjähriges Kind nicht auf den Mindestunterhalt angewiesen ist.[424]

Einen Sonderfall hatte das OLG Karlsruhe[425] zu entscheiden. Zwar liege auch bei Geltendma- **209** chung rückständigen Unterhalts für ein minderjähriges Kind das Zeitmoment des Verwirkungstat- bestands vor, wenn die Kindesmutter, deren Verschulden sich das Kind zurechnen lassen müsse, nach einem einmaligen Aufforderungsschreiben 7 1/2 Jahre lang untätig geblieben ist bzw. bzgl. des zuletzt fällig gewordenen Unterhalts gut 1 1/2 Jahre hat verstreichen lassen. Der Unterhalts- schuldner durfte sich jedoch nach Treu und Glauben darauf einrichten, Unterhalt für die Vergan- genheit werde nicht mehr geltend gemacht, nachdem die Kindesmutter/Ehefrau von ihm **pau- schale Geldbeträge ohne Abrechnung** entgegengenommen hatte, und die Eheleute zudem in einem **Ehevertrag** die gegenseitigen Ansprüche umfassend geregelt hatten, ohne zugleich den Kin- desunterhalt zu titulieren.

2. Umstandsmoment

Das **Umstandsmoment** erfordert **neben** dem **Zeitablauf besondere Umstände**, aufgrund derer **210** sich der Unterhaltsschuldner nach Treu und Glauben darauf einrichten durfte und eingerichtet hat, der Unterhaltsgläubiger werde sein Recht nicht mehr wahrnehmen/durchsetzen.[426] Aus dem **Verhalten** des Unterhaltsgläubigers muss sich klar ergeben, dass er auf seiner Unterhaltsforderung nicht oder nicht in der geforderten Höhe besteht, etwa wenn er sich widerspruchslos mit einem geringeren statt mit dem begehrten Unterhaltsbetrag zufriedengibt (**Umstandsmoment**).[427] Solche Umstände liegen vor, wenn sich der Unterhaltsschuldner darauf einrichten durfte, dass er nicht (mehr) in Anspruch genommen wird, etwa weil er im Vertrauen darauf, der Unterhalt werde nicht zurückgefordert, seine Lebensführung anders gestaltet hat,[428] wenn hinsichtlich der rückständigen titulierten Unterhaltsbeträge keinerlei **Vollstreckungsmaßnahmen** unternommen worden sind, oder weil eine Adoption des Kindes durch den zweiten Ehemann der Mutter geplant war, auch wenn sie letztlich nicht durchgeführt worden ist.[429]

Auch die an das Umstandsmoment zu stellenden Anforderungen dürfen nicht überspannt werden; **211** insb. werden **keine besonderen Vertrauensinvestitionen** des **Unterhaltsschuldners** im Hinblick auf das Ausbleiben der Unterhaltsforderung verlangt, etwa in dem Sinne, dass er freie Gelder

---

423 So zutr. Henjes, FuR 2009, 432 ff. – auf das Handeln des betreuenden Elternteils könne es nicht ankommen; vielmehr sei auf das anspruchsbegründende Eltern-Kind-Verhältnis abzustellen. Im Han- deln des Kindes könne kaum ein Umstand gefunden werden, der für eine Verwirkung ausreicht; jeden- falls genüge bereits mangels rechtlicher Möglichkeit der eigenen Geltendmachung der Ansprüche bloßes Unterlassen einer Handlung durch ein minderjähriges Kind nicht. Der Schutz des Unterhaltsschuldners liege in seinen eigenen Händen: Möge er seine Kindesunterhaltpflichten ernst nehmen, dann laufen auch keine unbezahlbaren Unterhaltsschulden auf.
424 OLG Brandenburg, 26.03.2010 – 13 WF 41/08, juris.
425 OLG Karlsruhe, FamRZ 2005, 1855.
426 BGHZ 103, 62 = BGH, FamRZ 1988, 370, 372.
427 Hierzu etwa BGH, FamRZ 1999, 1422 = FuR 2000, 91; OLG Hamm, FamRZ 2002, 230.
428 OLG Koblenz, NJW-RR 2000, 293.
429 OLG Hamm, FamRZ 1998, 1189.

angelegt oder sonstige Investitionen getätigt haben müsste; nach der Lebenserfahrung ist vielmehr davon auszugehen, dass der Unterhaltsschuldner seine Lebensführung an die ihm zur Verfügung stehenden Mittel anpasst und diese verbraucht. Hat er demnach auf erstes Anfordern der Behörde ordnungsgemäß Auskunft über sein Einkommen und Vermögen erteilt, und hört er mehr als ein Jahr von der Behörde nichts, muss er mit einer weiteren Inanspruchnahme nicht mehr rechnen.[430]

212 Das **Umstandsmoment schützt illoyales Verhalten nicht**: Auf das Verwirkungsmoment als Tatbestandsmerkmal für die Verwirkung von Unterhaltsrückständen kann sich nicht berufen, wer selbst unredlich handelt.[431] Hat sich der Unterhaltsschuldner – etwa durch ständigen Wohnsitzwechsel (teilweise unbekannten Aufenthalts) – jeglichen Unterhaltszahlungen entzogen, dann kann er dem Anspruch auf Nachzahlung von Kindesunterhalt für die Vergangenheit nicht den Einwand der Verwirkung entgegensetzen.[432] Durch die widerspruchslose Hinnahme von Unterhaltszahlungen, die der Unterhaltsschuldner selbst berechnet und anerkannt hat, über einen Zeitraum von mindestens einem Jahr (Zeitmoment) kann in dem Unterhaltsschuldner die Vorstellung erweckt oder bestärkt werden, der Unterhaltsgläubiger hätte gegen diese Berechnung nichts einzuwenden (Umstandsmoment). Der Unterhaltsschuldner handelt unredlich, wenn er auf eine Unterhaltsberechnung des Schuldners, in der dieser einkommensmindernd die Tragung gesamtschuldnerischer Verbindlichkeiten eingestellt hat, stillhält, und der Unterhaltsschuldner ihn später unter Leugnung des Zusammenhangs der Höhe der Unterhaltszahlungen mit der Übernahme der gesamtschuldnerischen Verbindlichkeiten auf die hälftige Erstattung der Tilgungszahlungen für diesen zurückliegenden Zeitraum erfolgreich vor Gericht in Anspruch genommen hat.[433]

213 An das **Umstandsmoment** sind jedoch bei der **Verwirkung** i.R.d. **gesteigerten Unterhaltpflicht** ggü. minderjährigen und privilegierten volljährigen Kindern besonders strenge Anforderungen zu stellen, weil der Unterhaltsschuldner bei ihnen grds., d.h. ohne weitere Anhaltspunkte nicht davon ausgehen kann, die Kinder hätten ihren Bedarf auf andere Weise gedeckt.[434] Bzgl. des Umstandsmoments kommt es auf die Untätigkeit im Rahmen von Vollstreckungshandlungen an.[435] Auch wenn ein unterhaltsberechtigtes Kind seinen titulierten Unterhaltsanspruch mehr als 2 1/2 Jahre lang nicht geltend gemacht hat, kann Verwirkung des Anspruchs auf rückständigen Unterhalt nur dann angenommen werden, wenn noch **weitere besondere Umstände** hinzutreten.[436] Das Umstandsmoment kann darin liegen, dass der Unterhaltsgläubiger auf eine von ihm angeforderte und erteilte Auskunft über die Einkommensverhältnisse des Unterhaltsschuldners hin den Unterhaltsanspruch nicht beziffert und eine mit – nicht notwendig schlüssigen – Gründen versehene Kürzung der laufenden Zahlungen des Unterhaltsschuldners hingenommen hat.[437] Der Vater kann sich im Verfahren nach § 653 Abs. 1 ZPO nicht darauf berufen, das Kind habe seine Klage auf Feststellung der Vaterschaft und Verurteilung des Vaters zur Zahlung des Regelbedarfs verspätet erhoben und deshalb den Anspruch auf Unterhalt für die Vergangenheit verwirkt.[438] Das Umstandsmoment kann erfüllt sein, wenn der Vater des nichtehelichen Kindes seit der Geburt regelmäßig Unterhalt zahlt, und die Mutter diese Beträge über Jahre entgegennimmt, ohne mehr zu fordern.[439]

---

430 BGH, FamRZ 2005, 1162 = FuR 2005, 370 (Berufungsurteil OLG Saarbrücken, OLGR 2002, 227); allerdings legt der VII. Zivilsenat demgegenüber hinsichtlich der Voraussetzungen für die Verwirkung eines Anspruchs andere Maßstäbe an und hält an dem Erfordernis der »Vertrauensinvestitionen« fest.
431 OLG Frankfurt, OLGR 2003, 31.
432 OLG Köln, FuR 1998, 358 = NJW-RR 1999, 4.
433 OLG Frankfurt, OLGR 2003, 31.
434 OLG Dresden, JAmt 2004, 337.
435 OLG München, OLGR 2002, 68 zur Vollstreckungsverwirkung titulierten Kindesunterhaltsrückstands.
436 BGHZ 103, 62 = BGH, FamRZ 1988, 370.
437 OLG Karlsruhe, FamRZ 2002, 1039.
438 OLG Karlsruhe, FamRZ 2002, 1262 = FuR 2002, 560.
439 OLG Schleswig, FamRZ 2008, 2057.

Klein, Michael

3. Teilverwirkung

Wird (nur) ein **Teil** des **Unterhaltsanspruchs** über längere Zeit hinweg nicht erfüllt, und hat der **214**
Schuldner darauf vertraut, dass keine Nachforderung geltend gemacht wird, dann kann dieser Teil
des Anspruchs verwirkt sein (»**Teilverwirkung**«). Haben die Parteien etwa über den titulierten
Unterhaltsanspruch hinaus eine (weitere) Unterhaltsleistung vereinbart, reduziert der Unterhalts-
schuldner später seine Zahlungen auf den titulierten Betrag, und wird diese Zahlung über zwei
Jahre hinweg rügelos entgegengenommen, kann die **vereinbarte Mehrleistung** verwirkt sein.[440]

4. Rechtsprechung

Sind in nahezu ununterbrochener Folge Unterhaltsverfahren gegen den Unterhaltsschuldner **215**
anhängig, die aber teilweise nicht zugestellt worden sind, weil wegen gestellter Anträge auf Bewilligung von VKH der Kostenvorschuss nicht eingezahlt worden war, so kann sich der Unterhaltsschuldner, auch wenn längere Zeit seit der ersten Einreichung der Antragsschrift verstrichen ist,
nicht darauf berufen, dass es treuwidrig ist, wenn der Unterhaltsgläubiger schließlich Antrag auf
Unterhaltszahlung stellt, nachdem ihm letztendlich VKH bewilligt worden ist. In diesem Falle
fehlt es für die Annahme einer Verwirkung von Unterhaltsansprüchen sowohl am Zeit- wie auch
am Umstandsmoment. Jedenfalls mit Einreichung des ersten mit einem VKH-Gesuch verbundenen Unterhaltsantrages konnte sich der Unterhaltsschuldner darauf einstellen, dass er jedenfalls ab
Einreichung der Antragsschrift auf Unterhalt in Anspruch genommen wird. Bildet er sodann im
Vertrauen darauf, dass der Unterhaltsantrag letztlich erfolglos bleiben werde, keine finanziellen
Rücklagen, so handelt er auf eigenes Risiko.[441]

Bei Zahlungsaufforderungen unterhalb des gesetzlich geschuldeten Mindestunterhalts wird der **216**
zugleich zur Auskunfterteilung aufgeforderte Unterhaltsschuldner bereits grds. kein rechtlich
schützenswertes Vertrauen für seine Erwartung in Anspruch nehmen können, damit müsse es sein
Bewenden haben. Die ausdrücklich einen Unterhaltsanspruch des Gläubigers allein aufgrund des
Auskunftsverlangens für die Vergangenheit positiv festgelegte Regelung des § 1613 Abs. 1 Satz 1
und 2 schließt zumindest für einen Zeitraum von weniger als einem Jahr eine gegenläufige Heranziehung der allgemeinen Billigkeitsregeln aus.[442]

Ein Unterhaltsgläubiger, der einen aus dem Verbundverfahren abgetrennten Anspruch auf nach- **217**
ehelichen Unterhalt nach Rechtskraft der Ehescheidung über einen Zeitraum von mehr als drei
Jahren nicht mehr verfolgt, kann für die Zeit bis zur Aufnahme des Verfahrens keinen rückständigen Unterhalt beanspruchen; insoweit ist es ihm unter dem Gesichtspunkt der Verwirkung verwehrt, noch Rechte aus dem eingetretenen Verzug herzuleiten.[443]

I. Rückforderung zu Unrecht gezahlten Unterhalts

Die **Rückforderung** zu **Unrecht gezahlten Unterhalts**[444] ist in der Praxis in aller Regel schwierig **218**
durchsetzbar. Zunächst ist zu unterscheiden, ob es sich um freiwillige Überzahlungen des Unterhaltsschuldners handelt, oder ob der Unterhaltsgläubiger Unterhalt weiter entgegen genommen
hat, obwohl sein **Recht** auf **Unterhalt entfallen** ist. Auf Grund eines nichtigen Prozessvergleichs
erbrachte Leistungen können jedenfalls dann im Wege eines neuen Rechtsstreits zurückgefordert

---

440 OLG Naumburg, FamRZ 1996, 1239.
441 OLG Köln, FamRZ 2006, 644 (LS).
442 OLG Naumburg, FamRZ 2005, 1855 (LS).
443 OLG Oldenburg, FamRZ 2005, 722.
444 S. zuletzt BGHZ 175, 182 = BGH, FamRZ 2008, 968 = FuR 2008, 297; hierzu auch BVerfGE 108,
351 = BVerG, FamRZ 2003, 1821 = FuR 2003, 507.

werden, wenn das Ursprungsverfahren, in dem der Vergleich geschlossen worden ist, rechtskräftig beendet ist.[445]

I. Überzahlungen des Unterhaltsschuldners

219 Zahlt der Unterhaltsschuldner zu viel Unterhalt, dann kann er, wenn es sich um **Ehegattenunterhalt** handelt, das zu viel Geleistete i.d.R. **nicht zurückfordern**, sofern er nicht **ausdrücklich Erstattungsabsicht** für die **Mehrleistung** kundgetan hat (§§ 1360b, 1361 Abs. 4 Satz 4 i.V.m. § 1360b). Im Bereich des Verwandtenunterhalts (s. § 1614 Abs. 2) wird der **Gedanke** des **§ 1360b** vielfach als **allgemeiner unterhaltsrechtlicher Rechtsgedanke** angewendet. Allerdings können Bereicherungsansprüche gegen den Unterhaltsgläubiger (§§ 812 ff.) gegeben sein.[446]

220 Leistet der Unterhaltsschuldner unter **Vorbehalt**, und vermerkt er dies auf dem Überweisungsträger, dann kann dieser Vorbehalt **zwei unterschiedliche Bedeutungen** haben:

– Im Allgemeinen will der Unterhaltsschuldner lediglich dem Verständnis seiner Leistung als Anerkenntnis (§ 212) entgegen treten und die Wirkung des § 814 ausschließen, sich also die Möglichkeit offen halten, das Geleistete gem. § 812 zurückzufordern; ein Vorbehalt dieser Art stellt die Ordnungsmäßigkeit der Erfüllung nicht in Frage.[447]
– Anders ist es, wenn er in der Weise unter dem Vorbehalt leistet, dass dem Leistungsempfänger für einen späteren Rückforderungsstreit die Beweislast für das Bestehen des Anspruchs auferlegt werden soll. Ein Vorbehalt dieser Art lässt die Schuldtilgung in der Schwebe und ist keine Erfüllung i.S.v. § 362.[448]

II. Anspruchsgrundlagen

221 **Anspruchsgrundlagen** für die **Rückforderung** zu Unrecht gezahlten/überzahlten **Unterhalts**:

(1) **Ungerechtfertigte Bereicherung** (§§ 812 ff.) aufgrund
  – **rückwirkender Abänderung** bzw. **Außerkrafttreten** einer **einstweiligen Anordnung** (s. §§ 49, 246 ff. FamFG),
  – **rückwirkender Abänderung** eines **Urteils/Beschlusses** (§ 238 FamFG) bzw. eines **sonstigen Titels** (§ 239 FamFG) durch Abänderungsantrag,
(2) **Unerlaubte Handlungen** (§§ 823, 826):
  – **§ 823** (auch i.V.m. Schutzgesetz), etwa Prozessbetrug (§ 823 Abs. 2, § 263 StGB),
  – **§ 826** (etwa **sittenwidrige Schädigung** durch **Ausnutzung** eines im Wege sitten- oder rechtswidrig – z.B. Straftat – erlangten, von Anfang an unrichtigen **oder** – unter bestimmten Voraussetzungen[449] – eines ordnungsgemäß erlangten, jedoch nachträglich unrichtig gewordenen **Titels**),
(3) **Rückerstattung eines geleisteten Kostenvorschusses** (s. Kommentierung zu § 1360a Rdn. 1 ff.),
(4) **Erstattung überzahlten Unterhalts**, nachdem der Unterhaltsgläubiger eine **Rentennachzahlung** erhalten hat.

---

445 BGH, FamRZ 2011, 1140 = FuR 2011, 526 – Abgrenzung zu BGHZ 142, 253 = NJW 1999, 2903.
446 OLG Naumburg, FamRZ 2001, 420 (LS); s. im Einzelnen Mertens, FamRZ 1994, 601; zu weiteren Anspruchsgrundlagen Wohlfahrt, FamRZ 2001, 1185.
447 BGHZ 83, 278, 282 = BGH, FamRZ 1982, 470; BGH, NJW 1982, 2301, 2302; FamRZ 1984, 470.
448 BGHZ 86, 267, 269, 271; BGH, FamRZ 1984, 470; FamRZ 1988, 259.
449 Sofern der Unterhaltsgläubiger hiervon Kenntnis hat, und die Ausnutzung in hohem Maße unbillig und geradezu unerträglich erscheint.

Klein, Michael

1. Rückforderungsansprüche aus ungerechtfertigter Bereicherung (§§ 812 ff.)

Ein Anspruch auf Rückforderung überzahlten Unterhalts nach § 812 setzt neben der **Anspruchsgrundlage** voraus, dass ein Wertersatz nicht wegen **Entreicherung** entfallen ist, sofern der Unterhaltsgläubiger nicht wegen Entreicherung **verschärft haftet**. Bislang scheiterten die Ansprüche zumeist an dem Einwand der **Entreicherung** (§ 818 Abs. 3), sofern der Antragsteller nicht die **verschärfte Haftung** des § 818 Abs. 4 mit **Rechtshängigkeit** eines – auch hilfsweise erhobenen – Rückforderungsantrages (»**Bereicherungsantrages**«) begründet hatte. Nunmehr regelt zwar § 241 FamFG die verschärfte Haftung (die Rechtshängigkeit eines auf Herabsetzung gerichteten Abänderungsantrages steht bei der Anwendung des § 818 Abs. 4 der Rechtshängigkeit eines Antrages auf Rückzahlung der geleisteten Beträge gleich). Äußerst streitig ist allerdings der Anwendungsbereich dieser Norm, insb. bezogen auf einstweilige Anordnungen bzw. auf Unterhaltssachen im Rechtsmittelzug. **222**

a) Antrag gegen einstweilige Anordnungen (§§ 49 ff., 246 ff. FamFG)

Einstweilige Unterhaltsanordnungen sind, auch wenn sie Unterhalt betreffen, und wenn sie im Einzelfall auf Zahlung des vollen Unterhalts gerichtet sind, – im Gegensatz zu einem Hauptsachetitel – nur **vorläufige Regelungen** in einem summarischen Verfahren, also keine rechtskräftigen Entscheidungen über den Unterhaltsanspruch, und somit einem Hauptsacheverfahren nicht gleichwertig; sie können daher jederzeit, auch für die Vergangenheit, durch eine in einem ordentlichen Rechtsstreit ergehende Entscheidung abgelöst werden. Sie sind rein prozessualer Natur und stellen nur eine **einstweilige Vollstreckungsmöglichkeit** für den Unterhaltsgläubiger wegen eines vorläufig als bestehend angenommen Anspruchs dar, daher besteht – auch auf Grund erleichterter Abänderung (§ 54 Abs. S. 1 FamFG) – die Möglichkeit der Rückforderung entsprechend § 717 Abs. 2 ZPO in einem anschließenden Hauptsacheverfahren.[450] **223**

Hat das Gericht im Wege einstweiliger Anordnung »Unterhalt« zugesprochen, dann kann dieser Beschluss nicht angefochten werden (§ 57 FamFG). Die einstweilige Anordnung gilt bis zu ihrer Aufhebung oder einer rechtskräftigen anderweitigen Regelung (Hauptsachetitel: Beschluss, Vergleich oder vollstreckbare Urkunde) fort, sofern nicht der Scheidungsantrag zurückgenommen, abgewiesen oder als erledigt angesehen wird. Im Bereich des Ehegattenunterhalts gilt die einstweilige Anordnung daher mangels Hauptsachetitel über die Scheidung hinaus weiter, auch bei Änderung der tatsächlichen – und beim Ehegattenunterhalt auch der rechtlichen (s. § 1361 bzw. §§ 1570 ff.) – Verhältnisse. **224**

Ein Antrag auf Aussetzung (§ 55 FamFG) bzw. vorläufige Einstellung der Vollstreckung (§ 120 FamFG) setzt voraus, dass das Rechtsmittel nicht ohne Aussicht auf Erfolg ist, und der Antragsteller glaubhaft macht, die Vollstreckung bringe ihm einen nicht zu ersetzenden Nachteil. Ein nicht zu ersetzender Nachteil für den Unterhaltsschuldner kann auch dann bejaht werden, wenn im Falle der Abänderung des Vollstreckungstitels die zwangsweise beigetriebenen Beträge voraussichtlich wegen Mittellosigkeit des Unterhaltsgläubigers nicht nicht zurückerlangt werden könnten.[451] Das ist jedoch dann nicht der Fall, wenn der Gläubiger Alleineigentümer einer nicht in voller Höhe belasteten Immobilie ist.[452] **224a**

Die neu eingeführte Vorschrift des § 241 FamFG entschärft eine bislang sehr missliche Situation, vereinfacht gewisse Unterhaltsverfahren und trägt in gewissem Umfange – soweit bislang für einen zusätzlichen Leistungsantrag Verfahrenskostenhilfe zu bewilligen war – auch zur Kostenersparnis bei. Nach alter Rechtslage führten weder Anhängig – noch Rechtshängigkeit einer auf Herabset- **225**

---

450 OLG Köln, FamRZ 2011, 758 m.w.N.; OLG Rostock, FamRZ 2011, 1679; OLG Celle, FamRZ 2012, 737.
451 OLG Rostock, FamRZ 2011, 1679.
452 OLG Hamm, FamFR 2012, 160 zu § 120 FamFG.

zung bzw. Wegfall des Unterhalts gerichteten negativen Feststellungs-, Abänderungs- oder Vollstreckungsgegenklage des Unterhaltsschuldners (als Bereicherungsgläubiger) bei Rückforderung überzahlten Unterhalts per se zu einer verschärften Haftung des Unterhaltsgläubigers (als Bereicherungsschuldner des überzahlten Unterhalts). Sofern der zur Rückzahlung verpflichtete Bereicherungsschuldner nicht verschärft haftete, wurde vielfach erfolgreich der Entreicherungseinwand nach § 818 Abs. 3 erhoben. Diese Vorschrift dient dem Schutze des gutgläubig Bereicherten, der das rechtsgrundlos Empfangene im Vertrauen auf das Fortbestehen des Rechtsgrunds verbraucht hat und daher nicht über den Betrag der bestehen gebliebenen Bereicherung hinaus zur Herausgabe oder zum Wertersatz verpflichtet werden soll. Bei einer Überzahlung von Unterhalt kommt es daher darauf an, ob der Empfänger die Beträge restlos für seinen Lebensbedarf verbraucht oder sich noch in seinem Vermögen vorhandene Werte – auch in Form anderweitiger Ersparnisse, Anschaffungen oder Tilgung eigener Schulden – verschafft hat. Für den Unterhaltsgläubiger, der den Wegfall der Bereicherung zu beweisen hat, hat die Rechtsprechung hierbei allerdings **Beweiserleichterungen** geschaffen, wenn aus der Überzahlung in der fraglichen Zeit offensichtlich keine besonderen Rücklagen oder Vermögensvorteile gebildet wurden. Insb. bei **unteren** und **mittleren Einkommen** spricht dann nach der **Lebenserfahrung** eine Vermutung dafür, dass das Erhaltene für die Verbesserung des Lebensstandards ausgegeben wurde, ohne dass der Bereicherte einen besonderen Verwendungsnachweis erbringen müsste.[453]

226 (zur Zeit nicht besetzt)

227 Um die **verschärfte Haftung** des **Bereicherungsschuldners** nach §§ 818 Abs. 4, 819 auszulösen, musste der Abänderung begehrende Antragsteller **zusätzlich** zum Hauptsacheantrag einen gesonderten (bereicherungsrechtlichen) Leistungsantrag stellen (sog. **Bereicherungs-** oder **Rückforderungsantrag** auf **Herausgabe** des **Erlangten** nach § 812 oder auf **Leistung** von **Wertersatz** gem. § 818 Abs. 2).[454] Auch wenn dieser Antrag als bereits als Hilfsantrag Bösgläubigkeit setzte, war es doch immer ein kompliziertes und aufgeblähtes Verfahren.

228 Nunmehr ist nur noch **ein einziges Verfahren** notwendig: Künftig genügt bereits die **Rechtshängigkeit** eines auf **Herabsetzung** gerichteten **Abänderungsantrages**, um die verschärfte Haftung nach § 818 Abs. 4 auszulösen, so dass bereits mit der Rechtshängigkeit eines auf Herabsetzung gerichteten Abänderungsantrages der Unterhaltsgläubiger gem. § 818 Abs. 4 nach den allgemeinen Vorschriften haftet, womit insb. § 291 (Prozesszinsen), § 292 (Haftung bei Herausgabepflicht) gemeint sind, und sich nicht mehr auf den Wegfall der Bereicherung nach § 818 Abs. 3 berufen kann. Es bedarf also nicht mehr des Antrages auf Rückzahlung[455] – eine erhebliche Erleichterung bei der Prozessführung, nachdem nunmehr § 241 FamFG den Abänderungsantrag dem Rückzahlungsantrag gleichsetzt. Maßgebend ist nunmehr in beiden Fällen der **Zeitpunkt** der **Rechtshängigkeit**; für die davorliegende Zeit bleibt dem Unterhaltsgläubiger der Entreicherungseinwand erhalten. Einer Rückzahlung der zwischen Herabsetzungsverlangen und Rechtshängigkeit geleisteten oder im Wege der Zwangsvollstreckung beigetriebenen Beträge steht i.d.R. die Leistungsunfähigkeit des Empfängers entgegen. § 241 FamFG benachteiligt den Unterhaltsgläubiger nicht, da der Erfolg der verschärften Haftung auch bislang in jedem Fall durch einen Leistungsantrag herbeigeführt werden konnte.

229 Das gleiche Problem stellt sich, wenn eine **Unterhaltsanordnung** (als **vorläufige Vollstreckungsmöglichkeit**) im Rahmen eines Hauptsacheverfahrens bekämpft wird. Wurde per einstweiliger Anordnung Unterhalt tituliert, und verlangt der Unterhaltsschuldner überzahlten Unterhalt zurück, da er nur die Einleitung des Hauptsacheverfahrens nach § 52 oder die Aufhebung bzw. Abänderung nach § 54 anstreben konnte, muss er nach wie vor einen Antrag (vgl. § 113 Abs. 5

---

453 BGHZ 143, 65, 69 = BGH, FamRZ 2000, 751; BGH, FamRZ 2008, 1911 = FuR 2008, 542.
454 BGHZ 177, 356 = BGH, FamRZ 2008, 1911 = FuR 2008, 542 (Berufungsgericht OLG Oldenburg, FamRZ 2006, 1842 = FuR 2007, 90) im Anschluss an BGH, FamRZ 1986, 793.
455 So zum geltenden Recht in st. Rspr., zuletzt BGH, FamRZ 2008, 1911, 1919 = FuR 2008, 542.

Nr. 2) auf Rückzahlung stellen, um die verschärfte Haftung des Unterhaltsgläubigers nach § 818 Abs. 4 herbeizuführen. In solchen Fällen sollte jedoch aus Gründen der Prozessökonomie § 241 FamFG **analog** angewendet werden.[456]

Da der RA den sichersten Weg zu beschreiten hat, verbleibt dem Unterhaltsschuldner in Fällen der einstweiligen Anordnungen bzw. vorläufig vollstreckbarer Beschlüsse in der Hauptsache nur die Möglichkeit, durch einen **negativen Feststellungsantrag**[457] (§ 256 ZPO) i.V.m. einem hilfsweisen Rückforderungsantrag (**Bereicherungsantrag**, § 253 ZPO) die spätere Rückforderung überzahlten Unterhalts zu sichern, sofern noch kein Hauptsacheverfahren anhängig ist. Geht die einstweilige Anordnung über Bestand und Höhe des materiell-rechtlichen Unterhaltsanspruchs hinaus, stellt sich also heraus, dass ein Unterhaltsanspruch nicht, nicht mehr oder nicht in dieser Höhe bestand, dann hat der Unterhaltsschuldner insoweit **ohne rechtlichen Grund** i.S.d. § 812 Abs. 1 Satz 1 geleistet, und dann ist der Unterhaltsgläubiger um die trotzdem (ggf. auch aufgrund einer Vollstreckung) gezahlten Beträge **ungerechtfertigt bereichert**.[458] **230**

Statt einem negativen Feststellungsantrag kann auch sofort ein **Rückforderungsantrag** (»**Bereicherungsantrag**«) erhoben werden. Ist ein negativer Feststellungsantrag rechtshängig, und erhebt der Unterhaltsgläubiger nunmehr seinerseits Leistungsantrag, dann ist der (subsidiäre) negative Feststellungsantrag (s. § 256 ZPO) in der Hauptsache für erledigt zu erklären (Rechtshängigkeit des Leistungsantrages als erledigendes Ereignis). Ein Schadensersatzanspruch analog §§ 717 Abs. 2, 945 ZPO wegen der Vollstreckung aus einer ganz oder teilweise ungerechtfertigten einstweiligen Anordnung besteht nicht.[459] Ein im Rahmen eines positiven Hilfsverhältnisses zu einem Abänderungsantrag geltend gemachter Bereicherungsantrag ist nur zulässig, wenn das Antragsbegehren beziffert ist; weder genügt ein unbeziffert Leistungsantrag, noch ist ein Feststellungsantrag statthaft.[460] **231**

Feststellungs- und **antragsabweisende Beschlüsse** werden erst mit Eintritt der Rechtskraft wirksam und setzen daher eine einstweilige Anordnung erst zu diesem Zeitpunkt außer Kraft.[461] Der BGH[462] hat »im Interesse der einheitlichen Handhabung und der Rechtssicherheit« den Streit, wann »Wirksamwerden einer anderweitigen Regelung« bei Beschlüssen, die zur Zahlung von Unterhalt verpflichten, angenommen werden kann, dahin gehend entschieden, dass auch **Leistungsbeschlüsse** erst mit **Eintritt** ihrer **Rechtskraft** wirksam werden. **232**

b) Rückwirkende Abänderung eines Titels gem. §§ 238 ff. FamFG

Die **Abänderung bestehender Unterhaltstitel** ist in **drei Vorschriften** geregelt. Der Gesetzgeber des FamFG hat davon abgesehen, sämtliche diversen Abänderungsmöglichkeiten wieder in eine einzige Norm einzuarbeiten; er hat vielmehr aus Gründen der Übersichtlichkeit die jeweils **verschiedenen Anpassungsregeln** für die **verschiedenen Arten** von **Unterhaltstiteln** auf mehrere Vorschriften verteilt und mit dieser Entzerrung das Abänderungssystem insgesamt übersichtlicher gestaltet. Nunmehr ergibt sich die Rechtslage klarer als bisher unmittelbar aus dem Wortlaut der drei Normen (§§ 238, 239, 240 FamFG) selbst, die als **leges speciales** zu §§ 323, 323a ZPO anzusehen sind: **233**

---

456 So auch Rossmann, ZFE 2008, 245, 249, 250.
457 Zur Erhebung einer negativen Feststellungsklage ggü. einer einstweiligen Unterhaltsanordnung s. van Els, FF 2002, 176 f.
458 BGH, FamRZ 1984, 767.
459 BGH, FamRZ 1984, 767.
460 OLG Zweibrücken, NJWE-FER 2001, 139.
461 BGH, FamRZ 1991, 180 ff.
462 BGHZ 143, 65 = BGH, FamRZ 2000, 751; überholt daher z.B. OLG Hamm, FamRZ 1980, 708; FamRZ 1984, 718; FamRZ 1999, 29, 30; OLG Karlsruhe, FamRZ 1982, 1221; OLG Frankfurt, FamRZ 1982, 410; OLG Hamburg, FamRZ 1984, 719; FamRZ 1996, 745; OLG Düsseldorf, FamRZ 1996, 745, 746.

– § 238 FamFG betrifft die in einem Hauptsacheverfahren ergangenen **gerichtlichen Entscheidungen** zu künftig fällig werdenden wiederkehrenden Leistungen (bisher: § 323 Abs. 1 bis 3 ZPO),

– § 239 FamFG übernimmt aus § 323 Abs. 4 ZPO die Regelung über die Abänderung von Verpflichtungen aus **gerichtlichen Vergleichen** und **vollstreckbaren Urkunden, und**

– § 240 FamFG enthält (in Abweichung von § 323 Abs. 5 ZPO, die Vorschrift des § 655 ZPO wurde nicht übernommen) die Möglichkeit einer Abänderung von gerichtlichen Entscheidungen in **Vaterschaftsfeststellungsverfahren** nach § 237 FamFG (bisher § 653 ZPO) und im **Vereinfachten Unterhaltsfestsetzungsverfahren** nach § 253 FamFG (bisher § 649 ZPO).

234 § 238 FamFG orientiert sich als Spezialregelung für die Abänderung gerichtlicher Entscheidungen in Unterhaltssachen an der Grundstruktur des § 323 ZPO. § 238 FamFG ist in vier Absätze gegliedert: Abs. 1 und 3 betreffen die Zulässigkeit des Abänderungsantrages, Abs. 2 die Tatsachenpräklusion für den Antragsteller und Abs. 4 die Begründetheit des Antrages.

235 **Alle Titel**, die einen **Unterhaltsanspruch titulieren**, können nunmehr **rückwirkend abgeändert** werden. Wurde während der Dauer des Verfahrens der bisher titulierte Unterhalt weiter bezahlt oder vollstreckt, und führt der Abänderungsantrag zu einer Reduzierung oder zum Wegfall des Unterhalts, dann hat der Unterhaltsschuldner insoweit **ohne rechtlichen Grund** i.S.d. § 812 Abs. 1 Satz 1 geleistet; der Unterhaltsgläubiger ist um die trotzdem (ggf. auch aufgrund einer Vollstreckung) gezahlten Beträge **ungerechtfertigt bereichert.** Wird ein Beschluss, ein Vergleich oder eine vollstreckbare Urkunde zugunsten des Unterhaltsschuldners **rückwirkend abgeändert,** entfällt für dessen **Leistung nachträglich der rechtliche Grund** nach **§ 812 Abs. 1 Satz 2.**[463]

c) Wegfall der Bereicherung – »Entreicherung« (§ 818 Abs. 3)

236 Unterhalt dient der Existenzsicherung und ist daher zum **Verbrauch** für den Lebensbedarf, nicht aber zur Vermögensbildung bestimmt; regelmäßig werden daher aus Unterhaltsleistungen auch keine Vermögenswerte geschaffen. **Wertersatz** nach § 818 Abs. 2 entfällt daher, wenn der Unterhaltsempfänger nach § 818 Abs. 3 **nicht mehr bereichert** ist. Diese Vorschrift dient dem Schutze des gutgläubig Bereicherten, der das rechtsgrundlos Empfangene im Vertrauen auf das (Fort-)Bestehen des Rechtsgrunds verbraucht hat und daher nicht über den Betrag der bestehen gebliebenen Bereicherung hinaus zur Herausgabe oder zum Wertersatz verpflichtet werden soll.

237 Der Unterhaltsempfänger ist nach § 818 Abs. 3 **nicht mehr bereichert,** wenn er die Beträge restlos für seinen Lebensbedarf verbraucht hat, ohne dass er sich noch in seinem **Vermögen vorhandene Werte** – auch in Form anderweitiger Ersparnisse, Anschaffungen oder Tilgung eigener Schulden – oder **Vermögensvorteile** verschafft hat.[464] Der Wegfall der Bereicherung ist eine rechtsvernichtende Einwendung, für die der **Bereicherte darlegungs- und beweispflichtig** ist.[465] Insoweit hat die Rechtsprechung allerdings **Beweiserleichterungen** geschaffen, wenn aus der Überzahlung in der fraglichen Zeit keine besonderen Rücklagen oder Vermögensvorteile gebildet worden sind:[466] Insb. bei unteren und mittleren Einkommen spricht dann nach der **Lebenserfahrung (Erfahrungssatz!)** eine **Vermutung** dafür, dass die Überzahlung ersatzlos für eine Verbesserung des Lebensstandards ausgegeben wurde, ohne dass der Bereicherte einen besonderen Verwendungsnachweis erbringen müsste.[467]

---

463 BGHZ 118, 383 = BGH, FamRZ 1992, 1152.
464 BGHZ 118, 383 = BGH, FamRZ 1992, 1152; BGHZ 143, 65 = FamRZ 2000, 751; BGHZ 175, 182 = FamRZ 2008, 968 = FuR 2008, 297; s.a. BGH, FamRZ 1984, 767; FamRZ 2000, 751; OLG Hamm, FamRZ 1996, 1406; OLG Köln, NJW-RR 1998, 1701.
465 BGHZ 118, 383, 388 = BGH, FamRZ 1992, 1152; OLG Braunschweig, FamRZ 1999, 1058; s.a. BAG, ZIP 1994, 726.
466 OLG Naumburg, FamRZ 2001, 420 (LS).
467 BGHZ 118, 383, 388 = BGH, FamRZ 1992, 1152; BGHZ 143, 65 = FamRZ 2000, 751.

Eine auf Rückzahlung ihr nicht zustehenden Unterhalts in Anspruch genommene Partei kann sich 238
jedoch nicht auf den Entreicherungseinwand nach § 818 Abs. 3 berufen, wenn sie ein **deklaratorisches Anerkenntnis** über die **Rückforderung** abgegeben hat, wenn sich also der Gläubiger auf eine Ratenzahlungsvereinbarung mit Minimalraten eingelassen hatte, die Vereinbarung lange Jahre praktiziert, wiederholt bestätigt und einvernehmlich modifiziert worden war, die rückzahlungsverpflichtete Partei schon bei Abschluss der Vereinbarung wie auch bei den späteren Bestätigungen und Modifikationen ihre auch in dem vorangegangenen Unterhaltsverfahren für sie tätig gewesenen Anwälte eingeschaltet hatte, und das Leistungsvermögen des Unterhaltsschuldners sowie die Frage, ob er nicht über – von ihm nicht angegebene – Einkünfte verfüge, nach Beauftragung eines Detektivs durch den Gläubiger schon in dem vorangegangenen Unterhaltsverfahren breiten Raum eingenommen hatten.[468] Die **rechtsgrundlose Zahlung** von Unterhalt ist für einen **Vermögenswert/-vorteil nicht kausal**, wenn der Unterhaltsgläubiger die Mittel für die Anschaffung von dritter Seite erhalten oder den Vermögenswert/-vorteil unter Einschränkung des Lebensstandards erworben hat.[469]

d) Verschärfte Haftung nach §§ 818 Abs. 4, 819, 820 Abs. 1

aa) § 814 Abs. 4

Nur ein **rechtshängiger Leistungsantrag** mit dem Ziel der **Rückforderung überzahlten Unterhalts** 239
(»Rückforderungs- oder Bereicherungsantrag«) vermag die Rechtsfolgen der **verschärften Haftung** nach § 818 Abs. 4 auszulösen,[470] nicht aber ein evtl. vorausgegangener früherer Abänderungs-[471] bzw. negativer Feststellungsantrag,[472] auch wenn mit ihm rechtskräftig entschieden wurde, dass kein Unterhalt geschuldet wird.[473] Allerdings kann der Abänderungs- bzw. negative Feststellungsantrag im Wege der Antragshäufung kostengünstig im Eventualverhältnis mit dem Leistungsantrag verbunden werden.[474]

bb) § 819

§ 819 Abs. 1 setzt **positive Kenntnis** von der **Rechtsgrundlosigkeit** des **Erhalts der Unterhaltsleistung** 240
voraus; fahrlässiges Verhalten genügt nicht. Die Kenntnis muss sich nicht nur auf die Tatsachen, sondern auch auf das Fehlen des Rechtsgrundes beziehen.[475] Nach der Lebenserfahrung geht der Unterhaltsgläubiger in aller Regel bis zu einer gegenteiligen gerichtlichen Entscheidung davon aus, dass ihm ein Unterhaltsanspruch in der begehrten Höhe zusteht, soweit er tituliert ist, selbst wenn seit der gerichtlichen Entscheidung längere Zeit verstrichen ist. Die **Annahme von Unterhaltsleistungen** ist **nicht verwerflich** (§ 819 Abs. 2).

cc) § 820

Verschärfte Haftung nach § 820 Abs. 1 scheidet bereits **tatbestandlich** aus, da ein Unterhaltsbe- 241
schluss ein staatlicher Hoheitsakt, kein Rechtsgeschäft ist.[476] § 820 Abs. 1 darf auf gerichtlich ange-

---

468 OLG Düsseldorf, FamRZ 1999, 1059.
469 BGHZ 118, 383, 386 = BGH, FamRZ 1992, 1152; 143, 65 = FamRZ 2000, 751; BGH, FamRZ 2008, 1911 = FuR 2008, 542.
470 OLG Naumburg, FamRZ 2001, 420 (LS).
471 BGH, FamRZ 1986, 793; OLG Zweibrücken, FamRZ 1995, 175.
472 BGHZ 93, 183 = BGH, FamRZ 1985, 368.
473 BGH, in st. Rspr., s. etwa BGHZ 93, 183 f. = BGH, FamRZ 1985, 368 f.; BGHZ 118, 383, 390 f. = FamRZ 1992, 1152; BGH, FamRZ 1984, 767 f.; FamRZ 1986, 793 f.; FamRZ 1989, 850; zuletzt BGHZ 143, 65 = BGH, FamRZ 2000, 751 m.w.N.; dagegen Kohler, FamRZ 1988, 1005.
474 BGH, FamRZ 1989, 850; BGHZ 175, 182 = BGH, FamRZ 2008, 968 = FuR 2008, 2979.
475 BGHZ 118, 383 = BGH, FamRZ 1992, 1152.
476 BGHZ 118, 383 = BGH, FamRZ 1992, 1152; BGH, FamRZ 1984, 767.

ordnete, gesetzliche Unterhaltszahlungen auch **nicht analog** angewendet werden mit der Begründung, der Unterhaltsgläubiger müsse damit rechnen, dass die Unterhaltszahlungen möglicherweise ohne rechtlichen Grund erfolgen. Der BGH[477] hat entschieden, § 820 sei auch auf Unterhaltsvereinbarungen, die den gesetzlichen Unterhaltsanspruch lediglich modifizieren, weder direkt noch entsprechend anwendbar; dann komme jedoch eine analoge Anwendung auf Unterhaltstitel über den gesetzlichen Unterhalt erst recht nicht infrage.

2. Vollstreckungsrechtliche Ansprüche

a) Schadensersatzanspruch nach § 717 Abs. 2 Satz 1 ZPO

242 Wird ein für **vorläufig vollstreckbar erklärter Unterhaltsbeschluss** nachträglich aufgehoben oder abgeändert, besteht ein **Schadensersatzanspruch** nach § 717 **Abs. 2 Satz 1 ZPO.** Dieser Anspruch setzt allerdings voraus, dass aus dem später abgeänderten vorläufig vollstreckbaren Beschluss vollstreckt wurde, oder dass der Schuldner zur Abwendung der drohenden Vollstreckung geleistet hat.[478]

b) Schadensersatzanspruch nach §§ 641g, 717 Abs. 2, 945 ZPO analog

243 Der BGH[479] hat einen Schadensersatzanspruch nach §§ 641g, 717 Abs. 2, 945 ZPO analog verneint. Er geht zutreffend davon aus, dass im Gesetz keine systemwidrige, vom Gesetzgeber unbewusst herbeigeführte Lücke angenommen werden kann. Die §§ 620 ff. ZPO (jetzt: §§ 49 ff. FamFG) enthielten eine geschlossene Sonderregelung für den einstweiligen Rechtsschutz in Ehesachen. Der Gesetzgeber wollte das Risiko des Ehegatten, der eine einstweilige Anordnung erwirkt und aus ihr vollstreckt, bewusst klein halten und den einstweiligen Rechtsschutz erleichtern; auch sollte der Unterhaltsempfänger nicht in jedem Falle gezwungen sein, unter dem Druck etwaiger Rückforderungsansprüche den gezahlten Unterhalt für eine Rückzahlung bereitzuhalten, statt ihn bestimmungsgemäß zu verbrauchen. Diese Absicht des Gesetzgebers würde unterlaufen, und zwar sowohl dann, wenn ein Schadensersatzanspruch in analoger Anwendung der §§ 717 Abs. 2, 945 ZPO bejaht würde, als auch dann, wenn man eine verschärfte Bereicherungshaftung nach § 818 Abs. 4 schon aufgrund eines rückwirkenden negativen Feststellungsantrages gegen die einstweilige Anordnung eintreten ließe. Dies gilt auch für das neu geregelte Anordnungssystem der §§ 49 ff., 246 FamFG.

244 Der BGH[480] hat auch die Frage einer **ungleichen Risikoverteilung** zulasten des im Nachhinein gesehen zu Unrecht in Anspruch genommenen Unterhaltsschuldners verneint. Der Schutz des Unterhaltsschuldners sei durch folgende Wege ausreichend gewährleistet: Er könne

(1) im Rahmen eines negativen Feststellungs-/Abänderungsverfahrens den Antrag auf **einstweilige Einstellung** der **Zwangsvollstreckung**[481] aus der einstweiligen Anordnung nach § 769 ZPO stellen und damit die Weiterzahlung des zu Unrecht geleisteten Unterhalts während der Dauer des Verfahrens verhindern,[482] **und/oder**

477 FamRZ 1998, 951 f. – einstweilige Anordnung; s.a. BGHZ 143, 65 = BGH, FamRZ 2000, 751.
478 BGHZ 131, 233 = BGH, NJW 1996, 397 ff.
479 BGHZ 143, 65 = BGH, FamRZ 2000, 751 m.w.N.; a.A. Olzen, FamRZ 1986, 1169 f.; Ditzen, FamRZ 1988, 349; einschränkend Kohler, ZZP 1986, 34, 36, 44, 49; BGH, FamRZ 1988, 1005, 1006; M. Schwab, FamRZ 1994, 1567, 1570, die einer bereicherungsrechtlichen Haftung unter großzügigerer Anwendung der haftungsverschärfenden Regeln der §§ 818 Abs. 4, 819, 820 den Vorzug geben; s.a. OLG Oldenburg, NdsRpfl 1984, 119, 120; OLG Nürnberg, JurBüro 1984, 1097, 1098.
480 BGHZ 143, 65 = BGH, FamRZ 2000, 751.
481 Zur Frage der Einstellung der Zwangsvollstreckung aus einem Unterhaltstitel gegen Sicherheitsleistung s. OLG Köln, FamRZ 2003, 1027 m. Anm. Schröder.
482 S. etwa FamRZ 1983, 355, 357.

Klein, Michael

(2) alsbald nach der Unterhaltsleistung und ohne Rücksicht auf die vorherige Aufhebung des Titels einen isolierten **Antrag** auf **künftige Rückzahlung** erheben oder den negativen Feststellungs-/Abänderungsantrag hilfsweise für den Fall des Obsiegens im Feststellungs-/Abänderungsverfahren mit diesem **Rückforderungsantrag** verbinden (§§ 258, 260 ZPO); dadurch trete ab Rechtshängigkeit die verschärfte Haftung nach § 818 Abs. 4 ein (§ 253 Abs. 2 Nr. 2 ZPO erfordert allerdings, dass auch der **Rückforderungsantrag genau beziffert** wird),[483] **und/oder**

(3) den weiter zu zahlenden Unterhalt als zins- und tilgungsfreies **Darlehen** anbieten, verbunden mit der Verpflichtung, im Fall der Abweisung des Feststellungs-/Abänderungsbegehrens auf Rückzahlung insoweit zu verzichten, als es bei dem zugesprochenen Unterhalt verbleibt; der Unterhaltsgläubiger sei nach Treu und Glauben verpflichtet, »sich auf eine solche Gestaltung einzulassen«, also einen derartigen Kredit anzunehmen.[484]

Nunmehr kann der Unterhaltsschuldner auch nach § 241 FamFG vorgehen (s. Rn. 225 ff.).

3. Schadensersatzansprüche aus unerlaubter Handlung

Schadensersatzansprüche aus **unerlaubter Handlung** (§§ 823 ff.) – eine mögliche Entreicherung 245 ist nicht zu prüfen[485] – können auf folgende Vorschriften zu gründen sein:

a) § 823

Die **Verletzung** von **Wahrheits-** und **Informationspflichten** innerhalb und außerhalb eines 246 gerichtlichen Unterhaltsverfahrens können zu **Schadensersatzansprüchen** nach §§ 823 Abs. 2 i.V.m. § 263 StGB führen, insbesondere wenn ein Beteiligter **bewusst falsche Angaben** zu seinem **Einkommen** gemacht oder wider besseres Wissen trotz Offenbarungspflicht Einkommen verschwiegen hat, oder wenn wichtige **unterhaltsrelevante Tatsachen** verschwiegen, falsch dargestellt oder gar geleugnet worden sind (s. näher Rdn. 252 ff.).

b) § 826

aa) Sittenwidrige vorsätzliche Ausnützung eines rechtskräftigen Vollstreckungstitels

Von einem Titelmissbrauch i.S.d. § 826 ist grundsätzlich dann auszugehen, wenn die Art der 247 Erlangung eines materiell unrichtigen Titels oder dessen Ausnutzung es geboten erscheinen lassen, dass der Titelgläubiger die ihm nach materiellen Recht unverdient zugefallene Rechtsposition aufgibt.[486] Auch die **Vollstreckung** aus einem rechtskräftigen, aber (erst) **nachträglich unrichtig gewordenen Unterhaltstitel** kann gegen die **guten Sitten** verstoßen und unter besonderen Umständen eine **sittenwidrige vorsätzliche Schädigung** darstellen, die nach § 826 zum Schadensersatz verpflichtet, etwa wenn der Unterhaltsgläubiger eine ihm rechtskräftig zuerkannte Unterhaltsrente weiter entgegen nimmt, obwohl er weiß, dass der Titel durch nach Rechtskraft eingetretene Umstände unrichtig geworden ist, und besondere Umstände hinzutreten, nach denen es in hohem Maße unbillig und geradezu unerträglich ist, die Ausnützung des Beschlusses zuzulassen.[487] Da dieser Anspruch die Rechtskraft des Unterhaltstitels durchbricht, wenn er erfolgreich geltend gemacht wird, ist er auf **Ausnahmefälle** zu beschränken.[488]

483 So bereits BGHZ 118, 383 = BGH, FamRZ 1992, 1152.
484 So bereits BGHZ 93, 183, 189 = BGH, FamRZ 1985, 368; BGHZ 118, 383, 391, 392 = FamRZ 1992, 1152; BGH, FamRZ 1992, 1152; FamRZ 1998, 951, 952; ausführlich Reinecke, ZAP Fach 11, S. 691 ff. mit zwei Formulierungsbeispielen für Darlehensverträge.
485 BGH, FamRZ 1986, 450; zum familienrechtlichen Tatbestand s. BGH, FamRZ 1997, 483.
486 BGHZ 151, 316 = FamRZ 2002, 1547, 1550.
487 BGH, FamRZ 1986, 450; OLG Bremen, ZFE 2010, 386.
488 BGH, FamRZ 1986, 450; FamRZ 1988, 270.

248 Hat ein getrennt lebender Ehegatte seinem vormals nicht erwerbstätigen Ehepartner aufgrund eines rechtskräftigen Beschlusses eine Unterhaltsrente gezahlt, so kann ihm gegen diesen ein Schadensersatzanspruch gem. § 826 zustehen, wenn dieser nach Erlass des Unterhaltsbeschlusses eine Erwerbstätigkeit aufgenommen, die vollen Unterhaltszahlungen aber weiterhin schweigend in Empfang genommen hat. Der Schadensersatzanspruch wird nicht schon dadurch ausgeschlossen, dass der Titelschuldner sein an sich bestehendes Recht, vom Titelgläubiger regelmäßig Auskunft über dessen Einkommens- und Vermögensverhältnisse zu verlangen, nicht ausgeübt hat. Die Unkenntnis des Titelgläubigers von einer solchen Offenbarungspflicht schließt den Schadensersatzanspruch nicht unbedingt aus, selbst dann nicht, wenn die Unkenntnis auf (falschem) anwaltlichen Rat beruht.[489]

249 Allerdings ist ein Anspruch des Unterhaltsschuldners aus § 826 wegen Vollstreckung aus einem rechtskräftigen (Trennungs-) Unterhaltsbeschluss trotz **zwischenzeitlicher**, nicht mitgeteilter **Aufnahme** einer **Erwerbstätigkeit** durch den unterhaltsberechtigten Ehegatten nicht begründet, wenn der Unterhaltsschuldner **Anlass** hatte, sich seinerseits nach einer Erwerbstätigkeit des anderen Ehegatten (dessen Erwerbsobliegenheit im Unterhaltsbeschluss bejaht worden war) zu erkundigen.[490]

250 **Bestand** und **Höhe** des **Schadensersatzanspruchs** hängen insb. davon ab, ob

– und inwieweit der Unterhaltsbeschluss infolge der späteren Erwerbseinkünfte des Titelgläubigers materiell-rechtlich unrichtig geworden ist,
– der Titelgläubiger die nachträglich eingetretene Unrichtigkeit des Unterhaltsbeschlusses erkannt hat,
– der Titelgläubiger aufgrund der besonderen Umstände des konkreten Einzelfalles verpflichtet war, dem Titelschuldner auch ohne Aufforderung eigene Erwerbseinkünfte anzuzeigen: Eine solche Pflicht kommt v.a. dann in Betracht, wenn der Titelgläubiger in der Vergangenheit selbst dazu beigetragen hat, beim Titelschuldner das Vertrauen darauf zu erzeugen, die Aufnahme einer Erwerbstätigkeit sei in Zukunft nicht mehr zu erwarten.[491]

bb) Beeinträchtigung von Unterhaltsansprüchen

251 Eine nach den Vorschriften des **Anfechtungsgesetzes anfechtbare Rechtsbehandlung** kann eine Schadensersatzpflicht nach § 826 auszulösen, wenn über den Anfechtungstatbestand hinaus Umstände vorliegen, die den Vorwurf der Sittenwidrigkeit rechtfertigen,[492] etwa wenn ein Unterhaltsschuldner mit einem Dritten zu dessen Gunsten zusammenwirkt, um die Unterhaltsansprüche des Berechtigten zu vereiteln.

cc) Verletzung von Wahrheits-Informationspflichten

252 Bereits bislang anerkannten Rechtsprechung und Literatur eine **Obliegenheit** zur **ungefragten Information** über **spätere erhebliche Veränderungen** des **unterhaltsrelevanten Einkommens**, abgeleitet unabhängig von der Art des Unterhaltstitels aus dem **unterhaltsrechtlichen Treueverhältnis**,[493] erst recht aber begründet mit der vertraglichen Treuepflicht nach Abschluss eines gerichtlichen Vergleichs: Danach sind die Parteien eines Unterhaltsvergleichs verpflichtet, sich gegenseitig ungefragt zu informieren, wenn ihr Verdienst das für die Bemessung des Unterhalts berücksichtigte Einkommen deutlich übersteigt, was sodann den objektiven Tatbestand des für

---

489 OLG Düsseldorf, FamRZ 1985, 599 (Revisionsurteil: BGH, FamRZ 1986, 450).
490 OLG Braunschweig, FamRZ 1999, 1058.
491 OLG Düsseldorf, FamRZ 1985, 599 (Revisionsurteil: BGH, FamRZ 1986, 450).
492 BGHZ 130, 314, 330 f. = BGH, NJW 1995, 2846; BGH, WM 1970, 404; NJW 1996, 1283; FamRZ 2001, 86 = FuR 2000, 479.
493 So Büttner, FF 2008, 15; vgl. auch Hoppenz, FamRZ 1989, 337, 338 f.; Kleffmann, FuR 1998, 105.

eine Verwirkung nach § 1579 Nr. 5 sprechenden Härtegrundes erfüllen kann.[494] Zunehmend und zu Recht sanktionierte die Rechtsprechung die **Verletzung** von **Wahrheits-** und **Informations-pflichten** innerhalb und außerhalb eines gerichtlichen Unterhaltsverfahrens, insb. die unterlassene bzw. nicht vollständige oder gar **wahrheitswidrige Offenbarung eigener Einkünfte.**

Erstmals normiert nunmehr **§ 235 FamFG** eine **umfassende verfahrensrechtliche Auskunfts-pflicht** der Beteiligten im **Unterhaltsverfahren.** Zwar konnte schon bislang ein Gericht in Unterhaltsstreitigkeiten von den Parteien Auskunft über ihr Einkommen sowie die Vorlage von Belegen verlangen und im Fall der Verweigerung entsprechende Auskünfte bei Arbeitgebern, Sozialleistungsträgern und – bei Streit um den Unterhalt minderjähriger Kinder – auch den Finanzämtern einholen (s. § 643 ZPO). § 235 Abs. 1 Satz 1 hat diese Auskunftspflichten im laufenden Verfahren erweitert und ermächtigt nunmehr das Gericht darüber hinaus auch noch in § 235 Abs. 1 Satz 2, von den Parteien **persönlich** (!) eine **schriftliche Versicherung** zu verlangen, dass die von ihnen gemachten Angaben wahrheitsgemäß und vollständig sind. **253**

Das Gericht kann gem. § 235 Abs. 1 FamFG anordnen, dass der Antragsteller und der Antragsgegner **254**

– Auskunft über ihre Einkünfte, ihr Vermögen und ihre persönlichen und wirtschaftlichen Verhältnisse erteilen sowie bestimmte Belege vorzulegen haben, soweit dies für die Bemessung des Unterhalts von Bedeutung ist,
– schriftlich versichern müssen, dass die Auskunft wahrheitsgemäß und vollständig ist, wobei die Versicherung nicht durch einen Vertreter erfolgen kann.

Mit der Anordnung nach § 235 Abs. 1 Satz 1 oder 2 FamFG soll das Gericht eine angemessene Frist setzen; zugleich hat es auf die Verpflichtung nach § 235 Abs. 3 FamFG und auf die nach § 236 und § 243 Satz 2 Nr. 3 FamFG möglichen Folgen hinzuweisen.

Das Gericht **muss** im Unterhaltsverfahren entsprechend vorgehen, wenn ein Beteiligter dies beantragt, und der andere Beteiligte vor Beginn des Verfahrens einer nach den Vorschriften des bürgerlichen Rechts bestehenden **Auskunftspflicht** entgegen einer Aufforderung innerhalb angemessener Frist nicht nachgekommen ist (§ 235 Abs. 2 FamFG). I.Ü. sind Antragsteller und Antragsgegner verpflichtet, dem Gericht ohne Aufforderung mitzuteilen, wenn sich **während** des **Verfahrens** Umstände, die Gegenstand der Anordnung nach § 235 Abs. 1 FamFG waren, **wesentlich verändert** haben (§ 235 Abs. 3 FamFG). **255**

Anordnungen des Gerichts nach § 235 FamFG sind nicht selbstständig anfechtbar und leider explizit nach dem Wortlaut der Norm auch nicht mit Zwangsmitteln durchsetzbar (§ 235 Abs. 4 FamFG). **256**

4. Rückforderung bei Rentennachzahlung

Beantragt der Unterhaltsgläubiger Alters- oder Erwerbsunfähigkeitsrente, ergeht der Rentenbescheid oftmals erst Monate nach der Antragstellung; die Rente wird dann ab Antragstellung nachbezahlt. Laufender Unterhalt muss dennoch solange bezahlt werden, bis die laufenden Rentenzahlungen einsetzen. Die Rentennachzahlung verändert somit die Unterhaltslage für abgeschlossene Zeiträume (Monate) in der Vergangenheit, beeinflussten aber weder beim Unterhaltsschuldner **257**

---

494 Zu allem BGH, FamRZ 1986, 450, 453; FamRZ 1986, 794; FamRZ 1988, 270; FamRZ 1997, 483, 484; FamRZ 2000, 153 = FuR 1999, 377 m.w.N.; FamRZ 2008, 1325 = FuR 2008, 401; vgl. auch OLG Frankfurt, FamRZ 1990, 1363; FuR 2002, 83; OLG Celle, FamRZ 1991, 1313; FamRZ 1992, 582; OLG Düsseldorf, FamRZ 1995, 741; OLG Karlsruhe, FamRZ 1995, 1488; OLG Koblenz, FamRZ 1987, 1156; FamRZ 1997, 371.

noch beim Unterhaltsgläubiger den Umfang der Unterhaltspflicht für die vergangene Zeit, weil die Rentennachzahlung erst ab Zugang zu berücksichtigen ist (»Gleichzeitigkeitsprinzip«).[495]

258 Der BGH hat zur Lösung dieser Problematik zwei Wege aufgezeigt:

(1) Hat der Unterhaltsschuldner vom Rentenfall aufseiten des Unterhaltsgläubigers **Kenntnis**, dann kann er eine Überzahlung abwenden, indem er den Unterhalt als **zins-** und **tilgungsfreies Darlehen** anbietet, **verbunden** mit der **Verpflichtung**, im Fall der Abweisung des Rentenantrages auf **Rückzahlung** zu **verzichten**; der Unterhaltsgläubiger ist nach Treu und Glauben verpflichtet, einen derartigen Kredit anzunehmen,[496]

(2) Der Unterhaltsschuldner hat nach dem Grundsatz von Treu und Glauben einen **Erstattungsanspruch eigener Art** nach § 242 auf denjenigen Teil der Rentennachzahlung, um den sich der Unterhalt bei sofortiger Rentenzahlung ermäßigt hätte.[497]

J. Beweisführung im Unterhaltsverfahren

259 Als **Grundregel** für die **Beweislast** gilt: Wer ein Recht geltend macht, hat die tatsächlichen Voraussetzungen der rechtsbegründenden und rechtserhaltenden Tatbestandsmerkmale zu beweisen; wer demgegenüber das Bestehen eines Rechts leugnet, trägt die Beweislast für die tatsächlichen Voraussetzungen der rechtshindernden, rechtshemmenden und rechtsvernichtenden Tatsachen.[498] Die Beweisaufnahme über eine beweiserhebliche Tatsache darf (nur) dann abgelehnt werden, wenn die unter Beweis gestellte Behauptung so ungenau ist, dass ihre Erheblichkeit nicht beurteilt werden kann, oder wenn sie aufs Geratewohl gleichsam »ins Blaue hinein« aufgestellt und deshalb rechtsmissbräuchlich ist.[499] Trotz § 286 ZPO kann das Gericht eine Behauptung über das Einkommen einer Partei ohne Beweisaufnahme als wahr unterstellen.[500] **Beweisvereitelung** führt nicht zur Umkehr der Beweislast, sondern dazu, dass das Gericht, wenn dem nicht das sonstige Ergebnis der Beweisaufnahme entgegensteht, im Rahmen von § 286 ZPO auf die Wahrheit der Behauptung der Gegenseite schließen darf.[501]

I. Unterhaltsgläubiger

260 Wer Unterhalt begehrt, ist u.a. beweispflichtig für die Voraussetzungen des Unterhaltstatbestands sowie für seine Bedürftigkeit, also den nicht gedeckten Teil seines Lebensbedarfs, insb. für mangelnde bzw. begrenzte Erwerbsfähigkeit sowie für das Fehlen anrechenbarer Einkünfte oder von Vermögen,[502] i.R.d. Kindesunterhalts für den über den Regelbedarf der untersten Einkommensgruppe hinausgehenden Unterhaltsbedarf sowie für Bedarf jenseits der obersten Einkommensgruppe der Düsseldorfer Tabelle.[503]

---

495 BGHZ 83, 278 = BGH, FamRZ 1982, 470; BGH, FamRZ 1985, 155; BGHZ 1990, 269.
496 BGHZ 118, 383 = BGH, FamRZ 1992, 1152; BGH, FamRZ 1983, 574; ausführlich Reinecke, ZAP Fach 11, S. 691 ff. mit zwei Formulierungsbeispielen für Darlehensverträge.
497 BGH, FamRZ 1989, 718; FamRZ 1990, 269.
498 So u.a. BGH, NJW 1986, 2426, 2427 m.w.N.; eingehend Klauser, MDR 1982, 529; zur Darlegungs- und Beweislast bei doppeltrelevanten Tatsachen s. OLG Karlsruhe, FamRZ 1997, 1011.
499 BGH, NJW 1996, 394 m.w.N.; FamRZ 2005, 967.
500 BGHZ 98, 353 = BGH, FamRZ 1987, 259.
501 OLG Karlsruhe, FamRZ 1990, 533, 535.
502 OLG Düsseldorf, FamRZ 1981, 56.
503 BGH, FamRZ 2000, 358 = FuR 2000, 216.

II. Unterhaltsschuldner

Das Gesetz legt durch die negative Fassung des Tatbestands in § 1581 ebenso wie in § 1603 die 261
Leistungsfähigkeit des **Unterhaltsschuldners** implizit zugrunde, so dass dieser die **Darlegungs-**
und **Beweislast** für alle seine **Leistungsfähigkeit mindernden Umstände** trägt (insb. für die unterhaltsrechtliche Relevanz seiner Verbindlichkeiten[504] bzw. einkommensmindernder steuerlicher
Aufwendungen,[505] Wegfall bestimmter, in der Vergangenheit erzielter Einkünfte[506] sowie letztlich
auch für fehlende bzw. eingeschränkte Erwerbsfähigkeit,[507] wobei eingeschränkte Erwerbsfähigkeit
nach den Grundsätzen des Sozialhilferechts unterhaltsrechtlich ohne Bedeutung ist).[508] Beruft sich
der Unterhaltsschuldner auf vorrangig haftende Dritte, hat er dies darzulegen und zu beweisen. Es
ist dann Sache des Unterhaltsgläubigers, darzulegen und ggf. nachzuweisen, dass dieser Dritte
nicht leistungsfähig ist.[509]

K. Veränderungen des Unterhaltsrechts durch das UÄndG 2007

Das **UÄndG 2007** hat in das Unterhaltsrecht in folgenden Bereichen teilweise grundlegend verän- 262
dert:[510]

I. Kindesunterhalt

– **Vereinfachung** des **Unterhaltsrechts**: Berechnung von Unterhaltsansprüchen in Mangelfällen, 263
  Wegfall der Regelbetrag-Verordnung und der Differenzierung der Höhe des Kindesunterhalts,
  bezogen auf West- oder Ostdeutschland,
– **Bestimmung** des **Existenzminimums** von Kindern: gesetzliche Definition des Mindestunterhalts minderjähriger Kinder sowie Harmonisierung des Unterhaltsrechts mit dem Steuer- und
  Sozialrecht,
– **vereinfachte Kindergeldverrechnung**,[511]
– **Neuregelung** der **unterhaltsrechtlichen Rangfolge** in **Mangellagen**: Begrenzung der weitgehenden Privilegierung des ersten Ehegatten sowie Verschärfung des Schutzes minderjähriger und
  gem. § 1603 Abs. 2 Satz 2 privilegierter volljähriger Kinder,
– elterliche **Unterhaltsbestimmung**: einheitliche Entscheidung des Familiengerichts.

II. Nachehelicher Unterhalt

Tief greifende Veränderungen des **Unterhalts** des **geschiedenen Ehegatten** aufgrund 264

– Verschärfung des **Grundsatzes** der **nachehelichen Eigenverantwortung**, Ausgestaltung dieses
  Grundsatzes und Pflicht zur Erwerbstätigkeit als Obliegenheit sowie erhöhte Anforderungen an
  die Wiederaufnahme einer Erwerbstätigkeit nach der Scheidung der Ehe,
– Einführung einer neuen, für alle nachehelichen Unterhaltstatbestände geltenden **Begrenzungs-**
  möglichkeit in Form einer Billigkeitsregelung sowie Konzentration der bislang an zwei Stellen
  im Gesetz verstreuten Begrenzungsregelungen auf **eine** neue Norm (§ 1578b),
– expliziter Regelung der praktisch relevanten Fallgruppe der **Begrenzung/Versagung** von **Unter-**
  halt bei Aufnahme einer **verfestigten Lebensgemeinschaft** (§ 1579 Nr. 2),

---

504 BGH, FamRZ 1990, 283; FamRZ 1992, 797.
505 BGH, FamRZ 1980, 770.
506 OLG Karlsruhe, FamRZ 1990, 535.
507 BVerfG, NJW 1985, 1211; BGH, FamRZ 1980, 126.
508 OLG Zweibrücken, FamRZ 2007, 470.
509 BGH, FamRZ 1981, 347; FamRZ 1982, 590.
510 Aus der Fülle der hierzu existierenden Lit. jüngst Wilmes, DRiZ 2010, 132 ff.
511 Entsprechend BGHZ 164, 375 = BGH, FamRZ 2006, 99 = FuR 2006, 76.

– Pflicht zur **notariellen Beurkundung** von vor der Rechtskraft der Scheidung getroffenen **Vereinbarungen** über die **nacheheliche Unterhaltspflicht,**
– Streichung der Ansprüche auf **Betreuungsanschlussunterhalt.**

III. § 1615l

265   Verbesserung der Rechtsstellung Kinder betreuender, nicht miteinander verheirateter Eltern (§ 1615l) aufgrund

– **veränderter Rangfolge,**
– Erweiterung des **Betreuungsunterhalts** über den **Drei-Jahreszeitraum** hinaus aus Billigkeitsgründen (das Tatbestandselement der »groben« Unbilligkeit wurde durch »Billigkeit« ersetzt).

IV. Übergangsregelungen gem. § 36 EGZPO

266   § 36 EGZPO enthält die **materiell-rechtlichen und verfahrensrechtlichen** Übergangsvorschriften des **UÄndG 2007.**

1. Geltungsbereich der Übergangsvorschrift

267   Das neue Recht gilt für alle Unterhaltsansprüche, die ab Inkrafttreten der Neuregelung entstanden sind. Es gilt nicht für Unterhaltsansprüche, die die Zeit bis zum 31.12.2007 betreffen, und ebenso nicht für vor dem 01.07.1977 geschiedene Ehen. Bereits bestehende Titel oder Vereinbarungen können jedoch gem. §§ 238 ff. FamFG abgeändert werden. Dabei wird es beim Kindesunterhalt eher um Erhöhungen gehen (z.B. wegen Rangänderungen oder wegen des jetzigen Mindestunterhalts gem. § 1612a), und beim Ehegattenunterhalt eher um Reduzierungen (Beispiele: Auswirkungen höheren Kindesunterhalts, höhere Erwerbsobliegenheit des Unterhaltsgläubigers, ausgeweitete Möglichkeiten der Unterhaltsbegrenzung nach Höhe und/oder Dauer, Rangänderungen).

2. Abänderung von Alttiteln

268   Eine Abänderung ist auch möglich, wenn die **tatsächlichen Verhältnisse unverändert** sind; allein schon die **Änderung** der **Rechtslage** eröffnet die Abänderungsmöglichkeit. Ein Abänderungsverlangen kann entgegen § 238 Abs. 2 FamFG und § 767 Abs. 2 ZPO sogar auf Sachverhalte gestützt werden, die bei der abzuändernden Unterhaltsregelung schon gegeben und bekannt waren. Das ist die notwendige Konsequenz daraus, dass diese Sachverhalte früher aus Rechtsgründen keine oder keine entscheidende Bedeutung hatten und sich jetzt erst als Folge der Gesetzesänderung auf den Unterhalt auswirken.

268a   Für eine **Abänderung** gibt es **zwei Voraussetzungen:**

– Bei einer Unterhaltsermittlung nach neuem Recht muss sich eine **erhebliche Abweichung** ggü. dem nach altem Recht geregelten Unterhalt ergeben (etwa nicht beim Tatbestand des § 1573; was erheblich ist, hat man wie bei sonstigen Abänderungen zu beantworten), **und**
– Die Abänderung muss für den nach neuem Recht **benachteiligten Unterhaltsgläubiger zumutbar** sein (s. § 39 Nr. 1 EGZPO); dabei sind sein Vertrauen auf die bestehende Regelung und das Interesse des Schuldners an einer Anpassung gegeneinander abzuwägen.

Für den Fall, dass sich die Rechtsänderung zum Nachteil des Schuldners auswirkt (z.B. höherer Kindesunterhalt wegen geänderter Rangregelung in § 1609 oder höherer Ehegattenunterhalt, weil bei der Berechnung nur noch der um das Kindergeld gekürzte Kindesunterhalt vom Einkommen des Schuldners abgezogen wird), gelten diese Überlegungen spiegelbildlich. Das Vertrauen auf einen Fortbestand der bisherigen Unterhaltsregelung ist um so höher anzusetzen, je mehr es sich *dabei um den Bestandteil eines Gesamtpakets handelt,* und die Unterhaltsregelung einen wesentlichen Baustein dargestellt hat.

Der Abänderungsantrag ist nach § 239 FamFG zulässig, wenn seit Vergleichsschluss bzw. Erstel- **269**
lung sonstiger Titel wesentliche Änderungen der den Unterhaltstiteln zugrunde liegenden Verhältnisse eingetreten sind. Materiell-rechtlich richtet sich die Abänderung des Unterhaltsvergleichs
nach den Grundsätzen über die Veränderung/den Wegfall der Geschäftsgrundlage (§ 313), was
eine Veränderung der dem Vergleich zugrunde liegenden Umstände voraussetzt.[512] Enthält der
Unterhaltsvergleich allerdings keine ausdrückliche Vergleichsgrundlage, und lässt diese sich auch
nicht unzweifelhaft ermitteln, ist der Unterhaltsanspruch im Abänderungsverfahren ohne eine
Bindung an den abzuändernden Vergleich allein nach den gesetzlichen Vorgaben zu ermitteln.[513]

L. Ausschluss der Nichtzulassungsbeschwerde in Familiensachen

§ 26 Nr. 9 EGZPO wurde durch das Gesetz zur Modernisierung von Verfahren im anwaltlichen **270**
und notariellen Berufsrecht, zur Errichtung einer Schlichtungsstelle der Rechtsanwaltschaft sowie
zur Änderung sonstiger Vorschriften v. 30.07.2009[514] geändert: Die geänderte Norm schließt die
Nichtzulassungsbeschwerde in allen Familiensachen zur Entlastung des BGH nunmehr bis einschließlich **31.12.2020** aus.

§ 1360   Verpflichtung zum Familienunterhalt

**Die Ehegatten sind einander verpflichtet, durch ihre Arbeit und mit ihrem Vermögen die Fami-
lie angemessen zu unterhalten. Ist einem Ehegatten die Haushaltsführung überlassen, so erfüllt
er seine Verpflichtung, durch Arbeit zum Unterhalt der Familie beizutragen, in der Regel durch
die Führung des Haushalts.**

---

512 Zur Abänderung von Jugendamtsurkunden vgl. BGH, FamRZ 2003, 304, 306 = FuR 2003, 285; s.a.
    Hoppenz, FamRZ 2007, 716.
513 BGHZ 175, 182 = BGH, FamRZ 2008, 968 = FuR 2008, 297 unter Hinweis auf BGH, FamRZ 1983,
    569, 570, und BGH, FamRZ 1987, 257, 258.
514 BGBl. I, S. 2449 – RAuNOBRÄndG.

A. Strukturen

1 § 1360 normiert – als Ausfluss des § 1353 Abs. 1 Satz 2 (Verpflichtung der Ehegatten zur ehelichen Lebensgemeinschaft) – die **Unterhaltspflicht** zwischen den **Ehegatten** bei **bestehender Ehe** als eine Rechtpflicht, auf die sich die Ehegatten auch ggü. Dritten berufen können,[1] und zwar unabhängig davon, ob gemeinschaftliche Kinder vorhanden sind oder nicht.[2] Der Unterhaltsschuldner kann Unterhaltsaufwendungen unter den weiteren Voraussetzungen des § 33a EStG als außergewöhnliche Belastung abziehen, wenn der Unterhaltsempfänger dem Grunde nach gesetzlich unterhaltsberechtigt ist; auf das Bestehen einer konkreten zivilrechtlichen Unterhaltsberechtigung bzw. auf die Höhe des zivilrechtlichen Unterhaltsanspruchs kommt es nicht an.[3] Die Vorschriften zum Familienunterhalt gelten in ihrem gesamten Umfange bei jedem Güterstand.

2 Der Anspruch auf Familienunterhalt leitet sich allein aus der **bestehenden Ehe** und der **häuslichen Gemeinschaft** ab. Der Gesetzgeber hat daher den Anspruch auf Leistung von Familienunterhalt gem. §§ 1360, 1360a völlig anders gestaltet als die Unterhaltsansprüche getrennt lebender/ geschiedener Ehegatten; der Anspruch auf Familienunterhalt lässt sich daher nicht ohne Weiteres nach den zum Ehegattenunterhalt gem. § 1361 bzw. nach §§ 1569 ff. entwickelten Grundsätzen bemessen: Während dort regelmäßig Unterhalt in Form einer – frei verfügbaren – laufenden Geldrente zu leisten ist (§§ 1361 Abs. 4 Satz 1, 1585 Abs. 1 Satz 1), richtet sich der **gegenseitige** Anspruch i.R.d. §§ 1360 ff. darauf, dass jeder Ehegatte seinen Beitrag zum Familienunterhalt entsprechend seiner nach dem individuellen Ehebild übernommenen Funktion leistet:[4] Jeder Ehegatte ist demnach – im Gegensatz zum Trennungsunterhalt und zum nachehelichen Unterhalt – **zugleich** Unterhaltsgläubiger und Unterhaltsschuldner. § 1360 berechtigt jeden Ehegatten, nicht aber die Familie als solche: Ihr fehlt die Rechtsfähigkeit;[5] jeder Ehegatte kann daher Leistung an sich,[6] nicht aber an/in eine »gemeinsame Kasse« verlangen.

3 Auch wenn der Unterhaltsanspruch nach §§ 1360 ff. den Bedarf der gesamten Familie umfasst, beruhen **Unterhaltsansprüche gemeinsamer Kinder** doch ausschließlich auf §§ 1601 ff. Allerdings sind ihre Ansprüche innerhalb häuslicher Gemeinschaft durch § 1612 (Bestimmungsrecht der Eltern) begrenzt: Solange und soweit die Kinder in der Familie leben, und die Eltern ihrer jeweiligen Pflicht zum Familienunterhalt nachkommen, werden die Unterhaltsansprüche i.R.d. Familienunterhalts erfüllt. Verletzt ein Elternteil seine Pflicht, Familienunterhalt zu leisten, dann muss das Kind seinen Unterhaltsanspruch nach §§ 1601 ff. gegen diesen Elternteil geltend machen.[7]

4 Der Anspruch auf Familienunterhalt setzt keine Bedürftigkeit eines Ehegatten voraus: Der Ehegatte, der vereinbarungsgemäß den Haushalt führt, hat Anspruch auf **Wirtschaftsgeld** gegen den anderen, selbst wenn er über beachtliches Einkommen und/oder Vermögen verfügt.[8] Die Bedürftigkeit einzelner Familienmitglieder (etwa Pflegebedürftigkeit) kann sich allerdings auf den Umfang des angemessenen Familienunterhalts auswirken.[9]

---

1 S. etwa BSGE 38, 179 = BSG, FamRZ 1975, 162 zur Verwendung von Gewinnen aus einem gemeinsam betriebenen Handelsgeschäft zum Familienunterhalt; Fenn, FamRZ 1975, 344 – Anm. zu OLG Karlsruhe, FamRZ 1975, 341 betreffend Schadensersatzansprüche eines Ehegatten gegen einen Dritten wegen eines Gewinnentgangs in einer Ehegatten-Außengesellschaft.
2 OLG Celle, FamRZ 2000, 1430.
3 BFHE 154, 556 = BFH, NJW 1989, 2015; BFHE 214, 129 = BFH, FuR 2006, 520.
4 BGH, FamRZ 1995, 537; OLG Düsseldorf, NJW 2002, 1353 zu Pflegekosten.
5 BAG, FamRZ 1986, 573.
6 BAGE 50, 147 = BAG, FamRZ 1986, 573.
7 BGH, NJW 1997, 735.
8 BGH, NJW 1965, 1710, 1711.
9 Vgl. dazu BGH, FamRZ 1993, 411, 412.

Auf künftigen Familienunterhalt kann nicht verzichtet werden (§§ 1360a Abs. 3, 1614); auch 5
diese Unterhaltspflicht ist **zwingend**. Zulässig sind hingegen – formfreie, meist konkludente –
Vereinbarungen über Umfang sowie Art des Unterhalts.

B. Normzweck

Der Familienunterhalt soll den Lebensunterhalt der Familie bei bestehender Lebensgemeinschaft 6
sichern.

C. Voraussetzungen des Anspruchs auf Familienunterhalt (§ 1360 Satz 1)

§ 1360 Satz 1 normiert das gesetzliche Unterhaltsschuldverhältnis innerhalb **intakter Familie** 7
(Familienunterhalt): Die Ehegatten sind **einander** verpflichtet, durch ihre Arbeitskraft und mit
ihrem Vermögen die Familie angemessen zu unterhalten, je nach dem übernommenen Pflichtenkreis (§ 1360 Satz 2).

I. Eheliche Lebensgemeinschaft

Der Unterhaltsanspruch nach §§ 1360 ff. setzt zunächst eine gültige, noch **bestehende Ehe** voraus, 8
in der die Parteien regelmässig auch in **ehelicher Lebensgemeinschaft** leben (§ 1353), setzt jedoch
einen gemeinsamen räumlichen Lebensmittelpunkt nicht zwingend voraus.[10] Die Lebensgemeinschaft zwischen Ehegatten **beginnt** frühestens mit der **Eheschließung**; sie **endet** mit der **Trennung**
i.S.d. § 1567 Abs. 1. Haben die Ehegatten von vornherein keine Lebensgemeinschaft geplant oder
eine ursprünglich geplante Lebensgemeinschaft später nicht realisiert, besteht kein Anspruch auf
Familienunterhalt, sondern – sofern die tatbestandlichen Voraussetzungen gegeben sind – allenfalls ein Anspruch nach § 1361. Die bloße Aufnahme eines Ehegatten in ein Pflegeheim führt
allein noch nicht zu einer Trennung i.S.d. § 1567, so dass sich Unterhaltsansprüche – nach wie
vor – aus § 1360, nicht jedoch aus § 1361 ergeben; auch die Bedarfsgemeinschaft i.S.v. § 19
SGB XII besteht fort.[11] Leben Eheleute nach einer Phase der Trennung für einen nicht nur vorübergehenden Zeitraum wieder in ehelicher Gemeinschaft zusammen, wird ein zuvor bestehender
Anspruch auf Trennungsunterhalt durch einen Anspruch auf Familienunterhalt nach §§ 1360,
1360a abgelöst. Ein für den Trennungsunterhalt bestehender Unterhaltstitel verliert dann seine
Wirkung; der Unterhaltsanspruch muss nach einer erneuten Trennung der Eheleute neu bemessen
und tituliert werden.[12] Was als »nicht nur vorübergehender Zeitraum« anzusehen ist, ist nach den
Umständen des jeweiligen Einzelfalles zu bewerten; als Orientierungshilfe kann jedoch in Anlehnung an die Rechtsprechung zu § 1567 eine Dauer von mehr als drei Monaten dienen.

Trennen sich die Eheleute (s. § 1567 Abs. 1), dann endet der Anspruch auf Familienunterhalt; **zeit-** 9
gleich setzt – wenn die entsprechenden Voraussetzungen vorliegen – der Anspruch auf Trennungsunterhalt ein. Für die Annahme »dauernden Getrenntlebens« muss zur räumlichen Trennung ein
nach außen erkennbarer Trennungswille eines Ehegatten zur Lösung des einvernehmlich gewählten
Ehemodells hinzutreten.[13] Ehegatten können – auch ohne räumliche Trennung – in der Ehewohnung getrennt leben (§ 1567 Abs. 1 Satz 2); sie leben jedoch innerhalb der gemeinsamen Wohnung

---

10 BSGE 105, 291 = FamRZ 2010, 973 = FuR 2010, 289 zur Bedarfsgemeinschaft von Eheleuten i.S.d.
 SGB II.
11 OLG Köln FamRZ 2010, 2076 – auch zu Umfang und Höhe des Unterhaltsanspruchs eines in der Ehewohnung verbliebenen Ehegatten gegen den in einem Pflegeheim untergebrachten, wenn beide zusätzlich
 zu ihren Einkünften (Renten) auf Sozialleistungen angewiesen sind.
12 OLG Hamm, NJW-RR 2011, 1015 = FamRZ 2011, 1234 [Ls].
13 BSGE 105, 291 = FamRZ 2010, 973 = FuR 2010, 289 zur Bedarfsgemeinschaft von Eheleuten i.S.d.
 SGB II.

nicht getrennt, wenn sie einvernehmlich mit teils arbeitsteiliger Gestaltung bei fortschreitender Verselbstständigung der jeweiligen Lebensverhältnisse die eheliche Lebensgemeinschaft gewissermaßen auslaufen lassen. Ein **wesentliches Indiz** für eine solche den Grad der Unerheblichkeit übersteigende **gemeinsame Wirtschaftsführung** ist, dass die Mittel zum Lebensunterhalt bis zur räumlichen Trennung in Form des Familienunterhalts i.S.v. § 1360 bereitgestellt werden.[14]

II. Leistungspflichten

10 Art. 6 Abs. 1 GG begründet als wertentscheidende Grundsatznorm für den gesamten Bereich des die Ehe betreffenden privaten und öffentlichen Rechts die Pflicht des Staates, die Ehe zu schützen und zu fördern. Er schützt die Ehe als Lebensgemeinschaft gleichberechtigter Partner, in der die Ehegatten ihre persönliche und wirtschaftliche Lebensführung in gemeinsamer Verantwortung bestimmen und dabei insb. selbstverantwortlich darüber entscheiden, wie sie untereinander die Familien- und Erwerbsarbeit aufteilen wollen. Dieser Schutz gilt unterschiedslos jeder – mithin der bestehenden wie auch der geschiedenen – Ehe. Dem Staat ist es danach verboten, die Ehe zu schädigen oder sonst zu beeinträchtigen, gleichgültig, wie oft die Partner bereits eine Ehe eingegangen sind. Auch gerichtliche Entscheidungen müssen der Gewährleistung des Art. 6 Abs. 1 GG entsprechen und nach Möglichkeit Regelungen vermeiden, die geeignet wären, in die freie Entscheidung der Ehegatten über die Aufgabenverteilung in der Ehe einzugreifen.[15]

11 Jeder Ehegatte wird durch § 1360 innerhalb bestehender Familie und ehelicher Lebensgemeinschaft aufgrund eigener, nicht judikabler Entscheidung sowohl berechtigt als auch verpflichtet, einen **angemessenen Beitrag** zum bestehenden **Lebensbedarf** der **gesamten Familie** (einschließlich der Kinder) zu verlangen bzw. zu leisten. Grds. haben daher **beide Ehegatten gemeinsam** für den **Unterhalt** der **Familie** aufzukommen: Jeder Ehegatte hat unter Verwertung seiner Arbeitskraft und, wenn erforderlich, durch den Einsatz seines Vermögens seinen Unterhaltsbeitrag zu leisten. Der **Vermögensstamm** kann bei größeren Anschaffungen heranzuziehen sein. In Notlagen ist er für Unterhaltszwecke zu verwenden, wenn die anderen Einkünfte zur Deckung des Familienunterhalts nicht ausreichen.

12 Der Lebensbedarf (s. hierzu auch § 1357) der Familie ist nach §§ 1360, 1360a alles, was nach den wirtschaftlichen und persönlichen Verhältnissen der Ehegatten erforderlich ist, um die Kosten des Haushalts zu bestreiten und die persönlichen Bedürfnisse der Ehegatten und den Lebensbedarf der gemeinsamen unterhaltsberechtigten Kinder zu befriedigen; entscheidend sind hierbei die ehelichen Lebensverhältnisse, also der Lebenszuschnitt der Familie, der in seinen Lebensumständen und -verhältnissen insbesondere der Ehegatten nicht nur allein von ihrer wirtschaftlichen und finanziellen, sondern auch von ihrer sozialen und persönlichen Lage geprägt wird, und wie er nach außen in Erscheinung tritt und sich aus der Sicht eines objektiven Beobachters im Erscheinungsbild der Ehegatten darstellt. Zum gemeinsamen Lebensbedarf zählen auch die Aufwendungen für nicht von der Krankenversicherung oder sonstigen Kostenträgern gedeckte Krankheitskosten, soweit sie notwendig sind oder jedenfalls im Rahmen des üblichen Lebenszuschnitts der Familie liegen.[16]

---

14 OLG Zweibrücken, NJW-RR 2000, 1388; s.a. OLG Stuttgart, FamRZ 1992, 1435.
15 BVerfG, FuR 2004, 402 = FamRZ 2004, 1949.
16 OLG Bremen, FamRZ 2010, 1080 Mitverpflichtung des Ehegatten bei Inanspruchnahme von privatärztlichen Wahlleistungen in einem Krankenhaus.

III. Leistungsfähigkeit des Unterhaltsschuldners

Ein Anspruch auf Leistung von Familienunterhalt setzt voraus, dass der in Anspruch genommene 13
Ehegatte überhaupt in der Lage ist, durch Erwerbstätigkeit und/oder aus seinem Vermögen[17] zum
Familienunterhalt beizutragen. Ohne Belang sind die Selbstbehaltssätze nach den gebräuchlichen
Unterhaltstabellen/Leitlinien der OLG. Kann ein Ehegatte keinen Familienunterhalt leisten, dann
können unter den Voraussetzungen der §§ 1601 ff., 1608 Verwandte in Anspruch genommen werden. Stellen Dritte Familienunterhalt sicher, können sie – wenn die entsprechenden Voraussetzungen vorliegen – im Wege der Ausfall- oder der Ersatzhaftung (§ 1607) regressieren. Haben sich die
Eheleute darauf verständigt, dass der eine zunächst sein **Studium** abschließen soll, ist dieser für die
Dauer dieses Studiums von der Pflicht befreit, finanziell zum Familienunterhalt beizutragen. Die
entsprechende Leistungspflicht trifft den anderen Ehegatten, ohne dass dies ausdrücklich vereinbart werden müsste.[18]

D. Pflichtenkreis im Schuldverhältnis (§ 1360 Satz 2)

I. Inhalt der Leistungspflicht

Der Anspruch auf Leistung von Familienunterhalt umfasst die Befriedigung der Bedürfnisse der 14
Familie durch **finanzielle Beiträge** (Geld- und Sachleistungen) **und** durch **persönliche Arbeitsleistungen** (etwa Haushaltsführung, Kinderbetreuung, Pflege kranker oder behinderter Angehöriger
u.a.). Der Umfang der Leistungspflichten ist daher konkret nach den jeweiligen Bedürfnissen und
Verhältnissen der betroffenen Familie zu bestimmen (s. hierzu näher Kommentierung zu § 1360a
Rdn. 1 ff.). Die öffentlich-rechtlichen Verpflichtungen der Angehörigen, die Kosten für die Bestattung eines Angehörigen zu tragen, kollidieren nicht mit der durch Bundesrecht geregelten zivilrechtlichen Pflicht über die Tragung der Beerdigungskosten, weil beide Pflichtenkreise nicht identisch sind; insbesondere enthalten die zivilrechtlichen Vorschriften keine rechtliche Vorgabe für
den Kreis der öffentlich-rechtlichen Bestattungspflichtigen.[19]

Der **Anspruch** eines Ehegatten auf **Familienunterhalt** lässt sich zwar nicht ohne Weiteres nach 15
den zum Ehegattenunterhalt nach Trennung oder Scheidung entwickelten Grundsätzen bemessen,
denn er ist nach seiner Ausgestaltung nicht auf die Gewährung einer – frei verfügbaren – laufenden Geldrente für den jeweils anderen Ehegatten, sondern vielmehr als gegenseitiger Anspruch der
Ehegatten darauf gerichtet, dass jeder von ihnen seinen Beitrag zum Familienunterhalt entsprechend seiner nach dem individuellen Ehebild übernommenen Funktion leistet. Seinem Umfang
nach umfasst der Anspruch auf Familienunterhalt gem. § 1360a alles, was für die Haushaltsführung und die Deckung der persönlichen Bedürfnisse der Ehegatten und eventueller Kinder erforderlich ist.

Das Maß des Unterhaltsbedarfs eines Ehegatten bestimmt sich i.R.d. Familienunterhalts naturge- 16
mäß nach den ehelichen Lebensverhältnissen, sodass § 1578 – allerdings mit der notwendigen
Zurückhaltung – als **Orientierungshilfe** herangezogen werden kann. Im Fall der **Konkurrenz** mit
anderen Unterhaltsansprüchen kann daher der Anspruch auf Familienunterhalt auf die einzelnen
Familienmitglieder aufgeteilt und in Geldbeträgen veranschlagt werden, sodass der anzusetzende
Betrag insoweit in gleicher Weise wie der Unterhaltsbedarf eines getrennt lebenden oder geschiedenen Ehegatten ermittelt werden kann. Auch der Unterhalt für ein volljähriges Kind kann für
den Familienunterhalt bedarfsprägend sein und ist bei der Bemessung der ehelichen Lebensverhältnisse zu berücksichtigen. Der **Vorwegabzug** des **Volljährigenunterhalts** darf allerdings nicht zu

---

17 S. etwa OLG Nürnberg, FamRZ 2008, 788 = FuR 2007, 585 zur Verpflichtung des in einem Pflegeheim
    aufgenommenen Ehemannes, für den (Familien-) Unterhalt der Ehefrau Vermögen einzusetzen.
18 BGH, FamRZ 1985, 353.
19 BVerwG, ZEV 2011, 91 (Berufungsurteil: OVG Hamburg FamRZ 2010, 1856 [Ls]).

einem Missverhältnis von Ehegatten- und Volljährigenunterhalt führen, da der Ehegatte dem nicht privilegierten volljährigen Kind ggü. vorrangig ist.[20]

II. Bestimmung im Einzelfall ohne Hilfsmittel

17 Die **Unterhaltstabellen/Leitlinien** der OLG dürfen zur Bestimmung des Familienunterhalts **grds. nicht** herangezogen werden, auch nicht, wenn und soweit Geldleistungen als Teile des Familienunterhalts zu bestimmen sind. Derartige Hilfsmittel zur Bestimmung von Ehegatten- (§§ 1361, 1569 ff.) bzw. Kindesunterhalt (§§ 1601 ff.) sind **ausnahmsweise** nur dann von Bedeutung, wenn der Familienunterhalt aus **besonderen Gründen insgesamt** in einem Geldbetrag ausgedrückt (etwa bei Anspruchskonkurrenzen, insb. bei Unterhaltsansprüchen Dritter gegen einen Ehegatten) und deshalb der angemessene Lebensbedarf der Familie des Unterhaltsschuldners in Geldbeträgen festgestellt werden muss.

18 Einige Unterhaltstabellen/Leitlinien enthalten Richtsätze, die gerade für eine derartige Berechnung herangezogen werden können, etwa Richtsätze für den monatlichen notwendigen Eigenbedarf (Existenzminimum) des Ehegatten, der in einem gemeinsamen Haushalt mit dem Unterhaltsschuldner lebt.[21]

III. Ansprüche aus unerlaubter Handlung (§§ 844 Abs. 2 Satz 1, 845 Satz 1)

19 Bei **Verletzung** oder **Tod** eines **Ehegatten** kann der andere vom Schädiger **Schadensersatz** in Form einer **Geldrente** verlangen (§§ 844 Abs. 2 Satz 1, 845 Satz 1), wenn der verletzte/getötete Ehegatte dem anderen zur Leistung von Familienunterhalt verpflichtet war: Je nach Umfang der Unterhaltspflicht ist der berechtigte Ehegatte für den Verlust dieses Unterhalts zu entschädigen.[22] Wird ein Ehegatte durch unerlaubte Handlung an der Haushaltsführung gehindert, steht der Ersatzanspruch ihm selbst zu.[23] Der haushaltführende Ehegatte kann auch wegen nutzlos aufgewendeter Urlaubszeit Schadensersatz beanspruchen, wenn nur der andere Ehegatte erwerbstätig ist.[24] Ein Schadensersatzanspruch eines Ehegatten wegen Beeinträchtigung seiner Fähigkeit zur Hausarbeit stellt, soweit er damit den gesetzlich geschuldeten Beitrag zum Familienunterhalt leistet, einen übergangsfähigen Erwerbsschaden (§ 843 Abs. 1, 1. Alt.) dar.[25] In solchen Fällen muss der an sich nicht monetarisierte, bisher natural geleistete Unterhalt in einem Geldbetrag ausgedrückt werden. Ein Anspruch auf Ersatz eines Haushaltsführungsschadens kommt jedoch nicht in Betracht, wenn die Geschädigte im Rahmen einer nichtehelichen Lebensgemeinschaft Leistungen für ihren Lebenspartner erbringt: Die nichteheliche Lebensgemeinschaft ist insofern der Ehe nicht gleichgestellt.[26]

---

20 BGHZ 177, 356 = BGH, FamRZ 2008, 1911 = FuR 2008, 542 (Berufungsgericht OLG Oldenburg, FamRZ 2006, 1842 = FuR 2007, 90); BGH, FamRZ 1995, 537; FamRZ 2003, 363 = FuR 2003, 75; FamRZ 2003, 860, 864 = FuR 2003, 275 m.w.N.; FamRZ 2006, 26 = FuR 2006, 39 (Berufungsgericht: OLG Dresden, FamRZ 2003, 1211); FamRZ 2007, 1081 = FuR 2007, 318 (LS); FamRZ 2009, 762 = FuR 2009, 409.

21 Vgl. auch OLG Hamburg, FamRZ 1993, 1453, 1455; der Sache nach auch BGH, FamRZ 1995, 537.

22 S. etwa BGH, NJW 1972, 1716; FamRZ 1973, 129; FamRZ 1993, 411, 412; FamRZ 1985, 466, 467; s. auch OLG Koblenz, OLGR 2008, 342; OLG Düsseldorf, Schaden-Praxis 2011, 14 zur Versorgung eines bereits vor einem Unfall pflegebedürftigen Ehemannes in der ehelichen Wohnung als ersatzfähiger Schaden; OLG Oldenburg, NZV 2010, 156 = ZfSch 2010, 495 zum Unterhalts- und Haushaltsführungsschaden der Kinder ihrer bei einem Verkehrsunfall getöteten Mutter sowie zur Bemessung der Unterhaltspflicht sowie Mithilfepflicht des Unterhaltsgeschädigten bei den Haushaltstätigkeiten.

23 BGHZ 50, 304; BGHZ 51, 111.

24 BGHZ 77, 116 = BGH, FamRZ 1980, 873.

25 BGH, FamRZ 1975, 30.

26 OLG Celle Schaden-Praxis 2009, 288 im Anschluß an OLG Nürnberg MDR 2006, 93.

E. Gestaltung der ehelichen Lebensgemeinschaft (§ 1360 Satz 2)

Der Gesetzgeber hat, was die **Gestaltung** der **ehelichen Lebensgemeinschaft** anlangt, auf ein **20** gesetzliches **Leitbild** bewusst verzichtet und es den Eheleuten überlassen, »eine angemessene Regelung zu finden«[27] (»**Leitbild** der **individuellen Lebensgemeinschaft**«). Die Ehegatten bestimmen ihre persönliche und wirtschaftliche Lebensführung in gemeinsamer Verantwortung, insb. wie sie untereinander die Familien- und Erwerbsarbeit aufteilen wollen.[28] Dem Staat ist es danach verboten, die Ehe zu schädigen oder sonst zu beeinträchtigen, gleichgültig wie oft die Partner bereits eine Ehe eingegangen sind; ebenso müssen gerichtliche Entscheidungen nach Möglichkeit Regelungen vermeiden, die geeignet wären, in die freie Entscheidung der Ehegatten über die Aufgabenverteilung in der Ehe einzugreifen.[29]

Es steht den Ehegatten frei, wie sie ihre Ehe führen, ob also ein Partner allein einer Berufstätigkeit **21** nachgeht und der andere sich der Familienarbeit widmet, oder ob beide einen Beruf ganz oder teilweise ausüben und sich die Hausarbeit und Kinderbetreuung zu teilen oder diese Dritten übertragen.[30] Daher bestimmen zunächst die – meist konkludenten[31] – Absprachen der Eheleute über die Gestaltung ihrer ehelichen Lebensgemeinschaft (§§ 1360 Satz 2, 1353) auch Art und Umfang der jeweiligen Erwerbspflichten. § 1360 Satz 2 modelliert (nur) eine bestimmte Art der Erfüllung dieses Schuldverhältnisses: Der den Haushalt führende Ehegatte erfüllt seine Verpflichtung, durch Arbeit zum Unterhalt der Familie beizutragen, i.d.R. durch die Haushaltsführung. Grds. hat jeder Ehegatte sodann seinen Beitrag zum Familienunterhalt entsprechend seiner nach dem individuellen Ehebild übernommenen Funktion zu leisten.[32] Inhalt und Umfang der gegenseitigen Leistungspflichten bestimmen sich im Wesentlichen nach der Gestaltung der ehelichen Lebensgemeinschaft im Einzelfall (s. §§ 1360a Abs. 2 Satz 1, 1356), also nach der »im gegenseitigen Einvernehmen« (§ 1356 Abs. 1 Satz 1) gewählten konkreten Aufgabenverteilung in der Ehe hinsichtlich Haushaltsführung, Berufsausübung, Beschaffung und Verteilung des Unterhalts.[33] Entsprechend dieser »Rollenverteilung« (§ 1360 Satz 2) wie auch nach den persönlichen Verhältnissen obliegt dem/den erwerbstätigen Ehegatten – sofern dies möglich und zumutbar ist –, seine Erwerbstätigkeit auszuweiten bzw. eine andere, besser bezahlte Arbeit zu übernehmen, die seinen/ihren Fähigkeiten, insb. seiner/ihrer beruflichen Vorbildung entspricht, und durch die er/sie den finanziellen Bedarf der Familie decken kann/können. Unterlässt ein Ehegatte trotz einer entsprechenden Erwerbsobliegenheit eine solch angemessene und zumutbare Erwerbstätigkeit, ist er fiktiv so zu behandeln, als ob er ein entsprechendes Einkommen erzielen würde.

Da die Ehegatten ihre persönliche und wirtschaftliche Lebensführung frei bestimmen können, **22** steht es ihnen grds. auch frei, **Vereinbarungen** über die **innerfamiliäre Arbeitsteilung** zu treffen, die die Kinderbetreuung und Haushaltsführung durch einen Ehegatten auch dann vorsehen, wenn es sich nicht um gemeinsame Kinder handelt (zum Schutze auch der aus Ehegatten und Stiefkindern bestehenden Familie durch Art. 6 Abs. 1 GG). Die Mitwirkung an einer solchen Gestaltung ist einem Ehegatten im Verhältnis zu seinen unterhaltsberechtigten minderjährigen Kindern aus einer früheren Ehe nach Treu und Glauben nur dann verwehrt, wenn sie rechtsmissbräuchlich erscheint. Das ist indessen so lange zu verneinen, wie es den berechtigten Interessen innerhalb der neuen Familie entspricht, dass ein Ehegatte zugunsten der Haushaltsführung und Kinderbetreuung auf eine Erwerbstätigkeit verzichtet.[34]

---

27 BT-Drucks. 7/650, S. 100; BVerfG, FamRZ 2004, 1949.
28 BVerfGE 68, 256, 268.
29 BVerfG, FamRZ 2004, 1949 = FuR 2004, 402.
30 BGH, FamRZ 2004, 366, 368 = FuR 2004, 413; FamRZ 2007, 1081 = FuR 2007, 318 (LS).
31 S. hierzu etwa OLG Düsseldorf, Schaden-Praxis 2011, 14.
32 BGH, FamRZ 1995, 537.
33 BGHZ 94, 1 = BGH, FamRZ 1985, 576, 577; vgl. auch BGH, FamRZ 1995, 537.
34 BGH, FamRZ 2007, 1081 = FuR 2007, 318 (LS) unter Hinweis auf BVerfGE 18, 97, 105 f., und BVerfG, FamRZ 2002, 527, 528.

23   **Fallgruppen:**

(1) Einverdienerehe (sog. Haushaltsführungsehe),
(2) Doppelverdienerehe,
(3) Zuverdienstehe,
(4) Nichterwerbstätigenehe.

I. Einverdienerehe (sog. »Haushaltsführungsehe«)

24   In einer **Einverdienerehe** (sog. **»Haushaltsführungsehe«**) führt einer der beiden Ehegatten (»Hausfrau« oder »Hausmann«) den Haushalt und betreut – sofern vorhanden – die Kinder, der andere geht einer Erwerbstätigkeit nach und verdient die für die Lebenshaltung der Familie notwendigen Geldmittel. Mit dieser Tätigkeit erfüllt der haushaltsführende Ehegatte seine (gesamte) Unterhaltspflicht (§ 1360 Satz 2), weil nach dem gesetzgeberischen Modell des § 1360 Satz 2 **Haushaltsführung** des einen und **Erwerbstätigkeit** des anderen Ehegatten als **gleichwertig** anzusehen sind.[35]

25   Der **erwerbstätige Ehegatte** muss die für den Unterhalt der Familie erforderlichen Geldmittel aufbringen; der **nicht erwerbstätige Ehegatte** hat ein in § 1360a Abs. 2 konkretisiertes Recht, in angemessenem Umfang über Geldmittel zum Familienunterhalt (»Haushaltsgeld« bzw. »Wirtschaftsgeld«) und zur Befriedigung eigener Bedürfnisse (»Taschengeld«) zu verfügen. Die schuld- und sachenrechtliche Zuordnung der Einkünfte und der/des Vermögen/s bleiben davon unberührt.

26   Haben die Eheleute die Pflichtenkreise »Erwerbstätigkeit« und »Haushaltsführung« gleichgestellt, dann kann keinem Ehegatten eine **Erwerbsobliegenheit** angesonnen werden, wenn und solange **Erwerbseinkommen** oder **Vermögenserträge** eines oder beider Ehegatten zur **Deckung** des **angemessenen Familienunterhalts ausreichen.** Der erwerbstätige Ehegatte kann von dem haushaltführenden nicht verlangen, eine Erwerbstätigkeit zur Verbesserung des Lebensstandards aufzunehmen, und zwar auch dann nicht, wenn der haushaltführende Ehegatte mehr verdienen könnte als an seiner Stelle eingesetztes Personal kosten würde. Dies gilt auch nach Beendigung der Kinderbetreuung.

27   Kein Ehegatte darf sich allerdings stringent auf »seinen« Pflichtenkreis zurückziehen. Der erwerbstätige Ehegatte bleibt nach § 1353 Abs. 1 Satz 2 (**Pflicht** zur **ehelichen Lebensgemeinschaft**) beistandspflichtig (etwa Hilfeleistung im Haushalt und Hilfestellung in allen familiären Aufgabenbereichen) und nach § 1626 Abs. 1 Satz 1 (Recht und Pflicht zur elterlichen Sorge) zur Kindererziehung mitverpflichtet. Auch der haushaltführende Ehegatte darf sich im Rahmen dieses Gegenseitigkeitsverhältnisses von Rechten und Pflichten nicht auf seinen (häuslichen) Pflichtenkreis beschränken.

28   In **Notfällen** sind daher stets beide Ehegatten zu jeder nicht gesetz- oder sittenwidrigen Arbeit verpflichtet, damit sie die Familie unterhalten können; es gelten ähnliche Maßstäbe wie bei der verschärften Unterhaltspflicht von Eltern ggü. ihren minderjährigen Kindern (§ 1603 Abs. 2 Satz 1). Unabhängig von einer solchen einvernehmlichen Regelung von Haushaltsführung und Erwerbstätigkeit trifft daher eine entsprechende Erwerbsobliegenheit in einer Haushaltsführungsehe bei **familiärer Notlage** ausnahmsweise (auch) den haushaltführenden Ehegatten; er kann dann zur **Aufnahme** oder Ausweitung einer **Erwerbstätigkeit** unmittelbar aus § 1360 Satz 1 verpflichtet sein, wenn das vorhandene Vermögen und/oder die Erwerbstätigkeit des anderen Ehegatten (etwa aus Alters- oder Krankheitsgründen oder wegen Arbeitslosigkeit) den finanziellen Bedarf der Familie nicht oder nur unvollständig sichern. Die nicht erwerbstätige Ehefrau kann sich daher grds. nicht auf die Haushaltsführung beschränken, wenn die Einkünfte ihres Ehemannes nicht

---

35   BT-Drucks. 7/650, S. 99 – weil die Haushaltsführung »eine gleichwertige und nicht ergänzungsbedürftige Beitragsleistung zum Familienunterhalt« darstellt.

ausreichen, ihren Unterhalt und den Unterhalt eines volljährigen Kindes aus einer früheren Ehe des Ehemannes sicherzustellen.[36]

In einer »Haushaltsführungsehe« werden die ehelichen Lebensverhältnisse und damit der Unter- **29** haltsbedarf **allein** durch die **Erwerbseinkünfte** des **erwerbstätigen Ehegatten** bestimmt, auch im Hinblick auf die unterhaltsrechtlich an sich gleich zu bewertende Haushaltsführung.[37] Verdient der erwerbstätige Ehegatte mehr, als für den Familienunterhalt benötigt wird, dann kann er den überschießenden Teil der Erwerbseinkünfte für sich verwenden oder aber seinem Vermögen (in den Güterständen der Gütertrennung bzw. Zugewinngemeinschaft) bzw. dem Gesamtgut (im Güterstand der Gütergemeinschaft) zuführen.

Muss der haushaltsführende Ehegatte aufgrund einer familiären Notlage ausnahmsweise eine **30** Erwerbstätigkeit aufnehmen, dann richtet sich – wenn auch vorübergehend – der beiderseitige Pflichtenkreis nach dem Leitbild einer Doppelverdienerehe; der bisher allein erwerbstätige Ehe- gatte muss sich auch an der Haushaltsführung beteiligen. Dies ist bedeutsam für Pflichtverletzun- gen (s. etwa § 1579).

II. Doppelverdienerehe

Eheleute gestalten ihre Ehe als **Doppelverdienerehe**, wenn sie **beide erwerbstätig** sind; jeder Ehe- **31** **gatte** muss sich dann entsprechend seinem Einkommen finanziell am **Familienunterhalt beteili- gen**,[38] darf jedoch Mehrverdienst, der nicht anteilig für den Familienunterhalt benötigt wird, für persönliche Zwecke oder für seine Vermögensbildung verwenden. Entsprechend § 1353 Abs. 1 Satz 2 ist auch der übrige Pflichtenkreis zu regeln: Beide Ehegatten haben sich an der Tätigkeit im Haushalt und an der Kinderbetreuung[39] gleichmäßig bzw. entsprechend dem jeweiligen Zeitauf- wand für die Erwerbstätigkeit wie auch der jeweiligen beruflichen Belastung zu beteiligen. Ist ein Ehegatte durch Erwerbstätigkeit, Haushalt und Kinderbetreuung ungleich mehrbelastet, kann ein Ausgleich dadurch gerechtfertigt sein, dass der weniger belastete Ehegatte einen größeren finanzi- ellen Beitrag zum Familienunterhalt zu leisten hat.

III. Zuverdienstehe

In der **Zuverdienstehe** ist **ein Ehegatte voll erwerbstätig**, während der **andere** die **Haushaltsfüh-** **32** **rung** übernommen hat, jedoch zusätzlich durch Nebentätigkeit einen **Zuverdienst** erzielt. Dieses Leitbild baut grds. auf der Einverdienerehe und deren Pflichtenkreis auf; der vollerwerbstätige Ehegatte hat den anderen jedoch bei der Haushaltsführung, bezogen auf den Umfang der Zuer- werbstätigkeit, angemessen zu entlasten. Kommt der voll erwerbstätige Ehegatte diesen Pflichten nicht nach, oder reicht das Einkommen des voll verdienenden Ehegatten für eine angemessene Lebenshaltung nicht aus, muss sich der Zuverdiener mit seinem Zuverdienst anteilig am Familien- unterhalt beteiligen, sofern nicht der Zuverdienst lediglich ein Taschengeld sichern soll.[40] Entlastet der voll erwerbstätige Ehegatte den zuverdienenden bei der Haushaltsführung nicht, kann er – sofern das Einkommen des anderen Ehegatten für den Familienunterhalt ausreicht – den Zuver- dienst in aller Regel als **Ausgleich** für seine **Mehrbelastung** für eigene **Zwecke** verwenden.

---

36 A.A. OLG Düsseldorf, FamRZ 1986, 1027.
37 OLG Koblenz, NJWE-FER 2001, 34.
38 BGH, FamRZ 1967, 380; NJW 1974, 1238; s.a. BSG, FamRZ 1985, 282 zur Berechnung einer Witwer- rente.
39 BSG, FamRZ 1977, 642.
40 S. etwa OLG Celle, FamRZ 1978, 589; zum Taschengeldanspruch der haushaltsführenden Ehefrau zuletzt OLG Frankfurt, FamRZ 2009, 703.

IV. Nichterwerbstätigenehe

33   Eheleute führen dann eine **Nichterwerbstätigenehe**, wenn **keiner** der beiden **Ehegatten erwerbstätig** ist, sondern beide Eheleute von eigenen und/oder fremden Versorgungen, von öffentlichen Leistungen und/oder von Vermögenserträgen leben. Beide Ehegatten sind dann verpflichtet, den Haushalt gemeinsam zu führen (s. jedoch § 1356 Abs. 1 Satz 1) und entsprechend ihren Einkünften zum Familienunterhalt beizutragen.

F. Pflichtverletzungen

34   Verletzt ein Ehegatte während der Ehe längere Zeit gröblich gegen seine Pflicht, gem. § 1360 zum Familienunterhalt beizutragen, sodass durch das Ausbleiben der Beiträge zum Lebensunterhalt andere Familienmitglieder in ernsthafte Schwierigkeiten bei der Beschaffung des Lebensbedarfs geraten oder auch zeitweise auf öffentliche Unterstützung angewiesen sind, dann können an solche **Pflichtverletzungen gravierende Sanktionen** zu knüpfen sein:

G. Zusammentreffen mehrerer Unterhaltsansprüche

34a   Mit der im UÄndG 2007 enthaltenen Verschärfung der Eigenverantwortung (§ 1569), der Begrenzung des nachehelichen Unterhalts (§ 1578b) und der geänderten Rangfolge (§ 1609 Nr. 1 bis 3) hat der Gesetzgeber den im ersten Eherechtsreformgesetz (1. EheRG) geregelten Vorrang des geschiedenen Ehegatten abgebaut und damit dem Gleichrang vieler Ehen entsprechend den derzeitigen gesellschaftlichen Verhältnissen hinreichend Rechnung getragen. Die Feststellung des Gesetzgebers des UÄndG 2007, der geschiedene Ehepartner habe keinen Vertrauensschutz dahin, daß sich der Kreis der unterhaltsberechtigten Person nach der Scheidung nicht mehr erweitere, bezieht sich auf die Verteilung verfügbarer Mittel in einem solchen Mangelfall nach § 1609, für deren Berechnung der Gesetzgeber unter Verweis auf die Berechnung konkurrierender Unterhaltsansprüche von Kindern eine proportionale Kürzung vorgesehen hat.

35   Schuldet der Unterhaltspflichtige sowohl einem geschiedenen als auch einem neuen Ehegatten Unterhalt, so ist der nach den ehelichen Lebensverhältnissen (§ 1578 Abs. 1) zu bemessende Unterhaltsbedarf eines jedes Berechtigten nicht mehr im Wege der **Dreiteilung** des **Gesamteinkommens** des Unterhaltsschuldners und beider Unterhaltsgläubiger zu ermitteln.[41] Nachdem das BVerfG die Rechtsprechung des Bundesgerichtshofes zu den sog. »wandelbaren ehelichen Lebensverhältnissen« als nicht verfassungskonform verworfen hat,[42] hat der BGH mit seinem Urteilen vom 07.12.2011[43] diese Rechtsprechung aufgegeben. Die ehelichen Lebensverhältnisse i.S.v. § 1578 Abs. 1 Satz 1 werden grds. durch diejenigen Umstände bestimmt, die bis zur Rechtskraft der Ehescheidung eingetreten sind; nacheheliche Entwicklungen wirken sich auf die Bedarfsbemessung nach den ehelichen Lebensverhältnissen aus, wenn sie auch bei fortbestehender Ehe eingetreten wären oder in anderer Weise in der Ehe angelegt und mit hoher Wahrscheinlichkeit zu erwarten waren.

35a   Eine nach Wiederverheiratung des Unterhaltsschuldners entstandene Unterhaltspflicht gegenüber dem neuen Ehegatten (§§ 1360 ff. bzw. § 1361) kann jedoch als sonstige Verpflichtung im Rah-

---

41   Zum Dreiteilungsgrundsatz i.R.d. ehelichen Lebensverhältnisse ausführlich Brudermüller, FF 2010, 134 ff.
42   BVerfGE 128, 193 = FamRZ 2011, 437 = FuR 2011, 220.
43   XII ZR 151/09 – FamRZ 2012, 281 = FuR 2012, 180, und XII ZR 159/09 – FamRZ 2012, 288 = FuR 2012, 192.

men der Leistungsfähigkeit zu beachten sein.[44] Die Unterhaltspflichten für neue Ehegatten – sowie für nacheheliche geborene Kinder und den dadurch bedingten Betreuungsunterhalt nach § 1615l – sind daher nicht bei der Bemessung des Unterhaltsbedarfs eines geschiedenen Ehegatten nach § 1578 Abs. 1 S. 1 zu berücksichtigen.

Allerdings ist im Rahmen der Leistungsfähigkeit (§ 1581) der Halbteilungsgrundsatz zu beachten,   **35b**
was zu einem relativen Mangelfall führen kann, wenn dem Unterhaltsschuldner für den eigenen Unterhalt weniger verbleibt, als der Unterhaltsberechtigte mit dem Unterhalt zur Verfügung hat. Sonstige Verpflichtungen gegenüber anderen Unterhaltsberechtigten, die nicht bereits den Bedarf des Unterhaltsschuldners beeinflußt haben, sind entsprechend ihrem Rang zu berücksichtigen.[45] Sind ein geschiedener und ein neuer Ehegatte nach § 1609 gleichrangig, hat der BGH eine Billigkeitsabwägung in Form einer Dreiteilung des gesamten unterhaltsrelevanten Einkommens im Rahmen der Leistungsfähigkeit revisionsrechtlich nicht beanstandet, aber auch eine Berücksichtigung weiterer individueller Billigkeitserwägungen nicht ausgeschlossen.

Rechtskräftige Entscheidungen, denen im Rahmen der Bemessung des Bedarfs nach den ehelichen   **35c**
Lebensverhältnisse zu Lasten des geschiedenen Ehegatten auf der Bedarfsebene die Dreiteilungsmethode zugrunde gelegt worden ist, können nunmehr wegen grundlegender Veränderung der rechtlichen Verhältnisse abgeändert werden (§ 238 Abs. 1 FamFG): Eine Änderung der rechtlichen Verhältnisse ist nicht nur bei Gesetzesänderungen anzunehmen, sondern auch bei Änderungen der höchstrichterlichen Rechtsprechung, die einer Gesetzesänderung nahekommen. Entscheidungen des BVerfG, welche die höchstrichterliche Rechtsprechung eines obersten Fachgerichts für verfassungswidrig erklären, haben zwar keine Gesetzeskraft, binden jedoch die Fachgerichte (§ 31 Abs. 1 BVerfGG) und kommen daher einer Änderung der Gesetzeslage noch näher als die Änderung der höchstrichterlichen Rechtsprechung selbst. Sonstige Titel können gegebenenfalls gemäß § 239 FamFG nach den Regeln des materiellen Rechts (§ 313) geändert werden, wenn sich die geänderte Rechtslage wesentlich als schwerwiegende Störung der Geschäftsgrundlage darstellt.[46]

H. Informations- und Auskunftspflichten

Aus der Verpflichtung der Ehegatten zur ehelichen Lebensgemeinschaft folgt ihr wechselseitiger   **35d**
Anspruch, sich über die für die Höhe des Familienunterhalts maßgeblichen finanziellen Verhältnisse zu informieren. Geschuldet wird die Erteilung von Auskunft in einer Weise, wie sie zur Feststellung des Familienunterhaltsanspruchs erforderlich ist; die Vorlage von Belegen kann nicht verlangt werden.[47]

(zur Zeit nicht besetzt)   **36-47**

---

44 BGH, FamRZ 2012, 288 = FuR 2012, 192 (Berufungsgericht: OLG Koblenz, FamRZ 2010, 318 = FuR 2010, 42) – im Anschluß an BGH, FamRZ 2012, 281 = FuR 2012, 180; s. hierzu auch OLG Zweibrücken, FamRZ 2012, 791; zuvor hatte die Literatur vielfältige Lösungsvorschläge zu dieser Problematik vorgelegt; die Schwierigkeiten der Praxis zeigte instruktiv die Zusammenstellung von Hauß, FamRB 2011, 183: Fünf verschiedene Lösungsansätze für einen relativ einfach gelagerten Fall der Konkurrenz zweier Ehegatten-Unterhaltspflichten; ausführlich Dose, Vortrag auf der Jahresarbeitstagung Familienrecht des DAI in Köln am 27.04.2012, veröffentlicht im Tagungsband des DAI 2012; zur Bemessung des Unterhalts bei Konkurrenz mehrerer Unterhaltsansprüche s. Borth, FamRZ 2012, 253; zur Anwendung der Drittelmethode bei der Bemessung der Leistungsfähigkeit s. Graba, FamFR 2012, 49; zu den ehelichen Lebensverhältnisse nach der Änderung der Rechtsprechung des BGH zu den sog. wandelbaren ehelichen Lebensverhältnissen s. Gerhardt, FamRZ 2012, 589.
45 BGH, FamRZ 2012, 281 = FuR 2012, 180 – im Anschluß an BGHZ 109, 72 = FamRZ 1990, 260 zu § 1581.
46 Zu allem ausführlich Roßmann, FuR 2011, 184.
47 BGHZ 186, 13 = FamRZ 2011, 21 = FuR 2011, 327 – Fortführung von BGH FamRZ 2001, 23 (Berufungsurteil: OLG Thüringen ZFE 2008, 392); zum Auskunftsersuchen eines Sozialhilfeträgers gegenüber Angehörigen eines Sozialhilfeempfängers und sonstigen Kostenersatzpflichtigen nach § 117 SGB XII s. LSG Nordrhein-Westfalen, FamRZ 2010, 599.

I. Prozessuales

48 Der Anspruch auf Familienunterhalt kann wegen seiner Rechtsnatur regelmäßig nicht (allein) auf Zahlung einer Geldrente gerichtet sein,[48] sondern er ist allenfalls – für den haushaltführenden Ehegatten – hinsichtlich seines **Geldanteils** (Wirtschafts- und/oder Taschengeld) **klagbar**. Ein Antrag auf Zahlung von Familienunterhalt erfordert schlüssigen und substantiierten Vortrag zur Gestaltung der Lebensgemeinschaft der Familie, zum gesamten Familienbedarf und zu den Einkommensverhältnissen der Ehegatten; Sachvortrag lediglich zum Bedarf eines Ehegatten genügt nicht.

K. Familienunterhalt und Kindergeld (§ 32 Abs. 4 EStG)

49 Zu den das Kindergeld berührenden Bezügen eines verheirateten Kindes gehören auch die Unterhaltsleistungen des Ehegatten. Grundsätzlich besteht zwar nach der Eheschließung des Kindes grundsätzlich kein Kindergeldanspruch der Eltern mehr, weil ab diesem Zeitpunkt in erster Linie der Ehepartner dem Kind zum Unterhalt verpflichtet ist (§ 1608 i.V.m. §§ 1360, 1360a). Ausnahmsweise müssen jedoch die nur noch nachrangig unterhaltsverpflichteten Eltern ihrem verheirateten Kind Unterhaltsleistungen erbringen, wenn das Einkommen des Ehepartners so gering ist, dass er zur vollständigen Unterhaltsleistung nicht in der Lage ist (sog. Mangelfall). Ein solcher Mangelfall ist bei kinderlosen Ehen anzunehmen, wenn die eigenen Einkünfte und Bezüge des Kindes einschließlich der Unterhaltsleistungen des Ehepartners den Jahresgrenzbetrag des § 32 Abs. 4 Satz 2 EStG nicht überschreiten.[49]

50 Bei der Prüfung, ob der Grenzbetrag des § 32 Abs. 4 Satz 2 EStG überschritten ist, können Unterhaltsleistungen des verheirateten Kindes an seinen Ehepartner nicht, solche an dessen eigenes Kind im Grundsatz allenfalls in hälftiger Höhe Einkünfte mindernd berücksichtigt werden.[50]

51 Die Höhe der als Bezüge i.S.v. § 32 Abs. 4 Satz 2 EStG anzusetzenden Unterhaltsleistungen lässt sich bei Ehegatten, die in einem gemeinsamen Haushalt leben, in der Regel nur rechnerisch ermitteln, da sich die tatsächlichen Zu- und Abflüsse von Geldmitteln oder von Gütern in Geldeswert (vgl. § 8 Abs. 1 EStG) innerhalb einer bestehenden ehelichen Lebensgemeinschaft zumeist nicht nachvollziehen lassen. Die Unterhaltsleistungen des zum Unterhalt verpflichteten Ehepartners sind deshalb regelmäßig zu schätzen. Bei einer kinderlosen Ehe, in der ein Ehepartner allein verdient und ein durchschnittliches Nettoeinkommen erzielt, entspricht es der Lebenserfahrung, dass dem nicht verdienenden Ehepartner in etwa die Hälfte des Nettoeinkommens in Form von Geld- und Sachleistungen als Unterhalt zufließt. Verfügt das Kind auch über eigene Mittel, so ist zu unterstellen, dass sich die Eheleute ihr verfügbares Einkommen teilen. Unterhaltsleistungen sind daher in Höhe der Hälfte der Differenz zwischen den Einkünften des unterhaltsverpflichteten Ehepartners und den geringeren eigenen Mitteln des Kindes anzunehmen. Bei Prüfung der Frage, in welcher Höhe dem geringer verdienenden Ehegatten Unterhaltsleistungen seitens des höher Verdienenden als Bezüge zuzurechnen sind, ist somit in der Regel nicht auf den tatsächlichen Zufluss von Unterhaltsleistungen abzustellen.[51] Die als Bezüge i.S.v. § 32 Abs. 4 Satz 2 EStG anzusetzenden Unterhaltsleistungen, die ein verheiratetes Kind von seinem Ehegatten erhält, sind nicht deshalb zu mindern, weil der Ehegatte Aufwendungen für die Versicherung eines PKW sowie für eine sog. Unfall-Prämienrückgewähr-Versicherung getragen hat.[52]

---

48 OLG Hamm, FamRZ 1989, 947, 948.
49 Zu allem ausführlich BFHE 191, 69; BFHE 218, 70 m.w.N.; BFHE 234, 310 = FamRZ 2011, 1652 [Ls].
50 BFHE 234, 310 = FamRZ 2011, 1652 [Ls]; BFHE 233, 449 = FamRZ 2011, 1586 [Ls].
51 BFHE 218, 70 m.w.N.
52 BFHE 236, 79 = FamRZ 2012, 634 [Ls].

Dagegen können bei getrennt lebenden Ehegatten die Unterhaltsleistungen des höher verdienen- 52
den Ehegatten dem Grunde und der Höhe nach bestimmt werden. In solchen Fällen ist entgegen
Abschn. 63.4.2.5 Abs. 6 Satz 3 der Dienstanweisung zur Durchführung des Familienleistungsausgleichs nach dem X. Abschnitt des Einkommensteuergesetzes (DA-FamEStG – Stand 2004[53];
nunmehr Abschn. 31.2.2 Abs. 6 Satz 3 DA-FamEStG 2010[54]) das Zuflussprinzip anzuwenden, das
auch in anderen Fällen für Bezüge gilt. Unterhaltsleistungen eines getrennt lebenden Ehegatten
sind demnach nur dann als Bezüge i.S.v. § 32 Abs. 4 Satz 2 EStG anzusetzen, wenn sie dem unterhaltsberechtigten Ehegatten auch tatsächlich zugeflossen sind, sofern dieser nicht auf die Geltendmachung seines Unterhaltsanspruchs verzichtet hat (§ 32 Abs. 4 Satz 9 EStG).[55]

§ 1360a   Umfang der Unterhaltspflicht

(1) Der angemessene Unterhalt der Familie umfasst alles, was nach den Verhältnissen der Ehegatten erforderlich ist, um die Kosten des Haushalts zu bestreiten und die persönlichen Bedürfnisse der Ehegatten und den Lebensbedarf der gemeinsamen unterhaltsberechtigten Kinder zu
befriedigen.

(2) ¹Der Unterhalt ist in der Weise zu leisten, die durch die eheliche Lebensgemeinschaft geboten ist. ²Die Ehegatten sind einander verpflichtet, die zum gemeinsamen Unterhalt der Familie
erforderlichen Mittel für einen angemessenen Zeitraum im Voraus zur Verfügung zu stellen.

(3) Die für die Unterhaltspflicht der Verwandten geltenden Vorschriften der §§ 1613 bis 1615
sind entsprechend anzuwenden.

(4) ¹Ist ein Ehegatte nicht in der Lage, die Kosten eines Rechtsstreits zu tragen, der eine persönliche Angelegenheit betrifft, so ist der andere Ehegatte verpflichtet, ihm diese Kosten vorzuschießen, soweit dies der Billigkeit entspricht. ²Das Gleiche gilt für die Kosten der Verteidigung
in einem Strafverfahren, das gegen einen Ehegatten gerichtet ist.

---

53 BStBl I 2004, 743.
54 BStBl I 2009, 1030, sowie BStBl I 2011, 21.
55 BFHE 236, 155 = FamRZ 2012, 635 [Ls] mit Hinweis auf BFHE 199, 116.

A. Strukturen

1 § 1360a definiert in **Abs. 1** als Maß des Familienunterhalts den **gesamten Lebensbedarf der Familie**, in **Abs. 2 Satz 1** die **Art** der **Unterhaltsleistung** und in **Abs. 2 Satz 2** die jeweiligen Leistungspflichten, wer also für den Familienunterhalt aufzukommen hat. Nach **Abs. 3** (**Verweisungsnorm**) sind die für die Unterhaltspflicht der Verwandten geltenden Vorschriften der §§ 1613 bis 1615 entsprechend anzuwenden. **Abs. 4** normiert den in der Praxis häufigsten Fall des Sonderbedarfs: Den **Anspruch** auf **Kostenvorschuss**[1] (§ 127a ZPO wurde durch § 246 FamFG ersetzt: Danach kann das Gericht durch einstweilige Anordnung abweichend von § 49 FamFG auf Antrag die Verpflichtung zur Zahlung von Unterhalt oder zur Zahlung eines Kostenvorschusses für ein gerichtliches Verfahren regeln; die Entscheidung ergeht aufgrund mündlicher Verhandlung, wenn dies zur Aufklärung des Sachverhalts oder für eine gütliche Beilegung des Verfahrens geboten erscheint).

B. Normzweck

2 Familienunterhalt ist weitgehend nicht judikabel: Der Gesetzgeber sieht Familien vor der Trennung von Eheleuten (§ 1567 Abs. 1) wenigstens rechtlich als intakt an und greift daher in die familiäre Lebensgestaltung nur im äußersten Notfall (s. etwa § 1666) ein. Mit Ausnahme des Abs. 4 hat § 1360a daher für die familienrechtliche forensische Praxis wenig Bedeutung.

C. Maß des Familienunterhalts (§ 1360a Abs. 1)

3 Der **Anspruch** auf **Familienunterhalt** umfasst den **gesamten Lebensbedarf** der **Familie**, also alles, was nach den Verhältnissen der Ehegatten und nach den zwischen ihnen getroffenen Absprachen erforderlich ist, um die **Kosten** des **Haushalts** zu bestreiten und die **persönlichen Bedürfnisse** der **Ehegatten** und den **Lebensbedarf** der **gemeinsamen unterhaltsberechtigten Kinder** (soweit sie einen Anspruch auf Unterhalt nach §§ 1602, 1603 besitzen)[2] zu befriedigen (§ 1360a Abs. 1).[3] Das **Maß** des **Familienunterhalts** bestimmt sich nach den familiären Verhältnissen, die regelmäßig von den Einkommen der berufstätigen Erwachsenen geprägt werden. § 1578 kann daher durchaus als **Orientierungshilfe** herangezogen werden, weil auch dort das verfügbare Einkommen als zentraler Maßstab der ehelichen Lebensverhältnisse angesehen wird.[4] Hier wie dort ist für die Bestimmung des angemessenen Unterhalts ein **objektiver Maßstab** (etwa der Lebensstil gleichartiger Berufskreise) anzulegen, bleibt also eine zu üppige Lebenshaltung ebenso außer Betracht wie eine zu

---

1 Zum Verhältnis von Kostenvorschuss zur Verfahrenskostenhilfe s. OLG Brandenburg, FamRZ 2003, 1933.

2 Stiefkinder sind nicht unterhaltsberechtigt; zu Reformvorschlägen s. Kremer, Das Stiefkind im Unterhaltsrecht (2000).

3 BGH, FamRZ 1985, 353, 354.

4 BGHZ 177, 356 = BGH, FamRZ 2008, 1911 = FuR 2008, 542 (Berufungsgericht OLG Oldenburg, FamRZ 2006, 1842 = FuR 2007, 90); BGH, FamRZ 1995, 537; FamRZ 2003, 363 = FuR 2003, 75; FamRZ 2003, 860, 864 = FuR 2003, 275 m.w.N.; FamRZ 2006, 26 = FuR 2006, 39 (Berufungsgericht: OLG Dresden, FamRZ 2003, 1211); FamRZ 2007, 1081 = FuR 2007, 318 (LS); FamRZ 2009, 762 = FuR 2009, 409.

dürftige Lebensgestaltung.[5] Da in aller Regel die Einkünfte beider Ehegatten die Unterhaltspflicht (auch) begrenzen, kann auch der Anspruch gem. §§ 1360, 1360a durchaus – wie i.R.d. § 1578 – unter Tabellen-Mindestwerte (s. etwa i.R.d. § 1581: Selbstbehalte) sinken.[6]

Der **gesetzgeberische Katalog**   4

ist nicht immer scharf voneinander abgrenzbar.

I. Haushaltskosten (Haushalts- bzw. Wirtschaftsgeld)

Zu den **üblichen finanziellen Aufwendungen** i.R.d. **üblichen Lebenszuschnitts** einer **Familie**[7]   5
zählen insb. **Aufwendungen** für

– ein Unterhaltsanspruch kann zu versagen, herabzusetzen oder zeitlich zu begrenzen sein, soweit die Inanspruchnahme des Unterhaltsschuldners auch unter Wahrung der Belange eines dem Berechtigten zur Pflege oder Erziehung anvertrauten gemeinschaftlichen Kindes grob unbillig wäre, weil der Unterhalt begehrende Ehegatte vor der Trennung längere Zeit hindurch seine Pflicht, zum Familienunterhalt beizutragen, gröblich verletzt hat (§ 1579 Nr. 6), und/oder der Versorgungsausgleich kann gekürzt oder gar ausgeschlossen werden,[8]
– Kosten des Haushalts,
– persönliche Bedürfnisse der Ehegatten,
– Lebensbedarf der gemeinsamen unterhaltsberechtigten Kinder,
– unterhaltsberechtigte gemeinschaftliche Kinder einschließlich der Kosten für ihre Erziehung und Ausbildung,
– Wohnen (etwa Miete und/oder Wohnnebenkosten),[9]
– Kosten des Haushalts und persönliche Kosten (etwa Aufwendungen für Verpflegung, Kleidung, Reinigung, Körper- und Gesundheitspflege),
– Erholung, Urlaub, Freizeitgestaltung und gesellschaftliche Verpflichtungen,[10]
– Krankheits- und Altersvorsorge (die nach den Verhältnissen der Ehegatten angemessen erscheint, auch wenn sie über den Schutz der gesetzlichen Sozialversicherung hinausgeht, z.B. eine Krankenhaustagegeldversicherung),
– sonstige Versicherungen (etwa Haftpflicht-, Hausrat- oder Rechtsschutzversicherungen), soweit der Aufwand der gemeinsamen Lebensführung angemessen ist,
– Anschaffung und Betrieb eines Kfz[11] (etwa Steuer, Versicherungen, Benzin, Reparaturen u.a.) bzw. öffentliche Verkehrsmittel,
– Krankheitskosten, die nicht anderweitig (etwa von einer Krankenversicherung oder einem sonstigen Kostenträger) abgedeckt sind (z.B. für Wahlleistungen im Krankenhaus, Zahnersatz, Brillen u.a.), soweit sie i.R.d. üblichen Lebenszuschnitts der Familie liegen,[12]

---

5 BGH, FamRZ 2007, 1532.
6 BGH, FamRZ 1995, 537; s.a. OLG München, OLGR 2000, 139 – Ermittlung des Selbstbehalts i.R.d. nachehelichen Unterhalts bei Heimaufenthalt des Unterhaltsschuldners: Heimkosten einschließlich anfallender Zusatzkosten und eines Taschengeldes.
7 S. hierzu BGHZ 116, 184 = BGH, FamRZ 1992, 291, 292; OLG Stuttgart, FamRZ 1994, 444, 445.
8 OLG Köln, FuR 2008, 457 – gröbliche Vernachlässigung von Kindern; OLG Schleswig, OLGR 2008, 682.
9 BGH, NJW 1966, 2401 – jedoch kein Anspruch auf Beschaffung eines Eigenheims.
10 OLG Düsseldorf, FamRZ 1967, 43.
11 BGH, FamRZ 1983, 351.
12 S. hierzu Borth, FamRZ 2010, 416 ff. – Bürgerentlastungsgesetz Krankenversicherung – Auswirkungen auf das Unterhaltsrecht.

– die Pflege eines kranken oder behinderten Familienmitglieds, die nicht von der Familie selbst geleistet werden kann, sondern durch Dritte – etwa ambulante Pflegedienste – sichergestellt werden muss,[13]

– persönliche Bedürfnisse der Ehegatten, z.B. Sport, Hobbys,[14] wobei diese Aufwendungen in erster Linie aus dem Taschengeld zu decken sind,

– Tilgung und Verzinsung von Schulden, insb. wenn sie zur Finanzierung eines Familienheims oder größerer für die Familie erforderlicher Anschaffungen eingegangen worden sind,

– die Ausbildung eines Ehepartners, wenn dies dem gemeinsamen Lebensplan oder aus anderen Gründen bei objektiver Betrachtung dem Gebot vernünftiger Lebensgestaltung entspricht: Wenn schon für die Zeit nach der Trennung und Scheidung nach §§ 1361, 1575 ein Ausbildungsanspruch besteht, muss dies aus Gründen der ehelichen Solidarität umso mehr für den Familienunterhalt der Ehegatten in einer intakten Ehe gelten.[15] Bei einer einvernehmlichen Regelung ist der studierende Ehegatte für die Dauer des Studiums von der Pflicht befreit, durch Erwerbstätigkeit zum Familienunterhalt beizutragen; seine Pflicht zur Mithilfe im Haushalt bleibt unberührt. Auch kann der studierende Ehegatte verpflichtet sein, durch sonstige Einkünfte oder den Stamm seines Vermögens zum Familienunterhalt beizutragen. Stehen solche Mittel nicht zur Verfügung, hat der erwerbstätige Ehegatte die Mittel für den gesamten Familienunterhalt allein aufzubringen; hierzu zählen dann auch Aufwendungen des Studierenden für Bücher, Lernmittel, Fahrtkosten u.a.[16]

6   Der Begriff umfasst nicht nur laufende periodische Ausgaben, sondern auch einmalige Kosten/ Anschaffungen (etwa Anschaffung/Erhaltung des Hausrats, eines Pkw u.a.).[17]

7   Soweit notwendige Aufwendungen die Leistungsfähigkeit der Familie bei Weitem übersteigen, sind sie nicht, jedenfalls nicht vollständig, durch den Familienunterhalt sicherzustellen, sondern stellen **Sonderbedarf** dar; es kommt ggf. **ergänzende Sozialhilfe** in Betracht.[18]

8   **Unterhaltsansprüche sonstiger Verwandter** gehören **nicht** zum **Lebensbedarf** eines **Ehegatten** i.S.d. § 1360a Abs. 1. Allerdings ist jeder Ehegatte verpflichtet, seinen Partner teilweise von den häuslichen Pflichten freizustellen, um ihm die Möglichkeit zu geben, durch eine Nebentätigkeit zum Unterhalt eines minderjährigen Kindes aus einer früheren Verbindung beizutragen.[19] Zugunsten eines in den Haushalt aufgenommenen Stiefkindes kann eine Unterhaltsverpflichtung aufgrund einer ausdrücklichen oder stillschweigenden Übereinkunft bestehen.[20] Der Ehemann, der einer heterologen Insemination bei seiner Frau zugestimmt hat, kann auf vertraglicher Grundlage dem daraus hervorgegangenen Kind zum Unterhalt verpflichtet sein, selbst wenn er später dessen Ehelichkeit angefochten hat.[21] Der Ehemann muss daher i.R.d. Familienunterhalts auch für ein solches Kind sorgen, solange die Eheleute noch nicht getrennt leben. Nach der Trennung tritt an die Stelle des Familienunterhalts der vertragliche Unterhaltsanspruch des Kindes; jedoch kann die Geschäftsgrundlage der vertraglichen Unterhaltszusage entfallen, wenn das Kind selbst durch Antrag die Feststellung erreicht hat, dass es nicht von dem Ehemann seiner Mutter abstammt.[22]

---

13 BGH, FamRZ 1960, 225; FamRZ 1993, 411, 412; s.a. OLG Düsseldorf, NJW 2002, 1353 – Pflegekosten.
14 BGH, FamRZ 1983, 351, 352.
15 BGH, FamRZ 1981, 439, 440; FamRZ 1985, 353, 354; OLG Stuttgart, FamRZ 1983, 1030.
16 BGH, FamRZ 1985, 353, 354; vgl. auch BGH, FamRZ 1983, 140, 141.
17 BGH, FamRZ 1983, 351.
18 BGHZ 116, 184 = FamRZ 1992, 291, 292.
19 BGH, FamRZ 1987, 472, 473.
20 OLG Nürnberg, FamRZ 1965, 217.
21 BGHZ 129, 297 = BGH, FamRZ 1995, 861 ff.
22 BGHZ 129, 297 = BGH, FamRZ 1995, 861 ff.

Das **Haushaltsgeld** soll dem den Haushalt führenden Ehegatten die **Besorgung** der **Alltagsge-** 9
schäfte ermöglichen, auch sonstige Ausgaben, wenn nach der tatsächlichen Handhabung der Ehegatten der den Haushalt führende Partner auch solche Kosten trägt, die über den üblichen Rahmen der Haushaltsführung hinausgehen. Außergewöhnliche Anschaffungen und Ausgaben sind
ohne nähere Absprache nicht vom Haushaltsgeld zu bestreiten.

II. Persönliche Bedürfnisse (insb. »Taschengeld«)

Zu den **persönlichen Bedürfnissen** gehören etwa krankheitsbedingte besondere Aufwendungen,[23] 10
Aufwendungen für Hobbys in angemessenem Umfang,[24] möglicherweise auch Kosten für eine bei
Eheschließung bereits begonnene, jedoch noch nicht abgeschlossene Berufsausbildung,[25] nicht
jedoch – ähnlich wie i.R.d. § 1361[26] – für eine erst aufzunehmende Ausbildung.

1. Anspruch auf Taschengeld

Der einkommenslose Ehegatte, der den Haushalt führt und – ggf. auch – die Kinderbetreuung 11
übernommen hat,[27] kann von dem Verdiener Auskehrung eines angemessenen Teils dessen Einkommens verlangen, auch wenn er arbeits- und leistungsfähig ist und somit eigenes Einkommen
erzielen könnte (»**Taschengeld**«), damit er seine **persönlichen Bedürfnisse** befriedigen kann. Dieser Anspruch steht im Rahmen einer sog. Zuverdienerehe auch dem (nur) hinzuverdienenden
Ehegatten zu, wenn sein Eigeneinkommen für sein eheangemessenes Taschengeld nicht ausreicht,
gerichtet auf einen etwa verbleibenden Rest.[28] Der Taschengeldanspruch ist – ebenso wie der
Anspruch auf Trennungsunterhalt oder auf nachehelichen Unterhalt – ein auf **Geld** gerichteter
Anspruch: Er soll es dem anspruchsberechtigten Ehegatten unabhängig von einer Mitsprache des
anderen Ehepartners ermöglichen, seine persönlichen Bedürfnisse zu erfüllen, die über die regelmäßig in Form des Naturalunterhalts gewährten (Grund-) Bedürfnisse (wie Nahrung, Wohnung,
Kleidung, Körperpflege, medizinische Versorgung, kulturelle Bedürfnisse, Kranken- und Altersvorsorge, Mobilität) hinausgehen.[29] Ein Anspruch auf Taschengeld besteht jedoch dann nicht,
wenn das verfügbare Einkommen der Familie des bedürftigen Ehegatten durch den notwendigen
Grundbedarf der Familienmitglieder restlos aufgezehrt wird, also gerade oder nicht einmal dazu
ausreicht, den notwendigen Lebensbedarf der Familie zu sichern, ohne dass noch Raum für einen
Anspruch auf Taschengeld für den bedürftigen Ehegatten verbleibt.[30]

2. Verwendung des Taschengeldes

Der Anspruch auf **Taschengeld** unterliegt **keiner Zweckbindung** (s. etwa § 851 Abs. 1 i.V.m. 12
§ 399 ZPO);[31] das Taschengeld ist vielmehr zur **freien Verwendung** des nicht berufstätigen bzw.

---

23 BGHZ 94, 1 = BGH, FamRZ 1985, 576; OLG Hamm, FamRZ 1987, 1142; s.a. OLG Braunschweig,
   FamRZ 1996, 288 – Zahnarztkosten wegen einer Implantation.
24 BGH, FamRZ 1983, 351.
25 BGH, FamRZ 1985, 353.
26 BGH, FamRZ 2001, 350 = FuR 2001, 262; hierzu auch Jung, FamRZ 1974, 516 – allgemeiner Ausbildungsanspruch.
27 Zum Taschengeldanspruch eines volljährigen behinderten Kindes s. OLG Brandenburg, FamRZ 2010,
   302 = FuR 2009, 625.
28 BGH, FamRZ 1998, 608 = FuR 1998, 172 – ausführlich zum Taschengeldanspruch eines Ehegatten in
   einer Zuverdienerehe; s.a. Haumer, FamRZ 1996, 193 m.w.N.; Braun, AcP 195, 311; NJW 2000, 97.
29 BGH, FamRZ 2004, 1784 = FuR 2005, 76 m.w.N.
30 Zu allem ausführlich BGH, FamRZ 1986, 668, 669; FamRZ 1998, 608 = FuR 1998, 172; FamRZ
   2004, 366 = FuR 2004, 413; FamRZ 2004, 1784 = FuR 2005, 76; Behr, JurBüro 1997, 121, 122; s.a.
   OLG Hamm, FamRZ 1986, 357; OLG Koblenz, EzFamR **aktuell** 1999, 364 = OLGR 2000, 129; OLG
   Stuttgart, OLGR 2005, 358.
31 BGHZ 113, 90, 94 = BGH, FamRZ 1991, 295 m.w.N.

nur gering hinzuverdienenden Ehegatten bestimmt: Er soll mit diesem Taschengeld seine **eigenen persönlichen Bedürfnisse** nach eigenem Gutdünken und freier Wahl unabhängig von einer Mitsprache des anderen Ehegatten erfüllen können, darf also über diese Beträge daher zur Befriedigung seiner Privatinteressen grds. frei verfügen, ohne jemandem Rechenschaft zuschulden,[32] sodass es insb. auch zur Schuldentilgung verwendet werden kann.[33] Aus den gleichen Gründen ist der Taschengeldanspruch auch ein **höchstpersönlicher**, an die Person des Gläubigers gebundener Anspruch. Einem alkoholabhängigen Ehegatten kann kein Anspruch auf Taschengeld gegen den anderen zugestanden werden, wenn er dieses Geld nur in alkoholische Getränke zur Befriedigung der Sucht umsetzen würde.[34] Das Taschengeld kann – wenn auch vielfach begrenzt – für **Unterhaltszwecke** – auch für Elternunterhalt – herangezogen werden,[35] insb. auch im Rahmen verschärfter Leistungspflicht gem. § 1603 Abs. 2.[36]

13 Taschengeld ist auch i.R.d. VKH zu berücksichtigen, sei es im Rahmen sofortiger, sei es bei nachträglicher Anordnung von Ratenzahlungen:[37] Es ist anrechenbares Einkommen i.S.d. § 115 Abs. 1 ZPO. Auch wenn es dazu dient, persönliche Bedürfnisse decken zu können, führt dies nicht dazu, dass es grds. nicht herangezogen werden kann, weil dies zu einer Besserstellung der nicht erwerbstätigen ggü. der erwerbstätigen armen Partei führen würde, denn auch dieser wird vom Gesetz kein gesonderter Freibetrag für persönliche Bedürfnisse zugestanden und kein Taschengeld anrechnungsfrei belassen; vielmehr geht das Gesetz davon aus, dass der nach § 115 Abs. 1 Satz 3 Nr. 2 ZPO abzuziehende Freibetrag auch die Ausgaben für persönliche Bedürfnisse des täglichen Lebens deckt.[38]

14 VKH-Raten auf die Verfahrenskosten sind daher grds. (auch) aus dem Taschengeld aufzubringen.[39] Indessen sind auch von Bezügen in Form des Taschengeldes diejenigen Absetzungen vorzunehmen, welche das Gesetz für Einkommen beliebiger Art vorsieht (etwa Erwerbsaufwand, Unterhaltspflichten u.a.). Lebt eine antragstellende Ehefrau infolge Wiederheirat zwischenzeitlich (ggü. dem Zeitpunkt der Antragstellung bzgl. VKH) in wesentlich besseren Vermögensverhältnissen, die es ihr erlauben, neben dem ihr in Natur geleisteten Unterhalt nach § 1360a einen Anspruch auf **Taschengeld** (nicht: Anspruch auf Kostenvorschuss!) ggü. ihrem neuen Ehemann geltend zu machen, kann dieser jedenfalls teilweise zur Rückführung der entstandenen Verfahrenskosten verwendet werden.[40]

---

32 BVerfGE 68, 256, 271; BGH, FamRZ 1998, 608 = FuR 1998, 172; FamRZ 2004, 366 = FuR 2004, 413; FamRZ 2004, 1784 = FuR 2005, 76; OLG Hamm, FamRZ 1988, 947; OLG Hamburg, FamRZ 1998, 182 – aber nicht aber ohne Weiteres bei Trunksucht.

33 BGH, FamRZ 2004, 1784 = FuR 2005, 76 unter Hinweis auf KG, NJW 2000, 149, 150; Smid, JurBüro 1988, 1105.

34 OLG Hamburg, FamRZ 1998, 182.

35 OLG Köln, FamRZ 2001, 437 = FuR 2000, 292; OLG Stuttgart, OLGR 2000, 245; OLG Koblenz, FamRZ 2001, 925 – Kostenvorschussanspruch; Büttner/Niepmann, NJW 2001, 2215, 2225 – monatlich 400,00 DM im Anschluss an die Empfehlungen des DFGT.

36 OLG Hamburg, FamRZ 1998, 182 betreffend einen einkommenslosen alkoholabhängigen Unterhaltsschuldner; OLG Karlsruhe, FamRZ 1998, 248 – Arbeitseinkommen eines Strafgefangenen i.H.d. Taschengeldanspruchs nach § 46 StrVollzG.

37 OLG Koblenz, MDR 1996, 287 – Einsatz des Taschengeldes bis zu 70 % für Ratenzahlungen i.R.d. Verfahrenskostenhilfe; Rpfleger 1996, 73; OLGR 1999, 120; OLG Stuttgart, JurBüro 1998, 592 – nachträgliche Ratenzahlungsanordnung bei Erwerb eines Taschengeldanspruchs; OLG Zweibrücken, FamRZ 2001, 1470 – Verwendung des pfändbaren Teils des Taschengeldanspruchs zur Ratenzahlung auf die Verfahrenskosten.

38 OLG Koblenz, FuR 2005, 466 = NJW-RR 2005, 1167.

39 OLG Koblenz, Rpfleger 1996, 73; FamRZ 2000, 104; FuR 2005, 466 = NJW-RR 2005, 1167; OLG Stuttgart, JurBüro 1998, 592; OLG Zweibrücken, FamRZ 2001, 1470; OLG Karlsruhe, FamRZ 2005, 1182; a.A. OLG Bamberg, JurBüro 1994, 751 – Taschengeld diene ganz persönlichen Bedürfnissen und sei daher nicht als zur Kostendeckung verfügbares Einkommen einzusetzen.

40 OLG Koblenz, FuR 2005, 466 = NJW-RR 2005, 1167.

Der Anspruch auf **Wirtschaftsgeld** und der Anspruch auf **Taschengeld** sind – als jeweils selbst- 15
ständige Teile des Familienunterhalts – **zwei verschiedene Ansprüche**.[41] Regelmäßig wird, wenn
Wirtschaftsgeld gezahlt wird, das Taschengeld in dem insgesamt gezahlten Betrag enthalten sein;
der Berechtigte kann dann den Taschengeldanteil im Haushaltsgeld einbehalten und für sich
selbst verwenden (so wie der verdienende Ehegatte sein Taschengeld regelmäßig auch von seinem
Verdienst einbehält);[42] anderenfalls besteht ein gegen den anderen Ehegatten einen auf Geld
gerichteter Anspruch. Taschengeld kann daher auch nach der Trennung der Eheleute noch für
einen in der Vergangenheit liegenden Zeitraum zugesprochen werden; ein solcher Anspruch muss
jedoch besonders beziffert und begründet werden.[43]

3. Höhe des Taschengeldanspruchs

Die **Höhe** des Taschengeldanspruchs richtet sich grds. nach den **jeweiligen Einkommens**- und 16
Vermögensverhältnissen der Ehegatten im Einzelfall, insb. nach ihrem Lebensstil, aber auch nach
ihrem gemeinsamen Lebensplan (s. etwa § 1361 und § 1578 Abs. 1 – »eheliche Lebensverhältnisse«). Vereinfacht wird der Taschengeldanspruch in der Rechtsprechung üblicherweise pauscha-
lierend mit **5 %** bis **7 %**, je nach Höhe des verfügbaren (bereinigten) **Netto-Gesamteinkommens**
der **Familie**, angesetzt.[44]

4. Pfändbarkeit des Taschengeldanspruchs

Unterhaltsansprüche sind nach § 850b Abs. 1 Satz 1 Nr. 2 ZPO **grds. unpfändbar**. Der Anspruch 17
auf Zahlung eines Taschengeldes ist eine auf gesetzlicher Vorschrift beruhende Unterhaltsrente
i.S.d. § 850b Abs. 1 Nr. 2 ZPO, der keiner Zweckbindung unterliegt, die gem. § 851 Abs. 1 i.V.m.
§ 399 ZPO zur Unpfändbarkeit führen könnte. Für die Frage, ob er ggf. zur Befriedigung von
Gläubigern herangezogen werden kann, ist allein die materielle Rechtslage maßgeblich, nicht aber,
wie die Eheleute den Taschengeldanspruch im Einzelfall handhaben.[45] Das VollstreckungsG kann
nach § 850b Abs. 2 ZPO aus **Billigkeitsgründen Ausnahmen** gestatten; das ist bei **durchschnittlichen Einkommensverhältnissen regelmäßig nicht** der Fall:[46] Bei durchschnittlichen wirtschaftlichen Verhältnissen entspricht die Pfändung eines Taschengeldanspruchs regelmäßig nur dann der
Billigkeit, wenn besondere Umstände vorliegen.[47]

Grds. ist daher auch der **Taschengeldanspruch** eines Ehegatten auch bei bestehender Ehe und 18
gemeinsamem Haushalt – wenn auch nur **bedingt**, d.h. unter den einschränkenden Voraussetzungen des § 850b ZPO – **pfändbar**.[48] Diese bedingte Pfändbarkeit des Taschengeldanspruchs nach
§ 850b Abs. 2 ZPO ist verfassungsrechtlich unbedenklich.[49] Für die Pfändbarkeit des Taschengeldanspruchs kommt es nicht darauf an, ob und wann und wie viel der unterhaltspflichtige Ehegatte
an Taschengeld zahlt; maßgebend ist vielmehr ein nach den Einkommens- und Vermögensverhält-

41 OLG Hamm, FamRZ 1988, 947; OLG Celle, FamRZ 1999, 162.
42 OLG Hamm, FamRZ 1988, 947.
43 OLG Hamm, FamRZ 1988, 947.
44 S. i.E. BGH, FamRZ 1998, 608 = FuR 1998, 172 m.N.; FamRZ 2004, 366 = FuR 2004, 413; FamRZ
   2004, 1784 = FuR 2005, 76 m.w.N.; OLG Bamberg, FamRZ 1988, 948, 949; OLG Düsseldorf, NJW
   2002, 1353; OLG Hamm, FamRZ 1990, 547, 548; OLG Köln, FamRZ 2001, 437, 438; OLG Koblenz,
   Rpfleger 1996, 73; OLG Nürnberg, FamRZ 1999, 505; OLG Stuttgart, FamRZ 1997, 1494; OLGR
   2005, 358; krit. Braun, AcP 195 (1995), 311, 321 ff.; ders., NJW 2000, 97, 98; Haumer, FamRZ 1996,
   193.
45 BVerfGE 68, 256, 271; BVerfG, FamRZ 1986, 773; BGH, FamRZ 2004, 1784 = FuR 2005, 76 m.w.N.
46 OLG Brandenburg, JurBüro 2002, 160; ausführlich auch OLG Köln, FuR 2004, 249.
47 OLG Nürnberg, FamRZ 1999, 505 = FuR 1998, 183.
48 Verfassungskonform: BVerfG, FamRZ 1986, 773; vgl. eingehend OLG München, FamRZ 1988, 1161 ff.
49 BVerfGE 68, 256; BVerfG, FamRZ 1986, 773; BGH, FamRZ 2004, 1784 = FuR 2005, 76.

nissen der Ehegatten abstrakt zu berechnender Anspruch auf Taschengeld als »überschießender Teil« des Unterhaltsanspruchs.[50]

19   Ein Taschengeldanspruch des Schuldners ggü. seinem unterhaltsverpflichteten Ehegatten unterliegt jedenfalls dann **nicht der Pfändung** durch einen (nicht nach § 850d ZPO bevorrechtigten) Gläubiger, wenn der Unterhaltsanspruch insgesamt – einschließlich des Anspruchs auf Taschengeld – die Pfändungsgrenzen des § 850c ZPO nicht übersteigt.[51] I.Ü. dürfen die nach § 850b Abs. 1 ZPO grds. unpfändbaren Bezüge gem. § 850b Abs. 2 ZPO nach den für Arbeitseinkommen geltenden Vorschriften (s. etwa § 850c ZPO) nur dann gepfändet werden, wenn die Vollstreckung in das **sonstige bewegliche Vermögen** des Schuldners zu keiner vollständigen Befriedigung geführt hat oder voraussichtlich nicht führen wird, und wenn die Pfändung nach den Umständen des Falles, insb. nach der Art des beizutreibenden Anspruchs und der Höhe der Bezüge, der **Billigkeit** entspricht.[52] Auch wenn diese Voraussetzungen vorliegen, kann nach Billigkeitsgesichtspunkten jedoch nur ein bestimmter Teil des Taschengeld-»Einkommens« gepfändet werden (s. § 850b Abs. 2 ZPO), da dem Schuldner ein Teil des Taschengeldes für persönliche Bedürfnisse verbleiben muss.[53]

20   Für die **Beurteilung** der **Billigkeit** sind neben der Höhe der Bezüge, insb. der Höhe des dem Schuldner im Fall der Pfändung verbleibenden Betrages, v.a. Art und Umstände der Entstehung der beizutreibenden Forderung von Bedeutung.[54] So kann die Pfändung zur Beitreibung privilegierter Ansprüche i.S.d. §§ 850d, 850f Abs. 2 ZPO der Billigkeit entsprechen.[55] Je nach Lage des Einzelfalles können für die vom Vollstreckungsgericht zu treffende Billigkeitsentscheidung ferner von Bedeutung sein eine besondere Notlage des Gläubigers,[56] die wirtschaftliche Situation und der Lebensstil des Schuldners, das Verhalten der Beteiligten bei der Entstehung oder der Beitreibung der Forderung sowie mögliche Belastungen, die für die Ehe des Schuldners aufgrund der Pfändung entstehen könnten. Auch die Höhe der zu vollstreckenden Forderung und die voraussichtliche Dauer der Pfändung können in die Bewertung einfließen.[57] An die **Billigkeit** sind grds. **strenge Anforderungen** zu stellen.[58]

21   Der Gläubiger ist nicht nur **darlegungs-** und **beweispflichtig** dafür, dass überhaupt ein **Taschengeldanspruch besteht**, sondern auch für alle diejenigen Tatsachen, aus denen sich nach den genannten Grundsätzen ergibt, dass die Pfändung des Taschengeldanspruchs des Schuldners der **Billigkeit** entspricht.[59] Einwendungen gegen die Zulässigkeit der Pfändung können nur mit vollstreckungsrechtlichen Rechtsbehelfen geltend gemacht werden.[60] Der Drittschuldnerverfahren ist

---

50   OLG Stuttgart, FamRZ 1997, 1494; KG, NJW 2000, 149 m.w.N.; OLG Hamm, Rpfleger 2002, 161 zur Pfändbarkeit des Taschengeldanspruchs eines Ehegatten für einen Anspruch aus unerlaubter Handlung.
51   OLG Stuttgart, FamRZ 2002, 185; s.a. OLG Celle, FamRZ 1991, 726 ff.; OLG Frankfurt, FamRZ 1991, 727 ff.
52   BGH, FamRZ 2004, 1784 = FuR 2005, 76 m.w.N.
53   BGH, FamRZ 1998, 608 = FuR 1998, 172; nach OLG Celle, FamRZ 1991, 726 ff.: 50,00 DM; nach OLG Frankfurt, FamRZ 1991, 727 ff. – 3/10; OLG Köln, Rpfleger 1995, 76 – als sog. Mehreinkommen nur zu 7/10; s.a. Sauer/Meiendresch, FamRZ 1994, 1441; Büttner, FamRZ 1994, 1433, 1440; Bauer, JurBüro 2001, 15.
54   S. etwa OLG München, FamRZ 1988, 1161, 1165.
55   S. etwa OLG Hamm, Rpfleger 2002, 161; OLG Schleswig, Rpfleger 2002, 87, 88.
56   BGH, NJW 1969, 252, 253.
57   Zu allem BGH, FamRZ 2004, 1784 = FuR 2005, 76; vgl. auch OLG Köln, FamRZ 1995, 309, 310; OLG Stuttgart, FamRZ 1997, 1494, 1495.
58   OLG Schleswig, Rpfleger 2002, 87 zu einer Taschengeldpfändung wegen vorehelicher Darlehensschuld.
59   BGH, FamRZ 2004, 1784 = FuR 2005, 76; OLG München, FamRZ 1988, 1161, 1163; JurBüro 1999, 605; OLG Nürnberg, Rpfleger 1998, 294, 295; s.a. OLG Köln, FuR 2004, 249.
60   OLG Bamberg, FamRZ 1988, 948.

Familiensache;[61] insoweit ist nur zu prüfen, ob und in welcher Höhe dem Schuldner die gepfändete Forderung (der Taschengeldanspruch) zusteht.[62]

D. Art der Unterhaltsleistung (§ 1360a Abs. 2 Satz 1)

§ 1360a Abs. 2 Satz 1 lässt offen, in welcher Weise (»durch die eheliche Lebensgemeinschaft geboten«) der Unterhalt zu leisten ist. Entsprechend der üblichen Gestaltung des Familienlebens werden die **Leistungen** zum Familienunterhalt **grds. natural**, nur **ausnahmsweise bar** erbracht. Der verdienende Ehegatte hat das **Haushaltsgeld**, also regelmäßig die Summe aus dem für die Haushaltsführung notwendigen Betrag und des Taschengeldes, ohne vorherige Aufforderung (§ 1356 Abs. 1 Satz 2) für einen angemessenen Zeitraum, der sich regelmäßig nach den eigenen Zahlungseingängen (bzgl. seines Einkommens) richtet, im Voraus zu entrichten.   22

E. Haftung für den Familienunterhalt (§ 1360a Abs. 2 Satz 2)

Zur Vereinfachung normiert § 1360a Abs. 2 Satz 2 **gegenseitige** (»einander«) **Leistungspflichten:** Jeder Ehegatte muss dem anderen die für den gemeinsamen Unterhalt der Familie erforderlichen Mittel für einen **angemessenen Zeitraum** im **Voraus** zur Verfügung zu stellen (Anspruch auf »**Haushaltsgeld**« oder »**Wirtschaftsgeld**«).   23

In einer sog. Alleinverdiener- bzw. Zuverdienerehe hat der Ehegatte mit dem »Haupteinkommen« die Summe der Kosten (**Haushaltsgeld** oder **Wirtschaftsgeld** einschließlich **Taschengeld** für den haushaltführenden Ehegatten) von seinem Einkommen an denjenigen Ehegatten zu leisten, der nach gemeinsamer (auch konkludenter) Absprache mit der Haushaltsführung beauftragt ist. In einer Doppelverdienerehe haben sich die Ehegatten **anteilig** am **Familienunterhalt** zu beteiligen: Der Anteil jedes Ehegatten ergibt sich aus dem Verhältnis der beiderseitigen Einkünfte nach Abzug des beiden Ehegatten zustehenden Taschengeldes.[63]   24

Zentraler Maßstab für die **Bemessung** des **Familienunterhalts** sind die **Einkommens- und Vermögensverhältnisse** der Eheleute,[64] wobei der **Stamm** des **Vermögens** nur angetastet werden muss, wenn die laufenden Einkünfte auch bei sparsamer Lebensführung nicht mehr ausreichen, oder wenn größere Anschaffungen nötig werden. Auch – für Körper- oder Gesundheitsschäden gewährte – Sozialleistungen gehören zum Familieneinkommen, soweit der Unterhaltsgläubiger daraus keinen Mehrbedarf befriedigen muss. Die **Vermutung** des § 1610a gilt nur i.R.d. Verwandtenunterhalts, des Trennungsunterhalts (s. § 1361 Abs. 1 Satz 1 Halbs. 1 und Abs. 4) und (über § 1578a) für den nachehelichen Unterhalt (§§ 1569 ff.), **nicht** dagegen i.R.d. **Familienunterhalts**. Elterngeld ist – anders als beim Trennungsunterhalt und beim nachehelichen Unterhalt (s. § 11 BEGG) – zur Deckung des Bedarfs der gesamten Familie heranzuziehen, da es gerade dazu dient, den erziehenden Elternteil von einer sonst notwendigen Erwerbstätigkeit freizustellen.   25

Schulden mindern das für die Familie verfügbare Einkommen und damit den Familienunterhalt, gleichgültig, ob sie vor oder während der Ehe entstanden oder allein von einem Ehegatten ohne hinreichenden Grund aufgenommen worden sind: Bei bestehender Ehe müssen der Ehegatte und die Kinder auch wirtschaftlich unvernünftiges Verhalten des Partners bzw. Elternteils mittragen. Allerdings können sie verlangen, dass dieser besondere Anstrengungen unternimmt, um sein Einkommen – z.B. durch Überstunden und/oder Nebentätigkeit – zu erhöhen, oder dass die Schuld-   26

---

61 OLG Hamm, FamRZ 1985, 407 ff.; OLG Bamberg, FamRZ 1988, 948 ff.
62 OLG Bamberg, FamRZ 1988, 948 ff. m.w.N.
63 OLG Celle, FamRZ 1999, 162.
64 BGHZ 94, 1 = BGH, FamRZ 1985, 576, 577; vgl. auch BGHZ 116, 184 = BGH, FamRZ 1992, 291, 292.

tilgung gestreckt wird. Notfalls muss auch der bisher den Haushalt führende Ehegatte ganz oder teilweise einer Erwerbstätigkeit nachgehen.

27 Der den Haushalt führende Ehegatte muss das ihm treuhänderisch überlassene, nicht übereignete Haushaltsgeld für den Familienunterhalt verwenden. Der BGH[65] hat die **Rechenschaftspflicht** des **haushaltführenden Ehegatten** eingeschränkt und eine Haftung nach Auftragsrecht abgelehnt: Die eheliche Lebensgemeinschaft begründe zwar die Verpflichtung, den anderen Partner in groben Zügen über die Verwendung des Familieneinkommens zu unterrichten; sie könne aber nach der konkreten Praxis in der Ehe gleichzeitig die Rechenschaftspflicht einschränken. Daraus sei weiter zu schließen, dass der den Haushalt führende Teil die Verwendung des Haushaltsgeldes nicht im Einzelnen abrechnen müsse. Grds. ist daher – vorbehaltlich anderweitiger Vereinbarung – die Verwendung des Haushaltsgeldes nicht im Einzelnen abzurechnen.[66] Streiten die Eheleute über die Angemessenheit des vereinbarten Wirtschaftsgeldes, dann müssen sie beide den Verwendungszweck absprechen; jeder Ehegatte kann sodann Anpassung des Wirtschaftsgeldes an den tatsächlichen Bedarf verlangen.[67]

F. Verweisungen (§ 1360a Abs. 3)

28 I.R.d. Familienunterhalts sind die für die Unterhaltspflicht der Verwandten geltenden Vorschriften der §§ 1613 bis 1615 **entsprechend** anzuwenden (§ 1360a Abs. 3). Nach der Trennung der Eheleute (§ 1567 Abs. 1) kann der den Haushalt führende Ehegatte Wirtschaftsgeld für einen in der Vergangenheit liegenden Zeitraum nur noch dann verlangen, wenn er zur Deckung des Bedarfs der Familie auf Ersparnisse zurückgreifen oder ein Darlehen aufnehmen musste (§ 1613).[68] Verzicht auf Familienunterhalt für die Zukunft ist ebenso unzulässig wie eine Abfindung. Der Unterhaltsanspruch erlischt mit dem Tode eines der Ehegatten. Ein Auskunftsanspruch besteht mangels Verweisung auf § 1605 nicht;[69] de lege ferenda wird ein solcher Anspruch des nicht erwerbstätigen Ehegatten ggü. dem erwerbstätigen jedoch bejaht.[70] Allerdings hat der von seinem volljährigen Kind im Wege des Stufenantrages auf Unterhalt in Anspruch genommene Elternteil auf Verlangen – jedoch nur in groben Zügen – auch über die Einkommensverhältnisse seines Ehegatten Auskunft zu erteilen, soweit dies erforderlich ist, um dessen Anteil am Familienunterhalt bestimmen zu können. Ein Belegvorlageanspruch besteht nicht.[71]

G. Kostenvorschuss (§ 1360a Abs. 4)

29 Der Anspruch auf Familienunterhalt umfasst nach § 1360a Abs. 4 auch den Anspruch auf **Kostenvorschuss**: Ist ein Ehegatte nicht in der Lage, die Kosten eines Rechtsstreits zu tragen, der eine persönliche Angelegenheit betrifft, so ist der andere verpflichtet, ihm diese Kosten vorzuschießen, soweit dies der Billigkeit entspricht (§ 1360a Abs. 4 Satz 1); das gleiche gilt für die Kosten der Verteidigung in einem Strafverfahren, das gegen einen Ehegatten gerichtet ist (§ 1360a Abs. 4 Satz 2).[72] Der Anspruch auf Kostenvorschuss für die Zukunft ist **unverzichtbar** (§§ 1360a Abs. 3, 1614) und erlischt mit dem Tode des Unterhaltsgläubigers oder Unterhaltsschuldners (§§ 1360a Abs. 3, 1615). **Gläubiger** des Anspruchs auf Kostenvorschuss ist der Ehegatte; mangels Gesamt-

---

65 BGH, FamRZ 2001, 23 = FuR 2000, 491.
66 BGH, FamRZ 2001, 23 = FuR 2000, 491.
67 OLG Frankfurt, FamRZ 1970, 655; OLG Hamburg, FamRZ 1984, 583.
68 OLG Hamburg, FamRZ 1984, 583; OLG Hamm, FamRZ 1988, 947; a.A. OLG Köln, FamRZ 1984, 1089.
69 OLG München, EzFamR aktuell 1999, 380 = OLGR 2000, 123.
70 Palandt/Brudermüller, § 1360a Rn. 6 und § 1353 Rn. 13.
71 OLG Jena, NJ 2008, 411.
72 Allgemein zum Kostenvorschuss s. Knops, NJW 1993, 1237; Klein, FuR 1996, 69 ff., 147 ff.

schuldnerschaft besteht keine Haftung des Unterhaltsschuldners ggü. der Gerichtskasse, von Besonderheiten bei Gütergemeinschaft abgesehen (vgl. hierzu §§ 1437 Abs. 2, 1438 Abs. 2, 1459 Abs. 2, 1460 Abs. 2). Der Anspruch auf Kostenvorschuss richtet sich gegen den »anderen Ehegatten«, d.h. den jeweiligen Ehegatten zum Zeitpunkt der Geltendmachung oder der Abwehr eines Anspruchs.

I. Anwendungsbereich der Norm

Die Pflicht, dem anderen Ehegatten Kostenvorschuss zu leisten, ist als Ausdruck familiärer Solidarität **Ausfluss** der **Unterhaltspflicht;**[73] Leistungen der **Sozialhilfe** mindern wegen ihres Nachrangs (§ 2 SGB XII) den Anspruch auf Kostenvorschuss nicht. § 1360a Abs. 4 regelt daher – zusammen mit der Verweisungsnorm des § 1361 Abs. 4 Satz 4 für den Trennungsunterhalt – diesen Fall des Sonderbedarfs unter Eheleuten abschließend;[74] § 1353 scheidet als Anspruchsgrundlage aus. **30**

Der Anspruch auf Zahlung eines Kostenvorschusses ist ein **zweckbestimmter Unterhaltsanspruch** und damit nicht abtret- oder übertragbar (§ 399), außer an den RA oder an das Gericht wegen deren Kosten. Er ist nach § 851 Abs. 1 ZPO nicht pfändbar, sodass auch eine Aufrechnung nach § 394 nicht möglich ist.[75] **Etwas anderes** gilt für einen Anspruch auf **Rückzahlung** eines bereits geleisteten **Kostenvorschusses:** Der vorschusspflichtige Ehegatte kann mit seinem (berechtigten) Anspruch auf (teilweise) Rückzahlung des Kostenvorschusses ggü. dem Anspruch des vorschussberechtigten Ehegatten auf Unterhalt für die Vergangenheit aufrechnen; § 394 i.V.m. § 850b Abs. 1 Nr. 2 ZPO steht dem nicht entgegen.[76] Einem Anspruch auf Kostenvorschuss in einer Ehesache steht nicht zwingend entgegen, dass Unterhaltsansprüche des den Vorschuss begehrenden Ehegatten nach § 1579 **verwirkt** sind:[77] Es kann trotz Verwirkung von Elementarunterhalt wegen der abgestuften Rechtsfolgen des § 1579 nicht grob unbillig sein, dass (noch) ein Anspruch auf Kostenvorschuss besteht. **31**

§ 1360a Abs. 4 normiert das Unterhaltsschuldverhältnis unter Ehegatten; eine Ausdehnung dieses Anwendungsbereichs verbietet bereits die Solidarität in bestehender Ehe. **Geschiedene Ehegatten** schulden einander daher **grds. keinen Kostenvorschuss:** Für den nachehelichen Unterhalt ist § 1360a Abs. 4 auch nicht entsprechend anwendbar, weil diese unterhaltsrechtliche Beziehung nicht in gleichem Umfange Ausdruck einer besonderen Verantwortung des Verpflichteten für den Berechtigten ist, die derjenigen von Ehegatten vergleichbar ist. Der Anspruch auf Kostenvorschuss gegen den früheren Ehegatten erlischt daher mit Rechtskraft der Scheidung.[78] **32**

Äußerst streitig ist, ob sich der Anspruch eines **Verwandten** auf Kostenvorschuss auf § 1613 oder auf § 1360a Abs. 4 analog gründet. Der BGH hat in seinen Entscheidungen v. 04.08.2004[79] (bzgl. minderjähriger unverheirateter Kinder) und v. 23.03.2005[80] (bzgl. volljähriger Kinder) jeweils § 1360a Abs. 4 **analog** als Anspruchsgrundlage herangezogen, in beiden Entscheidungen jedoch (zutreffend) darauf hingewiesen, dass der Kostenvorschuss eine Form des Sonderbedarfs darstellt. Das Recht des Verwandtenunterhalts stellt jedoch für den Sonderbedarf mit § **1613** eine eigenständige Norm zur Verfügung, sodass mangels Gesetzeslücke nicht im Wege einer Analogie auf eine Norm im Familien- bzw. Ehegattenunterhaltsrecht zurückgegriffen werden muss. § 1610 **33**

---

73 BGHZ 56, 92; BGHZ 110, 247 = BGH, FamRZ 1990, 491; BGH, FamRZ 1986, 40; s.a. Herr, FuR 2010, 658 zum Darlehensangebot als Abwehrstrategie gegen einen Anspruch auf Verfahrenskostenvorschuss.
74 BGHZ 41, 104, 110.
75 BGHZ 94, 316 = BGH, FamRZ 1985, 802; OLG Köln, FamRZ 1993, 1462.
76 KG, FamRZ 2008, 2201; s.a. OLG Koblenz, FamRZ 2000, 1219.
77 OLG Zweibrücken, NJW-RR 2001, 1009.
78 BGHZ 89, 33 ff. = BGH, FamRZ 1984, 148 f.
79 BGH, FamRZ 2004, 1633 = FuR 2004, 557.
80 BGH, FamRZ 2005, 883 = FuR 2005, 327.

Abs. 2 scheidet als Anspruchsgrundlage deshalb aus,[81] weil der Gesetzgeber den sich aus dem laufenden Lebensbedarf (Elementar- und Mehrbedarf) und dem Sonderbedarf zusammengesetzten gesamten Unterhaltsbedarf i.R.d. Familien- und Trennungs- wie auch i.R.d. Verwandtenunterhalts in jeweils eigenständigen Normen geregelt hat. Die Wahl der Anspruchsgrundlage ist für die Praxis, soweit es den Anspruch auf Kostenvorschuss eines Verwandten anlangt, wegen der erweiterten Zugriffsmöglichkeit des § 1613 Abs. 2 (Geltendmachung von Unterhalt für die Vergangenheit unter bestimmten Voraussetzungen) bedeutsam.

1. Minderjährige unverheiratete Kinder

34 Eltern[82] schulden – gleichgültig, ob sie verheiratet sind oder nicht – ihren **minderjährigen unverheirateten Kindern** aufgrund ihrer unterhaltsrechtlichen Beziehungen und ihrer besonderen Verantwortung für ihre Kinder Kostenvorschuss für erfolgversprechende Rechtsstreitigkeiten in deren persönlichen Angelegenheiten, wenn dies der **Billigkeit** entspricht; dabei sind insb. die persönlichen Beziehungen und die wirtschaftlichen Verhältnisse der Beteiligten zu berücksichtigen.[83] Der Anspruch auf Kostenvorschuss setzt voraus, dass das Kind **bedürftig**, also nicht in der Lage ist, die Verfahrenskosten selbst zu tragen, während die Eltern insoweit hinreichend **leistungsfähig** sind; insoweit kann auf die auch sonst gültigen Selbstbehaltssätze der Tabellen/Leitlinien der OLG zurückgegriffen werden.[84] Die Eltern haften anteilig nach ihren Erwerbs- und Vermögensverhältnissen, wobei jedoch die Haftung des betreuenden Elternteils erst dann einsetzt, wenn sein bereinigtes Nettoeinkommen den angemessenen Selbstbehalt deutlich übersteigt.[85]

35 Allerdings kann sich der Unterhaltsschuldner, soweit es sich um den Anspruch eines minderjährigen unverheirateten Kindes handelt, nicht auf den angemessenen Selbstbehalt nach § 1581 Satz 1 oder den sog. großen Selbstbehalt des § 1603 Abs. 1 berufen,[86] sondern aus der besonderen Unterhaltspflicht der Eltern ggü. ihren minderjährigen (und den diesen nach § 1603 Abs. 2 Satz 1 und 2 gleichgestellten volljährigen) Kindern ergibt sich auch insoweit als unterste Grenze der Inanspruchnahme der notwendige Selbstbehalt des § 1603 Abs. 2. Nur dann, wenn der unterhaltspflichtige Elternteil nach Abzug der vorrangigen Verpflichtungen auf Elementarunterhalt unter Wahrung seines **eigenen notwendigen Selbstbehalts** nicht zur Leistung eines Kostenvorschusses an sein Kind in der Lage ist, entfällt dessen Anspruch auf Kostenvorschuss.

36 Gleiches gilt nach verfahrenskostenhilferechtlichen Grundsätzen dann, wenn der Unterhaltsschuldner selbst VKH ohne Ratenzahlung erhalten würde, denn der unterhaltspflichtige Elternteil kann nicht verpflichtet sein, seinem Kind als Vorschuss die Kosten eines Verfahrens zu leisten, wenn er für die Kosten eines Verfahrens in eigenen Angelegenheiten nicht aufkommen müsste, weil ihm dafür ratenlos VKH bewilligt würde.[87] Ein Kostenvorschussanspruch eines Ehegatten, der von dem anderen Ehegatten getrennt lebt, besteht auch dann, wenn dieser den Kostenvorschuss zwar nicht in einer Summe zahlen kann, aber nach § 115 Abs. 1 und 2 ZPO, der regelmäßig auch seinen notwendigen Selbstbehalt wahrt, für eine eigene Verfahrensführung zu Ratenzah-

81 So aber noch OLG Hamm, FamRZ 1982, 1073; OLG Köln, FamRZ 1986, 1031; OLG Hamburg, FamRZ 1990, 1141; OLG München, FamRZ 1991, 347.
82 Umstritten ist die Haftung von Großeltern, s. etwa einerseits OLG Koblenz, NJWE-FER 1997, 104 – grds. ja, und andererseits OLG Koblenz, FamRZ 1999, 241 – grds. nein.
83 BGH, FamRZ 2004, 1633 = FuR 2004, 557; s.a. OLG Schleswig, FamRZ 2009, 897; VGH Bayern, 29.03.2010 – 12 C 09.3144, juris; SächsOVG LKV 2011, 277 = FamRZ 2011, 1746 [Ls].
84 BGH, FamRZ 2004, 1633 = FuR 2004, 557; OLG Schleswig, FamRZ 2009, 897.
85 OLG Nürnberg, FamRZ 2001, 233.
86 S. insoweit OLG Koblenz, FamRZ 1986, 284; OLG Köln, FamRZ 1999, 792.
87 BGH, FamRZ 2004, 1633 = FuR 2004, 557.

lungen in der Lage wäre: Dann kann dem vorschussberechtigten Ehegatten VKH auch nur gegen entsprechende Ratenzahlung bewilligt werden.[88]

Eltern schulden ihren **minderjährigen unverheirateten Kindern** Kostenvorschuss auch dann, **37** wenn sie ihn zwar nicht in einer Summe zahlen können, aber nach § 115 ZPO, der regelmäßig auch ihren notwendigen Selbstbehalt wahrt, für eine eigene Verfahrensführung zu **Ratenzahlungen** in der Lage wären:[89] Dann kann dem vorschussberechtigten Kind VKH auch nur gegen entsprechende Ratenzahlung bewilligt werden.[90] Würde der betreffende unterhaltspflichtige Elternteil für ein von ihm selbst zu führendes gerichtliches Verfahren VKH nur unter Anordnung von Raten erhalten, und verfügt er weiterhin über ein seinen notwendigen Selbstbehalt deutlich übersteigendes Einkommen, das ihn unterhaltsrechtlich in die Lage versetzt, den Sonderbedarf Kostenvorschuss zumindest in diesen Raten aufzubringen, erscheint es nicht gerechtfertigt, das verfahrensführende Kind von jeder Ratenzahlungspflicht freizustellen, obwohl es unterhaltsrechtlich über Vermögen in Form eines – wenn auch ratenweise zu erfüllenden – Anspruchs auf Kostenvorschuss gegen einen Elternteil verfügt.[91] Aus Gründen der Billigkeit ist lediglich eine weiter gehende Ratenzahlungsbelastung, als sie nach § 115 Abs. 1 ZPO in Betracht käme, ausgeschlossen, denn es würde dem unterhaltsrechtlichen Maßstab der Billigkeit widersprechen, wenn der Unterhaltsschuldner in stärkerem Maße in Anspruch genommen würde, als dieses bei eigener Prozessführung der Fall wäre.[92]

2. Volljährige Kinder

Das Gesetz normiert die Verpflichtung zur Zahlung eines Kostenvorschusses ausdrücklich nur für **38** **verheiratete** (§ 1360a Abs. 4) und für **getrennt lebende** (§ 1361 Abs. 4 Satz 4) **Ehegatten**; andere Vorschriften (etwa §§ 231 Abs. 1 Nr. 1 und 2, 246 Abs. 1 FamFG) regeln lediglich **verfahrensrechtliche** Möglichkeiten zur Durchsetzung des Anspruchs auf einen Kostenvorschuss und können daher nicht als Anspruchsgrundlage für den Anspruch selbst dienen. Dennoch steht auch dem **volljährigen Kind** ein Anspruch auf **Zahlung** eines **Kostenvorschusses** für die Kosten eines Rechtsstreits in persönlichen Angelegenheiten gegen seine Eltern zu, wenn die Situation des bedürftigen volljährigen Kindes derjenigen eines unterhaltsberechtigten Ehegatten vergleichbar ist, etwa wenn es sich noch in der Ausbildung befindet, daher noch keine selbstständige Lebensstellung erreicht hat und deswegen übergangsweise – wie ein minderjähriges Kind – der Unterstützung durch seine Eltern bedarf.[93] Insoweit ist auch die Unterscheidung bzgl. privilegierter und nicht privilegierter volljähriger unverheirateter Kinder in § 1603 Abs. 2 Satz 2 ohne Belang, denn § 1603 verhält sich nicht zum Unterhaltsbedarf, sondern betrifft die Leistungsfähigkeit des Unterhaltsschuldners und kommt somit erst im Mangelfall zum Tragen.[94] Ein Rechtsstreit zur Erlan-

---

88 OLG Celle, FamRZ 2008, 2199; VGH Hessen, NJW-RR 2009, 1436; OLG Saarbrücken, ZFE 2010, 42 (LS).

89 OLG Schleswig, FamRZ 2009, 897.

90 BGH, FamRZ 2004, 1633 = FuR 2004, 557; so auch KG, FamRZ 1990, 183; OLG Koblenz, FamRZ 1991, 346; OLG Bamberg, JurBüro 1994, 45; OLG Zweibrücken, FamRZ 1997, 757; OLG München (1. ZS), OLGR 1999, 321; OLG Nürnberg, FamRZ 2001, 233; OLG Celle (21. ZS), JurBüro 2002, 540; OLG Dresden, FamRZ 2002, 1412; OLG Köln, FamRZ 2003, 102; OVG NW, InfAuslR 2009, 340; a.A. noch OLG Karlsruhe, FamRZ 1992, 77; OLG München (12. ZS), FamRZ 1993, 714; OLG Celle (15. ZS), NdsRpfl 1995, 47; OLG Oldenburg, FamRZ 1999, 1148; OLG Naumburg, FamRZ 2000, 1095; OLG Brandenburg, FamRZ 2002, 1414.

91 So zutr. BGH, FamRZ 2004, 1633 = FuR 2004, 557 unter Hinweis auf OLG Köln, FamRZ 2003, 102.

92 So zutr. BGH, FamRZ 2004, 1633 = FuR 2004, 557 unter Hinweis auf OLG Dresden, FamRZ 2002, 1412.

93 LAG Berlin-Brandenburg, FamRZ 2010, 143; OVG des Saarlandes FamRZ 2011, 1162.

94 BGH, FamRZ 2005, 883 = FuR 2005, 327; in BFH, DStZ 1997, 791 (zur Frage eines Kostenvorschusses als außergewöhnliche Belastung) blieb die Streitfrage, ob volljährige Kinder aus § 1610 Abs. 2 einen Anspruch auf einen Kostenvorschuss herleiten können, noch offen.

gung eines Studienplatzes ist als wichtige persönliche Angelegenheit des Kindes anzusehen, und der Wunsch des Kindes, an einer bestimmten Hochschule zu studieren, beseitigt diesen Anspruch aus Billigkeitsgründen regelmäßig nicht.[95] Für die Dauer einer rechtswissenschaftlichen Promotion besteht ein Unterhaltsanspruch i.d.R. nicht.[96]

II. Vorrang des Kostenvorschusses vor der VKH

39 Der in § 2 SGB XII formulierte **Nachrang** von **Sozialleistungen** gilt auch für die VKH als **Sonderform** der **Sozialhilfe**; darüber hinaus stellt der (privatrechtliche) **Anspruch** auf Zahlung eines **Kostenvorschusses** – auch in Raten[97] – einen i.R.d. VKH einzusetzenden **Vermögenswert** dar (§ 115 Abs. 3 ZPO). Der Anspruch auf Kostenvorschuss geht dem öffentlich-rechtlichen Anspruch auf Bewilligung von VKH jedenfalls dann vor, wenn er zweifelsfrei besteht, mühelos, zeitnah und zumutbar durchsetzbar sowie seine Durchsetzung nicht mit Rechtseinbußen verbunden ist.[98] Ein solcher Anspruch ist jedenfalls dann nicht realisierbar, wenn der Unterhaltsschuldner zur Zahlung des verlangten Kostenvorschusses leistungsunfähig oder -unwillig ist:[99] Keinem Hilfsbedürftigen ist zuzumuten, vor Beginn seines Rechtsstreits ein weiteres, unsicheres Verfahren um den Kostenvorschuss zu führen.[100]

40 Ein gerichtliches **Verfahren** zur Erlangung eines **Kostenvorschusses**, ggf. noch mit anschließender Zwangsvollstreckung, ist der unbemittelten Partei schon im Interesse der Fortführung des Verfahrens, für den der Vorschuss begehrt wird, auch als Eilverfahren nicht zumutbar;[101] dies gilt umso mehr, wenn eine Quotenhaftung mehrerer Kostenvorschusspflichtiger in Betracht kommt.[102] Eine Kostenvorschuss begehrende Partei hat in ihrem Gesuch um PKH/VKH daher darzulegen und zu erläutern, dass sie außerstande ist, die Prozesskosten im Wege eines durchsetzbaren Kostenvorschusses aufzubringen, da ihr ein Anspruch auf Kostenvorschuss nicht zusteht, etwa weil der Vorschusspflichtige den Vorschuss nicht aufbringen kann, oder warum es ihr nicht zuzumuten ist, den Vorschuss geltend zu machen; die dazu behaupteten Tatsachen sind glaubhaft zu machen.[103] Einer Partei ohne eigenes Einkommen oder Vermögen ist daher – wenn die sachlichen Voraussetzungen vorliegen – VKH zu bewilligen, wenn dem Gericht bekannt ist, dass ein Anspruch auf Kostenvorschuss mangels Leistungsfähigkeit des Ehegatten nicht oder nicht alsbald realisierbar ist,[104] etwa weil ihm in einem anderen Verfahren VKH gegen Ratenzahlung bewilligt worden ist.[105]

95 OVG Berlin-Brandenburg, FamRZ 2012, 390,
96 OVG Sachsen, NJW 2010, 2903 = FamRZ 2010, 1457 [LS].
97 BGH, FamRZ 2004, 1633 = FuR 2004, 557; OLG Nürnberg, FamRZ 2001, 233; OLG Frankfurt, OLGR 2005, 16; OLG Saarbrücken, ZFE 2010, 114; SächsOVG, LKV 2011, 277 = FamRZ 2011, 1746 [Ls].
98 BGH, FamRZ 2008, 1842 – »alsbald realisierbar«; BFH/NV 2012, 765 – »realisierbarer Anspruch«; OLG Köln, FamRZ 1985, 1067; OLG Düsseldorf, FamRZ 1990, 420; OLG München, FamRZ 1993, 714; FamRZ 1994, 1126; OLG Zweibrücken, FamRZ 2002, 1200; SächsOVG, LKV 2011, 277 = FamRZ 2011, 1746 [Ls].
99 BGH, Rpfleger 1993, 302; BFH/NV 2012, 765 – wenn dem Unterhaltsschuldner seinerseits PKH in Raten zu bewilligen wäre; so einhellige Meinung, s. zuletzt OLG München, FamRZ 1994, 1126; OVG Nordrhein-Westfalen, NJW-RR 1999, 1235; OLG Braunschweig, OLGR 1999, 307; OLG Naumburg, FamRZ 2000, 1095 (LS); OLG Zweibrücken, FamRZ 2000, 757 = FuR 2000, 393; OLGR 2001, 108.
100 LAG Berlin-Brandenburg, FamRZ 2010, 143 im Anschluss an BAG EzA § 115 ZPO 2002 Nr. 1 – »alsbald realisierbar«.
101 OLG Köln, OLGR 1999, 136; OVG NW, NJW-RR 1999, 1235.
102 OLG Saarbrücken, FamRZ 2010, 2094.
103 OLG Karlsruhe, FamRZ 2006, 1852; OLG Celle, FamRZ 2007, 762; LAG Berlin-Brandenburg, FamRZ 2010, 143 im Anschluss an BGH, FamRZ 2008, 1842; OLG Celle, Schaden-Praxis 2012, 135 = NJW-Spezial 2012, 10.
104 BGH, FamRZ 2008, 1842.
105 BFH, EzFamR BGB § 1360a Nr. 10.

Macht der Unterhaltsgläubiger auf einen Sozialhilfeträger im Wege der Legalzession übergegan- 41
gene, nunmehr an ihn rückübertragene Unterhaltsansprüche gerichtlich geltend, dann ist der Leistungsberechtigte grds. nicht bedürftig i.S.v. § 114 ZPO, da ihm ein **Anspruch** auf **Kostenvorschuss** gegen den **öffentlich-rechtlichen Leistungsträger** zusteht, der bei der Prüfung seiner
»Verfahrenskostenarmut« zu berücksichtigen ist.[106] Der Gesichtspunkt der Prozessökonomie
begründet regelmäßig kein im Bewilligungsverfahren zu berücksichtigendes Interesse des Sozial-
leistungsberechtigten an einer einheitlichen Geltendmachung bei ihm verbliebener und vom Sozialleistungsträger rückübertragener Unterhaltsansprüche. Lediglich dann, wenn der Leistungsberechtigte durch den Verweis auf den Vorschussanspruch eigene Nachteile erleiden würde, oder
wenn sich die Geltendmachung rückübertragener Ansprüche neben den beim Unterhaltsgläubiger
verbliebenen Unterhaltsansprüchen kostenrechtlich nicht oder nur unerheblich auswirkt, ist der
Einsatz des Vorschusses nicht zumutbar.[107]

Der Vorrang des Anspruchs auf Kostenvorschuss ist allerdings dann mit der Konsequenz durch- 42
brochen, dass ein Anspruch auf Kostenvorschuss der Bewilligung von VKH nicht (mehr) entgegen
steht, wenn die zugrunde liegenden **schwierigen Rechtsfragen** auch im Verfahren über einen Kostenvorschuss von grundlegender Bedeutung wären, weil Probleme der Hauptsacheentscheidung
nicht in Neben- oder Vorverfahren verlagert werden dürfen.[108]

III. Zeitlicher Anwendungsbereich

Der **Anspruch** auf **Kostenvorschuss entsteht** und **besteht**, sobald und solange die Partei ggü. 43
ihrem RA/der Gerichtskasse vorschusspflichtig ist. Der Begriff Verfahrenskosten-»Vorschuss« in
§ 1360a Abs. 4 knüpft an § 9 RVG an: Danach besteht eine Vorschusspflicht des Auftraggebers
ggü. ihrem RA auch für solche Gebühren, die durch die betreffende anwaltliche Tätigkeit bereits
»entstanden« sind, die der RA als solche jedoch noch nicht gem. § 10 RVG erheben kann, da seine
Vergütung noch nicht fällig ist (§ 8 RVG).[109]

Auch der Anspruch auf Kostenvorschuss unterfällt den **allgemeinen Grundsätzen** des **Unterhalts-** 44
rechts; er kann daher grds. nicht für die **Vergangenheit**, also für bereits angefallene Verfahrenskosten verlangt werden, wenn also die betreffende Instanz oder gar der Rechtsstreit insgesamt bereits
abgeschlossen sind,[110] sofern der Unterhaltsschuldner nicht **rechtzeitig** in **Verzug** gesetzt worden
ist,[111] auch dann nicht, wenn der vorschussberechtigte Ehegatte den Anspruch an seinen Verfahrensbevollmächtigten abgetreten hatte.[112]

Wurde der Unterhaltsschuldner allerdings rechtzeitig vor Erledigung des Verfahrens und/oder 45
Rechtskraft der Scheidung in **Verzug** gesetzt, dann kann er seinen Anspruch auf Kostenvorschuss
ungeschmälert geltend machen.[113] Zwar steht einem geschiedenen Ehegatten grds. kein Anspruch
auf Kostenvorschuss gegen seinen früheren Ehegatten zu;[114] darauf kann sich jedoch derjenige
Unterhaltsschuldner nicht berufen, der rechtzeitig vor der Scheidung, mithin als der Anspruch

---

106 OLG Schleswig, OLGR 2000, 163 zu § 91 BSHG.
107 BGH, FamRZ 2008, 1159 = FuR 2008, 347; OLG Köln, FamRZ 2009, 135 – Legalzession nach § 33
Abs. 4 SGB II; OLG Düsseldorf, OLGR 2009, 412.
108 OLG Naumburg, FamRZ 2002, 456.
109 BGHZ 94, 316 = BGH, FamRZ 1985, 802 – noch zu §§ 17, 18, 16 BRAGO.
110 OLG Brandenburg, FamRZ 2011, 54.
111 OLG Bamberg, FamRZ 1986, 484; KG, FamRZ 1987, 956; OLG Nürnberg, FamRZ 1998, 489; OLG
Karlsruhe, FamRZ 2000, 431; OLG Rostock, OLGR 2001, 560 – bis zum Abschluss des Rechtszugs;
s.a. OLG Köln, FamRZ 1991, 842 – Verzugsschaden; OLG Koblenz, NJWE-FER 2000, 2; OLG Zweibrücken, FuR 2002, 272.
112 BGH, FamRZ 1985, 902; s.a. OLG Schleswig, FamRZ 2008, 614.
113 OLG Schleswig, FamRZ 2008, 614 – es handele sich dann um einen Schadensersatzanspruch.
114 BGHZ 89, 33 = BGH, FamRZ 1984, 148.

bestand und fällig war, in Verzug gesetzt worden war: Es ist nicht einzusehen, dass der Unterhaltsschuldner, der die Zahlung verweigert, sich auf den zwischenzeitlichen Abschluss des Scheidungsverfahrens berufen und damit seiner Zahlungsverpflichtung entgehen kann. Der Einwand der
Beendigung des Rechtsstreits und/oder der rechtskräftigen Scheidung stünde jedenfalls im Hinblick auf die durch eigene Säumnis des Unterhaltsschuldners entstandene Situation der Arglistein-
wand entgegen, denn es darf einem Schuldner, der nicht pünktlich und vollständig leistet, nicht
zum Vorteil gereichen, dass er seiner Leistungspflicht nicht pünktlich und/oder vollständig nachgekommen ist.[115]

46   Aus einer einstweiligen Anordnung »Kostenvorschuss« kann jedoch ebenso wie aus einem Titel
auch nach Beendigung des Verfahrens und ungeachtet der Kostenentscheidung vollstreckt werden.[116]

IV. Tatbestandsvoraussetzungen

47   Der Anspruch eines Ehegatten auf **Kostenvorschuss** (§ 1360a Abs. 4 betreffend den Familienunterhalt bzw. § 1361 Abs. 4 Satz 3 i.V.m. § 1360a Abs. 4 bzgl. des Trennungsunterhalts) umfasst
fünf Tatbestandselemente:

(1) Eine bestehende Ehe;
(2) Der **Rechtsstreit** muss in einer **wichtigen persönlichen Angelegenheit** (z.B. Familiensache)
geführt werden;
(3) Die **beabsichtigte Rechtsverfolgung** darf **weder mutwillig** noch ohne **Aussicht auf Erfolg** sein
(Maßstab des § 114 ZPO);[117]
(4) **Bedürftigkeit** nach **Billigkeitsgrundsätzen:** Die vorhandenen Eigenmittel des Kostenvorschuss
begehrenden Ehegatten dürfen nicht ausreichen, um den Rechtsstreit zu führen; es ist daher
zunächst eigenes Vermögen anzugreifen, sofern es nicht als sog. »Schonvermögen« (angemessene Rücklage für Not- und Krankheitsfälle) nicht angetastet werden muss;[118]
(5) **Leistungsfähigkeit** nach **Billigkeitsgrundsätzen:** Der auf Leistung eines Kostenvorschusses in
Anspruch genommene Ehegatte muss entweder über Vermögen oberhalb der Grenze seines
»Schonvermögens« verfügen, oder aber er muss ein Einkommen erzielen, nach dem er nicht
selbst berechtigt ist, VKH zu erhalten[119] bzw. das bereits quotal aufgeteilt ist; jedenfalls muss
sein angemessener Selbstbehalt gewahrt sein.[120]

1. Bestehende Ehe

48   Mangels gesetzlicher Regelung und angesichts der nicht mehr bestehenden ehelichen Solidarität
besteht zwischen **geschiedenen Ehegatten kein Anspruch** auf **Kostenvorschuss,**[121] sofern nicht
zwei **Ausnahmetatbestände** vorliegen:

---

115 S. zu allem BGH, FamRZ 1985, 802, 803; OLG Düsseldorf, FamRZ 1981, 295, 296; OLG Bamberg,
FamRZ 1986, 484; OLG Frankfurt, FamRZ 1993, 1465, 1467; OLGR 2005, 16; OLG Schleswig,
FamRZ 2008, 614.
116 BGH, FamRZ 1985, 902.
117 BGH, FamRZ 2001, 1363 = FuR 2001, 318.
118 OLG Frankfurt, FamRZ 1986, 485.
119 Str., so OLG Düsseldorf, FamRZ 1993, 1474; OLG Karlsruhe, FamRZ 1992, 77; OLG München,
FamRZ 1993, 714; a.A. OLG Koblenz, FamRZ 1991, 346; KG, FamRZ 1990, 183.
120 OVG Sachsen, NJW-RR 2009, 1436.
121 BGHZ 89, 33 = BGH, FamRZ 1984, 148; BGH, FamRZ 1990, 280; s.a. OLG Zweibrücken, FamRZ
2000, 757.

(1) Vor Rechtskraft der Scheidung rechtswirksam begründeter **Verzug** des **Unterhaltsschuldners**;[122]

(2) **Abgetrennte Folgesache**.[123]

Für den nachehelichen Unterhalt ist § 1360a Abs. 4 auch **nicht entsprechend anwendbar**, weil diese unterhaltsrechtliche Beziehung nicht in gleichem Umfange Ausdruck einer besonderen Verantwortung des Verpflichteten für den Berechtigten ist, die derjenigen von Ehegatten vergleichbar ist. Der Anspruch auf Kostenvorschuss gegen den früheren Ehegatten erlischt daher mit Rechtskraft der Scheidung.[124]

Kostenvorschuss für die Geltendmachung nachehelichen Unterhalts im Scheidungsverbund ist **49** Teil des Trennungsunterhalts (§ 1361 Abs. 4 Satz 4 i.V.m. § 1360a Abs. 4). Ein Anspruch auf Kostenvorschuss gegen den Ehegatten gem. § 1360a Abs. 4 besteht für bereits angefallene Verfahrenskosten grds. nicht mehr.[125] Die Belastung mit den Kosten eines abgeschlossenen Verfahrens löst auch keinen unterhaltsrechtlichen Sonderbedarf aus,[126] und hinsichtlich der Beteiligung des Ehegatten an Verfahrenskosten enthält § 1360a Abs. 4 eine abschließende Regelung, sodass eine Beteiligung unter anderen Voraussetzungen – etwa nach § 1353 – keiner Prüfung bedarf.[127] I.Ü. dient Unterhalt dazu, den laufenden Lebensbedarf zu decken, nicht aber Vermögen (in Form der Rückführung von Verbindlichkeiten) zu bilden.

Hat der Empfänger eines Kostenvorschusses **nach Anfall** der **Verfahrenskosten** erneut geheiratet, **50** kann ein Anspruch auf Kostenvorschuss auch gegen den **neuen Ehegatten** zur Verfolgung von Ansprüchen gegen den früheren bestehen.[128]

2. Rechtsstreit als wichtige persönliche Angelegenheit

Rechtsstreit i.S.d. § 1360a Abs. 4 ist jedes gerichtliche Verfahren[129] in jeder Verfahrensart[130] (etwa **51** Hauptsacheverfahren und summarische Verfahren, auch für die Kosten der einstweiligen Anordnung nach § 246 FamFG selbst),[131] und auf jeder Verfahrensseite.[132] Die Regelung über die Kostenverteilung in Ehesachen schließt den Anspruch eines getrennt lebenden Ehegatten auf Vorschuss der gesamten Verfahrenskosten für das Scheidungsverbundverfahren nicht aus.[133]

Der Rechtsstreit muss eine »**wichtige persönliche Angelegenheit**« (nicht: »lebenswichtige« – das **52** wäre zu hoch gegriffen!) betreffen. Die Auslegung des Begriffs »**persönliche Angelegenheit**« bereitet seit jeher Schwierigkeiten.[134] Die Praxis behilft sich daher mit Fallgruppen, wobei die Unter-

---

122 OLG Frankfurt, OLGR 2005, 16 im Anschluss an BGH, FamRZ 1985, 802.
123 OLG Nürnberg, FamRZ 1990, 421 – Anspruch auf Kostenvorschuss nach Rechtskraft der Scheidung i.R.d. abgetrennten Folgesache »Zugewinnausgleich«.
124 BGHZ 89, 33 ff. = BGH, FamRZ 1984, 148 f.
125 BGH, FamRZ 1985, 902; OLG Bamberg, FamRZ 1986, 484; OLG Köln, FamRZ 1991, 842; OLG Karlsruhe, FamRZ 2000, 431.
126 BGH, FamRZ 1985, 902.
127 OLG Köln, OLGR 2005, 620.
128 BGH, FamRZ 2010, 189 = FuR 2010, 159; s.a. OLG Frankfurt, FamRZ 1983, 588; OLG Hamm, FamRZ 1989, 277; a.A. OLG Düsseldorf, FamRZ 1984, 388 wegen vermögensrechtlicher Ansprüche, die in der ehelichen Lebensgemeinschaft einer geschiedenen Ehe wurzeln.
129 OVG Niedersachsen, FamRZ 1973, 145 – verwaltungsrechtliche Streitigkeit; OLG Düsseldorf, NJW 1976, 1851 – FG-Verfahren; LAG Berlin, MDR 82, 436 – arbeitsrechtliche Streitigkeit; BSG, NJW 1960, 502; NJW 1970, 352 – sozialgerichtliches Verfahren; zur Erstattung der Kosten außergerichtlicher Rechtsverfolgung s. Kleinwegener, FamRZ 1992, 755.
130 OLG Karlsruhe, FamRZ 1984, 584; OLG Frankfurt, FamRZ 1983, 588 – Vollstreckungsgegenklage.
131 OLG Frankfurt, FamRZ 1979, 732.
132 OLG Koblenz, FamRZ 1986, 466 – Rechtsverteidigung.
133 KG, FamRZ 2003, 773 noch zu § 93a ZPO.
134 Hierzu ausführlich BGH, FamRZ 2010, 189 = FuR 2010, 159 m.w.N.

scheidung zwischen vermögensrechtlichen und nicht vermögensrechtlichen Ansprüchen nicht maßgeblich ist.[135] Entsprechend dem Grundsatz, dass familiäre Solidarität staatlicher Fürsorge vorgeht, wird der Begriff weit definiert: Es werden in weitestem Umfang unterhalts- und vermögensrechtliche Ansprüche einbezogen, die ihre »Wurzeln in der Lebensgemeinschaft« haben, also wenn ein konkreter Bezug zu einer der Verpflichtungen aus § 1353 besteht.[136]

53 Eine **wichtige persönliche Angelegenheit** kann aber nicht schon dann angenommen werden, wenn wegen der Wichtigkeit und Bedeutung des mit dem Antrag geltend gemachten Anspruchs die wirtschaftliche und soziale Stellung des berechtigten Ehegatten in entscheidendem Maße beeinflusst wird: Bei einer so weiten Auslegung verlöre der Begriff der persönlichen Angelegenheit jede Begrenzung und Bestimmbarkeit.[137] Eine wichtige persönliche Angelegenheit in diesem Sinne muss ihre Wurzeln in dem **Familienrechtsverhältnis** haben, auf dem die (Kostenvorschuss-) Unterhaltspflicht beruht, also »eine genügend enge Verbindung zur Person des betreffenden Ehegatten«[138] und zu seinen persönlichen Bedürfnissen, etwa dass Rechte bzw. Pflichten im Zusammenhang mit Aufbau oder Erhaltung einer wirtschaftlichen Existenz der Eheleute eingegangen wurden oder aus sonstigen Gründen mit der gemeinsamen Lebensführung im Zusammenhang stehen. Hierbei ist der **Begriff der ehelichen Lebensgemeinschaft umfassend** zu verstehen, also auch die wirtschaftliche Existenz der Ehepartner umgreifend.

54 Neben den die Person berührenden nicht vermögensrechtlichen Angelegenheiten (wie Vormundschafts-, Pflegschafts-, Betreuungs-, Unterbringungs- und Strafsachen) können auch auf **vermögensrechtliche Leistungen** gerichtete Ansprüche zu den persönlichen Angelegenheiten eines Ehegatten gehören, insb. dann, wenn sie ihre **Wurzeln** in der **Lebensgemeinschaft** der Ehegatten haben, die auch die wirtschaftliche Existenz der Ehegatten umgreift. Das Recht, an dem wirtschaftlichen Ergebnis der gemeinsamen Tätigkeit in der Ehe beteiligt zu werden, zählt deshalb zu den persönlichen Angelegenheiten. Die Annahme einer wichtigen persönlichen Angelegenheit setzt bei einem Rechtsstreit des Ehegatten aus einem Rechtsverhältnis mit einem Dritten nicht voraus, dass Ansprüche sich aus der Sicherung der ehelichen Lebensgemeinschaft des Ehegatten ergeben müssen; allerdings ist in solchen Fällen die Frage, ob eine wichtige persönliche Angelegenheit vorliegt, unabhängig davon zu prüfen, welche Beziehung das Rechtsverhältnis oder der geltend zu machende oder abzuwehrende Anspruch zu der ehelichen Lebensgemeinschaft mit dem auf Kostenvorschuss in Anspruch genommenen Ehegatten hat.[139]

55 Der BGH hat nunmehr mit Beschl. v. 25.11.2009[140] die Streitfrage entschieden, ob diese Vorschusspflicht auch den neuen Ehegatten trifft, wenn sein Partner einen Rechtsstreit gegen den alten Ehepartner führt.[141] Verfahren, die nur dem **allgemeinen wirtschaftlichen Interesse** eines Ehegatten dienen, zählen nicht zu den persönlichen Angelegenheiten (etwa die Geltendmachung erbrechtlicher Ansprüche, gesellschaftsrechtlicher Ansprüche sowie von Ansprüchen auf Zahlung von Provision). Eine **vermögensrechtliche Streitigkeit** mit einem **Dritten** ist dann eine persönli-

---

135 BGH, FamRZ 2010, 189 = FuR 2010, 159 unter Hinweis auf BGHZ 31, 384; BGHZ 41, 184.
136 Palandt/Brudermüller, § 1360a Rn. 14 unter Hinweis auf BGHZ 31, 384; s.a. Knops/Knops, FamRZ 1997, 208 – durchsetzbare Rechte aus § 823, die beiden Ehegatten zugutekommen.
137 OLG Karlsruhe, FamRZ 2005, 1744.
138 BGHZ 41, 112; OLG Köln, NJWE-FER 2000, 31.
139 BGHZ 31, 384 – Auskunftsverlangen; OLG Hamm, FamRZ 1981, 275 – Anspruch auf Zugewinnausgleich; OLG Frankfurt, FamRZ 1981, 164 – Anspruch auf Zugewinnausgleich; FamRZ 1983, 588 – Verteidigung gegen den Anspruch des früheren Ehepartners auf Rückgewähr von angeblich seinerzeit zur Schaffung einer gemeinsamen Ehewohnung erbrachten Leistungen; OLG Koblenz, FamRZ 1986, 466 – Verteidigung gegen einen Anspruch auf Zugewinnausgleich.
140 BGH, FamRZ 2010, 189 = FuR 2010, 159.
141 Vorschusspflicht des neuen Ehegatten bejahend OLG Frankfurt, FamRZ 1983, 588; OLG Koblenz, FamRZ 1986, 466; verneinend OLG Nürnberg, FamRZ 1986, 697; OLG Düsseldorf, FamRZ 1984, 388; OLG Hamm, FamRZ 1989, 277.

che Angelegenheit, wenn der Rechtsstreit eine genügend enge Verbindung zur Person des betroffenen Ehegatten aufweist, eine personenbezogene Funktion hat (etwa Rechtsstreitigkeiten über Schadensersatzansprüche nach § 844 Abs. 2, § 10 Abs. 2 StVG und sozialgerichtliche Verfahren, die die Zahlung einer Rente wegen Berufs- und Erwerbsunfähigkeit oder die Altersrente betreffen). Eine allgemeingültige begriffliche Formel, wann ein Rechtsstreit eine genügend enge Verbindung zur Person des betroffenen Ehegatten hat, gibt es jedoch nicht.

Ein Anspruch, der bei seiner Entstehung als persönliche Angelegenheit einzuordnen ist, verliert **56** diese Eigenschaft nicht durch eine neue Eheschließung des Anspruchsinhabers. § 1360a Abs. 4 ist zwar unklar, soweit es um den Begriff der persönlichen Angelegenheit geht; hinsichtlich der Adressaten lässt der Wortlaut aber keinen Zweifel offen. Der Anspruch auf Kostenvorschuss richtet sich gegen den »anderen Ehegatten«, d.h. den jeweiligen Ehegatten zum Zeitpunkt der Geltendmachung oder der Abwehr eines Anspruchs. Eine einschränkende Auslegung widerspräche dem Grundsatz, dass Familiensolidarität staatlicher Fürsorge vorgeht.

Fallgruppen der Praxis: **57**

- Ureigener **persönlicher Bereich:** Statusverfahren, insb. Abstammungsverfahren sowohl gegen den gesetzlichen[142] als auch gegen den vermuteten Vater,[143] Verfahren betreffend Ehre, Freiheit, Betreuung, Gesundheit und Wiederherstellung der Arbeitskraft,[144] Prüfungsrechtsstreit,[145] Führerscheinentzug und Ausweisung; Streitigkeiten um eine Aufenthaltserlaubnis;[146] Schmerzensgeld- und Schadensersatzansprüche;[147]
- Schutz des **räumlich-gegenständlichen Bereichs der Ehe;**[148]
- **Unterhaltsverfahren,** sowohl aktiv[149] als auch passiv:[150] Anträge auf Kindesunterhalt,[151] Abwehr von Unterhaltsansprüchen eines aus einer früheren Ehe stammenden Kindes,[152] Antrag der Ehefrau ggü. ihrem früheren Ehemann auf Erstattung der durch die Zustimmung zum Realsplitting gem. § 10 EStG entstandenen Steuern (s. § 266 FamFG);[153]

---

142 S.auch OLG Bremen, DAVorm 1998, 935 – jedenfalls im Rahmen einer Ehelichkeitsanfechtungsklage des Kindes, wenn die bei Antragstellung erkennbaren Umstände darauf hindeuten, dass der Beklagte nicht der Erzeuger sein kann; OLG Koblenz, FamRZ 1997, 681 – zur Kostenvorschusspflicht der Großeltern ggü. ihrem Enkelkind; OLG Köln, FamRZ 1999, 792 – es bestehe auch ein Anspruch gegen die Mutter, auch wenn sie den Vorschuss nur in Raten aufbringen könne.
143 OLG Koblenz, FamRZ 1998, 761; FamRZ 1999, 241 = FuR 1998, 360 – das auf Vaterschaftsfeststellung klagende Kind könne nicht auf einen Kostenvorschussanspruch gegen den Putativvater verwiesen werden; so auch OLG Karlsruhe, FamRZ 2008, 2042.
144 OLG Frankfurt, FamRZ 1967, 43 – Schadensersatzansprüche wegen fehlerhafter ärztlicher Behandlung; LG Koblenz, FamRZ 2000, 761 – Anspruch auf Schmerzensgeld.
145 OVG NW, NJW-RR 1999, 1235 – erste Wiederholungsprüfung der Ersten Staatsprüfung für das Lehramt für die Primarstufe als Teil der Ausbildung zum Beruf des Lehrers.
146 VGH Hessen, NJW-RR 2009, 1436.
147 OLG Schleswig, FamRZ 2009, 897 (hier: Arzthaftung); OLG Frankfurt, NJW-RR 2010, 1689 – Schmerzensgeld- und Schadensersatzansprüche (hier: Haushaltsführungsschaden) aus einem Unfallereignis.
148 OLG Frankfurt, FamRZ 1982, 606.
149 OLG Karlsruhe, FamRZ 1991, 1471; OLG Celle, FamRZ 2008, 2199 – Herabsetzung des Unterhalts eines früheren Ehegatten.
150 OLG Nürnberg, FamRZ 1965, 517.
151 BGH, FamRZ 2005, 883 = FuR 2005, 327.
152 OLG Karlsruhe, FamRZ 2005, 1744.
153 OLG Hamm, FamRZ 1989, 277.

- **Vermögensrechtliche Auseinandersetzungen**, etwa Durchsetzung bzw. Abwehr von Ansprüchen auf Zugewinnausgleich aus früherer Ehe;[154] Ansprüche wegen dem damaligen Ehegatten im Vertrauen auf die eheliche Verbundenheit zur Verwaltung überlassener eigener Mittel;[155]
- **Bestandsstreitigkeiten** wegen der Bedeutung des Arbeitsverhältnisses für die Würde des Arbeitnehmers und seine Persönlichkeitsentfaltung;[156]
- **Auseinandersetzungen** des Ehegatten mit **Dritten**, auch Erbschaftsstreitigkeiten[157] und Haftpflichtprozesse,[158] auch betreffend eigene unerlaubte Handlungen.[159]
- Im Rahmen eines **Insolvenzverfahrens** mit dem Ziel der RSB hat der BGH darauf abgestellt, ob die Insolvenz im Wesentlichen auf vorehelichen Schulden oder solchen Verbindlichkeiten beruht, die weder zum Aufbau oder zur Erhaltung einer wirtschaftlichen Existenz der Eheleute eingegangen worden seien, noch aus sonstigen Gründen mit der gemeinsamen Lebensführung in Zusammenhang stünden.[160] Der Stundungsantrag eines Schuldners, dem ein Kostenvorschussanspruch gegen seinen Ehepartner zusteht, ist auch dann unbegründet, wenn der Ehepartner die Zahlung verweigert, der Schuldner aber nicht versucht hat, den Anspruch durch einen Antrag auf Erlass einer einstweiligen Anordnung durchzusetzen.[161]

58 Als persönliche Angelegenheit i.S.d. § 1360a Abs. 4 wurden **nicht** angesehen: Die Geltendmachung eines gesellschaftsrechtlichen Auseinandersetzungsguthabens in einem Schiedsgerichtsverfahren nach dem Ausschluss des Ehegatten aus einer Gesellschaft, in welcher er persönlich haftender und geschäftsführender Gesellschafter war;[162] ein Anspruch aus Mithaftung zusammen mit dem früheren Ehegatten ggü. Dritten;[163] Ansprüche aus einer (früheren) Vertragsbeziehung zu einem Dritten;[164] ein Anspruch auf Aufwendungsersatz ggü. dem früheren Ehegatten;[165] der vorzeitige Erbausgleich[166] sowie der Pflichtteilsergänzungsanspruch eines Abkömmlings gegen die Stiefmutter;[167] Anspruch auf Kostenvorschuss eines nachzugswilligen Ehegatten ggü. dem im Bundesgebiet lebenden Ehegatten im Visumsverfahren zum Ehegattennachzug;[168] Ansprüche auf Zahlung von Arbeitsentgelt, auch wenn im Fall einer Drittschuldnerklage der Gläubiger aufgrund der Vollstreckung aus einem Unterhaltstitel das pfändbare Arbeitseinkommen des Schuldners geltend macht;[169] Vergütungsanspruch eines volljährigen, noch im Haushalt seiner Eltern lebenden Kindes aus einer freien Mitarbeit gegen seine Eltern.[170]

---

154 BGH, FamRZ 2010, 189 = FuR 2010, 159.
155 OLG Frankfurt, OLGR 2005, 16.
156 LAG Berlin-Brandenburg, FamRZ 2010, 143 betr. den Kostenvorschuss eines volljährigen Kindes.
157 OLG Celle, FamRZ 1978, 822.
158 OLG Frankfurt, NJW-RR 2010, 1689 – betr. Schmerzensgeld- und Schadensersatzansprüche (hier: Haushaltsführungsschaden) aus einem Unfallereignis.
159 LG Koblenz, FamRZ 1996, 44 – Schmerzensgeld; OLG Köln, FamRZ 1979, 850 wegen eigener unerlaubter Handlung.
160 BGHZ 156, 92 = BGH, FamRZ 2003, 1651 = FuR 2004, 76.
161 BGH, FamRZ 2007, 722.
162 BGHZ 41, 104, 109, 112.
163 OLG Düsseldorf, FamRZ 1984, 388.
164 OLG Stuttgart, OLGR 2005, 358.
165 OLG Nürnberg, FamRZ 1986, 697.
166 OLG Köln, FamRZ 1979, 178.
167 OLG Köln, NJW-RR 1989, 967.
168 OVG Berlin-Brandenburg, NVwZ-RR 2010, 208 (LS).
169 LAG Hamm, FamRZ 2010, 828 [Ls].
170 OLG Köln, NJWE-FER 2000, 31 wegen eines Anspruchs auf Vergütung wegen freier Mitarbeit als Programmierer.

3. Kein Mutwillen und hinreichende Erfolgsaussicht (Maßstab des §114 ZPO)

Die **Rechtsverfolgung** darf **nicht mutwillig** sein: Die außergerichtlichen Möglichkeiten müssen 59
erschöpft, und günstigere Möglichkeiten der Rechtsverfolgung dürfen nicht verfügbar sein;[171]
insoweit gelten die Maßstäbe des §114 ZPO.

Ein Anspruch auf Kostenvorschuss scheitert jedoch nicht nur bei offensichtlicher **Aussichtslosig-** 60
keit und **Mutwilligkeit** der **beabsichtigten Rechtsverfolgung**, sondern bereits dann, wenn der
beabsichtigten Rechtsverfolgung die **hinreichende Erfolgsaussicht** nach dem Maßstab des §114
ZPO fehlt. Im Interesse der Klarheit und der Gleichbehandlung ist es sachgerecht, für den Kostenvorschussanspruch denselben Maßstab anzulegen, wie er auch für das PKH-/VKH-Verfahren
(§114 ZPO) gilt.[172] In denjenigen Verfahren, in denen es auf eine Prüfung der Erfolgsaussichten
ankommt, ist es Sache des Kostenvorschuss begehrenden Ehegatten, die Erfolgsaussichten seines
Prozesses schlüssig darzulegen und hierfür Beweis anzutreten.[173] Anders ist dies – wie auch i.R.d.
§§114 ff. ZPO – jedoch in Status- bzw. Strafverfahren zu beurteilen.

4. Bedürftigkeit nach Billigkeitsgrundsätzen

Der Anspruch auf Kostenvorschuss setzt zum einen **Bedürftigkeit** des anspruchstellenden und 61
zum anderen **Leistungsfähigkeit** des in Anspruch genommenen Ehegatten voraus. Für beides ist
die **Billigkeit** maßgebend,[174] wobei die Bedürftigkeit des einen Ehegatten unter Berücksichtigung
der Leistungsfähigkeit des anderen zu beurteilen ist: Je leistungsfähiger der verpflichtete Ehegatte
ist, um so geringere Anforderungen sind an die Bedürftigkeit des Berechtigten zu stellen.[175]

Der Kostenvorschuss begehrende Ehegatte ist **bedürftig**, also außerstande, die Kosten des Rechts- 62
streits selbst zu tragen, wenn sein **eigener angemessener Unterhalt gefährdet** ist, und wenn **kein**
insoweit **einsatzpflichtiges Vermögen** vorhanden ist, weil auch bei intakter Ehe die Verfahrenskosten zunächst aus Ersparnissen bezahlt werden müssen. **Vermögen** ist dann nicht für Kostenvorschuss einzusetzen, wenn es nur aus angemessenen Rücklagen für Not- und/oder Krankheitsfälle
besteht,[176] oder wenn sich die Vermögenslage des auf Kostenvorschuss in Anspruch genommenen
Ehegatten wesentlich günstiger gestaltet, und der Kostenvorschuss begehrende Ehegatte den
Stamm seines Vermögens nur schwer verwerten kann, etwa wegen langfristiger Vermögensanlage.[177] Normalerweise orientiert sich das »**Schonvermögen**« an §90 Abs. 2 SGB XII; »Schonvermögen« i.S.d. §90 Abs. 2 SGB XII sind u.a. kleinere Barbeträge oder sonstige Geldwerte bis zu ca.
2.300,00 €.

Maßgeblich sind die **wirtschaftlichen Verhältnisse** in **jedem Einzelfall**. Sind sie relativ üppig, ist 63
ein Anspruch auf Kostenvorschuss ohne Weiteres zu bejahen. Ist der auf Kostenvorschuss in
Anspruch genommene Ehegatte wegen enger wirtschaftlicher Verhältnisse nur in geringem Maße
leistungsfähig, dann sind strengere Maßstäbe anzulegen, sodass auch die Heranziehung eigener
laufender Einkünfte bis zur Grenze des notwendigen Unterhalts sowie auch des eigenen Schonvermögens geboten sein kann.

---

171 OLG München, FamRZ 1990, 312; OLG Zweibrücken, FamRZ 1998, 490.
172 BGH, FamRZ 2001, 1363 = FuR 2001, 318.
173 BGH, FamRZ 2001, 1363 = FuR 2001, 318.
174 Hierzu etwa BGH, NJW 1964, 2152; BVerwG, FamRZ 1974, 370.
175 OLG Köln, NJW-RR 2002, 1585 = FuR 2002, 529; LSG Rheinland-Pfalz FamRZ 2011, 1969 zur feh-
    lenden Bedürftigkeit bei der Gewährung von PKH wegen eines Anspruchs auf Kostenvorschuss gegen
    den Ehegatten in einem Rechtsstreit auf Gewährung von Leistungen der Grundsicherung im Alter und
    bei Erwerbsminderung nach dem SGB XII.
176 S. etwa OLG Frankfurt, FamRZ 1986, 485.
177 Vgl. OLG Celle, MDR 1967, 402; OLG München, FamRZ 1976, 696.

5. Leistungsfähigkeit nach Billigkeitsgrundsätzen

64 Die Belastung des Unterhaltsschuldners mit einem Kostenvorschuss entspricht nicht der Billigkeit, wenn er selbst **nicht hinreichend leistungsfähig** ist, etwa wenn er nicht über das eigene Schonvermögen übersteigendes Vermögen verfügt, oder wenn er dieses zumutbar nicht angreifen muss, oder wenn sein eigener angemessener Unterhalt (Selbstbehalt) gefährdet ist; dies ist nach unterhaltsrechtlichen Maßstäben zu beurteilen. Laufende Unterhaltspflichten gehen der Kostenvorschusspflicht vor; Darlehensverbindlichkeiten sind ebenso zu beurteilen wie i.R.d. Elementarunterhalts (s. § 1581).[178]

65 Der Unterhaltsschuldner ist auch dann als leistungsfähig anzusehen, wenn er den Kostenvorschuss in **mehreren Raten** aufbringen kann,[179] da ja dem Unterhaltsgläubiger VKH unter Auferlegung einer Ratenzahlungsverpflichtung i.H.d. vom Unterhaltsschuldner fiktiv zu erbringenden VKH gewährt werden kann. Insoweit übernimmt die öffentliche Hand im Interesse eines effektiven Rechtsschutzes die Kostenlast, sodass es aus Sicht des Unterhaltsgläubigers unerheblich ist, ob der Gerichtskostenvorschuss oder der an den RA zu zahlende Vorschuss in einer Summe zu leisten ist;[180] zugleich wird der auf Zahlung des Kostenvorschusses in Anspruch genommene Ehegatte nicht übermäßig belastet. Besteht ein Anspruch auf Kostenvorschuss in Raten, so ist PKH/VKH ebenfalls gegen Ratenzahlungen in derselben Höhe zu bewilligen.[181] Der Anspruch auf Kostenvorschuss ist daher von vornherein auf die Höhe der fiktiv zu erbringenden monatlichen VKH-Raten begrenzt.[182]

66 Wird der Trennungsunterhalt nach Quoten bemessen, dann scheidet ein Anspruch des anderen Ehegatten auf Kostenvorschuss bereits aus Gründen der Leistungsunfähigkeit in der Regel deshalb aus, weil dies dem Halbteilungsgrundsatz (eheangemessener Selbstbehalt!) widersprechen würde: Die gemeinsamen Einkünfte der Eheleute sind bereits über den Unterhalt hälftig verteilt.[183] Nichts anderes gilt auch dann, wenn der Antragsgegner derzeit keinen oder angeblich zu wenig Unterhalt leistet, weil die Möglichkeit besteht, dass er zur Nachzahlung des Unterhalts verpflichtet wird.[184] Eine Ausnahme kann nur dann anzunehmen sein, wenn der Unterhaltsschuldner entweder über zusätzliche nichtprägende Einkünfte verfügt, beim Unterhaltsschuldner einseitige vermögensbildende Aufwendungen als Abzugsposten anerkannt wurden, oder aber der Unterhaltsschuldner im Gegensatz zum Unterhaltsgläubiger über Vermögen verfügt.[185] Die Verwertung des Vermögensstamms kann vom Unterhaltsschuldner zur Deckung des Kostenvorschusses aber nur ausnahmsweise verlangt werden, etwa wenn der Einsatz eines verhältnismäßig geringen Teil des Vermögens die mit dem Vermögen verbundene wirtschaftliche Sicherung nicht nennenswert beeinträchtigt.[186]

---

178 Zu allem BGH, NJW-RR 2004, 1662; OLG Nürnberg, NJW-RR 1995, 330; OLG Karlsruhe, FamRZ 1996, 1100; OLG Köln, FamRZ 1999, 792; OLG Düsseldorf, FamRZ 1999, 1673 – das Kapital einer Erbschaft (50.000,00 DM) wird mangels Möglichkeit, eine bedarfsdeckende Erwerbstätigkeit auszuüben, für den eigenen Unterhalt benötigt; OLG Dresden, FamRZ 2002, 1412; SächsOVG, NJW-RR 2009, 1436; LKV 2011, 177; unzutr. daher OLG Hamm, FamRZ 1986, 1013: Vorrang des Anspruchs auf Kostenvorschuss ggü. der Tilgung von Darlehensverbindlichkeiten.

179 OLG Zweibrücken, FamRZ 1997, 757; OLG Köln, MDR 1995, 209; FamRZ 1999, 792; SächsOVG, LKV 2011, 277 = FamRZ 2011, 1746 [Ls].

180 OLG Zweibrücken, FamRZ 1997, 757.

181 VGH Bayern, 29.03.2010 – 12 C 09.3144, juris unter Hinweis auf VGH Hessen, NVwZ-RR 1990, 518.

182 OLG Jena, FamRZ 1998, 1302 f.; OLG Köln, OLGR 2002, 77.

183 OLG Karlsruhe, FamRZ 2011, 1235 [Ls]; LSG Baden-Württemberg, FamRZ 2011, 1235 [Ls].

184 OLG Hamm, FamRB 2012, 182.

185 OLG München, FamRZ 2006, 791 = FuR 2006, 230.

186 OLG Karlsruhe, FamRZ 2011, 1235 [Ls].

Als **Maßstab** für die **Zumutbarkeit** der **Belastung** des Unterhaltsschuldners mit einem Kostenvor- 67
schuss sind §§ 114, 115 ZPO heranzuziehen. Daher ist grundsätzlich immer dann von Leistungsunfähigkeit auszugehen, wenn der Unterhaltsschuldner nach seinen persönlichen und wirtschaftlichen Verhältnissen für ein ihn selbst betreffendes Gerichtsverfahren gleichen Streitwertes einen
Anspruch auf PKH/VKH ohne Ratenzahlung hätte.[187] Daher wird Kostenvorschuss billigerweise
dann nicht geschuldet, wenn dem in Anspruch genommenen Ehegatten, würde er das Verfahren
selbst führen, VKH bewilligt werden müsste, wenn er also mit mehr als vier monatlichen Raten
für die Verfahrenskosten belastet wäre.[188] Ein Beteiligter, der selbst VKH zu zahlen hat, ist daneben nicht auch noch verpflichtet, dem Verfahrensgegner einen Kostenvorschuss in Ratenform zu
erbringen, weil dieses nicht der Billigkeit entspricht.[189] Dies gilt jedoch nicht, wenn dem Unterhaltsgläubiger bereits VKH bewilligt wurde, und nur noch geprüft wird, ob Raten auf die Verfahrenskosten gezahlt werden können: Bei einem solchen Anspruch ist die Leistungsfähigkeit des
Unterhaltsschuldners im Hinblick auf den wiederkehrenden Ratenbetrag, nicht auf eine Einmalzahlung, zu prüfen.[190]

V. Höhe des Kostenvorschusses

Die **Höhe** des **Kostenvorschusses** ergibt sich aus den **Gebühren**, die sich nach dem Streitwert des 68
beabsichtigten Rechtsstreits errechnen, auch für summarische Verfahren, weil im Rahmen einer
anhängigen Ehesache, einem Unterhaltsverfahren oder einer isolierten Familiensache der Kostenvorschuss auch mit einstweiliger Anordnung verlangt werden kann (§§ 49 ff., 246 ff. FamFG).
Macht ein Antragsteller im einstweiligen Anordnungsverfahren einen Verfahrenkostenvorschuss
geltend, so ist dieser Betrag grundsätzlich Ausgangspunkt für die Festsetzung des Gegenstandswer-
tes. Eine Halbierung nach § 41 FamGKG kommt nicht in Betracht, weil die vom Antragsteller
erstrebte Zahlung des Verfahrenskostenvorschusses im Falle des Erfolgs des von ihm betriebenen
Verfahrens ein Hauptsacheverfahren gegenstandslos macht.[191] Der Anspruch auf Kostenvorschuss
umfasst die notwendigen gerichtlichen und außergerichtlichen Kosten, d.h. Gebühren und Auslagen (vgl. §§ 12 ff. FamGKG, §§ 8, 9 RVG). Im Rahmen der Schlüssigkeitsprüfung hat das Gericht
auch die Höhe der **voraussichtlich anfallenden Kosten** und **Gebühren** zu überprüfen und mit
dem Antrag auf Kostenvorschuss abzugleichen. Ein Anspruch auf Bevorschussung von Gutachter-
kosten entsteht erst dann, wenn das Gericht die Einholung eines Gutachtens beschlossen und der
entsprechenden Partei einen Kostenvorschuss auferlegt hat.[192]

VI. Anspruch auf Rückzahlung eines geleisteten Kostenvorschusses

Das Gesetz regelt den **Anspruch** auf **Rückzahlung** eines bereits geleisteten **Kostenvorschusses** 69
nicht.

---

187 OVG des Saarlandes FamRZ 2011, 1162 – nicht aber, wenn ein Elternteil eines Kindes selbst RA/RAin
ist, aufgrund der gem. § 1618a bestehenden familiären Beistandsverpflichtung.
188 OLG Karlsruhe, FamRZ 1987, 1062 – auch bei Verfahrenskostenhilfe in Raten; FamRZ 1992, 77;
OLG Düsseldorf, FamRZ 1993, 1474; OLG München, FamRZ 1993, 714; OLG Oldenburg, MDR
1994, 618; OLG Bamberg, NJWE-FER 2000, 255; a.A. KG, FamRZ 1990, 183; OLG Koblenz,
FamRZ 1991, 346; OLG Nürnberg, FamRZ 1996, 875; OLG Köln, FamRZ 1999, 792; LSG Baden-
Württemberg FamRZ 2011, 1235 [Ls] – generelle Ratenanordnung.
189 BGH, Rpfleger 1993, 302; OLG Celle, FamRZ 2010, 53.
190 OLG Zweibrücken, FamRZ 1997, 757.
191 OLG Bamberg, FamRB 2011, 343.
192 OLG Frankfurt, FamRZ 1982, 714.

1. Anspruchsgrundlage

70 Grds. kann der **Kostenvorschuss**, weil er unterhaltsrechtlicher Natur ist, nach Zahlung ebenso wenig zurückgefordert werden wie sonstige Unterhaltsleistungen. Allerdings folgt, soweit nicht spezialgesetzliche Regelungen – etwa §§ 826, 823 Abs. 2 – eingreifen,[193] aus dem Vorschusscharakter der Leistung[194] **per se** eine **Rückzahlungsverpflichtung** entsprechend dem den §§ 1360 ff. zugrunde liegenden Rechtsgedanken.[195] Dieser **Rückforderungsanspruch** ist ein **familienrechtlicher Anspruch sui generis**, weder ein Unterhaltsanspruch[196] (keine Anwendung des § 1360b oder des § 1361), noch ein bereicherungsrechtlicher Anspruch (keine Anwendung der §§ 814, 818 Abs. 3).[197] Insoweit können auch weder Kostenvorschriften noch § 1353 herangezogen werden.

2. Voraussetzungen eines Rückforderungsanspruchs

71 Die Rückforderung eines geleisteten Kostenvorschusses ist nur unter **bestimmten Voraussetzungen** und auch nur in **gewissen Fallgestaltungen** möglich;[198] die Tatsache, dass der Kostenvorschussempfänger im Rechtsstreit unterlegen ist, reicht allein auch unter Billigkeitsgesichtspunkten für eine Rückzahlungspflicht nicht aus.[199]

72 Eine entsprechende **Rückzahlungsverpflichtung** besteht etwa dann, wenn

– der Empfänger des Kostenvorschusses in einem Rechtsstreit gegen einen Dritten obsiegt hat, dieser **Dritte** zu den **Kosten** des **Rechtsstreits verurteilt** worden ist, und der Kostenvorschussempfänger diese **Kosten** ohne großen Aufwand bei seinem Kostenschuldner **beitreiben** kann[200] (allerdings ist der Rückzahlungsanspruch solange **nicht fällig**, solange nicht eine evtl. erforderliche Zwangsvollstreckung erfolgreich betrieben werden kann oder erfolgreich hätte betrieben werden können),

– sich nachträglich herausstellt, dass die **tatbestandlichen Voraussetzungen** eines Kostenvorschussanspruchs von **vornherein nicht vorgelegen** haben (**condictio indebiti**), etwa weil zum damaligen Zeitpunkt der Berechtigte nicht bedürftig und/oder der Verpflichtete nicht leistungsfähig war (»weitere Umstände« müssen dann nicht mehr hinzutreten, da bereits begrifflich aus dem Wort »Vorschuss« kein schutzwürdiges Vertrauen dahin gehend hergeleitet werden kann, ein Kostenvorschuss müsse später nicht zurückgezahlt werden; Gutgläubigkeit des Empfängers schließt daher die Rückzahlungspflicht nicht aus),[201]

– die **Voraussetzungen**, von denen das Gesetz den Anspruch abhängig macht, **nicht mehr gegeben** sind, insb. weil sich die finanziellen Verhältnisse des bis dahin bedürftigen Empfängers des Kostenvorschusses so wesentlich verbessert haben, dass der bereits bezahlte Kostenvorschuss ohne Gefährdung des eigenen angemessenen Selbstbehalts zurückerstattet werden kann (etwa nach Durchführung eines Zugewinnausgleichsverfahrens oder nach sonstigen Vermögenszu-

---

193 Vgl. z.B. OLG Stuttgart, FamRZ 1981, 36 für einen Fall, in dem der eine Ehegatte auf den anderen geschossen und dann für die Verteidigung bzw. Scheidung Kostenvorschuss verlangt hat.

194 OLG Bamberg, 22.02.1984 – 2 WF 49/84, n.v.: der Kostenvorschussanspruch stelle eine unterhaltsrechtliche Vorschussleistung wegen eines Sonderbedarfsfalls dar.

195 BGH, FamRZ 1988, 143; BGHZ 110, 247 = BGH, FamRZ 1990, 491 m. Anm. Olzen, JR 1991, 27; KG, FamRZ 2008, 2201.

196 BGHZ 110, 247 = BGH, FamRZ 1990, 491; OLG Karlsruhe, FamRZ 1990, 162.

197 AK-BGB/Derleder, BGB, § 1360a Rn. 15; Kalthoener/Büttner, NJW 1990, 402; s.a. OLG Hamm, NJW-RR 1992, 582; unzutr. OLG Stuttgart, FamRZ 1981, 36.

198 BGH, FamRZ 1988, 143; s.a. OLG Koblenz, OLGR 2000, 333.

199 BGHZ 94, 316 = BGH, FamRZ 1985, 802.

200 Johannsen, LM § 1360a BGB Nr. 6 (Anm. zu BGHZ 56, 92).

201 BGHZ 110, 247 = FamRZ 1990, 491; OLG Karlsruhe, FamRZ 1990, 162.

flüssen).[202] Steht etwa einem unterhaltsberechtigten Ehegatten nach dem Ergebnis des Antrages auf Trennungsunterhalt monatlich ein Betrag von 800,00 DM mehr zur Verfügung als zu der Zeit, als die Vorschusspflicht angeordnet wurde, und kann er diesen Betrag ausschließlich für seinen Eigenverbrauch nutzen, ist eine spürbare wirtschaftliche Besserstellung anzunehmen, die es rechtfertigt, einen Anspruch des anderen Ehegatten auf – teilweise – Rückzahlung des Kostenvorschusses in Raten zu bejahen. Die Anordnung einer nur teilweisen Rückzahlung ist auszusprechen, wenn noch eine erhebliche Einkommensdifferenz zwischen den Parteien besteht.[203] Es ist zulässig, wenn ein Ehegatte im Hinblick auf den drohenden Zugewinnausgleichsanspruch des anderen seiner Kostenvorschusspflicht dadurch nachkommt, indem er einen Vorschuss auf den Zugewinnausgleichsanspruch des den Kostenvorschuss begehrenden Ehegatten leistet,

– ansonsten **gewichtige andere Gründe** der **Billigkeit** für die Rückzahlung des Kostenvorschusses sprechen.[204]

Insgesamt sind unterhaltsrechtliche Gesichtspunkte ebenso maßgebend wie die Tatsache, ob die wirtschaftlichen Voraussetzungen für den Anspruch noch gegeben sind.[205]

Der Anspruch auf Rückforderung eines bereits geleisteten Kostenvorschusses ist in aller Regel in **73** einem gesonderten Erkenntnisverfahren mit einem (selbstständigen) **Leistungsantrag** (Erstattungsanspruch!) zu verfolgen.[206] Gegen den Rückforderungsanspruch kann **aufgerechnet** werden (etwa im laufenden Zugewinnausgleichsverfahren), auch gegen die Forderung auf Zahlung rückständigen Unterhalts.[207]

3. Kostenvorschuss und Kostenfestsetzung

Kostenvorschusszahlungen dienen auch zur Deckung der Kosten des Empfängers, die er nach der **74** späteren Kostenentscheidung nicht erstattet bekommt.[208] Ein (auch unstreitig) bezahlter Kostenvorschuss darf nicht generell in die Kostenfestsetzung mit Kostenausgleichung einbezogen werden. Er darf jedoch im **Kostenfestsetzungsverfahren** – allerdings nur innerhalb des Rechtsstreits und der Instanz, für welchen/welche er geleistet wurde[209] – **mit** Zustimmung des Vorschussempfängers berücksichtigt werden, **ohne** Zustimmung dann, wenn über die Zahlung des Kostenvorschusses nach Grund und Höhe kein Streit besteht, und wenn sich nach dem Kostenabgleich ein Erstattungsanspruch des Vorschussempfängers gegen den Vorschusszahler ergibt (der verfahrensrechtliche Kostenerstattungsanspruch des Unterhaltsgläubigers gegen den Unterhaltsschuldner aus einem Unterhaltsverfahren fällt nicht unter das Vollstreckungsprivileg des § 850d Abs. 1 Satz 1 ZPO).[210]

---

202 BGHZ 56, 92; BGHZ 94, 316 = FamRZ 1985, 802; KG, FamRZ 1981, 464; OLG Bamberg, 22.02.1984 – 2 WF 49/84, n.v.; OLG Saarbrücken, NJW-RR 1987, 522; s.a. OLG Hamm, MDR 1981, 1431 – leiste der Antragsteller eines Scheidungsverfahrens einen Verfahrenskostenzuschuss, und werde der Antragsgegnerin im späteren Verlauf des Verfahrens Verfahrenskostenhilfe bewilligt, so könne er die Rückzahlung des Kostenvorschusses weder ganz noch teilweise verlangen.

203 OLG Hamm, FamRZ 1992, 672 – hälftige Rückzahlung bei einem insgesamt verfügbaren Unterhalt von 2.500,00 DM.

204 BGHZ 56, 92 m. Anm. Johannsen, LM BGB § 1360a Nr. 6; BGHZ 94, 316 = BGH, FamRZ 1985, 802; BGH, FamRZ 1986, 40 – bei Gütergemeinschaft; zur Aufrechnung mit einem fälligen Rückforderungsanspruch s.a. OLG Köln, FamRZ 1980, 567; OLG Karlsruhe, FamRZ 1986, 376.

205 OLG Köln, FamRZ 2006, 218.

206 BGHZ 110, 247 = BGH, FamRZ 1990, 491; OLG München, FamRZ 1978, 601; OLG Stuttgart, FamRZ 1981, 36; OLG Köln, FamRZ 2006, 218.

207 OLG Koblenz, OLGR 2000, 333.

208 OLG Nürnberg, FamRZ 2009, 450.

209 OLG Zweibrücken, Rpfleger 1998, 261, 262; OLG Düsseldorf, Rpfleger 2005, 483; FamRZ 2009, 638.

210 BGH, FamRZ 2009, 1483.

75 Der **Anspruch** auf **Rückzahlung** bzw. **Anrechnung** eines **geleisteten Vorschusses** auf den **Kostenerstattungsanspruch** des Vorschussempfängers wurzelt nicht im Gebührenrecht, sondern stellt eine **materiell-rechtliche Einwendung** dar. Solche Einwendungen wie Erfüllung des Kostenerstattungsanspruchs, Aufrechnung oder abweichende außergerichtliche Kostenvereinbarung, sind i.d.R. außerhalb des Kostenfestsetzungsverfahrens geltend zu machen. Das Kostenfestsetzungsverfahren ist auf eine formale Prüfung der Kostentatbestände und auf die Klärung einfacher Fragen des Kostenrechts zugeschnitten und aus diesem Grunde auf den Rechtspfleger übertragen. Die Klärung von zwischen den Parteien streitigen Tatsachen und von komplizierteren Rechtsfragen ist in diesem Verfahren nicht vorgesehen und mangels der dafür notwendigen verfahrensrechtlichen Instrumente auch nicht sinnvoll möglich.[211] Materiell-rechtliche Einwände gegen den Kostenerstattungsanspruch sind daher grds. mit der Vollstreckungsgegenklage geltend zu machen.[212]

76 Allerdings kann es aus **verfahrensökonomischen Gründen** angezeigt sein, den Kostenerstattungsschuldner nicht auf die – einen ungleich höheren Aufwand erfordernde – Vollstreckungsgegenklage zu verweisen, wenn es um materiell-rechtliche Einwände geht, die **keine Tatsachenaufklärung** erfordern und sich mit den im Kostenfestsetzungsverfahren zur Verfügung stehenden Mitteln ohne Weiteres klären lassen, etwa wenn die tatsächlichen Voraussetzungen feststehen, weil sie unstreitig sind oder vom Rechtspfleger im Festsetzungsverfahren ohne Schwierigkeiten aus den Akten ermittelt werden können. Solche Einwände können deshalb **ausnahmsweise** auch im **Kostenfestsetzungsverfahren** erhoben und beschieden werden.[213]

77 Zu einer unter den genannten Voraussetzungen zu berücksichtigenden materiell-rechtlichen Einwendung gehört auch ein von einer Partei an die andere **unstreitig gezahlter Kostenvorschuss**. Zwar kann i.R.d. Kostenfestsetzungsverfahrens keine Verpflichtung zur Rückerstattung angeordnet werden, da die Frage, ob und ggf. inwieweit ein Kostenvorschuss zurückzuzahlen ist, nach dem den §§ 1360 ff. zugrunde liegenden Rechtsgedanken, also nach materiell-rechtlichen Kriterien, zu entscheiden ist.[214]

78 In Fällen einer **Kostenquotelung**, bei denen der Vorschussempfänger auch einen Teil der Kosten des Gegners zu tragen hat, ist für die Berücksichtigung eines Kostenvorschusses dann kein Raum, wenn der auf den Vorschussempfänger entfallende Kostenanteil höher ist als der erhaltene Vorschuss, denn bei dieser Fallgestaltung würde die Berücksichtigung auf eine Rückzahlung des Vorschusses hinauslaufen. Hierüber ist aber nach materiell-rechtlichen Gesichtspunkten und nicht im Kostenfestsetzungsverfahren zu befinden.[215]

79 Ist der **Kostenerstattungsanspruch** allerdings **niedriger** als der geleistete **Kostenvorschuss**, kann dieser im Kostenfestsetzungsverfahren berücksichtigt werden. Mit Beschl. v. 09.12.2009 hat der BGH[216] nunmehr die Streitfrage entschieden, in welchem Umfange ein Kostenvorschuss auf den Erstattungsanspruch des Vorschussempfängers anzurechnen ist. Danach ist der Kostenvorschuss nur insoweit zu berücksichtigen, als die Summe aus Erstattungsbetrag und Vorschuss den Gesamtbetrag der den Vorschussempfänger betreffenden Kosten übersteigt.[217] Der Kostenvorschuss nach

---

211 BGH, FamRZ 2010, 452 im Anschluss an BGH, FamRZ 2006, 854, 855, und NJW-RR 2007, 422.
212 BGH, FamRZ 2010, 452 im Anschluss an BGHZ 5, 251, 253 f.
213 BGH, FamRZ 2010, 452 im Anschluss an BGH, FamRZ 2006, 854, 855, und, NJW-RR 2007, 422.
214 BGH, FamRZ 2010, 452 im Anschluss an BGHZ 56, 92, 95 f. = NJW 1971, 1262, und BGH, FamRZ 1985, 802.
215 BGH, FamRZ 2010, 452; s. aber auch OLG Düsseldorf, FamRZ 2009, 638.
216 BGH, FamRZ 2010, 452.
217 BGH, FamRZ 2010, 452; so auch OLG Bamberg, FamRZ 1997, 1417 (LS); FamRZ 1999, 724; OLG Celle (17. ZS), OLGR 1997, 243, 244; OLG Frankfurt, JurBüro 1992, 246; FuR 2001, 523; OLGR 2005, 278, 279; OLG Hamm, FamRZ 1999, 728; KG, FamRZ 1987, 1064; NJW-RR 2002, 140; OLG Karlsruhe, FamRZ 1986, 376; OLG Koblenz, JurBüro 1982, 448; JurBüro 1985, 1254 f.; OLG Nürnberg, FamRZ 1999, 1217, 1218; EzFamR aktuell 2000, 101 f.; FuR 2002, 287, 288.

§ 1360a wird zur Bestreitung eines unterhaltsrechtlichen Sonderbedarfs gewährt, damit der Berechtigte das Verfahren führen kann. Damit dient dieser Vorschuss auch zur Deckung der Kosten, die der Berechtigte anderweitig nicht ersetzt erhält, weil sie wegen der Kostenteilung von seinem Kostenerstattungsanspruch nicht umfasst werden.

Eine **Anrechnung** des **geleisteten Kostenvorschusses** kann deshalb nur erfolgen, wenn und soweit **80** der Vorschuss und ein bestehender Kostenerstattungsanspruch des Vorschussempfängers zusammen die dieser Partei entstandenen Kosten übersteigen. Durch eine solchermaßen begrenzte Anrechnung wird der Zweck der Vorschussleistung, die Kosten des Berechtigten voll abzudecken, gewahrt. Andererseits wird vermieden, dass der Berechtigte aus der Führung des Verfahrens einen kostenmäßigen Gewinn erzielt. Letztlich hat diese Beurteilung auch zur Folge, dass der Vorschussberechtigte nicht deshalb schlechter steht, weil er das Verfahren gegen den Vorschusspflichtigen und nicht gegen einen Dritten geführt hat.[218]

▶ **Beispiel:**[219]   **81**

Außergerichtliche Kosten Antragstellerin	2.489,88 €
Gerichtskosten Antragstellerin	715,50 €
Kosten Antragstellerin insgesamt	3.205,38 €
Außergerichtliche Kosten Antragsgegner	3.450,59 €
Gerichtskosten Antragsgegner	777,60 €
Kosten Antragsgegner insgesamt	4.228,19 €
Erstattungsanspruch Antragstellerin	1.526,86 €
Geleisteter Kostenvorschuss	2.100,00 €
Summe Erstattungsanspruch und Kostenvorschuss	3.625,86 €
./. Kosten Antragstellerin insgesamt	3.205,38 €
Überschuss	420,48 €
Verrechnung des Überschusses mit dem gezahlten Kostenvorschuss durch Kürzung des Erstattungsanspruchs (1.525,86 € ./. 420,48 € = gekürzter Erstattungsanspruch)	1.105,38 €

§ 1360b   Zuvielleistung

Leistet ein Ehegatte zum Unterhalt der Familie einen höheren Beitrag als ihm obliegt, so ist im Zweifel anzunehmen, dass er nicht beabsichtigt, von dem anderen Ehegatten Ersatz zu verlangen.

218 BGH, FamRZ 2010, 452.
219 Nach BGH, FamRZ 2010, 452.

A. Strukturen

1   § 1360b erweitert den Unterhaltsbegriff des gem. § 1360a geschuldeten angemessenen **Familien-unterhalt**s auf **Leistungen**, die das **geschuldete Maß übersteigen**, ihrem Charakter nach aber **Beiträge** zum **Unterhalt** der **Familie** darstellen,[1] und normiert die widerlegbare **Vermutung**, dass im Zweifel bzgl. solcher Leistungen Ersatz- bzw. **Rückforderungsansprüche ausgeschlossen** sind. Unerheblich ist, ob es sich um laufende Unterhaltsleistungen oder um einmalige Zahlungen handelt, und ob sie aus dem Einkommen oder aus dem Vermögen erbracht worden sind.[2] § 1360b gilt über die **Verweisungsvorschrift** des § 1361 Abs. 4 Satz 4 auch i.R.d. **Trennungsunterhalts**, nicht hingegen für den nachehelichen Unterhalt.[3] § 1360b begrenzt nach allgemeinen Vorschriften bestehende Erstattungsansprüche, begründet jedoch keine besonderen (familienrechtlichen) Ersatzansprüche.[4]

B. Normzweck

2   Hat ein Ehegatte zum Unterhalt der Familie höhere Beiträge geleistet, als ihm oblag, dann haben solche überschüssigen, großzügig bemessenen, ihrer Art nach zum Familienunterhalt gehörenden Leistungen den Lebenszuschnitt der gesamten Familie – auch des Leistenden – erhöht und dürfen deshalb grds. nicht zurückverlangt werden, weil es der **Lebenserfahrung** entspricht, dass **freiwillige (Mehr-) Leistungen** i.R.d. Familienunterhalts zumeist **nicht** in der **Absicht** erfolgen, von dem anderen Ehegatten **Ersatz** zu **verlangen**. Die praktizierte Großzügigkeit bei einer Ehekrise oder bei der Scheidung einer kleinlichen Nachkalkulation zu unterwerfen, wäre ein Verstoß gegen das Rechtsgebot des konsequenten Verhaltens.[5] Die Begrenzung von Erstattungsansprüchen soll darüber hinaus dem Familienfrieden dienen.[6]

C. Vermutung

3   § 1360b normiert die widerlegliche **Vermutung**, dass ein Ehegatte von dem anderen auch dann keinen Ersatz verlangen will, wenn er einen höheren als den ihm eigentlich obliegenden Beitrag zum Familienunterhalt leistet. Damit knüpft die Vorschrift an die **allgemeine Lebenserfahrung** an, dass die innerhalb eines Familienverbands wechselseitig für den Familienunterhalt erbrachten Leistungen ohne Bindung an bestehende Einkommensverhältnisse und sonstige Umstände erfolgen, und später kein Ausgleich tatsächlicher oder vermeintlicher Mehrleistungen erfolgen soll.[7] Die ehelichen Lebensverhältnisse werden durch gleichgewichtige Beiträge beider Ehegatten bestimmt; jeder Ehegatte würde sich in Widerspruch zu seinem früheren Verhalten setzen, wenn er nach einem Scheitern der Ehe eine Abrechnung seiner von ihm zuvor für den Familienunterhalt erbrachten Leistungen verlangen würde. Regelmäßig aber scheitert eine solche Verrechnung an der Unaufklärbarkeit aller erheblichen Vorgänge. Insofern besteht ein enger Zusammenhang mit dem allgemeinen Grundsatz aus § 1613, dass Unterhalt für die Vergangenheit regelmäßig nur im Fall des Verzugs beansprucht werden kann, weil nach der **allgemeinen Lebenserfahrung** davon auszugehen ist, dass die verfügbaren Mittel für den allgemeinen Lebensbedarf verbraucht worden sind, und die nachträgliche Geltendmachung von Ansprüchen die Leistungsfähigkeit des Unterhaltsschuldners überfordern könnte.[8]

---

1   OLG Düsseldorf, OLGR 1995, 70 (LS).
2   OLG Düsseldorf, OLGR 1995, 70 (LS); s.a. BGH, FamRZ 1983, 351 – Anschaffung eines Pkw.
3   OLG Celle, NJW 1974, 504; Wohlfahrt, FamRZ 2001, 1185, 1186.
4   BGHZ 50, 266, 270; BGH, FamRZ 1984, 767.
5   OLG Karlsruhe, FamRZ 1990, 744.
6   OLG Düsseldorf, OLGR 1995, 70 (LS).
7   BGH, FamRZ 2002, 729, 730 = FuR 2002, 263.
8   OLG Oldenburg, FamRZ 2006, 267 = FuR 2005, 525.

Der Unterhaltsschuldner kann diese Vermutung **widerlegen**, wenn er nachweisen kann, dass er   4
mehr geleistet hat, als er schuldig war, und dass zum Zeitpunkt der (Unterhalts-) Leistung beabsichtigt war, Ersatz zu verlangen.[9] Ein ausdrücklicher Vorbehalt ist insoweit nicht nötig; das
Ersatzverlangen kann sich aus den Umständen ergeben (etwa bereits aus der Höhe der Leistung).
Bei **Mehrleistung mit Erstattungsabsicht** folgt der Erstattungsanspruch, insb. nach der Scheidung, aus § 812 Abs. 1 Satz 2 (vgl. §§ 818 Abs. 3, 819 Abs. 1); ferner kann die Legalzession des
§ 1607 Abs. 2 Satz 2 wirken.

Die Vorschrift ist ggü. anderen bürgerlich-rechtlichen (Regress-) Ansprüchen lex specialis: Kann   5
der Unterhaltsschuldner diese Vermutung **nicht widerlegen**, dann sind auch die allgemeinen bürgerlich-rechtlichen (Regress-) Ansprüche aus jedwedem rechtlichen Gesichtspunkt (etwa
§§ 677 ff., 812 ff., 530 ff. – Schenkungswiderruf), aber auch etwaige besondere familienrechtliche
Ausgleichsansprüche ausgeschlossen.[10] Ein Rückforderungs- oder Erstattungsanspruch ist im
Zweifel auch für einen überobligationsmäßigen, in Geld messbaren Einsatz ausgeschlossen
(§ 1360b).[11] Allerdings kann nach § 1360b nicht rückforderbarer überschießender Unterhalt als
sog. **Vorausempfang** (Zuwendung gem. § 1380) anrechenbar sein.[12]

D. Begriff »Unterhalt«

Der **Begriff** »Unterhalt« i.S.d. § 1360b umfasst nach Sinn und Zweck der Vorschrift alle Leistun-   6
gen, die einen **Bezug** zum **Familienunterhalt** haben. Es ist dabei unerheblich, woher die eingesetzten Mittel stammen, ob es sich um einmalige oder laufende Zahlungen handelt, und welcher der
Ehegatten im Außenverhältnis zur Leistung verpflichtet ist.[13] Hat also ein Ehegatte mit finanziellen Leistungen den Wohnbedarf der Familie gedeckt, dann steht § 1360b auch dann einer Rückforderung entgegen, wenn durch diese Leistungen – etwa Tilgung von Krediten – zugleich das
Vermögen des anderen Ehegatten vermehrt worden ist, sofern es sich nicht um voreheliche oder
geschäftliche Schulden gehandelt hat; es genügt, wenn hierdurch zugleich ein Bedarf der Familie
gedeckt wird: Mit ihren in der Ehe geleisteten Beiträgen verbinden die Ehegatten typischerweise
nicht die Vorstellung, einen dem Verhältnis ihrer jeweiligen Einkommen entsprechenden Anteil
zum Familienunterhalt aufzubringen; hierfür bestimmend sind vielmehr die innerfamiliäre Aufgabenverteilung und die tatsächliche finanzielle Verfügungsmacht.

Auch soweit bei vereinbarter Gütertrennung die Leistungen zugleich zu einem **güterrechtlich**   7
nicht auszugleichenden Vermögenszuwachs für den anderen Ehegatten führen, ist für den Regelfall davon auszugehen, dass sie ihre Geschäftsgrundlage in der Ausgestaltung der ehelichen
Lebensgemeinschaft haben und eine Beteiligung am Ergebnis des gemeinsam Erreichten bilden.[14]
Werden daher während bestehender Ehe die Belastungen für das von der Familie bewohnte Einfamilienhaus von einem Ehegatten über mehrere Jahre allein übernommen, lässt dies auch dann auf
eine anderweitige Bestimmung i.S.v. § 426 schließen, wenn das Hausgrundstück im Alleineigentum des anderen Ehegatten steht, und die Eheleute bei der Übertragung des Miteigentums zuvor
eine gegenteilige Vereinbarung getroffen hatten. Bei der vermögensrechtlichen Zuordnung setzen
sich die güterrechtlichen Regeln durch.[15]

---

9 BGHZ 50, 266.
10 BGHZ 50, 266, 270; OLG Karlsruhe, FamRZ 1990, 744.
11 BGH, FamRZ 1995, 537.
12 BGH, FamRZ 1983, 351.
13 OLG Oldenburg, FamRZ 2005, 1837; FamRZ 2006, 267 = FuR 2005, 525 – kein Gesamtschuldnerausgleich bei Getrenntleben der Ehegatten für Ausgaben eines Ehegatten für Kosten der allgemeinen Lebensführung der Familie.
14 BGHZ 127, 48 = BGH, FamRZ 1994, 1167 = FuR 1994, 301.
15 Zu allem OLG Oldenburg, FamRZ 2005, 1837.

E. Darlegungs- und Beweislast

8   Den Ersatz begehrenden Ehegatten trifft – unabhängig davon, ob § 1360b eine der **Lebenserfahrung** entsprechende Auslegungsregel enthält, oder ob eine gesetzliche Vermutung zulasten des Rückfordernden gegeben ist – die **Darlegungs-** und **Beweislast** dafür, dass er Unterhalt geleistet hat, der über das gesetzlich vorgeschriebene Maß hinausgegangen ist, dass er schon bei der Unterhaltsleistung die Absicht hatte, Ersatz zu verlangen, und dass diese Absicht dem anderen Ehegatten von vornherein bekannt oder den Umständen nach erkennbar war.[16]

---

16 OLG Karlsruhe, FamRZ 1990, 744; OLG Düsseldorf, OLGR 1995, 70 (LS).

Grundlagen der Einkommensermittlung

A. Allgemeine Grundsätze

I. Einkommensbegriff

Der Umfang jedes Unterhaltsanspruchs wird wesentlich von den Einkommensverhältnissen der Beteiligten bestimmt. Die Einkommensermittlung erfolgt für den Berechtigten und den Verpflichteten nach gleichen Maßstäben. Grds. sind alle erzielten und erzielbaren Einkünfte, gleich welcher Art sie sind und aus welchem Anlass sie erzielt werden, zu berücksichtigen (**weiter Einkommensbegriff**).[1]   1

Auf eine genaue Einkommensermittlung kann nur in Ausnahmefällen verzichtet werden.

Beim **Ehegattenunterhalt** bedarf es einer genauen Einkommensermittlung nicht, wenn das Einkommen des Verpflichteten so hoch ist, dass anstelle des Quotenunterhalts der **konkrete Bedarf** festgestellt werden muss.[2] Im Übrigen ist beim Ehegattenunterhalt zwischen die eheliche Lebens-

---

1 BGH FamRZ 2006, 99; 21; 1989, 170 = NJW 1989, 524; FamRZ 1988, 604; OLG Bamberg FamRZ 1999, 1082; OLG Stuttgart FamRZ 1994, 1251; OLG Düsseldorf FamRZ 1994, 896; vgl. auch Reinken ZFE 2005, 183; Viefhues ZAP 2006, 61.
2 BGH FamRZ 2011, 192; BGH FamRZ 2010, 1637; BGH FamRZ 2007, 117; Gutdeutsch NJW 2012, 561; Büte FuR 2005, 385; Kleffmann in Scholz/Kleffmann/Motzer, Praxishandbuch Familienrecht, Teil H Rn. 193 ff.; vgl. auch Ziff. 15.3 der Leitlinien.

verhältnisse prägenden Einkünften und Einkünften, welche die ehelichen Lebensverhältnisse nicht geprägt haben, zu unterscheiden[3]

Beim **Kindesunterhalt** kann auf die Einkommensermittlung verzichtet werden, wenn der Verpflichtete seine uneingeschränkte Leistungsfähigkeit einräumt und lediglich der Bedarf des Berechtigten festzustellen ist.[4] Eine genaue Einkommensermittlung ist gleichfalls nicht erforderlich, wenn nur geringfügige Differenzen bei den Einnahmen und Ausgaben für die Eingruppierung nach der Düsseldorfer Tabelle keine Rolle spielen. Im Übrigen sind beim Kindesunterhalt grds. alle Nettoeinkünfte des Verpflichteten und auch des Kindes zu berücksichtigen.[5]

2   **Steuerrechtliches Einkommen** ist nicht stets identisch mit dem unterhaltsrechtlich maßgeblichen Einkommen. Das unterhaltsrelevante Einkommen umfasst alle zufließenden Güter in Geld oder Geldwert ohne Rücksicht auf ihre Herkunft und auf ihren Verwendungszweck.[6] Der unterhaltsrechtliche Einkommensbegriff ist weiter gefasst als im Steuerrecht.[7] Das Steuerrecht privilegiert einzelne Einkunftsarten und anerkennt auch bestimmte Aufwendungen als einkommensmindernd, denen keine tatsächliche Vermögenseinbuße gegenüber stehen muss. Etwaige steuerliche Absetzungsmöglichkeiten (etwa Absetzungen für Anlagegüter (**AfA**)) und **Pauschalierungen** werden unterhaltsrechtlich teilweise nicht oder nicht in vollem Umfang anerkannt, weil dem (pauschalierten) steuerlichen Ansatz oftmals kein entsprechender tatsächlicher Verbrauch (Werteverzehr) gegenübersteht (zu Einzelheiten vgl. Rdn. 45).

Teilweise ist das Steuerrecht auch restriktiver als das Unterhaltsrecht, etwa im Hinblick auf die Anerkennungsfähigkeit von Altersvorsorgeaufwendungen. Diese können im Rahmen angemessener sekundärer Altersvorsorge unterhaltsrechtlich bis zu 4 % des Bruttoeinkommens[8], im Rahmen des Elternunterhalts sogar bis zu 5 % des Bruttoeinkommens[9] berücksichtigt werden, steuerlich neben den Beiträgen zur gesetzlichen Rentenversicherung (§ 10 I Nr. 2 EStG) als zusätzliche Altersvorsorge nur bis zum einem Höchstbetrag von 2.100,00 € jährlich (§§ 10a Abs. 1, 82 EStG). Auch die Vorsorge durch Kranken-Pflege- und Unfallversicherung ist steuerlich begrenzt (§§ 10 I Nr. 3a, IV EStG), während sie unterhaltsrechtlich in angemessenem Umfang auch über diese Grenzen hinaus im Einzelfall abgezogen werden kann.

Die **Höhe des unterhaltsrelevanten Einkommens** kann nicht nur durch den Nachweis des steuerlichen Einkommens dargetan werden.[10] Bei der Auswertung steuerlicher Unterlagen (Steuerbescheide, Bilanzen, Gewinn- und Verlustrechnungen) ist stets zu prüfen, ob steuerlich zulässige Absetzungen und Pauschalierungen auch unterhaltsrechtlich anerkannt werden können.[11] Beruft sich der Pflichtige für seine fehlende oder eingeschränkte Leistungsfähigkeit allein auf seine steuerlich deklarierten Einkünfte, etwa hinsichtlich der Einkunftsart aus selbstständiger Tätigkeit, muss er seine Einnahmen und Aufwendungen i.E. hinsichtlich der nur **steuerrechtlich beachtlichen** und auch unterhaltsrechtlich bedeutsamen Positionen **darstellen**, **erläutern** und **abgrenzen**.[12] Erfolgt dies nicht und verbleiben oder ergeben sich konkrete Zweifel am unterhaltsrechtlich maß-

---

3   BGH NJW 2012, 384; BGH FamRZ 2009, 411.
4   BGH FamRZ 2001, 1603; BGH FamRZ 2000, 358; BGH FamRZ 1983, 473; OLG Düsseldorf FamRZ 1991, 806.
5   BGH FamRZ 1982, 250.
6   BGH FamRZ 1989, 170.
7   BGH FamRZ 2009, 762 (Schmerzensgeld); OLG Düsseldorf NJW 1993, 3078 (Spielgewinne); OLG Oldenburg FamRZ 1988, 89: Ein wieder verspielter Spielbankgewinn kann durchaus fiktive Leistungsfähigkeit begründen.
8   BGH FamRZ 2005, 1817.
9   BGH FamRZ 2004, 792.
10 BGH FamRZ 1980, 770.
11 BGH FamRZ 2009, 762.
12 BGH FamRZ 2012, 288; BGH FamRZ 1998, 357.

geblichen Einkommen, geht dies zu Lasten des Pflichtigen[13] (zu weiteren Einzelheiten vgl. Rdn. 43 ff.). Oftmals anzutreffende Beweisantritte wie »sachverständiges Zeugnis des Steuerberaters« o.ä. reichen nicht.[14]

Eine **öffentlich-rechtliche oder private Zweckbestimmung** der dem Pflichteten oder Bedürftigen 3 tatsächlich zufließenden Mittel ist für die Einkommensermittlung nicht ohne weiteres maßgeblich.[15] Ausnahmen vom Prinzip unterhaltsrechtlich nicht bindender Zweckbestimmung von Einkünften bilden die freiwilligen Zuwendungen Dritter,[16] die Sozialhilfe,[17] kraft ausdrücklicher Regelung im BErzGG grds. das Erziehungsgeld (bis 31.12.2006),[18] (Einkommen jedoch in den Ausnahmefällen des § 9 Satz 2 BErzGG), der Sockelbetrag des Elterngeldes (ab 01.01.2007), Einkommen jedoch nach Maßgabe des § 11 BEEG[19], das Kindergeld[20] (Einkommen des Kindes, nicht der Eltern, zu Einzelheiten vgl. Rdn. 71) und – mit Ausnahmen – das Pflegegeld (zu Einzelheiten vgl. Rdn. 89).

Einnahmen und Ausgaben können in den jeweiligen Unterhaltsverhältnissen in unterschiedlichem 4 Umfang berücksichtigungsfähig sein. So können bei **gesteigerter Unterhaltsverpflichtung** (§ 1603 Abs. 2 BGB) Einkünfte in weitergehendem Umfang heranzuziehen sein. Auch in **Mangelfallkonstellationen** (vgl. Rdn. 18) sind die sonst üblichen Maßstäbe für die Ermittlung des Einkommens wertend zu überprüfen..[21] Das Gleiche gilt für die Berücksichtigungsfähigkeit im Übrigen anerkennenswerter Abzugspositionen wie etwa berufsbedingter Aufwendungen (zu Einzelheiten vgl. Rdn. 169 ff.) oder Aufwendungen für eine private Altersvorsorge (vgl. Rdn. 167 ff.).[22]

Zum **unterhaltsrechtlich relevanten Einkommen** zählen zunächst alle sieben **Einkunftsarten nach** 5 § 2 EStG.

▶ **Übersicht zu den Einkunftsarten:**

- Einkünfte aus Land und Forstwirtschaft (Einkünfte aus Ackerbau, Milchwirtschaft, Tierzucht, Wein- und Gartenbau, Gärtnereien (§§ 2 Abs. 1 Nr. 1, 13 – 14a EStG)
- Einkünfte aus Gewerbebetrieb (§§ 2 Abs. 1 Nr. 2, 15-17b EStG)
- Einkünfte aus selbstständiger Tätigkeit (§§ 2 Abs. 1 Nr. 3, 18 EStG)
- Einkünfte aus nicht selbstständiger Arbeit (§§ 2 Abs. 1 Nr. 4, 19 EStG)
- Einkünfte aus Kapitalvermögen (§§ 2 Abs. 1 Nr. 5, 20 EStG)
- Einkünfte aus Vermietung und Verpachtung (§§ 2 Abs. 1 Nr. 6, 21 EStG)
- Sonstige Einkünfte (§§ 2 Abs. 1 Nr. 7, 22 EStG)

Einkünfte auf Grund **sozialstaatlicher Zuwendungen** sind unterhaltsrechtlich nur relevant, wenn ihnen eine Lohnersatzfunktion zukommt.

---

13 BGH FamRZ 1993, 789.
14 BGH FamRZ 2012, 288.
15 BGH FamRZ 1997, 806.
16 BGH FamRZ 1997, 537 und ständig; zu weiteren Einzelheiten vgl. Rdn. 149.
17 Vgl. Rn. 79.
18 OLG Hamm FamRZ 1995, 405; OLG Nürnberg NJW-RR 1994, 840: Erziehungsgeld als Einkommen bei verschärfter Haftung nach § 1603 II BGB.
19 BGH FamRZ 2011, 97.
20 Zur Entwicklung vgl. Dose FamRZ 2007, 1289.
21 Zu Einzelheiten vgl. Scholz, in: Scholz/Kleffmann/Motzer, Praxishandbuch Familienrecht, Teil K Rn. 114 ff.
22 Zu Einzelheiten vgl. Kleffmann in Scholz/Kleffmann/Motzer, Praxishandbuch Familienrecht, Teil G Rn. 134 ff.

Schließlich sind unterhaltsrechtlich zu berücksichtigen auch Beträge, die nicht vereinnahmt werden, aber zumutbar eingezogen werden könnten, insbesondere **fiktive Einkünfte** (vgl. Rdn. 122 ff.) aus Erwerbstätigkeit[23] oder erzielbare Vermögenseinkünfte.[24]

II. Der repräsentative Einkommmszeitraum

6 Die wirtschaftlichen Verhältnisse der Parteien können ständigen Änderungen unterliegen. Eine **verlässliche Prognose** des in der Zukunft erzielten Einkommens kann regelmäßig nur auf Grund in der Vergangenheit erzielter Einkünfte erfolgen.[25] Dies bedingt die Ermittlung eines **Durchschnittseinkommens**.

7 Bei **abhängig Beschäftigten** (Arbeiter, Angestellte, Beamte) ist auf die Einkünfte der letzten 12 Monate oder des letzten Kalenderjahres abzustellen.[26] In Einzelfällen kann auch ein **Jahreszeitraum** noch nicht repräsentativ sein. Arbeitet ein Beteiligter im Rahmen des Jobsharing mit stark schwankenden Bezügen, kann auch ein längerer Zeitraum zugrunde zu legen sein.[27] Enthält das Einkommen des Arbeitnehmers stark **schwankende Zahlungen** (etwa variierende Provisionen), kann es sogar geboten sein, das Einkommen – wie bei Selbstständigen – anhand des Durchschnitts der letzten drei (voll dokumentierten) Jahre zu bestimmen. Zeichnen sich, etwa auf Grund arbeitsvertraglicher Regelung (Beendigung der Probezeit o.ä.), Änderungen der Bezüge ab, kann auch ein kürzerer Zeitraum maßgeblich sein. Sodann ist anhand der aktuellen Belege das künftige Einkommen zu prognostizieren.[28] Lediglich erwartete, noch nicht sicher feststehende Gehaltsänderungen müssen grds. jedoch außer Betracht bleiben[29] und sind ggf. im Abänderungsverfahren nach §§ 238 ff. FamFG zu berücksichtigen.

8 Bei **Selbstständigen** ist bei der Bemessung des laufenden Unterhalts grds. auf einen **Drei-Jahres-Zeitraum** abzustellen.[30] Dies schließt jedoch nicht aus, dass im Einzelfall eine längere[31] oder kürzere[32] Zeitspanne zu Grunde gelegt wird.[33] Maßgeblich sind grundsätzlich die letzten voll dokumentierten drei Geschäftsjahre.[34] Fallen allerdings in diesen Zeitraum eine Anlauf- und eine Konsolidierungsphase, ist nur letztere maßgebend.[35] Wenn in zweiter Instanz der Jahresabschluss für ein Geschäftsjahr vorliegt, ist dieses Jahr in die Durchschnittsermittlung einzubeziehen. Besondere Einflüsse (vorübergehende Erkrankung des Betriebsinhabers,[36] außergewöhnliche Einnahme aus

---

23 BGH FamRZ 2000, 1358; OLG Hamm FamRZ 1990, 998.
24 BGH FamRZ 1988, 604; vgl. auch Schürmann FuR 2011, 187; Jüdt FuR 2012, 520 und Nr. 9 der Leitlinien.
25 BGH FamRZ 2010, 1050; BGH FamRZ 2008, 1739; BGH FamRZ 2005, 101.
26 BGH FamRZ 1983, 996; OLG Hamburg FamRZ 1997, 574; OLG München FamRZ 1984, 173.
27 OLG Düsseldorf FamRZ 1990, 68: Zwei-Jahres-Zeitraum.
28 Wendl/Dose § 1 Rn. 13; OLG Düsseldorf FamRZ 1990, 68.
29 OLG Düsseldorf FamRZ 2004, 1292.
30 BGH FamRZ 2004, 1177; FamRZ 1992, 1045, 1985, 357; OLG Saarbrücken FamRB 2006, 233; OLG Karlsruhe FamRZ 2007, 413; KG FamRZ 2006, 341; OLG Hamm FuR 1998, 263; OLG Köln NJW-RR 1995, 1157; OLG Zweibrücken NJW 1992, 1902.
31 BGH FamRZ 2004, 1177: Sechs-Jahres-Zeitraum; 1983, 689; vgl. auch OLG Hamm FuR 1998, 263 und OLG Hamm FamRZ 1992, 1175: Fünf-Jahres-Zeitraum; OLG Köln FamRZ 1996, 966 und OLG Karlsruhe FamRZ 1987, 247.
32 Etwa nur das letzte Veranlagungsjahr, wenn ein Selbstständiger mit seiner Praxis die Anlaufphase überwunden hat, OLG Hamm FamRZ 1997, 310; OLG Köln NJW-RR 1995, 1157; vgl. auch BGH FamRZ 1985, 471.
33 Zu Einzelheiten vgl. Eschenbruch/Klinkhammer/Mittendorf Kap. 6.1.3 Rn. 4 ff. und Kleffman in: Scholz/Kleffmann/Motzer, Praxishandbuch Familienrecht, Teil G Rn. 42 ff.
34 BGH FamRZ 1982, 152.
35 BGH FamRZ 1992, 1045.
36 OLG Zweibrücken NJW 1992, 1902.

dem Verkauf eines Anteils an einer Praxisgemeinschaft)[37] sind gesondert zu erfassen und ggf. bei der Ermittlung des Durchschnittseinkommens zu berücksichtigen.

Für die **Berechnung von Unterhaltsrückständen** ist grds. das Einkommen des Kalenderjahres maßgeblich, für das Unterhalt beansprucht wird.[38] Bei mehrjährigem Unterhaltsrückstand kann hingegen auch ein Mehrjahresschnitt gebildet werden.[39]

Auch bei anderen **Einkünften mit größerer Schwankungsbreite** (Einkünfte aus Kapitalvermögen, Vermietung und Verpachtung) kommt es auf den **Durchschnitt der letzten drei Jahre** an.[40] **9**

Der repräsentative Einkommenszeitraum kann sich verändern, etwa auch durch die Dauer eines Unterhaltsverfahrens. Um eine verlässliche Einkommensprognose vornehmen zu können, ist das zeitnähere Einkommen regelmäßig als bessere Grundlage einzubeziehen.

III. Zeitliche Kongruenz

Bedürftigkeit einerseits und Leistungsfähigkeit andererseits müssen stets in **zeitlicher Kongruenz** **10** stehen. Eine zu einem späteren Zeitpunkt gesteigerte Leistungsfähigkeit erhöht nicht den Unterhaltsanspruch für die Vergangenheit. Als Folge des Zuflussprinzips ist auch dann nicht nachträglich Unterhalt zu leisten, wenn der Unterhaltspflichtige Zahlungen rückwirkend für einen vergangenen Zeitraum erhalten hat.[41] Das Sozialrecht ist gleichfalls geprägt von der zeitlichen Kongruenz (vgl. etwa § 94 SGB XII).

IV. Einkommensermittlung im Unterhaltsverfahren

Der Unterhalt begehrende Ehegatte hat die Voraussetzungen des Anspruchs einschließlich seiner **11** Bedürftigkeit darzulegen und zu beweisen.[42] Auch das Unterhalt begehrende Kind ist für die Höhe seines Bedarfs **darlegungs- und beweispflichtig,** es sei denn, es verlangt nur den Mindestunterhalt.[43]

Wer einen Unterhaltsanspruch geltend macht, hat die der Begründung des Anspruchs dienenden **12** tatsächlichen Umstände wahrheitsgemäß anzugeben und darf nichts verschweigen, was seine Unterhaltsbedürftigkeit in Frage stellen könnte. Dies gilt mit Rücksicht auf die nach § 138 ZPO bestehende **prozessuale Wahrheitspflicht** erst recht während eines laufenden Verfahrens.[44]

Der **Einwand mangelnder Leistungsfähigkeit** stellt eine echte Einwendung dar und ist vom Ver- **13** pflichteten darzulegen.[45] Dies gilt auch, wenn der Unterhalt nicht vom Berechtigten, sondern aus übergegangenem Recht von öffentlichen Leistungsträgern (vgl. etwa §§ 7 Abs. 1 UVG, 94 SGB XII) oder von in Vorlage getretenen Verwandten (§ 1607 Abs. 3 BGB) geltend gemacht wird.[46]

---

37 OLG Hamm FamRZ 1991, 1310.
38 BGH FamRZ 2007, 1532.
39 BGH FamRZ 2007, 1532.
40 FA-FamR/Gerhardt Kap. 6 Rn. 61; BGH FamRZ 1984, 39 für Einkünfte aus Kapitalvermögen; a.A. OLG Hamm FamRZ 1993, 1085: Bei wechselnden Miet- oder Kapitaleinkünften soll nur ein Ein-Jahres-Zeitraum maßgeblich sein.
41 BVerfG FamRZ 2005, 1051 m. Anm. Klinkhammer; BGH FamRZ 1985, 155.
42 BGH FamRZ 1995, 291; OLG Hamm FamRZ 1996, 1216.
43 BGH FamRZ 2002, 536; BGH FamRZ 2001, 1603.
44 BGH FamRZ 2008, 1325; BGH FamRZ 2000, 153; FuR 1999, 377; OLG Köln FuR 2001, 515; OLG Karlsruhe FamRZ 1995, 1488; zu Einzelheiten und Sanktionen bei Verletzung der Pflicht zur ungefragten Information vgl. Kleffmann, in: Scholz/Kleffmann/Motzer, Praxishandbuch Familienrecht, Teil G Rn. 208 ff.
45 BGH NJW 2012, 384.
46 BGH FamRZ 2003, 444.

Beruft sich der Unterhaltspflichtige auf sein zu versteuerndes Einkommen, so muss er die abgesetzten Beträge so darlegen, dass die allein steuerrechtlich beachtlichen Aufwendungen von den auch unterhaltsrechtsrechtlich abzugsfähigen Aufwendungen abgegrenzt werden können.[47] Bei Einkünften aus selbstständiger Tätigkeit sind in erster Linie die steuerlichen Jahresabschlussunterlagen heranzuziehen, da andere Hilfsmittel meist nicht zur Verfügung stehen. Regelmäßig genügt es, die Einkommensteuerbescheide und die entsprechenden Bilanzen mit Gewinn- und Verlustrechnungen bzw. Einnahme/Überschussrechnungen, jeweils mit den entsprechenden konkreten Abschreibungslisten,[48] vorzulegen.[49] Auf substantiierten Einwand müssen ggf. weitere Belege vorgelegt und gerügte Positionen auf ihre unterhaltsrechtliche Relevanz erläutert werden.[50] Legt der Unterhalt Begehrende plausibel ein bestimmtes Einkommen dar, etwa anhand des bisherigen Konsumverhaltens, älterer Einkommensunterlagen und/oder bisher getätigter Entnahmen, darf sich der Unterhaltspflichtige nicht auf bloßes Bestreiten beschränken. Er muss vielmehr von sich aus seine Einkommensverhältnisse offen legen und notfalls beweisen.

▶ **Kasuistik zur Darlegungs- und Beweislast des Pflichtigen**[51]

- Darlegung der eigenen Lebensstellung (Familienstand, Alter etc.)
- Darlegung der für eine Erwerbsminderung sprechenden Gründe
- Darlegung hinreichender Erwerbsbemühungen bei Arbeitslosigkeit[52]
- Gründe, die für eine Herabsetzung oder zeitliche Begrenzung des Unterhalts sprechen[53]
- Tatsachen, die zu einer Verwirkung führen können[54]
- Notwendigkeit und Höhe berufsbedingter Aufwendungen[55]
- Darlegung der Berücksichtigungsfähigkeit von Verbindlichkeiten[56]
- Darlegung, dass der neue Partner über keine eigenen Einkünfte verfügt[57]
- Darlegung, dass ein Teil der Einkünfte der Lebensführung entzogen war und der Vermögensbildung diente[58]
- Darlegung der Tatsachen und Gründe einer rückläufigen Einkommensentwicklung[59]
- Beruft sich der Pflichtige auf den Wegfall der verschärften Unterhaltspflicht wegen vorrangiger Haftung eines anderen leistungsfähigen Verwandten nach § 1603 Abs. 2 Satz 3 BGB; muss er die dafür maßgeblichen Tatsachen darlegen und beweisen.[60]
- Beruft sich der Pflichtige auf eine Erwerbsobliegenheit des eines gemeinsames Kind in den ersten drei Jahren betreuenden Elternteils, muss er die dafür sprechenden Tatsachen darlegen und beweisen.[61]

---

47 BGH FamRZ 2009, 762; BGH FamRZ 2004, 1177; BGH FamRZ 1998, 357; OLG Celle FamRZ 2003, 177; OLG Koblenz NJW-RR 1999, 1597; OLG Koblenz FamRZ 2000, 605.
48 Zur Behandlung der Abschreibungen im Unterhaltsrecht vgl. insb. BGH FamRZ 2003, 741 m. Anm. Kemper FuR 2003, 266; vgl. OLG Köln FamRZ 2002, 819; Gerken FamRZ 2003, 744; Weychardt FamRZ 2003, 1001.
49 BGH FamRZ 1993, 789.
50 BGH FamRZ 2012, 288; BGH FamRZ 2004, 1177.
51 zu weiteren Einzelheiten vgl. Wendl/Dose, § 6 Rn. 721.
52 BGH FamRZ 2011, 1851.
53 BGH FamRZ 2010, 1414; BGH FamRZ 2010, 1057; BGH FamRZ 2010, 1050; BGH FamRZ 2010, 875.
54 BGH FamRZ 1991, 670.
55 BGH, FamRZ 2009, 404.
56 BGH FamRZ 1992, 797.
57 BGH FamRZ 2010, 802.
58 BGH FamRZ 2008, 1739.
59 BGH FamRZ 2008, 1739.
60 BGH, FamRZ 2011, 454; vgl. auch OLG Karlsruhe FPR 2003, 28; OLG Hamm FamRZ 1998, 983.
61 BGH FamRZ 2010, 357; BGH FamRZ 2009, 1391; BGH FamRZ 2009, 1124.

– Darlegungs- und beweispflichtig ist ein unterhaltspflichtiger Elternteil insbesondere für Umstände, die ihn daran hindern, einem minderjährigen Kind den Mindestunterhalt nach § 1612a BGB zu leisten.[62]

– Darlegung einer vor- oder gleichrangigen Unterhaltsverpflichtung[63]

– Darlegung, warum künftig keine oder geringere Steuererstattungen erfolgen[64]

– Darlegung der Einkommens- und Vermögensverhältnisse des anderen, abweichend von § 1606 Abs. 3 Satz 2 BGB in Anspruch genommenen betreuenden Elternteils, wegen dessen günstiger wirtschaftlicher Verhältnisse[65]

– Im Rahmen der Großelternhaftung Darlegung der Leistungsunfähigkeit der erstrangig verpflichteten Eltern oder der erheblichen Erschwerung der Rechtsverfolgung und des Haftungsanteils des in Anspruch genommenen Großelternteils.[66]

▶ **Kasuistik zur Darlegungslast des Berechtigten:**

– Den Unterhaltsberechtigten trifft die Darlegungs- und Beweislast für die Höhe seines Bedarfs[67]

– Für das eigene Einkommen und das Einkommen des Pflichtigen, soweit sich sein Bedarf danach bemisst

– Für die eigene Bedürftigkeit und die Tatbestandsvoraussetzungen einer unterhaltsrechtlichen Anspruchsnorm

Der Unterhaltsberechtigte kann im Verfahren ein bestimmtes Einkommen des Pflichtigen konkret behaupten. Das Bestreiten des Pflichtigen ohne zumutbare Substantiierung zieht sodann die **Geständnisfunktion** des § 138 Abs. 3 ZPO nach sich.[68] Aus der wechselseitigen Substantiierungspflicht ergibt sich damit praktisch eine Darlegungslastumkehr dahin, dass jede Partei für ihr eigenes Einkommen darlegungsbelastet ist. **14**

Der Gläubiger kann sich auch über den **Auskunftsanspruch**[69] (zu Einzelheiten vgl. Kommentierung zu § 1605) Kenntnis vom Einkommen des Pflichtigen verschaffen.[70]

Ein **Anspruch auf Auskunftserteilung** über Einkünfte und Vermögen besteht

– nach § 1605 Abs. 1 BGB für den Kindesunterhalt

– nach § 1361 Abs. 4 Satz 4 i.V.m. § 1605 Abs. 1 BGB beim Ehegattenunterhalt für die Zeit des Getrenntlebens

– nach § 1353 BGB zwischen nicht getrennt lebenden Ehegatten, etwa zur Bemessung des Wirtschaftsgeldes[71]

– nach §§ 1580, 1605 I BGB für den Geschiedenenunterhalt, und zwar ab Rechtshängigkeit des Ehescheidungsverfahrens, da andernfalls eine Entscheidung im Verbund nach § 623 ZPO nicht möglich wäre[72]

---

62 BGH FamRZ 2009, 314; BGH FamRZ 1998, 357.
63 BGH FamRZ 2010, 869.
64 OLG Köln, FamRZ 2002, 1729.
65 BGH FamRZ 2008, 137; OLG Hamm FamRZ 2006, 1479.
66 OLG Hamm FamRZ 2005, 1926.
67 BGH FamRZ 2010, 357.
68 BGH FamRZ 1987, 259; OLG Koblenz FamRZ 2000, 605; OLG Hamburg FamRZ 1991, 1092; OLG Karlsruhe FamRZ 1990, 553; OLG Hamm FamRZ 1990, 641.
69 Eingehend zum Auskunfts- und Beleganspruch Wendl/Dose, § 1 Rn. 1150 ff. und Kleffmann, in: Scholz/Kleffmann/Motzer, Praxishandbuch Familienrecht, Teil G Rn. 175 ff.
70 Zur vertraglichen Auskunftspflicht vgl. OLG Bamberg FamRZ 1990, 755.
71 OLG Karlsruhe FamRZ 1990, 161.
72 BGH FamRZ 1983, 674.

– unter analoger Anwendung der vorgenannten Vorschriften für Unterhaltsansprüche nach den früher geltenden Vorschriften der §§ 58 ff. EheG[73]
– nach §§ 1615l Abs. 3 Satz 1, 1605 Abs. 1 BGB:[74] obwohl das Einkommen des Vaters den Bedarf der Mutter grds. nicht beeinflusst,[75] steht der Mutter ein Auskunftsanspruch zu, da sie nur nach Kenntnis von der Leistungsfähigkeit des Vaters beurteilen kann, ob und ggf. in welcher Höhe ein Unterhaltsanspruch gegeben ist. Auch lässt sich erst nach Kenntnis der Einkommensverhältnisse des Vaters feststellen, ob der Anspruch durch den Halbteilungsgrundsatz[76] beschränkt sein kann
– nach §§ 12 Abs. 2 Satz 2, 16 Abs. 1 Satz 2 LPartG für getrennt lebende Lebenspartner
– über § 242 BGB, wenn
– der Anspruchsberechtigte zur Geltendmachung eines Anspruchs unverschuldet auf die Auskunft angewiesen ist
– die Auskunft dem Verpflichteten zumutbar ist und
– zwischen den Parteien eine rechtliche Verbindung (ein rechtliches Interesse allein genügt nicht) besteht[77]
– für den Anspruch eines vom volljährigen gemeinschaftlichen Kind auf Unterhalt in Anspruch genommenen Elternteils gegen den anderen Elternteil.[78]
– über § 242 BGB unter Geschwistern, deren Eltern unterhaltsverpflichtet sind.[79]

Zwischen Geschwistern, soweit dies für die Berechnung des eigenen Haftungsanteils für den Unterhalt der Eltern erforderlich ist, nicht jedoch zwischen Schwägern und Schwägerinnen[80]

– zwischen dem auf Betreuungsunterhalt für die Mutter entsprechend § 1606 Abs. 3 BGB anteilig haftenden Ehemann und nicht ehelichen Vater hat der BGH indessen einen Auskunftsanspruch verneint.[81] Dies führt insbesondere in Abänderungsverfahren jedoch zu Rechtsschutzlücken[82]
– für den Unterhaltsanspruch zwischen Lebenspartnern
– der Auskunftsanspruch geht wegen des gesetzlichen Anspruchsübergangs auf den Sozialleistungsträger über.

Dem **Sozialleistungsträger** steht frei, seinerseits im Wege des Stufenverfahrens vorzugehen oder den öffentlich-rechtlichen Auskunftsanspruch durch Verwaltungsakt geltend zu machen und ggf. zwangsweise durchzusetzen, etwa nach § 60 SGB II, § 47 BAföG. Auskunftspflichtig sind auch der nicht getrennt lebende Ehegatte oder Lebenspartner des Pflichtigen, Personen die nach §§ 102 ff.

---

73 BGH FamRZ 1986, 450; 1982, 680, 681.
74 OLG Braunschweig MDR 2003, 1055.
75 BGH FamRZ 2008, 1739.
76 BGH FamRZ 2005, 442.
77 BGH FamRZ 1988, 268.
78 BGH FamRZ 1988, 268; vgl. auch OLG Hamm FamRZ 1987, 745; OLG Braunschweig FamRZ 1981, 383; OLG Köln FamRZ 1992, 469 für den Auskunftsanspruch des barunterhaltspflichtigen Elternteils gegen den betreuenden Elternteil, wenn eine zusätzliche Barunterhaltspflicht des betreuenden Elternteils in Betracht kommt; vgl. jedoch auch OLG Bremen FamRZ 2012, 316: der einem minderjährigen Kind gegenüber bislang allein barunterhaltspflichtige Elternteil kann von dem anderen Elternteil keine Auskunft über die Einkommensverhältnisse verlangen, wenn das Kind in eine betreute Wohnform gewechselt ist. Die Leistungen der Kinder- und Jugendhilfe decken den Bedarf des Kindes vollständig und der Kostenbeitrag bemisst sich nur nach dem eigenen Einkommen. Auch die Behauptung, der andere Elternteil verfüge über ein deutlich höheres Einkommen und komme als anderer unterhaltspflichtiger Verwandter in Betracht, begründet keinen Auskunftsanspruch, wenn der barunterhaltspflichtige Elternteil nicht darlegt, dass ihm nach Leistung des Kindesunterhalts weniger als der angemessene Selbstbehalt verbleibt.
79 BGH FamRZ 2003, 1836, Bestätigung von OLG München FamRZ 2002, 50.
80 BGH NJW 2003, 3624; OLG München FamRZ 2002, 50.
81 BGH FamRZ 98, 541.
82 Kritisch zu Recht FA-FamR/Gerhardt 6. Kap Rn. 508a.

SGB XII zum Ersatz herangezogen werden, andere Mitglieder der Haushaltsgemeinschaft, der Arbeitgeber oder das Finanzamt. Auch gilt die Zweijahresfrist des § 1605 Abs. 2 BGB (zu Einzelheiten vgl. dortige Kommentierung) nicht.[83]

Neben diesen materiell-rechtlichen Verpflichtungen zur Auskunft bestand nach § 643 ZPO auch eine **prozessuale Auskunftspflicht** unmittelbar gegenüber dem Gericht.[84] Das Gericht konnte den Parteien aufgeben, unter Vorlage entsprechender Belege zu ihren Einkünften und – soweit erforderlich – zum Vermögen sowie ihren sonstigen persönlichen und wirtschaftlichen Verhältnissen und den zu bestreitenden Ausgaben Auskunft zu erteilen (§§ 273, 643 I ZPO). Auch konnte das Gericht nach § 273 ZPO selbst Auskünfte einholen. Eine Verpflichtung des Gerichts zur Amtsermittlung bestand nicht. Es stand vielmehr im **Ermessen** des Gerichts, die erforderlichen Maßnahmen zutreffen.[85]

Für alle ab dem 01.09.2009 eingeleiteten Unterhaltsverfahren gilt das **FamFG**. Die bisherige Regelung in § 643 ZPO ist durch § 235 FamFG erheblich erweitert.[86] Die Einholung einer Auskunft von Amts wegen steht zwar weiterhin im Ermessen des Gerichts. In **Erweiterung des bisherigen § 643 ZPO** kann nach § 235 Abs. 1 Satz 2 FamFG das Gericht jedoch anordnen, dass der Auskunftspflichtige schriftlich versichert, dass die Auskunft wahrheitsgemäß und vollständig erteilt wurde. Die Versicherung kann nicht durch einen Vertreter erfolgen. Für die Anordnung ist eine angemessene Frist zu setzen (§ 235 Abs. 1 Satz 3 FamFG). Auch ist auf die Kostenfolge bei Nichterteilung (§ 243 Abs. 2 Nr. 3 FamFG) und sonstige Folgen der Erteilung oder Nichterteilung (§§ 235 Abs. 3, 236 FamFG) hinzuweisen. Hat der Auskunftspflichtige trotz vorprozessualer Aufforderung keine Auskunft erteilt, kann der Berechtigte nach § 235 Abs. 2 FamFG beantragen, dass das Familiengericht von Amts wegen die Auskunft einholt.

Darüber hinaus sind die Parteien nach § 235 Abs. 3 FamFG verpflichtet, während des laufenden Verfahrens **ungefragt alle Veränderungen zu offenbaren**,[87] die Gegenstand der verlangten Auskunft waren. Vorrausetzung ist, dass das Gericht eine förmliche Anordnung nach § 235 Abs. 1 FamFG erlassen hat. Für alle anderen Fälle begründet das FamFG keine eigenständige Offenbarungspflicht. Durch diese Neuregelung sind weder die prozessuale Wahrheitspflicht nach § 138 Abs. 1 ZPO[88] berührt noch die materiell-rechtlichen Informationspflichten, die auch ohne ausdrückliche Nachfrage bestehen können.[89]

Kommt die Partei der Aufforderung des Gerichts nicht oder nur unvollständig nach, kann das Gericht Auskünfte zum Einkommen unmittelbar beim Arbeitgeber, Versicherungs-, Rentenversicherungs- und Sozialleistungsträger und beim Finanzamt einholen (§ 236 FamFG). Dies galt bereits nach § 643 Abs. 2 ZPO, jedoch mit Ausnahme der Einholung der Auskunft von Belegen beim Finanzamt (nach § 643 Abs. 2 ZPO nur bei minderjährigen Kindern).

Auch kann der Tatrichter bei unvollständigen und zweifelhaften Angaben das Einkommen unter freier tatrichterlicher Würdigung aller maßgeblichen Umstände unter Zuhilfenahme allgemeiner Erfahrungssätze nach § 287 Abs. 2 ZPO schätzen, wenn die völlige Aufklärung konkret aufgetretener Zweifel unverhältnismäßig schwierig ist und zu dem Umfang der Unterhaltsforderung in keinem Verhältnis steht.[90] Allerdings gibt es für eine **Einkommensschätzung** nach § 287 Abs. 2 ZPO

83 Eingehend Scholz in Scholz/Kleffmann/Motzer, Praxishandbuch Familienrecht, Teil L Rn. 61.
84 BGH FamRZ 2005, 1986.
85 Eingehend Kleffmann, in: /Scholz/Kleffmann/Motzer, Praxishandbuch Familienrecht, Teil G Rn. 176; Sarres FuR 2010, 390; Viefhues FPR 2010, 162.
86 Eingehend zur gesetzlichen Neuregelung Klein FPR 2011, 9.
87 Zu Einzelheiten vgl. Kleffmann, in: Scholz/Kleffmann/Motzer, Praxishandbuch Familienrecht, Teil G Rn. 210.
88 Instruktiv PG/Prütting § 138 Rn. 1 ff.
89 BGH FamRZ 2008, 1325 m. Anm. Borth.
90 BGH FamRZ 2010, 2059; BGH FamRZ 1995, 347.

weder einen Erfahrungssatz, dass bestimmten monatlichen Ausgaben mindestens in gleicher Höhe unterhaltsrelevante Einkünfte gegenüberstehen, noch den weiterführenden Erfahrungssatz, dass zwangsläufig auf verschleierte höhere Einkünfte zu schließen ist, wenn die Ausgaben die vorgetragenen Einnahmen übersteigen.[91]

Ist **ausländisches Recht** Unterhaltsstatut (Art. 18 I EGBGB) und kennt dieses keinen Auskunftsanspruch, weil dort der Untersuchungsgrundsatz gilt, ist im Wege der Rechtsangleichung ein Auskunftsanspruch zu bejahen.[92]

15 Eine **Auskunft** erfordert eine **systematische Zusammenstellung aller erforderlichen Angaben**, die notwendig sind, um dem Berechtigten ohne übermäßigen Arbeitsaufwand eine Berechnung seines Unterhaltsanspruchs zu ermöglichen.[93] Im Einzelfall wird auf beiliegende Belege Bezug genommen werden können.[94] Hinsichtlich der **Form** der zur erteilenden Auskunft sind die instanzgerichtlichen Anforderungen sehr unterschiedlich (zu Einzelheiten vgl. Kommentierung zu § 1605 BGB). Die erforderlichen Darlegungen können nicht durch einen Antrag auf Vernehmung eines Steuerberaters oder Sachverständigen ersetzt werden.[95] Eine Beweiserhebung durch Zeugenvernehmung oder Sachverständigengutachten kommt erst in Betracht, wenn und soweit vom Gegner die Richtigkeit detailliert behaupteter Ausgaben bestritten wird. Umstritten war insb., ob die Auskunft eigenhändig vom Auskunftsverpflichteten zu unterschreiben ist[96] oder ob die Erteilung in einem Anwaltsschriftsatz genügt.[97] Der BGH[98] hat zwischenzeitlich erkannt, dass eine **Auskunftserteilung in einem Anwaltsschriftsatz ausreichend** ist. Ist die Auskunft erkennbar dem Auskunftspflichtigen zuzuordnen, kann sie durch einen Dritten, etwa durch den bevollmächtigten Rechtsanwalt als Boten, übermittelt werden. Höchstpersönlicher Natur ist lediglich die Abgabe der Erklärung, nicht deren Übermittlung.

Die Auskunft hat eine **systematische Zusammenstellung aller erforderlichen Angaben** zu erfassen. Die Auskunft ist als Wissenserklärung höchstpersönlicher Natur und als nach § 888 ZPO zu vollstreckende **unvertretbare Handlung** vom Auskunftspflichtigen in Person zu erfüllen.[99] Nicht ausreichend ist, wenn der Auskunftspflichtige nur eine Reihe von Belegen vorlegt oder über mehrere Schriftsätze verteilt Einzelauskünfte abgibt.

Von dem Auskunftsanspruch nach § 1605 Abs. 1 Satz 1 BGB ist der **Anspruch auf Vorlage der Belege** nach § 1605 Abs. 1 Satz 2 BGB zu unterscheiden. Insoweit handelt es sich um einen selbstständigen Anspruch, der mit der Klage gesondert geltend zu machen ist. Nach § 1605 Abs. 1 Satz 2 BGB sind Belege über die unterhaltsrechtlich relevanten Einkünfte – nicht über das Vermögen[100] – vorzulegen. Bei **abhängig Beschäftigten** sind Monatsverdienstbescheinigungen, Besoldungsmitteilungen, unter gewissen Voraussetzungen (etwa Tätigkeit im Ausland, wenn sich aus den Monatsabrechnungen nicht ergibt, ob weitere Zahlungen (Aufwandsentschädigungen etc. geleistet werden)[101] Dienst- oder Arbeitsvertrag vorzulegen. Bei **Auszubildenden** sind Bescheinigungen über die monatliche Ausbildungsvergütung und der Ausbildungsvertrag, bei **Rentnern**[102] die letzte Anpassungsmitteilung vorzulegen. Darüber hinaus sind immer der letzte Steuerbe-

---

91 Eingehend OLG Frankfurt FamRZ 2007, 404; vgl. auch Kuckenburg FuR 2006, 255.
92 OLG Hamm FamRZ 1993, 69.
93 BGH FamRZ 20111, 21; BGH FamRZ 1983, 996; OLG Düsseldorf FamRZ 2001, 836.
94 OLG München FamRZ 1996, 738; strenger jedoch Schürmann FuR 2005, 49.
95 BGH FamRZ 2012, 288; BGH FamRZ 1980, 770.
96 So OLG Dresden FamRZ 2005, 1195; Schürmann FuR 2005, 49.
97 So OLG Hamm FamRZ 2005, 1154.
98 BGH FamRZ 2008, 600.
99 BGH FamRZ 2008, 600.
100 BGH FamRZ 1992, 536.
101 BGH FamRZ 1994, 28; OLG München FamRZ 1993, 202.
102 BGH FamRZ 1983, 674.

scheid[103] und die letzte Steuererklärung mit allen Anlagen[104] vorzulegen. Die bloße Angabe des Jahreseinkommens[105] oder die Übergabe nur der Lohnsteuerkarte und/oder der Einkommensteuerererklärung genügen nicht.[106] Allein die Gewährung der Einsicht in die Unterlagen reicht nicht.[107] Die vorzulegenden Belege sind im **Auskunftsantrag genau zu bezeichnen**. Im Regelfall wird man die Vorlage von Originalbelegen nicht für erforderlich erachten müssen.[108] Das Bestehen auf der Vorlage von Originalen kann im Einzelfall jedenfalls rechtsmissbräuchlich sein.

Selbstständige müssen Einkommensteuerbescheide, Einkommensteuererklärungen,[109] Bilanzen, Gewinn- und Verlustrechnungen,[110] betriebswirtschaftliche Auswertungen bzw. Einnahme/Überschussrechnungen,[111] Belege über Bestand und Entwicklung des Kapitalkontos und über die Höhe getätigter Entnahmen,[112] Umsatzsteuerbescheide und Umsatzsteuererklärungen,[113] Handelsbücher und Buchführungsunterlagen, die Anlagenverzeichnisse, aus denen sich die einzelnen Anlagegüter des Betriebsvermögens, die Art der Abschreibung, deren Dauer, Höhe etc. ergeben, vorlegen. Eine nur ziffernmäßige Aneinanderreihung einzelner Kostenarten wie Abschreibungen, allgemeine Kosten, Kosten für Versicherungen usw. genügt nicht.[114]

Ob die Unterlagen bereits vorliegen, ist unerheblich.[115] Dem Auskunftpflichtige kann mithin auch aufgegeben werden, etwa einen noch nicht erstellten Jahresabschluss vorzulegen. Insoweit handelt es sich nicht um eine unmögliche Leistung, da der Jahresabschluss noch erstellt werden kann. Allerdings muss im Beschluss deutlich gemacht werden, dass der Auskunftpflichtige zur Erstellung des Jahresabschlusses herangezogen werden soll.[116]

Der Auskunftpflichtige ist gehalten, die unterhaltsrechtlich relevanten Belege **innerhalb angemessener Frist** vorzulegen.[117] Im Hinblick auf § 243 HGB wird man eine Frist von sechs Monaten nach Ablauf des Geschäftsjahres zubilligen müssen.[118]

Bei **landwirtschaftlichen Betrieben** erfolgt die Gewinnschätzung bei nicht bestehender Buchführungspflicht entweder nach Durchschnittssätzen oder bei bestehender Buchführungspflicht durch Betriebsvermögensvergleich. Unterhaltsrechtlich kann die Gewinnschätzung nicht anerkannt werden, da Einnahmen und Ausgaben nicht annäherungsweise erfasst werden.[119] Daher ist bei Land- und Forstwirten mit der Auskunft eine Überschussrechnung zu verlangen.

Für alle Einkunftsarten gilt: Die handels- und steuerrechtliche Gewinn- und Einkommensermittlung und darauf basierende Rechnungen, Zusammenstellungen, Steuererklärungen, Jahresab-

16

17

---

103 OLG Düsseldorf FamRZ 1991, 1315.
104 BGH FamRZ 1983, 996; 1982, 680; OLG Thüringen FamRZ 1997, 1281; OLG München FamRZ 1996, 738.
105 OLG Koblenz DAVorm 1981, 478.
106 OLG Frankfurt FamRZ 1987, 1056; OLG Düsseldorf FamRZ 1981, 42; zu Einzelheiten vgl. Vogel FuR 1995, 197.
107 OLG Stuttgart FamRZ 1991, 84.
108 OLG Frankfurt a.M. FamRZ 1997, 1296; a.A. jedoch KG FamRZ 1982, 614.
109 BGH FamRZ 1982, 680.
110 BGH FamRZ 1994, 28; 1982, 680; OLG Schleswig FamRZ 1981, 53; OLG Hamm, FamRZ 1980, 455; vgl. weiter OLG Koblenz FamRZ 2000, 605; OLG München FamRZ 1996, 737; OLG Stuttgart FamRZ 1991, 84.
111 BGH FamRZ 1982, 680; OLG Schleswig NJWE-FER 199, 209.
112 OLG Stuttgart FamRZ 1983, 1267.
113 OLG München FamRZ 1996, 738 (aber str.).
114 BGH FamRZ 1980, 770.
115 BGH FamRZ 1992, 425.
116 BGH FamRZ 1992, 425.
117 OLG Koblenz FamRZ 1981, 922; OLG Hamm FamRZ 1980, 455.
118 OLG Celle, FamRZ 1992, 1440; OLG München FamRZ 1992, 1207.
119 Göppinger/Strohal, Unterhaltsrecht, Rn. 543.

schlüsse und Überschussrechnungen sind für die Unterhaltsberechnung nicht ohne weiteres zu übernehmen. Aus diesen Unterlagen ergeben sich zwar wichtige Aufschlüsse im Hinblick auf einzelne Bestandteile der Einkommensermittlung. Die Einnahmen- und auch die Ausgabenseite derartiger Unterlagen sind aber auf ihre **unterhaltsrechtliche Relevanz** hin stets zu überprüfen.[120]

Die Auskunft kann sich auch auf das **Vermögen** erstrecken, wenn der Vermögensstamm mangels hinreichender Einkünfte angegriffen werden müsste. Besteht eine Auskunftsverpflichtung auch hinsichtlich des Vermögens, muss ein **Stichtag** festgelegt werden, da andernfalls keine vollstreckbare Verpflichtung gegeben ist.[121] Regelmäßig bietet sich als Stichtag für die Vermögensbewertung der 31. Dezember des Vorjahres an, weil sich auf diesen Tag regelmäßig auch Bankabrechnungen etc. beziehen.

Inhaltlich kann sich ein **Auskunftsanspruch** auch aus § 242 BGB hinsichtlich solcher Umstände ergeben, die nicht unmittelbar zum nach § 1605 BGB anzugebenden Einkommen oder Vermögen zählen. Darunter fallen z.B. **gesundheitliche Beeinträchtigungen**,[122] **Arbeitsbemühungen**[123] oder eine **Wiederverheiratung**.[124]

Besteht begründeter Anlass zu der Vermutung, dass die Auskunft nicht mit der erforderlichen Sorgfalt erteilt wurde, ist ein Anspruch nach §§ 1605 Abs. 1 Satz 3, 261 BGB auf **Abgabe der eidesstattlichen Versicherung** gegeben. Bei unverschuldeter Unrichtigkeit/Unvollständigkeit ist dem Verpflichteten zuvor Gelegenheit zur **Auskunftsergänzung** zu geben.[125]

Eine **Erweiterung des Auskunftsbegehrens** ist zulässig, wenn sich aus der erteilten Auskunft zusätzlicher Klärungsbedarf ergibt.[126] Auch kann sich der Auskunftszeitraum verändern, insb. wenn sich die außergerichtliche und/oder gerichtliche Festsetzung des Unterhaltsanspruchs verzögern und/oder sich die Einkommensverhältnisse, insb. bei selbstständiger Tätigkeit, verändern. Die Erkenntnisquellen sind möglichst bis zur mündlichen Verhandlung auszuschöpfen.

Ein **Zurückbehaltungsrecht** gegenüber dem Auskunftsanspruch besteht nicht.[127]

Geheimhaltungsinteressen oder sonstige Belange Dritter stehen dem Auskunfts- und Beleganspruch nicht entgegen.[128] Der Schutz des Steuergeheimnisses, etwa von Mitgesellschaftern oder Praxismitinhabern, tritt gegenüber den Belangen des Unterhaltsberechtigten zurück.[129] Wird der Auskunftspflichtige in dem vorzulegenden Steuerbescheid zusammen mit seinem Ehegatten veranlagt, kann er jedoch die im Bescheid und der Erklärung den Ehegatten betreffende Angaben unkenntlich machen. Beträge, die jedoch beide Ehegatten gleichermaßen oder anteilig betreffen, müssen angegeben werden, weil andernfalls der Anteil des Pflichtigen nicht ermittelt werden kann. Wenn und soweit aus diesen Angaben Schlüsse auf die Verhältnisse des Ehegatten gezogen werden können, muss dies hingenommen werden.[130]

---

120 BGH FamRZ 1998, 357; vgl. auch Fischer-Winkelmann FuR 1994, 212 ff. und Kleffmann FuR 1994, 159 ff.
121 OLG Karlsruhe FamRZ 1986, 271.
122 OLG Schleswig FamRZ 1982, 1018.
123 OLG Braunschweig FamRZ 1987, 284.
124 OLG Bamberg FamRZ 1986, 492.
125 BGH FamRZ 1984, 144.
126 BGH FamRZ 1984, 184 für die vergleichbare Problematik im Rahmen einer Zugewinnausgleichsauseinandersetzung.
127 OLG Hamm FamRZ 96, 49; OLG Köln FamRZ 1987, 714.
128 BGH FamRZ 1982, 151.
129 BGH FamRZ 1994, 28; BGH FamRZ 1982, 680; OLG Braunschweig FamRZ 2005, 725.
130 BGH FamRZ 1983, 680.

Ein Auskunftsanspruch besteht nicht, wenn er den Unterhaltsanspruch unter keinem denkbaren Gesichtspunkt beeinflussen kann.[131] Insb. in folgenden Konstellationen besteht **kein Auskunftsanspruch**:

▶ – Der Pflichtige beruft sich nicht auf fehlende oder eingeschränkte Leistungsfähigkeit.[132]
  – Der Ehegattenunterhalt ist ausnahmsweise nicht nach einer Quote, sondern konkret zu bemessen.[133]
  – Ein Unterhaltsanspruch ist zweifelsfrei verwirkt.[134] Verbleiben allerdings Zweifel und/oder kommt nur eine Befristung oder Herabsetzung des geschuldeten Unterhalts in Betracht, verbleibt es bei einem Auskunftsanspruch.[135]
  – I.R.d. Ehegattenunterhalts besteht kein Anskunftsanspruch, wenn Einkünfte offenkundig die ehelichen Lebensverhältnisse nicht geprägt haben.[136]
  – Ein nachrangig Unterhaltspflichtiger muss eine Auskunft erst erteilen, wenn feststeht, dass der vorrangig Haftende ganz oder teilweise leistungsunfähig ist.[137]

Wegen der weiteren Einzelheiten wird auf die Kommentierung zu § 1605 BGB verwiesen.

V. Modifizierte Einkommensermittlung im Mangelfall

Nach § 1581 BGB muss der Unterhaltsverpflichtete in einem **Mangelfall** nur insoweit Unterhalt leisten, als dies mit Rücksicht auf die Bedürfnisse und die Erwerbs- und Vermögensverhältnisse der Ehegatten der Billigkeit entspricht (zu Einzelheiten vgl. § 1581). Bei der gebotenen **Billigkeitsabwägung** sind die sonst üblichen Maßstäbe für die Ermittlung des Einkommens **wertend** zu überprüfen. Sowohl bei dem unterhaltsrechtlich verfügbaren Einkommen als auch bei den Bedarfspositionen wie den Abzugsposten können Modifizierungen erfolgen.[138] Das Gleiche gilt im Rahmen verschärfter Unterhaltspflicht nach § 1603 Abs. 2 BGB.

An die **Erwerbsobliegenheit** können in Mangelfallkonstellationen erhöhte Anforderungen zu stellen sein. Eltern müssen, jedenfalls solange der Mindestunterhalt ihrer minderjährigen oder privilegiert volljährigen Kinder gefährdet ist, grds. jede Arbeit, auch unterhalb ihrer gewohnten Lebensstellung, aufnehmen, Überstunden leisten oder Nebentätigkeiten aufnehmen.[139] Auch beim Ehegattenunterhalt und beim Betreuungsunterhalt nach § 1615l Abs. 2 BGB können im Mangelfall die Anforderungen an die Erwerbsobliegenheit sowohl des Berechtigten als auch des Verpflichteten verschärft werden. Dabei ist allerdings zu beachten, dass kinderbetreuende Elternteile, gleich ob sie verheiratet sind oder nicht, erst mit Vollendung des dritten Lebensjahres des jüngsten Kindes zu einer Erwerbstätigkeit verpflichtet sind, die erst mit fortschreitendem Alter den Umfang vollschichtiger Arbeit erreichen muss.[140]

Im Übrigen als **überobligationsmäßig behandeltes Einkommen** kann in Mangelfällen in höherem Maße als sonst (vgl. § 1577 Abs. 2 BGB: Anrechnung nach Billigkeit) zu berücksichtigen sein. Die

18

---

131 BGH FamRZ 2010, 964; OLG Rostock FamRZ 2009, 2014; OLG Hamm FamRZ 2005, 1939; OLG Düsseldorf FamRZ 1998, 1191.
132 BGH FamRZ 2007, 177; BGH FamRZ 1995, 791; BGH FamRZ 1994, 1169; OLG Hamm FamRZ 1996, 736.
133 BGH FamRZ 2011, 192; BGH FamRZ 2010, 1637.
134 BGH FamRZ 1983, 996; OLG Bamberg FamRZ 1998, 741.
135 OLG Bamberg FamRZ 2006, 433; vgl. auch OLG München FamRZ 1998, 741.
136 BGH FamRZ 2009, 579; BGH FamRZ 2007, 793.
137 OLG Hamm FamRZ 2005, 1926.
138 BGH FamRZ 1990, 260; zu Einzelheiten vgl. Scholz, in: Scholz/Kleffmann/Motzer, Praxishandbuch Familienrecht, Teil K Rn. 114 ff.
139 BGH FamRZ 2009, 314; Wendl/Klinkhammer § 2 Rn. 247; zu objektiven und subjektiven Zumutbarkeitsgrenzen vgl. Rn. 21 und 131 ff.
140 BGH FamRZ 2008, 1739.

eingeschränkte Anrechnung von Einkünften aus nicht zumutbarer Erwerbstätigkeit gilt nach § 242 BGB auch für den Schuldner.

Modifizierungen können sich auch bei der **Zurechnung unentgeltlicher freiwilliger Leistungen Dritter** ergeben.[141] Bei freiwilligen Zuwendungen eines nahen Angehörigen wird vermutet, dass der Zuwendende nur den Empfänger und nicht auch mittelbar einen Dritten unterstützen will, es sei denn, eine entgegenstehende Willensbestimmung ist feststellbar.[142] Ausnahmsweise kann es in Mangelfällen gerechtfertigt sein, sich über diesen entgegenstehenden Willen des Zuwendenden hinwegzusetzen.[143]

19 In Mangelkonstellationen sind **Modifikationen** auch bei der **Berücksichtigung berufsbedingter Aufwendungen** geboten.[144] Dies gilt insb., wenn sie die von vielen Oberlandesgerichten gewährte Pauschale von 5 % des Nettoeinkommens übersteigen.[145] Der Schuldner, der für den Weg zur Arbeitsstelle ein Kraftfahrzeug benutzt, muss im Mangelfall eher auf eine zumutbare Nutzung öffentlicher Verkehrsmittel verwiesen werden, jedenfalls wenn dadurch nicht unerhebliche Ersparnisse erzielt werden können.[146] Der Schuldner kann im Einzelfall auch darauf verwiesen werden, seinen Wohnsitz in die Nähe der Arbeitsstelle zu verlegen.[147] Dem Schuldner dürfen durch die Kosten des Umzugs jedoch nicht Mittel für seinen eigenen notwendigen Unterhalt genommen werden.

Bei **Selbstständigen** bestehen im Mangelfall verschärfte Anforderungen an die Notwendigkeit von Betriebsausgaben und betrieblichen Investitionen, an die Anerkennung von Abschreibungen sowie an die Reaktivierung stiller Reserven.[148]

Auch im Rahmen der Prüfung der Notwendigkeit **berücksichtigungswürdiger Verbindlichkeiten** (zu Einzelheiten vgl. Rdn. 181 ff.) ist ein strengerer Maßstab anzulegen. Zwar kommt auch im Mangelfall Unterhaltsansprüchen kein allgemeiner Vorrang vor Forderungen anderer Gläubiger zu. Es bedarf auch im Mangelfall einer umfassenden Abwägung der Interessen von Unterhaltsgläubiger, Unterhaltsschuldner und Drittgläubiger.[149]

Jedenfalls beim Unterhalt minderjähriger und privilegiert volljähriger Kinder kommt oftmals eine Berücksichtigung von Verbindlichkeiten solange nicht in Betracht als der Mindestunterhalt tangiert ist.[150] Auf die Möglichkeit, ein Verbraucherinsolvenzverfahren (zu Einzelheiten vgl. Rdn. 182) einzuleiten und sich dadurch zu entschulden, wird der Pflichtige nur ausnahmsweise und in Konstellationen gesteigerter Unterhaltsverpflichtung zu verweisen sein.[151] Beim Trennungs- und beim nachehelichen Unterhalt besteht eine derartige Obliegenheit grds. nicht.[152] Derartige Verbindlichkeiten haben auch bereits die ehelichen Lebensverhältnisse geprägt. Der berechtigte Ehegatte konnte sich auf die daraus resultierenden Belastungen einstellen. Ähnliches gilt für den Unterhalt unter Lebenspartnern und im Rahmen des § 1615l Abs. 2 BGB.[153]

---

141 BGH FamRZ 2000, 153; 1999, 843.
142 BGH FamRZ 1995, 537.
143 BGH FamRZ 2000, 153.
144 Kleffmann, in: Scholz/Kleffmann/Motzer, Praxishandbuch Familienrecht, Teil G Rn. 139 ff.
145 Vgl. Kleffmann in: Scholz/Kleffmann/Motzer, Praxishandbuch Familienrecht, Teil G Rn. 141.
146 BGH FamRZ 2002, 536.
147 BGH FamRZ 1994, 372.
148 Vgl. Scholz, in: Scholz/Kleffmann/Motzer, Praxishandbuch Familienrecht, Teil K Rn. 114 ff.
149 BGH FamRZ 2005, 698.
150 BGH FamRZ 2005, 698; zu Einzelheiten vgl. Scholz, in: Scholz/Kleffmann/Motzer, Praxishandbuch Familienrecht, Teil K Rn. 122 f.
151 BGH FamRZ 2008, 497.
152 BGH FamRZ 2008, 497.
153 OLG Koblenz FamRZ 2006, 440.

B. Einkünfte aus nichtselbstständiger Tätigkeit

Zu den Einkünften aus nichtselbstständiger Tätigkeit (§§ 2 Abs. 1 Nr. 1, 19 EStG) zählen die **Ver-** 20
gütungen für alle Leistungen aus dem Dienst- oder Arbeitsverhältnis, unabhängig davon, ob sie
laufend (etwa monatlich) oder unregelmäßig erbracht werden.[154] Sie umfassen regelmäßig alle
Leistungen, die im Hinblick auf das Arbeits-/Dienstverhältnis gewährt werden (insb. Geldleistungen, Sachbezüge und Gebrauchsvorteile) und unabhängig davon, aus welchem Anlass sie i.E.
geleistet werden.

Bei Erwerbseinkommen ist ein **Erwerbstätigenbonus** in Abzug zu bringen. Dem Erwerbstätigen
soll ein die Hälfte des verteilungsfähigen Einkommens maßvoll übersteigender Betrag verbleiben,
um dem typischerweise mit der Berufstätigkeit verbundenen erhöhten Aufwand, auch soweit er
sich nicht in konkret messbaren Kosten niederschlägt, und dem Gedanken des Erwerbsanreizes
Rechnung zu tragen.[155]

Die Bemessung des Erwerbstätigenbonus steht im **Ermessen des Tatrichters.**[156] Der BGH hat es
seit jeher gebilligt, dass nach Vorwegabzug aller anzuerkennenden Verbindlichkeiten das ehepr-
gende restliche Erwerbseinkommen nach einer pauschalen Quote zwischen erwerbstätigen und
nicht erwerbstätigen Ehegatten aufgeteilt wird. Bei Unterhaltsfällen handelt es sich um Massenerscheinungen, auf die aus Vereinfachungsgründen notwendig eine pauschalierende und typisierende Berechnungsmethode anzuwenden ist.[157] Der BGH[158] hat allerdings auch eine gesonderte
Berechnung des Erwerbstätigenbonus als zulässig erachtet. So kann etwa der Bonus geringer als
üblich zu bemessen sein, wenn berufsbedingte Aufwendungen bei der Ermittlung des Nettoeinkommens bereits konkret berücksichtigt worden sind und damit im Wesentlichen nur noch der
Anreizgedanke zu berücksichtigten ist.[159] Auch wird bei Abzug einer Pauschale von 5 % für berufsbedingte Aufwendungen der Bonus als Anreiz zur Erwerbstätigkeit niedriger als 1/7 zu bemessen
sein.[160] Mit diesem Bonus soll dem Erwerbstätigen ein maßvoller Anteil seines Einkommens vorab
zur eigenen Verfügung belassen werden.[161] Dieser anrechnungsfreie Teil des Einkommens soll dem
Erwerbstätigen einen Ausgleich für die mit der Berufstätigkeit verbundenen Mehraufwendungen
bieten. Er dient der Erhaltung der Arbeitskraft und Arbeitsfreude und hat eine **Anreizfunktion.** Er
soll den Erwerbstätigen zur Fortsetzung seiner Erwerbstätigkeit motivieren.[162]

Der **Bonus** ist **nur bei Erwerbseinkünften**, nicht bei sonstigen Einkünften[163], etwa Krankengeld[164],
ALG I[165] oder bei einer Abfindung,[166] anzusetzen. Auch wenn ein Dienstherr einen Beamten von der
Arbeitstätigkeit freistellt, kann ein Erwerbstätigenbonus nicht zugebilligt werden.[167] Der Zweck des
Bonus, nämlich die Honorierung der Arbeitsleistung und die Motivation, diese Arbeitsleistung auch
in Zukunft zu erbringen, kann nicht erreicht werden, wenn die vollen Bezüge auch ohne Arbeitsleis-
tung erzielt werden.

---

154 BGH FamRZ 1982, 250.
155 BGH FamRZ 1991, 304; vgl. auch Graba NJW 1993, 3033.; krit. Röthel FamRZ 2001, 328.
156 BGH FamRZ 1990, 1085 = FuR 1990, 369.
157 BGH FamRZ 1979, 692: eine Quotierung von einem Viertel hat der BGH nicht gebilligt.
158 BGH FamRZ 1997, 806.
159 BGH FamRZ 1997, 806.
160 BGH FamRZ 1997, 806 billigt in dieser Mangelfallentscheidung die Ermittlung des Erwerbstätigenbo-
     nus mit 1/10 ausdrücklich.
161 BGH FamRZ 1991, 304.
162 BGH FamRZ 2000, 1492.
163 BGH NJW 2011, 303; BGH FamRZ 2010, 1050.
164 BGH FamRZ 2009, 307.
165 BGH FamRZ 2009, 307.
166 BGH FamRZ 2007, 983.
167 OLG Koblenz NJW-RR 2008, 1030.

Der Bonus ist vom bereinigten Nettoeinkommen abzuziehen.[168]

In Konstellationen **konkreter Bedarfsberechnung** kommt ein Bonus grds. nicht in Betracht.[169] Der Bedarf des Berechtigten richtet sich nicht nach dem Einkommen des Pflichtigen, sondern nur nach dem konkreten Bedarf und der eigenen Lebensstellung des Berechtigten.

I. Regelmäßige Barbezüge

21 Zu den unterhaltsrechtlich berücksichtigungsfähigen **wiederkehrenden Vergütungen** zählen

- **Abgeordnetenbezüge** und Kostenpauschalen der Abgeordneten,[170] soweit nicht mandatsbezogene Aufwendungen gegenüber stehen.[171] Diese sind ggf. über § 287 Abs. 2 ZPO zu schätzen.[172]
- **Abgeordnetenzuschläge.**
- **Aufwandsentschädigungen**, etwa von Bürgermeistern oder Kreisräten.[173]
- **Ausbildungsvergütungen**[174] und **Ausbildungsbeihilfen** sind anrechenbare Einkünfte.[175] Beim volljährigen Kind ist die Ausbildungsvergütung in vollem Umfang bedarfsdeckend anzurechnen, auch wenn das Kind noch im Haushalt eines Elternteils lebt, der mangels Leistungsfähigkeit nicht unterhaltspflichtig ist.[176] Von der Vergütung in Abzug zu bringen sind ausbildungsbedingte Aufwendungen (vgl. auch Nr. 10.2.2 der Leitlinien).
- **Auslandsverwendungszuschläge** von Soldaten.[177] Diese Einkünfte sind i.d.R. jedoch nur nach Billigkeit, oftmals nur hälftig, zu berücksichtigen, insb. wenn sie für Einsätze in Krisengebieten gezahlt werden.[178]
- **Auslandszulagen** (Auslandszuschlag, Kaufkraftausgleich, Krisenzulage, Aufwandsentschädigung, Sprachenzulage, Dienstwohnungsvergütung), jeweils gemindert um auslandsspezifischen Mehraufwand.[179]
- **Auslösungen** sind Mehraufwendungsersatz aus Anlass auswärtiger Arbeit.[180] Unterhaltsrechtlich ist jedoch eingehend zu prüfen, ob es sich bei diesen Auslösungen nicht um verschleiertes Erwerbseinkommen handelt. Zu prüfen ist daher im Einzelfall, ob in Höhe der Auslösungen ein tatsächlicher Mehraufwand vorliegt oder nicht. Vom Auslösungsempfänger ist der mit auswärtiger Tätigkeit verbundene Mehraufwand i.E. darzulegen und ggf. zu beweisen.[181] Soweit Zuwendungen geeignet sind, laufende Lebenshaltungskosten zu ersparen, kann ein konkret zu schätzender Mehraufwand abgesetzt werden. Nach der überwiegenden Praxis der Oberlandes-

---

168 BGH FamRZ 1997, 806.
169 BGH FuR 2011, 162; zuvor bereits OLG Köln FamRZ 2002, 326; vgl. jedoch auch OLG Hamm FamRZ 2008, 1184.
170 BGH FamRZ 1986, 780; OLG Brandenburg FamRZ 1999, 1082; OLG Stuttgart FamRZ 1994, 1251.
171 OLG Bamberg FamRZ 1999, 1082.
172 OLG Bamberg FamRZ 1999, 1082: Dienstaufwandsentschädigung zu 1/3 unterhaltsrechtlich erhebliches Einkommen.
173 OLG Bamberg FamRZ 1999, 1082: wegen konkret nachzuweisenden Mehrbedarfs kann jedoch eine Anrechenbarkeit etwa nur mit einer Quote von 1/3 gerechtfertigt sein; vgl. auch BGH FamRZ 1980, 342; OLG Koblenz FamRZ 2000, 1154; OLG Hamm FamRZ 1991, 576.
174 OLG FuR 06, 76; OLG Brandenburg NJW 2008, 84; OLG Karlsruhe FamRZ 1992, 344.
175 BGH FamRZ 1986, 151.
176 BGH NJW 2006, 57.
177 BGH FamRZ 2012, 1201; OLG Schleswig FamRZ 05, 369.
178 OLG Schleswig FamRZ 2005, 369: Einsatz in Afghanistan und Bosnien; vgl. auch OLG Stuttgart FamRZ 2007, 1242.
179 BGH FamRZ 1980, 342; OLG Hamm FamRZ 2010, 227: anrechenbar mit 1/3; OLG Stuttgart FamRZ 2002, 820; OLG Koblenz FamRZ 2000, 1154; OLG Bamberg FamRZ 1997, 1339; OLG Koblenz FamRZ 1995, 1374; OLG Köln FamRZ 1991, 940.
180 BGH FamRZ 1982, 887.
181 OLG Köln FamRZ 2003, 603.

gerichte ist im Zweifel ähnlich der Handhabung bei Spesen[182] eine Ersparnis für Lebenshaltungskosten in Höhe von 1/3 anzusetzen und dem unterhaltsrechtlich maßgeblichen Einkommen zuzuschlagen (vgl. Ziff. 1.4. der Leitlinien).

Die **Besoldung von Beamten, Richtern, Soldaten** beruht auf dem Bundesbesoldungsgesetz sowie den ergänzenden landesrechtlichen Bestimmungen. Bemessungsgrundlage sind grundsätzlich die gesamten familienneutralen Bestandteile der Bezüge und die familienbezogenen Bestandteile.[183]

— **Direktversicherung.**[184] Zunehmend setzt sich die Erkenntnis durch, dass die primäre Altersvorsorge nicht mehr ausreicht und es zusätzlicher privater Altersvorsorge bedarf.[185] Wegen der Unsicherheit über die Zukunft der gesetzlichen Rentenversicherung sind grundsätzlich neben der gesetzlichen auch die betrieblichen Aufwendungen und/oder zusätzliche freiwillige Versicherungsleistungen als Altersvorsorge anzuerkennen, jedenfalls solange diese Aufwendungen in einem angemessenen Verhältnis zum erzielten Erwerbseinkommen stehen[186] (zu Einzelheiten vgl. Rdn. 167 f.).

— **Entlassungsgeld** eines Zivildienstleistenden.[187]

— **Erschwerniszulagen sowie Zuschläge** für Schicht-, Sonntags-, Feiertags- und Nachtarbeit: Grundsätzlich ist davon auszugehen, dass auch diese Einkünfte in vollem Umfang unterhaltsrechtlich maßgeblich sind.[188] Dies gilt insbesondere, wenn die Tätigkeit typischerweise mit der Berufsausübung zusammenhängt. In Mangelfällen werden derartige Zulagen stets zu berücksichtigen sein. In Fällen außergewöhnlich guter Einkünfte kann dem Betreffenden ggf. ein Teil der Zulagen belassen werden. Die Darlegungs- und Beweislast für die Unzumutbarkeit der Einkommensbestandteile trägt derjenige, der sich auf die Berücksichtigung derartiger Zulagen beruft. In Mangelfällen hingegen wird man derartige (Erschwernis-)Zulagen als Einkommen berücksichtigen müssen.

— **Essensgeldzuschuss, Verpflegungszuschuss,** jeweils als Einkommen zu berücksichtigen, ggf. nur mit 1/3.[189]

— **Fahrgeldzuschuss.** Derartige Zuschüsse sollen einen konkreten Mehraufwand des Arbeitnehmers im Zusammenhang mit der Ausübung des Beschäftigungsverhältnisses kompensieren. Dadurch kann sich das Einkommen erhöhen, weil den Auszahlungen seitens des Arbeitgebers nicht immer entsprechende Aufwendungen gegenüber stehen. Diesen entsprechenden Mehraufwand hat der Arbeitnehmer darzulegen und ggf. zu beweisen.[190]

— **Familienzuschlag.**[191] Nach § 40 Abs. 1 BBesG erhalten Beamte, Richter oder Soldaten u.a., wenn sie verheiratet sind oder wenn sie geschieden und aus dieser Ehe in Höhe des Familienzuschlags zum Unterhalt verpflichtet sind. Ist ein Ehegatte seinem geschiedenen Ehegatten vorrangig unterhaltspflichtig (§ 1609 Nr. 2 BGB) und ist er nach Scheidung eine Folgeehe eingegangen, beruht die Zahlung des Familienzuschlags auf zwei alternativen Rechtsgründen (§ 40 Abs. 1 Nr. 1 und 3 BBesG). Im Rahmen des Ehegattenunterhalts ist jedoch zu berücksichtigen, dass eheprägend nur Umstände sein können, die bis zur Rechtskraft der Scheidung eingetreten sind.[192] Nach Rechtskraft der Scheidung entstehende Umstände prägen die ehelichen Lebens-

---

182 BGH FamRZ 1990, 266.
183 BGH FamRZ 2010, 869; BGH FamRZ 2007, 882.
184 OLG München FamRZ 1997, 613.
185 BGH FamRZ 2003, 1179; 860; 741.
186 BGH FamRZ 2003, 741.
187 OLG München FamRZ 1992, 595.
188 OLG Hamburg FamRZ 93, 1453; OLG Koblenz FamRZ 92, 990.
189 OLG Naumburg ZFE 2008, 195.
190 Vgl. auch BGH FamRZ 2002, 536, 542; zu Fahrtkosten als berufsbedingten Aufwand vgl. im Übrigen Rn. 164.
191 BGH FamRZ 2005, 1817.
192 BVerfG FamRZ 2011, 437; BGH FamRZ 2012, 281.

verhältnisse (nur), wenn sie auch bei Fortbestand der Ehe eingetreten wären, in der Ehe angelegt oder als Surrogat anzusehen sind.

Nicht in der Ehe angelegt hingegen sind Einkommenszuschläge, soweit sie nur durch die Folgen der Eheschließung entstehen. Wird der Familienzuschlag wegen der bestehenden (zweiten) Ehe und zugleich nach § 40 Abs. 1 Nr. 3 BBesG wegen einer fortdauernden Unterhaltpflicht aus einer früheren Ehe gezahlt, ist er nach seinem Sinn und Zweck auf beide Ansprüche aufzuteilen.[193] Im Rahmen der Bemessung der Leistungsfähigkeit nach § 1581 BGB ist der Familienzuschlag jedoch in vollem Umfang zu berücksichtigen.

– **Fliegerzulage** und Fliegeraufwandsentschädigung.[194]
– **Gerichtsvollziehereinkommen**, und zwar sowohl die Bezüge als Landesbediensteter als auch die Gebühren.[195]
– **Geschäftsführerbezüge**: sofern es sich um einen geschäftsführenden Gesellschafter einer GmbH handelt, bezieht er nicht nur Einkünfte aus nichtselbstständiger Tätigkeit als Geschäftsführer, sondern aus seiner Stellung als Gesellschafter auch noch Einkünfte aus Kapitalvermögen (§ 20 Abs. 1 Satz 1 EStG).[196] Die von der GmbH einbehaltene Lohnsteuer wird dem Geschäftsführer auf seiner Lohnsteuerkarte bescheinigt und im Rahmen seiner Einkommensteuerveranlagung wie eine Steuervorauszahlung auf seine Einkommensteuerschuld angerechnet (§ 36 Abs. 2 Satz 2 EStG). Schuldner der Lohnsteuer ist der Geschäftsführer als Arbeitnehmer (§ 38 Abs. 2 EStG). Die GmbH ist jedoch verpflichtet, den Lohnsteuerabzug für den Arbeitnehmer vorzunehmen (Quellensteuer). Da die Gehälter der Geschäftsführer i.d.R. das in § 46 Abs. 2 EStG vorgesehene Einkommen überschreiten, haben die Geschäftsführer für das abgelaufene Kalenderjahr eine Einkommensteuererklärung abzugeben (§ 25 Abs. 3 EStG). Sie sind als unbeschränkt einkommensteuerpflichtige Arbeitnehmer zur Einkommensteuer gem. § 36 Abs. 1 EStG zu veranlagen. Ist der Arbeitnehmer ausnahmsweise nur beschränkt einkommensteuerpflichtig, überschreitet er also die Grenze des in § 46 Abs. 1 EStG festgelegten Einkommens nicht, wird auch keine Veranlagung durchgeführt. Die Einkommensteuer ist sodann auf den Arbeitslohn durch den Lohnsteuerabzug abgegolten.[197]

Bei der Gesellschaft werden die Gehälter für den Geschäftsführer als Personalaufwand verbucht. Diese Aufwendungen mindern mithin den zu ermittelnden Gewinn. Die für den Gesellschafter ausgezahlte Lohnsteuer darf demnach nicht noch einmal von dem unterhaltsrechtlich zu berücksichtigenden Einkommen des Geschäftsführers abgesetzt werden.

Der Gesellschafter hat darüber hinaus wegen der ausgeschütteten Gewinne der Gesellschaft auch zusätzliche Einkünfte aus Kapitalvermögen (§ 20 Abs. 1 Satz 1 EStG).

Bei der Beurteilung der Leistungsfähigkeit eines **geschäftsführenden Gesellschafters** einer GmbH ist grds. auf dessen im maßgeblichen Unterhaltszeitraum erzieltes Jahreseinkommen entsprechend seiner Geschäftsführervergütung abzustellen. Auf einen Drei-Jahres-Durchschnittswert aus den dem Unterhaltszeitraum vorangegangenen drei Jahren ist nur dann abzustellen, wenn der Unterhaltsschuldner sein Geschäftsführergehalt entsprechend den jeweiligen Gewinnen und Verlusten unmittelbar an diese anpasst und somit – als sog. »verkappter Selbstständiger« – wie ein selbstständiger Kaufmann oder Freiberufler den jeweiligen Jahresgewinn des Betriebes, der Kanzlei oder der Praxis als Einkommen zur Bedarfsdeckung verwendet.[198] Ist der Unterhaltsschuldner an einer Publikumsgesellschaft beteiligt, kann der Unterhaltsgläubiger

193 BGH FamRZ 2007, 793.
194 BGH FamRZ 1994, 21: Mehraufwendungen zum Erhalt der fliegerischen Leistungsfähigkeit können aber über § 287 ZPO geschätzt werden, etwa mit 1/3.
195 OLG Köln FamRZ 1987, 1257.
196 Zum Einkommen bei einem »verkappten Selbstständigen«, d.h. einem Geschäftsführer, der sein Gehalt dem Gewinn anpasst, vgl. OLG Köln NJW-RR 2007, 941; zur Angemessenheit, insb. eigenmächtigen Herabsetzung, der Bezüge, vgl. Kuckenburg FuR 2005, 491.
197 Zu Einzelheiten vgl. Fischer-Winkelmann/Maier FamRZ 1996, 1391.
198 OLG Köln NJW-RR 2007, 941.

von ihm als Beleg insoweit i.d.R. nur die Vorlage des Bescheids über die gesonderte Feststellung des Gewinns oder Verlusts durch das Betriebsfinanzamt verlangen.[199]
(Grund-)**Gehalt.**

– **Staatliches Kindergeld** nach §§ 62 ff. EStG und nach dem BKGG dient dem allgemeinen Familienleistungsausgleich. Es ist eine öffentliche Sozialleistung, die gewährt wird, um die Unterhaltslast der Eltern gegenüber ihren Kindern zu erleichtern. Kindergeld ist **kein Einkommen des bezugsberechtigten Elternteils**.[200] Schon im Rahmen des Volljährigenunterhalts hatte der BGH[201] erkannt, dass Kindergeld wie **Einkommen des volljährigen Kindes** zu behandeln ist. Dem ist der Gesetzgeber mit der Neufassung des § 1612b BGB und dem zum 01.01.2008 in Kraft getretenen UÄndG gefolgt. Die vom BVerfG[202] angemahnte Harmonisierung unterhalts- und sozialrechtlicher Regelung wurde dadurch herbeigeführt, dass das Kindergeld wie im Sozialrecht (vgl. § 11 Abs. 1 Satz 3 SGB II, § 82 Abs. 1 Satz 2 SGB XII) bedarfsdeckend anzusetzen ist. Kindergeld ist zur Deckung des Bedarfs des **minderjährigen Kindes** hälftig zu verwenden, wenn ein Elternteil seine Unterhaltspflicht durch Betreuung des Kindes erfüllt, in allen anderen Fällen in voller Höhe. Dies gilt insb. für ein minderjähriges Kind, das nicht von einem Elternteil, sondern verantwortlich von Dritten betreut wird, für das verheiratete minderjährige Kind, für privilegiert volljährige Kinder im Sinne des § 1603 Abs. 2 Satz 2 BGB und für alle anderen volljährigen Kinder, gleichgültig, ob sie im Haushalt eines Elternteils, anderer Verwandter oder im eigenen Haushalt leben, ob sie sich in einer Schul- oder sonstigen Ausbildung befinden, ob sie Einkünfte erzielen, ob sie arbeitslos, arbeitsunfähig, krank oder behindert sind.[203] Da das Kindergeld bedarfsdeckend angerechnet wird, ist bei der Berechnung des Ehegattenunterhalts der Unterhalt für das minderjährige Kind wie für das volljährige Kind nur in **Höhe des Zahlbetrags**, nicht des Tabellenbetrags, vom Einkommen des Pflichtigen **abzuziehen.**[204]

– Ein **Zählkindvorteil** ist nach § 1612b Abs. 2 BGB kein Einkommen[205], sondern kommt dem betreffenden Elternteil allein zugute.

– **Kinderzuschläge** (§ 6a BKGG)sind kein Einkommen der Eltern, sondern decken den Bedarf des Kindes, sind mithin wie Kindergeld zu behandeln.

– Das Gleiche gilt für **Kinderzuschüsse**, etwa aus der gesetzlichen Rentenversicherung, der Unfallversicherung oder Zulagen über staatliche Einrichtungen. Derartige Zuwendungen verdrängen (teilweise) das Kindergeld. Soweit dies der Fall ist, gilt nach § 1612c BGB die gleiche Regelung wie in § 1612b BGB. Kindbezogene Zahlungen ohne Kindergeld ersetzende Funktion sind nicht nach §§ 1612c, 1612b auszugleichen. Der einem Unterhaltspflichtigen von seinem Arbeitgeber gezahlte Kinderzuschlag, der ohne Rücksicht auf eine Ehe gewährt wird, ist auch im Fall der Wiederheirat nicht nur bei der Bemessung der Leistungsfähigkeit, sondern auch des Bedarfs im Rahmen des Ehegattenunterhalts zu berücksichtigen.[206]

– **Kinderbonus.** Aufgrund des Gesetzes zur Sicherung von Beschäftigung und Stabilität in Deutschland vom 02.03.2009 wurde für jedes Kind, das im Jahr 2009 Anspruch auf Kindergeld hatte, eine einmalige Zahlung von 100 € geleistet. Seinem Wesen nach handelte es sich um eine Kindergeldleistung die entsprechend § 1612b BGB zu berücksichtigen war. Die Anrechnung erfolgte auf den Bedarf des Kindes und nicht auf den Unterhalt. Von dem Bedarf des Kindes war mithin nicht nur das Kindergeld hälftig (oder voll), sondern auch der Kinderbonus hälftig (oder voll) abzusetzen.

---

199 OLG Bamberg FamRZ 2006, 344 = FuR 2005, 519.
200 BGH FamRZ 2005, 347; BGH FamRZ 1997, 806.
201 BGH FamRZ 2008, 2104; BGH FamRZ 2007, 542.
202 FamRZ 2003, 1370.
203 BGH FamRZ 2009, 1300.
204 BGH FamRZ 2010, 1318; BGH FamRZ 2010, 394.
205 BGH FamRZ 2000, 1492; BGH FamRZ 1997, 806.
206 BGH FamRZ 2007, 882.

– Erfolgen Kindergeldtransferleistungen nicht wegen der geschiedenen Ehe und den aus ihr hervorgegangenen Kindern, sondern haben ihren Grund in einer Folgeehe (Familienzuschlag nach §§ 39, 40 Abs. 1 Nr. 1, 3 BBesG) einschließlich Kinderanteil für Stiefkinder am Familienzuschlag (§ 40 Abs. 2, 3 BBesG[207]), oder Kinderfreibeträge des neuen Ehegatten für gemeinschaftliche Kinder (§ 32 Abs. 6 S. 1, 2 EStG[208]) sind sie im Rahmen des Ehegattenunterhalts und bei der Bedarfsbemessung grds. unbeachtlich, weil sie nicht in der vorangegangenen Ehe angelegt sind.[209]Dies hindert eine Berücksichtigung im Rahmen der Bemessung der Leistungsfähigkeit jedoch nicht.

– Der **Krankenversicherungszuschuss** ist einkommenserhöhend zu berücksichtigen, wenn die Krankenversicherungsbeiträge als Abzugsposten berücksichtigt werden.[210]

– **Kleiderzulage**

– **Leistungszulagen**

– **Lohnfortzahlung** im Krankheitsfall[211]

– **(Grund-)Lohn**

– **Mehrarbeit** (vgl. Nebentätigkeit, Überstunden)

– **Montagezulagen**[212]

– **Nebentätigkeit.** Die unterhaltsrechtliche Berücksichtigung daraus erzielter Vergütungen unterliegt einer wertenden Betrachtung. Im Rahmen des Kindesunterhalts sind derartige Einkünfte, jedenfalls soweit sie der Deckung des Mindestunterhalts dienen, heranzuziehen.[213] Beim Ehegattenunterhalt spielen Zumutbarkeitsgesichtspunkte eine größere Rolle.[214]

Grds. obliegt dem Unterhaltsverpflichteten nur eine normale, bei abhängiger Arbeit tarifmäßige oder dienstzeitgemäße Erwerbstätigkeit.[215] Solange aber der Mindestbedarf von Unterhaltsberechtigten gefährdet ist, muss auch eine früher ausgeübte Nebenbeschäftigung in der Regel fortgesetzt werden.[216] Jedoch gibt es Berufe, zu denen typisch oder gar zwingend berufsverwandte Nebentätigkeiten gehören. Dies gilt etwa für die Prüfungstätigkeit eines Hochschullehrers oder die Gutachtenerstattung von Universitätsprofessoren.[217] Eine Anrechnung dieser Nebeneinkünfte erfolgt nur nach Treu und Glauben und unter Berücksichtigung aller Umstände des Einzelfalls.[218] Als Nebenprodukt einer Haupttätigkeit ist Nebentätigkeit, weil ein wesentlicher Teil der Ergebnisse der Nebenarbeit entweder im Hauptberuf erarbeitet wird oder nebenberuflich wegen der Hauptarbeit mit geringerer Mühe hergestellt wird, teilweise anrechenbar, wobei die Quote den Umständen des Einzelfalls anzupassen ist.[219] Folgt die Nebentätigkeit notwendig aus dem Hauptberuf (etwa Einnahmen eines Krankenhausarztes aus Gutachtertätigkeit), liegt eine volle Anrechnung nahe.

---

207 Vgl. BGH FamRZ 2007, 887; BGH FamRZ 2007, 793.

208 BGH FamRZ 2007, 882.

209 BVerfG FamRZ 2011, 437; BGH FamRZ 2012, 281.

210 OLG Hamm FamRZ 2001, 370.

211 OLG Hamburg FamRZ 1992, 1308.

212 BGH FamRZ 1982, 887.

213 BGH FamRZ 2009, 314; BGH FamRZ 2009, 162.

214 BGH FamRZ 2009, 314; BGH FamRZ 2009, 162; BGH FamRZ 2008, 872; BVerfG FamRZ 2003, 661.

215 OLG Celle FamRZ 2002, 694; OLG Hamm FamRZ 2001, 102.

216 BGH FamRZ 1992, 1045; OLG Köln FamRZ 1991, 1475 für eine Nebentätigkeit während einer Umschulungsmaßnahme.

217 OLG Zweibrücken FamRZ 2001, 103; vgl. auch OLG Köln FamRZ 1999, 113 zu Einkünften eines Oberarztes aus einer Poolbeteiligung.

218 BGH FamRZ 1983, 569; OLG München FamRZ 1982, 801; OLG Köln FamRZ 1984, 269.

219 OLG München FamRZ 1982, 801: Anrechnung einer Kommentatortätigkeit zu einem Drittel bei einem monatsdurchschnittlich zusätzlichen Nettoeinkommen von 4.000,– €; OLG Köln NJW-RR 1998, 1300: Honorare aus Vortrags- und Gutachtertätigkeit eines Oberarztes anrechenbar; OLG Celle FamRZ 2002, 694; OLG Hamm FamRZ 2001, 102; OLG Bamberg FamRZ 1999, 883.

Der Zurechnung (fiktiver) Nebenverdienste hat jedoch das BVerfG[220] Grenzen gesetzt. Der titulierte Unterhalt darf nicht zu einer unverhältnismäßigen Belastung des Verpflichteten führen. Wird die Grenze des Zumutbaren eines Unterhaltsanspruchs überschritten, ist die **Beschränkung der Dispositionsfreiheit** des Verpflichteten im finanziellen Bereich als Folge der Unterhaltsansprüche nicht mehr Bestandteil der verfassungsmäßigen Ordnung und kann daher vor dem Grundrecht des Art. 2 I GG nicht bestehen. Die Bestimmung der Höhe des Betrages, den ein Unterhaltspflichtiger realistischer Weise am Arbeitsmarkt zu verdienen in der Lage ist, erfordert im Hinblick auf die Vermeidung einer unzumutbaren Belastung eine Orientierung an tragfähigen Tatsachengrundlagen unter Einbeziehung der persönlichen Voraussetzungen des Unterhaltspflichtigen (etwa Alter, gesundheitliche Beeinträchtigungen, Dauer einer Arbeitsunfähigkeit) und der Lage am Arbeitsmarkt.[221] Auch kann von einem Unterhaltsschuldner – selbst unter Berücksichtigung einer zumutbaren Nebentätigkeit – nicht die Steigerung seines Einkommens um nahezu die Hälfte seines bisherigen Einkommens verlangt werden, wenn er bereits für das tatsächlich erzielte Einkommen den Einsatz einer Vollzeittätigkeit unter Inkaufnahme von Schichtdienst erbringen muss und das Einkommen unter Berücksichtigung seiner fehlenden Ausbildung und seines Werdeganges auch nicht unterdurchschnittlich ist.[222]

Damit zieht insbesondere das BVerfG eindeutige **Grenzen der Zumutbarkeit** hinsichtlich einer weiteren Nebentätigkeit und wirkt ausufernden Tendenzen in der obergerichtlichen Rspr. entgegen.[223]

Oftmals wird argumentiert, der Unterhaltsschuldner sei zur Zahlung jedenfalls des Mindestunterhalts für sein minderjähriges Kind oder sogar für mehrere minderjährige Kinder[224] in der Lage. Dies entspricht nicht immer der realen bzw. erzielbaren Einkommenssituation.[225] Selbst bei Unterhaltspflichten gegenüber einem Kind der untersten Einkommensstufe müsste der Pflichtige ein Bruttoeinkommen von monatlich 1780 € entsprechend einem Stundenlohn von 10,30 € brutto erzielen. Auch der BGH hat in zahlreichen Entscheidungen[226] erkannt, dass eine Nebentätigkeit jedenfalls dann nicht verlangt werden kann, wenn der Unterhaltspflichtige in seinem Beruf erheblich gefordert und die regelmäßige Freizeit als notwendige Erholungszeit benötigt, ein weiterer Hinweis gegen die teilweise ausufernde Tendenz in der obergerichtlichen Rspr. zur Nebentätigkeitsobliegenheit[227] (zu Einzelheiten vgl. Rdn. 131 ff.).

Einkünfte aus (ggf.) fiktiven Nebenverdiensten werden nur nach **umfassender Einzelfallprüfung** zurechenbar sein, wenn die Nebentätigkeit zumutbar ist und keine zeitlich und physisch unverhältnismäßigen Belastungen eintreten.[228] Es sind sowohl die **Bestimmungen des Arbeitszeitgesetzes** als auch die jeweilige Arbeitsmarktsituation zu berücksichtigen.[229] Neben der individuellen Arbeitsbelastung ist die Zumutbarkeit von Mehrarbeit auch in Abhängigkeit vom

---

220 BVerfG FamRZ 2010, 793; BVerfG FamRZ 2010, 626; BVerfG FamRZ 2010, 183; BVerfG FamRZ 2008, 1403; BVerfG FamRZ 2008, 131; BVerfG FamRZ 2004, 1949; vgl. auch BGH FamRZ 2011, 1041; BGH FamRZ 2009, 314; FamRZ 2003, 661; vgl. auch OLG Hamm FamRZ 2005, 1113.
221 BVerfG FamRZ 2008, 1145; vgl. auch NJW 2006, 2317.
222 BVerfG ZFE 2008, 307.
223 Ähnlich einschränkend bereits BGH ZFE 2008, 225;229; vgl. zum Ganzen auch Viefhues FuR 2007, 297.
224 Vgl. etwa OLG Brandenburg ZFE 2007, 192.
225 Instruktiv die Arbeitshilfen von Schürmann zur Ermöglichung der Schätzung des zur Leistung des Mindestunterhalts für bis zu drei minderjährigere Kinder erforderlichen Einkommens, zuletzt FamRZ 2012, 268 = FuR 2012, 78; FamRZ 2011, 347 = FuR 2011, 145; vgl. auch BVerfG FamRZ 2010, 183.
226 ZFE 2008, 225, 229.
227 Ähnlich OLG Karlsruhe ZFE 2008, 315; OLG Koblenz FamRZ 2008, 173; weitergehend OLG Schleswig FPR 2008, 464 und OLG Köln FPR 2008, 587: Nebentätigkeit selbst neben einer wöchentlichen Arbeitszeit von 48 Stunden noch zumutbar jedenfalls bei gesteigerter Unterhaltsverpflichtung.
228 BGH FamRZ 2011, 1041; BGH FamRZ 2009, 314; vgl. auch Christl FamRZ 2003, 1235.
229 BVerfG FamRZ 2003, 661; BGH FamRZ 2011, 1041; KG FamRZ 2003, 1201.

jeweiligen Unterhaltsverhältnis zu beurteilen.[230] Übt der Unterhaltspflichtige eine Berufstätigkeit aus, die 40 Stunden wöchentlich unterschreitet, kann grds. eine Nebentätigkeit von ihm verlangt werden.[231] Bei gesteigerter Unterhaltsverpflichtung nach § 1603 Abs. 2 Satz 1 und 2 BGB muss der Unterhaltspflichtige sich mindestens an der Höchstgrenze der regelmäßigen Erwerbstätigkeit orientieren. Im Rahmen der objektiven Zumutbarkeit sind Grenzen des Arbeitszeitgesetztes zu beachten. Nach § 3 ArbZG darf die werktägliche Arbeitszeit der Arbeitnehmer 8 Std. nicht überschreiten. Nach § 9 Abs. 1 ArbZG dürfen Arbeitnehmer an Sonn- und gesetzlichen Feiertagen grds. nicht beschäftigt werden. Damit ist die wöchentliche Arbeitszeit auf 48 Std. (6 Tage à 8 Std.) **begrenzt**, wobei Arbeitszeiten bei verschiedenen Arbeitgebern zusammenzurechnen sind. Lediglich in mehrschichtigen Betrieben können der Beginn und das Ende der Sonn- und Feiertagsruhe verschoben werden und können ausnahmsweise bestimmte Arbeiten, die nicht an Werktagen vorgenommen werden können, auch an Sonn- und Feiertagen verrichtet werden. Damit ist die **Obergrenze der zumutbaren Erwerbstätigkeit** vorgegeben.[232] Unter Zugrundelegung dieser Arbeitszeiten ist im Rahmen der Zurechnung fiktiver Nebenverdienste weiter zu prüfen, ob und in welchem Umfang es dem Unterhaltspflichtigen unter Abwägung seiner von ihm darzulegenden besonderen Lebens- und Arbeitssituation einerseits und der Bedarfslage des Unterhaltsberechtigten andererseits zugemutet werden kann, eine Nebentätigkeit auszuüben.[233] Hierzu gehört u.a. die Beurteilung der Frage, ob der Pflichtige nicht bereits an Wochenenden arbeitet, ob und inwieweit die Verrichtung der (Neben-)Tätigkeit mit der Ausübung von Umgangskontakten kollidiert etc. (zu Einzelheiten vgl. Rdn. 131). Geht die Mehrleistung über den zumutbaren Rahmen hinaus, sind die weitergehenden Einkünfte wie Einkommen aus unzumutbarer Tätigkeit (vgl. zu Einzelheiten Kommentierung zu § 1577) zu behandeln und nach den Umständen des Einzelfalls ggf. nur teilweise anzurechnen. Ist der **Mindestunterhalt minderjähriger Kinder tangiert**, sind die **Zumutbarkeitsgrenzen für Nebentätigkeiten weiter zu ziehen**, ggf. ist eine Nebentätigkeit auch trotz bestehenden Nebentätigkeitsverbots des Arbeitgebers auszuüben.[234]

Ein Arbeitsloser, der sich in einer Ausbildungsmaßnahme des Arbeitsamtes befindet, muss sich Nebeneinkünfte aus einer Wochenendtätigkeit anrechnen lassen, damit der Mindestunterhalt minderjähriger Kinder gedeckt ist[235] (zu Einzelheiten vgl. Rdn. 131 ff.). Die Verpflichtung des Arbeitslosen zur Aufnahme einer Nebentätigkeit neben dem Bezug von Arbeitslosenhilfe wird man jedoch abzulehnen haben, wenn aufgrund der Anrechnung dieses Einkommens auf die Arbeitslosenhilfe es zu keiner erheblichen Steigerung der Leistungsfähigkeit kommt.[236]

Soweit kein Mangelfall vorliegt und der andere Ehegatte keine überobligationsmäßigen Anstrengungen zur Deckung des eigenen Lebensunterhalts entfaltet, wird man dem Betreffenden regelmäßig Zusatzeinkünfte, die über eine ausgeübte Vollzeittätigkeit hinausgehen, belassen können.[237] Problemtisch ist die **Berücksichtigung eigener Ausbildungswünsche** bei der

---

230 OLG Dresden FamRZ 2005, 1584; OLG Nürnberg FamRZ 2005, 1507; KG FuR 2005, 454.
231 OLG Köln FamRZ 2012, 315.
232 BGH FamRZ 2011, 1041; BGH FamRZ 2009, 162; 314; grundlegend BVerfG FamRZ 2012, 1283 BVerfG FamRZ 2010, 793; BVerfG FamRZ 2010, 626; BVerfG FamRZ 2010, 183; BVerfG FamRZ 2003, 661; vgl. auch OLG Köln FamRZ 2009, 890: Obliegenheit zu einer Nebentätigkeit von zwei bis drei Stunden wöchentlich bei Verrichtung einer vollschichtigen Erwerbstätigkeit mit 38 Std. wöchentlich; OLG Naumburg FamFR 2009, 70: Obliegenheit für einen Zerspanner neben seiner vollschichtigen Tätigkeit noch 100 bis 150 € monatl. hinzuzuverdienen; OLG Bremen FamRZ 2009, 889: Erwerbstätigkeit von insgesamt 45 Std. zumutbar; OLG Köln FamRZ 2012, 315: Arbeitszeit von 35 Std. wöchentlich nicht ausreichend, Nebentätigkeit mit 5 Std. wöchentlich zumutbar.
233 BGH FamRZ 2003, 661.
234 OLG Dresden FamRZ 2005, 1584; anders OLG Hamburg FamRZ 2003, 1205.
235 OLG Zweibrücken FamRZ 2000, 300 OLG Köln NJW 1998, 3127.
236 OLG Hamm FamRZ 1998, 42.
237 OLG Hamm FamRZ 1999, 43; OLG Schleswig FamRZ 1996, 217 (Anrechnung verneint für Nebeneinkünfte eines vollschichtigen Busfahrers aus Tätigkeit als Barkassenführer).

gesteigerten Unterhaltsverpflichtung. Grds. hat das Interesse des unterhaltspflichtigen Elternteils, unter Zurückstellung bestehender Erwerbsmöglichkeiten eine Aus- oder Weiterbildung aufzunehmen, hinter dem Unterhaltsinteresse der Kinder zurückzutreten. Dies gilt vor allem, wenn der Pflichtige bereits über eine Berufsausbildung verfügt und ihm die Erwerbsmöglichkeit in dem erlernten Beruf –wenn auch möglicherweise nach einem zumutbaren Ortswechsel– eine ausreichende Lebensgrundlage bietet. Eine andere Beurteilung kann gerechtfertigt sein, wenn es nicht um die Aufgabe einer Berufstätigkeit zum Zwecke einer Zweitausbildung oder der Weiterbildung in dem erlernten Beruf, sondern darum geht, erstmals eine abgeschlossene Berufsausbildung zu erlangen. Einer solchen **Erstausbildung** ist unter Umständen Vorrang auch gegenüber der Obliegenheit zur Ausbildung der Erwerbstätigkeit des Kindesunterhalts einzuräumen. Dies folgt daraus, dass die Erlangung einer angemessenen Vorbildung zu einem Beruf zum eigenen lebensnotwendigen Bedarf des Pflichtigen gehört, den dieser grds. vorrangig befriedigen darf.[238] Die Aufnahme einer Erstausbildung wird insbesondere dann gerechtfertigt sein. wenn die bisherige Tätigkeit in Zukunft keine dauerhaften Einkünfte gewährleistet. Dies darf aber nicht zu einer Flucht in die Erstausbildung führen.[239] Dem unterhaltspflichtigen Elternteil obliegt es wie einem Schüler, die Ausbildung zielstrebig zu betreiben und in der üblichen Zeit abzuschließen. Nach Abschluss einer Berufsausbildung besteht zu dem die Verpflichtung, sich um eine Anstellung zu bemühen. Dies gilt selbst bei einer als einheitliche Ausbildung anzusehenden Folge von Lehr-Studium, wenn der Schuldner vor Studienbeginn von seiner Zahlungspflicht wusste.[240]

Stets liegt die **Darlegungs- und Beweislast** für die Unzumutbarkeit einer Mehrarbeit oder Nebentätigkeit bei dem Verpflichteten. Dieser muss Gründe darlegen, die dazu führen, dass die Ausnutzung der Höchstgrenze der Arbeitszeit für ihn nicht in Betracht kommt, dass gesundheitliche Beeinträchtigungen und/oder die allgemeine Arbeits- und Lebenssituation ihn an einer Mehrarbeit hindern etc. Im Übrigen ist bei der Zurechnung eines fiktiven Einkommens nicht ohne weitere Begründung etwa ein pauschaler steuerfreier Betrag von 400 € in Ansatz zu bringen. Erforderlich ist vielmehr, dass nach Zeitaufwand und erzielbarem Stundenlohn genau begründet wird, welcher Hinzuverdienst in welcher Höhe möglich ist.[241]

– Die kinderbezogenen Teile des **Ortszuschlages**, den Angestellte und Arbeiter im öffentlichen Dienst früher erhalten haben und teilweise aufgrund Übergangsrechts weiter beziehen, sind ebenso wie die kinderbezogenen Teile des Familienzuschlags, der nach § 39 ff. BBesG und den Landesbesoldungsgesetzen Beamten, Richtern oder Soldaten gezahlt wird, Einkommen[242]

– **Provisionen**.[243]

– **Reisekosten**, sofern ihnen nicht entsprechende Mehraufwendungen entgegenstehen[244]

– **Personalrabatt**, jedoch allenfalls wenn er auch in Anspruch genommen wird[245]

– **Schmutzzulage**.

– **Schwarzeinnahmen**. Die Anrechenbarkeit der Einkünfte aus Schwarzarbeit ist streitig. Zivilrechtlich steht dem Schwarzarbeiter ein einklagbarer Anspruch in Höhe des Wertes seiner geleisteten Arbeit zu.[246] Die grundsätzliche Berücksichtigung dieser Einkünfte wird im Wesent-

---

238 BGH FamRZ 2011, 1041; BGH FamRZ 1994, 372.
239 KG FamRZ 2011, 1789: die Voraussetzungen wurden in einer Konstellation verneint, bei der der Unterhaltspflichtige die mündliche Abschlussprüfung im Fachkraft Gaststättengewerbe nicht bestanden und ohne Bemühungen um eine Wiederholung eine anderweitige Ausbildung mit einem Ausbildungsentgelt von 330 € begonnen hatte.
240 OG München FamRZ 2012, 795.
241 BGH FuR 2009, 163.
242 BGH FamRZ 1989, 172; 1984, 374; OLG Köln FamRZ 1979, 133.
243 BGH FamRZ 1982, 250.
244 OLG Köln FamRZ 2003, 602.
245 OLG Hamm NJWE-FER 1998, 219; Eschenbruch/Klinkhammer/Mittendorf Kap. 6.2.1 Rn. 18.
246 BGH NJW 1990, 2542.

lichen damit begründet, dass der durch Schwarzarbeit verursachte allgemeine Schaden noch vergrößert würde, wenn der Schwarzarbeiter durch Befreiung von der Unterhaltpflicht auch noch belohnt würde. Andererseits darf die Schwarzarbeit jederzeit unterhaltsrechtlich folgenlos eingestellt werden, da eine unterhaltsrechtliche Obliegenheit zu verbotenem Tun nicht besteht.[247] Es besteht keine Obliegenheit zur Fortsetzung einer sittenwidrigen Tätigkeit.[248] Letztlich wird man differenzieren müssen. Einkommen aus gesetzwidriger Tätigkeit, etwa aus Straftaten (Vermögensdelikten, Drogenhandel etc.), kann unterhaltsrechtlich nicht berücksichtigt werden, weil ein entsprechender Ansatz letztlich zu weiteren Straftaten verpflichten würde. Einkommen aus legaler Tätigkeit (Arbeit, Handel etc.), das jedoch (nur) unter Verstoß gegen Steuer- und/oder Sozialgesetze unerlaubt hoch erzielt wurde,[249] kann unterhaltsrechtlich bedeutsam sein. Auch Schwarzgeldeinnahmen prägen die ehelichen Lebensverhältnisse, und zwar grds. mit dem Betrag, der bei ordnungsgemäßer Versteuerung verblieben wäre.[250] Auch die Ausübung der Prostitution ist unterhaltsrechtlich eine unzumutbare Tätigkeit, auf welche der unterhaltspflichtige Ehegatte den berechtigten Ehepartner auch dann nicht verweisen kann, wenn Letzterer während des Zusammenlebens der Eheleute einvernehmlich der Prostitution nachgegangen ist.[251] In Betracht kommt in diesen Konstellationen die Zurechnung fingierter Einkünfte nur aus einer angemessenen und zulässigen Tätigkeit.

– **Sitzungsgelder**, etwa für die Mitwirkung in kommunalen Organen,[252] sind unterhaltsrechtlich erheblich.[253]
– **Soldaten**: Sämtliche Dienst- und Nebenbezüge sowie der Wehrsold sind unterhaltsrechtlich relevant.[254] Übergangsbeihilfen (§ 12 SVG) sind entsprechend den Grundsätzen zur Berücksichtigung von Abfindungen zu beurteilen.
– **Schöffentätigkeit**. Hieraus erzieltes Einkommens ist gleichfalls zu berücksichtigen[255]
– **Strafgefangene**. Das **Hausgeld** dient allenfalls zur Bestreitung der notwendigen Ausgaben und ist für Unterhaltszwecke nicht verfügbar.[256] Es ist aber als Einkommen einzusetzen, wenn der Inhaftierte über zusätzliche Einkünfte verfügt, durch die er seinen Bedarf befriedigen kann.[257] Hingegen hat das **Überbrückungsgeld** (§ 51 Abs. 1 StVollzG) Lohnersatzfunktion und ist unterhaltsrechtlich zu berücksichtigen.[258]
– Regelmäßige Einkünfte eines **Skatspielers**.[259]
– **Schlechtwettergeld**.[260]
– **Streikgelder**.
– **Spesen** (Auslösungen, Trennungsgelder, Trennungsentschädigungen etc.) sollen nach ihrem Wortsinn lediglich zusätzlichen Aufwand wie Reisekosten und Verpflegungsmehrkosten ausgleichen. In der Praxis ist unter derartigen Begriffen nicht selten verschleiertes Arbeitseinkommen enthalten. Für das Unterhaltsrecht ist es unabweisbar geboten, konkret zu prüfen, ob und

---

247 Vgl. zum Ganzen Klein FuR 1997, 292 und OLG Nürnberg FuR 1997, 292.
248 OLG München FamRZ 2004, 108.
249 OLG Hamm FamRZ 1998, 1169 (Einkünfte aus unzulässiger, neben § 44 Abs. 2 SGB IV ausgeübter Erwerbstätigkeit); undifferenziert zur Frage der Anrechenbarkeit von Einkünften aus Schwarzarbeit jedoch OLG Nürnberg FuR 1997, 292 m. Anm. Klein.
250 OLG Zweibrücken OLGR 2002, 105.
251 OLG München FamRZ 2004, 108.
252 BGH FamRZ 1986, 780; Sitzungsgelder für Tätigkeiten in Umlegungsausschüssen der Städte etc.
253 BGH FamRZ 1986, 780.
254 BGH FamRZ 1987, 930.
255 BGH FamRZ 1983, 670.
256 BGH FamRZ 2002, 813; BGH FamRZ 1982, 913; OLG Naumburg FamRZ 2010, 572; vgl. jedoch auch OLG Zweibrücken FamRZ 1990, 553.
257 OLG Hamm FamRZ 2011, 732; OLG München FamRZ 2010, 26.
258 BGH FamRZ 1982, 792.
259 OLG Düsseldorf FamRZ 1994, 896.
260 OLG Zweibrücken FamRZ 2000, 112.

bejahendenfalls in welcher Höhe den Spesen, Auslösungen etc. ein tatsächlicher Mehraufwand gegenübersteht. Der tatsächlich mit der Tätigkeit verbundene **Mehraufwand** ist vom Spesenempfänger im Zweifel darzulegen und zu beweisen.[261]

Das Steuerrecht sieht für die Abwesenheit aufgrund von Geschäftsreisen bestimmte **Pauschbeträge** vor.[262] Die Höhe der Pauschbeträge hängt davon ab, ob die Geschäftsreise eintägig oder mehrtägig ist und ob – ggf. in welchem Umfang – Mahlzeiten eingenommen werden müssen. Zum Teil wird hinsichtlich der Frage, ob Spesen wie Einkommen zu behandeln sind, darauf abgestellt, ob die Auszahlungen die steuerlichen Freibeträge übersteigen.

Derartige Spesen, Auslösungen etc. stellen grundsätzlich unterhaltspflichtiges Einkommen dar.[263] Da die Leistungen oftmals für auswärtige Verköstigung erbracht werden, tritt eine häusliche Ersparnis an den privaten Lebenshaltungskosten ein, nach Auffassung des BGH etwa zu 1/3 bis 1/2[264] (vgl. auch Ziff. 1.4 der Leitlinien). Eine Korrektur erfolgt über den tatsächlichen Mehraufwand.[265]

Entsprechender Mehraufwand ist vom Spesenempfänger im Zweifel darzulegen und zu beweisen.[266] Erstattet der Arbeitgeber nur konkret beim Arbeitnehmer angefallene Kosten wie Fahrtkosten oder Übernachtungskosten, stellen diese Erstattungen kein unterhaltsrechtlich maßgebliches Einkommen dar. Sonstige Reisekosten hingegen sind als Einkommen zu berücksichtigen, solange nicht dargetan ist, dass den erstatteten Reisekosten tatsächlich entsprechende Mehraufwendungen gegenüberstehen.[267]

– **Tantiemen** sind Teil des normalen Einkommens.[268] Der Arbeitende hat durch seine Leistung die Erzielung dieses Mehrwerts mit ermöglicht.

– **Trinkgelder.**[269]

– Die Berücksichtigung von Vergütungen aus **Überstunden** (vgl. auch **Mehrarbeit**) unterliegt einer wertenden Betrachtung. Im Rahmen des Kindesunterhalts sind derartige Einkünfte jedenfalls soweit sie der Deckung des Mindestunterhalts dienen, grds. heranzuziehen.[270] Im Rahmen des Ehegattenunterhalts spielen Zumutbarkeitsgesichtspunkte eine größere Rolle.[271] Grds. obliegt dem Verpflichteten nur eine normale, bei abhängiger Arbeit tarifgemäß oder dienstzeitgemäße Erwerbstätigkeit. Überstunden können jedoch der vollen Anrechnung unterliegen, wenn sie üblich und erforderlich sind. Dies gilt erst recht, wenn der Unterhaltsschuldner sich ursprünglich um diesen Arbeitsplatz zum Zweck der Verbesserung der Einkommenssituation zugunsten der Familie bemüht hatte.[272] Im Übrigen können Überstunden u. berücksichtigt werden, wenn sie typischerweise zum ausgeübten Beruf gehören oder nur in geringem Umfang anfallen sowie in **Mangellagen**.[273] Die Grenze des geringen Umfangs liegt etwa bei einer Überstunde arbeitstäglich.[274] Der BGH hat sieben Überstunden monatlich als noch

---

261 OLG Köln FamRZ 2003, 603.
262 Zu Einzelheiten vgl. Eschenbruch/Klinkhammer/Mittendorf Kap. 6 Rn. 42 und Ziff. 33 ff. der Einkommenssteuerrichtlinien sowie Ziff. 37 ff. der Lohnsteuerrichtlinien.
263 BGH NJW 1994, 134; FamRZ 1980, 984.
264 BGH VersR 1960, 80; vgl. auch OLG Bamberg FamRZ 1982, 519.
265 BGH FamRZ 1983, 670.
266 OLG Köln FamRZ 2003, 603 und grundlegend BGH FamRZ 1990, 266.
267 OLG Köln FamRZ 2003, 602.
268 Vgl. auch Ziff. 1.4 der Leitlinien.
269 BGH FamRZ 1991, 182: bei Friseurlehrlingen auf 25,00 € monatlich geschätzt; OLG Köln FamRZ 1996, 1215 schätzt bei einer Kellnerin ein Trinkgeld von 110,00 € monatlich; LG Osnabrück FamRZ 1999, 946 schätzt Trinkgeld bei einem Taxifahrer mit ca. 90,00 €.
270 BGH FamRZ 2009, 314, 162; vgl. auch OLG Hamm ZFE 2009, 473.
271 BGH FamRZ 2009, 314, 162; 2008, 872.
272 OLG Hamm FuR 2009, 702.
273 BGH FamRZ 2004, 186; OLG Hamm FuR 2009, 702; ZFE 2006, 194; OLG Karlsruhe FamRZ 2005, 801; vgl. auch OLG Stuttgart FamRZ 2002, 185 und Ziff. 1.3 der Leitlinien.
274 OLG Düsseldorf FamRZ 1984, 1092.

gering qualifiziert.[275] Zum Teil wird die **Geringfügigkeitsgrenze** bei Überstunden bis zu 10 % der Regelarbeitszeit angesetzt.[276] Überschritten wird die Geringfügigkeitsgrenze bei 10 % des Einkommens.[277] Unabhängig hiervon wird für bestimmte Berufsgruppen eine **Typizität von Überstunden** mit der Konsequenz der Anrechnung daraus resultierender Einkünfte angenommen.[278] Abgesehen von krassen Ausnahmefällen ist hier die Anzahl der konkret angefallenen Überstunden nicht erheblich. Eine entsprechende berufliche Typizität wurde angenommen bei einem Cheffahrer,[279] einem Berufskraftfahrer,[280] einem Kranführer,[281] einem Taxifahrer, Arbeitnehmern im Bergbau[282] sowie einem Bereitschaftsdienst verrichtenden Krankenhausarzt.[283] Liegen erhebliche Überstunden vor, kommt oftmals nur eine hälftige Anrechnung der Überstundenentgelte in Betracht. Die Anrechenbarkeit von Überstunden – oder sonstiger Mehrarbeitsvergütung – ist unter Berücksichtigung aller Umstände des Einzelfalls nach Treu und Glauben zu beurteilen, sofern das Maß der geleisteten Mehrarbeit über das Zumutbare hinausgeht.[284] Die Verhältnisse und Interessen des Verpflichteten und Berechtigten sind zu berücksichtigen und gegeneinander abzuwägen. Erheblich sein können die Höhe der Unterhaltsansprüche, eine gesteigerte Unterhaltspflicht, die Nichterreichung eines Mindestunterhalts bei Einsatz nur des Normalverdienstes, die subjektive Leistungsfähigkeit des Unterhaltsschuldners (Alter, Krankheit, Schwere der Arbeit), aber auch Motiv und Zweck der Mehrarbeitsleistung (Neigung, Schuldentilgung, Erhöhung des eigenen Lebensstandards oder der betreuten Kinder).[285] Geht die Mehrleistung über diesen im jeweils ausgeübten Beruf »üblichen« Rahmen hinaus, sind die weitergehenden Einkünfte wie Einkommen aus unzumutbarer Tätigkeit zu behandeln und je nach den Umständen des Einzelfalls anzurechnen,[286] oftmals mit einer Quote von 1/3 bis 1/2.[287] Letztlich verbietet sich jedoch jede generalisierende Betrachtung. In Mangelfällen kommt bei gesteigerter Unterhaltspflicht regelmäßig eine volle Anrechnung in Betracht.[288]

– **Urlaubsgeld** ist Einkommensbestandteil.[289]
– **Urlaubsabgeltungen** hingegen sind Geldzahlungen des Arbeitgebers für nicht genommenen Urlaub. Sie sind grundsätzlich unzumutbarer Erwerb.[290] Eine Anrechnung kann nur nach Billigkeitsgesichtspunkten erfolgen.[291]
– Zuschuss für privaten **Telefonanschluss.**
– Möglichkeit **verbilligten Warenbezugs.**

---

275 BGH FamRZ 1980, 984; OLG Hamm FamRZ 2001, 565: bei gesteigerter Unterhaltspflicht 200 Std. statt tariflicher 170 Std. zumutbar.
276 OLG Köln FamRZ 1984, 1108 und grundlegend BGH FamRZ 2004, 186.
277 BGH ZFE 2004, 87; OLG Düsseldorf DAVorm 1982, 285.
278 BGH NJW 1980, 2251.
279 BGH FamRZ 1983, 886; OLG Köln FamRZ 1984, 1108.
280 OLG Köln FamRZ 1984, 1108; OLG Hamm FamRZ 2000, 605: Überstunden bis 25 % der normalen Arbeitszeit noch typisch.
281 BGH FamRZ 1981, 26; aber zweifelhaft, fundierte Kritik insbesondere bei Eschenbruch/Klinkhammer/ Mittendorf Kap. 6.4.4 Rn. 124.
282 BGH FamRZ 1982, 779; OLG Düsseldorf FamRZ 1981, 772.
283 OLG Hamburg FamRZ 1986, 1212.
284 BGH FamRZ 2005, 1154; vgl. auch BVerfG FamRZ 2007, 273.
285 Vgl. im Übrigen auch die Regelungen in den Leitlinien zu Ziff. 1.3.
286 BGH FamRZ 2005, 1154; BGH FamRZ 1983, 146, 149.
287 OLG Hamm ZFE 2006, 194: Anrechnung eines Überstundenentgelts nur zu 1/3 für eine Konstellation in der es sich um eine einmalige Überstundenvergütung handelte (7.500 € Überstundenentgelt wegen Einführung einer neuen Computersoftware); OLG München FamRZ 1982, 801.
288 OLG Frankfurt FamRZ 1990, 823; OLG Düsseldorf FamRZ 1984, 1092.
289 BGH FamRZ 1980, 1984; vgl. auch Ziff. 1.1 bzw. 1.2 der Leitlinien.
290 BGH FamRZ 1993, 182; OLG Koblenz FamRZ 2003, 1109; OLG Köln FamRZ 1984. 1108; vgl. jedoch auch BGH NJW-RR 1992, 1282; OLG Frankfurt a.M. FamRZ 1995, 1423.
291 BGH NJW-RR 1992, 1282 beanstandet eine hälftige Anrechnung revisionsrechtlich nicht.

- **Vermögenswirksame Leistungen.** Die von dem Arbeitnehmer aufgewandten vermögenswirksamen Leistungen zu Sparzwecken mindern sein Einkommen nicht.[292] Andererseits gilt, dass die vom Arbeitgeber freiwillig oder im Rahmen tariflicher Zusagen geleisteten Arbeitnehmersparzulagen kein unterhaltsrechtlich maßgebliches Einkommen darstellen. Mithin mindern vermögenswirksame Leistungen das Einkommen nicht; dem Pflichtigen bzw. Berechtigten sind jedoch etwaige Zusatzleistungen des Arbeitgebers für die vermögenswirksame Anlage zu belassen (vgl. etwa Ziff. 10.6 der Leitlinien).
- **Verpflegungszuschüsse,**[293] ähnlich den Spesen (vgl. Ziff. 1.4 der Leitlinien), regelmäßig jedoch nur zu einem Drittel.
- **Weihnachtsgeld.**[294]
- **Zulagen** sind grundsätzlich als Einkommen zu berücksichtigen, allerdings gemindert um entsprechende Mehraufwendungen. Dies gilt etwa für Monatszulagen,[295] Montagezulagen,[296] die frühere Berlinzulage,[297] die Auslandszulage,[298] die Erschwerniszulagen, die Schmutzzulage oder Härtezulagen.[299]

II. Unregelmäßige oder einmalige Barbezüge

Nicht nur laufende, sondern auch unregelmäßig oder einmalig erzielte Einkünfte sind unterhaltsrechtlich zu berücksichtigen.

22

Abfindungen, die ein Unterhaltsschuldner nach Verlust seines Arbeitsplatzes aufgrund eines Sozialplans (§ 112 Abs. 1 BetrVG) oder aus Anlass einer einvernehmlichen Auflösung bzw. Entlassung aus einem Arbeits- oder Dienstverhältnis (Austrittsvergütung[300]) erhält, haben grds. **Lohnersatzfunktion.**[301] Gleiches gilt bei der Auflösung eines Arbeitsverhältnisses im Kündigungsschutzverfahren, durch gerichtlichen Vergleich oder Richterspruch (§§ 9, 10 KSchG).

Sie stellen mit dem Nettobetrag unterhaltspflichtiges Einkommen dar,[302] wenn und soweit sie nicht zur Wiedereingliederung in das Berufsleben[303] oder unvermeidbar verbraucht werden müssen.[304] Die besondere Zweckbestimmung endet, wenn der Unterhaltspflichtige vor der prognosti-

---

292 BGH FamRZ 1992, 797.
293 OLG Naumburg ZFE 2008, 195.
294 BGH FamRZ 1982, 250.
295 BGH FamRZ 1982, 887.
296 BGH FamRZ 1982, 887.
297 OLG Hamm FamRZ 1992, 1427 f.
298 BGH FamRZ 1980, 342; OLG Koblenz FamRZ 1995, 1374; OLG Bamberg FamRZ 1997, 1339.
299 OLG Hamm FuR 2009, 702.
300 OLG Köln FamRZ 1998, 918.
301 BGH FamRZ 2012, 1040; BGH FamRZ 2012, 1048; BGH FamRZ 2008, 761; BGH FamRZ 2007, 983 = FuR 2007, 235; FamRZ 1990, 172, 269; OLG Karlsruhe FamRZ 2012, 134; OLG München NJW-RR 2008, 524; OLG München NJW-RR 2008, 1030; OLG Hamm FuR 2007, 235; OLG München FamRZ 2005, 714; OLG Saarbrücken FuR 2004, 260; OLG Karlsruhe NJWE-FER 2001, 113; OLG Dresden FamRZ 2000, 1433; OLG Hamm NJWE-FER 2000, 273; OLG Frankfurt a.M. FamRZ 2000, 611; OLG Koblenz NJWE-FER 2000, 137; OLG Hamm FamRZ 1999, 929; OLG Hamm FamRZ 1997, 1220, OLG Hamm NJW-RR 1996, 66; OLG Brandenburg FamRZ 1995, 1220; OLG München FamRZ 1995, 8909; OLG Braunschweig FamRZ 1995, 357; OLG Koblenz FamRZ 1991, 573; OLG Karlsruhe NJWE-FER 2001, 113; zur steuerlichen Behandlung vgl. Schaub BB 1999, 1059 und OLG Dresden FuR 2000, 285; zur Berücksichtigung der Abfindung beim Unterhalt einerseits und beim Zugewinn andererseits vgl. BGH FamRZ 2003, 590; Büttner FamRZ 2003, 594 und Schröder FamRZ 2003, 434; Gerhardt/Schulz FamRZ 2005, 317; Schmitz FamRZ 2005, 1520; zu weiteren Einzelheiten vgl. Soyka FuR 05, 539.
302 BGH FamRZ 1990, 269.
303 OLG München FamRZ 1998, 559 (Anschaffung eines Computers).
304 BGH FamRZ 2003, 590 = FuR 2003, 294; FamRZ 2003, 432; FamRZ 2001, 278.

zierten Zeit eine neue vollschichtige Erwerbstätigkeit findet und dieses verringerte Einkommen für den Unterhaltsbedarf maßgebend ist.[305]

Ein **Erwerbstätigenbonus** oder ein **pauschaler berufsbedingter Aufwand sind** nicht zu **berücksichtigen.**[306]

Der **Abfindungsbetrag** ist **auf eine angemessene Zeit zu verteilen.**[307] Allgemein gültige Maßstäbe für die Dauer der Umlegung gibt es nicht. Im Wesentlichen zu berücksichtigen sind drei Kriterien:

- die Höhe der Abfindung
- die Prognose der Beschäftigungschance
- die Interessen des Unterhaltsgläubigers

Ist zu erwarten, dass der Unterhaltsschuldner in absehbarer Zeit wieder eine neue Beschäftigung findet, kann die Abfindung auf einen kürzeren Zeitraum verteilt werden um den Unterhalt in bisheriger Höhe sicherzustellen. Ist die Chance auf Wiedereingliederung des Unterhaltsschuldners in den Arbeitsmarkt eher skeptisch einzuschätzen, muss die Abfindung auf einen längeren Zeitraum verteilt werden, bei zeitnaher Auszahlung zum Rentenalter des Unterhaltsschuldners, ggf. bis zum Rentenbeginn.[308] Je weiter die Auszahlung einer aus Anlass der Beendigung eines Arbeitsverhältnisses gewährten Abfindung von dem Rentenalter des Unterhaltsschuldners entfernt erfolgt, umso eher ist sie als Ersatz des fortgefallenen Arbeitseinkommens dazu zu verwenden, eine Zeitlang die bisherigen wirtschaftlichen Verhältnisse aufrechtzuerhalten, also die nach dem Ausscheiden aus dem Betrieb erzielten geringeren Einkünfte auf das vorherige Niveau aufzustocken.[309] Abfindungen älterer Arbeitnehmer – insb. im Rahmen einer Vorruhestandsregelung – werden regelmäßig jedoch auf die Zeit bis zum Rentenbeginn umgelegt werden können.[310]

Im Regelfall bietet sich an, monatlich den Betrag der Abfindung an Einkommen anzunehmen, der als Nettoeinkommen zum Schluss des Arbeitsverhältnisses inklusive Sonderzuwendungen erzielt wurde.[311] Dabei ist das Arbeitslosengeld in Abzug zu bringen,[312] so dass nur der offene Rest-/Differenzbetrag zum Arbeitseinkommen der Abfindung zu entnehmen ist. Die Abfindung ist sodann im Rahmen einer sparsamen Wirtschaftsführung auch zur Deckung der Unterhaltsansprüche – ggf. gestreckt auf mehrere Jahre – zu verwenden.[313]

---

305 BGH FamRZ 2003, 590.
306 BGH FamRZ 2009, 307; ZFE 2008, 28; FamRZ 2007, 983; FuR 2007, 322.
307 Grundlegend BGH FamRZ 1987, 359; OLG Hamm FuR 2007, 235; OLG Frankfurt a.M. NJWE-FER 2001, 280; OLG Dresden FamRZ 2000, 1433; OLG Frankfurt a.M. FamRZ 2000, 611; OLG Braunschweig FamRZ 1995, 357; OLG Hamm NJW-RR 1996, 66; OLG Oldenburg FamRZ 1996, 672; OLG Koblenz FamRZ 1991, 573; OLG Koblenz NJWE-FER 2000, 137; vgl. auch OLG Hamm FamRZ 1999, 233; OLG Dresden FamRZ 1999, 233.
308 BGH FamRZ 2007, 983.
309 OLG Koblenz NJWE-FER 2000, 137.
310 BGH FamRZ 2007, 983; OLG Hamm NJW-RR 2009, 508; OLG Karlsruhe NJWE-FER 2001, 113; zur unterhaltsrechtlichen Bedeutung von Vorruhestandsvereinbarungen vgl. Strohal FamRZ 1996, 197.
311 BGH FamRZ 1982, 250.
312 OLG Brandenburg FamRZ 1995, 1220.
313 BGH FamRZ 1990, 372; OLG Oldenburg FamRZ 1996, 672: Verteilung auf 5 bis 6 Jahre; OLG Hamm FamRZ 1999, 929: Überbrückung des Zeitraums bis Rentenbeginn; OLG Düsseldorf NJW 1990, 2695: 26.5000 € auf drei Jahre gestreckt; OLG Hamm FamRZ 1996, 219: 17.500 € auf 5 Jahre gestreckt.

▶ **Kasuistik zur Streckung der Abfindung:** 23

BGH[314]	Stets maßgeblich die Umstände des Einzelfalls
BGH[315] :	Streckung der Abfindung bis zum Beginn der Altersrente, wenn die Abfindung zu einem Zeitpunkt gezahlt wurde, zu dem der Arbeitnehmer in den vorgezogenen Ruhestand getreten ist.
OLG[316]:	die zur Kompensation des verfrühten Renteneintritts erhaltene Abfindung ist unterhaltsrechtlich auf die Dauer des zu erwartenden Rentenbezugs umzulegen
OLG München[317] :	Umlegung einer Abfindung von 50.000 € auf 73 Monate
OLG Saarbrücken[318]:	Umlegung einer Abfindung von 7.000 € auf 20 Monate
OLG Hamm[319]:	Umlegung bei vorgezogener Altersrente auf einen Zeitraum von 4 Jahren
OLG Hamm[320]:	Abfindung auf die Zeit bis zum voraussichtlichen Rentenbeginn gestreckt
OLG Hamm[321]:	Abfindung von 97.500 € gestreckt bis zum Erreichen des 65. Lebensjahres
OLG Frankfurt[322]:	Umlegung der Abfindung von 344.000 € auf einen Zeitraum von sechs Jahren bis zum Eintritt in den Ruhestand
OLG Frankfurt[323]:	Umlegung einer Abfindung auf einen Zeitraum von fünf Jahren bis zum erwarteten Renteneintritt
OLG Karlsruhe[324]:	Umlegung der Abfindung von 83.000 € bei einem älteren Arbeitnehmer bis zum Rentenbeginn
OLG Oldenburg[325]:	Verteilung der Abfindung auf fünf bis sechs Jahre
OLG Düsseldorf[326]:	52.000 € Abfindung auf drei Jahre gestreckt
OLG Hamm[327]:	34.305 € auf 5 Jahre gestreckt

Wenn die Abfindung nicht ausreicht, während des verbleibenden Zeitraums bis zum Rentenalter die Einkommensdifferenz auszugleichen, ist die Abfindung gleichmäßig auf den Gesamtzeitraum zu verteilen.[328] Der Unterhaltsschuldner muss die Abfindung im Rahmen einer sparsamen Wirtschaftsführung verwerten (»**Abfindungsverwendung**«). Bei beengten wirtschaftlichen Verhältnissen, insbesondere wenn dem Unterhaltsverpflichteten nur der notwendige Selbstbehalt verbleibt, besteht keine Verpflichtung, die Abfindung vollständig zum Unterhalt einzusetzen.[329] Der Ver- 24

---

314 FamRZ 2012, 1040; BGH FamRZ 2012, 1048.
315 FamRZ 2007, 983.
316 NJW-RR 2009, 508.
317 FamRZ 1998, 559.
318 FuR 2004, 260.
319 FamRZ 1999, 233.
320 FamRZ 1999, 929.
321 FamRZ 1998, 28.
322 FuR 2001, 371.
323 FamRZ 2000, 611.
324 FamRZ 2001, 1615.
325 FamRZ 1996, 672.
326 NJW 1990, 2695.
327 FamRZ 1996, 219.
328 OLG Koblenz FamRZ 1991, 573.
329 BGH FamRZ 1990, 269.

pflichtete kann Teile der Abfindung für notwendige Anschaffungen, nicht aber für üblicherweise aus dem laufenden Einkommen finanzierte Haushaltsausgaben, verwenden.[330] Eine Schuldenbegleichung kann zulässig sein.[331] Nur bei unterhaltsbezogenem Verschulden, d.h. bei einem leichtfertigen Verbrauch, ist dies nicht hinzunehmen.[332] Hier wird ein entsprechendes fiktives Einkommen hinzugerechnet. Unterhaltsrechtlich nicht akzeptiert worden sind der teilweise Abfindungsverbrauch für eine Urlaubsreise nach Ostasien[333] sowie für Schulden aus einer unangemessen teuren Lebensführung.[334] In der Regel ist kein Abzug oder Eigenverbrauch wegen Anschaffung oder zusätzlicher Altersversorgung gestattet.[335] Die Tilgung von Schulden aus der Abfindung ist nur dann zu akzeptieren, wenn die Schulden unterhaltsrechtlich zu berücksichtigen sind (zu Einzelheiten vgl. Rdn. 181 ff.).[336]

Erlangt der Unterhaltsschuldner jedoch unmittelbar nach dem Verlust des Arbeitsplatzes eine neue Anstellung mit etwa dem gleichen Einkommen, hat die Abfindung **keine Lohnersatzfunktion.** In diesen Konstellationen wird die Abfindung in erster Linie vergangenheitsbezogen als Entschädigung für den Verlust des Arbeitsplatzes und des damit verbundenen Besitzstands gewährt ohne einen quantifizierbaren auf die Zukunft gerichteten Ausgleich zu bezwecken. In diesen Konstellationen ist die Abfindung wie sonstiges Vermögen zu behandeln und ggf. güterrechtlich auszugleichen.[337] Dies gilt auch für einen evtl. verbleibenden Restbetrag der Abfindung nach unterhaltsrelevantem (Teil-)Verbrauch.[338]

Hat der Unterhaltspflichtige nach einem –unterhaltsrechtlich nicht vorwerfbaren- Verlust seines Arbeitsplatzes eine Abfindung erhalten und hat er im Anschluss daran eine neue Arbeitsstelle mit dauerhaft geringerem Einkommen gefunden, so ist die Abfindung bis zur Höchstgrenze des Bedarfs aufgrund des früheren Einkommens grds. für den Unterhalt zu verwenden.[339] Ob eine Aufstockung bis zum bisherigen Einkommen geboten ist und der bisherige Lebensstandard vollständig aufrechterhalten werden muss, beurteilt sich nach den Umständen des Einzelfalls unter Berücksichtigung der beiderseitigen Interessen, insbes. auch nach der vom Unterhaltspflichtigen zu erwartenden weiteren Einkommensentwicklung. Dies gilt gleichermaßen i.R.d. Ehegattenunterhalts[340] wie des Kindesunterhalts.[341]

Nach Verbrauch der Abfindung erfolgt eine Unterhaltsanpassung an die veränderten Verhältnisse.[342]

Endet die Arbeitsfähigkeit vor dem Ablauf der prognostizierten Dauer, für die die Abfindung umgelegt wurde, erhöht der unverbrauchte Rest nicht das Einkommen aus dem Arbeitsverhältnis. Es zählt vielmehr zum Vermögen mit der Folge, dass nur die erzielte bzw. die erzielbare Rendite

330 OLG Koblenz FamRZ 1991, 573.
331 BGH FamRZ 2005, 976; OLG Celle FamRZ 1992, 590.
332 OLG München FamRZ 1995, 809; OLG Celle FamRZ 1992, 590.
333 OLG Köln NJWE-FER 2000, 137; OLG Koblenz OLG-Report 2000, 143.
334 OLG Karlsruhe NJWE-FER 2001, 113.
335 OLG Koblenz FamRZ 1993, 573.
336 OLG Celle FamRZ 1992, 590: 7.160,00 € Abfindung auf 44.000,00 € fälliger Schulden bezahlt.
337 Zur Abgrenzung vgl. BGH FamRZ 2001, 278 = FuR 2001, 62 und OLG Frankfurt a.M. FamRZ 2000, 611; OLG Dresden NJWE-FER 2000, 256; OLG Koblenz NJWE-FER 2000, 137.
338 Grundlegend BGH FamRZ 2001, 278 = FuR 2001, 62.
339 BGH FamRZ 2012, 1040; BGH FamRZ 2012, 1048 im Anschluss an BGH FamRZ 2007, 983 und unter teilweiser Aufgabe von BGH FamRZ 2003, 590.
340 BGH FamRZ 2012, 1040.
341 BGH FamRZ 2012, 1048.
342 BGH FamRZ 1990, 268.

Kleffmann

berücksichtigt wird.[343] Eine doppelte Teilhabe kann aber nur eintreten, wenn jeweils dieselbe Vermögensposition ausgeglichen wird. Zwischen Unterhalt und Zugewinn ist dies regelmäßig nicht der Fall, weil der Zugewinn auf ein stichtagsbezogenes Vermögen gerichtet ist, während der Unterhalt, der den laufenden Lebensbedarf decken soll, auf Einkünften und Vermögenserträgen aufbaut. Das Unterhaltsrecht verlangt den Einsatz des Vermögens für Unterhaltszwecke nur unter besonderen Voraussetzungen (§§ 1577 Abs. 3, 1581 Satz 2 BGB). Zu einer Konkurrenz kann es insoweit überhaupt nur kommen, wenn zum Unterhalt auch der Vermögensstamm herangezogen wird.[344]

Wird die Abfindung zu Unterhaltszwecken eingesetzt, bleibt sie güterrechtlich unberücksichtigt[345] **(Verbot der Doppelverwertung).**[346] Eine zweifache Teilhabe widerspräche dem Grundsatz, dass ein güterrechtlicher Ausgleich nicht stattzufinden hat, soweit eine Vermögensposition bereits auf andere Weise, sei es unterhaltsrechtlich oder im Wege des Versorgungsausgleichs, ausgeglichen wird.[347] **25**

Abfindungen, die **aufgrund einer früheren unzumutbaren Tätigkeit** gezahlt werden, sind in vollem Umfang zu berücksichtigen. Obwohl der Anspruch aus einer früheren unzumutbaren Tätigkeit herrührt, handelt es sich bei dieser Abfindung nicht um unzumutbares Erwerbseinkommen, welches nach § 1577 Abs. 2 zu berücksichtigen wäre.[348] Dieses Einkommen ist nicht Erwerbseinkommen, sondern sonstiges Einkommen i.S.d. § 1577 Abs. 1, welches voll zur Anrechnung kommt. **26**

Jedenfalls bei einer nicht offensichtlich unbegründeten Kündigung ist der Verzicht auf eine Kündigungsschutzklage und/oder die Geltendmachung eines Abfindungsanspruchs nicht unterhaltsrechtlich leichtfertig.[349] Eine **Obliegenheit zur Geltendmachung eines Abfindungsanspruchs** besteht danach nur bei offensichtlich unbegründeten Kündigungen. **27**

Die **Ausbildungsversicherung** eines Auszubildenden muss auf einen längeren Zeitraum, regelmäßig auf die Dauer der Ausbildung, umgerechnet und dann angerechnet werden.[350] **28**

Entlassungsgeld, das ein Zivildienstleistender als Überbrückung bis zur Wiederaufnahme einer Erwerbstätigkeit erhält, ist als Einkommen anzusehen.[351] **29**

Jubiläumszuwendungen sind unterhaltsrechtlich zu berücksichtigen[352] und auf einen angemessenen Zeitraum zu verteilen.[353] **30**

---

343 BGH FamRZ 2003, 432; OLG Köln FamRZ 2005, 211; vgl. auch OLG Hamm FamRZ 2005, 720 zur Verpflichtung Vorsorge aus dem Abfindungsguthaben zu treffen; OLG Frankfurt NJWE-FER 2001, 280.
344 BGH FuR 2011, 281; BGH FamRZ 2008, 761.
345 BGH FamRZ 2004, 1352 m. Anm. Bergschneider 1353 und Anm. Kogel FamRZ 2004, 1866; vgl. weiter 2003, 432; 1998, 362.
346 Vgl. zum Ganzen Maier, FamRZ 2006, 897; Gerhardt FPR 2006, 354; auch Schmitz FamRZ 2005, 1520; Maurer FamRZ 2005, 1526; Gerhardt/Schulz FamRZ 2005, 145; Schröder FamRZ 2005, 89 und grundlegend BGH FamRZ 2007, 1532; FuR 2005, 39; FamRZ 2004, 1352; vgl. auch OLG Saarbrücken FamRB 2006, 166.
347 BGH FamRZ 2003, 432 mit Anm. Büttner FamRZ 2003, 594 und Schröder FamRZ 2003, 434 = BGH FuR 2003, 372.
348 OLG Köln FamRZ 2006, 342.
349 BGH FamRZ 1994, 372; OLG Dresden FamRZ 2000, 1433; 1997, 836; OLG Hamm FamRZ 1996, 1071.
350 Vgl. Eschenbruch/Klinkhammer/Mittendorf Kap. 6.2.1.3 Rn. 40, 187.
351 OLG München FamRZ 1992, 595.
352 BGH FamRZ 1970, 636; OLG Oldenburg FuR 2009, 644; OLG München FamRZ 1980, 150.
353 BGH FamRZ 1987, 359; OLG Koblenz NJWE-FER 2000, 137.

31 **Übergangshilfen** (Übergangsgebührnisse,[354] Übergangsbeihilfen[355]) sind als abfindungsgleicher Betrag grds. als Einkommen, zu behandeln.[356]

III. Sachbezüge

32 Auch Sachzuwendungen sind unterhaltspflichtiges Einkommen.[357]

▶ **Beispiele für Sachbezüge:**

- – Deputate in Land- und Forstwirtschaft
- – freie oder verbilligte Energiekosten
- – freie oder verbilligte Kost
- – freies oder verbilligtes Wohnen[358]
- – Gewährung von Zuschüssen (Telefonkosten,[359] Kontoführungskosten etc.)
- – Überlassung von Aktien zum Vorzugskurs; Erlöse aus Aktienoptionen sind einkommenser-höhend zu berücksichtigen, ggf. gestreckt auf einen längeren Zeitraum, wenn der Berech-tigte von einer derartigen Arbeitgeberzuwendung laufend Gebrauch gemacht und die Erlöse für den Konsum verwendet hat. Kann eine solche Verwendung nicht festgestellt werden und wurden die Erlöse zur Vermögensbildung herangezogen, kommt ein güterrechtlicher Ausgleich in Betracht.[360]
- – verbilligter Warenbezug, aber wohl nur falls ein entsprechender Rabatt tatsächlich auch in Anspruch genommen wird[361]
- – verbilligte oder freie Fahrten, Flüge[362]
- – Gestattung der Privatnutzung eines Dienst- bzw. Firmenfahrzeugs[363]

33 Die **Höhe der Eigenersparnis ist je nach Leistungsgrad** zu beurteilen,[364] etwa anhand der Sachbe-zugsverordnung, bei der Bewertung von Deputaten etwa anhand der üblichen Mittelpreise des Verbrauchortes oder notfalls über § 287 ZPO zu **schätzen**.

Die steuerrechtlichen Schätzungsgrößen werden oftmals den Marktgegebenheit jedoch nicht ohne weiteres gerecht. Den Sachbezugsverordnungen kann regelmäßig nur ein Anhalt im Sinne einer Schätzungsuntergrenze beigemessen werden. Der tatsächliche geldwerte Vorteil dürfte im Regelfall über den in den Sachbezugsverordnungen ausgewiesenen Werten liegen.

Die praktisch bedeutsamste Sachzuwendung ist die Überlassung eines **Firmenfahrzeugs** zur priva-ten Nutzung. Der Wert dieser Nutzung ist (gleichfalls) nach § 287 Abs. 1 ZPO zu schätzen.[365] Der steuerrechtliche Pauschalbetrag stellt oftmals eine geeignete Schätzgrundlage dar.[366] Von dieser

---

354 OLG Hamm FuR 2004, 268.
355 BGH FamRZ 1987, 930.
356 BGH FamRZ 1987, 930; OLG Köln, FamRZ 1995, 353 (jeweils für Übergangshilfen ehemaliger Bun-deswehrangehöriger).
357 BGH FamRZ 1983, 352.
358 OLG Köln FamRZ 1994, 897.
359 OLG Karlsruhe FamRZ 1990, 533.
360 OLG Oldenburg FamRZ 2009, 1911.
361 OLG Hamm FamRZ 1999, 167.
362 Segelflugzeugen soll jedoch kein kommerzialisierter Nutzungswert beigemessen werden, vgl. OLG Kob-lenz FamRZ 2000, 610.
363 Langheim FamRZ 2009, 665; Schöppe-Fredenburg FuR 1998, 158; Romejko FamRZ 2004, 242.
364 BGH FamRZ 1983, 352; OLG Köln FamRZ 1994, 897.
365 OLG Brandenburg FamFR 2010, 560; OLG München FamRZ 1999, 1350; OLG Karlsruhe FamRZ 1990, 533; OLG Hamm FamRZ 1992, 1427; OLG Hamburg FamRZ 1987, 1044; Strohal FamRZ 1995, 459 und Schöppe-Fredenburg FuR 1998, 114.
366 OLG Hamm FPR 2009, 62.

kann jedoch abgewichen werden, etwa wenn es sich um einen besonderen kostspieligen Pkw handelt, der Repräsentationszwecken im Rahmen des Arbeitsverhältnisses dient.[367] Im Einzelfall kann mithin von der steuerlichen 1-%-Regelung abgewichen werden.[368]

Auch die **ADAC-Tabellen** stellen oftmals eine geeignete Schätzgrundlage dar.[369]

Der geldwerte Vorteil fließt dem Arbeitnehmer dadurch zu, dass er das betriebliche Fahrzeug auch für Privatfahrten nutzen darf.[370] Für eine teilweise Privatnutzung spricht eine **tatsächliche Vermutung.** Der Arbeitnehmer kann allerdings durch konkreten Sachvortrag diese Vermutung ausräumen, etwa in dem er darlegt, dass er einen Privat-Pkw hält und privaten Benzinverbrauch mit dem Firmen-Pkw auch selbst bezahlen muss. Sofern durch die Nutzung des Firmenfahrzeugs auch Fahrten zum Arbeitsplatz abgedeckt werden, kommt der Ansatz pauschaler berufsbedingter Aufwendungen nicht in Betracht.[371] Der Einkommensvorteil bei der Nutzung eines Firmenfahrzeugs richtet sich nach der **Nutzungsmöglichkeit,** nicht nach der tatsächlichen Nutzung.[372]

Für die Ermittlung des wirtschaftlichen Werts der Privatnutzung sind die Abschreibung des eingesetzten Kapitals und deren Verzinsung sowie die Kosten der Unterhaltung (Inspektionen, Reparaturen, Kosten für TÜV-Vorführungen, Kfz-Pflege, Steuern, Versicherung etc.) zu berücksichtigen. Der jeweils zuzurechnende Wert hängt von der Nutzungsdauer und der Nutzungsintensität ab. Der steuerliche Gehaltsanteil beträgt 1 % des Bruttolistenverkaufspreises am Tag der Erstzulassung des Fahrzeuges. Der zu schätzende geldwerte Vorteil muss jedoch nicht identisch sein mit dem steuerlichen Gehaltsanteil. Der entsprechende Sachbezug eines Arbeitnehmers ist mit Steuern und Rentenversicherungsanteil belastet. Dieser Sachbezug ist keine unveränderliche wirtschaftliche Größe. Er korrespondiert nach unterhaltsrechtlichen Grundsätzen wirtschaftlich nicht mit dem geldwerten Vorteil. Oftmals ist der Nutzungsanteil des Firmenwagens geringer als der Nennwert des Sachbezugs. Auch wenn grds. **steuerrechtliche Pauschalbeträge** im Regelfall eine geeignete **Schätzgrundlage** darstellen, bedarf es im Einzelfall ggf. einer **wertenden Korrektur,** etwa wenn es sich um einen besonders kostspieligen Pkw handelt, der Repräsentationszwecken im Rahmen des Arbeitsverhältnisses dient.[373] Könnte sich der Unterhaltspflichtige aus seinen Einkünften einen derartigen Firmenwagen überhaupt nicht leisten und entspricht er auch nicht seinen tatsächlichen Lebensverhältnissen, sondern vielmehr (nur) dem Erscheinungsbild seines Arbeitgebers, ist der Sachbezug lediglich mit der Ersparnis anzusetzen, die einem sonst aus den dem Pflichtigen tatsächlichen Einkommen zahlbaren Aufwand entspricht.

Sofern durch die Nutzung des Firmenfahrzeugs auch Fahrten zum Arbeitsplatz abgedeckt werden, kommt ein pauschaler berufsbedingter Aufwand nicht in Betracht.[374]

Auch die Möglichkeit des Bezugs eines **Jahreswagens** stellt grds. einen geldwerten Vorteil dar.[375]

---

367 BGH FamRZ 2008, 281: geschätzter Nutzungswert 200 €.
368 BGH FamRZ 2008, 287; OLG Hamm NJW-RR 2006, 796; OLG Karlsruhe FamRZ 2006, 1759; FuR 2006, 472; OLG München FamRZ 1999, 1350; vgl. aber auch OLG Brandenburg ZFE 2007, 391.
369 OLG Zweibrücken FamRZ 2008, 1655; zu Einzelheiten vgl. Schöppe-Fredenburg FuR 1998, 153; Romejko FamRZ 2004, 242; zu aktuellen Problemen der Besteuerung von Dienst- und Firmenwagen Urban NJW 2011, 2465.
370 BFH NJW 2002, 1671.
371 Vgl. auch OLG Stuttgart FamRZ 2004, 1109; OLG München FamRZ 1999, 1350; Kleffmann FuR 2000, 147.
372 OLG Hamm FamRZ 1999, 74.
373 BGH FamRZ 2008, 281.
374 OLG Stuttgart FamRZ 2004, 1109; OLG München FamRZ 1999, 1350; vgl. auch Kleffmann FuR 2000, 147.
375 Zu Einzelheiten vgl. Strohal FamRZ 1995, 459; Schöppe-Fredenburg FuR 1998, 114.

34 ▶ Kasuistik zu geschätzten Vorteilen aus der Nutzung eines Firmenfahrzeuges:

BGH[376]:	geschätzter Nutzungswert 200 €
OLG Bamberg[377]:	250 € für einen BMW 520i
OLG Hamm[378]:	255 € für einen Geländewagen
OLG Hamm[379]:	130 € für einen VW-Bus
OLG Hamm[380]:	128 €
OLG Köln[381]:	205 €
OLG Hamm[382]:	255 €
OLG München[383]:	154 €
OLG Köln[384]:	205 €
OLG Brandenburg[385]:	150 € für ein Mittelklassefahrzeug

C. Einkünfte aus selbstständiger Tätigkeit

35 Der »Selbstständige« in der gebräuchlichen Terminologie der unterhaltsrechtlichen Einkommensermittlung ist nicht nur der Freiberufler der §§ 2 Abs. 1 Nr. 3, 18 f. EStG. Neben dem Freiberufler ist es auch der Land- und Forstwirt, der Gewerbetreibende, der Bezieher von Einkünften aus Kapitalerträgen sowie aus Vermietung und Verpachtung. »Den Selbstständigen« als typisierten Angehörigen eines Berufsstandes gibt es nicht. Aus dem Blickwinkel des Unterhaltsrechts bezieht sich der Begriff des »Selbstständigen« auf alle Personen, die selbst über den sachlichen und zeitlichen Umfang ihrer beruflichen Tätigkeit bestimmen können sowie selbst die notwendigen Aufzeichnungen über alle damit zusammenhängenden Einnahmen und Ausgaben vornehmen.[386]

Die Einkünfte des Selbstständigen beruhen entweder auf Gewinneinkünften, d.h. Einkünften die sich aus dem Vermögensunterschied zu Beginn und Ende einer Rechnungsperiode (§ 4 1 EStG) oder anhand einer Überschussrechnung (§ 4 Abs. 3 EStG) ergeben oder aber die sich aus Überschusseinkünften ergeben, d.h. aus dem Unterschiedsbetrag zwischen Einnahmen und Werbungskosten (§§ 8, 9 EStG).

▶ Übersicht zu Gewinneinkünften:
– Einkünfte aus Land- und Forstwirtschaft (§§ 2, I Nr. 1, 13 EStG)
– Einkünfte aus Gewerbebetrieb (§§ 2 Abs. 1 Nr. 2, 15 EStG)
– Einkünfte aus selbstständiger Tätigkeit (§§ 2 Abs. 1 Nr. 3, 18 EStG)

Übersicht zu Überschusseinkünften:
– Einkünfte aus nicht selbstständiger Arbeit (§§ 2 Abs. 1 Nr. 4, 19 EStG)
– Einkünfte aus Kapitalvermögen (§§ 2 Abs. 1 Nr. 5, 20 EStG)
– Einkünfte aus Vermietung und Verpachtung (§§ 2 Abs. 1 Nr. 6, 21 EStG)
– Sonstige Einkünfte (§§ 2 Abs. 1 Nr. 7, 22 EStG), (Leibrenten mit dem Ertragsanteil etc.)

---

376 FamRZ 2008, 281.
377 NJW-RR 1993, 66.
378 FamRZ 1999, 513.
379 FamRZ 1998, 1169.
380 FamRZ 1992, 1427.
381 FamRZ 1994, 897.
382 FamRZ 1999, 513.
383 FamRZ 1999, 1350.
384 FamRZ 1994, 897.
385 FamFR 2010, 560.
386 Vgl. auch Schürmann FamRB 2006, 149, 183, 215, 242.

Steuerliche Relevanz besitzen Einkünfte der in § 2 EStG beschriebenen Art nur, wenn sie in **Gewinnerzielungsabsicht** gezogen werden. Fehlt diese Absicht, sind die Einkünfte der »Liebhaberei« zuzuordnen und erfüllen keinen steuerrechtlichen Einkunftstatbestand.[387]

Eine weitere Abgrenzung hat zur nicht selbstständigen Arbeit zu erfolgen. Das Arbeitsrecht und das Sozialversicherungsrecht haben sich mit der Abgrenzung der abhängigen von der selbstständigen Tätigkeit auseinander zu setzen, weil zwischen beiden Typen von Erwerbstätigen die Gruppe der so genannten »**Scheinselbstständigen**« steht. Damit sind Erwerbstätige gemeint, die rechtlich als Selbstständige behandelt werden, in Wirklichkeit aber wie abhängig Beschäftigte arbeiten.[388] Bei der Einkommensermittlung ist ein Streit darüber, ob tatsächlich eine selbstständige Tätigkeit vorliegt oder in Wirklichkeit Arbeitnehmereigenschaft gegeben ist, solange unbeachtlich, als sich daraus kein direkter Einfluss auf die Einkünfte ergibt. Im Einzelfall wird aber zu erwägen sein, einen wirtschaftlich erfolglosen Selbstständigen, der in der rechtlichen Würdigung »Scheinselbstständiger« ist, also tatsächlich abhängig beschäftigt ist, angesichts der damit verbundenen sozialen Absicherung auf seine Ansprüche zum Abschluss eines Arbeitsvertrages zu verweisen.[389]

I. Gewinn als maßgebliche Größe

Die maßgebliche Größe zur Bestimmung des unterhaltsrechtlich relevanten Einkommens ist der **Gewinn.** Vollkaufleute, Gesellschaften mit beschränkter Haftung, Genossenschaften und Aktiengesellschaften sind nach Handelsrecht und Steuerrecht verpflichtet, eine **Bilanz** zu erstellen. Für andere Unternehmer kann sich eine Bilanzierungspflicht auch nur aus dem Steuerrecht ergeben. Die Bilanz ist stichtagsbezogen. Sie dient der Vermögensübersicht zum Zweck der Schuldendeckungskontrolle zum Bilanzstichtag. 36

▶ **Beispiel einer verkürzten Bilanz nach § 266 Abs. 1 S. 3 HGB**

Aktiva	Passiva
A. Anlagevermögen	**A. Eigenkapital**
Immaterielle Vermögensgegenstände	Gezeichnetes Kapital
Sacheinlagen	Kapitalrücklage
Finanzeinlagen	Gewinnrücklage
	Gewinn-/Verlustvortrag
	Jahresüberschussfehlbetrag
B. Umlaufvermögen	**B. Rückstellungen**
Vorräte	(Pensionen, Steuern, Garantie)
Forderungen	
Wertpapiere	
Schecks, Kasse, Konten	
C. Rechnungsabgrenzung	**C. Verbindlichkeiten** (gegliedert nach Art/Gläubiger) **D. Rechnungsabgrenzung**

---

387 Vgl. zum Ganzen Strohal, Unterhaltsrechtlich relevantes Einkommen bei Selbstständigen, Rn. 10 ff.
388 Vgl Strohal, Unterhaltsrechtlich relevantes Einkommen bei Selbstständigen, Rn. 20.
389 Strohal, Unterhaltsrechtlich relevantes Einkommen bei Selbstständigen, Rn. 25; zu weiteren Einzelheiten vgl. weiter Maier, Das unterhaltsrechtliche Einkommen bei Selbstständigen, III Teil, Kap. 7, A und Kap. 8, A., Kleffmann in Scholz/Kleffmann/Motzer, Praxishandbuch Familienrecht, Teil G Rn. 23 ff.; Kleffmann FuR 1994, 159.

37 Der unterhaltsrechtlich relevante Gewinn kann jedoch weniger der Bilanz als der **Gewinn- und Verlustrechnung** entnommen werden. Anders als die Bilanz ist sie nicht stichtags-, sondern zeitraumbezogen. In ihr sind die Erträge sowie alle Arten betrieblicher Aufwendungen und der Jahresüberschuss/Verlust ausgewiesen.

▶ **Beispiel für eine stark verkürzte Gewinn- und Verlustrechnung:**

Umsatzerlöse
Veränderungen des Warenbestandes
Sonstige betriebliche Erträge (z.B. private Nutzungen oder Entnahmen von Betriebsvermögen)
Materialaufwand (Anfangsbestand + Einkauf – Endbestand)
Personalaufwand
Sonstige betriebliche Aufwendungen
Zinsen und ähnliche Erträge
Zinsen und ähnliche Aufwendungen
Ergebnis der gewöhnlichen Geschäftstätigkeit Außerordentliche Erträge und Aufwendungen
Gewinn

38 Gewerbetreibende, freiberuflich Tätige und sonstige Selbstständige i.S.d. § 18 EStG, etwa Ärzte, Rechtsanwälte, Architekten, Steuerberater, die nicht freiwillig Bücher führen und auch nicht nach §§ 141, 142 AO zur Buchführung verpflichtet sind, sowie Kleinbetriebe und Minderkaufleute und Land- und Forstwirte, die nicht unter den Regelfall der Gewinnermittlung nach Durchschnittssätzen gem. § 13a EStG fallen, können nach § 4 Abs. 3 EStG den Gewinn in einem vereinfachten Verfahren (**Einnahme-Überschuss-Rechnung**) ermitteln.

Die Einnahme-Überschuss-Rechnung knüpft an die tatsächlichen Zahlungsvorgänge in einem Betrieb an. Sie erfasst nach dem von nur wenigen Ausnahmen durchbrochenen Zu- und Abflussprinzip (§ 11 EStG) alle betrieblichen Einnahmen und Ausgaben eines Wirtschaftsjahres. Dazu gehören auch Vorschüsse, Teil- und Abschlagszahlungen sowie die eingenommene und gezahlte Umsatzsteuer.

▶ **Schema einer Einnahmen-Überschuss-Rechnung:**

Betriebseinnahmen im Kalenderjahr
./. Betriebsausgaben im Kalenderjahr
=   Einnahmen-/Ausgabenüberschuss

+   private Nutzungsanteile
./. Abschreibungen auf abnutzbare Anlagegüter
+/- Mehr-/Mindererlös zum Buchwert veräußerter/entnommener Anlagegüter
=   steuerlicher Gewinn/Verlust

Die dem **Zu- und Abflussprinzip** folgende Gewinnermittlung ist unterhaltsrechtlich oftmals kritisch zu hinterfragen. Werden Rechnungen erst vor Jahresende oder erst nach Ablauf des Geschäftsjahres erteilt, mindert der im laufenden Jahr ausbleibende Zahlungseingang den Umsatzerlös. Unterhaltsrechtlich ist daher auch nach dem Vorhandensein (weiterer) Forderungen genauso zu fragen, wie nach dem Umfang noch nicht abgerechneter Geschäftsvorfälle. Eine vorzeitige Erfüllung von Verbindlichkeiten erhöht die Ausgaben. Diese Ausgaben sind gegenüber in vergangenen Jahren getätigten Ausgaben zu überprüfen.

39 Die jeweilige Art der Gewinnermittlung beeinflusst das Ergebnis des einzelnen Geschäftsjahres oftmals erheblich. Dies zeigt beispielhaft die nachfolgende Überführung einer Gewinn- und Verlustrechnung in eine Einnahmen-Überschuss-Rechnung.[390]

---

390 Beispiel nach Schürmann FamRB 2006, 149.

		GuV	Korrektur-Buchungen	EÜR
	Umsatzerlöse (Gesamtleistung, sonstige Erträge)	217.348,88		217.348,88
			Umsatzsteuer	34.769,97
			./.Zugang Forderungen	– 97.407,22
Ertrag	**Summe**	217.348,88		154.711,63
	Personalaufwand (Löhne, Sozialabgaben)	– 91.893,39		– 91.893,39
	Abschreibungen	– 7.201,71		– 7.201,71
Aufwand	Sonstige betriebliche Aufwendungen (Miete, Versicherungen, Reparaturen, Werbekosten, verschiedene Kosten)	– 75.887,13		– 75.887,13
			Vorsteuer	– 7.783,98
			Umsatzsteuerzahlung	– 27.085,30
			./. Zugang Verbindlichkeiten	– 48.163,62
	Zinsen und ähnliche Aufwendungen	– 1.418,19		– 1.418,19
	Gewinn	40.948,46	**Verlust**	– 8.394,45

Während die Bilanz einen Gewinn von rund 41.000 € ausweist, ergibt sich nach der EÜR ein deutlicher Verlust.

Der in der Vergangenheit vereinzelt unternommene Versuch, anhand einer **Cashflow-Rechnung**[391] das Einkommen zu bestimmen, hat sich in der Praxis nicht durchgesetzt. Mit Cashflow wird der Zufluss (Einzahlungen durch Absatz von Produkten und Dienstleistungen) und Abfluss (Auszahlungen an Lieferanten, Beschäftigte für Material. Personal, Leistungen Dritter) von finanziellen Mitteln beschrieben. 40

▶ **Beispiel der Ermittlung des »Cashflow«**

Jahresergebnis (Gewinn/Verlust)

./. Jahresergebnis (Gewinn/Verlust)
    Gewinnvortrag
+ Verlustvortrag
+ Erhöhung der Rücklagen
./. Auflösung der Rücklagen
= Jahresüberschuss
+ Abschreibung und Wertberichtigungen auf Sachanlagen und Beteiligungen ./. Zuschreibungen (Wertaufholungen)
= **Cashflow Nr. 1**

---

391 Zu Einzelheiten vgl. Durchlaub FamRZ 1987, 1223 und Strohal, Unterhaltsrechtlich relevantes Einkommen bei Selbstständigen, Rn. 25 sowie zu alternativen Beurteilungsmaßstäben bei der Einkommensfeststellung Schürmann FamRB 2006, 215.

+ Erhöhung der langfristigen Rückstellungen ./. Auflösung der langfristigen Rückstellungen

= **Cashflow Nr. 2**

+ außerordentliche, betriebs- und periodenfremde Aufwendungen ./. außerordentliche, betriebs- und periodenfremde Erträge

= **Cashflow Nr. 3** (Zugang liquider Mittel aus dem Umsatzprozess) ./. Gewinnausschüttungen

= **Cashflow**

41 Verschiedentlich wird zur Bestimmung des Einkommens auf die getätigten **Entnahmen** rekurriert. Nach § 4 Abs. 1 Satz 2 EStG handelt es sich bei den Entnahmen um alle Wirtschaftsgüter (Barentnahmen, Waren, Erzeugnisse, Nutzungen und Leistungen), die der Selbstständige dem Betrieb für sich, für seinen Haushalt oder für andere betriebsfremde Zwecke im Laufe eines Wirtschaftsjahres entnommen hat. Dabei werden die Privatentnahmen unterschieden in solche für den allgemeinen Lebensbedarf (Essen, Kleidung, Urlaub = sogenannte **freie Entnahmen**) und solche mit zweckbestimmter Verwendung (Versicherungsbeiträge, Steuern, Unterhaltszahlungen = sogenannte **gebundene Entnahmen**). Der Grundgedanke bei einer Anknüpfung an die Entnahmen für unterhaltsrechtliche Zwecke ist, dass dem Selbstständigen die aus seinem Unternehmen entnommenen Beträge zur Verfügung stehen.[392] Geht man jedoch von dem Grundsatz aus, dass als Einkommen das zu Grunde zu legen ist, was verdient wird, nicht das, was ausgegeben wird, können Entnahmen allenfalls als **Hilfsmittel** bei der Feststellung des wahren Einkommens[393] oder als **Indiz für die Höhe des Effektiveinkommens**[394] herangezogen werden. Das Gleiche gilt, wenn konkrete Hinweise auf Manipulationen der steuerlichen Gewinnermittlung bestehen[395] oder der darlegungs- und beweispflichtige Unterhaltsschuldner zur behaupteten Leistungsunfähigkeit oder eingeschränkten Leistungsfähigkeit nicht im erforderlichen Umfang Stellung nimmt.[396]

Übersteigen die Privatentnahmen den in den vorgelegten steuerlichen Unterlagen ausgewiesenen Gewinn und liegen **Überentnahmen** vor, muss der Selbstständige darlegen und anhand seiner Einkommensverhältnisse nachweisen, dass er die Entnahmen aus der Substanz des Betriebs[397] und/oder auf Kosten von (auch zunehmender) Verschuldung[398] getätigt hat. Gelingt ihm dieser Nachweis, kann ihm nicht zugemutet werden, weiterhin nicht erwirtschaftete Entnahmen zu tätigen und dies durch zusätzliche Darlehensaufnahmen zu finanzieren. Dies würde zu einer Überschuldung des Betriebs und ggf. zu einem Verlust der Existenz führen. Andererseits kann auf Entnahmen rekurriert werden, wenn diese nach den ehelichen Lebensverhältnissen der Parteien die tatsächlichen Verhältnisse widerspiegeln und die Überentnahmen auf die unternehmerische Einschätzung des selbstständigen Unterhaltsschuldners schließen lassen, dass der Betrieb solche Entnahmen auf Dauer zuverlässig hergibt. Diese Einschätzung kann insb. durch den objektiven Umstand bestätigt werden, dass das Unternehmen des Unterhaltsschuldners die jahrelangen hohen Entnahmen auch wirklich verkraftet hat.[399]

---

392 Zu Einzelheiten vgl. Kuckenburg FuR 2006, 293; vgl. Schürmann FamRZ 2002, 1149; Arens/Spieker FamRZ 1985, 121, 127; Stein FamRZ 1989, 343 ff; Kleinle DAVorm 1996, 433 und Kleffmann in Scholz/Kleffmann/Motzer, Praxishandbuch Familienrecht, Teil G, Rn. 25.

393 OLG Dresden FamRZ 1999, 850; OLG Köln FamRZ 1983, 87; OLG Frankfurt FuR 2001, 370.

394 BGH NJW 1992, 1902; OLG Düsseldorf FamRZ 2005, 211; OLG Hamm FamRZ 2005, 214; OLG München FamRZ 1992, 442; vgl. auch Ziff. 1.5 einiger Leitlinien.

395 OLG Hamm FamRZ 1993, 1088.

396 Grundlegend BGH FamRZ 1980, 770; vgl. auch Kuckenburg FuR 2006, 293 und Schürmann FamRZ 2002, 1149, der mit beachtlichen Gründen für eine stärkere Berücksichtigung der Entnahmen bei der unterhaltsrechtlichen Einkommensermittlung eintritt.

397 OLG Hamm FamRZ 1997, 674; OLG Bamberg FamRZ 1992, 1299; OLG München FamRZ 1993, 62; OLG Zweibrücken NJW 1992, 1907.

398 OLG Koblenz FamRZ 2001, 1239.

399 OLG Koblenz NJWE-FER 1999, 227 unter Hinweis auf BGH FamRZ 1987, 259.

Im Übrigen sind nach herrschender Auffassung die Grenzen für die Anwendung der Entnahmen als einem Hilfsmittel zur Feststellung der Leistungsfähigkeit jedenfalls dann erreicht, wenn das Vermögen des Unterhaltspflichtigen schon durch Kredite im Wesentlichen belastet oder durch eingetretene Geschäftsverluste erschöpft ist, der Unterhaltsschuldner aber weitere Gelder im Wege der Privatentnahme ganz oder teilweise dem Unternehmen entzieht.[400]

Der Selbstständige ist grds. nicht zum Kapitalverzehr und zur Kreditaufnahme für die Finanzierung von Unterhaltslasten verpflichtet.[401]

Rekurriert man jedoch auf die **Entnahmen**, sind sie **wie Bruttoeinkommen** zu behandeln, d.h. noch um persönliche Steuern, angemessene Vorsorgeaufwendungen etc., zu bereinigen.[402] Unabhängig davon, ob, wie regelmäßig geboten, auf die Gewinne oder ausnahmsweise auf die Entnahmen abgestellt wird, ist jeweils ein **Mehrjahresdurchschnitt** maßgeblich, zumindest ein Zeitraum von drei Jahren, oftmals auch von fünf Jahren.[403]

Selbst ein mehrjähriger Schnitt beschreibt die Einkommensverhältnisse dann nicht zutreffend, wenn es sich um eine Anlaufphase eines neu gegründeten Betriebes handelt oder anhaltend sinkende Umsätze aufgrund besonderer Umstände, etwa struktureller Probleme, zu verzeichnen sind. In derartigen Konstellationen ist es oftmals angebracht zu gewichten:[404]

▶ **Beispiel:**

Der Inhaber eines Betriebs erwirtschaftet im Jahr 2009 einen Gewinn von 20.000 €, im Jahr 2010 i. H. v. 30.000 €, im Jahr 2011 i.H. v. 40.000 €.
Nicht sachgerecht wäre, hier einfach den Schnitt aus drei Jahren, mithin einen Gewinn von 30.000 € zugrunde zu legen. Wegen der eindeutigen Gewinnentwicklung über drei Jahre hinweg ist zumindest zu gewichten:
Gewinn 2009 einfach, somit 20.000 €
Gewinn 2010 doppelt, somit 60.000 €
Gewinn 2011 dreifach, somit 120.000 €
Durchschnittlicher, unterhaltsrechtlicher relevanter Gewinn sodann 200.000 € : 6, somit gerundet 33.330 € jährlich.

Die **Gewinnschätzung** (§ 13a EStG, § 162 AO) ist unterhaltsrechtlich als Ersatz einer Einkommensermittlung regelmäßig ungeeignet. 42

Hingegen kommt für die Einkommensermittlung die **richterliche Schätzung** in Betracht. Der 43
BGH[405] hat eine Schätzung nach § 287 ZPO auch im Unterhaltsrecht grundsätzlich für zulässig erachtet. Dies gilt jedenfalls dann, wenn die Beweisaufnahme unverhältnismäßig schwierig und zur Unterhaltsforderung in keinem Verhältnis steht. Eine derartige Schätzung muss jedoch auf einer einigermaßen klaren Schätzungsgrundlage durchgeführt werden. Eine Schätzung »ins Blaue hinein« ist unzulässig.[406] Da das Gericht oftmals jedoch genauso wenig wie ein gerichtlich bestell-

---

400 LG Koblenz NJWE-FER 2001, 185; OLG Karlsruhe FF 1998, 119; OLG München FamRZ 1993, 62; OLG Zweibrücken NJW 1992, 1902; OLG Düsseldorf FamRZ 1983, 397; vgl. jedoch auch Arens/Spieker FamRZ 1985, 123, 127.
401 BGH FamRZ 1980, 43; OLG Düsseldorf 1983, 397; vgl. auch Koblenz NJWE-FER 2001, 185.
402 OLG Düsseldorf FamRZ 1983, 397; Kleffmann FuR 1994, 159.
403 BGH NJW 1984, 1614; vgl. auch Empfehlung des 14. Familiengerichtstages FamRZ 2002, 296; Ziff. Nr. 1.5. einiger Leitlinien.
404 Vgl. Kuckenburg, FuR 2006, 293; Schürmann FamRZ 2002, 1149.
405 BGH FamRZ 2005, 97; BGH FamRZ 1993, 789.
406 Vgl. Zöller § 287 Rn. 4; OLG Hamm FamRZ 1996, 1216. hat Einkünfte eines selbständigen Unterhaltsschuldners geschätzt, solange er nicht die Einschränkung seiner Leistungsfähigkeit darlegt; zur Einkommensschätzung bei Selbstständigen vgl. Kuckenburg FuR 2006, 255; Fischer-Winkelmann FuR 2006, 295.

ter Sachverständiger bessere Möglichkeiten der Schätzung hat als die Finanzbehörden, wird man im Rahmen der richterlichen Schätzung oftmals auf die abgabenrechtliche Schätzung nach § 162 AO zurückgreifen können. Auch kommt eine Schätzung bei unvollständigen oder zweifelhaften Auskünften und Angaben des Pflichtigen über seine Einnahmen in Betracht.[407]

Bei Einzelunternehmern oder Freiberuflern in einer Einzelpraxis wird für die unterhaltsrechtliche Einkommensermittlung regelmäßig an die handels- und/oder steuerrechtliche Gewinnermittlung angeknüpft. Bei Beteiligung als Gesellschafter an einer Personengesellschaft oder der Beteiligung als Gesellschafter an einer Kapitalgesellschaft sollte unterhaltsrechtlich geprüft werden, ob es sich um einen **Minderheits- oder Mehrheitsgesellschafter** handelt. Bei Mehrheitsgesellschaftern von Personen- und Kapitalgesellschaften, d.h. bei einer Beteiligungsquote von 50 % oder mehr,[408] gilt, dass diese unterhaltsrechtlich nicht besser aber auch nicht schlechter behandelt werden dürfen als Selbstständige, die Einkünfte als Einzelunternehmer oder Freiberufler erzielen. Unterhaltsrechtlich kann sich die Leistungsfähigkeit dieser Mehrheitsgesellschafter nicht nur nach den tatsächlichen Entnahmen bzw. nach den tatsächlich vorgenommenen Gewinnausschüttungen bemessen. Unterhaltsrechtlich ist bei Mehrheitsgesellschaftern vom **Grundsatz der Vollausschüttung** auszugehen.[409] Bei Minderheitsgesellschaftern wird hingegen an die einkommensteuerrechtlichen Einkünfte angeknüpft werden können.

II. Unterhaltsrechtliche Abzüge und Korrekturen

44 Sieht man im Regelfall den Gewinn als maßgebliche Größe zur Bestimmung des Bruttoeinkommens Selbstständiger an, stellt sich die Frage, ob und in Bezug auf welche Positionen unterhaltsrechtliche Korrekturen vorzunehmen sind. Das steuerrechtliche und das unterhaltsrechtlich relevante Einkommen sind nicht identisch. So kann eine steuerrechtliche Verminderung des Einkommens durch eine entsprechende Bilanzpolitik, wie der Änderung der Abschreibungsmethoden oder durch erhöhte Rückstellungen, unterhaltsrechtlich nicht anerkannt werden.[410]

Legt ein Selbstständiger Gewinn- und Verlustrechnungen vor und erläutert sie, obliegt es der anderen Partei konkret darzulegen, inwieweit bestimmte Positionen als unzutreffend angesehen werden.[411] Die **Darlegungs- und Beweislast** für die Angemessenheit der Ausgaben, etwa der Personalausgaben, trägt der Unterhaltspflichtige.[412] Alle Betriebskosten sind unterhaltsrechtlich nur relevant, wenn sie in einem angemessenen Verhältnis zum Betriebsergebnis stehen.[413]

So hat der BGH[414] im Hinblick auf die unterhaltsrechtliche **Berücksichtigungsfähigkeit von Betriebskosten** auf die Durchschnittssätze der Personalkosten abgestellt (im entschiedenen Fall: 25 % Personalkosten bei einer Rechtsanwaltskanzlei). Dies gilt jedenfalls dann, wenn der Betroffene nichts Konkretes zur Kostenstruktur in seinem Büro oder als Begründung dafür angibt, warum gerade ein bestimmtes Gehalt besonders hoch ist. Derartige **Durchschnittssätze** können von den jeweiligen Standesorganisationen nicht nur bei Rechtsanwälten, sondern auch bei Steuerberatern, selbstständigen Handwerkern etc. im Regelfall zugrunde gelegt werden. Für derartige Konstellationen genügt der Unterhaltsberechtigte seiner Darlegungs- und Beweislast, wenn er die Angemessenheit der Betriebsausgaben, etwa der Personalausgaben im Hinblick auf entsprechende

---

407 OLG Frankfurt a.M. FamRZ 2007, 404.
408 A.A. Nickl FamRZ 1988, 133: Grenze bei 75 %.
409 Vgl. Fischer -Winkelmann/Maier FamRZ 1996, 1391.
410 Grundlegend zu unterhaltsrechtlichen Korrekturen der steuerlich deklarierten Einkünfte Selbstständiger BGH FamRZ 2003, 741 m. Anm. Gerken und Weychardt S. 1001 = FuR 2003, 261 m. Anm. Kemper.
411 KG FamRZ 2006, 1868.
412 BGH FuR 2006, 180 = FamRZ 2006, 387 m. Anm. Büttner 393; 1987, 259.
413 BGH FuR 2006, 180; OLG Frankfurt a.M. FamRZ 2007, 404; vgl. auch OLG Brandenburg FamRZ 2007, 1020.
414 BGH FamRZ 2012, 288; BGH FamRZ 2006, 387 m. Anm. Büttner 393 = FuR 2006, 180.

Durchschnittssätze, beanstandet. Sodann obliegt es dem Unterhaltsverpflichteten i.E. darzulegen, aus welchen Gründen diese Durchschnittssätze überschritten werden und ggf. eine Reduzierung dieser Ausgaben nicht in Betracht kommt.[415]

1. Abschreibungen

Zu den nach wie vor sensiblen Positionen im Rahmen unterhaltsrechtlicher Einkommensermitt- **45** lung bei Selbständigen gehören die **Abschreibungen**.[416] Abschreibungen sind die einmaligen oder wiederkehrenden steuerlichen Absetzungen der Anschaffungs- oder Herstellungskosten von Gütern des betrieblichen Anlagevermögens für die Zeit der betriebsgewöhnlichen Nutzungsdauer oder nach anderen Gesichtspunkten bis der Ausgangswert (in der Regel) aufgezehrt ist.[417]

Das Steuerrecht kennt verschiedene Arten der Abschreibung. Dem Unternehmer wird dabei ein gewisser Spielraum hinsichtlich der Wahl der Abschreibungsarten belassen (vgl. z.B. § 7 Abs. 3 EStG).

Bei der **linearen AfA** (Absetzung für Abnutzung in gleich bleibenden Jahresbeträgen, § 7 Abs. 1 **46** EStG) werden die Anschaffungskosten gleichmäßig auf die betriebsgewöhnliche Nutzungsdauer verteilt.

Die AfA und der jeweilige Restwert stellen sich bei einem am 01.01.2011 für 10.000 € angeschafften Wirtschaftsgut mit einer Nutzungsdauer von 10 Jahren wie folgt dar:

Jahresende	AfA	Restwert
11	1.000 €	9.000 €
12	1.000 €	8.000 €
usw.		
19	1.000 €	1.000 €
20	1.000 €	0 €

Bei der **degressiven AfA** (»Absetzung für Abnutzung in fallenden Jahresbeträgen« § 7 Abs. 2 EStG) **47** wird ein fester Prozentsatz vom jeweiligen Restwert der Anschaffungskosten abgezogen. Die absolute Höhe der Jahresraten verringert sich damit von Jahr zu Jahr.

Unter Zugrundelegung der Werte des vorangegangenen Beispiels ergibt sich folgendes:

Jahresende	AfA	Restwert
11	2.000 €	8.000 €
12	1.600 €	6.400 €
13	1.280 €	5.120 €

---

415 BGH FamRZ 2006, 387; vgl. auch Kuckenburg FuR 2006, 255.
416 BGH FuR 2003, 261 = FamRZ 2003, 741; Münch FamRB 2007, 150; Gerken FamRZ 2003, 744; Weychardt FamRZ 2003, 1001; Kemper FuR 2002, 145; Kemper FuR 2001, 337; vgl. nur Laws FamRZ 2000, 588, zugl. Anm. zu OLG Hamm FamRZ 1999, 1349; Fischer-Winkelmann FamRZ 1999, 1403; Weychardt FamRZ 1999, 1407; Kleffmann FuR 1994, 259 sowie Arens/Spieker FamRZ 1985, 121, 129; Nickl FamRZ 1985, 1219; Doerges FamRZ 1985, 761; Durchlaub FamRZ 1987, 1223.
417 Zu Einzelheiten vgl. Maier, Das unterhaltsrechtliche Einkommen bei Selbstständigen, III Teil, 7. Kapital, A und 8 Kapitel, S. 192 ff.; Strohal, Das unterhaltsrechtliche Einkommen bei Selbstständigen, Rn. 111 ff.

Jahresende	AfA	Restwert
14	1.024 €	4.096 €
15	819 €	3.277 €
16	655 €	2.622 €
17	655 €	1.967 €
18	655 €	1.312 €
19	655 €	657 €
20	657 €	0 €

Der linearen und degressiven AfA ist gemeinsam, dass sie über die Dauer der betriebsgewöhnlichen Nutzungsdauer den steuerlichen Wert des abnutzbaren Vermögens Jahr für Jahr verringern und als Betriebsausgaben abzugsfähig sind, bis die Summe der AfA-Beträge die Anschaffungskosten kompensiert hat.[418] Zu dem Zeitpunkt, in dem die lineare Abschreibung auf der Basis des vorhandenen Restwertes und der Restnutzungsdauer günstiger wird, kann von der degressiven auf die lineare Abschreibung gewechselt werden (§ 7 Abs. 3 EStG). Aufgrund der **Unternehmenssteuerreform 2008** entfällt die degressive Abschreibung für angeschaffte Wirtschaftsgüter mit einem Wert von mehr als 1.000 €. Sie wird durch die lineare Abschreibung ersetzt. Für Wirtschaftsgüter im Wert zwischen 151 € und 1.000 € gilt die sogenannte **Poolabschreibung**. Dabei muss ein Unternehmen die betreffenden Produkte in einem Sammelposten bündeln, der wie ein einzelnes Wirtschaftsgut behandelt und über einen Zeitraum von fünf Jahren linear abgeschrieben wird. Bei steuerlich korrekt vorgenommener (Sonder-)Abschreibung ist unterhaltsrechtlich das betreffende Wirtschaftsgut ggf. fiktiv linear abzuschreiben.[419]

48 Bei der **Leistungs-AfA** (Absetzung für Abnutzung nach Maßgabe der Leistung, § 7 Abs. 1 Satz 3 EStG) wird der Anschaffungs- oder Herstellungsaufwand nach Maßgabe der Beanspruchung des Wirtschaftsguts auf die Nutzungszeit verteilt.

▶ **Beispiel:**

Anschaffungskosten: *100.000 €*
voraussichtliche Gesamtleistung: *100.000 km*
AfA-Wert bei Jahresteilleistung von 30.000 km =   *30%*
bei Jahresteilleistung von 50.000 km =   *50%*

Nach einer Gesamtleistung von 100.000 km ist das Wirtschaftsgut abgeschrieben. Befindet es sich weiterhin im Betriebsvermögen, ist es mit dem Buchwert 1,00 € als Erinnerungsposten zu bewerten. Die Differenz zwischen dem tatsächlichen Wert und diesem Buchwert beinhaltet die »stille Reserve«.

49 Bei der **außerplanmäßigen AfA** (§ 7 Abs. 1 S. 6 EStG) können Wirtschaftsgüter, die nicht degressiv abgeschrieben werden, bei erhöhtem Werteverzehr auflösender Abnutzung (Beschädigung, Zerstörungen, bei wirtschaftlicher Abnutzung durch neue Erfindung, Modellwechsel etc.) entsprechend dem Grad der Abnutzung abgeschrieben werden.

---

418 Vgl. Kemper FuR 2003, 113 und Kemper FuR 2001, 443.
419 BGH FuR 2003, 269.

▶ **Beispiel:**

Anschaffungswert: *100.000 €*
Voraussichtliche Nutzungsdauer: *5 Jahre*
AfA-Wert 20 % =   *20.000 € je Jahr*

Nach 3 Jahren zu je 20.000 € (= 3 × 20.000 €) ist das Wirtschaftsgut zu 60 % abgeschrieben. Erleidet es jetzt einen technischen Totalschaden, kann der Restbuchwert von 40.000 € in einer Summe abgeschrieben werden.[420]

Abschreibungen wegen **Substanzverbrauchs** (§ 7 Abs. 6 EStG), etwa bei einem Bergbaubetrieb,   50
Steinbrüchen und anderen abbau- und ausbeutungsfähigen Betrieben, bei denen die Substanz verbraucht wird, können auf der Grundlage der Anschaffungskosten linear oder entsprechend dem Substanzverzehr vorgenommen werden.

Gebäude, Gebäudeteile, Eigentumswohnungen, im Teileigentum stehende Räume und Nutzungs-   51
rechte unterliegen der **Gebäudeabschreibung** (vgl. Rdn. 110).

Im Rahmen der **Sonderabschreibung** bietet der Gesetzgeber Steuervergünstigungen, die als   52
Abschreibungen ausgestaltet sind und die zusätzlich zu den AfA nach § 7 Abs. 1 u. IV EStG aufgrund unterschiedlicher gesetzlicher Vorschriften in Anspruch genommen werden können (vgl. §§ 7a Abs. 4, 7g EStG). Ihnen liegt keine Bewertungskorrektur als Folge der Abnutzung zugrunde. Sie haben Subventions- oder Prämiencharakter,[421] wie etwa die so genannte Mittelstands-AfA des § 7g EStG, bei der Unternehmen kleineren Praxisvermögens zur Finanzierung zukünftiger Investitionen eine Eigenkapital schonende **Ansparabschreibung** vornehmen zu können.[422]

Diese sogenannte Ansparabschreibung ist eine Rücklage für eine künftige Anschaffung. Nach § 7g Abs. 3 EStG kann der Steuerpflichtige schon vor einer Investitionssteuer mindernd Rücklagen bilden. Diese Rücklage darf 40 % der Anschaffungs- bzw. Herstellungskosten innerhalb der zwei folgenden Jahre des anzuschaffenden Wirtschaftsgutes nicht überschreiten. Aufzulösen ist die Rücklage, sobald die AfA für das begünstigte Wirtschaftsgut in Anspruch genommen wird, oder aber das zweite auf die Anschaffung folgende Jahr ausläuft ohne dass die Anschaffung erfolgt wäre. Im letzteren Fall sind 6 % Zinsen pro Jahr hinzuzurechnen. Die Bildung einer Ansparrücklage ist steuerrechtlich zulässig, ohne dass die Investitionsabsicht glaubhaft gemacht werden muss.[423] Diese steuerlich zulässigen Ansparabschreibungen sind nach herrschender Auffassung unterhaltsrechtlich nicht zu berücksichtigen.[424] Dies hat der BGH bestätigt.[425]

Im Fall der Bildung von Ansparabschreibungen nach § 7g EStG, deren steuerliche Auswirkungen nicht im Beurteilungszeitraum ausgeglichen werden, ist für den maßgeblichen durchschnittlichen Betriebsgewinn der (regelmäßig letzten drei) Kalenderjahre fiktiv diejenige Steuerbelastung zu berücksichtigen, die den Selbstständigen ohne die Ansparabschreibung getroffen hätte.[426]

---

420 Vgl. zum Ganzen auch Strohal, Unterhaltsrechtlich relevantes Einkommen bei Selbstständigen, Rn. 120 ff.
421 Vgl. Stuhrmann NJW 2000, 617.
422 OLG Hamm FamRZ 2002, 885; zu Einzelheiten, etwa zur Ansparabschreibung für Rechtsanwälte, Götsche ZFE 2006, 55; vgl. Dornbusch AnwBl. 1997, 276 f. und grundlegend FA-FamR/Schöppe-Fredenburg, 13. Kapitel Rn. 35; zur Unternehmenssteuerreform 2008 vgl. Kuckenburg/Perleberg-Kölbel FuR 2009, 140.
423 BFH BStBl 2002, 385.
424 Vgl. OLG Hamm FamRZ 2002, 885; Koch/Margraf Kap. 1 Rn. 1176.
425 BGH FuR 2004, 507 = FamRZ 2004, 1177; FamRZ 2003, 741= FuR 2003, 261 mit Anm. Kemper; vgl. auch Götsche ZFE 06, 55 und Strohal FPR 2006, 344.
426 BGH FamRZ 2004, 1177; FuR 2004, 507.

An die Stelle der bis zum 31.12.2007 geltenden Ansparabschreibung (§ 7 Abs. 3 EStG) ist seit 01.01.2008 der **Investitionsabzugsbetrag** getreten. Aufgrund dieses neuen Verfahrens wird es ermöglicht, für Investitionen, die innerhalb von drei Jahren geplant sind, eine 40-% Abschreibung der voraussichtlichen Kosten vorzunehmen. Den Investitionsabzugsbetrag können allerdings nur bilanzierende Unternehmen mit einem Betriebsvermögen bis 235.000 € in Anspruch nehmen.

Gegenüber dem »alten Recht« ergeben sich folgende Änderungen:

– Anhebung des Höchstbetrages für die in Anspruch genommenen Abzugsbeträge von 154.000 € auf 200.000 €
– Begünstigung nicht nur neuer Wirtschaftsgüter des beweglichen Anlagevermögens, sondern auch von gebrauchten
– Abzug in Höhe von 40 % vom Gewinn für die künftige Anschaffung oder Herstellung eines Wirtschaftsguts

Die Berücksichtigung des Investitionsabzugsbetrages ist allerdings rückgängig zu machen, wenn die geplante Investition innerhalb des Zeitraums von zwei Jahren nicht durchgeführt wird. Es erfolgt keine Auflösung ex nunc, sondern eine Änderung des früheren Steuerbescheids mit ex tunc-Wirkung und mit verzinster Nachbesteuerung.

▶ **Beispiel für Gewinnauswirkungen bei Investition:**[427]

Im Jahr 2008 für das Jahr 2010 geplante Investition	80 T €
Investition 2010	100 T €
Lösung:	
2008–1. Jahr:	
Investitionsabzugsbetrag 40 % von 80 T = Aufwand	32 T €
2010–2. Jahr:	
Vorwegabzug 40 % von 100 T	40 T €
Auflösung Investitionsabzug	– 32 T €
Differenz	8 T €
Bemessungsgrundlage AfA	60 T €
Sonder-AfA nach § 7g Abs. 5 EStG 20 %	12 T €
Normal-AfA 10 %	6 T €
Aufwand 2010	26 T €
Gewinnreduzierender Gesamtaufwand 2008 und 2010 insgesamt	58 T €

Unterhaltsrelevanz:
Dies entspricht in keiner Weise einem tatsächlichen Werteverzehr, so dass eine fiktive Abschreibungsliste gemäß der linearen AfA zu erstellen ist.

53 Ob der vom Finanzamt akzeptierte Abzug vom Gewinn auch unterhaltsrechtlich zu beachten ist und ob, ggf. welchen, Einschränkungen er unterliegt, ist umstritten. Die **Leitlinien** enthalten zu Ziff. 1.5 nur teilweise Regelungen zur Handhabung der Abschreibungen. Der BGH hat wiederholt darauf hingewiesen, dass das Steuerrecht u.a. Aufwendungen als einkommensmindernd anerkennt, die gar keine Vermögenseinbuße zum Gegenstand haben. Insbesondere dem durch das Rechtsinstitut der Abschreibung pauschal berücksichtigten Verschleiß von Gegenständen des Anlagevermögens entspricht oft keine tatsächliche Wertminderung in Höhe des steuerlich anerkennungsfähigen Betrages. Dies führt zu der Notwendigkeit einer Unterscheidung danach, ob sich

427 Nach Kuckenburg/Perleberg-Kölbel, Unterhaltseinkommen A Rn. 10.

der durch die Abschreibung pauschal berücksichtigte Verschleiß mit der tatsächlich eingetretenen Wertminderung deckt oder nicht.[428]

Die in Literatur und Rechtsprechung vertretenen Lösungsansätze waren vielfältig.[429] Letztlich wird   54
man davon ausgehen können, dass jedenfalls **im Zweifel die lineare Abschreibung auch unterhaltsrechtlich anzuerkennen** ist.[430] Sie fußt auf der betriebsgewöhnlichen Nutzungsdauer von Wirtschaftgütern, deren zeitliche Festlegung auf Erfahrungssätzen beruht, die in den vom Bundesminister der Finanzen herausgegebenen AfA-Tabellen ihren Niederschlag gefunden haben.

Der BGH[431] hat zwar seine bisherige Rechtsprechung[432] bestätigt, wonach das steuerlich relevante Einkommen und das unterhaltpflichtige Einkommen nicht identisch sind oder sein müssen und dass dem durch das steuerliche Rechtsinstitut der Abschreibung pauschal berücksichtigten Verschleiß von Gegenständen des Anlagevermögens oft keine tatsächliche Wertminderung in Höhe des steuerlich anerkennungsfähigen Betrages entspricht. Er hat jedoch gleichzeitig betont und erkannt, dass die zur linearen Abschreibung von der Finanzverwaltung herausgegebenen AfA-Tabellen regelmäßig den tatsächlichen Werteverzehr wiedergeben. Dies gilt insb. für die vom Bundesministerium der Finanzen neu erstellte AfA-Tabelle für die allgemein verwendbaren Anlagegüter vom 15.12.2000 (BStBl I 2000, 1533), welche die maßgebliche Nutzungsdauer der Wirtschaftsgüter im Vergleich zu früher weitgehend verlängert hat.[433] Die in diesen Tabellen für die einzelnen Anlagegüter angegebene betriebsgewöhnliche Nutzungsdauer beruht auf Erfahrungen der steuerlichen Betriebsprüfung. Der BGH erachtet es als unbedenklich, diese Erfahrungswerte auch im Rahmen der Berechnung des unterhaltsrechtlich relevanten Einkommens zu übernehmen. Die **AfA-Tabellen** haben damit die **Vermutung der Richtigkeit** für sich. Sie binden die Gerichte zwar nicht und sind insbesondere unbeachtlich, sofern sie erkennbar nicht auf Erfahrungswerten beruhen, also offensichtlich unzutreffend sind. Im Regelfall ist von der **Maßgeblichkeit der linearen Abschreibung auch im Unterhaltsrecht** auszugehen. Etwas anderes gilt (nur) für den Fall offenbar unzutreffender AfA-Tabellen. Hier ist die tatsächliche Nutzungsdauer zu schätzen und ggf. durch Sachverständigengutachten zu ermitteln.[434]

Die **degressive Abschreibung, die nur noch für Wirtschaftsgüter, die vor dem 01.01.2008 herge-**   55
stellt oder angeschafft wurden und aufgrund der Sonderregelung im Jahressteuergesetz 2009 für die Jahre 2009 und 2010 gilt[435] und **Sonderabschreibungen** sind **im Zweifel unterhaltsrechtlich nicht anzuerkennen,**[436] jedenfalls solange der Unternehmer deren Notwendigkeit nicht, ggf. unter

---

428 BGH FamRZ 1998, 357, 64; vgl. auch OLG Hamm NJWE-FER 1997, 219; NJW-RR 1998, 78; FamRZ 1996, 1216; OLG Bremen FamRZ 1995, 936; OLG Köln FamRZ 1996, 966; OLG Düsseldorf FuR 2000, 27; OLG Hamm NJWE-FER 1999, 180.

429 Darstellung des Meinungsstandes etwa bei FA-FamR/Kuckenburg/Perleberg-Kölbel, Kap. 13 Rn. 42 ff; Eschenbruch/Klinkhammer/Mittendorf Kap. 6.3.3.2 Rn. 86 ff. und FA-FamR/Schöppe-Fredenburg Kap. 13 Rn. 35.

430 BGH FamRZ 2003, 741; OLG Celle FuR 2000, 27; OLG Bamberg FamRZ 1987, 1181; OLG Bremen FamRZ 1995, 935; OLG Karlsruhe FamRZ 1990, 1234; OLG Brandenburg NJW-RR 1998, 217; Strohal FPR 2006, 344; Weychardt FamRZ 1999, 1407; Fischer-Winkelmann FamRZ 1999, 1403; Kleinle FamRZ 1998, 1346 (zugleich Anm. zu BGH FamRZ 1998, 357).

431 FamRZ 2003, 741 = FuR 2003, 261 mit Anm. Kemper = NJW 2003, 1734; zuvor bereits OLG Celle FuR 2000. 27; OLG Bremen FamRZ 1995, 935; OLG Köln FamRZ 1996, 966; OLG Karlsruhe FamRZ 1990, 1234; Kleinle FamRZ 1998, 1346; Weychardt FamRZ 1999, 1407; a.A. OLG Köln FamRZ 2002, 820: 1/3 der Abschreibungsbeträge werden dem Einkommen zugeschlagen; OLG Hamm FamRZ 2002, 885: 50 %; 1999, 1349; 2/3.

432 FamRZ 1998, 357.

433 Vgl. zum Ganzen Hommel BB 2001, 247; überholt etwa OLG Köln FamRZ 2002, 819, das 1/3 der linearen AfA dem Einkommen zuschlagen will oder OLG Hamm FamRZ 2002, 885.

434 BGH FamRZ 2003, 741.

435 Zu Einzelheiten vgl. Kuckenburg/Perleberg-Kölbel FuR 2009, 140.

436 BGH NJW 2003, 1734; vgl. auch Strohal FPR 2006, 344.

Beweisantritt, darlegt. Sie dienen (auch) anderen Zwecken als der Berücksichtigung von Wert- und Substanzverlust, so dem Investitionsanreiz oder der Finanzierungsfunktion. Dies gilt insbesondere für Sonderabschreibungen, die aus konjunkturpolitischen Gründen gewährt werden.[437]

Problematisch erscheint allerdings die oftmals vorgeschlagene **Umrechnung der degressiven AfA in die lineare AfA.** Regelmäßig wird übersehen, dass in Fällen linearer AfA bei unterhaltsrechtlich verlängerter Nutzungsdauer AfA-Raten zugerechnet werden müssen, wenn das Wirtschaftsgut steuerlich längst abgeschrieben ist, da nunmehr der unterhaltsrechtlich fingierte Restwert weiter »verzehrt« wird.[438]

Dies soll an der AfA für einen betrieblich benutzten Pkw dargestellt werden, für die in der steuerlichen Gewinnermittlung eine Nutzungsdauer von 5 Jahren zugrunde gelegt wird, während unterhaltsrechtlich meist 8 Jahre gefordert werden. Zugrunde gelegt werden Anschaffungskosten von 50.000 €.

Jahr	AfA/ND 5	Restwert	AfA/ND 8	Restwert	Gewinndifferenz
01	10.000	40.000	6.250	43.750	+ 3.750
02	10.000	30.000	6.250	37.500	+ 3.750
03	10.000	20.000	6.250	31.250	+ 3.750
04	10.000	10.000	6.250	25.000	+ 3.750
05	10.000	0	6.250	18.750	− 6.250
06			6.250	12.500	− 6.250
07			6.250	6.250	− 6.250
08			6.250	0	− 6.250

Abgesehen davon, dass auch nach 8-jähriger Nutzungsdauer das Fahrzeug noch einen, ggf. nicht unerheblichen, Wert hat, die unterhaltsrechtliche Nutzungsdauer also genauso fiktiv ist wie die steuerliche, verlangt hier die Herabsetzung der AfA-Raten in den ersten 5 Jahren eine Zurechnung der unterhaltsrechtlichen AfA im 6. bis 8. Jahr, soweit nicht bereits vorher durch den Verkauf die Rekompensation des zugerechneten Gewinns über die Minderung des Veräußerungsgewinns erfolgen muss.

Abschreibungen für außergewöhnliche technische oder wirtschaftliche Abnutzung sowie für Substanzverlust werden jedoch anzuerkennen sein, da es sich hier um tatsächliche Nutzungseinschränkungen handelt.

56 Ist **die Investition in das Anlagevermögen fremdfinanziert,** sind die Zinsen als zusätzlicher Aufwand abzugsfähig, da die Zinszahlungen auf Grund eines tatsächlichen Abflusses die Leistungsfähigkeit des Unterhaltspflichtigen mindern. Der Zinsaufwand ist nicht von der Wertminderung umfasst, welche die Abschreibung abdeckt. Hingegen können die Tilgungsleistungen nicht zusätzlich zu den Abschreibungen geltend gemacht werden, da sowohl die Tilgungsleistungen als auch die Abschreibungen eine Verteilung der Anschaffungskosten für mehrere Jahre darstellen (**Verbot der Doppelberücksichtigung des Wertverzehrs**).[439] Auch beim **Leasing** sind unterhaltsrechtliche Korrekturen regelmäßig nicht geboten.

---

437 Vgl. zum Ganzen Fischer-Winkelmann FamRZ 1999, 1403, 1406; OLG Dresden FamRZ 1999, 80.
438 Kemper FuR 2003, 168 und Kemper FamRZ 2003, 1430.
439 Vgl. im Einzelnen Kleffmann in Scholz/Kleffmann/Motzer, Praxishandbuch Familienrecht, Teil G, Rn. 32.

Abschreibungen auf Gebäude, gleich ob sie Betriebsvermögen sind oder Wohnzwecken dienen 57
(vgl. hierzu Rdn. 110), sind unterhaltsrechtlich nicht anzuerkennen, weil diesen Abschreibungen
lediglich ein pauschal angerechneter Verschleiß von Vermögensgegenständen zu Grunde liegt, der
erfahrungsgemäß entweder nicht gegeben ist oder zumindest über das tatsächliche Ausmaß der
Wertminderung hinausgeht und in der Regel ausgeglichen wird durch eine günstige Entwicklung
auf dem Immobilienmarkt.[440]

Nach der Regelung des § 6 Abs. 2 EStG können die so genannten **geringwertigen Wirtschaftsgü-** 58
ter (GWG) im Jahre der Anschaffung in voller Höhe als Betriebsausgaben abgesetzt werden,
wenn der Wert des Wirtschaftsgutes 410 € (netto) nicht übersteigt und es sich um selbstständig
nutzbare Wirtschaftsgüter des Anlagevermögens handelt. Die steuerlichen Ansätze für die Abschreibung
geringwertiger Wirtschaftsgüter können unterhaltsrechtlich übernommen werden.[441]

2. Rückstellungen

Rückstellungen sind erfolgswirksam und reduzieren den Gewinn, so dass sie stets der unterhalts- 59
rechtlichen Überprüfung unterliegen. Weder das Handels- noch das Steuerrecht kennen eine Definition für Rückstellungen. Inhaltlich können Rückstellungen definiert werden als:

— Passivposten für Vermögensminderungen oder Aufwandsüberschüsse, die Aufwand vergangener
  Rechnungsperioden darstellen
— Durch künftige Handlungen der Unternehmung (Zahlung, Dienstleistungen oder Eigentums-
  übertragungen an Sachen und Rechten) entstehen
— Nicht im Bilanzansatz bestimmter Aktivposten korrigieren und
— sich nicht eindeutig, aber hinreichend genau qualifizieren lassen.

Rückstellungen sind in der Handelsbilanz nach § 253 Abs. 1 Satz 2 HGB mit dem Betrag anzusetzen, der nach vernünftiger kaufmännischer Beurteilung notwendig ist. Grds. ist der **voraussichtli-**
che Erfüllungsbetrag anzusetzen. Der sich zwangsläufig ergebende Beurteilungsspielraum des
Bilanzierenden muss für den Einzelfall objektiviert und von sachverständigen Dritten nachvollzogen werden können. Nach dem **Vorsichtsprinzip** (§ 252 Abs. 1 Nr. 4 HGB) stellt der Bilanzierende den Betrag ein, den das Unternehmen zur Deckung der Aufwendungen voraussichtlich
benötigt. Unterhaltsrechtlich prüfenswert sind insb. folgende Rückstellungen:

— **Pensionsrückstellungen:** Unterhaltsrechtlich sind keine eigenen Bewertungskriterien zu entwickeln. Es kann auf die restriktiven Abgrenzungskriterien des Steuerrechts verwiesen werden.
  Zur Überprüfung der Rechtmäßigkeit der Pensionsrückstellungen besteht eine familienrechtli-
  che Auskunfts- und Belegpflicht bezüglich aller Dokumentationen und Urkunden, die eine
  Überprüfung der Rechtmäßigkeit nach Steuerrecht möglich machen (arbeitsvertragliche Ver-
  einbarung, Erteilung der Pensionszusage, finanzmathematische und biometrische Berechnung,
  Darlegung und Vorlage der Belege zur Erdienbarkeit und Ernsthaftigkeit der Zusage und deren
  Angemessenheit).[442]
— **Steuerrückstellungen:** Diese sind nicht nur steuerlich, sondern auch unterhaltsrechtlich akzep-
  tabel, sofern sie in angemessenem Umfang erfolgen.

---

440 Grundlegend BGH FamRZ 1984, 39; vom BGH in FamRZ 2005, 1159 jedoch unentschieden gelas-
    sen; OLG Köln NJW-RR 1992, 1156; Einzelheiten sind jedoch umstritten; so will etwa Maier, Das
    unterhaltsrechtliche Einkommen bei Selbstständigen, S. 233 ff. bei gewerblich genutzten Gebäuden
    einen Abschreibungssatz von 2 % anerkennen; differenzierend auch Kuckenburg/Perleberg-Kölbel,
    Unterhaltseinkommen B Rn. 197.
441 Eschenbruch/Klinkhammer/Mittendorf Kap. 6.3.3.5 Rn. 98; Luthin/Margraf Kap. 1 Rn. 180.
442 Zu Einzelheiten vgl. Kuckenburg/Perleberg-Kölbel, Unterhaltseinkommen B Rn. 303 ff.

– **Rückstellungen für ungewisse Verbindlichkeiten**: Bei Angemessenheit im Zweifel unterhalts-rechtlich entsprechend den Regeln des Steuerrechts zu behandeln.
– **Rückstellungen für Gewährleistungen**: Ähnliche Betrachtung veranlasst wie im Steuerrecht.[443]

So lange Rückstellungsbeträge nicht benötigt werden, stehen sie dem Unternehmen im Rahmen seiner Liquidität zur Verfügung. Ist der Grund der Rückstellung entfallen, ist die Rückstellung aufzulösen. Die **Auflösung einer Rückstellung** wirkt, soweit kein Aufwand entstanden ist, gewinnerhöhend. Die Inanspruchnahme der Rückstellung wirkt ergebnisneutral.[444]

3. Privater Nutzungsvorteil am Betriebsvermögen

60 Die Kosten der Lebensführung sind von den Betriebs-/Praxisausgaben abzugrenzen. Letztlich praktikabel ist nur, **private Nutzungsanteile** an Gütern des Betriebsvermögens entsprechend § 287 ZPO zu **schätzen**. Das Gleiche gilt für Positionen wie **Repräsentationskosten, Werbegeschenke, Bewirtungskosten**. Derartige gemischte Aufwendungen, d.h. ein Aufwand, der sowohl betrieblich als auch privat veranlasst ist oder sein kann, ist einer ermessensbegrenzenden Objektivierungs- und Angemessenheitsprüfung zu unterziehen. Zu den prüfenswerten gemischten Aufwendungen[445] zählen insbesondere Beratungskosten, Bewirtungskosten, Fahrzeugkosten,[446] Mieten, Perso-nalkosten, Repräsentationskosten.

▶ **Übersicht der prüfenswerten Aufwendungen**

   – Beiträge zu Verbänden und Vereinen
   – (Rechts-)Beratungskosten[447]
   – Bewirtungskosten
   – Fahrzeugkosten (Eigenanteil für private Nutzung)[448]
   – Geschenke: Werbegeschenke, ggf. für private Zwecke
   – Leasinggebühren, z.B. auch für privat genutztes Kraftfahrzeug
   – Miete und Raumkosten, etwa: Wird die Immobilie teils privat, teils betrieblich genutzt, können steuer- und unterhaltsrechtlich Hauslasten und Nebenkosten nur anteilig als Betriebsaufwand angesetzt werden
   – Personalkosten: Leistung und Gegenleistung müssen in einem angemessenen Verhältnis ste-hen, was insbesondere bei einem Arbeitsverhältnis mit dem Ehepartner bzw. Lebensgefähr-ten zu prüfen ist.[449] Insgesamt müssen die Personalkosten in einem angemessenen Verhältnis zu den Einnahmen stehen[450]
   – Porto, ggf. für private Korrespondenz
   – Provisionen, etwa für Angehörige
   – Reisekosten: diese Aufwendungen sind erläuterungsbedürftig

---

443 Zu Einzelheiten vgl. Kuckenburg/Perleberg-Kölbel, Unterhaltseinkommen B Rn. 313, dort auch ein »ABC der sonstigen Rückstellungen«.
444 Zu Einzelheiten vgl. Laws, Steuerliche Unterlagen im Unterhaltsrecht, S. 226 und Kleffmann in Scholz/Kleffmann/Motzer, Praxishandbuch Familienrecht, Teil G Rn. 34.
445 Zu weiteren Einzelheiten vgl. Kleffmann in Scholz/Kleffmann/Motzer, Praxishandbuch Familienrecht, Teil G Rn. 35.
446 Eingehend hierzu Schöppe-Fredenburg FuR 1998, 114 und 153.
447 Insbesondere eine gegenüber den Vorjahren eingetretene Steigerung, etwa wenn der Selbständige die im Unterhalts- und Scheidungsverfahren angefallenen Kosten als Betriebsaufwand geltend macht.
448 Arens/Spieker FamRZ 1985, 121.
449 BGH FamRZ 2006, 387 = FuR 2006, 180: der als Rechtsanwalt tätige Unterhaltspflichtige hatte einen Personalkostenanteil von 55,51 % wohingegen die BRAK für Gehälter und Sozialkosten einen Anteil von ca. 25 % der Einnahmen als angemessen einstuft; ein angemessenes Verhältnis zwischen dem Betriebsergebnis und den Betriebskosten war nicht mehr als gewahrt anzusehen; vgl. auch Arens/Spieker FamRZ 1985, 121.
450 BGH FamRZ 2006, 387 = FuR 2006, 180; FamRZ 2005, 1817.

- Repräsentationskosten, ggf. privat veranlasst
- Sonstige Kosten, bedürfen detaillierter Aufschlüsselung[451]
- Spenden: Sind grundsätzlich auch beim Ausweis als Betriebsaufwand privat veranlasst
- Telefonkosten: Angemessener privater Eigenanteil zu berücksichtigen
- Versicherungen, ggf. privat veranlasst
- Werbekosten
- Zinsaufwendungen[452]

4. Kranken- und Altersvorsorge

Bei Selbstständigen und nicht versicherungspflichtigen Personen sind Beiträge für die Krankenversicherung und Beiträge für die Altersvorsorge in angemessenem Umfang in Abzug zu bringen (zu Einzelheiten vgl. Rdn. 165 f.).[453] **61**

Nicht berücksichtigungsfähig sind Kosten für die Absicherung einer Arbeitslosigkeit, da Selbstständigen keine Kündigung droht.[454]

Eine private **Krankenversicherung** ist wie die gesetzliche Krankenversicherung notwendiger **62** Bestandteil der Daseinsvorsorge und in angemessenem Rahmen absetzbar.[455] Eine **Zusatzversicherung** zur Krankenversicherung ist nicht absetzbar, wenn die Krankenversicherung bereits eine ausreichende Absicherung im Krankheitsfall bewirkt. Etwas anderes kann gelten, wenn die Zusatzversicherung zu den ehelichen Lebensverhältnissen gehörte und der angemessene Unterhalt des Berechtigten gesichert ist.[456]

Die Beiträge für eine **Pflegeversicherung** sind abzugsfähig.[457]

Beiträge für eine **freiwillige Unfallversicherung** sind in der Regel weder notwendig noch mit Rücksicht auf ihre geringe Prämienhöhe als besondere Belastung anzusehen und dem allgemeinen Lebensbedarf zuzurechnen.[458] Etwas anderes kann für die Beitragszahlungen an die Berufsgenossenschaft gelten.[459] Beiträge für eine **Berufsunfähigkeitsversicherung** sind regelmäßig absetzbar, u.a. auch weil die Unterhaltsberechtigten von ihr profitieren (können).[460]

Bei Selbstständigen ist es geboten, die **Altersvorsorge** in demselben Umfang wie bei einem Nicht- **63** selbstständigen zu berücksichtigen (zu Einzelheiten vgl. Rdn. 165 f.).

Angemessene Altersvorsorgeaufwendungen, insbesondere auch in Gestalt von Lebensversicherungsbeiträgen, sind daher einkommensmindernd zu berücksichtigen.[461] **Richtschnur für die Angemessenheit** war in der Vergangenheit ein Anteil von **20 % des Bruttoeinkommens**.[462] Der

---

451 BGH FamRZ 1993, 1306.
452 Vgl. hierzu eingehend Münch FamRB 2007, 150; Fischer/Winkelmann FamRZ 1998, 929.
453 BGH FamRZ 1982, 887; OLG Düsseldorf FamRZ 1994, 1049; Münch FamRB 2007, 150; vgl. auch Ziff. 10.1 der Leitlinien.
454 BGH FamRZ 2003, 860.
455 Grundlegend BGH FamRZ 1982, 887.
456 Vgl. auch OLG Bamberg NJW-RR 1993, 66.
457 Zu Einzelheiten vgl. Büttner FamRZ 1995, 193.
458 OLG Köln FamRZ 1979, 134.
459 KG FamRZ 1979, 66.
460 OLG Hamm FamRZ 2001, 625.
461 Vgl. zum ganzen Eschenbruch/Klinkhammer/Mittendorf Kap. 1.5.4.1.1 Rn. 693 ff.; OLG Koblenz FamRZ 1995, 603; OLG Frankfurt 1978, 434.
462 BGH FuR 2003, 275.

BGH[463] hat zwischenzeitlich mehrfach erkannt, dass einem nichtselbstständig erwerbstätigen Unterhaltsverpflichteten im Rahmen des **Elternunterhalts** zuzubilligen ist, neben einer primären gesetzlichen Altersversorgung **weitere 5 %** seines Bruttoeinkommens für seine zusätzliche private Altersvorsorge einzusetzen. Dies gilt grds. auch für die anderen Unterhaltsverhältnisse. Sowohl dem unterhaltsberechtigten als auch dem unterhaltspflichtigen Ehegatten ist es grundsätzlich zuzubilligen, einen Betrag von bis zu **4 % seines jeweiligen Gesamtbruttoeinkommens** des Vorjahres für eine – über die primäre Altersversorgung hinaus betriebene – zusätzliche Altersversorgung einzusetzen.[464] Ein entsprechend großzügiger Maßstab ist nicht nur für abhängig Beschäftigte, sondern auch für Selbstständige anzulegen. Im Übrigen ist immer zu prüfen, ob die geltend gemachten Aufwendungen bereits während des ehelichen Zusammenlebens aufgebracht wurden, da dies zumindest ein Indiz für die Angemessenheit entsprechend den jeweiligen wirtschaftlichen Verhältnissen darstellt.[465]

Maßgebend ist, dass die Aufwendungen tatsächlich geleistet werden. Ein **fiktiver Abzug** von Altersvorsorgeaufwendungen kommt nicht in Betracht.[466] Nicht berücksichtigungsfähig sind allerdings Lebensversicherungen zwecks Kapitalbildung,[467] wenn sie der Vermögensbildung dienen und die Altersversorgung anderweitig gesichert ist.[468] Im Übrigen ist dem Selbstständigen aber bei der **Wahl der Altersvorsorge**, ggf. auch durch Erwerb von Wertpapieren oder Fondbeteiligungen, ein gewisser Gestaltungsspielraum einzuräumen.[469] Geboten ist jedoch immer der Abgrenzung zur Vermögensbildung.[470] Eine **Risikolebensversicherung** dient nicht unmittelbar der Altersvorsorge. Ein entsprechender Aufwand ist grds. nicht absetzbar[471] (zu Einzelheiten vgl. Rdn. 167 ff.).

5. Steuern

64 Die bei den Einkünften aus Gewerbebetrieb anfallende **Gewerbesteuer** wird bereits bei der Ermittlung des steuerlich maßgeblichen Gewinns berücksichtigt. Die Umsatzsteuer ist bei Einkünften von Gewerbetreibenden und Selbstständigen unterhaltsrechtlich irrelevant. Vom Einkommen in Abzug zu bringen sind Einkommensteuern, Solidaritätszuschlag und Kirchensteuer.

Nach dem **In-Prinzip** werden Steuern in der tatsächlich im Veranlagungszeitraum entrichteten Höhe berücksichtigt, d.h. Vorauszahlungen für das laufende Jahr einschließlich der durch Steuerabzug erhobenen Einkommensteuer und der anzurechnenden Körperschaftsteuer bei Einkünften aus Kapitalvermögen zuzüglich Vorauszahlungen für Vorjahre zuzüglich Abflusszahlungen, abzüglich Erstattungen für Vorjahre.[472]

---

463 BGH FamRZ 2005, 1817; BGH FamRZ 2003.
464 BGH FamRZ 2006, 387; 2005, 1817; zu weiteren Einzelheiten vgl. Rn. 165.
465 BGH FamRZ 1982, 151.
466 BGH FamRZ 2007, 263.
467 Grundlegend BGH FamRZ 1980, 770 und 1984, 149.
468 BGH FamRZ 1990, 1091.
469 BGH FamRZ 2009, 1300; BGH FamRZ 2009, 1287; BGH FamRZ 2008, 1739; BGH FamRZ 2008, 963; BGH FamRZ 2005, 1817 für den abhängig Beschäftigten; 2003, 860.
470 BGH FamRZ 2006, 287.
471 OLG Hamburg FamRZ 1984, 59.
472 BGH FamRZ 2007, 793; BGH FamRZ 2003, 741; 1991, 304; 1990, 981; 1988, 486; vgl. auch OLG Hamm FamRZ 1993, 1085; und eingehend Münch FamRB 2007, 150; Fischer/Winkelmann/Maier FamRZ 1993, 880.

Kalenderjahr	07	08	09	Durchschnitt 07–09
Euro	Euro	Euro	Euro	
(1) Steuerrechtlich relevante Einkünfte aus Gewerbebetrieb	120	50	100	
(2) Unterhaltsrechtlich relevante Einkünfte aus Gewerbebetrieb	170	60	130	
(3) Gezahlte/erstatteten Einkommensteuer Vorauszahlungen für lfd. Jahr	10	35	35	
Abschlusszahlungen für Vorjahre	40	25	0	
Erstattungen für Vorjahre	– 10	0	0	
Saldo der gezahlten/erstatteten Einkommensteuer	40	60	35	
(4) Unterhaltsrechtlich relevante Bruttoeinkommen nach Abzug der tatsächlich gezahlten Einkommensteuer = (2) ./. (3)	130	0	95	75

Der Vorteil des In-Prinzips liegt insbesondere darin, dass eine fiktive Steuerberechnung vermieden wird.[473] Das In-Prinzip ist jedoch auch mit Nachteilen verbunden. Die maßgeblichen Vorschusszahlungen oder Nachforderungen ergeben sich oftmals aus Einkünften, die lange vor dem Prüfungszeitraum erzielt wurden. Auch bestehen Möglichkeiten der Manipulation. Die strikte Anwendung des In-Prinzips ist daher immer wieder kritisiert worden.[474] **65**

Das Abstellen auf das In-Prinzip ist insbesondere nicht gerechtfertigt, wenn sich Verschiebungen zwischen dem Entstehen der Steuerschuld und ihrer Begleichung innerhalb eines repräsentativen Zeitraums, etwa des Drei-Jahres-Zeitraums oder gar eines Fünf-Jahres-Zeitraums (ausnahmsweise) nicht weitgehend ausgleichen.[475] Es ist weiter nicht gerechtfertigt, wenn Steuern auf Einkünften beruhen, die die ehelichen Lebensverhältnisse nicht geprägt haben und deshalb bei der Bemessung des Bedarfs nach § 1578 ausgeschieden werden müssen.[476] Die strikte Anwendung des In-Prinzips erscheint weiter nicht gerechtfertigt, wenn erreichbare Steuervorteile entgegen einer bestehenden Obliegenheit nicht in Anspruch genommen worden sind[477] oder wenn etwa steuerlich zulässige Abschreibungen vorgenommen wurden, die unterhaltsrechtlich nicht anzuerkennen sind.[478] **66**

Die handels- und/oder steuerrechtlichen Rechnungsgrundlagen folgen nicht dem »In-Prinzip«, sondern dem »**Für-Prinzip**«.[479] Hierunter versteht man, dass Beträge für den Zeitraum zu berücksichtigen sind, für den sie geleistet wurden. Das Für-Prinzip führt dazu, dass die für das jeweilige Kalenderjahr veranlagten Steuern angesetzt werden, die sich aus den Einkommensteuerbescheiden des Finanzamtes ergeben. **67**

---

473 BGH FamRZ 2007, 1232; BGH FamRZ 2003, 741.
474 Vgl. nur Fischer-Winkelmann/Maier FamRZ 1993, 880; Blaese FamRZ 1994, 216; Kleffmann FuR 1994, 159, 162 f.
475 BGH FamRZ 1977, 1178.
476 BGH FamRZ 1990, 503.
477 BGH FamRZ 1990, 503.
478 BGH FamRZ 2003, 741; 1990, 503.
479 OLG Hamm FamRZ 1995, 1153; OLG Frankfurt FamRZ 1989, 1300; Blaese FamRZ 1994, 216.

Kalenderjahr	2007	2008	2009	Durchschnitt 07-09
Euro	Euro	Euro	Euro	
(1) Steuerrechtlich relevante Einkünfte aus Gewerbebetrieb	120	50	100	90
(2) Unterhaltsrechtlich relevante Einkünfte aus Gewerbebetrieb	170	60	130	120
(3) Veranlagte Einkommensteuer	35	10	27	
(4) Unterhaltsrechtlich relevante Bruttoeinkommen nach Abzug der veranlagten Einkommensteuer = (2) ./. (3)	135	50	103	96

68 In beiden Modellen wird letztlich die tatsächliche Besteuerung zu Grunde gelegt, in dem einen Modell die tatsächlich gezahlten Steuern (»In-Prinzip«), in dem anderen Modell die tatsächlich veranlagten Steuern (»Für-Prinzip«). Sowohl die tatsächlich gezahlten wie die veranlagten Steuern stehen jedoch nicht in Beziehung zu den unterhaltsrechtlich notwendigen Korrekturen (vgl. Rdn. 59 zur im Einzelfall nicht gegebenen Berücksichtigungsfähigkeit von Repräsentationskosten etc.). In diesen Konstellationen **sollte der fiktiven Erhöhung des steuerlich relevanten Einkommens eine fiktiv höhere steuerliche Veranlagung entsprechen.**[480] Die Differenz zwischen unterhaltsrechtlich relevantem Bruttoeinkommen und steuerlich relevantem Bruttoeinkommen, die sich auf Grund unterhaltsrechtlich notwendiger Korrekturen ergibt, ist mit der anteiligen Steuer belastet. Steuervorteile aus unterhaltsrechtlich unbeachtlichen Aufwendungen bleiben damit beim Unterhaltsverpflichteten.[481]

D. Renten, Pensionen, Sozialleistungen mit und ohne Lohnersatzfunktion

69 Laufende Einkünfte aus Renten und Pensionen aller Art nebst Zuschlägen und Zulagen sind unterhaltsrechtlich als Einkommen zu berücksichtigen. Dies gilt auch für andere Bezüge, Vorteile und Zulagen, die wegen Erreichens der Altersgrenze, Berufsunfähigkeit, Erwerbsunfähigkeit oder für Witwen und Waisen gewährt werden, für Leibrenten und sonstige private Rentenzahlungen aus Anlass von Vermögensübertragungen, für private Versorgungsrenten und Schadensrenten aus Versicherungsverträgen, für betriebliche Renten und andere wiederkehrende Leistungen wie Altenleistungen in der Landwirtschaft.[482] Der Berechtigte ist verpflichtet, einen entsprechenden Leistungsantrag zu stellen, sobald die Voraussetzungen für die Leistungsgewährung vorliegen und ihm die Antragstellung zumutbar ist.[483]

70 Sind unterhaltsrechtlich grundsätzlich alle Einkünfte des Berechtigten und des Pflichtigen als anrechenbares Einkommen anzusehen und bei der Bemessung des Unterhalts zu berücksichtigen, enthält das **Sozialrecht** eine andere Wertung. Hängt dort die Gewährung bestimmter Leistungen von der Bedürftigkeit des Empfängers ab, sind (andere) Sozialleistungen, die zu einem bestimmten Zweck gewährt werden, nicht als Einkommen zu berücksichtigen (vgl. § 11 Abs. 3 Nr. 1a SGB II, § 83 Abs. 1 SGB XII, § 11 BEEG). Im Gegensatz zum Unterhaltsrecht sind im Sozialhilferecht

---

480 BGH FamRZ 1987, 36; OLG Saarbrücken NJW-RR 2005, 1454; Schulze zur Wiesche FPR 2001, 117.
481 Vgl. Fischer-Winkelmann/Maier FamRZ 1993, 880; OLG Frankfurt FamRZ 1988, 1055 und Kleffmann in Scholz/Kleffmann/Motzer Teil G, Rn. 38 ff. mit Berechnungsbeispielen; Zur vergleichbaren Konstellation der Behandlung negativer Einkünfte aus der Beteiligung an Bauherrenmodellen vgl. BGH FamRZ 1987, 36.
482 Vgl. Ziff. 2.6 der Leitlinien.
483 Vgl. näher Greßmann/Klattenhof FuR 1996, 137 ff.

bestimmte Einkünfte und Einkommensteile weder beim Leistungsberechtigten noch bei den Personen zu berücksichtigen, die mit ihm in einer Bedarfs-, einer Haushaltsgemeinschaft oder einer eheähnlichen Gemeinschaft zusammenleben (§§ 19 Abs. 1 Satz 2, 20, 36 SGB XII).[484] Der Gesetzgeber hat diesen Wertungswiderspruch durch § 1610a BGB zu lösen versucht (zu Einzelheiten vgl. Rn. 73).

Das UÄndG 2008 hat das bürgerliche Recht an andere Rechtsgebiete angeglichen, etwa indem es das Existenzminimum eines Kindes in § 1612a Abs. 1 BGB an den doppelten Freibetrag für das sächliche Existenzminimum eines Kindes (Kinderfreibetrag nach § 32 Abs. 6 Satz 1 EStG knüpft), oder indem sich in § 1570 BGB (Betreuungsunterhalt) bei der Notwendigkeit der Betreuung von Kleinkindern Gedanken des SGB II und des SGB X bezüglich des Alters der Kinder finden.

Übersicht anrechenbarer Sozialleistungen: 71

– **Altersrenten** der gesetzlichen Rentenversicherung[485]
– **Ausgleichsrente** nach § 32 BVG
– **Beamtenrechtliche Pensionen** und Leistungen aus Ruhestandszusagen privater oder öffentlich-rechtlicher Art[486]
– **Berufsschadenausgleichsrente** nach § 30 BVG
– **Blindengeld**[487]
– **Conterganrente**[488]
– **Ehegattenzuschlag** für Schwerbeschädigte (§ 33a BVG) ist gleichfalls Einkommen[489]
– **Erwerbsunfähigkeitsrente**[490]
– **Erziehungsbeihilfe** nach § 27 BVG[491]
– **Familienzuschlag** nach § 40 Abs. 1 BBesG erhalten Beamte, Richter oder Soldaten u.a., wenn sie verheiratet sind oder wenn sie geschieden sind und aus dieser Ehe i.H.d. Familienzuschlags zum Unterhalt verpflichtet sind. Ist ein Ehegatte seinem geschiedenen Ehegatten aus erster Ehe vorrangig unterhaltspflichtig (§ 1609 Nr. 2 BGB) und ist er nach Scheidung eine zweite Ehe eingegangen, beruht die Zahlung des Familienzuschlags auf zwei alternativen Rechtsgründen (§ 40 Abs. 1 Nr. 1 und 3 BBesG). Bei Gehaltsbestandteilen, die allein auf einer Wiederverheiratung beruhen, ist die Rspr. des BGH, diese i.R.d. Dreiteilung in die Bedarfsermittlung des Geschiedenen einzubeziehen[492] überholt.[493] Da der neue Ehegatte nicht mehr bei der Bedarfsermittlung, sondern erst bei der Leistungsfähigkeit zu berücksichtigen ist, gilt beim Bedarf des geschiedenen Ehegatten unter Berücksichtigung der neuen Rangordnung wieder die frühere Rspr. des BGH. Handelt es sich um den Verheiratetenzuschlag, ist er bei der Bedarfsermittlung

---

484 Zu Einzelheiten vgl. Scholz in Scholz/Kleffmann/Motzer, Praxishandbuch Familienrecht, Teil L Rn. 10 ff. und Rn. 47 ff.; zu Verwerfungen zwischen Unterhaltsrecht und Sozialrecht vgl. auch Scholz FamRZ 2004, 751; Schellhorn FuR 1990, 20.
485 Problematisch ist der vorzeitige Altersruhestand. So geht das OLG Celle FamRZ 1994, 517 vom früheren Erwerbseinkommen bis zum Erreichen der Regelaltersgrenze aus; das OLG Hamm nimmt in FamRZ 1999, 1078 einen Verstoß gegen die unterhaltsrechtliche Erwerbsobliegenheit an, wenn ohne Vorliegen besonderer Gründe Altersteilzeit vereinbart wird; großzügiger OLG Hamm (12. Senat) NJW-RR 2001, 433; OLG Koblenz FamRZ 2000, 610; Diehl DB 1996, 518; zur Einkommensfiktion bei Inanspruchnahme von Altersteilzeit vgl. Rdn. 115.
486 BGH FamRZ 1980, 1112.
487 OLG Thüringen FamRZ 1999, 1673; OLG Nürnberg, FamRZ 1981, 964 und OLG Hamm, FamRZ 1990, 405 vgl. etwa 2.7 SüdL.
488 Vgl. Gesetz über die Errichtung einer Stiftung »Hilfswerk für behinderte Kinder« vom 17.12.1971, BGBl I 2018; OLG Frankfurt, FamRZ 1980, 1009.
489 BGH FamRZ 1982, 252.
490 BGH FamRZ 1981, 338; vgl. auch Ziff. 3 etwa der Leitlinien des OLG Düsseldorf.
491 OLG Düsseldorf, FamRZ 1982, 380.
492 BGH FamRZ 2010, 879; BGH FamRZ 2008, 1911.
493 BVerfG FamRZ 2011, 437.

des ersten Ehegatten nur zur Hälfte anzusetzen, weil er nach § 40 BBesG sowohl wegen der Unterhaltspflicht gegenüber dem Ehegatten als auch wegen der Wiederverheiratung gezahlt wird.[494] Handelt es sich um einen Familienzuschlag für leibliche Kinder des Pflichtigen, unabhängig davon, ob sie aus der ersten oder zweiten Ehe stammen, prägen sie bei Vorrang die ehelichen Lebensverhältnisse der ersten Ehe und sind daher auch bei Wiederverheiratung des Pflichtigen bei der Unterhaltsberechnung des ersten Ehegatten anzusetzen.[495]

– **Grundsicherung** nach § 41 bis 43 SGB XII,[496] ist eine eigenständige Sozialleistung, die älteren Menschen (ab 65 Jahren) und aus medizinischen Gründen voll Erwerbsgeminderten ab 18 Jahren zugutekommt, wenn sie im Sinne der Sozialhilfe bedürftig sind. Keinen Anspruch auf Leistungen haben Personen, die in den letzten 10 Jahren ihre Bedürftigkeit vorsätzlich oder grob fahrlässig herbeigeführt haben (§ 41 Abs. 3 SGB XII). Bei Unterhaltsansprüchen behinderter Kinder oder von Eltern gegenüber Kindern sind Leistungen der Grundsicherung unter den Voraussetzungen des § 43 Abs. 2 Satz 1 SGB XII als Einkommen des Bedürftigen anzusetzen.[497] Sind Leistungen der Grundsicherung im **Bereich des Verwandtenunterhalts eine eigenständige Leistung**[498] und damit unterhaltsrechtlich relevantes Einkommen,[499] korrespondiert hiermit die Verpflichtung, einen Antrag auf Gewährung von Grundsicherungsleistungen zu stellen. Kommt der Unterhaltsberechtigte dieser Obliegenheit nicht nach und stellt keinen Antrag, so ist ihm die Grundsicherung als fiktives Einkommen zuzurechnen.[500] Etwas anderes gilt **im Rahmen des Ehegattenunterhaltsverhältnisses.** Hier ist die Grundsicherung gegenüber dem Unterhaltsanspruch gegen den anderen Ehegatten subsidiär und kein unterhaltsrechtlich relevantes Einkommen.[501] Tatsächliche Unterhaltsleistungen sind auch im Grundsicherungsrecht als Einkommen anzurechnen.[502] Das Kind kann seine Unterhaltszahlungen einstellen und den Elternteil auf die Inanspruchnahme der Grundsicherung verweisen.[503] Werden Zahlungen dennoch weitergeleistet, während ein Antrag auf Grundsicherung im Alter schon gestellt ist, empfiehlt sich die Klarstellung gegenüber dem Unterhaltsberechtigten wie auch gegenüber dem Sozialhilfeträger, dass die Zahlungen lediglich darlehensweise bis zur Bewilligung der Grundsicherung erbracht werden.[504] Ist die Unterhaltspflicht bereits vor Inkrafttreten der Grundsicherung tituliert, kann der Unterhaltsschuldner Abänderung begehren.[505]

Auf Seiten des Unterhaltspflichtigen begründen Grundsicherungsleistungen als subsidiäre Sozialleistung eine Leistungsfähigkeit nicht.

Ein Anspruch auf Grundsicherung kommt im **Mangelfall** in Betracht, wenn der vollständige Bedarf des Berechtigten durch den vorrangigen Unterhaltsanspruch gegenüber getrennt lebenden oder geschiedenen Ehegatten nicht gedeckt werden kann.[506]

---

494 BGH FamRZ 2007, 793.
495 BGH FamRZ 2007, 882.
496 Zu Einzelheiten vgl. insbes. Klinkhammer FamRZ 2002, 997 und Günther FF 2003.
497 BGH FamRZ 2007, 1158 m. Anm. Scholz; vgl. auch Klinkhammer FamRZ 2002, 997; vgl. im Übrigen Nr. 2.3 der Leitlinien.
498 BGH FamRZ 2007, 1158.
499 Vgl. etwa Nr. 2.9 der Leitlinien des OLG Düsseldorf und SüdL.
500 OLG Hamm FamRZ 2004, 1807; OLG Nürnberg FamRZ 2004, 1988; OLG Oldenburg NJW-RR 2004, 364; OLG Zweibrücken NJW-RR 2003, 1299; vgl. zum Ganzen Klinkhammer FamRZ 2002, 997.
501 OLG Hamm FamRZ 2006, 125 zu § 41 ff. SGB XII.
502 BGH FamRZ 2007, 1158; Schellhorn FuR 2005, 1; Scholz in Scholz/Kleffmann/Motzer, Praxishandbuch Familienrecht, Teil L Rn. 135.
503 Eingehend Scholz in Scholz/Kleffmann/Motzer, Praxishandbuch Familienrecht, Teil L, Rn. 135; vgl. auch Klinkhammer 2003, 1793.
504 Eingehend Eschenbruch/Klinkhammer Kap. 2 Rn. 49.
505 Klinkhammer FamRZ 2002, 997.
506 BGH NJW 2011, 1284.

- **Kindergeld** war bis zum 31.12.2007 kein anrechnungsfähiges Einkommen, und zwar weder der Eltern noch des Kindes.[507] § 1612b BGB a.F. regelte nur den Ausgleich des Kindergeldes zwischen den Eltern. Das Kindergeld war erst am Schluss der Unterhaltsberechnung anzurechnen, und zwar in der Regel zur Hälfte (§ 1612b Abs. 1 BGB a.F.). Dies galt auch im Mangelfall.[508]

Seit dem 01.01.2008 ist das auf das jeweilige Kind entfallende Kindergeld zur Deckung seines Bedarfs zu verwenden, und zwar zur Hälfte, wenn ein Elternteil bei einem minderjährigen Kind seine Unterhaltspflicht durch Betreuung i.S.d. § 1606 Abs. 3 Satz 2 BGB erfüllt, in allen übrigen Fällen in voller Höhe. In diesem Umfang mindert es den Barbedarf des Kindes (§ 1612b Abs. 1 BGB). Das Kindergeld wird nunmehr als **Einkommen des Kindes** behandelt.[509] Es ist zweckgebunden.[510] Wegen der **Zweckbindung** hat das Kind gegenüber dem Elternteil, der das Kindergeld bezieht, einen Anspruch auf Auskehr, soweit die Leistung nicht für den Bar- oder Naturalunterhalt verwendet wird.[511]

Mit der gesetzlichen Neuregelung des § 1612b BGB hat der Gesetzgeber die Rspr. des BGH aufgegriffen, wonach das Kindergeld für den Barunterhalt des Kindes zu verwenden ist und diesem zusteht.[512] Für minderjährige Kinder deckte das Kindergeld hälftig den Betreuungsbedarf und im Übrigen den Barunterhaltsbedarf. Das für minderjährige Kinder gezahlte Kindergeld ist deshalb entsprechend der Vorgabe in § 1606 Abs. 3 Satz 2 BGB hälftig auf den Betreuungs- und den Barunterhalt anzurechnen.

Im Rahmen des Ehegattenunterhalts wurde nach früher Rspr. nicht (nur) der tatsächlich gezahlte, sondern der ohne Abzug des Kindergeldes geschuldete Kindesunterhalt (Tabellenbetrag) abgezogen. Dies führte dazu, dass dem unterhaltspflichtigen Ehegatten ein Anteil seines Einkommens in Höhe des hälftigen Kindergeldes anrechnungsfrei verblieb. Diese Rspr. ist aufgegeben. Im Rahmen des Ehegattenunterhalts kann nur noch der tatsächlich geleistete **Zahlbetrag** und nicht ein um das anteilige Kindergeld erhöhter Tabellenbetrag abgesetzt werden.[513]

Von dem Barunterhaltsbedarf wird das gesamte Kindergeld bedarfsdeckend abgezogen und dem Unterhaltspflichtigen verbleibt von dieser Entlastung auch im Rahmen eines sich anschließenden Ehegattenunterhalts jedenfalls die um seinen Erwerbstätigenbonus erhöhte Hälfte des Kindergeldes. Der Unterhaltsberechtigte profitiert hingegen auch über den Ehegattenunterhalt nur in entsprechend geringerem Umfang von der Entlastung durch das Kindergeld. Haften Eltern anteilig für den Barunterhalt ihres volljährigen Kindes, führt die Berücksichtigung des Zahlbetrages im Rahmen des Ehegattenunterhalts sogar nur zu einem hälftigen Ausgleich der Entlastung. Mit dem Ehegattenunterhalt wird dann nur die Differenz der unmittelbaren Entlastung beider unterhaltspflichtiger Elternteile hälftig ausgeglichen[514] (zu Einzelheiten vgl. Rdn. 188 ff.).

Diese Grundsätze gelten nicht nur beim Unterhalt für volljährige Kinder, sondern auch beim Kindergeld für minderjährige Kinder.[515] Auch soweit die Kinderfreibeträge im Rahmen der Jahressteuerberechnung zu einem höheren Familienleistungsausgleich führen, würde dieser Einkommenszuwachs in vollem Umfang als Einkommen bei der Bemessung des Ehegattenunterhalts berücksichtigt.

---

507 BGH FamRZ 1997, 806.
508 BGH FamRZ 2003, 363 m. Anm. Scholz 514; 2002, 536 m. Anm. Büttner; zur Entwicklung eingehend Scholz in Scholz/Kleffmann/Motzer, Praxishandbuch Familienrecht, Teil K Rn. 132.
509 Eingehend Dose FamRZ 2007, 1289; Scholz FamRZ 2007, 2021.
510 Zur Entwicklung vgl. eingehend Dose FamRZ 2007, 1289; Scholz FamRZ 2007, 2021.
511 Vgl. Scholz FamRZ 2007, 2021.
512 BGH FamRZ 2006, 99.
513 BGH FamRZ 2010, 1318; BGH FamRZ 2009, 1477; BGH FamRZ 2009, 1300.
514 BGH FamRZ 2008, 963.
515 Eingehend Dose FamRZ 2007, 1289; vgl. auch BT-Drucks. 16/1830 Seite 29.

- **Kinderzulagen** aus der gesetzlichen Unfallversicherung (§ 583 RVO i.V.m. § 217 Abs. 3 SGB VII), **Kinderzulagen** aufgrund von Tarifverträgen, **Kinderzuschüsse** zum Altersruhegeld in den gesetzlichen Rentenversicherungen (§§ 35 ff., 270 SGB VI) und **Kinderzuschläge** (gem. §§ 269 Abs. 2, 301, 301a LAG) sind gem. § 1612c BGB wie Kindergeld (§ 1612b BGB) zu behandeln, soweit sie den Anspruch auf Kindergeld ausschließen.[516] Die das Kindergeld übersteigenden Beträge sind als Einkommen des unterhaltsberechtigten betreuenden Elternteils anzusehen.[517]

- **Kinderzuschlag**: Die Zahlung des Kinderzuschlages nach § 6a BKGG soll vermeiden, dass Bedarfsgemeinschaften, die an sich ihren Bedarf selbst decken können, allein wegen des Unterhaltsbedarfs ihrer Kinder die Grundsicherung für Arbeitssuchende in Anspruch nehmen müssen.[518] Das Gesetz verlangt für den Anspruch auf Kinderzuschlag nicht nur ein Höchst-, sondern auch ein Mindesteinkommen. Der Kinderzuschlag wird maximal in Höhe von 140 € pro Kind erbracht. Die ursprüngliche in § 6a Abs. 2 Satz 2 BKGG vorgesehene Befristung des Kinderzuschlags auf 36 Monate wurde zum 01.01.2008 aufgehoben. Mit dem Kinderzuschlag will der Gesetzgeber Eltern, deren eigener Bedarf durch ihr Einkommen oder Vermögen gedeckt ist, davor bewahren, Arbeitslosengeld II oder Sozialgeld beantragen zu müssen. Sozialrechtlich wird der Zuschlag wie das Kindergeld[519] dem Kind als Einkommen zugerechnet, weil gerade sein Bedarf gedeckt und seine Hilfsbedürftigkeit nach dem SGB II vermieden werden soll (§ 11 Abs. 2 Satz 2 SGB II). Unterhaltsrechtlich ist der Kinderzuschlag – wie das Kindergeld – zur Deckung des Barunterhaltsbedarfs des Kindes zu verwenden und deswegen **als Einkommen des Kindes** zu behandeln. Wie durch das Kindergeld so soll auch durch den Kinderzuschlag die Unterhaltslast gegenüber dem Kind erleichtert werden. Wurde der Zuschlag in der Vergangenheit an den betreuenden Elternteil gezahlt, ist der Unterhaltsbedarf des Kindes i.H.d. Sozialleistung gedeckt. Insoweit scheidet eine Inanspruchnahme des Schuldners aus, zumal das BKGG –anders als etwa § 94 SGB XII- eine Überleitung des Unterhaltsanspruchs auf die Agentur für Arbeit nicht vorsieht. Allerdings mindern Einkünfte des Kindes wie Unterhalt oder Unterhaltsvorschuss gem. § 6a Abs. 3 BKGG den Anspruch auf die Sozialleistung. Der Kinderzuschlag ist damit gegenüber Unterhaltsansprüchen nachrangig. Der nach § 1601 ff. BGB unterhaltspflichtige Elternteil kann das Kind nicht darauf verweisen, für die Zukunft einen Antrag nach § 6a BKGG zu stellen, um ihn von seinen Unterhaltspflichten (teilweise) zu befreien. Erbringt der berechtigte Elternteil aus dem gezahlten Kinderzuschlag keine Naturalleistungen, die den Barunterhaltsbedarf des Kindes decken, steht dem Kind unterhaltsrechtlich ein Anspruch auf Auskehr zu.[520]

- Anlog dem Kindergeld ist der im Jahr 2009 einmalig gezahlte **Kinderbonus** nach § 6 Abs. 3 BKGG bzw. § 66 Abs. 1 Satz 2 EStG[521] zu behandeln. Das Gleiche gilt für Kinderzuschüsse aus der gesetzlichen Rentenversicherung, Kinderzulagen aus der gesetzlichen Unfallversicherung und Kinderzulagen von Zwischen- oder überstaatlichen Einrichtungen[522]

- Sämtliche **kindbezogenen Einkommensbestandteile** (erhöhter Familienzuschlag,[523] Sozialzuschlag,[524] sonstige kindbezogene Einkommensbestandteile,[525] Auslandskinderzuschläge,[526]

---

516 BGH FamRZ 2007, 882.
517 BGH FamRZ 2007, 882.
518 Vgl. Scholz FPR 2006, 329; Schmidt FuR 2005, 290.
519 BGH FamRZ 2006, 99.
520 BGH FamRZ 2006, 99 (zum Kindergeld nach früherem Recht); zu weiteren Einzelheiten vgl. Wendl/Dose § 1 Rn. 677 ff.
521 Zu Einzelheiten vgl. Diehl FamRZ 2009, 932.
522 Vgl. OLG Koblenz FamRZ 1995, 1374.
523 BGH FamRZ 1983, 49.
524 BGH DAVorm 1982, 263.
525 BGH FamRZ 1983, 49.
526 BGH FamRZ 1983, 49.

Unterschiedsbetrag von Ruhestandsbeamten[527] und ähnliche Leistungen ohne Kindergeld ersetzende Funktion sind nicht nach §§ 1612c, 1612b BGB auszugleichen und erhöhen grds. das Einkommen des jeweiligen Elternteils[528]) Kindbezogene Einkommensbestandteile werden nur mit Rücksicht auf das individuelle Beschäftigungs- und Dienstverhältnis gewährt. Die Kindbezogenheit der Bezüge dient der angemessenen Alimentierung des Gehaltsempfängers. Diese Bezüge sollen trotz der kindbedingten Unterhaltslast einen angemessenen Lebensstandard sicherstellen.[529] Sie sind damit als Einkommen heranzuziehen auch bei der Ermittlung des Ehegattenunterhalts, und zwar unabhängig davon, ob sie durch die Geburt eines gemeinschaftlichen oder nicht gemeinschaftlichen Kindes ausgelöst oder erhöht werden.[530]

– **Kleiderzulage** nach § 15 BVG
– **Kriegsbeschädigtenrente**
– bei dem rentenberechtigten unterhaltsbedürftigen Ehegatten kommt eine Anrechnung von Rentenzahlungen auf den Bedarf gleichfalls erst in Betracht, wenn diese tatsächlich ausgezahlt werden.[531] Eine Doppelbelastung des Verpflichteten, der während des Zeitraums, **auf den die nachträgliche Einmalzahlung** entfällt, bereits Unterhalt erbracht hat, kann dadurch ausgeschlossen werden, dass der Verpflichtete dem Berechtigten für den Zeitpunkt ab Stellung des Rentenantrags zur Abwendung der Bedürftigkeit ein zins- und tilgungsfreies Darlehen anbietet und sich zur Sicherung den Anspruch auf Rentenleistung abtreten lässt. Der Unterhaltsberechtigte seinerseits muss das Kreditangebot nach den Grundsätzen von Treu und Glauben annehmen.[532]
– **Renten nach dem Bundesentschädigungsgesetz** wegen Schäden am Körper und Gesundheit (§§ 28 ff. BEG) und Schadens im beruflichem Fortkommen (§§ 64 ff. BEG) sind Einkommensersatz und daher unterhaltpflichtiges Einkommen[533]
– **Rentennachzahlungen** sind nicht auf vergangene Unterhaltszeiträume unterhaltserhöhend umzulegen, sondern für künftige Unterhaltsgewährung auf einen längeren Zeitraum verteilt unterhaltsrechtlich zu berücksichtigen.[534] Kommt dem Unterhaltspflichtigen die ratierliche Berücksichtigung der an den Unterhaltsberechtigten erfolgten Rentennachzahlung in den Folgemonaten (ausnahmsweise) nicht zugute, etwa weil er den Unterhalt für die Vergangenheit schon in voller Höhe gewährt hat und/oder für die Zukunft eine Bedürftigkeit des Gläubigers (teilweise) entfällt. kann sich aus Treu und Glauben (§ 242 BGB) ein Anspruch des Schuldners auf Erstattung der Rentennachzahlung ergeben. Dessen Höhe bemisst sich danach, inwieweit sich der Unterhaltsanspruch ermäßigt hätte, wenn die Rente schon während des fraglichen Zeitraums gezahlt worden wäre.[535] Darüber hinaus hat der Pflichtige die Möglichkeit, dem Berechtigten für die Übergangszeit zwischen Antragstellung und Rentenbewilligung ein **zins- und tilgungsfreies Darlehen** i.H.d. voraussichtlichen Monatsrente mit der Verpflichtung anzubieten, im Fall der endgültigen Ablehnung des Rentenantrags auf eine Rückzahlung zu verzichten. Zur Sicherung der Forderung auf Rückzahlung kann der Anspruch auf Rentennachzahlung gem. § 53 Abs. 2 SGB I abgetreten werden. Dem Berechtigten obliegt es, ein derartiges

---

527 OLG München FamRZ 1980, 459.
528 BGH FamRZ 2007, 882.
529 BGH FamRZ 1983, 49.
530 BGH FamRZ 2007, 882; NJW 2007, 2249 (für das Arbeitslosengeld I) m. Anm. Born NJW 2007, 2253.
531 BGH FamRZ 1990, 269.
532 BGH FamRZ 1983, 574; vgl. auch OLG Düsseldorf FamRZ 1982, 821: Zahlung fortlaufenden Unterhalts gegen endgültige Abtretung der Rentenansprüche in Höhe der Unterhaltszahlung.
533 BGH FamRZ 1983, 674; vgl. auch Strohal FamRZ 2002, 277.
534 BGH FamRZ 1985, 155, 156; vgl. auch OLG Düsseldorf FamRZ 1982, 821 eine Umrechnung derartiger Nachzahlungen auf zurückliegende Zeiträume lehnt der BGH ab, weil diese Nachzahlung, anders etwa als das Weihnachts- oder Urlaubsgeld, nicht in gleichen Zeitabständen und vergleichbaren Größen wiederkehrend gezahlt wird.
535 BGH FamRZ 2005, 1479.

Angebot anzunehmen und zur Sicherheit auf Verlangen den Anspruch auf Rentennachzahlung abzutreten.[536]

Nicht nur während der Ehezeit erworbene Anwartschaften des Rentners prägen dessen Bedarf. Einbezogen werden auch die vor und nach der Ehe erlangten Anwartschaften, da sie sich als Surrogat der vorehelichen Erwerbstätigkeit und der anschließenden Familienarbeit darstellen.[537] Darüber hinaus sind die aus dem Versorgungsausgleich stammenden Rentenanteile eheprägend und als Surrogat für die während der Ehe geleistete Haushaltsführung anzusehen.[538] Rentenansprüche, die aus Mitteln des Vorsorgeunterhalts erworben wurden, prägen die ehelichen Lebensverhältnisse nicht und sind mit der Anrechnungsmethode zu berücksichtigen, da andernfalls der unterhaltpflichtige Ehegatte doppelt belastet würde. Wird die Rente oder Pension des pflichtigen Ehegatten aufgrund des **Versorgungsausgleichs** gekürzt, kann dies zu Härten führen, wenn gleichzeitig dem berechtigten Ehegatten noch kein Anspruch auf eine laufende Versorgung zusteht. In einem solchen Fall kann nach §§ 33, 34 VersAusglG die Rentenkürzung (teilweise) ausgesetzt werden, um dem ausgleichspflichtigen Ehegatten finanziell in die Lage zu versetzen, Ehegattenunterhalt zu leisten. Die Aussetzung der Rentenkürzung ist der Höhe nach begrenzt. Sie richtet sich gem. § 33 Abs. 3 Hs. 1 VersAusglG nach dem Unterhalt, den er ausgleichsfplichtige Ehegatte leisten müsste, wenn es nicht zur Kürzung seiner Renten gekommen wäre.

– auch die **Schmerzensgeldrente** ist ungeachtet ihrer Ausgleichsfunktion grundsätzlich unterhaltsrechtlich wie sonstiges Einkommen zu behandeln[539]
– die **Schwerbeschädigtengrundrente** (§ 31 Bundesversorgungsgesetz)[540]
– **Unfallrente;**[541] auch Leistungen aus einer privaten Unfallversicherung[542]
– **Verletztenrente** und Versehrtenrente sind gleichfalls Einkommen[543]
– **Waisenrente** und **Halbwaisenrente** sind grundsätzlich eigenes, anrechnungsfähiges Einkommen des Kindes.[544] Auf den Barunterhalt eines Minderjährigen ist die Halbwaisenrente zur Hälfte anzurechnen, da für die Zeit der Minderjährigkeit der Barunterhalt gleichwertig neben dem Betreuungsunterhalt besteht. Kommt allerdings ein Betreuungsanteil nicht mehr in Betracht, wird die Halbwaisenrente voll angerechnet. Beim volljährigen Kind ist dies stets der Fall.[545] (Halb-)Waisenrenten kommen beiden Elternteilen im Verhältnis ihrer Haftungsanteile zu Gute, weil sich der Unterhalt um den Rentenbetrag mindert und die Haftung der Eltern für den Restbetrag bestehen bleibt. Die Halbwaisenrente kommt dem überlebenden Elternteil in voller Höhe zu Gute. Eine dem Kind nach dem Tod eines Stiefelternteils gewährte Waisenrente entlastet die Eltern von ihrer Unterhaltspflicht im Verhältnis ihrer Haftungsanteile.[546]
– Die nach der Scheidung der zweiten Ehe wieder aufgelebte **Witwen oder Witwerrente** hat keine Unterhaltsersatzfunktion in Bezug auf die neue Ehe,[547] so dass gem. §§ 44 Abs. 2 BVG, 46 Abs. 3, 90, 107, 243, 269 Abs. 2 bis Abs. 4 SGB VI bzw. 61 Abs. 3 BVG nach Scheidung der Zweitehe wieder auflebende Witwenrenten bei der Bemessung des Unterhaltsanspruchs

---

536 BGH FamRZ 1983, 574; OLG Frankfurt a.M. FamRZ 2002, 958.
537 BGH FamRZ 2003, 849; BGH FamRZ 2002, 88.
538 BGH FamRZ 2003, 849; BGH FamRZ 2002, 88.
539 BGH FamRZ 1989, 170.
540 BGH FamRZ 1981, 338; OLG Düsseldorf, FamRZ 1980, 380; OLG Bamberg, FamRZ 1981, 266.
541 BGH FamRZ 1998, 1509; vgl. auch NJW 2001, 1304; OLG Brandenburg NJW-RR 2009, 1371; OLG Koblenz FamRZ 2003, 1106.
542 OLG Brandenburg FamRZ 2004, 484.
543 BGH FamRZ 1982, 252; OLG Frankfurt, FamRZ 1979, 139; OLG Celle FamRZ 1994, 1324.
544 BGH FamRZ 1980, 1109; vgl. auch BSG NJW 1987, 289 zur Halbwaisenrente nach dem Opferentschädigungsgesetz und dem Bundesversorgungsgesetz; s.a. BFH NJW 2001, 1304; vgl. auch OLG Stuttgart FamRZ 2001, 1241.
545 BGH FamRZ 2009, 762.
546 BGH FamRZ 1980, 1109; OLG Hamm FamRZ 1980, 479.
547 BVerfG, FamRZ 1975, 157 noch für altes Recht.

gegen den geschiedenen Ehegatten außer Betracht bleiben. Der Unterhaltsanspruch ist also auf die wiederauflebende Witwenrente anzurechnen.[548] Der Unterhaltsanspruch ist mithin so zu berechnen, als existiere die Rente nicht. Die Rente ist subsidiär und wird nach Rechtskraft des Unterhaltsurteils durch den Versorgungsträger gekürzt. Die Subsidiarität der Witwen- oder Witwerrente kann aber zurücktreten, wenn dem Verpflichteten der Selbstbehalt verbliebe, während der Unterhaltsberechtigte über unverhältnismäßig höhere Mittel verfügen könnte.[549]

Die Heranziehung von **Sozialleistungen, die wegen Körper- oder Gesundheitsschäden gewährt** **72** **werden**, für den allgemeinen Lebensunterhalt des Beschädigten und seine Unterhaltsschuldner wird durch § 1610a BGB eingeschränkt. Danach wird zugunsten desjenigen, der für ein Körper- oder Gesundheitsschaden Sozialleistungen erhält, vermutet, dass die Kosten der Aufwendungen nicht geringer sind als die Höhe dieser Sozialleistungen. Dazu gehören vor allem die Grundrente nach § 31 Abs. 1 BVG, Blindengeld und das Pflegegeld nach § 37 SGB XI.

Die Vorschrift gilt für den Unterhaltsberechtigten wie für den Unterhaltsverpflichteten, wirkt sich also ggf. bedürftigkeitserhöhend wie leistungsfähigkeitsmindernd aus.

§ 1610a gilt für den Trennungsunterhalt, den nachehelichen Unterhalt, und auch Unterhaltsansprüche nach §§ 58 ff. Ehegesetz.[550] Nach der ratio legis des § 1603 Abs. 2 S. 1 BGB kann sie nicht gegenüber Unterhaltsansprüchen minderjähriger unverheirateter Kinder gelten. Für die eingetragene Lebenspartnerschaft gilt nach § 12 Abs. 2 S. 2 LPartG die Vorschrift des § 1610a BGB entsprechend. § 1610a BGB gilt auch für den Unterhaltsanspruch von Mutter und Vater aus Anlass der Geburt nach § 1615l Abs. 3 S. 1 BGB.[551]

§ 1610a BGB enthält eine **Tatsachenvermutung** im Sinne des § 292 ZPO dahin, dass der Mehr- **73** bedarf nicht geringer ist, als die Höhe der Sozialleistung.[552] Nach § 292 ZPO ist der Beweis des Gegenteils der vermuteten Tatsache zulässig. Will der Geschädigte einen höheren Bedarf geltend machen, trägt er hierfür die **Darlegungs- und Beweislast**. Es ist Sache des Gegners darzulegen, dass die Sozialleistungen den behinderungsbedingten Mehrbedarf übersteigen. Der Verfahrensgegner hat oftmals jedoch keinen Einblick in die Lebensverhältnisse des Leistungsempfängers. Es gelten daher die Regeln der §§ 113 Abs. 1 S. 2 FamFG; 138 Abs. 2 ZPO, wonach sich jeder Beteiligte über die von dem Gegner behaupteten Tatsachen zu erklären hat. Der Empfänger der Sozialleistung muss sodann einem substantiierten Bestreiten seines Gegners positive Angaben entgegensetzen, da nur er zu einer konkreten Darlegung seiner eigenen Mehraufwendungen in der Lage ist.[553] Zum Teil wird die Auffassung vertreten, die Vermutung des § 1610a BGB sei schon dann widerlegt, wenn die Sozialleistung nicht bestimmungsgemäß eingesetzt werde.[554] Dem wird nicht zu folgen sein. Es kann nicht darauf abgestellt werden, ob die Sozialleistung bestimmungsgemäß verwandt, sondern ob sie für den Mehrbedarf benötigt wird.[555]

§ 1610a BGB ist anwendbar bei Sozialleistungen, die auf Grund eines Körper- und Gesundheitsschadens bezogen werden und die Aufwendungen in Folge eines solchen Schadens kompensieren sollen. Sozialleistungen infolge eines Körper- oder Gesundheitsschadens mit Einkommensersatzfunktion (Arbeitslosengeld, Krankengeld, Unfallrente etc.) werden von § 1610a BGB nicht erfasst. Dies gilt grds. auch für Schmerzensgeldzahlungen.[556] Ob und ggf. in welchem Umfang der

---

548 BGH FamRZ 1986, 889; OLG Düsseldorf, FamRZ 1998, 743 und eingehend zur Problematik Wickmann FamRZ 1987, 231 ff.
549 OLG Düsseldorf, FamRZ 1998, 743; FamRZ 1996, 946.
550 Jedoch str., a.A. etwa OLG Hamm FamRZ 1991, 1198.
551 Vgl. Drerup NJW 1991, 683; vgl. jedoch auch OLG Hamm FamRZ 1991, 1198.
552 Grundlegend BGH FamRZ 1994, 21 und FA-Komm/FamR/Klein § 1610a BGB.
553 OLG Hamm FamRZ 1991, 1198.
554 OLG Hamm FamRZ 2000, 114; kein Einsatz des Pflegegeldes für eine Fremdbetreuung.
555 Vgl. zum Ganzen auch Eschenbruch/Klinkhammer/Mittendorf 6. Kap. 6.5.1.2 Rn. 141 ff.
556 BGH FamRZ 2009, 307.

Geschädigte ein Schmerzensgeld oder die daraus erzielten Erträge einsetzen muss, um seinen eigenen Bedarf oder den Unterhalt Dritter zu finanzieren, ist nach Billigkeit zu entscheiden. Dabei kann entscheidend sein, in welchem Umfang der Geschädigte im Hinblick auf seine Behinderung gehalten ist, Rücklagen zu bilden.[557] Grds. ist es zumutbar, dass ein Unfallopfer das Schmerzensgeld und dessen Erträge verwendet, um seinen Unterhaltspflichten gegenüber minderjährigen Kindern nachzukommen. Einem verletzungsbedingten Mehraufwand kann durch Anhebung des Selbstbehalts Rechnung getragen werden.[558]

▶ **Übersicht zu den § 1610a BGB unterfallenden Sozialleistungen:**

- Beihilfe für Blinde nach § 14 BVG
- Beihilfen, die dem Beschädigten im Rahmen der Kriegsopferfürsorge gewährt werden (§§ 25 ff. BVG)
- Blindengeld nach den Landesblindengeldgesetzen[559]
- Blindenhilfe
- Conterganrenten
- Hundezulage für Blinde nach § 14 BVG
- Grundrente nach § 31 Abs. 1 BVG[560]
- Kleider- und Wäschezuschuss nach § 15 BVG
- Kleiderzulagen nach § 15 BVG
- Kostenerstattung und Zuschüsse für Heil- und Krankenbehandlung und Badekur nach §§ 18 und 24 I BVG
- Leistungen nach § 80 Soldatenversorgungsgesetz, §§ 47, 47a und 50 Zivildienstgesetz, § 59 Bundesgrenzschutzgesetz, § 51 Bundesseuchengesetz, § 1 Opferentschädigungsgesetz und §§ 28, 31 Bundesentschädigungsgesetz
- Mehrbedarfszulage für Blinde und Behinderte nach § 24 BSHG
- Orthopädische Hilfsmittel nach § 13 BVG
- Pflegegeld[561] (vgl. auch Rn. 89)
- Pflege- und Mehrbedarfsrenten[562]
- Pflegezulage nach § 35 BVG
- Schwerstbeschädigtenzulage nach § 31 Abs. 5 BVG
- Verletztenrente und Verletztenzulagen aus der gesetzlichen Unfallversicherung
- Zuschüsse zur Ergänzung der Versorgung mit Hilfsmitteln nach § 11 Abs. 3 BVG; § 15 BVG und §§ 14, 31 V, 35 BVG

Nicht unter § 1610a BGB fallen etwa:
- die Arbeitsunfallrente[563]
- die Ausgleichsrente nach § 32 BVG
- die Berufsschadensausgleichsrente (§ 30 BVG)[564]
- die Erwerbsunfähigkeitsrente[565]
- das Pflegegeld nach den Landespflegegeldgesetzen, soweit es als Entgelt für die Pflege empfangen wird;[566] vgl. jedoch zu Einzelheiten Rn. 89

---

557 OLG Hamm FamRZ 2003, 1771.
558 BGH NJW 1989, 524.
559 OLG Hamm FamRZ 203, 1771; OLG Schleswig FamRZ 1992, 471.
560 OLG Hamm FamRZ 1991, 1198.
561 OLG Brandenburg FamRZ 2008, 174.
562 OLG Hamm FamRZ 2003, 1771.
563 OLG Hamm FamRZ 2001, 441; OLG Schleswig NJW-RR 2009, 1371 für eine Arbeitsunfallrente der Berufsgenossenschaft.
564 OLG Hamm FamRZ 1992, 186.
565 OLG Köln FamRZ 2001, 1524.
566 BGH FamRZ 1993, 417; OLG Hamm FamRZ 1994, 895.

- private Schadensersatzleistungen, z.B. private Unterhaltsrenten
- Schmerzensgeldzahlungen[567]
- der Steuerpauschbetrag für Behinderte gem. § 33b Einkommenssteuergesetz[568]
- auch private Schadensersatzleistungen, z.B. private Unfallrenten sowie Schmerzensgeldzahlungen, werden nicht erfasst[569]
- Dasselbe gilt für Leistungen öffentlicher Versorgungsanstalten, die aufgrund übergeleiteter privatrechtlicher Ansprüche erbracht werden. Eine analoge Anwendung des § 1610a BGB scheidet aus.[570]

Ein Teil der oben behandelten Einkünfte wird wegen körperlicher Behinderungen und der dadurch bedingten zusätzlichen Aufwendungen gewährt. **Mehrbedarf** kann aber nur in dem Umfang berücksichtigt werden, wie er tatsächlich entsteht. Der Betroffene muss den konkreten Mehrbedarf substantiiert darlegen. Die Berücksichtigung des Mehraufwandes erfolgt dadurch, dass er in festgestellter Höhe von der Rente **abgezogen** wird.[571]   74

Sozialstaatliche Zuwendungen sind unabhängig von ihrer sozialpolitischen Zweckbestimmung grundsätzlich unterhaltsrechtlich relevantes Einkommen soweit sie geeignet sind, den allgemeinen Lebensunterhalt des Empfängers zu decken.[572]   75

Sozialleistungen sind entsprechend dem Leistungszweck danach unterschieden, ob sie eine Lohnersatzfunktion haben oder eine Unterhaltsersatzfunktion.   76

Sozialleistungen mit Lohnersatzfunktionen sind unterhaltsrechtlich grundsätzlich als Einkommen anzusehen, etwa: 77

- Lohnfortzahlung im Krankheitsfall[573]
- das Krankengeld[574]
- Krankenhaustagegeld
- Kurzarbeitergeld
- Schlechtwettergeld
- Streikgeld
- Wartegeld
- Übergangsgeld
- Übergangsgebührnisse[575]

Arbeitslosengeld I (ALG I) ist Ersatz für infolge Arbeitslosigkeit fehlendes Arbeitseinkommen und bei der Unterhaltsbemessung voll zu berücksichtigen.[576] Ein **Erwerbstätigenbonus** ist nicht in Abzug zu bringen.[577] Auch wenn das bisherige Erwerbseinkommen aus **überobligatorischer**   78

---

567 Vgl. Hülsmann FuR 1991, 219.
568 Vgl. Hülsmann FuR 1991, 219.
569 BGH NJW 1995, 1487.
570 BGH NJW 1995, 1487.
571 Übersicht der schadensbedingten Mehraufwendungen bei Kleffmann in Scholz/Kleffmann/Motzer, Praxishandbuch Familienrecht, Teil G Rn. 55.
572 BGH NJW 1997, 1919.
573 Jedoch kein Anreizsiebtel, vgl. OLG Hamburg FamRZ 1992, 1308.
574 BGH FamRZ 2009, 307 (berufsbedingter Aufwand und Erwerbstätigenbonus werden beim Krankengeld allerdings nicht in Abzug gebracht); NJW 1994, 1002; OLG Köln NJWE-FER 2000, 305; OLG Hamburg FamRZ 1992, 1308; OLG Karlsruhe FamRZ 2000, 1091; zu Einzelheiten vgl. Straub FuR 1995, 197 ff. und zuletzt OLG Karlsruhe FamRZ 2000, 1091.
575 Zu den Übergangsgebührnissen nach § 11 SVG eines ehemaligen Zeitsoldaten vgl. OLG Köln, FamRZ 1995, 353.
576 BGH FamRZ 2009, 307; 1996, 1067; vgl. auch OLG Düsseldorf FamRZ 2002, 99.
577 BGH FamRZ 2010, 357; BGH FamRZ 2009, 307; FuR 2007, 322 = FamRZ 2007, 983.

Beschäftigung erzielt wurde, sind Leistungen von ALG I unterhaltsrechtlich relevant, da sie nicht auf besonderen Bemühungen, sondern auf dem Gesetz beruhen.[578]

Der wegen eines leiblichen Kindes gewährte erhöhte Leistungsansatz beim Arbeitslosengeld ist auch im Fall der **Wiederverheiratung** des Unterhaltspflichtigen Bestandteil seines zur Bemessung des nachehelichen Unterhalts maßgeblichen Einkommens. Außer Betracht zu bleiben hat bei der Bedarfsbemessung dagegen der Teil des Arbeitslosengeldes, der aufgrund der Wiederverheiratung gezahlt wird.[579]

Wie das ALG I haben auch das **Teilarbeitslosengeld** nach § 116 Nr. 2 SGB III, das **Übergangsgeld** nach § 116 Nr. 3 SGB III, das **Kurzarbeitergeld** nach § 116 Nr. 4 SGB III[580] und das **Insolvenzgeld** nach § 116 SGB III Lohnersatzfunktion.

Arbeitslosenhilfe hatte grds. Lohnersatzfunktion,[581] war jedoch eine bedarfsabhängige Sozialhilfeleistung, für die der Grundsatz der Subsidiarität galt.[582] Zum 01.01.2005 ist das 4. Gesetz für moderne Dienstleistungen am Arbeitsmarkt (Hartz IV) in Kraft getreten, wodurch die Arbeitslosen- und Sozialhilfe zum **Arbeitslosengeld II (ALG II)** zusammengelegt wurden.[583] Das ALG II erhält grundsätzlich nur der erwerbsfähige Arbeitslose, sofern er nicht nach § 117 SGB III Anspruch auf ALG I hat. Das ALG II gliedert sich in Regelleistungen zur Sicherung des Lebensunterhalts nach § 20 SGB II, Leistungen für Unterkunft und Heizung nach § 22 SGB II, Leistungen für Mehrbedarf beim Lebensunterhalt nach § 21 SGB II sowie Zuschüsse zu Versicherungsbeiträgen nach § 26 SGB II. **ALG II** stellt eine bedarfsabhängige **subsidiäre Sozialleistung** dar.[584] Sie begründet beim Verpflichteten keine Leistungsfähigkeit und wirkt beim Bedürftigen nicht bedarfsdeckend.[585] Eine teilweise Leistungsfähigkeit kann sich jedoch dadurch ergeben, wenn sonstige Einkünfte, etwa in Gestalt nicht subsidiärer Leistungen oder wegen Verstoßes gegen die Erwerbsobliegenheit, fiktive Einkünfte vorhanden sind. Soweit das ALG II wegen der im Gesetz vorgesehenen Freibeträge nicht zurückgefordert werden kann, muss der Pflichtige dieses zunächst für die Sicherung der eigenen notwendigen Bedürfnisse verwenden. Sein zusätzliches Einkommen benötigt der Pflichtige dann nicht mehr in voller Höhe zur Sicherung seines eigenen Selbstbehalts. Dann kann er den Teil davon für Unterhaltszwecke einsetzen, der gemeinsam mit dem ALG II den jeweiligen Selbstbehalt übersteigt. Diese Beurteilung ist auch für besondere Leistungen nach dem SGB II geboten, die über den sozialhilferechtlichen Lebensbedarf hinausgehen, von der Subsidiarität ausgenommen sind und somit auch den Unterhaltspflichtigen entlasten sollen.[586]

Selbst wenn das ALG II beim Pflichtigen als Einkommen betrachtet wird, wird es im Hinblick darauf, dass die Regelleistungen in den alten Bundesländern monatlich 345 € und in den neuen Ländern monatlich 331 € betragen, oftmals an der Leistungsfähigkeit fehlen, weil die Selbstbehaltsätze unterschritten werden. Ein allein auf ALG II abgestellter Unterhaltsanspruch wird schon an der mangelnden Leistungsfähigkeit des Unterhaltspflichtigen scheitern.

---

578 BGH FuR 2005, 364; OLG Köln FamRZ 2006, 342; OLG Stuttgart FamRZ 1996, 415; a.A. OLG Karlsruhe NJW 2004, 859 = FuR 2004, 457; OLG München FamRZ 1996, 169; vgl. auch Fischer FamRZ 2003, 1387.

579 BGH FuR 2007, 322 = FamRZ 2007, 983.

580 OLG Saarbrücken NJW-RR 2010, 1303.

581 BGH FamRZ 1996, 1067 und 1987, 456.

582 BSG NJW 1968, 75.

583 Zu Einzelheiten vgl. Götsche FamRB 2006, 53; Schmidt FuR 2005, 290; Schürmann FamRZ 2005, 148; Klinkhammer FamRZ 2004, 1909.

584 BGH FamRZ 2011, 97; OLG München NJW-RR 2006, 439.

585 BGH FamRZ 2009, 307.

586 Zu Einzelheiten vgl. Wendl/Dose § 1 Rn. 111 ff.

Ein vom **Unterhaltsberechtigten** bezogenes ALG II ist nicht bedarfsdeckend und lässt den Unterhaltsanspruch als **subsidiäre Sozialleistung** nicht entfallen.[587] Im Gegensatz zu dem nach § 129 SGB III von der Höhe des früheren Einkommens abhängigen ALG I ist das einem Unterhaltsberechtigten nach § 7 SGB II gewährte Arbeitslosengeld II grds. nicht als Einkommen zu berücksichtigen. Nur dies ist mit dem in § 33 SGB II geregelten gesetzlichen Forderungsübergang vereinbar. Wenn das ALG II – wie das ALG I – als Einkommensersatz bedarfsdeckend zu berücksichtigen wäre, entfiele damit die Bedürftigkeit, und der Unterhaltsanspruch könnte nicht mehr auf den Träger der Leistung übergehen. Hinzu kommt, dass das ALG II eine Bedürftigkeit des Berechtigten voraussetzt und deswegen – wie Sozialhilfe – lediglich eine subsidiäre Leistung darstellt.

Damit noch nicht geklärt ist, ob das ALG II dann bedarfsdeckend anzurechnen ist, wenn der Forderungsübergang gem. § 33 Abs. 2 SGB II ausgeschlossen ist.[588] Ein Teil der Leitlinien rechnet für diesen Fall das ALG II bedarfsdeckend an, ein Teil wendet die Rspr. des BGH zur Sozialhilfe entsprechend an. Danach kann aufgrund der gewährten Sozialhilfe die Inanspruchnahme des Unterhaltsverpflichteten treuwidrig sein. Treuwidrigkeit kann allerdings nur bis zur Rechtshängigkeit des Unterhaltsverfahrens gegeben sein und setzt zusätzlich voraus, dass der Unterhaltsverpflichtete erheblich verschuldet ist und durch den rückständigen Unterhalt in eine noch größere Verschuldenslage gerät.[589] Da der BGH das ALG II wie die Sozialhilfe beurteilt, spricht viel dafür, dass diese Rspr. auch für das ALG II gilt.

Einstiegsgeld nach § 29 SGB II, das erwerbsfähigen Hilfebedürftigen bei Aufnahme einer Erwerbstätigkeit nach § 29 SGB II zur Überwindung von Hilfebedürftigkeit für höchstens 24 Monate bewilligt wird, ist grds. unterhaltsrechtliches Einkommen.[590] Nicht anrechenbar hingegen ist der in dem ALG II enthaltene **Wohnkostenanteil**.

Auch **Übergangsgelder** nach § 24 SGB II (befristeter Zuschlag) sind Einkommen.[591]

Unterhaltsgeld gem. §§ 153 ff. SGB III ist gleichfalls anrechenbares Einkommen.[592] Das Gleiche gilt für Berufsausbildungsbeihilfen gem. § 74 SGB III, Übergangsgelder von Arbeitslosen und Umschulungsgeld. 79

Soweit **Sozialleistungen eine Unterhaltsfunktion** zukommt, können Sie nur berücksichtigt werden, wenn sie nicht subsidiär gewährt werden. 80

Sozialhilfe: Nach den bis zum 31.12.2004 geltenden Bestimmungen des BSHG hatte Sozialhilfe grundsätzlich subsidiären Charakter.[593] Zum 01.01.2005 ist das Gesetz zur Einordnung des Sozialhilferechts in das Sozialgesetzbuch vom 27.12.2003 in Kraft getreten. Die sozialhilferechtlichen Regelungen befinden sich nunmehr im SGB XII. Sozialhilfe in Gestalt der Hilfe zum Lebensunterhalt nach §§ 27 bis 40 SGB XII erhalten nur noch hilfsbedürftige Personen unter 15 Jahren, die kein Sozialgeld beziehen, ferner Personen, die das 15. Lebensjahr vollendet und das 65. bzw. 67. Lebensjahr noch nicht vollendet haben und nicht erwerbsfähig i.S.d. § 8 SGB II sind. 81

▶ Die Sozialhilfeleistungen sind in sieben Hilfearten gegliedert:
   – Hilfe zum Lebensunterhalt (§§ 27 bis 40 SGB XII),
   – Grundsicherung im Alter und bei Erwerbsminderung (§§ 41 bis 46 SGB XII), vgl. Rdn. 71
   – Hilfen zur Gesundheit (§§ 47 bis 52 SGB XII),
   – Eingliederungshilfe für behinderte Menschen (§§ 53 bis 69 SGB XII),

---

587 BGH FamRZ 2011, 97; BGH FuR 2009, 97 = FamRZ 2009, 307.
588 BGH FuR 2009, 97 = FamRZ 2009, 307.
589 BGH FamRZ 2001, 619.
590 OLG Celle FamRZ 2006, 1203 = NJW 2006, 1356; vgl. auch Klinkhammer FamRZ 2006, 1171.
591 OLG München FuR 2006, 188 = FamRB 2006, 104; vgl. aber auch Schürmann FPR 2005, 448.
592 OLG Karlsruhe FamRZ 1999, 1628.
593 BGH FamRZ 2000, 1358.

- Hilfe zur Pflege (§§ 61 bis 66 SGB XII),
- Hilfe zur Überwindung besonderer sozialer Schwierigkeiten (§§ 67 bis 69 SGB XII),
- Hilfe in anderen Lebenslagen (§§ 70 bis 74 SGB XII).

Sozialhilfe hat keine Einkommensersatz-, sondern nur eine **subsidiäre Unterhaltsersatzfunktion.** Dieser Grundsatz gilt nicht uneingeschränkt, soweit der Anspruchsübergang nach § 94 Abs. 1 S. 1 SGB XII ausnahmsweise gem. § 94 Abs. 2 S. 1 SGB XII ausgeschlossen ist. In dem Umfang, in dem ein Rückgriff des Sozialhilfeträgers aus sozialstaatlichen Gründen ausdrücklich ausgeschlossen ist, ist die Sozialhilfe ausnahmsweise als bedarfsdeckendes Einkommen zu berücksichtigen.[594] Ein Rückgriff des Sozialhilfeträgers gegen den Unterhaltspflichtigen scheidet nach § 94 Abs. 3 S. 1 Nr. 2 SGB XII auch dann aus, wenn der Anspruchsübergang eine unbillige Härte für den Unterhaltspflichtigen bewirken würde.[595] Auch dann ist eine geleistete Sozialhilfe ausnahmsweise als bedarfsdeckend zu berücksichtigen. Ist schließlich ein Forderungsübergang ausgeschlossen, weil der Anspruch auf die Berücksichtigung fiktiver Einkünfte des Schuldners beruht, kann es nach § 242 BGB ebenfalls angebracht sein, auf Unterhaltsansprüche, die vor Zustellung der Antragsschrift entstanden sind, die dann bedarfsdeckenden Sozialhilfeleistungen ganz oder teilweise anzurechnen.[596]

Nicht erwerbsfähige Familienangehörige, die mit dem erwerbsfähigen Hilfsbedürftigen in einer Bedarfsgemeinschaft leben (Eltern des erwerbsfähigen Hilfsbedürftigen; Mutter oder Vater eines minderjährigen, unverheirateten erwerbsfähigen Kindes, der getrennt lebende Ehegatte des erwerbsfähigen Hilfsbedürftigen; der mit dem erwerbsfähigen Hilfsbedürftigen in einer eheähnlichen Lebensgemeinschaft lebende) erhalten nach § 28 SGB II **Sozialgeld** in Höhe der Regelleistung nach § 19 SGB II, Kinder bis zur Vollendung des 14. Lebensjahres allerdings nur 60 % der Regelleistung. Das Sozialgeld wird für minderjährige Kinder, die aufgrund ihrer Minderjährigkeit nicht erwerbsfähig sind, gezahlt. Diese haben grds. keinen Anspruch auf Leistungen der Sozialhilfe nach dem SGB XII, wenn sie Mitglieder einer Bedarfsgemeinschaft sind. Nicht erwerbsfähige ältere Angehörige, d.h. Personen, die das 65. bzw. nach der ab 01.01.2008 geltenden Neuregelung das 67. Lebensjahr bereits vollendet haben, fallen demgegenüber nicht unter § 28 SGB II, da sie im Regelfall Bezieher von Grundsicherungsleistungen des SGB XII sein werden. Das Sozialgeld ist als subsidiäre Leistungen ausgestaltet und damit kein Einkommen i.S.d. Unterhaltsrechts.

82 Durch **Unterhaltsvorschussleistungen** soll in den Fällen, in denen Unterhalt nicht zu realisieren ist, bis zum 12. Lebensjahr des Kindes, längstens jedoch 72. Monate, der Grundbedarf des Kindes sichergestellt werden. Dadurch soll verhindert werden, dass Kinder, die keinen Unterhalt vom familienfernen Elternteil erlangen konnten, in den Sozialgeldbezug mit seinen negativen gesellschaftlichen Auswirkungen fallen. Leistungen nach dem Unterhaltsvorschussgesetz sind **subsidiär** (§ 7 UVG)[597] und können damit nicht als Einkommen des Kindes gewertet werden. Der Bedarf des Kindes wird durch Unterhaltsvorschussleistungen nicht berührt. Unterhaltsvorschussleistungen gehen aber sowohl dem Sozialgeld nach § 28 SGB II als auch Leistungen nach dem SGB XII vor. Das UVG will denjenigen Elternteil, bei dem das Kind lebt, von der Erwerbstätigkeit freistellen.[598] Auf Unterhalt in Anspruch genommene **Verwandte**, insbesondere die **Großeltern, können das Kind** jedoch **auf** die vorrangige Deckung des Unterhaltsbedarfs durch **UVG-Leistungen verweisen.** Dies hängt damit zusammen, dass Leistungen nach dem UVG ausschließlich zum Ausgleich ausgefallenen Unterhalts des barunterhaltspflichtigen Elternteils gem. § 2 Abs. 3 UVG gewährt werden.[599] Soweit Unterhaltsvorschussleistungen gewährt werden, geht nach § 7 1 UVG

---

594 BGH FamRZ 2010, 1418; BGH FamRZ 2000, 1358; OLG Hamm FamRZ 2002, 751.
595 BGH FamRZ 2010, 1888; BGH FamRZ 2010, 1418.
596 BGH FamRZ 2000, 1358; BGH FamRZ 1999, 843; zu Einzelheiten vgl. Wendl/Dose § 1 Rn. 727.
597 BGH FamRZ 1986, 878.
598 BT-Drucks. 8/2774 Seite 11; Köhler NJW 1979, 1812.
599 OLG Dresden FamRZ 2006, 569.

der Unterhaltsanspruch des Kindes gegen denjenigen Elternteil, bei dem es nicht lebt, einschließlich der bürgerlich-rechtlichen Auskunfts- und Belegvorlageansprüche, auf das jeweilige Bundesland als Träger dieser Leistungen über,[600] für die Vergangenheit allerdings nur unter den Voraussetzungen des § 7 Abs. 2 UVG. Anders als im Rahmen des § 94 SGB XII greift die Legalzession des § 7 UVG auch dann, wenn und soweit der Anspruch darauf beruht, dass sich der Unterhaltsschuldner fiktive Einkünfte zurechnen lassen muss, die er durch eine zumutbare Erwerbstätigkeit erzielen könnte. Nach Einstellung der Zahlung des Unterhaltsvorschusses kann ein für das Land ergangener Titel auf das unterhaltsberechtigte Kind umgeschrieben werden; ansonsten muss eine Rückübertragung erfolgen.[601]

BAföG-Leistungen, die nach §§ 36, 37 BAföG als Vorausleistungen gewährt werden, stellen kein Einkommen dar.[602] Im Übrigen gehören BAföG-Leistungen auf Seiten des Berechtigten zu den unterhaltsrechtlich relevanten Einkünften,[603] und zwar auch bei darlehnsweiser Gewährung[604] (vgl. i.Ü. Nr. 2.4 der Leitlinien).   **83**

Der Unterhaltsgläubiger muss gegen einen ablehnenden BAföG-Bescheid kein Rechtsmittel einlegen,[605] wenn und soweit nicht der Unterhaltsschuldner für die entstehenden Kosten aufkommt. Bei Änderung der finanziellen Verhältnisse der Eltern ist ggf. ein neuer BAföG-Antrag zu stellen.[606]

Auf Seiten des Unterhaltsschuldners mindert der Abtrag von BAföG-Schulden ab Fälligkeit das unterhaltsrelevante Einkommen.[607]

Auf Seiten des Pflichtigen sind BAföG-Leistungen grds. relevantes Einkommen. Ihre Höhe wird im Regelfall Unterhaltsleistungen jedoch nicht zulassen.

Auch **Stipendien** sind Ausbildungsförderungen vergleichbar und grds. bedarfsmindernd heranzuziehen, sofern der Empfänger einen rechtlich gesicherten Anspruch hat. Allerdings kann auch dann die besondere Zweckbestimmung zu beachten sein, wenn es sich der Sache nach um eine freiwillige Zuwendung Dritter handelt, etwa die freiwillige Zuwendung einer privaten Stiftung zur laufenden Studienfinanzierung in Form eines monatlichen Büchergeldes.   **84**

Das Gleiche gilt beim **Berufsausbildungsgeld** für Behinderte nach § 104 SGB III und die **Berufsausbildungsbeihilfen** für Arbeitslose nach § 74 SGB III. Die Berufsausbildungsbeihilfe für Auszubildende nach § 59 SGB I ist grds. beim Bedürftigen subsidiär und mindert die Bedürftigkeit nicht.[608] Auf Seiten des Pflichtigen ist sie wie sonstiges Einkommen zu berücksichtigen, wird im Regelfall jedoch nicht zu einer Leistungsfähigkeit führen, da die Beihilfen unter den maßgeblichen Selbstbehaltsätzen liegen.   **85**

Das **UÄndG 2008** hat § 1612b BGB a.F. völlig neu konzipiert. Anstelle der bisherigen Anrechnung des Kindergeldes auf den Barunterhaltsanspruch des Kindes ist der bedarfsmindernde Vorwegabzug des Kindes getreten. Nach § 1612b Abs. 1 BGB ist das auf das Kind entfallende **Kindergeld** zur Deckung seines Barbedarfs zu verwenden, und zwar nach Ziff. 1 dieser Norm zur Hälfte, wenn ein Elternteil seine Unterhaltspflicht durch Betreuung des Kindes erfüllt (§ 1606 Abs. 3   **86**

---

600 OLG Koblenz FamRZ 1998, 1123.
601 OLG Brandenburg FamRZ 2007, 55; OLG Koblenz FamRZ 2006, 1689.
602 BGH FamRZ 1989, 499; OLG Hamm FamRZ 1995, 1422; vgl. im Übrigen Ziff. 2.4 der Leitlinien; zur Ersatzpflicht der Eltern für zu Unrecht erbrachte BAföG-Leistungen vgl. BVerwG NJW 1993, 2328.
603 OLG Schleswig FamRZ 2006, 571;OLG Hamm FamRZ 1995, 1422.
604 BGH FamRZ 1985, 916 = NJW 1985, 2331; gleiche Grundsätze gelten für vergleichbare Ausbildungsförderungen, vgl. etwa BGH NJW-RR 1986, 748 für die niedersächsische Ausbildungsförderung.
605 BGH FamRZ 1989, 499.
606 OLG Karlsruhe NJW-RR 2010, 8.
607 BGH FamRZ 1986, 148.
608 BGH NJW-RR 1986, 426.

Satz 2 BGB), und gem. Ziff. 2 der Vorschrift in allen anderen Fällen in voller Höhe. In diesem Umfang mindert das Kindergeld den Barbedarf des Kindes und ist als Einkommen des Kindes anzusehen (zu Einzelheiten vgl. Rdn. 71).

Außerhalb des Unterhaltsrechts wurde Kindergeld bereits in der Vergangenheit vielfach zum Einkommen gerechnet, so insbesondere im Sozialhilferecht[609] oder im Rahmen der Prozesskostenhilfe (Verfahrenskostenhilfe).[610]

87 Der **Zählkindervorteil** (Erhöhung des Kindergeldes durch ein **nicht gemeinschaftliches Kind**) ist grds. kein Einkommen des Pflichtigen, das den Tabellenbedarf anderer Kinder erhöhen könnte[611]. In der Vergangenheit hat der BGH es ausnahmsweise für möglich gehalten, den Zählkindvorteil als Einkommen zu berücksichtigen. Dies betraf Konstellationen, in denen der Elternteil nur den bei ihm lebenden Kindern, nicht aber dem Zählkind, Unterhalt gewährte.[612] Da er in diesem Fall eine Entlastung nur hinsichtlich der bei ihm lebenden Kinder beanspruchen konnte, war der ihm zusätzlich zukommende Zählkindervorteil ein Vermögensvorteil, der außerhalb der Zweckbestimmung lag und den er daher nicht für sich allein beanspruchen konnte, sondern sich als verfügbares Einkommen zurechnen lassen musste.[613] Nach neuer Rechtslage ist der Kindesunterhalt von vornherein um den bedarfsmindernden Abzug des ohne Zählkindvorteil auf das konkrete Kind entfallenden Kindergeldes vermindert. Er ist mit dem **Zahlbetrag** in Abzug zu bringen (vgl. Rdn. 188 f.), so dass sich das für die Verteilung zwischen den Ehegatten zur Verfügung stehende Einkommen erhöht. Insoweit verbleibt auch der Zählkindvorteil dem bezugsberechtigten Elternteil als Einkommen.[614] Demgemäß wird teilweise vertreten, den unverbrauchten Zählkindvorteil dem Einkommen des Bezugsberechtigten zuzurechnen.[615] Dies erscheint zweifelhaft. Der Zählkindvorteil soll den Schuldner, wie nach früherer Rechtslage von überdurchschnittlich starker Unterhaltspflicht entlasten. Dies unterscheidet ihn vom dem Kindergeld, das jetzt zweckgebunden für den Kindesunterhalt verwendet wird und damit auch dem Pflichtigen nicht mehr belassen werden darf. Mit dem Zählkindvorteil erhält der Pflichtige einen Vorteil dessen Regelungszweck auf den Pflichtigen bezogen ist und unverändert darin liegt, seine vermehrte Unterhaltsbelastung aufzufangen. Dieser Vorteil wird ihm im Grundsatz zu belassen sein und wird bei der Berechnung des Ehegattenunterhalts nicht bedarfserhöhend berücksichtigt werden können.[616]

88 **Kinderzulagen, -Zuschüsse** (nur noch von beschränkter Bedeutung, da durch das Jahressteuergesetz 1996 weggefallen) und **-Zuschläge** sind, wenn die Gewährung des staatlichen Kindergeldes entfällt, in Höhe des fiktiven Kindergeldes wie Kindergeld zu behandeln.[617] Kindbezogene Zahlungen ohne Kindergeld ersetzende Funktion sind nicht nach §§ 1612c, 1612b BGB auszugleichen. Sie erhöhen das Einkommen des jeweiligen Elternteils und beeinflussen so den Bedarf des Kindes bzw. Leistungsfähigkeit des Pflichtigen.

Ein dem Unterhaltspflichtigen von seinem Arbeitgeber gezahlter Kinderzuschlag, der ohne Rücksicht auf eine Ehe gewährt wird, ist auch im Fall der Wiederverheiratung Bestandteil des zur

---

609 BVerfG FamRZ 2003, 1370.
610 BGH FamRZ 2005, 605; OLG München FamRZ 2004, 382; OLG Koblenz FamRZ 2004, 646; OLG Brandenburg FamRZ 2004, 1498; OLG Rostock FamRZ 2005, 992; OLG Karlsruhe FamRZ 2005, 465.
611 BGH FamRZ 2000, 1494.
612 BGH FamRZ 1997, 806.
613 BGH FamRZ 1997, 806.
614 BT-Drucks. 16/1830, Seite 30.
615 Gerhardt FuR 2008, 9.
616 Vgl. zum Ganzen Eschenbruch/Klinkhammer/Wohlgemuth Kap. 3 Rn. 319.
617 Grundlegend BGH FamRZ 1988, 607 und FuR 2000, 481.

Bemessung des nachehelichen Unterhalts maßgeblichen Einkommens. Es kommt nicht darauf an, aus welcher Ehe das Kind stammt für das der Zuschlag gewährt wird.[618]

Aufgrund des Gesetzes zur Sicherung von Beschäftigung und Stabilität in Deutschland vom 02.03.2009 ist für jedes Kind, das im Jahr 2009 Anspruch auf Kindergeld hatte, eine einmalige Zahlung von 100 € geleistet worden (**Kinderbonus**). Seinem Wesen nach handelt es sich um eine Kindergeldleistung, die entsprechend § 1612b BGB zu berücksichtigen ist. Die Anrechnung erfolgt auf den Bedarf des Kindes und nicht auf den Unterhalt. Von dem Bedarf des Kindes ist mithin nicht nur das Kindergeld hälftig oder bei volljährigen Kindern voll, sondern auch der Kinderbonus hälftig (oder voll) abzusetzen.[619] Liegt der titulierte Kindesunterhalt unter dem Bedarf, erfolgt kein Abzug. Der Mindestbedarf darf nicht unterschritten werden, so dass sich der Kinderbonus auf die Höhe der Rückforderung der Unterhaltsvorschussleistung nicht auswirkt. Bei anhängigen gerichtlichen Verfahren sind die Anträge hinsichtlich des hälftigen Kinderbonus gem. § 113 Abs. 1 Satz 2 FamFG, § 308 ZPO anzupassen, da nur der um den hälftigen Kinderbonus verringerte Betrag geschuldet wird. Bei dynamischen Titeln erfasst die Formulierung »abzüglich des hälftigen Kindergeldes« auch den Abzug des hälftigen Kinderbonus. Soweit Unterhaltsrückstände vorliegen, sollten diese mit dem Kinderbonus gem. § 366 Abs. 2 BGB verrechnet werden.

Erziehungsgeld nach § 9 BErzGG stellt grundsätzlich **kein anrechenbares Einkommen dar**.[620] Das neben dem BErzGG bzw. nach den jeweiligen Landesgesetzen gewährte Erziehungsgeld soll einem Elternteil die persönliche Betreuung des Kindes in dessen erster Lebensphase ermöglichen und dem Erziehungsberechtigten, um den Verzicht auf die eigene Erwerbstätigkeit während dieser Zeit zu erleichtern, ungeschmälert zugutekommen.[621] Erziehungsgeld ist weder bedarfsbegründend noch bedarfserhöhend oder bedürftigkeitsmindernd zu berücksichtigen, auch nicht im Rahmen des § 1615l BGB.[622] **Ausnahmen** regelt § 9 Abs. 2 BErzGG.

Danach ist Erziehungsgeld auf Seiten des **Unterhaltsgläubigers** als Einkommen zu berücksichtigen, wenn sein Unterhaltsanspruch nach § 1361 Abs. 3 i.V.m. § 1579, nach § 1579 BGB oder nach § 1611 Abs. 1 BGB **verwirkt** ist.[623]

Auf Seiten des **Unterhaltsschuldners** kommt eine Anrechnung des Erziehungsgeldes in Betracht, wenn es für den Barunterhalt seiner – auch volljährigen, nach § 1603 Abs. 2 Satz 2 BGB privilegierten[624] – Kinder einzusetzen ist, sein eigener notwendiger Unterhalt gesichert ist, etwa durch eigenes ausreichendes Erwerbseinkommen und/oder durch den Familienunterhalt und er gem. § 1603 Abs. 2 BGB verschärft haftet.[625] Allerdings muss sein eigener, regelmäßig notwendiger, Selbstbehalt sichergestellt sein.[626]

Das an die zweite Ehefrau des seinen Kindern aus erster Ehe unterhaltspflichtigen Unterhaltsschuldners ausgezahlte Kindergeld berührte dessen Unterhaltspflicht jedoch auch dann nicht,

89

---

618 BGH FamRZ 2007, 882; 2000, 1149.

619 Vgl. auch Vorschläge der ständigen Fachkonferenz 3 des Deutschen Instituts für Jugendhilfe und Familienrecht FuR 2009, 445.

620 BGH FamRB 2007, 69; FamRZ 2006, 1010; vgl. NJW 1990, 253; OLG Köln NJW-RR 2007, 441; OLG Hamm NJW 2003, 2461; OLG München FamRZ 1999, 1166; OLG Hamm FamRZ 1995, 805; OLG Frankfurt FamRZ 1991, 594; OLG Köln FamRZ 1989, 1178; zur Nichtanrechnung vgl. auch BFH NJW 1996, 343.

621 Zu Einzelheiten vgl. Lindemann/Simon NJW 2001, 258; Krause FamRZ 2002, 1452.

622 BVerfG FamRZ 2000, 1149 m.w.N.

623 OLG Hamm FamRZ 2006, 1538; OLG Schleswig FuR 2005, 473; OLG Hamm NJW-RR 1997, 963; OLG Nürnberg FamRZ 1995, 674.

624 OLG Koblenz ZfJ 2000, 395; OLG Thüringen FamRZ 1999, 1526.

625 OLG Nürnberg FamRZ 1998, 981; OLG Frankfurt FamRZ 1991, 594.

626 BGH FuR 2006, 367 = FamRZ 2006, 1010 im Anschluss an BGH FuR 2006, 266 = FamRZ 2006, 683; vgl. auch OLG Saarbrücken FuR 2007, 184.

wenn der Anspruch der zweiten Ehefrau auf Familienunterhalt nach altem Recht, zur neuen Rangfolge vgl. nunmehr § 1609 BGB, mit dem Kindesunterhalt gleichrangig war und sich im absoluten Mangelfall deshalb auf die Quote des geschuldeten Kindesunterhalts auswirkte.[627]

Im Rahmen der Hausmannrechtsprechung kann der unterhaltspflichtige Elternteil gehalten sein, das Erziehungsgeld als einziges zur Verfügung stehendes Einkommen für den Unterhalt aus früherer Ehe einzusetzen, wenn der Unterhalt des unterhaltspflichtigen Elternteils in der neuen Ehe gedeckt ist.[628]

Während des Bezugs von Erziehungsgeld besteht grundsätzlich keine Obliegenheit zu einer Nebentätigkeit. Das Erziehungsgeld ersetzt im Interesse der Betreuung des neugeborenen Kindes die ansonsten nach Lage des Falles bestehende Erwerbspflicht des barunterhaltspflichtigen Elternteils.[629]

Die Grundsätze zur Berücksichtigung des Erziehungsgeldes gelten auch im Rahmen des § 1615l.[630]

Das BErzGG ist zum 01.01.2007 durch das Gesetz zum Elterngeld und zur Elternzeit abgelöst worden und gilt nur noch für Fälle in denen das Kind vor dem 01.01.2007 geboren wurde.

Zum 01.01.2007 ist das Gesetz zum **Elterngeld** und zur **Elternzeit** (Bundeselterngeld- und Elternteilzeitgesetz- **BEEG**) in Kraft getreten. Für Familien deren Kind ab 01.01.2007 geboren wurde, tritt das Elterngeld an die Stelle des Erziehungsgeldes. Das Elterngeld beträgt gem. § 2 Abs. 1 BEEG in der Regel 67 % der Nettoerwerbseinkünfte, die der Berechtigte in den letzten 12 Monaten vor der Geburt erzielt hat; ab einem bereinigten Nettoverdienst von 1.240 € vermindert sich die Quote auf 65 %. Elterngeld wird mindestens in Höhe von 300 € und höchstens in Höhe von 1.800 € monatlich gezahlt. Der Sockelbetrag von 300 € wird auch gewährt, wenn der Berechtigte vor der Geburt keiner Erwerbstätigkeit nachgegangen ist (§ 2 Abs. 5 BEEG). Während das bisherige Erziehungsgeld als kindbezogene Sozialleistung konzipiert war, ist das Elterngeld **teils Sozialleistung, teils elternbezogene Lohnersatzleistung.**[631] So wird ein Mindestelterngeld in Höhe von 300 € monatlich selbst dann gezahlt, wenn vor Geburt des Kindes kein Einkommen aus Erwerbstätigkeit erzielt worden ist. Wird dagegen aufgrund der Geburt des Kindes von einem Elternteil die Erwerbstätigkeit aufgegeben oder eingeschränkt, ist Grundlage zur Bemessung des Elterngeldes der dadurch bedingte Einkommensverlust. Insoweit ist das Elterngeld eine steuer- und abgabenfreie Einkommensersatzleistung.[632] Nach § 11 S. 1 BEEG werden Unterhaltspflichten durch die Zahlung des Elterngeldes nur insoweit berührt, als die Zahlung 300 € übersteigt. Entsprechendes gilt nach § 11 S. 2 und 3 BEEG bei Zahlung über 28 Monate (§ 6 BEEG) und Mehrlingsgeburten (bei Zwillingen also 600 €). In Höhe des 300 € übersteigenden Betrages wird also das Elterngeld als Einkommen behandelt.

Nach § 11 S. 4 BEEG gelten die Sätze 1 bis 3 nicht in den Fällen der §§ 1361 Abs. 3, 1579, 1603 Abs. 3 und 1611 Abs. 1 BGB. Dies stellt eine Regelung dar, die § 9 Satz 2 BErzGG praktisch wortgleich entspricht und die den Zugriff auf die 300 €, die unberührt bleiben, in diesen Fällen erlaubt. Im Ergebnis sind unterhaltsrechtlich die gleichen Konsequenzen wie beim Erziehungsgeld

---

627 BGH FamRZ 2006, 1182 = FuR 2006, 408; im Anschluss an BGH FuR 2006, 367 = FamRZ 2006, 1010.
628 BGH FamRZ 2006, 1010, 683.
629 BGH FuR 2006, 367 = FamRZ 2006, 1010; OLG Brandenburg FamRZ 2002, 1497; vgl. jedoch auch OLG Jena FamRZ 1999, 1526 und OLG Frankfurt FamRZ 1991, 594.
630 Vgl. eingehend BVerfG FamRZ 2000, 1149 und Niemeyer FuR 2001, 158.
631 BVerfG FamRZ 2012, 91, BGH FamRZ 2011, 97; OLG Karlsruhe FamRZ 2011, 1800.
632 Zu Einzelheiten vgl. Scholz FamRZ 2007, 7; Büttner FF 2007, 86; Götsche FamRB 2007, 120; Mleczko ZFE 2007, 49; Klatt FPR 2007, 349.

zu ziehen.[633] Grundsätzlich müssen sich der Unterhaltsschuldner und der Unterhaltsberechtigte die Leistungen des Elterngeldes in Höhe von 300 € nicht entgegenhalten lassen.[634] Macht ein unterhaltspflichtiger Elternteil, der Leistungen nach dem BEEG bezieht, von der **Wahlmöglichkeit gem. § 6 BEEG** Gebrauch, den Bezug um sechs Monate zu verlängern, was zur Folge hat, dass die unterhaltsrechtlich beachtlichen Einkünfte unterhalb des Mindestselbstbehalts sinken, kann hierin ein unterhaltsrechtlich beachtliches Fehlverhalten liegen, was zur Fiktion der vor Ausübung des Wahlrechts bestehenden Leistungsfähigkeit fügen kann.[635]

Soweit Elterngeld unterhaltsrechtlich zu berücksichtigen ist, stellt es kein Erwerbseinkommen dar. Berufsbedingte Aufwendungen sind nicht zu berücksichtigen, auch kein Erwerbstätigenbonus. Es gilt der Selbstbehalt für Nichterwerbstätige.

Pflegegeld ist eine sozialstaatliche Leistung, die nach verschiedenen Vorschriften zur Auszahlung gelangen kann.[636] **90**

Ist der **Pflegebedürftige Anspruchsinhaber**, ist das Pflegegeld grds. als Einkommen zu berücksichtigen. Für die Anrechnung der Leistungen auf seinen Bedarf ist jedoch die **widerlegbare Vermutung** des **§ 1610a BGB** zu beachten, dass die Kosten der Aufwendungen nicht geringer sind als die Höhe der Sozialleistungen (vgl. auch Ziff. 2.7 der Leitlinien).[637]

Diese Beweislastumkehr kann der Gegner aber widerlegen, indem er nachweist, dass der Empfänger der Sozialleistung keinen oder keinen so hohen Mehrbedarf hat. Sodann ist das Pflegegeld in Höhe des entsprechenden Betrages als Einkommen anzusetzen.[638]

Für den Pflegenden ist das an ihn weitergeleitete Pflegegeld nach der zum 01.08.99 in Kraft getretenen Vorschrift des § 13 Abs. 6 SGB XI **nur** noch **ausnahmsweise** als **Einkommen** anzusehen, nämlich in Konstellationen der Verwirkung (§§ 1579, 1611 BGB)[639] und gesteigerter Unterhaltspflicht (§ 1603 Abs. 2 BGB).[640] Pflegt ein Ehegatte ein gemeinsames behindertes Kind, ist das Pflegegeld nach § 13 Abs. 6 SGB XI kein Einkommen.[641]

Die Pflegegeldleistungen i.E.:[642]

Nach § 23 Abs. 1 SGB VIII umfasst die Förderung in **Kindertagespflege** auch die Gewährung einer laufenden Geldleistung (Erstattung eines angemessenen Sachaufwands, angemessener Beitrag zur Anerkennung der Förderungsleistung und (teilweise) Erstattung von Beiträgen zur Unfall- und Rentenversicherung). Wird Erziehung in einer Tagesgruppe, Vollzeitpflege, Heimerziehung, sozialpädagogische Einzelbetreuung oder Eingliederungshilfe gewährt, ist nach § 39 Abs. 1 SGB VIII auch der notwendige Unterhalt des Kindes oder Jugendlichen außerhalb des Elternhauses durch laufende Leistung sicherzustellen. Diese umfasst neben dem regelmäßig wiederkehrenden Bedarf auch ein angemessenes Taschengeld (außer bei Erziehung in einer Tagesgruppe oder einer Tageseinrichtung).

Das Pflege- und Erziehungsgeld nach §§ 23 Abs. 1, Abs. 2, 39 SGB VIII ist **Einkommen der Pflegeperson**, soweit es den für den Unterhalt des Pflegekindes benötigten Betrag übersteigt. Im Zweifel wird im Rahmen der nach § 287 ZPO gebotenen Schätzung **1/3 des Pflegegeldes als Einkom-**

---

633 Vgl. Scholz FamRZ 2007, 7; Büttner FF 2007, 86.
634 Vgl. weiter Götsche FamRB 2007, 120 und Mleczko ZFE 2007, 49.
635 OLG Bamberg FamRZ 2011, 1302.
636 Vgl. zum ganzen Büttner FamRZ 2000, 596 1995, 193.
637 BGH FamRZ 1981, 1165.
638 BGH FamRZ 1994, 21; vgl. auch Künkel 1991, 113.
639 OLG Hamm NJWE-FER 1997, 218.
640 OLG Nürnberg FamRZ 1998, 981.
641 BGH FamRZ 2006, 846.
642 Zu weiteren Einzelheiten vgl. Wendl/Dose § 1 Rn. 463 ff.

men zu berücksichtigen sein. Wird das Pflegegeld als Einkommen berücksichtigt, ist auch der Erwerbstätigenbonus ist Ansatz zu bringen.[643]

Auf den Unterhaltsanspruch des Kindes oder des Jugendlichen wirkt sich das für sie gezahlte Pflegegeld bedarfsdeckend aus.[644]

– **Leistungen der Pflegeversicherung** nach § 37 Abs. 1 SGB XI.[645] Die bedürftige Person kann sich bei Bezug des Pflegegeldes auf § 1610a BGB berufen. Das nach § 37 Abs. 1 SGB XI gewährte Pflegegeld bleibt, wenn es an die Pflegeperson weitergeleitet wird,[646] bei der Ermittlung des Einkommens der Pflegeperson grds. unberücksichtigt (§ 13 Abs. 6 Satz 1 SGB XI; vgl. auch Ziff. 2.8 der Leitlinien). Mit dieser Regelung soll erreicht werden, dass das Pflegegeld nicht nur dem Pflegebedürftigen selbst, sondern auch der Pflegeperson, die die häusliche Pflege, ggf. unentgeltlich, übernommen hat, möglichst ungeschmälert erhalten bleibt. Das an die Pflegeperson weitergeleitete Pflegegeld zu einem, ggf. erheblichen, Teil, als »Vergütungsanteil« der Pflegeperson zu bewerten und demzufolge unterhaltsrechtlich als Einkommen der Pflegeperson zu berücksichtigen,[647] wäre mit dem sozialpolitischen Anliegen, die häusliche Pflege zu fördern und die Pflegbereitschaft und -fähigkeit im häuslichen Bereich zu stärken, nicht vereinbar.[648]
Soweit keiner der in § 13 Abs. 6 Satz 2 SGB XI geregelten Ausnahmefälle vorliegt, ist das Pflegegeld nicht als Einkommen zu berücksichtigen.
Eine ausnahmsweise Berücksichtigung nach § 13 Abs. 6 Satz 2 SGB XI kommt in Betracht in Konstellationen der Verwirkung (§ 1361 Abs. 3 BGB i.V.m. § 1579 Nr. 2–8 BGB für den Trennungsunterhalt, § 1579 Nr. 1–8 BGB für den nachehelichen Unterhalt und § 1611 Abs. 1 BGB für den Verwandtenunterhalt), in Konstellationen gesteigerter Unterhaltspflicht (§ 1603 Abs. 2 BGB) oder wenn die Pflegeperson eine Erwerbsobliegenheit trifft und sie deswegen ihren Unterhaltsbedarf ganz oder teilweise durch eigene Einkünfte decken kann, soweit der Pflegebedürftige mit dem Unterhaltspflichtigen nicht in gerader Linie verwandt ist.[649] Ferner ist das Pflegegeld als Einkommen zu berücksichtigen, wenn die Pflegeperson selbst Unterhaltsansprüche geltend macht und von ihr erwartet werden kann, ihren Unterhaltsbedarf ganz oder teilweise durch eigene Einkünfte zu decken. In diesen Fällen ist die Berücksichtigung des Pflegegeldes als Einkommen gerechtfertigt, da die Pflegetätigkeit an die Stelle der vom Unterhaltsgläubiger erwarteten Erwerbstätigkeit tritt. Etwas anderes gilt, wenn der Unterhaltsberechtigte einen bedürftigen Menschen pflegt, der mit dem Unterhaltspflichtigen in gerader Linie verwandt ist (vgl. § 13 Abs. 6 Nr. 2 SGB XI).[650] Durch § 13 Abs. 6 SGB XI nicht geregelt wird die Frage, ob von der Pflegeperson nach unterhaltsrechtlichen Kriterien neben der Pflegetätigkeit eine Erwerbstätigkeit verlangt werden kann. Ausschlaggebend sind die Umstände des Einzelfalls. Die Betreuung eines pflegebedürftigen Menschen macht die Ausübung einer darüber hinausgehenden Erwerbstätigkeit unzumutbar, was insbesondere für die Betreuung von Pflegebedürftigen der Pflegestufen I und II gilt (vgl. auch § 15 Abs. 3 SGB XI).

– **Pflegegeld nach § 64 SGB XII** ist wie Pflegegeld nach §§ 23 Abs. 1, Abs. 2, 39 SGB VIII der Pflegeperson in Höhe des den Betrag des Pfleglings übersteigenden Teils als Einkommen zuzurechnen,[651] im Zweifel mit 1/3. Bezieht die Pflegeperson zusätzlich das staatliche Kindergeld, kann diese Quote erhöht werden, weil die zu einer angemessenen Versorgung des Kindes erfor-

---

643 OLG Braunschweig FamRZ 1996, 1216.
644 BGH FamRZ 2007, 377.
645 Zu Einzelheiten vgl. Büttner FamRZ 2000, 596 und 1995, 193.
646 Zu Einzelheiten vgl. BGH FamRZ 2006, 846.
647 Vgl. noch BGH FamRZ 1996, 933.
648 BGH FamRZ 2006, 846; vgl. auch OLG Koblenz FamRZ 2005, 1482.
649 Vgl. etwa OLG Karlsruhe FamRZ 1985, 286; OLG Hamm FamRZ 1984, 783.
650 Zu Einzelheiten vgl. Koch/Margraf Rn. 1246.
651 BGH FamRZ 1987, 259.

derlichen Mittel teilweise bereits anderweitig durch das Kindergeld gedeckt sind.[652] Für die Bemessung des Unterhaltsanspruchs des Pflegebedürftigen selbst ist das Pflegegeld wegen seiner subsidiären Natur (§ 94 SGB XII) kein Einkommensbestandteil.[653] Dies folgt im Übrigen auch aus der Vermutungsregel des § 1610a BGB.

– Bei **sonstigen Arten von Pflegegeld**, etwa nach Landesrecht, gilt die Vermutung des § 1610a BGB. Im Zweifel soll nur der behinderungsbedingte erhöhte Bedarf ausgeglichen werden, so dass eine Berücksichtigung als Einkommen ausscheidet.

Wohngeld[654] ist grds. unterhaltsrechtlich relevantes Einkommen.[655] Etwas anderes gilt, wenn das   91 Wohngeld einen erhöhten Wohnkostenbedarf ausgleicht. Auch der BGH[656] nimmt an, dass den Wohngeldempfänger regelmäßig Wohnkosten treffen, die auch unterhaltsrechtlich als erhöht zu bezeichnen sind. Soweit das der Fall ist, dient das Wohngeld dem Ausgleich eines unvermeidbar erhöhten Aufwands mit der Folge, dass der Bedarf des Berechtigten auf das unter den gegebenen wirtschaftlichen Verhältnissen »normale« Maß zurückgeführt wird. Nur mit einem dafür nicht verbrauchten Teilbetrag ist das Wohngeld als Einkommen zu berücksichtigen.[657] Der Wohngeldempfänger muss **darlegen**, dass das Wohngeld im konkreten Fall erhöhte Wohnkosten ausgleicht.[658] Das Wohngeld von vornherein anrechnungsfrei zu lassen mit der Begründung, nach der Lebenserfahrung könne davon ausgegangen werden, dass den Wohngeldempfänger Wohnkosten träfen, die auch unterhaltsrechtlich als erhöht bezeichnet werden können, widerspricht der Rechtsprechung des BGH.[659]

Eine Anrechnung des Wohngeldes ist nach ständiger Rspr. des BGH[660] anhand folgenden **Kriterienkatalogs** zu prüfen:

– Wie hoch ist der Mietzins und für welche Personen wird er entrichtet?[661]
– Wie hoch ist der im Unterhaltsanspruch oder Eigenbedarf enthaltene Wohnkostenanteil (Richtschnur: 1/3)? Hier ist anwaltlicher Vortrag erforderlich zur tatsächlich gezahlten Miete und für wie viele Personen der Mietbedarf gedeckt ist. Wird die Wohnung z. B. vom Berechtigten nicht allein bewohnt, sondern zusammen mit dem neuen Partner und zwei Kindern, so sind die Wohnkosten im Verhältnis 1/3 : 1/3 : 1/6 : 1/6 aufzuteilen.[662]
– Für welche Person wird das Wohngeld bezogen? Bei mehreren Personen erfolgt die Aufschlüsselung des Wohngeldes grds. nach den gleichen Grundsätzen wie die Aufteilung der Wohnungsmieten, da das Wohngeldgesetz selbst keine anteilige Aufschlüsselung des Wohngeldes vorsieht.
– Ist der Mietzinsanteil geringer als der Wohngeldanteil, ist in Höhe des Differenzbetrages das Wohngeld als Einkommen zu berücksichtigen.

Geht es um Wohnkosten im Selbstbehalt, ist es mietmindernd anzusetzen. Bei Leistungen nach dem SGB II und dem SGB XII ist es pauschaliert in Höhe von 56 % in den gezahlten Wohnkosten enthalten. Der Unterhaltsanspruch geht deshalb insoweit nach §§ 94 Abs. 1 Satz 6, 105 Abs. 2

---

652 BGH FamRZ 1984, 769; vgl. weiter Wendl/Dose § 1 Rn. 446.
653 BGH FamRZ 1993, 417.
654 Vgl. Wohngeldgesetz vom 24.09.2008 (BGBl. I S. 1856), zuletzt geändert durch Gesetz vom 24.03.2011 (BGBl. I S. 453).
655 BGH FamRZ 2009, 311; OLG Hamm FamRZ 2011, 1600; vgl. Ziff. 2.3 der Leitlinien, etwa SüdL oder OLG Düsseldorf: Wohngeld als Einkommen, soweit es nicht erhöhte Wohnkosten deckt.
656 BGH FamRZ 2012, 1201 FamRZ 2003, 860 = FuR 2003, 275 m. Berechnungsbeispielen.
657 BGH FamRZ 2003, 860.
658 BGH FamRZ 1985, 374.
659 Vgl. etwa BGH FamRZ 1984, 772.
660 BGH FamRZ 1982, 587 und ständig.
661 BGH FamRZ 1982, 587: bei Nutzung der Wohnung durch den Berechtigten und seinem neuen Partner sowie zwei Kindern im Verhältnis 1/3:1/3:1/6:1/6.
662 BGH FamRZ 1982, 587.

SGB XII, der analog auch bei Leistungen nach SGB II gilt, nicht auf den Träger der Sozialleistung über.[663]

Eigenheimzulagen nach dem Eigenheimzulagengesetz sind in vollem Umfang Einkommen.[664] Berechtigt ist, wer bis zum 31.12.2005 einen Bauantrag gestellt oder einen Kaufvertrag abgeschlossen hat. Die Eigenheimzulage beträgt maximal 1.250 € pro Jahr und wird längstens 8 Jahre gezahlt. Gehörten im ersten Jahr der Nutzung Kinder zum Haushalt, gibt es außerdem noch eine Kinderzulage von jährlich 800 €. Voraussetzung ist, dass ein Kindergeldanspruch im Förderjahr besteht. Die Grund- und Kinderzulage wird jeweils am 15.03. eines jeden Jahres ohne neuen Antrag gutgeschrieben. Bei der Berechnung des Wohnwertes ist die Eigenheimzulage zunächst von dem auf der Immobilie lastenden Abtrag und nur im Übrigen von der Zinslast abzuziehen. Sie ist – wie eine vermögenswirksame Leistung des Arbeitgebers – eine zweckgebundene Sozialleistung, die die Bildung von Wohnungseigentum und somit von Vermögen erleichtern soll.[665] Für die Praxis von besonderer Bedeutung ist, dass die Eigenheimzulage zwar vom Finanzamt ausgezahlt wird, aber nicht im Steuerbescheid auftaucht. Der Auskunftsanspruch des Unterhaltsgläubigers nach § 1605 BGB erstreckt sich deswegen auch auf die Höhe der bewilligten Eigenheimzulage.[666]

92 **Unterhalt**, den ein Unterhaltspflichtiger von seinem Ehegatten erhält, stellt grds. Einkommen dar.[667] Ist ein Ehegatte unterhaltsberechtigt und besteht zugleich eine Unterhaltsverpflichtung gegenüber gemeinsamen Kindern, ergibt sich ein Dreiecksverhältnis. Das Kind ist gegenüber beiden Elternteilen unterhaltsberechtigt, zwischen den Eltern besteht ebenfalls ein Unterhaltsrechtsverhältnis. Diese Unterhaltsrechtverhältnisse beeinflussen sich aber gegenseitig, weil die Verpflichtung zur Leistung von Kindesunterhalt Einfluss auf den Bedarf nach den ehelichen Lebensverhältnissen hat und der Ehegattenunterhalt wiederum die Leistungsfähigkeit zur Zahlung von Kindesunterhalt begründen kann (»**Unterhalt vom Unterhalt**«).[668] Voraussetzung für den Einsatz des Unterhalts zur Bestreitung von Kindesunterhalt ist jedoch stets, dass der Empfänger die Unterhaltszahlungen nicht braucht, um seinen eigenen angemessenen Unterhalt decken zu können und er den Kindern nach § 1603 Abs. 1 BGB nur bis zur Grenze seines eigenen angemessenen Unterhalts haftet.[669]

Erhält der berechtigte Elternteil zusätzlich zu eigenen Erwerbseinkünften Aufstockungsunterhalt nach § 1573 Abs. 2 BGB, ist er ebenso zu Unterhaltsleistungen gegenüber seinen minderjährigen und volljährigen Kindern verpflichtet, wenn sein Gesamteinkommen aus Unterhalt und Eigenverdienst höher ist als sein eigener notwendiger oder angemessener Lebensbedarf. Auch bei der Berechnung des Haftungsanteils nach § 1606 Abs. 3 Satz 1 BGB bei beiderseitiger Barunterhaltspflicht der Eltern ist ein Aufstockungsunterhalt mit dessen Erwerbseinkommen zusammenzurechnen.[670]

War der seinen Kindern unterhaltspflichtige Elternteil in früherer Ehe erwerbstätig und hat er diese Erwerbstätigkeit zugunsten der Haushaltsführung und Kindererziehung in neuer Ehe aufgegeben, kann dieser **Rollenwechsel** (nur) akzeptiert werden, wenn das Interesse des Unterhaltspflichtigen und seiner neuen Familie an der Aufgabenverteilung das Interesse der minderjährigen oder privilegiert volljährigen Kinder aus erster Ehe an der Beibehaltung der bisherigen Unterhalts-

---

663 Vgl. zu Einzelheiten Schürmann FuR 2006, 349.
664 OLG Jena NJW 2009, 2832; OLG Koblenz FamRZ 2009, 531; OLG Koblenz FamRZ 2004, 1573; OLG Bamberg FamRZ 2006, 344; OLG Hamm ZFE 2006, 276; OLG Koblenz FamRZ 2004, 1573; OLG München FuR 1998, 265.
665 OLG München FamRZ 1999, 251.
666 OLG Bamberg FamRZ 2006, 344.
667 BGH FamRZ 2011, 454; BGH FamRZ 2009, 1300.
668 Eingehend hierzu Gutdeutsch FamRZ 2009, 945.
669 BGH FamRZ 2006, 1010; 1827.
670 BGH FamRZ 1986, 153.

sicherung deutlich überwiegt.[671] In diesen Konstellationen ist neben dem eigenen Einkommen aus Erziehungs- oder Elterngeld bzw. aus einer gebotenen Nebentätigkeit (zu Einzelheiten vgl. Rn. 138 ff.) auch Taschengeld für den Kindesunterhalt zu verwenden soweit der eigene notwendige Lebensbedarf durch den Familienunterhalt im Übrigen vollständig gedeckt ist.[672]

Wegen der wechselseitigen Abhängigkeit von Kindes- und Ehegattenunterhalt ist es grds. unbedenklich, den Kindesunterhalt vorab vom höheren Einkommen eines Elternteils abzuziehen und nachfolgend den Bedarf anhand der Einkommensdifferenz zu bemessen.[673]

Konkurrieren Ansprüche auf Ehegattenunterhalt und auf Kindesunterhalt gegenüber dem Verpflichteten oder dem Berechtigten, wird folgender **Berechnungsweg**[674] vorgeschlagen:

- zuerst ist der Kindesunterhalt ohne Rücksicht auf den Ehegattenunterhalt zu berechnen;
- sodann ist der Ehegattenunterhalt unter Berücksichtigung dieses Kindesunterhalts zu berechnen (falls er Einfluss auf den Ehegattenunterhalt hat);
- ist das Kind kein gemeinsames Kind und liegt kein Mangelfall vor, ist aus dem Ehegattenunterhalt der Kindesunterhalt aufzufüllen, weil der Ehegattenunterhalt die Leistungsfähigkeit, nicht aber den Bedarf des Kindes erhöht. Auch die Verteilung des Barunterhalts bei beiderseitiger Barunterhaltspflicht ist neu zu berechnen, weil auch sie von der Leistungsfähigkeit abhängt.

Zur Vermeidung von Unterhaltszahlungen des berechtigten Ehegatten kann der zur Zahlung von Ehegattenunterhalt Verpflichtete auch im Wege der **Freistellungsvereinbarung** die Unterhaltspflicht gegenüber den gemeinsamen Kindern übernehmen und vom Ehegattenunterhalt abziehen. Eine vereinfachte Berechnung besteht sodann darin, schon bei der Berechnung des Ehegattenunterhalts den Kindesunterhalt vom Einkommen des Pflichtigen abzuziehen. Übernimmt der Pflichtige den Kindesunterhalt allein, ohne Erstattung verlangen zu wollen, ist darin das stillschweigende Angebot einer Freistellungsvereinbarung zu sehen, welches der Berechtigte nach Treu und Glauben annehmen muss. Der Barbedarf eines gemeinsamen minderjährigen Kindes ist für den Zweck des Vorabzugs vom Einkommen des Pflichtigen bei der Berechnung des Ehegattenunterhalts nach den beiderseitigen Einkünften zu bemessen.

E. Einkünfte aus Vermögen, Verwertung des Vermögensstammes

Vermögenseinkünfte erhöhen das unterhaltsrechtlich relevante Einkommen des jeweiligen Vermögensinhabers, d.h. sowohl des **Berechtigten** als auch des **Verpflichteten** und sind bei der **Bemessung des Bedarfs** zu berücksichtigen.[675]   93

Ein Erwerbsanreiz entfällt.[676]

▶ **Übersicht zu den Vermögenserträgen:**

- Zinsen aus Kapitalvermögen
- Einkünfte aus Kapitalbeteiligungen an Handelsgesellschaften (§ 20 Abs. 1 Nr. 1 EStG), etwa Kommanditbeteiligung oder Beteiligung an einer GmbH oder Aktiengesellschaft
- Einkünfte aus Vermietung und Verpachtung
- Einkünfte aus Gebrauchsvorteilen, insbesondere Wohnvorteilen
- Einkünfte einer mittels Veräußerung von Vermögen erlangten Leibrente
- Erbansprüche und Pflichtteilsforderungen
- Einkünfte aus sonstigem Vermögen jeder Art

---

671 BGH FamRZ 2006, 1827, 1010.
672 BGH FamRZ 2006, 1827.
673 BGH FamRZ 2011, 454; BGH FamRZ 2009, 1300.
674 Zu Einzelheiten vgl. Gutdeutsch FamRZ 2009, 945.
675 BGH FamRZ 2010, 1637; BGH FamRZ 2009, 23.
676 BGH FamRZ 2009, 579.

I. Einkünfte aus Kapitalvermögen

94 Zu den Einkünften aus Kapitalvermögen[677] zählen

- Zinsen (Sparzinsen, Bausparzinsen, Darlehenszinsen, Hypothekenzinsen, Zinsen aus Anleihen)
- Einlagen und Konten bei Kreditinstituten
- Diskonterträge bei Wechselgeschäften
- Ausschüttung von Investmentgesellschaften
- Stückzinsen
- Gewinnanteile aus der Beteiligung an Kapitalgesellschaften.[678] Dies gilt vor allem für Beteiligungen an Aktiengesellschaften und an Gesellschaften mit beschränkter Haftung. Gewinne werden jedoch nicht immer voll ausgeschüttet. Die Gesellschafter können beschließen, dass der Überschuss (teilw.) in die Rücklagen überführt wird (§ 29 Abs. 2 GmbHG). Ist der Unterhaltsschuldner alleiniger oder beherrschender Gesellschafter, kann er durch eine entsprechende Gestaltung des Ergebnisverwendungsbeschlusses die Höhe des ausgekehrten Gewinns steuern. Für diese Konstellationen kann unterhaltsrechtlich eine Korrektur geboten sein.[679] Die Fiktion von nicht ausgeschütteten Gewinnen (Grundsatz der Vollausschüttung) verlangt jedoch, dass dies nicht mit Interessen der Minderheitsgesellschafter kollidiert und dass der Mehrheitsgesellschafter seine Obliegenheit, zumutbare Gewinne zu realisieren vorwerfbar verletzt hat.
- Dividenden
- Einkünfte aus stiller Gesellschaft
- Einkünfte aus Wertpapieren
- Einkünfte aus Spekulationsgewinnen.[680] Im Rahmen des Ehegattenunterhaltsverhältnisses bleiben derartige Einkünfte nur dann unberücksichtigt, wenn sie die ehelichen Lebensverhältnisse nicht geprägt haben, etwa weil die Einkünfte nur der Vermögensbildung dienten.[681]

Bei der Berücksichtigungsfähigkeit von **Erträgen aus einem Vermögensstamm** kommt es – anders als bei der Verwertung des Vermögensstamms (vgl. hierzu Rn. 101) nicht auf Gesichtspunkte der Billigkeit und/oder Wirtschaftlichkeit an.[682]

95 Die Einkünfte mindern sich um **Werbungskosten** (Depotgebühren, Bankspesen, Auslagen für die Teilnahme an Gesellschafterversammlungen, (anteilige) Kapitalertragsteuer und persönliche Steuern, Kosten für einen notwendigen Vermögensverwalter). Nicht abziehbar sind Aufwendungen für das Kapital oder sonstige Vermögen selbst sowie der Verlust des Kapitals oder des Vermögens. Ferner nicht abziehbar sind Aufwendungen zur Wertverbesserung. Auch ein Ausgleich für zukünftige Kaufkraftverluste kann nicht einkommensmindernd berücksichtigt werden.[683]

96 Die Ermittlung der Vermögenserträge erfolgt als **Überschussrechnung**. Die Einnahmen sind jeweils auf ein Kalenderjahr umzulegen und in der Höhe anzurechnen, in der sie dem Unterhaltsschuldner oder -gläubiger nach Abzug von Steuern und notwendigen Werbungskosten tatsächlich zufließen (§ 2 Abs. 2 Nr. 2 EStG).[684] Bei **schwankenden Einnahmen** ist ein **durchschnittlicher Ertrag mehrerer Jahre**, im Regelfall drei Jahre, zu bilden.

---

677 Zu Einzelheiten vgl. Soyka FuR 2003, 1.
678 BGH FamRZ 2008, 1739; BGH FamRZ 2004, 1179.
679 OLG Hamm NJW-RR 2009, 294.
680 OLG Stuttgart FamRZ 2002, 635.
681 BGH FamRZ 2007, 1532; OLG Stuttgart FamRZ 2002, 635.
682 BGH FamRZ 2009, 23; BGH FamRZ 1986, 441.
683 BGH FamRZ 1992, 423.
684 BGH FamRZ 1986, 441.

Auf die **Herkunft des Vermögens** kommt es grds. nicht an:[685]

- Erbschaft[686], Erbanteil an einem Baugrundstück[687]
- Sparguthaben[688]
- Versteigerungserlös[689]
- Miteigentumsanteil an einem Haus[690]
- Lottogewinn[691]
- Schmerzensgeldzahlung jedenfalls bei gesteigerter Unterhaltspflicht.[692] Der besondere Zweck des Schmerzensgeldes, die immateriellen Nachteile und einen etwaigen Sonderbedarf des Bezugsberechtigten auszugleichen, steht nicht entgegen. Allerdings ist der besonderen Funktion des immateriellen Schadenersatzes bei der Festlegung der dem Schuldner abzuverlangenden unterhaltsrechtlichen Opfergrenze in billiger Weise Rechnung zu tragen.[693]
- Erlöse aus der Veräußerung eines Eigenheims.[694]
- Vermögenserträge, die aus einem Kapital stammen, das aus laufendem Unterhalt angespart wurde.[695]
- Erträge aus Vermögen, welches ein Ehegatte im Wege des Zugewinnausgleichs oder auf Grund sonstiger vermögensrechtlicher Auseinandersetzung erhalten hat.[696] Nach Durchführung des Zugewinnausgleichs obliegt es jedem Ehegatten, einen ihm zugeflossenen Erlös wirtschaftlich sinnvoll und rentabel zu nutzen. Zinsen, die aus der Anlage des Zugewinnausgleichsbetrages erwirtschaftet werden, sind bedarfsprägend i.S.d. § 1578 BGB, wenn sie das dem Zugewinnausgleich zugrunde liegende Vermögen surrogieren.[697]

▶ **Beispiel:**

Ehemann (M) verfügt über Einkünfte aus Erwerbstätigkeit i.H.v. 2.000 € monatlich netto. Ehefrau (F) verfügt über Renteneinkünfte i.H.v. 500 € monatlich.

Die Eheleute waren hälftige Miteigentümer einer Eigentumswohnung mit einem objektiven Mietwert von 600 €. Die monatlichen Zinslasten betrugen 400 €.

M und F veräußern nach Trennung die Wohnung. Nach Abzug der valutierenden Verbindlichkeiten verbleiben M und F jeweils 30.000 €. M legt diesen Kapitalbetrag mit einem Zinssatz von 3 % (monatl. 75 €), F zu einem Zinssatz von 2 % (monatl. 50 €) an.

Bedarf:

Einkommen M 1.714 € (2.000 € x 6/7)

Rente F 500 €

Zinseinnahmen M 75 €

Zinseinnahmen F 50 €

---

685 BGH FamRZ 2007, 1532.
686 BGH FamRZ 2010, 1637.
687 BGH FamRZ 1980, 143; OLG Hamm NJW-RR 1998, 6.
688 BGH FamRZ 1985, 360.
689 BGH FamRZ 1985, 582.
690 BGH FamRZ 1984, 662.
691 OLG Frankfurt FamRZ 1995, 875.
692 BGH FamRZ 1989, 170; 1988, 1031; OLG Karlsruhe FamRZ 2002, 750.
693 BGH FamRZ 1988, 1031; vgl. auch OLG Hamm FamRZ 2003, 1771.
694 BGH FamRZ 1985, 354.
695 BGH FamRZ 1985, 852.
696 BGH FamRZ 2009, 23; BGH FamRZ 2007, 1523; BGH FamRZ 2005, 1159; BGH FamRZ 2001, 1140; BGH FamRZ 1987, 912; OLG Hamm FamRZ 2007, 215; OLG Bamberg 1992, 1305; OLG Koblenz FamRZ 1989, 59; OLG Saarbrücken, FamRZ 1985, 477.
697 BGH NJW 2008, 57.

=	2.339 €
Bedarf:	
2.339 € : 2 =	1.170 €
Anspruch: 1.170 € – 500 € (Rente) ./. 50 € (Zinsen) =	620 €

– Nur wenn der zu Ehezeiten vorhandene Vermögensstamm auf beiden Seiten erhalten geblieben ist und auf dieser Basis gleichhohe Kapitalerträge zugerechnet werden, verbleibt es bei der Neutralität des Zugewinnausgleichs. In allen anderen Fällen können sich, ggf. auch erhebliche, Verschiebungen ergeben.[698]

II. Vermögensverwertung

98 Während Erträge aus Vermögen ohne Einschränkung zu berücksichtigen sind, besteht eine Verpflichtung zur Verwertung des Vermögensstammes nur unter besonderen Umständen.[699] Sowohl der Unterhaltsberechtigte als auch der Verpflichtete können gehalten sein, Vermögen nicht nur ertragsbringend anzulegen, sondern ggf. auch den Stamm des Vermögens zu verwerten um die eigene Bedürftigkeit zu mindern oder die Leistungsfähigkeit zu erhöhen (§§ 1577 Abs. 3, 1581 S. 2; 1603 Abs. 2 S. 3 BGB). Im Rahmen des Ehegattenunterhalts ist jedoch das **Doppelverwertungsverbot** zu berücksichtigen.[700]

Partizipiert der andere Ehegatte schon über den güterrechtlichen Ausgleichsanspruch an dem Vermögensstamm, kann nicht verlangt werden, dass der Vermögensstamm auch unterhaltsrechtlich verwertet wird.[701]

Hinsichtlich der Verwertung des Vermögensstammes gelten sowohl für den Berechtigten als auch für den Pflichtigen einheitliche Maßstäbe.

99 Für den **nachehelichen Unterhalt** (vgl. Rdn. 101) regeln §§ 1577 Abs. 2, 1581 S. 2 BGB, dass der Stamm des Vermögens nicht verwertet werden muss, soweit die Verwertung unwirtschaftlich und unter Berücksichtigung der beiderseitigen wirtschaftlichen Verhältnisse unbillig wäre.[702]

Zwar fehlt für den **Trennungsunterhalt** eine entsprechende Regelung (vgl. Rdn. 102); regelmäßig ist allerdings auch dort unter Zugrundelegung der gleichen Kriterien eine **Zumutbarkeitsprüfung** vorzunehmen.[703] Beim Trennungsunterhalt ist zu berücksichtigen, dass die Ehegatten einerseits ein höheres Maß an Rücksichtnahme schulden und andererseits eine trennungsfördernde Vermögensverwertung grundsätzlich ausgeschlossen werden muss.[704] Beim Trennungsunterhalt kommt deshalb eine Verwertung des Vermögens nur unter engeren Voraussetzungen in Betracht.[705] Danach besteht eine Vermögensverwertungsverpflichtung etwa, wenn bereits während bestehender Ehe Vermögen zur Unterhaltsdeckung verwertet wurde und/oder eine Vermögensverwertung einem gemeinsamen Lebensplan der Eheleute entspricht. Andererseits steht ein früherer gemeinsamer Lebensplan bzgl. der Nichtverwertung des Vermögensstamms bei der gebotenen Billigkeitsabwägung einer Vermögensverwertung nicht in jedem Fall entgegen, da mit der Aufgabe der ehelichen Lebensgemeinschaft eine wesentliche Änderung der Verhältnisse eingetreten ist. Auch die Dauer

---

698 BGH FamRZ 1990, 269; vgl. jedoch auch OLG Köln FamRZ 1983, 750: Einkünfte aus der Vermögensauseinandersetzung sollen außer Betracht bleiben; zur fehlenden Berücksichtigungsfähigkeit von Erträgen aus einem Gesamtgut vgl. OLG Karlsruhe FamRZ 1996, 1414.
699 BGH FamRZ 1993, 1304.
700 BGH FamRZ 2011, 622; BGH FamRZ 2008, 761.
701 Vgl. zu Einzelheiten Maier FamRZ 2006, 897; Hoppenz FamRZ 2006, 1242.
702 BGH FamRZ 2009, 1300; OLG Hamburg FamRZ 1996, 292.
703 BGH FamRZ 1986, 556; OLG München FamRZ 1993, 62.
704 BGH FamRZ 1993, 1065; Schibel NJW 1998, 3449; vgl. zu Einzelheiten Eschenbruch/Klinkhammer/Mittendorf 1. Kap. 1.5.4.4. Rn. 605 ff.
705 OLG München FamRZ 1993, 62.

der Trennung ist ein maßgebliches Kriterium. Je länger die Trennung dauert desto eher kommt eine Vermögensverwertungspflicht in Betracht.[706]

Für den **Verwandten-, insbesondere Kindesunterhalt** (vgl. Rdn. 103),[707] sind hinsichtlich der Verwertung des Vermögens in § 1602 Abs. 2 BGB sowie in § 1603 Abs. 1 und II S. 1 BGB besondere Regelungen getroffen. Beim Verwandtenunterhalt ist eine Vermögensverwertung nicht geboten, wenn sie den angemessenen Unterhalt des Schuldners, bei Unterhaltsansprüchen minderjähriger oder privilegiert volljähriger Kinder seinen notwendigen Selbstbehalt, gefährden würde. Insbesondere darf eine Vermögensverwertung den Schuldner nicht von laufenden Einnahmen abschneiden, die er zur Deckung seines angemessenen bzw. notwendigen Selbstbehalts benötigt.[708] Bei minderjährigen und privilegiert volljährigen Kindern ist zusätzlich zu beachten, dass der barunterhaltspflichtige Elternteil alle verfügbaren Mittel, also auch sein Vermögen, zur Deckung seines eigenen Unterhalts und den Unterhalt der Kinder zu verwenden hat (§ 1603 Abs. 2 Satz 1, 2 BGB). Minderjährige unverheiratete Kinder müssen nur Einkünfte aus ihrem Vermögen für den eigenen Unterhalt einsetzen (§ 1602 Abs. 2 BGB). Sie haben jedoch den Stamm ihres Vermögens anzugreifen, wenn andernfalls die Eltern verschärft haften würden (§ 1603 Abs. 2 Satz 3 BGB). Das volljährige Kind hingegen ist grds. verpflichtet, auch den Vermögensstamm zu verwerten bevor es seine Eltern auf Unterhalt in Anspruch nimmt.[709] So wurde etwa die Verwertung eines Sparguthabens von 15.000 € in einer Konstellation für zumutbar erachtet, in der das volljährige Kind noch für zwei Jahre Unterhalt in Höhe von 4.000 € benötigte.[710]

Je nach der Form des gebundenen Vermögens kommen **verschiedene Arten der Vermögensverwertung** in Betracht (Verwertung eines Wertpapierdepots,[711] Belastung von Grundvermögen; Veräußerung von Grundvermögen,[712] Verwertung antiken Mobiliars,[713] Beleihung eines Erbanteils,[714] Teilauseinandersetzung einer Erbengemeinschaft,[715] ggf. Realisierung von Erbansprüchen, Vermächtnissen und Pflichtteilsansprüchen).[716] **100**

Im Rahmen der Zumutbarkeitsprüfung nach §§ 1577 Abs. 3, 1581 S. 2 BGB sind die »beiderseitigen wirtschaftlichen Verhältnisse« zu beurteilen.

▸ Geboten ist eine **umfassende Billigkeitsabwägung** unter Berücksichtigung folgender **Kriterien:**
  – Voraussichtliche Dauer der Unterhaltsbedürftigkeit des Berechtigten[717]
  – Ertragsmöglichkeiten des zur Verfügung stehenden Vermögens[718]
  – Rücksichtnahme auf berechtigte Belange naher Angehöriger[719]
  – Vorhandensein sonstiger Vermögenswerte und Vorhandensein einer angemessenen Altersvorsorge[720]
  – Das Ausmaß der Belastung des Verpflichteten durch eine Unterhaltsgewährung aus seinem Einkommen

---

706 OLG Hamm FamRZ 1993, 1085; OLG Karlsruhe FamRZ 1990, 163.
707 OLG Dresden FamRZ 1999, 396; OLG Nürnberg FamRZ 1996, 305.
708 BGH FamRZ 2004, 1184.
709 BGH FamRZ 1998, 367; OLG Hamm NJW 2007, 1217.
710 OLG Hamm NJW 2007, 1217.
711 OLG Hamm FamRZ 1993, 1087.
712 BGH FamRZ 1982, 23.
713 OLG Köln FamRZ 1982, 1018.
714 BGH FamRZ 1980, 43.
715 BGH FamRZ 1997, 281.
716 Vgl. BGH FamRZ 1998, 367 für Vermächtnisanspruch; BGH FamRZ 1997, 281 bei Teilauseinandersetzung einer Erbengemeinschaft; BGH FamRZ 1982, 996 für Pflichtteilsansprüche und OLG Hamm FamRZ 1997, 1537 für Pflichtteilergänzungsansprüche.
717 OLG Saarbrücken FamRZ 2008, 698.
718 BGH FamRZ 1985, 354; OLG München FamRZ 1994, 1459.
719 BGH FamRZ 1980, 126.
720 BGH FamRZ 2006, 1511; vgl. BVerfG FamRZ 2005, 1051; Brudermüller NJW 2004, 633.

101 Je dürftiger die wirtschaftlichen Verhältnisse insgesamt zu beurteilen sind, um so eher kann der Betreffende auf eine Verwertung des Vermögensstamms verwiesen werden. Korrespondierend hiermit kann bei günstigen Vermögensverhältnissen eine Verpflichtung zur Verwertung des Vermögensstamms auf beiden Seiten nur in Ausnahmefällen anzunehmen sein.[721] Zwischen den am Unterhaltsverhältnis beteiligten Parteien muss eine **Symmetrie** erhalten bleiben. Hat eine Partei hohe Vermögenswerte zur Verfügung, wird der anderen Partei nicht die Verwertung des Vermögensstamms angesonnen werden können.[722]

102 ▶ **Beispiele der Abwägungskriterien beim nachehelichen Unterhalt**

- unwirtschaftlich ist eine Vermögensverwertung etwa, wenn der Berechtigte durch die Verwertung die Basis für eine langfristige Sicherheit seines Unterhalts aus eigenen Mitteln aufgeben müsste[723]
- unbillig ist die Aufgabe eines kleinen, selbst genutzten Einfamilienheims (vgl. auch § 90 Abs. 2 Nr. 8 SGB XII)
- unbillig ist grds. auch der Rückkauf einer für die Alterssicherung notwendigen Lebensversicherung
- unbillig ist grds. die Verwertung eines Notgroschens (§ 90 Abs. 2 Nr. 9 SGB XII)
- unwirtschaftlich wäre es, wenn ein Erlös erzielt würde, der sich von dem vollen Verkehrswert erheblich entfernt[724]
- das Lebensalter der Beteiligten kann eine erhebliche Rolle spielen[725]
- die Auflösung eines Sparbuchs ist oftmals nicht unwirtschaftlich[726]
- bei günstigen Vermögensverhältnissen besteht eine Vermögensverwertungspflicht nur in Ausnahmefällen[727]
- verfügen beide Eheleute über erhebliches Vermögen, ist es unbillig, wenn einseitig der unterhaltsberechtigte Ehegatte sein Vermögen einsetzen müsste und der Unterhaltpflichtige hierdurch entlastet würde.[728]
- die Verwertung eigenen Vermögens entspricht jedoch umso mehr der Billigkeit je weniger der andere Beteiligte durch eigenes Vermögen gesichert ist.[729]

103 Beim **Trennungsunterhalt** hat der Gesetzgeber keine Maßstäbe für die Verpflichtung zur Verwertung des Vermögensstamms festgelegt.[730]

Maßgeblich sind **Zumutbarkeitsgesichtspunkte**. Die Belange des Berechtigten und Verpflichteten sind gegeneinander abzuwägen.[731] Beim Trennungsunterhalt ist zu berücksichtigen, dass die Ehegatten einerseits ein höheres Maß an Rücksichtnahme schulden und andererseits eine trennungsfördernde Vermögensverwertung grds. ausgeschlossen werden muss.[732] Beim Trennungsunterhalt kommt deshalb eine Verwertung des Vermögens nur unter **engeren Voraussetzungen** in

---

721 BGH FamRZ 1986, 560; OLG München FamRZ 1994, 1459.
722 BGH FamRZ 1985, 357.
723 Palandt/Brudermüller § 1577 Rn. 34.
724 MüKo/Maurer § 1577 Rn. 25.
725 BGH FamRZ 1984, 364.
726 OLG Düsseldorf FamRZ 1991, 113; OLG Hamm FamRZ 1993, 1085 für die Verwertung eines Wertpapierdepots.
727 BGH FamRZ 1986, 560; OLG München FamRZ 1994, 1459; vgl. auch OLG Hamburg FamRZ 1996, 292.
728 BGH FamRZ 2007, 1532; OLG Hamm FamRZ 2000, 1286.
729 BGH FamRZ 1984, 364.
730 BGH FamRZ 2009, 307.
731 BGH FamRZ 2009, 307; BGH FamRZ 2009, 23; BGH FamRZ 2005, 97; BGH FamRZ 1990, 989 (Einzahlung eines Erlösanteils aus der Vermögensauseinandersetzung von ca. 85.000 € (165.000 DM) in eine Lebensversicherung.
732 BGH FamRZ 1993, 165.

Betracht.[733] Scheidet nach den Grundsätzen, die beim nachehelichen Unterhalt maßgeblich sind, eine Verwertungsobliegenheit aus, gilt dies nicht ohne weiteres beim Trennungsunterhalt. Während der Trennungszeit sind die Eheleute in gesteigertem Maße einander verantwortlich, so dass eine prinzipiell gesteigerte Verpflichtung bestehen kann, Vermögen umzuschichten und zu verwerten.[734] Allerdings ist beim Trennungsunterhalt darauf zu achten, dass die wirtschaftliche Grundlage der ehelichen Gemeinschaft, die während der Trennung noch fortbesteht, durch eine Vermögensverwertung zerschlagen wird.

Je länger jedoch die Trennung dauert, desto eher kann der Einsatz auch des Vermögensstamms verlangt werden.[735] Wenn es darum geht, ein Familienheim oder ein Unternehmen, das als Existenzgrundlage der Familie gedient hat, zu verwerten, scheidet hingegen eine Verwertung während der Trennungszeit regelmäßig aus.[736] Ggf. ist zu prüfen, ob eine **Teilverwertung** oder **Vermögensumschichtung** in Betracht kommt.[737]

▶ **Abwägungskriterien zur Verwertungsobliegenheit in der Trennungszeit**

- regelmäßig keine Verwertung eines Familienheims oder eines Unternehmens, das als Existenzgrundlage der Familie dient in der Trennungszeit,[738] ggf. überprüfen, ob eine Teilverwertung in Betracht kommt[739]
- ein nicht unbedeutendes Wertpapierdepot, welches neben Grundvermögen vorhanden ist, kann auch in der Trennungszeit verwertbar sein[740]
- ist ein relativ geringer Unterhaltsbedarf nicht gedeckt, kann die Unterhaltsberechtigte auf die Verwertung des Vermögensstamms verwiesen sein[741]
- während des Getrenntlebens ist es den Ehegatten regelmäßig nicht zumutbar, die frühere Ehewohnung, die ein Ehegatte noch allein bewohnt, zur Steigerung der Einkünfte anderweitig zu verwerten[742]
- auch ein gemeinsam angeschafftes Hausgrundstück muss regelmäßig bis zur Scheidung nicht verwertet werden[743]
- in der Regel müssen beim Trennungsunterhalt die Unterhaltsleistungen jedoch aus laufenden Einkünften gezahlt werden, so dass Vermögen für den Trennungsunterhalt zusätzlich nicht verbraucht werden muss[744]

Volljährige Kinder sind grds. auf ihr eigenes Vermögen zu verweisen, wenn die Inanspruchnahme nicht unwirtschaftlich ist (arg aus § 1602 Abs. 2 BGB).[745] So ist einem volljährigen Kind die teilweise Verwertung eines Vermögensstamms bestehend aus einem Sparguthaben in Höhe von

104

---

733 BGH FamRZ 2009, 307; BGH FamRZ 2005, 97; OLG Hamm FamRZ 1997, 1537; OLG München FamRZ 1993, 62.
734 BGH FamRZ 1986, 556; OLG Frankfurt FamRZ 1995, 874; OLG Hamm FamRZ 1993, 1087.
735 BGH FamRZ 1985, 360.
736 BGH FamRZ 2005, 97: Der BGH hat hier die Verpflichtung zur Veräußerung eines landwirtschaftlichen Betriebs für die Zeit der Trennung abgelehnt, wenn der Betrieb die wirtschaftliche Grundlage der Einkünfte des Unterhaltsverpflichteten darstellt und der Hof auch jedenfalls mit drei minderjährigen unterhaltsberechtigten Kindern bewohnt wird; vgl. auch BGH FamRZ 2000, 351; OLG Bamberg FamRZ 1992, 1295.
737 BGH FamRZ 1986, 556.
738 BGH FamRZ 2000, 351; OLG Bamberg FamRZ 1992, 1295.
739 BGH FamRZ 1986, 556.
740 OLG Hamm FamRZ 1993, 1086.
741 Vgl. OLG Frankfurt FamRZ 1995, 875.
742 BGH FamRZ 1989, 1160.
743 OLG Düsseldorf FamRZ 1982, 268.
744 OLG München, FamRZ 1993, 62.
745 BGH FamRZ 1998, 367; OLG München FamRZ 1996, 1433: Verwertung eines Investmentfondanteils in Höhe von 25.564,59 €; OLG Hamm NJW 2007, 1217.

15.000 € zumutbar, wenn für den Unterhalt für die Dauer von zwei Jahren rund 4.000 € benötigt werden.[746] Etwas anderes gilt grds., wenn die Eltern in überdurchschnittlich guten Einkommensverhältnissen leben.[747]

Minderjährige Kinder hingegen brauchen im Verhältnis zu ihren Eltern den Vermögensstamm nicht zu verwerten, solange die Eltern leistungsfähig sind, ihnen also der maßgebliche Selbstbehalt verbleibt.[748] Gegenüber minderjährigen Kindern hat der verpflichtete Elternteil nach § 1603 Abs. 2 Satz 1 BGB alle verfügbaren Mittel, mithin auch den Vermögensstamm, zu seinem und der Kinder Unterhalt gleichmäßig zu verwenden, jedoch nur mit der Maßgabe, dass der notwendige Selbstbehalt unter Berücksichtigung der voraussichtlichen Lebensdauer und unter Einbeziehung zu erwartender künftiger Erwerbsmöglichkeiten gesichert bleibt.[749] Die finanzielle Leistungsfähigkeit auch gegenüber minderjährigen Kindern endet jedenfalls dort, wo der Unterhaltpflichtige nicht mehr in der Lage ist, seine eigene Existenz zu sichern.[750]

Die gleichen Grundsätze gelten gegenüber den minderjährigen Kindern gleichgestellten **privilegierten volljährigen Kindern** (§ 1603 Abs. 2 Satz 2 BGB).

105 Hat das Kind dagegen kein Vermögen, muss der unterhaltspflichtige Elternteil grundsätzlich den eigenen Vermögensstamm antasten.[751] Dies gilt jedenfalls solange, wie der unterhaltspflichtige Elternteil nicht von fortlaufenden Einkünften abgeschnitten wird.[752]

▶ **Kasuistik zur Vermögensverwertungsobliegenheit im Rahmen des Kindesunterhalts:**

– Obliegenheit zur Verwertung eines Miteigentumsanteils im Wert von 38.000 € zur Sicherstellung des Kindesunterhalts.[753]

– Der Wunsch, durch Errichtung von Eigentumswohnungen Vermögen zu bilden ist gegenüber der Sicherung des Unterhaltsanspruchs minderjähriger Kinder unbeachtlich.[754]

– Obliegenheit zur Veräußerung eines Ferienhauses[755] jedenfalls dann, wenn es weder als Einkunftsquelle noch zur Befriedigung des Wohnbedarfs der Familie dient.

– Die Veräußerung eines Familienheims kann regelmäßig nicht und erst recht nicht verlangt werden, solange nicht gänzlich ausgeschlossen ist, dass die Familie wieder zusammen findet.

– Zugeflossenes Barvermögen ist zur Erfüllung des Kindesunterhalts einzusetzen.[756]

– Wird an den Barunterhaltpflichtigen eine Ausbildungsversicherung gezahlt, muss er diese tatsächlich für die Ausbildung des Kindes einsetzen, wenn er aufgrund der eigenen Mittel den Ausbildungsunterhalt nicht voll bezahlen kann.

Sparguthaben, das gerade für Ausbildungszwecke angelegt worden ist, muss von dem Kind für die Ausbildung aufgebracht werden, bevor Unterhaltsansprüche geltend gemacht werden können.[757]

106 Beim **Elternunterhalt** muss der Unterhaltsberechtigte sein Vermögen einsetzen, bevor er Unterhaltsansprüche gegen seine Kinder mit Erfolg geltend machen kann. So muss ein Elternteil grds. auch ein (früher) selbstgenutztes Einfamilienhaus beleihen, vermieten oder verkaufen. Dies

---

746 OLG Hamm NJW 2007, 1217.
747 OLG Celle FamRZ 2001, 47.
748 BGH FamRZ 1985, 360; OLG Frankfurt a.M. NJW 2009, 3105.
749 BGH FamRZ 1989, 170; KG FamRZ 2003, 1864.
750 BVerfG FamRZ 2006, 683; FamRZ 2001, 1685; vgl. auch BGH FamRZ 2006, 765 im Rahmen des Ehegattenselbstbehalts; OLG Hamm FamRZ 2009, 1258; KG FamRZ 2003, 1864.
751 OLG Hamburg FamRZ 2000, 1431.
752 OLG Bamberg FamRZ 1999, 1019.
753 OLG Dresden FamRZ 1999, 396.
754 OLG Dresden FamRZ 1999, 396.
755 BGH FamRZ 1986, 48.
756 OLG Koblenz FamRZ 2004, 1515 (Barvermögen über 25.000 €).
757 OLG Düsseldorf FamRZ 1990, 1137.

schließt es indessen nicht aus, dem unterhaltsberechtigten Elternteil eine gewisse Vermögensreserve als Notgroschen für Fälle plötzlich auftretenden (Sonder-)Bedarfs zu belassen.[758] Die Höhe des Notgroschens orientiert sich an § 1 der VO zur Durchführung des § 90 Abs. 2 Nr. 9 SGB XII. Ausnahmsweise besteht eine Obliegenheit zum Vermögenseinsatz nicht, wenn die Verwertung unmöglich ist oder unwirtschaftlich wäre.[759] Billigkeitsgründe, die gem. § 1577 Abs. 3 für den Vermögenseinsatz des unterhaltsberechtigten Ehegatten gelten, spielen beim Elternunterhalt keine Rolle.[760] Allerdings gelten auch hier **Grenzen der Zumutbarkeit**. Einschränkungen ergeben sich insb. daraus, dass auch sonstige Verpflichtungen des Unterhaltsschuldners zu berücksichtigen sind und er seinen eigenen angemessenen Unterhalt nicht zu gefährden braucht. Eine Verwertung des Vermögensstamms kann nicht verlangt werden, wenn sie den Unterhaltsschuldner von fortlaufenden Einkünften abschneiden würde und/oder die Verwertung zu einem für ihn wirtschaftlich nicht mehr vertretbaren Nachteil führen würde.[761] Die für den Deszendentenunterhalt entwickelten Grundsätze gelten auch beim Aszendentenunterhalt.[762] In dem rechtlich schwächer ausgestaltenden Unterhaltsrechtsverhältnis zwischen unterhaltsberechtigten Eltern und ihren unterhaltspflichtigen Kindern können keine strengeren Maßstäbe gelten.[763] Eine Vermögensverwertung ist unzumutbar, sofern sie grob unbillig ist.[764] Zur Vermögensverwertung gehört der Verbrauch, die Übertragung und Belastung des Vermögens sowie die Einziehung von Forderungen. Kapitalvermögen ist nicht vollständig für eigene Unterhaltszwecke einzusetzen. Dem unterhaltsberechtigten Elternteil ist vielmehr ein Notgroschen zu belassen.[765]

Liegen die Einkünfte eines seinen Eltern gegenüber unterhaltspflichtigen Kindes unter dem Selbstbehalt, besteht keine Verpflichtung, das Vermögen zu verwerten, soweit das Kind die Einkünfte selbst benötigt.[766]

Wenn der Unterhalt aus dem laufenden Einkommen nicht bestritten werden kann, hat der Unterhaltsverpflichtete auch sein Vermögen einzusetzen. Besondere Billigkeitskriterien wie sie in § 1581 S. 2 BGB enthalten sind, sieht § 1603 Abs. 1 BGB nicht vor. Einschränkungen der Obliegenheit zum Einsatz des Vermögensstandes ergeben sich allein daraus, dass der Teil des Vermögens unantastbar ist, den der Unterhaltsverpflichtete zur Sicherstellung seines eigenen Unterhalts, zur Erfüllung weiterer Unterhaltsverpflichtungen und berücksichtigungsfähiger Verbindlichkeiten benötigt. Dazu muss die voraussichtliche Lebenserwartung des Unterhaltsverpflichteten prognostiziert und berechnet werden, welche Vermögenswerte – verteilt auf die Zeit der Lebenserwartung – für den eigenen Unterhalt des Unterhaltspflichtigen einzusetzen sind. Auch die künftigen Erwerbsmöglichkeiten sind zu berücksichtigen.[767] Eine Prognose im Hinblick auf die voraussichtliche Lebensdauer ist allerdings dann nicht erforderlich, wenn das Ende der Unterhaltsverpflichtung gegenüber den Eltern feststeht und das für Unterhaltszwecke einzusetzende Vermögen nur einen geringen Teil des Gesamtvermögens darstellt.[768] **107**

Im Rahmen des **Unterhaltsanspruchs aus Anlass der Geburt** (§ 1615l Abs. 2 Satz 2 BGB) gelten vergleichbare Grundsätze. Dieser Unterhaltsanspruch ist dem Betreuungsunterhaltsanspruch nach **108**

---

758 BGH FamRZ 2004, 370.
759 BGH FamRZ 1987, 120; OLG Düsseldorf FamRZ 1990, 1137; Born FamRB 2003, 297; Viefhues ZAP 2003, 302.
760 BGH FamRZ 2004, 370; BGH FamRZ 1998, 367.
761 BGH FamRZ 1989, 170; OLG Hamm FamRZ 2010, 303; OLG Hamm FamRZ 2006, 885; OLG Hamm FamRZ 2002, 1212.
762 BGH FamRZ 2006, 1511.
763 BGH FamRZ 2006, 1511; 2004, 1184; OLG Karlsruhe FamRZ 2004, 292.
764 BGH FamRZ 1998, 367; 1997, 281; OLG Düsseldorf FamRZ 1994, 767.
765 BGH FamRZ 1985, 360; OLG Düsseldorf FamRZ 1990, 1137.
766 OLG Hamm FamRZ 2006, 885.
767 BGH FamRZ 2002, 1698.
768 BGH FamRZ 2002, 1698.

§ 1570 BGB zunächst von der Rspr.[769] und sodann von dem Gesetzgeber durch das zum 01.01.2008 in Kraft getretene UÄndG[770] weitgehend angeglichen worden. Obwohl § 1615l Abs. 3 Satz 1 BGB auf die Vorschriften über den Verwandtenunterhalt, nicht aber auf den Ehegattenunterhalt verweist, spricht viel dafür, entsprechend der Rspr. des BGH[771] zu Einkünften aus überobligationsmäßiger Erwerbstätigkeit § 1577 Abs. 3 BGB analog im Rahmen des § 1615l BGB anzuwenden. Danach ist Vermögen im Rahmen des § 1615l BGB für den eigenen Unterhalt und nach umfassender Zumutbarkeitsprüfung grds. einzusetzen.

Auf Seiten des Unterhaltsberechtigten ist allerdings zu berücksichtigen, dass ihm im Rahmen des Verwandtenunterhalts kein Anspruch auf Altersvorsorgeunterhalt zusteht. Insoweit ist vorhandenes Vermögen zur Alterssicherung einzusetzen.[772]

III. Einkünfte aus Vermietung und Verpachtung sowie Wohnvorteil

1. Einkünfte aus Vermietung und Verpachtung

109 Miet- und Pachteinnahmen sind Einkünfte aus der Nutzung eines Vermögens. Dies ist unabhängig davon, ob die Erträge vom Eigentümer, Nießbraucher oder einem Untervermieter erzielt werden. Es handelt sich um **Überschusseinkünfte** (§ 2 Abs. 2 Satz 2 EStG). Sie werden durch Abzug der Werbungskosten von den Bruttoeinnahmen ermittelt. Geht es im Hinblick auf künftige Unterhaltsansprüche um eine Prognose der zu erwartenden Einnahmen, ist auf einen **Mehrjahresdurchschnitt** (regelmäßig die letzten drei Jahre) abzustellen. Sind nur Unterhaltsrückstände zu beurteilen, kann auf die im maßgeblichen Zeitraum tatsächlich erzielten Einkünfte abgestellt werden.[773]

Zu den **Einnahmen aus Vermietung und Verpachtung** zählen vornehmlich

– Miet- oder Pachtzinsen
– Mietvorauszahlungen, Mietzuschuss und Baukostenzuschüsse
– Nutzungsentschädigungen
– Schadensersatzleistungen des Mieters oder Pächters, die auf einer Vertragsverletzung beruhen
– Wert von Sach- oder Dienstleistungen des Mieters, die an Stelle der Mietzinszahlung geleistet werden
– Bau- oder Reparaturaufwendungen des Mieters, die mit der Miete verrechnet werden.

110 Insb. folgende **Abzugsposten sind zu berücksichtigen:**

– **Nebenleistungen** des Mieters für Strom, Wasser etc.[774]
– **allgemeine Hausunkosten**
– Prämien für **notwendige Hausversicherungen** (Haftpflicht, Brand und sonstige Schadensversicherungen), nicht jedoch nur nützliche Versicherungen wie Hausratsversicherung
– **Grundsteuern** und **öffentliche Abgaben** für Müllabfuhr, Abwasser, Straßenreinigung, Kaminkehrer etc.
– notwendige, die Immobilie betreffende **Prozesskosten**
– **Beiträge zum Haus- und Grundbesitzerverein**
– notwendige **Reisekosten** zum Mietobjekt

---

769 BGH FamRZ 2005, 442, 353, 354.
770 UÄndG vom 21.12.2007 – BGBl I 3189.
771 BGH FamRZ 2005, 442.
772 KG FPR 2003, 671; OLG Hamm FF 2000, 137.
773 BGH FamRZ 2007, 1532.
774 Zu Einzelheiten vgl. Wendl/Gerhardt § 1 Rn. 455 ff. und Kleffmann in Scholz/Kleffmann/Motzer, Praxishandbuch Familienrecht, Teil G Rn. 78 ff.

– **Kredit- und Finanzierungskosten.** Ob neben Zinsleistungen auch Tilgungsleistungen anzuerkennen sind, ist problematisch. Grundsätzlich ist es dem Unterhaltsschuldner nicht gestattet, auf Kosten des Unterhaltsberechtigten Vermögen zu bilden, zumal wenn der Berechtigte am Vermögenszuwachs nicht teilhaben wird.[775] Letztlich kann nur auf Grund umfassender **Interessenabwägung** entschieden werden, ob Tilgungsverbindlichkeiten anzuerkennen sind.[776] So werden **während des ersten Trennungsjahres** Tilgungsleistungen regelmäßig zu berücksichtigen sein, da sie auch der Sicherung des Familienheims als räumlicher Lebensgrundlage der noch nicht endgültig gescheiterten Ehe, deren Aufrechterhaltung zu fördern im Vordergrund der Erwägungen stehen muss, dienen.[777] Der berechtigte Ehegatte nimmt in der Regel über den Zugewinnausgleich an der Vermögensmehrung durch Tilgung teil. **Tilgungsleistungen nach Ablauf des Trennungsjahres** und vor Rechtshängigkeit des Ehescheidungsverfahrens sind nicht ohne weiteres anzuerkennen, wenn der angemessene Unterhalt sodann nicht gezahlt werden kann. Im Übrigen erscheint es aber regelmäßig nicht gerechtfertigt, den Tilgungsaufwand beim Unterhalt außer Betracht zu lassen, den Berechtigten aber am Aufwand über den Zugewinn partizipieren zu lassen. Schließlich ist auch das Wohl gemeinschaftlicher Kinder in die gebotene umfassende Interessenabwägung bei der Prüfung, ob der Tilgungsaufwand in diesem Stadium berücksichtigungsfähig ist, einzubeziehen.[778]

Tilgungsleistungen nach Zustellung des Scheidungsantrags als Stichtag für den Zugewinnausgleich bzw. bei Gütertrennung ab Trennung sind im Zweifel nicht berücksichtigungsfähig (**Vorrang des Unterhaltsinteresses des Berechtigten vor dem Vermögensbildungsinteresse des Verpflichteten**).[779] Dies gilt erst recht für Tilgungsleistungen nach Rechtskraft der Scheidung.[780]

Handelt es sich um eine **gemeinsame Immobilie der Eheleute** und damit um eine gemeinsame Vermögensbildung, sind Tilgungsleistungen grundsätzlich zu berücksichtigen, da sie beiden Eheleuten zugutekommt und die Bedienung der Kredite auch nach Trennung/Scheidung bis zur Vermögensauseinandersetzung im beiderseitigen Interesse der Eheleute liegt. Tilgt nur einer der Eheleute die Schuld und wird sie unterhaltsrechtlich berücksichtigt, erfolgt kein Gesamtschuldnerausgleich.

Schließlich kann bei **Alleineigentum** eines Ehegatten eine Berücksichtigung von Tilgungsleistungen in Betracht kommen, wenn es sich um angemessene Altersvorsorge (vgl. Rdn. 167 f.) handelt[781] oder wenn bei sehr guten Einkünften eine nach einem objektiven Maßstab angemessene Vermögensbildung als eheprägend zu bejahen ist.

Der Anspruch auf **Elternunterhalt** ist rechtlich vergleichsweise schwach ausgestaltet.[782] Hier sind Tilgungsleistungen grundsätzlich zu berücksichtigen.[783]

– **Notwendige Erhaltungsaufwendungen** sind zu berücksichtigen. Nicht abzugsfähig sind jedoch nur nützliche oder wertsteigernde Verbesserungen, die allein der Vermögensbildung dienen.[784] Haben notwendige Instandhaltungsaufwendungen einen größeren Umfang, sind sie auf mehrere Jahre zu verteilen.[785] Die oftmals geltend gemachte **Instandhaltungsrücklage** ist unterhalts-

775 BGH FamRZ 1987, 36; OLG Karlsruhe FamRZ 1993, 1091.
776 BGH FamRZ 2008, 963; BGH FamRZ 2007, 879; BGH NJW 1993, 2703; vgl. auch Gerhardt FuR 2007, 393.
777 OLG Stuttgart FamRZ 1992, 203, OLG Hamm FamRZ 1990, 47; OLG Karlsruhe FamRZ 1990, 163.
778 OLG Düsseldorf FamRZ 1994, 1049.
779 BGH NJW 1991, 2703.
780 OLG Frankfurt FamRZ 1990, 823; vgl. zu Einzelheiten Kleffmann in Scholz/Kleffmann/Motzer, Praxishandbuch Familienrecht, Teil G Rn. 79.
781 BGH FamRZ 2008, 963; 2003, 860; OLG Frankfurt am Main NJW 2008, 3440.
782 BGH FamRZ 2006, 1511; 2004, 1184.
783 BGH FamRZ 2003, 860, 456.
784 BGH FuR 2005, 361.
785 BGH FuR 2005, 361 = FamRZ 2005, 1159; OLG Hamm NJW-RR 2001, 649 zugleich zur Berücksichtigungsfähigkeit der Instandhaltungsrücklage nur für unaufschiebbar notwendige Maßnahmen.

rechtlich nicht zu akzeptieren,[786] weil es sich um einen pauschalierten Aufwand handelt und es nicht feststeht, ob die Rücklage jemals zweckentsprechend eingesetzt wird. Etwas anderes gilt, wenn konkrete Instandhaltungsmaßnahmen erforderlich sind und bevorstehen. Für diese können Rücklagen gebildet werden.[787] Ein großzügigerer Maßstab ist im Übrigen bei **Eigentums-wohnungsanlagen** wegen der dort bestehenden generellen Rücklagenverpflichtung nach § 21 Abs. 5 WEG geboten.

– **Abschreibungen** sind steuerlich zulässig, berühren jedoch nicht die unterhaltsrechtlich relevanten Einkünfte, weil lediglich ein pauschal angerechneter Verschleiß von Vermögensgegenständen zugrunde liegt, der entweder konkret nicht gegeben ist oder zumindest über das tatsächliche Ausmaß der Wertminderung hinausgeht und in der Regel ausgeglichen sein kann durch eine günstige Entwicklung auf dem Immobilienmarkt.[788] Ob diese Grundsätze auch für Gewerbeimmobilien heranzuziehen sind, ist zweifelhaft. Hier bietet es sich jedoch an, auf die Grundsätze zur Berücksichtigungsfähigkeit der Abschreibungen bei Selbstständigen (vgl. Rdn. 45 ff.) abzustellen. Berücksichtigt man Aufwendungen oder Abschreibungen für die Immobilie unterhaltsrechtlich nicht einkommensmindernd, muss korrespondierend hiermit eine daraus erzielte Steuerersparnis gleichfalls außer Betracht bleiben.[789] Bei einer solchen Fallgestaltung ist – in Abweichung von dem Grundsatz, dass zur Feststellung des unterhaltsrelevanten Einkommens die tatsächlich entrichtete Steuer in Abzug zu bringen ist – eine fiktive Steuerberechnung vorzunehmen und zu ermitteln, in welcher Höhe Steuern auf das nicht durch Verluste/Abschreibungen reduzierte übrige Einkommen des Unterhaltspflichtigen zu entrichten wären.

– **Verluste aus Vermietung** und Verpachtung sind differenziert zu betrachten.
Liegen nur kurzfristige Verluste vor, etwa aufgrund vorübergehender Mietausfälle, wird man Negativeinkünfte unterhaltsrechtlich akzeptieren können. Beruhen Verluste jedoch auf Abschreibungen und/oder überhöhten Instandhaltungspauschalen, ist das steuerrechtliche Einkommen unterhaltsrechtlich entsprechend zu korrigieren.[790]
Bei Verlusten aus der Beteiligung an **Bauherrenmodellen** oder ähnlichen **Abschreibungsmodellen** handelt es sich um Aufwendungen zur Vermögensbildung, die der Verpflichtete zu Lasten des Berechtigten nicht fortsetzen darf, jedenfalls solange es sich um einseitige Vermögensbildung handelt.[791] Hierfür anfallende Zins- und Tilgungsleistungen dürfen nicht einkommensmindernd berücksichtigt werden. Der Unterhaltsberechtigte kann verlangen, so gestellt zu werden, als hätten die vermögensbildenden Aufwendungen nicht stattgefunden. **Steuervorteile** aus den Verlusten müssen jedoch dem Verpflichteten verbleiben.[792] In Abweichung von dem Grundsatz, dass zur Feststellung des unterhaltsrelevanten Einkommens die tatsächlich entrichtete Steuer in Abzug zu bringen ist, hat hier eine fiktive Steuerberechnung zu erfolgen.[793] Steuervorteile aus unterhaltsrechtlich nicht berücksichtigten Negativeinkünften aus Vermietung und Verpachtung bleiben außer Betracht. Handelt es sich um eine im **Miteigentum stehende Immobilie,** sind Verluste grds. zu berücksichtigen. Es verbleibt sodann etwa bei der Abzugsfähigkeit der Abschreibungen und bei der tatsächlich gezahlten Steuer. Das Gleiche gilt, wenn ein Abschreibungsmodell zur gemeinsamen Vermögensbildung praktiziert wird. Auch hier sind Zins und Tilgung grds. in voller Höhe zu berücksichtigen.

---

786 BGH FamRZ 2000, 35; FamRZ 1984, 39; in zwei Entscheidungen lässt der BGH allerdings (ausdrücklich) offen, ob Abschreibungen für die Abnutzung von Gebäuden unterhaltsrechtlich anzuerkennen sind, vgl. FuR 2005, 361 = FamRZ 2005, 1159 und FuR 2006, 180.
787 BGH FamRZ 2000, 351.
788 BGH FamRZ 2005, 1159, 361; BGH FamRZ 2004, 1177; BGH FamRZ 1997, 281; BGH FamRZ 1984, 39.
789 BGH FamRZ 2005, 1159; BGH FamRZ 1987, 36.
790 BGH FamRZ 2005, 1159.
791 BGH FamRZ 2008, 963; 1984, 39.
792 BGH FamRZ 2005, 1159; BGH FamRZ 2003, 741; BGH FamRZ 1987, 36.
793 BGH FuR 2005, 361 = FamRZ 2005, 1159; vgl. 1987, 36.

2. Wohnvorteil

111

Wohnt eine Unterhaltspartei (gleich ob Verwandter, Ehegatte oder Lebenspartner, und gleich ob Unterhaltsberechtigter oder -verpflichteter) im eigenen Heim, erfordert es die Gleichbehandlung mit einer Unterhaltspartei, die Miete zahlen muss, dass für den Wohnvorteil ein fiktives Einkommen angesetzt wird (vgl. auch Ziff. 5 der Leitlinien).[794]

Der **Mietwert des Wohnens** in eigener Wohnung (Haus, Eigentumswohnung) ist unterhaltspflichtiges Einkommen.[795] Es handelt sich um Nutzungen des Grundeigentums i.S.v. § 100 BGB in Form von Gebrauchsvorteilen.[796] Der Nutzen besteht im Wesentlichen darin, dass der Eigentümer für das Wohnen keine Mietzinszahlungen, die in der Regel einen Teil des allgemeinen Lebensbedarfs ausmachen, leisten muss. Soweit diese **ersparten Mietaufwendungen** höher sind, als die mit dem Eigentum verbundenen Kosten, ist die Differenz, d.h. der Betrag um den der Eigentümer billiger als der Mieter lebt, als **Einkommen** anzusetzen.[797]

Der Wohnwert besteht dabei sowohl bei Allein- als auch bei Miteigentum an der Immobilie, ebenso bei Gütergemeinschaft, Nießbrauch[798] oder einem unentgeltlichen dinglichen oder schuldrechtlichen Wohnrecht.[799] Da es um die Nutzung und nicht um die Verwertung des Vermögens geht, kommt es auf die Herkunft der Mittel zur Schaffung des Wohneigentums nicht an. Ein Wohnwert ist daher auch anzusetzen bei Erwerb eines dinglichen Wohnrechts aus einer Schmerzensgeldzahlung,[800] bei Kauf eines Reihenhauses aus ererbten Mitteln[801] oder aus dem Zugewinn bzw. Erlös aus der Vermögensauseinandersetzung. Bei freiwilligen Zuwendungen Dritter (zu Einzelheiten vgl. Rdn. 153 ff.) kommt es auf die Willensrichtung des Zuwendenden an. Soweit etwa Eltern ihrem Kind während der Ehe und/oder nach der Trennung/Scheidung ohne Gegenleistung kostenlos eine Wohnung zur Verfügung stellen, handelt es sich regelmäßig um eine freiwillige Leistung ohne Einkommenscharakter, so dass ein Wohnwert nicht anzusetzen ist.[802] Etwas anderes gilt jedoch, wenn für das mietfreie Wohnen Gegenleistungen zu erbringen sind, etwa Pflege und Betreuung[803] oder ein Leibgeding.

Der Wohnvorteil an der Familienwohnung setzt sich nach einem Verkauf des Grundstücks an den Zinsen aus dem Verkaufserlös und bei Einsatz des Erlöses für den Erwerb eines neuen Grund-

---

794 BGH FamRZ 2012, 517; BGH FamRZ 2009, 1300; BGH FamRZ 2008, 963 und ständig; eingehend Graba FuR 2007, 393; Schürmann FuR 2006, 385; Schürmann FamRZ 2006, 444; Graba FamRZ 2001, 1257 und Gerhardt FamRZ 1993, 1139.

795 Vgl. die eingehenden Darstellungen bei Wendl/Gerhardt § 1 Rn. 473 ff. und in FA-FamR/Gerhardt Kap. 6 Rn. 71 ff. sowie Gerhardt FamRZ 1993, 1139; Gerhardt FuR 2007, 393; Schürmann FuR 2006, 385; Graba FamRZ 1995, 385; Hahne FF 1999, 99 ff. Huber FamRZ 2000, 129 ff.; Riegner FamRZ 2000, 265 ff; Wohlgemuth FamRZ 1999, 621 ff.; Weychardt FamRZ 1998, 528; Winckelmann FuR 1997, 14, 48; Eschenbruch/Klinkhammer/Wohlgemuth Kap. 6.6.4.1 Rn. 189 und Kleffmann in Scholz/Kleffmann/Motzer, Praxishandbuch Familienrecht, Teil G Rn. 82 ff.

796 BGH FamRZ 2007, 879 (zum Familienunterhalt); 1998, 87 (zum Trennungsunterhalt); 1995, 869; kein Wohnwert allerdings, wenn der Unterhaltsschuldner im Eigenheim lebt, an dem seinen Eltern ein lebenslanges Nießbrauchsrecht zusteht, OLG Koblenz FamRZ 2003, 534: Konstellation der freiwilligen Zuwendung Dritter; anders, wenn für das mietfreie Wohnen Gegenleistungen zu erbringen sind, etwa Pflege und Betreuung der betagten Eltern, BGH FamRZ 1995, 537.

797 BGH FamRZ 2009, 23; FuR 2000, 469; FamRZ 1998, 87.

798 BGH FamRZ 2010, 1633.

799 Vgl. BGH FamRZ 2008, 1072: dem Berechtigten eines dinglichen Wohnrechts, der in ein Pflegeheim geht und das Wohnungsrecht nicht nutzen kann, stehen ohne besondere Vereinbarung Einnahmen aus einer Vermietung der Wohnung an Dritte nicht zu.

800 BGH FamRZ 1988, 1031.

801 BGH FamRZ 1986, 560.

802 OLG Koblenz FamRZ 2003, 534; OLG München FamRZ 1996, 169.

803 BGH FamRZ 1995, 537.

stücks an dem neuen Wohnvorteil fort.[804] Kommt ein neuer Wohnvorteil nicht in Betracht, weil die Zinsbelastung der zusätzlich aufgenommenen Kredite den objektiven Wohnwert übersteigt, ist zu prüfen, ob eine **Obliegenheit zur Vermögensumschichtung** besteht.[805]

Gehören einem Ehegatten **mehrere Wohnungen**, können seinem Einkommen entsprechende Wohnvorteile zugerechnet werden. Eine Kürzung kommt jedoch unter Angemessenheitsgesichtspunkten in Betracht.[806] Bewohnt der Unterhaltsberechtigte nach der Scheidung weiterhin das eheliche Einfamilienhaus, geht dies i.R.d. **konkreten Bedarfsermittlung** regelmäßig über seinen Wohnbedarf nach den ehelichen Lebensverhältnissen hinaus. Hier ist es geboten, die Differenz zwischen dem angemessenen und dem objektiven Wohnwert auf den konkret ermittelten Bedarf anzurechnen. Auch Nebenkosten dürfen nur in der Höhe berücksichtigt werden, wie sie einer angemessenen Wohnung entsprechen.[807]

Die **Höhe des Wohnwerts** ist bedeutsam sowohl für die Bemessung des Unterhalts nach den ehelichen Lebensverhältnissen i.S.d. § 1578 als auch für die Bedürftigkeit des Berechtigten und die Leistungsfähigkeit des Verpflichteten. Erwirbt ein Ehegatte den Miteigentumsanteil des anderen Ehegatten an dem ehemals gemeinsamen Familienheim, so kann die Berücksichtigung eines Wohnvorteils bei der Bemessung des nachehelichen Unterhalts nicht mit der Begründung außer Betracht bleiben, die Ehegatten seien so zu behandeln, als hätten sie das Haus an einen Dritten veräußert und den Erlös geteilt.[808] Zwar entfallen die Nutzungsvorteile, wenn das gemeinsam genutzte Haus im Zusammenhang mit der Scheidung veräußert wird. An ihre Stelle treten allerdings Vorteile, die die Ehegatten in Form von Zinseinkünften aus dem Erlös ihrer Miteigentumsanteile ziehen oder ziehen können.[809] Dies gilt auch dann, wenn das gemeinsame Haus nicht an einen Dritten veräußert wird, sondern wenn ein Ehegatte seinen Miteigentumsanteil auf den anderen überträgt. In diesem Fall tritt für den veräußernden Ehegatten der Erlös als **Surrogat** an die Stelle der Nutzungsvorteile seines Miteigentumsanteils. Für den übernehmenden Ehegatten verbleibt es grds. beim Wohnvorteil, und zwar nunmehr in Höhe des vollen Werts, gemindert um die schon bestehenden Kosten und Lasten sowie um die Zinsbelastungen, die durch den Erwerb der anderen Hälfte anfallen. Um Tilgungsleistungen, die die Rückführung eines entsprechenden – nicht die ehelichen Lebensverhältnisse prägenden – Darlehens dienen, ist der Wohnvorteil dagegen nicht zu kürzen, weil andernfalls eine unzulässige Vermögensbildung gestattet würde[810] (zu Einzelheiten vgl. Rdn. 117).

In der Formulierung unterschiedlich, in der Sache jedoch gleich, berücksichtigt Ziff. 5 der **Leitlinien** öffentliche Fördermittel.[811]

112 Die **objektive Marktmiete** markiert den **Höchstbetrag des Wohnvorteils**, und zwar sowohl beim Ehegatten- als auch beim Verwandtenunterhalt.[812] Neben diesem objektiven Wohnwert hat die Rechtsprechung den Begriff des »**angemessenen Wohnvorteils**« entwickelt.[813] Dieser angemessene Wohnvorteil ist zu berücksichtigen, wenn mit Eintritt des Getrenntlebens von Ehegatten die alleinige Nutzung nur noch durch einen Ehegatten einer aufgedrängten Bereicherung gleichkommt und der durch den anderen Ehegatten aufgegebene Teil der Wohnungsnutzung quasi als »totes Kapital« bei der Bestimmung des Unterhaltsbedarfs nach Maßgabe der ehelichen Lebensverhält-

804 BGH FamRZ 2009, 104, 23 = FuR 2006, 180; BGH FamRZ 2002, 88.
805 BGH FamRZ 2009, 204; 23 im Anschluss an BGH FamRZ 2006, 180, 387 und 2001, 1140.
806 BGH FamRZ 2009, 1300; vgl. auch OLG Saarbrücken ZFE 2009, 234.
807 BGH FamRZ 2012, 517.
808 BGH FamRZ 2008, 963; NJW 2005, 2077.
809 Grundlegend BGH FamRZ 2002, 88.
810 BGH NJW 2005, 2077; FamRZ 2000, 950.
811 OLG München FamRZ 1999, 251.
812 BGH FamRZ 2009, 23; 2000, 950; 1985, 49; 1986, 448.
813 BGH FamRZ 2009, 1300; BGH FamRZ 2008, 963; BGH FamRZ 2007, 879.

nisse außer Betracht zu bleiben hat. Hier ist der objektive Wohnwert aus Billigkeitsgründen auf einen angemessenen Nutzungswert zu reduzieren.[814] Maßgeblich für diesen Gebrauchswert ist, welchen Mietzins der Ehegatte auf dem örtlichen Wohnungsmarkt für eine dem ehelichen Lebensstandard entsprechende angemessene kleinere Wohnung bezahlen müsste.

In der Vergangenheit wurde grds. für den gesamten Trennungszeitraum der angemessene Wohnvorteil zugrunde gelegt.[815] Etwas anderes galt ausnahmsweise, wenn die Immobilie in vollem Umfang genutzt wurde, etwa durch Teilvermietung oder durch Aufnahme eines Lebensgefährten.[816] Zum Teil wurde auch in der Vergangenheit nicht nur der subjektive, sondern der objektive Wohnwert bei außergewöhnlich langer Trennungszeit zugerechnet.[817] Der Grundsatz jedoch, durchgängig in der Trennungszeit nur den subjektiven Wohnwert zuzurechnen, begegnete Bedenken.[818] Der Ansatz des angemessenen Wohnwerts war bei langer Trennungszeit (vgl. § 1566 Abs. 2 BGB und die Intention des Gesetzgebers nach einer dreijährigen Trennung grds. von einer gescheiterten Ehe auszugehen) nicht gerechtfertigt.[819] Der BGH hat seine Rspr. zum Wohnwert grundlegend geändert und diesen neu beurteilt. Nach wie vor ist zwar zwischen Trennungs- und nachehelichem Unterhalt zu differenzieren. Die Unterscheidung ist für die Berechnung des eheprägenden Wohnvorteils maßgebend. Im Übrigen bestätigt der BGH zwar seine Rspr., wonach in der **Trennungszeit** grds. nur ein **angemessener Wohnvorteil** und **nach Scheidung** der **objektive Mietwert** in Ansatz zu bringen ist.[820] Nach **geänderter Rspr. des BGH** ist jedoch **innerhalb der Trennungszeit zu differenzieren**: ist eine Wiederherstellung der ehelichen Lebensgemeinschaft nicht mehr zu erwarten, sind Ausnahmen von der grds. Berücksichtigung des vollen Mietwerts nicht mehr gerechtfertigt[821] Mit einer Wiederherstellung der ehelichen Lebensverhältnisse ist insb. nicht mehr zu rechnen, wenn ein Ehescheidungsantrag zugestellt worden ist oder aber die Eheleute sich vermögensrechtlich auseinandergesetzt haben. Ab diesem Zeitpunkt gilt auch **während der Trennungszeit der objektive Mietwert**.[822]

Ein »**totes Kapital**« kann andererseits jedoch für die Zeit eines teilweise aufgedrängten Wohnvorteils für den in der Ehewohnung verbleibenden Ehegatten sogar **nach der Scheidung**[823] zu bejahen sein, wenn dem Nutzenden nicht zuzumuten ist, aus der für ihn bei Anlegung des für die Unterhaltsbemessung maßgeblichen objektiven Maßstabs zu großen Wohnung auszuziehen.[824]

Die Reduzierung auf den angemessenen Wohnvorteil betrifft den Ehegatten- und Kindesunterhalt gleichermaßen. Er ist gleichfalls auf der Ebene der Bedarfsbemessung, der Prüfung der Bedürftigkeit und auch der Leistungsfähigkeit zu berücksichtigen. Der BGH hat die Grundzüge über die Berücksichtigung des angemessenen Wohnvorteils unter großzügigerer Bemessung der Angemessenheit bei der Höhe ersparter Mietaufwendungen und bei dem Abzug von Schuldentilgung auf den Elternunterhalt[825] und den Enkelunterhalt[826] ausgeweitet.

---

814 BGH FamRZ 2007, 879; OLG Zweibrücken FamRZ 2008, 615; Hahne FF 1999, 99.
815 BGH FamRZ 2000, 351; OLG Zweibrücken FamRZ 2007, 470; vgl. auch Hauß FamRB 2007, 36.
816 BGH FamRZ 1998, 899; OLG Zweibrücken FamRZ 2008, 615; OLG Schleswig FamRZ 2003, 603.
817 OLG Zweibrücken FamRZ 2008, 615.
818 Zu Einzelheiten vgl. Vorauflage Rn. 109.
819 Vgl. auch Gerhardt FuR 2007, 393; OLG Zweibrücken FamRZ 2008, 615.
820 BGH FamRZ 2008, 963 = NJW 2008, 1946 m. Anm. Griesche = FuR 2008, 283.
821 BGH FamRZ 2009, 23; 2008, 963 = FuR 2008, 283 in Abgrenzung zu FamRZ 2007, 879.
822 BGH FamRZ 2009, 23; 2008, 963 = FuR 2008, 283; KG FamRZ 2010, 1447; vgl. auch OLG Zweibrücken FamRZ 2008, 615; OLG Nürnberg FamRZ 2008, 992..
823 BGH FamRZ 2000, 950 mit Anm. Graba.
824 BGH FamRZ 2000, 950.
825 BGH FamRZ 2003, 1179.
826 BGH FamRZ 2006, 26.

Regelmäßig gezahlte Raten auf einen Kredit für die Ehewohnung während der Trennungszeit (Zins- und Tilgung) sind grds. in voller Höhe und nicht nur beschränkt auf die Höhe des angemessenen Wohnvorteils zu berücksichtigen (zu Einzelheiten vgl. Rn. 115).[827]

113 Der angemessene Wohnwert wurde in der Vergangenheit oftmals durch die **Drittelobergrenze** bestimmt. Die Wohnwertberechnung nach der Drittelobergrenze erfolgte in zwei Schritten. Zunächst wurde der fiktive Unterhalt ohne Wohnwert ermittelt um daraus den Wohnwert errechnen zu können. Sodann wurde mit dem Wohnwert in einem zweiten Rechengang der tatsächlich geschuldete Unterhalt bestimmt.[828] Trotz vereinzelter Versuche, den angemessenen Wohnwert weiterhin mit der Drittelobergrenze zu bestimmen,[829] ist im Hinblick auf die Rechtsprechung des Bundesgerichtshofs[830] die Marktmiete angemessen zu kürzen. Dabei ist das durch den Auszug des Ehepaares entstandene »tote Kapital« nicht zu bewerten, sondern es ist ein angemessener Wohnwert in Höhe des Mietzinses für eine dem ehelichen Lebensstandard entsprechende kleinere Wohnung heranzuziehen. Dieser Wert ist zu **schätzen**. Anhaltspunkte sind **die Miete des Ausziehenden**,[831] eine **um ein Drittel gekürzte Marktmiete**[832] und das beiden Eheleuten verbleibende Einkommen.

▶ **Beispiel:**

Renteneinkommen des M:	**1.800,00 €**
Erwerbseinkommen der F:	**320,00 €**
Marktmiete der von F weiter genutzten Ehewohnung:	**700,00 €**
M zahlt die verbrauchsunabhängigen Lasten der Ehewohnung von	**360,00 €**
angemessene Miete für eine kleinere Wohnung einer Einzelperson:	**460,00 €**
Bedarf der F:	
Einkommen des M: 1.800,00 € – 360,00 €	**1.440,00 €**
6/7 des Erwerbseinkommens der F:	**274,00 €**
Wohnwert einer kleineren Wohnung:	**460,00 €**
	= 2.174,00 €
2.174,00 €: 2 =	**1.087,00 €**
– 6/7 Erwerbseinkommen der F:	**274,00 €**
– Wohnwert einer kleineren Wohnung:	**460,00 €**
Anspruch somit:	**353,00 €**

Teilweise wird vertreten, den angemessenen Wohnvorteil jedenfalls nicht höher als mit dem im maßgeblichen Selbstbehalt enthaltenen Anteil für Kaltmiete zu bemessen[833] (vgl. Ziff. 21 der Leitlinien).

---

827 BGH FamRZ 2007, 879.
828 Vgl. zum Ganzen Kleffmann in Scholz/Kleffmann/Motzer, Praxishandbuch Familienrecht, Teil G, Rn. 88 ff. zugleich mit Berechnungsbeispielen.
829 Vgl. etwa Wohlgemuth FamRZ 1999, 621.
830 BGH FamRZ 1998, 899 (für den Trennungsunterhalt); 2000, 950 mit Anm. Graba (für den Geschiedenenunterhalt); BGH FuR 2000, 469; vgl. auch OLG Jena NJW-RR 2006, 507.
831 BGH FamRZ 2009, 1300; BGH FuR 2000, 252; FamRZ 1998, 899; Gerhardt FuR 2007, 393.
832 Gerhardt FuR 2007, 393.
833 OLG Nürnberg FamRZ 2008, 992.

Wenn sich ausnahmsweise allerdings nach Abwägung aller maßgeblichen Umstände und Interessen eine Teil- und Vollvermietung oder eine Veräußerung des Eigenheims als nicht möglich oder als nicht zumutbar erweisen sollte, ist auch im Rahmen des nachehelichen Unterhalts – ähnlich wie beim Trennungsunterhalt – nur der angemessene Wohnwert in Ansatz zu bringen.[834]   **114**

Betreibt der Unterhaltspflichtige das Scheidungsverfahren und gibt damit zu erkennen, dass er den mit dem Hauserwerb verbundenen Lebensplan selbst für gescheitert hält, so kann er bei hoher Zins- und Tilgungslast gehalten sein, die Immobilie bereits in der Trennungszeit zu veräußern (vgl. Rdn. 113).[835]

Nimmt der unterhaltspflichtige Ehegatte nach der Trennung seinen jetzigen **Lebensgefährten** mit in die bisherige Ehewohnung auf, ist es gerechtfertigt, den eheprägenden Wohnvorteil mit der vollen objektiven Marktmiete zu bemessen, und zwar auch bereits vor Ablauf des Trennungsjahres.[836]

Nach Rechtskraft der Scheidung besteht die Möglichkeit einer Wiederherstellung der ehelichen Lebensgemeinschaft nicht mehr. Von diesem Zeitpunkt an ist der volle Nutzungswert, mithin der objektive Mietwert der genutzten Immobilie, in die Unterhaltsberechnung einzustellen.[837]

Bei preisgebundenen Wohnungen ist die **Kostenmiete** maßgeblich.[838]

Wenn einem Ehegatten **mehrere Wohnungen** gehören, können seinem Einkommen entsprechende Wohnvorteile zugerechnet werden. Allerdings kommt eine Kürzung unter Angemessenheitsgesichtspunkten in Betracht.[839]

Bei **Veräußerung des Eigenheims** ist zunächst zu prüfen, welche Zinseinkünfte oder Nutzungsvorteile aus dem Erwerb eines neuen Eigenheims als **Surrogat** an die Stelle der früheren Wohnvorteile getreten sind oder bei wirtschaftlicher Widerlage des Erlöses erzielt werden könnten.[840]   **115**

Es spielt keine Rolle, ob der Wert der früheren Wohnvorteile die jetzt gezogenen oder in zumutbarer Weise erzielbaren Nutzungen unter-/oder überschritten hat. Als Surrogat gelten auch Zinsen, die den früheren Wohnwert übersteigen.[841] Bei der Veräußerung von Miteigentum führt die Surrogation im Grundsatz dazu, dass Zinsen aus dem unter Ehegatten aufgeteilten Erlös als wertneutral behandelt werden können. Gleich hohe Zinsen gleichen sich bei der Differenzberechnung aus. Sofern jedoch keine gleich hohen Zinseinkünfte erzielt werden, erfolgt grundsätzlich ein Ausgleich im Wege der Differenzberechnung.[842]

Bei der **Veräußerung des Miteigentumsanteils an den anderen Ehegatten** behält der erwerbende Ehegatte seinen Wohnvorteil und wird den zusätzlichen Nutzungsvorteil, den er von dem veräußernden Ehegatten erworben hat, regelmäßig finanzieren müssen. Der BGH[843] lehnt ausdrücklich die Auffassung ab, die beiderseitigen Vorteile seien außer Betracht zu lassen, weil sich die Veräußerung für den veräußernden Ehegatten unterhaltsrechtlich nicht unangemessen nachteiliger auswirken dürfe als ein Verkauf an Dritte.[844] Nach Auffassung des BGH ist dem Erwerber der volle

---

834 BGH NJW 2000, 2350.
835 OLG Stuttgart FamRZ 2004, 1109.
836 OLG Schleswig FamRZ 2003, 603; OLG Koblenz NJW 2003, 1816.
837 BGH FamRZ 1998, 87; OLG Hamm FamRZ 1999, 917; FamRZ 2000, 26; OLG Karlsruhe FamRZ 1993, 1091; OLG Hamm FamRB 2003, 285; etwas anderes kann jedoch gelten, wenn der nach Scheidung der Ehe in der Wohnung verbliebene Ehegatte noch nicht ausgezogen ist, weil er eine behindertengerechte Wohnung sucht, OLG Hamm FamRZ 2001, 103.
838 BGH FamRZ 1994, 822.
839 BGH FamRZ 2009, 1300 = FuR 2009, 567.
840 BGH FamRZ 2009, 104; Gerhardt FamRZ 2003, 414.
841 BGH FamRZ 2002, 88.
842 BGH FamRZ 2002, 88.
843 FamRZ 2005, 1159, 1877.
844 Vgl. auch OLG Karlsruhe FamRZ 2004, 1209; OLG Hamm FamRZ 2003, 876.

Wohnvorteil des von ihm übernommenen Familienheims, also der Wohnwert abzüglich Zins- und Tilgung auf die vor Veräußerung bestehende Kreditverbindlichkeit und abzüglich Zinsaufwand – nicht Tilgung für das den Veräußerungserlös abdeckende Darlehen, zuzurechnen (zur ausnahmsweise gegebenen Berücksichtigungsfähigkeit der Tilgungsleistungen im Rahmen angemessener Altersvorsorge vgl. Rdn. 167).

Den aus dem Verkauf eines Eigenheims erzielten Erlös muss der Ehegatte – der Bedürftige gleichermaßen wie der Pflichtige – so ertragreich wie möglich anlegen.

Ein **Wohnvorteil** ist **nicht prägend**, wenn ein Ehegatte das Haus erst nach der Trennung mit nicht prägenden Mitteln, z.B. aus einer Erbschaft, einem Lottogewinn oder nach der Trennung aufgebauten Ersparnissen, erworben (und bezogen) hat.[845]

116 Von einem einkommenserhöhenden Wohnvorteil durch mietfreies Wohnen ist auszugehen, wenn der Wohnwert den berücksichtigungsfähigen Schuldendienst und erforderliche Instandhaltungskosten übersteigt.[846] Liegt der Wohnwert unter dem Schuldendienst, stellt sich die Frage der **Verwertungsobliegenheit**.[847]

Der Nutzungswert ist zu kürzen um **Hauslasten**. Vom Eigentümer zu tragende **verbrauchsabhängige Kosten** (Kosten für Heizung, Strom, Gas, Wasser etc.), können grds. nur dann von seinem Wohnvorteil abgezogen werden, wenn es um nicht **umlagefähige Kosten** i.S.d. der §§ 556 Abs. 1 BGB, 1, 2 BetrKV handelt.[848] Der BGH hat seine frühere Rspr.[849] im Hinblick darauf aufgegeben, dass die Unterscheidung nach der Verbrauchsabhängigkeit der Kosten keiner mietvertraglichen Praxis entspricht. Ob mit dem Eigentum verbundene Kosten allein von einem Eigentümer und nicht von einem Mieter getragen werden, lässt sich verlässlicher danach beurteilen, ob die Kosten auf einen Mieter umgelegt werden können. Dabei begegnet es grds. keinen Bedenken, wenn von dem Regelfall ausgegangen wird, dass Vermieter die gesetzlichen Möglichkeiten ausschöpfen und die nach §§ 1, 2 BetrKV umlagefähigen Kosten in der Praxis auf die Mieter umgelegt werden. Dies dürften in der Praxis alle Nebenkosten mit Ausnahme der Kosten der Hausverwaltung sein. Zu prüfen ist dann nur noch, ob die fraglichen Kosten etwa schon in die ortsübliche Grundmiete eingerechnet sind. Das ist allerdings bei der sogenannten Netto-Kaltmiete, die regelmäßig den örtlichen Mietspiegeln zugrunde liegt, nicht der Fall. Diese versteht sich im Gegensatz zur (Teil-)Inklusivmiete als Miete ohne alle Betriebskosten nach § 556 Abs. 1 BGB.[850] Nach geänderter Rspr. des BGH ist damit **maßgeblich nicht das Kriterium der Verbrauchsabhängigkeit, sondern der Umlagefähigkeit der Nebenkosten**.[851]

Abzusetzen sind **Kosten notwendiger Instandhaltungsmaßnahmen**, nicht dagegen Ausgaben für wertsteigernde Ausbauten und Modernisierungen als vermögensbildende Maßnahmen.[852] Für Instandhaltungskosten können Rücklagen gebildet werden, wenn es sich um konkrete, unaufschiebbare Maßnahmen handelt.[853] Bei **Eigentumswohnanlagen** ist wegen der dort nach der Eigentümerordnung bestehenden generellen Rücklagenverpflichtung nach § 21 Abs. 5 WEG ein großzügiger Maßstab anzulegen. Hier sind vorgeschriebene **Rücklagen** als Abzugsposten grds. anzuerkennen.[854]

---

845 OLG Brandenburg FamRZ 2009, 1837.
846 So Ziff. 5 der Leitlinien der meisten Oberlandesgerichte.
847 BGH FamRZ 2009, 104.
848 BGH FamRZ 2009, 1300 = FuR 2009, 567.
849 Vgl. etwa FamRZ 2000, 351.
850 BGH FamRZ 2009, 1300 m. Anm. Schürmann = FuR 2009, 567.
851 Vgl. zuvor bereits Gerhardt FuR 2007, 393; vgl. weiter Gerhardt FamRZ 1993, 1139; Gerhardt FamRZ 1992, 1123; Winckelmann FuR 1997, 14; Pauling FPR 1997, 130; Graba FamRZ 1995, 385.
852 BGH FamRZ 2000, 351; 1997, 281.
853 BGH FamRZ 2000, 351; FuR 2000, 252; vgl. auch OLG München FuR 2003, 724.
854 OLG München FamRZ 2002, 1407.

Abzusetzen sind ferner **Zinsen** für die auf dem Grundstück lastenden Darlehensverbindlichkeiten.[855] Bei **Tilgungsleistungen** ist zu differenzieren. Zur Ermittlung des angemessenen Unterhalts nach den ehelichen Lebensverhältnissen (§ 1578 BGB) sind sie stets zu berücksichtigen, da die durch die Tilgung erfolgende Vermögensbildung die ehelichen Lebensverhältnisse geprägt hat. Etwas anderes gilt nur, wenn die Vermögensbildung nach den sonstigen wirtschaftlichen Verhältnissen der Ehegatten unangemessen war, so dass der Berechtigte an der Beschränkung seines Lebensstandards nicht festgehalten werden kann.[856] Zur **Feststellung der Leistungsfähigkeit** ist der Wohnwert um Tilgungsleistungen zu kürzen, wenn die Immobilie im **gemeinschaftlichen Eigentum** steht, da die Vermögensmehrung beiden Eheleuten zugutekommt. Das Gleiche gilt, wenn der ausgezogene Ehegatte Alleineigentümer ist, mithin das Vermögen des in der Wohnung verbliebenen Ehegatten durch Entrichtung der Tilgungsraten gemehrt wird.

Ist der tilgende Ehegatte **Alleineigentümer,** sind seine Leistungen jedenfalls bis zur **Rechtshängigkeit des Ehescheidungsverfahrens** zu berücksichtigen, wenn der andere über den Zugewinnausgleich an dem Vermögenszuwachs teilnimmt.[857] Der Tilgungsanteil der Kreditraten muss unberücksichtigt bleiben, wenn die damit einhergehende Vermögensbildung zu einer einseitigen Belastung des Unterhaltsberechtigten führen würde, weil dieser von der mit der Tilgung einhergehenden Vermögensbildung nicht mehr profitiert. Das wird regelmäßig der Fall sein, wenn bereits ein Ehescheidungsantrag rechtshängig ist und ein künftiger Vermögenszuwachs wegen des Endstichtags nach §§ 1376 Abs. 2, 1384 BGB nicht mehr ausgeglichen wird. Gleiches gilt, wenn die Ehegatten Gütertrennung vereinbart haben und der Vermögenszuwachs eines Ehegatten aus diesem Grund nicht (mehr) ausgeglichen wird. Für die Berücksichtigung des Tilgungsanteils kommt es deswegen allein darauf an, ob der andere Ehegatte im konkreten Einzelfall (noch) von der Vermögensbildung profitiert. Ist das nicht (mehr) der Fall, muss der Tilgungsanteil grds. als **einseitige Vermögensbildung** zu Lasten der Unterhaltsansprüche des anderen Ehegatten unberücksichtigt bleiben.[858] Etwas anderes gilt für den Fall, dass mit den Tilgungsleistungen angemessen für das Alter vorgesorgt wird (vgl. Rdn. 119).

Übersteigen Zins- und Tilgungsleistungen den Wohnwert, ist beim Ehegattenunterhalt zwischen Trennungsunterhalt und nachehelichem Unterhalt zu differenzieren.[859] Nach Scheidung besteht unterhaltsrechtlich grundsätzlich die Obliegenheit unter Beachtung von Zumutbarkeitsgesichtspunkten eine wirtschaftlich angemessene Nutzung (etwa Veräußerung oder Vermietung) herbeizuführen.[860] Gleichwohl erbrachte Tilgungsleistungen dienen allein der Vermögensbildung und sind unterhaltsrechtlich nicht zu berücksichtigen, es sei denn, es liegt eine zu akzeptierende **angemessene Altersvorsorge** vor.[861]

Für den **Trennungsunterhalt** ist eine andere Beurteilung geboten. Insoweit sind die noch in der Ehezeit regelmäßig gezahlten Beträge, und zwar Zins- wie Tilgungsleistungen, unterhaltsrechtlich grundsätzlich in voller Höhe zu berücksichtigen.[862] Arg.: in der Trennungszeit ist es einem Ehegatten in der Regel nicht zumutbar, das frühere Familienheim, das er inzwischen allein bewohnt, zur Steigerung seiner Einkünfte oder zur Verringerung der Belastungen zu verwerten.[863]

117

---

855 BGH NJW 2000, 265; OLG München FamRZ 1999, 509; OLG Celle FamRZ 1999, 508.
856 Hahne FF 1999, 99.
857 BGH FuR 2008, 283 = FamRZ 2008, 963; OLG Düsseldorf FamRZ 1994, 1049.
858 BGH FamRZ 2008, 963.
859 BGH FamRZ 2007, 879.
860 BGH FamRZ 1990, 269.
861 BGH FamRZ 2007, 879; Gerhardt FamRZ 2007, 945; Gerhardt/Schulz FamRZ 2005, 1523.
862 BGH FuR 2008, 283 = FamRZ 2008, 963; 2007, 879; Abgrenzung zu 2000, 950; Gerhardt FamRZ 2007, 945.
863 BGH FamRZ 2000, 950.

Nach **Rechtskraft der Ehescheidung** senken Tilgungsleistungen den objektiven Wohnwert regelmäßig nicht.[864] Etwas anderes kann nur in Ausnahmefällen gelten, etwa wenn ein Ehegatte die Veräußerung der Immobilie hartnäckig blockiert.[865]

Übersteigen die Belastungen den Wohnwert, so ist dies, jedenfalls so lange eine Obliegenheit zur Verwertung nicht besteht, bei der Feststellung der Leistungsfähigkeit des Pflichtigen zu berücksichtigen. Die Zurechnung eines Wohnvorteils entfällt, da der Eigentümer nicht günstiger wohnt, als der Mieter. Die Belastungen sind, soweit sie den angemessenen objektiven Wohnwert übersteigen, als einkommensreduzierend anzusehen.[866]

Sind die berücksichtigungswürdigen Hausschulden höher als der prägende Wohnwert, entfällt für die Bedarfsermittlung die Zurechnung eines Wohnvorteils.[867]

Fraglich ist, ob der **Mehrbetrag eine berücksichtigungsfähige Verbindlichkeit darstellt**. Dies ist im Rahmen einer **umfassenden Interessenabwägung** nach allgemeinen Grundsätzen zu beurteilen.[868] Im Einzelnen sind folgende Umstände bedeutsam:

– Die Verbindlichkeit muss ehebedingt sein.
– Die Tilgung berücksichtigungswürdiger Schulden hat im Rahmen eines vernünftigen Tilgungsplans zu erfolgen.[869]
– Bei einem im Miteigentum stehenden Eigenheim und einer gemeinsamen Schuld der Eheleute sind auch über den Wohnwert hinausgehende Zins- und Tilgungsleistungen beim Bedarf und bei der Bedürftigkeit/Leistungsfähigkeit zu berücksichtigen.
– Bei Alleineigentum entfällt für die Bedarfsermittlung ein Wohnwert. Den Wohnwert übersteigende Zinsen sind als negativer Wohnwert zu berücksichtigen, die Tilgung als einseitige vermögensbildende Leistung grds. nicht.[870] Tilgungsleistungen sind beim Trennungsunterhalt nur bis zur Rechtshängigkeit des Ehescheidungsverfahrens, darüber hinaus nur nach Billigkeit zu berücksichtigen.

Verbleiben nach Veräußerung des Familienheims noch Verbindlichkeiten, die durch den Erlös nicht gedeckt wurden, handelt es sich bei Miteigentum um **berücksichtigungsfähige Schulden**. Bei Alleineigentum sind sie nur bei hohen Einkünften berücksichtigungsfähig, bei beengten Verhältnissen nicht.

Übersteigen Zins- und Tilgungsleistungen den Wohnwert, ist mit einem **negativen Wohnwert** zu rechnen.[871]

Streitig ist, wie der negative Wohnwert berücksichtigt wird. Zum Teil wird vertreten, diese Schulden als Verbindlichkeit beim Erwerbseinkommen zu berücksichtigen. Dies würde zu einer Bonusminderung führen. Geht man jedoch davon aus, dass Abzüge bei der Einkommensart vorzunehmen sind zu der sie gehören, ist die den Wohnwert übersteigende Schuld als negativer Wohnwert anzusetzen.[872]

---

864 BGH FamRZ 2010, 1633; BGH FamRZ 2008, 963; BGH FamRZ 2007, 879; BGH FuR 2000, 469; 1992, 423; 1998, 87.
865 OLG Frankfurt FamRZ 1990, 823; OLG Hamm FamRZ 1986, 1210.
866 BGH FamRZ 1984, 358; Wendl/Gerhardt § 1 Rn. 498 ff.
867 BGH FamRZ 1995, 291.
868 BGH FamRZ 1984, 358.
869 BGH FamRZ 1982, 355.
870 BGH FamRZ 2000, 950.
871 BGH FamRZ 2007, 879.
872 BGH FamRZ 2007, 879; zu Einzelheiten vgl. Wendl/Gerhardt § 1, Rn. 523.

Beim nicht prägenden Wohnwert können nur Zinsen, nicht Tilgungsleistungen abgezogen werden. Nicht abgezogen werden kann ein Kredit zur Finanzierung des Zugewinns.[873]

Eine Ausnahme, beim nachehelichen wie beim Trennungsunterhalt nur einen angemessenen Wohnwert anzusetzen, kommt lediglich in seltenen Fällen und aus Billigkeitsgründen nach § 242 BGB in Betracht, so wenn eine Teil- oder Weitervermietung unzumutbar ist,[874] etwa bei Rentnern im fortgeschrittenen Alter oder bei Unverkäuflichkeit oder Unvermietbarkeit des Objekts. **118**

Beim **Kindesunterhalt** ist mietfreies Wohnen nur einkommenserhöhend zu berücksichtigen, wenn der baruntertaltspflichtige Elternteil im Eigenheim lebt. Bewohnen neben dem Pflichtigen weitere Familienangehörige das Eigenheim, etwa bei Wiederverheiratung der neue Ehegatte oder bei Kindern nicht verheirateter Eltern dessen Ehefrau, kann der Wohnwert nur anteilig zugerechnet werden. Bei Erwachsenen ist der Wohnwert nach Köpfen zu verteilen,[875] Kinder sind geringer, etwa mit 1/5 des Tabellenbetrages des Unterhalts nach der Düsseldorfer Tabelle, anzusetzen.[876] Eine solche Bedarfskürzung kann auch gerechtfertigt sein, wenn der baruntertaltspflichtige Elternteil seinem Kind die kostenfreie Nutzung einer Wohnung ermöglicht.[877] **119**

Auch eine den Wohnwert übersteigende nach der Trennung erzielte oder erzielbare **Nutzungsentschädigung** ist als Einkommen des Unterhaltspflichtigen anzusehen, da der Kindesunterhalt auch an einer nachehelichen Entwicklung der Einkommensverhältnisse des Pflichtigen teilnimmt und an ihr auszurichten ist.[878] Auch für die Wohnwertberechnung beim Kindesunterhalt wird man von der objektiven Marktmiete auszugehen haben.[879] Ist im Verhältnis zum Ehegatten – etwa mit Rücksicht auf die noch nicht abgelaufene Trennungszeit – nicht die objektive Marktmiete, sondern ein »angemessener« und damit reduzierter Wohnwert anzusetzen, hat dies jedoch auch für den Unterhalt der gemeinsamen minderjährigen Kinder grundsätzlich Geltung.[880] Im Übrigen kann nach Treu und Glauben nur ein angemessener Wohnwert angesetzt werden, wenn die verbleibenden Mittel für Unterhaltszahlung und Lebensführung des Pflichtigen nicht ausreichen. Die Gründe, die beim Trennungsunterhalt aus Billigkeitsgründen zur Begrenzung auf den angemessenen Wohnwert führen, treffen letztlich auch beim Kindesunterhalt zu. Auch beim Kindesunterhalt wird sich der Wohnwert bei beengten finanziellen Verhältnissen während der Trennung nach dem angemessenen Wert richten. Außerdem ist stets eine Kontrollrechnung vorzunehmen, wie viel Bargeld dem Pflichtigen zur Lebensführung verbleibt, d.h. ob gegenüber minderjährigen Kindern sein notwendiger Selbstbehalt ohne Wohnkosten verbleibt.[881] Nach der Scheidung, bei guten oder sehr guten Einkommensverhältnissen und bei Kindern nicht verheirateter Eltern, wird regelmäßig die objektive Marktmiete anzusetzen sein, es sei denn, der Pflichtige ist gezwungen, das Eigenheim zu veräußern.[882]

Wohnt das Kind mietfrei in Wohn- und Haushaltsgemeinschaft mit dem sorgeberechtigten Elternteil, wird dadurch die Bedürftigkeit des Kindes nicht gemindert. Das mietfreie Wohnen des betreuenden Elternteils führt mithin nicht zu einer Kürzung des Barunterhalts des Kindes.[883] Eine Ausnahme kann bei beengten Verhältnissen nach Treu und Glauben angebracht sein, wenn zwar

---

873 BGH FamRZ 2000, 950.
874 BGH FamRZ 2000, 950 = FuR 2000, 489.
875 OLG München FamRZ 1999, 251.
876 Vgl. Nr. 21.5.2 der Leitlinien; OLG München FamRZ 1998, 824; OLG Düsseldorf NJW-RR 1994, 326.
877 A.A. OLG Koblenz FamRZ 2009, 891 m. krit. Anm. Borth.
878 BGH FamRZ 1993, 1304.
879 OLG Rostock FamRZ 2005, 645.
880 KG FamRZ 2003, 1864; OLG Celle FamRZ 2001, 1640.
881 BGH FamRZ 2008, 668.
882 Vgl. auch Empfehlungen des Arbeitskreises 3 des 13. Deutschen Familiengerichtstages (1999).
883 BGH FamRZ 1992, 425; BGH FamRZ 1989, 1160; vgl. auch OLG Koblenz FamRZ 2009, 891.

der betreuende Elternteil weiterhin mietfrei im Familienheim wohnt, der Barunterhaltspflichtige nach Absprache aber alle Hausschulden zahlt[884] oder im Mangelfall, wenn die vorhandenen Mittel des Pflichtigen nicht ausreichen, den Mindestunterhalt bezahlen zu können.

Der für das Kind geleistete Barunterhalt erhöht aber beim Trennungsunterhalt durch den darin enthaltenen Mietkostenzuschuss den Wohnwert des mietfrei wohnenden, das Kind betreuenden Elternteils.[885]

Bei der Berechnung des Ehegattenunterhalts ist der Wohnwert in diesen Fällen angemessen zu erhöhen, etwa in dem man das Kinderzimmer mit berücksichtigt und bewertet. Ist beim Ehegattenunterhalt allerdings bereits die objektive Marktmiete zugrunde gelegt, entfällt eine Erhöhung, da der Wert des mietfreien Wohnens bereits ausgeschöpft ist.[886] Ein **eigener Wohnvorteil des minderjährigen Kindes** mindert dessen Bedürftigkeit jedoch, wenn dem Kind die Wohnung selbst gehört. Sodann ist der Barunterhalt des minderjährigen Kindes um 15 bis 20 % zu kürzen.[887]

Bei **volljährigen Kindern** mindert ein Wohnvorteil des Kindes (etwa wohnen in einer eigenen Eigentumswohnung) dessen Bedürftigkeit um den darin enthaltenen Wohnanteil für Unterkunft und Heizung von etwa bis zu 280 €.[888]

Lebt das volljährige Kind in der Wohnung eines leistungsfähigen Elternteils, kürzt dieses Wohnen seinen Bedarf nicht. Der die Unterkunft gewährende Elternteil kann allerdings vom Volljährigen für Naturalleistung Kostgeld verlangen und mit einem anteiligen Unterhaltsanspruch verrechnen.[889]

Lebt das Kind in Haushalts- und Wohngemeinschaft mit einem nicht leistungsfähigen Elternteil, so mindert dieser Vorteil den Barunterhaltsanspruch gegen den anderen Elternteil ebenfalls nicht, weil der nicht barunterhaltspflichtige Elternteil in der Regel mit seiner freiwilligen unentgeltlichen Zuwendung nicht den barunterhaltspflichtigen Elternteil von dessen Unterhaltsverpflichtung entlasten will.[890]

Ähnlich wie beim Elternunterhalt[891] wird man auch beim Kindesunterhalt bei der Bemessung des Wohnwerts beim barunterhaltspflichtigen Elternteil von der objektiven Marktmiete auszugehen haben. Nach Treu und Glauben ist nur ein angemessener Wohnwert anzusetzen, wenn die verbleibenden Mittel für Unterhaltszahlungen und Lebensführung nicht ausreichen. Außerdem ist stets eine Kontrollrechnung vorzunehmen, wie viel Bargeld dem Pflichtigen zur Lebensführung verbleibt, insbesondere, ob der notwendige Selbstbehalt gewahrt ist.[892] Beim Volljährigen kann der Wohnwert nicht generell nur nach den Wohnkosten im Selbstbehalt angesetzt werden.[893] Insbesondere bei beengten finanziellen Verhältnissen wird er während der Trennung mit dem angemessenen Wert in Ansatz zu bringen sein. Ab Rechtshängigkeit des Ehescheidungsverfahrens, bei Kauf eines neuen Eigenheims oder bei überdurchschnittlichen Einkommensverhältnissen sowie bei Kindern nicht verheirateter Eltern kann die objektive Marktmiete anzusetzen sein.

---

884 OLG Düsseldorf FamRZ 1994, 1049; vgl. auch Wendl/Gerhardt, § 1 Rn. 573.
885 BGH FamRZ 1992, 425.
886 Wendl/Gerhardt, § 1 Rn. 574.
887 OLG München FamRZ 1998, 824; OLG Düsseldorf NJW-RR 1984, 326.
888 Vgl. etwa Ziff. 13.1 2 SüdL und HaL und die zum Teil geringfügig divergierenden Regelungen zu Ziff. 13. 1.2 der Leitlinien der übrigen Oberlandesgerichte, BrL, FL, HaL, KL, NaL.
889 BGH FamRZ 1988, 1039.
890 Wendl/Gerhardt § 1 Rn. 576.
891 BGH FamRZ 2003, 1179.
892 BGH FamRZ 2008, 968.
893 BGH FamRZ 2006, 1100; vgl. auch Wendl/Gerhardt § 1 Rn: 577.

Bei den den **Wohnwert mindernden Aufwendungen** ist nach den Regeln über die Berücksichtigung von Schulden zu verfahren.[894] Der Kredit muss insgesamt in angemessenem Verhältnis zum Wohnwert stehen.[895] Im Zweifel sind Verbindlichkeiten (Zins- und Tilgung) bis zur Höhe des Wohnwerts regelmäßig wegen des mietfreien Wohnens anzuerkennen.[896] Über den Wohnwert hinausgehende Verbindlichkeiten sind im Zweifel nicht anzuerkennen.[897] Beim Minderjährigenunterhalt sind dabei strenge Maßstäbe anzulegen. Besteht keine Verwertungsobliegenheit, sind Grundstückslasten und Finanzierungsaufwand zwar regelmäßig voll zu berücksichtigen. Dies gilt auch, wenn die Hauslasten den Wohnwert übersteigen. Kann der Pflichtige jedoch wegen der Lasten das Existenzminimum für ein minderjähriges Kind nicht aufbringen, führt das Gebot allgemeiner Interessenabwägung grundsätzlich dazu, den Kindesunterhalt vorrangig zu bedienen, in dem der Tilgungsanteil als Vermögensbildung außer Ansatz bleibt.

Nicht nur beim Ehegattenunterhalt, sondern auch beim Kindesunterhalt muss im Übrigen jedoch der Gedanke Berücksichtigung finden, dass über die primäre Altersvorsorge hinaus **zusätzliche private Altersvorsorge** betrieben werden darf. Dies gilt nicht nur beim Elternunterhalt,[898] sondern auch beim Ehegatten- und Kindesunterhalt.[899] Nach ständiger Rspr. des BGH[900] kann der Lebensstandard im Alter nur gesichert werden, wenn neben der primären Vorsorge (u.a. durch die gesetzliche Rentenversicherung) private Leistungen für eine zusätzliche Altersvorsorge erbracht werden (zu Einzelheiten vgl. Rdn. 167 f.). Diese Notwendigkeit, für das Alter zusätzlich Vorsorge zu treffen, stellt sich letztlich für jeden, auch für den getrennt lebenden Ehegatten. Da eine angemessene Altersvorsorge nicht mehr allein durch die gesetzliche Rentenversicherung gewährleistet werden kann, muss dem Unterhaltsberechtigten und gleichermaßen dem Unterhaltspflichtigen zugebilligt werden, in angemessenem Umfang zusätzlich Vorsorgeaufwand zu betreiben, und beiden die Möglichkeit eröffnet sein, diesen Umstand in die Unterhaltsbemessung einfließen zu lassen. Unterhaltsrechtlich ist dabei unerheblich, ob sich der Erwerbstätige für eine Direktversicherung oder eine andere Altersversorgung entscheidet. Auch wenn er durch die **Entschuldung des Familienheims** weiteres Vermögen mit dem Ziel einer später miet- und belastungsfreien Wohnungsnutzung schafft, ist dies als besondere Form der zusätzlichen Altersvorsorge berücksichtigungsfähig.[901] Der **Schwellenwert** für einen **angemessenen zusätzlichen privaten Altersvorsorgeaufwand**, der auch in Gestalt der Bedienung von Verbindlichkeiten für eine Immobilie erfolgen kann, liegt bei 4 % des jeweiligen Gesamtbruttoeinkommens des Vorjahres (beim Elternunterhalt: 5 %).[902]

Beim **Verwandtenunterhalt** kommt regelmäßig nur der Ansatz eines **angemessenen Wohnwerts** in Betracht.[903] Dies gilt gleichermaßen beim Elternunterhalt[904] wie bei der Ersatzhaftung von Großeltern.[905] Hier ist insbesondere zu beachten, dass die Unterhaltsverpflichtung nicht zu einer spürbaren Absenkung des Lebensstandards führen darf. Dies wäre jedoch oftmals der Fall, wenn nicht nur der angemessene, sondern der objektive Wohnvorteil berücksichtigt würde.[906]

---

894 BGH FamRZ 2002, 815; vgl. etwa Ziff. 5.4 HL.
895 BGH NJW-RR 1995, 129.
896 BGH FamRZ 2004, 1184.
897 BGH FamRZ 2003, 445.
898 BGH FamRZ 2004, 792.
899 BGH FamRZ 2005, 1817.
900 Zuletzt FamRZ 2008, 963.
901 BGH FamRZ 2008, 963; 2005, 1817.
902 BGH FamRZ 2004, 792 für den Elternunterhalt; 2005, 1817, 1822 für den Ehegatten- und Volljährigenunterhalt.
903 BGH FamRZ 2003, 1179.
904 BGH FamRZ 2003, 1179.
905 BGH FamRZ 2006, 26.
906 BGH FamRZ 2006, 1100.

Der Wohnvorteil wird auch hier gemindert durch Grundstückskosten und -lasten, insb. Zinslasten und Instandhaltungsaufwendungen. Tilgungsleistungen kann das unterhaltspflichtige Kind im Rahmen des Elternunterhalts absetzen, wenn sie sich angesichts der Einkommens- und Vermögenssituation der Beteiligten in einem angemessenen Rahmen halten und die Kredite vor Bekanntwerden der Unterhaltsverpflichtung eingegangen wurden.[907]

120 Als Anhalt im Sinne einer Korrektur – und nicht eines Bemessungsmaßstabs – kann gelten, dass maximal etwa 30 % des verfügbaren Einkommens zu Unterhaltszwecken verwendet werden. Methodisch ist zunächst – regelmäßig anhand eines Mietspiegels – der Mietwert festzustellen. Danach ist zu prüfen, ob die gesamte Nutzung des Eigenheims ausscheidet, weil noch unterhaltspflichtige Kinder in der Wohnung leben oder deren Räume zur Deckung des eigenen Wohnbedarfs nicht mehr benutzt werden, da diese nach Beendigung ihrer Ausbildung aus der elterlichen Wohnung ausgezogen sind. Im Anschluss hieran ist der Vergleich mit dem verfügbaren Einkommen vorzunehmen.

Bei der Bemessung der Gebrauchsvorteile aus dem Eigenheim ist zu berücksichtigen, dass der angemessene Eigenbedarf nicht unabhängig von dem im konkreten Fall vorhandenen Einkommen bestimmt werden darf. Danach braucht der Unterhaltspflichtige eine spürbare dauerhafte Senkung seines berufs- und einkommenstypischen Unterhaltsniveaus nicht hinzunehmen.[908] Würde deshalb bei der Bestimmung des Wohnwerts nach einem objektiven Maßstab ein höherer Betrag festgelegt als der Unterhaltspflichtige im Hinblick auf seine Einkommensverhältnisse für Wohnkosten ausgäbe, so kann (nur) der geringere Betrag dem unterhaltspflichtigen Einkommen zugerechnet werden, weil ansonsten der Unterhalt teilweise aus Einkommensteilen erbracht werden müsste, die zum angemessenen Selbstbehalt gehören.

Die auf der Immobilie ruhenden Belastungen sind vorab um eine **Eigenheimzulage** (vgl. Rdn. 91), soweit sie noch gewährt wird, nach dem Eigenheimzulagengesetz zu kürzen.[909] Die Eigenheimförderung ist zwischenzeitlich eingestellt. Gefördert wurden letztmalig Familienheime, die vor dem 01.06.2006 erworben wurden, bzw. mit deren Erstellung vor diesem Stichtag begonnen wurde.

121 Wird der Wohnwert bereits bei der Ermittlung des Unterhalts berücksichtigt, kann der Miteigentümer nicht zusätzlich ein **Nutzungsentgelt** nach §§ 1361b, 1568a BGB verlangen.[910] Der bei der Unterhaltsberechnung angesetzte Wohnwert beinhaltet eine Regelung über den Nutzungswert der Ehewohnung.[911] Eine **anderweitige Regelung** liegt auch vor, wenn durch Berücksichtigung des mietfreien Wohnens des Bedürftigen der Unterhaltsanspruch entfällt.[912] Das grundsätzliche Verlangen auf Trennungsunterhalt kann auch konkludent erfolgen, wenn der Bedürftige bei rückwirkender Geltendmachung einer Nutzungsentschädigung einwendet, er habe nur wegen des mietfreien Wohnens davon abgesehen, Trennungsunterhalt zu verlangen. Entfällt der Unterhaltsanspruch dagegen bereits aus anderen Gründen, steht keine anderweitige Regelung dem Begehren auf Nutzungsentschädigung entgegen.[913]

Es ist darauf zu achten, dass **keine Doppelanrechnung** des Wohnvorteils erfolgt. Haben die Parteien bereits eine Regelung über ein Nutzungsentgelt und ggf. auch einen **gesamtschuldnerischen Ausgleich** der mit dem Eigentum verbundenen Belastungen getroffen, scheidet eine (zusätzliche) Berücksichtigung im Rahmen der Unterhaltsbemessung aus. Umgekehrt ist ein gesamtschuldneri-

---

907 BGH FamRZ 2003, 1179.
908 BGH FamRZ 2003, 1179, 1698.
909 OLG München FamRZ 1999, 251.
910 BGH FamRZ 2003, 432; BGH FamRZ 1997, 484; BGH FamRZ 1994, 1100; OLG Naumburg FamRZ 2009, 2090.
911 OLG Köln ZFE 2005, 68; Palandt/Brudermüller § 1361b Rn. 20.
912 OLG Karlsruhe FamRZ 2009, 775.
913 OLG Karlsruhe FamRZ 2009, 775.

scher Ausgleich ausgeschlossen, wenn diese Positionen bereits im Rahmen der Unterhaltsregelung Berücksichtigung gefunden hat.[914]

F. Fiktive Einkünfte

Für die Unterhaltsberechnung sind nicht nur Einkünfte von Bedeutung, die tatsächlich erzielt **122** werden, sondern auch solche, die zumutbar erzielt werden könnten (vgl. auch Ziff. 9 der Leitlinien).[915] Dies gilt gleichermaßen für den Pflichtigen wie den Berechtigten.[916] Die Berücksichtigung auch fiktiver Einkünfte bei der Beurteilung der **Bedürftigkeit** und **Leistungsfähigkeit** ist verfassungsrechtlich nicht zu beanstanden.[917] Bei der Ermittlung des Bedarfs kann nicht ohne weiteres auf fiktive Einkünfte abgestellt werden. Lediglich gedachte wirtschaftliche Verhältnisse, die keine Grundlage in der Einkommenssituation des Pflichtigen haben oder hatten, können dessen Lebensstellung und damit auch die des von ihm wirtschaftlich abhängig Berechtigten nicht prägen. Auf ein fiktives, lediglich erreichbares Einkommen darf bei der Bedarfsbemessung grds. nicht abgestellt werden.[918] Etwas anderes gilt, wenn, etwa durch Aufgabe oder Einschränkung der Erwerbstätigkeit, die Grundlagen für die Bedarfsbemessung treuwidrig verändert werden. Ein Einkommensrückgang mindert nicht den Bedarf, wenn er auf einem treuwidrigen oder nachlässigen Verhalten des Schuldners beruht. Ebenso sind fiktive Einkünfte bedarfsprägend, die der unterhaltsberechtigte Ehegatte (§§ 1361 Abs. 2, 1574 BGB) erzielen kann und die ihm aufgrund der Verletzung einer Erwerbsobliegenheit zugerechnet werden.[919]

Die Zurechnung eines fiktiven Einkommens muss sowohl dem Grunde als auch der Höhe nach **besonders gerechtfertigt** sein, weil nur mit tatsächlich vorhandenem Einkommen der Lebensbedarf gedeckt werden kann. Der **Ansatz fiktiven Einkommens** ist eine **Ausnahme**,[920] die eingehend begründet werden muss. Wie bei jeder Analogie muss ein gleicher Grundgedanke die Gleichbehandlung des fiktiven mit dem tatsächlichen Einkommen tragen und aus Gründen der Gerechtigkeit erfordern.

Soweit der Umfang der Erwerbsobliegenheit zu beurteilen ist[921] hat dies unter **Wahrung des Grundsatzes der Verhältnismäßigkeit** zu geschehen.[922] Eine über die tatsächliche Erwerbstätigkeit hinausgehende Obliegenheit zur Erzielung von Einkommen, das insoweit der Unterhaltsberechnung fiktiv zugerechnet wird, kann nur angenommen werden, wenn und soweit die Aufnahme einer weiteren oder anderen Erwerbstätigkeit unter Berücksichtigung der Umstände des Einzelfalls zumutbar ist und nicht unverhältnismäßig belastet.[923] Bei der Frage der Zumutbarkeit oder der

---

914 BGH FamRZ 2005, 1236.
915 BVerfG FamRZ 2005, 1893; BGH NJW 2010, 1658; BGH FamRZ 2005, 23; BGH FamRZ 2003, 1471; BGH FamRZ 1998, 357; vgl. auch Jüdt FuR 2012, 520 u. Schürmann FuR 2011, 187.
916 BGH FamRZ 2000, 1358 und ständig.
917 BVerfG FuR 2010, 1083; BVerfG FamRZ 2008, 1403; BVerfG FamRZ 2007, 273.
918 BGH FamRZ 2000, 1358; BGH FamRZ 1997, 281.
919 BGH FamRZ 2003, 434; BGH FamRZ 2001, 1693.
920 BGH FamRZ 2002, 813, 1985, 273; zu Einzelheiten vgl. Schürmann FuR 2011, 187; Viefhues FuR 2007, 297; Müller FuR 2005, 487; Graba FamRZ 2001, 1257 und Graba FamRZ 2002, 6; Reinken ZFE 2008, 411 zur Abänderung von Titeln bei fingierten Verhältnissen (vgl. i.Ü Rn. 128).
921 Ausführlich hierzu Reinecke ZFE 2004, 6.
922 Grundlegend BVerfG FuR 2004, 495.
923 BVerfG FuR 2003, 533 = FamRZ 03, 661; vgl. auch FamRZ 2007, 273 zur gebotenen Prüfung im Einzelfall bei der Zurechnung fiktiver Einkünfte.

Vorwerfbarkeit, von der die Anrechnung fiktiver Einkünfte abhängig ist, sind die Belange von Unterhaltsschuldner und Unterhaltsgläubiger gegeneinander abzuwägen.[924]

Die Auferlegung von Unterhaltsleistungen schränkt den Verpflichteten in seiner durch Art. 2 I GG geschützten Handlungsfreiheit ein. Diese ist jedoch nur im Rahmen der verfassungsmäßigen Ordnung gewährleistet, zu der auch das Unterhaltsrecht gehört, soweit dieses mit Art. 6 I GG in Einklang steht. Der ausgeurteilte Unterhalt darf nicht zu einer **unverhältnismäßigen Belastung des Unterhaltspflichtigen** führen. Wird die **Grenze des Zumutbaren**[925] eines Unterhaltsanspruchs überschritten, ist die Beschränkung der Dispositionsfreiheit des Verpflichteten im finanziellen Bereich als Folge der Unterhaltsansprüche nicht mehr Bestandteil der verfassungsmäßigen Ordnung und kann vor dem Grundrecht des Art. 2 I GG nicht bestehen. Die Bestimmung der Höhe des Betrages, den ein Unterhaltspflichtiger realistischer Weise am Arbeitsmarkt zu verdienen in der Lage ist, erfordert im Hinblick auf die Vermeidung einer unzumutbaren Belastung eine Orientierung an tragfähigen Tatsachengrundlagen unter Einbeziehung der persönlichen Voraussetzungen des Unterhaltspflichtigen (etwa Alter, gesundheitliche Beeinträchtigungen, Dauer einer Arbeitsunfähigkeit) und der Lage am Arbeitsmarkt.[926]

Die fiktive Zurechnung von Einkünften kommt grundsätzlich **bei allen Einkommensarten** in Betracht. Fiktionen können erfolgen bei der Verletzung von Erwerbsobliegenheiten, einer nicht wirtschaftlichen Nutzung von Vermögen, der schuldhaft unterlassenen Erzielung von Steuervorteilen, aber auch etwa bei der unterlassenen Beantragung von Sozialleistungen mit Einkommenscharakter oder der unentgeltlichen Erbringung geldwerter Leistungen.

Die Zurechnung fiktiver Einkünfte basiert nach Treu und Glauben auf den sowohl auf dem Unterhaltsschuldner als auf dem Unterhaltsgläubiger lastenden **wechselseitigen Obliegenheiten**, alle zumutbaren Einkünfte zu erzielen.[927] Gilt die Obliegenheit, sich für den eigenen und den Unterhalt des Berechtigten erforderlichen Mittel durch zumutbaren Einsatz zu beschaffen, nach herrschender Meinung[928] für Bedürftigen wie Verpflichteten gleichermaßen, wird man gleichwohl tendenziell an die bedürftige Partei höhere Anforderungen stellen können, weil zuerst jeder für sich selbst verantwortlich ist. Dies gilt namentlich für den Geschiedenenunterhalt (§ 1569 BGB).

123 Die Voraussetzungen für die Zurechnung fiktiver Einkünfte sind in den verschiedenen Unterhaltsverhältnissen unterschiedlich.

So gelten **strenge Anforderungen** des Unterhaltsverpflichteten im Rahmen des § 1603 Abs. 2 BGB bei der Unterhaltsverpflichtung **gegenüber minderjährigen** Kindern[929] und **privilegierten volljäh-**

---

924 Ausführlich zur Einkommensfiktion im Unterhaltsrecht Spangenberg FamRZ 1994, Graba FamRZ 2001, 1258; zur Abänderung von Unterhaltstiteln bei fingierten Verhältnissen, Graba FamRZ 2002, 6 und Kleffmann in Scholz/Kleffmann/Motzer, Praxishandbuch Familienrecht, Teil G Rn. 106 ff.

925 BVerfG FamRZ 2012, 1283 BVerfG FamRZ 2010, 793; BVerfG FamRZ 2010, 626; BVerfG FamRZ 2010, 183; BVerfG FamRZ 2008, 1403; BVerfG FamRZ 2008, 1145; BGH FamRZ 2009, 214, 162.

926 BVerfG FamRZ 2008, 1145 = FuR 2008, 337; ZFE 2008, 307; vgl. auch BGH NJW 2006, 2317; FamRZ 2006, 460; BGH FamRZ 2009, 314; ZFE 2008, 225, 229.

927 BGH FamRZ 2003, 314; FuR 2001, 220; FamRZ 2000, 1358; FamRZ 1999, 2365 und allgemein Hoppenz, NJW 1984, 2327; Graba FamRZ 2001, 1257; FA-FamR/Gerhardt Kap. 6 Rn. 92 ff.

928 BGH FamRZ 2008, 2104; BGH FamRZ 1985, 354; OLG Köln FamRZ 2006, 1549.

929 BGH FamRZ 2009, 314; BGH FamRZ 2006, 1827; BGH FamRZ 2006, 1010; BGH FuR 2001, 220; BGH FamRZ 1998, 357; OLG Hamm FamRZ 2008, 171 = FuR 2007, 583; OLG München MDR 2008, 748; OLG Bremen FuR 2008, 216; OLG Dresden FamRZ 2008, 173; OLG Naumburg ZFE 2008, 195; OLG Brandenburg ZFE 2007, 192; OLG Dresden FamRZ 2003, 1206; OLG Nürnberg FuR 2002, 282; OLG Hamm, FamRZ 2001, 565; OLG Brandenburg FamRZ 2001, 372; OLG Hamburg FamRZ 2000, 1431; allerdings kann bei der gegenwärtigen Situation auf dem Arbeitsmarkt bei einem ungelernten Schuldner nicht ohne weiteres von einer Leistungsfähigkeit ausgegangen werden, vgl. OLG Frankfurt a.M. NJW 2007, 382.

rigen Kindern. Die Rechtsprechung[930] mutet etwa dem barunterhaltspflichtigen Elternteil zu, einen Berufs- oder Ortswechsel vorzunehmen, Arbeiten zu ungünstigen Bedingungen zu übernehmen, etwa zur Nachtzeit oder mit Lärm oder Schmutz verbundene Tätigkeiten zu verrichten. Es muss aber auch insoweit, wenn auch mit hinausgeschobener Grenze, die Zumutbarkeit zu bejahen sein.

Ein über den Mindestbedarf des minderjährigen Kindes hinausgehender Unterhaltsanspruch kann aus fiktiven Einkünften hergeleitet werden, wenn der Unterhaltspflichtige zuvor über einen längeren Zeitraum tatsächlich ein entsprechendes Einkommen erzielt und daraus den Familienunterhalt bestritten hat.[931] Auch gegenüber minderjährigen Kindern sind jedoch stets **Zumutbarkeitsgrenzen** zu beachten. Von einem Unterhaltsschuldner darf – auch unter Berücksichtigung einer zumutbaren Nebentätigkeit – nicht die Steigerung seines Einkommens um nahezu die Hälfte seines bisherigen Einkommens verlangt werden, wenn er bereits für das tatsächlich erzielte Einkommen den Einsatz einer Vollzeittätigkeit unter Inkaufnahme von Schichtdienst erbringen muss und das Einkommen unter Berücksichtigung seiner fehlenden Ausbildung und seines Werdeganges auch nicht unterdurchschnittlich ist.[932] Eine **Erstausbildung des Pflichtigen** gehört zu dessen eigenen Lebensbedarf, den er grds. auch bei gesteigerter Unterhaltspflicht gegenüber minderjährigen Kindern vorrangig befriedigen darf.[933]

Die **pauschale Annahme einer Leistungsfähigkeit** jedenfalls zur Zahlung des Mindestunterhalts für ein minderjähriges Kind ist **nicht gerechtfertigt**.[934] Eine pauschale Fiktion entsprechender Leistungsfähigkeit entspricht nicht immer der realen Einkommenssituation. Selbst bei Unterhaltspflichten gegenüber einem Kind der untersten Einkommensstufe müsste der Pflichtige ein Bruttoeinkommen von monatlich über 1.700 € (entspricht einem Stundenlohn von 10 € brutto) erzielen.[935] Dies kann jedenfalls nicht ohne nähere tragfähige Begründung angenommen werden.[936]

Gegenüber **volljährigen Kindern** bestehen nicht derart strenge Anforderungen wie gegenüber minderjährigen Kindern. Insbesondere sind volljährige Kinder, die sich nicht in der Berufsausbildung befinden, in erster Linie selbst für ihren Lebensunterhalt verantwortlich.[937] Für die Suche eines Ausbildungsplatzes billigt die Rspr. regelmäßig einen Zeitraum von bis zu drei Monaten zu.[938] Für die Erwerbsobliegenheit eines volljährigen Kindes, das schon eine abgeschlossene Berufsausbildung hat und sich nicht in Berufsausbildung befindet, gelten ähnliche Maßstäbe wie bei der verstärkten Unterhaltspflicht der Eltern gegenüber minderjährigen Kindern. Dem Volljährigen sind zur Deckung des eigenen Unterhaltsbedarfs dann auch berufsfremde Tätigkeiten sowie Arbeiten unterhalb seiner gewohnten Lebensstellung zuzumuten.[939] Allerdings trifft einen Studenten neben dem Studium regelmäßig keine Erwerbsobliegenheit. Er soll sich, auch im Interesse des Unterhaltspflichtigen, mit ganzer Kraft und der gebotenen Zielstrebigkeit dem Studium widmen können um dieses innerhalb angemessener und üblicher Dauer abzuschließen. Übt ein Student

---

930 BGH FamRZ 1980, 1113; zu Grenzen der Zumutbarkeit einer Stellensuche und der Einkommensfiktion vgl. BVerfG 2006, 151.
931 BGH NJWE-FER 2001, 7; OLG Zweibrücken FuR 1998, 321.
932 BVerfG FamRZ 2008, 1145; 2009, 162, 314; ZFE 2008, 307.
933 BGH FamRZ 2011, 1041; BGH FamRZ 1994, 372.
934 OLG Brandenburg ZFE 2007, 192.
935 BVerfG FamRZ 2010, 793; BVerfG FamRZ 2010, 525; BVerfG FamRZ 2010, 183; BVerfG FamRZ 2008; 1403; Schürmann FuR 2008, 234; Viefhues FuR 2007, 297.
936 BVerfG FamRZ 2010, 626.
937 BGH FamRZ 2006, 1100.
938 OLG Hamm NJW-RR 2006, 509; OLG Hamburg FamRZ 2003, 180; OLG Hamm FamRZ 1987, 411.
939 BGH FamRZ 1987, 930.

gleichwohl eine (Neben-)Erwerbstätigkeit aus, sind diese Einkünfte analog § 1577 Abs. 2 BGB ggf. nur teilweise anzurechnen.[940]

Beim **Verwandtenunterhalt** ist dem Unterhaltsverpflichteten nach der Bestimmung des § 1603 Abs. 1 BGB grundsätzlich der angemessene Selbstbehalt zu belassen. Soweit der Unterhaltsverpflichtete ein Recht auf Wahrung seines angemessenen Selbstbehalts hat, sind an seine Obliegenheit zum Einkommenserwerb (nur) durchschnittliche Anforderungen zu stellen, etwa im Verhältnis von Eltern zu ihren in Ausbildung befindlichen volljährigen Kindern.[941]

Durchschnittliche Anforderungen gelten auch für den Unterhalt von nicht miteinander verheirateten Eltern aus Anlass von Geburt und Betreuung des Kindes nach § 1615l BGB.[942]

Unterdurchschnittliche Anforderungen an die Erwerbsobliegenheit gelten im **Verhältnis zu aufsteigenden Verwandten.** Trotz der rechtlich schwachen Ausgestaltung des Unterhaltsanspruchs von Eltern, ist das unterhaltsverpflichtete Kind gehalten, einer zumutbaren Erwerbstätigkeit nachzugehen, um den Unterhaltsbedarf der Eltern zu decken.[943] So wird dem unterhaltsverpflichteten Kind jedoch kaum ein Ortswechsel zugemutet werden können, um eine Erwerbstätigkeit zu finden. Auch an den Umfang der Erwerbsbemühungen wird man geringere Anforderungen stellen müssen. Insbesondere ist es dem Unterhaltsverpflichteten nicht zumutbar einer Tätigkeit nachzugehen, wenn er seinerseits ein minderjähriges Kind betreut. Der Betreuungsbedarf dieses Kindes geht dem Elternunterhalt vor. Aus diesem Grund muss insbesondere auch die Rollenverteilung in der Ehe des unterhaltsverpflichteten Kindes hingenommen werden.[944]

124 In der Phase des **Getrenntlebens** besteht noch eine gesteigerte Verantwortung der Ehegatten füreinander.[945] Der Verpflichtete ist während des Bestehens der Ehe in erhöhtem Maß für den Unterhalt des Ehegatten verantwortlich. Ihn trifft eine erhöhte Obliegenheit zur Einkommenserzielung. Der bedürftige Ehegatte kann darauf verwiesen werden, seinen Unterhalt durch eine Erwerbstätigkeit selbst zu verdienen, wenn dies von ihm nach seinen persönlichen Verhältnissen, insbesondere wegen einer früheren Erwerbstätigkeit unter Berücksichtigung der Ehedauer und nach den wirtschaftlichen Verhältnissen der Ehegatten erwartet werden kann.[946] Die im Vergleich zur Zeit nach Scheidung verstärkte Einkommensobliegenheit für die Zeit des Getrenntlebens wird durch den Gedanken überlagert, dass, jedenfalls so lange noch eine Chance der Versöhnung der Ehegatten besteht, von keinem Ehegatten erwartet werden kann, Handlungen vorzunehmen, welche die Wiederherstellung der ehelichen Lebensgemeinschaft erschweren. Deswegen kann während der Trennungszeit der nicht erwerbstätige Ehegatte nicht ohne weiteres auf die Aufnahme einer Erwerbstätigkeit verwiesen werden.

125 Beim **nachehelichen Unterhalt** besteht wegen des Prinzips der Eigenverantwortlichkeit (§ 1569 BGB). grundsätzlich die Obliegenheit, eine angemessene Erwerbstätigkeit auszuüben.[947]

126 Für den Bedürftigen enthält das Gesetz konkrete Regelungen über eine schuldhafte unterhaltsrechtlich beachtliche Herbeiführung der Bedürftigkeit mit der Folge eines Anspruchsverlustes oder einer Anspruchsminderung (§ 1361 Abs. 2 i.V.m. § 1579 Nr. 3, § 1611 BGB). Der **Grundsatz der**

940 OLG Thüringen FuR 2009, 647 = FamRZ 2009, 1416; OLG Karlsruhe FamRZ 1994, 1278; vgl. auch BGH FamRZ 2005, 23.
941 Vgl. Graba FamRZ 2001, 1257.
942 Vgl. Büttner FamRZ 2000, 781 und OLG München FamRZ 1999, 1166.
943 Vgl. zum Ganzen Günther FuR 1995, 1.
944 BGH NJW 1987, 1549.
945 BGH FamRZ 1986, 556; 1981, 242; PWW/Kleffmann § 1361 Rn. 6 ff. und Kleffmann in Scholz/Kleffmann/Motzer, Praxishandbuch Familienrecht, Teil H Rn. 84.
946 BGH NJW 2001, 973; OLG Hamm NJWE-FER 1999, 110; vgl. zu den Kriterien für die Erwerbsobliegenheit vgl. Klefffmann in Scholz/Kleffmann/Motzer, Praxishandbuch Familienrecht, Teil H Rn. 84.
947 Zu Einzelheiten vgl. PWW/Kleffmann § 1569 Rn. 1 ff.

Spiegelbildlichkeit verlangt, dass der Berechtigte und der Verpflichtete gleich zu behandeln sind.[948]

Fiktive Einkünfte können nur zugerechnet werden, wenn eine **kausale Verletzungshandlung** vorliegt. Das vorwerfbare Verhalten muss für die Leistungsunfähigkeit oder eingeschränkte Leistungsfähigkeit bzw. die Bedürftigkeit ursächlich sein.[949] Die kausale Verletzungshandlung kann in einem Tun oder in einem Unterlassen bestehen.   **127**

Sie muss schließlich den unterhaltsrechtlich relevanten **Verschuldensmaßstab** erreichen. Nach der Rechtsprechung des Bundesgerichtshofs[950] ist auch eine selbst herbeigeführte Leistungsunfähigkeit des Schuldners, etwa bedingt durch die Aufnahme einer selbstständigen Erwerbstätigkeit mit erheblicher Einkommenseinbuße, grundsätzlich beachtlich, wenn nicht im Einzelfall schwerwiegende Gründe vorliegen, die dem Verpflichteten nach Treu und Glauben die Berufung auf seine eingeschränkte Leistungsfähigkeit verwehren. Ein solcher Verstoß gegen Treu und Glauben kommt im Allgemeinen nur in Betracht, wenn dem Pflichtigen ein **verantwortungsloses, zumindest leichtfertiges, Verhalten** zur Last zu legen ist.[951]   **128**

Eine in der Vergangenheit liegende Obliegenheitsverletzung begründet die Anrechnung eines fiktiven Einkommens nur, wenn der Partei vorzuwerfen ist, dass sie mutwillig, d.h. grob schuldhaft, ihre unterhaltsrechtlichen Obliegenheiten verletzt hat. Sie muss gegenüber der anderen Partei verantwortungslos, zumindest leichtfertig, gehandelt haben.[952] Bei einer gegenwärtigen Obliegenheitsverletzung genügt jedoch bereits ein einfacher Verstoß. Dieser liegt vor, wenn sich die Partei etwa nach dem Verlust des Arbeitsplatzes nicht mit hinreichendem Einsatz um eine Ersatzbeschäftigung bemüht.

Die Verletzungshandlung muss ursächlich für die Leistungsunfähigkeit oder eingeschränkte Leistungsfähigkeit sein. Fehlende oder unzureichende Anstrengungen, einen Arbeitsplatz zu finden, rechtfertigen dann nicht die Zurechnung eines fiktiven Einkommens, wenn davon auszugehen ist, dass auch ordentliche Bemühungen erfolglos geblieben wären, weil nach der Lage auf dem Arbeitsmarkt unter Berücksichtigung der subjektiven Voraussetzungen des Arbeitsuchenden (Alter, Gesundheit, berufliche Vorbildung) dieser keine **reale Chance** hatte, eine Stelle zu bekommen.[953]

Bei den Erwerbsobliegenheiten männlicher und weiblicher Unterhaltspflichtiger bestehen keine Unterschiede.[954]

Die **Höhe der zu fingierenden Einkünfte** ist ggf. im Wege der Schätzung nach § 287 ZPO festzustellen.[955]

---

948 BGH FamRZ 2000, 1358; BGH FamRZ 1985, 158; OLG Stuttgart FamRZ 1982, 1076; OLG Frankfurt FamRZ 1981, 1177.
949 BGH FamRZ 2009, 314; 2008, 2104 = FuR 2008, 597; OLG Brandenburg FamRZ 2008, 1952; OLG Dresden FamRZ 2007, 1477; OLG Nürnberg FamRZ 1998, 857; OLG Hamm FamRZ 1999, 165.
950 BGH FamRZ 2011, 1041; BGH FuR 2003, 345; BGH FamRZ 1987, 372.
951 BGH NJW 2003, 3122; BGH FuR 2003, 345; vgl. auch BVerfG FamRZ 2008, 139.
952 BGH FamRZ 2000, 815 = NJW 2000, 2351; FamRZ 1987, 372; OLG Bamberg NJWE-FER 2000, 77.
953 BGH FamRZ 2008, 2104 = FuR 2008, 597; FamRZ 1996, 345 = NJW 1996, 517; FamRZ 1993, 789 = NJW-RR 1993, 898; FamRZ 1986, 244 = NJW 1986, 716; OLG Frankfurt a.M. FamRZ 2001, 624; OLG Nürnberg FamRZ 1998, 857.
954 OLG Köln ZFE 2007, 195.
955 Übersicht zur Höhe der zu fingierenden Einkünfte bei Eschenbruch/Klinkhammer/Mittendorf Kap. 1.5.3.10 Rn. 671 ff. und Kleffmann in Scholz/Kleffmann/Motzer, Praxishandbuch Familienrecht, Teil G Rn. 110 ff.

Die Verletzung der Obliegenheit zur Einkommenserzielung kann zur Folge haben, dass der Unterhaltspartei ein Einkommen in der Höhe zugerechnet wird, über das sie bei ordentlicher Erfüllung der Obliegenheit verfügen könnte.[956] Wenn die Zurechnung des vollen Einkommens vom Zurechnungsgrund nicht getragen wird, darf nur ein geringeres Einkommen in der gerechtfertigten Höhe berücksichtigt werden. Dem Unterhaltsschuldner, der sich nach dem nicht vorwerfbaren Verlust seiner Arbeitsstelle um eine Ersatzbeschäftigung nicht bemüht, kann nicht ohne weiteres sein früherer Verdienst zugerechnet werden, wenn dieser nach der Lage auf dem Arbeitsmarkt oder seinen persönlichen Verhältnissen bei einem anderen Arbeitgeber, bei der er neu anfängt, nicht erzielbar ist. Ansetzbar ist vielmehr nur das bei realistischer Betrachtung erreichbare Einkommen.[957]

Die Zurechnung fiktiven Einkommens bei ungelernten Arbeitskräften bereitet in der Praxis immer wieder Probleme.

▶ **Kasuistik zu fingierten Einkünften**

	bei ungelernten Arbeitskräften:
BVerfG[958]	9,70 € brutto pro Stunde können nicht ohne tragfähige Begründung pauschal fingiert werden
OLG Bremen[959]	8,15 € pro Stunde
OLG Brandenburg:[960]	1.000 € monatl. für einen ungelernten Hilfsarbeiter
OLG Brandenburg:[961]	9,70 € brutto bei 40 Stunden/Woche und Steuerklasse I/0,5
OLG Brandenburg:[962]	9-10 € im Abbruch- und Abwrackgewerbe
OLG Hamm:[963]	7,50 € im Taxigewerbe
OLG Hamm:[964]	9,50 €
OLG Hamm:[965]	9,00 € pro Stunde
OLG Köln:[966]	9,40 € brutto pro Stunde bei 40 Stunden/Woche
OLG Köln:[967]	9,00 € monatlich
KG:[968]	7,65 € pro Stunde
OLG Düsseldorf:[969]	10,00 € pro Stunde
OLG Hamm:[970]	10,00 € pro Stunde
OLG Hamm:[971]	9,10 € brutto pro Stunde bei 40 Stunden/Woche
OLG Dresden:[972]	9,00 € brutto pro Stunde (1.000 € netto monatl.)
OLG Stuttgart:[973]	7,00 € pro Stunde bei mangelhaften Deutschkenntnissen

---

956 BVerfG FamRZ 2010, 183; BGH FamRZ 2010, 793; BGH FamRZ 2010, 626; BGH FamRZ 1994, 372; 1981, 539; OLG Celle FamRZ 2005, 648.
957 BVerfG FamRZ 2008, 1145; BGH FamRZ 1985, 158.
958 FamRB 2010, 1198.
959 FamRB 2010, 202.
960 ZFE 2009, 431.
961 ZFE 2009, 431.
962 FamRZ 2011, 1302.
963 FamRZ 2012, 146.
964 FamFR 2011, 513.
965 FamRZ 2004, 396.
966 FamRZ 2003, 1210.
967 FamRZ 2003, 1210.
968 Geschäftsnr. 4 WF 31/03 (unveröffentlicht).
969 ZFE 2008, 195.
970 FuR 2005, 454.
971 FamRB 2007,7.
972 FamFR 2099, 163.
973 11 WF 41/05 (unveröffentlicht).

Kleffmann

Kasuistik zu fingierten Einkünften	bei ungelernten Arbeitskräften:
OLG Dresden:[974]	9,00 € brutto pro Stunde (1.000 € netto monatlich)
OLG Dresden:[975]	1.000 € monatl.
OLG Hamm:[976]	8,50 € pro Stunde
OG Düsseldorf:[977]	7,50 € pro Stunde
OLG Düsseldorf:[978]	10,00 € pro Stunde
KG:[979]	10.00 € pro Stunde
OLG Frankfurt a. M.:[980]	890 € monatl.
LG Düsseldorf: [981]	900 € monatl.
OLG Schleswig:[982]	1.000 € monatl.
OLG München:[983]	1.500 € monatl.

Das Spektrum der fingierten Einkünfte für ungelernte Arbeitskräfte bewegt sich damit zwischen 7 € und 10 € pro Arbeitsstunde,[984]

Nach den aktuellen wirtschaftlichen Verhältnissen ist zweifelhaft, ob ein Unterhaltsschuldner ohne qualifizierte Ausbildung auch bei genügender Anstrengung seine Unterhaltspflichten überhaupt erfüllen kann.[985]

Aus dem Ansatz eines fiktiven Einkommens des Unterhaltsschuldners folgt nicht zwingend eine fiktive Leistungsfähigkeit des Schuldners.[986] Im Übrigen darf niemand durch die Auferlegung von Unterhaltszahlung selbst sozialhilfebedürftig werden.[987]

Die **Darlegungs- und Beweislast** fehlender realer Beschäftigungschancen trägt der Unterhaltsschuldner.[988] Fehlende ausreichende Erwerbsbemühungen indizieren die reale Beschäftigungschance.[989]

---

974 16 UF 156/06 (unveröffentlicht).
975 FamFR 2009, 163.
976 FamFR 2009, 163.
977 FamRZ 2010, 59.
978 FamRB 2007, 7.
979 FamRZ 2007, 1121.
980 NJW 2007, 382.
981 ZFE 2007, 272.
982 ZFE 2007, 277.
983 NJW 2012, 84.
984 Vgl. im Übrigen OLG Köln ZFE 2008, 195: 900 € monatliche Einkommensfiktion bei ungelernter Kraft; OLG Naumburg ZFE 2008, 195: Fiktion von Nebeneinkünften i.H.v. 200 € neben einer vollschichtigen Tätigkeit; ähnlich OLG Hamburg FamRZ 2008, 1274; zurückhaltender OLG Koblenz FamRZ 2008, 173: jedenfalls bei gesundheitlichen Beeinträchtigungen keine weitere Einkommensfiktion aus Nebentätigkeit für eine Bäckereiverkäuferin, die bereits vollschichtig tätig ist; OLG Schleswig FamRZ 2008, 173: Nebenerwerbsobliegenheit mit Einkommensfiktion von 150 € für ein Mitglied der freiwilligen Feuerwehr.
985 OLG Frankfurt a.M. NJW 2007, 382 = ZFE 2007, 235 m. zustimmender Anm. Schürmann jurisPR FamR 26/2006 Anm. 1; vgl. auch OLG Düsseldorf FamRB 2007, 7: 10 Euro pro Stunde für ungelernte Arbeitskraft.
986 OLG Dresden FamFR 2009, 163.
987 BVerfG FamRZ 2001, 1685; BGH FamRZ 2006, 683.
988 BGH ZFE 2009, 69; FamRZ 1996, 345; OLG Köln FamRZ 2006, 1549; OLG Brandenburg FamRZ 2006, 1297.
989 BGH FamRZ 2009, 314; Büttner/Niepmann NJW 2005, 2357.

129 ▶ Die Zurechnung fiktiver Einkünfte erfolgt anhand einer **Vier-Stufen-Prüfung**:
   – Obliegenheit zur Einkommenserzielung
   – kausale Verletzungshandlung
   – Prüfung des Verschuldensmaßstabes
   – Zurechnung der Höhe der fiktiven Einkünfte.

130 Kommt eine Einkommensfiktion dem Grunde nach in Betracht, kann sie letztlich nicht auf unabsehbare Zeit erfolgen.[990] Eine **Beendigung der Fiktion** setzt vorherige, intensive, nachhaltige und redliche Bemühungen um die Erlangung von Einkünften voraus. Eine sofortige Beendigung der Fiktion nach erfolglosen hinreichenden Arbeitsplatzbemühungen darf nicht erfolgen, da anderenfalls die Einkommensfiktion unterlaufen würde. Ein gewisser Zeitraum (2–3 Jahre) wird, sofern auf Grund der hinreichenden Arbeitsplatzbemühungen zwischenzeitlich eine neue Erwerbstätigkeit gefunden wird, abzuwarten sein.[991]

Ist Einkommen zu fingieren, dann ist die **Fiktion** auch **konsequent fortzusetzen**. Wenn fiktives Einkommen wie tatsächliches Einkommen behandelt wird, gilt dies nicht nur für die positive Seite, sondern auch für Abzüge. So ist auch bei Erwerbseinkünften ein Erwerbstätigenbonus zu berücksichtigen.[992] Früher gezahlte Kreditraten sind bei einer Einkommensfiktion gleichfalls einkommensmindernd zu fingieren.[993] Auch fiktive Steuern und mit einer Vermögensanlage verbundene Kosten sind zu berücksichtigen. Wird Einkommen fingiert, ist auch der maßgebliche Selbstbehalt (fiktiv) zu berücksichtigen.[994] Wird dem Unterhaltspflichtigen fiktiv eine Erwerbstätigkeit zugerechnet und erleidet er innerhalb der fiktiven Probezeit von sechs Monaten einen Unfall, der zu einer mehrmonatigen Arbeitsunfähigkeit führt, ist davon auszugehen, dass der fiktive Arbeitgeber das Arbeitsverhältnis ohne Angabe von Gründen mit einer Frist von zwei Wochen gem. § 622 Abs. 3 BGB gekündigt hätte, so dass die Einkommensfiktion ab diesen Zeitpunkt beendet ist.[995]

Ist im Titel Unterhalt nach einem fiktiven Einkommen festgesetzt worden, setzt ein **Abänderungsantrag** des Pflichtigen eine negative Veränderung seiner Erwerbsfähigkeit voraus.[996] Es reicht nicht, dass sein jetzt tatsächlich erzieltes Einkommen niedriger ist. Die Abänderung eines wegen mutwilliger Aufgabe einer gut bezahlten Arbeitsstelle auf fiktiver Grundlage ergangenen Unterhaltstitels ist nicht bereits mit der Behauptung zulässig, der Abänderungsantragsteller genüge inzwischen seiner Erwerbsobliegenheit, verdiene aber weniger als zuvor. Erforderlich ist vielmehr, dass der Abänderungsantragsteller geltend macht, er hätte die frühere Arbeitsstelle inzwischen aus anderen Gründen verloren.[997]

Auf Seiten des Unterhaltsgläubigers besteht bei Zurechnung von fiktiven Einkünften im Rahmen einer fiktiven Kranken- und Pflegeversicherungspflichtgrenze kein Anspruch auf Kranken- und Pflegevorsorgeunterhalt, da der Unterhaltsgläubiger bei Erfüllung seiner unterhaltsrechtlichen Erwerbsobliegenheit über einen vollen Kranken- und Pflegeversicherungsschutz verfügen würde.[998]

---

990 OLG Frankfurt FamRZ 1995, 735; OLG Hamm FamRZ 1995, 1217; OLG Karlsruhe FamRZ 1983, 931.
991 Vgl. OLG Hamm FamRZ 1995, 1217; OLG Schleswig NJW-RR 1994, 1091; OLG Celle FamRZ 1983, 717; OLG Karlsruhe FamRZ 1983, 931; zur Abänderungsantrag bei fiktiven Einkünften vgl. OLG Koblenz ZFE 2006, 277.
992 BGH FamRZ 1991, 307.
993 OLG Hamm FamRZ 1995, 1203.
994 BGH FamRZ 1998, 286; OLG Düsseldorf FamRZ 1999, 1020.
995 OLG Hamm NJW-RR 2006, 1374.
996 OLG Naumburg ZFE 2007, 237.
997 BGH FamRZ 2008, 872 mit Anm. Hoppenz; zur Abänderung aufgrund fiktiven Einkommens vgl. auch OLG Frankfurt a. M NJW 2008, 882.
998 OLG Saarbrücken NJW-RR 2005, 1454.

Kleffmann

I. Einkommensfiktion bei Arbeitslosigkeit

Berufliche Veränderungen, die mit einer Einschränkung oder einem Verlust der Leistungsfähigkeit des Unterhaltsschuldners verbunden sind, führen nicht stets zur Anrechnung fiktiver Einkünfte. Erforderlich ist ein verantwortungsloses, zumindest leichtfertiges Handeln und das Bewusstsein des Pflichtigen, dass sich wegen seines Fehlverhaltens seine Leistungsfähigkeit reduziert oder reduzieren könnte.[999]

131

Ein **leichtfertiges Vorgehen** wird um so eher zu bejahen sein, je weniger sachliche Gründe für einen Arbeitsplatzwechsel vorhanden sind und je stärker die Unterhaltspflicht ist. Diese zur Wahrung der Verhältnismäßigkeit eines weitgehenden Grundrechtseingriffs erforderliche Voraussetzung ist nicht schon dann gegeben, wenn sich nach einer beruflichen Umorientierung die damit verbundenen Risiken – sei es auch wegen fehlenden unternehmerischen Geschicks oder unvollständiger Risikovorsorge – verwirklichen.[1000] Von einem Unterhaltsschuldner darf, selbst im Rahmen gesteigerter Erwerbsobliegenheit, nichts Unmögliches verlangt werden.[1001]

Zu beachten ist immer das **Regel-Ausnahme-Verhältnis**: grundsätzlich ist von den tatsächlichen Einkünften auszugehen. Auch sind **Zumutbarkeitsgrenzen** zu beachten.[1002] Sollen etwa einem Unterhaltsverpflichteten fiktive Einkünfte aus einem **Nebenverdienst** zugerechnet werden, ist am Maßstab der Verhältnismäßigkeit zu prüfen, ob die zeitliche und physische Belastung durch die ausgeübte und die zusätzliche Arbeit dem Unterhaltspflichtigen unter Berücksichtigung auch der Bestimmungen, die die Rechtsordnung zum Schutz der Arbeitskraft vorgibt, abverlangt werden kann. Eine Fiktion erfolgt nur ausnahmsweise.

132

Beispiele für Einkommensfiktion bei Arbeitslosigkeit:

– Der Pflichtige gibt seinen Arbeitsplatz auf, um sich der Unterhaltspflicht zu entziehen
– Der Pflichtige zerstört bewusst seine wirtschaftliche Existenz oder bummelt absichtlich um den Arbeitsplatz zu verlieren.
– Der Pflichtige verhält sich am Arbeitsplatz mutwillig oder verantwortungslos und verliert aus diesen Gründen den Arbeitsplatz.[1003]
– Der Pflichtige kündigt von sich aus das Arbeitsverhältnis wegen Konflikten am Arbeitsplatz.[1004]
– Der Pflichtige verschuldet leichtfertig eine arbeitgeberseitige Kündigung.[1005]

---

999 BGH NJW 2003, 3122; FamRZ 2000, 815; FamRZ 1993, 1055; KG FamRZ 1997, 627; OLG Zweibrücken NJW 1997, 2390; OLG Hamm FamRZ 1996, 959; OLG Bamberg FamRZ 1998, 1486 für Fiktion bei Fahnenflucht eines Zeitsoldaten.
1000 BVerfG FamRZ 2008, 131.
1001 BVerfG FuR 2008, 388.
1002 BVerfG FuR 2008, 388, 131 (insbesondere im Hinblick auf persönliche Bindungen und die Ausübung des Umgangs mit seinen Kindern); 2003, 661; OLG Zweibrücken ZFE 2008, 306; OLG Hamm FamRZ 2005, 649; vgl. zum Ganzen auch Viefhues FuR 2007, 297.
1003 Grundlegend BGH FamRZ 2002, 813; vgl. auch OLG Schleswig NJW 2007, 1219; OLG Hamm NJWE-FER 1998, 55; OLG Schleswig NJW-RR 1994, 1095; vgl. auch OLG Hamm FamRZ 1998, 979 mit Anm. Born: unterhaltsbezogene Leichtfertigkeit, wenn sich Arbeitnehmer eine tatsächlich nicht vorliegende Arbeitsunfähigkeit bescheinigen lässt und ihm daraufhin gekündigt wird.
1004 OLG Hamm FamRZ 1997, 357: innerbetriebliche Konflikte sind so lange zu ertragen, bis ein neuer Arbeitsplatz gefunden ist.
1005 BGH FamRZ 1988, 597; OLG Hamm FamRZ 1998, 979 mit Anm. Born und Struck in FamRZ 1998, 1610; OLG Karlsruhe NJWE-FER 2000, 73.

– Verletzung der Obliegenheit, wieder einen neuen Arbeitsplatz zu finden.[1006] Die Verpflichtung eines unterhaltspflichtigen Erwerbslosen zur bundesweiten Arbeitssuche setzt im Einzelfall die Prüfung voraus, ob eine bundesweite Arbeitsaufnahme unter Berücksichtigung seiner persönlichen Bindungen, insbesondere auch des Umgangsrechts mit seinen Kindern, zumutbar ist.[1007] Eine Anrechnung fiktiver Einkünfte kommt jedoch nicht in Betracht, wenn auch bei ausreichenden Bemühungen, eine reale Beschäftigungschance nicht bestanden hätte.[1008] Im Rahmen der Anforderungen an die Erwerbsbemühungen sind die objektiven Bedingungen für die Erwerbstätigkeit und die subjektiven Merkmale, etwa berufliche Qualifikation, Alter,[1009] Gesundheit[1010] von besonderer Bedeutung. Das Anforderungsprofil muss eine hinreichende Aussicht auf Erfolg der Bewerbung bieten. Ein Arbeitsloser muss bei verschuldeter und unverschuldeter Arbeitslosigkeit alles Zumutbare unternehmen, um eine Erwerbstätigkeit zu finden.[1011] Er muss sich laufend intensiv, ernstlich und nachhaltig bewerben. Es reicht nicht aus, sich bei der Arbeitsagentur als arbeitssuchend zu melden. Dies ist zwar geboten (§ 37b, 122 SGB III) genügt aber für sich allein nicht, da ein nicht unerheblicher Teil der Stellen nicht über die Agentur für Arbeit, sondern anderweitig vermittelt wird. Es gehört daher auch zu einer ordentlichen Stellensuche, dass sich der Erwerbslose aus eigenem Antrieb um Arbeit bemüht[1012] (vgl. auch § 2 Abs. 5 Nr. 2 SGB III). Erforderlich sind private intensive Bemühungen um einen Arbeitsplatz, Bewerbungen auf Stellenanzeigen in Zeitungen, Aufgabe eigener Stellengesuche, Meldung bei Vermittlungsagenturen etc. soweit nach dem Arbeitsmarkt eine reale Beschäftigungschance besteht.[1013] Auch sogenannte Initiativbewerbungen ohne vorausgegangenes Arbeitsplatzangebot kommen im Einzelfall in Betracht.[1014] Eine Umschulung ist nicht mehr als ein Indiz, dass der Betreffende jedenfalls von der Arbeitsagentur nicht zu vermitteln ist.[1015] Ein Umschüler hat sich bereits während der Maßnahme um einen Arbeitsplatz zu bemühen.[1016] Ausländische Erwerbslose müssen ihre Sprachkenntnisse aktiv verbessern. Nur 13 Bewerbungen innerhalb von sechs Wochen sind nicht ausreichend.[1017]

1006 BGH FamRZ 2012, 517; BGH FamRZ 2011, 1851; vgl. zu Einzelheiten Kleffmann in Scholz//Kleffmann/Motzer, Praxishandbuch Familienrecht, Teil G, Rn. 113 und Eschenbruch/Klinkhammer/Mittendorf Kap. 6 Rn. 99 ff. und Kleffmann FuR 2007, 454; Viefhues FuR 2007, 241; eine Anrechnung fiktiver Einkünfte kommt jedoch nicht in Betracht, wenn auch bei ausreichenden Bemühungen eine reale Beschäftigungschance nicht bestanden hätte, vgl. OLG Celle FamRZ 2005, 648; OLG Frankfurt a.M. FamRZ 2001, 624; KG FamRZ 2003, 1208 und grundlegend zur realen Beschäftigungschance zuletzt BGH FamRZ 2003, 1471; zu den Anforderungen an ordnungsgemäße Erwerbsbemühungen; OLG Schleswig ZFE 2007, 277: 13 Bewerbungen innerhalb von 6 Wochen unzureichend; ausländische Erwerbslose müssen ihre Sprachkenntnisse aktiv verbessern; vgl. weiter OLG Naumburg FamRZ 2003, 1022 mit kritischer Anm. Gottwald; OLG Hamm FamRZ 2003, 177; OLG Naumburg FamRZ 2003, 175; OLG Karlsruhe NJWE-FER 2001, 113, OLG Brandenburg FamRZ 2000, 115.
1007 BVerfG FamRZ 2006, 469.
1008 BGH FamRZ 2009, 314; BGH FamRZ 2008, 2104; OLG Celle FamRZ 2005, 648; KG FamRZ 2003, 1208; OLG Frankfurt FamRZ 2001, 624.
1009 BGH FamRZ 2004, 254 m. Anm. Borth (Pensionierung eines Strahlflugzeugführers mit 41 Jahren).
1010 BGH FamRZ 1986, 244.
1011 Grundlegend BGH FamRZ 1990, 499; OLG Saarbrücken NJW-RR 2005, 1454; vgl. auch PWW/Kleffmann vor § 1577 Rn. 36.
1012 Grundlegend BGH FamRZ 2000, 1358; BGH FamRZ 1994, 372.
1013 BGH FamRZ 2009, 314; 2008, 2104; OLG Köln FamRZ 2009, 1920.
1014 OLG Hamm FamRZ 1996, 1017.
1015 BGH FamRZ 1994, 372; OLG Bremen FamRZ 1996, 957.
1016 BGH FamRZ 1999, 843 = FuR 1999, 282; OLG Jena FuR 2006, 233.
1017 OLG Schleswig ZFE 2007, 277; vgl. weiter Scholz/Stein/Kleffmann Teil G Rn. 111 ff.

- Leichtfertige weitere Ausbildung nach abgeschlossener Berufsausbildung.[1018] Das gilt vor allen Dingen, wenn der Pflichtige bereits über eine Berufsausbildung verfügt, die ihm eine auskömmliche Lebensgrundlage gewährt.[1019] Einer Erstausbildung ist unter Umständen jedoch der Vorrang auch gegenüber der Aufnahme einer Erwerbstätigkeit zur Sicherstellung des Unterhalts eines Minderjährigen oder gem. § 1603 Abs. 2 S. 2 BGB privilegierten volljährigen Kindes einzuräumen.[1020] Maßgeblich ist der Einzelfall, insbesondere darf der Ausbildungswunsch nicht zum Vorwand für die Leistungsunfähigkeit werden. Hat sich der Unterhaltsschuldner in der Vergangenheit auf die Ausübung von ungelernten Tätigkeiten beschränkt, muss ein Anlass bestehen, eine Ausbildung zu beginnen, um die eigenen Arbeits- und Verdienstchancen zu verbessern. Ist dies nicht der Fall, ist zu prüfen, ob es dem Unterhaltpflichtigen zuzumuten ist, die Ausbildung zu verschieben bis die Unterhaltsbedürftigkeit der eigenen Kinder entfallen ist.[1021]
- Leichtfertige Arbeitsplatzaufgabe, um sich selbstständig zu machen ohne vorherige Unterhaltssicherung etwa durch Rücklagenbildung.[1022] Für den Selbstständigen kann sich die Obliegenheit ergeben, gegenüber der Agentur für Arbeit einen Anspruch auf Überbrückungsgeld nach §§ 57, 58 SGB III geltend zu machen.[1023] Stellt sich nach einer angemessenen Zeit, (Richtschnur: drei Jahre), heraus, dass die selbstständige Tätigkeit keine Einkünfte in Höhe des früher erzielten Arbeitsverdienstes abwirft, besteht grds. die Obliegenheit zurück in die nichtselbstständige Beschäftigung.[1024]
- Gibt der Unterhaltsgläubiger eine selbstständige Tätigkeit auf, weil sie seiner Meinung nicht genug einbringt, dann besteht für ihn die Obliegenheit, sich umgehend zielgerichtet und mit aller Intensität[1025] um eine andere Erwerbstätigkeit mit besseren Einkunftsmöglichkeiten zu bemühen.[1026]
- Unterlassene Vorsorge bei Berufswechsel mit voraussehbarem Einkommensrückgang.[1027]
- Im Rahmen gesteigerter Unterhaltsverpflichtung kann selbst bei vollschichtiger Tätigkeit eine Obliegenheit zur Neben- oder Aushilfstätigkeit bestehen.[1028]

1018 BGH FamRZ 1999, 843; OLG Bremen FamRZ 2007, 74; OLG Hamm FamRZ 1996, 863; OLG Karlsruhe FamRZ 2010, 1342; vgl. aber auch OLG Bamberg FuR 2000, 188: unter Umständen keine Fiktion wegen beruflicher Fortbildung, wenn Mindestunterhalt gesichert ist.

1019 OLG Karlsruhe FamRZ 2010, 1342.

1020 BGH FamRZ 2011, 1041; BGH FamRZ 1994, 372.

1021 OLG Karlsruhe FamRZ 2010, 1342; ähnlich auch BGH FamRZ 2011, 1041.

1022 BGH FamRZ 1987, 372; OLG Celle FamRZ 2007, 1121; OLG Köln NJW-RR 2006, 1664; OLG Hamm FamRZ 2003, 1213; vgl. auch OLG Köln FamRZ 2002, 1627; OLG Hamm FamRZ 1996, 959.

1023 vgl. Büttner FF 2003, 192.

1024 OLG Koblenz FamRZ 2000, 288; OLG Düsseldorf FamRZ 1997, 1078.

1025 Kleffmann FuR 2000, 454.

1026 OLG Köln NJW-RR 2001, 1371.

1027 BGH FamRZ 1982, 365; OLG Celle FamRZ 2007, 1121; OLG Hamm FamRZ 1996, 959.

1028 BGH FuR 2001, 220; OLG Köln FamRZ 2007, 1119; OLG Düsseldorf FuR 2006, 425; OLG Schleswig FamRZ 1999, 1524 mit Anm. Hauß = MDR 1999, 1140 mit Anm. Kleffmann; vgl. aber auch OLG Hamburg FamRZ 2006, 503; OLG Naumburg FamRZ 1997, 311; OLG Frankfurt a.M FamRZ 2000, 25: Obliegenheit zur Nebenbeschäftigung neben Teilzeittätigkeit; OLG Zweibrücken NJWE-FER 2000, 29: Obliegenheit zur geringfügigen Beschäftigung für einen Arbeitslosen; KG NJWE-FER 2001, 111: Zumutbarkeit einer Nebentätigkeit trotz ganztägiger Umschulung bei gesteigerter Unterhaltspflicht; OLG Dresden FPR 2003, 481; BGH FuR 2000, 201; OLG Hamm FamRZ 1996, 304; OLG Hamm FamRZ 1994, 1403; OLG Karlsruhe FamRZ 1993, 1118; OLG Köln FuR 2007, 88: Arbeitszeit von 48 Stunden wöchentlich zumutbar; OLG Dresden ZFE 2007, 271: Arbeitszeit von 44 Stunden wöchentlich zumutbar; OLG Koblenz FPR 2002, 660; vgl. jedoch auch OLG Brandenburg ZFE 2007, 271: keine Obliegenheit zur Nebentätigkeit bei Verrichtung einer vollschichtigen Tätigkeit; ähnlich OLG Celle FamRZ 2002, 694: OLG Hamm ZFE 2003, 378 und OLG Köln FamRB 2002, 67; a.A. OLG München FamRZ 2002, 695; OLG Hamburg FamRZ 1990, 783; OLG Köln FamRZ 2002, 1426; vgl. auch Christl FamRZ 2003, 1235.

Die **Zumutbarkeit einer Nebentätigkeit** bei ganztägiger Umschulung ist zweifelhaft, wird zum Teil in Konstellationen gesteigerter Erwerbsobliegenheit bejaht.[1029]

Allerdings kann Eltern nicht jeder zeitlich mögliche, sondern nur ein Einsatz abverlangt werden, der ihnen nach dem **Grundsatz der Verhältnismäßigkeit** zugemutet werden kann. Zu berücksichtigen sind insbesondere der Gesundheitszustand des Pflichtigen sowie die körperliche und zeitliche Belastung durch den Hauptberuf.[1030] Bei der unterhaltsrechtlichen Fiktion von Nebentätigkeit ist mithin der **verfassungsrechtliche Hintergrund** (Art. 2 I, 6 I, II S. 1 GG) zu beachten.[1031] Bei der Prüfung der Zumutbarkeit einer weiteren Tätigkeit sind insb. nachfolgende **Zumutbarkeitskriterien**[1032] zu berücksichtigen:

– **Beachtung gesundheitlicher Beeinträchtigungen** des Unterhaltsschuldners
– Berücksichtigung der **Arbeits- und Lebenssituation**
– Beachtung der **Arbeitszeitgesetze**
– Berücksichtigung der **Arbeitsmarktsituation**
– Prüfung der rechtlichen **Zulässigkeit einer Nebentätigkeit**.[1033]

Hinzukommen weitere Kriterien, insbesondere, ob der Mindestbedarf minderjähriger Kinder tangiert ist.[1034]

Fiktive Einkünfte können stets nur zugerechnet werden, wenn der Unterhaltpflichtige ihm zumutbare Anstrengungen, eine angemessene Erwerbstätigkeit zu finden, nicht oder nicht ausreichend unternommen hat und bei genügenden Bemühungen eine **reale Beschäftigungschance** bestanden hätte. Im Rahmen der Zumutbarkeit einer Nebentätigkeit sind objektive Grenzen einer Erwerbstätigkeit unter Berücksichtigung des Umfangs der schon ausgeübten Vollzeittätigkeit zu berücksichtigen. Übt der Unterhaltpflichtige eine Beruftätigkeit aus, die 40 Stunden wöchentlich unterschreitet, kann grds. eine Nebentätigkeit von ihm verlangt werden. Wegen der gesteigerten Unterhaltspflicht nach § 1603 Abs. 2 Satz 1 und 2 BGB muss der Unterhaltspflichtige sich mindestens an der Höchstgrenze der regelmäßigen Erwerbstätigkeit orientieren.[1035] Im Rahmen der objektiven Zumutbarkeit sind jedoch auch die **Grenzen des Arbeitszeitgesetzes** zu beachten. Nach § 3 ArbZG darf die werktägliche Arbeitszeit der Arbeitnehmer acht Stunden nicht überschreiten. Nach § 9 Abs. 1 ArbZG dürfen Arbeitnehmer an Sonn- und gesetzlichen Feiertagen grds. nicht beschäftigt werden. Damit ist die wöchentliche Arbeitszeit auf 48 Stunden (6 Tage à 8 Stunden) begrenzt, wobei Arbeitszeiten bei verschiedenen Arbeitgebern zusammenzurechnen sind. Lediglich in mehrschichtigen Betrieben kann der Beginn und das Ende der Sonn- und Feiertagsruhe verschoben werden und können ausnahmsweise bestimmte Arbeiten, die nicht an Werktagen vorgenommen werden können, auch an

---

1029 OLG Jena ZFE 2005, 250; OLG Brandenburg FamRZ 2004, 483; OLG Dresden FamRZ 2003, 1206; KG NJWE-FER 2001, 119; a.A. OLG Oldenburg FamRZ 2008, 170 (Prüfung im Einzelfall erforderlich); OLG Oldenburg NJW-RR 2003, 1226; immer sind jedoch die vom BVerfG, FamRZ 2003, 661, entwickelten Maßstäbe für die Zumutbarkeit einer Nebentätigkeit zu beachten.

1030 BVerfG FamRZ 2007, 273; OLG Celle FamRZ 2002, 694.

1031 BVerfG FamRZ 2007, 273; BGH FamRZ 2009, 314; eingehend Christl FamRZ 2003, 1235.

1032 BVerfG FamRZ 2010, 793; BVerfG FamRZ 2012, 926; vgl. etwa BVerfG FuR 2008, 388; FamRZ 2003, 661.

1033 OLG Naumburg FamRZ 2007, 1038 sieht in dem Verbot einer Nebentätigkeit durch den Arbeitgeber einen Verstoß gegen Art. 12 GG.

1034 OLG Düsseldorf ZFE 2006, 232; OLG Hamm FamRZ 2005, 1113; OLG Dresden FamRZ 2005, 1584; OLG Thüringen FamRZ 2005, 1110; OLG Nürnberg FamRZ 2005, 1502.

1035 BGH FamRZ 2011, 1041; BGH FamRZ 2009, 314.

Kleffmann

Sonn- und Feiertagen verrichtet werden. Damit ist die **Obergrenze der zumutbaren Erwerbstätigkeit** vorgegeben.[1036]

Daneben sind weitere subjektive und objektive Voraussetzungen der Zurechnung fiktiver Einkünfte hinreichend zu würdigen. Hierzu gehört auch die Würdigung des Umgangsrechts (und der Umgangspflicht[1037]) des Pflichtigen mit seinen Kindern.

– Obliegenheit, selbstständige Tätigkeit zugunsten einer besser bezahlten abhängigen Tätigkeit aufzugeben[1038]

– Die Bewilligung einer **Weiterbildungsmaßnahme (Umschulung)** stellt lediglich ein Indiz dar, dass der Pflichtige nicht zu vermitteln ist bzw. die Umschulung sinnvoll ist. Der gesteigert Unterhaltspflichtige muss daher weiterhin konkret zu seinen Erwerbsbemühungen vortragen.[1039]

Keine Einkommensfiktion jedoch etwa bei folgenden Fallgestaltungen:

– **Trunkenheitsfahrt** mit der Folge des Arbeitsplatzverlustes (Konstellation des selbstverschuldeten, aber doch ungewollten Arbeitsplatzverlustes).[1040]

– Kündigt ein Ehemann und Vater sein Arbeitsverhältnis, um im Sorgerechtsverfahren eine bessere Ausgangsposition zu haben, kann dies unter Umständen unterhaltsrechtlich zu berücksichtigen sein (Relevanz der betreuungsbedingten Einkommensminderung).[1041]

– **Kündigung eines Arbeitsverhältnisses** aus krankheitsbedingten Gründen[1042] Allein der Umstand, dass der Unterhaltsgläubiger in seiner Erwerbsfähigkeit in einem Maß eingeschränkt ist, nach dem er im Sinne des Sozialhilferechts als vollumfänglich erwerbsunfähig gilt, lässt unterhaltsrechtlich seine Erwerbspflicht im Rahmen der ihm verbleibenden Möglichkeiten nicht entfallen.[1043]

Der Vorwurf, den Arbeitsplatz leichtfertig verloren zu haben, kann dem Unterhaltsberechtigten nicht gemacht werden, wenn ihm betriebsbedingt gekündigt, dagegen Kündigungsschutzklage erhoben und ein Abfindungsvergleich erzielt wurde.[1044] Die Anforderungen an ein verantwortungsloses, zumindest leichtfertiges und unterhaltsbezogenes Verhalten des Pflichtigen sind hoch. Weder reichen ein alkoholbedingter Verlust des Arbeitsplatzes noch die fristlose Kündigung des Arbeitsverhältnisses durch den Arbeitgeber wegen eines Diebstahls des Schuldners im Betrieb ohne weiteres aus.[1045] Das leichtfertige Verhalten muss nicht nur für den Verlust des

---

1036 BGH FuR 2009, 162 = FamRZ 2009, 314; 2008, 872 und grundlegend BVerfG FamRZ 2003, 661; OLG Brandenburg FuR 2009, 297: ggf. Verpflichtung zu Nebentätigkeiten, falls der Pflichtige nur eine geringfügige Beschäftigung ausübt; OLG Köln ZFE 2008, 195: Verpflichtung zu einer Nebentätigkeit von 20 bis 25 Std. monatl. neben vollschichtiger Tätigkeit im Rahmen gesteigerter Unterhaltsverpflichtung; OLG Naumburg ZFE 2008, 195: Nebentätigkeit zumutbar aus der ein zusätzliches Einkommen von monatl. 200 € erzielt wird; ähnlich OLG Hamburg FamRZ 2008, 1274; OLG Koblenz FamRZ 2008, 173: keine Nebentätigkeitsobliegenheit für gesundheitlich beeinträchtigte bereits vollschichtig tätige Bäckereifachverkäuferin; OLG Schleswig FPR 2008, 464: Verpflichtung für ein Mitglied der freiwilligen Feuerwehr einer Nebenbeschäftigung zusätzlich zu einer vollschichtigen Tätigkeit nachzugehen um 150 € zusätzlich zu verdienen.

1037 BVerfG FamRZ 2008, 845, 1334.

1038 OLG Naumburg ZFE 2008, 432; OLG Hamm NJW-RR 2007, 583; OLG Hamm FamRZ 2001, 565; (Gebot zur Aufgabe eines Kiosk, der keinerlei Gewinn abwirft); OLG Koblenz FamRZ 2000, 288; vgl. jedoch auch OLG Naumburg FamRZ 2001, 565.

1039 BGH FamRZ 2011, 1041; OLG Karlsruhe FamRZ 2010, 1342; OLG Saarbrücken FamFR 2009, 71; OLG Brandenburg FamRZ 2003, 1960; KG NJWE-FER 2001, 111.

1040 Grundlegend zuletzt BGH NJW 1994, 248 ff; vgl. auch FamRZ 2000, 815; FuR 2000, 472; OLG Dresden FamRZ 1996, 1236; vgl. aber auch OLG Naumburg FamRZ 2001, 565.

1041 BGH FamRZ 1985, 158; vgl. auch BVerfG FamRZ 1996, 343.

1042 BGH NJW 2003, 3122.

1043 OLG Zweibrücken FamRZ 2007, 417; OLG Jena FamRZ 2006, 1299.

1044 OLG Brandenburg MDR 2009, 270.

1045 BGH FamRZ 2000, 815.

Arbeitsplatzes ursächlich sein, sondern sich auch als Verletzung der Unterhaltsverpflichtung darstellen.[1046] Der Schuldner muss danach zumindest die Möglichkeit der Leistungsunfähigkeit als Folge seines Verhaltens erkannt und in dem Bewusstsein dieser Möglichkeit, wenn auch im Vertrauen auf den Nichteintritt jener Folge gehandelt und sich hierüber unter grober Missachtung dessen, was jedem einleuchten muss, oder aus Verantwortungs- oder Rücksichtslosigkeit hinweggesetzt haben.[1047]

– **Fortfall oder Reduzierung von Überstunden** oder Nebenarbeit ist grundsätzlich gerechtfertigt (Obliegenheit nur zur Verrichtung einer Tätigkeit mit normalem Arbeitsumfang, es sei denn Mehrarbeit sei zur Sicherung des Mindestunterhalts und bei gesteigerter Unterhaltspflicht erforderlich.[1048]

Eine Einkommensfiktion soll nach einer zum Teil vertretenen Auffassung nicht möglich sein, wenn ein geschiedener Unterhaltspflichtiger zum neuen Lebenspartner zieht und aus diesem Grund den bisherigen Arbeitsplatz verliert.[1049]

– Infolge von **Straftaten** reduziertes oder weggefallenes Einkommen rechtfertigt keine Einkommensfiktion, es sei denn, das strafbare Verhalten richtet sich gegen den anderen am Unterhaltsrechtsverhältnis Beteiligten.[1050] Die bloße Vorhersehbarkeit des Arbeitsplatzverlustes für sich genommen bietet keinen geeigneten Anknüpfungspunkt, um den unterhaltsrechtlichen Bezug zu einer vom Unterhaltsschuldner begangenen Straftat zu begründen.[1051] Stets ist der unterhaltsrechtliche Bezug der Straftat herzustellen. Wird dem Unterhaltsschuldner unterhaltsbezogenes Verhalten vorgeworfen, kann das alte Einkommen ohne Rücksicht darauf und ohne Unterbrechung fortgeschrieben werden. Unterhaltsbezogenes Verhalten muss der Gläubiger beweisen. Gelingt ihm dieser Beweis nicht, ist der Arbeitsplatzverlust unterhaltsrechtlich hinzunehmen.[1052]

– Die Zurechnung fiktiven Einkommens bei **Strafhaft** des Unterhaltsschuldners findet ihren Grund in der Überlegung, dass niemand allein dadurch von seiner Unterhaltsschuld freikommen soll, dass er gerade diese Unterhaltspflicht verletzt. Eine darüber hinausgehende Zurechnung fiktiven Einkommens auch bei nicht unterhaltsbezogenem Fehlverhalten des Unterhaltsschuldners, mag es auch gegen den an sich Unterhaltsberechtigten oder ihm nahe stehende Personen gerichtet sein, führt zu einer – im Fall der Strafhaft sogar erneuten – Sanktionierung dieses Verhaltens, die nicht zu den Aufgaben des Unterhaltsrechts gehört.[1053]

– **Alkoholabhängigkeit** und darauf beruhender Arbeitsplatzverlust rechtfertigen allein noch nicht die Annahme fiktiven Einkommens, da auch Alkoholmissbrauch als Krankheit anzusehen ist.[1054] Für den Alkoholkranken besteht jedoch die Obliegenheit sich einer ärztlichen Behandlung zu unterziehen um die Leistungsfähigkeit wieder herzustellen.[1055]

– **Fiktive Vollarbeit bei tatsächlicher Teilzeitarbeit** kann nicht unterstellt werden, wenn die Teilzeitarbeit ein gesicherter Arbeitsplatz ist, dessen Ausweitung zu Ganztagstätigkeit derzeit nicht

---

1046 BGH FamRZ 2002, 813.
1047 BGH FamRZ 2000, 815.
1048 OLG Hamm FamRZ 1992, 450; OLG Koblenz FamRZ 1991, 1475; zur Beachtung von Zumutbarkeitsgrenzen vgl. insbesondere BVerfG FamRZ 2003, 661.
1049 OLG Zweibrücken ZFE 2008, 309.
1050 Die Grundsätze der Einkommensfiktion bei selbstverschuldeten aber unfreiwilligem Arbeitsplatzverlust infolge einer Straftat hat der BGH in FuR 2002, 813 und FamRZ 2000, 815 konkretisiert; vgl. auch OLG Schleswig FuR 2006, 285; OLG Karlsruhe FamRZ 1998, 45; OLG Köln FamRZ 2003, 1203.
1051 BGH FamRZ 2002, 813.
1052 Vgl. auch OLG Schleswig FuR 2006, 286.
1053 BGH FuR 2002, 236; OLG Schleswig FuR 2006, 286; vgl. weiter zu Problemen der Leistungsunfähigkeit des Unterhaltsschuldners infolge Strafhaft OLG Stuttgart FamRZ 2000, 1247; OLG Karlsruhe NJW-RR 1997, 1165.
1054 BGH FamRZ 1994, 240; OLG Hamm NJW-RR 1996, 963.
1055 OLG Brandenburg FamRZ 2007, 72.

Kleffmann

möglich ist.[1056] Der Unterhaltsschuldner bleibt jedoch zur Aufnahme einer vollschichtigen Tätigkeit verpflichtet und hat daher nachzuweisen, dass zumutbare Ganztagsarbeit mit vergleichbarer Sicherheit außerhalb des derzeitigen Arbeitsplatzes nicht erlangt werden kann. Gegebenenfalls hat er neben der Teilzeitbeschäftigung auch eine Nebentätigkeit aufzunehmen.[1057]

– Die **Aufgabe unselbstständiger Arbeit** zugunsten selbstständiger Arbeit rechtfertigt an sich noch keine Einkommensfiktion (Praxiseröffnung durch einen Krankenhausarzt),[1058] Eröffnung eines Bauschalungsverleihs durch einen Maurer,[1059] Aufgabe einer Angestelltenstelle und Gründung eines Geschäfts in der EDV-Branche.[1060] Jedenfalls zur Sicherstellung des Regelbetrags minderjähriger Kinder kann es jedoch geboten sein, dass der Unterhaltspflichtige vor Eintritt in die Selbstständigkeit **Rücklagen** bildet (oder gar Kredite aufnimmt).[1061]

– Die **Aufgabe einer selbstständigen Erwerbstätigkeit** mit ggf. erheblichen Einkommenseinbußen, sofern nicht im Einzelfall schwerwiegende Gründe vorliegen, die dem Verpflichteten nach Treu und Glauben die Berufung auf seine eingeschränkte Leistungsfähigkeit verwehren.[1062] Die unternehmerisch **sinnvolle Veräußerung eines defizitären Unternehmens** ist hinzunehmen.[1063] Eine Einkommensfiktion kommt nur bei verantwortungslosem, zumindest leichtfertigem bzw. grob schuldhaften Verhalten in Betracht.[1064] Diese zur Wahrung der Verhältnismäßigkeit eines weitgehenden Grundrechtseingriffs erforderliche Voraussetzung ist nicht schon dann gegeben, wenn sich nach einer beruflichen Umorientierung die damit verbundenen Risiken – und sei es auch wegen fehlenden unternehmerischen Geschicks oder unvollständiger Risikovorsorge – verwirklichen.[1065]

– Ein **Arbeitsplatzwechsel** trotz geringerer Entlohnung ist anzuerkennen, wenn der neue Arbeitsplatz sicherer ist und Schichtarbeit entfällt.[1066]

– In der Vereinbarung von **Altersteilzeit** liegt dann kein Verstoß gegen die Erwerbsobliegenheit, wenn besondere Gründe, insbesondere gesundheitliche Beeinträchtigungen, gegeben sind[1067] oder der Bedarf des Berechtigten auf einem relativ hohen Niveau sichergestellt ist.[1068] Im Übrigen besteht eine Erwerbsobliegenheit bis zum Erreichen der festen Altersgrenze (vgl. § 35 SGB VI, § 25 BRRG, § 41 Abs. 1 BBG).[1069] Über die Regelaltersgrenze hinaus besteht grds. keine Erwerbsobliegenheit.[1070] Das gleichwohl erzielte Einkommen bleibt jedoch nicht schon deswegen vollständig unberücksichtigt, weil es überobligationsmäßig erzielt wird. In derartigen Fällen ist vielmehr der unterhaltsrelevante Anteil des überobligationsmäßig erzielten Einkom-

---

1056 OLG Frankfurt FamRZ 1987, 190.
1057 OLG Celle FamRZ 1993, 963; OLG Frankfurt a.M. FamRZ 2000, 25.
1058 BGH FamRZ 1988, 145; OLG Frankfurt FamRZ 1991, 106.
1059 BGH FamRZ 1982, 365.
1060 OLG München FamRZ 1992, 441.
1061 OLG Hamm FamRZ 2003, 1213; OLG Köln FamRZ 2002, 1627.
1062 BGH FamRZ 2003, 1471; ZFE 2003, 345; Etwas anderes wird gelten müssen, wenn der Regelbedarf eines minderjährigen Kindes tangiert ist, OLG Dresden NJW-RR 2003, 364.
1063 OLG Hamm FamRZ 1994, 1029; zum Gebot, eine selbstständige Tätigkeit aufzugeben und eine abhängige Beschäftigung aufzunehmen vgl. auch OLG Hamm FamRZ 2007, 1106.
1064 Grundlegend BGH FamRZ 2000, 815; vgl. auch Graba FamRZ 2001, 1263.
1065 BVerfG FamRZ 2008, 131.
1066 OLG Karlsruhe FamRZ 1993, 836.
1067 OLG Saarbrücken FamRZ 2007, 1019; OLG Hamm FamRZ 2005, 1177; OLG Hamm NJW 2005, 161: Langfristige Sicherung des Arbeitsplatzes; OLG Köln FamRZ 2003, 602; OLG Hamm FamRZ 2002, 1476; OLG Hamm FamRZ 2001, 482; OLG Koblenz FamRZ 2000, 610; OLG Hamm FamRZ 1999, 1078.
1068 OLG Koblenz FamRZ 2000, 610.
1069 BGH FamRZ 2006, 684; OLG Saarbrücken FamRZ 2007, 1019 = NJW 2007, 520; OLG Saarbrücken ZFE 2005, 100; OLG Hamm FamRZ 2005, 1177; OLG Koblenz FamRZ 2004, 1573.
1070 BGH FamRZ 2006, 684; OLG Hamm ZFE 2005, 451.

mens nach Billigkeit zu ermitteln und – ggf. neben den eigenen Renteneinkünften – im Wege der Differenz- oder Anrechnungsmethode in die Unterhaltsberechnung einzubeziehen.[1071]

Unterhaltsrechtlich hingenommen werden kann die Altersteilzeit bzw. der vorzeitige Ruhestand, wenn

- sie von den Eheleuten einvernehmlich entschieden worden ist,
- gesundheitliche Gründe vorliegen,[1072]
- der Arbeitnehmer damit lediglich einer Kündigung zuvor kommt.[1073]
- Eine Erwerbspflicht besteht für Unterhaltsschuldner und Unterhaltberechtigten bis zur **Regelaltersgrenze**[1074].Diese ist mit Vollendung des 67. Lebensjahres erreicht (§ 35 S. 2 SGB VI, § 51 Abs. 1 S. 2 BBG). Für Geburtsjahrgänge zwischen 1947 und 1963 wird die frühere Altersgrenze von 65 Lebensjahren stufenweise angehoben (§ 235 Abs. 2 S. 2 SGB VI, § 51 Abs. 2 S. 2 BBG). Soweit keine Besonderheiten bestehen, sind solche durch den gesetzlichen Rahmen des Sozialrechts vorgegebenen Maßstäbe auch für das Familienrecht zu übernehmen. Dies betrifft sowohl den Kindes- als auch den Ehegattenunterhalt. Ist ein Unterhaltsschuldner über die Altersgrenze hinaus erwerbstätig, ist seine Tätigkeit insoweit überobligatorisch. Es bedarf keiner Differenzierung (mehr) zwischen abhängig Beschäftigten und Selbstständigen.[1075] Ein über die Altersgrenze hinaus erzieltes Einkommen ist dann entsprechend § 1577 BGB nur nach Billigkeit zu berücksichtigen, wobei die Höhe der erreichten Altersversorgung und auch die Kürzung durch den Versorgungsausgleich von Bedeutung sein können.[1076] Dies muss nicht immer auf eine hälftige Anrechnung des Einkommens hinauslaufen.[1077]

Die **Darlegungs- und Beweislast** liegt beim Arbeitslosen, der in nachprüfbarer Weise vorzutragen hat, welche Schritte er unternommen hat, um eine neue Arbeitsstelle zu finden. Gleiches gilt für die Frage nach der objektiven Beschäftigungschance.[1078] Kann nicht ausgeschlossen werden, dass der Erwerbslose bei hinreichenden Bemühungen eine Chance auf Vermittlung gehabt hätte, so geht dies zu Lasten des Arbeitslosen.[1079] Die Beweiserleichterungen des § 287 Abs. 2 ZPO gelten nicht.[1080]

II. Fiktive Einkünfte wegen Versorgungsleistungen

133 Sowohl der Unterhaltsberechtigte als auch der Unterhaltsverpflichtete können nach Trennung/Scheidung eine eheähnliche Gemeinschaft eingehen. Typisch ist, dass die Beteiligten gegenseitig erhebliche Versorgungsleistungen erbringen.

Dem **Unterhaltspflichtigen** werden keine Entgelte für entgegengenommene Versorgungsleistungen durch seinen Partner zugerechnet. Allerdings kann der **Selbstbehalt** bis auf den notwendigen Lebensbedarf **ermäßigt** werden, wenn der Schuldner mit einem leistungsfähigen Partner zusammenlebt und durch die gemeinsame Haushaltsführung, vor allem durch eine gemeinsame Wohnung, Ersparnisse entstehen.[1081] Der Unterhaltspflichtige muss sich, wenn er in einer neuen

---

1071 BGH FamRZ 2006, 683; 2005, 1154.
1072 OLG Koblenz NJW-RR 2004, 938; OLG Köln FamRZ 2003, 602; OLG Koblenz FamRZ 2004, 1573; OLG Hamm FamRZ 2001, 1476; OLG Hamm FamRZ 2001, 482; OLG Hamm FamRZ 1999, 1078.
1073 OLG Hamm NJW 2004, 161; OLG Hamm NJW-RR 2001, 433; OLG Koblenz FamRZ 2004, 1573.
1074 BGH FamRZ 2006, 683; OLG Zweibrücken, FamRZ 2012, 643.
1075 BGH FamRZ 2011, 454.
1076 BGH FamRZ 2011, 454.
1077 So allerdings OLG Karlsruhe FamRZ 2011, 1303.
1078 BGH FamRZ 2009, 314.
1079 BGH FamRZ 2000, 1358; BGH FamRZ 1996, 345; OLG Köln FamRZ 1997, 1104.
1080 BGH FamRZ 2008, 2104.
1081 BGH FamRZ 2008, 504, 597.

Lebensgemeinschaft wohnt, dadurch Kosten für die Wohnung oder die allgemeine Lebensführung erspart, auf einen geringeren Bedarf verweisen lassen.[1082] Rechtfertigung für die Herabsetzung ist, dass der Unterhaltspflichtige wegen des Synergieeffekts ohne Einbußen günstiger lebt und seinen Lebensstandard mit geringeren Mitteln aufrecht erhalten kann als ein alleinlebender Unterhaltspflichtiger. Bei einem verheirateten Unterhaltsschuldner ist entscheidend darauf abzustellen, dass er gegen seinen (neuen) Ehegatten einen Anspruch auf Familienunterhalt hat, durch den sein Bedarf in Höhe des Selbstbehalts ganz oder teilweise gedeckt sein kann.[1083] Eine Kürzung des notwendigen Selbstbehalts kommt allerdings nicht in Betracht, wenn der neue Ehegatte keine oder nur geringe Einkünfte bezieht und sich deshalb nicht oder nur in sehr geringem Umfang an den Lebenshaltungskosten beteiligen kann.[1084] Steht dem Pflichtigen kein Anspruch auf Familienunterhalt zu, etwa weil er mit dem Partner nicht verheiratet ist, schließt dies eine Herabsetzung des notwendigen Selbstbehalts wegen ersparter Kosten durch gemeinsame Haushaltsführung nicht aus. Die regelmäßig eintretende **Kostenersparnis** entlastet jeden der Partner zur Hälfte, ohne dass sie insoweit eine Leistung erbringen müssten. Schon deshalb kann diese Ersparnis nicht als freiwillige Leistung (vgl. hierzu Rdn. 151 ff.) des Lebensgefährten angesehen werden.[1085]

Diese geldwerten Versorgungsleistungen sind nicht anders zu beurteilen als wenn der Unterhaltsberechtigte eine bezahlte Tätigkeit im Haushalt annähme.[1086] Die Zurechnung einer Vergütung für Haushaltsführung ist unabhängig von einer bestehenden Erwerbsobliegenheit, kommt mithin auch in Betracht, wenn die Haushaltsführung neben einer Kindererziehung erbracht wird.

Erbringt der **Unterhaltsberechtigte**[1087] Versorgungsleistungen, etwa in Gestalt der Führung des Haushalts, der Gewährung von Wohnraum etc., so können entsprechende Bar- und/oder Sachleistungen nicht unterhaltsrechtlich als unentgeltlich betrachtet werden. Für diese Konstellationen ist ein Entgelt anzusetzen, das entsprechend den Grundsätzen für den Schadensersatz der getöteten und verletzten Hausfrau und Mutter gem. § 844 Abs. 2 BGB geschätzt werden kann.[1088] Auf Absprachen der Partner kommt es nicht an. Der wirkliche Wert der Leistungen, die ein Partner dem anderen erbringt, ist zu veranschlagen.[1089] Diese geldwerten Versorgungsleistungen sind nicht anders zu beurteilen als wenn der Unterhaltsberechtigte eine bezahlte Tätigkeit im Haushalt annähme.[1090] Die Zurechnung einer **Vergütung für Haushaltsführung ist** unabhängig von einer bestehenden Erwerbsobliegenheit, kommt mithin auch in Betracht, wenn die Haushaltsführung neben einer Kindererziehung erbracht wird, die eine Erwerbsobliegenheit (noch) ausschließt.[1091]

134

Versorgt der Unterhaltsberechtigte seinen neuen Partner in irgendeiner Weise, etwa indem er den Haushalt führt, ist ein entsprechendes Entgelt in analoger Anwendung des § 850h ZPO in Ansatz zu bringen.[1092] Voraussetzung ist, dass eine **Leistungsfähigkeit des Partners** gegeben ist.[1093] In diesen Fällen tritt der Wert der Versorgungsleistungen oder der Vorteil aus der neuen Lebensgemeinschaft als **Surrogat** an die Stelle einer Haushaltsführung während der Ehe und ist im Wege der

---

1082 BGH FamRZ 2008, 594; OLG München FamRZ 2004, 485; OLG Hamm FamRZ 2002, 1708.
1083 BGH FamRZ 2008, 594, 598.
1084 BGH FamRZ 2008, 594; vgl. auch OLG Hamm FamRZ 1999, 1523 und zum Ganzen Scholz in Scholz/Kleffmann/Motzer, Praxishandbuch Familienrecht, Teil K Rn. 93 f.
1085 BGH FamRZ 2008, 594, 598.
1086 BGH FamRZ 2001, 1693.
1087 Zur Gesamtproblematik vgl. Büttner FamRZ 1996, 136 ff.
1088 BGH FamRZ 2004, 1170 beim Ehegattenunterhalt; OLG Koblenz NJW-RR 2005, 1457 beim Unterhalt nach 1615l BGB; zu weiteren Einzelheiten vgl. insbes. Büttner FamRZ 1996, 136.
1089 BGH FamRZ 2004, 1170, 1173.
1090 BGH FamRZ 2008, 1739.
1091 BGH FamRZ 1995, 341.
1092 BGH FamRZ 2008, 1739; 2004, 1170; 1984, 662.
1093 BGH FamRZ 2004, 1170 bei Ehegattenunterhalt; OLG Koblenz NJW-RR 2005, 1457 beim Unterhalt nach § 1615l; zu Einzelheiten vgl. Büttner FamRZ 1996, 136.

Differenzmethode zu berücksichtigen.[1094] Der Wert der Versorgungsleistungen mindert nicht nur die Bedürftigkeit, sondern prägt auch den Bedarf nach den ehelichen Lebensverhältnissen i.S.d. § 1578 Abs. 1 BGB.[1095]

Bei relativ geringen Einkünften des Partners ist nicht ohne weiteres von seiner Leistungsunfähigkeit auszugehen. Vielmehr ist zu berücksichtigen, dass er selbst aus derart geringen Einkünften seinen Lebensunterhalt finanzieren müsste, wenn er allein leben würde.[1096]

Bei den zuzurechnenden Einkünften handelt es sich nicht um Einkünfte aus Erwerbstätigkeit, so dass ein **Erwerbstätigenbonus** nicht in Betracht kommt. Eine Vergütung kann auch nicht einer unterhaltssichernden Erwerbstätigkeit i.S.d. § 1573 Abs. 4 BGB gleichgesetzt werden.[1097]

135 Die Zurechnung fiktiver Einkünfte setzt voraus, dass tatsächlich Versorgungsleistungen erbracht werden. Hier kann es sich um eine **Vollversorgung** oder auch nur um eine **Teilversorgung** handeln. Hingegen sind bloße **Gefälligkeiten**, wie Fahrdienste, Renovierungshilfe etc. unterhaltsrechtlich irrelevant. Geht der unterhaltsberechtigte Ehegatte einer vollschichtigen Berufstätigkeit nach, kann es gerechtfertigt sein, einen Teil der aus der Partnerversorgung hergeleiteten Einkünfte in entsprechender Anwendung des § 1577 Abs. 2 BGB anrechnungsfrei zu belassen.[1098] Da eine Haushaltsführung mit dem Berufsleben leichter zu vereinbaren ist als eine weitere Erwerbstätigkeit, kommt eine volle Anrechnungsfreiheit regelmäßig nicht in Betracht. Erbringt der neue Partner zugunsten des Unterhaltsberechtigten freiwillige Zuwendungen (etwa Wohnungsgewährung) ohne dass dem haushälterische Versorgungsleistungen gegenüberstehen, so stellen diese Zuwendungen kein bedarfsminderndes Einkommen, sondern freiwillige Leistungen Dritter ohne Einkommenswert dar. Die Darlegungs- und Beweislast liegt beim Unterhaltsberechtigten. Dieser hat den Einwand, er erbringe in einer nachgewiesenen oder unstreitig existierenden eheähnlichen Gemeinschaft geldwerte Versorgungsleistungen, durch substantiierten Vortrag und Beweisanerbieten zu widerlegen.

136 Übt der Unterhaltsberechtigte eine Vollzeitbeschäftigung aus, kann daneben eine Vergütung von Versorgungsleistungen, die dem Partner erbracht werden, berücksichtigt werden.[1099] Bei der dabei anzusetzenden Vergütung handelt es sich regelmäßig um Einkommen aus zumutbarer Tätigkeit, da sich die Haushaltsführung eher als eine Erwerbstätigkeit mit anderen Verpflichtungen vereinbaren lässt.[1100] Selbst wenn der Unterhaltsberechtigten fiktive Einkünfte aus vollschichtiger Erwerbstätigkeit zugerechnet werden, sollen darüber hinaus noch geldwerte Versorgungsleistungen analog § 850h Abs. 2 ZPO zusätzlich angerechnet werden können, wenn die Versorgungsleistungen regelmäßig an Wochenenden erbracht werden.[1101]

Dem Unterhaltsberechtigten steht es jederzeit frei, die Wohngemeinschaft aufzugeben, ohne dafür dem Unterhaltsverpflichteten Rechenschaft abgeben zu müssen. Mit der tatsächlichen Beendigung der eheähnlichen Gemeinschaft erlischt auch die Zurechnung fiktiven Einkommens.

137 Der Ansatz fiktiven Versorgungsentgelts setzt voraus, dass der Partner finanziell in der Lage ist, die erbrachten Versorgungsleistungen zu vergüten.[1102]

1094 BGH FamRZ 2004, 1179; a.A. OLG München FamRB 2005, 101.
1095 BGH FamRZ 1989, 487; OLG Celle FamRZ 1994, 1324.
1096 BGH FamRZ 1987, 1011.
1097 BGH FamRZ 1987, 689.
1098 BGH FamRZ 1995, 343.
1099 BGH FamRZ 1995, 343.
1100 BGH FamRZ 1995, 343.
1101 OLG Hamm FamRZ 1995, 1152; a.A. OLG Hamm FamRZ 1999, 93.
1102 BGH FamRZ 1989, 487; BGH FamRZ 1987, 1011; OLG Düsseldorf FamRZ 1986, 684; OLG Hamm FamRZ 1997, 1080.

Die **Bemessung der angemessenen Vergütung**[1103] orientiert sich an der Werthaltigkeit der tatsächlich ausgeführten Versorgungsleistungen.[1104] Der Bundesgerichtshof hat den Richtlinien und Erfahrungssätzen, die zur Bemessung von Schadensersatzrenten sowie für den Ausfall einer Hausfrau entwickelt worden sind, indizielle Bedeutung zuerkannt.[1105]

▶ Die Höhe des anzurechnenden Betrages ist vom Gericht zu ermitteln, ggf. über § 287 ZPO zu schätzen. Dabei ist abhängig vom Umfang der Versorgungsleistungen auf den objektiven Wert abzustellen, den die Versorgungsleistungen für den Partner unter Berücksichtigungen dessen Einkommens haben.[1106]   **138**

Die Leitlinien (jeweils Ziff. 6) enthalten teilweise Anhaltspunkte für den im Einzelfall zugrunde zu legenden Wert:

Berlin (KG):   200 € – 550 € bei Haushaltsführung durch einen Nichterwerbstätigen

Brandenburg: keine Angabe eines konkreten Betrages, lediglich der Hinweis auf den Ansatz eines entsprechenden Einkommens bei Haushaltsführung

Braunschweig: kein Ansatz eines konkreten Betrages, lediglich Hinweis auf Berücksichtigung des geldwerten Vorteils der Versorgungsleistungen als Einkommen.

Bremern: 200 € – 550 € bei Haushaltsführung durch einen nicht Vollerwerbstätigen.

Celle: kein Ansatz eines konkreten Betrages

Dresden: 200 € – 550 € bei Haushaltsführung durch einen Nichterwerbstätigen

Düsseldorf: 350 € bei Haushaltsführung durch einen Nichterwerbstätigen

Frankfurt: 400 € bei Haushaltsführung durch einen Nichterwerbstätigen

Hamburg: kein Ansatz eines konkreten Betrages

Hamm: zwischen 250 € und 500 € bei Vollversorgung

Thüringen: 400 € bei Haushaltsführung durch einen Nichterwerbstätigen

Koblenz: 350 € soweit es sich um eine überobligatorische Leistung handelt

Köln: zwischen 200 € und 550 € bei Haushaltsführung durch einen Nichterwerbstätigen

Naumburg: kein Ansatz eines konkreten Betrages

Oldenburg: 425 €

Rostock: zwischen 200 € und 550 € bei Haushaltsführung eines Nichterwerbstätigen

Schleswig: kein Ansatz eines konkreten Betrages

Familiensenate in Süddeutschland (Bamberg, Karlsruhe, München, Nürnberg, Stuttgart und Zweibrücken): zwischen 200 € und 550 € bei Haushaltsführung eines Nichterwerbstätigen.

Der Unterhaltsberechtigte hat zu beweisen, dass kein eheähnliches Verhältnis besteht bzw. aus der Beziehung zu einem neuen Partner keine geldwerten Vorteile oder Entgelte gezogen werden können. Diese **Darlegungs- und Beweislast** setzt allerdings erst nach einem entsprechenden substantiierten Vortrag des Pflichtigen zum Bestehen einer eheähnlichen Beziehung des Berechtigten zu   **139**

1103 Vgl. auch Schael FuR 2006, 6.
1104 BGH FamRZ 1998, 487.
1105 BGH FamRZ 1984, 662; vgl. auch OLG Düsseldorf FamRZ 1985, 417.
1106 BGH FamRZ 2001, 1693.

einem neuen Partner ein. Den Unterhaltsberechtigten trifft auch die Beweislast für eine etwaige Leistungsunfähigkeit des neuen Partners.[1107]

Die gleichen Grundsätze gelten bei Versorgungsleistungen für Verwandte.[1108]

III. Fiktion bei Tätigkeit als Hausmann/Hausfrau in einer neuen Ehe

140 Bei Tätigkeit in einer neuen Ehe als Hausmann oder als Hausfrau wird die Unterhaltspflicht gegenüber dem neuen Ehegatten und ggf. gegenüber dem Kind aus neuer Ehe erfüllt, nicht dagegen gegenüber einem minderjährigen oder privilegiert volljährigen Kind, das nach § 1609 Nr. 1 BGB mit dem minderjährigen Kind gleichrangig ist, aus erster Ehe oder ggf. auch gegenüber dem früheren Ehegatten, jedenfalls dann, wenn dieser nach § 1570 unterhaltsberechtigt ist. Der barunterhaltspflichtige Ehegatte kann sich nicht ohne weiteres auf die Sorge nur für die Angehörigen aus der neuen Familie beschränken (»**Hausmannrspr.**«[1109]). Die **Rücksichtnahmepflicht** schränkt die Freiheit der Ehegatten, die Aufteilung von Haushaltsführung und Erwerbstätigkeit sowie die Pflege und Erziehung der Kinder nach ihren Vorstellungen zu gestalten, ein.[1110]

141 Sind in neuer Ehe keine Kinder zu betreuen, ist der wiederverheiratete Elternteil von Unterhaltspflichten gegenüber minderjährigen, unverheirateten Kindern aus einer früheren Ehe grundsätzlich nicht befreit.[1111] Der neue Ehepartner muss dem unterhaltspflichtigen Ehegatten eine der Beschaffung von Unterhaltsmitteln dienende Arbeit ermöglichen (arg. aus § 1356 Abs. 2 BGB).[1112]

142 Auch ein betreuungsbedürftiges minderjähriges Kind aus der neuen Ehe entbindet nicht von der Unterhaltspflicht für minderjährige oder privilegiert volljährige Kinder aus einer vorangegangenen Ehe.[1113] Für den Unterhaltspflichtigen besteht die **Obliegenheit, ggf. eine Nebentätigkeit aufzunehmen,** um so zum Unterhalt des Kindes aus früherer Ehe oder eines nicht ehelichen Kindes beitragen zu können. Ein Selbstbehalt ist nicht zu berücksichtigen, da dieser durch die Rollenverteilung in der Ehe durch den neuen Ehegatten gedeckt ist.[1114] Der neue Ehepartner ist gehalten, durch Übernahme eines Teils der Pflegearbeit die Erwerbstätigkeit des anderen zu ermöglichen.[1115]

Um Unterhaltspflichten gegenüber minderjährigen oder privilegiert volljährigen Kindern aus vorangegangener erster Ehe erfüllen zu können, ist **Elterngeld** (vgl. Rdn. 89), das aufgrund der Geburt eines Kindes aus der neuen Verbindung gezahlt wird, einzusetzen.[1116]

Auch ist zu prüfen, ob die Unterhaltsansprüche nicht bereits aus dem **Taschengeld** des in zweiter Ehe haushaltsführenden Ehegatten erfüllt werden können.[1117] Anders als das Wirtschafts- und Haushaltsgeld aus der zweiten Ehe muss Taschengeld des haushaltsführenden Ehegatten grund-

---

1107 BGH FamRZ 1989, 487.
1108 Vgl. zu Einzelheiten Eschenbruch/Klinkhammer/Mittendorf Kap. 6.7.5.2 Rn. 451 ff. und Kleffmann in Scholz/Kleffmann/Motzer, Praxishandbuch Familienrecht, Teil G Rn. 127.
1109 BGH FamRZ 2001, 1065; BGH FamRZ 1996, 796; BGH FamRZ 2001, 614.
1110 BVerfG FamRZ 1996, 343; BGH FamRZ 1996, 796.
1111 BGH FamRZ 2010, 111; BGH FamRZ 2001, 544 = FuR 2001, 225; NJW-RR 2001, 361; FamRZ 1998, 286 = NJW 1996, 1815.
1112 BGH FamRZ 1996, 796.
1113 BGH FamRZ 2007, 1827; OLG Köln NJWE-FER 1999; OLG Hamm FamRZ 1994, 1460; OLG Koblenz NJW-RR 1993, 325.
1114 BGH FamRZ 2001, 1065.
1115 Grundlegend BGH FamRZ 1996, 796.
1116 BGH FamRZ 2006, 1010; OLG Koblenz FamRZ 2000, 687; OLG Jena FamRZ 1999, 1526; OLG Nürnberg FamRZ 1994, 1402.
1117 BGH FamRZ 2006, 1827 m. Anm. Strohal; BGH FamRZ 2001, 1065.

sätzlich für die Unterhaltsberechtigten aus vorangegangener Ehe eingesetzt werden[1118] (zu Einzelheiten vgl. Rdn. 92). Nicht entscheidend ist, ob das Taschengeld tatsächlich gezahlt wird.[1119] Taschengeld ist nicht nur beim Unterhalt minderjähriger Kinder einzusetzen, sondern auch beim Volljährigenunterhalt[1120] und beim Elternunterhalt.[1121] Kann der Pflichtige aus dem Taschengeld keinen oder keinen ausreichenden Unterhalt zahlen, muss er zumindest teilweise erwerbstätig sein (**Aushilfs- oder Nebentätigkeit**), um einen entsprechenden Barunterhalt zahlen zu können.[1122] Im Fall eines **berechtigten Rollentauschs** (zu Einzelheiten vgl. Rdn. 144) ist die Unterhaltspflicht gegenüber Kindern aus erster Ehe auf der Grundlage einer Nebenerwerbstätigkeit und des Taschengeldanspruchs nicht durch einen fiktiven Unterhaltsanspruch begrenzt, der sich ergäbe, wenn der barunterhaltspflichtige Elternteil auch in seiner neuen Ehe Vollzeit erwerbstätig wäre und von solchen Einkünften seinen eigenen **Selbstbehalt** sowie alle weiteren gleichrangigen Unterhaltsansprüche abdecken müsste.[1123] Die Berufung auf die Wahrung des eigenen notwendigen Bedarfs ist dem Pflichtigen jedoch nur eingeschränkt ermöglicht. Das Einkommen des »Hausmanns« aus einer Nebentätigkeit oder Aushilfstätigkeit kann selbst dann voll angerechnet werden, wenn es unter dem Selbstbehalt bleibt, jedoch der Eigenbedarf bereits durch den Unterhalt gesichert ist, den der Ehegatte nach §§ 1360, 1360a BGB schuldet.[1124] Wenn jedoch bei unterhaltsrechtlich hinzunehmender Rollenwahl (zu Einzelheiten vgl. Rdn. 144) der neue Ehegatte den Selbstbehalt des Pflichtigen nicht vollständig sicherstellen kann, darf der Pflichtige Einkünfte aus der Nebentätigkeit zunächst zur Sicherung des eigenen notwendigen Selbstbehalts verwenden.[1125]

§ 1603 Abs. 1 BGB bestimmt die Leistungsfähigkeit des Unterhaltsverpflichteten aufgrund der tatsächlichen Verhältnisse und nicht aufgrund von hypothetischen Situationen, die in der Realität noch nie vorgelegen haben und zu deren Herbeiführung den Unterhaltsverpflichteten auch keine Obliegenheit trifft. Da auf die realen Verhältnisse abzustellen ist, ist die Tatsache der Wiederverheiratung des unterhaltspflichtigen Elternteils unterhaltsrechtlich zu beachten. Ebenso wie die **Wiederheirat** dazu führen kann, dass sich das ersteheliche Kind eine Schmälerung seines Unterhaltsanspruchs als Folge des Hinzutritts weiterer minderjähriger Kinder aus der neuen Ehe des Unterhaltspflichtigen entgegenhalten lassen muss, kann sich die Wiederverheiratung auch zum Vorteil des erstehelichen Kindes auswirken.[1126] In der Vergangenheit hatte der BGH die Nebenerwerbsobliegenheit durch eine fiktive Kontrollberechnung begrenzt. Danach konnte die Obliegenheit nur soweit reichen, dass die Kinder nicht schlechter gestellt werden als sie stünden, wenn kein Rollentausch stattgefunden hätte. An dieser Begrenzung hält der BGH nicht mehr fest (**keine fiktive Kontrollberechnung**).[1127] Die Leistungsfähigkeit bemisst sich nach den tatsächlichen Verhältnissen. Ebenso wie die Verheiratung zu einer Schmälerung des Unterhaltsanspruchs führen kann, kann sie sich auch zum Vorteil der erstehelichen Kinder auswirken.[1128]

143

Voraussetzung für die Anwendung der Grundsätze zur »Hausmannrspr.« ist, dass die Unterhaltsberechtigten die **Rollenwahl** in der neuen Familie hinzunehmen müssen. Dies ist nur der Fall, wenn die Übernahme der Haushaltsführung durch den Unterhaltspflichtigen zu einer **wesentlich**

144

1118 BGH FamRZ 2006, 1827; BGH NJW 2007, 139 mit Anm. Born; BGH FamRZ 2003, 366 (zum Einsatz des Taschengeldes beim Elternunterhalt); BGH FamRZ 1986, 668; OLG Düsseldorf FamRZ 2007, 1038; PWW/Kleffmann vor § 1577 Rn. 40.
1119 OLG Stuttgart FamRZ 1986, 166.
1120 BGH FamRZ 1987, 472.
1121 BGH NJW-RR 2004, 674.
1122 BGH FamRZ 2006, 1827 m. Anm. Strohal.
1123 BGH FamRZ 2006, 1827 mit Anm. Strohal, Aufgabe von BGH FamRZ 1982, 590 und Weiterführung von BGH FamRZ 2004, 363.
1124 BGH FamRZ 2006, 1827; 2001, 1065 m. Anm. Büttner, 1996, 796.
1125 BGH FamRZ 2006, 1010 m. Anm. Borth; 1827.
1126 BGH FamRZ 2004, 364.
1127 BGH FamRZ 2006, 1827 m. Anm. Strohal.
1128 BGH FamRZ 2006, 1827.

günstigeren Einkommenssituation der neuen Familie führt[1129] oder sonstige Gründe von erheblichem Gewicht vorhanden sind, die einen erkennbaren Vorteil für die neue Familie mit sich bringen.[1130] Maßgebend kann auch sein, ob der Unterhaltspflichtige zumutbare Vorsorgemaßnahmen zur Sicherung des Unterhalts der alten Familie getroffen hat.[1131]

Die Aufgabenverteilung in neuer Ehe ist auch dann nicht maßgeblich, wenn die zweitehelichen Kinder des Pflichtigen der Betreuung nicht mehr bedürfen, der Pflichtige mithin im Fall der Scheidung keinen Anspruch auf Betreuungsunterhalt (§ 1570 BGB) gegen seinen Ehepartner hätte. Ist die Aufgabenverteilung in neuer Ehe schon nicht bindend gegenüber dem (geschiedenen) Ehegatten[1132], gilt dies erst recht gegenüber minderjährigen oder privilegiert volljährigen Kindern aus vorangegangener Ehe.

Es reicht nicht aus, wenn die Rollenwahl nur nachvollziehbar oder vernünftig ist. Erst recht reicht es nicht, wenn aufgrund der Rollenwahl es der neuen Familie wirtschaftlich schlechter geht als bei umgekehrter Aufgabenverteilung. Ist die Rollenwahl nicht hinzunehmen, bleibt der haushaltsführende Ehegatte zu einer Erwerbstätigkeit in früherem Umfang verpflichtet. Der Unterhaltspflichtige wird sodann **fiktiv bemessen**. Die nach § 1609 Nr. 1 BGB im ersten Rang stehenden Kinder profitieren in jedem Fall von einer durch die Wiederverheiratung gestiegenen Leistungsfähigkeit des Pflichtigen.[1133] Hier spielt die Frage des Rollentauschs keine Rolle.

Die Rollenwahl in der neuen Ehe ist jedoch hinzunehmen, wenn sich der Familienunterhalt in der neuen Ehe durch die Erwerbstätigkeit des anderen, nicht unterhaltspflichtigen Ehegatten wesentlich günstiger gestaltet.[1134] Aber auch dann muss der Unterhaltspflichtige die häusliche Tätigkeit auf das unbedingt notwendige Maß beschränken und wenigstens eine Nebentätigkeit aufnehmen um der Barunterhaltspflicht zu genügen.[1135]

▶ **Voraussetzungen für die Akzeptanz der Rollenwahl:**

Wesentlich günstigere Einkommenssituation: Es genügt nicht, dass die Einkommenssituation der neuen Familie nur »günstiger« ist. Das Kriterium der Wesentlichkeit muss erfüllt sein. Geringe Einkommensunterschiede, etwa von 100–200 €, reichen nicht.[1136]
Sonstige Gründe von gleichem Gewicht:
Kinderbetreuung durch Dritte nicht möglich: Wer früher der Ernährer der Familie war, darf sich nicht auf die Hausmannrolle in der neuen Beziehung zurückziehen, wenn Dritte eingeschaltet werden können, die die Kinder aus der neuen Ehe entgeltlich betreuen können.[1137]
Vorsorgemaßnahmen: Soweit die Möglichkeit bestand, Rücklagen zu bilden, ist ein Wechsel in die Hausmannsrolle nur hinzunehmen, wenn diese Rücklagen für den Unterhalt der übrigen Berechtigten auch gemacht worden sind.
Eine Begrenzung auf die (fiktiven) Verhältnisse bei Fortsetzung der früheren Erwerbstätigkeit erfolgt nicht[1138] (keine fiktive Kontrollrechnung).
Abschließende Interessenabwägung: Die »zurückgelassenen« Unterhaltsberechtigten müssen die Rollenwahl nur hinnehmen, wenn das Interesse der neuen Familien an dieser Rollenwahl

---

1129 BGH FamRZ 2006, 1827.
1130 BGH FamRZ 2006, 2010; BGH FamRZ 2006, 1827.
1131 BGH FamRZ 2001, 614; BGH FamRZ 1996, 796.
1132 BGH FamRZ 2010, 111.
1133 BGH FamRZ 2006, 1827.
1134 BGH FamRZ 2007, 1827 = FuR 2007, 19; NJW-RR 2001, 361; FamRZ 1996, 796; OLG Koblenz NJW-RR 2005, 1310; OLG Köln FamRZ 1995, 353; großzügiger OLG Oldenburg FamRB 2005, 68.
1135 BGH FuR 2006, 267.
1136 BGH FamRZ 2006, 1827; OLG Koblenz NJW-RR 2005, 1310, fraglich daher OLG Oldenburg FamRB 2005, 68.
1137 Vgl. i.E. Büttner FamRZ 2001, 617.
1138 BGH FamRZ 2006, 1827.

ihr eigenes Interesse an der Beibehaltung der bisherigen Unterhaltssicherung deutlich überwiegt. Die neue Beziehung ist mit der »Hypothek« bestehender Unterhaltspflichten belastet.

Die Grundsätze der Rechtsprechung zu den so genannten Hausmannfällen, wonach der wiederverheiratete gegenüber seinem neuen Ehegatten ein Recht auf Erwerbstätigkeit hat (§ 1356 Abs. 2 Satz 1) und wonach der neue Ehepartner auf bestehende Unterhaltspflichten sowie auf sonstige Belange Rücksicht zu nehmen hat, ist auch auf die **nichteheliche Lebensgemeinschaft** übertragbar.[1139] Die in der Vergangenheit vertretene Auffassung,[1140] die Grundsätze der Hausmannrspr. seien bei der nicht ehelichen Lebensgemeinschaft nicht anwendbar, weil der Lebensgefährte nicht verpflichtet sei, auf finanzielle Belastungen der Mutter in irgendeiner Form Rücksicht zu nehmen, ist nicht mehr haltbar und letztlich überholt, insb. im Hinblick auf auch zwischen nicht miteinander verheirateten Eltern bestehende mannigfache Rechtsbeziehungen, etwa die Unterhaltspflicht nach § 1615l Abs. 2 3–5 BGB, die Möglichkeit der Ausübung der gemeinsamen elterlichen Sorge (§ 1626a Abs. 1 Nr. 1 BGB) oder die Umgangsbefugnis nach § 1684 BGB. Jedenfalls nach der Gleichstellung der ehelichen und nicht ehelichen Kinder und nach der Stärkung der Rechte des Vaters des nicht ehelichen Kindes durch das KindUG kann § 1618a BGB nicht auf das Verhältnis zwischen Eltern einerseits und den Kindern andererseits beschränkt werden. Mit Hilfe des § 1618a BGB können auch Rechte und Pflichten der Eltern untereinander begründet werden. Was letztlich an Beistand und Rücksicht gefordert ist, richtet sich nach der konkreten Beziehung der Eltern. Auch zwischen nicht verheirateten Eltern kann durchaus eine dem § 1356 BGB entsprechende Situation bestehen, etwa wenn der nicht eheliche Vater im Einvernehmen mit der Mutter einen Teil der Erziehungsaufgaben übernimmt.[1141] Die gleichen Grundsätze gelten, wenn nicht die Mutter, sondern der Vater des nicht ehelichen Kindes Betreuungsaufgaben und die Führung des Haushalts übernimmt.[1142]

Die Hausmannrspr. kann dagegen nicht ohne weiteres auf **Unterhaltsansprüche nicht privilegierter volljähriger Kinder** angewendet werden[1143], auch wenn diese ihre Ausbildung noch nicht abgeschlossen haben. Diese volljährigen Kinder stehen nicht im ersten Rang nach § 1609 BGB. Ein Elternteil kann sich ihnen gegenüber grds. darauf berufen, dass er wegen Übernahme der häuslichen Aufgaben in einer neuen Ehe zu Unterhaltsleistungen ohne Gefährdung des eigenen Unterhalts nicht in der Lage ist (§ 1603 Abs. 1 BGB). Erst bei Einkünften, die den angemessenen Selbstbehalt (derzeit 1.150 €) übersteigen, ist eine (teilweise) Leistungsfähigkeit zur Bestreitung des Volljährigenunterhalts gegeben.

IV. Fiktion bei unzureichender Vermögensnutzung

Dem Berechtigten und dem Verpflichteten sind fiktive Erträge als Einkommen zuzurechnen, wenn sie es unterlassen, ihr Vermögen in zumutbarer ertragbringender Weise zu nutzen oder zu verwerten.[1144] Dies gilt gleichermaßen für den unterhaltsberechtigten Ehegatten und für Verwandte, mit Ausnahme minderjähriger Kinder, die den Vermögensstamm im Verhältnis zu ihren Eltern nicht angreifen müssen, solange die Eltern leistungsfähig sind (§ 1602 Abs. 2 BGB) wie für

145

146

1139 BGH FuR 2001, 180 = FamRZ 2001, 614 mit Anm. Büttner: Einkommensunterschied von 100 € nicht ausreichend; vgl. auch OLG Koblenz NJW-RR 2001,4; vgl. auch OLG Hamm FamRZ 2003, 1204.
1140 Vgl. BGH FamRZ 1995, 589.
1141 BGH FamRZ 2001, 614.
1142 BGH FamRZ 2001, 614 mit Anm. Büttner.
1143 BGH FamRZ 2011, 454.
1144 BGH FuR 2000, 469; FamRZ 1998, 87; grundlegend 1998, 367; OLG München FamRZ 2000, 76; OLG Hamm FamRZ 1999, 235; Die Verwertung vorhandenen Grundbesitzes kommt nicht in Betracht, wenn Vermietung bzw. Veräußerung mit erheblichen finanziellen Verlusten verbunden wären, OLG Celle FamRZ 2002, 887.

den Unterhaltsverpflichteten. Der einzuräumende Entscheidungsspielraum ist überschritten, wenn die **Anlage** des Vermögens eindeutig **unwirtschaftlich** ist.[1145] Dem Betreffenden steht bei der **Wahl der Anlageform** ein **Beurteilungsspielraum** zu. Er muss nicht in jedem Fall die Anlageform mit der höchsten Rendite wählen, sondern kann auch die Sicherheit der tatsächlich gewählten Anlageform und weitere Gesichtspunkte berücksichtigen. Die Obliegenheit zur Vermögensverwertung findet jedenfalls dort ihre Grenze, wo dem Verpflichteten nicht mehr die Mittel zur Bestreitung des eigenen unentbehrlichen Lebensbedarfs verbleiben und er durch Unterhaltszahlungen selbst sozialhilfebedürftig würde.[1146]

147 Die Bejahung einer entsprechenden Obliegenheit setzt stets eine **Zumutbarkeitsprüfung** voraus, bei der die Belange des Berechtigten und Verpflichteten gegeneinander abzuwägen sind.[1147] **Richtschnur**: je größer ein Vermögen ist, desto eher kommt eine Obliegenheit zur Verwertung in Betracht. Kleinere Vermögen können regelmäßig geschont werden. Reserven für Notfälle und/oder Altersvorsorge müssen erhalten bleiben.[1148] Andererseits dient Vermögen nicht dazu, es den Erben zu erhalten. Es ist grds. unter Berücksichtigung einer angemessenen Altersvorsorge und der Lebenserwartung einzusetzen.[1149]

148 Die Verwertung des Vermögensstamms ist jedenfalls dann nicht unbillig im Sinne des § 1577 Abs. 3 BGB, wenn der Berechtigten ein erhebliches Vermögen verbleibt, während der Verpflichtete der Grenze der Leistungsfähigkeit nahe käme.[1150] Im Rahmen der vorzunehmenden **Billigkeitsabwägung** sind insb. zu berücksichtigen die voraussichtliche Dauer der Unterhaltsbedürftigkeit und der Ertragsmöglichkeit des zur Verfügung stehenden Vermögens,[1151] die Belange naher Angehöriger[1152] und in welcher Höhe sonstiges Vermögen und eine weitere Altersvorsorge bereits vorhanden ist.[1153] Die Verwertung einer angemessenen selbst genutzten Immobilie kann regelmäßig nicht verlangt werden.[1154] Besteht das Vermögen aus einer Lebensversicherung, ist unter Berücksichtigung der statistischen Lebenserwartung und erzielbarer Zinsen zu beurteilen, ob, ggf. gestreckt auf mehrere Jahre, eine angemessene Altersvorsorge noch vorliegt oder Teile für Unterhaltszwecke verwandt werden müssen.[1155]

149 Beim **Trennungsunterhalt** fehlt eine den §§ 1577 Abs. 3, 1581 BGB entsprechende Bestimmung. Eine Verwertungspflicht folgt jedoch aus § 1361 BGB, wenn der Unterhalt des Berechtigten aus dem Stamm seines Vermögens bestritten werden kann.[1156] Diese Verpflichtung geht allerdings beim Trennungsunterhalt weniger weit als beim Geschiedenenunterhalt (vgl. Rdn. 148 und 150). Je länger jedoch die Trennung dauert, desto eher kann eine Verpflichtung zur Verwertung des Vermögensstamms angenommen werden.[1157]

150 **Der Verpflichtete** muss nach § 1581 2 BGB beim **nachehelichen Unterhalt** den Stamm seines Vermögens verwerten, wenn die Verwertung nicht unwirtschaftlich oder unter Berücksichtigung der beiderseitigen wirtschaftlichen Verhältnisse nicht unbillig ist. Es gelten vergleichbare Billig-

---

1145 BGH FamRZ 1992, 423.
1146 BGH FamRZ 2006, 683; BVerfG FamRZ 2004, 253.
1147 BGH FamRZ 2000, 153; 1988, 245; OLG Saarbrücken FamRZ 2008, 698; OLG Nürnberg FamRZ 2008, 788.
1148 BGH FamRZ 1998, 367; OLG Celle FamRZ 2001, 47: Schonbetrag 5.000 DM.
1149 BGH FamRZ 2006, 1511.
1150 OLG Hamm FamRZ 2006, 86 und grundlegend BGH FamRZ 1985, 354.
1151 BGH FamRZ 1985, 354; OLG München FamRZ 1994, 1459.
1152 BGH FamRZ 1980, 126.
1153 BGH FamRZ 2006, 1511.
1154 BGH FamRZ 2006, 1511; vgl. auch BVerfG FamRZ 2005, 1051.
1155 OLG Hamm FamRZ 2000, 1286.
1156 BGH FamRZ 2009, 307.
1157 BGH FamRZ 1985, 360; OLG Hamm FamRZ 1993, 1085; OLG Karlsruhe FamRZ 1990, 163; OLG Frankfurt FamRZ 1995, 874.

keitskriterien wie beim Bedürftigen (vgl. Rdn. 148 f.). Beim Trennungsunterhalt stellen die Grundsätze der §§ 1577 Abs. 3, 1581 2 BGB die äußerste Grenze dar, bis zu der eine Vermögensverwertung verlangt werden kann (grds. keine Obliegenheit zu zerrüttungsfördernden Dispositionen). Auch beim Verpflichteten ist im Rahmen des Trennungsunterhalts jedoch die noch bestehende stärkere Verantwortung der Eheleute und das höhere Maß an Rücksichtnahme auf die beiderseitigen Interessen zu berücksichtigen[1158] (vgl. Rn. 149).

Im **Verhältnis zu Kindern** hat der Verpflichtete im Rahmen des § 1603 Abs. 1 BGB grundsätzlich auch den Stamm seines Vermögens zur Bestreitung des Unterhalts einzusetzen so lange sein eigener angemessener Unterhalt nicht gefährdet wird.[1159] Eine allgemeine Billigkeitsgrenze wie im Rahmen des § 1581 2 BGB gibt es im Bereich des Verwandtenunterhalts nicht. Es hat eine umfassende Billigkeitsabwägung zu erfolgen. Alle Verbindlichkeiten des Pflichtigen, auch gegenüber nachrangig Berechtigten, sind zu berücksichtigen.[1160] Solange der Mindestunterhalt (§ 1612a BGB) minderjähriger Kinder tangiert ist, kann sich der Pflichtige nicht darauf berufen, auf einem Grundstück zur Vermögensbildung Eigentumswohnungen zu errichten.[1161] Andererseits muss der notwendige Selbstbehalt des Pflichtigen unter Berücksichtigung seiner voraussichtlichen Lebensdauer gesichert bleiben.[1162] Auch im Rahmen des Minderjährigenunterhalts gilt, dass kein Unterhaltspflichtiger durch Unterhaltslasten selbst sozialhilfebedürftig werden darf.[1163] Minderjährige Kinder ihrerseits brauchen den eigenen Vermögensstamm im Verhältnis zu ihren Eltern nicht zu verwerten, solange die Eltern leistungsfähig sind (§ 1602 Abs. 2 BGB). Die Eltern können das Kind aber nach § 1603 Abs. 2 Satz 3 BGB auf den Stamm seines Vermögens verweisen, wenn andernfalls der eigene angemessene Unterhalt der Eltern gefährdet wäre.[1164]

Volljährige Kinder müssen zunächst ihr eigenes Vermögen verwerten, soweit dies nicht unwirtschaftlich ist.[1165] Minderjährige Kinder brauchen den eigenen Vermögensstamm im Verhältnis zu ihren Eltern nicht zu verwerten so lange die Eltern leistungsfähig sind. Die Höhe der erzielbaren Erträge richtet sich nach der Marktsituation.

Beim **Elternunterhalt** besteht nur eine eingeschränkte Vermögensverwertungspflicht.[1166] Der Elternunterhalt ist vergleichsweise schwach ausgestaltet. Demgemäß sind dem Unterhaltspflichtigen einerseits ein höherer Selbstbehalt und ein höheres Schonvermögen zu belassen, andererseits setzt die Obliegenheit zum Einsatz des Vermögensstamms später ein. Im Rahmen der Zumutbarkeitsabwägung ist auch zu berücksichtigen, dass das unterhaltspflichtige Kind regelmäßig bereits Vermögensdispositionen zu Zeiten getroffen hat, in denen Elternunterhalt nicht geschuldet war.[1167] Bei der Bemessung der angemessenen Vermögensfreigrenze ist zu berücksichtigen, dass eine angemessene Altersvorsorge ermöglicht bleiben muss,[1168] aber auch dass ausreichende Rücklagen für berufsbedingte Aufwendungen, etwa ein Kraftfahrzeug, gebildet werden können.[1169]

151

152

1158 BGH FamRZ 2005, 97.
1159 BGH FamRZ 1986, 48.
1160 BGH FamRZ 1998, 367.
1161 OLG Köln FamRZ 2006, 809; KG FamRZ 2004, 1745; OLG Dresden FamRZ 1999, 396.
1162 BGH FamRZ 1989, 170; KG FamRZ 2003, 1864.
1163 BVerfG FamRZ 2006, 683; FamRZ 2001, 1685; BGH FamRZ 2006, 765.
1164 BGH FamRZ 1985, 360.
1165 OLG München FamRZ 1996, 1433: Vermögen von seinerzeit ca. 50.000 DM muss für den Unterhalt verwendet werden; vgl. auch OLG Celle FamRZ 2001, 47; OLG Köln FamRZ 1999, 1277; OLG Bamberg FamRZ 1999, 876; OLG Düsseldorf FamRZ 1990, 1137.
1166 BGH FamRZ 2002, 1698.
1167 Vgl. zum Ganzen auch BGH FamRZ 2006, 1511; OLG Karlsruhe FamRZ 2004, 292.
1168 BGH FamRZ 2004, 792.
1169 BGH FamRZ 2006, 1511; OLG München FamRZ 2005, 299.

Die Verwertung eines Miteigentumsanteils an einem Familienwohnheim ist regelmäßig nicht erforderlich.[1170]

Ein **Unterhaltsberechtigter** ist jedoch grds. gehalten mit Ausnahme eines Schonvermögens sein Vermögen zur Bestreitung des Lebensunterhalts einzusetzen bevor er sein Kind in Anspruch nimmt.[1171] Der zu belassene Schonbetrag ist zumindest mit dem sozialhilferechtlichen Schonbetrag in Ansatz zu bringen.[1172] Hat ein Elternteil eigenes Vermögen in Form der Teilhabe an einer ungeteilten Erbengemeinschaft, ist er verpflichtet, dieses als Kreditunterlage für seinen Pflegebedarf zu nutzen.[1173]

Beim **Unterhaltsanspruch aus Anlass der Geburt** gelten die gleichen Grundsätze wie im Rahmen des nachehelichen Unterhalts. Der Gesetzgeber hat die Ansprüche nach § 1615l BGB weitgehend den Ansprüchen nach § 1570 BGB angeglichen. Zwar sehen die nach § 1615l Abs. 3 Satz 1 BGB anwendbaren Vorschriften über den Verwandtenunterhalt, anders als § 1577 Abs. 3 BGB für die Bedürftigkeit und § 1581 2 BGB für die Leistungsfähigkeit beim nachehelichen Unterhalt, keine allgemeine gesetzliche Billigkeitsgrenze vor.[1174] Gleichwohl ist im Rahmen des § 1615l BGB jedoch gleichfalls aufgrund einer umfassenden Zumutbarkeitsabwägung im Wesentlichen auf die Grundsätze im Rahmen des nachehelichen Unterhalts (vgl. Rdn. 148) zu rekurrieren.

▶ **Kasuistik zu fiktiven Erträgen bei unterlassener Vermögensnutzung oder Vermögensverwertung**

- Vermietung eines großen luxuriösen Hauses und Anmietung einer weniger kostspieligen Wohnung[1175]
- Unterhaltung zweier Immobilien die keine Nettoerlöse erbringen[1176]
- Verwertung eines Miteigentumsanteils im Wert von 38.346,89 €, jedenfalls bei gesteigerter Unterhaltsverpflichtung gegenüber einem minderjährigen Kind[1177]
- Barmittel sind möglichst nutzbringend anzubringen[1178]
- zumutbare Maßnahmen zur Einziehung von Vermögen müssen gleichfalls ergriffen werden, ggf. auch die gerichtliche Geltendmachung einer Darlehensforderung[1179]
- Verwertung von Hausrat ist regelmäßig, wenn schon nicht unwirtschaftlich, dann unbillig
- ob ein Erbanteil zu verwerten ist, etwa Pflichtteilsansprüche geltend zu machen sind, hängt von Zumutbarkeitsgesichtspunkten ab[1180]
- unentgeltliche Überlassung eines Hauses an einen Verwandten[1181]
- Eine Fiktion kann nicht erfolgen, wenn Vermögen (teilweise) zur Bestreitung berücksichtigungsfähiger Kosten verwandt wird, etwa Bestreitung von Verfahrenskosten, Kauf einer neuen Wohnungseinrichtung, eines beruflich benötigten Kfz, Einzahlung in eine Lebensversicherung als angemessener Altersvorsorgeaufwand.[1182] Der Verbrauch des Geldes ist stets individuell und nicht nur pauschal zu prüfen.[1183]

1170 OLG Köln FamRZ 2001, 1475.
1171 OLG Köln FamRZ 2001, 437.
1172 BGH FamRZ 2004, 370.
1173 BGH FamRZ 2006, 935.
1174 BGH FamRZ 1998, 367.
1175 BGH FamRZ 1988, 144.
1176 OLG Düsseldorf FamRZ 1996, 1418.
1177 OLG Dresden FamRZ 1999, 396.
1178 FamRZ 1988, 145; OLG Hamm FamRZ 1999, 516.
1179 BGH FamRZ 1993, 1065; OLG Düsseldorf FamRZ 1988, 284.
1180 BGH FamRZ 1993, 1065; OLG Hamm FamRZ 1997, 1537: keine Obliegenheit zur Geltendmachung eines Pflichtteilsergänzungsanspruchs, wenn das Prozessrisiko zu einem relativ geringen Ergänzungsanspruch in keinem Verhältnis steht; vgl. auch BGH FamRZ 1998, 367 für Geltendmachung eines Vermächtnisanspruchs vgl. auch OLG Stuttgart FamRZ 2005, 646.
1181 OLG Hamm FamRB 2003, 285.
1182 BGH FamRZ 1990, 989.
1183 BGH FamRZ 2009, 23.

Strafhaft und Untersuchungshaft führen regelmäßig zwar zu einer verschuldeten, aber nicht 152a gewollten Leistungsunfähigkeit. Selbst ein verschuldeter, aber doch ungewollter Arbeitsplatzverlust kann unterhaltsrechtlich nicht Fällen freiwilliger Aufgabe einer versicherungspflichtigen Tätigkeit gleichgestellt werden. Die Berufung des Unterhaltsberechtigten auf seine Leistungsfähigkeit verstößt nur dann gegen Treu und Glauben, wenn das für den Verlust des Arbeitsplatzes ursächliche Verhalten des Pflichtigen sich seinerseits als einer Verletzung seiner Unterhaltpflicht darstellt.[1184]

Für den erforderlichen **unterhaltsrechtlichen Bezug einer Straftat** reicht es nicht aus, dass sie für den Arbeitsplatz kausal geworden ist.[1185] Auch genügt nicht, dass sich der Arbeitsplatzverlust auf den Lebensstandard nicht nur des Täters, sondern auch seiner unterhaltsberechtigten Angehörigen auswirkt.[1186] Erforderlich ist, dass die Strafhaft auf einem Fehlverhalten geruht, das sich auf seine Unterhaltpflicht bezieht. Diese Voraussetzung ist erfüllt, wenn der Schuldner sich gerade deshalb in Strafhaft befindet, weil er seine Unterhaltpflicht ggü. dem Berechtigten verletzt hat oder wenn gerade die bestrafte vorsätzliche Tat dazu geführt hat, dass der Unterhaltsberechtigte, etwa durch Schädigung seines Vermögens, Körperverletzung oder Tötung eines vorrangig Unterhaltspflichtigen, unterhaltsbedürftig geworden ist.

Fehlt es an einem objektiven Unterhaltsbezug der der Strafhaft zugrunde liegenden Tat, kann sich das Fehlverhalten des Täters zwar auch als eine Verletzung seiner Unterhaltpflicht darstellen. Hierzu bedarf es jedoch einer auf den Einzelfall bezogenen Wertung dahin, ob die der Tat zugrundeliegenden Vorstellungen und Antriebe des Täters sich gerade auch auf die Verminderung seiner unterhaltsrechtlichen Leistungsfähigkeit als Folge seines strafbaren Verhaltens erstreckt haben.[1187] Wesentlich ist immer, ob die der Tat zugrundeliegenden Antriebe und Vorstellungen auch auf die Verminderung der Leistungsfähigkeit als Folge der Straftat gerichtet waren, sich zumindest aufgedrängt haben. Dies kann für den Fall einer **Fahnenflucht** gelten, weil damit die Einkommensquelle verlorengeht und der Unterhaltsanspruch unmittelbar gefährdet wird.[1188] Nach Auffassung des OLG Koblenz[1189] sollen bei sexuellem Missbrauch eines minderjährigen Kindes für die Dauer der Haft zwar dem geschädigten Kind ggü. fiktive Einkünfte herangezogen werden, nicht jedoch ggü. den Geschwistern. Der Täter einer **Sexualstraftat** macht sich regelmäßig keine Vorstellungen darüber, dass er aufgrund seiner Tat den Arbeitsplatz verlieren und damit seine unterhaltsrechtliche Leistungsfähigkeit einbüßen könnte.[1190]

Eine **Trunkenheitsfahrt**, mit der Folge des Arbeitsplatzverlustes, stellt für sich allein noch keine vorsätzliche Herbeiführung der Leistungsunfähigkeit dar.[1191]

Fiktion von Steuervorteilen. 152b

Zumutbare sicher erzielbare Steuervorteile sind wie Einkommen zu behandeln.[1192] Steuervorteile sind fiktiv zuzurechnen, soweit aus dem Unterhaltsrechtsverhältnis eine Obliegenheit des Verpflichteten zu ihrer Geltendmachung besteht.[1193]

1184 BGH, FamRZ 1982, 913.
1185 BGH, FamRZ 2000, 815.
1186 BGH, FamRZ 2002, 813.
1187 BGH, FamRZ 2002, 813; BGH, FamRZ 2000, 815.
1188 OLG Bamberg, FamRZ 1997, 1486.
1189 FamRZ 1998, 44.
1190 BGH, FamRZ 2002, 813.
1191 BGH, FamRZ 1994, 240; OLG Celle, FamRZ 1998, 1614; OLG Dresden, FamRZ 1996, 1236; OLG Hamm, FamRZ 1996, 1017.
1192 BGH, FamRZ 1999, 372 und ständig.
1193 Vgl. auch Nr. 10.1 der Leitlinien und grundlegend BGH, FamRZ 2007, 1232.

Dazu gehört insbesondere die

- zutreffende Steuerklassenwahl
- die Geltendmachung steuerlicher Freibeträge und Pauschalen[1194]
- Obliegenheit zur Eintragung außergewöhnlicher Belastungen auf der Lohnsteuerklarte, etwa hinsichtlich eines erhöhten Ausbildungsfreibetrags für ein unterhaltsberechtigtes Kind bei auswärtiger Unterbringung[1195]
- Die Inanspruchnahme des begrenzten Realsplittings, wenn der Unterhaltsanspruch anerkannt, rechtskräftig festgestellt oder vom Schuldner freiwillig erfüllt wird.[1196]

152c **Unterlassene Antragstellung öffentlich-rechtlicher Hilfen**

Soweit öffentlich-rechtlichen Hilfen eine Einkommensersatzfunktion zukommt, kann bei unterlassener Antragstellung Einkommen fingiert werden.

Unterlässt etwa ein Student die Beantragung von Bafög-Leistungen, sind ihm bei zu erwartender positiver Bescheidung eines derartigen Antrags entsprechende Einkünfte fiktiv zuzurechnen.[1197] Eine Verpflichtung zur Einlegung von Rechtsmitteln[1198] oder zur wiederholten Antragstellung[1199] nach vorheriger Ablehnung eines Bafögs-Antrags besteht jedoch nicht.

Ähnliche Grundsätze gelten für sonstige Leistungen wie Arbeitslosengeld, Krankengeld oder vergleichbare sozialstaatliche Zuwendungen mit Einkommenscharakter.

G. Freiwillige Zuwendungen Dritter

153 Ob Zuwendungen, die einer Unterhaltspartei durch einen Dritten als Natural- oder Geldleistung zugewandt werden, unterhaltsrechtlich zu berücksichtigen sind, hängt von dem **Willen des Leistenden** ab (vgl. auch Ziff. 8 der Leitlinien). Soll die Leistung ausschließlich den Empfänger begünstigen und nicht die andere Partei des Unterhaltsrechtsverhältnisses, stellt die Zuwendung kein Einkommen dar.[1200] Freiwillig sind Leistungen, auf die kein Rechtsanspruch besteht, auch wenn sie einer sittlichen Pflicht entsprechen, die somit nicht in einem **Synallagma** stehen. Auch ohne ausdrückliche Zweckbestimmung lässt sich der Wille des Zuwenders meist aus den persönlichen Beziehungen der Beteiligten schließen. Es ist zu vermuten, dass die Zuwendung dem Familienangehörigen des Dritten grds. allein zugutekommen soll.[1201] Eine freiwillige Leistung eines Dritten kann auch in der Gewährung eines zinslosen Darlehens liegen[1202] oder in der kostenfreien Zurverfügungstellung einer Wohnung.[1203] Als eine derartige Gegenleistung kann etwa gelten die Pflege und Betreuung der Eltern[1204] oder ein Leibgeding. Sodann ist die Zuwendung Einkommen.[1205] Hat der Empfänger einen Anspruch auf die Leistung, so ist diese einkommenserhöhend zu berücksichtigen. Anrechenbar hingegen sind Einkünfte, die der Berechtigte aus eigenem Recht

---

1194 BGH, FamRZ 1999, 372; OLG Koblenz, NJW-RR 2002, 364; OLG Hamm, FamRZ 1987, 489; OLG Düsseldorf, FamRZ 1987, 1259.
1195 BFH, FamRZ 1994, 831.
1196 BGH, FamRZ 2008, 968; BGH, FamRZ 2007, 1303; BGH, FamRZ 2007, 793.
1197 BGH, FamRZ 1980, 126.
1198 BGH, FamRZ 1989, 499.
1199 OLG Hamm, FamRZ 1998, 1612.
1200 BGH FamRZ 2005, 967; OLG Saarbrücken 1999, 396; OLG Hamm FamRZ 2001, 46.
1201 BGH FamRZ 2005, 537 = FuR 1999, 377.
1202 BGH FamRZ 2005, 967.
1203 OLG Hamburg FamRZ 2005, 927; OLG Hamm FamRZ 2001, 46.
1204 BGH FamRZ 1995, 537.
1205 BGH FamRZ 2005, 967.

zieht, mag auch der Gegenstand, etwa Kapital oder eine Immobilie, im Wege einer freiwilligen Zuwendung zu gewandt worden sein.[1206]

Bringt der Dritte jedoch seinen Willen zum Ausdruck, dass die Leistung nicht nur den Empfänger, sondern auch die andere Unterhaltspartei entlasten soll, sind freiwillige Leistungen als Einkommen zu berücksichtigen.[1207]

Bei ohne Rechtspflicht vorgenommenen Unterstützungsleistungen im Familienkreis besteht eine **Vermutung** dafür, dass die Zuwendung (nur) dem Empfänger zugute kommen soll.[1208] Der BGH nimmt bei Leistungen im Familienkreis an, dass der aus dem Familienkreis stammende Zuwendungsempfänger und nicht etwa die andere Partei des Unterhaltsrechtsverhältnisses begünstigt werden soll, so dass eine unterhaltsrechtliche Anrechnung als Einkommen ausscheidet.[1209] Betreuen Großeltern ein kleines Kind, ist die tatsächlich erbrachte Betreuungsleistung zwar im Rahmen der §§ 1570 Abs. 1 Satz 3, 1615l Abs. 2 Satz 5 BGB zu beachten. Es handelt sich zwar um eine freiwillige Leistung der Großeltern. Fiktive angemessene Betreuungskosten entsprechend einer Fremdbetreuung, etwa ersparte Kindergarten- oder Hortkosten, sind sodann jedoch als Abzugsposten zu berücksichtigen.

154

In **Mangelfällen sollen** auch freiwillige Zuwendungen Dritter ganz oder teilweise, etwa in Höhe ersparter Aufwendungen, berücksichtigt werden.[1210]

155

Ob in Fällen der **Unterhaltsverwirkung** nach §§ 1579, 1611 BGB freiwillige Leistungen Dritter in die Billigkeitsabwägung einzustellen sind,[1211] erscheint zweifelhaft. Warum die Zuwendungsfreiheit Dritter in einem Verwirkungsfall eingeschränkt werden soll, ist nicht ersichtlich. Der Dritte, der die Verwirkung nicht zu verantworten hat, kann nicht mit Verwirkungsfolgen zur Entlastung des Verpflichteten belegt werden.[1212]

H. Einkommen aus unzumutbarer Erwerbstätigkeit

Werden der Berechtigte oder der Verpflichtete überobligationsmäßig tätig, etwa durch Berufstätigkeit nach Trennung trotz Betreuung kleiner Kinder, bei Berufstätigkeit nach Erreichen der Regelaltersgrenze[1213] durch Nebentätigkeiten oder durch Ferienarbeit als Student, handelt es sich um eine unzumutbare Erwerbstätigkeit. Unzumutbarkeit bedeutet, dass für diese Tätigkeit **keine Erwerbsobliegenheit** besteht. Unterhaltsrechtlich ist derjenige, der sie ausübt, jederzeit berechtigt, sie zu beenden.[1214]

156

Die unterhaltsrechtliche Berücksichtigung derartiger Einkünfte ist nur unvollkommen in § 1577 Abs. 2 BGB geregelt. Nach der Rspr. wird derartiges Einkommen nur zum Teil oder überhaupt nicht angerechnet (vgl. etwa Ziffer 7 SüdL: Einkommen aus unzumutbarer Erwerbstätigkeit kann nach Billigkeit ganz oder teilweise unberücksichtigt bleiben).[1215]

1206 OLG München FamRZ 1996, 1433; OLG Köln FamRZ 1993, 711.
1207 BGH FamRZ 1993, 417.
1208 BGH NJW-RR 1990, 578; OLG Saarbrücken FamRZ 1999, 396.
1209 BGH NJW-RR 1990, 580 für den Ehegattenunterhalt; BGH FamRZ 1988, 159 für den Kindesunterhalt; vgl. auch OLG Düsseldorf FamRZ 1991, 220 und FamRZ 1995, 537 für den Volljährigenunterhalt.
1210 BGH FamRZ 2000, 153; 1999, 843; OLG Düsseldorf FamRZ 1991, 220; krit. jedoch Scholz in Scholz/Kleffmann/Motzer, Praxishandbuch Familienrecht, Teil K Rn. 131.
1211 BGH FamRZ 1989, 1279.
1212 Vgl. i.E. Büttner FamRZ 2002, 1445.
1213 BGH FamRZ 2011, 454.
1214 BGH FamRZ 2006, 846; OLG Stuttgart FamRZ 2007, 400.
1215 Grundlegend BGH FamRZ 2005, 442; vgl. auch OLG Stuttgart FamRZ 2007, 400; OLG Düsseldorf NJW-RR 2007, 1157.

Vorab ist konkret zu prüfen, ob es sich um Einkünfte aus einer nachhaltig erzielten, dauerhaften und zumutbaren oder aus einer überobligationsmäßigen, jederzeit beendbaren und damit unzumutbaren Tätigkeit handelt.[1216]

157 Erwerbsobliegenheiten beziehen sich stets nur auf zumutbare Tätigkeiten. Werden der Bedürftige oder der Verpflichtete überobligationsmäßig tätig, handelt es sich um eine unzumutbare Erwerbstätigkeit. Derjenige, der sie ausübt, ist unterhaltsrechtlich nicht gehindert, sie jederzeit zu beenden, gleichgültig, ob er Unterhaltsschuldner ist und möglicherweise seine Leistungsfähigkeit herabsetzt oder ob er als Unterhaltsgläubiger seine Bedürftigkeit erhöht.[1217]

Unterhaltsrelevante Einkünfte aus überobligatorischer Tätigkeit sind im Rahmen der Bemessung des Ehegattenunterhalts nach der **Differenz-/Additionsmethode** zu berücksichtigen.[1218] Wurde die überobligatorische Tätigkeit bereits während der Ehe ausgeübt und wird sie nach der Trennung fortgesetzt, dann sind die daraus erzielten Einkünfte in jedem Fall bei der Bemessung des Ehegattenunterhalts als **eheprägend** anzusetzen. Wird eine solche Tätigkeit erst nach der Trennung aufgenommen, sind die daraus erzielten Einkünfte ebenfalls eheprägend, wenn sie als Surrogat früherer ehelicher Haushaltstätigkeit oder Kinderbetreuung erzielt werden. Stellen sie kein **Surrogat** von während der Ehe für die Familie erbrachten Leistungen dar, werden sie auf Seiten des Unterhaltsgläubigers nach der Anrechnungsmethode nur im Rahmen der Bedürftigkeit, auf Seiten des Unterhaltsschuldners nach Treu und Glauben (§ 242 BGB) berücksichtigt. Der nicht unterhaltsrelevante Teil (vgl. Rdn. 159) wird bei der Ermittlung des Ehegattenunterhalts überhaupt nicht beachtet.[1219]

Der **Grundsatz der Gleichbehandlung**[1220] verlangt, dass Unterhaltsgläubiger wie Unterhaltsschuldner im Rahmen des ihnen jeweils Zumutbaren ihre Arbeitskraft so gut wie möglich einsetzen. Die Differenzierung zwischen zumutbaren und unzumutbaren Erwerbstätigkeiten ist daher beim Bedürftigen wie beim Pflichtigen grds. nach gleichen Maßstäben zu beurteilen.

§ 1577 Abs. 2 BGB (zu Einzelheiten vgl. Kommentierung zu § 1577 BGB) beinhaltet eine Spezialregelung für die Berücksichtigung von Einkünften aus überobligatorischer Tätigkeit. § 1577 Abs. 2 BGB gilt nicht für Einkünfte aus zumutbarer Tätigkeit. Derartige Einkünfte mindern auf Seiten des Berechtigten stets die Bedürftigkeit.[1221]

Die Regelung bezieht sich auf alle in nicht unzumutbarer Weise erzielten Einkünfte. Sie erstreckt sich nicht nur auf Einkünfte aus Erwerbstätigkeit, etwa wenn der Bedürftige nach und wegen der Betreuung kleiner Kinder eine Erwerbstätigkeit aufnimmt, wenn er nach der Verrentung oder Pensionierung Nebentätigkeiten verrichtet etc.[1222], sondern auf sämtliche anderen Einkünfte.[1223]

§ 1577 Abs. 2 BGB gilt für den **Trennungsunterhalt** analog.[1224] Der Rechtsgedanke des § 1577 Abs. 2 BGB ist auch im **Verwandtenunterhalt** heranzuziehen.[1225] § 1577 Abs. 2 BGB ist darüber hinaus auch bei der Ermittlung der Höhe des Unterhaltsanspruchs der nichtehelichen Mutter gem. **§ 1615l BGB** analog anzuwenden.[1226] **§§ 58 ff. EheG** enthalten keine dem § 1577 Abs. 2

1216 Vgl. zu Einzelheiten Wendl/Gerhardt § 1 Rn. 800 ff.; PWW/Kleffmann vor § 1577 Rn. 1 ff.
1217 BGH FamRZ 2006, 846; 1984, 364; vgl. zum Ganzen auch Wendl/Gerhardt § 1 Rn. 540 ff.
1218 BGH FamRZ 2011, 454; BGH FamRZ 2006, 846; BGH FamRZ 2005, 1154 = FuR 2005, 364; FamRZ 2001, 1687 = FuR 2001, 494; FamRZ 2003, 518 = FuR 2003, 248.
1219 BGH FamRZ 2005, 1154 = FuR 2005, 364.
1220 BGH FamRZ 1983, 146.
1221 BGH FamRZ 1983, 146.
1222 BGH FamRZ 2011, 454.
1223 Krenzler FamRZ 1983, 653.
1224 BGH FamRZ 2006, 846; 1995, 343.
1225 BGH FamRZ 1995, 475.
1226 BGH FamRZ 2008, 1739; 2005, 1442; OLG Thüringen FamRZ 2009, 1416 = FuR 2009, 647.

BGB entsprechende Regelung. Der BGH[1227] hat jedoch akzeptiert, dass bei unzumutbarer Arbeit nur die Hälfte des Arbeitsverdienstes als Einkommen angerechnet wird. Die Anrechnung überobligationsmäßig erzielter Einkünfte richtet sich nach Treu und Glauben unter Berücksichtigung der Umstände des Einzelfalls.[1228]

Minderjährigen und/oder privilegierten volljährigen Kindern ist während der Schulzeit eine Nebentätigkeit grds. nicht zuzumuten. Demgemäß ist Einkommen, das ein Schüler, etwa durch Austragen von Zeitungen hinzuverdient, anrechnungsfrei zu belassen.[1229]

Bei **volljährigen Kindern** stellen Einkünfte, etwa aus Werkstudentenarbeit während der Semesterferien, grundsätzlich Einkommen aus überobligationsmäßiger Tätigkeit dar. Die Anrechnung soll unter Berücksichtigung des Rechtsgedankens des § 1577 Abs. 2 BGB erfolgen.[1230] Dies führt dazu, dass entsprechende Einkünfte nicht anzurechnen sind, wenn der Verpflichtete nicht den vollen Unterhalt zahlt. Im Übrigen kommt eine Anrechnung (nur) insoweit in Betracht, als dies unter Berücksichtigung der beiderseitigen wirtschaftlichen Verhältnisse der Billigkeit entspricht. Einkünfte aus Studentenarbeit während der Ferien können, sofern sie jedenfalls in geringfügigem Umfang erzielt werden, demgemäß anrechnungsfrei verbleiben.[1231] Die **Darlegungslast** für die ausnahmsweise in Betracht kommende Anrechnung von Schüler- und/oder Studenteneinkünften trägt der Unterhaltspflichtige.[1232]

Im Einzelfall ist immer zu prüfen, ob es sich um eine zumutbare oder aber überobligationsmäßige, somit jeder Zeit beendbare und damit unzumutbare, Tätigkeit handelt, für die keine Erwerbsobliegenheit besteht.[1233]   158

Die **Grenzen zumutbarer Tätigkeiten** sind **nicht statisch**. Sie können sich durch veränderte Umstände und Belastungen (heranwachsende Kinder, spätere Übernahme von Betreuungsaufgaben etc.,[1234] gesundheitliche Beeinträchtigungen des Kindes[1235] etc.) verschieben. Bei der Beantwortung der Frage, ob ein Ehegatte einer überobligationsmäßigen Erwerbstätigkeit nachgeht, ist ein überdurchschnittlich hoher Betreuungsaufwand eines behinderten Kindes in die Beurteilung einzubeziehen. Inwieweit überobligationsmäßig erzieltes Einkommen sodann unterhaltsrechtlich zu berücksichtigen ist, hängt auch davon ab, zu welchen Zeiten ein Kind etwa infolge des Besuchs einer Behinderteneinrichtung der Betreuung nicht bedarf.[1236] Im **Mangelfall** gelten bei der Zumutbarkeitsprüfung erhöhte Anforderungen.[1237] Geboten ist eine **umfassende Prüfung der Umstände des Einzelfalls.**[1238]

Der Hauptanwendungsbereich des § 1577 Abs. 2 BGB liegt bei einer **neben der Kindesbetreuung** fortgesetzten oder nach der Trennung ohne entsprechende Obliegenheit aufgenommenen **Erwerbstätigkeit.** Ab wann seit Inkrafttreten des UÄndG zum 01.01.2008 bei einer Berufstätigkeit trotz Betreuung kleiner Kinder von einer überobligatorischen Tätigkeit ausgegangen werden

1227 FamRZ 1983, 146.
1228 BGH FamRZ 1983, 146.
1229 Vgl. Wendl/Gerhardt § 1 Rn. 825 ff.; OLG Düsseldorf FamRZ 2010, 2082; OLG Zweibrücken FamRZ 2001, 103.
1230 BGH FamRZ 1995, 475; OLG Hamm FamRZ 1998, 767; OLG Hamm FamRZ 1997, 1496; OLG Koblenz FamRZ 1996, 382.
1231 BGH FamRZ 1995, 475; OLG Köln FamRZ 1996, 1101; Wendl/Scholz § 2 Rn.109.
1232 OLG Zweibrücken FamRZ 2001, 103.
1233 BGH FamRZ 2001, 350.
1234 Vgl. OLG Koblenz FamRZ 1999, 1275.
1235 BGH FamRZ 2006, 846.
1236 BGH FamRZ 2006, 846.
1237 Vgl. i.E. Kommentierung zu § 1581.
1238 BGH FamRZ 2005, 1442 mit Anm. Schilling.

kann, ist noch nicht abschließend geklärt.[1239] Der Gesetzgeber hat im Hinblick auf die Vielgestaltigkeit der zu erfassenden Lebenssachverhalte bewusst davon abgesehen, eine widerlegbare Vermutung des Inhalts zu schaffen, dass ein Ehegatte eine Erwerbstätigkeit erst aufnehmen kann, wenn das zu betreuende Kind ein bestimmtes Lebensalter erreicht hat. In der Vergangenheit hatte sich ein **Altersphasenmodell** entwickelt. Darin kamen Erfahrungssätze zur Notwendigkeit der Betreuung heranwachsender Kinder zum Ausdruck. Wer hiervon abweichen wollte, musste besondere Gründe und die hierfür erforderlichen Voraussetzungen darlegen und ggf. beweisen.[1240] Jedenfalls mit Inkrafttreten des UÄndG ist anstelle der bisherigen, oftmals auch nur schematisierenden Betrachtungsweise anhand des Altersphasenmodells stärker auf den konkreten **Einzelfall**, insbesondere tatsächlich bestehende, verlässliche und zumutbare Möglichkeiten der Kinderbetreuung abzustellen, wenn und soweit sie mit dem Kindeswohl in Einklang stehen.[1241] Andererseits führt die Neuregelung nicht dazu, dass ab dem dritten Geburtstag des Kindes eine Erwerbstätigkeit sofort erwartet werden kann, sofern eine zumutbare Fremdbetreuung gewährleistet ist. Der Umfang der einsetzenden Erwerbsobliegenheit, eine sogleich vollschichtige Erwerbsobliegenheit wird vielfach nicht in Betracht kommen, richtet sich nach Billigkeitsgesichtspunkten im Einzelfall, Möglichkeiten der Kinderbetreuung, Belange des Kindes (Fremdbetreuungsfähigkeit, physischer und psychischer Gesundheitszustand[1242]) und der erfolgten bzw. geplanten Rollenverteilung der Eltern in der Ehe[1243] sowie der Dauer der Ehe. **Maßgebende Kriterien** sind mithin neben dem Alter des und der betreuten Kinder, die **Belange der Kinder**, die **Möglichkeiten der Fremdbetreuung** und ggf. auch entsprechende **Elternvereinbarungen**.[1244] Eine Betreuungsbedürftigkeit besteht erst dann nicht mehr, wenn das Kind ein Alter erreicht hat, indem es (zeitweise) sich selbst überlassen werden kann.[1245]

Die Doppelbelastung wird zum Teil ausgeglichen durch die Berücksichtigung konkreter **Kinderbetreuungskosten**.[1246] Zusätzlich erfolgt ein Ausgleich der Doppelbelastung durch Ansatz eines **Betreuungsbonus**. Die Bonushöhe richtet sich nach den Umständen des Einzelfalls.[1247] Eine Pauschalierung verbietet sich.[1248]

Handelt es sich um eine überobligatorische Tätigkeit, weil gearbeitet wird, obwohl das Kind noch nicht drei Jahre alt ist, sind die konkreten Betreuungskosten und ist der Betreuungsbonus im Rahmen des anrechnungsfreien Betrages nach § 1577 Abs. 2 BGB zu berücksichtigen.[1249] Wird eine normale Tätigkeit angenommen oder betreut der Pflichtige die Kinder und geht zugleich einer Erwerbstätigkeit nach, erfolgt die Berücksichtigung bei der Bereinigung des Nettoeinkommens.

Unzumutbare Erwerbseinkünfte können jedoch auch vorliegen, wenn im Rahmen einer Vollzeitbeschäftigung erhebliche Mehrbelastungen infolge von **Überstunden**[1250] oder **Urlaubsabgel-**

1239 Zu Einzelheiten vgl. Wendl/Gerhardt § 1 Rn. 803 ff.; Kleffmann in Scholz//Kleffmann/Motzer, Praxishandbuch Familienrecht, Teil H Rn. 61 ff.; Kleffmann ZKJ 2011, 344.
1240 BGH FamRZ 1991, 170.
1241 BVerfG FamRZ 2007, 965; BGH FamRZ 2009, 770; vgl. auch PWW/Kleffmann § 1570 Rn. 9.
1242 Zum Mehraufwand bei Betreuung eines behinderten Kindes vgl. BGH FamRZ 2006, 846; OLG Zweibrücken FamRB 2006, 170.
1243 BGH FamRZ 2009, 770.
1244 BGH FamRZ 2008, 1739; zu weiteren Einzelheiten vgl. Kleffmann in Scholz/Kleffmann/Motzer, Praxishandbuch Familienrecht, Teil H Rn. 61.
1245 BGH FamRZ 2009, 770.
1246 BGH FamRZ 1991, 182; vgl. i.Ü. Rdn. 169 ff.
1247 BGH FamRZ 2001, 350.
1248 BGH FamRZ 2005, 1154, 442; KG FamRZ 2006, 341.
1249 Vgl. Gerhardt in Anm. zu BGH FamRZ 2005, 1154.
1250 OLG München FamRZ 1996, 169.

tung[1251] erfolgen. Das Gleiche gilt, wenn in der Freizeit **Nebentätigkeiten** oder **Zweitarbeiten**[1252] absolviert werden oder wenn nach Eintritt des gesetzlichen Rentenalters weitergearbeitet wird[1253] oder eine vollschichtige Erwerbstätigkeit trotz erheblicher **gesundheitlicher Beeinträchtigungen** (etwa nach schwerer Krebsoperation) fortgesetzt wird.[1254]

Arbeitslosengeld hingegen, welches bei Verlust einer überobligationsmäßigen Tätigkeit an den Unterhaltsberechtigten gezahlt wird, ist voll auf den Unterhaltsanspruch anzurechnen[1255] (arg.: dieses Erwerbsersatzeinkommen wird nicht aufgrund überobligationsmäßiger Anstrengung erzielt).

Eine **Abfindung** die aufgrund einer früheren unzumutbaren Tätigkeit gezahlt wird, ist gleichfalls nicht überobligationsmäßig.[1256] Die Abfindung wird nicht wegen einer fortdauernden unzumutbaren Tätigkeit erzielt und ist wie sonstiges Einkommen i.S.d. § 1577 Abs. 1 anzusehen.[1257]

Ob in einer neuen **Partnerschaft** neben einer Erwerbstätigkeit erbrachte Versorgungsleistungen regelmäßig als unzumutbar angesehen werden, ist zweifelhaft.[1258] Nach Auffassung des BGH[1259] stellen übernommene Versorgungsleistungen ein gewichtiges Indiz für deren Zumutbarkeit dar. Es handelt sich um keine mit einer Erwerbstätigkeit vergleichbare Tätigkeit, sondern um eine anderweitige Deckung des Bedarfs. Dies gilt auch bei gleichgeschlechtlichen Partnerschaften.[1260]

Erzielt der unterhaltsberechtigte Ehegatte überobligationsmäßige Einkünfte, sind diese auch **eheprägend**, wenn sie erstmals nach Trennung oder Scheidung erzielt werden.[1261]

159

Ein Teil des Einkommens muss wegen der Überobligationsmäßigkeit anrechnungsfrei bleiben und wird bei der Unterhaltsberechnung nicht berücksichtigt. Der **anrechnungsfreie Teil** bestimmt sich nach den Umständen des Einzelfalls. Er kann nicht pauschaliert werden.[1262]

Erzielt der unterhaltsberechtigte Ehegatte Einkünfte aus überobligatorischer Tätigkeit, sind zunächst die **allgemein üblichen Abzüge** (vgl. Rdn. 164 ff.) vorzunehmen, darüber hinaus zusätzliche Aufwendungen, insbesondere notwendige Kinderbetreuungskosten.[1263] **Kindergartenkosten** sind dagegen Mehrbedarf des Kindes.[1264] Sie sind mithin kein berufsbedingter Aufwand des betreuenden Elternteils (vgl. Rdn. 178).

Die Kosten einer Fremdbetreuung sind auch dann in Abzug zu bringen, wenn die entsprechende Leistung, etwa von nahen Angehörigen, unentgeltlich erbracht wird. Derartige Leistungen sollen den Unterhaltspflichtigen regelmäßig nicht entlasten und müssen unter dem Gesichtspunkt der freigiebigen Zuwendungen (zu Einzelheiten vgl. Rdn. 156) allein dem Berechtigten zugutekommen.[1265]

1251 BGH NJW-RR 1992, 1282.
1252 BGH FamRZ 2003, 848 berücksichtigen nur 1/3 bis 1/2.
1253 BGH FamRZ 2006, 683.
1254 OLG Schleswig FamRZ 2003, 603.
1255 OLG Düsseldorf FamRZ 2002, 99; OLG Stuttgart FamRZ 1996, 415; OLG Hamburg FamRZ 1992, 1308; a.A. OLG Köln FamRZ 1994, 897 und OLG Köln FamRZ 2001, 625 (nur hälftige Anrechnung des Arbeitslosengeldes); ebenso OLG Karlsruhe NJW 2004, 861.
1256 OLG Koblenz FamRZ 2002, 325.
1257 Vgl. die weiteren Nachweise OLG Koblenz FamRZ 2002, 325; PWW/Kleffmann § 1577 Rn. 12.
1258 Befürwortend OLG Karlsruhe FamRZ 1988, 99; für Anrechnung OLG Hamm FamRZ 1995, 1152; für Berücksichtigung unter dem Gesichtspunkt ersparter Aufwendungen Gerhardt FamRZ 2003, 272.
1259 FamRZ 2004, 1170, 1173 = FuR 2001, 500; FamRZ 1995, 343.
1260 BGH FamRZ 1995, 344.
1261 Zu Einzelheiten vgl. § 1577 und § 1578.
1262 BGH FamRZ 2005, 1154 Zu überobligationsmäßigen Einkünften im Rahmen des § 1615l vgl. OLG Hamburg FamRZ 2005, 927.
1263 BGH FamRZ 2001, 350; zu steuerrechtlichen Fragen vgl. Kaiser-Plessow FPR 2004, 146.
1264 BGH FamRZ 2008, 1152.
1265 BGH FamRZ 2001, 350 für die Entlastung durch die Lebensgefährtin des Unterhaltspflichtigen.

Im Übrigen enthalten die Leitlinien zu Ziff. 10.3 teilweise konkrete Hinweise auf in Ansatz zu bringende **Betreuungskosten**.

Bei **teilweiser Erwerbsobliegenheit** sind der nach § 1577 Abs. 2 BGB zu berücksichtigende Betrag und der auf überobligatorischer Tätigkeit beruhende Teil zu bestimmen.[1266]

Für den Umfang der nach § 1577 Abs. 1 Satz 1 BGB anrechnungsfrei bleibenden Einkünften aus unzumutbarer Tätigkeit ist maßgebend, inwieweit der vom Verpflichteten geschuldete Unterhalt zusammen mit etwa anzurechnenden Einkünften des Berechtigten aus zumutbarer Tätigkeit dessen vollen Bedarf nicht deckt. Das verbleibende Defizit bildet den Rahmen, innerhalb dessen die Einkünfte nicht angerechnet werden, während sich die Anrechnung des darüber hinaus gehenden Einkommens nach § 1577 Abs. 1 Satz 2 BGB richtet. Voller Unterhalt ist der Unterhalt nach Maßgabe der ehelichen Lebensverhältnisse (§ 1578 Abs. 1 BGB).

Der BGH sieht (auch) **überobligationsmäßig erzieltes Einkommen** grundsätzlich als **bedarfsprägend** an. Der BGH nimmt vom Einkommen einen nicht unterhaltsrelevanten Teil aus, der nicht in die Bedarfs- und Unterhaltsberechnung einzubeziehen ist. Nur der nicht unterhaltsrelevante Anteil der Einkünfte prägt die ehelichen Lebensverhältnisse nicht.[1267] Er hat bei der Unterhaltsermittlung vollständig außer Betracht zu bleiben.[1268] Hierbei handelt es sich um den gem. § 1577 Abs. 2 BGB anrechnungsfreien Teil des Einkommens, der vormals dem Betreuungsbonus entsprach. Diesem pauschalen **Betreuungsbonus** erteilt der BGH letztlich eine Absage.[1269] Soweit im Einzelfall noch ein **Betreuungsbonus** zugebilligt wurde, war dessen angemessene Höhe maßgeblich abhängig vom Alter des Kindes, dem Umfang der Entlastung durch eine Fremdbetreuung sowie den beiderseitigen Einkommens- und Vermögensverhältnissen. Beträge zwischen 100,00 und 300,00 € wurde als angemessen angesehen.[1270] Bei Berücksichtigung eines Bonus ist das verbleibende Einkommen ohne weiteren Abzug als aus obligatorischer Arbeit stammend zu behandeln.

Der unterhaltsrelevante Teil der überobligationsmäßig erzielten Einkünfte ist im Rahmen der **Differenzmethode** zu berücksichtigen. Der anrechnungsfreie Teil kann nicht pauschal bemessen werden. Er ist aufgrund einer **Einzelfallabwägung** zu bestimmen.[1271] Bei der konkreten Darlegung der besonderen Betreuungsschwierigkeiten und sonstigen Umstände, die eine Anrechnungsfreiheit eines Teils des Einkommens rechtfertigen, bedarf es einer konkreten Darlegung über die Freiwilligkeit der Erwerbsausübung,[1272] der Betreuungssituation und der Belastungen durch die Berufsausübung unter Einbeziehung des Aufwands der Fahrten von und zur Arbeitsstelle.[1273]

Je größer die doppelte Last (etwa Erwerbstätigkeit neben Kindesbetreuung) ist, umso höher wird der nicht unterhaltsrelevante Betrag festzusetzen sein.

Kriterien für die Bemessung des anrechnungsfreien Betrages:[1274]

– Alter des betreuten Kindes bzw. der betreuten Kinder, wenn und weil der betreuende Elternteil einen Teil seiner Zeit ausüben kann, in der das Kind/die Kinder anderweitig betreut ist/sind (Kindergarten, Kindertagesstätte, Kinderhort, Schule[1275]).

1266 BGH FamRZ 2003, 518.
1267 BGH FamRZ 2007, 882.
1268 BGH FamRZ 2007, 882, 2005, 1153 mit Anm. Maurer; zu Einzelheiten vgl. Born FamRZ 2006, 849.
1269 BGH FamRZ 2010, 1050; BGH FamRZ 2005, 442.
1270 OLG Koblenz NJW-RR 2003, 937; OLG Hamm FamRZ 2002, 1708; OLG Hamm FamRZ 2003, 1105; OLG Köln FamRZ 2002, 463.
1271 BGH FuR 2005, 967.
1272 OLG Oldenburg FamRZ 2005, 718; OLG Saarbrücken ZFE 2005, 453.
1273 BGH FamRZ 2005, 442, 967.
1274 Zu Einzelheiten vgl. § 1577 Rdn. 58 ff.
1275 Vgl. auch OLG Saarbrücken NJW-RR 2006, 869.

- Vereinbarkeit der konkreten Arbeitszeiten unter Berücksichtigung erforderlicher berufsbedingter Fahrzeiten.[1276]
- Mit der Kinderbetreuung verbundener Zeitaufwand.[1277]
- Aufwand der Betreuung des Kindes durch Verwandte oder Dritte.[1278]
- Mit der Erwerbstätigkeit neben der Kinderbetreuung verbundene sonstige besondere Erschwernisse.[1279]
- Mit der Kinderbetreuung verbundener Organisationsaufwand.[1280]
- Zeitweise anderweitige Beaufsichtigung des Kindes bzw. der Kinder durch verfügbare Hilfen.[1281]

Der anrechnungsfreie Betrag hängt von der Erwerbsobliegenheit des berechtigten Ehegatten ab.

▶ **Berechnungsbeispiel:**[1282]

Die Eheleute M und F leben getrennt. Ihr Sohn S. ist 7 Jahre alt und lebt bei der F. M verdient bereinigt 1.800,00 €.
F verdient aus vollschichtiger Tätigkeit bereinigt 800,00 € und begehrt Trennungsunterhalt.
Mangels sonstiger Umstände ist davon auszugehen, dass im Hinblick auf die Betreuungssituation, die Belastungen durch die Berufsausübung und aufgrund sonstiger Umstände bei Betreuung des 7-jährigen Kindes ein anrechnungsfreier Betrag von 100,00 € zugrunde zulegen ist:

Einkommen M:	*1.800 €*
abzüglich Kindesunterhalt (2. Einkommensgruppe/2. Altersstufe	
Düsseldorfer Tabelle, : 38,003 € ./. 9,002 € hälftiges Kindergeld somit	*291 €*
restliches Einkommen M	*1.509 €*
./. Einkommen F	*700 €*
Differenzeinkommen	*809 €*
hiervon 3/7: (gerundet)	*347 €*

Die Berechnung ändert sich entsprechend, wenn im Einzelfall andere Beträge als anrechnungsfrei angesehen werden müssen.

Die gleichen Grundsätze gelten für andere überobligationsmäßig erzielte Einkünfte, etwa Einkünfte aus Nebentätigkeiten neben Verrichtung einer vollschichtigen Erwerbstätigkeit. Auch hier wird zu prüfen sein, ob ein gewisser Teil dieser überobligationsmäßigen Einkünfte anrechnungsfrei bleiben muss.[1283] Gesichtspunkte für die gebotene Billigkeitsabwägung sind auch hier insbesondere die persönliche Belastung des betreuenden Elternteils, die wirtschaftlichen Verhältnisse der Parteien etc.. So können beengte wirtschaftliche Verhältnisse eher dafür sprechen, dass keine überobligationsmäßige Tätigkeit vorliegt.[1284]   **160**

I. Bereinigtes Nettoeinkommen

Da der Unterhalt nicht allen sonstigen Ausgaben der Parteien vorgeht (§§ 1581, 1603 I BGB), wird für die Unterhaltsberechnung das »bereinigte Nettoeinkommen« benötigt (vgl. auch Ziff. 10 der Leitlinien). Das bereinigte Nettoeinkommen wird gebildet, indem vom Bruttoeinkommen   **161**

1276 BGH FuR 2001, 262 = FamRZ 2001, 350; KG FamRZ 2006, 341.
1277 BGH FuR 2001, 262 = FamRZ 2001, 350; OLG Saarbrücken NJW-RR 2006, 869.
1278 OLG Hamburg FamRZ 2005, 927; KG FamRZ 2006, 341.
1279 OLG Hamburg FamRZ 2002, 1708.
1280 OLG Saarbrücken NJW-RR 2006, 869.
1281 KG FamRZ 2006, 341 unter Hinweis auf BGH FamRZ 2001, 350.
1282 Nach PWW/Kleffmann § 1577 Rn. 16.
1283 Vgl. zu Einzelheiten § 1577 Rdn. 50 ff.
1284 OLG Hamm FamRZ 1997, 1073; vgl. Born FamRZ 1997, 129.

unterhaltsrechtlich relevante Abzüge erfolgen, die den Parteien bereits für den allgemeinen Lebensbedarf nicht zur Verfügung stehen.

I. Steuern

162   Steuern sind grundsätzlich in der Höhe abzusetzen wie sie im maßgeblichen Unterhaltszeitraum tatsächlich angefallen sind (**In-Prinzip**).[1285] Steuerzahlungen und Steuererstattungen werden grundsätzlich nur im Jahr der tatsächlichen Leistung berücksichtigt. Auch eine erst nach Scheidung entstandene neue Steuer, etwa die Kirchensteuer nach Wiedereintritt in die Kirche, ist beim Ehegattenunterhalt im Rahmen der Bedarfsermittlung zu berücksichtigen.[1286]

In der Praxis ergeben sich oftmals Schwierigkeiten, weil die Technik der zeitanteiligen Besteuerung und die der zeitanteiligen Unterhaltsermittlung voneinander abweichen (können). So ist das Besteuerungsverfahren durch eine vorläufige, laufende Besteuerung mit nachträglicher endgültiger Veranlagung gekennzeichnet. Selbstständig Tätige erhalten im Rahmen der laufenden Besteuerung Vorauszahlungsbescheide, die auf einer Schätzung der laufenden Einkünfte beruhen, teilweise auf einer Selbsteinschätzung des Steuerpflichtigen. Die endgültige Besteuerung wird dann erst im Rahmen der Einkommensteuerveranlagung durchgeführt, die nicht selten für Jahre zurückliegende Zeiträume stattfindet. Die laufende tatsächliche Besteuerung kann deshalb in nicht unerheblichem Umfang von der nachträglich festgesetzten Steuerlast abweichen.[1287]

163   Bei Selbstständigen und Gewerbetreibenden (vgl. Rdn. 35 ff.) kann die strikte Anwendung des In-Prinzips problematisch werden, da bei schwankenden Einkünften die immer erst im Nachhinein festgesetzte Steuerbelastung das Ergebnis verzerren kann (vgl. Rdn. 63 ff.). Die maßgeblichen Vorschusszahlungen, Erstattungen und Nachforderungen ergeben sich aus Einkünften, die oft lange vor dem Prüfungszeitraum erzielt wurden. Aus diesem Grund und zur Vermeidung von Manipulationsmöglichkeiten wird Veranlagungen maßgeblich, ohne Rücksicht darauf, welche Zahlungen im betreffenden Zeitraum konkret geleistet wurden. Sind fiktive Einkünfte für die Unterhaltsbemessung maßgeblich, sollte stets auch eine **fiktive Steuerberechnung** vorgenommen werden.[1288]

164   Bei **Wechsel der Steuerklasse** vor Schluss der mündlichen Verhandlung ist eine fiktive Berechnung nach der aktuellen Steuerklasse anhand des Einkommens des letzten Jahres vorzunehmen.

Eine **fiktive Berechnung** ist ferner bei **Negativeinkünften zur Vermögensbildung** durchzuführen. Hier ist die fiktive Steuer für die übrigen Einkünfte ohne Negativeinkünfte anzusetzen, da die Vermögensbildung nicht zu Lasten des Berechtigten gehen darf, er andererseits aber auch hieraus keine Vorteile ziehen soll.[1289] Das Gleiche gilt bei der steuerlichen Berücksichtigung außergewöhnlicher Belastungen, steuerlich zulässiger, unterhaltsrechtlich nicht berücksichtigungsfähiger Abschreibungen oder unterhaltsrechtlich nicht anzuerkennender Tilgungsleistungen.[1290]

165   Der **Splittingvorteil**, den der Unterhaltsschuldner nach Scheidung in einer neuen Ehe in Anspruch nehmen kann, wurde in der Vergangenheit ausschließlich der neuen Ehe vorbehalten[1291]

1285   BGH FamRZ 1991, 670; vgl. auch Perleberg-Kölbel FuR 2005, 307 und Kleffmann, in: Scholz/Kleffmann/Motzer, Praxishandbuch Familienrecht, Teil G Rn. 44 und 132 ff.

1286   BGH FamRZ 2007, 793.

1287   Vgl. i.E. Eschenbruch/Klinkhammer/Mittendorf Kap. 1.5.4.1.2 Rn. 702 ff.

1288   Zu Einzelheiten vgl. Kleffmann, in: Scholz/Kleffmann/Motzer, Praxishandbuch Familienrecht, Teil G Rn. 44 und 132 ff. und PWW/Kleffmann vor § 1577 Rn. 43.

1289   Zu Einzelheiten vgl. Wendl/Gerhardt § 1 Rn. 1018 ff. und BGH FamRZ 1987, 36.

1290   BGH FamRZ 2005, 1159 = FuR 2005, 361 zur Berücksichtigung von steuerlichen Verlusten aus Grundbesitz bei der Bemessung des nachehelichen Unterhalts; BGH FamRZ 2005, 1817 = FuR 2005, 555 zum steuerlichen Vorteil durch den Kinderfreibetrag für ein Stiefkind.

1291   BGH FamRZ 2005, 1817; BVerfG FamRZ 2003, 1821 mit Anm. Schürmann 1825, mit Anm. Ewers 1913.

(arg.: der Splittingvorteil ist vom Gesetzgeber der bestehenden – neuen – Ehe zugewiesen und darf dieser nicht dadurch entzogen werden, dass er bei der Bemessung des Unterhaltsbedarfs für den geschiedenen Ehegatten einkommenserhöhend berücksichtigt wird). Eine Beteiligung der geschiedenen Ehefrau am Splittingvorteil, der durch die neue Eheschließung des Unterhaltsschuldners entstanden ist, verstieße gegen Art. 6 I GG. Diese Grundsätze galten auch im Rahmen des Anspruchs nach § 1615l BGB.[1292] Bei der Einkommensermittlung für die Berechnung des Unterhalts von Kindern aus geschiedener Ehe war der Splittingvorteil aus neuer Ehe bereits nach bisheriger Rspr. einkommenserhöhend zu berücksichtigen.[1293]

Dieses Stichtagsprinzip wurde durch die Surrogatrechtsprechung[1294] gelockert. Das Stichtagsprinzip trat gegenüber dem Grundsatz der Wandelbarkeit der ehelichen Lebensverhältnisse[1295] zunehmend in den Hintergrund. Veränderungen des Einkommens waren grds. zu berücksichtigen, unabhängig davon, ob sie vor Rechtskraft der Scheidung oder erst danach eintraten, unabhängig davon, ob es sich um Minderungen oder Verbesserungen des Einkommens handelte und unabhängig davon, ob ein Bezug zu den ehelichen Lebensverhältnissen zum Zeitpunkt der Scheidung bestand oder nicht.[1296]

Das BVerfG[1297] hat die Wandelbarkeitsrechtsprechung des BGH missbilligt.[1298]

Der **Splittingvorteil** ist (wieder) **der neuen Ehe vorzubehalten**, so dass der **Bedarf** des geschiedenen Ehegatten nach dem nach Steuerklasse I berechneten Einkommen zu ermitteln ist. Bei der **Leistungsfähigkeit** i.R.d. Billigkeitsunterhalts nach § 1581 BGB ist jedoch das tatsächliche auch durch den Splittingvorteil der Wiederheirat erhöhte Einkommen zu berücksichtigen.[1299] Dies beruht bei Vorrang des neuen Ehegatten oder auch bei Gleichrang darauf, dass der geschiedene Ehegatte sich i.R.d. Leistungsfähigkeit eine Kürzung seines Unterhalts entgegenhalten lassen muss und bei der Leistungsfähigkeit auch die nicht prägenden Einkünfte zu berücksichtigen sind. Dies gilt vor allem für den Splittingvorteil, da es unangemessen wäre, den geschiedenen Ehegatten mit den Nachteilen der Wiederheirat durch Einschränkung der Leistungsfähigkeit des Unterhaltspflichtigen zu belasten, ihm aber die Vorteile der Wiederheirat, insbesondere den Splittingvorteil, vorzuenthalten.[1300]

Die Grundsätze zur Berücksichtigung des Splittingvorteils gelten sinngemäß auch für den **Familienzuschlag**, den Beamte, Richter und Soldaten als Bestandteil ihrer Dienstbezüge erhalten[1301] oder für das **Arbeitslosengeld**, das aufgrund neu geschlossener Ehe nach Leistungsgruppe C entsprechend Steuerklasse III berechnet wird.

Ein dem Unterhaltspflichtigen von seinem Arbeitgeber gezahlter Kinderzuschlag, der ohne Rücksicht auf eine Ehe gezahlt wird, ist auch im Fall der Wiederverheiratung Bestandteil des zur

---

1292 OLG Koblenz FamRZ 2004, 973.
1293 BGH FamRZ 2005, 1817 = FuR 2005, 535; OLG Köln FamRZ 2005, 560; OLG Hamm FamRZ 2005, 650; OLG München FamRZ 2004, 1892; Gutdeutsch FamRZ 2004, 501; vgl. auch Schöppe/ Fredenburg FuR 2003, 487.
1294 Seit BGH FamRZ 2001, 986; vom BVerfG in FamRZ 2002, 527 bestätigt.
1295 BGH FamRZ 2005, 442; BGH FamRZ 2007, 793; BGH FamRZ 2008, 968; BGH FamRZ 2008, 1911.
1296 Zu Einzelheiten vgl. Kleffmann FuR 2012, 162.
1297 FamRZ 2011, 437.
1298 Zu Einzelheiten vgl. Kleffmann in Scholz/Kleffmann/Motzer, Praxishandbuch Familienrecht, Teil H 169b.
1299 BGH NJW 2012, 384.
1300 Eingehend zur Berücksichtigung des Splittingvorteils bei der Prägung des Bedarfs Vorauflage Rdn. 165
1301 BGH FamRZ 2008, 1911 = FuR 2008, 542 (Aufgabe von BGH FamRZ 2007, 793).

Bemessung des nachehelichen Unterhalts maßgeblichen Einkommens. Es kommt nicht darauf an, aus welcher Ehe das Kind stammt, für das der Zuschlag gezahlt wird.[1302]

166 Zumutbare sicher erzielbare **Steuervorteile** sind wie Einkommen zu behandeln.[1303] Dazu gehört neben der **zutreffenden Steuerklassenwahl**[1304] auch die Geltendmachung **steuerlicher Freibeträge**[1305] und Pauschalen bei der Einkommensteuerveranlagung.[1306] Dazu gehört auch die **Obliegenheit zur Inanspruchnahme des begrenzten Realsplittings**.[1307] Nach § 10 Nr. 1 EStG kann der Schuldner Unterhaltsleistungen an seinen früheren Ehegatten bis zu einem Betrag von 13.085 € pro Jahr als Sonderausgaben absetzen. Voraussetzung ist, dass der frühere Ehegatte den erhaltenen Unterhalt als Einkommen versteuert (§ 22 Nr. 1a EStG). Die dadurch entstehenden Steuern hat der Pflichtige dem Berechtigten zu erstatten. Die Differenz zwischen Steuerersparnis des Pflichtigen und Erstattung an den Berechtigten ist unterhaltsrechtlich relevantes Einkommen, das bei der Unterhaltsberechnung zu berücksichtigen ist. Ein fiktiver Vorteil aus dem begrenzten Realsplitting kann jedoch nicht zugerechnet werden, wenn die Höhe des Ehegattenunterhalts noch nicht geklärt ist.[1308]

Insbesondere ist davon auszugehen, dass das begrenzte Realsplitting (nur) in Anspruch zu nehmen ist, wenn ein Unterhaltsschuldner einen bestimmten Unterhalt anerkannt hat, dieser rechtskräftig feststeht oder er den Unterhaltsanspruch freiwillig erfüllt.[1309]

Hat ein Unterhaltspflichtiger, der etwa gegenüber einem Elternteil unterhaltspflichtig ist, im Verhältnis zu seinem Ehegatten die ungünstigere Steuerklasse V gewählt, ist diese Verschiebung der Steuerbelastung durch einen tatrichterlich zu schätzenden Abschlag zu korrigieren.[1310]

II. Vorsorgeaufwendungen

167 **Renten-, Arbeitslosen- und Krankenversicherungsbeiträge** kann der Unterhaltsverpflichtete in nachgewiesener Höhe einkommensmindernd geltend machen. Soweit bei der Krankenversicherung ein Arbeitgeberzuschuss erfolgt, sind die Beiträge entsprechend zu kürzen.[1311] Eine Angemessenheitskontrolle findet solange nicht statt, wie Vorsorge im Rahmen der gesetzlichen Sozialversicherung getroffen wird. Insbesondere bei günstigeren wirtschaftlichen Verhältnissen können weitere Vorsorgeaufwendungen, etwa in Gestalt einer privaten Zusatzkrankenversicherung, auch unterhaltsrechtlich akzeptiert werden, wenn der Versicherungsaufwand bereits die ehelichen Lebensverhältnisse geprägt hat[1312] oder bei Beamten zur Schließung der Lücken im Krankenversicherungsschutz.[1313]

1302 BGH FamRZ 2007, 882.
1303 BGH FamRZ 1999, 372; OLG Düsseldorf FamRZ 1987, 1259; OLG Hamm FamRZ 1990, 998; OLG Brandenburg FamRZ 2003, 1684 = NJW-RR 2003, 147; vgl. zum Ganzen auch Schürmann FuR 2003, 450.
1304 BGH FamRZ 2004, 443.
1305 BGH FamRZ 2007, 1303, 793.
1306 Zu Einzelheiten vgl. Tischler in Scholz/Kleffmann/Motzer, Praxishandbuch Familienrecht, Teil S. Rn. 153 ff.
1307 BGH FamRZ 2007, 1337, 793, 882; OLG Hamm FamRZ 2000, 888.
1308 BGH FamRZ 2007, 1337, 793, 882; OLG Celle FF 2005, 198.
1309 BGH FamRZ 2008, 968; FuR 2008, 297; FamRZ 2007, 793 mit Anm. Büttner; BGH FamRZ 2007, 882.
1310 BGH FamRZ 2004, 443.
1311 OLG Hamm FamRZ 2001, 373; vgl. auch Koch/Margraf Rn. 1107.
1312 BGH FamRZ 2002, 88 = FuR 2002, 26; OLG Bamberg NJW-RR 1993, 66.
1313 OLG Köln FamRZ 1979, 133.

Kleffmann

Beiträge für eine Krankenzusatzversicherung nach Scheidung sind auf ihre Angemessenheit zu überprüfen.[1314] Wird **fiktives Einkommen** in Ansatz gebracht, sind auch Beiträge für Krankenversicherungsschutz zu fingieren.[1315]

Abzugsfähig sind auch angemessene **Vorsorgeaufwendungen für Arbeitslosigkeit**, insbesondere die Arbeitslosenversicherungsbeiträge. Unfallversicherungsbeiträge können einkommensmindernd berücksichtigt werden, soweit keine Überversicherung vorliegt.[1316] Etwas anderes kann bei einer freiwilligen Unfallversicherung gelten, wenn sie entweder nicht notwendig oder mit Rücksicht auf ihre geringe Prämienhöhe als besondere Belastung angesehen werden kann.[1317]

Der Beitrag für eine **Berufsunfähigkeitsversicherung** ist abziehbar, insbesondere auch, weil der Unterhaltsberechtigte von ihr profitieren kann.[1318]

Abzugsfähig sind auch angemessene **Altersvorsorgeaufwendungen.** Dies gilt für die **gesetzlichen Rentenversicherungsbeiträge** und Beiträge zur **betrieblichen Zusatzversicherung.**

Aufwendungen zur **Pflegeversicherung** sind nach dem zum 01.01.1995 in Kraft getretenen Pflegeversicherungsgesetz als Krankheitsvorsorge anzusehen[1319] und als Abzugsposten zu berücksichtigen. Beim Kindesunterhalt wird in den Tabellenbeträgen der Düsseldorfer Tabelle und bei den Festbeträgen für Volljährige mit eigenem Hausstand davon ausgegangen, dass Krankenversicherungsschutz über eine Familienversicherung besteht. Ist dies nicht der Fall, sind die Tabellenbeträge um die Kosten der Krankenversicherung zu erhöhen. Abzugsposten bei der Bereinigung des Nettoeinkommens sind sodann neben dem Elementarunterhalt nach der Düsseldorfer Tabelle auch Krankenversicherungskosten einschließlich einer Eigenbeteiligung.

Die (primäre) **Altersversorgung** erfolgt bei Nichtselbstständigen im Regelfall durch die gesetzliche Rentenversicherung, bei Beamten durch die Beamtenversorgung. Hat der Unterhaltspflichtige ein Einkommen aus Erwerbstätigkeit über der sogenannten Beitragsbemessungsgrenze der gesetzlichen Rentenversicherung, ist eine von ihm betriebene Altersvorsorge bei der Bereinigung seines Nettoeinkommens, abzugsfähig sofern seine Gesamtaltersversorgung ca. 20 % des Bruttoeinkommens nicht übersteigt.[1320] Zwar ist dort, wo die Beitragsbemessungsgrenzen der gesetzlichen Rentenversicherung keine Wirkung entfalten, eine bestimmte Form ergänzender Altersvorsorge nicht vorgeschrieben[1321] (**Wahlfreiheit**). Allerdings muss die Einkommensverwendung grundsätzlich geeignet sein, den Altersbedarf zu sichern. Außerdem sind nur konkrete Altersvorsorgemaßnahmen anerkennungswürdig. Fiktive Abzüge für Altersvorsorgebeiträge scheiden grundsätzlich aus.[1322] Auch bei Selbstständigen können die Aufwendungen für Lebensversicherungen trotz ihres vermögensbildenden Charakters als Aufwand zur privaten Altersvorsorge abgezogen werden, soweit der Anteil am Bruttoeinkommen dem Beitragssatz der gesetzlichen Rentenversicherung entspricht.[1323]

168

1314 OLG Hamm FamRZ 2009, 2098.
1315 OLG Hamm FamRZ 1994, 107.
1316 KG FamRZ 1979, 66 für Beiträge an eine Berufsgenossenschaft.
1317 OLG Köln FamRZ 1979, 134.
1318 BGH FamRZ 2010, 1535; BGH FamRZ 2009, 1207; OLG Saarbrücken NJW-RR 2010, 1303; OLG Hamm, FamRZ 2001, 625.
1319 Vgl. zum Ganzen Gutdeutsch FamRZ 1994, 878.
1320 BGH FamRZ 2003, 860, 1179; OLG München FamRZ 2000, 26; Bergschneider FamRZ 2003, 1609.
1321 BGH FamRZ 2009, 1207; BGH FamRZ 2009, 530; BGH FamRZ 2008, 963 mit Anm. Büttner; 2005, 1817 = FuR 2005, 555; FamRZ 2004, 1184; vgl. auch Strohal FamRZ 2002, 277 und Bergschneider FamRZ 2003, 1609; vgl. auch OLG Düsseldorf NJW 2009, 1229.
1322 BGH FamRZ 2004, 792.
1323 LG Bamberg FamRZ 2002, 101.

Zwischenzeitlich ist anerkannt, dass sowohl dem unterhaltsberechtigten als auch dem unterhaltspflichtigen Ehegatten grundsätzlich zuzubilligen ist, über die primäre Altersversorgung hinaus einen **zusätzlichen Altersvorsorgeaufwand** zu betreiben.[1324]

Voraussetzung für die Absetzbarkeit von Vorsorgeaufwendungen ist indessen, dass derartige Aufwendungen tatsächlich geleistet werden. **Fiktive Abzüge** kommen insoweit nicht Betracht.[1325] Allerdings kann jederzeit mit der zusätzlichen Altersvorsorge begonnen werden.[1326] Für die **Höhe des berücksichtigungsfähigen Aufwands** wurde bereits im Rahmen des schwächer ausgestalteten Elternunterhalts ein um etwa 25 % über der gesetzlichen Rentenversicherung liegender Betrag, also etwa weitere 5 % des Bruttoeinkommens, als angemessener Altersvorsorgeaufwand anerkannt.[1327] Auch in anderen Unterhaltsverhältnissen ist angemessener Altersvorsorgeaufwand mit einem über die primäre Altersvorsorge hinausgehenden Aufwand grds. berücksichtigungsfähig.[1328] Neben Beiträgen zur gesetzlichen Rentenversicherung sind private Altersvorsorgebeiträge von bis zu **4 % des Gesamtbruttoeinkommens des Vorjahres** beim Berechtigten und Verpflichteten als angemessen angesehen worden.[1329] Dies gilt auch für Beamte.[1330]

An diesem Ansatz wird kritisiert, dass auf die Angemessenheit der aktuellen Beiträge (**Beitragsangemessenheit**) abgestellt wird und damit nichts gesagt ist über die Höhe der späteren Altersversorgung. Entscheidend dürfte aber nicht sein, wie viel aufgewendet wird, sondern wie hoch die künftige Altersversorgung sein wird.[1331] Anerkannt werden sollten daher die Beiträge, die notwendig sind, um im Alter eine angemessene Absicherung zu erreichen (**Ergebnisangemessenheit**). Hierfür sind mehrere individuelle Faktoren wie Alter, Ausbildungszeiten, Zeiten der Arbeitslosigkeit, Kindererziehung etc. zu berücksichtigen. Dem Unterhaltspflichtigen sollte es eingeräumt werden, konkret darzulegen und ggf. zu beweisen, dass er höhere Aufwendungen tätigen muss, um langfristig eine ihm zustehende eigene soziale Absicherung zu erreichen.

Hinsichtlich der Art der Altersvorsorge besteht **Wahlfreiheit**[1332] (Lebensversicherungsbeiträge[1333], Wertpapiere, Fonds, Sparguthaben[1334], Tilgungsleistungen für einen Immobilienkredit[1335]). Beim Elternunterhalt hat der BGH die Bildung von Sparguthaben als angemessene Form der Vorsorge akzeptiert.[1336] Auch andere Anlageformen, wie etwa der Erwerb einer Immobilie, werden in angemessenem Umfang und innerhalb des oben dargestellten Rahmens als zusätzliche private Altersvorsorge zu akzeptieren sein.[1337]

1324 BGH ZFE 2007, 115; FuR 2006, 180; FamRZ 2005, 1817; OLG Brandenburg FamRZ 2007, 65; zu Einzelheiten vgl. Brudermüller NJW 2004, 633.
1325 BGH FamRZ 2007, 793 = FuR 2007, 276; FamRZ 2006, 387 = FuR 2006, 180; FamRZ 2003, 860.
1326 Büttner FamRZ 2004, 1918.
1327 BGH FamRZ 2006, 1514 mit Anm. Klinkhammer; 2004, 792 OLG Brandenburg FamFR 2010, 56.
1328 BGH FuR 2005, 555 = FamRZ 2005, 1871 mit Anm. Büttner 1899.
1329 BGH FamRZ 2006, 387 = FuR 2006, 180; FamRZ 2005, 1817 = FuR 2005, 555.
1330 BGH FamRZ 2007, 793.
1331 Hauß, Elternunterhalt, Rn. 126; Viefhues ZAP 2007, 135.
1332 BGH FamRZ 2008, 963; NJW 2008, 1946; FamRZ 2005, 1817; vgl. auch OLG Hamm FamRZ 2008, 1650.
1333 BGH FuR 2006, 180.
1334 BGH FamRZ 2008, 963; BGH FamRZ 2006, 1511; BGH FamRZ 2005, 1917.
1335 BGH FuR 2009, 273; BGH FamRZ 2005, 1817; BGH FamRZ 2004, 443; BGH FamRZ 2003, 1179.
1336 BGH NJW 2006, 3344; FamRZ 2004, 1184; 2003, 860; 2002, 536; 2005, 1817.
1337 BGH FuR 2009, 22; FamRZ 2009, 1209 = FuR 2009, 530; FamRZ 2008, 963; 2006, 1511 mit Anm. Klinkhammer; FamRZ 2004, 434;FamRZ 2003, 1179 für den Elternunterhalt; OLG Düsseldorf NJW 2009, 1229.

Die zusätzliche, über die primäre Altersversorgung hinausgehende Altersvorsorge kommt allerdings im **Mangelfall**[1338] oder bei Tangierung des Mindestunterhalts minderjähriger Kinder[1339] nicht in Betracht.

Eine abzugsfähige Altersversorgung ist auch die **Direktversicherung**, wenn sie vom Arbeitgeber als Altersversorgung gedacht ist.[1340]

Mit **Erreichen der Regelaltersgrenze** können entsprechende Abzüge nicht mehr vorgenommen werden, da danach eine Altersversorgung gewährt wird und nicht mehr vorzusorgen ist.[1341] Etwas anderes gilt bei unterhaltsrechtlich zu billigender Inanspruchnahme von Altersteilzeit.[1342]

III. Berufsbedingte Aufwendungen

Aufwendungen, die dem Unterhaltsberechtigten oder dem Unterhaltsverpflichteten infolge der Ausübung einer Erwerbstätigkeit entstehen und notwendigerweise mit der Ausübung einer Erwerbstätigkeit verbunden sind und sich von den privaten Lebenshaltungskosten abgrenzen lassen, können vom Einkommen abgezogen werden (vgl. Ziff. 10.2. der Leitlinie). Auf die steuerliche Abzugsfähigkeit kommt es nicht an. Für die steuerliche Anerkennung reicht es regelmäßig aus, das Kosten durch die Berufsausübung veranlasst sind. Dieses Kriterium ist unterhaltsrechtlich nicht ausreichend. Vielmehr müssen unterhaltsrechtlich die Kosten notwendig durch die Berufsausübung veranlasst sein.[1343] Demgemäß genügt im Unterhaltsverfahren auch nicht der bloße Hinweis eines Beteiligten auf eine Einkommensteuererklärung und/oder einen Steuerbescheid zur Darlegung des berufsbedingten Aufwands.

169

Der BGH[1344] hält daran fest, dass dem Unterhaltspflichtigen ein **Erwerbstätigenbonus** auch neben dem Abzug berufsbedingter Aufwendungen zuzubilligen ist.[1345] Der Erwerbstätigenbonus bezieht sich stets nur auf Einkünfte aus Erwerbstätigkeit. Hat etwa ein Dienstherr einen Beamten von der Arbeitstätigkeit freigestellt, ist diesem bei Berechnung des Quotenunterhalts kein Erwerbstätigenbonus zuzubilligen.[1346] Der Zweck des Erwerbstätigenbonus, nämlich die Honorierung der Arbeitsleistung und die Motivation, diese Arbeitsleistung auch in Zukunft zu erbringen, kann nicht erreicht werden, wenn die vollen Bezüge auch ohne Arbeitsleistung erzielt werden. Auch bei Bezug von Krankengeld entsteht kein berufsbedingter Aufwand und ist kein Erwerbstätigenbonus zu berücksichtigen.[1347]

170

Die **Pauschale** wird zusätzlich zum Erwerbstätigenbonus gewährt.[1348] Wird mit der Pauschale gearbeitet, sind höhere notwendige Aufwendungen, die diese Pauschale übersteigen, konkret darzulegen.[1349] Die Werbungskostenpauschale wird vom Nettoarbeitseinkommen vor Abzug von Schulden und besonderen Belastungen errechnet. Unterhaltsrechtlich anzuerkennende berufsbedingte Aufwendungen können nicht ohne nähere Prüfung mit **steuerlich anerkannten Werbungskosten** gleichgesetzt werden.[1350]

1338 BGH FamRZ 2005, 1871.
1339 OLG Düsseldorf FamRZ 2006, 1685.
1340 OLG München FamRZ 1997, 613; vgl. auch BGH NJW 2005, 3277.
1341 BGH FamRZ 2000, 251; Büttner 2004, 1918.
1342 BGH FamRZ 2010, 1535.
1343 BGH FamRZ 2009, 762.
1344 BGH FamRZ 2004, 1867; vgl. zuvor 1990, 1090.
1345 BGH FamRZ 2000, 1492 mit Anm. Scholz 1495 und Weychardt FamRZ 2001, 414.
1346 OLG Koblenz NJW-RR 2008, 1030.
1347 BGH FamRZ 2009, 307.
1348 OLG Düsseldorf FamRZ 1994, 1049.
1349 BGH ZFE 2006, 112; vgl. auch Viefhues ZFE 2007, 119; Bißmeier FamRZ 2002, 1448.
1350 BGH FamRZ 2009, 762 = FuR 2009, 409.

Der Umfang berufsbedingter Aufwendungen ist von den Instanzgerichten im Rahmen des ihnen eingeräumten tatrichterlichen Ermessens zu ermitteln. Allerdings kann auf pauschalierende Berechnungsmethoden zurückgegriffen werden. Der BGH beanstandet den Ansatz eines berufsbedingten Aufwandes von pauschal 5 % des Nettoeinkommens nicht.[1351] Der BGH betont, dass die Anforderungen an die Darlegung von **Fahrtkosten** und ihren Nachweis nicht überspannt werden dürfen.[1352] Bei entsprechenden Anhaltspunkten kann berufsbedingter Aufwand auch über § 287 ZPO geschätzt werden.[1353]

171 **Rentner** können keine berufsbedingten Aufwendungen geltend machen, Arbeitslose nur konkrete Ausgaben. Bei **Selbstständigen** sind berufsbedingte Aufwendungen bereits in der Einnahme/Überschussrechnung berücksichtigt.

172 **Notwendige Kosten** für die **Fahrt zur Arbeitsstelle** oder berufsbedingte Reisen sind abziehbar, weil sie für den laufenden Lebensunterhalt nicht zur Verfügung stehen.[1354]

Die Berechnung des monatlichen Fahrkostenaufwandes kann wie folgt vorgenommen werden:[1355]

▶ Die Berechnung des monatlichen Fahrkostenaufwandes kann wie folgt vorgenommen werden:[1356]

$$\frac{2 \times \text{einfache Wegstrecke} \times 0{,}30 \, \text{€ (vgl. Ziff. 10.2.2. SüdL)} \times 220 \, \text{Tage}}{12 \, \text{Monate}}$$

Bei Ansatz der **Kilometerpauschale** können nicht zusätzlich konkrete Kosten geltend gemacht werden.[1357] Mit der Pauschale ist regelmäßig der gesamte Fahrzeugaufwand gedeckt, insbesondere auch der Kostenanteil für Haltung, Betrieb, Steuer, Versicherung, Reparatur etc. Bei weiten Fahrtenstrecken von der Wohnung zur Arbeit kann eine Verringerung des Kilometersatzes in Betracht kommen.[1358]

Bei Nutzung eines **Motorrades** sind im Jahr 2000 0,24 DM je Entfernungskilometer zugebilligt worden,[1359] im Jahr 2002 0,12 €.[1360]

173 Derjenige, der berufsbedingten Aufwand in der Form von Fahrtkosten geltend machen will, muss darlegen und ggf. beweisen, dass die Benutzung eines Kraftfahrzeugs für berufliche Zwecke erforderlich ist.[1361] Die Abgrenzung von den allgemeinen Lebenshaltungskosten kann und muss so erfolgen, dass der private Kostenanteil für die Kfz-Haltung und Benutzung heraus gerechnet wird und unterhaltsrechtlich nur die Mehrkosten für berufsbedingte Fahrten von Bedeutung sind.[1362] Im Übrigen muss stets geprüft werden, ob eine **Verweisung auf öffentliche Verkehrsmittel**[1363] zumutbar ist. Die Frage der Zumutbarkeit der Benutzung öffentlicher Verkehrsmittel hängt nicht nur von der Qualität der öffentlichen Verkehrsverbindungen und von den wirtschaftlichen Ver-

---

1351 BGH FuR 2006, 75 = FamRZ 2006, 108.
1352 In vom BGH in FuR 2006, 75 entschiedenen Fall waren die Fahrtkosten eines Leiharbeitnehmers, der auf Großbaustellen im gesamten Bundesgebiet eingesetzt war, mit einer Pauschale von 5 % nicht sachgerecht erfasst.
1353 BGH FamRZ 2009, 404.
1354 OLG Hamm FamRZ 1996, 958.
1355 BGH FamRZ 1998, 1502; OLG Stuttgart FamRZ 2008, 1273; FamRZ 1994, 87.
1356 BGH FamRZ 1998, 1502; OLG Stuttgart FamRZ 2008, 1273; FamRZ 1994, 87.
1357 BGH FamRZ 2006, 846 mit Anm. Born = FuR 2006, 415; OLG Hamm FamRZ 2001, 482; vgl. auch Ziff. 10.2.2 der Leitlinien.
1358 OLG Hamm FamRZ 2001, 46 und 1617.
1359 OLG Karlsruhe FuR 2001, 565.
1360 OLG Hamm OLGR 2003, 256.
1361 OLG Dresden FamRZ 2001, 47.
1362 BGH FamRZ 1984, 988; OLG Hamm FamRZ 2005, 804.
1363 BGH FamRZ 2002, 536; OLG Stuttgart FamRZ 2008, 1273.

hältnissen ab, sondern auch von den Arbeitszeiten des Unterhaltsverpflichteten.[1364] Fahrtkosten mit dem eigenen PKW zur Arbeitsstelle sind anzuerkennen, wenn die Arbeitsstelle weit entfernt liegt und mit öffentlichen Verkehrsmitteln schlecht zu erreichen ist. Grundlage der Berechnung der Fahrtkosten ist die kürzeste Entfernung zwischen Wohnort und Arbeitsstätte, wobei im Einzelfall (Staugefahr, schnellere Erreichbarkeit des Arbeitsplatzes trotz längerer Wegstrecke) auch längere Routen akzeptiert werden können.[1365] Das Gleiche gilt, wenn die Inanspruchnahme öffentlicher Verkehrsmittel wegen wechselnder Arbeitszeiten praktisch nicht in Betracht kommt. Wenn die Benutzung öffentlicher Verkehrsmittel jedoch zumutbar ist, kann ein Abzug für Fahrten zur Arbeitsstelle mit dem PKW nur in Höhe der Fahrtkosten für öffentliche Verkehrsmittel in Betracht kommen.[1366]

Die **Fahrtkosten** müssen stets in einer vertretbaren **Relation zum erzielten Einkommen** stehen.[1367]   **174** Bei zumindest durchschnittlichen Einkünften entspricht der Aufwand für die Erhaltung eines PKW auch zu beruflichen Zwecken in der Regel im Übrigen bereits den ehelichen Lebensverhältnissen und wird mithin zu berücksichtigen sein.

Wenn aber die Kosten für Fahrten zur Arbeitsstelle einen erheblichen Teil des Einkommens aufzehren und hierdurch Unterhaltsansprüche nachhaltig gefährdet werden, insbesondere wenn der Unterhaltsanspruch minderjähriger Kinder gefährdet wird, kann es dem Unterhaltsverpflichteten zuzumuten sein, sich kostengünstigerer öffentlicher Verkehrsmittel zu bedienen.[1368]

Entstehen besonders hohe Fahrtkosten, die eine angemessene Unterhaltszahlung ausschließen, ist auch die Zumutbarkeit eines **Wohnortwechsels** in Betracht zu ziehen. Fahrtkosten, die mit einer Entfernung von rund 30 km zwischen Wohnung und Arbeitsstelle entstehen, wurden noch gebilligt,[1369] Entfernungen von 80 km,[1370] oder auch nur 55 km[1371] sind jedoch schon nicht mehr akzeptiert worden.

Jedenfalls bei **gesteigerter Erwerbsobliegenheit** ist ein Unterhaltsschuldner gehalten, seinen berufsbedingten Aufwand so gering wie möglich zu halten. Ggf. muss er auch seinen Wohnsitz in die Nähe des Arbeitsplatzes verlegen, um so seine Leistungsfähigkeit zumindest teilw herzustellen.[1372] Im Rahmen gesteigerter Unterhaltpflicht gegenüber minderjährigen Kindern können auch die zur Führung einer Wochenendehe notwendigen Fahrtkosten nicht oder nicht in vollem Umfang berücksichtigt werden.[1373] Ein gesteigert Unterhaltspflichtiger kann darüber hinaus verpflichtet sein, zur Sicherstellung des Mindestunterhalts öffentliche Verkehrsmittel zu nutzen oder bei geringer Entfernung die Wegstrecke mit dem Fahrrad zu absolvieren.[1374]

1364 OLG Naumburg FamRZ 1998, 558; bei Verrichtung von Früh- und Spätdiensten ist die Benutzung öffentlicher Verkehrsmittel regelmäßig nicht zumutbar, vgl. OLG München ZFE 2007, 356.
1365 BGH FamRZ 2009, 762.
1366 BGH FamRZ 1998, 1501 OLG Brandenburg FamRZ 1999, 1010.
1367 OLG Hamburg FamRZ 1992, 11308; OLG Hamm FamRZ 1997, 356.
1368 BGH FamRZ 1998, 1501; OLG Brandenburg FamRZ 1999, 1010; OLG Hamm 1998, 724 (insbesondere zum Kriterium der Zumutbarkeit öffentlicher Verkehrsmittel).
1369 BGH NJW-RR 1995, 129.
1370 OLG Hamm FamRZ 1990, 998; vgl. auch OLG Koblenz NJWE-FER 2000, 80.
1371 OLG Koblenz FamRZ 1994, 1609; OLG Koblenz NJWE-FER 2000, 80, zur Zumutbarkeit eines Umzugs wegen hoher berufsbedingter Fahrtkosen vgl. BGH NJW-RR 1998, 721.
1372 OLG Frankfurt FamRZ 2009, 888: die geltend gemachten Fahrtkosten von 363 € standen in keinem angemessenen Verhältnis zum Einkommen von gerundet 1.500 €.
1373 OLG Saarbrücken FPR 2009, 133.
1374 OLG Stuttgart FamRZ 2008, 1273.

175 Zu den berufsbedingten Aufwendungen zählen weiter **Kinderbetreuungskosten**,[1375] soweit sie dem betreuenden Elternteil die Ausübung des Berufs ermöglichen und nicht vorrangig pädagogischen oder schulvorbereitenden Zwecken dienen[1376], **Arbeitsmittel** (Werkzeuge, Büro- und Betriebsmaterial, Fachliteratur, Arbeitskleidung), im Ausnahmefall ein **Arbeitszimmer**.[1377] **Beiträge für Gewerkschaften**,[1378] Beamtenbund, Richterbund, Ärztekammer etc., Aufwendungen, die mit einer Tätigkeit als Betriebsrat zusammenhängen, **Kosten für doppelte Haushaltsführung**, sofern ein Umzug an den Beschäftigungsort nicht möglich oder nicht zumutbar ist,[1379] **Fortbildungskosten**, soweit beruflich notwendig,[1380] Steuerberatungskosten, soweit sie erforderlich sind.[1381]

Kindergartenbeiträge bzw. vergleichbare Aufwendungen für die Betreuung eines Kindes in einer kindgerechten Einrichtung sind in den Unterhaltsbeträgen, die in den Unterhaltstabellen ausgewiesen sind, unabhängig von der sich im Einzelfall ergebenden Höhe nicht enthalten. Dies gilt sowohl für die Zeit vor dem 31.12.2007 als auch für die Zeit nach Inkrafttreten des UÄndG zum 01.01.2008.[1382] Die in einer Kindereinrichtung anfallenden Verpflegungskosten sind jedoch weiterhin mit dem Tabellenunterhalt abgegolten. Noch im Jahr 2007 hatte der BGH[1383] den Kindergartenbeitrag nicht als Mehrbedarf des Kindes qualifiziert, sondern als Betreuungsaufwand des betreuenden Elternteils und bei der Berechnung des Ehegattenunterhalts vom Einkommen der betreuenden Ehefrau abgezogen mit der Folge, dass durch den Halbteilungsgrundsatz beim Ehegattenunterhalt beide Eheleute diese Kosten zur Hälfte getragen haben. Im Jahr 2008[1384] hatte der BGH die Kindergartenkosten eines nicht ehelichen Kindes zum Bedarf des Kindes gezählt, jedoch für den halbtägigen Besuch keinen Mehrbedarf angenommen. Nunmehr ist geklärt, dass der Kindergartenbeitrag in voller Höhe **Mehrbedarf des Kindes**, mithin **keinen berufsbedingten Aufwand** des betreuenden Elternteils darstellt. Nur wenn die Kosten dem Bedarf des Kindes zugerechnet werden, ist gewährleistet, dass der betreuende Elternteil für einen hieraus folgenden Mehrbedarf des Kindes nicht allein aufkommen muss. Würden die Kosten demgegenüber als berufsbedingter Aufwand behandelt, hinge die Beteiligung des barunterhaltspflichtigen Elternteils davon ab, ob der betreuende Elternteil überhaupt einen Unterhaltsanspruch hat. Dies wäre bei einem Ehegatten nach Wiederverheiratung, Begründung einer Lebenspartnerschaft oder ggf. Verwirkung nicht (mehr) der Fall. Das Gleiche würde gelten, wenn der Ehegattenunterhalt im Hinblick auf § 1609 Nr. 2 BGB und wegen seines Nachrangs nicht zum Tragen käme.

Kleinere Positionen wie Kosten für Kleiderreinigung oder Telefonkosten sind regelmäßig bereits mit dem Erwerbstätigenbonus abgegolten.[1385]

Bei **Auszubildenden** sind die ausbildungsbedingten Aufwendungen abzugsfähig.

Die **Leitlinien** (Ziff. 10.2) enthalten zum Teil unterschiedliche Regelungen. Zum Teil werden feste Beträge in Ansatz gebracht, etwa 90 € in den Süddeutschen Leitlinien, zum Teil wird eine Pau-

---

1375 BGH FamRZ 2005, 1154: hierzu zählen auch die Kindergartenkosten; auch sie sind als berufsbedingter Aufwand anzusehen, nicht als (Mehr-) Bedarf des Kindes nach § 1610a BGB, vgl. OLG Nürnberg NJW-RR 2004, 654; OLG Nürnberg FuR 2005, 571.
1376 Eingehend Viefhues FamRZ 2010, 249.
1377 OLG Köln FamRZ 1983, 750.
1378 BGH NJW 1997, 1919; OLG Celle FamRZ 2007, 1020; OLG Hamm FuR 2003, 90; im Mangelfall sollen Gewerkschaftsbeiträge allerdings nicht abzugsfähig sein, vgl. OLG Düsseldorf FamRZ 2005, 1016.
1379 OLG Zweibrücken FamRZ 1997, 837; OLG Schleswig FamRZ 1994, 1031.
1380 KG FamRZ 1979, 66.
1381 OLG Hamm FamRZ 1992, 1177: keine Abzugsfähigkeit, wenn der Arbeitnehmer nur eine »normale« Steuererklärung abzugeben hat.
1382 BGH FamRZ 2009, 962 = FuR 2009, 415.
1383 FamRZ 2007, 882.
1384 BGH FamRZ 2008, 1152.
1385 BGH FamRZ 2007, 193.

Kleffmann

schale zugebilligt (etwa Leitlinien des OLG Frankfurt: 5 % der Ausbildungsvergütung), zum Teil wird eine konkrete Darlegung (etwa KG) verlangt.

IV. Umgangskosten

Für die Beurteilung der Abzugsfähigkeit von Umgangskosten ist es ohne Bedeutung, ob es um den Umgang mit einem ehelichen oder nichtehelichen Kind geht und welcher Elternteil Inhaber des Rechts der elterlichen Sorge ist.[1386] Die Eltern können über die Kostentragungspflicht wirksam eine **Vereinbarung** treffen.[1387] Im Übrigen kann der Umgangsberechtigte grundsätzlich weder von dem Kind noch von dem anderen Elternteil eine Erstattung der ihm bei der Ausübung des Umgangs entstehenden Kosten verlangen.[1388] **176**

Die Wahrnehmung des persönlichen Kontakts mit dem Kind ist unmittelbar Ausfluss des höchstpersönlichen Rechts des umgangsberechtigten Elternteils aus § 1684 BGB. Die dabei anfallenden Belastungen sind Kosten, die er im eigenen Interesse und im Interesse des Kindes grundsätzlich selbst aufzubringen hat.[1389] Zur Entlastung dienen ihm dabei staatliche Vergünstigungen wie das Kindergeld, das ihm im Verhältnis zum anderen Elternteil hälftig zusteht.[1390]

Abweichungen von dieser Grundregel kommen nur für zwei Konstellationen in Betracht, nämlich bei Vorliegen von Billigkeitsgründen und in Fällen einer (teilweisen) Nichtanrechnung des Kindergeldes nach § 1612b Abs. 5 BGB.[1391] **Billigkeitserwägungen** greifen ein, wenn der andere Elternteil mit dem Kind in einer solchen **Entfernung vom Wohnsitz** des Umgangsberechtigten lebt, dass angesichts ohnehin beengter wirtschaftlicher Verhältnisse die Kostenbelastung für den umgangsberechtigten Elternteil schlechthin unzumutbar ist und dazu führt, dass dieser sein Umgangsrecht nicht oder nur in erheblich eingeschränktem Umfang ausüben kann. **177**

Ausnahmen von der Regel, dass Umgangskosten nicht erstattungsfähig sind, wurden insbes. im Hinblick auf die frühere Regelung zur eingeschränkten Kindergeldanrechnung nach § 1612b Abs. 5 BGB a.F. anerkannt, weil das Kindergeld dem Unterhaltspflichtigen nicht oder nur eingeschränkt zur Finanzierung der Umgangskosten zur Verfügung stand.

Nach der Neufassung des § 1612b Abs. 1 BGB ab 01.01.2008 ist das hälftige Kindergeld auf den Mindestunterhalt anzurechnen und bedarfsdeckend. Die Leistungsfähigkeit des Pflichtigen ist damit nicht mehr aufgrund der ungekürzten Tabellenbeträge, sondern anhand der Zahlbeträge zu bemessen. Reicht das Kindergeld nicht aus, höhere Fahrtkosten abzudecken, sind sie bei der Einkommensermittlung zu berücksichtigen.[1392] Dies ist insbes. zu beachten, wenn bei der Bereinigung des Nettoeinkommens für den Ehegattenunterhalt durch Abzug des Zahlbetrags für den Kindesunterhalt dem Pflichtigen rechnerisch nur 1/4 des Kindergeldes verbleibt und damit die nachgewiesenen konkreten Umgangskosten nicht gedeckt werden können.[1393] Dies gilt insb. wenn der andere Elternteil mit dem Kind in einer solchen Entfernung vom Wohnsitz des Umgangsberechtigten lebt, dass angesichts ohnehin beengter wirtschaftlicher Verhältnisse die Kostenbelastung für den umgangsberechtigten Elternteil schlechthin unzumutbar ist und dass eine fehlende Erstattung der Kosten dazu führen würde, dass er sein Umgangsrecht nicht oder nur in erheblich einge-

---

1386 OLG Karlsruhe FamRZ 202, 1056.
1387 OLG Zweibrücken FamRZ 1998, 1465.
1388 BGH FamRZ 2007, 707; OLG Karlsruhe FPR 2003, 28; OLG Frankfurt a.M. FF 2003, 183; OLG Hamm FamRZ 2001, 444.
1389 BGH FamRZ 2007, 193.
1390 Vgl. auch BGH FamRZ 2002, 1099.
1391 BGH FamRZ 2007, 193; 2003, 449; ausführlich Theurer FamRZ 2004, 161; Luthin FamRZ 2003, 1378.
1392 BGH FamRZ 2007, 193; OLG Bremen FamRZ 2009, 889.
1393 Gerhardt FuR 2008, 9.

schränkten Umfang ausüben kann. Sodann ist entweder der **Selbstbehalt maßvoll zu erhöhen** oder dass **unterhaltsrelevante Einkommen entsprechend zu mindern**.[1394]

Einen anderen, nicht unterhaltsrechtlichen Ansatz wählt das OLG Dresden,[1395] das die Mutter für verpflichtet erachtet, das Kind dem umgangsberechtigten Vater zu bringen und dort abzuholen nach dem sie durch einen Umzug in eine andere entfernte Stadt höhere Kosten ausgelöst hat. Dies gilt sowohl im Rahmen der Bedarfsermittlung als auch bei der Ermittlung der Leistungsfähigkeit.

Der Umgangsberechtigte muss substantiiert vortragen, wie oft der Umgang mit den Kindern stattfindet oder welche Fahrtkosten für das Holen und Wegbringen der Kinder anfallen. Die einzelnen Kosten müssen detailliert und nachvollziehbar dargelegt werden, damit das Gericht ggf. aufgrund des vorgetragenen Sachverhalts gem. § 287 ZPO **schätzen** kann.[1396] Wie auch berufsbedingte Aufwendungen können Kosten der Ausübung des Umgangskontakts nur in angemessenen Umfang geltend gemacht werden. Auch hier ist stets zu prüfen, ob nicht öffentliche Verkehrsmittel zumutbar genutzt werden können.[1397] Jedoch können auch die dem barunterhaltpflichtigen Elternteil entstehenden Kosten noch berücksichtigt werden, selbst wenn der Mindestunterhalt unterschritten wird.[1398]

Die **Darlegungs- und Beweislast** für die anfallenden Kosten trifft den Unterhaltspflichtigen.

Bei der Vollstreckung von Kindesunterhalt gehören Kosten des Umgangs in angemessenem Umfang zum pfändungsfreien Betrag nach § 850d ZPO.[1399]

Bei durchschnittlichen und überdurchschnittlichen Einkünften sind Umgangskosten hingegen regelmäßig nicht vom anrechenbaren Einkommen in Abzug zu bringen.

Besuchskosten sind steuerlich nicht als **außergewöhnliche Belastung** abziehbar.[1400]

Die mit der Ausübung eines Umgangs verbundenen Aufwendungen eines Empfängers von Hilfe zum Lebensunterhalt nach SGB II können eine bedarfsauslösende, vom Träger der Sozialhilfe zu übernehmende Lebenslage darstellen.[1401]

V. Mehraufwendungen wegen Krankheit oder Alters und Betreuungsbonus

178 Konkret dargelegter krankheitsbedingter Mehraufwand ist bei der Einkommensermittlung abzugsfähig. Dazu können auch die Kosten einer **Haushaltshilfe** zählen.[1402] Kosten für **Pflegeleistungen** sind krankheitsbedingter Mehrbedarf. Abzugsfähig sind sie jedoch nur, wenn sie tatsächlich aufgewendet werden. Verzichtet der Schuldner auf eine krankheitsbedingt notwendige Haushaltshilfe, kann er **keine fiktiven Kosten** von seinem Einkommen absetzten.[1403]

Zu berücksichtigen sind nur die Kosten, die den allgemeinen Krankenvorsorgebedarf übersteigen.[1404] Wird bei Mehraufwendungen für Körper- oder Gesundheitsschäden eine Sozialleistung nach § 1610a BGB erbracht (zu Einzelheiten vgl. Rdn. 72), ist die Sozialleistung in Höhe der Auf-

---

1394 BGH FamRZ 2009, 1391; NJW 2009, 2592; FamRZ 2008, 594; KG FamRZ 2011, 1302; OLG Bremen FamRZ 2009, 889; OLG Schleswig NJW 2009, 1216.
1395 FamRZ 2005, 927.
1396 OLG Stuttgart FamRZ 2012, 315; OLG Brandenburg FamRZ 2011, 1302.
1397 OLG Stuttgart FamRZ 2008, 1273.
1398 OLG Braunschweig FamRZ 2012, 795
1399 BGH FamRZ 2010, 1798.
1400 BFH FamRB 2008, 31; FamRZ 1997, 21.
1401 SG Baden-Württemberg FamRZ 2006, 895.
1402 BGH FamRZ 1984, 151; OLG Düsseldorf FamRZ 1982, 380.
1403 OLG Saarbrücken FamRB 2008, 5.
1404 OLG Düsseldorf FamRZ 1978, 343: Kosten für nicht von der Krankenkasse zu ersetzende Heilmittel; vgl. zu weiteren Einzelheiten Eschenbruch/Klinkhammer/Mittendorf Kap. 6.5.1.2 Rn. 141.

wendungskosten kein Einkommen und ein Mehrbedarf nur anzuerkennen, soweit die tatsächlich anfallenden Kosten die Sozialleistung übersteigen.

Bei Pflegeleistungen unter Ehegatten tritt in Höhe der dadurch ersparten Fremdpflegekosten ein krankheitsbedingter Mehrbedarf ein.[1405]

Grundsätzlich abzugsfähig sind auch die durch eine **Diät** entstehenden Mehrkosten. Da aber eine Diät je nach Ernährungsart auch Ersparnisse gegenüber normalen Essgewohnheiten mit sich bringt, verbietet sich jede pauschale Betrachtungsweise. Die Leitlinien[1406] enthalten jedoch zum Teil Hinweise auf Schätzgrundlagen. Als Schätzungsmaßstab für derartige Mehraufwendungen bei medizinisch indizierten Diäten sollen die Mehrbedarfsbeträge nach § 30 Abs. 5 SGB XII herangezogen werden können.

Auch **Kurkosten** können grundsätzlich krankheitsbedingten Mehrbedarf darstellen, soweit sie nicht durch Dritte erstattet werden. Häusliche Ersparnisse sind gegen zurechnen.

Die gleichen Grundsätze gelten beim **Berechtigten**, soweit er eigenes Einkommen hat. Verfügt der Berechtigte nicht über eigenes Einkommen, ist der Mehrbedarf unselbstständiger Bestandteil seines Unterhalts und insoweit konkret geltend zu machen.   179

Bei Berufstätigkeit trotz Kindesbetreuung kann sich das Einkommen um den konkreten Aufwand (Pflegeperson, Kosten für eine Kindertagesstätte etc.) mindern.[1407] Die Leitlinien enthalten jeweils entsprechende Regelungen zu Ziff. 10.3.   180

Die Leitlinien enthalten darüber hinaus teilweise Regelungen zur Anerkennungsfähigkeit eines **Betreuungsbonus**. Wegen der weiteren Einzelheiten wird auf die Ausführungen zu Rdn. 153 ff. verwiesen.

VI. Verbindlichkeiten

Berücksichtigungswürdige Verbindlichkeiten mindern das unterhaltsrechtlich relevante Einkommen Nach § 1581 BGB schuldet der Verpflichtete nur einen Billigkeitsunterhalt, wenn er unter Berücksichtigung seiner sonstigen Verpflichtungen nicht in der Lage ist, dem Berechtigten ohne Gefährdung seines eigenen angemessenen Unterhalts den vollen Unterhalt nach § 1578 BGB zu gewähren. Nach § 1603 Abs. 1 BGB besteht keine Unterhaltsverpflichtung, wenn der Unterhaltsschuldner bei Berücksichtigung seiner sonstigen Verpflichtungen außerstande ist, ohne Gefährdung seines angemessenen Unterhalts dem Kind dessen angemessenen Unterhalt zu gewähren.   181

Handelt es sich um eine berücksichtigungswürdige Schuld, ist sie gleichermaßen beim Berechtigten wie beim Verpflichteten in Abzug zu bringen sowohl beim Bedarf als auch bei der Bedürftigkeit und Leistungsfähigkeit zu berücksichtigen.[1408]

Die Leitlinien der Oberlandesgerichte enthalten zu Ziff. 10.4 Regelungen zur **Berücksichtigungswürdigkeit von Schulden**. Es gibt keinen gesetzlichen Vorrang von Unterhaltsverpflichtungen[1409]

Schulden können grds. nur abgezogen werden, soweit sie tatsächlich auch getilgt werden.[1410]

1405 BGH FamRZ 1995, 537; OLG Hamm NJW-RR 1997, 962.
1406 Vgl. Ziff. 10.7 der Leitlinien des KG.
1407 BGH FamRZ 1991, 182.
1408 BGH FamRZ 2008, 497.
1409 BGH FamRZ 1996, 160; BGH FamRZ 1984, 657; OLG Frankfurt ZFE 2005, 96; OLG Hamm FamRZ 1995, 1218; zu Einzelheiten vgl. Hoppenz FPR 1006, 97.
1410 OLG Saarbrücken ZFE 2007, 276; OLG Köln FamRZ 2006, 1760; OLG Hamburg FamRZ 2003, 1102.

Werden jedoch Einkünfte fingiert, ist auch eine **fiktive Bedienung** von Schuldverbindlichkeiten zu berücksichtigen.[1411]

Verbindlichkeiten dürfen nicht ohne Rücksicht auf die Unterhaltsinteressen getilgt werden. Vielmehr bedarf es eines Ausgleichs der Belange von Unterhaltsgläubiger, Unterhaltsschuldner und Drittgläubiger. Geboten ist eine **umfassende Interessenabwägung.**[1412] Schulden können sowohl auf Seiten des Pflichtigen als auch aus Gleichbehandlungsgründen auf Seiten des Berechtigten zu berücksichtigen sein. Im Rahmen des Ehegattenunterhalts gilt dies insbesondere für vor Trennung aufgenommene Verbindlichkeiten. Dies kann jedoch auch für nach Trennung begründete berücksichtigungswürdige Verbindlichkeiten gelten, etwa unumgängliche Verbindlichkeiten für Umzug, Anschaffung notwendigen Mobiliars etc. Im Übrigen sind nach Trennung eingegangene neue Verbindlichkeiten grds. jedoch nicht berücksichtigungsfähig, weil Unterhalt nicht der Schuldenrückführung des Bedürftigen dienen soll. Auch Vermögensbildung ab Rechtshängigkeit des Ehescheidungsverfahrens ist beim Bedürftigen genauso wenig zu berücksichtigen wie beim Pflichtigen.

Im Rahmen der erforderlichen Gesamtabwägung ist zwischen den Interessen eines hochverschuldeten Schuldners einerseits und insbesondere den Interessen minderjähriger Kinder andererseits die Möglichkeit eines Vorgehens nach §§ 258 ff. InsO in Betracht zu ziehen[1413] (vgl. Rdn. 185).

182   Die **Darlegungs- und Beweislast** für die Umstände, aus denen sich die Berücksichtigungswürdigkeit der Schuld ergibt, trägt derjenige, der sich auf die Minderung seiner Einkünfte beruft.[1414]

183   ▶ **Bedeutsame Umstände für die gebotene Interessenabwägung** sind vornehmlich:
   – Verschärfte Unterhaltspflicht[1415]
   – Zweck der Verbindlichkeit
   – Zeitpunkt und Art der Entstehung der Verbindlichkeit
   – Dringlichkeit der beiderseitigen Bedürfnisse
   – Kenntnis des Schuldners von Grund und Höhe der Unterhaltsschuld[1416]
   – Möglichkeiten des Schuldners, die Leistungsfähigkeit in zumutbarer Weise ganz oder teilweise, z.B. durch Tilgungsstreckung, wiederherzustellen[1417]
   – schutzwürdige Belange Dritter.[1418]

Bei der Berücksichtigung von Verbindlichkeiten ist **zwischen Ehegatten- und Verwandtenunterhalt zu differenzieren.**

Nach geänderter Rspr. des BGH[1419] war es im Rahmen des Ehegattenunterhaltsverhältnisses bei der Bedarfsbemessung nicht mehr allein entscheidend, ob es sich um **ehebedingte Verbindlichkeiten** handelte. Derartige Ausgaben, die schon in der Zeit des ehelichen Zusammenlebens die zur Deckung des laufenden Lebensbedarfs verfügbaren Mittel reduziert haben, waren und sind auch nach Trennung und ggf. Scheidung einkommensmindernd zu berücksichtigen. Etwas anderes gilt nur, wenn die Verbindlichkeit leichtfertig, etwa für luxuriöse Zwecke und/oder ohne jeden ver-

---

1411   Luthin/Margraf Rn. 1326.
1412   BGH FamRZ 2010, 538; BGH FuR 2008, 92; FamRZ 1996, 160; OLG Rostock FamRZ 2009, 1922; OLG Dresden FamRZ 2006, 569; OLG Köln ZFE 2006, 196; OLG Karlsruhe FPR 2003, 28; OLG Brandenburg NJW-RR 2003, 1514; OLG Hamm FamRZ 1997, 821.
1413   Vgl. etwa OLG Hamm FamRZ 2001, 441.
1414   BGH FamRZ 1996, 160.
1415   OLG Dresden FamFR 2010, 12.
1416   BGH ZFE 2007, 189; OLG Köln ZFE 2006, 196; OLG Dresden FamRZ 2006, 569; OLG Köln FamRZ 2005, 720.
1417   BGH FamRZ 2002, 536; OLG Rostock FamRZ 2009, 1922; OLG Bamberg FamRZ 1997, 23.
1418   Grundlegend BGH FamRZ 1982, 157 und 1984, 657.
1419   BGH FamRZ 2008, 968; 2006, 683; vgl. eingehend auch Gerhardt FamRZ 2007, 945.

ständlichen Grund eingegangen wurde[1420] (Kosten für übertriebenen Luxus wie teure Hobbys oder Reisen, Spielschulden, Anschaffung eines nicht benötigten Motorrades[1421] etc.).

Nach den Grundsätzen zu den **wandelbaren ehelichen Lebensverhältnissen** nahm der bedürftige Ehegatte nach der Trennung und ggf. Scheidung jedoch nicht nur an Einkommenserhöhungen des Pflichtigen, sondern grds. auch Einkommensminderungen teil, sofern es sich um nicht vorwerfbare Einkommensreduzierungen handelt.[1422] Wie bei Einkommensreduzierungen muss der Bedürftige eine Absenkung seines Bedarfs auch durch neue unumgängliche Ausgaben des Pflichtigen hinnehmen.[1423] Der Bedürftige trug grundsätzlich die Risiken einer negativen Entwicklung der vorhandenen Mittel mit.[1424] Der BGH hatte als Beispiel für eine erst nach der Scheidung entstandene, aber trotzdem bedarfsprägende Verbindlichkeit zunächst zwar (nur) den Kindesunterhalt (vgl. hierzu Rdn. 188) angeführt.[1425] Die vom BGH herangezogenen Grundsätze galten jedoch gleichermaßen für die Berücksichtigung von Schulden. Nachdem das BVerfG[1426] die Dreiteilungsmethode unter Zugrundelegung der Lehre von den wandelbaren ehelichen Lebensverhältnissen verfassungsrechtlich missbilligt hat, kann von diesen Grundsätzen so nicht mehr ausgegangen werden.

Im Rahmen des Ehegattenunterhalts ist zu berücksichtigen, dass die ehelichen Lebensverhältnisse im Sinne des § 1578 Abs. 1 S. 1 BGB grds. durch Umstände bestimmt werden, die bis zur Rechtskraft der Scheidung eingetreten sind.[1427] Bei der **Bedarfsbemessung** sind eheprägende Verbindlichkeiten zu berücksichtigten. Nacheheliche Entwicklungen wirken sich auf den Bedarf nur aus, wenn sie auch bei Fortbestehen der Ehe eingetreten wären, oder in anderer Weise in der Ehe angelegt waren und mit hoher Wahrscheinlichkeit zu erwarten waren.[1428] Bei der Bemessung der **Leistungsfähigkeit** (§ 1581 BGB) hingegen können noch weitere Umstände berücksichtigt werden, die nicht bereits Einfluss auf die Bemessung des Bedarfs hatten. Hierzu zählen auch berücksichtigungswürdige Verbindlichkeiten.[1429] Voraussetzung ist immer, dass die Verbindlichkeit nicht grundlos, leichtfertig oder für luxuriöse Zwecke eingegangen wurde.[1430] Jedenfalls im Rahmen der Leistungsfähigkeit werden trennungsbedingt notwendig eingegangene Verbindlichkeiten (Anschaffung neuer Möbel, Kreditrate für einen beruflich benötigten Pkw etc) anzuerkennen sein.

Schulden, die bereits während Bestehens der ehelichen Lebensgemeinschaft zu bedienen waren, hingegen sind grds. weiter als prägend anzusehen.

Das Gleiche gilt für **vermögensbildende Aufwendungen**, auch nach Trennung und/oder Scheidung, wenn sie die ehelichen Lebensverhältnisse geprägt haben und auch beiden Eheleuten zugutekommen. Einseitige Vermögensbildungsmaßnahmen nach Rechtshängigkeit des Ehescheidungsverfahrens hingegen können nicht (mehr) berücksichtigt werden, es sei denn es handelt sich um angemessenen Aufwand im Rahmen sekundärer Altersvorsorge.[1431]

(zur Zeit nicht besetzt)   **184**

1420 BGH FamRZ 1996, 160.
1421 OLG Düsseldorf FamRZ 2007, 1039.
1422 BGH FamRZ 2008, 968; 2006, 683; OLG Köln FamRZ 2008, 1536.
1423 BGH FamRZ 2007, 791.
1424 BGH FamRZ 2006, 683, 26; zu Einzelheiten vgl. auch Gerhardt FamRZ 2007, 945.
1425 BGH FamRZ 2008, 968; 2006, 683; vgl. auch Gerhardt FuR 2008, 9.
1426 FamRZ 2011, 437.
1427 BGH NJW 2012, 384.
1428 BGH NJW 2012, 384; vgl. auch Maurer FamRZ 2011, 849.
1429 Eingehend bereits Gerhardt FamRZ 2007, 945.
1430 Grundlegend BGH FamRZ 1996, 160.
1431 BGH FamRZ 2008, 968.

185 Auch beim **Kindesunterhalt** sind Schulden grds. berücksichtigungsfähig.[1432] § 1603 BGB sieht zwar nicht einen Vorwegabzug, aber doch die Berücksichtigung der »sonstigen Verpflichtungen« des Unterhaltsschuldners vor. Beim Kindesunterhalt ist allerdings zu beachten, dass Minderjährige nicht ohne weiteres in der Lage sind, durch eigene Anstrengungen selbst zur Deckung ihres Bedarfs beizutragen. Das führt regelmäßig dazu, dass die Berücksichtigung von Schulden dort ihre Grenze hat, wo es um den Mindestbedarf des Kindes geht.[1433] Zumindest bis zum Ende der Schulpflicht besteht für (minderjährige) Kinder grds. keine Möglichkeit, durch eigene Anstrengung den Unterhaltsbedarf sicherzustellen. Für diese Zeit sind sie **besonders schutzwürdig**.[1434] Regelmäßig wird daher der Mindestunterhalt gewahrt bleiben müssen.[1435] Dies gilt auch im Hinblick auf die aus § 1603 Abs. 2 BGB folgende **gesteigerte Unterhaltsverpflichtung**.[1436] Etwas anderes kann ausnahmsweise nur gelten für Konstellationen in denen der Unterhalt nur aus ständig weiter steigenden Schulden aufgebracht werden kann.[1437] Weniger strenge Maßstäbe gelten im Rahmen des Unterhaltsverhältnisses gegenüber einem minderjährigen Kind sofern es sich nicht um den Mindestunterhalt, sondern um Unterhalt aus dem oberen Bereich der Düsseldorfer Tabelle handelt. Kinder sind regelmäßig wirtschaftlich unselbstständig und leiten ihre Lebensstellung von den Eltern ab, damit auch von deren Einkommensverhältnissen und Konsumverhalten.[1438]

Im Rahmen des Unterhaltsverhältnisses gegenüber **nicht privilegierten volljährigen Kindern** gelten weniger strenge Maßstäbe. Eine gesteigerte Unterhaltsverpflichtung nach § 1603 Abs. 2 BGB besteht hier nicht.

Beim **Elternunterhalt** sind Verbindlichkeiten großzügiger zu berücksichtigen als beim Kindes- oder auch Ehegattenunterhalt.[1439] § 1603 Abs. 1 BGB erlaubt ausdrücklich die Berücksichtigung sonstiger Verpflichtungen, weil beim in Anspruch genommenem Kind – im Gegensatz zum unterhaltsberechtigten Elternteil – in der Regel noch länger die Notwendigkeit besteht, sich und seine Familie gegen Unwägbarkeiten abzusichern und für die Zukunft vorzusorgen. Beim Elternunterhalt sind daher Schulden grundsätzlich einkommensmindernd zu berücksichtigen. Dies gilt etwa für Hausschulden, die dazu dienen, dass das Kind die eigenen Wohnbedürfnisse und den eignen Unterhalt sicherstellt.[1440] Eine Ausnahme gilt für diejenigen Verbindlichkeiten, die nicht mehr zur angemessenen Lebensführung gehören, einen unangemessenen Aufwand darstellen oder zu einem Leben im Luxus beitragen. Schuldverbindlichkeiten, die der Unterhaltsverpflichtete erst nach Bekanntwerden der Unterhaltsverpflichtung eingegangen ist, sind demgegenüber nur dann zu berücksichtigen, wenn sie nach Art und Umfang notwendig sind. Hier gelten die gleichen Grundsätze wie beim Unterhalt für volljährige Kinder.[1441]

Bei Ansprüchen nach **§ 1615l Abs. 2 BGB** ist eine Abwägung der beiderseitigen Interessen vorzunehmen (zu Einzelheiten vgl. Rdn. 182 und 186). Insbesondere maßgeblich ist, ob die Verbindlichkeit bereits vor Kenntnis der Schwangerschaft begründet wurde und es sich um eine Verbindlichkeit für anerkennenswerte Bedürfnisse handelt etc.

1432 BGH FamRZ 2002, 536; 1996, 160.
1433 BGH NJW-RR 1995, 129; BGH FamRZ 1986, 254; OLG Nürnberg FamRZ 2004, 300; OLG Karlsruhe FamRZ 2004, 656; das OLG Hamm FamRZ 2003, 1214 berücksichtigt beim Unterhalt minderjähriger Kinder Zinsleistungen einkommensmindernd; OLG Köln FamRZ 2000, 1434: Berücksichtigung von Schulden beim Unterhalt minderjähriger Kinder nur bei »unumgänglicher Notwendigkeit«.
1434 BGH FamRZ 2002, 536; 1997, 806; NJW-RR 1995, 129; FamRZ 1986, 254.
1435 BGH FamRZ 1984, 657.
1436 BGH FamRZ 1986, 254.
1437 BGH FamRZ 2008, 137.
1438 BGH FamRZ 2002, 536; 1996, 160.
1439 BGH FamRZ 2003, 860; OLG Dresden FamRZ 2006, 569 (bei Großelternhaftung).
1440 BGH FamRZ 2003, 1179.
1441 BGH FamRZ 2002, 1698.

Bei der **Haftung von Großeltern** gegenüber ihren Enkeln ist ein großzügiger Maßstab anzulegen. Kreditraten können hier als abzugsfähig anerkannt werden, wenn und soweit sie sich in einer im Verhältnis zu den vorhandenen Einkünften angemessenen Höhe halten und die Verpflichtung bereits eingegangen wurde als der Unterhaltspflichtige noch nicht damit zu rechnen brauchte, auf Unterhalt in Anspruch genommen zu werden.[1442]

Leichtfertig, ohne verständlichen Grund oder zu luxuriösen Zwecken eingegangene Schulden können nicht einkommensmindernd berücksichtigt werden.[1443]

Schulden, die der **Vermögensbildung** dienen, können grundsätzlich nicht berücksichtigt werden.[1444]

Die **Kenntnis von der Unterhaltsverpflichtung** bei Begründung von Schulden verwehrt dem Unterhaltsverpflichteten regelmäßig eine Berufung auf völlige oder teilweise Leistungsunfähigkeit infolge der Schulden, es sei denn, es handelt sich um notwendige, nicht anders finanzierbare Anschaffungen für Beruf oder allgemeine Lebensführung.[1445]

Schulden, die nicht zurückgeführt werden (können), können dem Unterhaltsberechtigten nicht einkommensmindernd entgegengehalten werden.[1446]

Eine Obliegenheit zur **Einleitung eines Verbraucherinsolvenzverfahrens** ist differenziert zu beurteilen.

Die zum 01.12.2001 um die Verweisung auf §§ 850 ff. ZPO erweiterte Fassung des § 36 Abs. 1 Satz 2 InsO zusammen mit den zum 01.01.2002 deutlich angehobenen Pfändungsfreigrenzen hat eine erhebliche Veränderung mit sich gebracht. Die Einleitung eines Insolvenzverfahrens mit dem Ziel, eine Restschuldbefreiung zu erreichen ist heute weit häufiger als früher ein sinnvoller Weg aus der Verschuldung.

Der Gesetzgeber hat mit §§ 286 ff., 304 ff. InsO die Möglichkeit einer **Verbraucherinsolvenz** mit **Restschuldbefreiung** geschaffen. Weil die sonstigen Verbindlichkeiten – einschließlich des rückständigen Unterhalts – als Insolvenzforderung der Restschuldbefreiung unterliegen, sind sie im Insolvenzverfahren bei der Bemessung des laufenden Unterhalts nicht mehr zu berücksichtigen. Um dem Unterhaltsberechtigten trotz einer erheblichen Verschuldung des Unterhaltspflichtigen überhaupt einen Unterhaltsanspruch zu erhalten, kann dem nach § 1603 Abs. 2 Satz 1 und 2 BGB gesteigert Unterhaltspflichtigen sogar eine **Obliegenheit zur Einleitung der Verbraucherinsolvenz** treffen.[1447] Als Folge der Einleitung des Insolvenzverfahrens sind unterhaltsrechtlich nicht mehr die mit erheblichen Verbindlichkeiten belasteten vollen Erwerbseinkünfte des Schuldners zu berücksichtigen, sondern nur noch die ihm in der Insolvenz für eigenen Unterhalt und für die Ansprüche anderer Unterhaltsberechtigter nach Ermessen des Insolvenzverwalters gewährten Beträge (§ 100 InsO).

Allerdings treffen den Unterhaltspflichtigen auch insoweit **Obliegenheiten**. Er muss sämtliche ihm möglichen Anträge stellen und den **pfändungsfreien** und damit unterhaltsrechtlich zur Verfügung stehenden **Teil maximal ausschöpfen**.[1448] Bei einem selbstständigen Arzt fallen seine Honoraransprüche in vollem Umfang und ohne Abzüge in die Insolvenzmasse und sind ihm deswegen als

---

1442 BGH ZFE 2007, 189.
1443 BGH FamRZ 1996, 160; OLG Düsseldorf FamRZ 2007, 1039; OLG Dresden NJW-RR 2006, 221; OLG Köln FamRZ 2006, 1060.
1444 BGH FamRZ 1984, 149; KG FamRZ 19844, 898; OLG Schleswig FamRZ 1993, 994.
1445 BGH FamRZ 1982, 157; OLG Köln FamRZ 1994, 1406.
1446 OLG Hamm FamRZ 2003, 1102; OLG Hamburg FamRZ 2003, 1102.
1447 BGH NJW 2008, 227, 92.
1448 BGH FamRZ 2008, 137.

verfügbares Einkommen entzogen.[1449] Weil die Honoraransprüche somit »nicht wiederkehrend zahlbare Vergütungen« für persönlich geleistete Arbeiten oder Dienste i.S.d. § 850i ZPO sind, kann der Kläger als Gemeinschuldner allenfalls beantragen, ihm von den pfändbaren Honoraransprüchen soviel als Einkommen zu belassen, wie er für den eigenen notwendigen Unterhalt und den seiner Unterhaltsberechtigten benötigt, höchstens aber so viel, wie ihm verbliebe, wenn sein Einkommen aus laufendem Arbeits- oder Dienstlohn bestände (§ 36 Abs. 1 InsO i.V.m. § 850i ZPO). Wird ein solcher Antrag gestellt, obliegt es nach allgemeinen Grundsätzen dem Schuldner, die Voraussetzungen für die Gewährung des geltend gemachten pfändungsfreien Teils darzulegen. Kommt er dem nicht nach, hat dies zur Folge, dass eine Verringerung der zur Insolvenzmasse gehörenden Einkünfte gem. § 36 Abs. 1 Satz 2 InsO i.V.m. § 850i ZPO unterbleibt.[1450]

Die in der Vergangenheit gegen ein solches Vorgehen vorgebrachten Bedenken[1451] haben an Bedeutung verloren.

Die **Durchführung des Insolvenzverfahrens** hat für den Unterhaltsgläubiger zahlreiche **Vorteile**. Der Unterhaltsschuldner muss innerhalb der nächsten 6 Jahre seine pfändbaren Forderungen auch aus Bezügen aus seinem Dienstverhältnis gem. § 287 Abs. 2 InsO abführen. Ihm verbleibt der nichtpfändbare Teil nach der Anlage zu § 850c ZPO. Die unpfändbaren Beträge bestimmen sich nach der Anzahl der unterhaltsberechtigten Personen, liegen im Regelfall weit über dem Selbstbehalt und lassen dem Unterhaltspflichtigen so genügend Mittel, um die Unterhaltsverpflichtungen zu erfüllen.

Kostengesichtspunkte stehen nicht entgegen. Nach §§ 4a ff. InsO ist eine Stundung der Kosten des Insolvenzverfahrens vorgesehen, soweit das Vermögen des Schuldners voraussichtlich nicht ausreichen wird, um die Kosten des Verfahrens zu decken. Außerdem kann dem Schuldner auf Antrag ein Rechtsanwalt seiner Wahl beigeordnet werden, wenn die anwaltliche Vertretung trotz der dem Gericht obliegenden Fürsorge erforderlich erscheint. Hierfür dürfte es angemessen sein, dem Schuldner monatlich einen zusätzlichen Betrag zu belassen, damit er Rücklagen für die anfallenden Kosten bilden kann.[1452]

Allerdings kann das Insolvenzverfahren auch **Nachteile für den Unterhaltsberechtigten** mit sich bringen: Diese können etwa darin bestehen, dass rückständige Unterhaltsforderungen, die zum Zeitpunkt der Verfahrenseröffnung bestanden, von einer etwaigen Restschuldbefreiung erfasst werden.

Die Neuregelung des Insolvenzrechts in Verbindung mit der Erhöhung der Pfändungsfreigrenzen ist im Übrigen als ausreichender Grund für einen **Abänderungsantrag** anzusehen.[1453]

Nach Eröffnung des Insolvenzverfahrens beschränkt sich die Leistungsfähigkeit des Schuldners auf den Differenzbetrag zwischen pfändungsfreiem Betrag und Selbstbehalt.[1454]

Bei der **Obliegenheit zur Einleitung eines Insolvenzverfahrens** ist jedoch jeder Automatismus zu vermeiden. Im Einzelfall hat eine **Zumutbarkeitsprüfung** zu erfolgen, wobei neben den »harten« Faktoren wie der Dringlichkeit des Bedarfs auch vergleichsweise »weiche« Faktoren wie der Reputationsverlust durch Insolvenz zu beachten sind.

1449 BGH NJW 2003, 2167.
1450 BGH FF 2008, 24.
1451 Vgl. insbesondere OLG Stuttgart FamRZ 2002, 981; OLG Naumburg FamRZ 2003, 1215; Uhlenbruck FamRZ 1998, 1473; zweifelnd auch Born Anm. zu OLG Hamm FamRZ 2001, 441.
1452 Zu Einzelheiten vgl. Melchers FamRZ 2002, 897 und 2001, 1509; Hauß FamRZ 2006, 1496; Kraus FamRZ 2005, 1725; Ortner ZFE 2005, 303.
1453 Vgl. auch OLG Stuttgart ZFE 2003, 222.
1454 *OLG Frankfurt a.M.* FF 2003, 1082; zur Unterbrechung eines Unterhaltsprozesses durch die Eröffnung des Insolvenzverfahrens nur bzgl. des Unterhaltsrückstandes, nicht aber bzgl. des nach Eröffnung des Insolvenzverfahrens fällig werdenden Unterhalts, vgl. OLG Celle FamRZ 2003, 1160.

Gelangt man gleichwohl zu dem Ergebnis, dass die Einleitung des Insolvenzverfahrens zumutbar ist, hat dies zur Konsequenz, dass sich der Schuldner unterhaltsrechtlich auf die bestehenden Verbindlichkeiten nicht berufen kann.[1455]

Unter Zugrundelegung dieser Grundsätze hat der BGH[1456] entschieden, dass es einem gegenüber minderjährigen Kindern Unterhaltspflichtigen zuzumuten ist, sich auf die Pfändungsfreigrenzen zu berufen und um der weiteren Verschuldung zu entgehen eine Verbraucherinsolvenz einzuleiten. Dies gilt nur dann nicht, wenn der Unterhaltsschuldner Umstände vorträgt und ggf. beweist, die eine solche Obliegenheit im Einzelfall als unzumutbar darstellen.[1457]

▶ **Prüfungsschema des BGH:**

- gesteigerte Unterhaltspflicht nach § 1603 Abs. 2 BGB
- Vorliegen der Voraussetzungen der Verbraucherinsolvenz mit Restschuldbefreiung
- Eröffnungsgrund, §§ 16 ff. InsO: bereits eingetretene oder drohende Zahlungsunfähigkeit und
- keine Gründe gegen eine spätere Restschuldbefreiung nach Maßgabe der §§ 286 InsO
- keine Unzumutbarkeit der Antragspflicht im konkreten Einzelfall wegen
- zu erwartender Kosten des Insolvenzverfahrens,
- Einschränkung der wirtschaftlichen Selbstständigkeit durch Bestellung eines Treuhänders im Insolvenzverfahrens, § 313 Abs. 1; § 292 InsO
- Dauer des Insolvenzverfahrens im Vergleich zur voraussichtlichen Unterhaltspflicht gegenüber minderjährigen Kindern
- keine erheblichen Einschnitte in die Rechte anderer Gläubiger
- betreut der Schuldner selbst ein Kind, ist anhand der zu § 1570 BGB entwickelten Maßstäbe zu bestimmen, ob er daneben erwerbstätig sein muss um die Rechtsschuldbefreiung erhalten zu können.[1458]

Zusammenfassend können nach Auffassung des BGH lediglich individuelle Umstände in der Person des Schuldners und der am Insolvenzverfahren ansonsten Beteiligten gegen die Obliegenheit zur Einleitung eines Verbraucherinsolvenzverfahrens führen. Diese sind gegen das Interesse der minderjährigen Kinder an einer Sicherung ihres Unterhalts abzuwägen.[1459] Erforderlich ist eine **umfassende Würdigung** aller vom Schuldner vorzutragenden Umstände, zu denen die eigenen Interessen und diejenigen der Unterhaltsgläubiger zählen. Die Rechtsprechung verlangt für eine Zumutbarkeit darüber hinaus den Ablauf des Trennungsjahres.[1460] Eine den Schuldner erheblich einschränkende Obliegenheit wie diejenige zur Einleitung eines Insolvenzverfahrens kann erst angenommen werden, wenn mit der Wiederaufnahme der ehelichen Lebensgemeinschaft nicht mehr gerechnet werden kann. Darüber hinaus wird zum Teil eine Unzumutbarkeit für denkbar erachtet, wenn der selbstständige Unterhaltsschuldner wegen des Insolvenzverfahrens die Fortsetzung seines Betriebs gefährdet sieht oder wenn mit ihm der Verlust beruflich benötigter Gegen-

1455 Zu Einzelheiten vgl. Melchers FuR 2003, 145; Hoffmann ZFE 2003, 118; Melchers FamRZ 2002, 897 und Hauß MDR 2002, 1163; Hauß FamRZ 2006, 306; Weissbrodt FamRZ 2003, 1242; Niepmann FPR 2006, 91; Wohlgemuth FamRZ 2005, 2035.

1456 BGH FamRZ 2008, 137 mit Anm. Schürmann FamRZ 2005, 887=NJW 2005, 1279; zu weiteren Einzelheiten vgl. auch Wohlgemuth FamRZ 2005, 306; Hauß FamRZ 2006, 306; Krause FamRZ 2005, 1725; zur Besserstellung des Gläubigers durch Einleitung eines Insolvenzverfahrens im Mangelfall vgl. Weissbrodt FamRZ 2003, 1240; OLG Karlsruhe FamRZ 2004, 821.

1457 OLG Oldenburg FuR 2006, 181 = FamRZ 2006, 1323; OLG Dresden FamRZ 2003, 1078; OLG Stuttgart FamRZ 2003, 109; OLG Nürnberg ZFE 2003, 379; Zurückhaltend OLG Naumburg FamRZ 2003, 1215.

1458 BGH FamRZ 2003, 432.

1459 BGH FamRZ 2005, 608.

1460 OLG Karlsruhe FamRZ 2004, 656; OLG Oldenburg FuR 2006, 281.

stände (etwa Pkw) oder auch höchstpersönliche Rechte Dritter (Wohnrecht der Eltern) einhergeht.[1461]

So besteht keine Obliegenheit zur Einleitung eines Insolvenzverfahrens, wenn der Arbeitsplatz gefährdet wird[1462] oder wenn es dem Unterhaltsschuldner gelingt, sämtliche relevanten Schulden mit einem neuen langfristig angelegten und in vertretbaren Raten abzutragenden Kredit abzulösen.[1463] Jeder Automatismus bei der Bejahung der Obliegenheit der Einleitung eines Insolvenzverfahrens verbietet sich. Insb. prüfenswert ist stets, ob beim Abzug von Verbindlichkeiten nicht auf die **Pfändungsfreigrenzen** abgestellt werden soll und Forderungen von Drittgläubigern als anzuerkennende Schulden des Unterhaltpflichtigen in der Regel nur zu berücksichtigen sind, soweit sie zwangsweise beigetrieben werden können.[1464]

Die Einleitung eines Verbraucherinsolvenzverfahrens beeinflusst nicht nur die Leistungsfähigkeit des Unterhaltsschuldners, sondern auch den unterhaltsrechtlichen Bedarf des Berechtigten.[1465]

Ob eine Obliegenheit zur Einleitung eines Insolvenzverfahrens auch im Rahmen des **Trennungsunterhalts** und **Geschiedenenunterhalts** besteht, war streitig. Zum Teil[1466] wurde eine entsprechende Obliegenheit bejaht, zum Teil[1467] verneint. Diese Frage ist zwischenzeitlich als geklärt anzusehen. Der BGH[1468] hat erkannt, dass im Rahmen des Trennungsunterhalts den Unterhaltsschuldner grds. keine Obliegenheit zur Einleitung der Verbraucherinsolvenz trifft. Eine Obliegenheit zur Verbraucherinsolvenz besteht nur bei gesteigerter Unterhaltsverpflichtung gegenüber minderjährigen und privilegiert volljährigen Kindern. Zu berücksichtigen ist, dass Eheleute während intakter Ehe ihren Lebenszuschnitt in gewisser Weise eingerichtet haben. Dem ist bei der Beurteilung der ehelichen Lebensverhältnisse, die das Maß des Ehegattenunterhalts bestimmen, Rechnung zu tragen. Wegen des schwerwiegenden Eingriffs in die Lebensstellung eines Ehegatten verbietet sich die Annahme einer Obliegenheit, ein Insolvenzverfahren zur Bestreitung von Ehegattenunterhalt einzuleiten.

Die Privilegierung minderjähriger und privilegierter volljähriger Kinder gegenüber dem Ehegatten ist ausdrücklich auch vom Gesetzgeber gewollt und hat durch den Vorrang in § 1609 Abs. 1 BGB seinen Ausdruck gefunden.

Auch gegenüber einem Anspruch aus § 1615l besteht keine Obliegenheit zur Einleitung eines Insolvenzverfahrens mit Restschuldbefreiung.[1469] Entsprechendes gilt für den Unterhalt unter **Lebenspartnern.**

186 ▶ **Kasuistik zur Berücksichtigungsfähigkeit von Verbindlichkeiten:**

– Leichtfertig, ohne verständigen Grund oder zu luxuriösen Zwecken eingegangene Schuldverbindlichkeiten können nicht einkommensmindernd berücksichtigt werden.[1470]
– Schulden, die der Vermögensbildung dienen, werden nicht berücksichtigt;[1471] eine Ausnahme von der Nichtberücksichtigung vermögensbildender Ausgaben kann zwischen Trennung und Rechtskraft der Scheidung für solche Aufwendungen zu machen sein, die für

1461 Vgl. Schürmann in Anm. zu BGH FamRZ 2005, 887.
1462 OLG Oldenburg ZFE 2006, 278.
1463 OLG Hamm FamRZ 2007, 1031 = NJW-RR 2007, 866.
1464 Vgl. Wendl/Klinkhammer § 2 Rn. 158c.
1465 BGH FamRZ 2003, 590; Niepmann FPR 2006, 91.
1466 OLG Koblenz FamRZ 2004, 823; so auch OLG Karlsruhe FamRZ 2004, 656.
1467 OLG Celle FamRB 2006, 135.
1468 BGH NJW 2010, 2538; BGH FamRZ 2008, 137; BGH FuR 2008, 144 = FamRZ 2008, 497 mit Anm. Hauß.
1469 OLG Koblenz FamRZ 2006, 440 = ZFE 2005, 410.
1470 Grundlegend BGH FamRZ 1982, 157.
1471 BGH NJW – RR 1995, 129; OLG Braunschweig FamRZ 1999, 1453; OLG Hamm FamRZ 1999, 43; OLG München FamRZ 2000, 307.

einen gemeinsam geplanten und durchgeführten Hausbau anfallen, da in der Regel bis zur Rechtskraft der Scheidung die Wiederherstellung einer ehelichen Lebensgemeinschaft nicht auszuschließen ist und keinem Ehegatten zumutbar ist, durch Veräußerung oder sonstige Verwertung der Ehewohnung die räumliche Grundlage der Ehe zu zerstören.

- Einverständlich begründete und verwendete Verbindlichkeiten sind grundsätzlich zu berücksichtigen.[1472]
- Gemeinsam geplante, noch nicht durchgeführte Vorhaben dürfen gegen den Willen des anderen Ehegatten nicht zu Lasten der Leistungsfähigkeit weiterverfolgt werden.[1473]
- Raten aus einer Zugewinnfinanzierung sind unbeachtlich.[1474] (arg.: Andernfalls würde der andere Ehegatten seinen eigenen Zugewinnausgleichsanspruch finanzieren)
- Allgemeine Lebenshaltungskosten sind nicht absetzbar (Kosten für die Anschaffung eines Fernsehgeräts, eines Videorekorders etc.).[1475]
- Geldstrafen, Geldbußen: die Berücksichtigungsfähigkeit ist abhängig zu machen von der Art des Delikts, dem Grad des Verschuldens und dem unterhaltsrechtlichen Bezug.
- Notwendige Prozesskosten sind in angemessenen Raten zu berücksichtigen.[1476]
- Rückständige Verbindlichkeiten können nicht einkommensmindernd berücksichtigt werden, wenn ihre rechtzeitige Erfüllung möglich und zumutbar war.
- Bei einer Überschuldung des Unterhaltsverpflichteten hat die Tilgung berücksichtigungswürdiger Schulden im Rahmen eines vernünftigen Tilgungsplans zu erfolgen.[1477] Es besteht eine Obliegenheit des Verpflichteten, sich bei den Gläubigern um günstigere Zahlungsbedingungen zu bemühen.

Eine **Doppelverwertung** von Schulden bei Unterhalt, Zugewinn- oder Gesamtschuldnerausgleich **187** ist zu vermeiden.[1478] Wird ein **Gesamtschuldnerausgleich zwischen den Ehegatten** durchgeführt, können diese Zahlungen in der späteren Unterhaltsberechnung keine Berücksichtigung mehr finden.[1479] Bei der Berücksichtigung der Verbindlichkeit beim **Trennungs- oder nachehelichen Unterhalt** liegt im Zweifel eine anderweitige Bestimmung i.S.d. § 426 Abs. 1 Satz 1 BGB. Die Berücksichtigung führt zu einer dem hälftigen Schuldenabtrag nahezu entsprechenden Reduzierung des Unterhalts und damit wirtschaftlich zu einer mittelbaren Beteiligung des Unterhaltsberechtigten am Schuldabtrag.[1480] Für einen nochmaligen hälftigen Ausgleichsanspruch des die Schulden tilgenden unterhaltspflichtigen Ehegatten gegen den Unterhaltsberechtigten ist dann kein Raum mehr, und zwar gleichgültig, ob die Unterhaltsbemessung durch Urteil oder einverständlich erfolgte.

Anders als in der Berücksichtigung der Gesamtschuld bei Berechnung des Ehegattenunterhalts liegt in ihrer Berücksichtigung bei der Bemessung des **Kindesunterhalts** regelmäßig keine anderweitige Bestimmung.[1481] Der Ehegatte, der die Schuld bedient, ist deshalb an einem Ausgleichsverlangen gem. § 426 BGB nicht gehindert, weil die Schuld beim Kindesunterhalt berücksichtigt worden ist und dessen Höhe beeinflusst. Es geht in dieser Konstellation schon nicht um wechselseitige Ansprüche der Ehegatten. Die Berücksichtigung der Gesamtschuld beim Kindesunterhalt

---

1472 OLG München NJW-RR 1995, 1159; OLG Hamm NJW-RR 1994, 707.
1473 OLG Hamm FamRZ 1995, 1217; OLG Hamm FamRZ 1995, 1218.
1474 BGH FamRZ 2000, 950; OLG Karlsruhe FamRZ 1988, 400; OLG Hamburg FamRZ 1986, 1212.
1475 OLG Saarbrücken NJW-RR 1990, 1027.
1476 OLG Karlsruhe FamRZ 1988, 400; vgl. jedoch auch OLG Hamm NJW-RR 1994, 707: PKH-Rate aus dem Selbstbehalt zu tragen.
1477 Grundlegend BGH FamRZ 1982, 23; vgl. auch OLG Bremen FamRZ 2007, 47.
1478 Eingehend Wewer FamRZ 2006, 365; Maier FamRZ 2006, 897; Fischer-Winkelmann FuR 2006, 295; Schröder FamRZ 2005, 81; Büte FuR 2005, 396; Kogel FamRZ 2004, 1614.
1479 Kogel FamRZ 2006, 1038; Schulz FamRZ 2006, 1237; Hoppenz FamRZ 2006, 1242.
1480 Vgl. auch OLG Bremen FamRZ 2008, 1443.
1481 BGH FamRZ 2008, 602 = FuR 2008, 201 im Anschluss an FamRZ 2007, 1975 = FuR 2007, 562.

führt auch nur in eingeschränktem Umfang zu einem reduzierten Unterhalt (ggf. andere Einkommensgruppe) und regelmäßig nicht zu einem angemessenen Äquivalent für die alleinige Belastung mit der Gesamtschuld.[1482] Im Rahmen des § 426 BGB ist eine zumindest stillschweigende betroffene anderweitige Bestimmung erforderlich.[1483] Auch eine einstweilige Anordnung wird man als anderweitige Bestimmung im Sinne des § 426 Abs. 1 BGB ansehen können[1484], weil die Form, mit der die Berücksichtigung des Schuldenabtrags beim Unterhalt vorgenommen wird, letztlich ohne Belang ist und selbst eine außergerichtliche einverständliche, ggf. auch nur konkludente, Regelung ausreicht.

Ist die Gesamtschuld für die Unterhaltsberechnung nicht von Bedeutung, etwa weil es an der Bedürftigkeit eines Ehegatten fehlt,[1485] ist der Gesamtschuldnerausgleich zwischen den Eheleute »normal« durchzuführen.[1486] Auch ist zu berücksichtigen, dass die Einbeziehung der Gesamtschuld in die Unterhaltsberechnung wegen des Erwerbstätigenbonus von 1/7 oder 1/10 zu keiner hälftigen Teilung führt:

▶ **Beispiel: Gesamtschuld bei Unterhaltsberechnung mit 1/7 Erwerbstätigenbonus**[1487]

M erwirtschaftet ein bereinigtes Einkommen von 3.800 €. Er tilgt ein Darlehen i.H.v. 1.000 € mtl., dass die Eheleute während ihrer Ehe gemeinsam aufgenommen haben.
Der Unterhalt von F errechnet sich wie folgt:

Einkommen von M abzüglich der Rate für das Darlehen	*2.800 €*
Anspruch von F davon 3/7	***1.200 €***

Berücksichtigt man das Darlehen beim Unterhalt nicht, sondern nimmt einen »normalen« Gesamtschuldnerausgleich vor, ergibt sich im Vergleich folgendes Ergebnis:

Einkommen von M ohne Berücksichtigung der Rate für das Darlehen	*3.800 €*
Anspruch von F davon 3/7	***1.629 €***
Beteiligung von F an der Darlehensrate	*500 €*
F verbleibt ein Betrag von	***1.129 €***

Dies bedeutet, dass die Einbeziehung der Gesamtschuld der F einen Vorteil i.H.v. monatl. 71 € verschafft bzw. umgekehrt, dass dieser Betrag von 71 € von M zusätzlich aufgewendet werden muss, um seinen Verpflichtungen nachzukommen.

▶ **Beispiel: Berechnung mit 1/10 Erwerbstätigenbonus**

Beispiel wie oben, M. erwirtschaftet ein bereinigtes Einkommen von 3.800 €. Er tilgt ein Darlehen i.H.v. 1.000 € monatlich, dass die Eheleute während ihrer Ehe gemeinsam aufgenommen haben.
Der Unterhalt von F errechnet sich diesmal wie folgt:

Einkommen von M abzügl. der Rate für das Darlehen	*2.800 €*
Anspruch von F davon 1/2 von 9/10	***1.260 €***

Berücksichtigt man das Darlehen beim Unterhalt nicht, sondern nimmt einen »normalen« Gesamtschuldnerausgleich vor, ergibt sich im Vergleich folgendes Ergebnis:
Einkommen von M ohne Berücksichtigung der Rate für

1482 Vgl. auch bereits BGH FamRZ 2007, 1975.
1483 BGH FamRZ 2008, 602; BGH FamRZ 2005, 1236.
1484 Anders aber OLG Düsseldorf FamRZ 2009, 1834.
1485 *OLG Düsseldorf, FamRZ 2009, 1835.*
1486 Eingehend Roßmann, ZFE 2011, 164.
1487 Nach Roßmann, ZFE 2011, 164.

das Darlehen	*3.800 €*
Anspruch von F davon 1/2 von 9/10	*1.710 €*
Beteiligung von F an der Darlehensrate	*500 €*
F verbleibt ein Betrag von	***1.210 €***

Dies bedeutet, dass die Einbeziehung der Gesamtschuld der F einen Vorteil i.H.v. monatl. 50 € verschafft bzw. umgekehrt, dass dieser Betrag von M zusätzlich aufgewendet werden muss, um seinen Verpflichtungen nachzukommen.

Das Verhältnis zwischen Unterhalt und Zugewinn ist nicht abschließend geklärt.

Eine zweifache Teilhabe widerspräche dem Grundsatz, dass ein güterrechtlicher Ausgleich nicht stattzufinden hat, soweit eine Vermögensposition bereits auf andere Weise, sei es unterhaltsrechtlich oder im Wege des Versorgungsausgleichs, ausgeglichen wird. Für das Verhältnis zwischen Zugewinnausgleich und Versorgungsausgleich ergibt sich dies bereits aus § 2 Abs. 4 VersAuslG. Für das Verhältnis zwischen Unterhalt und Zugewinn gilt nichts anderes, auch wenn es insoweit an einer ausdrücklichen gesetzlichen Regelung fehlt.[1488] Ein Unterhaltsgläubiger darf in keinem Fall an den Werten, etwa einer Abfindung, doppelt partizipieren, d.h. unterhaltsrechtlich und auch als Zugewinnausgleichsgläubiger teilhaben.[1489] Partizipiert ein Ehegatte an einer dem anderen vor dem Stichtag des § 1384 BGB etwa ausgezahlten Arbeitnehmerabfindung dadurch, dass sie als Einkommen berücksichtigt wird, darf er an der Abfindung nicht auch noch im Rahmen des Zugewinnausgleichs beteiligt werden.[1490]

Zunächst ist zu berücksichtigen, dass es den Ehegatten freisteht eine **Vereinbarung** darüber zu treffen, aktive Vermögenspositionen in den Zugewinn oder in die Unterhaltsberechnung einzustellen.[1491] Haben die Parteien eine wirksame Vereinbarung getroffen und darin die Frage der Anrechnung geregelt, so bindet diese einvernehmliche Festlegung auch das Gericht, wenn es über den anderen Punkt zu einem Verfahren kommt.[1492] Eine entsprechende Vereinbarung muss zumindest stillschweigend getroffen sein.[1493] Es muss hinreichend deutlich werden, dass ein an sich bestehender Unterhaltsanspruch im Hinblick darauf, dass der Pflichtige die gemeinsamen Schulden allein tilgt, nicht geltend gemacht wird. Der Umstand allein, das Bestehen wechselseitiger Ansprüche zunächst geltend gemacht, dann aber nicht weiterverfolgt werden, reicht nicht. Dies allein rechtfertigt für sich nicht die Annahme, die Eheleute seien stillschweigend übereingekommen, dass dies auch künftig und auf Dauer so bleiben soll. Die Nichtgeltendmachung von Trennungsunterhalt kann durchaus auch auf anderen Gründen beruhen, so etwa auf einem konkludenten Stillhalteabkommen mit Rücksicht auf einen umgekehrt ebenfalls nicht geltend gemachten Kindesunterhalt.[1494] Auch ist denkbar, dass der außergerichtlich geltend gemachte Unterhalt, und zwar ohne Berücksichtigung der die Leistungsfähigkeit des Verpflichteten mindernden Schuldentilgung, gar nicht bestanden hat.[1495]

Wird die Schuldentilgung bei der Unterhaltszumessung »eingearbeitet«, bedarf es keines gesonderten Ausgleichs. Zu beachten ist allerdings, dass der schuldenbedingte Minderungsbetrag erst nach Abzug des Erwerbstätigenbonus vorgenommen wird, weil es ansonsten zu einer unzulässigen Verkürzung des Erwerbstätigenbonus kommt.

1488 BGH FamRZ 2003, 434 mit Anm. Büttner FamRZ 2003, 594 und Schröder FamRZ 2003, 434 = FuR 2003, 372.
1489 BGH FamRZ 2003, 432.
1490 Zu entsprechend außergerichtlichen bzw. prozessualen Vorgehen vgl. Kogel FamRZ 2003, 1645.
1491 A.A. aber wohl Gerhardt/Schulz FamRZ 2005, 145: Vorrang des Unterhalts.
1492 BGH FamRZ 2004, 13.
1493 BGH FamRZ 2008, 602.
1494 BGH FamRZ 2005, 1236.
1495 BGH FamRZ 2008, 602.

▶ Dies sei an einem Beispiel (Einkommen 3.500 €, Schuldenabtrag monatl. 700 €) verdeutlicht. (1) Ohne Berücksichtigung der Verbindlichkeiten in der Unterhaltsberechnung, die natürlich auch als anderweitige Bestimmung vereinbart oder stillschweigend praktiziert werden kann, ergibt sich ein Bedarf i.H.v. 1.400 €:

3.500 € x 6/7 = 2.800 € x ½ = 1.400 €

Hiervon müsste der Unterhaltsberechtigte 350 € (½ von 700 €) für die Tilgung der Verbindlichkeiten einsetzen, so dass ihm noch 1.050 € verbleiben.

(2) Wird die Schuldentilgung vom Unterhaltsverpflichteten allein getragen und beim Bedarf berücksichtigt, ergibt sich nichts anderes:

3.500 € x 6/7 = 2.800 € ./. 700 € = 2.100 € x ½ = 1.050 €

(3) Würde hingegen der Minderungsbetrag **vor** Abzug des Erwerbstätigenbonus als Abzugsposten berücksichtigt, ergäbe sich zu Lasten eines gekürzten Erwerbstätigenbonus ein Bedarf von bereits 1.200 €:

3.500 € ./. 700 € = 2.800 € x 6/7 = 2.400 € x ½ = 1.200 €

Geht die Schuldentilgung mit einer **Hausfinanzierung** und damit in der Regel auch mit einem **Wohnvorteil** einher, weil der Unterhaltsverpflichtete im ehelichen Haus weiter wohnen geblieben ist und beträgt der – während der Trennungszeit eingeschränkte[1496] – Wohnvorteil z.B. 500 €, erhält der Unterhaltsberechtigte im vorstehenden Beispiel vom Ergebnis her zwar 1.650 €:

1.400 € + ½ Wohnvorteil = 250 € = 1.650 €,

muss allerdings hiervon 350 € für die Schuldentilgung einsetzen, so dass ihm noch ein Unterhalt i.H.v. 1.300 € verbleibt.

Dieser Betrag ergibt sich auch bei einer Unterhaltsberechnung, in die der Wohnvorteil, für den der Halbteilungsgrundsatz gilt, unterhaltserhöhend und der vom Verpflichteten weiterhin geleistete Schuldenabtrag unterhaltsmindernd eingerechnet wird:

3.500 € x 6/7 = 2.800 € ./. 200 €[1497] (500 € [Wohnvorteil] – 700 € [Schuldenabtrag]) = 2.600 € x ½ = 1.300 €.

Wenn eine Unterhaltsberechnung in dieser Weise vorgenommen wird, ist selbstverständlich weder für einen Gesamtschuldnerausgleich (wegen der im Bedarf eingerechneten Schuldentilgung) noch für eine Nutzungsentschädigung[1498] (wegen des eingerechneten Wohnvorteils) Raum, weil eine so berechnete, den Schuldenabtrag berücksichtigende Unterhaltszumessung unabhängig davon, ob sie Gegenstand einer Vereinbarung oder einer gerichtlichen, nicht notwendigerweise rechtskräftigen[1499] Entscheidung gewesen ist, eine anderweitige Bestimmung i.S.v. § 426 Abs. 1 BGB darstellt.[1500]

Handelt es sich bei dem Passivposten um Verbindlichkeiten, die eine **zulässige Altersvorsorge** darstellt, kann es nicht zu einer zweifachen Benachteiligung kommen. Im Zugewinn stellt sie eine Alleinschuld des Zahlungspflichtigen dar, im unterhaltsrechtlichen Bereich ist sie nicht als Verbindlichkeit, sondern als angemessene Altersvorsorgeaufwendung (vgl. Rdn. 167 f.) zu berücksichtigen.[1501] Handelt es sich um eine Verbindlichkeit, die keine angemessene Altersvorsorge darstellt, ist sie unterhaltsrechtlich jedenfalls ab Rechtshängigkeit des Ehescheidungsverfahrens nicht mehr

---

1496 BGH, Urt. v. 18.01.2012 – XII ZR 178/09 (juris Rn. 44): Während der Trennung entspricht der Wohnbedarf dem, »was die Antragstellerin als Miete (einschließlich Nebenkosten) für eine dem Standard der Ehewohnung entsprechende und von der Größe her für eine Person (statt wie bisher für zwei Personen) genügende Wohnung aufzubringen hätte«; BGH FamRZ 2008, 963 [Ls].

1497 Sog. »negativer Wohnvorteil«.

1498 Vgl. auch § 1361b Abs. 3 Satz 2 BGB.

1499 So aber KG FamRZ 2008, 2034, 2035.

1500 BGH FamRZ 2008, 602.

1501 Vgl. zum Ganzen auch Gerhardt FuR 2007, 393.

zu berücksichtigen.[1502] Wird sie unterhaltsrechtlich aber nicht (mehr) berücksichtigt, stellt sich die Frage der Doppelverwertung bei Unterhalt und Zugewinn nicht (mehr).

Kredite für die beide Eheleute gesamtschuldnerisch haften und die ihnen beiden zugutekamen (etwa Kredit zum Erwerb einer Immobilie), sind zum Stichtag der Zugewinnausgleichsauseinandersetzung mit dem hälftigen Valutenstand bei jedem Ehegatten anzusetzen. Zu einer Doppelverwertung kann es nur kommen, wenn beim Zugewinn die Gesamtschuld bei einem Ehegatten in voller Höhe angesetzt wird, etwa weil er sie tilgt, da der hälftige Ausgleich bereits durch den Vorabzug der Schuld beim Unterhalt berücksichtigt wurde.[1503]

Handelt es sich im Innenverhältnis um keine Gesamtschuld, hat der Ehegatte im Innenverhältnis den Kredit allein abzutragen. Die Verbindlichkeit ist sodann zur Vermeidung einer Doppelverwertung wie eine einseitige Schuld zu behandeln.[1504]

VII. Unterhalt anderer Berechtigter

Auch Unterhaltszahlungen für Kinder und sonstige Unterhaltsberechtigte, für die bereits während Bestehens der Ehe Unterhalt geleistet werden musste, sind beim Ehegattenunterhalt vom Einkommen bei der Bedarfsermittlung abzuziehen.[1505] Ein Vorabzug von Unterhaltsleistungen erfolgt im Rahmen des Kindesunterhalts nicht. Unterhalt für weitere Kinder wird vielmehr bei der Eingruppierung nach der Düsseldorfer Tabelle berücksichtigt. **188**

Zur Ermittlung des bereinigten Einkommens beim Ehegattenunterhalt war der Kindesunterhalt in Höhe des **Tabellenbetrages** vor Verrechnung des Kindergeldes **in Abzug zu bringen**.[1506] Nach dem UÄndG 2008 kann so nicht mehr verfahren werden. **Abzugsposten** ist nunmehr der **Zahlbetrag**.[1507] Die gegenteilige Ansicht (nach wie vor Abzug des Tabellenbetrages) ist mit § 1612b Abs. 1 Satz 1 BGB nicht vereinbar. Nach der Neufassung des § 1612b BGB ist das Kindergeld bedarfsdeckend anzusetzen. Vom Gesetzgeber wurde damit ausdrücklich beabsichtigt, die Verteilungsmasse für den nachrangigen Ehegattenunterhalt zu erhöhen.[1508] Der Kindesunterhalt richtet sich nach der jeweiligen Einkommensgruppe des Pflichtigen. Für die Bedarfsermittlung im Rahmen des § 1578 Abs. 1 BGB hatte der BGH[1509] die Streitfrage, ob der das Einkommen des Unterhaltspflichtigen mindernde Unterhalt für ein minderjähriges Kind mit dem Zahl- oder Tabellenbetrag abzuziehen sei, im erstgenannten Sinne entschieden. Für die nach § 1581 BGB zu prüfende Leistungsfähigkeit gilt nichts anderes. Auch hier ist der Unterhalt des Kindes einkommensmindernd zu berücksichtigen. Aufgrund seines Vorrangs ist er vom Einkommen des Einkommenspflichtigen abzuziehen, weil das Einkommen insoweit für den Ehegattenunterhalt nicht verfügbar ist.[1510] Nach § 1612b Abs. 1 Satz 1 BGB in der seit dem 01.01.2008 durch das UÄndG geänderten

---

1502 BGH FamRZ 2008, 963.

1503 BGH FamRZ 2008, 761; zu Einzelheiten vgl. Wendl/Gerhardt § 4 Rn. 233.

1504 Vgl. zu weiteren Einzelheiten Haußleiter/Schulz, Kap. 6 Rn. 80 ff. und Gerhardt/Schulz FamRZ 2005, 317, 1523.

1505 BGH FamRZ 1999, 367; 797; OLG Zweibrücken FamRZ 2002, 1565.

1506 BGH FuR 2005, 165 = FamRZ 2005, 347 im Anschluss an FuR 2002, 228; OLG Koblenz FamRB 2007, 133; Bei nicht gemeinsamen Kindern sollte jedoch nicht auf den Tabellenbetrag, sondern auf den Zahlbetrag abgestellt werden, vgl. Graba FamRZ 1999, 370 (Anm. zu BGH FamRZ 1999, 367).

1507 BGH FamRZ 2009, 1300, 762, 1477 = FuR 2009, 572; NJW 2009, 2523; FamRZ 2008, 963 = FuR 2008, 283; OLG Celle FamRZ 2009, 790; OLG Zweibrücken FamRZ 2009, 49; OLG Hamm FamRZ 2008, 893; OLG Celle FPR 2008, 318; vgl. zum Ganzen auch Klinkhammer FamRZ 2008, 193; Dose FamRZ 2007, 1289 und Scholz FamRZ 2007, 1221.

1508 Zu Einzelheiten vgl. Scholz FPR 2006, 329; Gerhardt FuR 2005, 538 und zur geänderten Kindergeldanrechnung beim volljährigen Kind bereits BGH FamRZ 2006, 99 mit Anm. Scholz und Viefhues.

1509 FamRZ 2009, 1300 = FuR 2009, 567.

1510 BGH FamRZ 2009, 1477 = FuR 2009, 572.

Gesetzesfassung ist das auf das Kind entfallende Kindergeld zur Deckung seines Barbedarfs zu verwenden, und zwar nach § 1612b Abs. 1 Nr. 1 BGB zur Hälfte, wenn ein Elternteil seine Unterhaltspflicht durch Betreuung des Kindes erfüllt (§ 1606 Abs. 3 Satz 2 BGB). In diesem Umfang mindert es den Barbedarf des Kindes (§ 1612b Abs. 1 Satz 2 BGB). Die **bedarfsmindernde Wirkung** stellt das (anteilige) **Kindergeld** damit im Gegensatz zur vorausgegangenen Rechtslage, nach der das Kindergeld »anzurechnen« war (§ 1612b Abs. 1 BGB a.F.) eigenem Einkommen des Kindes gleich.

Dass auch bei der Ermittlung der Leistungsfähigkeit nach § 1581 BGB der Zahlbetrag abzuziehen ist, entspricht der mit dem UÄndG verfolgten Absicht. Die Begründung des Gesetzentwurfs weist ausdrücklich darauf hin, dass durch den bedarfsmindernden Vorwegabzug des Kindergeldes nach § 1612b Abs. 1 BGB n.F. und der zur Verteilung anstehenden Masse ein geringerer Anteil für den Kindesunterhalt erforderlich ist und ein entsprechend höherer Anteil für die nachrangigen Unterhaltsberechtigten, etwa für den betreuenden Elternteil zur Verfügung steht. Da der Abzug des Zahlbetrags statt des Tabellenbetrags sowohl vom Wortlauf des Gesetzes als auch von der ausdrücklichen Absicht des Gesetzgebers gefordert wird, sind die Gerichte daran gebunden.

Das hälftige Kindergeld mindert nach der gesetzlichen Neuregelung in § 1612b BGB zum 01.01.2008 den Barbedarf des minderjährigen Kindes und entlastet in diesem Umfang den barunterhaltspflichtigen Elternteil. Die Entlastung der Barunterhaltspflicht gegenüber minderjährigen Kindern durch das hälftige Kindergeld kann sich im Rahmen eines Anspruchs auf Ehegattenunterhalt auf 50 € bis 60 € (184 € : 2 x 55 %) vermindern. Kosten der Ausübung des Umgangs (vgl. hierzu Rdn. 176), die deutlich über den verbleibenden Anteil hinausgehen, können durch einen – teilweisen Abzug – vom Einkommen oder einer Erhöhung des Ehegattenselbstbehalts berücksichtigt werden.[1511]

Aufgrund der Rspr. zu den wandelbaren ehelichen Lebensverhältnissen konnte sich im Rahmen des Ehegattenunterhalts der Bedarf eines (geschiedenen) Ehegatten auch durch Unterhaltsansprüche mindern, die erst nach Scheidung entstanden.[1512] Ferner konnte die Wiederheirat des Schuldners zu einer Beschränkung des Bedarfs führen. Der Bedarf des geschiedenen Ehegatten wurde ermittelt, in dem die bereinigten Einkünfte des Pflichten sowie des geschiedenen und des aktuellen Ehepartners zusammengefasst und durch drei geteilt wurde (Dreiteilungsmethode)[1513]. Ausschlaggebend für den Bedarf nach den ehelichen Lebensverhältnissen waren nicht mehr die individuellen Lebensverhältnisse der geschiedenen Eheleute zum Zeitpunkt der Scheidung, sondern die aktuellen Einkünfte des Schuldners sowie des geschiedenen und des aktuellen Ehegatten.

Diese Rspr. hat das BVerfG[1514] missbilligt. Es ist wieder **strikt zu differenzieren, zwischen Bedarf und Leistungsfähigkeit.** Bei der **Bedarfsbemessung** können **nur Umstände berücksichtigt werden, die noch einen Bezug zur Ehe haben.** Dies gilt grds. für alle Unterhaltslasten, die bis zur rechtskräftigen Scheidung entstanden sind[1515], nicht nur für gemeinsame Kinder, auch für Kinder des Pflichtigen aus einer neuen Beziehung, die vor Rechtskraft der Scheidung geboren sind.[1516] Dies gilt selbst dann, wenn die Kinder inzwischen volljährig und nach § 1609 Nr. 4 BGB gegenüber dem geschiedenen Ehegatten nachrangig sind. Der Nachrang wirkt sich erst bei Vorliegen eines Mangelfalls im Rahmen der Leistungsfähigkeit aus. Nichts anderes gilt für den Anspruch auf Betreuungsunterhalt nach § 1615l BGB, den die Mutter eines vor Rechtskraft der Scheidung geborenen nicht ehelichen Kindes schon während der Ehezeit von dem unterhaltspflichtigen

---

1511 BGH FamRZ 2009, 1391; 2008, 594.
1512 BGH FamRZ 2009, 23 (nacheheliche geborenes Kind).
1513 BGH FamRZ 2010, 111.
1514 FamRZ 2011, 437.
1515 BVerfG FamRZ 2011, 437.
1516 BGH FamRZ 2000, 1492; BGH FamRZ 1999, 367.

Kleffmann

geschiedenen Ehegatten verlangen kann.[1517] Auch diese Unterhaltspflicht hat die ehelichen Lebensverhältnisse bereits beeinflusst.

Bei der Bedarfsbemessung sind alle Umstände zu berücksichtigen, die das für Unterhaltszwecke verfügbare Einkommen schon vor Rechtskraft der Scheidung geprägt haben, mithin auch Unterhaltspflicht ggü. vor Scheidung geborenen weiteren Unterhaltsberechtigten, seien es gemeinsame Kinder oder Kinder des Pflichtigen aus seiner neuen Beziehung.[1518] Als für die ehelichen Lebensverhältnisse maßgebend ist auch der Anspruch auf Betreuungsunterhalt nach § 1615l BGB zu sehen, den die Mutter eines vor Rechtskraft der Scheidung geborenen nichtehelichen Kindes schon während der Ehezeit von dem unterhaltspflichtigen geschiedenen Ehemann verlangen kann.[1519] Unterhaltspflichten hingegen für nachehelich geborene Kinder und/oder Betreuungsunterhalt für dessen nicht mit dem Vater verheiratete Mutter nach § 1615l BGB sind bei der Bemessung des Bedarfs eines geschiedenen Ehegatten nach § 1578 Abs. 1 Satz 1 BGB nicht zu berücksichtigen.[1520]

Bei der Prüfung der **Leistungsfähigkeit** (§ 1581 BGB) hingegen sind grds. auch Unterhaltslasten zu berücksichtigen, die sich nicht auf den Bedarf ausgewirkt haben.

Dies gilt etwa für nachehelich geborene minderjährige oder privilegiert volljährige Kinder, die nach § 1609 Nr. 1 BGB vorrangig sind. Dass dieses Unterhaltspflicht erst nachehelich entstanden ist, ist i.R.d. Leistungsfähigkeit unerheblich, weil insoweit für die weiteren Berechtigten kein Vertrauensschutz dahin besteht, dass sich durch Wiederheirat und Gründung einer Zweitfamilie des Pflichtigen der Kreis der unterhaltsberechtigten Personen nicht vergrößert und seine Unterhaltsquote nicht gekürzt wird.

Die Leistungsfähigkeit des Pflichtigen kann auch für nachehelich hinzugekommene Unterhaltspflichten für einen neuen Ehegatten oder die Mutter eines nichtehelich geborenen Kindes nach § 1615l BGB beeinflusst werden.

Ist die geschiedene Ehefrau, etwa wegen langer Ehedauer oder Betreuung eines gemeinsamen Kindes, gegenüber dem hinzugetretenen Anspruch auf Betreuungsunterhalt der Mutter des nachehelich geborenen Kindes nach § 1609 Nr. 2 BGB gleichrangig, sind i.R.d. Billigkeitsprüfung die neu hinzugekommenen Unterhaltsverpflichtungen zu berücksichtigen.

Der unterhaltsberechtigte geschiedene Ehegatte kann nicht mehr den vollen Unterhalt im Wege der Halbteilung verlangen, weil dem Pflichtigen nur ein gleichhoher Betrag seines Einkommens verbliebe, der für seinen eigenen Unterhalt und den hinzugetretenen gleichrangigen Betreuungsunterhalt zu verwenden wäre. Sowohl dem Pflichtigen als auch dem gleichrangig hinzugetretenen Berechtigten verbliebe dann weniger als dem geschiedenen Ehegatten zustünde. Dem Pflichtigen muss im Verhältnis zum geschiedenen Ehegatten jedoch mehr als die Hälfte des Einkommens verbleiben um auch den hinzugekommenen Betreuungsunterhalt des neuen Ehegatten oder einen nachehelich entstandenen Betreuungsunterhalts nach § 1615l BGB erfüllen zu können. Insoweit gilt die vom BVerfG verworfene Wandelbarkeitsrechtsprechung auf der Ebene der Leistungsfähigkeit nicht.

Ist der Anspruch des neuen Ehegatten gegenüber dem Anspruch des geschiedenen Ehegatten vorrangig, ist es erst recht im Rahmen des § 1581 Abs. 1 BGB geboten, den Unterhaltsanspruch des neuen Ehegatten im Rahmen der Leistungsfähigkeit gegenüber dem geschiedenen Ehegatten zu berücksichtigen.

1517 BGH NJW 2012, 384; vgl. auch Gutdeutsch FamRZ 2011, 523; Maier FuR 2011, 182.
1518 BGH, NJW 2012, 384; vgl. zuvor bereits BGH, FamRZ 2000, 1492; BGH, FamRZ 1999, 367.
1519 BGH NJW 2012, 384; zuvor bereits BGH FamRZ 2000, 1492; BGH FamRZ 1999, 367; vgl. zum Ganzen auch Götz/Brudermüller, NJW 2011, 2609; Kleffmann FuR 2012, 162.
1520 BGH NJW 2012, 384.

Ist ein neuer Ehegatte ggü. dem geschiedenen Ehegatten nachrangig, ist dessen Unterhaltsanspruch im Rahmen der Leistungsfähigkeit gegenüber den geschiedenen Ehegatten nicht als sonstige Verpflichtung zu berücksichtigen. In solchen Fällen ist der Pflichtige regelmäßig i.H.d. Bedarfs nach den ehelichen Lebensverhältnissen leistungsfähig. Dies schließt jedoch nicht aus, dass im Einzelfall weitere individuelle Umstände berücksichtigt werden können, insbesondere, ob der Mindestbedarf eines Berechtigten gedeckt ist.[1521]

Auch sonstige nachrangige Unterhaltslasten, können beim Ehegattenunterhalt berücksichtigungsfähig sein, sofern kein Missverhältnis zum verbleibenden Unterhalt des Ehegatten entsteht.[1522] Dies gilt etwa für den **Elternunterhalt.** Dieser ist auch als latente Unterhaltslast zu berücksichtigen, selbst wenn er in der Ehe noch nicht erfüllt wurde, jedoch voraussehbar war.[1523] Die Rangfrage spielt wie beim Unterhalt etwa für ein volljähriges, nicht privilegiertes Kind erst im Rahmen der Bemessung der Leistungsfähigkeit und ggf. im Mangelfall eine Rolle.

▶ **Beispiel unter Berücksichtigung auch eines nach Scheidung geborenen Kindes[1524]**

M hat ohne Berücksichtigung des Kindesunterhalts ein bereinigtes Nettoeinkommen von 2.182 €. F betreut das gemeinsame Kind K1 (5 Jahre) und geht ohne Verstoß gegen die Erwerbsobliegenheit einer Halbtagstätigkeit mit einem bereinigte Nettoeinkommen von 600 € nach. M muss noch für ein weiteres nach der Scheidung geborenes Kind K2 Unterhalt zahlen, dessen Mutter nicht bedürftig ist.
Anspruch F?
Lösung:
Unterhalt für K1 und K2: jeweils DT Gruppe 2 (Herabstufung um eine
Gruppe), Stufe 1: 333 €

333 € – 92 € (= ½ Kindergeld) =	241 €

Unterhalt F:

Bereinigtes Nettoeinkommen für die Bedarfsermittlung: 2.182 € – 241 € =	1.941 €

Nach *SüdL* mit 1/10:

Bedarf: ½ (9/10 1.941 € + 9/10 600 €) =	1.144 €
Höhe: 1.144 € – 9/10 600 € =	604 €.

Korrektur im Rahmen der Leistungsfähigkeit wegen des vorrangigen Kindesunterhalts K2 i.H. von ebenfalls 241 € (s. oben), weil der Selbstbehalt des M nach dem auch bei der Leistungsfähigkeit geltenden Grundsatz der Halbteilung sonst nicht gewahrt bleibt. Sein Selbstbehalt beträgt 1.338 € (Bedarf 1.144 € + sein Erwerbsbonus von 194 €), ihm verbleiben aber nur 1.095 € (2.182 € – 241 € – 214 € – 604 €).

Bereinigtes Nettoeinkommen für die Leistungsfähigkeit: 2.182 € – 241 € – 241 € =	1.700 €,
½ (9/10 1.700 € + 9/10 600 €) =	1.035 €
1.035 € – 917 600 € =	495 €

Der an F zu leistende Unterhalt beträgt damit nicht 604 €, sondern nur 495 €.
Nach DT mit 1/7:

3/7 (1.941 € – 600 €) =	575 €.

Korrektur bei der Leistungsfähigkeit mit bereinigtem Nettoeinkommen
von 1.700 € (s. oben):

3/7 (1.700 € – 600 €) =	472 €.

1521 BGH NJW 2012, 384; Kleffmann, FuR 2012, 162.
1522 BGH FamRZ 2004, 792; BGH FamRZ 2004, 186.
1523 BGH FamRZ 2008, 860; BGH FamRZ 2004, 186.
1524 Vgl. zu Berechnungsbeispielen, insbes. Gerhardt FamRZ 2012, 589 und Borth FamRZ 2012, 253.

▶ **Beispiel unter Berücksichtigung des Anspruchs eines gleichrangigen Ehegatten**

M hat nach Steuerklasse III ein bereinigtes Nettoerwerbseinkommen von 2.297 €, F 1 von 600 €, die mit M verheiratete F2 hat kein Einkommen. F1 bereut das gemeinschaftliche Kind K1 (9 Jahre), F2 das gemeinschaftliche Kind K2 (1 Jahr). Bei Steuerklasse 1 würde sich das bereinigte Nettoeinkommen von M auf geschätzt 1.972 € belaufen. Unterhaltsanspruch K1, K2, F1 und F2?

Lösung:

K1 und K2 sind vorrangig, F1 und F2 sind nachrangig und untereinander gleichrangig. Wegen der beengten Verhältnisse ist der Kindesunterhalt jeweils als Mindestunterhalt aus dem tatsächlich bezogenen Einkommen nach Steuerklasse 3 anzusetzen (Herabstufung um 2 Gruppen von 3 auf 1). Dies entspricht auch der Anwendung der Bedarfskontrollebeträge.

K1: DT Gruppe 1, Stufe 2: 364 €; 364 € – 92 € =	272 €;
K2: DT Gruppe 1, Stufe 2: 317 €; 317 € – 92 € =	225 €.
Bereinigtes Nettoeinkommen M für Bedarf Ehegattenunterhalt F1, wobei das fiktive Einkommen aus Steuerklasse 1 anzusetzen und nur der Kindesunterhalt für K1 zu berücksichtigen ist: 1.972 € – 272 € =	1.700 €
Bedarf F1: ½ (9/10 1.700 € + 9/10 600 €) =	1.035 €
1.025 € – 9/10 600 € =	495 €
Bereinigtes Nettoeinkommen M für Ehegattenunterhalt F1, wobei das fiktive Einkommen aus Steuerklasse I anzusetzen und nur der Kindesunterhalt für K1 zu berücksichtigen ist:	
1.972 € – 272 € =	1.700 €
Bedarf F1: ½ (9/10 1.700 € + 9/10 600 €) =	1.035 €
1.035 € – 9/10 600 € =	495 €

Mangelfallkorrektur im Rahmen der Leistungsfähigkeit nach § 1581 BGB mit Ansatz des tatsächlichen Einkommens des M nach Steuerklasse III, d bei der Leistungsfähigkeit das gesamte Einkommen anzusetzen ist, und Berücksichtigung des Unterhalts des vorrangigen Kindes K2 von 225 €, so dass das bereinigte Nettoeinkommen 1.800 € beträgt (2.297 € – 272 € – 225 €).

Weitere Korrektur wegen der gleichrangigen F2 unter Berücksichtigung der Halbteilung durch Dreiteilung und unter Berücksichtigung der Erspranis bei F2 durch Zusammenleben mit M i.H.- von 10 % 1/3 (9/10 1.800 € + 9/10 600 €) =	720 €
720 € + 10 % =	792 €
792 € – 9/10 600 € =	252 €
F 2: 720 € – 10 % =	648 €.
Leistungsfähigkeit M: 1.800 € – 252 € – 648 € =	900 €;

damit sog. absoluter Mangelfall, da der Mindestselbstbehalt von 1.50 € nicht gewahrt bleibt. Der durch Dreiteilung ermittelte Unterhalt von F1 und F2 ist damit anteilig zu kürzen.

Verteilungsmasse: 1.800 € – 1.050 € =	750 €
Summe Ansprüche F1 und F2: 252 € + 648 € =	900 €
Kürzungsfaktor: 750 € : 900 € x 100 = 83,3 %	
F 1: 252 €x 83,3 % =	210 €
F2: 648 € x 83,3 % =	540 €.

Die beiden Kinder erhalten damit wegen der beengten Verhältnisse jeweils den Mindestunterhalt zuzüglich halbes Kindergeld von 272 € (K1) und 225 € (K2), die beiden gleichrangigen Ehegatten einen gekürzten Unterhalt von 210 € (F1) und 540 € (F2). M verbleibt der Mindestehegattenunterhalt von 1.050 €.

Kontrollrechnung:

Der Familie F1 (ein Erwachsener und ein Kind verbleiben 1.266 € (600 € + 210 € + 272 € + 184 € (Kindergeld)), der Familie M und F2 (zwei Erwachsene und ein Kind) 1.999 € (1.050 €

+ 540 € + 225 € + 184 €). Dies ist, da die neue Familie M und F2 zwei Erwachsene umfasst und beide Familien nicht der Sozialhilfe anheimfallen, als angemessene Verteilung anzusehen.

▶ **Beispiel unter Berücksichtigung vor- und nachrangiger Ehegatten**[1525]

M hat ein bereinigtes Nettoeinkommen nach Steuerklasse III von 3.073 €, sein Einkommen nach Steuerklasse I würde sich geschätzt auf 2.800 € belaufen. Die nachrangige erste Ehefrau F1 hat ein bereinigtes Nettoeinkommen von 1.000 €, die mit M zusammenlebende vorrangige zweite Ehefrau F2 hat kein Einkommen. Sie betreut das aus der zweiten Ehe hervorgegangene gemeinsame Kind K(1 Jahr). Welchen Unterhaltsanspruch hat F1?

Lösung:

Bedarf F 1 nach fiktiver Steuerberechnung mit Steuerklasse I und ohne Berücksichtigung des Unterhalts von K:

Bedarf F1: ½ (9/10 2.800 € + 9/10 1.000 €) =	1.710 €
Höhe: 1.710 € – 9/10 1.000 € =	810 €.

Mangelfallkorrektur im Rahmen der Leistungsfähigkeit nach § 1581 BGB mit Ansatz des Einkommens nach Steuerklasse III und Berücksichtigung des Unterhalts von K sowie der vorrangigen F2 unter Berücksichtigung der Halbteilung durch Dreiteilung ohne Ansatz der Ersparnis durch das Zusammenleben:

Kindesunterhalt K: DT Gruppe 4 (-1), Stufe 1:	365 €
365 € – 92 =	273 €
Bereinigtes Nettoeinkommen M bei gemeinsamer Veranlagung: 3.073 € – 273 € =	2.800 €
1/3 (9/10 2.800 € + 9/10 1.000 €) =	1.140 €
Höhe F1: 1.140 € – 9/10 1.000 € =	240 €
Höhe F2:	1.140 €.

Selbstbehalt M: 2.800 € – 240 € – 1.140 € = 1.420 €, d.h. relativer Mangelfall; insoweit ist m. E. trotz Vorrang der F2 keine weitere Korrektur erforderlich, zumal der Unterhalt von F1 bei einer kinderlosen nicht langen Ehe ohne ehebedingten Nachteil nach § 1578b BGB zeitlich zu begrenzen ist (Übergangszeit Einzelfallfrage).

F1 verbleiben 1.240 € (1.000 € + 240 €), M + K mit Kindergeld 3.025 € (1.420 € + 1.140 € + 273 € + 192 €).

Dies ist trotz Nachrangs von F1 eine angemessene Verteilung.

Bevor die Notwendigkeit von Haushaltsgegenständen und Ergänzungskäufen anerkannt werden kann, wird sich der Unterhaltsschuldner auf die Möglichkeit der Verteilung der Haushaltsgegenstände gem. § 1361a BGB verweisen lassen müssen.

Schulden die der unterhaltspflichtige Ehegatte zur Finanzierung des Zugewinnausgleichs oder einer Vermögensauseinandersetzung eingegangen ist, können grds. nicht anerkannt werden, andernfalls würde der andere Ehegatte seinen eigenen Zugewinnausgleichsanspruch finanzieren.[1526]

Der BGH verlangt eine zumindest stillschweigend getroffene anderweitige Bestimmung. Im Rahmen des § 426 BGB[1527]

Auch eine einstweilige Anordnung wird man als anderweitige Bestimmung im Sinne des § 426 Abs 1 BGB ansehen können[1528], weil die Form, mit der die Berücksichtigung des Schuldenabtrags beim Unterhalt vorgenommen wird, letztlich ohne Belang ist und selbst eine außergerichtliche einverständliche, ggf. auch nur konkludente, Regelung ausreicht.[1529]

1525 Nach Gerhardt FamRZ 2012, 589.
1526 BGH FamRZ 2000, 950.
1527 *BGH FamRZ 2008, 602; BGH FamRZ 2005, 1236.*
1528 Anders OLG Düsseldorf FamRZ 2009, 1834.
1529 BGH FamRZ 2008, 602; BGH FamRZ 2005, 1236.

Unterhaltslasten für die keine rechtliche Verpflichtung besteht, etwa gegenüber **Stiefkindern**,[1530] können nicht einkommensmindernd berücksichtigt werden.

Nachrangige Unterhaltslasten, etwa **Elternunterhalt**, sind (nur) zu berücksichtigen, wenn sie die ehelichen Lebensverhältnisse geprägt haben und kein Missverhältnis zum verbleibenden Bedarf des Ehegatten entsteht.[1531] Dies gilt auch für **latente Unterhaltslasten**, d.h. Unterhaltsverbindlichkeiten, die während der Ehe bereits voraussehbar waren.

Abzuziehen ist der tatsächlich geschuldete Unterhalt, auch wenn er in anderer Höhe tituliert ist. Ein anderweitiger, höher titulierter, Unterhalt ist nicht maßgeblich, da davon ausgegangen wird, dass der Titel abgeändert werden kann.[1532] Im Hinblick auf die Gleichwertigkeit von Bar- und Betreuungsunterhalt will das OLG Brandenburg[1533] auch den Aufwand der Kindesbetreuung einkommensmindernd berücksichtigen.

Beim Zusammentreffen eines privilegierten volljährigen Kindes mit minderjährigen Kindern ist zu berücksichtigen, dass den minderjährigen Kindern nur der nicht betreuende Elternteil zum Barunterhalt verpflichtet ist (§ 1606 Abs. 3 Satz 2 BGB). Hingegen haften dem privilegiert volljährigen Kind beide Eltern nach Maßgabe ihrer Einkommens- und Vermögensverhältnisse auf Unterhalt. Die Ansprüche des minderjährigen und privilegiert volljährigen Kindes sind nach § 1609 Nr. 1 BGB zwar gleichrangig. Die Leistungsfähigkeit des allein barunterhaltspflichtigen Elternteils ist durch die Unterhaltszahlungen an das minderjährige Kind jedoch eingeschränkt. Nach einer verbreiteten Auffassung ist das Einkommen des Elternteils, der dem oder den minderjährigen Kindern barunterhaltspflichtig ist, vor dem Vergleich der Einkünfte der Eltern im Rahmen der Bemessung der Haftungsanteile für den Barunterhalt gegenüber dem privilegierten volljährigen Kind um den Zahlbetrag des Minderjährigenunterhalts zu kürzen.[1534]

VIII. Vermögenswirksame Leistungen

Bei **gemeinsamer Vermögensbildung** von Ehegatten ist eine Abzugsfähigkeit regelmäßig anzunehmen, da die Leistungen beiden Ehegatten in gleichem Umfang zugutekommen.   **189**

Bei **einseitiger Vermögensbildung** ist zunächst zu prüfen, ob es sich um Aufwendungen **zur angemessenen Altersvorsorge**. Angemessene Altersvorsorgeaufwendungen sind einkommensmindernd zu berücksichtigen.

I.Ü. ist eine Berücksichtigungswürdigkeit ab dem Zeitpunkt nicht mehr gegeben, ab dem der Bedürftige an der Vermögensbildung des Pflichtigen nicht mehr teilnimmt.[1535] Im gesetzlichen Güterstand ist dies ab Rechtshängigkeit des Ehescheidungsverfahrens der Fall, bei Gütertrennung ist auf den Zeitpunkt der Trennung der Eheleute abzustellen.[1536]

Bei einem Bedürftigen können Vermögensbildungsbeiträge unter keinem Gesichtspunkt abgezogen werden, da Unterhalt nur der Deckung der Lebenshaltungskosten, nicht der Vermögensbildung dient.[1537]

Dem Unterhaltsschuldner muss der Arbeitgeberanteil der **vermögenswirksamen Leistungen** verbleiben. Er ist mit dem **Nettoanteil** vom Einkommen abzuziehen.[1538] Dagegen ist die Beteiligung

---

1530 BGH FamRZ 2005, 1817.
1531 BGH FamRZ 2006, 26.
1532 BGH FamRZ 2003, 263.
1533 OLG Brandenburg FamRZ 2006, 341.
1534 Eingehend Scholz in Scholz/Kleffmann/Motzer, Praxishandbuch Familienrecht, Teil K Rn. 144; zum Zusammenspiel von Ehegatten- und Kindesunterhalt vgl. auch Gutdeutsch NJW 2009, 945.
1535 BGH FamRZ 2009, 23; BGH FamRZ 2008, 963; 2007, 879.
1536 BGH FamRZ 2008, 963.
1537 BGH FamRZ 1992, 423.
1538 BGH FamRZ 2005, 1154; OLG Celle FamRZ 2005, 297.

des unterhaltspflichtigen Arbeitnehmers an der Vermögensbildung als einseitige Vermögensbildungsmaßnahme nicht einkommensmindernd zu berücksichtigen.

Bei **guten Einkommensverhältnissen** ist davon auszugehen, dass ein Teil zur Vermögensbildung bestimmt ist.[1539] Soweit die Vermögensbildung nicht zu einem Konsumverzicht und einer Einschränkung des Lebensstandards geführt hat, sind die angelegten Beträge für den Ehegattenunterhalt bei der Bedarfsermittlung einkommensmindernd zu berücksichtigen. Dabei ist ein objektiver Maßstab anzulegen. Eine zu dürftige Lebensführung bleibt ebenso außer Betracht wie ein übertriebener Aufwand.

Die **Leitlinien** der Oberlandesgerichte enthalten zu Ziff. 10.6 zum Teil Regelungen über die Behandlung der vermögenswirksamen Leistungen.

1539 BGH FamRZ 1982, 151.

Bürgerliches Gesetzbuch – BGB (§§ 1361–1587)

§ 1361 Unterhalt bei Getrenntleben

(1) [1]Leben die Ehegatten getrennt, so kann ein Ehegatte von dem anderen den nach den Lebensverhältnissen und den Erwerbs- und Vermögensverhältnissen der Ehegatten angemessenen Unterhalt verlangen; für Aufwendungen infolge eines Körper- oder Gesundheitsschadens gilt § 1610a. [2]Ist zwischen den getrennt lebenden Ehegatten ein Scheidungsverfahren rechtshängig, so gehören zum Unterhalt vom Eintritt der Rechtshängigkeit an auch die Kosten einer angemessenen Versicherung für den Fall des Alters sowie der verminderten Erwerbsfähigkeit.

(2) Der nicht erwerbstätige Ehegatte kann nur dann darauf verwiesen werden, seinen Unterhalt durch eine Erwerbstätigkeit selbst zu verdienen, wenn dies von ihm nach seinen persönlichen Verhältnissen, insbesondere wegen einer früheren Erwerbstätigkeit unter Berücksichtigung der Dauer der Ehe, und nach den wirtschaftlichen Verhältnissen beider Ehegatten erwartet werden kann.

(3) Die Vorschrift des § 1579 Nr. 2 bis 8 über die Beschränkung oder Versagung des Unterhalts wegen grober Unbilligkeit ist entsprechend anzuwenden.

(4) [1]Der laufende Unterhalt ist durch Zahlung einer Geldrente zu gewähren. [2]Die Rente ist monatlich im Voraus zu zahlen. [3]Der Verpflichtete schuldet den vollen Monatsbetrag auch dann, wenn der Berechtigte im Laufe des Monats stirbt. [4]§ 1360a Abs. 3, 4 und die §§ 1360b, 1605 sind entsprechend anzuwenden.

A. Strukturen

1 Zerfällt die Familie infolge **Trennung** der Ehegatten, dann endet (auch) der (**gegenseitige**) unterhaltsrechtliche Pflichtenkreis gem. §§ 1360 ff. Die Trennung führt zu einer **gesteigerten Eigenverantwortung** der Ehegatten, ihren Unterhaltsbedarf selbst zu decken:[1] Nunmehr hat derjenige Ehegatte, der seinen **vollen Lebensbedarf** zumutbar nicht mit eigenen Mitteln insgesamt oder teilweise angemessen decken kann und hierzu auch nicht verpflichtet (§ 1361 Abs. 2), also **bedürftig** ist, einen (einseitigen) **Anspruch** auf **Trennungsunterhalt** gegen den anderen Ehegatten, der über Mittel verfügt, die höher sind als er sie für seinen eigenen Lebensbedarf benötigt, also **leistungsfähig** ist.[2]

---

1 BGHZ 89, 108 = BGH, FamRZ 1984, 149.
2 BGH, FamRZ 1981, 1159.

Der Unterhaltsanspruch nach § 1361[3] umfasst nurmehr den (eigenen) **Bedarf** des getrennt leben- **2**
den **Ehegatten** (und nicht mehr den der Familie, s. § 1360); er kann regelmäßig nur durch eine
monatliche **Geldrente** – nicht durch Naturalleistung – erbracht werden (§ 1361 Abs. 1 Satz 1 und
Abs. 4 Satz 1). Dieser **Bedarf** und damit auch der **angemessene Unterhalt** nach § 1361 Abs. 1
Satz 1 richten sich nach den **ehelichen Lebensverhältnissen**, also nach denjenigen Lebens-,
Erwerbs- und Vermögensverhältnissen der Ehegatten, die **bis zur Trennung** den **ehelichen
Lebensstandard geprägt** haben, nicht aber – wie zumeist im Recht des Verwandtenunterhalts – an
festen (tabellarischen) Bedarfssätzen.

Der Anspruch auf Trennungsunterhalt ist weder mit dem Anspruch auf Familienunterhalt[4] noch **3**
mit dem Anspruch auf nachehelichen Unterhalt[5] identisch (**Grundsatz der Nicht-Identität**); er
erlischt daher am Tage der Rechtskraft der Scheidung. Ein Vergleich über den Trennungsunterhalt
in der Hauptsache umfasst deshalb im Zweifel nicht den nachehelichen Unterhalt.[6] Einstweilige
Anordnungen über den Ehegattenunterhalt treten grds. mit Rechtskraft der Scheidung nicht ohne
Weiteres außer Kraft, sondern gelten auch für die Zeit danach bis zum Wirksamwerden einer
anderweitigen Regelung des Unterhalts (s. § 56 FamFG), **nicht** jedoch Vergleiche, die die zur Vermeidung einer Anordnungsentscheidung geschlossen wurden, und die nicht die Hauptsache
regeln (sog. **Interimsvergleich**), sondern nur die Unterhaltspflicht für die Zeit bis zur Scheidung
der Ehe. Eine ausdrückliche Formulierung »bis zur Rechtskraft der Ehescheidung« ist zur Klarstellung sinnvoll, aber nicht notwendig, um den Unterhaltsanspruch gem. § 1361 zu begrenzen.[7]

Das Gesetz regelt den gesamten Bereich des Trennungsunterhalts in nur einer Norm (§ 1361); **4**
vielfache **Lücken** sind daher durch **Analogien** zu Vorschriften betreffend den nachehelichen
Unterhalt zu schließen. Viele Rechtsgrundlagen sind für den Trennungsunterhalt **rechtsähnlich** –
wenn nicht gar **identisch** – anzuwenden. Trennungsunterhalt kann sowohl in einem vorläufigen
(summarischen) Verfahren (§§ 49, 56, 112, 243, 246 FamFG) als auch in einem Hauptsacheverfahren geltend gemacht werden. Die Ehegatten können zwischen beiden, aber auch beide Verfah-
rensarten wählen (Verfahrensautonomie der Beteiligten). § 246 Abs. 1 FamFG berechtigt das
Gericht, im Wege einstweiliger Anordnung den vollen, nach materiell-rechtlichen Vorschriften
geschuldeten laufenden Unterhalt ohne zeitliche Begrenzung zusprechen, wenn und soweit die
Voraussetzungen dafür glaubhaft gemacht sind:[8] Ergänzend zu § 49 Abs. 1 FamFG (lediglich vorläufige Maßnahmen im Wege der einstweiligen Anordnung) enthält § 246 FamFG eine solche
Einschränkung nicht. Allerdings kann Unterhalt ausnahmsweise auch begrenzt zugesprochen wer-
den, etwa nur für einen bestimmten Zeitraum, da § 56 Abs. 1 Satz 1 FamFG die Möglichkeit der
Befristung des Unterhalts vorsieht.[9]

Trennen sich die Eheleute, ist zunächst und zumeist insb. auf folgende Fragen zu achten: **5**

1. Steuerliche Veranlagung und ihre Veränderungen,
2. Vorsorgeaufwand für den Fall der Krankheit und der Pflegebedürftigkeit sowie für den Fall des
   Alters und der Erwerbsunfähigkeit,
3. Fortzahlung der Miete bzw. Wohnwert/Nutzungsentschädigung betreffend das Familienheim,[10]

---

3 Zum Trennungsunterhalt nach österreichischem Recht s. OLG Stuttgart, OLGR 2001, 380.
4 BGHZ 103, 62 = BGH, FamRZ 1988, 370 m. Anm. Schmitz, FamRZ 1988, 700.
5 BGH, FamRZ 1981, 441; OLG Oldenburg, FamRZ 1980, 1002; Mutschler, FamRZ 1980, 1101.
6 BGHZ 78, 130 = BGH, FamRZ 1980, 1099 m. Anm. Mutschler; BGH, FamRZ 1981, 242; FamRZ
  1981, 441; OLG Hamm, FamRZ 1981, 1074.
7 OLG Brandenburg, OLGR 2004, 424.
8 BT-Drucks. 16/6308, S. 259 f.
9 OLG Thüringen FamRZ 2011, 491 = FuR 2011, 115.
10 Ausführlich zum Trennungsunterhalt und dem Vorteil mietfreien Wohnens Graba, FF 2008, 253 f.; Büttner, FamRZ 2008, 967 f.; Braeuer, FPR 2008, 387 f.; zum Wohnwertvorteil einer nach der Trennung
   erworbenen Immobilie Ehinger, FPR 2009, 250 f.

4. Weiterer Schuldenabtrag,

5. Verwendung von Erlösen aus Vermögensauseinandersetzung.

6 Das **UÄndG 2007** hat in § 1361 materiell-rechtlich nicht eingegriffen, sondern hat lediglich in Abs. 3 eine durch die Einfügung der neuen Nr. 8 in § 1579 bedingte Folgeänderung klargestellt und gleichzeitig die Formulierung von Abs. 3 an die amtliche Überschrift von § 1579 angepasst. Die für den nachehelichen Unterhalt geltende **Begrenzungsregelung** des § 1578b (Begrenzung des nachehelichen Unterhalts) ist i.R.d. Trennungsunterhalts nicht, auch nicht analog oder rechtsähnlich, anwendbar.[11] Eine zeitliche Begrenzung des Trennungsunterhalts kommt daher auch bei kurzem Zusammenleben der Ehegatten, langer Trennungsdauer, fehlender Betreuung gemeinsamer Kinder und fehlenden ehebedingten Nachteilen nicht in Betracht.[12]

B. Normzweck

7 Trotz der Trennung der Ehegatten ist regelmäßig (noch) nicht immer vorhersehbar, ob die Ehe geschieden wird, oder ob sich die Ehegatten wieder versöhnen; § 1361 soll daher den wirtschaftlich schwächeren Ehegatten, der auf den Fortbestand der gemeinsamen Lebensplanung vertraut hat, jedenfalls für eine gewisse Zeit vor nachteiligen Veränderungen der ehelichen Lebensverhältnisse schützen.[13] Dieser vom Trennungsverschulden losgelöste **Schutzgedanke** ist verfassungskonform.[14] Seit Einführung des Zerrüttungsprinzips (01.07.1977) ist ohne Belang, welcher Ehegatte die Trennung herbeigeführt oder verschuldet hat. Trennungsgründe und -verschulden berühren daher (verfassungskonform)[15] den Anspruch gem. § 1361 grds. nicht; sie können jedoch – (nur) ausnahmsweise – in Fällen grober Unbilligkeit i.R.d. Billigkeitsprüfung gem. § 1361 Abs. 3 i.V.m. § 1579 Nr. 2 bis 8 (je einzeln für sich, aber auch kumuliert) den Anspruch begrenzen.[16]

8 Allerdings dient Trennungsunterhalt in Form des Aufstockungsunterhalts (vgl. § 1573 Abs. 2 für den nachehelichen Unterhalt) **nicht dazu, geringfügige Einkommensunterschiede** (sog. **Bagatellunterhalt**) auszugleichen.[17] Ein Anspruch auf Trennungsunterhalt kommt dann nicht in Betracht, wenn die Differenz der bereinigten Nettoeinkommens beider Eheleute nicht ins Gewicht fällt. Dies kann dann der Fall sein, wenn sich die Einkommensdifferenz auf weniger als 10% des Gesamteinkommens beläuft,[18] oder wenn der Aufstockungsteil unter 10% des bereinigten Nettoeinkommens des Unterhaltsgläubigers liegt.[19]

---

11 OLG Düsseldorf, FamRZ 2008, 1539 (LS); OLG Bremen, FamRZ 2009, 1415 = FuR 2009, 217; OLG Brandenburg, OLGR 2009, 427.
12 OLG Düsseldorf, FamFR 2010, 390.
13 BGH, FamRZ 1981, 439; § 1361 wird daher auch als »Schutznorm« des unterhaltsbedürftigen Ehegatten bezeichnet.
14 BVerfGE 57, 361 = FamRZ 1981, 745.
15 BGH, FamRZ 1979, 569; BVerfGE 57, 361 = FamRZ 1981, 745.
16 BGH, FamRZ 1979, 569; zur Vereinbarkeit mit dem Grundgesetz s. BVerfG, FamRZ 1981, 745.
17 OLG Saarbrücken, FamRZ 1982, 269; OLG München, OLGR 1996, 254; OLG Brandenburg, FamRZ 2005, 210 – Ansprüche bis zu einer Höhe von vormals 100,00 DM (umgerechnet 51,13 €) seien als geringfügig anzusehen; OLG Naumburg, 28.01.2010 – 8 UF 160/09, juris (hier: gerundet 2,00 €); s.a. OLG Düsseldorf, FamRZ 2006, 215; s.a. Jüdt, Unterhalt mit dem Taschenrechner? in FuR 2011, 487 ff; zu den Basics der Einkommensermittlung N. Kleffmann, FuR 2011, 20 ff
18 OLG Koblenz, FamRZ 2006, 704 = FuR 2006, 45; vgl. auch OLG Düsseldorf, FamRZ 1996, 947; OLG München, FamRZ 1997, 425; OLG Brandenburg, FamRZ 2005, 210
19 OLG München FamRZ 2004, 1208 = FuR 2004, 179.

C. Unterhaltstatbestand (§ 1361 Abs. 1)

Der **Unterhaltstatbestand** des § 1361 Abs. 1 setzt sich – unabhängig von dem zwischen den Ehe-   9
gatten bestehenden Güterstand[20] – aus (nur) **zwei Tatbestandselementen** zusammen:

(1) eine (noch) **bestehende**, rechtswirksam geschlossene **Ehe, und**
(2) **völliges Getrenntleben** der Eheleute (s. § 1567 Abs. 1).

Da ein getrennt lebender Ehegatte im Zweifel unterhaltsrechtlich nicht schlechtergestellt werden   10
darf, als er im Fall der Scheidung stünde, können die Tatbestände über den nachehelichen Unterhalt Maßstäbe für die Anwendung des § 1361 Abs. 1 liefern.[21]

I. (Noch) bestehende Ehe und ihre Gestaltung

§ 1361 Abs. 1 Satz 1 setzt eine **bestehende, rechtswirksam** geschlossene **Ehe** voraus; bei einer sog.   11
hinkenden Ehe[22] wird neben dem Postulat der internationalen Entscheidungsharmonie[23] insb. der
Vertrauensschutz des unterhaltsbedürftigen Ehegatten für die Unterhaltsberechtigung maßgebend
sein. I.Ü. ist es grds. unerheblich, ob, inwieweit und in welcher Form die Ehegatten ihre **eheliche
Lebensgemeinschaft** verwirklicht und ihre beiderseitigen Lebensdispositionen aufeinander abgestimmt haben. Von Bedeutung ist nicht, ob sie jemals einen gemeinsamen Hausstand hatten, ob
sie also niemals zusammengelebt oder gar von Anfang an getrennt gelebt hatten.[24] Es kommt auch
nicht darauf an, in welchem Maße sie ihre Einkünfte für den Unterhalt des anderen und für eine
gemeinsame Lebensführung verwendet haben,[25] ob sie überhaupt zu irgendeinem Zeitpunkt ihres
Zusammenlebens eine wirtschaftliche Gemeinschaft gebildet, oder ob sie gar mit getrennten Kassen gewirtschaftet haben.[26] Die unterhaltsrechtliche Position eines Ehegatten kann durch die
erneute Ehe **derselben** Parteien daher nicht verschlechtert werden.[27]

Für den Anspruch nach § 1361 Abs. 1 kommt es weder auf die **Dauer der Ehe**[28] – die Verwei-   12
sungsnorm des § 1361 Abs. 3 nimmt § 1579 Nr. 1 (kurze Dauer der Ehe) ausdrücklich aus[29] –
noch auf die Dauer der Trennung[30] an: Die Dauer der Trennung ist erst im Rahmen von § 1361
Abs. 2 (Erwerbsobliegenheiten) zu prüfen. In der Dauer des Getrenntlebens kann auch kein rechtfertigender Grund zur Kürzung des Unterhaltsanspruchs erblickt oder sonst ein Anlass gesehen
werden, durch ein abweichendes Verständnis der Bemessungskriterien den Trennungsunterhalt
niedriger zu bemessen.

---

20 BGHZ 111, 248 = BGH, FamRZ 1990, 851, 852 – auch zu den Besonderheiten des Anspruchs bei einer
    Gütergemeinschaft.
21 BGH, FamRZ 1981, 439, 440; FamRZ 1985, 782, 784.
22 Hierzu s. etwa BVerfGE 62, 323 = BVerfG, FamRZ 1983, 668 – auch Witwen aus »hinkenden Ehen«
    seien Hinterbliebene i.S.d. § 1264 RVO (Aufhebung BSG, FamRZ 1981, 767); BGH, FamRZ 2003, 838
    = FuR 2003, 516 zu einer vor einem nicht gem. § 15a Abs. 1 EheG ermächtigten Geistlichen in Deutsch-
    land geschlossenen Ehe; BFHE 185, 475 = NJWE-FER 1998, 212; BSG, SozR 2200, § 1291, Nr. 35;
    BayObLG, FamRZ 1995, 602; 2000, 609; BayObLGZ 2000, 335 – Eheschließung im Iran in Abwesen-
    heit der Brautleute; OLG Stuttgart, FamRZ 1980, 783; FamRZ 2000, 821; OLG Karlsruhe, FamRZ
    1983, 757; OLG Köln, FamRZ 1994, 891; OLG Hamm, FamRZ 1994, 1182; KG, FamRZ 1996, 944;
    LSG Hamburg, FamRZ 1986, 994.
23 S. etwa BayObLGZ 2000, 335 = StAZ 2001, 66.
24 BGH, FamRZ 1982, 573; FamRZ 1985, 376, 378; FamRZ 1989, 838 m. abl. Anm. Henrich; FamRZ
    1989, 839, jeweils m.w.N.; FamRZ 1994, 558; OLG Köln, NJW 1995, 1157.
25 BGH, FamRZ 1985, 376; FamRZ 1989, 838.
26 BGHF 3, 203; BGH, FamRZ 1982, 573; FamRZ 1985, 376.
27 OLG Celle, FamRZ 2006, 703.
28 BGH, FamRZ 1987, 572; FamRZ 1989, 838.
29 S. etwa OLG Koblenz, OLGR 2003, 131.
30 BGH, FamRZ 1985, 376 – mehr als 30-jähriges Getrenntleben der Parteien.

Eine nur **formell bestehende Ehe** mit anderen (verminderten) als den gesetzlichen Rechten und Pflichten gibt es nicht, sodass es nur darauf ankommen kann, ob ein Ausschluss, eine Herabsetzung oder eine zeitliche Begrenzung des Unterhaltsanspruchs gem. § 1361 Abs. 3 i.V.m. § 1579 Nr. 2 bis 8 gerechtfertigt ist.[31]

13 Trotz allem setzt der Anspruch auf Trennungsunterhalt jedenfalls eine gewisse **eheliche Solidarität** voraus. Wer einerseits die Vorstellung seines Partners kennt und teilt, die Eheschließung vor dem Standesbeamten sei irrelevant, und deshalb von der Aufnahme einer ehelichen Lebensgemeinschaft absieht, kann nicht andererseits einen Unterhaltsanspruch aus der formalen Rechtsstellung herleiten, die ihm die Eheschließung nach deutschem Recht gibt (etwa aus **Scheinehen**). Er hält sich mit seinem Begehren nicht an die mit seinem Partner getroffene Vereinbarung über die internen Folgen der Eheschließung und setzt sich in Widerspruch zu seinem eigenen Verhalten. Eine derartige Sachlage kann einen Verwirkungsgrund nach § 1579 Nr. 8 darstellen.[32] Haben Ehegatten während einer Ehezeit von 24 Jahren ständig räumlich getrennt gelebt, und haben sich ihre persönlichen Kontakte auf drei bis vier Treffen im Jahr sowie gelegentliche Telefonate beschränkt, dann weicht diese Ehe bei einer Gesamtbewertung derart stark von dem »klassischen« Ehebild ab, dass es kaum mehr eine innere Rechtfertigung für Ehegattenunterhalt gibt. In diesem Falle ist es unangemessen, einen Ehegatten zu Unterhaltszahlungen nach den ehelichen Lebensverhältnissen zu verpflichten; angemessen erscheint es vielmehr, den Unterhalt – wenn er denn überhaupt zu leisten ist – auf den notwendigen Bedarf zu begrenzen.[33]

II. Getrenntleben

14 Für das Tatbestandselement »Getrenntleben« kann auf die auf die Scheidung ausgerichtete **Legaldefinition** des § 1567 Abs. 1 zurückgriffen werden. Danach leben die Ehegatten getrennt, wenn **(objektiv)** zwischen ihnen keine häusliche Gemeinschaft besteht, und **(subjektiv)** ein Ehegatte sie erkennbar nicht herstellen will, weil er die eheliche Lebensgemeinschaft ablehnt. Ein zeitlich begrenzter Versöhnungsversuch (s. § 1567 Abs. 2) unterbricht, beendet jedoch das (auch unterhaltsrechtliche) Getrenntleben nicht;[34] ebenso wie i.R.d. § 1567 kann die insoweit unschädliche Zeitgrenze bei bis zu etwa drei Monaten angesetzt werden. Leben Eheleute nach einer Phase der Trennung für einen nicht nur vorübergehenden Zeitraum wieder in ehelicher Gemeinschaft zusammen, wird ein zuvor bestehender Anspruch auf Trennungsunterhalt durch einen Anspruch auf Familienunterhalt nach §§ 1360, 1360a abgelöst. Ein etwa für den Trennungsunterhalt bestehender Unterhaltstitel verliert seine Wirkung; der Unterhaltsanspruch muss nach einer erneuten Trennung der Eheleute neu bemessen und tituliert werden.[35]

Eine sozialrechtliche Bedarfsgemeinschaft von Eheleuten kann auch bei Ehen ohne gemeinsamen räumlichen Lebensmittelpunkt, auch im Falle einer räumlichen Trennung, anzunehmen sein. Für die Annahme »dauernden Getrenntlebens« muss gemäß familienrechtlichen Grundsätzen zur räumlichen Trennung hinzu ein nach außen erkennbarer Trennungswille eines Ehegatten zur Lösung des einvernehmlich gewählten Ehemodells hinzutreten.[36] Die bloße Aufnahme eines Ehegatten in ein Pflegeheim kann daher für sich allein noch nicht als Trennung i.S.d. § 1567 angese-

---

31 BGH, FamRZ 1986, 244; FamRZ 1994, 558; FamRZ 1994, 558.
32 BGH, FamRZ 1994, 558 – die Ehegatten (koptische Christen) hatten sich wegen kirchlich noch nicht aufgelöster Vorehe trotz standesamtlicher Trauung als noch nicht »verheiratet« betrachtet.
33 OLG München, FamRZ 2003, 874 zum nachehelichen Unterhalt.
34 OLG Hamm, NJW-RR 1986, 554 – Zeitgrenze: drei Monate.
35 OLG Hamm, NJW-RR 2011, 1015 = FamRZ 2011, 1234 [Ls].
36 BSGE 105, 291 = FamRZ 2010, 973 = FuR 2010, 289.

hen werden, so dass sich Unterhaltsansprüche (nach wie vor) aus § 1360, nicht jedoch aus § 1361 ergeben; damit besteht auch eine sozialrechtliche Bedarfsgemeinschaft fort).[37]

1. Aufhebung der häuslichen Gemeinschaft

Grds. ist die häusliche Gemeinschaft zum Zwecke einer Trennung im Rechtssinne vollständig auf- **15** zuheben;[38] die Eheleute müssen also **verschiedene Haushalte** führen und in ihnen leben, auch bei einer Trennung **innerhalb** der **ehelichen Wohnung** (§ 1567 Abs. 1 Satz 2), sodass die Trennung auch für einen Dritten nach außen hin erkennbar zutage tritt. Sie müssen ein Höchstmaß an Trennung in allen Lebensbereichen praktizieren, also ihre Wohn- und Schlafbereiche derart aufgeteilt haben, dass verbleibende Gemeinsamkeiten (nur) als gelegentliches Zusammentreffen aufgrund bloßen räumlichen Nebeneinanders zu beurteilen sind.[39] Solange sie noch im gemeinsamen Ehebett schlafen, ist eine Trennung im Rechtssinne jedenfalls ausgeschlossen.[40] Das Tatbestandselement »leben ... getrennt« setzt jedoch nicht voraus, dass die Eheleute überhaupt einmal zusammengelebt haben.[41]

Vielfach lassen sich – insb. bei **räumlicher Trennung innerhalb** der **ehelichen Wohnung** – geringe **16** **Gemeinsamkeiten** nicht verhindern (etwa dem trennungswilligen Ehegatten aufgedrängte Arbeiten im Haushalt). Solche geringen **verbleibenden untergeordneten Gemeinsamkeiten** (etwa wegen Kinderbetreuung,[42] aufgrund aufgedrängter Hilfe des anderen Ehegatten[43] oder wegen des Zuschnitts der Ehewohnung) hindern daher das Getrenntleben nicht, wenn sie sich als unwesentlich darstellen.[44]

2. Ablehnung der ehelichen Lebensgemeinschaft

Das subjektive Tatbestandselement des § 1567 Abs. 1 »**Ablehnung der ehelichen Lebensgemein-** **17** **schaft**« setzt voraus, dass derjenige Ehegatte, der mit dem anderen nicht mehr zusammenleben will, erkennbar zur Trennung entschlossen ist und diesen Trennungswillen auch äußert; der **Trennungswille** muss also **erkennbar** nach **außen** treten, etwa in der Stellung eines Scheidungsantrages oder in der Wahl einer getrennten steuerlichen Veranlagung.[45] Dies ist v.a. dann von Bedeutung, wenn bereits eine objektive häusliche Trennung besteht, und ein Ehegatte erst nachträglich auch eine »juristische« Trennung beabsichtigt.[46] Eine bloß vorübergehende räumliche Trennung führt noch nicht zur Annahme eines dauernden Getrenntlebens. Hat jemand geheiratet, obwohl er vorher und nachher von seiner Ehegattin räumlich getrennt gelebt hat, zeigt sich darin, dass die unterschiedlichen Wohnsitze keinen Trennungswillen ausdrücken.[47]

---

37 OLG Köln, FamRZ 2010, 2076 – auch zum Umfang und zur Höhe des Unterhaltsanspruchs des in der Ehewohnung verbliebenen gegen den in einem Pflegeheim untergebrachten Ehegatten, wenn beide Eheleute zusätzlich zu ihren Einkünften (Renten) auf Sozialleistungen angewiesen sind; zum Begriff des »dauernden Getrenntlebens« i.S.d. § 7 Abs 3 SGB II s. Storr, NJ 2010, 394 ff.
38 OLG München, FamRZ 1998, 826.
39 OLG Jena, OLGR 2001, 343.
40 OLG Dresden, 17.08.2001 – 20 WF 500/01, juris.
41 BGH, FamRZ 1982, 573; FamRZ 1994, 558.
42 OLG Stuttgart, FamRZ 1992, 1435; OLG Celle, OLGR 2006, 284 – auch zu den Beweisschwierigkeiten bei Getrenntleben innerhalb der gemeinsamen Wohnung.
43 OLG Jena, OLGR 2001, 343.
44 OLG München, FamRZ 1998, 826.
45 BayLSG, 12.04.2010 – L 8 AS 136/10 B ER, juris.
46 OLG Jena, OLGR 2001, 343.
47 BayLSG, 12.04.2010 – L 8 AS 136/10 B ER, juris.

III. Anspruch auf Ausbildungsunterhalt während der Trennung

18 § 1361 regelt nicht näher, ob ein getrennt lebender Ehegatte Unterhalt beanspruchen kann, soweit er durch eine **Berufsausbildung** an einer Erwerbstätigkeit gehindert ist. Ein Unterhaltsanspruch nach den Maßstäben des § 1575 scheidet während der Trennung grds. aus.[48]

19 **Ausnahmsweise** kann – wenn auch nur in besonders gelagerten Fällen – ein Anspruch auf Ausbildungsunterhalt auch während des Getrenntlebens in Betracht kommen, als er sich nach den Kriterien des § 1573 Abs. 1 i.V.m. § 1574 Abs. 3 begründen lässt, ferner, wenn ein Ehegatte während der Trennungszeit im Vorgriff auf die Voraussetzungen des § 1575 eine Ausbildung aufnimmt oder fortsetzt, um eine mit der bisherigen Ausbildung vergleichbare berufliche Qualifikation zu erreichen, die bessere Aussichten am Arbeitsmarkt bietet, oder um ehebedingte Nachteile aufzuholen bzw. zu vermeiden,[49] nachdem das endgültige Scheitern der Ehe feststeht, sodass er sich auf die neue Lage einstellen und nach seinen Möglichkeiten um eine (Wieder-) Eingliederung in das Erwerbsleben bemühen muss.[50] **Entscheidend** ist danach regelmäßig, ob die Aufnahme einer Ausbildung für die Ausübung einer angemessenen Erwerbstätigkeit erforderlich ist, oder ob auch eine unqualifizierte Tätigkeit den ehelichen Lebensverhältnissen entspricht.

20 Die Verschärfung des Zumutbarkeitsmaßstabs, welcher der Unterhaltsgläubiger unter diesen Umständen im Rahmen von § 1361 Abs. 2 unterliegt, und die eine weiter gehende Annäherung an die Anforderungen des nachehelichen Unterhaltsrechts bewirkt, kann im Einzelfall dazu führen, dass sich der bedürftige Ehegatte – entsprechend § 1574 Abs. 3 für die Zeit nach der Scheidung – einer zur Erlangung einer angemessenen Erwerbstätigkeit erforderlichen Ausbildung unterziehen muss.[51] Sagt ein Ehegatte im Zuge der Eheschließung dem anderen, aus einem anderen Land und Kulturkreis stammenden Ehegatten im Fall der ehebedingten Übersiedlung nach Deutschland das Erlernen der Sprache und die Finanzierung einer Ausbildung zu, so ist er daran auch im Fall der Trennung jedenfalls insoweit festzuhalten, als er dem anderen Ehegatten, der nach dem Erwerb der Sprachkenntnisse ein Hochschulstudium anstrebt, Unterhalt für den Fall der Aufnahme einer – regelmäßig kürzeren und zu einer eigenen Vergütung führenden – Berufsausbildung schuldet.[52]

D. Lebensbedarf (§ 1361 Abs. 1)

I. Maß des Unterhalts nach den ehelichen Lebensverhältnissen

21 Der Unterhaltsbedarf eines getrennt lebenden Ehegatten (»**Maß des Unterhalts**«) richtet sich nach den **individuell** zu ermittelnden (ehelichen) »**Lebensverhältnissen** und den **Erwerbs-** und **Vermögensverhältnissen**« der Ehegatten (§ 1361 Abs. 1 Satz 1). Dieser in § 1361 Abs. 1 normierte Begriff der »ehelichen Lebensverhältnisse« ist – trotz des verschiedenen Wortlauts in § 1361 Abs. 1 Satz 1 und in § 1578 Abs. 1 – identisch mit dem Maßstab für den nachehelichen Unterhalt in § 1578 Abs. 1 Satz 1.[53] Maßgebend sind insb. das tatsächliche Erwerbseinkommen einschließlich aller Gebrauchsvorteile, bei Verletzung von Obliegenheiten auch zuzurechnendes fiktives Einkommen, anderweitiger Unterhalt sowie der gesamte angemessene Vorsorgebedarf.[54]

---

48 BGH, FamRZ 2001, 350 = FuR 2001, 262.
49 Vgl. hierzu zuletzt BGH, FamRZ 2010, 629 = FuR 2010, 342 m.w.N.; zur Verteilung der Darlegungs- und Beweislast für ehebedingte Nachteile i.R.d. Unterhaltsbegrenzung s. BGHZ 185, 1 = FamRZ 2010, 875 = FuR 2010, 398.
50 BGHZ 109, 211 = BGH, FamRZ 1990, 283; s.a. OLG Hamburg, FamRZ 1985, 1260, 1261.
51 BGH, FamRZ 2001, 350 = FuR 2001, 262; s.a. OLG Nürnberg, FuR 2001, 44.
52 OLG Düsseldorf, FamRZ 2008, 1856.
53 BGH, FamRZ 1987, 257, 259.
54 OLG Zweibrücken, FamRZ 2007, 470.

Klein, Marion

Die **ehelichen Lebensverhältnisse** werden (nur) aufgrund des tatsächlich erzielten Familienein- 22
kommens (Lebens-, Erwerbs- und Vermögensverhältnisse beider Ehegatten) in der **Zeit** des
Zusammenlebens bestimmt, soweit hierdurch der **gemeinsame Lebensstandard** beider Ehegatten
nachhaltig geprägt war;[55] eine Hinzurechnung gedachter wirtschaftlicher Verhältnisse verbietet
sich.[56] Waren etwa die ehelichen Lebensverhältnisse in einer Soldatenfamilie durch die Beschränkung auf den Bezug von Übergangsgebührnissen der Bundeswehr geprägt, richtet sich die
Bedarfsberechnung für den Trennungsunterhalt nur nach diesen, auch wenn eine Ausweitung der
Einkünfte durch die Aufnahme einer Erwerbstätigkeit möglich gewesen wäre (allerdings sind die
Verdienstmöglichkeiten aus Erwerbstätigkeit i.R.d. Leistungsfähigkeit von Bedeutung).[57] Da sich
dieses **Maß** ausschließlich aus den **Verhältnissen** während **intakter Ehe** ergibt, kann es jeweils nur
individuell im Einzelfall ermittelt werden. Demzufolge bemisst der BGH[58] in ständiger Rechtsprechung den Unterhaltsbedarf des getrennt lebenden/geschiedenen Ehegatten nach den **individuell** ermittelten **Lebens-, Einkommens-** und **Vermögensverhältnissen** der Ehegatten, die den
ehelichen Lebensstandard bestimmt haben, geht allerdings in Mangellagen nunmehr von einem
pauschalierten Mindestbedarf aus.[59]

Maßgeblicher Zeitpunkt für die Ermittlung der **ehelichen Lebensverhältnisse** ist die **Trennung** 23
der Eheleute, also der aktuelle Stand der wirtschaftlichen Verhältnisse, an deren Entwicklung die
Ehegatten bis zur Trennung teilgenommen haben: Der Trennungsunterhalt soll sicherstellen, dass
dem nicht oder weniger verdienenden Ehegatten auch nach der Trennung der während des
Zusammenlebens erreichte **Lebensstandard** erhalten bleibt.[60] Nach der **Trennung** eintretende **Veränderungen** sind nur zu berücksichtigen, wenn und soweit sie als eheprägend (»in der Ehe wur-
zelnd«) anzuerkennen sind, nicht also, wenn sie auf einer **unerwarteten** und vom **Normalverlauf
erheblich abweichenden Entwicklung** beruhen, oder wenn sie Umstände in den ehelichen
Lebensverhältnissen surrogieren (etwa der Haushaltsführung/Kinderbetreuung nachfolgendes
Erwerbseinkommen, fiktive Einkünfte und/oder Haushaltsführung für einen neuen Partner als
Surrogat entsprechender familiärer Leistungen).[61]

Insoweit ist daher im Einzelnen auf die Kommentierung zu § 1578 Rdn. 1 ff. zu verweisen, wobei 24
allerdings auf folgende **Besonderheiten** i.R.d. Trennungsunterhalts zu achten ist:

- Die Tatsache, dass die Eheleute bei Beginn der Ehe noch nicht – wie beabsichtigt – eine **angemessene Wohnung** bezogen hatten, und dass es nicht zu einem **längeren Zusammenleben**
gekommen ist, berührt die vom beiderseitigen Einkommen bestimmten Lebensverhältnisse
nicht;[62]
- Für die Festsetzung des Bedarfs ist die Höhe des bislang gewährten **Haushaltsgeldes** ohne
Belang: Der eheangemessene Lebensbedarf kann nicht durch das Haushaltsgeld geprägt worden sein;[63]
- der Wert mietfreien Wohnens (»**Wohnwert**«) ist während der Trennung bis zu einer güterrechtlichen Regelung oder bis zur Rechtshängigkeit eines Scheidungsverfahrens ausnahmsweise
nicht mit dem Marktwert (sog. objektiver Wohnwert), sondern mit einem geringeren Wert

---

55 BGH, FamRZ 1982, 360, 361; OLG Hamm, FamRZ 1986, 1102.
56 BGH, FamRZ 1997, 281, 283.
57 OLG Hamm, NJW-RR 2004, 149.
58 Vgl. etwa BGHZ 104, 158, 168 = BGH, FamRZ 1988, 705; BGH, FamRZ 1995, 346 f.; FamRZ 1997,
    806.
59 BGH, FamRZ 2010, 357 = FuR 2010, 217; FamRZ 2010, 444 = FuR 2010, 286; FamRZ 2010, 629 =
    FuR 2010, 342; FamRZ 2010, 802.
60 OLG Zweibrücken, FamRZ 1982, 269.
61 Hierzu BGH, FamRZ 2001, 1693 = FuR 2001, 500; FamRZ 2004, 1170 = FuR 2004, 497; FamRZ
    2004, 1173 = FuR 2004, 500.
62 BGH, FamRZ 1980, 876.
63 BGHZ 109, 211 = BGH, FamRZ 1990, 283; OLG Hamm, FamRZ 1991, 1310.

(sog. **subjektiver Wohnwert**) anzusetzen:[64] Bewohnt ein getrennt lebender Ehegatte vorübergehend noch die im Alleineigentum des anderen stehende Immobilie, und wird dieser Wohnwert
beim Unterhalt angemessen berücksichtigt, dann kann der Eigentümer der Immobilie keine
weitere Nutzungsentschädigung, gleich aus welchem Rechtsgrund, verlangen;[65]

– **Konkurrenzen** zwischen **Gesamtschuldnerausgleich** gem. § 426 und **Trennungsunterhalt** gem.
§ 1361: Eine – die hälftige Ausgleichspflicht unter Gesamtschuldnern überlagernde – anderweitige Bestimmung i.S.d. § 426 Abs. 1 Satz 1 ist nicht bereits dann anzunehmen, wenn ein
Ehegatte die gemeinsamen Schulden nach der Trennung weiterhin allein abträgt, während der
andere – auch ohne ausdrückliche oder stillschweigende Vereinbarung – Trennungsunterhalt
nicht geltend macht.[66] Eine anderweitige Bestimmung liegt jedoch dann nahe, wenn die alleinige Schuldentilgung durch einen der Ehegatten bei der Bemessung des dem anderen zustehenden Ehegattenunterhalts – sei es durch Urteil/Beschluss oder Vereinbarung – bereits
berücksichtigt wurde.[67] Hat ein Ehegatte aufgrund bestehender Verbindlichkeiten davon abgesehen, Unterhaltsansprüche gegen den anderen geltend zu machen, ist nach den Umständen
des Einzelfalles zu entscheiden, ob daraus auf eine (stillschweigende) anderweitige Bestimmung
geschlossen werden kann.[68] Die Auslegung einer – im unmittelbaren Anschluss an ein gerichtliches Erkenntnis zum Trennungsunterhalt getroffenen – unterhaltsrechtlichen Abrede kann
ergeben, dass die Parteien ungeachtet eines beiderseitigen Verzichts auf Ehegattenunterhalt für
die Zukunft die Unterhaltsberechnung fortgeschrieben haben.[69]

– Allerdings kann in der Berücksichtigung einer vom Unterhaltsschuldner getragenen Gesamtschuld bei der Bemessung des Kindesunterhalts regelmäßig **keine** anderweitige Bestimmung
gesehen werden, die Ausgleichsansprüche zwischen den Ehegatten nach § 426 Abs. 1 Satz 1 ausschließt.[70] Wird kein Unterhalt gezahlt oder gefordert, kann sich der auf Gesamtschuldnerausgleich in Anspruch Genommene nur wie folgt dagegen wehren: Er muss eine ausdrückliche
oder konkludente Vereinbarung darlegen und beweisen, nach der er keinen Unterhalt begehrt,
weil der andere die Schulden alleine abträgt. Es müssen daher klare **Grundlagen** zur **Behandlung** der **Schulden** beim **Unterhalt** vereinbart werden, gleichfalls ab wann bei Veränderungen
der unterhaltsrelevanten Verhältnisse der Gesamtschuldnerausgleich wieder einsetzt. Der
Gesamtschuldnerausgleich kann sich auch auf einen Teil der monatlichen Schuldraten
beschränken.

– Ist eine Verbindlichkeit im ausschließlichen Interesse eines Ehegatten begründet worden, und
kommt sie diesem auch allein wirtschaftlich zugute, kann dies den Schluss auf seine alleinige
Ausgleichspflicht rechtfertigen.[71] Der Gesamtschuldnerausgleich dient jedoch nicht der Korrektur unterhaltsrechtlicher Grundsätze (Erwerbstätigenbonus/Quotenunterhalt); eine »Restaus-
gleichsforderung« für verschiedene Unterhaltszeiträume besteht daher nicht.[72]

---

64 BGH, FamRZ 1998, 899; s.a. OLG Nürnberg, FamRZ 2008, 992 = FuR 2008, 218 zum anrechenbaren
    Mietwert bei Nutzung eines im Eigentum des Unterhaltsschuldners stehenden Eigenheims.
65 OLG Celle, OLGR 1998, 193.
66 Hierzu BGH, FamRZ 2005, 1236 = FuR 2005, 379; OLG Oldenburg, FamRZ 2006, 267 = FuR 2005,
    525 – kein Gesamtschuldnerausgleich bei Getrenntleben der Ehegatten für Ausgaben eines Ehegatten für
    Kosten der allgemeinen Lebensführung der Familie.
67 BGH, FamRZ 2008, 602 = FuR 2008, 201; OLG Koblenz, FamRZ 2010, 1901.
68 BGH, FamRZ 2008, 602 = FuR 2008, 201 im Anschluss an BGH, FamRZ 2005, 1236 = FuR 2005,
    379.
69 OLG Koblenz, FamRZ 2010, 1901.
70 BGH, FamRZ 2007, 1975 = FuR 2007, 562; FamRZ 2008, 602 = FuR 2008, 201.
71 S. etwa BGH, FamRZ 2010, 1542 = FuR 2010, 646 zur Ausgleichspflicht eines Ehegatten für ein Darle-
    hen, das der andere Ehegatte von seinen Eltern zur Finanzierung einer von den Eheleuten gemeinsam
    erworbenen Eigentumswohnung allein aufgenommen hat.
72 OLG Koblenz, FamRZ 2010, 1901.

II. Gravierende Veränderung nach der Trennung: Steuerliche Veranlagung

Während **bestehender häuslicher Gemeinschaft** können sich die Ehegatten **gemeinsam** zur Ein- 25
kommensteuer **veranlagen** lassen (§ 26 EStG). Die gemeinsamen Einkünfte werden zusammengerechnet (§ 26a EStG), und der Einkommensteuertarif wird nach dem Splittingverfahren ermittelt
(§ 32a Abs. 5 EStG). Dies führt regelmäßig zu einer niedrigeren Besteuerung, insb. dann, wenn
ein Ehepartner kein Einkommen erzielt. Ausnahmsweise kann allerdings eine getrennte Veranlagung steuerlich günstiger sein, insbesondere wenn ein Ehegatte Einkünfte erzielt, die zwar steuerfrei sind, aber gem. § 32b EStG dem Progressionsvorbehalt unterliegen (z.B. Arbeitslosengeld oder
ausländische Einkünfte), oder aber wenn für einen Teil der Einkünfte eine Tarifermäßigung (sog.
Fünftelregelung oder ein ermäßigter Steuersatz) in Frage kommt. Das verfassungsrechtlich gebotene Ehegatten-Splitting entspricht dem Grundsatz der Besteuerung nach der wirtschaftlichen
Leistungsfähigkeit: Es geht davon aus, dass zusammenlebende Ehegatten eine Gemeinschaft des
Erwerbs und des Verbrauchs bilden, in der ein Ehegatte an den Einkünften und den Lasten des
anderen wirtschaftlich jeweils zur Hälfte teilhat. Dies steht im Einklang mit den Grundwertungen
des Familienrechts (Zugewinngemeinschaft und Versorgungsausgleich) sowie mit den verfassungsrechtlichen Vorgaben aus Art. 6 Abs. 1 GG. Diese das Splittingverfahren rechtfertigenden verfassungsrechtlichen Gründe sind weder auf Alleinerziehende noch auf getrennt lebende oder geschiedene Ehegatten übertragbar.[73] Bei getrennter Veranlagung kann der Ehegattenunterhalt nach § 10
Abs. 1 Nr. 1 EStG als Sonderausgabe abgesetzt werden (begrenztes Realsplitting),[74] was den Steuer-
nachteil in aller Regel – wenigstens teilweise – ausgleicht. Der Antrag kann auch noch nach
Bestandskraft der eigenen Steuerfestsetzung, aber auch nach derjenigen des (auch geschiedenen)
Ehegatten wirksam gestellt werden.[75] Reduziert die gemeinsame Veranlagung die Steuerschuld
eines Ehegatten, besteht eine familienrechtliche Verpflichtung des anderen, der gemeinsamen Veranlagung zuzustimmen, soweit er dadurch selbst keine Nachteile erleidet.

1. Gemeinsame Veranlagung trotz Trennung

Bei **dauerndem Getrenntleben** ist (spätestens) ab dem Kalenderjahr, das auf die **Trennung** folgt, 26
keine gemeinsame Veranlagung mehr möglich. Bei Lohnsteuerpflicht wechselt die Lohnsteuerklasse (vgl. §§ 38, 38b EStG); die bisher gewählten Steuerklassen dürfen jedoch auch nach der
Trennung noch bis zum Ende des Kalenderjahres, in dem sich die Ehegatten getrennt haben, beibehalten werden: Steuerrechtlich werden an die Trennung (s. § 26 Abs. 1 EStG) geringere Anforderungen gestellt als an die familienrechtliche Trennung nach § 1567. Haben die Ehegatten die
Lohnsteuerklassen III/V gewählt, ist der Nachteil aus der Lohnsteuerklasse V entweder über den
Unterhalt oder über eine (gemeinsame) Steuerveranlagung mit interner Abrechnung auszugleichen. Die Versagung der Anwendung des Splittingtarifs für getrennt lebende oder geschiedene
Ehegatten widerspricht weder dem Zweck der einschlägigen gesetzlichen Regelung, noch ist sie
mit allgemeinen Rechtsgrundsätzen oder verfassungsrechtlichen Wertentscheidungen unvereinbar:
Da bei dauernd getrennt lebenden oder geschiedenen Ehegatten die Gemeinschaft des Erwerbs
und des Verbrauchs aufgehoben ist, widerspricht es nicht verfassungsrechtlichen Wertentscheidun-

---

73 BFH/NV 2003, 157; s. auch BGH FamRZ 2011, 210 (mit Anm. Schlünder/Geißler) = FamRB 2011,
    115 (Janlewing), und BGH FamRZ 2012, 357 = FamRB 2011, 345 (Janlewing) zu den Voraussetzungen
    des Anspruchs auf Zustimmung zur Zusammenveranlagung, nachdem die andere Seite dem Finanzamt
    gegenüber getrennte Veranlagung beantragt hatte (es ging – bei zusammenlebenden Eheleuten – jeweils
    um die Frage, wem die steuerliche Nutzung eines Verlustvortrags bei Insolvenz eines Ehegatten zusteht).
74 Ab 01.01.2002 13.805,00 €, zur steuerlichen Abzugsfähigkeit von Ehegattenunterhalt i.R.d. begrenzten
    Realsplittings s. Caspary, FPR 2003, 410; zur Obliegenheit zur Geltendmachung des Realsplittings bei
    anerkannter Unterhaltspflicht s. OLG Brandenburg, NJW 2009, 1356; so auch OLG Hamm, FamRZ
    2008, 893.
75 Liebelt, NJW 1994, 609 ff.

gen, dass dauernd getrennt lebende oder geschiedene Ehegatten nicht zusammen veranlagt werden können und deshalb auch nicht in den Genuß des Splittingtarifs gelangen.[76]

26a Ob Ehegatten dauernd getrennt i.S.d. § 26 Abs. 1 EStG leben, ist nach dem Gesamtbild der gegenseitigen Beziehung im jeweiligen konkreten Einzelfall zu würdigen. Ehegatten leben dauernd getrennt i.S.d. § 26 EStG, wenn die zum Wesen einer Ehe gehörende Lebens- und Wirtschaftsgemeinschaft nach dem Gesamtbild der Verhältnisse auf Dauer nicht mehr besteht, wobei einer auf Dauer herbeigeführten Trennung bei Abwägung der für und gegen die Annahme eines dauernden Getrenntlebens sprechenden Merkmale regelmäßig besondere Bedeutung zukommt. Dabei ist unter Lebensgemeinschaft die räumliche, persönliche und geistige Gemeinschaft der Ehegatten und unter Wirtschaftsgemeinschaft die gemeinsame Erledigung der die Ehegatten gemeinsam berührenden wirtschaftlichen Fragen ihres Zusammenlebens zu verstehen. Die bloße Ankündigung eines Ehegatten, nicht mehr mit dem anderen zusammen leben und sich trennen zu wollen, ist für eine Beendigung der Lebens- und Wirtschaftsgemeinschaft nicht ausreichend: Es ist zwischen der Ankündigung der Trennung und deren tatsächlichem Vollzug zu unterscheiden. Für ein Getrenntleben i.S.d. § 1567 ist vollkommene Trennung der Ehegatten erforderlich.[77] Das Ende der ehelichen Lebensgemeinschaft muß aufgrund äußerer Umstände erkennbar sein, z.B. durch das Abholen der persönlichen Gegenstände aus der früheren gemeinsamen Wohnung und den Umzug in eine neue Wohnung; die Bekundung der Trennungsabsicht genügt nicht.[78] Die eheliche Lebensgemeinschaft wird deshalb auch dann nicht bereits während der kurbedingten Abwesenheit eines Ehegatten beendet, wenn es nach der Rückkehr tatsächlich zur Trennung kommt. Äußert sich ein Ehegatte daher im Rahmen der Einkommensteuererklärung für den Veranlagungszeitraum 2001, dass er seit November 2000, dem Monat der Ankündigung der Trennung oder Dezember 2000, dem Monat des Antritts einer vierwöchigen Kur durch den anderen Ehegatten, getrennt lebt, kann bei gegenteiligen Äußerungen des anderen Ehegatten und aufgrund entgegenstehender äußerer Umstände (Zeitpunkt der Kündigung der gemeinsamen Mietwohnung, Auszug am Tag der Rückkehr von der Kur im Januar 2001, 25 Jahre Ehe, zwei gemeinsame Kinder im Haushalt, Belassen sämtlicher privater Gegenstände während des Kuraufenthalts in der Wohnung, getrennte Wirtschaftsführung erst ab Januar 2001) gleichwohl auf ein Zusammenleben bis Januar 2001 geschlossen werden.[79]

26b Ein Zusammenleben der Ehegatten über kürzere Zeit, das ihrer Versöhnung dienen soll, unterbricht oder hemmt die in § 1566 bestimmten Fristen nicht (§ 1567 Abs. 2). Damit bezweckt das Gesetz, den Eheleuten nach einer Trennung einen Neuanfang zu ermöglichen und sie nicht durch eine Unterbrechung der Trennungsfristen von einem Versöhnungsversuch abzuhalten. War die häusliche Gemeinschaft der Ehepartner durch Auszug eines Partners beendet, so wird sie nicht dadurch wieder hergestellt, dass der ausgezogene Ehepartner kürzere Zeiträume wieder mit dem anderen Ehepartner verbringt, ohne jedoch Anstalten einer vorbehaltlosen Rückabwicklung des Auszugs zu machen. Gelegentliche gemeinsame Übernachtungen, mehrtägige Besuche oder auch gemeinsame Urlaubsreisen unterbrechen das Getrenntleben nicht.[80] Erst bei einem Zusammenleben von über einem Monat und anhand von weiteren objektiven Gegebenheiten und Umständen sowie unter Heranziehung der inneren Einstellung der Ehegatten zur ehelichen Lebensgemeinschaft kann nach einer vorangegangenen dauernden Trennung von einer Wiederherstellung der

76 So FG München EFG 2010, 1768 – die hiergegen eingelegte Nichtzulassungsbeschwerde zum BFH blieb ohne Erfolg: Nach Ansicht des BFH (BFH/NV 2011, 1874) war die Revision nicht zuzulassen, weil der Rechtsstreit die Anwendung des Splittingtarifs aus Billigkeitsgründen betraf, sachliche und/oder persönliche Billigkeitsgründe jedoch fehlten.
77 BFHE 145, 549 = FamRZ 1986, 805 [Ls]; FG Köln EFG 1993, 379.
78 *BFH/NV 2010, 2042.*
79 FG Berlin EFG 2008, 212 (bestätigt durch BFH/NV 2010, 2042).
80 FG Köln EFG 1993, 379.

ehelichen Lebensgemeinschaft gesprochen werden, die zu einem nicht dauernden Getrenntleben führt und damit die Zusammenveranlagung eröffnet.[81]

Unternehmen die Ehegatten vor Rechtskraft der Scheidung einen (echten) Versöhnungsversuch, 27 dann sind sie auf Antrag in dem Jahr, in dem dieser Versöhnungsversuch stattgefunden hat, berechtigt, sich (noch) zusammen veranlagen zu lassen. Ein gescheiterter Versöhnungsversuch, welcher sich nach einer dauernden Trennung über den Jahreswechsel erstreckt, kann eine Zusammenveranlagung in beiden Veranlagungszeiträumen begründen.[82] Die Zustimmung darf nicht von der Beteiligung an der zu erwartenden Steuerersparnis abhängig gemacht werden.[83] Der interne Abrechnungsmaßstab ergibt sich – mangels anderslautender Vereinbarung – aus der jahrelangen Übung, wonach die von beiden Eheleuten geschuldeten Einkommensteuern stets allein von demselben Ehegatten gezahlt wurden, woraus auf den beiderseitigen Willen zu schließen ist (konkludentes Verhalten), von einem Ausgleich nach § 426 Abs. 1 abzusehen.[84] Wer diesem Schluss nach dem Tode eines oder beider Ehegatten widerspricht, hat die zur Begründung seiner Einwendungen vorgetragenen Tatsachen zu beweisen.[85]

2. Treuwidriger doppelter Vorteil: Unterhalt und Steuerausgleich

Problematisch sind diejenigen Fallgestaltungen, in denen **Trennungsunterhalt** auf der Basis der 28 **Lohnsteuerklassenwahl III/V** berechnet und auch bezahlt wurde, und nach Ablauf des Kalenderjahres der getrennt lebende Unterhaltsgläubiger (der in die Steuerklasse V eingruppiert war) treuwidrig die getrennte Veranlagung wählt und einer **gemeinsamen Veranlagung** nur **Zug-um-Zug** gegen **Erstattung seiner »Nachteile«** entsprechend der Entscheidung des BGH v. 13.10.1976[86] zustimmen will.

(zur Zeit nicht besetzt)   29-30

Aus dem Wesen der Ehe ergibt sich für beide Ehegatten die – aus § 1353 Abs. 1 Satz 2 abzulei- 31 tende – Pflicht, die finanziellen Lasten des anderen Teils nach Möglichkeit zu vermindern, soweit dies ohne eine Verletzung eigener Interessen möglich ist. Ein Ehegatte ist daher dem anderen ggü. verpflichtet, in eine von diesem gewünschte Zusammenveranlagung gem. § 26 EStG einzuwilligen, wenn dadurch die Steuerschuld des anderen verringert, der auf Zustimmung in Anspruch genommene Ehegatte aber keiner zusätzlichen steuerlichen Belastung ausgesetzt wird. Letzteres ist u.a. der Fall, wenn der die Zusammenveranlagung begehrende Ehegatte sich verpflichtet, den anderen von ihm hierdurch etwa entstehenden Nachteilen freizustellen.[87]

Erhöht sich bei dem der gemeinsamen Veranlagung zustimmenden Ehegatten die Steuerschuld 32 infolge der Zusammenveranlagung im Vergleich zur getrennten Veranlagung, dann ist der die Zustimmung verlangende Ehegatte regelmäßig zum internen Ausgleich verpflichtet, wenn nicht die Ehegatten eine andere Aufteilung ihrer Steuerschulden (auch konkludent) vereinbart haben.

---

81 FG Nürnberg, DStRE 2005, 938.
82 FG Nürnberg, DStRE 2005, 938; s.a. Liebelt, NJW 1994, 609 ff.
83 Liebelt, NJW 1994, 609 ff.; zum Einkommensteuerausgleich zwischen Ehegatten vgl. ausführlich Dostmann, FamRZ 1991, 760.
84 BGH, FamRZ 2002, 729 = FuR 2002, 263; FamRZ 2002, 1024 = FuR 2002, 476; FamRZ 2003, 1454 = FuR 2004, 82.
85 BFHE 200, 413 = BFH, FamRZ 2003, 757.
86 FamRZ 1977, 38 – ein Ehegatte sei jedenfalls dann ggü. dem anderen Ehegatten verpflichtet, der gemeinsamen Veranlagung zur ESt zuzustimmen, wenn ihm selbst die gemeinsame Veranlagung keine steuerlichen Nachteile, dem anderen Ehegatten aber steuerliche Vorteile bringe; die aus der Zustimmung entstehenden Nachteile seien zu ersetzen.
87 BGH, FamRZ 1977, 38, 40; FamRZ 1988, 143, 144; FamRZ 2002, 1024, 1025 = FuR 2002, 476 m. Anm. Bergschneider, FamRZ 2002, 1181; FamRZ 2003, 1454, 1455 = FuR 2004, 82; FamRZ 2005, 182, 183 = FuR 2005, 183; FamRZ 2007, 1229 = FuR 2007, 364 (LS).

33   Die nach § 26b EStG zusammen veranlagten Ehegatten haben gem. § 44 Abs. 1 AO als **Gesamt-schuldner** für die festgesetzten Steuern aufzukommen. Im Innenverhältnis besteht zwischen Gesamtschuldnern eine Ausgleichspflicht nach § 426 Abs. 1 Satz 1. Danach haften sie im Verhältnis zueinander zu gleichen Anteilen, soweit nicht ein anderes bestimmt ist. Eine solche abweichende Bestimmung kann sich aus dem Gesetz, einer Vereinbarung, dem Inhalt und Zweck des Rechtsverhältnisses oder der Natur der Sache, mithin aus der besonderen Gestaltung des tatsächlichen Geschehens ergeben; vorrangig ist allerdings, was die Gesamtschuldner ausdrücklich oder konkludent vereinbart haben.[88]

34   Die Notwendigkeit, die Aufteilung abweichend von der Grundregel des § 426 Abs. 1 Satz 1 vorzunehmen, kann sich dabei auch aus den güterrechtlichen Beziehungen der Ehegatten ergeben. Diese sind sowohl im Güterstand der Gütertrennung als auch im gesetzlichen Güterstand der Zugewinngemeinschaft (vgl. § 1363 Abs. 2 Satz 1) hinsichtlich ihres Vermögens und ihrer Schulden selbstständig. Deshalb hat im Verhältnis der Ehegatten zueinander grds. jeder von ihnen für die Steuern, die auf seine Einkünfte entfallen, selbst aufzukommen.[89]

35   Allerdings kann auch dieser Maßstab von einer **anderweitigen Bestimmung** i.S.d. § 426 Abs. 1 Satz 1 überlagert werden. Haben die Parteien durch ihre **bisherige Handhabung** eine solche **anderweitige** – meist konkludente – **Bestimmung** getroffen, dann hat jeder Ehegatte die Steuer-schuld insoweit zu tragen, als er Lohnsteuer im Abzugsverfahren entrichtet hat. Vielfach haben die Parteien, auch wenn die Wahl der Steuerklassen die Höhe der sich nach Veranlagung ergebenden Steuer nicht beeinflusst, bewusst die Steuerklassen III und V gewählt, um damit monatlich mehr bare Geldmittel zur gemeinsamen Verwendung zur Verfügung zu haben, als dies bei einer Wahl der Steuerklassen IV/IV der Fall gewesen wäre. Dabei nehmen sie in Kauf, dass das wesentlich höhere Einkommen des einen Ehegatten relativ niedrig und das niedrige Einkommen des anderen Ehegatten vergleichsweise hoch besteuert wird. Es besteht regelmäßig kein Anlass, anzunehmen, dass die Ehegatten ohne die Trennung nicht an dieser Übung festgehalten hätten; dies hätte vielmehr einem normalen Verlauf entsprochen, da Ehegatten in intakter Ehe die Zusammenveranlagung wählen, wenn sie wegen der verschiedenen Höhe ihrer Einkommen aufgrund der Anwendung der Splittingtabelle eine wesentlich geringere gemeinsame Steuerlast als bei getrennter Veranlagung zu tragen haben.

36   Der höher besteuerte Ehegatte kann grds. auch **nicht** wegen des Scheiterns der Ehe den **Mehrbe-trag**, den er wegen der Besteuerung seines Einkommens nach der Lohnsteuerklasse V im Vergleich zur Besteuerung bei getrennter Veranlagung geleistet hat, von dem anderen ersetzt verlangen. Der ehelichen Lebensgemeinschaft liegt nämlich die Auffassung zugrunde, mit dem Einkommen der Ehegatten gemeinsam zu wirtschaften und finanzielle Mehrleistungen nicht auszugleichen. Es hätte deshalb einer **besonderen Vereinbarung** bedurft, wenn sich dieser Ehegatte die Rückforderung dieser Mehrleistung für den Fall der Trennung hätte vorbehalten wollen.[90] Mit Rücksicht darauf hat für die Zeit bis zur Trennung keine Korrektur der von diesem Ehegatten getragenen steuerlichen Belastung zu erfolgen, und deshalb kann er auch seine Zustimmung zur Zusammenveranlagung nicht von einem Ausgleich seiner bis dahin zu verzeichnenden steuerlichen Mehrbelastung abhängig machen. Die Zustimmung eines Ehegatten zur gemeinsamen Einkommensteuerveranlagung kann daher regelmäßig nicht von einem Ausgleich der dadurch ausgelösten steuerlichen Nachteile des zustimmenden Ehegatten abhängig gemacht werden, soweit die steuer-rechtlichen Verhältnisse durch die ehelichen Lebensverhältnisse familienrechtlich überlagert wur-

---

88   BGHZ 77, 55, 58 = BGH, FamRZ 1980, 664; BGHZ 87, 265, 268 = BGH, FamRZ 1983, 795; BGH, FamRZ 1993, 676, 677 f.; FamRZ 1995, 216, 217; FamRZ 2002, 739, 740 = FuR 2002, 263; FamRZ 2006, 1178, 1179 = FuR 2006, 358; FamRZ 2007, 1229 = FuR 2007, 364 (LS).
89   BGHZ 73, 29, 38 = BGH, FamRZ 1979, 1115; BGH, FamRZ 1990, 375, 376; FamRZ 2002, 739, 740 = FuR 2002, 263; FamRZ 2006, 1178, 1179 = FuR 2006, 358; FamRZ 2007, 1229 = FuR 2007, 364 (LS).
90   BGH, FamRZ 2002, 1024, 1026 = FuR 2002, 476; FamRZ 2007, 1229 = FuR 2007, 364 (LS).

Klein, Marion

den; vielmehr sind nur solche Nachteile zu erstatten, die der zustimmende Ehegatte im Innenverhältnis nicht zu tragen hat. Das ist nicht nur der Fall, solange die Ehepartner zusammenleben und gemeinsam wirtschaften und unmittelbar von einer günstigen Steuerklasse profitieren, sondern auch dann, wenn der auf Zustimmung in Anspruch genomme Ehegatte während des Zusammenlebens nur zeitweise erwerbstätig war.[91]

Nach **Aufhebung** der **ehelichen Lebensgemeinschaft** besteht für einen Ehegatten indessen grds. 37 kein Anlass mehr, an der früheren Übung festzuhalten. Mit dem Scheitern der Ehe ist insofern von einer **grundlegenden Veränderung** der **Verhältnisse** auszugehen.[92] Zwar kann auch insofern der Gesichtspunkt zum Tragen kommen, dass mit dem aus den Steuerklassen III/V erzielten Einkommen gemeinsam gewirtschaftet worden ist, weil auf dieser Grundlage Ehegattenunterhalt gezahlt wurde. Wurde auf dieser Basis auch **Trennungsunterhalt gezahlt**, wäre der höher besteuerte Ehegatte an dem Gesamteinkommen beteiligt worden und könnte über die Zusage des anderen Ehegatten hinaus, sie von einer Steuernachzahlung aufgrund der Zusammenveranlagung freizustellen, keinen weiteren Nachteilsausgleich verlangen, weil er keiner zusätzlichen Belastung ausgesetzt wäre.[93] Der Ausgleichsanspruch nach § 426 Abs. 1 wird demnach auch dann familienrechtlich überlagert, wenn der Trennungsunterhalt eines Ehegatten auf der Grundlage der eingetragenen Steuerklassen berechnet wurde. Ein Ausgleich der Steuernachteile für das jeweilige Veranlagungsjahr erfolgt auch dann nicht, wenn der auf der Basis der Steuerklassenwahl bezahlte Unterhalt geringer ist, als der gesetzliche Unterhaltsanspruch.[94] Dies gilt erst recht dann, wenn die günstigere Steuerklasse des Unterhaltsschuldners im Rahmen der Bemessung des Trennungsunterhalts zu Grunde gelegt wird und so zu einem höheren Unterhaltsanspruch des zustimmungspflichtigen Ehegatten führt.[95]

Ist dagegen **kein Trennungsunterhalt gezahlt** worden, so besteht für den Ehegatten, der gleich- 38 wohl weiterhin die Steuerklasse V hat, kein Grund mehr, seine damit verbundene höhere steuerliche Belastung zu tragen und zugleich eine Entlastung des anderen Ehegatten zu bewirken, an der er nicht mehr teilhat; vielmehr kommt bei einer solchen Fallgestaltung wiederum der Grundsatz zum Tragen, dass im Verhältnis der Ehegatten zueinander jeder von ihnen nur für die Steuer aufzukommen hat, die auf sein Einkommen entfällt. Dann entsteht für den höher besteuerten Ehegatten für die Zeit nach der Trennung eine **zusätzliche Belastung**, von deren Ausgleich er seine Zustimmung zur Zusammenveranlagung abhängig machen kann, denn er hat sein Einkommen nach Steuerklasse V anstatt nach Steuerklasse II versteuert und dadurch einen steuerlichen Nachteil getragen, den er durch eine getrennte Veranlagung hätte vermeiden können. In dem Fall kann er deshalb verlangen, so gestellt zu werden, als wäre für die Zeit nach der Trennung eine getrennte steuerliche Veranlagung durchgeführt worden. Es ist dann der **interne Steuerausgleich** veranlasst: Die Aufteilung einer nach der Trennung fällig gewordenen Steuerschuld und der sich hieraus ergebenden Erstattungs- bzw. Nachzahlungsansprüche zusammen veranlagter Ehegatten im Innenverhältnis hat dann grds. unter entsprechender Heranziehung des § 270 AO auf der Grundlage **fiktiver getrennter Veranlagung** der Ehegatten zu erfolgen.[96]

Diese Zustimmungspflicht nach § 1353, § 26 EStG zur gemeinsamen Veranlagung besteht auch 39 dann, wenn es zweifelhaft erscheint, ob die Wahlmöglichkeit nach § 26 Abs. 1 EStG besteht; ausgeschlossen ist ein Anspruch auf Zustimmung nur dann, wenn eine gemeinsame Veranlagung

91 OLG Bremen, NJW 2011, 2145 = FamRZ 2011, 1226 [Ls]; FamRZ 2011, 1794.
92 BGH, FamRZ 2006, 1178, 1180 = FuR 2006, 358; FamRZ 2007, 1229 = FuR 2007, 364 (LS).
93 FamRZ 2007, 1229 = FuR 2007, 364 (LS).
94 OLG Bamberg FamRZ 2011, 1653 [Ls].
95 OLG Bremen NJW 2011, 2145 = FamRZ 2011, 1226 [Ls].
96 BGH, FamRZ 2006, 1178, 1180 = FuR 2006, 358; FamRZ 2007, 1229 = FuR 2007, 364 (LS); OLG Köln, FamRZ 1993, 806; OLG Hamm, FamRZ 1998, 241 mit Hinweis auf OLG Karlsruhe, FamRZ 1991, 441; OLG Düsseldorf, FamRZ 1998, 1236; zu einem besonders gelagerten Erstattungsfall s.a. OLG Karlsruhe, FamRZ 1991, 191.

zweifelsfrei nicht in Betracht kommt.[97] Ergibt sich infolge der Zusammenveranlagung zwar für den anderen Ehegatten eine geringere, für den auf Zustimmung in Anspruch genommenen Ehegatten aber eine höhere Steuerbelastung als bei getrennter Veranlagung, so ist der andere Ehegatte zum internen Ausgleich verpflichtet.[98] Die Zustimmung kann allerdings bereits auf der steuerlichen Ebene entbehrlich sein. Hatte ein Ehegatte im Veranlagungszeitraum keine eigenen positiven oder negativen Einkünfte, oder sind diese so gering, dass sie weder einem Steuerabzug unterlegen haben noch zur Einkommensteuerveranlagung führen können, dann darf das Finanzamt auf Antrag des anderen Ehegatten auch ohne Zustimmung seines Ehepartners beide Ehegatten gemeinsam zur Einkommensteuer veranlagen. Der Antrag des alleine nicht steuerpflichtigen Ehegatten auf getrennte Veranlagung ist sogar dann unbeachtlich, wenn dem anderen Ehegatten eine Steuerstraftat zur Last gelegt wird.[99]

40   Werden die Ehegatten (noch) nach §§ 26, 26b EStG zusammen veranlagt, dann sind sie als **Gesamtschuldner** auch verpflichtet, die gegen sie festgesetzten Einkommensteuervorauszahlungen zu leisten. Deshalb kann derjenige Ehegatte, der die **Vorauszahlungen** alleine entrichtet hat, grds. nach § 426 von dem anderen Ehegatten Ausgleich im Innenverhältnis verlangen, der sich zunächst nach einer von den Parteien getroffenen Bestimmung richtet, sodann – mangels Vereinbarung – im Zweifel hälftig. Bestand jedoch aufgrund langjähriger Übung eine **konkludente Vereinbarung** der Parteien des Inhalts, dass der eine Ehegatte die gegen den anderen festgesetzten Einkommensteuern begleicht, die Beträge, die über die bestehenden Steuerschulden hinaus gezahlt worden sind, aber an ihn zurückfließen, stehen Steuererstattungen im Innenverhältnis der Ehegatten alleine demjenigen Ehepartner zu, der diese Steuern bezahlt hat; insoweit ist weder von einer ehebedingten Zuwendung des Antragstellers auszugehen, noch wird der Ausgleichsanspruch nach § 426 durch die güterrechtlichen Vorschriften über den Zugewinnausgleich verdrängt. Will sich ein Ehegatte die Rückforderung einer Mehrleistung für den Fall der Trennung vorbehalten, dann ist dies besonders zu vereinbaren.[100] Hat ein Ehegatte bis zur Trennung ständig die Einkommensteuervorauszahlungen einschließlich etwaiger -nachzahlungen geleistet, kann er nach Scheitern der Ehe insoweit keinen Ausgleich verlangen. Eine einseitige nachträgliche Tilgungsbestimmung, die zu einer getrennten Steuerveranlagung führen kann, ist bei Ehegatten, die bis zur Trennung Einkommensteuervorauszahlungen praktizierten, nicht zulässig, da diese im Innenverhältnis einen nicht zustehenden Ausgleich schafft. Führt die Tilgungsbestimmung zu einer Steuernachzahlung des einen Ehegatten, so macht sich der andere Ehegatte in Höhe der festgesetzten Steuernachzahlung schadensersatzpflichtig.[101]

41   Diese Grundsätze gelten auch dann, wenn in dem betreffenden Veranlagungszeitraum die eheliche Lebensgemeinschaft noch bestand und die Ehegatten in die Steuerklassen III/V eingereiht waren: Dann ist – mangels anderweitiger Vereinbarung – aufgrund **langjähriger Übung** eine **konkludente Vereinbarung** der Parteien des Inhalts anzunehmen, dass auch in diesem Veranlagungsjahr derjenige Ehegatte, der seine Einkünfte nach der Lohnsteuerklasse V versteuert, vom anderen, dessen Lohn dem Abzug nach der Steuerklasse III unterliegt, **keinen Ausgleich** erhält, und zwar auch nicht – wegen des Scheiterns der Ehe – denjenigen Mehrbetrag, den er wegen der Besteuerung seines Einkommens nach der Lohnsteuerklasse V im Vergleich zur Besteuerung bei getrennter Veranlagung geleistet hat: Der ehelichen Lebensgemeinschaft liegt die Anschauung zugrunde, mit den Einkommen der Ehegatten gemeinsam zu wirtschaften und finanzielle Mehrleistungen nicht aus-

97   BGH, FamRZ 2005, 182 = FuR 2005, 183 im Anschluss an BGH, FamRZ 1998, 953.
98   BGH, FamRZ 1977, 38, 40; FamRZ 1988, 143 f.; FamRZ 2002, 729 = FuR 2002, 263; FamRZ 2002, 1024, 1025 = FuR 2002, 476; FamRZ 2003, 1454 = FuR 2004, 82; vgl. auch BGH, FamRZ 1983, 576 betr. Zustimmung zum begrenzten Realsplitting.
99   Zu allem BFHE 123, 172; 134, 412 mwN; 163, 341; 166, 295; BFH/NV 1987, 751; 1987, 774.
100   BGH, FamRZ 2002, 729 = FuR 2002, 263 m. Anm. Wever, FamRZ 2002, 741; OLG Brandenburg, FamFR 2011, 188; Grandke, NJ 2002, 537.
101   OLG Brandenburg FamFR 2011, 188 im Anschluß an BGH FamRZ 2002, 729 = FuR 2002, 263.

zugleichen. Es bedarf daher einer besonderen Vereinbarung, wenn sich ein Ehegatte die Rückforderung dieser Mehrleistung für den Fall der Trennung vorbehalten will.[102]

Ein Ehegatte kann auch dann verpflichtet sein, dem – der steuerlichen Entlastung des anderen **42** Ehegatten dienenden – Antrag auf Zusammenveranlagung zur ESt zuzustimmen, wenn er während der Zeit des Zusammenlebens **steuerliche Verluste** erwirtschaftet hat, die er im Wege des **Verlustvortrags** in einem späteren Veranlagungszeitraum zur Verminderung seiner eigenen Steuerlast einsetzen könnte. Wenn die Ehegatten die mit Rücksicht auf eine – infolge der Verluste zu erwartende – geringere Steuerbelastung zur Verfügung stehenden Mittel für ihren Lebensunterhalt oder eine Vermögensbildung, an der beide Ehegatten teilhaben, verwendet haben, ist es einem Ehegatten im Verhältnis zu dem anderen verwehrt, für sich die getrennte steuerliche Veranlagung zu wählen. Durch die **Verweigerung** der **Zustimmung** zur **Zusammenveranlagung** macht er sich **schadensersatzpflichtig**.[103]

Ein auf § 705 gestützter Anspruch auf Zustimmung zur gemeinsamen Veranlagung ist jedoch – **43** anders als ein aus § 1353 hergeleitetes Zustimmungsverlangen – nicht an die Bereitschaft eines Ehegatten gebunden, dem anderen Nachteile zu ersetzen, die dieser aus der begehrten und zwischen den Parteien gesellschaftsrechtlich vereinbarten gemeinsamen Veranlagung entstehen. Jeder Ehegatte kann – jedenfalls bei Vollbeendigung der Innengesellschaft i.Ü. – verlangen, an den **steuerlichen Vorteilen** aus der **gemeinsamen Veranlagung** beteiligt zu werden.[104] Fehlen ausdrückliche Vereinbarungen, dann ist der **Verteilungsschlüssel** danach zu bestimmen, welcher Partei welche wirtschaftlichen Vorteile bereits zugeflossen sind und durch die gemeinsame Veranlagung noch zufließen werden, ferner danach, in welchem Verhältnis den Parteien diese Vorteile unter Berücksichtigung ihres wirtschaftlichen Einsatzes für die Innengesellschaft nach Treu und Glauben gebühren (§ 157).[105]

III. Veränderungen des Wohnvorteils während der Trennung

Das **mietfreie Wohnen** stellt eine **Vermögensnutzung** i.S.d. § 100 (Gebrauchsvorteil) dar und ist **44** daher bei der Ermittlung des unterhaltsrechtlich relevanten Einkommens erhöhend zu berücksichtigen, soweit die ersparte Miete über den mit dem Grundeigentum verbundenen Kosten liegt.[106] Grds. ist im Unterhaltsrecht nur der sog. **objektive Wohnwert** (Wohnvorteil) maßgebend: Was erspart sich der Betreffende dadurch, dass er keine objektiv gleichwertige Wohnung anmieten muss? Im Einzelfall kann jedoch auch schon vor der Zustellung des Scheidungsantrages die Zurechnung des vollen Wohnvorteils gerechtfertigt sein.[107] Auf den Fall, dass eine angemietete Wohnung nach der Trennung zu groß geworden ist, lässt sich der Rechtsgedanke der »aufgedrängten Bereicherung«, der bei der Bewertung eines Wohnvorteils für das Wohnen im Eigenheim herangezogen werden kann, jedenfalls dann nicht mehr übertragen, wenn eindeutig feststeht, dass

---

102 BGH, FamRZ 2002, 1024 = FuR 2002, 476 m. Anm. Bergschneider, FamRZ 2002, 1181, 1182, und Friederici, NJ 2003, 89; FuR 2002, 498; zur Ausgleichspflicht unter zusammen veranlagten Eheleuten gem. § 426 Abs. 1 als Nachlassverbindlichkeit s. BFHE 200, 413 = BFH, FamRZ 2003, 757.

103 BGH, FamRZ 2010, 269, noch offen geblieben in BGH, FamRZ 2003, 1454 = FuR 2004, 82 m. Anm. Wever, FamRZ 2003, 1457, im Anschluss an BGHZ 142, 137 = BGH, FamRZ 1999, 1580, 1584 = FuR 2000, 241.

104 S. BGH, FamRZ 1990, 973, 974; BGHZ 142, 137 = BGH, FamRZ 1999, 1580, 1584 = FuR 2000, 241 zur Vollbeendigung und zur Beteiligungsquote.

105 BGH, FamRZ 2003, 1454 = FuR 2004, 82 im Anschluss an BGHZ 142, 137 = BGH, FamRZ 1999, 1580 = FuR 2000, 241; s.a. OLG Düsseldorf, FamRZ 1998, 1235 zu einem Sonderfall, in dem die Ehefrau nur vorübergehend als »Strohmann« Einkünfte erzielte, die sich der Ehemann steuerlich bei der Außenprüfung des FA zurechnen ließ, ebenfalls (zugunsten der Ehefrau).

106 Grundlegend hierzu zuletzt BGH, FamRZ 2003, 1179; FamRZ 2007, 879 = FuR 2007, 263.

107 Zu einem solchen Fall s. OLG Köln, FamRZ 2009, 449.

die Ehe endgültig gescheitert ist, weil die Eheleute etwa in der Trennungszeit einen Ehevertrag mit Gütertrennung schließen oder das Scheidungsverfahren einleiten.[108]

45 Kommt das Wohnen im ehemaligen Familienheim ausschließlich dem Unterhaltsschuldner zugute, so fällt dieser Zweck der gemeinsamen Vermögensbildung zur Altersvorsorge weg. Das frei gewordene Erwerbseinkommen des Unterhaltsschuldners ist damit eheangemessen bedarfsdeckend auf die getrenntlebenden Eheleute zu verteilen.[109] Wohnt allerdings der Sohn getrennt lebender Eheleute mietfrei in einer Dachgeschosswohnung des Hauses des Unterhaltsschuldners wie auch schon vor der Trennung seiner Eltern, so wurde der Lebensstandard der Parteien nicht durch Mieteinkünfte geprägt, und es ist kein fiktiver Wohnwert während der Trennungszeit anzusetzen. War dagegen eine andere Wohnung im Haus des Unterhaltsschuldners bereits während der Ehezeit vermietet, und haben diese Mieteinnahmen die ehelichen Lebensverhältnisse geprägt, so ist der Unterhaltsschuldner nach dem Auszug des Mieters verpflichtet, die Wohnung wieder in einen vermietbaren Zustand zu versetzen.[110] Ein Wohnvorteil kann auch darauf beruhen, dass der Unterhaltsgläubiger ein beiden Parteien gehörendes **Ferienhaus** für sechs Wochen im Jahr vermieten und es selbst für drei Wochen nutzen kann.[111]

1. Subjektiver Wohnwert während der Trennung

46 Nach der Trennung ist der Vorteil mietfreien Wohnens zunächst regelmäßig nur noch in dem Umfang zu berücksichtigen, wie er sich als **angemessene Wohnungsnutzung** durch den in der Ehewohnung verbliebenen Ehegatten darstellt; dabei ist auf den Mietzins abzustellen, den er auf dem örtlichen Wohnungsmarkt für eine dem ehelichen Lebensstandard entsprechende kleinere Wohnung zahlen müsste. Ist eine Wiederherstellung der ehelichen Lebensgemeinschaft allerdings nicht mehr zu erwarten, etwa wenn ein Scheidungsantrag rechtshängig ist (s. § 1384), oder wenn die Ehegatten die vermögensrechtlichen Folgen ihrer Ehe abschließend geregelt haben, sind solche **Ausnahmen** von der **grundsätzlichen Berücksichtigung** des **vollen Mietwertes** nicht mehr gerechtfertigt.[112] Von dem Vorteil mietfreien Wohnens sind grds. die mit dem Eigentumserwerb verbundenen Kosten abzusetzen, weil der Eigentümer nur i.H.d. Differenz günstiger lebt als ein Mieter. Der Tilgungsanteil der Kreditraten kann aber dann nicht mehr berücksichtigt werden, wenn der andere Ehegatte nicht mehr von der mit der Tilgung einhergehenden Vermögensbildung profitiert, und daher eine einseitige Vermögensbildung zulasten des Unterhaltsgläubigers stattfindet, wie es im Fall des gesetzlichen Güterstandes ab Zustellung des Scheidungsantrages der Fall ist.[113] Erwirbt ein Ehegatte erst nach der Trennung ein Haus, zu dessen Erwerb neben einer Fremdfinanzierung vornehmlich Mittel eingesetzt werden, die er kurz vor der Trennung von einem Elternteil geschenkt erhalten hat, ist der Vorteil mietfreien Wohnens im eigenen Hause nicht bereits in der Ehe angelegt.[114] Gehören einem Ehegatten zwei Wohnungen, dann können

---

108 KG, FamRZ 2010, 1447.
109 OLG Köln, FamFR 2011, 329 = FamRZ 2012, 235 [Ls].
110 OLG Karlsruhe, FamRZ 2009, 48.
111 OLG Karlsruhe, FamRZ 2009, 48 – Ferienhaus in Ungarn, unter Hinweis auf OLG Schleswig, OLGR 2007, 514.
112 BGH, FamRZ 2008, 963 = FuR 2008, 283 – Abgrenzung zu BGH, FamRZ 2007, 879 = FuR 2007, 263 (Berufungsgericht: OLG Karlsruhe, FamRZ 2005, 801), und Fortführung von BGH, FamRZ 1998, 899; FamRZ 2000, 351 = FuR 2000, 252; FamRZ 2009, 23 = FuR 2009, 169; OLG Karlsruhe, FamRZ 2009, 48; OLG Köln, FamRZ 2009, 449.
113 BGH, FamRZ 2012, 514 = FuR 2012, 374 – Fortführung von BGH FamRZ 2008, 963 = FuR 2008, 283; FamRZ 2005, 1159 = FuR 2005, 361; FamRZ 2007, 879 = FuR 2007, 263; OLG Hamm, FamFR 2012, 84 – Ansatz des »auf dem Markt erzielbaren Wertes«; zur Berücksichtigung des Tilgungsanteils der Hausfinanzierung nach der Trennung s.a. Juncker, FamRZ 2008, 1601.
114 OLG Brandenburg, FamRZ 2009, 1837.

seinem Einkommen entsprechende Wohnvorteile zugerechnet werden; allerdings kommt eine Kürzung unter Angemessenheitsgesichtspunkten in Betracht.[115]

Der **Wohnvorteil** an der Familienwohnung setzt sich nach einem **Verkauf** des Grundstücks an den Zinsen aus dem **Verkaufserlös** und, bei Einsatz des Erlöses für den **Erwerb** eines **neuen Grundstücks**, an dem neuen Wohnvorteil fort. Kommt ein neuer Wohnvorteil nicht in Betracht, weil die Zinsbelastung der zusätzlich aufgenommenen Kredite den objektiven Wohnwert übersteigt, ist zu prüfen, ob eine **Obliegenheit** zur **Vermögensumschichtung** besteht.[116]   47

2. Minderungen des Wohnwertes

Von dem Vorteil mietfreien Wohnens sind grds. die mit dem Eigentumserwerb verbundenen **Kosten** abzusetzen, weil der Eigentümer nur i.H.d. Differenz günstiger lebt als ein Mieter. Der Tilgungsanteil der Kreditraten kann aber dann nicht mehr berücksichtigt werden, wenn der andere Ehegatte nicht mehr von der mit der Tilgung einhergehenden Vermögensbildung profitiert, und daher eine einseitige Vermögensbildung zulasten des Unterhaltsberechtigten stattfindet, wie es im Fall des gesetzlichen Güterstandes ab Zustellung des Scheidungsantrages der Fall ist.[117]   48

Regelmäßig gezahlte Raten auf einen Kredit für die Ehewohnung sind während der Trennungszeit in voller Höhe (**Zins und Tilgung**) und auch nicht nur beschränkt auf die Höhe des angemessenen Wohnvorteils als eheprägend zu berücksichtigen.[118] Auch i.R.d. Bedürftigkeit sind diese gezahlten Kreditraten bei der Bemessung des geschuldeten Trennungsunterhalts regelmäßig in voller Höhe (Zins und Tilgung) zu berücksichtigen, allerdings **beschränkt** auf die Summe aus eigenen Einkünften und Gebrauchsvorteilen dieses Ehegatten.   49

▶ **Beispiel:**[119]   50

a) Oktober bis Dezember 2002

Unterhaltsbedarf der Klägerin	1.008,00 €
./. eigenes Einkommen	592,00 €
./. Wohnvorteil in eigener Eigentumswohnung	500,00 €
+ Lasten der Eigentumswohnung (1.118,00 €), allerdings begrenzt auf die Summe aus dem Einkommen und dem Wohnvorteil der Klägerin	1.092,00 €
verbleibender Unterhaltsanspruch	1.008,00 €

b) Januar bis Juni 2003

Unterhaltsbedarf der Klägerin	1.084,00 €
./. eigenes Einkommen	868,00 €
./. Wohnvorteil in eigener Eigentumswohnung	500,00 €
+ Lasten der Eigentumswohnung	861,00 €
verbleibender Unterhaltsanspruch	577,00 €

---

115 BGH, FamRZ 2009, 1300 = FuR 2009, 567.
116 BGH, FamRZ 2009, 23 = FuR 2009, 169 im Anschluss an BGH, FamRZ 2005, 1159, 1161 = FuR 2005, 361, und FamRZ 2001, 1140, 1143 = FuR 2001, 314.
117 Zur Absetzbarkeit von Instandsetzungsrücklagen im Einzelfall s. zuletzt OLG Zweibrücken, FamRZ 2008, 615; vgl. grundlegend BGH, FamRZ 2000, 351 ff. = FuR 2000, 252.
118 BGH, FamRZ 2007, 879 = FuR 2007, 263 (Berufungsgericht: OLG Karlsruhe, FamRZ 2005, 801) – Abgrenzung zu BGH, FamRZ 2000, 950 = FuR 2000, 469; FamRZ 2008, 963 = FuR 2008, 283 – Fortführung der Senatsurteile FamRZ 2005, 1159 = FuR 2005, 361; FamRZ 2007, 879 = FuR 2007, 263.
119 Nach BGH, FamRZ 2007, 879 = FuR 2007, 263.

51   Der **Tilgungsanteil** der **Kreditraten** kann aber dann nicht mehr berücksichtigt werden, wenn der andere Ehegatte nicht mehr von der mit der Tilgung einhergehenden Vermögensbildung profitiert, und daher eine einseitige Vermögensbildung stattfindet. Das wird regelmäßig der Fall sein, wenn bereits ein Scheidungsantrag rechtshängig ist, und ein künftiger Vermögenszuwachs wegen des Endstichtags nach §§ 1376 Abs. 2, 1384 nicht mehr ausgeglichen wird; Gleiches gilt aber auch dann, wenn die Ehegatten Gütertrennung vereinbart haben, und der Vermögenszuwachs eines Ehegatten aus diesem Grunde nicht (mehr) ausgeglichen wird. Für die Berücksichtigung des Tilgungsanteils kommt es deswegen allein darauf an, ob der andere Ehegatte im konkreten Einzelfall (noch) von der Vermögensbildung profitiert. Ist das nicht (mehr) der Fall, muss der Tilgungsanteil grds. als einseitige Vermögensbildung zulasten der Unterhaltsansprüche des anderen Ehegatten unberücksichtigt bleiben.[120]

52   Allerdings darf der Unterhaltsschuldner nach der Rechtsprechung des BGH i.R.d. Sicherung des Lebensstandards im Alter in den Grenzen von 4 % des Jahresbruttoeinkommens sog. **sekundäre Altersvorsorge** betreiben: Diese Notwendigkeit, für das Alter zusätzlich Vorsorge zu treffen, stellt sich letztlich auch für den getrennt lebenden Ehegatten. Da eine angemessene Altersvorsorge nicht mehr allein durch die gesetzliche Rentenversicherung gewährleistet werden kann, muss dem Unterhaltsgläubiger und gleichermaßen dem Unterhaltsschuldner zugebilligt werden, in angemessenem Umfang zusätzlich Vorsorgeaufwand zu betreiben, und beiden die Möglichkeit eröffnet sein, diesen Umstand in die Unterhaltsbemessung einfließen zu lassen. Dabei ist es unterhaltsrechtlich unerheblich, ob sich der Erwerbstätige für eine Direktversicherung oder eine anderweitige Altersvorsorge entscheidet. Auch wenn er durch die Entschuldung des Familienheims weiteres Vermögen mit dem Ziel einer später miet- und belastungsfreien Wohnungsnutzung schafft, ist dies als **besondere Form** der **zusätzlichen Altersvorsorge** berücksichtigungsfähig.[121] In diesem Rahmen sind **Tilgungsbeiträge** als **Altersvorsorge** zu berücksichtigen.

53   Vom Eigentümer zu tragende **verbrauchsunabhängige Kosten** können grds. nur dann von seinem Wohnvorteil abgezogen werden, wenn es sich um nicht umlagefähige Kosten i.S.v. § 556 Abs. 1, §§ 1, 2 BetrKV handelt.[122]

E. Bedürftigkeit (insb. Erwerbsobliegenheit gem. § 1361 Abs. 2)

54   Die Trennung löst eine **gesteigerte Eigenverantwortung** des **Unterhalt begehrenden Ehegatten** aus, seinen Unterhaltsbedarf selbst zu decken.[123] Daher setzt die in § 1361 Abs. 2 normierte **Bedürftigkeit** voraus, dass der getrennt lebende Ehegatte sich aus den zumutbar einzusetzenden Eigenmitteln – nach dem Maßstab dieser Norm – nicht angemessen zu unterhalten vermag, also für seinen eigenen Lebensbedarf insgesamt oder teilweise nicht sorgen kann **und** hierzu auch nicht verpflichtet ist. Fehlt es hieran, dann scheidet ein Anspruch auf Trennungsunterhalt aus, mag auch der andere Ehegatte über umfangreichere Mittel verfügen.

55   Leben Ehegatten länger als zehn Jahre räumlich getrennt, und hatte jede Partei ihr Auskommen, ohne Unterhaltsansprüche geltend zu machen, ist davon auszugehen, dass sich die Lebensverhältnisse der Parteien in der **langen Zeit** des **Getrenntlebens** derart verselbstständigt haben, dass nach Stellung des Scheidungsantrages die Zahlung von Trennungsunterhalt nicht mehr zugemutet werden kann.[124] Die Bewilligung einer Umschulungsmaßnahme durch das Arbeitsamt entbindet den Unterhalt begehrenden Ehegatten nicht ohne Weiteres von seiner Verpflichtung, sich intensiv um

---

120   BGH, FamRZ 2008, 963 – Fortführung der Senatsurteile FamRZ 2007, 879, und FamRZ 2005, 1159.
121   BGH, FamRZ 2008, 963 im Anschluss an BGHZ 163, 84, 97 ff. = BGH, FamRZ 2005, 1817, 1821.
122   BGH, FamRZ 2009, 1300 = FuR 2009, 567 – Aufgabe der Rspr. seit BGH, FamRZ 2000, 351 = FuR 2000, 252.
123   BGHZ 89, 108 = BGH, FamRZ = BGH, FamRZ 1984, 149.
124   OLG Frankfurt, FPR 2004, 25.

eine neue Arbeitsstelle zu bemühen.[125] Allein der Umstand, dass der Unterhalt begehrende Ehegatte im Zeitpunkt der Trennung fast 63 Jahre alt ist, berechtigt ihn noch nicht, eine zuvor ausgeübte eheprägende Tätigkeit zu reduzieren; vielmehr ist eine solche Reduzierung der Arbeitstätigkeit nur dann unterhaltsrechtlich zu berücksichtigen, wenn der Unterhalt begehrende Ehegatte substantiiert vorträgt und beweist, dass ihm eine Berufstätigkeit in dem zuvor ausgeübten Umfang aus gesundheitlichen Gründen nicht mehr zumutbar ist, wobei der allgemeine Hinweis auf »gewisse gesundheitliche Beeinträchtigungen« nicht genügt.[126] Allerdings kann einer unterhaltsberechtigten getrennt lebenden Ehefrau unterhaltsrechtlich nicht angelastet werden, dass sie weniger als 38,5 Wochenstunden arbeitet und nicht mehr als 1.035,00 € netto verdient, wenn das Nichterreichen der vollen Stundenzahl durch ihre Nachtschichten und den damit verbundenen Nachtzuschlag kompensiert wird.[127]

Ohne Besonderheit sind – wie im Recht des nachehelichen Unterhalts – auch i.R.d. § 1361 **Vermögenserträge** anzusetzen; auf die Herkunft des Vermögens kommt es nicht an.[128] Nicht zweckbestimmte oder mit einem Rückforderungsvorbehalt versehene Schenkungen der Eltern an ihr verheiratetes Kind – den Trennungsunterhalt begehrenden Ehegatten – sind hinsichtlich des Ertrags aus der geschenkten Substanz bedürftigkeitsmindernd zu berücksichtigen, und zwar fiktiv, wenn der Gegenstand an die Eltern zurückübertragen worden ist, ohne dass für die Rückübertragung ein Grund im Rechtssinne bestand.[129]   **56**

Zu ermitteln ist also zunächst der **Lebensbedarf** (nach den ehelichen Lebensverhältnissen, sog. **Bedarfsebene**), sodann derjenige Teil des Lebensbedarfs, den der Unterhaltsgläubiger nicht selbst decken kann oder muss (sog. **Bedürftigkeitsebene**); die nicht gedeckte Differenz ist der konkrete **Unterhaltsbedarf**. Bei der Bemessung des Trennungsunterhalts muss sich der unterhaltsberechtigte Ehegatte allerdings nicht entgegenhalten lassen, dass der unterhaltsverpflichtete Ehegatte erhebliche Vorsorgeaufwendungen und Hauslasten vom unterhaltsrelevanten Erwerbseinkommen in Abzug bringt: Vermögensbildung während der Ehe darf den Unterhalt nicht unangemessen beeinträchtigen; insbesondere kann bei Bedarfssteigerung infolge der Trennung die Heranziehung bisher zur Vermögensbildung eingesetzter Einkommensteile erforderlich werden.[130] Allerdings kann das Zusammenleben mit einem leistungsfähigen Partner unter dem Gesichtspunkt ersparter Wohn- und Haushaltskosten die Bedürftigkeit des unterhaltsberechtigten Ehegatten mindern, wobei ein leistungsfähiger Partner in diesem Sinne nicht nur ein Lebenspartner sein kann, sondern auch ein volljähriges Kind, weil die Synergieeffekte des gemeinschaftlichen Wirtschaftens bei einer häuslichen Gemeinschaft eines Elternteils mit einem volljährigen Kind in gleicher Weise eintreten wie bei einer Wohngemeinschaft mit einem Lebenspartner.[131]   **57**

I. Absinken der vollen ehelichen Solidarität bis hin zum Eigenverantwortungsprinzip

Trennen sich die Ehegatten, dann besteht zunächst noch **volle eheliche Solidarität**, weil die beiden Lebenskreise nicht sofort ohne Nachteile wirtschaftlich entflochten werden können; das rechtfertigt zunächst die Beibehaltung des »**status quo**«. Mit **zunehmender Trennung** nimmt die eheliche Solidarität allerdings von der alleinigen Verantwortung des Allein-/Hauptverdieners bis hin zum Eigenverantwortungsprinzip des § 1569 (Zeitpunkt der Scheidung) ab. Daher trifft den Unterhaltsschuldner bis zur Scheidung ein höheres Maß an Verantwortung ggü. dem Unterhaltsgläubi-   **58**

---

125 OLG Hamm, OLGR 2004, 134.
126 BGH, FamRZ 2006, 683 = FuR 2006, 266 (Berufungsurteil: OLG Düsseldorf, FamRZ 2004, 1104) im Anschluss an BGH, FamRZ 1999, 708, 709 f.
127 OLG Celle, FamRZ 2004, 1573.
128 OLG Karlsruhe, FamRZ 2002, 750 – Vermögenserträge aus der Anlage kapitalisierten Schmerzensgeldes; OLG Hamm, FF 2012, 207 zu Kapitalerträgen nach dem Verkauf eines gemeinsamen Hauses.
129 OLG Köln, FamRZ 2003, 601.
130 OLG Köln, FamFR 2011, 329 = FamRZ 2012, 235 [Ls] – 5.000 bis 6.000 €.
131 OLG Hamm, NJW 2011, 3310 = FamRZ 2012, 234 [Ls].

ger, andererseits diesen ein höheres Maß an Rücksichtnahme auf die Interessen des Unterhaltsschuldners.[132]

59 An dieser Rechtsprechung hat der BGH auch nach Inkrafttreten des neuen Unterhaltsrechts festgehalten: Es sei geboten, den Selbstbehalt ggü. dem Unterhaltsanspruch eines geschiedenen Ehegatten nach § 1581 mit einem Betrag zu bemessen, der nicht unter dem notwendigen (§ 1603
Abs. 2), aber auch nicht über dem angemessenen (§ 1603 Abs. 1) Selbstbehalt liegt. Der Tatrichter
könne für diesen **pauschalen Ehegattenselbstbehalt** im Regelfall von einem etwa in der Mitte zwischen diesen Beträgen liegenden Betrag ausgehen. Für den Trennungsunterhalt fehlt zwar eine
dem § 1581 entsprechende Regelung, die den Selbstbehalt des unterhaltspflichtigen Ehegatten
sicherstellt; der Verhältnismäßigkeitsgrundsatz gebiete jedoch, diese Vorschrift entsprechend anzuwenden, da sich auch der Anspruch auf Trennungsunterhalt wie jeder Unterhaltsanspruch an der
Leistungsfähigkeit des Unterhaltsschuldners auszurichten habe.[133]

60 Mit Urt. v. 19.11.2008 hat der BGH[134] nochmals betont, ggü. dem Anspruch auf Trennungsunterhalt müsse dem Unterhaltsschuldner ein **Selbstbehalt** verbleiben, der den notwendigen Selbstbehalt ggü. dem Unterhaltsanspruch eines minderjährigen bzw. privilegierten volljährigen Kindes
nicht unerheblich übersteigt. Er sei i.d.R. mit einem Betrag zu bemessen, der zwischen dem angemessenen Selbstbehalt (§ 1603 Abs. 1) und dem notwendigen Selbstbehalt (§ 1603 Abs. 2) liegt.
Das gelte auch ggü. einem Anspruch auf Betreuungsunterhalt. Nach § 1581 Satz 2 müsse der
Unterhaltsschuldner den Stamm seines Vermögens nicht für den nachehelichen Unterhalt verwerten, soweit dies unwirtschaftlich oder unter Berücksichtigung der beiderseitigen wirtschaftlichen
Verhältnisse unbillig wäre. Diese Grundsätze seien **entsprechend** auch i.R.d. **Trennungsunterhalts**
heranzuziehen, wobei allerdings zu berücksichtigen sei, dass sich das Verhältnis der Ehegatten
während ihrer Trennungszeit von demjenigen nach der Scheidung noch durch die eheliche Bindung unterscheidet:[135] Einerseits trügen die Ehegatten während der Ehe noch mehr Verantwortung füreinander als nach der Scheidung; andererseits lege die besondere Verbundenheit, von der
das Verhältnis der Ehegatten geprägt wird, dem Unterhaltsgläubiger während des Getrenntlebens
auch noch ein höheres Maß an Rücksichtnahme auf die Interessen des Unterhaltsschuldners auf,
als dies nach der Scheidung der Fall ist. Diese Pflicht könne dazu führen, dass dem Unterhaltsschuldner schon während der Trennungszeit die Verwertung seines Vermögens nicht zugemutet
werden kann.

II. § 1361 Abs. 2 (»Schutznorm« für den Unterhaltsgläubiger)

61 Während i.R.d. nachehelichen Unterhalts grds. die gleichen Anforderungen an die Erwerbsobliegenheiten von Unterhaltsgläubiger und Unterhaltsschuldner zu stellen sind (**Grundsatz** der
Gegenseitigkeit!), kann – da ein getrennt lebender Ehegatte grds. unterhaltsrechtlich nicht
schlechter stehen darf als ein geschiedener[136] – der bislang nicht oder nur teilweise erwerbstätige
getrennt lebende Ehegatte gem. § 1361 Abs. 2 während des Getrenntlebens grds. nur unter
wesentlich engeren Voraussetzungen und nur innerhalb der Grenzen des § 1361 Abs. 2 darauf verwiesen werden, seinen Unterhalt durch Erwerbstätigkeit selbst zu verdienen, als dies gem.

---

132 Vgl. BGH, FamRZ 1986, 556; FamRZ 1988, 256; OLG Düsseldorf, FamRZ 1999, 1673.
133 BGH, FamRZ 2009, 404 unter Hinweis auf BGHZ 166, 351, 358 = BGH, FamRZ 2006, 683, 684 =
     FuR 2006, 266 m.w.N., sowie auf BGH, FamRZ 2009, 307; FamRZ 2009, 401.
134 BGH, FamRZ 2009, 307 = FuR 2009, 97 – im Anschluss an BGHZ 166, 351, 356 ff. = FamRZ 2006,
     683 = FuR 2006, 266.
135 Insoweit bereits BGH, FamRZ 2005, 97, 99 = FuR 2005, 23.
136 BGH, FamRZ 1985, 782, 784; FamRZ 1989, 1160; BGHZ 109, 211 = BGH, FamRZ 1990, 283.

§§ 1569, 1577, 1574 Abs. 2 nach der Scheidung der Fall ist:[137] Er ist nur dann gehalten, eine Erwerbstätigkeit aufzunehmen oder auszuweiten, wenn dies von ihm nach den **Kriterien** des **§ 1361 Abs. 2** (nach seinen persönlichen Verhältnissen, insb. wegen einer früheren Erwerbstätigkeit unter Berücksichtigung der Dauer der Ehe, und nach den wirtschaftlichen Verhältnissen beider Ehegatten) erwartet werden kann.[138] Der in der Ehe bislang nicht oder nur in Teilzeit erwerbstätige Ehegatte kann daher nach der Trennung zumindest für eine geraume Zeit seinen bisher erworbenen Status beibehalten. In der Praxis hat sich als **Regelfall** eingebürgert, dass **vor Ablauf** des **Trennungsjahres** von dem bislang haushaltsführenden Ehegatten noch keine Aufnahme einer Erwerbstätigkeit erwartet werden kann.[139]

In diesem Rahmen schützt § 1361 Abs. 2 (»**Schutznorm**« für den Unterhaltsgläubiger) den getrennt lebenden, nicht oder nur teilerwerbstätigen Ehegatten davor, dass er eine Arbeit aufnehmen muss, die von ihm (zumindest jetzt) noch nicht erwartet werden kann.[140] Dieser (bisherige) Status ist für eine geraume Zeit beizubehalten; ansonsten würde – falls die Scheidungsfolgen vorweggenommen würden – die Trennung vertieft und dadurch das endgültige Scheitern der Ehe gefördert.[141] Der Beurteilungsmaßstab ist bei Alter und Krankheit mit Rücksicht auf die bestehende Ehe tendenziell großzügiger als bei §§ 1571, 1572. Vorgezogenes Altersruhegeld bei Frauen ab 60 Jahren beseitigt nicht ohne Weiteres die unterhaltsrechtliche Erwerbsobliegenheit.[142] 62

Die **Kriterien** einer i.S.d. § 1361 Abs. 2 **angemessenen Erwerbstätigkeit** bestimmen sich nach deren Legaldefinition in § 1574 Abs. 2, insb. neben den **ehelichen Lebensverhältnissen** die **persönlichen Verhältnisse** des Unterhaltsgläubigers (insb. sein Alter, sein Gesundheitszustand, die Notwendigkeit der Kinderbetreuung, seine frühere berufliche Tätigkeit,[143] die in der Ehe erworbenen Fähigkeiten, die Dauer der Ehe u.a.) sowie nach den **wirtschaftlichen Verhältnissen** (bisheriger wie auch künftig zu erwartender Lebensstandard) beider Ehegatten. Daraus kann indessen nicht hergeleitet werden, dass allein eine der **Ausbildung** des **Unterhaltsgläubigers** entsprechende Tätigkeit als angemessen in Betracht kommt; die Beurteilung, welche Erwerbstätigkeit angemessen ist, hängt vielmehr von einer **Gesamtwürdigung** der in Betracht zu ziehenden **Umstände** ab, die dem **Tatrichter** obliegt.[144] 63

Alle für die **Bewertung** einer **Erwerbstätigkeit** als **angemessen** zu berücksichtigenden Umstände wie auch die jeweiligen Interessen im **Einzelfall** sind sorgsam und umfassend gegeneinander abzuwägen.[145] Im Rahmen dieser Abwägung ist von erheblicher Bedeutung, ob sich der Unterhalt begehrende Ehegatte darauf einrichten muss, die Trennung sei endgültig:[146] Durch allzu rasche Veränderung der während der Ehe gewohnten Lebensumstände nach der Trennung werden mögliche Scheidungsfolgen zu frühzeitig vorweggenommen; damit wird das endgültige Scheitern der 64

137 BGH, FamRZ 1983, 146, 150; FamRZ 1989, 1160; FamRZ 1991, 416; vgl. z.B. BGH, FamRZ 1983, 670 – keine Erwerbsobliegenheit in der Trennungszeit bei 55-jähriger Frau nach 30-jähriger Ehe in guten wirtschaftlichen Verhältnissen.
138 BGH, FamRZ 1981, 242; FamRZ 1985, 360, 361; FamRZ 2001, 350 = FuR 2001, 262.
139 S. etwa BGH, FamRZ 2001, 350 = FuR 2001, 262; OLG Bremen, NJWE-FER 2000, 76; OLG Köln, OLGR 2002, 251; FamRZ 2012, 80 – Zurechnung eines fiktiv erzielbaren Nettoeinkommens von 800 € monatlich nach einer Ausbildung in der Finanzverwaltung; OLG Koblenz, NJW 2003, 1816.
140 BGH, FamRZ 1981, 1159; FamRZ 1994, 558.
141 BGH, FamRZ 1981, 439.
142 KG, FamRZ 1981, 1173.
143 S. etwa OLG Thüringen, FamRZ 2012, 641 = FuR 2012, 212 zu dem bisher ausgeübten Beruf als Verwaltungssachbearbeiterin.
144 BGH, FamRZ 1984, 561, 562; FamRZ 2005, 23 = FuR 2004, 543 (Berufsurteil: OLG Frankfurt, FuR 2002, 321).
145 BGH, FamRZ 1991, 416.
146 BGH, FamRZ 1985, 782, 784; KG, FamRZ 1991, 1188.

Ehe gefördert. In den neuen Bundesländern ist betreffend Arbeitsplatzsuche die angespannte Arbeitsmarktlage besonders zu berücksichtigen.[147]

65   Jahrelange **freiwillige Zahlung** von Trennungsunterhalt ohne Hinweis auf die Erwerbsobliegenheit begründet regelmäßig einen **Vertrauenstatbestand**, der auch auf die Erwerbsobliegenheit des Unterhaltsgläubigers wirkt; jedenfalls schließt er die spätere Berufung auf eine früher einsetzende Erwerbsobliegenheit aus.[148]

1. Persönliche Verhältnisse des Unterhaltsgläubigers

66   Im Rahmen der **persönlichen Verhältnisse** des Unterhalt begehrenden Ehegatten sind insb. sein Alter, sein Gesundheitszustand, die Notwendigkeit der Kinderbetreuung, seine frühere berufliche Tätigkeit, die in der Ehe erworbenen Fähigkeiten, die Dauer der Ehe die entscheidenden **Beurteilungskriterien**. Wenn nicht gewichtige Umstände entgegenstehen, obliegt es einem Trennungsunterhalt begehrenden Ehegatten grundsätzlich, die von ihm zum Trennungszeitpunkt ausgeübte (Teilzeit-)Erwerbstätigkeit fortzusetzen und in der Regel nach Ablauf des Trennungsjahres in zumutbarer Weise auszuweiten; dies gilt auch für eine ungelernte Tätigkeit, wenn nicht ausnahmsweise die Voraussetzungen eines Anspruchs auf Ausbildungsunterhalt während des Getrenntlebens vorliegen und die bisher ausgeübte Tätigkeit nach den ehelichen Lebensverhältnissen, der Ausbildung, den Fähigkeiten und dem Lebensalter des Unterhaltsgläubigers als angemessen anzusehen ist.[149] Einen unter Depressionen leidenden Unterhaltsgläubiger trifft die Obliegenheit, alle zumutbaren Mitwirkungshandlungen zu unternehmen, um seine Krankheit behandeln zu lassen. I.R.d. zu fordernden Bemühungen um einen Therapieplatz reicht es nicht aus, sich überwiegend telefonisch an den Therapeuten zu wenden, auf den Anrufbeantworter zu sprechen bzw. auf einen Rückruf zu warten; vielmehr ist es geboten, in der Praxis vorzusprechen und gegebenenfalls zu warten, und sich darüber hinaus auch an den Hausarzt oder die Krankenkasse zu wenden. Für einen Unterhaltsgläubiger, von dem nach Ablauf des Trennungsjahres die Aufnahme einer Erwerbstätigkeit als Pförtner, im Wachdienst oder als Hausmeister erwartet werden kann, kann ein Durchschnittslohn von 9,40 €/Stunde = 1.635,00 €/Monat angesetzt werden.[150]

a) Zeitrahmen der Dauer der Ehe ohne Kinderbetreuung

67   Vom Zeitpunkt der Trennung an hat sich der Unterhalt begehrende Ehegatte, sofern er nicht Kinder (**nicht notwendig:** gemeinsame Kinder) betreut, auf eine (Wieder-) Eingliederung in das Erwerbsleben vorzubereiten. Der **zeitliche Beginn** einer **Erwerbsobliegenheit** und damit die Bemessung der entsprechenden **Übergangszeit** für den getrennt lebenden Ehegatten ist nach den **Umständen** des **Einzelfalles** zu beurteilen; **pauschalierte Zeitrahmen** sind grds. **unzulässig**.[151]

68   Das Kriterium »**Dauer der Ehe**« ist i.R.d. § 1361 Abs. 2 ein äußerst bedeutsames Merkmal,[152] da § 1361 Abs. 3 ausdrücklich § 1579 Nr. 1 (»Ehe von kurzer Dauer«) – und damit insoweit auch

---

147   BGH, FamRZ 1994, 372 – entschieden zu den Obliegenheiten eines Unterhaltsschuldners.

148   OLG Hamm, FamRZ 1995, 1580 – sechs Jahre; OLG Köln, FamRZ 1999, 853 – sieben Jahre; OLG Saarbrücken, OLGR 2005, 826 – über acht Jahre.

149   OLG Bremen, FamFR 2012, 226 – Aufgabe einer Erwerbstätigkeit zugunsten der Teilnahme an Sprach- und Berufsqualifizierungskursen als Obliegenheitsverletzung mit der Konsequenz der Zurechnung fiktiven Einkommens.

150   OLG Hamm, FF 2012, 207 – auch Krampfadern hindern die Aufnahme einer Erwerbstätigkeit im Regelfall nicht.

151   S. jedoch etwa BGH, FamRZ 2001, 350 = FuR 2001, 262 – »den im Zeitpunkt der Trennung längere Zeit nicht erwerbstätig gewesenen Ehegatten trifft im ersten Trennungsjahr in der Regel keine Erwerbsobliegenheit«.

152   BGH, FamRZ 1979, 569; FamRZ 1979, 571; FamRZ 1980, 876; OLG Schleswig, MDR 2001, 1414 – Anspruch auf Unterhalt während des Trennungszeitraums von rund 17 Monaten bis zur rechtskräftigen Scheidung.

§ 1579 Nr. 8 (weil Auffangtatbestand!)[153] – ausschließt, und der Anspruch auf Trennungsunterhalt bei kurzer Dauer der Ehe somit ausschließlich nach § 1361 Abs. 2 **begrenzt** werden kann. Der Begriff »**Dauer der Ehe**« bestimmt sich – wie in § 1579 Nr. 1 – von der Eheschließung an – gleichgültig ob die Eheleute zusammen oder getrennt gelebt haben[154] – bis zur Rechtshängigkeit eines Scheidungsverfahrens.

Im **ersten Jahr** der **Trennung** trifft den vor der Trennung längere Zeit nicht oder nur Teilzeit   69 erwerbstätig gewesenen Ehegatten in **aller Regel** – jedenfalls bei nicht kurzer, kinderloser Ehe – grds. keine Obliegenheit zur Aufnahme einer Erwerbstätigkeit oder Ausweitung einer bereits ausgeübten;[155] die Erwerbsobliegenheit beginnt vielmehr (dann) erst mit dem Folgemonat nach Ablauf eines Trennungsjahres.[156] Der Anpassungszeitraum kann nach nur kurzer Berufspause[157] oder bloßer Ausweitung einer Teilzeittätigkeit geringer zu bemessen sein.[158] Liegt zwischen der Eheschließung und der Trennung ein Zeitraum von knapp 2 1/2-Jahren, haben beide Ehegatten bereits Antrag auf Scheidung der Ehe gestellt, sind ihre finanziellen Verhältnisse beengt, und ist der Unterhalt begehrende Ehegatte noch jung und gesund und nicht durch Kinderbetreuung an einer Erwerbstätigkeit gehindert, dann sprechen diese Umstände für eine **verstärkte Erwerbsobliegenheit**, insb. für deren **Beginn** bereits **vor Ablauf** des **Trennungsjahres**.[159] So hat etwa das OLG Düsseldorf[160] eine Übergangszeit von vier Monaten angenommen, nach der es der während des Zusammenlebens stundenweise erwerbstätigen Ehefrau zuzumuten sei, ihre Tätigkeit auf 4 – 5 Std. täglich auszuweiten.

War die **Ehe** nur von **kurzer Dauer**, darf sich der Unterhalt begehrende Ehegatte zur Begründung   70 der Unzumutbarkeit einer Erwerbstätigkeit nicht auf den erst durch die Eheschließung erlangten Status berufen;[161] vielmehr ist ihm grds. innerhalb einer nur **kurzen Frist** die **baldige Wiederaufnahme** der **Erwerbstätigkeit** zuzumuten: Das kurze Funktionieren der Ehe soll »nicht zu einem Rentnerdasein auf Kosten des anderen Teils führen«.[162] Dies gilt trotz 10-jähriger Ehe auch dann, wenn der pflegebedürftige Ehemann die Frau nur geheiratet hatte, um von dieser versorgt zu werden.[163] Haben die Eheleute nur kurz zusammengelebt, steht der Ehefrau jedenfalls dann kein Unterhaltsanspruch zu, wenn sie vor der Ehe und während des ehelichen Zusammenlebens in guter Position monatlich netto 2.500,00 DM verdiente und noch verdient.[164] Ist einem Ehegatten eine Erwerbstätigkeit nicht zuzumuten (etwa wegen Krankheit, Alter oder Nichtfinden einer angemessenen Tätigkeit), so kann sich das kurze Zusammenleben auf den Unterhaltsanspruch **mindernd** auswirken.[165] Erreicht eine selbstständige Tätigkeit nach Ablauf des Trennungsjahrs nur einen deutlich geringeren Umfang, kann für eine Übergangszeit zwar nicht deren Aufgabe, jedoch im Einzelfall die **Aufnahme** einer **zusätzlichen Tätigkeit** zugemutet werden.[166]

---

153 BGH, FamRZ 1982, 573.
154 BGH, FamRZ 1980, 981.
155 BGHZ 109, 211 = BGH, FamRZ 1990, 283, 286; BGH, FamRZ 1981, 242; FamRZ 2001, 350 = FuR 2001, 262.
156 OLG Düsseldorf, FamRZ 1980, 245; OLG München, FamRZ 1993, 328.
157 OLG Koblenz, FamRZ 1994, 1253.
158 OLG München, FamRZ 1993, 328.
159 BGH, FamRZ 2001, 350 = FuR 2001, 262.
160 FamRZ 1987, 266 – Putzarbeiten.
161 BGH, FamRZ 1979, 571; FamRZ 2001, 973 – 2 1/2-Jahre bis zur Trennung.
162 OLG Frankfurt, FamRZ 1979, 700; s.a. OLG Hamburg, FamRZ 2002, 753 – die Trennungsunterhalt begehrende Ehefrau war bereits zum 5. Mal verheiratet; die Eheleute hatten nur ca. 1 1/2-Monate zusammengelebt, und seit der Trennung waren bereits sieben Monate verstrichen.
163 OLG Koblenz, NJW 2003, 1816.
164 OLG Frankfurt, FamRZ 1980, 141 – 16 Monate.
165 OLG Frankfurt, FamRZ 1979, 700.
166 OLG Köln, OLGR 2002, 251.

71   Im Hinblick auf den Sinn der Trennungszeit und die sich langsam abschwächenden Folgen der ehelichen Lebensgemeinschaft ist aber auch die **Dauer der Trennung** ein wichtiges Kriterium: Nach **längerer Trennung** und mit ihrer zunehmenden **Verfestigung** ohne Aussicht auf Wiederherstellung der ehelichen Lebensgemeinschaft, insb. wenn die Scheidung nur noch eine Frage der Zeit ist, nähern sich die Maßstäbe für die Erwerbsobliegenheiten immer mehr denjenigen Anforderungen, die nach § 1569 für den nachehelichen Unterhalt gelten; insoweit kann es (sogar) gerechtfertigt sein, die **Maßstäbe des nachehelichen Unterhaltsrechts** auch schon i.R.d. **Trennungsunterhalts** anzuwenden.[167] § 1573 Abs. 4 ist allerdings i.R.d. Trennungsunterhalts nicht entsprechend anzuwenden.[168] Der unterhaltsberechtigte Ehegatte ist dann aufgrund seiner Erwerbsobliegenheit grds. zur Aufnahme einer Vollzeittätigkeit verpflichtet.

72   Hat der getrennt lebende Ehegatte eine krisensichere, aber nicht zeitmäßig aufstockungsfähige **Teilzeitbeschäftigung**, dann muss er sich nachhaltig um eine vollschichtige Erwerbstätigkeit bemühen, wobei es ihm zumutbar ist, sein Einkommen durch eine **Nebentätigkeit** aufzubessern.[169] Gelingt der Sprung in die Vollzeittätigkeit, trägt allein der Unterhaltsgläubiger das Risiko des Verlusts der Vollzeittätigkeit ohne Möglichkeit der Wiederaufnahme der Teilerwerbstätigkeit. Ist aus einer 20-jährigen Ehe ein Kind hervorgegangen, dann obliegt einer 53-jährigen Frau frühestens nach zwei Jahren ab der Trennung, ihre bisherige Berufstätigkeit auszuweiten.[170]

73   **Solidarität** mit **ausländischen Ehegatten** kann zu einem **verlängerten Unterhaltszeitraum** führen.[171]

b)   Zeitrahmen der Begrenzung der Erwerbsobliegenheit bei Kinderbetreuung

74   Die Pflicht des Unterhalt begehrenden Ehegatten zur **Aufnahme** einer **Erwerbstätigkeit** wird maßgeblich durch die **Notwendigkeit** der **Kinderbetreuung** beeinflusst. Rechtmäßige[172] **Betreuung von Kindern** schränkt die Erwerbsobliegenheit in noch engeren Grenzen als i.R.d. § 1570 ein: Wenn auch nach dem strenger an der Eigenverantwortlichkeit angelehnten § 1570 Abs. 1 Satz 1 **kein abrupter Wechsel** von der elterlichen Betreuung zu einer **Vollzeiterwerbstätigkeit** verlangt werden kann, wenn das Kind älter als drei Jahre ist, gilt dies erst recht für die Erwerbsobliegenheit eines Unterhaltsgläubigers nach § 1361 Abs. 2, weil sich hiernach die Erwerbsobliegenheit noch näher an den gelebten ehelichen Verhältnissen orientiert, und § 1361 Abs. 2 als Schutzvorschrift für die bislang nicht erwerbstätige Hausfrau ausgelegt wird. Vor dem Hintergrund einer **praktizierten Rollenverteilung** kann es dem Unterhaltsgläubiger nur in kleinen Schritten zumutbar sein, finanziell auf eigenen Füßen zu stehen.[173] Ein Abzug beim Einkommen des unterhalts-

---

167   BGH, FamRZ 1980, 981; BGHZ 109, 211 = BGH, FamRZ 1990, 283; BGH, FamRZ 2001, 350 = FuR 2001, 262; zuletzt BGH, FamRZ 2008, 963 = FuR 2008, 283 unter Hinweis auf BGH, FamRZ 2001, 350, 351 = FuR 2001, 262, sowie Dose, FamRZ 2007, 1289, 1296; s.a. OLG Brandenburg, FamRZ 2006, 1756 (LS) zu einer Ehedauer von mehr als 19 Jahren; OLG Thüringen, FamRZ 2012, 641 = FuR 2012, 212.

168   BGH, FamRZ 1986, 244.

169   S. etwa OLG Frankfurt, FamRZ 2000, 25; OLG München, FamRZ 2002, 694 – im Rahmen gebotener Nebentätigkeit sei allerdings die Steuer- und Sozialleistungspflicht zu beachten.

170   OLG München, FamRZ 2002, 462.

171   OLG Nürnberg, FamRZ 2008, 1755 zum Bedarf einer getrennt lebenden Ehefrau nach ihrer Rückkehr in die Türkei sowie zum fiktiven Einkommen i.H.d. staatlichen Mindestlohns in der Türkei; OLG Düsseldorf, FamRZ 2008, 1856 – Zusage an einen aus einem anderen Land und Kulturkreis stammenden Ehegatten, ihm im Fall der ehebedingten Übersiedlung nach Deutschland das Erlernen der Sprache und eine (nicht näher bezeichnete) Ausbildung zu ermöglichen.

172   OLG Frankfurt, FamRZ 1995, 234.

173   OLG Düsseldorf, FamRB 2010, 35; s. hierzu auch OLG Brandenburg, FamFR 2010, 297; OLG Köln, FamRB 2012, 11; KG, FamRZ 2010, 1447 – kein Betreuungsbonus für den Unterhaltsschuldner aufgrund der Möglichkeit flexibler Gestaltung seiner Arbeitszeiten neben der Kindesbetreuung auf Grund seiner freiberuflichen Tätigkeit.

verpflichteten Ehegatten für die Betreuung eines gemeinschaftlichen minderjährigen Kindes wertmäßig in Höhe des Wertes des Barunterhalts für das Kind ist nicht zulässig; vielmehr kann ein Betreuungsbonus für den unterhaltsverpflichteten Ehegatten nur dann gewährt werden, wenn sich die Betreuung des Kindes bei gleichzeitiger Erwerbstätigkeit des betreuenden Elternteils nur unter besonderen Erschwernissen bewerkstelligen lässt.[174]

Im Gegensatz zum nachehelichen Unterhalt kann i.R.d. § 1361 auch die Betreuung **nicht gemein-** **75** **schaftlicher Kinder** – etwa Pflege- und/oder Stiefkinder – die Verweisung auf eine Erwerbsobliegenheit ausschließen.[175] Erwerbsobliegenheiten bei **Kinderbetreuung** im Trennungszeitpunkt scheiden jedenfalls dann aus, wenn nach den für den nachehelichen Unterhalt geltenden Maßstäben (§ 1570) im Hinblick auf Alter und Zahl der Kinder keine Erwerbsobliegenheit in Betracht kommt. Auch i.R.d. § 1361 ist das Altersphasenmodell nicht mehr anwendbar. Demzufolge kann nach der ab 01.01.2008 geltenden Rechtslage nicht mehr davon ausgegangen werden, dass das Einkommen aus Vollzeittätigkeit eines Ehegatten, der ein sieben Jahre altes Kind betreut, überobligatorisch ist; allerdings sind Kinderbetreuungskosten abzugsfähig, wenn sie zur Ausübung einer Berufstätigkeit erforderlich sind und in angemessenem Rahmen anfallen.[176]

Bei einer Erwerbstätigkeit von 30 Std. wöchentlich genügt der betreuende Elternteil eines gerade **76** drei Jahre alten Kindes seiner Erwerbsobliegenheit.[177] Allerdings stellt eine Vollzeiterwerbstätigkeit neben der Betreuung eines 3-jährigen Kindes trotz kurzer Ehedauer auch dann eine überobligationsmäßige Belastung des betreuenden Elternteils dar, wenn die Möglichkeit einer Ganztagsbetreuung des Kindes in einer Kindertagesstätte besteht.[178] War ein Kind der Parteien zu Beginn des Unterhaltszeitraums bereits 16 Jahre alt, kann nicht davon ausgegangen werden, dass infolge der Betreuung dieses Kindes keine vollschichtige Erwerbstätigkeit ausgeübt werden kann.[179] Angesichts der Erkrankung eines Kindes und seines Alters von acht Jahren kann jedoch die Verpflichtung bestehen, lediglich einer Teilerwerbstätigkeit nachzugehen.[180] Betreut eine seit längerer Zeit getrennt lebende Kindesmutter ihre 10-jährige Tochter, dann besteht eine Obliegenheit zur Erwerbstätigkeit neben der Betreuung bereits ab Vollendung des dritten Lebensjahres des betreuten Kindes; eine vollschichtige Tätigkeit ist jedoch unzumutbar und unbillig.[181]

2. Wirtschaftliche Verhältnisse beider Ehegatten

Bei beiderseits **engen wirtschaftlichen Verhältnissen** ist die **Erwerbsobliegenheit verschärft**, bei **77** **günstigen wirtschaftlichen Verhältnissen** eher **großzügiger** zu beurteilen.[182] Wird dem Ehegatten die **Ausübung** einer **unqualifizierten berufsfremden Tätigkeit** angesonnen, muss außerdem besonders geprüft werden, ob dies nach dem **sozialen Status** der Ehegatten angemessen ist.[183]

174 OLG Naumburg, FamRZ 2011, 224.
175 BGH, FamRZ 1979, 569; FamRZ 1981, 17; FamRZ 1981, 752.
176 OLG Jena, OLGR 2009, 698.
177 OLG Brandenburg, NJW 2009, 1356.
178 BGHZ 177, 272 = BGH, FamRZ 2008, 1739 = FuR 2008, 485; BGHZ 180, 170 = FamRZ 2009, 770 = FuR 2009, 391; BGH, FamRZ 2009, 1124 = FuR 2009, 447; BGH, FamRZ 2009, 1391 = FuR 2009, 577 (»Flexistunden«); OLG Frankfurt, OLGR 2009, 176 – jedoch zum nachehelichen Unterhalt.
179 OLG Brandenburg, OLGR 2009, 427.
180 OLG Köln, NJW-RR 2009, 370.
181 OLG Zweibrücken, OLGR 2008, 886; weitere Rspr.: s. Kommentierung zu § 1570 Rdn. 1 ff.
182 BGH, FamRZ 1982, 148, 150 m.w.N.; BGHZ 109, 211 = BGH, FamRZ 1990, 283.
183 BGHZ 109, 211 = BGH, FamRZ 1990, 283.

F. Leistungsfähigkeit (§ 1581 analog mit verschärftem Haftungsmaßstab)

78   Die finanzielle Leistungsfähigkeit eines auf Unterhalt in Anspruch genommenen Menschen endet dort, wo er nicht mehr in der Lage ist, seine eigene Existenz zu sichern.[184] Im Gegensatz zu den Systemen des nachehelichen Unterhalts (§ 1581) und des Verwandtenunterhalts (§ 1603) regelt das Gesetz die **Leistungsfähigkeit** i.R.d. **Trennungsunterhalts** nicht. Da jeder Unterhaltsanspruch immanent auf der eine Seite (Unterhaltsgläubiger) Bedürftigkeit und auf der anderen Seite (Unterhaltsschuldner) Leistungsfähigkeit voraussetzt, ist zur Ausfüllung dieser Regelungslücke daher (als rechtsähnliche Vorschrift) **§ 1581 analog** heranzuziehen,[185] da sich auch der Anspruch auf Trennungsunterhalt wie jeder Unterhaltsanspruch an der Leistungsfähigkeit des Unterhaltsschuldners auszurichten hat.[186]

79   Allerdings ist vor rechtskräftiger Auflösung der Ehe der noch bestehenden größeren Verantwortung der Ehegatten füreinander insoweit Rechnung zu tragen, als i.R.d. Trennungsunterhalts ein **verschärfter Haftungsmaßstab** anzuwenden ist:[187] Bei der Bemessung des Selbstbehalts i.R.d. § 1361 gelten zwar regelmäßig die gleichen Grundsätze wie beim nachehelichen Unterhalt, jedoch mit der Maßgabe, dass die vor der Scheidung noch bestehende größere Verantwortung der noch nicht geschiedenen Ehegatten füreinander tatrichterlich berücksichtigt werden muss.[188]

80   Allerdings hat der BGH mit Urt. v. 15.03.2006[189] entschieden, der Selbstbehalt ggü. einem Anspruch auf Trennungsunterhalt oder auf nachehelichen Unterhalt (sog. Ehegattenselbstbehalt) sei i.d.R. mit einem Betrag zu bemessen, der zwischen dem angemessenen Selbstbehalt (§ 1603 Abs. 1) und dem notwendigen Selbstbehalt (§ 1603 Abs. 2) liegt, wobei es einer zusätzlichen Grenze der Leistungsfähigkeit nach den individuellen ehelichen Lebensverhältnissen nicht mehr bedürfe.[190] Der BGH hat insoweit weder zwischen Trennungsunterhalt (§ 1361) und nachehelichem Unterhalt (§§ 1569 ff.) differenziert, noch hat er begründet, warum er die eheliche und die nacheheliche Solidarität insoweit gleich wertet. Es ist jedoch nicht zulässig, die (schärfere) eheliche Solidarität mit der (einer gescheiterten Ehe nur nachwirkenden) nachehelichen Solidarität gleichzusetzen.

81   Es ist in jedem **Einzelfall** Sache des Tatrichters, einen **angemessenen Ehegattenselbstbehalt** zu bestimmen. Dabei ist es ihm nicht verwehrt, sich an Erfahrungs- und Richtwerte anzulehnen, sofern nicht im Einzelfall besondere Umstände eine Abweichung erfordern. Ob und welche Tabellen/Leitlinien/Orientierungshilfen und aus welchem Bezirk er anwendet, bleibt ihm überlassen, weil solche Hilfsmittel immer nur Richtwerte enthalten, während besondere Umstände im Einzelfall stets eine Abweichung zulassen. Es ist daher in jedem Einzelfall zu prüfen, ob der Unterhaltsschuldner in der Lage ist, beanspruchten Unterhalt zu zahlen, oder ob dieser – unbeschadet der Zulässigkeit der Zurechnung fiktiven Einkommens – seine finanzielle Leistungsfähigkeit übersteigt.

---

184   BVerfG, FamRZ 2002, 1397 = FuR 2002, 409.

185   BVerfG, FamRZ 2002, 1397 = FuR 2002, 409 zur Einschränkung des Unterhaltsschuldners in seiner verfassungsrechtlich geschützten Handlungsfreiheit durch die Auferlegung von Unterhaltsleistungen, insb. zu den Auswirkungen des Verhältnismäßigkeitsgrundsatzes auf das Unterhaltsrecht, im Anschluss an BVerfGE 57, 361, 378, 381, 388; BVerfGE 80, 286, 293 f.

186   BGH, FamRZ 2006, 683 = FuR 2006, 266 (Berufungsurteil: OLG Düsseldorf, FamRZ 2004, 1104) unter Hinweis auf BVerfG, FamRZ 2002, 1397, 1398; s.a. OLG Koblenz, NJW 2003, 1816; FamRZ 2005, 1482; zu § 1581 s. BGHZ 109, 72 = BGH, FamRZ 1990, 260; BGH, FamRZ 1987, 806.

187   BGH, FamRZ 1986, 556; s. aber auch Graba, FamRZ 2001, 1257, 1262.

188   BVerfG, FamRZ 2003, 661 = FuR 2003, 533 unter Hinweis auf BGH, FamRZ 1986, 556, 557.

189   BGH, FamRZ 2006, 683 = FuR 2006, 266 (Berufungsurteil: OLG Düsseldorf, FamRZ 2004, 1104); s.a. OLG Saarbrücken, FamRZ 2007, 127 = FuR 2007, 184.

190   BGH, FamRZ 2006, 683 = FuR 2006, 266 (Berufungsurteil: OLG Düsseldorf, FamRZ 2004, 1104); Abgrenzung zu BGHZ 109, 72, 83 f. = FamRZ 1990, 260 = FuR 1990, 161, und BGH, FamRZ 2004, 1357, 1358 f. = FuR 2004, 548; Fortführung von BGHZ 153, 358, 364 f. = BGH, FamRZ 2003, 590 = FuR 2003, 254.

I.R.d. § 1361 besteht ebenso wie nach § 1581 eine Unterhaltspflicht nur i.R.d. **Billigkeit**, wenn das **82** verfügbare Einkommen des Unterhaltsschuldners nicht ausreicht, den jeweiligen eigenen Selbstbehalt sowie alle Unterhaltslasten zu decken (»**Mangellagen**«).[191] In jedem Fall ist die Leistungsfähigkeit des Unterhaltsschuldners durch denjenigen Betrag begrenzt, den er für seinen eigenen Unterhalt (»**Selbstbehalt**«) und den Unterhalt anderer vorrangig Berechtigter (s. etwa § 1609) benötigt.[192] Auch i.R.d. Trennungsunterhalts und bei finanziell beengten ehelichen Lebensverhältnissen kann der Unterhaltsschuldner in aller Regel nicht auf die Möglichkeit der Verbesserung seiner Einkommenssituation durch eine Verbraucherinsolvenz verwiesen werden: Dies widerspräche bereits im Grundsatz dem Gedanken der Halbteilung, weil der Unterhaltsgläubiger (eheprägend auch) weiterhin die in den ehelichen Lebensverhältnissen angelegte Verschuldung mittragen muss.[193]

G. Zurechenbares fiktives Einkommen

Der Tatrichter hat in jedem Einzelfall zu entscheiden, welches Einkommen er bei Verletzung von **83** Obliegenheiten (insb. Erwerbsobliegenheiten, s. § 1361 Abs. 2) zurechnet. Das OLG Hamm[194] hat aus einer 2/3-Erwerbstätigkeit ein fiktiv erzielbares Einkommen von netto rund 715,00 € angenommen. Das OLG Saarbrücken[195] ist von einem Stundenlohn zwischen fünf und sechs € für leichte körperliche Tätigkeiten ausgegangen, das OLG Brandenburg[196] von monatlich 920,00 € für ungelernte Arbeitskräfte, wobei jedoch noch an einen Abschlag für die wirtschaftlich noch immer schwächeren neuen Bundesländer zu denken sei.

Der Wert von **Versorgungsleistungen**, die ein unterhaltsberechtigter Ehegatte während der Tren- **84** nungszeit für einen neuen Lebenspartner erbringt, richtet sich im Wesentlichen nach dem Umfang der Leistungen und den wirtschaftlichen Verhältnissen des neuen Partners. Fiktive Einkommen, die aus der Verletzung von Erwerbsobliegenheiten wie auch aus Versorgungsleistungen abgeleitet werden, treten jedenfalls in aller Regel als Surrogate an die Stelle einer Haushaltsführung während der Ehe und sind deswegen im Wege der **Differenz-/Additionsmethode** in die Bemessung des Trennungsunterhalts einzubeziehen.[197]

---

191 OLG Celle, FamRZ 2002, 887 zu einem Fall völliger Überschuldung.
192 A.A. jedoch offensichtlich BGH, FamRZ 2006, 683 = FuR 2006, 266 in Fortführung von BGH, FamRZ 2005, 354 ff. = FuR 2005, 170; s.a. BSG, FamRZ 1987, 274.
193 BGHZ 175, 67 = BGH, FamRZ 2008, 497 = FuR 2008, 144 – Abgrenzung zu BGHZ 162, 234 = BGH, FamRZ 2005, 608; so auch OLG Koblenz (7. ZS), NJW-RR 2005, 1457; OLG Celle, FamRZ 2006, 1536 – hohe Immobilienschulden; a.A. noch OLG Koblenz (13. ZS), FamRZ 2004, 823, 824; zum Unterhaltsanspruch im Insolvenzverfahren und in der Wohlverhaltensperiode s. Schwarz/Facius, ZVI 2010, 49 ff und FF 2010, 189 ff.
194 OLGR 2003, 255, 256.
195 OLGR 2005, 826.
196 OLG Brandenburg, FamRZ 2005, 210.
197 Zur Anrechnung des Wertes von Versorgungsleistungen s. BGH, FamRZ 2004, 1170 = FuR 2004, 497 im Anschluss an BVerfG, FamRZ 2002, 527; BGH, FamRZ 2001, 105; FamRZ 2001, 1693; FamRZ 2004, 1170 = FuR 2004, 497; FamRZ 2004, 1173 = FuR 2004, 500; a.A. OLG München, FuR 2003, 329; FamRZ 2006, 1535 = FuR 2006, 189 – gegen diese Rspr. des BGH dürfe bei Zusammenleben des Unterhaltsschuldners mit einem neuen Partner kein Einkommen aus einer Vergütung angesetzt werden, da weder in der Ehe noch in einer neuen Partnerschaft für eine Haushaltsführung etwas bezahlt werde, sondern nur wegen ersparter Aufwendungen; dieses Einkommen ist jedoch bei einer Ganztagserwerbstätigkeit des Unterhaltsgläubigers nicht prägend; zur Bewertung des Einkommens aus Haushaltsführung für einen neuen Partner s.a. OLG München, FamRZ 2005, 713.

H. Einsatz des Vermögensstammes bei Bedürftigkeit und Leistungsfähigkeit

85 Die Frage nach der Verwertung des Vermögensstammes ist, was den **Trennungsunterhalt** (§ 1361) anlangt, gesetzlich nicht geregelt. Maßstäbe bieten § 1577 Abs. 3 für den Unterhaltsgläubiger und § 1581 Satz 2 für den Unterhaltsschuldner:[198] Der Stamm des Vermögens ist nicht unterhaltsfähig, wenn und soweit die **Verwertung** des **Vermögensstammes unwirtschaftlich** oder unter Berücksichtigung der beiderseitigen wirtschaftlichen Verhältnisse **unbillig** wäre. I.R.d. § 1361 sind aber diejenigen **Besonderheiten** zu berücksichtigen, die das Verhältnis der Ehegatten zueinander während des Getrenntlebens im Vergleich zu demjenigen nach der Scheidung kennzeichnen;[199] jedenfalls ziehen die **Billigkeits-** und **Wirtschaftlichkeitsmaßstäbe** beider Vorschriften – § 1577 Abs. 3 für den Unterhaltsgläubiger und § 1581 Satz 2 für den Unterhaltsschuldner – während der Trennung die **äußerste Grenze** der Pflicht zur Verwertung des Vermögensstammes.[200]

I. Regel: Keine Obliegenheit zur Verwertung des Vermögensstammes

86 Im Hinblick auf die noch bestehende Ehe ist die Obliegenheit zur **Verwertung** des **Vermögensstammes** sowohl beim Unterhaltsgläubiger als auch beim Unterhaltsschuldner **wesentlich enger** zu sehen als für die Zeit nach der Scheidung; an die Voraussetzungen einer Verwertung des Vermögensstammes während der Trennungszeit sind daher deutlich höhere Anforderungen zu stellen als beim nachehelichen Unterhalt.[201] **Drei** maßgebende **Kriterien** bestimmen die Obliegenheit zur Verwertung des Vermögensstammes: Die

(1) während der Trennung noch bestehende **stärkere Verantwortung** der Ehegatten **füreinander**, verbunden jedoch mit einem höheren Maß an Rücksichtnahme seitens des Unterhaltsgläubigers auf die Interessen des Unterhaltsschuldners als nach der Scheidung,[202]
(2) **Sicherung** der **wirtschaftlichen Basis** der (noch) **bestehenden Ehe**: Die wirtschaftlichen Grundlagen der ehelichen Gemeinschaft dürfen nicht beeinträchtigt werden, um den Ehegatten nicht die Möglichkeit zu nehmen, wieder zueinander zurückzufinden,[203] **und**
(3) Dauer der Trennung.

Daneben können auch **weitere Kriterien** von Bedeutung sein, etwa die für die Zeit intakter Ehe bestehende, dem gemeinsamen Lebensplan der Partner entsprechende Absprache oder Übung, vorhandenes Vermögen nicht zu verwerten, die Höhe des beiderseitigen Vermögens sowie die Einkommensverhältnisse der Ehegatten. Die Pflicht zur Rücksichtnahme kann einem der Vermögensverwertung entgegen stehenden Interesse des Unterhaltsschuldners überwiegendes Gewicht verleihen und dazu führen, dass dem Unterhaltsschuldner die Verwertung seines Vermögens nicht zugemutet werden kann, während er es für den Unterhalt des geschiedenen Ehegatten einsetzen müsste.[204]

1. Stärkere Verantwortung der Ehegatten füreinander während der Trennung

87 Während der Trennung, also während noch bestehender Ehe, tragen die Ehegatten füreinander ein höheres Maß an Verantwortung als nach der Scheidung; jeder darf von dem anderen im Hin-

---

198 BGH, FamRZ 1986, 556, 557; FamRZ 2005, 97 = FuR 2005, 23, jeweils zur Obliegenheit des getrennt lebenden Unterhaltsschuldners.
199 BGH, FamRZ 1985, 360; FamRZ 2005, 97 = FuR 2005, 23.
200 BGH, FamRZ 1985, 360 zu § 1577 Abs. 3; FamRZ 1986, 556 zu § 1581 Satz 2; s.a. BGH, FamRZ 1986, 439.
201 BGH, FamRZ 2012, 514 = FuR 2012, 374; s. auch OLG Hamm, FamRZ 1997, 1537; OLG Koblenz, FamRZ 2005, 1482 – keine Pflicht zur Verwertung eines zu gleichen Teilen aufgeteilten Sparvermögens; OLG Köln, FamRZ 2002, 97.
202 BGH, FamRZ 1985, 360, 361; FamRZ 2005, 97 = FuR 2005, 23.
203 BGH, FamRZ 1985, 360; FamRZ 1986, 556.
204 Hierzu etwa BGH, FamRZ 2005, 97 = FuR 2005, 23 m.w.N.

blick auf die noch nicht endgültig gescheiterte Ehe **größere Rücksicht** auf seine Interessen als nach der Scheidung erwarten. Diese **stärkere Verantwortung** beeinflusst auch die Obliegenheiten zum Einsatz des Vermögensstammes, gleichgültig, um welche Art der Vermögensverwertung es geht.

Diese stärkere Verantwortung kann dem **Unterhaltsschuldner** gebieten, dem anderen Ehegatten durch Unterhaltsleistungen den Verbrauch eigenen Vermögens auch dann zu ersparen, wenn dieser sich nach der Scheidung gem. § 1577 Abs. 3 auf die Verwertung seines Vermögens verweisen lassen müsste. Auf der anderen Seite erlegt die besondere Verbundenheit, von der das Verhältnis der Ehegatten **während** der Ehe geprägt wird, auch dem **Unterhaltsgläubiger** während des Getrenntlebens ein höheres Maß an Rücksichtnahme auf die Interessen des Unterhaltsschuldners auf als nach der Scheidung, sodass bei der in Anlehnung an die Grundsätze des § 1581 Satz 2 vorzunehmenden Abwägung die Obliegenheit des Unterhaltsgläubigers zum Einsatz seines verwertbaren Vermögens während des Getrenntlebens den Maßstab des § 1577 Abs. 3 erreichen kann.[205] In jedem Einzelfall sind daher die **beiderseitigen Interessen** sorgfältig gegeneinander abzuwägen.

2. Wirtschaftliche Basis der (noch) bestehenden Ehe

Da sich die Ehegatten während des Getrenntlebens in einem Stadium befinden, in dem die Ehe noch nicht aufgelöst und eine Wiederherstellung der ehelichen Lebensgemeinschaft nicht ausgeschlossen ist, dürfen sie bei der Regelung ihrer unterhaltsrechtlichen Beziehungen im Interesse der Aufrechterhaltung ihrer Ehe möglichst **nicht zu Änderungen** ihrer **Lebensverhältnisse** gedrängt werden, die sich **zerrüttungsfördernd** auswirken oder sonst die Aussichten für eine Wiederaufnahme der Lebensgemeinschaft beeinträchtigen können.[206] Daher dürfen zumindest innerhalb des ersten Jahres nach der Trennung[207] die wirtschaftlichen Grundlagen der ehelichen Gemeinschaft, also die **gemeinsame wirtschaftliche Basis** der Ehe, grds. nicht erschüttert werden.[208] Solange die Ehe besteht, ist daher grds. eine Vermögensverwertung, welche dem Unterhaltsschuldner die Grundlage seiner beruflichen Existenz entziehen und die gemeinsame Lebensgrundlage im Fall einer Fortsetzung der ehelichen Lebensgemeinschaft gefährden würde, nicht zuzumuten.[209] So kommt etwa die Verwertung von Grundbesitz nicht in Betracht, wenn die Vermietung bzw. Veräußerung mit erheblichen finanziellen Verlusten und mit einer Halbierung des Erwerbseinkommens des Unterhaltsschuldners verbunden wäre.[210]

3. Dauer der Trennung

Auch die **Dauer** des **Getrenntlebens** kann insoweit Bedeutung gewinnen. Bei einer erst kurzen Trennung liegt es näher als bei einer bereits länger andauernden, dass es zu einer Wiederaufnahme der ehelichen Gemeinschaft kommt. Je länger die Trennung währt, desto mehr nähern sich die Maßstäbe der ehelichen Solidarität denjenigen der nachehelichen (§ 1569) an, und desto eher kann deshalb eine **Obliegenheit** zum **Einsatz** des **Vermögensstammes** angenommen werden.[211]

II. Ausnahmen: Einsatz des Vermögensstammes (bereits) während der Trennung

Ist ausnahmsweise eine Obliegenheit zur Verwertung des Vermögensstammes anzunehmen, kommen **verschiedene Arten** der **Vermögensverwertung** in Betracht, um die für den Unterhalt erforderlichen Mittel zu beschaffen. Zunächst ist ein nicht mit einer Substanzminderung einhergehen-

88

89

90

91

---

205 BGH, FamRZ 1986, 556.
206 BGH, FamRZ 1986, 556.
207 BGH, FamRZ 1985, 360.
208 Vgl. BGH, FamRZ 1985, 360.
209 BGH, FamRZ 1986, 556 unter Hinweis auf OLG Koblenz, FamRZ 1985, 812.
210 OLG Celle, FamRZ 2002, 887.
211 BGH, FamRZ 1985, 360.

der Verbrauch, sondern eine »**Umschichtung**« des Vermögens in Betracht zu ziehen mit dem Ziel, durch eine andere Art der Vermögensanlage erheblich höhere Erträge zu erzielen, aus denen der Unterhalt geleistet bzw. die Bedürftigkeit gemindert werden kann,[212] wenn dieser Umschichtung keine beachtenswerten Interessen entgegen stehen. Ebenso kann verlangt werden, vermögensrechtliche Ansprüche (z.B. aus einer angefallenen Erbschaft)[213] ernsthaft zu realisieren. Eine »irreversible« Vermögensverwertung[214] darf jedenfalls nur »ultima ratio« sein. Das gilt etwa für die Veräußerung des Familienheims, kommt aber auch sonst in Betracht, wenn der Vermögensgegenstand den Ehegatten während des Zusammenlebens (mit) als Existenzgrundlage gedient hat, und diese Einsatzmöglichkeit durch die infrage kommende Verwertung gefährdet wäre. Da jedoch alle Vermögenswerte regelmäßig dazu dienen, ergänzend zu sonstigem Einkommen den eigenen Unterhaltsbedarf auf Lebenszeit zu sichern, hängt eine Obliegenheit zur Verwertung des Vermögensstammes im Einzelfall von der voraussichtlichen Dauer der Unterhaltsbedürftigkeit und von der dauerhaften Ertragsmöglichkeit des zur Verfügung stehenden Vermögens ab.[215]

92   Für folgende **Fallgruppen** wurde bislang **ausnahmsweise** bereits während der Trennungszeit eine **Verwertung des Vermögensstammes** als **zumutbar** angesehen:

(1) Wenn der **Lebensbedarf** der Familie bereits zu Zeiten intakter Ehe aus dem vorhandenen Vermögen bestritten worden ist;[216]

(2) In **Mangelfällen**: Je krasser eine Mangellage ist, desto eher wird auch der Stamm des Vermögens heranzuziehen sein: Es übersteigt die staatsbürgerliche Solidarität, ist aber auch vom Unterhaltsgläubiger bürgerlich-rechtlich als unzumutbar nicht hinzunehmen, wenn er als (unterhaltsberechtigter) Angehöriger eines vermögenden Mitbürgers auf Sozialleistungen verwiesen wird, ohne dass das Vermögen des Unterhaltsschuldners angetastet werden muss.[217] Je höher das Vermögen des Unterhaltsschuldners ist, um so eher kann ihm die – jedenfalls teilweise – Verwertung seines Vermögensstammes zugemutet werden.[218]

(3) Haben die Eheleute nur **wenige Monate zusammengelebt**, ihre Lebensgestaltung und -planung also nicht in bedeutendem Umfang aufeinander ausgerichtet, dann ist es gerechtfertigt, nach der Trennung den Gesichtspunkt der Eigenverantwortung eines jeden Ehegatten besonders zu betonen, wenn das Scheitern der Ehe eindeutig erscheint, und wenn beträchtliches Vermögen aufseiten des Unterhaltsgläubigers vorhanden ist.[219] In solchen Fällen sind keine längeren Überlegungs- und Sondierungsfristen einzuräumen; vielmehr entsteht die entsprechende Obliegenheit alsbald nach der Trennung der Ehegatten.[220]

93   Wird etwa ein **landwirtschaftliches Anwesen** (nur) mit Verlust betrieben, dann ist – um eine Mangellage zu beseitigen – eine Teilverwertung durch Verkäufe aus dem Viehbestand und die Veräußerung einzelner Grundstücke zumutbar.[221] Nach einer gewissen Übergangszeit ist auch der

---

212 BGH, FamRZ 1986, 556 zur Möglichkeit einer ohne Gefährdung der Fortführung des Betriebes möglichen Teilverwertung, etwa in Form von Verkäufen aus dem auf dem Hof gehaltenen Viehbestand oder auch einer Veräußerung einzelner Grundstücke; FamRZ 1992, 423; FamRZ 1998, 87; OLG Hamm, FamRZ 1998, 27.

213 Vgl. BGH, FamRZ 1993, 1065.

214 BGH, FamRZ 1986, 556 unter Hinweis auf Gernhuber.

215 OLG Hamm, FamFR 2012, 84.

216 BGH, FamRZ 1985, 360.

217 BGH, FamRZ 1986, 556 – »Im Gegenteil erschiene es unerträglich, die mittellose Klägerin nach über 20-jähriger Ehe und ebenso langer voller Mitarbeit auf dem Hof ohne Trennungsunterhalt zu lassen, wenn der Beklagte in der Lage gewesen wäre, den Unterhalt in der geschilderten Weise durch eine teilweise Verwertung des Vermögensstammes aufzubringen«.

218 BGH, FamRZ 1985, 360.

219 *OLG Hamm, FamRZ 1993, 1085.*

220 BGH, FamRZ 1986, 556.

221 BGH, FamRZ 1986, 556, 557.

Verkauf eines im Alleineigentum des Unterhaltsschuldners stehenden Eigenheims zumutbar, wenn anderenfalls der notwendige Unterhalt des Unterhaltsgläubigers gefährdet wäre.[222]

Muss der Stamm des Vermögens angegriffen werden, dann dürfen jedenfalls die einzusetzenden **94** Mittel über die **gesamte Zeit** der **voraussichtlichen Unterhaltslage** verteilt werden, nachdem zuvor eine Rücklage für den Notfall (»Schonvermögen« bzw. »Notgroschen«) gebildet worden ist (Einzelheiten betreffend den Unterhalts**gläubiger** s. § 1577, betreffend den Unterhalts**schuldner** § 1581).

I. Höhe des Unterhalts (nicht gedeckter Teil des Lebensbedarfs)

Der **Gesamtunterhalt** setzt sich aus **unselbstständigen** (Summe = voller Unterhaltsbedarf) und **95** **selbstständigen** Unterhaltsteilen (Summe aller Unterhaltsteile = Gesamtunterhalt) zusammen. Nimmt der Unterhaltsgläubiger für sich einen Lebensbedarf bis zu etwa 2.500,00 € in Anspruch, kann der Unterhalt nach Quoten des während des ehelichen Zusammenlebens verfügbaren Einkommens bemessen werden (sog. **Quotenunterhalt**); ansonsten ist in aller Regel der konkrete Lebensbedarf zu ermitteln (sog. **konkrete Unterhaltsbemessung**, ausführlich hierzu § 1578 Rdn. 47 ff.).[223]

J. Unselbstständige Teile des Gesamtunterhalts

I. Strukturen

§ 1361 normiert neben dem Elementar- und dem Vorsorgeunterhalt (s. § 1361 Abs. 1 Satz 2) **96** keine (weiteren) unselbstständigen Unterhaltsteile (Regelungslücke!). Da der Unterhaltsgläubiger i.R.d. Trennungsunterhalts mit einer lediglich gesteigerten Eigenverantwortung (s. § 1361 Abs. 2) nicht schlechtergestellt werden darf als i.R.d. nachehelichen Unterhalts mit voller Eigenverantwortung (§ 1569), ist insoweit § 1578 Abs. 2 (als Norm aus dem nachehelichen Unterhaltsrecht) **analog** anzuwenden. **Unselbstständige Teile des Gesamtunterhalts**[224] (Summe = voller Unterhaltsbedarf) sind:

(1) Elementarunterhalt (§ 1361 Abs. 1 Satz 1),
(2) Vorsorgeunterhalt (§ 1361 Abs. 1 Satz 2),
(3) Krankheits- und Pflegevorsorgeunterhalt (§ 1578 Abs. 2 **analog**),
(4) Ausbildungsbedingter Mehrbedarf (§ 1578 Abs. 2 **analog**),
(5) Trennungsbedingter Mehrbedarf (jedoch nur in mehr Ausnahmefällen),
(6) Mehrbedarf wegen Kinderbetreuung,
(7) Krankheits- und/oder altersbedingter Mehrbedarf.

Mit Ausnahme des trennungsbedingten Mehrbedarfs sind alle unselbstständigen Teile des Gesamt- **97** unterhalts (der Höhe nach) voneinander abhängig und dürfen daher nicht einzeln und unabhängig voneinander geltend gemacht werden: Im Unterhaltsantrag und im Unterhaltsbeschluss ist daher jeder Unterhaltsteil **gesondert auszuweisen**; trennungsbedingter Mehrbedarf ist dem Elementarunterhalt hinzuzuaddieren. Kein Unterhaltsteil wird von Amts wegen zugesprochen, da es im freien Ermessen der Parteien liegt, neben dem Elementarunterhalt noch weitere Unterhaltsteile geltend machen. Ein Unterhaltsbegehren ohne nähere Bezeichnung umfasst in aller Regel den Gesamtunterhalt, sodass Nachforderungen für die Vergangenheit entfallen.[225]

---

222 OLG Düsseldorf, FamRZ 1987, 281.
223 S.a. OLG Hamm, FamRZ 2006, 1603 zur Ermittlung eines konkreten Unterhaltsbedarfs einer getrennt lebenden Ehefrau i.H.v. 4.456,00 €; OLG Köln, FamRZ 2010, 1445.
224 BGH, FamRZ 1982, 255.
225 BGHZ 94, 145 = BGH, FamRZ 1985, 690.

1. Elementarunterhalt (§ 1361 Abs. 1 Satz 1)

98   Der **Elementarunterhalt** umfasst den regelmäßigen Bedarf des täglichen Lebens. Die Bemessung des Unterhalts richtet sich – ebenso wie nach § 1578 Abs. 1 Satz 2 – i.R.d. Quotenunterhalts nach dem Halbteilungsgrundsatz. Führt allerdings die Berechnung nach dem Halbteilungsgrundsatz ohne Berücksichtigung eines Erwerbstätigen- und Betreuungsbonus dazu, dass den Parteien genau die gleichen Beträge zur Verfügung stehen, obwohl der betreuende Ehegatte wegen der Versorgung der Kinder in seinem Haushalt in seiner Lebensführung erheblich eingeschränkt ist, muss dies i.R.d. abschließenden wertenden Billigkeitsprüfung zu einer Anpassung zugunsten des betreuenden Ehegatten führen.[226] Ein Abzug beim Einkommen des Unterhaltsschuldners für die Betreuung eines gemeinschaftlichen minderjährigen Kindes wertmäßig i.H.d. Wertes des Barunterhalts für das Kind kommt jedoch nicht in Betracht, ein Betreuungsbonus nur dann, wenn sich die Betreuung des Kindes bei gleichzeitiger Erwerbstätigkeit des betreuenden Elternteils nur unter besonderen Erschwernissen bewerkstelligen lässt.[227]

2. Altersvorsorgeunterhalt (§ 1361 Abs. 1 Satz 2)

99   Unterhalt als **Vorsorge** für den Fall des Alters sowie der Berufs- oder Erwerbsunfähigkeit ist im Elementarunterhalt – wenn der Lebensbedarf mit einer **Quote** nach den **ehelichen Lebensverhältnissen** (§ 1361 Abs. 1 Satz 1) bemessen wird – in aller Regel **nicht** enthalten (s. § 1361 Abs. 1 Satz 2),[228] weil der Unterhaltsgläubiger nach der Trennung über §§ 1587 ff. noch an der Altersversorgung seines Ehepartners beteiligt bleibt. Wird die Ehesache **rechtshängig**, dann entfällt diese Teilhabe an der Altersversorgung des Ehepartners über den Versorgungsausgleich; ab diesem Zeitpunkt kann der Unterhaltsgläubiger i.R.d. Ehegattenunterhalts daher zum Zwecke einer lückenlosen »sozialen Biographie« ab Monatsanfang der Rechtshängigkeit der Scheidung Vorsorgeunterhalt verlangen (§ 1361 Abs. 1 Satz 2, s. zum nachehelichen Unterhalt § 1578 Abs. 3).[229] Da der Altersvorsorgeunterhalt nicht der laufenden Deckung des Lebensbedarfs dient, ist er i.R.d. § 1361 – wie auch beim nachehelichen Unterhalt – ggü. dem Elementarunterhalt **nachrangig**. Er ist auf das **Renteneintrittsalter** des Unterhaltsgläubigers **begrenzt**.[230] Ein Anspruch auf **Altersunterhalt** besteht dann nicht, wenn die Bedürftigkeit erst nach Durchführung des Versorgungsausgleichs eingetreten ist, und der ausgleichspflichtige Ehegatte die – auch nur zeitweise – Kürzung des Versorgungsausgleichs zur Vermeidung der Bedürftigkeit zu beantragen unterlässt.[231] Bei einer Verurteilung zur Zahlung von Elementar- und Altersvorsorgeunterhalt ist eine Begrenzung der Revisionszulassung auf den Altersvorsorgeunterhalt nur dann zulässig, wenn es – etwa wegen besonders günstiger Einkommensverhältnisse des Unterhaltsschuldners – einer zweistufigen Berechnung des Elementarunterhalts nicht bedarf.[232]

100   **Vorsorgeunterhalt** ist **unselbstständiger Teil** des **Gesamtunterhalts**; daher darf die Revision nur dann wirksam auf die Entscheidung zum Altersvorsorgeunterhalt als Teil des geltend gemachten einheitlichen Unterhaltsanspruchs beschränkt werden, wenn der Halbteilungsgrundsatz im Einzelfall keine zweistufige Berechnung des ebenfalls rechtshängigen Elementarunterhalts gebietet, und deswegen auch ein Teilurteil zum Altersvorsorgeunterhalt zulässig wäre.[233] Besteht während der Trennung ausnahmsweise ein Anspruch auf **Ausbildungsunterhalt**, dann erstreckt er sich grds.

---

226   OLG Schleswig, NJW-RR 2004, 151.
227   OLG Naumburg, FamFR 2010, 487 = FamRZ 2011, 224 [Ls].
228   BGH, FamRZ 1983, 676.
229   Zur schadensersatzbewehrten Pflicht des RA, Altersvorsorgeunterhalt geltend zu machen, s. OLG Düsseldorf, MDR 2009, 1196.
230   BGH, FamRZ 2007, 1532 = FuR 2007, 484 m.w.N.
231   OLG Celle, FamRZ 2006, 1544 – der Ehemann hatte keinen Antrag gestellt, den Versorgungsausgleich nach § 1587c wegen grober Unbilligkeit nur gekürzt durchzuführen.
232   BGH, FamRZ 2012, 945 im Anschluss an BGH FamRZ 2007, 117 = FuR 2007, 28.
233   BGH, FamRZ 2007, 117 = FuR 2007, 28.

Klein, Marion

auch auf den Anspruchsteil »Altersvorsorge«; die Beschränkung des § 1578 Abs. 3 gilt insoweit nicht.[234]

Für die **Vergangenheit** kann Altersvorsorgeunterhalt nicht erst von dem Zeitpunkt an verlangt werden, in dem er ausdrücklich geltend gemacht worden ist; vielmehr genügt, dass der Unterhaltsgläubiger Auskunft vom Unterhaltsschuldner mit dem Ziel der Geltendmachung eines Unterhaltsanspruchs begehrt hat.[235]   101

Die **Höhe** des **Vorsorgebedarfs** für das Alter richtet sich nach dem Umfang des angemessenen (Elementar-) Unterhalts;[236] sie hängt also nicht davon ab, ob der Unterhaltsgläubiger Rentenversicherungsbeiträge aus eigener Berufstätigkeit leistet oder bereits selbst Rentenanwartschaften erworben hat.[237] Der **Vorsorgeunterhalt** ist mittels der jeweils geltenden, aktualisierten **Bremer Tabelle**[238] regelmäßig **zweistufig** zu berechnen.[239]   102

▸ **Beispiel zur zweistufigen Ermittlung des Altersvorsorgeunterhalts:**[240]   103

unterhaltsrelevantes Einkommen des Antragstellers	1.808,00 €
unterhaltsrelevantes Einkommen der Antragsgegnerin	638,00 €
Summe der Einkünfte	2.446,00 €
Unterhaltsbedarf (1/2)	1.223,00 €
./. eigene Einkünfte	638,00 €
vorläufiger Elementarunterhalt	585,00 €
Bruttobemessungsgrundlage (+ 13 %)	661,05 €
nach Bremer Tabelle (FamRZ 2009, 283)	
Altersvorsorgeunterhalt (19,9 %, rund)	132,00 €
bereinigtes Einkommen des Antragstellers	1.676,00 €
Einkommen der Antragsgegnerin	638,00 €
Summe der bereinigten Einkünfte	2.314,00 €
bereinigter Unterhaltsbedarf (1/2)	1.157,00 €
./. eigene Einkünfte	638,00 €
bereinigter Elementarunterhalt	519,00 €

Die **Höhe** des Altersvorsorgeunterhalts ist bei **sehr guten Einkommensverhältnissen** nicht auf den sich aus der Beitragsbemessungsgrenze der gesetzlichen Rentenversicherung ergebenden Betrag (s. § 159 SGB VI) begrenzt.[241] Der auf der Grundlage des gesamten Elementarunterhalts und des daraus errechneten fiktiven Bruttoeinkommens nach dem Beitragssatz der gesetzlichen Rentenversicherung (§ 158 SGB VI) errechnete Altersvorsorgeunterhalt ist nur dann der Höhe nach begrenzt, wenn anderenfalls für den Unterhaltsgläubiger eine Altersversorgung zu erwarten steht, welche die Altersversorgung des Unterhaltsschuldners erreicht oder gar übersteigt, wobei daneben regelmäßig auch der Halbteilungsgrundsatz zu beachten ist[242] (zu den Einzelheiten des Vorsorgeunterhalts s. § 1578).   104

---

234 BGH, FamRZ 1988, 1145.
235 BGH, FamRZ 2007, 193 = FuR 2007, 79 (Berufungsgericht: OLG Frankfurt, FPR 2004, 398).
236 S. OLG München, FamRZ 2005, 367.
237 BGH, FamRZ 1988, 1145.
238 Alle Bremer Tabellen seit dem Jahre 2000 sind unter **www.Familienrecht-Deutschland.de** abzurufen.
239 BGH, FamRZ 1981, 442 ff.; FamRZ 2009, 1391 = FuR 2009, 577 (»Flexistunden«).
240 Nach BGH, FamRZ 2009, 1391 = FuR 2009, 577 (»Flexistunden«).
241 BGH, FamRZ 2007, 117 = FuR 2007, 28 (Berufungsgericht: OLG München, FamRZ 2005, 367).
242 BGH, FamRZ 1981, 442; FamRZ 1988, 1145, 1147 f.; FamRZ 2007, 117 = FuR 2007, 28.

3. Kosten für Kranken- und Pflegeversicherung (§ 1578 Abs. 2 analog)

105   Der Elementarunterhalt nach § 1361 Abs. 1 umfasst regelmäßig **nicht** die Kosten für die **Kranken-** und **Pflegeversicherung,**[243] wenn und soweit der Unterhaltsgläubiger insoweit nicht bedürftig ist. An dem Tatbestandsmerkmal »Bedürftigkeit« fehlt es, wenn der Unterhaltsgläubiger während der Trennung entweder (weiterhin) selbst versichert oder beim Unterhaltsschuldner (noch) mitversichert ist. Bei freiwilliger Versicherung in der gesetzlichen Krankenversicherung ist der Unterhaltsgläubiger zugleich nach § 20 Abs. 3 SGB XI in der gesetzlichen Pflegeversicherung pflichtversichert; bei einer privaten Krankenversicherung muss er sich selbst pflegeversichern (§ 23 SGB XI).

106   In der **gesetzlichen Krankenversicherung** ist der Ehegatte (bis zur Rechtskraft der Scheidung)[244] und sind die Kinder darüber hinaus **beitragsfrei mitversichert** (s. § 10 SGB V).[245] Entfällt die beitragsfreie Mitversicherung, dann umfasst – mangels anderweitigen Versicherungsschutzes – der Lebensbedarf auch den Kostenaufwand für **Kranken-** und **Pflegevorsorge.** Dieser Bedarfsteil ist als **unselbstständiger Teil** des grundnotwendigen elementaren Lebensbedarfs **zusätzlich** und **gleichrangig neben** dem **Elementarunterhalt** geltend zu machen, nicht – wie der Vorsorgeunterhalt – nachrangig.[246] Die Höhe dieses Anspruchs richtet sich nach den bereits während des **Zusammenlebens** angefallenen **Kosten**[247] bzw. bei **Neuversicherungen** nach den angemessenen Kosten einer **entsprechenden** Krankenversicherung. Da dieser Anspruchsteil für Krankheits- und Pflegevorsorge als Teil des Elementarunterhalts zusätzlich zum Quotenunterhalt zu decken ist, wird er – ebenso wie der Aufwand für Kranken- und Pflegevorsorge aufseiten des Unterhaltsschuldners – **vor** der **Quotenbildung** vom Einkommen abgezogen.[248]

107   War der Unterhaltsgläubiger bereits vor der Trennung zusammen mit dem Unterhaltsschuldner **privat kranken-** und **pflegeversichert,** dann kann er auch nach der Trennung beanspruchen, dass er in gleicher Weise weiter versichert wird, da diese Form des Krankenversicherungsschutzes den ehelichen Lebensverhältnissen entspricht;[249] dies gilt auch für die **Fortführung** einer **Zusatzversicherung.** Bei allen übrigen Versicherungen ist die Beendigung in jedem Einzelfall zu prüfen.[250] Dem Unterhaltsschuldner obliegt daher – zumindest bis zur Scheidung – die Fortzahlung einer privaten Kranken- und Pflegeversicherung für den Unterhaltsgläubiger.

108   **Kündigt** der Unterhaltsschuldner eine **bestehende Kranken-** und **Pflegeversicherung,** kann der Unterhaltsgläubiger nicht nur die entstehenden Beitragslasten als Elementarbedarf geltend machen, sondern auch die **Kosten** der **Heilbehandlung** als **Sonderbedarf.** Dieser Sonderbedarf entsteht bereits dann, wenn sich herausstellt, dass die Behandlungskosten nicht durch die Krankenversicherung gedeckt sind, also bereits dann, wenn der Unterhaltsgläubiger mit den Kosten der Heilbehandlung konfrontiert wird.[251] Der Anspruch nach § 1613 Abs. 1 (Erfüllung bzw. Sekundäranspruch auf Geld) verdrängt den Schadensersatzanspruch[252] wegen Nichterfüllung oder Schlechterfüllung des unterhaltsrechtlichen Grundbedarfs bzgl. Krankheitskostenvorsorge nicht. Eine solche Streitigkeit betrifft die gesetzliche Unterhaltpflicht und ist somit Familiensache.[253]

---

243   BGH, FamRZ 1983, 676.
244   Der geschiedene Ehegatte kann der gesetzlichen Krankenversicherung innerhalb einer **Ausschlussfrist** von **drei Monaten** ab Rechtskraft der Scheidung beitreten (§§ 10, 9 Abs. 1 Nr. 2 Abs. 2 Nr. 2 SGB V).
245   Zur gesetzlichen Krankenversicherung im Einzelnen Husheer, FamRZ 1991, 264.
246   BGH, FamRZ 1989, 483.
247   BGH, FamRZ 1988, 1145.
248   BGH, FamRZ 1983, 888; FamRZ 1988, 1145.
249   Husheer, FamRZ 1991, 264 ff.
250   Vgl. hierzu näher Husheer, FamRZ 1991, 264 ff.
251   A.A. OLG Schleswig, FamRZ 1983, 394 – erst dann, wenn die Leistungsverweigerung der Krankenversicherung nach Ablauf der sechsmonatigen Klagefrist unangreifbar geworden sei; s. hierzu auch v. Krog, FamRZ 1984, 539; DAVorm 1985, 625.
252   OLG Koblenz, FamRZ 1989, 1111.
253   OLG Schleswig, FamRZ 1983, 394.

Solange noch eine (private) **Mitversicherung** besteht, ist der Unterhaltsschuldner, weil er Versicherungsnehmer ist, verpflichtet, Arztrechnungen der Krankenversicherung vorzulegen und erstattete Beträge weiterzuleiten.[254]

Die **beitragsfreie Mitversicherung** des getrennt lebenden Ehegatten in der gesetzlichen Sozialversicherung kann entfallen, wenn dieser dem **begrenzten Realsplitting** nach § 10 EStG zustimmt. Mit **Zugang der Zustimmungserklärung** (§ 130) sind die **Unterhaltsleistungen** auch als **kranken- und pflegeversicherungsrechtliches Einkommen** anzusehen; der getrennt lebende Ehegatte kann – bei Überschreiten der sozialrechtlichen Freigrenzen – **selbst** kranken- und pflegeversicherungspflichtig werden.[255] **109**

4. Ausbildungsbedingter Mehrbedarf (§ 1578 Abs. 2 analog)

Besteht i.R.d. Trennungsunterhalts eine **Erwerbsobliegenheit**, und ist insoweit eine **Ausbildung, Fortbildung** oder **Umschulung** notwendig, können dafür anfallende Kosten (etwa für Unterrichtsmaterial) – jedoch nur in Ausnahmefällen – als **ausbildungsbedingter Mehrbedarf** gesondert geltend gemacht werden. **110**

5. Trennungsbedingter Mehrbedarf

Trennen sich die Ehegatten, dann entstehen regelmäßig aufseiten des Unterhaltsgläubigers wie auch aufseiten des Unterhaltsschuldners durch die getrennte (doppelte) Haushaltsführung **laufende** nicht unerhebliche Mehrkosten (**trennungsbedingter Mehrbedarf**).[256] Diese höhere Belastung wirkt sich v.a. zum **Zeitpunkt** der **Trennung** und hier insb. bei Ehepaaren mit niedrigen Einkommen besonders stark aus; nach längerer Trennung werden die Mehrkosten meist kompensiert sein (etwa durch erhöhten oder zusätzlichen Verdienst und/oder neue Lebensgemeinschaften). **111**

Die ältere Rechtsprechung und Literatur ist noch davon ausgegangen, der **volle Unterhalt** nach den ehelichen Lebensverhältnissen umfasse grds. auch den sog. trennungsbedingten Mehrbedarf, damit der eheliche Lebensstandard gehalten werden könne.[257] Infolge der verstärkten Anwendung der Differenz-/Additionsmethode aufgrund der geänderten Rechtsprechung des BGH[258] zur Neubewertung der ehelichen Lebensverhältnisse (»nach Trennung/Scheidung erstmals erzieltes Einkommen als Surrogat für Familienarbeit«) hat die v.a. zur Milderung von Härten bei Anwendung der Anrechnungsmethode entwickelte Rechtsfigur des »trennungsbedingten Mehrbedarfs« an Bedeutung verloren.[259] **Trennungsbedingter Mehrbedarf** ist jedoch regelmäßig nicht in den ehelichen Lebensverhältnissen angelegt; dementsprechend bleibt er regelmäßig außer Betracht, weil das gesamte Einkommen beider Ehegatten in die Bedarfsbemessung einbezogen wird und schon aufgrund der Halbteilung die Interessen beider Ehegatten angemessen berücksichtigt werden.[260] In **Mangelfällen**[261] ist daher der Ansatz **trennungsbedingten Mehrbedarfs** mangels insoweit nicht verfügbarem Einkommen (Vorrang der Existenz!) **nicht denkbar**. **112**

---

254 OLG Düsseldorf, FamRZ 1991, 437, 438; zur Frage, wer Vertragspartner einer ärztlichen Behandlung nach Trennung der Eheleute wird, vgl. BGH, NJW 1991, 2958.
255 BSG, FamRZ 1994, 1239 m. abl. Anm. Weychardt; Böhmel, FamRZ 1995, 270.
256 BGH, FamRZ 1982, 255.
257 BGH, FamRZ 1982, 255; FamRZ 1983, 886; s.a. Hampel, FamRZ 1981, 851, 853; s.a. BGH, FamRZ 2004, 1357 = FuR 2004, 548 unter Hinweis auf Graba, FamRZ 2002, 857, 859.
258 BGHZ 148, 105 = BGH, FamRZ 2001, 986 = FuR 2001, 306.
259 BGHZ 148, 105 = BGH, FamRZ 2001, 986 = FuR 2001, 306; zuvor s. BGH, FamRZ 1982, 255; FamRZ 1983, 886; FamRZ 1984, 772; FamRZ 1990, 979; zum trennungsbedingten Mehrbedarf ausführlich Graba, FamRZ 2002, 857 ff.
260 BGH, FamRZ 2010, 111 = FuR 2010, 164 (Berufungsurteil zu OLG Hamm, FamRZ 2009, 1914) unter Hinweis auf BGH, FamRZ 2007, 1303, 1305; vgl. auch Klinkhammer, FF 2009, 140, 143.
261 BGH, FamRZ 1995, 346.

a) Regel: Kein Ansatz trennungsbedingten Mehrbedarfs

113   Trennungsbedingter Mehrbedarf kann immer nur dann berücksichtigt werden, wenn für ihn **verfügbare Mittel** vorhanden sind.[262] Wird der Unterhalt an einer Quote des gesamten Einkommens ausgerichtet, und ändern sich nach Trennung/Scheidung der Parteien deren ausschließlich für den Quotenunterhalt bestimmte Einkommensverhältnisse nicht, dann reicht regelmäßig diese Quote nicht aus, neben dem vollen, an den dauerhaft gewordenen Lebensverhältnissen während der Ehe ausgerichteten Elementarunterhaltsbedarf des Unterhaltsgläubigers auch dessen Mehrbedarf zu decken: In solchen Fällen ist die Differenz-/Additionsmethode, jedenfalls bei durchschnittlichen Bezügen, regelmäßig geeignet, dem beiderseitigen Mehrbedarf angemessen Rechnung zu tragen.[263]

114   Da der **Quotenunterhalt regelmäßig** nach dem gesamten verfügbaren Einkommen zu bemessen ist, weil auch Haushaltstätigkeit und Kindererziehung die ehelichen Lebensverhältnisse in einem Umfang geprägt haben, wie er sich aus dem als Surrogat an ihre Stelle getretenen Einkommen ergibt, und da nach quotierter Aufteilung der für Unterhalt verfügbaren verfügbarer Mittel kein Überschuss verbleibt, kann Mehrbedarf mangels noch verfügbarer Mittel **nicht** neben dem nach der Differenz-/Additionsmethode ermittelten Quotenbedarf berücksichtigt werden,[264] zumal **trennungsbedingter Mehrbedarf** regelmäßig auch nicht in den ehelichen Lebensverhältnissen (also während des ehelichen Zusammenlebens!) angelegt war. Neben dem deswegen im Wege der Differenz-/Additionsmethode zu ermittelnden quotierten Unterhaltsbedarf würde ein konkret zu bemessender zusätzlicher Bedarf eines Ehegatten stets zu einem **Verstoß** gegen den **Halbteilungsgrundsatz** führen. Da Trennung/Scheidung in aller Regel bereits durch doppelte Haushaltsführung Mehrkosten verursachen und damit den Rahmen der bislang für Unterhalt verfügbaren Mittel sprengen, muss sich jeder Teil damit abfinden, dass der bisherige Lebensstandard, wenn alle verfügbaren Mittel aufgeteilt werden, in den meisten Fällen sinkt. Diese – ebenfalls eheprägende – Minderung der verfügbaren Mittel müssen beide Ehegatten gleichermaßen hinnehmen, sich also mit dem Verfügbaren bescheiden, sodass in aller Regel bei hälftiger Aufteilung der für Unterhalt verfügbaren Mittel trennungsbedingter Mehrbedarf nicht anerkannt werden darf, schon gar nicht, wenn etwa der eine Ehegatte Mehrbelastungen zu monetarisieren vermag (Kosten für Haushaltshilfe anstelle Leistungen des vormaligen Partners), der andere hingegen nicht.

b) Ausnahme: Ansatz trennungsbedingten Mehrbedarfs

115   In Ausnahmefällen kann trennungsbedingter Mehrbedarf zu berücksichtigen sein, wenn **zusätzliche Mittel**, aus denen noch trennungsbedingter Mehrbedarf bezahlt werden kann, **verfügbar** sind, wenn etwa

(1) der **Unterhaltsbedarf** bei sehr guten wirtschaftlichen Verhältnissen im Einzelfall **konkret** ermittelt wird, und daher ein Teil des Einkommens bei der Bemessung des Unterhaltsbedarfs nicht berücksichtigt worden ist, weil er während intakter Ehe der Vermögensbildung gedient hat; der **gesamte konkret festgestellte Lebensbedarf** des Unterhaltsgläubigers umfasst dann auch per se trennungsbedingten Mehrbedarf (allerdings sind Unterhaltsgläubiger wie auch Unterhaltsschuldner dann gehalten, vermögensbildende Aufwendungen einzuschränken oder aufzugeben und/oder ihr Vermögen einzusetzen, bevor er sich wegen des ungedeckten Unterhaltsrestes auf Bedürftigkeit bzw. eingeschränkte Leistungsfähigkeit berufen können),[265]

---

262   BGH, FamRZ 1982, 892.
263   BGH, FamRZ 1982, 892; FamRZ 1995, 343; OLG Hamm, FamRZ 1997, 944 – Kreditverpflichtungen infolge trennungsbedingter Anschaffungen für eine neue Wohnung.
264   BGH, FamRZ 2004, 1357 = FuR 2004, 548 unter Hinweis auf Graba, FamRZ 2002, 857, 859.
265   BGH, FamRZ 1982, 255; FamRZ 1982, 892; FamRZ 1987, 913; FamRZ 1987, 266; FamRZ 1990, 1085; FamRZ 1995, 343 betreffend den Unterhaltsgläubiger; FamRZ 1983, 886; FamRZ 1984, 772; FamRZ 1990, 979 betreffend den Unterhaltsschuldner; OLG Hamm, FamRZ 1997, 944 – Kreditverpflichtungen infolge trennungsbedingter Anschaffungen für eine neue Wohnung.

Klein, Marion

(2) trotz Bemessung des Unterhaltsbedarfs nach der **Differenz-/Additionsmethode** aufseiten des Unterhaltsschuldners noch weitere für den Unterhalt verfügbare, nicht i.R.d. Quotenunterhalts verteilte Mittel verbleiben, ohne dass der eheangemessene Selbstbehalt berührt wird (wobei in den Fallgestaltungen des § 1577 Abs. 2 trennungsbedingter Mehrbedarf aufseiten des Unterhaltsgläubigers nach Billigkeit zumeist anzuerkennen sein wird, konsequenterweise dann aber auch aufseiten des Unterhaltsschuldners).[266]

c) Bemessung des trennungsbedingten Mehrbedarfs

Kommt – in Ausnahmefällen – trennungsbedingter Mehrbedarf in Betracht, dann ergibt sich bereits 116 aus dem **Gegenseitigkeitsprinzip** (gegenseitige Pflicht zur Rücksichtnahme im Unterhaltsschuldverhältnis) die **wechselseitige Obliegenheit** jedes Ehegatten, trennungsbedingte Mehrkosten möglichst niedrig zu halten, sodass nur **angemessener Mehrbedarf** berücksichtigt werden darf. Dieser darf nicht nach festen Pauschalbeträgen oder (ebenso pauschal) nach einem prozentualen Anteil des Bedarfs geschätzt werden, sondern der trennungsbedingten Mehrbedarf begehrende Ehegatte hat dann die bedarfserhöhenden Umstände, insb. die Mehrkosten seiner Lebensführung, als »Mehrbedarf« konkret darzulegen sowie die damit verbundenen Mehrkosten als **jeweilige Einzelpositionen** jeweils **konkret** für jeden **Einzelfall** gesondert zu berechnen und (bei Streit) nach Grund und Höhe darzulegen und zu beweisen.[267] (Nur) zur **Höhe** des Anspruchs auf Mehrbedarf ist – unter Zuhilfenahme allgemeiner Erfahrungssätze nach § 287 ZPO – eine Schätzung zulässig.[268]

Trennungsbedingter Mehrbedarf ist – weil er niemals eheprägend (also während des ehelichen Zusammenlebens!) vorhanden war – auch kein bei der Ermittlung des bereinigten Nettoeinkommens zu berücksichtigender **Abzugsposten**, sondern er

– **erhöht** den **vollen eheangemessenen Bedarf** des Unterhaltsgläubigers, stellt also i.R.d. Bedarfsermittlung einen unselbstständigen Bestandteil des Unterhaltsbedarfs dar, **und**
– er kann die **Leistungsfähigkeit** des Unterhaltsschuldners **einschränken**.[269]

Sind über die im Quotenunterhalt verteilten Mittel hinaus weitere ausreichende Mittel für den Gesamtunterhalt vorhanden, dann wird aufseiten des Unterhaltsgläubigers der Mehrbedarf (-steil) zum Quotenunterhalt hinzuaddiert; die (Additions-) Summe ergibt den vollen Unterhalt (»Gesamtunterhalt«); sodann ist das Einkommen des Unterhaltsgläubigers abzuziehen.[270] Aufseiten des Unterhaltsschuldners ist der Mehrbedarf auf den Selbstbehalt aufzustocken, sofern Leistungsfähigkeit für angemessenen Unterhalt erhalten bleibt.

Verfahrenskostenhilferaten lösen keinen scheidungsbedingten Mehrbedarf des unterhaltsberechtigten Ehegatten aus. Die Frage, in welcher Höhe er Verfahrenskostenhilferaten zahlen kann, ist daher unabhängig davon zu entscheiden, ob er im Wege des Unterhaltsanspruchs einen Teil der Raten wieder erstattet verlangen kann.[271]

---

266 BGH, FamRZ 1982, 255, 257; FamRZ 1982, 892; FamRZ 1995, 343; FamRZ 1987, 913; FamRZ 1990, 979, 981; s.a. OLG Frankfurt, FamRZ 1991, 78; OLG München, FamRZ 1994, 898; FamRZ 2002, 462; OLG Hamm, FamRZ 1997, 944.
267 BGH, FamRZ 1990, 258; FamRZ 1990, 979; FamRZ 1990, 1085; FamRZ 1995, 346; dazu Luthin, FamRZ 1996, 328.
268 BGH, FamRZ 1982, 255; FamRZ 1983, 886; FamRZ 1986, 885, 886 m.w.N.; FamRZ 1990, 258; FamRZ 1990, 499 = FamRZ 1990, 169; FamRZ 1990, 979; FamRZ 1990, 1085; FamRZ 1993, 789; FamRZ 1998, 1501; FamRZ 2001, 1603 = FuR 2001, 326.
269 BGH, FamRZ 1982, 255; FamRZ 1983, 886; FamRZ 1984, 772; FamRZ 1990, 979.
270 BGH, FamRZ 1982, 255; s.a. Gerhardt, FamRZ 1993, 261, 262.
271 OLG Schleswig, FamRZ 2000, 1586; a.A. OLG Hamm, FamRZ 1996, 166.

6. Mehrbedarf wegen Kinderbetreuung

117 Der mit Betreuungsleistungen für Kinder verbundene erhöhte konkrete materielle Aufwand ist an sich Bedarf der Kinder,[272] wird jedoch in der familienrichterlichen Praxis vielfach in Form konkret ansatzfähiger **Betreuungskosten** (etwa Aufsichtspersonen, Kindergarten, Krippe, Kinderhort, Kfz-Mehrkosten etc.) – als Teil des Erwerbsaufwands – geltend gemacht: Dann wird von dem Einkommen des betreuenden Elternteils bereits derjenige Betrag vorab abgezogen, der für die infolge der Berufstätigkeit notwendig gewordene anderweitige Betreuung des Kindes aufgewendet werden muss.[273]

7. Krankheits- und/oder altersbedingter Mehrbedarf

118 **Mehrbedarf** kann insb. durch **laufende erhöhte Aufwendungen** infolge **Krankheit/Gebrechen**, **Behinderung** und/oder **Alter**, insb. bei Schwerbeschädigten, entstehen. Soweit im Einzelfall hierfür Sozialleistungen erbracht werden, gelten §§ 1610a, 1361 Abs. 1 Satz 1, 1578a. Wenn und soweit ein Ehegatte einen Schwerstbehinderten in einem Maße pflegt, das über die übliche Beistandspflicht (im Sinne freiwilliger Leistungen) hinausgeht, dann können die **ersparten Fremdpflegekosten** als krankheitsbedingter Mehrbedarf vom Einkommen des Behinderten abgezogen werden.[274] Ist der Unterhaltsschuldner krankheitsbedingt auf eine Haushaltshilfe angewiesen, und werden die Hilfeleistungen von Familienangehörigen erbracht, so ist der für eine Haushaltshilfe erforderliche Betrag vom Einkommen des Unterhaltsschuldners auch dann abzusetzen, wenn er keine Zahlungen an die Familienangehörigen leistet: Im Zweifel verzichten die Angehörigen nicht deshalb auf eine Bezahlung, um die Leistungsfähigkeit des Unterhaltsschuldners zu erhöhen.[275] Allerdings ist auch bei krankheitsbedingt erhöhtem Unterhaltsbedarf der Halbteilungsgrundsatz zu beachten.[276]

119 Hat der Unterhaltsschuldner bei seiner Wiederverheiratung seinem neuen Ehegatten die Vergütung der ihm zu erbringenden Versorgungsleistungen zugesagt, da er zu 100 % schwerbehindert ist, ist dies unterhaltsrechtlich nicht anzuerkennen. Ehegatten schulden einander im Rahmen ihrer gegenseitigen Beistands- und Unterhaltpflicht auch Krankenpflege. Nur soweit die **Pflegeleistung überobligatorisch** ist, kann eine Vergütungsabrede anerkannt werden. Dies gilt selbst dann, wenn der neue Ehegatte eine ausgebildete Pflegekraft ist.[277] Kosten für Pflegeleistungen sind allerdings als krankheitsbedingter Mehrbedarf grds. nur dann einkommensmindernd zu berücksichtigen, wenn sie auch tatsächlich aufgewandt worden sind.[278]

120 I.Ü. ist zwischen **Unterhaltsschuldner** und **Unterhaltsgläubiger** zu unterscheiden: Während aufseiten des Unterhaltsschuldners Mehrbedarf aufgrund konkreten Nachweises abzugsfähig sein kann (pauschale Ansätze sind unzulässig; eine Schätzung nach § 287 ZPO darf nur bzgl. der Angemessenheit der Höhe erfolgen),[279] gelten diese Grundsätze für den **Unterhaltsgläubiger** nur dann, wenn und soweit er eigenes Einkommen hat. Ist er einkommenslos, dann ist der Mehrbedarf als Bestandteil seines Unterhalts konkret geltend zu machen.

---

272 BGH, FamRZ 2009, 962 = FuR 2009, 415.
273 BGH, FamRZ 1982, 779, 780; FamRZ 1983, 569, 570; FamRZ 2001, 350 = FuR 2001, 262; s. etwa OLG Nürnberg, FamRZ 2004, 1063 = FuR 2004, 330 m. Anm. Heinle, FamRB 2004, 112 (die Entscheidung erging vor Änderung der Rspr. des BGH mit Urt. v. 26.11.2008 – BGH, FamRZ 2009, 962 = FuR 2009, 415).
274 BGH, FamRZ 1995, 537.
275 OLG Hamm, FamRZ 1997, 1102.
276 OLG Düsseldorf, FamRZ 2010, 1252.
277 OLG Hamm, FamRZ 1999, 166.
278 OLG Saarbrücken, OLGR 2008, 10.
279 BGH, FamRZ 1981, 338; OLG Karlsruhe, FamRZ 1998, 1435; vgl. auch OLG Hamm, FamRZ 1999, 1349 (LS).

II. Selbstständiger Teil des Gesamtunterhalts: Sonderbedarf

Der **selbstständige Teil** des Gesamtunterhalts »Sonderbedarf« ist – über Verweisungsvorschrif-   121
ten – in § 1361 Abs. 4 normiert (**Sonderbedarf** dem Grunde nach gem. §§ 1361 Abs. 4 Satz 3,
1360a Abs. 3, 1613 Abs. 2 sowie – als häufigster Fall – der Anspruch auf **Kostenvorschuss** gem.
§§ 1361 Abs. 4 Satz 4, 1360a Abs. 4).[280]

III. Besonderheiten bei der Bemessung des Trennungsunterhalts

Betreut der getrennt lebende Ehemann das gemeinsame minderjährige Kind, und wird er auf   122
Trennungsunterhalt in Anspruch genommen, dann ist der als **Kindesunterhalt** geschuldete **Zahlbetrag** vom Einkommen der Ehefrau vorab abzusetzen, falls er tituliert ist, und zwar auch dann,
wenn die Frau den Unterhalt tatsächlich nicht bezahlt. Zahlung des auf diesem Wege errechneten
Unterhalts kann die Ehefrau wegen des Verbots widersprüchlichen Verhaltens (§ 242) jedoch nur
dann verlangen, wenn sie Zug-um-Zug die Erfüllung des Anspruchs auf Kindesunterhalt anbietet.
Solange sie dies unterlässt, ist es ihr verwehrt, ihren Anspruch auf Trennungsunterhalt i.H.d. von
ihr geschuldeten Kindesunterhalts durchzusetzen.[281]

K. Begrenzung des Trennungsunterhalts aus Billigkeitsgründen (§ 1361 Abs. 3)

Allein die Trennung als solche erlaubt es nicht, Ehegattenunterhalt zu verweigern, da sie – für sich   123
allein – die Bedürftigkeit nicht mutwillig herbeiführt.[282] Für die Annahme eines Verwirkungsgrundes nach § 1579 genügt es daher nicht, dass der Unterhaltsgläubiger beim Unterhaltsschuldner ausgezogen ist:[283] Grds. steht es jedem Ehegatten frei, die eheliche Gemeinschaft aufzugeben.
Für ein böswilliges Verlassen i.S.d. »Im-Stich-Lassens« müssen weitere Umstände hinzukommen,
die als schwerwiegendes Fehlverhalten gegen die eheliche Treuepflicht und Solidarität zu werten
sind.[284] Über die Verweisungsnorm des § 1361 Abs. 3 kann der Anspruch auf Trennungsunterhalt
daher nur dann **begrenzt** werden, wenn

(1) ein **Verwirkungstatbestand** nach § 1579 Nr. 2 bis 8 vorliegt,[285]
(2) die Verpflichtung zur Leistung von Unterhalt **grob unbillig** wäre (konkrete Billigkeitsabwä-
    gung im jeweiligen Einzelfall), **und**
(3) die »**Wahrung** der **Belange** eines dem Unterhaltsgläubiger zur **Pflege** oder **Erziehung anver-
    trauten gemeinschaftlichen Kindes**« die Begrenzung des Trennungsunterhalts erlaubt (sog.
    »**Kinderschutzklausel**« des § 1579: In solchen Fällen darf der Unterhalt nur dann begrenzt
    oder ausgeschlossen werden, wenn dem Unterhaltsgläubiger das Existenzminimum ver-
    bleibt).[286]

---

280 BGH, FamRZ 2012, 514 = FuR 2012, 374 – Kosten künftiger kosmetischer Operationen sind nicht
     Bestandteil konkreten Unterhaltsbedarfs, sondern sind als Sonderbedarf für jeden Einzelfall geltend zu
     machen; zum Kostenvorschuss s. im Einzelnen Kommentierung zu § 1360a Rdn. 1ff.
281 OLG Koblenz, NJW 2005, 686.
282 BGH, FamRZ 1986, 434.
283 S.a. OLG Karlsruhe, FamRZ 2005, 801 – angeblich hatte die Klägerin den Beklagten aus der vormals
     gemeinsamen Wohnung »ohne entsprechende Vorankündigung hinausgeworfen« (Az BGH: XII ZA 25/
     04).
284 OLG Köln, OLGR 2002, 297.
285 S. etwa OLG Hamm, FamRZ 2002, 753 – Aufnahme einer Tätigkeit als Prostituierte.
286 BGH, FamRZ 1987, 1238; FamRZ 1995, 291; FamRZ 1997, 873; s. auch OLG Hamm, FuR 2012,
     330 = NJW-RR 2012, 261 zur Verfahrenskostenhilfe nach Vortrag des Einwands der Verwirkung nach
     § 1579.

I. Verwirkungstatbestand

124   I.R.d. § 1361 dürfen nur die Verwirkungstatbestände der Nr. 2 bis 8 des § 1579 herangezogen werden; der Ausschlussgrund der kurzen Ehedauer nach § 1579 Nr. 1 ist ausdrücklich ausgenommen[287] (hier kann allenfalls über § 1361 Abs. 2 ein billiges Ergebnis erzielt werden). Unterhalt nach einer Ehe von nur kurzer Dauer kann auch nicht gem. § 1579 Nr. 8 begrenzt werden,[288] da § 1579 Nr. 8 einen Auffangtatbestand darstellt, der Gesetzgeber aber eine »Ehe von kurzer Dauer« ausdrücklich (negativ) geregelt hat (§ 1361 Abs. 3 i.V.m. § 1579 Nr. 2 bis 8). Allerdings kann eine kurze Ehedauer sowohl für die Frage der Erwerbsobliegenheit (§ 1361 Abs. 2) als auch i.R.d. Billigkeitsabwägung i.R.d. Anwendung anderer Verwirkungstatbestände bedeutsam sein.[289] Zu § 1579 wird auf die dortige Kommentierung verwiesen; im folgenden werden nur Fallgestaltungen erörtert, die im Rahmen eines Trennungsunterhaltsverfahrens besondere Bedeutung haben.

125   (zur Zeit nicht besetzt)

126   Die in der in der Praxis häufigsten Fallgruppen – **Ausbruch** aus **intakter Ehe**[290] bzw. Verwirkung des Ehegattenunterhalts wegen **Zusammenlebens** mit einem **neuen Partner** – kommen (auch bereits) beim Trennungsunterhalt in Betracht, und zwar auch dann, wenn die Hinwendung zu einem neuen Partner sogleich ggü. dem anderen Ehegatten offenbart wird:[291] Eheliche Solidarität (»Zumutbarkeit des Einstehen-Müssens für den anderen Ehegatten«) wiegt noch stärker als nacheheliche. Aufnahme und Aufrechterhaltung einer intimen ehewidrigen Beziehung eines Ehegatten kann bei wertender Gesamtbetrachtung der besonderen Gegebenheiten ein einseitiges subjektiv vorwerfbares Fehlverhalten von derartigem Gewicht darstellen, dass jeglicher Anspruch auf Unterhalt ausgeschlossen ist.[292] Die Forderung nach Trennungsunterhalt kann auch wegen einer auf **Dauer** angelegten **eheähnlichen Gemeinschaft** des Unterhalt begehrenden Ehegatten mit einem anderen Partner für den Unterhaltsschuldner unzumutbar sein; sie ist nach denselben Kriterien zu beantworten, wie sie für den Anspruch auf nachehelichen Unterhalt herangezogen werden. Hier wie dort kann die Fortdauer der Unterhaltsbelastung und des damit verbundenen Eingriffs in die Handlungsfreiheit und Lebensgestaltung für den Unterhaltsschuldner unzumutbar sein, wenn der andere Ehegatte in einer **Gemeinschaft** mit einem anderen Partner lebt, die sich derart **verfestigt** hat, dass sie einer Ehe vergleichbar gestaltet ist. Für den Unterhaltsschuldner kann es dann grob unbillig sein, den anderen Ehegatten weiterhin uneingeschränkt unterhalten zu müssen, obwohl der andere Partner letztlich an seine Stelle getreten ist. Diese Betrachtungsweise ist sowohl für den Trennungsunterhalt als auch für den nachehelichen Unterhalt von der Möglichkeit einer Eheschließung mit dem neuen Partner unabhängig, denn eine Heirat kann, auch soweit es um den nachehelichen Unterhalt geht, daran scheitern, dass der neue Partner des Unterhalt begehrenden Ehegatten noch verheiratet ist. Hinsichtlich der Auswirkungen der fortbestehenden Unterhaltsbelastung auf den Unterhaltsschuldner lässt sich hieraus kein ausschlaggebender Unterschied herlei-

---

287   S. hierzu etwa BGH, FamRZ 1979, 569; OLG Hamm, FamRZ 1997, 417.
288   BGH, FamRZ 1982, 573; OLG Hamm, FamRZ 1997, 417; OLG Köln, FamRZ 1998, 1427.
289   OLG Celle, FamRZ 1990, 519; OLG Köln, FamRZ 1999, 93.
290   OLG Hamm, OLGR 2004, 289 – kein Ausbruch aus intakter Ehe bei massiven Problemen bereits vor der Trennung; zu den Voraussetzungen der Verwirkung durch Ausbrechen aus einer intakten Ehe s. jüngst OLG Karlsruhe, FamRZ 2008, 2279; OLG Brandenburg, OLGR 2009, 211; FamRZ 2009, 1416 (LS); OLG Zweibrücken, FamRZ 2009, 699.
291   KG, FamRZ 2006, 1542.
292   OLG Hamm, FamRZ 2012, 642 = FuR 2012, 203.

ten.[293] Für die Frage, ob die Aufnahme einer neuen Beziehung durch den Unterhaltsberechtigten einen Härtegrund i.S.v. § 1579 Nr. 7 i.V.m. § 1361 Abs. 3 darstellt, kommt es nicht darauf an, ob es sich um eine gleichgeschlechtliche oder um eine heterosexuelle Beziehung handelt.[294]

Freilich begründet die Zuwendung zu einem **neuen Partner** während bestehender Ehe für sich **127** allein noch nicht ohne Weiteres ein offensichtlich schwerwiegendes, eindeutig beim Unterhalt begehrenden Ehegatten liegendes Fehlverhalten, sondern es müssen weitere Umstände hinzutreten.[295] Hat die Ehefrau nach der Trennung jedoch eine auf **Dauer** angelegte **verfestigte soziale Beziehung** zu einem neuen Partner i.S.d. BGH-Rechtsprechung[296] aufgenommen, dann ist der Trennungsunterhalt herabzusetzen bzw. ggf. gänzlich zu versagen. Die Verwirkung des Unterhaltsanspruchs des getrennt lebenden Ehepartners wegen des Bestehens einer neuen Partnerschaft kommt nicht nur bei langjährigem Zusammenleben mit dem neuen Partner, sondern auch ohne gemeinsame Haushaltsführung dann in Betracht, wenn es sich um ein auf Dauer angelegtes Verhältnis handelt. Davon ist auszugehen, wenn sich die Beziehung der neuen Partner so verfestigt hat, dass die Art der Lebensgestaltung ohne Zusammenwohnen ihrer gemeinsamen Lebensplanung entspricht, auf Dauer angelegt ist und somit gleichsam als nichteheliche Beziehung an die Stelle einer Ehe getreten ist,[297] wobei der Annahme einer verfestigten sozialen Bindung nicht entgegen steht, dass die Partner zwischenzeitlich in getrennten Wohnungen gelebt haben, ohne ihre Beziehung abzubrechen.[298] Setzt die (trennungs-) unterhaltsberechtigte Ehefrau den »bösen Schein« einer nachhaltig über mehrere Monate bestehenden außerehelichen Beziehung, distanziert sie sich damit erkennbar von der ehelichen Lebensgemeinschaft, sodass ein Anspruch auf Trennungsunterhalt vollständig entfällt.[299]

Dies gilt in aller Regel erst recht dann, wenn die getrennt lebende Ehefrau in der Trennungszeit ein **Kind** von einem **anderen Manne** geboren hat. Diese Veränderung in der Lebensplanung der Ehefrau ist für deren getrennt lebenden Ehemann in aller Regel ein so tiefer Eingriff in seine eigene Lebensgestaltung, dass es grob unbillig wäre, wenn er diese Veränderung auch noch (mit-) finanzieren müsste.[300] Verschweigt eine Ehefrau ihrem Ehemann, dass ein während der Ehe geborenes Kind möglicherweise von einem anderen Manne abstammt, verwirklicht dies grundsätzlich den Härtegrund eines Fehlverhaltens i.S.v. § 1579 Nr. 7; die Anfechtung der Vaterschaft ist hierfür nicht Voraussetzung. Ein Härtegrund kann nicht nur angenommen werden, wenn die anderwei-

---

293 BGHZ 150, 209 = BGH, FamRZ 2002, 810 = FuR 2002, 250 – auch zur Annahme eines Härtegrundes i.S.d. § 1579 Nr. 7, wenn der Unterhaltsgläubiger geltend macht, der Partner, mit dem er eine verfestigte Beziehung unterhalte, sei homosexuell – m. Anm. Bergschneider, FamRZ 2002, 951 – unter Hinweis auf OLG Köln, FamRZ 2000, 290, 291 m. Anm. Heuschmid, FF 1999, 155; OLG Zweibrücken, FuR 2000, 438, 440; OLG Koblenz, NJW-RR 1999, 1597, 1599; OLG Schleswig, NJW-RR 1994, 457; Bosch, FF 2001, 53, 54; Wiegmann, FF 2001, 118, 119; a.A. OLG München, FamRZ 1998, 1589 = FuR 1998, 262; Büttner, NJW 1999, 2315, 2325; Büttner/Niepmann, NJW 2001, 2215, 2226; s.a. Schnitzler, FF 2001, 69.
294 BGHZ 176, 150 = BGH, FamRZ 2008, 1414 = FuR 2008, 406.
295 BGH, FamRZ 2001, 1693 = FuR 2001, 500.
296 BGH, FamRZ 1995, 540.
297 OLG Koblenz, FamRZ 2006, 1540 – gemeinsame Namensnennung unter der Todesanzeige der Mutter des Partners, gemeinsam verbrachte Urlaube und Beistandsleistungen in persönlichen Angelegenheiten.
298 OLG Saarbrücken, FF 2003, 252.
299 OLG Zweibrücken, FamRZ 2004, 1576.
300 A.A. OLG Jena, FamRZ 2006, 1205; s.a. vgl. OLG Bremen, FamRZ 2005, 213 – entstehe ein Anspruch auf Trennungsunterhalt dadurch, dass die Ehefrau die bisher ausgeübte Erwerbstätigkeit wegen der Geburt eines Kindes, das nicht von ihrem Ehemann abstammt, aufgibt, so trete der Anspruch auf Trennungsunterhalt hinter einen gleichzeitig bestehenden Anspruch aus § 1615l BGB zurück.

tige leibliche Vaterschaft unstreitig ist, sondern auch dann, wenn der Ausschluß der leiblichen Vaterschaft des Ehemannes in zulässiger Weise festgestellt worden ist.[301]

127a Mit der zum 01.01.2008 in Kraft getretenen Neuregelung des § 1579 Nr. 2 hat der Gesetzgeber die verfestigte Lebensgemeinschaft als eigenständigen Härtegrund in das Gesetz übernommen; eine Änderung der Rechtslage ist damit allerdings nicht verbunden. Zweck der gesetzlichen Neuregelung in § 1579 Nr. 2 ist es, rein objektive Gegebenheiten bzw. Veränderungen in den Lebensverhältnissen des bedürftigen Ehegatten zu erfassen, die eine dauerhafte Unterhaltsleistung unzumutbar erscheinen lassen. Eine verfestigte Lebensgemeinschaft kann insbesondere dann angenommen werden, wenn objektive, nach außen tretende Umstände wie etwa ein über einen längeren Zeitraum hinweg geführter gemeinsamer Haushalt, das Erscheinungsbild in der Öffentlichkeit, größere gemeinsame Investitionen wie der Erwerb eines gemeinsamen Familienheims, gemeinsame Kinder oder die Dauer der Verbindung den Schluß auf eine verfestigte Lebensgemeinschaft nahelegen. Entscheidend ist darauf abzustellen, dass der unterhaltsberechtigte frühere Ehegatte eine verfestigte neue Lebensgemeinschaft eingegangen ist, sich damit endgültig aus der ehelichen Solidarität herauslöst und zu erkennen gibt, dass er diese nicht mehr benötigt. Kriterien wie die Leistungsfähigkeit des neuen Partners spielen hingegen keine Rolle. Die verfestigte Lebensgemeinschaft ist damit als Anwendungsfall der Unbilligkeit nach § 1579 zu begreifen und nicht als Fall der bloßen Bedarfsdeckung iSv § 1577 Abs. 1.[302]

127b Ob eine Lebensgemeinschaft sich verfestigt hat, ist nach den Umständen des Einzelfalles zu beurteilen. Eine bestimme Mindestdauer ist nicht Voraussetzung für eine Verfestigung iSd § 1579 Nr. 2; regelmäßig ist jedoch ein Zeitablauf von zwei bis drei Jahren erforderlich. Mieten die Partner, nachdem sie zunächst für eine kurze Zeit in die Wohnung eines Partners eingezogen waren, jedoch gemeinsam eine neue Wohnung an, deren Kosten sie gemeinsam tragen, kann dieser Zeitraum verkürzt werden: Aus der Tatsache der gemeinsamen Anmietung einer neuen Wohnung kann regelmäßig geschlossen werden, dass die Beziehung auch für die Zukunft und dauerhaft angelegt und bereits hinreichend verfestigt ist.[303] Eine verfestigte Lebensgemeinschaft setzt allerdings nicht zwingend voraus, dass die Partner einen gemeinsamen Haushalt unterhalten; Verwirkung nach § 1579 Nr. 2 kann vielmehr auch dann angenommen werden, wenn die Partner nicht in einer gemeinsamen Wohnung leben.[304] Von einer Verfestigung kann jedoch auch bei einem länger andauernden Verhältnis des Unterhaltsgläubigers nicht ausgegangen werden, wenn die Partner sich bewußt dafür entschieden haben, ihre Lebensbereiche dauerhaft getrennt zu halten und damit eine gewisse Distanz aufrecht zu erhalten, um persönliche Freiräume zu verwirklichen, ihre Beziehung also bewußt auf Distanz angelegt haben, weil kein enges Zusammenleben gewünscht wird.[305] Etwas anderes gilt, wenn das Paar in der Öffentlichkeit wie ein Ehepaar auftritt, z.B. familiäre oder offizielle Veranstaltungen wahrnimmt.[306]

127c Ein nach § 1579 Nr. 2 beschränkter oder versagter nachehelicher Unterhaltsanspruch kann grundsätzlich wiederaufleben, wobei es einer umfassenden Zumutbarkeitsprüfung unter Berücksichtigung aller Umstände bedarf. Bei Beendigung der verfestigten Lebensgemeinschaft lebt ein versag-

301 BGH, FamRZ 2012, 779 = FuR 2012, 314.
302 BGH, FamRZ 2011, 1498 = FuR 2011, 639; 2011, 1854 = FuR 2012, 83 unter Hinweis auf BT-Drucks. 16/1830 S. 21, und BGH FamRZ 2011, 791 = FuR 2011, 392; eingehend zu aktuellen Problemen der Verwirkung von Unterhaltsansprüchen s. Kofler, NJW 2011, 2470, und Schnitzler, FF 2011, 290.
303 OLG Frankfurt NJW-RR 2011, 1155 = ZFE 2011, 121 mit Anm. Schnitzler – Verwirkung bereits nach eineinhalb Jahren.
304 BGH, FamRZ 2011, 1498 = FuR 2011, 639 (im Anschluß an BGH FamRZ 2002, 23, 25 = FuR 2002, 127, und FamRZ 2004, 614, 616 = FuR 2004, 228; OLG Düsseldorf FamRZ 2011, 225.
305 BGH FamRZ 2011, 791 = FuR 2011, 392; 2011, 1498 = FuR 2011, 639; zweifelhaft insoweit OLG Karlsruhe FuR 2011, 341 = NJW-RR 2011, 655.
306 OLG Düsseldorf, FamRZ 2011, 225; vgl. auch OLG Hamm, NJW 2011, 3379.

ter Unterhaltsanspruch regelmäßig im Interesse gemeinsamer Kinder als Betreuungsunterhalt wieder auf. Für andere Unterhaltstatbestände gilt dies nur dann, wenn trotz der für eine gewisse Zeit verfestigten neuen Lebensgemeinschaft noch ein Maß an nachehelicher Solidarität geschuldet ist, das im Ausnahmefall eine weitergehende nacheheliche Unterhaltspflicht rechtfertigen kann.[307] Wurde in einem vorangegangenen Abänderungsverfahren eine verfestigte Lebensgemeinschaft des Unterhaltsberechtigten rechtskräftig verneint, steht dies einer späteren Beschränkung oder Versagung des Unterhalts wegen grober Unbilligkeit nach § 1579 Nr. 2 nicht entgegen, die auf neue Umstände gestützt ist. Als solche kommen insbesondere Indiztatsachen für das Erscheinungsbild der Lebensgemeinschaft in der Öffentlichkeit und ein längerer Zeitablauf in Betracht.[308]

II. Grobe Unbilligkeit

Die Verwirklichung eines der in § 1579 Nr. 2 bis 8 genannten Tatbestände für sich allein genügt   127d
für die Begrenzung eines Unterhaltsanspruchs nach § 1361 nicht, sondern eine Verwirkung nach § 1579 setzt zusätzlich neben dem jeweiligen Härtegrund stets auch eine grobe Unbilligkeit für den Unterhaltsschuldner unter Wahrung der Belange des Unterhaltsgläubigers voraus.[309] Der Unterhaltsschuldner muss in jedem Einzelfall alle Voraussetzungen für eine grobe Unbilligkeit darlegen und beweisen.[310] I.R.d. Geltendmachung von Trennungsunterhalt kann der Unterhaltsschuldner dem Unterhaltsgläubiger nicht gem. § 1579 Nr. 8 entgegen halten, er habe sich die Witwenrente auszahlen lassen mit der Folge, dass hieraus keine Ansprüche mehr hergeleitet werden können.[311] Gehen beide Parteien gleichermaßen in einer sehr emotional gestalteten Trennungsphase nicht rücksichtsvoll miteinander um, kann dies für sich allein die Verwirkung eines Anspruchs auf Trennungsunterhalt nicht begründen.[312]

(zur Zeit nicht besetzt)   128

III. »Kinderschutzklausel«

Im Rahmen der zur Beurteilung der groben Unbilligkeit i.S.d. § 1579 anzustellenden Interessen-   129
abwägung sind die Belange eines/der vom Unterhaltsgläubiger betreuten Kindes/r zu wahren (»**Kinderschutzklausel**«). Der Betreuungsunterhalt ist privilegiert, weil im Interesse des Kindeswohls trotz Fehlverhaltens des Sorgeberechtigten die Wahrnehmung der Elternverantwortung gesichert bleiben soll;[313] nach dem Gesetzeswortlaut ist das **Kindeswohl** in solchen Fällen stets vorrangig ggü. den Interessen des Unterhaltsschuldners. Das Gesetz will damit verhindern, dass der betreuende Elternteil zu einer Erwerbstätigkeit gezwungen wird, die zum Nachteil des Kindes dessen geordnete Betreuung und Erziehung erschwert; der Lebensstandard des Kindes soll nicht wegen eines Fehlverhaltens des betreuenden Elternteils, das von ihm nicht zu verantworten ist, absinken.[314] Dem Kleinkinder im Alter bis zu drei Jahren betreuenden Ehegatten (s. § 1570 Abs. 1 Satz 1, »Basisunterhalt«) müssen demzufolge jedenfalls diejenigen Mittel verbleiben, die er zur Deckung seines Mindestbedarfs benötigt, wobei zu dessen Deckung auch auf Einkünfte aus seiner

---

307 BGH, FamRZ 2011, 1498 = FuR 2011, 639.
308 BGH, FamRZ 2011, 1854 = FuR 2012, 83.
309 BGHZ 146, 391, 399 = FamRZ 2001, 541, 543 f = FuR 2001, 184; BGH FamRZ 2008, 1325, 1327 = FuR 2008, 401.
310 BGH, FamRZ 1991, 670.
311 OLG Köln, OLGR 2002, 297.
312 OLG Köln, FuR 2009, 476 – Abhebungen vom gemeinsamen Girokonto, die zu einer Kontoüberziehung geführt haben.
313 BGH, FamRZ 1997, 671; FamRZ 1997, 873, 875.
314 S. OLG Koblenz, FamRZ 2005, 804.

insoweit stets überobligatorischen Tätigkeit[315] zurückzugreifen ist. Prüfungsmaßstab ist, ob eine Verwirkung des Betreuungsunterhalts nach den weiteren Lebensumständen des Unterhalt begehrenden getrennt lebenden/geschiedenen Ehegatten unmittelbare negative Auswirkungen auf die Lebensumstände des gemeinsamen Kindes haben würde.[316] Darüber hinaus kann es i.R.d. Billigkeitserwägung nach § 1579 angezeigt sein, dem betreuenden Ehegatten über den i.R.d. Bedarfsermittlung nach § 1361 Abs. 2 zugemuteten Umfang der Erwerbstätigkeit hinaus die Aufnahme einer Beschäftigung anzusinnen.[317]

L. Umfang der Leistung (§ 1361 Abs. 4 Satz 1 bis 3)

130   Hätte der Gesetzgeber bei der Verweisungskette des § 1361 Abs. 4 Satz 4 sorgfältiger gearbeitet, hätte er sich die Norm des § 1361 Abs. 4 Satz 1 bis 3 sparen können (s. § 1612 Abs. 1 Satz 1 und Abs. 3 Satz 1 und 2; zu Einzelheiten s. daher die Kommentierung zu § 1612 Rdn. 1 ff.). § 1361 Abs. 4 Satz 3 entspricht inhaltlich § 760 Abs. 3 und § 1585 Abs. 1 Satz 3 (s. Kommentierung zu § 1585 Rdn. 1 ff.).

I. Anspruch auf Zahlung einer Geldrente (§ 1361 Abs. 4 Satz 1)

131   **Laufender Trennungsunterhalt** ist – im Unterschied zum Familienunterhalt (§§ 1360, 1360a), aber ebenso wie der nacheheliche Unterhalt (§ 1585 Abs. 1 Satz 1) und der Verwandtenunterhalt (§ 1612 Abs. 1) – **regelmäßig** in Form einer (monatlich im Voraus zahlbaren) **Geldrente** zu leisten, sofern nichts Abweichendes **vereinbart** wird (§ 1361 Abs. 4 Satz 1).[318] Ist der Unterhaltsgläubiger mit der Überweisung der Geldrente auf sein Konto einverstanden, ist der monatliche Unterhalt rechtzeitig geleistet, wenn der Überweisungsauftrag rechtzeitig erteilt worden ist; auf den Zeitpunkt der Gutschrift kommt es dann nicht an.[319] Das Geld geht ohne Zweckbindung in das Eigentum des Unterhaltsgläubigers über, sodass dieser darüber nach Belieben verfügen kann. Die Ausnahme des § 1612 Abs. 1 Satz 2 (Recht zur Bestimmung der Gewährung des Unterhalts in anderer Form aus besonderen Gründen) gilt nur für den Verwandtenunterhalt; diese Norm kann im Ehegattenunterhaltsrecht nicht, auch nicht analog, angewendet werden. Die vereinbarte unentgeltliche Überlassung einer Wohnung zu Unterhaltszwecken ist eine typische Unterhaltsleistung und, wenn sie zu einer Minderung des Anspruchs des Unterhaltsberechtigten führt, eine – im Zahlungswege – abgekürzte Sachunterhaltsleistung. Auch die vom Unterhaltsschuldner übernommenen verbrauchsunabhängigen Kosten einschließlich Schuldzinsen der Wohnung seiner geschiedenen Ehefrau können bei gleichzeitigem Verzicht auf zustehende Ausgleichsansprüche dem Grunde nach als Unterhaltsleistungen i.S.d. § 10 Abs. 1 Nr. 1 EStG geltend gemacht werden, auch wenn die Wohnung im Eigentum der geschiedenen Ehefrau steht.[320]

II. Freistellungsansprüche

132   Schuldet der Unterhaltsgläubiger einem Dritten Leistungen, die i.R.d. Unterhaltsschuld zu ersetzen sind, dann kann er **Freistellung**, nicht aber Leistung an den Dritten verlangen: In dem auf Zahlung von Unterhalt – einschließlich des betroffenen Bedarfsanteils – gerichteten Antrag ist als »minus« der **Freistellungsantrag** enthalten. Sind etwa beide Ehegatten (einer Alleinverdienerehe)

---

315   BGHZ 180, 170 = BGH, FamRZ 2009, 770 = FuR 2009, 391; BGH, FamRZ 2009, 1124 = FuR 2009, 447; FamRZ 2009, 1391 = FuR 2009, 577 (»Flexistunden«); FamRZ 2010, 357 = FuR 2010, 217 (»Archäologin«).

316   BGH, FamRZ 2011, 791 = FuR 2011, 392.

317   OLG Saarbrücken, FF 2003, 252 – erzielbares Einkommen von 389,00 €.

318   Vgl. BGH, FamRZ 1997, 484.

319   OLG Karlsruhe, FamRZ 2003, 1763.

320   BFH/NV 2007, 1283.

als Mitmieter Gesamtschuldner der Mietforderung für die bisherige, nach der Trennung vom Unterhaltsgläubiger allein bewohnte Ehewohnung, so kann dieser zur Deckung des Wohnbedarfs i.R.d. ihm zustehenden Trennungsunterhalts nicht Zahlung der Miete an sich, sondern nur Freistellung von der Mietschuld ggü. dem Vermieter verlangen.[321] Der Unterhaltsgläubiger hat im Krankheitsfall hingegen keinen Anspruch auf Freistellung von den Ansprüchen des behandelnden Arztes gegen den Unterhaltsschuldner, wenn die Abrechnung der Krankheitskosten nicht unmittelbar zwischen dem Arzt und der Krankenversicherung erfolgt.[322]

III. Mitwirkungsanspruch

Der Anspruch auf Trennungsunterhalt nach § 1361 in dem dort bestimmten Umfang besteht **unabhängig** vom **Güterstand**, mithin auch dann, wenn die Ehegatten im **Güterstand** der **Gütergemeinschaft** leben.[323] Zum Gesamtgut gehört auch das Erwerbseinkommen der Ehegatten;[324] § 1420 gilt auch für den Trennungsunterhalt. Ist das Gesamtgut zum Unterhalt zu verwenden, und verwalten die Parteien das Gesamtgut gemeinsam (§ 1421), dann kann der unterhaltsberechtigte Ehegatte von dem anderen nicht Zahlung einer Geldrente (§ 1361 Abs. 4 Satz 1), sondern nach § 1451 (nur) **Mitwirkung** zu den **Maßregeln** verlangen, die zur **ordnungsmäßigen Verwendung** des **Gesamtgutes** für den Unterhalt erforderlich sind,[325] sofern sich nicht ausnahmsweise der Zahlungsanspruch nach den konkreten Verhältnissen ohne Weiteres errechnen und durchsetzen lässt.[326] Reicht das Erwerbseinkommen nicht aus, kann auf den Stamm des Gesamtgutes zurückgegriffen werden. Ist der Unterhaltsgläubiger im Besitz von Teilen des Stammes des Gesamtgutes, dann kann der Unterhaltsschuldner seine Mitwirkung nicht mit der Begründung verweigern, der andere Ehegatte könne sich aus dem Stamm des Gesamtgutes bedienen. Dies ist jedenfalls dann anzunehmen, wenn dem Unterhaltsgläubiger der von ihm gehaltene Teil des Gesamtgutes nicht mit der ausdrücklichen Zweckbestimmung überlassen wurde, diesen zur Bedarfsdeckung einzusetzen.[327]

Dieser **Mitwirkungsanspruch** betreffend **Auskehr** von **Unterhalt** aus dem Gesamtgut besteht jedoch nur in dem Umfang, als der zur Deckung des Bedarfs benötigte Betrag nicht aus Einkünften gedeckt werden kann, über die der Unterhaltsgläubiger gemäß güterrechtlicher Vereinbarung alleine verfügen darf. Eine derartige vom Grundsatz der gemeinsamen Verwaltung des Gesamtguts abweichende Vereinbarung kann es darstellen, wenn die Ehegatten den anlässlich der Trennung und der bevorstehenden Scheidung vereinnahmten Erlös aus dem zum Gesamtgut gehörenden Familienheim aufteilen, ohne dass sie die Gütergemeinschaft insoweit auseinandersetzen wollen.[328] Verlangt ein mittelloser, getrennt lebender Ehegatte von dem anderen Trennungsunterhalt, dann kann er keine Zahlung eines Kostenvorschusses verlangen, solange ausreichendes, verwertbares Gesamtgut vorhanden ist.[329]

Hat ein Ehegatte **Gesamtgut eigenmächtig** in seine **tatsächliche Verfügungsmacht** gebracht, dann kann der unterhaltsberechtigte Ehegatte nur verlangen, dass der andere diejenigen Handlungen vornimmt, die erforderlich sind, damit er aus dem Gesamtgut die ihm zustehenden Geldmittel

133

134

135

---

321 OLG Frankfurt, FamRZ 1990, 49.
322 OLG Düsseldorf, FamRZ 1991, 437; a.A. OLG Hamm, FamRZ 1987, 1142.
323 Zum Trennungsunterhalt bei Gütergemeinschaft vgl. BGH, FamRZ 1990, 851; s.a. OLG Oldenburg, FamRZ 2010, 213 = FuR 2009, 597 – Trennungsunterhalt bei Gütergemeinschaft, und FuR 2009, 597 = NJW-RR 2009, 1593 – nachehelicher (Aufstockungs-) Unterhalt nach Gütergemeinschaft; zum Einfluss der Gütergemeinschaft auf den Unterhaltsanspruch Elden, NJW-Spezial 2010, 4 f.
324 OLG München, FamRZ 1996, 166.
325 BGH, FamRZ 1990, 851.
326 OLG Düsseldorf, FamRZ 1999, 1348; Kleinle, FamRZ 1997, 1194; Weinreich, FuR 1999, 49.
327 OLG München, FamRZ 1996, 166.
328 OLG Zweibrücken, FamRZ 1998, 239.
329 BGH, FamRZ 1990, 851; OLG Zweibrücken, FamRZ 1996, 227.

erhält. Der Anspruch richtet sich auf unvertretbare Handlungen, die im Weigerungsfalle durch Zwangsvollstreckung nach § 888 ZPO erwirkt werden können. Da diese Handlungen wie Geldzahlungen der Überlassung von Geldbeträgen dienen, ist das auf ihre Vornahme gerichtete Begehren in einem mit dem Antrag geltend gemachten Zahlungsantrag enthalten (§ 308 Abs. 1 ZPO).[330]

IV. Sonderproblem: Mietzinsverpflichtungen aus einem gemeinsamen Mietvertrag

136   Trennen sich Eheleute, die **gemeinsam** eine **Mietwohnung** angemietet und bewohnt haben, entsteht ein in der Praxis ärgerliches Problem, weil der Gesetzgeber die mietrechtlichen Vorschriften nicht mit den entsprechenden familienrechtlichen Besonderheiten harmonisiert hat: Die **Eheleute** können sie sich zwar bzgl. der weiteren Haftung für den Mietzins im **Innenverhältnis** einigen; im **Außenverhältnis** verbleibt es jedoch solange bei der gemeinsamen Haftung aus dem Mietvertrag, bis dieser entsprechend geändert ist. Hat derjenige Ehepartner, der ausgezogen ist, den Mietvertrag alleine unterschrieben, so kann der Vermieter ihn weiterhin wegen der Mieten in Anspruch nehmen.

137   Da ein Ehepartner einen gemeinsam abgeschlossenen Mietvertrag nicht einseitig (etwa durch Kündigung, **unzulässige** »**Teilkündigung**«) verändern kann, ist er während der Trennungszeit – auch wenn beide Ehegatten dies wünschen – auf eine **einvernehmliche Vertragsänderung** mit dem Vermieter angewiesen, da das Gesetz während der Trennung nur (vorläufige) (Benutzungs-)Regelungen (Streitgegenstand: Besitz an der Ehewohnung!) erlaubt (§ 1361b). Erst für die Zeit nach der Scheidung kann in einem Verfahren nach § 1568a Abs. 3 angeordnet werden, dass das Mietverhältnis verändert – etwa nur mit einem der Ehegatten fortgesetzt – wird.[331] Wenn man einen Anspruch auf Mitwirkung an einer Kündigung bejaht, dann dürfen jedenfalls einem Kündigungsverlangen keine Gesichtspunkte aus den Gründen (nach-) ehelicher Solidarität entgegen stehen. Ist ein Scheidungsverfahren noch nicht abgeschlossen oder noch nicht anhängig, kann die Einwilligung zur Kündigung erst verlangt werden, wenn die Trennung der Eheleute endgültig ist, und zugleich der mit der Ehe verbundene Treu- und Glaubens-Grundsatz nicht verletzt wird.[332]

137a Soweit im Innenverhältnis der Beteiligten die Frage der Mietzinszahlungen nach der Trennung nicht unterhaltsrechtlich gelöst wird, ist zu klären, ob der nach der Trennung in der gemeinsam angemieteten Wohnung verbliebene Ehegatte von dem anderen Beteiligung an den Mietzahlungen verlangen kann. Trägt ein Ehegatte nach dem Auszug des Partners die Mietkosten allein, so unterliegt die Mithaftung des Ausziehenden und damit der ihm nach § 426 Abs. 1 zustehende Ausgleichsanspruch für eine gemeinsam angemietete Ehewohnung im Allgemeinen einer zeitlichen Beschränkung. Ist das endgültige Scheitern der Ehe erkennbar, steht dem verbleibenden Ehegatten zwar eine Überlegungsfrist zu; er muß sich jedoch sodann um eine Beendigung des Mietverhältnisses bemühen. Dem in der Wohnung verbleibenden Ehegatten ist eine angemessen Überlegungsfrist zuzubilligen, ob er unter alleiniger Kostentragung in der Wohnung verbleiben möchte. Verbleibt der Ehegatte nach einer angemessenen Überlegungsfrist in der Wohnung, ohne sich um eine Auflösung des Mietverhältnisses zu bemühen, gibt er damit zu erkennen, dass er zu einer Fortführung des Vertrages unter alleiniger Kostentragung bereit ist. Die Wohnungssituation

---

330 BGH, FamRZ 1990, 851.

331 So etwa auch Götz in Johannsen/Henrich (Hg.), Familienrecht 5. Aufl. § 1568a BGB Rdn. 32.

332 OLG Köln FamFR 2011, 21; dagegen hat Wever (FamRZ 2012, 416, 420) zu Recht Bedenken angemeldet: Die familienrechtliche (Spezial-)Vorschrift des § 1361b BGB ermögliche dem Familiengericht für die Zeit des Getrenntlebens eine vorläufige Regelung der Nutzungsverhältnisse, nicht aber einen Eingriff in das Mietverhältnis selbst. Dann aber könne es dem Familiengericht jedenfalls im Regelfall auch nicht gestattet sein, unter Zuhilfenahme schuldrechtlicher Vorschriften (zur Debatte stehe insbesondere Gemeinschafts- und Gesellschaftsrecht) die Beendigung des Mietverhältnisses herbeizuführen.

ist dem verbleibenden Partner dann nicht mehr aufgezwungen, sondern sie ist gewählt; dann ist aber eine weitere Mithaftung des Ehegatten für die Mietkosten nicht mehr gerechtfertigt.[333]

1. Trennung der Ehegatten innerhalb der Ehewohnung

Leben die Ehepartner **innerhalb** der **Ehewohnung getrennt**, und zahlt der Ehepartner mit dem höheren Einkommen (regelmäßig: der Unterhaltsschuldner) den Mietzins wie bisher alleine weiter, dann kann er den auf den Unterhaltsgläubiger entfallenden Anteil nicht (mehr) als Naturalleistung ansetzen,[334] da Trennungsunterhalt nach § 1361 Abs. 4 Satz 1 nur noch durch Zahlung einer Geldrente geleistet werden kann. Entweder ist die Mietzinszahlung **anteilig** entsprechend der Wohnungsaufteilung mit dem **ermittelten Unterhalt** zu **verrechnen**, sodass dem Unterhaltsgläubiger nur der um den anteiligen Mietanteil gekürzte Unterhalt gezahlt wird (§§ 362 Abs. 2, 185),[335] oder aber die gesamte Miete unterfällt – entsprechend einer berücksichtigungsfähigen prägenden Schuld – bei der Bereinigung des Nettoeinkommens des Unterhaltsschuldners, der für den Mitzins aufkommt, dem **Vorabzug.** Dieser Lösungsweg hat den Vorteil, dass der Unterhalt – wie üblich – berechnet werden kann, weil dann alle Familienmitglieder – praktisch – mietfrei wohnen; allerdings ist – soweit mangels ausreichendem verbleibendem Einkommen notwendig (»Mangellage«) – der Selbstbehalt um den darin enthaltenen (Warm-) Mietanteil zu kürzen.

2. Auszug des Unterhaltsschuldners aus der Ehewohnung

Hat der **Unterhaltsschuldner** die Ehewohnung **verlassen**, sollte er bei gesamtverbindlicher Außenhaftung aus dem Mietvertrag **regelmäßig** zunächst die volle Miete weiter bezahlen und diese Zahlung bei der Bemessung des Trennungsunterhalts von seinem bedarfsprägenden Einkommen im **Vorabzug** absetzen.[336] Soweit die **Restfamilie** mietfrei wohnt, ist der Unterhaltsbedarf um den somit verfügbaren Gebrauchsvorteil – mit dem im Gesamtunterhalt angemessenen Anteil – zu kürzen; zusätzliche Zahlungen für Verbrauchskosten (etwa Strom, Telefon sowie Internet- und Fernsehnutzung) sind auf den Unterhalt des Unterhaltsgläubigers und der Kinder anteilig anzurechnen.[337]

3. Auszug des Unterhaltsgläubigers aus der Ehewohnung

Ist der **Unterhaltsschuldner** in der Ehewohnung **verblieben**, kann der seinen Anteil für Wohnen im Lebensbedarf übersteigende Anteil des Mietzinses (subjektiver Mietwert) als **prägende Belastung** im **Vorabzug** zu berücksichtigen sein,[338] weil die möglicherweise jetzt nach der Trennung zu große und teure Wohnung – sofern die Ehe nicht endgültig gescheitert ist – zum Zwecke möglicher späterer Versöhnung vorgehalten werden darf, also nicht aufgegeben oder untervermietet werden muss,[339] wenn und soweit die Räume nicht anderweitig genutzt werden (etwa durch Aufnahme eines neuen

138

139

140

333 OLG Brandenburg, FamRZ 2007, 1172 – Überlegungsfrist von bis zu drei Monaten; 2008, 156; OLG Düsseldorf, FamRZ 2011, 375; zur Situation bei nichtehelicher Lebensgemeinschaft Schulz, FamRZ 2007, 593, 604; zu den Möglichkeiten des aus der Ehewohnung ausgezogenen Ehegatten, seine Entlassung aus dem Mietverhältnis zu erreichen, s. Langheim, FamRZ 2007, 2030; vgl. dazu auch Wever, FamRZ 2005, 485, 486; 2007, 857, 859 m.w.N.; zu dem in nichtehelicher Lebensgemeinschaft allgemein angenommenen Anspruch auf Zustimmung zur Kündigung des Mietverhältnisses nach der Trennung s. OLG Düsseldorf FamRZ 2008, 154; Schulz, FamRZ 2007, 593, 600.
334 So aber OLG Stuttgart, OLGR 2001, 380, das sodann die Unterhaltsleistungen in Natur in voller Höhe auf den Unterhaltsanspruch anrechnet.
335 Die nach § 185 notwendige Einwilligung des Unterhaltsgläubigers liegt (zumindest konkludent) in dem bisherigen Einverständnis der vollen Mietzahlung durch den Ehepartner an den Vermieter.
336 So zutr. – zu einer »zu teuren Wohnung« – OLG Köln, FamRZ 2002, 98 m.w.N.
337 OLG Hamm, ZFE 2006, 156 (LS).
338 BGH, FamRZ 1982, 255.
339 BGH, FamRZ 1989, 1160.

Lebenspartners).[340] Nach diesem Zeitpunkt kann er aber keinen Teil der Miete mehr von seinem Einkommen abziehen. Ist die Wohnung zu teuer, so muss er sie rechtzeitig kündigen.

M. Verweisungen des § 1361 Abs. 4 Satz 4

141 § 1361 Abs. 4 füllt den Anspruch auf Trennungsunterhalt durch vielfache Verweisungen aus, teils in das Recht des Familien-, teils in das Recht des Verwandtenunterhalts; auf die dortigen Kommentierungen wird daher verwiesen. Auf einige **Besonderheiten** für den Trennungsunterhalt ist zu achten.

I. Verweisung auf § 1360a Abs. 3

142 **Über § 1360a Abs. 3** sind die für die Unterhaltspflicht der **Verwandten** geltenden Vorschriften der §§ 1613 bis 1615 entsprechend anzuwenden: Unterhalt für die Vergangenheit (§ 1613), Verzicht auf den Unterhaltsanspruch sowie Vorausleistung (§ 1614) und Erlöschen des Unterhaltsanspruchs (§ 1615).

1. Unterhalt für die Vergangenheit (§§ 1361 Abs. 4 Satz 3, 1360a Abs. 3, 1613)

143 Aufgrund der Verweisung in § 1361 Abs. 4 Satz 4 gilt über § 1360a Abs. 3 auch § 1613 Abs. 1. Nach § 1613 Abs. 1 Satz 2 wird zwar Unterhalt »ab dem ersten des Monats geschuldet«, jedoch nur dann, wenn »der Unterhaltsanspruch dem Grunde nach zu diesem Zeitpunkt bestanden hat«, also frühestens **taggenau** ab dem Tag der **Trennung**. Streitig ist, ob bzgl. rückständiger Ansprüche auf Zahlung von Trennungsunterhalt die Frist des § 1585b Abs. 3 **analog** angewendet werden darf. Da Unterhalt zeitnah geltend zu machen ist (»praeteritum non vivitur«), der Gesetzgeber in § 1585b Abs. 3 eine Zeitschranke gezogen hat, in § 1361 aber nicht, liegt eine unbeabsichtigte Regelungslücke nahe,[341] zumal i.R.d. § 1361 einige andere Analogien zum nachehelichen Unterhalt gezogen werden müssen (vgl. etwa § 1581 mit verschärftem Haftungsmaßstab, oder § 1578 Abs. 2). Die Berechtigung zur Forderung rückständigen Unterhalts auf Grund eines Auskunftsverlangens nach § 1613 Abs. 1 (sog. Verzugswirkung) tritt unabhängig davon ein, ob im Zeitpunkt des Auskunftsverlangens ein Auskunftsanspruch nach § 1605 bestand oder nicht.[342]

144 Der getrennt lebende Ehegatte kann – neben dem laufenden (vollen) Unterhalt – unter bestimmten Voraussetzungen auch **Sonderbedarf** geltend machen, also denjenigen Teil des Lebensbedarfs, der (obwohl notwendig) bei der Bemessung des laufenden Unterhalts nicht berücksichtigt werden konnte (etwa Kosten für Krankenhausaufenthalte, Umzugskosten u.a.),[343] sofern der Unterhaltsschuldner insoweit leistungsfähig ist.[344] **Anspruchsgrundlage** ist (über die Verweisungskette der §§ 1361 Abs. 4 Satz 4, 1360 Abs. 3) § 1613 Abs. 2. Maßgebend sind immer die **Umstände** des jeweiligen **Einzelfalles**, wobei es v.a. auf die Höhe der Unterhaltsrente und die sonstigen Einkünfte des Unterhaltsgläubigers sowie den Lebenszuschnitt der Parteien ankommt.[345] Sonderbedarf ist (weil insoweit die zeitliche Sperre des § 1613 Abs. 1 durchbrochen ist) abzugrenzen vom **Mehrbedarf:** Im Gegensatz zum Mehrbedarf (**regelmäßig** wiederkehrende Belastungen) kann Sonderbedarf nach der Legaldefinition des § 1613 Abs. 2 Nr. 1 (nur) **unregelmäßig** und in **außergewöhnlicher Höhe** entstehen, also überraschend und der Höhe nach nicht abschätzbar.

---

340 S. etwa OLG Schleswig, FamRZ 2003, 603 – die Addition des Wohnvorteils verstoße nicht gegen Art. 14 Abs. 1 GG; OLG Koblenz, NJW 2003, 1816.

341 Anders aber OLG Schleswig, FamRZ 2000, 1367.

342 OLG Hamm, FuR 2012, 330 = NJW-RR 2012, 261.

343 BGH, FamRZ 1982, 145.

344 KG, FamRZ 1993, 561; s.a. OLG Stuttgart, FamRZ 1978, 684 – vorübergehende Ermäßigung der Rentenzahlungspflicht durch Übernahme von Sonderbedarf.

345 BGH, FamRZ 1983, 29.

2. Verzicht auf den Unterhaltsanspruch sowie Vorausleistung (§§ 1361 Abs. 4 Satz 3, 1360a Abs. 3, 1614)

Trennungsunterhalt ist nur für die **Vergangenheit**, nicht aber für die **Zukunft** verzichtbar; **Voraus-** **145** **leistungen** sind nur innerhalb enger Grenzen sinnvoll. Innerhalb dieser Grenzen – und der §§ 134, 138 – sind (auch) Vereinbarungen zum Trennungsunterhalt zulässig.[346] Verzichtet ein Ehegatte zunächst auf die Vollstreckung aus seinem Trennnungs-Unterhaltstitel, da er Einkünfte hat, so kann er dennoch ab Eintritt erneuter Bedürftigkeit aus dem Unterhaltstitel vollstrecken. Da er nicht auf künftige Trennungsunterhaltsansprüche verzichtet hat, muss er seinen Unterhalts- anspruch nicht erneut gerichtlich einfordern.[347] Die Nichtigkeit eines Verzichts auf Trennungsun- terhalt erstreckt sich regelmäßig nicht auf einen gleichzeitig erklärten Verzicht auf nacheheliche Ehegattenunterhalt.[348]

a) Verzicht auf den Unterhaltsanspruch

Wie auf Familien- und auf Verwandtenunterhalt kann auch auf Trennungsunterhalt für die **146** **Zukunft nicht verzichtet** werden (§§ 1361 Abs. 4 Satz 3, 1360a Abs. 3, 1614 Abs. 1); ein Unter- haltsverzicht ist nach § 134 nichtig. Bei der notariellen Klausel »Wir gehen übereinstimmend davon aus, dass jeder von uns in der Lage ist, sich in einem unseren bisherigen Lebens-, Erwerbs- und Vermögensverhältnissen entsprechenden Umfang angemessen zu unterhalten, so dass für die Zeit unseres Getrenntlebens bis zu einer etwaigen Scheidung unserer Ehe keinem von uns Unter- haltsansprüche gegenüber dem anderen zustehen« handelt es sich nicht um einen Verzicht auf Trennungsunterhalt.[349] Nehmen etwa getrennt lebende Ehegatten, die den Trennungsunterhalt in einer notariellen Urkunde geregelt haben, die eheliche Lebensgemeinschaft wieder auf, und tren- nen sie sich dann erneut, gilt die **notarielle Unterhaltsregelung** auch für den Fall der **weiteren** **Trennung**, wenn die Bestimmung des Vertrages lautet, dass die »Wirksamkeit und der Fortbestand dieses Vertrages ... von unserem künftigen Familienstand und insb. einer Ehescheidung unabhän- gig« seien. Mit dieser Formulierung kommt eine Erweiterung der Regelung über den konkreten Fall hinaus i.S.e. vorsorgenden Regelung zum Ausdruck.[350]

Die Ehegatten können über Art und – i.R.d. Verzichtsverbots begrenzt – auch zur **Höhe** der **147** **Unterhaltsleistung Vereinbarungen** treffen, die von § 1361 Abs. 4 abweichen.[351] Im Rahmen sol- cher Verträge können sie sich insb. auch darauf verständigen, dass der Unterhalt ganz oder teil- weise in **Natur** zu leisten ist. Eine solche Vereinbarung ist an keine Form gebunden; sie kann auch durch schlüssiges Handeln zustande kommen: Der Unterhaltsschuldner stellt dem Unterhaltsgläu- biger etwa einen Pkw zur Verfügung,[352] überlässt ihm eine Wohnung[353] oder zahlt die Miete für die von der Restfamilie nach der Trennung weiter bewohnte Ehewohnung.[354] Hat der getrennt lebende Unterhaltsschuldner dem Unterhaltsgläubiger (auch seinen unterhaltsberechtigten Kin- dern) mehrere Jahre hindurch sein Eigenheim zur Benutzung oder Mitbenutzung als Wohnung überlassen, so kann darin nach den besonderen Umständen des Falles eine **stillschweigend** zustande gekommene **Vereinbarung** der Ehegatten des Inhalts zu erblicken sein, dass die Unter-

---

346 S. etwa OLG Brandenburg, FamRZ 2002, 960 (LS).
347 OLG Zweibrücken, FamRZ 2009, 142.
348 OLG Koblenz, FamRZ 2007, 479.
349 OLG Brandenburg, FamRZ 2004, 120.
350 OLG Karlsruhe, FamRZ 2003, 1104 m. Anm. Bergschneider.
351 BGH, FamRZ 1962, 360; zur Auslegung einer entsprechenden Vereinbarung s. OLG Hamm, FamRZ 1999, 850.
352 BGH, FamRZ 1965, 125.
353 BGH, NJW 1964, 765.
354 OLG Hamm, FamRZ 1984, 790.

haltspflicht des Ehemannes in Bezug auf den Wohnbedarf der Unterhaltsgläubiger durch Überlassung dieser Wohnung zu erfüllen ist.[355]

148   Nicht jeder **Teilverzicht** ist wegen eines Verstoßes gegen §§ 1361 Abs. 4 Satz 3, 1360a Abs. 3 i.V.m. § 1614 Abs. 1 nichtig; vielmehr besteht ein gewisser **Spielraum** für eine **interessengemäße** und **situationskonforme Ausgestaltung** des jeweiligen gesetzlichen Unterhaltsanspruchs.[356] Ein unwirksamer Unterhaltsverzicht unter getrennt lebenden Ehegatten ist daher nicht bereits bei jeglicher Abweichung der von den Ehegatten getroffenen Regelung von dem nach dem Gesetz geschuldeten Unterhalt anzunehmen, sondern erst dann, wenn eine gewisse **Toleranzgrenze** überschritten wird, die bei etwa 20 % – 33 % des nach den ehelichen Lebensverhältnissen angemessenen Bedarfs anzusetzen ist.[357] So ist jedenfalls – außerhalb von Mangellagen – eine Vereinbarung wirksam, die den sich rechnerisch ergebenden Trennungsunterhalt um weniger als 20 % verkürzt.[358]

149   Ein Vergleich über die Zahlung nachehelichen Unterhalts, mit dem ein deutlich unter dem Quotenbedarf liegender Unterhaltsbetrag vereinbart wird, entfaltet **Bindungswirkungen** für die **Zukunft** nur dann, wenn sich ein Parteiwille des Unterhaltsgläubigers dahin gehend feststellen lässt, für die Zukunft auf den ihm zustehenden höheren Unterhalt zu verzichten.[359] Der Wirksamkeit des in einer Unterhaltsvereinbarung enthaltenen Verzichts auf den nachehelichen Unterhalt steht die Nichtigkeit des Verzichts auf den Trennungsunterhalt nicht entgegen.[360]

150   Anders als im Recht des nachehelichen Unterhalts kann der Unterhaltsgläubiger **während** der **Trennung keine Kapitalabfindung** (§ 1585 Abs. 2) verlangen. Da die Ehe jedenfalls (trennungs-) unterhaltsrechtlich noch nicht als endgültig gescheitert anzusehen ist, ist für endgültige Regelungen (noch) kein Raum.

b) Vorausleistungen

151   Eine freiwillig erbrachte **Vorausleistung** befreit den Unterhaltsschuldner gem. §§ 1360a Abs. 3, 1614 Abs. 2, 760 Abs. 3 nur für **drei Monate** oder – wenn der Unterhaltsschuldner einen anderen Zeitraum bestimmt hat – für eine angemessene Zeit (§ 1361 Abs. 4 Satz 4 i.V.m. § 1360a Abs. 3, 1614 Abs. 2), die allgemein kürzer sein wird als der vom Unterhaltsschuldner bestimmte Zeitraum. Für eine Vorausleistung trägt immer der Unterhaltsschuldner das Risiko; er muss evtl. doppelt bezahlen.[361] Eine **Abfindung** erfüllt im Rahmen eines gültigen Vertrages (s. etwa § 1614, aber auch § 138) künftige Unterhaltsansprüche.

3. Erlöschen des Unterhaltsanspruchs (§§ 1361 Abs. 4 Satz 3, 1360a Abs. 3, 1615)

152   Der Anspruch auf Trennungsunterhalt (§ 1361) **erlischt** mit Ausnahme der im Zeitpunkt des Todes fälligen Leistungen in **vier Fällen**: Bei

   – **Rechtskraft der Scheidung** (**Grundsatz** der **Nichtidentität** von Trennungsunterhalt und nachehelichem Unterhalt)[362] – dies kann der Unterhaltsschuldner mit dem Vollstreckungsgegenantrag nach § 767 ZPO geltend machen;[363]

---

355 BGH, FamRZ 1962, 360.
356 OLG Hamm, NJWE-FER 2000, 227 – der Verzicht auf zusätzlichen Bedarf von etwa 600,00 DM monatlich halte sich bei einem Eigeneinkommen der Ehefrau von etwa 2.100,00 DM insb. dann noch in den Grenzen des rechtlich zulässigen Gestaltungsspielraums, wenn der Ehefrau der gesamte Hausrat im Wert von 18.000,00 DM belassen wurde.
357 OLG Hamm, FuR 2000, 280; OLGR 2000, 70; OLG Düsseldorf, NJWE-FER 2000, 307 – 20 %.
358 OLG Düsseldorf, NJWE-FER 2000, 307.
359 OLG Schleswig, OLGR 2001, 104.
360 OLG Zweibrücken, FuR 2000, 444.
361 BGHZ 123, 49 = BGH, FamRZ 1993, 1186.
362 BGH, FamRZ 1981, 242; BGHZ 103, 62 = BGH, FamRZ 1988, 1137.
363 BGH, FamRZ 1982, 782; OLG Köln, FamRZ 1996, 1077.

- **Versöhnung der Eheleute** mit endgültiger, nicht nur vorübergehender Aufhebung des Getrenntlebens (**Grundsatz** der **Nichtidentität** von Familien- und Trennungsunterhalt), nicht aber, wenn und soweit es sich um nur kurzfristige Versöhnungsversuche handelt, auch wenn die endgültige Versöhnung zunächst angedacht war;[364]
- **Tod** des Unterhaltsgläubigers oder des Unterhaltsschuldners (§§ 1361 Abs. 4 Satz 3, 1360a Abs. 3, 1615): Stirbt der Unterhaltsschuldner, dann geht die Unterhaltspflicht nicht als Nachlassverbindlichkeit auf die Erben des Verpflichteten über; stirbt der Unterhaltsgläubiger, dann haftet der Unterhaltsschuldner subsidiär nach den Erben für die Beerdigungskosten;
- **grober Unbilligkeit** (Begrenzung i.R.d. § 1361 Abs. 3 i.V.m. § 1579).

§ 1578b (Herabsetzung bzw. zeitliche Begrenzung des nachehelichen Unterhalts) darf i.R.d. Trennungsunterhalts **nicht analog** angewendet werden, weil der Anspruch auf Trennungsunterhalt bereits per se bis zur **Rechtskraft** der **Scheidung** begrenzt ist.[365] Länger als ein Jahr zurückliegende Ansprüche auf Trennungsunterhalt sind jedenfalls regelmäßig dann **verwirkt**, wenn der Unterhalt begehrende Ehegatte seine Ansprüche nach Ablehnung des Antrages auf Bewilligung von VKH **mehr** als **ein Jahr** lang nicht weiterverfolgt hat.[366]

II. Verweisung auf § 1360a Abs. 4 (Kostenvorschuss)

Der **Anspruch** auf **Kostenvorschuss** ist Vermögensgegenstand i.S.d. § 115 ZPO, geht also einem Anspruch auf Verfahrenskostenhilfe (§ 76 FamFG i.V.m. §§ 114 ff. ZPO) vor.[367] Der Anspruch des getrennt lebenden Ehegatten auf Kostenvorschuss und die zu seiner Durchsetzung bestimmte einstweilige Anordnung können auch dahin gehen, an der Verwertung gemeinsamer Vermögensgegenstände mitzuwirken.[368] **153**

III. Verweisung auf § 1360b: Zuvielleistung von Unterhalt

Leistet ein Ehegatte zum Unterhalt der Familie einen höheren Beitrag als ihm obliegt, so ist im **Zweifel** anzunehmen, dass er nicht beabsichtigt, von dem anderen Ehegatten Ersatz zu verlangen.[369] **154**

IV. Verweisung auf § 1605: Anspruch auf Auskunft und Belegvorlage

Die in § 1605 normierten beiden – scharf zu sondernden – Ansprüche auf **Auskunft** und **Belegvorlage** gelten über die Verweisungsnorm auch i.R.d. Trennungsunterhalts. Trennungsunterhalt nach § 1361 und Unterhalt für die Dauer des türkischen Gerichtsverfahrens sind verschiedene Streitgegenstände; daher ist das Rechtsschutzbedürfnis für einen vorbereitenden Auskunfts- und Belegvorlageantrag hinsichtlich des Trennungsunterhalts nicht zu versagen.[370] **155**

---

364 S. hierzu OLG Düsseldorf, FamRZ 1992, 43; OLG Hamm, FamRZ 1999, 30.
365 OLG Koblenz, NJW 2003, 1816 zu § 1573 Abs. 5.
366 OLG Hamm, OLGR 2004, 20; ausführlich zur Verwirkung Kommentierung vor § 1360 Rdn. 196.
367 *Ausführlich zum Kostenvorschuss s. Kommentierung zu § 1360a.*
368 OLG Zweibrücken, FamRZ 2002, 1200 = FuR 2002, 272 betr. in einem Schließfach gelagerten Schmuck.
369 S. Kommentierung zu § 1360b.
370 OLG Köln, FamRZ 2003, 544; s.a. Söllner, FuR 2002, 198 ff. zur Bedarfsbemessung bei Unterhaltsansprüchen türkischer Staatsangehöriger (Ehegatten-/Kindesunterhalt); Kanzler, FR 2002, 1244 f. – Stiefmutter und Schwester in der Türkei sind keine unterhaltsberechtigten Angehörigen i.S.d. §§ 1601 ff.; daher ist der Unterhalt nicht als außergewöhnliche Belastung abzugsfähig.

N. Konkurrenz der Unterhaltsansprüche nach § 1361 und § 1615l

156 Das **Zusammentreffen** eines **Anspruchs** aus § 1361 mit einem solchen aus § 1615l ist gesetzlich nicht geregelt. Grds. schließt ein Unterhaltsanspruch gem. § 1615l[371] einen Anspruch auf Trennungsunterhalt nach § 1361 nicht aus. Allerdings löst die Geburt eines nichtehelichen Kindes nicht per se einen Anspruch auf Trennungsunterhalt gem. § 1361 aus: Hätte ein solcher ohne Geburt des nichtehelichen Kindes nicht bestanden, dann haftet für den Unterhalt der nichtehelichen Mutter allein der Vater des nichtehelichen Kindes.[372] Entsteht daher ein Anspruch auf Trennungsunterhalt gem. § 1361 dadurch, dass die Ehefrau die bisher ausgeübte Erwerbstätigkeit wegen der Geburt eines Kindes, das nicht von ihrem Ehemann abstammt, aufgibt, so tritt der Anspruch auf Trennungsunterhalt hinter einen gleichzeitig bestehenden Anspruch aus § 1615l zurück.[373] Betreut eine getrennt lebende Ehefrau ein eheliches und ein in der Trennungszeit geborenes außereheliches Kind, ist der Ehemann, wenn der von der Frau als Erzeuger Benannte seine Vaterschaft bestreitet und eine Unterhaltszahlung verweigert, zur Zahlung von Trennungsunterhalt nur insoweit verpflichtet, als er ohne Hinzutreten des weiteren Kindes für den Unterhalt der Frau aufkommen müsste.

157 **Betreut** die getrennt lebende Ehefrau sowohl ein eheliches als auch ein nach der Trennung geborenes, nicht vom Ehemann abstammendes Kind, müssen für den Unterhalt der Mutter der Kinder **beide Väter in entsprechender Anwendung** des **§ 1606 Abs. 3 Satz 1** anteilig eintreten.[374] Bei der Bemessung der anteiligen Haftung verschiedener Väter in entsprechender Anwendung des § 1606 Abs. 3 Satz 1 führt der Maßstab der jeweiligen Einkommens- und Vermögensverhältnisse in einer Vielzahl der Fälle zwar zu angemessenen Lösungen; die Anknüpfung an diesen eher schematischen Maßstab ist allerdings nicht in allen Fällen der Betreuung von Kindern aus verschiedenen Verbindungen zwingend.[375]

158 Da § 1606 Abs. 3 Satz 1 nach § 1615l Abs. 3 Satz 1 allerdings nur entsprechend anwendbar ist, lässt dies auch Raum für eine **Berücksichtigung anderer Umstände**, insb. der Anzahl, des Alters, der Entwicklung und der Betreuungsbedürftigkeit der jeweiligen Kinder. Im Einzelfall kann von Bedeutung sein, dass die Mutter durch die vermehrte Betreuungsbedürftigkeit eines jüngeren Kindes von jeglicher Erwerbstätigkeit abgehalten wird, obwohl das fortgeschrittene Alter eines anderen Kindes an sich eine teilweise Erwerbstätigkeit erlauben würde. Eine schematische Aufteilung der Haftungsquote nach den jeweiligen Einkommens- und Vermögensverhältnissen des geschiedenen Ehemannes und des Vaters wäre dann unbefriedigend. Der Erzeuger des vermehrt betreuungsbedürftigen Kindes muss dann in entsprechend höherem Umfang, ggf. auch allein, zum Unterhalt für die Mutter herangezogen werden. Für die Ermittlung der Haftungsquoten sind danach zunächst die Einkommens- und Vermögensverhältnisse beider anteilig haftenden Väter zu berücksichtigen; im Anschluss daran kann der jeweilige Haftungsanteil der beiden Väter nach den Umständen des Einzelfalles, etwa nach der Anzahl und dem Alter der jeweiligen Kinder, nach oben oder nach unten korrigiert werden.[376]

159 Steht das Alter ehelicher Kinder einer Erwerbstätigkeit der Mutter nicht mehr entgegen, und kann eine solche nur wegen der Betreuungsbedürftigkeit des neu geborenen, nicht vom Ehemann abstammenden Kindes nicht verlangt werden, besteht eine anteilige Mithaftung des Ehemannes

---

371 Zum Betreuungsunterhaltsanspruch der Mutter eines nichtehelichen Kindes s.a. Ehinger, FPR 2010, 389 ff.
372 Vgl. Wever/Schilling, FamRZ 2002, 581, 589; Büttner, FamRZ 2000, 781, 785.
373 OLG Bremen, NJW 2004, 1601; A.A. OLG Köln, NJW-RR 2006, 218 – könne die Ehefrau allein wegen der Geburt des nicht von ihrem Ehemann abstammenden Kindes ihre bis dahin ausgeübte Erwerbstätigkeit nicht fortsetzen, bestehe im Grundsatz dennoch ein Anspruch auf Trennungsunterhalt.
374 BGH, FamRZ 1998, 541, 543.
375 BGHZ 177, 272 = BGH, FamRZ 2008, 1739 = FuR 2008, 485.
376 Zu allem BGHZ 177, 272 = BGH, FamRZ 2008, 1739 = FuR 2008, 485.

während der Trennungszeit nur insoweit, als er auch ohne die Geburt des neuen Kindes in Anspruch genommen werden könnte; das neben der Betreuung der ehelichen Kinder erzielbare Einkommen ist der Mutter dann fiktiv zuzurechnen.[377] Hat das gemeinsame Kind bereits ein Alter erreicht, das der Ehefrau die Ausübung einer (Teil-) Erwerbstätigkeit ermöglichen würde, ist dieser ein Einkommen aus einer solchen Tätigkeit fiktiv zuzurechnen.[378] Verliert die Ehefrau in der Trennungszeit ihren bisherigen Arbeitsplatz, weil sie von einem anderen Mann ein Kind bekommt, sind die vormals erzielten Einkünfte bei der Berechnung des Trennungsunterhalts fiktiv anzusetzen.[379]

Sind aus der Ehe keine Kinder hervorgegangen, trifft also ein Anspruch der Ehefrau gem. § 1361 gegen ihren Ehemann mit einem Anspruch gem. § 1615l gegen den nichtehelichen Vater ihres Kindes zusammen, dann ergeben sich Rangprobleme beim **Schuldnerrang**. Nachdem das Gesetz in § 1609 n.F. (»Gläubigerrang«) den Vorrang des Betreuungsunterhalts normiert, sofern die Ehe nicht von langer Dauer ist, muss dies auch für den Schuldnerrang gelten: Stehen beide Unterhaltsansprüche im gleichen (Gläubiger-) Rang, dann haften für den Unterhalt der Ehefrau/nichtehelichen Mutter deren Ehemann sowie der Erzeuger des nichtehelichen Kindes anteilig in entsprechender Anwendung des § 1606 Abs. 3 Satz 1;[380] ansonsten (Vorrang des Betreuungsunterhalts) tritt die Haftung auf Trennungsunterhalt zurück.[381] **160**

Haften nach diesen Grundsätzen der getrennt lebende Ehemann und der Vater des nichtehelichen Kindes, dann hat die getrennt lebende Ehefrau/nichteheliche Mutter neben den Voraussetzungen nach § 1361 auch die Voraussetzungen für ihren Unterhaltsanspruch gem. § 1615l darzulegen. Die Haftungsquoten beider Unterhaltspflichten sind in entsprechender Anwendung des § 1606 Abs. 3 Satz 1 – ggf. neben anderen Umständen – anteilig nach den Einkommens- und Vermögensverhältnissen **beider Unterhaltsschuldner** zu bemessen. Insoweit trägt die Unterhaltsgläubigerin die Darlegungs- und Beweislast; sie muss sich diese Kenntnisse notfalls im Wege eines Auskunfts- und Belegvorlageantrages gem. §§ 1361 Abs. 4, 1605 bzw. §§ 1615l Abs. 3 Satz 1, 1605 verschaffen. Werden beide Unterhaltsansprüche nicht schlüssig und substantiiert dargelegt und im Bestreitensfalle bewiesen, dann ist (auch) der Anspruch auf Trennungsunterhalt abzulehnen, weil die jeweiligen Haftungsanteile i.R.d. quotenmäßigen Haftung nicht festgestellt werden können. **161**

Da dieser Anspruch jedoch, ebenso wie der hieran anschließende Anspruch auf anteilige Mithaftung des Kindesvaters, solange die Ehelichkeit nicht angefochten und/oder die anderweitige Vaterschaft nicht festgestellt ist, nicht geltend gemacht werden kann (§§ 1592 Nr. 2 und 3, 1594, 1599, 1600d),[382] hat der **getrennt lebende Ehemann** zunächst im Wege der **Ersatzhaftung** gem. §§ 1615l Abs. 3 Satz 1, 1607 Abs. 2 Satz 1[383] Unterhalt (jedoch lediglich) in derjenigen Höhe zu bezahlen, die er auch ohne Geburt des nichtehelichen Kindes schulden würde. Wenn und soweit er hierdurch für den anteilig mithaftenden Kindesvater aufkommt, geht der Anspruch der Mutter gegen diesen gem. §§ 1615l Abs. 3 Satz 1, 1607 Abs. 3 auf ihn über und kann von ihm ab rechts- **162**

---

377 OLG Köln, NJW-RR 2006, 218.

378 OLG Koblenz, FamRZ 2005, 804.

379 S. BGH, FamRZ 2007, 1303 = FuR 2007, 529 zum Unterhalt einer Ehefrau, die ein eheliches und ein nichteheliches Kind betreut; OLG Köln, NJW-RR 2006, 218; vgl. auch OLG Bremen, FamRB 2006, 202.

380 BGH, FamRZ 1998, 541, 543 f. – Anspruch auf Trennungsunterhalt wegen Betreuung eines ehelichen Kindes.

381 OLG Hamm, FamRZ 2000, 637 – Vorrang des Betreuungsunterhalts vor Inkrafttreten des UÄndG 2007; a.A. OLG Jena, FamRZ 2006, 1205; s.a. Büttner, FamRZ 2000, 781, 785; Wever/Schilling, FamRZ 2002, 581, 589.

382 OLG Hamm, FamRZ 1989, 619.

383 BGH, FamRZ 1998, 541.

kräftiger Feststellung der Vaterschaft (rückwirkend, § 1613 Abs. 2 Nr. 2a) gegen den Kindesvater geltend gemacht werden.[384]

163   Kann oder will die Mutter eines nichtehelichen Kindes ihrer Erwerbsobliegenheit gem. § 1361 Abs. 2 wegen Betreuung ihres nichtehelichen Kindes nicht nachkommen, sei es, dass sie keine Erwerbstätigkeit aufnimmt oder ihre bis zur Geburt des nichtehelichen Kindes ausgeübte Erwerbstätigkeit nicht fortsetzt, besteht ein Anspruch auf Trennungsunterhalt nur insoweit, als – die **Geburt** des **nichtehelichen Kindes hinweggedacht** – der getrennt lebende Ehemann für den Trennungsunterhalt aufkommen müsste, und zwar auch dann, wenn der von der Frau als Erzeuger Benannte seine Vaterschaft bestreitet und Unterhaltszahlungen verweigert:[385] In diesem Fall ist der getrennt lebenden Ehefrau **Einkommen** aus einer ihr gem. § 1361 Abs. 2 zumutbaren Tätigkeit **fiktiv** zuzurechnen.[386] Dem getrennt lebenden Ehemann können die Rechtsfolgen aus der Geburt eines Kindes, mit der er nichts zu tun hat, nicht zugerechnet werden, schon gar nicht das Risiko mangelnder Leistungsfähigkeit des Vaters des außerehelichen Kindes oder die Tatsache, dass Unterhaltsansprüche gegen ihn aus sonstigen Gründen nicht durchsetzbar sind. Allerdings bleibt dann nach §§ 1361 Abs. 3, 1579 zu prüfen, ob und ggf. inwieweit der Anspruch gem. § 1361 wegen der Geburt eines nichtehelichen Kindes ausgeschlossen ist.

O. Darlegungs- und Beweislast

164   Der Unterhalt begehrende Ehegatte trägt die **Darlegungs-** und **Beweislast** für die **anspruchsbegründenden Tatsachen** (Anspruchsgrundlage, die ehelichen Lebensverhältnisse, aus denen er seinen **Lebensbedarf** und damit seinen **Unterhaltsbedarf** ableitet,[387] und für seine **Bedürftigkeit**), während der Unterhaltsschuldner als rechtshindernde Tatsache nur darlegen und beweisen muss, dass er nur **teilweise** oder überhaupt **nicht leistungsfähig** ist.[388] Bzgl. der Einkommensverhältnisse ist grds. diejenige Partei darlegungspflichtig, die Zugang zu den relevanten Daten hat. Legt daher der Unterhalt begehrende Ehegatte plausibel ein bestimmtes Einkommen dar, etwa anhand des bisherigen Konsumverhaltens, der genutzten Pkw, der Hauslasten und der Urlaubsgewohnheiten, so darf sich der andere Ehegatte nicht auf bloßes Bestreiten beschränken; er muss vielmehr von sich aus seine Einkommensverhältnisse im Einzelnen darlegen und im Fall des Bestreitens notfalls beweisen. Enthält er sich jedoch einer einlassungsfähigen Darlegung seiner Einkünfte, dann ist das Vorbringen des Unterhalt begehrenden Ehegatten als zugestanden anzusehen.[389] Der Unterhalt begehrende Ehegatte hat sich grds. (auch) über sein Vermögen zu erklären, auch ohne gerichtliche Aufforderung. Unterlässt sie dies, kann das den Vorwurf der Mutwilligkeit rechtfertigen und zur Versagung der begehrten Verfahrenskostenhilfe führen.[390] Beruft sich der Unterhaltsschuldner auf eingeschränkte Leistungsfähigkeit wegen Verringerung seines Einkommens aus Erwerbstätigkeit, und bestreitet der Unterhaltsgläubiger die Einkommensminderung, dann muss der Unterhaltsschuldner nicht nur seine Gehaltsbescheinigungen vorlegen, aus denen sich das neue Gehalt ergibt, sondern auch darlegen und beweisen, dass und mit welchem Inhalt sowie ab wann der Arbeitsvertrag geändert worden ist.[391]

165   **Umstritten** ist die Darlegungs- und Beweislast zu § 1361 Abs. 2. Aus der Formulierung des Gesetzes (»kann nur dann«) wird geschlossen, der Gesetzgeber sehe die Verweisung des bislang nicht

---

384 OLG Köln, NJW-RR 2006, 218.
385 OLG Koblenz, FamRZ 2005, 804.
386 OLG Hamm, FamRZ 2000, 637.
387 BGHZ 89, 108 = BGH, FamRZ 1984, 149 zum nachehelichen Unterhalt; OLG Karlsruhe, FamRZ 1997, 1011.
388 BGH, FamRZ 1980, 126; OLG Köln, FamRZ 1998, 1427.
389 OLG Celle, OLGR 2002, 219.
390 OLG Brandenburg, FamRZ 2004, 120.
391 KG, FPR 2002, 409.

oder nur Teilzeit erwerbstätigen Ehegatten auf die Aufnahme/Ausweitung einer Erwerbstätigkeit als Ausnahmefall an, sodass der Unterhaltsschuldner darlegen und beweisen müsse, dass von dem anderen Ehegatten nach dessen persönlichen Verhältnissen eine Erwerbstätigkeit erwartet werden kann.[392] Dies trifft nicht zu. Zum einen ist § 1361 Abs. 2 keine »Ausnahme-«norm, sondern eine »Schutz-«norm für denjenigen Ehegatten, von dem grds. eine Wiedereingliederung in den Arbeitsmarkt zu erwarten ist. Zum anderen ist kein Grund ersichtlich, von den allgemeinen Beweislastregeln abzuweichen: Wer Unterhalt verlangt, muss bedürftig sein. Bedürftig ist nicht, wer für sich selbst sorgen kann oder wer hierzu verpflichtet ist. Somit liegt es in der Sphäre des Unterhalt begehrenden Ehegatten, darzulegen und zu beweisen, dass er – aufgrund des § 1361 Abs. 2 – nicht oder nur teilweise erwerbsverpflichtet ist. Besteht eine Erwerbsobliegenheit nach § 1361 Abs. 2, dann trifft demnach den Unterhalt begehrenden Ehegatten die Darlegungs- und Beweislast dafür, dass er sich erfolglos in dem erforderlichen Umfang hinreichend um eine Erwerbstätigkeit bemüht hat.[393] Zweifel an der Ernsthaftigkeit von Bewerbungsbemühungen und daran, ob bei sachgerechten Bemühungen eine nicht ganz von der Hand zu weisende Beschäftigungschance besteht oder bestanden hätte, gehen zu seinen Lasten.

Der Unterhaltsschuldner trägt die **Darlegungs-** und **Beweislast** für **unterhaltsrelevante Abzugsposten**, insb. für Umstände, mit denen er die unterhaltsrechtliche Erheblichkeit von ihm eingegangener **Verbindlichkeiten** begründet.[394]   166

Behauptet der Unterhaltsschuldner, der Unterhaltsgläubiger lebe mit einem neuen **Partner** zusammen und müsse sich daher i.R.d. Anspruchs auf Trennungsunterhalt Versorgungsleistungen für den neuen Lebenspartner anrechnen lassen,[395] dann muss er zunächst beweisen, dass eine solche **Lebensgemeinschaft** besteht. Kann der Zeitpunkt des Beginns des Zusammenlebens des Unterhaltsgläubigers mit seinem neuen Lebenspartner nicht aufgeklärt werden, dann ergeht die Entscheidung nach den Regeln der Beweislast.[396] Ist eine neue Lebenspartnerschaft unstreitig oder bewiesen, dann muss der für seine Bedürftigkeit darlegungs- und beweisbelastete Unterhaltsgläubiger den Vortrag des Unterhaltsschuldners **widerlegen**, er erbringe seinem Partner **Versorgungsleistungen** und müsse sich dafür eine Vergütung anrechnen lassen;[397] er muss ferner darlegen und beweisen, dass erbrachte Versorgungsleistungen nicht angemessen vergütet werden können.   167

§ 1361a Verteilung der Haushaltsgegenstände bei Getrenntleben

(1) [1]**Leben die Ehegatten getrennt, so kann jeder von ihnen die ihm gehörenden Haushaltsgegenstände von dem anderen Ehegatten herausverlangen.** [2]**Er ist jedoch verpflichtet, sie dem anderen Ehegatten zum Gebrauch zu überlassen, soweit dieser sie zur Führung eines abgesonderten Haushalts benötigt und die Überlassung nach den Umständen des Falles der Billigkeit entspricht.**

---

392 BGH, FamRZ 1998, 1501 zur Beweislast betreffend die Zumutbarkeit einer bereits in der Ehe ausgeübten Tätigkeit.
393 BGH, FamRZ 1986, 244; vgl. auch BGH, FamRZ 1988, 256.
394 BGHZ 109, 211 = BGH, FamRZ 1990, 283; zur Behandlung von Schulden im Unterhaltsrecht grundlegend BGH, FamRZ 1984, 657.
395 S. BGH, FamRZ 2004, 1170 = FuR 2004, 497; FamRZ 2004, 1173 = FuR 2004, 500 im Anschluss an die Senatsurteile BGHZ 148, 105 = BGH, FamRZ 2001, 986 = FuR 2001, 306, und BGH, FamRZ 2001, 1693 = FuR 2001, 500 – der Wert der Versorgungsleistungen, die ein unterhaltsberechtigter Ehegatte während der Trennungszeit für einen neuen Lebenspartner erbringt, trete als Surrogat an die Stelle einer Haushaltsführung während der Ehezeit und sei deswegen im Wege der Differenzmethode in die Berechnung des Ehegattenunterhalts einzubeziehen.
396 OLG Hamm, FamRZ 2002, 1627 – der Wert der Versorgungsleistungen wurde auf 600,00 DM geschätzt.
397 BGH, FamRZ 1995, 291, 292.

(2) Haushaltsgegenstände, die den Ehegatten gemeinsam gehören, werden zwischen ihnen nach den Grundsätzen der Billigkeit verteilt.

(3) ¹Können sich die Ehegatten nicht einigen, so entscheidet das zuständige Gericht. ²Dieses **kann eine angemessene Vergütung für die Benutzung der Haushaltsgegenstände festsetzen.**

(4) Die Eigentumsverhältnisse bleiben unberührt, sofern die Ehegatten nichts anderes vereinbaren.

A. Allgemeines

1   Streiten sich Eheleute anlässlich einer Trennung um den Verbleib der in ihrem Haushalt sich befindenden Haushaltssachen, so gibt § 1361a die Möglichkeit, bis zur Rechtskraft der Ehescheidung und der nach § 1568b erfolgenden endgültigen Verteilung des Hausrates eine **vorläufige Regelung von Besitz und Nutzungsrechten** vorzunehmen. Es erfolgt **keine endgültige Verteilung** des gesamten Haushalts, weshalb es – anders als im Verfahren nach § 1568b – auch nicht erforderlich ist, zum Umfang des gesamten Haushalts vorzutragen.[1] Anders als nach § 1568b ist auch die Zuweisung nur einzelner Haushaltsgegenstände möglich, zumal die Wiederaufnahme der ehelichen Lebensgemeinschaft nicht durch Verteilung bereits des gesamten Haushalts erschwert werden soll.[2]

2   Die Zuweisung erfolgt nur zur **Gebrauchsüberlassung**. Es wird damit weder in **Eigentumsrechte** noch in **Rechte Dritter** eingegriffen. Deshalb ist auch nicht die Anordnung einer **Ausgleichszahlung** wie nach § 1568b, wohl aber die einer **Nutzungsentschädigung** möglich.

3   § 1361a bezweckt keine vermögensrechtliche Auseinandersetzung. so dass die Herausgabe von **persönlichen Sachen**, Bargeld, Sparbüchern, Wertpapieren, Dokumenten oder die Überlassung von Bankguthaben ebenso wie nach § 1568b auch hier nicht verlangt werden kann.[3] Anspruchsgrundlage für ein solches Herausgabeverlangen kann aber § 985 BGB sein, wobei auch insoweit gem. § 266 FamFG die Zuständigkeit des Familiengerichts gegeben ist. Grundlage einer einstweiligen Anordnung kann §§ 49 ff. FamFG sein.

4   Die Norm beinhaltet drei unterschiedliche Ansprüche:

– Es kann Herausgabe von im Alleineigentum des antragstellenden Ehegatten stehenden Haushaltsgegenständen verlangt werden (Abs. 1 Satz 1).

---

1   OLG Brandenburg FamRZ 2000, 1102; OLG Düsseldorf FamRZ 1999, 1270.
2   Palandt/Brudermüller § 1361a Rn. 2.
3   OLG Hamm FamRZ 1980, 708; FA-FamR/Klein Kap. 8 Rn. 111.

– Es kann Herausgabe von im Alleineigentum des anderen Ehegatten stehenden Haushaltsgegenständen verlangt werden (Abs. 1 Satz 2).
– Es kann die vorläufige Verteilung von im gemeinsamen Eigentum stehenden Haushaltsgegenständen verlangt werden.

B. Begriff des Haushaltsgegenstandes

Der Begriff des Haushaltsgegenstandes deckt sich mit dem gleichlautenden in §§ 1369, 1568b. 5
Danach zählen zu den Haushaltsgegenständen **alle beweglichen Gegenstände, die nach den Vermögens- und Lebensverhältnissen der Eheleute und ihrer Kinder üblicherweise für die Wohnung, die Hauswirtschaft und das Zusammenleben der Familie einschließlich der Freizeitgestaltung bestimmt sind, also der gemeinsamen Lebensführung dienen.** Dabei sind **Anschaffungsmotiv**[4] und **Wert des Gegenstandes** ohne Bedeutung.[5] An der erforderlichen Widmung zum Haushaltsgegenstand fehlt es aber, wenn der betreffende Gegenstand nicht in der Ehezeit oder davor im Hinblick auf die Eheschließung angeschafft worden ist.[6] Haben die Eheleute im Rahmen ihrer Auseinandersetzung einvernehmlich eine Zuordnung vorgenommen, gibt es regelmäßig einen Anlass, dieses Ergebnis wieder zu korrigieren.[7]

Zu den Haushaltsgegenständen gehören deshalb **Möbel, Teppiche, Herde, Kühlschränke,** 6
Küchen- und **Haushaltsgeräte, Lampen, Bilder** und **Wandschmuck, Gardinen, Vorhänge, Bett-** und **Tischwäsche, Rundfunk-, Fernseh-** und **Videogeräte** sowie **Tonträger, Filme, Bücher, Gartenmöbel, Nähmaschinen** und **Klaviere,** soweit sie nicht der Berufsausbildung eines oder beider Ehegatten dienen.[8] Dasselbe gilt für Ansprüche gegen einen Sachversicherer[9] oder gegen Dritte wegen Zerstörung oder unbefugter Veräußerung von Haushaltsgegenständen, nicht dagegen Schadensersatzansprüche gegen den Ehegatten.[10]

Kraftfahrzeuge stellen grundsätzlich keinen Hausratsgegenstand dar, doch gilt etwas anderes, 7
wenn das Kraftfahrzeug unabhängig von den Eigentumsverhältnissen kraft Widmung für den gemeinsamen Haushalt zum Zwecke der Haushalts- und privaten Lebensführung, beispielsweise für Einkäufe der Familie und zur Betreuung der Kinder genutzt worden ist.[11] Die Nutzung auch für berufliche Zwecke steht dem nicht entgegen, wenn die Nutzung durch die Familie Vorrang genoss.[12] **Wohnwagen** und **Wohnmobil** werden regelmäßig als Haushaltsgegenstände anzusehen sein, da sie zumeist mehr als der PKW während der Ehe bestimmungsgemäß von der Familie genutzt worden sind.[13] Dasselbe gilt unabhängig von ihrem Wert auch für die von der Familie

---

4 OLG Düsseldorf FamRZ 1986, 1132.
5 BGH FamRZ 1984, 575.
6 OLG Brandenburg FamRZ 2003, 532.
7 OLG Bremen OLGR 2007, 588.
8 AG Weilburg FamRZ 2000, 1017.
9 KG FamRZ 1960, 239.
10 BGH FamRZ 1991, 43; FamRZ 1983, 794; KG FamRZ 2003, 1927; OLG Karlsruhe FamRZ 2001, 760.
11 BGH FamRZ 1983, 794; FamRZ 1991, 43; OLG Zweibrücken FamRZ 2005, 902; KG FamRZ 2003, 1927 m Anm. Wever; OLG Karlsruhe FamZR 2001, 760; OLG München FuR 1997, 353; OLG Oldenburg NdsRPfl 1996, 286; OLG Düsseldorf FamRZ 1992, 1445; OLG Köln FamRZ 1980, 249; offen lassend OLG Köln FamRZ 2010, 470.
12 OLG Zweibrücken FamRZ 2005, 902; OLG Naumburg FamRZ 2004, 889; Staudinger/Voppel § 1361a Rn. 13.
13 OLG Koblenz NJW-RR 1994, 516; OLG Düsseldorf FamRZ 1992, 60; OLG Köln FamRZ 1992, 696; OLG Celle FamRZ 1992, 1300.

genutzte **Segelyacht**,[14] **Fahrräder** oder sonstige **Sportgeräte**, nicht dagegen für das auf einem gepachteten Kleingartengrundstück stehende Gartenhaus.[15]

8 **Kunstgegenstände** und **Antiquitäten** sind dann Haushaltsgegenstände, wenn sie nach ihrer Zweckbestimmung und dem Lebenszuschnitt der Eheleute der Möblierung oder Ausschmückung der Wohnung dienen, dagegen nicht, wenn sie vorrangig als Kapitalanlage beschafft worden sind.[16]

9 **Einbauküchen** und **Einbaumöbel** sind dann keine Haushaltsgegenstände, wenn sie wesentlicher Bestandteil des Gebäudes und damit Grundstücks sind (§ 94 Abs. 2 BGB).[17] Das ist eine Frage des Einzelfalls und bestimmt sich auch nach regionalen Besonderheiten,[18] wobei die Montagekosten kein ausschlaggebendes Kriterium bilden.[19]

10 Entsprechende Anwendung finden die Regeln über die Haushaltsgegenstände auf **Haustiere**[20] und **Vorräte**.[21] Weinvorräte, die von einem Ehegatten aus Liebhaberei gepflegt und bewirtschaftet werden, sind keine Haushaltsgegenstände.[22] Als lebender Vorrat gehaltenes **Nutzvieh** ist ebenso wenig wie Hausrat zu behandeln wie Tiere, die – wie beispielsweise Pferde – ausschließlich aus **Liebhaberei** gehalten werden.[23] Ein Anspruch zum Umgang mit dem beim früheren Partner verbliebenen Haustier besteht nicht.[24]

11 Keine Haushaltsgegenstände sind Sachen, die ausschließlich **beruflichen Zwecken** nur eines Ehegatten zu dienen bestimmt sind oder lediglich den **individuellen Bedürfnissen** oder **persönlichen Interessen** nur eines Ehegatten oder eines anderen Familienmitglieds dienen. Das gilt etwa für die **Briefmarken-**[25] oder **Münzsammlung**[26] eines Ehegatten ebenso wie für das der Berufsausübung dienende **Werkzeug** oder die **Fachliteratur**, das **Musikinstrument** des Musiklehrers,[27] **Schmuck**, **Kleidung** und **Andenken** oder den beruflich genutzten **Computer**[28]. Wird der Computer dagegen von der Familie gemeinsam genutzt, ist er ein Haushaltsgegenstand.[29]

12 **Persönliche Gegenstände** gehören nicht zu den Haushaltsgegenständen und können ggf. gem. § 985 herausverlangt werden.[30]

13 Die eher ungenaue Abgrenzung zwischen Haushaltsgegenständen und sonstigem Vermögen ist angesichts der unterschiedlichen wirtschaftlichen Ergebnisse der Aufteilung unbefriedigend, wobei allerdings in beiden Fällen die Aufteilung durch die Familiengerichte erfolgt.

---

14 LG Ravensburg FamRZ 1995, 1585.
15 OLG Hamm FamRZ 2009, 1225.
16 BGH FamRZ 1984, 144; FamRZ 1984, 575; OLG Brandenburg FamRZ 2003, 532; OLG Bamberg FamRZ 1997, 378; OLG Köln NJW-RR 1996, 904.
17 OLG Zweibrücken FamRZ 1993, 82; OLG Hamm FamRZ 1991, 89; OLG Frankfurt FamRZ 1982, 938.
18 OLG Hamm FamRZ 1998, 1028.
19 OLG Zweibrücken FamRZ 1993, 82.
20 OLG Hamm FamRZ 2011, 893; OLG Bamberg FamRZ 2004, 559, OLG Zweibrücken FamRZ 1998, 1432; OLG Schleswig NJW 1998, 3127.
21 Palandt/Brudermüller § 1361a Rn. 7.
22 AG München FamRZ 2012, 1304.
23 OLG Naumburg FamRZ 2001, 481.
24 OLG Hamm FamRZ 2011, 893; OLG Bamberg FamRZ 2004, 559.
25 OLG Hamm FamRZ 1980, 683.
26 OLG Düsseldorf FamRZ 1986, 1134.
27 OLG Hamm JMBlNRW 1959, 17.
28 OLG Hamburg FamRZ 1990, 1118.
29 AG Amberg NJW-RR 2009, 2.
30 Vgl. oben Rdn 3.

C. Zuweisungsvoraussetzungen

I. Getrenntleben

Voraussetzung für den Anspruch aus § 1361a ist das **Getrenntleben der Eheleute**. Anders als für 14
die Zuweisung der Ehewohnung nach § 1361b reicht die bloße Absicht der Trennung hier noch
nicht aus. Wegen des Begriffs des Getrenntlebens wird auf § 1567 und die Erläuterungen dazu
verwiesen.

II. Die Eigentumsverhältnisse

Anders als etwa § 985 beinhaltet § 1361a drei Ansprüche, 15

a) den auf **Herausgabe** des im Alleineigentum stehenden Hausrats (Abs. 1 Satz 1),
b) den auf **Überlassung** des im Alleineigentum des anderen stehenden Hausrats (Abs. 1 Satz 2)
und
c) den auf **vorläufige Verteilung** des im gemeinsamen Eigentum stehenden Hausrats nach Billigkeit (Abs. 2).

Aus diesem Grunde ist § 1361a auch lex specialis gegenüber § 985.[31]

1. Haushaltsgegenstände im Alleineigentum des antragstellenden Ehegatten (Abs. 1 Satz 1)

Nach Abs. 1 Satz 1 kann jeder Ehegatte nach der Trennung Herausgabe der in seinem Alleineigen- 16
tum stehenden Haushaltsgegenstände beanspruchen. Das aus § 1353 folgende Recht des anderen
zum Mitbesitz kann diesem Anspruch nicht mehr entgegen gehalten werden.[32]

Anders als der aus § 985 folgende **Eigentumsherausgabeanspruch** ist der Anspruch aus § 1361a 17
Abs. 1 aber durch die in ihm enthaltene **Billigkeitsregelung** modifiziert, so dass Herausgabe nicht
verlangt werden kann, wenn der Nichteigentümer den Gegenstand dringend zur Führung seines
eigenen Hausstandes benötigt und dies nicht unbillig ist.[33] Aus der Spezialität der Norm gegenüber dem Anspruch aus § 985 und der besonderen familienrechtlichen Beziehungen der Ehepartner zueinander folgt deshalb auch, dass die allgemeinen Vorschriften des Eigentümer – Besitzer –
Verhältnisses hierauf nicht anwendbar sind.[34]

Der Herausgabeanspruch ist **pfändbar**,[35] jedoch kann der andere Ehegatte ihm einen Überlas- 18
sungsanspruch nach Abs. 1 Satz 2 entgegenhalten.

2. Haushaltsgegenstände im Alleineigentum des anderen Ehegatten (Abs. 1 Satz 2)

Abs. 1 Satz 2 normiert einen noch auf § 1353 gestützten Anspruch[36] auf Überlassung von im 19
Alleineigentum des anderen stehenden Haushaltsgegenständen. Dieser Anspruch besteht ausnahmsweise, wenn der Nichteigentümer die Haushaltsgegenstände zur Führung eines abgesonderten Haushalts benötigt und die Überlassung der Billigkeit entspricht.

a) Abgesonderter Haushalt

Ein **abgesonderter Haushalt** besteht dann, wenn der Ehegatte entweder getrennt vom anderen in 20
der früheren Ehewohnung oder – gegebenenfalls auch mit Dritten – in einer eigenen Wohnung

---

31 BGHZ 67, 217, 219; BGH FamRZ 1976, 691.
32 BGH FamRZ 1984, 557.
33 OLG Naumburg FamRZ 2007, 1169.
34 BGH FamRZ 1982, 1200; OLG Düsseldorf FamRZ 1987, 1994; OLG Zweibrücken FamRZ 1991, 848.
35 FA-FamR/Klein Kap. 8 Rn. 126 m.w.N.
36 Palandt/Brudermüller § 1361a Rn. 13.

lebt und einen Haushalt abgesondert von dem anderen Ehegatten führt. Lebt der Ehegatte nach der Trennung bei Verwandten, so kann er Herausgabe dann beanspruchen, wenn er sich mit den herausverlangten Gegenständen einen eigenständigen Haushalt erst schaffen will.[37]

b) Benötigen

21   Ob ein Hausratsgegenstand zur Führung des abgesonderten Haushalts **benötigt** wird, richtet sich nach den **ehelichen Lebensverhältnissen**, den **Erwerbs- und Vermögensverhältnissen** sowie den **Bedürfnissen minderjähriger Kinder**.[38] Dabei setzt das »**Benötigen**« keine besondere Dringlichkeit voraus, jedoch kommt eine Überlassung dann nicht in Betracht, wenn der Nichteigentümer nach seinen wirtschaftlichen Verhältnissen in der Lage wäre, sich den geforderten Hausratsgegenstand selbst zu beschaffen. **Benötigen beide Ehegatten den Gegenstand**, ist auf die **Billigkeit** abzustellen, wobei dem Eigentümer im Zweifel der Vorrang einzuräumen ist.

22   Allgemeine Beurteilungskriterien sind die **Dauer des Zusammenlebens**,[39] die mit den wirtschaftlichen Verhältnissen verbundene **Möglichkeit einer Ersatzbeschaffung** und die bisherige **Intensität der Nutzung** des Hausratsgegenstandes. Gegenstände, die nur der **Freizeitgestaltung** dienen, fallen nicht unter § 1361a Abs. 1 Satz 2.

c) Billigkeit der Überlassung

23   Auch dann, wenn der Nichteigentümer den Haushaltsgegenstand benötigt, besteht ein Überlassungsanspruch nur, wenn die Überlassung der **Billigkeit** entspricht. Ob das der Fall ist, entscheidet sich nach den Umständen des Einzelfalles, wobei hier insbesondere auch die besonderen **Bedürfnisse minderjähriger Kinder** zu berücksichtigen sind.[40] Unbillig ist die Überlassung beispielsweise, wenn zu erwarten ist, dass der Nichteigentümer die Hausratsgegenstände **nicht ordnungsgemäß nutzen oder nicht pfleglich behandeln** wird.[41] Im Rahmen der Billigkeitsprüfung können auch die **Gründe für die Trennung** berücksichtigt werden. So kann der Nichteigentümer nicht verlangen, dass ihm der andere Ehegatte eine den bisherigen Lebensverhältnissen entsprechende Wohnung einrichtet und die zur Führung des Haushalts mit einem Dritten erforderlichen Gegenstände verschafft, insbesondere dann nicht, wenn der Bedarf erst durch das Zusammenleben mit einem neuen Partner entsteht.[42] Verschuldensgesichtspunkte i.S. § 1579 finden hier dagegen keine Berücksichtigung.[43]

d) Anspruchsinhalt

24   Abs. 1 Satz 2 gibt nur einen Anspruch auf **Überlassung des Gebrauchs**, während die **Eigentumsverhältnisse** durch die Entscheidung nicht berührt werden. An die Stelle des bis zur Trennung der Eheleute aus § 1353 folgenden Besitzrechts tritt jetzt ein **eigenständiges Recht zum Besitz** des gebrauchsberechtigten Ehegatten. Der gebrauchsberechtigte Ehegatte ist für die Dauer der Nutzung zur Pflege und Erhaltung des Haushaltsgegenstandes verpflichtet und kann sich richtigerweise jetzt auch nicht mehr auf die **Haftungserleichterung** des § 1359 berufen.[44] Der Anspruch geht auch nur auf **Überlassung vorhandenen Hausrats**, nicht auf **Beschaffung** etwa erforderlichen Hausrats. Die Sachen sind in dem aktuellen Zustand zu übergeben. Eine Pflicht zur Ausbesserung

---

37   FA-FamR/Klein Kap. 8 Rn. 141.
38   OLG Köln FamRZ 1980, 249; FamRZ 1986, 703; BayObLG FamRZ 1972, 139.
39   OLG Köln FamRZ 1980, 249; FamRZ 1986, 703.
40   BayObLG FamRZ 1972, 139.
41   FA-FamR/Klein Kap. 8 Rn. 144.
42   FA-FamR/Klein Kap 8 Rn. 144.
43   Palandt/Brudermüller § 1361a Rn. 13.
44   Staudinger/Voppel § 1361a Rn. 37; FA-FamR/Klein Kap. 8 Rn. 139.

oder gar zur Ersatzbeschaffung abhanden gekommener oder zerstörter Sachen besteht nicht.[45] Bestehen allerdings Ersatzansprüche gegen Dritte, sind diese abzutreten.[46]

Der Eigentümer ist nur zur **Überlassung** verpflichtet, weshalb er auch nicht für den erforderlichen Transport des Haushaltsgegenstandes aufzukommen hat.[47]   25

3. Haushaltsgegenstände im Miteigentum beider Ehegatten

Im **Miteigentum beider Ehegatten** stehende Haushaltsgegenstände werden gem. Abs. 2 nach Billigkeit zur **vorläufigen Nutzung während der Dauer des Getrenntlebens** zugewiesen. Dabei ist nicht wie nach Abs. 1 Satz 2 darauf abzustellen, ob ein Ehegatte die Gegenstände zur abgesonderten Führung seines Haushalts benötigt. Ob die Überlassung billig ist, bestimmt sich im Wesentlichen nach dem **Interesse der in der Ehe lebenden Kinder** sowie den **wirtschaftlichen Verhältnissen der Eheleute**.   26

Für das Bestehen von Miteigentum streitet auch hier die **Vermutung des § 1568b Abs. 2**, der analog anzuwenden ist.   27

Nach Abs. 2 erfolgt nur eine **vorläufige Zuweisung der Möglichkeit der Nutzung** der Haushaltsgegenstände. Anders als nach § 1568b bleiben die Eigentumsverhältnisse unberührt, was in Abs. 4 ausdrücklich vorgeschrieben ist. Nur dann, wenn die Eheleute etwas anderes vereinbaren, kann Alleineigentum begründet werden.   28

III. Nutzungsvergütung

Nach Abs. 3 Satz 2 kann das Gericht für den Fall der **Überlassung des Gebrauchs von im Alleineigentum eines Ehegatten stehenden Haushaltsgegenständen** (Abs. 1 Satz 2) oder der **Überlassung der Nutzung von im gemeinsamen Eigentum stehenden Haushaltsgegenständen** (Abs. 2) die Verpflichtung aussprechen, eine angemessene **Nutzungsvergütung** zu bezahlen. Da die vorläufige Gebrauchsüberlassung die Eigentumsverhältnisse unberührt lässt, ist nur die Nutzung als solche auszugleichen, während nicht wie nach § 1568b Abs. 3 eine **Ausgleichszahlung** für den Verlust des Mit/Eigentums angeordnet werden kann.   29

Die **Höhe der Nutzungsvergütung** bestimmt sich nach **Billigkeitsgesichtspunkten**, wobei außer auf den **Mietwert** des Hausratsgegenstandes sowie dessen **Verkehrswert** zum Zeitpunkt der Entscheidung[48] auch auf die **Einkommens- und Vermögensverhältnisse** der Eheleute abzustellen ist. Diese können es geboten erscheinen lassen, von einer Ausgleichszahlung ganz abzusehen.[49] Die Höhe des Mietwertes darf andererseits aber nicht überschritten werden.   30

Neben einer Nutzungsentschädigung kommt beispielsweise im Falle der Überlassung des zu den Haushaltsgegenständen zählenden PKW auch die Anordnung in Betracht, die für das Kraftfahrzeug zu entrichtenden **Steuern** und **Versicherungen** zu übernehmen.[50]   31

Der Vergütungsanspruch kann in einem nach § 209 FamFG vollstreckbaren Titel festgesetzt werden.   32

---

45 FA-FamR/Klein Kap. 8 Rn. 140.
46 BGH FamRZ 1983, 794.
47 LG Aachen FamRZ 1980, 996.
48 OLG Stuttgart FamRZ 1993, 1461.
49 OLG München FamRZ 1998, 1230 = FuR 1997, 353.
50 OLG München FamRZ 1998, 1230 = FuR 1997, 353.

D. Verfahren

I. Hauptsacheverfahren und vorläufiger Rechtsschutz

33 Für das Verfahren ist die Zuständigkeit des **Familiengerichts** gegeben (§§ 23a Abs. 1 Nr. 1 GVG, 111 Nr. 5, 200 Abs. 1 FamFG). Das Verfahren ist ein isoliertes, auf das die Regeln der §§ 200 ff. FamFG anzuwenden sind. Deshalb ist das Gericht auch in diesem Verfahren gehalten, im Rahmen einer **mündlichen Verhandlung** auf eine **gütliche Einigung** hinzuwirken; § 36 Abs. 1 Satz 2 FamFG.

34 Die Entscheidungen nach § 1361a gelten nur für die **Dauer des Getrenntlebens** und verlieren ihre Wirksamkeit, wenn die Eheleute die eheliche **Lebensgemeinschaft wieder aufnehmen** oder die **Ehe rechtskräftig geschieden** wird.[51] Haben sich die Ehegatten über die Teilung der Haushaltsgegenstände anlässlich ihrer Trennung geeinigt, so stellt diese Einigung im Zweifel nur eine Benutzungsregelung dar.[52]

35 Im Verfahren kann die Eigentumslage offen bleiben, wenn der antragstellende Ehegatte den Haushaltsgegenstand wenigstens auch deshalb zugewiesen bekommt, weil er ihn zur Führung eines abgesonderten Haushalts benötigt (Abs. 1 Satz 2).[53] Auch der Beschluss nach § 1361a muss aber so gefasst sein, dass die einem Ehegatten zugewiesenen Gegenstände im Falle der Vollstreckung für den Gerichtsvollzieher ohne Weiteres **individualisierbar** sind.[54] Dem genügt eine Bezeichnung der Gegenstände, die sich nur auf den jederzeit veränderbaren Aufstellungsort der Sachen bezieht, nicht.[55] Der Vergütungsanspruch kann in einem nach § 209 FamFG vollstreckbaren Titel gesondert festgesetzt werden.

36 Gemäß § 49 FamFG besteht die Möglichkeit **vorläufigen Rechtsschutzes**. Die danach gegebene einstweilige Anordnung setzt die Anhängigkeit eines Hauptsacheverfahrens nach § 1361b oder die Einreichung eines Verfahrenskostenhilfeantrages für ein solches Verfahren nicht mehr voraus.

II. Problem eigenmächtig entnommener Haushaltsgegenstände

37 Streitig ist, wie das Problem der Behandlung **verbotener Eigenmacht an Haushaltsgegenständen**, insbesondere das Verhältnis des § 1361a zu den Besitzschutzvorschriften der §§ 858 ff., zu lösen ist. Hierzu werden im Wesentlichen zwei Auffassungen vertreten:

38 a) § 1361a und §§ 858 ff. stehen zueinander in echter **Anspruchskonkurrenz**. Begehrt ein Ehegatte die sofortige Rückverschaffung der von dem anderen eigenmächtig entnommenen Haushaltsgegenstände, so will er nicht die Aufteilung des Haushalts, sondern begehrt lediglich die Wiedereinräumung des Mitbesitzes. Der possessorische Besitzanspruch ist jedoch schon wegen der unterschiedlichen Zielrichtung beider Ansprüche, durch § 1361a nicht ausgeschlossen.[56] Das gilt jedenfalls dann, wenn nur Gegenstände des Notbedarfs heraus verlangt werden.

39 Danach ist – je nach Zielrichtung – entweder der Antrag auf Wiedereinräumung des Mitbesitzes, oder der Teilung des Haushalts nach § 1361a gegeben, wobei in beiden Fällen die Zuständigkeit der Familiengerichte begründet wäre (§ 111 Nr. 5 oder 10 FamFG). Einstweiliger Rechtsschutz wäre in beiden Fällen nach §§ 49 ff. FamFG gegeben.

---

51 OLG Brandenburg FamRZ 2000, 1102.
52 OLG Köln FamRZ 2002, 322.
53 OLG Brandenburg FamRZ 2000, 1102.
54 OLG Köln FamRZ 2001, 174; OLG Naumburg FamRZ 2007, 565.
55 OLG Brandenburg FamRZ 2003, 532.
56 OLG Bamberg FamRZ 1993, 335; KG FamRZ 1987, 1147; OLG Düsseldorf FamRZ 1983, 1164; FamRZ 1984, 1095; OLG Frankfurt FamRZ 2003, 47 und FamRZ 1981, 184; OLG Hamburg FamRZ 1980, 250; OLG Koblenz FamRZ 2008, 63.

b) Nach in der Rechtsprechung **herrschender Ansicht** ist § 1361a **lex specialis** zu § 861 und verdrängt **40** diesen. Begründet wird dies damit, dass das Verfahren nach § 1361a speziell auf die Situation im Zusammenhang mit der Trennung ausgerichtet ist. Im Sinne der Prozessökonomie würden auf diese Weise auch mehrere Prozesse mit unter Umständen widersprüchlichen Entscheidungen und ein Hin und Her im possessorischen und auf § 1361a gestützten Verfahren vermieden.[57] Dies entspricht unter anderem der Rechtsprechung des BGH.[58] Diese Meinung hat allerdings zur Folge, dass nicht die Rückschaffung des gesamten Hausrats, sondern stets nur die Zuweisung von Haushaltsgegenständen nach Billigkeitsgesichtspunkten beansprucht werden kann.[59] Auf §§ 985, 1007 gestützte Klagen auf Herausgabe sind unzulässig, solange ein Verfahren auf Aufteilung der Haushaltsgegenstände nicht geführt und abgeschlossen ist.[60] Diese aus Gründen der Prozessökonomie überzeugende Meinung birgt allerdings die Gefahr in sich, denjenigen zu begünstigen, der sich eigenmächtig das entnimmt, was ihm notwendig erscheint, weil der andere einen Rückgabeanspruch nur dann durchsetzen kann, wenn die Voraussetzungen für eine Zuweisung nach § 1361a erfüllt sind. Auch in diesem Fall ist stets die Zuständigkeit der Familiengerichte gegeben.

Persönliche Gegenstände gehören nicht zu den Haushaltsgegenständen. Aus diesem Grunde kann **41** deren Herausgabe geltend gemacht werden, wobei die Anspruchsgrundlage in § 985 zu sehen ist. Auch insoweit ist, weil es sich dabei um eine sonstige Familiensache i.S. § 266 FamFG handelt, die Zuständigkeit des Familiengerichts gegeben.

Hat ein Ehegatte einen Haushaltsgegenstand unter Verstoß gegen § 1369 veräußert, ist dieser aus **42** dem Hausrat ausgeschieden, weshalb dem anderen dann kein Anspruch nach § 1361a, sondern ggf. ein Rückschaffungsanspruch gegen den Erwerber nach §§ 1369 Abs. 3, 1368 zusteht, der im Klagewege geltend zu machen ist.[61]

§ 1361b Ehewohnung bei Getrenntleben

(1) [1]Leben die Ehegatten voneinander getrennt oder will einer von ihnen getrennt leben, so kann ein Ehegatte verlangen, dass ihm der andere die Ehewohnung oder einen Teil zur alleinigen Benutzung überlässt, soweit dies auch unter Berücksichtigung der Belange des anderen Ehegatten notwendig ist, um eine unbillige Härte zu vermeiden. [2]Eine unbillige Härte kann auch dann gegeben sein, wenn das Wohl von im Haushalt lebenden Kindern beeinträchtigt ist. [3]Steht einem Ehegatten allein oder gemeinsam mit einem Dritten das Eigentum, das Erbbaurecht oder der Nießbrauch an dem Grundstück zu, auf dem sich die Ehewohnung befindet, so ist dies besonders zu berücksichtigen; Entsprechendes gilt für das Wohnungseigentum, das Dauerwohnrecht und das dingliche Wohnrecht.

(2) [1]Hat der Ehegatte, gegen den sich der Antrag richtet, den anderen Ehegatten widerrechtlich und vorsätzlich am Körper, der Gesundheit oder der Freiheit verletzt oder mit einer solchen Verletzung oder der Verletzung des Lebens widerrechtlich gedroht, ist in der Regel die gesamte Wohnung zur alleinigen Benutzung zu überlassen. [2]Der Anspruch auf Wohnungsüberlassung ist nur dann ausgeschlossen, wenn keine weiteren Verletzungen und widerrechtlichen Drohungen

---

57 BGH FamRZ 1991, 928; OLG Karlsruhe FamRZ 2007, 59; OLG Nürnberg FamRZ 2006, 468; OLG Köln FamRZ 2001, 1174; OLG Stuttgart FamRZ 1996, 172; OLG Düsseldorf FamRZ 1994, 390; OLG Zweibrücken FamRZ 1987, 1146.
58 BGH FamRZ 1982, 1200; FamRZ 1991, 928; OLG Köln FamRZ 2001, 1174; FamRZ 1997, 1276; OLG Stuttgart FamRZ 1996, 172; OLG Oldenburg FamRZ 1994, 1254; OLG Frankfurt FamRZ 1988, 399; OLG Zweibrücken FamRZ 1987, 1146; OLG Hamm FamRZ 1987, 483; OLG Düsseldorf FamRZ 1986, 276; FamRZ 1994, 390; OLG Karlsruhe FamRZ 2007, 59; FA-FamR/Klein Kap. 8 Rn. 13.
59 So auch OLG Nürnberg FamRZ 2006, 486.
60 FA-FamR/Klein Kap. 8 Rn. 13.
61 OLG Frankfurt FamRZ 2004, 1105.

zu besorgen sind, es sei denn, dass dem verletzten Ehegatten das weitere Zusammenleben mit dem anderen wegen der Schwere der Tat nicht zuzumuten ist.

(3) ¹Wurde einem Ehegatten die Ehewohnung ganz oder zum Teil überlassen, so hat der andere alles zu unterlassen, was geeignet ist, die Ausübung dieses Nutzungsrechts zu erschweren oder zu vereiteln. ²Er kann von dem nutzungsberechtigten Ehegatten eine Vergütung für die Nutzung verlangen, soweit dies der Billigkeit entspricht.

(4) Ist nach der Trennung der Ehegatten im Sinne des § 1567 Abs. 1 ein Ehegatte aus der Ehewohnung ausgezogen und hat er binnen sechs Monaten nach seinem Auszug eine ernstliche Rückkehrabsicht dem anderen Ehegatten gegenüber nicht bekundet, so wird unwiderleglich vermutet, dass er dem in der Ehewohnung verbliebenen Ehegatten das alleinige Nutzungsrecht überlassen hat.

A. Allgemeines

1   § 1361b ist durch das UÄndG vom 20.02.1986[1] eingeführt worden. Bis dahin war eine Wohnungszuweisung außer nach den §§ 3 ff. HausrVO für die Zeit nach Rechtskraft der Ehescheidung nur durch einstweilige Anordnung nach § 620 Satz 1 Nr. 7 ZPO möglich, die aber die Anhängigkeit eines Ehescheidungsverfahrens, mindestens aber ein darauf gerichtetes Gesuch um Bewilligung von Prozesskostenhilfe voraussetzte. Da das Ehescheidungsverfahren regelmäßig erst nach Ablauf einer Trennungsfrist von mindestens einem Jahr anhängig gemacht werden kann (§§ 1565 ff.), bestand hinsichtlich der Zeit bis dahin eine Regelungslücke, die durch die Einführung des § 1361b geschlossen worden ist.

2   Durch das **Gesetz zur Verbesserung des zivilrechtlichen Schutzes bei Gewalttaten und Nachstellungen sowie zur Erleichterung der Überlassung der Ehewohnung bei Trennung (GewSchG)** vom 11.12.2001[2] zum 01.01.2002 ist die Norm umfassend neu gefasst worden.

3   Nach bis dahin geltendem Recht war eine vorläufige Wohnungszuweisung für die Dauer des Getrenntlebens nur dann zulässig, wenn sie erforderlich war, um eine **schwere Härte** zu vermeiden. Durch diese Wortwahl sollte verdeutlicht werden, dass eine Wohnungszuweisung während der Trennungsphase nur unter wesentlich engeren Voraussetzungen möglich war als für die Zeit nach der Rechtskraft der Ehescheidung, für die es zur Wohnungszuweisung nur einer unbilligen Härte bedarf.

---

1   BGBl I S. 301.
2   BGBl I S. 3513.

Durch die Änderung des Gesetzes zum 01.01.2002 ist der Begriff der schweren Härte durch den 4
der **unbilligen Härte** ersetzt worden. Dadurch sollte insbesondere bei Gewalttaten unter den Eheleuten die Schwelle zum Eingriff in die Möglichkeiten der Nutzung der ehelichen Wohnung
herabgesetzt werden.[3] Wegen der Vielgestaltigkeit der Lebensverhältnisse ist dabei wiederum bis
auf zwei Ausnahmen auf einen Katalog von Härtegründen verzichtet worden.[4] Die zwei Ausnahmen bilden die **Anwendung oder Androhung von Gewalt** sowie die **Beeinträchtigung des Kindeswohls**, die als die unbillige Härte begründende Umstände ausdrücklich im Gesetz genannt
sind.

Durch Abs. 3 ist die Möglichkeit gegeben worden, **Anordnungen zum Schutz des in der Woh- 5
nung verbliebenen Ehegatten** zu treffen. Abs. 4 begründet im Interesse der Rechtssicherheit die
Vermutung einer Überlassung der Ehewohnung dann, wenn ein die Wohnung verlassender Ehepartner nicht innerhalb einer Frist von sechs Monaten nach seinem Auszug die Absicht bekundet,
in die Wohnung zurückzukehren.

§ 1361b ermöglicht – wie § 1361a für Haushaltsgegenstände – nur eine **vorläufige Regelung der 6
Nutzungsverhältnisse** an der Ehewohnung. Da weder in Eigentumsverhältnisse noch in bestehende Mietverhältnisse eingegriffen wird,[5] bedarf es im Verfahren auch keiner Beteiligung Dritter,
etwa des Vermieters.

Eine analoge Anwendung der Vorschrift auf **vergleichbare Lebenssachverhalte**, etwa die **nichtehe- 7
liche Lebensgemeinschaft**, kommt nicht in Betracht.[6] Hinsichtlich der nichtehelichen Lebensgemeinschaft scheidet eine entsprechende Anwendung der Norm schon deshalb aus, weil es in ihr
kein »Getrenntleben« wie in der Ehe gibt. Für die eingetragene **Lebenspartnerschaft** enthält § 14
LPartG eine eigenständige, dem § 1361b entsprechende Regelung.

Auf die **Dauer der Ehe** kommt es für die Zuweisungsentscheidung nicht an.[7]   8

B. Begriff der Ehewohnung

Der Begriff der **Ehewohnung** ist **weit auszulegen** und identisch mit dem in § 1568a verwendeten. 9
Danach umfasst die Ehewohnung unabhängig von den **Eigentums- und güterrechtlichen Verhältnissen** alle Räume, in denen die Ehegatten wohnen, gewohnt haben oder bestimmungsgemäß
wohnen wollten.[8] Hierzu zählen außer der eigentlichen Wohnung auch die zu ihr rechnenden
Nebenräume wie der Dachboden, der Keller, Sport- und Fitnessräume sowie die Garage einschließlich des Hausgartens.[9] Entscheidend für die Begriffsbestimmung sind stets die **tatsächlichen Verhältnisse** sowie der **gemeinsame Plan** der Nutzung als Ehewohnung, mag er auch letztlich nicht realisiert worden sein.[10]

Unerheblich ist, ob beide Ehegatten oder nur einer **Eigentümer** oder **Mieter** der Wohnung ist, ob 10
es sich um eine Wohnung handelt, die satzungsgemäß nur Mitgliedern einer **Genossenschaft** oder
eines **Vereins** zusteht[11] oder ob das Nutzungsrecht durch **Verwaltungsakt** begründet wurde.[12]

---

3 BT-Drucks. 14/5429 S. 21, 33.
4 BT-Drucks. 14/5429 S. 21.
5 OLG Hamm FamRZ 2000, 1102.
6 OLG Hamm FamRZ 2005, 2085; Staudinger/Voppel § 1361b Rn. 5; Palandt/Brudermüller § 1361b
   Rn. 5 m.w.N.
7 OLG Frankfurt FamRZ 1987, 159.
8 BGH FamRZ 1990, 987.
9 BGH FamRZ 1990, 987; OLG Jena NJW-RR 2004, 435.
10 OLG München FamRZ 1986, 1919.
11 OLG München FamRZ 1991, 1452.
12 OLG Stuttgart FamRZ 1990, 1354.

11 Auch die **Ferienwohnung** oder das **Wochenendhaus** können Ehewohnung sein, wenn sie nur häufig genug genutzt worden sind, um den räumlichen Mittelpunkt der Ehe dargestellt zu haben.[13] Das ist bei einer zwar nur zeitweise aber mit gewisser Regelmäßigkeit genutzten Stadtwohnung der Fall,[14] nicht aber bei einer nur wenige Wochen im Jahr genutzten Ferienwohnung im Ausland.[15] Ähnliches gilt für **Bungalows** und **Gartenlauben**, wenn diese von den Eheleuten zu Wohnzwecken genutzt werden[16] und bei denen wie auch sonst nur auf die tatsächliche Nutzung, nicht aber die öffentlich rechtliche Befugnis zur Nutzung abgestellt werden sollte.[17]

12 Nicht zur Ehewohnung gehören ausschließlich oder ganz überwiegend beruflich oder **gewerblich genutzte Räume**, wie die Werkstatt oder Praxisräume.

13 **Verlässt ein Ehegatte die Ehewohnung**, so ändert das an deren Qualifikation nichts, wenn das Verlassen bloße Folge der ehelichen Spannungen ist[18] oder wenn zwischen den Ehegatten Einigkeit besteht, dass die Überlassung der Wohnung an nur einen nur vorübergehend und im beiderseitigen Einvernehmen abänderbar ist.[19] Im Übrigen kann der Auszug eines Ehegatten auch dazu führen, dass die Wohnung ihren Charakter als Ehewohnung verliert. Ein Auszug aus der gemeinsamen Wohnung liegt aber erst dann vor, wenn der weichende Ehegatte einen anderen Lebensmittelpunkt begründet hat.[20] Hat der die Wohnung verlassende Ehegatte zu erkennen gegeben, dass er die Wohnung endgültig aufgegeben und sie dem anderen zur Nutzung überlassen hat, kann insoweit eine Einigung vorliegen.[21] Dabei ist auf die Fristenregelung des Abs. 4 hinzuweisen. Danach wird nach Ablauf von 6 Monaten nach der Trennung unwiderleglich vermutet, dass dem in der Wohnung verbliebenen Ehegatten das alleinige Nutzungsrecht eingeräumt worden ist, wenn nicht der andere diesem gegenüber die ernstliche Absicht der Rückkehr bekundet hat. Ist das Mietverhältnis bereits gekündigt, ist der Charakter der Wohnung als Ehewohnung gleichfalls verloren.[22] Dasselbe gilt, wenn die Eheleute sich darauf verständigt haben, die Immobilie, in der die eheliche Wohnung belegen ist, zu veräußern.[23]

C. Zuweisungsvoraussetzungen

14 Die vorläufige Zuweisung der Ehewohnung setzt voraus, dass die Ehegatten entweder bereits getrennt leben oder einer von ihnen getrennt leben will. In diesem Fall kommt eine Zuweisung dann in Betracht, wenn sie notwendig ist, um auch unter Berücksichtigung der Belange des anderen Ehegatten eine unbillige Härte zu vermeiden.

I. Getrenntleben

15 Der **Begriff des Getrenntlebens** ist identisch mit dem in § 1567 verwendeten, so dass auf die Erläuterungen zu dieser Norm verwiesen werden kann. Anders als für die vorläufige Zuweisung von Haushaltsgegenständen nach § 1361a reicht für die vorläufige Wohnungszuweisung aber

---

13 OLG Naumburg FamRZ 1994, 389; OLG München FamRZ 1994, 1331; OLG Zweibrücken FamRZ 1981, 259; OLG Frankfurt FamRZ 1982, 398; KG FamRZ 1974, 198; Brudermüller FamRZ 2003, 1705.
14 OLG Brandenburg FamRZ 2008, 1931.
15 OLG Bamberg FamRZ 2001, 1316.
16 OLG Hamm FamRZ 2009, 1225 m. Anm. v.Els.
17 So aber OLG Naumburg FamRZ 2005, 1269, das von einer Ehewohnung dann nicht ausgeht, wenn eine Wohnnutzung nach dem Bundeskleingartengesetz unzulässig ist.
18 OLG Karlsruhe FamRZ 1999, 1087; OLG Jena NJW-RR 2004, 435.
19 OLG Jena NJW-RR 2004, 435.
20 OLG Koblenz FamRZ 2006, 1207.
21 OLG Köln FamRZ 2005, 1993.
22 OLG Köln FamRZ 2005, 1993; OLG Oldenburg FamRZ 1993, 1342.
23 OLG München FamRZ 2007, 836.

schon die **ernsthafte Absicht der Trennung**. Diese liegt vor, wenn zumindest einer der Ehegatten die eheliche Lebensgemeinschaft ablehnt und deshalb die häusliche Gemeinschaft aufheben will.[24] Eine **Scheidungsabsicht** ist nicht erforderlich.[25] Unerheblich ist auch, ob ein **Recht zum Getrenntleben** besteht, da der Gesetzeswortlaut nur auf den Willen der Ehegatten abstellt.

II. Unbillige Härte

1. Begriff der unbilligen Härte, insbesondere Gewalt

Der Begriff der **unbilligen Härte** kann nicht isoliert von den Gegebenheiten des Falles gesehen werden. So sind einerseits die **Belange beider Eheleute** und der im Haushalt lebenden **Kinder** zu berücksichtigen. Angesichts der Schwere des Eingriffs in die Rechte desjenigen Ehegatten, der die eheliche Wohnung zu verlassen hat, sind aber andererseits auch der **Grundsatz der Verhältnismäßigkeit** und der **Gedanke des Rechtsmissbrauchs** zu beachten. Sodann sind nach Abs. 1 Satz 3 die **dinglichen Rechte an der Wohnung** besonders zu gewichten.   16

Gegenüber der **schweren Härte**, die nach altem Recht für eine vorläufige Zuweisung der Ehewohnung festzustellen war, stellt die **unbillige Härte** eine deutlich niedrigere Schwelle dar. Diese ist nicht nur dann anzunehmen, wenn die Wohnungszuweisung die ultima ratio ist oder wenn das Zusammenleben wegen grob rücksichtslosen Verhaltens oder durch erhebliche Belästigungen unerträglich ist.[26] Jedenfalls ist in Fällen, in denen bereits nach § 1361b a.F. ein Wohnungszuweisungsgrund gesehen wurde, ein solcher nach neuem Recht erst recht gegeben.[27] Indem mit der **unbilligen Härte** der gleiche Begriff verwendet wird, der auch die endgültige Zuweisung der Ehewohnung nach § 1568 a rechtfertigt, sind die Zuweisungskriterien einander angeglichen worden.   17

In Abs. 2 hat der Gesetzgeber ein **Regelbeispiel** für die Annahme einer unbilligen Härte aufgestellt. Danach ist jedwede **Anwendung oder Androhung von Gewalt** gegen den antragstellenden Ehegatten oder im Haushalt lebende Kinder grundsätzlich geeignet, die Wohnungszuweisung zu begründen.[28] Etwas anderes gilt nur dann, wenn **keine Wiederholungsgefahr** droht und die Gewaltanwendung oder -drohung nicht so **schwerwiegend** war, dass sie schon für sich genommen ein weiteres Zusammenleben unzumutbar erscheinen lässt, wobei die Abgabe einer strafbewehrten Unterlassungserklärung die Wiederholungsgefahr nicht ausräumt.[29]   18

Der **Gewaltbegriff** ist umfassend zu verstehen. Gewalt ist jede direkte und indirekte[30] physische und psychische Agression gegen eine andere Person einschließlich der Freiheitsberaubung. Sie kann sich auch durch das **grob unbeherrschte und unberechenbare Verhalten** oder in Form von Erniedrigungen, Anbrüllen oder auch Psychoterror[31] sowie reine **Sachbeschädigung**[32] äußern. Auf die objektive **Ernsthaftigkeit von Bedrohungen** kommt es nicht an. Auch eine unmittelbare Gefahr für Leib und Leben des Ehegatten oder anderer Haushaltsmitglieder ist nicht erforderlich.[33] Entscheidend ist allein, ob sich der betroffene Ehegatte subjektiv so belastet fühlen konnte, dass ihm objektiv die Fortsetzung der häuslichen Gemeinschaft nicht mehr zuzumuten ist.[34] Eine   19

---

24 FA-FamR/Klein Kap. 8 Rn. 240.
25 Staudinger/Voppel § 1361b Rn. 14.
26 So nach altem Recht: OLG München FamRZ 1996, 730; OLG Frankfurt FamRZ 1996, 289; OLG Brandenburg FamRZ 1996, 743; OLG Karlsruhe FamRZ 1991, 1440.
27 OLG Stuttgart FamRZ 2004, 876.
28 OLG Stuttgart FamRZ 2007, 829.
29 OLG Stuttgart FamRZ 2007, 829.
30 OLG Hamm FamRZ 1997, 301.
31 Brudermüller FamRZ 2006, 1157, 1158.
32 OLG Köln FamRZ 2006, 126.
33 OLG Köln FamRZ 2001, 761; OLG Hamm FamRZ 1997, 301.
34 OLG Köln FamRZ 2006, 126.

unbillige Härte begründen schwere **Störungen des Familienlebens** in Folge Ängstigungen durch massive und ernsthafte **Morddrohungen**[35] **Gewalttätigkeiten,**[36] **Misshandlungen des einjährigen Kindes** durch dessen Vater,[37] die körperliche **Misshandlung der Ehefrau,**[38] **Gewalt gegen Kinder**[39] oder auch nur eine **einmalige tätliche Entgleisung bei Wiederholungsgefahr.**[40] Im Falle **grob rücksichtslosen, besonders unbeherrschten und unberechenbaren Verhaltens** eines Ehegatten braucht es auch nicht zu unmittelbaren Gefahren für Leib oder Leben des anderen Ehegatten gekommen zu sein.[41] Freiheitsberaubung setzt voraus, dass die körperliche Bewegungsfreiheit entzogen ist, was bei einem auch nur zehnminütigen Einsperren,[42] nicht aber beim Aussperren des Ehegatten aus der Wohnung der Fall ist.[43]

20 Da die Drohung mit oder Ausübung von Gewalt nur ein Regelbeispiel darstellt, ist der Anwendungsbereich der Norm nicht hierauf beschränkt. Eine unbillige Härte kann deshalb auch gesehen werden in der **dauernden Störung der Nachtruhe,**[44] **schweren Störungen des Familienlebens wegen Alkohol oder Drogenabhängigkeit,**[45] in der **Aufnahme des neuen Lebensgefährten** in die Ehewohnung durch die getrennt lebende Ehefrau, nachdem ihr Antrag auf Zuweisung der Wohnung zurückgewiesen worden ist[46] oder in der **eigenmächtigen Entziehung der Nutzungsmöglichkeit** für den unter multipler Sklerose leidenden Ehegatten[47] sowie in bloßen **Belästigungen,** sofern diese in ihrer Gesamtheit das in einer zerrütteten Ehe übliche Maß deutlich übersteigen.[48]

21 Der **Alkoholmissbrauch** eines Ehegatten stellt als solcher noch keine unbillige Härte dar. Begründet wird die Härte nur durch die **alkoholbedingten Störungen,** wie aggressives Verhalten, Entwendungen von Geld oder Wertsachen, mangelnder Hygiene oder auch Selbstzerstörungstendenzen.[49]

22 Unerheblich ist, ob die die Härte begründenden Umstände **schuldhaft** herbeigeführt worden sind. So kann die unbillige Härte unter Umständen auch in den Auswirkungen einer **psychischen Erkrankung**[50] oder in der als Folge einer das weitere Zusammenleben **belastenden lebensbedrohenden Tumorerkrankung** gesehen werden.[51]

23 Die Wohnungszuweisung setzt nicht voraus, dass der andere Ehegatte die für unerträglich gehaltene Situation ausschließlich oder überwiegend verursacht hat. Sie kommt vielmehr auch dann in Betracht, wenn die Auseinandersetzungen nicht überwiegend auf das Verhalten eines Ehegatten zurückzuführen sind.[52] Sind die **Verursachungsbeiträge** allerdings etwa gleichmäßig auf beiden Seiten zu suchen, ist vorbehaltlich des Kindeswohls darauf abzustellen, wen der Verlust der Woh-

35 OLG Karlsruhe FamRZ 1991, 1440.
36 OLG München FamRZ 1996, 730.
37 OLG Köln FamRZ 1996, 1220.
38 KG EzFamR aktuell 1997, 301.
39 OLG Koblenz FamRZ 2000, 28.
40 OLG München FamRZ 1999, 1270.
41 OLG Köln FamRZ 2001, 761.
42 OLG Brandenburg NJW-RR 2006, 220.
43 Götz/Brudermüller FamRZ 2008, 1895.
44 OLG Düsseldorf FamRZ 1988, 1058.
45 OLG Celle FamRZ 1992, 676.
46 OLG Hamm FamRZ 1993, 1442.
47 OLG Hamm FamRZ 1996, 1411.
48 AG Tempelhof-Kreuzberg FamRZ 2003, 532.
49 Haussleiter/Schulz Kap. 4 Rn. 23.
50 OLG Bamberg EzFamR aktuell 2000, 94.
51 OLG Jena FamRZ 1997, 559.
52 OLG Jena FamRZ 1997, 559; OLG Bamberg FamRZ 1990, 1353; OLG Düsseldorf FamRZ 1988, 1058; OLG Koblenz FamRZ 1987, 852.

nung persönlich oder beruflich härter trifft und wer wirtschaftlich eher in der Lage sein wird, eine angemessene neue Wohnung zu finden.[53]

2. Das Wohl der Kinder

In Abs. 1 Satz 2 ist die Beeinträchtigung des **Kindeswohls** ausdrücklich als ein die unbillige Härte   24 begründender Umstand genannt. Für eine Wohnungszuweisung an einen Elternteil ist es deshalb ausreichend, dass **allein die Kinder unter den Spannungen und Streitigkeiten zwischen den Eltern leiden.** Das ist noch nicht der Fall, wenn die Eltern sich über den Umfang eines Umgangsrechts bezüglich eines gemeinsamen Kindes streiten.[54] Ist ein **erträgliches Auskommen der Familie** unter einem Dach nicht möglich, haben die Bedürfnisse der Kinder an einer geordneten, ruhigen und entspannten Familiensituation Vorrang gegenüber den Interessen der Eltern, weiter in der Wohnung zu bleiben,[55] ohne dass eine schwere Gesundheitsgefährdung der Kinder notwendig wäre. Kann die Familie in einer Wohnung nicht mehr zusammen leben, weil Streit und Hass die häusliche Atmosphäre unerträglich vergiften und ist den Kindern nicht zuzumuten, ihr vertrautes Heim und die gewohnte Umgebung nebst Freunden zu verlassen oder gar die Schule zu wechseln, so bleiben die Kinder in der Wohnung und mit ihnen derjenige Elternteil, bei dem sie verbleiben.[56]

Zu den in diesem Zusammenhang zu berücksichtigenden Kindern zählen nicht nur **gemeinschaft-**   25 **liche**, sondern auch **Stiefkinder.**[57]

3. Berücksichtigung der dinglichen Rechtspositionen an der Ehewohnung

Nach Abs. 1 Satz 3 sind **dingliche Rechtspositionen** an der Ehewohnung besonders zu berücksich-   26 tigen. Als solche kommen in Betracht **Alleineigentum** eines der Ehegatten, **Erbbaurecht, Nieß-brauchsrecht, Wohnungseigentum, Dauerwohnrecht** oder **dingliches Wohnrecht**, wobei der jeweils **alleinigen Berechtigung** des Ehegatten diejenige mit einem **Dritten** gleichsteht. Die besondere Berücksichtigung führt dazu, dass die Eingriffsschwelle zu Gunsten des dinglich Berechtigten herabgesetzt wird,[58] was insbesondere dann gilt, wenn die zu berücksichtigende Rechtsposition schon vor der Eheschließung bestanden hat.[59] Beantragt umgekehrt der Nichteigentümer die Zuweisung der Wohnung zur alleinigen Nutzung an sich, sind die an die unbillige Härte zu stellenden Anforderungen entsprechend strenger.[60]

Daraus folgt, dass die Ehewohnung dem dinglich berechtigten Ehegatten etwa dann zuzuweisen   27 ist, wenn beide Ehegatten **gleichermaßen die Ursache** für die unbillige Härte gesetzt haben. Das gilt selbst dann, wenn der dinglich berechtigte Ehegatte die Spannungen ganz überwiegend selbst verursacht hat und sich einseitig aus der Ehe lösen will, er aber andererseits beachtenswerte Gründe – die wirtschaftliche Notwendigkeit der räumlichen Verbindung zwischen Wohnung und Gewerbetrieb – für ein Verbleiben in der Ehewohnung hat.[61] Andererseits begründet die dingliche Berechtigung **keinen Vorrang gegenüber anderen Interessen**; sie **soll** lediglich berücksichtigt werden. Deshalb hat die dingliche Berechtigung hinter dem **Kinderschutzinteresse** zurückzustehen, ohne dass sie unberücksichtigt bleibt. Das kommt schon dadurch zum Ausdruck dass die dingliche Berechtigung nach dem Wortlaut des Gesetzes zu »berücksichtigen« ist, das Wohl der Kinder darüber hinaus nach Abs. 1 Satz 2 aber ein eigenständiges, die unbillige Härte begründendes Kri-

---

53 Staudinger/Voppel § 1361b Rn. 43.
54 OLG Köln FamRZ 2011, 118.
55 OLG Nürnberg FuR 2005, 573; Haussleiter/Schulz Kap. 4 Rn. 19.
56 Brudermüller FamRZ 2003, 1795, 1707.
57 KG FamRZ 1991, 467; OLG Schleswig FamRZ 1991, 1301.
58 OLG Köln FamRZ 1994, 632.
59 OLG Hamm FamRZ 1989, 739.
60 Brudermüller FamRZ 1999, 129, 133.
61 OLG Köln FamRZ 1994, 632.

terium sein kann. Betreut also der in der Wohnung eines der Ehegatten lebende Partner minderjährige, nicht zwingend gemeinschaftliche, Kinder, so hat der betreuende Elternteil vorrangig das Recht, in der Wohnung zu verbleiben.[62] Der dinglichen Berechtigung des anderen kann dadurch Rechnung getragen werden, dass die Wohnungszuweisung befristet wird.[63]

28 Weniger Bedeutung kommt der dinglichen Position dann zu, wenn diese nur **formal besteht**, die Wohnung also beispielsweise nur deshalb einem Ehegatten übertragen wurde, um sie den Gläubigern des anderen zu entziehen. Besteht **Miteigentum** beider Ehegatten, neutralisiert sich deren dingliche Position, so dass aus ihr keine besonderen Rechte hergeleitet werden können.

29 Stets kann die Zuweisung nur zum **Zwecke der Nutzung** beansprucht werden. Der Alleineigentümer kann deshalb nicht die Besitzeinräumung an sich mit der Begründung verlangen, dass er aus wirtschaftlichen Gründen gezwungen ist, die **Ehewohnung zu veräußern** oder **zu vermieten**.[64] Denn dies würde zu einer endgültigen Regelung schon während der Dauer des Getrenntlebens führen.[65] Für einen extremen Ausnahmefall (Verhinderung des wirtschaftlichen Ruins) ist dies in einer vereinzelt gebliebenen Entscheidung des OLG Hamburg einmal anders gesehen worden.[66]

4. Zeitmoment und Freiwilligkeit

30 Je länger die Trennung der Eheleute bereits anhält, desto geringer sind die Anforderungen an die Zuweisung der Wohnung an denjenigen Ehegatten, der sie bis zur Entscheidung allein bewohnt hat. Denn die lange Hinnahme der Nutzung durch den anderen ist ein gravierendes Indiz dafür, dass der Antragsteller selbst den bestehenden[67] Zustand nicht als Härte empfunden hat. Zwar rechtfertigt der bisherige Besitz allein die Zuweisung der Wohnung noch nicht,[68] doch ist die Schwelle zum Eingriff zu Lasten des in der Wohnung verbliebenen Ehegatten zunehmend höher anzusetzen.[69] Hat der aus der Ehewohnung ausgezogene Ehegatte gar nicht binnen **sechs Monaten**, nachdem er die Wohnung verlassen hat, dem anderen gegenüber eine **ernstliche Rückkehrabsicht** bekundet, wird nach Abs. 4 unwiderleglich vermutet, dass er dem anderen Ehegatten das alleinige Nutzungsrecht überlassen hat, vgl. unten Rdn. 48.

31 Hat ein Ehegatte die Wohnung **freiwillig verlassen**, ist dies ein im Rahmen der Billigkeitserwägungen zu prüfender Umstand.[70] Das freiwillige Verlassen der Wohnung führt jedoch nicht automatisch dazu, dass der in der Wohnung verbliebene Ehegatte nunmehr eine höhere Berechtigung an der weiteren Nutzung hat als der andere. Das gilt insbesondere dann, wenn das Verlassen der Wohnung allein der **Herbeiführung der Trennung** diente. Vgl. dazu im Übrigen oben Rdn. 13.

III. Belange des anderen Ehegatten

32 Die Erwähnung der **Belange des anderen Ehegatten** in Abs. 1 Satz 1 zwingt dazu, stets eine **Gesamtabwägung der Interessen** aller Beteiligten vorzunehmen. In diese Abwägung sind alle Umstände des Falles einzubeziehen, die das Verhältnis der Ehegatten zueinander, ihre gegenwärtigen Lebensbedingungen und ihre Beziehungen zu der Ehewohnung betreffen. Hierzu zählen auch

---

62 OLG Stuttgart FamRZ 2004, 876; FA-FamR/Klein Kap. 8 Rn. 73.
63 OLG Köln FamRZ 2009, 973.
64 OLG Frankfurt FamRZ 2004, 875.
65 OLG Saarbrücken OLGR 2004, 515; OLG Karlsruhe FamRZ 1999, 1087; OLG Hamm FamRZ 1998, 1172; OLG Köln FamRZ 1997, 943.
66 OLG Hamburg FamRZ 1992, 1298.
67 OLG Köln FamRZ 2011, 118.
68 OLG Düsseldorf FamRZ 1998, 1171.
69 OLG Köln FamRZ 1996, 547; FamRZ 1987, 77.
70 OLG Hamm FamRZ 1998, 1172.

das **Alter** und der **Gesundheitszustand** der Ehegatten[71] sowie ihre jeweiligen **wirtschaftlichen Verhältnisse.**[72] Maßgebend ist auch, ob ein Ehegatte auf die räumliche Lage der Wohnung oder ihre besondere Ausstattung angewiesen ist.[73] Ebenso ist zu gewichten, ob ein Ehegatte die Wohnung schon **vor der Eheschließung** besaß und **Eigenleistungen** zu deren Ausbau erbracht hat[74] und wie die Eheleute sich zueinander bei der Durchsetzung ihrer Rechte verhalten haben, ob sie sich insbesondere über getroffene **Vereinbarungen hinweggesetzt**[75] oder gar **Zwang** gegen den anderen ausgeübt haben.[76]

D. Regelungsinhalt

Die Zuweisungsentscheidung nach § 1361b hat immer nur eine **vorläufige Regelung** der Nut- **33** zungsverhältnisse an der Ehewohnung zum Inhalt. Eine weitergehende Regelung der Rechtsverhältnisse wie eine endgültige Zuweisung der Ehewohnung oder eine Umgestaltung der vertraglichen Grundlagen kann selbst dann nicht vorgenommen werden, wenn ein Ehegatte an der Nutzung der Wohnung kein Interesse mehr hat[77] oder wenn sich beide Ehegatten über die weitere Nutzung der Wohnung einig sind und jetzt eine Änderung des Mietverhältnisses entsprechend § 1568a begehren.[78] Aus diesem Grunde kommt eine Wohnungszuweisung auch dann nicht mehr in Betracht, wenn einer der Ehegatten das Mietverhältnis über die Ehewohnung bereits wirksam gekündigt hat und beide zur Räumung verpflichtet sind. Denn § 1361b erlaubt keine rechtsgestaltenden Maßnahmen gegenüber dem Vermieter,[79] weshalb auch die Begründung eines Mietverhältnisses zwischen dem Wohnungseigentümer und dem in der Wohnung verbleibenden Ehegatten nicht möglich ist.[80] Die **Nutzungsüberlassung** als solche begründet auch noch kein Mietverhältnis und somit auch kein gegenüber Erwerbern der Immobilie durchsetzbares Recht zum Besitz an der Wohnung.[81]

I. Wohnungszuweisung

Mit der Zuweisungsentscheidung ist derjenige Ehegatte, der die Wohnung zu verlassen hat, zu **34** verpflichten, die Wohnung zu **räumen** und an den anderen **herauszugeben.**[82] Die bloße Zuweisung ohne gleichzeitige Herausgabeverpflichtung stellt keinen **vollstreckbaren Räumungstitel** dar,[83] wobei die Vollstreckung als solche gem. § 95 Abs. 1 Nr. 2 FamFG nach den Vorschriften der ZPO erfolgt.

Die Räumungsverpflichtung soll gem. § 209 Abs. 1 FamFG von **Amts wegen** und ausdrücklich **35** ausgesprochen werden. Wird im Zuweisungsbeschluss nur angeordnet, dass ein Ehegatte aus der Wohnung auszuziehen oder sie zu verlassen habe, erfolgt die Vollstreckung nicht nach § 885 ZPO,

---

71 OLG Jena FamRZ 1997, 559; OLG Celle FamRZ 1992, 465; KG FamRZ 1991, 467; OLG Koblenz FamRZ 1987, 853.
72 KG FamRZ 1988, 182; OLG Karlsruhe FamRZ 1981, 1087.
73 OLG Hamm FamRZ 1993, 1441.
74 KG FamRZ 1988, 182.
75 OLG Braunschweig NJW-RR 1996, 578.
76 OLG Hamm FamRZ 1996, 1411.
77 OLG Zweibrücken FamRZ 1990, 55; OLG Hamm FamRZ 1985, 706.
78 OLG München FamRZ 1996, 674; OLG Köln FamRZ 1994, 632.
79 OLG Köln FamRZ 2005, 1993.
80 OLG Naumburg FamRZ 2007, 596.
81 OLG Celle FamRZ 2012, 32.
82 BGH FamRZ 1994, 98, 101.
83 OLG Stuttgart FamRZ 2002, 589; Thomas/Putzo/Hüßtege § 885 Rn. 3; a.A. OLG Saarbrücken FuR 2005, 574.

sondern gem. § 888 ZPO durch Androhung und Anordnung von Zwangsgeld,[84] weil es sich dann nur um die Entfernung einer Person aus einer Wohnung handelt.[85]

36   Nach § 885 Abs. 2 ZPO werden mit der Räumung auch **bewegliche Sachen**, die nicht Gegenstand der Zwangsvollstreckung sind, vom Gerichtsvollzieher weggeschafft. Soll dies verhindert werden und sich die Räumungsverpflichtung nur auf die **Person** beziehen, muss dies ausdrücklich angeordnet werden. In diesem Fall sollte im Beschluss angeordnet werden, dass § 885 Abs. 2 ZPO bei der Räumung nicht anzuwenden ist.[86]

II. Aufteilung der Wohnung, Grundsatz der Verhältnismäßigkeit (Abs. 2 Satz 1)

37   Im Rahmen der Zuweisungsentscheidung ist der **Grundsatz der Verhältnismäßigkeit** zu beachten. Daraus folgt, dass eine Zuweisung der gesamten Wohnung an einen Ehegatten dann unzulässig ist, wenn weniger einschneidende Maßnahmen in Betracht kommen, insbesondere eine **Aufteilung der Wohnung** unter beiden Eheleuten, falls ein erträgliches Miteinander noch möglich ist[87] und es im Interesse der gemeinsamen Kinder liegt, beide Elternteile in unmittelbarer Nähe zu haben.[88] Ist die unbillige Härte allerdings darin begründet, dass der Ehegatte, gegen den sich der Antrag richtet, den anderen widerrechtlich und vorsätzlich am Körper, der Gesundheit oder der Freiheit verletzt oder mit einer solchen Verletzung oder der Verletzung des Lebens widerrechtlich gedroht hat, ist ihm gem. Abs. 2 Satz 1 in der Regel die **gesamte Wohnung zur alleinigen Benutzung** zu überlassen. Auf diese Weise sollen neue Konflikte zwischen den Eheleuten vermieden werden. Eine Ausnahme gilt nur in dem Fall, in dem die Wohnverhältnisse so großzügig bemessen sind, dass mit einem Zusammentreffen der zerstrittenen Eheleute nach der Aufteilung der Wohnung nicht zu rechnen ist.[89]

III. Nutzungsvergütung

38   Derjenige Ehegatte, der die Wohnung verlassen musste, kann, soweit dies der Billigkeit entspricht, nach Abs. 3 Satz 2 von dem anderen die Zahlung einer **Nutzungsvergütung** verlangen. Damit soll ein Ausgleich zu Gunsten des aus der Wohnung verdrängten Ehegatten dafür geschaffen werden, dass er bis zur Rechtskraft der Ehescheidung auf eine Rechtsposition, nämlich das aus dem Wesen der Ehe folgende Recht zum Mitbesitz verzichten muss.[90] Der Anspruch besteht nur gegen den in der Wohnung verbliebenen Ehegatten, nicht auch gegen dessen dort aufgenommenen neuen Lebensgefährten.[91] Eine dingliche Berechtigung an der Wohnung ist nicht Tatbestandsvoraussetzung.[92]

39   Die Nutzungsvergütung wird regelmäßig in **monatlich fällig werdenden Teilbeträgen** festgesetzt werden, doch kann das Gericht auch eine einmalige **Abstandszahlung** anordnen. Statt der Zahlung kann der aus der Wohnung Gewiesene auch verlangen, dass der andere Ehegatte ihn im Innenverhältnis von künftigen Mietzinsforderungen oder – im Falle von durch Darlehen finanziertem Eigentum – Kreditraten freistellt.[93]

---

84   Thomas/Putzo/Hüßtege § 888 Rn. 2.
85   BGH FamRZ 1963, 553.
86   OLG Karlsruhe FamRZ 1994, 1185; KG FamRZ 1987, 1290.
87   OLG München FuR 1999, 230; OLG Düsseldorf FamRZ 1988, 1058; OLG Zweibrücken FamRZ 1987, 508; OLG Frankfurt FamRZ 1987, 159.
88   AG Saarbrücken FamRZ 2003, 530.
89   BT-Drucks. 14/5429 S. 21, 43.
90   BGH NJW 1978, 1579; OLG Frankfurt FamRZ 1992, 677.
91   LG Bielefeld FamRZ 2003, 158.
92   OLG München FamRZ 2008, 695.
93   OLG Naumburg FamRZ 2003, 1748.

Wegen der Billigkeit ist stets auf die **Gesamtumstände des Falles** abzustellen,[94] also neben dem   **40**
Mietwert auf die Lebens- und wirtschaftlichen Verhältnisse der Ehegatten sowie ihre bisherige
Lebensgestaltung.[95] Die Anordnung einer Nutzungsvergütung wird danach regelmäßig dann der
Billigkeit entsprechen, wenn die Wohnung im **Alleineigentum** des weichenden Ehegatten oder
seiner Eltern steht.[96] Andererseits wird die Anordnung nicht in Betracht kommen, wenn die
Alleinnutzung der für ihn allein zu großen Wohnung dem dort verbleibenden Ehegatten **aufgedrängt ist**[97] oder wenn der nutzende Ehegatte **minderjährige Kinder zu betreuen** hat und deswegen nicht erwerbstätig ist.[98] Dasselbe gilt im Fall treuwidrig widersprüchlichen Verhaltens, wenn
etwa einerseits eine Nutzungsentschädigung verlangt, andererseits aber die Nutzung des im Miteigentum stehenden Hauses vereitelt wird.[99]

Ist der Vorteil unentgeltlichen Wohnens dem nutzungsberechtigten Ehegatten im Rahmen der   **41**
Unterhaltsregelung als fiktives Einkommen angerechnet worden, scheidet die Anordnung einer
Nutzungsvergütung regelmäßig aus.[100] Wegen der engen Verzahnung der Entscheidung über den
Trennungsunterhalt einerseits und derjenigen über die Verpflichtung zur Zahlung einer Nutzungs-
vergütung andererseits empfiehlt es sich, beide Streitigkeiten gem. § 20 FamFG miteinander zu
verbinden.[101]

Streitig ist das **Verhältnis zwischen § 1361b und § 745 Abs. 2** im Falle des Bestehens von **Mitei-**   **42**
gentum der Ehegatten an der Ehewohnung. Nach herrschender Rechtsprechung erfolgt die
Zuweisung der im Miteigentum stehenden Wohnung als solche zwar nach § 1361b, während eine
Nutzungsvergütung unter Miteigentümern nur als Folge einer Neuregelung der Verwaltung und
Benutzung durch Beschluss nach § 745 Abs. 2 angeordnet werden kann.[102] Dabei beinhaltet die
Nutzungsänderung auch einen Anspruch auf Festsetzung der Vergütung. Nach der insbesondere
in der Literatur vertretenen und im Vordringen befindlichen **Gegenmeinung** ist § 1361b inner-
halb seines Anwendungsbereichs – im Interesse der Konzentration der trennungsbedingten Strei-
tigkeiten beim Familiengericht – lex specialis gegenüber § 745 Abs. 2, weshalb der Anspruch auf
Nutzungsvergütung ausschließlich nach § 1361b geltend zu machen ist.[103] Nachdem sowohl für
die Geltendmachung des Anspruchs nach § 1361b als auch desjenigen nach § 745 Abs. 2 die
Zuständigkeit des Familiengerichts gegeben ist – im Fall des § 745 Abs. 2 gemäß §§ 266 Abs. 1
Nr. 3, 111 Nr. 10 FamFG – hat dieser Streit viel an praktischer Relevanz verloren.

Da die **Verpflichtung zur Überlassung der Wohnung kein Tatbestandsmerkmal** im Rahmen des   **43**
Abs. 3 Satz 2 ist, hat derjenige Ehegatte, der die Wohnung freiwillig, also ohne dazu durch eine
gerichtliche Entscheidung gezwungen zu sein, verlassen hat, einen unmittelbaren Anspruch nach
§ 1361b Abs. 3 Satz 2, sofern dies der Billigkeit entspricht. Nicht erforderlich ist auch, dass die

---

94 OLG Schleswig FamRZ 1988, 722.
95 OLG Hamm FamRZ 2011, 892.
96 OLG Naumburg FamRZ 1998, 1529; OLG Köln FamRZ 1992, 440, OLG München FamRZ 1990,
    530; OLG Bamberg FamRZ 1990, 179.
97 OLG Naumburg OLGR Naumburg 2001, 141; OLG Hamm FamRZ 1996, 1476.
98 OLG Brandenburg FamRZ 2002, 396; OLG Köln FamRZ 1997, 943.
99 OLG Frankfurt FamRZ 2011, 373.
100 BGH FamRZ 1997, 484; OLG Naumburg NJW-RR 2009, 1447; OLG Köln FamRZ 2005, 639.
101 OLG Köln FamRZ 1997, 943; OLG Düsseldorf FamRZ 1985, 949.
102 BGH FamRZ 2010, 1630 im Fall der freiwilligen Überlassung; FamRZ 1996, 931; FamRZ 1994, 822;
     FamRZ 1982, 355; OLG Stuttgart FamRZ 2012, 33; OLG Brandenburg FamRZ 2008, 1603; KG
     FamRZ 2007, 908; OLG Celle NJW 2000, 1425; OLG Köln FamRZ 1999, 1272; OLG Bamberg
     FamRZ 1990, 17, OLG Koblenz FamRZ 1989, 85;.
103 Palandt/Brudermüller § 1361b Rn 20; MüKo/Roth § 1361b Rn. 2; FA-FamR/Klein Kap. 8 Rn. 80;
     Haussleiter/Schulz Kap. 4 Rn. 53; OLG Hamm FamRZ 2011, 892; OLG Frankfurt FamRZ 2011, 373;
     OLG Brandenburg NJW-RR 2009, 72; OLG München NJW 2008, 381; OLG Hamm FamRZ 2008,
     1935; OLG Jena FamRZ 2008, 1934.

Überlassung notwendig war, um für den anderen Ehegatten eine unbillige Härte zu vermeiden.[104] Sind die Ehegatten Miteigentümer, folgt dieser Anspruch aus § 745 Abs. 2.[105]

44 Die **Höhe der zu leistenden Nutzungsvergütung** bestimmt sich nach Billigkeit. Dabei ist maßgeblich auf die **wirtschaftlichen Verhältnisse** der Eheleute, die bisherige **Lebensführung** und die **Höhe der bestehenden Belastungen** sowie darauf abzustellen, welcher der Ehegatten diese trägt.[106] Da die von dem weichenden Ehegatten aufgegebene Rechtsposition, die in seinem Recht auf Mitbenutzung der Wohnung besteht, für die Bemessung entscheidend ist, wird regelmäßig vom **halben Mietwert** auszugehen sein,[107] der jedoch auch **unterschritten** werden kann, insbesondere bei **aufgedrängter Alleinnutzung**[108] und **schlechten wirtschaftlichen Verhältnissen**.[109] Im Falle **aufgedrängter Alleinnutzung** ist der anzurechnende Nutzungsvorteil bis auf den Betrag herabzusetzen, der dem **angemessenen Wohnwert** entspricht.[110] Obergrenze ist stets die **ortsübliche Miete**.[111] Trägt der verbliebene Ehegatte die **Hauslasten** einschließlich der **verbrauchsunabhängigen Kosten**, so ist die geschuldete Nutzungsvergütung um diese Beträge zu kürzen.[112] Versorgt der in der Wohnung verbliebene Ehegatte die **gemeinsamen minderjährigen Kinder** und erhält er von dem anderen gleichwohl keinen **Unterhalt**, wird es nicht der Billigkeit entsprechen, ihm die Verpflichtung zur Zahlung einer Nutzungsvergütung aufzuerlegen.[113] **Vor Ablauf des ersten Trennungsjahres** wird regelmäßig nicht der ungekürzte Mietwert zugesprochen,[114] da in dieser Zeit nichts unternommen werden soll, um die Trennung zu vertiefen. Maßgeblich ist deshalb in dieser Zeit der angemessene Mietwert.[115]

45 Weil der zahlungspflichtige Ehegatte Gelegenheit haben muss, sich auf das Zahlungsverlangen einzustellen, kann die Nutzungsvergütung erst ab dem Zeitpunkt beansprucht werden, in dem das Zahlungsbegehren geltend gemacht worden ist.[116]

46 Für **sonstige Ausgleichszahlungen**, insbesondere so genannte Abstandszahlungen wegen in der Wohnung verbleibender Möbel, bietet § 1361b keine Anspruchsgrundlage.[117]

IV. Schutzanordnungen (Abs. 3 Satz 1)

47 Nach Abs. 3 Satz 1 hat der die Ehewohnung verlassende Ehegatte, alles zu unterlassen, was geeignet ist, die Ausübung des Nutzungsrechts zu erschweren oder zu vereiteln. Zu den danach möglichen gerichtlichen Anordnungen zur Durchsetzung dieses Verbots zählt beispielsweise auch das **Verbot der Kündigung des Mietverhältnisses** durch denjenigen Ehegatten, der als Alleinmieter die eheliche Wohnung hat verlassen müssen. Steht die Wohnung in dessen Alleineigentum, kann ihm untersagt werden, sie **anderweitig zu vermieten**. Streitig ist, ob die Norm auch eine Grundlage für ein **Veräußerungsverbot** geben kann. Während dies der Vorstellung des Gesetzgebers ent-

---

104 BGH FamRZ 2006, 930 m. Anm. Brudermüller.
105 BGH FamRZ 2010, 1630; OLG Stuttgart FamRZ 2012, 33.
106 OLG Frankfurt FamRZ 1992, 677; OLG Celle FamRZ 1992, 677; OLG München FamRZ 1990, 530.
107 BayObLG FamRZ 1974, 22; OLG Frankfurt EzFamR aktuell 2002, 107.
108 OLG Hamm FamRZ 1996, 1476.
109 OLG Schleswig FamRZ 1988, 722; OLG Düsseldorf FamRZ 1985, 949.
110 Haussleiter/Schulz Kap. 4 Rn. 59.
111 BGH FamRZ 1994, 822.
112 OLG Düsseldorf FamRZ 1999, 1271; OLG Braunschweig FamRZ 1996, 548; OLG Celle FamRZ 1992, 465; OLG Frankfurt FamRZ 1992, 677.
113 OLG Köln FamRZ 1997, 943.
114 BGH NJW 2000, 284; Haussleiter/Schulz Kap. 4 Rn. 58.
115 OLG Hamm FamRZ 2011, 892.
116 OLG München FamRZ 1999, 1270; OLG Köln FuR 1998, 398; FamRZ 1992, 440; OLG Braunschweig FamRZ 1996, 548.
117 OLG Hamm FamRZ 1989, 7; OLG Hamburg FamRZ 1988, 80.

Weinreich

spricht,[118] wird andererseits argumentiert, dass § 1361b gerade nicht die Möglichkeit gibt, in die Eigentumsverhältnisse an der Ehewohnung einzugreifen,[119] weshalb die Norm auch nicht Grundlage eines Veräußerungsverbotes sein kann. Eines Veräußerungsverbotes bedarf es aber dann nicht, wenn das Gericht zwischen den Ehegatten ein Mietverhältnis begründet.[120] Zu den möglichen **Schutzanordnungen** zählen weiter das **Verbot**, die Wohnung nochmals zu betreten, das **Gebot, sämtliche Schlüssel auszuhändigen, Belästigungs-** und **Misshandlungsverbote** oder auch das Verbot, mit dem in der Wohnung verbliebenen Ehegatten **Kontakt aufzunehmen**, mithin die nach § 1 GewSchG möglichen Anordnungen.[121]

E. Vermutung der Überlassung (Abs. 4)

Leben die Ehegatten getrennt und hat der aus der Ehewohnung ausgezogene Ehegatte nicht innerhalb von **sechs Monaten** nach seinem Auszug dem anderen gegenüber ernstlich seine **Rückkehrabsicht** bekundet, wird nach Abs. 4 unwiderleglich vermutet, dass er dem in der Wohnung verbliebenen Ehegatten das **alleinige Nutzungsrecht** überlassen hat. Mit dieser Regelung soll möglichst schnell Rechtssicherheit geschaffen werden. Außerdem wird dem Umstand Rechnung getragen, dass die Eheleute sich innerhalb der genannten Frist erfahrungsgemäß auf neue Lebensumstände eingestellt haben. Fallen Trennung und Härtegrund nicht zusammen, so beginnt die Frist erst mit dem Vorliegen des Härtegrundes zu laufen.[122]   48

F. Verfahren

I. Hauptsacheverfahren und vorläufiger Rechtsschutz

Das Verfahren nach § 1361b kann immer nur **isoliert vom Ehescheidungsverfahren** geführt werden. Denn § 1361b gibt nur die Möglichkeit einer **Nutzungsregelung für die Dauer des Getrenntlebens**, also bis zur Rechtskraft der Ehescheidung, so dass als Folgesache gem. § 137 Abs. 2 Nr. 3 FamFG nur die endgültige Regelung nach § 1568a geltend gemacht werden kann. Das Verfahren als solches richtet sich nach §§ 200 ff. FamFG. Eine **Beteiligung Dritter** kommt nicht in Betracht, weil durch die nur vorläufigen Regelungen in deren Rechte nicht eingegriffen wird. Allerdings soll das zuständige **Jugendamt** angehört werden, wenn Kinder im Haushalt der Ehegatten leben, § 205 Abs. 1 FamFG. Die Kinder selbst sind nicht zu beteiligen.[123]   49

Nach § 209 Abs. 1 FamFG können auch **Annexentscheidungen** getroffen werden, die zur Durchführung der Benutzungsregelung erforderlich sind. Hierzu zählen insbesondere Anordnungen zur **Räumung** und **Herausgabe der Ehewohnung**, wie die Einräumung einer **Räumungsfrist** oder Ge- und Verbote zur sachgerechten Nutzungsregelung.[124]   50

Die **Vollstreckung** findet nach den Vorschriften der ZPO statt (§ 95 Abs. 1 Nr. 2 FamFG). Eine vorläufige Vollstreckbarkeit gibt es nicht. Um die Vollstreckbarkeit nach § 885 ZPO zu gewährleisten, muss die Entscheidung einen **Räumungstitel** beinhalten, der in der Wohnungszuweisung allein noch nicht gesehen werden kann. Erforderlich ist vielmehr darüber hinaus eine ausdrückliche Räumungsanordnung (vgl. oben Rdn. 34 ff.).   51

---

118 BT-Drucks. 14/5429 S. 21, 33.
119 Brudermüller FamRZ 2003, 1705, 1709; Finger FuR 2006, 241, 244; FA-FamR/Klein Kap. 8 Rn. 284.
120 FA-FamR/Klein Kap. 8 Rn. 285.
121 OLG Köln FamRZ 2003, 319, dass die Rechtsgrundlage allerdings bereits in Abs. 1 sieht.
122 OLGR Hamburg 2003, 272.
123 Schulte-Bunert/Weinreich/Schwonberg FamFG § 49 Rn. 44.
124 OLG Dresden FamRZ 1997, 183; OLG Karlsruhe FamRZ 1994, 1185; KG FamRZ 1991, 467.

52   Die den Antrag stützenden Umstände sind von dem Antragsteller im Einzelnen **substantiiert dar-zulegen**. Der Vortrag, der Ehegatte habe den Antragsteller beleidigt und geschlagen ist ebenso zu unbestimmt wie der, er sei immer wieder betrunken nach Hause gekommen und habe randaliert. Nicht ausreichend ist auch der Vortrag, der Antragsgegner habe den antragstellenden Ehegatten wiederholt bedroht, misshandelt und vergewaltigt,[125] er habe ständig geschimpft und gedroht[126] oder der Antragsteller habe während der Ehe mehrfach Gewalt und Demütigungen erlitten.[127] Die einzelnen Vorfälle sind vielmehr nach Zeit, Ort, näheren Umständen und konkreten Folgen genau zu schildern.[128]

53   Gemäß §§ 49 ff. FamFG besteht die Möglichkeit des Erlasses **einstweiliger Anordnungen**. Der Erlass setzt die Anhängigkeit einer Hauptsache nicht mehr voraus (§ 52 FamFG).

54   **Mit der Auflösung der Ehe** endet das Getrenntleben der Eheleute, weshalb sowohl die Hauptsacheentscheidung als auch für die Dauer des Getrenntlebens erlassene einstweilige Anordnungen nach **unwirksam werden**.

II. Beweislast

55   Verbleiben Zweifel an dem die Begründetheit des Zuweisungsantrages stützenden Tatsachenvortrag, gehen diese zu Lasten des den Antrag stellenden Ehegatten. Steht jedoch fest, dass es zu einer Gewalttat gekommen ist, ist es Sache des Täters, darzulegen und zu beweisen, dass weitere Verletzungshandlungen von ihm nicht zu befürchten sind (Abs. 2 Satz 2). Dabei sind an die **Widerlegung der aus dem Gesetz folgenden Vermutung der Wiederholungsgefahr** hohe Anforderungen zu stellen.[129] Allein eine auch strafbewehrte Unterlassungserklärung genügt nicht, insbesondere dann, wenn in der Vergangenheit verbale Auseinandersetzungen schon wiederholt zu kritischen Situationen geführt haben.[130]

56   Auch dann, wenn dieser Nachweis gelingen sollte, ist dem antragstellenden Ehegatten die gesamte Wohnung immer noch zu überlassen, wenn ihm das weitere Zusammenleben allein auf Grund der **Schwere der begangenen Tat** nicht zuzumuten ist (Abs. 2 Satz 2, 2. HS). Der Gesetzgeber hat dabei insbesondere an Fälle schwerer Körperverletzung, Vergewaltigung oder versuchten Totschlag gedacht.[131]

III. Problem der eigenmächtigen Änderung der Nutzungsverhältnisse

57   Im Falle **eigenmächtiger Änderung der Nutzungsverhältnisse** sind Ansprüche aus § 985 ausgeschlossen, weil § 1361b zum Ausdruck bringt, dass die Eigentumsverhältnisse an der Ehewohnung während bestehender Ehe nicht die ausschlaggebende Rolle spielen. Deshalb verdrängt § 1361b als lex specialis sowohl Ansprüche aus § 985[132] als auch solche auf Zahlung einer Benutzungsvergütung aus dem **Eigentümer – Besitzerverhältnis**.[133]

---

125   OLG Düsseldorf FamRZ 1988, 1058.
126   OLG Karlsruhe FamRZ 1991, 1440.
127   OLG Brandenburg FamRZ 1996, 743; OLG Köln FamRZ 1994, 632; OLG Hamm FamRZ 1989, 739.
128   Haussleiter/Schulz Kap. 4 Rn. 28.
129   BT-Drucks. 14/5429, S. 19; OLG Brandenburg NJW-RR 2006, 220.
130   OLG Stuttgart FamRZ 2007, 829.
131   BT-Drucks. 14/5429, S. 31.
132   BGH FamRZ 1976, 691; OLG Hamm FamRZ 1998, 1172; OLG Köln FamRZ 1987, 77.
133   OLG Frankfurt FamRZ 1992, 677, 678; Staudinger/Voppel § 1361b Rn. 85; a.A. OLG Brandenburg FamRZ 2008, 542.

Streitig ist das Verhältnis zwischen den **Besitzschutzvorschriften** und § 1361b. Zum einen wird 58
vertreten, im Falle verbotener Eigenmacht sei § 1361b analog auch dann anwendbar, wenn der
Ehegatte lediglich die Wiedereinräumung seines Mitbesitzes begehre.[134]

Die wohl überwiegende Meinung geht jedoch davon aus, dass § 1361b den allgemeinen Besitz- 59
schutzregelungen nicht vorgeht. Im Falle verbotener Eigenmacht hätte der die **Wiedereinräumung
des Besitzes** begehrende Ehegatte somit die Möglichkeit, seinen Anspruch auf § 861 zu stützen. Er
könnte aber auch eine **Wohnungszuweisung** beanspruchen und nach § 1361b vorgehen.[135]

Auch insoweit ist die praktische Relevanz des Streites nur noch gering, weil in jedem Fall die 60
Zuständigkeit des Familiengerichts gegeben ist, sei es als Ehewohnungssache gem. §§ 111 Nr. 5,
200 Abs. 1 Nr. 1 FamFG, sei es als sonstige Familiensache gem. §§ 111 Nr. 10, 266 Abs. 1 Nr. 3
FamFG.[136]

IV. Verhältnis zum Gewaltschutzgesetz

Nach § 2 GewSchG kann das Opfer im Falle vorsätzlicher Verletzung von Körper, Gesundheit 61
oder Freiheit oder ggf. auch bei deren Androhung die grundsätzlich befristete ausschließliche Nutzung der bis dahin gemeinsam genutzten Wohnung verlangen. Diese Vorschrift findet auch unter
Ehegatten Anwendung, so dass die weitergehende Vorschrift des § 1361b die Anwendung des § 2
GewSchG nicht ausschließt. Das hat auch insoweit praktische Bedeutung, als § 1361b die unbefristete Möglichkeit der Wohnungsüberlassung ermöglicht und die eigentliche Norm zur Regelung der Nutzung der Wohnung im Verhältnis zwischen den getrennt lebenden oder die Trennung anstrebenden Ehegatten ist.[137] Im Übrigen sind die Möglichkeiten der Umsetzung der Entscheidungen nach §§ 209 bzw. 216 FamFG angeglichen. Wird der Zuweisungsantrag auf eine
behauptete Gewalttat iS des GewSchG gestützt, kann der Antrag auch als ein solcher nach § 2
GewSchG ausgelegt werden.[138]

V. Abänderbarkeit

Die Entscheidung zur Wohnungszuweisung kann ggf nach § 48 Abs 1 FamFG abgeändert werden. 62
Das gilt auch für einen Beschluss, durch die die Zuweisung der Ehewohnung abgelehnt worden
ist.[139] Für die Ausfüllung des Begriffs der wesentlichen Änderung der Sach- und Rechtslage kann
auf die Rechtsprechung zu § 17 HausratsVO zurückgegriffen werden. Dass bereits bei Erlass der
Ausgangsentscheidung Umstände unrichtig bewertet oder gewichtet worden sind, erfüllt nicht die
Voraussetzungen des § 48 FamFG.[140]

§ 1362 Eigentumsvermutung

(1) [1]**Zu Gunsten der Gläubiger des Mannes und der Gläubiger der Frau wird vermutet, dass die
im Besitz eines Ehegatten oder beider Ehegatten befindlichen beweglichen Sachen dem Schuldner gehören.** [2]**Diese Vermutung gilt nicht, wenn die Ehegatten getrennt leben und sich die
Sachen im Besitz des Ehegatten befinden, der nicht Schuldner ist.** [3]**Inhaberpapiere und Orderpapiere, die mit Blankoindossament versehen sind, stehen den beweglichen Sachen gleich.**

---

134 Palandt/Brudermüller § 1361b Rn. 18; Menter FamRZ 1997, 76, 80.
135 Staudinger/Voppel § 1361b Rn. 54.
136 FA-FamR/Klein Kap. 8 Rn. 15.
137 AG Tempelhof-Kreuzberg FamRZ 2003, 532; Brudermüller FamRZ 2006, 1157, 1158.
138 OLG Bamberg FamRZ 2011, 1419.
139 OLG Stuttgart FamRZ 2011, 976.
140 OLG Stuttgart FamRZ 2011, 976.

(2) Für die ausschließlich zum persönlichen Gebrauch eines Ehegatten bestimmten Sachen wird im Verhältnis der Ehegatten zueinander und zu den Gläubigern vermutet, dass sie dem Ehegatten gehören, für dessen Gebrauch sie bestimmt sind.

A. Zweck der Norm

1   Die Norm enthält eine **Regelung des Gläubigerschutzes** bei Ansprüchen gegen einen der Ehegatten. Der für Außenstehende ansonsten nur schwer zu führende Nachweis des Eigentums gerade eines der Ehegatten wird durch sie erleichtert. Die Norm gilt jedoch – anders als § 1006 – nur im **Außenverhältnis**, nicht zwischen den beiden Ehegatten selbst, hier gilt § 1006.[1]

B. Voraussetzungen

2   Die Norm setzt das **Bestehen einer Ehe** voraus. Sie gilt gem. Abs. 1 Satz 2 nicht mehr im Falle der **Trennung** der Ehegatten, wobei wegen des Begriffs des Getrenntlebens auf § 1567 verwiesen werden kann. Deshalb liegt im Falle einer auch längeren Haftverbüßung durch einen Ehegatten keine Trennung im Sinne des § 1362 vor.[2] Eine entsprechende Anwendung auf die nichteheliche Lebensgemeinschaft scheidet aus.[3]

3   Die Vermutung gilt für alle **beweglichen Sachen**, also auch Geld sowie Inhaber- und Orderpapiere, die mit Blankoindossament versehen sind (Abs. 1 Satz 3). Sie gilt hingegen nicht für Grundstücke oder Forderungen.

4   Die Eigentumsvermutung gilt ferner nicht für ausschließlich zum **persönlichen Gebrauch eines Ehegatten bestimmte Sachen**. Für diese wird nach Abs. 2 vermutet, dass sie dem Ehegatten gehören, für dessen Gebrauch sie bestimmt sind. Hierzu gehören insbesondere Kleidung, Arbeitsgerät und Schmuck.[4]

C. Verfahren

5   Um die Vermutung des Abs. 1 auszulösen, muss der Gläubiger die Voraussetzungen des § 1362 **darlegen und beweisen**. Dem jeweils anderen Ehegatten obliegt es sodann, ggf. den **vollen Nachweis** seines Eigentums zu führen. Dieser Nachweis ist bei Kraftfahrzeugen durch Vorlage des Fahrzeugbriefs nicht geführt, da der nur auf den Halter, nicht den Eigentümer hinweist.[5] Besondere Bedeutung erlangt die Vermutung im Fall der **Zwangsvollstreckung** oder in der **Insolvenz** eines der Ehegatten. In der Zwangsvollstreckung findet die Norm ihre Entsprechung in § 739 ZPO. Gegen die Vollstreckung hat der nicht schuldende Ehegatte die Möglichkeit der **Drittwiderspruchsklage** nach § 771 ZPO.

---

1 OLG Oldenburg FamRZ 1991, 814.
2 OLG Düsseldorf NJW-RR 1995, 963.
3 BGH FamRZ 2007, 457.
4 OLG Saarbrücken OLGR 2003, 75.
5 BGH NJW 1970, 1002.

Anders als die Vermutung nach Abs. 1 gilt die nach Abs. 2 auch zwischen den Ehegatten über die 6
Trennung und Eheauflösung hinaus bis zur endgültigen Auseinandersetzung.[6] Dabei hat derjenige
Ehegatte, der sich auf die Vermutung des Abs. 2 beruft, den Nachweis zu erbringen, dass die Sache
zu seinem **ausschließlichen persönlichen Gebrauch** bestimmt ist. Das gilt auch für Damen-
schmuck, für den nicht eine tatsächliche Vermutung streitet, dass sie der Ehefrau gehört.[7] Auch
insoweit kommt es neben der Lebenserfahrung auf die Umstände des Einzelfalles an.[8]

Vorbemerkung vor §§ 1363 ff.

A. Vorbemerkung

I. Allgemeines

Das Güterrecht regelt die **vermögensrechtlichen Beziehungen der Ehegatten** zueinander und zu 1
Dritten, soweit sie auf dem Bestehen der Ehe beruhen. Treten sich die **Ehegatten dagegen wie
Dritte** gegenüber, ist die Ehe mithin nicht das für ihre vermögensrechtlichen Beziehungen prä-
gende Element, so sind in diesem Zusammenhang begründete Rechtsverhältnisse nicht dem
Güterrecht zuzuordnen. Hierzu rechnen beispielsweise Ansprüche auf **Ausgleich von Gesamt-
schulden**, Ausgleichsansprüche im Rahmen einer **Ehegatteninnengesellschaft**, Ansprüche aus
Miteigentum, Ansprüche auf **Beteiligung an Steuerstattungen** oder **Steuernachzahlungen** usw.
Vom Güterrecht getrennt sind daneben **allgemeine Regelungen mit vermögensrechtlichem
Bezug**, die das Gesetz den »Wirkungen der Ehe im Allgemeinen« (§§ 1356, 1357, 1362 BGB)
zugeordnet hat, wie der **Versorgungsausgleich** oder das vom Güterrecht abgegrenzte **Unterhaltsrecht**.

II. Geschichte

Nach dem In-Kraft-Treten des BGB galt zunächst der **Güterstand der ehemännlichen Verwaltung** 2
und Nutznießung als der gesetzliche. Da dieser mit dem aus Art. 3 Abs. 2 GG folgenden Grundsatz der Gleichberechtigung der Geschlechter nicht zu vereinbaren war, galt vom 01.04.1953 bis
zum Wirksamwerden des Gleichberechtigungsgesetzes vom 21.06.1957 am 30.06.1958 **Gütertrennung**. Seit dem **01.07.1958** ist dann die **Zugewinngemeinschaft** (§§ 1363–1390 BGB) der
ordentliche gesetzliche Güterstand. Daneben gibt es den außerordentlichen gesetzlichen Güterstand der **Gütertrennung** (§ 1408 BGB), der vertraglich vereinbart werden kann, in bestimmten
Fällen (§§ 1388, 1414, 1449, 1470 BGB) aber auch von Gesetzes wegen eintritt. Schließlich sieht
das Gesetz in §§ 1415–1518 BGB noch die **Gütergemeinschaft** als weiteren außerordentlichen
gesetzlichen Güterstand vor.

Mit dem am 01.09.2009 in Kraft getretenen Gesetz zur Änderung des Zugewinnausgleichs- und 3
Vormundschaftsrechts ist das Güterrecht nachhaltig geändert worden, wobei die Reform jedoch –

---

6 Staudinger/Voppel § 1362 Rn. 65.
7 Palandt/Brudermüller § 1362 Rn. 8.
8 OLG Nürnberg FamRZ 2000, 1220.

anders als etwa die des Versorgungsausgleichs – keine Strukturreform ist. Ziele der Reform waren insbesondere:

– Berücksichtigung negativen Anfangsvermögens in § 1374
– Vorverlegung des Zeitpunkts für die Berechnung des Endvermögens
– Verbesserung des Rechtsschutzes gegen unredliche Vermögensverschiebungen
– Änderung der Darlegungs- und Beweislast im Rahmen des § 1375 Abs. 2
– Übernahme der materiellen Normen der HausratsVO in §§ 1568a und b

Vollständig gestrichen wurde die Norm des § 1370, da sie in der Vergangenheit nur eine geringe praktische Bedeutung erlangt hat. Überdies hatte sie sich auch als rechtspolitisch fragwürdig erwiesen, da die dingliche Surrogation zu unangemessenen Ergebnissen führte, wenn im Verlauf der Ehe einfache durch wertvollere Haushaltsgegenstände ersetzt worden waren. Nach der bisherigen Rechtslage kamen die damit verbundenen Qualitäts- und Quantitätsverbesserungen allen dem Eigentümer der in die Ehe eingebrachten Sachen zu Gute.[1]

4 Nicht geändert wurde die systemwidrige Norm des § 1371 Abs. 1, die den Zugewinnausgleich im Fall der Beendigung des Güterstandes durch den Tod eines Ehegatten regelt. Die mit der Norm vorgenommene pauschale Erhöhung des gesetzlichen Erbteils unabhängig davon, ob überhaupt und wenn ja, durch wen ein Zugewinn erzielt worden ist, hat mit dem Grundgedanken des Zugewinnausgleichsrechts als hälftiger Teilhabe an den während der Ehe erzielten Wertschöpfungen nichts zu tun. Sie vereinfacht nur die Auseinandersetzung des Nachlasses und vermeidet auf diese Weise zusätzlichen Streit. Diese Regelung wird allgemein auch nicht als ungerecht empfunden, was den Nachteil der Systemwidrigkeit hinnehmbar erscheinen lässt.[2]

III. Geltung in den neuen Bundesländern

5 Seit dem 03.10.1990 gilt das Güterrecht des BGB uneingeschränkt auch in den neuen Bundesländern. Sofern die Eheleute nichts anderes bestimmt haben, leben sie somit seit diesem Tag ebenfalls im Güterstand der Zugewinngemeinschaft (Art. 234 § 4 Abs. 1 EGBGB). Im Falle der Scheidung einer in der DDR geschlossenen Ehe ist somit eine **Vermögensauseinandersetzung nach Maßgabe der §§ 39, 40 FGB DDR** zum 02.10.1990 durchzuführen, wobei die sich danach ergebenden Ansprüche das Anfangsvermögen der Ehegatten für die zum 03.10.1990 beginnende Zugewinngemeinschaft darstellen. Weil somit der Auseinandersetzungsanspruch die Entscheidung über den Zugewinnausgleich beeinflusst, ist in diesen Fällen Vortrag auch zu den Voraussetzungen der §§ 39, 40 FGB unentbehrlich.[3]

6 Nach § 13 FGB DDR bleibt das von den Ehegatten in die Ehe eingebrachte Vermögen, das Anfangsvermögen, ebenso ihr Alleineigentum wie ererbte und geschenkte Vermögensgegenstände. Insoweit besteht eine weitgehende Ähnlichkeit mit den früheren Regeln der HausrVO, nur dass die Auseinandersetzungsregeln das gesamte Vermögen, nicht nur den Hausrat umfassen.[4]

7 Nach § 39 FGB DDR wird das gemeinsame Eigentum bei Beendigung der Ehe, soweit die Eheleute keine Einigung haben erzielen können, nach Billigkeit verteilt, während nach § 40 FGB DDR die Möglichkeit besteht, einem Ehegatten einen Anteil am Vermögen des anderen zuzusprechen, wenn der Ehegatte wesentlich zur Vergrößerung und Erhaltung des Vermögens des anderen beigetragen hat. Bei Anwendung der Vorschriften der §§ 39, 40 FGB DDR sind diese verfassungskonform auszulegen.[5] Daraus folgt beispielsweise, dass an unteilbaren Sachen Miteigentum begründet wird.

---

1 BT-Drucks. 635/08 S. 25.
2 MüKo/Koch § 1371 Rn. 3 ff; Hoppenz FamRZ 2008, 1889.
3 OLG Naumburg OLGR 2004, 110.
4 Haussleiter/Schulz Kap. 7 Rn. 10.
5 BGH FamRZ 1992, 414; BGH FamRZ 1992, 531.

Gemäß Art. 234 § 4 Abs. 2 EGBGB hatten die Eheleute jedoch bis zum Ablauf von 2 Jahren nach **8** dem Beitritt der neuen Bundesländer zur Bundesrepublik, also bis zum 02.10.1992, die Möglichkeit, durch einseitige Erklärung die Überleitung auszuschließen, so dass für diese Eheleute noch die **Eigentums- und Vermögensgemeinschaft** der DDR gilt und sich die Vermögensauseinandersetzung auch heute noch nach §§ 39 ff. FamGB DDR vollzieht. Von dieser Option haben bundesweit etwa 3.700 Ehepaare Gebrauch gemacht.[6]

In diesen Fällen findet nach heute herrschender Meinung § 39 FGB DDR aber auch nur entsprechende Anwendung. Daraus folgt, dass per 03.10.1990 im Wege einer fiktiven Auseinandersetzung eine automatische Umwandlung der Vermögensgemeinschaft in eine **Bruchteilsgemeinschaft** stattgefunden hat.[7]

Haben die Eheleute ihren gewöhnlichen Aufenthalt vor dem 03.10.1990 von der DDR in die **10** Bundesrepublik Deutschland verlegt, so erfolgt die **Überleitung des Güterstandes** in den der Zugewinngemeinschaft gem. § 3 des **Gesetzes über den ehelichen Güterstand von Vertriebenen und Flüchtlingen** vom 04.08.1969[8] mit Beginn des 4. Monats nach Begründung des gewöhnlichen Aufenthalts in der Bundesrepublik. Das gilt auch für Übersiedler, die ihren Wohnsitz nach der Öffnung der innerdeutschen Grenze, aber vor dem 03.10.1990 in die alten Bundesländer verlegt haben.[9]

IV. Internationales Privatrecht

Ob und gegebenenfalls wann das Recht der Zugewinngemeinschaft Anwendung findet, wenn ein **11** Ehegatte kein Deutscher ist oder beide einem anderen Staat angehören, entscheidet sich nach dem **Güterstatut des Art. 15 EGBGB.** Insoweit wird auf die entsprechenden Ausführungen hierzu verwiesen.

Für Ehegatten, von denen einer die deutsche und der andere die französische Staatsangehörigkeit **12** hat, bietet sich der **deutsch-französische Wahlgüterstand** an, der für deutsche Ehegatten in Frankreich oder französische Ehegatten in Deutschland, für deutsch-französische Ehegatten in Frankreich oder Deutschland oder ausländische Ehegatten, die ihren gewöhnlichen Aufenthalt entweder in Deutschland oder Frankreich haben zur Verfügung steht. Diese Wahlmöglichkeit basiert auf dem noch ratifizierten Abkommen zwischen der Bundesrepublik Deutschland und der Französischen Republik über den Wahlgüterstand vom 04.02.2010[10] und orientiert sich inhaltlich an der Zugewinngemeinschaft, wobei aber anders als dort etwa Schmerzensgeld oder zufällige Wertsteigerungen von Immobilien unberücksichtigt bleiben.

V. Grundzüge der Zugewinngemeinschaft

Der gesetzliche Güterstand der Zugewinngemeinschaft ist ein **dogmatisch modifiziertes System** **13** **der Gütertrennung.** Weder das von den Ehegatten eingebrachte, noch das während der Ehe von einem Ehegatten erworbene Vermögen wird gemeinsames Eigentum beider Eheleute. Jeder bleibt vielmehr Inhaber seines Vermögens, wobei sich die Vermögensverwaltung nach § 1364 richtet. Beide Eheleute haften für vor und während der Ehezeit begründete Verbindlichkeiten selbst und nur mit ihrem eigenen Vermögen.

---

6 Peters FamRZ 1994, 674.
7 Vgl. OLG Rostock FamRZ 1997, 1158; OLG Thüringen FamRZ 1997, 1014; FamRZ 1998, 1028; OLG Dresden FamRZ 1998, 1360; a.A.: OLG Brandenburg FamRZ 1998, 1177; Otto Das Ehegüterrecht nach dem Einigungsvertrag S. 147; Pawlowski/Lipp FamRZ 1992, 377, 380.
8 BGBl I S. 1067.
9 Staudinger/Thiele (2000) Einl. zu §§ 1363 ff. Rn. 27.
10 BT-Drucks. 67/11

14 Diese Ausgestaltung des Güterstandes zeigt, dass der Begriff der Zugewinngemeinschaft missverständlich ist. Denn die Zugewinngemeinschaft hat mit den Gemeinschaftsformen des BGB, der **Bruchteilsgemeinschaft** oder der **Gesamthandsgemeinschaft**, nichts gemein. Sie ist eine spezielle Ausformung der Gütertrennung (§ 1363 Abs. 2 Satz 1). In der Verwaltung ihrer Vermögen ist grundsätzlich jeder Ehegatte frei. Jeder kann sowohl mit dem anderen als auch mit Dritten in rechtsgeschäftliche Beziehungen treten, wobei alle Beteiligten grundsätzlich im eigenen Namen handeln. Nur soweit es um Rechtsgeschäfte zur angemessenen Deckung des Lebensbedarfs geht, besteht die Möglichkeit der Mitverpflichtung des anderen Ehegatten über § 1357, der jedoch keine güterrechtliche Regelung darstellt, also unabhängig vom Bestehen des gesetzlichen Güterstandes gilt. Daneben besteht im Einzelfall ggf. die Möglichkeit der Verpflichtung des anderen Ehegatten über eine rechtsgeschäftliche Bevollmächtigung oder auch auf Grund der Grundsätze der Duldungs- und Anscheinsvollmacht.

15 Rechtsstreitigkeiten führt jeder Ehegatte allein, wobei eine gewillkürte Prozessstandschaft des ermächtigten Ehegatten dann anerkannt wird, wenn dieser ein eigenes Rechtsschutzinteresse besitzt, was aber regelmäßig aus der ehelichen Lebensgemeinschaft heraus anzunehmen ist.[11]

16 Aus den §§ 1365 und 1369 folgen Beschränkungen der grundsätzlich bestehenden Verwaltungsfreiheit; mittelbare Beschränkungen ergeben sich aus der Verpflichtung zur ehelichen Lebensgemeinschaft[12] sowie aus den Schutzvorschriften der §§ 1375 Abs. 2, 1384 und 1386 und im Fall des Getrenntlebens aus § 1361a. Gemeinschaftliches Vermögen wird auch gemeinschaftlich verwaltet, sofern nichts anderes bestimmt ist.

17 Die Ehegatten sind frei, die Vermögensverwaltung auch formlos dem anderen zu überlassen.[13] Die Übertragung der Vermögensverwaltung kann aber auch ebenso formlos jederzeit widerrufen werden, § 1413.

VI. Aufbau

18 Die Vorschriften über das gesetzliche Güterrecht sind dergestalt gegliedert, dass nach der Festlegung des **Geltungsbereichs** und des Grundsatzes der **Vermögenstrennung** (§ 1363) Regeln über die **Verwaltung** des Vermögens während des Bestehens des Güterstandes aufgestellt werden (§§ 1364 bis 1369). Sodann folgen Vorschriften über die **Auflösung** der Zugewinngemeinschaft. § 1371 regelt dabei die Auflösung durch den **Tod** eines der Ehegatten, §§ 1372 bis 1390 diejenige in **sonstigen Fällen**.

VII. Reform und Überleitung, Verfahren

19 Nach dem Inkrafttreten der Güterrechtsreform zum 01.09.2009 enthält Art. 229 § 20 Abs. 2 EGBGB die maßgebliche Überleitungsvorschrift. Danach findet § 1374 in seiner alten Fassung auf alle bis zum 31.08.2009 anhängig gewordenen Verfahren Anwendung, die Anerkennung negativen Anfangsvermögens somit erst auf Verfahren, die ab dem 01.09.2009 anhängig geworden sind. Alle anderen Änderungen dienen nach den Vorstellungen des Gesetzgebers dagegen dem Schutz vor Manipulationen und sind deshalb auch **rückwirkend anzuwenden**[14].

20 Das unterhaltsrechtliche Verfahren ist eine Familienstreitsache (§ 112 Nr. 2 FamFG), das weitgehend nach den Vorschriften der ZPO abläuft. Besondere Regelungen zum Verfahren in Güterrechtssachen finden sich in §§ 261 ff. FamFG.

---

11 BGH FamRZ 1961, 435; Staudinger/Thiele § 1364 Rn. 12.
12 BGH FamRZ 1976, 691; BGHZ 1, 87, 92; 53, 352, 356; RG Recht 1919 Nr. 1496.
13 MüKo/Koch § 1364 Rn. 13.
14 BT-Drucks. 635/08 S. 53; vgl. auch Weinreich FuR 2009, 497, 508.

Titel 6 Eheliches Güterrecht

Untertitel 1 Gesetzliches Güterrecht

§ 1363 Zugewinngemeinschaft

(1) Die Ehegatten leben im Güterstand der Zugewinngemeinschaft, wenn sie nicht durch Ehevertrag etwas anderes vereinbaren.

(2) [1]Das Vermögen des Mannes und das Vermögen der Frau werden nicht gemeinschaftliches Vermögen der Ehegatten; dies gilt auch für Vermögen, das ein Ehegatte nach der Eheschließung erwirbt. [2]Der Zugewinn, den die Ehegatten in der Ehe erzielen, wird jedoch ausgeglichen, wenn die Zugewinngemeinschaft endet.

A. Geltung der Regeln über den Zugewinnausgleich

I. Wirksamwerden der Regeln über den Zugewinnausgleich

Solange Ehegatten nicht durch Ehevertrag etwas anderes bestimmt haben, leben sie **automatisch** **im gesetzlichen Güterstand der Zugewinngemeinschaft**. Dabei stellt Abs. 1 den gesetzlichen Güterstand zur **Disposition der Ehegatten**. Wegen der **Form des Ehevertrages** wird auf § 1408 BGB verwiesen. **1**

Die Zugewinngemeinschaft tritt kraft Gesetzes mit dem **Wirksamwerden der Eheschließung** ein. Überdies kann sie durch einen entsprechenden Ehevertrag begründet werden, wenn bis dahin ein anderer Güterstand vereinbart war. **2**

II. Geltung bei fehlerhafter Eheschließung

Die Zugewinngemeinschaft besteht grundsätzlich auch nach **fehlerhafter**, etwa **bigamischer Eheschließung**[1] oder dann, wenn die Ehegatten die **eheliche Lebensgemeinschaft nicht verwirklicht** haben. Abzustellen ist allein auf die **formale Rechtsposition**, wobei bei Vorliegen der Tatbestandsvoraussetzungen allenfalls an eine Korrektur über § 1381 BGB gedacht werden kann. **3**

III. Ende der Zugewinngemeinschaft

Sie endet mit dem **Tod eines der Ehegatten** (§ 1371 BGB), bei **Wirksamwerden der Aufhebung oder Scheidung der Ehe** (§§ 1313 ff., 1318 Abs. 3 BGB, §§ 1564 ff. BGB), mit der Rechtskraft derjenigen gerichtlichen Entscheidung, die einem **Antrag auf vorzeitigen Ausgleich des Zugewinns** stattgibt (§§ 1385 ff., 1388 BGB) oder mit dem Wirksamwerden eines auf Beendigung der Zugewinngemeinschaft gerichteten **Ehevertrages** (§§ 1408 Abs. 1, 1414 BGB). **4**

---

1 BGH FamRZ 1980, 768.

5 Endet die Zugewinngemeinschaft allerdings durch den **gleichzeitigen Tod beider Eheleute**, so findet ein Zugewinnausgleich nach herrschender Rechtsprechung nicht statt, weil der Zugewinnausgleichsanspruch nur in der Person des Ehegatten selbst entstehen kann.[2]

IV. Abdingbarkeit

6 Für den Fall der **vertraglichen Änderung des Güterstandes** sind die Ehegatten weitgehend frei, soweit die Form des § 1408 BGB gewahrt ist. Sie können den gesetzlichen Güterstand ganz aufheben, so dass **Gütertrennung** eintritt. Sie können **Gütergemeinschaft** vereinbaren oder schließlich auch die **Zugewinngemeinschaft modifizieren**. So ist es insbesondere zulässig, hinreichend **konkretisierte Vermögenswerte dem Zugewinnausgleich zu entziehen**.[3] Zulässig ist auch die Vereinbarung einer **abweichenden Beteiligungsquote**, von **Bestimmungen zur Berechnung und Bewertung des Anfangs- und Endvermögens** oder die gesonderte **Ausgestaltung der Auszahlungsmodalitäten**.[4] Ihre Grenzen findet die Freiheit der Ehegatten nur in den **allgemeinen Grenzen der Vertragsfreiheit**, etwa in § 138 BGB.[5] Außerdem kann die Zugewinngemeinschaft nicht rückwirkend auf eine Zeit vor dem In-Kraft-Treten des Gleichberechtigungsgesetzes vereinbart werden.[6]

7 Vertragliche Regelungen nach Beendigung des Güterstandes stellen keinen Eingriff in diesen mehr dar, sondern regeln allenfalls die Ausgleichsforderung als solche.

B. Grundsatz der Vermögenstrennung (Abs. 2)

8 Weder das von den Ehegatten in die Ehe eingebrachte noch das von einem Ehegatten während der Dauer der Ehezeit erworbene Vermögen wird gemeinsames Eigentum beider Ehegatten. Jeder bleibt vielmehr **Inhaber seines Vermögens**, wobei die Verwaltung durch § 1364 BGB geregelt wird. Ebenso haftet auch jeder Ehegatte für vor und während der Ehe begründete Verbindlichkeiten selbst und nur mit seinem eigenen Vermögen.

C. Beweislast

9 Soweit ein Ehegatte die Vereinbarung eines Ehevertrages und den Ausschluss der Zugewinngemeinschaft behauptet, trägt er hierfür die Beweislast, da der gesetzliche Güterstand die Regel bildet.

§ 1364   Vermögensverwaltung

Jeder Ehegatte verwaltet sein Vermögen selbstständig; er ist jedoch in der Verwaltung seines Vermögens nach Maßgabe der folgenden Vorschriften beschränkt.

---

2 BGH FamRZ 1978, 678; Ermann/Budzikiewicz§ 1372 Rn. 2; Palandt/Brudermüller § 1371 Rn. 13.
3 BGH FamRZ 1997, 800 für den Ausschluss des Betriebsvermögens.
4 Staudinger/Thiele § 1363 Rn. 23.
5 BGH FamRZ 1997, 157; OLG Stuttgart FamRZ 1983, 498.
6 OLG Oldenburg FamRZ 1997, 1505.

A. Allgemeines

Der gesetzliche Güterstand stellt eine **spezielle Ausformung der Gütertrennung** dar (§ 1363   1
Abs. 2 S. 1 BGB). Diese Regelung wird folgerichtig dadurch ergänzt, dass nicht nur die **Vermögen**
der Eheleute getrennt bleiben, sondern dass jeder auch grundsätzlich frei ist in der **Verwaltung** seines Vermögens. Jeder Ehegatte kann sowohl mit dem anderen als auch mit Dritten in rechtsgeschäftliche Beziehungen treten. Alle Beteiligten handeln dabei grundsätzlich im eigenen Namen.
Jedoch kann ein Ehegatte den anderen – losgelöst von den güterrechtlichen Verhältnissen – wirksam mit verpflichten, wenn ein **Rechtsgeschäft zur angemessenen Deckung des Lebensbedarfs
der Familie** vorliegt, § 1357 BGB. Außerdem besteht die Möglichkeit der rechtsgeschäftlichen
Bevollmächtigung des Ehegatten, die möglicherweise auch auf Grund der **Grundsätze der Dul-
dungs- oder Anscheinsvollmacht** gegeben sein kann.

B. Gewillkürte Prozessstandschaft

Rechtsstreitigkeiten führt jeder Ehegatte allein, wobei eine **gewillkürte Prozessstandschaft** des   2
ermächtigten Ehegatten dann anerkannt wird, wenn dieser ein eigenes Rechtsschutzinteresse
besitzt, was aber regelmäßig aus der ehelichen Lebensgemeinschaft heraus zu bejahen ist.[1]

C. Beschränkungen in der Verwaltungsfreiheit

Allerdings folgen **Beschränkungen in der Verwaltungsfreiheit** aus den §§ 1365 und 1369 BGB;   3
mittelbare Beschränkungen ergeben sich aus der **Verpflichtung zur ehelichen Lebensgemeinschaft**[2] sowie aus den **Schutzvorschriften** der §§ 1375 Abs. 2, 1384 und 1385 BGB[3] und im **Falle
des Getrenntlebens** aus den §§ 1361a BGB.

D. Überlassung der Vermögensverwaltung an den anderen

Die Ehegatten sind jedoch frei, die Vermögensverwaltung auch formlos dem anderen zu überlas-   4
sen.[4] In diesem Fall gelten, sofern Rechtsbindungswille feststellbar ist, für Ansprüche des Ehegatten gegen den verwaltenden Ehegatten die Regeln über das **Auftragsrecht** (§§ 662 ff. BGB).[5] Die
Übertragung der Vermögensverwaltung kann ebenso formlos jederzeit widerrufen werden,
§ 1413 BGB. Soll die Möglichkeit des Widerrufs ausgeschlossen oder eingeschränkt werden, so
bedarf dies der Form des Ehevertrages, § 1413 BGB.

E. Gemeinschaftliches Vermögen

Gemeinschaftliches Vermögen verwalten die Ehegatten auch gemeinschaftlich, sofern nichts   5
anderes bestimmt ist.

---

1 BGH FamRZ 1961, 435; Staudinger/Thiele § 1364 Rn. 12.
2 RG Recht 1919, Nr. 1496; BGHZ 1, 87, 92; BGHZ 53, 352, 356; BGH FamRZ 1976, 691.
3 Schopp RPfl 1964, 69.
4 MüKo/Koch § 1364 Rn. 13.
5 Vgl. Haussleiter/Schulz Kap. 6 Rn. 338 ff.

§ 1365   Verfügung über Vermögen im Ganzen

(1) ¹Ein Ehegatte kann sich nur mit Einwilligung des anderen Ehegatten verpflichten, über sein Vermögen im Ganzen zu verfügen. ²Hat er sich ohne Zustimmung des anderen Ehegatten verpflichtet, so kann er die Verpflichtung nur erfüllen, wenn der andere Ehegatte einwilligt.

(2) Entspricht das Rechtsgeschäft den Grundsätzen einer ordnungsmäßigen Verwaltung, so kann das Familiengericht auf Antrag des Ehegatten die Zustimmung des anderen Ehegatten ersetzen, wenn dieser sie ohne ausreichenden Grund verweigert oder durch Krankheit oder Abwesenheit an der Abgabe einer Erklärung verhindert und mit dem Aufschub Gefahr verbunden ist.

A. Allgemeines

I. Wesen der Norm

1 § 1365 stellt eine Ausnahme von dem in § 1364 aufgestellten Grundsatz der Freiheit beider Ehegatten in der Verwaltung ihres eigenen Vermögens dar. Diese Regelung bezweckt, die **wirtschaftliche Grundlage der Ehe und der Familiengemeinschaft** zu wahren[1] sowie den **Schutz des ausgleichsberechtigten Ehegatten** wegen seines künftigen Rechts auf den Zugewinnausgleich.[2] Die Gesetzesfassung abstrahiert jedoch schon aus Gründen der Rechtssicherheit von diesen Zwecken, so dass sie unabhängig davon anwendbar ist, ob der nicht verfügende Ehegatte im Falle künftiger Auflösung der Ehe ausgleichsberechtigt wäre und ob die Verfügung wegen Überschuldung des Ehegatten dem Gläubiger überhaupt zugute kommt.[3]

2 Die Vorschrift beinhaltet nicht nur eine **relative Verfügungsbeschränkung**, sondern wirkt **absolut**,[4] weshalb dem übergangenen Ehegatten die Möglichkeit des **Revokationsverfahrens** nach § 1368 gegeben ist. Außerdem eröffnet eine unter Missachtung des Einwilligungserfordernisses

---

1 BGHZ 35, 135, 137.
2 BGHZ 132, 218, 221; 101, 225, 228; BayOLG NJW 1975, 833; Schöfer-Liebl FamRZ 2011, 1628, 1629.
3 BGH FamRZ 2000, 744.
4 BGH FamRZ 1964, 25.

vorgenommene Verfügung dem übergangenen Ehegatten den **vorzeitigen Zugewinnausgleich** nach § 1385 Nr. 2.

Die **Vorschriften über den Gutglaubensschutz** (§§ 892, 932 ff., 1032, 1207) finden keine Anwen- 3 dung. Allerdings bietet die zu den Tatbestandsvoraussetzungen des § 1365 rechnende **subjektive Kenntnis des Dritten** (vgl. unten Rdn. 21 ff.) davon, dass das Geschäft das ganze Vermögen des verfügenden Ehegatten ausmacht, einen vergleichbaren Schutz.

II. Abänderbarkeit

Die Ehegatten können ihre güterrechtlichen Beziehungen jederzeit frei regeln. Sie können deshalb 4 auch die aus § 1365 folgende Verfügungsbeschränkung einvernehmlich zeitlich einschränken oder ganz auf sie verzichten.[5] Möglich ist auch ein Verzicht auf § 1365 hinsichtlich bestimmter Gegen- stände.[6] Da die Norm durch einen vollständigen oder zeitlich begrenzten Verzicht praktisch abbe- dungen wird, bedarf diese Regelung zu ihrer Wirksamkeit der Form des Ehevertrages (vgl. §§ 1408 ff.),[7] wobei diese Beschränkungen nicht eintragungsfähig sind.[8] Unzulässig ist gem. § 137 die Vereinbarung einer Verfügungsbeschränkung über den Rahmen des § 1365 hinaus. Da darin keine grundsätzliche Änderung des Güterstandes zu sehen ist, kann andererseits im Einzelfall auf die Berufung zur Einwilligung oder deren Verweigerung formlos verzichtet werden.[9]

III. Geltungsbereich der Norm

§ 1365 bindet nur solche Ehegatten, die im Zeitpunkt der Vermögensverfügung im gesetzlichen 5 **Güterstand der Zugewinngemeinschaft** gelebt haben. Sie gilt nicht für solche Geschäfte, durch die die Ehegatten sich noch als **Verlobte** verpflichtet haben, was unmittelbar aus dem Gesetzes- wortlaut abgeleitet wird.[10] Nichts anderes gilt auch dann, wenn die Erfüllung bereits in den zeitli- chen Geltungsbereich des § 1365 fällt. Bedurfte nämlich das Verpflichtungsgeschäft nicht der Zustimmung des Ehegatten, so bleibt eine spätere Änderung der Sach- oder Rechtslage vor dem Erfüllungsgeschäft ohne Folgen.

§ 1365 beschränkt nicht nur die Verfügungsmacht der Ehegatten, sondern auch Dritter, sofern 6 sie ihre Rechtsmacht von den Ehegatten ableiten. Demzufolge bedürfen **Stellvertreter** der Ehegat- ten wie diese selbst der Einwilligung, wenn sie ein Gesamtvermögensgeschäft vornehmen.[11] Etwas anderes gilt allerdings für **Amtstreuhänder**, wie den **Insolvenz-, Nachlass-** oder **Zwangsverwalter**, da diese ihre Rechtsmacht nicht von den Ehegatten ableiten und weil sie dazu berufen sind, neben den Interessen der Eheleute auch die Dritter wahrzunehmen.

Nicht zustimmungsbedürftig sind auch **nach der Rechtskraft der Ehescheidung** vorgenommene 7 Rechtsgeschäfte,[12] während vor diesem Zeitpunkt vorgenommene Verfügungen gegebenenfalls auch danach noch genehmigungspflichtig sind.[13] Ist ein zustimmungsbedürftiges Rechtsgeschäft zum Zeitpunkt der Beendigung des Güterstandes noch in der Schwebe, so konvalesziert es dann, wenn die genannten Schutzzwecke des § 1365 dadurch nicht beeinträchtigt werden,[14] wobei dann

---

5 BGHZ 41, 370; OLG Hamburg DNotZ 1964, 229; Olzen Jura 1988, 13, 14.
6 Staudinger/Thiele § 1365 Rn. 110.
7 Palandt/Brudermüller § 1365 Rn. 1.
8 BGHZ 41, 370.
9 Palandt/Brudermüller § 1365 Rn. 1 m.w.N.
10 Palandt/Brudermüller § 1365 Rn. 1.
11 Staudinger/Thiele § 1365 Rn. 12.
12 OLG Bamberg FamRZ 2000, 1167; OLG Köln OLGR 2000, 484; OLG Saarbrücken FamRZ 1987, 1248; OLG Hamm FamRZ 1987, 591.
13 BGH FamRZ 1978, 591.
14 Staudinger/Thiele § 1365 Rn. 103.

allerdings der Zweck der Erhaltung der wirtschaftlichen Existenzgrundlage der Familie regelmäßig nicht mehr erfüllt werden kann, sondern allenfalls der weitere Zweck, den anderen Ehegatten vor einer Gefährdung seiner Zugewinnausgleichsforderung zu schützen.[15] Aus Gründen der Rechtssicherheit ist entscheidend nur, ob eine **Gefährdung der Ausgleichsforderung bei genereller und abstrakter Betrachtung** gegeben wäre, während es auf den konkreten Ausschluss der Gefährdung nicht ankommt.[16] Ist die Ehe zwar rechtskräftig geschieden, der Zugewinnausgleichsanspruch als abgetrennte Folgesache aber noch rechtshängig, so besteht die Zustimmungsbedürftigkeit nach wohl herrschender Rechtsprechung somit noch fort,[17] denn mit den unter engen Voraussetzungen eine Abtrennung der Folgesachen zulassenden Regelung des § 628 ZPO hat der Gesetzgeber nicht den Schutz des ausgleichsberechtigten Ehegatten beseitigen wollen, den dieser bei einer gleichzeitigen Entscheidung im Scheidungsverbund auf Grund der §§ 1365, 1366 gehabt hätte.[18]

8 **Stirbt der zustimmungsberechtigte Ehegatte**, ist das Geschäft damit wirksam, weil der Schutzzweck des § 1365 nicht mehr besteht.[19]

B. Objektiver Tatbestand

I. Vermögen im Ganzen

9 Einwilligungsbedürftig sind nur Rechtsgeschäfte, durch die sich ein Ehegatte zu Verfügungen über sein **Vermögen als Ganzes** verpflichtet. Dazu rechnet das vorhandene **Aktivvermögen**, nicht etwa das **Nettovermögen** als Differenz zwischen Aktiva und Passiva, weil eine Differenz als bloße Rechnungsgröße nicht Gegenstand einer Verfügung sein kann. Damit schließt die **Überschuldung eines Ehegatten** die Anwendbarkeit der Norm nicht aus.[20] Allerdings muss überhaupt ein Aktivvermögen vorhanden sein. Besteht dieses nur aus unbedeutenden Wirtschaftsgütern, so findet § 1365 keine Anwendung, weil unbedeutende Wirtschaftsgüter nicht die wirtschaftliche Grundlage der Familie darstellen können.[21]

10 Wenn auch **Passiva** grundsätzlich unberücksichtigt bleiben, so gilt etwas anderes für **dingliche Belastungen von Vermögensgegenständen**. Der Wert eines belasteten Gutes ist um die auf ihm ruhenden dinglichen Belastungen zu vermindern, soweit diese noch valutieren.[22] Wird ein bereits belastetes Grundstück weiter belastet, so ist darauf abzustellen, ob die Belastung den verbleibenden Grundstückswert aufzehrt.[23] Für die Berücksichtigung von **Grundschulden** gilt: Im Zeitpunkt der Verfügung bereits bestehende Grundschulden werden nur berücksichtigt, soweit sie noch valutieren.[24] Bei der Neubestellung einer Grundschuld kommt es dagegen auf die Valutierung nicht an. Denn maßgeblich ist allein der Betrag, für den das Grundstück dinglich haftet.[25] Das ist grundsätzlich der Nominalbetrag einschließlich etwaiger Nebenleistungen und **dinglicher Zinsen**,[26] unabhän-

---

15 OLG Celle FamRZ 2001, 1613.
16 BGHZ 77, 293, 300; anders wohl: BGH NJW 1978, 1381.
17 OLG Celle FamRZ 2004, 625; OLG Köln EzFamR aktuell 2000, 301; OLG Hamm FamRZ 1984, 53 mit zust. Anm. Bosch; a.A.: OLG München MDR 2007, 47; MüKo/Koch § 1365 Rn. 6.
18 OLG Celle FamRZ 2004, 625.
19 BGH FamRZ 1996, 820; FA-FamR/v Heintschel-Heinegg Kap. 9 Rn. 24.
20 BGH FamRZ 2000, 744.
21 RGZ 137, 349.
22 BGH FamRZ 1980, 765; OLG Köln FamRZ 2010, 562; OLG München FamRZ 2005, 272.
23 BGH FamRZ 1993, 1302.
24 BGH FamRZ 1993, 1302.
25 BGH FamRZ 2012, 116.
26 BGH FamRZ 2012, 116 mit Anm Koch; aA: OLG Hamm FamRZ 2011, 1732 (LS)

gig davon, dass diese im Zeitpunkt der Grundschuldbestellung noch nicht entstanden sind. Denn entscheidend ist, inwieweit die Belastung den Wert des Grundstücks absinken lässt. Im Regelfall sind die Zinsen in Höhe des zweieinhalbfachen Jahresbetrages zu berücksichtigen.[27]

Laufende oder **künftige Arbeits- oder Renteneinkommen** sind weder Vermögen im Sinne des §1365, noch werden sie in den vorzunehmenden Wertevergleich mit einbezogen.[28] Dies folgt aus dem Gesetzeszweck, da §1365 die Vermögensgrundlage der Familie sichern und verhindern soll, dass ein Ehegatte ohne die Zustimmung des anderen der Familie die im Vermögen bestehende wirtschaftliche Grundlage entzieht. Ansprüche auf Arbeitsentgelt oder Rente stellen aber keinen im Rahmen der Zugewinnausgleichsberechnung zu berücksichtigenden Vermögenswert dar.[29] **11**

§1365 ist nach der sog. **Einzeltheorie**, die sich in der Praxis durchgesetzt hat, auch dann anwendbar, wenn das Rechtsgeschäft nicht nur das Vermögen en bloc zum Gegenstand (so die sog. **Gesamttheorie**) hat, sondern wenn Rechtsgeschäfte über diverse Einzelstücke das ganze oder nahezu das ganze Vermögen ausmachen.[30] Bei der Verfügung über diverse Einzelteile kommt §1365 erst bei der das letzte größere Vermögensstück betreffenden Verfügung zur Anwendung. Besteht zwischen den einzelnen Verfügungen allerdings ein enger zeitlicher und sachlicher Zusammenhang, stellen sie nach wirtschaftlicher Betrachtungsweise einen einheitlichen Lebensvorgang dar, so findet die Norm auch schon bei der Verfügung über mehrere einzelne Vermögensbestandteile Anwendung.[31] **12**

Der Einwilligung bedürfen nicht solche Rechtsgeschäfte, die wie eine **Verpfändung** zwar den Bestand des Vermögens gefährden, den Ehegatten aber nicht zu einer Verfügung über sein ganzes oder nahezu ganzes Vermögen verpflichten.[32] Andererseits stellt die Norm auch nicht auf eine **faktische Einbuße** ab, so dass §1365 auch für solche Verfügungen gilt, für die eine unter Umständen gar **gleichwertige Gegenleistung**, etwa ein Kaufpreis, geschuldet wird.[33] Unberücksichtigt bleibt stets das, was an die Stelle des Vermögensgegenstandes tritt, da nur auf die Verfügung selbst, nicht auf das **Gegengeschäft** abgestellt wird.[34] Deshalb sind auch **entgeltliche Geschäfte**, sogar dann, wenn der Ehegatte eine gleichwertige Gegenleistung erhält, einwilligungsbedürftig. Denn das Gesetz stellt nicht auf eine **wirtschaftliche Einbuße** ab. Es wird nur auf die Verfügung, nicht das Gegengeschäft abgestellt.[35] **13**

Maßgeblich abzustellen ist auf die **Relation** der **objektiven Werte** der Geschäftsobjekte zu denen der verbliebenen Gegenstände, während die **faktische Bedeutung** der Sache für das Familienleben oder der dem Gegenstand von einem oder beiden Ehegatten zugemessene besondere Wert ohne Belang ist.[36] Für diese Relation ist es zulässig, **feste Grenzen** zu ziehen.[37] Die Grenzen sind jedoch von der Größe des insgesamt vorhandenen Vermögens abhängig. In der Regel erscheinen **10% Mindestrestvermögen** sowohl für kleinere als auch für größere Vermögen als Grenzbereich,[38] mit denen jedenfalls bei größeren Vermögen ein annehmbarer Ausgleich zwischen den Belangen des **14**

---

27 BGH FamRZ 2012, 116, 117.
28 BGH FamRZ 1996, 792; NJW 1990, 112; FamRZ 1987, 909; FamRZ 1989, 1051; OLG Celle FamRZ 1987, 942.
29 BGH FamRZ 1987, 909.
30 BGH FamRZ 1980, 765; 43, 174; 35, 135; a.A. Rittner FamRZ 1961, 10; Tiedau MDR 1961, 721.
31 BGH FamRZ 1967, 382; OLG Brandenburg FamRZ 1996, 1015.
32 BGH FamRZ 2000, 744.
33 BGHZ 35, 145; 43, 174.
34 BGHZ 35, 135, 145; a.A. OLG Koblenz FamRZ 2008, 1078 bei Vereinbarung eines Wohnrechts als Gegenleistung zur Veräußerung eines Grundstücks.
35 BGHZ 35, 135, 145; Palandt/Brudermüller §1365 Rn. 5.
36 BGH FamRZ 1980, 765; MüKo/Koch §1365 Rn. 16.
37 BGH FamRZ 1980, 765; Dörr NJW 1989, 814; Palandt/Brudermüller §1365 Rn. 5.
38 BVerfG FamRZ 2005, 382; BGH FamRZ 2012, 116; 1977, 293; OLG München FamRZ 2005, 272.

Familienschutzes einerseits und der Verkehrssicherheit andererseits geschaffen ist.[39] Im Einzelnen ist eine Zustimmungspflicht verneint worden bei einem Restvermögen von **15%** von einem Gesamtvermögen von 44.000 DM,[40] bei verbleibenden 100.000 DM von insgesamt vorhandenen 590.000 DM,[41] bei einem verbleibenden **Restvermögen von 15%**,[42] zumal bei bescheidenen wirtschaftlichen Verhältnissen[43] **und 20%**.[44] Die Zustimmungspflicht ist dagegen angenommen worden bei einem Restvermögen von 13.400 DM von insgesamt vorhandenen 103.000 DM[45] sowie bei Übereignung eines $^3/_4$ Miteigentumsanteils an einem Hausgrundstück, wenn der verbleibende Rest praktisch wertlos ist.[46]

II. Verfügung

15 Der Einwilligung des Ehegatten bedarf ein **einseitiges** oder **zweiseitiges Rechtsgeschäft** dann, wenn der verfügende Ehegatte sich damit verpflichtet, über sein Vermögen als Ganzes zu verfügen. Dabei unterliegen nur **rechtsgeschäftliche Verpflichtungen** dem Zustimmungserfordernis, nicht dagegen die **Begründung einer Verpflichtung kraft Gesetzes** oder **kraft behördlicher** oder **gerichtlicher Verfügungen**.[47] Die Beschränkungen des § 1365 beziehen sich nach Sinn und Zweck der Norm auch nur auf den rechtsgeschäftlichen Verkehr, nicht dagegen auf **Zwangsvollstreckungsanträge von Gläubigern** eines Ehegatten wegen Geldforderungen gegen diesen. Dem Gläubiger erwächst auf Grund seines Pfändungspfandrechts ein eigenes Verwertungsrecht, das den allein für den rechtsgeschäftlichen Verkehr von Ehegatten bestimmten Beschränkungen nicht unterliegt.[48] Nicht der Einwilligung bedürfen auch Handlungen, die nur vermögensgefährdend sind, wie etwa die Vollstreckungsunterwerfung.[49]

16 Verpflichtungsgeschäfte sind nur dann einwilligungspflichtig, wenn sich die Verpflichtung auf eine Verfügung über das Vermögen als Ganzes **unmittelbar aus dem Rechtsgeschäft** ergibt, weshalb die bloße Begründung von Zahlungspflichten etwa beim Kauf eines Gegenstandes auch dann nicht unter § 1365 fällt, wenn zur Erfüllung das gesamte Vermögen herangezogen werden muss.[50] Das **Eingehen einer Geldschuld** kann damit regelmäßig nicht als eine Verpflichtung angesehen werden, über bestimmte, das Gesamtvermögen verkörpernde Gegenstände zu verfügen.[51] Somit könnte beispielsweise ein Ehegatte, dessen Gesamtvermögen 10.000 € beträgt, zwar zustimmungsfrei einen Kaufvertrag über einen PKW, der 10.000 € kostet, oder einen für dessen Finanzierung bestimmten Darlehensvertrag abschließen, den PKW nach dessen Erwerb, wenn er sodann sein Gesamtvermögen ausmacht, aber nicht wieder zustimmungsfrei verkaufen. Das gilt aber auch nicht uneingeschränkt. Kauft nämlich beispielsweise ein Ehegatte ein **Grundstück**, für das er seine gesamten vorhandenen Barmittel aufwenden muss und machen diese sein gesamtes gegenwärtiges Vermögen aus, so kann ein Fall des § 1365 gegeben sein, wenn der Kaufpreis gerade durch die Übertragung der vorhandenen Barmittel entrichtet werden soll.[52] Dasselbe gilt, wenn die Vertragsparteien die Vereinbarung in der Absicht trafen, **§ 1365 zu umgehen**.

---

39 BGH FamRZ 1980, 765.
40 BGH FamRZ 1980, 765.
41 OLG München FamRZ 1979, 396.
42 OLG Frankfurt FamRZ 1984, 698; OLG Köln FamRZ 1988, 174.
43 OLG Koblenz FamRZ 2008, 1078.
44 OLG Stuttgart Justiz 1984, 104.
45 OLG Köln NJW 1976, 717.
46 OLG Hamm FamRZ 2004, 1648.
47 Staudinger/Thiele § 1365 Rn. 5.
48 BGH FamRZ 2006, 856.
49 BGH FamRZ 2008, 1613.
50 BGH FamRZ 1983, 455; OLG Rostock FamRZ 1995, 1583; OLG Frankfurt MDR 1968, 923.
51 OLG Rostock FamRZ 1995, 1583.
52 Staudinger/Thiele § 1365 Rn. 6.

Ist das Verpflichtungsgeschäft wirksam, so kann der Ehegatte auch die zur Erfüllung erforderlichen Verfügungen vornehmen, wobei die **Zustimmung zum Verpflichtungsgeschäft** auch die zum **Verfügungsgeschäft** deckt, weil andernfalls das aus der gebilligten Verfügung Erlangte sofort wieder kondiziert werden könnte.[53] 17

Die **Zustimmung zu Realakten** (z.B. der Abbruch eines Hauses) bedarf nach herrschender Meinung nicht der Einwilligung nach § 1365.[54] 18

Die **Führung eines Rechtsstreits** ist keine Verfügung und ist selbst dann zustimmungsfrei, wenn sein Gegenstand das gesamte Vermögen umfasst. Ein den Rechtsstreit beendender **Prozessvergleich** bedarf dann jedoch wiederum der Zustimmung.[55] 19

Verfügungen von Todes wegen fallen nicht unter § 1365; die Norm betrifft nur Rechtsgeschäfte unter Lebenden.[56] 20

C. Subjektiver Tatbestand

Nach herrschender Meinung wird die Norm um ein **ungeschriebenes subjektives Tatbestandsmerkmal** ergänzt. Nach der sogenannten **subjektiven Theorie** greift § 1365 nämlich nur dann ein, wenn der Vertragspartner des verfügenden Ehegatten positiv weiß, dass es sich bei dem fraglichen Gegenstand um das gesamte oder nahezu das gesamte Vermögen des Ehegatten handelt, oder wenn er zumindest die Verhältnisse kennt, aus denen sich dies ergibt, ihm also wenigstens die Umstände bekannt sind, aus denen die Identität von Einzelgegenstand und Gesamtvermögen folgt.[57] Das gilt unabhängig davon, ob es sich um ein einseitiges Rechtsgeschäft mit nur passiver Beteiligung des Dritten oder einen Vertrag handelt. Liegt die Verfügung in einer Belastung, muss der Dritte Kenntnis davon haben, dass diese den Vermögensgegenstand im Wesentlichen ausschöpft.[58] 21

Maßgeblich abzustellen ist nach herrschender Meinung auf die Kenntnis zum **Zeitpunkt der Abgabe der nach § 1365 maßgeblichen Willenserklärung**.[59] Hatte der Dritte zwar nicht bei Abschluss des Verpflichtungsgeschäftes, aber beim erfüllenden Verfügungsgeschäft die erforderliche Kenntnis, ist allein auf den erstgenannten Zeitpunkt abzustellen, weshalb das Geschäft wirksam ist.[60] Spätere Zeitpunkte, wie etwa der der Vollendung des Rechtserwerbs durch Umschreibung des Grundeigentums im Grundbuch[61] oder des Eingangs des Eintragungsantrages für die Auflassungsvormerkung[62] sind für die Kenntnis des Dritten unerheblich.[63] 22

Die **Beweislast** für die Kenntnis des Geschäftspartners trifft, weil sie ein Tatbestandsmerkmal des § 1365 ist, denjenigen Ehegatten, der sich auf die Unwirksamkeit des Rechtsgeschäftes beruft, zumeist also den übergangenen Ehegatten.[64] In der Regel wird es erforderlich sein, die Kenntnis 23

---

53 BGH FamRZ 1990, 970; BGH NJW 1989, 1609; Staudinger/Thiele § 1365 Rn. 7a; MüKo/Koch § 1365 Rn. 37.
54 MüKo/Koch § 1365 Rn. 43; Staudinger/Thiele § 1365 Rn. 9.
55 Staudinger/Thiele § 1365 Rn. 10.
56 BGH FamRZ 1964, 25, 27; FamRZ 1969, 323.
57 BGH FamRZ 2012, 116; FamRZ 1993, 1302; NJW 1984, 609; OLG Jena FamRZ 2010, 1733; OLG Koblenz FamRZ 2008, 1078.
58 BGH FamRZ 1993, 1302.
59 BGH FamRZ 1990, 970.
60 BGH FamRZ 1989, 970.
61 LG Osnabrück FamRZ 1973, 652.
62 Tiedtke FamRZ 1976, 320, 322; Futter NJW 1976, 551.
63 Staudinger/Thiele § 1365 Rn. 24.
64 BGH NJW 1965, 909.

aus den Umständen des Falles zu folgern, etwa aus einem dauernden Kontakt unter nahen Verwandten.[65]

D. Einwilligung

24   Die Einwilligung des anderen Ehegatten (vgl. §§ 182 ff.) ist eine **empfangsbedürftige einseitige rechtsgeschäftliche Willenserklärung** und bedarf keiner Form. Sie kann deshalb **ausdrücklich** oder **stillschweigend** erteilt werden. Das gilt auch dann, wenn der Vertrag, in den eingewilligt wird, formbedürftig ist.[66] Nur gegenüber dem **Grundbuchamt** ist der Nachweis der Einwilligung ggf. in der Form des § 29 GBO zu erbringen. Sie kann gegenüber dem Ehegatten wie auch dem Dritten abgegeben werden, § 182 Abs. 1. Sie kann vor der Verfügung erteilt werden (dann **Zustimmung**, § 182) oder auch danach (dann **Genehmigung**, § 184).

25   Die zuvor erteilte Zustimmung kann bis zur Vornahme des Rechtsgeschäfts **widerrufen** werden, § 183, nicht dagegen die **Verweigerung der Genehmigung**.[67]

26   Die nur **bedingt erteilte Einwilligung** ist keine Verweigerung der Zustimmung.[68] Wird nämlich das Geschäft den mit der Zustimmung verknüpften Bedingungen angepasst, so ist es wirksam.[69] Sind die Vertragspartner zur Anpassung nicht bereit, so ist es ihnen unbenommen, nach Abs. 2 vorzugehen.

27   Verweigert der Ehegatte seine Einwilligung, so wird der bis dahin **schwebend unwirksame Vertrag** nunmehr von Anfang an unwirksam, § 1366. Ein späterer Widerruf der Verweigerung bleibt ohne Wirkung.[70]

28   Wegen der **Folgen einer fehlenden Einwilligung** vgl. § 1366.

E. Einzelfälle

I. Anwartschaftsrecht

29   Auch ein Anwartschaftsrecht kann einen Vermögenswert darstellen, der nur mit Zustimmung des Ehegatten veräußert werden darf.[71] Bei der Bemessung des Wertes des Rechtes ist der Wert des Kaufgegenstandes um den Betrag zu mindern, der noch aufgebracht werden muss, um das Anwartschaftsrecht zum Vollrecht erstarken zu lassen.

II. Grundstück und Grundstücksbelastung

30   Die **Veräußerung eines Grundstücks**, das nahezu das gesamte Vermögen eines Ehegatten bildet, bedarf der Zustimmung des anderen Ehegatten. Dasselbe gilt für die Übertragung eines Miteigentumsanteils an einem Hausgrundstück, wenn der verbleibende Miteigentumsanteil wirtschaftlich praktisch wertlos ist.[72]

---

65 OLG Celle FamRZ 1987, 942; a.A. OLG Koblenz FamRZ 2008, 1078.
66 KG NJW 1962, 1062; Palandt/Brudermüller § 1365 Rn. 18.
67 BGHZ 125, 355.
68 So aber: KG OLGE 4, 346; Staudinger/Thiele § 1365 Rn. 79.
69 MüKo/Koch § 1365 Rn. 88.
70 BGH FamRZ 1994, 819.
71 BGH FamRZ 1996, 792.
72 OLG Hamm FamRZ 2004, 1648.

Auch die **Belastung eines Grundstücks** mit einer Hypothek, Grundschuld,[73] Dienstbarkeit, einem   **31** dinglichen Wohnrecht oder einem Nießbrauch[74] ist eine Verfügung über das Grundstück, so dass sie der Zustimmung bedarf, wenn das Grundstück nahezu das ganze Vermögen des verfügenden Ehegatten darstellt, durch die Belastung der Wert des Grundstücks gemindert wird und der Wert des bestellten dinglichen Rechts den danach verbleibenden Grundstückswert im Wesentlichen aufzehrt.[75] Zur Berücksichtigung der Verzinsung von Grundschulden vgl oben Rdn 10. Eine **langfristige Vermietung oder Verpachtung** ist dagegen zustimmungsfrei.[76]

Die **Bestellung einer Eigentümergrundschuld** ist zwar rechtstechnisch eine Verfügung über das   **32** Grundstück, aber gleichwohl stets ohne die Einwilligung des Ehegatten wirksam, wobei es weder auf ihren Betrag noch auf ihr Verhältnis zum Grundstückswert ankommt.[77] Denn auch insoweit ist eine wirtschaftliche Betrachtungsweise geboten.

Die **Bewilligung einer Restkaufgeldhypothek** oder einer **Grundschuld zur Sicherung** der noch   **33** offenen Kaufpreisforderung bedarf keiner Einwilligung.[78] Denn § 1365 bezweckt die Erhaltung vorhandener wirtschaftlicher Werte, nicht aber die Erschwerung eines Rechtserwerbs.

Die **Eintragungsbewilligung** nach § 19 GBO ist der Anwendung des § 1365 entzogen. Einwilli-   **34** gungsbedürftig ist aber ggf. das Verfügungsgeschäft, dessen Vollzug die Eintragungsbewilligung dient.

Der **Antrag auf Teilungsversteigerung** zum Zwecke der Aufhebung der Gemeinschaft etwa als   **35** Miteigentümer an dem im anteiligen Miteigentum stehenden Eigenheim ist ein Verfahrensantrag (§ 180 ZVG) und keine rechtsgeschäftliche Verfügung. Im Ergebnis läuft er jedoch auf den Verlust des Anteils des Ehegatten an der Gemeinschaft und eine grundlegende Vermögensumschichtung hinaus, so dass § 1365 auf den Antrag auf Teilungsversteigerung entsprechend anzuwenden ist.[79] Dabei hat ein Ehegatte im Regelfall einen ausreichenden Grund, die Zustimmung zur Teilungsversteigerung des ehegemeinschaftlichen Hauses zu verweigern, solange das Ehescheidungsverfahren noch nicht abgeschlossen und auch der Ausgang des streitigen Zugewinnausgleichsverfahrens noch offen ist,[80] insbesondere durch die Teilung eine Gefährdung der Anwartschaft auf den Zugewinn eintreten würde.[81] Regelmäßig dürfte im Übrigen ein Grund zu Verweigerung der Zustimmung im ersten Jahr nach der Trennung der Eheleute anzunehmen sein, da in dieser Zeit keine Fakten geschaffen werden sollen, die ihre Versöhnung erschweren könnten.

Fehlt die für den Antrag erforderliche Zustimmung, so ist dieser Umstand durch den übergange-   **36** nen Ehegatten im Wege der **Drittwiderspruchsklage** geltend zu machen, die ihrerseits nach herrschender Auffassung eine Familiensache kraft Verfahrenszusammenhangs ist.[82] Daneben ist die **Erinnerung** nach § 766 ZPO gegeben, wenn das Vollstreckungsgericht die Versteigerung angeordnet hat, obwohl es Kenntnis von der Notwendigkeit der Zustimmung hatte,[83] insbesondere dann,

---

73 BGH FamRZ 2012, 116; Palandt/Brudermüller § 1365 Rn. 7.
74 OLG Schleswig JurBüro 1985, 1695.
75 BGH FamRZ 2012, 116; FamRZ 1993, 1302.
76 BGH FamRZ 1989, 1051.
77 OLG Hamm FamRZ 2000, 276; OLG Frankfurt FamRZ 2000, 500.
78 OLG Hamm FamRZ 1959, 166.
79 BGH FamRZ 2007, 1634; OLG Köln FamRZ 2000, 1167; OLG Celle NJW-RR 2000, 265; BayObLG FamRZ 1996, 1013; OLG Frankfurt FamRZ 1999, 524; OLG Düsseldorf FamRZ 1995, 309; OLG Bremen FamRZ 1984, 272; a.A.: Sudhoff FamRZ 1994, 1152.
80 OLG Köln OLGR 2000, 422; Weinreich FuR 2006, 403.
81 OLG Köln NJW-RR 2005, 4.
82 OLG München FamRZ 2000, 365; OLG Köln FamRZ 2000, 1167; OLG Hamburg FamRZ 2000, 1290, jeweils zum alten Verfahrensrecht; a.A. OLG Stuttgart FamRZ 2007, 1830.
83 BGH FamRZ 2007, 1634.

wenn sie zwischen den Eheleuten nicht streitig ist.[84] Andererseits führt das Fehlen der Zustimmung nicht zur Unwirksamkeit des Antrages, weshalb es ausreicht, wenn sie bis zum Zuschlag vorliegt.[85] Wird die Teilungsversteigerung jedoch von einem Gläubiger eines Ehegatten betrieben, der seinerseits den Aufhebungsanspruch des Schuldners gepfändet hat, so gilt § 1365 nicht.[86]

37 Dem **Grundbuchamt** ist eine etwa erforderliche Zustimmung des nicht verfügenden Ehegatten in der Form des § 29 GBO nachzuweisen. Grundsätzlich kann das Grundbuchamt jedoch davon ausgehen, dass ein Gesamtvermögensgeschäft nicht gegeben ist. Hat es allerdings Zweifel, die auf konkreten Anhaltspunkten beruhen,[87] so hat es als Folge seiner aus § 18 GBO folgenden **Prüfungspflicht** entweder den Antrag zurückzuweisen oder eine Zwischenverfügung zu erlassen.[88] Bloße Vermutungen und Unterstellungen genügen hierfür noch nicht.[89] Allein die Tatsache, dass der Erwerber mit dem Veräußerer eng verwandt ist, genügt noch nicht, um den Nachweis der Zustimmung des Ehegatten zu verlangen.[90] Auch aus dem Wert der übertragenen Grundbesitze lassen sich keine Anhaltspunkte herleiten, die eine Zwischenverfügung rechtfertigen könnten.[91] Das Bestehen der Zugewinngemeinschaft gibt dem getrennt lebenden Ehegatten ein berechtigtes Interesse daran, Einsicht in Grundbücher zu nehmen, in denen der andere als Eigentümer eingetragen ist.[92]

38 **Notare** sollten die Vertragspartner vor oder bei Beurkundung von Grundstücksgeschäften nach ihrem Familienstand und ihren Vermögensverhältnissen befragen. Sie sind gehalten, die Parteien über die Existenz und Wirkung des § 1365 aufzuklären, sofern die Norm nicht erkennbar von vornherein ausscheidet.[93] **Nachforschungen** darüber, ob das Grundstück das gesamte Vermögen des verfügenden Ehegatten darstellt, müssen sie aber auch sie nur dann stellen, wenn konkrete Anhaltspunkte hierfür bestehen.[94]

III. Prozesshandlungen

39 Die **Führung eines Rechtsstreits** fällt selbst dann nicht unter § 1365, wenn sein Gegenstand das Vermögen im Ganzen ist.[95] Das gilt auch für die **Zwangsvollstreckung**, da Normadressat nur die Ehegatten, nicht deren Gläubiger sind.[96] Etwas anderes gilt allerdings für den Abschluss von **Prozessvergleichen**,[97] während ein **Klageverzicht** (§ 306 ZPO) oder ein **Anerkenntnis** (§ 307 ZPO) § 1365 nicht unterworfen sind, weil sie Prozesshandlungen sind, die lediglich die Rechtsverfolgung betreffen, aber keine materiell – rechtlichen Wirkungen zeigen und weil die ihnen folgenden Sachurteile keine Rechtskraft gegenüber den Ehegatten entfalten.[98]

---

84 OLG Frankfurt FamRZ 1999, 524; FamRZ 1976, 152; FamRZ 1997, 1490; OLG Koblenz RPfl 1979, 203; OLG Bremen FamRZ 1984, 272; OLG Hamm FamRZ 1979, 128.
85 OLG Frankfurt FamRZ 1997, 1490.
86 OLG Karlsruhe FamRZ 2004, 629.
87 OLG Schleswig RPfl 2005, 265; OLG Zweibrücken RPfl 2004, 38; BayObLG FamRZ 2001, 42.
88 OLG Celle NJW-RR 2000, 384.
89 BayObLG FamRZ 2001, 42; OLG Jena FamRZ 2001, 1614.
90 LG München I FamRZ 2000, 1153.
91 OLG München OLGR 2009, 836; MDR 2007, 675.
92 OLG Rostock NJW-RR 2012, 400.
93 Schlosser Jura 1983, 198, 201; BGH NJW 1975, 2441.
94 BGH FamRZ 1975, 477.
95 Staudinger/Thiele § 1365 Rn. 10; MüKo/Koch § 1365 Rn. 47.
96 OLG Hamburg NJW 1970, 952; OLG Düsseldorf NJW 1991, 851.
97 Staudinger/Thiele § 1365 Rn. 10; MüKo/Koch § 1365 Rn. 47.
98 MüKo/Koch § 1365 Rn. 48.

IV. Schenkungen von Todes wegen

Schenkungen von Todes wegen sind zustimmungsfrei, sofern auf sie die Vorschriften über Verfü- **40** gungen von Todes wegen Anwendung finden, § 2301 Abs. 1, dagegen zustimmungsbedürftig, wenn sie den Normen des Erbrechtes entzogen sind.

V. Unternehmen und Unternehmensbeteiligungen

Insbesondere bei **Unternehmerehen** erlangt § 1365 Bedeutung, weil es beim Verkauf eines Unter- **41** nehmens oder von Geschäftsanteilen, bei der Einbringung von Vermögenswerten in eine Gesellschaft, bei **formwechselnden Umwandlungen eines Unternehmens** oder der **Vereinbarung gesellschaftsvertraglicher Abfindungen** zumeist um Rechtsgeschäfte geht, von denen größere Vermögenswerte betroffen sind. Dabei stellt ein gewerblicher Betrieb einen Vermögenswert dar, der – ggf. nach Maßgabe des Ertragswertes – zu berücksichtigen ist, sofern sein Wert realisierbar ist.[99] Verpflichtet sich ein Ehegatte zur Einbringung nahezu seines gesamten Vermögens in eine Gesellschaft, so bedarf dieser Vertrag wie auch seine Erfüllung der Einwilligung des Ehegatten. Denn mit der Einbringung verliert der Ehegatte sein Alleineigentum, während es auf die Gegenleistung nicht ankommt.[100]

Unternehmensbeteiligungen können einen Vermögenswert darstellen, der nur mit Zustimmung **42** des Ehegatten veräußert oder sonst übertragen werden darf.[101] Der **Wert der Unternehmensbeteiligung** bestimmt sich aus Gründen der Rechtssicherheit allein nach objektiven Kriterien, nicht nach den persönlichen Verhältnissen und Eigenschaften der Ehegatten.[102]

Änderungen von Gesellschaftsverträgen bedürfen regelmäßig nicht der Einwilligung des Ehegat- **43** ten.[103] Etwas anderes gilt nur dann, wenn durch die Änderung das **ökonomisch relevante Segment** betroffen ist, dessen Schutz § 1365 dient, wenn also etwa durch eine **Änderung der Beteiligungsverhältnisse** oder **Abfindungsklauseln** der spätere Vollzug der Änderung zur Preisgabe nahezu des gesamten Vermögens führt. Zustimmungspflichtig ist die **Beendigung der Mitgliedschaft**, wenn diese nahezu das gesamte Vermögen des Gesellschafters bildet.[104]

VI. Verfügungen von Todes wegen

Durch § 1365 wird die **Testierfreiheit der Ehegatten** nicht berührt, so dass testamentarische Ver- **44** fügungen nicht der Einwilligung des Ehegatten bedürfen.[105] Dasselbe gilt für den Abschluss von Erbverträgen.[106]

VII. Versicherungsverträge

Rechte aus Versicherungen, etwa aus Lebensversicherungen, können im Einzelfall das ganze Ver- **45** mögen eines Ehegatten ausmachen. Die **Änderung der Bezugsberechtigung** aus einer Kapitallebensversicherung gem. § 166 VVG bedarf aber niemals der Einwilligung des Ehegatten, da der Versicherungsnehmer nicht über sein Recht verfügt; es bleibt ihm unverändert erhalten.[107]

---

99 BGH NJW 1977, 378; NJW 1977, 949; FamRZ 1967, 382.
100 Staudinger/Thiele § 1365 Rn. 59; BGHZ 35, 145.
101 BGH FamRZ 1996, 792.
102 BGH FamRZ 1980, 765.
103 Vgl. MüKo/Koch § 1365 Rn. 73; Staudinger/Thiele § 1365 Rn. 62 ff. m.w.N.
104 OLG Hamburg FamRZ 1970, 407.
105 BGH FamRZ 1964, 25, 27; FamRZ 1969, 323.
106 BGH NJW 1964, 347; FamRZ 1969, 323.
107 BGH FamRZ 1967, 382.

VIII. Vorkaufsrechte

46 Da durch ein obligatorisches Vorkaufsrecht (§§ 504 ff.) keine unmittelbaren Pflichten begründet werden, darf es zustimmungsfrei begründet werden.[108] Die Bestellung eines dinglichen Vorkaufsrechtes (§§ 1094 ff.) ist zwar eine Verfügung über ein Grundstück. Auch durch dieses wird jedoch der Inhalt des Eigentums nicht gemindert, weshalb es gleichfalls nicht zustimmungsbedürftig ist.

F. Abs. 2: Ersetzung der Zustimmung

47 Nach Abs. 2 kann die durch den Ehegatten verweigerte Zustimmung durch das **Familiengericht** ersetzt werden, wenn das Rechtsgeschäft den **Grundsätzen einer ordnungsgemäßen Verwaltung** entspricht und der Ehegatte sie entweder **ohne ausreichenden Grund verweigert**, oder durch **Krankheit** oder **Abwesenheit** an der Abgabe der Zustimmungserklärung gehindert ist und mit dem **Aufschub Gefahr verbunden** wäre. Ersetzt werden kann sowohl die **Einwilligung zu zukünftigen** als auch die **Genehmigung** bereits getätigter, aber schwebend unwirksamer Geschäfte,[109] jedoch ist die Ersetzungsentscheidung nur zu **Lebzeiten des zustimmungsberechtigten Ehegatten** möglich.[110] Ist ein **einseitig getätigtes Rechtsgeschäft**, das ohne die erforderliche Einwilligung vorgenommen worden ist, unwirksam, so kann es nicht mehr genehmigt werden, § 1367. Nicht genehmigungsfähig sind auch solche Geschäfte, die zwar nicht die Voraussetzungen des Abs. 2 erfüllen, durch die aber die **wirtschaftliche Grundlage der Familie** oder der **Zugewinnausgleichsanspruch des übergangenen Ehegatten** nicht gefährdet würde.

I. Geschäfte, die den Grundsätzen einer ordnungsgemäßen Verwaltung entsprechen

48 Voraussetzung für die Ersetzung der Zustimmung ist stets, dass das Geschäft den Grundsätzen einer ordnungsgemäßen Verwaltung entspricht. Das ist dann der Fall, wenn es ein **ordentlicher Wirtschafter mit rechter ehelicher Gesinnung** abschließen würde.[111] Maßgebend ist der **Zeitpunkt der letzten mündlichen Verhandlung** in der Tatsacheninstanz, nicht der der Entscheidung durch den Ehegatten.[112] Dabei ist die Ordnungsmäßigkeit nach **Einzelfallabwägung** unter **Berücksichtigung des Wesens der Ehe** sowie von **Zweckmäßigkeitsgesichtspunkten** zu ermitteln. Nicht entscheidend ist, dass das Geschäft zur ordnungsgemäßen Verwaltung notwendig ist.[113] Da auf die Familieninteressen abzustellen ist, ist die Zustimmungsersetzung dann ausgeschlossen, wenn das Geschäft nur für den Ehegatten zweckmäßig oder vorteilhaft ist, also seinen **persönlichen Interessen** entspricht. Das wäre etwa dann der Fall, wenn für eine Vermögensübertragung eine Gegenleistung vereinbart wird, von der – wie von einem Leibgedinge – nur der Ehegatte profitiert.[114] Ähnliches gilt, wenn – wie durch eine Ausstattung – nur ein **Kind Vorteile** durch das Geschäft erlangt, nicht auch der Ehegatte oder wenn mit dem Geschäft eine Gefährdung der wirtschaftlichen Grundlagen der Familie oder der möglichen Ausgleichsforderung mit einiger Wahrscheinlichkeit einher geht.[115] Um zu prüfen, ob ein Geschäft den Grundsätzen einer ordnungsmäßigen Verwaltung entspricht, sind somit alle Aspekte des Rechtsgeschäftes, Art und Umfang der Gegenleistung sowie die gesamte familiäre Situation unter Berücksichtigung der aus dem Grundeigentum resultierenden wirtschaftlichen Belastungen gegeneinander abzuwägen.[116]

---

108 BGH NJW 1982, 1099.
109 Palandt/Brudermüller § 1365 Rn. 20.
110 BGHZ 125, 355.
111 BayObLG FamRZ 1963, 521; FamRZ 1985, 1040.
112 BGH NJW 1978, 1381; BayObLG FamRZ 1968, 315.
113 BayObLG FamRZ 1963, 521.
114 Staudinger/Thiele § 1365 Rn. 77.
115 OLG Köln NJW-RR 2005, 4.
116 OLG Köln FamRZ 2007, 1343.

II. Fehlen der Zustimmung

1. Der Ehegatte will nicht zustimmen

Verweigert der Ehegatte die Zustimmung ohne ausreichenden Grund, widerruft er eine bereits 49
erteilte Zustimmung in wirksamer Weise (§ 183) oder erteilt er seine Zustimmung nur unter
Bedingungen, die der verfügende Ehegatte nicht einzuhalten bereit ist, so kann sie durch das
Familiengericht ersetzt werden, wenn sie ohne ausreichenden Grund verweigert worden ist.

Mit ausreichendem Grund ist die Zustimmung nur dann verweigert, wenn das zustimmungsbe- 50
dürftige Rechtsgeschäft mit den Schutzzwecken des § 1365 nicht zu vereinbaren ist, während
andere gegen das Geschäft sprechende Erwägungen unerheblich sind. Insbesondere hat § 1365
nicht die Funktion eines **Zurückbehaltungsrechts**, so dass es keinen ausreichenden Grund für die
Verweigerung darstellt, wenn der Ehegatte gegen den Verfügenden einen **eigenen Anspruch**
durchsetzen möchte.[117]

Ausreichende Gründe für die Verweigerung der Zustimmung sind in erster Linie **wirtschaftliche**. 51
So muss der Ehegatte nicht zustimmen, wenn das Rechtsgeschäft seine Interessen nicht innerhalb
der gegebenen Möglichkeiten und wie üblich berücksichtigt oder wenn es ihm gar schädlich ist.[118]
Die Zustimmung kann weiter verweigert werden, wenn unter Berücksichtigung aller objektiven
und subjektiven Umstände des Falles, zu denen auch eine eventuelle **Unzuverlässigkeit des verfügenden Ehegatten** zu rechnen ist, eine **Gefährdung der wirtschaftlichen Grundlagen der Familie**
oder der **möglichen künftigen Ausgleichsforderung** nicht unwahrscheinlich erscheint.[119] Ausreichend ist auch die Verweigerung der Zustimmung mit Rücksicht auf einen streitigen Zugewinnausgleichsanspruch, insbesondere dann, wenn durch das Geschäft außerhalb des Eheverfahrens
entgegen der Grundsatzentscheidung des Gesetzes bereits **vollendete Tatsachen** bezüglich des Vermögens der Ehegatten geschaffen würden.[120] Dasselbe gilt dann, wenn das Geschäft zwar einer
ordnungsgemäßen Verwaltung entspricht, jedoch die Gefahr beinhaltet, dass der – nach Scheidung schon bestehende – **Zugewinnausgleichsanspruch danach konkret nicht mehr realisierbar**
wäre.[121] Dabei ist es nicht Aufgabe des Verfahrens nach § 1365 Abs. 2, den Ausgleichsanspruch im
Einzelnen zu klären, weshalb sich aus den Gesamtumständen konkrete Anhaltspunkte für sein
Bestehen und die Annahme seiner Gefährdung ergeben müssen.[122]

Unter Umständen sind auch **ideelle oder persönliche Gründe** zu berücksichtigen, so dann, wenn 52
das Geschäft den häuslichen oder **Familienfrieden** zu beeinträchtigen droht oder die Erteilung der
Zustimmung aus sonstigen Gründen für den zustimmungspflichtigen Ehegatten unzumutbar
ist.[123] Keinen Grund für die Verweigerung der Zustimmung bieten dagegen rein **eigensüchtige
Interessen** des Ehegatten.[124] So kann er insbesondere nicht durch die Verweigerung der Einwilligung in ein Gesamtvermögensgeschäft etwas für sich erzwingen wollen, worauf er keinen
Anspruch hat, wie beispielsweise die Wiederherstellung der ehelichen Lebensgemeinschaft oder
eine vermögensrechtliche Besserstellung, auf die ein Anspruch nicht besteht.[125] Das **Interesse an
der Ehewohnung** begründet allein keinen ausreichenden Grund für die Verweigerung der Zustimmung, auch nicht die Zuweisung derselben zur alleinigen Nutzung.[126]

---

117 OLG Hamm FamRZ 1967, 572.
118 Palandt/Brudermüller § 1365 Rn. 23.
119 OLG Köln NJW-RR 2005, 4; BayObLG NJW 1975, 833; FamRZ 1985, 1040; OLG Saarbrücken
    FamRZ 1987, 1248.
120 OLG Köln FamRZ 1997, 677; OLG Düsseldorf FamRZ 1995, 309.
121 BGH NJW 1978, 1381; OLG Saarbrücken FamRZ 1987, 1248.
122 LG Koblenz FamRZ 1998, 164.
123 OLG Hamm FamRZ 1967, 573; Staudinger/Thiele § 1365 Rn. 83.
124 OLG Hamm FamRZ 1962, 162.
125 OLG Hamm FamRZ 1962, 162.
126 OLG Stuttgart NJW 1983, 634.

53 In jedem Fall der Ersetzungsentscheidung ist eine **umfassende Abwägung der beiderseitigen Interessen** unter besonderer Berücksichtigung des Schutzzwecks der Norm vorzunehmen. Leben die Ehegatten bereits **längere Zeit voneinander getrennt**, so sind an die Genehmigungsentscheidung geringere Anforderungen zu stellen.[127]

2. Der Ehegatte kann nicht zustimmen

a) Verhinderung des Ehegatten

54 Dem Fall der Verweigerung der Zustimmung steht der der **Verhinderung an der Zustimmung durch Krankheit oder Abwesenheit des Ehegatten** gleich. Nicht erforderlich ist eine **dauernde Verhinderung**.[128] Der zustimmungspflichtige Ehegatte muss nur im Falle der Abwesenheit entweder überhaupt nicht oder jedenfalls nicht rechtzeitig erreichbar sein. Selbst dann, wenn er erreichbar ist, gilt er als an der Zustimmung gehindert, wenn seine Zustimmungserklärung nicht rechtzeitig eintreffen würde.

b) Abwesenheit oder Krankheit des Ehegatten

55 Eine (physische oder psychische) **Erkrankung** hindert an der Abgabe der Zustimmungserklärung dann, wenn sie einen Grad erreicht hat, der eine rechtzeitige Erklärung ausgeschlossen erscheinen lässt.

56 **Abwesenheit oder Krankheit** müssen, um eine Ersetzungsentscheidung rechtfertigen zu können, zu dem Zeitpunkt gegeben sein, bis zu dem das zustimmungspflichtige Rechtsgeschäft noch rechtzeitig wirksam werden kann.[129]

c) Mit dem Aufschub verbundene Gefahr

57 Weitere Voraussetzung für eine Ersetzungsentscheidung im Falle der Abwesenheit oder Krankheit ist, dass mit dem Aufschub des Rechtsgeschäfts **Gefahr** verbunden ist. Ob eine Gefahr besteht, ist **objektiv** zu beurteilen. Die bloß subjektive Annahme eines Ehegatten von einer Gefahr reicht nicht aus. Die Gefahr muss aber nicht nur auf **vermögensrechtlichem Gebiet** bestehen. Es können weiter auch den gemeinsamen Kindern drohende Gefahren in Betracht gezogen werden.

III. Das Ersetzungsverfahren

58 Für das Ersetzungsverfahren ist seit der Reform zum 01.09.2009 das **Familiengericht** zuständig. Das Verfahren ist eine Güterrechtssache im Sinne § 261 Abs. 2 FamFG, im Gegensatz zu den sonstigen Güterrechtssachen aber keine Familienstreitsache (§§ 261 Abs. 2, 112 Nr. 2 FamFG).

59 Das Verfahren setzt einen **Antrag** voraus, der vor oder auch nach Abschluss des Gesamtvermögensgeschäftes gestellt werden kann. Denn das Gericht kann sowohl die Einwilligung nach § 1365 Abs. 2 als auch die Genehmigung nach § 1366 ersetzen. Antragsberechtigt ist allein der **Ehegatte**, der das Geschäft getätigt hat, nicht auch ein **Dritter**, der am Verfahren nicht beteiligt ist.

60 In dem Ersetzungsantrag ist das **Rechtsgeschäft**, zu dem die Zustimmung verweigert worden ist, **genau zu bezeichnen**. Dazu müssen dem Gericht alle für die Entscheidung maßgeblichen **tatsächlichen Unterlagen** vorgelegt werden, damit es diese prüfen und gegebenenfalls weitere **Ermittlungen** anstellen kann.[130] Der **Ersetzungsbeschluss** deckt das Rechtsgeschäft nur insoweit, als es vom Familiengericht zur Grundlage seiner Entscheidung gemacht worden ist.[131]

127 BayObLG NJW 1975, 833.
128 RGZ 103, 126.
129 RGZ 103, 126.
130 OLG Köln OLGZ 1984, 298 Muster eines Ersetzungsantrages im Formularbuch Fachanwalt Familienrecht, Jüdt/Kleffmann/Weinreich/Schröder Kap. 3 Rn. 31.
131 Staudinger/Thiele § 1365 Rn. 88.

G. Fehlen der Zustimmung

Nimmt der Ehegatte das Rechtsgeschäft ohne die nach § 1365 notwendige Zustimmung vor, so ist **61** es **schwebend unwirksam** (§ 1366). Wird das Rechtsgeschäft im nachhinein genehmigt oder die fehlende Zustimmung ersetzt, so ist das Geschäft **rückwirkend wirksam** (§ 184). Wird die Genehmigung dagegen verweigert oder der Antrag auf Ersetzung zurückgewiesen, so ist das Geschäft **unwirksam** (§ 1366 Abs. 4).

Ist das Rechtsgeschäft mangels Zustimmung endgültig unwirksam, so bestehen auch keine **62** **Ansprüche gegen den am Geschäft beteiligten Ehegatten**. Streitig ist, ob gegen den verfügenden Ehegatten **Schadensersatzansprüche** nach § 280 BGB aus den Grundsätzen des Verschuldens bei Vertragsschluss (culpa in contrahendo) bestehen. Obwohl durch die Annahme derartiger Ansprüche die Entscheidungsfreiheit des Ehegatten eingeengt werden könnte, steht der Schutzzweck des § 1365 ihnen wohl nicht entgegen.[132] Der Anspruch ist aber auf das **negative Interesse** beschränkt.[133]

§ 1366 Genehmigung von Verträgen

(1) Ein Vertrag, den ein Ehegatte ohne die erforderliche Einwilligung des anderen Ehegatten schließt, ist wirksam, wenn dieser ihn genehmigt.

(2) [1]Bis zur Genehmigung kann der Dritte den Vertrag widerrufen. [2]Hat er gewusst, dass der Mann oder die Frau verheiratet ist, so kann er nur widerrufen, wenn der Mann oder die Frau wahrheitswidrig behauptet hat, der andere Ehegatte habe eingewilligt; er kann auch in diesem Falle nicht widerrufen, wenn ihm beim Abschluss des Vertrags bekannt war, dass der andere Ehegatte nicht eingewilligt hatte.

(3) [1]Fordert der Dritte den Ehegatten auf, die erforderliche Genehmigung des anderen Ehegatten zu beschaffen, so kann dieser sich nur dem Dritten gegenüber über die Genehmigung erklären; hat er sich bereits vor der Aufforderung seinem Ehegatten gegenüber erklärt, so wird die Erklärung unwirksam. [2]Die Genehmigung kann nur innerhalb von zwei Wochen seit dem Empfang der Aufforderung erklärt werden; wird sie nicht erklärt, so gilt sie als verweigert. [3]Ersetzt das Familiengericht die Genehmigung, so ist sein Beschluss nur wirksam, wenn der Ehegatte ihn dem Dritten innerhalb der zweiwöchigen Frist mitteilt; andernfalls gilt die Genehmigung als verweigert.

(4) Wird die Genehmigung verweigert, so ist der Vertrag unwirksam.

---

132 Vgl. Staudinger/Thiele § 1365 Rn. 98; MüKo/Koch § 1366 Rn. 40.
133 Palandt/Brudermüller § 1365 Rn. 16; MüKo/Koch § 1366 Rn. 40.

A. Allgemeines

1   Schließt ein im gesetzlichen Güterstand der Zugewinngemeinschaft lebender Ehegatte mit einem Dritten einen Vertrag, durch den er sich verpflichtet, über sein Vermögen als Ganzes zu verfügen (§ 1365), so ist der Vertrag **schwebend unwirksam**. Er wird wirksam mit der **Genehmigung** durch den zustimmungspflichtigen Ehegatten (Abs. 1 S. 1). **Folge der schwebenden Unwirksamkeit** ist, dass aus dem Vertrag bis zu seiner Genehmigung oder deren Ersetzung (§ 1365 Abs. 2) keine Rechte hergeleitet werden können. Er begründet insbesondere **keine Leistungspflichten** eines der Vertragspartner. Ist in Unkenntnis dieses Umstandes im Schwebezustand bereits auf den Vertrag geleistet worden, so kann das aus der Leistung Erlangte gem. § 812 Abs. 1 S. 1 herausverlangt werden.[1] Der **Dritte** hat die **Möglichkeit des jederzeitigen Widerrufs** des Vertrages bis zur Genehmigung (Abs. 2 S. 1). Außerdem kann er die **Entscheidung des zustimmungspflichtigen Ehegatten beschleunigen** (Abs. 3). Demgegenüber hat der **zustimmungspflichtige Ehegatte** die Wahl, den Vertrag durch seine **Zustimmung** wirksam werden zu lassen, oder seine **Zustimmung zu verweigern**. Dann hat gegebenenfalls noch der den **Vertrag schließende Ehegatte** die Möglichkeit, die Zustimmung durch das **Familiengericht** ersetzen zu lassen (§ 1365 Abs. 2). Wird die Genehmigung verweigert und nicht ersetzt, so ist der Vertrag unwirksam (Abs. 4).

2   Die Norm gilt ausdrücklich nur für **Verträge**, also zweiseitige Rechtsgeschäfte, gleich ob **obligatorischer** oder **dinglicher** Art. Für **einseitige** nach § 1365 zustimmungspflichtige Rechtsgeschäfte gilt § 1367. Andererseits gilt sie entsprechend auch für **Verfügungen über Haushaltsgegenstände** (§ 1369 Abs. 3).

B. Genehmigung

3   Der zustimmungsberechtigte Ehegatte kann das schwebend unwirksame Rechtsgeschäft genehmigen, ohne dass es einer Aufforderung hierzu bedarf, was aus Abs. 3 gefolgert wird. Die **Genehmigung als nachträgliche** Zustimmung kann sowohl dem den Vertrag schließenden Ehegatten als auch dem Dritten gegenüber erklärt werden (§ 182 Abs. 1 BGB). Ist sie einmal erteilt, so ist sie als rechtsgeschäftliche Erklärung **unwiderruflich**.[2] Sie wirkt auf den Zeitpunkt der Vornahme des Rechtsgeschäfts zurück und gestaltet den Vertrag **rückwirkend** in einen ex tunc wirksamen (§ 184).

4   Die Genehmigung bedarf **keiner bestimmten Form** und kann deshalb auch **schlüssig** erteilt werden, wobei eine wirksame Genehmigung allerdings voraussetzt, dass der Ehegatte bei seinem Verhalten mit der Möglichkeit eines seiner Entscheidungsgewalt unterliegenden schwebend unwirksamen Vertrages wenigstens gerechnet hat.[3] Weiter setzt sie **die Kenntnis des wesentlichen Inhalts und der Art des Rechtsgeschäfts** voraus, soweit diese Kenntnis für den Entschluss zur Ablehnung des Geschäftes von Bedeutung sein kann.[4] Unter Umständen mag die Genehmigung auch **stillschweigend** erklärt werden, doch gilt das nur bei besonderen Fallgestaltungen. Denn Schweigen kann grundsätzlich nicht als Willenserklärung und damit als Genehmigung verstanden werden.

5   Auch die **Genehmigung eines Grundstücksgeschäfts** ist formlos möglich, jedoch grundbuchrechtlich gem. § 29 GBO nur verwertbar, wenn sie wenigstens öffentlich beglaubigt worden ist. Das heißt, dass der genehmigte Vertrag zwar materiell wirksam ist, ohne den formellen Nachweis aber nicht eingetragen werden kann. Ist die Genehmigung nicht in einer grundbuchrechtlich verwertbaren Form erteilt, so ist sie deshalb nicht etwa verweigert mit der Folge, dass jetzt der Weg der

---

1   BGH NJW 1976, 104.
2   BGHZ 40, 164.
3   BGHZ 2, 150; 47, 341; BGH NJW 1973, 1789.
4   BGH NJW 1980, 1100.

Einholung einer familiengerichtlichen Genehmigung nach § 1365 Abs. 2 eröffnet wäre.[5] Vielmehr hat der an dem Geschäft beteiligte Ehegatte – nicht auch der Dritte[6] – aus § 242 einen **Anspruch auf Wiederholung der Erklärung in verwertbarer Form.**[7]

Die Genehmigung ist nicht an eine **Frist** gebunden, solange nicht der Dritte nach Abs. 3 verfährt. **6** Deshalb wird der Schwebezustand nicht durch Zeitablauf beendet. Den Vertragspartnern ist es aber unbenommen, in ihrem Rechtsgeschäft eine Frist zu vereinbaren, mit deren Ablauf der bis dahin nicht genehmigte Vertrag unwirksam wird.

C. Ende des gesetzlichen Güterstandes im Schwebezustand

Endet der Güterstand der Zugewinngemeinschaft, ohne dass die Genehmigung für ein nach **7** § 1365 genehmigungsbedürftiges Geschäft bislang erteilt oder verweigert worden wäre, so sind verschiedene Fallkonstellationen zu unterscheiden.

– **Stirbt der zustimmungsberechtigte Ehegatte,** so wird der von dem anderen geschlossene Vertrag wirksam, weil eine Bindung im Sinne des § 1365 jetzt nicht mehr besteht.[8]
– **Stirbt dagegen der andere Ehegatte,** also derjenige, der den Vertrag abgeschlossen hat, so bleibt es bei der schwebenden Unwirksamkeit, so dass der Vertrag immer noch genehmigungsbedürftig ist. Das gilt auch dann, wenn der überlebende Ehegatte Alleinerbe des verfügenden Ehegatten ist.[9]
– **Wird die Ehe während der Dauer des Schwebezustandes geschieden,** so wird der Vertrag dann nicht ohne die Genehmigung wirksam, wenn durch ihn der Zugewinnausgleich konkret gefährdet würde,[10] oder wenn sich eine durch ihn folgende Gefährdung eines Zugewinnausgleichsanspruchs wenigstens nicht ausschließen lässt.[11]

D. Verweigerung der Genehmigung (Abs. 4)

Die Verweigerung der Genehmigung kann wie diese selbst dem Ehegatten oder auch dem Dritten **8** gegenüber erklärt werden. Wie zur Erteilung der Genehmigung ist auch für deren Verweigerung Voraussetzung, dass der zustimmungspflichtige Ehegatte überhaupt **Kenntnis** von dem Inhalt des zu genehmigenden Geschäfts hat. Allgemeine Äußerungen, die auf eine Verweigerung schließen lassen könnten, reichen nicht aus.[12] War in dem genehmigungspflichtigen Geschäft eine **Frist** vereinbart, mit deren Ablauf der bis dahin nicht genehmigte Vertrag unwirksam werden sollte, so tritt die Folge der Unwirksamkeit mit Ablauf der Frist ein, gleich, ob der Ehegatte informiert oder sich der Folgen seines Schweigens bewusst war.

Versagt der Ehegatte dem zustimmungspflichtigen Vertrag seine Genehmigung, so fehlt es dem **9** Rechtsgeschäft an einer **Wirksamkeitsvoraussetzung.** Der bis dahin schwebend unwirksame Vertrag wird endgültig unwirksam (Abs. 4). Allerdings ist der Gesetzeswortlaut deshalb etwas zu weit gefasst, weil diese Wirkung dann nicht eintritt, wenn die Genehmigung ohne ausreichenden Grund verweigert wurde und durch Beschluss des Familiengerichts nach § 1365 Abs. 2 oder

---

5 KG NJW 1962, 1062.
6 OLG Schleswig NJW-RR 1987, 135.
7 Staudinger/Thiele § 1366 Rn. 9.
8 BGH NJW 1982, 1099.
9 OLG Karlsruhe FamRZ 1978, 505.
10 OLG Karlsruhe FamRZ 1976, 695.
11 BGH NJW 1978, 1380; a.A.: BayObLG NJW 1972, 1786.
12 BGH NJW 1982, 1099.

§ 1369 Abs. 2 ersetzt wird. In diesen Fällen endet mit der Genehmigungsverweigerung lediglich die dem Ehegatten eingeräumte Entscheidungsgewalt.[13]

10   Die **Verweigerung der Genehmigung** ist wie diese selbst eine **einseitige empfangsbedürftige Willenserklärung**, die **nicht formgebunden** und die wie diese **unwiderruflich** ist.[14] Daraus folgt, dass der Schwebezustand auch dann beendet ist, wenn der Güterstand nach der wirksamen Verweigerung der Genehmigung endet. Auch dann wird der Vertrag nicht wieder wirksam.[15] Wegen bereits auf den Vertrag erbrachter Leistungen besteht ein **Rückgewährungsanspruch aus ungerechtfertigter Bereicherung** nach § 812 Abs. 1 1. Alt.[16] War das zustimmungspflichtige Geschäft ein dingliches und bestand es in der Übereignung von Eigentum, so besteht ein **Herausgabeanspruch** aus § 985.

11   Ob **Schadensersatzansprüche des Dritten** etwa aus den Grundsätzen des Verschuldens bei Vertragsschluss (culpa in contrahendo) bestehen ist streitig. Der Schutzzweck des § 1365 könnte derartigen Ansprüchen entgegenstehen. Würde man eine Verpflichtung zur Leistung von Schadensersatz bejahen, wenn der das Geschäft tätigende Ehegatte die Genehmigung des anderen nicht einholen kann, so würde dessen Entscheidungsfreiheit erheblich eingeschränkt.[17] Gleichwohl werden auf das **negative Interesse** beschränkte Ansprüche gegen den verfügenden Ehegatten wohl anzunehmen sein,[18] sei es auch nur durch Auferlegung der durch falsche Behauptungen verursachten Kosten.[19]

12   **Schadensersatzansprüche gegen den verweigernden Ehegatten** bestehen dagegen regelmäßig nicht,[20] weil die Zugewinngemeinschaft keine Pflicht kennt, an der ordnungsgemäßen Verwaltung des Partnervermögens mitzuwirken. Die Interessen des Partners werden gegebenenfalls durch das Familiengericht gewahrt, das die verweigerte Genehmigung ersetzen kann. Allerdings kann das nichtige Geschäft unter Umständen gem. § 140 in ein anderes wirksames umgedeutet werden.[21]

E. Möglichkeiten für den Dritten

13   Während des Schwebezustandes hat der Dritte zwei Möglichkeiten, diesen zu beenden. Er kann den Vertrag unter den Voraussetzungen des Abs. 2 **widerrufen** oder er kann seinen **Vertragspartner auffordern**, die Genehmigung zu beschaffen und damit für **Rechtsklarheit** innerhalb eines Zeitraumes von längstens zwei Wochen sorgen. Von der ersten Möglichkeit wird er dann Gebrauch machen, wenn er im Nachhinein festgestellt hat, dass das Rechtsgeschäft sich als für ihn nicht sehr günstig erweist, während er die zweite Möglichkeit dann wählen wird, wenn er an dem Vertrag festhalten möchte.

I. Widerruf des Vertrages (Abs. 2)

14   Solange der Schwebezustand andauert, also bis zur Erteilung der Genehmigung oder deren Verweigerung, kann der Dritte den Vertrag widerrufen. Insoweit finden sich ähnliche Regelungen in den §§ 109, 178, 1427 Abs. 2 oder 1830. **War die Genehmigung bereits erteilt**, besteht eine Möglichkeit zum Widerruf nicht mehr. Das gilt auch dann, wenn der zustimmungspflichtige Ehe-

---

13 MüKo/Koch § 1366 Rn. 21.
14 BGH FamRZ 1994, 819.
15 BGH FamRZ 1994, 819.
16 BGH NJW 1976, 104.
17 Staudinger/Thiele § 1365 Rn. 98 m.w.N.
18 Staudinger/Thiele § 1365 Rn. 98; MüKo/Koch § 1366 Rn. 40; Palandt/Brudermüller § 1365 Rn. 16; vgl. oben § 1365 Rdn. 62.
19 AG Nordenham FamRZ 2009, 46.
20 OLG Hamm MDR 2011, 1477 (Ausnahme im Fall groben Rechtsmissbrauchs).
21 BGH FamRZ 1964, 25: im konkreten Fall in einen Erbvertrag.

gatte in das Rechtsgeschäft bereits vor dessen Vornahme eingewilligt hatte, gleich, ob der Dritte davon wusste oder nicht. Sofern der zustimmungspflichtige Ehegatte die Genehmigung zwar verweigert hat, die verweigerte Genehmigung aber noch durch das Familiengericht ersetzt werden kann (vgl. § 1365 Abs. 2, § 1369 Abs. 2), ist der **Widerruf bis zur Rechtskraft der Entscheidung des Familiengerichts** möglich. Ein **während des Ersetzungsverfahrens ausgesprochener Widerruf** hat deshalb zur Folge, dass das Familiengericht den Ersetzungsantrag in jedem Fall abzuweisen hat, weil der Vertrag nunmehr in jedem Fall nichtig ist – sei es durch die verweigerte Genehmigung, sei es durch den Widerruf.

Widerrufsberechtigt sind allerdings nur solche Dritten, die auf die Wirksamkeit des Vertrages vertrauen durften, weil ihnen beim Abschluss des Vertrages nicht bekannt war, dass ihr Vertragspartner verheiratet ist, oder weil ihr Vertragspartner der objektiven Wahrheit zuwider behauptet hat, mit Einwilligung des Ehegatten zu handeln und ihnen nicht bekannt war, dass die Einwilligung tatsächlich nicht erteilt worden ist. Erforderlich ist für die erste Alternative die **positive Kenntnis**, während das bloße **Kennenmüssen** der Berechtigung zum Widerruf nicht entgegensteht, weil keine Verpflichtung zur Anfrage besteht. Im Falle der wahrheitswidrigen Behauptung der Einwilligung des anderen Ehegatten lassen andere Sachverhalte das Widerrufsrecht nicht entfallen. Das gilt beispielsweise für die **wahrheitswidrige Behauptung**, der Vertrag bedürfe keiner Genehmigung, weil die Eheleute den gesetzlichen Güterstand ausgeschlossen hätten und in Gütertrennung lebten. Denn insoweit hätte sich der Dritte Klarheit durch das Güterrechtsregister verschaffen können, weshalb er nicht schutzbedürftig ist. Erforderlich ist nur die **objektive Unwahrheit**. War diese dem den Vertrag schließenden Ehegatten gar subjektiv bewusst, so kommen **Schadensersatzansprüche** nach §§ 823, 826 in Betracht.[22] Kannte der Dritte die Unwahrheit der Behauptung, so besteht gleichfalls kein Widerrufsrecht.

Das Widerrufsrecht ist nicht an eine **Frist** gebunden. Es erlischt mit der **Beendigung des Schwebezustandes**, sei es durch die Erteilung der Genehmigung oder deren Verweigerung. Es setzt somit voraus:

– **Der Dritte darf nicht gewusst haben, dass sein Vertragspartner verheiratet ist,**

oder

– der Dritte wusste zwar, dass sein Vertragspartner verheiratet ist, jedoch hatte dieser wahrheitswidrig behauptet, der zustimmungspflichtige Ehegatte habe eingewilligt.

Der Widerruf ist wie die Genehmigung **eine einseitige empfangsbedürftige Willenserklärung**, die jedoch ausschließlich an den Ehegatten gerichtet sein muss, der als Vertragspartner agiert hat, nicht an den anderen.[23] Durch den Widerruf wird der Vertrag in ein **nichtiges Rechtsgeschäft** umgewandelt. Jetzt kann das Rechtsgeschäft auch nicht mehr genehmigt werden. Der Abschluss ist wirkungslos, wobei dies gleichermaßen für obligatorische wie für dingliche Rechtsgeschäfte gilt.

II. Aufforderung zur Beschaffung der Genehmigung (Abs. 3)

Nach Abs. 3 kann der Dritte seinen Vertragspartner, nicht den zustimmungspflichtigen Ehegatten, auffordern, dessen Genehmigung zu beschaffen, um damit den Schwebezustand zu beenden. Dieses Recht steht jedem Dritten zu, mag er den Schwebezustand bewusst in Kauf genommen haben oder mag er unfreiwillig in ihn geraten sein. Mit dieser Möglichkeit werden die Interessen des am Vertrag festhaltenden Dritten an einer Abkürzung des Schwebezustandes gewahrt.

22 Palandt/Brudermüller § 1366 Rn. 7.
23 Staudinger/Thiele § 1366 Rn. 17.

19 Die Aufforderung ist eine **geschäftsähnliche Handlung,** keine Willenserklärung.[24] Mit ihr kann der zustimmungspflichtige Ehegatte die Genehmigung fortan – abweichend von der Regel des § 182 Abs. 1 – nur noch wirksam gegenüber dem Dritten erklären (Abs. 3 S. 1), während deren Verweigerung auch an den Ehegatten gerichtet sein kann. Die Aufforderung wie die Genehmigung oder deren Verweigerung sind nicht an eine **Form** gebunden, insbesondere auch nicht an die des zu genehmigenden Rechtsgeschäfts.[25]

20 War die Einwilligung oder deren Verweigerung bereits vor der Aufforderung nach Abs. 3 erklärt, so war der Schwebezustand bereits beendet, weshalb die Aufforderung ohne Wirkung ist. Dasselbe gilt, wenn der Güterstand innerhalb der **Zwei Wochen Frist** des Abs. 3 S. 2 endet. Eine allerdings nach der Vornahme des Rechtsgeschäfts und vor der Aufforderung nur dem Ehegatten, nicht auch dem Dritten gegenüber erklärte Genehmigung oder auch deren Verweigerung wird durch die Aufforderung unwirksam.[26]

21 Nach der Aufforderung kann der zustimmungspflichtige Ehegatte das schwebend unwirksame Rechtsgeschäft nunmehr innerhalb einer Frist von zwei Wochen nach Empfang der Aufforderung (§ 130) genehmigen. Da die Frist allen seinen Interessen dient, kann der Dritte sie allerdings durch **einseitige Erklärung verlängern.**[27] Die **Verkürzung** setzt hingegen das Einverständnis des vertragschließenden Ehegatten voraus, nicht dagegen das des zustimmungspflichtigen, weil das Gesetz sein Interesse an der Erhaltung des gegenwärtigen Vermögensstandes schützt, nicht aber das an einer Veränderung. Gewissheitsinteressen stehen gleichfalls nicht auf dem Spiel.[28]

22 Wird die Genehmigung nicht innerhalb der Frist erklärt, so gilt sie als verweigert. Wird die Genehmigung durch eine **familiengerichtliche Entscheidung** ersetzt, so bleibt diese nur wirksam, wenn sie dem Dritten von dem abschließenden Ehegatten **innerhalb der Zwei Wochen Frist mitgeteilt** wird. Mit der Verweigerung der Genehmigung ist auch der abschließende Ehegatte nicht mehr gebunden. Der Vertrag ist jetzt endgültig unwirksam, kann allerdings gegebenenfalls in ein anderes, wirksames Rechtsgeschäft umgedeutet werden (§ 140).[29] Anderes gilt auch nicht nach **Beendigung des Güterstandes.** Das gilt sowohl dann, wenn der Güterstand durch den Tod des Ehegatten[30] als auch dann, wenn er durch die Ehescheidung endet.[31]

§ 1367   Einseitige Rechtsgeschäfte

Ein einseitiges Rechtsgeschäft, das ohne die erforderliche Einwilligung vorgenommen wird, ist unwirksam.

1 Die gegenüber §§ 1365, 1366 andere Regelung des Mitwirkens des Ehegatten bei **einseitigen Rechtsgeschäften** hat ihren **Grund** darin, dass diejenigen Personen, die dem handelnden Ehegatten gegenüberstehen, sich diesem nicht entziehen können, weshalb das Gesetz ihnen nicht die Ungewissheit zumutet, die der nach § 1366 vorgesehene Schwebezustand nach sich zieht. Sie können diesen als nur passiv Beteiligte, nicht durch eigenes Tun vermeiden.

---

24 Böttcher RPfl 1984, 377, 381; Staudinger/Thiele § 1366 Rn. 27.
25 Palandt/Brudermüller § 1366 Rn. 9.
26 BGHZ 355, 361; FamRZ 1994, 819.
27 Böttcher, RPfl 1984, 377, 381; MüKo/Koch § 1366 Rn. 19; a.A.: Palandt/Brudermüller § 1366 Rn. 8, wonach ein Vertrag notwendig ist.
28 Staudinger/Thiele § 1366 Rn. 32; MüKo/Koch § 1366 Rn. 19.
29 BGH NJW 1964, 347.
30 Reinecke NJW 1973, 305.
31 Reinecke NJW 1972, 1786; a.A.: BayObLG NJW 1972, 2272.

Die **praktische Bedeutung** des §1367 ist jedoch gering. Als einseitige Rechtsgeschäfte im Sinne des §1367 kommen nur die **Dereliktion** sowie **Auslobung** und das **Stiftungsgeschäft** in Betracht. Streitig ist, ob §1367 auch Anwendung auf die Ausübung von **Anfechtungs- und Rücktrittsrechten** findet. Zwar handelt es sich hierbei auch um einseitige Rechtsgeschäfte, doch erscheint es zweifelhaft, ob es Sinn der Vorschrift sein kann, die Ehegatten bei der Geltendmachung von Willensmängeln und Leistungsstörungen aneinander zu binden.[1] Nicht unwirksam ist auch die **Ausschlagung einer Erbschaft** oder eines **Vermächtnisses**.[2] Zwar gehört die Erbschaft zum Vermögen des Erben, nach den Wertungen des Gesetzes aber noch nicht endgültig in dem Sinne, dass das Interesse des anderen Ehegatten bereits schutzwürdig wäre.[3] 2

Wirksam ist auch der auf das Vermögen als Ganzes bezogene **Überweisungsauftrag** im Bankenverkehr. Zustimmungspflichtig mag die der Überweisung zu Grunde liegende Zuwendung sein, nicht jedoch der Überweisungsauftrag als solcher.[4] 3

Zur Wirksamkeit einseitiger Rechtsgeschäfte führt nur die **Einwilligung**, also die vorherige Zustimmung des anderen Ehegatten. Ist für die Einwilligung wie zum Beispiel in §29 GBO eine bestimmte Form vorgesehen, so muss diese in der erforderlichen Form mindestens gleichzeitig mit dem einseitigen Rechtsgeschäft vorgelegt werden.[5] Allerdings muss dem Ehegatten die Möglichkeit zur Nachreichung gegeben werden.[6] Im Übrigen wird auf die §§111 und 182 verwiesen. 4

Nimmt ein Ehegatte ein einseitiges Rechtsgeschäft ohne die erforderliche Einwilligung des Ehegatten vor, so ist es **von Anfang an unwirksam**, weshalb auch ein späteres Wirksamwerden ausgeschlossen ist. Es kann insbesondere auch nicht durch spätere Genehmigung des anderen Ehegatten oder die Beendigung des Güterstandes geheilt werden.[7] 5

§1368 Geltendmachung der Unwirksamkeit

Verfügt ein Ehegatte ohne die erforderliche Zustimmung des anderen Ehegatten über sein Vermögen, so ist auch der andere Ehegatte berechtigt, die sich aus der Unwirksamkeit der Verfügung ergebenden Rechte gegen den Dritten gerichtlich geltend zu machen.

A. Allgemeines

I. Bedeutung der Norm

Im Falle der Verfügung eines Ehegatten über sein Vermögen als Ganzes ohne die nach §1365 erforderliche Einwilligung des anderen Ehegatten und ohne deren Ersetzung nach §1365 Abs. 2 ist der übergangene nicht verfügende Ehegatte berechtigt, selbst die sich aus der Unwirksamkeit des Rechtsgeschäfts ergebenden Rechte gegen den Dritten geltend zu machen. Diese Vorschrift ist eine **Schutzvorschrift zu Gunsten des übergangenen Ehegatten**, weil nur auf diese Weise sein Interesse am Vermögen oder den Haushaltsgegenständen (vgl. §1369 Abs. 3) gesichert ist. Sie stellt eine Ausnahme von dem im Übrigen durch §1364 begründeten Grundsatz dar, dass jeder Ehegatte sein Vermögen selbst verwaltet. 1

---

1 MüKo/Koch §1367 Rn. 6; a.A.: Palandt/Brudermüller; §1367 Rn. 1; Soergel/Lange §1367 Rn. 2.
2 MüKo/Koch §1367 Rn. 6.
3 Staudinger/Thiele §1365 Rn. 42.
4 A.A.: Westermann FamRZ 1967, 545, 546.
5 KG OLGE 7, 49, 53.
6 RGZ 50, 212.
7 RGZ 146, 316.

II. Revokationsrecht

2 Die Norm gewährt dem Ehegatten ein so genanntes **Revokationsrecht**, da die Verfügungsbe-schränkungen des § 1365 für das Vermögen und des § 1369 für den Hausrat zwar die Unwirksam-keit des nicht genehmigten Rechtsgeschäftes regeln, nicht jedoch die **Rückabwicklung unwirksa-mer, aber bereits vollzogener Verfügungen**. § 1368 gibt dem übergangenen Ehegatten dann die Möglichkeit der gerichtlichen Geltendmachung des Rückabwicklungsanspruchs, gleich, ob der verfügende Ehegatte zur Rückabwicklung bereit ist oder nicht.

3 Der **Revokationsanspruch** besteht auch noch **nach der Rechtskraft der Ehescheidung**.[1] Unabhän-gig von ihm eröffnet die Vornahme eines Rechtsgeschäftes ohne die Einholung der nach § 1365 erforderlichen Zustimmung dem Ehegatten den **Antrag auf vorzeitigen Zugewinnausgleich** nach § 1385 Nr. 2.

4 Der Revokationsanspruch ist untrennbar mit dem Bestehen der Zugewinngemeinschaft ver-knüpft. Stirbt der übergangene Ehegatte, ist sein Anspruch deshalb ebenso wenig vererblich wie er übertragbar oder pfändbar gewesen wäre. Deshalb kann der Anspruch auch trotz eventuell beste-henden Interesses nicht durch die **Erben** geltend gemacht werden, da sie nicht Partner des Güter-standes sind oder werden können.[2]

III. Verfügung

5 **Voraussetzung** für die Revokation ist, dass ein Ehegatte eine **Verfügung** getroffen hat. Daraus folgt, dass der übergangene Ehegatte die **Unwirksamkeit des Verpflichtungsgeschäftes**, die eben-falls aus den §§ 1365, 1369 folgen kann, nicht über § 1368 geltend machen kann. Er kann auch die **Vornahme der künftigen Verfügung** nicht verhindern. Denn § 1368 gewährt dem Ehegatten lediglich die Revokation, nicht einen **Unterlassungsanspruch**.[3] Dessen bedarf es auch nicht, weil – das Bestehen des Feststellungsinteresses unterstellt – **Klage auf Feststellung der Unwirk-samkeit des Verpflichtungsgeschäftes** erhoben werden kann.[4]

6 § 1368 ist nicht anwendbar, wenn der Ehegatte über im **Alleineigentum des anderen stehendes Vermögen** verfügt. In diesem Fall ist auch **gutgläubiger Erwerb** durch den Dritten möglich.[5]

IV. Abdingbarkeit

7 Die aus §§ 1365, 1369 folgenden Beschränkungen können durch **Ehevertrag** ausgeschlossen wer-den. In diesen Fällen entfällt der Revokationsanspruch und die mit ihm verbundene **Prozessfüh-rungsbefugnis**. Ebenso ist es zulässig, das Prozessführungsrecht durch Ehevertrag selbständig aus-zuschließen.[6]

B. Rechte des nicht verfügenden Ehegatten

8 Im Falle der Unwirksamkeit des Rechtsgeschäfts wegen des Fehlens der Zustimmung des Ehegat-ten oder deren Ersetzung kann der übergangene Ehegatte alle sich aus der Unwirksamkeit erge-benden Rechte in jeder Verfahrensart im eigenen Namen geltend machen.[7] In Betracht kommen

---

1 BGH FamRZ 1983, 1101.
2 BayObLG FamRZ 1980, 571.
3 BGH FamRZ 1990, 970; vgl. aber AG Baden-Baden FamRZ 2009, 1344, das einen Anspruch auf Eintra-gung einer Verfügungsbeschränkung im Grundbuch bejaht.
4 BGH FamRZ 1990, 970.
5 Staudinger/Thiele [2000] § 1358 Rn. 12.
6 MüKo/Koch § 1368 Rn. 30.
7 OLG Brandenburg FamRZ 1996, 1015.

insbesondere der **Arrest**, die **negative Feststellungsklage**[8] oder die **Vollstreckungsgegenklage** (§ 771 ZPO). Fehlt die erforderliche Zustimmung zur Veräußerung eines Grundstücks, so ist der übergangene Ehegatte gegebenenfalls auch berechtigt, im Wege der Beschwerde die Eintragung eines **Amtswiderspruchs** zu verlangen.[9] Als Berechtigte des Amtswiderspruchs sind dann beide Ehegatten einzutragen.

Zwar sind die sich aus der Unwirksamkeit des Rechtsgeschäfts ergebenden Ansprüche solche des verfügenden Ehegatten, doch darf der andere Ehegatte diese prozessual im **eigenen Namen** geltend machen. Ist dem klagenden Ehegatten die Person des Dritten nicht bekannt, so hat er gegen den anderen einen Anspruch auf **Auskunft** über dessen Person.[10] Die Revokation geschieht im Prozess somit als Ausübung fremder Rechte im eigenen Namen in **Prozessstandschaft**.[11] Die Prozessstandschaft ist allerdings nicht ausschließlich, so dass auch der verfügende Ehegatte selbst seine Rechte geltend machen kann.   9

Da der Revokationsanspruch kein eigener Anspruch des übergangenen Ehegatten ist und § 1365 ein in sich geschlossenes Schutzsystem bietet, in dem eigene Rechte des anderen Ehegatten nicht vorgesehen sind und damit das Prinzip der Gütertrennung gewahrt ist, hat der andere Ehegatte auch **keinen eigenen (Unterlassungs-)Anspruch** aus § 823; §§ 1365 und 1369 sind **keine Schutzgesetze** im Sinne des Abs. 2 dieser Norm.[12]   10

Im Hinblick auf den geltend gemachten Zugewinnausgleichsanspruch mag das rechtlich geschützte Interesse bestehen, die Unwirksamkeit des Verpflichtungsgeschäftes feststellen zu lassen (§ 256 ZPO). Auch dieser Anspruch kann nur Gegenstand eines gegen den verfügenden Ehegatten, nicht den Dritten, gerichteten Begehrens sein, weil das **Feststellungsinteresse** nur ihm gegenüber besteht. Etwas anderes gilt nur dann, wenn der betroffene Gegenstand, über den ein Ehegatte verfügt hat, im **Allein- oder Miteigentum** des anderen Ehegatten stand oder wenn er einen Anspruch aus **Allein- oder Mitbesitz** geltend macht. Denn dann hat der Anspruch seine Grundlage nicht im ehelichen Güterrecht.   11

Der Anspruch besteht in der Form, in der er vom verfügenden Ehegatten hätte geltend gemacht werden können. Im Falle des **Herausgabeanspruchs** besteht dieser somit nur auf Herausgabe an den verfügenden Ehegatten, nicht an sich selbst. Will oder kann der verfügende Ehegatte die Sache allerdings nicht mehr zurücknehmen, so kann der übergangene Ehegatte ausnahmsweise Herausgabe auch an sich selbst beanspruchen, weil die **subsidiäre Befugnis zur Übernahme** der Sache in eigenen Besitz Bestandteil des Revokationsrechts ist.[13]   12

Besteht der Revokationsanspruch bei dem verfügenden Ehegatten in Form eines **Grundbuchberichtigungsanspruchs**, so kann der übergangene Ehegatte Grundbuchberichtigung zu Gunsten des verfügenden Ehegatten beanspruchen.[14]   13

C. Die Stellung des verfügenden Ehegatten

Auch der verfügende Ehegatte kann die Rechte aus der Unwirksamkeit des Vertrages geltend machen. Die von dem nicht verfügenden Ehegatten erstrittene Entscheidung wirkt auch nicht für und gegen ihn. Denn es handelt sich bei den Revokationsrechten der Ehegatten um selbständige   14

---

8 BGH FamRZ 1990, 970.
9 BayObLG FamRZ 1988, 503.
10 OLG Frankfurt FamRZ 2004, 1105.
11 OLG Brandenburg FamRZ 1996, 1015; MüKo/Koch § 1368 Rn. 3.
12 Anders aber: OLG Celle NJW 1970, 1882.
13 Palandt/Brudermüller § 1368 Rn. 4; Rimmelspacher NJW 1969, 1998; a.A.: OLG Köln FamRZ 1959, 460: Herausgabe an beide Ehegatten oder den Sequester.
14 BGH NJW 1984, 609.

Rückforderungsansprüche mit Schutzcharakter, der in Frage gestellt würde, wenn ein Ehegatte etwa durch schlechte Prozessführung dem anderen das Rückforderungsrecht aus der Hand schlagen könnte.[15] Eine durch einen Ehegatten erstrittene obsiegende Entscheidung hat jedoch **materielle Rechtskraftwirkung**, so dass im zweiten Rechtsstreit des anderen Ehegatten nicht anders entschieden werden kann. Der andere Ehegatte behält aber die Möglichkeit, selbst zu klagen, um die **Vollstreckung** selbst in die Hand nehmen zu können. Will der Gläubiger sich gegen eine nochmalige Inanspruchnahme schützen, so ist ihm die Möglichkeit der **negativen Feststellungsklage** eröffnet.[16]

15 Ein **Verzicht** des verfügenden Ehegatten auf Revokation bindet den anderen folgerichtig nicht.[17]

16 Ist der verfügende Ehegatte Eigentümer derjenigen Sache, deren Rückgabe der andere erstritten hat, so kann er den Vermögensgegenstand wieder in Besitz nehmen. Gemäß §§ 1363 Abs. 2, 1364 behält er auch weiterhin die Verwaltung über sein Eigentum.

D. Die Stellung des Dritten

17 Der Dritte muss bei Geschäften über das Vermögen als Ganzes oder über Haushaltsgegenstände stets damit rechnen, dass sein Vertragspartner verheiratet ist. Er ist also gehalten, sich bei derartigen Rechtsgeschäften darüber zu vergewissern, ob Verfügungsbeschränkungen bestehen oder nicht. Unterlässt er dies, so kann er sich nicht auf die **Vorschriften über den Erwerb vom Nichtberechtigten** berufen; der gute Glaube ist nicht geschützt, weil es sich bei der Zugewinngemeinschaft um den gesetzlichen Güterstand handelt, von dem grundsätzlich jeder ausgehen muss.[18] Das gilt sogar dann, wenn der verfügende Ehegatte die Zustimmungsfreiheit oder die erklärte Zustimmung wider besseres Wissen versichert.[19]

18 Der Dritte ist gegenüber beiden Ehegatten mit zahlreichen **Einwendungen** ausgeschlossen:

Da die Revokation im Interesse des nicht verfügenden Ehegatten und der Familie den faktischen Vollzug der aus §§ 1365, 1369 folgenden Verfügungsbeschränkungen sichern soll, kann der Dritte nicht den **Einwand der unzulässigen Rechtsausübung** (§ 242, venire contra factum proprium) erheben. Etwas anderes gilt nur dann, wenn beide Ehegatten dem Dritten gegenüber **arglistig** gehandelt haben.

Der Dritte hat kein **allgemeines Zurückbehaltungsrecht** nach § 273, etwa wegen des gezahlten Kaufpreises, den er nur von seinem Vertragspartner, nicht auch von dem anderen Ehegatten zurückfordern kann. Dasselbe gilt für die Zurückbehaltung wegen eines **Schadensersatzanspruchs**. Denn der **Familienschutz** ist gegenüber dem **Drittschutz** vorrangig.[20] Nichts anderes gilt für das Zurückbehaltungsrecht wegen eines **Verwendungsersatzanspruches des unrechtmäßigen Besitzers** nach § 1000.[21]

§ 817 S. 2 ist gegenüber dem Schutzzweck der §§ 1365, 1369 nachrangig.

19 Der Dritte kann allerdings gegen den Revokationsanspruch **aufrechnen**.[22] Denn der Aufrechnungsausschluss würde den revozierenden Ehegatten oder die Familie nicht schützen, weil die

---

15 Palandt/Brudermüller § 1368 Rn. 4; Brox FamRZ 1961, 284; a.A.: Reinicke BB 1957, 568.
16 Baur FamRZ 1958, 257.
17 Bosch FamRZ 1958, 86.
18 Maßfeller, DB 1957, 499; Finke JR 1957, 162.
19 Palandt/Brudermüller § 1368 Rn. 2; Boehmer FamRZ 1959, 6.
20 OLG Köln MDR 1968, 586; Palandt/Brudermüller § 1368 Rn. 3; a.A.: Boehmer FamRZ 1959, 1, 6.
21 MüKo/Koch § 1368 Rn. 19; Staudinger/Thiele § 1368 Rn. 51; a.A.: Ermann/Heckelmann § 1368 Rn. 6; RGRK Finke § 1368 Rn. 15; Soergel/Lange § 1368 Rn. 14.
22 BGH FamRZ 2000, 744 = FuR 2000, 485.

Gegenforderung erhalten bliebe, dem Dritten jedoch ohne rechtfertigenden Grund das Insolvenz-risiko für den verfügenden Ehegatten aufgebürdet würde.

E. Verfahren

Für das Revokationsverfahren sind die **Familiengerichte** zuständig, weil es zu den **den Güter- 20 rechtssachen** im Sinne § 261 Abs. 1 FamFG zählt.[23] Das gilt auch für die **Drittwiderspruchsklage** eines Ehegatten, durch die das die Teilungsversteigerung hindernde Veräußerungsverbot gem. § 1365 geltend gemacht wird, sofern sie über die Geltendmachung einer bloßen Miteigentümer-position aus familienbezogenen Gründen hinausgeht.[24]

Die **Darlegungs- und Beweislast** für die Kenntnis des Verfügungsempfängers von den die 21 Unwirksamkeit der Verfügung begründenden Umständen trägt derjenige, der sich auf die Unwirk-samkeit beruft.[25]

Der **Verfahrenswert** bemisst sich an dem Wert desjenigen Gegenstandes, über den ohne Zustim- 22 mung verfügt worden ist, nicht an dem mittelbar verfolgten Interesse des klagenden Ehegatten auf Sicherung seines Anspruchs auf Zugewinnausgleich.[26] Handelt es sich bei dem fraglichen Vermö-gensgegenstand um ein Grundstück, so sind darauf lastende Grundpfandrechte nicht wertmin-dernd zu berücksichtigen.[27]

§ 1369 Verfügungen über Haushaltsgegenstände

(1) Ein Ehegatte kann über ihm gehörende Gegenstände des ehelichen Haushalts nur verfügen und sich zu einer solchen Verfügung auch nur verpflichten, wenn der andere Ehegatte einwilligt.

(2) Das Familiengericht kann auf Antrag des Ehegatten die Zustimmung des anderen Ehegatten ersetzen, wenn dieser sie ohne ausreichenden Grund verweigert oder durch Krankheit oder Abwesenheit verhindert ist, eine Erklärung abzugeben.

(3) Die Vorschriften der §§ 1366 bis 1368 gelten entsprechend.

A. Allgemeines

Die Norm enthält wie § 1365 eine weitere Einschränkung des in § 1364 begründeten **Grundsatzes** 1 **der selbständigen Verfügungsmacht** über das eigene Vermögen. Wie Verfügungen über das Ver-mögen als Ganzes (§ 1365) setzen sowohl die Verfügung als auch das Verpflichtungsgeschäft über

---

23 BGH FamRZ 1981, 1045; OLG Hamm MDR 2001, 219; OLG Düsseldorf FamRZ 1985, 721 jeweils zum alten Recht.
24 OLG Hamburg FamRZ 2000, 1290.
25 OLG München OLGR 1993, 153.
26 OLG Köln JurBüro 1995, 368; OLG Düsseldorf AGS 1996, 139 jeweils für einen Grundbuchberichti-gungsanspruch.
27 OLG Köln JurBüro 1995, 368.

im Alleineigentum eines Ehegatten stehende **Gegenstände des ehelichen Haushalts** entweder die **Einwilligung des Nichteigentümers** oder deren **Ersetzung durch das Familiengericht** voraus. Die Norm entspricht weitgehend dem § 1365 und begründet deshalb kein Veräußerungsverbot, sondern ein **zustimmungspflichtiges Rechtsgeschäft**, wegen dessen Durchführung auf die §§ 1366 bis 1368 zu verweisen ist.

2 Anders als nach § 1365 ist nach § 1369 nicht nur die **Zustimmung zum Verfügungsgeschäft**, sondern auch die zum **Verpflichtungsgeschäft** erforderlich. Der Unterschied ist jedoch nicht von großer Bedeutung, da die Zustimmung zum Verpflichtungsgeschäft immer auch die zum Verfügungsgeschäft beinhaltet und umgekehrt. Sofern sich ein Ehegatte noch ohne Zustimmung verpflichten konnte (zum Beispiel noch vor Eheschließung), bedarf auch die Verfügung nicht der Zustimmung.

3 Der **Sinn der Norm** liegt darin, in erster Line die **stoffliche Substanz des Familienzusammenlebens** gegen einseitige Maßnahmen durch einen Ehegatten zu sichern,[1] **Schmälerungen der Zugewinnausgleichsforderung** vorzubeugen und die **Hausratsverteilung im Rahmen der Ehescheidung zu gewährleisten**.[2] Deshalb gilt sie auch nach der **Trennung der Eheleute** fort.[3] Das betrifft allerdings nicht solche Gegenstände, die erst kurz vor oder nach der Trennung speziell für den abgesonderten Haushalt angeschafft worden sind.[4] Auch **nach der Ehescheidung** bleibt das vorher vorgenommene Rechtsgeschäft zustimmungsbedürftig.[5] Es gilt insbesondere nicht § 185 Abs. 2.[6] Das gilt jedenfalls dann, wenn durch die Verfügung die Verteilung vorhandenen oder wiederzuerlangender Haushaltsgegenstände in Natur beeinträchtigt würde.[7]

4 § 1369 kann nicht durch **Ehevertrag** erweitert werden. Etwa eine Bindung auch von Gegenständen, die nicht zu den Haushaltsgegenständen rechnen, sondern der Berufsausübung, dem persönlichen Gebrauch oder der Kapitalanlage dienen, ist mit dem geschlossenen System der Verfügungsbeschränkungen nicht zu vereinbaren. Andererseits kann die Norm ebenso wie § 1365 durch Ehevertrag gänzlich abbedungen oder gegenständlich beschränkt werden. So ist es zulässig, die Bindung auf einen von mehreren Haushalten, auf Teile eines Haushalts oder auch auf einzelne Haushaltsgegenstände zu begrenzen.[8]

5 Die Norm gilt im **Gebiet der früheren DDR** unabhängig von der Option der Eheleute für ihren früheren Güterstand.

B. Gegenstände des ehelichen Haushalts

6 Der Begriff der Gegenstände des ehelichen Haushalts ist identisch mit dem des **Haushaltsgegenstandes**, wie er in §§ 1361a, 1568 b oder 1640 Abs. 1 S. 3 Verwendung findet.

7 Hausratsgegenstände sind **bewegliche Sachen** (§ 90) einschließlich **wesentlicher Bestandteile** (§ 93) und **Zubehör** (§ 97), aber auch den **Hausrat betreffende Rechte**, sofern sie der gemeinsamen Lebensführung im privaten Bereich einschließlich der Freizeitgestaltung dienen oder zu dienen bestimmt sind. Entsprechend dem Schutzzweck der Norm ist der Begriff weit zu fassen.[9] Maßgeblich für die Zurechnung zu den Haushaltsgegenständen ist zum einen die jeweilige **Wid-**

---

1 Palandt/Brudermüller § 1369 Rn. 1.
2 BayObLG FamRZ 1980, 571; 1001; a.A. Staudinger/Thiele § 1369 Rn. 1.
3 OLG Koblenz FamRZ 1991, 1302.
4 BGHZ 89, 137.
5 BayObLG FamRZ 1980, 571.
6 BayObLG FamRZ 1980, 571; Palandt/Brudermüller § 1369 Rn. 3; a.A. OLG Saarbrücken OLGZ 67, 6.
7 BayObLG FamRZ 1980, 571.
8 MüKo/Koch § 1365 Rn. 102.
9 OLG Bamberg FamRZ 1997, 378.

mung, also die Zweckbestimmung zu der tatsächlichen Verwendung des Gegenstandes im Rahmen der gemeinsamen Lebensführung der Familie. Daneben ist auf die **Funktion des Gegenstandes** abzustellen, also dessen Eignung für die Verwendung im Haushalt. Keine sachgerechten Abgrenzungskriterien sind dagegen das **Anschaffungsmotiv** und der **Anlass der Anschaffung**,[10] die **Herkunft der Mittel**[11] oder der **Wert des Vermögensgegenstandes**.[12] Deshalb können auch **Luxusgegenstände** zu den Haushaltsgegenständen rechnen, sofern sie nach den Einkommens-, Vermögens- und Lebensverhältnissen der Ehegatten der Einrichtung der Wohnung zu dienen bestimmt sind.[13] Entscheidend für die Abgrenzung ist allein, ob der Vermögensgegenstand nach seiner Widmung dem Haushalt oder der Kapitalanlage zu dienen bestimmt war. Außer einzelnen Haushaltsgegenständen fallen auch **Sachgesamtheiten** wie etwa die Wohnungseinrichtung unter die Vorschrift.[14]

Nicht zu den Haushaltsgegenständen rechnen diejenigen Vermögensgegenstände, die dem **persönlichen Gebrauch** (Kleidung, Schmuck) nur eines Ehegatten oder seiner **Berufsausübung** dienen. Dasselbe gilt für dasjenige, was der **Ausübung seines Hobbys** oder – wie beispielsweise Sammlungen – sonstigen **individuellen Bedürfnissen** zu dienen bestimmt ist. **8**

Dasselbe gilt, schon weil es keine bewegliche Sache ist, für die **Ehewohnung**, weshalb ein Ehegatte, der die eheliche Wohnung allein angemietet hat, auch das Mietverhältnis hierüber allein kündigen kann.[15] **9**

Wegen weiterer Einzelheiten zum Begriff des Hausrates wird auf die Ausführungen zu § 1361a Rdn. 5 ff. verwiesen. **10**

Zu den die **Haushaltsgegenstände betreffenden Rechten** zählen etwa **Forderungen**, die an die Stelle der Haushaltsgegenstände getreten sind, wie **Schadensersatzansprüche**[16] oder **Leistungen aus Sachversicherungen** – wie die Hausratsversicherung –, die Hausratsgegenstände betreffen.[17] Dasselbe gilt für **Forderungen aus dem Kauf beweglicher Sachen**, die dem Haushalt zu dienen bestimmt sind, nicht dagegen für **Ansprüche auf Dienstleistungen im Hause**, so dass etwa das Arbeitsverhältnis mit einer Haushaltshilfe auch von einem Ehegatten allein gekündigt werden kann.[18] **11**

Nach dem Wortlaut des Gesetzes werden durch § 1369 nur solche Gegenstände erfasst, die dem verfügenden Ehegatten gehören. Auch insoweit ist die Norm aber **extensiv auszulegen**. **12**

Sofern der Hausrat im **Miteigentum beider Ehegatten** steht, bedarf es ohnehin der Mitwirkung des anderen Ehegatten. **13**

§ 1369 ist aber auch auf Gegenstände anzuwenden, die im **Eigentum Dritter** stehen. Das gilt etwa für das **Besitzrecht** an geliehenem oder gemietetem Hausrat,[19] allerdings nur solange, als es um die Herauslösung aus dem Haushalt geht, nicht dagegen für solche Maßnahmen, die – wie die **Kündigung** oder die **Rückgabe** – im Rahmen des Schuldverhältnisses anfallen. Ebenso fallen solche Haushaltsgegenstände unter den Schutz der Norm, die die Eheleute unter **Eigentumsvorbehalt** erworben haben und für die sie nur eine **Anwartschaft** erworben haben.[20] **14**

---

10 OLG Düsseldorf FamRZ 1986, 1132.
11 OLG Düsseldorf FamRZ 1987, 1055; OLG Hamburg FamRZ 1987, 1058.
12 BGH FamRZ 1984, 575.
13 BGH FamRZ 1984, 144.
14 BayObLG FamRZ 1960, 156.
15 LG Stuttgart FamRZ 1977, 200.
16 BGH NJW 1966, 1707; OLG Koblenz FamRZ 1992, 1303.
17 Palandt/Brudermüller § 1369 Rn. 6; Staudinger/Thiele § 1369 Rn. 23; Boehmer FamRZ 1959, 1, 4.
18 Rittner FamRZ 1961, 188.
19 Palandt/Brudermüller § 1369 Rn. 6.
20 OLG Saarbrücken OLGZ 67, 4.

15 Umstritten ist, ob § 1369 entsprechend auch auf Verfügungen über solche Haushaltsgegenstände anzuwenden ist, die im **Eigentum des nicht verfügenden Ehegatten** stehen. Diese Problematik stellt sich allerdings nur dann, wenn der verfügende Ehegatte ausnahmsweise **Alleinbesitz** an dem ihm nicht gehörenden Haushaltsgegenstand hat. Besteht nämlich – wie zumeist – **Mitbesitz**, scheitert ein Gutglaubenserwerb bereits daran, dass die Sache dem Eigentümer abhanden gekommen ist (§ 935 Abs. 1), weshalb es hier keines zusätzlichen Schutzes durch § 1369 bedarf. Im Fall des Alleinbesitzes allerdings sind die Auswirkungen der Verfügung durch den Ehegatten, der nicht Eigentümer ist, für die Ehegemeinschaft dieselben wie bei der Verfügung durch den Eigentümer, weshalb kein Grund ersichtlich ist, warum der Erwerber durch die Nichtanwendung des § 1369 auf diesen Fall besser gestellt werden sollte, wenn er statt vom tatsächlichen vom vermeintlichen Eigentümer erwirbt.[21]

C. Zustimmungsbedürftigkeit

16 Zustimmungsbedürftig sind alle einseitigen und mehrseitigen **Verpflichtungs- und Verfügungsgeschäfte**, die Hausrat zum Gegenstand haben, einschließlich etwaiger **Vorverträge**. Zustimmungsbedürftig sind derartige Geschäfte auch dann, wenn mit ihnen ein **Sicherungszweck** verfolgt wird. Hiervon besteht jedoch eine Ausnahme für **Sicherungsübereignungen**, die Teil eines Rechtsgeschäftes sind, das den Erwerb eines Haushaltsgegenstandes zum Ziel hat (z.B.: Sicherungsübereignung eines gekauften Gegenstandes im Rahmen eines finanzierten Abzahlungskaufs).

17 Nicht zustimmungsbedürftig sind **Prozesshandlungen**, wie die **Klageerhebung, Klageverzicht** (§ 306 ZPO) oder **Anerkenntnis** (§ 307 ZPO), während der **Prozessvergleich** der Zustimmung des Ehegatten bedarf.

18 Nicht zustimmungsbedürftig sind wiederum solche **Verpflichtungsgeschäfte**, die nicht den unmittelbaren Verlust des Eigentums zur Folge haben, die jedoch ein **gesetzliches Pfandrecht** auslösen (§§ 559, 647, 704). Dasselbe gilt für alle Verträge, die einen Ehegatten verpflichten, einem Dritten Gegenstände des ehelichen Haushalts zum Gebrauch zu überlassen, wie die **Miete** oder **Leihe**.

19 Handelt der Ehegatte nicht selbst, sondern durch einen **gesetzlichen** oder **gewillkürten Vertreter**, so ist dieser wie der Ehegatte selbst durch § 1369 gebunden. Das gilt noch nicht für die **Bevollmächtigung**, sondern erst für das von dem Vertreter getätigte Rechtsgeschäft, für das dieser wie der vertretene Ehegatte der Zustimmung nach § 1369 bedarf.[22] Auch die dem Schutz des redlichen Verkehrs dienende Vorschrift des § 170 ersetzt die fehlende Zustimmung nicht, weil der nach § 170 bestehende Rechtsschein zwar die fehlende Bevollmächtigung, nicht aber die nach § 1369 erforderliche Zustimmung als Wirksamkeitsvoraussetzung für das Rechtsgeschäft ersetzen kann. Nichts anderes gilt auch dann, wenn der Vertreter als **Kaufmann im Betriebe seines Handelsgewerbes** handelt, weil der Tatbestand des § 366 HGB hier nicht greift.[23]

20 Frei von den Bindungen des § 1369 sind dagegen **Amtstreuhänder** wie der **Nachlassverwalter**, der **Insolvenzverwalter** oder der **Zwangsverwalter**.[24] Dasselbe gilt für den **Testamentsvollstrecker**, der zwar rechtsgeschäftlicher, aber vom Willen der Erben unabhängiger Treuhänder ist.[25]

21 Frei von den Bindungen des § 1369 sind schließlich auch solche **Gläubiger**, die die Zwangsvollstreckung wegen einer Geldforderung betreiben. Denn die Norm bezweckt nicht, eine »Sonder-

---

21 FA-FamR/v Heintschel-Heinegg Kap. 9 Rn. 27; OLG Köln MDR 1968, 586; OLG Schleswig SchlHA 1974, 111; LG Berlin FamRZ 1982, 803; Palandt/Brudermüller § 1369 Rn. 1; a.A.: Rittner FamRZ 1961, 193; Soergel/Lange § 1369 Rn. 16.
22 MüKo/Koch § 1369 Rn. 16.
23 Staudinger/Thiele § 1369 Rn. 71; MüKo/Koch § 1369 Rn. 16.
24 MüKo/Koch § 1369 Rn. 17.
25 MüKo/Koch § 1369 Rn. 17.

vermögensmasse« zu schaffen, die nach Verständigung der Ehegatten (Widmung) beliebig dem Vollstreckungszugriff entzogen werden könnte.[26] Etwas anderes gilt dagegen dann, wenn ein Ehegatte zur Übereignung eines Gegenstandes des ehelichen Haushaltes verurteilt worden ist, weil § 894 ZPO zwar die Willenserklärung des Schuldners im Rahmen der dinglichen Einigung des § 929 ersetzt, nicht jedoch andere Tatbestandselemente und Wirksamkeitsvoraussetzungen der Übereignung, wie die Zustimmung des anderen Ehegatten.[27]

Die **Vorschriften über die Haushaltsführung und die Schlüsselgewalt** (§§ 1356 Abs. 1 S. 2, 1357) **22** begründen keine Einschränkung des Zustimmungserfordernisses. Unabhängig davon, dass Veräußerungsgeschäfte ohnehin allenfalls selten unter die genannten Vorschriften zu subsumieren sein dürften, lässt sich aus beiden Normen nicht die Befugnis eines Ehegatten ableiten, die nach § 1369 erforderliche Zustimmung mit Wirkung für den anderen Ehegatten sich selbst oder dem Dritten gegenüber zu erteilen.[28]

D. Zustimmung

Wegen der Zustimmung gilt das zu §§ 1365, 1366 Dargestellte. Macht der Ehegatte über einen **23** längeren Zeitraum die Unwirksamkeit des Rechtsgeschäftes nicht geltend, wird man in der Regel von einer **konkludenten Zustimmung** ausgehen können.[29]

E. Fehlen der Zustimmung

I. Rechtsstellung des Vertragspartners

Der Tatbestand des § 1369 erfährt gegenüber § 1365 **keine subjektive Einschränkung.** Denn **24** anders als nach § 1365 muss der Vertragspartner für die Rechtsfolgen des § 1369 nicht wissen, dass es sich bei dem veräußerten Gegenstand um einen Haushaltsgegenstand handelt.[30] Dasselbe gilt, wenn der Dritte nicht weiß, dass sein Vertragspartner verheiratet ist oder wenn er zwar von der Ehe weiß, jedoch Anlass hatte anzunehmen, dass die erforderliche Einwilligung vorlag. Der danach erheblich geringere Schutz des Dritten ist dadurch gerechtfertigt, dass die Gefährdung bei Erwerb von Haushaltsgegenständen weitaus geringer ist als im Falle eines Gesamtvermögensgeschäftes. Überdies sind Haushaltsgegenstände als solche eher erkennbar. Ob sie dem ehelichen Haushalt gewidmet sind, lässt sich leicht erfragen.[31]

Erfolgt die Veräußerung durch einen **Kaufmann im Rahmen seines Handelsgewerbes**, so ist auch **25** hier sowohl das Verpflichtungs- als auch das Verfügungsgeschäft unwirksam. § 366 HGB ist in diesem Fall nicht anwendbar.[32]

II. Ersetzung der Zustimmung (Abs. 2)

Wie auch im Falle der Verfügung über das Vermögen als Ganzes (§ 1365) kann das **Familienge-** **26** **richt** auf Antrag des handelnden Ehegatten die fehlende Zustimmung des Ehegatten ersetzen, wenn dieser sie **ohne ausreichenden Grund** verweigert hat oder in Folge **Krankheit** oder **Abwe-**

---

26 Schmidt NJW 1974, 323; Palandt/Brudermüller § 1369 Rn. 1; a.A. LG Krefeld NJW 1973, 2304.
27 MüKo/Koch § 1365 Rn. 49.
28 Staudinger/Thiele § 1369 Rn. 47; MüKo/Koch § 1369 Rn. 30; a.A. Palandt/Brudermüller § 1369 Rn. 7.
29 Palandt/Brudermüller § 1369 Rn. 8.
30 FA-FamR/v Heintschel-Heinegg Kap. 9 Rn. 35.
31 MüKo/Koch § 1369 Rn. 27.
32 Staudinger/Thiele § 1369 Rn. 71; a.A.: MüKo/Koch § 1369 Rn. 28, der § 366 HGB im Interesse des Verkehrsschutzes den Vorrang vor § 1369 einräumen will.

senheit verhindert ist, eine Erklärung abzugeben. Daraus folgt, dass die fehlende Zustimmung in **Notfällen** und bei **Entbehrlichkeit des Haushaltsgegenstandes** ersetzt werden kann.

27   Der Tatbestand ist gegenüber § 1365 Abs. 2 jedoch verkürzt, indem hier nicht gesondert zu prüfen ist, ob die Verfügung über Haushaltsgegenstände einer ordnungsgemäßen Verwaltung entspricht. In der Praxis ist der Unterschied aber nicht erheblich. Denn die Zustimmung wird dann nicht ersetzt, wenn zwar der Haushaltsgegenstand entbehrlich, die vereinbarte **Gegenleistung aber unangemessen** niedrig ist, wenn die Besorgnis besteht, der verfügende Ehegatte werde den Erlös **nicht ordnungsgemäß verwenden** oder wenn sonst eine **Schädigung der Familieninteressen** zu besorgen ist.[33] Weiter wird die fehlende Zustimmung dann nicht ersetzt, wenn durch die Verfügung der **Anspruch des Ehegatten auf eine gerechte und zweckmäßige Hausratsteilung nach der Ehescheidung** gefährdet würde.[34] Generell ist bei der Frage, ob die Zustimmung zu Recht oder zu Unrecht verweigert worden ist auf die **Schutzzwecke der Norm** abzustellen, wobei der **maßgebliche Zeitpunkt** derjenige der Entscheidung durch das Familiengericht, nicht der des Vertragsschlusses ist.[35]

28   Eine Ersetzung der Zustimmung des Ehegatten kommt deshalb insbesondere in Betracht, wenn die Haushaltsgegenstände entbehrlich sind (war er zuvor entwidmet, ist § 1369 allerdings von vornherein nicht anwendbar), wenn im Haushalt sachgerechte Veränderungen vorgenommen werden sollen oder wenn eine Notlage nur durch Veräußerung von Haushaltsgegenständen beseitigt oder gelindert werden kann.

29   **Krankheit oder Abwesenheit des Ehegatten** rechtfertigen eine Maßnahme des Familiengerichts – anders als bei Verfügungen über das Vermögen als Ganzes – auch dann, wenn mit dem Aufschub des Rechtsgeschäfts keine Gefahr verbunden ist. Der Grund für diese Einschränkung ist in der geringeren Bedeutung einer Verfügung über Haushaltsgegenstände im Vergleich zu Gesamtvermögensgeschäften zu sehen.

III.   Entsprechende Anwendung der §§ 1366 bis 1368 (Abs. 3)

30   Verfügt ein Ehegatte über einen Haushaltsgegenstand ohne die erforderliche Zustimmung des anderen Ehegatten und ohne, dass diese ersetzt worden ist, ergeben sich die Rechtsfolgen aus den §§ 1366 bis 1368. Das heißt, dass die Rechtsgeschäfte bis zur Genehmigung **schwebend unwirksam** sind (§ 1366), dass **einseitige Rechtsgeschäfte** schlechthin unwirksam sind (§ 1367) und dass auch der übergangene Ehegatte die **Unwirksamkeit geltend machen** kann (§ 1368). Wegen weiterer Einzelheiten wird auf die Ausführungen zu den genannten Normen verwiesen.

F.   Verfahren

31   Wegen des Verfahrens wird auf die Ausführungen zu § 1365 Abs. 2 verwiesen.

§ 1370   Ersatz von Haushaltsgegenständen

(weggefallen)

---

33   BayObLG FamRZ 1960, 157; BayObLG FamRZ 1968, 317; OLG Hamm FamRZ 1957, 572.
34   BayObLG FamRZ 1980, 1001.
35   BayObLG FamRZ 1960, 156; FamRZ 1968, 315, 317; FamRZ 1980, 1001.

§ 1371 Zugewinnausgleich im Todesfall

(1) Wird der Güterstand durch den Tod eines Ehegatten beendet, so wird der Ausgleich des Zugewinns dadurch verwirklicht, dass sich der gesetzliche Erbteil des überlebenden Ehegatten um ein Viertel der Erbschaft erhöht; hierbei ist unerheblich, ob die Ehegatten im einzelnen Falle einen Zugewinn erzielt haben.

(2) Wird der überlebende Ehegatte nicht Erbe und steht ihm auch kein Vermächtnis zu, so kann er Ausgleich des Zugewinns nach den Vorschriften der §§ 1373 bis 1383, 1390 verlangen; der Pflichtteil des überlebenden Ehegatten oder eines anderen Pflichtteilsberechtigten bestimmt sich in diesem Falle nach dem nicht erhöhten gesetzlichen Erbteil des Ehegatten.

(3) Schlägt der überlebende Ehegatte die Erbschaft aus, so kann er neben dem Ausgleich des Zugewinns den Pflichtteil auch dann verlangen, wenn dieser ihm nach den erbrechtlichen Bestimmungen nicht zustünde; dies gilt nicht, wenn er durch Vertrag mit seinem Ehegatten auf sein gesetzliches Erbrecht oder sein Pflichtteilsrecht verzichtet hat.

(4) Sind erbberechtigte Abkömmlinge des verstorbenen Ehegatten, welche nicht aus der durch den Tod dieses Ehegatten aufgelösten Ehe stammen, vorhanden, so ist der überlebende Ehegatte verpflichtet, diesen Abkömmlingen, wenn und soweit sie dessen bedürfen, die Mittel zu einer angemessenen Ausbildung aus dem nach Absatz 1 zusätzlich gewährten Viertel zu gewähren.

A. Allgemeines

I. Grundzüge der Regelung

Die §§ 1371 ff. enthalten Regelungen über den Ausgleich des während des Bestehens der Zuge- 1
winngemeinschaft erworbenen Vermögens zwischen beiden Ehegatten für den Fall der **Beendigung des Güterstandes**. Die Zugewinngemeinschaft endet durch

– Aufhebung im Wege des Ehevertrages,
– den Tod eines Ehegatten,

– die Rechtskraft derjenigen Entscheidung, durch das auf vorzeitigen Ausgleich des Zugewinns erkannt ist,
– die rechtskräftige Auflösung der Ehe durch Scheidung oder Aufhebungsbeschluss.

2 Während die §§ 1372 ff. den Ausgleich des Zugewinns im Allgemeinen regeln, stellt § 1371 eine Sonderregelung für den Fall der **Beendigung der Zugewinngemeinschaft durch den Tod** eines Ehegatten dar.

3 Dabei beinhaltet die Vorschrift eine Verbindung zwischen dem **Ehegüterrecht** und dem **Erbrecht**. Nach der so genannten **erbrechtlichen Lösung** wird der Zugewinn dadurch ausgeglichen, dass der gesetzliche Erbanspruch des überlebenden Ehegatten pauschal um ein Viertel der Erbschaft erhöht wird, gleich, ob die Ehegatten überhaupt einen Zugewinn erwirtschaftet haben und ob dieser bei dem verstorbenen oder dem überlebenden Ehegatten eingetreten ist. Diese Regelung ändert an dem Recht des überlebenden Ehegatten an dem so genannten **Voraus** gem. § 1932 BGB nichts. Dieser gilt bei allen Güterständen.[1] Mit der erbrechtlichen Lösung soll im Interesse des Familienfriedens verhindert werden, dass der überlebende Ehegatte verpflichtet ist, zur Wahrung seiner Vermögensrechte eine häufig schwierige Zugewinnausgleichsklage gegen die Erben zu führen, insbesondere den häufig schwer zu führenden Nachweis des Anfangs- und Endvermögens zu erbringen. Besonderheiten sind ggf bei Ehen zwischen Deutschen und Ausländern zu beachten. So findet bei Geltung des türkischen Erbstatuts und deutschen Güterrechts ein Zugewinnausgleich durch Erhöhung der Erbquote des Ehegatten nach § 1371 Abs 1 nicht statt.[2]

4 Die Folge dieser Regelung ist eine deutliche **Besserstellung des Ehegatten** und entsprechende Benachteiligung der Abkömmlinge mit der Folge, dass das Familienvermögen in familienfremde Hände gelangen könnte. Einen gewissen Ausgleich schafft hier Abs. 4, der den nicht aus der durch den Tod aufgelösten Ehe stammenden Abkömmlingen des verstorbenen Ehegatten gegen den überlebenden Stiefelternteil einen Anspruch auf **Ausbildungsunterhalt** gibt.

5 Wird der überlebende Ehegatte nicht Erbe und steht ihm auch kein Vermächtnis zu, so greift die so genannte **güterrechtliche Lösung**. Diese hat zum Inhalt, dass der überlebende Ehegatte einen **Zugewinnausgleichsanspruch** nach den §§ 1373 bis 1383, 1390 hat. Dieser Ausgleichsanspruch ist gegen die Erben durchzusetzen. Daneben hat er in jedem Fall einen Anspruch auf den so genannten **kleinen Pflichtteil**. In diesem Fall wird der überlebende Ehegatte im Wesentlichen so behandelt, als sei die Zugewinngemeinschaft nicht durch den Tod beendet worden. Schon jetzt wird deutlich, dass der nicht erbberechtigte Ehegatte unter Umständen wirtschaftlich besser stehen kann als der erbberechtigte. Das gilt dann, wenn neben dem kleinen Pflichtteil ein hoher Zugewinnausgleichsanspruch zu erwarten ist.

6 Da der überlebende Ehegatte nicht gegen seinen Willen Erbe werden kann – gegebenenfalls kann er das Erbe ausschlagen – tritt die erbrechtliche Lösung nach Abs. 1 auch nicht gegen seinen Willen ein. Damit steht die erbrechtliche Lösung stets zur **Disposition der Ehegatten**. Die Norm findet im Übrigen nur Anwendung, wenn neben deutschem Güterrecht auch **deutsches Erbrecht zur Anwendung kommt**.[3]

---

1 FA-FamR/v Heintschel-Heinegg Kap. 9 Rn. 39.
2 OLG Köln FamRZ 2012, 819.
3 OLG Stuttgart FamRZ 2005, 1711, Schulte-Bunert FuR 2006, 543.

II. Todeszeitpunkt

Für den Todeszeitpunkt ist in Übereinstimmung mit der medizinischen Wissenschaft der **Eintritt** 7
des Gesamthirntodes maßgeblich, das heißt, der vollständige irreversible Ausfall der Funktionen
von Großhirn, Kleinhirn und Hirnstamm.[4]

III. Zugewinngemeinschaft als Tatbestandsvoraussetzung

Die Norm setzt voraus, dass die Ehegatten zum Zeitpunkt des Todes eines von ihnen im **gesetzli-** 8
chen Güterstand der Zugewinngemeinschaft gelebt haben, mithin der Güterstand durch den Tod
beendet wird. War die Zugewinngemeinschaft ausgeschlossen und lebten die Eheleute in **Güter-**
trennung, in **Gütergemeinschaft** oder einem **sonstigen Güterstand**, so findet die Norm auch
dann keine Anwendung, wenn der Güterstand in der Vergangenheit zwischen ihnen bestanden
hatte. Tritt der Tod ein, nachdem ein Ehegatte **Scheidungsantrag** gestellt hat, bevor aber der
Scheidungsbeschluss rechtskräftig geworden ist, endet der Güterstand durch den Tod. Für die
Berechnung des Endvermögens für die **güterrechtliche Regelung** ist jedoch in analoger Anwendung des § 1384 auf die Rechtshängigkeit des Scheidungsantrages abzustellen, sofern der Scheidungsantrag Aussicht auf Erfolg gehabt hätte, da die Interessenlage in diesem Fall derjenigen der
Eheleute bei Beendigung des Güterstandes durch Scheidung ähnelt.[5] Dasselbe gilt, wenn ein Ehegatte **Antrag auf vorzeitigen Ausgleich des Zugewinns** gestellt hat, hierüber aber noch nicht
rechtskräftig entschieden ist.

Endet die Zugewinngemeinschaft durch den **gleichzeitigen Tod beider Ehegatten**, etwa nach 9
einem Verkehrsunfall, so findet weder die erbrechtliche noch die güterrechtliche Regelung Anwendung. Denn versterben beide Ehegatten gleichzeitig, kann keiner den anderen beerben (§ 1923
Abs. 1). Ebenso wenig kann einer der Ehegatten Nacherbe oder Vermächtnisnehmer des anderen
sein. Für erbrechtliche Regelungen ist daher kein Raum.[6] Da obendrein der Zugewinn nur zu
Gunsten eines überlebenden Ehegatten,[7] nicht aber zu Gunsten der Erben ausgeglichen werden
kann, findet auch ein Zugewinnausgleich nach der güterrechtlichen Lösung nicht statt.[8]

IV. Abänderungsmöglichkeiten

Die Folgen des Abs. 1 sind als Folge des **Grundsatzes der Testierfreiheit** und des Rechtes zur **Aus-** 10
schlagung der Erbschaft durch jeden Ehegatten auszuschließen oder abzuändern. Im Übrigen
können die Rechtsfolgen des § 1371 durch **Ehevertrag** einvernehmlich abgeändert oder ausgeschlossen werden. Haben die Ehegatten durch Ehevertrag den Zugewinnausgleich ausgeschlossen,
so betrifft dies regelmäßig auch den Zugewinnausgleich von Todes wegen nach Abs. 1 als
auch nach Abs. 2 und 3.[9] Zulässig ist es auch, die erb- oder güterrechtliche Lösung insgesamt oder
nur die nach Abs. 1 vorgesehene pauschale Erhöhung des gesetzlichen Erbteils des überlebenden
Ehegatten durch Ehevertrag auszuschließen.[10] Der Ausschluss kann auch auf die Folgen nach
Abs. 1 beschränkt werden, so dass beim Tode eines Ehegatten nur die güterrechtliche Regelung
nach Abs. 2 gilt. Nicht zulässig ist aber die Vereinbarung einer von Abs. 1 **abweichenden Erhö-**
hungsquote.[11] Insoweit bleibt nur die Änderung durch **erbrechtliche Gestaltungsmöglichkeiten**

---

4 HM: z.B. OLG Köln NJW-RR 1992, 1480; OLG Frankfurt FamRZ 1998, 190; BayObLG NJW-RR
   1999, 1309.
5 BGH FamRZ 2004, 527 = FuR 2004, 425, 427.
6 BGHZ 75, 85, 89.
7 OLG Zweibrücken FamRZ 1997, 683.
8 BGHZ 75, 85, 89; Werner FamRZ 1976, 251.
9 Staudinger/Thiele § 1371 Rn. 133; MüKo/Koch § 1371 Rn. 19.
10 Staudinger/Thiele § 1371 Rn. 133.
11 Staudinger/Thiele § 1371 Rn. 133.

(Testament, Erbvertrag). Da ein Ehevertrag nur die güterrechtlichen Verhältnisse betrifft, kann mit ihm auch nicht der **Ausbildungsunterhalt** nach Abs. 4 ausgeschlossen werden.[12] Soll dieser entfallen, bleibt nur der Ausschluss der Zugewinngemeinschaft. Im Übrigen steht es den Ehegatten frei, die Stiefabkömmlinge durch **Verfügung von Todes wegen** zu enterben. Deshalb kann er erbrechtlich auch den zum gesetzlichen Erbrecht akzessorischen Ausbildungsunterhaltsanspruch ausschließen oder beschränken.[13]

V. Besonderheiten

11   In den Bundesländern, in denen die **Höfeordnung** gilt, sind deren Regelungen vorrangig. Insoweit können sich gegebenenfalls Änderungen gegenüber der güterrechtlichen Regelung nach Abs. 2 und 3 ergeben.

B. Erbrechtliche Lösung (Abs. 1)

I. Der Ehegatte ist Erbe oder Vermächtnisnehmer

1. Der Ehegatte ist Erbe

12   Die erbrechtliche Lösung nach Abs. 1 findet nur dann Anwendung, wenn der Ehegatte **Erbe** oder **Vermächtnisnehmer** des Verstorbenen ist.[14] Da nach Abs. 1 der gesetzliche Erbteil erhöht wird, muss der überlebende Ehegatte auch **gesetzlicher Erbe** sein, was er auch bei seiner Einsetzung als gesetzlicher Erbe nach §§ 2066, 2067 ist. Dasselbe gilt, wenn er zum **Vorerben**[15] oder **Nacherben** berufen ist.

13   Aus welchen **Gründen die Ehe geschlossen** worden ist, ist ebenso unbedeutend wie die **Dauer der Ehe.** Denn Abs. 1 enthält eine klare Entscheidung für die erbrechtliche Lösung, bei deren Anwendung dem Gericht **kein Ermessen** eingeräumt worden ist.[16]

2. Der Ehegatte ist Vermächtnisnehmer

14   Aus Abs. 2 ist abzuleiten, dass Abs. 1 auch dann Anwendung findet, wenn dem überlebenden Ehegatten ein **Vermächtnis** zugewandt worden ist. Das Vermächtnis muss jedoch einen Mindestwert erreichen. Ist es so geringfügig, dass es praktisch nur einen Erinnerungswert darstellt, so liegt eine Enterbung vor, so dass der Weg für die güterrechtliche Regelung frei ist.[17]

3. Der Ehegatte ist Pflichtteilsberechtigter

15   Ist dem überlebenden Ehegatten der **Pflichtteil** zugewandt worden, so ist nach der Auslegungsregel des § 2304 in der Regel von einem **Vermächtnis**, nicht von einer Erbeinsetzung auszugehen. Ob nun ein Fall der **Enterbung** vorliegt, der den Weg zur güterrechtlichen Lösung öffnet, oder ob die Voraussetzungen für die erbrechtliche Lösung gegeben sind, hängt davon ab, ob dem überlebenden Ehegatten der so genannte »**kleine**« oder der »**große Pflichtteil**« zugedacht war. Im Falle der Einsetzung auf den **kleinen Pflichtteil** liegt eine Enterbung vor,[18] so dass die erbrechtliche Lösung nicht greift. Der Pflichtteil besteht gem. § 2303 Abs. 1 S. 2 in der **Hälfte des gesetzlichen Erbteils.** Bei Bestehen der Zugewinngemeinschaft und Enterbung des Ehegatten beläuft er sich

---

12   Staudinger/Thiele § 1371 Rn. 129.
13   MüKo/Koch § 1371 Rn. 86; Palandt/Brudermüller § 1371 Rn. 11.
14   BGHZ 37, 58.
15   BGH FamRZ 1965, 604.
16   OLG Bamberg OLGR 1999, 265.
17   Palandt/Brudermüller § 1371 Rn. 2; AG Tecklenburg FamRZ 1997, 1013.
18   Palandt/Brudermüller § 1371 Rn. 2.

mithin auf die Hälfte des sich aus § 1931 errechnenden Erbteils ohne Berücksichtigung des Aufschlages nach § 1371 Abs. 1.

Der **große Pflichtteil** stellt nach der genannten Auslegungsregel des § 2304 ein **Vermächtnis** dar. Er besteht in Höhe der **Hälfte des gesetzlichen Erbteils**, das sich nach § 1931 errechnet unter **Einbeziehung des Aufschlages** nach § 1371 Abs. 1. 16

Da das gesetzliche Erbrecht des Ehegatten nach § 1931 dahin geht, dass er neben **Verwandten der** 17 **ersten Ordnung**, also neben den Kindern des Verstorbenen (§ 1924) zu einem **Viertel** und neben **Verwandten der zweiten Ordnung**, also den Eltern des Verstorbenen (§ 1925) oder dessen Großeltern zur **Hälfte** erbberechtigt ist, steht ihm unter Einbeziehung des Aufschlages nach § 1371 Abs. 1 neben den Verwandten der ersten Ordnung insgesamt die Hälfte des Nachlasses, neben Verwandten der zweiten Ordnung drei Viertel des Nachlasses zu. Der **große Pflichtteil** errechnet sich danach auf (1/2 × 1/2 =) ein Viertel neben den Verwandten der ersten Ordnung und (3/4 × 1/2 =) drei Achtel neben Verwandten der zweiten Ordnung. Der **kleine Pflichtteil** beträgt dagegen (1/4 × 1/2 =) ein Achtel neben Verwandten der ersten Ordnung und (1/2 × 1/2 =) ein Viertel neben Verwandten der zweiten Ordnung.

II. Rechtsfolge

1. Gesetzliches Erbrecht des Ehegatten

Findet die erbrechtliche Lösung nach Abs. 1 Anwendung, so regeln sich die Ansprüche des überle- 18 benden Ehegatten abschließend nach dieser Norm. Der Zugewinn wird mithin pauschal durch **Erhöhung des gesetzlichen Erbteils um 1/4** ausgeglichen. Ein weiterer konkreter Zugewinnausgleich findet nicht statt. Verspricht sich der Ehegatte hiervon eine stärkere Beteiligung am Vermögen des Verstorbenen, so bleibt ihm nichts als die **Ausschlagung der Erbschaft** (Abs. 3). Wegen der **Berechnung der Höhe** des Anspruchs des überlebenden Ehegatten wird auf oben Rdn. 16 verwiesen.

Da die **Vorschriften über den Zugewinnausgleich** nach §§ 1373 ff. in diesem Fall keine Anwen- 19 dung finden, bleiben auch dem Ehegatten zu Lebzeiten des Verstorbenen gemachte **Zuwendungen** unberücksichtigt. Denn auch § 1380 ist nicht anwendbar. Wollen die Ehegatten eine andere Regelung, bleibt dann nur der Weg einer entsprechenden testamentarischen Regelung.

III. Wirkungen des Abs. 1

Mit dem Tode des Verstorbenen geht dessen Nachlass in Höhe des gesetzlichen Erbteils zuzüglich 20 Erhöhungsbetrag nach Abs. 1 auf den Ehegatten über. Er wird deshalb auch **dinglich berechtigt**. Die Erbschaft ist als Ganzes zu sehen. Wenngleich der Anspruch auf verschiedenen Grundlagen beruht, nämlich dem **Ehegattenerbrecht** nach § 1931 und der **Vermögensteilhabe** nach § 1371 Abs. 1, stellt sie rechtlich unter Einbeziehung des Erhöhungsbetrages einen **einheitlichen Erbteil** dar, weshalb auch eine **Teilausschlagung** gem. § 1950 nicht in Betracht kommt.[19]

Nach § 5 Abs. 1 S. 1 ErbStG ist das zusätzliche Viertel nach § 1371 Abs. 1 nur in Höhe desjenigen 21 Betrages von der **Erbschaftssteuer** frei, der dem überlebenden Ehegatten im Falle einer güterrechtlichen Abwicklung nach § 1371 Abs. 2 zufiele. Für die Errechnung der Erbschaftssteuer ist deshalb fiktiv gerade die Auseinandersetzung durchzuführen, die nach den Intentionen des BGB vermieden werden sollte.[20] Allerdings ist das Problem dadurch entschärft, dass der **Freibetrag** für Ehegatten nach § 16 Abs. 1 Nr. 1 ErbStG 500.000 € beträgt, zu dem noch ein **Versorgungsfreibetrag** nach § 17 Abs. 1 ErbStG hinzuzurechnen ist.

---

19 Staudinger/Thiele § 1371 Rn. 10; Palandt/Brudermüller § 1371 Rn. 6.
20 Zur Berechnung: BFH NJW 1994, 150.

C. Güterrechtliche Lösung (Abs. 2)

I. Der Ehegatte ist nicht Erbe

22 Ist der überlebende Ehegatte weder gesetzlicher Erbe noch durch Testament bedacht,[21] und steht ihm auch kein Vermächtnis zu, so greift die **güterrechtliche Lösung** des Abs. 2. Das ist dann der Fall,

- wenn der überlebende Ehegatte durch **Verfügung von Todes wegen enterbt** worden ist,
- wenn der überlebende Ehegatte von **Gesetzes wegen von der Erbschaft ausgeschlossen** war,
- wenn der überlebende Ehegatte durch **rechtskräftiges Urteil für erbunwürdig erklärt** worden ist,
- wenn der überlebende Ehegatte auf das **Erbe verzichtet** hat.

23 Hat der Ehegatte allerdings die **Erbschaft ausgeschlagen**, so ist er zwar auch nicht Erbe, doch enthält dann Abs. 3 die einschlägigen Regelungen.

1. Ausschluss von der Erbfolge durch Verfügung von Todes wegen

24 Der Ehegatte ist dann nicht Erbe, wenn er kraft **Verfügung von Todes wegen** von der Erbschaft ausgeschlossen ist. Da die **Testierfreiheit** der Eheleute nicht beschränkt ist, ist es jedem Ehegatten unbenommen, den anderen zu enterben (§ 1938). Die Eheleute haben es damit selbst in der Hand, die Voraussetzungen des Abs. 2 herbeizuführen. Dem testamentarisch enterbten Ehegatten steht gem. §§ 1931, 2303 der so genannte **kleine Pflichtteil** zu, wegen dessen Berechnung auf oben Rdn. 15 verwiesen wird. Da er keinen Anspruch auf die pauschale Erhöhung nach Abs. 1 hat, ist ihm auch der Zugriff auf den **großen Pflichtteil** verschlossen.

25 Der Ehegatte ist danach auch dann enterbt, wenn ihm von Todes wegen nur der kleine Pflichtteil zugedacht worden ist, vgl. oben Rdn. 15. Damit hat es jeder Ehegatte in der Hand, den anderen von der ihn im Regelfall begünstigenden, die Kinder – vor allem die aus anderen Beziehungen – aber benachteiligenden Regelung des Abs. 1 auszuschließen.

2. Gesetzlicher Ausschluss von der Erbfolge

26 Der Ehegatte ist dann von Gesetzes wegen von der Erbschaft ausgeschlossen, wenn der Verstorbene im Zeitpunkt seines Todes entweder selbst die **Scheidung beantragt** oder der von dem überlebenden Ehegatten beantragten **Scheidung zugestimmt** hatte und wenn die **Voraussetzungen der Scheidung zu diesem Zeitpunkt vorlagen** (§ 1933). Dasselbe gilt, wenn der Erblasser die **Aufhebung der Ehe** beantragt hatte und deren Voraussetzungen vorlagen.

27 Bestand also etwa zwischen den Eheleuten seit mehr als einem Jahr keine eheliche Lebensgemeinschaft mehr und konnte auch nicht erwartet werden, dass sie wiederhergestellt wird (§ 1565 Abs. 1), war das Ehescheidungsverfahren bereits anhängig und hatte der Verstorbene entweder den Ehescheidungsantrag selbst gestellt oder dem Antrag des anderen zugestimmt, so ist der überlebende Ehegatte von Gesetzes wegen von der Erbfolge ausgeschlossen, weshalb jetzt die güterrechtliche Regelung des Abs. 2 greift.

28 Nimmt der überlebende Ehegatte seinen begründeten Scheidungsantrag, dem der andere zugestimmt hatte, nach dem Eintritt des Gesamthirntodes zurück, so hat dies keinen Einfluss mehr auf die Anwendbarkeit des § 1933 und den gesetzlichen Ausschluss von der Erbfolge.[22]

29 Ist der überlebende Ehegatte während der Ehezeit **testamentarisch bedacht** worden, so gilt dasselbe, sofern nicht anzunehmen ist, dass der Erblasser den Ehegatten auch für den Fall der Auflösung der Ehe als Erben hat einsetzen wollen (§ 2077).

---

21 BGHZ 42, 182.
22 OLG Frankfurt FamRZ 1998, 190.

3. Erbunwürdigkeit

Abs. 2 greift ferner dann ein, wenn der überlebende Ehegatte durch rechtskräftiges Urteil für **erb-** 30 **unwürdig** erklärt worden ist. Die **Erbunwürdigkeitsgründe** sind in § 2339 genannt. Die Erbunwürdigkeit ist gem. § 2340 durch **Anfechtung nach dem Anfall der Erbschaft** geltend zu machen. Anfechtungsberechtigt ist jeder, dem der Wegfall des Ehegatten als Erben zustatten kommt (§ 2341).

Ist der überlebende Ehegatte nicht Erbe, sondern **Vermächtnisnehmer**, so gilt gem. § 2345 das- 31 selbe.

Der Erbunwürdigkeit steht der Fall der **Entziehung des Ehegattenpflichtteils** nach § 2335 gleich. 32

Sofern der überlebende Ehegatte den Gefahren der Anfechtung entgehen will, kann er das Erbe 33 vorsorglich ausschlagen, was den Weg über § 1371 Abs. 3 eröffnet.

4. Erbverzicht

Gemäß § 2346 können Ehegatten durch Vertrag mit dem Erblasser auf ihr gesetzliches Erbrecht 34 verzichten. Der **Erbverzichtsvertrag** bedarf der **notariellen Form** (§ 2348) und hat zur Folge, dass der überlebende Ehegatte nicht Erbe ist, mithin seine Rechte aus § 1371 Abs. 2 beanspruchen kann.

II. Rechtsfolge

Folge der Anwendung des Abs. 2 ist, dass der überlebende Ehegatte gem. §§ 1931, 2304 den **klei-** 35 **nen Pflichtteil** beanspruchen kann (zur Berechnung vgl. oben Rdn. 15). Daneben kann er von den Erben des Verstorbenen den **Zugewinnausgleich** nach den Regeln der §§ 1373 ff. beanspruchen, sofern ein solcher besteht. Der Ausgleich wird sodann durchgeführt, als wäre die Zugewinngemeinschaft nicht durch den Tod eines der Ehegatten beendet worden.

Wenngleich der Wortlaut des Abs. 2 die Annahme aufkommen lassen könnte, der überlebende 36 Ehegatte habe die **Möglichkeit der Wahl** zwischen dem großen Pflichtteil einerseits und dem kleinen Pflichtteil einschließlich des Anspruchs auf Zugewinnausgleich andererseits, hat er ein solches Wahlrecht nicht. Denn die Worte »in diesem Falle« beziehen sich nicht nur auf die zweite Hälfte des vorangegangenen Satzes (»so kann er Ausgleich des Zugewinns nach den Vorschriften der §§ 1373 bis 1383, 1390 verlangen«), sondern nach der herrschenden **Einheitstheorie** auf den gesamten Satz.[23]

Für die **Berechnung** der Zugewinnausgleichsforderung ist auf das Ende des Güterstandes abzustel- 37 len, also den **Zeitpunkt des Todes** des verstorbenen Ehegatten. War allerdings die Ehescheidung oder die Klage auf vorzeitigen Ausgleich des Zugewinns nach § 1387 zum Zeitpunkt des Todes bereits rechtshängig, so ist in **analoger Anwendung der §§ 1384, 1387** auf den Zeitpunkt der **Rechtshängigkeit der Ehescheidung** oder der **Klage auf vorzeitigen Zugewinnausgleich** abzustellen, sofern die Klage erfolgreich gewesen wäre.[24] Zwar erklärt das Gesetz in Abs. 2 die §§ 1384 bis 1389 gerade nicht für anwendbar, doch enthält § 1371 in diesem Punkt ersichtlich eine Regelungslücke, die nach Sinn und Zweck der Norm durch entsprechende Anwendung des § 1384 zu schließen ist.[25]

---

23 BGHZ 42, 182; NJW 1982, 2497; Palandt/Brudermüller § 1371 Rn. 15; Staudinger/Thiele § 1371 Rn. 62.
24 BGHZ 99, 304, 306; a.A., aber zeitlich davor: OLG Celle FamRZ 1984, 55; OLG Köln FamRZ 1985, 933 (Zeitpunkt des Todes des verstorbenen Ehegatten).
25 BGHZ 99, 304, 306.

38 Die Folge der Anwendung der §§ 1373 ff. auf die Zugewinnausgleichsforderung ist, dass gem. § 1380 auch eventuelle **Vorausempfänge** angerechnet werden können. Alternativ kommt aber gem. § 2315 auch eine **Anrechnung auf den Pflichtteil** in Betracht. Die **Erbunwürdigkeit** steht dem Bestehen der Zugewinnausgleichsforderung nicht grundsätzlich entgegen, kann aber Anlass geben, die Voraussetzungen des § 1381 zu prüfen.

39 Die Zugewinnausgleichsforderung richtet sich gegen die Erben des Verstorbenen. Sie stellt gem. § 1967 Abs. 2 eine **Nachlassverbindlichkeit** dar, die den Vermächtnissen, Auflagen und Pflichtteilsansprüchen im Range vorgeht.[26] Deshalb errechnet sich der Pflichtteil erst nach vorherigem Abzug des Zugewinnausgleichsanspruchs.

D. Ausschlagung der Erbschaft (Abs. 3)

40 Die Erbschaft geht gem. § 1942 unbeschadet des Rechtes, diese auszuschlagen, auf den Erben über. Die **Ausschlagung** hat innerhalb einer **Frist** von sechs Wochen ab Kenntnis des Erben vom Anfall der Erbschaft (§ 1944) gegenüber dem **Nachlassgericht** zu erfolgen (§ 1945). Schlägt der Ehegatte die ihm angefallene Erbschaft aus, so wird er nach Abs. 3 so behandelt, als sei er nicht Erbe geworden, weshalb auch dann die **güterrechtliche Lösung** greift.

41 Mit dieser Regelung erkennt das Gesetz das mögliche Interesse des Ehegatten daran an, die Erbschaft im Hinblick auf den Zugewinnausgleich auszuschlagen.[27] Ohne die Regelung des Abs. 3 würde der Ehegatte nach den erbrechtlichen Vorschriften jede Beteiligung am Nachlass des Verstorbenen verlieren. Durch die gesetzliche Regelung ist dagegen sichergestellt, dass er im Falle der Ausschlagung der Erbschaft nicht auch noch seinen **Pflichtteilsanspruch** verliert.

42 Damit hat der überlebende Ehegatte faktisch die Möglichkeit der Wahl, ob er seinen gesetzlichen Erbteil mit der Erhöhung nach Abs. 1 beansprucht, oder ob er sich – etwa weil er einen besonders hohen Zugewinnausgleich zu erwarten hat – mit seinem Pflichtteil begnügt, dafür aber den Ausgleich des Zugewinns gegen die Erben geltend macht.

I. Der Ehegatte ist nicht Erbe

43 Auch Abs. 3 greift nur dann, wenn der überlebende Ehegatte nach der Ausschlagung **weder Erbe noch Vermächtnisnehmer** ist. Hat er zwar das Erbe ausgeschlagen, ein ihm zugewendetes Vermächtnis jedoch behalten, so findet die güterrechtliche Regelung keine Anwendung. Dasselbe gilt, wenn er die Erbschaft als testamentarisch eingesetzter Erbe ausschlagen, als gesetzlicher Erbe aber annehmen würde (§ 1948).

II. Rechtsfolge

1. Pflichtteilsanspruch

44 Durch die Ausschlagung der Erbschaft geht der überlebende Ehegatte – von der Ausnahme des § 2306 Abs. 1 S. 2 abgesehen – grundsätzlich auch seines Pflichtteilsanspruchs verlustig. Diese Konsequenz wird nach Abs. 3 unter der Voraussetzung vermieden, dass der überlebende Ehegatte mit dem Verstorbenen bis zu dessen Tod im Güterstand der Zugewinngemeinschaft gelebt hat. Denn er erhält seinen Pflichtteil auch dann, wenn er ihm nach den erbrechtlichen Vorschriften nicht zustünde. Deshalb wird das **Pflichtteilsrecht des überlebenden Ehegatten** gegenüber der erbrechtlichen Regelung erweitert.

---

26 HM, vgl. MüKo/Koch § 1371 Rn. 45; Staudinger/Thiele § 1371 Rn. 69 m.w.N.
27 Staudinger/Thiele § 1371 Rn. 85.

Der Gesetzeswortlaut ist allerdings zu korrigieren. Denn er hat nicht stets dann einen Pflichtteils- 45
anspruch, wenn er die Erbschaft ausschlägt. Die im Gesetz genannten »erbrechtlichen Bestimmungen« sind lediglich diejenigen, die die **Entstehung des Pflichtteilsanspruchs an die Ausschlagung der Erbschaft knüpfen.** Diejenigen Vorschriften hingegen, die aus anderen Gründen die
Entstehung des Pflichtteilsanspruchs überhaupt verhindern oder dessen Fortfall herbeiführen, werden auch weiterhin angewendet.[28] Liegen deshalb die **Voraussetzungen des § 1933** vor, ist dem
überlebenden Ehegatten nach § 2335 der **Pflichtteil entzogen** worden oder ist er nach §§ 2339,
2342 **für erbunwürdig erklärt** worden, steht ihm trotz des Wortlautes des Abs. 3 kein Pflichtteil
zu.

Der Pflichtteil besteht – wie nach Abs. 2 – in Höhe des sogenannten **kleinen Pflichtteils**, wegen 46
dessen Errechnung auf oben Rdn. 15 verwiesen wird.

Abs. 3 findet nach dem 2. Hs. dann keine Anwendung, wenn der überlebende Ehegatte durch **Ver-** 47
trag mit dem Verstorbenen auf sein gesetzliches Erbrecht oder sein Pflichtteilsrecht verzichtet hat.
Dann besteht entsprechend der vertraglichen Abrede auch kein Pflichtteilsanspruch mehr.

2. Zugewinnausgleich

Neben dem kleinen Pflichtteil kann der Ehegatte wie nach Abs. 2 von den Erben des Verstorbenen 48
den **Ausgleich des Zugewinns** beanspruchen. Wegen der Berechnung und weiterer Einzelheiten
wird auf oben Rdn. 35 ff. verwiesen.

E. Ausbildungsunterhalt für Stiefabkömmlinge (Abs. 4)

I. Berechtigter Personenkreis

Abs. 4 stellt insofern eine Besonderheit dar, als durch ihn eine Unterhaltspflicht außerhalb eines 49
Verwandtschaftsverhältnisses begründet wird. Denn die erbberechtigten Abkömmlinge des verstorbenen Ehegatten, welche nicht aus der durch den Tod dieses Ehegatten aufgelösten Ehe stammen, sind entweder

– **Kinder des Verstorbenen aus früheren Ehen,**
– **Kinder aus der Beziehung zu einem Elternteil, mit dem der Verstorbene nicht verheiratet
  war,**

oder als

– **Kinder gem. §§ 1741 ff. angenommene Kinder** beziehungsweise deren **Abkömmlinge.**

Voraussetzung für einen Anspruch nach Abs. 4 ist die **gesetzliche Erbberechtigung,** während eine 50
nur testamentarische Erbeinsetzung nicht ausreicht. Weiter dürfen die Berechtigten die **Erbschaft
nicht ausgeschlagen**[29] oder den **Erbverzicht** erklärt haben. Nicht erbberechtigt sind sie weiter
dann, wenn sie für **erbunwürdig erklärt** worden (§§ 2339 ff.) oder gem. § 1924 Abs. 2 **von der
Erbfolge ausgeschlossen** sind.

Der **Sinn dieser Norm** liegt darin, die mit der Erhöhung des gesetzlichen Erbteils nach Abs. 1 ver- 51
bundene Benachteiligung der Kinder zu begrenzen. Während dieser Teil des Vermögens des
Verstorbenen nach dem Tode des überlebenden Ehegatten dann zuwächst, wenn sie aus der Beziehung zwischen den Ehegatten stammen – sie sind gem. § 1924 gesetzliche Erben auch des überlebenden Ehegatten – gilt dies bei Kindern aus anderen Beziehungen des verstorbenen Ehegatten
nicht. Aus diesem Grunde wurde durch Abs. 4 ein Ausgleich für die besonders diese Kinder treffende Benachteiligung geschaffen.

---

28 Staudinger/Thiele § 1371 Rn. 84.
29 Boehmer FamRZ 1961, 47.

II. Der Ehegatte muss gesetzlicher Erbe sein

52   Abs. 4 verweist ausdrücklich auf das dem überlebenden Ehegatten nach Abs. 1 zusätzlich gewährte Viertel. Daraus folgt, dass der Ehegatte nur dann haftet, wenn er **gesetzlicher Erbe des Verstorbenen** ist, mithin die **erbrechtliche Lösung** nach Abs. 1 greift. Da der Ehegatte den Anfall des zusätzlichen Viertels durch Ausschlagung der Erbschaft verhindern kann, andererseits die Haftung aber auf dieses Viertel beschränkt ist, hat er es in der Hand, sich der Haftung zu entziehen.

III. Ausbildungsbedürftigkeit des Abkömmlings

53   Ob ein Unterhaltsbedarf besteht, richtet sich nach den allgemeinen Vorschriften, also nach den §§ 1602, 1610. Der Anspruch umfasst neben den eigentlichen **Kosten der Ausbildung** auch die in der Zeit der Ausbildung anfallenden **Lebenshaltungskosten.**[30] Dabei ist der Abkömmling nicht bedürftig, wenn er seinen Lebensunterhalt durch den Einsatz gegebenenfalls auch des Stammes des ererbten **Vermögens** decken kann.[31]

54   Streitig ist, ob **Unterhaltsansprüche gegen Dritte**, also etwa gegen einen noch lebenden Elternteil, den Anspruch nach Abs. 4 ausschließen[32] oder ob ein anteiliger Anspruch in der Höhe besteht, in der er gegen den Verstorbenen bestanden hätte.[33] Da durch Abs. 4 gerade die Benachteiligung der Abkömmlinge ausgeglichen werden soll, weil der anteilige Ausbildungsunterhalt im Falle des Weiterlebens des verstorbenen Ehegatten der Ehegemeinschaft auch entzogen worden wäre und weil der überlebende Ehegatte durch Ausschlagung des Erbes die Möglichkeit hat, die Haftung abzuwenden, dürfte der zuletzt genannten Meinung zu folgen sein. Danach ist eine fiktive Unterhaltsberechnung durchzuführen, in deren Rahmen der Haftungsanteil des Verstorbenen ermittelt wird, in dessen Höhe er im Falle seines Weiterlebens unterhaltpflichtig gewesen wäre. Sind mehrere nach Abs. 4 Berechtigte vorhanden, so haben sie grundsätzlich den gleichen Rang, weshalb die vorhandenen Mittel ggf. proportional nach den bestehenden Ausbildungsbedürfnissen zu quotieren sind, wenn sie nicht ausreichen, um den gesamten Bedarf zu decken.[34] Entstehen die Ausbildungsbedürfnisse erst mit zeitlicher Verzögerung, so hat der Stiefelternteil ggf. Rücklagen für den erst später bedürftigen Abkömmling zu bilden.

IV. Begrenzung der Zahlungsverpflichtung

55   Der Unterhaltsanspruch der Abkömmlinge besteht nicht bis zur Bedarfsdeckung. Der überlebende Ehegatte haftet vielmehr höchstens auf das ihm nach Abs. 1 zugeflossene zusätzliche Viertel. Ist dieses mithin durch Unterhaltszahlungen verbraucht, endet die **Zahlungspflicht des Ehegatten**

56   Der Anspruch nach Abs. 4 deckt nur den Ausbildungsbedarf, der nach dem Erbfall eintritt. Bereits in der Zeit davor aufgelaufene **Unterhaltsrückstände** stellen gegebenenfalls eine **Nachlassverbindlichkeit** dar.

57   Der Abkömmling hat gegen den Ehegatten keinen gesonderten **Auskunftsanspruch** gem. § 1605. Will er sich über den Wert des zusätzlichen Viertels nach Abs. 1 informieren, kann er nach erbrechtlichen Normen Auskunft begehren (§§ 2027, 2028, 2057, 2314).[35]

---

30 Palandt/Brudermüller § 1371 Rn. 9.
31 H.M., vgl. Staudinger/Thiele § 1371 Rn. 105.
32 So: Staudinger/Thiele § 1371 Rn. 108.
33 So: MüKo/Koch § 1371 Rn. 85; Palandt/Brudermüller § 1371 Rn. 9; Rittner DNotZ 1957, 483, 494.
34 MüKo/Koch § 1371 Rn. 73.
35 MüKo/Koch § 1371 Rn. 80; Staudinger/Thiele § 1371 Rn. 120.

F. Verfahren

Die erbrechtliche Regelung nach Abs. 1 führt im Rahmen des **Erbscheinsverfahrens** zu tatsächlichen Problemen, weil zwar durch öffentliche Urkunden ohne Probleme nachgewiesen werden kann, dass die Eheleute nicht im gesetzlichen Güterstand gelebt haben. Dagegen lässt sich der Nachweis, dass der überlebende Ehegatte mit dem Verstorbenen bis zu dessen Tod im Güterstand der Zugewinngemeinschaft gelebt hat, in dieser Form nicht erbringen. Gemäß § 2356 Abs. 2 hat der Ehegatte, der den Erbschein beantragt, deshalb vor Gericht oder einem Notar an Eides Statt zu versichern, dass ihm nichts bekannt ist, was der Richtigkeit seiner Angaben zum Bestehen des Güterstandes entgegensteht.

Vorbemerkung von § 1372

A. Das Nebengüterrecht

I. Bedeutung und Gegenstand

1 Die Durchführung der vermögensrechtlichen Auseinandersetzung nach den Normen des Familienrechts führt nicht immer schon zu einer vollständigen Entflechtung des während der Dauer der Ehezeit von den Ehegatten erworbenen Vermögens. Zwar regeln die Vorschriften über den **Versorgungsausgleich** (§§ 1 ff. VersAusglG) den Ausgleich der während der Ehe erwirtschafteten Versorgungsanwartschaften; durch den **Zugewinnausgleich** findet ein Ausgleich des während der Ehe aufgebauten **Aktivvermögens** statt; **Haushaltsgegenstände und Ehewohnung** werden schließlich nach den Vorschriften der §§ 1568a und b verteilt. Aber auch dann, wenn zwischen den Ehegatten nicht die **Gütertrennung** vereinbart war, ist damit das Vermögen der Eheleute noch keineswegs vollständig aufgeteilt.

2 Denn auch nach der Durchführung etwa des Zugewinnausgleichs und der Zuweisung der Ehewohnung bleibt das im **Miteigentum** stehende Haus gemeinsames Eigentum, so dass es – soll eine Änderung herbeigeführt werden – mindestens der Auseinandersetzung der Miteigentümergemeinschaft bedarf, ggf. aber auch einer Regelung über eine zu leistende Nutzungsentschädigung. Das Eigentum an einer Immobilie ist zumeist mit gemeinsam begründeten Verbindlichkeiten verbunden, die jedoch auch in anderem Zusammenhang entstanden sein können, etwa anlässlich der Anschaffung eines PKW. Im Außenverhältnis haften die Eheleute dann häufig als **Gesamtschuldner**, so dass die interne Haftungsverteilung zu regeln ist.

3 Aufzulösen sind gemeinsame **Bankkonten** oder **Wertpapierdepots** und im steuerlichen Bereich sind Fragen nach dem **Ausgleich von Steuerschulden** oder der **Verteilung von Steuerguthaben** ebenso zu klären wie die Frage nach der **gemeinsamen steuerlichen Veranlagung** oder der Zustimmung zum **begrenzten Realsplitting**.

Erforderlich werden kann – über die Verteilung gemeinsamer Schulden oder gemeinsamer   4
Ansprüche hinaus – eine schuldrechtliche Auseinandersetzung zwischen den Eheleuten weiter
dann, wenn diese einander **Darlehen** gegeben oder **Treuhandverhältnisse** begründet haben. Unter
Umständen bestehen auch wechselseitige **Schadensersatzansprüche** wegen unerlaubter Handlun-
gen aus § 823 oder ein **familienrechtlicher Ausgleichsanspruch** etwa wegen für den anderen
Elternteil geleisteten Kindesunterhalts.

Nicht zuletzt können Ansprüche auf **Rückgewähr ehebedingter Zuwendungen** oder **Rückabwick-**   5
lung von Schenkungen gegeben sein. Hat ein Ehegatte im Verlauf der Ehezeit durch Arbeitsleistung oder Kapitaleinsatz dazu beigetragen, dass der andere sein Vermögen erheblich vermehren
konnte, so ist an **Ausgleichsansprüche aus einer Ehegatteninnengesellschaft** zu denken.

Derartige Ansprüche werden nachfolgend behandelt, also insbesondere der Gesamtschuldneraus-   6
gleich, der Gesamtgläubigerausgleich (etwa nach Auflösung von Bankkonten), die Auseinandersetzung einer etwaigen Ehegatteninnengesellschaft, die **Auflösung von Miteigentumsgemeinschaften**
(u.a. die Auseinandersetzung des Miteigentums am Familienheim sowie Fragen zur Berechnung
von Nutzungsvergütungen wegen der Alleinnutzung dieses Heimes).

Haben die Eheleute in **Gütertrennung** gelebt, so kommt diesen Auseinandersetzungen besondere   7
Bedeutung zu; denn dann stellen sie die einzigen Ausgleichsmöglichkeiten dar und finden deshalb
auch uneingeschränkt Anwendung. Im Fall der Vereinbarung des Wahlgüterstandes der **Güterge-**
meinschaft entsteht jedenfalls in Form des Gesamtguts eine gemeinsame Vermögensmasse, die
sowohl aktives als auch passives Vermögen umfasst, weshalb schuld- oder sachenrechtliche Ausgleichsansprüche daneben keine wesentliche Bedeutung mehr haben.

Vor der Auseinandersetzung der **Zugewinngemeinschaft** sind Ansprüche nach Allgemeinem Vermögensrecht des BGB zu klären. Die güterrechtlichen Vorschriften über den Zugewinnausgleich
verdrängen den allgemeine Vermögensausgleich (z.B. den Gesamtschuldnerausgleich[1]) nicht, und
zwar unabhängig davon, ob die Leistung z.B. eines gesamtschuldnerisch haftenden Ehegatten vor
oder nach Rechtshängigkeit des Scheidungsverfahrens erbracht worden ist. Derartige Ausgleichsansprüche (z.B. auch bedingt durch Auflösung einer Ehegatteninnengesellschaft nach den §§ 738
ff. BGB) sind auch nicht von etwaigen Zumutbarkeitsabwägungen abhängig, sondern bestehen
neben einem Anspruch auf Zugewinnausgleich.[2]

Anders verhält es sich nur bei Ansprüchen wegen Veränderung der Geschäftsgrundlage aus
Zuwendungs- bzw. familienrechtlichen Kooperationsverträgen. Diese »ergänzenden Ausgleichsmechanismen« gem. §§ 313, 242 BGB sind neben dem Zugewinnausgleich grundsätzlich nicht
anwendbar, da im Allgemeinen bereits durch ihn eine der Billigkeit entsprechende Vermögenslage
geschaffen worden ist. Anwendung finden sie ausnahmsweise nur dann, wenn die güterrechtlichen
Ausgleichsmechanismen zu einem für die Betroffenen untragbaren Ergebnis führen.

Der »nebengüterrechtliche« Vermögensausgleichs wird vorwiegend mithilfe des Schuld- und
Sachenrechts (Gemeinschaftsrecht, Gesamtschuldner- und Gesamtgläubigerausgleich, Treuhandverhältnisse, echte Schenkungen, um Haftung aus unerlaubter Handlung) vorgenommen. Besonderheiten ergeben sich jedoch zumeist aus der über die sonstigen rechtlichen Beziehungen hinaus
bestehenden **besonderen Verbundenheit der Partner als Ehegatten (sog. familienrechtliche Über-**
lagerung).

Teils ist dadurch bereits der Anspruch als solcher begrenzt, teils (nur) seine Geltendmachung.

Die Gestaltung der ehelichen Lebensverhältnisse im wirtschaftlichen Bereich beeinflusst mithin
die Ausübung der dadurch entstandenen Rechte der Ehegatten gegeneinander während des Beste-

---

1 Vgl. etwa BGH FuR 2011, 281 = FamRZ 2011, 622 ff. mit Anm. von Koch, FamRZ 2011, 627 sowie
   Borth, FamRZ 2011, 705.
2 BGH NJW 2006, 1268.

hens der Ehe (§§ 1353, 1356 Abs. 2 BGB) und erzeugt auch Nachwirkungen selbst über die Auflösung der Ehe hinaus.[3] Die üblichen zivilrechtlichen Auseinandersetzungsregeln dürfen damit nicht unbesehen unter (auch geschiedenen) Eheleuten angewendet werden: Insoweit besteht die Pflicht zu gegenseitiger Rücksichtnahme. Derartige Einschränkungen bei der Geltendmachung von Forderungen von Eheleuten untereinander ergeben sich nicht nur aus der für jedes Schuldverhältnis geltenden Bindung an Treu und Glauben (§ 242); sie folgen insb. daraus, dass das Rechtsverhältnis in der ehelichen Lebensgemeinschaft wurzelt, die auch nach dem Scheitern der Ehe noch nachwirkt.

Dies kann dazu führen, dass ein Ehepartner bei der vermögensrechtlichen Auseinandersetzung dem anderen die Rückführung der Verbindlichkeiten im Rahmen eines vernünftigen, seine Möglichkeiten berücksichtigenden Tilgungsplanes einräumen oder sogar – zumindest vorübergehend – gänzlich von der Geltendmachung seines Anspruchs absehen muss.[4]

Die familienrechtliche Überlagerung ist von besonderer Bedeutung für die »intakte« Ehezeit. Ansprüche der Eheleute gegeneinander werden für diesen Zeitraum kaum konstruierbar sein: Beispielhaft mag Erwähnung finden, dass die Ehefrau während der Ehe den Kredit, der das vom Ehemann gekaufte Auto betrifft, tilgt. Ausgleichsansprüche werden sich erst für Zahlungen nach Trennung umsetzen lassen; während der Ehe gilt mehr oder weniger ein »Verrechnungsverbot« aufgrund der familienrechtlichen Überlagerung. Letztlich gilt nämlich die Vermutung, dass während der intakten Ehezeit jeder die Leistungen erbringt, zu denen er gerade imstande ist, ohne dafür später einen Rückgriff zu verlangen.

8 Bei einer Gesamtvermögensauseinandersetzung ist abgestuft nach dem »Dreistufenmodell« wie folgt zu verfahren:[5]

1) Vorrangig sollten die **vermögensrechtlichen Rechtsbeziehungen** der Eheleute untereinander aufgelöst werden. Hierzu rechnen sämtliche schuld- und sachenrechtlichen Ansprüche wie ggf. auch die steuerrechtlichen. Dieser Schritt ist schon deshalb erforderlich, weil andernfalls die Endvermögen der Eheleute nicht zuverlässig ermittelt werden können.

2) Danach sollte der **Vermögensausgleich innerhalb des ehelichen Güterrechts** vorgenommen werden, insbesondere also die Auseinandersetzung der Zugewinngemeinschaft.

9 3) Verbleibt danach eine als unbillig empfundene vermögensrechtliche Situation, so kommen **ergänzende Ausgleichsmechanismen nach den Grundsätzen des Wegfalls der Geschäftsgrundlage (§§, 242, 313)** in Betracht.[6]

Ein grob unbillig empfundener Vermögensstatus kann sich daraus ergeben, dass während der Ehe ein Ehegatte dem anderen erhebliche Zuwendungen gemacht hat.[7] Diese Zuwendungen werden von der Rechtsprechung grundsätzlich nicht als Schenkungen nach § 516 ff. BGB angesehen, sondern als sog. ehebezogene Zuwendungen. Eine ehebezogene Zuwendung liegt vor, wenn ein Ehegatte dem anderen einen Vermögenswert um der Ehe willen und als Beitrag zur Verwirklichung und Ausgestaltung, Erhaltung oder Sicherung der ehelichen Lebensgemeinschaft zukommen lässt, wobei er die Vorstellung oder Erwartung hegt, dass die eheliche Lebensgemeinschaft Bestand haben und er innerhalb dieser Gemeinschaft am Vermögenswert und dessen Früchten weiter teilhaben werde. Darin liegt gleichsam die Geschäftsgrundlage der Zuwendung.[8]

---

3 BGH, FamRZ 1990, 1219
4 BGH, FamRZ 1989, 835.
5 Vgl. dazu Klein/Roßmann, Familienvermögensrecht, Kapitel 1 Rn. 7 sowie Kapitel 2 Rn. 1 ff.
6 BGH NJW-RR 2010, 1513.
7 Vgl. dazu auch Haußleiter/Schulz, Vermögensauseinandersetzung bei Trennung und Scheidung, 5. Aufl. 2011, Kapitel 5 Rn. 212 ff.
8 St. Rspr., vgl. BGH NJW 2006, 2330.

Von Amts wegen wird daneben der **Versorgungsausgleich** durchgeführt. Anrechte, die, wie Kapi- 10
tallebensversicherungen, nicht in den Versorgungsausgleich fallen, werden mit dem Zugewinn
ausgeglichen.

Zeitgleich mit der Trennung und Scheidung erfolgt die **Auseinandersetzung von Ehewohnung** 11
und Haushaltsgegenständen, anders als der Versorgungsausgleich jedoch nur auf Antrag.

Eine Doppelverwertung« einer nebengüterrechtlichen Ausgleichsforderung ist denkbar, wenn nach
Abschluss des Zugewinnausgleichsverfahrens die Beteiligten noch eine Vermögenspositionen des
Nebengüterrechts gewahr werden und einfordern.

Wird der in Anspruch genommene Ehegatte im Hinblick auf die Regelung des Zugewinnausgleichs durch dieses nachträgliche Vorgehen doppelt – und damit unbillig – belastet, kann er sich
mit dem Einwand der unzulässigen Rechtsausübung nach § 242 BGB (Einwand der nachträglichen Verfälschung des Zugewinnausgleichs) wehren. Da die Unzulässigkeit der Rechtsausübung
nur voraussetzt, dass diese zu einem objektiv gegen Treu und Glauben verstoßenden Ergebnis
führt, kommt es auf ein Verschulden des Ehegatten im Zugewinnausgleichsverfahren, etwa durch
wissentliches Verschweigen der ihm noch zustehenden Forderung, nicht an.[9]

Ob es zu einer doppelten Belastung kommt, ist durch Einbeziehung der nachträglich eingetriebe-
nen Forderung in die Berechnung des Zugewinnausgleichs zu ermitteln.[10]

Auf diese Weise kann der Schuldner der schuldrechtlichen Forderung vor einer doppelten Belastung mit dieser Forderung, nämlich einerseits durch deren Nichtberücksichtigung beim Zugewinnausgleich und andererseits durch ihre spätere Geltendmachung gegen ihn, geschützt werden.
Die Rechtsprechung[11] hat die Darlegungs- und Beweislast dafür, dass und inwieweit die schuldrechtliche Forderung die getroffene Zugewinnausgleichsregelung zu seinem Nachteil verfälscht,
dem wegen der schuldrechtlichen Forderung in Anspruch Genommenen, der sich darauf beruft,
zugeordnet, jedoch mit ggf. zuzubilligenden Beweiserleichterungen.

Vor der gerichtlichen Geltendmachung der erwähnten schuldrechtlicher Ansprüche sollte vor- 12
nehmlich bei Bestehen der Zugewinngemeinschaft im Einzelfall geprüft werden, ob sie **wirtschaft-**
lich überhaupt sinnvoll ist. Denn auch wechselseitige Ansprüche und Belastungen beeinflussen
das Ergebnis des Zugewinnausgleichs, und zwar häufig so sehr, dass einem Ehegatten mit der
Durchsetzung eines Anspruchs rechnerisch genau das gegeben wird, was er im Rahmen des Zugewinnausgleichs wieder verliert.[12]

▶ **Beispiel:**

M und F haben während der Ehe jeweils ein Geldvermögen zum Stichtag von 40.000,00 €
erwirtschaften können; Anfangsvermögen war jeweils nicht vorhanden. M nimmt für sich
einen Gesamtschuldnerausgleichsanspruch in Anspruch, da er während der Zeit der Trennung
einen gemeinsamen Kredit allein getilgt hat. Die Höhe dieses Anspruchs beträgt 8.000,00 €.
Unterstellt M hat im nebengüterrechtlichen Verfahren Erfolg, dann ist F verpflichtet ihm diesen Betrag zu zahlen. Folglich ändert sich nunmehr aber der jeweilige Zugewinn.
Wird kein Gesamtschuldnerausgleich durchgeführt, dann ist infolge des der Höhe nach gleichen Zugewinns kein Ausgleichsanspruch konstruierbar, d.h. es bleibt letztlich alles wie es ist.
Führt M hingegen einen Gesamtschuldnerausgleich durch und erhält daraufhin 8.000,00 €
zugesprochen, ergibt sich für den Zugewinnausgleich folgende Konsequenz:

---

9 So BGH FuR 2009, 102 = FamRZ 2009, 193 = NJW 2009, 1343.
10 Vgl. auch Wever, Vermögensauseinandersetzung der Ehegatten außerhalb des Güterrechts, 5. Aufl. 2009,
    Rn. 364.
11 BGH FuR 2009, 102 = FamRZ 2009, 193 = NJW 2009, 1343.
12 Vgl. mit Rechenbeispielen: Schürmann/Weinreich, FuR 2003, 60 ff.

Endvermögen M:	
Geldvermögen	40.000,00 €
Ausgleichsanspruch gegen F	8.000,00 €
Insgesamt:	48.000,00 €
Endvermögen F:	
Geldvermögen	40.000,00 €
Ausgleichsanspruch des M	- 8.000,00 €
Insgesamt:	32.000,00 €
Differenz:	16.000,00 €
Zugewinnausgleichsanspruch der F 1/2 von 16.000,00 €	8.000,00 €

Dies bedeutet, dass wirtschaftlich der Gesamtschuldnerausgleich sinnlos war, weil M den dort erhaltenen Betrag über den Zugewinnausgleich wieder erstatten muss. Wirtschaftlich sinnvoll ist der Gesamtschuldnerausgleich insbesondere dann, wenn der Ausgleichsanspruch höher ist als der Zugewinn des ausgleichspflichtigen Ehegatten. Ähnlich kann es liegen, wenn der Innenausgleich nicht hälftig durchzuführen ist. Unabhängig von der wirtschaftlichen Bewertung können aber auch andere Gründe für einen Gesamtschuldnerausgleich sprechen. So ist etwa der Fall denkbar, dass die Ehegatten trotz Trennung auf absehbare Zeit kein Scheidungsverfahren einleiten wollen und daher auch kein Zugewinnausgleichsverfahren einzukalkulieren ist. Auch kann es sein, dass die Auswirkung der Ausgleichsforderung im Zugewinnausgleichsverfahren nicht überschaubar ist.[13]

Diese Ausführungen gelten entsprechend auch für andere schuldrechtliche Ausgleichsansprüche der Ehegatten.

13 (zur Zeit nicht besetzt)

II. Verfahren

14 Mit dem Inkrafttreten des FamFG zum 01.09.2009 und der damit verbundenen Schaffung des »großen Familiengerichts« sind die **Zuständigkeiten** neu geregelt worden. Während bis dahin die vermögensrechtlichen Streitigkeiten außerhalb des Güterrechts vor den Zivilgerichten auszutragen waren, sind sie jetzt regelmäßig so genannte **sonstige Familiensachen** im Sinne § 266 FamFG, für deren Regelung jetzt auch die Zuständigkeit des Familiengerichts gegeben ist. Das entspricht einer Forderung der Praxis und bietet den Vorteil, dass die Auseinandersetzung des Vermögens der Eheleute nunmehr in einer Hand liegt.

15 § 266 FamFG Sonstige Familiensachen

(1) Sonstige Familiensachen sind Verfahren, die

1. Ansprüche zwischen miteinander verlobten oder ehemals verlobten Personen im Zusammenhang mit der Beendigung des Verlöbnisses sowie in den Fällen der §§ 1298 und 1299 des Bürgerlichen Gesetzbuchs zwischen einer solchen und einer dritten Person,

2. aus der Ehe herrührende Ansprüche,

3. Ansprüche zwischen miteinander verheirateten oder ehemals miteinander verheirateten Personen oder zwischen einer solchen und einem Elternteil im Zusammenhang mit Trennung oder Scheidung oder Aufhebung der Ehe,

4. aus dem Eltern-Kind-Verhältnis herrührende Ansprüche,

5. aus dem Umgangsrecht herrührende Ansprüche

betreffen, sofern nicht die Zuständigkeit der Arbeitsgerichte gegeben ist oder das Verfahren eines der in § 348 Abs. 1 Satz 2 Nr. 2 Buchstabe a bis k der Zivilprozessordnung genannten Sachgebiete, das Wohnungseigentumsrecht oder das Erbrecht betrifft und sofern es sich nicht bereits nach anderen Vorschriften um eine Familiensache handelt.

---

13 Vgl. dazu auch Wever, Rn. 361.

(2) Sonstige Familiensachen sind auch Verfahren über einen Antrag nach § 1357 Abs. 2 Satz 1 des Bürgerlichen Gesetzbuchs.

Nach § 266 Abs. 1 Nr. 3 FamFG sind »sonstige Familiensachen« Ansprüche zwischen miteinander 16 verheirateten oder ehemals miteinander verheirateten Personen oder zwischen einer solchen und einem Elternteil im Zusammenhang mit Trennung oder Scheidung oder Aufhebung der Ehe. Die Vorschrift hat einen relativ großen Anwendungsbereich, denn sie stellt sicher, dass das sog. Nebengüterrecht, d.h. die vermögensrechtliche Auseinandersetzung zwischen den Ehegatten außerhalb des Güterrechts, sachlich vor den Familiengerichten abgewickelt wird.

Ein Zusammenhang mit Trennung, Scheidung oder Aufhebung der Ehe ist Grundvoraussetzung, damit die Zuständigkeit des Familiengerichts zu rechtfertigen ist. Der Begriff »Zusammenhang« umfasst nach der Vorstellung des Gesetzgebers eine inhaltliche und eine zeitliche Komponente.[14] Letzteres ist problematisch, weil allein die zeitlich verzögerte Geltendmachung des Anspruchs die Zuständigkeit des FamG wohl kaum entfallen lassen kann.[15] Die (späte) Geltendmachung kann auf ganz verschiedenen, von den Beteiligten mitunter nicht einmal beeinflussbaren Umständen beruhen. Das Erfordernis eines »zeitlichen Zusammenhangs" wirft erhebliche Definitionsprobleme bei der Bestimmung des maßgeblichen Zeitraums auf und würde daher zu erheblichen Unsicherheiten führen. Das wäre mit dem Anspruch der Beteiligten auf den gesetzlichen Richter aus Art. 101 Abs. 1 Satz 2 GG nicht vereinbar. Auch der Zweck einer Verfahrenskonzentration beim Familiengericht auf alle Streitigkeiten, die durch die Ehe fachlich bedingt sind, würde zumindest teilweise unterlaufen, wenn die Zuständigkeit der Familiengerichte durch Konstituierung eines aus dem Normtext nicht überzeugend ableitbaren Tatbestandsmerkmals eines »zeitlichen Zusammenhangs" wieder eingeschränkt würde.[16] Ein »zeitlicher« Zusammenhang mit Trennung, Scheidung oder Aufhebung der Ehe ist daher für die sachliche Zuständigkeitsbestimmung des Familiengerichts nicht von Bedeutung.

Das Verfahren folgt den Regeln des FamFG und ist somit nicht mit einer Klage, sondern einem **verfahrenseinleitenden Antrag** (§ 23 FamFG) einzuleiten, der allerdings inhaltlich gemäß § 113 FamFG der Klageschrift nach § 253 ZPO entspricht, weil die sonstigen Familiensachen **Familienstreitsachen** im Sinne § 112 Nr. 3 FamFG sind.

---

14 BT-Drucks. 16/6308, S. 262.
15 So auch Horndasch/Viefhues-Boden/Cremer, FamFG, 2. Aufl. 2011, § 266 Rn. 8; Wever, FamRZ 2011, 413; Keidel/Giers, FamFG, 16. Aufl. 2009, § 266 Rn. 16; Götz, NJW 2010, 897, 901.
16 Vgl. dazu OLG Stuttgart, FamRZ 2011, 1420; OLG Hamm, FamRZ 2011, 392; OLG Frankfurt, FamRZ 2010, 1581 = NJW 2010, 3173.

Entflechtung des Vermögens

System 1:	System 2:
Ausgleich des Versorgungsvermögens	**Aufteilung von Ehewohnung und Haushalt**
= Versorgungsausgleich	Materiell:
Materiell: VersAusglG	• §§ 1361a, b BGB bei Getrenntleben • §§ 1568a, b BGB nach Scheidung
Verfahren: §§ 217 ff FamFG	Verfahren: § 200 ff. FamFG
Abgeschlossenes System, vgl. § 2 Abs. 4 VersAusglG	**Abgeschlossenes System** im Anwendungsbereich (BGH XII ZR 33/09)

System 3: Güterrecht und Nebengüterrecht

1. Zugewinngemeinschaft

> ### „Dreistufenmodell"
>
> **1. Stufe:** Ausgleich im Nebengüterrecht
>
> Materiell (u.a.):
>
> - Gesamtschuldnerausgleich
> - Gesamtgläubigerausgleich
> - Ehegatteninnengesellschaft
> - Bruchteilsgemeinschaft
>
> Verfahren:
>
> - §§ 266 ff. FamFG
>
> **2. Stufe:** Zugewinnausgleich, §§ 1372 ff.
>
> **Wichtig:** Ausgleichsansprüche aus nebengüterrecht-licher Abwicklung müssen beim Endvermögen berücksichtigt werden!
>
> **3. Stufe:** Billigkeitskorrekturen im Einzelfall
>
> - Unbenannte ehebedingte Zuwendungen
> - Familienrechtliche Kooperationsverträge

2. Gütertrennung

> **Vermögensausgleich außerhalb des Ehevertrages erfolgt ausschließlich mittels des Nebengüterrechts**

3. Gütergemeinschaft

> **Geschlossenes Abwicklungssystem der §§ 1415 ff. BGB**, d.h. grds. keine Anwendung des Nebengüterrechts

Übersicht 1: Entflechtung des Vermögens

B. Der Gesamtschuldnerausgleich der Ehegatten

I. Die Gesamtschuld im Allgemeinen

§ 426 BGB   Ausgleichungspflicht, Forderungsübergang

(1) ForderungsübergangAusgleichspflichtDie Gesamtschuldner sind im Verhältnis zueinander zu gleichen Anteilen verpflichtet, soweit nicht ein anderes bestimmt ist. Kann von einem Gesamtschuldner der auf ihn entfallende Beitrag nicht erlangt werden, so ist der Ausfall von den übrigen zur Ausgleichung verpflichteten Schuldnern zu tragen.

(2) Soweit ein Gesamtschuldner den Gläubiger befriedigt und von den übrigen Schuldnern Ausgleichung verlangen kann, geht die Forderung des Gläubigers gegen die übrigen Schuldner auf ihn über. Der Übergang kann nicht zum Nachteile des Gläubigers geltend gemacht werden.

Die Vorschrift des § 426 regelt das **Innenverhältnis** zwischen den Gesamtschuldnern. Die Norm begründet einen **Ausgleichsanspruch** im Rahmen eines gesetzlichen Schuldverhältnisses. Die Haftung der Gesamtschuldner gegenüber dem **Gläubiger** wird durch § 421 dahin gehend geregelt, dass alle Gesamtschuldner die **ganze Leistung** zu bewirken haben, der Gläubiger die Leistung aber nur einmal zu fordern berechtigt ist, weshalb es dem Gläubiger freisteht, welchen Schuldner er in welchem Umfang in Anspruch nimmt (sog. Paschastellung). Insbesondere muss er sich nicht daran ausrichten, wie die Haftungsverteilung im Innenverhältnis geregelt ist. Einzige Grenze ist für ihn das Verbot rechtsmissbräuchlichen Vorgehens (§ 242 BGB)[17]   17

§ 426 Abs. 1 begründet eine **Ausgleichspflicht** unter den Gesamtschuldnern, die als **selbständiger Anspruch** bereits mit der **Begründung der Gesamtschuld**, nicht etwa erst mit der **Befriedigung des Gläubigers** entsteht.[18] Das hat zur Folge, dass der Anspruch nicht nur dahin geht, **Ersatz für erbrachte Zahlungen** zu leisten. Gefordert werden kann unter Umständen auch die **Freistellung von der Haftung** für erst später noch zu erbringende Leistungen.   18

Für den **Umfang des Ausgleichsanspruchs** begründet Abs. 1 Satz 1 den Grundsatz der regelmäßigen **Beteiligung der Gesamtschuldner zu je gleichen Teilen**. Dieser Grundsatz gilt aber nur, solange nichts anderes bestimmt ist. Die von der Regel **abweichende Bestimmung** kann sich dabei aus dem Gesetz, aus einem zwischen den Gesamtschuldnern bestehenden **Rechtsverhältnis** oder aus der **Natur der Sache**, also der **besonderen Gestaltung des tatsächlichen Geschehens**[19] ergeben. Die andere Bestimmung kann dann entweder zu einer anderen **Quotierung** der Haftungsanteile oder auch dazu führen, dass die Mithaftung eines Gesamtschuldners im Innenverhältnis **ganz entfällt**.   19

Beruft sich ein Gesamtschuldner darauf, dass eine vom Regelfall des Abs. 1 abweichende Verteilung der Haftungsanteile zu gelten hat, so hat derjenige, der diese Abweichung von der gesetzlichen Regel für sich geltend macht, hierfür die **Darlegungs- und Beweislast**.[20]   20

Wird der Gläubiger durch einen der Gesamtschuldner befriedigt, **so geht die Forderung nach § 426 Abs. 2 auf diesen Gesamtschuldner über**, jedoch nur im **Umfang des Bestehens der Ausgleichsforderung**. Der Forderung folgen auch die akzessorischen Sicherungsrechte, z.B. eine Bürgschaft (§§ 412, 401).   21

---

17   BGH NJW 1991, 1289.
18   BGHZ 114, 122.
19   BGH NJW 1992, 2288.
20   PWW/Müller, § 426 Rn. 4.

II. Zur Gesamtschuld in der Ehe

22 Die Rückzahlung in der Ehe begründeter Schulden stellt nach Trennung und Scheidung ein wirtschaftlich zentrales Thema dar, das sowohl im Rahmen der **Unterhaltsberechnung** als auch der **Auseinandersetzung der Zugewinngemeinschaft** Berücksichtigung zu finden hat. Aber auch dann, wenn die bestehenden Verbindlichkeiten auf die eine oder andere Weise bereits berücksichtigt worden sind und beispielsweise zu einer Verminderung der Leistungsfähigkeit eines Ehegatten für die Unterhaltsschuld geführt haben, bleibt die Schuld als solche bestehen. Auch ist der Gläubiger durch die Unterhaltsberechnung nicht daran gehindert, den unterhaltsberechtigten Ehegatten in Anspruch zu nehmen.

23 Während das Bestehen einer Schuldverpflichtung oder eines Ausgleichsanspruchs nach Abs. 2 im Rahmen einer **Zugewinnausgleichsberechnung** Berücksichtigung finden kann – was oftmals dazu führt, dass es wirtschaftlich gleichgültig ist, welcher von beiden Ehegatten die Schuldverpflichtung übernimmt (vgl. oben Vorbem. Rdn. 12) –, bestehen entsprechende Ausgleichsmechanismen im Fall des Bestehens der **Gütertrennung** nicht. Gerade in diesen Fällen hat die Norm des § 426 eine erhebliche praktische Bedeutung.

1. Begründung der Gesamtschuld

24 Eheleute haften ihren Gläubigern gegenüber als Gesamtschuldner, wenn dies – wie häufig etwa im Fall der Begründung von **Kreditverpflichtungen** – ausdrücklich vereinbart worden ist. Die Mithaftung des Ehegatten wird regelmäßig von Kreditinstituten verlangt. Ähnliches gilt für die Haftung aus dem über die Ehewohnung bestehenden **Mietverhältnis**. Gemeinsam verpflichtet werden die Eheleute aber auch ohne ausdrückliche Absprache durch solche Geschäfte eines Ehegatten, die der **angemessenen Deckung des Lebensbedarfs** dienen (§ 1357 Abs. 1 Satz 2), so genannter Schlüsselgewaltsgeschäfte. Hier entsteht das Gesamtschuldverhältnis von Gesetzes wegen.[21] Im Fall **gemeinsamer steuerlicher Veranlagung** haften die Eheleute nach § 44 AO auch für Steuerschulden gesamtschuldnerisch.

Kreditverbindlichkeiten, die Eheleute allein eingegangen sind, müssen nach dem Scheitern der Ehe vom jeweils verpflichteten Ehegatten getragen werden. Eine Ausgleichspflicht nach § 426 BGB kommt dafür regelmäßig nicht zum Tragen.[22]

Ausnahmen sind aber denkbar, wenn mit dem Alleinkredit Miteigentum der Eheleute an einer Immobilie oder an einem anderen Gegenstand finanziert wurde. In diesen Fällen liegen die Voraussetzungen einer Gesamtschuld der Eheleute im Außenverhältnis zur Bank nicht vor, weil lediglich ein Ehegatte Darlehensnehmer ist. Die Bestellung von Sicherheiten und die Übernahme einer persönlichen Haftung des anderen Ehegatten (z.B. Bürgschaft) ändern hieran nichts, denn sie begründen keine Verpflichtung zur Rückzahlung der Darlehensschuld selbst.[23]

Das Innenverhältnis der Eheleute ist freilich dadurch zu charakterisieren, dass beide Ehegatten von der gemeinsamen Anschaffung profitieren und deshalb eine Ausgleichspflicht nach **§ 426 Abs. 1 BGB analog** wegen einer entsprechenden (konkludenten) Vereinbarung der Ehegatten angemessen ist. Die h.M. nimmt eine solche besondere Vereinbarung an, wenn ein Mitglied einer Bruchteilsgemeinschaft Aufwendungen zur Finanzierung des gemeinschaftlichen Gegenstands gemacht hat. Im Zweifel entspricht es dann dem Willen der Beteiligten dass der Vorleistende einen anteiligen Erstattungsanspruch gegen die übrigen Teilhaber hat.[24]

---

21 Vgl. hierzu: Dostmann FamRZ 1991, 760; Kleinle FamRZ 1997, 8.
22 Vgl. Wever, FamRZ 2010, 242.
23 BGH, NJW-RR 1991, 578 = FamRZ 1991, 1162.
24 Vgl. BGH FamRZ 2010, 1542 (1544).

Darlehensverbindlichkeiten, die zur Finanzierung eines gemeinsamen Hausanwesens oder eines anderen gemeinschaftlichen Wirtschaftsguts eingegangen werden, fallen damit den Ehegatten im Innenverhältnis hälftig zur Last, auch wenn im Außenverhältnis zur finanzierenden Bank nur ein Ehegatte Darlehensschuldner ist.[25]

2. Die Haftung während des Bestehens der ehelichen Lebensgemeinschaft

In der Ehe stellen **finanzielle Leistungen** etwa des alleinverdienenden Ehegatten und die **Haushaltsführung** des anderen Ehegatten grundsätzlich **gleichwertige Beiträge** zur ehelichen Lebensgemeinschaft dar. Dies folgt schon aus dem Gesetz (§§ 1360 Satz 2, 1606 Abs. 3 Satz 2). Übernimmt sodann derjenige Ehegatte, der nach den Einkommens- und Vermögensverhältnissen dazu in der Lage ist, die **Zins- und Tilgungsleistungen** für einen gemeinschaftlich aufgenommenen Kredit, stellt die Haushaltsführung eines Ehegatten einen den finanziellen Leistungen des anderen gleichwertigen Beitrag zur ehelichen Lebensgemeinschaft dar.[26] Also selbst dann, wenn ein **Ehegatte ohne eigenes Einkommen** ist und gleichwohl wie der andere die Nutzungen aus dem im gemeinsamen Eigentum stehenden Haus zieht, besteht für die Zeit des Bestehens der ehelichen Lebensgemeinschaft kein Anspruch auf Ausgleich für erbrachte Zins- und Tilgungsleistungen. **25**

Während intakter Ehe wird somit ein Ausgleichsanspruch unter den Ehegatten als Gesamtschuldnern regelmäßig nicht bestehen, weil das **Ausgleichsverhältnis durch die eheliche Lebensgemeinschaft überlagert** wird.[27] Dies gilt unabhängig vom Güterstand. Denn auch bei vereinbarter Gütertrennung tragen die wechselseitigen Leistungen beider Ehegatten ihrer angemessenen Beteiligung an dem in der Ehe gemeinsam Erreichten Rechnung.[28] **26**

a) Nur ein Ehegatte verfügt über Einkommen

Verfügt nur ein Ehegatte über Einkommen und hat der andere entsprechend die Haushaltsführung übernommen, so geht bei einer intakten Ehe im Fall der Aufnahme eines gemeinschaftlichen Darlehens der Wille der Ehegatten aufgrund der **Gleichwertigkeit von Erwerbs- und Haushaltstätigkeit** im Zweifel dahin, dass nur der alleinverdienende Ehegatte mit den Zins- und Tilgungsleistungen belastet sein soll. Ihm steht für die Zeit bis zum Scheitern der Ehe kein Ausgleichsanspruch wegen der in der Ehe übernommenen Mehrbelastung zu.[29] Das gilt sogar für den Fall, dass der verdienende Ehegatte die mit der im alleinigen Eigentum des anderen stehenden Immobilie verbundenen Belastungen getragen hat.[30] **27**

b) Beide Ehegatten verfügen über Einkommen

Verfügen beide Ehegatten über Einkommen, so kann bei noch intakter Ehe auch nichts anderes gelten. Eine Ausgleichspflicht entsprechend der **Relation der beiderseitigen Einkünfte**[31] oder auch die **Höhe des beiderseitigen Vermögens ist** abzulehnen.[32] **28**

Die in einer intakten Ehe praktizierte tatsächliche Handhabung der Schuldentilgung rechtfertigt nämlich die Annahme, dass der die Verbindlichkeiten bedienende Ehegatte einen auf ihn entfallenden Beitrag zum Familienunterhalt leistet, ohne hierfür nachträglich einen Ausgleich zu verlangen bzw. verlangen zu dürfen. Dieses Verrechnungsverbot folgt aus § 1360 Satz 2 BGB, wonach die für die Lebensgemeinschaft erbrachten Beiträge der Ehegatten unabhängig von jeder monetä-

---

25 Vgl. auch OLG Koblenz, NJW 2003, 1675.
26 BGH FamRZ 1983, 795; KG FamRZ 2009, 1327, 1328.
27 Allg. M.: BGHZ 87, 269; NJW 1995, 653; Palandt/Heinrichs § 426 Rn. 9.
28 OLG Oldenburg, NJW-RR 2005, 1018.
29 BGHZ 87, 273; FamRZ 1983, 799; FamRZ 1995, 216, 217.
30 OLG Oldenburg NJW-RR 2005, 1018.
31 BGH NJW 2000, 1944; NJW 1989, 67.
32 So BGH NJW-RR 1988, 259.

ren Bewertung als grds. gleichgewichtig anzusehen sind, und entspricht dem Rechtsgedanken des § 1360b BGB.[33]

3. Die Haftung nach Trennung und Scheidung

a) Grundsatz

29 Nach dem **Scheitern der Ehe** ist das Gegenseitigkeitsverhältnis, das es rechtfertigte, insbesondere den nicht verdienenden Ehegatten nicht an den sich aus der Gesamtschuld ergebenden Verpflichtungen zu beteiligen, aufgehoben. Wird jetzt ein Ehegatte vom gemeinsamen Gläubiger in Anspruch genommen, so ist der Grund dafür entfallen, von einer Inanspruchnahme des Ehegatten abzusehen, so dass nun grundsätzlich die Ausgleichsverpflichtung entsteht, sofern sich nicht aus anderen Umständen des Falles ein vom Regelfall abweichender Verteilungsmaßstab ergibt.[34] Im Hinblick auf die bis zum Scheitern der Ehe erbrachten Leistungen ändert sich nichts.

30 Wer die gemeinschaftlichen Schulden im Verhältnis der Ehegatten zueinander zu tragen hat, bestimmt sich dann nach den **Umständen des Falls**, wobei nach Abs. 1 Satz 1 im Zweifel vom **Grundsatz der Halbteilung** auszugehen ist. Ein von diesem Grundsatz abweichender Verteilungsmaßstab kann sich aber aus dem **Gesetz**, einer zwischen den Ehegatten getroffenen **Vereinbarung**, aus dem **Inhalt und Zweck eines zwischen ihnen bestehenden Rechtsverhältnisses** oder aus der **Natur der Sache**, also aus der besonderen Gestaltung des tatsächlichen Geschehens, ergeben.[35] Dabei stellt die Tatsache, dass **ein Ehegatte nicht zahlen kann**, keinen Grund dar, ihn von der Mithaftung freizustellen.[36] Von Bedeutung ist dagegen, für und durch wen die Schuld begründet worden ist, in wessen Interesse die Darlehensaufnahme erfolgte oder wer von ihr profitierte.[37] Ist ein Darlehen allein im **Interesse eines Ehegatten** aufgenommen worden, so haftet der andere intern regelmäßig weder als Gesamtschuldner noch als Bürge.[38]

Die Finanzierung der Darlehenskosten betreffend ein im Alleineigentum eines Ehegatten stehenden Hauses hat der Eigentümerehegatte zu tragen, auch wenn der andere Ehegatte im Außenverhältnis als Kreditnehmer für diese Verbindlichkeiten mithaftete.[39] Denn regelmäßig hat derjenige Ehegatte, in dessen Alleineigentum die Immobilie steht und der es nach der Trennung allein nutzt, auch für die Bedienung der gesamtschuldnerisch eingegangenen Verbindlichkeiten allein aufzukommen.[40]

Ggf sind die beiderseitigen Interessen gegeneinander abzuwägen, was sowohl zum Entfallen der Mithaftung als auch zu einer vom Halbteilungsgrundsatz abweichenden Haftungsquote führen kann.[41]

31 Die Änderung der Verhältnisse, also die Voraussetzung für das Aufleben des Ausgleichsanspruchs, tritt mit dem **Scheitern der Ehe** von selbst ein und lässt den Anspruch ohne weiteres aufleben.[42] Anders als für den **Anspruch auf Neuregelung der Nutzung und Verwaltung des Miteigentums** nach § 745 Abs. 2 ist es hier nicht erforderlich, dass von dem nunmehr zahlungspflichtigen Ehe-

---

33 Ein solches Verrechnungsverbot gilt sogar für Leistungen, die ein Partner einer nichtehelichen Lebensgemeinschaft während deren Bestehens erbracht hat, vgl. BGH FamRZ 2010, 277 (279).
34 BGH FuR 2003, 374.
35 BGH FamRZ 2006, 1178; FamRZ 1997, 487; FamRZ 1995, 216; FA-FamR/v. Heintschel-Heinegg Kap. 10 Rn. 99 m.w.N.
36 BGH FamRZ 2011, 26.
37 OLG Frankfurt FamRZ 2005, 908.
38 OLG Bremen FamRZ 2002, 392, OLG Koblenz FamRZ 2010, 1901.
39 OLG Stuttgart, FamRZ 2010, 1165.
40 BGH FamRZ 2005, 2052 (2054).
41 Vgl. dazu OLG Frankfurt FamRZ 2005, 908.
42 OLG Saarbrücken FamRZ 2010, 1902.

gatten ausdrücklich die Zustimmung zu der Änderung verlangt wird;[43] § 745 Abs. 2 gilt nur für die Gemeinschaft. Der Ausgleichsanspruch nach § 426 kann deshalb auch **rückwirkend** geltend gemacht werden, ohne dass es hierzu einer **Mahnung**, eines warnenden vorherigen **Hinweises** oder auch nur der Erklärung bedürfte, dass der Ehegatte die zuvor allein getragenen Lasten nicht weiter allein tragen werde.[44]

Was für die Zeit nach dem Scheitern der Ehe gilt, hat auch für den Fall der Beendigung der ehelichen Lebensgemeinschaft durch den **Tod eines Ehegatten** Geltung. Auch in diesem Fall endet das genannte Gegenseitigkeitsverhältnis, mit der Folge, dass nunmehr Raum für Ausgleichsansprüche ist.[45]   32

b) Der Zeitpunkt

Der Beginn der Ausgleichspflicht wird auf den **Zeitpunkt des Scheiterns der Ehe** bestimmt. Dies ist derjenige Tag, an dem das Scheitern der Ehe sinnfällig zum ersten Mal zum Ausdruck kommt.[46] Wann die Ehe als gescheitert anzusehen ist, kann im Einzelfall zweifelhaft sein. Teilweise wird die Auffassung vertreten, erst der **Scheidungsantrag** manifestiere mit der erforderlichen Rechtsklarheit die Absicht, endgültig auseinander zu gehen, weshalb hierauf abzustellen sei, also nicht auf den Tag der Trennung, der im Einzelnen streitig sein könne.[47]   33

Demgegenüber findet die Nichtinanspruchnahme des Gesamtschuldners ihre Rechtfertigung in der das Gesamtschuldverhältnis überlagernden ehelichen Lebensgemeinschaft, in dem **Gegenseitigkeitsverhältnis**, in dem die Eheleute einander Leistungen erbringen.[48] Gegenseitige Leistungen werden aber schon nach der **Trennung (i.d.R. der Auszug eines Ehegatten aus der gemeinsamen Wohnung)**, nicht erst mit der Rechtshängigkeit des Scheidungsantrages nicht mehr erbracht. Aus diesem Grund entfällt schon mit diesem Zeitpunkt die Rechtfertigung dafür, den Ehegatten als Gesamtschuldner nicht in Anspruch zu nehmen, weshalb die Ausgleichspflicht mit dem Zeitpunkt der Trennung auflebt, nicht erst mit der Rechtshängigkeit der Ehescheidung.[49] Dass der Zeitpunkt der Trennung häufig schwer festzustellen ist, steht dem nicht entgegen, da die Voraussetzungen für den Ausgleichsanspruch von dem den Anspruch geltend machenden Ehegatten darzulegen und zu beweisen sind, weshalb Zweifel insoweit zu seinen Lasten gehen.   34

Anders als für das Entstehen des Ausgleichsanspruchs ist der Zeitfaktor für die **Begründung der Verbindlichkeit** unerheblich. Ist etwa eine gesamtschuldnerisch begründete Kreditverbindlichkeit dazu verwendet worden, das im Alleineigentum eines Ehegatten stehende Grundeigentum zu finanzieren, so besteht ein Ausgleichsanspruch auch dann, wenn die Verträge zu einem Zeitpunkt geschlossen wurden, als die Eheleute weder die Ehe schon geschlossen noch in nichtehelicher Lebensgemeinschaft zusammen gelebt hatten.[50]   35

c) Art der Haftung

Erfüllt einer der Gesamtschuldner die gegenüber dem Gläubiger bestehende Verbindlichkeit, so erlischt sie nicht, sondern bleibt für den Zweck des **Rückgriffs** erhalten.[51] Sie geht nach **Abs. 2** im   36

---

43 OLG Koblenz NJW-RR 2010, 653.
44 BGH FamRZ 1995, 216; OLG Brandenburg FamRZ 2003, 378; OLG Saarbrücken FamRZ 2010, 1902.
45 BayObLG VersR 1998, 1382.
46 FA-FamR/v. Heintschel-Heinegg Kap. 10 Rn. 122.
47 OLG München FamRZ 2000, 672 = FuR 2000, 422; FA-FamR/v. Heintschel-Heinegg Kap. 10 Rn. 122.
48 BGH FuR 2011, 106 = FamRZ 2011, 26.
49 OLG Köln FamRZ 1992, 316; im Ergebnis ebenso BGH FamRZ 1995, 216, 218; OLG Düsseldorf FamRZ 2009, 1834; OLG Saarbrücken FamRZ 2010, 1902.
50 OLG München FamRZ 2001, 225.
51 BGH NJW 1991, 98.

Umfang der Erfüllung von Gesetzes wegen auf den erfüllenden Gesamtschuldner über. Dieser kann sodann aus der **ursprünglichen Gläubigerforderung** gegen den anderen Gesamtschuldner vorgehen, ist dabei aber beschränkt auf die Quote, die dem internen Haftungsanteil des anderen Gesamtschuldners entspricht. **Vereinbarungen** zwischen dem Gläubiger und einem der Gesamtschuldner sind für den anderen ohne Bedeutung. So berührt insbesondere die **Entlassung eines Gesamtschuldners aus der Schuld** die Rechtsverhältnisse der Gesamtschuldner untereinander nicht.[52] Ein mit nur einem der Schuldner vereinbarter Teilerlass hat auch im Verhältnis zum Gläubiger keine weiterreichenden Rechtswirkungen zugunsten des andern Schuldners.[53] Über § 412 finden auf den gesetzlichen Forderungsübergang die Forderungsabtretungsvorschriften der §§ 399 ff. Anwendung.

37   Neben der übergegangenen Gläubigerforderung hat der erfüllende Gesamtschuldner noch den **Ausgleichsanspruch aus Abs. 1**, der als **selbständiger Anspruch** bereits mit der Begründung der Gesamtschuld, nicht erst mit der Befriedigung des Gläubigers, entsteht.[54] Aus welchem der beiden selbständig nebeneinander bestehenden Ansprüche der Gesamtschuldner gegen den anderen vorgeht, kann er selbst wählen.[55]

38   Da der Ausgleichsanspruch bereits mit der Entstehung der Gesamtschuld und dem Eintritt deren Fälligkeit begründet worden ist,[56] kann er auch als **Freistellungsanspruch** auf Leistung an den Gläubiger entsprechend dem internen Haftungsanteil geltend gemacht werden, bevor der Gesamtschuldner überhaupt seinerseits geleistet hat.[57] Der Anspruch geht dann auf **Mitwirkung an der Befriedigung des Gläubigers** entsprechend der Beteiligung an der Gesamtschuld im Innenverhältnis. Der Befreiungsanspruch nach § 426 setzt allerdings die **Fälligkeit der Gesamtschuld** voraus.

Ein uneingeschränkter Befreiungsanspruch hinsichtlich sämtlicher, auch noch nicht fälliger Verbindlichkeiten im Außenverhältnis ist nach § 426 hingegen nicht gegeben. Dies würde nämlich voraussetzen, dass die Vorschrift des § 257 anwendbar wäre. Diese setzt aber einen Aufwendungsersatzanspruch im Hinblick auf eingegangene Verbindlichkeiten voraus. Ein solcher Aufwendungsersatzanspruch ist zwischen Gesamtschuldnern nur dann gegeben, wenn zwischen ihnen neben dem gesetzlichen Schuldverhältnis aus der Gesamtschuld (Innenverhältnis nach § 426 BGB) ein weiteres Schuldverhältnis – etwa ein Auftragsverhältnis nach § 662 BGB – besteht, in dessen Rahmen ein solcher Aufwendungsersatzanspruch – ggf. nach §§ 670 BGB – begründet wurde.[58] Möglich ist dies, wenn die Darlehensbeteiligung des einen Ehegatten ausschließlich oder ganz überwiegend nur dem wirtschaftlichen Interesse des anderen Ehegatten diente.[59]

Der Befreiungsanspruch nach § 426 geht dann dahin, von dem anderen Gesamtschuldner **Zahlung des dem Haftungsanteil entsprechenden Betrages** zu verlangen.

39   Der Befreiungsanspruch kann im gerichtlichen Verfahren durchgesetzt werden, wobei die **Vollstreckung**, weil die Freistellung eine **vertretbare Handlung** ist, ggf. durch **Ersatzvornahme** gem. §§ 120 Abs. 1 FamFG, 887 ZPO erfolgt. Erst in diesem Stadium kann der Gesamtschuldner Zahlung des anteiligen Geldbetrages an sich beanspruchen.

---

52   OLG Bremen FamRZ 2002, 1478; OLG Celle MDR 2001, 1282.
53   OLG Koblenz FamRZ 2003, 309.
54   BGHZ 35, 325; 114, 122.
55   BGHZ 59, 102.
56   BGH NJW 1986, 978.
57   OLG Hamm NJW-RR 2006, 1442.
58   Ausführlich dazu Klein/Roßmann, Familienvermögensrecht, Kapitel 2 Rn. 184 ff.
59   Vgl. dazu OLG Frankfurt a.M., FamRZ 2011, 127.

Der **Verfahrensantrag** kann im Fall des Freistellungsantrages etwa wie folgt lauten:

»Der/die Antragsgegner/in wird verpflichtet, den/die Antragsteller/in von den fälligen Verbindlichkeiten aus (Bezeichnung des Schuldverhältnisses) zur Hälfte (oder des sonst zu fordernden Anteils) freizustellen.«[60]

Die **Vollstreckung** kann unter Umständen indes nicht uneingeschränkt erfolgen. Aus den **Nach-** **40** **wirkungen der Ehe** (§§ 1353, 242) können sich vielmehr Einschränkungen ergeben, die eine sofortige Vollstreckung unzumutbar erscheinen lassen. In diesen Fällen ist in der Regel ein Tilgungsplan zu erstellen. In Einzelfällen (Krankheit, Arbeitslosigkeit) muss von der Vollstreckung vorübergehend ganz abgesehen werden.[61]

Hat der Gesamtschuldner seine Verpflichtung zur Mitwirkung an der Befriedigung des Gläubigers **41** **schuldhaft nicht erfüllt**, so begründet dies einen **Schadensersatzanspruch** des ausgleichsberechtigten Ehegatten.[62]

d) Verjährung

Der Ausgleichsanspruch nach § 426 Abs. 1 Satz 1 BGB unterliegt der **regelmäßigen Verjährung** **42** des § 195 BGB und beträgt deshalb drei Jahre.[63] Er entsteht schon mit Entstehung des Gesamtschuldverhältnisses und vor Befriedigung des Gläubigers, auch soweit er auf Zahlung gerichtet ist. Die Verjährung des selbstständigen Ausgleichsanspruch nach § 426 Abs. 1 Satz 1 BGB ist unabhängig von der Forderung des Gläubigers gegen den Ausgleichspflichtigen.

Von dem **Verwirkungseinwand** kann angesichts der kurzen Verjährungsfrist nur zurückhaltend Gebrauch gemacht werden. Die Rechtsprechung zur Verwirkung von Unterhaltsansprüchen, bei der an das Zeitmoment keine hohen Anforderungen zu stellen sind, ist nicht entsprechend anzuwenden.[64] Der auf Gesamtschuldnerausgleich in Anspruch genommene Ehegatte kann dem anderen nicht entgegen halten, dieser hätte mit Erfolg die Einrede der Verjährung gegenüber dem Gläubiger erheben können. Denn der Gesamtschuldner ist an dieser Rechtsbeziehung nicht beteiligt, weshalb die diesbezügliche Disposition für das Innenverhältnis zwischen den Gesamtschuldnern ohne Bedeutung sind. Es kann allenfalls Anlass geben, das Verhalten auf Rechtsmissbräuchlichkeit zu überprüfen.[65]

---

60 Vgl auch FormBFA/Schröder Kap. 3 Rn. 134.
61 BGH FamRZ 1989, 835; OLG Düsseldorf NJW-RR 1999, 444; OLG Köln FamRB 2004, 281.
62 FA-FamR/v. Heintschel-Heinegg Kap. 10 Rn. 114.
63 BGH NJW 2010, 62; Pfeiffer NJW 2010, 23.
64 Wever FamRZ 2010, 237, 242.
65 BGH FamRZ 2010, 286.

Überblick zum Gesamtschuldnerausgleich

A. Voraussetzungen der Gesamtschuld nach § 421 BGB

- schulden mehrere
- eine Leistung
- jeder die ganze Leistung zu bewirken verpflichtet
- Gläubiger die Leistung nur einmal zu fordern berechtigt
- gleichstufige Haftung aller Schuldner

B. Rechtsfolge des § 421 BGB

- Gläubiger kann nach seiner Wahl gegen die Schuldner vorgehen (Paschastellung)

C. Entwicklung der gesamtschuldnerischen Forderung

- **Einzelwirkende Tatsachen, § 425 BGB**
  Beispiele:
    - Verjährung
    - Kündigung
    - Verzug

  > wirken nur für und gegen den betroffenen
  > Gesamtschuldner, d.h. insofern keine
  > Ausgleichspflicht nach § 426 BGB

- **Gesamtwirkende Tatsachen, § 422 – 424 BGB**
    - Erfüllung, Aufrechnung, Hinterlegung, Leistung an Erfüllungs statt
    - Erlass
    - Gläubigerverzug

  > wirken auch für die anderen
  > Gesamtschuldner; insofern besteht eine
  > Ausgleichspflicht nach § 426 BGB

D. Regreßansprüche des leistenden Gesamtschuldners

- **Ausgleichspflicht nach § 426 Abs. 1 BGB**
    - Ausgleich nach Kopfteilen (aber nur noch als Teilschuld)
    - anderweitiger Verteilungsmaßstab möglich

- **Forderungsübergang nach § 426 Abs. 2 S. 1 BGB**
    - Sicherungsrechte gehen auch über, §§ 426 Abs. 2 S. 1, 412, 401 BGB
    - Übergang beschränkt sich auf den Umfang des Ausgleichsanspruchs

Übersicht 2: Überblick zum Gesamtschuldnerausgleich

III. Einzelfälle

1. Eigenheim

Immobilien werden i.d.R. von den Eheleuten gemeinsam (gesamtschuldnerisch) finanziert, sodass   43
nach Trennung geklärt werden muss, in welcher Weise zukünftig der Kredit, der zum Bau oder
Kauf eines **Hauses** oder einer **Eigentumswohnung** verwandt wurde, zu bedienen ist.

a) Auszug beider Ehegatten aus der Familienwohnung

Haben beide Ehegatten **Miteigentum an einer Immobilie**, so besteht eine Gemeinschaft nach   44
Bruchteilen, vgl. §§ 741 ff. BGB. Ziehen beide Ehegatten aus der gemeinsamen Wohnung aus,
insb. um deren Veräußerung oder Vermietung zu ermöglichen, so ist ein für den früheren Erwerb
der Immobilie aufgenommener Kredit grds. entsprechend dem jeweiligen Miteigentumsanteil zu
regulieren.

b) Verbleib eines Ehegatten in der früheren Familienwohnung

Verbleibt ein Ehegatte nach der Trennung in der früheren ehelichen Wohnung, so ist zu untersu-   45
chen, inwieweit eine anderweitige, d.h. vom hälftigen Ausgleich abweichende Vereinbarung nach
§ 426 Abs. 1 Satz 1 BGB getroffen wurde.

Eine anderweitige, vom Regelfall abweichende Verteilung der Kreditlasten im Innenverhältnis
ergibt sich allerdings nicht schon daraus, dass der eine Ehegatte die im gemeinschaftlichen Eigentum der Eheleute stehende Wohnung ganz oder teilweise nach dem Auszug des anderen Ehegatten
weiter alleine genutzt hat und nutzt. Der ausziehende Ehegatte hat nämlich nach Auszug u.U.
gegen den verbleibenden Ehegatten einen Nutzungsvergütungsanspruch nach § 745 Abs. 2 BGB
oder aber § 1361b Abs. 3 Satz 2 BGB.

Der eine anderweitige Verteilung rechtfertigende Umstand kann aber darin gesehen werden, dass
ein Ehegatte mit Duldung des anderen das Haus nach der Trennung weiterhin nutzt und wie bisher die Lasten trägt, ohne zu erkennen zu geben, dass er einen hälftigen Ausgleich für die Tilgung
der gesamtschuldnerische Kreditverbindlichkeit betreffend die Immobilie geltend zu machen
beabsichtigt, und ohne dass der andere Ehegatte ihm ein Nutzungsentgelt abverlangt.[66]

Diese Umstände, d.h. ein Ehegatte lebt im Haus und trägt die (Finanzierungs-) Kosten, der
andere Ehegatte verlangt keine Nutzungsvergütung, können eine **stillschweigende Nichtabrech-
nungsvereinbarung** darstellen.[67]

Verlangt der **Miteigentümerehegatte** gem. § 745 Abs. 2 die **Neuregelung der Verwaltung und
Nutzung**, so kann im Rahmen dieses Begehrens auch die Zahlung einer **Nutzungsentschädigung**
gefordert werden. Eine nach § 745 Abs. 2 getroffene Neuregelung stellt eine **Einwendung gegen
den Ausgleichsanspruch** des die Immobilie bewohnenden Ehegatten dar, wenn dieser später eine
Beteiligung an den Kosten des Hauses beansprucht.[68] Der berechtigte Ehegatte ist nicht nur auf
eine dem Gesamtschuldnerausgleichsanspruch entgegengesetzte **Aufrechnungsforderung** zu verweisen: Der Nutzungsentschädigungsanspruch nach § 745 Abs. 2 oder auch nach § 1361b Abs. 3
Satz 2 ist vielmehr bereits bei der Frage der anderweitigen Bestimmung im Sinne der Ausgleichsre-
gel des § 426 Abs. 1 heranzuziehen, weshalb es keiner Aufrechnung bedarf. Der **Ausgleichsanspruch** ist – etwa bei Getrenntleben in der im Alleineigentum eines Ehegatten stehenden Ehewohnung, für die der Nichteigentümer die Zins- und Tilgungsleistungen erbringt – **von vornherein**

---

66 Vgl. dazu KG, FamRZ 2008, 2034, 2035.
67 BGH FamRZ 2011, 26;vgl. dazu auch Wever, a.a.O., Rn. 308.
68 OLG Bremen OLGR 2005, 315.

auf das beschränkt, was dem **Verhältnis des anteiligen Nutzungswertes der Ehewohnung** zu den in diesem Zeitraum **aufgebrachten Leistungen** entspricht.[69]

46 Steht die Immobilie im **Alleineigentum eines Ehegatten**, sind die zur Finanzierung dieses Hauses begründeten Verbindlichkeiten jedoch gemeinsame, so entspricht es regelmäßig dem Inhalt und dem Zweck des zwischen den Ehegatten bestehenden Rechtsverhältnisses, dass der **Alleineigentümer** auch **allein zur Schuldentilgung beiträgt**.[70] Das gilt auch dann, wenn die Verbindlichkeit bereits begründet wurde, als die Eheleute noch nicht verheiratet waren und auch noch keine nichteheliche Lebensgemeinschaft begründet hatten,[71] oder wenn die Einräumung des Alleineigentums für einen Ehegatten zwar an einer Zwangsversteigerung des Hauses scheitert, dieser Ehegatte aber allein im Hause verbleibt.[72]

2. Unterhalt

47 Soweit der ausgleichspflichtige Ehegatte von dem anderen **Unterhalt** erhält und die volle Gesamtschuld vor der Unterhaltsbestimmung vom Einkommen des unterhaltspflichtigen Ehegatten abgezogen worden ist, wird der unterhaltsberechtigte Ehegatte schon auf diese Weise durch die **Verminderung des zu verlangenden Unterhalts** an der Tilgung der gemeinsamen Schulden beteiligt. Damit liegt eine **andere Bestimmung** im Sinne des § 426 Abs. 1 vor, die keinen weiteren Ausgleich mehr zulässt.[73]

▶ Folgendes **Beispiel** macht die Problematik deutlich:
M erwirtschaftet ein bereinigtes Einkommen von 3.100,00 €. Er tilgt ein größeres Darlehen in Höhe von monatlich 1.000,- €, das die Eheleute während ihrer Ehe gemeinsam aufgenommen haben.
Der Unterhalt der F errechnet sich wie folgt:

Einkommen des M abzüglich der Rate für das Darlehen	2.100,00 €
Anspruch der F davon 3/7	900,00 €

Berücksichtigt man das Darlehen beim Unterhalt nicht, sondern nimmt einen »normalen« Gesamtschuldnerausgleich vor, ergibt sich im Vergleich folgendes Ergebnis:

Einkommen des M ohne Berücksichtigung der Rate für das Darlehen	3.100,00 €
Anspruch der F davon 3/7	1.329,00 €

Allerdings muss sich F bei dieser Berechnung an der Darlehenstilgung mit 500,00 € monatlich beteiligen, so dass ihr letztlich ein Betrag von 829,00 € verbleibt.

Wird der Unterhaltsantrag dagegen abgewiesen, weil der Antragsteller nicht bedürftig ist, kommt der Umstand der alleinigen Schuldentilgung nicht zum Tragen, so dass die Unterhaltsentscheidung dem Ausgleichsanspruch nach § 426 nicht entgegensteht.[74] Gleichgültig ist, welcher Art die gesamtschuldnerisch begründeten Verbindlichkeiten sind.

Ähnlich liegen die Fälle, bei denen Unterhalt ursprünglich festgesetzt wurde, dieser aber dann wegen eines Ausschlussgrundes später entfällt (z.B. Wiederheirat, § 1586 BGB). Dann ist ab diesem Zeitpunkt (also ex nunc) ein Gesamtschuldnerausgleich wieder möglich.

---

69 BGH FamRZ 1993, 676, 678; OLG Bamberg FamRZ 2001, 1074.
70 BGH FamRZ 1997, 487; OLG Koblenz MDR 2002, 1070; OLG Bamberg FamRZ 2001, 1074; OLG München FamRZ 2000, 672; OLG Köln FamRZ 1992, 318.
71 OLG München FamRZ 2001, 224.
72 OLG Koblenz MDR 2002, 1070.
73 OLG Zweibrücken FamRZ 2002, 1341 = FuR 2002, 570; OLG München FamRZ 2006, 208 (LS); OLG Köln FamRZ 1995, 1149; OLG München FamRZ 1996, 291, 292; OLG Frankfurt FamRZ 2007, 1169; OLG Bremen FamRZ 2007, 47; OLG Koblenz FamRZ 2010, 1901.
74 OLG Düsseldorf FamRZ 2009, 1834.

Aus dem bloßen Umstand, dass der alleinverdienende Ehegatte nach der Trennung die Kreditraten **48** weiter bezahlt und der andere Ehegatte **Ansprüche auf Unterhalt zunächst nicht geltend gemacht hat,** kann nicht schon auf eine konkludente anderweitige Bestimmung im Sinne des § 426 Abs. 1 geschlossen werden.[75] Zumindest rechtfertigt dieser Umstand nicht den Schluss auf ein stillschweigendes Übereinkommen dahingehend, dass es dabei auch künftig bleiben soll.[76] Letztlich ist immer maßgeblich, ob der unterhaltsberechtigte Ehegatte sich durch einen geringeren Unterhalt mittelbar am Schuldenabtrag des anderen beteiligt. Ist die Unterhaltsregelung noch nicht endgültig, besteht also noch die Möglichkeit einer Korrektur, ist eine Grundlage für eine anderweitige Regelung i.S. § 426 Abs. 1 noch nicht gegeben. Deshalb ist ein streitig geführtes Unterhaltsverfahren dann eine Grundlage einer anderweitigen Bestimmung, wenn es rechtskräftig abgeschlossen ist.[77] Einer Entscheidung über den Unterhalt durch einen Beschluss bedarf es aber nicht stets. Ausreichend ist auch eine zwischen den Beteiligten – ggf. auch stillschweigend[78] – geschlossene Vereinbarung oder auch eine Unterhaltsregelung durch einstweilige Anordnung, sofern nur verlässlich feststeht, dass der unterhaltsberechtigte Ehegatte mit Rücksicht auf die Schuldentilgung keinen oder nur einen geringeren Unterhalt geltend macht.[79]

Eine ausdrückliche schriftliche Vereinbarung dient der Klarstellung und ist für den unterhaltsberechtigen Ehegatten vorteilhaft. Der Gesamtschuldnerausgleich kann nämlich vorbehaltlich einer etwaigen Verjährung rückwirkend beantragt werden, während Unterhalt nur für Gegenwart und Zukunft gefordert werden kann (in praeteritum non vivitur).

▶ **Formulierungsvorschlag:**[80]

> In der vorliegenden Unterhaltsregelung liegt zugleich eine anderweitige Bestimmung im Sinne des § 426 BGB, die dem Ehemann als Unterhaltspflichtigem einen Innenausgleich verwehrt, jedenfalls so lange, wie die Unterhaltsregelung fortbesteht. Eine Anpassung der Unterhaltsregelung aus anderen Gründen als der Schuldentilgung, z.B. aufgrund einer Mehrung anderer Einkünfte, hindert das Fortbestehen der Unterhaltsregelung in diesem Sinne nicht.
> Sofern der Ehemann die alleinige Verzinsung und Tilgung einstellt, ist der Unterhalt unter Berücksichtigung dessen neu festzulegen.

Hat ein Kreditinstitut, dem die geschiedenen Eheleute gesamtschuldnerisch zur Rückzahlung eines Darlehens verpflichtet sind, demjenigen Ehegatten, der im Innenverhältnis allein die Tilgung übernommen hat, dafür aber von Ehegattenunterhaltsleistungen freigestellt worden ist, einen Teil der Darlehensschuld vergleichsweise erlassen, sich aber die Inanspruchnahme des anderen ausdrücklich vorbehalten, so ist es dem Ehegatten, mit dem es den Vergleich geschlossen hat, nicht zur Freistellung von Ausgleichsansprüchen des anderen verpflichtet, wenn dieser aufgrund seiner Inanspruchnahme durch das Kreditinstitut Regress nimmt.[81]

Die Einbeziehung der Gesamtschuld in die Unterhaltsberechnung führt aufgrund des Erwerbstätigenbonus von 1/7[82] bzw. 1/10[83] jedoch zu keiner hälftigen Teilung.

---

75 BGH FuR 2005, 379 = FamRZ 2005, 1236; OLG Köln FamRZ 1999, 1501, 1502.
76 BGH FuR 2005, 379 = FamRZ 2005, 1236.
77 BGH FamRZ 2008, 602.
78 OLG Bremen FamRZ 2008, 1443.
79 So auch: Klein/Roßmann, Familienvermögensrecht, Kap. 2, Rdnr. 211 ff.; Wever FamRZ 2010, 237, 241; a.A.: OLG Düsseldorf FamRZ 2009, 1834 für den Fall einer Entscheidung über den Unterhalt per einstweiliger Anordnung.
80 Nach Münch, Ehebezogene Rechtsgeschäfte, Rn. 1502.
81 OLG Bremen FamRZ 2002, 1478.
82 OLG Düsseldorf, Leitlinien zum Unterhalt 15.2.
83 SüdL 15.2.

Umstritten ist, ob der Unterhaltspflichtige bei Einbeziehung der Gesamtschuld in die Unterhaltsberechnung den Differenzbetrag (im Beispiel immerhin mtl. 71,00 €) fordern kann.

Eine Meinung[84] lehnt dies ab. Die Einbeziehung der Gesamtschuld in die Unterhaltsberechnung beinhalte eine anderweitige Bestimmung i.S.d. § 426 Abs. 1 Satz 1 BGB, die eine spätere Korrektur verbiete. Der spätere ergänzende Gesamtschuldnerausgleich dürfe die Unterhaltsberechnung nicht unterlaufen. Der Unterhaltspflichtige habe auch kein Wahlrecht, eine Unterhaltsberechnung ohne Vorabzug der Gesamtschuld und danach hälftige Beteiligung des Unterhaltsberechtigten zu verlangen.

Die Rechtsprechung hat sich zu dem Problem bislang nicht geäußert, stellt aber – mathematisch korrekt – fest, dass der Ansatz der Gesamtschuld in der Unterhaltsberechnung eine dem hälftigen Schuldenabtrag nahezu entsprechenden Reduzierung des Unterhalts zur Folge habe, d.h. das ein hälftiger Schuldenabtrag auf diesem Wege gerade nicht erreicht wird.[85]

Der Gesamtschuldnerausgleich ist im Hinblick auf den Differenzbetrag durchzuführen. Der Unterhaltsverpflichtete muss die Verfälschung bedingt durch den Erwerbstätigenbonus nicht hinnehmen. Dies würde ihm ein Opfer abverlangen, das nicht zu rechtfertigen ist. Letztlich ist das Unterhaltsverfahren nicht ggü. dem Gesamtschuldnerausgleich vorrangig. Es ist daher auch möglich, dass der Unterhaltspflichtige den Ansatz der Gesamtschuld in der Unterhaltsberechnung ablehnt, um einen isolierten vollständigen Gesamtschuldnerausgleich zu beantragen.

49 Wird die allein getragene Gesamtschuld hingegen nur bei der Bemessung des **Kindesunterhalts** berücksichtigt, so ist darin keine anderweitige, Ansprüche nach § 426 ausschließende Bestimmung zu sehen.[86] Denn auf die Bemessung des Kindesunterhalts wirkt sich der Abzug der Gesamtschuld zumeist nur in geringem Umfang oder überhaupt nicht aus.[87] Überdies würde sodann nicht der Ehegatte, sondern das Kind indirekt am Schuldendienst beteiligt. Anders ist es unter Umständen beim Volljährigenunterhalt; in diesem Fall sind beide Ehegatten barunterhaltspflichtig (§ 1606 Abs. 3 Satz 1 BGB). Die Folge ist, dass der Abzug der Gesamtschuld bei einem Ehegatten die Haftungsquote des anderen Ehegatten erhöht und so eine Beteiligung des anderen Ehegatten an der Regulierung der Schuld auslöst.[88]

3. Zugewinnausgleich

50 Weder die Existenz noch die Berechtigung zur isolierten Geltendmachung des Gesamtschuldnerausgleichsanspruchs werden durch die Regeln über den **Zugewinnausgleich** verdrängt.[89] Beide Ausgleichsformen bestehen vielmehr nebeneinander;[90] es gibt keinen Vorrang des Güterrechts. Zweck der Regeln über den Zugewinnausgleich ist die Beteiligung des einen Ehegatten am Mehrertrag des anderen, weshalb das Güterrecht nur für diesen Bereich Ausschließlichkeit für sich in Anspruch nimmt.[91] Dagegen wird mit dem Recht des Zugewinnausgleichs nicht ein Ausgleich der in der Ehe entstandenen Schulden erstrebt. Jeder Ehegatte kann deshalb die auf ihn entfallende Haftungsquote von seinem Endvermögen abziehen,[92] denn **Ausgleichsansprüche** nach § 426 gehören zu den gegenseitigen Ansprüchen.

---

84 So OLG Koblenz, FamRZ 2010, 1901; Wever, FamRZ 2011, 417.
85 BGH NJW 2008, 849.
86 OLG Celle FamRZ 2001, 1071; LG Oldenburg FamRZ 2003, 1191; a.A.: OLG Köln FamRZ 1999, 1501.
87 Wever Rn. 333.
88 Vgl. dazu Meyer FamRZ 2011, 1703.
89 St. Rspr., vgl. BGH FuR 2011, 106 = FamRZ 2011, 25, 26; BGH NJW-RR 2010, 1514.
90 BGH FamRZ 2006, 1178, 1179; OLG Düsseldorf FamRz 2009, 1834.
91 Gernhuber JZ 1996, 696, 697; Gerhards FamRZ 2001, 661, 663.
92 BGH FamRZ 1983, 795; 1989, 835.

Ist die gemeinsame Verbindlichkeit zum Stichtag (Zustellung des Scheidungsantrags als Stichtag für die Berechnung des Endvermögens, vgl. § 1384 BGB) noch nicht erfüllt, ist die Schuld im Endvermögen als Passivposten in voller Höhe anzusetzen. Dies ist bedingt dadurch, dass nach § 421 BGB der Gläubiger gegen jeden Ehegatten in voller Höhe der Forderung vorgehen kann (sog. Paschastellung). Der korrespondierende Ausgleichsanspruch gegen den anderen Ehegatten ist sodann – die Durchsetzbarkeit vorausgesetzt – aber wieder als Aktivposten gegenzurechnen.

Wirtschaftliche Folge dieser Vorgehensweise ist regelmäßig, dass gemeinsame Verbindlichkeiten mit gesamtschuldnerischer Haftung der Ehegatten in ihrem Endvermögen jeweils mit der Quote stehen, die auch dem Innenverhältnis entspricht.[93]

▶ **Beispiel:**

M hat zum Stichtag ein Geldvermögen i.H.v. 50.000,00 € erwirtschaftet, die F ein solches von 80.000,00 €. Anfangsvermögen war bei den Eheleuten nicht vorhanden. Am Stichtag ist noch ein gemeinsamer Konsumkredit i.H.v. 20.000,00 € offen, für welchen die Ehegatten im Innenverhältnis hälftig haften.
Der Zugewinnausgleich berechnet sich wie folgt:

Endvermögen M:	
Geldvermögen	50.000,00 €
Konsumkredit	- 20.000,00 €
Ausgleichsanspruch gegen F	10.000,00 €
Insgesamt:	40.000,00 €
Endvermögen F:	
Geldvermögen	80.000,00 €
Konsumkredit	- 20.000,00 €
Ausgleichsanspruch gegen M	10.000,00 €
Insgesamt:	70.000,00 €
Differenz:	30.000,00 €
Zugewinnausgleichsanspruch des M 1/2 von 30.000,00 €	15.000,00 €

Hat ein Ehegatte die Verbindlichkeiten aus einer gesamtschuldnerischen Haftung im Rahmen der 51 Berechnung seines Endvermögens in voller Höhe zu seinen Passiva gerechnet und damit den Zugewinnausgleichsanspruch des anderen gekürzt, so stellt diese (einverständliche Vorgehensweise) eine **stillschweigend getroffene Abrede** dar, die Schulden im Innenverhältnis allein zu tragen.[94] Etwas anderes gilt nur dann, wenn sich die **fehlende Aktivierung** des Ausgleichsanspruchs nicht auf das **Ergebnis der Zugewinnausgleichsberechnung ausgewirkt** hat.[95] Macht der Ehegatte, der die gemeinsamen Verbindlichkeiten bislang allein bedient hat, seinen Anspruch nach § 426 im Rahmen des Zugewinnausgleichs nicht geltend und **verhindert damit dessen güterrechtliche Berücksichtigung**, so kann es ihm wegen widersprüchlichen Verhaltens gem. § 242 verwehrt sein, den Anspruch später geltend zu machen.[96] Eine Abrede, die Schulden im Innenverhältnis allein tragen zu wollen, liegt nicht vor, wenn die noch offene Gesamtschuld im Endvermögen eines Ehegatten nur zur Hälfte als Passivposten eingestellt worden ist, in dem des anderen dagegen keine Berücksichtigung gefunden hat.[97] Ist eine Forderung, die den Zugewinnausgleich zu berücksichtigen geeignet gewesen wäre, im bereits durchgeführten Zugewinnausgleichsverfahren unberücksichtigt geblieben, kann sie anschließend nur dann isoliert geltend gemacht werden, wenn

---

93 BGH FamRZ 2011, 26
94 OLG Karlsruhe FamRZ 1991, 1195; OLG Bamberg FamRZ 1994, 958; OLG Köln FamRZ 2011, 221 (LS); Wever Rn. 363.
95 OLG Hamm NJW-RR 1997, 262.
96 Hansen-Tilker FamRZ 1997, 1188, 1193.
97 BGH FamRZ 2008, 602, 603.

nicht festgestellt werden kann, dass die damit verbundene Verfälschung des Zugewinnausgleichs eine unzulässige Rechtsausübung im Sinne widersprüchlichen Verhaltens (§ 242) darstellt.[98]

Vorzugswürdig wäre es freilich, eine derartige Berechnung des Zugewinnausgleichs als »anderweitige Regelung« nach § 426 Abs. 1 Satz 1 BGB zu verstehen. Die Abwicklung des Zugewinnausgleichs hat bereits die Teilung der gemeinsamen Verbindlichkeit bewirkt und verdrängt dadurch den Gesamtschuldnerausgleich.

4. Haushaltsgegenstände und PKW

52 Diente die Schuldenaufnahme der **Finanzierung von Haushaltsgegenständen**, so ist in der Regel eine jeweils **hälftige Beteiligung** der Eheleute an den noch offenen Verbindlichkeiten angemessen.[99] Eine dem früheren § 10 HausratsVO entsprechende gesonderte Regelung der Haftung für mit dem Hausrat zusammenhängenden Schulden gibt es nicht mehr.

53 Ein gesamtschuldnerisches Darlehen, das der **Finanzierung eines PKW-Kaufs** diente, hat im Innenverhältnis derjenige Ehegatte allein zu bedienen, der den Wagen nach der Trennung allein nutzte.[100]

5. Mietwohnung

54 Haften Ehegatten aufgrund gesamtschuldnerisch eingegangener Verpflichtungen gemeinsam hinsichtlich der Erfüllung von Mietzinszahlungen der von ihnen bewohnten Wohnung, sind sie nach der Regel des § 426 Abs. 1 Satz 1 BGB im Innenverhältnis grds. zu gleichen Teilen verpflichtet.

Während einer intakten Ehe ist aufgrund einer Überlagerung durch die ehelichen Verhältnisse ein Gesamtschuldnerausgleich ausgeschlossen (s.o.).

Mit dem Scheitern der Ehe lebt die Grundregel des § 426 Abs. 1 Satz 1 BGB allerdings wieder auf, da eine Überlagerung unter Berücksichtigung der ehelichen Verhältnisse dann nicht mehr in Betracht kommt. Dafür bedarf es weder irgendeines Handelns des die gesamtschuldnerischen Verbindlichkeiten tragenden Ehegatten noch einer ausdrücklichen Erklärung desselben, vielmehr tritt diese Folge regelmäßig automatisch ein.[101]

Der in der Wohnung verbleibende Ehegatte wird trotz des Auszugs des anderen Ehegatten häufig die Beteiligung an der Miete fordern (hälftige Kostenbeteiligung im Innenverhältnis). Letztlich sind zwei Fälle zu unterscheiden, nämlich die gewählte und die aufgedrängte Wohnsituation.

a) Gewählte Wohnsituation

55 Der hälftige Gesamtschuldnerausgleich ist nach Trennung und Scheitern der Ehe die »Regel«. Etwas anderes gilt aber dann, wenn unter Berücksichtigung der Umstände des Falls bzw. der Erklärung der Parteien von einer »anderweitigen Bestimmung« i.S.d. § 426 Abs. 1 Satz 1 BGB auszugehen ist.

Ein Ehegatte, der nach Trennung und Auszug des anderen Ehegatten aus der gemeinsam angemieteten Wohnung die Wohnung alleine weiter bewohnt, hat keinen gesamtschuldnerischen Ausgleichsanspruch hinsichtlich der Mietzinsraten nach der Trennung. Dies folgt aus dem Umstand, dass es sich um eine Dauerschuldverbindlichkeit handelt, die – anders als bspw. gemeinschaftliche Darlehensverbindlichkeiten – an fortlaufend gezogenen Nutzungen anknüpft. Die nach Trennung

---

98 BGH FamRZ 2009, 193, 195.
99 OLG Koblenz NWR-RR 1999, 1093.
100 KG FamRZ 1999, 1502.
101 Vgl. auch OLG Brandenburg, FamRZ 2003, 378.

mit der künftigen Nutzung der Wohnung dann entstehenden Kosten sind im Innenverhältnis der Parteien demjenigen zuzurechnen, der die Nutzungen tatsächlich zieht.

Der verbleibende Ehegatte hat die Möglichkeit, sich eine andere Wohnung zu nehmen; wenn er dennoch in der ehemaligen Wohnung wohnen bleibt, muss er auch die Miete allein tragen.

So liegt es insb., wenn nach der Trennung die Wohnung vom verbleibenden Ehegatten allein genutzt wird, und er mittlerweile auch seine neue Lebensgefährtin/seinen neuen Lebensgefährten in die Wohnung aufgenommen hat.[102]

Kündigen die Eheleute die gemeinsame Wohnung nach Auszug eines Ehegatten, sind bis zum Ende der Kündigungsfrist die Kosten grds. hälftig zu teilen. Mitunter wird auch darauf abgestellt, welche Miete der verbleibende Ehegatte aufgrund seiner Nutzung erspart und eine entsprechende Aufteilung vorgeschlagen.[103]

b) Aufgedrängte Wohnsituation

Etwas anderes kann dann gelten, wenn sich die Alleinnutzung aus Sicht des verbleibenden Ehegatten als eine Art aufgedrängte Bereicherung darstellt.   56

Dabei ist zu beachten, dass eine solche aufgedrängte Bereicherung sich als eine Ausnahme zu dem vorangestellten allgemeinen Grundsatz der alleinigen Kostentragungspflicht des verbleibenden (nutzenden) Ehegatten darstellt. Insoweit trägt der allein nutzende Ehegatte für das tatbestandliche Vorliegen einer aufgedrängten Bereicherung die vollständige Darlegungs- und Beweislast. Erforderlich ist ein mit nachvollziehbarem Tatsachenstoff unterlegtes Vorbringen dergestalt, dass die Wohnung für den verbleibenden Ehegatten allein zu groß bzw. zu teuer war und er deshalb kein Interesse am Behalt der Wohnung hat.

Eine hälftige Kostenbeteiligung des ausgezogenen Ehegatten aufgrund anderweitiger Bestimmung i.S.d. § 426 Abs. 1 Satz 1 BGB rechtfertigt sich mitunter auch daraus, dass dem verbleibenden Ehegatten im Grundsatz eine Überlegungsfrist zum Fortführen der Wohnung zuzubilligen war.

Zieht ein Ehegatte ohne Einverständnis des anderen aus der gemeinsamen Wohnung aus, so ist dem verbleibenden Ehegatten eine Überlegungsfrist dahin gehend einzuräumen, ob er die Wohnung behalten will. Sinn und Zweck dieser Überlegungsfrist, die in zeitlicher Hinsicht auf bis zu 3 Monate nach dem Auszug zu erstrecken ist, ist es, dem verbleibenden Ehegatten ausreichend Zeit zu belassen, in Ruhe über seine weitere Vorgehensweise zu entscheiden.[104] Das OLG Düsseldorf[105] bemisst in Einzelfällen (lange Nutzungsdauer mit starker Bindung an die Wohnung und das Umfeld) die Überlegungsfrist sogar mit 6 Monaten.

Gibt der zunächst verbleibende Ehegatte innerhalb der Überlegungsfrist die Wohnung auf, ist der ausgezogene Ehegatte gem. § 426 Abs. 1 Satz 1 BGB hälftig zum Ausgleich der Mietkosten – auch hinsichtlich der in der Übergangszeit angefallenen Mietkosten – verpflichtet.[106]

Entscheidet er sich dagegen für den Verbleib, ist auf die vorangestellten allgemeinen Grundsätze hinsichtlich der alleinigen Nutzung mit der daraus folgenden alleinigen Tragung der Kosten des Mietverhältnisses anzuknüpfen. Eine Kostenerstattung entfällt nach den dargestellten Grundsätzen dann insgesamt, d.h. auch für die Zeit der zu gewährenden Übergangsfrist.

---

102 OLG Brandenburg, FamRZ 2007, 1172, 1173.
103 Wever, a.a.O. Rn. 326.
104 OLG Brandenburg, FamRZ 2008, 156; OLG München, FamRZ 1996, 291 (2,5 Monate).
105 OLG Düsseldorf FamRZ 2011, 375.
106 OLG Dresden, FamRZ 2003, 158.

Teilweise wird vertreten, dass zumindest für die Zeit bis zum Ablauf der Kündigungsfrist der Mietwohnung eine Ausgleichspflicht gem. § 426 Abs. 1 Satz 1 BGB auch dann besteht, wenn der verbleibende Ehegatte nach deren Ablauf die Wohnung weiterhin nutzt.[107]

Diese Meinung ist abzulehnen. Maßgeblich ist die erwähnte Überlegungsfrist. Wird danach die Wohnung gekündigt und aufgegeben, so ist die Miete hälftig zu teilen, auch wenn nur ein Ehegatte die Wohnung nutzte. Hält der verbleibende Ehegatte hingegen an der Wohnung fest, zahlt er die Miete für die Zeit ab Trennung allein.

57 Leben die Eheleute **in der gemeinsamen Wohnung getrennt voneinander**, ist die gesamtschuldnerisch geschuldete Miete im Innenverhältnis entsprechend den beiderseitigen Anteilen an der Mietwohnung aufzuteilen.[108]

6. Steuerschulden

58 Eheleute haften, wenn sie **zusammen veranlagt** werden, für **Steuerschulden** gem. § 44 Abs. 1 AO **gesamtschuldnerisch**. Im Innenverhältnis gilt auch hier der **Grundsatz der Halbteilung** jedoch nur solange, wie nichts anderes bestimmt ist. Die Bestimmung muss keine ausdrückliche sein, sondern kann auch aus der Natur der Sache folgen, mithin aus der besonderen Gestaltung des tatsächlichen Geschehens.[109] Dabei folgt die **Notwendigkeit einer Verteilung abweichend vom Halbteilungsgrundsatz** schon daraus, dass die Ehegatten sowohl im Güterstand der Gütertrennung als auch im gesetzlichen Güterstand der Zugewinngemeinschaft (§ 1363 Abs. 2 Satz 1) hinsichtlich ihres Vermögens und ihrer Schulden selbständig sind. Aus diesem Grund hat jeder Ehegatte für die auf sein Einkommen entfallenden Steuern grundsätzlich selbst aufzukommen.[110] Begleicht also ein Ehegatte die Steuerschuld des anderen, so hat er gegen diesen einen Anspruch auf Ersatz seiner Aufwendungen. Werden beide Ehegatten zusammen veranlagt, so ist die Steuerschuld unter Zugrundelegung der beiderseitigen Einkünfte zu verteilen.[111]

59 Wie der Ausgleich nach § 426 intern zu erfolgen hat, war lange streitig. Einerseits wurde so verfahren, dass die Steuerschulden im **Verhältnis der beiderseitigen Einkünfte** aufgeteilt wurden.[112] Als weitere Möglichkeit wurde eine Aufteilung im **Verhältnis der beiderseitig tatsächlich geleisteten Steuerbeträge** vorgenommen.[113] Beide Methoden stellen jedoch nur einen ungenauen Maßstab dar und berücksichtigen weder die Steuerprogression noch die auf Seiten jedes Ehegatten vorhandenen spezifischen Besteuerungsmerkmale in ausreichender Weise.

60 Der BGH hat sich mit seiner **Entscheidung vom 31.05.2006**[114] der bis dahin schon sowohl in der Literatur[115] als auch Rechtsprechung[116] vertretenen Auffassung angeschlossen, nach der die Aufteilung einer nach der Trennung fällig gewordenen Steuerschuld unter entsprechender Heranziehung des § 270 AO auf der Grundlage einer **fiktiven getrennten Veranlagung** der Ehegatten zu erfolgen hat. Denn nur auf diese Weise lässt sich die von jedem Ehegatten zu tragende Steuerschuld korrekt ermitteln, zumal im Rahmen der sich daraus ergebenden Prüfungsmöglichkeiten auch eine Berücksichtigung von Verlustabzügen möglich ist.

107 So LG Mönchengladbach, WuM 2003, 204; LG Hannover, FamRZ 2002, 29, 30.
108 A.A.: LG Gießen FamRZ 2000, 1152.
109 BGH FamRZ 1983, 795; FamRZ 2002, 739.
110 BGH FamRZ 2002, 739, 740.
111 BGH FamRZ 2002, 739; FamRZ 1990, 375.
112 BGH FamRZ 1979, 115, 117; LG Hannover FamRZ 2002, 29.
113 OLG Hamm FamRZ 2001, 98; OLG Düsseldorf FamRZ 1993, 70.
114 BGH FuR 2006, 358 = FamRZ 2006, 1178 mit Anm. Wever.
115 Haußleiter/Schulz Kap. 6 Rn. 288; Staudinger/Noack [1999], § 426 Rn. 209; Genthe FuR 1999, 153, 156; Dostmann FamRZ 1991, 750.
116 OLG Düsseldorf FamRZ 2001, 96; OLG Hamm FamRZ 1998, 1166; OLG Köln NJW-RR 1998, 3785; OLG Karlsruhe FamRZ 1991, 834.

Nach dieser sind fiktiv die für die beiderseitigen Einkünfte auf der Basis der nach Steuerklasse IV 61
anfallenden Steuerlasten zu ermitteln. Im **Verhältnis dieser fiktiven Steuerschulden** ist dann die
nach gemeinsamer Veranlagung angefallene Steuerschuld aufzuteilen. Sind allerdings die Eheleute
über Jahre so verfahren, dass die von beiden geschuldeten Einkommensteuern **stets allein von
demselben Ehegatten bezahlt** wurden, so ist auf den beiderseitigen Willen zu schließen, von
einem internen Ausgleich abzusehen.[117] Das gilt auch dann, wenn ein Ehegatte während bestehender ehelicher Lebensgemeinschaft **auf Grund ständiger Übung** auch die auf den anderen entfallende **Einkommensteuer–Vorauszahlung** entrichtet hat.[118] Auf diese Weise soll vermieden werden,
dass in Fällen, in denen die Ehegatten gemeinsam gewirtschaftet und die mit der Zusammenveranlagung nach den Steuerklassen III/V verbundenen Vorteile gemeinsam genutzt haben, bei
einem späteren Steuerausgleich auf der Basis getrennter Veranlagung eine nur einen Ehegatten
benachteiligende nachträgliche Korrektur der Nettoeinkünfte vorgenommen wird.

Danach ist also wie folgt vorzugehen: 62

1. Für die interne Aufteilung der Steuerschuld ist vorab das sich aus dem Steuerbescheid ergebende **Bruttoeinkommen** des Ehemannes und der Ehefrau festzustellen.
2. Die die **Steuerschuld mindernden Positionen** wie Abschreibungen pp. sind demjenigen Ehegatten zuzuordnen, in dessen Person sie eingetreten sind. Lässt sich eine bestimmte Position
   nicht eindeutig zuordnen, ist sie hälftig aufzuteilen.
3. Das so für jeden Ehegatten ermittelte steuerpflichtige Bruttoeinkommen wird nach dem sich
   aus der **Grundtabelle** ergebenden Steuersatz besteuert.
4. Danach werden die auf jeden Ehegatten nach der Grundtabelle entfallenden **Steueranteile** ins
   Verhältnis zueinander gesetzt und der prozentuale Anteil für jeden Ehegatten ermittelt.
5. Die Lohn- und Einkommensteuer aus der aufzuteilenden Steuerschuld, die für beide Ehegatten einbehalten wurde, ist gegenüber zu stellen.
6. Von der aus dem Steuerbescheid ersichtlichen festgesetzten Gesamtsteuer ist für jeden Ehegatten der **prozentuale Anteil** zu ermitteln, der dem Verhältnis der nach der Grundtabelle ermittelten Steuerlast beider Ehegatten entspricht.
7. Dieser Anteil ist von der bei jedem Ehegatten einbehaltenen Lohn- und Einkommensteuer
   abzuziehen. Die **Differenz** entspricht dem auf jeden Ehegatten entfallenden Anteil an der Steuerschuld.

Im Falle der **Alleinverdienerehe** führt diese Berechnung dazu, dass nur ein Ehegatte positive Ein- 63
künfte hat und deshalb auch allein für die Steuerschuld aufzukommen hat. Auch eine fiktive
Veranlagung des nicht verdienenden Ehegatten würde nicht dazu führen, dass er mit einer Einkommensteuer belastet würde. Andererseits hat derjenige, der Einkünfte nur unterhalb des einkommensteuerlichen Grundbetrages hat und auch keine Steuern abgeführt hat, auch keinen
Anteil an einer Steuererstattung zu beanspruchen.[119]

Auch diese Berechnung enthält jedoch **Schwachstellen**, indem die **Wahl verschiedener Steuerklas-** 64
sen durch die Ehegatten hier unberücksichtigt bleibt, weil die auf die Ehegatten entfallenden
Anteile an der Steuerschuld nach der Grundtabelle errechnet werden. Individuelle Vorteile aus der
Wahl einer Steuerklasse werden deshalb nicht berücksichtigt. Derjenige Ehegatte, der für sich die
Steuerklasse III gewählt hat, hat also schon deshalb einen höheren Anteil an der Steuerschuld zu
tragen als der andere, der nach Steuerklasse V veranlagt worden ist. Haben die Ehegatten im Veranlagungszeitraum aber noch gemeinsam gewirtschaftet, haben sie die mit der Wahl der Steuerklasse verbundenen Vorteile auch gemeinsam genutzt, weshalb es unbillig wäre, dem Ehegatten

---

117 BGH FuR 2006, 358 = FamRZ 2006, 1178, 1179; FuR 2002, 498; BGH FamRZ 1984, 29, 30; BFH
     FamRZ 2003, 757.
118 BGH FamRZ 2002, 729 = FuR 2002, 263.
119 LG Göttingen NJW-RR 2009, 73.

die mit der Wahl der Steuerklasse III verbundenen Vorteile noch einmal zu nehmen. Dasselbe gilt, wenn der Ehegatte für den Veranlagungszeitraum Ehegattenunterhalt bezahlt hat.[120]

65 Angesichts dessen erscheint es im Einzelfall angemessen, die Steuernachforderung auch im **Verhältnis der gezahlten Steuern** zu verteilen.[121] Danach wäre zu ermitteln, welcher Ehegatte wie viel Steuern gezahlt hat. Diese Zahlungen würden zur Grundlage der Ermittlung des jeweiligen Anteils an der Nachforderung. Diese Berechnung hätte überdies den Vorteil, dass sie wesentlich einfacher zu handhaben ist.

66 Während des Bestehens der ehelichen Lebensgemeinschaft kommt auch insoweit ein Ausgleichsanspruch nicht in Betracht. Dieser entsteht vielmehr erst **mit dem Scheitern der Ehe**.[122]

67 Sind zwei **selbständig tätige Ehegatten** gesamtschuldnerisch zur Leistung von **Steuervorauszahlungen** verpflichtet und übernimmt während der **Dauer der gemeinsamen Lebensführung** ein Ehegatte allein die Leistung der festgesetzten Steuervorauszahlungen, so steht ihm hierfür nicht ohne weiteres auch ein **Ausgleichsanspruch** gegen den anderen Ehegatten zu. Zwar muss jeder Ehegatte für seine Steuerschulden allein aufkommen; übernimmt im Rahmen der ehelichen Lebensgemeinschaft aber ein Ehegatte allein die Steuervorauszahlungen, so steht diese Zahlung in unmittelbarem Zusammenhang mit der vorhandenen Lebensgemeinschaft, so dass es einer besonderen Vereinbarung bedarf, wenn er sich insoweit die Rückforderung vorbehalten will.[123]

7. Gewerbebetrieb

68 Ist ein Darlehen für den **Gewerbebetrieb eines Ehegatten** aufgenommen worden, so kann dieser im Innenverhältnis **keine Beteiligung** des anderen an den Verbindlichkeiten beanspruchen.[124] Hat der Ehegatte während intakter Ehe das für das **Unternehmen des anderen** aufgenommene Darlehen aus eigenen Mitteln bedient, so ändert sich die darin zu sehende Bestimmung nach der Trennung der Parteien, sofern sich nicht z.B. aus gesellschaftsrechtlichen Vereinbarungen etwas anderes ergibt.[125] Wurden mit den Mitteln aus einem gemeinsam aufgenommenen Kredit **betriebliche Schulden eines Ehegatten** getilgt, so hat dieser die Schuld intern allein zu tragen.[126]

IV. Verfahren

69 Der Anspruch auf Gesamtschuldnerausgleich unter Ehegatten gehört regelmäßig zu den **sonstigen Familiensachen** i.S. § 266 FamFG, weshalb für das Verfahren jetzt auch die Zuständigkeit des Familiengerichts gegeben ist (§ 111 Nr. 10 FamFG). Es handelt sich um **Familienstreitsachen** i.S. § 112 FamFG, auf die nach § 113 FamFG im Wesentlichen die Vorschriften der ZPO Anwendung finden. Die örtliche Zuständigkeit regelt sich nach §§ 267, 268 FamFG.

70 Die **Darlegungs- und Beweislast** für solche Tatsachen, die das Abweichen von der Grundregel des § 426 Abs. 1, also dem Grundsatz der Halbteilung, rechtfertigen sollen, trägt derjenige, der diese Abweichung für sich beansprucht. Wer weniger als die Hälfte einer gesamtschuldnerisch begründeten Verbindlichkeit tragen will, muss daher darlegen und beweisen, weshalb das so sein soll.[127]

---

120 Vgl. dazu auch Wever Rn. 772 ff.
121 So: OLG Düsseldorf FamRZ 1993, 70; OLG Hamm FamRZ 2001, 98.
122 AG Dillingen FamRZ 2001, 99.
123 OLG Thüringen OLGR Jena 2000, 447.
124 OLG Hamm FamRZ 1994, 960.
125 OLG Naumburg FamRZ 2005, 906.
126 OLG Düsseldorf NJW-RR 1999, 444; OLG Bremen FamRZ 1999, 1503.
127 BGH FamRZ 1987, 1239, 1241; OLG Schleswig FamRZ 1990, 165.

C. Der Gesamtgläubigerausgleich der Ehegatten

§ 430 BGB

Die Gesamtgläubiger sind im Verhältnis zueinander zu gleichen Anteilen berechtigt, soweit nicht ein anderes bestimmt ist.

I. Allgemeines

Während § 426 das **Innenverhältnis** der **Gesamtschuldner** zueinander regelt, betrifft § 430 dasjenige der **Gesamtgläubiger** zueinander. Eine **Gesamtgläubigerschaft** liegt nach § 428 dann vor, wenn mehrere Personen eine Leistung in vollem Umfang zu fordern berechtigt sind, der Schuldner jedoch nur einmal zu leisten verpflichtet ist. In diesem Fall kann der Schuldner nach seinem Belieben mit befreiender Wirkung an jeden der Gläubiger leisten. Das gilt nach § 428 Satz 2 sogar dann, wenn einer der Gläubiger bereits Leistungsklage gegen den Schuldner erhoben hat.   71

§ 430 regelt die **Berechtigung der Gesamtgläubiger** an der Leistung im **Innenverhältnis** und bestimmt insoweit, dass die Gesamtgläubiger **im Zweifel zu gleichen Anteilen** berechtigt sind, sofern nicht etwas anderes bestimmt ist.   72

§ 430 ist darüber hinaus eine **eigenständige Anspruchsgrundlage** der Gesamtgläubiger gegeneinander.[128] Leistet der Schuldner in vollem Umfang an einen von zwei Gesamtgläubigern, so hat der andere gegen den Gesamtgläubiger, der die Leistung empfangen hat, gemäß § 430 einen eigenständigen Anspruch auf Ausgleich in Höhe des auf ihn im Innenverhältnis entfallenden Anteils.   73

Wie bei § 426 gelten die Gesamtgläubiger **zu jeweils gleichen Teilen** als berechtigt, sofern nicht ein anderes bestimmt ist. Die **andere Bestimmung** kann sich wie im Rahmen der Gesamtschuldnerschaft aus dem **Gesetz**, aus einem zwischen den Gesamtgläubigern bestehenden **Rechtsverhältnis** oder aus der **Natur der Sache**, also der besonderen Gestaltung des tatsächlichen Geschehens ergeben, wobei es der Partei, die sich auf eine Abweichung von der Regel des § 430 beruft, obliegt, die diese Abweichung rechtfertigenden Umstände darzulegen und zu beweisen.[129]   74

Gesamtgläubigerschaft und **Zugewinnausgleich** schließen sich ebenso wenig gegenseitig aus wie Gesamtschuldnerschaft und Zugewinnausgleich.[130]   75

Haben die Eheleute **vor dem Stichtag** (Zustellung des Scheidungsantrags als Stichtag für die Berechnung des Endvermögens (§ 1384 BGB)) jeweils hälftig bzw. entsprechend ihrer Quoten im Innenverhältnis eine gemeinsame Forderung eingezogen, so ist der Vorgang korrekt abgeschlossen. Die Vermögensbilanz enthält zu einer solchen Abwicklung keine Angaben. Hat jedoch ein Ehegatte die Forderung allein geltend gemacht, ist die Ausgleichsforderung bei ihm als Passivposten aufzunehmen, beim anderen Ehegatten als Aktivposten.

▶ **Beispiel:**

Die Ehefrau hat nach Trennung eine gemeinsame Forderung der Eheleute allein eingezogen. Der Ehemann macht nunmehr einen unstreitigen Ausgleichsanspruch nach § 430 BGB i.H.v. 10.000,00 € geltend. M hat i.Ü. zum Stichtag ein Geldvermögen i.H.v. 50.000,00 € erwirtschaftet, die F ein solches von 80.000,00 €. Anfangsvermögen war bei den Eheleuten nicht vorhanden.

---

128 BGH FamRZ 1990, 370; OLG Düsseldorf WM 1988, 98.
129 OLG Düsseldorf WM 1988, 98; BB 1987, 2329.
130 BGH FuR 2000, 488 = FamRZ 2000, 948.

Der Zugewinnausgleich berechnet sich wie folgt:

Endvermögen M:
Geldvermögen	*50.000,00 €*
Ausgleichsanspruch gegen F	*10.000,00 €*
Insgesamt:	*60.000,00 €*
Endvermögen F:	
Geldvermögen	*80.000,00 €*
Ausgleichsforderung des M	*- 10.000,00 €*
Insgesamt:	*70.000,00 €*
Differenz:	*10.000,00 €*
Zugewinnausgleichsanspruch des M 1/2 von 10.000,00 €	*5.000,00 €*

Ist die gemeinsame Forderung zum Stichtag noch nicht erfüllt, ist die Forderung im Endvermögen als Aktivposten in voller Höhe anzusetzen. Dies ist bedingt dadurch, dass nach § 428 BGB jeder Ehegatten gegen den Schuldner in voller Höhe der Forderung vorgehen kann. Der korrespondierende Ausgleichsanspruch des anderen Ehegatten ist sodann aber wieder als Passivposten gegenzurechnen. Wirtschaftliche Folge dieser Vorgehensweise ist regelmäßig, dass gemeinsame Forderungen der Ehegatten in ihrem Endvermögen jeweils mit der Quote stehen, die auch dem Innenverhältnis entspricht. Stellt ein Ehegatte von vornherein lediglich die Hälfte der noch offenen gemeinsamen Forderung als Aktivposten in sein Endvermögen ein, dann ist dies dahin gehend zu verstehen, dass er den intern dem anderen Ehegatten zustehenden Ausgleichsanspruch aus § 430 BGB bereits berücksichtigt hat.

Bestehen Zugewinnausgleichsansprüche eines Ehegatten gegen den anderen, so erlauben diese weder die **Zurückbehaltung** des nach § 430 geschuldeten Ausgleichsbetrages noch die **Aufrechnung** gegenüber der Erstattungsforderung.[131] Denn die Natur der zwischen den Eheleuten bestehenden Rechtsbeziehung und der Zweck der geschuldeten Leistung lassen eine Erfüllung im Weg der Aufrechnung mit Treu und Glauben unvereinbar erscheinen, weil andernfalls die Möglichkeit bestünde, sich den Zugewinnausgleichsanspruch durch rechtswidrige Verfügungen über das gemeinsame Konto auf andere als im Gesetz vorgesehene Weisen zu sichern.[132]

II. Begründung der Gesamtgläubigerschaft

76 Die Gesamtgläubigerschaft kann sowohl **kraft Gesetzes** als auch durch ein **Rechtsgeschäft** begründet werden. Als Beispiele für die **vertragliche Begründung** einer Gesamtgläubigerschaft sind in erster Linie die Fälle der Eröffnung eines **Gemeinschaftskontos** (»Oder – Kontos«) oder eines **Gemeinschaftsdepots** zu nennen. Im Übrigen besteht bei Ansprüchen aus vertraglichen Absprachen grundsätzlich **keine Vermutung für eine Gesamtgläubigerschaft**.[133]

III. Gesamtgläubigerschaft in der Ehe

77 Auch in der Ehe gilt im Fall des Bestehens der Gesamtgläubigerschaft der Grundsatz der jeweils hälftigen Beteiligung nach § 430. Diese Vermutung wird auch nicht dadurch entkräftet, dass nur ein Ehegatte über Einkommen verfügt.[134]

78 Während des Bestehens der ehelichen Lebensgemeinschaft, während **intakter Ehe**, scheidet eine **Ausgleichspflicht** regelmäßig aus, z.B. wenn ein Ehegatte mehr als die Hälfte des gemeinsamen

---

131 OLG Düsseldorf FuR 1999, 500 = FamRZ 1999, 1504.
132 OLG Düsseldorf FuR 1999, 500 = FamRZ 1999, 1504.
133 Staudinger/Kaduk § 428 Rn. 14.
134 OLG Köln FamRZ 1987, 1139.

Kontoguthabens für sich verwendet hat.[135] Dies wird mit entsprechenden **ausdrücklichen oder stillschweigenden Vereinbarungen**, mit dem **Zweck und der Handhabung des Kontos** in der Vergangenheit oder den **Vorschriften über die eheliche Lebensgemeinschaft** (§ 1357) begründet, aus denen gefolgert wird, dass »ein anderes« im Sinne des § 430 bestimmt ist.[136] Ein Ausgleichsanspruch besteht allerdings im Fall **missbräuchlicher Verfügungen**.[137]

Das für die Zeit der intakten Ehe bestehende **Abrechnungsverbot** entfällt, wenn die eheliche 79
Lebensgemeinschaft nicht mehr besteht. Hinsichtlich des **maßgeblichen Zeitpunkts** gilt das zum Gesamtschuldnerausgleich Ausgeführte; es kommt auch hier darauf an, wann das Scheitern der Ehe sinnfällig zum ersten Mal zum Ausdruck gekommen ist (s.o. Rdn. 33 ff.). In diesem Fall wird erst recht auf den Zeitpunkt der tatsächlichen Trennung der Eheleute abzustellen sein, weil nun keine Gegenleistungen etwa in Form der Haushaltsführung mehr erbracht werden und deshalb auch keine Grundlage für eine Beteiligung am Erarbeiteten des anderen Ehegatten mehr besteht.

IV. Einzelfälle

1. Konten

Hinsichtlich der Behandlung von Ehegatten-Konten kommt es auf die Art der jeweiligen Konten 80
an.

a) Einzelkonten

Bei **Einzelkonten** stellt sich das Problem der Gesamtgläubigerschaft nicht. Kontoinhaber ist 81
jeweils nur einer der Eheleute, nämlich derjenige, der das Konto für sich eingerichtet hat. Hat der Kontoinhaber dem anderen Ehegatten eine **Vollmacht** erteilt, über sein Guthaben zu verfügen, so verlieren die internen zwischen den Eheleuten getroffenen Abreden ihre Wirkung, sobald die Eheleute getrennt leben.[138] Von diesem Zeitpunkt ab dürfen Eheleute somit regelmäßig nicht mehr über das Konto des anderen Ehegatten verfügen. Die dem anderen Ehegatten erteilte Kontovollmacht berechtigt nicht zur Umschreibung des Kontos auf den Bevollmächtigten, auch nicht nach dem Tod des Kontoinhabers.[139]

Gemäß § 170 verliert die gegenüber der kontoführenden Bank erteilte Vollmacht ihre Wirksam- 82
keit im **Außenverhältnis** erst nach einem **förmlichen Widerruf**, weshalb der Ehegatte zwar mit der Trennung in der Regel im **Innenverhältnis** seine Berechtigung zur Verfügung über das Konto verliert, im **Außenverhältnis** aber weiterhin zu Verfügungen in der Lage bleibt. Verfügt er sodann unter Ausnutzung dieser förmlichen Rechtsposition, so kommen **Schadensersatzansprüche** des Kontoinhabers gegen den Ehegatten aus §§ 823 Abs. 2 in Verbindung mit § 266 StGB oder auch aus § 687 Abs. 2 wegen angemaßter Geschäftsführung in Betracht.[140]

Das gilt jedoch nicht uneingeschränkt. Das etwaige Erlöschen der Vollmacht richtet sich stets 83
nach dem **mutmaßlichen Willen des Kontoinhabers**.[141] So werden maßvolle Abhebungen zum Zweck der **Befriedigung des Unterhaltsbedarfs** der Restfamilie vom Konto des anderen Ehegatten auch nach der Trennung noch von der einmal eingeräumten Verfügungsbefugnis gedeckt sein.[142]

---

135 OLG Braunschweig OLGR Braunschweig 1997, 180.
136 BGH FamRZ 1993, 413; FamRZ 1990, 370; OLG Düsseldorf FamRZ 1999, 1504.
137 OLG Zweibrücken FamRZ 1991, 820.
138 BGH FamRZ 1988, 476, 478.
139 BGH FamRZ 2009, 1053.
140 BGH FamRZ 1988, 476, 478.
141 BGH FamRZ 1989, 834.
142 Haußleiter/Schulz Kap. 6 Rn. 244.

84 Unter Umständen kann aber auch an Einzelkonten eines Ehegatten eine Bruchteilsberechtigung des anderen angenommen werden. Voraussetzung dafür ist, dass zwischen den Eheleuten ausdrücklich oder konkludent Einvernehmen über das Bestehen einer **Bruchteilsgemeinschaft** am Guthaben besteht. Anhaltspunkte für ein entsprechendes Einvernehmen können Absprachen über die Verwendung des Angesparten bieten.[143] Im konkreten Fall hat der BGH eine Bruchteilsgemeinschaft an auf dem Einzelkonto der Ehefrau vorhandenem Vermögen angenommen, das durch jahrelange Einzahlungen des allein verdienenden Ehemannes angespart worden ist, der selbst über kein eigenes Konto verfügte.[144]

Ähnlich verhält es sich, wenn ein Einzelsparbuch angelegt wurde. Maßgeblich ist, dass trotz des Einzelsparbuchs das gemeinsame Sparen im Vordergrund stand, so dass die Kontoinhaberschaft nur von formaler Relevanz war.[145]

Ist nach den erwähnten Kriterien von einer stillschweigend eingegangene Bruchteilsgemeinschaft auszugehen, dann bestimmen sich die Rechtsbeziehungen der Eheleute nach den Vorschriften der §§ 741 ff. BGB. Der Ehegatte, der nicht Kontoinhaber ist, hat gegen den anderen Ehegatten einen schuldrechtlichen Ausgleichsanspruch nach den §§ 741, 742, 749, 752 BGB.

Nach § 742 BGB ist im Zweifel anzunehmen, dass den Ehegatten-Teilhabern gleiche Anteile zustehen. Insoweit spielt es auch keine Rolle, in welcher Höhe die Ehegatten wechselseitig Einzahlungen auf die betreffenden Konten bzw. Sparbücher getätigt haben, d.h. die Herkunft der Gelder kann einem hälftigen Ausgleichsanspruch nicht entgegengehalten werden.

Gemäß § 749 Abs. 1 BGB kann jeder Ehegatten-Teilhaber jederzeit die Aufhebung der Gemeinschaft verlangen. Jedenfalls kann Aufhebung der Bruchteilsgemeinschaft gefordert werden, wenn ein wichtiger Grund besteht, vgl. § 749 Abs. 2 BGB. Dies ist die infolge des Scheiterns der Ehe endgültige Trennung.

b) Gemeinschaftskonten

85 Als Gemeinschaftskonto ist in erster Linie das »Oder-Konto« verbreitet, während das so genannte »Und-Konto«, bei dem stets nur beide Eheleute gemeinsam verfügen können, in der Praxis keine Rolle spielt.[146]

86 Die Inhaber eines so genannten »Oder-Kontos« sind **Gesamtgläubiger** im Sinne des § 428.[147] Beide Ehegatten besitzen damit ein eigenes Forderungsrecht gegenüber der Bank. Allerdings kann die Bank nicht, wie es § 428 BGB vorsieht, nach ihrem Belieben an jeden der Kontoinhaber leisten, sondern sie hat exakt an den Kontoinhaber zu leisten, der zuerst ein Zahlungsverlangen erhebt (Priorität).[148]

Daraus folgt, dass regelmäßig jeder Ehegatte nach § 430 je zur Hälfte berechtigt ist, sofern nicht etwas anderes bestimmt ist. Diese andere Bestimmung folgt nicht schon daraus, dass nur ein Ehegatte über ein Einkommen verfügt;[149] im Verhältnis zwischen den Eheleuten verbleibt es auch nach der Trennung regelmäßig beim **Grundsatz der Halbteilung**.[150] Das gilt insbesondere dann, wenn die Eheleute **Gütertrennung** vereinbart hatten, weil die Einrichtung des »Oder Kontos«

---

143 Haußleiter/Schulz Kap. 6 Rn. 228 ff.
144 BGH FamRZ 2002, 1696.
145 Vgl. OLG Brandenburg, FamRZ 2011, 114 ff.
146 FA-FamR/v. Heintschel-Heinegg Kap. 10 Rn. 84.
147 BGHZ 95, 187; 93, 320; OLG Düsseldorf FamRZ 1998, 165; OLG Karlsruhe NJW-RR 1990, 1285; OLG Koblenz NJW-RR 1990, 1386.
148 Vgl. dazu Klein/Roßmann, Familienvermögensrecht, Kapitel 2, Rn. 297.
149 OLG Köln FamRZ 1987, 1139.
150 BGH NJW 2000, 2347; NJW 1990, 705.

vielfach den Zweck hat, den Ehegatten ohne eigenes Einkommen an den Ergebnissen der gemeinsamen Arbeit, die ihm über einen Zugewinnausgleich nicht zugute kommen, zu beteiligen.[151]

Wer mehr als die Hälfte des Guthabens auf dem gemeinsamen Konto für sich beansprucht, muss **darlegen** und **beweisen**, dass etwas anderes als der Grundsatz des § 430 bestimmt ist. Allein der Umstand, dass während des Zusammenlebens nur einer der Ehegatten Verfügungen über das Kontoguthaben getroffen hat, begründet noch nicht die Annahme einer vom Grundsatz abweichenden Vereinbarung.[152] Als **Folge der Trennung** besteht aber das **besondere Vertrauensverhältnis**, das Grundlage für die Errichtung des Gemeinschaftskontos war, nicht mehr, so dass die **Geschäftsgrundlage** für ausdrückliche oder stillschweigende Vereinbarungen über das Innenverhältnis weggefallen ist.[153] Abredewidrig für sich vereinnahmtes Guthaben ist auszugleichen.[154] Demgegenüber besteht wegen Abhebungen **während intakter Ehe** ein Ausgleichsanspruch regelmäßig nicht.[155] Insoweit wird davon auszugehen sein, dass die Eheleute wechselseitig konkludent auf Ausgleichsansprüche verzichtet haben. Dieser **Verzicht** erfasst jedoch nicht solche Verfügungen, die **missbräuchlich** und **eigennützig** erfolgen und nicht mit dem **Zweck des Kontos** zu vereinbaren sind oder **unmittelbar vor der Trennung** erfolgen und deren Finanzierung dienen soll.[156]

Der Grundsatz der Halbteilung gilt unabhängig davon, welcher der Ehegatten in welchem **87** Umfang während der Ehe Einzahlungen auf das gemeinsame Konto geleistet hat. Das gilt nicht nur für **Haushaltskonten**, sondern auch für solche Konten, die reine **Geschäftskonten** sind.[157] Unerheblich ist auch, aus welchen **Gründen** das Gemeinschaftskonto errichtet worden ist.[158]

Geht das Guthaben allerdings erst **nach der Trennung** auf dem Oder-Konto ein, so kann angenommen werden, dass es dem Ehegatten zustehen soll, von dessen Schuldner es stammt.[159] Für die nach der Trennung auf einem Oder-Konto der Eheleute eingehenden Zahlungseingänge wie Gehaltszahlungen, Vermögenserträge oder Steuererstattungen liegt mithin eine anderweitige Bestimmung i.S. des § 430 BGB nahe.

Geht eine Steuererstattung auf dem Oder-Konto ein, können die Grundsätze über die Aufteilung einer Steuererstattung zwischen zusammen veranlagten Ehegatten zu einer abweichenden Bestimmung führen. Die Aufteilung erfolgt nicht hälftig, sondern unter entsprechender Heranziehung des § 270 AO auf der Grundlage fiktiv getrennter Veranlagung. Bestehen Anhaltspunkte für eine erheblich unterschiedliche Steuerzahlung der Ehegatten, ist die Vermutung der hälftigen Berechtigung jedenfalls stark erschüttert.[160]

Verfügt nicht der Ehegatte selbst, sondern nimmt ein **Gläubiger eines Ehegatten** im Weg der **89** **Pfändung** mehr als die Hälfte des Kontoguthabens für sich in Anspruch, hat der andere die Möglichkeit, sich hiergegen im Wege der **Drittwiderspruchsklage** gem. § 771 ZPO zu wenden.[161]

---

151 BGH NJW 1990, 705.
152 OLG Brandenburg FamRZ 2008, 2036.
153 BGH FamRZ 1990, 370.
154 OLG Naumburg FamRZ 2007, 1105.
155 OLG Saarbrücken EzFamR 2003, 136; OLG Braunschweig OLGR Braunschweig 1997, 180.
156 OLGR Saarbrücken 2003, 5.
157 BGH NJW 1990, 705.
158 FA-FamR/v. Heintschel-Heinegg Kap. 10 Rn. 87.
159 Haußleiter/Schulz Kap. 6 Rn. 261.
160 OLG Frankfurt a.M. 5 UF 51/12.
161 OLG Koblenz NJW-RR 1990, 1386; a.A. OLG Stuttgart OLGR Stuttgart 2002, 77.

2. Bausparverträge

90 Sind die Ehegatten Inhaber eines **gemeinschaftlichen Bausparkontos**, so sind sie Gesamtgläubiger der Bank oder Bausparkasse.[162] In diesem Fall kann auch während bestehender Ehe davon ausgegangen werden, dass das Guthaben entsprechend der Regel des § 430 hälftig zu teilen ist, wenn das Guthaben ohne Verwendung für Bauzwecke nach einer Kündigung des Vertrages ausbezahlt wird.[163]

Die Rechtsprechung[164] betont i.Ü., dass bei einem gemeinsamen Bausparvertrag der Eheleute, sofern nichts anderes vereinbart wird, davon auszugehen ist, dass ein Kontokorrentkonto, das die Bausparkasse für sie führt, ein »Oder-Konto« ist und die Ehepartner eine Gesamtgläubigerstellung mit Einzelverfügungsbefugnis haben.

Häufig besteht kein gemeinschaftliches Bausparkonto, sondern die Verträge laufen nur auf den Namen eines Ehegatten. Dies ist dadurch begründet, dass diese Verträge steuerlich gefördert wurden bzw. noch werden und die dafür erforderlichen Voraussetzungen nur von einem Ehegatten erfüllt wurden/werden. Mitunter werden solchen Verträge, die sehr langfristig angelegt sind, auch schon vor der Ehe eingegangen, dann aber nach Eheschließung von beiden Ehegatten bedient im Hinblick auf den gemeinsamen Wunsch, mit der Auszahlung des Geldes sich später ein Bauprojekt leisten zu können. Auch dann kommt mitunter eine stillschweigend vereinbarte Bruchteilsgemeinschaft in Betracht.

Sofern ein Ehegatte größere punktuelle Einzahlungen auf den Bausparvertrag des anderen leistet, handelt es sich um **ehebezogene Zuwendungen**, die nach den hierzu entwickelten Grundsätzen abzuwickeln sind (vgl. hierzu Vor § 1372 Rdn. 148 ff.).

3. Wertpapierdepots

91 Im Fall des Bestehens eines **gemeinsamen Wertpapierdepots**, über das beide Ehegatten jeweils berechtigt sind, einzeln zu verfügen, besteht Gesamtgläubigerschaft an den **Rechten aus dem Depotverwahrungsvertrag**, nicht auch zugleich an den Rechten aus den verwahrten **Wertpapieren**.[165] Denn eine Gesamtgläubigerschaft in Bezug auf verwahrte **Inhaberpapiere** kann nicht bestehen, weil hier das Recht aus dem Papier dem Recht am Papier folgt, die **dingliche Berechtigung am Papier** maßgebend ist.[166] Hierüber gibt die Depoterrichtung indes keinen Aufschluss, weil der Inhaber des Depots nicht einmal Eigentümer der dort verwahrten Wertpapiere sein muss.

92 In Bezug auf die **Eigentumslage an den verwahrten Wertpapieren** begründet § 1006 zwar grundsätzlich die Vermutung, dass der **Mitbesitzer** neben dem anderen Ehegatten **Miteigentümer** ist. Nach § 742 besteht dabei Miteigentum im Zweifel jeweils zu gleichen[167] Anteilen, es sei denn, dass sich aus dem Parteiwillen etwas anderes entnehmen lässt. Diese aus § 1006 folgende Vermutung ist für die Eigentumslage depotverwahrter Wertpapiere aber nicht mehr als eine **schwach ausgeprägte Eigentumsregel**. Denn erfahrungsgemäß dient die Einrichtung eines »Oder-Depots« häufig nur dem Zweck, neben dem Eigentümer auch dem dinglich nicht berechtigten Ehegatten **Verfügungen über Wertpapiere** zu ermöglichen,[168] ohne dass damit zugleich eine Begründung von Miteigentum verbunden sein soll.[169] Ist das »Oder-Depot« durch **Umwandlung** aus einem so genannten »Und- Depot« entstanden, ist im Zweifel anzunehmen, dass sich die Eigentumsverhält-

---

162 BGH FamRZ 2009, 968.
163 LG Bielefeld FamRZ 1990, 1240.
164 BGH NJW 2009, 2054.
165 BGH FamRZ 1997, 607.
166 Palandt/Sprau vor § 793 Rn. 3.
167 OLG Bremen FamRZ 2004, 1578.
168 BGHZ 4, 295, 297.
169 BGH FamRZ 1997, 607.

nisse an den verwahrten Wertpapieren dadurch nicht geändert haben.[170] Haben die Ehegatten ihre **Entscheidungen über Geldanlagen** in der Vergangenheit jedoch regelmäßig gemeinsam getroffen, greift wiederum die Vermutung der jeweils hälftigen Beteiligung.[171]

Erwirbt ein Ehegatte Wertpapiere für ein vorhandenes Gemeinschaftsdepot, so ist die Willensrichtung des Ehegatten maßgeblich, der die Anschaffung vollzogen hat. Der betreffende Ehegatte kann Alleineigentum an den erworbenen Wertpapieren für sich begründen wollen oder aber Miteigentum der Eheleute. Die Willensrichtung wird oftmals ausdrücklich nicht erkennbar geworden sein, so dass sie zu ermitteln ist. Indizien, mittels derer die Willensrichtung ermittelt werden kann, sind etwa der Zweck des Wertpapierkaufs oder auch die Herkunft der Geldmittel.[172]   **93**

4. Steuererstattungen

In Bezug auf einen Anspruch auf Steuererstattung besteht mangels einer gesetzlichen Grundlage **keine Gesamtgläubigerschaft**. Beide Eheleute sind somit jeweils **Teilgläubiger**.[173] Zahlt das Finanzamt die Steuererstattung deshalb an einen Ehegatten in voller Höhe aus, so hat der andere einen Anspruch nicht aus § 430, sondern aus § 816 Abs. 2.   **94**

Der Anteil der Ehegatten an der Steuererstattung errechnet sich ebenso wie der an Steuernachforderungen (s.o. Rdn. 58 ff.).   **95**

V. Verfahren

Streitigkeiten aus der Gesamtgläubigerschaft sind nicht dem ehelichen Güterrecht zuzuordnen, so dass sie keine Güterrechtssachen i.S. § 261 FamFG sind. In der Regel dürfte es sich jedoch um sonstige Familiensachen i.S. § 266 FamFG handeln, für die **die Zuständigkeit der Familiengerichte** gegeben ist.   **96**

Die **Darlegungs- und Beweislast** für solche Tatsachen, die das Abweichen von der Grundregel des § 430, dem Grundsatz der Halbteilung, rechtfertigen, trägt derjenige, der diese Abweichung für sich beansprucht. Wer mehr als die Hälfte des gemeinsamen Guthabens für sich beansprucht, muss die Voraussetzungen hierfür darlegen und beweisen.[174]   **97**

Ein von einem Gesamtgläubiger gegen den Schuldner erstrittenes Urteil erwächst im Verhältnis zwischen den Gesamtgläubigern nicht in **Rechtskraft**, weshalb hierdurch auch nicht rechtskräftig festgestellt ist, dass überhaupt ein Fall der Gesamtgläubigerschaft gegeben ist.[175]   **98**

D. Die Auseinandersetzung einer Ehegatteninnengesellschaft

Ausgleichsansprüche der Eheleute gegeneinander können sich infolge von Trennung und Scheidung bedingt durch die Auflösung einer Ehegatteninnengesellschaft ergeben.   **99**

Eine Ehegatteninnengesellschaft kommt in Betracht, wenn in der Ehe durch planvolle und zielstrebige Zusammenarbeit der Ehegatten erhebliche Vermögenswerte (z.B. ein Immobilienvermögen) angesammelt werden, wobei als Ziel nicht so sehr die Verwirklichung der ehelichen Lebens-

---

170 BGH FamRZ 1997, 607.
171 OLG Köln WM 2000, 2485.
172 Ausführlich dazu Klein/Roßmann, Familienvermögensrecht, Kapitel 2, Rn. 784.
173 LG Düsseldorf NJW-RR 1986, 1333; LG Stuttgart FamRZ 1998, 241; vgl. auch Dostmann FamRZ 1991, 760; Liebelt FamRZ 1993, 626.
174 OLG Brandenburg FamRZ 2008, 2036.
175 Staudinger/Kaduk § 430 Rn. 12.

gemeinschaft als vielmehr die Vermögensbildung als solche im Vordergrund steht, mithin ein eheüberschreitender Zweck verfolgt wird.[176]

I. Die Begründung einer EhegatteninnenGbR

100 § 705 BGB

*Durch den Gesellschaftsvertrag verpflichten sich die Gesellschafter gegenseitig, die Erreichung eines
gemeinsamen Zweckes in der durch den Vertrag bestimmten Weise zu fördern, insbesondere die vereinbarten Beiträge zu leisten.*

Die Begründung einer GbR bedarf eines Vertrages, vgl. § 705 BGB. Mittels des Gesellschaftsvertrags verpflichten sich die Gesellschafter (mindestens zwei Gesellschafter sind erforderlich) gegenseitig, die Erreichung eines gemeinsamen Zweckes in der durch den Vertrag bestimmten Weise zu
fördern, insb. die vereinbarten Beiträge zu leisten.

Durch den Gesellschaftsvertrag binden sich die Gesellschafter i.S.e. Dauerschuldverhältnisses; sie
schulden sich danach in verstärktem Umfang Sorgfalt und Loyalität, der Gesellschaftszweck ist i.S.
ständiger Pflichtenanspannung zu fördern.[177]

Ein Schriftformerfordernis besteht nicht, sodass der notwendige Vertragsschluss ausdrücklich, aber
auch konkludent erfolgen kann.[178]

Der Vertragsschluss hat unmittelbar zur Folge, dass die GbR als schuldrechtliche Innengesellschaft
existent ist. Sobald die Innen-GbR am Rechtsverkehr teilnimmt, ist sie auch Außen-GbR, d.h. ein
selbstständiges Rechtssubjekt. Der Außen-GbR kommt Rechtsfähigkeit zu, soweit sie durch Teilnahme am Rechtsverkehr eigene Rechte und Pflichten begründet.[179]

Die Ehegatteninnengesellschaft ist damit zwar eine GbR, aber eben nicht rechtsfähig. Sie ist
dadurch zu charakterisieren, dass sie nicht nach außen durch (organschaftliche) Vertretung am
Rechtsverkehr teilnimmt, sondern ein Ehegatte im Außenverhältnis stets im eigenen Namen handelt (also nicht für die Gesellschaft).[180]

Da die Ehegatteninnengesellschaft nach dem Willen ihrer Gesellschafter, d.h. der Ehegatten, nicht
nach außen im Rechtsverkehr in Erscheinung tritt, fehlen bei ihr auch Vertretungsregeln im
Gesellschaftsvertrag[181], vgl. auch § 709 BGB. Das fehlende Auftreten der Ehegatteninnengesellschaft nach außen setzt aber nicht voraus, dass die Eheleute das Bestehen ihrer Innengesellschaft
vor Außenstehenden geheim halten (müssen); sie dürfen nur nicht als Außen-GbR im Rechtsverkehr tätig werden.

Die Ehegatteninnen-GbR begründet damit nur im Innenverhältnis ein Schuldverhältnis zwischen
den Eheleuten-Gesellschaftern, jedoch keine Rechte und Pflichten im Außenverhältnis.[182]

Eine Ehegatteninnengesellschaft ist allgemein in Erwägung zu ziehen, wenn Eheleute durch beiderseitigen Einsatz von Kapital ein gemeinsames Vermögen aufgebaut haben, insb. durch Investition in
Immobilien. Auch im unternehmerischen Spektrum kommen Ehegatteninnengesellschaften in

---

176 BGH FamRZ 2006, 607, 608 m. Anm. Hoppenz.
177 Palandt/Sprau, BGB, § 705 Rn. 13.
178 Palandt/Sprau, BGB, § 705 Rn. 12.
179 BGH, NJW 2001, 1056 ff.
180 Vgl. Haußleiter/Schulz, Vermögensauseinandersetzung bei Trennung und Scheidung, 5. Aufl. 2011, 5.
     Kap., Rn. 280/281.
181 *Ein Muster eines Ehegattengesellschaftsvertrages ist abgedruckt bei Münch, Ehebezogene Rechtsge-
     schäfte, 3. Aufl. 2011, Rn. 1708.*
182 Palandt/Sprau, a.a.O., § 705 Rn. 39.

Betracht, wenn etwa eine über den üblichen Rahmen der ehelichen Mitarbeit hinausgehende Tätigkeit der Ehefrau im Erwerbsgeschäft des Ehemanns oder umgekehrt vorliegt. Eine solche Mitarbeit ist im Zweifel nicht unentgeltlich, sondern soll gegen eine Erfolgsvergütung in Form einer schuldrechtlichen Beteiligung am gesamten Geschäftsvermögen des Ehemanns erfolgen.

Eheleute schließen trotz Mitarbeit im Geschäft des anderen oder erheblichem Kapitaleinsatz allerdings regelmäßig keine Verträge, da ein Scheitern der Ehe – solange die Beziehung intakt ist – nicht bedacht wird.

Scheitert die Beziehung dann aber doch, wird ein Ausgleich für Ehegattenmitarbeit oder aber Kapitaleinsatz, der dinglich nicht abgesichert war, mittels eines Ausgleichsanspruchs nach Gesellschaftsrecht gemäß §§ 738 Abs. 1 Satz 2 analog i.V.m. 730 ff. BGB geltend gemacht.[183] Erforderlich ist dafür eine stillschweigend vereinbarte Ehegatteninnengesellschaft.

1. Der »weitergehende« Zweck

Eine stillschweigend vereinbarte Ehegatteninnengesellschaft setzt voraus, dass die Eheleute durch ihre beiderseitigen Leistungen einen über den durch § 1353 Abs. 1 Satz 2 gesteckten typischen Rahmen der ehelichen Lebensgemeinschaft hinausgehenden Zweck verfolgen, indem sie etwa durch Einsatz von Vermögenswerten und Arbeitsleistungen gemeinsam ein Vermögen aufbauen oder berufliche oder gewerbliche Tätigkeiten ausüben.[184] Ein konkludenter Gesellschaftsvertrag kann bei Ehegatten daher nur angenommen werden, wenn ein über den typischen Rahmen der ehelichen Lebensgemeinschaft hinausgehender Zweck (Sonderzweck) verfolgt wird, weil anderenfalls jede Ehe automatisch eine GbR wäre und infolgedessen das eheliche Güterrecht durch das Gesellschaftsrecht unterlaufen würde.

Ist ein solcher Zweck nicht gegeben und gilt der Einsatz von Vermögen und Arbeit nur dem Bestreben, die Voraussetzungen für die Verwirklichung der ehelichen Lebensgemeinschaft zu schaffen, etwa durch den Bau eines Familienheims, oder geht die Mitarbeit nicht über den Rahmen des für die Ehegattenmitarbeit Üblichen, scheidet eine konkludente Ehegatteninnengesellschaft aus, d.h. es ist allenfalls denkbar einen Ausgleich mittels Wegfall der Geschäftsgrundlage wegen einer ehebezogenen Zuwendung oder eines familienrechtlichen Vertrages sui generis (Kooperationsvertrag) zu verlangen.[185] Leistet ein Ehegatte daher nur Beiträge, die der Verwirklichung der ehelichen Lebensgemeinschaft dienen, so fehlt es an Indizien für die Annahme einer durch schlüssiges Verhalten zustande gekommenen Ehegatten – Innengesellschaft, zumal der leistende Ehegatte durch die güterrechtlichen und erbrechtlichen Regelungen ausreichend geschützt ist.[186]

Allein das Bestreben, die **eheliche Lebensgemeinschaft** zu verwirklichen und die Voraussetzungen dafür zu schaffen, ist danach als solches kein eigenständiger Zweck, der die Grundlage für eine zwischen den Ehegatten bestehende Gesellschaft bilden könnte.[187] Die Begründung einer Innengesellschaft kann aber dann anzunehmen sein, wenn die Umstände des Einzelfalles deutlich ergeben, dass die Eheleute abredegemäß durch beiderseitige Leistungen einen über den typischen Rahmen der ehelichen Lebensgemeinschaft hinausgehenden Zweck verfolgen, indem sie etwa durch Einsatz von Vermögenswerten und Arbeitsleistungen gemeinsam ein **Unternehmen aufbauen,** gemeinsam eine **berufliche** oder **gewerbliche Tätigkeit** ausüben[188] oder Grundstücksvermögen schaffen, das auch als **Vermögensanlage für das Alter** dienen soll.[189]

---

183 Vgl. Wall FamRB 2010, 349.
184 BGH NJW 2006, 1268.
185 Ansprüche bedingt durch eine ehebezogene Zuwendung oder aufgrund eines familienrechtlichen Vertrages sui generis werden unter Fn. 158 ff. erörtert.
186 BGH FamRZ 1962, 357; FamRZ 1982, 910, 912.
187 BGH FamRZ 1989, 147.
188 BGH FamRZ 1987, 907; FamRZ 1989, 147; FamRZ 1990, 973.
189 OLG Schleswig FamRZ 2004, 1375.

Auch der Zweck, mit der Tätigkeit und Vermögensbildung den Lebensunterhalt zu sichern, steht der Annahme einer Ehegatteninnengesellschaft nicht entgegen.[190]

Die Ehegatten müssen ihr zweckgerichtetes Zusammenwirken nicht bewusst als gesellschaftsrechtliche Beziehung qualifizieren.[191] Vielmehr reicht das erkennbare Interesse der Ehegatten aus, ihrer Zusammenarbeit über die bloßen Ehewirkungen hinaus einen dauerhaften, auch die Vermögensfolgen mitumfassenden Rahmen zu geben, was etwa auch in Abreden über die Ergebnisverwendung – z.B. weitgehende Wiederanlage der erzielten Erträge in weitere Vermögenswerte – zum Ausdruck kommen kann. Die Vereinbarung der Gütertrennung spricht nicht gegen das Zustandekommen eines Gesellschaftsverhältnisses zwischen den Ehegatten. Denn daraus folgt nicht zwingend, dass die Ehegatten eine Teilhabe am gemeinsam erwirtschafteten Vermögen von vornherein ablehnen.[192]

2. Die »gleichberechtigte« Tätigkeit

102 Maßgebliches Kriterium einer Ehegatteninnengesellschaft ist, dass es sich bei der Mitarbeit im Unternehmen, welches rechtlich dem anderen Ehegatten zuzuordnen ist, nicht lediglich um eine untergeordnete, sondern eine gleichgeordnete (gleichberechtigte) Tätigkeit unter beiderseitiger Beteiligung an Gewinn und Verlust handeln muss, wobei allerdings die Gleichordnung nicht i.S.e. Gleichwertigkeit, also etwa in Form gleich hoher oder gleichartiger Beiträge an Finanzierungsmitteln oder sonstigen Leistungen zu verstehen ist.[193] Der Akzent liegt vielmehr auf der gleichberechtigten Mitarbeit bzw. Beteiligung.

Der BGH[194] hat daher eine Ehegatteninnengesellschaft auch dann angenommen, wenn ein Ehegatte die Einrichtungen seines Betriebes zur Verfügung stellt und der andere aufgrund seiner Sachkunde die kaufmännische Leitung übernimmt.

Neuerdings lässt die Rechtsprechung[195] es auch ausreichen, dass ein Ehegatte mittels bedeutsamer finanzieller Beiträge eine fehlende Mitarbeit im Unternehmen des anderen Ehegatten komplett kompensiert.[196]

Das Erfordernis, dass die Tätigkeit des mitarbeitenden Ehegatten von ihrer Funktion her als gleichberechtigte Mitarbeit anzusehen ist, darf mit Rücksicht auf die unterschiedlichen Möglichkeiten der Beteiligungen somit nicht überbewertet werden, solange nur ein Ehegatte für die Gesellschaft einen nennenswerten und für den erstrebten Erfolg bedeutsamen Beitrag geleistet hat.

Indizien für eine gleichberechtigte Mitarbeit können die gleichermaßen vorhandene **Berechtigung, auf Kassen und Konten zuzugreifen**, Haftungsrechtliche Gründe für die Gestaltung, Verlustbeteiligung oder das nachweisliche geschäftliche Zusammenwirken der Eheleute sein (z.B. gleichberechtigt geführte **Verhandlungen mit Kreditgebern** und das Auftreten beider Eheleute als »Chef« im Betrieb).[197] Wichtige Anhaltspunkte für die Annahme einer Ehegatteninnengesellschaft können auch die **Planung**, der **Umfang** und die **Dauer der Vermögensbildung** sein ebenso wie **Absprachen** über die **Verwendung** und **Wiederanlage** erzielter Vermögenserträge.[198]

---

190 BGH FamRZ 1990, 973; OLG Schleswig FamRZ 2004, 1375.
191 BGH, NJW 1960, 428.
192 BGH, NJW 1999, 2962.
193 BGH FamRz 1990, 973.
194 BGH, FamRZ 1968, 589.
195 BGH, FamRZ 1999, 1580.
196 Vgl. dazu auch Wever, Vermögensauseinandersetzung der Ehegatten außerhalb des Güterrechts, 5. Aufl. 2009, Rn. 596.
197 OLG Düsseldorf FamRZ 1999, 228.
198 BGH FuR 2003, 40, 42; FamRZ 1999, 1580 = FuR 2000, 241.

Demgegenüber rechtfertigt die Tatsache der gemeinsamen **Aufnahme von Darlehen** und die **Bereitstellung von Sicherheiten** auf dem teils im Miteigentum der Eheleute, teils im Alleineigentum eines Ehegatten stehenden Grundbesitz allein ohne gleichberechtigte Beteiligung am Aufbau und der Führung des Geschäftes nicht die Annahme einer gesellschaftsrechtlichen Verbundenheit.[199]

Ist eine gleichberechtigte Tätigkeit eines Ehegatten nicht gegeben, kann bei Mitarbeit eines Ehegatten im Betrieb des anderen unter Umständen auch ein konkludent geschlossener **Arbeitsvertrag** angenommen werden, so wenn für den mitarbeitenden Ehegatten ständig **Sozialversicherungsbeiträge** gezahlt wurden und ein Ehegattengehalt als **Betriebsausgaben** steuerlich abgesetzt wurde.[200] Denkbar ist auch ein Ausgleichsanspruch aufgrund eines familienrechtlichen Vertrages sui generis (s.u. Rdn. 167).

3. Keine abweichende Vereinbarung

Die Annahme einer durch schlüssiges Verhalten zustande gekommenen Ehegatteninnengesellschaft darf nicht zu den von den Ehegatten ausdrücklich getroffenen Vereinbarungen in Widerspruch stehen. Dabei gehen **ausdrückliche Vereinbarungen** stets **schlüssigen Abreden** vor,[201] die aber **mindestens festgestellt** werden müssen.[202] Dient die Leistung dagegen ausdrücklich dazu, das Privatvermögen nur eines Ehegatten zu fördern und sollen die geschaffenen Vermögenswerte nach dem übereinstimmenden Willen beider Eheleute rechtlich und wirtschaftlich nur diesem verbleiben, so scheidet die Annahme einer Ehegatten-Innengesellschaft von vornherein aus.[203]

103

4. »Indizwirkung« des Güterstandes

Bedeutung hat die Annahme einer durch schlüssiges Verhalten zustande gekommenen Ehegatteninnengesellschaft insb. dann, wenn die Ehegatten Gütertrennung vereinbart hatten. Lebten die Ehegatten hingegen im Güterstand der Zugewinngemeinschaft, so wird dies mitunter als gewichtiges Indiz gegen das Zustandekommen einer Innengesellschaft durch schlüssiges Verhalten angesehen[204], weil der im Fall der Scheidung gebotene Vermögensausgleich in der Regel bereits durch die Vorschriften über den Zugewinnausgleich gesichert ist. Die Vorstellung der Ehegatten, über den Zugewinnausgleich an dem gemeinsam Erarbeiteten teilzuhaben, würde vielfach dagegen sprechen, ihr Verhalten hinsichtlich ihrer gemeinsamen Arbeit oder Wertschöpfung als Abschluss eines Gesellschaftsvertrags auszulegen.

104

Insofern wird bereits die Existenz einer Ehegatteninnengesellschaft vom jeweiligen Güterstand abhängig gemacht.[205]

Dieser Auffassung kann nicht gefolgt werden.

Letztlich kann zwar das Güterrecht, d.h. der Zugewinnausgleich zur Folge haben, dass der mit der Ehegatteninnengesellschaft realisierte Vermögenszuwachs, dadurch angemessen ausgeglichen wird. Dies wird freilich aber nicht immer der Fall sein.

Unabhängig vom Güterstand ist mittels der bereits beschriebenen Kriterien daher zu ermitteln, ob die Eheleute schlüssig eine Ehegatteninnen-GbR begründet haben. Deren Auseinandersetzung ist nach dem Scheitern der Ehe erforderlich. Die dadurch bedingten Ansprüche sind in die Vermögensbilanz der Ehegatten einzustellen, sodass der Zugewinnausgleich korrekt abgewickelt werden kann.

---

199 BGH FamRZ 1989, 835; FamRZ 1987, 907.
200 OLG Bremen FamRZ 1999, 227.
201 BGH FamRZ 1995, 1002.
202 BGH FamRZ 2006, 607.
203 BGH FamRZ 1999, 1580.
204 Vgl. dazu Wever, FamRZ 2010, 245.
205 Ähnlich auch Wever, FamRZ 2010, Rn. 625.

Die (vorweggenommenen) Resultate dieser güterrechtlichen Bewertung dürfen nicht den Ausschlag für die Existenz einer Ehegatteninnengesellschaft geben. Dies ist bereits deshalb nicht möglich, weil die Eheleute, wenn sie durch schlüssiges Verhalten eine Ehegatteninnengesellschaft begründen, noch gar nicht absehen können, wie ein späterer Zugewinnausgleich ausfallen wird.

Umgekehrt erscheint es fragwürdig, ein Zusammenwirken der Eheleute ex tunc als Innen-GbR zu qualifizieren, nur weil der Zugewinnausgleich zu unbilligen Verteilungsergebnissen führt.[206]

II. Der Auseinandersetzungsanspruch

105 **§ 738   Auseinandersetzung beim Ausscheiden**

(1) Scheidet ein Gesellschafter aus der Gesellschaft aus, so wächst sein Anteil am Gesellschaftsvermögen den übrigen Gesellschaftern zu. Diese sind verpflichtet, dem Ausscheidenden die Gegenstände, die er der Gesellschaft zur Benutzung überlassen hat, nach Maßgabe des § 732 zurückzugeben, ihn von den gemeinschaftlichen Schulden zu befreien und ihm dasjenige zu zahlen, was er bei der Auseinandersetzung erhalten würde, wenn die Gesellschaft zur Zeit seines Ausscheidens aufgelöst worden wäre. Sind gemeinschaftliche Schulden noch nicht fällig, so können die übrigen Gesellschafter dem Ausscheidenden, statt ihn zu befreien, Sicherheit leisten.

(2) Der Wert des Gesellschaftsvermögens ist, soweit erforderlich, im Wege der Schätzung zu ermitteln.

Die Auseinandersetzung bzw. auch Auflösung einer GbR wird geregelt durch die §§ 730 ff. BGB. Diese Vorschriften sind freilich dispositiv, d.h. werden in der Praxis vielfach abbedungen. Dies gilt freilich nicht für die Ehegatteninnengesellschaft, da diese regelmäßig nur auf einer stillschweigenden Vereinbarung basiert, eine vertragliche Vereinbarung also fehlt. Damit sind die gesetzlichen Vorschriften maßgeblich. Die Rechtsprechung hat spezielle Auseinandersetzungslösungen betreffend die Ehegatteninnengesellschaft entwickelt.[207]

Die Ehegatteninnengesellschaft wird mit dem Ausscheiden eines Ehegatten komplett liquidiert. Jedoch bleibt die Unternehmung erhalten und wird von dem im Außenverhältnis berechtigten Ehegatten fortgesetzt. Der ausscheidende Ehegatte kann keine gegenständliche Auseinandersetzung fordern. Es besteht vielmehr ein Ausgleichsanspruch in Form eines schuldrechtlichen Anspruchs auf Zahlung des Auseinandersetzungsguthabens, der sich nach den §§ 738 ff. BGB sowie einzelnen Vorschriften der §§ 730 ff. BGB bestimmt.[208] Letztlich wird die Auseinandersetzung behandelt wie das Ausscheiden eines Gesellschafters aus der GbR; der gesellschaftsrechtliche Ausgleichsanspruch wird daher auf § 738 Abs. 1 Satz 2 BGB analog i.V.m. §§ 730 ff. BGB gestützt.

Nach § 738 Abs. 1 BGB ist der die Unternehmung fortführende Ehegatte verpflichtet, dem Ausscheidenden die Gegenstände, die er der Gesellschaft zur Benutzung überlassen hat, nach Maßgabe des § 732 BGB zurückzugeben, ihn von den gemeinschaftlichen Schulden zu befreien und ihm dasjenige zu zahlen, was er bei der Auseinandersetzung erhalten würde, wenn die Gesellschaft z. Zt. seines Ausscheidens aufgelöst worden wäre. Sind gemeinschaftliche Schulden noch nicht fällig, so hat der verbleibende Ehegatteninnengesellschafter dem Ausscheidenden, statt ihn zu befreien, Sicherheit zu leisten.

Zur Errechnung des Gesellschaftsvermögens ist zunächst der Bestand der Aktiva zum Stichtag der Beendigung der Zusammenarbeit zu ermitteln und zu bewerten. War schon beim Eintritt des

---

206   Das Konkurrenzverhältnis von Gesellschaftsrecht und Zugewinnausgleich wird unten behandelt.
207   Vgl. BGH FamRZ 2006, 607 ff. = NJW 2006, 1268
208   Vgl. dazu Haußleiter/Schulz, a.a.O., Kap. 5 Rdnr. 288 ff.

Ehegatten in die Gesellschaft Vermögen vorhanden, so ist dieses zu indexieren und von dem bei Beendigung vorhandenen abzuziehen. Verbindlichkeiten sind abzuziehen, soweit sie die Gesellschaft betreffen, während persönliche Schulden unberücksichtigt bleiben.[209]

Der Wert des Gesellschaftsvermögens ist für die Auseinandersetzung nach § 738 Abs. 2 BGB, falls Bewertungsprobleme bestehen, im Wege der Schätzung zu ermitteln.

Der Anspruch eines Ehegatteninnengesellschafters auf Zahlung des Auseinandersetzungsguthabens entsteht mit der Auflösung der Gesellschaft. Maßgebender Stichtag ist nicht unbedingt der Tag, an dem die Ehegatten sich getrennt haben, sondern der Zeitpunkt, zu dem sie ihre Zusammenarbeit tatsächlich beendet haben und der Geschäftsinhaber das Unternehmen allein weitergeführt hat.[210] Selbst nach Trennung der Eheleute kann nämlich die Gesellschaft noch geraume Zeit fortgesetzt worden sein. Auch an den dadurch bedingten Geschäftsergebnissen partizipiert der Ehegatteninnengesellschafter.

Der Anspruch auf Zahlung des Auseinandersetzungsguthabens wird fällig mit dem Ausscheiden des Ehegatteninnengesellschafters, d.h. nicht erst mit der Feststellung der Auseinandersetzungsbilanz.[211]

Die Feststellung einer Auseinandersetzungsbilanz ist entbehrlich, wenn sich die Eheleute zur Durchführung der Auseinandersetzung darauf verständigt haben, dass ein Ehegatte das gesamte Gesellschaftsvermögen übernimmt und der andere Ehegatte einen Ausgleichsbetrag in bestimmter Höhe erhalten soll.

Grundsätzlich ist ein Ehegatteninnengesellschafter am Auseinandersetzungsguthaben mit 50% beteiligt, da in **Zweifelsfällen von gleicher Beteiligung** auszugehen ist (§ 722 Abs. 1).[212] Art und Umfang der geleisteten Beiträge können aber auch eine vom Halbteilungsgrundsatz abweichende Verteilungsquote rechtfertigen, etwa die Leistung unterschiedlich hoher Beiträge oder die Leistung von Teilzeitarbeit.[213] Unter Umständen sind auch entstandene **Verluste** anteilig mit zu tragen.[214] Soweit der ausscheidende Ehegatte keine genaue Kenntnis über die Höhe des erwirtschafteten Vermögens hat, kann er von dem anderen im Wege des **Stufenantrags Auskunft und Rechnungslegung** verlangen.

Beansprucht ein Ehegatte mehr als die Hälfte für sich, so muß er dies nach allgemeinen Grundsätzen des Beweisrechts darlegen und beweisen.[215]

In einer Zwei-Personen-Ehegatteninnen-GbR kann das Auseinandersetzungsguthaben unmittelbar gegen den anderen Ehegatten-Gesellschafter geltend gemacht werden.

III. Güterrecht

1. Gütertrennung

Die größte Bedeutung kommt gesellschaftsrechtlichen Ausgleichsansprüchen zu, wenn die Ehegatten für ihre Ehe Gütertrennung vereinbart hatten.[216] Ein während der Ehe erwirtschafteter Vermögenszuwachs kann in diesen Fällen nicht über den Zugewinnausgleich ausgeglichen werden. Die Vereinbarung von Gütertrennung bedeutet nicht, dass die Eheleute damit auch auf | 106

---

209 BGH FamRZ 1999, 1580, 1585.
210 BGH, NJW 2006, 1268.
211 BGH, NJW 1995, 188 f.; Palandt/Sprau, a.a.O., § 738 Rn 6.
212 Vgl. dazu Haußleiter/Schulz, aaO, Kap. 5 Rdnr. 294, 295.
213 BGH FamRZ 1990, 973, 974; Haussleiter/Schulz Kap. 6 Rn. 184 ff.
214 BGH FamRZ 1990. 973, 974.
215 BGH FamRZ 1999, 1580, 1585.
216 Wall, FamRB 2010, 349.

gesellschaftsrechtliche Ausgleichsansprüche verzichten wollen. Insoweit ist der Rechtsprechung zuzustimmen.[217]

Damit kann die Annahme einer Ehegatteninnengesellschaft, soweit die dafür maßgeblichen Kriterien erfüllt sind, unbillige Vermögensverhältnisse nach Scheitern der Ehe aufgrund von Auseinandersetzungsansprüchen nach §§ 738 Abs. 1 Satz 2 analog i.V.m. 730 ff. BGB verhindern.

2. Gütergemeinschaft

107 Haben die Ehegatten den Güterstand der Gütergemeinschaft vereinbart, ist zwischen dem Gesamtgut und dem Vorbehaltsgut zu unterscheiden. Gehört die gemeinsame Unternehmung zum Gesamtgut, wird die Ehegattenmitarbeit bzw. der erbrachte Kapitaleinsatz ausreichend über das Güterrecht ausgeglichen. Eine Auseinandersetzung nach §§ 738 Abs. 1 Satz 2 analog i.V.m. 730 ff. BGB bedingt durch eine Ehegatteninnengesellschaft kommt hingegen in Betracht, wenn die gemeinsame Unternehmung das Vorbehaltsgut betrifft.[218]

3. Zugewinngemeinschaft

108 Der **Ausgleichsanspruch** nach Beendigung der Innengesellschaft kann **neben dem Zugewinnausgleichsanspruch** bestehen und ist nicht nur subsidiär dann gegeben, wenn der güterrechtliche Anspruch nicht zu einem angemessenen Ergebnis führt.[219] Denn im Rahmen der §§ 738 ff. ist für Zumutbarkeitserwägungen kein Raum, weshalb es unerheblich ist, ob die bisherige Vermögenszuordnung unter Berücksichtigung des Güterrechts zu einem untragbaren Ergebnis geführt hat.[220]

Es verhält sich damit ähnlich, wie bei einem Gesamtschuldnerausgleichsanspruch unter Ehegatten. Haben die Eheleute einen über die Ehe hinausgehenden Zweck wie ein Unternehmen oder den Aufbau einer Immobilienvermögens gemeinsam vorangebracht, dann ist eine solche Ehegatteninnengesellschaft bei Trennung und Scheitern der Ehe unbedingt abzuwickeln und nicht nur bei einer (wie auch immer zu definierenden) Billigkeit. Eine beliebige oder gar willkürliche Anwendung der Figur der »Ehegatteninnengesellschaft« ist vermeidbar, wenn mittels der bereits dargestellten Kriterien die Feststellung einer Gesellschaft der Eheleute erfolgt und eine entsprechende Abwicklung beim Scheitern der Ehe vollzogen wird. Die entsprechenden Ausgleichsansprüche bzw. -verbindlichkeiten sind als Rechnungsposten beim Zugewinnausgleich im Endvermögen der Eheleute zu berücksichtigen.[221]

Etwaige gesellschaftsrechtliche Auseinandersetzungsansprüche der Ehegatten sind zu berechnen, bevor der Zugewinnausgleich stattfindet. Maßgeblich ist nämlich, dass außerhalb des Zugewinnausgleichs begründete Forderungen den Zugewinnausgleich nicht unbeeinflusst lassen dürfen und sie deshalb in die Zugewinnausgleichsbilanz einzustellen sind.[222]

Anerkannte Ausgleichsansprüche der Ehegatten sind bei der Berechnung des Zugewinnausgleichs im jeweiligen Endvermögen des Gläubigers als Aktivposten und in dem des Schuldners als Passivposten zu berücksichtigen.[223]

Die Bewertung der Ansprüche hat bei der Aufnahme in die jeweilige Vermögensbilanz stichtagsbezogen (also bezogen auf die Rechtshängigkeit des Scheidungsantrags, § 1384 BGB) zu erfolgen. Dies ist mitunter deshalb kompliziert, weil die Ehegatteninnengesellschaft durchaus über den

---

217 BGH FamRZ 2006, 607 ff. = NJW 2006, 1268 ff.
218 Vgl. dazu auch Haußleiter/Schulz, 5. Kap., Rn. 315.
219 BGH FamRZ 2006, 607, 609; Haussleiter/Schulz Kap. 6 Rn. 192.
220 Haussleiter/Schulz Kap. 6 Rn. 192.
221 Wever, FamRZ 2010, Rn. 659.
222 St. Rspr., vgl. BGH, FamRZ 2011, 25; BGH, NJW-RR 2010, 1514.
223 BGH NJW 2007, 1744 = FamRZ 2007, 877, 878.

erwähnten Stichtag hinaus Bestand haben kann. Das Bewertungsproblem ist aber (u.U. durch Einholung entsprechender Gutachten) lösbar.

Die Auseinandersetzung einer Ehegatteninnengesellschaft wird aber wirtschaftlich betrachtet sehr oft durch den späteren Zugewinnausgleich wieder entwertet.[224]

Eine gesellschaftsrechtliche Auseinandersetzung kann jedoch auch Vorteile für den berechtigten Ehegatten haben, die nicht durch den Zugewinnausgleich entwertet werden. Dies ist zum einen dann der Fall, wenn der Wert der Ehegatteninnengesellschaft durch Schulden oder entsprechendes Anfangsvermögen des dinglich berechtigten Ehegatten ganz oder zumindest teilweise kompensiert wird, und damit dem Ausgleich nicht vollständig zur Verfügung steht. Schließlich ist die gesellschaftsrechtliche Auseinandersetzung anzuraten, wenn der ausgleichsberechtigte Ehegatte einen »negativen Zugewinn« hat.[225]

---

224 Vgl. dazu Klein/Roßmann, Familienvermögensrecht, Kapitel 2, Rn. 468 ff.
225 Dazu ausführlich Wall, FamRB 2010, 352 ff.

Überblick zur Ehegatteninnengesellschaft

A. Begriff

Eine **Ehegatteninnengesellschaft** liegt vor, wenn in der Ehe durch planvolle und zielstrebige Zusammenarbeit der Ehegatten erhebliche Vermögenswerte (z.B. ein Immobilienvermögen) angesammelt werden, wobei als Ziel nicht so sehr die Verwirklichung der ehelichen Lebensgemeinschaft als vielmehr die Vermögensbildung als solche im Vordergrund steht, mithin ein eheüberschreitender Zweck verfolgt wird.

B. Kriterien

1. Verfolgung eines „eheübergreifenden" Zwecks
2. **gleichberechtigte** Mitwirkung der Eheleute
   Indizien:
   - Entnahmerecht
   - Absprachen über die Gewinnverwendung (Neuanlagen usw.)
   - Haftungsrechtliche Gründe für die Gestaltung
   - Verlustbeteiligung
   - Nachweisliches Zusammenwirken; Einbringen von besonderer Kompetenz
3. keine abweichende Vereinbarung der Eheleute

C. Auflösung der Ehegatteninnen-GbR

Grundsätze:

- Auseinandersetzung wie beim Ausscheiden eines Gesellschafters aus einer GbR
- Ausgleichsanspruch des ausscheidenden Ehegatten gem. § 738 Abs. 1 S. 2 BGB analog i.V.m. §§ 730 ff. BGB
- Gesellschaftsanteil grundsätzlich 50%, § 722 BGB
- Vermögensermittlung ⇨ Schätzung nach § 738 Abs. 2 BGB zulässig

D. Verhältnis zum Güterrecht

1. Gütertrennung:
Bedeutung gesellschaftsrechtlicher Ausgleichsansprüche ist groß, da ein während der Ehe erwirtschafteter Vermögenszuwachs in diesen Fällen nicht über den Zugewinnausgleich ausgeglichen werden kann. Die Vereinbarung von Gütertrennung bedeutet nicht, dass die Eheleute damit auch auf gesellschaftsrechtliche Ausgleichsansprüche verzichten wollen.

2. Zugewinngemeinschaft:
Der gesellschaftsrechtliche Ausgleichsanspruch eines Ehegatten ist nicht davon abhängig, dass der Zugewinnausgleich zu einem angemessenen Ergebnis führt; er besteht vielmehr neben einem Anspruch auf Zugewinnausgleich. Mitunter wird der gesetzliche Güterstand als gewichtiges Indiz gegen das Zustandekommen einer Innengesellschaft durch schlüssiges Verhalten angesehen, weil der im Fall der Scheidung gebotene Vermögensausgleich in der Regel bereits durch die Vorschriften über den Zugewinnausgleich gesichert ist.

3. Gütergemeinschaft:
grds. abschließendes Ausgleichssystem, d.h. keine Anwendung des Nebengüterrechts

Übersicht 3: Ehegatteninnengesellschaft

E. Die Auseinandersetzung einer Ehegattengemeinschaft nach Bruchteilen

§ 741 BGB

Die Gesamtgläubiger sind im Verhältnis zueinander zu gleichen Anteilen berechtigt, soweit nicht ein anderes bestimmt ist.

§ 745 BGB   Verwaltung und Benutzung durch Beschluss

(1) Verwaltung und Benutzung durch BeschlussDurch Stimmenmehrheit kann eine der Beschaffenheit des gemeinschaftlichen Gegenstandes entsprechende ordnungsmäßige Verwaltung und Benutzung beschlossen werden. Die Stimmenmehrheit ist nach der Größe der Anteile zu berechnen.

(2) Jeder Teilhaber kann, sofern nicht die Verwaltung und Benutzung durch Vereinbarung oder durch Mehrheitsbeschluss geregelt ist, eine dem Interesse aller Teilhaber nach billigem Ermessen entsprechende Verwaltung und Benutzung verlangen.

(3) Eine wesentliche Änderung des Gegenstandes kann nicht beschlossen oder verlangt werden. Das Recht des einzelnen Teilhabers auf einen seinem Anteil entsprechenden Bruchteil der Nutzungen kann nicht ohne seine Zustimmung beeinträchtigt werden.

I. Das Recht der Gemeinschaft im Allgemeinen

Das in den §§ 741 ff. normierte Recht der Gemeinschaft ist dann anwendbar, wenn ein Recht   109
mehreren Personen gemeinschaftlich in Form einer **Bruchteilsgemeinschaft** zusteht.

Die Abgrenzung zur BGB-Gesellschaft ist dahin möglich, dass die Gesellschaft einen gemeinsamen weitergehenden Zweck verfolgt, der über das schlichte »Innehaben« eines Wirtschaftsgutes hinausgeht.[226] Dieser weitergehende Zweck ist von den Gesellschaftern zu fördern. Die Bruchteilsgemeinschaft ist hingegen als Interessengemeinschaft ohne Zweckgemeinschaft zu charakterisieren, d.h. die gleichlaufenden Interessen der Teilhaber erschöpfen sich in dem »Haben« des gemeinsamen Wirtschaftsguts als solchem.

Die Regeln der §§ 741 ff. finden bei Vorliegen einer Gemeinschaft stets Anwendung, sofern sie   110
nicht durch Gesetz ausgeschlossen sind. Als das Recht der Gemeinschaft **verdrängende Normen** kommen insbesondere die über die **Gütergemeinschaft** (§§ 1415 ff.) und die **Erbengemeinschaft** (§§ 2032 ff.) in Betracht. Eine Gemeinschaft bilden grundsätzlich auch die **Eigentümer von Wohnungseigentum**, für sie gelten indes vorrangig die Sonderbestimmungen des WEG.

Auf **Gesellschaften** sind die Vorschriften des Gemeinschaftsrechts nicht anwendbar. Für sie gelten   111
die §§ 705 ff. **Gesellschaftsvermögen** ist als gemeinschaftliches Vermögen **Gesamthandsvermögen**, für das die §§ 706 ff. eine abschließende Regelung beinhalten. Aus diesem Grund scheidet die Anwendung der §§ 741 ff. auch im Fall einer **Innengesellschaft**, die unter Umständen auch zwischen Ehegatten angenommen werden kann, aus.

Gegenstand einer Gemeinschaft können **Rechte aller Art** sein, die eine Mehrheit von Berechtigten   112
zulassen. Hierzu rechnen insbesondere das **Miteigentum**, bei welchem die §§ 742 ff. BGB durch die Sonderregeln der §§ 1008 1011 BGB ergänzt werden, oder **gemeinschaftliche Forderungen**, wie etwa ein gemeinschaftliches Bankguthaben.[227]

Die Gemeinschaft kann durch **Gesetz**, kraft **Rechtsgeschäfts** oder auch durch **tatsächliches Handeln** entstehen. Haben etwa Eheleute zum gemeinsamen Erwerb einer Immobilie gemeinsam   113
einen Kredit aufgenommen, der über eine Lebensversicherung abgesichert ist, die nur einer der Ehegatten abgeschlossen hat, so steht die Forderung aus dem Lebensversicherungsvertrag beiden

---

226 Vgl. Palandt/Sprau, § 741 Rn. 1.
227 BGH NJW 2000, 2347; vgl. auch OLG Brandenburg FamRZ 2011, 114 ff.

Eheleuten gemeinsam zu, weil sie insoweit **stillschweigend eine Bruchteilsgemeinschaft** begründet haben.[228]

114 Nach § 745 Abs. 1 kann bei Vorliegen einer Gemeinschaft durch Stimmenmehrheit der Mitglieder der Gemeinschaft eine der Beschaffenheit des gemeinschaftlichen Gegenstands entsprechende **ordnungsgemäße Verwaltung und Benutzung** beschlossen werden. So können Bruchteilseigentümer ein Mietverhältnis über das gemeinschaftliche Grundstück mit Stimmenmehrheit wirksam kündigen, wenn sich die Kündigung als Maßnahme einer ordnungsgemäßen Verwaltung erweist.[229] Nach Abs. 2 kann jeder Teilhaber eine dem Interesse aller Teilhaber nach billigem Ermessen entsprechende Verwaltung und Benutzung verlangen, sofern nicht die Verwaltung und Benutzung durch **Vereinbarung** oder durch **Mehrheitsbeschluss** geregelt ist. Nutzen beispielsweise zwei Personen die in ihrem Miteigentum stehende Immobilie rein faktisch, kann jeder der Teilhaber jederzeit von dem anderen die Zustimmung zu einer billigem Ermessen entsprechenden **Nutzungsneuregelung** beanspruchen, wobei der Anspruch ggf. im Weg der **Leistungsklage** durchzusetzen ist.[230] Nutzt ein Teilhaber den gemeinschaftlichen Gegenstand allein und fehlt es an einer ausdrücklichen Nutzungsvereinbarung, so kann der andere über § 748 mit Wirkung ex nunc eine den gemeinschaftlichen Interessen entsprechende **Neuregelung von Entgelt- und Lastenverteilung beanspruchen.**[231] Steht die Immobilie im Miteigentum von Ehegatten und wird diese von beiden als Ehewohnung genutzt, so kann jedoch im Fall der **Insolvenz eines der Ehegatten** der Insolvenzverwalter keine Neuregelung verlangen, weil der Anspruch von der ehelichen Lebensgemeinschaft überlagert ist und der verfassungsrechtlich verankerte Schutz von Ehe und Familie Vorrang vor den Interessen Dritter hat; von dem anderem Ehegatten kann deshalb weder eine Nutzungsentschädigung für die Mitbenutzung noch dessen Auszug aus dem Haus verlangt werden.[232]

115 Gemäß § 744 Abs. 2 kann jeder Teilhaber der Gemeinschaft von dem anderen **Zustimmung auch zu solchen Maßnahmen** verlangen, die zur **Erhaltung des Gegenstands** notwendig sind. Er kann diese Maßnahmen ggf. auch ohne dessen Zustimmung treffen und hat gem. § 748 einen Anspruch auf **anteilige Beteiligung an den hierfür erforderlichen Kosten.** Auch dieser Anspruch besteht nur unter dem **Vorbehalt der ordnungsgemäßen Verwaltung,** so dass die Maßnahme nicht nur objektiv erforderlich, sondern auch für den Teilhaber nach Anlegung eines **wirtschaftlichen Maßstabes** unter Berücksichtigung auch seiner **finanziellen Verhältnisse** zumutbar sein muss.[233] Deshalb besteht ein Vorschussanspruch gegen den ausgezogenen Ehegatten für aufwändige Sanierungsmaßnahmen am gemeinsamen Haus dann nicht, wenn beide mittellos sind und vor ihrer Trennung im gegenseitigen Einvernehmen von entsprechenden Maßnahmen abgesehen haben.[234]

116 Haben die Eheleute ihre Ehe vor dem 03.10.1990 im Gebiet der früheren **DDR** geschlossen und für die Fortgeltung des Güterstandes der **Eigentums- und Vermögensgemeinschaft** des FGB optiert (Art. 234 § 4 Abs. 2 EGBGB), so findet das Gemeinschaftsrecht des BGB keine Anwendung. Die Auflösung der Gemeinschaft erfolgt dann nach §§ 39 ff. FGB. Für eine gesonderte Auseinandersetzung von Miteigentum und damit für eine Teilungsversteigerung ist kein Raum.[235] Dieser Anspruch unterliegt nicht der Verjährung.[236]

---

228 OLG Bremen FamRZ 2009, 779.
229 BGH FamRZ 2011, 95
230 BGH WM 1989, 102.
231 Palandt/Sprau § 745 Rn. 5.
232 OLG Hamm NZI 2002, 631.
233 Palandt/Sprau § 744 Rn. 3.
234 OLG Rostock MDR 2003, 698.
235 BGH FamRZ 2008, 2015; Wever FamRZ 2003, 566, 567.
236 BGH FamRZ 2008, 2015.

II. Das Recht der Gemeinschaft bei der Auseinandersetzung von Ehen

Das Recht der Gemeinschaft spielt bei der **vermögensrechtlichen Auseinandersetzung** von Ehen   117
eine Rolle im Rahmen der Frage von **Nutzung des im Miteigentums** der Ehegatten stehenden
Familienwohnheimes, bei der **Auflösung des Miteigentums** an diesem Familienwohnheim und
bei der **Auflösung von Miteigentum an beweglichen Sachen**, wie etwa an dem von der Familie
genutzten PKW.

Zwar bleibt das Vermögen der Eheleute sowohl im gesetzlichen Güterstand der **Zugewinngemein-**   118
schaft als auch bei der **Gütertrennung** voneinander getrennt. Dies schließt aber die Begründung
von Miteigentum durch Übereignung von Vermögensgegenständen an beide Ehegatten nicht aus.
Die Bedeutung dieser Bruchteilsgemeinschaft nach §§ 741 ff BGB ist in der Praxis so groß, dass
teilweise von einem »Güterstand der Miteigentümergemeinschaft« gesprochen wird.[237]

Kein Miteigentum wird nach herrschender Meinung über § 1357 bei **Geschäften zur Deckung**   119
des Lebensbedarfs begründet. Denn § 1357 hat danach **keine dingliche Wirkung**, sondern bleibt
auf die **schuldrechtliche Ebene** beschränkt.[238] Das schließt es nicht aus, jedenfalls an weniger
wertvollen Gegenständen, insbesondere an **Haushaltsgegenständen**, regelmäßig von Miteigentum
auszugehen, da die jeweiligen Einigungen zwischen dem Veräußerer und dem handelnden Ehegatten in der Regel dahin zu verstehen sind, dass die Sachen an beide Ehegatten gemeinsam übereignet werden sollen (Geschäft für den, den es angeht).[239]

Die Bruchteilsgemeinschaft der Ehegatten wird durch die eheliche Lebensgemeinschaft bzw. deren
Nachwirkungen überlagert.[240] Ehe und Familie setzen den Rechten der Bruchteilsgemeinschaft-
steilhaber insbesondere Grenzen. So kann ein Ehegattenteilhaber nicht uneingeschränkt die Auflösung der Gemeinschaft nach § 749 Abs. 1 BGB verlangen, wenn das Wirtschaftsgut oder die
Immobilie von der Familie benötigt wird. Dies gilt auch nach Trennung der Eheleute. Teilweise
werden diese Grenzen aber auch durch die gesetzlichen Regelungen zu Haushaltsgegenständen
und der Ehewohnung definiert (vgl. dazu §§ 1361a, 1361b sowie nach Scheidung §§ 1568a,
1568b BGB). Soweit dieses Sonderrecht nicht anwendbar ist, weil es sich eben nicht um Haushaltsgegenstände oder die Ehewohnung handelt, ist die familienrechtliche Überlagerung im Sinne
insbesondere von Rücksichtnahme zu beachten. Dies kann etwa zur Folge haben, dass ein Ehegatte auch nach rechtskräftiger Scheidung nicht die Teilungsversteigerung der gemeinsamen
Immobilie betreiben kann, wenn er damit offensichtlich dem anderen Ehegatten schweren Schaden zufügen würde.

1. Die Nutzung des im Miteigentum stehenden Familienheimes

Für die Neuregelung der Nutzung des im Miteigentum stehenden Familienheims, insbesondere   120
für die Frage eines Anspruchs auf Leistung einer **Nutzungsvergütung** kommen zwei Anspruchsgrundlagen in Betracht, deren Verhältnis zueinander lange streitig war, § 1361b Abs. 3 einerseits
und § 745 Abs. 2 andererseits.

Mittlerweile geht die Rechtsprechung der Oberlandesgerichte allerdings weitgehend dahin, als   121
Anspruchsgrundlage für einen Anspruch auf Nutzungsvergütung auch im Falle freiwilligen Verlas-
sens nicht mehr § 745 Abs. 2 zu sehen, sondern § 1361b als vorrangig anwendbar zu behandeln.[241]
Danach folgt der Anspruch auf eine Nutzungsvergütung nach jetzt wohl herrschender Meinung
allein aus § 1361b Abs. 3 Satz 2. Allerdings ist die Bedeutung dieser lange Zeit umstrittenen Frage

---

237 Grziwotz FamRZ 2002, 1669.
238 BGHZ 114, 74; Palandt/Brudermüller § 1357 Rn. 20; FA-FamR/v. Heintschel-Heinegg Kap. 10 Rn. 12.
239 OLG Koblenz FamRZ 1992, 1303; OLG Köln NJW-RR 1996, 904.
240 Vgl. dazu auch BGH FamRZ 1988, 264 f.
241 OLG Frankfurt FamRZ 2011, 374; OLG Brandenburg NJW-RR 2009, 725; OLG Hamm FamRZ
     2008, 1639; OLG Jena FamRZ 2008, 1934; KG FamRZ 2008, 1933.

nicht mehr von so zentraler Bedeutung wie noch vor dem Inkrafttreten des FamFG zum 01.09.2009, weil in jedem Fall die Zuständigkeit des Familiengerichts gegeben ist. Auch dann, wenn man die Anspruchsgrundlage in § 745 Abs. 2 sehen wollte, läge eine Familiensache vor, da der Rechtsstreit eine sonstige Familiensache i.S. § 266 FamFG ist. Beide Verfahren folgen jedoch teils unterschiedlichen Regeln, denn das auf einen Nutzungsvergütungsanspruch nach § 745 Abs. 2 gestützte Verfahren wird weitgehend nach ZPO-Regeln (vgl. §§ 112 Abs. 1 Nr. 3, 113 Abs. 1 FamFG) abgewickelt.

122 § 1361b findet aber nur bis zur **Rechtskraft der Ehescheidung** Anwendung. Für die Zeit danach folgt der Anspruch des aus der Wohnung ausgezogenen Miteigentümers allein aus § 745 Abs. 2.[242] Denn § 1568a lässt nicht die Möglichkeit zu, eine Nutzungsvergütung festzusetzen. Kommt es dann nach freiwilligem Auszug nicht zum Abschluss eines Mietvertrages, besteht kein Grund, aus § 1568a einen Anspruch auf Abschluss eines solchen Vertrages herzuleiten, weil der Miteigentümer über § 745 Abs. 2 hinreichend geschützt ist.[243] Eine die Analogie rechtfertigende Gesetzeslücke ist nicht erkennbar. Deshalb ist für die Zeit nach Rechtskraft der Ehescheidung allein § 745 Abs. 2 die für die Forderung einer Nutzungsvergütung in Betracht kommende Anspruchsgrundlage.[244]

123 Damit ist wie folgt zu differenzieren:

- für die Zeit **bis zur Rechtskraft der Ehescheidung** folgt im Falle des Auszuges eines Ehegatten aus der gemeinsamen Immobilie ein Anspruch auf Leistung einer Nutzungsvergütung nur aus § 1361b Abs. 3 Satz 2.
- Für die Zeit **ab Rechtskraft der Ehescheidung** folgt der Anspruch auf Leistung einer Nutzungsvergütung hingegen aus § 745 Abs. 2.

124 Das rechtskräftig festgestellte **Scheitern der Ehe** und die damit verbundene Trennung stellen im Rahmen des § 745 Abs. 2 eine grundlegende Veränderung derjenigen Verhältnisse dar, die für die vorangegangene Regelung maßgeblich waren, weshalb von jedem Ehegatten von diesem Zeitpunkt an eine angemessene Neuregelung der Verwaltung und Benutzung verlangt werden kann.[245]

125 Die Neuregelung besteht vorrangig darin, dass zwischen den geschiedenen Ehegatten ein **Miet- oder Nutzungsverhältnis** begründet wird.[246] Dabei kann derjenige, der die **Zahlung einer Nutzungsvergütung** für sich beansprucht, die Neuregelung unmittelbar durch Geltendmachung eines Zahlungsanspruchs verlangen.[247]

126 Unter Umständen besteht ein Anspruch auf Zahlung einer Nutzungsentschädigung auch dann, wenn die Ehegatten **nicht Miteigentümer** des als Ehewohnung dienenden Hauses sind. Eine solche Möglichkeit ist dann angenommen worden, wenn ein Ehegatte **Alleineigentümer** ist und zugunsten des anderen, der wegen des Scheiterns der Ehe auszieht, ein dem Miteigentum in seinen Funktionen weithin vergleichbares **dingliches und auf Lebenszeit bestehendes Wohnrecht** mit umfassendem Mitbenutzungsrecht am gesamten Anwesen bestellt wurde.[248] Dasselbe gilt, wenn die Eheleute das Haus aufgrund eines **gemeinsamen lebenslangen Wohnrechts** bewohnt haben.[249]

---

242 OLG Frankfurt, FamRZ 2011, 374.
243 Anders: Weber NJW 2009, 3283, 3290.
244 Palandt/Brudermüller § 1568a Rn. 9; Götz/Brudermüller FamRZ 2009, 1261, 1265; Wever FamRZ 2010, 237, 238.
245 BGH FamRZ 1982, 355; FA-FamR/v. Heintschel-Heinegg Kap. 10 Rn. 15.
246 BGH FamRZ 1982, 355.
247 BGH FamRZ 2008, 2015, 2018; OLG München FamRZ 2005, 806, 807.
248 BGH FamRZ 2010, 1630; OLG Koblenz FamRZ 2001, 225.
249 OLG Köln OLGR Köln 2001, 48.

Der **Vergütungsanspruch** entsteht, da die Neuregelung erst mit Wirkung ex nunc beansprucht 127
werden kann, wenn die Neuregelung der Verwaltung und Benutzung mit hinreichender Deutlichkeit verlangt worden ist,[250] so dass das Vergütungsverlangen nur für die **Zukunft** wirkt.[251] Etwas
anderes gilt nur dann, wenn das Vergütungsverlangen als eine **Einwendung im Rechtsstreit** um
einen Anspruch des an sich zahlungspflichtigen Ehegatten gegen den aus § 745 Abs. 2 anspruchsberechtigten Ehegatten geltend gemacht wird: In diesem Fall kann die Aufrechnung auch mit der
Vergütung für die Zeit vor der Geltendmachung des Verlangens erklärt werden.[252]

Das **Zahlungsverlangen** muss deutlich und bestimmt sein. Die reine **Zahlungsaufforderung** 128
genügt regelmäßig nicht. Der in der Ehewohnung verbliebene Ehegatte muss sich vielmehr auf
seine Zahlungspflicht einstellen können und eindeutig vor der Alternative stehen, ob er künftig
für die Nutzung der Immobilie ein Entgelt zahlt oder sich um eine andere Wohnmöglichkeit
bemüht.[253]

Die **Höhe der zu zahlenden Nutzungsentschädigung** bestimmt sich nach billigem Ermessen. Ori- 129
entierungsmaßstab ist dabei stets die für die Wohnung zu leistende **marktübliche Miete**, weshalb
im Fall der Alleinnutzung bei jeweils hälftigem Miteigentum der halbe Mietwert des gesamten
Objekts Grundlage der Ermittlung der angemessenen Vergütung ist.[254]

Der Zahlungszeitpunkt für diese Entschädigung ist spätestens der 3. des jeweiligen Monats, denn
es ist auch bei einer Mietwohnung üblich, dass die Miete jeweils monatlich im Voraus bezahlt
wird. Dies ist im Rahmen des billigen Ermessen (§ 745 Abs. 2 BGB) zu berücksichtigen.[255]

Die Frage der finanziellen Verhältnisse (Einkünfte und Vermögen der Beteiligten) stellt sich bei
der Festlegung der Nutzungsentschädigung nicht. Aus § 743 BGB ergibt sich unmittelbar, dass für
solche Erwägungen im Rahmen des Gemeinschaftsrechts in der Regel kein Raum ist.[256]

Die Höhe der Nutzungsentschädigung wird nicht dadurch begrenzt, dass in der Wohnung ein
Ehegatte mit gemeinsamen minderjährigen Kindern verblieben ist. Dies ist dadurch bedingt, dass
im Kindesunterhalt Anteile für Wohnkosten enthalten sind. Der die Kinder betreuende Ehegatte
würde daher diesen finanziellen Posten zweifach abschöpfen, wenn neben dem Kindesunterhalt
die Nutzungsvergütung um den Kinderanteil verringert würde.

Wird das im gemeinsamen Eigentum stehende Haus hingegen auch durch die **gemeinsamen volljährigen und wirtschaftlich selbständigen Kinder** genutzt, so kann der ausgezogene Ehegatte
gegen den anderen eine Entschädigung nur wegen der auf dessen Anteil entfallender Nutzung,
nicht auch wegen der Nutzung durch die Kinder, beanspruchen.[257] Der Frage, wer den Erwerb der
Wohnung **finanziert** hat oder wer für das Scheitern der Ehe **verantwortlich** ist, kommt hingegen
keine entscheidende Bedeutung zu.[258]

Trägt der in der Wohnung oder im Haus verbliebene Ehegatte im Übrigen die mit der Immobilie 130
verbundenen **Lasten und Kosten** allein, so ist die Nutzungsentschädigung um diese Beträge zu
vermindern,[259] was dann, wenn die Lasten dem Wohnwert der Höhe nach annähernd entspre-

250 OLG Karlsruhe FamRZ 2009, 775.
251 BGH FamRZ 1982, 355.
252 OLG Celle NdsRpfl 2005, 68; OLG Brandenburg FamRZ 2003, 378; OLG Celle NJW-RR 1990,
      265; OLG Schleswig NJW-RR 1993, 1029.
253 OLG Köln FamRZ 1992, 440; FuR 1998, 398; OLG Braunschweig FamRZ 1996, 548; OLG Mün-
      chen FuR 1999, 230 = FamRZ 1999, 1270; OLG Brandenburg FamRZ 2001, 1713.
254 OLG Celle NdsRpfl 2005, 68; BayObLG FamRZ 1974, 22.
255 OLG Karlsruhe FamRZ 2009, 775 ff.
256 A.A. Wever, FamRZ 2010, Rn. 125.
257 OLG Brandenburg NJW-RR 2003, 1009.
258 OLG München FamRZ 2005, 806, 807.
259 OLG Düsseldorf FamRZ 2006, 209.

chen, dazu führen kann, dass keine Nutzungsvergütung mehr zu zahlen ist.[260] Dasselbe gilt, wenn der Nutzungswert bereits im Rahmen der **Unterhaltsbestimmung** – sei es in einer gerichtlichen Entscheidung, sei es im Rahmen einer außergerichtlichen Vereinbarung[261] – Berücksichtigung gefunden hat.[262] Haben die Ehegatten im Übrigen vereinbart, dass die Ehefrau **kostenfrei in der gemeinsamen Immobilie** wohnen darf, so hat sie gegen ihren Ehegatten einen **Freistellungsanspruch**, wenn dieser seinen Miteigentumsanteil veräußert hat und der neue Miteigentümer nunmehr eine Nutzungsentschädigung beansprucht.[263]

131 (zur Zeit nicht besetzt)

2. Auflösung des Miteigentums am Familienheim

132 Für die **Auflösung des gemeinsamen Eigentums** an der Ehewohnung enthält die **Vorschrift des § 1568a** keine Regelungen. Insoweit gilt uneingeschränkt das Recht der Gemeinschaft. Danach kann jeder Miteigentümer jederzeit die **Aufhebung der Miteigentumsgemeinschaft** verlangen, sofern dieses Verlangen nicht **rechtsmissbräuchlich** ist.[264] Der **Aufhebungsanspruch** selbst folgt aus § 749, nach dessen Abs. 2 **vertragliche Einschränkungen des Aufhebungsbegehrens** bei Vorliegen eines wichtigen Grunde, wie ihn das Scheitern der Ehe darstellt, unwirksam sind.

133 Da Immobilien regelmäßig **nicht in Natur teilbar** sind (§ 752), erfolgt die Aufhebung der Gemeinschaft hier durch **Teilungsversteigerung**[265] nach § 753 in Verbindung mit § 180 ZVG. Nach Durchführung der Versteigerung wird der verbleibende **Erlös** geteilt. Die Teilungsversteigerung ist auf vollständige und endgültige Aufhebung der Gemeinschaft gerichtet und nicht nur auf das Ausscheiden einzelner Mitglieder unter Fortbestand der Gemeinschaft im Übrigen. Deshalb ist ein Einzelausgebot der Miteigentumsanteile unzulässig.[266]

134 Für den **Antrag** auf Durchführung des Versteigerungsverfahrens ist kein Titel erforderlich (§ 181 Abs. 1 ZVG). Der Antrag kann vielmehr **schriftlich** oder **zu Protokoll der Geschäftsstelle** gestellt werden, sofern der antragstellende Ehegatte im Grundbuch eingetragen ist (§§ 17 Abs. 1, 181 Abs. 2 Satz 1 ZVG). Jeder Ehegatte kann einen eigenen Antrag auf Teilungsversteigerung stellen oder den Beitritt zum Verfahren des anderen Ehegatten erklären, vgl. §§ 180 Abs. 1, 27 ZVG. Dies ist grundsätzlich auch erforderlich, um Einflussmöglichkeiten auf den Verfahrensablauf zu haben.[267]

Die Anordnung der Teilungsversteigerung hat die Beschlagnahme des Grundstücks zur Folge (§§ 180 Abs. 1, 20 ZVG). Die Beschlagnahme wird wirksam mit der Zustellung des Anordnungsbeschlusses an den Antragsgegner (§§ 180 Abs. 1, 22 ZVG).[268]

Bevor der Versteigerungstermin festgesetzt wird, ist vom Vollstreckungsgericht nach § 74a Abs. 5 ZVG der Verkehrswert des Grundstücks nach Begutachtung durch einen Sachverständigen festzusetzen. Der Zweck der Wertfestsetzung ist die Ermittlung der Wertgrenzen in § 74a Abs. 1-4 ZVG (7/10) sowie §§ 85a ZVG (5/10).

Der Versteigerungstermin soll innerhalb von sechs Monaten nach seiner Anberaumung stattfinden (§ 36 ZVG). Der Termin ist öffentlich bekanntzumachen (§ 39 ZVG).

---

260 BGH FamRZ 1993, 676.
261 OLG Naumburg FamRZ 2009, 2090.
262 BGH FamRZ 1986, 436; anders im Fall der Berücksichtigung nur im Rahmen der Berechnung des Kindesunterhalts, OLG Karlsruhe NJW-RR 2005, 1240.
263 BGH NJW 1997, 731.
264 OLG Frankfurt FamRZ 1998, 641; OLG Köln Rechtspfl 1998, 168.
265 Wegen des Ablaufs des Versteigerungsverfahrens vgl.: Weinreich FuR 2006, 352 ff.
266 BGH FamRZ 2009, 1317.
267 Klein/Büte, Familienvermögensrecht, 1. Aufl. 2011, 4. Kap., Rn. 36.
268 Klein/Büte, Familienvermögensrecht, 1. Aufl. 2011, 4. Kap., Rn. 42.

Vor der Versteigerung erfolgt die Festlegung des sog. geringsten Gebots (§§ 182, 44 ZVG). Im Versteigerungstermin darf nach § 44 Abs. 1 ZVG nur ein Gebot zugelassen werden, dass die dem Aufhebungsanspruch des Antragstellers vorgehenden Rechte sowie die aus dem Versteigerungserlös zu entnehmenden Kosten des Verfahrens deckt.[269]

Der Versteigerungstermin kann wie folgt verlaufen:

- Verläuft eine Versteigerung erfolgreich, endet sie nach Ablauf der Bietzeit von 30 min (§ 73 ZVG) mit dem Zuschlag, § 74 ZVG.
- Der Zuschlag ist jedoch nach § 85a Abs. 1 ZVG zu versagen, wenn im ersten Versteigerungstermin das Meistgebot 5/10 des Verkehrswerts unterschreitet; wird die sog. 7/10 Grenze unterschritten, ist ebenfalls der Zuschlag zu versagen, wenn ein Berechtigter dies beantragt, § 74a Abs. 1 ZVG.[270] Diese Grenzen gelten in einem zweiten Versteigerungstermin nicht mehr. Der zweite Termin ist von Amts wegen zu bestimmen; er soll grundsätzlich in einem Zeitraum von 3 – 6 Monaten nach dem ersten Termin stattfinden (vgl. § 74a Abs. 3 ZVG bzw. §§ 85a Abs. 2 i.V.m. 74a Abs. 3 ZVG).
- Sollte im ersten Versteigerungstermin überhaupt kein Gebot abgegeben worden sein, so wird das Verfahren nach § 77 Abs. 1 ZVG einstweilen eingestellt. Das Verfahren wird aber auf Antrag fortgesetzt, § 31 Abs. 1 ZVG. Bleibt auch der zweite Termin ergebnislos, d.h. erfolgen keine Gebote, so wird das Teilungsversteigerungsverfahren aufgehoben, § 77 Abs. 2 ZVG.

Das Vollstreckungsgericht bestimmt nach erfolgreicher Versteigerung einen Termin zur Verteilung des Versteigerungserlöses, § 105 ZVG. In diesem Termin wird ein Teilungsplan[271] aufgestellt. Der Teilungsplan stellt insbesondere die Teilungsmasse nach § 107 ZVG fest.

Zunächst sind mit dem Erlös die Verfahrenskosten zu bedienen, vgl. 109 ZVG, nur ein etwaiger Überschuss ist für die Ehegatten verteilungsfähig.

Die Gemeinschaft setzt sich kraft dinglicher Surrogation an dem Versteigerungserlös – soweit dieser über die Kosten des Verfahrens und die Belastungen hinausgeht – fort, der beiden Ehegattenteilhabern in ungeteilter Gemeinschaft zusteht.[272] Dieser Erlös selbst ist dann außerhalb des Zwangsversteigerungsverfahrens zu verteilen.

Der eigentliche Zweck der Teilungsversteigerung besteht darin, an die Stelle der nicht teilbaren Immobilie eine Geldsumme treten zu lassen, die verteilbar ist. Wird im Versteigerungstermin eine Einigung über die Aufteilung des Erlösüberschusses nicht erzielt, kann dieser nur an die Berechtigten gemeinsam ausgezahlt werden. Das Versteigerungsgericht ist zu einer Aufteilung des Erlöses nicht befugt (etwa im Verhältnis der früheren Miteigentumsbruchteile). Dies ist damit zu rechtfertigen, dass dem Versteigerungsgericht nicht bekannt ist, welche Ansprüche die Berechtigten gegebenenfalls untereinander haben. Die Erlösverteilung kann daher neue Rechtsstreitigkeiten unter den Beteiligten auslösen, da der Zuschlag in der Versteigerung nicht zugleich die Auflösung der Bruchteilsgemeinschaft bewirkt. Die Verteilung des Erlösüberschusses unter den Berechtigten ist jedenfalls dann, wenn diese sich darüber nicht einig sind, nicht mehr Gegenstand des Versteigerungsverfahrens. Die Teilungsversteigerung erfolgt zwar zum Zwecke der Aufhebung der Gemein-

---

269 Klein/Büte, Familienvermögensrecht, 1. Aufl. 2011, 4. Kap., Rn. 54.

270 Die Ehegattenmiteigentümer sind allerdings grundsätzlich nicht »Berechtigte« i.S.d. § 74a ZVG, d.h. können wegen Unterschreitung der 7/10 Grenze keinen Antrag auf Zuschlagsversagung stellen. Dies ist allenfalls anders, wenn ein Miteigentümer gegen den anderen eine titulierte Forderung besitzt und dafür eine Sicherungshypothek auf dessen Anteil eingetragen wurde – vgl. dazu Kogel, Strategien bei der Teilungsversteigerung, Rdn. 396.

271 Muster eines Teilungsplanes ist abgedruckt bei Klein/Büte, Familienvermögensrecht, 1. Aufl. 2011, 4. Kap., Rn. 129.

272 BGH, NJW 2008, 1807.

schaft, kann diese aber nicht ersetzen oder vorwegnehmen; sie erfolgt vielmehr nur zu deren Vorbereitung.[273]

Die Eheleute sind am Erlös Mitberechtigte nach § 432 BGB.[274] Die Bruchteilsgemeinschaft ist daher erst nach Tilgung der anteilig zu tragenden Kosten der Verwertung und der anderen Verbindlichkeiten (§ 755 BGB) sowie Verteilung des Erlöses beendet.

135 Grundsätzlich ist nach erfolgter Teilungsversteigerung des Grundstücks der Erlösüberschuss unter Berücksichtigung der unterschiedlichen Belastungen der Miteigentumsanteile zu verteilen.[275] Er ist auf die einzelnen Miteigentumsanteile nach dem Verhältnis der Werte zu verteilen, nachdem zuvor der Betrag der nach § 91 ZVG nicht erlöschenden Rechte hinzugerechnet worden ist. Auf den jedem Grundstücksanteil zufallenden Erlösanteil wird sodann der Betrag der Rechte, die an diesem Grundstücksanteil bestehen, angerechnet.[276]

Obwohl die Verteilung des Überschusses nicht zur Teilungsversteigerung gehört, kann und soll das Vollstreckungsgericht auf eine Einigung der Teilhaber hinwirken. Insbesondere wenn sich die Ehegatten über die Verteilung des Überschusses einig sind, ist die Aufteilung des Übererlöses schon im Teilungsplan festzulegen.[277]

136 Ersteigert ein Ehegatte das im Miteigentum beider stehende Grundstück für sich allein und werden dabei zum Teil **nicht mehr valutierte Grundschulden** bei der Feststellung des geringsten Gebotes berücksichtigt, so stehen dem anderen Ehegatten lediglich entsprechende **Rückgewähransprüche** gegen die jeweiligen Grundschuldgläubiger zu, während er keinen **Bereicherungsanspruch** gegen den ersteigernden Ehegatten hat.[278] Der weichende Ehegatte ist darauf beschränkt, vom Ersteher die Mitwirkung bei der Rückübertragung bzw. Teilung der Grundschuld zu verlangen. Aus der sodann ihm gebührenden Teilgrundschuld kann er dann die Duldung der Zwangsvollstreckung in das Grundstück beanspruchen.[279]

137 Zwar handelt es sich bei der Teilungsversteigerung nicht um Vollstreckung, dennoch sind Teilhaber, die das Bestehen oder die Fälligkeit des Aufhebungsanspruchs in Abrede stellen, im Wege der Drittwiderspruchsklage (§ 771 ZPO) gegen die Zwangsversteigerung vorzugehen berechtigt.[280] Die Drittwiderspruchsklage ist vor dem Familiengericht zu erheben, §§ 266 Abs. 1 Nr. 3, 111 Nr. 10 FamFG.

Die Klage kann auf Rechtsmissbrauchs nach § 242 BGB gestützt werden, wenn das Teilungsverlangen für den anderen Ehepartner schlechthin unzumutbar ist, so bei erheblichen gesundheitlichen Beeinträchtigungen.

Ein Verstoß gegen § 242 BGB liegt auch vor, wenn ein Antragsteller einem Antragsgegner bewusst Nachteile zufügt, ohne selbst ein eigenes wirtschaftliches Interesse am Verfahren oder Vorteile daraus zu haben oder falls

— der andere Ehegatte seinen Miteigentumsanteil im Wege der dinglichen Rückgewähr einer ehebezogenen Zuwendung sogleich an den Antragsgegner rückübertragen müsste
— der einer Teilungsversteigerung widersprechende Miteigentümer im Zugewinnausgleichsverfahren gem. § 1383 BGB die Übertragung der Miteigentumshälfte an den anderen Ehegatten beantragt hatte.[281]

---

273 BGH, NJW 2008, 1807, 1808.
274 Palandt/Sprau, BGB, § 753 Rn. 5/6.
275 BGH FamRZ 2010, 449
276 BGH FamRZ 2010, 354.
277 Klein/Büte, Familienvermögensrecht, 1. Aufl. 2011, 4. Kapitel, Rn 136.
278 OLG Bamberg FamRZ 1996, 1477; FA-FamR/v. Heintschel-Heinegg Kap. 10 Rn. 23.
279 BGH FamRZ 2011, 93 m.Anm. Hoffmann FamRZ 2011, 181.
280 Palandt/Sprau, BGB, § 753 Rn. 3.
281 Ausführlich dazu Klein/Büte, Familienvermögensrecht, 1. Aufl. 2011, 4. Kap., Rn. 159.

Auch die einstweilige Einstellung der Teilungsversteigerung kann nach §§ 180 Abs. 2 und Abs. 3 ZVG bzw. 765a ZPO in Betracht kommen.

Nach § 180 Abs. 2 ZVG kann auf Antrag des Antragsgegners und Miteigentümers eine einstweilige Einstellung des Teilungsversteigerungsverfahrens erfolgen, wenn dies bei Abwägung der widerstreitenden Interessen der Miteigentümer angemessen erscheint.

Die Einstellung nach dieser Vorschrift will verhindern, dass ein wirtschaftlich Schwächerer unter Ausnutzung vorübergehender Umstände die Versteigerung zur Unzeit durchsetzt, um den wirtschaftlich Schwächeren zu ungünstigen Bedingungen aus dem Grundstück zu drängen. Eine Einstellung ist daher möglich, wenn der Antragsgegner glaubhaft macht, dass er in Kürze über finanzielle Mittel verfügt, um selbst die Immobilie ersteigern zu können.[282]

Nach § 180 Abs. 3 ZVG ist die Teilungsversteigerung einstweilen einzustellen, wenn dies zur Abwendung einer ernsthaften Gefährdung des Wohls eines gemeinsamen Kindes erforderlich ist. Ausreichend ist die Gefährdung der schulischen Entwicklung des Kindes, nicht hingegen allein der Verlust des Familienheims.[283]

Die Vorschrift des § 765a ZPO gewährt ebenfalls einstweiligen Vollstreckungsschutz; damit soll auf ganz besondere Härtefälle reagiert werden können. Die Vorschrift ist subsidiär, d.h. nur anwendbar, wenn eine Einstellung nach §§ 180 Abs. 2, Abs. 3 ZVG, 771, 769 ZPO keinen Erfolg bietet. Nicht ausreichend für einen besonderen Härtefall ist ein krasses Missverhältnis zwischen Versteigerungserlös und Grundstückswert. Anders liegt es bei Suizidgefahr für den Fall der Versteigerung und Räumung der Immobilie.

Vollstreckungsschutz nach § 765a ZPO kann auch gegen den Zuschlagsbeschluss (vgl. §§ 79, 82, 89 ZVG) gewährt werden. Erforderlich ist in diesem Fall, dass der betreffende Beteiligte bei einem endgültigen Verlust des Eigentums an Haus und Grundstück im Zwangsversteigerungsverfahren bedingt durch die Rechtskraft des Zuschlagsbeschlusses konkret suizidgefährdet ist.[284]

Die grundsätzliche Unauflöslichkeit der Gemeinschaft nach § 11 WEG steht zwar dem Verlangen auf Aufhebung der **Gemeinschaft der Wohnungseigentümer** grundsätzlich entgegen. Dieses Verbot gilt aber nicht für die an einer einzelnen Eigentumswohnung bestehende Bruchteilsgemeinschaft zwischen zwei Ehegatten. Diese »Untergemeinschaft« kann im Wege der Zwangsversteigerung aufgehoben werden.[285] **138**

Ist die Teilungsversteigerung bereits erfolgt und der Erlös aus ihr hinterlegt, so kann dem Verlangen auf Einwilligung in die Auszahlung des Erlöses auch das **Zurückbehaltungsrecht** nach § 273 (etwa wegen eines Anspruchs auf Zugewinnausgleich) nicht entgegengehalten werden. Es fehlt die Gegenseitigkeit; eine etwaige Zugewinnausgleichsforderung betrifft die Ehegatten gegeneinander, während sich die Bruchteilsgemeinschaft der Beteiligten an dem Grundstück mit dem Zuschlag im Versteigerungsverfahren an dem Versteigerungserlös und der ihnen nach § 118 Abs. 1 ZVG übertragenen Forderung fortgesetzt hat. Eine etwaige Forderung aus Zugewinnausgleich besteht daher nur gegenüber einem Mitgläubiger.[286] **139**

Die Vorschriften über den **Zugewinnausgleich** stehen der Auseinandersetzung der Miteigentumsgemeinschaft nicht entgegen.[287] Solange der gesetzliche Güterstand noch besteht, können sich jedoch Einschränkungen aus § 1365 ergeben. Denn der Antrag auf Teilungsversteigerung zum Zwecke der Aufhebung der Gemeinschaft nach § 180 ZVG stellt zwar einen **Verfahrensantrag** dar; **140**

---

282 Wever, FamRZ 2010, Rn. 231.
283 Klein/Büte, Familienvermögensrecht, 1. Aufl. 2011, 4. Kap., Rn. 182, 183.
284 Vgl. dazu BVerfG FamRZ 2012, 185.
285 FA-FamR/v. Heintschel-Heinegg Kap. 10, Rn. 23.
286 Vgl. dazu OLG Koblenz FamRZ 2012, 1665.
287 BGH FamRZ 1987, 1239.

im Ergebnis führt er aber zum Verlust des Anteils des Ehegatten an der Gemeinschaft und einer grundlegenden Vermögensumschichtung, so dass § 1365 auch auf den **Antrag auf Teilungsversteigerung** anzuwenden ist.[288] Wegen weiterer Einzelheiten wird auf die Ausführungen zu § 1365 Rdn. 35 ff. verwiesen.

3. Auflösung des Miteigentums an beweglichen Sachen

141 Haben die Eheleute **Miteigentum an beweglichen Sachen**, so gilt auch insoweit das Recht der Gemeinschaft, sofern die beweglichen Sachen nicht **Haushaltsgegenstände** im Sinne der §§ 1568b, 1361a sind. Letztere werden für die **Dauer des Getrenntlebens** nach § 1361a, **nach Rechtskraft der Ehescheidung** ausschließlich nach § 1568b verteilt.

142 Nach § 749 kann jeder Ehegatte jederzeit die **Aufhebung der Miteigentumsgemeinschaft** verlangen. Soweit die gesetzlichen Regelungen des Gemeinschaftsrechts während des Bestehens der ehelichen Lebensgemeinschaft durch diese überlagert waren, stellt die Trennung einen wichtigen Grund dar, durch den frühere Einschränkungen des sich aus § 749 ergebenden Rechts wirkungslos werden.[289] Vorrangig können die Eheleute mittels einer Teilungsvereinbarung die Auseinandersetzung selbst regeln. Nur »hilfsweise« sind die gesetzlichen Bestimmungen der §§ 752, 753 BGB heranzuziehen.

143 Die **Auflösung der Miteigentumsgemeinschaft** erfolgt nach § 752 primär durch **Teilung in Natur**. Diese kommt in erster Linie bei **Bargeld**, aber auch sonst bei allen Sachen in Betracht, die **real teilbar** sind. Für **Wertpapiere** gilt dies dann, wenn – wie zumeist – eine Stückelung möglich ist. Ist nur ein Teil der vorhandenen im Miteigentum stehenden Gegenstände real teilbar, ein anderer hingegen nicht, so sind die teilbaren Sachen in Natur zu teilen, während im Übrigen Teilung durch Verkauf nach § 753 zu erfolgen hat.[290]

Nicht teilbar sind außer **Immobilien** auch **Unternehmen**.[291]

144 Die Teilung in Natur scheidet außer im Fall der **Unteilbarkeit** auch dann aus, wenn infolge der Teilung ein **Wertverlust** eintreten würde.[292] Das ist etwa bei **Sammlungen** dann der Fall, wenn der Wert der Gesamtsammlung höher ist als die Summe der Werte der einzelnen zur Sammlung zählenden Gegenstände.

Vollzogen wird die Teilung in Natur durch Zerstückelung des betreffenden Wirtschaftsgutes. Jeder Ehegatten-Teilhaber erhält einen seinem Bruchteil entsprechenden Anteil; unter Umständen geschieht die Verteilung durch Losentscheid.

Abgeschlossen wird die Teilung in Natur durch den dinglichen Verfügungsakt (Teilzession, Teilübereignung), an dem alle Ehegatten-Teilhaber mitwirken. Danach haben die früheren Ehegatten-Teilhaber Alleineigentum (bewegliche oder unbewegliche Sachen) an ihrem Anteil.

145 Ist die Teilung in Natur nicht möglich, so erfolgt die Aufhebung der Gemeinschaft nach § 753 Abs. 1 zweistufig durch **Verkauf der gemeinschaftlichen Gegenstände** nach den Regeln über den **Pfandverkauf** (§ 1235) und **Teilung des Erlöses**.

Nach § 1235 BGB ist der Verkauf des Pfandes durch öffentliche Versteigerung (vgl. dazu § 383 Abs. 3 BGB), d.h. in der Regel durch einen Gerichtsvollzieher zu bewirken.

Der Zuschlag wird dem Meistgebot gegen Barzahlung erteilt, wobei der »Kaufpreis« sofort in bar zu entrichten ist, vgl. § 1238 Abs. 1 BGB.

---

288 Palandt/Brudermüller § 1365 Rn. 8 m.N. zur Streitfrage.
289 FA-FamR/v. Heintschel-Heinegg Kap. 10 Rn. 18.
290 Palandt/Sprau § 752 Rn. 2.
291 MüKo/Schmidt § 752 Rn. 29.
292 FA-FamR/v. Heintschel-Heinegg Kap. 10 Rn. 22.

Die Eheleute haben das Recht und die Möglichkeit, sich aktiv an der Versteigerung zu beteiligen, vgl. § 1239 BGB. Dadurch können sie Einfluss auf die Höhe des Versteigerungserlöses nehmen. Erhalten sie freilich den Zuschlag, sind auch sie nach § 1239 Abs. 2 BGB verpflichtet, das Gebot bar zu entrichten; die Mitberechtigten haben aber die Möglichkeit einen Teilhaber, der die Sache ersteigert von der Barzahlungspflicht zu befreien.[293]

Nach allgemeiner Meinung gilt auch die Vorschrift des § 1246 BGB.[294] Entspricht danach eine von den Vorschriften der §§ 1235 bis 1240 abweichende Art des Pfandverkaufs nach billigem Ermessen den Interessen der Beteiligten, so kann jeder Ehegatte verlangen, dass der Verkauf in dieser Art erfolgt. Kommt eine Einigung der Teilhaber über die Verwertung nicht zustande, so entscheidet nach § 1246 Abs. 2 BGB das Gericht.

Eine andere Art des Verkaufs ist insbesondere der freihändige Verkauf des Wirtschaftsgutes; entspricht diese Vorgehensweise der Billigkeit bzw. einer wirtschaftlichen Verwertung, so ist dies im Verfahren der freiwilligen Gerichtsbarkeit (vgl. § 410 Nr. 4 FamFG) durchsetzbar.

Das Gericht kann in einem solchen Verfahren nach § 242 BGB anstelle einer Versteigerung einen Ehegatten auch verpflichten, seinen Anteil gegen ein angemessenes Entgelt auf den anderen Ehegatten zu übertragen.[295]

Ein Verkauf aus freier Hand ist unter Umständen dann wirtschaftlich, wenn der Gegenstand einen Börsen- oder Marktpreis hat, vgl. §§ 1235 Abs. 2, 1221 BGB. Dann können die Eheleute den Verkauf aus freier Hand durch einen zu solchen Verkäufen öffentlich ermächtigten Handelsmäkler oder durch eine zur öffentlichen Versteigerung befugte Person zum laufenden Preis bewirken.

Die Gemeinschaft der Eheleute setzt sich nach Versteigerung kraft dinglicher Surrogation an dem Versteigerungserlös fort, der beiden Teilhabern in ungeteilter Gemeinschaft zusteht.[296]

Der Erlös ist dann (dies ist die zweite Stufe der Auflösung der Bruchteilsgemeinschaft) außerhalb des Versteigerungsverfahrens zu verteilen. Der Nettoerlös wird durch den Gerichtsvollzieher hinterlegt; jedem Teilhaber steht gegen die Hinterlegungsstelle ein Anspruch in Höhe seiner Beteiligungsquote zu.[297]

III. Verfahren

Ansprüche aus dem Gemeinschaftsrecht sind regelmäßig sonstige Familiensachen i.S. § 266 FamFG, so dass für sie die **Zuständigkeit der Familiengerichte** gegeben ist. 146

Sollte eine unstreitige Abwicklung nicht möglich sein, ist der Teilungsanspruch beim Familiengericht mit einem Leistungsantrag als sonstige Familiensache nach § 266 Abs. 1 Nr. 3 FamFG geltend zu machen. Dabei ist ein Stufenantrag nach § 254 ZPO zu stellen, d.h. zunächst ist die Duldung der Veräußerung nach den Vorschriften über den Pfandverkauf zu beantragen, des Weiteren soweit erforderlich die Herausgabe des Gegenstandes an die zu Versteigerungen befugte Person (vgl. § 383 Abs. 3 BGB, insbesondere der Gerichtsvollzieher) sowie abschließend der Antrag auf Einwilligung in die Teilung des nach Abzug der Kosten erzielten Erlöses entsprechend den Bruchteilsquoten.[298]

Nach § 742 ist im Zweifel anzunehmen, dass den Teilhabern der Miteigentümergemeinschaft gleiche Anteile zustehen. Derjenige Ehegatte, der einen höheren Anteil für sich beansprucht, trägt für die dafür maßgeblichen Umstände die **Darlegungs- und Beweislast**. 147

---

293 Erman/Aderhold Rn. 2
294 Palandt/Sprau, § 753 Rn. 2.
295 BGH NJW 1977, 1234 f.
296 BGH NJW 2008, 1807.
297 BGH NJW 1996, 2310, 2312
298 Wever, FamRZ 2010, Rn. 81.

Überblick zur Bruchteilsgemeinschaft

A. Entstehung einer Bruchteilsgemeinschaft

- durch Gesetz, Tathandlung oder Rechtsgeschäft
- Rechtsgeschäft: insbes. gemeinschaftlicher Erwerb eines Wirtschaftsgutes
- Gegenstand: Rechte aller Art (insbes. aber Eigentum, Forderungsrechte)
- Interessengemeinschaft ohne Zweckgemeinschaft (=Abgrenzung zur GbR)

B. Rechtsstellung der Teilhaber

- Verwaltung und Benutzung (maßgeblich dafür ist das jeweilige Stimmrecht, vgl. § 745 Abs. 1 S. 2 BGB)
- Lasten- und Kostentragungspflicht nach § 748 BGB (entsprechend dem Anteil)
- Verfügung über Teilrecht möglich, vgl. § 747 S. 1 BGB
- Verfügung über Recht im ganzen nur gemeinsam

C. Aufhebung der Gemeinschaft, § 749 BGB

- **Dreistufige Vorgehensweise**

  1. Anspruch auf Einwilligung der übrigen Teilhaber in die Aufhebung der Bruchteilsgemeinschaft

  2. Anspruch auf Einwilligung der übrigen Teilhaber zu einem bestimmten Teilungsplan

  3. Anspruch auf Mitwirkung der übrigen Teilhaber beim Vollzug des Teilungsplans

D. Teilung des gemeinschaftlichen Gegenstandes

- **Teilung in Natur nach § 752 BGB**
  - Teilbarkeit erforderlich, vgl. § 752 S. 1 BGB (insbes. Geld ist teilbar)
  - Vollzug durch Zerstückelung
  - jeder Teilhaber erhält entsprechend seinen Anteil einen Bruchteil

- **Teilung durch Verkauf nach § 753 BGB**

  1. **Stufe: Verwertung nach §§ 753, 754 BGB**

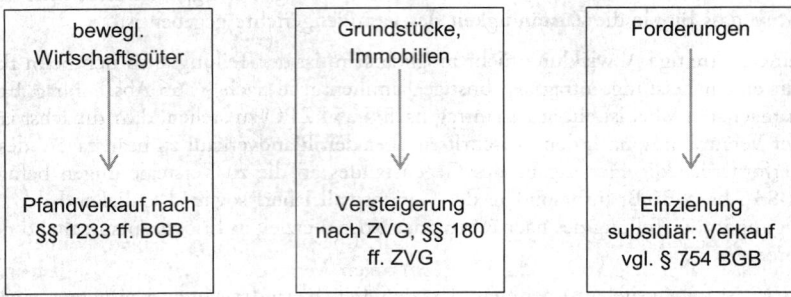

bewegl. Wirtschaftsgüter	Grundstücke, Immobilien	Forderungen
↓	↓	↓
Pfandverkauf nach §§ 1233 ff. BGB	Versteigerung nach ZVG, §§ 180 ff. ZVG	Einziehung subsidiär: Verkauf vgl. § 754 BGB

  2. **Stufe: Erlösverteilung**
  - Gemeinschaft setzt sich am Erlös fort (sog. dingliche Surrogation)
  - Nettoerlös wird entsprechend der Anteile verteilt
  - Gemeinschaft endet, sobald der Erlös verteilt ist

Überblick zur Bruchteilsgemeinschaft

F. Ausgleichsansprüche wegen Störung der Geschäftsgrundlage, § 313 BGB

§ 313   Störung der Geschäftsgrundlage

(1) Haben sich Umstände, die zur Grundlage des Vertrags geworden sind, nach Vertragsschluss schwerwiegend verändert und hätten die Parteien den Vertrag nicht oder mit anderem Inhalt geschlossen, wenn sie diese Veränderung vorausgesehen hätten, so kann Anpassung des Vertrags verlangt werden, soweit einem Teil unter Berücksichtigung aller Umstände des Einzelfalls, insbesondere der vertraglichen oder gesetzlichen Risikoverteilung, das Festhalten am unveränderten Vertrag nicht zugemutet werden kann.

(2) Einer Veränderung der Umstände steht es gleich, wenn wesentliche Vorstellungen, die zur Grundlage des Vertrags geworden sind, sich als falsch herausstellen.

(3) Ist eine Anpassung des Vertrags nicht möglich oder einem Teil nicht zumutbar, so kann der benachteiligte Teil vom Vertrag zurücktreten. An die Stelle des Rücktrittsrechts tritt für Dauerschuldverhältnisse das Recht zur Kündigung.

Ein Ehegatte kann durch Arbeitsleistungen oder finanzielle Zuwendungen das Vermögen des **148** anderen Ehegatten vermehrt haben. Regelmäßig ist Geschäftsgrundlage derartiger Vorgänge der Bestand der Ehe. Das Scheitern der Ehe kann in solchen Fällen Ausgleichsansprüche wegen Störung der Geschäftsgrundlage nach § 313 BGB zur Folge haben.

Ein Ausgleich für Arbeitsleistungen kann sich aus einem familienrechtlichen Vertrag sui generis (Kooperationsvertrag) ableiten lassen.

Wurden von einem Ehegatten hingegen finanzielle Beiträge etwa für ein Unternehmen oder aber auch den Erwerb einer Immobilie des anderen Ehegatten erbracht, kann dies als unbenannte (ehebezogene) Zuwendung zu qualifizieren sein und unter Umständen einen Ausgleich mittels der Grundsätze der Störung der Geschäftsgrundlage nach § 313 BGB rechtfertigen.

Die erwähnten Ansprüche greifen nur in Ausnahmefällen ein, wenn die Beibehaltung der Vermögensverhältnisse schwerwiegend gegen die Gebote von Treu und Glauben verstoßen würde.

I. Ausgleich für die Zuwendung von finanziellen Leistungen

1. Abgrenzung Schenkung – unbenannte Zuwendung

Eine **Zuwendung** eines Ehegatten an den anderen liegt dann vor, wenn der Zuwendende den **149** anderen aus seinem eigenen Vermögen bereichert, was in der Regel durch **Übertragung von Vermögensgegenständen** oder **Rechten** geschieht. Voraussetzung ist stets, dass der **Vermögensmehrung** auf der einen eine entsprechende **Vermögensminderung** auf der anderen Seite gegenübersteht.[299]

Damit stellt die **Arbeitsleistung**[300] keine Zuwendung in diesem Sinne dar. Soweit ausdrückliche vertragliche Abreden der Beteiligten betreffend die Ehegattenmitarbeit fehlen, können Ausgleichsansprüche sich aber aus einem **familienrechtlichen Vertrag sui generis (Kooperationsvertrag)** ergeben. Die Rechtsprechung zieht diese Rechtsfigur insbesondere dann heran, wenn eine »gleichberechtigte« Mitarbeit im Sinne einer Ehegatteninnengesellschaft nicht nachweisbar ist; das Scheitern der Ehe kann dann eine Rückabwicklung dieses familienrechtlichen Vertrag sui generis entsprechend den Grundsätzen über die Störung der Geschäftsgrundlage (vgl. § 313 BGB) zur Folge haben (dazu II.).

299 PWW/Hoppenz § 516 Rn. 6; Haussleiter/Schulz Kap. 6 Rn. 94.
300 BGH FamRZ 1982, 910; FamRZ 1994, 1167.

150 Liegt eine Zuwendung vor, so ist diese unter Eheleuten nur im Ausnahmefall eine **Schenkung** im Sinne des § 516. Voraussetzung für die Annahme einer Schenkung ist nämlich, dass die Zuwendung nicht als Beitrag zur Verwirklichung oder Ausgestaltung der ehelichen Lebensgemeinschaft und in Erwartung deren Fortbestandes, sondern unentgeltlich im Sinne einer echten Freigebigkeit zur freien Verfügung des Zuwendungsempfängers erfolgt.[301] Das kann etwa dann angenommen werden, wenn auf eine fällige Abfindungszahlung für einen im Ehevertrag vereinbarten Verzicht auf nachehelichen Unterhalt verzichtet wird. Diese Schenkung ist dann auch eine **freigebige Zuwendung** i.S. des § 7 Abs. 1 Nr. 1 ErbStG.[302] An der für die Schenkung erforderlichen **Unentgeltlichkeit** fehlt es hingegen dann, wenn der Zuwendende auch eigennützige Zwecke, etwa eigene wirtschaftliche Interessen,[303] verfolgt. Danach ist eine Zuwendung schon dann nicht unentgeltlich, wenn sie rechtlich die **Geschäftsgrundlage** hat, dass dafür eine Verpflichtung eingegangen oder eine Leistung bewirkt wird, die auch immaterieller Art sein kann.[304] Wird eine **Zuwendung um der Ehe willen** und als **Beitrag zur Verwirklichung der ehelichen Lebensgemeinschaft** erbracht und hat sie darin ihre Geschäftsgrundlage, so stellt sie keine Schenkung, sondern eine **unbenannte Zuwendung** dar.[305] Hat der zuwendende Ehegatte danach die Vorstellung, die Ehe werde Bestand haben und der zugewandte Gegenstand ihm deshalb letztlich wirtschaftlich erhalten bleiben, liegt eine unbenannte Zuwendung vor. Erfolgt die Zuwendung dagegen mit Rücksicht auf die bevorstehende Ehescheidung, so hat sie ihren Grund nicht in der Ehe, weshalb eine Schenkung vorliegt.[306] Stützt der klagende Ehegatte seinen Anspruch auf § 530, so hat er die **Darlegungs- und Beweislast** für das Vorliegen einer Schenkung, zumal die ehebezogene Zuwendung der Regelfall ist.[307]

Im Gegensatz zur Schenkung ist die **Brautgabe** wesentlicher Bestandteil der religiösen Eheschließung. Sie ist ein von den Ehegatten vereinbarter Vermögenswert, den der Ehemann bei der Eheschließung oder zu einem späteren Zeitpunkt zur freien Verfügung zu leisten hat. Sie kann auch noch nach der Scheidung eingefordert werden.[308]

151 Die **Bezeichnung der Zuwendung** hat in älteren Verträgen allenfalls indizielle Bedeutung. Denn die Rechtsfigur der ehebezogenen Zuwendung ist erst in den 70er Jahren entwickelt worden, so dass Zuwendungsverträge auch im Falle notarieller Beurkundung noch in den 80er Jahren überwiegend als Schenkungsverträge bezeichnet worden sind.[309] Im Übrigen kommt der Wortwahl in einer **notariellen Urkunde** für die Einschätzung des rechtsgeschäftlichen Inhalts der beurkundeten Erklärung ein erhebliches Gewicht zu, da notarielle Urkunden die Vermutung der Richtigkeit und Vollständigkeit für sich haben.[310]

2. Schenkungswiderruf

152 Im Falle einer Schenkung im Sinne des § 516 kann diese widerrufen werden, wenn der Schenker **verarmt** ist (§ 528), oder wenn der Beschenkte sich durch eine **schwere Verfehlung** gegen den Schenker oder einen nahen Angehörigen **groben Undanks** schuldig gemacht hat (§ 530).[311]

---

301 OLG München FamRZ 2002, 393.
302 FG Nürnberg DStRE 2003, 1463.
303 OLG Koblenz FuR 2006, 226 = FamRZ 2006, 412.
304 BGH FamRZ 1999, 1580; FamRZ 1990, 600.
305 BGH FamRZ 2006, 1022 m. Anm. Wever; FamRZ 1993, 1047.
306 OLG Schleswig FamRZ 2007, 820.
307 Wever FamRZ 2006, 1023, 1024.
308 OLG Stuttgart FamRZ 2007, 825.
309 Vgl. BGH FamRZ 1992, 293; OLG Bamberg FamRZ 1996, 1221; OLG Düsseldorf NJW-RR 1996, 467.
310 BGH FamRZ 2006, 1022, 1023.
311 Wegen der Fristen vgl. § 529, 10 Jahre und § 532, 1 Jahr.

Der Rückforderungsanspruch wegen **Notbedarfs** steht dem Schenker selbst, wegen des Nachran-   153
ges der **Sozialhilfe** (§ 2 SGB XII) nach der Überleitung gem. §§ 93 ff. SGB XII aber auch dem
Sozialhilfeträger zu.[312] Dabei ist für die Einstandspflicht des Beschenkten die Einkommens- und
Vermögenslage des Schenkers im Zeitpunkt der Bewilligung der Sozialhilfe maßgeblich, nicht die
Situation im Zeitpunkt der letzten mündlichen Verhandlung über den übergeleiteten Anspruch.[313]
Der Überleitung steht es nicht entgegen, dass das Geschenk, wäre es beim Schenker verblieben, zu
dessen **Schonvermögen** gehört hätte.[314] Ist der Anspruch übergeleitet, erlischt er auch nicht mit
dem **Tode des Schenkers**.[315] Der **Notbedarf** ist gegeben, wenn der eigene angemessene Unterhalt
des Schenkers nicht mehr gedeckt ist.[316] Bei **regelmäßig wiederkehrendem Bedarf** richtet sich der
Anspruch aus § 528 Abs. 1 Satz 1 auf **wiederkehrende Leistungen** des Beschenkten in einer dem
angemessenen Unterhaltsbedarf jeweils entsprechenden Höhe. Der Anspruch besteht solange, bis
der Wert des geschenkten Gegenstandes erschöpft ist.[317]

Der Anspruch auf Rückforderung wegen Verarmung nach § 528 unterliegt der regelmäßigen **Ver-**   154
jährung gem. § 195. Diese beträgt seit dem In-Kraft-Treten des **Gesetzes zur Modernisierung des**
Schuldrechts nur noch **3 Jahre**. Das gilt auch dann, wenn er durch regelmäßig wiederkehrende
Leistungen des Beschenkten in einer dem angemessenen Unterhaltsbedarf entsprechenden Höhe
zu erfüllen ist.[318]

An das **Tatbestandsmerkmal der schweren Verfehlung** im Sinne des § 530 sind hohe Anforderun-   155
gen zu stellen. Die gegen den Schenker oder dessen nahen Angehörigen gerichtete **objektiv**
schwere Verfehlung muss eine **subjektiv** tadelnswerte, auf Undankbarkeit deutende Gesinnung
offenbaren.[319] Die Verfehlung muss Ausdruck einer Gesinnung sein, die in erheblichem Maße
Dankbarkeit vermissen lässt, die der Schenker erwarten kann.[320] Sie liegt etwa vor bei **Bedrohung**
des Lebens und **körperlichen Misshandlungen**,[321] bei über einen längeren Zeitraum auch am
Arbeitsplatz erfolgten **Beleidigungen und Bedrohungen**,[322] bei **grundlosen Strafanzeigen**,[323] dann,
wenn sich auf dem geschenkten Hausgrundstück Werkstatträume des Schenkers befinden und der
Beschenkte deren **sofortige Räumung** verlangt, obwohl der Schenker sie für seine Berufsausübung
dringend benötigt[324] oder im Falle eines **grundlosen Betreuungsantrages**.[325]

Stets ist das **Gesamtverhalten** von Schenker und Beschenktem erschöpfend zu bewerten.[326] Des-   156
halb indiziert die **eheliche Untreue** den groben Undank allein nicht. Es müssen vielmehr anhand
einer wertenden Betrachtung des Verhaltens beider Ehegatten besondere Umstände hinzukommen.[327] Allein die Tatsache der **Trennung** des beschenkten Ehegatten vom anderen auch zeitnah
nach der Schenkung begründet die schwere Verfehlung noch nicht, es sei denn, die Schenkung
wurde vom zur Trennung bereits entschlossenen Ehegatten **erschlichen**.[328]

---

312 Vgl. Haarmann FamRZ 1996, 522.
313 BGH MDR 2003, 1405.
314 BGH FamRZ 2005, 177.
315 BGHZ 96, 380.
316 PWW/Hoppenz § 528 Rn. 1; Schwarz, JZ 1997, 545 zum Pflegefallrisiko.
317 BGH FamRZ FamRZ 1996, 483.
318 BGH FamRZ 2001, 409.
319 BGH NJW 1992, 183; NJW 1999, 1623.
320 BGH FamRZ 2005, 337; FamRZ 2005, 511.
321 Palandt/Weidenkaff § 530 Rn. 6.
322 OLG Hamm FamRZ 2001, 546.
323 BGHZ 112, 259.
324 BGH FamRZ 1993, 1297.
325 OLG Düsseldorf FamRZ 1999, 438.
326 BGH FamRZ 2006, 196.
327 BGH NJW 1999, 1623; FamRZ 1985, 351.
328 OLG Hamm OLG Report 2000, 376.

157 Schenkungen unter Eheleuten sind entgegen § 1374 Abs. 2 nicht dem **Anfangsvermögen** des Beschenkten hinzuzurechnen.[329] Besteht ein Rückgabeanspruch etwa wegen groben Undanks und ist dieser vor dem Endstichtag zur Bewertung des Endvermögens erfüllt, so ist der Zugewinnausgleich entsprechend der jetzt gegebenen Vermögenslage durchzuführen. Ist der Rückgabeanspruch zwar schon entstanden, beim Endstichtag aber noch nicht erfüllt, ist er als **Aktivum** beim Gläubiger und **Passivum** beim Schuldner zu berücksichtigen. Ist schließlich der Zugewinnausgleich bereits durchgeführt und wird die Schenkung erst jetzt widerrufen, ist der Rückgabeanspruch gem. §§ 531 Abs. 2, 818 Abs. 3 um denjenigen Betrag zu kürzen, der der Schenkung wegen durch den Zugewinnausgleich zurückgeflossen ist.[330]

3. Rückgewähr unbenannter Zuwendungen

158 Stellt die Zuwendung unter Eheleuten eine **unbenannte Zuwendung** und nicht eine Schenkung dar, so kommt ein **Rückgewähranspruch** nach herrschender Meinung nur aus dem Gesichtspunkt der Störung der Geschäftsgrundlage in Betracht (§ 313 BGB). Eine unbenannte bzw. ehebezogene Zuwendung liegt vor, wenn ein Ehegatte dem anderen einen Vermögenswert um der Ehe willen und als Beitrag zur Verwirklichung und Ausgestaltung, Erhaltung oder Sicherung der ehelichen Lebensgemeinschaft zukommen lässt, wobei er die Vorstellung oder Erwartung hegt, dass die eheliche Lebensgemeinschaft Bestand haben und er innerhalb dieser Gemeinschaft am Vermögenswert und dessen Früchten weiter teilhaben werde.[331] Darin liegt die Geschäftsgrundlage der Zuwendung, so dass nach dem Scheitern der Ehe Ausgleichsansprüche zu rechtfertigen sein können.[332] Dabei entfällt die Geschäftsgrundlage einer ehebedingten Zuwendung regelmäßig mit der endgültigen Trennung der Eheleute.[333] Ein solcher Anspruch ist aber nur dann begründet, wenn der durch die einseitige Zuwendung eines Ehegatten geschaffene Vermögensstand unter Berücksichtigung der Ehedauer, von Art und Umfang der erbrachten Leistungen und der Höhe der hierdurch bedingten oder noch vorhandenen Vermögensmehrung für den zuwendenden Ehegatten **unzumutbar** ist.[334] Die Grenze der Zumutbarkeit ist im Falle der Vereinbarung der Gütertrennung nicht zu niedrig anzusetzen, weil andernfalls die Gefahr bestünde, dass der von den Ehegatten frei gewählte Güterstand in eine **»Zugewinngemeinschaft kraft Richterrecht«** umgewandelt wird.[335] War die Zuwendung wegen der vereinbarten Gütertrennung nur als angemessene Beteiligung an dem durch gleichwertige Leistungen erzielten Vermögenszuwachs anzusehen, so scheidet ein Ausgleich von vornherein aus.[336]

Die **Abgrenzung einer ehebezogenen Zuwendung von einer Ehegatteninnengesellschaft** gestaltet sich bisweilen schwierig. Ehebezogene Zuwendungen sind schon von ihrem begrifflichen Ansatz her auf Fälle zugeschnitten, in denen das Element des Gebens um der persönlichen Bindung der Ehepartner willen im Vordergrund steht. Ihre Geschäftsgrundlage wird gerade damit erklärt, dass sie »um der Ehe willen« gemacht werden. Ihre Zielrichtung beschränkt sich darauf, die eheliche Lebensgemeinschaft zu verwirklichen. Daher werden sie überwiegend angenommen, wenn der Zuwendende beispielsweise die Schaffung eines Familienheims als Basis für die Führung der Ehe anstrebte. Demgegenüber liegt die Annahme einer Ehegatteninnengesellschaft nahe, wenn in der Ehe durch planvolle und zielstrebige Zusammenarbeit der Ehegatten erhebliche Vermögenswerte (z.B. ein Immobilienvermögen) angesammelt werden, wobei als Ziel nicht so sehr die Verwirklichung der ehelichen Lebensgemeinschaft als vielmehr die Vermögensbildung als solche im Vorder-

---

329 H.M. BGH FamRZ 1988, 373.
330 FA-FamR/v Heintschel-Heinegg Kap. 9 Rn. 36.
331 st. Rspr., vgl. etwa BGH FamRZ 2006, 2330.
332 BGH FamRZ 1982, 910; FamRZ 1988, 481.
333 BGH FamRZ 2007, 877.
334 BGH FamRZ 2003, 230; FamRZ 1988, 481; OLG Bremen FamRZ 2008, 2117.
335 BGH FamRZ 1990, 855.
336 OLG Düsseldorf NJW-RR 1996, 644; OLG Bamberg FamRZ 1995, 234.

grund steht, mithin ein eheüberschreitender Zweck verfolgt wird. Kommt es in einer solchen Ehe zu Vermögensverschiebungen auf einen Ehegatten, so wird dem als Motiv regelmäßig nicht ein Geben um der Ehe willen zugrunde liegen, sondern die Ursache liegt meist darin, dass etwa der Ehegatte bereits Inhaber des geförderten Unternehmens oder Vermögens ist oder eine Vermögensverlagerung auf ihn aus haftungsrechtlichen Überlegungen erfolgt. Jedenfalls liegt der Vermögensverschiebung in solchen Fällen die Vorstellung der Ehegatten zugrunde, dass die Gegenstände auch bei formal-dinglicher Zuordnung zum Alleinvermögen eines Ehegatten wirtschaftlich beiden gehören sollen.

Die Rückabwicklung von Zuwendungen richtet sich daher nach den Kriterien einer Ehegatteninnengesellschaft, wenn Eheleute ein Mehrfamilienhaus zwecks Vermögensbildung erwerben, dieses also schwerpunktmäßig vermieten wollen. Befindet sich ein solches Mehrfamilienhaus nur im Eigentum eines Ehegatten, kann der andere Ehegatte – unterstellt auch die weiteren Kriterien einer Ehegatteninnengesellschaft liegen vor (s.o.) – bei Scheitern der ehelichen Lebensgemeinschaft einen gesellschaftsrechtlichen Ausgleich einfordern. Eine ehedingte Zuwendung liegt hingegen vor, wenn mit finanziellen Beiträgen der Erwerb eines privaten Wohnhauses gefördert wird. Der leistende Ehegatte, der dinglich freilich nicht berechtigt ist, möchte mit seinen Geld- und Sachleistungen die eheliche Lebensgemeinschaft verwirklichen. Im Fall des Scheiterns der Ehe kann sich ein Ausgleichsanspruch nach den Regeln über die Störung der Geschäftsgrundlage nach § 313 BGB ergeben.

Neben dem **Zugewinnausgleich** kommt eine Rückabwicklung unbenannter Zuwendungen regelmäßig nicht in Betracht, weil bereits durch den Zugewinnausgleich eine der **Billigkeit** entsprechende Vermögenslage geschaffen ist. Das gilt auch dann, wenn der Zugewinnausgleichsanspruch verjährt und damit nicht mehr durchsetzbar ist.[337] Denn würde das Scheitern des Zugewinnausgleichs an der Erhebung der Einrede der Verjährung stets dazu führen, dass nunmehr ein Ausgleichsanspruch nach den Grundsätzen des Wegfalls der Geschäftsgrundlage entsteht, so bedürfte es der Verjährung nicht.[338] Insbesondere scheiden Ausgleichsansprüche aber dann aus, wenn dem Zuwendenden über den Zugewinnausgleich die Hälfte der Zuwendung ohnehin wieder zufließt.[339] Nur ganz ausnahmsweise gilt etwas anderes, wenn nämlich die güterrechtlichen Regeln zu einem für die Betroffen **untragbaren Ergebnis** führen,[340] wenn also die güterrechtliche Lösung den im Einzelfall bestehenden Interessenkonflikt nicht zu erfassen vermag.[341] Das ist etwa dann der Fall, wenn die Zuwendung beim Empfänger noch vorhanden ist, wegen eines hohen Anfangsvermögens aber keinen Zugewinn auslöst und wenn der Zuwendende andererseits in seinem Auskommen beeinträchtigt ist und seinen Unterhalt nicht mehr selbst bestreiten kann,[342] wenn ein Wertpapierdepot übertragen worden war und die vom Versorgungsgedanken geprägte Altersehe nach nur wenigen Monaten scheitert[343] oder wenn eine Mutter von drei Kindern ihrem neuen Ehemann ihr gesamtes Erbe zur Verfügung stellt, damit dieser auf seinem Grundstück für die Familie ein Familienheim errichten kann, die Ehe dann nach der Fertigstellung des Hauses scheitert und ein Zugewinnausgleichsanspruch nicht zu realisieren ist.[344] In jedem Fall muss sich der Ausgleichsberechtigte dasjenige anrechnen lassen, was er wegen der gemachten Zuwendungen durch den Zugewinnausgleich bereits erhalten hat.[345]

159

---

337 OLG Düsseldorf FamRZ 2003, 872.
338 OLG Düsseldorf FamRZ 2003, 872.
339 OLG Braunschweig OLGR 2001, 207.
340 BGHZ 115, 132; 127, 48; FamRZ 2003, 230.
341 OLG Frankfurt FuR 2006, 132.
342 BGH FamRZ 1991, 1169; OLG Frankfurt FuR 2006, 132.
343 BGH FamRZ 1994, 503; OLG Stuttgart FamRZ 1994, 1326.
344 OLG München FamRZ 1999, 1663.
345 OLG Hamm FamRZ 1988, 620.

160 **Beispielsfälle** für unbenannte Zuwendungen sind etwa der **Erwerb eines Hausgrundstücks** zu jeweils hälftigem Miteigentum, obwohl das investierte Eigenkapital ausschließlich aus den Mitteln eines Ehegatten stammt, der auch allein die Zins- und Tilgungsleistungen übernommen hat,[346] die **Übertragung des hälftigen Anteils am Grundeigentum** an den Ehegatten durch den Alleineigentümer,[347] die Hingabe eines größeren nicht rückzahlbaren **Geldbetrages** zum Zwecke der **Einrichtung einer Arztpraxis**,[348] zur **Einzahlung auf einen Bausparvertrag**[349] oder zur Investition in die im Alleineigentum des Begünstigten stehende **Immobilie**.[350] Weitere Beispiele wären die **Übertragung von Wertpapieren**, die von dem übertragenden Ehegatten allein erworben worden sind in das Eigentum des Ehegatten, sei es zum Zwecke der Altersvorsorge oder um sie dem Zugriff der Gläubiger zu entziehen,[351] oder die Einräumung eines **Bezugsrechts an einer Lebensversicherung**.[352] Vereinbaren die Eheleute während der Ehezeit einen **Güterstandswechsel** und verzichten sie auf die Geltendmachung von Zugewinnausgleichsansprüchen, so stellt auch dieser Verzicht eine Zuwendung dar.[353]

161 Der Ausgleich unbenannter Zuwendungen nach § 313 erfolgt regelmäßig nicht durch **dingliche Rückgewähr**, sondern durch **Zahlung in Geld**.[354] Die **Höhe des Ausgleichsanspruchs** hängt dabei von den Umständen des Einzelfalles ab und richtet sich nach Art und Umfang der erbrachten Leistungen, der Höhe des hierdurch bedingten noch vorhandenen Vermögensvorteils, den Einkommens- und Vermögensverhältnissen der Eheleute, der Dauer der Ehe, dem Alter der Eheleute und ihren Möglichkeiten, durch spätere Erwerbstätigkeit oder eigenes Vermögen Einkünfte erzielen zu können, dem Einsatz eigener, nicht zurückgewährter Vermögenswerte und Art und Umfang der vom begünstigten Ehegatten in der Ehe übernommenen Aufgaben.[355]

162 Nur wenn ein besonders schützenswertes Interesse am Erhalt gerade des zugewandten Gegenstandes besteht, kommt auch eine **dingliche Rückgewähr** – gegebenenfalls Zug um Zug gegen Zahlung eines Ausgleichsbetrages[356] – in Betracht.[357] Die Voraussetzungen einer dinglichen Rückgewähr wurden verneint im Falle eines von dem Ehemann seiner zweiten Ehefrau eingeräumten Miteigentums an einem Grundstück, das er mit seiner ersten Ehefrau bebaut hatte. Angesichts des langjährigen Zusammenlebens in dem Haus wurde auch eine besondere emotionale Bindung an das Haus verneint.[358] Bejaht wurde die besondere Bindung hingegen nach nur relativ kurzer Ehedauer unter besonderer Berücksichtigung des Umstandes, dass der Ehemann das Grundstück mit Museen bebaut hatte, die seine Existenz und Altersversorgung absichern sollten[359] oder wenn mit der Übertragung des Eigentums die Erwartung einer lebenslangen persönlichen Pflege verbunden war.[360]

163 Die Geltendmachung von Rückgewähransprüchen setzt nicht voraus, dass die **Zuwendungen bereits vollzogen** sind. Denn das Scheitern der Ehe führt nicht ohne weiteres zum Erlöschen von

---

346 BGH FamRZ 1989, 599; OLG Bamberg FamRZ 1995, 234.
347 OLG Düsseldorf NJW-RR 1006, 467; OLG Bamberg FamRZ 1996, 1221.
348 BGH NJW 1974, 2045.
349 OLG Schleswig FamRZ 1988, 165.
350 BGH FamRZ 1989, 147.
351 BGH FamRZ 1994, 503; BGH FamRZ 1991, 1169.
352 BGH FamRZ 1995, 229.
353 BGH FamRZ 1997, 933.
354 BGH FamRZ 1989, 599.
355 BGH FamRZ 2002, 949.
356 BGH FamRZ 2007, 877 = FuR 2007, 286.
357 BGH FamRZ 2006, 394.
358 OLG München FamRZ 2002, 393.
359 BGH FamRZ 2002, 949 = FuR 2002, 449.
360 BGH FamRZ 2006, 394.

Rechten, die bereits entstanden sind. Auch in diesen Fällen hat vielmehr ggf. eine Anpassung nach den Grundsätzen zum Wegfall der Geschäftsgrundlage zu erfolgen.[361]

Ansprüche auf Rückabwicklung unbenannter Zuwendungen sind **sonstige Familiensachen** im Sinne des § 266 FamFG und fallen deshalb in die Zuständigkeit der Familiengerichte. Anders als im Schenkungsrecht gibt es **keine Ausschlussfrist**.[362] Die **Darlegungs- und Beweislast** für alle den Anspruch begründenden Umstände, zu denen auch die güterrechtliche Situation rechnet, trifft schließlich diejenige Partei, die sich auf den Wegfall der Geschäftsgrundlage beruft.[363]   **164**

II. Ausgleich für Arbeitsleistungen

Eine (familienrechtliche) Pflicht zur Mitarbeit im Unternehmen oder im beruflichen Bereich des anderen Ehegatten besteht nur ausnahmsweise (vgl. § 1353 Abs. 1 BGB). Werden Arbeitsleistungen in nennenswertem Umfang mit oder ohne Gegenleistung erbracht, geschieht dies regelmäßig nach stillschweigender Übereinkunft der Ehegatten zur Ausgestaltung der ehelichen Lebensgemeinschaft.[364]   **165**

1. Vergütungsansprüche aufgrund eines Arbeitsvertrages

Die Ehegatten können die »Mitarbeit« auf die Grundlage eines Arbeitsvertrages stellen.[365] Dies wird häufig auch schriftlich fixiert, da hiermit auch steuerliche Vorteile verbunden sein werden.[366] Der Arbeitgeber-Ehegatte kann das Gehalt des mitarbeitenden Ehegatten einschließlich der Arbeitgeberbeiträge zur gesetzlichen Sozialversicherung und der freiwilligen Sozialleistungen als Betriebsausgaben abziehen (§ 4 Abs. 4 und 5 EStG). Aufwendungen für eine betriebliche Altersversorgung können durch eine Rückstellung (§ 6a EStG) oder als Betriebsausgaben berücksichtigt werden. Diese Aufwendungen mindern den Gewinn und – soweit der Arbeitgeber-Ehegatte Einkünfte aus Gewerbebetrieb bezieht – auch den Gewerbeertrag. Der Arbeitnehmer-Ehegatte kann von seinen Einnahmen aus nichtselbstständiger Arbeit den Werbungskosten-Pauschbetrag des § 9a Nr. 1 EStG sowie vermögenswirksame Leistungen (§ 19a EStG) abziehen. Allerdings unterliegt die (steuerliche) Anerkennung von Ehegatten-Arbeitsverhältnissen strenger Prüfung, um Missbrauch zu begegnen; insb. muss der vereinbarte Arbeitslohn tatsächlich gezahlt und die Arbeitsleistung tatsächlich erbracht werden. Ein sog. Fremdvergleich wird im Einzelfall durchgeführt, um zu erkennen, ob die rechtlichen und wirtschaftlichen Folgen den Bedingungen unter Fremden standhalten.   **166**

Wird ein Arbeitsvertrag schriftlich geschlossen und korrekt umgesetzt, liegt eine Ehegatteninnengesellschaft jedenfalls nicht vor. Fehlt es hingegen an einer ausdrücklichen Regelung, so ist zu prüfen, ob ein stillschweigend geschlossener Arbeitsvertrag betreffend die Ehegattenmitarbeit in Betracht kommt. Entscheidend für die Abgrenzung zu einer Ehegatteninnengesellschaft ist, ob ein Über- bzw. Unterordnungsverhältnis besteht, d.h. ob der Ehegattenarbeitgeber gegenüber dem Ehegattenarbeitnehmer weisungsberechtigt ist. Die Ehegatteninnengesellschaft basiert nämlich auf »Gleichberechtigung«.[367]

Kann der betroffene Ehegatte nicht nachweisen, dass eine Ehegatteninnengesellschaft bestand, insbesondere weil von einem Über- bzw. Unterordnungsverhältnis ausgegangen werden muss, ist zu klären, ob Ansprüche wegen der Arbeitsleistungen eines Ehegatten mit einem stillschweigend

---

361 BGH FamRZ 2003, 230.
362 BGH FamRZ 1992, 293.
363 BGH FamRZ 1995, 229, 232; FamRZ 2002, 949 = FuR 2002, 449.
364 BGH, FamRZ 1994, 1167, 1168.
365 BGH, FamRZ 1995, 1062.
366 Zu den Kriterien für die steuerliche Anerkennungsfähigkeit von Arbeitsverträgen zwischen Ehegatten s. Arens, FamRB 2008, 155.
367 Vgl. auch Wall, FamRB 2010, 355 f.

zustandegekommenen Arbeitsvertrag begründet werden können. Regelmäßig fehlt es jedoch an Anhaltspunkten für die Annahme, dass die Ehegatten den Willen zum Abschluss eines entgeltlichen Arbeitsvertrages mit allen sich daraus ergebenden arbeitsrechtlichen Rechten und Pflichten (einschließlich der Verpflichtung zur Entrichtung von Sozialversicherungsabgaben und des Kündigungsschutzes) hatten, wenn sie nicht ausdrücklich ein Arbeitsverhältnis vereinbart haben.[368]

Letztlich sind arbeitsrechtliche Vergütungsansprüche praktisch nur umsetzbar, wenn ein schriftlicher Arbeitsvertrag mit eindeutigen Regelungen geschlossen wurde. Dies wird den Ehegatten im Hinblick auf die steuerlichen, die sozialversicherungsrechtlichen sowie arbeitsrechtlichen Konsequenzen auch bewusst sein. Einen stillschweigend geschlossenen Arbeitsvertrag wird man allenfalls in Erwägung ziehen können, wenn zumindest Lohnsteuer und Sozialversicherungsbeiträge abgeführt wurden (und dann ist es eben nicht mehr »stillschweigend«).

Ist jedoch ein Arbeitsvertrag vorhanden, ergeben sich beim Scheitern die Ehe Ausgleichsansprüche als Vergütungsansprüche aus den getroffenen vertraglichen Regelungen.

2. Ausgleichsansprüche aufgrund eines familienrechtlicher Vertrag sui generis

167 Soweit ausdrückliche vertragliche Abreden der Beteiligten betreffend die Ehegattenmitarbeit fehlen, können Ausgleichsansprüche sich auch aus einem familienrechtlichen Vertrag sui generis (Kooperationsvertrag) ergeben. Die Rechtsprechung zieht diese Rechtsfigur insb. dann heran, wenn eine »gleichberechtigte« Mitarbeit im Sinne einer Ehegatteninnengesellschaft nicht nachweisbar ist; das Scheitern der Ehe kann dann eine Rückabwicklung dieses familienrechtlichen Vertrag sui generis entsprechend den Grundsätzen über die Störung der Geschäftsgrundlage (vgl. § 313 BGB) zur Folge haben.

a) Familienrechtlicher Vertrag sui generis (Kooperationsvertrag)

168 Hat ein Ehegatte für den Geschäftsbetrieb des anderen – nach stillschweigender Übereinkunft – zur Ausgestaltung der ehelichen Lebensgemeinschaft Arbeitsleistungen in nennenswertem Umfang ohne Gegenleistung erbracht, und scheitert die Ehe sodann, kann er Ausgleichsansprüche außerhalb des ehelichen Güterrechts aus einem stillschweigend eingegangenen familienrechtlichen Vertrag sui generis herleiten, wenn und soweit dessen Geschäftsgrundlage beim Scheitern der Ehe entfallen ist (§ 313 BGB) und güterrechtliche Ausgleichslösungen zu keinen oder nur zu grob unbilligen Ergebnissen führen.[369]

Der BGH hat erstmals im Jahr 1982 einen stillschweigend geschlossenen familienrechtlichen Vertrag sui generis als mögliche Rechtsgrundlage eines Ausgleichsanspruchs für Arbeitsleistungen eines Ehegatten anerkannt, für die der andere Ehepartner keine Gegenleistung zu erbringen hatte, die aber zu einer Mehrung des Vermögens des anderen Ehegatten – in Form der Wertverbesserung des Vermögensgegenstandes – geführt haben.[370]

In diesem Zusammenhang ist erneut der Güterstand von entscheidender Bedeutung. Hat ein Ehegatte bei Gütertrennung beispielsweise den Erwerb eines Hausgrundstücks durch den anderen mitfinanziert und zum Ausbau des Anwesens als Familienwohnheim in erheblichem Umfang Arbeitsleistungen erbracht, so kann ein familienrechtlicher Vertrag besonderer Art zustandegekommen sein, so dass nach Scheitern der Ehe sich Ausgleichsansprüche wegen Störung bzw. Wegfalls der Geschäftsgrundlage ergeben.

Arbeitsleistungen können nicht als Zuwendungen angesehen werden, weil der Einsatz von Arbeitskraft keine Vermögenseinbuße zur Folge hat; ein Ausgleich über die für die Rückabwicklung unbenannter ehebezogener Zuwendungen entwickelten Grundsätze scheidet daher aus (dazu s.o.).

---

368 BGH, FamRZ 1982, 910, 911; vgl. auch Wever, FamRZ 2010, Rn. 591.
369 BGHZ 84, 361 = FamRZ 1982, 910 – umfangreiche Arbeitsleistungen eines Ehegatten bei Errichtung eines Hauses auf einem dem anderen Ehegatten gehörenden Grundstück; BGHZ 127, 48 = FamRZ 1994, 1167; vgl. aber auch BGHZ 115, 261 = FamRZ 1992, 160.
370 BGH, FamRZ 1982, 910.

Da der Einsatz der Arbeitskraft der Errichtung des Familienheims, also der Verwirklichung der ehelichen Lebensgemeinschaft dient, kommen auch mangels eines – über die Verwirklichung der ehelichen Lebensgemeinschaft hinausgehenden – (Gesellschafts-) Zwecks Ausgleichsansprüche aus einer Ehegatteninnengesellschaft nicht in Betracht.

Ein stillschweigend geschlossener Arbeitsvertrag liegt in derartigen Konstellationen ebenfalls nicht vor: Es fehlt sowohl an Anhaltspunkten für die Annahme, die Ehegatten wären davon ausgegangen, die Tätigkeit des Ehemannes müsse vergütet werden, als auch für eine arbeitsvertragliche Vereinbarung des Inhalts, dass für den Fall des Scheiterns der Ehe eine Vergütung geschuldet sei.

Die Rechtsprechung bejaht aber in solchen Fällen Ausgleichsansprüche des Ehemannes. Das Verhalten der Ehegatten habe rechtsgeschäftliche Qualität, d.h. sie haben stillschweigend einen familienrechtlichen Vertrages besonderer Art geschlossen, dessen Geschäftsgrundlage der Fortbestand der Ehe ist. Mit dem Scheitern der Ehe ist die Geschäftsgrundlage eines solchen Vertrages entfallen. Ein Ausgleich ist angemessen, wenn die Früchte der gemeinsamen Arbeit in Gestalt einer messbaren Vermögensmehrung beim anderen Ehegatten noch vorhanden sind, und zwar nicht als Bezahlung für geleistete Dienste, sondern als angemessene Beteiligung an dem gemeinsam erarbeiteten Vermögensgegenstand.

In einer Entscheidung aus dem Jahr 1994 hat der BGH den Anwendungsbereich dieses Vertragstyps auf Ausgleichsansprüche eines Ehegatten wegen Mitarbeit im Betrieb des anderen ausgedehnt, wenn diese Arbeitsleistungen zu einem Vermögenszuwachs auf Seiten des Ehepartners geführt hat.[371]

Indizien für einen stillschweigend eingegangenen familienrechtlichen Vertrag besonderer Art sind insb. in folgenden Umständen zu sehen:

Die Beschäftigung einer anderen Arbeitskraft ist erspart worden.
Die Mitarbeit erfolgte über einen besonders langen Zeitraum.
Die soziale Absicherung des mitarbeitenden Ehegatten, insb. seine Altersversorgung, sollte im Wesentlichen durch den Betrieb gewährleistet werden.

b) Voraussetzungen eines Ausgleichsanspruchs nach § 313 BGB

Ausgleichsansprüche aus einem stillschweigend eingegangenen familienrechtlichen Vertrag besonderer Art setzen, wenn und nachdem die Geschäftsgrundlage des Vertrages infolge Scheiterns der Ehe entfallen ist, insb. voraus: **169**

aa) Subsidiarität des Anspruchs

Zunächst gilt der Grundsatz des Vorrangs des ehelichen Güterrechts. Haben die Eheleute im gesetzlichen Güterstand gelebt, kommt ein schuldrechtlicher Ausgleichsanspruch nur ausnahmsweise in Betracht, weil mit dem Zugewinnausgleich ein gesetzliches Ausgleichssystem zur Verfügung steht, das regelmäßig zu einer Teilhabe des mitarbeitenden Ehegatten am Vermögenszuwachs des anderen führt, die eine Korrektur über einen Ausgleichsanspruch gem. § 313 BGB erübrigt.   **170**

Erforderlich ist daher der schlüssige Vortrag, dass das Ergebnis, zu dem der Zugewinnausgleich unter Einbeziehung der Zuwendung führen würde, für den betroffenen Ehegatten schlechthin unangemessen und unzumutbar ist.

Aber auch wenn die Ehegatten Gütertrennung vereinbart hatten, kommt ein schuldrechtlicher Ausgleichanspruch gem. § 313 BGB nur dann in Betracht, wenn die Beibehaltung des bestehenden Vermögenszustands für den Ehegatten, der ohne eigene Vermögensmehrung Leistungen erheblichen Umfangs erbracht hat, unzumutbar ist. Dies hängt von den gesamten Umständen des Einzelfalles ab.

---

371 BGH, FamRZ 1994, 1167.

Insoweit sind bedeutsam die Dauer der Ehe, das Alter der Parteien, Art und Umfang der erbrachten Arbeitsleistungen, die Höhe der dadurch bedingten und noch vorhandenen Vermögensmehrung, die Einkommens- und Vermögensverhältnisse der Parteien und anderes mehr.

bb) Mitarbeit außerhalb bloßer Gefälligkeiten und/oder des gesetzlich Geschuldeten

171 Der Ehegatte, der Ausgleichsansprüche stellt, muss in einem Ausmaß mitgearbeitet haben, die nicht nur über bloße Gefälligkeiten, sondern auch über das i.R.d. Unterhaltspflicht (§ 1360 BGB) und der gegenseitigen Beistands- und Unterstützungspflicht (§ 1353 Abs. 1 BGB) Geschuldete hinausgeht. Die Arbeitsleistungen mussten auch, jedenfalls wenn im Geschäftsbetrieb des Ehepartners mitgearbeitet wurde, von gewisser Regelmäßigkeit und Dauer sein; gelegentliche oder kurzzeitige Hilfeleistungen erfüllen die Anspruchsvoraussetzungen nicht.

cc) Noch vorhandene Vermögensmehrung aufgrund der Mitarbeit

172 Die Mitarbeit muss zu einem messbaren und noch vorhandenen Vermögenszuwachs des anderen Ehegatten geführt haben. Ist dies der Fall, dann ist regelmäßig davon auszugehen, dass die Mitarbeit des ausgleichsberechtigten Ehegatten zu dieser Steigerung beigetragen hat.[372]

173 (zur Zeit nicht besetzt)

dd) Zeitpunkt des Entstehens des Ausgleichsanspruchs

174 Der Ausgleichsanspruch entsteht grds. dann, wenn das Scheitern der Ehe augenscheinlich zum Ausdruck kommt, also in aller Regel zum Zeitpunkt der endgültigen Trennung der Eheleute (§ 1567 Abs. 1 BGB). Wird die Mitarbeit ausnahmsweise über die Trennung hinaus fortgesetzt, ist der Zeitpunkt der Beendigung der Mitarbeit maßgebend.

ee) Umfang des Ausgleichsanspruchs

175 Auch die Bemessung der Ausgleichsforderung (Höhe des Anspruchs) hängt von den gesamten Umständen des Einzelfalles ab; auch insoweit sind die Dauer der Ehe, das Alter der Parteien, Art und Umfang der erbrachten Arbeitsleistungen, die Höhe der dadurch bedingten und noch vorhandenen Vermögensmehrung, die Einkommens- und Vermögensverhältnisse der Parteien und anderes mehr von Bedeutung. Darüber hinaus ist der Frage, in welchem Umfang der Betrieb ggf. durch die Mitarbeit des am Betrieb nicht beteiligten Ehegatten Arbeitskosten erspart hat, und der Frage, welcher Anteil an der Wertsteigerung des Betriebes auf die Mitarbeit zurückzuführen ist, besondere Bedeutung beizumessen. Für die Beantwortung beider Fragen ist von Bedeutung, wie umfangreich und wie qualifiziert die Mitarbeit war, und welche Bedeutung sie für das Funktionieren des Betriebes hatte.

Die Rechtsprechung[373] bestimmt den Ausgleichsanspruch wie folgt:

> Die Höhe der ersparten Arbeitskosten begrenzt den Ausgleichsanspruch. Der mitarbeitende Ehegatte wird also, anders als der Mitgesellschafter einer Innengesellschaft, nicht an einem diesen Betrag übersteigenden Gewinn des Betriebs beteiligt. Als außerhalb eines Gesellschaftsverhältnisses mitarbeitender Ehegatte hat er genauso wenig ein Recht auf Gewinnbeteiligung, wie er befürchten muss, Verluste mittragen zu müssen.
> Der Anspruch beschränkt sich auf eine Beteiligung an dem Betrag, um den das Vermögen des anderen Ehegatten zum Zeitpunkt des Wegfalls der Geschäftsgrundlage noch vermehrt ist. Der mitarbeitende Ehegatte hat nämlich – anders als der Arbeitnehmer – keinen Anspruch auf eine nachträgliche Vergütung seiner Dienste, sondern Anspruch auf Beteiligung an dem gemeinsam erarbeiteten Vermögen. Die Höhe der Arbeitskosten begrenzt den Ausgleichsanspruch nach oben. Am Gewinn partizipiert der mitarbeitende Ehegatte also nur begrenzt mit den Arbeitskosten.

---

372 BGH, FamRZ 1994, 1167.
373 Vgl. dazu BGH, FamRZ 1982, 910; FamRZ 1994, 1167.

Ehegattenausgleichsansprüche wegen
Wegfall der GG, § 313 BGB

A. Kapitaleinsatz

Der Kapitaleinsatz eines Ehegatten für ein Unternehmen des anderen Ehegatten oder den Erwerb einer Immobilie kann als ehebezogene Zuwendung zu qualifizieren sein und Ausgleichsansprüche aufgrund der Grundsätze der Störung der Geschäftsgrundlage nach § 313 BGB zur Folge haben. Eine **ehebezogene Zuwendung** liegt vor, wenn ein Ehegatte dem anderen einen Vermögenswert um der Ehe willen und als Beitrag zur Verwirklichung und Ausgestaltung, Erhaltung oder Sicherung der ehelichen Lebensgemeinschaft zukommen lässt, wobei er die Vorstellung oder Erwartung hegt, dass die eheliche Lebensgemeinschaft Bestand haben und er innerhalb dieser Gemeinschaft am Vermögenswert und dessen Früchten weiter teilhaben werde.

B. Arbeitsleistungen

Arbeitsleistungen sind keine Zuwendungen, weil der Einsatz von Arbeitskraft keine Vermögenseinbuße zur Folge hat. Hat ein Ehegatte für den Geschäftsbetrieb des anderen – nach stillschweigender Übereinkunft – zur Ausgestaltung der ehelichen Lebensgemeinschaft Arbeitsleistungen in nennenswertem Umfang ohne Gegenleistung erbracht, und scheitert die Ehe sodann, kann er Ausgleichsansprüche außerhalb des ehelichen Güterrechts aus einem **stillschweigend eingegangenen familienrechtlichen Vertrag sui generis** herleiten, wenn und soweit dessen Geschäftsgrundlage beim Scheitern der Ehe entfallen ist (§ 313 BGB) und güterrechtliche Ausgleichslösungen zu keinen oder nur zu grob unbilligen Ergebnissen führen. **Indizien:**

- Die Beschäftigung einer anderen Arbeitskraft ist erspart worden.
- Die Mitarbeit erfolgte über einen besonders langen Zeitraum.
- Die soziale Absicherung des mitarbeitenden Ehegatten, insb. seine Altersversorgung, sollte im Wesentlichen durch den Betrieb gewährleistet werden.

C. Voraussetzungen des Anspruchs nach § 313 BGB

1. **Wegfall der Geschäftsgrundlage**
   Der Definition der ehebezogenen Zuwendung ist bereits immanent, dass der Zuwendende die Vorstellung oder Erwartung hegt, dass die eheliche Lebensgemeinschaft Bestand haben wird und er innerhalb dieser Gemeinschaft am Vermögenswert und dessen Früchten weiter teilhaben werde. Dies ist die Geschäftsgrundlage der Zuwendung. Das Scheitern der Ehe löst damit die Störung der Geschäftsgrundlage aus, ohne dass dies weiterer Begründung bedarf. Ähnlich liegt es, wenn Arbeitsleistungen im Rahmen eines stillschweigend eingegangenen familienrechtlichen Vertrags sui generis erbracht werden.

2. **Zumutbarkeit**
   - Vorrang des ehelichen Güterrechts
   - **wichtig daher:** das Ergebnis der güterrechtlichen Abwicklung muss schlechthin unangemessen und für den Zuwendenden unzumutbar unbillig sein

3. **Umfang des Anspruchs**
   Die Bemessung der Ausgleichsforderung (Höhe des Anspruchs) hängt von den gesamten Umständen des Einzelfalles ab; insoweit sind die Dauer der Ehe, das Alter der Beteiligten und Art und Umfang der erbrachten Zuwendungen bzw. Arbeitsleistungen, die Höhe der dadurch bedingten und noch vorhandenen Vermögensmehrung, die Einkommens- und Vermögensverhältnisse der Beteiligten und anderes mehr von Bedeutung. Der Anspruch beschränkt sich auf eine Beteiligung an dem Betrag, um den das Vermögen des anderen Ehegatten zum Zeitpunkt des Wegfalls der Geschäftsgrundlage noch vermehrt ist. Arbeitsleistungen: Die Höhe der ersparten Arbeitskosten begrenzt zusätzlich den Ausgleichsanspruch.

Überblick: Ehegattenausgleichsansprüche nach § 313 BGB

G. Bereicherungsrecht

176 Neben dem Zugewinnausgleich kommen **bereicherungsrechtliche Ansprüche** der Ehegatten untereinander nicht in Betracht, soweit die Rückgewähr einer während der Ehe gemachten Zuwendung wegen des Scheiterns oder der Auflösung der Ehe beansprucht wird.[374]

177 Die Voraussetzungen des § 812 Abs. 1 Satz. 2 1. Alt. sind deshalb nicht erfüllt, weil diese Bestimmung den **Wegfall einer Verpflichtung** voraussetzt, zu deren Erfüllung geleistet worden ist, auf Grund der ehelichen Lebensgemeinschaft **jedoch keine Verpflichtung zu Zuwendungen** besteht.[375] Ein Anspruch aus § 812 Abs. 1 Satz 2 2. Alt. besteht deshalb nicht, weil dieser Anspruch voraussetzt, dass der mit der Leistung nach dem Inhalt des Rechtsgeschäftes bezweckte Erfolg nicht eintritt, Zuwendungen unter Ehegatten aber ihren Grund in der gemeinsamen Lebensführung haben und nicht unter der **Zweckbestimmung** erfolgen, damit den Fortbestand der Ehe zu sichern.[376]

H. Schadensersatz

I. Allgemeine Grundsätze

178 Weder die Ehe als solche noch das Bestehen der Zugewinngemeinschaft schließen das Bestehen von **Schadensersatzansprüchen** der Eheleute untereinander aus. Das folgt schon daraus, dass der Sinn der Zugewinnausgleichsregelungen nicht darin besteht, dem anderen zugefügten Schaden auszugleichen. Der Zugewinnausgleich sichert vielmehr nur die Beteiligung der Ehegatten am in der Ehe erwirtschafteten Vermögen.

179 Schadensersatzansprüche genießen sogar einen besonderen **Schutz**, indem § 207 Abs. 1 regelt, dass die **Verjährung** von Ansprüchen zwischen Ehegatten **gehemmt** ist, solange die Ehe besteht.

180 Andererseits sind die Eheleute während des Bestehens der Ehe gem. § 1353 einander zur **ehelichen Lebensgemeinschaft** verpflichtet. Daraus folgt eine **Pflicht zur gegenseitigen Rücksichtnahme**. Im Falle des Bestehens von Schadensersatzansprüchen gegeneinander führt dies dazu, dass die Ansprüche nur in dem Rahmen geltend gemacht werden können, der den individuellen ehelichen Lebensverhältnissen entspricht. Das kann unter Umständen dazu führen, dass der Geschädigte seinen Anspruch erst später, nur teilweise oder auch gar nicht durchsetzen kann,[377] solange sich der schädigende Ehegatte nur um einen angemessenen Schadensausgleich bemüht.[378]

181 Weiter haben Eheleute untereinander bei der Erfüllung der sich aus dem ehelichen Verhältnis ergebenden Verpflichtungen nur für diejenige **Sorgfalt** einzustehen, welche sie in eigenen Angelegenheiten anzuwenden pflegen (§ 1359), weshalb sie einander nur für **Vorsatz und grobe Fahrlässigkeit** haften (§ 277). Auf diese **Haftungsbegrenzung** kann sich der schädigende Ehegatte im Falle von **Körperverletzungen** und **Sachbeschädigungen** berufen, die sich im **häuslichen Bereich** ereignen,[379] hingegen dann nicht, wenn sich die Eheleute wie **Dritte** gegenübertreten. Außerdem greift die Haftungsbegrenzung nicht im Falle einer Schädigung durch einen Unfall im **Straßenverkehr**, weil dort für individuelle Sorglosigkeiten kein Raum ist.[380]

---

374 BGH FamRZ 1982, 246, 247; BGH FamRZ 1989, 147; FA-FamR/v Heintschel-Heinegg Kap. 9 Rn. 54; Palandt/Brudermüller § 1372 Rn. 5.

375 BGH FamRZ 1982, 246, 247.

376 BGH FamRZ 1982, 778.

377 LG Berlin FamRZ 1992, 436.

378 BGH FamRZ 1988, 476.

379 OLG Stuttgart FamRZ 1983, 68.

380 BGHZ 35, 322; OLG Frankfurt NJW 1971, 1993.

II. Verletzung steuerrechtlicher Mitwirkungspflichten

Schadensersatzansprüche können auch dann bestehen, wenn ein Ehegatte sich weigert, der **182** **gemeinsamen steuerlichen Veranlagung** zuzustimmen. Eine **familienrechtliche Verpflichtung** hierzu besteht nach § 1353 allerdings nur dann, wenn sich der die Zustimmung verlangende Ehegatte verpflichtet, den anderen im **Innenverhältnis** so zu stellen, wie er bei einer getrennten Veranlagung stehen würde (vgl. § 1353 Rdn. 31 ff.), und wenn die gemeinsame Veranlagung zu einer insgesamt **geringeren Steuerbelastung** beider Ehegatten führt.

Die Trennung hat mitunter zur Folge, dass ein Ehegatte sich dadurch »rächt«, dass er den anderen Ehegatten beim Finanzamt wegen Steuerhinterziehung anzeigt und dies dann auch noch dem Arbeitgeber mitteilt. Der Zweck ist offensichtlich: Dies soll dem früheren Partner beruflich schaden.

Mitteilungen eines Ehegatten über eine etwaige Steuerhinterziehung des anderen Ehegatten an Finanzamt und Arbeitgeber erfüllen unterhaltsrechtlich bereits den Tatbestand von § 1579 Nr. 5 BGB, d.h. können zum Verlust des Unterhaltsanspruchs führen. Sinn der Regelung ist es, dass der Berechtigte trotz der Trennung alles zu unterlassen hat, was dem Verpflichteten die Erfüllung seiner Unterhaltspflicht erschwert.[381] Letztlich ergibt sich allgemein aus § 1353 Abs. 1 Satz 2 BGB die Pflicht der Ehegatten, alles zu unterlassen, was der Erwerbstätigkeit und dem beruflichen Fortkommen des anderen zu schaden geeignet ist. Diese Verpflichtung besteht auch nach dem Scheitern der Ehe weiter.

Ein Ehegatte muss deshalb, von Ausnahmen abgesehen (Wahrnehmung berechtigter Interessen, z.B. Selbstanzeige, um nicht selbst strafbar zu werden), auch von begründeten Strafanzeigen Abstand nehmen.[382] Die Gefährdung der Vermögensinteressen des Antragstellers liegt in dem drohenden Verlust seines Arbeitsplatzes[383] und in der drohenden Nachzahlung von Einkommensteuer.

Darüber hinaus kann ein solches Anschwärzen beim Finanzamt (z.B. wegen Steuerhinterziehung u.ä.) oder beim Arbeitgeber (z.B. wegen unzulässigem Gebrauch des Firmenfahrzeugs, unzulässige Nebentätigkeit[384] u.ä.) Schadensersatzansprüche nach § 826 BGB zur Folge haben.

Dies gilt insbesondere dann, wenn das Anschwärzen den Verlust des Arbeitsplatzes des anderen Ehegatten zur Folge hat oder aber eine Steuernachzahlung fällig wird.

III. Verletzung der ehelichen Treuepflicht

Im Falle der **Verletzung der ehelichen Treuepflicht** ist zu differenzieren: **183**

Die Verletzung der Pflicht zur ehelichen Lebensgemeinschaft begründet keinen Schadensersatzanspruch wegen der Verletzung einer Pflicht aus einem Schuldverhältnis, so dass eine relevante Voraussetzung des § 280 Abs. 1 BGB fehlt. Die Erfüllung der persönlichen Pflichten, die aus dem Wesen der ehelichen Lebensgemeinschaft fließen, kann nur durch die auf freier Entscheidung beruhende eheliche Gesinnung gewährleistet werden; damit ist jeder staatliche Zwang, wie etwa die Zubilligung einer Vertragsstrafe oder eines Schadensersatzanspruches aus § 280 Abs. 1 BGB, unvereinbar.[385]

Die Verletzung der ehelichen Treuepflicht als solcher begründet auch keinen deliktischen Schadensersatzanspruch (§§ 823 ff. BGB) der Ehegatten bzw. früheren Ehegatten untereinander, selbst

---

381 vgl. dazu Palandt-Brudermüller, § 1579 Rn. 25.
382 So wie hier BGH FamRZ 1963, 515; OLG Köln, NJW-FER 1999, 107.
383 vgl. dazu OLG Karlsruhe FamRZ 1998, 747.
384 OLG Nürnberg, FamRZ 1996, 32.
385 Dies gilt aber nicht für rein geschäftsmäßige Handlungen, wie z.B. die Unterzeichnung einer Steuererklärung; vgl. dazu Palandt/Brudermüller, § 1353 Rn. 15.

wenn der Verstoß gegen typische eheliche Pflichten ursächlich für die Verletzung eines anderen in § 823 Abs. 1 BGB geschützten Rechtsguts wird.[386]

So kann nach st.Rspr. ein Ehemann von seiner (geschiedenen) Ehefrau nicht aufgrund eines von dieser begangenen Ehebruchs, aus dem ein Kind hervorgegangen ist, nach dem Recht der unerlaubten Handlungen Ersatz des Vermögensschadens verlangen, der ihm durch Unterhaltszahlungen an das scheineheliche Kind entstanden ist.[387]

Es kann allerdings § 826 BGB eingreifen, wenn zu dem Ehebruch eine sittenwidrig schädigende Verletzungshandlung der Ehefrau bzw. des Ehemannes hinzutritt.[388] So hat das LG Baden-Baden[389] einen Schadensersatzanspruch des Ehemannes gegen die Ehefrau aus § 826 BGB bejaht, weil diese aus einem Ehebruch ein Kind empfangen hatte und durch Leugnen des Ehebruchs den Ehemann jahrelang von der Anfechtungsklage abgehalten hat.

Wenn die spätere Ehefrau das Kind vor der Ehe empfangen und ihrem späteren Ehemann vorgespiegelt hat, nur er könne der Vater des Kindes sein, und ihn dadurch zur Eheschließung bestimmt hat, so macht dieses vor der Ehe liegende Verhalten die Frau nach § 823 Abs. 2 i.V.m. § 263 StGB und nach § 826 BGB ersatzpflichtig, wenn später festgestellt wird, dass das Kind nicht vom Ehemann abstammt.[390]

Ehestörungen, die – wie insbesondere ein Ehebruch – unmittelbar die innere Lebens- und Geschlechtsgemeinschaft der Ehegatten berühren, stellen damit einen innerehelichen Vorgang dar, der nicht in den Schutzzweck der deliktischen Haftungstatbestände einbezogen ist.[391]

Schadensersatzansprüche aus §§ 823 ff. BGB sind auch gegen den Ehestörer als »Dritten« nicht konstruierbar, weil das Verhalten des ungetreuen Ehegatten so eng mit dem des Dritten verbunden ist, dass es nicht angeht, die Ehestörung in eine allein eherechtlich zu beurteilende Verfehlung des ungetreuen Ehegatten und eine Schadensersatzansprüche auslösende unerlaubte Handlung des Dritten aufzuteilen.[392]

Unterlassungsansprüche gegen den »ehebrecherischen« Ehegatten sind hingegen gegeben. Aus der Verpflichtung der Ehegatten zur ehelichen Lebensgemeinschaft nach § 1353 Abs. 1 Satz 2 BGB, die auch eine Verpflichtung zur sexuellen Treue enthält, hat der betrogene Ehegatte einen Anspruch auf Unterlassen der ehewidrigen Beziehung. Diese Pflichtverletzung i.S.d. § 1353 BGB kann mit einem gerichtlichen Unterlassungsantrag entsprechend §§ 823, 1004 BGB abgewehrt werden. Es handelt sich dabei um eine sonstige Familiensache nach § 266 Abs. 1 Nr. 2 FamFG. Es fehlt jedoch die Möglichkeit der Vollstreckung aufgrund von § 120 Abs. 3 FamFG.

Aus § 1353 Abs. 1 Satz 2 besteht nur ein Anspruch gegen den anderen Ehegatten, nicht aber gegen einen Dritten, wenn dieser die Ehe stört. Nach h.M. besteht auch kein allgemeiner Unterlassungsanspruch gemäß §§ 823, 1004 BGB gegen den störenden Dritten, weil dadurch mittelbar auch ein Zwang auf den anderen Ehegatten ausgeübt und somit das Verbot des § 120 Abs. 3 FamFG umgangen würde.[393]

Gegen das Eindringen des Ehestörers in den **räumlich-gegenständlichen Bereich der Ehe** gewährt die ganz h.M. einen Unterlassungs- und Beseitigungsanspruch.[394] Die Anspruchsgrundlage des

---

386 Vgl. Palandt/Sprau, § 823 Rn. 17/18.
387 BGH FamRZ 1990, 367 m.w.N.; Lemke FuR 1990, 159; Roth FuR 1991, 86.
388 BGH FamRZ 1990, 367 m.w.N.
389 LG Baden-Baden NJW 1992, 1514 f.
390 BGHZ 80, 235, 238 ff.
391 BGH FamRZ 1990, 367, 368.
392 BGHZ 57, 229; 80, 235, 238.
393 BGHZ 26, 217, 221.
394 Palandt/Brudermüller, Einf. v. § 1353 Rn. 5.

gestörten Ehegatten ergibt sich aus dem allgemeinen Persönlichkeitsrecht in Verbindung mit §§ 823 Abs. 1, 1004 Abs. 1 BGB.

Der gegen den Dritten gerichtete Anspruch auf Räumung der ehelichen Wohnung ist vollstreckbar nach § 120 Abs. 1 FamFG i.V.m. § 888 Abs. 1 ZPO (Durchsetzung mit Zwangsgeld oder Zwangshaft), der Anspruch auf Unterlassung des Betretens der Wohnung ist vollstreckbar nach § 890 ZPO (Androhung von Ordnungsgeld oder Ordnungshaft).

Dies gilt insbes. dann, wenn das Anschwärzen den Verlust des Arbeitsplatzes des anderen Ehegatten zur Folge hat oder aber eine Steuernachzahlung fällig wird. Wegen weiterer Einzelheiten wird auf die Ausführungen zu § 1353 verwiesen.

IV. Kontoplünderung

Schadensersatzansprüche können dadurch begründet sein, dass ein Ehegatte pflichtwidrig vom Konto des anderen Ehegatten Gelder abhebt, d.h. dieses »fremde«Konto im Hinblick auf die bevorstehende bzw. bereits vollzogene Trennung zu eigenen Zwecken »plündert«. **184**

Errichten beide Ehegatten ein Giro- oder Sparkonto als **Gemeinschaftskonto**, dann sind beide Gesamtgläubiger eines darauf befindlichen Guthabens (bzw. Gesamtschuldner eines Passivsaldos); Guthaben auf einem Gemeinschaftskonto stehen den Kontoinhabern im Innenverhältnis zu gleichen Teilen zu, soweit nicht ein anderes bestimmt ist (§ 430 BGB). Hebt ein Ehegatte nach Trennung von diesem Konto »unberechtigt« Geld ab, so kann der andere Ehegatte dafür einen Ausgleich nach § 430 BGB fordern.

Anders liegt es, wenn ein »**Einzelkonto**« vom anderen Ehegatten nach Trennung geplündert wird. In der Regel erteilt ein Ehegatte dem anderen während intakter Ehe Kontovollmacht über sein Einzelkonto, insbesondere wenn die Eheleute nur dieses eine Konto führen. Dadurch ist es dem Vollmachtinhaber möglich, Geld von diesem Konto abzuheben etwa wenn Geld für die gemeinsame Lebensführung benötigt wird. Möglich ist auch, dass beide Ehegatten ein Einzelkonto innehaben und sich wechselseitig Vollmachten gewähren.

Alleiniger Vertragspartner gegenüber der kontoführenden Bank (Außenverhältnis) und damit allein berechtigter Gläubiger eines Guthabens (bzw. allein verpflichteter Schuldner einer Kontoschuld) ist aber allein der Kontoinhaber, also derjenige Ehegatte, auf dessen Namen das Konto geführt wird.

Wird eine Kontovollmacht bestellt, dann kann der vollmachtsberechtigte Ehegatte Verfügungen über das Konto treffen; allerdings ist er dabei an die Absprachen mit dem Kontoinhaber gebunden (Innenverhältnis). **Schadensersatzansprüche** können dadurch begründet werden, dass der Vollmachtinhaber seine Berechtigung zwar nach dem Innenverhältnis überschreitet, dies aber im Außenverhältnis wirksam praktizieren kann (das rechtliche Können ist nicht deckungsgleich mit dem rechtlichen Dürfen).

1. Das rechtliche Können des Vollmachtinhabers im Aussenverhältnis

Die Kontovollmacht ermächtigt, solange sie besteht, im Außenverhältnis auch zu Abhebungen oder Überweisungen, die der Kontoinhaber (im Innenverhältnis) nicht billigt. Sie besteht bis zu ihrem förmlichen Widerruf, gegebenenfalls also auch über die Trennung der Ehegatten hinaus. Der Widerruf der Vollmacht ist der Bank gegenüber zu erklären, wenn die Vollmacht – wie üblich – ihr gegenüber erteilt worden ist (§ 170 BGB). Ist die Vollmacht durch Aushändigung **185** einer Vollmachturkunde an den vertretenden Ehegatten erteilt worden, bedarf es gem. § 172 Abs. 2 BGB grundsätzlich der Rückgabe oder Kraftloserklärung der Vollmachturkunde.[395]

2. Das rechtliche Dürfen des Vollmachtinhabers im Innenverhältnis

186 Das rechtliche Können, welches mit einer Kontovollmacht einhergeht, deckt sich **nicht** mit dem rechtlichen Dürfen. Der Erteilung der Vollmacht geht eine – stillschweigende – Vereinbarung der Ehegatten voraus, zu welchem Zweck von der Vollmacht Gebrauch zu machen ist. Eheleute wollen mittels der Vollmacht die Abwicklung von Bankgeschäften erleichtern, die erforderlich sind, um die Versorgung der Familie sicherzustellen.[396]

Der Vollmachtgeber vertraut darauf, dass der andere (bevollmächtigte) Ehegatte das vom Konto abgehobene Geld auf der Grundlage der gemeinsamen Lebensplanung im Interesse beider Partner verwendet.[397]

Das rechtliche Dürfen ist daher durch den mit der Vollmachterteilung verbundenen o.a. Zweck beschränkt.

Ehewidrige Kontoverfügungen des bevollmächtigten Ehegatten begründen grundsätzlich Ausgleichs- und Schadensersatzrechte. Insoweit ist allerdings zwischen Kontoverfügungen während des Zusammenlebens und solchen nach der Trennung zu unterscheiden.

Kontoverfügungen während des ehelichen Zusammenlebens sind im Zweifel von der Zweckbestimmung der Vollmacht gedeckt; insoweit ist zu vermuten, dass abgehobene Gelder der ehelichen Lebensgemeinschaft zugutegekommen sind.

Dies gilt hingegen nicht für kurz vor der Trennung getätigte Bankgeschäfte des Bevollmächtigten, mit welchen die Trennung vorbereitet und finanziert werden soll.

Noch deutlicher liegt es, soweit Bankgeschäfte des bevollmächtigten Ehegatten nach der Trennung vorgenommen werden, die nicht der Abgeltung von Aufwendungen der gemeinschaftlichen Lebensführung (etwa dem Ausgleich gemeinsamer Schulden) dienen, sondern allein dem Interesse des verfügenden Ehepartners.

Die Ausnutzung einer noch nicht widerrufenen Vollmacht zu derartigen Zwecken überschreitet das rechtliche Dürfen und macht den bevollmächtigten Ehegatten schadensersatzpflichtig.

Ausnahmen sind freilich denkbar. Die Bevollmächtigung kann auch nach der Trennung fortbestehen, damit im Einzelfall Verfügung vorgenommen werden können, die dem mutmaßlichen Willen des Kontoinhabers entsprechen.[398]

3. Die Rechtsfolgen eines Vollmachtmissbrauchs

187 Ehewidrige Kontoverfügungen des bevollmächtigten Ehegatten begründen grundsätzlich Ausgleichs- und Schadensersatzrechte. Der bevollmächtigte Ehegatte hat zum einen den zweckwidrig abgehobenen Betrag auszugleichen, zum anderen aber auch insoweit Schadensersatz zu leisten.

Die vertragliche Pflichtverletzung betreffend das Innenverhältnis (Auftragsrecht, §§ 662 ff. BGB) begründet zunächst einen Schadensersatzanspruch nach § 280 Abs. 1 BGB.

---

395 Vgl. dazu Derleder, FuR 1995, 301, 304 f. mit Anregungen für die anwaltliche Beratung bei der Auseinandersetzung um Konten.
396 Vgl. auch Wever, FamRZ 2010, Rn. 706.
397 OLG Bamberg FamRZ 1991, 1058; OLG Düsseldorf FamRZ 1992, 439.
398 Vgl. BGH FamRz 1989, 834.

Deliktischer Schadensersatzpflicht ist ebenfalls möglich, und zwar nach § 823 Abs. 2 BGB i.V.m. § 266 Abs. 1 StGB bzw. § 826 BGB.[399]

Ergänzend zu diesen Schadensersatzrechten können auch Bereicherungsansprüche nach §§ 812 ff. BGB eingreifen sowie auch Herausgabeansprüche wegen angemaßter Eigengeschäftsführung nach §§ 687 Abs. 2, 681 Satz 2, 667 BGB.

4. Verfahren

Zur Klärung der Beweislast ist zunächst erneut zu unterscheiden, ob die unberechtigte Kontover- 188
fügungen während der Zeit des Zusammenlebens bzw. in zeitlicher Nähe zur Trennung oder nach der Trennung erfolgt ist.[400]

Wer einen Schadensersatz- oder Herausgabeanspruch geltend macht, muss beweisen, dass das Handeln des Vollmachtinhabers dessen Befugnisse aus dem Innenverhältnis überschritten hat. Da **Kontoverfügungen während der Zeit des Zusammenlebens** im Zweifel von der im Innenverhältnis der Ehegatten erteilten Befugnis gedeckt sind, ist bezüglich einer Kontoverfügung aus der Zeit des Zusammenlebens entsprechend der Grundsätze über die sekundäre Darlegungslast wie folgt zu verfahren:

Der (geschädigte) Kontoinhaber muss die Belastung des Kontos durch den anderen und die zweckwidrige Verwendung des Geldes beweisen. Allerdings reicht es bei einer ungewöhnlich hohen Abhebung in zeitlicher Nähe zur Trennung aus, wenn der Kontoinhaber den Beweis für eine solche Abhebung führt; der andere Ehegatte kann sich dann (nur) dadurch entlasten, dass er beweist, dass er das Geld für Zwecke der ehelichen Lebensgemeinschaft – im mutmaßlichen Einverständnis mit dem Kontoinhaber – entnommen hat.

Kontoverfügungen nach der Trennung sind im Zweifel nicht von der im Innenverhältnis der Ehegatten erteilten Befugnis gedeckt. Es genügt daher, wenn der Kontoinhaber den Beweis führt, dass der andere Ehegatte das Konto nach der Trennung belastet hat. Der andere Ehegatte muss dann Beweis dafür erbringen, dass er das Geld für einen Zweck entnommen hat, der vom tatsächlichen oder mutmasslichen Willen des Kontoinhabers gedeckt war.

V. Weitere Einzelfälle

Schadensersatz für schuldhafte Schadenszufügung nach § 823 ist durch die Rechtsprechung zuge- 189
sprochen worden wegen der **Zerstörung** oder **Beiseiteschaffung** oder **Veräußerung von Haushaltsgegenständen**,[401] wegen der Unmöglichmachung der **Herausgabe rechtskräftig zuerkannter Haushaltsgegenstände**,[402] wegen des **Verschenkens gemeinschaftlichen Vermögens**[403] oder in Höhe der **Detektivkosten**, wenn nach einer Kindesentführung der sorgeberechtigte Elternteil gezwungen ist, das Kind durch diesen suchen zu lassen.[404] Gewährt der sorgeberechtigte Elternteil dem anderen dessen **Umgangsrecht** nicht in der vom Gericht geregelten Weise, so kann der Umgangsberechtigte seine vergeblich aufgewendeten Kosten ersetzt verlangen.[405] Denn auch das Umgangsrecht ist ein absolutes Recht i.S. des § 823 Abs. 1.[406] **Schmerzensgeld** wird geschuldet, wenn der Ehemann während der Trennungszeit gewaltsam den Geschlechtsverkehr erzwingt,[407]

---

399 Vgl. Wever, FamRZ 2010, Rn. 710.
400 Vgl. dazu Derleder, FuR 1995, 301 ff.
401 OLG Köln FamRZ 2002, 322; Düsseldorf FamRZ 1986, 1134.
402 AG Gummersbach FamRZ 1996, 675.
403 KG FamRZ 1992, 1429.
404 BGH FamRZ 1990, 966; OLG Koblenz FamRZ 2003, 238.
405 BGH FamRZ 2002, 1720; OLG Karlsruhe FamRZ 2002, 1056.
406 OLG Karlsruhe FamRZ 2002, 1056; AG Essen FamRZ 2004, 52.
407 OLG Schleswig FamRZ 1993, 548.

was wegen der geänderten Rechtslage im Sexualstrafrecht (§ 177 StGB) auch dann zu gelten hat, wenn dasselbe während des Bestehens der ehelichen Lebensgemeinschaft geschieht.

I. Sonstige Ansprüche des Nebengüterrechts

I. Herausgabeansprüche

190 Ist ein Ehegatte Alleineigentümer eines beweglichen Wirtschaftsgutes (z.B. einer Waschmaschine, eines Autos, Gemäldes usw.), welches aber der andere Ehegatte in Besitz hat, so besteht ein Herausgabeanspruch nach § 985 BGB. Dieser Herausgabeanspruch ist unabhängig vom Scheitern der Ehe, kann also vor der Trennung ebenso wie danach geltend gemacht werden. Ein wirtschaftlicher Wert der verlangten Sache ist nicht erforderlich, d.h. die Herausgabepflicht betrifft auch Fotoalben, Briefe, Zeitungsausschnitte usw.

Soweit es Haushaltsgegenstände (z.B. die erwähnte Waschmaschine) angeht, ist allerdings § 1361a Abs. 1 Satz 2 BGB zu beachten. Danach ist der Eigentümerehegatte während der Zeit der Trennung verpflichtet, solche Wirtschaftsgüter dem anderen Ehegatten zum Gebrauch zu überlassen, soweit dieser sie zur Führung eines abgesonderten Haushalts benötigt und die Überlassung nach den Umständen des Falles der Billigkeit entspricht.

Nach der Scheidung ist aber auch die Herausgabe von Haushaltsgegenständen geschuldet, die allein dem anderen Ehegatten gehören, vgl. auch § 1568b BGB.

II. Die Übertragung des Schadensfreiheitsrabatts[408]

191 Der Schadensfreiheitsrabatt steht dem Ehegatten zu, der das betreffende Fahrzeug überwiegend genutzt hat. Die Problematik ergibt sich dadurch, dass häufig der Wagen von dem Ehegatten versichert wird, der die günstigeren Versicherungsbedingung innehat (z.B. Beamtentarif usw.). Nach Trennung muss jeder Ehegatte sein Fahrzeug selber versichern, so dass dem Schadensfreiheitsrabatt wirtschaftliche Bedeutung zukommt.

Grundsätzlich ist der Ehegatte, der bislang Versicherungsnehmer war, zur Übertragung des Schadensfreiheitsrabatts nach §§ 1353 Abs. 1 Satz 2, 242 BGB (nachwirkende eheliche Solidarität) verpflichtet. Der Schadensfreiheitsrabatt steht jedenfalls dann dem anderen Ehegatten zu, wenn dieser das betreffende Kfz überwiegend genutzt hat und ihm deshalb dieses Fahrzeug auch zuzuordnen ist.

Das OLG Hamm[409] hat hingegen die Auffassung vertreten, dass eine überwiegende Nutzung nicht ausreicht, um den Anspruch geltend machen zu können; erforderlich sei vielmehr eine alleinige bzw. ausschließliche Nutzung des Autos. Dies erscheint überzogen.[410]

Der familienrechtliche Anspruch steht aber unter dem Vorbehalt, dass der in Anspruch genommene Ehegatte keinen Nachteil durch die Übertragung des Schadensfreiheitsrabatts erleidet bzw. dass ihm dieser ansonsten ausgeglichen wird.[411]

Der Anspruch auf Übertragung des Schadensfreiheitsrabatts ist eine Familiensache im Sinne des § 266 Abs. 1 Nr. 2 BGB an, da es sich dabei um einen aus der Ehe herrührenden Anspruch handelt.[412] Als sonstige aus der Ehe herrührende Ansprüche im Sinne des § 266 Abs. 1 Nr. 2 FamFG sind nämlich insbesondere solche Ansprüche anzusehen die aus § 1353 BGB herrühren.

---

408 Vgl. dazu Breuers FuR 2012, 462.
409 OLG Hamm NJW-RR 2011, 1227.
410 So auch Wever, FamRZ 2012, 425.
411 AG Reutlingen, NJW-RR 2004, 601, 602.
412 AG Olpe, Urteil vom 7.1.2010 – 22 F 6/10; vgl. auch LG Flensburg, NJW-RR 2006, 1300.

J. Rückforderungsansprüche der Schwiegereltern und gegen Schwiegereltern

I. Ansprüche der Schwiegereltern

Die Rückabwicklung von Zuwendungen der Schwiegereltern ist eine sonstige Familiensache nach 192
§ 266 Abs. 1 Nr. 3 FamFG, die von den Familiengerichten demzufolge entschieden wird.

Beschenken die Schwiegereltern den Ehegatten ihres Kindes, so kommt ein **Schenkungswiderruf wegen Verarmung** (§ 528) oder **groben Undanks** (§ 530) in Betracht. Eheliche oder ehebedingte Verfehlungen können groben Undank begründen,[413] eheliche Untreue des Schwiegerkindes gegenüber dem eigenen Kind jedoch nur ausnahmsweise dann, wenn mindestens die Voraussetzungen des § 1579 Nr. 6 erfüllt sind.[414] Die Verfehlung muss sich nicht gegen den Schenker, sie kann sich auch gegen nahe Angehörige richten, wobei der Verfehlung allerdings grober Undank gerade gegenüber dem Schenker entnommen werden muss.[415]

Hinsichtlich der **Zuwendungen** der Schwiegereltern an die Ehegatten etwa zum **Erwerb eines** 193
Eigenheims zu einem Zeitpunkt, als die Ehe noch intakt war, hat die Rechtsprechung durch eine Entscheidung des BGH vom 03.02.2010[416] einen grundlegenden Wandel vollzogen. Während bis dahin regelmäßig dahingehend differenziert wurde, dass die Zuwendung an das eigene Kind eine das Anfangsvermögen erhöhende Schenkung war, die an das Schwiegerkind dagegen ihren Rechtsgrund in einem familienrechtlichen Rechtsgeschäft besonderer Art hatte, der im Fall des Scheiterns der Ehe entfallen war, was eine Rückabwicklung oder Anpassung über die Grundsätze des Wegfalls der Geschäftsgrundlage erlaubte (§ 313),[417] sieht der BGH nunmehr auch in der Zuwendung an das Schwiegerkind eine Schenkung.[418]

In der Tat erfüllen schwiegerelterliche Zuwendungen die tatbestandlichen Voraussetzungen des § 516 Abs. 1 BGB, auch wenn sie um der Ehe des eigenen Kindes Willen erfolgen. Insbesondere fehlt es im Falle schwiegerelterlicher Zuwendungen nicht an einer mit der Zuwendung einhergehenden dauerhaften Vermögensminderung beim Zuwendenden, wie sie § 516 Abs. 1 BGB voraussetzt. Damit unterscheidet sich die Situation von der Vermögenslage, die durch ehebezogene Zuwendungen unter Ehegatten entsteht, grundlegend. Dort ist eine Schenkung regelmäßig deshalb zu verneinen, weil der zuwendende Ehegatte die Vorstellung hat, der zugewendete Gegenstand werde ihm letztlich nicht verlorengehen, sondern der ehelichen Lebensgemeinschaft und damit auch ihm selbst zugutekommen. Demgegenüber übertragen Schwiegereltern den zuzuwendenden Gegenstand regelmäßig in dem Bewusstsein auf das Schwiegerkind, künftig an dem Gegenstand nicht mehr selbst zu partizipieren. Die Zuwendung aus ihrem Vermögen hat also eine dauerhafte Verminderung desselben zur Folge.[419]

Aber auch Schenkungen unterliegen den Grundsätzen über den Wegfall der Geschäftsgrundlage.[420] Geschäftsgrundlage im Sinne des § 313 BGB sind die nicht zum eigentlichen Vertragsinhalt erhobenen, bei Vertragsschluss aber zu Tage getretenen gemeinsamen Vorstellungen beider Vertragsparteien sowie die der einen Vertragspartei erkennbaren und von ihr nicht beanstandeten Vorstellungen der anderen vom Vorhandensein oder dem künftigen Eintritt gewisser Umstände, sofern der Geschäftswille der Parteien auf diesen Vorstellungen aufbaut.[421] Ist dies hinsichtlich der

---

413 BGH FamRZ 1999, 705 = FuR 1999, 387.
414 OLG Düsseldorf FamRZ 2005, 1089.
415 BGH NJW 1999, 1623; OLG Koblenz FamRZ 2006, 412 = FuR 2006, 226.
416 BGH FuR 2010, 467 ff. = FamRZ 2010, 958; FamRZ 2010, 1626
417 BGH FamRZ 1995, 2060; FamRZ 2006, 394;OLG Celle FamRZ 2003, 1657; OLG Brandenburg FamRZ 2009, 117.
418 Kritsich dazu Büte, Zugewinnausgleich bei Ehescheidung, 4. Aufl., Rn. 550; Wever FamRZ 2010, 1629.
419 BGH FamRZ 2012, 273 =FuR 2012, 260.
420 BGH FamRZ 2010, 958.
421 BGH, NJW 2010, 522.

Vorstellung der Eltern, die eheliche Lebensgemeinschaft des von ihnen beschenkten Schwiegerkindes mit ihrem Kind werde Bestand haben und ihre Schenkung demgemäß dem eigenen Kind dauerhaft zugutekommen, der Fall, so bestimmt sich bei Scheitern der Ehe eine Rückabwicklung der Schenkung nach den Grundsätzen über den Wegfall der Geschäftsgrundlage.[422]

Damit wird die Möglichkeit eröffnet, im Wege richterlicher Vertragsanpassung zu einer zumindest teilweisen Rückabwicklung zu gelangen. Das gilt im Gegensatz zu der bisherigen Rechtsprechung auch dann, wenn die Ehegatten im gesetzlichen Güterstand der Zugewinngemeinschaft gelebt haben. Denn die Rückabwicklung hat grundsätzlich unabhängig von güterrechtlichen Erwägungen zu erfolgen, was deshalb zutreffend ist, weil kein Anlass besteht, die Interessen der Eltern und ihrer Kinder gleichzustellen.[423]

Die **Höhe des Rückforderungsanspruchs** ist unter Abwägung sämtlicher Umstände des Einzelfalls zu ermitteln. Ist die Geschäftsgrundlage einer schwiegerelterlichen Schenkung die Erwartung, dass die Zuwendung dem eigenen Kind auf Dauer zugutekommt, so wird diese Erwartung jedenfalls dann nicht verwirklicht, wenn das eigene Kind nicht angemessen von der Schenkung profitiert. Falls dies Folge der Scheidung der Zuwendungsempfänger ist, ist die Geschäftsgrundlage dementsprechend insoweit entfallen, als die Begünstigung des eigenen Kindes entgegen der Erwartung seiner Eltern vorzeitig endet.[424]

Hat die **Ehe längere Zeit Bestand** gehabt, so ist der Zweck der Schenkung jedenfalls teilweise erreicht, weshalb die zu leistende Ausgleichszahlung um einen entsprechenden Anteil zu reduzieren ist.[425] Da sich hierdurch mithin die gehegte Erwartung zumindest teilweise erfüllt hat, wird eine vollständige Rückgewähr der Schenkung nicht in Betracht kommen.

Auch ist der Umfang der durch die Zuwendung bedingten, beim Empfänger noch vorhandenen Vermögensmehrung zu berücksichtigen. Ein Rückforderungsanspruch setzt grundsätzlich eine beim Wegfall der Geschäftsgrundlage noch vorhandene, messbare Vermögensmehrung voraus, die zugleich den Anspruch nach oben begrenzt.

Kann ausnahmsweise festgestellt werden, dass die zuwendenden Schwiegereltern mit der Schenkung ehebezogene Zwecke verfolgten und dass sie hierüber mit dem Leistungsempfänger eine Willensübereinstimmung erzielen konnten, kommen auch Ansprüche aus § 812 Abs. 1 Satz 2 2. Alt. in Betracht.[426]

Zuwendungen der Schwiegereltern nach der Scheidung vermögen hingegen grundsätzlich keine Rückforderungsansprüche zu begründen. Dieser Fall kann auftreten, wenn Schwiegereltern nach Scheidung eine gesamtschuldnerische Verbindlichkeit der Eheleute (z.B. bedingt durch die Finanzierung einer gemeinsamen Immobilie) bedienen.

Die Grundsätze über den Wegfall der Geschäftsgrundlage rechtfertigen deshalb keinen Anspruch, weil die Schwiegereltern ihre Leistungen nicht mehr in der Erwartung des Fortbestands der Ehe erbringen und eine anderweitige Geschäftsgrundlage regelmäßig nicht vorhanden ist. Denkbar ist allenfalls eine berechtigte Geschäftsführung ohne Auftrag (§ 683 BGB), wenn die Tilgung der Schuld dem wirklichen oder mutmaßlichen Willen des ehemaligen Schwiegerkindes entsprach. Dies ist vom Einzelfall abhängig, also etwa davon, wer in der Immobilie verblieben ist, ob ein Nutzungsentgelt gezahlt wird und wer zukünftig die Immobilie zu Eigentum bekommen soll.

194 Haben die Schwiegereltern nicht Vermögen zugewandt, sondern umfangreiche **Arbeitsleistungen** erbracht, etwa an dem im Alleineigentum des Schwiegerkindes stehenden Haus, so ist im Fall der

---

422 BGH FamRZ 2012, 273 =FuR 2012, 260.
423 BGH FamRZ 2012, 273 =FuR 2012, 260.
424 BGH FamRZ 2012, 273 =FuR 2012, 260.
425 BGH FamRZ 1995, 1060, 1061.
426 BGH FamRZ 2012, 273 (275); kritisch dazu Wever in seiner Anm. FamRZ 2012, 276.

Rossmann

Feststellung eines Rechtsbindungswillens ein familienrechtlicher Kooperationsvertrag von den Beteiligten geschlossen worden.[427] Scheitert die Ehe des Kindes mit dem Schwiegerkind, so ist die Geschäftsgrundlage für diesen Vertrag entfallen, was den Weg zu Ansprüchen nach § 313 öffnen kann.[428] Lag den Arbeitsleistungen eine festzustellende Zweckabrede zu Grunde, so sind auch insoweit Ansprüche nach § 812 Abs. 1 Satz 2 2. Alt. in Betracht zu ziehen Zweckverfehlungskondiktion. In jedem Fall ist aber Voraussetzung, dass die Arbeitsleistungen einen erheblichen Umfang erreicht haben und über erwiesene Gefälligkeiten hinausgehen.[429]

Soweit die Ehegatten im **Güterstand der Zugewinngemeinschaft** gelebt haben, darf keine **doppelte Inanspruchnahme** des Zuwendungsempfängers erfolgen, die dadurch eintreten könnte, dass er neben dem Zugewinnausgleichsanspruch gleichzeitig einem Rückgewähranspruch ausgesetzt wäre. Da die güterrechtlichen Verhältnisse für die Ansprüche zwischen Schwiegereltern und Schwiegerkind keine Rolle mehr spielen, sind deren Ansprüche vorrangig zu behandeln, um zu vermeiden, dass das zugewandte Vermögen das Endvermögen des Schwiegerkindes erhöht. **195**

Eine **dingliche Rückgewähr** kommt nur in Ausnahmefällen und dann gegen Zahlung einer nach den Umständen des Einzelfalls angemessenen **Ausgleichszahlung** in Betracht.[430] Etwas anderes gilt allerdings wiederum dann, wenn die Schwiegereltern mit der Zuwendung **eigene Zwecke** verfolgt haben, wenn sie bei der Zuwendung etwa die Erwartung einer Aufnahme im Falle der Pflegebedürftigkeit hatten. In diesem Fall kann das Scheitern der Ehe und der der Zuwendung zu Grunde liegenden Erwartung zu einem Anspruch auf Rückgabe des vollen zugewendeten Vermögens führen.[431] **196**

Der Rückgewähranspruch nach § 313 verjährt nach §§ 195, 199 Abs. 1 in drei Jahren, beginnend mit dem Ende des Jahres, in dem die Eheleute sich endgültig getrennt haben und die Schwiegereltern davon Kenntnis erlangt haben. Die Verjährung wird nicht gehemmt nach § 207 Abs. 1 Satz 1 BGB, weil die Ehe des Kindes mit dem Schwiegerkind noch nicht geschieden ist.[432] **197**

Wer sich auf das Bestehen von Rückabwicklungsansprüchen stützt, hat die seinen Anspruch stützenden Umstände darzulegen und zu beweisen.[433]

II. Ansprüche gegen die Schwiegereltern

Hat dagegen ein Ehegatte seinen Schwiegereltern Zuwendungen gemacht, haben die Ehegatten etwa in dem den Schwiegereltern gehörenden Haus unentgeltlich gelebt und in dieses Haus investiert, so sind diese Zuwendungen nach dem Scheitern der Ehe regelmäßig unter dem Gesichtspunkt der **ungerechtfertigten Bereicherung** (§ 812 Abs. 1 Satz 2 1. Alt.) rückabzuwickeln. Denn **Rechtsgrund** für das unentgeltliche Wohnen im Hause ist ein konkludent geschlossener **Leihvertrag**.[434] Das Leihverhältnis ist beendet, wenn **beide** Ehegatten aus der Wohnung ausgezogen sind, nicht mit dem Scheitern oder der Beendigung der Ehe. Solange auch nur noch einer der Ehegatten unentgeltlich in der Wohnung lebt, ist das Leihverhältnis nicht beendet, so dass solange auch keine Bereicherungsansprüche bestehen.[435] Die Beendigung des Leihverhältnisses lässt den Rechtsgrund für die erbrachte Leistung entfallen. Diese Grundsätze finden auch Anwendung, wenn die **198**

---

427 BGH FuR 2010, 467 ff.; FamRZ 1982, 910; Haussleiter/Schulz Kap. 8 Rn. 23.
428 So auch Wever Rn. 573; Büte FuR 2005, 544, 546; Haussleiter/Schulz Kap. 7 Rn. 21.
429 BGH FuR 2010, 467 ff.
430 BGH FamRZ 1998, 669.
431 OLG Oldenburg FamRZ 1992, 308; Wever Rn. 428.
432 Wever, FamRZ 2012, 277; Schulz, FamRZ 2011, 12,13.
433 BGH FamRZ 2003, 510.
434 BGH FamRZ 1985, 150, 153; OLG Oldenburg FamRZ 2008, 1440.
435 BGH FamRZ 1990, 843.

Zuwendungen nicht den Schwiegereltern, sondern den **eigenen Eltern** zu Gute kommen[436] und auch dann, wenn sie nicht in Form einer Kapitalleistung sondern von **Arbeitsleistungen** erfolgen, da die Differenzierung zwischen Zuwendungen und Arbeitsleistungen wegen des vergleichbaren rechtlichen Ansatzpunktes ohne Belang ist.[437]

199 Der Bereicherungsanspruch richtet sich der Höhe nach nach denjenigen Grundsätzen, die der BGH für den **Ausgleich von Mieterleistungen** bei vorzeitiger Beendigung langfristiger Miet- oder Pachtverhältnisse entwickelt hat.[438] Der Wert der Bereicherung ist danach nicht nach den investierten Kosten oder der als Folge der Investition eingetretenen Werterhöhung zu bemessen, sondern nach denjenigen Vorteilen, die der jeweilige Eigentümer der Wohnung daraus hat erzielen können, dass er vorzeitig die Möglichkeit der Nutzung der geschaffenen Räume erhielt. Es ist deshalb der Ertragswert des Hauses nach der Investition zu ermitteln und von diesem der fiktive Ertragswert abzuziehen, der sich ohne die getätigte Wertverbesserung errechnet hätte.[439]

200 Ein Anspruch wegen Wegfalls der Geschäftsgrundlage besteht dagegen in diesem Verhältnis nicht, zumal das Scheitern der Ehe allein dem Risikobereich der Ehegatten, nicht auch demjenigen der Eltern oder Schwiegereltern zuzurechnen ist.[440]

---

436 BGH FamRZ 2002, 88.
437 BGH FamRZ 2002, 88.
438 Vgl. BGHZ 29, 292; WM 1959, 538, 540; WM 1960, 497; NJW 1967, 2255.
439 Wever Rn. 545.
440 OLG Karlsruhe FamRZ 2004, 1870.

Rückforderungsansprüche der Schwiegereltern

A. Zuwendungen = Schenkung

Zuwendungen der Schwiegereltern sind **Schenkungen** (d.h. keine ehebezogenen Zuwendungen).

Schwiegerelterliche Zuwendungen erfüllen die tatbestandlichen Voraussetzungen des § 516 Abs. 1 BGB, auch wenn sie um der Ehe des eigenen Kindes Willen erfolgen. Insbesondere hat die schwiegerelterliche Zuwendung eine dauerhafte Vermögensminderung beim Zuwendenden zur Folge.

Eine **ehebezogene Zuwendung** scheitert daran, dass Schwiegereltern den zuzuwendenden Gegenstand regelmäßig in dem Bewusstsein auf das Schwiegerkind übertragen, künftig an dem Gegenstand nicht mehr selbst zu partizipieren.

B. Voraussetzungen des Anspruchs nach § 313 BGB

1. **Wegfall der Geschäftsgrundlage**

   Geschäftsgrundlage im Sinne des § 313 BGB sind die nicht zum eigentlichen Vertragsinhalt erhobenen, bei Vertragsschluss aber zu Tage getretenen gemeinsamen Vorstellungen beider Vertragsparteien sowie die der einen Vertragspartei erkennbaren und von ihr nicht beanstandeten Vorstellungen der anderen vom Vorhandensein oder dem künftigen Eintritt gewisser Umstände, sofern der Geschäftswille der Parteien auf diesen Vorstellungen aufbaut. Ist dies hinsichtlich der Vorstellung der Eltern, die eheliche Lebensgemeinschaft des von ihnen beschenkten Schwiegerkindes mit ihrem Kind werde Bestand haben und ihre Schenkung demgemäß dem eigenen Kind dauerhaft zugutekommen, der Fall, so bestimmt sich bei Scheitern der Ehe eine Rückabwicklung der Schenkung nach den Grundsätzen über den Wegfall der Geschäftsgrundlage.

2. **Zumutbarkeit**
   - Rückforderungsanspruch ist unabhängig von güterrechtlichen Erwägungen
   - ein etwaiger Anspruch auf Zugewinnausgleich des eigene Kindes ist daher bedeutungslos, weil kein Anlass besteht, die Interessen der Eltern und ihrer Kinder gleichzustellen

3. **Umfang des Rückforderungsanspruchs**
   - Abwägung sämtlicher Umstände des Einzelfalls
   - Ist die Geschäftsgrundlage einer schwiegerelterlichen Schenkung die Erwartung, dass die Zuwendung dem eigenen Kind auf Dauer zugutekommt, so wird diese Erwartung jedenfalls dann nicht verwirklicht, wenn das eigene Kind nicht angemessen von der Schenkung profitiert. Falls dies Folge der Scheidung der Zuwendungsempfänger ist, ist die Geschäftsgrundlage dementsprechend insoweit entfallen, als die Begünstigung des eigenen Kindes entgegen der Erwartung seiner Eltern vorzeitig endet.
   - Hat die **Ehe längere Zeit Bestand** gehabt, so ist der Zweck der Schenkung jedenfalls teilweise erreicht, weshalb die zu leistende Ausgleichzahlung um einen entsprechenden Anteil zu reduzieren ist.
   - Der Umfang der durch die Zuwendung bedingten, beim Empfänger noch vorhandenen, messbaren Vermögensmehrung begrenzt den Anspruch nach oben.

C. Voraussetzungen eines Anspruchs nach § 812 I 2 (2. Alt.) BGB

Zweckverfehlungskondiktion: Kann ausnahmsweise festgestellt werden, dass die zuwendenden Schwiegereltern mit der Schenkung ehebezogene Zwecke verfolgten und dass sie hierüber mit dem Leistungsempfänger eine Willensübereinstimmung erzielen konnten, kommen auch Ansprüche aus § 812 Abs. 1 Satz 2 2. Alt. in Betracht.

Rückforderungsansprüche der Schwiegereltern

§ 1372   Zugewinnausgleich in anderen Fällen

Wird der Güterstand auf andere Weise als durch den Tod eines Ehegatten beendet, so wird der Zugewinn nach den Vorschriften der §§ 1373 bis 1390 ausgeglichen.

A. Allgemeines

1   Das heutige Familienrecht wird beherrscht von dem **Grundsatz der Halbteilung**. Das gilt für das **Unterhaltsrecht** ebenso wie für den **Versorgungsausgleich** und das **Güterrecht**. Aus diesem Grunde ist – von Ausnahmefällen, etwa dem des privilegierten Erwerbs nach § 1374 Abs. 2, abgesehen – das während des Bestehens des Güterstandes in der Ehe erworbene Vermögen unter den Ehegatten hälftig aufzuteilen. Für diejenigen Fälle, in denen der Güterstand nicht durch den **Tod eines Ehegatten** endet, ist § 1372 als **Auffangtatbestand** definiert. Für sie ordnet § 1372 die **güterrechtliche Lösung** an. Danach sind die Vermögen der Eheleute getrennt, also selbständig voneinander geblieben, was sie von der **erbrechtlichen Lösung** des § 1371 Abs. 1 unterscheidet, nach der ein pauschaler Ausgleich durch Erhöhung des gesetzlichen Erbteils des Ehegatten erfolgt.

2   Im Rahmen des güterrechtlichen Ausgleichs wird ein auf **Geldzahlung** gerichteter Anspruch begründet, für den, bezogen auf genau festgelegte **Stichtage**, für beide Ehegatten die Vermögensstände getrennt festzuhalten sind (**Anfangs- und Endvermögen**). Nach dieser eher buchhalterischen Form des Vermögensausgleichs kommt es nicht darauf an, ob und in welcher Höhe ein Ehegatte einen Beitrag am Zugewinn des anderen geleistet hat. Hat ein Ehegatte das Vermögen des anderen durch tatkräftige Hilfe gemehrt, kann er gleichwohl ausgleichspflichtig sein, wenn dieser es wieder verloren hat, während umgekehrt derjenige Ehegatte, der keinen Beitrag zur Vermögensentwicklung des anderen geleistet hat, durchaus in den Genuss einer Ausgleichsforderung kommen kann. Seit der Reform des Güterrechts zum 01.09.2009 findet aber eine Berücksichtigung negativen Anfangsvermögens statt, wodurch eine Gerechtigkeitslücke geschlossen ist, die dadurch entstand, dass der Abbau von Verbindlichkeiten während der Ehe nach altem Recht keinen Zugewinn dargestellt haben.

B. Voraussetzungen

3   Der Zugewinnausgleich nach §§ 1373 ff. findet in allen Fällen statt, in denen der Güterstand nicht durch den Tod eines der Ehegatten beendet wird, also durch

a) **Scheidung der Ehe** (§§ 1564–1568),

b) **Aufhebung der Ehe** (§§ 1313–1318),

c) rechtskräftige Entscheidung auf **vorzeitigen Ausgleich des Zugewinns** (§§ 1385–1388),

d) **Ehevertrag**, mit dem nachträglich ein anderer Güterstand vereinbart, die Zugewinngemeinschaft aufgehoben oder der Zugewinnausgleich bei Aufrechterhaltung der Zugewinngemeinschaft im Übrigen ausgeschlossen wird (§ 1414).

Endet die Ehe durch den **gleichzeitigen Tod beider Ehegatten**, so findet ein Zugewinnausgleich nicht statt (vgl. oben § 1371 Rdn. 9).

C. Zugewinnausgleich und andere Ausgleichsregelungen

I. Abgrenzung zum Haushaltsverteilungs- und Versorgungsausgleichsverfahren sowie Verhältnis zum Unterhalt

Der vermögensrechtliche Ausgleich der Eheleute erfolgt getrennt nach   4

a) Ehewohnung und Haushaltsgegenständen,
b) Versorgungsanwartschaften und -aussichten wegen Alters oder Berufs- und Erwerbsunfähigkeit,
c) sonstigem Vermögen.

Während das so genannte **sonstige Vermögen** dem Zugewinnausgleich unterfällt, werden **Ehewohnung und Haushaltsgegenstände** nach § 1568b sowie die **Versorgungsanwartschaften** im Versorgungsausgleichsverfahren ausgeglichen.

1. Verfahren in Haushaltssachen

Die Abgrenzung zwischen Haushaltsverteilung und Zugewinnausgleich ist nach einer Entschei-   5
dung des BGH vom 11.5.2011,[1] die auf die durch die Einführung des § 1568b geschaffene geänderte Rechtslage hinweist, im Gegensatz zur Vergangenheit eindeutig. Mit dem Ersatz der HausratsVO durch die §§ 1568a und b besteht ein Anspruch auf Überlassung und Übereignung von Haushaltsgegenständen, die sich im Alleineigentum eines Ehegatten befinden, nicht mehr. Insoweit bleibt der Ausgleich nach den Vorstellungen des Gesetzgebers[2] dem Güterrecht vorbehalten. Ausnahmen davon sind möglich, etwa dann, wenn sich die Ehegatten über die Einbeziehung von im Alleineigentum eines Ehegatten stehenden Gegenständen in die Hausratsverteilung geeinigt haben.[3] Nichts anderes gilt für noch vor dem 01.09.2009 anhängig gemachte Verfahren, da § 1568b keine Übergangsregelung enthält.[4] Nur dann, wenn der Gegenstand bereits wirksam nach altem Recht einem der Ehegatten zugewiesen worden ist, bleibt es beim Ausschluss des Zugewinnausgleichs, um Wertungswidersprüche zu vermeiden.[5]

Zusammenfassend kann deshalb als Regel festgehalten werden:

– Haushaltsgegenstände im Alleineigentum eines Ehegatten unterliegen dem güterrechtlichen Ausgleich.
– Haushaltsgegenstände im Miteigentum beider Ehegatten unterliegen dem Ausgleich nach § 1568b und deshalb ebenso wie die nach dieser Norm ggf zu leistende Ausgleichszahlung[6] nicht dem Zugewinnausgleich.

Wegen des Begriffs des Haushaltsgegenstandes im Einzelnen wird auf die Ausführungen zu § 1361a verwiesen.

2. Versorgungsausgleichsverfahren

Ebenso wie das Haushaltsverteilungsverfahren verdrängen auch die Regeln über den **Versorgungs-   6
ausgleich** diejenigen über den Zugewinnausgleich. Nach § 2 Abs. 4 VersAusglG finden die güter-

1 BGH FamRZ 2011, 1039.
2 BT-Drucks. 16/10798, 23.
3 BGH FamRZ 2011, 1039.
4 BGH FamRZ 2011, 1039.
5 BGH FamRZ 2011, 1039.
6 BGH FamRZ 1984, 144 zur HausratsVO.

rechtlichen Vorschriften ausdrücklich dann keine Anwendung, wenn der Versorgungsausgleich stattfindet, so dass die **Regelungen über den Versorgungsausgleich ausschließliche** sind. Das gilt auch dann, wenn im konkreten Fall ein Versorgungsausgleich nicht stattfindet, weil dieser etwa in wirksamer Weise durch Vereinbarung ausgeschlossen worden ist (§ 1408),[7] oder wegen der Anwendung der Härteklausel (§ 27 VersAusglG) ausscheidet. Die Regelung ist auch nicht dispositiv.

7 Gleichwohl gibt es **Abgrenzungsprobleme** speziell im Bereich der **privaten Lebensversicherungen**. Denn dem Versorgungsausgleich unterfallen zwar grundsätzlich alle Anwartschaften und Aussichten aus den verschiedenen Systemen der sozialen Sicherung (§ 2 VersAusglG). Daraus folgt aber nicht, dass umgekehrt auch alle vermögensrechtlichen Positionen dem Versorgungsausgleich unterliegen, die zum Zwecke der Altersvorsorge aufgebaut worden sind. So bleiben nach § 2 Abs. 2 VersAusglG für den Versorgungsausgleich alle Anrechte außer Betracht, die weder mit Hilfe des Vermögens noch durch Arbeit der Eheleute begründet oder aufrechterhalten wurden. Hierzu rechnen beispielsweise auch mit Hilfe eines im **vorzeitigen Zugewinnausgleich erworbenen Vermögens** begründete Anrechte.[8]

8 **Lebensversicherungen**, die nicht der **Altersversorgung**, sondern der **Vermögensbildung** zu dienen bestimmt sind, sind dem Versorgungsausgleich entzogen und unterliegen dem Zugewinnausgleich.[9] Kriterium für diese Differenzierung ist die Art der gewährten oder versprochenen Leistung. Eine **Lebensversicherungsrente** fällt danach in den Versorgungsausgleich. Dasselbe gilt für eine **Kapitallebensversicherung mit Rentenwahlrecht**, das bis zum Eintritt der Rechtshängigkeit des Scheidungsantrages bereits ausgeübt worden ist.[10] Die **Kapitallebensversicherung** fällt dagegen dann in das Endvermögen, wenn sie dem Versicherten noch das Wahlrecht zwischen einer einmaligen Leistung und einer laufenden Rente belässt,[11] wenn der berechtigte Ehegatte sein **Wahlrecht** erst nach dem Stichtag ausübt,[12] oder wenn aus den Umständen des Falles sonst auf eine Vermögensanlage und darauf geschlossen werden kann, dass die Versicherung nicht speziell der Altersversorgung zu dienen bestimmt ist.[13] Damit fallen Lebensversicherungen nur dann in den Versorgungsausgleich, wenn sie **ausschließlich und unwiderruflich Rentenleistungen** zusagen.

9 **Renten-Lebensversicherungen mit Kapitalwahlrecht** unterliegen grundsätzlich dem Versorgungsausgleich. Etwas anderes gilt aber dann, wenn das **Wahlrecht bis zum Eintritt der Rechtshängigkeit des Scheidungsantrages** ausgeübt und das Anrecht aus dem Versicherungsvertrag damit vor diesem Stichtag zu einem Kapitalanrecht wird.[14] Dasselbe gilt, wenn das **Wahlrecht erst nach dem Stichtag**, aber **vor der Entscheidung über den Versorgungsausgleich** ausgeübt wird. Denn der Versorgungsausgleich ist auf den Ausgleich von Rentenanrechten zugeschnitten und stellt für den Ausgleich von Kapitalforderungen keine geeigneten Ausgleichsmechanismen zur Verfügung.[15] Ist mithin ein derartiges Anrecht im Zeitpunkt einer vorgezogenen Entscheidung über den Zugewinnausgleich unberücksichtigt geblieben, weil der berechtigte Ehegatte von seinem Wahlrecht bis zu diesem Zeitpunkt noch keinen Gebrauch gemacht hat, übt er es dann jedoch noch vor der Rechtskraft der Entscheidung über den Versorgungsausgleich aus, so besteht die Gefahr, dass die-

7 Ruland/Tiemann § 1587 Rn. 29.
8 BGH NJW 1992, 1888.
9 BGH MDR 2007, 887 für eine als Vermögensanlage bestimmte Rentenversicherung, aus der schon während der aktiven Erwerbszeiten Renten bezogen werden.
10 BGH FamRZ 1993, 684, 685; FamRZ 1984, 156.
11 BGH FamRZ 1984, 156.
12 BGH FamRZ 1993, 684.
13 OLG Oldenburg OLGR 2009, 54.
14 BGH FamRZ 2003, 923; FamRZ 2003, 664; mit krit. Anm. Deisenhofer FamRZ 2003, 745.
15 BGH FamRZ 2003, 923; FamRZ 2003, 664; mit krit. Anm. Deisenhofer FamRZ 2003, 745.

ses Anrecht jedwedem Ausgleich entzogen wird,[16] zumal auch nicht die Möglichkeit besteht, die Kapitalleistung in eine Rentenleistung umzurechnen.[17]

Im Zugewinnausgleich zu berücksichtigen ist auch eine vom Arbeitgeber im Rahmen der **betrieblichen Altersvorsorge** zu Gunsten des Arbeitnehmers als **Direktversicherung** abgeschlossene Kapitallebensversicherung, wenn deren Bezugsrecht im Zeitpunkt der letzten mündlichen Verhandlung unwiderruflich ist[18] oder wenn es sich um eine befreiende Lebensversicherung nach §§ 1 Abs. 2 S. 1, 1 Abs. 1 BetrAVG handelt.[19] Auf die Leistungsform kommt es hierbei nicht an. Denn Anrechte aus der betrieblichen Altersversorgung iS des BetriebsrentenG sowie solche aus dem Altersvorsorgeverträge – ZertifizierungsG unterliegen gem § 2 Abs 2 Nr 3 VersAusglG unabhängig von ihrer Leistungsform stets dem Versorgungsausgleich. Eine ähnlich gesicherte Position mag im Einzelfall auch dem **Geschäftsführer oder dem Gesellschafter einer GmbH** zustehen, wenn die Gesellschaft zu seinen Gunsten eine entsprechende Direktversicherung abgeschlossen hat.[20]

3. Unterhalt

Die Qualifizierung eines Anspruchs als **Unterhaltsanspruch** oder einer Verpflichtung als **Unterhaltsschuld** schließt eine Berücksichtigung im Zugewinnausgleich nicht grundsätzlich aus. Wegen des laufenden Unterhalts kommt eine Anrechnung zwar mangels Fälligkeit der Forderung nicht in Betracht. Denn die Unterhaltpflicht ist keine einheitliche, sondern sich ständig erneuernde, erst beim Vorhandensein bestimmter Voraussetzungen zur Entstehung gelangende Verbindlichkeit.[21] Etwas anderes gilt aber für am Stichtag fällige **Unterhaltsforderungen**, die beim Berechtigten zum **Aktivvermögen** und beim Verpflichteten zum **Passivvermögen** gehören.[22] Dasselbe gilt dann, wenn das am Stichtag vorhandene Kontoguthaben nur dazu dient, den wenige Tage später fällig werdenden Unterhaltsanspruch zu befriedigen. Dieses Guthaben im Endvermögen unberücksichtigt zu lassen, würde mit dem Stichtagsprinzip nicht zu vereinbaren sein.[23]

II. Sonstige Ausgleichsregelungen

1. Ausschließlichkeitsprinzip

Für den Zugewinnausgleich gilt wie für den Versorgungsausgleich das so genannte **Ausschließlichkeitsprinzip**. Das heißt, dass neben dem Zugewinnausgleichsverfahren grundsätzlich keine anderen vermögensrechtlichen Ausgleichsansprüche in Betracht kommen.[24] Der Zugewinnausgleich verdrängt insbesondere Ansprüche aus **ungerechtfertigter Bereicherung**[25] und in der Regel solche wegen des **Wegfalls der Geschäftsgrundlage (§ 313)**,[26] sofern nicht ein im Übrigen unangemessenes und untragbares Ergebnis zu korrigieren ist.[27] Schafft ein Ehegatte mit dem Erlös aus der Veräußerung des im Miteigentum beider stehenden und als Ehewohnung genutzten Hauses ein in seinem Alleineigentum stehendes Haus an, so ist der Wertausgleich ebenfalls nur dem Zugewinn-

10

11

12

---

16 Zu den Konsequenzen vgl auch Büte FuR 2003, 400.
17 BGH FamRZ 2003, 923.
18 Vgl. OLG Köln FamRZ 2001, 158.
19 BGH FamRZ 1993, 1303.
20 BGH FamRZ 1993, 1303.
21 BGH FamRZ 2003, 1544.
22 BGH FamRZ 2011, 25; FamRZ 2003, 1544; OLG Hamm FamRZ 2007, 1243 m. Anm. Bergschneider.
23 BGH FamRZ 2003, 1544.
24 BGH FamRZ 1984, 144; 142; FA-FamR/v Heintschel-Heinegg Kap. 9 Rn. 45.
25 BGH MDR 1976, 301; FamRZ 1989, 147; MüKo/Koch vor § 1363 Rn. 22.
26 BGH FamRZ 1982, 246.
27 BGH FamRZ 1991, 1169, 1170.

ausgleichsverfahren vorbehalten, während keine Ansprüche des anderen Ehegatten auf **Einräumung von Mitbesitz** oder **Auskehrung eines Erlösanteils** bestehen.[28]

13   Generell unberührt bleiben dagegen **ausgleichsfremde Ansprüche**, etwa solche nach § 985.[29] Dasselbe gilt für Ansprüche, die – etwa bei Leistungen unter Verlobten im Hinblick auf eine spätere Eheschließung – außerhalb der Ehe entstanden sind.[30] Daneben ist das Ausschließlichkeitsprinzip durch die Rechtsprechung in vielfältiger Weise durchbrochen. So können neben dem Zugewinnausgleich insbesondere Ansprüche auf **Gesamtschuldnerausgleich** (§ 426), auf **Ausgleich als Gesamtgläubiger** (§ 430) oder aus **Miteigentum** (§§ 741 ff.) geltend gemacht werden. Da gegenseitige Ansprüche der Eheleute bei dem einen als Aktiv- und dem anderen als Passivposten zu berücksichtigen sind,[31] ist jedoch im Einzelfall zu bedenken, dass die genannten Ausgleichsansprüche und -belastungen das Ergebnis des Zugewinnausgleichs erheblich zu beeinflussen vermögen. So wird die gesonderte Geltendmachung häufig nicht sinnvoll sein, da genau das, was mit der gesonderten Forderung gewonnen wird im Rahmen des Zugewinnausgleichs wieder abzuziehen ist.[32] In jedem Fall sollten die **gegenseitigen Ansprüche** bei der Erstellung der **Zugewinnausgleichsbilanz** jedoch einbezogen werden, da andernfalls gar die Gefahr besteht, dass sie vollständig verloren werden. Denn es wird auch die Meinung vertreten, dass derjenige, der seine Forderung nicht in die Ausgleichsbilanz einstellt, wegen widersprüchlichen Verhaltens (§ 242) später daran gehindert ist, sie gesondert geltend zu machen.[33] Zu vermeiden ist in jedem Fall widersprüchliches Verhalten (§ 242), das darin liegen könnte, dass eine einmal getroffene Vereinbarung über den Zugewinnausgleich durch die gesonderte Geltendmachung eines vermögensrechtlichen Anspruchs wieder korrigiert wird.[34]

2. Verbot der Doppelberücksichtigung

14   Jede Vermögensposition ist zwischen den Ehegatten stets nur einmal auszugleichen. Ein güterrechtlicher Ausgleich findet deshalb dann nicht statt, wenn ein Ausgleich bereits auf andere Weise, sei es unterhaltsrechtlich oder im Wege des Versorgungsausgleichs, erfolgt ist.[35] Für den Versorgungsausgleich ist dies gemäß § 2 Abs. 4 VersAusglG schon von Gesetzes wegen sicher gestellt, so dass auch ein im Versorgungsausgleich berücksichtigtes Anrecht im Rahmen des Zugewinnausgleichs nicht noch einmal berücksichtigt werden kann.[36] Für das Verhältnis zwischen Unterhalt und Zugewinnausgleich kann nichts anderes gelten, auch wenn es insoweit an einer ausdrücklichen gesetzlichen Regelung fehlt.[37] Ein Ehegatte wird demnach nicht mehr an einer vor dem Stichtag ausgezahlten **Arbeitnehmerabfindung** beteiligt, wenn und soweit er daran bereits durch die Gewährung des unter Einbeziehung dieser insoweit als Einkommen behandelten Abfindung bemessenen Unterhalts partizipiert.[38]

15   Dieser Grundsatz gilt aber andererseits **nicht uneingeschränkt**. Denn ist am Stichtag Guthaben vorhanden, das der **Befriedigung des wenige Tage später fällig werdenden Unterhaltsanspruchs** dient, so fällt dieses in das **Endvermögen**.[39] Begründet wird dies damit, dass der unterhaltsberech-

---

28 OLG Oldenburg FamRZ 1998, 1172.
29 BGH FamRZ 1990, 1219.
30 BGH FamRZ 1992, 160.
31 BGH FamRZ 2007, 877.
32 BGH FamRZ 2011, 25 zum Gesamtschuldnerausgleich.
33 Haussleiter/Schulz Kap. 6 Rn. 75 m.w.N.
34 BGH FamRZ 2009, 193.
35 BGH FamRZ 2003, 432; zum Problem vgl. auch Kogel FamRZ 2004, 1614.
36 OLG Koblenz FamRZ 2005, 1255.
37 BGH FamRZ 2003, 432.
38 BGH FamRZ 2004, 1352 m. Anm. Bergschneider FuR 2005, 39; OLG München FamRZ 2005, 714; OLG Frankfurt FamRZ 2000, 611, 612.
39 BGH FamRZ 2003, 1544.

tigte Ehegatte auch doppelt benachteiligt werde, wenn er eine Schmälerung seines Zugewinnausgleichs wegen rückständigen Unterhalts hinnehmen müsse, der Unterhaltsanspruch dann aber nicht durchsetzbar ist. Im Übrigen könne sich der ausgleichsberechtigte Ehegatte gegen die Berücksichtigung am Stichtag noch bestehender Verbindlichkeiten des Ausgleichspflichtigen mit der Begründung wehren, er habe bereits eine Reduzierung seines Unterhaltsanspruchs hinnehmen müssen. Denn ein Einfluss der Schuldenlast auf die unterhaltsrechtliche Leistungsfähigkeit hat mit dem Vermögensausgleich nichts zu tun.[40]

Streitig ist, ob die Eheleute ein dahingehendes **Wahlrecht** haben, eine Abfindung im Rahmen der Unterhaltsberechnung oder des Zugewinnausgleichs zu berücksichtigen.[41] Das Bestehen eines Wahlrechts dürfte jedoch abzulehnen sein. Denn Schwierigkeiten bereitet schon die Beantwortung der Frage, wem dies zustehen sollte, zumal jeder bedacht sein wird, die für ihn jeweils günstigere Wahl zu treffen und es kaum angehen kann, nur dem ausgleichsberechtigten Ehegatten die Wahl zu erlauben, der durch seine Antragstellung eine entsprechende Weichenstellung vornimmt. Im Übrigen ist der Sicherung des Unterhalts der Vorrang gegenüber der Teilhabe am Vermögen einzuräumen, wie der BGH im Zusammenhang mit der Inhaltskontrolle von Eheverträgen entschieden hat.[42] Dann sind aber auch Abfindungen vorrangig für den Unterhalt einzusetzen, weshalb ein Wahlrecht nicht bestehen kann.[43] Wird im Wege einer Vereinbarung allerdings ein anderer Weg beschritten, so ist dies angesichts der geltenden Vertragsautonomie grundsätzlich hinzunehmen. **16**

Wegen der Berücksichtigung von Abfindungen im Endvermögen im Einzelnen vgl. § 1376 Rdn. 20. **17**

Die Problematik einer doppelten Berücksichtigung von Vermögenswerten stellt sich aber nicht nur im Zusammenhang mit Abfindungen, sondern auch etwa beim Vorhandensein von **Unternehmen oder freiberuflichen Praxen** im Endvermögen eines der Ehegatten. Um den Vermögenswert zu ermitteln, der dem Endvermögen zuzurechnen ist, ist vorab der Unternehmerlohn zu bestimmen. Der nach Abzug dieses Unternehmerlohns verbleibende Unternehmenswert kann Gegenstand des Zugewinnausgleichs sein.[44] Dazu ist neben dem Substanzwert der good will des Unternehmens oder der Praxis zu ermitteln, indem als Ausgangswert nicht ein pauschal angesetzter kalkulatorischer Unternehmerlohn, sonder der nach den individuellen Verhältnissen konkret gerechtfertigte Unternehmerlohn in Abzug gebracht wird.[45] Wegen weiterer Einzelheiten wird auf § 1376 Rdn 22 verwiesen. **18**

Was für das Aktivvermögen gilt, hat auch für **Schulden** zu gelten.[46] **19**

3. Gesamtschuldnerausgleich

Gegenüber dem aus § 426 folgenden **Gesamtschuldnerausgleich** kommt dem gesetzlichen Güterrecht kein Vorrang zu.[47] Denn die Zugewinngemeinschaft kennt keinen **Verlustausgleich** und enthält keine Regelungen dafür, wie am Ende der Ehezeit vorhandene **gemeinschaftliche Schulden** zu bedienen sind.[48] Überdies bewirkt die Tilgung einer Gesamtschuld durch einen der mithaften- **20**

---

40 BGH NJW-RR 1986, 1325.
41 Bejahend: Bergschneider FamRZ 2004, 1352; Kogel FamRZ 2004, 1614, 1615 verneinend: Brudermüller NJW 2005, 3187, 3188; Gerhardt FamRZ 2005, 145, 146.
42 BGH FamRZ 2004, 601, 605.
43 So auch: Gerhardt/Schulz FamRZ 2005, 145, 146; Schulz FamRZ 2006, 1237, 1238.
44 BGH FamRZ 2011, 622: FamRZ 2011, 1367; OLG München FamRZ 2006, 1164, 1169; Schulz FamRZ 2006, 1237.
45 BGH FamRZ 2008, 761; vgl. auch § 1376 Rdn. 22.
46 Schulz FamRZ 2006, 1237; a.A. OLG Koblenz NJW-RR 2008, 1173.
47 BGH FamRZ 2011, 25.
48 Kotzur NJW 1989, 817, 818; FAFamR/v.Heintchel-Heinegg Kap. 9 Rn. 49.

den Ehegatten vor dem für die Festsetzung des Endvermögens maßgeblichen Stichtag keine Veränderung der **Vermögensbilanz**, wenn die Gesamtschuld unter Beachtung der Ausgleichsansprüche korrekt in den Zugewinnausgleich eingestellt wird.[49] Aus diesem Grunde verdrängen die Vorschriften über den Zugewinnausgleich nicht diejenigen über den Gesamtschuldnerausgleich.

4. Gesamtgläubigerausgleich

21   Was für den Gesamtschuldnerausgleich gilt, trifft auch für den **Gesamtgläubigerausgleich** zu. Auch die §§ 428 ff., insbesondere der § 430, werden durch die Regeln über den Zugewinnausgleich nicht verdrängt.[50] Insoweit gilt allerdings ebenfalls, dass die wechselseitigen Ansprüche und Verpflichtungen in die Ausgleichsbilanz bei der Ermittlung des Zugewinns mit einzufließen haben.

5. Miteigentum

22   Miteigentümer, beispielsweise an dem gemeinsamen Hausgrundstück, bilden eine **Gemeinschaft** im Sinne des § 741. Sie haben gegeneinander Ansprüche auf einen ihrem Anteil entsprechenden **Bruchteil der Früchte**, also beispielsweise erzielter **Mietzinsen** (§ 743). Wenn nur noch ein Ehegatte die im Miteigentum stehende Sache nutzt, kann der andere unter Umständen eine angemessene **Nutzungsentschädigung** für sich beanspruchen (§ 745 Abs. 2). Daneben hat er einen Anspruch auf **Aufhebung der Gemeinschaft** (§ 749).

23   Die **gemeinschaftsrechtlichen Ansprüche** werden durch das Bestehen einer Zugewinngemeinschaft nicht verdrängt.[51] Das gilt schon deshalb, weil die **Zielrichtung** der gemeinschaftsrechtlichen Ansprüche eine andere als die des Zugewinnausgleichs ist. Denn die gemeinschaftsrechtlichen Ansprüche sind nicht zwingend auf die Zerschlagung des Miteigentums und damit der Gemeinschaft gerichtet. Allerdings ist auch hier zu bedenken, dass sowohl das Miteigentum als auch eventuelle Ansprüche hieraus gegebenenfalls im Vermögen der Eheleute zu berücksichtigen sind.

24   Wegen der vermögensrechtlichen Ansprüche außerhalb des Güterrechts vgl. im Übrigen die Vorbemerkungen vor §§ 1372.

25-69   (zur Zeit nicht besetzt)

§ 1373   Zugewinn

Zugewinn ist der Betrag, um den das Endvermögen eines Ehegatten das Anfangsvermögen übersteigt.

A. Allgemeines

1   Die Norm stellt eine für die Zugewinnausgleichsberechnung maßgebliche Begriffsbestimmung auf, indem der Zugewinn eines Ehegatten als derjenige Betrag definiert wird, um den sein Endvermögen sein jeweiliges Anfangsvermögen übersteigt. Um den Zugewinn ermitteln zu können, müs-

---

49   BGH FamRZ 2011, 25.
50   BGH FamRZ 2000, 948.
51   OLG Hamm FamRZ 1989, 740; FA-FamR/v Heintschel-Heinegg Kap. 9 Rn. 51.

sen also zwei weitere Rechengrößen mit herangezogen werden, das Anfangs- und das Endvermögen. Das Anfangsvermögen ist in § 1374 definiert, das Endvermögen in § 1375.

B. Begriff des Zugewinns

Der Zugewinn eines Ehegatten ist keine Vermögensmasse, sondern eine reine Rechengröße, eine 2 mathematische Größe, die unter Hinzuziehung der beiden genannten weiteren Begriffe im Wege einer Überschussrechnung zu ermitteln ist, wobei stets das Endvermögen jeder Partei deren Anfangsvermögen gegenüber zu stellen ist.[1] Der Wert des Zugewinns als desjenigen Vermögens, das ein Ehegatte während der Dauer des Güterstandes hinzu erworben hat, ist danach stets als Geldbetrag auszudrücken. Er stellt keine besondere Vermögensmasse eines Ehegatten dar und kann danach auch nicht als solcher aufgeteilt werden.

Indem das Gesetz davon ausgeht, dass der Zugewinn derjenige Betrag ist, um den das End- das 3 Anfangsvermögen übersteigt, beträgt er immer mindestens Null und kann keinen negativen Wert annehmen. Ist das Endvermögen eines Ehegatten geringer als sein Anfangsvermögen, hat er also Verluste erlitten, so übersteigt sein Endvermögen das Anfangsvermögen nicht, weshalb der Zugewinn immer noch Null ist. Ein Verlustausgleich findet nicht statt. Denn die Zugewinngemeinschaft ist **keine Verlustgemeinschaft**.[2] Anderes kann auch nicht aus § 1377 Abs. 3 hergeleitet werden. Diese Norm beinhaltet eine Beweiserleichterung und bietet keine Rechtfertigung dafür, einen Ehegatten an den Verlusten des anderen zu beteiligen.[3]

Für die Ermittlung des beiderseitigen Zugewinns und damit der Ausgleichsforderung ist es unerheblich, auf welche Art und Weise er entstanden ist, ob er erarbeitet wurde oder Folge von Kapitalerträgen ist. Insofern ist die Ermittlung des Zugewinns und der Zugewinnausgleichsforderung ein reines Bilanzierungsproblem. 4

Auszugleichen ist aber stets nur der echte oder nominelle Zugewinn. Wegen des stetigen Preisverfalls können Anfangs- und Endvermögen nicht einfach gegenüber gestellt werden. Der Währungsverfall führt vielmehr zu nur scheinbaren Zugewinnen, die nicht auszugleichen sind. Um Anfangs- und Endvermögen miteinander vergleichbar zu machen, bedarf es hinsichtlich des Anfangsvermögens einer Korrektur durch Indexierung. Wegen weiterer Einzelheiten vgl. § 1374 Rdn. 17 ff. 5

Das Güterrecht ist zum 01.09.2009 umfassend reformiert worden. Nach der **Übergangsvorschrift** 6 des Art. 229 § 20 EGBGB finden die geänderten Vorschriften ab diesem Stichtag auch auf **Altfälle** Anwendung. Das gilt beispielsweise auch für die erweiterten Auskunftsansprüche nach § 1379, die auch in schon laufenden Altfällen noch geltend gemacht werden können. Eine Ausnahme bildet nur § 1374 mit der Anerkennung **negativen Anfangsvermögens**. Diese Norm ist nur in solchen Fällen anzuwenden, die ab 01.09.2009 anhängig geworden sind.

§ 1374 Anfangsvermögen

(1) Anfangsvermögen ist das Vermögen, das einem Ehegatten nach Abzug der Verbindlichkeiten beim Eintritt des Güterstands gehört.

(2) Vermögen, das ein Ehegatte nach Eintritt des Güterstands von Todes wegen oder mit Rücksicht auf ein künftiges Erbrecht, durch Schenkung oder als Ausstattung erwirbt, wird nach

---

1 BGH FamRZ 1988, 373.
2 FA-FamR/v Heintschel-Heinegg Kap. 9 Rn. 59.
3 Staudinger/Thiele § 1373 Rn. 20; MüKo/Koch § 1373 Rn. 4; Brudermüller FamRZ 2009, 1185, 1187; a.A.: Braeuer FamRZ 2010, 1614.

Abzug der Verbindlichkeiten dem Anfangsvermögen hinzugerechnet, soweit es nicht den Umständen nach zu den Einkünften zu rechnen ist.

(3) Verbindlichkeiten sind über die Höhe des Vermögens hinaus abzuziehen.

A. Allgemeines

1 Das Anfangsvermögen ist eine gem. § 1373 zur Ermittlung des Zugewinns eines Ehegatten einzusetzende **Rechengröße**. Sie stellt dasjenige Vermögen dar, das einem Ehegatten nach **Abzug der Verbindlichkeiten** zum Stichtag des **Eintritts in den Güterstand** gehört. Durch Abs. 2 wird sichergestellt, dass bestimmte, im Wesentlichen nicht mit der ehelichen Lebensgemeinschaft in Zusammenhang stehende Vermögensbestandteile außer Betracht bleiben, sie also der Ausgleichspflicht entzogen werden.

2 Das Anfangsvermögen ist kein reales Vermögen, sondern lediglich eine in die Ausgleichsberechnung einzusetzende **Rechengröße**.

3 Die Ermittlung des Anfangsvermögens ist von Bedeutung für alle Ausgleichsfälle, in denen die **Ehe nicht durch den Tod eines Ehegatten endet** sowie in Todesfällen dann, wenn die **güterrechtliche Lösung** des § 1371 Abs. 2 und 3 greift. Wegen der **Wertermittlung** wird auf § 1376 verwiesen, wegen der Bedeutung eines Verzeichnisses zum Anfangsvermögen auf § 1377.

4 § 1374 ist wie alle güterrechtlichen Vorschriften durch formgebundenen **Ehevertrag** abdingbar. So ist es insbesondere zulässig, das Anfangsvermögen **wertmäßig festzulegen,**[1] einzelne Vermögensgegenstände durch **Zurechnung zum Anfangsvermögen** dem Zugewinn zu entziehen[2] oder den **Berechnungszeitpunkt** abweichend zu vereinbaren.[3] Heben die Ehegatten die einmal vereinbarte Gütertrennung rückwirkend wieder auf, so ist es zulässig, den **Beginn der Zugewinngemeinschaft** per Vereinbarung auf den Beginn der Ehe vorzuverlegen.[4]

5 Mit der Güterrechtsreform zum 01.09.2009 ist Abs. 1 Hs. 1 gestrichen worden, so dass auch ein negatives Anfangsvermögen berücksichtigt werden kann. Da zugleich nach § 1375 Abs. 2 Verbindlichkeiten auch beim Endvermögen über die Höhe des Aktivvermögens hinaus abgezogen werden können, stellt auch eine Minderung von Verbindlichkeiten einen Zugewinn dar. Ein Korrektiv beinhaltet § 1378 Abs. 2, nach dem die Ausgleichsforderung auf die Höhe des nach Abzug der Belastungen vorhandenen Vermögens begrenzt wird.

---

1 Staudinger/Thiele § 1374 Rn. 39.
2 BGH FamRZ 1997, 800.
3 OLG Hamburg NJW 1964, 1076; Palandt/Brudermüller § 1374 Rn. 3.
4 BGH FamRZ 1998, 903.

Mit Abs. 3 wird klargestellt, dass der Abzug von Verbindlichkeiten auch für den privilegierten 6
Erwerb nach § 1374 Abs. 2 gilt, was bei der Übernahme eines überschuldeten Nachlasses dazu
führt, dass sich das Anfangsvermögen verringert. Dies begegnet erheblichen Bedenken, weil auf
diese Weise der verheiratete Ehegatte, der die von dem anderen übernommenen Lasten mit trägt,
schlechter gestellt ist, als derjenige, der nach Übernahme des belasteten Erbes durch den anderen
die Beendigung des Güterstandes erstrebt.[5] Hinzu kommt eine Ungleichbehandlung gegenüber
solchen Fällen, in denen Schulden mit einem nicht privilegierten Vermögenserwerb verbunden
sind.

B. Begriff des Vermögens

I. Aktivvermögen

Das Vermögen eines Ehegatten beim Eintritt in den Güterstand besteht aus der **Summe aller** 7
geldwerten Sachen und Rechte. Dabei müssen die Rechte am **Stichtag** bereits entstanden sein
und die Sachen dem Ehegatten bereits gehören. Auf die Fälligkeit der Forderungen am Stichtag
kommt es hingegen nicht an.[6] Hatte der Ehegatte bei Beginn des Güterstandes **Forderungen**
gegen den anderen, so rechnen auch diese zum Anfangsvermögen.[7] **Leistungen eines Ehegatten** an
den anderen während der Zeit vor der Eheschließung können damit zwar dessen Anfangsvermögen beeinflussen. Später wegen erbrachter Leistungen entstehende Ausgleichsansprüche sind dagegen hinsichtlich des Anfangsvermögens irrelevant.[8] Ebenso ohne Bedeutung sind solche Ansprüche, die wie eine Abfindung für eine Witwenrente nach Wiederverheiratung gem. § 107 SGB VI
erst mit der **Wiederverheiratung** entstehen; sie fließen in die Berechnung des Anfangsvermögens
nicht mit ein.[9].

Gehört ein Vermögensgegenstand bei Eheschließung beiden Ehegatten gemeinsam, so ist der 8
jeweilige **Miteigentumsanteil** den Anfangsvermögen beider Eheleute zuzurechnen.

Wegen einzelner Vermögensgegenstände und ihre Bewertung wird auf die Ausführungen zu 9
§ 1376 verwiesen.

II. Abzug von Verbindlichkeiten

Seit der Neuregelung der Norm durch die Güterrechtsreform wird auch ein **negatives Anfangsver-** 10
mögen berücksichtigt. Deshalb stellt auch der Abbau von Schulden während der Ehezeit einen
Zugewinn dar, so dass die mit dem Schuldenabbau verbundene Verbesserung der wirtschaftlichen
Situation nicht mehr nur einem Ehegatten zugute kommt. Der damit verbundenen Gefahr, dass
ein Ehegatte sich zum Zwecke der Erfüllung der Zugewinnausgleichsforderung verschulden muss,
wirkt als Korrektiv § 1378 Abs. 2 entgegen, nach dem die Ausgleichsforderung grundsätzlich auf
die Höhe des am Ende der Ehezeit, bzw. bei Rechtshängigkeit des Ehescheidungsantrages (§ 1384)
tatsächlich vorhandenen Vermögens begrenzt ist.

Daraus folgt, dass derjenige, der im Zeitpunkt der Eheschließung Schulden in Höhe von 50.000 € 11
hatte, ein negatives Anfangsvermögen in eben dieser Höhe hat. Gelingt es ihm, die Schulden während der Dauer der Ehezeit auf 20.000 € zu reduzieren, so hat er einen Zugewinn von 30.000 €
erwirtschaftet, der gemäß § 1378 Abs. 2 als solcher allerdings noch keinen Ausgleichsanspruch auslösen kann.

---

5 Vgl. Weinreich FuR 2009, 199.
6 BGH FamRZ 1991, 46.
7 BGH FamRZ 1990, 972.
8 BGH FamRZ 1992, 160.
9 BGH FamRZ 1982, 148.

12   Erwirtschaft derselbe Ehegatte bis zum Ende der Ehezeit ein positives Vermögen in Höhe von 10.000 €, errechnet sich der Zugewinn auf 60.000 €, die jedoch wegen der Begrenzung des § 1378 Abs. 2 einen Ausgleichsanspruch von allenfalls 10.000 € auslösen können.

13   Verbindlichkeiten müssen wie aktives Vermögen am **Stichtag bereits entstanden** sein, während es auf ihre **Fälligkeit** nicht ankommt.[10] Etwas anderes gilt nur für wiederkehrende **Verbindlichkeiten aus Dauerschuldverhältnissen** (Miete, Unterhalt pp.). Diese sind nur in Höhe der zum Stichtag fälligen Beträge zu berücksichtigen. Wegen der Bewertung einzelner Vermögenswerte bzw. Verbindlichkeiten vgl. im Übrigen die Ausführungen zu § 1376.

C. Eintritt in den Güterstand

14   Maßgebender Zeitpunkt für die Berechnung des Anfangsvermögens ist der **Eintritt in den Güterstand.** Das kann einmal der **Tag der Eheschließung** sein (§ 1310). Haben die Ehegatten den gesetzlichen Güterstand per Ehevertrag begründet, kommt es auf den **Zeitpunkt des Vertragsschlusses** beziehungsweise des Tages an, an dem der Vertrag wirksam geworden ist.

15   Ist die **Ehe bereits vor dem 30.06.1958 geschlossen** worden, so trat der Güterstand gem. Art. 8 Abs. 1 Nr. 3 und Abs. 2 Nr. 4 des Gleichberechtigungsgesetzes zum **01.07.1958** ein, sofern die Eheleute nichts Abweichendes vereinbart haben.

16   Ist die Ehe vor dem 03.10.1990 in der **DDR** geschlossen worden und haben die Eheleute nichts Anderes bestimmt, so leben sie seit diesem Tag im Güterstand der Zugewinngemeinschaft (Art. 234 § 4 Abs. 1 EGBGB). Es ist in diesen Fällen zunächst eine **Vermögensauseinandersetzung nach Maßgabe der §§ 39, 40 FGB DDR** durchzuführen. Das sich für die Ehegatten daraus ergebende Vermögen stellt ihr **Anfangsvermögen per 03.10.1990** dar.[11]

17   Waren die Eheleute **Vertriebene oder Flüchtlinge** oder haben sie ihren Aufenthalt vor dem 03.10.1990 von der DDR in die Bundesrepublik verlegt, so erfolgt die Überleitung des Güterstandes in den der Zugewinngemeinschaft gem. § 3 des **Gesetzes über den ehelichen Güterstand von Vertriebenen und Flüchtlingen vom 04.08.1969** mit Beginn des 4. Monats nach Begründung des gewöhnlichen Aufenthalts in der Bundesrepublik. Dieser Tag ist in diesen Fällen der Stichtag zur Errechnung des Anfangsvermögens (vgl. vor § 1363 Rdn. 9).

D. Indexierung

18   Der Wert des Anfangsvermögens ist auf den Stichtag des Eintritts in den Güterstand zu ermitteln. Während danach eingetretene echte **Wertsteigerungen** dem Zugewinnausgleich unterliegen,[12] bildet die allein auf dem **Kaufkraftschwund** des Geldes beruhende nur nominelle, unechte oder scheinbare Wertsteigerung keinen Zugewinn. Würde man das Anfangsvermögen nach den Preisen am Anfangsstichtag dem Endvermögen nach den Preisen am Endstichtag gegenüber stellen, fehlte es an der Vergleichbarkeit der Werte, so dass der Ehegatte mit dem höheren Anfangsvermögen angesichts des Geldwertverlustes erheblich benachteiligt würde.

19   Um dies zu verhindern ist die durch die Geldentwertung eingetretene rein nominale Wertsteigerung, der so genannte **unechte Wertzuwachs** von Amts wegen heraus zurechnen.[13] Dies geschieht durch Umrechnung des Anfangsvermögens auf den Geldwert zum Zeitpunkt der Beendigung des Güterstandes nach der Formel

---

10   BGH FamRZ 1991, 46.
11   OLG Jena FamRZ 1997, 1015; OLG Naumburg OLGR 2006, 758.
12   BGHZ 46, 343; 61, 385.
13   OLG Düsseldorf FamRZ 1981, 48.

Wert des Anfangsvermögens bei Beginn des Güterstandes

×

Index Endstichtag

./.

Index Anfangsstichtag

=

bereinigtes Anfangsvermögen

Zur Indexierung werden nicht einzelne Gegenstände des Anfangsvermögens herausgegriffen, son- **20** dern es wird das **Anfangsvermögen insgesamt** umgerechnet. Dabei wird auch nicht zwischen Sachwerten und Geld, Geldforderungen und Geldschulden unterschieden.[14] Vor der Umrechnung ist deshalb für das Anfangsvermögen stets eine **einheitliche Summe** zu bilden.[15]

Unerheblich ist, welcher Art die in das Anfangsvermögen fallenden Gegenstände sind. Auch für **21** solche Teile des Anfangsvermögens, die zum Ge- oder Verbrauch bestimmt sind und die deshalb eine überdurchschnittlich sinkende Werttendenz haben, gilt nichts anderes. Unerheblich ist auch, ob das Anfangsvermögen im Endvermögen noch vorhanden ist.[16]

Für die Umrechnung wurde zunächst der Preisindex für 4-Personen-Arbeitnehmerhaushalte mit **22** mittlerem Einkommen verwendet.[17] Wegen seiner größeren Breite geeigneter ist der allerdings erst seit 1991 ermittelte Verbraucherpreisindex für Deutschland. Wegen der Sondereinflüsse im Zusammenhang mit der Wiedervereinigung ist dieser jedoch für die Zeit vor 1995 in den neuen Bundesländern teilweise nicht als repräsentativ angesehen worden.[18] Insoweit wurde vielfach der gesondert ausgewiesene Preisindex für die Lebenshaltungskosten in den neuen Bundesländern und Berlin – Ost mit der Basis 1995 = 100 zu Grunde gelegt.

Für die Zeit ab 01.01.2003 werden keine gesonderten Indizes für die alten und neuen Bundeslän- **23** der mehr ausgewiesen. Es steht vielmehr nur noch ein **Preisindex für Deutschland** insgesamt zur Verfügung, den das Statistische Bundesamt für die Zeit ab 1991 auf das Basisjahr 2000 und sodann 2005 = 100 umgestellt hat. Dieser fortlaufend aktualisierte Index kann beim Statistischen Bundesamt unter www.destatis.de im Internet abgefragt werden.

Wenn der Stichtag für die Berechnung des Anfangsvermögens in eine Zeit fällt, für die der derzeit **24** aktuelle Index noch nicht errechnet ist, müssen für die Umrechnung verschiedene Indizes verwen- det werden. Die Umrechnung kann aber wie bisher in einem einzigen Rechengang erfolgen, wenn die vorhandenen Tabellen zu einer einzigen zusammengefasst werden. Eine Tabelle mit jährlichen Werten der verketteten Indizes auf der Basis 2000 hat das Statistische Bundesamt im Hinblick auf die Bedürfnisse der familiengerichtlichen Praxis veröffentlicht.[19]

Die im Rahmen des Zugewinnausgleichsverfahrens übliche Pauschalierung lässt es nach herr- **25** schender Meinung gerechtfertigt erscheinen, stets den **Jahresindex** zu verwenden und keine Diffe- renzierung nach Monaten vorzunehmen.[20]

---

14 BGH FamRZ1984, 31; OLG Hamm FamRZ 1984, 275.
15 FA-FamR/v Heintschel-Heinegg Kap. 9 Rn. 91.
16 OLG Hamm FamRZ 1984, 275.
17 BGH FamRZ 1974, 83.
18 OLG Thüringen FamRZ 1998, 1028.a
19 Vgl. Schürmann, Tabellen zum Familienrecht, 33 S 57; zum Problem der Indexierung im Übrigen Gut- deutsch FamRZ 2003, 1061.
20 BGHZ 61, 385, 393; Palandt/Brudermüller § 1376 Rn. 28; a.A.: Gutdeutsch/Zieroth FamRZ 1996, 475.

26 Noch offen ist, ob auch das **negative Anfangsvermögen** zu indexieren ist. Einerseits kann argumentiert werden, dass ein bestimmter Schuldbetrag im Anfangsvermögen und im Endvermögen nicht gleich belastend ist und nicht gleichviel Kaufkraft bindet, so dass der für das Abtragen der Schulden notwendige Konsumverzicht wegen der zwischenzeitlichen Geldentwertung geringer geworden ist.[21] Dies hat seinen Grund aber im inflationsbedingten Anwachsen der Einkünfte, während der nominale Wert der Schulden unverändert bleibt. Daneben besteht der Sinn der Indexierung gerade darin, im Rahmen des Zugewinnausgleichs nur den effektiven Wertzuwachs zu erfassen und den aus dem Kaufkraftverlust sich ergebenden Wertunterschied heraus zu rechnen, weil der keinen ausgleichspflichtigen Vermögenszuwachs begründet.[22] Aus diesem Grund erscheint es richtiger, die Indexierung negativen Anfangsvermögens zu unterlassen, weil andernfalls gerade der unechte Wertverlust dazu führt, dass er Grundlage eines Zugewinns wird.[23]

27 **Preisindizes für die Lebenshaltungskosten in Deutschland seit 1958**

2005 = 100

1958	1959	1960	1961	1962	1963	1964	1965	1966	1967	1968	1969	1970
26,6	26,9	27,3	27,9	28,7	29,6	30,3	31,2	32,4	32,9	33,4	34,1	35,2

1971	1972	1973	1974	1975	1976	1977	1978	1979	1980	1981	1982	1983
37,1	39,1	41,9	44,8	47,4	49,5	51,3	52,7	54,8	57,8	61,5	64,7	66,8

1984	1985	1986	1987	1988	1989	1990	1991	1992	1993	1994	1995	1996
68,4	69,9	69,8	70,0	70,0	72,8	74,8	77,5	80,6	83,5	85,7	87,1	88,3

1997	1998	1999	2000	2001	2002	2003	2004	2005	2006	2007	2008	2009
90,0	90,9	91,4	92,7	94,5	95,9	96,9	98,5	100,0	101,6	103,9	106,6	107,0

2010	2011	2012[1]										
108,2	110,7	113,3										

1. Anmerkungen:
   1. September 2012

E. Hinzurechnungen (Abs. 2)

28 Nach dem Grundgedanken des gesetzlichen Güterstandes beschränkt sich der Zugewinnausgleich grundsätzlich auf das **gemeinsam Erwirtschaftete**, während der Ehegatte nicht an solchen Zuwendungen beteiligt werden soll, die allein auf persönlichen Beziehungen eines Ehegatten beruhen oder ihm auf Grund ähnlicher Umstände zufließen, an denen der andere Ehegatte keinen Anteil hat und die in **keinem Zusammenhang mit der ehelichen Lebens- und Wirtschaftsgemeinschaft stehen.**[24]

---

21 So Gutdeutsch FPR 2009, 277.
22 *Staudinger/Thiele* § 1373 Rn. 12 m.w.N.
23 So auch: Klein § 5 Rn. 30; a.A. Palandt/Brudermüller § 1376 Rn. 26.
24 BGH FamRZ 1995, 1562.

Dieser Ausschluss wird dadurch erreicht, dass der Wert dieses Erwerbs dem Anfangsvermögen hin- **29** zugerechnet wird. Auf diese Weise bleibt der Ehegatte andererseits an realen **Wertsteigerungen des erworbenen Gutes** beteiligt, was nicht gewährleistet wäre, hätte man den privilegierten Erwerb gänzlich aus dem Zugewinnausgleich ausgeklammert.

Eine **analoge Anwendung** des Abs. 2 ist nicht zulässig. Denn die vier in Abs. 2 genannten Fälle **30** sind **abschließend**.[25] So kommt eine ausdehnende Anwendung auf andere Erwerbstatbestände, die wie die in Abs. 2 genannten eheneutral sind, in denen es also an einer gemeinsamen Lebensleistung der Ehegatten fehlt, die jedoch keinem der dort genannten Fälle zugeordnet werden können, nicht in Betracht.[26] Das gilt etwa für Anrechte auf Zahlung eines **Schmerzensgeldes**,[27] für **Toto-, Lotto- und Lotteriegewinne**,[28] für **Unfallabfindungen**,[29] für **Rechte aus einer Kriegsopferversorgung**[30] oder für die bloße **Wertsteigerung von Vermögensgegenständen**.[31] Zulässig ist es dagegen, im Wege der **Auslegung** der in Abs. 2 genannten Rechtsbegriffe auch solche Vermögenswerte zu privilegieren, die Anwendungsfälle der in Abs. 2 genannten Erwerbsvorgänge sind.[32] Das gilt beispielsweise für eine **Lebensversicherungssumme**, die ein Ehegatte als Bezugsberechtigung aus der Versicherung eines ihm nahestehenden Dritten erhalten hat.[33] Unter Umständen kann aber beispielsweise bei Schmerzensgeldzahlungen oder Unfallabfindungen an eine Korrektur über § 1381 gedacht werden (vgl. § 1381 Rdn. 22).

Eine Besonderheit stellt die Belastung eines ins Anfangsvermögen fallenden Grundstücks mit **31** einem **Nießbrauch, Wohnrecht oder Leibgedinge** (= Altenteil) dar, deren Wert sich allein durch die ständig abnehmende Lebenserwartung ihrer Inhaber vermindert. An der damit verbundenen Steigerung des Wertes des übertragenen Vermögens sollte der Ehepartner nach der früheren Rechtsprechung nicht teilhaben, was dadurch erreicht wurde, dass die im Anfangs- und Endvermögen gleich hohen Belastungen bei der Errechnung des Zugewinns unberücksichtigt blieben.[34] Mit seiner Entscheidung vom 22.11.2006[35] hat der BGH diese Rechtsprechung geändert. Nach der aktuellen Rechtsprechung ist die Belastung eines Grundstücks mit einem Wohnrecht, einem Nießbrauch oder Leibgedinge bei der Ermittlung des Anfangsvermögens – und – wenn es fortbesteht – auch im Endvermögen mit seinem jeweils aktuellen Wert wertmindernd zu berücksichtigen. Es ist somit der jeweilige Zeitwert der Immobilie nach Abzug bestehender Belastungen zu den beiden maßgeblichen Stichtagen zu ermitteln. In einem zweiten Schritt ist der fortlaufende Wertzuwachs der Zuwendung als Folge des abnehmenden Wertes der Belastung auch für den dazwischen liegenden Zeitraum bzw. die Zeit zwischen dem Erwerb des Grundstücks und dem Erlöschen der Belastung zu bewerten, um den so genannten **gleitenden Erwerbsvorgang** zu erfassen und vom Ausgleich ausnehmen zu können.[36]

Hat der Empfänger der Zuwendung auf das sein Grundeigentum belastende Recht Geld oder **32** **geldwerte Leistungen** zu erbringen, so mindern diese sein Anfangsvermögen und – sofern die Leistungspflicht am Ende der Ehezeit noch fortbesteht – auch sein Endvermögen um den jeweils zu kapitalisierenden Betrag. Der dadurch wachsende Wert der Zuwendung ist insoweit nicht unent-

---

25 Staudinger/Thiele § 1374 Rn. 22.
26 BGH FamRZ 1995, 1562.
27 BGH FamRZ 1981, 755.
28 BGH FamRZ 1977, 124.
29 BGH FamRZ 1982, 148.
30 BGH FamRZ 1981, 239.
31 BGH FamRZ 1988, 593.
32 BGH FamRZ 1995, 1562.
33 BGH FamRZ 1995, 1562.
34 BGH FamRZ 1990, 603.
35 BGH FamRZ 2007, 978.
36 BGH FamRZ 2007, 978; zur Bewertung vgl. OLG Bamberg FamRZ 1995, 607; Koch FamRZ 2008, 1382.

geltlich und damit nicht privilegiert.[37] Dabei kommt es nicht darauf an, ob die Verpflichtung zur Gegenleistung **dinglich abgesichert** oder nur **schuldrechtlich vereinbart** ist. Bei dinglicher Absicherung mindert sich der Wert unmittelbar um den der Gegenleistung. Bei schuldrechtlicher Vereinbarung einer Gegenleistung steht der Zuwendung dagegen eine Leistungspflicht gegenüber, die sie teilweise als entgeltlich erscheinen lässt, weshalb dann eine gemischte Schenkung vorliegt. Unerheblich ist es auch, ob die vereinbarte Gegenleistung tatsächlich erbracht worden ist oder nicht, da ein **Verzicht auf die Gegenleistung** eine gesonderte Schenkung darstellt, die zu dem jeweiligen Zeitpunkt einen entsprechenden Vermögenszuwachs bewirkt hat und deshalb nach Abs. 2 dem Anfangsvermögen hinzuzurechnen ist.[38]

33 Danach nimmt der Ehegatte nunmehr also teil an der Wertsteigerung, die dadurch eintritt, dass der Wert der Belastung im Hinblick auf die abnehmende Lebenserwartung des Berechtigten stetig sinkt. Begründet wird dies damit, dass zur Erfüllung der Verpflichtungen aus dem Recht Geld oder geldwerte Leistungen erbracht werden mussten, sei es auch nur durch die entgangene Möglichkeit, das Haus zu vermieten oder sonst zu nutzen und damit entsprechende Einkünfte zu erzielen. Diese Gegenleistungen schmälern den Zugewinn und es ist nicht gerechtfertigt, dem anderen Ehegatten im Umfang solcher Gegenleistungen einen Zugewinnausgleich vorzuenthalten.[39]

34 Danach sind beim privilegierten Erwerb eines mit einem der genannten Rechte belasteten Grundstücks, **unterschiedliche Bewertungen** vorzunehmen.

– Zunächst ist der Wert der Immobilie unter Berücksichtigung der mit der Belastung, die zu kapitalisieren ist, verbundenen Wertminderung für das Anfangs- und ggf. das Endvermögen zu ermitteln. Diese Bewertung kann u.U. auch ergeben, dass angesichts der eingeschränkten Möglichkeit eigener Nutzung nach Abzug der Last überhaupt kein Wert mehr verbleibt.
– In einer zweiten Stufe ist der fortlaufende Wertzuwachs der Zuwendung auf Grund des abnehmenden Wertes der Belastung zu ermitteln, um den **allmählich gleitenden Vermögenserwerb** zu ermitteln, der dem Anfangsvermögen hinzuzurechnen und damit vom Zugewinnausgleich auszunehmen ist. Kriterien für die Bewertung dieses privilegierten Vermögenszuwachses werden nicht genannt, doch wird der Wertzuwachs ohne sachverständige Hilfe kaum zu ermitteln sein.[40]

35 Besteht zu Beginn des Güterstandes ein **negatives Anfangsvermögen** und tritt dann der nach Abs. 2 privilegierte Erwerb ein, so gibt es keine besonderen Probleme mehr. Mit der Anerkennung eines negativen Anfangsvermögens ist die Konsequenz verbunden, dass der privilegierte Erwerb von den am Beginn der Ehezeit bestehenden Lasten abzuziehen ist.

36 Der Vermögenserwerb ist lediglich mit seinem Wert bei Eintritt in das Vermögen des Ehegatten privilegiert, nicht etwa als Vermögensmasse. Deshalb steht der nachträgliche **Verlust** des ererbten oder geschenkten Vermögens der Anwendung der Norm ebenso wenig entgegen wie die **Surrogation des Gegenstandes**. Spätere **Gewinne** aus dem privilegierten Vermögen erhöhen den Zugewinn, während **Verluste** das Endvermögen mindern.[41]

I. Von Todes wegen erworben

37 Dasjenige Vermögen, das ein Ehegatte nach der Eheschließung auf Grund **gesetzlicher oder gewillkürter Erbfolge** erhält, alles was ihm in **Erfüllung eines Pflichtteilspruchs** oder eines **Vermächtnisses** zufällt, ist von Todes wegen erworben und wird demnach nach Abs. 2 dem Anfangsvermögen hinzugerechnet. Dabei kommt eine Hinzurechnung zum Anfangsvermögen

---

37 BGH FamRZ 2005, 1974.
38 BGH FamRZ 2005, 1974.
39 BGH FamRZ 2007, 978; so auch schon OLG Bamberg FamRZ 1995, 607.
40 BGH FamRZ 2007, 978; OLG Bamberg FamRZ 1995, 607, das den Wertzuwachs geschätzt hat.
41 BGH FamRZ 1983, 882.

auch dann in Betracht, wenn ein Ehegatte seinen Gläubiger beerbt und dadurch von einer **Verbindlichkeit befreit** wird, es mithin zu einem eigentlichen Erwerb nicht kommt.[42] Der Erwerb muss sich auch nicht direkt über den Nachlass vollziehen. Eine Hinzurechnung nach Abs. 2 findet auch dann statt, wenn der Ehegatte eine **Abfindung** für den **Verzicht** auf ein angefallenes oder künftiges **Erbrecht**, einen **Pflichtteil** oder **Erbersatzanspruch** oder die **Ausschlagung eines Vermächtnisses** erhält.[43] Dasselbe gilt für dasjenige, was ihm auf Grund eines in einem Erbschaftsstreit geschlossenen **Vergleiches** geleistet wird[44] und für **Entgelte und Abfindungen** für den **Verlust bereits angefallener erbrechtlicher Positionen**, wie etwa das Entgelt für die vereinbarungsgemäße Ausschlagung einer Erbschaft oder die Abfindung in den Fällen der §§ 13, 16 GrdstVG, der §§ 1501, 1503 oder auch der weichenden Erben im Falle der Anerbschaft.[45] Auch Vermögen, das nach der Wiedervereinigung Deutschlands gem. den Vorschriften des **Vermögensgesetzes** mit **Rücksicht auf ein Erbrecht** erworben wurde, ist als erbrechtlicher Vermögenszuwachs privilegiert.[46] Ein Erwerb von Todes wegen ist schließlich auch in dem **Abfindungsanspruch des weichenden Erben aus §§ 12–14 HöfeO** zu sehen.[47]

Auch der Erwerb einer **Anwartschaft auf eine Nacherbschaft** einschließlich der realen Wertsteigerungen bis zum Eintritt des Nacherbfalls stellt einen Erwerb von Todes wegen dar,[48] wenn zwar der Erbfall, nicht aber der Nacherbfall während der Dauer der Ehe eintritt. Denn das Anwartschaftsrecht ist eine Vorstufe zum Vollrecht. Tritt der Nacherbfall vor dem Stichtag für die Berechnung des Endvermögens ein, so ist entsprechend der **gesamte Nachlasswert** dem privilegierten Anfangsvermögen zuzurechnen. Maßgeblich ist für die Bewertung sowohl der Anwartschaft als auch des eigentlichen Nachlasses stets der reale Wert unter Berücksichtigung von Wertsteigerungen oder Wertverlusten.[49] Im Ergebnis hat dies zur Folge, dass die Anwartschaft im Anfangs- wie im Endvermögen mit demselben Wert einzusetzen ist, im Rahmen der Zugewinnausgleichsberechnung somit vernachlässigt werden kann.[50]   38

Hat allerdings der erbende Ehegatte Vermögensgegenstände in der Erwartung, sie später durch Erbgang wieder zu bekommen, in das Vermögen des Erblassers übertragen, so scheidet eine Privilegierung durch den späteren (Rück-)Erwerb von Todes wegen aus, weil eine **mittelbare Privilegierung von Eigenvermögen** mit dem Normzweck des Abs. 2 nicht zu vereinbaren wäre.[51] Das gilt etwa für den Fall der Errichtung eines Hauses mit eigenen Mitteln auf dem Grundstück der Eltern in der Erwartung, es nach deren Tod ohnehin zurück zu bekommen. Dementsprechend ist im Falle der Errichtung eines Hauses auf dem Grundstück der Eltern des Ehemannes aus Mitteln der Ehefrau und späterer schenkweiser Überlassung dieses Grundstücks auf den Ehemann nur der reine Grundstückswert ohne die Bebauung dem privilegierten Anfangsvermögen des Ehemannes zuzurechnen.[52] Soweit der Ehegatte, der nicht Eigentümer ist, während der Ehezeit den Wert des Grundstücks durch Einsatz von Kapital gesteigert hat, nimmt diese Wertsteigerung an der Privilegierung nicht teil.[53]   39

---

42 BGH FamRZ 1995, 1562; OLG Düsseldorf FamRZ 1988, 287.
43 Palandt/Brudermüller § 1374 Rn. 10.
44 BGH FamRZ 1995, 1562.
45 MüKo/Koch § 1374 Rn. 17.
46 OLG Düsseldorf FamRZ 2005, 1835; Lipp FamRZ 1998, 597; vgl. aber zum Problem der Berücksichtigung von Restitutionsansprüchen BGH FamRZ 2007, 1307; FamRZ 2004, 781.
47 Palandt/Brudermüller § 1374 Rn. 10.
48 BGH FamRZ 1983, 882; Haussleiter/Schulz Kap. 1 Rn. 25.
49 BGH FamRZ 1983, 882; Palandt/Brudermüller § 1374 Rn. 12; a.A.: Staudinger/Thiele § 1374 Rn. 23, der mangels hinreichender Sicherheit des Erwerbs keine Hinzurechnung vornehmen will.
50 Palandt/Brudermüller § 1374 Rn. 12.
51 MüKo/Koch § 1374 Rn. 17; a.A.: OLG Köln FamRZ 1983, 71.
52 OLG München FamRZ 2003, 3212.
53 OLG Schleswig OLGR 2006, 398.

II. Mit Rücksicht auf ein künftiges Erbrecht erworben

40   Ein Erwerb mit Rücksicht auf ein künftiges Erbrecht liegt dann vor, wenn die vertragschließenden Parteien mit der Verschaffung des Eigentums an dem fraglichen Vermögensgegenstand einen **erst zukünftigen Erbgang haben vorwegnehmen wollen.**[54] Dabei ist es unerheblich, ob der durch den Erwerb begünstigte Ehegatte **gesetzlicher** oder **testamentarischer Erbe** ist. Maßgeblich ist allein, dass ein wie auch immer gearteter künftiger Erbgang vorweggenommen werden soll.[55] In der Regel ist ein Erwerb mit Rücksicht auf ein künftiges Erbrecht dann anzunehmen, wenn der Ehegatte als **Abkömmling** von seinen **Eltern** zu deren Lebzeiten ein **Grundstück,** ein **landwirtschaftliches Anwesen** oder ein **Unternehmen** übertragen bekommt, wobei ein **Indiz** für die Vorwegnahme des Erbganges auch die **Einräumung eines Leibgedinges,** die **Übernahme der Beerdigungskosten** oder die **Verpflichtung zur späteren Grabpflege** und die **Verpflichtung zu Ausgleichszahlungen an erbberechtigte Geschwister ist.**[56]

41   Die Vorwegnahme der Erbfolge setzt nicht unbedingt **Unentgeltlichkeit** voraus,[57] doch darf jedenfalls regelmäßig **keine vollwertige Gegenleistung** geschuldet werden.[58] Ggf. ist der Wert der Zuwendung in der Differenz zwischen dieser und dem Wert der Gegenleistung zu sehen.[59] Selbst aber dann, wenn der **kapitalisierte Wert der Gegenleistungen** den Verkehrswert des übertragenen Objekts erreicht oder gar übersteigt, kann unter Umständen noch von einem erbschaftsbezogenen Erwerb gesprochen werden.[60] Das ist etwa dann der Fall, wenn die Gegenleistung dem Zweck dient, den Lebensabend des Übertragenden zu sichern, also etwa in Form eines Nießbrauches, eines Altenteils- oder Wohnrechts besteht. Derartige Leistungen wie auch die Übernahme von Ausgleichszahlungen an die Geschwister sind geradezu typisch für solche Vereinbarungen, durch die ein späteres Erbrecht vorweggenommen werden soll.[61] Auch der Umstand, dass die Vereinbarung in die äußere **Form eines Kaufvertrages** gegossen worden ist, steht der Annahme eines Erwerbs mit Rücksicht auf ein späteres Erbrecht nicht entgegen.[62] Die Gegenleistung ist allerdings wertmindernd zu berücksichtigen.[63]

41a   Zuwendungen unter Ehegatten werden durch § 1374 Abs. 2 nicht erfasst.[64] Anders als in Fall privilegierter Zuwendungen stammt die Zuwendung hier aus dem Vermögen des zuwendenden Ehegatten. Überdies wären derartige Zuwendungen, würden sie nicht jedenfalls teilweise über den Zugewinnausgleich wieder ausgeglichen, vielfach über die Grundsätze des Wegfalls der Geschäftsgrundlage (§ 313) oder wegen ungerechtfertigter Bereicherung (§ 812 Abs. 1 Satz 2 2. Alt) rückabzuwickeln wären. Auch um dies zu vermeiden, erfolgt in diesen Fällen keine Neutralisierung der Zuwendungen über § 1374 Abs. 2. Die Zuwendung unter Ehegatten unterliegt vielmehr uneingeschränkt dem Zugewinnausgleich. Was für Zuwendungen oder Schenkungen allgemein gilt, gilt auch für solche Vermögensübertragungen, die mit Rücksicht auf ein künftiges Erbrecht erfolgen.[65] Eine Zuwendung in diesem Sinne liegt z.B. dann vor, wenn ein Ehegatte dem anderen, jüngeren unter Einräumung eines lebenslangen Wohnrechts und der Verpflichtung zur Pflege im Fall späterer Pflegebedürftigkeit das Eigentum an seinem Grundeigentum überträgt.[66]

---

54 Haussleiter/Schulz Kap. 1 Rn. 26.
55 BGH FamRZ 1990, 1083.
56 BGH FamRZ 1990, 1083, 1084.
57 BGH FamRZ 1995, 479.
58 OLG Bamberg FamRZ 1990, 408.
59 OLG Brandenburg FamRZ 2009, 231.
60 BGH FamRZ 1990, 1083.
61 BGH FamRZ 1990, 1083.
62 BGH FamRZ 1978, 334.
63 BGH FamRZ 2005, 1974 für eine zu leistende Leibrente.
64 Vgl unten Rn. 45.
65 BGH FamRZ 2010, 2057 mit Anm. Braeuer.
66 BGH FamRZ 2010, 2057.

III. Durch Schenkung erworben

Erhält ein Ehegatte während des Güterstandes schenkweise Zuwendungen, so werden auch diese 42
dem Anfangsvermögen gem. Abs. 2 hinzugerechnet. Die besondere Privilegierung dieses Vermögenserwerbs rechtfertigt sich aus der persönlichen Beziehung zwischen Schenker und Beschenktem. Der Begriff der **Schenkung** entspricht dem des § 516. Deshalb muss bei der Zuwendung
unter den Vertragsparteien Einigkeit darüber bestehen, dass die Zuwendung unentgeltlich ist.
Unbenannte Zuwendungen sind aber keine Schenkung und fallen nicht unter Abs. 2. Nach der
geänderten Rechtsprechung des BGH zu **Zuwendungen durch die Schwiegereltern** (vgl. vor
§§ 1372 Rdn. 193), die bislang im Verhältnis zwischen Schwiegereltern und Schwiegerkind keine
Schenkungen waren und deshalb nicht dem Anfangsvermögen hinzugerechnet wurden,[67] hat jetzt
etwas anderes zu gelten. Behandelt man Vermögensübertragungen der Schwiegereltern an das
Schwiegerkind jetzt auch als Schenkung, sind auch diese dem Anfangsvermögen hinzuzurechnen,
da Schenkungen zwischen den Ehegatten hier zwar unberücksichtigt bleiben,[68] nicht aber die
durch Dritte, zu denen auch die Eltern bzw. Schwiegereltern zu rechnen sind.[69]

Eine Schenkung setzt stets eine der **Vermögensmehrung** entsprechende **Vermögenseinbuße** auf 43
der anderen Seite voraus. Deshalb stellen **Arbeitsleistungen** oder **Gebrauchsüberlassungen** keine
die Hinzurechnung rechtfertigende Schenkung dar; die Schenkung kann aber gegebenenfalls in
der erlassenen oder anderweitig entgangenen Vergütung gesehen werden.[70]

Schenkungen an **beide Ehegatten** werden **gemeinschaftliches Vermögen** und fallen deshalb ent- 44
sprechend den beiderseitigen **Miteigentumsanteilen** in das Anfangsvermögen beider Ehegatten.[71]
Gemischte Schenkungen sind entsprechend dem Wert des unentgeltlichen Anteils privilegierter
Erwerb.[72]

Auf Schenkungen unter Eheleuten findet Abs. 2 keine Anwendung, die Privilegierung gilt nur für 45
Schenkungen von dritter Seite.[73] Denn der schenkende Ehegatte möchte nicht als Folge seiner
Zuwendung auch noch eine Benachteiligung dadurch erfahren, dass sich durch die Schenkung das
Anfangsvermögen des anderen Ehegatten erhöht. Das gilt erst Recht für **unbenannte Zuwendun-
gen**, da es diesen schon an der Unentgeltlichkeit fehlt.[74]

Freiwillige Leistungen des Arbeitgebers stellen keine Schenkung dar, sondern finden ihren Grund 46
in dem Arbeitsverhältnis.[75]

IV. Als Ausstattung erworben

Die Ausstattung – der Begriff ist dem Kindschaftsrecht entnommen – ist in § 1624 Abs. 1 als das- 47
jenige definiert, was einem Kind mit **Rücksicht auf seine Verheiratung** oder auf die **Erlangung
einer selbständigen Lebensstellung** zur Begründung oder zum Erhalt der Wirtschaft oder der
Lebensstellung von dem Vater oder der Mutter zugewendet wird. Maßgeblich ist dabei der **Zweck
der Zuwendung**, der aus den Umständen rekonstruierbare oder der mutmaßliche Wille der

---

67 BGH FamRZ 1995, 1060; OLG Nürnberg FamRZ 2006, 38, das allerdings entgegen sonst h.M. auch
     im Verhältnis Eltern – Kind eine unbenannte Zuwendung annimmt.
68 BGH FamRZ 2010, 958.; FamRZ 1988, 373.
69 Staudinger/Thiele § 1374 Rn. 36.
70 BGH FamRZ 1987, 910.
71 OLG Hamm FamRZ 2002, 1404; OLG Koblenz NJW 2003, 1675; Staudinger/Thiele § 1374 Rn. 36.
72 BGH FamRZ 1992, 1160.
73 BGHZ FamRZ 1982, 246; FamRZ 1987, 791; FamRZ 1988, 373.
74 BGH FamRZ 1982, 246; FamRZ 2010, 2057.
75 OLG München FamRZ 1995, 1069.

Eltern,[76] während es nicht darauf ankommt, ob die Zuwendung zur Erreichung dieses Zweckes notwendig war.[77]

V. Zu den Einkünften zu rechnen

48   Zuwendungen, die grundsätzlich unter Abs. 2 fallen würden, werden gleichwohl dann nicht dem Anfangsvermögen hinzugerechnet, wenn sie den **Umständen nach zu den Einkünften zu rechnen** sind. Dabei handelt es sich um einmalige oder regelmäßige Zuwendungen, die nicht der Vermögensbildung, sondern dem **laufenden Verbrauch** zu dienen bestimmt sind.[78] Hierzu zählen etwa Zahlungen für den **Erholungsurlaub der Familie**, zum Erwerb des **Führerscheins** durch einen Ehegatten oder eines **Kraftfahrzeugs** sowie Zuschüsse zum Erwerb von **Haushaltsgegenständen**.[79]

49   Die Annahme einer zu den Einkünften rechnenden Zuwendung setzt stets eine **Prüfung des Einzelfalls** voraus, bei der die Absicht des Schenkenden, die wirtschaftlichen Verhältnisse des Beschenkten und der Anlass der Zuwendung zu berücksichtigen sind.[80] In keinem Fall zu den Einkünften rechnen Zuschüsse zur Finanzierung des Eigenheims.[81] Das gilt auch für Zahlungen aus dem Sparvermögen der Mutter, die die Eheleute für Baumaterialien zur Fertigstellung ihres Familienheimes verwendet haben.[82]

50   Den Umständen nach zu den Einkünften zu rechnender Vermögenserwerb wird nicht dem Anfangsvermögen hinzugerechnet, sondern wird, soweit er nicht verbraucht wird, **Zugewinn**.

VI. Indexierung der Hinzurechnungen

51   Vermögenserwerb, der nach Abs. 2 als privilegierter Erwerb dem Anfangsvermögen hinzuzurechnen ist, wird mit den für den **Zeitpunkt des Erwerbs** maßgeblichen Indexzahlen umgerechnet.[83] Die Umrechnung erfolgt wie die des Anfangsvermögens, jedoch mit dem Unterschied, dass nicht auf den Beginn des Güterstandes, sondern den der Zuwendung abzustellen ist. Die Umrechnungsformel lautet dann:

Wert des privilegierten Vermögens im Zeitpunkt der Zuwendung

x

Index Endstichtag

./.

Index für den Zeitpunkt der Zuwendung

=

Anzurechnender Wert des hinzugerechneten Vermögens

Sind anzurechnende Zuwendungen zu verschiedenen Zeitpunkten erfolgt, ist gegebenenfalls für jeden der einzelnen Vermögenswerte gesondert zu indexieren. Wegen der Indizes wird auf Rdn. 23 verwiesen.

---

76 AG Stuttgart FamRZ 1999, 655.
77 BGHZ 44, 91.
78 OLG Zweibrücken FamRZ 1984, 276.
79 OLG Koblenz FamRZ 2006, 1839.
80 BGH FamRZ 1987, 910, 911.
81 Haussleiter/Schulz Kap. 1 Rn. 32.
82 OLG Bremen OLGR 1998, 205.
83 BGH FamRZ 1987, 791.

F. Behandlung privilegierten Anfangsvermögens (Abs. 3)

Nach der bisherigen Rechtsprechung des BGH ist privilegiert erworbenes Vermögen nicht vom **52** negativen Anfangsvermögen abgezogen worden, um dem Ehegatten, der in den Genuss des privilegierten Vermögenserwerbs gekommen ist, den Vorteil der Privilegierung zu erhalten.[84] Nach der bis zum 31.08.2009 geltenden Rechtslage schlug die Privilegierung deshalb stets in voller Höhe zu Buche.

Mit der Anerkennung auch eines negativen Anfangsvermögens entfällt die Notwendigkeit, privile- **53** giertes Anfangsvermögen stets dem Aktivvermögen zuzuschlagen. Es wird deshalb konsequenter-weise vom negativen Anfangsvermögen abgezogen, weil es schon auf diese Weise in voller Höhe den Zugewinn mindert.

Der mit der Güterrechtsreform eingeführte Abs. 3 hat aber eine darüber hinaus gehende Bedeu- **54** tung. Er ergänzt klarstellend den Abs. 1 und führt nach seinem Wortlaut und seiner Stellung weiter dazu, dass Verbindlichkeiten nunmehr auch über den Wert des privilegierten Anfangsver-mögens hinaus abzuziehen sind. Damit soll erreicht werden, dass der Erwerb eines negativen pri-vilegierten Vermögens der Ausgleichspflicht entzogen bleibt. Wenn also bestehende Verbindlich-keiten den Wert des übernommenen privilegierten Vermögens übersteigen, so werden diese nicht nur von dem übernommenen Vermögen abgezogen. Sie mindern darüber hinaus auch das sonstige Anfangsvermögen des Ehegatten. Übernimmt also ein Ehegatte einen überschuldeten Nachlass, so ist dessen Wert nicht nur gleich Null. Die übernommenen Schulden werden darüber hinaus von dem Anfangsvermögen im Übrigen abgezogen und mindern dieses entsprechend.

Nach den Vorstellungen des Gesetzgebers soll damit eine ansonsten gegebene doppelte Privilegie- **55** rung vermieden werden. Übernimmt etwa ein Ehegatte den überschuldeten Nachlass seiner Eltern, so mindert dieser bereits das Endvermögen und damit den Zugewinn des Ehegatten. Dies benachteilige den anderen unangemessen und sei nicht zu rechtfertigen.[85]

Diese Regelung erscheint äußerst problematisch, weil sie eine Ungleichbehandlung gegenüber Fäl- **56** len der Übernahme eines nicht privilegierten überschuldeten Vermögens darstellt. Überdies wird der geschiedene Ehegatte besser gestellt als der in der Ehe verbleibende.[86] Nur durch die Ausschla-gung des überschuldeten Nachlasses kann der Ehegatte der für ihn negativen Konsequenz fortan entgehen.

G. Verfahren

Wer für sich das Vorhandensein eines Anfangsvermögens behauptet, hat dieses substantiiert darzu- **57** legen und gegebenenfalls zu beweisen. Etwas anderes gilt nur dann, wenn ein **Verzeichnis über das Anfangsvermögen** erstellt worden ist. Dieses begründet nach § 1377 Abs. 1 die **Vermutung seiner Richtigkeit.** Behauptet ein Ehegatte, dass aktive Anfangsvermögen des anderen sei durch Verbindlichkeiten belastet gewesen, so obliegt es dem Ehegatten, der für sich ein Anfangsvermö-gen behauptet, das **Fehlen von Verbindlichkeiten** darzulegen und ggf. zu beweisen.[87] Beruft sich ein Ehegatte darauf, dass der andere ein negatives Anfangsvermögen hatte, so erhöht dieses wie-derum den Zugewinn des anderen und damit den eigenen Ausgleichsanspruch, weshalb nach all-gemeinen Beweislastregeln der Ehegatte, der das **negative Anfangsvermögen** des anderen behaup-tet, hierfür die Beweislast trägt.[88] Da er hierzu häufig nicht in der Lage sein wird, können ihm die Regeln über die sekundäre Darlegungs- und Beweislast eine Hilfe sein, weshalb der das negative

---

84 BGH FamRZ 1988, 506.
85 BT-Drucks. 635/08 S. 27.
86 Zu den Bedenken vgl. Weinreich FuR 2009, 199.
87 Palandt/Brudermüller § 1374 Rn. 20.
88 So auch Klein FuR 2009, 654; Büte FPR 2009, 283, 285.

Anfangsvermögen behauptende Ehegatte damit die Verpflichtung des anderen auslöst, diesen Vortrag konkret zu widerlegen.

58 Auch derjenige Ehegatte, der für sich eine Hinzurechnung nach Abs. 2 beansprucht, hat deren Voraussetzungen zu beweisen, wobei kein Erfahrungssatz dahingehend besteht, dass Zuwendungen im Sinne des Abs. 2 nur an den aus der Sicht des zuwendenden Verwandten oder näher stehenden Ehegatten erfolgen.[89] Ist Hausrat oder Geld für dessen Anschaffung geschenkt worden, besteht gar die Vermutung, dass diese Zuwendung an beide Ehegatten gerichtet war.[90] Der Vortrag die Hinzurechnung stützende Vortrag hat hinreichend substantiiert zu sein. Ob allerdings verlangt werden kann, dass bei der Behauptung der Schenkung von Bargeld im Einzelnen dargelegt wird, wie dieses verpackt war, wie die Beteiligten auf die Übergabe reagiert haben und was mit dem Bargeld geschehen ist, erscheint zweifelhaft,[91] da dies Umstände sind, die, sofern sie im Rahmen einer Beweisaufnahme nicht geklärt werden können, möglicherweise die Glaubwürdigkeit berühren, nicht aber solche Tatsachen, die in Verbindung mit dem Rechtssatz geeignet sind, das geltend gemachte Recht als in ihrer Person entstanden erscheinen zu lassen.[92]

59 Wegen der **Darlegungs- und Beweislast** im Übrigen wird auch auf die Ausführungen zu § 1377 verwiesen.

§ 1375   Endvermögen

(1) ¹Endvermögen ist das Vermögen, das einem Ehegatten nach Abzug der Verbindlichkeiten bei der Beendigung des Güterstands gehört. ²Verbindlichkeiten sind über die Höhe des Vermögens hinaus abzuziehen.

(2) ¹Dem Endvermögen eines Ehegatten wird der Betrag hinzugerechnet, um den dieses Vermögen dadurch vermindert ist, dass ein Ehegatte nach Eintritt des Güterstands

1. unentgeltliche Zuwendungen gemacht hat, durch die er nicht einer sittlichen Pflicht oder einer auf den Anstand zu nehmenden Rücksicht entsprochen hat,
2. Vermögen verschwendet hat oder
3. Handlungen in der Absicht vorgenommen hat, den anderen Ehegatten zu benachteiligen.

²Ist das Endvermögen eines Ehegatten geringer als das Vermögen, das er in der Auskunft zum Trennungszeitpunkt angegeben hat, so hat dieser Ehegatte darzulegen und zu beweisen, dass die Vermögensminderung nicht auf Handlungen im Sinne des Satzes 1 Nummer 1 bis 3 zurückzuführen ist.

(3) Der Betrag der Vermögensminderung wird dem Endvermögen nicht hinzugerechnet, wenn sie mindestens zehn Jahre vor Beendigung des Güterstands eingetreten ist oder wenn der andere Ehegatte mit der unentgeltlichen Zuwendung oder der Verschwendung einverstanden gewesen ist.

---

89 BGH FamRZ 1995, 1060.
90 OLG Düsseldorf FamRZ 1994, 1384.
91 So aber: OLG Celle FamRZ 2011, 1671.
92 So auch Brauer FamRZ 2012, 17; Büte FamRZ 2012, 371.

A. Allgemeines

§ 1375 Abs. 1 Satz 1 definiert das Endvermögen als **Nettovermögen**, also als dasjenige, was einem   1
Ehegatten nach **Abzug der Verbindlichkeiten** gehört. Mit der Reform des § 1374 Abs. 1 und der
Anerkennung negativen Anfangsvermögens einher ging konsequenterweise die Reform des § 1375
mit der auch beim Endvermögen Verbindlichkeiten über die Höhe des aktiven Vermögens hinaus
abzuziehen sind, weshalb die bloße Reduzierung vorhandener Schulden schon einen Zugewinn
darstellt. Zugewinn setzt aber schon begrifflich und nach seiner Definition in § 1373 voraus, dass
sich die Vermögenssituation eines Ehegatten gegenüber dem Anfangsvermögen verbessert hat.
Einen »negativen« Zugewinn gibt es trotz des Anerkenntnisses negativen Endvermögens nicht.[1]
Die **Zugewinngemeinschaft ist keine Verlustgemeinschaft.**[2] Auch das Endvermögen ist wiederum
kein Sondervermögen, sondern ein in Geld ausgedrückter **Rechnungsfaktor**, der für die Ermittlung des Zugewinns erforderlich ist.[3] Einzelne Vermögensgegenstände sind nur Rechnungsposten
auf dem Weg zur Ermittlung des Endvermögens.[4]

§ 1375 ist in den Grenzen des § 138 **disponibel**. Die Ehegatten können das Endvermögen – auch   2
schon vor ihrer Heirat – durch **formgebundenen Ehevertrag** (§§ 1408, 1410) abweichend von der
gesetzlichen Regelung bestimmen. Dabei ist es zulässig, zu vereinbaren, dass bestimmte Vermögensgegenstände für den Zugewinnausgleich außer Ansatz bleiben sollen oder dass das Endvermögen auf einen Höchstbetrag begrenzt wird. Zulässig ist es auch, starre oder flexible Rechengrößen
zu vereinbaren.

Nicht abdingbar ist allerdings die Regelung des **Abs. 2**, weil kein Ehegatte die Möglichkeit haben   3
darf, sich antezipiert eines vom Gesetz vorgesehenen Schutzes zu entäußern, der ihn vor willkürli-
cher Benachteiligung durch den Partner bewahren will.[5]

Abdingbar ist auch die **Stichtagsregelung**; § 1384 ist nicht zwingend. Die Eheleute können wie-   4
derum in der Form des § 1408 auch einen anderen Stichtag vereinbaren.[6]

B. Begriff des Endvermögens

Endvermögen ist dasjenige Vermögen, das einem Ehegatten nach Abzug der Verbindlichkeiten   5
zum Zeitpunkt der Beendigung des Güterstandes gehört. Wegen des **Stichtages** im Einzelnen wird
auf die Ausführungen zu § 1384 verwiesen.

I. Aktivvermögen

Der Vermögensbegriff ist identisch mit dem für die Ermittlung des Anfangsvermögens maßgebli-   6
chen. Zum Endvermögen gehören daher alle am Stichtag vorhandenen **rechtlich geschützten
Positionen von wirtschaftlichem Wert**, also alle den Ehegatten gehörenden **Sachen**, soweit sie
nicht zu den **Haushaltsgegenständen** zählen[7] und sonstigen den Eheleuten zustehenden objektiv

---

1 Brudermüller FamRZ 2009, 185, 1187.
2 FA-FamR/v Heintschel-Heinegg Kap. 9 Rn. 96.
3 Haussleiter/Schulz Kap. 1 Rn. 54.
4 BGH FamRZ 1996, 853.
5 Staudinger/Thiele § 1375 Rn. 40; a.A. MüKo/Koch § 1375 Rn. 37.
6 MüKo/Koch § 1384 Rn. 11.
7 BGH FamRZ 1984, 144; FamRZ 1986, 1196.

bewertbaren **Rechte**, soweit sie nicht dem **Versorgungsausgleich** zugewiesen sind (§ 2 Vers-AusglG). Ausnahmen hiervon sind nicht statthaft. Insbesondere widerspricht die Annahme eines zugewinnausgleichsfreien »eheneutralen« Erwerbs dem Grundgedanken des Zugewinnausgleichs.[8] Deshalb unterliegt auch solches Vermögen dem Zugewinnausgleich, das keinen Bezug zur ehelichen Lebensgemeinschaft hat, wie der **Lottogewinn**,[9] oder der Anspruch auf Zahlung eines **Schmerzensgeldes**.[10] Ebenso rechnen zum Endvermögen auch alle Vermögenswerte, die sich bereits im **Anfangsvermögen** befunden haben, seither keine gegenständliche Veränderung erfahren haben und die dem Anfangsvermögen auf Grund **privilegierten Erwerbs** nach § 1374 Abs. 2 hinzugerechnet worden sind. Dem Zugewinn unterliegen danach auch echte **Wertsteigerungen** eines Vermögensgegenstandes, wenn sich dieser sowohl im Anfangs- als auch im Endvermögen befunden hat. Maßgebend ist losgelöst von eventuellen Zweckbestimmungen allein das am **Stichtag** real vorhandene Vermögen, mag es auch dazu bestimmt gewesen sein, den nur wenige Tage später fällig werdenden Unterhaltsanspruch zu befriedigen.[11]

7   Wegen der **Bewertung** einzelner Vermögensgegenstände wird auf die Ausführungen zu § 1376 verwiesen, wegen der **Abgrenzung zu anderen Ausgleichsformen** auf diejenigen zu § 1372 Rdn. 4 ff.

II. Abzug von Verbindlichkeiten

8   Von dem Aktivvermögen sind die am Stichtag vorhandenen Verbindlichkeiten abzuziehen.

9   Unerheblich ist, ob die Verbindlichkeit bereits **fällig** ist. Abzustellen ist allein auf ihr **Entstehen**.[12] Sie muss rechtlich verbindlich sein, eine bloße sittliche Verpflichtung ist nicht zu berücksichtigen.[13] Außerhalb des Abs. 2 Nr. 1 ist für die Berücksichtigung derartiger Lasten kein Raum.

10 Ist die Verbindlichkeit bereits **verjährt**, so bleibt sie dann unberücksichtigt, wenn die **Verjährungseinrede** am Stichtag bereits erhoben ist.

11 Auch Verbindlichkeiten, die mit Haushaltsgegenständen zusammenhängen sind vom aktiven Endvermögen abzuziehen, weil eine dem früheren § 10 HausratsVO entsprechende Regelung nicht übernommen worden ist.[14]

12 Besteht ein **Anspruch eines Ehegatten gegen den anderen**, so ist der Anspruch auf der einen Seite dem Aktivvermögen des einen Ehegatten zuzurechnen, andererseits aber als Verbindlichkeit vom Endvermögen des anderen abzuziehen.[15] Haften die Ehegatten **gesamtschuldnerisch**, so ist der auf jeden Ehegatten intern entfallende **Haftungsanteil** von seinem jeweiligen Endvermögen abzuziehen.[16] Denn die Vorschriften über den Zugewinnausgleich verdrängen diejenigen über den Gesamtschuldnerausgleich nicht. Das gilt auch unabhängig davon, ob die Tilgung der Gesamtschuld durch einen Ehegatten vor oder nach der Rechtshängigkeit des Scheidungsantrages erfolgt ist.[17]

---

8   Gernhuber FamRZ 1984, 1057.
9   BGH FamRZ 1977, 377.
10 BGHZ 80, 149; vgl. aber § 1381 Rdn. 22.
11 BGH FamRZ 2003, 1544.
12 BGH FamRZ 1991, 43.
13 Palandt/Brudermüller § 1375 Rn. 14; a.A. OLG Frankfurt FamRZ 1990, 998.
14 Palandt/Brudermüller § 1375 Rn. 16.
15 BGH FamRZ 2009, 193, 194; FamRZ 1988, 476 für Schadensersatzansprüche; KG FamRZ 2009, 1327 für Gesamtschuldnerausgleichsansprüche; OLG Celle FamRZ 1991, 944; OLG Hamm FamRZ 1992, 679 und FamRZ 2007, 1243 für Ansprüche auf rückständigen Unterhalt; BGH FamRZ 2007, 877 für Anspruch auf Rückabwicklung ehebedingter Zuwendung; OLG Düsseldorf OLGR 2009, 323 für titulierte Forderungen.
16 BGH FamRZ 1987, 1239; BGH FamRZ 1991, 43 für Steuerschulden; KG FamRZ 2009, 1327.
17 BGH FamRZ 2011, 25.

Obliegt einem Ehegatten im Innenverhältnis die Tilgung der gesamtschuldnerisch begründeten Verbindlichkeit allein, so ist das Darlehen deshalb auch in voller Höhe von seinem Endvermögen abzuziehen.[18] Ein im Falle gemeinsamer Haftung bestehender **interner Ausgleichsanspruch** des einen Ehegatten gegen den anderen (§ 426 Abs. 2) ist wie ein Anspruch des einen Ehegatten gegen den anderen beim Forderungsinhaber Aktivvermögen und bei dem anderen Ehegatten als Verbindlichkeit zu berücksichtigen. Wird allerdings ein Ehegatte von dem Gläubiger voraussichtlich in größerem Umfang als der andere oder gar allein in Anspruch genommen und erscheinen seine hieraus resultierenden Ausgleichsansprüche gegen den anderen Ehegatten als **nicht realisierbar**, so kann die Verbindlichkeit allein bei ihm angesetzt werden.[19] Realisierbar ist die Ausgleichsforderung auch dann, wenn der andere Ehegatte erst als Folge des Zugewinnausgleichs in die Lage versetzt wird, die Ausgleichsforderung zu erfüllen.[20] Andererseits kann eine Darlehensverbindlichkeit auch dann im Endvermögen beider Ehegatten zu berücksichtigen sein, wenn im Außenverhältnis nur einer als Darlehensnehmer haftet.[21] Maßgeblich ist die Haftungsverteilung im Innenverhältnis und eine wirtschaftliche Betrachtungsweise.

C. Hinzurechnungen (Abs. 2)

Zwar kann grundsätzlich jeder Ehegatte über sein Vermögen frei verfügen (§ 1364, vgl. allerdings §§ 1365, 1367 und 1369), doch sind ihm nach Abs. 2 gewisse Einschränkungen auferlegt. Denn danach werden **illoyale Vermögensminderungen**, durch die ein Ehegatte sein Vermögen willkürlich oder unredlich geschmälert hat, so behandelt, als ob sie nicht geschehen wären. Die dadurch eingetretenen Vermögensminderungen werden dem Vermögen fiktiv wieder hinzugerechnet, weshalb auf diese Weise der Zugewinnausgleich des anderen ungekürzt erhalten bleibt.   13

Eine Hinzurechnung findet dann statt, wenn der Ehegatte **unentgeltliche Zuwendungen** gemacht hat, durch die er nicht einer **sittlichen Pflicht** oder einer auf den **Anstand zu nehmenden Rücksicht** entsprochen hat (Nr. 1), wenn er **Vermögen verschwendet** hat (Nr. 2), oder wenn er **Handlungen in der Absicht vorgenommen hat, den anderen Ehegatten zu benachteiligen** (Nr. 3).   14

Eine Hinzurechnung findet dagegen dann nicht mehr statt, wenn die Vermögensminderung mindestens **10 Jahre vor Beendigung des Güterstandes** eingetreten ist (Abs. 3). Da § 1375 die Berechnung des Zugewinnausgleichs beinhaltet, endet die Frist mit der **Rechtshängigkeit des zum Ende des Güterstandes führenden Verfahrens** (vgl. §§ 1384, 1387), nicht mit dem tatsächlichen Ende des Güterstandes.[22] Da andererseits bereits die Eingehung der Verbindlichkeit zur Vermögensminderung genügt, kommt es für den Beginn des Fristablaufs auf den **Zeitpunkt der wirksamen Verpflichtung** zu einem vermögensmindernden Akt, nicht auf dessen Erfüllung an.   15

Eine Hinzurechnung scheidet nach Abs. 3 außerdem dann aus, wenn der **andere Ehegatte** mit der unentgeltlichen Zuwendung oder der Verschwendung **einverstanden** gewesen ist, weil das Einverständnis den Schutz des anderen Ehegatten nach Abs. 2 gegenstandslos erscheinen und die Benachteiligungsabsicht entfallen lässt. Notwendig ist, dass der andere Ehegatte seine Billigung zu erkennen gibt, wobei das Einverständnis ausdrücklich oder stillschweigend erklärt werden kann. **Bloße Resignation, fehlender Widerspruch** oder **bloßes Stillschweigen** genügen dagegen nicht.[23]   16

---

18 OLG Karlsruhe FamRZ 2005, 909.
19 BGH FamRZ 2011, 25; 1989, 835; BGH FamRZ 1997, 487; FA-FamR/v Heintschel-Heinegg Kap. 9 Rn. 100.
20 BGH FamRZ 2011, 25.
21 OLG Koblenz NJW-RR 2008, 1173.
22 Palandt/Brudermüller § 1375 Rn. 29.
23 Staudinger/Thiele § 1375 Rn. 41.

17 Die **Aufzählung** der die Hinzurechnung rechtfertigenden Fallgestaltungen in Abs. 2 ist **abschließend**. Die Regelung ist auf andere vergleichbare Fälle **nicht analog anwendbar**.[24] Die Norm gilt ausdrücklich auch nur für Vermögensminderungen, die während des Güterstandes, also vor der Rechtshängigkeit des die Beendigung des Güterstandes einleitenden Verfahrens, eingetreten sind. Eine analoge Anwendung auf illoyale Vermögensminderungen **während des Ehescheidungsverfahrens** scheidet aus.[25]

18 Ist das Endvermögen überschuldet, ergeben sich angesichts der Berücsichtigung auch eines negativen Endvermögens nach Abs. 1 S. 2 keine Besonderheiten mehr. Hat also ein Ehegatte am Ende der Ehezeit ein überschuldetes Endvermögen, wird der nach Abs. 2 hinzuzurechnende Betrag von den vorhandenen Schulden abgezogen, so dass sich entweder ein weniger geringes negatives, oder letztlich doch wieder ein positives Endvermögen ergibt.

19 Eine illoyale Vermögensverfügung, die in der Vergangenheit erfolgt ist und die zu einer Hinzurechnung führt, ist, um zwischenzeitlich eingetretene Kaufkraftveränderungen auszugleichen, ebenso **wie das Anfangsvermögen hochzurechnen**.[26] Insoweit wird auf § 1374 Rdn. 17 ff. verwiesen.

I. Unentgeltliche Zuwendungen

1. Begriff der unentgeltlichen Zuwendung

20 Der Begriff der **Zuwendung** deckt sich mit dem der **Schenkung** im Sinne des § 516.[27] Danach sind solche Zuwendungen unentgeltlich, denen keine Gegenleistung gegenübersteht. Außer Schenkungen rechnen hierzu auch **Ausstattungen** (§ 1624), **Spenden** und **Stiftungen**. Lag der Zuwendung eine **Verpflichtung** zu Grunde, so fehlt es an der Unentgeltlichkeit.[28] Die unentgeltliche Zuwendung kann dann unter Umständen aber in der **Eingehung der Verpflichtung** gesehen werden.[29] Aus dem oben Gesagten folgt, dass die Erfüllung eines **vor Eintritt des Güterstandes gegebenen wirksamen Schenkungsversprechens**, das erst während des Güterstandes erfüllt wird, keine illoyale Vermögensverfügung im Sinne des Abs. 2 ist. Dasselbe gilt für die **Erfüllung einer verjährten Forderung**, die nicht unentgeltlich ist. Denn ob ein Ehegatte eine verjährte Forderung erfüllt oder die Einrede der Verjährung ausüben will, darf er allein entscheiden, ohne Nachteile im Ehegüterrecht besorgen zu müssen.[30]

21 Eine unentgeltliche Zuwendung kann auch in der Erfüllung eines **Vertrages zu Gunsten Dritter** zu sehen sein. Ob die darin vereinbarte Zuwendung unentgeltlich ist, bestimmt sich nach dem **Valutaverhältnis**.[31] Bei einer **Lebensversicherung** zu Gunsten eines Dritten, können beispielsweise die Prämienzahlungen die illoyale Zuwendung darstellen.[32] Zahlungen auf Grund einer **Erpressung** sind dagegen keine Zuwendung, sondern eine durch eine Drohung mit einem empfindlichen Übel abgenötigte Schädigung.[33]

22 Eine **Abfindungsklausel in Gesellschaftsverträgen**, nach der beim Ausscheiden eines Ehegatten aus der Gesellschaft und deren Fortsetzung unter den anderen Gesellschaftern eine Abfindung nur

---

24 OLG Karlsruhe FamRZ 1986, 167; FamRZ 2004, 461 für aus einer Vergewaltigung entstandene Zahlungspflichten; Staudinger/Thiele § 1375 Rn. 36.
25 Staudinger/Thiele § 1375 Rn. 32; Haussleiter/Schulz Kap. 1 Rn. 78.
26 Palandt/Brudermüller § 1375 Rn. 23.
27 OLG Karlsruhe FamRZ 1974, 306.
28 BGH FamRZ 1986, 565.
29 Palandt/Brudermüller § 1375 Rn. 25.
30 MüKo/Koch § 1375 Rn. 23.
31 MüKo/Koch § 1375 Rn. 21.
32 OLG Hamm FamRZ 1993, 1446.
33 AG Köln FamRZ 1999, 95.

teilweise oder überhaupt nicht erfolgen soll, ist dann eine unentgeltliche Zuwendung, wenn sie ohne berechtigte differenzierende Gründe nicht für alle Gesellschafter gleich gelten soll.[34]

Eine unentgeltliche Zuwendung im Sinne des Abs. 2 kann auch im Falle einer so genannten **getarnten Schenkung** vorliegen, wenn der Ehegatte zwar eine Gegenleistung erhält, jedoch ein **auffälliges Missverhältnis zwischen Leistung und Gegenleistung** besteht. Bleibt der Wert der Gegenleistung erheblich hinter dem der Zuwendung zurück, ist eine gemischte Schenkung zu vermuten.[35] Maßgeblich für die Beurteilung der Angemessenheit der Gegenleistung ist nicht ein **objektiver Maßstab**, sondern die **Sicht der Partner der Zuwendung**.[36] Ist von einer nur teilweise unentgeltlichen Zuwendung auszugehen, so ist der **Wertüberschuss** nach Abs. 2 dem Endvermögen hinzuzurechnen.[37] Ist in einem Vertrag nur aus **steuerlichen Gründen** ein Entgelt vereinbart worden, so liegt eine unentgeltliche Zuwendung nur dann vor, wenn die Parteien steuerrechtlich das Scheingeschäft für ausreichend gehalten, in Wirklichkeit also eine Schenkung gewollt haben.[38]   23

Rechtsgrundlose Zuwendungen stehen den unentgeltlichen dann gleich, wenn der durch die Zuwendung bedingte Verlust nicht durch einen Bereicherungsanspruch ausgeglichen wird, mithin lediglich dann, wenn die Leistung erfolgte, obwohl dem Leistenden positiv bekannt war, dass eine Pflicht zur Leistung gem. § 814 nicht bestand.   24

Eine unentgeltliche Zuwendung im Sinne des Abs. 2 kann auch in solchen Verfügungen zu sehen sein, durch die die **Erbfolge vorweggenommen** werden soll. Das gilt allerdings nicht, wenn bei **überschuldetem Nachlass** eine Nachlassverbindlichkeit erfüllt wird, weil der Normzweck des Abs. 2 nicht verlangt, die Erben zur Beschränkung ihrer Haftung zu zwingen.   25

Zuwendungen an den anderen Ehegatten fallen, gleich, ob sie zu den anrechnungspflichtigen Vorausempfängen nach § 1380 Abs. 1 rechnen oder nicht, nach Sinn und Zweck der Norm nicht unter Abs. 2.[39]   26

2. Pflicht- und Anstandschenkungen

Unentgeltliche Zuwendungen im Sinne des Abs. 2 sind dem Endvermögen dann nicht zuzurechnen, wenn es sich um **Pflicht- oder Anstandschenkungen** gehandelt hat. Generell gehört es zur Freiheit eines Ehegatten, in angemessenem Rahmen unentgeltliche Zuwendungen zu machen, wobei zur Beurteilung dessen, was für die Eheleute angemessen ist, die **konkrete Vermögens- und Lebenssituation der Beteiligten** sowie ihre persönlichen Beziehungen zu berücksichtigen sind.[40] Insgesamt dürfen die Begriffe der Pflicht- und Anstandsschenkungen **nicht zu kleinlich** ausgelegt werden.[41]   27

Anstandsschenkungen sind insbesondere kleinere Zuwendungen wie **Trinkgelder**[42] oder die **üblichen Gelegenheitsgaben** zu besonderen Anlässen wie Weihnachts- und Geburtstagsgeschenke.[43]   28

Eine **sittliche Pflicht** ist anzuerkennen bei **Ausstattungen der Kinder, Unterstützung bedürftiger Verwandter, Spenden an karitative Einrichtungen** und **Errichtung gemeinnütziger Stiftungen** jeweils in einem der konkreten Situation **angemessenen Rahmen**. Auch die Schenkung durch den   29

---

34 BGHZ 22, 186; Palandt/Brudermüller § 1375 Rn. 25; Schmidt FamRZ 1974, 521; a.A. Benthin FamRZ 1982, 338, 346.
35 Haussleiter/Schulz Kap. 1 Rn. 71.
36 BGH FamRZ 1986, 565.
37 OLG Bamberg FamRZ 1990, 408.
38 BGH FamRZ 1986, 565; OLG Karlsruhe FamRZ 1993, 1444 als Beispiel für fehlende Unentgeltlichkeit.
39 MüKo/Koch § 1375 Rn. 18.
40 BGH FamRZ 1963, 292; OLG München FamRZ 1985, 814.
41 Haussleiter/Schulz Kap. 1 Rn. 72.
42 BGH WM 1980, 1336; FamRZ 1984, 580.
43 MüKo/Koch § 1375 Rn. 26.

Ehemann an die mit ihm in **nichtehelicher Lebensgemeinschaft** zusammen lebende dritte Frau kann einer sittlichen Pflicht entsprechen. Stets aber sind die konkreten Umstände des Einzelfalles zu berücksichtigen, so dass eine dem Kind gegebene Ausstattung im Übermaß nicht mehr einer sittlichen Pflicht entspricht.[44]

II. Vermögensverschwendung

30 Verschwendung ist die **Summe aller Beträge, die der Ehegatte unnütz, übermäßig oder ziellos in einem Maße verausgabt hat, das in keinem Verhältnis zu seinen Einkommens- und Vermögensverhältnissen stand.**[45] Allein ein **großzügiger Lebensstil** oder ein Leben über die Verhältnisse reicht dabei nicht aus, die Vermögensverschwendung anzunehmen.[46] Denn es ist nicht Sinn der Vorschrift, die Lebensführung eines Ehegatten generell daraufhin zu überprüfen, ob der Konsumstil über seinen Verhältnissen lag oder nicht.[47]

31 Bei **Glücksspielen** ist zu berücksichtigen, dass Gewinne aus ihnen nach der Rechtsprechung ins Endvermögen fallen,[48] weshalb auch Verluste aus dem Glücksspiel nicht stets als illoyal zu gelten haben. Eine Hinzurechnung findet vielmehr nur statt, wenn das Verspielen des Vermögens als **leichtfertig** zu bewerten ist.[49]

32 Unerheblich sind die **Motive des Ehegatten**,[50] während der Begriff der Verschwendung im Zusammenhang mit Lebenstandart und Lebensstil des Ehegatten zu sehen ist.

33 Problematisch ist, ob die **steuerliche Mehrbelastung durch die Wahl getrennter Veranlagung** zur Einkommensteuer eine Verschwendung darstellt.[51]

III. Benachteiligende Handlungen

34 Indem das Gesetz ausdrücklich **benachteiligende Handlungen** zu den die Hinzurechnung rechtfertigenden Gründen rechnet, wird klargestellt, dass hierzu nicht nur **rechtsgeschäftliche Vermögensverschiebungen**,[52] sondern auch **Realakte** wie die Beschädigung oder Zerstörung von Vermögensgegenständen rechnen.[53]

35 Erforderlich ist allerdings stets die **Absicht der Benachteiligung**, die mehr als Vorsatz erfordert.[54] Der Wille, den anderen Ehegatten zu benachteiligen muss vielmehr der leitende, wenn auch nicht zwingend der ausschließliche Beweggrund des Handelns gewesen sein.[55]

36 Eine Handlung mit Benachteiligungsabsicht ist angenommen worden beim **Verbrennen von Bargeld** durch den schuldfähigen Ehegatten aus Wut und Enttäuschung über das Scheitern der Ehe,[56] nicht dagegen in dem Fall, in dem ein Ehegatte die ihm aus einer missglückten Steuermanipulation zugeflossenen Vermögensvorteile gem. § 812 Abs. 1 Satz 2 2. Alt. an seine Eltern zurückzuge-

---

44 MüKo/Koch § 1375 Rn. 26.
45 OLG Karlsruhe FamRZ 1986, 167; OLG Düsseldorf FamRZ 1981, 806.
46 BGH FamRZ 2000, 948.
47 OLG Karlsruhe FamRZ 1986, 167.
48 Vgl. BGH FamRZ 1977, 124 für Lottogewinn.
49 Haussleiter/Schulz Kap. 1 Rn. 73.
50 OLG Rostock FamRZ 2000, 228.
51 So: BGH FamRZ 1977, 38; a.A.: Palandt/Brudermüller § 1375 Rn. 27.
52 BGH FamRZ 1986, 565.
53 OLG Frankfurt FamRZ 1984, 1097.
54 RGZ 57, 162.
55 BGH FamRZ 2000, 948; OLG Düseldorf FamRZ 1981, 806; KG FamRZ 1988, 171.
56 OLG Rostock FamRZ 2000, 228.

währen hatte.[57] **Übergeordnete oder gleichrangige Motive** schließen die Hinzurechnung aus, weshalb diese unterbleibt bei der Selbstschädigung durch Sachzerstörungen im Zusammenhang mit einem Suizidversuch.[58]

Da die Absicht des Ehegatten stets schwer nachzuweisen ist, ist der Ehegatte, der sich benachteiligt fühlt, von der Notwendigkeit entbunden, die Motive des anderen darzulegen und zu beweisen. Der betroffene Ehegatte kann im Falle einer objektiv benachteiligenden Handlung vielmehr den **Entlastungsbeweis** führen.[59]   37

D. Verfahren

Der Ehegatte, der den Antrag auf Leistung von Zugewinnausgleich gestellt hat, hat die Voraussetzungen seines Anspruchs **darzulegen und zu beweisen.** Dazu gehört insbesondere auch das **Vorhandensein des Endvermögens** des anderen Ehegatten und dessen Wert.[60] War allerdings in zeitlicher Nähe zum Stichtag für die Ermittlung des Endvermögens bei dem anderen Ehegatten noch ein größerer Vermögenswert vorhanden, so obliegt es diesem, sich über den Verbleib dieses Vermögens substantiiert und plausibel zu erklären.[61] Behauptet ein Ehegatte, dass sein Endvermögen mit **Verbindlichkeiten** belastet sei, so hat der für das Vorhandensein des Endvermögens beweispflichtige den Anspruch stellende Ehegatte diese Behauptung gegebenenfalls zu **widerlegen.**[62] Allerdings setzt dies voraus, dass die Belastungen **hinreichend substantiiert dargetan** sind.[63] Vertreten wird auch die Auffassung, die Beweislast kehre sich um, wenn der ausgleichspflichtige Ehegatte seine im Zugewinnausgleichsverfahren behaupteten Verbindlichkeiten im Rahmen der **Auskunftserteilung nicht erwähnt** hat.[64] Zumindest ist dieser Umstand aber im Rahmen einer Beweiswürdigung zu berücksichtigen.[65]   38

Ist ein Vermögenswert bei dem ausgleichspflichtigen Ehegatten vorhanden und behauptet dieser, er verwalte den Vermögensgegenstand nur **treuhänderisch** für eine dritte Person, so ist der ausgleichspflichtige Ehegatte für diese Behauptung beweispflichtig.[66]   39

Illoyale Vermögensverfügungen sind von demjenigen zu beweisen, der sie behauptet. Eine Ausnahme gilt allerdings nach Abs. 2 S. 3. Danach wird vermutet, dass eine Vermögensminderung, die eingetreten ist zwischen der auf den Zeitpunkt der Trennung erteilten Auskunft (§ 1379 Abs. 2) und derjenigen zum Endvermögen, auf illoyalen Vermögensminderungen beruht. Gelingt dieser Nachweis nicht, so wird der Differenzbetrag nach § 1378 Abs. 2 dem Endvermögen hinzu gerechnet.   40

Diese Norm soll einen effektiveren Schutz vor Vermögensmanipulationen bieten, die erfahrungsgemäß gerade in der Zeit zwischen Trennung und Scheidung vorgenommen werden.[67] Sie wird in der Praxis deshalb Probleme bereiten, weil es häufig schwierig sein wird, den Trennungszeitpunkt präzise zu bestimmen, zumal die Trennung sich oftmals über einen längeren Zeitraum erstreckt. Bleibt der Trennungszeitpunkt streitig, so sind die Voraussetzungen des Anspruchs nicht erfüllt.   41

---

57 BGH FamRZ 1986, 565.
58 OLG Frankfurt FamRZ 1984, 1097.
59 OLG Köln FamRZ 1988, 174.
60 BGH FamRZ 1986, 1196; BGH FamRZ 1989, 954; OLG Brandenburg FamRZ 2005, 991.
61 OLG Düsseldorf FamRZ 2008, 1858; OLG Frankfurt FamRZ 2006, 416.
62 OLG Stuttgart FamRZ 1993, 192; OLG Hamm FamRZ 1998, 237; OLG Köln NJW-RR 1999, 239.
63 OLG Brandenburg FamRZ 2004, 1029; OLG Stuttgart FamRZ 1993, 192.
64 OLG Koblenz FamRZ 1988, 1273.
65 So Staudinger/Thiele § 1375 Rn. 40.
66 Haussleiter/Schulz Kap. 1 Rn. 87 m.w.N.
67 Hauer FuR 2009, 331, 332.

42   Die Norm erfasst nicht unrichtige oder unvollständige Auskünfte zum Trennungszeitpunkt. Behauptet allerdings der auskunftsberechtigte Ehegatte, die ihm erteilte Auskunft sei unvollständig und falsch, so wird dieser Vortrag regelmäßig die Behauptung implizieren, das fehlende Vermögen sei auf illoyale Weise gemindert worden. Erklärt sich der andere dann dazu nicht, läuft er Gefahr, dass die behauptete Vermögensminderung mit der sich aus § 1378 Abs. 2 S. 2 ergebenden Folge der Hinzurechnung als zugestanden gilt.[68]

§ 1376   Wertermittlung des Anfangs- und Endvermögens

(1) Der Berechnung des Anfangsvermögens wird der Wert zu Grunde gelegt, den das beim Eintritt des Güterstands vorhandene Vermögen in diesem Zeitpunkt, das dem Anfangsvermögen hinzuzurechnende Vermögen im Zeitpunkt des Erwerbs hatte.

(2) Der Berechnung des Endvermögens wird der Wert zu Grunde gelegt, den das bei Beendigung des Güterstands vorhandene Vermögen in diesem Zeitpunkt, eine dem Endvermögen hinzuzurechnende Vermögensminderung in dem Zeitpunkt hatte, in dem sie eingetreten ist.

(3) Die vorstehenden Vorschriften gelten entsprechend für die Bewertung von Verbindlichkeiten.

(4) Ein land- oder forstwirtschaftlicher Betrieb, der bei der Berechnung des Anfangsvermögens und des Endvermögens zu berücksichtigen ist, ist mit dem Ertragswert anzusetzen, wenn der Eigentümer nach § 1378 Abs. 1 in Anspruch genommen wird und eine Weiterführung oder Wiederaufnahme des Betriebs durch den Eigentümer oder einen Abkömmling erwartet werden kann; die Vorschrift des § 2049 Abs. 2 ist anzuwenden.

A. Allgemeines

1   Die Vorschrift des § 1376 ist rechtstechnisch mit Ausnahme des Abs. 4 ohne eigenen Wert. Denn während die Stichtage für die Ermittlung des Anfangs- und des Endvermögens bereits in §§ 1374, 1375 festgelegt worden sind, stellt § 1376 – abgesehen von den in Abs. 4 enthaltenen Vorgaben für land- und forstwirtschaftliche Betriebe – auch **keine verbindlichen Bewertungsmaßstäbe oder Regeln zu bestimmten Bewertungsmethoden** auf. Die **Auswahl der Bewertungsmethoden** steht vielmehr im **pflichtgemäßen Ermessen** des Tatrichters, dessen Bewertung nur daraufhin überprüft wird, ob sie auf rechtsfehlerhaften Erwägungen beruht oder gegen Denkgesetze verstößt.[1]

---

68 Brudermüller FamRZ 2009, 1185.
 1 BGH FamRZ 1986, 37; FamRZ 1993, 1183.

Für die **Berechnung des Anfangsvermögens** wird nach Abs. 1 der Wert zu Grunde gelegt, den das 2
beim **Eintritt des Güterstandes** vorhandene Vermögen in diesem Zeitpunkt hatte. Das nach
§ 1374 Abs. 2 **hinzuzurechnende Vermögen** wird für den **Zeitpunkt des Erwerbs bewertet** und
für die **Berechnung des Endvermögens** ist nach Abs. 2 der Wert maßgeblich, den das Vermögen
bei **Beendigung des Güterstandes** hatte. Hinsichtlich des nach § 1375 Abs. 2 **hinzuzurechnenden
Vermögens** ist schließlich der Wert im **Zeitpunkt der Vermögensminderung** maßgeblich. Nach
Abs. 3 gilt entsprechendes für die Bewertung von **Verbindlichkeiten**.

Ist der tatsächliche Vermögensbestand ermittelt, so muss jeder einzelne Vermögensgegenstand mit 3
seinem **€-Wert** bewertet werden. Insbesondere darf ein einzelner Vermögensgegenstand nicht deshalb unberücksichtigt bleiben, weil er sowohl in das Anfangs- als auch das Endvermögen fällt.
Würde so verfahren werden, würden die dem Zugewinnausgleich unterliegenden **Steigerungen
des Verkehrswertes** unberücksichtigt bleiben.

§ 1376 ist **dispositiv**. Abweichende Vereinbarungen können sowohl vor als auch während des 4
Güterstandes durch nach §§ 1408, 1410 **formgebundenen Ehevertrag** getroffen werden.[2] Im Rah-
men eines **gerichtlichen Zugewinnausgleichsverfahrens** können sich die Eheleute nach verfahrensrechtlichen Vorschriften auf bestimmte Werte einigen. Das gilt sowohl für das Anfangs- oder
Endvermögen als Ganzes als auch für einzelne Vermögensgegenstände. Besonders empfehlenswert
sind vertragliche Fixierungen insbesondere für solche Vermögensgegenstände, die besondere
Bewertungsprobleme nach sich ziehen, wie **Unternehmen und Unternehmensbeteiligungen.**
Ähnliches gilt für Vermögenswerte, die – wie beispielsweise gebrauchte Kraftfahrzeuge – nur mit
erheblichem Aufwand zu bewerten sind, sich letztlich im Rahmen der Auseinandersetzung aber
nicht wesentlich auswirken.

B. Bewertungsstichtage

I. Anfangsvermögen (Abs. 1)

Maßgeblicher Zeitpunkt für die Bewertung des **Anfangsvermögens** ist der des **Eintritts in den** 5
Güterstand. Ist die Ehe bereits vor dem 30.06.1958 geschlossen worden, so trat der Güterstand
gem. Art. 8 Abs. 1 Nr. 3 und Abs. 2 Nr. 4 des Gleichberechtigungsgesetzes zum **01.07.1958** ein,
sofern die Eheleute nichts Abweichendes vereinbart haben (vgl. oben § 1374 Rdn. 15).

Wegen weiterer Einzelheiten insbesondere hinsichtlich übergeleiteter Güterstände wird auf die 6
Ausführungen zu § 1374 Rdn. 15 ff. verwiesen.

Stichtag für die Bewertung gem. § 1374 Abs. 2 **privilegierten Erwerbs** ist derjenige Zeitpunkt, in 7
dem der **Erwerbstatbestand vollendet** worden ist. Deshalb wird der Wert einer dem Anfangsvermögen hinzuzurechnenden Schenkung auch nicht dadurch gemindert, dass erst später ein **Pflichtteilsergänzungsanspruch** geltend gemacht worden ist.[3]

Um die auf dem **Kaufkraftschwund des Geldes** beruhende nur nominelle unechte oder scheinbare 8
Wertsteigerung, die keinen zu berücksichtigenden Zugewinn darstellt, herauszurechnen, ist das
Anfangsvermögen einschließlich der Hinzurechnungen nach § 1374 Abs. 2 auf den Geldwert zum
Zeitpunkt der Beendigung des Güterstandes umzurechnen. Wegen der Einzelheiten dazu wird auf
§ 1374 Rdn. 18 ff. verwiesen.

---

2 Staudinger/Thiele § 1376 Rn. 49.
3 OLG Stuttgart FamRZ 1990, 750.

II. Endvermögen (Abs. 2)

9 Maßgeblicher Zeitpunkt für die Bewertung des **Endvermögens** ist im Fall der Ehescheidung oder -aufhebung die Rechtshängigkeit des Scheidungs- (§ 1384) oder Aufhebungsantrags (§§ 1384, 1318 Abs. 3). Im Fall vorzeitiger Aufhebung der Zugewinngemeinschaft ist auf den Zeitpunkt der Rechtshängigkeit des Scheidungsantrages abzustellen (§ 1387). Insoweit sind die Berechnungszeitpunkte durch die Güterrechtsreform zum 01.09.2009 vor verlagert worden. Die Rechtshängigkeit des zur Beendigung der Ehe führenden Antrages ist jetzt nicht mehr nur für die Berechnung des Endvermögens, sondern auch der Höhe des Anspruchs maßgeblich. Wegen weiterer Einzelheiten wird auf die Erläuterungen zu §§ 1384 und 1387 verwiesen.

10 Maßgeblicher Zeitpunkt für die Bewertung nach § 1375 Abs. 2 **hinzuzurechnender illoyaler Vermögensminderungen** ist derjenige Zeitpunkt, in dem der vermögensmindernde Tatbestand abgeschlossen worden ist. Da bereits die Begründung einer wirksamen Verpflichtung das Vermögen um den Wert der eingegangenen Verbindlichkeit mindert, ist regelmäßig auf das **schuldrechtliche Verpflichtungsgeschäft** abzustellen.

III. Verbindlichkeiten (Abs. 3)

11 Für den Zeitpunkt der Bewertung von **Verbindlichkeiten** gilt dasselbe wie nach Abs. 1 und 2 für den der Bewertung des Anfangs- oder Endvermögens.

C. Bewertungsgrundsätze

I. Allgemeine Bewertungsgrundsätze

12 Außer dem in Abs. 4 für **land- und forstwirtschaftliche Betriebe** im öffentlichen Interesse an der Erhaltung leistungsfähiger Höfe in bäuerlichen Familien gesetzlich angeordneten Ertragswert als Bewertungsmaßstab enthält das Gesetz für die Wertberechnung zu den Stichtagen keine weitere Regelung, so dass in allen übrigen Fällen die **Wahl der Bewertungsmethoden** Sache des Tatrichters ist.[4] Die Wahl der für die Bewertung maßgeblichen Methode ist dabei im Wesentlichen vom **Charakter des Objekts** abhängig.[5] Sie steht im pflichtgemäßen Ermessen des Gerichts.[6] Dieses hat die im Einzelfall geeignete **Bewertungsart** sachverhaltsspezifisch auszuwählen und anzuwenden. Lässt sich die Werthaltigkeit nicht hinreichend konkret bestimmen, kann das Gericht im Rahmen der gem. § 287 ZPO durchzuführenden Schätzung die ihm im Zeitpunkt seiner Entscheidung zugänglichen Erkenntnismöglichkeiten nutzen.[7] So kann es insbesondere dann, wenn für die Einholung eines Sachverständigengutachtens keine hinreichenden Anknüpfungstatsachen vorgetragen sind, einen Mindestwert schätzen.[8]

13 Stets ist auf den »wahren und wirklichen« **Wert des Vermögensgegenstandes** abzustellen. Das ist der Wert, der als Erlös bei einer Veräußerung oder sonstigen Verwertung unter Ausnutzung aller Marktchancen erzielt werden kann (= **Verkehrswert**).[9] Dabei ist es unerheblich, ob sich der Verkehrswert sogleich verwirklichen lässt.[10] Werden bei der Wertermittlung Beträge angesetzt, die sich nur durch eine Veräußerung erzielen lassen, so müssen die im Falle einer Veräußerung nach

---

4 BGH FamRZ 1986, 36, 37; FA-FamR/v Heintschel-Heinegg Kap. 9 Rn. 80.
5 OLG Zweibrücken FamRZ 1998, 235; OLG Hamm FamRZ 1998, 235.
6 OLG Saarbrücken FamRZ 1998, 235.
7 BGH FamRZ 2011, 183.
8 OLG *Hamm FamRZ 2012, 31 (LS).*
9 BVerfG FamRZ 1985, 256, 260; BGH FamRZ 1986, 37, 39.
10 BGH FamRZ 1989, 1051.

§§ 14 ff. EStG anfallenden **Steuern**[11] ebenso als wertmindernder Faktor berücksichtigt werden wie sonstige **Kosten**, die den Veräußerungserlös mindern würden.[12]

Für die besonders schwierige Ermittlung des Wertes von Unternehmen können theoretisch drei   **14** verschiedene Ansätze gewählt werden:[13]

– Es kann nach dem bei einer Veräußerung zu erzielenden Erlös gefragt werden,
– es kann nach dem für eine Wiederbeschaffung erforderlichen Aufwand gefragt werden, oder
– es kann nach dem Barwert gefragt werden, der im Fall der Weiternutzung durch den Inhaber erzielt werden kann.

Daraus resultieren   **15**

– der **Verkehrswert** oder ggf. der **Liquidationswert** als eine Ausprägung des Verkehrswertes für eine besondere Form der Veräußerung,
– der **Wiederbeschaffungswert** mit den besonderen Ausprägungen des **Reproduktionswertes** und des **Sachwertes**,
– der **Ertragswert**.

In aller Regel nicht maßgeblich ist der **Liquidationswert**, der die unterste Grenze etwa einer   **16** Unternehmensbewertung darstellt und die Summe derjenigen Werte ist, die bei einer Veräußerung der einzelnen Vermögensgegenstände eines Betriebes nach Abzug der Verbindlichkeiten zu erzielen wäre.[14] Zwar ist der Zugewinnausgleich grundsätzlich auf den sofortigen Ausgleich der vorhandenen Vermögenswerte gerichtet, doch folgt daraus nicht, dass das auszugleichende Vermögen liquidationsrechtlich bewertet werden dürfte. Denn eine Liquidierung der anzusetzenden Vermögenswerte ist zumeist nicht erforderlich, weil der ausgleichspflichtige Ehegatte die für die Erfüllung der Ausgleichspflicht notwendigen Mittel zumeist bereits aus dem liquiden Teil seines Vermögens aufbringen kann. Auf den Liquidationswert ist aber unter Umständen dann abzustellen, wenn ein kaufmännisches Unternehmen später ohne Erlös **tatsächlich liquidiert** worden ist.[15] Dasselbe gilt dann, wenn die **Liquidation zwangsläufige Folge des Zugewinnausgleichs** ist und der Erfüllung der Ausgleichsforderung insbesondere auch nicht über §§ 1381, 1382 Rechnung getragen werden kann.[16]

Der für steuerliche Zwecke ermittelte **Buchwert** eines Unternehmens gibt die realen Wertverhält-   **17** nisses ebenso wenig wieder wie etwa der **Einheitswert** die eines Grundstücks.

Das Ertragswertverfahren stellt auf die für die Zukunft erwarteten Erträge des Unternehmens ab.   **18** Der **Ertragswert** ist finanzmathematisch ein Bruttokapitalwert, für den die erwarteten Zahlungsmittelzuflüsse und die ersparten Zahlungsmittelabflüsse diskontiert werden.[17] Das Problem des Ertragswertverfahrens besteht darin, dass es basierend auf den Ergebnissen der Vergangenheit Prognosen für die Entwicklung des Unternehmens in der Zukunft stellen muss.

Abgelehnt wird das **Mittelwertverfahren**, das versucht, Elemente des Substanzwertes und des   **19** Ertragswertes zu kombinieren. Der Grund dafür wird darin gesehen, dass hier Wertbegriffe miteinander vermischt werden, die nicht miteinander vereinbar sind.[18]

---

11   BGH FamRZ 2011, 622; FamRZ 2011, 1367.
12   BGH FamRZ 1989, 1276, 127.
13   Vgl. Kuckenburg FPR 2009, 290.
14   Haussleiter/Schulz Kap. 1 Rn. 112.
15   BGH NJW 1982, 2497.
16   BGH NJW 1995, 2781.
17   Kuckenburg FPR 2009, 291.
18   Kuckenburg FPR 2009, 291.

II. Einzelne Vermögensgegenstände und Verbindlichkeiten

20   – **Abfindungen** sind, soweit sie am Stichtag vorhanden sind, in die Ausgleichsbilanz einzustellen.[19] Dabei ist unerheblich, für welche Zeiträume sie gedacht waren. Das gilt auch für Abfindungen, die im Zusammenhang mit Vorruhestandsregelungen oder Sozialplänen gezahlt werden, obwohl sie in erster Linie Versorgungsfunktion haben.[20] Wird eine derartige Abfindung allerdings auch unterhaltsrechtlich als fortlaufendes Einkommen behandelt, so würde die unterhaltsrechtliche und güterrechtliche Berücksichtigung der Abfindung zu einer doppelten Teilhabe des Ehegatten an ihr führen. In diesen Fällen ist der Verbrauch der Abfindung durch Unterhaltsgewährung in der Weise zu berücksichtigen, dass der Betrag, den der ausgleichsberechtigte Ehegatte aus der Abfindung als Unterhalt erhalten hat, auf seine Ausgleichsforderung anzurechnen ist.[21] Liegt gar eine die Abfindung mit einbeziehende Unterhaltsvereinbarung vor oder ist sie durch gerichtliche Entscheidung zur Deckung künftigen Unterhaltsbedarfs herangezogen worden, so würde die zweifache Teilhabe an ihr dem Grundsatz widersprechen, dass ein güterrechtlicher Ausgleich nicht stattfindet, wo eine Vermögensposition bereits auf andere Weise, sei es unterhaltsrechtlich oder im Wege des Versorgungsausgleichs ausgeglichen ist.[22] Daneben ist weiter zu prüfen, inwieweit die Abfindung erforderlich ist, den künftigen eigenen Bedarf des Unterhaltsschuldners zu decken. Denn die Sicherung des eigenen Bedarfs geht sogar der Leistung von Unterhalt an den Unterhaltsberechtigten vor.[23] Aus diesem Grunde stellt der für die Deckung des eigenen Unterhaltsbedarfs erforderliche Betrag kein Vermögen, sondern künftiges unterhaltsrechtliches Einkommen dar.[24] Es ist deshalb im Wege einer Prognoseentscheidung zu prüfen, welcher Anteil an der Abfindung für den eigenen Unterhaltsbedarf des Unterhaltsschuldners sowie denjenigen des Unterhaltsberechtigten benötigt werden wird. Der verbleibende Rest geht dann in das für den Zugewinnausgleich relevante Endvermögen ein. Wegen des Verbotes der Doppelberücksichtigung im Übrigen vgl. § 1372 Rdn. 14 ff.

21   – **Anwartschaftsrechte** stellen einen objektivierbaren Wert dar, der in der Vermögensbilanz zu berücksichtigen ist, sofern der Ehegatte durch sie in bestimmter und bewertbarer Weise bereichert ist.[25] Ist sicher, dass das Anwartschaftsrecht zum Vollrecht erstarkt, so kann auch der Wert des Vollrechtes angesetzt werden. Andernfalls hat eine Abzinsung zu erfolgen.[26] Ähnlich zu behandeln ist die **Auflassung**, die ein dingliches Anwartschaftsrecht begründet, dessen Wert im Allgemeinen dem des Vollrechts entspricht.

22   – **Darlehensansprüche** gehören zu den Aktiva, Darlehensverpflichtungen zu den Passiva. Haften beide Ehegatten als Gesamtschuldner, so ist die am Stichtag noch offene Verbindlichkeit bei beiden Ehegatten je zur Hälfte in Ansatz zu bringen. Handelt es sich um gegenseitige Darlehen, so stellt dieses auf der einen Seite einen Aktivposten, auf der anderen entsprechend eine Belastung dar.[27] Wegen der Wirkungen von Ausgleichsansprüchen auf den Zugewinnausgleich vgl. im Übrigen vor §§ 1372 Rdn. 198 ff.

23   – **Einkommens- und Kirchensteuerschulden** entstehen gem. §§ 25 Abs. 1, 26 Abs. 1, 51a EStG erst mit Ablauf des Jahres, in dem die zu versteuernden Einkünfte erzielt worden sind. Sie bleiben deshalb unberücksichtigt, wenn der Stichtag vor diesem Zeitpunkt liegt.[28] Insbesondere findet

---

19   BGH FamRZ 1982, 148.
20   BGH FamRZ 1982, 148.
21   BGH FamRZ 1998, 362; OLG Frankfurt FamRZ 2000, 611.
22   BGH FamRZ 2003, 432; FamRZ 2004, 1352; FamRZ 2004, 1866.
23   OLG München FamRZ 2005, 715.
24   OLG München FamRZ 2005, 715.
25   BGH FamRZ 1990, 1217.
26   Hausleiter/Schulz Kap. 1 Rn. 137.
27   BGH FamRZ 1989, 835, 837.
28   OLG Düsseldorf FamRZ 2004, 1106.

nicht etwa eine anteilige Berücksichtigung statt. Dasselbe gilt umgekehrt für Ansprüche auf **Steuererstattungen**. Auch diese entstehen erst mit Ablauf des jeweiligen Veranlagungszeitraumes, wobei die Forderung bei gemeinsamer Veranlagung in Höhe desjenigen Betrages in das jeweilige Vermögen des einzelnen Ehegatten eingeht, in der es dem Ehegatten im Innenverhältnis zusteht.[29] Am Stichtag bereits entstandene Ansprüche auf Steuererstattung unterliegen dem Zugewinnausgleich.[30] Denn sie sind ein Ausgleich für in der Vergangenheit zuviel gezahlte Steuern und stellen kein vorweggenommenes Einkommen dar. Nur dann, wenn sie bereits Berücksichtigung im Rahmen der Unterhaltsberechnung gefunden haben, scheidet eine nochmalige Berücksichtigung im Zugewinnausgleich wegen des Doppelverwertungsverbotes aus. Was für Steuererstattungen gilt, gilt für Steuerverbindlichkeiten gleichermaßen.[31]

– **Erbrechtliche Ansprüche** sind mit dem Wert zum Zeitpunkt des Erbfalls anzusetzen. Unerheblich ist, was der Erbe später tatsächlich erhalten hat.[32] Reine Erberwartungen sind dagegen nicht zu berücksichtigen.[33] Pflichtteilsansprüche sind dagegen mit ihrem vollen Wert in die Zugewinnbilanz aufzunehmen, auch dann, wenn der Berechtigte sie nicht geltend macht.[34] Das muss jedenfalls dann gelten, wenn nicht nachvollziehbare Gründe ihn an der Geltendmachung seiner Rechte hindern. 24

– **Geldforderungen und Verbindlichkeiten** sind grundsätzlich mit ihrem jeweiligen Nennwert anzusetzen. Etwas anderes gilt nur dann, wenn der Zeitpunkt der **Fälligkeit** der Forderung erheblich nach dem maßgeblichen Stichtag liegt. Dann kann im Einzelfall eine Abzinsung vorgenommen werden, weil eine am Stichtag noch nicht fällige Schuld weniger belastet als eine sofort zu erfüllende.[35] Besteht **Ungewissheit** über die genaue Höhe der Forderungen oder Verbindlichkeiten, so ist gegebenenfalls zu schätzen. Aufschiebend oder auflösend **bedingte Rechte und Verbindlichkeiten** werden nicht entsprechend § 2313 behandelt. Ihr Wert ist vielmehr unter Würdigung aller Umstände des Falles zu schätzen.[36] 25

Ist nicht sicher, ob die Forderung überhaupt realisiert werden kann, so ist das entsprechend **unsichere Recht** nur hinsichtlich ihres sicheren Teils, also mit einem Schätzwert in die Vermögensbilanz einzubeziehen.[37] Bei dieser Schätzung kommt es darauf an, ob und ggf. in welchem Umfang am Stichtag eine Erfüllung des Anspruchs erwartet werden kann. Eine wegen Insolvenz des Schuldners **nicht realisierbare** Forderung kann nur mit Null bewertet werden.[38] 26

Handelt es sich bei der Forderung um eine solche aus einem **Dauerschuldverhältnis**, etwa auf Zahlung des Arbeitseinkommens, einer Rente oder von Unterhalt, so können nur am Stichtag bereits fällig gewordene Ansprüche in die Vermögensbilanz eingestellt werden.[39] Die zukünftig zu erwartenden Leistungen stellen noch keinen gegenwärtigen Vermögenswert dar, sondern sollen zukünftiges Einkommen vermitteln und sichern.[40] **Gratifikationen** wie etwa Weihnachts- oder 27

---

29 OLG Köln FamRZ 1999, 656 = FuR 1998, 368.
30 OLG Dresden FamRZ 2011, 113.
31 OLG München FamRZ 1984, 1096; OLG Düsseldorf FamRZ 1984, 699; OLG Hamburg FamRZ 1983, 168.
32 Haussleiter/Schulz Kap. 1 Rn. 170.
33 OLG Köln FamRZ 1983, 71.
34 Büte Rn. 175.
35 BGH FamRZ 1990, 1217; wegen der Errechnung der Abzinsung vgl. Haussleiter/Schulz Kap. 1 Rn. 310 ff.
36 BGH FamRZ 1992, 1157.
37 OLG Karlsruhe FamRZ 2003, 682.
38 Haussleiter/Schulz Kap. 1 Rn. 300.
39 BGH FamRZ 2003, 1544; FamRZ 2001, 278.
40 BGH FamRZ 2001, 278, 281.

Urlaubsgeld sind auch bei freiwilliger Zahlung keine Schenkungen und deshalb nicht dem privilegierten Anfangsvermögen nach § 1374 Abs. 2 zuzurechnen.[41]

28   – **Haushaltsgegenstände und persönliches Gut** werden, soweit sie überhaupt dem Zugewinn zuzurechnen sind (vgl. insoweit § 1372 Rdn. 7), nicht einfach mit dem Preis angesetzt, den ein Alt- oder Gebrauchtwarenhändler zahlen würde. Abzustellen ist auch nicht auf den Gebrauchswert oder den Wiederbeschaffungspreis. Auszugehen ist vielmehr vom Anschaffungspreis, von dem angemessene Abschläge vorzunehmen sind.[42]

29   – **Immobilien** sind grundsätzlich nach ihrem Verkehrswert als dem hypothetischen Verkaufswert anzusetzen. Für die Wertermittlung ist vorwiegend auf den Substanzwert abzustellen, der gegebenenfalls durch den Ertragswert zu modifizieren ist.[43] Vornehmlich ist auch das Vergleichswertverfahren heranzuziehen. Zur Wertermittlung kann auch die **Immobilienwertermittlungsverordnung** herangezogen werden,[44] die zum 01.07.2010 in Kraft getreten ist.[45] Hat ein Ehegatte vor dem Bewertungsstichtag ein Grundstück gekauft und darauf Gebäude errichtet, so sind diese auch dann mit ihrem vollen Wert anzusetzen, wenn der Eigentumserwerb erst nach dem Stichtag erfolgt.[46]

30   Bei der Bewertung von Häusern, Wohnungs- und Teileigentum ist danach zu differenzieren, ob es sich hierbei um ein Renditeobjekt oder ein vorwiegend eigengenutztes Objekt handelt. Für die Bewertung von Renditeobjekten bietet sich vorrangig die Ertragswertmethode an,[47] während bei eigengenutzten Immobilien das Sachwertverfahren heranzuziehen ist, dessen Ergebnis im Einzelfall um einen Gebrauchswert erhöht werden kann.[48] Wertmindernden Faktoren kann mit Abzügen Rechnung getragen werden. Das gilt etwa für ein auf dem Grundstück lastendes Wiederkaufsrecht der öffentlichen Hand.[49] Aus diesem Grunde ist der zuvor ermittelte Bodenwert um einen angemessenen Wertabschlag zu bereinigen, dessen Bewertung im Einzelnen dem Tatrichter vorbehalten ist.[50] Ist die Marktlage ungünstig, kommt es darauf an, ob der Preisrückgang als vorübergehend einzuschätzen ist oder nicht.[51] Einem nur vorübergehenden Preisrückgang ist nicht durch einen rezessionsbedingten Abschlag Rechnung zu tragen, wenn der Vermögensgegenstand überhaupt nicht zum Verkauf anstand, sondern zu Wohnzwecken weiter benutzt werden sollte.[52] Ist die Immobilie zur Veräußerung bestimmt, ist eine strenge Orientierung an den tatsächlich erzielbaren Verkaufserlös geboten,[53] andernfalls kann angemessen davon abgewichen werden.

31   Haben verheiratete Eltern ihrem Kind ein Grundstück geschenkt und dabei eine Rückfallklausel für den Fall der Veräußerung oder Belastung des Grundstücks durch das Kind vereinbart, so liegt damit eine bedingte und daher unsichere Rechtsposition vor. Diese ist bei der Ermittlung des Zugewinns bei der Scheidung der Eltern nur mit einem Schätzwert als einem Bruchteil des Verkehrswertes des Grundstücks einzustellen.[54] Hat umgekehrt ein Ehegatte in das im Alleineigentum der Eltern stehende Haus investiert, um dadurch Räumlichkeiten zur Nutzung als Ehewohnung

---

41 OLG München FamRZ 1995, 1069.
42 Staudinger/Thiele § 1376 Rn. 40.
43 BGH NJW 1970, 2018.
44 BGBl I 2010, 639.
45 Zu Einzelheiten dazu vgl. Kuckenburg FuR 2010, 593 und 665.
46 OLG Düsseldorf FamRZ 1989, 1181.
47 OLG Frankfurt FamRZ 1980, 576; FamRZ 1989, 280; OLG Düsseldorf FamRZ 1989, 280.
48 BGH FamRZ 1986, 37; Münch Komm/Koch § 1376 Rn. 12; BayObLGZ 1976, 239.
49 BGHZ 75, 195.
50 BGH FamRZ 1993, 1183.
51 BGH FamRZ 2011, 183, 187; FamRZ 1992, 918.
52 BGH FamRZ 1986, 40; OLG Celle FamRZ 1992, 1300.
53 BGH FamRZ 2011, 183, 187.
54 OLG München FamRZ 2000, 1152.

Weinreich

zu schaffen, so ist dadurch für den investierenden Ehegatten keine vermögenswerte im Zugewinn-ausgleich zu berücksichtigende Position entstanden.[55]

Für die Bewertung von Grundstücken, die im Gebiet der früheren DDR liegen, gelten keine   32
Besonderheiten. Allein die Tatsache, dass diese Grundstücke teilweise einen sprunghaften Wertzu-wachs erfahren haben, rechtfertigt es nicht, von der Regel abzuweichen.[56] Betroffen von der Pro-blematik können ohnehin nur Eheleute sein, die vor dem 03.10.1990 in den alten Bundesländern lebten, weil für alle anderen der Stichtag für die Bewertung des Anfangsvermögens ohnehin erst mit diesem Tag zusammenfällt.

War ein in der DDR gelegenes Grundvermögen enteignet, so stellt weder dies noch der spätere   33
Restitutionsanspruch einen in ein Anfangsvermögen fallenden Wert dar. Denn wegen der seiner-zeit auf Grund der politischen Verhältnisse völlig ungewissen Möglichkeit einer wirtschaftlichen Realisierung von Ansprüchen war noch keine rechtlich geschützte Vermögensposition von wirt-schaftlichem Wert gegeben.[57] Ist der schließlich Berechtigte an dem enteigneten Grundstück noch vor dem Inkrafttreten des Vermögensgesetzes vom 29.09.1990[58] verstorben und von einem der Ehegatten beerbt worden, so ist der Restitutionsanspruch erst unmittelbar in der Person des Erben entstanden und deshalb nicht gem. § 1374 Abs. 2 dessen Anfangsvermögen zuzurechnen.[59]

– **Kunstgegenstände, Schmuck, Sammlungen und Bibliotheken** werden mit dem Verkaufswert   34
am Stichtag angesetzt. Dabei ist auf den erzielbaren Erlös unter Privatpersonen abzustellen, soweit ein solcher Markt vorhanden ist, im Übrigen auf den Verkaufswert für einen Anbieter, der sich des Fachhandels bedienen muss.[60]

– **Leasingverträge** sind in der Sache Mietverträge, die dem Leasingnehmer einen Anspruch auf   35
künftige Sachnutzung geben. Insbesondere dann, wenn sich nicht nur Zahlung und Gebrauchs-überlassung gleichwertig gegenüberstehen, sondern der Leasingnehmer eine größere Leasingson-derzahlung geleistet hat, kann sich aus dem Leasingvertrag ein im Rahmen des Zugewinnaus-gleichs zu berücksichtigender Vermögenswert ergeben.[61]

– **Lebensversicherungsverträge** fallen nur unter besonderen Umständen in den Zugewinn. Denn   36
nach § 2 Abs. 4 VersAusglG finden die güterrechtlichen Regelungen dann keine Anwendung, wenn der Versorgungsausgleich stattfindet, weshalb dem Versorgungsausgleich unterfallende Anwartschaf-ten und Aussichten dem Zugewinnausgleich entzogen sind. Private Lebensversicherungen unterlie-gen nicht dem Versorgungsausgleich und werden im Wege des Zugewinnausgleichs berücksichtigt, wenn sie nicht vorrangig der Altersversorgung, sondern der Vermögensbildung zu dienen bestimmt sind, weshalb **Kapitallebensversicherungen**, auch solche mit **Rentenwahlrecht**, für die das Wahl-recht bis zum Eintritt der Rechtshängigkeit des Ehescheidungsantrages noch nicht ausgeübt ist, in den Zugewinn fallen.[62] Dasselbe gilt für **Direktversicherungen** im Rahmen der betrieblichen Alters-vorsorge, wenn deren Bezugsrecht bereits unwiderruflich ist[63] sowie für die befreiende Lebensversi-cherung nach § 1 Abs. 2 S. 1, 1 BetrAVG.[64] Das **Bezugsrecht** aus einer Lebensversicherung ist dage-gen gem. § 166 VVG in der Regel widerruflich und begründet als solches keine rechtlich geschützte Anwartschaft, weshalb es unberücksichtigt zu bleiben hat.[65]

---

55 OLG Karlsruhe OLGR 2005, 86.
56 Haussleiter/Schulz Kap. 7 Rn. 51.
57 BGH FamRZ 2004, 781.
58 BGBl II 885.
59 BGH FamRZ 2004, 781; FamRZ 2007, 1307.
60 MüKo/Koch § 1376 Rn. 12.
61 OLG Karlsruhe FamRZ 2004, 1028; OLG Bamberg FamRZ 1996, 549 mit Rechenbeispiel.
62 Vgl. Schmalz/Brüggemann FamRZ 1996, 1053.
63 OLG Köln FamRZ 2001, 158.
64 BGH FamRZ 1993, 1303.
65 Haussleiter/Schulz Kap. 1 Rn. 240.

37 Wegen der Abgrenzung von im Zugewinnausgleich zu berücksichtigenden Lebensversicherungen zu solchen, die in den Versorgungsausgleich fallen im Einzelnen wird auf § 1372 Rdn. 6 ff. verwiesen; auch zum Problem der Ausübung des Kapitalwahlrechts nach Rechtskraft der Entscheidung über den Zugewinnausgleich, aber vor der Entscheidung über den Versorgungsausgleich.

38 **Gemischte Kapitallebensversicherungen**, bei denen die Versicherungsleistung im Erlebensfall an den Versicherungsnehmer und im Todesfall unwiderruflich an den Ehegatten bezahlt werden sollen, fallen grundsätzlich anteilig in das Vermögen beider Ehegatten. Denn durch sie entstehen sofort Anwartschaftsrechte für beide Ehegatten, die sich aber gegenseitig bedingen. Bei der Bewertung muss anhand der konkreten Umstände des Falles berücksichtigt werden, wie hoch das Risiko für den Eintritt des Versicherungsfalls des Erlebens und damit die aufschiebende Bedingung für die Rechte des Versicherungsnehmers, und wie hoch dasjenige für die auflösende Bedingung des vorzeitigen Todesfalls und damit die Rechte des bezugsberechtigten Ehegatten zu bewerten ist.[66] Ist das Risiko des vorzeitigen Todes sehr gering, so kann das Bezugsrecht völlig unberücksichtigt bleiben.

39 Wegen der **Bewertung** von Anrechten aus Lebensversicherungen ist zu differenzieren: Ist zu erwarten, dass sie nicht fortgeführt werden, so ist auf den Rückkaufwert als den Liquidationswert der Versicherung abzustellen. Ist dagegen zu erwarten, dass sie fortgeführt werden, so ist maßgeblich der Kapitalwert der eingezahlten Prämien zum Stichtag zuzüglich eventueller Gewinnanteile, jedoch abzüglich des Wertes bereits gewährter Versicherungsleistungen.[67] Ist die Lebensversicherung zur Besicherung von Darlehensverträgen an den Kreditgeber abgetreten worden, so kann der Wert der Versicherung im Zugewinn nicht berücksichtigt werden, doch mindert er entsprechend die Schuldenlast.[68] Ist ein Versorgungsanrecht zwar unverfallbar, steht aber die Höhe des dem Ehegatten zurechenbaren Kapitalwertes noch nicht fest, so ist der am Stichtag vorhandene Wert unter Angabe der tatsächlichen Grundlagen zu schätzen (§ 287 ZPO). Ist die Forderung erst in Zukunft fällig, hat sie einen geringeren wirtschaftlichen Wert als eine bereits fällige, weshalb sie abgezinst werden kann. Hierzu kann der Abzinsungssatz nach § 253 Abs. 2 S. 4 HGB herangezogen werden. Auch die Ungewissheit darüber, ob der Vermögenswert dem Ehegatten später überhaupt zufällt, ist zu berücksichtigen, etwa dadurch, dass die Erlebenswahrscheinlichkeit erfasst wird. Abzuziehen ist stets die geschätzte latente Steuerlast.[69]

40 – **Löhne und Gehälter** sind Ansprüche auf wiederkehrende Leistungen, wobei jeweils ungewiss ist, ob sie auch künftig entstehen. Deshalb können nur bereits fällig gewordene Ansprüche in die Vermögensbilanz eingestellt werden.[70] Weihnachts- und Urlaubsgeld sowie eventuelle durch den Arbeitgeber gewährte Prämien stellen auch bei freiwilliger Zahlung keine Schenkung dar, so dass sie nicht gem. § 1374 Abs. 2 dem Anfangsvermögen zuzurechnen sind.[71] Vgl. im Übrigen oben Rdn. 26.

41 – **Mietwohnungen** begründen die Möglichkeit der Nutzung. Ist die Miete bereits bezahlt, so besteht diese Nutzungsmöglichkeit bis zum Monatsende ohne weitere Gegenleistungen, weshalb der Nutzungswert für diese Zeit in die Bilanz einzustellen ist.[72]

42 – **Nießbrauchs- und Wohnrecht** stellen rechtlich geschützte Positionen mit wirtschaftlichem Wert dar, die in die Zugewinnausgleichsbilanz mit einzubeziehen sind.[73] Für ihre Bewertung ist von einem fiktiven Nettomietwert auszugehen, der unter Berücksichtigung der statistischen Lebenser-

---

66 BGH FamRZ 1992, 1155 = FuR 1992, 290; zur Aufteilung auch: Voit FamRZ 1993, 508.
67 BGH FamRZ 1995, 1270; OLG Stuttgart FamRZ 1993, 192; OLG Düsseldorf FamRZ 1993, 192.
68 BGH FamRZ 1992, 1155, 1160 für ein Berlin-Darlehen; OLG Zweibrücken OLGR 2008, 547.
69 BGH FamRZ 2011, 183 mit Anm. Schröder FamRZ 2011, 361.
70 BGH FamRZ 1981, 239.
71 OLG München FamRZ 1995, 1069.
72 BGH FamRZ 1991, 43, 46.
73 BGH FamRZ 1986, 1186.

wartung des Berechtigten und der Restnutzungsdauer des Gebäudes zu kapitalisieren ist.[74] Danach ist also in einem ersten Schritt der Mietwert des Objekts zu ermitteln, der nicht identisch sein muss mit dem im Übergabevertrag genannten, da die Vertragspartner häufig das Interesse haben, den Wert zur Vermeidung höherer Beurkundungskosten möglichst niedrig anzugeben. In einem zweiten Schritt ist anhand der Sterbetafeln die voraussichtliche Dauer der Nutzung zu ermitteln.[75] Ist der Berechtigte im Zeitpunkt der Bewertung tatsächlich bereits verstorben, kann nicht auf das tatsächlich erreichte Alter abgestellt werden, weil maßgeblich die am Stichtag vorzunehmende Prognose ist.[76] Unter Umständen ist von dem Betrag, der sich schließlich daraus errechnet, dass von dem allgemeinen Verkehrswert des Objekts der Wert der kapitalisierten Belastung durch das Nießbrauchsrecht auf einer von nur zwei im Hause gelegenen Wohnungen abgezogen wird, noch ein Vermarktungsmakel abzuziehen, weil ein derartiges Haus sich häufig nur mit erheblichen Abschlägen wird verkaufen lassen. Bei größeren Immobilien ist ein derartiger Abschlag dagegen nicht erforderlich.[77]

Wegen der Bewertung eines auf einem Grundstück lastenden Nießbrauchsrechts, das auch dem 43 Anfangsvermögen zugerechnet wird vgl. § 1374 Rdn. 31. Was für ein Nießbrauchsrecht gilt, gilt auch für ein lebenslanges Wohnrecht.[78]

– **Praxen von Freiberuflern** (Ärzten, Zahnärzten, Tierärzten, Rechtsanwälten oder Steuerberatern) 44 werden nach der grundlegenden Entscheidung des BGH vom 06.02.2008[79] nach der **modifizierten Ertragswertmethode** bewertet.[80] Das bedeutet, dass neben dem Substanzwert des Unternehmens der Goodwill zu berücksichtigen ist. Nicht für die Ermittlung des good will maßgebend sein kann aber die Erwartung künftigen Einkommens, das der individuellen Arbeitskraft des Inhabers zuzurechnen ist. Denn Bewertungskriterium kann nur ein solches Ertragsmerkmal sein, das auf einen potentiellen Erwerber übertragbar ist. Dabei ist es unbedenklich, die Bewertungsrichtlinien der jeweils zuständigen Standesorganisationen heranzuziehen.[81] Diese stellen zur Ermittlung des good will im Allgemeinen auf den Umsatz als wertbestimmendes Kriterium ab. Der good will ist allerdings um die subjektiven und nicht übertragbaren Komponenten wie etwa Ruf und Ansehen des Praxisinhabers zu bereinigen, so dass insbesondere solche Faktoren wie der Mitarbeiterstamm, der Standort, die Konkurrenzsituation oder Art und Umfang des Mandanten-/Patientenstammes Wert bestimmen bleiben. Von diesem danach errechneten Ausgangswert ist sodann nicht ein pauschaler Unternehmerlohn, sondern der den individuellen Verhältnissen entsprechende **Unternehmerlohn** in Abzug zu bringen, um eine doppelte Berücksichtigung des Unternehmerlohns sowohl für den Unterhalt als auch den Zugewinn zu vermeiden. Dieser den individuellen Verhältnissen entsprechende Unternehmerlohn entspricht nicht dem, was als unterhaltsrechtlich relevantes Einkommen angenommen worden ist.[82] Dieses ist ebenso wenig relevant wie getätigte Privatentnahmen. Abzustellen ist vielmehr auf einen zumeist von einem Sachverständigen zu ermittelnden Bruttolohn für jemanden, der die Tätigkeit des Ehegatten mit entsprechender Berufserfahrung in abhängiger Stellung ausüben würde. Auf diese Weise können die Leistungsbereitschaft, der Zeiteinsatz und etwaige Spezialkenntnisse berücksichtigt werden. Von diesem Betrag sind die Aufwendungen für die soziale Absicherung abzuziehen, zumeist 20 % für die primäre und weitere 4 % für eine zusätzliche Altersversorgung. Von dem danach verbleibenden Ertragswert sind die

---

74 BGH FamRZ 1988, 593; zur Berechnung vgl. im Übrigen BGH FuR 2004, 425.
75 Hauß FPR 2009, 286.
76 OLG Karlsruhe FamRZ 1990, 56.
77 Hauß FPR 2009, 286, 288.
78 BGH FamRZ 1990, 603.
79 BGH FamRZ 2008, 661 m. Anm. Hoppenz.
80 BGH FamRZ 2008, 661; FamRZ 2011, 622; FamRZ 2011, 1367; Literatur dazu: Stabenow/Czubayko FamRZ 2012, 682; FrielingsdorfFamRZ 2011, 1911; Kogel NJW 2011, 3337.
81 BGH FamRZ 2011, 1367, 1369.
82 AA: Weinreich FuR 2008, 321.

latente Ertragssteuer und unvermeidbare Veräußerungskosten abzuziehen.[83] Kritisch anzumerken ist dazu, dass der Unternehmer, der mehr als den vom Sachverständigen ermittelten, den individuellen Verhältnissen entsprechenden Unternehmerlohn zur Grundlage der Unterhaltsberechnung genommen hat, die Differenz zwischen diesem Betrag und dem angemessenen Lohn doppelt einzusetzen hat,[84] während umgekehrt die Entnahme eines geringeren Betrages den Unterhalt mindert und zwar zu einer Erhöhung des Unternehmenswertes führt, aber beim Zugewinnausgleich unberücksichtigt bleibt. Festzuhalten ist bei allem, dass diese Berechnungsweise nach der Entscheidung des BGH nicht zwingend die einzig in Betracht kommende ist, sondern dass für die Ermittlung des Unternehmenswertes auch andere im gleichen Maße geeignete Methoden angewandt werden können.[85]

45   Von dem auf die oben genannte Weise ermittelten Unternehmenswert ist sodann die latente Steuerlast abzuziehen.[86] Denn für die Ermittlung des Verkehrswertes ist der Veräußerungsfall zu fingieren.

46   Für **Architekturbüros** ist nur auf den reinen Sachwert abzustellen, während ein zusätzlicher good will nicht zu addieren ist, weil der unternehmerische Erfolg überwiegend von den individuellen Fähigkeiten des einzelnen Architekten abhängt, der einem Künstler nahe steht.[87] Etwas anderes gilt nur dann, wenn der Architekt eine Vielzahl vergleichbarer Objekte für bestimmte Bauträger bearbeitet.[88] Dasselbe gilt für eine **Versicherungsagentur**, weil ein Goodwill hierfür am Markt nicht zu realisieren ist und die persönliche Leistung des Versicherungskaufmanns im Vordergrund steht.[89]

47   – **Schmerzensgeld oder Schmerzensgeldansprüche** sind mit ihrem vollen Wert zu berücksichtigen. Insbesondere findet insoweit keine analoge Anwendung des § 1374 Abs. 2 statt.[90] Unter Umständen kann aber an eine Anwendung des § 1381 gedacht werden (vgl. § 1381 Rdn. 21 m.w.N.).

48   – **Unterhaltsansprüche**, die am Stichtag bereits fällig aber noch nicht bezahlt waren, sind beim Berechtigten als Aktivvermögen und beim Verpflichteten als Verbindlichkeit zu berücksichtigen.[91] Dasselbe gilt für durch Unterhaltszahlungen entstandene Kontoüberziehungen.[92]

49   – **Unternehmen und Unternehmensbeteiligungen** werden nicht nach stets gleichen festen Regeln bewertet. Die sachverhaltsspezifische Auswahl der Bewertungsmethode ist nach der Rechtsprechung des BGH dem sachverständig beratenen Tatrichter überlassen.[93] Wegen der Bewertung vgl. oben Rdn. 13 ff.

50   In die Unternehmensbewertung fließen alle in das Unternehmen eingegliederten Sachen, Rechte und sonstigen Positionen ein, zu denen auch die Patente, Lizenzen, Urheber- und Verlagsrechte, behördlichen Konzessionen usw. rechnen. Für die Bewertung des Unternehmens sind die so genannten stillen Reserven fiktiv aufzulösen, wobei Steuern, die in diesem Fall zu zahlen wären, ebenso wertmindernd abzusetzen sind wie sonstige bei der Veräußerung anfallende Kosten.[94] Da

83   BGH FamRZ 2011, 1367, 1371 mit Anm. Borth.
84   So wohl auch Borth, FamRZ 2011, 705.
85   OLG Hamm OLGR 2009, 540.
86   BGH FamRZ 2008, 761, 764; BGH FamRZ 1991, 43, 48.
87   OLG München FamRZ 1984, 1086.
88   OLG München FamRZ 1984, 1086.
89   OLG Hamm NJW-RR 2011, 1443.
90   BGH FamRZ 1981, 755.
91   BGH FamRZ 2003, 432, 372; OLG Celle FamRZ 1991, 944; OLG Frankfurt FamRZ 1990, 998; OLG Hamm FamRZ 2007, 1243; OLG Koblenz NJW 2007, 2646.
92   OLG Karlsruhe FamRZ 1986, 167.
93   BGH FamRZ 2005, 99, 100.
94   BGH FamRZ 2005, 99, 101.

die Steuern tatsächlich nicht entstehen, sind sie gegebenenfalls zu schätzen.[95] Wird das Unternehmen in gemieteten Räumen betrieben, so ist die ungesicherte Mietsituation wertmindernd zu berücksichtigen.[96] Nicht betriebsnotwendiges Vermögen kann von der Gesamtbewertung des Unternehmens ausgenommen und mit seinem Liquidationswert zu dem Gesamtwert addiert werden,[97] während aber im Übrigen eine Aufspaltung des Unternehmenswertes nicht zulässig ist.[98]

Handwerksbetrieben,[99] personenbezogenen Unternehmen,[100] freiberuflichen Praxen[101] und entsprechenden Beteiligungen kann über ihren Substanz- oder Ertragswert hinaus ein Mehrwert zukommen, der als innerer Wert oder so genannter good will bezeichnet wird. Hierunter versteht man ein immaterielles Wirtschaftsgut, welches insbesondere Ruf und Ansehen mit Werbewirksamkeit als wertbildende Faktoren bündelt,[102] die einem Handwerksbetrieb, einem Unternehmen oder einer freiberuflichen Praxis wegen des gewachsenen Ansehens, des Kundenpotenzials, der besonderen Organisationsstruktur und dadurch bedingten Stellung am Markt zukommen. Ein good will wird dann angenommen, wenn ein potenzieller Übernahmewilliger generell bereit wäre, einen über den Ertrags- oder Substanzwert hinausgehenden Preis für das Unternehmen zu zahlen, oder wenn ein Erwerber einer Unternehmensbeteiligung bereit wäre, für die ihm dadurch eingeräumte Chance mehr zu zahlen, als seiner quotalen Beteiligung an der Substanz oder dem Ertrag entspricht.[103] **51**

Die Ermittlung des inneren Wertes eines Unternehmens oder der Praxis eines Freiberuflers vollzieht sich eher an den Nettoertragserwartungen potenzieller Erwerber, nicht an deren Bruttoumsatzerwartungen. Im Allgemeinen wird der innere Wert nur mittels eines betriebswirtschaftlichen Sachverständigengutachtens zu ermitteln sein. **52**

Bei der Bewertung von Unternehmensbeteiligungen ist zu differenzieren: Börsennotierte Anteile sind nach dem mittleren Tageskurs am Stichtag zu bewerten. **53**

Im Übrigen bestimmt sich der Wert der Unternehmensbeteiligung nach dem Gesamtwert des Unternehmens, der zunächst festzustellen ist. Danach ist sodann der Umfang der Beteiligung zu ermitteln, der sich aus dem Gesellschaftsvertrag ergeben wird. **54**

Ist die Unternehmensbeteiligung – etwa die an einer Personengesellschaft (§ 719 BGB) – nicht frei veräußerbar, so bestimmt sich der Wert der Beteiligung nicht nach dem Veräußerungserlös, sondern nach dem für den Stichtag zu ermittelnden Auseinandersetzungsguthaben. Zu dessen Ermittlung ist wiederum der Wert des Unternehmens einschließlich der stillen Reserven und des good will festzustellen, von dem Abschläge – insbesondere im Falle von Abfindungsklauseln – vorzunehmen sind.[104] Im Fall der Beteiligung an einer Abschreibungsgesellschaft, die in Form einer KG betrieben wird, kann der zu erwartende Erlös bei Beendigung der Beteiligung ermittelt werden. Hierzu sind bis dahin noch zu erwartende Steuervorteile zu addieren, andererseits aber die noch offenen Zahlungspflichten sowie die mit der Veräußerung verbunden Steuerlasten abzuziehen.[105] **55**

---

95 OLG Nürnberg EzFamR aktuell 1996, 217.
96 OLG Zweibrücken OLGR 1997, 293.
97 BGH FamRZ 2005, 99, 101.
98 BGH FamRZ 2005, 99, 101; Kuckenburg FuR 2005, 401; Kuckenburg FPR 2009, 290.
99 BGHZ 70, 224; OLG Düsseldorf FamRZ 1984, 699.
100 MüKo/Koch § 1376 Rn. 26.
101 BGH FamRZ 1977, 38; OLG Koblenz FamRZ 1988, 950; OLGR Koblenz 1999, 206; OLG München FamRZ 1984, 1096; OLG Saarbrücken FamRZ 1984, 794; OLG Hamm NJW 1983, 1914; OLG Frankfurt FamRZ 1987, 485; OLG Koblenz FamRZ 1982, 280.
102 BGH FamRZ 1999, 361 = NJW 1999, 784.
103 BGH FamRZ 1977, 38, 39.
104 BGH FamRZ 1980, 37; FamRZ 1986, 1196; OLG Düsseldorf FamRZ 1981, 48; Reimann FamRZ 1989, 1248.
105 BGH FamRZ 2011, 183, 186; Haussleiter/Schulz Kap.1 Rn 129.

56 Maßgeblich für die Wertermittlung sind die am Stichtag bekannten und erkennbaren Verhältnisse, während nach dem Stichtag gewonnene Erkenntnisse nicht ex post für die Wertbemessung zum Stichtag berücksichtigt werden dürfen.[106]

D. Land- und forstwirtschaftliche Betriebe (Abs. 4)

57 Abs. 4 stellt den einzigen Fall dar, in dem das Gesetz eine bestimmte **Bewertungsmethode** vorschreibt. Der Zweck der Regelung besteht darin, landwirtschaftliche Betriebe durch den Ansatz des in der Regel geringeren Ertragswertes für den Fall der Ehescheidung zu schützen und im öffentlichen Interesse zu erhalten,[107] wobei eine analoge Anwendung dieser Norm etwa auf die Gütergemeinschaft nicht stattfindet.[108]

58 Ein besonderes, von § 1376 Abs. 4 gelöstes Bewertungsprivileg gilt gem. § 12 Abs. 10 HöfeO in deren Geltungsgebiet, also in Hamburg, Niedersachsen, Nordrhein-Westfalen und Schleswig-Holstein, zu Gunsten des **Hoferben**.[109]

I. Begriff

59 Land- und forstwirtschaftliche Betriebe sind Besitzungen, die eine zum **selbständigen Betrieb der Landwirtschaft** einschließlich der **Viehzucht** oder der **Forstwirtschaft** geeignete und bestimmte Wirtschaftseinheit darstellen und mit den nötigen **Wohn- und Wirtschaftsgebäuden** versehen sind.[110] Aus diesem Grund liegt nicht in jedem Fall einer entsprechenden Nutzung ein land- und forstwirtschaftlicher Betrieb vor, während andererseits die landwirtschaftliche Nutzung außer **Ackerbau** und **Viehzucht** auch den **Weinanbau, Obst- und Gemüseanbau, gärtnerische Nutzung** wie **Blumenzucht, Milch und Viehwirtschaft, Geflügelhaltung** und **Pferdezucht** umfasst, und die **Forstwirtschaft** auf die Gewinnung von **Nutz- und Brennholz** gerichtet ist. Hierzu rechnen auch beispielsweise **Baumschulen**.[111]

60 Zum land- und forstwirtschaftlichen Betrieb zählen dessen **Zubehör** (§ 98 Nr. 2), aber auch alle Gegenstände, die zum ordnungsgemäßen Betrieb erforderlich oder ihm gewidmet und in ihn eingegliedert sind.[112] Dasselbe gilt für die im Betrieb gewonnenen **Erzeugnisse**. Die Folge hiervon ist, dass diese Gegenstände aus einer Einzelfeststellung nach dem Verkehrswert ausscheiden.[113]

61 **Nebenbetriebe** sind bei der Feststellung des Ertragswertes des land- oder forstwirtschaftlichen Betriebes zu berücksichtigen, soweit sie **unselbständig** sind.[114] Das gilt etwa für die mit der Landwirtschaft verbundene **Gastwirtschaft**, die **Reitschule** oder den **Beherbergungsbetrieb** für Feriengäste, solange die gewerbliche Betätigung als ein **Annex der land- oder forstwirtschaftlichen Betätigung** von dieser abhängig ist. Dasselbe gilt für Aktien an einer **Zuckerfabrik**, die mit dem Recht und der Pflicht zur Lieferung von Zuckerrüben verbunden sind und deswegen der Gewinnerzielung aus dem Anbau dienen.[115] **Selbständige Betriebe**, die nur räumlich mit dem land- oder forstwirtschaftlichen Betrieb verbunden sind, sind auch selbständig zu bewerten.

---

106 OLG Hamm FamRZ 1998, 235.
107 BVerfG NJW 1985, 1329; BGHZ 113, 325, 328.
108 BGH FamRZ 1986, 776.
109 Olshausen FamRZ 1977, 361.
110 BGH NJW 1964, 1414.
111 Staudinger/Thiele § 1376 Rn. 18.
112 MüKo/Koch § 1376 Rn. 38.
113 Staudinger/Thiele § 1376 Rn. 19.
114 MüKo/Koch § 1376 Rn. 41.
115 BGH FamRZ 1991, 1166.

Während der Ehe **hinzu erworbene Nutzflächen** nehmen – wie schon aus dem Gesetzeswortlaut 62 deutlich wird – an der Privilegierung nicht teil, sondern sind im Endvermögen mit dem Verkehrswert anzusetzen.[116] Etwas anderes gilt im Ausnahmefall nur dann, wenn und soweit der Hinzuerwerb zur **Erhaltung der Lebensfähigkeit** des Betriebes erforderlich war.[117]

II. Voraussetzungen

1. Eigentümer

Der Ehegatte muss Eigentümer, also **Inhaber** des Betriebes sein. Dabei ist es unerheblich, ob er 63 den Betrieb selbst führt oder ihn verpachtet hat. Ist er allerdings nur **Pächter** des landwirtschaftlichen Anwesens, kommt ein Ansatz nicht in Betracht. Die laufenden Einkünfte des Landwirts sind sodann regelmäßig nicht seinem Vermögen zuzurechnen und ausstehende Forderungen nach ihrem Verkehrswert zu berücksichtigen.[118]

2. Fortführung oder Wiederaufnahme des Betriebes

Die Privilegierung des Abs. 4 greift ferner nur dann, wenn eine **Weiterführung** oder **Wiederauf-** 64 **nahme des Betriebes** durch den **Eigentümer** oder einen **Abkömmling** erwartet werden kann. Hiermit hat das Gesetz die vom Bundesverfassungsgericht in seiner Entscheidung vom 16.10.1984[119] gewählte Formulierung aufgegriffen. Danach müssen bei der gegebenenfalls zu treffenden **Prognoseentscheidung** bei realistischer Betrachtungsweise Anhaltspunkte dafür ersichtlich sein, dass entweder der Eigentümer oder seine Abkömmlinge den Hof in Zukunft wieder bewirtschaften werden. Ist das landwirtschaftliche Vermögen dagegen zum Stichtag verpachtet und bestehen keine Anhaltspunkte für eine Wiederaufnahme des Betriebes, weil es nur noch aus Grund und Boden besteht, so scheidet eine Ertragswertberechnung aus.[120]

Die Ertragswertberechnung ist weiter nur dann anzuwenden, wenn die Fortführung oder Wieder- 65 aufnahme gerade durch den **Eigentümer** oder seine **Abkömmlinge** zu erwarten ist, während eine Fortführung durch **entferntere Verwandte** die mit der Privilegierung verbundene Belastung des ausgleichsberechtigten Ehegatten nicht rechtfertigt. Denn das mit der Privilegierung verbundene Opfer ist dem ausgleichsberechtigten Ehegatten nur dann zuzumuten, wenn es darum geht, die Zerschlagung des Betriebes im Interesse des Ehegatten oder der Kinder zu vermeiden. Die Berücksichtigung entfernterer Verwandter überschreitet die **Opfergrenze** dagegen.

3. Vorhandensein im Anfangs- und Endvermögen

Der land- oder forstwirtschaftliche Betrieb muss im **Anfangs- und Endvermögen** vorhanden sein. 66 Alles andere würde – je nach Fallgestaltung – zu einer ungerechtfertigten Privilegierung oder Belastung des Betriebsinhabers führen. Wäre der Betrieb nur im **Anfangsvermögen** vorhanden gewesen, während der Ehezeit aber veräußert worden, so würde seine Berücksichtigung nur mit dem Ertragswert im Anfangsvermögen zu einem rechnerischen Zugewinn führen, der wirtschaftlich nicht erzielt worden ist. Würde umgekehrt der Betrieb während der Ehezeit aus Vermögen erworben worden sein, das im Anfangsvermögen vorhanden war, so würde sich ein durch nichts zu rechtfertigender Verlust dadurch einstellen, dass dasselbe Vermögen im Anfangsvermögen mit dem Verkehrswert, im **Endvermögen** jedoch mit dem Ertragswert berücksichtigt wird.

---

116 FA-FamR/v Heintschel-Heinegg Kap. 9 Rn. 84.
117 BGH FamRZ 1991, 1266.
118 Staudinger/Thiele § 1376 Rn. 22.
119 BVerfGE 67, 348 = NJW 1985, 1329.
120 BVerfG 67, 348 = NJW 1985, 1329.

67 Nicht erforderlich ist allerdings **Identität des Anfangs- und des Endvermögens.** Wird ein Betrieb während der Ehezeit durch einen anderen ersetzt, bleibt es bei dem Ertragswert. Während der Ehe **hinzuerworbene Nutzflächen** eines landwirtschaftlichen Betriebes nehmen an dessen privilegierter Bewertung nicht teil und sind mithin im Endvermögen mit ihrem Verkehrswert anzusetzen, sofern sie nicht ausnahmsweise zur Erhaltung der Lebensfähigkeit des Betriebs erforderlich waren.[121]

III. Ertragswert

68 Für die Errechnung des Ertragswertes bestimmt § 2049 Abs. 2, dass sich dieser nach dem **Reinertrag** errechnet, den der Betrieb nach seiner **bisherigen wirtschaftlichen Bestimmung** bei **ordnungsgemäßer Bewirtschaftung** nachhaltig gewähren kann. Für die Wertberechnung gelten im Übrigen **landesrechtliche Vorschriften,** die nach Art. 137 EGBGB unberührt bleiben. Diese gehen überwiegend von dem 25fachen, in Bayern vom 18fachen Betrag des jährlichen Reingewinns aus.[122] Erleidet der Betrieb während der Ehezeit einen Wertverlust, ist dieser von dem Wert des übrigen hoffreien Vermögens abzuziehen.[123]

E. Verfahren

69 Derjenige Ehegatte, der für sich Zugewinnausgleichsansprüche geltend macht, trägt die **Darlegungs- und Beweislast** für Höhe und Vorhandensein des beiderseitigen **Endvermögens,**[124] während – von den Besonderheiten des § 1377 abgesehen – jeder Beteiligte für sein eigenes **Anfangsvermögen** darlegungs- und beweispflichtig ist,[125] der andere für ein negatives Anfangsvermögen.[126] Vgl. dazu im Übrigen § 1374 Rdn. 57. Besteht Streit über die **Bewertung eines Vermögensgegenstandes,** so wird im Regelfall die Einholung eines Sachverständigengutachtens erforderlich sein. Das gilt auch dann, wenn der Antragsgegner den Wertangaben des Antragstellers nur unsubstantiiert entgegentritt. Auch dann dürfen diese nur bei vorhandener **Sachkunde des Gerichts** Grundlage der Berechnung sein.[127]

70 Begehrt der **Inhaber eines land- oder forstwirtschaftlichen Betriebes** die Bewertung seines Betriebsvermögens nach dem Ertragswert gem. Abs. 4, so hat er alle die danach zu treffende **Prognoseentscheidung** begründenden Umstände darzulegen und zu beweisen.[128] **Indizwirkung** hat insoweit das Vorhandensein sowie Art und Umfang der Hofstelle, des Inventars und der Grundflächen, die einen nach wirtschaftlichen Gesichtspunkten ausgerichteten Betrieb ermöglichen.[129]

71 Besteht zwischen einem Ehegatten und einem **Dritten** Streit über das Bestehen eines Anrechtes oder dessen Höhe, so kann das Zugewinnausgleichsverfahren bis zur Entscheidung über diesen Streit gem. § 21 FamFG ausgesetzt werden.[130] Das gilt auch dann, wenn – etwa im Falle zu berücksichtigender Abfindungs- oder Versicherungsansprüche – arbeits-, sozial- oder verwaltungsrechtliche Vorfragen zu beantworten sind.

---

121 BGH FamRZ 1991, 1266.
122 Steffen AgrarR 1985, 99.
123 OLG Schleswig OLGR 2004, 40.
124 BGH FamRZ 1989, 839.
125 BGH FamRZ 1991, 1166.
126 Klein FuR 2009, 654.
127 BGH FamRZ 1989, 954.
128 BGH FamRZ 1989, 1276.
129 Staudinger/Thiele § 1376 Rn. 16.
130 Palandt/Brudermüller § 1376 Rn. 30.

§ 1377 Verzeichnis des Anfangsvermögens

(1) Haben die Ehegatten den Bestand und den Wert des einem Ehegatten gehörenden Anfangsvermögens und der diesem Vermögen hinzuzurechnenden Gegenstände gemeinsam in einem Verzeichnis festgestellt, so wird im Verhältnis der Ehegatten zueinander vermutet, dass das Verzeichnis richtig ist.

(2) [1]Jeder Ehegatte kann verlangen, dass der andere Ehegatte bei der Aufnahme des Verzeichnisses mitwirkt. [2]Auf die Aufnahme des Verzeichnisses sind die für den Nießbrauch geltenden Vorschriften des § 1035 anzuwenden. [3]Jeder Ehegatte kann den Wert der Vermögensgegenstände und der Verbindlichkeiten auf seine Kosten durch Sachverständige feststellen lassen.

(3) Soweit kein Verzeichnis aufgenommen ist, wird vermutet, dass das Endvermögen eines Ehegatten seinen Zugewinn darstellt.

A. Allgemeines

§ 1377 beinhaltet im Wesentlichen eine **Beweislastregel**. Haben die Eheleute gemeinsam ein Verzeichnis über das Anfangsvermögen eines Ehegatten aufgestellt, so wird dessen Richtigkeit und Vollständigkeit vermutet (Abs. 1), ist das nicht der Fall, so wird vermutet, dass ein Anfangsvermögen nicht bestand, damit auch kein negatives. Besteht also ein Verzeichnis, so hat derjenige Ehegatte, der sich auf dessen Unrichtigkeit beruft, die Beweislast eben dafür, besteht es nicht, so hat derjenige Ehegatte, der für sich ein positives Anfangsvermögen behauptet, die Beweislast hierfür. **1**

Da zwischen Beginn und Ende des Güterstandes häufig ein langer Zeitraum liegt, soll die Vorschrift dazu dienen, die Eheleute zu bewegen, eine gemeinsame **Inventarisierung** ihrer in die Zugewinngemeinschaft eingebrachten Vermögenswerte vorzunehmen, um spätere **Beweisprobleme** zu vermeiden. Da dies in der Praxis gleichwohl nur selten geschieht, hat die Vorschrift – abgesehen von Abs. 3 – **keine praktische Bedeutung** erlangt.[1] **2**

B. Verzeichnis über das Anfangsvermögen

I. Inhalt des Verzeichnisses

Um die Wirkungen des Abs. 1 auszulösen, muss das **Verzeichnis gemeinsam** aufgenommen werden. Dabei sind die am Stichtag vorhandenen einzelnen Vermögensgegenstände **aufzulisten** und zu **bewerten**. Da zum Anfangsvermögen auch die nach **§ 1374 Abs. 2** hinzuzurechnenden Vermögensgegenstände zählen, sind gegebenenfalls auch diese wie das eigentliche Anfangsvermögen mit der Angabe des Tages der Aufnahme in das Vermögen entsprechend aufzulisten und für diesen Tag zu bewerten. Haben die Ehegatten nicht die einzelnen Vermögensgegenstände aufgelistet, liegt kein wirksames Verzeichnis im Sinne des Abs. 1 vor. Unter Umständen mag aber eine **Vereinbarung** über den Wert des Anfangsvermögens zustande gekommen sein. **3**

Der Wert des Anfangsvermögens wird nach § 1374 Abs. 1 auch durch die am Stichtag vorhandenen **Verbindlichkeiten** bestimmt. Aus diesem Grunde sind auch diese entsprechend mit aufzulisten. **4**

---

1 Staudinger/Thiele § 1377 Rn. 1.

5 Notwendige Voraussetzung für die Wirksamkeit des Verzeichnisses ist dessen **Unterzeichnung durch beide Ehegatten**. Hat auch nur einer nicht unterschrieben, entfaltet das Verzeichnis nicht die Wirkung des Abs. 1. Das folgt aus der Verweisung auf § 1035 in Abs. 2 S. 2. Danach kann die beiderseitige Unterschrift auch dadurch ersetzt werden, dass das Verzeichnis durch einen **Notar** aufgenommen wird.

II. Verpflichtung zur Mitwirkung

6 Jeder Ehegatte ist **verpflichtet**, an der Aufstellung des Verzeichnisses über das Anfangsvermögen **mitzuwirken**. Der Anspruch geht allerdings nur dahin, dass die Mitwirkung an der Aufstellung des jeweils **eigenen Anfangsvermögens** verlangt werden kann, nicht an der des anderen. Die Mitwirkungshandlung besteht im **Anerkennen** oder **begründeten Bestreiten** der einzelnen Vermögensansätze. Gegebenenfalls muss der Ehegatte, der ein Verzeichnis über sein Vermögen aufstellen will, dem anderen aber die Möglichkeit der **Einsichtnahme** in die ihm zur Verfügung stehenden Belege geben.[2] Unabhängig davon hat jeder Ehegatte ein berechtigtes Interesse an der **Einsicht in Grundakten** des anderen, wenn er diese Kenntnis zur Durchsetzung eines Zugewinnausgleichsanspruchs oder auch nur zur Prüfung seiner Erfolgsaussichten und seines Prozessrisikos benötigt.[3]

7 Vollstreckt wird der Anspruch auf Mitwirkung nach **§§ 95 Abs. 1 Nr. 3 FamFG, 888 ZPO**, geht er nur noch auf Mitunterzeichnung, nach **§§ 95 Abs. 1 Nr. 3 FamFG, 894 ZPO**.[4]

8 Nach Abs. 2 S. 3 kann jeder Ehegatte den Wert der Vermögensgegenstände und der Verbindlichkeiten zum Zwecke der Inventarisierung durch **Sachverständige** feststellen lassen. Die mit der Beauftragung eines Sachverständigen verbundenen **Kosten** trägt derjenige Ehegatte, der diese Form der Wertermittlung beansprucht.[5]

III. Wirkung des Verzeichnisses

9 Besteht ein wirksames Verzeichnis über das Anfangsvermögen, so wird **vermutet**, dass es **richtig und vollständig** ist, wobei die Vermutung nur zwischen den Eheleuten und gegebenenfalls gegenüber deren Erben,[6] nicht aber auch gegenüber Dritten gilt. Bestreitet ein Ehegatte die Richtigkeit des Verzeichnisses und behauptet er ein höheres oder geringeres Anfangsvermögen, so obliegt es ihm, den Nachweis für seine Behauptung zu führen (§ 292 ZPO).

10 Haben die Eheleute **kein Verzeichnis** über ihr Anfangsvermögen aufgenommen, so wird nach Abs. 3 vermutet, dass weder ein positives noch ein negatives Anfangsvermögen vorhanden war, weshalb es jetzt demjenigen Ehegatten obliegt, das Vorhandensein und den Wert eines eigenen positiven Anfangsvermögens darzulegen und zu beweisen, der sich auf ein solches beruft,[7] wobei etwa anderes ausnahmsweise dann gelten kann, wenn es der anderen Partei auf Grund besserer Kenntnis, deren Offenbarung ihr zumutbar ist, unschwer möglich wäre, die Beweisschwierigkeiten zu beheben.[8] Da das negative Anfangsvermögen den Zugewinn des anderen und damit den eigenen Ausgleichsanspruch erhöht, obliegt es jedem Ehegatten nach allgemeinen Beweislastregeln, ein negatives Anfangsvermögen des anderen darzulegen und zu beweisen,[9] wobei dem

---

2 Staudinger/Thiele § 1377 Rn. 5.
3 LG Stuttgart NJW-RR 1996, 532.
4 Palandt/Brudermüller § 1377 Rn 5.
5 OLG Naumburg OLGR 2001, 34; OLG Karlsruhe FamRZ 1981, 458; OLG Schleswig SchlHA 1980, 70.
6 BGH FamRZ 2002, 606.
7 BGH FamRZ 1991, 1166.
8 BGH FamRZ 2002, 606.
9 Klein FuR 2009, 654; Brudermüller FamRZ 2009, 1185, 1186; Büte NJW 2009, 2776, 2777.

beweispflichtigen Ehegatten die Grundsätze der sekundären Darlegungslast zu Hilfe kommen können. Die Vermutung des Abs. 3 gilt auch zu Gunsten und zu Lasten der Erben eines der Ehegatten.[10]

Behauptet ein Ehegatte, dass das Anfangsvermögen des anderen mit **Verbindlichkeiten** belastet 11 war, so obliegt es dem anderen, das Fehlen von Verbindlichkeiten im eigenen Anfangsvermögen zu beweisen.[11] Um die Beweislast auszulösen, muss aber der Gegner die behaupteten Verbindlichkeiten im Einzelnen genau darlegen, wobei obendrein keine allzu hohen **Anforderungen an die Beweislast** für das Fehlen von Verbindlichkeiten gestellt werden dürfen.[12]

Hat ein Ehegatte unstreitig über Anfangsvermögen verfügt, ist jedoch ein Verzeichnis im Sinne 12 des Abs. 1 nicht aufgestellt worden, so besteht zwar auch die Verpflichtung der Ehegatten, die Höhe ihres Anfangsvermögens zu beweisen, doch greift die Vermutung des Abs. 3 dann nicht.[13]

§ 1378 Ausgleichsforderung

(1) Übersteigt der Zugewinn des einen Ehegatten den Zugewinn des anderen, so steht die Hälfte des Überschusses dem anderen Ehegatten als Ausgleichsforderung zu.

(2) [1]Die Höhe der Ausgleichsforderung wird durch den Wert des Vermögens begrenzt, das nach Abzug der Verbindlichkeiten bei Beendigung des Güterstands vorhanden ist. [2]Die sich nach Satz 1 ergebende Begrenzung der Ausgleichsforderung erhöht sich in den Fällen des § 1375 Absatz 2 Satz 1 um den dem Endvermögen hinzuzurechnenden Betrag.

(3) [1]Die Ausgleichsforderung entsteht mit der Beendigung des Güterstands und ist von diesem Zeitpunkt an vererblich und übertragbar. [2]Eine Vereinbarung, die die Ehegatten während eines Verfahrens, das auf die Auflösung der Ehe gerichtet ist, für den Fall der Auflösung der Ehe über den Ausgleich des Zugewinns treffen, bedarf der notariellen Beurkundung; § 127a findet auch auf eine Vereinbarung Anwendung, die in einem Verfahren in Ehesachen vor dem Prozessgericht protokolliert wird. [3]Im Übrigen kann sich kein Ehegatte vor der Beendigung des Güterstands verpflichten, über die Ausgleichsforderung zu verfügen.

A. Allgemeines

Die Norm bestimmt in ihrem Abs. 1 den Grundsatz der Errechnung der Höhe der Ausgleichsforderung als die **Hälfte des Überschusses des Zugewinns** des einen Ehegatten gegenüber dem des anderen. In Abs. 2 wird diese Regel für einen **Ausnahmefall** korrigiert. Danach wird die Höhe der Ausgleichsforderung nämlich durch den Wert des nach Abzug der Verbindlichkeiten bei Beendigung des Güterstandes **tatsächlich noch vorhandenen Vermögens** begrenzt, wobei sich dieser

---

10 BGH FamRZ 2002, 606.
11 OLG Karlsruhe FamRZ 1986, 1105, 1106.
12 Haussleiter/Schulz Kap. 1 Rn. 53.
13 OLG Naumburg OLGR 1997, 215.

Betrag in den Fällen der Hinzurechnung zum Endvermögen wegen illoyaler Vermögensverfügungen nach § 1375 Abs. 2 Satz 1 um die Summe dieser Verfügungen erhöht.

2   Abs. 2 war stets Gegenstand von Diskussionen und Kritik, da die Norm in Verbindung mit § 1384 a.F. die Möglichkeit zu Manipulationen zu Lasten des ausgleichsberechtigten Ehegatten eröffnete. Da der Zeitpunkt für die Errechnung des Endvermögens nach § 1384 der der Rechtshängigkeit des Scheidungsantrages war, die Höhe der Ausgleichsforderung sich aber nach dem bei Beendigung des Güterstandes und damit Rechtskraft der Ehescheidung vorhandenen Vermögen bestimmte, konnte in dem Zeitraum zwischen Rechtshängigkeit und Rechtskraft des Scheidungsantrages Vermögen zu Lasten der Ausgleichsforderung zum Beispiel auf Dritte übertragen werden.

3   Mit der Reform des Güterrechts ist Abs. 2 in seiner früheren Form zwar unverändert geblieben. Wegen der mit § 1384 n.F. verbundenen Vorverlegung des Berechnungszeitpunktes für die Zugewinnausgleichsforderung, sind jedoch Manipulationsmöglichkeiten abgeschnitten. Allerdings entfällt die Ausgleichspflicht auch dann nicht, wenn der Ausgleichspflichtige sein Vermögen nach der Rechtshängigkeit des Scheidungsantrages unverschuldet verliert, weil der ausgleichsberechtigte Ehegatte an bestehenden Vermögensrisiken nicht mehr teilnimmt.[1] Ob es Möglichkeiten gibt, in diesen Fällen etwa über § 1381 korrigierend einzugreifen, erscheint zweifelhaft.[2]

4   Abs. 3 bestimmt den **Zeitpunkt des Entstehens** der Ausgleichsforderung und regelt zugleich, dass diese ab diesem Zeitpunkt **vererb- und übertragbar** ist. Kein Ehegatte kann sich für die Zeit vor der Beendigung des Güterstandes verpflichten, über die Ausgleichsforderung zu verfügen. Für diese Zeit wird außerdem der **Formzwang** von Vereinbarungen geregelt. Eine Vereinbarung, die die Eheleute während eines Verfahrens, das auf die Auflösung der Ehe gerichtet ist, für eben diesen Fall treffen, bedarf danach der **notariellen Beurkundung**. Überdies wird auf § 127a verwiesen, nach dem die notarielle Beurkundung bei einem gerichtlichen Vergleich durch die Aufnahme der Erklärungen in ein nach den Vorschriften der ZPO errichtetes Protokoll ersetzt werden kann.

5   Abs. 4, der die Verjährung der Ausgleichsforderung regelte, ist mit Art. 1 Nr. 5 des Gesetzes zur Änderung des Erb- und Verjährungsrechts vom 24.09.2009[3] mit Wirkung zum 01.01.2010 aufgehoben worden.

6   Der spätere Gläubiger der Ausgleichsforderung hat noch kein **Anwartschaftsrecht** an ihr, solange die Forderung noch nicht entstanden ist.[4]

7   Die Durchführung des Zugewinnausgleichs ist **steuerlich neutral**, so dass die Ausgleichsforderung nicht zum Einkommen zählt. Sie unterliegt auch nicht der **Schenkungs- oder Erbschaftssteuer**, § 5 Abs. 2 ErbStG.[5] Etwas anderes gilt allerdings bei einem unentgeltlichen Verzicht auf die Rechte aus dem Zugewinnausgleich. Die Übertragung eines zuvor erworbenen Grundstücks oder eines Miteigentumsanteils hieran an den Ehegatten zum Zwecke der Anrechnung auf die Zugewinnausgleichsforderung kann aber ein steuerpflichtiges **privates Veräußerungsgeschäft** i.S. §§ 22 Nr. 2, 23 EStG sein.[6]

8   Aufwendungen für den Zugewinnausgleich stellen auch keine **außergewöhnliche Belastung** im Sinne des § 33 EStG dar.[7] Auch können die für einen zur Finanzierung der Ausgleichsforderung

---

1   Zur Kritik hieran vgl. Weinreich FuR 2009, 199, 200.
2   So auch: Palandt/Brudermüller § 1378 Rn. 8; aA: MüKo/Koch § 1374 Rn. 3, wonach die Norm im Wege teleologischer Reduktion bei nicht illoyaler Vermögensminderung auf den Zeitpunkt der Rechtshängigkeit zurückgeführt werden soll; a.A. auch Büte FF 2010, 279, 288, der einen Fall der Anwendung von § 242 annimmt.
3   BGBl I 3142.
4   MüKo/Koch § 1378 Rn. 16; einschränkend: Staudinger/Thiele § 1378 Rn. 14.
5   Palandt/Brudermüller § 1378 Rn. 2.
6   Feuersänger FamRZ 2003, 645; Schröder FamRZ 2002, 1010; Karasek FamRZ 2002, 590.
7   BFH FamRZ 1994, 890.

aufgenommenen Kredit anfallenden Zinsen nicht gem. § 10 EStG als **Sonderausgaben** berücksichtigt werden.

B. Höhe der Ausgleichsforderung

Schuldner der Ausgleichsforderung ist nach Abs. 1 derjenige Ehegatte, der den höheren Zugewinn 9 erwirtschaftet hat, **Gläubiger** dementsprechend der Ehegatte mit dem geringeren Zugewinn. Zwar berücksichtigt das Gesetz mittlerweile auch ein negatives Endvermögen (§ 1375 Abs. 1 S. 2), doch setzt der Begriff des Zugewinns schon nach dem Wortlaut des § 1373 einen **Vermögenszuwachs** voraus, so dass es nach wie vor keine Beteiligung eines Ehegatten an den Verlusten des anderen kennt.[8]

Der Zugewinnausgleichsanspruch ist – von der Ausnahme des § 1383 abgesehen – stets auf **Zah-** 10 **lung von Geld** gerichtet. Der Schuldner hat nicht die Möglichkeit, die Ausgleichsforderung ganz oder teilweise in **Sachwerten** zu erfüllen. Nur im Falle des Einverständnisses des Gläubigers können andere Regelungen gefunden werden.

Die **Ausgleichsforderung** errechnet sich nach Abs. 1 sowie den Vorschriften über die Ermittlung 11 des Anfangs- und Endvermögens dergestalt, dass zunächst der Zugewinn jedes Ehegatten für sich festgestellt wird. Sodann ist der Ausgleichsbetrag als die **Hälfte der Differenz zwischen den beiderseitigen Zugewinnbeträgen** zu ermitteln. Dabei gibt nur § 1381 die Möglichkeit, die strenge Halbteilung zu modifizieren und zu einem eher für billig gehaltenen Ergebnis zu kommen. § 1381 ist aber nur auf Fälle grober Störungen anzuwenden.

C. Begrenzung der Höhe der Ausgleichsforderung (Abs. 2)

Die Zugewinnausgleichsforderung ist nach Abs. 2 S. 1 begrenzt auf den Wert des bei Beendigung 12 des Güterstandes vorhandenen Nettovermögens. Diese Norm ist im Zusammenhang mit den §§ 1384, 1387 zu sehen, die die Zeitpunkte für die Berechnung und die Höhe der Ausgleichsforderung vorverlegen auf die Rechtshängigkeit des Ehescheidungs- oder aufhebungsantrags bzw. des Antrages auf vorzeitige Beendigung der Zugewinngemeinschaft.

.Damit sind Vermögensminderungen nach dem Zeitpunkt der Rechtshängigkeit des auf Beendi- 13 gung des Güterstandes gerichteten Antrages ohne Bedeutung, weshalb sich der Ausgleichsschuldner seiner Leistungspflicht nicht mehr etwa durch Übertragung seines Vermögens auf Dritte entziehen kann. Andererseits befreit ihn aber auch ein unverschuldeter Vermögensverlust nach der Rechtshängigkeit des Scheidungsantrages nicht von seiner vollen Leistungspflicht. Diese Regelung geht weit über das Ziel des Schutzes vor Manipulationen hinaus.

Für die **Ermittlung des Nettovermögens** sind nicht alle vorhandenen Belastungen zu berücksich- 14 tigen. Unberücksichtigt bleiben diejenigen **Verbindlichkeiten**, die der Ausgleichsforderung nachgeordnet sind. Für den Fall der Beendigung des Güterstandes durch den Tod eines Ehegatten und die Abwicklung der Zugewinngemeinschaft durch die güterrechtliche Lösung, sind deshalb – wie schon bei der Berechnung des Endvermögens[9] – alle **Erbfallschulden** außer Ansatz zu lassen.

Nicht berücksichtigt werden hier auch **Bewertungsprivilegien**, wie etwa das in § 1376 Abs. 4 für 15 **land- und forstwirtschaftliche Betriebe** enthaltene.[10] Dem Zweck der Norm entsprechend ist das Nettovermögen im Sinne des § 1378 Abs. 2 vielmehr allein durch die **Ermittlung der Verkehrswerte** zu bestimmen.

---

8 MüKo/Koch § 1373 Rn. 5.
9 MüKo/Koch § 1375 Rn. 15.
10 Staudinger/Thiele § 1378 Rn. 9.

16   Die Voraussetzungen des Abs. 2 wurden nach altem Recht nicht von Amts wegen geprüft, sondern waren vom Zugewinnausgleichsschuldner darzulegen und gegebenenfalls zu beweisen. Denn Abs. 2 stellte eine Einrede dar. Angesichts des Umstandes, dass es nur noch einen Zeitpunkt für die Berechnung des für die Höhe der Ausgleichsforderung maßgeblichen Vermögens gibt sowie der Tatsache, dass das Endvermögen ohnehin schon für die Berechnung der Ausgleichsforderung zu ermitteln ist, bedarf es einer ausdrücklichen Einrede für die Geltendmachung der Haftungsbegrenzung jetzt nicht mehr. Ergibt sich im Rahmen der Ermittlung des Endvermögens, dass dieses nicht ausreicht, um die Zugewinnausgleichsforderung zu befriedigen, so ist die Haftung ohne weiteres auf das ermittelte Endvermögen begrenzt. Diese Konstellation kann sich insbesondere im Fall eines negativen Anfangsvermögens ergeben.

D.   Entstehen der Ausgleichsforderung und Vereinbarungen über sie (Abs. 3)

I.   Entstehen der Ausgleichsforderung

17   Die Ausgleichsforderung entsteht mit der **Beendigung des Güterstandes** (Abs. 3 S. 1). Dabei ist es gleichgültig, aus welchem Grund der Güterstand beendet wird, ob durch **Ehevertrag**, die **Rechtskraft einer die Ehe oder den Güterstand beendenden gerichtlichen Entscheidung** oder auch durch den **Tod eines Ehegatten**, wobei in diesem Fall gem. § 1371 nur dann etwas anderes gilt, wenn der Zugewinn gem. § 1371 Abs. 1 in erbrechtlicher Form ausgeglichen wird. Im Falle der Beendigung des Güterstandes durch Ehescheidung können somit auch **Prozesszinsen** erst mit der Rechtskraft der Scheidung beansprucht werden. Das gilt auch dann, wenn der Zugewinnausgleichsanspruch im **Verbund** geltend gemacht wird.[11]

18   Unerheblich ist auch, welches die **Ursache für das Entstehen der Ausgleichsforderung** ist. Deshalb findet ein Zugewinnausgleich auch bei unentgeltlicher Mitarbeit eines Ehegatten beim anderen oder dann statt, wenn ein Ehegatte unentgeltlich auf dem Hof der Eltern des anderen gearbeitet hat.[12]

19   Die Ausgleichsforderung entsteht unmittelbar **kraft Gesetzes**, weshalb sich der Gläubiger ihrer auch nicht einfach durch einseitigen Akt, etwa **Ausschlagung** oder **Verzicht** entäußern kann, während sie umgekehrt sogleich mit der Beendigung des Güterstandes unabhängig vom Willen des Gläubigers **fällig** wird.

20   **Heiraten die Ehegatten** einander nach erfolgter Ehescheidung erneut und ist der Zugewinnausgleich noch nicht durchgeführt worden, so bleibt der Ausgleichsanspruch bestehen. Gegebenenfalls ist er sogar besonders geschützt, weil der **Ablauf der Verjährung** gehemmt ist, § 207 Abs. 1 S. 1 BGB.

21   Gegen die Zugewinnausgleichsforderung kann mit Gegenansprüchen die **Aufrechnung** erklärt werden. Ist es der Zugewinnausgleichsanspruch selbst, mit dem gegen andere Ansprüche aufgerechnet wird, so verstößt diese Aufrechnung nicht deshalb gegen Treu und Glauben, weil das Zugewinnausgleichsverfahren langwierig und kompliziert ist. Denn für Ehegatten ist es grundsätzlich zumutbar, den Ausgang des Ausgleichsverfahrens abzuwarten und damit eine Gesamtbereinigung der beiderseitigen aus der Ehe herrührenden Ansprüche in einem Akt zu ermöglichen.[13] Zum Erlöschen des Gegenanspruchs führt die Aufrechnung aber erst mit dem Entstehen der Zugewinnausgleichsforderung.[14]

---

11   Palandt/Brudermüller § 1378 Rn. 3.
12   *BGH NJW 1966, 2109.*
13   BGH FamRZ 2002, 318; FamRZ 2000, 355.
14   OLG Karlsruhe FamRZ 2002, 315.

II. Vereinbarungen

Die Zugewinnausgleichsforderung stellt ein nur **beschränkt verkehrsfähiges Recht** dar. Bezweckt **22** wird mit der Einschränkung der Verkehrsfähigkeit zum einen der **Schutz des einen Ehegatten** vor Handlungen des anderen, des späteren Gläubigers, die das Interesse eines Dritten an der Beendigung des Güterstandes begründen könnten, weiterhin der Schutz der Ehegatten vor eigenen **unbedachten vermögensschädigenden Handlungen**. Deshalb sind Rechtsgeschäfte, die gegen § 1378 Abs. 3 verstoßen, gegenstandslos, weil die mit ihnen gewollte Wirkung nicht eintreten kann.[15] Die **Nichtigkeit ist auch nicht heilbar.**[16]

Vor der Beendigung des Güterstandes ist die Forderung dem Rechtsverkehr grundsätzlich entzo- **23** gen. Abs. 3 S. 3 untersagt vorzeitige Verpflichtungsgeschäfte, weshalb entsprechende **Verfügungsgeschäfte** wie etwa die Abtretung des Zugewinnausgleichsanspruchs nichtig sind.[17] Sinn dieser Regelung ist es, jedes Drittinteresse an der Beendigung der Zugewinngemeinschaft auszuschließen, weshalb Verträge mit Dritten auch dann unter die Norm subsumiert werden, wenn beide Ehegatten an ihnen beteiligt sind, so bei Vereinbarungen unter Beteiligung beider Ehegatten und Einbeziehung eines Elternteils.[18]

Untersagt sind grundsätzlich auch **Rechtsgeschäfte der Ehegatten untereinander**, selbst dann, **24** wenn sie vor der Eheschließung getroffen worden sind.[19] Ausgenommen sind nach Abs. 3 S. 2 aber solche Verträge, die während eines **Verfahrens**, das auf Auflösung der Ehe gerichtet ist, **notariell beurkundet** oder im Verfahren selbst **gerichtlich protokolliert** werden. Hierdurch wird die Freiheit der Ehegatten zum Abschluss von **Eheverträgen** nicht aufgehoben. Sie sollen lediglich durch Einführung des Formzwanges in einer besonders kritischen Phase des Verfahrens vor übereilten Entscheidungen bewahrt werden.

Im Übrigen unterfallen **Eheverträge** dem Abs. 3 S. 3 nur dann, wenn sie eine Vereinbarung über **25** eine Zugewinnausgleichsforderung oder dieser nahe kommende Regelungen enthalten. Das ist bei Eheverträgen, durch die der gesetzliche Güterstand dahingehend **modifiziert** wird,[20] dass bestimmte Vermögensgegenstände dem Zugewinnausgleich entzogen werden, nicht der Fall. So ist es auch zulässig, auf Seiten einer Partei das dort vorhandene **Betriebsvermögen**, dessen **Surrogate und Erträge** aus der Zugewinnausgleichsberechnung herauszunehmen,[21] weil es sich dabei nicht um Vereinbarungen über die Ausgleichsforderung als solche handelt.[22] Zulässig ist es weiter, eine andere Teilung zu vereinbaren.[23] Formfrei möglich sind auch Regelungen über die Vermögensauseinandersetzung außerhalb des Güterrechts.[24] Haben Ehegatten, die über kein nennenswertes Vermögen verfügen und die beide zum Zeitpunkt der Eheschließung eine Berufstätigkeit geplant haben, für den Fall der Scheidung ihrer Ehe den Ausschluss des Zugewinnausgleichs vereinbart, so ist dieser Ehevertrag auch dann nicht wegen unangemessener Benachteiligung unwirksam, wenn für die Zukunft allgemein ein Kinderwunsch bestand.[25] Wegen der Ausgestaltung der Vereinbarungen zur Regelung der güterrechtlichen Verhältnisse und deren Zulässigkeit vergleiche im Übrigen die Ausführungen zu § 1408.

---

15 MüKo/Koch § 1378 Rn. 20.
16 Staudinger/Thiele § 1378 Rn. 17; BGH FamRZ 2004, 1353.
17 BGH FamRZ 2008, 1435; JZ 1983, 554.
18 BGH FamRZ 2004, 1353.
19 OLG Schleswig FamRZ 2004, 808.
20 OLG Karlsruhe FamRZ 2009, 1670.
21 BGH FamRZ 1997, 800.
22 OLG Karlsruhe FamRZ 2009, 1670, 1671.
23 BGH FamRZ 1983, 157.
24 OLG Köln FamRZ 2004, 1584.
25 OLG Koblenz FamRZ 2004, 200.

26 Die Vereinbarung eines unentgeltlichen Erlasses der Forderung stellt eine **Schenkung** dar, weshalb sie steuerpflichtig sein[26] und im Falle der späteren Verarmung des Gläubigers gem. § 528 zurückgefordert werden kann.

E. Verjährung

27 Die Verjährungsregelung des Abs. 4 ist mit dem Inkrafttreten des Gesetzes zur Änderung des Erb- und Verjährungsrechts vom 24.09.2009[27] zum 01.01.2010 aufgehoben worden. Es gilt jetzt die 3 – jährige Regelverjährung des § 195, die mit Ablauf des Jahres zu laufen beginnt, in dem der Anspruch entstanden ist. Die Höchstfrist beträgt nach § 199 Abs. 4 10 Jahre.

28 Auf den **Lauf der Verjährungsfrist** sind die §§ 194 ff. ohne Besonderheiten anzuwenden. Dasselbe gilt für die Vorschriften über **Hemmung der Verjährung** (§§ 203 ff.). Deshalb ist die Verjährung gem. § 204 Nr. 1 gehemmt, wenn ein **Antrag auf vorzeitigen** Ausgleich des Zugewinns erhoben wurde. Das gilt sogar dann, wenn der Antrag **unschlüssig** ist,[28] da der unzureichende Tatsachenvortrag im Verlauf des Verfahrens selbst noch nachgebessert werden kann, wenn der Anspruch ohne die Unterbrechungswirkung des Antrages bereits verjährt gewesen wäre. Dasselbe gilt, wenn der Antrag vor dem **unzuständigen Gericht** erhoben wird und das Verfahren an das zuständige Gericht verwiesen wird.[29]

29 Wie die **Stellung des Antrages auf Zugewinnausgleich** als solcher[30] hemmt auch der entsprechende **Stufenantrag**, also die Verbindung des Auskunfts- mit dem Leistungsverlangen, die Verjährung.[31] Denn hierdurch wird auch der Leistungsanspruch bereits rechtshängig. Das gilt auch dann, wenn der Auskunftsantrag von einem falschen Stichtag ausgeht, dieser aber später – jedoch erst nach Ablauf der Verjährungsfrist – berichtigt wird.[32] Da genau dies für den **isolierten Auskunftsantrag** nicht gilt, ist dieser mithin auch nicht geeignet, die Verjährung der Zugewinnausgleichsforderung zu hemmen;[33] auch dann nicht, wenn schon mit ihm angekündigt wird, dass nach Erteilung der Auskunft **Zahlungsantrag** gestellt werden soll.[34] Ebenso wenig tritt Unterbrechung der Verjährung durch eine **Klage auf Zahlung des großen Pflichtteils** ein.[35] Macht der ausgleichspflichtige Ehegatte ausdrücklich nur einen Teil seines Ausgleichsanspruchs geltend, so erstreckt sich die Hemmung der Verjährung nur auf den eingeforderten Teilbetrag, nicht den Rest.[36]

30 Hemmung tritt ein, wenn die Eheleute ein **Stillhalteabkommen** geschlossen haben,[37] nicht jedoch schon bei der **Vereinbarung, ein Sachverständigengutachten** zur Wertermittlung einzuholen.[38]

31 Weiter ist die Verjährung eines Anspruchs auf Zugewinnausgleich dann gehemmt, wenn ein ordnungsgemäßer **Antrag auf Bewilligung von Verfahrenskostenhilfe** vor Ablauf der Verjährung ein-

---

26 Zur steuerrechtlichen Problematik von Vereinbarungen über den Güterstand vgl. Schlünder/Geißler FamRZ 2006, 1655.
27 BGBl I 3142.
28 BGH FamRZ 1996, 1271.
29 OLG Naumburg NJW-RR 2003, 1662.
30 BGHZ 100, 203.
31 BGH FamRZ 1995, 797; FamRZ 1992, 1163; OLG Jena FamRZ 2005, 1994; OLG Brandenburg NJW-RR 2005, 871.
32 BGH FamRZ 2012, 1296.
33 OLG Celle FamRZ 1996, 678.
34 OLG Celle FamRZ 1996, 678.
35 BGH FamRZ 1983, 27; OLG Frankfurt FamRZ 1986, 807.
36 BGH FamRZ 2008, 675.
37 BGH FamRZ 1999, 571 = FuR 1999, 289.
38 OLG Zweibrücken NJW-RR 1995, 260.

gereicht wurde; die Hemmung endet aber mit der Entscheidung hierüber.[39] Ein die Hemmung des Verjährungsablaufs bewirkender Verfahrenskostenhilfeantrag ist auch dann ordnungsgemäß, wenn der nach § 117 Abs. 3 ZPO vorgeschriebene Vordruck nicht vorgelegt wird, weil das Gericht nicht gehindert ist, diesen Vordruck nachzufordern.[40] Allerdings hemmt der Verfahrenskostenhilfeantrag den Verjährungsablauf dann nicht, wenn der Antragsteller nicht von seiner **Bedürftigkeit** ausgehen konnte[41] oder wenn die Voraussetzungen für die Bewilligung auch mehrere Monate nach Antragstellung noch nicht vorliegen.[42] Der Verfahrenskostenhilfeantrag ist i.Ü. dann nicht geeignet den Ablauf der Verjährung zu hemmen, wenn die aus dem Verbund abgetrennte Folgesache Zugewinnausgleich nicht weiter betrieben, sondern stattdessen ein neuer, isolierter Ausgleichsantrag gestellt wird.[43]

Die Verjährung eines Anspruchs auf Zugewinnausgleich ist gem. § 207 S. 1 gehemmt, wenn die Parteien vor der Realisierung des Anspruchs erneut **heiraten**.[44] Leben sie nach ihrer Scheidung nahezu 3 Jahre lang wieder zusammen, kann der Erhebung der Verjährungseinrede der Einwand der **unzulässigen Rechtsausübung** entgegenstehen.[45] **32**

Betreiben die Beteiligten das Zugewinnausgleichsverfahren nicht weiter, so kommt es in der Regel gem. § 204 Abs. 2 S. 2 zu einer **Beendigung der Verjährungshemmung** auch dann, wenn der Grund für das Nichtbetreiben des Verfahrens in **außergerichtlichen Verhandlungen** über den Ausgleich des Zugewinns zu sehen ist.[46] Die im Zugewinnausgleichsverfahren erteilte **Auskunft** stellt hinsichtlich des Leistungsanspruchs kein die Verjährung hemmendes Anerkenntnis im Sinne des § 212 Abs. 1 Nr. 1 dar,[47] weil ein Stillstand des Verfahrens noch nicht vorliegt, solange der antragstellende Beteiligte die zur Bezifferung seines Anspruchs erforderlichen Hilfsprüche noch durchsetzt. Die Hemmung endet vielmehr erst, sobald der Zahlungsanspruch auch nach Erfüllung der seiner Vorbereitung dienenden Hilfsprüche nicht beziffert wird.[48] Wird das Verfahren dann über 3 Jahre nicht weiter betrieben, tritt Verjährung ein.[49] Im Fall des **Stufenantrages** endet die Verjährungshemmung noch nicht mit der Rechtskraft der Entscheidung über den Auskunftsanspruch, sondern erst dann, wenn die der Verbreitung der Zahlungsanspruch dienenden Hilfsprüche erfüllt sind und eine Bezifferung trotzdem nicht erfolgt.[50] **33**

In jedem Fall tritt die Verjährungshemmung durch Antragstellung nur bei ausreichender **Individualisierung des Anspruchs** ein. Einer **Begründung des Anspruchs** bedarf es dagegen nicht. **34**

Ist die Ehe noch in der früheren DDR geschlossen worden, so entsteht der **Auseinandersetzungsanspruch nach § 40 FGB** erst mit der Rechtskraft der Ehescheidung.[51] Da der Anspruch nach § 40 FGB nicht identisch mit dem auf Ausgleich des Zugewinns ist, hemmt der Zugewinnausgleichsantrag nicht die Verjährung des Ausgleichsanspruchs nach § 40 FGB.[52] **35**

---

39 OLG München FamRZ 1996, 418.
40 OLG München FamRZ 1996, 418.
41 OLG Hamm FamRZ 1996, 864.
42 OLG Naumburg NJW-RR 2003, 1662.
43 OLG Celle FamRZ 2007, 1101.
44 OLG Nürnberg MDR 1980, 668; OLG Hamm FamRZ 1981, 1065.
45 Palandt/Brudermüller § 1378 Rn. 12.
46 BGH FamRZ 1999, 571.
47 BGH FamRZ 1999, 571; OLG Karlsruhe OLGR 2001, 198.
48 BGH FamRZ 1996, 853.
49 OLG Nürnberg NJW-RR 1995, 1091.
50 BGH FamRZ 2012, 1296, 1299.
51 BGH FamRZ 2002, 1097; OLG Naumburg FamRZ 2003, 160.
52 OLG Rostock FamRG 2005, 2.

F. Verfahren

36 Zur **Schlüssigkeit des. Zugewinnausgleichsantrages** gehört nur Vortrag zu den beiderseitigen **Endvermögen**. Dieses ist von dem Anspruchsinhaber darzulegen und zu beweisen. Demgegenüber ist jede Partei jeweils hinsichtlich ihres eigenen **Anfangsvermögens** darlegungs- und beweispflichtig, sofern kein Verzeichnis im Sinne des § 1377 Abs. 3 vorliegt.

37 Da die **Ausgleichsforderung auf Geld** gerichtet ist, wird mit ihr stets ein **teilbarer Anspruch** erhoben. Aus diesem Grunde ist es dem Ausgleichsberechtigten nicht verwehrt, zunächst nur einen **Teilbetrag seiner Gesamtforderung** zu verlangen, der ihm unter Vernachlässigung der streitigen Vermögenspositionen in jedem Fall zusteht.[53] In diesem Fall sind auch **Teilbeschlüsse** zulässig. Unzulässig sind sie dagegen, wenn sie hinsichtlich eines dem Antragsteller angeblich geschuldeten Mindestbetrages gefordert werden.[54]

38 Ist über den Zugewinnausgleichsanspruch bereits **rechtskräftig entschieden**, so können **Nachforderungen** dann geltend gemacht werden, wenn der zuerst erhobene Antrag ausdrücklich als Teilantrag bezeichnet worden ist. Es handelt sich dann um einen so genannten offenen Teilantrag.[55]

39 Im Falle des so genannten **verdeckten Teilantrages** ist eine Nachforderung nur dann zulässig, wenn der antragstellende Ehegatte im Erstverfahren eindeutig zu erkennen gegeben hat, dass er nur einen Teilbetrag geltend macht.[56]

40 Ist über das Vermögen eines der Ehegatten das **Insolvenzverfahren**[57] eröffnet worden, so kann der Stufenantrag auf Leistung des Zugewinnausgleichs beim Familiengericht rechtshängig gemacht werden, wobei der Auskunftsantrag gegen den Gemeinschuldner, der Zahlungsantrag dagegen gegen den Insolvenzverwalter zu richten ist.

§ 1379   Auskunftspflicht

(1) [1]Ist der Güterstand beendet oder hat ein Ehegatte die Scheidung, die Aufhebung der Ehe, den vorzeitigen Ausgleich des Zugewinns bei vorzeitiger Aufhebung der Zugewinngemeinschaft oder die vorzeitige Aufhebung der Zugewinngemeinschaft beantragt, kann jeder Ehegatte von dem anderen Ehegatten

1. Auskunft über das Vermögen zum Zeitpunkt der Trennung verlangen;
2. Auskunft über das Vermögen verlangen, soweit es für die Berechnung des Anfangs- und Endvermögens maßgeblich ist.

[2]Auf Anforderung sind Belege vorzulegen. [3]Jeder Ehegatte kann verlangen, dass er bei der Aufnahme des ihm nach § 260 vorzulegenden Verzeichnisses zugezogen und dass der Wert der Vermögensgegenstände und der Verbindlichkeiten ermittelt wird. [4]Er kann auch verlangen, dass das Verzeichnis auf seine Kosten durch die zuständige Behörde oder durch einen zuständigen Beamten oder Notar aufgenommen wird.

(2) [1]Leben die Ehegatten getrennt, kann jeder Ehegatte von dem anderen Ehegatten Auskunft über das Vermögen zum Zeitpunkt der Trennung verlangen. [2]Absatz 1 Satz 2 bis 4 gilt entsprechend.

---

53 BGH FamRZ 1996, 853; FamRZ 1994, 1095.
54 BGHZ 107, 236; OLG Düsseldorf FamRZ 1998, 916; OLG Stuttgart FamRZ 1984, 273.
55 BGH FamRZ 1994, 1095; FamRZ 1996, 853.
56 BGH NJW 1961, 917, 918; Palandt/Brudermüller § 1378 Rn. 18.
57 OLG Naumburg FamRZ 2003, 386.

A. Allgemeines

§ 1379 ist im Rahmen des Reformprozesses noch kurzfristig geändert worden. Während nach [1] alten Recht Auskunft nur über das Endvermögen beansprucht werden konnte, sah der Regierungsentwurf zunächst nur vor, den Anspruch auch auf das Anfangsvermögen zu erstrecken. Dieser Anspruch sollte erst nach Beendigung des Güterstandes bestehen. Nach der letztlich Gesetz gewordenen Fassung kann zusätzlich Auskunft auch über das Vermögen im Zeitpunkt der Trennung beansprucht werden, der auch schon zu diesem Zeitpunkt geltend gemacht werden kann. Überdies ist einer Forderung der Praxis folgend eine Belegpflicht begründet worden, die nach alter Rechtslage gleichfalls nicht bestand.

Damit bestehen nunmehr folgende Auskunftsansprüche: [2]

– Über das zu Beginn der Ehezeit vorhandene Vermögen. Dieser Anspruch besteht dann, wenn der Güterstand beendet ist, ein Ehegatte die Scheidung oder die Aufhebung der Ehe beantragt hat oder dann, wenn die vorzeitige Aufhebung der Zugewinngemeinschaft beantragt wird,
– Über das Vermögen im Zeitpunkt der Trennung. Dieser Anspruch besteht dann, wenn der Güterstand beendet ist, ein Ehegatte die Scheidung oder die Aufhebung beantragt hat, dann, wenn die vorzeitige Aufhebung der Zugewinngemeinschaft begehrt wird und schon im Zeitpunkt der Trennung der Eheleute.
– Über das am Ende der Ehezeit vorhandene Vermögen, sofern der Güterstand beendet ist, ein Ehegatte die Scheidung oder die Aufhebung der Ehe beantragt hat oder dann, wenn die vorzeitige Aufhebung der Zugewinngemeinschaft beantragt wird.

Die Vorschrift ist **zwingend**,[1] mithin nicht abdingbar. Auch im **Ehevertrag** kann sich kein Ehe- [3] gatte seines für die Wahrnehmung seiner Rechte unentbehrlichen Anspruchs entäußern.[2] Zulässig ist es allerdings, dem Ehegatten nach Beendigung des Güterstandes, die bestehende Schuld zu erlassen.[3]

---

1 Palandt/Brudermüller § 1379 Rn. 1.
2 MüKo/Koch § 1379 Rn. 35.
3 BGH FamRZ 1983, 157.

3a Die Norm in der aktuellen Fassung findet auf alle seit dem 1.9.2009 anhängigen Verfahren Anwendung,[4] auch dann, wenn das Scheidungsverfahren bereits vorher anhängig gemacht worden ist[5] oder wenn die Beendigung des Güterstandes bereits vor dem 1.9.2009 eingetreten ist. Denn die Überleitungsvorschrift des Art 229 § 20 Abs. 2 EGBGB schränkt nur die Anwendbarkeit des § 1374 neuer Fassung auf Altfälle ein. Im Übrigen ist ein schutzwürdiges Interesse in die Fortgeltung der alten Rechtslage nicht zu erkennen, weil eine tiefgreifende Änderung der Rechtslage, die den Schutz des Vertrauens in den Fortbestand der früheren Rechtslage begründen würde, nicht eingetreten ist.[6]

B. Umfang und Grenzen des Auskunftsanspruchs

4 Die Auskunft soll den auskunftsberechtigten Ehegatten in die Lage versetzen, Existenz und Höhe seiner Zugewinnausgleichsforderung zu ermitteln. Deshalb kann er nach dem Wortlaut der Norm Auskunft jeweils beanspruchen, soweit deren Ergebnis für die **Berechnung des Anfangs- und Endvermögens maßgeblich** ist. Daraus folgt, dass Auskunft – ohne dass es eines gesonderten auf § 242 gestützten Anspruchs bedürfte – auch über **illoyale Vermögensverfügungen** vor der Rechtshängigkeit des Scheidungsantrages sowie **privilegierten Vermögenserwerb** während der Ehe verlangt werden kann.[7] Denn auch diese sind für die Berechnung des Anfangs- oder Endvermögens maßgeblich.

5 Der Anspruch besteht dagegen nicht hinsichtlich solchen Vermögens, das auf Grund anderer Regelungen dem Zugewinnausgleich entzogen ist, wie Versorgungsanwartschaften, die in den Versorgungsausgleich fallen, oder solche Vermögenswerte, die als Haushaltsgegenstände der Teilung nach § 1568b unterliegen.[8]

6 Ein Auskunftsanspruch besteht auch nicht, wenn der die Auskunft begehrende Ehegatte aus ihr Rechtsfolgen nicht oder nicht mehr herleiten kann, weil ein Zugewinn evident nicht erzielt worden ist.[9] Hierbei handelt es sich jedoch um Ausnahmen, so dass an die offensichtliche Evidenz strenge Maßstäbe anzulegen sind.[10] Die Voraussetzungen sind etwa dann erfüllt, wenn ohne Rücksicht auf das Ergebnis der Auskunft von vornherein feststeht, dass ein Zahlungsanspruch nicht besteht,[11] weil z.B. eine Forderung in der Person beider Ehegatten verjährt wäre und der in Anspruch genommene Ehegatte die Verjährungseinrede bereits erhoben hat.

7 Kein Auskunftsanspruch besteht ferner dann, wenn die Ehegatten die Ausgleichsforderung abschließend vertraglich geregelt haben,[12] wenn mit der Vereinbarung der Gütertrennung der Ausgleich des bis dahin entstandenen Zugewinns ausgeschlossen ist,[13] oder wenn die Auskunft ersichtlich zweckfremd beansprucht wird, nur noch Selbstzweck ist und mithin nicht der Berechnung der Zugewinnausgleichsforderung dient,[14] so dass die Geltendmachung des nur formal gegebenen Anspruchs gegen das Schikaneverbot des § 226 verstoßen würde.[15] Dasselbe gilt, wenn die Ehe-

---

4 OLG Brandenburg FamRZ 2011, 568.
5 OLG Stuttgart FamRZ 2010, 1734.
6 OLG Hamm FamRZ 2011, 566
7 Braeuer, FamRZ 2010, 773, 774.
8 BGH FamRZ 1984, 144; OLG Karlsruhe FamRZ 1982, 277; OLG Hamm FamRZ 1982, 937.
9 OLG München NJW 1969, 881.
10 BGH NJW 1980, 1462.
11 OLG Brandenburg FamRZ 1998, 174.
12 OLG Düsseldorf FamRZ 1989, 182.
13 OLG Köln FuR 2001, 438.
14 OLG Nürnberg FamRZ 1969, 287.
15 OLG Celle FamRZ 2002, 1030.

leute vereinbart haben, dass das Vermögen des an sich auskunftspflichtigen Ehegatten bei der Berechnung des Ausgleichs außer Betracht bleiben soll.[16]

Nicht eingewendet werden kann gegen das Auskunftsbegehren dagegen, dass dem Anspruchsteller das Vermögen des anderen bekannt sei, etwa aus dem Unterhaltsverfahren.[17] Ein Ausnahmefall liegt auch nicht vor, wenn die Ehe niemals voll verwirklicht worden oder nach nur kurzer Dauer wieder geschieden worden ist[18] oder wenn der gesamte Zugewinn in einer Zeit erwirtschaftet worden ist, in der die Ehegatten keine Lebensgemeinschaft geführt haben.[19]   **8**

Die Berufung auf ein Leistungsverweigerungsrecht wegen grober Unbilligkeit nach § 1381 steht   **9** der Auskunftsverpflichtung regelmäßig nicht entgegen, da zumeist erst nach erteilter Auskunft beurteilt werden kann, ob und in welchem Umfang die grobe Unbilligkeit gegeben ist.[20] Nur dann, wenn eine Ausgleichsforderung offensichtlich nicht besteht, besteht auch kein Auskunftsanspruch.[21] Hat der auskunftsberechtigte Ehegatte seinerseits Vermögenswerte verschwiegen, steht das seinem Auskunftsanspruch nicht entgegen.[22] Anders dann, wenn der Verpflichtete seiner titulierten Verpflichtung, den anderen an der Erstellung des Bestandsverzeichnisses zu beteiligen, nicht nachgekommen ist.[23]

I. Anspruch auf Auskunft über das Anfangsvermögen

Nach altem Recht bestand kein Anspruch auf Auskunft über das Anfangsvermögen, was dogma-   **10** tisch konsequent war, besteht doch nach § 1377 Abs. 3 die Vermutung, dass ein Anfangsvermögen nicht vorhanden ist, wenn kein Verzeichnis darüber vorliegt.

Nach der Neufassung des Gesetzes kann Auskunft auch über das Vermögen verlangt werden, das   **12** der andere Ehegatte bei Beginn des Güterstandes, also im **Zeitpunkt der Eheschließung**, gehabt hat.

Angesichts des Umstandes, dass § 1377 Abs. 3 unverändert Bestand hat, hat sich die **Beweislast** für   **13** das Vorhandensein von Anfangsvermögen dadurch aber nicht grundlegend geändert. Wird also etwa die Auskunft erteilt, dass ein Anfangsvermögen vorhanden war, so ist es Sache desjenigen Beteiligten, der diese Auskunft erteilt hat, die Richtigkeit seiner Auskunft und das Vorhandensein des behaupteten Anfangsvermögens zu beweisen. Behauptet ein Ehegatte, das Anfangsvermögen des anderen sei negativ gewesen, so erhöht dies dessen Zugewinn und damit die eigene Ausgleichsforderung, weshalb diese Partei das Vorhandensein eines negativen Anfangsvermögens beweisen muss.[24]

Der Anspruch besteht nach **Rechtskraft des Beschlusses**, durch den der Güterstand beendet ist,   **14** oder ab Rechtshängigkeit des auf die Beendigung des Güterstandes gerichteten Verfahrens.

---

16 OLG Hamm FamRZ 2006, 1034.
17 OLG Koblenz FamRZ 2005, 902; BGH FamRZ 1996, 1271.
18 BGH NJW 1972, 433.
19 MüKo/Koch § 1379 Rn. 7.
20 BGH FamRZ 1980, 768; OLG Brandenburg FamRZ 2009, 1067; anders OLG Hamburg FamRZ 2012, 550 im Fall der Inhaftierung des den Auskunftsanspruch geltend machenden Ehemannes wegen der Vergewaltigung mehrerer Frauen..
21 BGH NJW 1972, 433; FamRZ 1980, 768.
22 OLG Düsseldorf FamRZ 2007, 830.
23 OLG Hamm FamRZ 2011, 1732.
24 So auch: Brudermüller FamRZ 2009, 1185, 1186; Büte NJW 2009, 2776, 2777.

II. Auskunft über das Vermögen zum Zeitpunkt der Trennung

15   Obwohl ein großer Teil der Vermögensverschiebungen zum Nachteil des anderen Ehegatten im Zeitraum zwischen Trennung und Scheidung stattfindet,[25] bestand nach der bis zum 31.08.2009 geltenden Rechtslage kein Anspruch auf Auskunft über Vermögensverschiebungen zwischen Trennung und Scheidung. Denn § 1379 in der bis dahin geltenden Fassung bezog sich nur auf den Zeitpunkt der Beendigung des Güterstandes, während ein Anspruch auf Auskunft über die Entwicklung des Vermögens in der Zeit des Bestehens des Güterstandes oder den Verbleib einmal vorhandener Vermögensgegenstände nicht gegeben war.[26]

16   Aus diesem Grund wurde § 1379 um den zusätzlichen Anspruch auf Erteilung der Auskunft auch über den Bestand des Vermögens zum Zeitpunkt der Trennung erweitert, Dieser Anspruch bietet jetzt die Grundlage für die Neuregelung des § 1375 Abs. 2, nach dem der auskunftspflichtige Ehegatte den Verbleib seines Vermögens darzulegen und zu beweisen hat, wenn es sich zwischen dem Trennungszeitpunkt und der Rechtshängigkeit des Scheidungsantrages vermindert hat.

17   Das praktische Problem dieses Anspruchs dürfte sich aus der taggenauen **Feststellung des Trennungszeitpunktes** ergeben. Sind die Angaben der Beteiligten hierzu streitig, so hat derjenige, der sich auf einen bestimmten Trennungszeitpunkt beruft, diesen auch zu beweisen. Bei zwei unterschiedlichen Angaben und Unbeweisbarkeit beider Zeitpunkte kann keinesfalls hilfsweise auf den späteren Zeitpunkt abgestellt werden, weil die Behauptung einer frühzeitigeren Trennung nicht als Minus die einer Trennung zu einem späteren Zeitpunkt umfasst. Angesichts des Wortlautes des Gesetzes, das von einem »Zeitpunkt der Trennung« spricht, dürfte es unzulässig sein, einen Zeitraum zu benennen, für den die Auskunft verlangt wird.[27] Ist der Tag der Trennung letztlich nicht zu ermitteln, entfällt der Auskunftsanspruch.[28]

III. Auskunft über das Endvermögen

18   Dieser Anspruch bezieht sich auf den Zeitpunkt der **Zustellung des Antrages** in dem auf die Beendigung des Güterstandes gerichteten Verfahrens (§§ 1384, 1387).

IV. Auskunft über illoyale Vermögensverfügungen und Unterrichtungsanspruch

19   Nach altem Recht war die Entwicklung des Vermögens in der Zeit des **Bestehens des Güterstandes** oder der Verbleib früher einmal vorhandener Vermögensgegenstände vom Auskunftsanspruch nicht umfasst.[29] Deshalb wurde im **Ausnahmefall** ein aus § 242 folgender Anspruch auf Auskunft über **illoyale Vermögensminderungen** dann bejaht, wenn der auskunftsberechtigte Ehegatte konkrete Tatsachen vortrug, die ein unter § 1375 Abs. 2 fallendes Handeln nahe legten und wenn nur der auskunftsverpflichtete Ehegatte über den Verbleib dieses Vermögens Auskunft erteilen konnte.[30]

20   Nach dem Wortlaut der Norm geht der Anspruch jetzt dahin, dass Auskunft über das Anfangs- und Endvermögen zu erteilen ist, soweit es für die **Berechnung des Anfangs- und Endvermögens maßgeblich** ist. Maßgeblich für die Berechnung sind sowohl der privilegierte Vermögenserwerb i.S. § 1374 Abs. 2 als auch illoyale Vermögensverfügungen i.S.d. § 1375 Abs. 2. Damit besteht jetzt also schon nach § 1379 Anspruch auf Auskunft sowohl über privilegierten Vermögenserwerb als

---

25   Hauer FuR 2009, 331, 332.
26   BGH FamRZ 2005, 689.
27   Bergschneider FamRZ 2009, 1713, 1715.
28   *So auch* Braeuer FamRZ 2010, 773, 778.
29   BGH FamRZ 2005, 689; FamRZ 1978, 677; OLG Schleswig SchlHA 1980, 43.
30   BGH FamRZ 2005, 689; FamRZ 2000, 948; FamRZ 1997, 800; OLG Köln FamRZ 1999, 1071.

auch über illoyale Vermögensverfügungen.[31] Dann aber bedarf es eines gesonderten, auf § 242 gestützten Anspruchs nicht mehr. Der Sache nach setzt der Auskunftsanspruch wie schon früher voraus, dass konkreter Tatsachenvortrag des Auskunftsberechtigten ein unter § 1375 Abs. 2 fallendes Handeln nahe liegend erscheinen lassen. Das kann etwa der Fall sein, wenn sich ein Ehegatte weigert, Fragen nach Vermögensbewegungen zu beantworten und dies den Verdacht begründet, dass er etwas zu verbergen hat.[32]

Für die Zeit während des Bestehens der Ehe folgt aus §§ 1353, 1386 Abs. 3 ein Unterrichtungsanspruch des Ehegatten. Dieser Anspruch geht aber nur dahin, in **groben Zügen** über das Vermögen und Vermögensbewegungen unterrichtet zu werden und besteht auch nur bis zur Auflösung der Ehe.[33] Er bleibt inhaltlich hinter den Erfordernissen des § 260 zurück,[34] weshalb insoweit auch keine Unterlagen verlangt werden können.[35] Der Anspruch ist entweder als aus der Ehe herrührender Anspruch oder als Anspruch zwischen miteinander verheirateten Personen im Zusammenhang mit Trennung und Scheidung eine sonstige Familiensache i.S. § 266 FamFG, für die die Zuständigkeit des Familiengerichts gegeben ist. Die Vollstreckung richtet sich nach § 888 ZPO.   **21**

Nach dem Scheitern der Ehe[36] und einem mehr als 1-jährigen Getrenntleben besteht der Unterrichtungsanspruch nicht mehr. Denn er stellt eine Auswirkung der Rechtspflicht dar, während des Bestehens der ehelichen Lebensgemeinschaft auch in vermögensrechtlichen Angelegenheiten aufeinander Rücksicht zu nehmen. Während die Auskunft die Beendigung der Zugewinngemeinschaft vorbereiten soll, dient die Unterrichtung ihrer Aufrechterhaltung.[37] Nach dem Scheitern der Ehe würde die Auskunft überdies nur der Kontrolle der vermögensmäßigen Aktivitäten des Ehegatten dienen, weshalb seine Zuerkennung auch für diesen Zeitraum die Systematik der Auskunftspflichten sprengen würde.[38]   **22**

C. Form der Auskunft und Pflicht zur Vorlage von Belegen

I. Inhalt der Auskunft

Der Auskunftsanspruch geht dahin, dass über den Bestand des Endvermögens durch Vorlage eines geordneten, übersichtlichen, nachprüfbaren Verzeichnisses Auskunft zu erteilen ist (§ 260). Sofern sie hinreichend bestimmt ausgewiesen sind, können Aktiva und Passiva zusammenfassend dargestellt werden. Dagegen erfüllt eine Folge einzelner Angaben in Schriftsätzen oder während einer Korrespondenz den Anspruch nicht,[39] es sei denn, es wird die Übersichtlichkeit auch nach Vorlage mehrerer Teilverzeichnisse gewahrt.[40] Wertangaben oder Wertberechnungen werden in diesem Zusammenhang nicht geschuldet,[41] doch müssen die Angaben hinsichtlich der wertbildenden Faktoren so bestimmt sein, dass der auskunftsberechtigte Ehegatte in die Lage versetzt wird, die Vermögenswerte annähernd selbst zu bestimmen.[42] Umfang und Art der dafür notwendigen Einzelangaben richtet sich nach den Besonderheiten der jeweiligen Vermögensgegenstände. Der **Zuziehung eines** Steuerberaters bedarf es für diese im eigenen Wissen des auskunftspflichtigen   **23**

31 OLG Brandenburg FamFR 2012, 62.
32 OLG Brandenburg FamFR 2012, 62.
33 BGH FamRZ 1978, 677; OLG Karlsruhe FamRZ 1990, 161.
34 OLG Köln FamRZ 2009, 605.
35 Palandt/Brudermüller § 1379 Rn. 4.
36 OLG Bamberg FamRZ 2009, 1906.
37 OLG Frankfurt FamRZ 2010, 563.
38 OLG Karlsruhe FuR 2003, 86.
39 OLG Düsseldorf FamRZ 1979, 808; OLG Hamm FamRZ 1981, 482; FamRZ 1983, 812.
40 OLG Karlsruhe FamRZ 2004, 106.
41 BGH FamRZ 2003, 597, 47; FamRZ 1989, 157; FamRZ 1982, 682; FamRZ 1984, 144.
42 OLG Celle NJW 1975, 1568.

Ehegatten stehenden Angaben nicht.[43] Deswegen sind auch die Kosten einer schon in der Auskunftsstufe eingetretenen Wertermittlung nicht erstattungsfähig.[44] Bei Verbindlichkeiten umfasst
der Anspruch im Hinblick auf § 1375 Abs. 2 auch Angaben zu ihrem konkreten Verwendungszweck.[45]

24   Maßstab der Spezifizierung des Verzeichnisses ist im Übrigen der **Zweck des Bestandsverzeichnisses.** Dieser geht dahin, dem auskunftsberechtigten Ehegatten alle zum Endvermögen gehörenden
vermögensrechtlichen Positionen in einer solchen Form zu benennen, dass ihm eine **Kontrolle
und Bewertung** möglich ist. Deshalb können **Sachgesamtheiten** und **Inbegriffe von Gegenständen** auch als Inbegriffe aufgeführt werden, wenn und soweit der Verzicht auf eine detaillierte Aufschlüsselung im Verkehr üblich ist und eine ausreichende Orientierung des auskunftsberechtigten
Ehegatten nicht hindert. Das kann etwa bei zum Endvermögen zählenden **Unternehmen,** bei
Sammlungen,[46] **Bibliotheken** und **Zimmereinrichtungen** der Fall sein.[47]

25   Demgegenüber sind **Einzelgegenstände** anhand aller Faktoren zu individualisieren, die für ihre
Bewertung erheblich sind und die im Verkehr üblicherweise mitgeteilt werden. Das wären etwa
Fabrikat, Modell, Baujahr, Kilometerleistung und etwaige Unfälle bei einem **PKW**[48] oder Lage,
Größe und Art der Bebauung bei einem **Grundstück.**[49] Bei **Geräten, Maschinen** und **ähnlichen
Gegenständen** sind das Fabrikat, das Herstellungsjahr, der Erhaltungszustand und das äußere
Erscheinungsbild anzugeben.

26   Bei in den Zugewinn fallenden **Lebensversicherungen** sind das Jahr des Abschlusses, der Zeitpunkt der Fälligkeit der Versicherung, die Höhe der monatlichen Prämie und die von der Versicherung zugesagte Leistung anzugeben.[50] Ausreichend ist auch die Angabe der Rückkaufswerte
und der Überschussanteile.[51] Die endgültige Bewertung ist im weiteren Verfahren zu prüfen.[52]

27   **Nicht im Eigentum des Schuldners stehende Gegenstände,** die er nur im Besitz hat, müssen nur
dann benannt werden, wenn diese Angabe erforderlich ist, um ein zum Endvermögen gehörendes
Recht zum Besitz auszuweisen.

28   Befindet sich ein **Unternehmen** oder eine **Unternehmensbeteiligung** im Endvermögen des auskunftspflichtigen Ehegatten und kommt es für die Wertermittlung auf deren Ertragslage an, so
bestimmt sich der Umfang der zu erteilenden Auskunft nach Sinn und Zweck der Norm sowie
den Grundsätzen von Treue und Glauben.[53] Vorzulegen sind hier regelmäßig die zur Beurteilung
der Ertragslage nötigen **Bilanzen** beziehungsweise **Gewinn- und Verlustrechnungen,**[54] und zwar
im Regelfall der letzten 3 bis 5 Jahre vor dem Beurteilungsstichtag.[55] Auch dann, wenn das Auseinandersetzungsguthaben des auskunftspflichtigen Ehegatten, der Inhaber eines Gesellschaftsanteils
ist, nach dem Gesellschaftsvertrag ausdrücklich nur dem buchmäßigen Guthaben entsprechen
soll, ist für die Bewertung der Zugewinnausgleichsforderung Auskunft auch über die für den **inneren Wert** des Gesellschaftsanteils maßgeblichen Verhältnisse zu erteilen.[56]

---

43 BGH FamRZ 2003, 597.
44 BGH FamRZ 2007, 711.
45 OLG Düsseldorf NJW 1986, 168.
46 OLG Stuttgart FamRZ 1982, 282.
47 Vgl. auch BGH NJW 1984, 485.
48 OLG Hamm OLGR Hamm 1999, 50; OLG Schleswig SchlHA 1979, 17.
49 OLG Düsseldorf FamRZ 1986, 168.
50 Haussleiter/Schulz Kap. 1 Rn. 475.
51 BGH FamRZ 2003, 1267.
52 OLG Köln FamRZ 1998, 1515; OLG Köln FamRZ 2002, 1406.
53 OLG Naumburg FamRZ 2001, 1303.
54 BGH FamRZ 1980, 37.
55 BGH FamRZ 1980, 37; OLG Bremen FamRZ 1979, 434; OLG Bamberg FamRZ 1980, 573.
56 OLG Naumburg FamRZ 2001, 1303; OLG Düsseldorf FamRZ 1981, 48.

Übt der auskunftspflichtige Ehegatte einen **freien Beruf** aus, so hat er neben Sozietäts- oder 29
Gesellschaftsverträgen auch die für die Bewertung der Praxis oder des Büros maßgeblichen
Gewinn- und Verlustrechnungen vorzulegen. Auch hier ist für eine sichere Beurteilung die Vorlage
der Unterlagen für mehrere Jahre vor dem Bewertungsstichtag erforderlich.[57] Im Falle des Vorhandenseins einer Arztpraxis sind die Praxiseinrichtung, der Umsatz, die Anzahl der Krankenscheine
und Privatpatienten mitzuteilen sowie die Einnahme- und Überschussrechnungen der letzten
5 Jahre vorzulegen, um den inneren Wert der Praxis ermitteln zu können.[58]

Für die Auskunft betreffend **land- und forstwirtschaftliche Betriebe**, die gem. § 1376 Abs. 4 nach 30
ihrem Ertragswert zu bewerten sind, genügt regelmäßig die Vorlage der betriebswirtschaftlichen
Jahresabschlüsse für die beiden letzten Wirtschaftsjahre vor dem Stichtag. Daneben ist Auskunft
über die Betriebsflächen, die Nutzungsart und Bonität des Bodens sowie die Betriebsmittel notwendig, während es auf den Einheitswertbescheid nicht ankommt.[59]

Würde der auskunftsberechtigte Ehegatte durch die Vorlage der vollständigen Unterlagen Einblick 31
auch in die **Vermögensverhältnisse Dritter** – etwa der Mitgesellschafter oder der Sozien – erhalten, so ist es zulässig, jene Teile der Belege abzudecken, die sich ausschließlich mit den Verhältnissen der Dritten befassen. Im Übrigen kann ein Geheimhaltungsinteresse einem Auskunftsanspruch nur dann entgegen gesetzt werden, wenn dem Auskunftspflichtigen durch die Auskunft ein
konkreter Nachteil droht.[60] Dieser Nachteil ist gegebenenfalls konkret darzulegen und glaubhaft zu
machen.[61]

II. Form der Auskunft

Die **formalen Anforderungen an die Auskunft** sind nach Sinn und Zweck der Vorschrift auszu- 32
richten. Deshalb kann kein vollständig neues Verzeichnis verlangt werden, wenn sich aus einer
einmal erteilten Auskunft das **Gerüst einer Zusammenstellung** des Vermögens ergibt und im
Rahmen **nachfolgender Korrespondenz** weitere Angaben nachgeschoben werden. Dann jeweils
ein neues Gesamtverzeichnis zu verlangen, wäre leere Förmelei, die nicht durch ein berechtigtes
Interesse des ausgleichsberechtigten Ehegatten geboten wäre.[62] Maßstab für das, was beansprucht
werden kann, ist das, was dem auskunftsberechtigten Ehegatten zur Verfügung stehen muss, um
ihm die Berechnung seines Zahlungsanspruchs ohne übermäßigen Aufwand zu ermöglichen.[63]

Die Auskunft muss von dem Auskunftsgeber nicht persönlich **unterschrieben** werden, solange 33
sonst sichergestellt und erkennbar ist, dass sie eine Wissenserklärung des Auskunftspflichtigen
ist.[64] Deshalb ist die Unterschrift dann entbehrlich, wenn es Zweifel über die Person, von der die
Auskunft stammt, nicht gibt.[65] Auch kann sich der Auskunftspflichtige eines Boten, etwa des
bevollmächtigten Rechtsanwalts bedienen, der sie namens des Auskunftspflichtigen erteilt.[66]

Der Anspruch auf Auskunftserteilung geht dahin, dass der auskunftspflichtige Ehegatte das 34
Bestandsverzeichnis so vollständig zu erstellen hat, wie es ihm möglich ist. Begrenzt wird der
Anspruch deshalb durch **Gedächtnislücken, Mangel an vorhandenen Aufzeichnungen** oder

---

57 OLG Hamm FamRZ 1983, 812: 2 Jahre; OLG Koblenz FamRZ 1982, 280 und OLG Düsseldorf
    FamRZ 1999, 1070: 5 Jahre.
58 BGH FamRZ 1989, 157; OLG Koblenz FamRZ 1982, 280.
59 OLG Düsseldorf FamRZ 1986, 168.
60 BGH FamRZ 2007, 711; FamRZ 2005, 1986.
61 OLG Köln FamRZ 2010, 29 mit Anm. Bergschneider.
62 OLG Zweibrücken FamRZ 2001, 763.
63 KG FamRZ 2000, 1292; Kleffmann FuR 1999, 403, 405.
64 BGH FamRZ 2008, 600; KG FamRZ 2011, 565.
65 KG FamRZ 1997, 503.
66 OLG Nürnberg FuR 2000, 294.

Informationsquellen anderer Art. Diese begründen nicht etwa eine Leistungsstörung, so dass der Gläubiger die Gefahr der Verkümmerung des Anspruchs durch dessen verspätete Ausübung trägt.

III. Belegpflicht

35   Seit der Neufassung der Norm kann nunmehr auch die Vorlage von Belegen beansprucht werden. Eine Belegpflicht war schon bislang im Rahmen des Unterhaltsrechts (§§ 1580, 1605 Abs. 1 Satz 2) gegeben. Dass § 1379 eine Belegpflicht nach altem Recht nicht gekannt hat, ist zu Recht einhellig auf Kritik gestoßen.

36   Der Belegespruch ist gesondert geltend zu machen, wobei Art und Anzahl der Belege so konkret bezeichnet werden müssen, dass eine Vollstreckung dieses Anspruchs möglich ist.[67]

IV. Anspruch auf Zuziehung bei der Aufstellung des Bestandsverzeichnisses (Abs. 1 Satz 3)

37   Jeder Ehegatte kann verlangen, dass er bei der **Erstellung des Bestandsverzeichnisses hinzugezogen** wird. Dieser Anspruch besteht sowohl für die Aufnahme des Wertes der **Aktiva** als auch der **Passiva**. Dabei handelt es sich **nicht um ein höchstpersönliches Recht**, so dass dessen Ausübung durch Dritte – insbesondere **sachverständige Dritte** – möglich und häufig auch empfehlenswert ist.

V. Aufnahme des Bestandsverzeichnisses in bestimmter Form (Abs. 1 Satz 4)

38   Der auskunftsberechtigte Ehegatte hat einen Anspruch auf Aufnahme des Bestandsverzeichnisses in einer durch das Gesetz bestimmten besonderen Form, nämlich

– **durch die zuständige Behörde,**
– **durch einen zuständigen Beamten,**
– **durch einen Notar.**

39   Da der auskunftspflichtige Ehegatte Inhaber desjenigen Vermögens ist, das Gegenstand der Aufnahme in das Bestandsverzeichnis sein soll, kann der Antrag auf Aufnahme des Verzeichnisses nur durch ihn, also den **Schuldner** gestellt werden, so dass der Gläubiger genau genommen nur einen **Anspruch auf Stellung eines entsprechenden Antrages durch den Schuldner** hat. Verfügt der Schuldner über Vermögen, das ihm gemeinsam mit Dritten zusteht, beispielsweise als Miterbe oder Personengesellschafter, so schuldet er das **ernsthafte Bemühen**, die erforderliche **Zustimmung der Dritten** zu fordern.[68]

D. Entstehen des Anspruchs und Fälligkeit

40   Der Auskunftsanspruch, den jeder Ehegatte hat, gleich ob eine Zugewinnausgleichsforderung besteht oder nicht,[69] **entsteht mit der **Rechtshängigkeit** des Antrages im Verfahren, das auf **Beendigung des Güterstandes** gerichtet ist, spätestens aber mit der Beendigung des Güterstandes und ist sofort **fällig** (§ 271). Dabei leistet der auskunftspflichtige Ehegatte dann »sofort«, wenn er die Auskunft innerhalb eines Zeitraumes erteilt, der ihm objektiv zur Vorbereitung der Auskunft zugebilligt werden muss. Von welchem Zeitraum dabei auszugehen ist, hängt von den Umständen des Einzelfalles ab, etwa der Größe und Zusammensetzung des betreffenden Endvermögens.

---

67   OLG Zweibrücken FamRZ 2001, 763.
68   MüKo/Koch § 1379 Rn. 23.
69   OLG Hamm FamRZ 1998, 1300.

Weinreich

Endet der Güterstand durch den **Tod eines Ehegatten** und erfolgt der Zugewinnausgleich nach   41
§ 1371 Abs. 2, weil der überlebende Ehegatte die Erbschaft oder ein Vermächtnis ausgeschlagen
hat, so entsteht der Anspruch mit der **Ausschlagung** der Erbschaft oder des Vermächtnisses, wobei
der überlebende Ehegatte zuvor allerdings als Vermächtnisnehmer Anspruch auf **Auskunft gegen
die Erben** hat.

Für den Anspruch auf Auskunft bezogen auf den Zeitpunkt der Trennung der Eheleute bedarf es   42
der Rechtshängigkeit des Scheidungs- oder Aufhebungsantrages nicht. Denn die Auskunft kann
nach Abs. 2 Satz 1 schon nach der Trennung verlangt werden, aber auch später noch später geltend gemacht werden. Indem die **Übergangsvorschrift** des Art. 229 § 20 Abs. 2 EGBGB
bestimmt, dass das neue Recht mit Ausnahme des § 1374 sofort nach dem Inkrafttreten der
Reform am 01.09.2009 galt, kann die Auskunft nach Abs. 2 somit auch noch in Altverfahren
beansprucht werden.

E. Wertermittlungsanspruch (Abs. 1 Satz 2)

I. Grundsätzliches

Neben dem Anspruch auf Auskunftserteilung steht der Anspruch auf **Ermittlung des Wertes** der   43
Vermögensgegenstände und der Verbindlichkeiten. Dieser Anspruch ist ein zusätzlicher und neben
dem Auskunftsanspruch auch im Wege des **Stufenantrages** gesondert geltend zu machen.[70] Im
Rahmen des Wertermittlungsanspruchs ist der auskunftspflichtige Ehegatte jedoch nur verpflichtet, die Verkehrswerte der in sein Endvermögen fallenden Gegenstände zu ermitteln und anzugeben, als er hierzu selbst imstande ist.[71] Anders als im Rahmen der Aufstellung des Verzeichnisses
des Anfangsvermögens (§ 1377 Abs. 2 Satz 3) sieht § 1379 Abs. 1 Satz 2 nicht die **Wertermittlung
durch Dritte**, insbesondere durch Sachverständige vor.[72]

II. Beteiligung Dritter

Ist andernfalls eine zuverlässige Wertermittlung nicht möglich, so hat die Rechtsprechung dem   44
Auskunftsberechtigten in Entfaltung des Zweckes der Norm das Recht der **Einschaltung Dritter
zur Wertermittlung** zugestanden.[73] Das wird bei der Bewertung von **Grundstücken, Unternehmen** und **Unternehmensbeteiligungen** häufiger der Fall sein. In derartigen Fällen hat der Auskunftsberechtigte den Auftrag an den Sachverständigen zu erteilen,[74] während der auskunftspflichtige Ehegatte die Tätigkeit des Sachverständigen zu dulden und zu unterstützen hat. Insbesondere
hat er die für die Wertermittlung notwendigen Daten zur Verfügung zu stellen.[75]

III. Kosten

Die **Kosten** der Beiziehung Dritter zur Wertermittlung hat derjenige Ehegatte zu tragen, in dessen   45
Interesse die Wertermittlung erfolgt. Das ist regelmäßig der **Gläubiger**,[76] also derjenige Ehegatte,
der den Auskunftsanspruch geltend macht.[77] Der Auskunftspflichtige ist regelmäßig nur verpflichtet, die Besichtigung der Sachen durch einen vom Kläger beauftragten Dritten zu dulden.[78]

---

70 OLG Naumburg OLGR 2001, 34.
71 BGH FamRZ 2009, 595; FamRZ 1991, 316, 317.
72 OLG Karlsruhe MDR 1998, 53.
73 BGH FamRZ 1991, 316.
74 BGH FamRZ 1982, 682.
75 OLG München FamRZ 1982, 279.
76 OLG Karlsruhe FamRZ 2009, 1909.
77 OLG Karlsruhe NJW 2010, 451.
78 OLG Naumburg OLGR 2001, 34.

46 Allerdings handelt es sich bei den durch die Beauftragung des Sachverständigen entstandenen Kosten um solche der **Verfahrensvorbereitung**, so dass sie gegebenenfalls nach Abschluss des Verfahrens gem. §§ 80 FamFG, 91 ZPO ersetzt verlangt werden können.[79]

F. Zurückbehaltungsrecht

47 Nach herrschender Rechtsprechung besteht **kein Zurückbehaltungsrecht** (§ 273) eines Ehegatten mit der eigenen Auskunft bis zu dem Zeitpunkt, zu dem der andere seinerseits seiner Auskunftspflicht nachgekommen ist. Denn der Zweck des § 273, der auf die Sicherung des Schuldners im Hinblick auf seine Gegenforderung gerichtet ist, lässt sich beim Auskunftsanspruch nach § 1379 nicht verwirklichen. Es fehlt hier ein **Sicherungsbedürfnis** des auskunftspflichtigen Ehegatten, weil die wechselseitigen Auskunftsansprüche lediglich der Vorbereitung eines möglichen Ausgleichsanspruchs nach § 1378 dienen.[80] Deshalb würde ein Zurückbehaltungsrecht auch keinen mittelbaren **Erfüllungsdruck** auf den auskunftspflichtigen Ehegatten ausüben.

G. Durchsetzung des Anspruchs

I. Eidesstattliche Versicherung der Richtigkeit der Auskunft

1. Grundsätzliches

48 Nicht aus § 1379, sondern aus § 260 Abs. 2 folgt die Verpflichtung des Auskunftspflichtigen, auf Verlangen an Eides Statt zu versichern, dass er die erteilte Auskunft nach bestem Wissen und so vollständig abgegeben hat, als er dazu im Stande ist. Voraussetzung für den Anspruch auf Abgabe der eidesstattlichen Versicherung ist, dass Grund zu der Annahme besteht, das erstellte Bestandsverzeichnis sei **nicht mit der erforderlichen Sorgfalt** aufgestellt worden.[81] Maßgebend ist dabei das **Gesamtverhalten des Schuldners**. Eine derartige Annahme ist danach etwa gerechtfertigt im Falle **widersprüchlicher Angaben**,[82] nicht hingegen schon dann, wenn die **Auskunft früher verweigert** worden ist.[83]

49 **Unrichtigkeit** und **Unvollständigkeit** der Auskunft begründen dann keinen Anspruch auf eidesstattliche Versicherung, wenn diese auf **entschuldbarer Unkenntnis** oder einem **unverschuldeten Irrtum** beruhen.[84] Hat der Auskunftspflichtige eine den formellen Ansprüchen genügende Auskunft erteilt, so ist der Auskunftsanspruch grundsätzlich erloschen. Denn inhaltliche Fehler und Unrichtigkeiten stehen der Erfüllungswirkung grundsätzlich nicht entgegen.[85] Etwas anderes gilt allerdings dann, wenn sie bei gehöriger Sorgfalt hätten vermieden werden können.[86] Hat der Schuldner seine Angaben **mehrfach berichtigt**, so kann dies die Voraussetzungen für die eidesstattliche Versicherung ebenso begründen[87] wie der Umstand, dass der Schuldner in der Vergangenheit mit allen Mitteln versucht hat, die Auskunftserteilung zu **verhindern**.[88]

---

79 OLG München MDR 1986, 324; Soergel/Lange § 1379 Rn. 10.
80 OLG Jena FamRZ 1997, 1335; OLG Frankfurt FamRZ 1985, 483; OLG Stuttgart FamRZ 1984, 273.
81 BGHLM § 259 Nr. 8.
82 OLG Düsseldorf FamRZ 1979, 808.
83 BGH NJW 1966, 1117.
84 BGH FamRZ 1984, 144.
85 KG FamRZ 2011, 565.
86 BGH FamRZ 1984, 144.
87 OLG Köln NJW-RR 1998, 126.
88 OLG Frankfurt NJW-RR 1993, 1483.

2. Abgrenzung zum Ergänzungsanspruch

Problematisch ist die Abgrenzung zwischen der **eidesstattlichen Versicherung** der Vollständigkeit **50** und Richtigkeit einerseits und der Zulässigkeit des Verlangens auf **Ergänzung und Berichtigung der erteilten Auskunft** andererseits.

Bei **Bedenken gegen die Vollständigkeit oder Richtigkeit** der Auskunft besteht in der Regel kein **51** Anspruch auf Ergänzung dann, wenn der Schuldner ein Verzeichnis vorgelegt hat, das nicht von vornherein unbrauchbar ist. Ebenso kann wegen **behaupteter Mängel** regelmäßig nicht Ergänzung oder Erneuerung verlangt werden.[89] Die Frage, ob die Auskunft mit der erforderlichen Sorgfalt erteilt ist, ist keine Frage der Auskunftsergänzung, sondern im Rahmen der **Vollstreckung** des Auskunftsanspruchs oder der **eidesstattlichen Versicherung** zu klären.[90]

Hat der Schuldner die Auskunft jedoch **formell korrekt** erteilt, ist diese aber **objektiv unvollstän- 52 dig oder unrichtig,** so hat er seine Leistungspflicht nicht erfüllt, weshalb kein Fall der eidesstattlichen Versicherung der Vollständigkeit und Richtigkeit nach § 260 Abs. 2 vorliegt, sondern Ergänzung der erteilten Auskunft verlangt werden kann.[91] Das ist insbesondere dann der Fall, wenn infolge eines **Irrtums ein Teil des Bestandes weggelassen** wurde,[92] wenn in der Aufstellung bestimmte **sachliche oder zeitliche Teile völlig fehlen,**[93] wenn die Angaben **erkennbar unvollständig** sind[94] oder wenn das Verzeichnis auf Grund **gefälschter Unterlagen** aufgestellt worden ist.[95] Hat der Schuldner seine Auskunft selbst als **unrichtig widerrufen,** ist er zur Wiederholung der Auskunft verpflichtet.[96] **Materielle Mängel** der Auskunft begründen im Übrigen allein keinen Anspruch auf deren Ergänzung, sondern einen solchen auf Abgabe der eidesstattlichen Versicherung.[97] Hat der Auskunftsverpflichtete Aktiva und Passiva **nicht ausreichend spezifiziert,**[98] sein Bestandsverzeichnis **selbst als unvollständig bezeichnet** und lediglich eine »grobe Berechnung« geliefert[99] oder das Verzeichnis unter **Vorbehalt einer späteren Berichtigung und Ergänzung** gestellt,[100] so besteht ein Ergänzungsanspruch, kein Anspruch auf eidesstattliche Versicherung der Richtigkeit. Dasselbe gilt schließlich dann, wenn sich der auskunftspflichtige Ehegatte aus **Rechtsgründen** weigert, einen **dem anderen Ehegatten bekannten Vermögensgegenstand** in die Auskunft mit einzubeziehen.[101]

§ 260 Abs. 2 greift nur dann, wenn ein **Sorgfaltsmangel** plausibel ist, mithin der Gläubiger Tatsa- **53** chen bewiesen hat, die einen Schluss auf **zumindest fahrlässiges Verhalten** bei der Errichtung des Bestandsverzeichnisses rechtfertigen. Der bloße **Nachweis der Unvollständigkeit oder Unrichtigkeit** genügt somit allein nicht, ist allerdings ein **Indiz für einen Sorgfaltsmangel.**[102] Ein Sorgfaltsmangel ist im Übrigen regelmäßig dann plausibel, wenn der auskunftspflichtige Ehegatte sich **ohne berechtigten Grund** weigert, auf entsprechende Fragen des anderen Ehegatten über **Vermögensbewegungen aus früherer Zeit** Auskunft zu erteilen, die er während der Ehe hätte offen legen

---

89 OLG Köln FamRZ 1997, 1336.
90 BGH FamRZ 1984, 144, 145.
91 BGH FamRZ 1984, 144; OLG Düsseldorf FamRZ 1982, 281; OLG Köln FamRZ 1985, 933.
92 RGZ 84, 44; BGH LM § 260 Nr. 1.
93 BGHZ 92, 69; FamRZ 1983, 882; OLG Köln FamRZ 1985, 935.
94 BGH DB 1982, 2393; OLG Oldenburg NJW-RR 1992, 465.
95 RG HRR 33, 465.
96 BGH NJW 1986, 424.
97 BGH LM ZPO § 254 Nr. 3 und 6.
98 OLG Celle FamRZ 1975, 415.
99 OLG Hamm FamRZ 1976, 631.
100 OLG Karlsruhe FamRZ 1967, 339.
101 OLG Düsseldorf FamRZ 1982, 281.
102 MüKo/Koch § 1379 Rn. 28.

müssen.[103] Auch **früheres Verhalten** kann einen Sorgfaltsmangel indizieren. Das gilt etwa für während des Verfahrens **wechselnde und widersprüchliche Angaben**.[104]

II. Leistungsantrag

54 Der Auskunftsanspruch aus § 1379 kann im Wege des **Leistungsantrages** geltend gemacht werden. Er ist gegebenenfalls auch **vollstreckbar**. Der **Antrag** sollte möglichst konkret gefasst sein, um spätere Schwierigkeiten im Rahmen der **Vollstreckung** zu vermeiden. Ein Ausspruch etwa dahingehend, dass der Schuldner seine Auskunft »*in geeigneter Weise zu belegen hat*« ist zu unbestimmt und daher einer Vollstreckung nicht fähig. Mindestens sollte der Antrag lauten:

> ▶ Der (die) Antragsgegner wird verpflichtet, der Antragstellerin (dem Antragsteller) Auskunft über sein Endvermögen am … zu erteilen mit Ausnahme der gemeinsamen Haushaltsgegenstände und der persönlichen Gegenstände durch Vorlage eines vollständigen und geordneten Bestandsverzeichnisses über seine (ihre) zu diesem Zeitpunkt vorhandenen aktiven und passiven Vermögenswerte.[105]

55 Befinden sich im Endvermögen des Schuldners **Sachgesamtheiten** und **Sammlungen**, so ist es empfehlenswert, diesen Umstand bei der Formulierung des Antrages bereits zu berücksichtigen, indem ihm angefügt wird

> »insbesondere die zu der Sammlung … gehörenden Gegenstände einzeln anzuführen und die die Bewertung der einzelnen Gegenstände erforderlichen Angaben zu machen.«

56 Insgesamt erscheint es erforderlich, den Antrag **möglichst präzise** zu fassen und insbesondere diejenigen Vermögenswerte konkret zu umschreiben, die man zur Errechnung des Endvermögens zu benötigen meint. Rechnet also zum Endvermögen ein **Unternehmen** oder eine **Unternehmensbeteiligung**, so ist schon im Antrag das Begehren aufzunehmen, im Einzelnen bezeichnete Unterlagen, also etwa **Bilanzen** und **Gewinn- und Verlustrechnungen** vorzulegen.[106] Im Falle des Vorhandenseins einer in das Endvermögen fallenden **Lebensversicherung** sollten die nach der Rechtsprechung maßgeblichen Bewertungskriterien vorgelegt verlangt werden.[107]

57 Wird die **Wertermittlung**, gegebenenfalls die in der besonderen Form des Abs. 1 Satz 3 beansprucht, so ist dies im Antrag zum Ausdruck zu bringen.

58 Der Antrag kann als **isolierte Familiensache** oder im **Verbund mit der Ehescheidung** – hier nur als **Stufenantrag**[108] – erhoben werden.

59 Für den Fall der Geltendmachung im Wege des **Stufenantrages unter Einbeziehung des Wertermittlungsanspruchs** würde der Antrag beispielsweise lauten:

> ▶ I.)
> 1.) Der (die) Antragsgegner wird verpflichtet, der Antragstellerin (dem Antragsteller) Auskunft über sein Endvermögen am … zu erteilen mit Ausnahme der gemeinsamen Haushaltsgegenstände und der persönlichen Gegenstände durch Vorlage eines vollständigen und geordneten Bestandsverzeichnisses über seine (ihre) zu diesem Zeitpunkt vorhandenen aktiven und passiven Vermögenswerte, insbesondere die zu der Sammlung. gehörenden Gegenstände einzeln anzuführen und die die Bewertung der einzelnen Gegenstände erforderlichen Angaben zu machen.

---

103 BGH FamRZ 1976, 516.
104 BGH FamRZ 1978, 677; OLG Düsseldorf FamRZ 1979, 808.
105 Vgl. zur Antragstellung auch FormB FA-FamR/Schröder Kap. 3 Rn. 49.
106 OLG Zweibrücken FamRZ 2001, 763.
107 Vgl.: OLG Stuttgart FamRZ 1993, 192.
108 KG FamRZ 2000, 1292.

Weinreich

2.) den Wert aller Vermögensgegenstände und Verbindlichkeiten mitzuteilen,
3.) folgende Unterlagen vorzulegen: ...
II.) Der (die) Antragsgegnerin wird verpflichtet, die Vollständigkeit und Richtigkeit des Vermögensverzeichnisses an Eides Statt zu versichern.
III.) Der (die) Antragsgegner/in ... wird verpflichtet, der Antragstellerin (dem Antragsteller) Zugewinnausgleich in nach Auskunftserteilung noch zu beziffernder Höhe nebst Zinsen hieraus ab ...[109] zu bezahlen.

1. Isolierter Auskunftsantrag

Der isolierte Auskunftsantrag fällt **nicht in den Scheidungsverbund**, weil er lediglich die Regelung der Scheidungsfolgen vorbereitet, also nicht für den Fall der Scheidung erhoben wird.[110] Denn der Scheidungsverbund soll eine sachgerechte Regelung der wichtigsten mit der Ehescheidung zusammenhängenden Fragen ermöglichen und dadurch den Ehegatten schützen, der an der Ehe festhalten will oder der der sozial schwächere Partner ist. Das ist aber über die Einbeziehung des nur isolierten Auskunftsanspruches nicht möglich. Wird gleichwohl im Verbund mit der Ehescheidung isoliert Auskunft beansprucht, ist dieses Verfahren gem. § 140 FamFG **abzutrennen**, keinesfalls der Antrag zurückzuweisen.[111]

Etwas anderes gilt allerdings dann, wenn der Zugewinnausgleich bereits Folgesache ist. In diesem Fall kann die **Auskunftswiderklage** im Verbund geltend gemacht werden.[112]

2. Stufenantrag

Die Verbindung der Ansprüche im Wege des Stufenantrages ist insbesondere wegen der damit verbundenen **Hemmung der Verjährung** der zweckmäßigere Weg. Der Stufenantrag (§§ 113 Abs. 1, 5 FamFG, 254 ZPO) stellt einen **Leistungsantrag** mit einer noch nicht fixierten Anspruchshöhe dar. Wird er während der Rechtshängigkeit des Ehescheidungsverfahrens erhoben, so fällt das gesamte Stufenverfahren in den Scheidungsverbund, § 137 Abs. 2 Nr. 4 FamFG.

In der **ersten Stufe** werden sodann die Ansprüche nach § 1379, in der **zweiten Stufe** die Abgabe der eidesstattlichen Versicherung und in der **dritten Stufe** der Leistungsanspruch behandelt. Es ist aber auch möglich, unter **Umgehung der zweiten Stufe** sogleich Leistung zu begehren, wie es dem auskunftsberechtigten Ehegatten auch unbenommen bleibt, noch vor vollständiger Auskunftserteilung Ausgleich des Zugewinns zu beantragen.[113]

3. Rechtskraft

Mit dem Problem der Rechtskraft des Auskunftsbeschlusses stellt sich die Frage, ob und gegebenenfalls wann der auskunftsberechtigte Ehegatte einen **erneuten Auskunftsantrag** stellen kann, statt im Wege der **Vollstreckung** aus einem bereits vorhandenen Titel zu versuchen, die benötigten Auskünfte zu erhalten. Der Gläubiger, der bereits einen rechtskräftigen Titel erstritten hat, ist nach der Rechtsprechung frei, einen erneuten Beschluss aus demselben Streitgegenstand zu verlangen, wenn er daran wegen **besonderer Umstände ein besonderes Interesse** hat.[114] Das ist der Fall, wenn der **vollstreckbare Titel nicht wieder herstellbar untergegangen** ist[115] oder wenn **Streit über**

60

61

62

63

64

---

109 Im Falle der Geltendmachung im Verbund ab Rechtskraft der Scheidung, im Falle der isolierten Geltendmachung nach abgeschlossener Scheidung ab Verzugsbeginn.
110 BGH FamRZ 1979, 690, 692.
111 BGH FamRZ 1997, 811; OLG Hamm FamRZ 1994, 773.
112 OLG Zweibrücken FamRZ 1996, 749.
113 BGH WM 1978, 1390.
114 OLG Zweibrücken NJW-RR 1997, 1.
115 BGH FamRZ 1952, 705.

die **Tragweite** einer zu Zweifeln Anlass gebenden Beschlussformel besteht.[116] Schließlich gilt dasselbe dann, wenn der zu vollstreckende **Titel zu unbestimmt** ist.[117] In diesen Fällen kann ausnahmsweise statt des für solche Fälle vorgesehenen **Feststellungsantrages**[118] auch ein **nochmaliger Leistungsantrag** gestellt werden, wenn der Auskunftstitel wegen seines unbestimmten Leistungsaussspruchs nicht zur Zwangsvollstreckung geeignet ist.

4. Beschwer

65   Der **Verfahrenswert für das Auskunftsverfahren** bemisst sich nach dem Interesse des Antragstellers an der begehrten Information und entspricht einem zu schätzenden **Teilwert der Hauptsache**. Er beträgt im Allgemeinen 1/10 bis ¼ hiervon. Zur Ermittlung des Wertes ist der Anspruchsteller gegebenenfalls danach zu fragen, welche Vorstellungen er sich vom Wert des Leistungsanspruchs gemacht hat.[119]

66   Für die **Zulässigkeit eines Rechtsmittels** kommt es nicht darauf an, ob der geltend gemachte Auskunftsanspruch überhaupt besteht; dies ist im Rahmen der Begründetheit zu beantworten.[120] Die maßgebliche Beschwer richtet sich im Fall der Beschwerde des Auskunftspflichtigen – anders als beim Antragsteller – nach dessen Interesse daran, die **begehrte Auskunft nicht erteilen zu müssen**.[121] Dieses Interesse hat das Gericht nach **freiem Ermessen** zu bewerten, wobei es maßgeblich auf den **Aufwand an Zeit und Arbeit** ankommt, den die sorgfältige Erteilung der geschuldeten Auskunft verursacht.[122] Kosten der **Hinzuziehung sachkundiger Dritter** können dabei nur dann berücksichtigt werden, wenn sie zwangsläufig entstehen, der Auskunftspflichtige also selbst nicht in der Lage wäre, die geschuldete Auskunft sachgerecht zu erteilen.[123] Der Wert des Hauptanspruchs ist dagegen irrelevant, da der aus Auskunftserteilung gehende Titel keine Rechtskraft für den Hauptanspruch schafft.[124] Deshalb kann auch allein aus der Wertfestsetzung für das Auskunftsverfahren auf über 600 € nicht darauf geschlossen werden, dass das Gericht von einer entsprechenden Beschwer bei dem Auskunftspflichtigen ausgegangen ist.[125] Bei der Bemessung des Beschwerdewertes ist der Aufwand an Zeit und Kosten zu berücksichtigen, wenn dem im **Ausland wohnenden Ehegatten** über die aus § 1379 Abs. 1 Satz 1 folgende Verpflichtung hinaus auch eine solche im Hinblick auf § 1375 Abs. 2 auferlegt worden ist.[126] Berücksichtigt werden kann das **Interesse des Antragsgegners an einer Geheimhaltung** der zu offenbarenden Verhältnisse. Allerdings hat der zur Auskunft verpflichtete Ehegatte, der sich auf sein Geheimhaltungsinteresse beruft, substantiiert darzulegen, dass ihm gerade durch die Erteilung der Auskunft ein konkreter Nachteil droht.[127] nicht dagegen das Interesse daran, die mit dem Auskunftsantrag vorbereitete Durchsetzung des Leistungsanspruchs zu verhindern.[128] Für die Beschwer durch die Verpflichtung zur Abgabe der eidesstattlichen Versicherung gilt dasselbe.[129] Ist der Auskunftspflichtige verpflichtet worden, Auskunft über das Einkommen Dritter zu erteilen, der seinerseits zur Auskunftserteilung nicht bereit ist, so sind die Kosten der bei der Durchsetzung dieses Anspruchs anfallenden Rechtsverfolgungskosten im Rahmen der Beschwer mit zu berücksichtigen.[130]

---

116 BGH FamRZ 1962, 17.
117 BGH NJW 1972, 2268.
118 BGH FamRZ 1989, 267.
119 BGH FamRZ 2011, 1929.
120 BGH FamRZ 2011, 1929.
121 BGH FamRZ 1991, 315.
122 BGH FamRZ 2012, 216; FamRZ 2009, 594.
123 BGH FamRZ 2003, 1267; FamRZ 2007, 711.
124 BGH FamRZ 2012, 216.
125 BGH FamRZ 2012, 24.
126 BGH FamRZ 1991, 315.
127 OLG Köln FamRZ 2010, 29 m. Anm. Bergschneider.
128 BGH FamRZ 2003, 597; FamRZ 2007, 1090.
129 OLG Brandenburg FamRZ 2008, 1359.
130 BGH FamRZ 2012, 24.

III. Vollstreckung

Der Auskunftsanspruch wird, da die **Auskunftserteilung** eine **unvertretbare Handlung** darstellt, nach §§ 120 Abs. 1 FamFG, 888 ZPO vollstreckt.[131] Die Vollstreckung des Anspruchs auf **Wertermittlung** und auf **Wertfeststellung durch einen Sachverständigen** erfolgt dagegen nach §§ 120 Abs. 1 FamFG, 887 ZPO, da beides **vertretbare Handlungen** sind.[132] 67

Im Falle der Verpflichtung zur Abgabe der **eidesstattlichen Versicherung** ist diese gem. §§ 120 Abs. 1 FamFG, 889 ZPO beim Amtsgericht – **Vollstreckungsgericht** – am Wohnsitz des Schuldners abzulegen, wobei die Abnahme der Versicherung durch den Rechtspfleger erfolgt (§ 20 Nr. 17 RPflG). 68

Der aus § 1353 abgeleitete Anspruch, schon während des **Bestehens der ehelichen Lebensgemeinschaft** in groben Zügen über die Vermögensverhältnisse unterrichtet zu werden, kann sogleich mit dem Leistungsantrag geltend gemacht werden.[133] Weigert sich ein Ehegatte beharrlich, seiner Auskunftspflicht nachzukommen, so kann der auskunftsberechtigte Ehegatte **vorzeitigen Ausgleich des Zugewinns** beanspruchen, §§ 1385 Nr. 4. 69

§ 1380 Anrechnung von Vorausempfängen

(1) ¹Auf die Ausgleichsforderung eines Ehegatten wird angerechnet, was ihm von dem anderen Ehegatten durch Rechtsgeschäft unter Lebenden mit der Bestimmung zugewendet ist, dass es auf die Ausgleichsforderung angerechnet werden soll. ²Im Zweifel ist anzunehmen, dass Zuwendungen angerechnet werden sollen, wenn ihr Wert den Wert von Gelegenheitsgeschenken übersteigt, die nach den Lebensverhältnissen der Ehegatten üblich sind.

(2) ¹Der Wert der Zuwendung wird bei der Berechnung der Ausgleichsforderung dem Zugewinn des Ehegatten hinzugerechnet, der die Zuwendung gemacht hat. ²Der Wert bestimmt sich nach dem Zeitpunkt der Zuwendung.

A. Allgemeines

I. Bedeutung der Norm

Der **Sinn der Norm** des § 1380 liegt darin, zu verhindern, dass Zuwendungen eines Ehegatten an den anderen, die dieser vor dem Stichtag der Errechnung des Endvermögens vornimmt, unberücksichtigt bleiben. Die Zuwendung wird daher nach Abs. 1 Satz 1 auf die Ausgleichsforderung desjenigen Ehegatten angerechnet, der die Zuwendung erhalten hat, wobei im Zweifel anzunehmen ist, dass eine Anrechnung erfolgen soll, sofern es sich bei der Zuwendung um eine solche handelt, deren Wert über dem von Gelegenheitsgeschenken liegt. 1

---

131 Zöller/Stöber § 888 Rn. 3.
132 OLG Bamberg FamRZ 1999, 312; Palandt/Brudermüller § 1379 Rn. 19.
133 S.o. Rdn. 23.

2   **Austauschgeschäfte unter Ehegatten** sind für den Zugewinnausgleich ohne Bedeutung. Denn bei ihnen neutralisieren sich Leistung und Gegenleistung. Für sie bedarf es mithin keiner gesonderten Regelung.

3   **Unentgeltliche Zuwendungen unter Ehegatten**, die diese während des Bestehens der Zugewinngemeinschaft getätigt haben, sind in der Regel für den später durchzuführenden Zugewinnausgleich rechnerisch gleichfalls unbedeutend. Denn der Erhöhung des Endvermögens des Zuwendungsempfängers auf der einen Seite steht die entsprechende Reduzierung des Zugewinns des Zuwendenden auf der anderen Seite gegenüber. Dies würde allerdings dann nicht gelten, würde man entgegen der herrschenden Meinung[1] auch Zuwendungen unter Ehegatten wie solche durch Dritte nach § 1374 **Abs. 2** dem Anfangsvermögen des Zuwendungsempfängers zurechnen. Weiter hat etwas anderes dann zu gelten, wenn einer der Ehegatten oder beide nur **Verluste** erwirtschaftet haben, die nach § 1373 keinen Zugewinn darstellen, was zur Folge hätte, dass die Zuwendung unberücksichtigt bliebe.

4   § 1380 hat also nur dann eine Bedeutung, wenn die Zuwendung sich mangels **Zugewinns** im Übrigen im Rahmen des Zugewinnausgleichs nicht oder nicht vollständig neutralisieren würde. § 1380 Abs. 1 Satz 1 ist **nicht abdingbar**.[2]

II. Anwendbarkeit

5   Vorausempfänge sind lediglich beim rechnerischen Zugewinnausgleich auf die **Ausgleichsforderung** anzurechnen. Das gilt allerdings dann nicht, wenn sich die Forderung gegen die **Erben des Ehegatten** richtet, der den Vorausempfang gewährt hat, also in den Fällen des § 1371 Abs. 2.

6   Nach dem **Tode eines Ehegatten** kommen Ausgleichsansprüche sowohl nach § 1371 Abs. 2 als auch **Pflichtteilsansprüche** in Betracht. Hat der Erblasser eine **Zuwendung unter Lebenden** gemacht, so stellt sich die Frage, ob diese auf die **Ausgleichsforderung** oder auf den **Pflichtteil** anzurechnen ist, ob also nach § 1380 oder § 2315 zu verfahren ist. Ist eine Anrechnung auf beide Rechte ohne nähere Bestimmung angeordnet worden, so ist zunächst der **Pflichtteil als das rangschlechtere** und damit für den Gläubiger weniger sichere Recht zu kürzen.[3]

7   Nicht entschieden ist bislang die **Anrechnung gegenseitiger Zuwendungen**. Zutreffend dürfte es sein, den Saldo zwischen den beiderseitigen Zuwendungen dann nach § 1380 anzurechnen, wenn der Ehegatte mit den höheren Zuwendungen ausgleichspflichtig ist.[4]

B. Der Begriff der Zuwendung

8   Anzurechnen sind nur **rechtsbeständige unentgeltliche Zuwendungen, die den Wert von Gelegenheitsgeschenken übersteigen**.[5] Dabei spielt die sonst übliche Unterscheidung zwischen **unbenannten Zuwendungen** und **echten Schenkungen** in diesem Zusammenhang keine Rolle.[6] Zuwendungen in diesem Sinne sind somit alle **Vermögensvorteile eines Ehegatten**, die dieser durch **Rechtsgeschäft** von dem anderen erhält, sei es durch **Mehrung seiner Aktiva** oder durch **Minderung seiner Passiva**. Hierzu rechnen somit auch Vermögensvorteile, die ein Ehegatte dem anderen während bestehender Ehe als **Anerkennung und Ausgleich für dessen familiäre Leistungen** gegeben hat.[7]

---

1   Vgl. § 1374 Rn. 39 m.w.N.
2   Staudinger/Thiele § 1380 Rn. 31.
3   Staudinger/Thiele § 1380 Rn. 29 m.w.N.
4   Haussleiter/Schulz Kap. 1 Rn. 400; Palandt/Brudermüller § 1380 Rn. 13.
5   *OLG Köln* FamRZ 1998, 1515.
6   BGH FamRZ 1982, 246; BGH FamRZ 1983, 351.
7   BGH FamRZ 1982, 246; BGH FamRZ 2001, 413.

Die Zuwendung muss auch **nicht unmittelbar durch den Ehegatten** erfolgen. Zu berücksichtigen 9
sind in diesem Zusammenhang auch solche Leistungen, die ein Ehegatte dem anderen mittels
eines **Dritten** verschafft.

Die Zuwendung muss auf einem **Rechtsgeschäft unter Lebenden** beruhen. **Verfügungen von** 10
Todes wegen bleiben schon im Hinblick auf § 1371 Abs. 2 außer Betracht.[8]

Eine Zuwendung kann auch darin gesehen werden, dass der alleinverdienende Ehegatte jahrelang 11
die **Zins- und Tilgungsleistungen** für das im Miteigentum beider Ehegatten stehende Grundstück
getragen hat. In diesem Fall besteht die Zuwendung in der **Lastenfreistellung**.[9]

Keine anzurechnenden Zuwendungen sind solche, die **nicht beständig** sind. Wurde eine **Schen-** 12
kung wirksam widerrufen oder eine **ehebedingte Zuwendung kondiziert** oder nach den Grundsätzen des **Wegfalls der Geschäftsgrundlage** zurückgefordert, stellt sie keinen Vorausempfang
dar.[10]

Keine als Vorausempfang zu berücksichtigende Zuwendung stellen auch **entgeltliche Leistungen** 13
dar. Das gilt auch dann, wenn die **Gegenleistung gering** zu sein scheint.[11] Etwas anderes gilt nur
im Falle **gemischter Schenkungen**, in denen der Vorausempfang in dem geschenkten Anteil an
der Zuwendung gesehen werden kann.[12]

Vorausempfänge sind nur **freiwillige Leistungen** des Zuwendenden, wie etwa die Übertragung der 14
Hälfte der Anrechte an einem Wertpapierkonto auf den Ehegatten.[13] Hierzu können auch **Unter-**
haltsleistungen rechnen, die nach § 1360b nicht zurückgefordert werden können.[14] Denn das
Gesetz beschränkt in § 1380 die Anrechnung von Vorausempfängen nicht auf Leistungen, die der
Vermögensbildung dienten, sondern ordnet sie für Zuwendungen schlechthin an. Darunter fällt
auch eine nicht zurückforderbare überschüssige Unterhaltsleistung an den anderen Ehegatten.[15]

Weitere Voraussetzung für die Berücksichtigung als Vorausempfang ist, dass die Zuwendung **wäh-** 15
rend des gesetzlichen Güterstandes geleistet worden ist. Dabei wird das **Ende des Güterstandes**
wegen der Natur der Norm als Berechnungsregel im Falle der Ehescheidung mit dem **Tag der**
Rechtshängigkeit des Scheidungsantrages angenommen.[16]

Ist sie **vor der Eheschließung** – etwa während der Verlobungszeit – erfolgt, so kommt eine 16
Berücksichtigung im Rahmen des § 1380 nicht in Betracht.[17] Allenfalls sind Ausgleichsansprüche
nach den Grundsätzen des Wegfalls der Geschäftsgrundlage in Erwägung zu ziehen, sofern nicht
die Verlobten die Anwendung des § 1380 durch Vertrag vereinbart haben.

Ist die Zuwendung erst **nach der Rechtshängigkeit des Scheidungsantrages** erfolgt, so wird sie im 17
Regelfall als Leistung des Schuldners auf die Ausgleichsforderung an **Erfüllungs Statt** anzusehen
sein.[18] Eine entsprechende Anwendung des § 1380 kommt nicht in Betracht.

Ein Vorausempfang ist nur zu berücksichtigen, wenn er vom **Ausgleichspflichtigen** geleistet wor- 18
den ist, nicht dagegen dann, wenn ihn der **Ausgleichsberechtigte** geleistet hat.[19] Denn er kann

---

8 Staudinger/Thiele § 1380 Rn. 6.
9 BGH FamRZ 1982, 246.
10 MüKo/Koch vor § 1363 Rn. 9.
11 Staudinger/Thiele § 1380 Rn. 7.
12 OLG München FamRZ 1987, 67.
13 OLG Karlsruhe FamRZ 2003, 361.
14 BGH FamRZ 1983, 351.
15 BGH FamRZ 1983, 351.
16 Palandt/Brudermüller § 1380 Rn. 4 m.w.N.
17 Haussleiter/Schulz Kap. 1 Rn. 381.
18 Staudinger/Thiele § 1380 Rn. 10; MüKo/Koch § 1380 Rn. 14.
19 FA-FamR/v Heintschel-Heinegg Kap. 9 Rn. 110.

nach dem Gesetzeswortlaut nur von einer zuvor errechneten **Ausgleichsforderung abgesetzt** werden, weshalb er niemals dem Gläubiger zugute kommen kann, der den Schuldner bedacht hat.[20] Insoweit kann ein Ausgleich nur nach den allgemeinen Regeln der §§ 1372 ff. erfolgen.[21]

C. Die Anrechnung

I. Die Zuwendungsbestimmung

19   Als Vorausempfang anzurechnen sind nur solche Zuwendungen, deren **Anrechnung ganz oder teilweise bestimmt worden ist** (Abs. 1 Satz 1). Dabei ist die **Anrechnungsbestimmung** ein **einseitiges empfangsbedürftiges Rechtsgeschäft**, das nach herrschender Meinung **zumindest zeitgleich** mit der Zuwendung als solcher erfolgen muss[22] Eine **spätere einseitige Bestimmung** ist nicht mehr möglich. Jedoch können sich die Ehegatten dahingehend **einigen**, dass eine Zuwendung als Vorausempfang angerechnet werden soll. Streitig ist, ob eine derartige Vereinbarung **formlos möglich** ist,[23] oder ob sie zu ihrer Wirksamkeit der **Form eines Ehevertrages** bedarf.[24] Für letztgenannte Meinung spricht, dass eine nachträgliche Bestimmung die Zugewinnausgleichsforderung unmittelbar berührt und Vereinbarungen über diese nach § 1378 Abs. 3 bis zur Beendigung des Güterstandes stets formbedürftig sind.

20   Die rechtzeitige **Anrechnungsbestimmung**, die keiner Form bedarf, kann auch **konkludent** erfolgen, wobei für die **Auslegung** nach allgemeinen Auslegungsregeln das gesamte Verhalten des Zuwendenden aus der Sicht des Zuwendungsempfängers zu betrachten ist. Erfolgt die Zuwendung zum erklärten **Zweck der Vermögensauseinandersetzung** nach dem Scheitern der Ehe, so ist hierin die stillschweigende Bestimmung zu sehen, dass der zugewendete Vermögenswert jedenfalls dann auf eine mögliche Ausgleichsforderung des Zuwendungsempfängers angerechnet werden sollte, wenn dieser nach Beendigung des Güterstandes Ausgleich des Zugewinns verlangt.[25]

II. Die Anrechnungsvermutung

21   Abs. 1 Satz 2 bestimmt, dass im **Zweifel** anzunehmen ist, dass die Zuwendung angerechnet werden soll, wenn ihr Wert den von **Gelegenheitsgeschenken** übersteigt. Diese Norm findet dann Anwendung, wenn die Auslegung nach Abs. 1 Satz 1 scheitert. Sie wird teilweise als **Auslegungsregel**,[26] teilweise aber auch als ein **ergänzender Rechtssatz** angesehen.[27] Der erstgenannten Auffassung dürfte dabei schon angesichts des Wortlautes der Norm der Vorzug einzuräumen sein.

22   Was unter **Gelegenheitsgeschenken** zu verstehen ist, bestimmt sich nach dem **Wert**, nicht dem **Gegenstand der Zuwendung**. Maßgeblich ist der Wert solcher Gelegenheitsgeschenke, wie sie nach den **Lebensverhältnissen der Ehegatten** üblich sind. Wird bei gemeinsam wirtschaftenden Ehegatten eine Zuwendung vom **gemeinsamen Konto** bezahlt, so ist zu berücksichtigen, dass das Geschenk wirtschaftlich nur teilweise eine Zuwendung des anderen Ehegatten darstellt. Tatsächlich bezahlt der Beschenkte einen Teil der Zuwendung selbst, so dass der Wert der Zuwendung nur in dem auf den Zuwendenden entfallenden Anteil besteht.[28]

---

20   BGH FamRZ 1982, 778; OLG Oldenburg FamRZ 1991, 814; OLG Karlsruhe FamRZ 1981, 556.
21   BGH FamRZ 1982, 778.
22   Haussleiter/Schulz Kap. 1 Rn. 382 m.w.N.
23   So: Staudinger/Thiele § 1380 Rn. 15.
24   So: Bamberger/Roth/Mayer § 1380 Rn. 12; RGRK/Finke § 1380 Rn. 3; Soergel/Lange § 1380 Rn. 5; Ermann/Heckelmann § 1380 Rn. 4.
25   BGH FamRZ 2001, 757.
26   Staudinger/Thiele § 1380 Rn. 17; Palandt/Brudermüller § 1380 Rn. 7.
27   MüKo/Koch § 1380 Rn. 8; Haussleiter/Schulz Kap. 1 Rn. 382.
28   OLG Köln FamRZ 1998, 1514.

Wird die **Wertgrenze überschritten**, so erfolgt im Zweifel die volle Anrechnung. Zu den Gelegen- 23
heitsgeschenken rechnen im Übrigen diejenigen, die aus **besonderem Anlass** erfolgen, wie zu
Weihnachten, zum Geburtstag, zum Bestehen einer Prüfung oder dergleichen.

Kann der Zuwendungsempfänger einmal beweisen, dass eine Anrechnung als Vorausempfang 24
nicht erfolgen sollte, so sind die beiderseitigen Endvermögen unverändert zu Grunde zu legen.

III. Durchführung der Anrechnung

Ziel der Anrechnung ist es, den Zuwendungsempfänger so zu stellen, wie er stehen würde, hätte 25
er die Zuwendung erst nach der Beendigung des Güterstandes als Leistung an Erfüllungs Statt auf
die Ausgleichsforderung erhalten.

Die Anrechnung erfolgt in vier Schritten:[29]

– Zunächst wird die Zuwendung gem. der Vorgabe des Abs. 2 dem Zugewinn des zuwendenden
  Ehegatten hinzugerechnet, womit auf dessen Seite fiktiv die Situation hergestellt ist, die ohne
  die Zuwendung bestünde.
– Sodann wird die Zuwendung vom Zugewinn des Zuwendungsempfängers abgezogen.[30] Dieser
  Schritt dient dazu, auch den Zuwendungsempfänger fiktiv so zu stellen, wie er ohne die
  Zuwendung gestanden hätte. Überdies kann der zugewendete Vermögensgegenstand nicht
  sowohl das Endvermögen des einen als auch das des anderen erhöhen. Außerdem wird hier-
  durch dem Umstand Rechnung getragen, dass die Anwendung des § 1374 Abs. 2 bei Zuwendungen unter Ehegatten ausgeschlossen ist.[31] Dabei ist es unerheblich, ob der Vermögenswert
  tatsächlich noch vorhanden ist.
– Auf der Basis der korrigierten Zugewinne wird die fiktive Ausgleichsforderung errechnet.
– Von dieser fiktiven Ausgleichsforderung wird sodann der Wert der Zuwendung abgezogen.

Streitig ist, ob im Hinblick auf den Wert der Zuwendung eine **Indexierung** zu erfolgen hat. Nach 26
wohl herrschender Meinung würde sich eine Aufwertung der Zuwendung durch Berücksichtigung
des Kaufkraftverlustes durch die vorzunehmenden Rechenschritte selbst neutralisieren, weshalb sie
ein überflüssiges Rechenwerk darstellt.[32]

Erfährt der zugewendete Vermögensgegenstand während der Ehezeit dagegen einen **echten Wert-** 27
zuwachs, so handelt es sich dabei um eine ausgleichspflichtige Mehrung des Endvermögens.

D. Verfahren

Derjenige Ehegatte, der Rechte aus der **Zuwendung als solcher** herleitet, hat diese zu beweisen,[33] 28
der andere trägt dagegen die **Beweislast** dafür, dass die Zuwendung nicht als **Vorausempfang**
angerechnet werden sollte.[34]

---

29 OLG Karlsruhe FamRZ 2004, 1033.
30 BGH FamRZ 1982, 246.
31 BGH FamRZ 1987, 791.
32 Staudinger/Thiele § 1380 Rn. 26; MüKo/Koch § 1380 Rn. 22; Soergel/Lange § 130 Rn. 13; a.A.: Palandt/
    Brudermüller § 1380 Rn. 18; Haussleiter/Schulz Kap. 1 Rn. 389; so auch: BGH FamRZ 2001, 413.
33 OLG Düsseldorf FamRZ 1988, 63.
34 Palandt/Brudermüller § 1380 Rn. 20.

§ 1381   Leistungsverweigerung wegen grober Unbilligkeit

(1) Der Schuldner kann die Erfüllung der Ausgleichsforderung verweigern, soweit der Ausgleich des Zugewinns nach den Umständen des Falles grob unbillig wäre.

(2) Grobe Unbilligkeit kann insbesondere dann vorliegen, wenn der Ehegatte, der den geringeren Zugewinn erzielt hat, längere Zeit hindurch die wirtschaftlichen Verpflichtungen, die sich aus dem ehelichen Verhältnis ergeben, schuldhaft nicht erfüllt hat.

A. Allgemeines

1   Die gesetzliche Regelung des Zugewinnausgleichs ist bewusst **schematisch getroffen** worden, so dass sie für **individualisierende Wertungen keinen Raum** lässt. Das kann im Einzelfall Ergebnisse zur Folge haben, die als unbillig angesehen werden. Für diejenigen Fälle, in denen das Ergebnis des Zugewinnausgleichs dem **Gerechtigkeitsempfinden in unerträglicher Weise widersprechen** würde, gibt § 1381 die Möglichkeit, die Zugewinnausgleichsforderung herabzusetzen oder sie ganz entfallen zu lassen.

2   Die Norm ist im Zusammenhang mit den §§ 1382 und 1383 zu sehen. Dabei dienen § 1381 und § 1382 dem Schutz des Ausgleichsschuldners, während § 1383 dem Gläubiger die Möglichkeit gibt, bestimmte Vermögensgegenstände unter Anrechnung auf die Ausgleichsforderung übertragen zu bekommen.

3   § 1381 gibt nicht die Möglichkeit, **in der Systematik des Zugewinnausgleichs angelegte Mängel** nach Billigkeitsmaßstäben zu beheben.[1] Eine Korrektur ist vielmehr nur dann möglich, wenn die **Grundlagen des Zugewinnausgleichs** gestört sind[2] oder wenn der nach den gesetzlichen Vorgaben ermittelte Zugewinnausgleich im Einzelfall den **Sinn und den Gerechtigkeitsgehalt der Vermögensteilhabe unter Ehegatten grob verfehlt**.[3]

4   Für den **Begriff der groben Unbilligkeit** gibt Abs. 2 ein **Regelbeispiel**. Danach kann grobe Unbilligkeit insbesondere dann vorliegen, wenn der Ehegatte, der den geringeren Zugewinn erzielt hat, längere Zeit hindurch seine wirtschaftlichen Verpflichtungen, die sich aus dem ehelichen Verhältnis ergeben, schuldhaft nicht erfüllt hat. Die Norm des § 1381 wird eher **einschränkend ausgelegt**. Grobe Unbilligkeit wird nur angenommen, wenn die Gewährung des Ausgleichsanspruchs dem Gerechtigkeitsempfinden in **unerträglicher Weise** widersprechen würde, weshalb die Anforderungen strenger sind als beispielsweise die im Rahmen des § 242 oder § 1579.[4]

---

1 Staudinger/Thiele § 1381 Rn. 2.
2 MüKo/Koch § 1381 Rn. 3.
3 BGH FamRZ 1992, 787.
4 BGH FamRZ 1980, 877; FamRZ 1992, 787; OLG Bamberg FamRZ 1990, 408; OLG Celle FamRZ 1992, 1300.

Die grobe Unbilligkeit kann nur der **Ausgleichsschuldner** für sich reklamieren. Die Norm kann 5
dagegen auch nicht analog zur **Begründung oder Erhöhung eines Anspruchs** herangezogen werden.[5] Soweit die gegenteilige Auffassung vertreten wird,[6] ist diese schon mit dem Wortlaut der
Norm nicht in Einklang zu bringen.

Das Leistungsverweigerungsrecht stellt eine **Einrede** dar. Sie hindert die **Durchsetzbarkeit des** 6
Anspruchs auf Dauer. Sofern der Schuldner bereits geleistet hat, kann er in den Grenzen des
§ 814 einen **Bereicherungsanspruch** aus § 813 haben.

Der Schuldner kann auf die Einrede durch **einseitige formlose Erklärung** verzichten,[7] wobei das 7
Fallenlassen der Einrede im Rechtsstreit den Verzicht nicht notwendig impliziert.[8] Ein **antezipier-**
ter Verzicht ist nur in den Grenzen des § 1378 Abs. 3 möglich. Die Einrede ist kein höchstpersönliches Recht, so dass es auch von den **Erben** des ausgleichspflichtigen Ehegatten gegenüber dem
ausgleichsberechtigten Ehegatten ausgeübt werden kann.[9]

B. Die grobe Unbilligkeit im Einzelfall

I. Begriff

Grobe Unbilligkeit liegt dann vor, wenn **die Gewährung des Ausgleichsanspruchs dem Gerech-** 8
tigkeitsempfinden in unerträglicher Weise widersprechen würde.[10] Die Unbilligkeit darf **nicht**
nur vorübergehend zu bejahen sein. Würde ein sofortiger Zugewinnausgleich sich als unbillig darstellen, ist die **Möglichkeit der Stundung** nach § 1382 vorrangig.[11] Es kann nur eine Ungerechtig-
keit im **Einzelfall** korrigiert werden, während die Norm nicht dazu dient, dem starren System des
Zugewinnausgleichs immanente Ungerechtigkeiten zu korrigieren.[12] Deshalb steht dem ausgleichspflichtigen Ehegatten ein Leistungsverweigerungsrecht nur dann zu, wenn der – bewusst in
rein schematischer und pauschalierter Art gestaltete – Ausgleichsanspruch in der vom Gesetz
grundsätzlich vorgesehenen Weise sich ausnahmsweise als grob unbillig erweist[13] Das kann bei solchem Vermögen nicht angenommen werden, das nur durch die **besondere Tüchtigkeit eines Ehe-**
gatten erworben worden ist, oder dem jegliche **innere Beziehung zur ehelichen Lebensgemein-**
schaft fehlt, was beispielsweise für den Fall eines **Grundstückserwerbs nur wenige Wochen vor**
dem Ende der Ehezeit und der Finanzierung des vollen Kaufpreises gilt.[14] Denn § 1381 kann
nicht zum Ergebnis haben, die gesetzliche Grundstruktur des Zugewinnausgleichs zu ändern,
auch wenn dieser im Einzelfall zu unbilligen Ergebnissen führen mag.[15] Maßstab für das Billig-
keitskorrektiv des § 1381 ist deshalb die **idealgerechte Durchführung des Zugewinnausgleichs** auf
der Grundlage des vom Gesetz angenommenen Grundmusters.

Wie aus dem Regelbeispiel des Abs. 2 abgeleitet werden kann, reicht die **objektiv grobe Unbillig-** 9
keit als solche nicht aus, die Leistungsverweigerung zu begründen. Erforderlich ist vielmehr, dass

---

5 Staudinger/Thiele § 1381 Rn. 3; Palandt/Brudermüller § 1381 Rn. 8.
6 Kogel, MDR 1997, 1000.
7 BGHZ 22, 267.
8 BGHZ 22, 267.
9 BGH FamRZ 2002, 606.
10 BGH FamRZ 1980, 877; FamRZ 1992, 787; OLG Bamberg FamRZ 1990, 408; OLG Celle FamRZ
1992, 1300.
11 BGH NJW 1970, 1600.
12 BGH FamRZ 1992, 787.
13 BGH FamRZ 1992, 787.
14 A.A. OLG Celle FamRZ 1992, 1300.
15 BGHZ 46, 354; FamRZ 1980, 768; FamRZ 1980, 877; FamRZ 1992, 787; OLG Bamberg FamRZ
1990, 408.

der ausgleichsberechtigte Ehegatte auf **wirtschaftlichem Gebiet schuldhaft** gehandelt hat.[16] Dabei ist der konkrete **Sorgfaltsmaßstab des** § 1359 heranzuziehen, während es der Normzweck nicht gebietet, generell einen **strengen Verschuldensbegriff** zu Grunde zu legen. Es ist deshalb auch nicht erforderlich, dass die Pflichtverletzung **unentschuldbar** im Sinne von **unverzeihlich** ist.[17] Erfolgt eine Korrektur eines aus **anderen Gründen** für grob unbillig gehaltenen und dem Gerechtigkeitsempfinden in unerträglicher Weise widersprechenden Ergebnisses, so bedarf es nicht stets und ausnahmslos der Feststellung schuldhaften Verhaltens.[18]

10   Streitig ist, ob für die Beurteilung der groben Unbilligkeit auch Umstände mit herangezogen werden können, die **nach der Zustellung des Ehescheidungsantrages** eingetreten sind. Da die Vermögensentwicklung zwischen dem Tag der Rechtshängigkeit des Scheidungsantrages (§ 1384) und dem mit der Rechtskraft der Scheidung eintretenden Ende des Güterstandes beziehungsweise dem Entstehen der Ausgleichsforderung zugewinnausgleichsrechtlich ohne Bedeutung ist, erscheint es auch konsequent, nach der Zustellung des Scheidungsantrages eintretende Umstände unberücksichtigt zu lassen.[19] Das ist auch deshalb richtig, weil das Regelbeispiel des Abs. 2 auf die schuldhafte Nichterfüllung sich aus dem **ehelichen Verhältnis ergebender Verpflichtungen** abstellt. Das gilt nach der Reform des Güterrechts umso mehr, als die wirtschaftliche Entwicklung nach der Rechtshängigkeit des Scheidungsantrages das Ergebnis der Ausgleichsberechnung in keiner Weise mehr beeinflussen kann.

11   Nicht berücksichtigt werden können jedenfalls allein **nacheheliche Umstände**. Denn mit der Beendigung der Ehe endet jede güterrechtliche Bindung der früheren Ehegatten zueinander.[20]

12   Voraussetzung ist neben dem Verschulden stets, dass die **Pflichtwidrigkeiten länger andauern**. Nur **kurzfristige Verletzungen** der sich aus dem ehelichen Verhältnis ergebenden Pflichten begründen die Unbilligkeit nicht. Dabei kann ein absoluter **Zeitraum** nicht genannt werden. Er ist vielmehr stets auf die **Dauer der Ehe oder des Güterstandes** zu beziehen.[21] Je länger also der Güterstand andauerte, desto höher sind die Anforderungen an die Dauer der Pflichtverletzungen.[22] Daraus folgt zugleich, dass es auf die **Dauer der Ehe allein** nicht ankommt.[23]

13   § 1381 ist nicht anzuwenden, wenn und soweit der Schuldner die auch schuldhaft herbeigeführten Maßnahmen seines Ehegatten **gebilligt** hat.[24] Dabei ist das nicht duldende **Gewährenlassen** jedoch keine Billigung in diesem Sinne, da Ehegatten insoweit nicht zum **Widerspruch** berechtigt oder gar verpflichtet sind.[25]

14   In seinem Anwendungsbereich stellt § 1381 eine **Generalklausel** dar, die die **allgemeine Generalklausel des** § 242 ausschließt.[26] § 242 bleibt jedoch außerhalb des Anwendungsbereiches des § 1381 anwendbar,[27] weshalb etwa wegen **späterer Ereignisse** der Einwand der **unzulässigen**

---

16   BGHZ 46, 343; FamRZ 1980, 877; FamRZ 1992, 787.
17   Staudinger/Thiele § 1381 Rn. 12.
18   BGH FamRZ 2002, 606.
19   OLG Bremen FamRZ 1998, 245, 246; Staudinger/Thiele § 1381 Rn. 19; Palandt/Brudermüller § 1380 Rn. 6; a.A.: OLG Köln FamRZ 1998, 1370; OLG Düsseldorf FamRZ 1987, 821; Soergel/Lange § 1381 Rn. 15.
20   Staudinger/Thiele § 1381 Rn. 5; MüKo/Koch § 1381 Rn. 21; a.A.: OLG Düsseldorf NJW 1995, 3193; FamRZ 1987, 821.
21   BGHZ 46, 343; FamRZ 1980, 877; OLG Celle FamRZ 1979, 431.
22   BGH FamRZ 1980, 877.
23   Haussleiter/Schulz Kap. 1 Rn. 426.
24   Vgl dazu § 1375 Abs. 3.
25   MüKo/Koch § 1381 Rn. 19.
26   BGH FamRZ 1989, 1276.
27   BGH FamRZ 1977, 38.

Rechtsausübung geltend gemacht werden kann. Auch kann die Forderung dem Einwand der **Verwirkung** ausgesetzt sein.

II. Anwendungsfälle

1. Nichterfüllung sich aus dem ehelichen Verhältnis ergebender wirtschaftlicher Verpflichtungen

Abs. 2 normiert als Regelbeispiel den Fall der **schuldhaften Verletzung sich aus dem ehelichen** 15 **Verhältnis ergebender wirtschaftlicher Verpflichtungen.** Hierzu zählt vorrangig die Verletzung gesetzlicher **Unterhaltspflichten**, etwa der aus §§ 1360 ff. folgenden Pflicht zum **Familienunterhalt.** Dasselbe gilt dann, wenn ein Ehegatte schuldhaft der ihm nach der getroffenen **Absprache über Haushaltsführung und Erwerbstätigkeit** obliegenden Verpflichtung zur Aufnahme einer Erwerbstätigkeit nicht nachgekommen ist (§ 1356), wenn er also nicht für den Unterhalt des Ehegatten oder gemeinsamer Kinder gesorgt hat.[28] Ist der ausgleichsberechtigte Ehegatte zwar einer Berufstätigkeit nachgegangen, hat er aber trotz ausreichenden Einkommens nicht den diesem angemessenen Teil zum Familienunterhalt beigetragen, sondern einen **übergroßen Teil für sich selbst verbraucht**, während der andere Ehegatte die Familie versorgt hat, gilt nichts anderes.

2. Verletzung von Haushaltsführungspflichten

Ebenfalls unter Abs. 2 zu subsumieren ist die **Verletzung der Haushaltsführungspflichten.** Verletzt 16 ein Ehegatte die interne zwischen den Partnern getroffene Absprache zur **Haushaltsführung** oder zur **Mithilfe im Haushalt** (§ 1356 Abs. 1 Satz 1) oder entzieht er sich seiner **Mitarbeitspflicht** (§ 1356 Abs. 2), kann dies eine die grobe Unbilligkeit begründende Pflichtverletzung darstellen.

3. Sonstiges ökonomisches Fehlverhalten

Das Gesetz normiert weder eine Pflicht noch eine Obliegenheit der Ehegatten, ihr Vermögen in 17 angemessener Form mit dem Ziel der Mehrung des Zugewinns oder in einer allein am Wohle der Familie orientierten Weise zu verwalten. Auch hängt das Bestehen eines Zugewinnausgleichsanspruchs nicht von der Feststellung der **Mitwirkung an der Vermögensmehrung** ab.[29] Aus diesem Grunde kann der Zugewinnausgleichsanspruch nicht daran scheitern, dass der Gläubiger nicht ausreichend für den eigenen Zugewinn gesorgt hat. Die Fälle der **vorwerfbaren eigenen Vermögensminderung** werden durch die Möglichkeit der **Hinzurechnung nach § 1375 Abs. 2** geregelt. Es kann nicht angehen, nicht hierunter fallende vermögensschädigende Verhaltensweisen durch den wesentlich enger gefassten § 1381 aufzufangen.[30]

4. Fehlverhalten im persönlichen Bereich

Fehlverhalten im persönlichen Bereich, das sich auch **nicht wirtschaftlich ausgewirkt** haben 18 muss, kann gleichfalls unter § 1381 fallen, obwohl dies dem Grundgedanken des Zugewinnausgleichsrechts eigentlich nicht entspricht und die Norm nicht als Scheidungsstrafe gedacht ist. Voraussetzung ist danach ein **ehezerstörendes Verhalten**, das entweder durch die Erstreckung über einen im Vergleich zur Dauer des Güterstandes **längeren Zeitraum** oder durch die **Schwere eines einmaligen oder kürzer andauernden Verhaltens** ganz besonders ins Gewicht fällt.[31]

Eine nur **heimliche eheliche Untreue** und **die innere Abwendung** von der Ehe reichen nicht aus, 19 den Zugewinnausgleichsanspruch zu versagen, wenn sie sich nicht erkennbar auf den Ehepartner

---

28 OLG Bremen FamRZ 1998, 245, 246.
29 BGH FamRZ 1980, 877; FamRZ 1992, 787.
30 Palandt/Brudermüller § 1381 Rn. 16; a.A.: Staudinger/Thiele § 1381 Rn. 13; Haussleiter/Schulz Kap. 1 Rn. 431.
31 BGH NJW 1966, 2109; NJW 1970, 1600; FamRZ 1980, 768.

ausgewirkt hat.[32] Zu den in der Rechtsprechung anerkannten Fehlverhalten zählt etwa der **vielfache und jahrelang andauernde schwere Ehebruch**,[33] die **jahrzehntelange Unterdrückung und Missachtung** des ausgleichspflichtigen Ehegatten,[34] dessen massive Misshandlungen[35] oder gar **Tötung**.[36] Ausreichend für die Verwirkung ist auch die mit einer tiefgreifenden Kränkung der Ehefrau verbundene mehrfache Vergewaltigung anderer Frauen, zumal dann, wenn in den Tatzeitraum die Geburt des gemeinsamen Kindes fällt.[37] Weiter wurde der Ausgleichsanspruch einer Ehefrau ganz versagt, die während der Ehe **vier Kinder** geboren, ihrem Ehemann jedoch **verheimlicht** hatte, dass er nicht deren Erzeuger ist, weshalb er für den Unterhalt dieser Kinder aufkommen musste.[38]

20   Haben sich die Eheleute **getrennt** oder eine **eheliche Lebensgemeinschaft von vornherein gar nicht erst begründet**, wird eine grobe Unbilligkeit kaum anzunehmen sein, weil der ausgleichspflichtige Ehegatte in diesen Fällen mindestens die Möglichkeit gehabt hätte, vorzeitig auf Ausgleich des Zugewinns zu klagen.[39]

5. Die Einkommens- und Vermögensverhältnisse

21   Die beiderseitigen **Einkommens- und Vermögensverhältnisse** sind im Rahmen der Billigkeit grundsätzlich nicht zu prüfen.[40] Sofern die sofortige Erfüllung der Ausgleichsforderung den Ausgleichsschuldner in wirtschaftliche Schwierigkeiten bringen kann, kann dem gegebenenfalls durch eine **Stundung der Ausgleichsforderung** nach § 1382 Rechnung getragen werden.[41] Im Ausnahmefall kann aber die Grenze zur groben Unbilligkeit aber überschritten sein, wenn der ausgleichspflichtige Ehegatte durch die Erfüllung der Zugewinnausgleichsforderung **unterhaltsberechtigt** oder seine **unterhaltsrechtliche Versorgungslage auf Dauer gefährdet würde**, diejenige des ausgleichsberechtigten Ehegatten aber ungefährdet bliebe.[42] Danach ist der vollständige Ausschluss des Zugewinnausgleichs etwa in einem Fall angenommen worden, in dem der ausgleichspflichtige Ehegatte über **keine Berufsausbildung** verfügte und sein Zugewinn allein aus der **Wertsteigerung** einer im Wege vorweggenommener Erbfolge erworbenen ideellen Haushälfte bestand.[43] Dasselbe gilt in dem Fall, in dem der Ehemann **pflegebedürftig** und auf **Dauer erwerbsunfähig** war, **keine Versorgungsanwartschaften** besaß und deshalb auf sein **Vermögen angewiesen** war, die Ehefrau, die ihn in dieser Situation verlassen hatte, gleichfalls über kein ausreichendes Einkommen verfügte und dem Ehemann mithin auch keinen Unterhalt bezahlen konnte.[44] Der Zugewinnausgleich kann auch dann unbillig sein, wenn der Ausgleichsschuldner in der Vergangenheit in erheblicher Höhe **Unterhalt überzahlt** hat und wenn die rechnerische Höhe der Ausgleichsforderung gerade durch die **ungewöhnlich sparsame Lebensführung** des Ausgleichspflichtigen maßgeblich beeinflusst ist.[45] Nicht gefolgt werden kann aber der Auffassung, dass die gerichtliche Anordnung zur Zahlung eines überhöhten Unterhalts, der für längere Zeit Folge geleistet wird ohne dass ein Rückzahlungsanspruch besteht, über § 1381 zu einer Herabsetzung des Zugewinnausgleichsan-

---

32   OLG Düsseldorf FamRZ 1981, 262.
33   OLG Hamm FamRZ 1989, 1188; FamRZ 1990, 627; OLG Celle FamRZ 1979, 431.
34   OLG Bamberg NJW-RR 1997, 1435.
35   OLG Düsseldorf FamRZ 2009, 1068.
36   OLG Karlsruhe FamRZ 1987, 823.
37   OLG Hamburg FamRZ 2012, 550.
38   OLG Celle FamRZ 1979, 431.
39   MüKo/Koch § 1381 Rn. 23; Soergel/Lange § 1381 Rn. 18; differenzierend: BGH FamRZ 1980, 877; a.A.: Staudinger/Thiele § 1381 Rn. 24.
40   BGH NJW 1973, 749.
41   Haussleiter/Schulz Kap. 1 Rn. 430.
42   BGH NJW 1973, 749; OLG Frankfurt FamRZ 1983, 921.
43   *OLG Schleswig NJW-RR 1998, 1225*; OLG Frankfurt FamRZ 1983, 921.
44   BGH FamRZ 1973, 254.
45   OLG Köln FamRZ 1998, 1370.

spruchs führen kann,[46] weil es nicht Sinn und Zweck der Leistungsverweigerung wegen grober Unbilligkeit nach § 1381 sein kann, eine möglicherweise fehlerhafte gerichtliche Unterhaltsentscheidung zu korrigieren. Ebenso wenig kann die Einrede des § 1381 gegeben sein, weil der ausgleichsberechtigte Ehegatte das gemeinschaftliche Haus im Rahmen der **Teilungsversteigerung** besonders günstig erworben hat.[47] Das gilt schon deshalb, weil die die grobe Unbilligkeit begründenden Umstände in diesem Fall in die Trennungszeit fallen.

Eine erhebliche Ausweitung der ansonsten eher restriktiven Anwendung des § 1381 stellt die Entscheidung dar, die ein Leistungsverweigerungsrecht wegen grober Unbilligkeit in einem Fall bejaht hat, in dem der Zugewinn im Wesentlichen aus einer **Abfindung für materielle oder immaterielle Schadensersatzansprüche** aus einem Verkehrsunfall bestand. Dem Zugewinnausgleichsschuldner ist hier zur Absicherung seiner eigenen Vermögenslage zugebilligt worden, dass er seinen Zugewinn als Vermögensreserve behielt.[48] Zu prüfen sein wird zukünftig, ob der unverschuldete Vermögensverlust zwischen Rechtshängigkeit des Scheidungsantrages und Rechtskraft der Ehescheidung eine Möglichkeit der Korrektur eines für unbillig gehaltenen Ergebnisses über § 1381 bietet. **22**

Ist eine **Arbeitnehmerabfindung** einerseits dem Endvermögen zuzurechnen und andererseits unterhaltsrechtlich wie laufendes Einkommen zu behandeln, so ist entschieden worden, dass eine doppelte Teilhabe des Ehegatten an ihr dadurch zu verhindern ist, dass deren Verbrauch durch Unterhaltsgewährung nach § 1381 auf die Ausgleichsforderung angerechnet wird.[49] Nach der Rechtsprechung des BGH zum Verbot der Doppelberücksichtigung[50] dürfte dieser Fall heute hierüber zu lösen sein, ohne dass es des Rückgriffs auf § 1381 bedarf. **23**

C. Rechtsfolgen

Sind die Voraussetzungen der groben Unbilligkeit gegeben, kann der Ausgleichsschuldner die **Erfüllung der Ausgleichsforderung verweigern**, soweit der Ausgleich des Zugewinns nach den Umständen des Falles grob unbillig wäre. Die Einrede muss deshalb nicht stets dazu führen, dass der Ausgleichsanspruch ganz entfällt. Sofern nur die Erfüllung des vollen Anspruchs grob unbillig erscheint, kann der Schuldner die Ausgleichsforderung entsprechend nur **teilweise verweigern**. In welchem Umfang das Leistungsverweigerungsrecht besteht, ist eine Frage des **Einzelfalles**, die eine umfassende Abwägung der beiderseitigen Interessen voraussetzt. **24**

§ 1381 berührt den aus § 1379 folgenden **Auskunftsanspruch** nicht, weil zumeist erst nach erteilter Auskunft beurteilt werden kann, ob und in welchem Umfang das Leistungsverweigerungsrecht begründet ist.[51] Nur dann, wenn evident ist, dass eine Ausgleichsforderung nicht besteht, besteht auch kein Auskunftsanspruch.[52] **25**

D. Verfahren

§ 1381 stellt eine **Einrede** dar und ist deshalb nur dann zu berücksichtigen, wenn der Ausgleichsschuldner sich darauf beruft. Dabei hat der Schuldner diejenigen Tatsachen darzulegen und zu beweisen, die die Unbilligkeit des Zugewinnausgleichs begründen.[53] **26**

---

46 So aber: OLG Brandenburg FamRZ 2004, 106.
47 A.A.: OLG Köln FamRZ 2009, 1070; OLG Schleswig OLGR 1998, 281.
48 OLG Stuttgart OLGR 2001, 220.
49 OLG Frankfurt FamRZ 2000, 611.
50 Vgl oben § 172 Rn. 14 ff.
51 Vgl.: § 1379 Rn. 9.
52 BGH FamRZ 1980, 768.
53 BGH FamRZ 1988, 593.

§ 1382   Stundung

(1) ¹Das Familiengericht stundet auf Antrag eine Ausgleichsforderung, soweit sie vom Schuldner nicht bestritten wird, wenn die sofortige Zahlung auch unter Berücksichtigung der Interessen des Gläubigers zur Unzeit erfolgen würde. ²Die sofortige Zahlung würde auch dann zur Unzeit erfolgen, wenn sie die Wohnverhältnisse oder sonstigen Lebensverhältnisse gemeinschaftlicher Kinder nachhaltig verschlechtern würde.

(2) Eine gestundete Forderung hat der Schuldner zu verzinsen.

(3) Das Familiengericht kann auf Antrag anordnen, dass der Schuldner für eine gestundete Forderung Sicherheit zu leisten hat.

(4) Über Höhe und Fälligkeit der Zinsen und über Art und Umfang der Sicherheitsleistung entscheidet das Familiengericht nach billigem Ermessen.

(5) Soweit über die Ausgleichsforderung ein Rechtsstreit anhängig wird, kann der Schuldner einen Antrag auf Stundung nur in diesem Verfahren stellen.

(6) Das Familiengericht kann eine rechtskräftige Entscheidung auf Antrag aufheben oder ändern, wenn sich die Verhältnisse nach der Entscheidung wesentlich geändert haben.

A. Allgemeines

1 Die Zugewinnausgleichsforderung ist nach ihrer Entstehung grundsätzlich **sofort fällig** (§ 271). Neben § 1381 gibt aber auch § 1382 eine Möglichkeit, die Folgen des Zugewinnausgleichs – hier speziell die der sofortigen Fälligkeit – im **Härtefall** zu Gunsten des Ausgleichsschuldners zu mildern. Während § 1381 einen Härteausgleich dadurch schafft, dass die Forderung in der **Höhe reduziert** wird, mithin **materiellrechtliche Wirkung** hat, schafft § 1382 die Möglichkeit, im Rahmen der **Erfüllung** bestehende Schwierigkeiten abzufangen. Dabei ist § 1382 gegenüber § 1381 vorrangig anzuwenden. Wenn also die Unbilligkeit bereits durch eine Stundung beseitigt werden kann, kommt die Anwendung des § 1381 nicht mehr in Betracht.[1]

2 Die Norm findet dann **Anwendung**, wenn die an sich wegen der sofortigen Fälligkeit der Ausgleichsschuld bestehende Verpflichtung zur sofortigen Erfüllung nach Beendigung des Güterstandes zu einer **übermäßigen Belastung des Ausgleichsschuldners** einerseits führen würde und eine spätere Erfüllung dem **Gläubiger zumutbar** erscheint.

3 Der **Stundungsantrag** selbst hat **keinerlei materiellrechtliche Wirkungen**. Die Zugewinnausgleichsforderung bleibt **fällig** und der Schuldner in **Verzug**. Die gestaltende Wirkung tritt aber mit der gerichtlichen Entscheidung ein, wobei § 1382 eine Art **richterlicher Vertragshilfe** beinhaltet, die durch einen Antrag des Schuldners eingeleitet wird und mit der gerichtlichen Entscheidung vollzogen ist. Die gestaltende Wirkung tritt sodann mit der **Rechtskraft der Entscheidung** ein,

---

1 BGH NJW 1970, 1600.

ohne dass es einer Vollstreckung bedürfte. Denn die Entscheidung selbst wirkt unmittelbar **fälligkeitsbestimmend**, vermittelt also dem Schuldner eine **Einwendung**, nicht nur eine Einrede.

Ebenso wie § 1381 schließt auch § 1382 in seinem Anwendungsbereich die Anwendung des § 242 4
aus. Denn die Norm ist eine eigene **Ausprägung des Grundsatzes von Treu und Glauben.**

Die Eheleute können die ihnen durch § 1382 eingeräumten Möglichkeiten gerichtlicher Rechtsge- 5
staltung durch Rechtsgeschäft abbedingen.[2] Vor der Beendigung des Güterstandes bedürfen **Vereinbarungen** über die Fälligkeit der künftigen Ausgleichsforderung, ihrer Verzinsung und die Leistung von Sicherheiten jedoch der **Form des Ehevertrages.** Während eines auf Auflösung der Ehe gerichteten Verfahrens gilt § **1378 Abs. 3 Satz 2.** Nach der Entstehung der Ausgleichsforderung sind solche Vereinbarungen dagegen formlos möglich. Stets ist aber der völlige Ausschluss oder die Beschränkung der Stundungsmöglichkeit sittenwidrig.[3]

Der **Antrag** auf Stundung der Ausgleichsforderung kann **jederzeit** und **unbefristet** gestellt werden. 6
Ein **längerer Zeitablauf** zwischen der Fälligkeit der Ausgleichsforderung und der Antragstellung kann jedoch ein Hinweis darauf sein, dass dem Gläubiger die sofortige Erfüllung zuzumuten ist.

§ 1382 findet Anwendung im Rahmen des **Zugewinnausgleichs** nach §§ 1372 ff., des **vorzeitigen** 7
Zugewinnausgleichs nach §§ 1385, 1386 und des dem Zugewinnausgleich gleichgestellten Verfahrens im Todesfall nach § 1371 Abs. 2, nicht jedoch bei der pauschalen Erhöhung des gesetzlichen Erbteils nach § 1371 Abs. 1, da dann zwischen dem überlebenden Ehegatten und den Erben eine Erbauseinandersetzung stattfindet.[4]

B. Stundungsvoraussetzungen

Die Stundungsentscheidung setzt eine umfassende **Abwägung der Interessen der Beteiligten** 8
voraus. Dabei sind die **Interessen des Schuldners**, diejenigen des **Gläubigers** und die **Belange der gemeinsamen Kinder** gegeneinander abzuwägen. Daraus folgt, dass allein der Umstand, dass die Erfüllung der Ausgleichsforderung aus seiner Sicht zur Unzeit erfolgt, dann keine Stundung rechtfertigt, wenn die Belange des Gläubigers oder die gemeinsamer Kinder dem entgegenstehen. Denn die Belange des Schuldners können durch entgegenstehende Belange des Gläubigers oder gemeinsamer Kinder kompensiert werden. Ein **Vorrang** der einen oder anderen Seite besteht im Widerstreit der Interessen nicht. Deshalb müssen alle Umstände des Falles gegeneinander abgewogen werden.

I. Die Belange des Schuldners

Die Stundung der Ausgleichsforderung ist nur in **Ausnahmefällen** berechtigt. Sie kommt nur 9
dann in Betracht, wenn die sofortige Zahlung für den Schuldner »**zur Unzeit**« erfolgen würde. Um diesen Begriff auszufüllen, kann etwa auch auf § 2331a zurückgegriffen werden, nach dem eine Stundung des Pflichtteilsanspruchs dann verlangt werden kann, wenn die sofortige Erfüllung den Schuldner **ungewöhnlich hart treffen würde**, wenn sie ihn insbesondere zur **Aufgabe seiner Familienwohnung** oder zur **Veräußerung eines Wirtschaftsgutes** zwingen würde, das für den Schuldner und seine Familie die Lebensgrundlage bildet.

Zur Unzeit erfolgt die sofortige Zahlung dann, wenn sie den Schuldner zu Dispositionen zwingen 10
würde, die ihn **ökonomisch oder persönlich über jenes Maß hinaus belasten**, das mit jeder Auseinandersetzung am Ende des Güterstandes verbunden ist. Dies gilt allerdings nur dann, wenn die besonderen Belastungen überhaupt durch eine spätere Fälligkeit der Ausgleichsforderung beseitigt

---

2 H.M.: vgl. Staudinger/Thiele § 1382 Rn. 49.
3 Soergel/Lange § 1382 Rn. 8; Staudinger/Thiele § 1382 Rn. 49.
4 Palandt/Brudermüller § 1382 Rn. 1.

oder zumindest gemildert werden können.[5] Ist also nicht zu erwarten, dass sich die **wirtschaftliche Situation des Schuldners verbessert**, so dass die mit der Leistung verbundenen Probleme auch späterhin bestehen werden, so ist eine Stundung nicht gerechtfertigt.[6] Irrelevant sind dabei diejenigen **Umstände, die zur Beendigung des Güterstandes geführt haben**, insbesondere auch **persönliche Pflichtwidrigkeiten** des Schuldners, die zum Scheitern der Ehe geführt haben.

11   Die zu fordernde übermäßige Belastung des Schuldners ist nicht schon immer dann gegeben, wenn er die Ausgleichsforderung nicht aus den **laufenden Einkünften** bezahlen kann, sondern gehalten ist, Teile seines Vermögens zu verwerten oder zu belasten. Denn die **Notwendigkeit der Vermögensverwertung** ist eher die Regel als die Ausnahme. Anders beurteilt sich die Situation allerdings dann, wenn der Ausgleichsschuldner zu **überstürzter** und deshalb **unwirtschaftlicher Veräußerung** gezwungen wäre, etwa zum Verkauf von Wertpapieren in Zeiten einer offensichtlich nur vorübergehenden Baisse.

12   Eine übermäßige ökonomische Belastung des Ausgleichsschuldners ist auch darin zu sehen, dass es bei sofortiger Erfüllung zu einer **schweren Erschütterung seiner wirtschaftlichen Basis** käme, durch die bislang sein Lebensunterhalt gesichert wurde. Das gilt etwa für den Fall des Zwanges zur Veräußerung eines Unternehmens, aus dessen Erträgen bislang der Lebensunterhalt bestritten wurde.

13   Zählt das **unverfallbare Versorgungsanrecht** des bezugsberechtigten Arbeitnehmers aus der zu seiner **betrieblichen Altersversorgung** abgeschlossenen Direktversicherung zu dessen Endvermögen, so kommt eine Stundung auf Antrag des Zugewinnausgleichsschuldners dann in Betracht, wenn der Ehegatte seine Ausgleichspflicht sogleich nur dann erfüllen könnte, wenn er dieses Anrecht liquidieren oder sonst verwerten würde.[7]

14   Eine übermäßige Belastung kann auch **außerhalb ökonomischer Erwägungen** anzunehmen sein. War der Ausgleichsschuldner lange **krank** und ist er krankheitsbedingt in eine **atypische wirtschaftliche Situation** geraten, in der sich die Erfüllung des Ausgleichsanspruchs einschneidender auswirkt als bei einem Schuldner, der eine derartige Krankheit nicht durchlitten hat, so kann eine Stundung ebenso gerechtfertigt sein wie in dem Fall, in dem ein **behinderter Ausgleichsschuldner** bei sofortiger Erfüllung gezwungen wäre, seine behindertengerecht ausgestattete Wohnung aufzugeben

15   Eine **Stundung zu Gunsten Dritter** ist ausgeschlossen. Der Zweck der Norm rechtfertigt es nicht, die Stundung anzuordnen, um ein Unternehmen im Interesse der Mitarbeiter und zur Erhaltung der Arbeitsplätze fortzuführen.[8]

16   Hat der Ausgleichsschuldner die übermäßigen Belastungen jedoch **selbst verursacht** oder wenigstens **mit verursacht**, so kann er sich auf den Schutz des § 1382 nicht berufen. Denn dem Schuldner ist kein Schutz zur Neutralisierung von ihm selbst gesetzter Risiken zu gewähren[9]

II. Die Belange des Gläubigers

17   Wie beim Schuldner können auch auf Seiten des Gläubigers sowohl **ökonomische** als auch **persönliche Belange** der Stundung entgegenstehen. Irrelevant sind deshalb auch auf Seiten des Gläubigers alle **Umstände, die zur Beendigung des Güterstandes** geführt haben, einschließlich **persönlicher Pflichtwidrigkeiten**, selbst wenn diese zum Scheitern der Ehe geführt haben.

---

5 OLG Hamm FamRZ 1981, 1065.
6 Palandt/Brudermüller § 1382 Rn. 2.
7 BGH FamRZ 1992, 411.
8 MüKo/Koch § 1382 Rn. 14; Palandt/Brudermüller § 1382 Rn. 2.
9 MühKo/Koch § 1382 Rn. 14; Staudinger/Thiele § 1382 Rn. 16.

Irrelevant ist auch das **Interesse an einer sicheren Vermögensanlage**, da die Belange des Gläubi- 18
gers hier durch die nach Abs. 2 gegebene Möglichkeit der Anordnung einer **Verzinsung** hinreichend gesichert sind.

In erster Linie von Belang ist deshalb hier der **sofortige Geldbedarf.** Dieser kann gegeben sein, 19
weil der ausgleichsberechtigte Ehegatte während der Ehezeit **berufliche Nachteile** hingenommen
hat und sich nach der Ehe deshalb beruflich neu orientieren muss, um sich eine wirtschaftliche
Existenz aufzubauen. Dasselbe gilt, wenn der Gläubiger im Hinblick auf erwartete hohe Zuge-
winnausgleichsleistungen auf **nachehezeitlichen Unterhalt** wirksam verzichtet hat und deshalb auf
die sofortige Erfüllung der Ausgleichsforderung angewiesen ist.

III. Die Belange gemeinschaftlicher Kinder (Abs. 1 Satz 2)

Führt die Abwägung der Interessen von Gläubiger und Schuldner der Zugewinnausgleichsforde- 20
rung nicht dazu, dass eine Stundung gerechtfertigt ist, so kann sie aber gleichwohl im **Interesse
der gemeinschaftlichen Kinder** der Parteien dann geboten sein, wenn sich im Falle sofortiger
Erfüllung deren **Wohn-** oder **sonstige Lebensverhältnisse** nachhaltig verschlechtern würden.

Nachhaltig wirksam sind solche Verschlechterungen, die nach allgemeiner Lebenserfahrung unter 21
Berücksichtigung der Umstände des Falles **von Dauer** sein werden.

Zu den außer den Wohnverhältnissen zu berücksichtigenden sonstigen Lebensverhältnissen 22
gemeinschaftlicher Kinder rechnen etwa die **schulischen Belange.** Diese wären berührt, wenn die
Erfüllung der Ausgleichsforderung zur Folge hätte, dass die bisherige Wohnung zu veräußern wäre
und wenn der damit verbundene **Wohnungs- und Schulwechsel** sich für das Kind als schädlich
erweisen würde.[10] Die Vorschrift gilt auch für im Haushalt des Schuldners lebende **volljährige
Kinder.**[11]

C. Verzinsung (Abs. 2)

Eine gestundete Ausgleichsforderung hat der Schuldner nach Abs. 2 zu verzinsen. Dabei bestimmt 23
das Gericht den Zinssatz nach **billigem Ermessen** (Abs. 4). Eine Bindung an den **gesetzlichen
Zinssatz** besteht nicht. Dieser stellt allenfalls die unterste dem Gläubiger im Extremfall noch
zuzumutende Grenze dar.[12] Denn die gestundete Ausgleichsforderung soll in ihrem Wert erhalten
bleiben, da die Verzinsung auch die Funktion einer **Wertsicherung** hat. Deshalb sollte die Verzinsung an die **Sätze des Kapitalmarktes für Anlagen** angepasst sein, deren Laufzeit dem Zeitraum
der Stundung entspricht. Der Zinssatz kann jedoch auch den speziellen Interessen des Gläubigers
angepasst werden, wenn etwa feststeht, dass der Gläubiger den Ausgleichsbetrag angelegt und welche Anlageform er dafür gewählt hätte.

D. Sicherheitsleistung (Abs. 3)

Auf Antrag des Gläubigers kann das Gericht anordnen, dass der Schuldner für die gestundete For- 24
derung **Sicherheit** zu leisten hat. In diesem Fall ist die Sicherheitsleistung **Wirksamkeitsvoraussetzung für die Stundung,** weshalb die Ausgleichsforderung nicht **einredebehaftet** ist, solange die
Sicherheit nicht geleistet wurde.[13]

---

10 MüKo/Koch § 1382 Rn. 13.
11 Palandt/Brudermüller § 1382 Rn. 3.
12 MüKo/Koch § 1382 Rn. 21.
13 MüKo/Koch § 1382 Rn. 23.

25 Die **Art der Sicherheitsleistung** und deren **Höhe** bestimmt das Familiengericht nach **billigem Ermessen**. §§ 232 ff., nach denen es Sache des Schuldners ist, die Art der Sicherheitsleistung zu bestimmen, gelten hier nicht.[14]

26 Ist der Schuldner nicht in der Lage, eine ausreichende Sicherheit zu leisten, ist der Stundungsantrag insgesamt zurückzuweisen.

E. Verfahren

27 Für das Verfahren der Stundung der Ausgleichsforderung ist die **funktionelle Zuständigkeit des Familiengerichts** gegeben (§§ 23a Abs. 1 Nr. 1 GVG, 111 Nr. 9, 112 Nr. 2, 260 Abs. 2 FamFG).

28 Das Verfahren unterliegt den Vorschriften des FamFG, hier insbesondere § 264 FamFG. Daraus folgt, dass der Stundungsantrag kein **Sachantrag**, sondern ein **Verfahrensantrag** ist, der nicht den Anforderungen des § 253 ZPO genügen muss. Er ist vielmehr auch als **unbestimmter Antrag** zulässig.[15]

29 Das Gericht ist gehalten, mit den Beteiligten **mündlich zu verhandeln** und eine Erledigung des Antrages durch **Vergleich** anzustreben (§ 36 FamFG).

30 Mit der **Stundungsentscheidung** sind der gestundete Betrag, der Zinssatz und der Stundungszeitraum zu bestimmen. Außerdem können weitere **Stundungsmodalitäten** festgelegt werden. So ist es grundsätzlich zulässig, **Ratenzahlungen mit Verfallklauseln** für den Fall zu bestimmen, dass der Schuldner säumig bleibt.

31 Im Übrigen ist zu differenzieren zwischen dem Fall der Stundung einer **unstreitigen Ausgleichsforderung** und demjenigen, in dem die Stundung nur **hilfsweise** begehrt, in erster Linie aber die Forderung selbst nach Grund und/oder Höhe bestritten wird.

I. Unstreitige Ausgleichsforderung

32 Ist die Zugewinnausgleichsforderung zwischen den Beteiligten als solche nicht streitig, wendet der Ausgleichsschuldner vielmehr nur ein, zur Zahlung derzeit nicht in der Lage zu sein, hat er die Möglichkeit, die Stundung in einem **isolierten Verfahren** geltend zu machen. Zuständig ist innerhalb des Familiengerichts der **Rechtspfleger** (§ 3 Nr. 2a RPflG), der durch **Beschluss** entscheidet.

33 Auf Antrag des Gläubigers kann das Gericht auch in diesen Fällen die **Verpflichtung des Schuldners zur Zahlung** aussprechen (§ 264 Abs. 2 FamFG). Das ist auch dann zulässig, wenn der Stundungsantrag selbst als unbegründet abgewiesen wird.[16]

34 Gegen die Entscheidung des Rechtspflegers ist gem. § 58 Abs. 1 FamFG die **Beschwerde** gegeben, die gem. § 63 Abs. 1 FamFG innerhalb einer Frist von 1 Monat beim Beschwerdegericht, dem Oberlandesgericht, eingelegt und innerhalb einer Frist von einem weiteren Monat begründet werden muss.

II. Streitige Ausgleichsforderung

35 Ist die Zugewinnausgleichsforderung nach Grund und/oder Höhe streitig, so kann der Stundungsantrag auch als **Hilfsantrag** im Zugewinnausgleichsverfahren gestellt werden, was schon unmittelbar aus Abs. 5 folgt.

---

14 MüKo/Koch § 1382 Rn. 23.
15 Palandt/Brudermüller § 1382 Rn. 5.
16 Soergel/Lange § 1382 Rn. 15.

Die Entscheidung über die Forderung als solche und den Stundungsantrag erfolgt einheitlich **36** durch **Beschluss** (§ 265 FamFG).

Während der Stundungsantrag im Übrigen erst nach der Fälligkeit der Ausgleichsforderung **37** gestellt werden kann,[17] ist es zulässig, ihn im **Verbund mit der Ehescheidung**[18] auch auf noch nicht fällige, streitige oder unstreitige Forderungen zu stellen.

Der Antrag auf Stundung einer unstreitigen Forderung kann **jederzeit und unbefristet** gestellt **38** werden,[19] der auf Stundung einer bestrittenen Forderung nach § 1382 Abs. 5 nur **während des Verfahrens** über die Forderung. Diese zeitliche Beschränkung dient der **Prozessökonomie** und dem **Schutz des Gläubigers** vor unangemessener Verzögerung der Leistung. Etwas anderes gilt nur dann, wenn sich die Verhältnisse erst nach der letzten mündlichen Verhandlung im Verfahren über die Ausgleichsforderung geändert haben, was aus einer analogen Anwendung des Abs. 6 hergeleitet wird.[20]

III. Änderung rechtskräftiger Stundungsentscheidungen (Abs. 6)

Nach Abs. 6 kann das Familiengericht eine rechtskräftige Entscheidung auf Antrag aufheben oder **39** ändern, wenn sich die Verhältnisse nach der Entscheidung wesentlich geändert haben. In Anlehnung an die **Abänderungsklage** des § 323 ZPO wird damit beiden Eheleuten ein **außerordentlicher Rechtsbehelf** zur Beseitigung der materiellen Rechtskraft zur Verfügung gestellt. Änderungsfähig ist dabei aber nur die **Entscheidung über die Stundung und ihre Modalitäten**, nicht die über Grund und Höhe des Zugewinnausgleichsanspruchs selbst. § 264 Abs. 1 Satz 2 FamFG, nach dem eine Abänderung ausgeschlossen ist, steht dem nicht entgegen. Die Norm schließt nur die Anwendung anderer Abänderungsvorschriften wie § 48 FamFG aus.[21]

Berücksichtigt werden können nur solche Umstände, die bei der ursprünglichen Entscheidung **40** noch keine Berücksichtigung haben finden können. Sind deshalb Umstände dem Erstgericht nicht oder falsch vorgetragen worden, kommt eine Abänderung nicht in Betracht. Dem entsprechend kommt eine Stundung nicht mehr in Betracht, wenn die Stundungsvoraussetzungen schon während des Zugewinnausgleichsverfahrens vorlagen, aber erst nach dessen rechtskräftigem Abschluss nachgeholt werden.[22]

Die zu berücksichtigenden, die Abänderung rechtfertigenden Umständen können sowohl in der **41** Sphäre des **Schuldners** als auch der des **Gläubigers** zu suchen sein, wobei vorrangig an die Verbesserung der wirtschaftlichen Situation des Schuldners oder die Verschlechterung derjenigen des Gläubigers zu denken ist.

§ 1383 Übertragung von Vermögensgegenständen

(1) **Das Familiengericht kann auf Antrag des Gläubigers anordnen, dass der Schuldner bestimmte Gegenstände seines Vermögens dem Gläubiger unter Anrechnung auf die Ausgleichsforderung zu übertragen hat, wenn dies erforderlich ist, um eine grobe Unbilligkeit für den Gläubiger zu vermeiden, und wenn dies dem Schuldner zugemutet werden kann; in der Entscheidung ist der Betrag festzusetzen, der auf die Ausgleichsforderung angerechnet wird.**

---

17 Staudinger/Thiele § 1382 Rn. 5.
18 Palandt/Brudermüller § 1382 Rn. 5.
19 Vgl. oben Rdn. 6.
20 Palandt/Brudermüller § 1382 Rn. 5.
21 Schulte-Bunert/Weinreich, § 264 FamFG Rn. 4.
22 OLG Naumburg FamRZ 2003, 375.

(2) Der Gläubiger muss die Gegenstände, deren Übertragung er begehrt, in dem Antrag bezeichnen.

(3) § 1382 Abs. 5 gilt entsprechend.

A. Allgemeines

1   Die Zugewinnausgleichsforderung ist, weil der gesetzliche Güterstand der Zugewinngemeinschaft auf dem **System der Gütertrennung** basiert, eine reine **Geldforderung**. Dieser Grundsatz wird für Ausnahmefälle durch § 1383 durchbrochen. Danach kann das Familiengericht auf Antrag des Gläubigers anordnen, dass der Schuldner bestimmte Gegenstände seines Vermögens unter Anrechnung auf die Ausgleichsforderung auf den Schuldner zu übertragen hat.

2   Die Vorschrift gehört wie die §§ 1381 und 1382 zu denjenigen, die eine **Billigkeitskorrektur** der im Übrigen gebotenen starren Durchführung des Zugewinnausgleichs zulässt. Während allerdings § 1382 **Härten zu Gunsten des Schuldners** mildert, stellt § 1383 ein **Korrektiv zu Gunsten des Gläubigers** dar, der ein besonderes schutzwürdiges Interesse an der Übertragung einzelner Vermögensgegenstände hat.

3   § 1383 ist **zwingendes Recht** und nicht abdingbar. Denn der gesetzliche Schutz gegen grobe Unbilligkeit ist nicht verzichtbar, steht aber einer ehevertraglichen Regelung zu Gunsten des Gläubigers nicht entgegen.[1] Den Eheleuten bleibt es aber unbenommen, den Zugewinnausgleich **ehevertraglich** so zu regeln, dass von vornherein die Übertragung bestimmter Vermögensgegenstände vorgesehen oder der Gläubiger ermächtigt wird, die Übertragung bestimmter Gegenstände zu verlangen.

4   Die Übertragung von Vermögensgegenständen kann nur der **Gläubiger** beanspruchen, während der **Schuldner**, will er einen Vermögensgegenstand übertragen bekommen, nur die Möglichkeit hat, auf die **Verteilung der Haushaltsgegenstände** nach § 1568b zu hoffen oder gegebenenfalls die **Rückabwicklung ehebedingter Zuwendungen** oder den **Widerruf von Schenkungen** zu beanspruchen.

5   Bei im **Miteigentum beider Ehegatten** stehenden **Haushaltsgegenständen** ist eine **parallele Anwendung** von § 1568b und von § 1383 zulässig.[2]

6   Die Übertragung der Vermögensgegenstände vollzieht sich in Erfüllung des durch das Familiengericht geschaffenen Titels in der vom Gesetz für die Übertragung von Eigentum vorgesehenen Form (§§ 929 ff.). Der gerichtliche Titel ist **Vollstreckungstitel**, der den **schuldrechtlichen Übereignungsanspruch** begründet.

---

1   Palandt/Brudermüller § 1383 Rn. 3.
2   So: Staudinger/Thiele § 1383 Rn. 33; MüKo/Koch § 1383 Rn. 36; a.A.: Palandt/Brudermüller § 1383 Rn. 2; Soergel/Lange § 1383 Rn. 19.

B. Bestimmte Gegenstände des Schuldnervermögens

Unter den Begriff des »bestimmten Gegenstandes« im Sinne des § 1383 Abs. 1 fallen alle **geld-**   7
werten Objekte, die Gegenstand einer rechtsgeschäftlichen Verfügung sein können, nicht dagegen
Rechte, so dass etwa die **Beteiligung an einer Personengesellschaft**[3] oder des **Anrechts an einer**
Kapitallebensversicherung[4] nicht übertragbar sind. Übertragungsfähig sind aber auch **Sachinbe-**
griffe, wie **gewerbliche Unternehmen** oder **landwirtschaftliche Betriebe**.

Zulässig und möglich ist auch die Übertragung eines bestimmten **Bruchteils am Eigentum** an   8
einer Sache. Das kann etwa dann sinnvoll sein, wenn durch die Übertragung des **Miteigentums-**
anteils die bis dahin zwischen den Ehegatten noch bestehende Bruchteilsgemeinschaft beendet
wird.

Der zu übertragende Gegenstand darf den **Wert der Zugewinnausgleichsforderung** einschließlich   9
Zinsen nicht überschreiten und muss zum Vermögen des Schuldners gehören.

C. Unbilligkeit für den Gläubiger

Der Rechtsbegriff der groben Unbilligkeit verlangt die Anlegung eines **strengen Maßstabes**, wobei   10
alle **Umstände des Einzelfalles** zu berücksichtigen sind. Aus Umständen, die nicht auf **wirtschaft-**
lichem Gebiet liegen, lässt sich eine grobe Unbilligkeit nur herleiten, wenn ihnen ein **ganz erheb-**
liches Gewicht beizumessen ist.[5]

Grobe Unbilligkeit auf Seiten des Gläubigers kann im Einzelfall vorliegen, wenn sich der Gläubi-   11
ger nach dem Zerfall der Familie von bestimmten Gegenständen trennen muss, die zwar im
Eigentum des Schuldners stehen, zu denen er aber eine **besonders enge Beziehung** hat, weil sie
etwa von ihm erstellt oder allein benutzt worden sind, da sie aus seiner Familie stammen und mit
deren **Familientradition** eng verbunden sind. Hierbei kommt es nicht auf ein spezifisch wirtschaftliches Interesse an. Maßgeblich kann auch ein **Affektionsinteresse** von erheblichem Gewicht
sein.[6]

Grobe Unbilligkeit kann weiter dann gegeben sein, wenn der Gläubiger eine Abwicklung der Aus-   12
gleichsforderung ganz oder zum Teil in Sachwerten vorzieht, um einen **langwierigen Geldtransfer**
zu vermeiden, der möglicherweise angesichts der Vermögenslage des Schuldners auch noch **erheb-**
liche Risiken in sich birgt.[7]

Schließlich kann die Unbilligkeit auch dann gegeben sein, wenn der Schuldner den **Naturalaus-**   13
gleich ohne Grund ablehnt und ein **Stundungsantrag** deshalb keinen Erfolg verspricht, weil der
Schuldner **auf Dauer zahlungsunfähig** ist. In diesem Fall könnte der Gläubiger die mit dem Entfallen der Stundungsmöglichkeit verbundene Härte durch das Angebot auf Naturalausgleich ganz
oder teilweise auffangen.

D. Zumutbarkeit für den Schuldner

Die Anordnung der Übertragung von Vermögensgegenständen des Schuldners kommt nur in   14
Betracht, wenn diese auch ihm **zumutbar** ist. Das ist insbesondere dann nicht der Fall, wenn der
Schuldner die Vermögensgegenstände selbst nicht entbehren kann oder wenn er an ihnen ein
besonderes **Affektionsinteresse** hat, weil sie beispielsweise aus seinem **Familienbesitz** stammen.

---

3 Palandt/Brudermüller § 1383 Rn. 5.
4 BGH FamRZ 1995, 1272.
5 OLG Frankfurt FamRZ 1978, 687.
6 OLG Hamm FamRZ 1978, 687; MüKo/Koch § 1383 Rn. 15.
7 Staudinger/Thiele § 1383 Rn. 6.

15   Je dringlicher im Übrigen das Interesse des Gläubigers an der Übertragung von Vermögensgegenständen ist, um so höhere Anforderungen sind an die Feststellung der Unzumutbarkeit für den Schuldner zu stellen.[8]

E. Leistungsstörungen

16   Ist die Übertragung rechtskräftig angeordnet, so schuldet der Schuldner nur noch diese. In Höhe des auf die Ausgleichsforderung anzurechnenden Betrages besteht deshalb keine Geldforderung mehr.[9] Treten im Rahmen des danach geänderten Schuldverhältnisses Störungen ein, so ergeben sich die Folgerungen hieraus aus den **allgemeinen Vorschriften über Leistungsstörungen**.

17   Für **Sach- und Rechtsmängel** haftet der Schuldner entsprechend § 365 nach den Vorschriften über das Kaufrecht.[10]

F. Betragsfestsetzung

18   In der **Entscheidung** ist der **Betrag** festzusetzen, der auf die **Ausgleichsforderung** angerechnet wird. Die Festsetzung erfolgt **von Amts wegen**, wobei derjenige Wert des Vermögensgegenstandes maßgeblich ist, der dem **Verkehrswert zum Zeitpunkt der Entscheidung**, nicht etwa dem der Beendigung des Güterstandes, entspricht.[11] Gegebenenfalls ist für die vom Gericht durchzuführende Wertschätzung die Hilfe von **Sachverständigen** in Anspruch zu nehmen.

G. Verfahren

19   Das Verfahren ist, wie das nach § 1382, eines nach §§ 111 Nr. 9, 112 Nr. 2, 260 Abs. 2 FamFG, so dass weitgehend auf die Ausführungen zu § 1382 verwiesen werden kann. Im Übrigen gelten folgende Besonderheiten:

I. Antrag

20   Das Verfahren setzt stets einen **Antrag des Gläubigers** voraus. Der Antrag ist **Verfahrens-** und **Sachantrag**. Der Gläubiger muss die Gegenstände, deren Übertragung er begehrt, in seinem Antrag **bestimmt bezeichnen**[12] und kann die Auswahl nicht etwa dem Familiengericht überlassen (Abs. 2). Nicht benannt werden muss der **Wert** der zu übertragenden Vermögenswerte. Auch dieser Antrag hemmt die **Verjährung** des Zugewinnausgleichsanspruchs.[13]

21   Der Antrag könnte etwa, wenn die Übertragung des Miteigentumsanteils an einem Grundstück begehrt wird, wie folgt lauten:[14]

»Der/die Antragsteller/in beantragt, den/die Antragsgegner/in zu verpflichten, seinen/ihren Miteigentumsanteil von ... an dem im Grundbuch von ... Bd. ... Bl ... eingetragenen Grundstück an den/die Antragsteller/in aufzulassen und die Eintragung im Grundbuch zu bewilligen.
Für die Übertragung des Miteigentumsanteils wird ein Betrag in Höhe von ... € festgesetzt, der auf die Zugewinnausgleichsforderung verrechnet wird.«

---

8   Staudinger/Thiele § 1383 Rn. 8.
9   Staudinger/Thiele § 1383 Rn. 29.
10   MüKo/Koch § 1383 Rn. 33.
11   Staudinger/Thiele § 1383 Rn. 25.
12   BGH FamRZ 1990, 1219.
13   BGH FamRZ 1994, 751.
14   Vgl.: Haussleiter/Schulz Kap. 1 Rn. 446.

II. Verfahrensgang

Für das Verfahren ist nach §§ ausschließlich das **Familiengericht** zuständig. Für das Verfahren gilt, 22
wie für das nach § 1382, § 264 FamFG. Insbesondere handelt es sich auch hier um ein Verfahren,
in dem der **Grundsatz der Amtsermittlung** nach § 26 FamFG Geltung hat. Das Gericht soll mit
den Beteiligten **mündlich verhandeln** und auf eine **gütliche Einigung** hinwirken. Im Übrigen ist
jedoch zu differenzieren.

Wird das **Verfahren isoliert** geführt, so entscheidet wie beim Verfahren nach § 1382 der **Rechts-** 23
pfleger.

Ist zugleich ein **Rechtsstreit über die Ausgleichsforderung** als solche anhängig, kann der Antrag 24
nach § 1383 nur in diesem Verfahren gestellt werden, was aus der Verweisung auf § 1382 Abs. 5
in Abs. 3 folgt. Die Entscheidung ergeht dann durch einheitlichen **Beschluss.**

In der Entscheidung ist nach Abs. 1 Hs. 2 stets der **Betrag festzusetzen**, der auf die Ausgleichsfor- 25
derung angerechnet wird.

Wird die Ausgleichsforderung erst im Verlauf des isoliert geführten Verfahrens nach § 1383 strei- 26
tig, so hat der bis dahin zuständige Rechtspfleger die Sache an den zuständigen Familienrichter
abzugeben.

Stellt der Gläubiger isoliert den Übertragungsantrag nach § 1383, obwohl die Ausgleichsforderung 27
streitig ist, so ist eine ihm günstige Entscheidung nur dann möglich, wenn die Ausgleichsforderung wenigstens in Höhe des durch die Übertragung anzurechnenden Betrages unstreitig ist.
Andernfalls ist der Antrag des Gläubigers als unbegründet zurückzuweisen. Denn die Norm
begründet eine **Ersetzungsbefugnis** des Gläubigers, die nur dann möglich ist, wenn eine Schuld
besteht. Die Existenz dieser Schuld kann aber im Verfahren nach § 1383 nicht, auch nicht inzidenter, festgestellt werden. Unzulässig ist eine Entscheidung über den Übertragungsantrag unter
dem **Vorbehalt einer späteren rechtskräftigen Entscheidung über die Ausgleichsforderung.**[15]

§ 1384   Berechnungszeitpunkt des Zugewinns und Höhe der Ausgleichsforderung bei Scheidung

Wird die Ehe geschieden, so tritt für die Berechnung des Zugewinns und für die Höhe der Ausgleichsforderung an die Stelle der Beendigung des Güterstandes der Zeitpunkt der Rechtshängigkeit des Scheidungsantrags.

A. Allgemeines

Der Güterstand der Zugewinngemeinschaft endet mit dem **Tod eines der Ehegatten**, mit der **Auf-** 1
hebung (§ 1313) oder **Scheidung** der Ehe (§ 1564), bei **vorzeitigem Zugewinnausgleich** (§ 1388)
oder mit der wirksamen **Vereinbarung** eines anderen oder Ausschluss des gesetzlichen Güterstandes (§§ 1408 Abs. 1, 1414). Für den Fall der Beendigung des Güterstandes durch Scheidung der

---

15 OLG Köln FamRZ 1976, 28.

Ehe wird der Zeitpunkt der Beendigung des Güterstandes für die Berechnung Zugewinns und des Endvermögens, auf den der **Rechtshängigkeit des Ehescheidungsantrages** vor verlagert.

2   Nach der bis zum 31.08.2009 geltenden Rechtslage war das Endvermögen im Sinne § 1375 dasjenige, was bei der Zustellung des Ehescheidungsantrages vorhanden war. Die Höhe der Ausgleichsforderung bestimmte sich jedoch gem. § 1378 Abs. 2 a.F. nach dem bei Beendigung des Güterstandes, also bei Rechtskraft der Ehescheidung bzw. der auf die Beendigung des Güterstandes gerichteten Entscheidung, vorhandenen Vermögens. Reduzierte sich das Vermögen im laufenden Ehescheidungsverfahren zwischen der Rechtshängigkeit des Scheidungsantrages und der Rechtskraft der Scheidung, so verringerte sich die Ausgleichsforderung nach § 1378 Abs. 2, ohne dass es darauf ankam, auf welche Weise sich das Vermögen verringert hatte.

3   In ihrer neuen Fassung gewinnt die Norm Bedeutung nicht nur für die **Berechnung der Ausgleichsforderung**, sondern auch für deren **Höhe**, so dass Vermögensverluste im laufenden Verfahren keine Bedeutung mehr haben. Da nunmehr auch für die Höhe der Ausgleichsforderung an die Stelle der Beendigung des Güterstandes der Zeitpunkt der Rechtshängigkeit des Scheidungsantrages getreten ist, bemisst sich jetzt auch die **Haftungshöchstgrenze** nach § 1378 Abs. 2 nach dem bei der Zustellung des Scheidungsantrages vorhandenen Vermögen.

4   Die Norm des § 1384 stellt **dispositives Recht** dar, weshalb sie abdingbar ist. Während des Güterstandes können die Ehegatten deshalb durch **Ehevertrag** etwas Abweichendes vereinbaren, wobei ihnen Grenzen nur durch § 138 gesetzt sind.[1]

5   § 1384 ist unmittelbar anwendbar auf den Fall der **Ehescheidung**. Dem Scheidungsantrag gleich steht aber der Antrag auf **Aufhebung der Ehe**, was daraus folgt, dass § 1318 Abs. 3 für diesen Fall ausdrücklich auf die vermögensrechtlichen Folgen der Ehescheidung verweist. Nicht anwendbar ist er für den Fall der Beendigung der Ehe durch den **Tod eines Ehegatten** (§ 1371). War zum Zeitpunkt des Todes des Ehegatten zwischen ihnen aber schon ein Scheidungsantrag oder eine Aufhebungsklage rechtshängig, so gilt § 1384 auch für die güterrechtliche Lösung nach **§ 1371 Abs. 2**.[2] Nicht anwendbar ist die Norm für den Zeitpunkt der Bewertung des Gesamtgutes im Falle der Auseinandersetzung der **Gütergemeinschaft**.[3]

B. Rechtshängigkeit des Scheidungsantrages

I. Begründung der Rechtshängigkeit

6   Die Rechtshängigkeit tritt gem. §§ 111 Nr. 1, 113 Abs. 1 FamFG, 253 Abs. 1 ZPO mit der **Zustellung der Antragsschrift** ein. Dem gleich steht die **Geltendmachung des Anspruchs in der mündlichen Verhandlung** (§§ 111 Nr. 1, 113 Abs. 1 FamFG, 261 Abs. 2 ZPO) etwa dann, wenn der Scheidungsantrag versehentlich nicht zugestellt worden ist.[4] Wird somit dem Antragsgegner nur die Abschrift eines Gesuches auf Bewilligung von **Verfahrenskostenhilfe** zur Stellungnahme zugeleitet, begründet dies nicht die Rechtshängigkeit des Scheidungsantrages.

7   Aus Gründen der **Rechtssicherheit** wird dieser Grundsatz für jeden Fall der Ehescheidung starr angewandt. Insbesondere begründet auch die Dauer des Ehescheidungsverfahrens keinen Grund, den Berechnungszeitpunkt zu verlagern. Selbst ein **längeres Ruhen** des Verfahrens nach zwischen-

---

1   Staudinger/Thiele § 1384 Rn. 14.
2   BGH FamRZ 1987, 353; FuR 2004, 425; Staudinger/Thiele § 1384 Rn. 7.
3   BGH FamRZ 1984, 254.
4   BGH NJW 1972, 1373.

zeitlicher Aussöhnung der Eheleute bleibt ohne Auswirkungen.[5] Das gilt auch für die **Aussetzung des Verfahrens**.[6]

Allein maßgeblich ist die **Zustellung des Ehescheidungsantrages** auch dann, wenn die Ehegatten 8
sich nach Rechtshängigkeit **versöhnt** und wieder **zusammengelebt** haben.[7] Dabei ist insbesondere
darauf hinzuweisen, dass die Ehegatten tatsächlich die Möglichkeit gehabt hätten, die Wirkung
der Rechtshängigkeit durch **Antragsrücknahme** zu beseitigen. Nur dann, wenn diese Möglichkeit
nicht besteht, weil derjenige Ehegatte, zu dessen Nachteil sich die Berechnung des Endvermögens
nach dem Zeitpunkt der Zustellung des Scheidungsantrages auswirken würde, den Scheidungsantrag nicht hatte zurücknehmen können, erscheint es angemessen, ausnahmsweise auf die Stellung
des neuen Scheidungsantrages durch diesen Ehegatten abzustellen.[8] Dogmatisch begründbar ist
diese Einschränkung der Anwendbarkeit der Norm am ehesten durch den Rückgriff auf den **Einwand der unzulässigen Rechtsausübung** gegen die Berufung auf § 1384.[9]

Für den Stichtag nach § 1384 ist – von der genannten Ausnahme abgesehen – stets auf den 9
Antrag in dem Verfahren abzustellen, das zur **Scheidung der Ehe** führt. Daraus folgt andererseits,
dass ein bereits **erledigter Antrag** in einer Ehesache auch dann belanglos ist, wenn die eheliche
Lebensgemeinschaft vor dem neuen, schließlich zur Scheidung führenden Antrag nicht wieder
aufgenommen wurde.[10] Ein zweiter Scheidungsantrag ist stets ein weiterer in dem bereits anhängigen Verfahren[11] und damit für den Stichtag unbedeutend, solange nicht der frühere Antrag zurück
genommen worden ist.

Haben **beide Ehegatten die Scheidung beantragt**, ist auf den Zeitpunkt der **früheren Antragstel-** 10
lung abzustellen. Das gilt auch dann, wenn dieser Antrag keinen Erfolg haben konnte oder abgewiesen oder zurückgenommen worden ist, die Ehe aber auf den Gegenantrag schließlich geschieden wurde.[12]

Ist neben dem Ehescheidungsantrag auch ein **Antrag auf vorzeitigen Ausgleich des Zugewinns** 11
nach §§ 1385, 1386 rechtshängig, so ist derjenige Zeitpunkt maßgeblich, zu dem die **Zustellung
des ersten Antrages** erfolgt ist, sofern über die damit rechtshängig gewordene Sache positiv entschieden wird oder worden wäre.[13] Der Zeitpunkt der Rechtshängigkeit bleibt schließlich auch
dann maßgeblich, wenn das Zugewinnausgleichsverfahren als Verfahren auf **vorzeitigen Zugewinnausgleich** fortgeführt wird.[14]

II. Rechtsfolgen

Wird die Ehe geschieden, so tritt für die Berechnung des Zugewinns an die Stelle des Zeitpunktes 12
der Beendigung des Güterstandes derjenige der **Rechtshängigkeit des Scheidungsantrages**. Deshalb sind danach eintretende **Vermögensänderungen** ohne Bedeutung.

Daraus folgt, dass vom Zeitpunkt der Rechtshängigkeit an keine **Hinzurechnung zum Anfangs-** 13
vermögen (§ 1374 Abs. 2) mehr erfolgt. **Vermögensminderungen**, die nach der Rechtshängigkeit

---

5 BGH FamRZ 1983, 350 (4 Jahre); OLG Hamm FamRZ 1980, 1637 (5 Jahre); FamRZ 1992, 1180
   (9 Jahre).
6 Staudinger/Thiele § 1384 Rn. 4.
7 BGH FamRZ 1983, 350; a.A.: OLG Karlsruhe FamRZ 1980, 1119; Staudinger/Thiele § 1384 Rn. 4.
8 OLG Bremen FamRZ 1998, 1516.
9 Staudinger/Thiele § 1384 Rn. 4.
10 BGH FamRZ 1979, 905; OLG Koblenz FamRZ 1981, 260.
11 BGH FamRZ 2006, 260.
12 BGHZ 46, 215; a.A.: AG Mölln FamRZ 2001, 291.
13 OLG Hamm FamRZ 1982, 609; a.A.: Palandt/Brudermüller § 1384 Rn. 8, nach dem es auf die Erfolgsaussicht des früheren Begehrens grundsätzlich nicht ankommt.
14 OLG Bamberg FamRZ 1997, 91.

eintreten, führen nicht mehr zu einer Hinzurechnung nach § 1375 Abs. 2. **Vermögenszuwendungen** können nach § 1380 nur dann auf die Ausgleichsforderung angerechnet werden, wenn sie vor der Rechtshängigkeit vorgenommen worden sind.[15] Nach § 1379 Abs. 2 besteht ab Rechtshängigkeit der **Anspruch auf Erteilung von Auskünften** über das vorhandene Endvermögen. Mit der Rechtshängigkeit kann schließlich auch nach §§ 1389, 1390 Abs. 4 Antrag auf **Leistung einer Sicherheit** erhoben werden.

14 Der Güterstand selbst endet dagegen erst mit der **Rechtskraft des die Ehe auflösenden Beschlusses**. Deshalb bleiben diejenigen Vorschriften unberührt, die auf den Zeitpunkt der Beendigung des Güterstandes abstellen und nicht die Feststellung und Bewertung der Zugewinne regeln.[16] Die **Zugewinnausgleichsforderung** entsteht mithin im Falle der Ehescheidung erst mit der Rechtskraft der Scheidung (§ 1378 Abs. 3).

C. Verfahren

15 Beruft sich ein Ehegatte darauf, dass ein anderer Stichtag vereinbart worden sei, so hat er hierfür die **Darlegungs- und Beweislast**.[17]

Vorbemerkung zu §§ 1385 bis 1388

A. Allgemeines

1 Der Güterstand der Zugewinngemeinschaft ist ein **Dauerrechtsverhältnis**, das zwar durch **Vertrag aufgehoben** und **modifiziert** werden kann, im Übrigen aber für die **gesamte Ehedauer** Gültigkeit hat. Die §§ 1385, 1386 geben den Ehegatten die Möglichkeit, die Zugewinngemeinschaft **einseitig zu beenden**, ohne zugleich die Scheidung der Ehe betreiben zu müssen.

2 Mit der Güterrechtsreform zum 01.09.2009 sind die Vorschriften grundlegend geändert worden. Nach altem, bis zum 31.08.2009 geltenden Recht, war das vorrangige Ziel des Vorgehens im Fall der vorzeitigen Aufhebung der Zugewinngemeinschaft die Beendigung des Güterstandes durch Gestaltungsklage, während die Durchsetzung eines sich danach ggf. ergebenden Leistungsanspruchs zunächst nicht Ziel der Klage war, wobei allerdings eine Verbindung der Gestaltungs- mit der Leistungsklage als zulässig angesehen wurde.[1]

3 Das neue Recht gibt mit § 1385 nun die Möglichkeit, sogleich Leistung zu beantragen. Daneben kann nach § 1386 immer noch isoliert die Aufhebung der Zugewinngemeinschaft begehrt werden. Dieses Vorgehen kann etwa dann sinnvoll sein, wenn keine wesentliche Ausgleichsforderung zu erwarten ist, der antragstellende Ehegatte aber von den Beschränkungen des § 1365 befreit sein will. Überdies ist der Zeitpunkt, ab dem die vorzeitige Beendigung der Zugewinngemeinschaft beansprucht werden kann, vor verlagert worden, indem Gesamtvermögensgeschäfte oder illoyale Verfügungen jetzt nicht mehr bereits ausgeführt sein müssen. Es reicht, dass konkrete Anhaltspunkte dafür vorliegen, dass derartige Geschäfte bevorstehen.

---

15 Staudinger/Thiele § 1384 Rn. 10; MüKo/Koch § 1384 Rn. 3.
16 BGH FamRZ 1995, 598.
17 Palandt/Brudermüller § 1384 Rn. 10.
 1 OLG Celle FamRZ 1983, 171; KG FamRZ 2005, 605.

Die Gründe für die vorzeitige Aufhebung des Zugewinngemeinschaft sind: 4
- Die Ehegatte leben seit mindestens drei Jahren getrennt voneinander
- Es sind von dem jeweils anderen Ehegatten Gesamtvermögensgeschäfte ohne die erforderliche Einwilligung hierfür oder illoyale Vermögensverfügungen zu befürchten und dadurch droht eine erhebliche Gefährdung der Erfüllung der Ausgleichsforderung
- Der jeweils andere Ehegatte hat längere Zeit hindurch die sich aus dem ehelichen Verhältnis ergebenden Verpflichtungen schuldhaft nicht erfüllt
- Der jeweils andere Ehegatte weigert sich ohne ausreichenden Grund beharrlich, den antragstellenden Ehegatten über den Stand seines Vermögens zu unterrichten oder er hat sich bis zur Einleitung eines entsprechenden Verfahrens hierzu geweigert.

Die in den § 1385 aufgezählten insgesamt 4 Tatbestände, stellen eine **abschließende Aufzählung**   5
dar. Weitere Anwendungsfälle etwa als Folge einer analogen Anwendung der Norm kommen nicht in Betracht. Das gilt insbesondere auch für den Fall, in dem der Ehegatte **Vermögensverluste** erleidet oder **geschäftsunfähig** wird.

Das Recht auf vorzeitigen Ausgleich des Zugewinns kann durch **Ehevertrag** nicht ausgeschlossen   6
oder beschränkt werden. Zulässig ist es jedoch, die Möglichkeiten des vorzeitigen Zugewinnausgleichs durch **Vereinbarung** zu erweitern.[2]

B. Verfahren

Die §§ 1385 ff. bieten dem Ehegatten wahlweise die Möglichkeit, entweder sogleich Leistung des   7
Zugewinnausgleichs zu beantragen, was zugleich die Beendigung des Güterstandes und nach § 1388 den Eintritt der Gütertrennung zur Folge hat, oder isoliert per Gestaltungsantrag die Beendigung des Güterstandes mit dem Ziel der Gütertrennung zu verfolgen.

Dem Antrag fehlt nicht das **Rechtsschutzinteresse**, wenn der Antragsgegner schon vor Antragstel-   8
lung bereit war, Gütertrennung zu vereinbaren und einen dem § 1387 entsprechenden Stichtag festzulegen. Dieser kann dem Antrag aber mit einem **sofortigen Anerkenntnis** begegnen und sich damit von der Verpflichtung zur Kostentragung befreien.[3] Zulässig ist eine **Widerklage** des anderen Ehegatten mit demselben Ziel; jedenfalls kann ein Antrag mit einem auf einen anderen Sachverhalt gestützten beantwortet werden,[4] nicht dagegen mit einem auf denselben Sachverhalt gestützten.[5]

Mit der **Rechtskraft des Gestaltungsbeschlusses** wird der **Stichtag für die Berechnung des Zuge-**   9
winns vom Tag der Rechtshängigkeit des Scheidungsantrages (§ 1384) auf den der Rechtshängigkeit des Antrages auf vorzeitigen Zugewinnausgleich vor verlagert (§ 1387). Gleichzeitig tritt **Gütertrennung** ein (§ 1388). Schließlich entsteht, sofern die Voraussetzungen hierfür vorliegen, die **Zugewinnausgleichsforderung** (§ 1378 Abs. 3), wobei diese der Höhe nach – wie im Falle der Ehescheidung – durch das bei Beendigung des Güterstandes vorhandene Vermögen begrenzt wird (§ 1378 Abs. 2). Zulässig ist auch ein im Verfahren geschlossener **Vergleich.**[6]

Funktionell zuständig für das Verfahren ist das **Familiengericht** (§§ 23a Abs. 1 Nr. 1 GVG, 111   10
Nr. 9, 261 Abs. 1 FamFG). Das Verfahren ist jedoch **keine Scheidungsfolgesache** im Sinne des § 137 Abs. 2 Nr. 4 FamFG, weil keine Entscheidung für den Fall der Scheidung zu treffen ist.

---

2 Palandt/Brudermüller § 1386 Rn. 3.
3 So auch: Palandt/Brudermüller § 1386 Rn. 8; a.A.: MüKo/Koch § 1386 Rn. 32; Staudinger/Thiele § 1385 Rn. 17.
4 Staudinger/Thiele § 1385 Rn. 19; MüKo/Koch § 1386 Rn. 33.
5 Staudinger/Thiele § 1385 Rn. 19.
6 Palandt/Brudermüller § 1386 Rn. 8; Staudinger/Thiele § 1385 Rn. 21.

Wird ein als Folgesache im Verbund erhobener Antrag auf Ausgleich des Zugewinns nach § 1378 in zulässiger Weise in einen Antrag auf vorzeitigen Zugewinnausgleich **geändert**, so führt dies zur **Aufhebung des Verbundes** insoweit; mit der Antragsänderung wird der alte Zugewinnausgleichsantrag durch den auf vorzeitigen Zugewinnausgleich ersetzt, ohne dass es der förmlichen Rücknahme des ursprünglichen Antrages bedürfte.[7] Das Verfahren auf vorzeitigen Ausgleich des Zugewinns ist in der **Hauptsache erledigt**, wenn während des laufenden Verfahrens ein Beschluss auf Auflösung der Ehe rechtskräftig geworden ist.[8] Denn mit der Beendigung des Güterstandes kann die Gestaltungswirkung des Beschlusses auf vorzeitigen Zugewinnausgleich nicht mehr zum Tragen kommen.

11   Zulässig ist es aber, etwa während eines lang andauernden Ehescheidungsverfahrens, **isoliert** den vorzeitigen Ausgleich des Zugewinns zu beantragen. In diesem Fall ist für den Stichtag darauf abzustellen, ob der Ehescheidungsantrag oder die Ausgleichsklage eher rechtshängig geworden sind.[9] Ist dies der **Ehescheidungsantrag**, so ist der Stichtag der des § 1384.

§ 1385   Vorzeitiger Zugewinnausgleich des ausgleichsberechtigten Ehegatten bei vorzeitiger Aufhebung der Zugewinngemeinschaft

Der ausgleichsberechtigte Ehegatte kann vorzeitigen Ausgleich des Zugewinns bei vorzeitiger Aufhebung der Zugewinngemeinschaft verlangen, wenn

1. die Ehegatten seit mindestens drei Jahren getrennt leben,
2. Handlungen der in § 1365 oder § 1375 Absatz 2 bezeichneten Art zu befürchten sind und dadurch eine erhebliche Gefährdung der Erfüllung der Ausgleichsforderung zu besorgen ist,
3. der andere Ehegatte längere Zeit hindurch die wirtschaftlichen Verpflichtungen, die sich aus dem ehelichen Verhältnis ergeben, schuldhaft nicht erfüllt hat und anzunehmen ist, dass er sie auch in Zukunft nicht erfüllen wird, oder
4. der andere Ehegatte sich ohne ausreichenden Grund beharrlich weigert oder sich ohne ausreichenden Grund bis zur Erhebung der Klage auf Auskunft beharrlich geweigert hat, ihn über den Bestand seines Vermögens zu unterrichten.

A. Die einzelnen Tatbestände

1   Die die vorzeitige Aufhebung der Zugewinngemeinschaft begründenden Tatbestände sind ausschließlich in dieser Norm zusammen gefasst, wobei die Norm auch Grundlage für den reinen Gestaltungsantrag nach § 1386 ist.

---

7 *OLG Düsseldorf FamRZ 2003, 388; FamRZ 2002, 1572.*
8 *OLG Düsseldorf FamRZ 2003, 388; FamRZ 2002, 1572; Staudinger/Thiele § 1385 Rn. 13.*
9 *Vgl. § 1384 Rdn. 11.*

I. Getrenntleben seit mindestens drei Jahren (Nr. 1)

Leben die Eheleute seit mindestens drei Jahren voneinander getrennt, so begründet allein dieser **2** Umstand den vorzeitigen Zugewinnausgleich. Mit dem dreijährigen Getrenntleben wird auch das Scheitern der Ehe unwiderlegbar vermutet (§ 1566 Abs. 2). Wegen des Begriffs der Trennung wird auf § 1567 verwiesen.

Die Dreijahresfrist muss spätestens im Zeitpunkt der letzten mündlichen Verhandlung über den **3** Antrag auf vorzeitigen Ausgleich des Zugewinns abgelaufen sein. Sie muss drei Jahre ununterbrochen angedauert haben. Haben die Eheleute im Verlauf der drei Jahre wieder zusammen gelebt, unterbricht oder hemmt dies den Fristablauf dann nicht, wenn die Voraussetzungen des § 1567 Abs. 2 erfüllt sind.

Unerheblich ist, ob ein Ehegatte die Trennung **schuldhaft** herbeigeführt hat. Auch dann, wenn die **4** Trennung durch schuldhafte schwere **Eheverfehlungen** gerade des klagenden Ehegatten herbeigeführt worden ist, kann dieser nach Fristablauf Antrag auf vorzeitigen Zugewinnausgleich stellen.[1]

II. Befürchtung von Gefährdungshandlungen (Nr. 2)

Der Tatbestand der Nr. 2 beruht auf der Annahme einer **Gefährdung des zukünftigen Ausgleichs- 5 anspruchs** als Folge der in der Norm genannten Verhaltensweisen eines Ehegatten. Weder die **Unwirksamkeit** eines ohne Genehmigung durchgeführten Gesamtvermögensgeschäftes noch das danach gegebene **Revokationsrecht** des übergangenen Ehegatten oder die Möglichkeit der **Hinzurechnung zum Endvermögen** nach § 1375 Abs. 2 schließen die Gefährdung des künftigen Ausgleichsanspruchs aus, weshalb das verbleibende Risiko des anderen Ehegatten durch die ihm jetzt gegebene Möglichkeit eines Antrages auf vorzeitigen Zugewinnausgleich minimiert werden kann.

Die Gefährdungshandlungen müssen lediglich zu befürchten sein, was beim Gesamtvermögensge- **6** schäft z.B. dann angenommen werden kann, wenn der verfügende Ehegatte die sein gesamtes Vermögen ausmachende Immobilie per Inserat zum Verkauf anbietet oder einen Makler beauftragt. Wegen des Begriffs der illoyalen Vermögensverfügung wird auf § 1357 Abs. 2 verwiesen.

Im Fall des auf Nr. 2 gestützten Antrages ist weitere Voraussetzung, dass als Folge der Verfügungen **7** oder vermögensmindernden Handlungen eine über die ohnehin anzunehmende abstrakte eine konkrete **erhebliche Gefährdung der künftigen Zugewinnausgleichsforderung** zu besorgen ist.

Im Fall des **Gesamtvermögensgeschäftes** ist diese dann anzunehmen, wenn nicht sicher ist, ob **8** das Geschäft in vollem Umfang rückgängig zu machen oder wenn unklar ist, ob der Ehegatte zur Revokation bereit oder in der Lage ist. Bei **illoyalen Vermögensminderungen** folgt die Gefährdung des Ausgleichsanspruchs trotz der Erhöhung der Kappungsgrenze des § 1378 Abs. 2 Satz 2 aus der Möglichkeit, dass ein sich errechnender Ausgleichsanspruch später nicht mehr durchgesetzt werden kann..

Die **Erheblichkeit der Gefährdung** beurteilt sich im Übrigen nach der Höhe der betroffenen Ver- **9** mögensinteressen und dem Grad der Gefährdung. Dabei muss sich die Erheblichkeit sowohl auf die Wahrscheinlichkeit der Gefährdung als auch deren Ausmaß beziehen. Abzustellen ist auf den Zeitpunkt der letzten mündlichen Verhandlung.[2]

Streitig ist, ob Abs. 2 auch dann Anwendung finden kann, wenn nur die **Interessen des zukünfti- 10 gen Zugewinnausgleichsschuldners** berührt sind. Dies wird von der wohl herrschenden Meinung unter Hinweis auf den **Gesetzeswortlaut** (»Gefährdung der künftigen Ausgleichsforderung« zu Recht abgelehnt. Zwar mag die Interessenlage des künftigen Schuldners, der eine unbillige Benachteiligung verhindern möchte, derjenigen des Gläubigers vergleichbar sein, doch wäre eine

---

1 Staudinger/Thiele § 1385 Rn. 11.
2 OLG Köln FamRZ 2003, 539.

Auslegung der Norm dahingehend, dass durch sie das Interesse beider Ehegatten an einem sachgerechten Zugewinnausgleich geschützt wird, mit dem Gesetzeswortlaut kaum zu vereinbaren.

11 Maßgeblich für die Beurteilung der Gefährdung ist der Schluss der mündlichen Verhandlung in der Tatsacheninstanz.[3]

III. Schuldhafte Nichterfüllung der sich aus dem ehelichen Verhältnis ergebenden wirtschaftlichen Verpflichtungen (Nr. 3)

12 Zu den sich aus dem **ehelichen Verhältnis ergebenden Verpflichtungen** zählen in erster Linie die **Unterhaltpflicht** (§ 1360), die **Pflicht zur Besorgung des ehelichen Haushalts** im Rahmen der zwischen den Ehegatten getroffenen einvernehmlichen Regelung (§ 1356 Abs. 1) sowie die **aus § 1353 abgeleiteten Pflichten wirtschaftlichen Inhalts** derentwegen auf die Erläuterungen zu dieser Norm verwiesen wird.

13 Mit der Verletzung allein **persönlicher Ehepflichten** kann der Antrag auf vorzeitigen Zugewinnausgleich nicht begründet werden.

14 Die Nichterfüllung umfasst jedes **Tun** oder **Unterlassen**, wobei auch die nur **unregelmäßige, unvollständige oder grundlos verzögerte Pflichterfüllung** nach herrschender Meinung hierzu rechnet.[4]

15 Das Unterlassen der Pflichterfüllung muss über **längere Zeit** angedauert haben. Dabei ist für die Bemessung des Zeitraumes die **Dauer der Ehe** einerseits und die **Schwere der Pflichtverletzung** andererseits zu berücksichtigen. Je schwerer die Pflichtverletzung also wiegt, desto weniger lang muss sie angedauert haben.

16 Schließlich muss die Pflichtverletzung **schuldhaft** gewesen sein, wobei für den **Verschuldensmaßstab** § 1359 Anwendung findet.[5]

17 Anhand der Umstände des Einzelfalles ist sodann weiter festzustellen, ob anzunehmen ist, dass die ökonomischen Pflichten auch **in Zukunft** nicht erfüllt werden. Für die hierfür zu treffende **Prognose** ist ein **Wahrscheinlichkeitsgrad** notwendig, für den allein die konkrete Möglichkeit einer Fortsetzung des pflichtwidrigen Tuns oder Unterlassens noch nicht ausreicht. Notwendig ist vielmehr eine auf Fakten gegründete prognostische Aussage, in welcher die Gründe, die für die Fortsetzung des pflichtwidrigen Verhaltens sprechen, stärker sind als diejenigen, die eine Verhaltensänderung nahe legen. Bei der Prognose heranzuziehen sind insbesondere **Art, Umfang, Dauer und Schwere der bisherigen Pflichtwidrigkeiten** sowie die **subjektive Einstellung des Ehegatten.** Dessen Versicherungen sind nur dann von Bedeutung, wenn deren Ernsthaftigkeit außer Frage steht. Besonders zurückhaltend sind solche Beteuerungen zu gewichten, die erst im Rechtsstreit abgegeben werden, wobei für die Prognose auch die Reaktion des Ehegatten auf **frühere Abmahnungen** von Bedeutung ist.

18 Unerheblich ist, ob das schuldhafte Tun oder Unterlassen bereits einen messbaren Einfluss auf den Zugewinn gehabt hat.[6]

IV. Weigerung, Auskunft zu erteilen (Abs. 3)

19 Das eheliche Güterrecht verpflichtet die Ehegatten nur im Rahmen des § 1379, einander über den Bestand des eigenen Vermögens **Auskunft** zu erteilen. Dazu zählt also auch der nach § 1379 beste-

---

3 OLG Frankfurt FamRZ 1984, 895.
4 *Staudinger/Thiele* § 1386 Rn. 5.
5 Palandt/Brudermüller § 1386 Rn. 7.
6 OLG Brandenburg FamRZ 2008, 1441.

hende Anspruch bezogen auf den Trennungszeitpunkt. Unabhängig von dem Güterstand folgt eine daneben bestehende **wechselseitige Pflicht zur Information** aber auch aus § 1353, sog. **Unterrichtungsanspruch.**[7]

Diese **Informationspflicht** besteht nicht uneingeschränkt. Sie wird nur auf Verlangen geschuldet.[8] **20** Überdies geht der Informationsanspruch nur dahin, einen **Überblick über wesentliche Bestandteile des Vermögens und ihren Wert in groben Rastern** zu vermitteln, ohne dass **Angaben im Einzelnen** oder gar **Nachweise** geschuldet sind.[9] Ob und gegebenenfalls wann neue Informationen geschuldet werden, ist nach den Umständen des Einzelfalles zu entscheiden, wobei innerhalb einer Ehe mit gleichförmigen ökonomischen Verhältnissen seltener zu informieren ist als in einer Ehe, in der die Einkünfte und das Vermögen erheblichen Schwankungen ausgesetzt sind. Gegebenenfalls kann ein unzulässiger Auskunftsantrag in einen Antrag auf Unterrichtung umgedeutet werden.[10]

Verweigert ein Ehegatte die geforderten Informationen ohne ausreichenden Grund beharrlich, so **21** eröffnet dies die Möglichkeit, den vorzeitigen Ausgleich des Zugewinns zu beanspruchen.[11]

Eine **beharrliche Weigerung** wird regelmäßig erst nach **wiederholtem fruchtlosen Verlangen 22** angenommen werden können, mag aber auch schon dann gegeben sein, wenn der Schuldner sich bereits nach der ersten Aufforderung mit besonderer Intensität gegen die Verpflichtung zur Auskunftserteilung wehrt. Schon die beharrliche Weigerung der Auskunftserteilung begründet sodann den nicht zu widerlegenden Verdacht, dass der auskunftsberechtigte Ehegatte an Vermögenszuwächsen nicht beteiligt werden soll.[12]

Weitere Voraussetzung ist, dass die geschuldete Information **ohne ausreichenden Grund** verwei- **23** gert wird. Ein ausreichender Grund liegt dann vor, wenn ein **Anspruch auf Unterrichtung nicht mehr besteht**, was nach dem endgültigen Scheitern der Ehe und einem mehr als 1-jährigen Getrenntleben angenommen werden kann (§ 1353 Abs. 2).[13] Denn nach dem Scheitern der Ehe würde die Auskunft nur der Kontrolle der vermögensmäßigen Aktivitäten des Ehegatten dienen, weshalb seine Zuerkennung auch für diesen Zeitraum die Systematik der Ausgleichspflichten sprengen würde.[14] Im Übrigen besteht ein Grund, die Auskunft zu verweigern dann, wenn zu befürchten ist, dass der informationsberechtigte Ehegatte die ihm mitgeteilten **vertraulichen Daten** nicht entsprechend behandeln wird oder wenn sonst die reale **Gefahr des Missbrauchs** der mitgeteilten Daten gegeben ist.

Nach Abs. 3 ist ebenso wie nach Abs. 1 nicht gefordert, dass die Ausgleichsforderung **gefährdet** ist. **24** Allein die **beharrliche Weigerung** der Auskunftserteilung begründet den nicht zu widerlegenden Verdacht, dass der auskunftsberechtigte Ehegatte an Vermögenszuwächsen nicht beteiligt werden soll.

Die Erteilung der Auskunft zu einem Zeitpunkt, zu dem der Antrag auf Auskunftserteilung **25** bereits rechtshängig geltend gemacht worden ist, ändert an der Berechtigung des Verlangens auf vorzeitigen Zugewinnausgleich nichts, was in Nr. 4 ausdrücklich klargestellt wird. Die neue Terminologie des FamFG wird in der Norm noch nicht umgesetzt, indem von der Klage auf Auskunft die Rede ist, nicht hingegen von dem entsprechenden Antrag.

---

7 BGH FamRZ 1976, 516, 517; OLG Karlsruhe FuR 2003, 86; OLG Hamm FamRZ 2000, 228; vgl. im Übrigen § 1379 Rn. 23 ff.
8 Staudinger/Thiele § 1386 Rn. 24.
9 OLG Hamm FamRZ 2000, 228; OLG Celle FamRZ 1983, 171.
10 OLG Frankfurt FamRZ 2010, 563.
11 OLG Brandenburg FamRZ 2009, 1441, 1442.
12 OLG Celle FamRZ 2000, 1369; vgl. auch: Weinreich FuR 2004, 65.
13 OLG Karlsruhe FuR 2003, 86.
14 OLG Karlsruhe a.a.O.

§ 1386   Vorzeitige Aufhebung der Zugewinngemeinschaft

¹Jeder Ehegatte kann unter entsprechender Anwendung des § 1385 die vorzeitige Aufhebung der Zugewinngemeinschaft verlangen.

1   Während § 1385 dann, wenn die Voraussetzungen erfüllt sind, einen Anspruch auf vorzeitigen Ausgleich des Zugewinns, mithin auf Leistung gibt, eröffnet § 1386 die Möglichkeit, die Zugewinngemeinschaft zu beenden, ohne auch den Ausgleichsanspruch geltend zu machen. Hiervon wird insbesondere dann Gebrauch gemacht werden, wenn sich der Antragsteller keinen eigenen Zugewinnausgleichsanspruch verspricht oder wenn er aus sonstigen Gründen den Güterstand beendet wissen will, etwa deshalb, weil er sich von den Beschränkungen des § 1365 befreien will.

2   Wegen der **Voraussetzungen** ist auf § 1385 zu verweisen. Ein besonderes, über den Wortlaut der Norm hinaus gehendes Rechtsschutzinteresse ist nicht erforderlich. Zwar fällt der durch § 1365 gegebene Schutz im Fall der vorzeitigen Beendigung der Zugewinngemeinschaft durch Gestaltungsentscheidung fort, doch kann das nicht dazu führen, die Vorschrift in Verbindung mit § 1385 Nr. 2 einschränkend auszulegen und die Anwendung zu Gunsten des güterrechtlichen Schutzes durch § 1365 zurück zu drängen.[1] Ob diese Norm im Fall der vorzeitigen Aufhebung der Zugewinngemeinschaft über das Ende des Güterstandes hinaus entsprechend anzuwenden ist, wird diskutiert,[2] ist aber abzulehnen, weil der ausgleichsberechtigte Ehegatte durch die allgemeinen Sicherungsinstrumente hinreichend geschützt ist.[3]

3   Rechtsfolge ist nach § 1388 der Eintritt der **Gütertrennung**, ohne dass ein Leistungsanspruch zum Gegenstand des Verfahrens wird.

§ 1387   Berechnungszeitpunkt des Zugewinns und Höhe der Ausgleichsforderung bei vorzeitigem Ausgleich oder vorzeitiger Aufhebung

¹In den Fällen der §§ 1385 und 1386 tritt für die Berechnung des Zugewinns und für die Höhe der Ausgleichsforderung an die Stelle der Beendigung des Güterstands der Zeitpunkt, in dem die entsprechenden Klagen erhoben sind.

A. Allgemeines

1   § 1387 stellt eine parallele Regelung zu § 1384 für den Fall des Antrags auf vorzeitigen Zugewinnausgleich nach § 1385 oder vorzeitige Aufhebung der Zugewinngemeinschaft nach § 1386 dar. Wie dort wird der Berechnungszeitpunkt von der Beendigung des Güterstandes vor verlagert auf den der Rechtshängigkeit des Antrags nach § 1385 oder § 1386, wobei die Terminologie des FamFG auch hier nicht übernommen worden ist, indem immer noch von der Klage gesprochen wird. Wie § 1384 hat die Norm jetzt weitergehend Bedeutung nicht nur für den Zeitpunkt der Berechnung des Endvermögens, sondern auch für die Höhe des Ausgleichsanspruchs.

2   § 1387 ist wie § 1384 **dispositiv**.[1] Den Parteien ist es unbenommen, für die Berechnung des Zugewinns einen anderen Stichtag zu vereinbaren, wobei sie während des bestehenden Güterstandes die Form des Ehevertrages zu wahren haben. Einzige Schranke ist die der Sittenwidrigkeit nach § 138.

---

1   OLG München NJW 2012, 1373.
2   Schöfer-Liebl, FamRZ 2011, 1628.
3   Gomille, NJW 2012, 1545.
1   Palandt/Brudermüller § 1387 Rn. 2.

B. Die Regelung im Einzelnen

Die **Rechtshängigkeit** tritt gem. §§ 111 Abs. 1 Nr. 1, 113 Abs. 1 FamFG, 261 Abs. 1 ZPO ein mit   3
der **Erhebung der Klage**, die nach § 253 Abs. 1 ZPO durch die **Zustellung der Klageschrift**
erfolgt. Dem steht die Geltendmachung des Anspruchs in der **mündlichen Verhandlung** gleich
(§§ 111 Abs. 1 Nr. 1, 113 FamFG, 261 Abs. 2 ZPO).

Konkurrieren der **Antrag auf vorzeitigen Ausgleich des Zugewinns** und der **Ehescheidungsantrag**   4
miteinander, so ist derjenige Zeitpunkt maßgeblich, zu dem die Zustellung des jeweils ersten
Antrages erfolgt ist, sofern über die damit rechtshängig gewordene Sache positiv entschieden wird
oder worden wäre.[2] Wird der Ehescheidungsantrag zurückgenommen, aber gleichwohl weiterhin
vorzeitiger Ausgleich des Zugewinns begehrt, so ist auf den Zeitpunkt der Rechtshängigkeit des
Ehescheidungsantrages (§ 1384) abzustellen.[3]

Stirbt ein Ehegatte während des laufenden Verfahrens, ist das Verfahren in der Hauptsache erle-   5
digt. Der Güterstand endet dann durch den Tod des Ehegatten, nicht durch richterlichen Gestaltungsakt. In diesem Fall ist § 1387 gleichwohl **analog** anzuwenden, wenn der überlebende Ehegatte und die Erben des verstorbenen Ehegatten den Zugewinnausgleich gem. § 1371 Abs. 2
durchführen.[4] Auch hier ist aber entscheidend, dass das Verfahren auf vorzeitigen Zugewinnausgleich erfolgreich gewesen wäre, weil andernfalls der Güterstand durch dieses Verfahren auch fiktiv nicht beendet worden wäre.

Endet das Verfahren durch **Vergleich**, indem die Ehegatten für die Zukunft zur **Gütertrennung**   6
übergehen, ist – vorbehaltlich einer abweichenden vergleichsweisen Vereinbarung – ebenfalls nicht
auf den Tag des Wechsels des Güterstandes, sondern den der **Rechtshängigkeit des Antrages**
abzustellen. Denn der Normzweck des § 1387 knüpft an den Rechtsstreit der Ehegatten und nicht
an die mehr zufällige Art der Erledigung an.[5]

C. Verfahren

Behauptet ein Ehegatte die Vereinbarung eines von § 1387 abweichenden Stichtages, hat dieser   7
hierfür die **Darlegungs- und Beweislast**.[6]

§ 1388 Eintritt der Gütertrennung

Mit der Rechtskraft der Entscheidung, die die Zugewinngemeinschaft vorzeitig aufhebt, tritt
Gütertrennung ein.

A. Allgemeines

§ 1388 regelt die **Folge der rechtskräftigen gestaltenden Entscheidung** über den Antrag auf vor-   1
zeitigen Ausgleich des Zugewinns. Mit der Rechtskraft endet der gesetzliche Güterstand und es
tritt Gütertrennung ein. Das gilt sowohl im Fall der Entscheidung nach § 1385 als auch der nach
§ 1386.

---

2 OLG Hamm FamRZ 1982, 609; vgl. § 1384 Rn. 11.
3 KG FamRZ 2005, 805.
4 Staudinger/Thiele § 1387 Rn. 6.
5 Staudinger/Thiele § 1387 Rn. 7.
6 Palandt/Brudermüller § 1387 Rn. 6.

2   Die Regelung ist **verfassungskonform** und verstößt weder gegen Art. 3 GG noch gegen Art. 6 oder 14 GG.[1]

3   Kommt es nach der Rechtskraft der Entscheidung zu einer **Aussöhnung** unter den Eheleuten, ist die Fortsetzung der Zugewinngemeinschaft nur als Folge eines **Ehevertrages** möglich.

B. Tatbestand und Rechtsfolge

4   Der auf den Antrag auf vorzeitigen Ausgleich des Zugewinns ergehende Beschluss hat sowohl im Fall des § 1385 als auch des § 1386 güterstandsändernde **Gestaltungwirkung**, im Fall des § 1385 verbunden mit dem Leistungsausspruch. Endet das Verfahren durch **Vergleich**, fehlt es an einem gestaltenden Beschluss, weshalb Gütertrennung dann nur eintritt, wenn sie formgerecht ausdrücklich **vereinbart** wird.

5   Mit der **Rechtskraft der Entscheidung** endet der gesetzliche Güterstand der Zugewinngemeinschaft und es gilt zwischen den Eheleuten fortan **Gütertrennung**, weshalb jetzt auch die **erbrechtlichen Wirkungen** des § 1371 enden. Der nach der Rechtskraft erwirtschaftete Gewinn unterfällt nicht mehr dem Zugewinnausgleich.

6   Streitig ist die **Wirkung der Entscheidung gegen Dritte**. Endet eine **Gütergemeinschaft**, so wird gem. §§ 1449 Abs. 2, 1470 Abs. 2 grundsätzlich auf § 1412 verwiesen, nach dem ebenso wie im Falle des **ehevertraglichen Ausschlusses** oder der **Aufhebung der Zugewinngemeinschaft**, Einwendungen aus dem Ende des Güterstandes gegen ein Rechtsgeschäft, das die Ehegatten mit dem Dritten geschlossen hat, nur vorgenommen werden, wenn die Güterrechtsänderung im **Güterrechtsregister** eingetragen oder dem Dritten bei Abschluss des Rechtsgeschäftes bekannt war. Da eine entsprechende **Verweisung** in den §§ 1385 ff. aber fehlt, ist § 1412 nach herrschender Meinung nicht anwendbar.[2] Etwas anderes gilt aber für im Verfahren geschlossene **Vereinbarungen**, auf die § 1412 unmittelbar Anwendung findet.

7   Wenngleich es wegen der mit dem Fortfall der Zugewinngemeinschaft verbundenen Erleichterungen für den Rechtsverkehr wohl keiner Eintragung der Güterrechtsänderung bedarf, ist die **Eintragungsfähigkeit** aber unstreitig.[3]

§ 1389

(weggefallen)

§ 1390   Ansprüche des Ausgleichsberechtigten gegen Dritte

(1) [1]**Der ausgleichsberechtigte Ehegatte kann von einem Dritten Ersatz des Wertes einer unentgeltlichen Zuwendung des ausgleichspflichtigen Ehegatten an den Dritten verlangen, wenn**

1. der ausgleichspflichtige Ehegatte die unentgeltliche Zuwendung an den Dritten in der **Absicht** gemacht hat, den ausgleichsberechtigten Ehegatten zu benachteiligen und
2. die Höhe der Ausgleichsforderung den Wert des nach Abzug der Verbindlichkeiten bei Beendigung des Güterstands vorhandenen Vermögens des ausgleichspflichtigen Ehegatten übersteigt.

---

1   6KG FamRZ 1995, 152.
2   Staudinger/Thiele § 1388, Rn. 10; Soergel/Lange § 1388 Rn. 7; Palandt/Brudermüller § 1388 Rn. 4.
3   BGH NJW 1976, 1258.

[2]Der Ersatz des Wertes des Erlangten erfolgt nach den Vorschriften über die Herausgabe einer ungerechtfertigten Bereicherung. [3]Der Dritte kann die Zahlung durch Herausgabe des Erlangten abwenden. [4]Der ausgleichspflichtige Ehegatte und der Dritte haften als Gesamtschuldner.

(2) Das Gleiche gilt für andere Rechtshandlungen, wenn die Absicht, den Ehegatten zu benachteiligen, dem Dritten bekannt war.

(3) [1]Die Verjährungsfrist des Anspruchs beginnt mit der Beendigung des Güterstands. [2]Endet der Güterstand durch den Tod eines Ehegatten, so wird die Verjährung nicht dadurch gehemmt, dass der Anspruch erst geltend gemacht werden kann, wenn der Ehegatte die Erbschaft oder ein Vermächtnis ausgeschlagen hat.

A. Allgemeines

§ 1390 rechnet zu den Normen, durch die die **Interessen des ausgleichsberechtigten Ehegatten**   1
auf ungeschmälerten Zugewinnausgleich geschützt werden. Die Norm ergänzt den § 1375 Abs. 2, indem er demjenigen Ehegatten Ausgleichsansprüche zubilligt, der durch **illoyale Handlungen** im Sinne des § 1375 Abs. 2 benachteiligt worden ist. Zwar wird der Wert dieser Verfügungen dem Endvermögen nach dem neu gefassten § 1378 Abs. 2 Satz 2 hinzu gerechnet, doch kann die Realisierung des Ausgleichsanspruchs in diesen Fällen gefährdet sein. § 1390 mindert deshalb das Risiko des ausgleichsberechtigten Ehegatten, indem er einen Anspruch gegen den Empfänger der illoyalen Verfügung neben den Anspruch aus § 1378 stellt.

Keinen Schutz bietet die Norm hingegen vor **Verfügungen nach Beendigung des Güterstandes.**   2
Soweit diese zu einer Benachteiligung des zugewinnausgleichsberechtigten Ehegatten führen, kann Schutz allenfalls nach dem AnfG gesucht werden, das aber neben § 1390 nicht anwendbar ist.[1]

§ 1390 ist **nicht abdingbar,**[2] weil sich niemand antezipiert rechtsgeschäftlich eines Schutzes begeben   3
ben kann, den ihm die Rechtsordnung nach sittenwidrigen Akten gewährt.[3]

Die **Aufzählung der Haftungstatbestände** in § 1390 ist **abschließend**, so dass eine analoge   4
Anwendung der Norm auf andere Formen oder Zeitpunkte der Vermögensminderung nicht in Betracht kommt.[4]

Der zugewinnausgleichsberechtigte Ehegatte hat gegen den Dritten einen auf § 242 basierenden   5
Auskunftsanspruch, sofern er sich nicht auf andere ihm zumutbare Weise die erforderliche Kenntnis verschaffen kann und Dritte die Auskunft unschwer erteilen kann.[5]

---

1 MüKo/Koch § 1390 Rn. 23.
2 Palandt/Brudermüller § 1390 Rn. 1.
3 MüKo/Koch § 1390 Rn. 29.
4 Staudinger/Thiele § 1390 Rn. 13.
5 BGHZ 61, 180, 185; 58, 237; Staudinger/Thiele § 1390 Rn. 26; Haussleiter/Schulz Kap. 1 Rn. 452.

B. Unentgeltliche Zuwendung

6   Der Anspruch gegen den Dritten besteht, wenn die Zugewinnausgleichsforderung höher ist als das Endvermögen des ausgleichspflichtigen Ehegatten nach Abzug aller Verbindlichkeiten. Zwar haftet der Ausgleichspflichtige ohnehin mit seinem gesamten Endvermögen und im Fall der Hinzurechnung nach § 1378 Abs. 2 Satz 2 darüber hinaus auch in Höhe des Wertes der illoyalen Vermögensverfügungen, doch begründet die Hinzurechnung die Gefahr, dass der Anspruch nicht realisiert werden kann, weshalb der neben dem Zugewinnausgleichsanspruch bestehende Anspruch gegen den Dritten eine Sicherung des ausgleichsberechtigten Ehegatten darstellt.

7   Wegen des Begriffs der **unentgeltlichen Zuwendung** wird auf § 1375 Rdn. 20 ff. verwiesen.

8   Der ausgleichspflichtige Ehegatte muss schließlich in **Benachteiligungsabsicht** gehandelt haben. Dies ist dann der Fall, wenn die Absicht, die Rechte des ausgleichsberechtigten Ehegatten zu schmälern, das bestimmende, wenn auch nicht das alleinige Motiv für sein Handeln war. Die Norm findet dagegen keine Anwendung, wenn andere Motive wenigstens gleichrangig hinzutraten. **Kenntnis** hiervon muss der Dritte nicht gehabt haben.

C. Der Anspruch gegen den Dritten

9   Wegen der Rechtsfolgen verweist die Norm in Form einer **Rechtsfolgenverweisung** auf die Vorschriften über die ungerechtfertigte Bereicherung mit der damit verbundenen Möglichkeit der Berufung auf Entreicherung (§ 818 Abs. 3). Statt der Herausgabe des Erlangten kann jetzt aber nach Abs. 1 Satz 2 **Wertersatz** beansprucht werden.

10 Der Schuldner haftet unter den Voraussetzungen der §§ 819 Abs. 1, 818 Abs. 4, 292, 987 ff. ab **Kenntnis der Benachteiligungsabsicht** oder **Rechtshängigkeit** auch verschärft.

11 Der Anspruch entsteht mit der Beendigung des Güterstandes und geht auf Zahlung, wobei der Dritte die Möglichkeit hat, die Zahlung durch Herausgabe des Erlangten abzuwenden. Die Ersetzungsbefugnis ist auf Antrag des Dritten im Beschluss auszusprechen.[6] Der Höhe nach ist der Anspruch entgegen dem Wortlaut begrenzt auf die Höhe des Ausfallrisikos. Ist dieses geringer als der Wert der Zuwendung, so ist allein auf das Ausfallrisiko abzustellen.[7] Denn dies entspricht der früheren Rechtslage, die insoweit offensichtlich nicht geändert werden sollte.[8] Das bedeutet, dass im Fall eines rechnerischen Ausgleichsanspruchs in Höhe von 5.000 € und einem im Zeitpunkt der Beendigung des Güterstandes vorhandenen Vermögen von 4.000 € eine Zuwendung von 2.000 € nur einen Anspruch von 1.000 € gegen den Dritten rechtfertigt, weil der ausgleichsberechtigte Ehegatte ohnehin allenfalls 4.000 € hätte beanspruchen können (§ 1378 Abs. 2).

12 Der Dritte haftet **gesamtschuldnerisch** neben dem Zugewinnausgleichsschuldner.

D. Rechtshandlungen in Benachteiligungsabsicht, die dem Dritten bekannt war (Abs. 2)

13 Nach Abs. 2 haftet der Dritte wie nach Abs. 1, wenn er durch andere **Rechtshandlungen begünstigt** wurde und ihm die **Absicht der Benachteiligung** des ausgleichsberechtigten Ehegatten **bekannt** war.

14 Anders als nach Abs. 1 sind hier auch **entgeltliche Geschäfte** erfasst, was jedoch zugleich zeigt, dass die praktische Bedeutung des Abs. 2 gering ist, weil unentgeltliche Geschäfte schon zum Anspruch nach Abs. 1 führen, entgeltliche aber in der Regel nicht vermögensmindernd wirken.

---

6 Haussleiter/Schulz, Kap. 1 Rn. 451.
7 Palandt/Brudermüller § 1390 Rn 6; MüKo/Koch § 1390 Rn 12; aA: Büte FuR 2008, 105, 111.
8 BT-Drucks. 16/10789 S. 45.

In Betracht kommen hier insbesondere **entgeltliche Rechtsgeschäfte** mit Dritten oder Darlehens- 15
gewährungen an Dritte, deren Zahlungsunfähigkeit bewusst in Kauf genommen wird. Unter
Abs. 2 fällt auch die entgeltliche Veräußerung eines Vermögensgegenstandes an Dritte in der
Absicht, das leichter auszugebende Bargeld zu verschleudern.[9]

Um den Anspruch nach Abs. 2 zu begründen, muss der zugewinnausgleichspflichtige Ehegatte wie 16
nach Abs. 1 in der **Absicht** gehandelt haben, den ausgleichsberechtigten Ehegatten zu benachteiligen. Obendrein muss dem Dritten diese **Absicht bekannt** gewesen sein. Erforderlich ist also die
positive Kenntnis, für die bloßes **Annehmen** oder **Kennenmüssen** nicht ausreicht.

Die Kenntnis muss im **Zeitpunkt des Eintritts der Rechtswirkungen** der benachteiligenden 17
Handlung vorhanden gewesen sein.

Die Haftung nach Abs. 2 entspricht derjenigen nach Abs. 1. 18

E. Verjährung (Abs. 3)

Abs. 3 ist durch das Gesetz zur Änderung des Erb- und Verjährungsrechts vom 24.09.2009 (BGBl 19
I S. 3142) zum 01.01.2010 geändert worden. Es gilt jetzt auch hierfür die Regelverjährung des
§ 195, wobei die Verjährungsfrist gemäß Abs. 3 Satz 1 mit der Beendigung des Güterstandes zu
laufen beginnt.

Dasselbe gilt auch dann, wenn die Ehe und mit ihr der Güterstand durch den **Tod eines Ehegat-** 20
ten endet und der überlebende Ehegatte die **güterrechtliche Lösung** nach § 1371 Abs. 2 gewählt
hat. Auch in diesem Fall wird nach der ausdrücklichen Regelung des Abs. 3 Satz 2 die Verjährung
nicht dadurch gehemmt, dass der Anspruch erst nach der Ausschlagung der Erbschaft oder des
Vermächtnisses geltend gemacht werden kann. Insoweit wiegen die Interessen des Dritten an Klarheit schwerer als die des Ehegatten, der selbst die Voraussetzungen dafür schaffen kann, dass ihm
der Zugriff auf den Dritten eröffnet wird.

F. Verfahren

Die **Darlegungs- und Beweislast** für den Anspruch aus Abs. 1 oder Abs. 2 trägt der Ehegatte, der 21
diese Ansprüche für sich geltend macht, diejenige für die Verjährung nach Abs. 3 der Dritte, der
sich auf den Eintritt der Verjährung beruft.[10]

Ansprüche aus § 1390 können durch Arrest gesichert werden. 22

§ 1391–1407

(weggefallen)

---

9 Staudinger/Thiele § 1390 Rn. 11; Soergel/Lange § 1390 Rn. 11.
10 Palandt/Brudermüller § 1390 Rn. 9.

Untertitel 2   Vertragliches Güterrecht

Kapitel 1   Allgemeine Vorschriften

§ 1408   Ehevertrag, Vertragsfreiheit

(1) Die Ehegatten können ihre güterrechtlichen Verhältnisse durch Vertrag (Ehevertrag) regeln, insbesondere auch nach der Eingehung der Ehe den Güterstand aufheben oder ändern.

(2) Schließen die Ehegatten in einem Ehevertrag Vereinbarungen über den Versorgungsausgleich, so sind insoweit die §§ 6 und 8 des Versorgungsausgleichsgesetzes anzuwenden.

A. Die ehevertragliche Gestaltung

1   Ehegatten und Verlobte können vertragliche Vereinbarungen der unterschiedlichsten Art miteinander treffen. Besondere Beachtung verdienen diejenigen Abreden, die nur mit **Rücksicht auf die bestehende oder eine geplante Ehe** getroffen werden und die dazu bestimmt sind, die sich aus dem Gesetz ergebenen **familienrechtlichen Folgen der Eheschließung** zu modifizieren oder auszuschließen.

2   Im Allgemeinen werden die unterschiedlichsten Vereinbarungen zwischen Ehegatten als Eheverträge bezeichnet.[1] Nach der **Legaldefinition** des § 1408 Abs. 1 ist ein Ehevertrag aber nur ein solcher, durch den die **güterrechtlichen Verhältnisse** geregelt werden oder eine Vereinbarung über den **Versorgungsausgleich** getroffen wird (Abs. 2 i.V.m. §§ 6 und 8 VersAusglG).

---

1 FA-FamR/Bergschneider Kap. 12 Rn. 4; Grziwotz MDR 2001, 393.

Möglich ist auch die **Verbindung von Ehevertrag und Erbvertrag**, die in § 2276 Abs. 2 ausdrück- **3** lich vorgesehen ist.

Auch für Eheverträge gilt der **Grundsatz der Vertragsfreiheit** (Privatautonomie Art. 2 Abs. 1 GG), **4** doch kollidiert dieser häufig mit dem der **nachehelichen Solidarität** (§ 1353). In der Rechtsprechung des Bundesverfassungsgerichts[2] ist deshalb seit 2001 die Verpflichtung zur Kontrolle von Eheverträgen gegenüber der früheren Rechtslage deutlich erweitert worden, worauf hin der Bundesgerichtshof seine Rechtsprechung zur Rechtswirksamkeit und zur Ausübungskontrolle von Eheverträgen einer umfassenden Überprüfung unterzogen hat.[3]

I. Inhalt und Form der Eheverträge

Inhaltlich kann sich die Vertragsgestaltung auf die **güterrechtlichen Verhältnisse** einschließlich **5** der **Vermögensverwaltung** sowie der Nutzung einzelner Vermögensgegenstände, den **Versorgungsausgleich**, die **allgemeinen Ehewirkungen** oder die gesetzliche **Unterhaltspflicht** und die **Regelung der Nutzung von Ehewohnung und Haushaltsgegenständen** beziehen.

Je nach ihrem Inhalt sind die getroffenen Abreden formlos oder nur bei Einhaltung gesetzlich vor- **6** geschriebener Formvorschriften wirksam.

Folgende Regelungsinhalte sind **formlos** möglich: **7**

- Vereinbarungen über das Ausmaß der während der Ehe bestehenden Pflicht, zum **Familienunterhalt** beizutragen (§ 1360)
- Vereinbarungen über die scheidungsbedingte **Auseinandersetzung gemeinschaftlichen Vermögens**, solange nicht die Übertragung eines betroffenen Vermögensgegenstandes formbedürftig ist (z.B. § 311b)[4]
- die Erteilung der nach Ehegüterrecht erforderlichen **Zustimmung eines Ehegatten zu Verfügungen** durch den anderen (§§ 1365, 1369 und 1423–1425)
- **Vereinbarungen, die auch mit Dritten formlos möglich wären**, wie solche über die Rückabwicklung von Zuwendungen, Begründung eines Dienst- oder Arbeitsverhältnisses oder gesellschaftsrechtliche Regelungen

Folgende Regelungsinhalte sind nur unter **Einhaltung gesetzlicher Formvorschriften** möglich: **8**

- Regelung der **güterrechtlichen Verhältnisse** (§§ 1408 Abs. 1, 1410)
- **Vereinbarungen über den Zugewinn** während eines Ehescheidungsverfahrens (§ 1378 Abs. 3 Satz 2)
- Vereinbarungen über den **Versorgungsausgleich** (§§ 1408 Abs. 2, 1410, 7 VersAusglG)
- Ausschluss oder Einschränkung der **Überlassung der Vermögensverwaltung** (§ 1413)
- Vor Rechtskraft der Ehescheidung getroffene Vereinbarungen über den **nachehelichen Unterhalt** (§ 1585c Sätze 2, 3).

Wertsicherungsklauseln sind in Eheverträgen ohne Genehmigung nach Maßgabe des § 3 des **9** Gesetzes über das Verbot der Verwendung von Preisklauseln bei der Bestimmung von Geldschulden (PrKG) zulässig. Nach Abs. 1 Ziffer 1 der Vorschrift können Preissicherungsklauseln für bestimmte wiederkehrende Leistungen vorgesehen werden; nach Ziffer 2 im Fall der Auseinander-

---

2 BVerfG FuR 2001, 301 = FamRZ 2001, 985; FuR 2001, 163 = FamRZ 2001, 343.
3 BGH FuR 2004, 119 = FamRZ 2004, 602 m Anm. Borth FamRZ 2004, 609; Bergschneider FamRZ 2004, 807; Rakete-Dombek NJW 2004, 1273; Dauner-Lieb FF 2004, 65; Grziwotz FamRZ 2004, 106 und 199; Wachter ZFE 2004, 132 und ZNotP 2004, 264; Mayer FPR 2004, 363; Rauscher DNotZ 2004, 524; Koch NotBZ 2004, 147; Münch ZNotP 2004, 122; Langenfeld ZEV 2004, 311; Brandt Mitt-BayNot 2004, 278; Börger ZAP Fach 11 R, 429; Finger LMK 2004, 108; Breil Streit 2004, 80; vgl. auch ausführlich Goebel FamRZ 2003, 1513; vgl. Rdn. 37 ff.
4 OLG Düsseldorf FamRZ 2001, 765.

setzung von Ehegatten, wenn der geschuldete Betrag durch die Änderung eines von dem Statistischen Bundesamt oder einem Statistischen Landesamt ermittelten Preisindexes für die Gesamtlebenshaltung oder eines vom Statistischen Amt der Europäischen Gemeinschaft ermittelten Verbraucherpreisindexes bestimmt werden soll und zwischen der Begründung der Verbindlichkeit und der Endfälligkeit ein Zeitraum von mindestens **zehn Jahren** liegt oder die Zahlungen nach dem Tode des Beteiligten zu erfolgen haben.

II. Zeitliche Wirkungen des Vertrages

10 Ein Ehevertrag im weiteren Sinn kann, wenn die Partner noch nicht verheiratet sind, im Hinblick auf die bevorstehende Eheschließung abgeschlossen und auch mit einem **Partnerschaftsvertrag** zur Regelung der vermögensrechtlichen Vorgänge vor der Eheschließung verbunden werden. Auch noch nach geschlossener Ehe können selbstverständlich Vereinbarungen getroffen werden. Je nach ihrem Inhalt werden sie das eheliche Zusammenleben gestalten, als **Trennungsvereinbarung** Regelungen für die Zeit nach der Trennung aufstellen oder als **Scheidungsfolgenvereinbarung** Rechtswirkungen nach Beendigung der Ehe begründen.

11 Die verfahrensrechtliche Bedeutung von Scheidungsfolgevereinbarungen hat sich gewandelt. Sind diese nach § 630 Abs. 1 Nr. 3, Abs. 3 ZPO in der Fassung bis zum 31.08.2009 noch jedenfalls soweit sie das Unterhaltsrecht betrafen, Voraussetzung für eine einvernehmliche Scheidung gewesen, setzen die Vorschriften des FamFG, insb. die §§ 133, 134 FamFG eine solche Scheidungsfolgenvereinbarung nicht mehr voraus.

12 Werden Eheverträge im Hinblick auf eine noch nicht beabsichtigte aber für möglich gehaltene Ehescheidung getroffen, spricht man von **vorsorgenden Vereinbarungen**. Werden sie getroffen, wenn die Scheidung bereits beabsichtigt oder das Scheidungsverfahren schon anhängig ist, liegen **regelnde Vereinbarungen** vor. Die vorsorgenden Vereinbarungen werden zumeist in notarieller Form, die regelnden Vereinbarungen oft auch in Form gerichtlicher Vergleiche oder außergerichtlicher Schiedsvereinbarungen geschlossen.

III. Wegfall der Wirkungen des Vertrages

13 Der Ehevertrag entfällt, wenn er durch einen anderen ersetzt wird. Im Falle der Scheidung verliert der Vertrag, der keine Scheidungsfolgen regelt seine Wirksamkeit für die Zukunft ebenso wie bei Aufhebung des Güterstandes. Ist die Vereinbarung über die güterrechtlichen Verhältnisse eng mit anderen Rechtsgeschäften verbunden, so sind auch die Grundsätze des **Wegfalls der Geschäftsgrundlage**, § 313 anwendbar. Eine **Kündigung** des Vertrages aus wichtigem Grund ist dagegen nicht möglich.[5]

IV. Besonderheiten

14 Wird der Güterstand im Rahmen der Auseinandersetzung der Eheleute einvernehmlich aufgehoben und ersetzt diese Regelung ein förmliches Verfahren vor dem Familiengericht, so gehören die mit der Vereinbarung verbundenen Kosten zu den zwangsläufig entstandenen Kosten i.S.d. § 33 Abs. 2 Satz 1 EStG. Etwas anderes gilt dann, wenn die Vermögensauseinandersetzung zwischen den Eheleuten erst nach der Ehescheidung vorgenommen wird.[6]

---

5 Staudinger/Thiele § 1408 Rn. 34.
6 FG Köln DStRE 2003, 924.

B. Vertrag zur Regelung der güterrechtlichen Verhältnisse (Abs. 1)

Ein Ehevertrag im Sinne des Abs. 1 liegt dann vor, wenn die Ehegatten den **gesetzlichen Güter-** **15**
stand der Zugewinngemeinschaft einvernehmlich aufheben, für eine noch zu schließende Ehe
ausschließen[7] **oder für die existierende ändern,** und sei es auch nur in Bezug auf einen einzelnen
Gegenstand.[8] Aufgehoben wird der gesetzliche Güterstand durch Vereinbarung von **Gütertren-**
nung, der **Gütergemeinschaft** oder **Bestimmung anderer Regelungen.** So lassen sich durch die
Erklärung des gesamten bei der Eheschließung beiderseits vorhandenen Vermögens zu Vorbehaltsgut die wesentlichen Rechtswirkungen der früheren **Errungenschaftsgemeinschaft** oder durch
Erklärung des unbeweglichen Vermögens zu Vorbehaltsgut die wesentlichen Rechtswirkungen der
Fahrnisgemeinschaft erreichen.[9] Allerdings können Errungenschafts- oder Fahrnisgemeinschaft als
solche nicht unmittelbar vereinbart werden. Insoweit würde die dinglich wirkende und verdrängende Nutzverwaltung des Mannes am eingebrachten Gut der Frau und die mit §§ 1438 ff. unver-
trägliche Regelung der Haftung des Gesamtgutes die durch § 137 gesteckten Grenzen überschreiten.[10] Im Übrigen würden derartige Vereinbarungen ebenso wie die des **Güterrechts der früheren**
DDR eine Verweisung auf nicht mehr geltendes Recht darstellen und deshalb nach § 1409 ausgeschlossen sein.

Außer dem **Ausschluss der Zugewinngemeinschaft** ist auch deren **rückwirkende Wiederherstel-** **16**
lung nach vorherigem Ausschluss[11] sowie die **Beschränkung auf bestimmte Fälle,** etwa die Ehescheidung oder die Beendigung des Güterstandes durch den Tod eines Ehegatten, zulässig und
möglich. Wird vereinbart, dass die Regeln über den Zugewinnausgleich nur im Todesfall gelten
sollen, führt dies für den Fall der Beendigung der Ehe durch Scheidung zur Gütertrennung.

Zulässig sind auch **Modifikationen der Regeln über den Zugewinnausgleich.** So kann der Eintritt **17**
der Regeln über den Zugewinnausgleich davon abhängig gemacht werden, dass die Ehe eine
gewisse **Mindestzeit** besteht. Die **Regeln über die Ermittlung des Anfangs- und des Endvermö-**
gens können dergestalt modifiziert werden, dass bestimmte Vermögenswerte – etwa das **Betriebs-**
vermögen eines Ehegatten[12] – dem Zugewinnausgleich entzogen oder dem Anfangsvermögen hinzugerechnet werden.[13] Hinsichtlich einzelner Vermögensbestandteile können die **Werte festge-**
setzt, Wertvorgaben gemacht oder **Wertermittlungsmethoden** festgelegt werden. Durch derartige
Festlegungen können spätere Streitigkeiten über dann eventuell schon lange zurückliegende Vermögensverhältnisse vermieden oder zumindest eingegrenzt werden. Um nicht das in sich stimmige
Gefüge des Zugewinnausgleichs zu sprengen, sollte jedoch bedacht werden, dass Festlegungen der
Werte oder der Wertermittlungsmethoden für das Anfangs- und Endvermögen gleich erfolgen.[14]

Weil die Zugewinnausgleichsforderung gem. § 1378 Abs. 3 mit der Rechtskraft der Ehescheidung **18**
fällig und der Zugewinnausgleich in Geld zu leisten ist, kann die Modifizierung der Regeln über
den Zugewinnausgleich auch darin bestehen, dass die **gesetzlichen Zahlungsmodalitäten** geändert
werden. So kann die Ausgleichsforderung **gestundet** werden. Es kann aber auch vereinbart werden, dass der Ausgleich in anderer Form als durch einmalige Geldzahlung, beispielsweise in Form
einer Rente oder durch Übertragung von Vermögensgegenständen zu leisten ist.

Zulässig ist es, die im gesetzlichen Güterstand geltenden und aus den §§ 1365 ff. folgenden **Verfü-** **19**
gungsbeschränkungen auszuschließen oder einzuschränken.[15]

---

7 OLG Schleswig FamRZ 2004, 808.
8 BGH NJW 1978, 1923.
9 MüKo/Kanzleiter § 1408 Rn. 16.
10 Staudinger/Thiele § 1408 Rn. 17.
11 BGH FamRZ 1998, 902.
12 BGH FamRZ 1997, 800.
13 Vgl. Grziwotz MDR 1998, 129, 131.
14 FAFamR/Bergschneider Kap. 12, Rn. 132.
15 MüKo/Kanzleiter § 1408 Rn. 14.

20   Im Rahmen der **Gütergemeinschaft** sind nur die Regeln über das **Innenverhältnis** zwischen den Ehegatten modifizierbar, während diejenigen über das **Außenverhältnis** zu Lasten Dritter nicht abgeändert werden dürfen. So kann zwar die Haftung einzelner Vermögensmassen zu Gunsten Dritter erweitert, nicht aber eingeschränkt werden. Zwingend sind die Regeln über die Zuordnung einzelner Vermögensbestandteile zu den Vermögensmassen.

C. Vereinbarungen über den Versorgungsausgleich (Abs. 2)

21   Während die Norm bis zum 31.08.2009 noch Regelungen über die Möglichkeit von Vereinbarungen über den Versorgungsausgleich enthielt, verweist sie in ihrer durch Art. 3 Nr. 3 VAStrReG vom 03.04.2009 geänderten Fassung nur noch auf §§ 6 und 8 VersAusglG, so dass ihr keine eigenständige Bedeutung mehr zukommt.

D. Grenzen der Regelungsbefugnis

22   Die Grenzen der Regelungsbefugnis ergeben sich zunächst aus der Spezialnorm des § 1409 und im Übrigen aus den **allgemeinen Regeln** der §§ 134, 137, 138, 242. Eine weitergehende besondere güterrechtliche Einschränkung etwa dahingehend, dass die Vereinbarungen dem Wesen des Güterstandes nicht widersprechen dürfen, besteht nicht.[16]

I. Inhaltskontrolle von Eheverträgen

23   Die Inhaltskontrolle von Eheverträgen kann zunächst in zwei große Bereiche geteilt werden. Zum einen erfolgt die Prüfung, ob Vertrag gegen das Gesetz verstößt und deshalb gem. § 134 nichtig ist. Zum anderen ist zu prüfen, ob der Vertrag gegen die guten Sitten gem. § 138 BGB verstößt. Diese Prüfungspunkte entsprechen dem allgemeinen Recht und sind auch für Eheverträge seit langem anerkannt.[17] Während der Verstoß nach § 134 bis heute unverändert zu prüfen ist, hat sich im Jahr 2001 bei der Prüfung der Sittenwidrigkeit die Kontrolle verschärft.

1. Gesetzliches Verbot (§ 134)

24   Im Rahmen der Prüfung der Wirksamkeit ist zunächst zu beachten, dass die Vereinbarung nicht gegen ein gesetzliches Verbot verstößt. Während für güterrechtliche Regelungen der § 1409 im Mittelpunkt der Betrachtung steht, ist beim Unterhalt zu prüfen, inwieweit dort überhaupt für die Zukunft einschränkende, bis zum vollständigen Verzicht gehende Regelungen getroffen werden können.

a) Pauschales Verweisungsverbot bei der Wahl des Güterstandes

25   Es ist möglich, in einem Ehevertrag pauschal ohne Nennung der einzelnen Vorschriften den Güterstand der Gütertrennung oder Gütergemeinschaft zu vereinbaren. Begrenzt wird die Möglichkeit des Abschlusses pauschaler güterrechtlicher Vereinbarungen aber nach § 1409. Danach darf die ehevertragliche Regelung den ehelichen Güterstand nicht dadurch begründen, dass allgemein auf **nicht mehr geltendes inländisches Recht**, wie beispielsweise die Güterstände der Errungenschaftsgemeinschaft, der Fahrnisgemeinschaft oder der güterrechtlichen Regelungen der DDR oder **auf ausländisches Recht**, wie beispielsweise den Güterstand nach niederländischem Recht verwiesen wird. Davon unberührt bleibt das Wahlrecht nach Art. 15 Abs. 2 EGBGB.[18]

---

16 MüKo/Kanzleiter § 1408 Rn. 13.
17 BGH FamRZ 1985, 788.
18 Palandt/Brudermüller § 1409 Rn. 2.

Konkrete **Einzelregelungen** können hingegen stets übernommen werden. Sie müssen aber im Einzelnen zum Gegenstand des Vertrages gemacht werden. **26**

b) Wirksamkeit von Unterhaltsvereinbarungen

Unterhalt ist mit Ausnahme des nachehelichen Unterhalts (§ 1585c) für die Zukunft unverzichtbar. Ein Verzicht verstößt deshalb gegen ein gesetzliches Verbot (§§ 1614 Abs. 1, 1361 Abs. 4 Satz 4, 1360a Abs. 3) und ist damit gem. § 134 nichtig. Dies gilt allerdings nicht ausnahmslos. **27**

aa) Teilverzicht und Ermessensrahmen

Bei der Bestimmung des angemessenen Unterhalts durch die Beteiligten besteht ein gewisser **Ermessensrahmen**, innerhalb dessen Unterhaltsschuldner und -gläubiger wirksam einen den Tabellensatz unterschreitenden Barunterhalt für das Kind (§ 1610) bzw. einen angemessenen Betrag für den getrennt lebenden Ehegatten (§ 1361) vereinbaren können.[19] Eine Unterhaltsvereinbarung für die Zukunft ist deshalb nur insoweit unwirksam, als sie die dem Maßstab der Angemessenheit innewohnende Toleranzgrenze überschreitet.[20] Ein Unterhaltsvergleich, der darüber hinaus einen Verzicht auf Unterhalt für die Zukunft beinhaltet oder auf einen solchen Verzicht hinaus läuft, ist unwirksam.[21] **28**

Bei den **Tabellensätzen** der Düsseldorfer Tabelle handelt es sich nicht um abschließende verbindliche Größen.[22] Innerhalb eines bestimmten Toleranzrahmens können deshalb durchaus hiervon abweichende Beträge vereinbart werden, ohne dass darin sogleich ein Verstoß gegen § 1614 zu sehen ist. So können auch Vereinbarungen über die Zweckbindung von Teilbeträgen des Unterhalts wirksam sein.[23] Nichtig ist jedoch eine mit der Kindesmutter getroffene Vereinbarung, mit der der Unterhaltpflichtige sich zur Zahlung eines weit hinter den gesetzlichen Ansprüchen zurück bleibenden Anspruchs verpflichtet hat.[24] Unwirksam ist auch eine Unterhaltsvereinbarung zwischen Eltern, nach der der barunterhaltspflichtige Elternteil unabhängig von seinen Einkommensverhältnissen Kindesunterhalt lediglich in Höhe bestimmter Mindestunterhalts – Tabellensätze zu leisten hat. Eine derartige Vereinbarung stellt einen Teilverzicht dar, der für eine Abänderungsklage keine Bindungswirkung entfaltet.[25] **29**

Unterschreitet der vereinbarte Kindesunterhalt die gebräuchlichen Tabellenbeträge nicht nur unwesentlich,[26] ist im Einzelfall zu prüfen, ob ein gegen § 1614 verstoßender Teilverzicht vorliegt. Die **Toleranzgrenze** ist jedenfalls in der Regel dann nicht mehr gewahrt, wenn die Tabellenbeträge um ein Drittel und mehr unterschritten werden.[27] Dann ist grds. ein unzulässiger Teilverzicht anzunehmen,[28] auch dann, wenn eine Erhöhung nach § 238 FamFG ausgeschlossen wird, sofern die Vereinbarung nicht als **Freistellungsvereinbarung** ausgelegt werden kann.[29] **30**

---

19 OLG Celle FamRZ 1992, 94 zu einem den Tabellensatz unterschreitenden Barunterhaltsanspruch für das Kind.
20 BGH FamRZ 1984, 997; OLG Schleswig FuR 2001, 553 und OLG Koblenz FuR 2001, 379 zum einem erkennbar zur Sozialhilfebedürftigkeit führenden Teilverzicht; OLG Hamm FamRZ 2001, 1024; OLG Celle FamRZ 1992, 94.
21 OLG Hamm FamRZ 2001, 1023.
22 OLG Celle FamRZ 1992, 94 zu einem den Tabellensatz unterschreitenden Barunterhaltsanspruch eines Kindes.
23 KG FamRZ 1997, 627; OLG Celle NdsRpfl 1991, 244 für eine Ausbildungsversicherung; OLG Köln FamRZ 1983, 750.
24 OLG Naumburg NJW-RR 2003, 1089.
25 OLG Celle FamRZ 1994, 1131.
26 OLG Celle FamRZ 1992, 94; OLG Köln FamRZ 1983, 750 etwa 1/5.
27 OLG Köln FamRZ 1983, 750.
28 OLG Hamm FamRZ 2001, 1023; OLG Celle FamRZ 1992, 94.
29 OLG Brandenburg FamRZ 2003, 1965 m. Anm. Bergschneider.

bb) Freistellungsvereinbarungen

31 Ein Elternteil darf den anderen von dessen Verpflichtung zur Leistung von Kindesunterhalt anteilig oder ganz freistellen (§§ 329, 415 Abs. 3).[30] An eine derartige Verpflichtung des einen Elternteils gegen den anderen ist das Kind jedoch nicht gebunden, da der Vertrag nur im **Innenverhältnis** zwischen den Eltern als Vertragspartnern wirkt[31] und keine Rechtswirkungen gegenüber dem Kind entfaltet. Vollstreckt wird der Freistellungsanspruch nach §§ 120 Abs. 1 FamFG, 887 ZPO.[32]

32 Derartige Freistellungsabreden sind weder gem. § 134 gesetzeswidrig noch nach § 138 sittenwidrig, auch dann nicht, wenn sie äußerlich mit einem Vorschlag zur Regelung der elterlichen Sorge verbunden werden.[33] Anderes gilt dann, wenn mit der Freistellungsvereinbarung die Zustimmung des anderen Elternteils zur Übertragung der **elterlichen Sorge**[34] und/oder ein Verzicht auf das **Umgangsrecht**[35] bzw. dessen Ausübung erreicht werden soll. Überdies ist die Vereinbarung nur dann wirksam, wenn der freistellende Elternteil über die finanziellen Mittel verfügt, um den Kindesunterhalt in der von dem freigestellten Elternteil geschuldeten Höhe zu bezahlen.[36]

33 Freistellungsvereinbarungen der Eltern untereinander verstoßen grds. auch nicht gegen § 1614,[37] da sie den Unterhaltsanspruch des Kindes als solchen nicht tangieren. Sie entfalten Rechtswirkungen nur zwischen den Eltern. Das Kind behält seine Ansprüche gegenüber jedem Elternteil ungeachtet der Vereinbarungen,[38] so dass auch der freigestellte Elternteil ohne weiteres aus §§ 1601 ff. zu Unterhaltszahlungen verpflichtet werden kann.[39] Der trotz der Vereinbarung in Anspruch genommene Elternteil hat aus der Freistellungsvereinbarung lediglich einen **Anspruch auf Erstattung** und die vereinbarte **Freistellung**. Leistet er Unterhalt für den anderen Elternteil an das Kind, gilt § 267.[40] Allerdings sind derartige Verträge kritisch am Kindeswohl zu prüfen, wenn sie das Einkommen des betreuenden Elternteils und damit den auch für das Kind verfügbaren Betrag unangemessen schmälern.[41] Wird zwischen den Kindeseltern eine Vereinbarung des Inhalts getroffen, dass der Kindesunterhalt von dem barunterhaltspflichtigen Vater nicht in voller Höhe zu zahlen sei, ist diese, weil die Kindesmutter wegen § 1614 nicht wirksam auf den Unterhalt verzichten kann, nur in der Weise auszulegen, dass sie den Vater von den Unterhaltsansprüchen der Kinder insoweit freistellen will, wie von diesen weitergehender Kindesunterhalt beansprucht wird.[42]

34 Enthält eine **Freistellungsvereinbarung** auch einen unwirksamen **Verzicht auf Trennungsunterhalt**, so führt die **Teilnichtigkeit** nicht auch zur Nichtigkeit der Freistellungsabrede, wenn die Beteiligten diese in Kenntnis der Nichtigkeit des Teilgeschäfts gleichwohl getroffen hätten.[43] Haben die Eltern eine Vereinbarung getroffen, nach der ein Elternteil bis zum 18. Lebensjahr des Kindes von seiner Unterhaltspflicht freigestellt und verpflichtet ist, den nach der Düsseldorfer Tabelle an sich geschuldeten Unterhalt bis zu diesem Zeitpunkt auf ein **Sperrkonto** einzuzahlen,

---

30 KG FamRZ 1997, 627; OLG Hamm FamRZ 1980, 724; hierzu näher Wihelm FuR 2000, 353.
31 BGH FamRZ 1987, 934; FamRZ 1986, 254; Schubert FamRZ 2001, 733.
32 OLG Hamburg FamRZ 1983, 212.
33 BGH FamRZ 1986, 444.
34 OLG Hamburg FamRZ 1984, 1223.
35 OLG Karlsruhe FamRZ 1983, 417.
36 Vgl. BVerfG FamRZ 2001, 343, 348.
37 OLG Düsseldorf FamRZ 1999, 1665.
38 BGH FamRZ 2001, 934; OLG Stuttgart FamRZ 1992, 716 zu einer Freistellungsvereinbarung im Rahmen eines Ehevertrags, aufgehoben durch BVerfG FuR 2001, 163 = FamRZ 2001, 343 m. Anm. Rauscher FuR 2001, 155; Bäumel FPR 2001, 111; Schwab FamRZ 2001, 349; Schubert FamRZ 2001, 733; Bergschneider FamRZ 2001, 1337; Grziwotz MDR 2001, 393; Röthel NJW 2001, 1334.
39 BGH FamRZ 1986, 444; OLG Hamm FamRZ 1999, 163; OLG Stuttgart FamRZ 1992, 716.
40 OLG Düsseldorf FamRZ 1982, 1108.
41 Dazu Papier NJW 2002, 2129, 2132 ff.
42 OLG Brandenburg FamRZ 2003, 1965 mit Anm. Bergschneider.
43 OLG Hamm FamRZ 1999, 163.

so beinhaltet diese Abrede weder eine unwirksame Stundung noch einen Verzicht, sondern eine wirksame Freistellungsvereinbarung.[44]

Freistellungsvereinbarungen können nach den Grundsätzen der **Veränderung der Geschäftsgrund-** **35** **lage** gem. § 313 anzupassen sein,[45] als Teil eines Trennungs- und Scheidungsfolgenvergleichs aber nur bei ganz unerwarteten und außergewöhnlichen Entwicklungen.[46]

2. Sittenwidrigkeit und Verstoß gegen Treu und Glauben

Verstößt ein Ehevertrag nicht gegen ein gesetzliches Verbot (§ 134 BGB), ist seine Wirksamkeit **36** anhand des Maßstabes des § 138 zu prüfen, insb. insoweit, ob der nach dem Vertrag **verpflichtete** **Ehegatte** nicht in sittenwidriger Weise belastet worden ist.[47] Liegt auch dies nicht vor, wird zu kontrollieren sein, ob die Rechtsausübung gegen Treu und Glauben verstößt. Dazu sind die von der Rechtsprechung entwickelten Grundsätze zu berücksichtigen.

a) Die Rechtsprechung des BVerfG und des BGH zur besonderen Inhaltskontrolle

Durch die Rechtsprechung des BVerfG und des BGH sind die vertraglichen Gestaltungsmöglich- **37** keiten im Ehevertragsrecht deutlich eingeschränkt worden. Dies gilt aber nicht nur für den Abschluss von Eheverträgen im Sinne des § 1408, sondern gleichermaßen bei Abschluss von Trennungs- und Scheidungsfolgenvereinbarungen. Die Rechtsprechung findet auch Anwendung auf alte, vor 2001 geschlossene Eheverträge.

Nach **Ansicht des BVerfG**[48] ist es im Falle einer besonders einseitigen ehevertraglichen Lastenver- **38** teilung und einer erheblich ungleichgewichtigen Verhandlungsposition der Vertragspartner zur Wahrung der Grundrechtspositionen beider Vertragsparteien aus Art. 2 Abs. 2 GG Aufgabe der Zivilgerichte, durch eine vertragliche Inhaltskontrolle und ggf. Korrektur der Vereinbarungen mit Hilfe der zivilrechtlichen Generalklauseln zu verhindern, dass sich für einen Vertragteil die Selbstbestimmung in Fremdbestimmung verkehrt. Die Eheschließungsfreiheit rechtfertigt nicht die Freiheit zu unbegrenzter Ehevertragsgestaltung und insb. nicht eine einseitige ehevertragliche Lastenverteilung. Der Freiheit der Ehegatten, mit Hilfe von Verträgen ihre Position für die Zeit der Ehe oder danach zu regeln, sind dort Grenzen gesetzt, wo der Vertrag nicht Ausdruck und Ergebnis gleichberechtigter Lebenspartnerschaft ist, sondern eine auf ungleichen Verhandlungspositionen basierende einseitige Dominanz eines Ehepartners widerspiegelt.

Nach der darauf basierenden **Rechtsprechung des BGH**[49] steht es den Ehegatten grds. frei, die **39** gesetzlichen Regeln über den Zugewinn, den Versorgungsausgleich und den nachehelichen Unterhalt vertraglich auszuschließen. Allerdings darf der Schutzzweck der gesetzlichen Regelungen nicht beliebig unterlaufen werden. Die Grenze ist dort zu ziehen, wo die vereinbarte Lastenverteilung der individuellen Gestaltung der ehelichen Lebensverhältnisse in keiner Weise mehr gerecht wird, weil sie »evident einseitig« ist und für den belasteten Ehegatten bei verständiger Würdigung des Wesens der Ehe unzumutbar erscheint.[50] Das ist umso kritischer zu überprüfen, umso mehr der Ehevertrag in den **Kernbereich des Scheidungsfolgenrechts** eingreift.

---

44 OLG Frankfurt FamRZ 1994, 1131 *(Anmerkung: Der LS ist missverständlich formuliert).*
45 OLG Köln NJW-RR 1995, 1474; OLG Braunschweig FamRZ 1982, 91.
46 OLG Hamm FamRZ 1999, 163.
47 BGH FamRZ 2009, 198.
48 BVerfG FuR 2001, 163 = FamRZ 2001, 343.
49 BGH FuR 2001, 301 = FamRZ 2001, 985; FuR 2004, 119 = FamRZ 2004, 601.
50 BGH FuR 2004, 119 = FamRZ 2004, 601; FuR 2005, 264 = FamRZ 2005, 691.

b) Kernbereich des Scheidungsfolgenrechts

40 Der **Kernbereich des Scheidungsfolgenrechts** gestaltet sich nach der vom BGH[51] aufgestellten **Rangordnung** wie folgt:

1. Auf der **ersten Rangstelle** stehen der **Betreuungsunterhalt** (§ 1570), der **Unterhalt wegen Krankheit und Gebrechen** (§ 1572) sowie der **Unterhalt wegen Alters** (§ 1571). Diese Einstufung beruht darauf, dass der betroffene Ehegatte im Hinblick auf Alter oder Krankheit nicht oder nicht mehr in der Lage ist, sich selbst zu unterhalten, und im Hinblick auf die Kindesbetreuung die Ausübung einer Erwerbstätigkeit zur Sicherung des eigenen Unterhalts gegen die Kindesinteressen verstoßen würde.

   Ebenfalls zu dieser Rangstelle gehört auch der **Versorgungsausgleich** als vorweggenommener Altersunterhalt. Wegen der möglicherweise fehlenden Aktualität der Notwendigkeit ist allerdings besonders zu berücksichtigen inwieweit der benachteiligte Ehegatte noch in der Lage ist, die Nachteile bis zum Eintritt des Versorgungsfalles durch eigene Leistungen auszugleichen. Deswegen hat der BGH den Versorgungsausgleich einerseits wie den Zugewinnausgleich als ehevertraglichen Regelungen zugänglich bezeichnet, andererseits aber die Schranke der Zugehörigkeit zum engen Kernbereich der Scheidungsfolgen vorgesehen. Vereinbarungen über den Versorgungsausgleich müssen deshalb nach denselben Kriterien geprüft werden, wie ein vollständiger oder teilweiser Unterhaltsverzicht.[52]

2. An **zweiter Rangstelle** steht der **Unterhalt wegen Erwerbslosigkeit** (§ 1573). Dieser Unterhaltstatbestand wird nicht in gleicher Weise geschützt wie die sogenannten Primärtatbestände aus Rangstelle 1, weil das Gesetz das Arbeitsplatzrisiko durchaus auf den Unterhaltsgläubiger verlagert.[53]

3. Die **dritte Rangstelle** nehmen der **Krankenvorsorge- und der Altersvorsorgeunterhalt** ein.

4. Auf der **vierten Rangstelle** folgen der **Aufstockungsunterhalt** (§ 1573 Abs. 2) und der **Ausbildungsunterhalt** (§ 1575).

5. Auf der **fünften und letzten Rangstelle** steht der **gesetzliche Güterstand**. Die Zugewinngemeinschaft sieht zwar die gleiche Teilhabe der Ehegatten an dem jeweils während der Ehe erwirtschafteten Vermögen vor, doch muss den Ehegatten gestattet sein, ihre wechselseitigen Vermögensansprüche eigenverantwortlich zu regeln. Das Gebot ehelicher Solidarität steht dem nicht entgegen.

c) Der Prüfungsrahmen der Inhaltskontrolle

41 Ob die Vertragsfreiheit durch den Ehevertrag verletzt wird und welche Folgen die Verletzung hat, wird in zwei Schritten untersucht:

1. Schritt:

Für den **Zeitpunkt des Vertragsschlusses** ist zu prüfen, ob die Regelung gegen die guten Sitten verstößt (§ 138) (**Wirksamkeitskontrolle**).

Rechtsfolge ist jedenfalls die Nichtigkeit der einzelnen Regelung, möglicherweise auch des gesamten Vertrages, § 139.

Soweit dies nicht der Fall ist, erfolgt die Untersuchung des Vertrages im

42 **2. Schritt:**

Zum Zeitpunkt der Berufung auf die Regelungen des Vertrages ist im Wege der Ausübungskontrolle zu prüfen, ob damit ein Verstoß gegen Treu und Glauben gem. § 242 einhergeht (**Ausübungskontrolle**).

---

51 BGH FuR 2004, 119 = FamRZ 2004, 601.
52 BGH FamRZ 2008, 2011.
53 BGH FuR 2005, 264 = FamRZ 2005, 691.

Rechtsfolge ist nicht die Nichtigkeit der Regelung im Einzelnen oder im Ganzen. Vielmehr ist eine Vertragsanpassung nach den Grundsätzen des § 313 zu prüfen. Es ist die Rechtsfolge anzuordnen, die den berechtigten Belangen beider Beteiligter in der nunmehr eingetretenen Situation in ausgewogener Weise Rechnung trägt. Dabei gilt: Je mehr der Kernbereich des gesetzlichen Scheidungsfolgerecht betroffen ist, je mehr muss sich an den gesetzlichen Regelungen orientiert werden.[54]

aa) Wirksamkeitskontrolle

Verstößt ein Ehevertrag nicht gegen ein gesetzliches Verbot (§ 134 BGB), ist anhand des Maßstabes des § 138 zu prüfen, ob der nach dem Vertrag **verpflichtete Ehegatte** nicht in sittenwidriger Weise belastet worden ist.[55] Abzustellen ist dabei auf die zum **Zeitpunkt des Vertragsschlusses** maßgeblichen Umstände. Da auch für Eheleute der aus Art. 2 GG folgende Grundsatz der **Vertragsfreiheit** gilt, sind auch sie grundsätzlich berechtigt, ihre eheliche Lebensgemeinschaft einschließlich der Scheidungsfolgen frei von gesetzlichen Vorgaben entsprechend ihren individuellen Vorstellungen zu gestalten, weshalb die Sittenwidrigkeit eines Vertrages nur ausnahmsweise anzunehmen sein wird.[56] Allerdings darf die Vertragsfreiheit nicht missbraucht, insb. der Schutzzweck der gesetzlichen Regelungen nicht durch vertragliche Vereinbarungen unterlaufen werden. Das gilt auch dann, wenn die Ehe bei Vertragsschluss bereits geschieden war.[57]

43

(1) Prüfungskriterien der Wirksamkeitskontrolle

Die Prüfungskriterien divergieren je nachdem, ob so genannte **vorsorgende** (ohne Anlass einer Scheidung vor oder bei Eingehung bzw. während der Ehe getroffene) oder **regelnde** (in zeitlichem Zusammenhang mit einer Scheidung deren Folgen gestaltende) Vereinbarungen zu prüfen sind. Bei vorsorgenden Eheverträgen steht die **Motivation für den Abschluss des Vertrages** im Vordergrund. Dabei ist zu prüfen, welche familiären und finanziellen Konstellationen (Haushaltsführung, Kindererziehung, Erwerbstätigkeit, Vermögensbildung, Altersvorsorge usw.) angestrebt und dem Vertrag zu Grunde gelegt worden war (»gemeinsamer Lebensplan«). Bei den **regelnden** Vereinbarungen ist auf den gelebten Zustand abzustellen.

44

In beiden Fällen ist die Wirksamkeitskontrolle erneut in zwei Schritten durchzuführen.[58]

45

1. Schritt:

Es muss zunächst offenkundig sein, dass die Regelungen zu einer **einseitigen Lastenverteilung** für den Fall der Scheidung führen. Grundlage der Prüfung ist eine Gesamtwürdigung des Einzelfalles, bei der auf objektive und subjektive Komponenten der individuellen Verhältnisse der Beteiligten **bei Vertragsschluss** abzustellen ist. Diese Komponenten sind insb.:

Objektiv:

– beidseitige Einkommensverhältnisse;
– beidseitige Vermögensverhältnisse;
– geplanter oder bereits verwirklichter Zuschnitt der Ehe;
– Auswirkungen auf die Ehegatten und Kinder;

---

54 BGH FamRZ 2004, 601.
55 BGH FamRZ 2009, 198.
56 BGH FamRZ 2005, 1444; FamRZ 2005, 691; OLG Bremen FamRZ 2008, 1441 bejahend bei Globalverzicht.
57 OLG München FamRZ 2005, 215 bei einem Unterhaltsverzicht nach der Scheidung der Ehe.
58 Vgl. BGH FamRZ 2004, 601.

Subjektiv:

mit der Abrede verfolgte Zwecke und Beweggründe für den Abschluss der begünstigenden bzw. benachteiligenden Regelung.

Soweit danach eine einseitige Lastenverteilung festgestellt werden kann, schließt sich die folgende Prüfung an:

2. Schritt:

Eine Sittenwidrigkeit der einseitigen Lastenverteilung liegt nur dann vor, wenn durch den Vertrag Regelungen aus dem Kernbereich des gesetzlichen Scheidungsfolgerechts ganz oder jedenfalls erheblich abbedungen werden, ohne dass der Nachteil durch

— andere Vorteile gemildert

oder durch

— die besonderen Verhältnisse der Ehegatten,
— den von ihnen angestrebten oder gelebten Ehetyp oder
— sonstige gewichtige Belange des begünstigten Ehegatten gerechtfertigt wird.

46 Der Prüfungsmaßstab ist nicht dadurch gemindert, dass Vereinbarungen über güterrechtliche Verhältnisse wie auch über den Versorgungsausgleich gem. § 1410 dem **Formzwang** und damit der **Prüfungs- und Belehrungspflicht der Notare** (§ 17 BeurkG) unterliegen.[59]

(2) Wirksamkeit von Eingriffen in den Kernbereich

47 Zulässig ist ein Eingriff auch in den Kernbereich des gesetzlichen Scheidungsfolgenrechts.[60]

48 Gehen die Eheleute davon aus, dass beide auch nach der Eheschließung berufstätig bleiben, ist der **Ausschluss des Versorgungsausgleichs** möglich, wenn beide Vertragspartner über in etwa gleich hohe Einkünfte verfügen und bei ihrer Lebensplanung zum Zeitpunkt des Vertragsschlusses einvernehmlich angenommen haben, dass beide während der Ehe berufstätig bleiben werden und die Risiken Alter und Krankheit jeweils eigenständig absichern.[61] Gleiches gilt bei einer solchen Fallgestaltung auch für den Ausschluss des Kranken- und Vorsorgeunterhalts. Eine Kompensation kommt darüber hinaus beim Ausschluss des Versorgungsausgleichs in Betracht, wenn die Ehegatten eine andere Art der Altersversorgung zu Gunsten des betroffenen Ehegatten gewählt haben. Schließen die Eheleute den Versorgungsausgleich aus und vereinbaren sie als Altersvorsorge für die Ehefrau den Abschluss und die Bedienung einer **Lebensversicherung** durch den Ehemann, ist dies keine anderweitige Art des Versorgungsausgleichs, sondern eine allein schuldrechtliche (Kompensations-)Vereinbarung.[62]

49 Auch der **Betreuungsunterhalt** kann eingeschränkt werden, z.B. dann, wenn sich die Vertragsparteien bei Vertragsschluss darauf verständigt haben, dass ab einem bestimmten Alter des Kindes dieses durch eine dritte Person betreut werden soll, um so einen früheren Wiedereintritt der Mutter in das Berufsleben zu ermöglichen. Voraussetzung ist aber weiter, dass die Art des Berufs der Mutter es erlaubt, Kinderbetreuung und Erwerbstätigkeit auch durch Inanspruchnahme Dritter miteinander zu verbinden, ohne dass das Kind Erziehungseinbußen erleidet. Unwirksam ist der

---

59 Schubert FamRZ 2001, 733, 736; Büttner FamRZ 1998, 1, 8.
60 BGH FamRZ 2006, 1359, 1361.
61 BGH FamRZ 1997, 156; OLG Frankfurt FamRZ 1997, 1540; OLG München FamRZ 1995, 95; OLG Hamburg FamRZ 1991, 1317.
62 OLG Frankfurt OLGR 2003, 351.

Henjes

Ausschluss des Betreuungsunterhalts dann, wenn er für den Fall der Aufnahme einer eheähnlichen Beziehung vereinbart ist.[63]

(3) Wirksamkeit von Regelungen außerhalb des Kernbereichs

Außerhalb der ersten Ebene des Kernbereichs ist der Ausschluss von Scheidungsfolgen schon nach ihrer Bedeutung im System des Scheidungsfolgenrechts grds. einfacher möglich. Dazu zählt etwa die Vereinbarung des Ausschlusses einer **Unterhaltspflicht für den Fall der Arbeitslosigkeit**, der Verzicht auf **Aufstockungsunterhalt** für die Zeit nach der Kinderbetreuung oder auf **Billigkeitsunterhalt** sowie der Ausschluss des **gesetzlichen Güterstandes**. 50

(4) Eingebrachte Risiken

Unbedenklich ist grds. ein Ausschluss von Scheidungsfolgen für sämtliche Risiken eines Partners, die dieser bereits in die Ehe »einbringt«, etwa eine zum Zeitpunkt des Vertragsschlusses **vorhandene Krankheit**, eine **Ausbildung** für die keine Beschäftigungschance besteht oder das **Alter**. In diesen Fällen ist es also unbedenklich, Ansprüche auf Unterhalt wegen Krankheit, Alters oder Erwerbslosigkeit zu begrenzen oder auszuschließen. So ist der ehevertragliche Ausschluss nachehelichen Unterhalts jedenfalls dann nicht sittenwidrig, wenn der Ehemann bereits fortgeschrittenen Alters ist, die Ehefrau noch jung (hier: unter 30 Jahren), Kinder weder geplant waren noch aus der Ehe hervorgegangen sind und die Ehefrau über eine qualifizierte Berufsausbildung verfügt, durch die sie in der Lage ist, ihren Lebensunterhalt selbst zu bestreiten.[64] 51

Die bereits bei Vertragsschluss vorhandenen Risiken sind abzugrenzen von den Umständen, die den Unterhaltsausschluss geradezu als missbräuchlich erscheinen lassen, insb. diejenigen Lebensrisiken eines Vertragspartners, die auch im Verantwortungsbereich des anderen Ehegatten liegen. 52

Hierzu zählen: 53

- die eheliche **Schwangerschaft**,[65] möglicherweise nicht eine Schwangerschaft, für die ein Dritter verantwortlich ist,
- Mitverantwortung bei der Eheschließung mit einem **Ausländer** für die sich aus der Ausländereigenschaft ergebenden Auswirkungen, z.B. für die Unterhaltssicherung. Hat etwa der Ehemann die Ehefrau, die über keine Kenntnisse der deutschen Sprache verfügt und eine ausländische Staatsangehörigkeit hat, sich aber dauerhaft in Deutschland aufhält, hier kennengelernt, wird er durch den für den Fall der Eheschließung beabsichtigten Ehevertrag größere Einschränkungsmöglichkeiten hinsichtlich der Scheidungsfolgen haben, als ein Ehemann, der seine Ehefrau aus ihrem Heimatland zum Zwecke der Heirat nach Deutschland geholt hat.[66]

(5) Zwangslage

Eine Zwangslage besteht typischerweise, wenn der eine Ehegatte angesichts schwieriger Lebensverhältnisse auf die Mithilfe des anderen angewiesen ist und dieser den Umstand zu seinem Vorteil über ehevertragliche Regelungen ausnutzt.[67] Bei vorsorgenden Eheverträgen, die vor oder anlässlich der Eheschließung geschlossen werden, kann dies der Fall sein, wenn sie im **Zusammenhang** 54

---

63 OLG München FamRZ 2006, 1449, 1450.
64 OLG Frankfurt OLGR 2003, 351.
65 OLG Koblenz FF 2003, 138.
66 BGH FamRZ 2006, 1097, 1098 für den Fall der Vereinbarung mit einer Ausländerin, die über keine Sprachkenntnisse oder Ausbildung verfügt und ohne Eheschließung weder eine Arbeits- noch eine Arbeitserlaubnis erhalten hätte.
67 OLG Karlsruhe FamRZ 1983, 174; Bergschneider FamRZ 2001, 1337.

mit einer **Schwangerschaft**[68] oder mit der **Sorge für das gemeinsame Kind** geschlossen werden. Eine Schwangerschaft allein begründet allerdings nicht die für eine Nichtigkeit notwendige Disparität.[69] Sie stellt aber ein starkes Indiz für eine ungleiche Verhandlungsposition dar.[70] Maßgebende Kriterien sind weiter die Vermögensverhältnisse der Schwangeren sowie ihre berufliche Qualifikation und ihre entsprechende Perspektive. Die Dominanz nutzt aus, wer der schwangeren Partnerin unmittelbar vor der Heirat einen Ehevertrag mit der Vereinbarung von Gütertrennung und Ausschluss des Versorgungsausgleichs vorlegt,[71] wenn die Partnerin besonderen Wert auf die eheliche Geburt des Kindes legt, der Partner sich jedoch weigert, ohne Ehevertrag zu heiraten.[72] Nicht entscheidend ist, dass die Zwangslage der Schwangeren bewusst ausgenutzt worden ist.[73]

(6) Schädigung Dritter

55   Die Sittenwidrigkeit eines Ehevertrages kann auch aus der Schädigung Dritter abgeleitet werden. Ein ehevertraglicher Verzicht auf nachehelichen Unterhalt kann gegen die guten Sitten verstoßen, wenn nach der Sach- und Rechtslage ein Anspruch bestanden hätte und die Vertragsparteien die Bedürftigkeit des Gläubigers **zu Lasten öffentlicher Unterstützung** herbeigeführt haben,[74] auch wenn eine Schädigung öffentlich – rechtlicher Leistungsträger nicht beabsichtigt war.[75] Es reicht, wenn die Partner sich der Erkenntnis einer solchen Folge bewusst verschließen.[76]

56   Haben die Ehegatten bei Vereinbarung des Unterhaltsverzichts für den Fall der Scheidung allerdings nicht vorausgesehen, dass dieser Verzicht zu Lasten der Allgemeinheit gehen wird, verstößt der Unterhaltsverzicht nicht gegen § 138.[77] Für die Beurteilung der Sittenwidrigkeit kommt der tatsächlichen **Entwicklung der Lebens- und Einkommensverhältnisse** indizielle Bedeutung zu. Allein die mangels Vorhersehbarkeit künftiger Einkünfte bestehende allgemeine Gefahr der Sozialhilfebedürftigkeit genügt zur Annahme der Sittenwidrigkeit nicht.[78] Eine sittenwidrige Vereinbarung liegt deshalb nicht vor, wenn bereits bei Eingehung der Ehe ein Unterhaltsverzicht vereinbart worden ist, weshalb der später bedürftige Ehegatte schon keine begründete Absicht hatte, künftig einen Anspruch auf nachehelichen Unterhalt zu erwerben, auf den er zum Nachteil des Trägers der Sozialhilfe hätte verzichten können.[79]

57   Eine Schädigung Dritter ist auch bei der **Verletzung von Interessen der eigenen Kinder** anzunehmen. Insbesondere im Zusammenhang mit der elterlichen Sorge oder dem Umgangsrecht kann eine Kommerzialisierung sittenwidrig sein.[80] So ist eine notarielle Vereinbarung mit der sich der Unterhaltsanspruch der Ehefrau bei Leistungsfähigkeit des Ehemannes verringert, wenn sie die gemeinsamen Kinder zu sich nimmt, sittenwidrig, wenn dadurch die Ehefrau davon abgehalten werden soll, die Kinder zu sich zu nehmen. Das gilt auch dann, wenn der Ehemann meint, damit

---

68 BVerfG NJW 2001, 957; OLG Schleswig NJW-RR 1999, 1094 unter unzutr Beschränkung auf den Ausschluss des Versorgungsausgleichs.
69 OLG Celle FamRZ 2008, 1191: OLG Braunschweig FamRZ 2005, 2071.
70 BGH BGHR 2009, 291; BGH MDR 2007, 1198; BGH FuR 2005, 413 = FamRZ 2005, 1444 mit Anm. Bergschneider FamRZ 2006, 1437; OLG Dresden FamRZ 2006, 1546; OLG Saarbrücken NJW-RR 2006, 869; vgl. auch OLG Stuttgart FamRZ 2005, 455; PWW/Kleffmann § 1585c Rn. 6.
71 OLG Oldenburg FamRZ 2004, 545; anders: OLG Koblenz FamRZ 2004, 200.
72 OLG Hamm FamRZ 2006, 1034, 1035.
73 OLG Saarbrücken NJW-RR 2006, 869.
74 BGH FamRZ 2009, 198.
75 BGH FamRZ 1996, 1536; FamRZ 1987, 152, 154; FamRZ 1983, 137; OLG Koblenz OLGR 2004, 227; OLG Köln FamRZ 2003, 767; OLG Naumburg FamRZ 2002, 456.
76 BGH FamRZ 2004, 227; FamRZ 1992, 1403.
77 OLG Schleswig OLGR 1998, 1403 für den Fall der Vereinbarung einer Abfindung, der aufgebraucht wurde.
78 *OLG Köln FamRZ 1995, 997.*
79 OLG Köln FamRZ 1995, 997.
80 BGH FamRZ 1984, 778.

im Interesse der Kinder zu handeln, da sich eine solche Regelung über das Wohl der Kinder hinwegsetzt und sie zum Gegenstand eines Handels macht.[81] Auch ein Verzicht auf Betreuungsunterhalt kann sich gegen das Kind richten und deshalb drittschädigende Wirkung entfalten.[82] Das gilt insb. dann, wenn einem Vertragspartner trotz dessen Verzicht auf Betreuungsunterhalt nach § 1570 einseitig die Kinderbetreuung auferlegt wird oder wenn eine den Kindesinteressen entsprechende Betreuung und ein den Einkommens- und Vermögensverhältnissen beider Elternteile angemessener Kindesbarunterhalt nicht gesichert sind.[83] Maßgebend ist allein die Betreuungsbedürftigkeit des Kindes, für das sich die Notlage des betreuenden Elternteils unmittelbar auswirken würde.

(7) Fortsetzung/Auflösung der Ehe

Die Übernahme von Leistungspflichten oder der Verzicht auf Rechte sind weiter dann sittenwidrig, wenn hierdurch der betroffene Ehegatte nicht vor den Folgen der Scheidung wirtschaftlich gesichert, sondern nach **Art einer Vertragsstrafe** von der Scheidung abgehalten werden soll.[84] Für die Annahme einer solchen bedarf es konkreter Hinweise. So ist es nicht ausreichend, wenn die Vereinbarung eine Regelung vorsieht, in der sich ein Ehegatte für den Fall der Stellung eines Scheidungsantrages zur Zahlung einer Abfindung verpflichtet, dieser Betrag aber der Zukunftssicherung und einem besseren Auskommen des Berechtigten dienen soll.[85]   **58**

Ein Ehevertrag, mit dem die Eheleute Gütertrennung vereinbaren, den Versorgungsausgleich ausschließen und für den Fall der Scheidung wechselseitig auf Unterhalt verzichten, ist nicht deshalb sittenwidrig, weil ein Ehegatte in einer Ehekrise den Versuch, die Ehe fortzusetzen, von dem Abschluss eines solchen Vertrages abhängig gemacht hat.[86]   **59**

Auch eine **nach Zustellung des Scheidungsantrages** eines Ehegatten außergerichtlich abgeschlossene Vereinbarung »für den Fall der Scheidung« und insb. der darin erklärte Unterhaltsverzicht des die Scheidung begehrenden Ehegatten werden nicht ohne weiteres dadurch hinfällig, dass der gestellte Scheidungsantrag zurückgenommen wird und die Ehe anschließend auf den alsbald nach Rücknahme des Scheidungsantrages neu gestellten Antrag des anderen Ehegatten gegen den Widerspruch des zuerst die Scheidung begehrenden Ehegatten geschieden wird.[87]   **60**

(8) Alleiniger Ausschluss des gesetzlichen Güterstandes

Der Ausschluss des gesetzlichen Güterstandes der Zugewinngemeinschaft als solcher ist nicht **sittenwidrig**.[88] Dies gilt insb. unter Berücksichtigung des Umstandes, dass der Güterstand der Gütertrennung einer der vom Gesetz zur Verfügung gestellten Güterstände ist und die gesetzlichen Güterstände wertneutral nebeneinander stehen. Überdies ist das eheliche Güterrecht der ehevertraglichen Disposition am weitesten zugänglich.[89] Die durch die Zugewinngemeinschaft eröffnete Rechtsposition ist nicht in gleicher Weise schutzwürdig wie das elementare Recht auf Unterhalt und auf einen angemessenen Anteil an der eigenen Altersversorgung durch den Versorgungsausgleich.[90] Deshalb kann die Vereinbarung der Gütertrennung aus inhaltlicher Sicht nur dann beanstandet werden,   **61**

---

81 OLG Karlsruhe FuR 2001, 72.
82 BGH FamRZ 1991, 1317; FamRZ 1985, 787; OLG Celle FamRZ 1992, 447; OLG Hamburg FamRZ 1991, 1317.
83 BVerfG NJW 2001, 957; NJW 2001, 2248; Schwab FamRZ 2001, 349; Rauscher FuR 2001, 155.
84 BGH FamRZ 1990, 372.
85 BGH FamRZ 1990, 372.
86 BGH FuR 1997, 89 = FamRZ 1997, 156.
87 OLG Hamburg FamRZ 1981, 968.
88 BGH FamRZ 2007, 1310; FamRZ 1997, 156 = FuR 1997, 89.
89 BGH FamRZ 2007, 1310; OLG Hamm FamRZ 2006, 337, 338.
90 BGH FamRZ 2004, 601 = FuR 2004, 119.

wenn der ausgleichsberechtigte Ehegatte im Laufe der Ehe veranlasst wird, ohne Gegenleistung und ohne Absicherung im Übrigen auf **bereits erworbene Rechte zu verzichten.**

62   Die **Sittenwidrigkeit** der Vereinbarung des Ausschlusses eines Zugewinnausgleichs folgt dabei nicht schon daraus, dass ein Ehegatte absehbar einen Zugewinnausgleichsanspruch erzielt hätte.[91] Selbst die Tatsache, dass der Gütervertrag vor der Ehescheidung geschlossen und durch ihn objektiv ein **grobes Missverhältnis** zwischen den Leistungen der Eheleute mit Rücksicht auf die beiderseitigen Vermögensverhältnisse geschaffen wurde, begründet nicht ohne weiteres die Sittenwidrigkeit der Vereinbarung.[92] Auch ein mit einer Schwangeren abgeschlossener Ehevertrag, der allein die Regelung der Gütertrennung zum Inhalt hat, ist ohne Hinzutreten weiterer Umstände nicht unwirksam.[93] Verzichtet ein Ehegatte auf Zugewinnausgleich, der während der Ehezeit einer selbständigen Tätigkeit nachgegangen ist und deshalb kein im Versorgungsausgleich auszugleichendes Versorgungsvermögen erworben hat, so begründet dies allein ebenfalls nicht die Unwirksamkeit des Ehevertrages.[94]

63   Da die Verbindung von persönlichen und wirtschaftlichen Motiven für Eheverträge nicht ungewöhnlich ist, hat jeder Partner vor Eingehung der Ehe das Recht, sich auch gegen sie zu entscheiden, weshalb auch die **Drohung**, ohne Ehevertrag nicht heiraten zu wollen, diesen nicht verwerflich und damit sittenwidrig macht.[95] Dasselbe gilt bei gescheiterter Ehe für die Fälle der Drohung mit der Ehescheidung, falls es nicht zum Abschluss eines Ehevertrages kommt.[96]

(9) Rechtsfolgen der Sittenwidrigkeit

64   Ist der Tatbestand des § 138 erfüllt, ist dem Ehevertrag wegen Verstoßes gegen die guten Sitten die Anerkennung ganz oder teilweise mit der Folge zu versagen, dass an seine Stelle die **gesetzlichen Regelungen** treten. Grundsätzlich ist das Rechtsgeschäft **insgesamt** nichtig, § 139.[97] Die Prüfung einer möglichen Benachteiligung erfordert eine Gesamtschau;[98] sie kann daher im Fall des Verzichts auf Unterhalt, Zugewinnausgleich und Versorgungsausgleich nicht allein deshalb verneint werden, weil jeder Verzicht für sich allein nicht schwer wiegt. Entscheidend ist der **Gesamtcharakter** des Vertrages, insb. Inhalt, Beweggrund, Zweck sowie Art und Weise des Zustandekommens im Zeitpunkt des Vertragsschlusses.[99]

65   Auch führt nicht der Wegfall der einen Regelung wegen Teilnichtigkeit zur Wirksamkeit der anderen Regelung. So kann die Nichtigkeit des Ausschlusses des Versorgungsausgleichs nicht damit begründet werden, dass schon der Ausschluss des nachehelichen Unterhalts nichtig ist und der benachteiligte Ehegatte somit in der Lage sei, eine eigene Altersversorgung aufzubauen. In diesen Fällen könnten sonst in nicht hinnehmbarer Weise die Nichtigkeit einzelner Vertragsteile beliebig ausgetauscht werden.[100]

91 BGH FamRZ 1997, 800, 802.
92 OLG Koblenz FamRZ 1996, 1212.
93 OLG Hamm FamRZ 2006, 268.
94 BGH BGHR 2009, 291.
95 BGH NJW 1997, 126; Staudinger/Rehme § 1408 Rn. 78.
96 BGH FamRZ 1997, 156.
97 BGH NJW 1989, 26; OLG Karlsruhe FuR 2001, 72; OLG Hamburg FamRZ 1985, 290; OLG Stuttgart FamRZ 1984, 806; a.A. OLG Schleswig NJW-RR 1999, 1094.
98 OLG Hamm FamRZ 2000, 830 bei Vorhandensein eines bedeutsamen weiteren Vermögens zur Sicherung der Altersvorsorge im Rahmen der Prüfung der Wirksamkeit eines Verzichts auf Durchführung des Versorgungsausgleichs.
99 BGH FamRZ 1991, 306.
100 BGH FamRZ 2006, 1097, 1098.

Nur ausnahmsweise kann ein Rechtsgeschäft nach § 139 ohne den sittenwidrigen Teil aufrecht 66
erhalten bleiben, wenn

– dies dem mutmaßlichen Parteiwillen entspricht, die Vertragsparteien also bei Kenntnis des
  Nichtigkeitsgrundes an Stelle der unwirksamen Regelung eine andere, auf das zulässige Maß
  beschränkte vereinbart hätten,
– sich der Vertragsinhalt in eindeutig abgrenzbarer Weise in den nichtigen und den von der
  Nichtigkeit nicht berührten Bereich aufteilen lässt und
– im Übrigen gegen Inhalt und Zustandekommen des Vertrages keine Bedenken bestehen.[101]

Salvatorische Klauseln entfalten ihre Wirkung, wenn sich eine Rechtsfolge anordnen lässt, die den 67
berechtigten Interessen beider Eheleute in der nunmehr zu beurteilenden Situation in ausgewogener Weise Rechnung trägt. Je stärker jedoch der Kernbereich des gesetzlichen Scheidungsfolgenrechts betroffen ist, desto eher wird man dem Gesetz Rechnung tragen und die gesetzliche Rechtsfolge wählen müssen. Insbesondere wenn sich die Sittenwidrigkeit der getroffenen Abreden bereits
aus der Gesamtwürdigung eines Vertrags ergibt, erfasst die Nichtigkeitsfolge notwendig den
gesamten Vertrag. Für eine auf den Ausschluss einer Regelung beschränkte Teilnichtigkeit bleibt
in einem solchen Fall kein Raum.[102]

bb) Ausübungskontrolle

Ist der Ehevertrag nicht schon nach den oben genannten Grundsätzen nichtig, ist er im Rahmen 68
der Ausübungskontrolle inhaltlich zu überprüfen. Dabei kommt es auf den **Zeitpunkt der Ausübung des Vertrages** an. Bedeutsam ist hierfür insb., ob und inwieweit die Berufung auf den
Ausschluss gesetzlicher Scheidungsfolgen angesichts der aktuellen Verhältnisse nunmehr missbräuchlich erscheint und ob deshalb das Vertrauen des durch die Regelung Begünstigten in den
Fortbestand des Vertrages nicht mehr schutzwürdig ist. Das Gericht hat dann im Wege der **Vertragsanpassung** diejenige Rechtsfolge anzuordnen, die den jetzigen Belangen beider Eheleute in
ausgewogener Weise Rechnung trägt. Nach dem Grundsatz des geringst möglichen Eingriffs in die
Dispositionsfreiheit der Ehegatten darf in einen Vertrag nur bei erheblich gestörter Vertragsparität
eingegriffen werden.

Nach den Grundsätzen über die Anpassung von Verträgen wegen wesentlicher Veränderung der 69
Geschäftsgrundlage gem. § 313 sind jetzt nicht etwa sogleich die gesetzlichen Regelungen über die
Scheidungsfolgen anzuwenden; der Vertrag ist vielmehr **an die veränderten Umstände anzupassen.**[103] Es sind diejenigen Rechtsfolgen anzuordnen, die den berechtigten Belangen der Beteiligten
in ausgewogener Weise Rechnung tragen. Ein solcher Fall kann etwa dann angenommen werden,
wenn der Ehevertrag in einer ganz anderen Ehesituation geschlossen wurde, als sie zum Zeitpunkt
der Scheidung maßgeblich war.[104]

Das Berufen auf einen Unterhaltsverzicht ist rechtsmissbräuchlich, wenn sich die Einkommens- 70
verhältnisse des Ehemannes **außergewöhnlich positiv entwickelt** haben, die Ehefrau andererseits
entgegen ihren Vorstellungen nach der Kinderbetreuung nicht wieder hat erwerbstätig sein können.[105] Gleiches gilt wenn ein Ehegatte nach dem Verzicht auf nacheheliche Unterhalt und Versorgungsausgleich erkrankt[106] oder wenn eine Regelung im Hinblick auf das bis zur Trennung
erwirtschaftete Vermögen getroffen wird, die Eheleute danach jedoch wieder mehrere Jahre lang
zusammen leben und letztlich kein Vermögen mehr vorhanden ist.[107] Der Verzicht auf den Versor-

---

101 BGHZ 107, 351; 146, 37; OLG Frankfurt FamRZ 2006, 339.
102 BGH FamRZ 2008, 2011; FamRZ 2006, 1097.
103 BGH FamRZ 2008, 582; BGH FamRZ 1985, 788.
104 BGH FamRZ 1987, 691.
105 OLG Karlsruhe FamRZ 2004, 1789.
106 BGH FamRZ 2008, 582.
107 OLG Koblenz FamRZ 2010, 212.

gungsausgleich ist zu modifizieren, wenn er im Ehevertrag mit dem Aufbau einer jeweils eigenständigen Altersvorsorge begründet wurde, der verzichtende Vertragspartner wegen der Betreuung eines später geborenen Kindes aber nicht mehr erwerbsfähig sein kann[108] und in Zukunft keine Möglichkeit hat, Anwartschaften auf eine angemessene Altersversorgung zu erwerben.[109]

71 Eine Anpassungsnotwendigkeit liegt andererseits aber dann nicht vor, wenn die Eheleute im Rahmen einer Unterhaltsvereinbarung eine Kapitalabfindung vereinbart haben mit der sie eine abschließende Regelung haben treffen wollen. Entfallen dann unterhaltsrelevante Tatbestände, etwa weil die Ehefrau erneut heiratet, erfolgt keine Anpassung an geänderte Umstände, da der Unterhalt mit der Abfindung beiderseits endgültig hat abgegolten sein sollen.[110] Das gilt auch dann, wenn der Abfindungsbetrag in Raten gezahlt werden sollte.[111]

72 Ein Hauptanwendungsbereich der Vertragsanpassung ist der **Betreuungsunterhalt** (§ 1570). Die Anpassung eines Vertrages über den Verzicht auf Betreuungsunterhalt kann insb. dann notwendig werden, wenn der Betreuungsbedarf eines gemeinsamen Kindes bei Abschluss des Vertrages weder Vertragsgrundlage noch als solche erkennbar war, sondern erst nach dem Verzichtsvertrag entstanden ist, weil in einer kinderlosen Ehe erst nach dem Abschluss des Vertrages ein gemeinschaftliches Kind geboren wird.[112] In diesen Fällen gebietet es das Wohl der gemeinsamen Kinder, dass Unterhalt an den betreuenden Elternteil geleistet wird.

73 Überwiegend **schutzwürdige Interessen gemeinschaftlicher Kinder** können der Geltendmachung des Verzichts auf nacheheliche Unterhalt auch dann entgegenstehen, wenn eine geplante neue Eheschließung des betreuenden Elternteils scheitert, weil sich das Verhältnis zu dem neuen Partner als nicht tragfähig erwiesen hat.[113] War der Ehegattenunterhalt in einer Scheidungsfolgenvereinbarung befristet bis zum 15. Lebensjahr eines Kindes, verbunden mit einem Verzicht für die anschließende Zeit, wurde das Kind dann jedoch schwer krank, bedurfte es deshalb längerer Betreuung durch die Mutter und wurde diese auf Grund totaler Überforderung und als Folge der Betreuung erwerbsunfähig, wird trotz des Unterhaltsverzichts Ehegattenunterhalt nach § 1572 zuzusprechen sein.[114]

74 Da der Vertrag nur anzupassen ist, ist der Unterhaltsanspruch desjenigen Ehegatten, der auf ihn verzichtet hatte, nach **Dauer und Höhe insoweit beschränkt**, als nicht das Kindeswohl ein Weiterbestehen des Unterhaltsanspruchs gebietet.[115] Der Unterhalt ist deshalb zeitlich und betragsmäßig auf denjenigen Teil des Bedarfs zu begrenzen, der eine Betreuung des Kindes zulässt und den der Unterhaltsgläubiger neben der Betreuung des Kindes nicht selbst zu decken vermag, somit regelmäßig der **Notbedarf zuzüglich des Kranken- und Pflegeversicherungsbeitrags**.[116] Dabei sind in der Regel auch solche Einkünfte auf den notwendigen Bedarf anzurechnen, die ansonsten grds. nicht als anrechenbares Einkommen berücksichtigt werden, wie z.B. das Kinder- und Erziehungsgeld.[117] Ist das Kind erhöht betreuungsbedürftig, kann auch ein über dem Notbedarf liegender Teil angemessen sein.[118] Darüber hinaus bleibt es beim Unterhaltsverzicht und damit beim Erlöschen des Unterhaltsanspruchs.[119]

---

108 OLG München FamRZ 1995, 95; KG FamRZ 2001, 1002.
109 OLG Hamburg FamRZ 1991, 1317.
110 BGH FuR 2005, 508 = FamRZ 2005, 1662.
111 BGH FuR 2005, 508 = FamRZ 2005, 1662.
112 BGH FamRZ 1985, 787; 1991, 306; 1995, 291; 1995, 726; FuR 1997, 273 = FamRZ 1997, 873; OLG Stuttgart FamRZ 1999, 24.
113 OLG Köln FamRZ 1991, 451.
114 OLG Hamburg FamRZ 1997, 563.
115 BGH FuR 1997, 273 = FamRZ 1997, 873.
116 BGH FamRZ 1992, 1403, 1405.
117 OLG Zweibrücken FuR 2000, 444.
118 BGH FamRZ 1995, 291.
119 BGH FuR 1997, 273 = FamRZ 1997, 873.

Salvatorische Klauseln stehen der Vertragsanpassung nicht entgegen. Sie beziehen sich grds. aus- 75
schließlich auf eine etwaige Nichtigkeit einzelner Regelungen. Soweit eine solche Klausel die Vertragsparteien verpflichtet, anstelle der unwirksamen Regelung eine neue Vereinbarung zu treffen,
die dieser wirtschaftlich am nächsten steht, stimmt die Klausel im Ergebnis mit einem Vertragsan-
passungsbegehren nach § 313 überein.[120]

d) Verfahren

Die Nichtigkeit eines Vertrages sowie die für eine Vertragsanpassung nach Treu und Glauben spre- 76
chenden Umstände muss derjenige Ehegatte darlegen und erforderlichenfalls beweisen, der sich
darauf beruft.[121] Wird durch den Vertrag allerdings massiv in den Kernbereich des gesetzlichen
Scheidungsfolgenrechts eingegriffen, so wird dadurch bereits die Sittenwidrigkeit indiziert. Der
durch den Vertrag begünstigte Ehegatte hat sodann die den vertraglichen Eingriff rechtfertigenden
Umstände darzulegen und zu beweisen.

Die Frage, ob sich ein Unterhaltsschuldner auf einen wirksamen Unterhaltsverzicht dann nicht 77
berufen kann, wenn dies mit Treu und Glauben nicht zu vereinbaren ist, kann nicht unabhängig
von einem konkreten Leistungsbegehren vorab mit einem Feststellungsantrag geklärt werden.[122]

Ist ein Unterhaltsvergleich wegen Verstoßes gegen die guten Sitten nichtig, so bildet er keine 78
eigene Grundlage für ein Abänderungsverfahren nach § 238 FamFG. Die Beteiligten sind vielmehr darauf angewiesen, gegebenenfalls den alten Unterhaltsrechtsstreit fortzusetzen.[123]

II. Verstoß gegen drittschützende Normen

Nichtig sind Regelungen, durch die die Geltung **zum Schutze Dritter bestehender Vorschriften** 79
ausgeschlossen oder eingeschränkt werden soll. Dies sind beispielsweise die Beschränkung der
Haftung auf das zum Zeitpunkt der Beendigung des Güterstandes vorhandene Endvermögen
nach § 1378 Abs. 2 oder die Regelung der Haftung des Gesamtgutes nach § 1437 im Falle der
Gütergemeinschaft. Unzulässig ist auch der Ausschluss der aus § 1371 Abs. 4 bestehenden Rechte
der Abkömmlinge, die von nur einem der Ehegatten abstammen.

III. Anfechtbarkeit des Vertrages

Wird durch einen Ehevertrag das Vermögen eines Ehegatten gemindert, so kann dessen **Gläubiger** 80
ggf. gem. § 3 AnfG oder der **Insolvenzverwalter** nach §§ 130 ff. InsO die **Anfechtung des Rechtsgeschäfts** erklären.

§ 1409 Beschränkung der Vertragsfreiheit

**Der Güterstand kann nicht durch Verweisung auf nicht mehr geltendes oder ausländisches
Recht bestimmt werden.**

A. Verweisung auf nicht mehr geltendes Recht

Die Norm beinhaltet im Interesse der Rechtsklarheit eine **Einschränkung der Vertragsfreiheit** 1
dahin, dass die Ehegatten durch Verweisung nur einen der im BGB genannten Güterstände für

---

120 BGH FamRZ 2012, 525, 527.
121 BGH FamRZ 1985, 788.
122 OLG Hamm FamRZ 1992, 452.
123 OLG Zweibrücken FamRZ 1983, 930.

ihre Ehe vereinbaren dürfen. Dieses sind – außer dem gesetzlichen Güterstand der **Zugewinnge-meinschaft** – die **Gütergemeinschaft** und die **Gütertrennung**. Die Bestimmung eines Güterstandes durch Verweisung auf nicht mehr geltendes Recht ist dagegen ausgeschlossen. Hierzu zählen insbesondere das **Güterrecht der früheren DDR**, sowie die vor dem Inkrafttreten des Gleichbe-rechtigungsG am 01.07.1958 im Gesetz genannten **Güterstände der Verwaltung und Nutznie-ßung** und der **Errungenschafts- und Fahrnisgemeinschaft**.[1]

2   Haben die Ehegatten bis zum 02.10.1992 in wirksamer Weise für die Fortgeltung des in der frü-heren DDR geltenden Güterstandes nach §§ 13 ff. FGB DDR optiert, bleibt diese Option wirk-sam. Haben sie den Güterstand jedoch aufgehoben oder von der Optionsmöglichkeit keinen Gebrauch gemacht, können sie ihn nach § 1409 jetzt nicht wieder durch einen pauschalen Ver-weis herstellen.[2]

3   Keine Bedenken bestehen dagegen gegen die **Übernahme einzelner Regelungen** aus den früher bekannten Güterständen.[3] § 1409 enthält nur ein **formales Verweisungsverbot**, schränkt dagegen die inhaltliche Gestaltungsfreiheit der Eheleute nicht ein.[4]

4   Ein **Verstoß** gegen § 1409 führt gem. § 134 zur Nichtigkeit der getroffenen Vereinbarung mit der Folge, dass entweder der gesetzliche Güterstand der Zugewinngemeinschaft oder der bis zu der Vereinbarung geltende vertragliche Güterstand gilt.

5   Die Norm findet gem. § 7 Satz 2 LPartG auch auf Lebenspartnerschaftsverträge Anwendung.

B. Verweisung auf geltendes ausländisches Recht

6   Ebenso wie die Vereinbarung eines im Gesetz nicht mehr vorgesehenen inländischen Güterstandes ist auch die eines einem **ausländischen Recht** bekannten Güterstandes durch Verweisung auf die-ses Recht nicht zulässig. Das gilt allerdings dann nicht, wenn das Recht der Bundesrepublik Deutschland gar nicht anwendbar ist. Außerdem ergeben sich Besonderheiten aus dem **Kollisions-recht** des Art. 15 Abs. 2 Nr. 2 EGBGB. Danach kann auf ein **ausländisches Güterrecht** verwiesen werden, wenn auch nur einer der Ehegatten den Mittelpunkt seiner Lebenstätigkeit im Ausland hat. Die **Rechtswahl** bedarf nach Art. 15 Abs. 3, 14 Abs. 4 Satz 2 EGBGB der **notariellen Beur-kundung**, nicht der Form des § 1410. Ihr steht § 1409 nicht entgegen.[5]

7   Hat eine Vereinbarung wie die der Geltung der **islamischen Morgengabe** sowohl güterrechtlichen als auch unterhaltsrechtlichen Bezug, ist darauf abzustellen, worin das Schwergewicht des Eheverer-trages zu sehen ist. Da die Morgengabe auch güterrechtliche Funktionen übernehmen kann, ist die Vereinbarung einer Verpflichtung zur Morgengabe unter den Voraussetzungen des Art. 15 Abs. 2 Nr. 2 EGBGB möglich.[6]

---

1 Staudinger/Thiele § 1409 Rn. 4, 5.
2 MüKo/Kanzleiter § 1409 Rn. 2 m.w.N.
3 MüKo/Kanzleiter § 1409 Rn. 1.
4 Staudinger/Thiele § 1409 Rn. 2; MüKo/Kanzleiter § 1409 Rn. 1.
5 Staudinger/Thiele § 1409 Rn. 9.
6 OLG Köln IPrax 1983, 73 zu § 1409 Abs. 2 a.F.

§ 1410 Form

Der Ehevertrag muss bei gleichzeitiger Anwesenheit beider Teile zur Niederschrift eines Notars geschlossen werden.

Über die in § 128 geregelte Form der notariellen Beurkundung hinaus bestimmt § 1410, dass der 1 Ehevertrag nur bei **gleichzeitiger Anwesenheit** beider Ehegatten vor dem Notar geschlossen werden kann. Der Sinn dieser Regelung besteht darin, die Ehegatten vor Übereilung zu schützen und überdies eine sachkundige Belehrung zu sichern. Dieser bedarf es in höherem Maße als etwa bei einem Grundstückskaufvertrag, weil die Betroffen häufig nur sehr vage Vorstellungen vom Inhalt des gesetzlichen Güterstandes haben dürften.[1] Sie sind deshalb besonders auf Belehrung und sachkundige Beratung angewiesen. Daneben sollen sie vor Übereilung geschützt und auf die besondere Bedeutung des Rechtsgeschäfts hingewiesen werden. Schließlich dient die Regelung noch der Sicherung des Beweises hinsichtlich der getroffenen Vereinbarung und Gewährleistung weitest möglicher Gültigkeit der getroffenen Vereinbarung.[2]

Anders als im Falle sonst üblicher **notarieller Beurkundungen** von Verträgen sind somit die geson- 2 derte Beurkundung von Angebot und Annahme nicht zulässig.

Gleichzeitige Anwesenheit ist nicht gleichbedeutend mit **persönlicher Anwesenheit**, so dass **Stell- 3 vertretung** möglich ist. Lässt sich ein Ehegatte bei der Beurkundung vertreten, soll die Vollmacht der Verhandlungsniederschrift entweder in Urschrift oder in beglaubigter Form beigefügt werden (§ 12 Satz 1 BeurkG). Gleichzeitige Anwesenheit ist auch dann noch gegeben, wenn ein Ehegatte sich durch den anderen als vom Selbstkontrahierungsverbot befreiten Bevollmächtigten vertreten lässt.[3] Wegen der Fälle **gesetzlicher Vertretung** vgl. § 1411.

Eheverträge im Sinne des § 1410 sind solche zur **Regelung der güterrechtlichen Verhältnisse** 4 (§ 1408 Abs. 1) und zum **Ausschluss des Versorgungsausgleichs** (§ 1408 Abs. 2) einschließlich deren **Aufhebung**.[4] Das Formerfordernis gilt weiter für alle Rechtsgeschäfte mit »äquivalenter Bindung«,[5] wie den auf Abschluss eines Ehevertrages gerichteten **Vorvertrag**[6] oder die einem **Dritten** gegenüber übernommene Verpflichtung zu dessen Abschluss[7] sowie für solche Verträge, mit denen der Zugewinnausgleich bereits **vor der Eheschließung** ausgeschlossen werden soll.[8]

Für die **Abänderung** einer innerhalb eines notariell beurkundeten Ehevertrages getroffenen **Unterhaltsvereinbarung** gilt außerhalb des § 1585c Satz 2 kein Formzwang. Allein die Aufnahme einer formfrei zu treffenden Regelung in einen formgebundenen Vertrag begründet den Formzwang nicht[9].

Die Formvorschrift gilt darüber hinaus nicht für die widerruflich erteilte **Vollmacht** zum Abschluss eines Ehevertrages[10] und die **nachträgliche Genehmigung** des von einem vollmachtlosen Vertreter geschlossenen Vertrages.[11]

---

1 Rauscher § 16 Abs. 2 Rn. 359.
2 Bamberger/Roth/Mayer § 1410 Rn. 1.
3 LG Braunschweig NdsRpfl 2000, 34.
4 OLG Frankfurt FamRZ 2001, 1523.
5 Gernhuber/Coesster/Waltjen § 32 Abs. 2 Satz 1.
6 BGH FamRZ 1966, 492.
7 BGH FamRZ 2004, 1353.
8 OLG Schleswig FamRZ 2004, 808.
9 Kanzleiter DNotZ 2004, 940, 941; a.A. OLG Frankfurt DNotZ 2004, 939.
10 Bamberger/Roth/Mayer § 1410 Rn. 3.
11 BGH NJW 1998, 1857.

5 Die Norm findet gem. § 7 Satz 1 LPartG auf Lebenspartnerschaftsverträge entsprechende Anwendung.

6 (zur Zeit nicht besetzt)

7 § 127a gilt auch für Eheverträge, so dass die in § 1410 vorgesehene Form **durch gerichtlichen Vergleich** ersetzt werden kann.[12]

8 Die Formbedürftigkeit erstreckt sich auf den **gesamten Inhalt** des Ehevertrages einschließlich aller **Nebenabreden**. Ein **Verstoß** gegen die Formvorschrift führt gem. § 125 zur **Gesamtnichtigkeit** des Vertrages.

9 Schließen deutsche Bürger im Ausland eine Ehe, dann richtet sich die **Formbedürftigkeit des Ehevertrages auch nach dem ausländischen Recht.** Die Formerfordernisse für ein im Ausland abgeschlossenes Rechtsgeschäft richten sich nach der Kollisionsnorm des Art. 11 Abs. 1 EGBGB. Im Familienrecht gilt Art. 11 außer für die im Ausland geschlossene Ehe für Eheverträge, Trennungsvereinbarungen, Einwilligungen in Adoptionen, Vaterschaftsanerkennungen und die Zustimmungen dazu gemäß Art. 23.[13] Nach Art. 11 Abs. 1 EGBGB ist ein im Ausland abgeschlossenes Rechtsgeschäft formgültig, wenn es die Formerfordernisse des Rechts, das auf das seinen Gegenstand bildende Rechtsverhältnis anzuwenden ist (Geschäftsrechtsform), oder des Rechts des Staates erfüllt, in dem es vorgenommen wird (Ortsrechtsform). Damit stellt Art. 11 Abs. 1 EGBGB zur Erleichterung des internationalen Rechtsverkehrs die Formvorschriften des Ortsrechts gleichwertig neben die nach dem inhaltlich maßgebenden Geschäftsrechts.[14] Wenn beispielsweise das Ortsrecht lediglich vorsieht, dass für die Wahl der Gütertrennung die gemeinsame Erklärung der Ehegatten gegenüber dem Standesbeamten bei der Eheschließung ausreicht, wird dadurch die nach deutschem Recht erforderliche notarielle Beurkundung nach § 1410 BGB des Ehevertrags ersetzt.[15]

§ 1411   Eheverträge beschränkt Geschäftsfähiger und Geschäftsunfähiger

(1) [1]Wer in der Geschäftsfähigkeit beschränkt ist, kann einen Ehevertrag nur mit Zustimmung seines gesetzlichen Vertreters schließen. [2]Dies gilt auch für einen Betreuen, soweit für diese Angelegenheit ein Einwilligungsvorbehalt angeordnet ist. [3]Ist der gesetzliche Vertreter ein Vormund, so ist außer der Zustimmung des gesetzlichen Vertreters die Genehmigung des Familiengerichts erforderlich, wenn der Ausgleich des Zugewinns ausgeschlossen oder eingeschränkt oder wenn Gütergemeinschaft vereinbart oder aufgehoben wird; ist der gesetzliche Vertreter ein Betreuer, ist die Genehmigung des Betreuungsgerichts erforderlich. [4]Der gesetzliche Vertreter kann für einen in der Geschäftsfähigkeit beschränkten Ehegatten oder einen geschäftsfähigen Betreuten keinen Ehevertrag schließen.

(2) [1]Für einen geschäftsunfähigen Ehegatten schließt der gesetzliche Vertreter den Vertrag; Gütergemeinschaft kann er nicht vereinbaren oder aufheben. [2]Ist der gesetzliche Vertreter ein Vormund, so kann er den Vertrag nur mit Genehmigung des Familiengerichts schließen; ist der gesetzliche Vertreter ein Betreuer, ist die Genehmigung des Betreuungsgerichts erforderlich.

---

12 Staudinger/Thiele § 1410 Rn. 12.
13 MüKo/Spellenberg Art. 11 Rn. 22.
14 Palandt/Thorn Art. 11 Rn. 6.
15 BGH FamRZ 2011, 1495.

A. Allgemeines

Wegen der langfristigen und tiefgreifenden Auswirkungen des Ehevertrages auf die vermögens- **1** rechtlichen und persönlichen Verhältnisse der Ehegatten ist es notwendig, besondere Vorschriften für beschränkt geschäftsfähige oder geschäftsunfähige Ehegatten zu treffen. Dabei soll der beschränkt Geschäftsfähige angesichts der besonderen eigenverantwortlichen Stellung als Ehegatte eine eigenständige, wenn auch eingeschränkte Entscheidungsbefugnis erhalten. Während er grundsätzlich persönlich handelt, wird für geschäftsunfähige Ehegatten nur der gesetzliche Vertreter tätig.

B. Die Regelungen im Einzelnen

Im Einzelnen gilt folgendes: **2**

I. Der Ehegatte ist beschränkt geschäftsfähig oder steht als Geschäftsfähiger unter Betreuung (Abs. 1)

Der beschränkt geschäftsfähige Ehegatte oder derjenige, der zwar geschäftsfähig ist, aber unter **3** Betreuung steht, kann den Ehevertrag nur **selbst abschließen**, nach Abs. 1 Satz 4 niemals der gesetzliche Vertreter oder der Betreuer.

Die genannten Ehegatten bedürfen jedoch der **Zustimmung des gesetzlichen Vertreters** oder **4** **Betreuers**, wobei wiederum zu differenzieren ist:

1. Der Ehegatte ist minderjährig

Ist der Ehegatte **minderjährig**, bedarf er nach Abs. 1 Satz 1 in jedem Fall für den Abschluss eines **5** Ehevertrages der **Zustimmung seines gesetzlichen Vertreters**. Auf den Inhalt der Vereinbarung kommt es hierfür nicht an.

2. Der Ehegatte steht unter Betreuung

Steht der Ehegatte unter **Betreuung**, so bedarf es der Zustimmung des Betreuers nur dann, wenn **6** das Betreuungsgericht gem. § 1903 einen entsprechenden **Einwilligungsvorbehalt** angeordnet hat (Abs. 1 Satz 2). Andernfalls ist die Anordnung der Betreuung für die Möglichkeit des Abschlusses eines Ehevertrages ohne Relevanz.

Besteht ein entsprechender Einwilligungsvorbehalt, gilt § 1903 Abs. 3 nicht. Nach jener Vorschrift **7** bedarf der Betreute der Einwilligung des Betreuers dann nicht, wenn die zu genehmigende Willenserklärung dem Betreuten lediglich einen rechtlichen Vorteil bringt. Demgegenüber bedarf der Abschluss eines Ehevertrages in jedem Fall, also **losgelöst von der Frage der alleinigen Vorteilhaftigkeit**, der Zustimmung des Betreuers.[1]

---

[1] Palandt/Brudermüller § 1411 Rn. 3.

3. Erfordernis der Genehmigung des Familien- oder Betreuungsgerichts (Abs. 1 Satz 3)

8 Wird der **beschränkt geschäftsfähige Ehegatte** nicht durch seine Eltern, sondern durch einen **Vormund** vertreten oder liegt ein Fall der **Betreuung** mit entsprechendem Einwilligungsvorbehalt vor, so bedürfen sowohl der **Betreuer** als auch der **Vormund** für ihre Zustimmung zum Ehevertrag ihrerseits der **Genehmigung des Betreuungs- oder Familiengerichts**, wenn

a) der Zugewinnausgleich ausgeschlossen oder eingeschränkt werden soll,
b) die Gütergemeinschaft vereinbart oder aufgehoben werden soll.

9 Nicht in Abs. 1 Satz 3 aufgenommen ist der **Ausschluss des Versorgungsausgleichs**, was angesichts der Bedeutung einer derartigen Vereinbarung kaum verständlich ist. Es ist zu vermuten, dass der Gesetzgeber dies übersehen hat.[2] Da der Ausschluss des Versorgungsausgleichs nicht mehr ohne weiteres zur Gütertrennung und damit zum Ausschluss des Zugewinnausgleichs führt (vgl. § 1414 Satz 2 a.F.), kann er jetzt nicht mehr dem Ausschluss des Zugewinnausgleichs gleichgestellt werden.[3]

II. Der Ehegatte ist geschäftsunfähig (Abs. 2)

10 Ist der Ehegatte geschäftsunfähig, so kann sein **gesetzlicher Vertreter** für ihn den Ehevertrag schließen. Wird er allerdings nicht durch seine Eltern, sondern durch **Vormund** oder **Betreuer** vertreten, bedürfen diese ihrerseits nach Abs. 2 Satz 2 der **Genehmigung des Familien- oder Betreuungsgerichts**.

11 In keinem Fall kann der gesetzliche Vertreter für den geschäftsunfähigen Ehegatten die **Gütergemeinschaft** vereinbaren oder eine vereinbarte Gütergemeinschaft aufheben.

§ 1412 Wirkung gegenüber Dritten

(1) Haben die Ehegatten den gesetzlichen Güterstand ausgeschlossen oder geändert, so können sie hieraus einem Dritten gegenüber Einwendungen gegen ein Rechtsgeschäft, das zwischen einem von ihnen und dem Dritten vorgenommen worden ist, nur herleiten, wenn der Ehevertrag im Güterrechtsregister des zuständigen Amtsgerichts eingetragen oder dem Dritten bekannt war, als das Rechtsgeschäft vorgenommen wurde; Einwendungen gegen ein rechtskräftiges Urteil, das zwischen einem der Ehegatten und dem Dritten ergangen ist, sind nur zulässig, wenn der Ehevertrag eingetragen oder dem Dritten bekannt war, als der Rechtsstreit anhängig wurde.

(2) Das Gleiche gilt, wenn die Ehegatten eine im Güterrechtsregister eingetragene Regelung der güterrechtlichen Verhältnisse durch Ehevertrag aufheben oder ändern.

---

2 Staudinger/Thiele § 1411 Rn. 14.
3 Palandt/Brudermüller § 1411 Rn. 4.

A. Allgemeines

Durch Eheverträge können die **Verpflichtungs-** und **Verfügungsbefugnisse** der Ehegatten und ihre **Haftung** für Verbindlichkeiten berührt werden. Daneben kann die **dingliche Zuordnung** von Vermögensgegenständen betroffen sein. Sie haben deshalb nicht nur Auswirkungen auf das Verhältnis der Ehegatten zueinander, sondern auch auf das **Außenverhältnis** zu Dritten, weshalb es des Schutzes dieser Dritten bedarf. Die Möglichkeit der Eintragung in das Güterrechtsregister besteht wegen der Verweisung des § 7 LPartG auf § 1412 auch für entsprechende Vereinbarungen zwischen **gleichgeschlechtlichen Lebenspartnern.** 1

Eheverträge bedürfen zu ihrer Wirksamkeit nicht der Eintragung ins Güterrechtsregister, wie umgekehrt die Eintragung ins Güterrechtsregister nicht die Wirkung hat, einen bis dahin unwirksamen Ehevertrag wirksam werden zu lassen. Die Eintragung ins Güterrechtsregister hat also **keine konstitutive Wirkung.** Insbesondere für das **Innenverhältnis** zwischen den Ehegatten ist allein die wirkliche güterrechtliche Situation maßgeblich, nicht der Inhalt des Güterrechtsregisters. 2

Der Schutz der Dritten wird dadurch bewirkt, dass die Eheleute **Einwendungen gegen ein Rechtsgeschäft** mit ihm nur dann erheben können, wenn güterrechtlichen Besonderheiten eingetragen oder dem Dritten bei Abschluss des Rechtsgeschäfts bekannt waren. Dasselbe gilt für **Einwendungen gegen ein rechtskräftiges Urteil.** Zum Zeitpunkt der Kenntnis bzw. der Eintragung wird sodann allerdings nicht auf den Abschluss des Rechtsgeschäfts sondern auf die Anhängigkeit des Rechtsstreits abgestellt. 3

Die Dritten sollen aber nur auf das Schweigen des Güterrechtsregisters vertrauen dürfen (**negative Publizität**). Solange das Güterrechtsregister keine entgegenlautenden Eintragungen enthält, kann der Dritte davon ausgehen, dass zwischen den Ehegatten der gesetzliche Güterstand der Zugewinngemeinschaft gilt. Die Norm gilt weiter nur für **materiell-rechtlich tatsächlich eingetretene Änderungen** der güterrechtlichen Verhältnisse. Ergeben sich Einwendungen eines Ehegatten aus der Unwirksamkeit einer vom Dritten für wirksam gehaltenen Änderung der güterrechtlichen Verhältnisse, will der Ehegatte sich etwa auf die Nichtigkeit des Ehevertrages berufen, kann er dies ohne Rücksicht darauf tun, ob die unwirksame Änderung der güterrechtlichen Verhältnisse im Register eingetragen war. Das Güterrechtsregister genießt keinen **positiven guten Glauben.** 4

Vorschriften über das Güterrechtsregister als solches enthalten die §§ 1558 ff. 5

B. Inhalt und Wirkung des Schutzes der Eintragung

In das Güterrechtsregister eingetragen werden können folgende güterrechtliche Entwicklungen: 6

1. **Ausschluss oder Aufhebung des gesetzlichen Güterstandes** mit der Folge, dass gem. § 1414 Gütertrennung eintritt, nicht aber die Vereinbarung einer auflösend bedingten Gütertrennung,[1]
2. **Beendigung der Zugewinngemeinschaft kraft Gesetzes**, beispielsweise gem. § 1388,[2]
3. trotz des Typenzwangs im Vertragsgüterrecht die **Modifizierung der Zugewinngemeinschaft** etwa dahingehend, dass bei Auflösung der Ehe auf andere Weise als durch den Tod eines Ehegatten kein Zugewinnausgleich stattfindet,[3] nicht aber eine Modifikation der Gütertrennung in Richtung auf die Zugewinngemeinschaft,[4]
4. **Aufhebung der Gütergemeinschaft** und damit gem. § 1414 Satz 2 subsidiärer Eintritt der Gütertrennung,

---

1 OLG Braunschweig FamRZ 2005, 903.
2 BGHZ 66, 203; a.A. Palandt/Brudermüller § 1388 Rn. 4.
3 OLG Köln FamRZ 1994, 1256 = FuR 1994, 377 (m. Anm. Derleder).
4 OLG Schleswig FamRZ 1995, 1586.

5. **Aufhebung der Gütergemeinschaft** auf Grund entsprechenden Aufhebungsurteils gem. § 1470,

6. **Änderungen der Verwaltungsbefugnis innerhalb der Gütergemeinschaft** (vgl. § 1418 Abs. 4).

7 Eintragungsfähig sind auch **Änderungen im Hinblick auf die gesetzliche Vertretungsbefugnis** bei Geschäften zur angemessenen Deckung des Lebensbedarfs der Familie nach § 1357, also deren Beschränkung oder gänzlicher Ausschluss.[5]

8 Die Eintragung ins Güterrechtsregister bewirkt nur einen Schutz für **rechtsgeschäftliches Handeln** und auch hier nur dergestalt, dass ein Dritter bei fehlender Eintragung und ohne weitere Kenntnis davon ausgehen kann, dass zwischen Eheleuten der gesetzliche Güterstand der Zugewinngemeinschaft gilt. Hiervon abweichende Vereinbarungen sind dem Dritten gegenüber nur dann wirksam, wenn sie entweder im Güterrechtsregister eingetragen oder ihm sonst bekannt sind. Im Übrigen braucht ein Dritter nicht damit zu rechnen, dass Ehegatten eine von der Eintragung im Güterrechtsregister abweichende Vereinbarung getroffen haben.

9 Der Schutz erstreckt sich nicht auf **Rechtsgeschäfte der Ehegatten untereinander** und auch nicht auf das **Verhältnis Dritter untereinander**, die etwa im Vertrauen auf die Richtigkeit einer Eintragung im Güterrechtsregister ein Rechtsgeschäft miteinander vereinbaren. Ausgeschlossen sind nur Einwendungen der Eheleute gegen die Wirksamkeit eines Rechtsgeschäftes gegenüber dem **Partner eben dieses Rechtsgeschäftes**, während es gegenüber allen sonstigen Dritten nur auf die tatsächliche Rechtslage ankommt.[6]

10 Darüber hinaus erstreckt sich der Schutz des Registers auch auf **gerichtliche Entscheidungen**, soweit diese auf dem rechtsgeschäftlichen Verkehr beruhen.

11 Für weitergehende Ansprüche und Rechtsverhältnisse ist stets nur auf die tatsächliche güterrechtliche Situation abzustellen. Das gilt etwa für Ansprüche aus **unerlaubter Handlung** oder auf **gesetzlichen Unterhalt**. Auch für die **Zwangsvollstreckung** gilt § 1412 nicht.[7]

12 Voraussetzung für den Schutz durch das Güterrechtsregister ist weiter, dass die **Registereintragung** zum **Zeitpunkt der Vornahme des Rechtsgeschäftes** oder der **Anhängigkeit des Rechtsstreits** bereits erfolgt war. Kommt es auf die **Kenntnis des Dritten** von den güterrechtlichen Verhältnissen an, so müssen diesem die wesentlichen Tatsachen bekannt sein, aus denen sich der Schluss auf die Änderung der Rechtsverhältnisse ergibt.[8] **Fahrlässige**, auch **grob fahrlässige Unkenntnis** steht dem nicht gleich.[9]

C. Ausschluss und Ende des Schutzes der Eintragung

13 Der durch das Güterrechtsregister gegebene Schutz endet mit der **Änderung** oder **Löschung der Eintragung**, der **Beendigung der Ehe** und gem. § 1559 mit der **Verlegung des Wohnsitzes**, ohne dass an dem für den neuen Wohnsitz zuständigen Registergericht eine entsprechende Eintragung vorgenommen wird.

D. Verhältnis zu ähnlich gelagerten Vorschriften

14 Neben § 1412 sind die Vorschriften über den **Schutz gutgläubiger Dritter**, insbesondere diejenigen über den **gutgläubigen Erwerb** im Sachenrecht uneingeschränkt anwendbar. Welche Norm jeweils anwendbar ist, hängt allein davon ab, worauf sich der gute Glaube stützt.

---

5 Palandt/Brudermüller § 1412 Rn. 5.
6 MüKo/Kanzleiter § 1412 Rn. 5.
7 Bamberger/Roth/Mayer § 1412 Rn. 7.
8 MüKo/Kanzleiter § 1412 Rn. 8.
9 RGZ 133, 351.

§ 1413   Widerruf der Überlassung der Vermögensverwaltung

Überlässt ein Ehegatte sein Vermögen der Verwaltung des anderen Ehegatten, so kann das Recht, die Überlassung jederzeit zu widerrufen, nur durch Ehevertrag ausgeschlossen oder eingeschränkt werden; ein Widerruf aus wichtigem Grund bleibt gleichwohl zulässig.

A. Allgemeines

Die Norm des § 1413 stellt **keine güterrechtliche Regelung** dar. Jeder Ehegatte kann dem anderen die **1** Befugnis einräumen, sein Vermögen als Ganzes oder Teile davon zu verwalten. Der **Verwaltungsvertrag** stellt keinen Ehevertrag dar und bedarf deshalb auch nicht der Form der §§ 1410, 1411.

Wie die Einräumung der Verwaltungsbefugnis ist auch deren **Widerruf** – die Widerrufsmöglich- **2** keit wird in § 1413 vorausgesetzt – jederzeit **formlos** möglich.[1] Nur dann, wenn die Widerrufsmöglichkeit ausnahmsweise eingeschränkt oder ausgeschlossen werden soll, bedarf es hierzu eines Ehevertrages und damit der Form des § 1410.

Selbst aber dann, wenn von dieser Einschränkung Gebrauch gemacht worden ist, bleibt der **3** **Widerruf aus wichtigem Grund** jederzeit möglich.

B. Vermögensverwaltung durch den anderen Ehegatten

I. Zustandekommen des Verwaltervertrages

Die **Überlassung der Vermögensverwaltung** erfolgt durch **schuldrechtlichen Vertrag**, der auch **4** durch **schlüssiges Handeln** zustande kommen kann.[2] Erforderlich ist aber das Vorhandensein eines **Rechtsbindungswillens** beider Ehegatten, das bei reinen **Gefälligkeitsverhältnissen** fehlt.

An die Feststellung eines Verwaltungsvertrages dürfen **keine geringen Anforderungen** gestellt wer- **5** den,[3] weshalb unter Eheleuten regelmäßig kein Rechtsbindungswille festzustellen und ein **Verwaltervertrag nur ausnahmsweise anzunehmen** sein wird. Denn durch die Regelung ihrer Aufgabenbereiche schenken sich die Ehegatten besonderes Vertrauen. Deshalb darf dem wirtschaftenden Teil nicht einseitig das Risiko auferlegt werden, im Nachhinein Ausgaben möglicherweise nicht mehr mit der gleichen Genauigkeit angeben und belegen zu können, wie das in Rechtsverhältnissen ohne Inanspruchnahme von personalem Vertrauen erforderlich und geboten ist.[4]

Der Abschluss eines Verwaltervertrages kann etwa dann noch nicht angenommen werden, wenn **6** ein Ehegatte im Rahmen der sich aus § 1353 ergebenden **Beistandspflicht** oder aus **Gefälligkeit** faktisch die finanziellen Angelegenheiten des anderen erledigt.[5] Auch bloßes **Dulden** von Vermö-

---

1 RGZ 91, 363.
2 Haussleiter/Schulz Kap. 6 Rn. 338.
3 BGH FamRZ 1986, 558, 559.
4 BGH FamRZ 2001, 230 = FuR 2000, 491 mit zust. Anm. Kogler MDR 2000, 1436.
5 BGH FamRZ 1988, 42; NJW 1986, 1871.

gensverwaltungshandlungen eines Ehegatten, der dem anderen dessen Vermögen vorenthält,[6] reicht ebenso wenig für die Annahme eines verbindlichen Verwaltervertrages wie die Erteilung von **Bankvollmachten**[7] und das Dulden der Vereinnahmung von Bargeld im Rahmen der Mitarbeit in einer Arztpraxis,[8] oder gar die Erteilung einer Generalvollmacht. Die Erteilung von Vollmachten begründet nur Dritten gegenüber eine **Vertretungsmacht**, lassen aber für sich genommen keine verlässlichen Schlüsse auf einen im Innenverhältnis der Eheleute bestehenden Rechtsbindungswillen zu.[9] Die **uneingeschränkte Überlassung der Verwaltung** auch für einen längeren Zeitraum stellt ebenfalls noch keine rechtsgeschäftliche Übertragung der Vermögensverwaltung dar.[10] Übernimmt einer der Ehegatten einvernehmlich die **Wirtschaftsführung** allein, so entsteht daraus auch dann kein Auftragsverhältnis, wenn die verfügbaren Mittel im Wesentlichen aus den Einkünften des anderen Ehegatten herrühren.[11]

7 Ist ein Ehegatte bei Abschluss des Verwaltungsvertrages in seiner **Geschäftsfähigkeit eingeschränkt**, so gelten die §§ 107 ff., nicht der § 1411.[12]

II. Rechtsstellung des Verwalters

8 Das Rechtsverhältnis zwischen den Ehegatten im Falle der Überlassung der Vermögensverwaltung bestimmt sich nach **Auftragsrecht**, wenn eine Vergütung durch den Inhaber des Vermögens nicht geschuldet wird.[13] Im Falle einer **Vergütungspflicht** stellt sich die Vermögensverwaltung als **entgeltliche Geschäftsbesorgung** im Sinne des § 675 dar, auf die ebenfalls Auftragsrecht Anwendung findet. Folge davon ist, dass den verwaltenden Ehegatten eine **Rechtspflicht zur ordnungsgemäßen Verwaltung** trifft. Verletzt er diese, ist er dem Inhaber des verwalteten Vermögens auch zum **Schadensersatz** verpflichtet, wobei er allerdings nur für **Vorsatz und grobe Fahrlässigkeit** haftet (§§ 1359, 277). Gemäß § 665 ist der Inhaber des Vermögens dem Verwalter **weisungsbefugt**. Gemäß § 666 hat er ihm darüber hinaus **Auskunft** zu erteilen und **Rechenschaft** zu geben.[14] Weiter ist er zur **Herausgabe** des aus der Verwaltung Erlangten verpflichtet (§ 667).

9 Darüber hinaus können Ansprüche aus **unerlaubter Handlung** bestehen.[15]

C. Einschränkung oder Ausschluss der Widerrufsmöglichkeit

10 Nach allgemeinen Rechtsgrundsätzen ist der **Widerruf der Überlassung** der Vermögensverwaltung jederzeit möglich und zulässig, die Beschränkung oder der Ausschluss dieser Möglichkeit dagegen regelmäßig nicht. Nur in dem von § 1413 zugelassenen Ausnahmefall gilt etwas Anderes, wenn die Beschränkung oder der Ausschluss der Widerrufsmöglichkeit in der **Form des Ehevertrages** (§§ 1410, 1411) vereinbart worden sind.

11 Selbst wenn die Widerrufsmöglichkeit in wirksamer Form ausgeschlossen oder eingeschränkt worden ist, bleibt der Widerruf gleichwohl aus **wichtigem Grunde** stets zulässig. Ein wichtiger Grund liegt dann vor, wenn dem die Verwaltung überlassenden Ehegatten die Fortsetzung des Verwal-

---

6 Staudinger/Thiele § 1413 Rn. 5.
7 BGH FamRZ 2001, 23, 24 = FuR 2000, 491.
8 BGH FamRZ 1986, 558.
9 BGH FamRZ 2001, 23, 24 = FuR 2000, 491.
10 OLG Karlsruhe FamRZ 1983, 1250.
11 BGH FamRZ 2001, 23 = FuR 2000, 491; OLG Frankfurt OLGR Frankfurt 1994, 246.
12 Staudinger/Thiele § 1413 Rn. 5.
13 BGHZ 31, 204.
14 OLG Köln FamRZ 1999, 298.
15 BGH FamRZ 2001, 23.

tungsvertrages unter Berücksichtigung aller Umstände des Einzelfalles **unzumutbar** ist.[16] Diese Voraussetzungen sind im Falle des **Scheiterns der Ehe** gegeben, aber auch dann, wenn der Vermögensverwalter gegen **Grundsätze ordnungsgemäßer Verwaltung** verstoßen hat.

D. Verfahren

Die **Beweislast** für die Überlassung der Vermögensverwaltung trägt derjenige Ehegatte, der sich 12
auf sie beruft. Die Geltung dieser allgemeinen Grundsätze wird nicht durch die Besonderheiten der ehelichen Lebensgemeinschaft eingeschränkt: Die eheliche Lebensgemeinschaft begründet zwar für jeden Ehegatten die Obliegenheit, den jeweils anderen Ehegatten über die Verwendung des Familieneinkommens wenigstens in groben Zügen zu unterrichten. Eine Verletzung dieser Obliegenheit führt aber nicht zu einer Umkehr der Darlegungs- und Beweislast. Eheleute während ihres Zusammenlebens Ausgaben nicht mit derselben Genauigkeit zu verbuchen und abrechnen wie Vertragsparteien, die nicht in ehelicher Lebensgemeinschaft verbunden sind. Die daraus resultierenden Beschränkungen in der wechselseitigen Rechenschaftspflicht behalten für in der Vergangenheit liegende Ausgaben auch dann ihre Gültigkeit, wenn die eheliche Lebensgemeinschaft nicht mehr besteht.[17] Eine **Vermutung** hierfür besteht nicht. Sie kann insbesondere nicht daraus geschlossen werden, dass die Eheleute in gutem Einvernehmen leben. Dies spricht eher dafür, dass das Vermögen faktisch und ohne Rechtsbindungswillen verwaltet wird.

Kapitel 2 Gütertrennung

§ 1414 Eintritt der Gütertrennung

[1]Schließen die Ehegatten den gesetzlichen Güterstand aus oder heben sie ihn auf, so tritt Gütertrennung ein, falls sich nicht aus dem Ehevertrag etwas anderes ergibt. [2]Das Gleiche gilt, wenn der Ausgleich des Zugewinns ausgeschlossen oder die Gütergemeinschaft aufgehoben wird.

A. Allgemeines

Das Gesetz enthält keine Vorschriften über Wesen und Ausgestaltung der Gütertrennung. Nur 1
§ 1414 erwähnt diesen Güterstand, der als **Auffanggüterstand** ausgestaltet ist und stets dann eintritt, wenn der gesetzliche Güterstand der Zugewinngemeinschaft oder die Gütergemeinschaft aufgehoben oder ausgeschlossen werden, ohne dass ausdrückliche Regelungen für den danach geltenden Güterstand getroffen werden. Wird umgekehrt allein die Gütertrennung aufgehoben, gilt die Zugewinngemeinschaft.[1]

Wesen der Gütertrennung ist es, dass sich die Eheleute güterrechtlich wie Unverheiratete gegen- 2
überstehen. Es gibt nur zwei Vermögensmassen, diejenige des Ehemannes und diejenige der Ehefrau. Die Ehegatten haben volle Freiheit über ihr Vermögen miteinander oder mit Dritten Vereinbarungen zu treffen. Besonderheiten gelten nur für **Ehewohnung** und **Haushaltsgegenstände**. Im Falle der Gütertrennung erlangen die wechselseitigen vermögensrechtlichen Ansprüche außerhalb des Güterrechts besondere Bedeutung.

Die Vereinbarung der Gütertrennung kann ins **Güterrechtsregister** eingetragen werden.[2] 3

---

16 Staudinger/Thiele § 1413 Rn. 24.
17 BGH FamRZ 2001, 23, 25.
 1 Staudinger/Thiele, vor § 1414, Rn. 25.
 2 OLG Schleswig FamRZ 1995, 1586.

B. Eintritt der Gütertrennung

4   Gütertrennung tritt nach § 1414 in folgenden **Fallkonstellationen** ein:

1. **Die Ehegatten schließen den gesetzlichen Güterstand durch Ehevertrag (§§ 1408, 1411)
   bereits vor der Eheschließung aus**, ohne einen anderen Güterstand, etwa die Gütergemeinschaft, vereinbart zu haben (S. 1).
2. **Die Ehegatten heben während laufender Ehe den bereits bestehenden gesetzlichen Güterstand durch Ehevertrag (§§ 1408, 1410) auf**, ohne einen anderen Güterstand vereinbart zu
   haben (S. 1).
3. **Die Ehegatten heben während laufender Ehe die zwischen ihnen bestehende Gütergemeinschaft auf**, ohne etwas anderes, nämlich die Zugewinngemeinschaft, vereinbart zu haben
   (S. 2).
4. **Die Ehegatten belassen es zwar im Grundsatz beim gesetzlichen Güterstand der Zugewinngemeinschaft, schließen aber durch Ehevertrag (§§ 1408, 1410) den Ausgleich des Zugewinns aus** (S. 2). In diesem Fall entfällt die der Zugewinngemeinschaft eigentümliche vermögensrechtliche Gemeinschaft. Gütertrennung tritt nur dann nicht ein, wenn der Ehevertrag
   ausdrücklich etwas anderes vorsieht.
5. **Ein Urteil im Verfahren auf vorzeitigen Ausgleich des Zugewinns nach §§ 1385 ff. wird
   rechtskräftig, § 1388.**
6. **Ein Urteil im Verfahren auf Aufhebung der Gütergemeinschaft wird rechtskräftig, § 1449
   Abs. 1, § 1470 Abs. 1.**

5   Der Ausschluss des Versorgungsausgleichs führt nicht mehr zur Beendigung des Güterstandes der
    Zugewinngemeinschaft, nachdem die entsprechende Regelung in § 1414 Satz 2 a. F. durch Art. 3
    Nr. 4 des Gesetzes zur Strukturreform des Versorgungsausgleichs vom 03.04.2009 (BGBl I 700)
    geändert und die Koppelung des Ausschlusses des Versorgungsausgleichs an die Vereinbarung der
    Gütertrennung gestrichen worden ist.

6   § 1414 ist auf die Aufhebung anderer, **individuell gestalteter Güterstände** entsprechend anwend-
    bar.[3]

C. Wesen der Gütertrennung

7   Das Wesen der Gütertrennung besteht darin, dass sich die Ehegatten güterrechtlich wie Unverhei-
    ratete gegenüberstehen. Es fehlen **güterrechtliche Bindungen und Beziehungen** der Eheleute
    zueinander. Ihre **Vermögen** bleiben voneinander getrennt, was jedoch die Bildung von **Gemein-
    schaftsvermögen** nicht ausschließt. Die **Verfügungsbeschränkungen** der §§ 1365 ff. gelten nicht.
    Es gibt nach Beendigung der Ehe durch deren Scheidung keinen **Ausgleichsanspruch** nach § 1378
    Abs. 1 und im Falle des Todes eines der Ehegatten keine **Erhöhung des gesetzlichen Erbteils** gem.
    § 1371 Abs. 1.

8   Gleichwohl bestehen **vermögensrechtliche Verflechtungen** zwischen den Eheleuten, die sich aus
    dem Wesen der Ehe und dem gemeinsamen Wirtschaften ergeben. Diese folgen zum einen aus
    der gesetzlichen Verpflichtung, zum **Familienunterhalt** beizutragen (§ 1360). Hierdurch wird die
    Möglichkeit eingeschränkt, die eigenen Einkünfte uneingeschränkt für eigene Zwecke zu verwen-
    den. Aus der aus § 1353 folgenden **Verpflichtung zur ehelichen Lebensgemeinschaft** folgt die
    Pflicht, dem Ehegatten die Mitbenutzung auch der im Alleineigentum stehenden **Ehewohnung**
    oder der im Alleineigentum stehenden **Haushaltsgegenstände** zu ermöglichen. Wie innerhalb der
    Zugewinngemeinschaft gilt für in der Ehe angeschaffte Haushaltsgegenstände auch hier die **Mitei-
    gentumsvermutung** des § 1568b Abs. 2.

---

3 Rauscher § 18 Rn. 443.

Der Güterstand der Gütertrennung lässt wegen der ihn charakterisierenden Besonderheiten keine 9
weiteren **güterrechtlichen Vereinbarungen** zu. Insbesondere kann die Gütertrennung nicht dahingehend modifiziert werden, dass wesentliche Inhalte des gesetzlichen Güterstandes der Zugewinngemeinschaft übernommen werden.[4]

Eine spezielle Verpflichtung zur Erteilung von **Auskünften** über die eigenen Vermögensverhält- 10
nisse besteht nicht. Aus § 1353 Abs. 1 folgt jedoch auch im Fall der Gütertrennung der aus dieser
Norm abzuleitende Anspruch auf **Unterrichtung**.[5]

Im Falle der Auflösung der Ehe gewinnen Ansprüche auf **Ausgleich von Gesamtschulden**, auf die 11
Auseinandersetzung von Miteigentum, auf **Rückgewähr ehebedingter Zuwendungen** oder aus
einer **Ehegatteninnengesellschaft** besondere Bedeutung. Insoweit wird auf § 1372 Rdn. 4 ff. sowie
die Ausführungen zu §§ 426, 430 und 745 verwiesen.

Die **Gütertrennung endet durch Ehevertrag**, mit dem ein anderer Güterstand vereinbart wird. Dabei 12
ist auch die Vereinbarung der **rückwirkenden Aufhebung** der Gütertrennung und Geltung der Zugewinngemeinschaft wirksam.[6] Sie endet ferner mit der **Auflösung der Ehe** durch **Tod** eines Ehegatten
oder den Eintritt der Rechtskraft eines Urteils auf **Aufhebung** oder **Scheidung der Ehe**.

Vorbemerkungen vor §§ 1415 ff.

(Literatur zur Gütergemeinschaft: Wittich, die Gütergemeinschaft und ihre Auseinandersetzung,
Neuwied 2000; Klein, Handbuch des Familienvermögensrechts, Rn 2403 ff, Köln 2011; Kappler,
Die Auseinandersetzung des Gesamtguts der Gütergemeinschaft, FamRZ 2010, 1294)

Das **Wesen der Gütergemeinschaft** besteht darin, dass das in die Ehe eingebrachte und später 1
erworbene Vermögen beider Eheleute zu deren gemeinschaftlichem Vermögen zusammengefasst
wird, dem **Gesamtgut**. Das Gesamtgut wird regelmäßig gemeinschaftlich verwaltet, solange nicht
durch Vertrag bestimmt ist, dass einer der Ehegatten die Verwaltung allein übernehmen soll.

Neben dem Gesamtgut gibt es noch weitere vier Vermögensmassen, nämlich das **Sondergut** je bei- 2
der Ehegatten, das aus den rechtsgeschäftlich nicht übertragbaren Vermögensgegenständen zusammengesetzt ist, und deren jeweiliges **Vorbehaltsgut**.

Wegen der weitgehenden Vereinigung der beiderseitigen Vermögensmassen wurde die Güterge- 3
meinschaft als der vollkommenste Ausdruck der idealen Ehe angesehen.[1] Sie war deshalb vor dem
Inkrafttreten des BGB auch – vor allem in den norddeutschen Ländern – weit verbreitet. Gleichwohl ist sie nicht zum Regelgüterstand des BGB erhoben worden, da schon damals die Ansicht
bestand, dass eine so weitgehende Vereinigung der beiderseitigen Vermögen nicht die notwendige,
aus dem sittlichen Wesen der Ehe folgende Konsequenz ist. Überdies wollte der Gesetzgeber die
mit der Gütergemeinschaft – wegen der seinerzeit zwingend dem Ehemann obliegenden Verwaltung – verbundenen Risiken für die Ehefrau vermeiden.[2] So ist die Gütergemeinschaft heute als
der einzige vom Gesetz inhaltlich geregelte Wahlgüterstand erhalten geblieben, der allerdings
gewisse Parallelen zu der bis zum 01.07.1958 geltenden Errungenschaftsgemeinschaft aufweist.

Angesichts der Kompliziertheit der Regelungen über die Gütergemeinschaft und wegen der mit 4
ihr nach wie vor verbundenen Risiken und Abhängigkeiten der Partner voneinander kommt ihr

---

4 OLG Schleswig FamRZ 1995, 1586.
5 BGH FamRZ 1976, 516, 517.
6 BGH FamRZ 1998, 903.
1 *Bosch* FamRZ 1954, 149, 154.
2 Motive IV, 147.

heute keine große praktische Bedeutung mehr zu. Anzutreffen ist sie am ehesten noch in ländlichen Bereichen Süddeutschlands.

5   Vorteilhaft ist die Gütergemeinschaft insofern, als sie den Ehegatten wegen der gesamthänderischen Bindung ihres Vermögens – jedenfalls bei gemeinsamer Verwaltung – erheblich besseren Schutz vor Vermögensverfügungen des jeweils anderen bietet als selbst die Zugewinngemeinschaft es vermag, in der nur § 1365 BGB Verfügungsbeschränkungen beinhaltet. Gewählt wird die Gütergemeinschaft deshalb auch in Fällen, in denen Immobilien, insbesondere landwirtschaftliche Betriebe von den Eltern auf Kind und Schwiegerkind gemeinsam übertragen werden sollen. In diesen Fällen bietet § 1477 Abs. 2 Satz 2 BGB die Gewähr, dass die Immobilie oder der Betrieb im Falle des Scheiterns der Ehe dem Kind erhalten bleibt, da es eingebrachte und ererbte Gegenstände übernehmen kann, während die Zugewinngemeinschaft eine derartige Regelung bei im gemeinsamen Eigentum stehenden Vermögen nicht kennt. Da die Erhaltung des Betriebes in den norddeutschen Ländern, die früher zur britischen Besatzungszone zählten, durch die dort geltende Höfeordnung gesichert ist, wird hierin der Grund dafür zu sehen sein, dass die Gütergemeinschaft in Norddeutschland kaum mehr Bedeutung hat.

6   Besser ausgeprägt als in der Zugewinngemeinschaft ist in der Gütergemeinschaft der Schutz des in einen land- oder forstwirtschaftlichen Betrieb einheiratenden Ehegatten. Da der Zugewinnausgleich nach § 1376 Abs. 4 Satz 4 BGB nur auf der Basis des Ertragswertes erfolgt, nimmt der einheiratende Ehegatte an realen Wertsteigerungen häufig nicht oder nur in geringem Umfang teil. Eine dementsprechende Privilegierung des Eigentümers eines landwirtschaftlichen Betriebes ist der Gütergemeinschaft hingegen fremd.[3]

7   Zu berücksichtigen sind vor der Vereinbarung der Gütergemeinschaft allerdings die erbrechtlichen Konsequenzen. So gilt die Erhöhung des gesetzlichen Erbteils für den Ehegatten nach § 1371 Abs. 1 BGB ausdrücklich nur für die Zugewinngemeinschaft, während § 1931 Abs. 4 BGB eine gesonderte Besserstellung des Ehegatten nur für den Fall der Gütertrennung beinhaltet. Bestand zwischen den Eheleuten dagegen Gütergemeinschaft, ist der Erbanteil des überlebenden Ehegatten geringer, umgekehrt auch ein möglicher Pflichtteilsanspruch der Kinder entsprechend höher (§ 2303 Abs. 1 BGB).

8   Aus steuerrechtlicher Sicht ist zu beachten, dass derjenige Ehegatte, der das geringere Vermögen in die Gütergemeinschaft einbringt, durch die Vereinbarung der Gütergemeinschaft eine Bereicherung erfährt, die nach § 7 Abs. 1 Nr. 4 EStG schenkungssteuerpflichtig ist. Überlebt hingegen derjenige Ehegatte, der das größere Vermögen in die Gemeinschaft eingebracht hat und wird er zum Erben des anderen, so kann, sofern die Freigrenzen der §§ 16 Abs. 1 Nr. 1, 17 Abs. 1 EStG überschritten sind, der Rückerwerb seines früheren Alleinvermögens der Erbschaftssteuer unterworfen sein.[4]

9   Der Güterstand der Gütergemeinschaft bietet deshalb zwar durchaus Vorteile, leidet aber unter dem sehr entscheidenden Nachteil der besonders komplizierten Rechtslage. Angesichts des Bestehens von 5 Vermögensmassen, schwieriger Haftungs- und Verwaltungsfragen sowie unter Berücksichtigung einer komplizierten Auseinandersetzung im Falle der Beendigung der Gütergemeinschaft ist von der Wahl dieses Güterstandes abzuraten.

10 Die Reform des familienrechtlichen Verfahrens zum 01.09.2009 hat zu einigen Änderungen in der Terminologie geführt, die allerdings auch nicht stets übernommen worden sind. So wird im Gesetz nach wie vor wiederholt von der »Klage« gesprochen (z.B. §§ 1447, 1469, 1479, 1495), die jedoch im familiengerichtlichen Verfahren dem »Antrag« gewichen ist.

11 **Wegen der weitgehenden praktischen Bedeutungslosigkeit der Gütergemeinschaft wird im Folgenden von einer umfassenderen Kommentierung der zahlreichen Vorschriften abgesehen.**

---

3 Vgl. im Einzelnen: *Bergschneider* Verträge in Familiensachen Rn. 731 ff.
4 *Bergschneider*, Rn. 756.

Kapitel 3   Gütergemeinschaft

Unterkapitel 1   Allgemeine Vorschriften

§ 1415   Vereinbarung durch Ehevertrag

Vereinbaren die Ehegatten durch Ehevertrag Gütergemeinschaft, so gelten die nachstehenden Vorschriften.

Gem § 1415 BGB wird die Gütergemeinschaft durch **Ehevertrag** begründet. Der Ehevertrag 1 bedarf gem. § 1410 BGB der notariellen Beurkundung bei gleichzeitiger Anwesenheit beider Ehegatten. Ein ohne Einhaltung dieser Form geschlossener Vertrag ist nichtig. Um Wirkungen gegenüber Dritten begründen zu können, ist darüber hinaus die Eintragung des Ehevertrages im **Güterrechtsregister** des zuständigen AG erforderlich (§ 1412 BGB).

§ 1416   Gesamtgut

(1) [1]Das Vermögen des Mannes und das Vermögen der Frau werden durch die Gütergemeinschaft gemeinschaftliches Vermögen beider Ehegatten (Gesamtgut). [2]Zu dem Gesamtgut gehört auch das Vermögen, das der Mann oder die Frau während der Gütergemeinschaft erwirbt.

(2) Die einzelnen Gegenstände werden gemeinschaftlich; sie brauchen nicht durch Rechtsgeschäft übertragen zu werden.

(3) [1]Wird ein Recht gemeinschaftlich, das im Grundbuch eingetragen ist oder in das Grundbuch eingetragen werden kann, so kann jeder Ehegatte von dem anderen verlangen, dass er zur Berichtigung des Grundbuchs mitwirke. [2]Entsprechendes gilt, wenn ein Recht gemeinschaftlich wird, das im Schiffsregister oder im Schiffsbauregister eingetragen ist.

Hinsichtlich des Vermögens der Eheleute ist zwischen dem **Sondergut**, dem **Vorbehaltsgut** und 1 dem **Gesamtgut** zu unterscheiden. Dabei gilt, dass Vermögen grundsätzlich gemeinsames ist. Was also nicht Sondergut oder Vorbehaltsgut ist, ist Gesamtgut. Für Verbindlichkeiten gilt dasselbe.

A. Begründung von Gesamtgut

Alles, was weder Sonder- noch Vorbehaltsgut ist, stellt **Gesamtgut** dar. Dazu zählen etwa Grund- 2 stücke, Sparbücher, das regelmäßige Arbeits- oder Renteneinkommen, Einkommen aus Vermietung und Verpachtung[1] sowie der gesamte Hausrat, aber auch persönliche Bedarfsgegenstände wie Kleidung und dem Hobby dienende Gegenstände.[2] Selbst Schadensersatzansprüche aus einem Verkehrsunfall rechnen zum Gesamtgut.[3] Haben die Eheleute zunächst im Güterstand der Zugewinngemeinschaft gelebt und diese später in eine Gütergemeinschaft umgewandelt, fallen auch eventuelle Zugewinnausgleichsansprüche eines Ehegatten in das Gesamtgut.[4]

Unerheblich ist, ob die Gegenstände von Beginn der Gütergemeinschaft an vorhanden waren, 3 oder später hinzu erworben wurden. Im Falle des Zuerwerbs vollzieht sich der Rechtsübergang gem. Abs. 2 kraft Gesetzes, so dass es auch nicht darauf ankommt, ob der Erwerber den Vermö-

---

1   BGH NJW 1990, 2253.
2   *Haussleiter/Schulz* Kap. 2 Rn. 4.
3   BGH FamRZ 1994, 295.
4   BGH FamRZ 1990, 256.

gensgegenstand überhaupt für die Gemeinschaft hat erwerben wollen.[5] Dementsprechend sind an im Güterstand der Gütergemeinschaft lebende Eheleute veräußerte Grundstücke auch an beide **aufzulassen.**[6] Es wird kein Bruchteilseigentum begründet, so dass in das Grundbuch die gemeinschaftliche Berechtigung der Eheleute unter Angabe des für sie maßgeblichen Rechtsverhältnisses einzutragen ist (§ 47 GBO). Befindet sich im Gesamtgut ein vermietetes Hausgrundstück, fließen die Mieteinnahmen in das Gesamtgut und sind nicht etwa Einkünfte nur eines Ehegatten.[7]

B. Rechtsverhältnisse am Gesamtgut

4 Hinsichtlich des Gesamtgutes besteht zwischen den Eheleuten eine **Gemeinschaft zur gesamten Hand.**[8] Beide Ehegatten sind Miteigentümer der zum Gesamtgut zählenden Vermögensgegenstände. Sie können somit weder über ihren Anteil am Gesamtgut verfügen noch können sie dessen Teilung verlangen. Da der Anteil auch nicht pfändbar ist, gehört der Anteil eines Ehegatten am Gesamtgut im Falle seiner Insolvenz auch nicht zur Insolvenzmasse[9] Grundsätzlich fällt das Vermögen, solange es nicht ausdrücklich Sonder- oder Vorbehaltsgut ist, in das Gesamtgut, weshalb für die Zugehörigkeit des Vermögens hierzu eine Vermutung streitet.

C. Verwaltung des Gesamtguts

5 Die Verwaltung des Gesamtguts richtet sich nach §3 1422–1449 wenn es durch nur einen Ehegatten verwaltet wird und nach §§ 1450–1470, wenn die Verwaltung durch beide erfolgt.

§ 1417 Sondergut

(1) **Vom Gesamtgut ist das Sondergut ausgeschlossen.**

(2) **Sondergut sind die Gegenstände, die nicht durch Rechtsgeschäft übertragen werden können.**

(3) [1]**Jeder Ehegatte verwaltet sein Sondergut selbstständig.** [2]**Er verwaltet es für Rechnung des Gesamtguts.**

1 Zum Sondergut zählt dasjenige **Vermögen, das nicht durch Rechtsgeschäft** übertragen werden kann. Hierzu gehören diejenigen Ansprüche, die nicht abtretbar oder unpfändbar sind (§§ 399, 400 BGB), also etwa die unpfändbaren und damit nicht abtretbaren Teile der Gehaltsansprüche, Unterhaltsansprüche, soweit sie i.S.d. §§ 850 ff. ZPO unpfändbar sind, sowie Forderungen aus Urheberrechten. Dasselbe gilt für Nießbrauchsrechte und persönliche Dienstbarkeiten, die gem. § 1059 BGB bzw. § 1092 Abs. 1 BGB nicht übertragbar sind. Schließlich sind auch Gesellschaftsanteile an einer OHG oder die persönlich haftender Gesellschafter einer KG zum Sondergut zu rechnen.

2 Nicht zum Sondergut gehören dagegen solche Rechte, die nicht ihrem Wesen nach, sondern nur kraft **Parteivereinbarung** unübertragbar sind.[1] Denn der Umfang des Sonderguts ist durch das Gesetz erschöpfend festgelegt, so dass eine entsprechende Anwendung auf andere Vermögensgegenstände nicht in Betracht kommt.

---

5 Palandt/*Brudermüller* § 1416 Rn. 3.
6 BGH FamRZ 1982, 356.
7 OLG Koblenz OLGR 2006, 960.
8 RGZ 129, 120; Klein Kap 2 Rn 2418.
9 BGH FamRZ 2006, 1030.
1 Palandt/*Brudermüller* § 1417 Rn. 3.

Gem. § 1417 Abs. 2 BGB verwaltet jeder Ehegatte sein Sondergut selbst. Er bleibt auch dessen **3** **Alleineigentümer.** Die Verwaltung erfolgt allerdings für **Rechnung des Gesamtguts,** so dass diesem auch die Nutzungen zufallen, soweit sie durch Rechtsgeschäft übertragbar sind. Ebenso wie die Nutzungen des Gesamtguts sind sie vorrangig für den Familienunterhalt zu verwenden. Wirtschaftlich ist das Sondergut also dem Gesamtgut zuzurechnen.

§ 1418   Vorbehaltsgut

(1) Vom Gesamtgut ist das Vorbehaltsgut ausgeschlossen.

(2) Vorbehaltsgut sind die Gegenstände,

1. die durch Ehevertrag zum Vorbehaltsgut eines Ehegatten erklärt sind,
2. die ein Ehegatte von Todes wegen erwirbt oder die ihm von einem Dritten unentgeltlich zugewendet werden, wenn der Erblasser durch letztwillige Verfügung, der Dritte bei der Zuwendung bestimmt hat, dass der Erwerb Vorbehaltsgut sein soll,
3. die ein Ehegatte auf Grund eines zu seinem Vorbehaltsgut gehörenden Rechts oder als Ersatz für die Zerstörung, Beschädigung oder Entziehung eines zum Vorbehaltsgut gehörenden Gegenstands oder durch ein Rechtsgeschäft erwirbt, das sich auf das Vorbehaltsgut bezieht.

(3) [1]Jeder Ehegatte verwaltet das Vorbehaltsgut selbstständig. [2]Er verwaltet es für eigene Rechnung.

(4) Gehören Vermögensgegenstände zum Vorbehaltsgut, so ist dies Dritten gegenüber nur nach Maßgabe des § 1412 wirksam.

A. Wesen des Vorbehaltsguts

Das Vorbehaltsgut steht im alleinigen Eigentum jeweils eines Ehegatten und wird gem. Abs. 3 von **1** ihm selbstständig und auf eigene Rechnung verwaltet. Er hat das alleinige **Verfügungsrecht** und auch das Recht, die **Nutzungen** allein zu ziehen. Nur hilfsweise stehen die Nutzungen auch für den Familienunterhalt zur Verfügung (§ 1420).

Wegen der Trennung des Vorbehaltsguts vom Gesamtgut und dem Vermögen des anderen Ehegat- **2** ten besteht insoweit zwischen den Eheleuten Gütertrennung.

B. Begründung des Vorbehaltsguts

Begründet werden kann Vorbehaltsgut auf dreierlei Weise: durch **3**

I. Ehevertrag (Abs. 2 Nr. 1)

Durch in der Form des § 1410 BGB geschlossenen Ehevertrag kann vereinbart werden, dass ein- **4** zelne Vermögensgegenstände nicht in das Gesamtgut fallen und damit Vorbehaltsgut werden. Diese Möglichkeit besteht auch für Inbegriffe von Vermögen, die nach gewissen Kriterien bestimmt sein können. So ist es möglich, das Vorbehaltsgut nach dem Erwerbsgrund zu bestimmen und zu regeln, dass zu ihm beispielsweise all das zählt, was ein Ehegatte dem anderen schenkt.[1]

---

1 KG OLGE 12, 310.

II. Bestimmung Dritter (Abs. 2 Nr. 2)

5 Vermögen kann dann Vorbehaltsgut eines Ehegatten werden, wenn dieser es von einem Dritten, sei es durch unentgeltliche Zuwendung, sei es durch letztwillige Verfügung, erhält. Voraussetzung ist nur, dass der Dritte bei der Zuwendung zum Ausdruck bringt, dass der zugewendete Gegenstand nicht in das Gesamtgut fallen soll.

III. Erwerb eines Ersatzstückes (Abs. 2 Nr. 3)

6 Dem Ehegatten soll die Möglichkeit verbleiben, sein Vorbehaltsgut ungeschmälert zu erhalten. Wird deshalb ein Teil des Vorbehaltsguts zerstört, beschädigt oder entzogen, fällt auch der aus der Entschädigungssumme – etwa der Versicherungsleistung – angeschaffte Ersatz in das Vorbehaltsgut. Dasselbe gilt für den Fall, dass aus Mitteln des Vorbehaltsguts Anschaffungen getätigt werden. Hierbei ist allerdings auch Voraussetzung, dass subjektiv die Absicht besteht, den angeschafften Gegenstand zum Vorbehaltsgut zu rechnen. Unter dieser Voraussetzung fällt schließlich auch dasjenige ins Vorbehaltsgut, was aus dessen Erträgen erworben wird.

IV. Wirkung gegenüber Dritten

7 Solange das Vorbehaltsgut nicht als solches im Güterrechtsregister eingetragen ist, können hierauf Dritten gegenüber keine Einwendungen gestützt werden (§§ 1418 Abs. 4, 1412 BGB). Deshalb und aus Gründen der Beweissicherung sollten die zum Vorbehaltsgut erklärten Gegenstände listenmäßig erfasst und die Listen zum Bestandteil des Ehevertrages gemacht werden.[2]

§ 1419   Gesamthandsgemeinschaft

(1) Ein Ehegatte kann nicht über seinen Anteil am Gesamtgut und an den einzelnen Gegenständen verfügen, die zum Gesamtgut gehören; er ist nicht berechtigt, Teilung zu verlangen.

(2) Gegen eine Forderung, die zum Gesamtgut gehört, kann der Schuldner nur mit einer Forderung aufrechnen, deren Berichtigung er aus dem Gesamtgut verlangen kann.

§ 1420   Verwendung zum Unterhalt

Die Einkünfte, die in das Gesamtgut fallen, sind vor den Einkünften, die in das Vorbehaltsgut fallen, der Stamm des Gesamtguts ist vor dem Stamm des Vorbehaltsguts oder des Sonderguts für den Unterhalt der Familie zu verwenden.

A. Einleitung

1 Das Gesamtgut haftet für Verbindlichkeiten, die der verwaltungsberechtigte Ehegatte begründet hat (§ 1438 BGB), und ist gem. § 1420 BGB vorrangig für den **Familienunterhalt** zu verwenden. Dabei ist der Unterhaltsbedarf zunächst aus den in das Gesamtgut fallenden Einkünften, in zweiter Linie aus den in das Vorbehaltsgut fallenden Einkünften, dann aus dem Stamm des Gesamtguts und schließlich aus dem Stamm des Vorbehalts- oder Sondergutes zu decken. Damit korrespondiert das Recht des nicht verwaltenden Ehegatten, von dem anderen die Auszahlung eines angemessenen Unterhalts aus dem Gesamtgut verlangen zu können.[1]

---

2 *Bergschneider* Rn. 769.
1 OLG München FamRZ 1996, 166.

Die Norm gilt aber nicht nur für den Familienunterhalt nach § 1360, sondern gleichermaßen **2** auch für den Trennungsunterhalt nach § 1361.[2] Bei Bestehen eines Unterhaltsanspruchs von Verwandten bestimmt sich die Unterhaltspflicht im Übrigen so. als ob das Gesamtgut dem Unterhaltspflichtigen allein gehörte (§ 1604).

Da das Gesamtgut im Regelfall gemeinschaftlich verwaltet wird, kann der unterhaltspflichtige **3** Ehegatte den für den erforderlichen Unterhalt notwendigen Betrag nicht einfach dem Gesamtgut entnehmen. Er ist vielmehr auf die Mitwirkung des anderen Ehegatten angewiesen. Deshalb ist die Vorschrift des § 1361 BGB durch § 1420 BGB modifiziert. Das bedeutet, dass der Anspruch auf Zahlung eines Ehegattenunterhalts nach § 1361 BGB zwar unabhängig von dem zwischen den Eheleuten geltenden Güterstand besteht. Die Leistung des Unterhalts ist aber, weil er vorrangig dem Gesamtgut zu entnehmen ist, eine Maßnahme der Verwaltung. Deshalb kann der unterhaltsbedürftige Ehegatte auch bei gemeinsamer Verwaltung nicht Zahlung des Unterhalts, sondern nur Mitwirkung an den Maßnahmen erfordern, die zur Deckung seines Unterhaltsbedarfs erforderlich sind. Ein auf Zahlung gerichteter Unterhaltsantrag ist demgegenüber während des Bestehens der Gütergemeinschaft unzulässig.[3] Anderes gilt dagegen für die Zeit nach deren Beendigung.[4] Desgleichen geht auch der summarische Anspruch auf Unterhalt im Wege einstweiliger Anordnung nicht auf Zahlung einer Geldrente (§ 1361 Abs. 4 BGB), sondern auf Mitwirkung an einer Verwaltungsmaßnahme nach § 1451 BGB, die erforderlich ist, um den für angemessen gehaltenen Unterhalt zu bekommen.[5]

Die Mitwirkungshandlung stellt eine unvertretbare Handlung dar, weshalb der titulierte Anspruch **4** ggf. gem. §§ 95 FamFG, 888 ZPO durch Anordnung von Zwangsgeld oder auch Zwangshaft zu vollstrecken ist.[6]

B. Ehegattenunterhalt

Im Falle gemeinschaftlicher Verwaltung kann statt dessen nur verlangt werden, dass der Ehegatte **5** darin zustimmt, dass die klagende unterhaltsbedürftige Partei aus dem Gesamtgut einen im Einzelnen bezifferten rückständigen und laufenden Unterhalt erhält. Daraufhin hat der unterhaltsbedürftige Ehepartner sodann gegebenenfalls beim Familiengericht zu erwirken, dass der Unterhaltspflichtige mit dem Einbehalt eines bestimmten Betrages des Arbeitseinkommens und der Auszahlung an den anderen einverstanden ist, wobei die familiengerichtliche Entscheidung gem. § 1452 BGB die mangelnde Zustimmung des Ehegatten ersetzt.[7]

Das hat allerdings zur Folge, dass bis zu fünf Instanzen bemüht werden müssen, bevor ein Unter- **6** haltsanspruch realisiert werden kann. Aus diesem Grunde wird die Auffassung vertreten, dass es auch im Rahmen der gemeinschaftlichen Verwaltung innerhalb der Gütergemeinschaft möglich sein müsse, von dem Ehepartner unmittelbar Zahlung zu verlangen.[8] Das mag zwar i.S.d. Praktikabilität wünschenswert sein, wird aber dem Umstand nicht gerecht, dass das Gesamtgut im Rahmen der Gütergemeinschaft beiden Ehegatten gemeinschaftlich gehört (§ 1419 BGB), weshalb es Streitigkeiten immer nur auf der Verwaltungsebene geben kann. Bedenkenswert erscheint allerdings, ob etwas anderes dann gilt, wenn die Ehegatten keinen Verbindlichkeiten ausgesetzt sind

---

2 BGH NJW 1990, 2253.
3 OLG Zweibrücken FamRZ 1998, 239.
4 OLG Oldenburg NJW-RR 2009, 1593.
5 OLG München FamRZ 1996, 557.
6 Vgl. auch *Weinreich* FuR 1999, 49, 51.
7 BayObLG FamRZ 1997, 422.
8 *Kleinle* FamRZ 1997, 1194.

und nur noch über ihre beiderseitigen Renten sowie ihr jeweiliges freies Wohnen in dem Haus verfügen, das sie einem ihrer Kinder übertragen haben.[9]

7 Welche Maßnahme im konkreten Fall beansprucht werden kann, hängt von den Umständen des Einzelfalles ab.[10] Befindet sich das Gesamtgut auf Konten, über die beide Ehegatten nur gemeinsam verfügen können, so würde der **Leistungsantrag** etwa lauten:

▶ den Antragsgegner zu verpflichten, darin einzuwilligen, dass der Antragsteller/die Antragsgegnerin dem Gesamtgut der Beteiligten für die Zeit ab … monatlich … Euro bis zum 3. Werktag eines jeden Monats sowie Unterhaltsrückstände in Höhe von … Euro entnimmt.

8 Hat der Unterhaltsschuldner die für den Unterhalt maßgeblichen Teile des Gesamtgutes dagegen in seine ausschließliche Verfügungsmacht gebracht, könnte etwa beantragt werden:

▶ zu bewirken, dass der Antragsteller/die Antragstellerin für die Zeit ab … aus dem Gesamtgut der Parteien monatlich … Euro jeweils bis zum 3. Werktag eines jeden Monats erhält.

III.) Kindesunterhalt

9 Auch der Anspruch auf Leistung von Kindesunterhalt richtet sich vorrangig gegen das Gesamtgut. Da für Gesamtgutsverbindlichkeiten nach § 1459 Abs. 2 BGB beide Elternteile auch persönlich haften, ergibt sich hier ein Widerspruch zu § 1606 Abs. 3 Satz 1 BGB, nach dem beide Eltern nur jeweils anteilig, also nicht gesamtschuldnerisch haften, und zu § 1603 Abs. 3 S. 2 BGB, demzufolge der betreuende Elternteil seinen Beitrag bereits durch Erziehung und Pflege des Kindes leistet. Besteht mithin zwischen den unterhaltspflichtigen Ehegatten Gütergemeinschaft, so haftet letztlich auch der betreuende Elternteil – in Abweichung von den genannten unterhaltsrechtlichen Normen – gesamtschuldnerisch auf den gesamten Barunterhalt.

§ 1421   Verwaltung des Gesamtguts

[1]**Die Ehegatten sollen in dem Ehevertrag, durch den sie die Gütergemeinschaft vereinbaren, bestimmen, ob das Gesamtgut von dem Mann oder der Frau oder von ihnen gemeinschaftlich verwaltet wird.** [2]**Enthält der Ehevertrag keine Bestimmung hierüber, so verwalten die Ehegatten das Gesamtgut gemeinschaftlich.**

1 Das Gesamtgut wird von beiden Ehegatten gemeinschaftlich verwaltet, solange nicht im Ehevertrag, der der Form des § 1410 entsprechen muss, etwas anderes bestimmt ist (§ 1421 BGB).[1] Hat trotz der Vereinbarung gemeinsamer Verwaltung nur einer der Ehegatten die Verwaltung tatsächlich ausgeübt und der andere dies sehenden Auges hingenommen, so kann dies als stillschweigend erteilte Vollmacht angesehen werden.[2]

2 Die Verwaltung des Gesamtgutes durch nur einen Ehegatten wird in den §§ 1422–1499, die durch beide Ehegatten in den §§ 1450–1470 geregelt.

---

9 So: OLG Düsseldorf FamRZ 1999, 1348; Klein Kap. 2 Rn. 2440.
10 Zur Berechnung des Ehegattenunterhaltsanspruchs vgl. OLG Oldenburg FamRZ 2010, 213.
1 OLG München FamRZ 2011, 1058.
2 OLG Stuttgart FamRZ 2009, 974.

Unterkapitel 2 Verwaltung des Gesamtguts durch den Mann oder die Frau

§ 1422 Inhalt des Verwaltungsrechts

[1]Der Ehegatte, der das Gesamtgut verwaltet, ist insbesondere berechtigt, die zum Gesamtgut gehörenden Sachen in Besitz zu nehmen und über das Gesamtgut zu verfügen; er führt Rechtsstreitigkeiten, die sich auf das Gesamtgut beziehen, im eigenen Namen. [2]Der andere Ehegatte wird durch die Verwaltungshandlungen nicht persönlich verpflichtet.

§ 1423 Verfügung über das Gesamtgut im Ganzen

[1]Der Ehegatte, der das Gesamtgut verwaltet, kann sich nur mit Einwilligung des anderen Ehegatten verpflichten, über das Gesamtgut im Ganzen zu verfügen. [2]Hat er sich ohne Zustimmung des anderen Ehegatten verpflichtet, so kann er die Verpflichtung nur erfüllen, wenn der andere Ehegatte einwilligt.

§ 1424 Verfügung über Grundstücke, Schiffe oder Schiffsbauwerke

[1]Der Ehegatte, der das Gesamtgut verwaltet, kann nur mit Einwilligung des anderen Ehegatten über ein zum Gesamtgut gehörendes Grundstück verfügen; er kann sich zu einer solchen Verfügung auch nur mit Einwilligung seines Ehegatten verpflichten. [2]Dasselbe gilt, wenn ein eingetragenes Schiff oder Schiffsbauwerk zum Gesamtgut gehört.

§ 1425 Schenkungen

(1) [1]Der Ehegatte, der das Gesamtgut verwaltet, kann nur mit Einwilligung des anderen Ehegatten Gegenstände aus dem Gesamtgut verschenken; hat er ohne Zustimmung des anderen Ehegatten versprochen, Gegenstände aus dem Gesamtgut zu verschenken, so kann er dieses Versprechen nur erfüllen, wenn der andere Ehegatte einwilligt. [2]Das Gleiche gilt von einem Schenkungsversprechen, das sich nicht auf das Gesamtgut bezieht.

(2) Ausgenommen sind Schenkungen, durch die einer sittlichen Pflicht oder einer auf den Anstand zu nehmenden Rücksicht entsprochen wird.

§ 1426 Ersetzung der Zustimmung des anderen Ehegatten

Ist ein Rechtsgeschäft, das nach den §§ 1423, 1424 nur mit Einwilligung des anderen Ehegatten vorgenommen werden kann, zur ordnungsmäßigen Verwaltung des Gesamtguts erforderlich, so kann das Familiengericht auf Antrag die Zustimmung des anderen Ehegatten ersetzen, wenn dieser sie ohne ausreichenden Grund verweigert oder durch Krankheit oder Abwesenheit an der Abgabe einer Erklärung verhindert und mit dem Aufschub Gefahr verbunden ist.

§ 1427 Rechtsfolgen fehlender Einwilligung

(1) Nimmt der Ehegatte, der das Gesamtgut verwaltet, ein Rechtsgeschäft ohne die erforderliche Einwilligung des anderen Ehegatten vor, so gelten die Vorschriften des § 1366 Abs. 1, 3, 4 und des § 1367 entsprechend.

(2) [1]Einen Vertrag kann der Dritte bis zur Genehmigung widerrufen. [2]Hat er gewusst, dass der Ehegatte in Gütergemeinschaft lebt, so kann er nur widerrufen, wenn dieser wahrheitswidrig behauptet hat, der andere Ehegatte habe eingewilligt; er kann auch in diesem Falle nicht widerrufen, wenn ihm beim Abschluss des Vertrags bekannt war, dass der andere Ehegatte nicht eingewilligt hatte.

§ 1428   Verfügungen ohne Zustimmung

Verfügt der Ehegatte, der das Gesamtgut verwaltet, ohne die erforderliche Zustimmung des anderen Ehegatten über ein zum Gesamtgut gehörendes Recht, so kann dieser das Recht gegen Dritte gerichtlich geltend machen; der Ehegatte, der das Gesamtgut verwaltet, braucht hierzu nicht mitzuwirken.

§ 1429   Notverwaltungsrecht

[1]Ist der Ehegatte, der das Gesamtgut verwaltet, durch Krankheit oder durch Abwesenheit verhindert, ein Rechtsgeschäft vorzunehmen, das sich auf das Gesamtgut bezieht, so kann der andere Ehegatte das Rechtsgeschäft vornehmen, wenn mit dem Aufschub Gefahr verbunden ist; er kann hierbei im eigenen Namen oder im Namen des verwaltenden Ehegatten handeln. [2]Das Gleiche gilt für die Führung eines Rechtsstreits, der sich auf das Gesamtgut bezieht.

§ 1430   Ersetzung der Zustimmung des Verwalters

Verweigert der Ehegatte, der das Gesamtgut verwaltet, ohne ausreichenden Grund die Zustimmung zu einem Rechtsgeschäft, das der andere Ehegatte zur ordnungsmäßigen Besorgung seiner persönlichen Angelegenheiten vornehmen muss, aber ohne diese Zustimmung nicht mit Wirkung für das Gesamtgut vornehmen kann, so kann das Familiengericht die Zustimmung auf Antrag ersetzen.

§ 1431   Selbstständiges Erwerbsgeschäft

(1) [1]Hat der Ehegatte, der das Gesamtgut verwaltet, darin eingewilligt, dass der andere Ehegatte selbstständig ein Erwerbsgeschäft betreibt, so ist seine Zustimmung zu solchen Rechtsgeschäften und Rechtsstreitigkeiten nicht erforderlich, die der Geschäftsbetrieb mit sich bringt. [2]Einseitige Rechtsgeschäfte, die sich auf das Erwerbsgeschäft beziehen, sind dem Ehegatten gegenüber vorzunehmen, der das Erwerbsgeschäft betreibt.

(2) Weiß der Ehegatte, der das Gesamtgut verwaltet, dass der andere Ehegatte ein Erwerbsgeschäft betreibt, und hat er hiergegen keinen Einspruch eingelegt, so steht dies einer Einwilligung gleich.

(3) Dritten gegenüber ist ein Einspruch und der Widerruf der Einwilligung nur nach Maßgabe des § 1412 wirksam.

§ 1432   Annahme einer Erbschaft; Ablehnung von Vertragsantrag oder Schenkung

(1) [1]Ist dem Ehegatten, der das Gesamtgut nicht verwaltet, eine Erbschaft oder ein Vermächtnis angefallen, so ist nur er berechtigt, die Erbschaft oder das Vermächtnis anzunehmen oder auszu-

schlagen; die Zustimmung des anderen Ehegatten ist nicht erforderlich. [2]Das Gleiche gilt von dem Verzicht auf den Pflichtteil oder auf den Ausgleich eines Zugewinns sowie von der Ablehnung eines Vertragsantrags oder einer Schenkung.

(2) Der Ehegatte, der das Gesamtgut nicht verwaltet, kann ein Inventar über eine ihm angefallene Erbschaft ohne Zustimmung des anderen Ehegatten errichten.

§ 1433 Fortsetzung eines Rechtsstreits

Der Ehegatte, der das Gesamtgut nicht verwaltet, kann ohne Zustimmung des anderen Ehegatten einen Rechtsstreit fortsetzen, der beim Eintritt der Gütergemeinschaft anhängig war.

§ 1434 Ungerechtfertigte Bereicherung des Gesamtguts

Wird durch ein Rechtsgeschäft, das ein Ehegatte ohne die erforderliche Zustimmung des anderen Ehegatten vornimmt, das Gesamtgut bereichert, so ist die Bereicherung nach den Vorschriften über die ungerechtfertigte Bereicherung aus dem Gesamtgut herauszugeben.

§ 1435 Pflichten des Verwalters

[1]Der Ehegatte hat das Gesamtgut ordnungsmäßig zu verwalten. [2]Er hat den anderen Ehegatten über die Verwaltung zu unterrichten und ihm auf Verlangen über den Stand der Verwaltung Auskunft zu erteilen. [3]Mindert sich das Gesamtgut, so muss er zu dem Gesamtgut Ersatz leisten, wenn er den Verlust verschuldet oder durch ein Rechtsgeschäft herbeigeführt hat, das er ohne die erforderliche Zustimmung des anderen Ehegatten vorgenommen hat.

§ 1436 Verwalter unter Vormundschaft oder Betreuung

[1]Steht der Ehegatte, der das Gesamtgut verwaltet, unter Vormundschaft oder fällt die Verwaltung des Gesamtguts in den Aufgabenkreis seines Betreuers, so hat ihn der Vormund oder Betreuer in den Rechten und Pflichten zu vertreten, die sich aus der Verwaltung des Gesamtguts ergeben. [2]Dies gilt auch dann, wenn der andere Ehegatte zum Vormund oder Betreuer bestellt ist.

§ 1437 Gesamtgutsverbindlichkeiten; persönliche Haftung

(1) Aus dem Gesamtgut können die Gläubiger des Ehegatten, der das Gesamtgut verwaltet, und, soweit sich aus den §§ 1438 bis 1440 nichts anderes ergibt, auch die Gläubiger des anderen Ehegatten Befriedigung verlangen (Gesamtgutsverbindlichkeiten).

(2) [1]Der Ehegatte, der das Gesamtgut verwaltet, haftet für die Verbindlichkeiten des anderen Ehegatten, die Gesamtgutsverbindlichkeiten sind, auch persönlich als Gesamtschuldner. [2]Die Haftung erlischt mit der Beendigung der Gütergemeinschaft, wenn die Verbindlichkeiten im Verhältnis der Ehegatten zueinander dem anderen Ehegatten zur Last fallen.

§ 1438   Haftung des Gesamtguts

(1) Das Gesamtgut haftet für eine Verbindlichkeit aus einem Rechtsgeschäft, das während der Gütergemeinschaft vorgenommen wird, nur dann, wenn der Ehegatte, der das Gesamtgut verwaltet, das Rechtsgeschäft vornimmt oder wenn er ihm zustimmt oder wenn das Rechtsgeschäft ohne seine Zustimmung für das Gesamtgut wirksam ist.

(2) Für die Kosten eines Rechtsstreits haftet das Gesamtgut auch dann, wenn das Urteil dem Gesamtgut gegenüber nicht wirksam ist.

1   Das Gesamtgut haftet für alle Verbindlichkeiten aus den während der Gütergemeinschaft vorgenommenen Rechtsgeschäften, wenn sie durch den das Gesamtgut allein verwaltenden Ehegatten vorgenommen worden sind oder wenn der Verwalter oder der Ehegatte ihnen zugestimmt hat oder wenn sie gem. § 1438 Abs. 1 BGB ohne seine Zustimmung wirksam sind (§ 1438 BGB für den Fall der Alleinverwaltung und § 1460 BGB für den Fall der gemeinschaftlichen Verwaltung).

2   Nach §§ 1437 Abs. 2, 1459 Abs. 2 BGB haftet der das Gesamtgut verwaltende Ehegatte bzw. der Ehegatte auch persönlich, also auch mit seinem Sonder- und Vorbehaltsgut, gesamtschuldnerisch neben dem Gesamtgut für solche Verbindlichkeiten des anderen Ehegatten, die Gesamtgutsverbindlichkeiten sind. Hierzu zählen beispielsweise auch – wie dargestellt – Unterhaltsschulden. Soweit diese Verbindlichkeiten allerdings in der Person nur eines Ehegatten entstanden sind, fallen sie im **Innenverhältnis** diesem allein zur Last (§§ 1441, 1463 BGB), wobei der daraus resultierende Ausgleichsanspruch erst nach der Beendigung der Gütergemeinschaft fällig wird (§§ 1446, 1468 BGB). Haftet das Gesamtgut und soll die Vollstreckung betrieben werden, so ist gegen den Ehegatten, der die Schuld begründet hat, ein Leistungstitel erforderlich sowie gegen den anderen ein Titel auf Duldung der Zwangsvollstreckung.[1]

§ 1439   Keine Haftung bei Erwerb einer Erbschaft

Das Gesamtgut haftet nicht für Verbindlichkeiten, die durch den Erwerb einer Erbschaft entstehen, wenn der Ehegatte, der Erbe ist, das Gesamtgut nicht verwaltet und die Erbschaft während der Gütergemeinschaft als Vorbehaltsgut oder als Sondergut erwirbt; das Gleiche gilt beim Erwerb eines Vermächtnisses.

§ 1440   Haftung für Vorbehalts- oder Sondergut

[1]Das Gesamtgut haftet nicht für eine Verbindlichkeit, die während der Gütergemeinschaft infolge eines zum Vorbehaltsgut oder Sondergut gehörenden Rechts oder des Besitzes einer dazu gehörenden Sache in der Person des Ehegatten entsteht, der das Gesamtgut nicht verwaltet. [2]Das Gesamtgut haftet jedoch, wenn das Recht oder die Sache zu einem Erwerbsgeschäft gehört, das der Ehegatte mit Einwilligung des anderen Ehegatten selbstständig betreibt, oder wenn die Verbindlichkeit zu den Lasten des Sonderguts gehört, die aus den Einkünften beglichen zu werden pflegen.

---

1 AG Menden FamRZ 2006, 1471.

§ 1441 Haftung im Innenverhältnis

Im Verhältnis der Ehegatten zueinander fallen folgende Gesamtgutsverbindlichkeiten dem Ehegatten zur Last, in dessen Person sie entstehen:

1. die Verbindlichkeiten aus einer unerlaubten Handlung, die er nach Eintritt der Gütergemeinschaft begeht, oder aus einem Strafverfahren, das wegen einer solchen Handlung gegen ihn gerichtet wird;
2. die Verbindlichkeiten aus einem sich auf sein Vorbehaltsgut oder sein Sondergut beziehenden Rechtsverhältnis, auch wenn sie vor Eintritt der Gütergemeinschaft oder vor der Zeit entstanden sind, zu der das Gut Vorbehaltsgut oder Sondergut geworden ist;
3. die Kosten eines Rechtsstreits über eine der in den Nummern 1 und 2 bezeichneten Verbindlichkeiten.

§ 1442 Verbindlichkeiten des Sonderguts und eines Erwerbsgeschäfts

¹Die Vorschrift des § 1441 Nr. 2, 3 gilt nicht, wenn die Verbindlichkeiten zu den Lasten des Sonderguts gehören, die aus den Einkünften beglichen zu werden pflegen. ²Die Vorschrift gilt auch dann nicht, wenn die Verbindlichkeiten durch den Betrieb eines für Rechnung des Gesamtguts geführten Erwerbsgeschäfts oder infolge eines zu einem solchen Erwerbsgeschäft gehörenden Rechts oder des Besitzes einer dazu gehörenden Sache entstehen.

§ 1443 Prozesskosten

(1) Im Verhältnis der Ehegatten zueinander fallen die Kosten eines Rechtsstreits, den die Ehegatten miteinander führen, dem Ehegatten zur Last, der sie nach allgemeinen Vorschriften zu tragen hat.

(2) ¹Führt der Ehegatte, der das Gesamtgut nicht verwaltet, einen Rechtsstreit mit einem Dritten, so fallen die Kosten des Rechtsstreits im Verhältnis der Ehegatten zueinander diesem Ehegatten zur Last. ²Die Kosten fallen jedoch dem Gesamtgut zur Last, wenn das Urteil dem Gesamtgut gegenüber wirksam ist oder wenn der Rechtsstreit eine persönliche Angelegenheit oder eine Gesamtgutsverbindlichkeit des Ehegatten betrifft und die Aufwendung der Kosten den Umständen nach geboten ist; § 1441 Nr. 3 und § 1442 bleiben unberührt.

§ 1444 Kosten der Ausstattung eines Kindes

(1) Verspricht oder gewährt der Ehegatte, der das Gesamtgut verwaltet, einem gemeinschaftlichen Kind aus dem Gesamtgut eine Ausstattung, so fällt ihm im Verhältnis der Ehegatten zueinander die Ausstattung zur Last, soweit sie das Maß übersteigt, das dem Gesamtgut entspricht.

(2) Verspricht oder gewährt der Ehegatte, der das Gesamtgut verwaltet, einem nicht gemeinschaftlichen Kind eine Ausstattung aus dem Gesamtgut, so fällt sie im Verhältnis der Ehegatten zueinander dem Vater oder der Mutter zur Last; für den Ehegatten, der das Gesamtgut nicht verwaltet, gilt dies jedoch nur insoweit, als er zustimmt oder die Ausstattung nicht das Maß übersteigt, das dem Gesamtgut entspricht.

§ 1445   Ausgleichung zwischen Vorbehalts-, Sonder- und Gesamtgut

(1) Verwendet der Ehegatte, der das Gesamtgut verwaltet, Gesamtgut in sein Vorbehaltsgut oder in sein Sondergut, so hat er den Wert des Verwendeten zum Gesamtgut zu ersetzen.

(2) Verwendet er Vorbehaltsgut oder Sondergut in das Gesamtgut, so kann er Ersatz aus dem Gesamtgut verlangen.

§ 1446   Fälligkeit des Ausgleichsanspruchs

(1) Was der Ehegatte, der das Gesamtgut verwaltet, zum Gesamtgut schuldet, braucht er erst nach der Beendigung der Gütergemeinschaft zu leisten; was er aus dem Gesamtgut zu fordern hat, kann er erst nach der Beendigung der Gütergemeinschaft fordern.

(2) Was der Ehegatte, der das Gesamtgut nicht verwaltet, zum Gesamtgut oder was er zum Vorbehaltsgut oder Sondergut des anderen Ehegatten schuldet, braucht er erst nach der Beendigung der Gütergemeinschaft zu leisten; er hat die Schuld jedoch schon vorher zu berichtigen, soweit sein Vorbehaltsgut und sein Sondergut hierzu ausreichen.

§ 1447   Aufhebungsklage des nicht verwaltenden Ehegatten

Der Ehegatte, der das Gesamtgut nicht verwaltet, kann auf Aufhebung der Gütergemeinschaft klagen,

1. wenn seine Rechte für die Zukunft dadurch erheblich gefährdet werden können, dass der andere Ehegatte zur Verwaltung des Gesamtguts unfähig ist oder sein Recht, das Gesamtgut zu verwalten, missbraucht,
2. wenn der andere Ehegatte seine Verpflichtung, zum Familienunterhalt beizutragen, verletzt hat und für die Zukunft eine erhebliche Gefährdung des Unterhalts zu besorgen ist,
3. wenn das Gesamtgut durch Verbindlichkeiten, die in der Person des anderen Ehegatten entstanden sind, in solchem Maße überschuldet ist, dass ein späterer Erwerb des Ehegatten, der das Gesamtgut nicht verwaltet, erheblich gefährdet wird,
4. wenn die Verwaltung des Gesamtguts in den Aufgabenkreis des Betreuers des anderen Ehegatten fällt.

§ 1448   Aufhebungsklage des Verwalters

Der Ehegatte, der das Gesamtgut verwaltet, kann auf Aufhebung der Gütergemeinschaft klagen, wenn das Gesamtgut infolge von Verbindlichkeiten des anderen Ehegatten, die diesem im Verhältnis der Ehegatten zueinander zur Last fallen, in solchem Maße überschuldet ist, dass ein späterer Erwerb erheblich gefährdet wird.

§ 1449   Wirkung der richterlichen Aufhebungsentscheidung

(1) Mit der Rechtskraft der richterlichen Entscheidung ist die Gütergemeinschaft aufgehoben; für die Zukunft gilt Gütertrennung.

(2) Dritten gegenüber ist die Aufhebung der Gütergemeinschaft nur nach Maßgabe des § 1412 wirksam.

Verwaltung des Gesamtguts durch einen Ehegatten (§§ 1422 – 1499) 1

Das Gesamtgut wird von beiden Ehegatten gemeinschaftlich verwaltet, solange nicht im Ehevertrag etwas anderes bestimmt ist (§ 1421).

A. Umfang der Verwalterbefugnisse

Ist ein Ehegatte allein zur Verwaltung berechtigt, so kann er grundsätzlich auch allein über das 2
Gesamtgut verfügen. Rechtsstreitigkeiten führt er als Prozessstandschafter im eigenen Namen, kann allerdings nur das Gesamtgut, nicht auch den anderen Ehegatten persönlich verpflichten (§ 1422). Sofern eine Prozesshandlung allerdings, wie ein Prozessvergleich, ein Verzicht oder ein Anerkenntnis zugleich ein Rechtsgeschäft beinhaltet, das unter die §§ 1423–1425 fällt, ist die Zustimmung des anderen Ehegatten erforderlich.[1]

In Passivprozessen, die sich auf das Gesamtgut beziehen, ist der Verwalter persönlich zu verklagen, 3
wobei das gegen ihn ergehende Urteil die Vollstreckung in das Gesamtgut ermöglicht. Auch für die Vollstreckung in das Gesamtgut bedarf es nur eines gegen den verwaltenden Ehegatten gerichteten Titels.[2]

B. Rechte und Pflichten des Verwalters

Der Verwalter ist gem. § 1422 zur umfassenden Verwaltung des Gesamtgutes berechtigt, aber auch 4
verpflichtet. Dabei trifft ihn nach § 1435 die Pflicht zur ordnungsgemäßen Verwaltung, zur Erhaltung und Mehrung des Wertes des Gesamtgutes und zur Erteilung von Auskünften dem nicht verwalteten Ehegatten gegenüber. Dieser Anspruch besteht aber nur untereinander, nicht auch gegen Dritte, so dass etwa der nicht verwaltete Ehegatte von der Bank selbst dann keine Auskunft über den Stand eines zum Gesamtgut gehörenden Kontos verlangen kann, wenn er es selbst eröffnet hat.[3] Mindert sich der Wert des Gesamtgutes durch unerlaubte einseitige Maßnahmen (§§ 1423–1425) oder durch schuldhaftes Handeln des Verwalters, so begründet dieses Verhalten seine Verpflichtung, Schadensersatz zu leisten (§ 1435 Satz 3). Wegen des Verschuldensmaßstabes gilt allerdings die Haftungserleichterung nach § 1359.

Der Verwalter ist insbesondere berechtigt, das Gesamtgut allein in Besitz zu nehmen. Das Besitz- 5
recht ist allerdings nicht schrankenlos und steht unter dem Vorbehalt der Anforderungen nach § 1353.[4] Das heißt, dass all diejenigen Gegenstände dem Alleinbesitz des Verwalters entzogen sind, die dem gemeinsamen Gebrauch gewidmet sind, wie die Ehewohnung oder der Hausrat. Insoweit besteht nach herrschender Meinung Mitbesitz beider Ehegatten.[5] Für die Vollstreckung in das Gesamtgut bedarf es eines Titels nur gegen den verwaltenden Ehegatten.[6]

C. Schutz des nicht verwaltenden Ehegatten

I. Allgemeines

Dem Schutz des nicht verwaltenden Ehegatten dienen die Vorschriften der §§ 1427, 1428, die 6
Regelungen für den Fall der Überschreitung der Verwalterbefugnisse beinhalten und im Übrigen der bereits zitierte § 1435 Satz 3, der den Verwalter gegebenenfalls zur Leistung von Schadensersatz verpflichtet.

---

1 Staudinger/*Thiele* § 1422 Rn. 27.
2 OLG Zweibrücken FamRZ 2009, 1910.
3 LG Kleve FamRZ 2006, 275.
4 Staudinger/*Thiele* § 1422 Rn. 13.
5 Staudinger/*Thiele* § 1422 Rn. 14.
6 OLG Zweibrücken FamRZ 2009, 1910.

II. Zustimmungspflichtige Verfügungen

7   Verwehrt ist dem Verwalter die Alleinverfügung über das Gesamtgut im ganzen (§ 1423), wozu er der Einwilligung des anderen Ehegatten bedarf. Das »**Gesamtgut im Ganzen**« ist ähnlich wie der Begriff des »Vermögens im Ganzen« zu verstehen, wie er in § 1365 für die Zugewinngemeinschaft verwendet wird. Über das Gesamtgut im Ganzen wird deshalb nicht verfügt, wenn – je nach wirtschaftlichen Verhältnissen – nach der Verfügung noch zwischen 10–15% des Gesamtguts verbleiben.[7]

8   Der Zustimmung des nicht verwaltenden Ehegatten bedürfen darüber hinaus stets auch Verfügungen über zum Gesamtgut zählende **Grundstücke** (§ 1424) oder **Schenkungen** aus dem Gesamtgut (§ 1425), wobei hiervon Schenkungen ausgenommen sind, durch die einer sittlichen Pflicht oder einer auf den Anstand zu nehmenden Rücksicht entsprochen wird (§ 1425 Abs. 2).

III. Ersetzung der Zustimmung des nicht verwaltenden Ehegatten (§ 1426)

9   Ist ein zustimmungsbedürftiges Rechtsgeschäft zur ordnungsgemäßen Verwaltung erforderlich und verweigert der nicht verwaltende Ehegatte seine Zustimmung hierzu ohne ausreichenden Grund oder weil er durch Krankheit oder Abwesenheit an der Abgabe der Zustimmungserklärung gehindert ist, so kann diese ggf. auf Antrag des Verwalters durch das Familiengericht ersetzt werden, wenn mit dem Aufschub Gefahr verbunden wäre (§ 1426). Das wäre beispielsweise dann der Fall, wenn ein Anspruch zu verjähren droht oder wenn das Unterbleiben eines Rechtsgeschäftes die Verpflichtung auslösen würde, Schadensersatz wegen Nichterfüllung zu leisten.[8]

IV. Ersetzung der Zustimmung des verwaltenden Ehegatten

10   Dem nicht verwaltenden Ehegatten steht das Recht zu, im Falle der Verhinderung des anderen auf das Gesamtgut bezogene Rechtsgeschäfte vorzunehmen, wenn mit deren Aufschub Gefahr verbunden wäre (§ 1429). Dieses »Notverwaltungsrecht« ermächtigt zur Verwaltung im Sinne einer gesetzlichen Stellvertretung. Nach § 1430 kann die Zustimmung des Verwalters zu solchen Rechtsgeschäften durch das Familiengericht ersetzt werden, die der nicht verwaltende Ehegatte zur ordnungsgemäßen Besorgung persönlicher Angelegenheiten vornehmen muss, ohne die Zustimmung des Verwalters aber nicht vornehmen kann. Hierzu rechnen beispielsweise die Vorbereitung und Erledigung von Ehesachen[9] oder die Durchsetzung von Unterhaltsansprüchen gegen den Verwalter oder Dritte.[10]

V. Rechtsgeschäfte ohne Zustimmung des Verwalters (§§ 1431 – 1433)

11   Nach § 1431 ist weiter die Zustimmung des Verwalters zu solchen Rechtsgeschäften und Rechtsstreitigkeiten nicht erforderlich, die der Geschäftsbetrieb des nicht verwaltenden Ehegatten mit sich bringt, wenn der Verwalter darin eingewilligt hat, dass der andere Ehegatte dieses Erwerbsgeschäft betreibt. Schließlich ist der nicht verwaltende Ehegatte ohne Zustimmung des Verwalters berechtigt, eine Erbschaft oder ein Vermächtnis anzunehmen oder auszuschlagen, auf den Pflichtteil oder den Ausgleich des Zugewinns zu verzichten und einen Vertragsantrag oder eine Schenkung abzulehnen (§ 1432) sowie einen Rechtsstreit fortzuführen, der beim Eintritt der Gütergemeinschaft bereits anhängig war (§ 1433).

---

7   Vgl. BGH NJW 1991, 1739.
8   Staudinger/ *Thiele* § 1426 Rn. 18.
9   KG JW 1934, 908.
10   Staudinger/ *Thiele* § 1430 Rn. 8.

Unterkapitel 3   Gemeinschaftliche Verwaltung des Gesamtguts durch die Ehegatten

§ 1450   Gemeinschaftliche Verwaltung durch die Ehegatten

(1) ¹Wird das Gesamtgut von den Ehegatten gemeinschaftlich verwaltet, so sind die Ehegatten insbesondere nur gemeinschaftlich berechtigt, über das Gesamtgut zu verfügen und Rechtsstreitigkeiten zu führen, die sich auf das Gesamtgut beziehen. ²Der Besitz an den zum Gesamtgut gehörenden Sachen gebührt den Ehegatten gemeinschaftlich.

(2) Ist eine Willenserklärung den Ehegatten gegenüber abzugeben, so genügt die Abgabe gegenüber einem Ehegatten.

§ 1451   Mitwirkungspflicht beider Ehegatten

Jeder Ehegatte ist dem anderen gegenüber verpflichtet, zu Maßregeln mitzuwirken, die zur ordnungsmäßigen Verwaltung des Gesamtguts erforderlich sind.

§ 1452   Ersetzung der Zustimmung

(1) Ist zur ordnungsmäßigen Verwaltung des Gesamtguts die Vornahme eines Rechtsgeschäfts oder die Führung eines Rechtsstreits erforderlich, so kann das Familiengericht auf Antrag eines Ehegatten die Zustimmung des anderen Ehegatten ersetzen, wenn dieser sie ohne ausreichenden Grund verweigert.

(2) Die Vorschrift des Absatzes 1 gilt auch, wenn zur ordnungsmäßigen Besorgung der persönlichen Angelegenheiten eines Ehegatten ein Rechtsgeschäft erforderlich ist, das der Ehegatte mit Wirkung für das Gesamtgut nicht ohne Zustimmung des anderen Ehegatten vornehmen kann.

§ 1453   Verfügung ohne Einwilligung

(1) Verfügt ein Ehegatte ohne die erforderliche Einwilligung des anderen Ehegatten über das Gesamtgut, so gelten die Vorschriften des § 1366 Abs. 1, 3, 4 und des § 1367 entsprechend.

(2) ¹Einen Vertrag kann der Dritte bis zur Genehmigung widerrufen. ²Hat er gewusst, dass der Ehegatte in Gütergemeinschaft lebt, so kann er nur widerrufen, wenn dieser wahrheitswidrig behauptet hat, der andere Ehegatte habe eingewilligt; er kann auch in diesem Falle nicht widerrufen, wenn ihm beim Abschluss des Vertrags bekannt war, dass der andere Ehegatte nicht eingewilligt hatte.

§ 1454   Notverwaltungsrecht

¹Ist ein Ehegatte durch Krankheit oder Abwesenheit verhindert, bei einem Rechtsgeschäft mitzuwirken, das sich auf das Gesamtgut bezieht, so kann der andere Ehegatte das Rechtsgeschäft vornehmen, wenn mit dem Aufschub Gefahr verbunden ist; er kann hierbei im eigenen Namen oder im Namen beider Ehegatten handeln. ²Das Gleiche gilt für die Führung eines Rechtsstreits, der sich auf das Gesamtgut bezieht.

§ 1455   Verwaltungshandlungen ohne Mitwirkung des anderen Ehegatten

Jeder Ehegatte kann ohne Mitwirkung des anderen Ehegatten

1. eine ihm angefallene Erbschaft oder ein ihm angefallenes Vermächtnis annehmen oder ausschlagen,
2. auf seinen Pflichtteil oder auf den Ausgleich eines Zugewinns verzichten,
3. ein Inventar über eine ihm oder dem anderen Ehegatten angefallene Erbschaft errichten, es sei denn, dass die dem anderen Ehegatten angefallene Erbschaft zu dessen Vorbehaltsgut oder Sondergut gehört,
4. einen ihm gemachten Vertragsantrag oder eine ihm gemachte Schenkung ablehnen,
5. ein sich auf das Gesamtgut beziehendes Rechtsgeschäft gegenüber dem anderen Ehegatten vornehmen,
6. ein zum Gesamtgut gehörendes Recht gegen den anderen Ehegatten gerichtlich geltend machen,
7. einen Rechtsstreit fortsetzen, der beim Eintritt der Gütergemeinschaft anhängig war,
8. ein zum Gesamtgut gehörendes Recht gegen einen Dritten gerichtlich geltend machen, wenn der andere Ehegatte ohne die erforderliche Zustimmung über das Recht verfügt hat,
9. ein Widerspruchsrecht gegenüber einer Zwangsvollstreckung in das Gesamtgut gerichtlich geltend machen,
10. die zur Erhaltung des Gesamtguts notwendigen Maßnahmen treffen, wenn mit dem Aufschub Gefahr verbunden ist.

§ 1456   Selbstständiges Erwerbsgeschäft

(1) [1]Hat ein Ehegatte darin eingewilligt, dass der andere Ehegatte selbstständig ein Erwerbsgeschäft betreibt, so ist seine Zustimmung zu solchen Rechtsgeschäften und Rechtsstreitigkeiten nicht erforderlich, die der Geschäftsbetrieb mit sich bringt. [2]Einseitige Rechtsgeschäfte, die sich auf das Erwerbsgeschäft beziehen, sind dem Ehegatten gegenüber vorzunehmen, der das Erwerbsgeschäft betreibt.

(2) Weiß ein Ehegatte, dass der andere ein Erwerbsgeschäft betreibt, und hat er hiergegen keinen Einspruch eingelegt, so steht dies einer Einwilligung gleich.

(3) Dritten gegenüber ist ein Einspruch und der Widerruf der Einwilligung nur nach Maßgabe des § 1412 wirksam.

§ 1457   Ungerechtfertigte Bereicherung des Gesamtguts

Wird durch ein Rechtsgeschäft, das ein Ehegatte ohne die erforderliche Zustimmung des anderen Ehegatten vornimmt, das Gesamtgut bereichert, so ist die Bereicherung nach den Vorschriften über die ungerechtfertigte Bereicherung aus dem Gesamtgut herauszugeben.

§ 1458   Vormundschaft über einen Ehegatten

Solange ein Ehegatte unter elterlicher Sorge oder unter Vormundschaft steht, verwaltet der andere Ehegatte das Gesamtgut allein; die Vorschriften der §§ 1422 bis 1449 sind anzuwenden.

§ 1459 Gesamtgutsverbindlichkeiten; persönliche Haftung

(1) Die Gläubiger des Mannes und die Gläubiger der Frau können, soweit sich aus den §§ 1460 bis 1462 nichts anderes ergibt, aus dem Gesamtgut Befriedigung verlangen (Gesamtgutsverbindlichkeiten).

(2) [1]Für die Gesamtgutsverbindlichkeiten haften die Ehegatten auch persönlich als Gesamtschuldner. [2]Fallen die Verbindlichkeiten im Verhältnis der Ehegatten zueinander einem der Ehegatten zur Last, so erlischt die Verbindlichkeit des anderen Ehegatten mit der Beendigung der Gütergemeinschaft.

§ 1460 Haftung des Gesamtguts

(1) Das Gesamtgut haftet für eine Verbindlichkeit aus einem Rechtsgeschäft, das ein Ehegatte während der Gütergemeinschaft vornimmt, nur dann, wenn der andere Ehegatte dem Rechtsgeschäft zustimmt oder wenn das Rechtsgeschäft ohne seine Zustimmung für das Gesamtgut wirksam ist.

(2) Für die Kosten eines Rechtsstreits haftet das Gesamtgut auch dann, wenn das Urteil dem Gesamtgut gegenüber nicht wirksam ist.

§ 1461 Keine Haftung bei Erwerb einer Erbschaft

Das Gesamtgut haftet nicht für Verbindlichkeiten eines Ehegatten, die durch den Erwerb einer Erbschaft oder eines Vermächtnisses entstehen, wenn der Ehegatte die Erbschaft oder das Vermächtnis während der Gütergemeinschaft als Vorbehaltsgut oder als Sondergut erwirbt.

§ 1462 Haftung für Vorbehalts- oder Sondergut

[1]Das Gesamtgut haftet nicht für eine Verbindlichkeit eines Ehegatten, die während der Gütergemeinschaft infolge eines zum Vorbehaltsgut oder zum Sondergut gehörenden Rechts oder des Besitzes einer dazu gehörenden Sache entsteht. [2]Das Gesamtgut haftet jedoch, wenn das Recht oder die Sache zu einem Erwerbsgeschäft gehört, das ein Ehegatte mit Einwilligung des anderen Ehegatten selbstständig betreibt, oder wenn die Verbindlichkeit zu den Lasten des Sonderguts gehört, die aus den Einkünften beglichen zu werden pflegen.

§ 1463 Haftung im Innenverhältnis

Im Verhältnis der Ehegatten zueinander fallen folgende Gesamtgutsverbindlichkeiten dem Ehegatten zur Last, in dessen Person sie entstehen:

1. die Verbindlichkeiten aus einer unerlaubten Handlung, die er nach Eintritt der Gütergemeinschaft begeht, oder aus einem Strafverfahren, das wegen einer solchen Handlung gegen ihn gerichtet wird,
2. die Verbindlichkeiten aus einem sich auf sein Vorbehaltsgut oder sein Sondergut beziehenden Rechtsverhältnis, auch wenn sie vor Eintritt der Gütergemeinschaft oder vor der Zeit entstanden sind, zu der das Gut Vorbehaltsgut oder Sondergut geworden ist,
3. die Kosten eines Rechtsstreits über eine der in den Nummern 1 und 2 bezeichneten Verbindlichkeiten.

§ 1464   Verbindlichkeiten des Sonderguts und eines Erwerbsgeschäfts

[1]Die Vorschrift des § 1463 Nr. 2, 3 gilt nicht, wenn die Verbindlichkeiten zu den Lasten des Sonderguts gehören, die aus den Einkünften beglichen zu werden pflegen. [2]Die Vorschrift gilt auch dann nicht, wenn die Verbindlichkeiten durch den Betrieb eines für Rechnung des Gesamtguts geführten Erwerbsgeschäfts oder infolge eines zu einem solchen Erwerbsgeschäft gehörenden Rechts oder des Besitzes einer dazu gehörenden Sache entstehen.

§ 1465   Prozesskosten

(1) Im Verhältnis der Ehegatten zueinander fallen die Kosten eines Rechtsstreits, den die Ehegatten miteinander führen, dem Ehegatten zur Last, der sie nach allgemeinen Vorschriften zu tragen hat.

(2) [1]Führt ein Ehegatte einen Rechtsstreit mit einem Dritten, so fallen die Kosten des Rechtsstreits im Verhältnis der Ehegatten zueinander dem Ehegatten zur Last, der den Rechtsstreit führt. [2]Die Kosten fallen jedoch dem Gesamtgut zur Last, wenn das Urteil dem Gesamtgut gegenüber wirksam ist oder wenn der Rechtsstreit eine persönliche Angelegenheit oder eine Gesamtgutsverbindlichkeit des Ehegatten betrifft und die Aufwendung der Kosten den Umständen nach geboten ist; § 1463 Nr. 3 und § 1464 bleiben unberührt.

§ 1466   Kosten der Ausstattung eines nicht gemeinschaftlichen Kindes

Im Verhältnis der Ehegatten zueinander fallen die Kosten der Ausstattung eines nicht gemeinschaftlichen Kindes dem Vater oder der Mutter des Kindes zur Last.

§ 1467   Ausgleichung zwischen Vorbehalts-, Sonder- und Gesamtgut

(1) Verwendet ein Ehegatte Gesamtgut in sein Vorbehaltsgut oder in sein Sondergut, so hat er den Wert des Verwendeten zum Gesamtgut zu ersetzen.

(2) Verwendet ein Ehegatte Vorbehaltsgut oder Sondergut in das Gesamtgut, so kann er Ersatz aus dem Gesamtgut verlangen.

§ 1468   Fälligkeit des Ausgleichsanspruchs

Was ein Ehegatte zum Gesamtgut oder was er zum Vorbehaltsgut oder Sondergut des anderen Ehegatten schuldet, braucht er erst nach Beendigung der Gütergemeinschaft zu leisten; soweit jedoch das Vorbehaltsgut und das Sondergut des Schuldners ausreichen, hat er die Schuld schon vorher zu berichtigen.

§ 1469   Aufhebungsklage

Jeder Ehegatte kann auf Aufhebung der Gütergemeinschaft klagen,

1. wenn seine Rechte für die Zukunft dadurch erheblich gefährdet werden können, dass der andere Ehegatte ohne seine Mitwirkung Verwaltungshandlungen vornimmt, die nur gemeinschaftlich vorgenommen werden dürfen,

2. wenn der andere Ehegatte sich ohne ausreichenden Grund beharrlich weigert, zur ordnungs-mäßigen Verwaltung des Gesamtguts mitzuwirken,

3. wenn der andere Ehegatte seine Verpflichtung, zum Familienunterhalt beizutragen, verletzt hat und für die Zukunft eine erhebliche Gefährdung des Unterhalts zu besorgen ist,

4. wenn das Gesamtgut durch Verbindlichkeiten, die in der Person des anderen Ehegatten ent-standen sind und diesem im Verhältnis der Ehegatten zueinander zur Last fallen, in solchem Maße überschuldet ist, dass sein späterer Erwerb erheblich gefährdet wird,

5. wenn die Wahrnehmung eines Rechts des anderen Ehegatten, das sich aus der Gütergemein-schaft ergibt, vom Aufgabenkreis eines Betreuers erfasst wird.

§ 1470 Wirkung der richterlichen Aufhebungsentscheidung

(1) Mit der Rechtskraft der richterlichen Entscheidung ist die Gütergemeinschaft aufgehoben; für die Zukunft gilt Gütertrennung.

(2) Dritten gegenüber ist die Aufhebung der Gütergemeinschaft nur nach Maßgabe des § 1412 wirksam.

A. Gemeinschaftliche Verwaltung des Gesamtguts durch die Ehegatten (§§ 1450–1470 BGB)

Sofern die Eheleute das Gesamtgut gemeinsam verwalten, müssen alle Verfügungen gemeinsam 1 getroffen werden. Dieses Erfordernis kann nur durch gegenseitige Bevollmächtigungen aufgelo-ckert werden. Einseitig vorgenommene Verfügungen sind schwebend unwirksam (§§ 1453 Abs. 1, 1366 BGB). Hat allerdings ein Ehegatte Verwaltungsmaßnahmen des anderen sehenden Auges hingenommen, kann hierin möglicherweise eine stillschweigend erklärte Vollmacht gesehen wer-den.[1] Für die Entgegennahme von Willenserklärungen reicht es nach § 1450 Abs. 2 BGB im Übri-gen aus, dass diese nur einem Ehegatten gegenüber abgegeben worden sind.

Der Besitz an den zum Gesamtgut gehörenden Sachen gebührt beiden Ehegatten gemeinschaftlich 2 (§ 1450 Abs. 1 Satz 2 BGB). Deshalb bedarf es auch eines Titels gegen beide Eheleute, soll in das gemeinsam verwaltete Gesamtgut vollstreckt werden. Der Titel muss sich nicht zwingend aus nur einer Urkunde ergeben.[2]

Nur für die Entgegennahme Willenserklärungen reicht es nach § 1450 Abs. 2 aus, dass diese nur 3 einem der Ehegatten gegenüber abgegeben wird.

B. Ersetzung der Zustimmung des anderen Ehegatten

Streiten die Eheleute über Verwaltungsmaßnahmen und kann die für eine Verfügung erforderliche 4 Gemeinsamkeit nicht hergestellt werden, so kann die zu treffende Entscheidung gegebenenfalls durch das Familiengericht ersetzt werden (§ 1452 BGB). Die Voraussetzung hierfür ist dann gege-

---

1 OLG Stuttgart FamRZ 2009, 974.
2 OLG Zweibrücken FamRZ 2009, 1910.

ben, wenn ein Ehegatte seine Mitwirkung ohne ausreichenden Grund verweigert, obwohl im Rahmen ordnungsgemäßer Verwaltung des Gesamtgutes ein Rechtsgeschäft vorzunehmen oder ein Rechtsstreit zu führen ist. Hierzu zählen auch Streitigkeiten um den Trennungsunterhaltsanspruch eines Ehegatten.[3]

5   Wegen der mit der gemeinschaftlichen Verwaltung verbundenen Probleme, die allenfalls durch das Notverwaltungsrecht nach §§ 1454, 1455 Nr. 10 BGB und die in § 1455 BGB für bestimmte Einzelfälle kodifizierte Alleinzuständigkeit eines Ehegatten ein wenig gelockert werden, behilft sich die Praxis häufig mit der wechselseitigen Erteilung umfassender Vollmachten, die, da Streit über das Formerfordernis besteht, am günstigsten mit in den Ehevertrag aufgenommen werden und etwa folgenden Inhalt haben können:[4]

»**Das Gesamtgut verwalten die Ehegatten gemeinschaftlich. Jeder Ehegatte erteilt dem anderen hiermit die widerrufliche Vollmacht, ihn bei der Verwaltung des Gesamtgutes zu vertreten und dabei bezüglich des Gesamtgutes auch Verpflichtungen einzugehen und Verfügungen zu treffen. Jeder Ehegatte befreit den anderen hiermit insoweit von den Beschränkungen des § 181 BGB. Zur Eingehung von Grundstücksgeschäften und unentgeltlichen Veräußerungen ist keiner der Ehegatten allein berechtigt. Widerruft einer der Ehegatten diese Vollmacht, so wird auch die ihm erteilte Vollmacht unwirksam.**«

C. Verwaltungshandlungen ohne Mitwirkung des anderen

I. Notverwaltungsrecht

6   In Ausnahmefällen kann auch bei gemeinschaftlicher Verwaltung ein Ehegatte allein tätig werden. Das gilt zum einen für das »Notverwaltungsrecht« im Falle der Verhinderung des anderen (§ 1454 BGB), durch das ein Alleinhandeln zulässig ist, wenn mit dem Aufschub Gefahr verbunden wäre.

II. Entbehrlichkeit der Mitwirkung in sonstigen Fällen

7   Im Übrigen begründet § 1455 BGB ein alleiniges Verwaltungsrecht im jeweils persönlichen Bereich der Ehegatten. Danach kann jeder Ehegatte etwa allein eine ihm angefallene Erbschaft oder ein ihm angefallenes Vermächtnis annehmen oder ausschlagen, auf seinen Pflichtteil oder den Zugewinnausgleich verzichten, einen ihm gemachten Vertragsantrag oder eine ihm gemachte Schenkung ablehnen, einen beim Eintritt der Gütergemeinschaft bereits anhängigen Rechtsstreit fortsetzen oder ein zum Gesamtgut gehörendes Recht gegen den anderen Ehegatten durchsetzen. Nach § 1455 Nr. 10 BGB kann er, wenn zum Gesamtgut Anteile der Ehegatten an einer GmbH gehören, allein berechtigt sein, in der Gesellschafterversammlung gefasste rechtswidrige Beschlüsse auch gegen den Willen des anderen Ehegatten gerichtlich anzufechten.[5] Dasselbe gilt für den Antrag auf Eintragung eines Amtswiderspruchs gegen die Umschreibung des Eigentums an einem zum Gesamtgut gehörenden Grundstück.[6] Nach § 1456 BGB ist die Zustimmung des anderen Ehegatten für solche Rechtsgeschäfte und Rechtsstreitigkeiten entbehrlich, die der Betrieb eines mit Zustimmung des anderen selbstständig betriebenen Erwerbsgeschäfts mit sich bringt. Nach § 1458 BGB darf ein Ehegatte das Gesamtgut schließlich dann allein verwalten, wenn und solange der andere unter elterlicher Sorge oder Vormundschaft steht. Die Norm ist aber nicht anwendbar, wenn für den Ehegatten ein Betreuer bestellt ist.[7]

---

3   BGH FamRZ 1991, 468; BayObLG FamRZ 2001, 1214.
4   Vgl. *Bergschneider* Rn. 789, 790.
5   OLG Saarbrücken FPR 2002, 189.
6   OLG München FamRZ 2011, 1058.
7   BayObLG RPfleger 2005, 140.

Unterkapitel 4   Auseinandersetzung des Gesamtguts

§ 1471   Beginn der Auseinandersetzung

(1) Nach der Beendigung der Gütergemeinschaft setzen sich die Ehegatten über das Gesamtgut auseinander.

(2) Bis zur Auseinandersetzung gilt für das Gesamtgut die Vorschrift des § 1419.

§ 1472   Gemeinschaftliche Verwaltung des Gesamtguts

(1) Bis zur Auseinandersetzung verwalten die Ehegatten das Gesamtgut gemeinschaftlich.

(2) ^{1}Jeder Ehegatte darf das Gesamtgut in derselben Weise wie vor der Beendigung der Gütergemeinschaft verwalten, bis er von der Beendigung Kenntnis erlangt oder sie kennen muss. ^{2}Ein Dritter kann sich hierauf nicht berufen, wenn er bei der Vornahme eines Rechtsgeschäfts weiß oder wissen muss, dass die Gütergemeinschaft beendet ist.

(3) Jeder Ehegatte ist dem anderen gegenüber verpflichtet, zu Maßregeln mitzuwirken, die zur ordnungsmäßigen Verwaltung des Gesamtguts erforderlich sind; die zur Erhaltung notwendigen Maßregeln kann jeder Ehegatte allein treffen.

(4) ^{1}Endet die Gütergemeinschaft durch den Tod eines Ehegatten, so hat der überlebende Ehegatte die Geschäfte, die zur ordnungsmäßigen Verwaltung erforderlich sind und nicht ohne Gefahr aufgeschoben werden können, so lange zu führen, bis der Erbe anderweit Fürsorge treffen kann. ^{2}Diese Verpflichtung besteht nicht, wenn der verstorbene Ehegatte das Gesamtgut allein verwaltet hat.

§ 1473   Unmittelbare Ersetzung

(1) Was auf Grund eines zum Gesamtgut gehörenden Rechts oder als Ersatz für die Zerstörung, Beschädigung oder Entziehung eines zum Gesamtgut gehörenden Gegenstands oder durch ein Rechtsgeschäft erworben wird, das sich auf das Gesamtgut bezieht, wird Gesamtgut.

(2) Gehört eine Forderung, die durch Rechtsgeschäft erworben ist, zum Gesamtgut, so braucht der Schuldner dies erst dann gegen sich gelten zu lassen, wenn er erfährt, dass die Forderung zum Gesamtgut gehört; die Vorschriften der §§ 406 bis 408 sind entsprechend anzuwenden.

§ 1474   Durchführung der Auseinandersetzung

Die Ehegatten setzen sich, soweit sie nichts anderes vereinbaren, nach den §§ 1475 bis 1481 auseinander.

§ 1475   Berichtigung der Gesamtgutsverbindlichkeiten

(1) ^{1}Die Ehegatten haben zunächst die Gesamtgutsverbindlichkeiten zu berichtigen. ^{2}Ist eine Verbindlichkeit noch nicht fällig oder ist sie streitig, so müssen die Ehegatten zurückbehalten, was zur Berichtigung dieser Verbindlichkeit erforderlich ist.

(2) Fällt eine Gesamtgutsverbindlichkeit im Verhältnis der Ehegatten zueinander einem der Ehegatten allein zur Last, so kann dieser nicht verlangen, dass die Verbindlichkeit aus dem Gesamtgut berichtigt wird.

(3) Das Gesamtgut ist in Geld umzusetzen, soweit dies erforderlich ist, um die Gesamtgutsverbindlichkeiten zu berichtigen.

§ 1476   Teilung des Überschusses

(1) Der Überschuss, der nach der Berichtigung der Gesamtgutsverbindlichkeiten verbleibt, gebührt den Ehegatten zu gleichen Teilen.

(2) [1]Was einer der Ehegatten zum Gesamtgut zu ersetzen hat, muss er sich auf seinen Teil anrechnen lassen. [2]Soweit er den Ersatz nicht auf diese Weise leistet, bleibt er dem anderen Ehegatten verpflichtet.

§ 1477   Durchführung der Teilung

(1) Der Überschuss wird nach den Vorschriften über die Gemeinschaft geteilt.

(2) [1]Jeder Ehegatte kann gegen Ersatz des Wertes die Sachen übernehmen, die ausschließlich zu seinem persönlichen Gebrauch bestimmt sind, insbesondere Kleider, Schmucksachen und Arbeitsgeräte. [2]Das Gleiche gilt für die Gegenstände, die ein Ehegatte in die Gütergemeinschaft eingebracht oder während der Gütergemeinschaft durch Erbfolge, durch Vermächtnis oder mit Rücksicht auf ein künftiges Erbrecht, durch Schenkung oder als Ausstattung erworben hat.

§ 1478   Auseinandersetzung nach Scheidung

(1) Ist die Ehe geschieden, bevor die Auseinandersetzung beendet ist, so ist auf Verlangen eines Ehegatten jedem von ihnen der Wert dessen zurückzuerstatten, was er in die Gütergemeinschaft eingebracht hat; reicht hierzu der Wert des Gesamtguts nicht aus, so ist der Fehlbetrag von den Ehegatten nach dem Verhältnis des Wertes des von ihnen Eingebrachten zu tragen.

(2) Als eingebracht sind anzusehen

1. die Gegenstände, die einem Ehegatten beim Eintritt der Gütergemeinschaft gehört haben,
2. die Gegenstände, die ein Ehegatte von Todes wegen oder mit Rücksicht auf ein künftiges Erbrecht, durch Schenkung oder als Ausstattung erworben hat, es sei denn, dass der Erwerb den Umständen nach zu den Einkünften zu rechnen war,
3. die Rechte, die mit dem Tod eines Ehegatten erlöschen oder deren Erwerb durch den Tod eines Ehegatten bedingt ist.

(3) Der Wert des Eingebrachten bestimmt sich nach der Zeit der Einbringung.

§ 1479   Auseinandersetzung nach richterlicher Aufhebungsentscheidung

Wird die Gütergemeinschaft auf Grund der §§ 1447, 1448 oder des § 1469 durch richterliche Entscheidung aufgehoben, so kann der Ehegatte, der die richterliche Entscheidung erwirkt hat, verlangen, dass die Auseinandersetzung so erfolgt, wie wenn der Anspruch auf Auseinandersetzung in dem Zeitpunkt rechtshängig geworden wäre, in dem die Klage auf Aufhebung der Gütergemeinschaft erhoben ist.

§ 1480 Haftung nach der Teilung gegenüber Dritten

[1]Wird das Gesamtgut geteilt, bevor eine Gesamtgutsverbindlichkeit berichtigt ist, so haftet dem Gläubiger auch der Ehegatte persönlich als Gesamtschuldner, für den zur Zeit der Teilung eine solche Haftung nicht besteht. [2]Seine Haftung beschränkt sich auf die ihm zugeteilten Gegenstände; die für die Haftung des Erben geltenden Vorschriften der §§ 1990, 1991 sind entsprechend anzuwenden.

§ 1481 Haftung der Ehegatten untereinander

(1) Wird das Gesamtgut geteilt, bevor eine Gesamtgutsverbindlichkeit berichtigt ist, die im Verhältnis der Ehegatten zueinander dem Gesamtgut zur Last fällt, so hat der Ehegatte, der das Gesamtgut während der Gütergemeinschaft allein verwaltet hat, dem anderen Ehegatten dafür einzustehen, dass dieser weder über die Hälfte der Verbindlichkeit noch über das aus dem Gesamtgut Erlangte hinaus in Anspruch genommen wird.

(2) Haben die Ehegatten das Gesamtgut während der Gütergemeinschaft gemeinschaftlich verwaltet, so hat jeder Ehegatte dem anderen dafür einzustehen, dass dieser von dem Gläubiger nicht über die Hälfte der Verbindlichkeit hinaus in Anspruch genommen wird.

(3) Fällt die Verbindlichkeit im Verhältnis der Ehegatten zueinander einem der Ehegatten zur Last, so hat dieser dem anderen dafür einzustehen, dass der andere Ehegatte von dem Gläubiger nicht in Anspruch genommen wird.

§ 1482 Eheauflösung durch Tod

[1]Wird die Ehe durch den Tod eines Ehegatten aufgelöst, so gehört der Anteil des verstorbenen Ehegatten am Gesamtgut zum Nachlass. [2]Der verstorbene Ehegatte wird nach den allgemeinen Vorschriften beerbt.

Beendigung der Gütergemeinschaft

A. Arten der Beendigung

Die Gütergemeinschaft kann dadurch beendet werden, dass die Eheleute einen neuen **Ehevertrag** 1 schließen. Wird in diesem außer der Aufhebung der Gütergemeinschaft über den gewollten Güterstand nichts vereinbart, so gilt zwischen den Eheleuten fortan **Gütertrennung** (§ 1414 Satz 1 BGB), nicht etwa der gesetzliche Güterstand der Zugewinngemeinschaft.

Darüber hinaus endet die Gütergemeinschaft mit der **Scheidung** oder durch den **Tod eines Ehe-** 2 **gatten**. Dabei ist allerdings zu beachten, dass die Gütergemeinschaft nach dem Tod eines Ehegatten mit den gemeinsamen Kindern fortgesetzt werden kann, wenn dies im Ehevertrag entsprechend vereinbart worden ist (§ 1483 BGB).

3 Schließlich kann jeder Ehegatte die Aufhebung der Gütergemeinschaft beantragen. Dass das Gesetz in den nachfolgend geschilderten Fällen noch von »Klagen« spricht, dürfte auf einem Versehen beruhen. Für den verwaltenden Ehegatten besteht diese Möglichkeit immer dann, wenn das Gesamtgut in Folge von Verbindlichkeiten des anderen, die diesem zur Last fallen, überschuldet ist (§ 1448 BGB). Im Falle **alleiniger Verwaltung** kann der nicht verwaltende Ehegatte gem. § 1447 BGB im Übrigen die Aufhebung der Gütergemeinschaft beanspruchen, wenn

1. seine Rechte für die Zukunft dadurch erheblich gefährdet werden können, dass der andere Ehegatte zur Verwaltung unfähig ist oder sein Verwaltungsrecht missbraucht (§ 1447 Nr. 1),
2. der andere Ehegatte seine Verpflichtung, zum Familienunterhalt beizutragen, verletzt hat und für die Zukunft eine erhebliche Gefährdung des Unterhalts zu besorgen ist (§ 1447 Nr. 2),
3. das Gesamtgut durch Verbindlichkeiten, die in der Person des anderen Ehegatten entstanden sind, in solchem Maße überschuldet ist, dass ein späterer Erwerb des Ehegatten, der das Gesamtgut nicht verwaltet, erheblich gefährdet wäre (§ 1447 Nr. 3),
4. die Verwaltung des Gesamtguts in den Aufgabenkreis des Betreuers des anderen Ehegatten fällt (§ 1447 Nr. 4).

4 Im Falle **gemeinsamer Verwaltung** kann jeder Ehegatte nach § 1469 BGB die Aufhebung der Gütergemeinschaft beantragen, wenn

1. seine Rechte für die Zukunft dadurch erheblich gefährdet werden können, dass der andere Ehegatte ohne seine Mitwirkung Verwaltungshandlungen vornimmt, die nur gemeinschaftlich vorgenommen werden dürfen (§ 1469 Nr. 1),
2. der andere Ehegatte sich ohne ausreichenden Grund beharrlich weigert, an der ordnungsgemäßen Verwaltung des Gesamtgutes mitzuwirken (§ 1469 Nr. 2),
3. der andere Ehegatte seine Verpflichtung, zum Familienunterhalt beizutragen, verletzt hat und für die Zukunft eine erhebliche Gefährdung des Unterhalts zu besorgen ist (§ 1469 Nr. 3),
4. das Gesamtgut durch Verbindlichkeiten, die in der Person des anderen Ehegatten entstanden sind und diesem im Verhältnis der Ehegatten zueinander zur Last fallen, in solchem Maße überschuldet ist, dass sein späterer Erwerb erheblich gefährdet wäre (§ 1469 Nr. 4),
5. die Wahrnehmung eines Rechtes des anderen Ehegatten, das sich aus der Gütergemeinschaft ergibt, vom Aufgabenkreis eines Betreuers erfasst wird (§ 1469 Nr. 5).

5 Mit der Rechtskraft des Aufhebungsbeschlusses ist die Gütergemeinschaft aufgehoben; für die Zukunft gilt zwischen den Eheleuten dann Gütertrennung (§ 1449 Abs. 1 BGB für die Alleinverwaltung, § 1470 Abs. 1 BGB für die gemeinschaftliche Verwaltung).

6 Hinsichtlich der Auseinandersetzung gehen die Vorschriften der §§ 1568a und b BGB über die Zuweisung der Ehewohnung und die Verteilung der Haushaltsgegenstände den Regeln der §§ 1474 ff. BGB vor.[1] Nur soweit sie nicht im Widerspruch zu diesen stehen, bleiben die Vorschriften über die Gütergemeinschaft anwendbar. So kann das Familiengericht zwar in das Eigentum am Hausrat eingreifen und die Benutzung der Ehewohnung regeln, während die Auseinandersetzung des Eigentums hieran aber nach den §§ 1474 ff. BGB erfolgt.[2]

---

1 Kappler FamRZ 2010, 1294; Klein Kap. 2 Rn. 2443.
2 Zur Auseinandersetzung vgl. grundlegend: OLG Koblenz FamRZ 2006, 40 ff. mit Anm. Bergschneider.

B. Auseinandersetzung

I. Sonder- und Vorbehaltsgut

Hinsichtlich des Sonder- und Vorbehaltsguts bedarf es einer besonderen Auseinandersetzung 7
nicht. Beides bleibt von der Auseinandersetzung unberührt und bei demjenigen, der auch bislang
Eigentümer war.

II. Gesamtgut

Jeder Ehegatte hat nach Beendigung der Gütergemeinschaft das Recht auf Auseinandersetzung 8
hinsichtlich des Gesamtguts. Die **Auseinandersetzung** erfolgt nach §§ 1471 ff. BGB. Da sie sich
über einen längeren Zeitraum erstrecken kann, dauert das aus § 1419 BGB folgende Gesamt-
handsverhältnis zunächst an. Aus der Gütergemeinschaft wird eine **Liquidationsgemeinschaft**
(§§ 1471 Abs. 2 Satz 2, 1419 BGB).[3] Während allerdings während des Bestehens der Gütergemeinschaft die Verwaltung durch nur einen Ehegatten möglich ist, verwalten die Ehegatten das
Gesamtgut bis zum Abschluss der Auseinandersetzung nunmehr zwingend gemeinschaftlich
(§ 1472 Abs. 1 BGB).

Um eine ordnungsgemäße Auseinandersetzung zu sichern, besteht nach § 1472 Abs. 3 BGB ein 9
Anspruch des einen Ehegatten auf **Mitwirkung** des anderen an solchen Maßnahmen, die zu einer
ordnungsgemäßen Verwaltung des Gesamtguts erforderlich sind. Diese Mitwirkung kann nicht
durch das Familiengericht ersetzt werden. Wird sie zu Unrecht verweigert, ist gegebenenfalls in
einem gesonderten Verfahren die Zustimmung zu der beabsichtigten Maßnahme zu beanspruchen, da gem. § 1472 Abs. 2 BGB ein unmittelbarer Anspruch auf die entsprechende Mitwirkung
an ihr besteht.[4] Zu derartigen, im Rahmen einer ordnungsgemäßen Verwaltung erforderlichen
Maßnahmen, zählt etwa die Zurverfügungstellung des notwendigen Unterhalts.

Über die Durchführung der Auseinandersetzung können die Eheleute sich vereinbaren, solange 10
durch diese Vereinbarung nicht in Rechte Dritter eingegriffen wird. Kommt es zu keiner derartigen **Vereinbarung**, erfolgt die Auseinandersetzung nach den Vorschriften der §§ 1447–1481 BGB.

Danach vollzieht sich die Auseinandersetzung in zwei Stufen. In der ersten Stufe sind die Gesamt- 11
gutsverbindlichkeiten zu berichtigen. In der zweiten Stufe wird ein nach Abschluss der ersten
eventuell noch vorhandener Überschuss verteilt, wobei hier die in Form des Übernahmerechts
und des Werterstattungsanspruchs bestehenden Vorschussrechte zu beachten sind.

Danach ist im Rahmen der Auseinandersetzung wie folgt vorzugehen: 12

– Es sind die Gesamtgutsverbindlichkeiten zu berichtigen (§ 1475).
– Besteht Streit über das Bestehen von Verbindlichkeiten, ist der die Verbindlichkeit bestreitende
  Ehegatte auf Mitwirkung an der Geltendmachung der Forderung in Anspruch zu nehmen.
– Es sind alle Forderungen zu Gunsten des Gesamtgutes ggf gerichtlich durchzusetzen.
– Erst danach ist ein Teilungsplan aufzustellen.[5]

1. Berichtigung der Gesamtgutsverbindlichkeiten

Gem § 1475 BGB sind vorab die **Gesamtgutsverbindlichkeiten** zu berichtigen. Zu den Gesamt- 13
gutsverbindlichkeiten zählen solche, derentwegen die Gläubiger Befriedigung aus dem Gesamtgut
verlangen können, die aber noch während des Bestehens der Gütergemeinschaft begründet worden sein müssen. Verbindlichkeiten, die erst im Zuge des Betriebes des Gesamtguts nach der
Beendigung der Gütergemeinschaft eingegangen werden, sind, sofern nicht der andere Ehegatte

---

3 BGH FamRZ 1985, 903.
4 OLG Frankfurt FamRZ 2006, 1678.
5 Zur Auseinandersetzung vgl OLG Oldenburg FamRZ 2011, 1059.

bei der Begründung der Schulden mitgewirkt oder ihr zugestimmt hat, von demjenigen allein zu tragen, der sie eingegangen ist.[6]

14   Soweit erforderlich, ist das Gesamtgut in Geld umzusetzen, um die Verbindlichkeiten zu begleichen (§ 1475 Abs. 3 BGB). Das geschieht bei beweglichen Sachen durch Verkauf. Kommt die hierfür erforderliche Einigung der Eheleute nicht zustande, so ist nach Gemeinschaftsrecht zu verfahren. Das heißt, dass das Gesamtgut nach §§ 753, 1233 ff. BGB gegebenenfalls entsprechend den Regeln über den Pfandverkauf öffentlich zu versteigern ist. Bei Immobilien findet, soweit eine Einigung über die Abwicklung nicht möglich ist, die Teilungsversteigerung nach § 180 Abs. 1 ZVG statt. Diese kann jeder Ehegatte beantragen, wobei dem anderen die Möglichkeit gegeben ist, dagegen – als Familiensache – im Wege der Drittwiderspruchsklage vorzugehen.[7]

15   Zulässig ist es auch, dass ein Ehegatte die Verbindlichkeiten als Alleinschuldner übernimmt und die Gläubiger den anderen aus der Haftung entlassen.[8] Sofern Forderungen noch nicht fällig oder streitig sind, sind entsprechende Rücklagen zu bilden, um auf diese Weise den späteren Ausgleich der Forderungen zu gewährleisten.

16   Jeder Ehegatte hat gegen den anderen einen Anspruch darauf, dass die Gesamtgutsverbindlichkeiten berichtigt werden, ehe es zu einer Aufteilung des Überschusses kommt.[9] Er kann deswegen auch die zur Teilung des Gesamtguts erforderlichen Willenserklärungen bis zur sachgemäßen Schuldenregulierung verweigern.[10] Auf diese Weise soll möglichst verhindert werden, dass einer der Ehegatten einem Gesamtgutgläubiger gem. §§ 1480, 1481 BGB persönlich haftet, was eintreten könnte, wenn es ohne Rücksicht auf noch bestehende Gesamtgutsverbindlichkeiten verteilt worden wäre.[11] Ist das Bestehen der Verbindlichkeiten zwischen den Eheleuten streitig, ist die Zustimmung des anderen Ehegatten zur Auszahlung in einem gesonderten Verfahren geltend zu machen.[12]

17   Im Rahmen einer ordnungsgemäßen Verwaltung kann darüber hinaus jeder Ehegatte von dem anderen verlangen, dass zunächst diejenigen Verbindlichkeiten ausgeglichen werden, an deren Berichtigung ein besonderes Interesse besteht, die also beispielsweise tituliert sind. Reicht im Übrigen das Gesamtgut nicht zur Berichtigung aller Gesamtgutsverbindlichkeiten aus, so können die Ehegatten die Gläubiger nach der Reihenfolge der Anmeldung befriedigen, ohne sich der Haftung nach § 1480 BGB auszusetzen.[13] Für die danach noch nicht getilgten Verbindlichkeiten haftet derjenige Ehegatte persönlich, in dessen Person die Verbindlichkeit begründet worden war, es sei denn, die Ehegatten haften bei gemeinsamer Verwaltung gem. § 1459 BGB gemeinschaftlich.

18   Würde die Berichtigung einer Gesamtgutsverbindlichkeit unterbleiben, so liefe der Gläubiger somit Gefahr, nach Beendigung der Gütergemeinschaft nur noch die Möglichkeit zu haben, auf den Ehegatten zugreifen zu können, in dessen Person die Schuld begründet worden ist. Die Möglichkeit des Zugriffs auf das Gesamtgut wäre ihm abgeschnitten. Die Möglichkeit des Zugriffs auf den anderen Ehegatten hätte er auch nicht, da dieser ihm auch im Falle der Alleinverwaltung nicht persönlich mit seinem Sonder- oder Vorbehaltsgut mitverpflichtet wird, was aus den §§ 1437–1449 BGB folgt. Selbst im Falle gemeinsamer Verwaltung haften die Ehegatten gem. §§ 1459–1462 BGB nicht für alle während der Gütergemeinschaft begründeten Verbindlichkeiten persönlich. Um diese somit gegebene **Gefährdung des Gesamtgutgläubigers** zu vermeiden, bestimmt § 1480 BGB, dass in jenen Fällen auch der jeweils andere Ehegatte persönlich haftet,

---

6   OLG München FamRZ 1996, 170.
7   BGH FamRZ 1985, 903.
8   BGH FamRZ 1986, 40.
9   BGH FamRZ 1986, 40, 41.
10 BGH FamRZ 1986, 40, 41.
11 BGH FamRZ 1985, 903.
12 OLG Oldenburg FamRZ 2011, 1059.
13 Staudinger/*Thiele* § 1475 Rn. 13.

allerdings begrenzt auf die ihm nach der Auseinandersetzung der Gütergemeinschaft zugeteilten Gegenstände. Beide Ehegatten haften dann nach außen als Gesamtschuldner, wobei § 1481 BGB die interne Haftung regelt.

2. Verteilung des Überschusses

Sind die Gesamtgutsverbindlichkeiten getilgt, ist der dann noch verbleibende **Überschuss** zu verteilen. Die Verteilung erfolgt gem. § 1477 Abs. 1 BGB nach Gemeinschaftsrecht, also vorrangig durch Teilung in Natur (§ 752 BGB). Dabei ist diese auf den einzelnen Vermögensgegenstand und nicht auf den Sachinbegriff des Gesamthandsvermögens bezogen, wie ihn das Gesamtgut der Gütergemeinschaft darstellt.[14] Daraus folgt, dass dann, wenn die Eheleute keine Einigung über die Überschussverteilung erzielen können, der Verkauf oder die Versteigerung erfolgen muss.   19

Von der Verteilung nach Gemeinschaftsrecht sind aber **Ausnahmen** vorgesehen. Die eine greift für bestimmte Gegenstände nach § 1477 Abs. 2 BGB, die andere nach § 1478 BGB für den Fall der Beendigung der Gütergemeinschaft durch Ehescheidung.   20

a) Übernahmerecht

Gem § 1477 Abs. 2 BGB kann jeder Ehegatte diejenigen Sachen entnehmen, die ausschließlich zu seinem **persönlichen Gebrauch** bestimmt sind. Hierzu zählen insbesondere **Kleidung, Schmucksachen** und **Arbeitsgerät**, aber auch in die Gütergemeinschaft **eingebrachte Gegenstände**. Dasselbe gilt auch für von einem Ehegatten allein genutzte Fahrzeuge oder Hobbygeräte. Herausverlangt werden können schließlich auch solche Gegenstände, die die Eheleute während des Bestehens der Gütergemeinschaft geerbt, per Vermächtnis oder mit Rücksicht auf ein späteres Erbrecht erworben, geschenkt oder als Ausstattung erhalten haben. Dabei ist der Begriff des Erwerbs mit Rücksicht auf ein künftiges Erbrecht weit zu fassen. Einem Übernahmerecht steht damit insbesondere nicht entgegen, dass der Erwerber etwa an seine auch erbberechtigten Geschwister Ausgleichszahlungen geleistet hat oder wenn der Nachlassgegenstand dem Ehegatten erst im Zuge einer Erbauseinandersetzung gegen entsprechende Ausgleichszahlungen zugefallen ist.[15] Dagegen besteht ein Übernahmerecht nicht für Surrogate, also etwa für Gegenstände, die mit eingebrachtem Geld bezahlt worden sind.   21

Das Übernahmerecht stellt ein **Gestaltungsrecht** dar, das durch formlose,[16] einseitige und empfangsbedürftige Willenserklärung auszuüben ist.[17] Es ist allerdings ausgeschlossen, wenn das Gesamtgut nicht ausreicht, um bestehende Verbindlichkeiten auszugleichen. Ist der Gegenstand einem Gesamtgutsgläubiger herauszugeben oder ist sein Wert für die Schuldentilgung mit heranzuziehen, so hat das Übernahmerecht hinter der Verpflichtung zur Berichtigung der Gesamtgutsverbindlichkeiten zurückzustehen.[18] Allerdings hat der übernahmeberechtigte Ehegatte die Möglichkeit, die Tilgung der Gesamtgutsverbindlichkeiten dadurch zu ersetzen, dass er sie allein übernimmt und dafür Sorge trägt, dass der andere Ehegatte aus der Haftung entlassen wird.[19]   22

Wird etwa die Teilungsversteigerung eines zum Gesamtgut zählenden Grundstücks betrieben, so kann das Übernahmerecht als ein der Versteigerung entgegenstehendes materielles Recht im Wege der Drittwiderspruchsklage nach § 771 ZPO geltend gemacht werden, obwohl die Teilungsversteigerung keine Vollstreckung und der klagende Ehegatte kein »Dritter« im Sinne dieser Norm ist.[20] Eine derartige Klage würde »Ansprüche aus dem ehelichen Güterrecht« betreffen (§§ 111 Nr. 8,   23

---

14 BGH FamRZ 1988, 813, 816.
15 BGH FamRZ 1998, 817.
16 OLG München FamRZ 1988, 1275.
17 BGH FamRZ 1982, 991, 992.
18 Palandt/*Brudermüller* § 1477 Rn. 3.
19 BGH FamRZ 1985, 903.
20 BGH FamRZ 1972, 363; 1984, 563; 1985, 903.

261 FamFG), da das der Durchführung der Teilungsversteigerung entgegengehaltene Recht materiell-rechtlich im ehelichen Güterrecht wurzelt, weshalb sie vor dem zuständigen Familiengericht zu erheben wäre.[21]

24 Der Begriff des **Gegenstandes** i.S.d. § 1477 Abs. 2 BGB ist weiter als der Sachbegriff des BGB. Zu ihm zählen auch Rechte, wie etwa Anrechte aus Lebensversicherungsverträgen. War ein Ehegatte bei Beginn der Gütergemeinschaft gar nur Inhaber eines schuldrechtlichen Anspruchs auf Übertragung des Eigentums an einem Grundstück und erhält er erst während des Bestehens der Gütergemeinschaft in Erfüllung dieses Anspruchs das Eigentum, so wird er bei Beendigung der Gütergemeinschaft so behandelt, als habe er das Eigentum selbst eingebracht.[22]

25 Die Übernahme erfolgt nicht ersatzlos, sondern nur gegen entsprechenden **Wertersatz**. Dabei bestimmt sich der Übernahmewert entweder nach dem von den Eheleuten vereinbarten Zeitpunkt, oder – falls eine Vereinbarung nicht zustandekommt – nach dem Zeitpunkt der Übernahme. Bei der Übernahme von Grundeigentum ist dies der Zeitpunkt der Eintragung des Eigentumswechsels in das Grundbuch.[23] Anders als im Falle der Beendigung des gesetzlichen Güterstandes ist der Zeitpunkt der Zustellung des Scheidungsantrages hier unmaßgeblich.[24] Der Wert ist gegebenenfalls durch einen Sachverständigen zu ermitteln, wobei für landwirtschaftlich genutzte Grundstücke die Privilegierung des § 1376 Abs. 4 BGB nicht gilt.[25] Soll der Betrieb fortgeführt werden, muss vielmehr der Liquidations- oder Sachwert unter Mitberücksichtigung der Ertragslage berichtigt werden.[26]

26 Der zu leistende Wertersatz muss nicht unbedingt durch **Einzahlung** erfolgen. Möglich ist es auch, eine Verrechnung mit dem Anteil des Ehegatten am Überschuss vorzunehmen, der sich nach Hinzurechnung des zu leistenden Wertersatzes ergibt.[27] Dieser ist zwar mit der Übernahme fällig, kann aber wegen der Möglichkeit der Verrechnung als Zahlungsanspruch erst nach der endgültigen Auseinandersetzung der Gütergemeinschaft geltend gemacht werden.[28] Ist nicht absehbar, ob der Wert des verbleibenden Auseinandersetzungsguthabens den Wert der übernommenen Sache erreicht, so kann der andere Ehegatte im Rahmen eines Zurückbehaltungsrechts Leistung einer Sicherheit bis zur Höhe des hälftigen Wertes der übernommenen Sache verlangen, da noch nicht feststeht, ob und in welchem Umfang Wertersatz nach § 1476 Abs. 2 Satz 1 zu leisten ist.[29]

b) Bereinigung von Vorzugsrechten

27 Im Falle der Beendigung der Gütergemeinschaft nach Scheidung der Ehe haben die Eheleute – als weitere Ausnahme von der Verteilung nach Gemeinschaftsrecht – die Möglichkeit, den Wert dessen zurückerstattet zu verlangen, was sie in die Gütergemeinschaft eingebracht haben (§ 1478 BGB). Das bedeutet, dass für die beteiligten Eheleute in diesem Fall ein **Wahlrecht** zwischen der Halbteilung nach §§ 1476, 1477 BGB und der **Teilung nach** § 1478 BGB besteht, wobei allerdings das **Übernahmerecht aus** § 1477 Abs. 2 BGB durch das Vorliegen eines Erstattungsanspruchs nicht ausgeschlossen wird. Beide Rechte können **nebeneinander** ausgeübt werden.[30]

28 Von der Möglichkeit des Wertersatzes wird vorwiegend derjenige Ehegatte Gebrauch machen, der mehr in die Gütergemeinschaft eingebracht hat.

---

21 BGH FamRZ 1985, 903.
22 OLG Stuttgart FamRZ 1996, 1474.
23 BGH FamRZ 2007, 625; 1986, 40, 41.
24 *Klüber* FPR 2001, 84, 86.
25 *Klüber* FPR 2001, 84, 86.
26 BGH FamRZ 1986, 776.
27 BGH FamRZ 1988, 926.
28 BGH FamRZ 2007, 625.
29 BGH FamRZ 2008, 1323.
30 BGHZ 84, 338; OLG Karlsruhe FamRZ 1982, 286, 288.

Ausgeübt wird das Wahlrecht durch eine formlose Erklärung gegenüber dem anderen Ehegatten 29
oder der die Auseinandersetzung vermittelnden Behörde. Es kann auch im Verbund mit dem
Scheidungsantrag erklärt werden.

§ 1478 BGB gibt allerdings kein Rückgaberecht, sondern nur das Recht auf Ersatz des Wertes ein- 30
gebrachter Sachen. Mit dieser Vorschrift wird der Grundsatz der Halbteilung aus Billigkeitsgründen modifiziert. Es soll vermieden werden, dass der Ehegatte, der nichts oder weniger als der
andere in die Ehe eingebracht und vielleicht sogar durch sein Verhalten zum Scheitern der Ehe
beigetragen hat, nunmehr auch noch seine Beteiligung an dem von dem anderen eingebrachten
Vermögen erzwingen kann.[31]

Was eingebracht ist, wird in § 1478 Abs. 2 BGB aufgezählt. Dazu zählen alle Gegenstände, die 31
dem Ehegatten beim Eintritt in den Güterstand gehört haben und die er von Todes wegen, mit
Rücksicht auf ein künftiges Erbrecht, durch Schenkung oder als Ausstattung erworben hat. Das-
selbe gilt für Rechte, die mit dem Tod eines Ehegatten erlöschen oder deren Erwerb durch den
Tod eines Ehegatten bedingt ist. Hierzu zählen beispielsweise Leibrenten, Nießbrauchsrechte oder
Lebensversicherungen, deren Fälligkeit der Versicherte erlebt. Haben die Eheleute bis zum Beginn
der Gütergemeinschaft im gesetzlichen Güterstand der Zugewinngemeinschaft gelebt, so hat der
Ehegatte, der nach deren Beendigung einen Zugewinnausgleichsanspruch gehabt hätte, diesen
Ausgleichsanspruch in die Gütergemeinschaft eingebracht[32] (§ 1478 Abs. 2 Nr. 1 BGB), sofern
nicht durch den Ehevertrag etwas anderes geregelt worden ist.

Im Unterschied zu § 1477 BGB, nach dem auf den **Wert zum Zeitpunkt der Übernahme** abzu- 32
stellen ist, bestimmt sich der Wert des Eingebrachten hier nach dem Zeitpunkt der Einbringung
(§ 1478 Abs. 3 BGB). Ausgeglichen werden lediglich inflationsbedingte **Kaufkraftverluste**, weshalb hier die gleiche Inflationsbereinigung wie bei der Ermittlung des Anfangsvermögens gem.
§ 1376 BGB stattzufinden hat.[33] Wertsteigerungen, Wertminderungen oder gar der Untergang der
eingebrachten Gegenstände sind im Übrigen ohne Bedeutung.[34] Keine entsprechende Anwendung
findet allerdings § 1376 Abs. 4 BGB, so dass eingebrachte landwirtschaftliche Betriebe nach dem
Verkehrswert, nicht nach dem Ertragswert zu berücksichtigen sind.[35]

Wählt einer der beteiligten Ehegatten den Weg der Auseinandersetzung nach § 1478 BGB und 33
reicht das vorhandene Gesamtgut nicht aus, den Erstattungsanspruch zu erfüllen, so ist es nach
dem Verhältnis des Wertes aufzuteilen, den die Eheleute in die Gütergemeinschaft eingebracht
haben. Daraus folgt, dass ein Ehegatte das Gesamtgut allein für sich beanspruchen kann, wenn
der Wert des von ihm eingebrachten den Wert des Gesamtgutes übersteigt und der andere nichts
eingebracht hat.

c) Teilung des Überschusses oder Verlustes

Sind die Schulden getilgt und Übernahmerechte ausgeübt, so ist das dann noch vorhandene 34
Gesamtgut nach Gemeinschaftsrecht aufzuteilen (§ 1477 BGB). Zur Teilungsmasse hinzuzurech-
nen ist dasjenige, was die Eheleute dem Gesamtgut schulden (§ 1476 Abs. 2 BGB). Dazu zählen
etwa Schadensersatzansprüche aus unerlaubter Handlung (§§ 1441 Nr. 1, 1463 Nr. 1 BGB),
Ansprüche wegen aus dem Gesamtgut bezahlter Verbindlichkeiten des Vorbehalts- oder Sonder-
guts (§§ 1441 Nr. 2, 1463 Nr. 2 BGB), Ansprüche auf Ausgleich von Verwendungen, die aus dem
Gesamtgut für Vorbehalts- oder Sondergut getroffen worden sind (§§ 1445 Abs. 1, 1467 Abs. 1
BGB), Kostenersatz wegen im Gesetz genannter Rechtsstreitigkeiten (§§ 1441 Nr. 3, 1443, 1463

---

31 Palandt/*Brudermüller* § 1478 Rn. 1.
32 BGH FamRZ 1990, 256.
33 BGHZ 84, 333.
34 *Klein* FuR 1995, 166, 170.
35 Staudinger/*Thiele* § 1478 Rn. 9.

Nr. 3 BGB), Ansprüche auf Ersatz von Ausstattungen (§§ 1444, 1446 BGB) und Ansprüche auf Schadensersatz wegen schuldhafter Minderung des Gesamtguts (§ 1435 Satz 3 BGB). Die Teilung des sich danach ergebenden Überschusses oder Verlustes erfolgt wiederum nach Gemeinschaftsrecht (§§ 1474, 1476 Abs. 1, 1477 Abs. 1, 752 ff. BGB), wobei die vorrangig vorgesehene Realteilung immer nur auf den einzelnen Vermögensgegenstand, nicht etwa des Sachinbegriff des Gesamthandsvermögens bezogen ist. Ist demnach eine Realteilung nicht möglich, so hat die Auseinandersetzung, falls es zu keiner Einigung zwischen den Parteien kommt, wiederum durch Teilungsversteigerung zu erfolgen. Entsprechendes gilt für vorhandene Verluste.

III. Auseinandersetzungsverfahren

1. Vermittlung durch das Amtsgericht

35 Bei der Durchführung der Auseinandersetzung der Gütergemeinschaft können beide Ehegatten die **Vermittlung des AG** beantragen. Auf die Auseinandersetzung des Gesamtguts finden gem. § 373 Abs. 1 FamFG die Vorschriften der §§ 363–372 FamFG, die sich über die Vermittlung der Auseinandersetzung des Nachlasses verhalten, analoge Anwendung. Danach hat das örtlich zuständige AG – gem. § 3 Nr. 2c RPflG dort der Rechtspfleger – Verhandlungstermin zu bestimmen und die Beteiligten hierzu zu laden. Kann die Auseinandersetzung stattfinden, so legt das Gericht einen **Auseinandersetzungsplan** vor, der zu beurkunden ist. Aus einem in Rechtskraft erwachsenen Auseinandersetzungsplan kann gem. § 371 FamFG auch die Zwangsvollstreckung betrieben werden.

2. Auseinandersetzungsantrag

36 Kommt es – auch durch Vermittlung des AG – nicht zu einer Vereinbarung über die Auseinandersetzung, so muss ein **Auseinandersetzungsantrag** gestellt werden. Insoweit hat jeder Ehegatte gegen den anderen aus § 1471 BGB nach Beendigung der Gütergemeinschaft einen Anspruch auf Auseinandersetzung des Gesamtguts. Zuständig für die Entscheidung über den Antrag ist das FamG, wobei es zulässig ist, den Auseinandersetzungsantrag im Verbund mit der Ehescheidung zu stellen.[36] Grundsätzlich gehen die Vorschriften des BGB zur Auflösung der Gütergemeinschaft allerdings vom Normalfall einer von den Parteien einvernehmlich zu treffenden Auseinandersetzungsvereinbarung aus. Der Auseinandersetzungsantrag stellt nur die ultima ratio für den Fall dar, dass eine gütliche Auseinandersetzung nicht zu erreichen ist.[37]

37 Der Antrag geht nicht auf Zahlung eines bestimmten Betrages, sondern auf **Zustimmung zu einem mit ihm vorzulegenden Auseinandersetzungsplan**.[38] Die fehlende Zustimmungserklärung zu diesem Plan wird sodann durch den rechtskräftigen Beschluss ersetzt. Der Antrag ist nur begründet, wenn der vorgelegte Plan – gegebenenfalls in Verbindung mit zuvor bereits getroffenen Teilvereinbarungen – den gesetzlichen Teilungsregeln der §§ 1475 ff. BGB entspricht. Das Gericht hat in diesem Verfahren keine Gestaltungsfreiheit und ist darauf beschränkt, dem Antrag stattzugeben oder ihn abzuweisen, weshalb in diesem Verfahren die Stellung von Hilfsanträgen von besonderer Bedeutung ist.[39] Abzuweisen ist der Antrag auch dann, wenn der Teilungsplan nicht alle Aktiva umfasst, wobei die meisten Auseinandersetzungsverfahren daran scheitern, dass noch nicht alle Verbindlichkeiten getilgt sind.[40] Sofern ein Ehegatte keine umfassende Kenntnis der Teilungsmasse hat, hat er gegen den anderen einen Auskunftsanspruch; die Verpflichtung zur Auskunftserteilung wird aus der Verpflichtung zur Mitwirkung an der ordnungsgemäßen Verwaltung

---

36 BGH FamRZ 1984, 254.
37 *Wittich,* Die Gütergemeinschaft, S. 63.
38 OLG Oldenburg FamRZ 2011, 1059.
39 BGH FamRZ 1988, 813; OLG Koblenz FamRZ 2006, 40; Klüber FPR 2001, 84, 90.
40 *Haussleiter-Schulz* § 2 Rn. 100; vgl auch OLG Oldenburg FamRZ 2011, 1059.

(§ 1472 Abs. 3 BGB) abgeleitet.[41] Der Auskunftsanspruch kann im Wege des Stufenantrages sogleich mit dem Teilungsantrag geltend gemacht werden.

Da das Gericht im Rahmen des Auseinandersetzungsverfahrens nicht gestaltend wirken und nur feststellen kann, ob der eingeklagte Teilungsplan den gesetzlichen Vorschriften entspricht, muss der Teilungsplan im Antrag Schritt für Schritt beschrieben werden. Er könnte beispielhaft folgendes Aussehen haben:[42] 38

Der Antragsgegner wird verpflichtet, dem nachfolgend aufgeführten Teilungsplan zur Auseinandersetzung der zwischen den Parteien bestehenden Gütergemeinschaft mit Wirkung ab Rechtskraft der Ehescheidung dem Grunde nach zuzustimmen:

(1) Die Antragstellerin übernimmt, bezogen auf den Zeitpunkt der Rechtskraft der Ehescheidung, gem. § 1477 BGB gegen Ersatz des Wertes das von ihr in die Gütergemeinschaft eingebrachte Hausgrundstück in …
(2) Aus dem Wert des Gesamtgutes ist der Antragstellerin der Wert des von ihr in die Gütergemeinschaft eingebrachten Hausgrundstückes zurückzuerstatten. Der Wert ist zu beziehen auf den Tag der Einbringung, erhöht um den vom Tag der Einbringung bis zur Rechtskraft der Ehescheidung zu berechnenden Inflationsausgleich nach der Formel »Wert des Eingebrachten x Lebenshaltungskostenindex zum Zeitpunkt der Rechtskraft des Scheidungsurteils: Lebenshaltungskostenindex zum Zeitpunkt der Einbringung unter Berücksichtigung der zu diesem Zeitpunkt bestehenden Belastungen«. Maßgebend ist der vom Statistischen Bundesamt veröffentlichte Verbraucherpreisindex für Deutschland Basis 2000 = 100
(3) Aus dem verbleibenden Gesamtgut werden die zum Zeitpunkt der Rechtskraft der Ehescheidung bestehenden Gesamtgutsverbindlichkeiten beglichen. Ein nach Befriedigung der Gesamtgutverbindlichkeiten verbleibender Erlös ist zwischen den Parteien hälftig aufzuteilen und ein etwa verbleibender Schuldbetrag ist hälftig auszugleichen.[43]

Wegen eines Gegenstandes, dessentwegen ein Übernahmerecht nach § 1477 Abs. 2 BGB geltend gemacht werden kann, kann schon vorab gesondert auf Übernahme geklagt werden, solange der Gegenstand nicht an einen Dritten herauszugeben ist und er auch nicht zur Schuldentilgung benötigt wird.[44] Allein der Streit über die Höhe des wegen der Übernahme zu leistenden Wertersatzes steht dabei der Übernahme als solcher nicht entgegen.[45] 39

Unterkapitel 5   Fortgesetzte Gütergemeinschaft

§ 1483   Eintritt der fortgesetzten Gütergemeinschaft

(1) [1]Die Ehegatten können durch Ehevertrag vereinbaren, dass die Gütergemeinschaft nach dem Tod eines Ehegatten zwischen dem überlebenden Ehegatten und den gemeinschaftlichen Abkömmlingen fortgesetzt wird. [2]Treffen die Ehegatten eine solche Vereinbarung, so wird die Gütergemeinschaft mit den gemeinschaftlichen Abkömmlingen fortgesetzt, die bei gesetzlicher Erbfolge als Erben berufen sind. [3]Der Anteil des verstorbenen Ehegatten am Gesamtgut gehört nicht zum Nachlass; im Übrigen wird der Ehegatte nach den allgemeinen Vorschriften beerbt.

---

41 *Wittich*, Die Gütergemeinschaft, S. 68.
42 Vgl. *Bergschneider* Rn. 807.
43 Wegen Formulierungsvorschlägen vgl. auch *Kappler* FamRZ 2007, 696, 700.
44 BGH FamRZ 1988, 926.
45 OLG München OLGR 1993, 212.

(2) Sind neben den gemeinschaftlichen Abkömmlingen andere Abkömmlinge vorhanden, so bestimmen sich ihr Erbrecht und ihre Erbteile so, wie wenn fortgesetzte Gütergemeinschaft nicht eingetreten wäre.

§ 1484   Ablehnung der fortgesetzten Gütergemeinschaft

(1) Der überlebende Ehegatte kann die Fortsetzung der Gütergemeinschaft ablehnen.

(2) [1]Auf die Ablehnung finden die für die Ausschlagung einer Erbschaft geltenden Vorschriften der §§ 1943 bis 1947, 1950, 1952, 1954 bis 1957, 1959 entsprechende Anwendung. [2]Steht der überlebende Ehegatte unter elterlicher Sorge oder unter Vormundschaft, so ist zur Ablehnung die Genehmigung des Familiengerichts erforderlich. [3]Bei einer Ablehnung durch den Betreuer des überlebenden Ehegatten ist die Genehmigung des Betreuungsgerichts erforderlich.

(3) Lehnt der Ehegatte die Fortsetzung der Gütergemeinschaft ab, so gilt das Gleiche wie im Falle des § 1482.

§ 1485   Gesamtgut

(1) Das Gesamtgut der fortgesetzten Gütergemeinschaft besteht aus dem ehelichen Gesamtgut, soweit es nicht nach § 1483 Abs. 2 einem nicht anteilsberechtigten Abkömmling zufällt, und aus dem Vermögen, das der überlebende Ehegatte aus dem Nachlass des verstorbenen Ehegatten oder nach dem Eintritt der fortgesetzten Gütergemeinschaft erwirbt.

(2) Das Vermögen, das ein gemeinschaftlicher Abkömmling zur Zeit des Eintritts der fortgesetzten Gütergemeinschaft hat oder später erwirbt, gehört nicht zu dem Gesamtgut.

(3) Auf das Gesamtgut findet die für die eheliche Gütergemeinschaft geltende Vorschrift des § 1416 Abs. 2 und 3 entsprechende Anwendung.

§ 1486   Vorbehaltsgut; Sondergut

(1) Vorbehaltsgut des überlebenden Ehegatten ist, was er bisher als Vorbehaltsgut gehabt hat oder was er nach § 1418 Abs. 2 Nr. 2, 3 als Vorbehaltsgut erwirbt.

(2) Sondergut des überlebenden Ehegatten ist, was er bisher als Sondergut gehabt hat oder was er als Sondergut erwirbt.

§ 1487   Rechtsstellung des Ehegatten und der Abkömmlinge

(1) Die Rechte und Verbindlichkeiten des überlebenden Ehegatten sowie der anteilsberechtigten Abkömmlinge in Ansehung des Gesamtguts der fortgesetzten Gütergemeinschaft bestimmen sich nach den für die eheliche Gütergemeinschaft geltenden Vorschriften der §§ 1419, 1422 bis 1428, 1434, des § 1435 Satz 1, 3 und der §§ 1436, 1445; der überlebende Ehegatte hat die rechtliche Stellung des Ehegatten, der das Gesamtgut allein verwaltet, die anteilsberechtigten Abkömmlinge haben die rechtliche Stellung des anderen Ehegatten.

(2) Was der überlebende Ehegatte zu dem Gesamtgut schuldet oder aus dem Gesamtgut zu fordern hat, ist erst nach der Beendigung der fortgesetzten Gütergemeinschaft zu leisten.

§ 1488 Gesamtgutsverbindlichkeiten

Gesamtgutsverbindlichkeiten der fortgesetzten Gütergemeinschaft sind die Verbindlichkeiten des überlebenden Ehegatten sowie solche Verbindlichkeiten des verstorbenen Ehegatten, die Gesamtgutsverbindlichkeiten der ehelichen Gütergemeinschaft waren.

§ 1489 Persönliche Haftung für die Gesamtgutsverbindlichkeiten

(1) Für die Gesamtgutsverbindlichkeiten der fortgesetzten Gütergemeinschaft haftet der überlebende Ehegatte persönlich.

(2) Soweit die persönliche Haftung den überlebenden Ehegatten nur infolge des Eintritts der fortgesetzten Gütergemeinschaft trifft, finden die für die Haftung des Erben für die Nachlassverbindlichkeiten geltenden Vorschriften entsprechende Anwendung; an die Stelle des Nachlasses tritt das Gesamtgut in dem Bestand, den es zur Zeit des Eintritts der fortgesetzten Gütergemeinschaft hat.

(3) Eine persönliche Haftung der anteilsberechtigten Abkömmlinge für die Verbindlichkeiten des verstorbenen oder des überlebenden Ehegatten wird durch die fortgesetzte Gütergemeinschaft nicht begründet.

§ 1490 Tod eines Abkömmlings

¹Stirbt ein anteilsberechtigter Abkömmling, so gehört sein Anteil an dem Gesamtgut nicht zu seinem Nachlass. ²Hinterlässt er Abkömmlinge, die anteilsberechtigt sein würden, wenn er den verstorbenen Ehegatten nicht überlebt hätte, so treten die Abkömmlinge an seine Stelle. ³Hinterlässt er solche Abkömmlinge nicht, so wächst sein Anteil den übrigen anteilsberechtigten Abkömmlingen und, wenn solche nicht vorhanden sind, dem überlebenden Ehegatten an.

§ 1491 Verzicht eines Abkömmlings

(1) ¹Ein anteilsberechtigter Abkömmling kann auf seinen Anteil an dem Gesamtgut verzichten. ²Der Verzicht erfolgt durch Erklärung gegenüber dem für den Nachlass des verstorbenen Ehegatten zuständigen Gericht; die Erklärung ist in öffentlich beglaubigter Form abzugeben. ³Das Nachlassgericht soll die Erklärung dem überlebenden Ehegatten und den übrigen anteilsberechtigten Abkömmlingen mitteilen.

(2) ¹Der Verzicht kann auch durch Vertrag mit dem überlebenden Ehegatten und den übrigen anteilsberechtigten Abkömmlingen erfolgen. ²Der Vertrag bedarf der notariellen Beurkundung.

(3) ¹Steht der Abkömmling unter elterlicher Sorge oder unter Vormundschaft, so ist zu dem Verzicht die Genehmigung des Familiengerichts erforderlich. ²Bei einem Verzicht durch den Betreuer des Abkömmlings ist die Genehmigung des Betreuungsgerichts erforderlich.

(4) Der Verzicht hat die gleichen Wirkungen, wie wenn der Verzichtende zur Zeit des Verzichts ohne Hinterlassung von Abkömmlingen gestorben wäre.

§ 1492 Aufhebung durch den überlebenden Ehegatten

(1) ¹Der überlebende Ehegatte kann die fortgesetzte Gütergemeinschaft jederzeit aufheben. ²Die Aufhebung erfolgt durch Erklärung gegenüber dem für den Nachlass des verstorbenen Ehegat-

ten zuständigen Gericht; die Erklärung ist in öffentlich beglaubigter Form abzugeben. [3]Das Nachlassgericht soll die Erklärung den anteilsberechtigten Abkömmlingen und, wenn der überlebende Ehegatte gesetzlicher Vertreter eines der Abkömmlinge ist, dem Familiengericht, wenn eine Betreuung besteht, dem Betreuungsgericht mitteilen.

(2) [1]Die Aufhebung kann auch durch Vertrag zwischen dem überlebenden Ehegatten und den anteilsberechtigten Abkömmlingen erfolgen. [2]Der Vertrag bedarf der notariellen Beurkundung.

(3) [1]Steht der überlebende Ehegatte unter elterlicher Sorge oder unter Vormundschaft, so ist zu der Aufhebung die Genehmigung des Familiengerichts erforderlich. [2]Bei einer Aufhebung durch den Betreuer des überlebenden Ehegatten ist die Genehmigung des Betreuungsgerichts erforderlich.

§ 1493   Wiederverheiratung oder Begründung einer Lebenspartnerschaft des überlebenden Ehegatten

(1) Die fortgesetzte Gütergemeinschaft endet, wenn der überlebende Ehegatte wieder heiratet oder eine Lebenspartnerschaft begründet.

(2) [1]Der überlebende Ehegatte hat, wenn ein anteilsberechtigter Abkömmling minderjährig ist, die Absicht der Wiederverheiratung dem Familiengericht anzuzeigen, ein Verzeichnis des Gesamtguts einzureichen, die Gütergemeinschaft aufzuheben und die Auseinandersetzung herbeizuführen. [2]Das Familiengericht kann gestatten, dass die Aufhebung der Gütergemeinschaft bis zur Eheschließung unterbleibt und dass die Auseinandersetzung erst später erfolgt. [3]Die Sätze 1 und 2 gelten auch, wenn die Sorge für das Vermögen eines anteilsberechtigten Abkömmlings zum Aufgabenkreis eines Betreuers gehört; in diesem Fall tritt an die Stelle des Familiengerichts das Betreuungsgericht.

(3) as Standesamt, bei dem die Eheschließung angemeldet worden ist, teilt dem Familiengericht die Anmeldung mit.

§ 1494   Tod des überlebenden Ehegatten

(1) Die fortgesetzte Gütergemeinschaft endet mit dem Tode des überlebenden Ehegatten.

(2) Wird der überlebende Ehegatte für tot erklärt oder wird seine Todeszeit nach den Vorschriften des Verschollenheitsgesetzes festgestellt, so endet die fortgesetzte Gütergemeinschaft mit dem Zeitpunkt, der als Zeitpunkt des Todes gilt.

§ 1495   Aufhebungsklage eines Abkömmlings

Ein anteilsberechtigter Abkömmling kann gegen den überlebenden Ehegatten auf Aufhebung der fortgesetzten Gütergemeinschaft klagen,

1. wenn seine Rechte für die Zukunft dadurch erheblich gefährdet werden können, dass der überlebende Ehegatte zur Verwaltung des Gesamtguts unfähig ist oder sein Recht, das Gesamtgut zu verwalten, missbraucht,
2. wenn der überlebende Ehegatte seine Verpflichtung, dem Abkömmling Unterhalt zu gewähren, verletzt hat und für die Zukunft eine erhebliche Gefährdung des Unterhalts zu besorgen ist,
3. wenn die Verwaltung des Gesamtguts in den Aufgabenkreis des Betreuers des überlebenden Ehegatten fällt,

4. wenn der überlebende Ehegatte die elterliche Sorge für den Abkömmling verwirkt hat oder, falls sie ihm zugestanden hätte, verwirkt haben würde.

§ 1496 Wirkung der richterlichen Aufhebungsentscheidung

[1]Die Aufhebung der fortgesetzten Gütergemeinschaft tritt in den Fällen des § 1495 mit der Rechtskraft der richterlichen Entscheidung ein. [2]Sie tritt für alle Abkömmlinge ein, auch wenn die richterliche Entscheidung auf die Klage eines der Abkömmlinge ergangen ist.

§ 1497 Rechtsverhältnis bis zur Auseinandersetzung

(1) Nach der Beendigung der fortgesetzten Gütergemeinschaft setzen sich der überlebende Ehegatte und die Abkömmlinge über das Gesamtgut auseinander.

(2) Bis zur Auseinandersetzung bestimmt sich ihr Rechtsverhältnis am Gesamtgut nach den §§ 1419, 1472, 1473.

§ 1498 Durchführung der Auseinandersetzung

[1]Auf die Auseinandersetzung sind die Vorschriften der §§ 1475, 1476, des § 1477 Abs. 1, der §§ 1479, 1480 und des § 1481 Abs. 1, 3 anzuwenden; an die Stelle des Ehegatten, der das Gesamtgut allein verwaltet hat, tritt der überlebende Ehegatte, an die Stelle des anderen Ehegatten treten die anteilsberechtigten Abkömmlinge. [2]Die in § 1476 Abs. 2 Satz 2 bezeichnete Verpflichtung besteht nur für den überlebenden Ehegatten.

§ 1499 Verbindlichkeiten zu Lasten des überlebenden Ehegatten

Bei der Auseinandersetzung fallen dem überlebenden Ehegatten zur Last:

1. die ihm bei dem Eintritt der fortgesetzten Gütergemeinschaft obliegenden Gesamtgutsverbindlichkeiten, für die das eheliche Gesamtgut nicht haftete oder die im Verhältnis der Ehegatten zueinander ihm zur Last fielen;
2. die nach dem Eintritt der fortgesetzten Gütergemeinschaft entstandenen Gesamtgutsverbindlichkeiten, die, wenn sie während der ehelichen Gütergemeinschaft in seiner Person entstanden wären, im Verhältnis der Ehegatten zueinander ihm zur Last gefallen sein würden;
3. eine Ausstattung, die er einem anteilsberechtigten Abkömmling über das dem Gesamtgut entsprechende Maß hinaus oder die er einem nicht anteilsberechtigten Abkömmling versprochen oder gewährt hat.

§ 1500 Verbindlichkeiten zu Lasten der Abkömmlinge

(1) Die anteilsberechtigten Abkömmlinge müssen sich Verbindlichkeiten des verstorbenen Ehegatten, die diesem im Verhältnis der Ehegatten zueinander zur Last fielen, bei der Auseinandersetzung auf ihren Anteil insoweit anrechnen lassen, als der überlebende Ehegatte nicht von dem Erben des verstorbenen Ehegatten Deckung hat erlangen können.

(2) In gleicher Weise haben sich die anteilsberechtigten Abkömmlinge anrechnen zu lassen, was der verstorbene Ehegatte zu dem Gesamtgut zu ersetzen hatte.

§ 1501   Anrechnung von Abfindungen

(1) Ist einem anteilsberechtigten Abkömmling für den Verzicht auf seinen Anteil eine Abfindung aus dem Gesamtgut gewährt worden, so wird sie bei der Auseinandersetzung in das Gesamtgut eingerechnet und auf die den Abkömmlingen gebührende Hälfte angerechnet.

(2) ¹Der überlebende Ehegatte kann mit den übrigen anteilsberechtigten Abkömmlingen schon vor der Aufhebung der fortgesetzten Gütergemeinschaft eine abweichende Vereinbarung treffen. ²Die Vereinbarung bedarf der notariellen Beurkundung; sie ist auch denjenigen Abkömmlingen gegenüber wirksam, welche erst später in die fortgesetzte Gütergemeinschaft eintreten.

§ 1502   Übernahmerecht des überlebenden Ehegatten

(1) ¹Der überlebende Ehegatte ist berechtigt, das Gesamtgut oder einzelne dazu gehörende Gegenstände gegen Ersatz des Wertes zu übernehmen. ²Das Recht geht nicht auf den Erben über.

(2) ¹Wird die fortgesetzte Gütergemeinschaft auf Grund des § 1495 durch Urteil aufgehoben, so steht dem überlebenden Ehegatten das im Absatz 1 bestimmte Recht nicht zu. ²Die anteilsberechtigten Abkömmlinge können in diesem Falle diejenigen Gegenstände gegen Ersatz des Wertes übernehmen, welche der verstorbene Ehegatte nach § 1477 Abs. 2 zu übernehmen berechtigt sein würde. ³Das Recht kann von ihnen nur gemeinschaftlich ausgeübt werden.

§ 1503   Teilung unter den Abkömmlingen

(1) Mehrere anteilsberechtigte Abkömmlinge teilen die ihnen zufallende Hälfte des Gesamtguts nach dem Verhältnis der Anteile, zu denen sie im Falle der gesetzlichen Erbfolge als Erben des verstorbenen Ehegatten berufen sein würden, wenn dieser erst zur Zeit der Beendigung der fortgesetzten Gütergemeinschaft gestorben wäre.

(2) Das Vorempfangene kommt nach den für die Ausgleichung unter Abkömmlingen geltenden Vorschriften zur Ausgleichung, soweit nicht eine solche bereits bei der Teilung des Nachlasses des verstorbenen Ehegatten erfolgt ist.

(3) Ist einem Abkömmling, der auf seinen Anteil verzichtet hat, eine Abfindung aus dem Gesamtgut gewährt worden, so fällt sie den Abkömmlingen zur Last, denen der Verzicht zustatten kommt.

§ 1504   Haftungsausgleich unter Abkömmlingen

¹Soweit die anteilsberechtigten Abkömmlinge nach § 1480 den Gesamtgutsgläubigern haften, sind sie im Verhältnis zueinander nach der Größe ihres Anteils an dem Gesamtgut verpflichtet. ²Die Verpflichtung beschränkt sich auf die ihnen zugeteilten Gegenstände; die für die Haftung des Erben geltenden Vorschriften der §§ 1990, 1991 finden entsprechende Anwendung.

§ 1505   Ergänzung des Anteils des Abkömmlings

Die Vorschriften über das Recht auf Ergänzung des Pflichtteils finden zu Gunsten eines anteilsberechtigten Abkömmlings entsprechende Anwendung; an die Stelle des Erbfalls tritt die Beendigung der fortgesetzten Gütergemeinschaft; als gesetzlicher Erbteil gilt der dem Abkömmling zur Zeit der Beendigung gebührende Anteil an dem Gesamtgut, als Pflichtteil gilt die Hälfte des Wertes dieses Anteils.

§ 1506 Anteilsunwürdigkeit

[1]Ist ein gemeinschaftlicher Abkömmling erbunwürdig, so ist er auch des Anteils an dem Gesamtgut unwürdig. [2]Die Vorschriften über die Erbunwürdigkeit finden entsprechende Anwendung.

§ 1507 Zeugnis über Fortsetzung der Gütergemeinschaft

[1]Das Nachlassgericht hat dem überlebenden Ehegatten auf Antrag ein Zeugnis über die Fortsetzung der Gütergemeinschaft zu erteilen. [2]Die Vorschriften über den Erbschein finden entsprechende Anwendung.

§ 1508

(weggefallen)

§ 1509 Ausschließung der fortgesetzten Gütergemeinschaft durch letztwillige Verfügung

[1]Jeder Ehegatte kann für den Fall, dass die Ehe durch seinen Tod aufgelöst wird, die Fortsetzung der Gütergemeinschaft durch letztwillige Verfügung ausschließen, wenn er berechtigt ist, dem anderen Ehegatten den Pflichtteil zu entziehen oder auf Aufhebung der Gütergemeinschaft zu klagen. [2]Das Gleiche gilt, wenn der Ehegatte berechtigt ist, die Aufhebung der Ehe zu beantragen, und den Antrag gestellt hat. [3]Auf die Ausschließung finden die Vorschriften über die Entziehung des Pflichtteils entsprechende Anwendung.

§ 1510 Wirkung der Ausschließung

Wird die Fortsetzung der Gütergemeinschaft ausgeschlossen, so gilt das Gleiche wie im Falle des § 1482.

§ 1511 Ausschließung eines Abkömmlings

(1) Jeder Ehegatte kann für den Fall, dass die Ehe durch seinen Tod aufgelöst wird, einen gemeinschaftlichen Abkömmling von der fortgesetzten Gütergemeinschaft durch letztwillige Verfügung ausschließen.

(2) [1]Der ausgeschlossene Abkömmling kann, unbeschadet seines Erbrechts, aus dem Gesamtgut der fortgesetzten Gütergemeinschaft die Zahlung des Betrags verlangen, der ihm von dem Gesamtgut der ehelichen Gütergemeinschaft als Pflichtteil gebühren würde, wenn die fortgesetzte Gütergemeinschaft nicht eingetreten wäre. [2]Die für den Pflichtteilsanspruch geltenden Vorschriften finden entsprechende Anwendung.

(3) [1]Der dem ausgeschlossenen Abkömmling gezahlte Betrag wird bei der Auseinandersetzung den anteilsberechtigten Abkömmlingen nach Maßgabe des § 1501 angerechnet. [2]Im Verhältnis der Abkömmlinge zueinander fällt er den Abkömmlingen zur Last, denen die Ausschließung zustatten kommt.

§ 1512   Herabsetzung des Anteils

Jeder Ehegatte kann für den Fall, dass mit seinem Tode die fortgesetzte Gütergemeinschaft eintritt, den einem anteilsberechtigten Abkömmling nach der Beendigung der fortgesetzten Gütergemeinschaft gebührenden Anteil an dem Gesamtgut durch letztwillige Verfügung bis auf die Hälfte herabsetzen.

§ 1513   Entziehung des Anteils

(1) [1]Jeder Ehegatte kann für den Fall, dass mit seinem Tod die fortgesetzte Gütergemeinschaft eintritt, einem anteilsberechtigten Abkömmling den diesem nach der Beendigung der fortgesetzten Gütergemeinschaft gebührenden Anteil an dem Gesamtgut durch letztwillige Verfügung entziehen, wenn er berechtigt ist, dem Abkömmling den Pflichtteil zu entziehen. [2]Die Vorschrift des § 2336 Abs. 2 und 3 findet entsprechende Anwendung.

(2) Der Ehegatte kann, wenn er nach § 2338 berechtigt ist, das Pflichtteilsrecht des Abkömmlings zu beschränken, den Anteil des Abkömmlings am Gesamtgut einer entsprechenden Beschränkung unterwerfen.

§ 1514   Zuwendung des entzogenen Betrags

Jeder Ehegatte kann den Betrag, den er nach § 1512 oder nach § 1513 Abs. 1 einem Abkömmling entzieht, auch einem Dritten durch letztwillige Verfügung zuwenden.

§ 1515   Übernahmerecht eines Abkömmlings und des Ehegatten

(1) Jeder Ehegatte kann für den Fall, dass mit seinem Tode die fortgesetzte Gütergemeinschaft eintritt, durch letztwillige Verfügung anordnen, dass ein anteilsberechtigter Abkömmling das Recht haben soll, bei der Teilung das Gesamtgut oder einzelne dazu gehörende Gegenstände gegen Ersatz des Wertes zu übernehmen.

(2) [1]Gehört zu dem Gesamtgut ein Landgut, so kann angeordnet werden, dass das Landgut mit dem Ertragswert oder mit einem Preis, der den Ertragswert mindestens erreicht, angesetzt werden soll. [2]Die für die Erbfolge geltende Vorschrift des § 2049 findet Anwendung.

(3) Das Recht, das Landgut zu dem in Absatz 2 bezeichneten Wert oder Preis zu übernehmen, kann auch dem überlebenden Ehegatten eingeräumt werden.

§ 1516   Zustimmung des anderen Ehegatten

(1) Zur Wirksamkeit der in den §§ 1511 bis 1515 bezeichneten Verfügungen eines Ehegatten ist die Zustimmung des anderen Ehegatten erforderlich.

(2) [1]Die Zustimmung kann nicht durch einen Vertreter erteilt werden. [2]Ist der Ehegatte in der Geschäftsfähigkeit beschränkt, so ist die Zustimmung seines gesetzlichen Vertreters nicht erforderlich. [3]Die Zustimmungserklärung bedarf der notariellen Beurkundung. [4]Die Zustimmung ist unwiderruflich.

(3) Die Ehegatten können die in den §§ 1511 bis 1515 bezeichneten Verfügungen auch in einem gemeinschaftlichen Testament treffen.

§ 1517 Verzicht eines Abkömmlings auf seinen Anteil

(1) ¹Zur Wirksamkeit eines Vertrags, durch den ein gemeinschaftlicher Abkömmling einem der Ehegatten gegenüber für den Fall, dass die Ehe durch dessen Tod aufgelöst wird, auf seinen Anteil am Gesamtgut der fortgesetzten Gütergemeinschaft verzichtet oder durch den ein solcher Verzicht aufgehoben wird, ist die Zustimmung des anderen Ehegatten erforderlich. ²Für die Zustimmung gilt die Vorschrift des § 1516 Abs. 2 Satz 3, 4.

(2) Die für den Erbverzicht geltenden Vorschriften finden entsprechende Anwendung.

§ 1518 Zwingendes Recht

¹Anordnungen, die mit den Vorschriften der §§ 1483 bis 1517 in Widerspruch stehen, können von den Ehegatten weder durch letztwillige Verfügung noch durch Vertrag getroffen werden. ²Das Recht der Ehegatten, den Vertrag, durch den sie die Fortsetzung der Gütergemeinschaft vereinbart haben, durch Ehevertrag aufzuheben, bleibt unberührt.

§§ 1519–1557

(weggefallen)

Untertitel 3 Güterrechtsregister

§ 1558 Zuständiges Registergericht

(1) Die Eintragungen in das Güterrechtsregister sind bei jedem Amtsgericht zu bewirken, in dessen Bezirk auch nur einer der Ehegatten seinen gewöhnlichen Aufenthalt hat.

(2) ¹Die Landesregierungen werden ermächtigt, durch Rechtsverordnung einem Amtsgericht für die Bezirke mehrerer Amtsgerichte die Zuständigkeit für die Führung des Registers zu übertragen. ²Die Landesregierungen können die Ermächtigung durch Rechtsverordnung auf die Landesjustizverwaltungen übertragen.

§ 1559 Verlegung des gewöhnlichen Aufenthalts

¹Verlegt ein Ehegatte nach der Eintragung seinen gewöhnlichen Aufenthalt in einen anderen Bezirk, so muss die Eintragung im Register dieses Bezirks wiederholt werden. ²Die frühere Eintragung gilt als von neuem erfolgt, wenn ein Ehegatte den gewöhnlichen Aufenthalt in den früheren Bezirk zurückverlegt.

§ 1560 Antrag auf Eintragung

¹Eine Eintragung in das Register soll nur auf Antrag und nur insoweit erfolgen, als sie beantragt ist. ²Der Antrag ist in öffentlich beglaubigter Form zu stellen.

§ 1561   Antragserfordernisse

(1) Zur Eintragung ist der Antrag beider Ehegatten erforderlich; jeder Ehegatte ist dem anderen gegenüber zur Mitwirkung verpflichtet.

(2) Der Antrag eines Ehegatten genügt

1. zur Eintragung eines Ehevertrags oder einer auf gerichtlicher Entscheidung beruhenden Änderung der güterrechtlichen Verhältnisse der Ehegatten, wenn mit dem Antrag der Ehevertrag oder die mit dem Zeugnis der Rechtskraft versehene Entscheidung vorgelegt wird;
2. zur Wiederholung einer Eintragung in das Register eines anderen Bezirks, wenn mit dem Antrag eine nach der Aufhebung des bisherigen Wohnsitzes erteilte, öffentlich beglaubigte Abschrift der früheren Eintragung vorgelegt wird;
3. zur Eintragung des Einspruchs gegen den selbstständigen Betrieb eines Erwerbsgeschäfts durch den anderen Ehegatten und zur Eintragung des Widerrufs der Einwilligung, wenn die Ehegatten in Gütergemeinschaft leben und der Ehegatte, der den Antrag stellt, das Gesamtgut allein oder mit dem anderen Ehegatten gemeinschaftlich verwaltet;
4. zur Eintragung der Beschränkung oder Ausschließung der Berechtigung des anderen Ehegatten, Geschäfte mit Wirkung für den Antragsteller zu besorgen (§ 1357 Abs. 2).

§ 1562   Öffentliche Bekanntmachung

(1) Das Amtsgericht hat die Eintragung durch das für seine Bekanntmachungen bestimmte Blatt zu veröffentlichen.

(2) Wird eine Änderung des Güterstands eingetragen, so hat sich die Bekanntmachung auf die Bezeichnung des Güterstands und, wenn dieser abweichend von dem Gesetz geregelt ist, auf eine allgemeine Bezeichnung der Abweichung zu beschränken.

§ 1563   Registereinsicht

[1]Die Einsicht des Registers ist jedem gestattet. [2]Von den Eintragungen kann eine Abschrift gefordert werden; die Abschrift ist auf Verlangen zu beglaubigen.

Titel 7   Scheidung der Ehe

Untertitel 1   Scheidungsgründe

§ 1564   Scheidung durch richterliche Entscheidung

[1]Eine Ehe kann nur durch richterliche Entscheidung auf Antrag eines oder beider Ehegatten geschieden werden. [2]Die Ehe ist mit der Rechtskraft der Entscheidung aufgelöst. [3]Die Voraussetzungen, unter denen die Scheidung begehrt werden kann, ergeben sich aus den folgenden Vorschriften.

A. Begriff der Ehe

1 Geschieden werden kann nur eine **Ehe**. Das Bestehen einer Ehe bestimmt sich nach den §§ 1303 ff., so dass auch die aufhebbare Ehe (§ 1313 BGB) geschieden werden kann. Ist die Ehe im **Ausland** geschlossen, ist die Frage, ob eine wirksame Eheschließung vorliegt, nach dem Ehe-

schließungsstatut zu beantworten. Dieses knüpft hinsichtlich der materiell –rechtlichen Eheschließungsvoraussetzungen an Art. 13 Abs. 1 und 2 EGBGB, hinsichtlich der Form der Eheschließung an Art. 11 Abs. 1 EGBGB (bei im Ausland geschlossenen Ehen) oder Art. 13 Abs. 3 EGBGB (bei im Inland geschlossenen Ehen) an. Im übrigen ist die Eheschließung eine **von Amts wegen zu klärende Vorfrage**, wobei der jeweilige Antragsteller die **Beweislast** für den Bestand einer gültigen Ehe trägt.[1] Bestehen Zweifel, hat das Gericht das Verfahren ggf. auszusetzen und den Beteiligten Gelegenheit zu geben, das Bestehen einer Ehe in einem Verfahren auf Feststellung des Nichtbestehens einer Ehe (§ 121 Nr. 3 FamFG) klären zulassen.[2] Schon im Vorfeld auftretenden Zweifeln sollten die Verfahrensbevollmächtigten der beteiligten Eheleute nachgehen und vorrangig das Verfahren nach § 121 Nr. 3 FamFG führen, um einer späteren Haftung auf die Folgen einer zu Unrecht ausgesprochenen Scheidung zu entgehen.[3] Wegen Einzelheiten zur Anwendbarkeit deutschen oder ausländischen Rechts auf die Scheidung im Ausland geschlossener Ehen oder solcher mit Beteiligung von Ausländern wird auf die Erläuterungen zu Art. 17 EGBGB verwiesen.

Die **Fehl- oder Zweckehe**, häufig auch als »**Scheinehe**« bezeichnet, die ausschließlich zu ehefremden Zwecken geschlossen worden ist, unterliegt ohne Einschränkung dem Ehescheidungsrecht.[4] Auch die sogenannte **hinkende Ehe**, die Ehe mit beschränktem Wirkungskreis, in der ein deutscher und ein nichtdeutscher Partner eine zwar nach deutschem Recht gültige Ehegeschlossen haben, diese aber im Heimatland des nichtdeutschen Partners nicht anerkannt wird, ist nach deutschem Recht zu scheiden.[5] Liegt allerdings eine nur aus der Sicht des Heimatstaates des nichtdeutschen Partners wirksame Ehe vor, während nach deutschem Recht von einer **Nichtehe** auszugehen ist, kommt eine Ehescheidung nicht in Betracht.[6] Anderes gilt dagegen für die Möglichkeit des Antrages auf Feststellung des Nichtbestehens einer Ehe (§ 121 Nr. 3 FamFG). 2

B. Scheidung durch gerichtliche Entscheidung

Die Ehe kann nur durch eine **gerichtliche Entscheidung**, den Beschluss nach § 38 FamFG, geschieden werden.[7] Das gilt auch für Ausländer, die nach ausländischem Recht in Deutschland geschieden werden wollen[8] oder für Ehescheidungen im Ausland, auf die deutsches materielles Recht anwendbar ist.[9] Wegen des **Verfahrens** wird auf die §§ 121 ff. FamFG verwiesen. Ist eine Ehe nach anzuwendendem kanonischen Recht unscheidbar, ist dies mit der in Art. 6 GG garantierten Eheschließungsfreiheit nicht zu vereinbaren.[10] 3

C. Vereinbarungen

Die **Vereinbarung eines Scheidungsausschlusses** ist unzulässig.[11] Zulässig ist aber der **Verzicht auf ein Scheidungsrecht** (z.B. das Berufen auf ein bereits abgelaufenes mehrjähriges Getrenntleben), 4

---

1 Hepting FamRZ 1998, 713; FA-FamR/v. Heintschel-Heinegg Kap. 2 Rn. 32.
2 FA-FamR/v. Heintschel-Heinegg Kap. 2 Rn. 32.
3 BGH FamRZ 2003, 838.
4 Staudinger/Rauscher § 1564 Rn. 11 m.w.N.; zur Frage der VKH Bewilligung für den Scheidungsantrag bei Scheinehe vgl BGH FamRZ 2011, 872.
5 OLG Hamm FamRZ 1994, 1182; OLG Stuttgart FamRZ 1980, 783.
6 MüKo/Winkler von Mohrenfels Art. 17 EGBGB Rn. 96 mit aktuellem Meinungsstand.
7 BGH NJW 1990, 2194.
8 BGH FamRZ 1982, 44.
9 BayObLG FamRZ 2003, 381 für den Fall einer vor dem Scharia Gericht in Jordanien vollzogenen Ehescheidung; Palandt/Brudermüller § 1564 Rn. 1.
10 BGH StAZ 2007, 337, 340; zur Anerkennung einer Scheidung nach mosaischem Recht vgl. BGH FamRZ 2008, 1409.
11 BGH FamRZ 1990, 372.

so dass es erlischt, wenn es erwachsen ist, aber neu entsteht, wenn einer der im Gesetz genannten Scheidungstatbestände auf Grund einer neuen Tatsachenlage erfüllt wird.[12]

§ 1565   Scheitern der Ehe

(1) [1]Eine Ehe kann geschieden werden, wenn sie gescheitert ist. [2]Die Ehe ist gescheitert, wenn die Lebensgemeinschaft der Ehegatten nicht mehr besteht und nicht erwartet werden kann, dass die Ehegatten sie wiederherstellen.

(2) Leben die Ehegatten noch nicht ein Jahr getrennt, so kann die Ehe nur geschieden werden, wenn die Fortsetzung der Ehe für den Antragsteller aus Gründen, die in der Person des anderen Ehegatten liegen, eine unzumutbare Härte darstellen würde.

A. Allgemeines

1   Nach § 1565 Abs. 1 gibt es nur einen einzigen Grund für die Ehescheidung: das **Gescheitertsein der Ehe**. Um die Feststellung des Gescheiterseins treffen zu können, muss die Lebensgemeinschaft der Ehegatten nicht mehr bestehen (=**Diagnose**) und es darf nicht erwartet werden, dass die Ehegatten sie wiederherstellen (= **Prognose**). Dabei obliegt es dem die Ehescheidung begehrenden Ehegatten, durch sogenannten zerrüttungsindizierenden Vortrag diejenigen **Tatsachen substantiiert darzulegen**, von denen die rechtliche Feststellung abhängt, dass eine unheilbare Zerrüttung des ehelichen Verhältnisses eingetreten und die Wiederherstellung einer dem Wesen der Ehe entsprechenden Lebensgemeinschaft nicht mehr zu erwarten ist.[1] Allein die Behauptung, die Eheleute lebten länger als ein Jahr getrennt und die Ehe sei gescheitert reicht dazu nicht aus.[2] An die Feststellung des Scheiterns der Ehe sind **strenge Anforderungen** zu stellen.[3]

2   Der Nachweis des Gescheitertseins der Ehe kann auf dreierlei Weise geführt werden:

- durch unmittelbaren Nachweis, dass die Lebensgemeinschaft nicht mehr besteht und dass nicht erwartet werden kann, dass die Ehegatten sie wiederherstellen (Abs. 1 S. 2),
- mittelbar dadurch, dass die Eheleute seit mindestens einem Jahr getrennt leben und beide Ehegatten die Scheidung beantragen bzw. der Antragsgegner ihr zustimmt, wodurch unwiderleglich die Zerrüttung vermutet wird (§ 1566 Abs. 1),
- mittelbar dadurch, dass die Eheleute seit über drei Jahren voneinander getrennt leben, wodurch auch bei Widerspruch eines Ehegatten unwiderleglich die Zerrüttung vermutet wird (§ 1566 Abs. 2).

---

12 BGHZ 97, 204; Richter JR 1987, 17.
 1 OLG Köln FamRZ 1995, 1503.
 2 OLG Saarbrücken MDR 2005, 37.
 3 OLG Oldenburg FamRZ 1997, 1213.

B. Gescheitertsein der Ehe

I. Nichtbestehen der Lebensgemeinschaft (=Diagnose)

Der Begriff der **Lebensgemeinschaft** ist weiter zu fassen als der der **häuslichen Gemeinschaft**, was **3**
schon aus dem Wortlaut des § 1567 Abs. 1 folgt. Unter der Lebensgemeinschaft der Ehegatten ist
das Ganze der ehelichen Verhältnisse zu verstehen, wobei primär die wechselseitigen inneren Bindungen der Eheleute sind und die häusliche Gemeinschaft die äußere Realisierung dieser Lebensgemeinschaft in einer beiden Ehegatten gemeinsamen Wohnstätte umschreibt.[4] Die Lebensgemeinschaft der Ehegatten besteht deshalb erst dann nicht mehr, wenn **objektiv** zwischen ihnen
keine häusliche Gemeinschaft mehr besteht und **subjektiv** zumindest ein Ehegatte die Ehe mit
dem anderen nicht mehr fortsetzen will.[5]

Typisches Merkmal des Nichtbestehens der ehelichen Lebensgemeinschaft ist die **räumliche Tren-** **4**
nung, die zumeist auch ein Indiz dafür sein wird, dass die Lebensgemeinschaft aufgehoben ist.[6]
Allerdings reicht die räumliche Trennung der Eheleute allein nicht aus, um das Nichtbestehen der
ehelichen Lebensgemeinschaft feststellen zu können.[7] Das gilt zum einen dann, wenn es trotz
getrennten Wohnens noch intensive Kontakte zwischen den Eheleuten gibt, bei denen es auch
zum Geschlechtsverkehr kommt,[8] zum anderen aber auch dann, wenn es – wie etwa bei Verbüßung einer längeren Haftstrafe durch einen Ehegatten[9] oder der Aufnahme in ein Pflegeheim[10] –
wegen der besonders gelagerten Umstände des Falles eine häusliche Gemeinschaft der Ehegatten
nicht geben kann. Hat eine häusliche Gemeinschaft zwischen den Ehegatten von Anfang an überhaupt nicht bestanden, so beginnt das Trennungsjahr in dem Moment zu laufen, in dem sich
wenigstens ein Ehegatte von den im übrigen bestehenden Gemeinsamkeiten lossagt.[11]

Abgrenzungsschwierigkeiten bereitet das **Getrenntleben innerhalb der ehelichen Wohnung.** **5**
Erforderlich für die Annahme der Aufhebung der ehelichen Lebensgemeinschaft ist hier, dass die
Gemeinsamkeiten im Haushalt sich auf das unvermeidliche Maß beschränken und dass keine
wesentlichen persönlichen Beziehungen mehr bestehen, wobei gelegentliche Handreichungen[12]
oder Zugeständnisse im Interesse der gemeinsamen Kinder oder einer sachlichen und vernünftigen Abwicklung der Ehe[13] der Annahme des Getrenntlebens nicht entgegenstehen. Lassen die
Ehegatten die eheliche Lebensgemeinschaft mit teils arbeitsteiliger Gestaltung bei fortschreitender
Verselbständigung der jeweiligen Lebensverhältnisse gleichsam auslaufen, ist das Getrenntleben
erst mit der Beendigung dieses Prozesses und der eigentlichen räumlichen Trennung anzunehmen.[14] Noch nicht aufgehoben ist die eheliche Lebensgemeinschaft dagegen dann, wenn die Ehegatten zwar getrennte Schlafzimmer haben, die Ehefrau den Haushalt jedoch uneingeschränkt
weiterführt und die Eheleute im Interesse der gemeinsamen Kinder den Schein der ehelichen
Gemeinschaft aufrecht erhalten[15] oder die Ehefrau dem Ehemann Versorgungsleistungen in erheblichem Umfang erbringt und dieser seiner Verpflichtung zum Familienunterhalt nachkommt, die
Eheleute jedoch nicht mehr geschlechtlich miteinander verkehren und ständig verbale Auseinandersetzungen führen.

---

4 BGH FamRZ 2002, 316; FamRZ 1989, 479.
5 OLG Zweibrücken FamRZ 2006, 1210; FA-FamR/v. Heintschel-Heinegg Kap. 2 Rn. 29.
6 BGH NJW 1978, 1810.
7 Palandt/Brudermüller § 1565 Rn. 2.
8 OLG Köln FamRZ 2002, 239; OLG Schleswig FamRZ 2001, 1456; OLG Oldenburg FamRZ 1997,
   1213.
9 OLG Dresden MDR 2002, 762.
10 OLG Köln FamRZ 2010, 2076.
11 OLG München FamRZ 1998, 826.
12 OLG München FamRZ 1998, 826.
13 Staudinger/Rauscher § 1565 Rn. 83.
14 OLG Zweibrücken FamRZ 2000, 1418.
15 OLG Stuttgart FamRZ 2002, 239.

6 Insbesondere dann, wenn es an der räumlichen Trennung fehlt, oder wenn eine häusliche Gemeinschaft von vornherein nicht bestanden hat, ist maßgeblich auf die **eheliche Gesinnung** der Ehegatten abzustellen. Dabei muss der Wille, die Lebensgemeinschaft zu beenden, nach außen erkennbar hervortreten. Diese Feststellung wird etwa getroffen werden können, wenn ein Ehegatte von dem anderen aufgefordert wurde, die eheliche Lebensgemeinschaft wieder herzustellen, er sich aber weigert, dieser Aufforderung nachzukommen. Ein erkennbares Anzeichen ist auch in der Mitteilung der Trennungsabsicht oder der Stellung des Ehescheidungsantrages zu sehen.[16]

7 Ein kürzeres, der Versöhnung dienendes **Zusammenleben** steht der Annahme der Aufhebung der Lebensgemeinschaft nicht entgegen (§ 1567 Abs. 2).

8 Wegen weiterer Einzelheiten insoweit wird auf die Ausführungen zu § 1567 verwiesen.

II. Nichterwartung der Wiederherstellung der ehelichen Lebensgemeinschaft (= Prognose)

9 Ob die Wiederherstellung der ehelichen Lebensgemeinschaft nicht mehr erwartet werden kann, ist durch das Familiengericht unter **Würdigung aller Umstände des Einzelfalles** zu entscheiden.[17] Allein die Tatsache, dass die Ehegatten mehr als 1 Jahr voneinander getrennt leben, begründet für sich noch keine tatsächliche Vermutung für das Scheitern der Ehe.[18] Erforderlich ist vielmehr weitergehend ein Sachvortrag, der dem Gericht die **Analyse der ehelichen Lebensgemeinschaft** sowie die für die Entscheidung notwendige Prognose ermöglicht. Hierzu reichen Rechtsbehauptungen, die Ehe sei gescheitert oder unheilbar zerrüttet, nicht aus.[19]

10 **Versöhnungsversuche** sind zwar nach § 1567 Abs. 2 für den Ablauf der Trennungszeit unerheblich, können aber für die zu treffende Prognose von Bedeutung sein. Sind gar beide Ehegatten bereit, einen Versöhnungsversuch zu unternehmen, kann die für die Ehescheidung erforderliche Prognose nicht getroffen werden.[20] Dasselbe gilt, wenn der Ehegatte, der die Ehewohnung verlassen hat, den anderen täglich besucht und wenn es dabei regelmäßig zum Geschlechtsverkehr zwischen beiden kommt,[21] wobei andererseits der Geschlechtsverkehr allein noch nicht ausreicht, eine erfolgreiche Versöhnung zu begründen.[22] Ausreichend ist aber die **einseitige Abwendung** von der Ehe und der bei nur einem Ehegatten festzustellende völlige Verlust des Gefühls für die inneren Bindungen an den anderen.[23]

11 **Indizien für die Annahme der Zerrüttung** sind andererseits ein bereits **länger dauerndes Getrenntleben,**[24] zumal dann, wenn Fakten geschaffen worden sind, die eine Wiederherstellung der ehelichen Lebensgemeinschaft erschweren, die **ernsthafte Zuwendung eines oder beider Ehegatten zu neuen Partnern,**[25] der **Ehebruch** jedenfalls dann, wenn er mit einer nachhaltigen Beziehung verbunden ist,[26] **Misshandlungen** des Ehegatten, **Alkoholmissbrauch**, **schwerwiegende Beleidigungen** oder **dauernde Lieblosigkeit.**

12 In der Regel wird aber die **Selbsteinschätzung der Eheleute** ausreichend sein, die durch den beiderseitigen Scheidungsantrag oder die Zustimmung zum Scheidungsantrag des anderen zum Ausdruck kommt. In derartigen Fällen sollte auch von übertriebenen **Ermittlungen** zur Ernsthaftig-

---

16   OLG Hamm FamRZ 1990, 166; OLG Bamberg FamRZ 1981, 52.
17   BGH NJW 1978, 1810.
18   BGH FamRZ 1995, 229.
19   OLG Saarbrücken MDR 2005, 37.
20   BGH FamRZ 1995, 229.
21   OLG Oldenburg FamRZ 1997, 1213.
22   OLG Köln FamRZ 2002, 239.
23   BGH FamRZ 1979, 422; OLG Zweibrücken FamRZ 2006, 1210; OLG Naumburg FamRZ 2006, 43.
24   BGH FamRZ 1981, 127.
25   BGH FamRZ 1979, 422; OLG Celle FamRZ 1978, 508; Staudinger/Rauscher § 1565 Rn. 74 m.w.N.
26   Staudinger/Rauscher § 1565 Rn. 74; Palandt/Brudermüller § 1565 Rn. 4.

keit des Verlustes der ehelichen Gesinnung abgesehen werden, weil diese die Intimsphäre der Ehegatten verletzen und Druck auf die Ehegatten ausüben, sich zueinander möglichst feindselig zu verhalten, um glaubhaft zu wirken.[27]

Die Umstände, die auf die dauerhafte Zerrüttung schließen lassen, müssen nicht schuldhaft herbeigeführt worden sein. So können möglicherweise auch **Krankheit** eines Ehegatten, **Arbeitslosigkeit**, das **Versagen im Haushalt** oder die **Unfähigkeit zum Geschlechtsverkehr** die Ehe scheitern lassen.[28]   13

Auch bei einer **Fehl- oder Scheinehe** ist die Prognose über die künftige Lebensgemeinschaft der Ehegatten erforderlich.[29]   14

C. Keine Ehescheidung bei Trennung von weniger als 1 Jahr

Aus § 1565 Abs. 2 folgt im Umkehrschluss, dass eine Ehe grundsätzlich erst geschieden werden kann, wenn die Eheleute mindestens 1 Jahr voneinander getrennt gelebt haben. **Sinn dieser Regelung** ist es, Rechtsmissbrauch und voreiligen Ehescheidungen entgegenzuwirken sowie die nach Abs. 1 zu treffende Prognose zu erleichtern.[30] Das gilt auch dann, wenn beide Ehegatten vor Ablauf des Trennungsjahres die Ehescheidung beantragen oder der Antragsgegner dem Scheidungsantrag des anderen zustimmt.[31] Nur unter den besonderen Voraussetzungen des Abs. 2 kann auf dieses Erfordernis verzichtet werden.   15

Das Trennungsjahr ist auch in Fällen so genannter **Scheinehen** regelmäßig abzuwarten, wobei es dann, wenn eine häusliche Gemeinschaft nicht begründet worden ist, in dem Zeitpunkt beginnt, in dem der scheidungswillige Partner seinen Scheidungswillen kundtut.[32]   16

Es ist schließlich auch in solchen Fällen abzuwarten, in denen die Eheleute zwar nie einen gemeinsamen Haushalt begründet haben, jedoch in sonstiger Weise eine eheliche Lebensgemeinschaft bestanden hat.[33]   17

D. Scheidung bei Trennung von weniger als einem Jahr (Abs. 2)

I. Der Tatbestand des Abs. 2

Abs. 2 stellt **keinen eigenständigen Scheidungstatbestand** dar, weshalb auch danach gesondert festzustellen ist, ob die Ehe gescheitert ist.[34] Dagegen folgt die unzumutbare Härte nicht aus dem Scheitern der Ehe an sich oder aus den dazu führenden Umständen.[35] Eine andere Auslegung würde dem Ausnahmecharakter der Norm nicht gerecht. Andererseits können die Gründe, die zum Scheitern der Ehe geführt haben, nach hier für zutreffend gehaltener Auffassung bei der Prüfung nach Abs. 2 durchaus mit einbezogen werden.[36]   18

Nach Abs. 2 kann eine Ehe vor Ablauf eines Trennungsjahres geschieden werden, wenn die Fortsetzung der Ehe für den Antragsteller aus Gründen, die in der Person des anderen Ehegatten lie-   19

---

27 So überzeugend: Staudinger/Rauscher § 1565 Rn. 52.
28 Staudinger/Rauscher § 1565 Rn. 76; MüKo/Ey § 1565 Rn. 62.
29 OLG Zweibrücken FamRZ 1997, 241; OLG Karlsruhe FamRZ 1986, 680.
30 BGH FamRZ 1981, 127.
31 BGH FamRZ 1981, 127.
32 KG NJW 1982, 112; AG Stuttgart FamRZ 2004, 953; vgl. oben Rdn. 4.
33 OLG München FamRZ 1998, 826; vgl. oben Rdn. 4.
34 OLG Koblenz FamRZ 1978, 31; Staudinger/Rauscher § 1565 Rn. 121.
35 OLG Brandenburg FamRZ 1995, 807, 808; Schwab FamRZ 1979, 14; MüKo/Ey § 1565 Rn. 108.
36 Staudinger/Rauscher § 1565 Rn. 122; a.A.: OLG Köln FamRZ 1992, 319.

gen, eine unzumutbare Härte darstellen würde. An das Vorliegen einer **unzumutbaren Härte** sind, um dem erkennbaren Gesetzeszweck zu genügen, **strenge Anforderungen** zu stellen.[37] Es muss, um eine Scheidung vor Ablauf des Trennungsjahres begründen zu können, eine Ausnahmesituation gegenüber der schlicht gescheiterten Ehe gegeben sein, weshalb bloße Schwierigkeiten, Unstimmigkeiten oder ehetypische Zerwürfnisse nicht in Betracht kommen.[38] Auch die Verletzung der ehelichen Treuepflicht begründet für sich allein genommen noch nicht die unzumutbare Härte.[39]

20 Die unzumutbare Härte muss sich aus dem **Fortbestand des äußeren Bandes der Ehe**, nicht aus der Fortsetzung der ehelichen Lebensgemeinschaft als solcher, die zumeist ohnehin nicht mehr bestehen wird, ergeben. Es muss dem die Ehescheidung begehrenden Ehegatten mithin nicht mehr zumutbar sein, mit dem anderen auch nur formal bis zum Ablauf des Trennungsjahres weiter verheiratet zu sein.[40] Damit davon ausgegangen werden kann, muss das die Härte begründende Verhalten des Ehegatten mit einer nach außen in Erscheinung getretenen **Öffentlichkeitswirkung** verbunden sein.[41]

21 Die Härtegründe müssen in der **Person des anderen Ehegatten** gegeben sein. Das heißt, dass sie aus seiner Sphäre herrühren müssen, nicht jedoch zwingend von ihm verursacht oder gar verschuldet sind, weshalb auch unverschuldete Handlungen und Eigenschaften des anderen Ehegatten die Härte begründen können.[42] Es scheiden jedoch solche Gründe aus, die ausschließlich in der Person des Antragstellers liegen. Dasselbe gilt für solche Gründe, die vom Antragsteller **mit verursacht** oder **provoziert** worden sind, weil die Berufung hierauf sich regelmäßig als rechtsmissbräuchlich darstellen wird, solange sie nicht über das hinausgehen, was sich der Antragsteller auf Grund der Provokation letztlich selbst zuzuschreiben hat.[43]

22 Sind in der Sphäre **beider Ehegatten** unabhängig voneinander etwa gleich schwerwiegende Härtegründe gegeben, haben beispielsweise beide Eheleute neue und auf Dauer angelegte außereheliche Beziehungen begründet, so wird der auf Seiten des Antragstellers gegebene Grund den auf der Seite des Antragsgegners vorliegenden weniger gewichtig erscheinen lassen, weshalb es dem Antragsteller bei Vorliegen eines schwerwiegenden Grundes auch auf seiner Seite regelmäßig zumutbar sein wird, das Trennungsjahr abzuwarten.[44]

23 Die Regelung des Abs. 2 findet auf **Fehl- und Scheinehen**, bei denen keine eheliche Lebensgemeinschaft begründet und mit denen etwa der Zweck verfolgt wurde, dem ausländischen Ehegatten eine Aufenthaltserlaubnis zu beschaffen, keine Anwendung, weil Ehegatten, die mit dem Institut der Ehe ehefremde Zwecke verfolgen, regelmäßig das Abwarten des Trennungsjahres zugemutet werden kann.[45] Etwas anderes gilt allerdings dann, wenn der antragstellende Ehegatte von der entsprechenden Motivation des anderen nicht wusste.[46]

---

37 OLG Saarbrücken FamRZ 2005, 809; OLG Stuttgart FamRZ 2002, 1342; OLG Rostock FamRZ 1993, 808.
38 OLG Hamm FamRZ 1979, 511.
39 OLG Stuttgart FamRZ 2002, 1342.
40 BGH FamRZ 1981, 127; OLG Köln NJW-RR 1996, 519; OLG Oldenburg FamRZ 1992, 682; Staudinger/Rauscher § 1565 Rn. 144; Palandt/Brudermüller § 1565 Rn. 9.
41 OLG Düsseldorf FamRZ 1986, 998.
42 MüKo/Ey § 1565 Rn. 84.
43 Staudinger/Rauscher § 1565 Rn. 188.
44 OLG Stuttgart FamRZ 1999, 722; OLG Brandenburg FamRZ 1995, 807, 808; OLG Oldenburg FamRZ 1992, 682; Staudinger/Rauscher § 1565 Rn. 137; a.A.: OLG Düsseldorf NJW-RR 1992, 1092.
45 BGH FamRZ 1981, 127, 129; OLG Zweibrücken FamRZ 1997, 1212; OLG Karlsruhe FamRZ 1986, 680.
46 AG Offenbach FamRZ 1993, 810.

II. Einzelfälle:

Eine **unzumutbare Härte** kann gesehen werden in der Unterhaltung eines ehebrecherischen Ver- 24
hältnisses in der vormaligen ehelichen Wohnung,[47] in dem Eingehen einer festen neuen Partnerschaft,[48] wobei es jedoch auch hier stets auf die Begleitumstände ankommt, durch die der Ehegatte (etwa gegenüber Eltern oder in der Nachbarschaft) besonders gedemütigt wird.[49] Eine unzumutbare Härte begründet auch die Aufnahme einer Tätigkeit als Prostituierte durch die Ehefrau
ohne die Zustimmung des Ehemannes,[50] die Aufforderung zum Geschlechtsverkehr zu dritt, nachdem ein ehebrecherisches Verhältnis durch den anderen Ehegatten aufgedeckt worden ist.[51] Sie ist
für die Ehefrau bejaht worden, nachdem der Ehemann die antragstellende Ehefrau kurz nach der
Geburt eines gemeinsamen Kindes verlassen hat, um mit einer anderen Frau zusammenzuleben.[52]
Weitere Härtegründe sind schwere Beleidigungen und grobe Ehrverletzungen,[53] Trunksucht und
häufige Alkoholexzesse[54], insbesondere verbunden mit Drohungen durch den gewalttätigen Ehemann,[55] Geschlechtsverkehr mit der Stieftochter.[56] Die zur Anzeige gebrachte Vergewaltigung und
sexuelle Nötigung begründen die unzumutbare Härte dann nicht, wenn die Ehefrau anschließend
den Kontakt zu ihrem Ehemann aufrechterhält.[57] Ähnliches gilt für körperliche Misshandlungen,
soweit sie als einmalige Handlungen im Affekt erfolgen.[58] Die unzumutbare Härte liegt auch dann
vor, wenn sich der Ehegatte wegen des Vorwurfs, die Eltern des antragstellenden Ehegatten getötet
zu haben in Untersuchungshaft befindet.[59]

Keine unzumutbare Härte ist dagegen in der bloßen Ablehnung der Ehe und des Ehepartners[60] oder 25
in der Aufnahme einer gleichgeschlechtlichen Beziehung durch den Ehegatten gesehen worden, da
diese jedenfalls nach dem Inkrafttreten des LPartG in der Regel den gleichen Regeln wie heterosexuelle Partnerschaften unterliegen.[61] Keine unzumutbare Härte stellt es dar, wenn ein Ehegatte erst
nach der Eheschließung Kenntnis vom wahren Grund der Verbüßung einer mehrjährigen Freiheitsstrafe durch den anderen erhält,[62] wenn ein Ermittlungsverfahren wegen Verbreitung kinderporno-
graphischer Schriften gem. § 153a StGB eingestellt worden ist,[63] wenn ein Ehegatte unter einer Ner-
venkrankheit leidet und dem anderen diese bei der Eheschließung bekannt war.[64] Dasselbe gilt für
den Ehebruch als solchem.[65] Auch dann, wenn die Ehefrau unmittelbar nach der Eheschließung
erfährt, dass ihr Ehemann ihrer besten Freundin seine Liebe offenbart hat und eine künftige Wiederherstellung der Lebensgemeinschaft ausgeschlossen scheint, begründet dies nicht die vorzeitige Ehe-

---

47 OLG Saarbrücken FamRZ 2005, 809; OLG Köln FamRZ 1999, 723.
48 OLG Rostock FamRZ 1993, 808; OLG Köln FamRZ 1991, 822; OLG Bremen FamRZ 1977, 808;
   OLG Hamm NJW 1978, 169.
49 OLG Köln FamRZ 2003, 1565.
50 OLG Bremen FamRZ 1996, 489.
51 OLG Köln FamRZ 1996, 519.
52 OLG Schleswig NJW-RR 1989, 260.
53 BGH FamRZ 1981, 127, 129.
54 OLG München FamRZ 1978, 29, 31.
55 OLG Schleswig OLGR 2008, 16.
56 OLG Oldenburg FamRZ 1992, 682; OLG Schleswig SchlHA 1977, 187.
57 OLG Brandenburg FamRZ 2000, 287.
58 OLG Stuttgart FamRZ 2002, 239.
59 AG Hannover FamRZ 2004, 630.
60 OLG Düsseldorf FamRZ 2000, 286.
61 OLG Nürnberg FamRZ 2007, 1885; OLG Köln FamRZ 1997, 24; OLG Celle NJW 1982, 586; a.A.:
   Staudinger/Rauscher § 1565 Rn. 182.
62 OLG Nürnberg FamRZ 1990, 630.
63 AG Ludwigslust FamRZ 2005, 808.
64 OLG Düsseldorf FamRZ 1993, 809.
65 OLG Stuttgart FamRZ 2002, 1342.

scheidung.[66] Auch die Verletzung von Unterhaltspflichten[67] oder das Aussperren des Ehegatten aus der gemeinsamen Wohnung, jedenfalls dann, wenn dieser alsbald eine neue Wohnung gefunden hat[68] lassen die Einhaltung des Trennungsjahres nicht unzumutbar erscheinen. Die Tatsache, dass die Ehe aus sachfremden Gründen geschlossen worden ist, begründet die Unzumutbarkeit nicht.[69] Dasselbe gilt für den Fall, dass der andere Ehegatte erklärt, seiner Unterhaltspflicht nicht nachkommen und fortan in seiner ausländischen Heimat leben zu wollen.[70]

26 Das Zusammenleben beider Ehegatten mit neuen Partnern in der neuen Partnerschaft stellt für sich genommen keine unzumutbare Härte dar.[71] Das gilt möglicherweise auch dann, wenn aus der neuen Partnerschaft ein neues Kind erwartet wird.[72] Gleichwohl sollte aber nicht verkannt werden, dass für alle Beteiligten der Umstand erschwerend wirkt, dass das Kind gem. § 1599 Abs. 2 Nr. 1 als ein solches des Ehemannes gilt, was nicht nur nicht in dessen Interesse liegen dürfte. Aus diesem Grunde stellt die Annahme eines Härtegrundes, auch um den Beteiligten die Vaterschaftsanfechtung zu ersparen, sicher keine mit dem Grundsatz der Gleichberechtigung nicht zu vereinbarende Höhergewichtung des Ehebruchs der Frau dar.[73] Aus diesem Grunde ist teilweise ein Härtegrund im Sinne des Abs. 2 entgegen der oben zitierten Rechtsprechung bei Bestehen einer Schwangerschaft der Ehefrau aus einer ehebrecherischen Beziehung auch schon angenommen worden.[74]

E. Stellung eines vorzeitigen Scheidungsantrages

27 Wird der Ehescheidungsantrag vor Ablauf des Trennungsjahres gestellt und liegt ein Härtegrund nicht vor, so sind dem antragstellenden Ehegatten im Rahmen der nach § 81 FamFG zu treffenden Kostenentscheidung die Kosten der Beschwerdeinstanz aufzuerlegen, wenn er dort nur deshalb obsiegt, weil die Scheidungsvoraussetzungen mittlerweile durch Zeitablauf erfüllt sind.[75] Etwas anderes gilt dann, wenn das Trennungsjahr zwar erst nach Schluss der mündlichen Verhandlung aber vor der Verkündung der erstinstanzlichen Entscheidung abgelaufen ist.[76] Weil dem der Ehescheidung widersprechenden Ehegatten durch die Zulassung des verfrüht gestellten Scheidungsantrages möglicherweise erhebliche wirtschaftliche Nachteile entstehen könnten, wird auch die Meinung vertreten, den Antrag trotz Erfüllung der einjährigen Trennungsfrist in der Beschwerdeinstanz zurückzuweisen.[77]

§ 1566   Vermutung für das Scheitern

(1) Es wird unwiderlegbar vermutet, dass die Ehe gescheitert ist, wenn die Ehegatten seit einem Jahr getrennt leben und beide Ehegatten die Scheidung beantragen oder der Antragsgegner der Scheidung zustimmt.

---

66 OLG München FamRZ 2011, 218.
67 OLG Saarbrücken FamRZ 1978, 114.
68 OLG Zweibrücken FamRZ 2005, 379.
69 OLG Karlsruhe FamRZ 1986, 680.
70 KG FamRZ 2000, 288.
71 OLG Rostock NJW 2006, 3648.
72 OLG Naumburg FamRZ 2005, 1839; OLG Stuttgart FamRZ 1999, 722.
73 So auch: MüKo/Ey § 1565 Rn. 113; a.A. AG Biedenkopf FamRZ 1999, 722.
74 OLG Frankfurt FamRZ 2006, 625; OLG Karlsruhe FamRZ 2000, 237.
75 BGH FamRZ 1997, 347; OLG Saarbrücken FamFR 2011, 257; OLG Düsseldorf FamFR 2010, 116; OLG Brandenburg FamRZ 2000, 1417; OLG Nürnberg NJW-RR 1997, 388; OLG Hamm FamRZ 1993, 456 jeweils zu § 97 Abs. 2 ZPO.
76 OLG Koblenz FamRZ 2008, 996.
77 OLG Oldenburg FamRZ 1996, 1480.

(2) Es wird unwiderlegbar vermutet, dass die Ehe gescheitert ist, wenn die Ehegatten seit drei Jahren getrennt leben.

A. Allgemeines

I. Beweislastregel

Die Norm schafft zum einen **zwingende Beweislastregeln** für die ansonsten oft schwierige Fest- **1** stellung des endgültigen Scheiterns einer Ehe. Sie befreit die Beteiligten zum anderen davon, ihre ehelichen Lebensverhältnisse dem Gericht in allen Einzelheiten offenbaren zu müssen. Durch § 1566 sollte überdies eine offene Form der **einverständlichen Scheidung** geschaffen werden.[1] Die Norm schafft keinen eigenständigen Scheidungstatbestand und ändert nichts an dem Erfordernis des Geschiedertseins der Ehe als Voraussetzung für die Ehescheidung.

Die Voraussetzungen für die Anwendung der Beweisregeln müssen spätestens zum Zeitpunkt der **2** letzten mündlichen Verhandlung der letzten Tatsacheninstanz erfüllt sein, weshalb die Vermutungen auch in der Beschwerdeinstanz noch von Relevanz sein können. Das Verfahren kann somit streitig beginnen und einverständlich enden oder auch umgekehrt.

Liegen die Voraussetzungen des § 1566 vor, greift deren zwingende Beweisregel, so dass das **3** Gericht die tatsächliche Zerrüttung nicht mehr prüfen darf.

II. Getrenntleben

Die Vermutungen der Abs. 1 und 2 knüpfen an das **Getrenntleben** der Eheleute an, dessentwegen **4** auf § 1567 verwiesen wird. § 1566 findet nach wohl herrschender Meinung auch auf solche Eheleute Anwendung, die keine häusliche Gemeinschaft gehabt haben, insbesondere also auch auf **Fehl- oder Zweckehen**.[2]

B. Einverständliche Scheidung nach 1-jährigem Getrenntleben (Abs. 1)

§ 1566 Abs. 1 gibt den Eheleuten die Möglichkeit zur **Konventionalscheidung**, versperrt jedoch **5** nicht den Weg, auch den Nachweis der Zerrüttung nach § 1565 zu führen, wenn ihnen die für die Konventionalscheidung erforderliche Einigung auch über die Scheidungsfolgen nicht gelingt. Haben sie den Weg der einverständlichen Scheidung gewählt, darf das tatsächliche Scheitern der Ehe durch das Gericht nicht geprüft werden.[3]

Abs. 1 setzt entweder den **beiderseitigen Scheidungsantrag** oder die **Zustimmung des anderen** **6** **Ehegatten** zum einseitig gestellten Scheidungsantrag voraus. Die Zustimmung ist dem Gericht gegenüber zu erklären. Wird sie außergerichtlich erteilt, ist sicherzustellen, dass sie mit Willen des

---

1 BT-Drucks. 7/4361 S. 11.
2 Staudinger/Rauscher § 1566 Rn. 21 ff.
3 Johannsen/Henrich/Jaeger § 1566 Rn. 5.

Erklärenden dem Gericht vorgelegt wird.[4] Eine Zustimmungserklärung nur gegenüber dem Ehegatten – etwa in einer Unterhaltsvereinbarung – begründet nicht einmal eine materiell – rechtliche Verpflichtung zur Abgabe einer entsprechenden Erklärung auch gegenüber dem Gericht.[5]

7   Die Zustimmungserklärung ist jederzeit frei **widerruflich** (§ 134 Abs. 2 S. 1 FamFG). Für sie besteht **kein Anwaltszwang** (§ 134 Abs. 2 S. 2 FamFG), jedoch ist die **Verfahrensfähigkeit** des Antragsgegners erforderlich. Fehlt es an dieser, bedarf die Zustimmung durch den gesetzlichen Vertreter der Genehmigung des Familien- oder Betreuungsgerichts (§ 125 Abs. 2 FamFG).

8   Bis zum Inkrafttreten des FamFG war Abs. 1 nach allgemeiner Meinung im Zusammenhang mit § 630 ZPO zu sehen. Im FamFG ist eine dem früheren § 630 ZPO entsprechende Regelung nicht mehr enthalten, so dass der Scheidungsantrag jetzt nur noch die in § 133 FamFG genannten Angaben enthalten muss, während ein Einigungszwang nicht mehr besteht. Dies entspricht der bereits bislang weit verbreiteten Praxis. Erforderlich sind nach § 133 Abs. 1 FamFG außer den Angaben zu den Personen auch Angaben dazu, ob eine Regelung über die elterliche Sorge, den Umgang und die Unterhaltpflicht gegenüber gemeinschaftlichen minderjährigen Kindern getroffen worden ist und ob Einigkeit über die durch die Ehe begründete Unterhaltpflicht sowie die Rechtsverhältnisse an Ehewohnung und Haushaltsgegenständen besteht. Damit soll sichergestellt werden, dass ggf. das zuständige Jugendamt informiert wird. Weiter soll den Beteiligten wie auch dem Gericht das vorhandene Streitpotential verdeutlicht werden.[6]

C. Streitige Scheidung nach 3-jährigem Getrenntleben (Abs. 2)

9   Leben die Eheleute spätestens zum Zeitpunkt der letzten mündlichen Verhandlung mindestens 3 Jahre voneinander getrennt, so wird **die Zerrüttung der Ehe nach Abs. 2 unwiderlegbar vermutet**, so dass jetzt die Ehe auch gegen den Willen des anderen Ehegatten und ohne konkreten Nachweis der Zerrüttung geschieden werden kann. Der Beweis des Gegenteils ist gar ausgeschlossen, weshalb eine Beweisaufnahme nicht erfolgen darf.[7]

10   Besteht trotzdem zur freien Überzeugung des Gerichts eine Aussicht auf Fortsetzung der Ehe, darf es das Scheidungsverfahren jedoch bis zur Dauer von 6 Monaten aussetzen (§ 136 Abs. 1 FamFG), es sei denn, beide Eheleute widersprechen (§ 136 Abs. 1 S. 2 FamFG).

§ 1567   Getrenntleben

(1) [1]Die Ehegatten leben getrennt, wenn zwischen ihnen keine häusliche Gemeinschaft besteht und ein Ehegatte sie erkennbar nicht herstellen will, weil er die eheliche Lebensgemeinschaft ablehnt. [2]Die häusliche Gemeinschaft besteht auch dann nicht mehr, wenn die Ehegatten innerhalb der ehelichen Wohnung getrennt leben.

(2) Ein Zusammenleben über kürzere Zeit, das der Versöhnung der Ehegatten dienen soll, unterbricht oder hemmt die in § 1566 bestimmten Fristen nicht.

---

4   OLG Saarbrücken FamRZ 1992, 109, 111; OLG Stuttgart OLGZ 1993, 263, 264.
5   BGH FamRZ 1995, 229; Staudinger/Rauscher § 1566 Rn. 35.
6   Schulte-Bunert/Weinreich/Schröder, FamFG, § 133 Rn. 3.
7   BGH FamRZ 1979, 285; OLG Brandenburg FamRZ 2000, 1417.

A. Allgemeines

Der **Begriff des Getrenntlebens** hat grundlegende Bedeutung für alle Scheidungstatbestände und   1
darüber hinaus. Abgesehen vom Ausnahmetatbestand des § 1565 Abs. 2 ist stets das Getrenntleben
der maßgebliche Indikator für die Annahme vom Scheitern der Ehe. Daneben ist er Voraussetzung für das Entstehen des Anspruchs auf Zahlung von Ehegattenunterhalt nach § 1361 oder für
eine Sorgerechtsregelung nach § 1671.

B. Getrenntleben

Das Getrenntleben umfasst **zwei Komponenten**, eine **objektive** und eine **subjektive**. Objektiv liegt   2
ein Getrenntleben erst dann vor, wenn die häusliche Gemeinschaft der Eheleute aufgehoben worden
ist (= **Nichtbestehen der häuslichen Gemeinschaft**). Subjektiv ist daneben erforderlich, dass ein
Ehegatte die häusliche Gemeinschaft nicht wieder herstellen will, weil er die eheliche Lebensgemeinschaft ablehnt (=**Trennungsabsicht**). Dieser Wille muss nach außen erkennbar werden.

I. Nichtbestehen der häuslichen Gemeinschaft

Das Fehlen der häuslichen Gemeinschaft kann dann leicht festgestellt werden, wenn ein Ehegatte   3
die eheliche Wohnung endgültig verlassen hat und in eine andere Wohnung gezogen ist. Im Übrigen muss die **Aufhebung der häuslichen Gemeinschaft** – sei es auch innerhalb der Ehewohnung – weitestgehend herbeigeführt worden sein. Dabei ist die Rechtsprechung zur Annahme des
Getrenntlebens nicht mehr so restriktiv, wie noch zur Zeit des Inkrafttretens des jetzigen Ehe-
scheidungsrechts. Zunächst wurde ein Getrenntleben nur angenommen, wenn **kein gemeinsamer
Haushalt** mehr geführt wurde und zwischen den Ehegatten **keine persönlichen Beziehungen**
mehr bestanden,[1] mithin eine – wenngleich möglicherweise auch in der gemeinsamen Wohnung – **vollkommene tatsächliche Trennung** herbeigeführt worden war.[2] Innerhalb der ehelichen
Wohnung hatte die Trennung so zu erfolgen, dass jeder Ehegatte einen äußerlich zusammenhängenden Raumkomplex so bewohnt, dass dieser nicht mehr als gemeinschaftlicher räumlicher
Lebensbereich erscheint; ein eheliches Zusammenleben, und sei es auch nur in Form gemeinschaftlicher Haushaltsführung, hatte zu unterbleiben.

Jetzt wird ein **Restmaß an Gemeinsamkeiten** akzeptiert. So kann ein Getrenntleben auch noch   4
dann angenommen werden, wenn sich die Eheleute innerhalb der Ehewohnung trennen, jedoch
weiterhin einzelne Räume gemeinsam nutzen und gelegentlich gleichzeitig an einem Tisch essen,
wenn es sich dabei um ein bloßes räumliches Nebeneinandersein ohne persönliche Beziehung
oder geistige Gemeinschaft handelt.[3] Diese Voraussetzung wäre auch dann erfüllt, wenn sich die
Gemeinsamkeit auf den sonntäglichen gemeinsamen Mittagstisch beschränkt, wenn dies im **Interesse der Kinder** geschieht, die schonend auf den eventuellen Auszug eines Elternteils vorbereitet
werden sollen.[4] Auch **geringe Versorgungsleistungen** eines Ehegatten stehen der Annahme des

---

1 BGH FamRZ 1978, 671.
2 OLG Frankfurt FamRZ 1978, 595; OLG Karlsruhe FamRZ 1980, 52.
3 OLG Düsseldorf FamRZ 1982, 1014.
4 OLG Köln FamRZ 1986, 388.

Getrenntlebens nicht unbedingt entgegen,[5] insbesondere dann, wenn sie notgedrungen wegen der Erkrankung des anderen erfolgen,[6] oder gar aufgedrängt worden sind.[7]

5   Andererseits kann ein Getrenntleben nicht angenommen werden, wenn die Eheleute das **gemeinsame eheliche Schlafzimmer** weiterbenutzen,[8] wenn sie einander unverändert Versorgungsleistungen in erheblichem Umfang erbringen[9] oder wenn sie nur einvernehmlich mit teils arbeitsteiliger Gestaltung bei **fortschreitender Verselbständigung** der jeweiligen Lebensverhältnisse die eheliche Lebensgemeinschaft gewissermaßen auslaufen lassen.[10]

6   Leben die Ehegatten ohnehin **nicht in häuslicher Gemeinschaft**, ist maßgeblich auf den Trennungswillen abzustellen. Das gilt zum Einen bei berufsbedingter Trennung der Eheleute, bei der die Trennung in dem Moment einsetzt, in dem ein Ehegatte dem anderen erklärt, er wolle nicht mehr mit ihm zusammenleben.[11] Befindet sich ein Ehegatte in **Strafhaft**, so beginnt das Getrenntleben dann, wenn ein Ehegatte frei zum Ausdruck bringt, er wolle die Gemeinschaft mit dem anderen nicht aufrechterhalten. Hierzu reicht die bloße Einstellung der Besuche in der Justizvollzugsanstalt nicht aus.[12] Ist ein Ehegatte in einem **Pflegeheim** untergebracht, kann dieser Umstand allein gleichfalls das Getrenntleben nicht begründen.[13] Hier wird man außer auf den Trennungswillen auch darauf abstellen können, ob noch ein Restbestand der Verwirklichung der ehelichen Lebensgemeinschaft gegeben ist, der sich auf eine Kontaktpflege durch Besuche oder dergleichen beschränkt.[14] Wegen weiterer Einzelheiten vgl. im Übrigen oben § 1565 Rn. 2 ff.

II. Trennungsabsicht

7   Zu dem objektiven Nichtbestehen der häuslichen Gemeinschaft muss nach außen der Wille erkennbar werden, die häusliche Gemeinschaft nicht wieder herzustellen, worin das **Motiv für die Ablehnung der ehelichen Lebensgemeinschaft** zu sehen sein muss. Die Feststellung vom Vorhandensein dieses Willens ist leicht zu treffen, wenn der scheidungswillige Ehegatte von dem anderen aufgefordert worden ist, die eheliche Lebensgemeinschaft wieder herzustellen, sich darauf jedoch weigert. Ein erkennbares äußeres Zeichen für die Trennungsabsicht ist in deren **ausdrücklicher Erklärung** oder auch der **Stellung des Scheidungsantrages** zu sehen.[15]

8   Besondere Bedeutung kommt der eindeutigen und unmissverständlichen Erkennbarkeit der Trennungsabsicht dann zu, wenn die **Trennung innerhalb der Ehewohnung** erfolgte oder **die häusliche Gemeinschaft** – wie bei Strafhaft oder der Ehe mit einem Seemann – **gar nicht bestand**. Auch dann ist aber nur auf die objektive Erkennbarkeit, nicht auf die Kundgabe der Trennungsabsicht gegenüber dem Partner abzustellen.[16]

9   Die Erklärung der Trennungsabsicht ist **keine Willenserklärung**, weshalb auch ein Geschäftsunfähiger sie äußern kann.[17] Bei Geschäftsunfähigen kommt es deshalb auf ihren tatsächlich erkennbar werdenden Willen, nicht auf den ihres gesetzlichen Vertreters an.[18] An der Trennungsabsicht wird

5 OLG München FamRZ 1998, 826; OLG Hamburg MDR 1999, 748.
6 OLG Stuttgart NJW-RR 1993, 514.
7 OLG Jena EzFamR aktuell 2001, 212.
8 OLG Hamm FamRZ 1999, 723.
9 OLG Brandenburg OLGR 2008, 577; OLG Koblenz OLGR 2004, 632.
10 OLG Zweibrücken FamRZ 2000, 1418.
11 OLG Hamm FamRZ 1978, 119.
12 OLG Bamberg FamRZ 1981, 52; OLG Dresden MDR 2002, 762.
13 OLG Köln FamRZ 2010, 2076.
14 BGH FamRZ 1989, 479; OLG Hamm FamRZ 1990, 166.
15 OLG Hamm FamRZ 1990, 166; OLG Bamberg FamRZ 1981, 52.
16 OLG Dresden MDR 2002, 762; OLG Karlsruhe FamRZ 1986, 680.
17 BGH FamRZ 1989, 479.
18 BGH FamRZ 1989, 479.

es dann fehlen, wenn der geistig Behinderte noch Freude über die kontakterhaltenden Besuche des anderen erkennen lässt. Fehlt dem **geistig behinderten Ehegatten** das Bewusstsein für die Zerrüttung seiner Ehe völlig, so kann ihm die Berufung auf deren Scheitern aber nicht mit der Begründung versagt werden, er habe in Folge seiner Behinderung jedes Verständnis für die Ehe und deren Scheitern verloren.[19] Daraus kann andererseits aber nicht gefolgert werden, die Ehe des geistig Behinderten sei allein schon deshalb gescheitert, weil ihm jedes Verständnis für die Ehe fehle. Insoweit ist auf den weitergehenden Begriff der **Lebensgemeinschaft** abzustellen und zu prüfen, ob diese auch objektiv als **Verantwortungsgemeinschaft** gescheitert ist.[20]

C. Versöhnungsversuche (Abs. 2)

Ein Zusammenleben über kürzere Zeit, das der Versöhnung der Ehegatten dienen soll, unterbricht **10** oder hemmt die Trennungsfrist nicht. Damit sollen **Versöhnungsversuche** erleichtert werden. Der grundsätzlich scheidungswillige Ehegatte soll nicht befürchten müssen, nach einem nur kurzfristigen Versöhnungsversuch werde die Trennungsfrist erneut zu laufen beginnen und allein deshalb hiervon Abstand nehmen.[21]

I. Begriff des Versöhnungsversuchs

Erforderlich ist, dass das Zusammenleben der **Versöhnung der Eheleute zu dienen bestimmt** ist. **11** Dazu müssen beide einvernehmlich von der Trennung Abstand genommen und dies durch die Wiederaufnahme einer zumindest eingeschränkten häuslichen Gemeinschaft manifestiert haben.[22] Dabei ist es unschädlich, wenn **weitere Motive** hinzutreten, wie etwa Mitleid oder Pflege eines gemeinsamen Kindes.[23] Doch bietet ein **einmaliger Geschlechtsverkehr** zwischen den Eheleuten bei einer ansonsten als gescheitert anzusehenden Ehe noch keinen hinreichenden Anhaltspunkt dafür, dass es zu einem Versöhnungsversuch gekommen ist.[24]

Ein Versöhnungsversuch liegt andererseits aber dann nicht vor, wenn es zu einer **echten Versöh-** **12** **nung** zwischen den Eheleuten gekommen ist,[25] nach der die erneute Trennung eine neue Trennungszeit in Lauf setzt.[26] Dazu reicht unter Umständen auch ein nur vierzehntägiges Zusammenleben aus.[27]

II. Dauer des Zusammenlebens

Das Zusammenleben darf, um die Trennungsfrist nicht zu unterbrechen, nur **ein kurzes** sein. Ob **13** ein Zusammenleben noch kurz ist, ist auch in **Abhängigkeit von der gesamten Trennungsdauer** zu sehen. Ein Zusammenleben von bis zu **drei Monaten** kann vorbehaltlich besonderer Umstände noch als kurz angesehen werden,[28] während eine »kürzere Zeit« im Sinne des Abs. 2 regelmäßig nicht mehr vorliegen wird, wenn die Ehegatten im letzten Trennungsjahr **länger als 4 Monate**

---

19 BGH FamRZ 1989, 479, 481.
20 BGH FamRZ 2002, 316, 317; OLG Frankfurt FamRZ 2002, 1511.
21 BT-Drucks. 7/650 S. 114.
22 OLG Düsseldorf FamFR 2010, 116.
23 Staudinger/Rauscher § 1567 Rn. 122.
24 OLG Köln FamRZ 2002, 239; OLG Celle FamRZ 1996, 804.
25 OLG München FamRZ 1990, 885; OLG Hamm NJW-RR 1986, 554.
26 BGH NJW 1982, 1870.
27 OLG München FamRZ 1990, 885.
28 OLG Frankfurt FamRZ 2010, 469; OLG Düsseldorf FamRZ 1995, 96; OLG Zweibrücken FamRZ 1981, 146; a.A. OLG Hamm NJW-RR 1986, 554.

zusammengelebt haben.[29] Für **vorangegangene Jahre** kann dagegen eine großzügigere Betrachtungsweise geboten sein.[30]

III. Rechtsfolge

14 Rechtsfolge des Absatzes 2 ist, dass der Ablauf der in § 1566 bestimmten Fristen weder unterbrochen noch gehemmt wird. Über den Wortlaut der Vorschrift hinaus gilt dasselbe nach allgemeiner Meinung aber auch für den Ablauf der Mindesttrennungsdauer des § 1565 Abs. 2. Insoweit liegt offenbar ein Redaktionsversehen vor.[31]

D. Darlegungs- und Beweislast

15 Um das **Getrenntleben in der Ehewohnung** annehmen zu können, bedarf es substantiierten Sachvortrages dazu, welche Räume von welchen Ehegatten allein, welche gemeinsam genutzt werden, ob getrennt geschlafen wird, ob die Mahlzeitengetrennt eingenommen werden, ob Versorgungsleistungen für einander übernommen werden und welche Berührungspunkte gegebenenfalls sonst noch bestehen. Allein die Behauptung, die Wohnung sei aufgeteilt, reicht nicht aus.[32] Im Übrigen trägt derjenige Ehegatte, der die Scheidung begehrt, die Beweislast für das **Vorliegen der Trennungsvoraussetzungen**.[33] Haben die Eheleute zwischenzeitlich wieder zusammengelebt, so trägt der Gegner des Scheidungsantrages die Beweislast dafür, dass dieses **Zusammenleben nicht nur der Versöhnung** dienen sollte, sondern zu einer echten Aussöhnung der Ehegattengeführt hat, da die Eheleute im Hinblick auf den Fristenablauf nicht von Versöhnungsversuchen abgehalten werden sollen.[34]

§ 1568   Härteklausel

(1) Die Ehe soll nicht geschieden werden, obwohl sie gescheitert ist, wenn und solange die Aufrechterhaltung der Ehe im Interesse der aus der Ehe hervorgegangenen minderjährigen Kinder aus besonderen Gründen ausnahmsweise notwendig ist oder wenn und solange die Scheidung für den Antragsgegner, der sie ablehnt, auf Grund außergewöhnlicher Umstände eine so schwere Härte darstellen würde, dass die Aufrechterhaltung der Ehe auch unter Berücksichtigung der Belange des Antragstellers ausnahmsweise geboten erscheint.

(2) *(weggefallen)*

---

29 OLG Köln FamRZ 1982, 1015.
30 Staudinger/Rauscher § 1567 Rn. 142.
31 OLG Zweibrücken FamRZ 1981, 146; OLG Celle FamRZ 1979, 235; OLG Köln FamRZ 1979, 236; OLG Hamm FamRZ 1978 117.
32 OLG Bremen OLGR Bremen 1999, 441.
33 OLG Brandenburg OLGR 2008, 577.
34 OLG Zweibrücken FamRZ 1997, 1212; OLG München FamRZ 1990, 885; OLG Celle FamRZ 1979, 234.

A. Allgemeines

Die Norm beinhaltet zwar faktisch eine **eheerhaltende oder -verlängernde Regelung**, hat jedoch 1
nicht die Erhaltung der Ehe zum Zweck.[1] Durch sie soll vielmehr nach herrschender Meinung
lediglich die Scheidung einer im Grundsatz gescheiterten Ehe zur Unzeitvermieden werden.[2] Sie
bietet einen zeitlich begrenzten Ehebestandsschutz und greift nicht ein, wenn es andere geeignete
Mittel zur Milderung oder Beseitigung der Härte gibt.[3] Die Norm findet deshalb auch nur dann
Anwendung, wenn das Scheitern der Ehe festgestellt werden kann, die Scheidungsvoraussetzungen
im Übrigen mithin erfüllt sind.

Die Norm schützt zwei Zielgruppen, **minderjährige aus der Ehe hervorgegangene Kinder** (Kin- 2
derschutzklausel, 1. Fallgruppe) und den nicht die Scheidung beantragenden **Ehegatten** (Ehegattenschutzklausel, 2. Fallgruppe).

Nachdem das Bundesverfassungsgericht durch Urteil vom 21.10.1980 entschieden hatte, dass die 3
bis dahin in Abs. 2 enthaltene Befristung auf 5 Jahre nicht mit Art. 6 Abs. 1 GG vereinbar ist,[4] ist
dieser Abs. durch das Unterhaltsänderungsgesetz vom 01.04.1986 ersatzlos entfallen.

B. Härteklauseln

I. Fallgruppe Kinderschutzklausel

Die Kinderschutzklausel betrifft ausweislich des ausdrücklichen Wortlautes der Norm nur minder- 4
jährige Kinder, die die **gemeinschaftlichen der Eheleute** sind. Zu den gemeinschaftlichen Kindern
rechnen außer den **leiblichen Kindern** auch **Adoptivkinder**, nicht aber die Kinder nur eines der
Ehegatten aus einer anderen Beziehung.

Regelmäßig werden Kinder ein Interesse am Bestand einer **sozial intakten Familie** haben, die 5
durch die Trennung der Eltern ohnehin schon aufgehoben worden ist. Die Kinderschutzklausel
greift deshalb nur in den **seltenen Ausnahmefällen**, in denen die Kinder ein besonderes Interesse
an der Aufrechterhaltung des äußeren Bandes der Ehe haben, also dem Verheiratetsein der Eltern
als solchem.[5] Die aus der Trennung resultierenden nachteiligen Folgen stellen die für die Anwendung der Kinderschutzklausel festzustellenden besonderen Gründe mithin nicht dar.[6] Auch die
voraussichtliche Behinderung des späteren Umgangsrechts begründet keinen Härtefall.[7] Angenommen worden ist ein besonderer Grund bei der ernsthaften **Gefahr der Selbsttötung eines
minderjährigen Kindes** für den Fall der Ehescheidung,[8] während ein solcher Grund nicht angenommen werden kann, wenn das Kind noch so klein ist, dass es zu dem betreffenden Elternteil
noch keine eigenen gefestigten Beziehungen hat aufbauen können.[9]

Weil die Pflicht zur Rücksichtnahme auf die Belange gemeinsamer Kinder aus der uneinge- 6
schränkten Solidarität mit den Kindern folgt, werden deren Belange nicht gegen die des die Ehescheidung begehrenden Ehegatten abgewogen.[10]

1 MüKo/Ey § 1568 Rn. 2.
2 Staudinger/Rauscher § 1568 Rn. 15 m.w.N.
3 OLG Brandenburg FamRZ 2009, 1223.
4 BVerfG NJW 1981, 108.
5 MüKo/Ey § 1568 Rn. 15.
6 OLG Köln FamRZ 1981, 959; FA-FamR/v. Heintschel-Heinegg Kap. 2 Rn. 41.
7 OLG Frankfurt NJW-RR 2002, 162.
8 OLG Hamburg FamRZ 1986, 469.
9 OLG Köln FamRZ 1998, 827.
10 Staudinger/Rauscher § 1568 Rn. 20.

II. Fallgruppe Ehegattenschutzklausel

7   Durch die Ehegattenschutzklausel soll dem an der Ehe festhaltenden Ehegatten die Möglichkeit gegeben und die Zeit eingeräumt werden, **sich auf die Auflösung der Ehe einzustellen.**[11] Da die Scheidung der Ehe gegen den Willen eines Ehegatten für diesen regelmäßig mit Härten verbunden ist, ist der Maßstab für die Annahme der schweren Härte nicht die Ehe schlechthin, sondern die bereits gescheiterte.[12] Nur dann, wenn sich auf Grund **außergewöhnlicher Umstände** durch die Scheidung **besondere Härten** ergeben, kann nach **Abwägung der beiderseitigen Interessen** an der bereits gescheiterten Ehe festzuhalten sein. Dabei muss die Ablehnung der Scheidung das **einzige Mittel** sein, um den Ehegatten vor einer für ihn durch die Scheidung entstehenden unerträglichen Lage zu bewahren.[13] Umstände, die schon durch die Trennung der Ehegatten hervorgerufen worden sind, können in die Wertung im Rahmen des § 1582 nicht mit einbezogen werden.[14]

8   Bejaht worden sind die die schwere Härte begründenden außergewöhnlichen Umstände im **Spätstadium einer multiplen Sklerose eines Ehegatten**, in dem schon kleine Aktivierungen der Entzündungsvorgänge massive Anfälle bewirken, die der Kranke aus eigener Kraft nicht mehr ausgleichen kann, so dass die Gefahr wesentlicher gesundheitlicher Verschlechterung besteht.[15] Allerdings ist eine Präferenz des todkranken Ehegatten dann nicht mehr gegeben, wenn die Verweigerung der Ehescheidung für den anderen zu einer akuten, lebensbedrohenden Gesundheitsgefährdung führen kann.[16] Voraussetzung für die Annahme der schweren Härte ist stets, dass der Gesundheitszustand gerade durch die Scheidung als solche, nicht die Trennung, negativ beeinflusst wird.[17]

9   Die **religiöse Überzeugung** eines Ehegatten und seine Stellung in einer Glaubensgemeinschaft vermögen die schwere Härte dagegen nicht zu begründen.[18]

10   Bei **Suizidgefahr** kommt es darauf an, ob der drohende Schritt des Antragsgegners eine von ihm selbst zu verantwortende Fehlreaktion darstellt, oder ob er aus einer von ihm nicht steuerbaren psychischen Ausnahmesituation resultiert.[19] **Depressionen** auf Grund des Partnerverlustes stellen eine häufige Begleiterscheinung der Ehescheidung dar, und können deshalb auch dann nicht als scheidungshindernde außergewöhnliche Umstände gewertet werden, wenn als Folge der Depressionen der Suizid droht.[20] Mit der Scheidung verbundene seelische Belastungen sind grundsätzlich zumutbar.[21] Das gilt umso mehr, wenn der unter Depressionen leidende Ehegatte therapiefähig ist.[22] Kommt ein Partner nach langer Ehedauer mit dem trennungsbedingten Alleinsein nicht zurecht und führt dies zu einer Verschlechterung seiner psychischen Verfassung, so ist hierin eine Härte zu sehen, die mit Trennung und Scheidung üblicherweise verbunden ist und deshalb die Anwendung der Härteklausel nicht rechtfertigt.[23]

11   Weil die Rechtsfolgen des Ausländerrechts an die dauerhaft bestehende Trennung anknüpfen, dem rechtlichen Bestand der Ehe ausländerrechtlich dagegen keine entscheidende Bedeutung zukommt, liegt in der **drohenden Abschiebung** keine schwere Härte.[24] Das gilt selbst dann, wenn

---

11   BT-Drucks. 7/4361 S. 13.
12   FA-FamR/v. Heintschel-Heinegg Kap. 2 Rn. 43.
13   OLG München FuR 1992, 294.
14   OLG Köln NJW 1982, 2262.
15   BGH FamRZ 1985, 905.
16   OLG Hamm NJW-RR 1989, 1159.
17   OLG Brandenburg NJW-RR 2012, 71.
18   OLG Schleswig OLGR Schleswig 2001, 6; OLG Stuttgart FamRZ 1991, 334.
19   OLG Schleswig MDR 2006, 874; FA-FamR/v. Heintschel-Heinegg Kap. 2 Rn. 45.
20   OLG Celle NJW-RR 1995, 1409.
21   OLG Nürnberg EzFamR aktuell 2001, 124.
22   OLG Stuttgart NJW-RR 1992, 1093; OLG Hamm FamRZ 1990, 60.
23   OLG Brandenburg FamRZ 2009, 1223.
24   OLG Nürnberg FamRZ 1996, 35; OLG Karlsruhe FamRZ 1990, 630.

nach der drohenden Abschiebung der Verlust der Bindung zu einem gemeinsamen Kind zu befürchten ist.[25]

Die lange Ehedauer (über 30 Jahre), die Ablehnung der Scheidung aus **ethischen Gründen** und 12 mit einem nach Ehescheidung zu leistenden Zugewinnausgleich verbundene **wirtschaftliche Probleme** wie das Fehlen einer Regelung zum nachehelichen Unterhalt[26] vermögen allein die schwere Härte nicht zu begründen.[27] So ist es unerheblich, dass der **Krankenversicherungsschutz** des sich gegen die Ehescheidung wehrenden Ehegatten nach der Scheidung hinter dem bei fortbestehender Ehe zurückbleibt und damit der bisherige Versorgungsstatus nicht aufrechterhalten wird,[28] oder dass sich die Ehescheidung zum aktuellen Zeitpunkt hinsichtlich des Erwerbs von **Rentenversorgungsanwartschaften** ungünstig auswirkt, weil der sich gegen die Ehescheidung wendende Ehegatte wegen der Betreuung eines ehegemeinschaftlichen schwerstbehinderten Kindes an der Ausweitung seiner Berufstätigkeit gehindert ist.[29] Denn die Härteklausel ist nicht dafür vorgesehen, eine günstigere Regelung des Versorgungsausgleichs zu erreichen[30] oder zu verhindern, dass ein Ehegatte als Folge der Scheidung zum Sozialfall wird.[31] Die schwere Härte liegt auch nicht darin begründet, dass ein **Landwirt** bei Scheidung den von seiner Ehefrau eingebrachten Hof, den er jahrzehntelang bewirtschaftet hat, verlassen muss.[32] Anders ist die Situation jedoch dann zu beurteilen, wenn mehrere der genannten Umstände (**hohes Lebensalter und Pflegebedürftigkeit**) zusammen treffen.[33]

Wirtschaftliche Folgen der Ehescheidung können in der Regel im Rahmen der güterrechtlichen 13 Scheidungsfolgenregelung angemessen erfasst werden, sind aber grundsätzlich ebenso zu gewichten wie immaterielle Folgen.[34]

Die durch den die Ehescheidung begehrenden Ehegatten betriebene langjährige Blockade des 14 Rechts zum **Umgang mit den gemeinschaftlichen Kindern** kann die Abweisung des Scheidungsantrages nicht rechtfertigen.[35]

Fehlt dem Ehegatten, der sich auf die Anwendung der Härteklausel beruft, selbst die **Bereitschaft** 15 **zur Wiederaufnahme der ehelichen Lebensgemeinschaft**, so ist die Berufung auf § 1568 nicht von vornherein ausgeschlossen.[36] Denn es geht vom Sinn der gesetzlichen Regelung nicht um die Aufrechterhaltung einer gescheiterten Ehe um ihrer sozialen Funktionen willen; jedoch wird die mangelnde innere Bindung häufig die mit der Scheidung verbundenen Härten mindern.[37]

C. Rechtsfolge

Obwohl § 1568 als **Sollvorschrift** formuliert ist, hat das Familiengericht bei der Anwendung der 16 Norm **kein Ermessen**. Liegen die Voraussetzungen vor, hat es den Ehescheidungsantrag zurückzu-

---

25 BGH LM § 1568 Nr. 7a; OLG Köln FamRZ 1998, 827.
26 OLG Brandenburg NJW-RR 2012, 71.
27 OLG Hamm FamRZ 1989, 1188.
28 BGH FamRZ 1981, 649.
29 KG NJW-RR 2001, 1658.
30 OLG Karlsruhe FamRZ 1989, 1304.
31 OLG Bamberg FamRZ 2005, 810.
32 OLG München OLGR 1995, 9.
33 OLG Stuttgart NJW-RR 2002, 1443.
34 BGH NJW 1984, 2353.
35 OLG Frankfurt MDR 2002, 521.
36 OLG Brandenburg NJW-RR 2012, 71.
37 BGH FamRZ 1985, 905.

weisen.[38] Sind die die besondere Härte begründen den Umstände entfallen, kann die Ehescheidung erneut beantragt werden.[39]

D. Darlegungs- und Beweislast

17 Im Ehescheidungsverfahren gilt zwar der **der Grundsatz der eingeschränkten Amtsermittlung** (§ 127 FamFG). Gemäß § 127 Abs. 3 FamFG können außergewöhnliche Umstände nach § 1568 aber nur dann berücksichtigt werden, wenn sie von dem Ehegatten, der die Scheidung ablehnt, vorgebracht sind, weshalb die Darlegungs- und Beweislast insoweit bei dem Antragsgegner liegt, der die Ehe erhalten will.[40] Im Zweifel ist die Ehe deshalb zu scheiden.[41] Im Interesse des Kindeswohls gilt das jedoch bei der Anwendung der **Kinderschutzklausel** nicht.[42]

Vorbemerkung vor §§ 1568a und b

A. Allgemeines

1 Mit dem Gesetz zur Änderung des Zugewinnausgleichs- und Vormundschaftsrechts vom 06.07.2009 (BGBl I 1696) sind die materiellen Vorschriften der HausratsVO in das BGB, dort §§ 1568a und b übernommen worden, nachdem zuvor bereits die formalen Vorschriften der HausratsVO im FamFG aufgegangen sind. Das Verfahren zur Behandlung der Ehewohnung und der Haushaltsgegenstände bestimmt sich deshalb nicht mehr nach §§ 1 und 11 ff. HausratsVO, sondern nach **§§ 200 ff. FamFG**, die Kostenvorschriften sind im FamGKG enthalten. Überdies ist die Terminologie dahingehend geändert worden, dass nicht mehr vom Hausrat, sondern von **Haushaltsgegenständen** gesprochen wird. Der Begriff ist nunmehr identisch mit dem in §§ 1361a, 1369, 1932 verwendeten.

2 §§ 1568a und b sind nur auf Fälle der Auflösung einer Ehe, deren Aufhebung und über § 17 LPartG die Aufhebung gleichgeschlechtlicher Lebenspartnerschaften anwendbar, nicht aber auf die Auflösung nichtehelicher Lebensgemeinschaften.[1] Die nach der Trennung bis zur Rechtskraft der Ehescheidung ggf. notwendige vorläufige Zuweisung von Haushaltssachen und Ehewohnung vollzieht sich nach §§ 1361a und b.

3 Das Bestehen einer **Gütergemeinschaft** steht der Anwendbarkeit der Vorschriften nicht entgegen. Die im Haushaltsverteilungsverfahren getroffenen Regelungen haben auch für die nachfolgende Auseinandersetzung der Gütergemeinschaft Bestand.

4 Die Grenze zum Güterrecht ist im Übrigen nach einer neueren Entscheidung des BGH[2] relativ einfach zu ziehen: Danach können Haushaltsgegenstände, die im Alleineigentum eines Ehegatten stehen nicht im Hausratsverfahren dem anderen zugewiesen werden, nachdem eine dem früheren § 9 HausratsVO entsprechende Regelung nicht übernommen worden ist. Sie unterfallen demnach dem Zugewinnausgleich. Das gilt auch dann, wenn die Hausratsverteilung noch nach der bis zum 31.8.2009 geltenden HausratsVO erfolgt ist, weil das Gesetz für diese Fälle keine Übergangsregelung enthält. Eine Ausnahme gilt nur dann, wenn ausnahmsweise von den Eheleuten erkennbar

---

38 Palandt/Brudermüller § 1568 Rn. 1.
39 BT-Drucks. 77650 S. 116.
40 OLG Brandenburg FamRZ 2007, 1888.
41 OLG Karlsruhe FamRZ 2000, 430.
42 FA-FamR/v. Heintschel-Heinegg Kap. 2 Rn. 42.
 1 OLG Hamm FamRZ 2005, 2085.
 2 BGH FamRZ 2011, 1039 mit Anm. Kogel FamRZ 2011, 1135.

etwas anderes gewollt oder gar vereinbart war. Wegen der **Abgrenzung zum Zugewinn** im Übrigen vgl. § 1372 Rdn. 4 ff.

Die Neuregelungen der § 1568a und b, entsprechen im Wesentlichen den materiellen Vorschriften 5 der HausratsVO. § 9 HausratsVO, der die Möglichkeit gab, auch Alleineigentum eines Ehegatten auf den anderen zu übertragen, wenn dieser auf die Weiternutzung angewiesen war, ist allerdings ersatzlos gestrichen worden, was angesichts des geringen Bedürfnisses an derartigen Regelungen angemessen ist. Nicht übernommen ist auch eine dem § 10 HausratsVO entsprechende Regelung, der die Möglichkeit gab, mit dem Hausrat zusammenhängende Verbindlichkeiten auf einen Ehegatten zu übertragen. Auch diese Norm hatte nur geringe praktische Bedeutung erlangt. Schließlich fehlt eine Regelung, die sich wie § 6 HausratsVO mit der **Aufteilung der Ehewohnung** nach der Scheidung befasste. Auch diese Vorschrift hatte stets geringe praktische Bedeutung. Sollte im Ausnahmefall einmal eine Aufteilung in Betracht kommen, dürfte die wegen des geringeren damit verbundenen Eingriffs und unter Berücksichtigung des im Verfahren geltenden Grundsatzes der Verhältnismäßigkeit auch jetzt noch möglich sein.

Die HausratsVO bot die Grundlage für eine Entscheidung nach Billigkeit. Eine derartige Regelung 6 passte aber nicht in das System des BGB, das darauf beruht, **Anspruchsgrundlagen** zur Verfügung zu stellen, aus denen sich Rechte ergeben, die ggf. mit Hilfe der Gerichte durchgesetzt werden können.[3] Deshalb sind die §§ 1568a und b als Anspruchsnormen ausgestaltet. Dabei entsprechen die Voraussetzungen aber im Wesentlichen den in der HausratsVO aufgestellten Billigkeitskriterien.[4] Konsequenz ist aber, dass sich die Diskussion darüber erledigt hat, ob die Ehewohnung einem Ehegatten auch ohne oder gegen dessen Willen zugewiesen werden kann. Wer keinen Zuweisungsantrag stellt, kann die Wohnung nicht zugewiesen erhalten. Ist niemand an der Weiternutzung interessiert, gibt es kein Zuweisungsverfahren; ein Mietvertrag muss dann ggf. gekündigt werden.

B. Zum Verfahren

Das Verfahren bestimmt sich nach § 200 ff. FamFG. Dabei regelt § 201 FamFG die **örtliche** 7 **Zuständigkeit**, während § 202 FamFG die Zuständigkeitskonzentration bei dem Gericht der Ehesache sicherstellt.

Durch §§ 203 und 206 FamFG sind weitgehende **Mitwirkungspflichten** der Beteiligten begründet 8 worden.

Dabei müssen beide Vorschriften im Kontext gesehen werden. § 203 FamFG bestimmt zum einen, dass das Verfahren nur auf Antrag eingeleitet wird. Der **Verfahrensantrag** bildet die Grundlage des gerichtlichen Verfahrens, wobei das Gericht an ihn nicht wie an einen Sachantrag gebunden ist. Der Antrag stellt vielmehr einen Vorschlag der Beteiligten dar, der das Gericht in seiner Entscheidungsfreiheit nicht einschränkt, aber ein Indiz für dasjenige ist, was die Beteiligten selbst für billig halten.[5]

Nach wie vor gilt zwar im Verfahren der **Amtsermittlungsgrundsatz**, § 26 FamFG. Die schon in 9 § 27 FamFG begründete Mitwirkungspflicht wird aber im Haushalts- und Ehewohnungsverfahren deutlich verschärft. So sollen gem. § 203 Abs. 2 FamFG in Haushaltssachen im Antrag die Gegenstände aufgeführt werden, deren Zuteilung begehrt wird. Daneben soll eine Aufstellung sämtlicher Haushaltsgegenstände beigefügt werden, die deren genaue Bezeichnung enthält. Kommt ein Beteiligter diesen Anforderungen nicht nach, macht dies zwar den Antrag nicht unzulässig, doch hat das Gericht sodann die Möglichkeit, jedem Ehegatten unter Fristsetzung aufzugeben, eben diese

---

3 BT-Drucks. 16/1079 S. 16.
4 BT-Drucks. 16/10798 S. 33.
5 BGH FamRZ 1992, 531 zu § 1 HausratsVO.

Auflistungen nachzureichen. Kommt der Ehegatte auch dem nicht fristgerecht nach, ist er später mit entsprechendem Vortrag präkludiert. Das Gericht ist dann auch nicht mehr zu weiteren Sachaufklärungen verpflichtet, § 206 Abs. 3 FamFG. Diese Regelung entspricht dem gerade in Haushaltssachen bestehenden Bedürfnis, die Beteiligten zu verstärkter Mitwirkung anzuhalten, zumal es sich hierbei typischerweise um Verfahren handelt, die eine Vielzahl von Einzelgegenständen betreffen, für die jeweils wiederum mehrere Punkte wie der Verbleib, die Eigentumslage, die Umstände der Anschaffung und der Wert streitig sein können.[6] Hinzu kommt, dass das Verfahren vermögensrechtliche Angelegenheiten betrifft, hinsichtlich derer kein gesteigertes öffentliches Interesse besteht und dass das Verfahren gerade in Haushaltssachen gewisse Ähnlichkeiten mit dem Zivilprozess hat.[7]

10 Nach § 203 Abs. 2 FamFG soll der Antrag die Angabe enthalten, ob **Kinder im Haushalt** der Eheleute leben. Diese Vorschrift dient der Sicherung der nach § 204 Abs. 2 FamFG geregelten Beteiligung in solchen Verfahren, in denen Kinder im Haushalt leben. Weiter zu beteiligen sind nach § 204 Abs. 1 in Ehewohnungssachen solche Personen, in deren Rechte mit der Entscheidung über die Wohnungszuweisung möglicherweise eingegriffen wird, nämlich der **Grundstückseigentümer**, der **Arbeitgeber** oder **Dienstherr** im Fall der Zuweisung einer Dienstwohnung oder solche Personen, mit denen die Eheleute hinsichtlich der Wohnung in Rechtsgemeinschaft stehen, wie Miteigentümer, Mitmieter oder Untermieter.

11 Das Fehlen einer **Einigung** war nach § 1 HausratsVO Zulässigkeitsvoraussetzung.[8] Das gilt nach der Neuregelung jetzt zwar nicht mehr. Eine umfassende Vereinbarung über die Verteilung der Haushaltsgegenstände und der Ehewohnung lässt aber das Rechtsschutzbedürfnis für ein gerichtliches Verfahren entfallen.[9]

12 Das Gericht soll nach § 207 FamFG die Angelegenheit in einem **Termin** mit den beteiligten Eheleuten erörtern und dazu das persönliche Erscheinen der Ehegatten anordnen. Nur ausnahmsweise darf es nach pflichtgemäßem Ermessen hiervon absehen. Gem. § 36 Abs. 1 S. 2 FamFG soll es dabei auf eine gütliche Einigung hinwirken.

13 § 209 FamFG regelt die **Durchführung der Entscheidung** und deren **Wirksamkeit**. Nach § 209 Abs. 1 FamFG soll das Gericht diejenigen Anordnungen treffen, die zur Durchführung der Entscheidung erforderlich sind. Darunter sind etwa Räumungsanordnungen oder die Anordnung von Räumungsfristen im Fall der Wohnungszuweisung wie auch Verbote und Gebote zu verstehen, die zu einer sachgerechten Nutzung erforderlich sind.[10]

14 Die Entscheidungen in Ehewohnungs- und Haushaltssachen werden nach § 209 Abs. 2 S. 1 FamFG mit ihrer Rechtskraft wirksam. Nach Abs. 2 S. 2 soll das Gericht aber in Ehewohnungssachen nach § 1361b die **sofortige Wirksamkeit** der Entscheidung anordnen. Nach § 209 Abs. 3 FamFG kann das Gericht schließlich noch die Zulässigkeit der Vollstreckung vor der Zustellung an den Antragsgegner anordnen. Diese Regelung dient dem Schutz des antragstellenden Ehegatten in Fällen mit Gewalthindergrund.

15 Der **Verfahrenswert** bestimmt sich für die Hauptsache nach § 48 FamGKG, für einstweilige Anordnungen nach § 41 FamGKG. Er beträgt in Verfahren nach § 1361b 3.000 €, in Verfahren nach § 1568a 4.000 €, in Verfahren nach § 1361a 2.000 € und in Verfahren nach § 1568b 3.000 €. Nach § 48 Abs. 3 FamGKG kann er auf einen höheren oder niedrigeren Betrag festgesetzt werden, wenn dies billig erscheint. In Verfahren der einstweiligen Anordnung ist der Wert gegen-

---

6 BT-Drucks. 16/6308 S. 250.
7 BT-Drucks. 16/6308 S. 250.
8 OLG Zweibrücken FamRZ 2003, 131.
9 BT-Drucks. 16/6308 S. 249.
10 Vgl. Schulte-Bunert/Weinreich § 209 FamFG Rn. 6 ff.

über dem der Hauptsache zu ermäßigen und zwar auf die Hälfte des für die Hauptsache bestimmten Wertes (§ 41 FamGKG).

Hinsichtlich der **Überleitung** von dem bis zum 31.8.2009 geltenden auf das aktuelle Recht gilt   16
folgendes:

Mit der Aufhebung der HausratsVO und dem Inkrafttreten der §§ 1568a und b zum 01.09.2009 sind auch in bereits vorher anhängig gemachten Verfahren nur noch die neuen **materiellen Regelung** der §§ 1568a und b anwendbar, nicht mehr die der HausratsVO, weil es an einer Übergangsregelung insoweit fehlt, die Neuregelungen somit sofort anwendbar waren.[11] Das gilt auch für die Verteilung von Haushaltsgegenständen in solchen Fällen, in denen die Ehe bereits vor dem 01.09.2009 rechtskräftig geschieden worden ist.[12]

Hinsichtlich der **Verfahrensvorschriften** bestimmt hingegen Art. 111 des Gesetzes zur Reform des Verfahrens in Familiensachen und in den Angelegenheiten der freiwilligen Gerichtsbarkeit,[13] dass auf diejenigen Verfahren, die bis zum Inkrafttreten des Reformgesetzes bereits eingeleitet worden waren oder deren Einleitung beantragt war noch altes Recht anwendbar ist.[14] Deshalb bestimmt sich die Möglichkeit der Abgabe eines Verfahrens vom Zivilgericht an das Familiengericht in diesen Fällen auch noch nach § 18 HausratsVO.[15]

Untertitel 1a   Behandlung der Ehewohnung und der Haushaltsgegenstände anlässlich der Scheidung

§ 1568a   Ehewohnung

(1) Ein Ehegatte kann verlangen, dass ihm der andere Ehegatte anlässlich der Scheidung die Ehewohnung überlässt, wenn er auf deren Nutzung unter Berücksichtigung des Wohls der im Haushalt lebenden Kinder und der Lebensverhältnisse der Ehegatten in stärkerem Maße angewiesen ist als der andere Ehegatte oder die Überlassung aus anderen Gründen der Billigkeit entspricht.

(2) [1]Ist einer der Ehegatten allein oder gemeinsam mit einem Dritten Eigentümer des Grundstücks, auf dem sich die Ehewohnung befindet, oder steht einem Ehegatten allein oder gemeinsam mit einem Dritten ein Nießbrauch, das Erbbaurecht oder ein dingliches Wohnrecht an dem Grundstück zu, so kann der andere Ehegatte die Überlassung nur verlangen, wenn dies notwendig ist, um eine unbillige Härte zu vermeiden. [2]Entsprechendes gilt für das Wohnungseigentum und das Dauerwohnrecht.

(3) [1]Der Ehegatte, dem die Wohnung überlassen wird, tritt

1. zum Zeitpunkt des Zugangs der Mitteilung der Ehegatten über die Überlassung an den Vermieter oder
2. mit Rechtskraft der Endentscheidung im Wohnungszuweisungsverfahren

an Stelle des zur Überlassung verpflichteten Ehegatten in ein von diesem eingegangenes Mietverhältnis ein oder setzt ein von beiden eingegangenes Mietverhältnis allein fort. [2]§ 563 Absatz 4 gilt entsprechend.

---

11 BGH FamRZ 2011, 183; FamRZ 2011, 1039; OLG Frankfurt FamRZ 2011, 894; OLG Schleswig FamRZ 2010, 1985.
12 OLG Köln FamRZ 2011, 975.
13 BGBl I S. 1696.
14 OLG Frankfurt FamRZ 2011, 894; OLG Schleswig FamRZ 2010, 1985
15 OLG Stuttgart FamRZ 2012, 33.

(4) Ein Ehegatte kann die Begründung eines Mietverhältnisses über eine Wohnung, die die Ehegatten auf Grund eines Dienst- oder Arbeitsverhältnisses innehaben, das zwischen einem von ihnen und einem Dritten besteht, nur verlangen, wenn der Dritte einverstanden oder dies notwendig ist, um eine schwere Härte zu vermeiden.

(5) ¹Besteht kein Mietverhältnis über die Ehewohnung, so kann sowohl der Ehegatte, der Anspruch auf deren Überlassung hat, als auch die zur Vermietung berechtigte Person die Begründung eines Mietverhältnisses zu ortsüblichen Bedingungen verlangen. ²Unter den Voraussetzungen des § 575 Absatz 1 oder wenn die Begründung eines unbefristeten Mietverhältnisses unter Würdigung der berechtigten Interessen des Vermieters unbillig ist, kann der Vermieter eine angemessene Befristung des Mietverhältnisses verlangen. ³Kommt eine Einigung über die Höhe der Miete nicht zustande, kann der Vermieter eine angemessene Miete, im Zweifel die ortsübliche Vergleichsmiete, verlangen.

(6) In den Fällen der Absätze 3 und 5 erlischt der Anspruch auf Eintritt in ein Mietverhältnis oder auf seine Begründung ein Jahr nach Rechtskraft der Endentscheidung in der Scheidungssache, wenn er nicht vorher rechtshängig gemacht worden ist.

A. Allgemeines

1   Die Norm bietet die Grundlage für die Zuweisung der ehelichen Wohnung für die Zeit nach der Rechtskraft der Ehescheidung. Die Regelung schließt sich somit an die nach § 1361b mögliche für die Dauer des Getrenntlebens an. Sie bestimmt die Tatbestandsvoraussetzungen, wobei – wie bislang – im Wesentlichen auf das Wohl der im Haushalt lebenden Kinder und die Lebensverhältnisse der Eheleute abgestellt wird. Innerhalb der Vorschrift entspricht Abs. 2 dem früheren § 3 HausratsVO, Abs. 3 dem früheren § 5 HausratsVO und Abs. 4 dem früheren § 4 HausratsVO, während Abs. 5 den früherern § 5 Abs. 2 HausratsVO ersetzt und konkretisiert. Abs. 6 begründet schließlich eine Ausschlussfrist, die den früheren § 12 HausratsVO verschärft.

2   Abs. 1 stellt die eigentliche **Anspruchsgrundlage** dar, die wegen der verschiedenen Fallgestaltungen durch die Absätze 2 bis 5 modifiziert wird. Danach kann die Überlassung der ehelichen Wohnung anlässlich der Scheidung dann verlangt werden, wenn der die Wohnung beanspruchende Ehegatte auf die Nutzung unter Berücksichtigung des Wohles der im Haushalt lebenden Kinder und der Lebensverhältnisse der Ehegatten in stärkerem Maße angewiesen ist als der andere oder wenn die Überlassung der Wohnung aus anderen Gründen der Billigkeit entspricht. Aus der Ausgestaltung der Norm als Anspruchsgrundlage folgt, dass kein Ehegatte die Zuweisung an den jeweils anderen beanspruchen kann, um etwa aus dem über die Wohnung bestehenden Mietverhältnis entlassen zu werden.[1]

---

1   MüKo/Wellenhofer § 1568a Rn. 9 m.w.N.

Eine **Ausgleichszahlung** für den die Wohnung verlassenden Ehegatten ist – anders als in 3 § 1568b – in der Norm nicht vorgesehen. Dieser hat somit hiernach keinen Anspruch auf Ersatz z.B. der mit dem Umzug verbundenen Kosten. Möglicherweise stellen diese Kosten aber einen unterhaltsrechtlichen Sonderbedarf dar.[2] Dies war nach altem Recht anders, da die Billigkeit oftmals erst durch die Leistung eines finanziellen Ausgleichs hergestellt werden konnte.[3]

B. Begriff der Ehewohnung

Wegen des Begriffs der Ehewohnung vgl. § 1361b BGB Rdn. 9 ff. Hatten die Ehegatten überhaupt 4 noch keine gemeinsame Wohnung, ist für eine Wohnungszuweisung nach § 1568a kein Raum.

C. Die einzelnen Überlassungstatbestände

I. Zuweisung aus Gründen des Kindeswohls oder der Billigkeit (Abs. 1)

Der Anspruch auf Zuweisung der Ehewohnung besteht vorrangig dann, wenn das **Kindeswohl** 5 dies gebietet, wobei schon dem Wortlaut der Norm entnommen werden kann, dass es sich bei den zu berücksichtigenden Kindern nicht zwingend um gemeinsame Kinder handeln muss. Ebenso wird das Kindeswohl nicht mit deren Volljährigkeit bedeutungslos.[4]

In der Regel wird demjenigen Ehegatten, der die gemeinsamen minderjährigen oder volljährigen 6 Kinder betreut, die Ehewohnung[5] zu belassen sein; da den Kindern möglichst das vertraute Umfeld erhalten bleiben soll. Auch ist es dem allein lebenden Elternteil eher als dem anderen möglich, eine angemessene Ersatzwohnung zu bekommen.[6] Liegen die Voraussetzungen für eine Überlassung der Ehewohnung auf beiden Seiten nicht vor, hat sie zu unterbleiben. Die Auseinandersetzung erfolgt dann nach den allgemeinen zivilrechtlichen Vorschriften.[7]

Falls noch nicht feststeht, bei welchem Elternteil sich die Kinder zukünftig aufhalten werden, wird 7 es zweckmäßig sein, das Verfahren bis zur Entscheidung über das Sorgerecht auszusetzen (§ 21 Abs. 1 FamFG).

Sind keine Kinder vorhanden, ist allein auf die **Lebensverhältnisse der Beteiligten** oder die sonsti- 8 gen die Billigkeit begründenden Umstände abzustellen. Dabei sind maßgeblich die wirtschaftlichen Verhältnisse der Eheleute und ihre Fähigkeit zu berücksichtigen, sich anderweitig Ersatz für Haushaltsgegenstände oder Wohnung zu beschaffen.[8] Hatte ein Ehegatte während des Bestehens der ehelichen Lebensgemeinschaft stets höhere Einkünfte und deshalb mehr zu den gemeinsamen Ersparnissen beigetragen als der andere, kommt dem jedoch nur geringe Bedeutung zu,[9] da die Herkunft der Mittel kein wesentliches Kriterium darstellt. Das gilt selbst dann, wenn sie aus einer nur einem der Ehegatten zugeflossenen Erbschaft stammen.[10]

---

2 Roth FamRZ 2008, 1388, 1389.
3 Zum alten Recht vgl. OLG Frankfurt FamRZ 2008, 83; OLG Hamm FamRZ 1988, 745; OLG Karlsruhe FamRZ 1981, 1087; Haussleiter/Schulz Kap. 4 Rn. 103; Staudinger/Weinreich Rn. 21.
4 OLG Brandenburg FamRZ 2001, 636.
5 OLG Celle FamRZ 1992, 465, 466; OLG Karlsruhe FamRZ 1981, 1087.
6 OLG Celle FamRZ 1992, 465, 466.
7 OLG Schleswig FamRZ 2010, 1985.
8 BayObLG FamRZ 1964, 306, 308.
9 KG FamRZ 1988, 182, 184.
10 OLG Düsseldorf FamRZ 1987, 1055.

9   Belange **familienfremder Dritter**, etwa der neuen Lebensgefährtin des Ehemannes,[11] sind für die Entscheidung ohne Bedeutung. Andererseits kann unter Umständen aber Berücksichtigung finden, dass ein naher Angehöriger eines der Ehegatten im selben Haus wohnt.

10 Der Rechtsgedanke der §§ 1381, 1579 BGB findet im Einzelfall auch im Rahmen des Wohnungszuweisungsverfahrens Berücksichtigung,[12] weshalb im Einzelfall auch auf die **Ursachen der Eheauflösung** abgestellt werden kann. Das gilt jedoch nicht schon für das schlichte Verschulden der Trennung, sondern erst für ein schwerwiegendes und klar bei einem Ehegatten liegendes Fehlverhalten.[13]

II. Zuweisung der Wohnung im Eigentum des anderen (Abs. 2)

11 Die Regelung des Abs. 2 entspricht dem früheren § 3 HausratsVO. Danach setzt der Überlassungsanspruch im Fall der **dinglichen Berechtigung** des überlassenden Ehegatten voraus, dass die Wohnungszuweisung erforderlich ist, um eine unbillige Härte zu vermeiden. Mit der Entscheidung wird nicht in dingliche Rechte am Haus eingegriffen; die Wohnungszuweisung erfolgt nur zum Gebrauch[14] weshalb sie auch keinen enteignenden Eingriff darstellt.

12 Abs. 2 regelt nur den Fall, in dem sich die **Ehewohnung im eigenen Haus** eines der Ehegatten befindet oder dieser mit einem Dritten Miteigentümer ist. Dasselbe gilt, wenn zu Gunsten eines der Ehegatten an dem Haus ein Nießbrauchrecht (§ 1030 BGB), ein Erbbaurecht (§ 1 ErbbauVO) oder ein dingliches Wohnrecht bestellt ist (§ 1093 BGB). Weiter findet Abs. 2 Anwendung auf den Fall des Wohnungseigentums (§ 1 WEG) oder Dauerwohnrechts (§ 31 WEG) an der Ehewohnung.

13 Gehört die Ehewohnung vollständig einem Dritten, regelt sich die Zuweisung der Ehewohnung nach Abs. 5.

14 Steht die Wohnung im **Miteigentum** beider Ehegatten oder sind beide gemeinsam sonst dinglich an ihr berechtigt, erfolgt die Zuweisung der Wohnung dagegen allein nach Abs. 1, ohne dass es dabei auf das Tatbestandsmerkmal der unbilligen Härte ankommt. Sind sich in diesem Fall die Eheleute über die Alleinnutzung durch einen der Ehegatten als solche einig, beansprucht der die Wohnung nicht nutzende Miteigentümer jedoch eine **Nutzungsentschädigung**, bestimmen sich die Ansprüche nach § 745 Abs. 2 BGB,[15] wobei der Rechtsstreit dazu als sonstige Familiensache i.S. § 266 FamFG in die Zuständigkeit des Familiengerichts fällt. Die Rechtsgrundlage war bislang streitig und wurde teilweise auch in der entsprechenden Anwendung der HausratsVO gesehen.[16] Eine Analogie zu § 1568a verbietet sich aber jetzt, weil der Gesetzgeber bewusst eine eigenständige Regelung zur Nutzungsentschädigung abgelehnt hat, somit also keine die Analogie eröffnende Regelungslücke vorliegt.

15 Konkurrieren mehrere dingliche Rechte der Ehegatten an der Ehewohnung miteinander, so ist demjenigen dinglich Berechtigten der Vorrang einzuräumen, dessen Berechtigung den anderen von der Nutzung ausschließt. Das gilt z.B. im Verhältnis zwischen Eigentümer und Nießbraucher, in dem allein auf das Eigentum abzustellen ist.[17] Sind beide Ehegatten Miteigentümer des mit der ehelichen Wohnung bebauten Grundstücks, aber nur einer Erbbauberechtigter und damit alleini-

---

11 KG FamRZ 1991, 467.
12 KG FamRZ 1988, 182; Staudinger/Weinreich § 2 HausratsVO Rn. 13.
13 BVerfG NJW 1980, 182; KG FamRZ 1988, 182.
14 KG FamRZ 1986, 72.
15 BGH FamRZ 1982, 335; 83, 795; OLG München FamRZ 2005, 806; OLG Brandenburg FamRZ 2008, 1444; OLG Stuttgart FamRZ 2012, 33 mit Anm. Erharth, FamRZ 2012, 1302.
16 Vgl. OLG München FamRZ 2007, 1655; OLG Hamm FamRZ 2008, 1637.
17 OLG Stuttgart FamRZ 1990, 1260.

ger Eigentümer der Ehewohnung selbst, gilt entsprechendes.[18] Bei Gleichrang der dinglichen Berechtigung folgt die Entscheidung aus Abs. 1, ebenso, wenn ein dingliches Wohnrecht und das Eigentum miteinander konkurrieren, das Wohnrecht aber nicht unter Ausschluss der Eigentümer bestellt worden ist.[19]

An die Annahme einer **unbilligen Härte** sind strenge Anforderungen zu stellen, um nicht mehr als 16 notwendig in das Eigentum einzugreifen. Die Zuweisung muss deshalb auf Grund außergewöhnlicher Umstände dringend notwendig sein, um eine für den Nichteigentümer unerträgliche Belastung abzuwenden. Die Aufgabe der Wohnung muss für ihn eine **ungewöhnlich schwere Beeinträchtigung** darstellen.[20] Eine bloße Unbequemlichkeit begründet die schwere Härte nicht. Auch reicht es nicht aus, dass einer der Ehegatten die Wohnung dringender benötigt als der andere oder dass er keine der Ehewohnung vergleichbare Unterkunft zu finden vermag.[21] Die Wohnungszuweisung kann auch nicht zum Zweck der Sicherung sonst gefährdeter Unterhaltsansprüche erfolgen.[22] Andererseits ist der Anwendungsbereich nicht auf Sachverhalte unmittelbarer Gewalt für Leib oder Leben des betroffenen Ehegatten beschränkt. Es genügen außergewöhnliche Umstände, die das Verbleiben des Ehegatten zu einer unerträglichen Belastung machen. Hierzu rechnet auch grob rücksichtsloses Verhalten.[23]

Positiv kann eine unbillige Härte angenommen werden, wenn derjenige Elternteil, der die 17 gemeinsamen Kinder betreut, im Gegensatz zu dem anderen keine andere für sich und die Kinder angemessene Wohnung finden kann[24] Unangemessen wäre eine **Ersatzwohnung**, wenn der die Kinder betreuende Elternteil etwa gezwungen wäre, im Wohnzimmer zu schlafen.[25] Im Fall der Betreuung nur eines bereits 14 Jahre alten Kindes wird allerdings kaum anzunehmen sein, dass keine angemessene Ersatzwohnung gefunden werden kann.[26]

Die unbillige Härte kann auch darin begründet sein, dass der Nichteigentümer in dem Haus oder 18 in der Ehewohnung einen **Gewerbebetrieb** oder eine **Praxis** hat, die nicht alsbald verlegt werden können. Abzustellen ist in diesem Zusammenhang auch auf das Alter der Beteiligten,[27] ihre **psychische Verfassung** und ihre **körperlichen Gegebenheiten** sowie darauf, ob der Eigentümer die Wohnung überhaupt selbst benötigt und nutzen will.[28]

III. Zuweisung der Mietwohnung (Abs. 3)

Ist die eheliche Wohnung eine Mietwohnung und wird diese nach Abs. 1 einem Ehegatten allein 19 überlassen, so tritt der übernehmende Ehegatte in das mit dem anderen bestehende Mietverhältnis ein oder führt das mit beiden bestehende allein fort. Auch dann, wenn die Zuweisung nach Abs. 2 an den nicht dinglich Berechtigten erfolgt, soll zwischen den Eheleuten ein Mietverhältnis begründet werden.[29]

---

18 OLG Oldenburg FamRZ 1998, 57.
19 OLG Naumburg FamRZ 1998, 1529.
20 OLG Naumburg FamRZ 2002, 131; OLG Köln FamRZ 1992, 322.
21 OLG München FamRZ 1995, 1205.
22 OLG München FamRZ 1995, 1205.
23 OLG Naumburg OLGR 2006, 307.
24 BayObLG FamRZ 1974, 17; OLG Stuttgart OLGZ 1968, 126.
25 OLG Köln FamRZ 1996, 492.
26 OLG Oldenburg FamRZ 1998, 571.
27 AG Königstein FamRZ 2002, 973.
28 BayObLG FamRZ 77, 467.
29 BT-Drucks. 16/10798 S. 3.

20 Die Änderung oder Begründung des Mietverhältnisses kann sich auf zweierlei Weise vollziehen:

– Besteht zwischen den Eheleuten **Einigkeit** über die Überlassung der Wohnung, so tritt der übernehmende Ehegatte mit dem Zugang der **Mitteilung der Ehegatten** über die Überlassung an den Vermieter in das bestehende Mietverhältnis ein (Abs. 3 Nr. 1),
– Besteht zwischen den Eheleuten keine Einigkeit bedarf es einer **gerichtlichen Entscheidung**. In diesem Fall tritt der übernehmende Ehegatte mit der Rechtskraft der Endentscheidung über die Wohnungszuweisung in das bestehende Mietverhältnis ein (Abs. 3 Nr. 2).

1. Einigkeit zwischen den Eheleuten

21 Besteht zwischen den Eheleuten Einigkeit darüber, wer von ihnen die eheliche Wohnung übernimmt, so vollzieht sich der **Vertragswechsel** nach Abs. 3 Nr. 1 automatisch mit dem Zugang (§ 130) der Mitteilung der Ehegatten über die Überlassung, aber nicht vor der **Rechtskraft der Ehescheidung**.[30] Erforderlich ist die Mitteilung durch beide Ehegatten, die ggf. auch sukzessive erfolgen kann. In diesen Fällen erfolgt die Änderung des Mietverhältnisses kraft Gesetzes, ohne dass es einer gerichtlichen Entscheidung bedarf. Es ist somit auch nicht zu prüfen, ob diese Regelung der Billigkeit oder dem Wohl der im Haushalt lebenden Kinder entspricht. Der die Wohnung übernehmende Ehegatte tritt entweder in das bislang mit dem anderen bestehende Mietverhältnis ein, oder führt das bislang mit beiden bestehende Mietverhältnis allein fort.

22 Besteht zwischen den Eheleuten zwar Einigkeit über die Nutzung der ehelichen Wohnung, weigert sich ein Ehegatte aber, an der Mitteilung mitzuwirken, so hat der die Wohnung übernehmende Ehegatte einen **Mitwirkungsanspruch**, der sich aus § 1353 Abs. 1 S. 2 ergibt.[31]

23 Indem die Vertragsänderung in dieser Fallvariante schon mit dem Zugang der Mitteilung über die übereinstimmende Wohnungsüberlassung eintritt, bedarf es – anders als nach altem Recht – auch dann keines Zuweisungsverfahrens, wenn der Vermieter der Vertragsänderung nicht zustimmt. Einem gleichwohl eingeleiteten Verfahren würde das Rechtsschutzbedürfnis fehlen.

2. Wohnungszuweisung durch gerichtliche Entscheidung

24 Können die Ehegatten sich nicht einigen, erfolgt die Zuweisung der ehelichen Mietwohnung an einen von beiden durch gerichtliche Entscheidung. Die **Änderung des Mietvertrages** wird nach Abs. 3 Nr. 2 wirksam mit der Rechtskraft der Zuweisungsentscheidung. Diese tritt im Fall isolierter Entscheidung nach Ablauf der Rechtsmittelfrist ein, § 45 FamFG. Erfolgt die Zuweisungsentscheidung im **Verbund mit der Ehescheidung**, so wird die Zuweisungsentscheidung mit der Rechtskraft des Scheidungsausspruchs (§ 148 FamFG) wirksam. Mit der Rechtskraft der Entscheidung ändert sich das Mietverhältnis automatisch, ohne dass es noch einer gesonderten Entscheidung hierüber bedürfte.[32]

25 Mit der Zuweisungsentscheidung wird – anders als im Fall der Entscheidung für die Dauer des Getrenntlebens nach § 1361b – in die Rechte auch der **Vermieter** eingegriffen. Aus diesem Grund sind diese am Verfahren zu beteiligen (§ 204 Abs. 1 FamFG).

3. Begriff der Mietwohnung

26 Der Begriff der Mietwohnung ist weit auszulegen ist und umfasst alle **mietähnlichen Vertragsgestaltungen**, auf Grund derer Eheleute berechtigt sind, eine Wohnung zu nutzen, also etwa **Leih- oder Pachtverhältnisse**. Als Mietwohnung gilt auch eine **Genossenschaftswohnung**, die nach der Satzung der Genossenschaft nur an Mitglieder vergeben werden darf, gleichwohl aber im Ehewoh-

---

30 Götz/Brudermüller FamRZ 2009, 1261, 1262.
31 Götz/Brudermüller NJW 2008, 3025, 3029.
32 Palandt/Brudermüller § 1358a Rn. 13.

nungsverfahren auch an denjenigen Ehegatten zugewiesen werden kann, der nicht Mitglied der Genossenschaft ist,[33] da § 1568a auch eine für die Zuweisung genossenschaftlich gebundenen Wohnraums hinreichend bestimmte Rechtsgrundlage darstellt.[34] Allerdings kann das Familiengericht weder die Mitgliedschaftsrechte als solche übertragen, noch sonst in sie eingreifen.

4. Rechtsfolgen

Der gerichtliche Eingriff in das Vertragsverhältnis beschränkt sich, wird die Wohnung nicht dem   27
Ehegatten zugewiesen, der ohnehin Alleinmieter ist, darauf, eine Änderung in der Person des Vertragspartners vorzunehmen, während das Vertragsverhältnis im Übrigen unberührt bleibt. Insbesondere ist es dem Familiengericht verwehrt, zu Gunsten des Mieters Änderungen hinsichtlich des Mietzinses, der Zahlungsmodalitäten, der Kündigungsfristen oder der Laufzeit des Vertrages vorzunehmen. Sonstige Gestaltungsmöglichkeiten bestehen nicht mehr.

Wird das bislang mit beiden Eheleuten bestehende Mietverhältnis mit nur einem fortgesetzt,   28
erlischt das Vertragsverhältnis mit dem anderen mit der Rechtskraft der Zuweisungsentscheidung. Sofern nicht das Gericht etwas anderes anordnet, wird der weichende Mieter von seinen sich aus dem Vertrag ergebenden Verpflichtungen frei. Damit erlischt auch das an seinen Sachen bestehende **Vermieterpfandrecht**, allerdings nur für die Zukunft. Es besteht fort, soweit sich aus der Zeit bis dahin Mietrückstände ergeben haben.

Eine geleistete **Kaution** bleibt beim Vermieter, was daraus folgt, dass das Mietverhältnis aus der   29
Sicht des Vermieters – wenngleich eventuell mit einem anderen Mieter – fortgesetzt wird. Es ist dann Aufgabe der Mieter, die Kaution intern aufzuteilen.[35]

Durch den Wechsel in der Person des Mieters können die Belange des Vermieters erheblich beein-   30
trächtigt sein. Anders als noch § 5 Abs. 1 S. 2 HausratsVO gibt die Norm aber keine Möglichkeit mehr, Anordnungen zum Schutz des Vermieters zu treffen, also etwa Sicherheiten zu stellen. Stattdessen besteht nach Abs. 3 S. 2 in entsprechender Anwendung des § 563 Abs. 4 ein **Sonderkündigungsrecht** des Vermieters, das ihm die Möglichkeit gibt, innerhalb einer Frist von 1 Monat nach Kenntniserlangung vom endgültigen Eintritt in das Vertragsverhältnis außerordentlich zu kündigen, wenn in der Person des in den Vertrag eintretenden Ehegatten ein wichtiger Grund vorliegt, z.B. die Unfähigkeit, die Miete zahlen zu können Dieses Sonderkündigungsrecht besteht auch dann, wenn der Wechsel im Mietverhältnis nach Abs. 3 Nr. 1, also als Folge einer Einigung der Eheleute, erfolgt.

Dieses Sonderkündigungsrecht setzt aber einen **wichtigen Grund** voraus, der nur im Ausnahme-   31
fall anzunehmen ist[36] und beispielsweise im Fall dauerhafter Zahlungsunfähigkeit oder Vermögenslosigkeit,[37] nicht aber schon bei nur geringerer Solvenz des Ehegatten besteht.[38] Aus diesem Grund sind die Rechte der Vermieter durch die Neuregelung gegenüber der alten erheblich eingeschränkt. Die sonstigen Kündigungsgründe – etwa wegen Zahlungsverzuges – bleiben unberührt.

IV. Zuweisung der Dienst- oder Werkwohnung (Abs. 4)

Abs. 4 ersetzt den bisherigen § 4 HausratsVO. Er ist anders als die bisherige Regelung nicht als   32
Sollvorschrift ausgestaltet sondern begründet einen ausdrücklichen Anspruch dann, wenn der Dritte mit der Wohnungszuweisung einverstanden oder wenn sie notwendig ist, um eine schwere

---

33 OLG München FamRZ 91, 1452; KG FamRZ 1984, 1242.
34 BT-Drucks. 16/10798 S. 34; BVerfG NJW 92, 106 zu § 5 HausratsVO.
35 Staudinger/Weinreich § 5 HausratsVO Rn. 19.
36 MüKo/Wellenhofer § 1568a Rn. 35.
37 OLG Köln FamRZ 2007, 1580.
38 Roth FamRZ 2008, 1388, 1389.

Härte zu vermeiden. Zwar spricht die Norm von der Begründung eines Mietverhältnisses, nicht auch von der Überlassung der Wohnung, doch dürfte auch die Wohnungszuweisung als solche – z.B. unter Regelung der Nutzung im Innenverhältnis – unter dem Vorbehalt des Einverständnisses des Dritten stehen.

33 Eine Dienst- oder Werkwohnung ist eine solche, die ein Ehegatte mit Rücksicht auf ein Dienst- oder Arbeitsverhältnis erhalten hat. Dabei kommt es nicht darauf an, dass der Arbeitgeber auch Hauseigentümer ist. Abs. 4 findet auch Anwendung, wenn der Arbeitgeber oder Dienstherr die Wohnung seinerseits von einem Dritten angemietet hat, um sie an seinen Betriebsangehörigen zu überlassen.[39]

34 Im Einzelnen fallen unter die Norm des Abs. 4:
- **Werkmietwohnungen** nach § 576 BGB, die mit Rücksicht auf das Bestehen eines Dienstverhältnisses vermietet worden sind,
- **Werkdienstwohnungen** nach § 576b BGB, die im Rahmen eines Dienstverhältnisses überlassen worden sind und für die der an sich angemessene Mietzinseinen Teil der Vergütung für die Dienstleistung darstellt,
- **Dienstwohnungen**, die auf Grund eines öffentlich-rechtlichen Nutzungsverhältnisses überlassen worden sind.

35 Die Dienst- oder Werkwohnung ist regelmäßig demjenigen Ehegatten zuzuweisen, der sie vom Arbeitgeber oder Dienstherrn mit Rücksicht auf sein Dienst- oder Arbeitsverhältnis bekommen hat. Eine Zuweisung an den anderen Ehegatten setzt voraus, dass entweder der Arbeitgeber mit ihr einverstanden ist, oder dass sie notwendig ist, um eine schwere Härte zu vermeiden. Wegen des Begriffs der schweren Härte kann auf die von der Rechtsprechung zu § 4 HausratsVO entwickelten Voraussetzungen für eine Zuweisung der Dienstwohnung ohne die Zustimmung des Dienstherrn zurückgegriffen werden.[40] Sie kommt danach in Betracht, wenn die **Belange des anderen Ehegatten** ausnahmsweise schwerer wiegen als die des Arbeitgebers,[41] weil z.B. der Charakter der Wohnung als Dienst- oder Werkwohnung in absehbarer Zeit ohnehin aufgegeben werden soll[42] oder weil die Fortsetzung des Arbeitsverhältnisses für den betriebsangehörigen Ehegatten nicht unmöglich oder unzumutbar erschwert wird.[43] In jedem dieser Fälle gebieten es die Interessen des Arbeitgebers aber, die Wohnung nur **befristet** zu überlassen.

36 Besteht ein Dienst- oder Arbeitsverhältnis – wie etwa bei einem Hausmeisterehepaar – mit beiden Ehegatten, ist die Wohnung dem zuzuweisen, mit dem das Arbeits- oder Dienstverhältnis fortgesetzt werden soll. Wird es mit beiden Ehegatten fortgesetzt, erfolgt die Zuweisung nach Abs. 1.

V. Begründung eines Mietverhältnisses (Abs. 5)

37 Nach Abs. 5 besteht ein Anspruch auf Begründung eines Mietverhältnisses, wenn ein solches bislang nicht bestand. Das kann z.B. dann der Fall sein, wenn die Wohnung in einem Haus gelegen ist, das im Alleineigentum eines Ehegatten oder im Miteigentum beider steht oder auf Grund eines entsprechenden dinglichen Rechts bewohnt wird, aber auch dann, wenn die Wohnung z.B. wegen verwandtschaftlicher Beziehungen zu den Eigentümern leihweise oder sonst unentgeltlich zur Verfügung gestellt worden war. Dasselbe gilt, wenn das Mietverhältnis über die eheliche Wohnung – z.B. durch die Kündigung seitens eines Ehegatten oder durch Abschluss eines Aufhebungs-

---

39 OLG Frankfurt FamRZ 1991, 838.
40 BT-Drucks. 16/10798 S. 34.
41 OLG Frankfurt FamRZ 1992, 695; OLG Hamburg FamRZ 1990, 651.
42 BayObLG NJW 1970, 329.
43 BayObLG NJW 1970, 329.

vertrages zwischen einem Ehegatten und dem Vermieter – beendet worden ist, ein Ehegatte aber noch in der Wohnung lebt und diese noch nicht an Dritte weiter vermietet ist.

Das Gericht hat im Rahmen seiner Entscheidung nach Abs. 5 eine der **Höhe nach angemessene** 38
Miete festzusetzen. Anders als nach der HausratsVO richtet sich die Miethöhe nicht mehr nach den wirtschaftlichen Verhältnissen der Beteiligten, sondern nach den **ortsüblichen Bedingungen**. Die persönlichen und wirtschaftlichen Verhältnisse der Beteiligten können aber Anlass geben, hiervon abzuweichen.[44] Das kann u.a. dann der Fall sein, wenn Vermieter der unterhaltspflichtige Ehegatte und der Wohnvorteil im Rahmen der Unterhaltsberechnung berücksichtigt ist. Besteht Miteigentum beider Ehegatten, bestimmt sich die festzusetzende Miete nach dem halben Mietwert.

Unter den Voraussetzungen des § 575 Abs. 1, also dann, wenn der Vermieter die Räume selbst 39
oder für Familienangehörige nutzen möchte, wenn er die Räume beseitigen oder wesentlich verändern möchte oder sie an einen zur Dienstleistung Verpflichteten vermieten möchte, kann der Vermieter eine angemessene **Befristung** des Mietverhältnisses verlangen. Dasselbe gilt, wenn die Befristung aus anderen Gründen der Billigkeit entspricht. Mit dieser Möglichkeit soll ein angemessener Ausgleich der Interessen der Beteiligten erreicht werden[45] Die Länge der Frist bestimmt sich nach dem Interesse am Verbleib in der Wohnung einerseits und dem an einer Räumung andererseits.[46]

D. Befristung (Abs. 6)

Nach Abs. 6 erlischt der Anspruch auf Überlassung der Wohnung nach Abs. 3 wie auch der nach 40
Begründung eines Mietverhältnisses über die Ehewohnung dann, wenn der Anspruch nicht innerhalb einer Frist von 1 Jahr nach Rechtskraft der Endentscheidung in der Scheidungssache rechtshängig gemacht worden ist. Indem Abs. 4 Vorschrift ausdrücklich nicht genannt ist, gilt die Befristung nicht für die Überlassung einer auf Grund eines Dienst- oder Arbeitsverhältnisses überlassene Wohnung.

§ 1568b Haushaltsgegenstände

(1) Jeder Ehegatte kann verlangen, dass ihm der andere Ehegatte anlässlich der Scheidung die im gemeinsamen Eigentum stehenden Haushaltsgegenstände überlässt und übereignet, wenn er auf deren Nutzung unter Berücksichtigung des Wohls der im Haushalt lebenden Kinder und der Lebensverhältnisse der Ehegatten in stärkerem Maße angewiesen ist als der andere Ehegatte oder dies aus anderen Gründen der Billigkeit entspricht.

(2) Haushaltsgegenstände, die während der Ehe für den gemeinsamen Haushalt angeschafft wurden, gelten für die Verteilung als gemeinsames Eigentum der Ehegatten, es sei denn, das Alleineigentum eines Ehegatten steht fest.

(3) Der Ehegatte, der sein Eigentum nach Absatz 1 überträgt, kann eine angemessene Ausgleichszahlung verlangen.

---

44 BT-Drucks. 16/10798 S. 35.
45 BT-Drucks. 16/10798 S. 36.
46 BT-Drucks. 16/10798 S. 36.

A. Allgemeines

1 Die Norm ersetzt den früheren § 8 HausratsVO und regelt die Verteilung der Haushaltsgegenstände für die Zeit nach Rechtskraft der Ehescheidung, während die Verteilung für die Zeit der Trennung, also bis zur Rechtskraft der Scheidung nach § 1361a erfolgt. Abs. 1 beinhaltet dabei den Anspruch auf Überlassung und stellt die Voraussetzungen hierfür auf. Abs. 2 begründet dagegen die früher in § 8 Abs. 2 HausratsVO enthaltene Vermutung des Miteigentums beider Ehegatten an den während der Ehe für den gemeinsamen Haushalt angeschafften Haushaltsgegenständen. Anders als im Rahmen der Zuweisung der Ehewohnung darf nicht in Rechte Dritter eingegriffen werden.

2 Eine Zuteilung von im Alleineigentum eines Ehegatten stehenden Haushaltsgegenständen ist nicht mehr möglich, da § 9 HausratsVO ersatzlos gestrichen ist. Diese unterliegen somit dem Zugewinnausgleich.[1] Eine Verteilung von mit Haushaltsgegenständen zusammenhängenden Schulden ist, nachdem auch § 10 HausratsVO nicht übernommen worden ist, nur noch über § 426 oder im Rahmen des Zugewinnausgleichs möglich.

3 Wegen des Verhältnisses zum Zugewinnausgleich vgl. § 1372 Rdn. 5 ff. sowie vor §§ 1568a und b Rdn 4.

4 Die Norm ist wie § 1568a als **Anspruchsnorm** ausgestaltet. Deshalb kann eine Überlassung von Haushaltsgegenständen nur an denjenigen erfolgen, der sich eines Anspruchs hierauf berühmt. Eine Zuweisung eines Gegenstandes nur zu dem Zweck, ihn zu veräußern,[2] oder den anderen von der Nutzung auszuschließen[3] kommt mithin nicht in Betracht.

B. Begriff des Haushaltsgegenstandes

5 Der Begriff des Haushaltsgegenstandes ist identisch mit dem in §§ 1361a, 1369, 1932 verwendeten. Vgl. deshalb § 1361a Rdn. 5 ff.

6 Die **Eigentumsverhältnisse** sind für die Einordnung als Haushaltsgegenstand unerheblich, weshalb er auch geliehen,[4] geleast[5] oder gemietet sein oder sich im Sicherungseigentum Dritter befinden kann. Das Haushaltsverteilungsverfahren umfasst allerdings nur solche Gegenstände, die entweder beiden Ehegatten gemeinsam gehören (Abs. 1) oder für den gemeinsamen Haushalt angeschafft worden sind (Abs. 2).

---

1 BGH FamRZ 2011, 183; FamRZ 2011, 1039.
2 AG Borken FamRZ 2009, 696.
3 OLG Celle FamRZ 2009, 1911.
4 OLG Hamm FamRZ 1990, 531.
5 OLG Stuttgart FamRZ 1995, 1275.

C. Gemeinsames Eigentum

Nur im gemeinsamen Eigentum beider Ehegatten stehende Haushaltsgegenstände unterliegen der   7
Verteilung nach Abs. 1, wobei es unerheblich ist, ob es sich hierbei um Miteigentum oder – wie
im Falle der Gütergemeinschaft – um Gesamthandseigentum handelt. Entsprechend kann mit
geliehenem[6], gemietetem oder geleastem[7] Hausrat verfahren werden.

D. Miteigentumsvermutung (Abs. 2)

Durch Abs. 2 wird für während der Ehe angeschaffte Haushaltsgegenstände die Vermutung   8
begründet, dass diese im Miteigentum beider Ehegatten stehen. Denn § 1568b liegt die Annahme
zu Grunde, dass der betroffene Ehegatte bei der Anschaffung eines Haushaltsgegenstandes während des Bestehens der ehelichen Lebensgemeinschaft grundsätzlich die stillschweigende Bestimmung getroffen hat, gemeinschaftliches Eigentum zu begründen.[8] Die Vermutung gilt nur im
Rahmen der Haushaltsverteilung und ist wie jede Vermutung **widerlegbar**. Sie beschränkt sich auf
solche Haushaltsgegenstände, der während der Ehe, also im Zeitraum zwischen Eheschließung
und endgültiger Trennung,[9] angeschafft worden sind. Für vor der Eheschließung für einen
gemeinsamen Haushalt angeschaffte Haushaltsgegenstände, wird Miteigentum gem. § 1006 BGB
häufig aus dem bestehenden Mitbesitz zu vermuten sein. Werden die Haushaltsgegenstände dagegen z.B. in Vorbereitung der bevorstehenden Trennung oder erst danach angeschafft, erfolgt die
Anschaffung nicht mehr für den gemeinsamen Haushalt, weshalb die Vermutung des Abs. 2 hierfür nicht mehr gilt.[10]

Der Begriff der **Anschaffung** setzt einen entgeltlichen Eigentumserwerb voraus. Unerheblich ist,   9
ob ein Ehegatte die Anschaffung allein oder im Einvernehmen mit dem anderen vorgenommen
hat. Eine **Schenkung** ist zwar keine Anschaffung, doch werden geschenkte Haushaltsgegenstände
von der einhelligen Praxis wie angeschaffte behandelt. Das gilt auch für solche, die von Dritten
zur Hochzeit oder danach geschenkt worden sind, solange nicht die Umstände des Falles für eine
Schenkung an nur einen Ehegatten sprechen,[11] anders jedoch bei ererbten Haushaltsgegenständen,[12] es sei denn, die ererbten Gegenstände ersetzten bis dahin genutzte gemeinsame.[13]

Der Ehegatte, der sich auf Alleineigentum beruft, hat dieses zu **beweisen**.[14]   10

E. Die Zuweisung von Haushaltsgegenständen

I. Vorhandensein der Haushaltsgegenstände

Die Verteilung kann sich nur auf solche Gegenstände beziehen, die im Zeitpunkt der gerichtli-   11
chen Entscheidung noch vorhanden sind,[15] wobei Haushaltssachen solange als vorhanden gelten,
wie nicht das Gegenteil erwiesen ist. Vorhanden sind auch solche Sachen, die ein Ehegatte für sich
beiseite geschafft hat.[16] Tritt bei im gemeinsamen Eigentum beider Ehegatten stehenden Haus-

---

6   OLG Hamm FamRZ 1990, 531.
7   OLG Stuttgart FamRZ 1995, 1275.
8   OLG Köln FamRZ 2011, 975.
9   OLG Brandenburg FamRZ 2003, 532 LS.
10   BGH FamRZ 1984, 144, 147.
11   OLG Köln FamRZ 1986, 703.
12   OLG Celle NdsRpfl 1960, 231.
13   OLG Stuttgart NJW 1982, 585.
14   OLG Köln FamRZ 2011, 975.
15   OLG Hamm FamRZ 1996, 1423.
16   KG FamRZ 1974, 195.

haltsgegenständen nach der Rechtskraft der Ehescheidung eine Änderung der Eigentums- oder Besitzverhältnisse ein, ist diese für die Verteilung unbeachtlich.[17]

II. Auskunftsanspruch

12   Ein Anspruch auf Auskunft über den Bestand des Hausrats wurde nach altem Recht nur in Ausnahmefällen angenommen.[18] Dieses Anspruchs bedarf es nach der erweiterten, aus § 206 FamFG folgenden Mitwirkungspflicht der Beteiligten heute nicht mehr.

III. Billigkeit

13   Voraussetzung der Zuweisung ist, dass der die Herausgabe beanspruchende Ehegatte auf die Nutzung unter Berücksichtigung der im Haushalt lebenden Kinder und der Lebensverhältnisse der Ehegatten in stärkerem Maße angewiesen ist, oder dies aus anderen Gründen der Billigkeit entspricht. Die Zuweisungsvoraussetzungen sind somit die gleichen wie im Rahmen des § 1568a Abs. 1 für die Ehewohnung, weshalb insoweit auf die Ausführungen zu § 1568a Rdn. 5 ff. verwiesen werden kann.

IV. Die Zuweisungsentscheidung

14   Mit der Zuteilung der Haushaltsgegenstände an einen der Ehegatten wird die an ihnen bestehende Miteigentümergemeinschaft aufgelöst und der begünstigte Ehegatte Alleineigentümer. Einer Übergabe bedarf es hierzu nicht.

15   Durch die Entscheidung sollen möglichst **klare Verhältnisse** geschaffen werden, weshalb eine Zuteilung von Gegenständen »soweit vorhanden« ebenso unzulässig ist wie eine nur bedingte Zuteilung. Die Entscheidung muss eine **Herausgabeanordnung** enthalten, die möglichst so klar formuliert sein sollte, dass die herauszugebenden Gegenstände individualisierbar sind.[19] Die Anordnung muss so gefasst sein, dass sie **vollstreckbar** ist.

16   Auf die Zuweisung von Haushaltsgegenständen finden das Kaufrecht und damit die Vorschriften über die Sachmängelhaftung keine entsprechende Anwendung. Erweisen sich zugewiesene Haushaltsgegenstände deshalb nachträglich als **mangelhaft**, kann die Hausratsentscheidung allenfalls gem. § 48 FamFG korrigiert werden.[20]

F. Ausgleichszahlung (Abs. 3)

17   Nach Abs. 3 kann derjenige Ehegatte, der sein (Mit-)eigentum nach Abs. 1 überträgt, eine angemessene Ausgleichszahlung verlangen. Anders als nach § 8 Abs. 3 HausratsVO ist die Ausgleichszahlung nicht mehr ausschließlich an Billigkeitsgesichtspunkte geknüpft. Es soll eine **Gesamtverrechnung** erfolgen, so dass derjenige die Zahlung beanspruchen kann, der wertmäßig weniger Haushaltssachen erhalten hat. Die Anordnung einer **isolierten Ausgleichszahlung** ohne gleichzeitige Zuweisung von Hausrat ist unzulässig.[21] Ein exakter wertmäßiger Ausgleich ist aber auch nach

---

17   OLG Naumburg NJW-RR 2009, 726; OLG Hamm FamRZ 1990, 1126; OLG Düsseldorf FamRZ 1986, 1132.
18   Vgl. Vorauflage § 1 HausratsVO Rn. 5 m.w.N.
19   OLG Naumburg FamRZ 2007, 565; OLG Köln FamRZ 2001, 174; OLG Brandenburg FamRZ 2000, 204.
20   OLG Karlsruhe FamRZ 1981, 63 zu § 17 HausratsVO.
21   OLG Naumburg FamRZ 2007, 920; OLG Jena FamRZ 1996, 1293; OLG Zweibrücken FamRZ 1987, 165.

der Neuregelung weder mit noch ohne Ausgleichszahlung zwingend geboten.[22] Deshalb braucht auch für die Berechnung der Höhe der Ausgleichszahlung nur eine pauschale und überschlägige Bewertung des Hausrats zu erfolgen, für die auf den Verkehrswert zum Zeitpunkt der Entscheidung abzustellen ist,[23] nicht auf die Anschaffungskosten.

Schadensersatzansprüche des ausgleichsberechtigten Ehegatten gegen den anderen wegen unbe-   18
fugter Verfügungen über gemeinsamen Hausrat können bei der Berechnung der Ausgleichszahlung nicht berücksichtigt werden, weil nur im Zeitpunkt der Zuweisungsentscheidung noch
vorhandener Hausrat Gegenstand der Zuweisungsentscheidung sein kann,[24] doch kann dem
unberechtigt verfügenden Ehegatten der unbefugtermaßen veräußerte Gegenstand angerechnet
werden.[25]

Die **Aufrechnung** gegen eine Ausgleichsforderung im Hausratsverteilungsverfahren ist unzulässig,   19
ebenso eine Verrechnung mit Unterhaltsansprüchen,[26] da der Ehegatte, dem der Ausgleich zugesprochen wird, in die Lage versetzt werden soll, sich sogleich neuen Hausrat zu beschaffen, was
ihm andernfalls verwehrt würde.[27] Ebenso wenig kommt ein Zurückbehaltungsrecht an einzelnen
Hausratsgegenständen in Betracht.[28]

Untertitel 2   Unterhalt des geschiedenen Ehegatten

Kapitel 1   Grundsatz

§ 1569   Grundsatz der Eigenverantwortung

[1]**Nach der Scheidung obliegt es jedem Ehegatten, selbst für seinen Unterhalt zu sorgen.** [2]**Ist er
dazu außerstande, hat er gegen den anderen Ehegatten einen Anspruch auf Unterhalt nur nach
den folgenden Vorschriften.**

---

22 BGH FamRZ 1994, 505.
23 OLG Stuttgart FamRZ 1993, 1461.
24 OLG Hamm FamRZ 1996, 1423.
25 KG FamRZ 1974, 195.
26 OLG Frankfurt FamRZ 1983, 730.
27 OLG Hamm FamRZ 1981, 293.
28 LG Limburg FamRZ 1993, 1464.

A. Strukturen

1   § 1569 normiert den **Grundsatz** der **wirtschaftlichen Eigenverantwortung** (»Eigenverantwortungsprinzip«): Jeder Ehegatte hat nach der Scheidung **regelmäßig** selbst für seinen Unterhalt zu sorgen. § 1569 ist **keine Anspruchsgrundlage**, sondern nur ein **Programmsatz**,[1] demzufolge §§ 1570–1575 die nachehelichen Unterhaltsansprüche abschließend regeln, soweit nicht darüber hinaus die Billigkeitsklausel des § 1576 anzuwenden ist.

B. Reformen des nachehelichen Unterhaltsrechts seit 1977

2   Das nacheheliche Unterhaltsrecht wurde innerhalb der letzten Jahrzehnte mehrfach reformiert.

I. Reformen in den Jahren 1977 bis 2007

3   – Das 1. EheRG hatte – mit Wirkung ab 01.07.1977 – infolge des Übergangs vom Verschuldens- zum **Zerrüttungsprinzip** (auch) das Recht des nachehelichen Unterhalts grundlegend neu gestaltet: Der Unterhaltsanspruch wurde nicht mehr (wie früher nach §§ 58 ff. EheG) mit einem zur Scheidung führenden Verschulden verknüpft, sondern es galt und gilt nunmehr nach Auflösung der Ehe aufgrund Zerrüttung der **Grundsatz** der **Eigenverantwortung**, der nur dann durchbrochen wird, wenn einer der in §§ 1570 ff. – enumerativ und abschließend – normierten **sechs**[2]**nachehelichen Unterhaltstatbestände** für bestimmte Bedürfnislagen bejaht werden kann. Dieses System der §§ 1569 ff. gilt auch für die Rechtsfolgen der Aufhebung einer Ehe (§ 1318).[3]
– Das am 01.04.1986 in Kraft getretene UÄndG 1986 hat wichtige Teile des ab 01.07.1977 geltenden Unterhaltsrechts geändert (s. zu den Anspruchsgrundlagen etwa § 1573 Abs. 1 und 2, zu den Begrenzungsmöglichkeiten §§ 1573 Abs. 5, 1578 Abs. 1 Satz 2 und 3 und zu den Verwirkungstatbeständen § 1579).[4]
– Das KindUG vom 06.04.1998[5] hat das Kindesunterhaltsrecht verändert (insb. Dynamisierung des Unterhalts auch ehelicher Kinder sowie veränderte Kindergeldverrechnung), in das **nacheheliche** Unterhaltsrecht jedoch nicht eingegriffen.
– Das UÄndG 2007 hat neben dem Kindesunterhaltsrecht auch das nacheheliche Unterhaltsrecht tiefgreifend verändert.

II. Veränderungen durch das UÄndG 2007

4   Hauptziele »im Vordergrund der Reform«[6] waren neben der Förderung des Kindeswohls die **Stärkung** der **Eigenverantwortung nach** der **Ehe** sowie die Vereinfachung des Unterhaltsrechts und (dadurch) Entlastung der Justiz.

5   Das UÄndG 2007 hat in § 1569 den **Grundsatz** der **Eigenverantwortung** (S. 1) durch eine **geänderte Überschrift** und einen **neu gefassten Normtext** verstärkt und ihn als **Obliegenheit** ausgestaltet. Damit hat der Grundsatz der Eigenverantwortung eine neue Rechtsqualität erhalten; er ist in weitaus stärkerem Maße als vormals als **Auslegungsgrundsatz** für die **einzelnen Unterhaltstat-**

---

1   OLG Zweibrücken, Beschluss vom 21.01.1997 – 5 WF 2/97 – n.v.: »Programmvorschrift des § 1569«.
2   Teilweise werden sieben nacheheliche Unterhaltstatbestände genannt: Dann wird in § 1573 zwischen Erwerbslosen- (Abs. 1 und 3) und Aufstockungsunterhalt (Abs. 2) unterschieden.
3   Zur rechtlichen Behandlung einer nach Scheidung der Ehe erhobenen Eheaufhebungsklage, mit der die vermögensrechtlichen Folgen für die Zukunft ausgeschlossen werden sollen, s. BGHZ 133, 227 = BGH FamRZ 1996, 1209.
4   Ausführlich hierzu Jaeger FamRZ 1986, 737 ff.
5   BGBl I 666.
6   Begründung des RegE (BT-Drucks. 16/1830).

bestände heranzuziehen. Der **Grundsatz** der **Eigenverantwortung** wird relativiert durch den in Satz 2 neu in das Gesetz aufgenommenen **Grundsatz** der (nachehelichen) **Mitverantwortung**. Im Rahmen der Prüfung aller **nachehelichen Unterhaltstatbestände** ist im Hinblick auf die Neufassung des §1569 nunmehr vielfach ein anderer (engerer) Maßstab anzulegen.

Die Neuregelung betont den **Ausnahmecharakter** des **nachehelichen Unterhalts** und verlangt   6
positiv, dass sich jeder Ehegatte grundsätzlich selbst zu unterhalten hat, also Unterhalt **nur** (dieses Wort ist im Gesetz hinzugefügt worden) beanspruchen kann, soweit er dazu nicht in der Lage ist. Es soll auch klargestellt werden, dass Unterhalt jedenfalls auf Dauer in der Regel lediglich dazu dienen soll, die im Zusammenhang mit der Ehe, insb. wegen der vereinbarten Aufgabenverteilung, eingetretenen **Nachteile auszugleichen**.

Satz 1 stellt den **Grundsatz** der **Eigenverantwortung** in den Vordergrund und stärkt ihn in mehr-   7
facher Hinsicht: Zum einen durch eine prägnantere Fassung der amtlichen Überschrift, und zum anderen durch die Klarstellung in Satz 1, dass den geschiedenen Ehegatten die Obliegenheit trifft, nach der Scheidung selbst für sein wirtschaftliches Fortkommen zu sorgen. Mit dieser stärkeren Betonung der eigenen Verantwortung des geschiedenen Ehegatten für seinen Unterhalt soll das Prinzip der nachehelichen Solidarität in einer nach heutigen Wertvorstellungen akzeptablen und interessengerechten Weise ausgestaltet werden. §1569 Satz 1 ist als Programmsatz für die gesamte Neuregelung zu verstehen, der bei der Auslegung jedes Unterhaltstatbestands zu berücksichtigen ist.

Satz 2 schränkt den **Grundsatz** der **Eigenverantwortung** durch den **Grundsatz** der **nachwirken-**   8
den Mitverantwortung des wirtschaftlich stärkeren Ehegatten für den anderen ein: Ist ein Ehegatte nicht in der Lage, selbst für seinen Unterhalt zu sorgen, gebietet es die **nacheheliche Solidarität**, den in den einzelnen Unterhaltstatbeständen konkretisierten Bedürfnislagen gerecht zu werden und vor allem den notwendigen Ausgleich für ehebedingte Nachteile zu leisten. Mit der Formulierung in Satz 2, dass der Unterhalt fordernde geschiedene Ehegatte »außerstande ... ist«, wird an die **Obliegenheit** des **geschiedenen Ehegatten**, für sich selbst zu sorgen, angeknüpft und gleichzeitig Bezug genommen auf die Bedürftigkeit des Unterhaltsberechtigten, einem allgemeinen Merkmal jedes Unterhaltsanspruchs. Die Einfügung des Wortes »nur« in Satz 2 soll einmal mehr verdeutlichen, dass ein **Unterhaltsanspruch** gemessen am Grundsatz der Eigenverantwortung die **Ausnahme**, aber nicht die Regel ist, und daher nur in Betracht kommt, wenn einer der Unterhaltstatbestände der §§1570 ff. vorliegt.

Die **Zumutbarkeit** der **Aufnahme** einer **Erwerbstätigkeit** nach der **Scheidung** obliegt **anderen**   9
Maßstäben als während des Getrenntlebens: Während der Unterhaltsgläubiger nach der Trennung bis zur Scheidung noch – wenn auch mit zunehmender **Dauer** der **Trennung abnehmend** – auf **eheliche** Solidarität vertrauen darf, begründet das Eigenverantwortungsprinzip des §1569 eigene Verantwortung des Unterhaltsgläubigers für seinen Lebensbedarf, die nur auf Grund **nachehelicher** Solidarität von bestimmten Unterhaltstatbeständen durchbrochen ist. Erwerbsbemühungen zur Deckung des nachehelichen Lebensbedarfs müssen daher mit zunehmender Verfestigung der Trennung, regelmäßig aber spätestens bei endgültigem Scheitern der Ehe – das grundsätzlich mit Beginn des Scheidungsverfahrens anzunehmen ist[7] – einsetzen.

Mit der Neuregelung des §1570 hat der Gesetzgeber den **nachehelichen Betreuungsunterhalt**   10
grundlegend umgestaltet. Das bisherige, von der Rechtsprechung entwickelte »**Altersphasenmo-**
dell« – ab welchem **allein** auf Grund des Alters des Kindes zu entscheiden war, ob und inwieweit dem betreuenden Elternteil eine Erwerbstätigkeit zumutbar war – darf nicht mehr angewendet werden; die Betreuungsbedürftigkeit eines Kindes ist vielmehr nach dessen individuellen Verhältnissen

---

7 BGH FamRZ 2008, 963 = FuR 2008, 283.

zu ermitteln.[8] Nunmehr wird verstärkt darauf abgestellt, inwieweit auf Grund des konkreten Einzelfalles und der Betreuungssituation vor Ort von dem betreuenden Elternteil neben der Kinderbetreuung eine (Teil-)Erwerbstätigkeit erwartet werden kann. Der Gesetzgeber hat einen auf drei Jahre befristeten **Basisunterhalt** (§ 1570 Abs. 1 Satz 1) eingeführt, der aus Gründen der **Billigkeit** verlängert werden kann;[9] dabei sind die Belange des Kindes und die bestehenden Möglichkeiten der Kinderbetreuung zu berücksichtigen (§ 1570 Abs. 1 Satz 2 und 3). Die Dauer des Anspruchs auf Betreuungsunterhalt verlängert sich darüber hinaus, wenn dies unter Berücksichtigung der Gestaltung von Kinderbetreuung und Erwerbstätigkeit in der Ehe sowie der Dauer der Ehe der Billigkeit entspricht (§ 1570 Abs. 2). Obwohl der Betreuungsunterhalt nach § 1570 als Unterhaltsanspruch des geschiedenen Ehegatten ausgestaltet ist, wird er vor allen Dingen im Interesse der gemeinschaftlichen Kinder gewährt, um deren Betreuung und Erziehung sicherzustellen.[10]

11 Besondere Verschärfung erlangt der Grundsatz der Eigenverantwortung durch die neue Norm des **§ 1578b** (**Begrenzung** des **nachehelichen Unterhalts**). Der nacheheliche Unterhalt konnte bislang nur in (seltenen) **Ausnahmefällen** gegen den Willen des Unterhaltsgläubigers begrenzt werden. Das Gesetz kennt nunmehr (nur noch) – anwendbar auf alle nachehelichen Unterhaltstatbestände – **zwei Begrenzungsnormen**: § 1578b und § 1579. Das verschärfte Prinzip der Eigenverantwortung führt nunmehr dazu, dass im konkreten Fall **jeder** Unterhaltsanspruch – unter Wahrung der Belange eines gemeinschaftlichen, vom Unterhaltsgläubiger betreuten Kindes – sowohl der Dauer als auch der Höhe nach zu begrenzen »ist«, wenn die Begrenzungsnormen überhaupt anwendbar sind, und wenn die jeweiligen Voraussetzungen dieser Begrenzungsnormen vorliegen. Ein nachehelicher Unterhaltsanspruch kann um so eher beschränkt werden, je geringer die auf Grund der Kinderbetreuung eingetretenen (»**betreuungsbedingten**«) bzw. die auf der Aufgabenverteilung während der Ehe beruhenden (»**ehebedingten**«) **Nachteile** sind, die beim unterhaltsberechtigten Ehegatten infolge der Scheidung eingetreten sind.

III. Übergangsrecht in den alten Bundesländern

12 Für Unterhaltsansprüche aus sog. »**Altehen**« (das sind vor dem 01.07.1977 rechtskräftig aufgelöste Ehen) bestimmen sich die nachehelichen **Unterhaltstatbestände** (§§ 58–61 EheG) einschließlich ihrer **Begrenzung** und **Beendigung** (§§ 65 ff. EheG) weiterhin nach §§ 58 ff. EheG (Art. 12 Nr. 3 Abs. 2 des 1. EheRG). Wird Abänderung eines solchen Unterhaltstitels verlangt, dann bestimmen sich daher Begrenzung oder gar Ausschluss solcher Unterhaltsansprüche nicht nach §§ 1578b, 1579 oder nach Billigkeitsabwägungen gem. § 242 entsprechend der zu § 1579 entwickelten Rechtsprechung.[11] Die **Bemessung** des Unterhalts hingegen richtet sich im Wesentlichen nach den Grundsätzen des ab 01.07.1977 geltenden Unterhaltsrechts.

IV. Übergangsrecht in den neuen Bundesländern

13 Im **Beitrittsgebiet** gilt das Normensystem der §§ 1569 ff. nur für die nach dem Beitritt der neuen Bundesländer am 03.10.1990 rechtskräftig aufgelösten Ehen (Art. 234 § 5 EGBGB). Für die vor diesem Datum rechtskräftig geschiedenen Ehen gilt das frühere DDR-Unterhaltsrecht fort (§§ 29–33 FGB/DDR, geändert und ergänzt am 01.10.1990 durch das 1. FamRÄndG),[12] und

---

8 BGH FamRZ 2009, 770, 773 = FuR 2009, 391 = FuR 2009, 447; so bereits etwa OLG Karlsruhe NJW 2004, 523, 524; Puls FamRZ 1998, 865, 870; Luthin FPR 2004, 567, 570; Reinken FPR 2005, 502, 503.

9 BT-Drucks. 16/6980 S. 8 f.

10 BT-Drucks. 16/6980 S. 9; hierzu ausführlich BGHZ 177, 272 = BGH FamRZ 2008, 1739, 1746 ff. = FuR 2008, 485 = BGH FamRZ 2009, 770, 772 = FuR 2009, 391 = FuR 2009, 447; 2009, 1391; 2010, 802 = FuR 2010, 401.

11 BGH FamRZ 1991, 1040 ff.

12 Eberhard FamRZ 1990, 917.

zwar auch dann, wenn **Unterhaltsvereinbarungen** abgeändert werden sollen. Ein in der ehemaligen DDR geschiedener Ehegatte besitzt jedoch nach Art. 18 Abs. 5 EGBGB analog dann einen Anspruch auf nachehelichen Unterhalt nach §§ 1569 ff., wenn der Verpflichtete vor dem Beitritt in das Gebiet der damaligen BRD übergesiedelt ist.[13] Im Rahmen der Bemessung des Unterhalts ist dann auf diejenigen Verhältnisse abzustellen, die sich nach einer Projektion auf die entsprechenden Verhältnisse der BRD ergeben.[14] Auch wenn sich die Änderung materiell-rechtlich nach dem FGB/DDR richtet, gilt das Erhöhungsgebot nach § 33 FGB/DDR nicht.[15]

C. Regel-Ausnahme-Prinzip des nachehelichen Unterhalts

Der Gesetzgeber hatte bereits 1977 das nacheheliche Unterhaltssystem als **Regel-Ausnahme-Prinzip** aufgebaut: **Ausnahmsweise**[16] (und nur dann) besteht außerhalb eines Unterhaltsvertrages ein Anspruch auf nachehelichen Unterhalt, wenn –bei manchen Tatbeständen in bestimmten **Einsatzzeitpunkten** – bestimmte Bedürfnislagen auf Grund der **sechs** in §§ 1570 bis 1576 normierten **Unterhaltstatbestände** vorliegen. Zutreffend wurde bereits damals kritisiert, dass der Grundsatz der wirtschaftlichen Eigenverantwortung durch das umfassende System der Tatbestände weitgehend ausgehöhlt ist: Aus der Ausnahme wurde die Regel (»Meer von nachehelichen Unterhaltsansprüchen«,[17] »Überforderung nachehelicher Solidarität«,[18] der Reformgesetzgeber habe geradezu »ein vermögensrechtliches Füllhorn über die bisher am häuslichen Herd vermögensmäßig verkümmerte Hausfrau ausgeschüttet«,[19] »Weg in die Unterhaltsknechtschaft«[20]). Die Tatbestände des nachehelichen Unterhalts setzten und setzen **nicht allgemein** einen **kausalen Zusammenhang** zwischen **Ehe** und **Bedürftigkeit** voraus: Der Gesichtspunkt der »ehebedingten Unterhaltsbedürftigkeit« hatte in dieser Form bereits 1977 keinen Eingang in das Gesetz gefunden.[21] | **14**

Besteht (nach der Systematik des nachehelichen Unterhaltsrechts) **ausnahmsweise**[22] – in der Praxis bildet jedoch die Ausnahme die Regel, insb. bezüglich der Tatbestände § 1570 und § 1573 Abs. 2! – ein Anspruch auf (nachehelichen)Unterhalt, dann entsteht ein (gesetzliches) **Unterhaltsschuldverhältnis**,[23] das – wie jedes Schuldverhältnis auf Grund des **Gegenseitigkeitsprinzips** –wechselseitige unterhaltsrechtliche Nebenpflichten (**Obliegenheiten**) begründet, da die Mitverantwortung der Eheleute füreinander (§ 1353) –wenn auch deutlich gemindert – auch nach rechtskräftiger Auflösung der Ehe fortwirkt.[24] Diese Nebenpflichten bestimmen beiderseits –regelmäßig – in gleichem Umfange das Maß der **beiderseitigen Rechte** und **Pflichten**. Insb. obliegt dem bedürftigen geschiedenen Ehegatten (**Unterhaltsgläubiger**), sich möglichst selbst um sein Auskommen zu kümmern, die Unterhaltslast also soweit als möglich zu verringern (§§ 1569, 1577), dem anderen geschiedenen Ehegatten (**Unterhaltsschuldner**), seine Leistungsfähigkeit höchstmöglich zu erhalten (§ 1581). | **15**

---

13 BGHZ 124, 57 = BGH FamRZ 1994, 160 ff.
14 BGH FamRZ 1995, 473 ff.; s. eingehend Brudermüller FamRZ 1995, 915.
15 BGHZ 128, 320 = BGH FamRZ 1995, 544 ff.
16 BGH FamRZ 1981, 242.
17 Diederichsen NJW 1977, 353.
18 Diederichsen NJW 1993, 2265 ff.
19 Diederichsen FamRZ 1988, 889, 894.
20 Deubner ZRP 1972, 153 ff.
21 BGH FamRZ 1980, 981, 983 zu § 1572; 1982, 28.
22 BGH FamRZ 1981, 242, 243.
23 S. hierzu näher Schwab FamRZ 1997, 521.
24 BVerfGE 57, 361 = FamRZ 1981, 745 ff., zugleich auch zur Verfassungsmäßigkeit des seit 01.07.1977 geltenden Unterhaltsrechts.

D. Unterhaltstatbestände im Einzelnen

16 Zunächst hat der Unterhalt begehrende Ehegatte die **Voraussetzungen** eines der (sechs) nachehelichen **Unterhaltstatbestände** darzulegen und im Falle des Bestreitens zu beweisen, insb. bei einigen Tatbeständen (§§ 1571, 1572, 1573) auch den sog. **Einsatzzeitpunkt** als Anspruchsvoraussetzung.

I. Nacheheliche Unterhaltstatbestände

17 §§ 1570 ff. normieren enumerativ und abschließend insgesamt **sechs Unterhaltstatbestände**, nach denen ein geschiedener Ehegatte (nur) Unterhalt verlangen kann:

> 1. **Betreuung eines gemeinschaftlichen Kindes** (§ 1570),
> 2. **Alter** (§ 1571),
> 3. **Krankheit/Gebrechen** (§ 1572),
> 4. **Erwerbslosigkeit bzw. Aufstockung** (§ 1573),
> 5. **Ausbildung, Fortbildung oder Umschulung** (§ 1575),
> 6. **Billigkeit** (§ 1576).

II. Konkurrenz der Unterhaltstatbestände

18 Die **drei** Tatbestände §§ 1570, 1571, 1572 sind **vorrangig** (sog. Primärtatbestände); sie können jedoch miteinander konkurrieren. Die Tatbestände des § 1573[25] und des § 1576 sind **subsidiär** (sog. Subsidiärtatbestände, s. den Wortlaut des Gesetzes). § 1575 betrifft einen Sondertatbestand. Die jeweiligen **Unterhaltstatbestände** sind präzise voneinander zu sondern, weil sie sich nicht nur bezüglich der **Tatbestandsvoraussetzungen**, sondern auch in ihren **Rechtsfolgen** wesentlich unterscheiden, z.B.:

1. Der Anspruch nach § 1570 (»Betreuung eines gemeinschaftlichen Kindes«) ist privilegiert (§ 1609 Nr. 2: Vorrang im Mangelfall, § 1577 Abs. 4 Satz 2: Bestand des Anspruchs trotz späteren Wegfalls des Vermögens, § 1586a: Wiederaufleben des Anspruchs nach Auflösung der zweiten Ehe);
2. Die **Einsatzzeitpunkte** der einzelnen Tatbestände differieren, soweit die Tatbestände einen Einsatzzeitpunkt voraussetzen;
3. Beim **Übergang** von einer **Anspruchsgrundlage** zur anderen trägt der Unterhaltsgläubiger die **Darlegungs-** und **Beweislast** für alle Voraussetzungen der neuen Anspruchsgrundlage, nach der ein (einheitlicher) Unterhaltstitel aufrechterhalten werden soll.[26] Sind die Parteien etwa im Vorverfahren nach Beweisaufnahme von der vollen Erwerbsfähigkeit der unterhaltsberechtigten Ehefrau ausgegangen, und haben sie deshalb lediglich Aufstockungsunterhalt nach § 1573 Abs. 2 vereinbart, so kann die Ehefrau sich im Abänderungsverfahren auf § 1572 als neue Anspruchsgrundlage nur stützen, wenn sie nachweist, dass sie im Einsatzzeitpunkt (Wegfall des Anspruchs aus § 1573 Abs. 2) krankheitsbedingt in ihrer Erwerbsfähigkeit eingeschränkt gewesen war.[27]

19 **§ 1574 Abs. 3** stellt keinen eigenen Unterhaltstatbestand dar, sondern eine Verpflichtung des Unterhaltsgläubigers, zum Zwecke einer Ausbildung/Fortbildung/Umschulung **von sich aus tätig** zu werden; der entsprechende Unterhaltsanspruch ergibt sich aus § 1575, oder – wenn dessen Voraussetzungen nicht vorliegen – aus §§ 1571, 1572, 1573 Abs. 1.[28]

---

25 BGH FamRZ 1999, 708 = FuR 1999, 372.
26 BGH FamRZ 1990, 496; OLG Celle FamRZ 1994, 963.
27 OLG Hamm FamRZ 1999, 1510; s. auch OLG Schleswig NJW-RR 2000, 738.
28 BGH FamRZ 1984, 561, 562, 563.

III. Einsatzzeitpunkt als Anspruchsvoraussetzung

Die **Bedürftigkeit** des geschiedenen Ehegatten muss nicht notwendig **ehebedingt** sein;[29] weder die   20
Tatbestände der §§ 1570–1575[30] noch derjenige des § 1576[31] setzen generell einen kausalen
Zusammenhang zwischen Ehe und Bedürftigkeit voraus. Da aber – dem Grundsatz der Eigenverantwortung (§ 1569) folgend – die nacheheliche Solidarität nicht uferlos sein darf, stellt das
Gesetz jedenfalls für einzelne Unterhaltstatbestände (§§ 1571, 1572, 1573) durch sog. **Einsatzzeitpunkte** sicher, dass Unterhalt nur geschuldet wird, wenn ein **zeitlicher, persönlicher** und **wirtschaftlicher Zusammenhang** der Bedürftigkeit des geschiedenen Ehegatten mit der Ehe besteht,[32]
nicht aber dann, wenn der geschiedene Ehegatte nach der Scheidung bereits eine gesicherte wirtschaftliche Selbständigkeit erreicht hat. Durch jahrelange Fortzahlung eines – nicht titulierten –
nachehelichen Unterhalts kann jedoch ein **Vertrauenstatbestand** geschaffen werden, der den Einsatzzeitpunkt für die Erwerbsobliegenheit des Unterhaltsgläubigers hinausschiebt.[33] Der Einsatzzeitpunkt »Scheidung« (s. etwa §§ 1571, 1572) ist der Tag der Rechtskraft der Scheidung;[34] der
Einsatzzeitpunkt »**Ende** der **Kinderbetreuung**« richtet sich nach den Grundsätzen des § 1570.

Normierte oder aber **anzunehmende** (»versteckte«, etwa auf Grund der sog. Surrogatsrechtspre-   21
chung des BGH)[35] Einsatzzeitpunkte sind **Anspruchsvoraussetzung**: Der Unterhaltsanspruch
muss im jeweiligen **Zeitpunkt** (frühestens im Zeitpunkt der Rechtskraft der Scheidung) bestehen
(sog. »**Tatbestandskette**« oder »**Unterhaltskette**«).[36] Der Unterhaltsschuldner soll grundsätzlich
keine schicksalhaften Ereignisse tragen bzw. mittragen müssen, die den geschiedenen Ehegatten
nach der Scheidung treffen. Es gehört daher zur Schlüssigkeit eines für die Zeit nach der Scheidung geltend gemachten Unterhaltsanspruchs, die Tatbestandskette lückenlos darzustellen.

Ausnahmsweise ist eine lückenlose Tatbestandskette **keine Anspruchsvoraussetzung**:   22

1. **keine nachhaltige Sicherung** der **Einkünfte** aus einer **angemessenen Erwerbstätigkeit** bei der
   Scheidung (§ 1573 Abs. 4 Satz 1),
2. **Wiederaufleben des Unterhaltsanspruchs** nach Auflösung einer weiteren Ehe (§ 1586a Abs. 1),
3. **Betreuungsunterhalt** (§ 1570), und
4. **Billigkeitsunterhalt** (§ 1576).

Die geänderte Auffassung zur Beurteilung der ehelichen Lebensverhältnisse auf Grund des Surro-   23
gatsgedankens des BGH[37] kann sich im Rahmen der Prüfung der Einsatzzeitpunkte dann auswirken, wenn ein Unterhaltsanspruch längere Zeit nicht geltend gemacht worden ist. Dies allein
bedeutet nicht, dass wegen »Fehlens« eines Einsatzzeitpunkts spätere Unterhaltsansprüche nicht
mehr in Betracht kommen, sondern die Frage, ob Anschlussunterhalt nach §§ 1571 ff. in Betracht
kommt, richtet sich zum einen danach, ob eine geschlossene **Tatbestandskette** (»**Anspruchskette**«)
vorliegt, also durchgehend keine Erwerbsobliegenheit bestanden hat. Bedürftigkeit des Unterhaltsgläubigers und/oder Leistungsfähigkeit des Unterhaltsschuldners mussten gleichzeitig gegeben
sein;[38] allerdings durfte zu keinem Zeitpunkt das Nichtbestehen eines Unterhaltsanspruchs darauf
zurückzuführen sein, dass der Unterhaltsgläubiger Einkünfte erzielte, die seinen Unterhalt nachhaltig gesichert hatten (§ 1573 Abs. 4). Anschlussunterhalt kommt auch dann in Betracht, wenn

---

29 BGH FamRZ 1980, 981.
30 BGH FamRZ 1981, 1163.
31 BGH FamRZ 1983, 800.
32 OLG Stuttgart FamRZ 1982, 1015; OLG Bamberg FamRZ 1984, 897; OLG Düsseldorf FamRZ 1998,
    1519.
33 OLG Schleswig FuR 2004, 279.
34 OLG Köln FamRZ 2002, 326.
35 BGHZ 148, 105 = BGH FamRZ 2001, 986 = FuR 2001, 306.
36 OLG München FamRZ 1993, 564; OLG Hamm FuR 2004, 276.
37 BGHZ 148, 105 = BGH FamRZ 2001, 986 = FuR 2001, 306.
38 BGH FamRZ 1987, 689.

durchgängig ein Aufstockungsunterhalt gegeben war, da alle Unterhaltstatbestände mit dem Tatbestandselement »Einsatzzeitpunkt« einen Wegfall des Anspruchs aus § 1573 vorsehen.

24   Hat der Unterhaltsgläubiger über Jahre hinweg deshalb keinen Unterhalt geltend gemacht, weil nach allgemeiner Auffassung seine Einkünfte im Wege der Anrechnungsmethode bedarfsdeckend anzurechnen waren, so dass sein Unterhaltsbedarf als gedeckt anzusehen war, kann die Änderung der Rechtsprechung des BGH[39] jetzt zu einem Anspruch auf Anschlussunterhalt führen. Ist etwa der Unterhaltsgläubiger fünf Jahre nach der Scheidung erwerbsunfähig geworden, und hatte er bis dahin Unterhaltsansprüche auf Grund der Bemessung des Unterhalts nach der Anrechnungsmethode nicht geltend gemacht, kann für Unterhalt gem. § 1572 der Einsatzzeitpunkt des § 1572 Nr. 4 (Wegfall für die Voraussetzung eines Unterhaltsanspruchs nach § 1573) gegeben sein, weil nunmehr aus verfassungsrechtlichen Gründen die Differenz-/Additionsmethode anzuwenden ist, bei deren Anwendung in den vergangenen Jahren ein Anspruch auf Aufstockungsunterhalt bestanden hätte. Dieser Aufstockungsunterhalt gemäß § 1573 Abs. 2 würde durch die Krankheit entfallen, so dass in dieser Höhe ein Anschlussunterhalt gemäß § 1572 gegeben ist.

25   In einem **Abänderungsantrag** (§§ 238 ff. FamFG) ist anzusprechen, ob nicht auf Grund der **Änderung** der **Surrogations-Rechtsprechung** des BGH[40] nunmehr »versteckte« Einsatzzeitpunkte entstanden sind.

26   Im Einsatzzeitpunkt müssen allerdings nur die **jeweiligen Tatbestandsvoraussetzungen** vorliegen. Die Tatbestandskette entfällt daher nicht, wenn der Unterhaltsgläubiger erst nachträglich bedürftig wird[41] oder der Unterhaltsanspruch zunächst an der Leistungsfähigkeit des Unterhaltsschuldners gescheitert ist; es genügt, dass unterschiedliche Unterhaltstatbestände **nacheinander** wirken, da es nur auf die **Lückenlosigkeit** der **Tatbestandskette** ankommt[42] (so kann sich etwa ein Anspruch wegen Kindesbetreuung gem. § 1570 nach Heranwachsen des Kindes in einen Anspruch auf Aufstockungsunterhalt nach § 1573 Abs. 2 umwandeln). Der Jahre nach der Scheidung eintretende **Verlust** des **Arbeitsplatzes** rechtfertigt es daher nicht, einen Unterhaltsanspruch wegen fehlender Sicherung des Unterhalts zu bejahen, und zwar auch dann, wenn das ursprüngliche Arbeitsverhältnis zum Zeitpunkt der Rechtskraft der Ehescheidung schon gekündigt war, der Unterhaltsgläubiger aber zwischen Arbeitslosigkeit und Kündigung weitere unbefristete Beschäftigungsverhältnisse innehatte.[43]

IV. »Zusammengesetzte«(»gemischte«) Anspruchsgrundlage

27   Ein Beschluss über nachehelichen Unterhalt erfasst diesen immer in dem ausgeurteilten Umfang insgesamt, umfasst demnach im Zweifel – auch bei Antragsabweisung! – **alle Tatbestände** der §§ 1570 ff. ohne Rücksicht darauf, welcher der Tatbestände im Einzelnen in Betracht kommt und vom Gericht geprüft worden ist, und zwar auch dann, wenn ein Anspruch für die Zukunft zugesprochen und erst ab einem in der Zukunft liegenden Zeitpunkt aberkannt worden ist. Es ist daher wegen der **unterschiedlichen Voraussetzungen** des Anspruchs nach Grund und Höhe exakt festzustellen, aus welchem Unterhaltstatbestand im Einzelnen die Unterhaltspflicht hergeleitet wird.[44] Hat das Gericht in einem antragsabweisenden Beschluss einen Unterhaltstatbestand nicht

---

39 BGHZ 148, 105 = BGH FamRZ 2001, 986 = FuR 2001, 306.
40 BGHZ 148, 105 = BGH FamRZ 2001, 986 = FuR 2001, 306.
41 OLG München FamRZ 1993, 564.
42 OLG Stuttgart FamRZ 1983, 501; OLG Hamm FuR 2004, 276.
43 OLG Dresden FamRZ 2001, 833.
44 BGH FamRZ 1990, 492, 494 = FuR 1990, 168; NJW-RR 1992, 1282; BGHZ 171, 206 = BGH FamRZ 2007, 793 = FuR 2007, 276 im Anschluss an BGH FamRZ 1990, 492, 494 = FuR 1990, 168; 2007, 1232.

Uecker

erörtert, dann kann er später nur unter den besonderen Voraussetzungen des § 238 FamFG geltend gemacht werden.[45]

Mangels konkreter Regelung in einem Scheidungsfolgenvergleich kann oftmals der nacheheliche **28** Unterhaltsanspruch des Ehegatten auf **zwei verschiedene Anspruchsgrundlagen** aufgeteilt werden, etwa in der Weise, dass der Unterhaltsanspruch bis zur Höhe des erzielbaren Einkommens des Unterhaltsgläubigers auf § 1570 und – soweit er dieses übersteigt – auf § 1573 Abs. 2 gestützt wird.[46]

Bei der **Abgrenzung** des **nachehelichen Unterhalts** wegen eines Erwerbshindernisses nach **29** §§ 1570–1572 und des Aufstockungsunterhalts nach **§ 1573 Abs. 2** ist zu differenzieren, ob wegen des **Hindernisses** eine **Erwerbstätigkeit vollständig** oder nur **zum Teil ausgeschlossen** ist. Ist der Unterhaltsgläubiger vollständig an einer Erwerbstätigkeit gehindert, dann ergibt sich sein Unterhaltsanspruch allein aus §§ 1570–1572, und zwar auch für denjenigen Teil des Unterhaltsbedarfs, der nicht auf dem Erwerbshindernis, sondern auf dem den angemessenen Lebensbedarf übersteigenden Bedarf nach den ehelichen Lebensverhältnissen gemäß § 1578 Abs. 1 Satz 1 beruht. Ist der Unterhaltsgläubiger hingegen nur teilweise an einer Erwerbstätigkeit gehindert, ergibt sich sein Unterhaltsanspruch wegen des allein durch die Erwerbshinderung verursachten Einkommensausfalls aus §§ 1570–1572 und im Übrigen als Aufstockungsunterhalt aus § 1573 Abs. 2.[47]

Der Anspruch auf nachehelichen Unterhalt, dessen Umfang sich stets nach den ehelichen Lebens- **30** verhältnissen richtet (§ 1578 Abs. 1 Satz 1), stellt prozessual dennoch immer auch dann einen **einheitlichen Anspruch** dar, wenn **zwei** oder **mehrere Einzeltatbestände** gleichzeitig oder auch in zeitlichem Anschluss aneinander (sog. »zusammengesetzte« oder »gemischte« Anspruchsgrundlage) verwirklicht sind.[48] Kann von einem Ehegatten wegen Kinderbetreuung (§ 1570), wegen Alters (§ 1571) oder wegen gesundheitlicher Beeinträchtigungen (§ 1572) nur eine **Teilerwerbstätigkeit** erwartet werden, dann kann er Unterhalt nur bis zur Höhe desjenigen Mehrverdienstes verlangen, der sich bei einer angemessenen Vollerwerbstätigkeit ergeben würde (»**Teilunterhaltsanspruch**«). Reicht sein Eigenverdienst zusammen mit dem Teilanspruch aus §§ 1570, 1571 oder § 1572 zu seinem vollen Unterhalt i.S.d. § 1578 Abs. 1 Satz 1 nicht aus, kommt neben dem **Primäranspruch** nach §§ 1570–1572 (zusätzlich) ein (subsidiärer) **Sekundäranspruch** (etwa auf **Aufstockungsunterhalt** nach § 1573 Abs. 2) in Betracht.[49]

Ist der einem titulierten Unterhaltsanspruch zugrunde liegende Tatbestand wegen Veränderung **31** der Verhältnisse weggefallen, kann es geboten sein, die Unterhaltspflicht auf Grund eines anderen Unterhaltstatbestands aufrecht zu erhalten.[50]

Auch nach dem neuem Unterhaltsrecht ist es notwendig, **Teilansprüche** zu unterscheiden.[51] Steht **32** dem Unterhaltsgläubiger auf Grund eines – ohne zeitliche Lücke – vorausgegangenen und weggefallenen Anspruchsgrundes nur ein Anspruch nur auf **Teilunterhalt** (auf einen Teil des vollen Lebensbedarfs) zu, dann entsteht auch der **Anspruch** auf **Anschlussunterhalt** nur als Anspruch auf

45 BGH FamRZ 1984, 353.
46 OLG Hamburg FamRZ 1995, 879.
47 BGH FamRZ 2010, 869 = FuR 2010, 394 (Berufungsurteil: OLG Düsseldorf FamRZ 2008, 1254) im Anschluss an BGHZ 179, 43 = BGH FamRZ 2009, 406 Tz. 20 ff. – Abgrenzung von Krankheitsunterhalt nach § 1572 und Aufstockungsunterhalt nach § 1573 Abs. 2; s. auch OLG Koblenz FamRZ 2007, 833 = FuR 2007, 44.
48 St. Rechtsprechung des BGH, s. zuletzt FamRZ 2001, 1687 = FuR 2001, 494.
49 S. etwa BGH FamRZ 1987, 1011 (Nr. 472); 1990, 492, 494; 1993, 789, 791; 2001, 1687 = FuR 2001, 494 zu §§ 1570, 1572; 1999, 708 = FuR 1999, 372 zu § 1571.
50 BGH FamRZ 1995, 665.
51 BGH FamRZ 2009, 406 = NJW 2009, 989 = ZFE 2009, 152; vgl. auch PWW/Kleffmann § 1569 Rn. 6.

Teilunterhalt:[52] Der Unterhaltsschuldner ist dann nur verpflichtet, Teilunterhalt zu bezahlen, während der Unterhaltsgläubiger **Anschlussunterhalt** (auch nur) in **Höhe** des **Teilbetrages** verlangen kann.

33 Liegen die Voraussetzungen eines Unterhaltstatbestands (bereits) im Zeitpunkt der Scheidung vor, dann richtet sich dieser originäre Unterhaltsanspruch auf den Unterhalt nach den ehelichen Lebensverhältnissen (§ 1578 Abs. 1). Treten die Voraussetzungen einer Anspruchsnorm erst zu einem späteren Zeitpunkt, aber im jeweils maßgeblichen Einsatzzeitpunkt ein, dann besteht ein Anspruch auf Anschlussunterhalt, wenn die die einzelnen vorangegangenen Unterhaltsansprüche ohne zeitliche Lücke nahtlos aneinander anschließen. Treten die Voraussetzungen für **Anschluss-unterhalt** erst später ein, dann entsteht kein Unterhaltsanspruch mehr.[53]

34 Bestand bei Beginn des Anschlussunterhalts auf Grund eines weggefallenen früheren Anspruchs-grunds nur ein **Anspruch** auf einen **Teil** des **vollen Bedarfs**, dann entsteht auch der Anspruch auf Anschlussunterhalt nur als solcher auf Teilunterhalt, also als **Teil-Anschlussunterhalt** nur nach dem Umfang des weggefallenen Teilanspruchs. Maßgebend für die Bemessung des Teilanschluss-unterhalts ist die Quote des nach Maßgabe der ehelichen Lebensverhältnisse ungedeckten Bedarfs des Unterhaltsberechtigten in dem Zeitpunkt, in dem sein Unterhalt im Übrigen nachhaltig gesichert war.[54] Die jeweilige Verknüpfung mit den Vortatbeständen wahrt den Zusammenhang zwischen Ehe und Unterhaltsbedürftigkeit. Soweit es an dieser **Verknüpfung fehlt**, trägt der **Unterhaltsgläubiger** das **Unterhaltsrisiko**.

35 ▶ **Beispiel zum Teilanschlussunterhalt**

   Die halbtags berufstätige Frau F. hat einen Unterhaltsanspruch nach § 1570 wegen Betreuung eines (gemeinschaftlichen) Kindes in Höhe von 600 €. Ist F. wegen des Alters des Kindes – ab etwa 12 Jahren – nicht mehr an einer **vollen** Erwerbstätigkeit gehindert, dann erlischt der Unterhaltsanspruch nach § 1570. Kann F. nunmehr zu diesem Zeitpunkt entweder infolge Alters (§ 1571) oder Krankheit/Gebrechen (§ 1572) oder wegen der Arbeitsmarktlage (§ 1573 Abs. 1) ihre bisherige Tätigkeit nicht ausweiten, dann entsteht ein Anspruch auf Teilanschluss-unterhalt, der auf die Höhe beschränkt bleibt, in der der Anspruch aus § 1570 zuletzt bestanden hatte (also grundsätzlich 600 €).
   War F. allerdings bereits im Zeitpunkt der Scheidung wegen einer Erkrankung bereits teilweise erwerbsunfähig, und tritt infolge Verschlimmerung desselben Leidens erst nach geraumer Zeit (etwa nach zwei Jahren) in vollem Umfange Erwerbsunfähigkeit ein, dann handelt es sich nicht um einen Anspruch auf Anschlussunterhalt, sondern um den originären Anspruch auf Krank-heitsunterhalt, bezogen auf den Zeitpunkt der Scheidung und auf den vollen eheangemessenen Unterhalt.

36 Können **verschiedene Anspruchsgrundlagen nebeneinander** bestehen, dann muss regelmäßig **genau differenziert** werden, welcher Unterhaltsbetrag auf welcher Anspruchsgrundlage beruht, insb. im Hinblick auf spätere Begrenzung des Anspruchs sowie auf ein mögliches späteres Abände-rungsverfahren.[55] Die Unterhaltstatbestände müssen **ausnahmsweise** nur dann **nicht** genau bestimmt werden, wenn im Einzelfall eine zeitliche Begrenzung aus Billigkeitsgründen unter Berücksichtigung von Ehedauer, Kinderbetreuung und Gestaltung von Haushaltsführung/

---

52 BGH FamRZ 2001, 1291 – Anschlussunterhalt nach § 1572 Abs. 4, weggefallener Anspruchsgrund:
    § 1573 Abs. 1 oder 2; OLG Stuttgart FamRZ 1983, 501; OLG Düsseldorf FamRZ 1994, 965.
53 BGH FamRZ 2001, 1291, 1294; s. auch OLG Koblenz OLGR 2005, 907.
54 BGH FamRZ 2001, 1291, 1294.
55 BGH FamRZ 1988, 265 = FuR 1999, 372 zu den Anspruchsgrundlagen § 1571 und § 1573 Abs. 1;
    FamRZ 2001, 1687 = FuR 2001, 494 (Berufungsurteil: OLG München FuR 2000, 173) zu den
    Anspruchsgrundlagen § 1570 und § 1573 Abs. 2.

Erwerbstätigkeit von vornherein ausscheidet.[56] Eine fehlende Aufschlüsselung der Anspruchs-grundlagen beschwert den Unterhalts **schuldner**.[57]

Die Problematik der sog. zusammengesetzten Anspruchsgrundlage ist seit Inkrafttreten des   **37** UÄndG 2007 insb. im Rahmen der **Kürzung** des **Anspruchs** nach § 1570[58] wie auch der **Begren-zung** des **nachehelichen Unterhalts** (§ 1578b) noch immer von Bedeutung. Ist etwa der Unter-haltsgläubiger neben der Kindererziehung teilweise berufstätig, dann erfasst der Anspruch auf Betreuungsunterhalt nur den Unterhalt bis zur Höhe eines Mehreinkommens, das er durch eine angemessene Vollerwerbstätigkeit erzielen könnte. Erreicht der ihm hiernach zustehende Unterhalt zusammen mit dem Einkommen aus Teilerwerbstätigkeit nicht den vollen Unterhalt nach den ehelichen Lebensverhältnissen (§ 1578), dann kommt zusätzlich ein Unterhaltsanspruch aus § 1573 Abs. 2 in Betracht. Diese Unterscheidung findet ihren Grund darin, dass es nicht gerecht-fertigt ist, den Aufstockungsteil des Unterhaltsanspruchs in die Privilegien einzubeziehen, die das Gesetz allein für den Anspruch auf Betreuungsunterhalt aus § 1570 gewährt.[59]

Geht der Unterhaltsbedarf nach den ehelichen Lebensverhältnissen gemäß § 1578 Abs. 1 erheblich   **38** über den angemessenen Unterhalt nach der eigenen Lebensstellung des Unterhaltsgläubigers hinaus, kommt eine **Kürzung** auf den **eigenen angemessenen Unterhalt** nach der eigenen Lebensstellung des betreuenden Elternteils in Betracht. Eine solche Begrenzung ist grundsätzlich auch dann möglich, wenn wegen der noch fortdauernden Kindesbetreuung eine Befristung des Betreuungsunterhalts ent-fällt. Das setzt allerdings voraus, dass einerseits die notwendige Erziehung und Betreuung gemeinsa-mer Kinder trotz des abgesenkten Unterhaltsbedarfs sichergestellt und das Kindeswohl auch sonst nicht beeinträchtigt ist, und andererseits eine fortdauernde Teilhabe des betreuenden Elternteils an den abgeleiteten ehelichen Lebensverhältnissen während der Ehe unbillig erscheint.[60]

E. Gegenseitigkeitsprinzip im nachehelichen Unterhalt

Besteht (nach der Systematik des nachehelichen Unterhaltsrechts) **ausnahmsweise**[61] – in der Praxis   **39** bildet jedoch die Ausnahme die Regel, insb. bezüglich der Tatbestände § 1570 und § 1573 Abs. 2! – ein Anspruch auf (nachehelichen)Unterhalt, dann entsteht ein (gesetzliches) **Unterhalts-schuldverhältnis**,[62] das – wie jedes Schuldverhältnis auf Grund des **Gegenseitigkeitsprinzips** – **wechselseitige unterhaltsrechtliche Nebenpflichten** (**Obliegenheiten**) begründet, da die Mitver-antwortung der Eheleute füreinander (§ 1353) –wenn auch nach der Scheidung deutlich gemin-dert – auch nachrechtskräftiger Auflösung der Ehe fortwirkt.[63] Diese Nebenpflichten bestimmen beiderseits –regelmäßig – in gleichem Umfange das Maß der **beiderseitigen Rechte** und **Pflichten**; insb. obliegt dem bedürftigen geschiedenen Ehegatten (**Unterhaltsgläubiger**), sich möglichst selbst um sein Auskommen zu kümmern, die Unterhaltslast also soweit als möglich zu verringern

---

56 BGH FamRZ 1987, 691 – angesichts des Alters der Ehefrau und der langen Ehedauer von 36 Jahren, in denen sie keiner Erwerbstätigkeit nachgegangen ist, sondern den Haushalt geführt und sieben Kinder erzogen hat, lag die Annahme einer zeitlichen Begrenzung trotz längerer Trennungsdauer von vornherein so fern, dass sie nicht zu prüfen war; FamRZ 1999, 708 = FuR 1999, 372 m.w.N.

57 BGH FamRZ 2001, 1687 = FuR 2001, 494 (Berufungsurteil: OLG München FuR 2000, 173).

58 BGHZ 180, 170 = BGH FamRZ 2009, 770 = FuR 2009, 391.

59 BGHZ 171, 206 = BGH FamRZ 2007, 793 = FuR 2007, 276 im Anschluss an BGH FamRZ 1990, 492, 494 = FuR 1990, 168.

60 Zu allem BGHZ 180, 170, 774 = BGH FamRZ 2009, 770 = FuR 2009, 391 Tz. 44 (Berufungsurteil Kam-mergericht FamRZ 2008, 1942); BGH FamRZ 2009, 1124 = FuR 2009, 447; 2009, 1391 = FuR 2009, 577 m.w.N. (»Flexistunden«); so bereits BGH FamRZ 1990, 492, 493 f. (zu § 1570); 1999, 708, 709 = FuR 1999, 372 (zu § 1571); 2009, 406, 407 f. (zu § 1572); vgl. auch OLG Celle FamRZ 2008, 1449, 1450; KG FamRZ 2009, 336, 337; Graba, FamRZ 2008, 1217, 1222.

61 BGH FamRZ 1981, 242, 243.

62 S. hierzu näher Schwab FamRZ 1997, 521.

63 BVerfGE 57, 361 = FamRZ 1981, 745 ff., zugleich auch zur Verfassungsmäßigkeit des neuen Unterhalts-rechts.

(§§ 1569, 1577), dem anderen (geschiedenen) Ehegatten (**Unterhaltsschuldner**), seine Leistungsfähigkeit höchstmöglich zu erhalten (§ 1581).

F. Begrenzung des nachehelichen Unterhalts

40 Der Anspruch auf nachehelichen Unterhalt **entsteht** am Tage der Rechtskraft der Scheidung.[64]
§§ 1570 ff.lösten zunächst – auf Grund Nachwirkung ehelicher Solidarität – bei entsprechender
Bedürftigkeit des Unterhaltsgläubigers und bestehender **Leistungsfähigkeit** des Unterhaltsschuldners zunächst eine unbegrenzte und auch – von § 1579 abgesehen – nicht begrenzbare und somit
grundsätzlich lebenslange Unterhaltspflicht aus: Als Folge der fortwirkenden nachehelichen Verantwortung für den bedürftigen geschiedenen Ehegatten musste sich der wirtschaftlich stärkere
geschiedene Ehepartner, wenn einer der Unterhaltstatbestände der §§ 1570 ff.gegeben war, lebenslang bis zur Grenze des Zumutbaren mit seiner finanziellen Unterhaltslast abfinden.[65] Erst mit
dem UÄndG 1986 normierte der Gesetzgeber (erstmals) mit §§ 1573 Abs. 5, 1578 Abs. 1 Satz 2
Möglichkeiten, den nachehelichen Unterhalt zu begrenzen. Nunmehr hat das UÄndG 2007 diese
beiden Begrenzungsmöglichkeiten in einer einheitlichen neuen Norm (§ 1578b) zusammengefasst.

G. Darlegungs- und Beweislast

41 Jede Partei ist nach allgemeinen zivilprozessualen Grundsätzen für die ihr günstig erscheinenden
Tatsachen **darlegungs- und beweispflichtig**. Sie darf –ebenfalls nach allgemeinen zivilprozessualen
Grundsätzen – die Behauptungen des darlegungspflichtigen Verfahrensgegners über Umstände,
die allein in ihrem Wahrnehmungsbereich liegen, nicht nur bestreiten, sondern sie muss dem Vorbringen des Gegners **positive Angaben** entgegensetzen, wenn sieden Eintritt der Geständnisfiktion
nach § 138 Abs. 3 ZPO zu ihren Lasten vermeiden will (»**substantiiertes**« Bestreiten).[66]

42 Wer nachehelichen Unterhalt begehrt, ist bereits nach allgemeinen zivilprozessualen Grundsätzen
für seinen Anspruch nach **Grund** und **Höhedarlegungs- und beweispflichtig**. Der Unterhaltsgläubiger muss etwa Tatsachen vortragen und gegebenenfalls beweisen, die für seine Bedürftigkeit
ursächlich sind, etwa dass er trotz ausreichender Bemühungen keine angemessene Erwerbstätigkeit
zu finden vermag. Wer sich im Unterhaltsverfahren etwa darauf beruft, er könne krankheitsbedingt keiner Erwerbstätigkeit nachgehen, muss Art und Umfang der gesundheitlichen Beeinträchtigungen oder Leiden darlegen.[67] Waren Parteien gerade einmal drei Jahre verheiratet, und war die
nachehelichen Unterhalt begehrende, 64-jährige Antragstellerin vor der Eheschließung berufstätig,
dann muss sie darlegen und beweisen, warum sie nicht in der Lage sein soll, Einkünfte zu erzielen,
die ihren angemessenen Lebensbedarf decken.[68]

43 Da die den Unterhalt begrenzenden Möglichkeiten (s. etwa §§ 1578b, 1579) als **Ausnahmetatbestände** konzipiert sind, trifft den **Unterhaltsschuldner** die **Darlegungs- und Beweislast** für Tatsachen, die zu einer **Begrenzung** des nachehelichen Unterhalts nach Grund und Höhe führen können.[69] Hat der Unterhaltsschuldner Tatsachen vorgetragen, die – wie etwa die Aufnahme einer
vollzeitigen Erwerbstätigkeit in dem vom Unterhaltsgläubiger erlernten oder vor der Ehe ausgeübten Beruf oder die Möglichkeit dazu – einen Wegfall ehebedingter Nachteile nahe legen und
damit für eine Begrenzung des nachehelichen Unterhalts von Bedeutung sind, ist es Sache des
Unterhaltsgläubigers, Umstände darzulegen und zu beweisen, die im Rahmen der zu treffenden
Billigkeitsentscheidung gegen eine zeitliche Begrenzung des Unterhalts bzw. für eine längere

---

64 BGH FamRZ 1981, 242; 1984, 256.
65 BGH FamRZ 1996, 1272.
66 BGHZ 98, 353 = BGH FamRZ 1987, 259 – die Geständnisfiktion tritt aber nicht schon dann ein, wenn
    der gegnerische Vortrag nicht glaubwürdig ist.
67 BGH FamRZ 2001, 1291 = FuR 2001, 404; KG EzFamR aktuell 1999, 377; OLG Saarbrücken OLGR
    2005, 826; OLG Brandenburg NJW-RR 2009, 1227.
68 OLG Köln OLGR 2009, 841.
69 BGH FamRZ 2010, 802 (Berufungsurteil: OLG Hamm FamRZ 2009, 519).

»Übergangsfrist« sprechen;nacheheliche Solidarität wird im Regelfall nicht ohne weiteres zeitlich unbegrenzt geschuldet (§ 1569).[70]

Das ist allerdings dann der Fall, wenn die Einkünfte des Unterhaltsgläubigers aus seiner ausgeübten 44 oder der ihm zumutbaren Erwerbstätigkeit wenigstens die Einkünfte aus einer ehebedingt aufgegebenen Erwerbstätigkeit erreichen: Nur dann trifft ihn die Darlegungs- und Beweislast dafür, dass gleichwohl **ehebedingte Nachteile** vorliegen, etwa weil mit der Unterbrechung der Erwerbstätigkeit während der Ehezeit Einbußen im beruflichen Fortkommen verbunden waren. Bleibt das jetzt erzielte oder erzielbare Einkommen jedoch hinter dem Einkommen aus der früher ausgeübten Tätigkeit zurück, weil eine Wiederaufnahme der früheren Erwerbstätigkeit nach längerer Unterbrechung nicht mehr möglich ist, bleibt es insoweit bei einem ehebedingten Nachteil.[71] Hinsichtlich der Tatsache, dass ehebedingte Nachteile nicht entstanden sind, trifft den Unterhaltsgläubiger nach den Regeln zum Beweis negativer Tatsachen eine sog. sekundäre Darlegungslast.[72] Der Unterhaltsgläubiger muss die Behauptung, es seien keine ehebedingten Nachteile entstanden, substantiiert bestreiten und seinerseits darlegen, welche konkreten ehebedingten Nachteile entstanden sein sollen. Erst wenn das Vorbringen des Unterhaltsgläubigers diesen Anforderungen genügt, müssen die vorgetragenen ehebedingten Nachteile vom Unterhaltsschuldnerwiderlegt werden.[73]

Kapitel 2   Unterhaltsberechtigung

§ 1570   Unterhalt wegen Betreuung eines Kindes

(1) [1]Ein geschiedener Ehegatte kann von dem anderen wegen der Pflege oder Erziehung eines gemeinschaftlichen Kindes für mindestens drei Jahre nach der Geburt Unterhalt verlangen. [2]Die Dauer des Unterhaltsanspruchs verlängert sich, solange und soweit dies der Billigkeit entspricht. [3]Dabei sind die Belange des Kindes und die bestehenden Möglichkeiten der Kinderbetreuung zu berücksichtigen.

(2) Die Dauer des Unterhaltsanspruchs verlängert sich darüber hinaus, wenn dies unter Berücksichtigung der Gestaltung von Kinderbetreuung und Erwerbstätigkeit in der Ehe sowie der Dauer der Ehe der Billigkeit entspricht.

---

70 BGH FamRZ 2008, 134, 136; 2008, 1325, 1328 = FuR 2008, 401 = FuR 2010, 96 (»Cheftexterin«); OLG Naumburg FF 2002, 67 mit Anm. Büttner; OLG Brandenburg NJW 2008, 2355 zu § 1579; OLG Köln OLGR 2009, 353.
71 BGH FamRZ 2009, 1990 = FuR 2010, 96 (»Cheftexterin«).
72 BGH FamRZ 2010, 802 (Berufungsurteil: OLG Hamm FamRZ 2009, 519) – Klarstellung der Senatsurteile BGH FamRZ 2008, 134 = FuR 2010, 96.
73 BGH FamRZ 2010, 802 (Berufungsurteil: OLG Hamm FamRZ 2009, 519).

A. Strukturen der Norm

1   Auf Grund verfassungsrechtlicher Vorgaben[1] war der Gesetzgeber des **UÄndG2007** gezwungen, die beiden sog. »Kinderbetreuungs«-Normen (§ 1570 und § 1615l) einander anzupassen. Diese Angleichung hat er nicht nach Maßgabe des früheren großzügigen Altersphasenmodells beim nachehelichen Betreuungsunterhalt durchgeführt;[2] stattdessen hat er – umgekehrt – auch den nachehelichen Betreuungsunterhalt auf einen regelmäßigen Anspruch bis zur Vollendung des dritten Lebensjahres des Kindes begrenzt (**Basisunterhalt**) und die **Verlängerungsmöglichkeit** aus **Billigkeitsgründen** in beiden Unterhaltstatbeständen annähernd gleich ausgestaltet.[3]

---

1   BVerfG FamRZ 2007, 965 – Verfassungswidrigkeit der bis 31.12.2007 noch gültigen unterschiedlichen Dauer von Unterhaltsansprüchen für die Betreuung ehelicher und nicht ehelicher Kinder.

2   Vgl. hierzu Schnitzler, FF 2008, 270, 271.

3   BT-Drucks. 16/6980 S. 8 ff.; BGH FamRZ 2009, 1391, 1393 = FuR 2009, 577 (»Flexistunden«) zum nachehelichen Betreuungsunterhalt, und BGH FamRZ 2010, 444 = FuR 2010, 286 zu § 1615l; zu allem auch BGHZ 161, 124 = BGH FamRZ 2005, 347 = FuR 2005, 165; ausführlich Born FF 2009, 92 ff.; 231 ff.; FamRR 2010, 97 ff. (Aktuelle Entwicklungen beim Betreuungsunterhalt); Borth FamRZ 2009, 1129 f. (Betreuungsunterhalt nach § 1570 Abs. 1 Sätze 2 und 3 BGB); Büttner FPR 2009, 92 ff. (Betreuungsunterhalt nach § 1570 BGB); Ehinger FPR 2009, 105 ff. (Eine erste Übersicht der Rechtsprechung zu § 1578b und § 1570 BGB seit Inkrafttreten des UÄndG); Ewers FamRZ 2009, 1802 f. (Elternbezogen, kindbezogen – neue Begriffe im Familienrecht); Gerhardt FuR 2010, 61 ff. (Der Betreuungsunterhalt nach § 1570 BGB und § 1615l BGB); Grziwotz MittBayNot 2009, 307 f. (Betreuungsunterhalt nach dem dritten Lebensjahr); Hachenberg FF 2009, 321 ff. (Betreuungsunterhalt – Obliegenheit zur Fremdbetreuung verfassungswidrig?); v. Kiedrowski FamRB 2009, 213 ff. (Betreuungsunterhalt – Abschied vom Altersphasenmodell und Betonung des Einzelfalls); Maier FamRZ 2010, 363 ff. (Unterhaltsbedarf wegen Betreuung eines nichtehelichen Kindes); Maurer FF 2009, 410 ff. (Fremdbetreuungskosten); Menne ZKJ 2009, 244 ff. (Neue Wege beim Betreuungsunterhalt); Metz NJW 2009, 1855 ff. (Das modifizierte Altersphasenmodell beim verlängerten Betreuungsunterhalt); Pauling FamRR 2010, 77 ff. (Unterhaltsbedarf und Darlegungslast beim Betreuungsunterhalt); Reetz NotBZ 2009, 385 ff. (Scheidungsvereinbarung über Betreuungsunterhalt nach § 1570 Abs. 1 und 2 BGB); Reinken FPR 2010, 125 ff. (Betreuungsunterhalt des geschiedenen Ehegatten); Röthel JZ 2009, 914 ff. (Anspruch auf nachehelichen Betreuungsunterhalt nach dem Unterhaltsänderungsgesetz und das Altersphasenmodell): Sanders FF 2009, 209 f. (Nachehelicher Betreuungsunterhalt – Dauer, Befristung und Herabsetzung): Schmitz FPR 2009, 241 f. (Nachehelicher Betreuungsunterhalt); Sell FPR 2009, 101 ff. (Kinderbetreuungseinrichtungen in der Republik); Soyka FuR 2009, 216 f. (Zur Frage des etreuungsunterhalts eines an ADS leidenden Kindes); Soyka FuR 2009, 395 f. (Einschränkung der Erwerbsobliegenheit bei Vollendung des dritten Lebensjahres des betreuten Kindes); Spangenberg ZKJ 2009, 246 ff. (Abschied vom Altersphasenmodell); Viefhues ZFE 2009, 212 ff. (Kein neues Altersphasenmodell!); Viefhues ZFE 2009, 272 f. (Rechtsprechung über die Thematik des Unterhalts wegen Kinderbetreuung); Weil FamRB 2009, 51 f. (Befristung des Basisunterhalts nach § 1570 Abs. 1 Satz 1 BGB); Wever FF 2009, 373 ff. (Dauer des Betreuungsunterhalts nach neuem Recht); Zimmermann FuR 2009, 305 ff. (Unterhalt für die Betreuung des ehelichen und nichtehelichen Kindes).

Mit dieser Angleichung der beiden Kinderbetreuungsnormen hat der Gesetzgeber dem Gleichstel- 2
lungsauftrag aus Art. 6 Abs. 5 GG Rechnung getragen, auch dem nicht ehelichen Kind zur Förderung seiner Entwicklung die gleichen Lebensverhältnisse zu sichern wie dem ehelichen Kind.
Beide Unterhaltsansprüche (§ 1570 wie auch § 1615l) sollen es einem Elternteil während der ersten drei Lebensjahre des Kindes ermöglichen, dieses zu pflegen und zu erziehen, ohne auf eine
Erwerbstätigkeit angewiesen zu sein (sog. »**Basisunterhalt**«). Soweit sich diese beiden Betreuungs-
unterhaltsansprüche aus elternbezogenen Gründen noch unterscheiden, beruht dies auf nachehelicher Solidarität.[4]

Durch die gesetzliche Reform ist der Unterhaltsanspruch nach § 1570 grundlegend umgestaltet 3
worden. Nach der Reform hat es eine Reihe grundsätzlicher Entscheidungen des Bundesgerichtshofes zum neuen Verständnis des § 1570 BGB gegeben.[5, 6] Zu Unterscheiden ist zwischen dem
Basisunterhalt nach § 1570 Abs. 1 der dem betreuenden Elternteil für die ersten 3 Lebensjahre des
gemeinsamen Kindes zusteht und dem **Billigkeitsunterhalt** nach § 1570 Abs. 2. Über die Betreuung eines 3-jährigen Kindes hinaus kann es aus kindbezogenen oder elternbezogenen Gründen
eine Verlängerung des Betreuungsunterhaltes geben.

Diese zeitliche Begrenzung des Anspruchs auf Betreuungsunterhalt auf in der Regel drei Jahre ist 4
verfassungsrechtlich nicht zu beanstanden: Zum einen liegt es in der Einschätzungskompetenz des
Gesetzgebers, für wie lange er es aus Kindeswohlgesichtspunkten für erforderlich und dem unterhaltspflichtigen Elternteil zumutbar erachtet, die persönliche Betreuung des Kindes durch einen
Elternteil mit Hilfe der Einräumung eines Unterhaltsanspruchs an diesen zu ermöglichen; zum
anderen hat er jedem Kind ab dem dritten Lebensjahr einen Anspruch auf einen Kindergartenplatz eingeräumt. Damit hat er sichergestellt, dass ein Kind ab diesem Alter in der Regel eine
außerhäusliche Betreuung erfahren kann, während sein betreuender Elternteil einer Erwerbstätigkeit nachgeht.

Für die Zeit nach Vollendung des dritten Lebensjahres kann der Unterhaltsanspruch wegen Kin- 5
derbetreuung nach **Billigkeit** verlängert werden, wenn, so lange und soweit dies der Billigkeit entspricht;[7] **zunächst vorrangig** aus kind- (§ 1570 Abs. 1 Satz 2 und 3, identisch für den nicht verheirateten betreuenden Elternteil § 1615l Abs. 2 Satz 4 und 5, sog. **kindbezogener Billigkeitsunterhalt**).[8] Bei dieser Billigkeitsentscheidung kommt den Belangen des Kindes sowohl bei § 1570 wie
auch im Rahmen von § 1615l entscheidende Bedeutung zu, in deren Licht auch die bestehenden
Möglichkeiten der Kinderbetreuung zu berücksichtigen sind.[9]

Die im Rahmen der Billigkeitsentscheidung zu berücksichtigenden **kindbezogenen** Verlängerungs- 6
gründe finden ihre verfassungsrechtliche Grundlage in Art. 6 Abs. 2 GG, wonach die Pflege und
Erziehung der Kinder das natürliche Recht der Eltern und eine ihnen obliegende Pflicht darstellt
ist. Da den nicht ehelich geborenen Kindern nach Art. 6 Abs. 5 GG durch die Gesetzgebung die
gleichen Bedingungen für ihre leibliche und seelische Entwicklung und ihre Stellung in der
Gesellschaft zu schaffen sind wie den ehelichen Kindern, sind kindbezogene Verlängerungsgründe

---

4 BT-Drucks. 16/6980 S. 8 ff.; BGH FamRZ 2009, 1391, 1393 = FuR 2009, 577 (»Flexistunden«) zum
   nachehelichen Betreuungsunterhalt, und BGH FamRZ 2010, 444 = FuR 2010, 286 zu § 1615l; zu allem
   auch BGHZ 161, 124 = BGH FamRZ 2005, 347 = FuR 2005, 165.
5 UÄndG vom 21.12.2007 – l I 3189.
6 Grundlegend BGHZ 175, 182 = BGH FamRZ 2008, 968 = FuR 2008, 297 = FamRZ 2008, 1739,
   1746 ff. = FuR 2008, 485 = FamRZ 2009, 770, 772 = FuR 2009, 391 Tz. 19; BGH FamRZ 2009, 1049
   = FuR 2009, 447 Tz. 24; 2009, 1391 = FuR 2009, 577 (»Flexistunden«); 2010, 357 = FuR 2010, 217 =
   FuR 2010, 286; BGH FamRZ 2012, 1040 ff.
7 BT-Drucks. 16/6980 S. 8 f.
8 BGHZ 177, 272 = BGH FamRZ 2008, 1739, 1746 ff. = FuR 2008, 485 = FuR 2009, 391 = FuR 2009,
   447 = FuR 2009, 577.
9 BGHZ 177, 272 = BGH FamRZ 2008, 1739 = FuR 2008, 485 unter Hinweis auf BT-Drucks. 16/6980
   S. 10.

bei den Ansprüchen auf nachehelichen Betreuungsunterhalt gemäß § 1570 und auf Unterhalt bei Betreuung eines nicht ehelich geborenen Kindes gemäß § 1615l Abs. 2 **gleich zu behandeln**. Der Gesetzgeber hat die **kindbezogenen Gründe** für eine Verlängerung des Betreuungsunterhalts aus Billigkeitsgründen in § 1570 Abs. 1 Satz 3 und § 1615l Abs. 2 Satz 5 deswegen auch **wortgleich ausgestaltet**. Wegen des verfassungsrechtlich gewährleisteten Schutzes der Kinder entfalten diese Gründe im Rahmen der Billigkeitsentscheidung das stärkste Gewicht; daher sind diese kindbezogenen Verlängerungsgründe stets **vorrangig** zu prüfen.[10]

7   (zur Zeit nicht besetzt)

8   Liegen keine für einen Unterhaltsanspruch ausreichenden **kindbezogenen** Billigkeitsgründe nach 1570 Abs. 1 Satz 2 und 3 vor, dann kann sich gem. § 1570 Abs. 2 für den betreuenden Elternteil eines **ehelich** geborenen Kindes der nacheheliche Betreuungsunterhalt über die Verlängerung aus kindbezogenen Gründen hinaus aus **elternbezogenen** Gründen (§ 1570 Abs. 2) noch weiter verlängern, wenn dies unter Berücksichtigung der Gestaltung von Kindesbetreuung und Erwerbstätigkeit in der Ehe sowie deren Dauer der Billigkeit entspricht. Insoweit ist also ausdrücklich auch ein **Vertrauenstatbestand** zu berücksichtigen, der sich aus den **Nachwirkungen** der **Ehe** ergeben kann. Ein Anspruch aus § 1570 Abs. 2 kommt namentlich in Betracht, wenn die Kinder an sich – aus kindbezogenen Gründen – einer persönlichen Betreuung nicht bedürfen, sich der betreuende Elternteil aber entsprechend der vereinbarten und praktizierten Rollenverteilung in der Ehe darauf eingerichtet hat, die Kinder weiterhin persönlich zu betreuen, etwa weil er seine Erwerbstätigkeit dauerhaft aufgegeben oder zurückgestellt hat.[11] Der Anspruch aus § 1570 Abs. 2 besteht allerdings nur, solange der betreuende Elternteil das Kind entsprechend der ursprünglich gemeinsamen Abrede auch **tatsächlich betreut**. Ist das nicht der Fall, beruht die Unterhaltsbedürftigkeit vielmehr allein darauf, dass er infolge der Zurückstellung seiner Berufstätigkeit während der Kindesbetreuung eine angemessene Erwerbstätigkeit nicht zu finden vermag, so ergibt sich der Unterhaltsanspruch insoweit aus § 1573 Abs. 1.[12] Ein Anspruch auf Billigkeitsunterhalt unter dem Gesichtspunkt der elternbezogenen Gründe kann sich schließlich auch dann ergeben, wenn und soweit die Erwerbsobliegenheit des Unterhaltsgläubigers unter Berücksichtigung des konkreten Betreuungsbedarfs trotz der ganztägigen anderweitigen Betreuung des Kindes noch eingeschränkt ist (»überobligationsmäßige Belastung«).[13]

9   (zur Zeit nicht besetzt)

10   Das Gesetz enthält – wie bislang – keine ausdrückliche Vorgabe zu der **Frage** der **Billigkeit**, in welchem **Umfange** also der betreuende Elternteil bei einer bestehenden **Betreuungsmöglichkeit** auf eine **eigene Erwerbstätigkeit** und damit auf seine Eigenverantwortung (§§ 1569, 1574 Abs. 1) verwiesen werden kann. Mit den Worten »solange und soweit dies der Billigkeit entspricht« hat der Gesetzgeber allerdings deutlich gemacht, dass es – wie bislang – auch hier auf die **Verhältnisse des Einzelfalles** ankommt. Mit der gebotenen Einzelfallprüfung ist das vormalige **Altersphasenmodell** (0/8/15) nicht mehr vereinbar.[14]

---

10   BGHZ 180, 170 = BGH FamRZ 2009, 770 = FuR 2009, 391 (Berufungsurteil: KG FamRZ 2008, 1942) unter Hinweis auf BT-Drucks. 16/6980 S. 9; BGH FamRZ 2009, 1391 = FuR 2009, 577 (»Flexistunden«); sowie Dose, Jugendamt 2009, 1, 3.

11   Vgl. BT-Drucks. 16/6980 S. 9.

12   BGH, Urteil vom 21.04.2010 – XII ZR 134/08 – juris.

13   BGH, Urteil vom 21.04.2010 – XII ZR 134/08 – juris unter Hinweis auf BGHZ 180, 170 = BGH FamRZ 2009, 770 = FuR 2009, 391 Tz. 32, und BGH FamRZ 2009, 1391 = FuR 2009, 577 Tz. 32 m.w.N.

14   BGHZ 180, 170 = BGH FamRZ 2009, 770 = FuR 2009, 391 (Berufungsurteil: KG FamRZ 2008, 1942); BGH FamRZ 2009, 1124 = FuR 2009, 577 (»Flexistunden«); fraglich daher OLG Düsseldorf FuR 2009, 220; zum Vertrauensschutz bezüglich des nach früherem Recht geltenden Altersphasenmodells s. BGH FamRZ 2010, 869 = FuR 2010, 394 (Berufungsurteil: OLG Düsseldorf FamRZ 2008, 1254).

(zur Zeit nicht besetzt)   11-13

B. Normzweck

§ 1570 schützt den geschiedenen Ehegatten, **solange und soweit** er wegen der Pflege und Erzie- 14
hung eines gemeinsamen Kindes an einer Erwerbstätigkeit gehindert ist, und wenn er sich deshalb
insoweit nicht selbst unterhalten kann. Obwohl der Betreuungsunterhalt nach § 1570 als Unterhaltsanspruch des geschiedenen Ehegatten ausgestaltet ist, wird er vor allen Dingen im **Interesse
gemeinschaftlicher Kinder** gewährt, um deren Betreuung und Erziehung sicherzustellen.[15] Die
Vorschrift ist daher Ausdruck der gemeinsamen Elternverantwortung und dient dazu, die persönliche Betreuung des Kindes trotz Trennung/Scheidung seiner Eltern wenigstens durch einen Elternteil zuermöglichen, um auch Kindern aus gescheiterten Ehen gleichmäßige Entwicklungschancen
zu geben.[16]

Mit dieser Neuordnung der Erwerbsobliegenheiten neben der Kinderbetreuung ist der Gesetzge- 15
ber der Forderung des Bundesverfassungsgerichtsnachgekommen, das Bürgerliche Recht und das
Sozialrecht weiter zuharmonisieren, indem er auf § 10 Abs. 1 Nr. 3 SGB II (Grundsicherung für
Arbeitsuchende) und auf § 11 Abs. 4 Satz 2–4 SGB XII (Sozialhilfe) als Wertentscheidungen des
Sozialrechts verwiesen hat. Diese (§ 10 Abs. 1 Nr. 3 SGB II (Grundsicherung für Arbeitsuchende)
und § 11 Abs. 4 Satz 2 bis 4 SGB XII (Sozialhilfe)) verlangen von dem Kinder betreuenden
Elternteil eine Erwerbstätigkeit in der Regel ab dem dritten Geburtstag des betreuten Kindes.
Damit korrespondiert der Anspruch aufeinen Kindergartenplatz ab Vollendung des dritten
Lebensjahres des Kindes gemäß § 24 SGB VIII (KJHG). XXX C. Der Betreuungsunterhalt im
Einzelnen I. Allgemeine tatbestandliche Voraussetzungen eines Anspruches auf Betreuungsunter-
halt

I. Tatbestandliche Voraussetzungen eines Anspruches auf Betreuungsunterhalt

1. Gemeinschaftliches Kind

Voraussetzung für die Entstehung eines Unterhaltsanspruches nach § 1570 ist, dass ein gemeinsa- 15a
mes Kind vorhanden ist. Die Ehegatten müssen also mindestens Eltern eines betreuungsbedürftigen gemeinschaftlichen Kindes sein. Das sind sie kraft gesetzlicher Anordnung (§ 1591, 1592 Ziffer 1), wenn sie im Zeitpunkt der Geburt miteinander verheiratet sind. Das gleiche gilt auch
dann, wenn das Kind nach Anhängigkeit des Scheidungsantrages geboren wird und ein Dritter
nicht oder nicht rechtzeitig die Vaterschaft anerkannt hat (§ 1599 Abs. 2). Auch ein scheineheli-
ches Kind ist bis zur wirksamen Feststellung einer anderweitigen Vaterschaft ein gemeinschaftliches Kind.

Schließlich liegt ein gemeinsames Kind auch dann vor, wenn es vom Ehemann anerkannt wurde
oder wenn die Vaterschaft des Ehemannes festgestellt wurde (§ 1592 Ziffer 2, 3).

Auch die Homologe-In-Vitro-Fertilisation führt zur gemeinsamen Elternschaft, und zwar selbst 15b
dann, wenn die Zeugung des Kindes gegen den Willen des Vaters erfolgte.[17] Allerdings kommt
dann unter Umständen eine Verwirkung des Unterhaltsanspruches in Betracht.[18]

---

15 BGHZ 180, 170 = BGH FamRZ 2009, 770 = FuR 2009, 391 (Berufungsurteil: KG FamRZ 2008,
    1942) unter Hinweis auf BT-Drucks. 16/6980 S. 9, im Anschluss an BGHZ 177, 272 = BGH FamRZ
    2008, 1739, 1746 ff. = FuR 2008, 485 = FuR 2009, 577.
16 BVerfGE 57, 361 = FamRZ 1981, 745 ff.
17 BGH FamRZ 2001, 541, 542; Wendl/Bömelburg § 4 Rn. 164.
18 BGH FamRZ 1995, 861.

Ein gemeinsames Kind ist auch das Adoptivkind (§ 1754 Abs. 1). Nicht gemeinsame Kinder sind Stiefkinder und Pflegekinder. Werden Stief- und Pflegekinder von einem Ehegatten betreut, kommt daher kein Unterhaltsanspruch aus § 1570 in Betracht, möglicherweise jedoch aus § 1576 (Billigkeitsunterhalt).[19]

2. Rechtmäßige Pflege und Erziehung

15c Ein Unterhaltsanspruch zu Gunsten des bereuenden Elternteiles besteht dann, wenn dieser rechtmäßig die Pflege und Erziehung mindestens eines gemeinsamen betreuungsbedürftigen Kindes vornimmt. Die Rechtmäßigkeit der Betreuung setzt voraus, dass der Unterhaltsberechtigte mindestens Mitinhaber des Sorgerechts ist. Der andere Elternteil muss nicht unbedingt mit der Pflege und Erziehung durch den Unterhaltsberechtigten einverstanden sein. Maßgeblich ist allein, dass die Pflege und Erziehung beim Unterhaltsberechtigten stattfindet. Unterschiedliche Auffassungen über die Betreuung des Kindes sind ggf. in einem Sorge- und Umgangsverfahren zu klären.

15d Das zu betreuende Kind muss der Betreuung durch einen Elternteil bedürfen. An der Betreuungsbedürftigkeit fehlt es, wenn das Kind in einem Heim oder Internat dauerhaft untergebracht ist.[20]

3. Kausalität zwischen Bedürftigkeit und Betreuung

15e Der Unterhaltsanspruch besteht soweit wegen der Betreuung eines gemeinsamen Kindes eine Erwerbstätigkeit nicht in Betracht kommt. Damit soll allerdings keine strikte Kausalität zwischen Betreuung einerseits und Unterhaltsbedürftigkeit andererseits verbunden sein. Soweit es um den Basisunterhalt gemäß § 1570 Abs. 1 geht, kommt es lediglich darauf an, dass ein Kleinkind im Haushalt des Unterhaltsberechtigten Ehegatten besteht, und zwar unabhängig vom Umfang der persönlichen Betreuungsleistung des Elternteiles.

Beim Billigkeitsunterhalt dürfte es auf die Kausalität zwischen Betreuung einerseits und Unterhaltsbedürftigkeit nach § 1570 Abs. 2 ankommen. Soweit keine Betreuung durch den betreffenden Elternteil stattfindet, wird in der Regel der Billigkeitsunterhalt ausscheiden.

15f Liegen allerdings die Voraussetzungen nach § 1570 Abs. 1 oder 2 vor und bestehen daneben auch sonstige Gründe, weshalb keine Erwerbstätigkeit ausgeübt werden kann (etwa wegen Erwerbsunfähigkeit) so bleibt es dennoch beim vorrangig zu beachtenden Unterhalt nach § 1570.[21] Entfällt der Betreuungsunterhalt vollständig oder teilweise ist ggf. der Unterhalt dann nach dem damals noch nachrangig zu beachtenden Krankenunterhalt etc. zu entrichten.

16-21 (zur Zeit nicht besetzt)

II. Betreuungsunterhalt nach § 1570 Abs. 1 Satz 1 (»Basisunterhalt«)

22 Ein Kinder betreuender Elternteil – der geschiedene Ehegatte ebenso wie der nicht verheiratete – kann im Falle der Bedürftigkeit sog. »Basisunterhalt« über eine Dauer von drei Jahren nach der Geburt des Kindes verlangen (§ 1570 Abs. 1 Satz 1, § 1615l Abs. 2). Mit der Einführung des Basisunterhalts bis zur Vollendung des dritten Lebensjahres hat der Gesetzgeber die Regelung übernommen, die er mit dem Schwangeren- und Familienhilfeänderungsgesetz vom 21.08.1995[22] für den Unterhaltsanspruch bei Betreuung eines nicht ehelich geborenen Kindes in § 1615l Abs. 2 eingeführt hatte; insoweit sind beide Normen identisch.[23]

---

19 BGH FamRZ 1984, 769; BGH FamRZ 1984, 361; Wendl/Bömelburg § 4 Rn. 164.
20 Wendl/Bömelburg § 4 Rn. 165.
21 BGH FamRZ 2005, 347, 348.
22 BGBl I 2942.
23 BGHZ 177, 272 = BGH FamRZ 2008, 1739 = FuR 2008, 485.

Der geschiedene betreuende Elternteil kann daher, wenn er ein gemeinsames eheliches Kind oder 23
gar mehrere gemeinsame eheliche Kinder betreut, **nicht auf eigene Erwerbstätigkeit** verwiesen
werden, wenn und solange das jüngste Kind das dritte Lebensjahr noch nicht vollendet hat,[24] und
zwar auch dann, wenn eine Versorgung durch Dritte möglich wäre. Er kann somit frei entscheiden, ob er das Kind in dessen ersten drei Lebensjahren in vollem Umfange selbst betreuen und
erziehen, oder ob er – um eine eigene Erwerbstätigkeit zu ermöglichen – andere Betreuungsmöglichkeiten, insb. staatliche Hilfen, in Anspruch nehmen will.[25] Dies beruht darauf, dass ein nach
der Trennung alleinerziehender Elternteil oftmals vor ganz anderen Schwierigkeiten steht als während des Zusammenlebens, als beide Eltern den Alltag noch gemeinsam gemeistert hatten.

Die Drei-Jahres-Frist ist nach Ansicht des Gesetzgebers im Regelfall mit dem Kindeswohl verein- 24
bar;[26] das Gesetz knüpft insoweit an zahlreiche sozialstaatliche Leistungen und Regelungen an,
insb. an den Anspruch des Kindes auf einen Kindergartenplatz (§ 24 Abs. 1 SGB VIII).

Insoweit unterscheiden sich der nacheheliche Betreuungsunterhalt und der Unterhaltsanspruch 25
wegen Betreuung eines nicht ehelich geborenen Kindes nicht, weil der Anspruch auf dem verfassungsrechtlich durch Art. 6 Abs. 2 GG geschützten Recht der Kinder auf Pflege und Erziehung
beruht. Die Dauer des Anspruchs wegen der Betreuung des Kindes richtet sich beim nicht ehelichen
Kind demnach nunmehr nach denselben Grundsätzen wie beim ehelichen Kind; sie ist auch gleich
lang ausgestaltet. Für die ersten drei Lebensjahre des Kindes wird in beiden Vorschriften klargestellt,
dass der nicht verheiratete Elternteil – ebenso wie der geschiedene – im Falle der Bedürftigkeit **stets**
einen Unterhaltsanspruch hat. **Ausnahmslos** wird in dieser Zeit unterhaltsrechtlich keinem Elternteil eine Erwerbstätigkeit zugemutet. Ein gleichwohl während der ersten drei Lebensjahre erzieltes
Einkommen ist damit **stets überobligatorisch.** Der betreuende Elternteil kann deswegen in dieser
Zeit auch eine bereits ausgeübte Erwerbstätigkeit jederzeit wieder aufgeben und sich voll der Erziehung und Betreuung des Kindes widmen. Entscheidet er sich allerdings dafür, das Kind auf andere
Weise betreuen zu lassen, und erzielt er eigene Einkünfte, ist das überobligatorisch erzielte Einkom-
men nach den Umständen des Einzelfalles anteilig zu berücksichtigen.[27]

Mit dieser Vorschrift hat der Gesetzgeber dokumentiert, dass er in die **Betreuungsmöglichkeiten** 26
und -**notwendigkeiten** von **Kleinkindern** nicht eingreifen will: Nicht einmal in den Sozialgesetzen
(etwa SGB II und SGB XII) hat er Berufstätigkeit für zumutbar erachtet, wenn ein Elternteil ein
Einzelkind im Alter von **unter drei Jahren** betreut.[28] Allerdings ist grundsätzlich davon auszugehen, dass mit der Aufgabe des Vorrangs der persönlichen Betreuung **ab Vollendung** des **dritten**
Lebensjahres aus kindbezogenen Gründen **keine ständige Verfügbarkeit** des betreuenden Elternteils **mehr erforderlich** ist.[29]

(zur Zeit nicht besetzt) 27

---

24 So bereits BGH FamRZ 1983, 456 – gemeinschaftliches Kind im Alter von weniger als acht Jahren;
    1982, 25; 1983, 456; 1998, 1501.
25 BGHZ 180, 170 = BGH FamRZ 2009, 770 = FuR 2009, 391 (Berufungsurteil: KG FamRZ 2008,
    1942) unter Hinweis auf Dose, Jugendamt 2009, 1; BGH FamRZ 2009, 1124 = FuR 2009, 447 = FuR
    2009, 577 (»Flexistunden«) m.w.N.
26 »Formulierungshilfe« zu BT-Drucks. 16/1830 unter Hinweis auf BVerfG FamRZ 2007, 965, 972 f.
    Rn. 73, 77.
27 BGHZ 180, 170 = BGH FamRZ 2009, 770 772 = FuR 2009, 391 Tz. 20 f. m.w.N. (Berufungsurteil: KG
    FamRZ 2008, 1942) m.w.N. und mit Hinweis auf BGHZ 162, 384 = BGH FamRZ 2005, 1154, 1156 f.
    = FuR 2005, 364 = FuR 2009, 447 Tz. 25; 2009, 1391 = FuR 2009, 577 (»Flexistunden«); FamRZ 2010,
    357 = FuR 2010, 217 (»Archäologin«) m.w.N.
28 Zu allem BGHZ 177, 272 = BGH FamRZ 2008, 1739, 1746 ff. = FuR 2008, 485 = FuR 2009, 391 =
    FuR 2009, 447 = FuR 2009, 577.
29 BGHZ 180, 170 = BGH FamRZ 2009, 770, 772 = FuR 2009, 391; BGH FamRZ 2010, 357 = FuR
    2010, 217 (»Archäologin«).

III. Billigkeitsunterhalt nach § 1570 Abs. 2

1. Allgemeine Grundsätze

27a Dem betreuenden Elternteil steht über die Vollendung des 3. Lebensjahres des in seinem Haushalt lebenden gemeinschaftlichen Kindes ein weiterer Anspruch auf Unterhalt wegen Kindesbetreuung zu, soweit dies unter Berücksichtigung der Belange des Kindes sowie der Dauer der Ehe und der individuellen Verhältnisse der Ehegatten der »Billigkeit« entspricht.

Die Rechtsprechung unterscheidet im Rahmen des Billigkeitsunterhalts nach § 1570 Abs. 2 zwischen den »**kindbezogenen**« und »**elternbezogenen**« Gründen, die ausnahmsweise eine Verlängerung des Basisunterhaltes nach § 1570 Abs. 1 rechtfertigen.[30]

Aus **kindbezogenen Gründen** ist die Verlängerung des Betreuungsunterhaltes geboten, wenn es entweder keine kindgerechten Formen der Fremdbetreuung gibt oder auf Grund besonderer Belange des Kindes eine ausschließliche Fremdbetreuung nicht möglich ist.[31]

Elternbezogene Gründe liegen vor, wenn trotz ganztägiger Fremdbetreuung gemeinschaftlicher Kinder der Restbetreuungsbedarf dieser Kinder so groß ist, dass eine ganztägige Erwerbstätigkeit des betreuenden Elterteils zu einer erheblichen, ihm nicht mehr zumutbaren Mehrbelastung führt.[32] Das gleiche gilt für ein in einer längeren Ehe entstandenes Vertrauen in die praktizierte Rollenverteilung.[33] Unter Beachtung der »nachehelichen Solidarität«[34] kann dies zu einer Verlängerung der persönlichen Betreuung durch einen Elternteil führen.

Vorrangig ist der Billigkeitsunterhalt aus kindbezogenen Gründen zu beachten.[35]

2. Abrupter Wechsel zu einer Ganztagstätigkeit und Altersfasenmodell

27b Die Berücksichtigung der Kindesbelange kann es erforderlich machen, dass ein abrupter Wechsel nach Vollendung des 3. Lebensjahres in eine Vollzeittätigkeit und umfassende Fremdbetreuung nicht geboten ist. Auch aus elternbezogenen Gründen (siehe dazu oben RN 27) kann ggf. ein abrupter Wechsel in eine Ganztagstätigkeit nicht zumutbar sein. Liegen kind- oder elternbezogene Gründe insoweit vor, kann es zu einer stufenweisen Erweiterung der Erwerbstätigkeit und Fremdbereuung kommen.[36] Allerdings trifft den Unterhaltsberechtigten die Darlegungs- und Beweislast dafür, weshalb eine solche stufenweise Erweiterung der Erwerbstätigkeit geboten ist. Die Anforderungen an den Sachvortrag des Unterhaltsberechtigten sollten dabei jedoch nicht überspannt werden.[37] Die Orientierung des Umfanges einer geschuldeten Erwerbstätigkeit am Lebensalter eines Kindes (Altersfasenmodell, ursprünglich 0/8/15) ist allerdings nicht geboten. Das Altersfasenmodell ist nach der Reform des § 1570 nicht mehr gesetzeskonform.[38] Stattdessen ist bei der Ermittlung des Umfanges der zumutbaren Erwerbstätigkeit auf die individuellen Verhältnisse des Einzelfalles abzustellen.

---

30 BGH FamRZ 2010, 1880; FamRZ 2010, 1050
31 BGH FamRZ 2012, 1041 ff.; FamRZ 2010, 1880 ff.
32 BGH FamRZ 2009, 770, 773; Anmerkung Borth FamRZ 2009, 1124, 1127; Wellenhofer FamRZ 2011, 685 ff. 688.
33 BGH FamRZ 2009, 1124, 1127
34 Vgl. dazu Dose FamRZ 2011, 1341 ff.
35 BGH FamRZ 2009, 1124, 1127.
36 BGH FamRZ 2010, 444, 446 f.; FamRZ 2009, 1391, 1393 f.
37 BGH FamRZ 2010, 444, 446 f.
38 BGH FamRZ 2009, 1124; FamRZ 2009, 770; FamRZ 2012, 1041 ff.

Uecker

IV. Betreuungsunterhalt nach § 1570 Abs. 1 Satz 2 (»kindbezogener Billigkeitsunterhalt«)

Der Gesetzgeber hat mit der Neugestaltung des nachehelichen Betreuungsunterhalts in § 1570 für **28** Kinder ab Vollendung des dritten Lebensjahres den **Vorrang** der **persönlichen Betreuung** gegenüber anderen kindgerechten Betreuungsmöglichkeiten grundsätzlich **aufgegeben**. Dabei hat er an die zahlreichen sozialstaatlichen Leistungen und Regelungen angeknüpft, insb. an den Anspruch des Kindes auf den Besuch einer Tageseinrichtung (§ 24 Abs. 1 SGB VIII), die den Eltern auch dabei behilflich sein sollen, Erwerbstätigkeit und Kindererziehung besser miteinander vereinbaren zu können (§ 22 Abs. 2 Nr. 3 SGB VIII; vgl. auch § 10 Abs. 1 Nr. 3 SGB II und § 11 Abs. 4 Satz 2 bis 4 SGB XII). Dies ist im Regelfall mit dem Grundrecht aus Art. 6 Abs. 2 GG und dem Kindeswohl vereinbar).[39]

1. Obliegenheit zur Inanspruchnahme einer kindgerechten Betreuungsmöglichkeit

Im Rahmen der **Billigkeitsentscheidung** über die **Verlängerung** des **Betreuungsunterhalts** aus **29** **kindbezogenen Gründen** nach § 1570 Abs. 1 Satz 2 und 3 ist stets zunächst der **individuelle Umstand** zu prüfen, ob und in welchem Umfange die begabungs- und entwicklungsgerechte **Betreuung** des Kindes nach Vollendung des dritten Lebensjahres auf **andere Weise** gesichert ist oder in kindgerechten Einrichtungen gesichert werden könnte. In dem Umfange, in dem das Kind nach Vollendung des dritten Lebensjahres eine kindgerechte Einrichtung besucht oder unter Berücksichtigung der individuellen Verhältnisse besuchen könnte, kann sich der betreuende Elternteil also **nicht** mehr auf die **Notwendigkeit** einer **persönlichen Betreuung** des **Kindes** und somit nicht mehr auf kindbezogene Verlängerungsgründe i.S.v. § 1570 Abs. 1 Satz 3 berufen.

Das gilt sowohl für den **rein zeitlichen Aspekt** der Betreuung als auch für deren **sachlichen** **30** **Umfang** in einer kindgerechten Einrichtung. Umfasst etwa die mögliche Betreuung von Schulkindern in einem Hort auch die Hausaufgabenbetreuung, bleibt auch insoweit für eine persönliche Betreuung durch einen Elternteil kein unterhaltsrechtlich zu berücksichtigender Bedarf. Dabei sind alle Umstände des Einzelfalles zu berücksichtigen, auch das konkrete Betreuungsangebot der kindgerechten Einrichtung und die Möglichkeit, auf einen eingeschränkten Gesundheitszustand des Kindes einzugehen.[40]

Die **Obliegenheit** zur **Inanspruchnahme** einer **kindgerechten Betreuungsmöglichkeit** findet erst **31** dort ihre Grenze, wo die Betreuung nicht mehr mit dem Kindeswohl vereinbar ist, was jedenfalls bei öffentlichen Betreuungseinrichtungen wie Kindergärten, Kindertagesstätten oder Kinderhorten regelmäßig nicht der Fall ist.[41] Kindgerechte Betreuungsmöglichkeiten sind vor allem Kindergärten, Ganztagsschulen, Schulhorte oder Kinderhorte. Öffentliche Betreuungseinrichtungen sind regelmäßig kindgerecht.[42] Die Betreuung kann auch durch den anderen Elternteil oder sonstige Familienangehörige erfolgen.[43] Dies gilt allerdings nur soweit und solange dies den Belangen des Kindes nicht widerspricht. Voraussetzung dafür, dass eine kindgerechte Betreuungsmöglichkeit vorliegt, ist, dass diese Betreuung verlässlich ist. Bei staatlichen Einrichtungen und Tagesmüttern ist dies gewährleistet. Bei Betreuung durch Verwandte oder andere Elternteile muss diese sicherge-

---

39 BT-Drucks. 16/6980 S. 8; BGH FamRZ 2009, 1124 = FuR 2009, 447 unter Hinweis auf BVerfG FamRZ 2007, 965, 969 ff.; BT-Drucks. 16/6980 S. 8; 2009, 1391 = FuR 2009, 577 (»Flexistunden«).

40 BGHZ 180, 170 = BGH FamRZ 2009, 770, 773 Tz. 27 = FuR 2009, 391 Tz. 27 (Berufungsurteil: KG FamRZ 2008, 1942) unter Hinweis auf BVerfGE FamRZ 2007, 965, 968 m.w.N. und mit Anm. Borth FamRZ 2009, 959, 961; BGH FamRZ 2009, 1124, 1127 = FuR 2009, 447 Tz. 32; 2009, 1391 = FuR 2009, 577 (»Flexistunden«); OLG Celle FamRZ 2008, 997, 998; OLG München FamRZ 2008, 1945 f.

41 BGHZ 180, 170 = BGH FamRZ 2009, 770, 772 f. = FuR 2009, 391 Tz. 25 f. m.w.N.; BGH FamRZ 2009, 1124 = FuR 2009, 447 = FuR 2009, 577 (»Flexistunden«) m.w.N.

42 BGH 180, 170 = BGH FamRZ 2009, 770 = FuR 2009, 391 (Berufungsurteil: KG FamRZ 2008, 1942); BGH FamRZ 2009, 1124 = FuR 2009, 447 = FuR 2009, 577 (»Flexistunden«).

43 BGH FamRZ 2010, 1880.

stellt sein. Ist es dem betreuenden Elternteil nicht möglich, eine kindgerechte Form der Fremdbetreuung für den ganzen Tag zu finden, so kommt aus kindbezogenen Gründen eine Verlängerung des Betreuungsunterhaltes in Betracht, und zwar so lange, wie ein durch die Betreuungsmöglichkeit nicht vorhanden ist oder die Betreuung des Kindes nicht mehr erforderlich ist.[44]

32-33 (zur Zeit nicht besetzt)

34 Aus **kindbezogenen Gründen** ist dem betreuenden Elternteil deswegen eine Erwerbstätigkeit nicht zumutbar, soweit die Betreuung des Kindes unter Berücksichtigung aller Umstände des Einzelfalles nicht hinreichend gesichert ist und auch nicht in kindgerechten Einrichtungen sichergestellt werden könnte, und wenn das Kind im Hinblick auf sein Alter auch noch nicht sich selbst überlassen bleiben kann.[45] Erst wenn die Kinder ein Alter erreicht haben, in dem sie unter Berücksichtigung aller Umstände des Einzelfalles zeitweise sich selbst überlassen werden können, kommt es aus kindbezogenen Gründen insoweit nicht mehr auf die **vorrangig** zu prüfende **Betreuungsmöglichkeit** in **kindgerechten Einrichtungen** an.[46] Dabei kommt es nicht nur auf das Lebensalter der Kinder an. Auch ältere Kinder können durchaus noch der elterlichen Betreuung bedürfen, wenn besondere Umstände vorliegen, etwa erhebliche Fahrdienste wegen sportlicher Betätigungen, besonderer musischer Begabungen etc. durch den betreuenden Elternteil notwendig sind.[47]

35-36 (zur Zeit nicht besetzt)

37 Die »Belange des Kindes« sind immer dann berührt, wenn das Kind in **besonderem Maße betreuungsbedürftig** ist; insoweit ist eine Orientierung an der bisherigen Rechtsprechung zu den »kindbezogenen Belangen« bei § 1615l Abs. 2 Satz 2 möglich. Bereits der Wortlaut der neuen Bestimmung stellt nunmehr ausdrücklich klar, dass der betreuende Elternteil sich nur dann auf eine Fremdbetreuungsmöglichkeit verweisen lassen muss, wenn dies mit den Kindesbelangen vereinbar ist. Damit hat der Gesetzgeber die »Leitidee« der gesamten Vorschrift noch klarer gemacht, nach der der Betreuungsunterhalt vor allen Dingen im Interesse des Kindes gewährt wird. Den Belangen des Kindes kann unter anderem dann eine Fremdbetreuung entgegenstehen, wenn das Kind eine besondere Förderung gerade durch den betreuenden Elternteil benötigt. Insbesondere kann eine gesteigerte Betreuungsbedürftigkeit bei »**Problemkindern**« vorliegen. So kann ein überdurchschnittlich hoher Betreuungsaufwand wegen Krankheits- oder Entwicklungsbedingter Besonderheiten entstehen. Entsprechendes gilt dann, wenn das Kind wegen der Folgen der Trennung und Scheidung in einer psychisch schwierigen Situation ist. Voraussetzung ist allerdings, dass eine deutliche Abweichung zu der gesundheitlichen Situation »normal« entwickelter Kinder vorliegt.

Auch eine **besondere Begabung** kann dazu führen, dass eine Betreuung durch ein Elternteil erforderlich ist, etwa dann, wenn der betreuende Elternteil wegen dieser besondern Fähigkeiten des Kindes Fahrdienste zu verrichten hat und diese nicht auf Dritte übertragen kann.[48]

Auch im Fall der Betreuung eines **behinderten** Kindes kommt ein Anspruch auf Betreuungsunterhalt in Betracht, soweit dies der Billigkeit entspricht. Dies setzt voraus, dass die persönliche

---

44 Vgl. zu den Betreuungsmöglichkeiten im ländlichen Bereich auch BGH FamRZ 2012, 1041 ff.
45 BGHZ 180, 170 = BGH FamRZ 2009, 770 = FuR 2009, 391.
46 BGHZ 180, 170 = BGH FamRZ 2009, 770 = FuR 2009, 391; s. auch BGH FamRZ 2009, 1049 = FuR 2009, 577 m.w.N.; Meier FamRZ 2008, 101, 104; zur Haftung des Aufsichtspflichtigen bei Verletzung der Aufsichtspflicht hat der BGH im Jahre 2009 in zwei Entscheidungen Stellung genommen: FamRZ 2009, 1049 – Betreuungsbedürftigkeit und Kontrollpflichten für ein $5^{1}/_{2}$-jähriges Kind auf einem Spielplatz; 2009, 1051 – Betreuungsbedürftigkeit und Kontrollpflichten für ein $7^{1}/_{2}$-jähriges Kind auf einem Spielplatz.
47 BGH FamRZ 2012, 1041 ff. bei Betreuung dreier Kinder von denen das jüngste 12 Jahre alt war.
48 Vgl. dazu auch BGH FamRZ 2012, 1041 ff.

Betreuung durch einen Elternteil erforderlich ist und nicht etwa der Besuch einer **Behinderteneinrichtung** ausreicht.[49]

Handelt es sich um ein **volljähriges behindertes Kind** kann ebenfalls noch ein Betreuungsunterhalt geschuldet sein, soweit die vorgenannten Voraussetzungen erfüllt sind.[50]

(zur Zeit nicht besetzt) 38-41

V. Billigkeitsunterhalt aus elternbezogenen Gründen

Soweit die Betreuung eines Kindes auf andere Weise sichergestellt oder in einer kindgerechten 42 Einrichtung möglich ist, können einer Erwerbsobliegenheit des betreuenden Elternteils auch – allerdings regelmäßig mit geringerem Gewicht zu wertende – **elternbezogene Gründe** einer Erwerbsobliegenheit des betreuenden Elternteils entgegen stehen. Solche elternbezogenen Gründe sind schon nach der Systematik des § 1570 allerdings erst **nachrangig** zu prüfen, wenn und soweit nicht schon kindbezogene Gründe einer Erwerbstätigkeit entgegen stehen.[51]

Die Möglichkeit der Verlängerung des Betreuungsunterhalts im Einzelfall über den im Interesse 43 des Kindeswohls wegen Kinderbetreuung geschuldeten »kindbezogenen« Betreuungsunterhalt hinaus aus **elternbezogenen Gründen** ist Ausdruck der **nachehelichen Solidarität**, beruht also auf Gründen, die allein in der Ehe zu finden sind. Für eine Verlängerung des kindbezogenen Betreuungsunterhalts nach § 1570 Abs. 2 kann insb. sprechen, wenn die **geschiedene Ehe** einen **besonderen**, sich aus den **Nachwirkungen** der **Ehe** ergebender **Vertrauenstatbestand** für den Unterhaltsgläubiger geschaffen hat.[52] Maßgeblich ist dabei das in der Ehe gewachsene **Vertrauen** in die vereinbarte und/oder praktizierte **Rollenverteilung** und/oder die **gemeinsame Ausgestaltung** der **Kinderbetreuung**. Die konkreten ehelichen Lebensverhältnisse und die nachwirkende eheliche Solidarität finden hier ihren Niederschlag. Es ist also auf die individuellen Umstände der Eltern abzustellen.[53] So kann etwa einem geschiedenen Ehegatten, der im Interesse der Kindererziehung seine Erwerbstätigkeit dauerhaft aufgegeben oder zurückgestellt hat, ein längerer Anspruch auf Betreuungsunterhalt eingeräumt werden als einem Ehegatten, der von vornherein alsbald wieder in den Beruf zurückkehren wollte.[54]

Der Anspruch auf Zahlung eines Billigkeitsunterhaltes aus elternbezogenen Gründen besteht 43a unabhängig davon, ob statt der elterlichen Betreuung auch sonstige Formen der Fremdbetreuung gemeinschaftlicher Kinder vorhanden sind. Mit dem Anspruch auf Verlängerung des Betreuungsunterhaltes aus »elternbezogenen« Gründen wird der besondere Schutz der Ehe zum Ausdruck gebracht, wie ihn das BVerfG in seinem Beschluss vom 28.02.2007[55] anerkannt hat. Der Billigkeitsunterhalt aus elternbezogenen Gründen ist auch Ausdruck der nachehelichen Solidarität. Entscheidend ist, dass in der Ehe entstandene Vertrauen in die praktizierte Aufteilung von Erwerbstätigkeit, Haushaltsführung und Kindesbetreuung sowie die in der Vergangenheit gemeinsam

---

49 BGH FamRZ 2006, 846.
50 BGH FamRZ 2010, 802.
51 BGHZ 177, 272 = BGH FamRZ 2008, 1739, 1748 f. = FuR 2008, 485 = FamRZ 2009, 770, 773 = FuR 2009, 391 Tz. 31 f.; BGH FamRZ 2009, 1124, 1127 = FuR 2009, 447 Tz. 36; 2009, 1391 = FuR 2009, 577 (»Flexistunden«).
52 BGHZ 180, 170 = BGH FamRZ 2009, 770 = FuR 2009, 391; BGH FamRZ 2009, 1124 = FuR 2009, 447 = FuR 2009, 577 (»Flexistunden«).
53 BGHZ 177, 272 = BGH FamRZ 2008, 1739 = FuR 2008, 485 (Berufungsgericht: OLG Düsseldorf – FamRZ 2005, 1772 = FuR 2006, 84).
54 BT-Drucks. 16/6980 S. 9.
55 BVerfG FamRZ 2007, 965, 970 Tz. 58.

gewählte Ausgestaltung der Betreuung gemeinschaftlicher Kinder. Bei längerer Ehezeitdauer gewinnt dieses Vertrauen an Bedeutung.[56]

So kommt ein Unterhaltsanspruch aus § 1570 Abs. 2 aus elternbezogenen Gründen vor allen dingen dann in Frage, wenn sich der betreuende Elternteil durch Aufgabe seiner Erwerbstätigkeit in einer langen Ehe auf die praktizierte Rollenverteilung eingerichtet hat, etwa weil er seine Erwerbstätigkeit aufgegeben hat. Bei der Zubilligung von elternbezogenen Gründen sind auch die wirtschaftlichen Verhältnisse der Ehegatten zu beachten. Je enger die wirtschaftlichen Verhältnisse sind desto eher wird eine Wiederaufnahme der Erwerbstätigkeit geboten sein.[57] Ein aus elternbezogenen Gründen vorhandener Billigkeitsunterhalt ist auch dann zuzubilligen, wenn durch Ausübung der Erwerbstätigkeit und Restbetreuung gemeinschaftlicher Kinder eine überobligatorische Belastung des erziehenden Elternteiles eintritt.[58] Die mit der Erstellung einer Habilitation verbundene Belastung des betreuenden Elternteiles stellt keinen »elternbezogenen« Grund i.S.d. § 1570 Abs. 2 dar.[59]

Voraussetzung für die Zubilligung eines Betreuungsunterhaltes aus elternbezogenen Gründen ist allerdings, dass tatsächlich eine Betreuung der gemeinschaftlichen Kinder stattfindet.

44-50 (zur Zeit nicht besetzt)

C. Zumutbare und überobligatorische Erwerbstätigkeit

I. Basisunterhalt

51 Meist wird der geschiedene Ehegatte infolge der Kinderbetreuung daran gehindert sein, seine **frühere Berufstätigkeit** wieder **aufzunehmen** bzw. die **bisherige Berufstätigkeit fortzusetzen** bzw. eine **neue Erwerbstätigkeit aufzunehmen**,[60] weil er jetzt in aller Regel nicht mehr – wie in intakter Ehe – auf die Mitbetreuung durch den anderen Elternteil zurückgreifen kann. Da die gemeinsame frühere Lebensplanung durch die Trennung/Scheidung hinfällig geworden ist, muss nunmehr im jeweiligen Einzelfall auf die **konkrete Lage** des **betreuenden Ehegatten nach Trennung/Scheidung** abgestellt werden.[61] Betreut ein Elternteil ein Kind bis zu drei Jahren, dann kommt es für den Anspruch auf Betreuungsunterhalt gem. § 1570 Abs. 1 Satz 1 nicht darauf an, ob ohne die Kindesbetreuung eine Erwerbstätigkeit ausgeübt würde, ob also die Kindesbetreuung die alleinige Ursache für die Nichterwerbstätigkeit ist: Der ein **Kleinkind betreuende Elternteil** ist nach der Trennung im **Regelfall** jederzeit berechtigt, eine Berufstätigkeit während der ersten drei Lebensjahre des Kindes aufzugeben und sich ganz dessen Pflege und Erziehung zu widmen.[62] Ausnahmslos wird in dieser Zeit keinem Elternteil eine Erwerbstätigkeit zugemutet. Entscheidet sich der betreuende Elternteil, dennoch eine Erwerbstätigkeit auszuüben und das Kleinkind vollständig oder teilweise Fremdbetreuen zu lassen, ist das daraus erzielte Einkommen stets überobligatorisch. Das überobligatorische Einkommen ist nach den Regeln des § 1577 Abs. 2 (siehe dazu unter der dortigen Kommentierung) teilweise anrechenbar. Ein »pauschaler Betreuungsbonus« ist dem unterhaltsberechtigten Ehegatten jedoch nicht zuzubilligen.[63] Zum Betreuungsbonus siehe im Übrigen die Ausführungen unten (Rdn. 68a).

---

56 BGH FamRZ 2010, 1050

57 Vgl. zum Vertrauen in Fortbestand einer praktizierten Betreuungssituation auch BGH FamRZ 2009, 1124, 1127.

58 Wellenhofer FamRZ 2011, 685 ff, 688 sowie BGH FamRZ 2012, 1041 ff.

59 BGH Urteil vom 08.08.2012 XII ZR 97/10.

60 BGH FamRZ 1981, 1159 (Nr. 69); 1983, 569.

61 BGH FamRZ 1988, 145; s. auch OLG Naumburg FamRZ 1998, 552.

62 BGH FamRZ 2005, 442 = FuR 2005, 174 (Berufungsurteil OLG München OLGR 2003, 340) – zu § 1615l; s. auch OLG Hamburg FamRZ 2005, 927.

63 BGH FamRZ 2010, 1050.

II. Billigkeitsunterhalt

Die **Notwendigkeit** der **Kinderbetreuung**, der **Umfang** der demnach zumutbaren **Erwerbstätigkeit** und die daraus zumeist folgende **Einschränkung** der **Erwerbsfähigkeit** hängen nicht allein vom Alter sowie der Anzahl des/der betreuten Kinde/s/r und/oder von den bestehenden Möglichkeiten der Fremdbetreuung ab. Diese drei wichtigen Kriterien bestimmen zwar oftmals den **konkreten Betreuungsbedarf** im Einzelfall, sind aber nicht das einzige und ausschlaggebende Moment, sondern maßgebend sind die **gesamten Umstände** des **jeweiligen Einzelfalles**. **52**

Weitere, nicht unmaßgebliche **Kriterien** sind daher insb. die **persönlichen** und **wirtschaftlichen Verhältnisse** der Eltern.[64] Abzustellen ist zunächst auf die **persönliche Situation** des Unterhalt begehrenden Ehegatten (insb. Alter und Gesundheitszustand, Berufsausbildung und Chancen auf dem Arbeitsmarkt, etwaige frühere Berufstätigkeit, Dauer der Ehe,[65] Hilfe durch Dritte[66] u.a.). Sodann ist die **wirtschaftliche Lage** der Ehegatten zu prüfen: Ist etwa der unterhaltspflichtige geschiedene Ehegatte nur nach Maßgabe des § 1581 zu Unterhaltsleistungen im Stande (»**Mangelfall**«),[67] so kann das zu einer **Verschärfung** der **Anforderungen** führen, die in § 1570 im Rahmen der Zumutbarkeitsprüfung an die Erwerbsobliegenheit des Unterhaltsgläubigers zu stellen sind.[68] Der geschuldete Umfang einer Erwerbstätigkeit darf nicht zu einer überobligationsmäßigen Belastung des betreuenden Elternteiles führen. Eine solche Belastung könnte sich negativ auf das Kindeswohl auswirken und würde außerdem der nachehelichen Solidarität widersprechen. Selbst dann, wenn das betreuungsbedürftige Kind vollständig fremdbetreut wird, kann dies wegen der notwendigen Restbetreuung des Kindes bei Ausübung einer Ganztagstätigkeit zu einer überobligationsmäßigen Belastung führen.[69] Auch sonstige im Rahmen der nachehelichen Solidarität zu beachtenden elternbezogenen Gründe können dazu führen, dass ausnahmsweise eine verlängerte persönliche Betreuung des gemeinsamen Kindes erforderlich wird, so dass die Ausübung einer Ganztagstätigkeit nicht in Betracht kommt. Maßgeblich sind die individuellen Verhältnisse des Einzelfalles. Liegt eine überobligationsmäßige Tätigkeit eines Ehegatten vor, gilt auch beim Billigkeitsunterhalt eine teilweise Anrechnung nach den Grundsätzen nach den § 1577 Abs. 2. Die Zuwilligung eines **pauschalen Betreuungsbonus** kommt nicht in Betracht.[70] **53**

III. Betreuungsbonus

(zur Zeit nicht besetzt) **54–68**

Unter dem Betreuungsbonus wird üblicherweise ein besonderer Abzugsposten verstanden, der dem betreuenden Elternteil wegen der Betreuung gemeinschaftlicher Kinder und der damit verbundenen zusätzlichen Lasten zugebilligt werden soll.[71] Die Zubilligung eines pauschalierten Betreuungsbonus wird damit begründet, dass den betreuenden Elternteil üblicherweise ein Mehraufwand bei Betreuung gemeinschaftlicher Kinder entsteht, der finanziell kaum messbar ist. Der BGH lehnt die Zubilligung eines pauschalen Betreuungsbonus ab.[72] Im Einzelfall wird zu unterscheiden sein: **68a**

---

64 BGH FamRZ 1982, 148 (Nr. 69); 1984, 364.
65 BGH FamRZ 1983, 996.
66 BGH FamRZ 1989, 487 – neue Lebenspartner.
67 Zu Mangellagen s. Kommentierung Vor § 1360 Rn. 164 ff.
68 Zu allem ausführlich BGH FamRZ 1983, 569.
69 BGH FamRZ 2008, 1739, 1748 f = FuR 2008, 485; BGH FamRZ 2009, 770, 773 = FuR 2009, 391;
    BGH FamRZ 2009, 1124 = FuR 2009, 447; BGH FamRZ 2009, 1391 = FuR 2009, 577.
70 BGH FamRZ 2010, 1050.
71 Wendl/Gerhardt § 1 Rn. 811.
72 BGH FamRZ 2010, 1050.

Soweit der Unterhaltsberechtigte neben der Kindesbetreuung eine überobligationsmäßige Erwerbstätigkeit ausübt, werden die daraus erzielten Einkünfte nur eingeschränkt unter Berücksichtigung der zu § 1577 Abs. 2 entwickelten Grundsätze anzurechnen sein. Das anrechnungsfreie Einkommen entspricht dann dem »Betreuungsbonus«.

Soweit eine obligationsgerechte Tätigkeit wahrgenommen wird, können Betreuungskosten, die dem Unterhaltsberechtigten entstehen, von seinem Einkommen abgerechnet werden, soweit sie nicht zur Erhöhung des Kindesunterhaltes führen. Bei der Höhe des Betreuungsaufwandes wird man die Anforderungen an dem Nachweis nicht überspannen dürfen. So wird der Unterhaltsberechtigte Aufwendungen, die er für Nachbar, Freunde, Verwandte etc. betreibt, damit diese gelegentlich bei der Kindesbetreuung aushelfen, mit pauschalierten Beträgen in Ansatz bringen dürfen. Gleiches gilt für die Inanspruchnahme von Babysittern.

IV. Einheitlicher Unterhaltsanspruch und Einsatzzeitpunkt § 1570

68b Schafft einen einheitlichen Unterhaltsanspruch. Endet also der Basisunterhalt aus § 1570 Abs. 1 setzt sich der gleiche Unterhaltsanspruch als Billigkeitsunterhalt nach § 1570 Abs. 2 fort, soweit dessen Voraussetzungen erfüllt sind.[73]

Für § 1570 gelten keine Einsatzzeitpunkte. Der Anspruch auf Zahlung von Betreuungsunterhalt entsteht dann, wenn die Voraussetzungen des § 1570 Abs. 1 oder Abs. 2 erfüllt sind. Der Anspruch kann bei (vorübergehender) Beendigung der Betreuungsbedürftigkeit wieder aufleben, wenn etwa auf Grund später eintretender Pflegebedürftigkeit des auch ggf. volljährigen Kindes oder in Folge des Wechsels der Obhut erneut die Betreuung durch den Unterhaltsberechtigten stattfindet.[74]

69-70 (zur Zeit nicht besetzt)

1. Darlegungs- und Beweispflicht

71 Für die Feststellung der Tatsachen zur Beurteilung der Frage, ob die trotz Kinderbetreuung erzielten Einkünfte als **obligatorisch** oder als **überobligatorisch** anzusehen sind, ist derjenige Ehegatte **darlegungs-** und **beweispflichtig**, der sich auf eine zumutbare Erwerbstätigkeit trotz Kinderbetreuung beruft.[75]

D. Begrenzungen des Anspruchs

72 Der Unterhaltsanspruch nach § 1570 wegen Kinderbetreuung besteht nur, »solange und soweit« Pflege oder Erziehung des Kindes/der Kinder einer Erwerbstätigkeit teilweise oder insgesamt entgegenstehen. Darüber hinaus kann der Anspruch trotz Kinderbetreuung zu **begrenzen** sein: Einmal auf Grund **vertraglicher Absprachen**,[76] zum anderen auf Grund **gesetzlicher Begrenzungsvorschriften** (§§ 1578, 1579).

I. Vertragliche Begrenzungen des Anspruchs

73 Ein bereits vor oder bei der Eheschließung vereinbarter **Unterhaltsverzicht** für die Zeit nach der Scheidung ist grundsätzlich auch insoweit wirksam, als er den Anspruch auf Betreuungsunterhalt

---

73 BT-Drucks. 16/6980, S 9, 8; BGH FamRZ 2009, 770.
74 BGH FamRZ 85, 357; 2010, 802.
75 BGH FamRZ 1998, 1501, 1502.
76 *S. auch OLG Düsseldorf* RNotZ 2001, 394 zur Notarhaftung auf Grund Verletzung von Belehrungspflichten des Notars bei Beurkundung eines Ehevertrages mit gegenseitigem Verzicht auf nachehelichen Unterhalt.

gem. § 1570 betrifft, soweit nicht die in der Rechtsprechung des BVerfG[77] definierten Schranken der **strukturellen Unterlegenheit** (§ 138) eingreifen. Allerdings darf sich der Unterhaltsschuldner bei einem rechtswirksamen Vertrag nach Treu und Glauben (§ 242) auf den Verzicht des anderen Ehegatten nicht berufen, **wenn** und **soweit** das Wohl eines gemeinschaftlichen, vom Unterhaltsgläubiger betreuten Kindes den Bestand der Unterhaltspflicht fordert (»Anpassungskontrolle«). Verlangt das Kindeswohl daher eine Unterhaltsleistung, um den eigenen Unterhalt des betreuenden Ehegatten so zu sichern, dass er sich der Pflege und Erziehung des Kindes widmen kann, so ist dem Unterhaltsschuldner die Berufung auf den Unterhaltsverzicht grundsätzlich nur insoweit verwehrt, als der betreuende Ehegatte lediglich den notwendigen Unterhalt verlangt, und nur so lange, wie er neben der Betreuung des Kindes nicht mindestens seinen notwendigen Bedarf durch eigene Erwerbstätigkeit decken kann.[78]

Vereinbaren Eheleute in einem notariellen Vertrag gegenseitigen Verzicht auf Unterhalt mit Ausnahme des Betreuungsunterhalts nach § 1570 für die geschiedene Ehefrau, so ist diese nicht gehindert, für diejenige Zeit, für die ihr Betreuungsunterhalt zusteht, auch den entsprechenden Altersvorsorgeunterhalt geltend zu machen, denn dieser stellt keinen selbständigen Anspruch dar (der gegebenenfalls unter den Unterhaltsverzicht fiele), sondern ist unselbständiger Teil des einheitlichen, den gesamten Lebensbedarf umfassenden Unterhaltsanspruchs.[79]   74

II. Gesetzliche (immanente) Begrenzung der Norm

Wenn und soweit die Kinderbetreuung wegfällt, erlischt der Unterhaltsanspruch nach § 1570 per se; es kann sich allerdings ein anderer (nachehelicher) Unterhaltsanspruch anschließen (»**Anschlussunterhalt**« bzw. »**Teilanschlussunterhalt**«). Für das **Ende** der **Kinderbetreuung** im Sinne aller Anschlusstatbestände ist nicht die Volljährigkeit des Kindes maßgebend, sondern es ist auf denjenigen Zeitpunkt abzustellen, in dem die Voraussetzungen für einen auf § 1570 gestützten Unterhaltsanspruch wegfallen. Ein Anspruch auf Betreuungsunterhalt darf daher nur dann abgewiesen werden, wenn im Zeitpunkt der Entscheidung für die Zeit nach Vollendung des dritten Lebensjahres absehbar keine kind- oder elternbezogenen Verlängerungsgründe mehr vorliegen.[80]   75

III. Keine Anwendung des § 1578b Abs. 2

Eine Befristung des Betreuungsunterhalts nach § 1578b scheidet schon deswegen aus, weil § 1570 in der seit 01.01.2008 geltenden Fassung insoweit eine **Sonderregelung** für die **Billigkeitsabwägung** enthält: Nach Vollendung des dritten Lebensjahres des Kindes steht dem betreuenden Elternteil nur noch Betreuungsunterhalt nach Billigkeit zu (§ 1570 Abs. 1 Satz 2 und Abs. 2). Im Rahmen dieser Billigkeitsabwägung sind aber bereits alle kind- und elternbezogenen Umstände des Einzelfalles zu berücksichtigen. Wenn sie zu dem Ergebnis führt, dass der Betreuungsunterhalt über die Vollendung des dritten Lebensjahres hinaus wenigstens teilweise fortdauert, können dieselben Gründe nicht zu einer Befristung im Rahmen der Billigkeit nach § 1578b führen.[81]   76

---

77 BVerfGE 103, 89 = FamRZ 2001, 343 = FuR 2002, 163; FamRZ 2001, 985 = FuR 2001, 300.

78 BGH FamRZ 1985, 787; s. auch Kommentierung zu § 1585c Rn. 1 ff.

79 OLG Koblenz FF 2003, 138.

80 BGHZ 180, 170 = BGH FamRZ 2009, 770 = FuR 2009, 391 (Berufungsurteil: KG FamRZ 2008, 1942).

81 BGHZ 180, 170 = BGH FamRZ 2009, 770, 774 = FuR 2009, 391 Tz. 42 m.w.N. (Berufungsurteil: KG FamRZ 2008, 1942); BGH FamRZ 2009, 1124 = FuR 2009, 447 = FuR 2009, 577 m.w.N. (»Flexistunden«).

IV. Kürzung des Betreuungsunterhalts nach § 1578b Abs. 1

77 Geht der **Unterhaltsbedarf** nach den **ehelichen Lebensverhältnissen** gemäß § 1578 Abs. 1 erheblich über den **angemessenen Unterhalt** nach der **eigenen Lebensstellung** des Unterhaltsgläubigers hinaus, kommt eine **Kürzung** auf den **eigenen angemessenen Unterhalt** nach der eigenen Lebensstellung des betreuenden Elternteils in Betracht. Eine solche Begrenzung ist grundsätzlich auch dann möglich, wenn wegen der noch fortdauernden Kindesbetreuung eine Befristung des Betreuungsunterhalts entfällt. Das setzt allerdings voraus, dass einerseits die notwendige Erziehung und Betreuung gemeinsamer Kinder trotz des abgesenkten Unterhaltsbedarfs sichergestellt und das Kindeswohl auch sonst nicht beeinträchtigt ist, und andererseits eine fortdauernde Teilhabe des betreuenden Elternteils an den abgeleiteten ehelichen Lebensverhältnissen während der Ehe unbillig erscheint.[82]

V. Begrenzung des Unterhalts wegen grober Unbilligkeit (§ 1579)

78 Bei einer Ehe von kurzer Dauer (**§ 1579 Nr. 1**) kann der nacheheliche Unterhalt nach § 1570 begrenzt werden, wobei allerdings bei der Prüfung des Verwirkungstatbestands zur Vermeidung verfassungswidriger Ergebnisse zunächst von der tatsächlichen Ehezeit auszugehen ist und erst anschließend die zur Wahrung der Belange des Kindes gesetzlich vorgesehene Abwägung vorzunehmen ist.[83]

79 Trotz Betreuung gemeinsamer Kinder durch den geschiedenen Ehegatten kann nachehelicher Unterhalt wegen grober Unbilligkeit (**§ 1579 Nr. 2**) zu begrenzen sein, wenn der betreuende Elternteil in **gefestigter nicht ehelicher Lebensgemeinschaft** lebt und in **häuslicher Gemeinschaft Versorgungsleistungen** für seinen neuen Partner erbringt, und dieser objektiv in der Lage ist, dem Unterhaltsgläubiger durch Unterstützung bei der Kindesbetreuung die Aufnahme einer seinen Mindestbedarf deckenden Erwerbstätigkeit zu ermöglichen.[84] Lebt etwa ein geschiedener Ehegatte mit einem neuen Partner bereits über drei Jahre in einer verfestigten eheähnlichen Beziehung, deren Erscheinungsbild durch ständige gegenseitige Hilfe und Unterstützung im Alltag, gemeinsames Wohnen, gemeinsame Freizeitgestaltung und Zukunftsplanung sowie familiäre Kontakte zu den Angehörigen der Familie des Partners gekennzeichnet ist, dann können auch Unterhaltsansprüche nach § 1570 gem. § 1579 Nr. 8 verwirkt sein.[85] Der Einwand der Verwirkung nacheheli-

---

82 Zu allem BGHZ 180, 170, 774 = BGH FamRZ 2009, 770 = FuR 2009, 391 Tz. 44 (Berufungsurteil: KG FamRZ 2008, 1942); BGH FamRZ 2009, 1124 = FuR 2009, 447 = FuR 2009, 577 m.w.N. (»Flexistunden«); so bereits BGH FamRZ 1990, 492, 493 f. (zu § 1570); 1999, 708, 709 = FuR 1999, 372 (zu § 1571 BGB); 2009, 406, 407 f. (zu § 1572); vgl. auch OLG Celle FamRZ 2008, 1449, 1450; KG FamRZ 2009, 336, 337; Graba FamRZ 2008, 1217, 1222.

83 BVerfG FamRZ 1989, 941, 943 f.; BGH FamRZ 1990, 492, 494 ff. = FuR 2006, 32.

84 OLG Celle FamRZ 2000, 1374 mit abl. Anm. Eberl-Borges NJW 2001, 1309; OLGR Hamm 2000, 236; OLG Köln NJWE-FER 2001, 276 – keine Obliegenheit zur Aufnahme vollschichtiger Erwerbstätigkeit trotz Verwirkung des Anspruchs bei Betreuung eines gemeinsamen, noch minderjährigen Kindes; OLG Oldenburg FamRZ 2002, 243 – Befristung bei einseitigem schwerwiegenden Fehlverhalten der kinderbetreuenden unterhaltsberechtigten Ehefrau bis zur Vollendung des 15. Lebensjahres des jüngsten Kindes; OLG Zweibrücken FamRZ 2001, 833 zum Unterhaltsanspruch eines in nichtehelicher Lebensgemeinschaft lebenden geschiedenen Ehegatten, der ein fünfzehn Jahre altes, aber behindertes ehegemeinsames Kind betreut; OLG Frankfurt FuR 2001, 428 – keine Kürzung des Unterhalts wegen kurzer Ehedauer bei Unterschreitung des Mindestbedarfs des kinderbetreuenden Unterhaltsberechtigten; s. auch BGH FamRZ 2004, 1170 im Anschluss an die Senatsurteile BGHZ 148, 105 = BGH FamRZ 2001, 986 = FuR 2001, 306, und BGH FamRZ 2001, 1693 = FuR 2001, 500 – der Wert der Versorgungsleistungen, die ein unterhaltsberechtigter Ehegatte während der Trennungszeit für einen neuen Lebenspartner erbringt, trete als Surrogat an die Stelle einer Haushaltsführung während der Ehezeit und sei deswegen im Wege der Differenzmethode in die Berechnung des Ehegattenunterhalts einzubeziehen.

85 OLG Schleswig MDR 2002, 1252; FuR 2005, 476.

chen Unterhalts ist im Wege des Abänderungsantrages geltend zu machen, da auch ein zeitlich begrenzter Ausschluss oder eine zeitliche begrenzte Herabsetzung in Betracht kommen kann. Der Vollstreckungsgegenantrag ist die richtige Verfahrensart, wenn auf Grund des Verwirkungseinwands nur ein Verlust des Unterhaltsanspruchs auf Dauer in Betracht kommt.[86]

Der betreuende Elternteil kann selbst dann Betreuungsunterhalt gemäß § 1570 beanspruchen, wenn **Härtegründe** i.S.d. § 1579 vorliegen: Im Interesse des Wohles der betreuten Kinder wird dem sorgeberechtigten Ehegatten trotz seines Fehlverhaltens gleichwohl die Wahrnehmung seiner Elternverantwortung gesichert und gewährleistet, soweit dies die Belange des/der betreuten Kindes/Kinder erfordern (sog. »**Kinderschutzklausel**« des § 1579). Dem wird in der Regel dadurch Genüge getan, dass der Unterhaltsanspruch auf das zur **Kindesbetreuung notwendige Mindestmaß** (Elementar- sowie Krankheits- und Pflegevorsorgeunterhalt) herabgesetzt wird. **80**

Das **notwendige Mindestmaß** an Unterhaltsbedarf wegen Betreuung eines – ehelichen wie nicht ehelichen – Kindes ist mit dem **Mindestbedarf** in Höhe des **Existenzminimums** anzusetzen, der unterhaltsrechtlich mit dem **notwendigen Selbstbehalt** eines **nicht erwerbstätigen Unterhaltsschuldners** von zurzeit 800,00 € monatlich pauschaliert werden darf. Der Betreuungsunterhalt nach § 1570 soll dem Unterhaltsgläubiger eine aus kind- und elternbezogenen Gründen notwendige persönliche Betreuung und Erziehung des gemeinsamen Kindes ermöglichen. Damit der betreuende Elternteil daran nicht durch eine Erwerbstätigkeit gehindert ist, darf sein Unterhaltsbedarf nicht unterhalb des Existenzminimums liegen, denn sonst müsste er in weiterem Umfang, als es nach den kind- und elternbezogenen Gründen angemessen ist, erwerbstätig sein.[87] **81**

Auch in Fällen, in denen die geschiedenen Ehegatten von Sozialleistungen gelebt haben oder noch leben, können die ehelichen Lebensverhältnisse nicht mit Null angesetzt werden. In solchen Fällen ergibt sich jedenfalls eine **Lebensstellung** in Höhe der erhaltenen **Sozialleistung**, weil Einkünfte in dieser Höhe nach §§ 8 ff. SGB XII gesetzlich garantiert sind. Entsprechend ist auch Unterhaltsgläubigern mit einem nach § 1578 Abs. 1 Satz 1 abgeleiteten Unterhaltsbedarf, der unter dem Existenzminimum liegt, ein Mindestbedarf in Höhe des Existenzminimums zuzubilligen, denn ihr Bedarf kann nicht geringer sein als der Bedarf eines Unterhaltsgläubigers, der vom Unterhaltsschuldner keinen Bedarf nach § 1578 Abs. 1 Satz 1 ableiten kann.[88] **82**

Da der Unterhaltsanspruch minderjähriger und privilegiert volljähriger Kinder nach § 1609 Nr. 1 allen anderen Unterhaltsansprüchen vorgeht, hat die Höhe des Bedarfs nachrangiger Unterhaltsgläubiger auf die Leistungsfähigkeit für den Unterhalt minderjähriger Kinder keine Auswirkung mehr. Auch der Grundsatz der Halbteilung steht einem Mindestbedarf beim nachehelichen Unterhalt nicht entgegen, denn auch dem Unterhaltsschuldner bleibt regelmäßig ein Selbstbehalt, dessen Höhe zwar von der Art seiner Unterhaltspflicht abhängig ist, der den nur geringfügig über dem Existenzminimum pauschalierten Mindestbedarf aber keinesfalls unterschreitet.[89] **83**

Da der Mindestbedarf wegen des Zwecks einer Sicherung des notwendigen Bedarfs am Existenzminimum ausgerichtet ist, bestehen im Rahmen der unterhaltsrechtlich gebotenen Pauschalierung keine Bedenken gegen dieselben Maßstäbe, die der BGH bereits im Rahmen der Bemessung des notwendigen Selbstbehalts gebilligt hat.[90] Dabei ist – wie beim Unterhaltsanspruch nach § 1615l – auf den notwendigen Selbstbehalt eines nicht erwerbstätigen Unterhaltsschuldners abzustellen. Der darüber hinausgehende Selbstbehalt des Erwerbstätigen schließt einen Erwerbsanreiz ein, der auf Seiten des Unterhaltsschuldners seine Berechtigung hat, aber nicht in gleicher Weise **84**

---

86 OLG Köln FamRZ 2001, 1717 = FuR 2001, 515.
87 BGH FamRZ 2010, 357 Tz. 24 ff.; 2010, 444 Tz. 17 ff. = FuR 2010, 286.
88 BGH FamRZ 2010, 357 Tz. 24 ff.; 2010, 444 Tz. 17 ff. = FuR 2010, 286.
89 FamRZ 2008, 594, 596 f. = FuR 2008, 203 = FuR 2010, 217 Tz. 31; 2010, 802.
90 Vgl. BGHZ 166, 351, 356 = BGH FamRZ 2006, 683, 684 = FuR 2006, 266.

auf den Unterhaltsberechtigten übertragen werden kann, denn dieser ist ohnehin gehalten, im Rahmen seiner Möglichkeiten den eigenen Lebensbedarf sicherzustellen. Die in dem Differenzbetrag zwischen dem notwendigen Selbstbehalt eines Erwerbstätigen und demjenigen eines Nichterwerbstätigen ebenfalls enthaltenen gemischten Aufwendungen haben zunehmend an Bedeutung verloren. Da der pauschalierte notwendige Selbstbehalt eines Nichterwerbstätigen über das Existenzminimum hinausgeht, sind diese Aufwendungen bereits darin enthalten. Soweit der Unterhaltsberechtigte eigene Einkünfte erzielt, können die damit verbundenen erwerbsbedingten Aufwendungen wie beim Unterhaltsschuldner abgesetzt werden.[91]

E. Konkurrenzen

I. Konkurrenzen der Tatbestände

85 Die **drei** Tatbestände §§ 1570, 1571, 1572 (sog. »Primärtatbestände«) sind **vorrangig**; sie können jedoch miteinander konkurrieren. Der Tatbestand des § 1570 ist – weil privilegiert – der stärkste Tatbestand. § 1570 kann mit anderen nachehelichen Unterhaltstatbeständen (§§ 1571 ff.) konkurrieren, wenn die einzelnen Unterhaltstatbestände nicht den vollen Unterhalt gewähren (sog. **zusammengesetzte** oder **gemischte Anspruchsgrundlage**).[92]

86 Ist der geschiedene Ehegatte wegen Kinderbetreuung **vollständig** an einer **Erwerbstätigkeit gehindert**, dann beruht sein Unterhaltsanspruch allein auf § 1570: Er kann den vollen, den ehelichen Lebensverhältnissen entsprechenden Unterhalt verlangen, soweit er nicht durch sonstige eigene anrechenbare Einkünfte gedeckt ist. Bei nur **teilweise** durch Betreuung eingeschränkter Erwerbstätigkeit kann er Unterhalt nach § 1570 nur bis zur Höhe des Mehreinkommens verlangen, das er durch eine angemessene Vollerwerbstätigkeit erzielen könnte. Reicht der ihm zustehende Unterhalt zusammen mit seinem Einkommen aus einer Teilerwerbstätigkeit zu seinem vollen Unterhalt (§ 1578) nicht aus, kommt zusätzlich ein Unterhaltsanspruch nach § 1573 Abs. 2 in Betracht (sog. »zusammengesetzte Anspruchsgrundlage«),[93] wobei zugunsten des Unterhaltsgläubigers berücksichtigt werden kann, dass er seine (Teil-)Erwerbstätigkeit trotz der Übernahme der mit der Kinderbetreuung verbundenen zusätzlichen Belastungen aufrecht erhält.[94]

87 Bei der **Abgrenzung** des **nachehelichen Unterhalts** wegen eines Erwerbshindernisses nach §§ 1570 – 1572 und des Aufstockungsunterhalts nach § 1573 **Abs. 2** ist zu differenzieren, ob wegen des **Hindernisses** eine **Erwerbstätigkeit vollständig** oder nur **zum Teil ausgeschlossen** ist. Ist der Unterhaltsgläubiger vollständig an einer Erwerbstätigkeit gehindert, dann ergibt sich sein Unterhaltsanspruch allein aus §§ 1570–1572, und zwar auch für denjenigen Teil des Unterhaltsbedarfs, der nicht auf dem Erwerbshindernis, sondern auf dem den angemessenen Lebensbedarf übersteigenden Bedarf nach den ehelichen Lebensverhältnissen gemäß § 1578 Abs. 1 Satz 1 beruht. Ist der Unterhaltsgläubiger hingegen nur teilweise an einer Erwerbstätigkeit gehindert, ergibt sich sein Unterhaltsanspruch wegen des allein durch die Erwerbshinderung verursachten Einkommensausfalls aus §§ 1570 bis 1572 und im Übrigen als Aufstockungsunterhalt aus § 1573 Abs. 2.[95]

---

91 Vgl. BGH FamRZ 2010, 357 = FuR 2010, 217 Tz. 38 m.w.N.; 2010, 444 = FuR 2010, 286 Tz. 18; 2010, 802.

92 Hierzu ausführlich § 1569 Rn. 15 ff. unter Hinweis auf die Rechtsprechung des BGH.

93 S. Kommentierung zu § 1569.

94 BGH FamRZ 1990, 492.

95 BGH FamRZ 2010, 869 = FuR 2010, 394 (Berufungsurteil: OLG Düsseldorf FamRZ 2008, 1254) im Anschluss an BGHZ 179, 43 = BGH FamRZ 2009, 406 Tz. 20 ff. – Abgrenzung von Krankheitsunterhalt nach § 1572 und Aufstockungsunterhalt nach § 1573 Abs. 2.

II. Konkurrierende Unterhaltsschuldner

Steht einem geschiedenen Ehegatten wegen der Betreuung eines **ehelichen** Kindes ein Anspruch 88
auf Betreuungsunterhalt (§ 1570) zu, und betreut der geschiedene Ehegatte daneben ein weiteres
nichtgemeinschaftliches Kind (§ 1615l Abs. 2), dann haftet der andere Elternteil des nicht ehelich
geborenen Kindes **anteilig** neben dem geschiedenen Ehegatten für den Betreuungsunterhalt.[96]
Damit mindert dieser Unterhaltsanspruch die Bedürftigkeit des ein eheliches Kind betreuenden
Elternteils und damit seinen Unterhaltsanspruch; er schließt den Anspruch in der Regel aber nicht
vollständig aus.

Für die Ermittlung der anteiligen Haftungsquoten sind danach zunächst die Einkommens- und 89
Vermögensverhältnisse beider anteilig haftenden Väter zu berücksichtigen; im Anschluss daran
kann der Haftungsanteil eines Vaters nach den Umständen des Einzelfalles wertend nach oben
oder nach unten korrigiert werden.[97]

Im Rahmen der **Bemessung** der **anteiligen Haftung verschiedener Väter** in entsprechender 90
Anwendung des § 1606 Abs. 3 Satz 1 führt der Maßstab der jeweiligen Einkommens- und Vermögensverhältnisse in einer Vielzahl der Fälle zu angemessenen Lösungen; allerdings ist die Anknüpfung an diesen eher schematischen Maßstab nicht in allen Fällen der Betreuung von Kindern aus
verschiedenen Verbindungen zwingend. Da § 1606 Abs. 3 Satz 1 nach § 1615l Abs. 3 Satz 1 nur
entsprechend anwendbar ist, lässt dies auch Raum für eine **Berücksichtigung** anderer **Umstände**,
insb. der Anzahl, des Alters, der Entwicklung und der Betreuungsbedürftigkeit der jeweiligen Kinder. So kann im Einzelfall von Bedeutung sein, dass die Mutter durch die vermehrte Betreuungsbedürftigkeit eines jüngeren Kindes von jeglicher Erwerbstätigkeit abgehalten wird, obwohl das
fortgeschrittene Alter eines anderen Kindes an sich eine teilweise Erwerbstätigkeit erlauben würde:
Eine schematische Aufteilung der Haftungsquote nach den jeweiligen Einkommens- und Vermögensverhältnissen des geschiedenen Ehemannes und des Vaters wäre dann unbefriedigend. Der
Erzeuger des vermehrt betreuungsbedürftigen Kindes muss dann in entsprechend höherem
Umfang, gegebenenfalls auch allein, zum Unterhalt für die Mutter herangezogen werden.[98] Bei der
Berechnung der unterschiedlichen Haftungsquoten ist jedoch zu überprüfen, ob durch die Entstehung weiterer Unterhaltsansprüche eine unmittelbare Auswirkung auf den Unterhaltsbedarf
(§ 1578) oder lediglich auf die Leistungsfähigkeit des Unterhaltsverpflichteten stattfindet. Entsteht
die weitere Unterhaltsverpflichtung nach § 1615l BGB sowie die Unterhaltsverpflichtung für ein
weiteres nichteheliches Kind vor der Scheidung, handelt es sich um eheprägende Belastungen. Sie
wirken sich auf die Höhe des Unterhaltsbedarfes des unterhaltsberechtigten Ehegatten aus. Sind
die Unterhaltsansprüche erst nach Eintritt der Rechtskraft der Ehescheidung entstanden, handelt
es sich nicht um eheprägende Verbindlichkeiten. Hier findet eine Berücksichtigung lediglich auf
der Ebene der Leistungsfähigkeit statt.[99]

F. Darlegungs- und Beweislast

Hat das zu betreuende Kind das dritte Lebensjahr noch nicht vollendet, dann muss der betreu- 91
ende Elternteil die Voraussetzungen eines Betreuungsanspruchs (»Basisunterhalt«) nicht im Einzel-

96 BGHZ 177, 272 = BGH FamRZ 2008, 1739 = FuR 2008, 485 (Berufungsurteil: OLG Düsseldorf
   FamRZ 2005, 1772 = FuR 2006, 84) unter Hinweis auf BGH FamRZ 1998, 541, 543 f.; zum umgekehrten Fall einer späteren Heirat nach Geburt eines nichtehelich geborenen Kindes vgl. BGHZ 161,
   124, 132 f. = BGH FamRZ 2005, 347, 349.
97 BGH wie zuvor (hier: nach der Anzahl und dem Alter der jeweiligen Kinder).
98 BGH wie zuvor unter Hinweis auf BGH FamRZ 1998, 541, 544, und BGH FamRZ 2007, 1303, 1305;
   s. auch OLG Koblenz, Urteil vom 16.03.2010 – 11 UF 532/09 – juris.
99 BGH FamRZ 2012, 281 = FuR 2012, 180.

nen darlegen.[100] Im Übrigen trifft ihn die volle **Darlegungs- und Beweislast:**[101] Das Alter eines Kindes ab Vollendung des dritten Lebensjahres hindert im Regelfall per se nicht ohne weiteres an einer Erwerbstätigkeit des betreuenden Elternteils. Der Gesetzgeber des UÄndG 2007 hat daher mit der gesetzlichen Neuregelung des § 1570, wonach der Betreuungsunterhalt als Basisunterhalt grundsätzlich nur für drei Jahre geschuldet ist, und eine Verlängerung über diesen Zeitraum hinaus ausdrücklich begründet werden muss, die **Darlegungs-** und **Beweislast** für die Voraussetzungen einer **Verlängerung** des **Betreuungsunterhalts** über die Dauer von drei Jahren hinaus grundsätzlich dem unterhaltsberechtigten Elternteilauferlegt.

92   Der aus Gründen der Billigkeit Betreuungsunterhalt begehrende Elternteil muss daher kind- und/ oder elternbezogene Gründe, die zu einer Verlängerung des Betreuungsunterhalts über die Vollendung des dritten Lebensjahres hinaus aus Gründen der Billigkeit führen könnten, darlegen und gegebenenfalls beweisen. Er hat also zunächst darzulegen und zu beweisen, dass keine kindgerechte Einrichtung für die Betreuung des gemeinsamen Kindes zur Verfügung steht, oder dass aus besonderen Gründen eine persönliche Betreuung erforderlich ist. Dies gilt erst recht für diejenigen Umstände, die aus elternbezogenen Gründen zu einer eingeschränkten Erwerbspflicht und damit zur Verlängerung des Betreuungsunterhalts führen können.[102] Hat der Unterhaltsberechtigte keine kind- oder elternbezogenen Gründe für eine Verlängerung des Betreuungsunterhalts über die Vollendung des dritten Lebensjahres des Kindes hinaus vorgetragen, können solche nur insoweit berücksichtigt werden, als sie auf der Grundlage des sonst festgestellten Sachverhalts auf der Hand liegen.[103]

93   Spricht jedoch für eine bestimmte Annahme die Lebenserfahrung (»**Erfahrungssatz**«), ist es im Unterhaltsverfahren Sache desjenigen, der eine **Ausnahme** von der **erfahrungsgemäßen Regel** in Anspruch nimmt, die hierfür erforderlichen Voraussetzungen darzulegen und notfalls zu beweisen.[104] Wer Abweichungen hinsichtlich der Notwendigkeit der Pflege und Erziehung, der dadurch bedingten Verhinderung an einer Erwerbstätigkeit und der Höhe seines Bedarfs im Einzelfall behauptet, ist für das Vorliegen dieser Umstände darlegungs- und beweispflichtig.[105] Eine Beweiserleichterung durch Anwendung des bisherigen, **allein** auf das Alter eines Kindes bezogenen Altersphasenmodells, da ja auf Erfahrungssätzen beruhte, gibt es seit Inkrafttreten des UÄndG 2007 nicht mehr.

G. Rechtsprechung der OLGe zum Anspruch auf Betreuungsunterhalt

94   Die Beurteilung der Erwerbsobliegenheit Kinder betreuender Elternteile ist in der Rechtsprechung der Oberlandesgerichte nach Inkrafttreten des UÄndG 2007 noch sehr uneinheitlich.[106] Die nachfolgende Übersicht der Rechtsprechung der OLGe zum Anspruch auf Betreuungsunterhalt nach neuem Recht (§§ 1570, 1615l) ist alphabetisch nach den jeweiligen Oberlandesgerichten geordnet.[107]

---

100 BGHZ 180, 170 = BGH FamRZ 2009, 770 = FuR 2009, 391; BGH FamRZ 2009, 1391 = FuR 2009, 577 (»Flexistunden«); 2009, 1124 = FuR 2009, 447.
101 OLG Brandenburg NJW-RR 2009, 1659.
102 BGHZ 177, 272, 304 = BGH FamRZ 2008, 1739, 1748 = FuR 2008, 485 unter Hinweis auf OLG Celle FamRZ 2008, 997, 998; 180, 170 = FamRZ 2009, 770, 772 = FuR 2009, 391 Tz. 23 mit Anm. Borth FamRZ 2009, 959, 960 (Berufungsurteil: KG FamRZ 2008, 1942); BGH FamRZ 2009, 1124 = FuR 2009, 447 = FuR 2009, 577 m.w.N. (»Flexistunden«); FamRZ 2010, 444 = FuR 2010, 286; s. auch OLG Hamm FPR 2008, 311, 314.
103 BGH FamRZ 2010, 357 = FuR 2010, 217 (»Archäologin«).
104 BGH FamRZ 1983, 456.
105 BGH FamRZ 1990, 496.
106 Zur Haftung von Aufsichtspflichtigen s. auch Bernau FamRZ 2010, 937 ff.
107 Alle Volltexte können kostenlos auf der homepage **www.Familienrecht-Deutschland.de** abgerufen werden.

OLG Brandenburg FamRZ 2008, 1947

1. Betreut die geschiedene Ehefrau ein gemeinsames 11-jähriges Kind, das an ADS leidet, ist sie nicht verpflichtet, mehr als eine Halbtagstätigkeit auszuüben.

2. Hat die Ehe 13 Jahre gedauert, und ist die geschiedene Ehefrau im Einverständnis mit dem Ehemann seit der Geburt des gemeinsamen Kindes wegen Kinderbetreuung zu Hause geblieben, verlängert sich die Dauer des Unterhaltsanspruchs nach § 1570 Abs. 2 BGB.

3. Die geschiedene Ehefrau kann sich im Rahmen ihrer Erwerbsobliegenheit des § 1574 Abs. 2 BGB darauf beschränken, eine dem von ihr erlernten und früher ausgeübten Beruf entsprechende Stelle im Umfeld ihres Wohnorts zu suchen.

4. Bei einer Entscheidung über eine Herabsetzung oder Befristung des nachehelichen Unterhalts gem. § 1578b BGB sind nur bereits eingetretene oder zuverlässig voraussehbare Begrenzungsgründe zu berücksichtigen. (Red.)

OLG Hamm Urteil vom 14.09.2011 5 UF 45/11 FPR 2012, 233.

Der betreuende Elternteil muss sich nicht auf eine Übernahme der Kindesbetreuung durch den unterhaltspflichtigen Elternteil verweisen lassen, wenn die Ausweitung der Betreuung nicht dem Kindeswohl entspricht.

OLG Braunschweig FamRZ 2009, 977 = FuR 2009, 213

1. Der Unterhaltspflichtige schuldet seiner geschiedenen Ehefrau Betreuungsunterhalt gem. § 1570 BGB, wenn die geschiedene Ehefrau ein 13- bis 15-jähriges Kind betreut, das an ADS leidet, und dadurch erhöhter Betreuungsaufwand besteht. Ihre Erwerbsverpflichtung erfüllt sie mit Ausübung einer Halbtagstätigkeit.

2. Bei der Bedarfsbemessung des geschiedenen Ehegatten sind sämtliche nachrangigen Unterhaltsberechtigten des Pflichtigen, auch die gegebenenfalls nachrangige neue Ehefrau, zu berücksichtigen. Die Berechnung hat mit der sogenannten »Drittelrechnung« zu erfolgen. Synergieeffekten durch das Zusammenleben des Pflichtigen mit seiner neuen Ehefrau wird dadurch Rechnung getragen, daß der Bedarf der geschiedenen Ehefrau um 10 % erhöht und der Bedarf der neuen Ehefrau und des Pflichtigen um je 5 % gesenkt werden.

3. Zu den Voraussetzungen einer Ehe von langer Dauer im Sinne der §§ 1609 Nr. 2, 1578b BGB.

OLG Celle FamRZ 2008, 997 = FuR 2008, 607

1. Abweichend von der bisherigen Regelung trifft für Unterhaltsansprüche ab Januar 2008 den Unterhalt begehrenden geschiedenen Ehegatten die volle Darlegungs- und Beweislast für alle Tatsachen, die eine Prüfung der Betreuungssituation von betreuendem Elternteil und Kind ermöglichen. Dazu gehören auch Ausführungen, daß es wegen fehlender oder nur eingeschränkter Betreuungsmöglichkeiten nichtmöglich ist, weitergehend als bisher erwerbstätig zu sein, oder daß besondere Umstände in der Person des Kindes einer Ausweitung entgegenstehen.

2. Der Anspruch auf nachehelichen Unterhalt ist gem. § 1579 Nr. 2 BGB spätestens verwirkt, wenn die unterhaltsberechtigte geschiedene Ehefrau mit einem Lebenspartner in einer nach außen hin als eheähnlich erscheinenden Beziehung lebt, und das Zusammenleben zwei Jahre angedauert hat. (Red.)

OLG Celle FamRZ 2009, 975 = FuR 2008, 559

Findet zwischen dem unterhaltspflichtigen geschiedenen Ehemann und den von der unterhaltsberechtigten Ehefrau betreuten gemeinsamen Kindern im grundschulpflichtigen Alter tatsächlich seit geraumer Zeit nicht einmal ein unbegleiteter Umgang statt, vermag ein Verbalangebot des Ehemannes auf nunmehrige Kinderbetreuung während der werktäglichen Nachmittage zur

Ermöglichung einer Ausweitung der – bereits gut halbschichtig ausgeübten – Erwerbstätigkeit der Ehefrau nicht einmal eine beachtliche alternative Betreuungsmöglichkeit aufzuzeigen.

OLG Celle FF 2009, 81

1. Der Senat hält daran fest, daß eine Pauschalbeurteilung anhand des Kindesalters einer uneingeschränkten Erwerbsobliegenheit des Unterhaltsgläubigers auch nach dem neuen Unterhaltsrecht entgegen steht (im Anschluß an BGH FamRZ 2008, 1739).

2. Allein das Alter des betreuten Kindes von 11 Jahren indiziert einen noch erheblichen Betreuungsaufwand, der in Verbindung mit einer Vollerwerbstätigkeit zu einer überobligationsmäßigen und damit unzumutbaren Belastung des Unterhaltsgläubigers führen würde und insoweit keines weiteren Vortrags bedarf. Demgegenüber obliegt es dem Unterhaltsschuldner, den erfahrungsgeprägten Anschein noch erheblicher Betreuungsbedürftigkeit des Kindes durch entsprechenden Vortrag zu erschüttern. Im Rahmen der dann zu treffenden Interessenabwägung ist auch zu berücksichtigen, daß der Unterhaltsgläubiger während der (hier: 16 Jahre dauernden) Ehe im Einvernehmen mit dem Unterhaltsschuldner keiner Erwerbstätigkeit nachgegangen und während des laufenden Verfahrens schwer erkrankt (hier: Krebs) ist.

3. Bei der Betreuung eines 11-jährigen alten Kindes fehlt eine sichere Grundlage für eine Prognose betreffend die Befristung des Betreuungsunterhalts, weil die Beurteilung, zu welchem Zeitpunkt der Betreuungsbedarf des Kindes soweit gesunken sein wird, daß dem betreuenden Elternteil eine Ganztagstätigkeit zugemutet werden darf, nichtmöglich ist. Dies gilt erst recht, wenn nicht auszuschließen ist, daß die Erkrankung des betreuenden Elternteils künftig zu Einschränkungen ihrer Belastbarkeit führt, die sich auf die Beurteilung ihrer Erwerbsobliegenheit auswirken. (Red.)

OLG Celle FamRZ 2010, 300 [Ls]

1. Zur erhöhten Betreuungsbedürftigkeit eines 12-jährigen Mädchens auf Grund ihres Alters, ihrer Legasthenie und ihrer Neigung, sich stundenlang mit dem Nintendo zu beschäftigen.

2. Neben dieser notwendigen besonderen Betreuung und der ansonsten unzweifelhaft auch nach 16 Uhr erforderlichen Versorgung zweier Kinder ist die betreuende Mutter zu einer vollschichtigen Erwerbstätigkeit, die ihr gerade im Bürobereich einen Dienstschluß vor 17 Uhr selten ermöglichen wird, noch nicht verpflichtet. (Red.)

OLG Celle FuR 2009, 628 = NJW 2010,79

1. Neben der Betreuung von zwei 11 Jahre und 14 Jahre alten Schulkindern ist der Betreuungselternteil aus elternbezogenen Gründen auch dann noch nicht zur Ausübung einer vollschichtigen Erwerbstätigkeit verpflichtet, wenn die Kinder nach der Schuleganztägig in einer geeigneten Tagespflegestelle betreut werden könnten.

2. Zur unterhaltsrechtlichen Behandlung eines Geldvermögens, welches dem berechtigten Ehegatten nach Scheidung der Ehe im Wege der Erbschaft zugeflossen ist.

3. Wird der Unterhalt auf einen angemessenen Lebensbedarf herabgesetzt, indem er auf einen Nachteilsausgleich nach der eigenen Lebensstellung des Berechtigten beschränkt worden ist, umfaßt der Unterhaltsbedarf auch den Altersvorsorgebedarf (im Anschluß an OLG Bremen FamRZ 2008, 1957).

OLG Celle, Urteil vom 11.03.2010 – 17 UF 154/09 – n.v.

1. Die 44-jährige geschiedene Ehefrau eines Zahnarztes kann vier Jahre nach Rechtskraft der Scheidung auch dann auf den Arbeitsmarkt für un- und angelernte Kräfte verwiesen werden, wenn sie das Abiturerworben und ein Lehramtsstudium im Zusammenhang mit der Eheschließung abgebrochen hat; das gilt jedenfalls dann, wenn sie während der Ehezeit mehrere Jahre als ungelernte Empfangskraft in der Praxis des Ehemannesmitgearbeitet hat.

2. Hat die zweite Ehefrau des Unterhaltspflichtigen vorehelich geborene Kinder (Stiefkinder des Unterhaltspflichtigen) in die Ehemitgebracht, und wird ihr im Rahmen der Dreiteilungsmethode ein Einkommen aus hypothetischer Erwerbstätigkeit zugerechnet (BGH FamRZ 2010, 111), so sind diese Einkünfte jedenfalls um den Betrag zu bereinigen, den sie zur Deckung des durch Unterhaltszahlungen des leiblichen Vaters nicht gedeckten Mindestbedarfs ihrer Kinder benötigen würde.

3. Dem Umstand der Haushaltsersparnis durch das Zusammenlebendes Unterhaltspflichtigen mit seiner zweiten Ehefrau kann im Rahmen der Dreiteilungsmethode dadurch Rechnung getragen werden, daß der Quotenbedarf der geschiedenen Ehefrau pauschal um 10 % erhöht wird.

4. Zur Beurteilung ehebedingter Nachteile bei einer Abiturientin, die im Zusammenhang mit der Eheschließung in jungen Jahren ein Studium abgebrochen hat.

OLG Düsseldorf FuR 2008, 515 = NJW-RR 2008, 1532

1. Nach dem Willen des Gesetzgebers des UÄndG 2007 kommt ein über das 3. Lebensjahr des Kindes hinausgehender Betreuungsunterhalt nur dann in Betracht, wenn der kinderbetreuende Elternteil substantiiert darlegt, daß die konkrete Betreuungssituation oder eine besondere Betreuungsbedürftigkeit eines Kindes eine vollschichtige Erwerbstätigkeit nicht zulassen.

2. Ein Betreuungsunterhalt begehrender Elternteil mußte sich erst mit Inkrafttreten des UÄndG 2007 darauf einstellen, daß er künftig neben der Betreuung eines inzwischen 6-jährigen Kindes einer Erwerbstätigkeit nachgehen muß. Ihm ist daher eine Übergangsfrist zuzubilligen, innerhalb derer er sich auf die verschärften Anforderungen an die Erwerbsobliegenheit einstellen und Bemühungen um einen Arbeitsplatz entfalten kann. (Red.)

OLG Düsseldorf FamRZ 2008, 1861 = FuR 2008, 501

Auch nach neuem Unterhaltsrecht ist der betreuende Elternteil nicht grundsätzlich zu einer Vollzeiterwerbstätigkeit verpflichtet;entscheidend für den Umfang der dem Unterhaltsgläubiger abzuverlangenden Tätigkeit sind vielmehr stets sowohl die Möglichkeit der angemessenen Förderung der Kinder als auch das in der Ehe gewachsene Vertrauen.

OLG Düsseldorf FamRZ 2009, 338 = FuR 2008, 609

Der Vorabzug des Kindesunterhalts von dem Einkommen des barunterhaltspflichtigen Elternteils hat für die Berechnung des Ehegattenunterhalts in Höhe der Tabellen- und nicht der Zahlbeträge zu erfolgen. Eine Vorlage an das Bundesverfassungsgericht kommt nicht in Betracht; § 1612b BGB ist verfassungskonform auszulegen.

OLG Düsseldorf FamRZ 2009, 522 = FuR 2009, 220

Auch nach neuem Recht ist eine pauschalierende Beurteilung anhand des Kindesalters zulässig.

OLG Düsseldorf OLGR 2009, 591

Aus der Neufassung des § 1570 BGB folgt nichtzwangsläufig, daß der betreuende Elternteil eine Vollzeiterwerbstätigkeit aufzunehmen hat, wenn das betreute Kind das dritte Lebensjahr vollendet hat. Allerdings kann nach Vollendung des dritten Lebensjahres des Kindes ein Anspruch auf Betreuungsunterhalt nur dann entstehen, wenn dies der Billigkeit entspricht, wobei in erster Linie die Belange des Kindes und die Betreuungsmöglichkeiten (kindbezogene Gründe), aber auch die Belange des betreuenden Elternteils (elternbezogene Gründe) zu beachten sind. Die Neuregelung verlangt also keineswegs einen abrupten übergangslosen Wechsel von der elterlichen Betreuung zur Vollzeittätigkeit; vielmehr ist im Interesse des Kindeswohls auch künftig ein gestufter Übergang möglich. (Red.)

OLG Düsseldorf FamRZ 2010,39

Die tatsächliche Ausübung einer Berufstätigkeit neben der Betreuung eines Kindes, das das dritte Lebensjahr vollendet hat, indiziert die Vereinbarkeit der Tätigkeit mit den Belangen des Kindes (im Sinne des § 1570 Abs. 1 BGB). Der Abzug eines Betreuungsbonus oder eine Teilanrechnung der tatsächlich erzielten Einkünfte (nach § 1577 Abs. 2 BGB) kommt deshalb im Regelfall nicht in Betracht.

OLG Düsseldorf FamRZ 2010, 301 = FuR 2010, 38

1. Jedenfalls wirtschaftlich kann der Zeitraum ab Beginn des Mutterschutzes bei der Bemessung der Ehezeit zu berücksichtigen sein.

2. Leidet ein in der 34. Schwangerschaftswoche geborenes Kind an einer Immunschwäche, die immer wieder zu Atemwegsinfekten führt, bedingt dies einen erhöhten Betreuungsbedarf, wenn das Kind wegen Ansteckungsgefahr nicht regelmäßig den Kindergarten besuchen kann und zu Hause versorgt werden muß, wobei für die Betreuung des Kindes andere Personen als die Kindesmutter nicht zur Verfügung stehen. Vor dem Hintergrund von beruflich bedingten Fahrzeiten von $1^1/_2$ Stunden, von Schichtdienst und zumindest eingeschränkter Stabilität des Kindes kann eine mehr als halbschichtige Erwerbstätigkeit nicht erwartet werden. (Red.)

OLG Düsseldorf FamRZ 2010, 646

1. Nach einem Jahr der Trennung trifft den Unterhaltsgläubiger grundsätzlich eine aus der Eigenverantwortung erwachsende Verpflichtung, ebenfalls zum Unterhalt beizutragen. Der nichterwerbstätige Ehegatte kann jedoch gem. § 1361 Abs. 2 BGB bei bestehender Ehe nur unter wesentlich engeren Voraussetzungen darauf verwiesen werden, seinen Unterhalt (teilweise) durch eigene Erwerbstätigkeit zu verdienen, als dies gem. § 1574 BGB nach der Scheidung der Fall ist.

2. Auch nach dem strenger an die Eigenverantwortlichkeit angelehnten § 1570 Abs. 1 Satz 1 BGB kann kein abrupter Wechsel von der elterlichen Betreuung zu einer Vollerwerbstätigkeit verlangt werden, wenn das Kind älter als drei Jahre ist. Dies gilt erst recht für die Erwerbsobliegenheit eines Unterhaltsgläubigers nach § 1361 Abs. 2 BGB, weil sich hiernach die Erwerbsobliegenheit noch näher an den gelebten ehelichen Verhältnissen orientiert, und § 1361 Abs. 2 BGB als Schutzvorschrift für die bislang nicht erwerbstätige Hausfrau ausgelegt ist. Vor dem Hintergrund einer praktizierten Rollenverteilung kann es dem Unterhaltsgläubiger nur in kleinen Schritten zumutbar sein, finanziell auf eigenen Füßen zustehen. (Red.)

OLG Frankfurt OLGR 2009, 176

Die Ausübung einer Vollzeiterwerbstätigkeit neben der Betreuung eines 3-jährigen Kindes stellt sich im Rahmen desnachehelichen Unterhalts trotz kurzer Ehedauer auch dann als überobligationsmäßige Belastung des betreuenden Elternteils dar, wenn die Möglichkeit einer Ganztagsbetreuung des Kindes in einer Kindertagesstätte besteht. Bei Streitigkeiten über den Aufenthalt des Kindes und dessen Umgang mit dem anderen Elternteil entfällt die Annahmeeiner überobligationsmäßigen Belastung des betreuenden Elternteils durch eine Vollzeiterwerbstätigkeit auch nicht durch das Angebot des anderen Elternteils zur Übernahme der Betreuung an Werktagen. Eine Regelung des Aufenthalts des Kindes und des Umgangs mit dem anderen Elternteil ist den hierfür vorgesehenen Verfahren vorzubehalten.

OLG Hamm FamRZ 2008, 1937 = FuR 2008, 502

1. Für die Anpassung des Bedarfs eines im Ausland lebenden Kindes an die in Deutschland herrschenden Verhältnisse können sowohl die Ländergruppeneinteilung des Bundesfinanzministeriums als auch die vom Statistischen Bundesamt herausgegebenen Werte zur Verbrauchergeldparität als Anhaltspunkt dienen. Welcher Anpassungsmethode der Vorzug zu geben ist, oder ob im Einzelfall einvermittelnder Wert anzusetzen ist, läßt sich nicht für alle Fälle einheitlich beantworten,

sondern ist von den jeweiligen Umständen des Einzelfalles abhängig (Fortführung von Senat FamRZ 2006, 124).

2. Das bisher von der Rechtsprechung entwickelte Altersphasenmodell, wonach bei der Betreuung von Kindern unter acht Jahren eine Erwerbstätigkeit des geschiedenen betreuenden Elternteils regelmäßig nicht erwartet werden konnte, läßt sich nach der Änderung der Vorschrift des § 1570 BGB in der ab 01.01.2008gültigen Fassung nicht mehr aufrechterhalten. Hat das zu betreuende Kind das dritte Lebensjahr vollendet, obliegt es für die Zeit ab 01.01.2008 grundsätzlich dem geschiedenen Unterhaltsberechtigten, diejenigen Tatsachen darzulegen und gegebenenfalls zu beweisen, die der Aufnahme einer Erwerbstätigkeit entgegen stehen.

3. Führt die Änderung des § 1570 BGB dazu, daß dem geschiedenen unterhaltsberechtigten Ehegatten –abweichend von der bisherigen Rechtslage – ab 01.01.2008 fiktive Einkünfte zuzurechnen sind, ist bei der Bemessung der Höhe des erzielbaren Einkommens der in § 35 Nr. 1 EGZPO normierte Vertrauensschutz zu berücksichtigen, der in der Regel dazu führt, daß dem unterhaltsberechtigten Ehegatten eine stufenweise Ausweitungseiner bisherigen Erwerbsbemühungen ermöglicht werden muß.

4. Bei der Ermittlung des auf der zweiten Rangstufe des § 1609 Nr. 2 BGB zu verteilenden bereinigten Einkommens des Unterhaltsschuldners ist der nach § 1609 Nr. 1 BGB vorrangig zu berücksichtigende Kindesunterhalt nicht mit dem Tabellenbetrag, sondern mit dem Zahlbetrag vom anrechenbaren Nettoeinkommen des Unterhaltsschuldners vorweg abzuziehen.

5. Das Maß des von der Mutter eines nicht ehelichen Kindes nach § 1615l Abs. 1 BGB zu beanspruchenden Betreuungsunterhalts bemißt sich nach ihren Lebensverhältnissen im Zeitpunkt der Geburt des nicht ehelichen Kindes. Stand der betreuenden Mutter in diesem Zeitpunkt ein Unterhaltsanspruch gegen ihren geschiedenen Ehemann zu, und mußte sie sich im Verhältnis zu diesem bedarfsmindernd fiktive Einkünfte zurechnen lassen, sind ihre Lebensverhältnisse im Zeitpunkt der Geburt des nicht ehelichen Kindes nicht allein durch den ihr zustehenden Unterhaltsanspruch gegen ihren geschiedenen Ehemann, sondern auch durch die Höhe des ihr zuzurechnenden fiktiven Einkommens geprägt, wenn sie infolge der Geburt des nicht ehelichen Kindes nach der Scheidung von ihrem Ehemann an der Aufnahme einer Erwerbstätigkeit gehindert ist.

OLG Hamm FamRZ 2009, 519

1. Ein Anspruch auf Betreuungsunterhalt nach § 1570 Abs. 1 Satz 2 und 3 BGB ist grundsätzlich nicht zubefristen.

2. Der Anspruch auf Aufstockungsunterhalt bietet keine von ehebedingten Nachteilen unabhängige Lebensstandardgarantie mehr, sondern gebietet nur, dem bedürftigen Ehegatten diejenigen Nachteile auszugleichen, die ihm deshalb entstehen, weil er wegen der Aufgabenverteilung in der Ehe nicht oder nicht ausreichend in der Lage ist, nach der Scheidung selbst für seinen Unterhalt zu sorgen (im Anschluß an BGH FamRZ 2008, 134).

3. Die Darlegungs- und Beweislast für Tatsachen, die zu einer Befristung oder Beschränkung des nachehelichen Unterhaltsführen, trägt der Unterhaltsschuldner. Hat dieser allerdings Tatsachen vorgetragen, die einen Wegfall ehebedingter Nachteile und damit eine Begrenzung des nachehelichen Unterhalts nahelegen, so obliegt des dem Unterhaltsberechtigten, Umstände darzulegen und zu beweisen, die gegen eine Unterhaltsbegrenzung oder für eine längere»Schonfrist« für die Umstellung auf den Lebensstandard nach den eigenen Einkünften sprechen (im Anschluß an BGH FamRZ 2008, 1508).

4. Hat die Unterhalt nach § 1573 Abs. 2 BGB begehrende Ehefrau im Alter von 22 Jahren ohne vorherigen Schul- oder Berufsabschluß geheiratet und in der mehr als 15 Jahre dauernden Ehe (nach einer Totgeburt) zwei Kinder erzogen, können ehebedingte Nachteile nicht schon mit der Begründung verneint werden, daß ihr nach dem Abbruch zweier Berufsausbildungen zu Beginn der Ehe, anschließender Berufspause und späterer geringfügiger Beschäftigung nach Scheitern der

Ehe keine Erwerbsmöglichkeiten und Einkommensquellenverschlossen seien, die sich ihr ohne die Berufspause tatsächlich erschlossen hätten; vielmehr spricht unter diesen Umständen vieles dafür, daß die Ehefrau ohne die Ehe, die Schwangerschaften und di ein der Ehe praktizierte Rollenverteilung einer Berufstätigkeit nachgegangen wäre und dadurch zumindest umfassende Berufserfahrung erworben hätte, die ihr dementsprechende im Verhältnis zu jetzt bessere Einkommensquellen eröffnet hätte.

5. Es geht in einem solchen Falle zu Lasten des unterhaltspflichtigen Ehemannes, daß die Ehefrau im Zeitpunkt der Eheschließung noch am Anfang ihres beruflichen Werdegangs stand und deshalb ungewiß ist, wie sich ihre weitere berufliche Entwicklung ohne die Ehe gestaltet hätte. (Red.)

OLG Hamm FamRZ 2009, 981

1. Der Hauptrechtsmittelführer kann sein –auf eine Scheidungsfolgesache beschränktes – Rechtsmittel gegen eine im Scheidungsverbund getroffene Entscheidung des Familiengerichts nach Ablauf der für ihn geltenden Rechtsmittelfrist nicht mehr auf den Scheidungsausspruch erweitern. Das gilt auch für den Fall einer Anschließung an eine eigenständige – ebenfalls auf die Folgesache beschränkte – Berufung des Rechtsmittelgegners.

2. Eine fiktive Zurechnung von nicht ausgeschütteten Gewinnen aus dem Betrieb eines Unternehmens zulasten des unterhaltspflichtigen geschäftsführenden Mehrheitsgesellschafters setzt voraus, daß dieser seine unterhaltsrechtliche Obliegenheit, zumutbare Gewinne aus dem Unternehmen zu realisieren, in vorwerfbarer Weise verletzt hat. Vorwerfbar ist das Unterlassen einer Gewinnausschüttung an die Gesellschafter nur dann, wenn der geschäftsführende Mehrheitsgesellschafter die Grenzen seiner unternehmerischen Freiheit in einer Art und Weise überschreitet, die dem Unterhaltsgläubiger unter Berücksichtigung der Belange der übrigen Mitgesellschafter und der Interessen der Unterhaltsberechtigten auf dauerhafte Sicherstellung ihres Unterhalts nicht zumutbar ist. Bei der Zumutbarkeitsabwägung sind sämtliche Umstände des Einzelfalles zu berücksichtigen.

3. Der private Nutzungsvorteil eines Firmenfahrzeugs ist in der Regel mit dem nach Steuerrecht zu veranschlagenden Wert (Einprozentregelung) zu bemessen. Er ist zu bereinigen um den steuerlichen Nachteil, der dem Nutzungsberechtigten dadurch entsteht, daß er das Firmenfahrzeug als Sachbezug zu versteuern hat.

4. Eine zeitliche Befristung des Ehegattenunterhalts gem. § 1578b Abs. 2 BGB scheidet in der Regel aus, solange ein Anspruch des Berechtigten auf Zahlung von Unterhalt wegen der Betreuung minderjähriger Kinder nach § 1570 Abs. 1 Satz 2 BGB besteht und (noch) keine sichere Prognose getroffen werden kann, ab wann der Anspruch auf Betreuungsunterhalt entfällt.

OLG Hamm FamRZ 2009, 976

War das Bestreben der geschiedenen Ehefrau im Hinblick darauf, daß der gemeinsame 17-jährige Sohn keinen Schulabschluß erlangt hat, nachvollziehbar darauf gerichtet, dem Sohn die Nachholung des Schulabschlusses zu ermöglichen und ihn gleichzeitig nach seiner strafrechtlichen Auffälligkeit nicht auf die »schiefe Bahn« abdriften zu lassen, ist ihr die Aufnahme einer vollschichtigen Erwerbstätigkeit – jedenfalls in diesem konkreten Einzelfall – nicht zumutbar; ihr steht deshalb ein Anspruch auf Verlängerung des Betreuungsunterhalts zu. (Red.)

OLG Hamm, Urteil vom 23.01.2009 – 13 UF 88/08 – n.v.

1. Ist das Vorbringen des Unterhaltsschuldners zu seinem Einkommen nicht plausibel, bestehen keine Bedenken, den Bedarf des Unterhaltsgläubigers nach dem während der Ehe betriebenen Aufwand zubemessen.

2. Im Rahmen der Bemessung des nachehelichen Betreuungsunterhalts sind die Unterhaltsansprüche der Kinder als Tabellenbeträge, also ohne Abzug des hälftigen Kindergeldes, abzusetzen. (Red.)

OLG Hamm FamRZ 2009, 2009 = FuR 2009, 702

Auf den Unterhaltsanspruch eines im Ausland lebenden deutschen Kindes ist deutsches Recht anwendbar. Auf den Unterhaltsanspruch einer ausländischen nicht ehelichen Mutter ist gem. Art. 18 Abs. 2 EGBGB deutsches Recht anwendbar, wenn die Berechtigte nach dem gem. Art. 18 Abs. 1 Satz 1 oder 2 EGBGB anzuwendenden Recht vom Verpflichteten keinen Unterhalt erhalten kann (hier: nach chinesischem Recht kann eine nicht eheliche Mutter vom Kindesvater keinen Unterhalt verlangen).(Red.)

OLG Hamm FamRZ 2009, 2092

Betreut und erzieht eine unterhaltsberechtigte Ehefrau zwei gemeinsame Kinder im Alter von 13 und 14 Jahren, leidet ein Kind unter gesundheitlichen Beschwerden, und wird in der am Ort einzigen vorhandenen und in Anspruch genommenen Einrichtung für nachschulische Betreuung keine qualifizierte Hausaufgabenhilfe angeboten, dann erfüllt die Ehefrau ihre gem. § 1570 Abs. 1 Satz 2 und 3 BGB bestehende Erwerbsobliegenheit mit der Ausübung einer Erwerbstätigkeit im Umfang von 25 Wochenstunden. (Red.)

OLG Hamm FamRZ 2009, 2093 = FuR 2009, 698

1. Ist ein Ehevertrag wegen Einschränkung des Betreuungsunterhalts auf der Grundlage des ehemals geltenden»Altersphasenmodells« für nichtig erklärt worden, dann kann ein Abänderungsverlangen nicht auf die durch das UÄndG 2007 veränderten Kriterien für den Betreuungsunterhalt gestützt werden, weil es für die Frage der Nichtigkeit auf die Rechtslage, die Vorstellungen und die Absichten der Parteien im Zeitpunkt des Vertragsschlusses ankommt.

2. Auch wenn die betreuten Kinder 14 und 11 Jahre alt sind, schuldet die betreuende Mutter keine über eine Halbschichttätigkeit hinausgehende Berufstätigkeit, wenn sie als Flugbegleiterin in Teilzeit arbeitet (einen Monat vollschichtig und einen Monat überhaupt nicht).

3. Ein Angebot des barunterhaltspflichtigen Vaters, die Betreuung der Kinder während der Ortsabwesenheit der Mutter zu übernehmen, entspricht nicht dem Kindeswohl, wenn die Kinder durch die »Dreiteilung« zwischen den Haushalten des Vaters, der Mutter und der Großeltern wechseln müßten und dadurch ihren Lebensmittelpunkt verlören.

4. Es verstößt nicht gegen das Besserstellungsverbot, wenn wegen der unentgeltlichen Betreuung der Kinder durch die Eltern der Mutter fiktive Betreuungskosten vom Unterhalt abgezogen werden.

5. Eine Beschränkung des Anspruchs auf Aufstockungsunterhalt kommt nicht in Betracht, sofern eine verläßliche Prognose der beruflichen Perspektive des Elternteils erst nach Wegfall der Kindesbetreuung möglich ist. (Red.)

Kammergericht FamRZ 2009, 336 = FuR 2009, 38

Bei der Beurteilung der Erwerbsobliegenheit des betreuenden Elternteils im Rahmen des § 1570 Abs. 1, 2 BGB n.F. ist zu berücksichtigen, wenn der Elternteil zwei noch im Schulalter befindliche Kinder betreut. Eine Vollzeitbeschäftigung ist auch bei einer bestehenden Möglichkeit einer Volltagsbetreuung durch staatliche Stellen nicht ohne weiteres zumutbar, insb. wenn sich ein Kind noch in den ersten Grundschuljahren befindet.

Kammergericht FuR 2009, 209 = KGR 2009, 248

Nach der Scheidung ist der betreuende Elternteil des gemeinsamen 8-jährigen Kindes auch nach neuem Unterhaltsrecht nicht verpflichtet, das Kind – abweichend von der während der Ehe praktizierten Kindesbetreuung – ganztägig in eine Fremdbetreuung zu geben, um selbst einer vollschichtigen Erwerbstätigkeit nachgehen zu können und seinen Unterhaltsbedarf selbst zu decken.

OLG Karlsruhe OLGR 2009, 502

1. Tilgungsaufwendungen für eine im Alleineigentum eines Ehegatten stehende Wohnung können bei der Unterhaltsbemessung als angemessene Altersvorsorge berücksichtigt werden, auch wenn die Wohnung nicht selbst bewohnt wird, sondern als Kapitalanlage dient.

2. Elternbezogene Gründe sprechen für eine Verlängerung des Betreuungsunterhalts gem. § 1570 Abs. 1 Satz 2 BGB, wenn die schlecht Deutsch sprechende, aus dem Ausland stammende und während der Ehe nicht berufstätige Ehefrau aufgrund dieser Umstände darauf vertrauen durfte, zunächst keine Erwerbstätigkeit ausüben zu müssen.

3. Einer bislang nicht erwerbstätigen Ehefrau kann nach einer Übergangszeit trotz der Betreuung eines 11-jährigen Kindes nachdem Wechsel des Kindes auf eine weiterführende Schule eine Berufstätigkeit im Umfang von 30 Wochenstunden zugemutet werden.

OLG Koblenz FuR 2010, 353 = NJW 2010, 1537

1. Betreut der Unterhalt wegen Betreuung eines gemeinschaftlichen Kindes beanspruchende Ehegatte neben dem gemeinschaftlichen Kind ein weiteres nichtgemeinschaftliches Kind, so sind bei der Bemessung der Erwerbsobliegenheit des betreuenden Ehegatten grundsätzlich nur die Belange des gemeinschaftlichen Kindes zu berücksichtigen. Im Rahmen des Unterhaltsanspruchs nach § 1570 BGB ist nicht relevant, inwieweit der betreuende Ehegatte wegen der Betreuung eines weiteren nichtgemeinschaftlichen Kindes an der Ausweitung oder Aufnahme einer Erwerbstätigkeit gehindert ist.

2. Etwas anderes ergibt sich auch nicht daraus, daß das nichtgemeinschaftliche Kind bereits während des ehelichen Zusammenlebens von dem betreuenden Ehegatten im Einverständnis des anderen Ehegattenbetreut worden ist. Allein aus diesem Grunde kann auch eine grobe Unbilligkeit im Sinne des § 1576 BGB nicht angenommen werden.

OLG Köln FamRZ 2008, 2119 = FuR 2008, 506

1. Der Senat ist der Auffassung, daß nach dem Willen des Gesetzgebers gem. § 1570 BGB bei der Betreuung von zwei 11 und 8 Jahre alten Kinder eine vollschichtige Tätigkeit der betreuenden Mutter grundsätzlich gefordert werden kann. Es ist Aufgabe der Kindesmutter, darzulegen und gegebenenfalls zu beweisen, daß ausnahmsweise die Aufnahme einer (vollen) Erwerbstätigkeit nichtmöglich bzw. unzumutbar ist.

2. Liegen keine Anhaltspunkte dafür vor, daß die Unterhaltsberechtigte nach Ablauf einer gewissen Orientierungsphase beigehöriger Anstrengung unter Berücksichtigung ihrer beruflichen Vor- und Weiterbildung keine adäquate vollschichtige Tätigkeit finden kann, die es ihr ermöglicht, ihren eheangemessenen Bedarf selbst zudecken, ist der Unterhaltsanspruch bis zum Ablauf der Orientierungsphase zubefristen.

3. Ergeben die Einkommensverhältnisse des Unterhaltsverpflichteten, daß er zwar den Bedarf seiner vorrangig berechtigten Kinder entsprechend seinen Einkommensverhältnissen voll, nicht aber den Bedarf der nachrangig berechtigten betreuenden Elternteiledecken kann, so ist der Unterhaltsanspruch der Kinder notfalls bis auf den Mindestunterhalt herabzustufen, um so zu einer möglichst ausgewogenen Bedarfsdeckung zu kommen, da sich der Vorrang des Kindesunterhalts nicht auf der Bedarfsebene, sondern erst bei der Frage der Leistungsfähigkeit auswirkt.

4. Reicht auch dann das Einkommen des Unterhaltsverpflichteten nicht aus, um den Bedarf der gleichrangig berechtigten Mütter voll zu decken, ist für diese im Gleichrang stehenden Unterhaltsberechtigten eine Mangelfallberechnung anzustellen, wobei für diese zunächst die Einsatzbeträge der Unterhaltsleitlinien des OLG Köln, und zwar für die Klägerin 900 € gem. Nr. 23.2 (2. Spiegelstrich) und für die Lebensgefährtin des Beklagten gem. Nr. 23.2 (3. Spiegelstrich) 800 € bei der Bedarfsermittlung einzusetzen sind.

OLG Köln FamRZ 2009, 518

1. Die Neuregelung des Unterhaltsrechts zum 01.01.2008führt nicht dazu, daß der geschiedene Ehegatte nach der Vollendung des dritten Lebensjahres eines gemeinschaftlichen Kindes sofort vollschichtig arbeiten muß, selbst wenn entsprechende Möglichkeiten der Kinderbetreuung vorhanden sind. Auch nach neuem Recht ist von einem stufenweisen, an den Kriterien von § 1570 BGB orientierten Übergang in die Vollerwerbstätigkeit auszugehen (Palandt/Brudermüller, Nachtrag zur 67. Aufl. 2008 § 1570 BGB Rn. 11). Dabei kommt unter Berücksichtigung der jeweiligen Umstände des Einzelfalles eine Verlängerung des Betreuungsunterhalts aus kindbezogenen und elternbezogenen Gründen in Betracht (vgl. BGHZ 177, 272 = FamRZ 2008, 1739).

2. Im vorliegenden Fall war zu berücksichtigen, daß die Antragsgegnerin (Unterhaltsberechtigte) zwei Schulkinder im Alter von 9 und 11 Jahren zu betreuen hat. Neben den rein schulischen Hilfen durch die Mutter kommen weitere Aufgaben durch das Engagement beider Kinder in sportlicher und musikalischer Hinsicht und mit Rücksicht auf ihren Freundeskreis hinzu, die – was der Antragsteller einräumt – auch bereits während der Ehe vorhanden und angelegt waren und vom Antragsteller (Unterhaltspflichtiger) ausdrücklich erwünscht sind und gefördert werden. Allein die dabei geforderte zeitliche, physische und psychische Beanspruchung der Antragsgegnerin läßt eine weitergehende Erwerbstätigkeit als tatsächlich ausgeübt nicht zu, ist jedenfalls nicht zumutbar und wäre überobligatorisch.

3. Es kommt vorliegend noch hinzu, daß die Antragsgegnerin im Schichtdienst und teilweise auch am Wochenende arbeitet. Die Antragsgegnerin muß deshalb an den arbeitsfreien Nachmittagen der Frühschicht und dem arbeitsfreien Wochenende die Betreuung und Fürsorge der beiden Kinder intensivieren, um den Ausfall an den anderen Tagen und dem Wochenende wegen ihrer Arbeitstätigkeit zukompensieren.

4. Es ist allgemein anerkannt, daß neben oder nach der Erziehung und Betreuung in staatlichen Einrichtungen ein Anteil an der Betreuung und Erziehung der Kinder bei dem betreuenden Elternteil verbleibt, dessen Umfang im Einzelfall unterschiedlich sein, vor allem aber vom Alter des Kindes abhängen kann (vgl. BGHZ 177 aaO Tz. 103). Auch die Inanspruchnahme der überwiegend vom Jugendamt der Stadt W. bezahlten Kinderfrau ändert nichts daran, daß die Antragsgegnerin neben ihrer 2/3-Stelleals Schwimmmeisterhelferin persönlich immer wieder gefordert ist und für ihre beiden Kinder »da sein« muß.

OLG Köln ZFE 2010, 111

1. Bei Eheverträgen ist im Rahmen einer Wirksamkeitskontrolle zu prüfen, ob die Vereinbarung schon im Zeitpunkt ihres Zustandekommens offenkundig zu einer derart einseitigen Lastenverteilung für den Scheidungsfall führt, daß ihr wegen Verstoßes gegen die guten Sitten die Anerkennung der Rechtsordnung ganz oder teilweise mit der Folge zu versagen ist, daß an ihre Stelle die gesetzlichen Regelungen treten, wobei eine Gesamtwürdigung erforderlich ist, die auf die individuellen Verhältnisse beim Vertragsabschluß abstellt.

2. Zum Kernbereich der Scheidungsfolgen gehört in erster Linie der Betreuungsunterhalt. Haben Parteien die Zahlung von Betreuungsunterhalt, dessen Höhe sich an den Lebenshaltungskostenorientiert, bis zum Alter der Kinder von knapp 14 und 12 Jahren vereinbart, wurde die wesentliche Betreuungszeit der Kinder abgedeckt.

3. Der Unterhaltsanspruch wegen Alters und Krankheit unterliegt nicht einem grundsätzlichen Ausschluß der vertraglichen Disposition.

4. Vereinbarungen über den Versorgungsausgleichmüssen nach denselben Kriterien wie ein Verzicht auf Altersunterhaltgeprüft werden, da der Versorgungsausgleich als vorweggenommener Altersunterhalt zu verstehen ist. (Red.)

Uecker

OLG Nürnberg FuR 2008, 512 = OLGR 2008, 910

1. Auch wenn hinsichtlich der Erwerbsobliegenheit des unterhaltsberechtigten Ehegatten nicht mehr das bisherige, von der Rechtsprechung nach altem Recht entwickelte Altersphasenmodell zum Tragen kommt und nach dem Willen des Gesetzgebers nunmehr stärker auf den Einzelfall und tatsächlich bestehende, zumutbare und verläßliche Möglichkeiten der Kinderbetreuung abgestellt werden soll, ist –nicht zuletzt im Interesse der Rechtssicherheit – im Regelfall eine gewisse schematisierende Betrachtungsweise angemessen und geboten, von der aufgrund besonderer Umstände allerdings jederzeit abgewichen werden kann.

2. Danach wird im Allgemeinen dem betreuenden Elternteil nicht sogleich nach Ablauf von drei Jahren nach der Geburt des Kindes eine über den Umfang einer Geringverdienertätigkeit hinausgehende Beschäftigung anzusinnen sein; als zeitliche Zäsur, ab der gewöhnlich eine Halbtagstätigkeit zu erwarten ist, ist der Eintritt des Kindes in die zweite Grundschulklasse für angemessen anzusehen.

3. Eine Obliegenheit zur Vollerwerbstätigkeit wird im Regelfall auch nach dem 01.01.2008 nicht vor dem 15. Lebensjahr desbetreuten Kindes anzunehmen sein.

OLG Nürnberg, Beschluß vom 07.10.2008 – 10 UF 913/08 – n.v.

Behauptet der ein minderjähriges Kind betreuende Elternteil, das gemeinsame Kind leide an Verhaltensauffälligkeiten und emotionalen Problemen und befinde sich deswegen in psychotherapeutischer Behandlung, ist durch ein jugendpsychologisches Gutachten zu klären, inwieweit diese Auffälligkeiten der Aufnahme einer Vollzeittätigkeit des betreuenden Elternteils und einer Drittbetreuung des Kindes entgegenstehen. (Red.)

OLG Saarbrücken ZFE 2010, 113

Im Rahmen der nach § 1570 BGB zu prüfenden kindbezogenen Gründe ist auch die Entlastung des betreuenden Elternteils durch den mitsorgeberechtigten, zur Betreuung des Kindes während der berufsbedingten Abwesenheit jenes Elternteils bereiten Elternteil von Bedeutung.

OLG Schleswig OLGR 2009, 259

Ein zukünftiger, bei Abschluß einer Unterhaltsvereinbarung nicht ohne weiteres erkennbarer oder voraussehbarer Umstand, der eine Abänderung der Unterhaltsverpflichtung rechtfertigt, kann auch in der Neufassung von § 1570 BGB liegen, die eine wesentlich schärfere Erwerbsobliegenheit der geschiedenen Ehefrau normiert. (Red.)

OLG Thüringen FamRZ 2008, 2203 = FuR 2009, 58

1. Die gesetzliche Neuregelung des § 1570 BGB verlangt keinen abrupten, übergangslosen Wechsel von der elterlichen Betreuung zur Vollzeiterwerbstätigkeit.

2. Von einem Elternteil, der ein Kind betreut, das den Kindergarten oder die beiden ersten Grundschulklassen besucht, wird man in der Regel keine Vollbeschäftigung verlangen können.

3. Nach Inkrafttreten des UÄndG ist dem betreuenden Elternteil eine Überlegungsfrist zuzubilligen.

4. Voraussetzungen der Befristung des Betreuungsunterhalts nach § 1578b BGB.

OLG Zweibrücken OLGR 2008, 886

Zur Frage des Umfanges der Erwerbspflicht eines seit längerer Zeit getrennt lebenden Ehegatten, der ein 10-jähriges Kind betreut.

OLG Zweibrücken OLGR 2009,61

1. Eine Herabsetzung oder zeitliche Begrenzung des Unterhaltsanspruchs wegen Betreuung eines Kindes kommt dann nicht in Betracht, wenn gegenwärtig keine zuverlässige Prognose über den Wegfall der mit der Betreuung verbundenen ehebedingten Nachteile möglich ist.

2. Zur Frage der Erwerbsobliegenheit bei Betreuung eines 3-jährigen Kindes.

OLG Zweibrücken FuR 2009, 298 = OLGR 2009, 105

1. Ein 7 bzw. 8 Jahre altes Kind benötigt altersbedingt noch eine weitgehend lückenlose Betreuung und Beaufsichtigung und kann deshalb nicht für Zeiträume von einer bis mehreren Stunden unbeaufsichtigt bleiben. Selbst bei der Möglichkeit einer Fremdbetreuung im Hort in der Zeit zwischen 8 und 16 Uhr kann deshalb von der betreuenden Mutter regelmäßig keine vollschichtige Erwerbstätigkeit erwartet werden.

2. Eine Herabsetzung oder zeitliche Begrenzung des Unterhaltsanspruchs wegen Betreuung eines Kindes kommt dann nicht in Betracht, wenn gegenwärtig keine zuverlässige Prognose über den Wegfall der mit der Betreuung verbundenen ehebedingten Nachteile möglich ist.

§ 1571   Unterhalt wegen Alters

Ein geschiedener Ehegatte kann von dem anderen Unterhalt verlangen, soweit von ihm im Zeitpunkt

1. der Scheidung,
2. der Beendigung der Pflege oder Erziehung eines gemeinschaftlichen Kindes oder
3. des Wegfalls der Voraussetzungen für einen Unterhaltsanspruch nach den §§ 1572 und 1573

wegen seines Alters eine Erwerbstätigkeit nicht mehr erwartet werden kann.

A. Strukturen

Nach dem **Grundsatz** der (auch nachehelichen) **Mitverantwortung** der Ehegatten füreinander[1]   **1** kann ein geschiedener Ehegatte von dem anderen Unterhalt verlangen, wenn und soweit von ihm zu bestimmten (**Einsatz-**)**Zeitpunkten altersbedingt keine Erwerbstätigkeit** mehr erwartet werden kann.[2] Beruht der Unterhaltsanspruch auf §§ 58 ff. EheG, kommt es nicht auf Einsatzzeitpunkte an; es ist daher unschädlich, wenn Bedürfnislage erst lange nach Rechtskraft der Scheidung eintritt.[3] § 1571 ist auch dann anzuwenden, wenn von dem Unterhaltsgläubiger **altersbedingt** nur mehr eine **Teilzeittätigkeit** erwartet werden kann.[4]

---

1 BVerfGE 57, 361 = FamRZ 1981, 745, 750.
2 Ausführlich zu § 1571 s. Graba, Unterhalt im Alter (2001).
3 OLG München FamRZ 1989, 1309.
4 OLG Bamberg FamRZ 1992, 1305 – 56-jährige Frau.

2   Die **Unterhaltsbedürftigkeit** muss **nicht ehebedingt** sein; sie besteht auch dann, wenn der Unterhalt begehrende Ehegatte nicht während der Ehe alt geworden ist, sondern bereits im Zeitpunkt der Eheschließung wegen seines Alters keiner Erwerbstätigkeit mehr nachgehen konnte (sog. »Altersehe« – die Parteien befanden sich bei Eingehung der Ehe bereits in fortgeschrittenem Alter).[5] Da § 1571 **keine ehebedingte** Bedürftigkeit normiert, kann die bloße Tatsache einer Altersehe allein keinen Grund zur Begrenzung des Unterhalts gem. § 1579 Nr. 8 darstellen: Die Mitverantwortung des leistungsfähigen Unterhaltsschuldners für den unterhaltsbedürftigen geschiedenen Ehegatten ist unabhängig von dem Alter, in dem die Ehe geschlossen wurde, eine Folge der Eheschließung und des ehelichen Zusammenlebens.[6] Hat eine in höherem Alter geschlossene Ehe nicht lange bestanden, und haben die Ehegatten sich deshalb in ihren beiderseitigen persönlichen und wirtschaftlichen Lebensverhältnissen **nichtnachhaltig** auf eine **gemeinschaftliche Lebensführung** eingestellt, dann können als Korrektiv eines derart nach § 1571 begründeten Unterhaltsanspruchs die Begrenzungsregelungen nach § 1579 und § 1578b (keine besonderen wirtschaftlichen Nachteile einer Altersehe, Herabsetzung und sodann Befristung des Unterhalts) herangezogen werden.[7]

B. Normzweck

3   § 1571 erstreckt die eheliche Solidarität über den Zeitpunkt der Scheidung hinaus auf eine altersbedingte Bedürfnislage, wobei das **Alter** nicht ehebedingt, aber **ursächlich** für die **Unzumutbarkeit der Erwerbstätigkeit** sein muss.

C. Tatbestandselemente

4   Der Tatbestand des § 1571 besteht aus **zwei Tatbestandselementen:**

1. **Einsatzzeitpunkt** nach § 1571 Nr. 1–3 (Scheidung, Beendigung der Kindesbetreuung oder Wegfall der Voraussetzungen für einen Unterhaltsanspruch nach § 1572 und § 1573 Abs. 1), **und**
2. **altersbedingte Unzumutbarkeit** der Erwerbstätigkeit.

I. Einsatzzeitpunkt (»Tatbestandskette«)

5   Die drei in § 1571 normierten **Einsatzzeitpunkte** stellen einerseits den zeitlichen Zusammenhang des nachehelichen Unterhalts mit der Ehe sicher, und begrenzen andererseits die nacheheliche Solidarität: Ein späteres Wiederaufleben des Unterhaltsanspruchs ist ausgeschlossen, wenn zwischenzeitlich wirtschaftliche Selbständigkeit erreicht oder fiktiv anzunehmen ist. Der Anspruch auf Unterhalt (Nr. 1) bzw. Anschlussunterhalt (Nr. 2 und 3)[8] entsteht daher nur dann, wenn von dem Unterhalt begehrenden Ehegatten altersbedingt im Zeitpunkt

– der **rechtskräftigen Auflösung** der Ehe, oder
– der **Beendigung** der Pflege oder Erziehung eines **gemeinschaftlichen Kindes/gemeinschaftlicher Kinder** (§ 1570, maßgebend ist, wann – rechtlich – die Pflege und/oder Erziehung/Betreuung des Kindes/der Kinder nicht mehr geboten ist),[9] **oder**
– des **Wegfalls** von Unterhaltsansprüchen wegen **gesundheitlicher Beeinträchtigungen** (§ 1572) und/oder wegen **beruflicher Eingliederungsschwierigkeiten** (§ 1573 Abs. 1)

keine Erwerbstätigkeit (mehr) erwartet werden kann.

---

5   BGH FamRZ 1982, 28; zur »Altersehe« BGH FamRZ 1982, 582; OLG Koblenz FamRZ 2009, 1750.
6   BGH FamRZ 1982, 28.
7   *BGH FamRZ 1980, 981* – jeweils zu § 1579 Nr. 1.
8   OLG Stuttgart FamRZ 1982, 1015 zum Anschluss-Altersunterhalt gem. § 1571 Nr. 3.
9   BGH FamRZ 1991, 170.

Der Unterhaltstatbestand des § 1571 muss **ohne wesentliche zeitliche Lücke** an die Auflösung der 6
Ehe oder an das Ende eines der genannten Unterhaltsansprüche (Kindeserziehung gem. § 1570
bzw. gesundheitliche Beeinträchtigungen gem. § 1572 bzw. berufliche Eingliederungsschwierigkeiten gem. § 1573 Abs. 1) anschließen (**Tatbestands- oder Unterhaltskette**). Tritt die altersbedingte
Erwerbsunfähigkeit **deutlich** nach diesen Einsatzzeitpunkten ein, vermag sie einen Unterhaltsanspruch nach § 1571 auch dann nicht zu begründen, wenn sie bereits während der Ausbildung,
Fortbildung oder Umschulung (§ 1575) eingetreten ist. Kinderbetreuung, gesundheitliche Beeinträchtigungen oder nicht erreichte Eingliederung in den Erwerbsprozess müssen eine Erwerbstätigkeit objektiv ausgeschlossen haben, als **erstmals** (im Einsatzzeitpunkt) die altersbedingte
Erwerbsunfähigkeit eingetreten ist. Ist ein Ehegatte nach der Scheidung der ihm angesonnenen
eheangemessenen Erwerbstätigkeit über einen langen Zeitraum nachgegangen, dann ist insoweit
eine nachhaltige Sicherung seines Unterhaltsbedarfs i.S.d. § 1573 Abs. 4 Satz 1 eingetreten, die
einen Unterhaltsanspruch wegen altersbedingter Erwerbsunfähigkeit ausschließt.[10]

Ein Anspruch nach § 1571 besteht nicht, wenn im Einsatzzeitpunkt die Voraussetzungen des Tat- 7
bestands zwar vorlagen, der Anspruchsteller jedoch noch nicht bedürftig war, und zwar auch dann
nicht, wenn sich der **Unterhaltstatbestand** erst **später** – wegen dann eintretender – Bedürftigkeit
aktualisiert hat, **und** die für den Einsatzzeitpunkt notwendigen Voraussetzungen weiterhin gegeben sind:[11] Der Gesetzgeber hat die nacheheliche Solidarität bewusst eng gezogen (§ 1569!) und
den Tatbestand durch Einsatzzeitpunkte scharf eingegrenzt.

Ein geschiedener Ehegatte, der auf Grund tatsächlichen oder fiktiv zuzurechnenden Eigeneinkom- 8
mens nach der Scheidung jahrelang nicht unterhaltsberechtigt war, hat daher nach Eintritt in das
Rentenalter auch dann keinen Anspruch auf Altersunterhalt, wenn er nur die Kosten der Krankheitsvorsorge verlangt.[12] Ein Anspruch auf Altersunterhalt besteht auch dann nicht, wenn der
während der Ehe wirtschaftlich stärkere Ehegatte erst auf Grund des Versorgungsausgleichs unterhaltsbedürftig wird, aber nicht mit einem Rechtsmittel gegen die Entscheidung zum Versorgungsausgleich eine Kürzung des Versorgungsausgleichs gemäß § 27 VersAusglG geltend gemacht hat.[13]

II. Altersbedingte Unzumutbarkeit der Erwerbstätigkeit

Der Tatbestand des § 1571 setzt (weiter) voraus, dass von dem geschiedenen Ehegatten wegen sei- 9
nes Alters eine Erwerbstätigkeit nicht mehr erwartet werden kann (**Kausalität Alter/Unzumutbar-
keit** einer **Erwerbstätigkeit!**).[14]

1. Begriff »Alter«

Weder normiert § 1571 eine bestimmte **Altersgrenze**, noch definiert die Norm den Begriff 10
»**Alter**«. Das Tatbestandselement »Alter« ist jedenfalls **spätestens** dann erfüllt, wenn der Unter-
haltsgläubiger die in der Sozialversicherung für den Bezug der Regelaltersrente (s. §§ 35 ff.
SGB VI) bzw. in der Beamtenversorgung (s. etwa § 25 BRRG, § 41 Abs. 1 BBG) für das normale
Pensionsalter festgelegte **allgemeine Altersgrenze** von (derzeit) 65 Jahren erreicht hat:[15] Dann
kann auch unterhaltsrechtlich grundsätzlich keine Erwerbstätigkeit mehr erwartet werden. Somit

---

10 OLG Koblenz OLGR 2005, 907 – Erwerbstätigkeit über 15 Jahre hinweg.
11 A.A. OLG München FamRZ 1993, 564 m.w.N. (entschieden zu § 1572); s. auch BGH FamRZ 1981,
    1163 (zum jeweiligen Einsatzzeitpunkt war der Berechtigte bereits bedürftig).
12 OLG Bremen OLGR 2000, 294.
13 OLG Celle FamRZ 2006, 1544; s. zu dieser Problematik auch Schwolow FPR 2007, 123 f. (auch zum
    Grundgedanken des Versorgungsausgleichs: ausgewogene soziale Sicherheit beider Ehegatten).
14 S. etwa BGH FamRZ 2007, 1532 = FuR 2007, 484 zur bloß pauschalen Behauptung einer alters- und
    gesundheitsbedingten Unvermittelbarkeit (reiner Ausforschungsbeweis).
15 BGH FamRZ 1993, 43; OLG Köln FamRZ 1984, 269; OLG Hamm FamRZ 1995, 1416.

besteht nach den »sozialen Gepflogenheiten«[16] mit Erreichen der allgemeinen Altersgrenze grundsätzlich keine Verpflichtung mehr, eine Erwerbstätigkeit (auch weiterhin) auszuüben,[17] so dass diese deswegen jederzeit reduziert oder vollständig aufgegeben werden darf. Wird allerdings nach Renteneintritt eine Tätigkeit weiterhin ausgeübt, bleibt das zusätzlich erzielte Einkommen nicht schon deswegen vollständig unberücksichtigt, weil es überobligationsmäßig erzielt wird; dann ist der unterhaltsrelevante Anteil des überobligationsmäßig erzielten Einkommens nach Billigkeit zu ermitteln und – gegebenenfalls neben den eigenen Renteneinkünften – im Wege der Differenz-/Additionsmethode in die Unterhaltsbemessung einzubeziehen.[18]

11 Zahlreiche gesetzlichen Regelungen gestatten unter bestimmten Voraussetzungen, vor dem vollendeten 65. Lebensjahr aus dem Berufsleben auszuscheiden (vgl. §§ 36 ff. SGB VI). Diese **flexiblen Altersgrenzen**, die in pauschalierender Weise aus sozialpolitischen – und damit wechselnden Vorstellungen unterliegenden – Erwägungen ein vorzeitiges Ausscheiden aus dem Berufsleben ermöglichen, bilden insoweit **keinen** zur Beurteilung **geeigneten Maßstab** für die Beurteilung des **Begriffs** »Alter« i.S.d. § 1571. **Vor Vollendung** der Regelaltersgrenze kann daher – auch für Frauen[19] – **kein** bestimmtes Alter angenommen werden, ab dem in jedem Falle Altersunterhalt ohne Prüfung der Besonderheiten des Einzelfalles zuzuerkennen ist, auch soweit vorgezogene Altersgrenzen auf Entscheidungen des Arbeitgebers (etwa Vorruhestand)[20] oder auf politischen Erwägungen (etwa Entlastung des Arbeitsmarkts) beruhen. Die Wahl eines Altersteilzeitmodells kann daher dann eine Obliegenheitsverletzung darstellen, wenn mit dem Altersteilzeitmodell eine Verringerung der Einkünfte verbunden ist. Dies ist jedenfalls immer dann der Fall, wenn die Entscheidung ohne Rücksprache mit dem Unterhaltsverpflichteten erst nach erfolgter Trennung getroffen wird.[21] Ein Unterhaltsanspruch aus § 1571 BGB wird durch die Wahl eines solchen Altersteilzeitmodelles unter diesen Voraussetzungen nicht ausgelöst. Liegt die Entscheidung zur Inanspruchnahme des Altersteilzeitmodelles vor der Trennung, liegt insoweit keine Obliegenheitsverletzung vor. Ob ein Anspruch auf Altersunterhalt gemäß § 1571 ausgelöst wird, hängt dann von den Umständen des Einzelfalles ab, insbesondere davon, ob dem Unterhaltsberechtigten trotz der Wahl des Altersteilzeitmodelles die Aufnahme weiter Teilzeitbeschäftigungen zuzumuten ist.

12 **Nach** dem **Erreichen** der Regelaltersgrenze besteht **grundsätzlich keine Erwerbsobliegenheit** mehr.[22] Die Regelaltersgrenze gilt auch für Unternehmer und Freiberufler.[23]

2. Altersunterhalt vor Erreichen der Regelaltersgrenze

13 Grundsätzlich gelten für die **Erwerbsobliegenheit** des Unterhaltsgläubigers die gleichen Maßstäbe wie für diejenige des Unterhaltsschuldners; maßgebend sind im Rahmen einer **Gesamtabwägung aller Umstände** des konkreten **Einzelfalles**, ob gerade das **Alter** in Verbindung mit der **beruflichen Qualifikation** eine konkret in Betracht kommende angemessene (§ 1574 Abs. 2) Erwerbstätigkeit verhindert. Keinesfalls können Bewerbungen auf Stellen verlangt werden, die auf Grund des Anforderungsprofils von vornherein keine Aussicht für den Erfolg der Bewerbung bieten.[24]

---

16 OLG Dresden, Beschluss vom 26.11.2002 – 10 WF 650/02 – n.v.
17 OLG Hamburg FamRZ 1985, 394.
18 BGH FamRZ 2005, 1154, 1157 f. = FuR 2006, 266 (Berufungsurteil: OLG Düsseldorf FamRZ 2004, 1104).
19 OLG Hamm FamRZ 1995, 1416 – 60-jährige Frau ohne Beruf und bisheriger Arbeit im Haushalt.
20 BGH FamRZ 1984, 662 – vorzeitige Pensionierung aus Gesundheitsgründen durch einen öffentlich-rechtlichen Dienstherrn; vgl. zum Vorruhestand eingehend Strohal FamRZ 1996, 197 ff.
21 Wendl/Bömmelburg § 4 Rn. 219.
22 BGH NJW 2011, 203; 2006, 683, 684; FamRZ 2011, 454.
23 BGH FamRZ 2011, 454.
24 OLG Karlsruhe NJWE-FER 2001, 113 für den Unterhaltsschuldner.

– **Objektiv** entscheidet die **Art** der beruflichen **Tätigkeit**, insb., ob ein bestimmter Beruf im Alter (überhaupt) noch ausgeübt werden kann (etwa Tänzerin, Mannequin), und wenn ja, ob insoweit nicht – vornehmlich altersbedingt – der entsprechende Arbeitsmarkt verschlossen ist,[25]

– **Subjektiv** ist die **Entwicklung** der **Ehe** bis zum **Einsatzzeitpunkt** maßgebend:[26] Vermag ein Ehegatte nach längerer Tätigkeit (ausschließlich) im eigenen Haushalt auf Grund seines Lebensalters ohne vorherige Bildungsmaßnahme keine angemessene Erwerbstätigkeit (§ 1574 Abs. 2) mehr zu finden, und ist eine Ausbildung/Fortbildung/Weiterbildung/Umschulung (§ 1575) wegen seines Alters nicht mehr sinnvoll, kann Altersunterhalt auch dann in Betracht kommen, wenn er das sog. Rentenalter noch nicht erreicht hat.[27]

Nach dem Grundsatz der wirtschaftlichen Eigenverantwortung (§ 1569) ist auch eine Frau mit **14** 50 Jahren – auch wenn sie 20 Jahre nur Hausfrau war – gehalten, nach der Scheidung eine angemessene Erwerbstätigkeit auszuüben.[28] Allerdings kann bei langer Ehedauer und ausschließlicher Haushaltstätigkeit und/oder langer Kinderbetreuung des Unterhaltsgläubigers sowie guter beruflicher Stellung des Unterhaltsschuldners Altersunterhalt schon bei deutlich unter 60-jährigen Unterhaltsgläubigern in Betracht kommen.[29] Eine im Zeitpunkt der Ehescheidung fast 59 Jahre alte Ehefrau und Mutter zweier Kinder, die während der knapp 29 Jahre dauernden Ehe (nach einem vorehelichen Lehramtsstudium und nachdem ihre Anträge auf Übernahme in den Schuldienst abgelehnt worden waren) im Fach Biologische Meereskunde promoviert hat, bei verschiedenen befristeten Projekten als wissenschaftliche Angestellte tätig und die letzten sechs Ehejahre trotz vielfältiger Bemühungen um eine Arbeitsstelle arbeitslos war, hat einen Anspruch nach § 1571.[30] Eine Erwerbsobliegenheit kann auch bei Bezug vorgezogenen Altersruhegeldes durch eine 60-jährige Frau bestehen.[31] Unter Umständen kann (auch) eine Teilzeitbeschäftigung verlangt werden,[32] bei einer »deutlich vorgealterten« Frau sogar lediglich Tätigkeit im Geringverdienerbereich.[33]

D. Konkurrenzen

Die sog. Originärtatbestände der §§ 1570, 1571, 1572 können miteinander konkurrieren; vorran- **15** gig ist der mehrfach privilegierte Tatbestand des § 1570.

Bei der **Abgrenzung** des **nachehelichen Unterhalts** wegen eines Erwerbshindernisses nach **16** §§ 1570 – 1572 und des Aufstockungsunterhalts nach § 1573 Abs. 2 ist zu differenzieren, ob wegen des **Hindernisses** eine **Erwerbstätigkeit vollständig** oder nur **zum Teil ausgeschlossen** ist. Ist der Unterhaltsgläubiger vollständig an einer Erwerbstätigkeit gehindert, dann ergibt sich sein

---

25 OLG Hamburg FamRZ 1991, 445 – Altersunterhalt für 53-jährige Frau nach 20-jähriger Ehe; OLG Koblenz NJW-RR 1993, 964 – Altersunterhalt für eine 51-jährige Frau.

26 BGH FamRZ 1983, 144; OLG Hamm FamRZ 1995, 1416 – »Hindernis gerade aus dem Alter«; OLG Koblenz NJWE-FER 2000, 108 – Erwerbsobliegenheit bei Bezug einer Altersrente im Rahmen des § 1361; s. auch OLG Hamm FamRZ 1999, 1078 – Minderung der Leistungsfähigkeit des Unterhaltsschuldners durch Inanspruchnahme einer Altersteilzeit- oder Vorruhestandsregelung.

27 BGHZ 93, 330 = BGH FamRZ 1985, 371; BGH FamRZ 1983, 144.

28 BGH FamRZ 1983, 150.

29 BGHZ 93, 330 = BGH FamRZ 1985, 371 zur Frage des Altersunterhalts bei einer 53-jährigen, in 20-jähriger Ehe nicht berufstätigen Frau bei sehr guter beruflicher Stellung des Mannes; BGH FamRZ 1991, 416; OLG Koblenz FamRZ 1992, 950 – kein Altersunterhalt für eine fast 53-jährige Frau, obwohl sie seit ihrem 22. Lebensjahr nicht mehr außerhalb des Haushalts in abhängiger Tätigkeit gearbeitet hatte.

30 OLG Schleswig FamRZ 2000, 825.

31 BGH FamRZ 1999, 708 = FuR 1999, 372.

32 OLG Oldenburg FamRZ 1996, 672 – 56-jähriger Mann, der auf Grund der Arbeitsmarktlage keine Ganztagsstelle finden konnte.

33 OLG Stuttgart NJWE-FER 2001, 225.

Unterhaltsanspruch allein aus §§ 1570 bis 1572, und zwar auch für denjenigen Teil des Unterhaltsbedarfs, der nicht auf dem Erwerbshindernis, sondern auf dem den angemessenen Lebensbedarf übersteigenden Bedarf nach den ehelichen Lebensverhältnissen gemäß § 1578 Abs. 1 Satz 1 beruht. Ist der Unterhaltsgläubiger hingegen nur teilweise an einer Erwerbstätigkeit gehindert, ergibt sich sein Unterhaltsanspruch wegen des allein durch die Erwerbshinderung verursachten Einkommensausfalls aus §§ 1570–1572 und im Übrigen als Aufstockungsunterhalt aus § 1573 Abs. 2.[34]

17   Konkurrieren die Anspruchsgrundlagen § 1571 (originärer Tatbestand) und § 1573 (Subsidiärtatbestand),[35] dann ist zu unterscheiden, inwieweit der Unterhaltsanspruch einerseits auf § 1571 oder § 1573 Abs. 1 und andererseits auf § 1573 Abs. 2 beruhen soll. § 1571 greift ein, wenn der Unterhaltsgläubiger typischerweise in diesem Alter und in der in Betracht kommenden Berufssparte keine angemessene Arbeit mehr zu finden vermag (»Altersrentner«), § 1573 Abs. 1 hingegen, wenn, solange und soweit wegen der konkreten Einzelfallumstände auf Grund des Alters die Aufnahme einer angemessenen Arbeit scheitert:[36] Das Alter ist dann Kriterium, kein Tatbestandselement.

18   Kann ein Ehegatte altersbedingt nur eine **Teilerwerbstätigkeit** ausüben, durch die er seinen vollen Unterhalt nicht zu bestreiten vermag, dann kann er nach § 1571 Unterhalt nur bis zu der Höhe des durch eine Vollerwerbstätigkeit erzielbaren Mehreinkommens verlangen. Daneben kann er Aufstockungsunterhalt nach § 1573 Abs. 2 beanspruchen, wenn sein Eigenverdienst zusammen mit dem Teilanspruch aus der vorrangigen Anspruchsgrundlage § 1571 zu seinem vollen Unterhalt i.S.d. § 1578 Abs. 1 Satz 1 nicht ausreicht (sog. **zusammengesetzte** oder **gemischte Anspruchsgrundlage**).[37] Der Anspruch auf Aufstockungsunterhalt (§ 1573 Abs. 2) setzt voraus, dass der Unterhalt begehrende geschiedene Ehegatte bereits eine angemessene Tätigkeit (§ 1574 Abs. 2) ausübt, aus den erzielten Einkünften seinen vollen Unterhalt aber nicht decken kann. Bei geringfügiger Einkommensdifferenz besteht jedoch (auch) kein Anspruch auf Unterhalt wegen Alters nach § 1571.[38]

E. Darlegungs- und Beweislast

19   Der **Unterhaltsgläubiger** muss bei Zweifeln zwischen altersbedingter Arbeitsunfähigkeit und arbeitsmarktbedingter Arbeitslosigkeit darlegen und gegebenenfalls beweisen, dass ihm Erwerbstätigkeit **altersbedingt** nicht mehr zugemutet werden kann. Vor Erreichen der Regelaltersgrenze muss er nachweisen, dass er typischerweise in den für ihn in Betracht kommenden Berufssparten **altersbedingt** keine angemessene Arbeit mehr zu finden vermag. Die Behauptung einer **ausnahmsweisen Erwerbsobliegenheit** über die **Regelaltersgrenze** hinaus muss der Unterhaltsschuldner beweisen.

F. Begrenzung des Anspruchs

20   Nach Inkrafttreten des UÄndG 2007 unterliegt nunmehr auch der Unterhaltsanspruch wegen Alters nach § 1571 der Begrenzung. Die dafür sprechenden Umstände hat der Unterhaltsschuldner darzulegen und zu beweisen, also konkret zur Situation während der Ehe, insb. zur Arbeits-

---

34   BGH FamRZ 2010, 869 = FuR 2010, 394 (Berufungsurteil: OLG Düsseldorf FamRZ 2008, 1254) im Anschluss an BGHZ 179, 43 = BGH FamRZ 2009, 406 Tz. 20 ff. – Abgrenzung von Krankheitsunterhalt nach § 1572 und Aufstockungsunterhalt nach § 1573 Abs. 2.
35   BGH FamRZ 1999, 708 = FuR 1999, 372.
36   BGH FamRZ 1987, 691 = FuR 1999, 372; OLG Naumburg OLGR 2008, 544.
37   BGH FamRZ 1999, 708 = FuR 1999, 372.
38   OLG Karlsruhe FamRZ 2008, 2120.

und Rollenverteilung zwischen den Eheleuten sowie zu den vorehelichen Verhältnissen vorzutragen, damit zuverlässig beurteilt werden kann, ob die Unterhaltsgläubigerin tatsächlich keine Nachteile erlitten hat, die sich etwa aus der vereinbarten Rollenverteilung ergeben.[39] Auch beider Entscheidung über eine Begrenzung oder Befristung des Unterhalts wegen Alters nach § 1571 ist zu berücksichtigen, ob der unterhaltsberechtigte Ehegatte trotz eines durchgeführten Versorgungsausgleichs geringere Renteneinkünfte erzielt, als er ohne die Ehe und die Erziehung der gemeinsamen Kinder erzielen würde.[40]

Erhält die geschiedene Ehefrau eine hohe Altersrente, und sind damit die ehebedingten Nachteile **21** durch Familienarbeit und Kindererziehung ausgeglichen, dann kann der Altersunterhalt auch nach langer Ehedauer nach § 1578b begrenzt werden.[41] Kann allerdings der geschiedene Ehegatte seinen angemessenen Lebensbedarf i.S.d. § 1578b Abs. 1 (zumindest der angemessene Selbstbehalt)[42] im Hinblick auf sein Alter und seine nur geringen Rentenansprüche nicht selbst decken, dann kann der nach einer angemessenen Übergangsfrist auf den angemessenen Lebensbedarf herabgesetzte Unterhaltsanspruch wegen Alters auch bei Fehlen ehebedingter Nachteile nicht begrenzt werden.[43] Eine Befristung des nachehelichen Aufstockungsunterhalts kann regelmäßig nicht allein mit der Erwägung abgelehnt werden, damit entfalle der Einsatzzeitpunkt für einen späteren Anspruch auf Altersunterhalt nach § 1571 Nr. 3.[44]

Hat sich ein Erblasser gegenüber seinem Ehegatten für den Zeitraum einer langen Ehe und einer **22** langen Trennungszeit solidarisch gezeigt und Unterhalt gezahlt und dieses Verhalten auch nach der Scheidung fortgesetzt, kann eine **Begrenzung** des Unterhaltsanspruchs nach den ehelichen Lebensverhältnissen und im Hinblick auf ein hohes Alter des Ehegatten **unbillig** sein. Dies kann bei Fehlen ehebedingter Nachteile in der Erwerbsbiographie auch dann gelten, wenn der Ehegatte sich in vollständige wirtschaftliche Abhängigkeit von dem Erblasser begeben hat, und diese wirtschaftliche Abhängigkeit während der Ehe und auch noch nach der Trennung über einen langen Zeitraum so gelebt wurde.[45]

§ 1572 Unterhalt wegen Krankheit oder Gebrechen

Ein geschiedener Ehegatte kann von dem anderen Unterhalt verlangen, solange und soweit von ihm vom Zeitpunkt

1. **der Scheidung,**
2. **der Beendigung der Pflege oder Erziehung eines gemeinschaftlichen Kindes,**
3. **der Beendigung der Ausbildung, Fortbildung oder Umschulung oder**
4. **des Wegfalls der Voraussetzungen für einen Unterhaltsanspruch nach § 1573**

an wegen Krankheit oder anderer Gebrechen oder Schwäche seiner körperlichen oder geistigen Kräfte eine Erwerbstätigkeit nicht erwartet werden kann.

---

39 OLG Celle FamRZ 2009, 121.
40 BGH FamRZ 2009, 1207 = FuR 2009, 530.
41 OLG Schleswig NJW 2009, 2223.
42 OLG Koblenz FamRZ 2009, 1750 – sog. »Altersehe«.
43 OLG Naumburg OLGR 2008, 544; OLG Köln OLGR 2009, 469.
44 BGH FamRZ 2008, 1508 = FuR 2008, 438.
45 OLGR Koblenz 2009, 821 – 50-jährige Ehedauer und Trennungszeit von mehr als 20 Jahren.

A. Strukturen

1   Ein geschiedener Ehegatte kann nachehelichen Unterhalt verlangen, **solange** und **soweit** von ihm zu einem bestimmten Zeitpunkt (sog. **Einsatzzeitpunkt**) wegen (**ursächlich!**) medizinischer Gründe (Krankheit oder Gebrechen) eine Erwerbstätigkeit nicht erwartet werden kann, oder wenn er auf Grund seiner **gesundheitlichen Beeinträchtigung keine reale Beschäftigungschance** (mehr) hat.[1] Die **gesundheitlichen Einschränkungen** müssen nicht **ehebedingt**, aber **ursächlich** für die **Unzumutbarkeit** der **Erwerbstätigkeit (Kausalität)** sein;[2] eingeschränkte Erwerbsfähigkeit bzw. fehlende Beschäftigungschance müssen jedoch bereits im Einsatzzeitpunktvorhanden sein. Der Bedarf in Höhe der durch das Erwerbshindernisverursachten Einkommenseinbuße stimmt grundsätzlich mit dem angemessenen Lebensbedarf nach § 1578 Abs. 1 Satz 2 a.F., § 1578b Abs. 1 Satz 1 überein.[3] Verschulden ist kein Tatbestandselement.

2   Eine kurze, **vorübergehende** Erkrankung, begründet keine Unterhaltsansprüche nach § 1572.[4] Eine gewisse Dauer der Erkrankung ist erforderlich, um Ansprüche aus § 1572 entstehen zu lassen. Allerdings kann auch eine zeitlich beschränkte krankheitsbedingte Einschränkung der Erwerbsfähigkeit zu Unterhaltsansprüchen führen.[5] Der Anspruch auf vollen eheangemessenen Unterhalt nach § 1572 besteht auch dann, wenn der Unterhaltsgläubiger noch stundenweise

---

1   BGH FamRZ 1987, 912; OLG Frankfurt FamRZ 1994, 1265; OLG Brandenburg FamRZ 1996, 866; OLG Köln OLGR 2004, 330 zu einem lang anhaltenden Krankheitsprozess bei einem Lebensalter von knapp 54 Jahren.
2   S. näher OLG Hamburg FamRZ 1986, 323; OLG Celle FamRZ 1997, 1074.
3   BGHZ 179, 43 = BGH FamRZ 2009, 406 = FuR 2009, 203 unter Hinweis auf Hahne FamRZ 1986, 305, 309.
4   OLG Saarbrücken OLGR 2005, 824.
5   OLG Nürnberg FamRZ 1992, 682.

Arbeiten trotz der Gefahr, seinen Gesundheitszustand akut zu verschlechtern, übernommen hat.[6] Ansprüche nach §§ 58 ff. EheG setzen keinen Einsatzzeitpunkt voraus; für derartige Ansprüche ist nach Grundsätzen der Billigkeit nur darauf abzustellen, ob und inwieweit die Mitverantwortung der Ehegatten füreinander nach Auflösung der Ehe (noch) nachwirkt.[7] Außer dem allgemeinen Lebensbedarf kann insb. im Rahmen des § 1572 **ausnahmsweise Mehrbedarf** – vor allem für Heilmaßnahmen – geschuldet sein,[8] wenn der Unterhaltsschuldner entsprechend leistungsfähig ist, also über finanzielle Mittel verfügt, die nicht bereits im Rahmen der Unterhaltsbemessung nach Quote verteilt worden sind.

B. Normzweck

§ 1572 erstreckt die eheliche Solidarität über den Zeitpunkt der Scheidung hinaus auf eine **krank-** 3 **heitsbedingte Bedürfnislage.** Die Norm ist Ausdruck der nachehelichen Verantwortung für vor allem krankheitsbedingte Erwerbseinschränkungen, wobei ein rein zeitlicher Zusammenhang des Auftretens einer Krankheit zu der Ehe jedenfalls bei einer kürzeren Dauer einer kinderlos gebliebenen Ehe nicht genügt, um einen Unterhaltsanspruch aus dem Gesichtspunkt der nachehelichen Solidarität zu begründen.[9] Die Mitverantwortung des leistungsfähigen Unterhaltsschuldners gegenüber dem unterhaltsbedürftigen geschiedenen Ehegatten ist eine Folge der Eheschließung und des ehelichen Zusammenlebens, und zwar unabhängig von dem Gesundheitszustand bei der Eheschließung.

C. Tatbestandselemente

Der Unterhalt begehrende geschiedene Ehegatte kann von dem anderen nur dann Unterhalt ver- 4 langen, wenn, solange und soweit von ihm im Einsatzzeitpunkt wegen **gesundheitlicher Beeinträchtigungen** (Krankheit oder andere Gebrechen oder Schwäche der körperlichen oder geistigen Kräfte) eine Erwerbstätigkeit nicht erwartet werden kann. Der Tatbestand des § 1572 besteht aus **zwei Tatbestandselementen:**

1. **Einsatzzeitpunkt** nach § 1572 Nr. 1–4 (Scheidung, Beendigung der Kindesbetreuung, Beendigung einer Bildungsmaßnahme oder Wegfall der Voraussetzungen für einen Unterhaltsanspruch nach § 1573), **und**
2. **gesundheitsbedingte Unmöglichkeit/Unzumutbarkeit** der **Erwerbstätigkeit.**

I. Einsatzzeitpunkt (»Tatbestandskette«)

Im Gegensatz zu § 1571 (diese Norm enthält nur drei Einsatzzeitpunkte!) normiert § 1572 **vier** 5 **Einsatzzeitpunkte,** die einerseits den **zeitlichen Zusammenhang** des nachehelichen Unterhalts mit der Ehe **sicherstellen,**[10] andererseits die **nacheheliche Solidarität begrenzen** sollen: Ein späterer Unterhaltsanspruch ist ausgeschlossen, wenn zwischenzeitlich wirtschaftliche Selbständigkeit erreicht oder fiktiv anzunehmen ist. Der Anspruch auf Unterhalt (Nr. 1) bzw. Anschlussunterhalt (Nr. 2–4) wegen gesundheitlicher Beeinträchtigung besteht daher nur dann, wenn einer der vier **Einsatzzeitpunkte** vorliegt: Gesundheitsbedingt kann von dem Unterhalt begehrenden Ehegatten im Zeitpunkt

---

6 BGH FamRZ 1987, 684.
7 OLG Düsseldorf FamRZ 1981, 1080; OLG Köln FamRZ 1982, 493.
8 OLG Hamm FamRZ 1997, 296; OLG Düsseldorf FamRZ 2002, 751 – Erkrankung an Diabetes I vermöge keinen höheren krankheitsbedingten Mehrbedarf als 150 DM zu rechtfertigen.
9 OLG Koblenz FamRZ 2009, 427 – Dauer der Ehe: 6 Jahre.
10 BGHZ 109, 72 = BGH FamRZ 1990, 260; OLG Karlsruhe FamRZ 2009, 341 – Befristung trotz ehebedingter Nachteile, wenn die Krankheit erst 12 Jahre nach der Scheidung aufgetreten ist.

– der **rechtskräftigen Auflösung** der Ehe, **oder**
– der **Beendigung** der **Pflege** oder **Erziehung** eines **gemeinschaftlichen Kindes** (§ 1570, maßgebend ist nicht, wann die Pflege und/oder Erziehung tatsächlich endet, sondern wann – rechtlich – Betreuung des Kindes nicht mehr geboten ist),[11]**oder**
– der **Beendigung** einer **Ausbildung/Fortbildung/Umschulung, oder**
– des **Wegfalls** der **Voraussetzungen** für einen **Unterhaltsanspruch** nach § 1573

keine Erwerbstätigkeit (mehr) erwartet werden. Ist ein Ehegatte nach der Scheidung der ihm angesonnenen eheangemessenen Erwerbstätigkeit über einen langen Zeitraum nachgegangen, ist insoweit eine nachhaltige Sicherung seines Unterhaltsbedarfs i.S.d. § 1573 Abs. 4 Satz 1 eingetreten, die einen Unterhaltsanspruch wegen krankheitsbedingter Erwerbsunfähigkeit ausschließt.[12]

6 Der Unterhaltstatbestand des § 1572 muss **lückenlos** an die Auflösung der Ehe oder an das Ende eines der genannten Unterhaltstatbestände (Kindererziehung gem. § 1570 bzw. Bildungsmaßnahmen gem. § 1575 bzw. berufliche Eingliederungsschwierigkeiten gem. § 1573 Abs. 1) anschließen (sog. »**Tatbestandskette**« oder »Unterhaltskette«).[13] Kinderbetreuung, Bildungsmaßnahme oder nicht erreichte Eingliederung in den Erwerbsprozess müssen eine Erwerbstätigkeit **objektiv** ausgeschlossen haben, als **erstmals** die Erwerbsunfähigkeit (im Einsatzzeitpunkt) aufgetreten ist. Dem Unterhaltsschuldner es ist allerdings nach Treu und Glauben (§ 242) verwehrt, sich auf eine Unterbrechung der Tatbestandskette zu berufen, wenn der Einsatzzeitpunkt zwar schon längere Zeit zurückliegt, er den Unterhaltsgläubiger jedoch nach Beendigung seines vorhergehenden Unterhaltsanspruchs von **rechtzeitigen Erwerbsbemühungen abgehalten** hat. Er kann sich auch nicht darauf berufen, dass der Unterhaltsgläubiger in einer Zeit, während der er ihm tatsächlich Unterhalt geleistet hat, erkennbar im Vertrauen auf einen tatsächlich nicht gegebenen unterhaltsbegründenden Tatbestand die zum Nachweis eines Anspruchs gem. § 1577 Abs. 1 an sich erforderlichen Erwerbsbemühungen unterlassen hat.[14] Allein die Fortzahlung des Unterhalts ohne weitere Begleitumstände genügt insoweit allerdings nicht.

1. Zeitliche Eingrenzung

7 Unterhaltsansprüche nach § 1572 sind wegen des Grundsatzes der Eigenverantwortung (§ 1569) auf diejenigen Fälle beschränkt, in denen die Tatbestände, die einer Bedarfsdeckung durch eigene Erwerbstätigkeit des geschiedenen Ehegatten entgegen stehen, zu bestimmten **Einsatzzeitpunkten** vorliegen.[15] Treten die **gesundheitlichen Störungen** erst **nach** dem **Einsatzzeitpunkt** ein, kommt ein Anspruch nach § 1572 nur **ausnahmsweise** infolge **Verschlechterung** von im Einsatzzeitpunkt bereits vorhandenen Krankheiten/Gebrechen in Betracht.[16] War die spätere Verschlechterung der Krankheit vorhersehbar,[17] ist zeitlicher Zusammenhang zum Einsatzzeitpunkt nicht erforderlich.[18]

8 Ansonsten sind bereits im Einsatzzeitpunkt vorhandene **gesundheitliche Störungen**, welche die Erwerbsfähigkeit nur gemindert, sich später aber so **verschlechtert** haben, dass sie zur vollständigen Erwerbsunfähigkeit führen, dem Einsatzzeitpunkt nur dann hinzuzurechnen, wenn der **nahe zeitliche** und **sachliche Zusammenhang** zwischen den gesundheitlichen Störungen und dem Einsatzzeitpunkt bejaht werden kann. War die Erwerbsfähigkeit krankheitsbedingt bereits zum Ein-

---

11 BGH FamRZ 1991, 170.
12 OLG Koblenz OLGR 2005, 907 – Erwerbstätigkeit über 15 Jahre hinweg.
13 OLG Düsseldorf FamRZ 1994, 965.
14 BGHZ 109, 72 = BGH FamRZ 1990, 260; 1990, 496 zum Einsatzzeitpunkt des § 1572 Nr. 4.
15 OLG Düsseldorf FamRZ 1998, 1519.
16 BGH FamRZ 2001, 1291 = FuR 2001, 404 zu § 1572 Nr. 1 (Berufungsurteil: OLG Karlsruhe FamRZ 2000, 233).
17 *S. hierzu OLG Düsseldorf FamRZ 1993, 331.*
18 Zur Beurteilung einer zum Einsatzzeitpunkt bestehenden Alkoholabhängigkeit und ihrer Fortentwicklung s. BGH FamRZ 1984, 353.

satzzeitpunkt gemindert, liegt Großzügigkeit näher, als wenn die Erkrankung sich noch nicht auf die Erwerbsfähigkeit ausgewirkt hat.[19]

Der BGH[20] hat **nahen zeitlichen Zusammenhang** zwischen (bei der Scheidung) geminderter und dem Eintritt völliger Erwerbsunfähigkeit etwa zwei Jahre später bejaht: Trotz dieses Zeitablaufs seien die für die jeweiligen Zeitpunkte festgestellten Gesundheitszustände (zunächst geminderte, dann völlige Erwerbsunfähigkeit) noch dem Einsatzzeitpunkt der Scheidung zuzurechnen. **Sachlicher Zusammenhang** ist anzunehmen, wenn sich im Wesentlichen dieselben Leiden verschlimmert haben, derentwegen der Unterhaltsgläubiger bereits im Einsatzzeitpunkt teilweise erwerbsunfähig war, und die sodann zum völligen Ausschluss der Erwerbsfähigkeit geführt haben.[21] **9**

Äußerst streitig ist die Frage, ob die zur Beschränkung der Erwerbsfähigkeit führende Gesundheitsstörung bereits im jeweiligen Einsatzzeitpunkt vorhanden sein muss, oder ob es für das Entstehen eines Unterhaltsanspruchs nach § 1572 genügt, dass eine in einem der Einsatzzeitpunkte nur **latent vorhandene Erkrankung** in nahem zeitlichen Zusammenhang (»ohne **wesentliche** zeitliche Lücke«)[22] ausgebrochen ist und zur Erwerbsunfähigkeit geführt hat.[23] **10**

1. Teils wird vertreten, der Ausbruch einer zum Einsatzzeitpunkt nur latent vorhandenen Erkrankung könne auch ohne (nahen) zeitlichen Zusammenhang zum Einsatzzeitpunkt zu einem Anspruch nach § 1572 führen.[24] **11**

2. Überwiegend wird angenommen, nach dem Ausbruch einer zum Einsatzzeitpunkt erst latent vorhandenen Erkrankung könne ein Anspruch nach § 1572 allenfalls entstehen, wenn ein zeitlicher Konnex zum Einsatzzeitpunkt gewahrt sei.[25] Allerdings begründeten im Einsatzzeitpunkt (nur) latent vorhandene, erst nach dem Einsatzzeitpunkt ausbrechende gesundheitliche Störungen – auch bei vorhersehbarer und typischer Entwicklung – den Unterhaltstatbestand dann nicht, wenn später weitere Ursachen hinzuträten, welche die konkrete, zur eingeschränkten Erwerbsfähigkeit führende Erkrankung auslösen.[26]

3. Nach Ansicht des BGH[27] begründet eine im Zeitpunkt der Scheidung/Ende der Kinderbetreuung nur **latent vorhandene Erkrankung** jedenfalls dann keinen Anspruch nach § 1572 Nr. 1, wenn sie **nicht** in **nahem zeitlichen Zusammenhang** mit der Scheidung ausgebrochen ist und zur Erwerbsunfähigkeit des Unterhaltsgläubigers geführt hat.

---

19 Palandt/Brudermüller § 1572 Rn. 8.

20 BGHF 3, 969; BGH FamRZ 1987, 684.

21 BGHF 3, 969; BGH FamRZ 1987, 684; KG FamRZ 2002, 460 – Eintritt der völligen Erwerbsunfähigkeit infolge der Verschlimmerung der Krankheit ca. ein Jahr nach Rechtskraft der Scheidung; OLG Koblenz FuR 2006, 45 = NJW-RR 2006, 151 – ca. 21 Monate nach Rechtskraft der Scheidung ausgebrochene Erkrankung, auch wenn sie bei der Scheidung bereits latent vorhanden gewesen sein sollte.

22 OLG Karlsruhe FamRZ 2000, 233 – wesentliche zeitliche Lücke insoweit ist jedenfalls ein Zeitraum von etwa 23 Monaten (bestätigt durch BGH FamRZ 2001, 1291 = FuR 2001, 404).

23 OLG Stuttgart FamRZ 1983, 501, 503; OLG Karlsruhe FamRZ 1994, 104, 106.

24 Erman/Dieckmann § 1572 Rn. 6; Soergel/Häberle § 1572 Rn. 6; Rolland 1. EheRG 2. Aufl. § 1572 Rn. 5; Gernhuber/Coester-Waltjen § 30 Abs. 4 Satz 2 Fn. 9.

25 OLG Stuttgart FamRZ 1983, 501; OLG Schleswig OLGR 2000, 256 – die im Einsatzzeitpunkt bereits vorhanden, weder festgestellte noch behandlungsbedürftige Krankheit (Brustkrebs) war $2^1/_2$ Jahre später ausgebrochen.

26 OLG Karlsruhe FamRZ 1994, 104 – eine im Ansatz bereits während der Ehe vorhandene Psychose war erst vier Jahre nach der Scheidung akut aufgetreten und hatte erst dann zum Verlust des Arbeitsplatzes geführt.

27 BGH FamRZ 2001, 1291 = FuR 2001, 404 zu § 1572 Nr. 1 (Berufungsurteil: OLG Karlsruhe FamRZ 2000, 233); so auch BGH FamRZ 2001, 1291 ff., 1293; KG FamRZ 2002, 460; OLG Koblenz FuR 2006, 45 = NJW-RR 2006, 151.

4. Gesundheitliche Störungen, die erst erhebliche Zeit **nach** den Einsatzzeitpunkten – auch wenn sie seinerzeit latent vorhanden waren – auftreten, begründen grundsätzlich **keinen** Anspruch auf Unterhalt nach § 1572. Daran fehlt es, wenn die Erkrankung erst 21 oder 23 Monate nach Eintritt der Rechtskraft der Ehescheidung ausgebrochen ist.[28] Der Gesetzgeber hat die nacheheliche Solidarität bewusst eng gezogen (§ 1569!) und den Tatbestand durch Einsatzzeitpunkte scharf eingegrenzt. Jede andere (großzügigere) Betrachtungsweise läuft dieser Intention zuwider, dass schicksalsbedingte Ereignisse, die sich nach der Scheidung im Leben eines geschiedenen Ehegatten einstellen, grundsätzlich nicht zu Lasten des anderen Ehegatten gehen dürfen, und dass deshalb Erkrankungen, die nach der Scheidung auftreten und nicht in unmittelbarem Zusammenhang mit der Ehe stehen, nicht zu einem Unterhaltsanspruch nach § 1572 führen sollen.[29] Daher ist es nicht gerechtfertigt, allgemeine, nach der Scheidung eintretende Lebensrisiken wie etwa Krankheiten/Gebrechen dem geschiedenen Ehegatten zuzuweisen, auch wenn die tieferen Gründe für das Eintreten des Risikos bereits in der Ehe – latent – angelegt waren. Scheitert ein Unterhaltsanspruch wegen Krankheit lediglich am Einsatzzeitpunkt, und liegt zusätzlich grobe Unbilligkeit vor, kann der Unterhaltstatbestand des § 1576 erfüllt sein.[30] In der Anlage vorhandene Krankheiten, die sich zum Einsatzzeitpunkt noch nicht ausgewirkt haben, vermögen auch dann keinen Anspruch nach § 1572 zu begründen, wenn sie erst nach nachhaltiger Sicherung des Unterhalts durch Erwerbstätigkeit auftreten.[31] Härtefälle sind über § 1576 zu lösen.

2. Materielle Eingrenzung (»Anschlussunterhalt«)

12 Eine im **Einsatzzeitpunkt** vorhandene **gesundheitliche Störung** vermag einen Anspruch nach § 1572 Nr. 2–4 zu einem **späterem Zeitpunkt** nur insoweit zu begründen, wenn und soweit vorher lückenlos bereits ein Unterhaltsanspruch bestanden hat (**Anschlussunterhalt**).[32] Entfällt etwa Aufstockungsunterhalt nach § 1573 Abs. 2, weil der Unterhaltsgläubiger infolge krankheitsbedingter Erwerbsunfähigkeit seine Arbeitsstelle verliert, kann ein Anspruch auf Anschlussunterhalt nach § 1572 Nr. 4 bestehen.[33] Regelmäßig kann jedoch im Rahmen einer Entscheidung gem. § 1572 über eventuelle Anschlusstatbestände noch nicht entschieden werden; dies bleibt vielmehr in aller Regel einem **Abänderungsverfahren** nach §§ 238 ff. FamFG vorbehalten: Künftige Umstände können nur dann in eine Entscheidung einbezogen werden, wenn sie unmittelbar bevorstehen und sicher eintreten, nicht aber, wenn die weitere gesundheitliche Entwicklung der Bedürftigen und der Umfang ihrer Erwerbsfähigkeit völlig offen ist.[34]

13 Besteht seit Rechtskraft der Scheidung bis zum Ausbruch der zur Erwerbsunfähigkeit führenden Erkrankung ein Anspruch auf Aufstockungsunterhalt, kann sich, auch wenn dieser nicht geltend gemacht wurde, der Anspruch auf Krankenunterhalt hieran anschließen. Dieser Anspruch beschränkt sich aber auf die Höhe, in der der weggefallene Aufstockungsanspruch den nach den

---

28 OLG Koblenz NJW RR 2006, 151 sowie BGH FamRZ 2001, 1291, 1293.

29 Hierzu näher BT-Drucks. 7/650 S. 124; OLG Koblenz FuR 2006, 45 = NJW-RR 2006, 151.

30 S. etwa BGH FamRZ 1990, 496; 2003, 1734 = FuR 2003, 568 (Berufungsgericht: OLG Zweibrücken FamRZ 2002, 821); OLG Zweibrücken FuR 2001, 418.

31 OLG Köln OLGR 2001, 237.

32 BGH FamRZ 1990, 496 = FuR 2001, 404 zu einem Anspruch auf Anschlussunterhalt gem. § 1572 Nr. 4 folgend dem Tatbestand nach § 1573; 2003, 1734 = FuR 2003, 568 (Berufungsgericht: OLG Zweibrücken FamRZ 2002, 821); s. auch OLG Bremen, Beschluss vom 16. August 1988 – 5 WF 80/88 – n.v. zu einem Anspruch gem. § 1572 gegen den ersten Ehemann nach Scheitern der zweiten Ehe als Anschlusstatbestand, maßgeblicher Einsatzzeitpunkt: Scheidung der zweiten Ehe; OLG Düsseldorf FamRZ 1998, 1519.

33 OLGR Schleswig 1997, 59.

34 OLG München FamRZ 2005, 459.

ehelichen Lebensverhältnissen bemessenen Gesamtbedarf gedeckt hat (**Teil-Anschlussunterhalt**).[35] Eine andere Auslegung des Wortlauts des § 1572, insb. des Wortes »soweit«, stünde im Widerspruch zu dem Zweck der Einsatzzeitpunkte, die zu den Schutzvorschriften zu Gunsten des Unterhaltsschuldners gehören. maßgebend für die Bemessung des Teil-Anschlussunterhalts ist die Quote des nach Maßgabe der ehelichen Lebensverhältnisse ungedeckten Bedarfs des Unterhaltsgläubigers in demjenigen Zeitpunkt, in dem sein Unterhalt im Übrigen nachhaltig gesichert war, also nur im **Umfang** des **weggefallenen Teilanspruchs**.[36]

3. Katalog des § 1572

§ 1572 katalogisiert **abschließend**, von welchem Zeitpunkt an ein geschiedener Ehegatte wegen   14
gesundheitlicher Beeinträchtigungen von dem anderen Unterhalt verlangen kann.

Nr. 1: Scheidung   15

Auch bei **langjähriger Trennung** der Parteien ist maßgeblicher **Einsatzzeitpunkt** i.S.v. § 1572 **Nr. 1** derjenige der **Rechtskraft** der **Scheidung**.[37] Der Unterhaltstatbestand des § 1572 Nr. 1 setzt nicht voraus, dass zeitlich zuvor schon ein Anspruch auf Trennungsunterhalt gem. § 1361 im Sinne eines nahtlosen Übergangs bestanden haben muss. Dies folgt bereits daraus, dass es genügt, wenn die Krankheit zum Einsatzzeitpunkt vorliegt, die Bedürftigkeit sich aber erst später einstellt.[38]

Nr. 2: Beendigung der Pflege oder Erziehung eines gemeinschaftlichen Kindes   16

Für das **Ende** der **Kinderbetreuung** i.S.d. § 1572 Nr. 2 ist nicht die Volljährigkeit des Kindes maßgebend, sondern es ist – entgegen dem insoweit missverständlichen Wortlaut der Vorschrift – **grundsätzlich** auf denjenigen Zeitpunkt abzustellen, in dem die Voraussetzungen für einen auf § 1570 gestützten Unterhaltsanspruch wegfallen, sofern nicht der jeweilige Einzelfall aus besonderen Gründen **ausnahmsweise** abweichend zu beurteilen ist.[39]

Nr. 3: Beendigung der Ausbildung, Fortbildung oder Umschulung

Insoweit ist **grundsätzlich** auf denjenigen **Zeitpunkt** abzustellen, in dem die Voraussetzungen für einen auf § 1575 gestützten Unterhaltsanspruch wegfallen, sofern nicht der jeweilige Einzelfall aus besonderen Gründen **ausnahmsweise** abweichend zu beurteilen ist.[40]

Nr. 4: Wegfall der Voraussetzungen für einen Unterhaltsanspruch nach § 1573   17

Ein Unterhaltsanspruch nach § 1572 Nr. 4 kann dann zu bejahen sein, wenn eine die Erwerbsfähigkeit beeinträchtigende gesundheitliche Störung auftritt, bevor der Unterhalt i.S.v. § 1573 Abs. 4 nachhaltig gesichert ist.[41]

---

35 BGH FamRZ 1987, 684 – Verschlimmerung desselben Leidens; 2001, 1291 = FuR 2001, 404; OLG Stuttgart FamRZ 1983, 501 – Verschlechterung bestehender Durchblutungsstörungen; OLG Karlsruhe FamRZ 1994, 104 – offen blieb die Frage nach Billigkeitsunterhalt (§ 1576); OLG Hamburg NJW-RR 1996, 323; OLG Celle FamRZ 1997, 1074; OLG Koblenz FuR 2006, 45 = NJW-RR 2006, 151.
36 BGH FamRZ 2001, 1291 = FuR 2001, 404; OLG Koblenz FuR 2006, 45 = NJW-RR 2006, 151; s. auch OLG Stuttgart FamRZ 1983, 501.
37 OLG Zweibrücken FuR 2000, 425.
38 OLG Zweibrücken FuR 2000, 425 im Anschluss an OLG München FamRZ 1993, 564.
39 Zu allem BGHZ 109, 72 = BGH FamRZ 1990, 260; 1990, 496; 1991, 170; zur Erwerbsobliegenheit auch BGHZ 89, 108 = BGH FamRZ 1984, 149; BGH FamRZ 1985, 50.
40 S. hierzu Kommentierung zu § 1575.
41 OLG Karlsruhe FamRZ 2000, 233 (insoweit bestätigt durch BGH FamRZ 2001, 1291 = FuR 2001, 404).

II. Gesundheitsbedingte Unmöglichkeit/Unzumutbarkeit der Erwerbstätigkeit

18   Ein Unterhaltsanspruch nach § 1572 besteht nur, wenn, solange und soweit von dem Unterhalt begehrenden geschiedenen Ehegatten wegen Krankheit oder anderer Gebrechen oder Schwäche seiner körperlichen oder geistigen Kräfte eine Erwerbstätigkeit nicht erwartet werden kann. Es ist nicht notwendig, zwischen Krankheit und anderen Gebrechen oder Schwächen körperlicher oder geistiger Kräfte zu differenzieren; es genügt, dass eine dieser gesundheitlichen Beeinträchtigungen zur eingeschränkten oder vollen Erwerbsunfähigkeit führt.[42]

1. »Krankheit« bzw. »Gebrechen« bzw. »Schwäche seiner körperlichen oder geistigen Kräfte«

19   § 1572 definiert die Begriffe »**Krankheit**« und »**Gebrechen**« ebenso wenig wie »**Schwäche** seiner **körperlichen oder geistigen Kräfte**«; es ist daher auf die entsprechenden **sozialversicherungsrechtlichen Begriffsbestimmungen** zurückzugreifen.[43] Die Auswirkungen massiver Persönlichkeitsstörungen (etwa geringe Vitalität, geringe Ausdauer und Belastbarkeit, rasche Erschöpfung, Antriebsarmut)[44] können daher als Schwäche körperlicher oder geistiger Kräfte unterhaltsrechtlich wie im Haftungs- und Sozialversicherungsrecht Bedeutung gewinnen.[45]

2. Kein Tatbestandselement: »ehebedingte« Gesundheitsstörungen

20   Der Anspruch nach § 1572 setzt **nicht** voraus, dass die **Gesundheitsstörung** des bedürftigen Ehegatten **ehebedingt** ist,[46] sondern – bereits nach seinem Wortlaut – nur, dass der Unterhalt begehrende Ehegatte wegen gesundheitlicher Beeinträchtigungen nicht oder nur teilweise erwerbsfähig ist. Es ist daher ohne Belang, ob die gesundheitlichen Störungen erst während der Ehe oder schon vorher eingetreten sind: Jede – und nicht nur eine ehebedingte – gesundheitliche Störung, welche die Erwerbsfähigkeit des geschiedenen Ehegatten nachhaltig beeinträchtigt, löst die nacheheliche Unterhaltspflicht aus. Es gehört danach geradezu typisch zum Wesen der ehelichen Lebensgemeinschaft und der daraus folgenden nachehelichen Solidarität, dass schicksalhafte Entwicklungen grundsätzlich gemeinsam getragen werden müssen, auch wenn und soweit sie schon vorehelich angelegt waren und über einen der Einsatzzeitpunkte des § 1572 hinaus fortwirken. § 1572 ist in besonderem Maße Ausdruck der durch die Ehe begründeten nachehelichen Mitverantwortung der Ehegatten füreinander, auf Grund derer der sozial Stärkere für die Bedürfnislage des sozial Schwächeren einzustehen hat.[47]

21   Daher ist als nicht ehebedingte, aber von § 1572 erfasste Bedürfnislage auch diejenige anzusehen, die auf einer bereits vor der Ehe ausgebrochenen, im Zeitpunkt der Scheidung oder zu den übrigen Einsatzzeitpunkten weiterhin bestehenden Erkrankung beruht.[48]

22   Ohne Belang ist auch, ob der unterhaltspflichtige geschiedene Ehegatte im Zeitpunkt der Eheschließung von der Erkrankung des anderen geschiedenen Ehepartners **gewusst** hat. In einer etwaigen Ahnungslosigkeit des Ehegatten allein kann grundsätzlich kein Umstand erblickt werden, der aus übergeordneten Rechtsgrundsätzen einer Inanspruchnahme nach § 1572 entgegen-

---

42   S. etwa BGH FamRZ 2007, 1532 = FuR 2007, 484 zur bloß pauschalen Behauptung einer alters- und gesundheitsbedingten Unvermittelbarkeit (reiner Ausforschungsbeweis).

43   Zum Begriff »Krankheit« s. BT-Drucks. 7/650 S. 124.

44   OLG Bamberg FamRZ 2000, 231.

45   BGH FamRZ 1984, 660; OLG Bamberg FamRZ 2000, 231.

46   So auch BGH FamRZ 1981, 1163 – multiple Sklerose; 1988, 930; 1994, 566; 1995, 1405; 1996, 1272; 2004, 779.

47   Vgl. BVerfGE 57, 361, 389.

48   Krit zutr Gernhuber, Lehrbuch des Familienrechts 3. Aufl. § 30 Abs. 1 Satz 2 = S. 383, und § 30 Abs. 4 Satz 1 = S. 392 – insb. auch im Rahmen von § 1572 erfahre der Grundsatz der ehebedingten Bedürftigkeit eine Verwerfung; vgl. auch Dieckmann FamRZ 1977, 81, 86, 95, 172; Diederichsen NJW 1977, 354 Fn. 9.

stände. Ist die Krankheit **während** der Ehe eingetreten, steht dem Anspruch gem. § 1572 nicht entgegen, dass der Ehegatte auch unabhängig von der Ehe krank gewesen wäre.[49] Es kommt auch nicht darauf an, dass der Unterhaltsgläubiger – wäre er gesund geblieben – keine Erwerbstätigkeit aufgenommen, sondern eine Ausbildung (z.B. ein Studium) begonnen hätte.[50]

D. Begrenzungen des Anspruchs nach § 1572

Unterhaltsansprüche nach § 1572können gem. § 1579 oder aber nach § 1578b (beide Normen haben **verschiedene Rechtsfolgen**) begrenzt werden. 23

I. Begrenzungen nach § 1579

Die Rechtsprechung hat bei folgenden **Fallgruppen** Unterhaltsansprüche nach § 1572 wegen grober Unbilligkeit gem. § 1579 begrenzt: 24

1. Selbst schuldhaft herbeigeführte Gesundheitsstörungen

Verschulden ist **kein Tatbestandselement** des § 1572. Hat der Unterhaltsgläubiger seine gesundheitlichen Störungen **unterhaltsbezogen leichtfertig (vorwerfbar)** selbst (mit-) verursacht – insb. etwa Alkohol- oder Drogenabhängigkeit, Abhängigkeit von Medikamenten, Renten- oder Unterhaltsneurosen, Übergewicht[51] u.a. –, kommt allenfalls eine **Begrenzung** des Anspruchs nach § 1579 in Betracht.[52] Dies setzt jedoch voraus, dass sich der Unterhaltsgläubiger von Vorstellungen und Antrieben hat leiten lassen, die ihn nicht nur in die Krankheit schlechthin geführt, sondern die sich darüber hinaus unterhaltsbezogen vorwerfbar auf die **Herbeiführung** seiner **Bedürftigkeit** als Folge unvernünftigen Verhaltens erstreckt haben.[53] Mutwilligkeit erfordert zumindest unterhaltsbezogene Leichtfertigkeit. Bei Verlust oder Einschränkung der Erwerbsfähigkeit infolge Alkoholsucht und Unterlassen einer rechtzeitigen Therapiemaßnahme knüpft der unterhaltsrechtliche Vorwurf nicht daran, dass der Süchtige im Bewusstsein der gesundheitlichen Gefahren sich in den krankhaften Zustand versetzt hat, sondern daran, dass er in Kenntnis der Krankheit eine zumutbare und Erfolg versprechende Suchtbehandlung unterlassen hat. Leichtfertigkeit kann dem Unterhaltsgläubiger dann nicht vorgeworfen werden, wenn seine Fähigkeit, entsprechend seiner Einsicht in die Notwendigkeit einer Therapie zu handeln, suchtbedingt eingeschränkt ist. Deshalb fehlt es an einer Mutwilligkeit, wenn der Bedürftige nicht (mehr) imstande ist, seinem Alkoholmissbrauch entgegenzusteuern und Maßnahmen zu dessen Bekämpfung zu ergreifen und durchzustehen, wenn er also – wie gerade bei diesem Krankheitsbild häufig feststellbar – seine Erkrankung negiert oder zumindest verharmlost und infolge der fehlenden oder eingeschränkten Krankheitseinsicht nicht in der Lage ist, sich daraus zu befreien. 25

2. Verletzung von Obliegenheiten zur Therapie

Bei allen Erscheinungsformen einer Gesundheitsstörung trifft den Unterhaltsgläubiger jedoch die **Obliegenheit** zu entsprechender **medizinischer Behandlung**[54] wie auch zur **Mitwirkung** an einer **notwendigen Therapie**. Erkennt der Unterhaltsgläubiger seine Krankheit und auch deren Behandlungsbedürftigkeit, unterlässt er jedoch schuldhaft über längere Zeit hinweg notwendige, 26

---

49 BGH FamRZ 1981, 1163.
50 BGH FamRZ 1984, 353.
51 OLG Düsseldorf FamRZ 1987, 1262; OLG Hamm FamRZ 1989, 631; OLG Köln FamRZ 1992, 65 – Übergewicht.
52 BGH FamRZ 1988, 375, 377.
53 OLG Bamberg FamRZ 1998, 370 – Alkoholabhängigkeit.
54 Unter Umständen durch eine Operation, vgl. BGH VersR 1987, 408; NJW 1994, 1592, 1593 m.w.N.

weitgehend risikolose, zumutbare und Erfolg versprechende Behandlungsmaßnahmen,[55] kann sein Unterhaltsanspruch wegen unvernünftiger wie leichtfertiger und damit mutwilliger Herbeiführung seiner eigenen Bedürftigkeit nach § 1579 begrenzt werden.[56] Begehrt der Unterhaltsschuldner eine Beschränkung seiner Unterhaltspflicht mit der Begründung, der Unterhaltsgläubiger habe seine Bedürftigkeit i.S.v. § 1579 Nr. 3 mutwillig herbeigeführt, weil er eine zumutbare Therapie mutwillig unterlassen habe, gehen insoweit verbleibende Zweifel zu seinen Lasten.[57]

27   Für die **Frage des Verschuldens** kommt es allerdings darauf an, ob nicht die Fähigkeit des Unterhaltsgläubigers, entsprechend seiner Einsicht in die Notwendigkeit einer Therapie zu handeln, suchtbedingt wesentlich eingeschränkt war oder ist,[58] insb. wenn er wegen seiner Willens-/Charakterschwäche nicht imstande ist, seiner Erkrankung gegenzusteuern und entsprechende Heilmaßnahmen zu ergreifen und/oder durchzustehen.[59] Heilmaßnahmen – insb. operative Eingriffe – müssen jedoch – ähnlich wie im Schadensersatzrecht – zumutbar, also jedenfalls relativ gefahrlos, schmerzarm und aussichtsreich sein.[60] Verstößt der Unterhaltsgläubiger gegen diese Obliegenheiten, dann kann sein Unterhaltsanspruch nach § 1579 begrenzt werden.[61]

28   Hat der geschiedene Ehegatte seine **Alkoholerkrankung**, die sich daraus ergebende Erwerbsunfähigkeit und die damit einhergehende Bedürftigkeit nicht selbst verschuldet, dann steht ihm jedenfalls für die Zeit einer **langfristigen, intensiven Entziehungskur** ein Unterhaltsanspruch nach § 1572 zu,[62] sogar für die Zeit danach, wenn er zum Einsatzzeitpunkt fähig und in der Lage war, seine Erkrankung und deren Behandlungsbedürftigkeit zu erkennen und sich allen angebotenen Behandlungsmöglichkeiten – wenn auch erfolglos – unterzogen hat (»unverschuldet fehlgeschlagene Therapie«).[63]

3. Verletzung von Obliegenheiten betreffend Rentenantrag

29   Kommt krankheitsbedingt ein **Rentenanspruch** in Betracht, dann obliegt dem Unterhaltsgläubiger gem. § 1569, entsprechende Anträge zu stellen (zur Berufs- bzw. Erwerbsunfähigkeitsrente Satz §§ 43, 44 SGB VI). Soweit ein Vorschuss nicht gefordert werden kann (s. §§ 42, 43 SGB I), kann der Unterhaltsschuldner – solange über den Rentenantrag noch nicht entschieden ist – ein zins- und tilgungsfreies Darlehen gegen Abtretung des Anspruchs auf Rentennachzahlung anbieten, falls die Voraussetzungen hierfür vorliegen, verbunden mit dem Verzicht auf Rückzahlung, wenn und soweit Rentennachzahlungen fließen (§§ 43, 44 SGB VI).[64] Der Unterhaltsgläubiger ist nach Treu und Glauben (§ 242) verpflichtet, ein solches Darlehen anzunehmen.[65]

---

55   BGH FamRZ 1987, 359, 361.
56   OLG Schleswig OLGR 2001, 248 – Alkoholerkrankung; OLG Naumburg FamRZ 2007, 472 – der Antragsteller hatte in Kenntnis seiner Alkoholkrankheit über längere Zeit hinweg eine zumutbare und erfolgversprechende Suchtbehandlung unterlassen, weshalb ihm auch unterhaltsrechtlich der Vorwurf einer ebenso unvernünftigen wie leichtfertigen und damit mutwilligen Herbeiführung seiner eigenen Bedürftigkeit zu machen war.
57   OLG Saarbrücken FF 2008, 504.
58   BGH FamRZ 1981, 1042; KG FamRZ 2002, 460; strenger Foerste FamRZ 1999, 1245.
59   BGH FamRZ 1981, 402; zu Alkohol- und Drogenmissbrauch s. OLG Hamm FamRZ 1996, 1080; OLG Bamberg FamRZ 1998, 370; OLG Köln FamRZ 1999, 920; zu neurotischen Erkrankungen s. OLG Hamburg FamRZ 1982, 702; OLG Hamm FamRZ 1999, 237.
60   BGH VersR 1961, 1125; OLG Hamm FamRZ 1996, 863.
61   OLG Düsseldorf FamRZ 1987, 1262 – Alkoholsucht; OLG Köln FamRZ 1992, 65 – Heilmaßnahme wegen Übergewicht: drastische Gewichtsabnahme und Nikotinkarenz.
62   OLG Hamm FamRZ 1989, 631; OLG Schleswig OLGR 2001, 248; s. auch OLG Düsseldorf FamRZ 1987, 1262; Foerste FamRZ 1999, 1245.
63   OLG Schleswig OLGR 2001, 248.
64   BGH FamRZ 1983, 574.
65   Ausführlich Reinecke ZFE 2003, 115; ZAP 2004, Fach 11, 691 ff. mit zwei Formulierungsbeispielen für Darlehensverträge.

4. Begrenzung nach § 1579 Nr. 8

Auch eine bereits **vor der Eheschließung** nicht erkannte oder bereits ausgebrochene und im Zeit-   **30**
punkt der Scheidung oder zu den übrigen Einsatzzeitpunkten weiterhin bestehende, in ihrem vollen Ausmaß erkennbare und fortdauernde Erkrankung begründet einen Unterhaltsanspruch nach
§ 1572.[66] Allein der Umstand einer solchen durch eine **nicht ehebedingte Erkrankung** ausgelösten
Bedürfnislage des Unterhaltsgläubigers und die daraus für den Unterhaltsschuldner folgende
Unterhaltslast rechtfertigen für sich allein noch keine Begrenzung des Unterhaltsanspruchs wegen
Unzumutbarkeit, auch wenn dies dazu führt, dass der leistungsfähige Ehegatte das Lebensschicksal
des anderen in Form einer dauernden Unterhaltslast mittragen muss, weil § 1579 Nr. 8 weder
dazu dient, den Anwendungsbereich des § 1572 zu verändern, noch den Tatbestand dieser Vorschrift zu umgehen. Damit würde der Umstand einer vorehelichen Erkrankung, dessen Vorliegen
nach der gesetzgeberischen Zielsetzung die Erfüllung des Tatbestands des § 1572 gerade nicht hindern soll, auf dem Weg über die negative Härteklausel zu einem gegenläufigen Ergebnis, nämlich
einer Begrenzung des Anspruchs, führen.[67] Soweit Instanzgerichte[68] Billigkeitskorrekturen vorgenommen haben, sind diese mit der Rechtsprechung des BGH[69] unvereinbar.

Allerdings kann **ausnahmsweise** auch bei einer solchen Fallgestaltung § 1579 Nr. 8 eingreifen,   **31**
wenn aus sonstigen Gründen, insb. aus objektiven Gegebenheiten und Entwicklungen der
Lebensverhältnisse der Ehegatten die aus der Unterhaltspflicht erwachsende Belastung für den
Unterhaltsschuldner die **Grenzen des Zumutbaren** überschreitet,[70] etwa wenn eine den Eheleuten
bekannte **Erkrankung** bereits bei Eingehung einer kurzen Ehe bestand,[71] oder wenn sonstige, den
Unterhaltsschuldner besonders belastende Umstände hinzutreten.[72] In einem solchen Falle sind
die schicksalsbedingte allgemeine Lebenssituation des Unterhaltsgläubigers und die Interessenlage
des Unterhaltsschuldners ebenso wie das Zustandekommen und der Verlauf der Ehe sorgfältig
und umfassend gegeneinander **abzuwägen** und nach dem **Maßstab der Zumutbarkeit** einer lang-
andauernden Unterhaltspflicht für den Unterhaltsschuldner zu bewerten.[73]

Eine zeitliche Begrenzung nach § 1579 Nr. 8 kommt auch dann in Betracht, wenn die Ehe zwar   **32**
nicht von kurzer Dauer i.S.d. § 1579 Nr. 1 war, die Eheleute tatsächlich aber nur wenige Monate
zusammengelebt haben.[74] Ein Anspruch gem. § 1572 kann auch dann nach § 1579 Nr. 8 ausgeschlossen sein, wenn die Krankheit bereits bei Eheschließung bestand, der Unterhaltsgläubiger
jedoch durch die Eheschließung keine Nachteile erlitten hat, und der Unterhaltsschuldner durch
die Betreuung eines Kleinkindes bei voller Berufstätigkeit besonders belastet ist,[75] oder wenn im

---

66 BGH FamRZ 1981, 1163 – multiple Sklerose; 1988, 930; 1994, 566; 1995, 1405.
67 BGH FamRZ 1994, 566.
68 OLG Oldenburg NJW 1991, 3222; OLG Hamburg FamRZ 1995, 1417; OLG Karlsruhe FamRZ 1998,
    751.
69 BGH FamRZ 1981, 1163.
70 BGH FamRZ 1986, 443 m.w.N.
71 BGH FamRZ 1988, 930 – Begrenzung des Unterhalts auf insgesamt fünf Jahre nach Rechtskraft des
    Scheidungsurteils; OLG Oldenburg FamRZ 1991, 827; s. auch BGHF 3, 1149 – die Begrenzung des
    Unterhalts beruhte nicht auf der bei Eheschluss noch nicht in Erscheinung getretenen psychischen
    Erkrankung des Ehegatten, sondern gründete sich auf grobe Unbilligkeit wegen kurzer Dauer der Ehe;
    OLG Düsseldorf FF 2000, 29 – Zusammenleben während der Ehe knapp 11 Monate, Einreichung des
    Scheidungsantrages etwa 2 Jahre/9 Monate nach der Eheschließung, Rechtshängigkeit wegen Auslandszu-
    stellung erst nach Ablauf von 3 Jahren und Beschränkung des Unterhaltsanspruchs auf einen Zeitraum
    von 2 Jahren nach Rechtskraft der Scheidung.
72 OLG Brandenburg FamRZ 1996, 866.
73 BGH FamRZ 1988, 930.
74 OLG Hamm FamRZ 1987, 1151 – von Geburt an bestehende Körperbehinderung.
75 OLG Brandenburg FamRZ 1996, 866.

Einzelfall das Ausmaß der Belastung die Grenze des Zumutbaren übersteigt und damit allein eine Anwendung des § 1579 Nr. 8 rechtfertigt.[76]

33 Hat der bedürftige Ehegatte seine Erkrankung schon vor Eingehung der Ehe gekannt, sie dem anderen aber bewusst **verschwiegen**,[77] kommt es bezüglich der Verwirkung des Unterhaltsanspruchs nach § 1579 auf die gesamten Umstände des Einzelfalles an, insb. Dauer der Ehe, ehebedingte Nachteile (vor allem durch Kindererziehung und/oder Haushaltsführung) sowie die persönlichen und wirtschaftlichen Verhältnisse der Ehegatten.

II. Begrenzung nach § 1578b

1. Befristung

34 Auch Unterhaltsansprüche gem. § 1572 können nach § 1578b begrenzt werden, wenn eine an den ehelichen Lebensverhältnissen orientierte Bemessung des Unterhaltsanspruchs auch unter Wahrung der Belange eines dem Berechtigten zur Pflege und Erziehung anvertrauten gemeinschaftlichen Kindes unbillig wäre, wenn im Rahmen des § 1572 die **dauerhafte Inanspruchnahme** des Unterhaltsschuldners bei **schicksalhafter Erkrankung unbillig** ist.[78] Eine Begrenzung ist nach Inkrafttreten des UÄndG 2007 stets von Amts wegen zu prüfen. Die krankheitsbedingte Erwerbsunfähigkeit des Unterhaltsgläubigers ist im Rahmen der nach § 1578b vorzunehmenden Billigkeitsabwägung zu berücksichtigen, steht einer Befristung jedoch grundsätzlich nicht entgegen. Sie ist nicht allein deshalb als ehebedingter Nachteil (i.S.d. § 1578b) anzusehen, weil die Erkrankung während der Ehe ausgebrochen ist, und nicht ausgeschlossen werden kann, dass ihr Ausbruch und Verlauf durch den unglücklichen Verlauf der Ehe begünstigt wurde. Ein **ehebedingter Nachteil** liegt jedoch vor, wenn sich die Versorgungslage des Unterhaltsgläubigers im Krankheitsfall durch die Gestaltung der ehelichen Lebensverhältnisse verschlechtert hat.[79] Dies ist insb. anzunehmen, wenn der Unterhaltsgläubiger aufgrund seiner Erwerbsabstinenz während der Ehe die Voraussetzungen für den Bezug einer Erwerbsminderungsrente nicht erfüllt.[80] Im Übrigen wird auf die Darstellung zu § 1578b verwiesen (vgl. § 1578b Rdn. 32 ff.).

35-41 (zur Zeit nicht besetzt)

2. Herabsetzung des Unterhalts auf den angemessenen Bedarf (§ 1578 b Abs. 1)

42 Das Maß des nachehelichen Unterhalts bemisst sich gem. § 1578 Abs. 1 Satz 1 grundsätzlich nach den ehelichen Lebensverhältnissen. Der Maßstab des **angemessenen Lebensbedarfs**, der nach § 1578b regelmäßig die **Grenze** für die **Herabsetzung** des nachehelichen Unterhalts bildet, bemisst sich nach dem Einkommen, das der unterhaltsberechtigte Ehegatte ohne die Ehe und Kindererziehung aus eigenen Einkünften zur Verfügung hätte. Dabei ist auch auf die **konkrete Lebenssituation** des Unterhaltsgläubigers abzustellen. Beim Krankheitsunterhalt kann deswegen nur auf das Einkommen abgestellt werden, das der Unterhaltsgläubiger ohne die Ehe und Kindererziehung im Falle seiner Krankheit zur Verfügung hätte. Aus dem Begriff der Angemessenheit folgt aber zugleich, dass der nach § 1578b herabgesetzte Unterhaltsbedarf jedenfalls das **Existenzminimum** des Unterhaltsgläubigers erreichen muss.[81]

---

76 OLG Oldenburg FamRZ 1991, 827; offen geblieben in BGH FamRZ 1994, 566.
77 In BGH FamRZ 1981, 1163 noch offen gelassen.
78 Hierzu umfassend OLG Nürnberg FamRZ 2008, 1256; OLG Braunschweig FamRZ 2008, 999; OLG Stuttgart FamRZ 2008, 2208; OLG Zweibrücken OLGR 2008, 884; OLG München FamRZ 2008, 1959; OLG Frankfurt NJW 2008, 3440; FamRZ 2009, 526; OLG Hamburg FamRZ 2009, 781.
79 OLG Saarbrücken FF 2008, 504.
80 OLG Düsseldorf JMBl NW 2009, 147.
81 BGH FamRZ 2010, 629 = FuR 2010, 342 (Berufungsurteil: OLG Frankfurt FamRZ 2009, 526), im Anschluss an BGH FamRZ 2009, 1990, 1991 = FuR 2010, 96.

Ist der Unterhaltsgläubiger **erwerbsfähig**, ist auf das Einkommen abzustellen, das er ohne die 43
Unterbrechung der Erwerbstätigkeit durch die Ehe oder die Kindererziehung erzielen könnte. Ist
der Unterhaltsgläubiger hingegen bereits **Rentner**, kann lediglich auf das Renteneinkommen aus
einer solchen Erwerbstätigkeit abgestellt werden, wobei von der tatsächlichen Rente nach durchgeführtem Versorgungsausgleich auszugehen ist. Beim Krankheitsunterhalt kann hingegen nur auf
das Einkommen abgestellt werden, das der **kranke Unterhaltsgläubiger** ohne die **Ehe** und **Kindererziehung** zur Verfügung hätte, denn wenn er auch ohne die Ehe zu keiner Erwerbstätigkeit in der
Lage wäre, kann nicht auf ein fiktives Einkommen abgestellt werden, das ein gesunder Unterhaltsgläubiger erzielen könnte. Falls die Krankheit nicht ehebedingt ist, ergibt sich der **angemessene
Lebensbedarf** i.S.v. § 1578b Abs. 1 Satz 1 bei vollständiger Erwerbsunfähigkeit also aus der Höhe
der Erwerbsunfähigkeitsrente, wobei auch hier von der tatsächlichen Rente nach Durchführung
des Versorgungsausgleichs auszugehen ist.[82]

(zur Zeit nicht besetzt) 44

3. Wahrung des Existenzminimums

Aus dem Begriff der Angemessenheit folgt zugleich, dass der nach § 1578b herabgesetzte Unter- 45
haltsbedarf jedenfalls das **Existenzminimum** des **Unterhaltsgläubigers** erreichen muss. Der
angemessene Lebensbedarf, der nach § 1578b Abs. 1 Satz 1 regelmäßig die Grenze für die Herabsetzung des nachehelichen Unterhalts bildet, bemisst sich beim Unterhaltsanspruch wegen vollständiger Erwerbslosigkeit wegen Krankheit oder Gebrechen nach § 1572 also grundsätzlich nach
den eigenen Renteneinkünften des kranken Unterhaltsgläubigers. Nur wenn die eigenen Einkünfte darunter liegen, bildet das Existenzminimum die unterste Grenze des angemessenen
Lebensbedarfs.

Der Unterhaltsanspruch wegen Krankheit oder Gebrechen nach § 1572 kann mithin nach 46
§ 1578b bei geringeren Einkünften auf den Mindestbedarf herabgesetzt werden, der sich am Existenzminimum orientiert und die unterste Grenze des Unterhaltsbedarfs beim nachehelichen
Unterhalt und beim Betreuungsunterhalt nach § 1615l bildet. Dabei darf die Höhe des stets zu
wahrenden Existenzminimums mit dem **notwendigen Selbstbehalt** eines **nicht erwerbstätigen
Unterhaltsschuldners pauschaliert** werden. Dass der Selbstbehalt eines Unterhaltsschuldners darüber hinausgeht, steht dem nicht entgegen, weil der Bedarf eines Unterhaltsgläubigers nicht mit
dem entsprechenden Selbstbehalt eines Unterhaltsschuldners gleichgesetzt werden darf. Soweit der
notwendige Selbstbehalt eines Erwerbstätigen darüber hinausgeht, schließt er einen Erwerbsanreiz
ein, der auf Seiten des Unterhaltsschuldners seine Berechtigung hat, aber nicht in gleicher Weise
auf den Unterhaltsgläubiger übertragen werden kann.[83]

Bei der Bemessung der Übergangszeit bis zur Herabsetzung auf den angemessenen Lebensbedarf 47
nach § 1578b ist die seit der Trennung der Parteien wie auch seit der rechtskräftigen Scheidung
vergangene Zeit zu berücksichtigen. Maßgebend ist, ob diese Frist überwiegend in eine Zeit vor
Geltung des § 1578b fällt, denn vor der Gesetzesänderung zum 01.01.2008 konnte der Krankheitsunterhalt lediglich auf den angemessenen Lebensbedarf herabgesetzt werden (§ 1578 Abs. 1
Satz 2 a.F.). Auf der Grundlage jener gesetzlichen Regelung hatte die Begrenzung des nachehelichen Unterhalts erst durch das Urteil des BGH vom 12.04.2006[84] an Bedeutung gewonnen. Es ist

---

82 BGH FamRZ 2010, 629 = FuR 2010, 342 (Berufungsurteil: OLG Frankfurt FamRZ 2009, 526), im
    Anschluss an BGH FamRZ 2009, 1990, 1991 = FuR 2010, 96.
83 BGH FamRZ 2010, 629 = FuR 2010, 342 (Berufungsurteil: OLG Frankfurt FamRZ 2009, 526), im
    Anschluss an BGH FamRZ 2010, 357 = FuR 2010, 217, und BGH FamRZ 2010, 444 = FuR 2010,
    286.
84 FamRZ 2006, 1006.

daher immer zu prüfen, ob eine ab dem Zeitpunkt der Entscheidung (noch) laufende Übergangsfrist im jeweiligen Einzelfall der Billigkeit entspricht.[85]

E. Konkurrenzen

48   Die sog. Originärtatbestände der §§ 1570, 1571, 1572 können miteinander konkurrieren; vorrangig ist der mehrfach privilegierte Tatbestand des § 1570. § 1573 ist bei voller Erwerbsunfähigkeit
als sog. **Subsidiärtatbestand** gegenüber § 1572 nachrangig. Verfügt der Unterhaltsgläubiger bei
voller Erwerbsunfähigkeit über Nicht-Erwerbseinkommen (etwa Erwerbsunfähigkeitsrente, Zinsen
oder Gebrauchsvorteile gem. § 100), verbleibt es beim Tatbestand des § 1572; der Anspruch beruht
nicht ergänzend auf § 1573.[86] Der Unterhaltsanspruch aus § 1576 ist gegenüber demjenigen aus
§ 1572 **subsidiär.**[87] Ist der Unterhaltsgläubiger vollständig an einer Erwerbstätigkeit gehindert,
geht sein Anspruch auf nachehelichen Krankheitsunterhalt nach § 1572 daher auch dann auf den
vollen Unterhalt nach den ehelichen Lebensverhältnissen, wenn der Unterhaltsgläubiger eine
Rente wegen Erwerbsminderung bezieht.[88] Bei Teilerwerbsunfähigkeit kann sich der Anspruch
teilweise aus § 1573 Abs. 1 und teilweise aus § 1572 ergeben.[89]

49   Für die **Abgrenzung** der **Anspruchsgrundlagen** des **nachehelichen Unterhalts** wegen eines
Erwerbshindernisses nach §§ 1570 bis 1572 und des Aufstockungsunterhalts nach § 1573 **Abs. 2**
kommt es darauf an, ob wegen des vorliegenden **Hindernisses** eine **Erwerbstätigkeit vollständig**
oder nur **zum Teil ausgeschlossen** ist. Ist der Unterhaltsgläubiger wegen vorhandener Erwerbshin-
dernisse vollständig an einer Erwerbstätigkeit gehindert, dann beruht sein Unterhaltsanspruch insgesamt allein aus §§ 1570 bis 1572, und zwar auch für denjenigen Teil des Unterhaltsbedarfs, der
nicht auf dem Erwerbshindernis, sondern auf dem den angemessenen Lebensbedarf übersteigenden Bedarf nach den ehelichen Lebensverhältnissen (voller Unterhalt) gemäß § 1578 Abs. 1 Satz 1
beruht. Ist der Unterhaltsgläubiger hingegen nur teilweise an einer Erwerbstätigkeit gehindert,
dann ergibt sich sein Anspruch auf Unterhalt wegen des allein durch die Erwerbshinderung verursachten Einkommensausfalls aus §§ 1570 bis 1572, soweit die Einkommensdifferenz auf Kindesbetreuung, Alter, Erkrankung/Gebrechen beruht, im Übrigen aus § 1573 Abs. 2.[90]

50   Allerdings handelt es sich bei einer schweren Krankheit und der durch sie bedingten Erwerbsunfähigkeit in der Regel um eine **schicksalhafte Entwicklung.** Eine **dauerhafte Unterhaltsverantwortung** des geschiedenen Ehegatten für das allein im zeitlichen Zusammenhang mit der Ehe stehende Krankheitsrisiko ist nicht ohne weiteres gerechtfertigt.[91] Andererseits hat der Gesetzgeber
mit der Schaffung des Unterhaltsanspruchs wegen Krankheit oder Gebrechen in § 1572 ein
besonderes Maß an **nachehelicher Solidarität** festgeschrieben, das auch im Rahmen der Begrenzung oder Befristung dieses nachehelichen Unterhalts nichtunberücksichtigt bleiben kann.[92] Auch
in solchen Fällen, in denen die **fortwirkende eheliche Solidarität** den **wesentlichen Billigkeits-
maßstab** bildet, kommt den in § 1578b Abs. 1 Satz 3 genannten Umständen besondere Bedeu-

---

85   BGH FamRZ 2010, 629 = FuR 2010, 342 (Berufungsurteil: OLG Frankfurt FamRZ 2009, 526), im
      Anschluss an BGHZ 179, 43 = BGH FamRZ 2009, 406.
86   OLG München FamRZ 1997, 295.
87   BGH FamRZ 2003, 1734 = FuR 2003, 568.
88   OLG Celle FamRZ 2009, 56.
89   BGH FamRZ 2009, 406 mit Anm. Schürmann.
90   So bereits BGH FamRZ 1990, 492, 493 f. zu § 1570; 1993, 789, 791 zu § 1572; 1999, 708, 709 zu
      § 1571; BGHZ 179, 43 = BGH FamRZ 2009, 406 mit Anm. Schürmann = FuR 2009, 203; vgl. auch
      BGH FamRZ 2009, 708 = FuR 2010, 394 (Berufungsurteil: OLG Düsseldorf FamRZ 2008, 1254) im
      Anschluss an BGHZ 179, 43 = BGH FamRZ 2009, 406 Tz. 20 ff. – Abgrenzung von Krankheitsunter-
      halt nach § 1572 und Aufstockungsunterhalt nach § 1573 Abs. 2.
91   BGHZ 179, 43 = BGH FamRZ 2009, 406 = FuR 2009, 203.
92   BGH FamRZ 2009, 1207 = FuR 2009, 530.

tung zu.[93] Auf deren Grundlage, insb. der Dauer der Pflege oder Erziehung gemeinschaftlicher Kinder, der Gestaltung von Haushaltsführung und Erwerbstätigkeit während der Ehe sowie der Dauer der Ehe ist auch der Umfang einergeschuldeten nachehelichen Solidarität zu bemessen.[94]

Kann der geschiedene Ehegatte eine gem. § 1574 angemessene Vollzeitbeschäftigung ausüben, **51** kann er auch dann nicht Unterhalt nach § 1572 verlangen, wenn ihm auf Grund seiner gesundheitlichen Beeinträchtigung eine bestimmte andere – etwa die erlernte – Erwerbstätigkeit, die mit höheren Einkünften verbunden ist, verschlossen ist.[95] Decken die Einkünfte aus dieser vollschichtigen Erwerbstätigkeit den vollen Unterhaltsbedarf i.S.d. § 1578 nicht, kommt allein ein Anspruch auf Aufstockungsunterhalt (§ 1573 Abs. 2) in Betracht.[96] Einkommen aus Erwerbstätigkeit trotz gesundheitlicher Beeinträchtigungen kann, muss aber nicht überobligatorisch erzielt werden.[97]

Kann der Unterhaltsgläubiger aus gesundheitlichen Gründen entsprechend seiner Erwerbsobliegenheit nur eine **Teilerwerbstätigkeit** ausüben, mit der er seinen vollen Unterhalt nicht verdienen kann, dann begründet § 1572 einen Unterhaltsanspruch nur in Höhe der Differenz zu einem gedachten (Mehr-)Einkommen aus voller Erwerbstätigkeit. **Daneben** kann er **Aufstockungsunterhalt** nach § 1573 Abs. 2 beanspruchen, wenn sein Eigenverdienst zusammen mit dem Teilanspruch aus § 1572 zu seinem vollen Unterhalt i.S.d. § 1578 Abs. 1 Satz 1 nicht ausreicht;[98] die Anspruchsgrundlagen des § 1572 und des § 1573 Abs. 2 stehen dann **nebeneinander**. Es bedarf dann keiner Feststellung des Mehreinkommens, das ohne gesundheitliche Beeinträchtigung durch eine Vollerwerbstätigkeit erzielt werden kann.

F. Darlegungs- und Beweislast

Verlangt ein geschiedener Ehegatte Unterhalt nach § 1572, dann muss er zu **beiden** Tatbestands- **53** elemente dieser Vorschrift – **Einsatzzeitpunkt und gesundheitsbedingte Unzumutbarkeit** der **Erwerbstätigkeit** –schlüssig und substantiiert darlegen und seinen Vortrag im Bestreitensfalle beweisen.[99] Allerdingsdürfen die Anforderungen, die insoweit zu stellen sind, nicht überspannt werden, sondern sie müssen den Umständen des Falles entsprechen.[100]

Zunächst ist schlüssig und substantiiert vorzutragen, dass der Anspruch nach § 1572 zum jeweili- **54** gen maßgeblichen **Einsatzzeitpunkt** bestanden hat. Dieser Vortrag muss eindeutig erkennen lassen, auf welchen **Zeitpunkt** sich seine Behauptung, nichterwerbsfähig (gewesen) zu sein, bezieht.[101] Sind die Parteien im Vorverfahren nach Beweisaufnahme von voller Erwerbsfähigkeit des Unterhaltsgläubigers ausgegangen, und haben sie deshalb lediglich Aufstockungsunterhalt (§ 1573 Abs. 2) vereinbart, so kann sich der Unterhaltsgläubiger im Abänderungsverfahren auf § 1572 als neue Anspruchsgrundlage nur stützen, wenn er nachweist, dass er im Einsatzzeitpunkt (Wegfall des Anspruchs aus § 1573 Abs. 2) krankheitsbedingt in seiner Erwerbsfähigkeit eingeschränkt war.[102]

---

93 BT-Drucks. 16/1830 S. 19.
94 BGH FamRZ 2010, 869 = FuR 2010, 394 (Berufungsurteil: OLG Düsseldorf FamRZ 2008, 1254).
95 Zum Verhältnis von Unterhalt wegen Krankheit und Aufstockungsunterhalt, wenn nicht hinreichend substantiiert dazu vorgetragen worden ist, dass im Zeitpunkt der Rechtskraft der Scheidung die Aufnahme einer Erwerbstätigkeit nicht erwartet werden konnte, s. OLG Schleswig NJW-RR 2004, 1372.
96 BGH FamRZ 1991, 170; 1995, 869; zu Mischeinkünften s. OLG München OLGR 1997, 7.
97 S. hierzu BGH FamRZ 1998, 899.
98 BGH FamRZ 1990, 492 zu § 1570; 1991, 170; 1993, 789; 1999, 708; a.A. OLG Dresden FamRZ 1999, 232 – nur § 1573 Abs. 2.
99 BGH FamRZ 1990, 496, 497 = FuR 2005, 516.
100 BGH FamRZ 1987, 144, 145 = FuR 2005, 516.
101 BGH FamRZ 1988, 265 = FuR 2001, 404.
102 OLG Hamm FamRZ 1999, 1510.

55 Der nach § 1572 Unterhalt begehrende geschiedene Ehegatte darf sich nicht generell auf Erwerbsunfähigkeit i.S.d.§ 1572 berufen, sondern er hat – insb. im Hinblick darauf, dass eine nur teilweise Erwerbsunfähigkeit vorliegen kann –seine **gesundheitlichen Beeinträchtigungen** im Einzelnen, insb. nach **Art** und **Umfang** sowie nach Auswirkungen und Dauer der Erkrankung darzulegen. Der bloße Hinweis auf eine seit längerem vorliegende Erkrankung lässt weder erkennen, welche konkreten gesundheitlichen Beeinträchtigungen bestehen, noch inwieweit sich diese auf die Erwerbsfähigkeit auswirken.[103] Allerdings indiziert der **Bezug** einer **Erwerbsunfähigkeitsrente** Krankheit. Der Unterhalt begehrende geschiedene Ehegatte hat weiterhin vorzutragen, inwiefern sich seine gesundheitlichen Störungen auf seine Erwerbsfähigkeit auswirken (Kausalität!).[104] Die volle oder teilweise Erwerbsunfähigkeit ist durch Sachverständigengutachten nachzuweisen; die Vorlage von ausführlichen ärztlichen Attesten allein genügt regelmäßig zwar für schlüssigen Vortrag (Darlegungslast), nicht aber für die Beweislast.[105]

56 Der Unterhaltsschuldner genügt seiner Darlegungs- und Beweislast dafür, der Unterhaltsgläubiger sei von einer schweren Erkrankung genesen, nur dann, wenn er schlüssig und substantiiert Umstände vorträgt, von denen auf eine **dauerhafte Genesung** geschlossen werden kann.[106]

57 Der **Unterhaltsschuldner** hat die für eine **Begrenzung** des **Unterhaltsanspruchs** sprechenden **Umstände** darzulegen und zu beweisen. Dieser Darlegungslast genügt er nicht allein durch den Hinweis darauf, dass die Erkrankung der Unterhaltsgläubigerin auch ohne die Ehe mit ihm aufgetreten wäre; vielmehr hat er im Rahmen des Einwands der Begrenzung des Unterhaltsanspruchs konkret zur Situation während der Ehe, insb. zur Arbeits- und Rollenverteilung zwischen den Eheleuten sowie zu den vorehelichen Verhältnissen vorzutragen, damit zuverlässig beurteilt werden kann, ob der Unterhaltsgläubiger tatsächlich keine Nachteile erlitten hat, die sich etwa aus der vereinbarten Rollenverteilung ergeben.[107]

G. Rechtsprechung zum nachehelichen Unerhalt wegen Kankheit oder Gebrechen

I. Aktuelle Rechtsprechung des BGH

BGH Urteil vom 07.03.2012, Aktz.: XII ZR 25/10

58 Beim Krankheitsunterhalt nach § BGB § 1572 BGB, bei dem die Krankheit selbst regelmäßig nicht ehebedingt ist, ist ein ehebedingter Nachteil denkbar, wenn ein Unterhaltsberechtigter auf Grund der Rollenverteilung in der Ehe nicht ausreichend für den Fall der krankheitsbedingten Erwerbsminderung vorgesorgt hat und seine Erwerbsunfähigkeitsrente infolge der Ehe oder Kindererziehung geringer ist, als sie ohne die Ehe wäre oder sie vollständig entfällt (Senat, BGHZ 179, BGHZ Band 179 Seite 43 = NJW 2009, NJW Jahr 2009 Seite 989 = FamRZ 2009, FAMRZ Jahr 2009 Seite 406 Rn. FAMRZ Jahr 2009 Seite 406 Rn. 34; NJW 2009, NJW Jahr 2009 Seite 2450 = FamRZ 2009, FAMRZ Jahr 2009 Seite 1207 Rn. FAMRZ Jahr 2009 Seite 1207 Rn. 36, und NJW 2011, NJW Jahr 2011 Seite 1285 = FamRZ 2011, FAMRZ Jahr 2011 Seite 713 Rn. FAMRZ Jahr 2011 Seite 713 Rn. 19).

---

103 BGH FamRZ 2001, 1291 = FuR 2001, 404; KG EzFamR aktuell 1999, 377; OLG Saarbrücken OLGR 2005, 826; OLG Brandenburg NJW-RR 2009, 1227.
104 OLG Nürnberg FamRZ 1992, 682; OLG Brandenburg FamRZ 1996, 866; OLG Stuttgart NJWE-FER 2001, 225 – 52-jährige Frau, krankheitsbedingt nur leichte Halbschichttätigkeit möglich.
105 OLG Naumburg OLGR 1997, 233 – auch die Vorlage einer Krankenbescheinigung und des Antrages auf Gewährung von Erwerbsunfähigkeitsrente reiche für sich allein als Beweis für Erwerbsunfähigkeit nicht aus.
106 BGH FamRZ 2005, 1897 = FuR 2005, 516.
107 OLG Celle FamRZ 2009, 121.

Insoweit entsprechen sich Krankheitsunterhalt nach § BGB § 1572 und der Altersunterhalt nach § BGB § 1571 BGB. In beiden Fällen ist jedoch zu berücksichtigen, dass der Ausgleich unterschiedlicher Vorsorgebeiträge vornehmlich Aufgabe des Versorgungsausgleichs ist, durch den die Interessen des Unterhaltsberechtigten regelmäßig ausreichend gewahrt werden. Ehebedingte Nachteile i.S. des § BGB § 1578b BGB § 1578b Abs. Abs. 1 Satz 2 BGB können also nicht mit den durch die Unterbrechung der Erwerbstätigkeit während der Ehe verursachten geringeren Rentenanwartschaften begründet werden, wenn für diese Zeit ein Versorgungsausgleich stattgefunden hat. Nachteile in der Versorgungsbilanz sind dann in gleichem Umfang von beiden Ehegatten zu tragen und somit vollständig ausgeglichen (Senat, NJW 2008, NJW Jahr 2008 Seite 2581 = FamRZ 2008, FAMRZ Jahr 2008 Seite 1325 Rn. FAMRZ Jahr 2008 Seite 1325 Rn. 43; NJW 2008, NJW Jahr 2008 Seite 2644 = FamRZ 2008, FAMRZ Jahr 2008 Seite 1508 Rn. FAMRZ Jahr 2008 Seite 1508 Rn. 25, und NJW 2011, NJW Jahr 2011 Seite 1285 = FamRZ 2011, FAMRZ Jahr 2011 Seite 713 Rn. FAMRZ Jahr 2011 Seite 713 Rn. 19).

Ein ehebedingter Nachteil wegen Aufgabe der Erwerbstätigkeit infolge der Kindererziehung und Haushaltstätigkeit kann sich allerdings dann ergeben, wenn deswegen die Voraussetzungen für eine Rente wegen voller Erwerbsminderung nicht erfüllt sind. In solchen Fällen besteht der Nachteil im Verlust der ohne Ehe und Kindererziehung erzielbaren Erwerbsunfähigkeitsrente. Der sich daraus ergebende ehebedingte Nachteil entfällt allerdings mit dem Beginn der Altersrente, weil für diese nach den §§ SGB_VI § 35ff. SGB VI neben der Erfüllung der Wartezeit und der Altersvoraussetzung keine Mindestzahl von Pflichtbeiträgen – wie bei der Erwerbsunfähigkeitsrente gem. § SGB_VI § 43 SGB_VI § 43 Abs. 2 Satz 1 Nr. SGB_VI § 43 Nummer 2 SGB VI – erforderlich ist (Senat, NJW 2011, NJW Jahr 2011 Seite 1285 = FamRZ 2011, FAMRZ Jahr 2011 Seite 713 Rn. FAMRZ Jahr 2011 Seite 713 Rn. 20).

II. Aktuelle Rechtsprechung der OLGe

1. OLG Köln, Beschluss vom 06.02.2012, Aktz.: 4 WF 214/11[108]

»Die Aufnahme und Fortführung einer sadistisch geprägten Beziehung, die voraussehbar zu einer psychischen Beeinträchtigung mit der Folge der Erwerbsunfähigkeit führt, schließt einen nachehelichen Unterhaltsanspruch gem. § 1579 Nr. 4 oder Nr. 8 BGB aus.«

59

Die Antragsgegnerin beantragte in der Vorinstanz nachehelichen Krankheitsunterhalt aufgrund von einer psychisch bedingten Erwerbsunfähigkeit. Der psychische Zustand der Antragsgegnerin rührte dabei, laut Attest einer Dipl. Psychologin, aus einer ca. dreimonatigen Partnerschaft her mit einem »offensichtlich sadistisch veranlagten Partner« her, der ihr gegenüber auch in verschiedener Form gewalttätig geworden sein soll.

Das OLG Köln verneint einen Anspruch auf Krankheitsunterhalt mit der Begründung, dass die Antragsgegnerin sich willentlich der vermeintlich gewalttätigen Beziehung aussetzte und ihre Erkrankung durch eigenes Verhalten mitverursacht hat. Die Antragsgegnerin hatte sich bereits in einem Vorverfahren auf psychische Probleme berufen, um einen Krankheitsunterhalt zu begründen. Entgegen den Hinweisen der Familienrichters hatte sie sich allerdings nicht in psychologische Hilfe begeben. Das OLG geht im Hinblick auf die bereits bestehende Labilität der Antragstellerin davon aus, dass sie sich jedenfalls leichtfertig dem Risiko einer stärkeren psychischen Belastung ausgesetzt hat, indem sie eine solche Partnerschaft eingegangen und nicht vermieden hat. Ihr Verhalten ist daher zumindest als leichtfertig einzustufen, so dass der Tatbestand der Verwirkung gem. § 1579 im Sinne einer Mutwilligkeit erfüllt ist.

---

108 BeckRS 2012, 06530, in: Beck-Online; Anmerkung von Ulrich M. Hambitzer, in: FamFR 2012, 205.

2. OLG Brandenburg: Urteil vom 28.12.2011, Aktz.: 13 UF 4/08[109]

60   Die Antragstellerin ist Floristin und beantragt Krankheitsunterhalt aufgrund einer Beeinträchtigung ihrer Kniegelenke. Sie leidet trotz durchgeführter Operationen in den Jahren 1977
und 1997 an beiden Knien an Instabilität der Patella, vor allem im linken Knie. Diese wie im linken Kniegelenk diagnostizierte leichte bzw. im rechten Kniegelenk beginnenden degenerativen
Veränderungen führen zu den von der Antragsgegnerin beschriebenen Beschwerden bei Belastung
beider Kniegelenke, insbesondere des linken Kniegelenkes bei langem Stehen oder Knien und im
linken Kniegelenk auch zu Schwellzuständen. Allerdings führt dies laut Sachverständigengutachten nicht zu einer Erwerbsunfähigkeit insgesamt, so dass ein vollumfänglicher nachehelicher
Unterhaltsanspruch ausscheidet. Allerdings ist nach der höchstrichterlichen Rechtsprechung anerkannt, dass im Fall der krankheitsbedingten Teilerwerbstätigkeit ein Unterhaltsanspruch gemäß
§§ 1572, 1573 Abs. 1 BGB bis zur Höhe des durch eine Vollerwerbstätigkeit erzielbaren Mehreinkommens und daneben gegebenenfalls ein Anspruch gemäß § 1573 Abs. 2 BGB bestehen kann,
wenn der eigene Verdienst zusammen mit dem Teilanspruch zu seinem vollen Unterhalt nicht ausreicht (BGH FamRZ 2009, 406). Ein solcher Unterhaltsanspruch scheidet wiederum gem. § 1572
BGB aus, wenn eine andere Arbeit vollschichtig möglich ist (Palandt-Brudermüller, BGB,
70. Aufl., § 1572 Rn. 17). Davon geht das OLG Brandenburg im vorliegendem Fall aus. Dem
ärztlichen Sachverständigengutachten zu Folge, ist es der Antragstellerin auch unter Berücksichtigung gesundheitlicher Aspekte zumutbar, vollschichtig einer Erwerbstätigkeit nachzugehen. Zwar
scheidet eine vollschichtige Erwerbstätigkeit als Floristin aus, da diese Tätigkeit schwerpunktmäßig im Stehen ausgeführt wird. Einer sitzenden Tätigkeit, sowie die von ihr bereits zeitweise ausgeübte Tätigkeit als Telefonistin in einem Callcenter, kann die Antragstellerin vollschichtig nachgehen. Ein krankheitsbedingter Unterhaltsanspruch scheidet daher nach Auffassung des OLG
Brandenburg aus.

3. OLG Hamm: Urteil vom 11.05.2010, Aktz.: 2 UF 64/08[110]

61   1. Im Rahmen einer Selbstbeteiligung vom Unterhaltsschuldner aufgewandte Krankheitskosten
vermindern sein unterhaltsrelevantes Einkommen, wenn und soweit er im Anspruchszeitraum tatsächliche Leistungen hierauf erbracht hat.

2. Die Höchstgrenze für eine angemessene primäre Altersvorsorge eines selbstständig tätigen
Unterhaltsschuldners (in der Regel 20% seines Bruttoeinkommens) bemisst sich nach seinem
Gesamteinkommen unter Einschluss seiner Erwerbseinkünfte und seiner sonstigen Einkünfte
(etwa aus Vermietung und Verpachtung). Dabei ist zu berücksichtigen, dass ein Teil seiner Altersvorsorge bereits auf andere Weise (z. B. durch Mieteinnahmen) gedeckt sein kann.

3. Lebt der Unterhaltsschuldner mit einem neuen Ehepartner in einer Haushaltsgemeinschaft
zusammen, tritt dadurch in der Regel eine Ersparnis bei den allgemeinen Kosten für die Lebenshaltung ein, die nicht erst im Rahmen seiner Leistungsfähigkeit, sondern bereits bei der Bedarfsermittlung nach der Dreiteilungsmethode zu berücksichtigen ist und zu einer Modifikation des Verhältnisses der den einzelnen Mitgliedern der Bedarfsgemeinschaft zustehenden Anteile führen
kann.

4. Dafür, dass sich beim Krankheitsunterhalt nach § 1572 BGB, bei dem die Krankheit nicht ehebedingt ist, ein ehebedingter Nachteil daraus ergibt, dass ein Unterhaltsberechtigter aufgrund der
Rollenverteilung in der Ehe nicht ausreichend für den Fall der krankheitsbedingten Erwerbsminderung vorgesorgt hat, besteht keine tatsächliche Vermutung; es ist daher in jedem Einzelfall
gesondert zu prüfen, ob seine Erwerbsminderungsrente infolge der Ehe und Kindererziehung
geringer ist, als sie ohne die Ehe wäre.

109 BecksRS 2012, 01660, in: Beck-Online.
110 FamFR 2010, 372; FamRZ 2010, 1911.

5. Auch ohne Vorliegen ehebedingter Nachteile kann es das nach den individuellen Verhältnissen in der Ehe zu beurteilende Maß an nachehelicher Solidarität gebieten, den in der Ehe angelegten Lebensbedarf des unterhaltsberechtigten Ehepartners zumindest teilweise für einen gewissen Zeitraum aufrecht zu erhalten, um ihm eine Umstellung auf die geänderten Lebensverhältnisse nach der Trennung und Scheidung der Eheleute in angemessener Weise zu ermöglichen.

6. Der selbstständige Unterhaltsschuldner kann von seinem Einkommen im Rahmen einer Selbstbeteiligung tatsächlich aufgewendete Krankheitskosten sowie als angemessene Altersvorsorge 20 % seines Bruttoverdienstes in Abzug bringen. Maßgebend ist dabei das Gesamteinkommen unter Einschluss der Erwerbseinkünfte und der sonstigen Einkünfte. Dabei ist zu berücksichtigen, dass ein Teil der Altersvorsorge bereits auf anderem Wege gedeckt ist.

7. Unterhaltsrückstände sind nach dem im fraglichen Zeitraum tatsächlich erzielten Einkommen zu berechnen.

§ 1573 Unterhalt wegen Erwerbslosigkeit und Aufstockungsunterhalt

(1) Soweit ein geschiedener Ehegatte keinen Unterhaltsanspruch nach den §§ 1570 bis 1572 hat, kann er gleichwohl Unterhalt verlangen, solange und soweit er nach der Scheidung keine angemessene Erwerbstätigkeit zu finden vermag.

(2) Reichen die Einkünfte aus einer angemessenen Erwerbstätigkeit zum vollen Unterhalt (§ 1578) nicht aus, kann er, soweit er nicht bereits einen Unterhaltsanspruch nach den §§ 1570 bis 1572 hat, den Unterschiedsbetrag zwischen den Einkünften und dem vollen Unterhalt verlangen.

(3) Absätze 1 und 2 gelten entsprechend, wenn Unterhalt nach den §§ 1570 bis 1572, 1575 zu gewähren war, die Voraussetzungen dieser Vorschriften aber entfallen sind.

(4) ¹Der geschiedene Ehegatte kann auch dann Unterhalt verlangen, wenn die Einkünfte aus einer angemessenen Erwerbstätigkeit wegfallen, weil es ihm trotz seiner Bemühungen nicht gelungen war, den Unterhalt durch die Erwerbstätigkeit nach der Scheidung nachhaltig zu sichern. ²War es ihm gelungen, den Unterhalt teilweise nachhaltig zu sichern, so kann er den Unterschiedsbetrag zwischen dem nachhaltig gesicherten und dem vollen Unterhalt verlangen.

(5) *(weggefallen)*

A. Strukturen

1   Im Rahmen des vorrangig zu beachtenden[1]Gebots der **wirtschaftlichen Eigenverantwortung** (§ 1569) schützt § 1573 den Unterhaltsgläubiger weitgehend vor einem **sozialen Abstieg** nach dem Zerfall der Ehe. Zu diesem Zweck normiert das Gesetz in § 1573 Abs. 1 den sog. »Erwerbslosenunterhalt«, in § 1573 Abs. 2 den sog. »Aufstockungsunterhalt«,[2] in § 1573 Abs. 3 den sog. »Anschlussunterhalt«[3] und in § 1573 Abs. 4 einen Unterhaltsanspruch nach **Wegfall** einer **angemessenen Erwerbstätigkeit** (§ 1574 Abs. 1).Allerdings ist die dauerhafte Aufrechterhaltung des ehelichen Lebensstandards grundsätzlich dann nicht gerechtfertigt, wenn aus der Gestaltung der ehelichen Lebensverhältnisse keine bleibenden Nachteile für einen der Ehegatten erwachsen sind; in solchen Fällen ist der Unterhalt nach § 1578b zu **begrenzen**. Waren Eheleute etwa nur kurz verheiratet, und war die nacheheliche Unterhalt begehrende, 64-jährige Ehefrau vor der Eheschließung berufstätig, dann muss sie darlegen und beweisen, warum sie nicht in der Lage sein soll, Einkünfte zuzerzielen, die ihren angemessenen Lebensbedarf decken.[4] Eine Begrenzung des Anspruchs auf Aufstockungsunterhalt kommt allerdings nicht in Betracht, sofern eine verlässliche Prognose der beruflichen Perspektive des Elternteils erst nach Wegfall der Kindesbetreuung möglich ist.[5]

2   Das **UÄndG 2007** hat Abs. 5 des § 1573 aufgehoben, weil das Gesetz mit § 1578b eine allgemeine Regelung zur Herabsetzung und zeitlichen Begrenzung des nachehelichen Unterhaltsanspruchs geschaffen hat. § 1578b wurde dem § 1573 Abs. 5 nachgebildet.

B. Normzweck

3   § 1573 sichert dem geschiedenen Ehegatten den gewohnten **ehelichen Lebensstandard**, ohne dass der Tatbestand jedoch strikt auf»ehebedingte Bedürftigkeit« beschränkt ist:[6] Die Bedürfnislage muss nur in losem Zusammenhang mit der Ehe stehen.[7] Das Gesetz berücksichtigt damit, dass das in der Ehe erreichte Lebensniveauregelmäßig nicht nur in **Doppelverdienerehen** auf Leistungen beider Ehegatten beruht, sondern auch dann, wenn ein Ehegatte –etwa mit Rücksicht auf die ehelichen oder familiären Interessen –auf eine berufliche Weiterentwicklung verzichtet hat: Es wäre ungerecht, ihm die dadurch fortwirkenden Nachteile der einvernehmlichen Lebensgestaltung nach dem Scheitern der Ehe allein aufzuerlegen. Diesem Verständnis der Norm hat auch der BGH Rechnung getragen, indem er seine frühere Rechtsprechung zur sog. Anrechnungsmethode geändert hat, wenn ein Ehegatte, der in der Ehe Haushaltsführung/Kinderbetreuung übernommen hatte, und deshalb erst nach der Trennung/Scheidung und erst wegen ihr eine Erwerbstätig-

---

1   BGH FamRZ 1991, 416.
2   Zum Aufstockungsunterhalt bei bestehender Gütergemeinschaft s. OLG Oldenburg FuR 2009, 594.
3   BVerfGE 57, 361 = FamRZ 1981, 745 ff. – § 1573 Abs. 2 sei verfassungskonform.
4   OLG Köln OLGR 2009, 841 (Ehedauer drei Jahre, Alter der Ehefrau bei Beginn der Scheidung: 64 Jahre).
5   OLG Hamm FamRZ 2009, 2093.
6   BGH FamRZ 1982, 892; s. auch Hahne FamRZ 1986, 307.
7   BGH FamRZ 1980, 126.

keit aufnimmt oder ausweitet.[8] Im Rahmen dieser Neubewertung der ehelichen Lebensverhältnisse hat er die sog. »Surrogatslösung«gewählt, nicht jedoch die sog.»Bewertungslösung«.[9]

Der **Aufstockungsunterhalt** (§1573 Abs. 2) sichert den vollen Unterhalt (§1578) des geschiedenen Ehegatten entsprechend den ehelichen Lebensverhältnissen durch Aufstockung eigener unzureichender Einkünfte aus einer angemessenen Erwerbstätigkeit (vgl. §1574 Abs. 1) auf den vollen Unterhalt, wenn und soweit der Unterhaltsgläubiger nicht bereits einen Unterhaltsanspruch nach §§1570–1572 hat.[10] Damit schafft die Vorschrift gleichzeitig einen Anreiz für den Unterhaltsgläubiger, auch solche Tätigkeiten beizubehalten oder zu übernehmen, die den angemessenen Unterhalt nicht in vollem Umfange sicherstellen. Je länger die Ehe gedauert hat, und je mehr der voreheliche Status zurücktritt, und um so mehr ist auf die ehelichen Lebensverhältnisse abzustellen.[11] Durch diese Neuorientierung der höchstrichterlichen Rechtsprechung haben sich die Unterhaltslasten – insb. nach §1573 Abs. 2 – deutlich gemehrt, so dass künftig der **Begrenzung** des **Unterhaltsanspruchs** (§1578b und §1579) noch mehr **Bedeutung** beizumessen ist. 4

§1573 Abs. 4 verfolgt einen **doppelten Zweck: Einerseits** ist der **Unterhaltsgläubiger** geschützt, wenn er ernsthaft, jedoch erfolglos versucht hat, sich selbst zu unterhalten;[12]**andererseits** wird die nacheheliche Verantwortung des **Unterhaltsschuldners** für den geschiedenen Ehegatten begrenzt, wenn dieser zunächst eine wirtschaftliche Sicherung erreicht, sie später jedoch aus persönlichen Gründen oder wegen der wirtschaftlichen Lage wiederverloren hat. 5

C. Tatbestandselemente der Unterhaltstatbestände nach §1573 Abs. 1 bis 4

Unterhaltstatbeständen ach §1573 Abs. 1–4 sind in **vier Fallgruppen** zu gliedern: 6

1. Nach einem bestimmten Einsatzzeitpunkt (§1573 Abs. 1 bzw. 3) wird eine Zeitlang (»**solange**«) keine angemessene Erwerbstätigkeit (s. §1574 Abs. 1) gefunden,
2. Die ausgeübte **nicht angemessene** Erwerbstätigkeit (s. §1574 Abs. 1) deckt den Unterhaltsbedarf nicht (»**soweit**«, §1573 Abs. 1 bzw. Abs. 2 und 3),
3. Eine mit Rücksicht auf die Ehe ausgeübte **nicht angemessene** Erwerbstätigkeit (s. §1574 Abs. 1) wird nach der Scheidung aufgegeben,[13]
4. Einkünfte aus einer **angemessenen** Erwerbstätigkeit (s. §1574 Abs. 1) fallen später weg (§1573 Abs. 4 Satz 1), weil der Unterhalt durch die Erwerbstätigkeit nach der Scheidung nicht nachhaltig gesichert werden konnte.

I. §1573 Abs. 1 (»Erwerbslosenunterhalt«)

Der Unterhaltstatbestand des §1573 Abs. 1 setzt **drei Tatbestandselemente** voraus:[14] 7

1. **kein vorrangiger Anspruch** nach §1570 (Kinderbetreuung), §1571 (Alter) oder §1572 (gesundheitliche Beeinträchtigungen),
2. **fehlendeMöglichkeit** einer **Erwerbstätigkeit** bei bestehender Erwerbsobliegenheit – »solange und soweit der geschiedene Ehegatte nach der Scheidung keine angemessene Berufstätigkeit (s. §1574 Abs. 1) zu finden vermag«,

---

8 BGHZ 148, 105 = BGH FamRZ 2001, 986 = FuR 2001, 306.
9 BGHZ 148, 105 = BGH FamRZ 2001, 986 = FuR 2001, 306.
10 S. OLG Schleswig NJW-RR 2004, 1372 – zum Verhältnis von Unterhalt wegen Krankheit und Aufstockungsunterhalt, wenn nicht hinreichend substantiiert dazu vorgetragen worden ist, dass im Zeitpunkt der Rechtskraft der Scheidung die Aufnahme einer Erwerbstätigkeit nicht erwartet werden konnte.
11 BGH FamRZ 1983, 144.
12 OLG Hamm FamRZ 1997, 26.
13 S. BT-Drucks. 7/650 S. 125.
14 S. hierzu BGH FamRZ 1986, 885.

3. Wahrung eines **Einsatzzeitpunkts**: Scheidung gem.§ 1573 Abs. 1 bzw. Wegfall des Betreuungs-unterhalts (§ 1570), des Unterhalts wegen Alters (§ 1571) oder wegen gesundheitlicher Beeinträchtigungen (§ 1572) sowie Beendigung der Ausbildung, Fortbildung oder Umschulung (§ 1575) nach § 1573 Abs. 3.

1. Kein vorrangiger Anspruch

8   Soweit der geschiedene Ehegatte auf Grund eines **vorrangigen Anspruchs** – wegen Kinderbetreuung (§ 1570) oder wegen Alters (§ 1571) oder wegen gesundheitlicher Beeinträchtigungen (§ 1572) – Unterhalt verlangen kann, tritt der **subsidiäre Tatbestand** des § 1573 Abs. 1 und 3 zurück. § 1573 Abs. 1 i.V.m. § 1569 geht davon aus, dass der Unterhaltsgläubiger zur Erwerbstätigkeit und zu Bemühungen um einen Arbeitsplatz gehalten ist, eine **Obliegenheit**, die einen Erwerbsunfähigen nicht treffen kann. Kann von dem bedürftigen geschiedenen Ehegatten wegen seiner körperlichen Verfassung eine Erwerbstätigkeit nicht erwartet werden, so kann er allenfalls nach Maßgabe der übrigen Vorschriften (etwa § 1571 oder § 1572), nicht aber nach § 1573 Abs. 1 Unterhalt verlangen.

2. Fehlende Möglichkeit der Erwerbstätigkeit

9   Der Unterhaltsanspruch nach § 1573 Abs. 1 setzt weiter voraus: Keine oder nur teilweise (angemessene) Erwerbstätigkeit gem. § 1574 Abs. 1, bestehende Erwerbsobliegenheit (§ 1569) und Wahrung eines Einsatzzeitpunkts.

a) Keine oder nur teilweise (angemessene) Erwerbstätigkeit

10   Ansprüche nach § 1573 Abs. 1 setzen grundlegend voraus, dass der Unterhaltsgläubiger im Zeitpunkt der Scheidung bzw. zu einem anderen Einsatzzeitpunkt **nicht** oder **nur teilweiseangemessen** (s. hierzu die Legaldefinition des § 1574 Abs. 2) **erwerbstätig** war.[15] Auf eine Erwerbstätigkeit unmittelbar vor oder während der Ehe kommt es ebenso wenig an wie darauf, ob der Unterhaltsgläubiger gerade wegen der Ehe keiner Erwerbstätigkeit nachgegangen ist, oder ob er während der Trennung einer Obliegenheit gem. § 1361 Abs. 2 genügt hat, da diese an andere Voraussetzungen knüpft als die Obliegenheiten des geschiedenen Ehegatten nach §§ 1569 ff.[16]

b) Erwerbsobliegenheit

11   Der Tatbestand des § 1573 Abs. 1 setzt des Weiteren eine **Erwerbsobliegenheit** des Unterhaltsgläubigers voraus (»zu finden vermag«). Eine solche Obliegenheit kann bereits während der Trennung (§ 1361 Abs. 2), also schon vor rechtskräftiger Scheidung, bestehen. Wird eine **Erwerbsobliegenheit verletzt**, dann ist auch zu **vermuten**, dass die Verletzung der Erwerbsobliegenheit **ursächlich** dafür ist, dass eine zumutbare Tätigkeit nicht aufgenommen wird. Daraus folgt sodann, dass sich der Unterhaltsgläubiger das erzielbare Einkommen **fiktiv** zurechnen lassen muss, solange die Ursächlichkeit fortwirkt.[17] Entspricht die Arbeitsstelle, die der Unterhaltsgläubiger innehat, in etwa seinem beruflichen Werdegang sowie seinen beruflichen Fähigkeiten, und ist auch die Bezahlung angemessen, so ist die Entscheidung des Unterhaltsgläubigers, diese Arbeitsstelle zu behalten, unterhaltsrechtlich auch dann nicht zu beanstanden, wenn die rein theoretische Möglichkeit besteht, dass er irgendwo eine besser bezahlte Arbeitsstelle hätte finden können.[18]

---

15 BGH FamRZ 1985, 53.
16 BGH FamRZ 1986, 1085.
17 Zur Beendigung der Fiktion s. OLG Hamm FamRZ 1995, 1217.
18 OLG Thüringen FamRZ 2010, 216.

Ein Verstoß gegen Erwerbsobliegenheiten liegt nicht vor, wenn keine **reale Arbeitsmarktchance** 12 besteht.[19] Fiktives Einkommen aus einer Ganztagstätigkeit – über eine ausgeübte Teilzeittätigkeit hinaus – kann nur angerechnet werden, wenn das Familiengericht in seinem Bezirk eine echte Arbeitsmarktchance für eine Ganztagstätigkeit begründen kann.[20] Allerdings kann auch bei einer langen Ehe in gehobenen wirtschaftlichen Verhältnissen bei einer 50-jährigen Hausfrau nicht von vornherein davon ausgegangen werden, auf dem Arbeitsmarkt bestünde praktisch keine angemessene Erwerbsmöglichkeit. Es kann unter Umständen zwar unzumutbar sein, in den erlernten Beruf zurückzukehren, jedoch die Verpflichtung bestehen, eine den ehelichen Lebensverhältnissen **entsprechende Stellung** anzunehmen.[21] Nach nicht vorwerfbarem Verlust eines noch nicht nachhaltig gesicherten Arbeitsplatzes kann ein Anspruch gem. § 1573 Abs. 1 begründet sein.[22] Die Zurechnung eines fiktiven Einkommens aus einer vollschichtigen Tätigkeit ist nichtmöglich, wenn eine nachhaltige Unterhaltssicherung aus vollschichtiger Erwerbstätigkeit nicht eintreten konnte, und während der halbschichtigen Tätigkeit trotz eines bestehenden Anspruchs kein Unterhaltverlangt wurde.[23]

Die einvernehmliche Aufgabe jeglicher Erwerbstätigkeit zu Gunsten einer Hausfrauentätigkeit in 13 vorgerücktem Alter kann auch bei einer kurzen Ehedauer wegen dauerhafter ehebedingter Nachteile zu einer unbefristeten Unterhaltsverpflichtung führen. Behauptet der Unterhaltsschuldner, der Unterhaltsgläubigerin wäre wegen ihres Gesundheitszustands und/oder wegen ihres Alters ohnehin gekündigt worden, und tritt er dafür keinen Beweis an, so ist diese Behauptung als unsubstantiiert zurückzuweisen.[24]

Eine Erwerbsobliegenheit besteht nicht, wenn sich der Unterhaltsgläubiger nach der Trennung 14 nicht um einen Arbeitsplatz bemüht, sondern in der Erwartung, er finde in dem erstrebten Beruf eher eine Anstellung als in dem früher ausgeübten, eine **Ausbildung** beginnt.[25] Besteht statt einer Erwerbsobliegenheit eine **Weiterbildungsobliegenheit** gem. § 1574 Abs. 3, dann kann der Unterhaltsgläubiger während der Dauer der insoweit notwendigen Ausbildung Unterhalt nach § 1573 Abs. 1 verlangen, wenn ein erfolgreicher Abschluss der Ausbildung zu erwarten ist und damit gerechnet werden kann, dass er im Anschluss an die Ausbildung eine angemessene Erwerbstätigkeit finden wird.[26] Diese Unterhaltspflicht ist dann **zeitlich** auf die Dauer der Ausbildung **begrenzt**.

3. Wahrung eines Einsatzzeitpunkts

Ein Unterhaltsanspruch nach § 1573 Abs. 1 besteht (nur) dann, wenn die Arbeitslosigkeit bereits 15 zum Zeitpunkt der Scheidung oder des Wegfalls von Ansprüchen nach §§ 1570–1572, 1575 (vgl. § 1573 Abs. 3), aber auch nach § 1576, vorgelegen hat. Vorbehaltlich der **Ausnahmeregelung** in

---

19 BGH NJW-RR 1993, 898; s. auch BGH FamRZ 1987, 689 – nach den tatrichterlichen Feststellungen war die Suche nach einem geeigneten Arbeitsplatz auf Grund der bestehenden objektiven Bedingungen (Behinderung an der rechten Hand, Alter, fehlende Ausbildung, Arbeitsmarktlage) selbst nach einer der Behinderung Rechnung tragenden Umschulung nahezu aussichtslos.
20 OLG München FamRZ 2002, 462.
21 BGH FamRZ 1991, 416.
22 OLG Schleswig NJW-RR 2004, 1372.
23 OLG Schleswig NJW-RR 2004, 1372; OLG Hamm, Urteil vom 03.03.2010 – 5 UF 145/09 – juris zur Feststellung einer fehlenden realen Chance auf eine vollschichtige Erwerbstätigkeit als Verkäuferin für eine sog. Berufsrückkehrerin unter Berücksichtigung der tatsächlichen Gegebenheiten des Arbeitsmarkts sowie der persönlichen Voraussetzungen wie Alter, Gesundheitszustand, Ausbildungs- und Erwerbsbiographie trotz unzureichend dargelegter Erwerbsbemühungen.
24 OLG Köln ZFE 2009, 475 – Aufgabe einer gut bezahlten Stelle bei einem Arzneimittelverband im Alter von 41 Jahren bei einer Ehedauer von 4 Jahren.
25 BGH FamRZ 1985, 782.
26 BGH FamRZ 1984, 561 (Nr. 325).

§ 1573 Abs. 4 setzt der Anspruch auf Unterhalt wegen Erwerbslosigkeit nach § 1573 demnach immer voraus, dass der geschiedene Ehegatte zum **Einsatzzeitpunkt keine angemessene Erwerbstätigkeit** (s. § 1574 Abs. 1) **ausgeübt** hat. War er hingegen im Einsatzzeitpunkt angemessen berufstätig, und war sein Bedarf nach den ehelichen Lebensverhältnissen gedeckt, so besteht bei einem späteren Verlust des Arbeitsplatzes mangels lückenloser Tatbestandskette kein Unterhaltsanspruch nach § 1573.

16 Der Einsatzzeitpunkt nach **§ 1573 Abs. 1** (»**nach der** Scheidung«) ist der Auffassung des BGH zufolge – bereits nach dem Wortlaut des Gesetzes – nicht so eng an die Scheidung gebunden wie bei den Unterhaltstatbeständen der §§ 1571 Nr. 1, 1572 Nr. 1, deren Voraussetzungen »im Zeitpunkt der Scheidung« bzw. »**vom** Zeitpunkt der Scheidung **an**« gegeben sein müssen. Andererseits ist die Voraussetzung »nach der Scheidung« nicht als zeitlich unbegrenzt zu verstehen; vielmehr muss zumindest noch ein gewisser **zeitlicher Zusammenhang** mit der Scheidung bestehen.[27]

II. § 1573 Abs. 2 (»Aufstockungsunterhalt«)

17 Nach und auf Grund der mit Urteil vom 13.06.2001[28] geänderten Rechtsprechung des BGH zur **Neubewertung** der **ehelichen Lebensverhältnisse** bei Aufnahme/Ausweitung einer Erwerbstätigkeit durch den Unterhaltsgläubiger, der in der Ehe die Haushaltsführung/Kinderbetreuung übernommen hatte, erst nach und erst wegen der Trennung/Scheidung (sog. **Surrogats-Rechtsprechung**) ist dem Aufstockungsunterhalt in der Praxis noch höhere Bedeutung zugekommen als zuvor, da zumeist jedes nicht völlig unbedeutende **Einkommensgefälle** zwischen den Einkommen der Eheleute ausgeglichen wurde. Auch dies war ein Grund für den Gesetzgeber des **UÄndG 2007**, darauf zu verweisen, dass künftig vermehrt der nacheheliche Unterhalt zu **begrenzen** oder aber auf den eigenen angemessenen Lebensbedarf zu **kürzen** sein wird.

18 Für den Tatbestand des § 1573 Abs. 2 müssen folgende **Voraussetzungen** vorliegen:
1. **kein vorrangiger Unterhaltsanspruch** nach § 1570 (Kinderbetreuung), § 1571 (Alter) oder § 1572 (gesundheitliche Beeinträchtigungen),
2. Ausübung einer **angemessenen Erwerbstätigkeit** (s. § 1574 Abs. 1),
3. Wahrung eines **Einsatzzeitpunkts**:[29] Scheidung gem. § 1573 Abs. 1 bzw. Wegfall des Betreuungsunterhalts (§ 1570), des Unterhalts wegen Alters (§ 1571) oder wegen gesundheitlicher Beeinträchtigungen (§ 1572) sowie wegen Beendigung einer Ausbildung/Fortbildung/Umschulung (§ 1575) gem. § 1573 Abs. 3, **und**
4. **nicht unerhebliches Einkommensgefälle.** Ein Unterhaltsanspruch nach § 1573 kann auch bestehen, wenn die Einkommensdifferenz ausschließlich darauf beruht, dass der Erwerbstätigenbonus in Abzug gebracht wird.[30]

1. Kein vorrangiger Anspruch

19 Der Aufstockungsunterhalt gem. § 1573 Abs. 2 ist wie der Erwerbslosenunterhalt nach § 1573 Abs. 1 **subsidiär** zu den Unterhaltsansprüchen nach §§ 1570–1572. Soweit der geschiedene Ehe-

---

27 BGH FamRZ 1987, 684 mit Anm. Weychardt FamRZ 1987, 1130 – zeitlicher Zusammenhang wurde 1$^1/_2$ Jahre nach der Scheidung verneint: »Dieser Zeitpunkt liegt so weit nach der Scheidung, dass nicht einmal mehr ein zeitlicher Zusammenhang mit dieser bestand«; enger Gernhuber § 30 Abs. 5 Satz 2 = S. 393.

28 BGHZ 148, 105 = BGH FamRZ 2001, 986 = FuR 2001, 306.

29 S. etwa OLG Zweibrücken FamRZ 2002, 1565 zum Erfordernis eines zeitlichen Zusammenhangs zwischen Bedürftigkeit und Scheidung bzw. Wegfall eines anderen Unterhaltstatbestands beim Aufstockungsunterhalt; a.A. OLG Schleswig NJW-RR 2004, 1372 – Aufstockungsunterhalt setze keinen Einsatzzeitpunkt voraus.

30 OLG Schleswig OLGR 2009, 644.

gatte auf Grund eines **vorrangigen Anspruchs** – wegen Kinderbetreuung (§ 1570) oder wegen Alters (§ 1571) oder wegen gesundheitlicher Beeinträchtigungen (§ 1572) Unterhalt verlangen kann, tritt (auch) der subsidiäre Tatbestand des § 1573 Abs. 2 zurück. Übt der Unterhaltsgläubiger eine **Teilerwerbstätigkeit** aus, ist § 1573 Abs. 2 **Ergänzungstatbestand** zu §§ 1570–1572. § 1573 Abs. 2 ist auch dann anzuwenden, wenn der Unterhaltsgläubiger vor der Eheschließung und/oder während der Ehe erwerbstätig war, seine Einkünfte im Einsatzzeitpunkt aber geringer sind; eine **Wirtschaftsgemeinschaft** beider Ehegatten während der Ehe wird nicht verlangt.[31]

2. Angemessene Erwerbstätigkeit

Der Unterhalt begehrende Ehegatte muss eine **angemessene** (s. Legaldefinition des § 1574 Abs. 2)   **20** Erwerbstätigkeit ausüben; dies gilt auch dann, wenn er aus subjektiven (etwa Gesundheit) oder objektiven (etwa wirtschaftliche Lage) **Gründen** nur eine **Teilzeittätigkeit** ausüben kann. Ist die Tätigkeit **nicht** angemessen i.S.d. § 1574, beruht ein möglicher Unterhaltsanspruch auf § 1573 Abs. 1.[32] Im Rahmen der Beurteilung der Kausalität sind subjektive und objektive Kriterien im **jeweiligen Einzelfall** zu würdigen, etwa die persönlichen Fähigkeiten des Unterhalt begehrenden Ehegatten, sein beruflicher Werdegang und sein Gesundheitszustand, andererseits aber auch die tatsächlichen Gegebenheiten des Arbeitsmarkts.[33]

§ 1573 Abs. 2 ist auch dann anzuwenden, wenn sich der Unterhaltsgläubiger um die ihm oblie-   **21** gende Erwerbstätigkeit nicht genügend bemüht, das ihm deshalb anzurechnende **fiktive Einkommen** aber seinen vollen Unterhalt i.S.d. § 1578 Abs. 1 nicht decken würde:[34] Fiktives Einkommen als sog. **Erwerbsersatzeinkommen** surrogiert lediglich das (fiktive) tatsächliche Einkommen. Eine 37-jährige geschiedene, Unterhalt begehrende Frau muss sich ein fiktives Einkommen in Höhe von 1.500 DM als realistischerweise erzielbares Eigeneinkommen auch dann anrechnen lassen, wenn sie unter einer Persönlichkeitsstörung mit schizoiden Zügen leidet, ansonsten aber arbeitsfähig ist, und nur Tätigkeiten ausscheiden, die mit starker psychischer Belastung, starkem Leistungsdruck und besonderen Anforderungen an Entscheidungskompetenz und kommunikative Fähigkeiten verbunden sind.[35]

3. Einsatzzeitpunkt

Der **Wortlaut** des § 1573 Abs. 2 setzt zwar **keinen bestimmten Einsatzzeitpunkt** voraus; dennoch   **22** soll der Unterhaltsschuldner alsbald nach der Scheidung oder nach dem Wegfall der Ansprüche nach §§ 1570, 1571, 1572 sowie § 1575 absehen können, mit welchen Unterhaltslasten er zu rechnen hat. Die Gesetzessystematik erfordert daher einen zeitlichen Zusammenhang zwischen Bedürftigkeit und Scheidung bzw. Wegfall eines anderen Unterhaltstatbestands, so dass im Rahmen des § 1573 Abs. 2 die gleichen **Einsatzzeitpunkte** wie in § 1573 Abs. 1 (Scheidung oder Wegfall der Ansprüche nach §§ 1570, 1571, 1572 sowie § 1575) anzunehmen sind. Ein Aufstockungsunterhalt entsteht daher grundsätzlich nicht, wenn zum Zeitpunkt der Scheidung oder dem Wegfall der Voraussetzungen der übrigen Unterhaltstatbestände tatsächliche oder fiktiv zuzurechnende Einkünfte den vollen eheangemessenen Bedarf gedeckt haben. Aufstockungsunterhalt wird auch dann geschuldet, wenn er erst längere Zeit nach der Scheidung geltend gemacht wird, sofern die Anspruchsvoraussetzungen zum Zeitpunkt der Scheidung vorgelegen haben: Die in

---

31 BGH FamRZ 1989, 838 – fehlende Wirtschaftsgemeinschaft während der Ehe sei allerdings ein beachtlichen Kriterium im Rahmen der zeitlichen Begrenzung eines Anspruchs.
32 BGH FamRZ 1988, 265.
33 OLG Bamberg FamRZ 1998, 289.
34 OLG Bamberg FamRZ 1998, 289.
35 OLG Hamm OLGR 2000, 274.

§ 1573 Abs. 3 und 4 enthaltenen Regelungen wären nicht verständlich, wenn für den Anspruch nach § 1573 Abs. 2 nicht die Zeit der Scheidung als Einsatzzeit gelten würde.[36]

4. Bemessung des Aufstockungsunterhalts (Methodenwahl)

23 Unterhaltsschuldverhältnisse sind Massenerscheinungen, auf die aus **Vereinfachungsgründen** notwendig **pauschalierende** und **typisierende Berechnungsmethoden** anzuwenden sind. Der BGH[37] hat daher seit jeher gebilligt, dass nach Vorwegabzug aller anzuerkennenden Verbindlichkeiten[38] – **Abzugsposten** sind vor allem steuerliche Lasten und angemessener Aufwand für Vorsorge, der Kindesunterhalt (s. hierzu Vorrang des § 1609 Nr. 1 im Mangelfall) und Verbindlichkeiten in angemessenem Rahmen – das restliche Erwerbseinkommen nach einer **pauschalen Quote** verteilt wird: Der Tatrichter hat die zutreffende Berechnungsmethode auszuwählen, sie anzuwenden und sodann letztlich das in der Berechnung gewonnene Ergebnis – nicht nur in Mangelfällen (§ 1581) – im Wege der **Angemessenheitskontrolle** daraufhin zu überprüfen, ob im konkreten **Einzelfall** die Aufteilung des verfügbaren Einkommens **insgesamt billig** und **angemessen** ist.[39]

24 Grundsätzlich ist bei der Aufteilung der jeweils bereinigten Einkommen jedem Ehegatten die **Hälfte** zuzubilligen, weil beide am ehelichen Lebensstandard in gleicher Weise teilhaben (»**Halbteilungsgrundsatz**«); **Abweichungen** vom Grundsatz der gleichmäßigen Teilhabe bedürfen **besonderer Gründe**.[40] Bei der Berechnung des Aufstockungsunterhalts in einer Doppelverdienerehe ist das Einkommen des unterhaltsberechtigten Ehegatten auch dann um den von ihm gezahlten Barunterhalt an minderjährige und ihnen nach § 1603 Abs. 2 Satz 2 gleichgestellte volljährige Kinder zu bereinigen, wenn dieser Vorwegabzug des Kindesunterhalts von seinem Einkommen den Aufstockungsunterhaltsanspruch erst auslöst.[41]

25 (zur Zeit nicht besetzt)

26 Ist nur innerhalb **gleichartiger Einkunftsarten** aufzustocken (etwa beiderseitig nur Erwerbseinkommen oder nur Renteneinkünfte), dann bietet sich zur Berechnung des Aufstockungsunterhalts die **Differenzmethode** an, zum einen hinsichtlich der schon während der Ehe vorhandenen und somit prägenden tatsächlichen (auch fiktiven, sog. Ersatz-)Einkommen, zum anderen auch hinsichtlich der sog. **Surrogateinkünfte** nach der neueren Rechtsprechung des BGH[42] (Familienarbeit, Dienstleistungen, Wohnwert u.a. – sei es tatsächliches, sei es fiktives sog. Ersatzeinkommen, etwa wegen Versorgungsleistungen in neuen Partnerschaften).

27 Sind Einkünfte aus **verschiedenen Einkunftsarten** mit dem Ziel der Halbteilung über § 1573 Abs. 2 auszugleichen, dann sollte die **Additionsmethode** als Ersatz für die sog. Mischmethoden (gemischte Differenz-/Anrechnungsmethode) herangezogen werden, weil sie trotz zweistufiger Berechnung einfacher zu handhaben ist als die sog. Mischmethoden.[43]

---

36 BGHZ 163, 84 = BGH FamRZ 2005, 1817 = FuR 2005, 555 im Anschluss an BGH FamRZ 1983, 886; s. auch OLG Zweibrücken FamRZ 2002, 1565; OLG Hamm FuR 2004, 276; OLG Thüringen FamRZ 2004, 1207.

37 BGH FamRZ 1996, 345.

38 Zur Behandlung von Schulden im Unterhaltsrecht grundlegend BGH FamRZ 1984, 657.

39 BGHZ 89, 214 = BGH FamRZ 1984, 151.

40 BGH FamRZ 1984, 988.

41 OLG Zweibrücken FamRZ 2002, 1565; a.A. OLG Hamburg FamRZ 1986, 1001; OLG Köln NJW-RR 2001, 1371; OLG Thüringen FamRZ 2004, 1207; s. auch OLG Schleswig OLGR 2003, 157; zur Berechnung des Aufstockungsunterhalts gegen einen das ehegemeinsame Kind betreuenden vollerwerbstätigen Ehegatten, dem ein Barunterhaltsanspruch für dieses Kind gegen den Unterhaltsgläubiger zusteht, s. OLG Stuttgart FamRZ 2006, 1680.

42 BGHZ 148, 105 = BGH FamRZ 2001, 986 = FuR 2001, 306 – Ersetzung der Anrechnungs- durch die Differenzmethode, wenn der während der Ehe wegen der Haushaltsführung nicht oder nur teilweise berufstätige Ehegatte (erst) nach der Trennung/Scheidung eine Erwerbstätigkeit aufgenommen hat.

43 Der BGH hat die Additionsmethode mehrfach bei schwierigen Unterhaltsberechnungen herangezogen (vgl. BGH FamRZ 1989, 1160); ausführlich Gerhardt FamRZ 1993, 261.

III. § 1573 Abs. 3 (»Anschlussunterhalt«)

Anschlussunterhalt gem. **§ 1573 Abs. 3** kommt sowohl als Erwerbslosenunterhalt (§ 1573 Abs. 1) **28**
als auch als Aufstockungsunterhalt (§ 1573 Abs. 2) in Betracht, wenn die Voraussetzungen für die
Ansprüche aus §§ 1570–1572 entfallen sind. § 1573 Abs. 3 setzt daher die gleichen **Einsatzzeitpunkte** wie § 1573 Abs. 1 und 2 (Scheidung oder Wegfall der Ansprüche nach §§ 1570, 1571,
1572) voraus; insoweit ist auf die zu §§ 1571, 1572 entwickelten Grundsätze zu verweisen. § 1573
Abs. 3 normiert jedoch noch einen **weiteren Einsatzzeitpunkt**: Wegfall eines Anspruchs nach
§ 1575. Maßgebend ist nur das Vorliegen der Unterhaltstatbestände nicht, dass Unterhalt tatsächlich geleistet wird. Die **Bedürfnislage**, die daraus entsteht, dass der zunächst aus anderen Gründen
unterhaltsberechtigte Ehegatte nicht sogleich eine angemessene Erwerbstätigkeit (s. § 1574 Abs. 1)
zu finden vermag, muss noch im **Zusammenhang** mit der **Ehe** stehen.

IV. § 1573 Abs. 4 (»Unterhalt wegen Wegfall einer nicht nachhaltig gesicherten Erwerbstätig-
keit«)

Nach **§ 1573 Abs. 4** kann der geschiedene Ehegatte Unterhalt verlangen, wenn die Einkünfte aus **29**
einer angemessenen Erwerbstätigkeit (s. § 1574 Abs. 1) **wegfallen**, weil es ihm trotz seiner Bemühungen nicht gelungen war, den Unterhalt durch die Erwerbstätigkeit nach der Scheidung **nachhaltig** zu **sichern**. Dieser Regelung liegt der Gedanke zugrunde, dass derjenige Ehegatte, dessen
Unterhalt durch eine Erwerbstätigkeit nachhaltig gesichert ist, auf eine nachwirkende eheliche
Solidarität später nicht mehr zurückgreifen darf, sondern alle Folgen der noch ungewissen künftigen Entwicklung alleine tragen soll.[44]

1. Vorübergehende Sicherung des Unterhalts aus Einkommen und/oder Vermögen

Der angemessen berufstätige geschiedene Ehegatte trägt das **Risiko** des **Arbeitsplatzverlustes** nur **30**
bei **Bezug** zur **Ehe** im Sinne eines **Einsatzzeitpunkts**, wenn seine **Erwerbstätigkeit** noch **nicht**
nachhaltig gesichert ist;[45] insoweit wahrt die Vorschrift auch die erforderlichen **Einsatzzeitpunkte**
bis zur nachhaltigen Sicherung des Arbeitsplatzes. Die Norm erfasst alle Fallgestaltungen: Aufnahme einer Erwerbstätigkeit vor der Trennung, während der Trennung oder auch erst nach der
Scheidung.[46]

Der geschiedene Ehegatte kann daher Unterhalt auch dann verlangen, wenn die **Einkünfte** aus **31**
einer **angemessenen Erwerbstätigkeit** (s. die Legaldefinition des § 1574 Abs. 2) **wegfallen**, weil es
ihm trotz seiner Bemühungen **nicht** gelungen war, den Unterhalt durch die Erwerbstätigkeit nach
der Scheidung **nachhaltig** zu **sichern**. War es ihm gelungen, den Unterhalt **teilweise nachhaltig** zu
sichern, so kann er den **Unterschiedsbetrag** zwischen dem nachhaltig gesicherten und dem vollen
Unterhalt verlangen. Eine solche Regelung enthält das Gesetz nur noch als (weitere) Ausnahme-
regel in § 1577 Abs. 4 Satz 1 für den Fall, dass ein Vermögen später wegfällt, aus dessen Ertrag oder
Substanz der Unterhalt des Unterhaltsgläubigers zunächst nachhaltig gesichert zu sein schien.

§ 1573 Abs. 4 stellt auf die **Sicherung** des **Unterhalts** durch **eigene Erwerbstätigkeit** oder aus **eige-** **32**
nem Vermögen ab. § 1573 Abs. 4 (wie auch § 1577 Abs. 4 Satz 1) bestimmen daher, dass derjenige
Ehegatte, dessen Unterhalt entweder durch Erwerbstätigkeit oder durch vorhandenes Vermögen
nachhaltig gesichert ist, auf nachwirkende eheliche Solidarität später nicht mehr zurückgreifen
darf, sondern alle Folgen der noch ungewissen künftigen Entwicklung unterhaltsrechtlich alleine
zu tragen hat.

---

44 BGH FamRZ 2003, 1734 = FuR 2003, 568 (Berufungsurteil: OLG Zweibrücken FamRZ 2002, 821)
    mit Anm. Büttner FamRZ 2003, 1830; Luthin FamRB 2004, 111.
45 BGH FamRZ 1985, 791; s. auch OLG Hamm FamRZ 1999, 230.
46 BGH FamRZ 1985, 53.

33   Sind die unterhaltsrechtlichen Beziehungen – vorbehaltlich des Eingreifens der Härteklausel des § 1579 – durch die vorübergehende anderweitige Deckung des Lebensbedarfs des geschiedenen Ehegatten nicht erloschen, kann dieser nach dem Eintritt seiner Bedürftigkeit – etwa infolge **Wegfalls** der **Versorgungsgemeinschaft** – nunmehr Unterhalt nach § 1573 Abs. 1 verlangen, solange und soweit er nach der Scheidung keine angemessene Erwerbstätigkeit (s. § 1574 Abs. 1) zu finden vermag.[47]

2. Erwerbsbemühungen

34   Nachhaltige Sicherung des Lebensbedarfs i.S.d. **§ 1573 Abs. 4** setzt voraus, dass der Unterhaltsschuldner (noch) nicht in nachhaltig gesicherter Weise in das Erwerbsleben eingegliedert, sein Erwerbseinkommen zum **Einsatzzeitpunkt** also **nicht nachhaltig gesichert** war.[48] Dies ist der Fall, wenn er sich um eine nachhaltige Erwerbstätigkeit (im Sinne der Erwerbsobliegenheit nach § 1573 Abs. 1) **ernstlich bemüht** hat (»trotz seiner Bemühungen nicht gelungen«). Daran fehlt es insb., wenn er ohne verständigen Grund seine Tätigkeit aufgibt, oder wenn er den Verlust seines Arbeitsplatzes verschuldet hat. Auch durch fiktive Einkünfte kann eine nachhaltige Sicherung eingetreten sein.[49]

35   War der Unterhalt des geschiedenen Ehegatten durch eigene Erwerbstätigkeit bereits im Zeitpunkt der Scheidung i.S.v. § 1573 Abs. 4 »nachhaltig gesichert«, dann kann der Wegfall der Einkünfte durch eine betriebsbedingte[50] oder durch Krankheit veranlasste[51] Kündigung des Arbeitsverhältnisses nicht mehr dem früheren Ehegatten zugerechnet werden, auch wenn das ursprüngliche Arbeitsverhältnis zum Zeitpunkt der Rechtskraft der Ehescheidung schon gekündigt war, der geschiedene Ehegatte jedoch zwischen Arbeitslosigkeit und Kündigung weiterhin unbefristete Beschäftigungsverhältnisse innehatte.[52] Eine nachhaltige Sicherung kann bei Antritt eines Beschäftigungsverhältnisses noch zu verneinen, zu einem späteren Zeitpunkt, der vor dem tatsächlichen Ende der Beschäftigung liegt, aber zu bejahen sein.[53]

3. Maßstab für die Beurteilung der nachhaltigen Sicherung

36   Für die Beurteilung, ob der Unterhalt durch eine Erwerbstätigkeit **nachhaltig gesichert** erscheint, ist **maßgebend**, ob diese im **Zeitpunkt** ihrer **Aufnahme** bei der derzeitigen Wirtschaftslage nach **objektiven Maßstäben** und **allgemeiner Lebenserfahrung** mit einer **gewissen Sicherheit** als **dauerhaft** angesehen werden kann, oder ob befürchtet werden muss, dass der Unterhalt begehrende geschiedene Ehegatte sie durch außerhalb seiner Entschließungsfreiheit liegende Umstände in absehbarer Zeit wieder verlieren wird; dabei sind auch solche Umstände in die Beurteilung einzubeziehen, die zwar schon zu diesem Zeitpunkt bestanden haben, aber erst später zutage getreten sind (etwa eine latente Krankheit, deretwegen der Arbeitsplatz in absehbarer Zeit wieder aufgegeben werden musste).[54]

---

47   BGH FamRZ 1987, 689.

48   BGH FamRZ 1985, 53.

49   BGH FamRZ 2003, 1734.

50   OLG Köln FamRZ 1998, 1434 – etwa zwei Jahre; OLG Düsseldorf FamRZ 1998, 1519 – etwa zwei Jahre; OLG Dresden EzFamR aktuell 2000, 267 – etwa vier Jahre, jeweils nach der Ehescheidung.

51   OLG Hamm FamRZ 1997, 821; OLG Düsseldorf FamRZ 1998, 1519 – Kündigung des bei der Scheidung bestehenden Arbeitsverhältnisses ein Jahr nach der Scheidung auf Grund einer über sechs Wochen langen Erkrankung.

52   OLG Dresden EzFamR aktuell 2000, 267.

53   BGH FamRZ 1985, 1234.

54   BGH FamRZ 1985, 791; 1988, 701, 702; 2003, 1734 = FuR 2003, 568 (Berufungsurteil: OLG Zweibrücken FamRZ 2002, 821) mit Anm. Büttner FamRZ 2003, 1830; Luthin FamRB 2004, 111; OLG Hamm FamRZ 1997, 821.

Maßgebend ist insoweit eine **nachträgliche objektive Betrachtung**, ob die ausgeübte Tätigkeit 37 »aus der Gesamtschau des rückblickenden Betrachters über einen zur Annahme der Dauerhaftigkeit genügenden Zeitraum ein sicheres Einkommen erbracht hat«,[55] etwa wenn der geschiedene Ehegatte im Zeitpunkt der Rechtskraft der Scheidung innerhalb eines auf Dauer angelegten Arbeitsverhältnisses berufstätig ist. Ein Unterhaltsanspruch nach § 1573 Abs. 4 kommt daher zumeist nur bei **vorübergehenden Tätigkeiten** (etwa Probearbeitsverhältnissen)[56] oder bei Beginn einer Erwerbstätigkeit trotz schlechten Gesundheitszustands (die deswegen wieder aufgegeben werden musste)[57] in Betracht, nicht aber etwa bei unerwarteter Insolvenz des Arbeitgebers.[58] Auch lediglich fiktive Einkünfte können – ebenfalls fiktiv – zu einer nachhaltigen Sicherung i.S.d. § 1573 Abs. 4 führen; andernfalls würde derjenige Unterhaltsgläubiger, der seine Erwerbsobliegenheiten verletzt, in ungerechtfertigter Weise besser gestellt.[59]

Hatte der geschiedene Ehegatte die Erwerbstätigkeit schon **vor** der Scheidung aufgenommen, 38 dann ist für die Frage einer nachhaltigen Sicherung der **Zeitpunkt** der **Rechtskraft** der **Scheidung** der frühestmögliche Zeitpunkt für die Beurteilung, ob der Unterhalt nachhaltig gesichert ist:[60] Maßgebend ist die **Sicherung** des **Unterhalts, nicht** eines **bestimmten Arbeitsplatzes.** Deshalb entsteht ein Unterhaltsanspruch nach § 1573 Abs. 4 auch dann, wenn der geschiedene Ehegatte bei Rechtskraft der Scheidung schon längere Zeit eine Erwerbstätigkeit mit Einkünften ausgeübt hatte, die zu seinem vollen Unterhalt ausreichten, seinen Arbeitsplatz jedoch wenige Tage nach der Scheidung unverschuldet verloren hat.[61]

4. Zeitfaktor

Nach einer **gewissen Zeitspanne**, in der der geschiedene Ehegatte einer Erwerbstätigkeit nachge- 39 gangen ist, muss zur Vermeidung einer Ausuferung des Unterhaltsanspruchs davon ausgegangen werden, dass inzwischen durch diese Erwerbstätigkeit eine nachhaltige Sicherung des Unterhalts eingetreten ist. In Orientierung an der Rechtsprechung des BGH zu § 1579 Nr. 1 und 8 kann das **Zeitmoment** im Rahmen der **Nachhaltigkeit** der **Unterhaltssicherung** durch Erwerbstätigkeit vorbehaltlich der jeweiligen Umstände des Einzelfalles nach etwa ein bis zwei Jahren anzunehmen sein.[62] Erst nach Ablauf von ca. 2 Jahren kann der Arbeitsplatz grds. als nachhaltig gesichert angesehen werden. Erst danach ist zu überlegen, ob der Unterhaltsgläubiger das Arbeitsplatzrisiko alleine tragen muss.[63]

5. Umfang des Anspruchs

Der Umfang des Unterhalts beschränkt sich gem. § 1573 Abs. 4 Satz 2 auf die **Differenz** zwischen 40 dem **vollen Unterhalt** und dem **erzielten bereinigten Arbeitseinkommen**, wenn es dem geschiedenen Ehegatten nicht gelungen war, den Unterhalt nachhaltig zu sichern; dies hat der Tatrichter zu beurteilen.[64]

---

55 OLG Bamberg FamRZ 1997, 819.
56 BGH FamRZ 1988, 701.
57 OLG Hamm NJW-RR 1998, 724.
58 OLG Hamm FamRZ 1997, 821.
59 BGH FamRZ 2003, 1734 = FuR 2003, 568 (Berufungsurteil: OLG Zweibrücken FamRZ 2002, 821) mit Anm. Büttner FamRZ 2003, 1830; Luthin FamRB 2004, 111.
60 BGH FamRZ 1985, 53.
61 A.A. OLG Bamberg FamRZ 1997, 819.
62 OLG Karlsruhe FamRZ 2000, 233; s. auch OLG Karlsruhe FamRZ 1994, 104 – verneint bei vier Jahren.
63 Ähnlich OLG Köln JMBl NW 2006, 11 = FamRZ 2005, 1912 (Ls).
64 BGH FamRZ 2001, 1291 = FuR 2001, 404.

6. Darlegungs- und Beweislast

41 Ein Anspruch nach § 1573 Abs. 1 setzt voraus, dass sich der Ehegatte unter Einsatz aller zumutbaren und möglichen Mittel nachhaltig bemüht hat, eine angemessene Erwerbstätigkeit zu finden; die bloße Meldung bei der Arbeitsagentur genügt nicht. Er trägt die uneingeschränkte **Darlegungs-** und **Beweislast** für seine Bemühungen und muss in nachprüfbarer Weise vortragen, welche Schritte er in welcher Zeit mit welchem Erfolg unternommen hat. Eine Beweiserleichterung nach § 287 Abs. 2 ZPO kommt ihm nicht zugute.[65] Die **unzureichende Arbeitssuche** führt indessen nicht notwendig zur Versagung des Anspruchs; die mangelhafte Arbeitssuche muss vielmehr für die Arbeitslosigkeit auch ursächlich sein. **Ursächlichkeit** besteht nicht, wenn nach den tatsächlichen Gegebenheiten des Arbeitsmarkts sowie den persönlichen Eigenschaften und Fähigkeiten des Unterhalt begehrenden Ehegatten für ihn keine **realistische Beschäftigungschance** bestanden hat.[66]

42 Fallen Einkünfte aus einer Erwerbstätigkeit später weg, dann muss der Unterhalt begehrende Ehegatte (auch) **darlegen** und notfalls **beweisen**, dass der Unterhalt nicht bereits **nachhaltig gesichert**, und dass eine nachhaltige Sicherung nicht zu erreichen war (§ 1573 Abs. 4).[67] Im Falle von § 1573 Abs. 4 Satz 2 hat er neben der Höhe des vollen Unterhalts auch darzulegen und zu beweisen, dass seine (gegebenenfalls fiktiven) Einkünfte für den vollen Unterhalt nicht ausreichen.

D. Konkurrenzen

43 Bei der **Abgrenzung** des **nachehelichen Unterhalts** wegen eines Erwerbshindernisses nach §§ 1570–1572 und des Aufstockungsunterhalts nach § 1573 **Abs. 2** ist zu differenzieren, ob wegen des **Hindernisses** eine **Erwerbstätigkeit vollständig** oder nur **zum Teil ausgeschlossen** ist. Ist der Unterhaltsgläubiger vollständig an einer Erwerbstätigkeit gehindert, dann ergibt sich sein Unterhaltsanspruch allein aus §§ 1570 bis 1572, und zwar auch für denjenigen Teil des Unterhaltsbedarfs, der nicht auf dem Erwerbshindernis, sondern auf dem den angemessenen Lebensbedarf übersteigenden Bedarf nach den ehelichen Lebensverhältnissen gemäß § 1578 Abs. 1 Satz 1 beruht. Ist der Unterhaltsgläubiger hingegen nur teilweise an einer Erwerbstätigkeit gehindert, ergibt sich sein Unterhaltsanspruch wegen des allein durch die Erwerbshinderung verursachten Einkommensausfalls aus §§ 1570–1572 und im Übrigen als Aufstockungsunterhalt aus § 1573 Abs. 2.[68]

44 Die Ansprüche aus § 1573 Abs. 1 und 2 sind gegenüber den Ansprüchen aus §§ 1570–1572,[69] 1575, 1576 grundsätzlich **subsidiär**, da eine (von diesen Tatbeständen gerade ausgeschlossene) Erwerbsobliegenheit vorausgesetzt wird. Ein Unterhaltsanspruch eines **teilerwerbstätigen** Ehegatten gem. § 1573 Abs. 2 kommt zusätzlich neben einem Anspruch gem. §§ 1570, 1572 in Betracht, wenn der ihm gem. §§ 1570–1572 zustehende Unterhalt zusammen mit seinen Einkünften aus Teilerwerbstätigkeit zu seinem vollen Unterhalt (§ 1578 Abs. 1 Satz 1) nicht ausreicht.[70] Der Anspruch auf Aufstockungsunterhalt gem. § 1573 Abs. 2 scheidet als Anschlusstatbestand aus, wenn und soweit eine Erkrankung zu einem Zeitpunkt auftritt, zu dem bereits eine nachhaltige

---

65 BGH FamRZ 2008, 2104 = FuR 2008, 597.
66 BGH FamRZ 2008, 2104 = FuR 2008, 597; vgl. bereits BGH FamRZ 1993, 789.
67 BGH FamRZ 1985, 1234; 2003, 1734 = FuR 2003, 568 (Berufungsurteil: OLG Zweibrücken FamRZ 2002, 821) mit Anm. Büttner FamRZ 2003, 1830; Luthin FamRB 2004, 111.
68 BGH FamRZ 2010, 869 = FuR 2010, 394 (Berufungsurteil: OLG Düsseldorf FamRZ 2008, 1254) im Anschluss an BGHZ 179, 43 = BGH FamRZ 2009, 406 Tz. 20 ff. – Abgrenzung von Krankheitsunterhalt nach § 1572 und Aufstockungsunterhalt nach § 1573 Abs. 2.
69 BGH FamRZ 1999, 708 = FuR 1999, 372.
70 BGH FamRZ 1999, 708 = FuR 1999, 372.

Sicherung des Unterhalts i.S.d. § 1573 Abs. 4 eingetreten ist, weil in diesem Falle die Erkrankung allein der Risikosphäre des Unterhaltsgläubigers zuzuordnen ist.[71]

Arbeitslosigkeit und Bezug von Krankengeld begründen für sich allein keinen Anspruch auf nach- 45 ehelichen Unterhaltgemäß § 1573; hierfür ist neben der Erwerbsunfähigkeit die Darlegung erforderlich, dass der Anspruchsteller unter Einsatz aller Mittel angemessene Anstrengungen unternommen hat, um eine Anstellung zu finden.[72]

E. Rechtsprechung

I. Rechtsprechung des BGH

1. BGH, Urt. v. 21. 9. 2011 XII ZR 121/09[73] Erwerbsbemühungen

1. Die Anzahl der zum Unterhalt wegen Erwerbslosigkeit vom Anspruchsteller vorgetragenen 46 Bewerbungen ist nur ein Indiz für seine dem Grundsatz der Eigenverantwortung entsprechenden Arbeitsbemühungen, nicht aber deren alleiniges Merkmal. Für ausreichende Erwerbsbemühungen kommt es vielmehr wie für das Bestehen einer realistischen Erwerbschance vorwiegend auf die individuellen Verhältnisse und die Erwerbsbiografie des Anspruchstellers an, die vom Familiengericht auf Grund des – gegebenenfalls beweisbedürftigen – Parteivortrags und der offenkundigen Umstände umfassend zu würdigen sind.[74]

Der BGH behandelt in diesem Urteil die Voraussetzungen, die an die Erwerbsbemühungen des Ehegatten, der den Unterhalt begehrt, gestellt werden. Ein Anspruch auf Erwerbslosenunterhalt gem. § 1573 Abs. 1 BGB, setzt voraus dass sich der Ehegatte unter Einsatz aller zumutbaren möglichen Mittel nachhaltig bemüht haben muss, eine angemessene Tätigkeit zu finden. Allein die Meldung beim Arbeitsamt ist dafür nicht ausreichend. Die Darlegungs- und Beweislast für diese Bemühungen trägt der den Unterhalt Begehrende. Eine Beweiserleichterung nach § 287 Abs. 2 ZPO greift hierfür nicht ein.

Die Anzahl der vom Anspruchsteller vorgetragenen Bewerbungen ist nur ein Indiz für seine dem Grundsatz der Eigenverantwortung entsprechenden Arbeitsbemühungen, nicht aber deren alleiniges Merkmal. Vielmehr kann auch bei nachgewiesenen Bewerbungen in großer Zahl die Arbeitsmotivation nur eine vorgeschobene sein, während andererseits bei realistischer Einschätzung der Arbeitsmarktlage auch Bewerbungen in geringerer Zahl ausreichend sein können, wenn etwa nur geringe Chancen für einen Wiedereintritt in das betreffende Berufsfeld bestehen. Allerdings kann allein durch einen Rückgriff auf das Lebensalter des Unterhalt Begehrenden von über 50 Jahren ebenfalls nicht generell belegt werden, dass für ihn keine realistische Erwerbschance bestehe. Vielmehr kommt es auch insofern vorwiegend auf die individuellen Verhältnisse an, die vom FamG auf Grund des – gegebenenfalls beweisbedürftigen – Parteivortrags und der offenkundigen Umstände umfassend zu würdigen sind.

Ein Anspruch auf Erwerbslosenunterhalt besteht folglich nicht, wenn die unzureichende Arbeitssuche ursächlich für die Arbeitslosigkeit ist. Von dieser Ursächlichkeit ist jedoch nicht auszugehen, wenn nach den tatsächlichen Gegebenheiten des Arbeitsmarkts sowie den persönlichen Eigenschaften und Fähigkeiten des Unterhalt begehrenden Ehegatten keine reale Beschäftigungschance bestanden hat.

---

71 OLG Hamm FPR 2009, 374.
72 OLG Naumburg OLGR 1997, 233.
73 BGH in: FamRZ 2011, 1851; FuR 2012, 85, MDR 2011, 1359.
74 Vgl.: BGH, NJW 2008, 3635 = FamRZ 2008, 2104; BGH, NJW-RR 1993, 898 = FamRZ 1993, 789.

2. BGH, Urt. v. 18.01.2012 XII ZR 178/09[75] Umfang der Erwerbsbemühungen

47 »Nach der Rechtsprechung des Senats ist Voraussetzung des Anspruchs aus § 1573 Abs. 1 BGB, dass sich der Ehegatte unter Einsatz aller zumutbaren und möglichen Mittel nachhaltig bemüht haben muss, eine angemessene Tätigkeit zu finden, wozu die bloße Meldung beim Arbeitsamt nicht genügt. Er trägt im Verfahren zudem die uneingeschränkte Darlegungs- und Beweislast für seine Bemühungen und muss in nachprüfbarer Weise vortragen, welche Schritte in welchem zeitlichen Abstand er im Einzelnen in dieser Richtung unternommen hat. Die Beweiserleichterung nach § 287 Abs. 2 ZPO kommt ihm nicht zugute. Die unzureichende Arbeitssuche führt indessen noch nicht notwendig zur Versagung des Anspruchs aus § 1573 Abs. 1 BGB. Die mangelhafte Arbeitssuche muss vielmehr für die Arbeitslosigkeit auch ursächlich sein. Eine Ursächlichkeit besteht nicht, wenn nach den tatsächlichen Gegebenheiten des Arbeitsmarkts sowie den persönlichen Eigenschaften und Fähigkeiten des Unterhalt begehrenden Ehegatten für ihn keine reale Beschäftigungschance bestanden hat (Senat, NJW 2011, 3577 = FamRZ 2011, 1851 Rn. 13 f. m.w.N.).«

II. Rechtsprechung der OLGe

1. OLG Stuttgart, Urt. v. 18.10.2011 – 17 UF 88/11

48 Nachhaltige Sicherung des Unterhalts:

1. Konnte der Unterhaltsberechtigte seinen Unterhalt (teilweise) durch eine angemessene Erwerbstätigkeit nachhaltig sichern (§ 1573 Abs. 4 V BGB), trägt er das allgemeine Arbeitsplatzrisiko.
2. Der Verlust einer solchen Erwerbstätigkeit berührt einen Anspruch auf Aufstockungsunterhalt, der bereits zuvor bestanden hat, nicht. Bedarfsprägende spätere Entwicklungen sind zu berücksichtigen, so dass eine Abänderung des Aufstockungsunterhalts möglich ist.

Das OLG Stuttgart verdeutlich in diesem Urteil, dass § 1573 Abs. 4 BGB die nacheheliche Verantwortung begrenzt ist. Soweit der ursprüngliche Unterhaltsgläubiger zeitweise eine wirtschaftliche Sicherung seines Bedarfs durch eine Erwerbstätigkeit erreicht hat und diese später durch persönliche oder arbeitsmarktbedingte Gründe wieder verliert, wird durch den Verlust der Arbeitsstelle kein erhöhter Unterhaltsanspruch begründet. Das allgemeine Arbeitsplatzrisiko weist das Gesetz grundsätzlich dem Unterhaltsberechtigten und nicht dem Unterhaltpflichtigen zu; dieser soll nur solche Risiken tragen, die in den – im Kern ehebedingten – Reintegrationsschwierigkeiten liegen.

In dem konkreten Fall hatte die Beklagte nach der Scheidung ununterbrochen insgesamt über sieben Jahre eine Erwerbstätigkeit ausgeübt. Eine nachhaltig gesicherte Tätigkeit liegt in der Regel jedoch bereits nach einem Zeitraum von zwei Jahren vor.[76] Das OLG verneinte daher eine nachwirkende eheliche Verantwortung zur Begründung eines erhöhten Aufstockungsunterhalts gem. § 1573 BGB des geschiedenen Ehegatten.[77] Ein zuvor bestandener Anspruch auf Aufstockungsunterhalt wird allerdings nicht von dem Verlust des Arbeitsplatzes berührt.

---

75 BGH NJW 2012, 1144.
76 Ebenso: OLG Zweibrücken, NJW 2008, NJW Jahr 2008 Seite 1893 = FamRZ 2008, FAMRZ Jahr 2008 Seite 1958 [FAMRZ Jahr 2008 Seite 1959]; OLG Karlsruhe, NJW-RR 1999, NJW-RR Jahr 1999 Seite 1599 = FamRZ 2000, FAMRZ Jahr 2000 Seite 233; Palandt/Brudermüller, § 1573 Rdnr. 28
77 Ebenso: BGH, NJW 2003, NJW Jahr 2003 Seite 3481 = FamRZ 2003, FAMRZ Jahr 2003 Seite 1734 [FAMRZ Jahr 2003 Seite 1736].

2. OLG Brandenburg, Urt. vom 28.12.2011 – 13 UF 4/08

Möglichkeit der Ausübung einer angemessenen Tätigkeit: 49

Ein geschiedener Ehegatte ist gem. § 1573 BGB trotz bestehender Erwerbsobliegenheit unterhalts-berechtigt, soweit eine ausgeübte angemessene Erwerbstätigkeit nicht den Lebensbedarf abdeckt oder einer angemessenen Erwerbstätigkeit mangels Einstellung nicht nachgegangen werden kann.

Die Angemessenheit einer Tätigkeit richtet sich nach § 1574 BGB. Nach dessen Absatz 2 ist eine Erwerbstätigkeit, die der Ausbildung, den Fähigkeiten, einer früheren Erwerbstätigkeit, dem Lebensalter und dem Gesundheitszustand des geschiedenen Ehegatten entspricht, soweit eine sol-che Tätigkeit nicht nach den ehelichen Lebensverhältnissen unbillig wäre. Die für einen Ehegat-ten erreichbare Erwerbstätigkeit ist nicht erst dann angemessen, wenn das damit erzielbare Ein-kommen den vollen Unterhalt deckt (BGH NJW 85, 1695). Vielmehr ist unter Berücksichtigung aller Umstände des Einzelfalls eine umfassende Abwägung vorzunehmen. Dabei sind die subjekti-ven Kriterien in ihrer Gesamtheit umfassend zu würdigen. Daneben ist in objektiver Hinsicht festzustellen, ob für eine danach zumutbare Erwerbstätigkeit eine reale Beschäftigungschance besteht (Palandt-Brudermüller, a. a. O., § 1574 Rn. 3 m. w. N.).

Im vorliegenden Fall verfügte die den Unterhalt begehrende Antragsgegnerin über keine abge-schlossene Berufsausbildung. Sie war jedoch jahrelang als Floristin tätig. Seitdem gesundheitliche Beschwerden im Knie eine vollschichtige Tätigkeit als Floristin ausschließen, da diese Tätigkeit stehend verrichtet wird, begehrt die Antragsgegnerin Unterhalt wegen Erwerbslosigkeit. Das OLG Brandenburg ging im Hinblick auf die mangelnde Berufsausbildung davon aus, dass eine voll-schichtige Tätigkeit als Telefonistin oder Tagesmutter, der jeweils keine gesundheitlichen Beschwerden entgegen stehen, als angemessen zu betrachten ist und die Antragsgegnerin ihrer Erwerbsobliegenheit nachkommen muss. Ein Anspruch auf Unterhalt gem. § 1573 Abs. 1 BGB ist somit ausgeschlossen.

3. OLG Frankfurt am Main: Urt. vom 29.11.2011, Aktz.: 3 UF 285/09[78]

Erwerbsbemühungen einer Rechtsanwältin/Anrechnung von fiktiven Einkünften: 50

1. Hat sich die Ehefrau (Rechtsanwältin), für die Betreuungsunterhalt tituliert ist, nicht in dem ihr zumutbaren Umfang um Einkünfte aus Rechtsanwaltstätigkeit bemüht, sind ihr fiktive Ein-künfte zuzurechnen. Hierbei ist darauf abzustellen, welche Gewinne die Ehefrau bei gehöriger Anstrengung hätte erzielen können.

(LS der Redaktion)

2. Wird der Bedarf konkret ermittelt, wird das Erwerbseinkommen des Unterhaltsberechtigten nicht um den Erwerbsbonus gekürzt. (LS der Redaktion)

§ 1574 Angemessene Erwerbstätigkeit

(1) Dem geschiedenen Ehegatten obliegt es, eine angemessene Erwerbstätigkeit auszuüben.

(2) [1]Angemessen ist eine Erwerbstätigkeit, die der Ausbildung, den Fähigkeiten, einer früheren Erwerbstätigkeit, dem Lebensalter und dem Gesundheitszustand des geschiedenen Ehegatten entspricht, soweit eine solche Tätigkeit nicht nach den ehelichen Lebensverhältnissen unbillig wäre. [2]Bei den ehelichen Lebensverhältnissen sind insbesondere die Dauer der Ehe sowie die Dauer der Pflege oder Erziehung eines gemeinschaftlichen Kindes zu berücksichtigen.

---

78 BeckRS 2011, 28018

(3) Soweit es zur Aufnahme einer angemessenen Erwerbstätigkeit erforderlich ist, obliegt es dem geschiedenen Ehegatten, sich ausbilden, fortbilden oder umschulen zu lassen, wenn ein erfolgreicher Abschluss der Ausbildung zu erwarten ist.

A. Strukturen

1   § 1574 enthält **keine Anspruchsgrundlage**, sondern die Norm schränkt im Hinblick auf § 1569 die **Erwerbsobliegenheit** nach der Scheidung ein. Auf Seiten des **Unterhaltsgläubigers** konkretisiert sie demnach die Unterhaltstatbestände wegen Alters (§ 1571), gesundheitlicher Beeinträchtigungen (§ 1572) oder Erwerbslosigkeit (§ 1573 Abs. 1) insoweit, als dem geschiedenen Ehegatten nur eine »**angemessene**« Erwerbstätigkeit angesonnen wird: Kommt nach den Umständen allein die Aufnahme solcher beruflicher Tätigkeit in Betracht, die als nicht angemessen anzusehen ist, kann »eine Erwerbstätigkeit nicht erwartet werden«.[1] Allerdings schränkt § 1581 in **Mangellagen** den Anwendungsbereich der Norm ein: Insoweit kann den geschiedenen Unterhaltsgläubiger eine über § 1574 hinausgehende Obliegenheit zum Einsatz seiner Erwerbsfähigkeit treffen.[2]

2   Vermag der Unterhaltsgläubiger trotz nachgewiesener ausreichender Bemühungen keine angemessene Tätigkeit zu finden, bleibt ein ehebedingter Nachteil, der im Rahmen der § 1578b Abs. 1 und Abs. 2 zu beachten ist. Die Grundsätze des § 1574 gelten **gleichermaßen** (entsprechend) für die Beurteilung, welche Erwerbstätigkeit auf Seiten des **Unterhaltsschuldners** angemessen ist. Eine **frühere Erwerbstätigkeit** ist grundsätzlich als **angemessene Tätigkeit** i.S.d. § 1574 Abs. 2 zubewerten.[3] Hat die unterhaltsberechtigte geschiedene Ehefrau den erlernten qualifizierten Beruf bereits vor der Eheschließung aufgegeben und die erlernte Tätigkeit in der Ehe nie ausgeübt, so muss der Unterhaltsschuldner die Annahme von Erwerbsstellen im minderqualifizierten Bereich als angemessene Erwerbstätigkeit hinnehmen, ohne dass er von dem Unterhaltsgläubiger die Aufnahme einer höher dotierten Stelleverlangen kann.[4]

3   An die Stelle einer Erwerbsobliegenheit nach § 1574 Abs. 1 (und 2) tritt die **Ausbildungsobliegenheit** gem. § 1574 Abs. 3, wenn eine angemessene bedarfsdeckende Erwerbstätigkeit ohne Ausbildung, Fortbildung oder Umschulung nichtmöglich ist.[5] Den Unterhaltsgläubiger trifft daher – wenn und soweit dies zur Aufnahme einer angemessenen Erwerbstätigkeit notwendig ist – nach § 1574 Abs. 3 die **Obliegenheit**, sich ausbilden, fortbilden oder umschulen zu lassen. § 1574 Abs. 3 verpflichtet den Unterhaltsgläubiger, **von sich aus tätig** zu werden. War etwa eine approbierte Ärztin nie in ihrem Beruf tätig, ist sie schon vor Eintritt der Erwerbsobliegenheit verpflichtet, sich um den Wiedererwerb bzw. die Aktualisierung ihrer beruflichen Qualifikation zu bemühen.[6] Der (entsprechende) Unterhaltsanspruch während der Ausbildung, Fortbildung oder Umschulung ergibt sich aus § 1575 oder – wenn dessen Voraussetzungen nicht vorliegen – aus

---

1   BGH FamRZ 1983, 144.
2   BGH FamRZ 1983, 569.
3   OLG Karlsruhe FamRZ 2009, 120 – Tätigkeit eines ehemaligen Au-pair-Mädchens als Zimmermädchen oder Haushälterin.
4   OLG Stuttgart FamRZ 2009, 785.
5   BGH FamRZ 1984, 561.
6   OLG Hamm FamRZ 1998, 243 – Erwerbsobliegenheit einer Ärztin, die ihren Beruf nie ausgeübt hat.

§§ 1571, 1572, 1573 Abs. 1.[7] Der Unterhalt begehrende geschiedene Ehegatte muss sich ein fiktives Einkommen zurechnen lassen, wenn er einer zumutbaren Erwerbstätigkeit nicht nachgeht, obwohl er es könnte. Ist er arbeitslos, muss er für die Suche nach Arbeit etwa diejenige Zeit aufwenden, die ein Erwerbstätiger für seinen Beruf aufwendet, so dass monatlich bis zu 20 bis 30 Bewerbungen zu verlangen sind; die Arbeitsbemühungen und die subjektive Arbeitsbereitschaft müssen ernsthaft sein.[8]

B. Normzweck

§ 1574 schützt den geschiedenen Ehegatten vor dem **sozialen Abstieg**: Der Bezug auf die **ehelichen Lebensverhältnisse** verdeutlicht, dass der Unterhaltsgläubiger keinen unangemessenen sozialen Abstieg hinnehmen muss, soweit er sich auf den aus der gemeinsamen Gestaltung der Ehe ergebenden **Vertrauensschutz** berufen kann.[9] Der unterhaltsbedürftige geschiedene Ehegatte hat gemäß § 1574 Abs. 1 nach der Scheidung nur einer **angemessenen** und nicht jeder **Tätigkeit** nachzugehen.[10] Das **UÄndG 2007** hat § 1574 Abs. 1 und 2 infolge stärkeren Betonung des Grundsatzes der Eigenverantwortung (§ 1569) neu gefasst und damit die **Anforderungen an die (Wieder-)Aufnahme einer Erwerbstätigkeit nach der Scheidung erhöht**: Brauchte der geschiedene Ehegatte nach dem bisherigen Abs. 1 »nur eine ihm angemessene« Tätigkeit auszuüben, was eher als Schutz des geschiedenen Ehegatten verstanden wurde, wird von ihm jetzt – wie in § 1569 – positiv erwartet, dass er tatsächlich eine objektiv »angemessene« Tätigkeit ausübt. 4

1574 Abs. 1 stellt in Anlehnung an die Neuformulierung von § 1569 klar, dass den geschiedenen Ehegatten eine **Erwerbsobliegenheit** trifft, und gibt unverändert den **Maßstab** für die **Art** der Erwerbstätigkeit vor: »angemessene« Erwerbstätigkeit. 5

§ 1574 Abs. 2 führt die in ihrer **Gesamtheit** zu würdigenden **Merkmale** auf, anhand derer die **Angemessenheit** der Erwerbstätigkeit zu beurteilen ist. Unverändert stellt das Gesetz auf die Ausbildung, die Fähigkeiten, das Lebensalter und den Gesundheitszustand des geschiedenen Ehegatten ab, hat jedoch die Norm um das **Merkmal** der »früheren« Erwerbstätigkeit ergänzt, weil die Erwerbstätigkeit in einem **früher ausgeübten Beruf** grundsätzlich immer als **angemessen** anzusehen ist. § 1574 Abs. 2 Satz 2 enthält keine Definition der ehelichen Lebensverhältnisse, sondern übernimmt die bereits in der früheren Fassung (§ 1574 Abs. 2 Hs. 2) genannten Umstände, die bei der Bewertung besonders zu berücksichtigen sind. 6

Bislang waren die ehelichen Lebensverhältnisse ein weiteres, **gleichberechtigtes** Merkmal zur Prüfung der Angemessenheit einer Erwerbstätigkeit; daraus wurde eine Sicherung des in der Ehe erreichten sozialen Status gefolgert: Dem Unterhaltsgläubiger wurde auf Grund eines während der Ehe bestehenden höheren Lebensstandards nicht zugemutet, in einen früher ausgeübten Beruf zurückzukehren. Auf Grund der Änderung der Norm durch das **UÄndG 2007** ist nunmehr die Frage, ob die **ehelichen Lebensverhältnisse** den Kreis der in Betracht kommenden **Erwerbstätigkeiten** einengen können, erst in einer zweiten Stufe und nur noch als **Korrektiv** im Rahmen einer **Billigkeitsabwägung** zu prüfen; § 1574 Abs. 2 Satz 1 Hs. 2 ist daher als **Einwendung** ausgestaltet (»... soweit ...«). 7

Nunmehr hat der **Unterhaltsgläubiger** darzulegen und im Falle des Bestreitens auch zu beweisen, dass eine **an sich erreichbare Erwerbstätigkeit** für ihn auf Grund der **ehelichen Lebensverhält-** 8

---

7 BGH FamRZ 1984, 561 – im entschiedenen Fall: § 1573 Abs. 1.
8 OLG Karlsruhe FamRZ 2002, 1567.
9 BGH FamRZ 1980, 126 – »Studentenehe«; 1988, 1145; NJW-RR 1992, 1282.
10 S. etwa OLG München FamRZ 2004, 1208 = FuR 2004, 179 – es könne daher nicht verlangt werden, in eine unter Umständen höher bezahlte Hilfsarbeitertätigkeit zu wechseln, statt weiterhin in dem erlernten Beruf (hier: Hotel- und Gaststättengehilfin) zu arbeiten.

nisse **unzumutbar** ist. Damit trägt das Gesetz dem Vertrauen, das beim Unterhaltsgläubiger auf Grund einer **nachhaltigen** gemeinsamen Gestaltung der ehelichen Lebensverhältnisse entstanden ist, ausreichend Rechnung und verhindert einen unangemessenen sozialen Abstieg. Ohne Bedeutung ist, ob der **Lebensstandard vorübergehend ansteigt** (etwa durch Mehreinkommen aus unzumutbarer Tätigkeit) **oder absinkt** (etwa infolge vorübergehender Arbeitslosigkeit).[11] Der Tatrichter hat nunmehr im konkreten Einzelfall sorgfältig abzuwägen. Nach der Gesetzesbegründung muss ein auf Grund des Eingreifens dieser Bestimmung eventuell geminderter Lebensstandard des geschiedenen Ehegatten nicht Anlass dafür geben, dass ein Aufstockungsunterhaltsanspruch (§ 1573 Abs. 2) begründet wird; vielmehr ist dem durch eine Begrenzung des Unterhaltsanspruchs nach § 1578b angemessen zubegegnen.

9   (zur Zeit nicht besetzt)

C. Angemessenheit der Erwerbstätigkeit

10 Ob eine **Erwerbstätigkeit** als **angemessen** anzusehen ist und dem Ehegatten insb. eine ausreichende berufliche Entfaltung ermöglicht, also seinem bisherigen beruflichen Werdegang, seinem Alter und Gesundheitszustand entspricht, ist unter **Zumutbarkeitskriterien** zu beantworten. Eine optimale berufliche Erfüllung kann nicht verlangt werden.[12] **Angemessene Erwerbstätigkeit** i.S.d. § 1574 setzt **bestimmte subjektive** und **objektive Kriterien** voraus:

1. zum einen die in der **Legaldefinition** des § 1574 Abs. 2 beispielhaft angeführten **sechs subjektiven Kriterien** (bei Scheidung/im Einsatzzeitpunkt vorhandene Fähigkeiten, frühere Erwerbstätigkeit, Gesundheitszustand, Alter und eheliche Lebensverhältnisse unter Berücksichtigung der Dauer der Ehe und der Kindesbetreuung), aber auch möglicher weiterer Kriterien,
2. zum anderen als **objektives Kriterium**, ob für eine nach den subjektiven Maßstäben zumutbare Erwerbstätigkeit eine reale Beschäftigungschance besteht; der Unterhaltsgläubiger ist **darlegungs- und beweispflichtig** dafür, dass eine solche Chance nicht besteht.[13] Im Hinblick auf den **Grundsatz** der **Eigenverantwortung** sind allerdings an die **Nachweispflicht hohe Anforderungen** zu stellen.[14]

11 Der geschiedene Ehegatte ist nach § 1574 zu einer Erwerbstätigkeit verpflichtet, die **angemessen** ist. Die Ausübung der Prostitution bleibt unterhaltsrechtlich eine unzumutbare Tätigkeit, auf welche der Unterhaltsschuldner seinen geschiedenen Ehegatte auch dann nicht verweisen kann, wenn dieser während des Zusammenlebens der Eheleute einvernehmlich der Prostitution nachgegangen war.[15]

I. Subjektive Kriterien, insb. Legaldefinition des § 1574 Abs. 2

12 Die für einen Ehegatten erreichbare Erwerbstätigkeit ist nicht erst dann angemessen, wenn das mit ihr erzielbare Einkommen den vollen Unterhalt deckt,[16] sondern es sind **alle Umstände**, die für die Bewertung einer Erwerbstätigkeit als angemessen zu berücksichtigen sind, **umfassend gegeneinander abwägen**;[17] gesundheitsbedingte Beeinträchtigungen schließen, wenn die Arbeits-

---

11 BGH FamRZ 1988, 256 zu den Auswirkungen auf die für den Trennungsunterhalt maßgebenden ehelichen Lebensverhältnisse, wenn der unterhaltspflichtige Ehegatte sich nach der Trennung selbständig macht (im entschiedenen Fall: Eröffnung einer Arztpraxis) und vorübergehend keine Einkünfte erzielt.
12 BGH FamRZ 1984, 988, 989, 1439.
13 BGH FamRZ 1987, 144.
14 BGH FamRZ 1991, 416.
15 OLG München FamRZ 2004, 108.
16 BGH FamRZ 1985, 782.
17 BGH FamRZ 1984, 561.

bedingungen auf die Erkrankung entsprechend Rücksicht nehmen, die Angemessenheit nicht von vornherein aus.[18]

Maßgebend sind zunächst die in der Legaldefinition des § 1574 Abs. 2 besonders hervorgehobe-   13
nen (nicht abschließend normierten) **sechs subjektiven** Kriterien:

1. Für die Bewertung des »**Ausbildungsniveaus**« müssen zunächst Feststellungen über Inhalt und Abschluss der **damaligen Ausbildung** getroffen werden; Entwicklungen in den Ausbildungsgängen eines Berufs und dadurch bedingte Wandlungen des Berufsbilds sind angemessen zu berücksichtigen. Nicht nur eine ausbildungsentsprechende Tätigkeit kann angemessen sein,[19] sondern angemessen ist in Übergangszeiten auch nicht ausbildungsverwandte Tätigkeit zur Fortbildung und anschließende Tätigkeit in verwandten Berufen,[20] wenn sie außerhalb des erlernten Berufsbilds dem Status des erlernten Berufes in etwa entspricht;[21]
2. Beachtlich sind bei der Scheidung vorhandene verwertbare **persönliche Fähigkeiten**, insb. eine berufliche Qualifikation,[22] soweit nicht zum Ausgleich ehebedingter Nachteile eine Ausbildung beansprucht werden kann;
3. Das **UÄndG 2007** hat als weiteres Kriterium »**frühere Erwerbstätigkeit**« normiert, da der Gesetzgeber die Erwerbstätigkeit in einem früher ausgeübten Beruf grundsätzlich immer als angemessen ansieht, und zwar auch dann, wenn der jetzt Unterhalt beanspruchende Ehegatte während der Ehe eine Tätigkeit ausgeübt hat, die unter seiner beruflichen Qualifikation lag: Dem Unterhaltsgläubiger ist es danach verwehrt, Unterhalt auf der Basis seiner höheren Berufsqualifikation zu fordern, wenn er im Verlauf der Ehe über einen mehrjährigen Zeitraum hinweg eine geringer qualifizierte Tätigkeit ausgeübt hat;[23]
4. Auf Grund seines **Gesundheitszustands** bei Scheidung bzw. im Einsatzzeitpunkt muss der Betroffene seinen Beruf noch ausüben können;[24]
5. Die jeweils in Betracht kommende Erwerbstätigkeit muss (auch) dem **Lebensalter** entsprechen;[25]
6. Die »**Angemessenheit**« einer Erwerbstätigkeit des geschiedenen Ehegatten hängt nicht primär von den ehelichen Lebensverhältnissen, sondern stattdessen von dem eigenen Ausbildungsstand und einer in der Vergangenheit ausgeübten Erwerbstätigkeit ab.[26] Der eigene Ausbildungsstand und die selbst ausgeübte Erwerbstätigkeit kann dabei auch deutlich von den gelegten ehelichen Lebensverhältnissen abweichen. Dass ist in erster Linie auf die Erwerbsbiografie des Unterhaltsberechtigten und dessen Ausbildungsstand ankommt, ergibt sich nicht nur aus der gesteigerten Eigenverantwortung (§ 1569) sondern zusätzlich auch aus der Wertung des § 1578 b Abs. 1. Ist der Unterhaltsberechtigte der Auffassung, dass ihm wegen der ehelichen Lebensverhältnisse und des wegen der Ehe erreichten Lebensstandards eine Erwerbstätigkeit

---

18 OLG Hamm FamRZ 1992, 1184 – angemessene vollschichtige Erwerbstätigkeit trotz rheumatischer Erkrankung.
19 BGH FamRZ 1991, 416 zur Zumutbarkeit einer Erwerbstätigkeit einer 50-jährigen Ehefrau, die rund 30 Jahre zuvor eine Ausbildung als Erzieherin erlangt hat, danach mehrere Jahre in diesem Beruf tätig gewesen ist und sich anschließend mehr als 20 Jahre lang in einer wirtschaftlich gut gestellten Ehe dem Haushalt und der Erziehung eines Kindes gewidmet hat, als Verkäuferin in einem gehobenen Einrichtungshaus.
20 OLG Hamm FamRZ 1983, 243 zur Erwerbsobliegenheit einer Ärztin, die ihren Beruf nie ausgeübt hat: Sie dürfe sich bei ihren Bemühungen um eine Berufstätigkeit nicht nur auf die klassischen ärztlichen Heilberufe beschränken, sondern zumutbar sei auch eine Tätigkeit im Bereich der Aus- und Weiterbildung oder im universitären Bereich.
21 OLG Hamm FamRZ 1992, 1184.
22 Vgl. KG FamRZ 1978, 692.
23 BGH FamRZ 2005, 23, 25; BGH FamRZ 2010, 2059.
24 BGH FamRZ 1986, 1085.
25 OLG Zweibrücken FamRZ 1983, 1138 – Umstellungsschwierigkeiten.
26 Dose FamRZ 2007, 1289, 1297

auf der Grundlage seiner eigenen beruflichen Fertigkeiten nicht zuzumuten ist, so trägt er die volle Darlegungs- und Beweislast.[27] Sollte der Unterhaltsberechtigte nicht ohne weiteres dazu in der Lage sein, seinen ursprünglich ausgeübten Beruf wieder aufnehmen zu können, so kann unter Umständen ein ergänzender Anspruch auf Zahlung von Ausbildungsunterhalt in Betracht kommen.[28]

14 Da § 1574 Abs. 2 die **subjektiven** Kriterien nicht abschließend katalogisiert, können im Einzelfall auch **weitere subjektive Kriterien** in Betracht kommen, etwa die Erreichbarkeit des Arbeitsplatzes.[29]

II. Objektives Kriterium: Reale Beschäftigungschance

15 **Objektiv** muss für eine nach subjektiven Kriterien zumutbare Erwerbstätigkeit eine **reale Beschäftigungschance** bestehen: Es muss feststehen oder zumindest nicht auszuschließen sein, dass bei genügenden Bemühungen eine reale Beschäftigungschance bestanden hätte, was in erster Linie von den Verhältnissen auf dem Arbeitsmarkt und den persönlichen Eigenschaften des Bewerbers (Alter, Ausbildung, Berufserfahrung, Gesundheitszustand u.a.) abhängt.[30]

16 Die Vielfalt der Lebenssachverhalte lässt es nicht zu, Strukturen und/oder einzelne Fallgruppen zu bilden; daher kann nur auf Beispiele aus der Rechtsprechung vor In-Kraft-Treten des **UÄndG 2007** zurückgegriffen werden.

17 Es kann nicht von vornherein davon ausgegangen werden, dass für eine Ehefrau von 50 Jahren, deren frühere Ausbildung unter Umständen der heute gesetzlich vorgesehenen Qualifikation für den Beruf einer Erzieherin nicht (mehr) entspricht, nach 23-jähriger Ehe in guten finanziellen Verhältnissen praktisch keine angemessene Erwerbsmöglichkeit auf dem Arbeitsmarkt besteht.[31] Auch einer geschiedenen Ehefrau, die – ohne Berufsausbildung – seit ihrem 22. Lebensjahr nicht mehr außerhalb des Haushalts in abhängiger Tätigkeit gearbeitet hat, kann grundsätzlich im Alter von 53 Jahren die Aufnahme einer Erwerbstätigkeit zuzumuten sein,[32] insb. Tätigkeit in einem sozialen Beruf, etwa – bei entsprechender Ausbildung – als Altenpflegerin oder als Tagesmutter.[33]

17a Bei sehr gehobenen wirtschaftlichen Verhältnissen und langjährigen Ehen kann unter Umständen nach den bereits geschilderten Grundsätzen (vergleiche RN 13 Ziffer 6) eine Tätigkeit in eine minderqualifizierten, erlernten Beruf nicht mehr gefordert werden. Auf die Rechtsprechung vor dem Unterhaltsänderungsgesetz kann insoweit jedoch nur sehr begrenzt zurückgegriffen werden, da ansonsten der mit dem Unterhaltsänderungsgesetz verfolgte Grundsatz der gesteigerten Eigenverantwortlichkeit und der grundsätzlichen Angemessenheit einer eigenen erlernten Tätigkeit nicht erreicht werden würde.

18-20 (zur Zeit nicht besetzt)

---

27 Dose FamRZ 2007, 1289, 1297
28 OLG Celle FamRZ 2010, 1673; BGH FamRZ 1987, 795, 797
29 BGH FamRZ 1986, 553 (Nr. 325).
30 BGH FamRZ 1986, 244; s. auch OLG München FamRZ 2002, 462 – »echte Arbeitsplatzchance« im Bezirk des Familiengerichts.
31 BGH FamRZ 1991, 416 zur Angemessenheit der Erwerbstätigkeit einer 50-jährigen Ehefrau, die rund 30 Jahre zuvor eine Ausbildung als Erzieherin erlangt hat, danach mehrere Jahre in diesem Beruf tätig gewesen ist, und sich anschließend mehr als 20 Jahre lang in einer wirtschaftlich gut gestellten Ehe dem Haushalt und der Erziehung eines Kindes gewidmet hat.
32 OLG Koblenz FamRZ 1992, 950.
33 OLG Hamm FamRZ 1994, 966 zu Tätigkeiten in einem sozialen Beruf.

D. Folgen der Verletzung einer Erwerbs- bzw. Ausbildungsobliegenheit

Verstoßen Unterhaltsgläubiger/-schuldner gegen eine jeweilige **Obliegenheit**, dann ist – wenn 21
eine objektive Beschäftigungschance vorausgesetzt werden kann[34] – **fiktives Einkommen** anzusetzen; daneben kann noch ein (ergänzender) Anspruch auf Aufstockungsunterhalt in Betracht kommen.[35] Es sind diejenigen (**fiktiven**) **Einkünfte** anzusetzen, die erzielt worden wären, wenn keine
Obliegenheit verletzt worden wäre. Daher ist sehr genau zu prüfen, welches Einkommen der
jeweils Betroffene nach seinen persönlichen Eigenschaften auf dem Arbeitsmarkt erzielen
könnte.[36] Allerdings ist insoweit zu berücksichtigen, dass man sich – bei einem Wiedereinstieg in
das Erwerbsleben nach langer Unterbrechung – unter Umständen zunächst mit einem vergleichsweise niedrigen Gehalt abfinden muss.[37] Wenn und soweit eine **selbständige Beschäftigung** ausgeübt wird, die keinen Gewinn abwirft, ist eine abhängige Stellung anzunehmen.[38]

Nach der Rechtsprechung des BGH[39] müssen, wenn der Unterhaltsanspruch wegen einer Oblie- 22
genheitsverletzung gem. § 1574 teilweise oder insgesamt ausgeschlossen ist, **zudem** die Voraussetzungen des § 1579 Nr. 4 vorliegen. Dies trifft nicht zu, nicht nur, weil unzulässig Anspruchsgrund
(Bedürftigkeit!) und Begrenzung eines bestehenden Anspruchs (§ 1579) vermischt werden,[40] sondern weil Obliegenheitsverletzungen regelmäßig keine grobe Unbilligkeit voraussetzen.

E. Darlegungs- und Beweislast

Der Grundsatz der Eigenverantwortung (§ 1569) begründet hohe Anforderungen an die Nach- 23
weispflicht, sich um eine (auch) **angemessene** Erwerbstätigkeit zu bemühen.[41] Wer sich auf die
(**Un-**) **Angemessenheit** einer **Erwerbstätigkeit** beruft, muss die tatsächlichen Voraussetzungen darlegen und beweisen. Eine langjährig ausgeübte Berufstätigkeit begründet eine tatsächliche Vermutung für ihre Angemessenheit. Wer behauptet, ihm sei der Arbeitsmarkt verschlossen, ist darlegungs- und beweispflichtig dafür, dass eine Arbeitsplatzchance nicht besteht.[42]

§ 1575 Ausbildung, Fortbildung oder Umschulung

(1) [1]Ein geschiedener Ehegatte, der in Erwartung der Ehe oder während der Ehe eine Schul- oder Berufsausbildung nicht aufgenommen oder abgebrochen hat, kann von dem anderen Ehegatten Unterhalt verlangen, wenn er diese oder eine entsprechende Ausbildung sobald wie möglich aufnimmt, um eine angemessene Erwerbstätigkeit, die den Unterhalt nachhaltig sichert, zu erlangen und der erfolgreiche Abschluss der Ausbildung zu erwarten ist. [2]Der Anspruch besteht längstens für die Zeit, in der eine solche Ausbildung im Allgemeinen abgeschlossen wird; dabei sind ehebedingte Verzögerungen der Ausbildung zu berücksichtigen.

(2) Entsprechendes gilt, wenn sich der geschiedene Ehegatte fortbilden oder umschulen lässt, um Nachteile auszugleichen, die durch die Ehe eingetreten sind.

---

34 BGH FamRZ 1986, 885; OLG Dresden FamRZ 1996, 1236.
35 BGH FamRZ 1988, 927.
36 BGH FamRZ 1996, 345.
37 OLG Köln FamRZ 1993, 711.
38 BGH FuR 2004, 543 = FamRZ 2005, 23; OLG Stuttgart FamRZ 1991, 1059.
39 BGH FamRZ 1986, 553 (Nr. 325); 1988, 145 mit krit. Anm. Hoppenz.
40 So Johannsen/Henrich/Büttner Rn. 17.
41 BGH FamRZ 1991, 416.
42 BGH FamRZ 1987, 144.

(3) Verlangt der geschiedene Ehegatte nach Beendigung der Ausbildung, Fortbildung oder Umschulung Unterhalt nach § 1573, so bleibt bei der Bestimmung der ihm angemessenen Erwerbstätigkeit (§ 1574 Abs. 2) der erreichte höhere Ausbildungsstand außer Betracht.

A. Strukturen

1 Der Unterhaltsanspruch wegen Ausbildung, Fortbildung oder Umschulung gem. § 1575 umfasst **nur** den **Ausgleich ehebedingter Nachteile** durch versäumte Ausbildungsmöglichkeiten; ein **allgemeiner Anspruch** auf Ausbildung, Fortbildung oder **Umschulung nach der Scheidung** besteht nicht.[1] § 1575 unterscheidet zwischen dem Anspruch auf **Ausbildung (Abs. 1)** und dem Anspruch auf **Fortbildung** oder **Umschulung (Abs. 2)**.

2 Der Unterhaltsgläubiger kann sich nach Abschluss seiner Ausbildung/Fortbildung/Umschulung nicht auf den dadurch erreichten höheren Ausbildungsstand berufen, sondern er muss nach einer gewissen **Übergangszeit**[2] eine Erwerbstätigkeit auf dem bisherigen Niveau suchen, soweit diese Erwerbstätigkeit i.S.v. § 1574 Abs. 2 angemessen ist.

B. Normzweck

3 § 1575 soll **ehebedingte Nachteile** im Rahmen einer Berufsausbildung/Fortbildung/Umschulung ausgleichen. Die Norm ermöglicht eine **berufliche Verbesserung**, die ohne die Ehe schon früher erreicht worden wäre,[3] und damit, die Voraussetzungen für die wirtschaftliche Selbständigkeit auf dem ehebedingt nicht erreichten Niveau zu schaffen.

C. Voraussetzungen der Unterhaltstatbestände des § 1575

4 Voraussetzung für den Anspruch auf Ausbildungsunterhalt ist, dass die Ausbildung tatsächlich notwendig ist, um eine angemessene Erwerbstätigkeit i.S.v. § 1574 auszuüben, wobei eine frühere Erwerbstätigkeit grundsätzlich als angemessene Tätigkeit i.S.d. § 1574 Abs. 2 zu bewerten ist. Ein Hochschulstudium ohne konkretes Berufsziel, das erst lange Zeit nach der Trennung aufgenommen wurde, ist jedenfalls nicht aus erforderlich anzusehen.[4]

---

1 BGH FamRZ 1985, 782.
2 *OLG Düsseldorf FamRZ* 1987, 708 – drei Monate.
3 BGH FamRZ 1985, 782.
4 OLG Karlsruhe FamRZ 2009, 120.

Im Rahmen des **Unterhaltstatbestands** ist zwischen dem **Unterhaltsanspruch** wegen **Ausbildung** 5
(§ 1575 Abs. 1) und dem **Unterhaltsanspruch** wegen **Fortbildung** oder **Umschulung** (§ 1575
Abs. 2) zu differenzieren:

1. Unterhaltsanspruch wegen **Ausbildung** (§ 1575 Abs. 1): Eine Schul- oder Berufsausbildung
   wurde in unmittelbarem Zusammenhang mit der Eheschließung oder in der Ehe abgebrochen;
2. Unterhaltsanspruch wegen **Fortbildung** oder **Umschulung** (§ 1575 Abs. 2): Durch die Ehe sind
   in der Berufsausbildung Nachteile eingetreten, die durch Fortbildung oder Umschulung ausgeglichen werden können.

I. Fortsetzung einer ehebedingt unterbrochenen Ausbildung (§ 1575 Abs. 1)

Ehebedingte Nachteile sind in der Ausbildung entstanden, wenn eine **Schul-** oder **Berufsausbil-** 6
dung in unmittelbarem Zusammenhang mit der Eheschließung oder in der Ehe **abgebrochen**
wurde, etwa wegen der Geburt eines Kindes oder wegen eines ehebedingten Ortswechsels; die
Norm setzt jedoch den Abbruch der Ausbildung wegen der Ehe nicht voraus.[5]

Besteht ein Anspruch auf Unterhalt wegen Ausbildung gem. § 1575 Abs. 1, dann kann der Unter- 7
haltsgläubiger **wählen**, ob er die **abgebrochene Ausbildung** fortsetzt oder eine **neue Ausbildung**
beginnt. Will der Unterhaltsgläubiger eine neue Ausbildung beginnen, dann kommt es für die Frage,
ob die neu begonnene Ausbildung der ursprünglich beabsichtigten Ausbildung entspricht, nicht auf
fachliche Gesichtspunkte, sondern auf die **Gleichwertigkeit** in der **sozialen Einordnung** an.[6]

II. Fortbildung oder Umschulung (§ 1575 Abs. 2)

Der Anspruch auf Umschulung oder Fortbildung nach § 1575 Abs. 2 setzt zunächst eine **abgeschlos-** 8
sene Berufsausbildung und/oder eine **angemessene Berufserfahrung** voraus:[7] Im Rahmen von
§ 1575 Abs. 2 kann daher ein Studium als Ausbildungsmaßnahme von vornherein nicht berücksichtigt werden.[8] Die Begriffe »**Fortbildung**« bzw. »**Umschulung**« entsprechen den in §§ 87, 92 Abs. 3
SGB VIII bzw. § 1 BBiG verwendeten (s. auch die Begriffe im BAföG bzw. SGB III). Der Unterhaltstatbestand des § 1575 Abs. 2 verlangt sodann, dass **ehebedingt** in der Berufsausbildung **Nach-**
teile eingetreten sind, die durch Fortbildung oder Umschulung ausgeglichen werden können, so dass
dem Unterhaltsgläubiger dann eine angemessene Entfaltung seiner beruflichen Möglichkeiten offen
steht, ohne dass eine optimale berufliche Erfahrung verlangt werden kann[9] (etwa wenn eine Hausfrau technische Neuerungen in ihrem erlernten Beruf versäumt hat und dadurch keinen Anschluss
mehr finden kann, etwa Bildschirm-Arbeitsplätze, Call-Center u.a.).

III. Weitere Voraussetzungen des Anspruchs nach § 1575

Ein Anspruch nach § 1575 wegen Ausbildung, Fortbildung oder Umschulung setzt weiterhin 9
voraus:

– Der Unterhaltsgläubiger muss eine qualifizierte planmäßige Ausbildung/Fortbildung/Umschu-
  lung aufnehmen, deren **erfolgreicher Abschluss** zu erwarten ist. Eine selbständige berufliche
  Tätigkeit genügt auch dann nicht, wenn sie nach einer mehrjährigen Praxis die Zulassung zu

---

5 BGH FamRZ 1980, 126.
6 OLG Köln FamRZ 1996, 867.
7 BGH FamRZ 1987, 795.
8 BGH FamRZ 1985, 782; s. auch OLG Frankfurt FamRZ 1995, 879 – Abbruch einer Ausbildung zur Steuer-
   gehilfin wegen Eheschließung und Kinderbetreuung, nachgeholter Realschulabschluss während der Ehe,
   nachgeholtes Abitur nach der Trennung mit nachfolgender Aufnahme eines Medizinstudiums.
9 BGH FamRZ 1984, 988.

einer berufsqualifizierenden Prüfung ermöglicht.[10] Für eine »entsprechende Ausbildung« kommt es nicht auf die fachliche Ausrichtung, sondern darauf an, ob die Ausbildung ein im Niveau **vergleichbares Ausbildungsziel** vermittelt und sich eine **vergleichbare soziale Zuordnung** des **erstrebten Berufsbilds** ergibt.[11] So ist etwa eine im Krankenhaus begonnene und in Erwartung der Ehe abgebrochene hausinterne Ausbildung zur Diätbeiköchin mit einer nachehelichen Berufsausbildung im anerkannten Lehrberuf zur Altenpflegerin nicht vergleichbar und hinsichtlich der Einordnung des Berufsziels nicht gleichwertig, da nur eine rein hausinterne Qualifikation erreicht wird, die nicht auf dem allgemeinen Arbeitsmarkt, sondern nur im Ausbildungsbetrieb verwertbar ist;[12]

- Ausbildung bzw. Fortbildung oder Umschulung führen **voraussichtlich** zu einer **nachhaltigen Sicherung des Einkommens;**[13]
- Ausbildung/Fortbildung/Umschulung müssen **so bald als möglich**, also **ohne schuldhafte Verzögerung nach** der **Scheidung** oder dem **Ende** des **Betreuungs-** oder **Krankheitsunterhalts begonnen** werden, ehebedingte **Verzögerungen** (etwa wegen Kindesbetreuung)[14] oder Verzögerungen wegen Krankheit[15] muss der Unterhaltsschuldner hinnehmen (im Gegensatz zu §§ 1571, 1572, 1573 Abs. 1 und 2 enthält der Tatbestand allerdings keine genauen Einsatzzeitpunkte);
- Die **wirtschaftlichen Verhältnisse** des Unterhaltsschuldners müssen die Unterhaltslast einer – auch länger andauernden – Ausbildung/Fortbildung/Umschulung erlauben (Gegenseitigkeitsprinzip!).[16]

D. Dauer der Ausbildung

10 Der Anspruch auf Ausbildungsunterhalt besteht längstens für die **übliche Ausbildungs-** bzw. **Studienzeit** (§ 1575 Abs. 1 Satz 2), also diejenige Zeit, in der eine solche Ausbildung üblicherweise regelmäßig abgeschlossen wird; der Unterhaltsanspruch kann daher unabhängig von § 1578b auf die **voraussichtliche Dauer** der **Ausbildung zeitlich befristet** werden.[17] Die Obliegenheiten während der Ausbildung entsprechen in etwa den zu § 1610 Abs. 2 (Ausbildungsunterhalt) entwickelten Grundsätzen, wobei allerdings die Auskunfts- und Kontrollrechte der die Ausbildung finanzierenden Elternteile gem. § 1610 für den Unterhaltsschuldner im Rahmen des § 1575 nicht bestehen.

E. Höhe des Ausbildungsunterhalts

11 Die **Höhe** des Ausbildungsunterhalts richtet sich nach den ehelichen Lebensverhältnissen (§ 1578 Abs. 1); hinzu kommen – sofern der Unterhaltsschuldner entsprechend leistungsfähig ist – gegebenenfalls ausbildungsbedingter Mehrbedarf (§ 1578 Abs. 2) sowie Kranken- und Pflegevorsorgeunterhalt (§ 1578 Abs. 3), **nicht** jedoch Altersvorsorgeunterhalt. Der Unterhaltsgläubiger ist gehalten, nicht subsidiäre öffentliche Fördermittel zu beantragen und bedarfsmindernd einzusetzen. Haben

---

10 BGH FamRZ 1987, 795.
11 OLG Düsseldorf FamRZ 1980, 585; OLG Köln FamRZ 1996, 867.
12 OLG Koblenz OLGR 2000, 15.
13 BGH FamRZ 1985, 782 unter Hinweis auf BT-Drucks. 7/4361 S. 89 – »um eine angemessene Erwerbstätigkeit, die den Unterhalt nachhaltig sichert, zu erlangen«.
14 OLG Köln FamRZ 1996, 867 – zwischen der Scheidung und dem Beginn der Ausbildung lag ein Zeitraum von 14 Monaten.
15 *BGH FamRZ 1980, 126.*
16 S. etwa BGH FamRZ 1985, 782.
17 BGH FamRZ 1986, 553 (Nr. 325).

die Eheleute allerdings nur **kurze Zeit** zusammengelebt, kann dem Unterhaltsgläubiger zugemutet werden, sich eine mit der Schulausbildung zu vereinbarende **Nebentätigkeit** zu suchen.[18]

F. Konkurrenzen

I. § 1575 und § 1573

Besteht ein Anspruch nach § 1575, dann geht er § 1573 vor:[19] Der geschiedene Ehegatte kann dann **nicht** auf eine **angemessene Erwerbstätigkeit** verwiesen werden. Im Gegensatz zur Ausbildungsobliegenheit nach § 1573 Abs. 1 i.V.m. § 1574 Abs. 3 setzt der Anspruch auf Ausbildungsunterhalt nicht voraus, dass ohne die Ausbildung/Fortbildung/Umschulung keine angemessene Erwerbstätigkeit gefunden werden kann: Nicht jede berufliche Qualifikation, die die Aufnahme einer angemessenen Erwerbstätigkeit ermöglicht, ist auch erforderlich; das ist eine Ausbildung vielmehr nur, wenn ohne sie die Ausübung einer angemessenen Erwerbstätigkeit nicht möglich ist.[20] Die gesetzliche Einschränkung, dass die Ausbildung zu einer angemessenen Erwerbstätigkeit führen muss, stellt lediglich sicher, dass nicht etwa ein Studium, das zum bloßen Vergnügen betrieben wird, vom Unterhaltsschuldner finanziert werden muss. Dagegen schließt sie den Ehegatten, der zwar eine angemessene Erwerbstätigkeit aufnehmen könnte, jedoch durch eine Ausbildung eine ohne die Ehe schon früher erreichte Verbesserung seines Status im Erwerbsleben anstrebt, nicht von dem Anspruch nach § 1575 Abs. 1 aus. Ein Unterhaltsanspruch nach § 1575 Abs. 1 kommt demnach auch dann in Frage, wenn der geschiedene Ehegatte an sich eine nach § 1574 Abs. 2 angemessene Erwerbstätigkeit finden könnte. Insoweit hat § 1575 Abs. 1 **zwei Ziele:** Zum einen soll der geschiedene Ehegatte wirtschaftliche Selbständigkeit erlangen oder sie festigen, zum anderen sind diejenigen Nachteile auszugleichen, die er in seinem beruflichen Fortkommen mit Rücksicht auf die Ehe auf sich genommen hat.[21]   **12**

Hieraus folgt jedoch nicht, dass der geschiedene Ehegatte den anderen auch dann noch auf Ausbildungsunterhalt in Anspruch nehmen kann, wenn er bereits über eine abgeschlossene Berufsausbildung verfügt, die ihm die Ausübung einer einträglichen, angemessenen Erwerbstätigkeit ermöglicht: In einem solchen Fall überstiege die Verpflichtung zur Finanzierung einer **Zweitausbildung** den Bereich ehelicher Solidarität. Dies gilt für eine teilweise oder in vollem Umfange vor der Ehe absolvierte Berufsausbildung ebenso wie für eine während der Ehe erlangte – wobei es nicht von ausschlaggebender Bedeutung ist, inwieweit der (frühere) Ehepartner die mit der Ausbildung verbundenen finanziellen Lasten (allein) getragen hat –, erst recht jedoch, wenn der geschiedene Ehegatte die Erstausbildung erst nach der Scheidung absolviert und nach § 1575 Abs. 1 von seinem früheren Ehepartner finanziert erhalten hat.[22] Das gleiche gilt für eine Promotion.[23] Ob auch ein Masterabschluss zu finanzieren ist, wird von den Umständen des Einzelfalles abhängig sein, insbesondere davon, ob für die spätere Berufsausbildung üblicherweise der Masterabschluss erforderlich ist.   **13**

II. § 1575 und § 1361

Während der **Trennung** kommt ein **Anspruch** auf **Ausbildungsunterhalt** grundsätzlich nur insoweit in Betracht, als er sich nach den Kriterien des § 1573 Abs. 1 i.V.m. § 1574 Abs. 3 begründen lässt, auch wenn die Ausbildung erst in der Trennungszeit begonnen worden ist. Berits nach der   **14**

---

18 OLG Hamm ZfJ 2005, 452 – Zusammenleben von 9 Monaten.
19 Dieckmann FamRZ 1977, 92; vgl. OLG Hamm FamRZ 1983, 181.
20 BGH FamRZ 1984, 561.
21 BGH FamRZ 1985, 782.
22 BGH FamRZ 1985, 782; BGH FamRZ 1987, 795, 796; OLG Karlsruhe FamRZ 2012, 789.
23 Wendl/Bömmelburg § 4 RN 342.

Trennung und vor der Scheidung der Eheleute kann auch ein Unterhaltsanspruch nach den Maßstäben des § 1575 in Betracht kommen, etwa wenn ein Ehegatte während der Trennungszeit im
Vorgriff auf die Voraussetzungen des § 1575 eine Ausbildung aufnimmt, nachdem das endgültige
Scheitern der Ehe feststeht. Demzufolge wird Unterhalt für eine nach der Trennung, also noch
während der Ehe aufgenommene und nach der Scheidung lediglich fortgesetzte Ausbildung an
sich von dem Wortlaut des § 1575 nicht erfasst, fällt aber gleichwohl in den Anwendungsbereich
dieser Bestimmung, weil die Ausbildung während des Getrenntlebens in derartigen Fällen nur in
Vorwegnahme des nachehelichen Ausbildungsbeginns aufgenommen wird.[24] Ein geschiedener
Ehegatte muss daher eine während der Ehe erfolgreich begonnene Schulausbildung zur Erlangung
der allgemeinen Hochschulreife nach der Scheidung nicht ohne weiteres aufgeben.[25]

G. Darlegungs- und Beweislast

15 Der Ausbildungsunterhalt begehrende Ehegatte muss die Anspruchsvoraussetzungen des § 1575
darlegen und beweisen, also auch, dass die Ehe kausal für eine nicht aufgenommene oder abgebrochene Ausbildung war. Wird eine Ausbildung während der Ehe abgebrochen, dann ist die Ehebe-
dingtheit des Abbruchs zu **vermuten**.[26]

H. Begrenzung und Befristung des Ausbildungsunterhaltes nach § 1578 b BGB

15a Zur Begrenzung und Befristung des Ausbildungsunterhaltsanspruches wird auf die Darstellung bei
§ 1578 b BGB verwiesen.

I. Rechtsprechung
OLG Karlsruhe: Beschluss vom 18.08.2011 – 18 UF 19/11[27]

16 1. Nach § 1575 Abs. 1 BGB kann ein geschiedener Ehegatte, der in Erwartung der Ehe oder während der Ehe eine Schul- oder Berufsausbildung nicht aufgenommen oder abgebrochen hat, von
dem anderen Ehegatten Unterhalt verlangen, wenn er diese oder eine entsprechende Ausbildung
aufnimmt, um eine angemessene Erwerbstätigkeit, die den Unterhalt nachhaltig sichert, zu erlangen. Verfügt der Ehegatte allerdings bereits über eine Berufsausbildung, die ihm die Ausübung
einer einträglichen, angemessenen Erwerbstätigkeit ermöglicht, besteht für den in Anspruch
genommenen Ehegatten keine Verpflichtung aus § 1575 Abs. 1 BGB zur Finanzierung einer
Zweitausbildung.

2. Für die Voraussetzungen des Anspruchs nach § 1575 Abs. 1 BGB ist der Ausbildungsunterhalt
begehrende Ehegatte darlegungs- und beweispflichtig. Allein der Umstand, dass durch eine Promotion die Chancen des Ausbildungsunterhalt begehrenden Ehegatten, der einen Master-
Abschluss im Fach Soziologie erlangt hat, möglicherweise verbessert würden, begründet keinen
Anspruch auf Ausbildungsunterhalt für eine Promotionsstudium.

3. § 1575 Abs. 1 BGB erfordert, dass die Ausbildung voraussichtlich zu einer angemessenen, den
Lebensunterhalt nachhaltig sichernden Erwerbstätigkeit führen wird. Dies setzt prognostisch eine
hinreichende Erwerbsaussicht im angestrebten Beruf voraus. Für eine Frau, die bei planmäßigem
Abschluss der Promotion im Fach Soziologie nahezu 56 Jahre alt wäre und aufgrund der ehelichen

---

24 Zu allem BGH. FuR 2001, 262; FamRZ 1985, 782.
25 OLG Hamm ZfJ 2005, 452 – Zusammenleben von 9 Monaten (unter Hinweis auf BGH FamRZ 1980,
    126).
26 BGH NJW 1980, 393.
27 OLG Karlsruhe, FamRZ 2012, 789.

Rollenverteilung längere Zeit keinen Beruf ausgeübt hat, ist nicht zu erwarten, dass die beabsichtigte Promotion die aufgrund des Master-Abschlusses in diesem Fach gegebenen beruflichen Möglichkeiten entscheidend verbessern würde. Es ist vielmehr davon auszugehen, dass ihr bei Stellenvergaben jüngere oder berufserfahrene Mitbewerber vorgezogen würden.

§ 1576   Unterhalt aus Billigkeitsgründen

[1]**Ein geschiedener Ehegatte kann von dem anderen Unterhalt verlangen, soweit und solange von ihm aus sonstigen schwerwiegenden Gründen eine Erwerbstätigkeit nicht erwartet werden kann und die Versagung von Unterhalt unter Berücksichtigung der Belange beider Ehegatten grob unbillig wäre.** [2]**Schwerwiegende Gründe dürfen nicht allein deswegen berücksichtigt werden, weil sie zum Scheitern der Ehe geführt haben.**

A. Strukturen

§ 1576 normiert eine **positive** – gewährende – **Billigkeitsklausel** (s. auch die negative – versagende – Billigkeitsklausel des § 1579), damit in Ausnahmefällen (»**grobe Unbilligkeit**« als Voraussetzung **beider** Härteklauseln) jede ehebedingte Bedürftigkeit erfasst werden kann, die nicht unter die Unterhaltstatbestände der §§ 1570–1575 fällt. Der Anspruch auf Unterhalt aus Gründen der Billigkeit besteht daher als **Auffangtatbestand** nur **subsidiär** zu den Unterhaltstatbeständen der §§ 1570–1575.[1] Der Anwendungsbereich des § 1576 ist entsprechend der Ausgestaltung dieser Norm als allgemeine Härteklausel weder im Verhältnis zum Regelungsbereich der §§ 1570 ff. auf gegenständlich andere als die dort genannten Gründe begrenzt, noch sonst Beschränkungen auf bestimmte Unterhaltstatbestände unterworfen.   **1**

§ 1576 ist als **Ausnahmeregelung** eng auszulegen und nur in **Härtefällen** anzuwenden: »Sonstige schwerwiegende Gründe« rechtfertigen den Unterhaltsanspruch aus § 1576 nur dann, wenn seine Versagung unter Berücksichtigung der Belange beider Ehegatten **grob unbillig** wäre, d.h. seine Ablehnung dem Gerechtigkeitsempfinden in unerträglicher Weise widerspräche. Durch diese Anforderungen erfährt die Regelung eine (weitere) Einschränkung, die sie zu einer **Ausnahmevorschrift** (»Härteklausel« für **Ausnahmefälle**) macht.[2]   **2**

---

1 BGH FamRZ 1983, 800; 1984, 361; OLG Koblenz FamRZ 2005, 1997.
2 BGH FamRZ 1980, 877 m.w.N. zum Merkmal der groben Unbilligkeit in § 1381; 1983, 800 unter Hinweis auf OLG Bamberg FamRZ 1980, 587; OLG Köln FamRZ 1980, 886; OLG Düsseldorf FamRZ 1980, 56; s.a. OLG Hamm FamRZ 1996, 1417.

3 Da § 1576 unter anderem grobe Unbilligkeit voraussetzt, sind die **Maßstäbe** sowohl für die **Zumutbarkeit** einer **Erwerbstätigkeit** auf Seiten des Unterhaltsgläubigers[3] als auch für die Anforderungen an die Leistungsfähigkeit des Unterhaltsschuldners **strenger** als bei anderen Unterhaltstatbeständen, erst recht bei beengten wirtschaftlichen Verhältnissen; dem Unterhaltsschuldner ist daher regelmäßig ein höherer als der angemessene Selbstbehalt zu belassen.

B. Normzweck

4 § 1576 soll als **Auffangtatbestand**[4] Regelungslücken schließen und damit Härten vermeiden, die sich aus dem enumerativen Tatbestandskatalog der §§ 1570–1573 und § 1575 für den Unterhaltsgläubiger ergeben können,[5] also sicherstellen, dass das Enumerationsprinzip der nachehelichen Unterhaltstatbestände **keine unbilligen** und **ungerechten Härten** verursacht. Allerdings stellt die Vorschrift keine unterhaltsrechtliche Generalklausel dar, mit der Lücken geschlossen werden könnten, die der Gesetzgeber im nachehelichen Tatbestandssystem zur Begrenzung der nachehelichen Solidarität **bewusst** gelassen hat.[6]

C. Tatbestandselemente

5 § 1576 setzt **zwei Tatbestandselemente** voraus: Sonstige schwerwiegende Gründe müssen es als **grob unbillig** erscheinen lassen, dass im Einzelfall kein Unterhaltsanspruch nach §§ 1570–1573, 1575 besteht. Die in § 1576 vorausgesetzten schwerwiegenden Gründe müssen für die Unzumutbarkeit der Erwerbstätigkeit und die daraus resultierende Bedürftigkeit **nicht ehebedingt** sein;[7] allerdings bedarf es für die Zumessung von Billigkeitsunterhalt gem. § 1576 einer gewissen **zeitlichen Nähe** zur **Ehe** und eines **sachlichen Zusammenhangs** mit ihr und damit auch zu den **ehelichen Lebensverhältnissen**.[8] Da allerdings § 1576 – anders als andere Unterhaltstatbestände – keine **Einsatzzeitpunkte** vorsieht,[9] erscheint es sachgerecht, den Umstand, dass ein nach der Scheidung mit einem Unterhaltsanspruch nicht belasteter Ehegatte mit fortschreitender Dauer immer weniger mit einer Inanspruchnahme auf Unterhalt zu rechnen braucht, bei der zu treffenden Billigkeitsentscheidung zu berücksichtigen.[10] Diese Gesichtspunkte sind (ohnedies) in die **Billigkeitsprüfung** einzubeziehen: Je weiter von der Ehe entfernt die Bedürfnislage eintritt, desto weniger muss ein nach der Scheidung mit einem Unterhaltsanspruch nicht belasteter Ehegatte mit einer Inanspruchnahme auf Unterhalt rechnen, und desto weniger Anforderungen sind an die nacheheliche Solidarität zu stellen.[11]

I. »Sonstige schwerwiegende Gründe«

6 »Sonstige schwerwiegende Gründe« für die Unzumutbarkeit der Erwerbstätigkeit und die daraus resultierende Unterhaltsbedürftigkeit müssen **weder ehebedingt** sein, noch müssen sie

---

3 BGH FamRZ 1985, 569.
4 BGH FamRZ 1983, 800.
5 BGH FamRZ 2003, 1734 = FuR 2003, 568 (Berufungsurteil: OLG Zweibrücken FamRZ 2002, 821) mit Anm. Büttner FamRZ 2003, 1830, und Luthin FamRB 2004, 111.
6 BGH FamRZ 1983, 800; s. auch BT-Drucks. 7/4361 S. 17.
7 BGH FamRZ 1983, 800, 801 = FuR 2003, 568 (Berufungsurteil: OLG Zweibrücken FamRZ 2002, 821) mit Anm. Büttner FamRZ 2003, 1830, und Luthin FamRB 2004, 111.
8 OLG Karlsruhe FamRZ 1996, 948; OLG Hamm FamRZ 1997, 819.
9 Offen gelassen in BGH FamRZ 1990, 496.
10 BGH FamRZ 2003, 1734 = FuR 2003, 568 (Berufungsgericht: OLG Zweibrücken FamRZ 2002, 821 = FuR 2001, 418); s. auch OLG Karlsruhe FamRZ 1996, 948; OLG Hamm FamRZ 1997, 819.
11 BGH FamRZ 2003, 1734 = FuR 2003, 568 (Berufungsurteil: OLG Zweibrücken FamRZ 2002, 821) mit Anm. Büttner FamRZ 2003, 1830, und Luthin FamRB 2004, 111.

zum Verhalten des in Anspruch genommenen Ehegatten einen sachlichen Bezug aufzuweisen: Wenn schon die Tatbestände der §§ 1570–1575 nicht auf ehebedingte Bedürfnislagen beschränkt sind, so kann das erst recht nicht für die Regelung des § 1576 gelten.[12] Allerdings müssen sie in ihrer Bedeutung und ihrem Gewicht jedoch den Tatbeständen der §§ 1570–1572, 1575 vergleichbar sein. Der Umstand allein, dass ein **Einsatzzeitpunkt** in den Unterhaltstatbeständen der §§ 1570 ff. versäumt worden ist, stellt keinen sonstigen schwerwiegenden Grund dar, einen Unterhaltsanspruch aus Billigkeitsgründen zuzuerkennen.[13] Scheitert in einem Härtefall ein Anspruch des geschiedenen Ehegatten auf Unterhalt wegen **gesundheitlicher Beeinträchtigungen** (§ 1572) lediglich am Einsatzzeitpunkt, kann ein Unterhaltsanspruch nach § 1576 aus Billigkeitsgründen in Betracht kommen.[14]

II. Grobe Unbilligkeit

Es genügt im Rahmen des § 1576 nicht, einen sonstigen schwerwiegenden Grund für die Unzumutbarkeit der Erwerbstätigkeit und die daraus folgende Bedürftigkeit festzustellen; vielmehr muss es außerdem **grob unbillig** sein, also dem Gerechtigkeitsempfinden in nahezu unerträglicher Weise widersprechen, dass im Einzelfall Unterhalt versagt wird. Ist ein schwerwiegender Grund anzunehmen, dann ist eine Billigkeitsprüfung unter Berücksichtigung der Belange beider Ehegatten erforderlich. Dabei ist durch Satz 2 nicht ausgeschlossen, dass Fehlverhalten des Unterhalt begehrenden Ehegatten, das zum Scheitern der Ehe geführt hat, als ein gegen die Zuerkennung des Unterhalts sprechender Umstand berücksichtigt werden darf.[15]   **7**

Im Rahmen der **Billigkeitsabwägung** sind **sämtliche Umstände** des **Einzelfalles** zu würdigen. **8** Dabei sind insb. die persönlichen und wirtschaftlichen Verhältnissen der Eheleute zu berücksichtigen (etwa wie es zu der Aufnahme eines Pflegekindes gekommen, und in welchem Umfang eine Verfestigung der Beziehung zwischen dem Pflegekind und den Pflegepersonen eingetreten ist).[16]

D. Fallgruppen

Die Gründe für die Einschränkung der Erwerbsfähigkeit sind vielfältig, lassen sich jedoch im **9** Wesentlichen in einen **Fallgruppenkatalog** ordnen:

– Besondere Leistungen für den anderen Ehegatten;
– Besondere, über die Scheidung fortwirkende Vertrauenstatbestände;
– Betreuung eines nicht gemeinschaftlichen Kindes während der Ehe und Fortsetzung der Betreuung über die Auflösung der Ehe des betreuenden Ehegatten hinaus.[17]

I. Besondere Leistungen für den anderen Ehegatten

Hat der Unterhalt begehrende Ehegatten während der Ehe für den anderen **besondere Leistungen** **10** erbracht – etwa durch Pflege dessen Angehöriger oder durch Vermögensopfer –, dann kann in besonderen Fällen nacheheliche Solidarität zum Unterhalt verpflichten. Je entsagungsvoller das im

---

12 BGH FamRZ 1983, 800; OLG Karlsruhe FamRZ 1994, 104 – Eintritt der Erwerbsunfähigkeit 4 Jahre nach der Scheidung und fast 4 Jahre nach einer Festanstellung infolge einer ansatzweise schon während bestehender Ehe aufgetretenen Psychose; s. auch Dieckmann FamRZ 1977, 81, 98; Gernhuber FamRZ 1979, 193, 199.
13 OLG Hamm FamRZ 1999, 230.
14 OLG Zweibrücken FamRZ 2002, 821 = FuR 2001, 418 im Anschluss an die Anregung in BGH FamRZ 1990, 496.
15 BGH FamRZ 1984, 361.
16 OLG Hamm FamRZ 1996, 1417.
17 S. etwa Pauling FPR 2004, 99 – Ehegattenunterhalt gem. § 1576 bei Betreuung von Stiefkindern.

Rahmen von § 1576 angeführte Verhalten des geschiedenen Ehegatten während noch intakter Ehe war (und jetzt noch ist), desto eher ist dem anderen Ehegatten eine nacheheliche Unterhaltslast zumutbar.

II. Besondere, über die Scheidung fortwirkende Vertrauenstatbestände

11   Als besondere, die nacheheliche Solidarität begründende und über die Scheidung fortwirkende Vertrauenstatbestände können etwa die Mitverantwortung für Krankheit bzw. Behinderung außerhalb von Einsatzzeitpunkten anzusehen sein, insb. wenn ein Unterhaltsanspruch nach § 1572 lediglich am Einsatzzeitpunkt scheitert, und die zusätzliche Voraussetzung der groben Unbilligkeit erfüllt ist.[18]

III. Betreuung eines nicht gemeinschaftlichen Kindes

12   Allein die Unterhaltsbedürftigkeit wegen Betreuung nicht gemeinschaftlicher Kinder genügt nicht, um einen Unterhaltsanspruch aus § 1576 zu begründen, auch wenn sie als schwerwiegender Grund für die mangelnde Erwerbsfähigkeit des geschiedenen Ehegatten anerkannt wird: Das Gesetz gewährt grundsätzlich nur bei Betreuung gemeinschaftlicher Kinder einen Unterhaltsanspruch (§§ 1570, 1615l).[19] Wird ein Unterhaltsanspruch nach § 1576 wegen Betreuung eines nicht gemeinschaftlichen Kindes bejaht, gelten jedenfalls die für eheliche Kinder zu § 1570 geltenden **Grundsätze nicht.**[20] Der geschiedenen Ehefrau ist daher jedenfalls (mindestens) eine Halbtagstätigkeit anzusinnen, wenn die vier zu betreuenden Kinder, die während der Ehe mit Einwilligung des Stiefvaters in den ehelichen Haushalt aufgenommen worden waren, zwischen 12 und 19 Jahre alt sind.[21]

1. Gemeinsames, aber nichteheliches Kind

13   Der Unterhaltsanspruch einer geschiedenen Ehefrau, die ihr **nach** der **Scheidung geborenes**, von ihrem **früheren Ehemann stammendes nichteheliches Kind** betreut, ist nicht nach § 1570 oder § 1576, sondern nach § 1615l zu beurteilen.[22] Stammt das von der geschiedenen Ehefrau betreute Kind zwar biologisch von dem geschiedenen Ehemann ab, ist es rechtlich jedoch als eheliches Kind eines früheren Ehemannes der Frau anzusehen, dann kommt als Anspruchsgrundlage für den nachehelichen Unterhalt der Ehefrau trotz bislang praktizierter gemeinsamer Verantwortung nicht § 1570, sondern nur § 1576 in Betracht.[23]

2. Stiefkind

14   Die Tatsache, dass ein Kind des anderen Ehegatten während der Ehe mit Einwilligung des Stiefvaters in den ehelichen Haushalt aufgenommen worden ist, genügt für sich nicht allein nicht, einen Unterhaltsanspruch nach § 1576 zu rechtfertigen; vielmehr müssen **gewichtige besondere Umstände** hinzutreten,[24] oder es muss sich aus den **besonderen Umständen** des Falles ergeben,

---

18 BGHF 3, 969; BGH FamRZ 1990, 496 = FuR 2003, 568 (Berufungsurteil: OLG Zweibrücken FamRZ 2002, 821) mit Anm. Büttner FamRZ 2003, 1830, und Luthin FamRB 2004, 111; OLG Zweibrücken FuR 2001, 418.
19 BGH FamRZ 1983, 800.
20 BGH FamRZ 1983, 800 noch zum sog. Altersphasenmodell vor 2008.
21 OLG Koblenz FamRZ 2005, 1997; vgl. auch OLG Koblenz FamRZ 2010, 1251.
22 BGH FamRZ 1998, 426 = FuR 1998, 129.
23 OLG Düsseldorf FamRZ 1999, 1274.
24 BGH FamRZ 1983, 800, 802; OLG Koblenz FamRZ 2005, 1997; Urteil vom 16.03.2010 – 11 UF 532/09 – juris. OLG Koblenz FamRZ 2010, 1251.

dass die Versagung des Unterhalts unter **Berücksichtigung** der **beiderseitigen Belange** der Ehegatten **grob unbillig** wäre.

3. Pflegekind

Betreut der geschiedene Ehegatte nach der Scheidung weiterhin ein **gemeinschaftlich** aufgenommenes **Pflegekind**, liegt auf Grund der gemeinsam übernommenen Verantwortung für das auf Dauer zur Familie genommene Kind ein Anspruch auf Unterhalt nach § 1576 nahe, insb. wenn das Kind in sehr jungem Alter aufgenommen worden und nunmehr bereits nachhaltig in seinem neuen Lebenskreis eingegliedert ist. Für die Billigkeitsprüfung können etwa Alter und Gesundheitszustand der geschiedenen Ehegatten wie auch des Pflegekindes, Erwerbsmöglichkeiten und -fähigkeiten sowie die Betreuung gemeinschaftlicher Kinder bedeutsam sein. Insoweit kommt dem Wohle des Kindes – insb. gegenüber einem etwaigen Fehlverhalten des betreuenden geschiedenen Ehegatten – im Rahmen der Prüfung der groben Unbilligkeit besonderes Gewicht zu.[25]   **15**

Andere Maßstäbe gelten, wenn das **Pflegekind nicht** von beiden Ehegatten **gemeinschaftlich**, sondern allein vom Unterhaltsgläubiger mit Zustimmung des anderen Ehegatten aufgenommen worden ist. Ob diese Fallgestaltung einer gemeinschaftlichen Aufnahme gleichgestellt werden kann, ist im Einzelfall zu entscheiden und hängt neben den wirtschaftlichen Verhältnissen maßgeblich davon ab, ob mit der Zustimmung ein Vertrauenstatbestand geschaffen wurde, und ob die Interessen des aufgenommenen Kindes gleich schützenswert sind.[26] Unter diesen Umständen schadet es nicht, wenn die Ehegatten das Kind erst kurz vor dem endgültigen Scheitern ihrer ehelichen Lebensgemeinschaft zu sich genommen haben.   **16**

Mit Beschluss vom 06.02.1996 hat das OLG Hamm[27] einer geschiedenen Ehefrau Unterhalt nach § 1576 verweigert. Die Parteien hatten seinerzeit bei der Aufnahme des Pflegekindes – kurz vor dem endgültigen Scheitern ihrer ehelichen Lebensgemeinschaft – angenommen, hierdurch würden sich ihre eheliche Beziehung und auch ihre jeweils eigene Persönlichkeit stabilisieren. Nachdem relativ schnell erkennbar war, dass dieses Vorhaben gescheitert war und sich die Spannungen sogar noch verstärkten, war die Grundlage für die ursprüngliche gemeinsame Entscheidung für das Pflegekind entfallen. Unter diesen Umständen habe sich der Ehemann nicht mehr an der Entscheidung für das Pflegekind festhalten lassen müssen. Da eine Adoption noch nicht erfolgt sei, habe für die Ehefrau rechtlich ohne weiteres die Möglichkeit bestanden, dem Jugendamt mitzuteilen, dass sie sich nicht mehr in der Lage sehe, das Kind weiter zu betreuen, und für eine anderweitige Unterbringung zu sorgen.   **17**

E. Billigkeit/Unbilligkeit als immanentes Tatbestandselement

Da es sich bei § 1576 (insgesamt) um eine **Billigkeitsklausel** handelt, bedarf der auf (positive) Billigkeit gestützte Unterhaltsanspruch **keines Korrektivs** um der **Billigkeit** willen, weil er selbst Unterhalt nur gewährt, wenn es die Billigkeit verlangt. Daher können auch bei der **Bemessung des Unterhalts** wie auch für die **Begrenzung** des Unterhaltsanspruchs Billigkeitsgesichtspunkte herangezogen werden (arg. »soweit« und »solange«); eines Rückgriffs auf die Begrenzungsvorschrift des § 1578b bedarf es nicht. Auch die Härteklausel des § 1579 greift gegenüber einem Unterhaltsanspruch nach § 1576 nicht ein: Alle Umstände des jeweiligen Einzelfalles, auch soweit sie gegen die Zubilligung des Unterhalts sprechen und bei einem anderweit begründeten Unterhaltsanspruch erst im Rahmen der negativen Härteklausel des § 1579 zu prüfen wären, sind   **18**

---

25 BGH FamRZ 1984, 361; OLG Düsseldorf FamRZ 1987, 1254 – das Jugendamt hatte seinerzeit beiden Ehegatten die Pflegeerlaubnis erteilt; s. auch Schumacher MDR 1976, 881, 883.
26 BGH FamRZ 1984, 769 (Berufungsurteil: OLG Stuttgart FamRZ 1983, 503).
27 FamRZ 1996, 1417.

bereits – und nur – in die Untersuchung einzubeziehen, ob und in welcher Höhe nach der positiven Härteregelung des § 1576 aus Billigkeitsgründen ein Unterhaltsanspruch zu gewähren ist.[28]

F. Konkurrenzen

19   § 1576 ist als **Auffangtatbestand** gegenüber §§ 1570, 1571, 1572, 1575 bereits auf Grund des Normzwecks **subsidiär:**[29] Jeder andere nacheheliche Tatbestand muss daher verneint sein, bevor ein Unterhaltsanspruch aus § 1576 zum Tragen kommen kann. Rechtfertigt die Betreuung eines gemeinschaftlichen Kindes den erhobenen Anspruch nach § 1570 nur zu einem Teil, dann ist dieser Teil zu beziffern; erst dann kann geprüft werden, ob der darüber hinaus geltend gemachte Teil des Unterhaltsanspruchs auf § 1576 gestützt werden kann.[30]

G. Darlegungs- und Beweislast

20   Den Unterhalt begehrenden geschiedenen Ehegatten trifft die **Darlegungs-** und **Beweislast,** dass von ihm aus schwerwiegenden Gründen keine bedarfsdeckende Erwerbstätigkeit erwartet werden kann. Im Rahmen der Abwägung der groben Billigkeit/Unbilligkeit muss jeder Ehegatte die zu seinen Gunsten sprechenden Umstände darlegen und beweisen.

H. Rechtsprechung

OLG Koblenz, Urt. vom 16. 03. 2010 – 11 UF 532/09

21   Billigkeitsunterhalt wegen der Betreuung eines nicht gemeinschaftlichen Kindes

1. Betreut der Unterhalt wegen Betreuung eines gemeinschaftlichen Kindes beanspruchende Ehegatte neben dem gemeinschaftlichen Kind ein weiteres nichtgemeinschaftliches Kind, so sind bei der Bemessung der Erwerbsobliegenheit des betreuenden Ehegatten grundsätzlich nur die Belange des gemeinschaftlichen Kindes zu berücksichtigen. Im Rahmen des Unterhaltsanspruchs nach § 1570 BGB ist nicht relevant, inwieweit der betreuende Ehegatte wegen der Betreuung eines weiteren nichtgemeinschaftlichen Kindes an der Ausweitung oder Aufnahme einer Erwerbstätigkeit gehindert ist.

2. Etwas anderes ergibt sich auch nicht daraus, dass das nichtgemeinschaftliche Kind bereits während des ehelichen Zusammenlebens von dem betreuenden Ehegatten im Einverständnis des anderen Ehegatten betreut worden ist. Allein aus diesem Grund kann auch eine grobe Unbilligkeit i.S.d. § 1576 BGB nicht angenommen werden.

§ 1577   Bedürftigkeit

(1) **Der geschiedene Ehegatte kann den Unterhalt nach den §§ 1570 bis 1573, 1575 und 1576 nicht verlangen, solange und soweit er sich aus seinen Einkünften und seinem Vermögen selbst unterhalten kann.**

(2) [1]Einkünfte sind nicht anzurechnen, soweit der Verpflichtete nicht den vollen Unterhalt (§§ 1578 und 1578b) leistet. [2]Einkünfte, die den vollen Unterhalt übersteigen, sind insoweit

---

28   BGH FamRZ 1984, 361.
29   BGH FamRZ 1984, 361; 2003, 1734 = FuR 2003, 568 (Berufungsurteil: OLG Zweibrücken FamRZ 2002, 821) mit Anm. Büttner FamRZ 2003, 1830 und Luthin FamRB 2004, 111.
30   BGH FamRZ 1984, 361.

anzurechnen, als dies unter Berücksichtigung der beiderseitigen wirtschaftlichen Verhältnisse der Billigkeit entspricht.

(3) Den Stamm des Vermögens braucht der Berechtigte nicht zu verwerten, soweit die Verwertung unwirtschaftlich oder unter Berücksichtigung der beiderseitigen wirtschaftlichen Verhältnisse unbillig wäre.

(4) [1]War zum Zeitpunkt der Ehescheidung zu erwarten, dass der Unterhalt des Berechtigten aus seinem Vermögen nachhaltig gesichert sein würde, fällt das Vermögen aber später weg, so besteht kein Anspruch auf Unterhalt. [2]Dies gilt nicht, wenn im Zeitpunkt des Vermögenswegfalls von dem Ehegatten wegen der Pflege oder Erziehung eines gemeinschaftlichen Kindes eine Erwerbstätigkeit nicht erwartet werden kann.

A. Strukturen

1   Jeder Unterhaltsanspruch setzt – auch wenn dies nicht immer im Gesetz steht – **Bedürftigkeit** voraus. § 1577 normiert dieses Tatbestandselement für den Anspruch auf nachehelichen Unterhalt: Der geschiedene Ehegatte ist nur dann als bedürftig anzusehen, wenn und soweit er mit seinem prägenden und nichtprägenden – unterhaltsrelevant bereinigten – **Einkommen** und – soweit geboten – durch **Verwertung** seines **Vermögens** seinen – an den ehelichen Lebensverhältnissen ausgerichteten – **vollen Lebensbedarf** selbst nicht oder nicht in vollem Umfange zu decken vermag **und** hierzu auch nicht verpflichtet ist.[1] § 1579 Nr. 4 (s. auch § 1611 für den Verwandtenunterhalt) kann zu prüfen sein, wenn und soweit die Bedürftigkeit des Unterhaltsgläubigers ganz oder teilweise auf sein Verhalten in der Vergangenheit zurückzuführen ist; diese Norm schließt in ihrem Geltungsbereich den Rückgriff auf die allgemeinen Grundsätze aus.[2]

2   Das **UÄndG 2007** hat in § 1577 Abs. 2 S. 1 den Klammerzusatz ergänzt: Mit dem Hinweis (nunmehr auch) auf § 1578b stellt das Gesetz klar, dass der »volle Unterhalt« im Sinne der Bestimmung nicht nur der Unterhalt nach Maßgabe der ehelichen Lebensverhältnisse (§ 1578 Abs. 1), sondern gegebenenfalls auch der aus Billigkeitsgründen herabgesetzte Unterhalt nach § 1578b sein kann.

B. Normzweck

3   § 1577 befasst sich mit der Bedürftigkeit des geschiedenen Ehegatten. Die Vorschrift regelt in Abs. 1 und 2 die Anrechnung eigenen **Einkommens** des Unterhalt begehrenden geschiedenen Ehegatten sowie in Abs. 1 die Verwertung des Vermögensstammes, begrenzt in Abs. 3 die Obliegenheit zur Verwertung eigenen **Vermögens** und normiert in Abs. 4 wieder eintretende Bedürftigkeit nach **Vermögensverfall**.

4   **Abs. 1** definiert die Bedürftigkeit: Dem geschiedenen Ehegatten steht kein (nachehelicher) Unterhalt zu, wenn, solange und soweit er sich aus seinen Einkünften und aus seinem Vermögen selbst unterhalten kann. Der Gesetzgeber hat in **Abs. 1** in Anlehnung an die Neuformulierung von § 1569 klargestellt, dass den geschiedenen Ehegatten eine **Erwerbsobliegenheit** trifft. Abs. 1 gibt dabei unverändert den **Maßstab** für die Art der **Erwerbstätigkeit** vor: »**angemessene**« Erwerbstätigkeit.

5   **Abs. 2** regelt die **Anrechnung** von **unzumutbar erzielten Einkünften**. Der BGH hatte in ständiger Rechtsprechung[3] den Grundsatz geprägt, dass Einkünfte aus **unzumutbarer Tätigkeit** die ehelichen Lebensverhältnisse grundsätzlich nicht nachhaltig prägen können, weil der Unterhaltsgläubiger diese Tätigkeit jederzeit wieder sanktionslos aufgeben kann und darf;[4] solche Einkünfte seien daher nicht bedarfs-, sondern nur bedürftigkeitsbestimmend heranzuziehen. Entgegen seiner frü-

---

1   BGH FamRZ 1989, 487.
2   BGH FamRZ 1986, 560.
3   BGH FamRZ 1998, 1501 m.w.N.
4   BGHZ 162, 384 = BGH FamRZ 2005, 1154 = FuR 2005, 364 mit Anm. Gerhardt FamRZ 2005, 1158, 1159 (Berufungsurteil: OLG Koblenz FamRZ 2003, 611).

heren langjährigen Rechtsprechung geht er nunmehr davon aus, dass auch **überobligatorische Tätigkeit** als **eheprägend** in die Bemessung des Ehegattenunterhalts – im Wege der Differenz-/ Additionsmethode – eingestellt werden kann.

Abs. 3: § 1577 Abs. 1 und 3 normieren hinsichtlich der Obliegenheit des Unterhaltsgläubigers,   6
den Stamm seines Vermögens für den eigenen Unterhalt (also bedürfigkeitsmindernd) einzusetzen, ein **Regel-Ausnahme-Prinzip:** In § 1577 Abs. 1 die Einsatzpflicht als Regel sowie in § 1577
Abs. 3 die Einschränkung dieser Obliegenheit in Ausnahmefällen (»soweit die Verwertung unwirtschaftlich oder unter Berücksichtigung der beiderseitigen wirtschaftlichen Verhältnisse unbillig
wäre«).

C. Tatbestandselement »Bedürftigkeit« (§ 1577 Abs. 1)

Das Tatbestandselement der **Bedürftigkeit** ist für den Bereich des nachehelichen Unterhalts in   7
§ 1577 Abs. 1 definiert (s. auch § 1360a Abs. 1 für den Familienunterhalt, § 1361 Abs. 1 Satz 1 mit
§ 1577 als Orientierungshilfe für den Trennungsunterhalt, § 1602 für den Verwandtenunterhalt,
§ 1615l Abs. 3 Satz 1 i.V.m. § 1602 betreffend nicht verheiratete Eltern eines Kindes). **Bedürftig**
ist nur, wer

1. **außerstande** ist, mangels eigener verfügbarer Mittel für seinen **angemessenen Unterhalt** zu sor-
gen, und
2. hierzu auch **nicht verpflichtet** ist (insb., sich aus einer zumutbaren Erwerbstätigkeit selbst zu
unterhalten und/oder den Stamm des eigenen Vermögens heranzuziehen).
Bei der Art der Berücksichtigung eigener Einkünfte des Berechtigten ist zu unterscheiden.
Handelt es sich um Einkünfte des Berechtigten, die eheprägend sind, sind diese Einkünfte im
Wege der Additions- oder Differenzmethode in die Berechnung einzustellen. Nicht prägende
Einkünfte sind hingegen vollen Umfanges auf den Unterhaltsbedarf anzurechnen. Soweit es
sich bei den nicht prägenden Einkünften um Einkünfte aus Erwerbstätigkeit handelt, sind
diese zu bereinigen, und zwar auch um den Erwerbstätigenbonus.[5] Zu den prägenden Einkünf-
ten zählen grds. die Einkünfte, die in der Ehezeit erzielt worden sind oder deren Erzielung im
Zeitpunkt der Ehescheidung absehbar war. Zu diesen eheprägenden Einnahmen können auch
Einnahmen zählen, die während der Ehezeit nicht vorhanden waren, wie etwa die Einkünfte
des bis dahin im Haushalt tätigen Ehegatten.[6]

Eine (nur) **vorübergehende Deckung** des **Bedarfs** berührt einen **nachehelichen Unterhaltstatbe-**   8
stand (§§ 1570–1576) **grundsätzlich nicht** (Ausnahmen: §§ 1573 Abs. 4, 1577 Abs. 4 Satz 1): Für
die Feststellung der **Bedürftigkeit** ist immer der **konkrete Unterhaltszeitraum** (»Grundsatz der
Gleichzeitigkeit«) maßgebend. Wird der Unterhaltsgläubiger in **späterer Zeit** erneut bedürftig
(»neue Bedürftigkeitslage«), dann können erneut Ehegattenunterhaltsansprüche entstehen.[7] Streitig ist, ob der Unterhaltsanspruch – insb. in Fällen der §§ 1571, 1572 – **wieder auflebt,** wenn der
Unterhaltsgläubiger zwar im Einsatzzeitpunkt (noch) nicht bedürftig war, jedoch eine neue
Bedürfnislage später (etwa wegen Wegfalls von Erwerbseinkünften) eintritt, und die sonstigen
Voraussetzungen des Unterhaltsanspruchs noch gegeben sind.[8]

Erzielt der Unterhaltsgläubiger erst **nach** dem maßgeblichen Unterhaltszeitraum Einkünfte/   9
Gewinne, die jedoch diesem Unterhaltszeitraum zuzuordnen gewesen wären, entfällt die Bedürftigkeit nicht nachträglich; ein Bereicherungsanspruch scheidet daher aus.[9] Der Unterhaltsgläubi-

5 Wendl/Gutdeutsch § 4 Rn. 934.
6 BGH FamRZ 2001, 986, 989 = FuR 2001, 306.
7 BGH FamRZ 1987, 689.
8 Bejahend OLG München FamRZ 1993, 564; a.A. (zutr.) Kalthoener/Büttner/Niepmann Rn. 415.
9 BGH NJWE-FER 1998, 217.

ger ist daher auch dann **bedürftig**, wenn er für den betreffenden Unterhaltszeitraum mit **künftigen Leistungen Dritter** (etwa Rentennachzahlungen) rechnen, diese Leistungen derzeit aber – aus rechtlichen und/oder tatsächlichen Gründen – noch nicht einfordern kann; insoweit bleibt der Unterhaltsschuldner daher für den laufenden Unterhalt zahlungsverpflichtet.

10 (zur Zeit nicht besetzt)

10a Die Zahlung einer **Alters- oder Erwerbsunfähigkeitsrente** wirkt sich auf die Höhe des Unterhaltsbedarfes aus. Beantragt der Unterhaltsberechtigte die Zahlung einer Alters- oder Erwerbsunfähigkeitsrente dauert es jedoch häufig lange, bis über den Rentenbescheid entschieden wurde und die Rentenzahlung inkl. **Nachzahlung** aufgenommen wird. Dies führt bei der Bestimmung der Bedürftigkeit zu Problemen. Bei der Behandlung von Rentennachzahlungen im Rahmen der Bemessung der Bedürftigkeit ist zu unterscheiden:

a) Ist das Unterhaltsverfahren bereits rechtskräftig beendet und liegt entweder eine rechtskräftige Entscheidung oder eine Vereinbarung über den Unterhalt vor, so wirkt sich die Rentennachzahlung auf die Bedürftigkeit erst ab Zugang der Rentennachzahlung und nicht rückwirkend auf den Zeitpunkt ab Beantragung aus.[10] Der Nachzahlungsbetrag kann auf einen längeren Zeitraum für die Zukunft verteilt werden.[11]

b) Erfolgt die Nachzahlung während eines laufenden Verfahrens, kann sie auch rückwirkend berücksichtigt werden.[12]

11 Die Behandlung von **Rentennachzahlungen** lediglich für die Zukunft kann zu einer unbilligen Belastung des Unterhaltsschuldners führen. Dies gilt insbesondere dann, wenn mit der Unterhaltsnachzahlung an den Unterhaltsberechtigten eine Rentenkürzung (Versorgungsausgleich) auf Seiten des Unterhaltsverpflichteten eintreten und möglicherweise Unterhaltsansprüche für die Zukunft gar nicht mehr vorhanden sind. Ob dem Unterhaltsverpflichteten dadurch ein Erstattungsanspruch entsteht, ist in Einzelheiten umstritten. Im Einzelnen:

1. Wenn der Unterhaltsschuldner vom Rentenfall auf Seiten des Unterhaltsgläubigers **Kenntnis** hat, kann er eine Überzahlung abwenden, indem er dem Unterhaltsgläubiger bis zur Bewilligung der Rente den Unterhalt als **zins- und tilgungsfreies Darlehen** anbietet, **verbunden** mit der **Verpflichtung**, im Falle der Ablehnung des Rentenantrages auf die **Rückzahlung** des Darlehens zu **verzichten**, soweit es sich mit dem Unterhalt deckt, während es im Falle der Rentenbewilligung zurückzugewähren ist.[13] Der Unterhaltsgläubiger ist nach Treu und Glauben verpflichtet, einen derartigen Kredit anzunehmen.[14] Verweigert der Unterhaltsberechtigte die Annahme eines solchen Angebotes auf Abschluss eines zins- und tilgungsfreien Darlehens, ist er so zu behandeln, als es ob es dennoch zum Abschluss des Darlehensvertrages gekommen wäre. Die Ablehnung des Angebotes verstößt ihrerseits gegen Treu und Glauben.[15]

2. Soweit der Eintritt des Rentenfalles nicht bekannt ist, der Unterhalt also für eine Zeit geleistet wird, für die dem Unterhaltsgläubiger nachträglich eine Rente bewilligt wird, hat der Unterhaltsschuldner zwar zum Zeitpunkt der Nachzahlung der Rente keinen Rückforderungsanspruch bezüglich des überzahlten Unterhalts, falls sich bei sofortiger Zahlung der Rente ein niedrigerer Unterhalt errechnet hätte;[16] insoweit kommt jedoch ein **Erstattungsanspruch** des Unterhaltsschuldners nach **Treu** und **Glauben** (§ 242) in Betracht, dessen Höhe sich an demjenigen Teil der Rentennachzahlung orientiert, um den sich der Unterhalt ermäßigt hätte, wenn

---

10 BGH FamRZ 1955, 155.
11 Wendl/Dose § 1 Rn. 661.
12 Wendl/Dose § 1 Rn. 661.
13 BGH FamRZ 1989, 718.
14 BGH FamRZ 1983, 574; BGHZ 118, 383 = BGH FamRZ 1992, 1152; ausführlich Reinecke ZFE 2003, 115; ZAP 2004, Fach 11, 691 ff. mit zwei Formulierungsbeispielen für Darlehensverträge.
15 BGH FamRZ 1983, 574; Wendl/Dose § 1 Rn. 661.
16 BGH FamRZ 1989, 718.

die Rente während des fraglichen Zeitraums schon gezahlt worden wäre.[17] Die Zubilligung eines Erstattungsanspruches nach Treu und Glauben ist allerdings rechtstechnisch durchaus kritisch zu betrachten. Liegt eine rechtskräftige Entscheidung über den Unterhalt vor, so kann diese nach § 238 Abs. 3 FamFG grundsätzlich nicht für die Vergangenheit abgeändert werden. Die Zahlung des Unterhaltes für die Vergangenheit erfolgte damit mit Rechtsgrund, so dass Ansprüche aus Bereicherungsrecht von vornherein nicht in Betracht kommen. Auch sonstige Ansprüche dürften ausscheiden, weil sie selbst keine eigene Anspruchsgrundlage für einen Erstattungsanspruch schaffen.[18] In Betracht kommen allenfalls Schadensersatzansprüche, und zwar entweder wegen einer vorsätzlich sittenwidrigen Schädigung, weil eine grobe Verletzung der Verpflichtung zur ungefragten Auskunftserteilung auf Seiten des Unterhaltsberechtigten vorhanden ist oder aus § 280 BGB wegen der Verletzung einer Nebenpflicht aus einem gesetzlichen Schuldverhältnis (Unterhaltsrechtsverhältnis). Die Nebenpflicht des Unterhaltesberechtigten dürfte auch in diesen Fällen darin bestehen, dass der Unterhaltsverpflichtete über die Stellung eines Rentenantrages zu benachrichtigen ist. Soweit den Unterhaltsverpflichteten ein Mitverschulden trifft, ist in diesen Fällen § 254 BGB zu beachten.

(zur Zeit nicht besetzt) 12

I. Volle Anrechnung von Einkünften und Gebrauchsvorteilen (§ 1577 Abs. 1)

Der **Grundsatz** der **Eigenverantwortung** (§ 1569) wie auch der **Grundsatz** der **Gegenseitigkeit** 13 gebieten dem Unterhaltsgläubiger, die Unterhaltslasten für den Unterhaltsschuldner so niedrig wie möglich zu halten: Er hat daher zur Deckung seines Unterhaltsbedarf seine gesamten bereinigten (die tatsächlich erzielten wie auch die fiktiv anzurechnenden) **Erwerbs-** und **Erwerbsersatzeinkünfte**, (fiktive) Einkünfte aus **Versorgungsleistungen**, **Vermögenserträge** und **Gebrauchsvorteile** (§ 100) heranzuziehen, gleichgültig, ob sie eheprägend waren oder nicht. In **Sonderfällen** können auch **sonstige Einkünfte** (etwa Sozialleistungen, freiwillige Leistungen Dritter, Darlehen u.a.) die Bedürftigkeit mindern. Wurden die ehelichen Lebensverhältnisse durch geldwerte Gebrauchsvorteile eines Pkw geprägt, die nach der Trennung nunmehr allein einem dem Unterhaltsschuldner zu Gute kommen, sind sie – soweit es sich nicht um berufsbedingte Aufwendungen handelt – zunächst mit den Finanzierungskosten zu verrechnen, wobei der Tatrichter die Zusammensetzung der Nutzungen und deren Aufschlüsselung nach beruflichen und privaten Zwecken pauschal gemäß § 287 ZPO schätzen darf.[19]

1. Erwerbs- und Erwerbsersatzeinkünfte

Bei allen Einkünften ist zunächst zu differenzieren, ob sie als **eheprägend** oder als **nicht eheprä-** 14 **gend** zu werten sind (also Bemessung des Unterhalts nach der Differenz-/Additionsmethode oder aber nach der Anrechnungsmethode).

a) Erwerbseinkünfte

Gemäß § 1577 Abs. 1 sind **alle Einkünfte** (s. § 2 EStG)[20] des Unterhaltsschuldners (in Geld) ein- 15 schließlich aller verfügbaren **Sachbezüge** (in Geldwert) sowie alle unterhaltsrechtlich anrechenbaren Leistungen sowie Gebrauchsvorteile (§ 100) wie auch im Ausnahmefall Zuwendungen Dritter – gegebenenfalls bei Einkünften aus **überobligatorischen Leistungen**[21] nur teilweise (der unter-

---

17 BGH FamRZ 1989, 718.
18 Vgl. Wendl/Dose § 1 Rn. 663.
19 Ausführlich s. OLG Hamm NJW-RR 2005, 515.
20 Zur Anrechnung von BAföG-Leistungen auf den Bedarf des Unterhaltsgläubigers s. OLG Hamm ZfJ 2005, 452.
21 Zu überobligatorischen Einkünften beim Ehegattenunterhalt s. auch Saathoff FF 2002, 129.

haltsrelevante Teil)[22] – mindernd auf seinen Lebensbedarf **anzurechnen,**[23] ebenso alle anstelle von Erwerbseinkünften zufließenden **Erwerbsersatzeinkünfte** (etwa Kranken- und Krankenhaustagegelder). Insoweit ist **ohne Belang,** ob die anrechenbaren Einkünfte **eheprägend** sind,[24] und welcher **Unterhaltstatbestand** erfüllt ist.[25] Allerdings obliegt es dem Unterhaltsgläubiger, der aus gesundheitlichen Gründen eine Arbeitsstelle nicht antreten konnte, nicht, im Wege des Abänderungsantrages eine Erhöhung seiner Unfallrente geltend zu machen.[26] Bezieht der Unterhaltsgläubiger Leistungen nach dem SGB III (ALG I), dann sind diese Geldzuflüsse als zumutbare Einkünfte nach § 1577 Abs. 1 in voller Höhe in die Bemessung des Unterhalts einzustellen, auch wenn sie unzumutbarer Erwerbstätigkeit der ein Kind betreuenden Mutter nachfolgen. Der Bezug von Arbeitslosengeld selbst ist nicht »überobligationsmäßig«: Zwar hat das Arbeitslosengeld Lohnersatzfunktion, rechtfertigt sich aber aus der Leistung von Beiträgen zur Versicherung wegen Arbeitslosigkeit. Im Übrigen ist der kinderbetreuende Elternteil während des Arbeitslosengeldbezugs nicht (wesentlich) an der Kindesbetreuung gehindert.[27]

b) Fiktiv anzurechnende Erwerbseinkünfte

16   Verletzt der Unterhaltsgläubiger Erwerbsobliegenheiten[28] oder kann er nicht nachweisen, dass er erfolglos eine angemessene Erwerbstätigkeit (§ 1574) gesucht hat, dann ist entsprechendes **fiktives Einkommen** anzusetzen; in diesen Fällen verbleibt ein (nicht gedeckter) Unterhaltsbedarf nur dann, wenn das (bereinigte) fiktive Einkommen unter dem vollen Unterhalt liegt. Hat das Gericht – wenn auch nicht ausdrücklich – im Vorverfahren bereits im Rahmen der Bedürftigkeitsprüfung nach § 1577 Abs. 1 festgestellt, dass der Unterhaltsgläubiger unterhaltsrechtlich nicht dazu verpflichtet ist, in seinem ursprünglich erlernten Beruf zu arbeiten, und dass er deshalb kein seiner Ausbildung entsprechendes adäquates Einkommen erzielen kann, und hat es ihm demzufolge auch keine höheren fiktiven Einkünfte zugerechnet, dann ist diese Feststellung auch im Abänderungsverfahren maßgebend. Dann erübrigt sich eine entsprechende erneute Prüfung im Rahmen des § 1578b: Der Unterhaltsschuldner kann deshalb nicht einwenden, der Unterhaltsgläubiger erleide bei Aufnahme der ihm obliegenden Erwerbstätigkeit keinen ehebedingten Nachteil, weshalb eine Befristung des Unterhalts aus diesem Gesichtspunkt ausscheidet. Etwas anders gilt nur, wenn der Unterhaltsschuldner eine wesentliche Veränderung der Verhältnisse dargetan hat, die eine solche Obliegenheit im Nachhinein begründen könnte.[29] Der Unterhalt begehrende Ehegatte hat seine Unterhaltsbedürftigkeit daher nicht ausreichend dargelegt, wenn er vorträgt, er könne seine Arbeitsstelle mit 25 Wochenstunden nicht aufstocken und wegen des erworbenen Kündigungsschutzes vernünftigerweise auch nicht aufgeben, ohne aber Bemühungen um eine adäquate Vollzeitstelle oder ergänzende weitere Tätigkeit darzulegen.[30]

c) Unterhaltsrelevante Bereinigung der Einkünfte

17   **Zunächst** ist bezüglich der **unterhaltsrelevanten Bereinigung** der (tatsächlichen wie auch fiktiven) Erwerbs- bzw. Erwerbsersatzeinkünfte der **Gleichbehandlungsgrundsatz** zu beachten: In demselben Maße, in dem die Einkünfte des Unterhaltsschuldners – auf der Bedarfs- wie auf der Leis-

22 BGHZ 162, 384 = BGH FamRZ 2005, 1154 = FuR 2005, 364.
23 BGH FamRZ 1980, 771.
24 BGH FamRZ 1999, 843.
25 Hierzu BGH FamRZ 1993, 1065.
26 BGH FamRZ 1998, 1503.
27 S. hierzu auch OLG Hamburg FamRZ 1992, 1308; OLG Stuttgart FamRZ 1996, 415; OLG Düsseldorf FamRZ 2002, 99; OLG Braunschweig FamRZ 2005, 1997 (Ls); a.A. OLG Köln FamRZ 2001, 625 – Verfügbarkeit für den Arbeitsmarkt während des Bezugs von Arbeitslosengeld.
28 BGH FamRZ 1980, 126; sonst nicht: BGH FamRZ 1981, 1042.
29 BGH FamRZ 2010, 538 = FuR 2010, 284 – im Anschluss an BGH FamRZ 2009, 1300.
30 OLG Düsseldorf FamRZ 2004, 1205.

tungsebene – bereinigt werden, ist dies auch dem Unterhaltsgläubiger gestattet; insoweit gelten daher für die **Bereinigung** der bedürftigkeitsmindernd anrechenbaren Einkünfte auch im Rahmen des § 1577 die zu § 1578 (»**Abzugsposten innerhalb der Bedarfsbilanz**«) dargestellten Grundsätze zur **Ermittlung** des **Bedarfs** entsprechend.

aa) Abzugsposten »Steuern, Vorsorge- und Erwerbsaufwand« sowie »Unterhaltslasten«

(Auch) die (Brutto-)Einkünfte des Unterhaltsgläubigers sind vorab insb. um **Steuern, Vorsorge-** 18 sowie **Erwerbsaufwand** (»berufsbedingte Aufwendungen«)[31] sowie um **Unterhaltslasten** zu bereinigen. Dies gebietet bereits der **Grundsatz** der **Gleichbehandlung**, weil auch der Unterhaltsschuldner – selbst noch für den nachehelichen Unterhalt – bei der Bemessung des Unterhaltsbedarfs nach einer Quote aus der Differenz beiderseitiger Einkünfte vorweg den Kindesunterhalt abziehen darf, auch wenn es um die Unterhaltspflicht für ein nicht gemeinschaftliches Kind geht, für das er während der Ehe aufzukommen hatte, erst recht im Mangelfall gem. § 1609 Nr. 1.

bb) Erwerbstätigenbonus

Das (auch fiktive) **Erwerbseinkommen** des Unterhaltsgläubigers ist um den sog. **Erwerbstätigen-** 19 **bonus**[32] zu bereinigen, nicht aber das sonstige Einkommen[33] (insb. also nicht das Erwerbsersatzeinkommen – etwa Arbeitslosen- und Krankengeld – oder Vermögenseinkünfte), aber auch **nicht** häusliche Pflege- und Versorgungsleistungen.[34] Auch insoweit gelten nach dem Grundsatz der Gleichbehandlung die Darlegungen im Rahmen der Bereinigung des unterhaltsrelevanten Einkommens auf der Bedarfsebene. Das gilt nicht für die konkrete Bedarfsberechnung. Hier wird der Erwerbstätigenbonus nicht abgerechnet. Das bereinigte Nettoeinkommen des Berechtigten ist voll auf dessen Bedarf anzurechnen.

cc) Abzugsposten »Verbindlichkeiten«

Auch bezüglich der **bis** zur **Trennung** entstandenen **Verbindlichkeiten** gilt **zunächst** der **Grund-** 20 **satz** der **Gleichbehandlung**: In demselben Maße, in dem der Unterhaltsschuldner – auf der Bedarfs- wie auf der Leistungsebene – **berücksichtigungsfähige** Verbindlichkeiten[35] ansetzen darf, ist dies auch dem Unterhaltsgläubiger gestattet. Er darf daher grundsätzlich insb. bei folgenden Fallgestaltungen in bestimmtem Umfang monatliche Lasten für Verbindlichkeiten mit seinen (positiven) Einkünften verrechnen bzw. sie vorab von ihnen abziehen (in derartigen Verrechnungsfällen steigt nicht der Bedarf nach § 1578 Abs. 1, sondern die **Verrechnung erhöht** lediglich die **Bedürftigkeit**):

1. **Aufwendungen** im **Rahmen** der **Erzielung** von **Einkünften** (etwa Zinslasten für die eigengenutzte Wohnung);

2. Verbindlichkeiten, die bereits während der Ehe bestanden haben, und die der Unterhaltsgläubiger bereits direkt oder im Rahmen der Lebensführung während intakter Ehe (mit-) getilgt hat (»**eheprägende Verbindlichkeiten**«);[36]

---

31 Vgl. dazu BGH FamRZ 1990, 499.
32 Hierzu BGH FamRZ 1988, 256 (Berufungsurteil: OLG Hamm FamRZ 1997, 886); s. auch Röthel FamRZ 2001, 328 – »Erwerbstätigenbonus und Halbteilungsgrundsatz«.
33 OLG Hamburg FamRZ 1992, 1308.
34 OLG Hamm FamRZ 1994, 1461.
35 OLG Düsseldorf FamRZ 1994, 1049; zur Behandlung von Schulden im Unterhaltsrecht grundlegend BGH FamRZ 1984, 657.
36 BGH FamRZ 1997, 806; OLG Düsseldorf FamRZ 1994, 1049.

3. **Darlehensverbindlichkeiten**, die der Unterhaltsgläubiger begründet hat, um seine **Lebenshaltungskosten** zu finanzieren, insb. dann, wenn der Unterhaltsschuldner Unterhaltsleistungen zu Unrecht verweigert hat.

21 **Belastungen** für **nach** der **Trennung/Scheidung** aufgenommene **Kredite** sind – wie auch auf Seiten des Unterhaltsschuldners – grundsätzlich **nicht** vom **Einkommen abzugsfähig**.[37]

22 **Besonderheiten** gelten für **Verbindlichkeiten** des **Unterhaltsgläubigers** zum Zwecke der **Vermögensbildung** (hierzu rechnet aber nicht der Schuldenabtrag für bis zur Trennung beschaffte Konsum- bzw. Verbrauchsgüter): Während der Unterhaltsschuldner in bestimmten Fällen mit Teilen seines Einkommens **Vermögensbildung** betreiben darf, ist dies dem Unterhaltsgläubiger **nicht** gestattet: Es gehört **nicht** zu den **Zwecken** des **Unterhalts**, dem Unterhaltsgläubiger **Vermögensbildung** – auch im Form von Abbau seiner Verbindlichkeiten[38] – zu ermöglichen, auch nicht, für gegen ihn selbst gerichtete Unterhaltsforderungen Dritter aufzukommen,[39] auch wenn der Unterhaltsschuldner dazu in der Lage ist.

2. Wohn- und Wirtschaftsgemeinschaft

23 Lebt der Unterhaltsgläubiger nach der Scheidung mit einem neuen Partner in einer **neuen** – auch gleichgeschlechtlichen[40] – **Lebensgemeinschaft**, und erbringt er ihm **Versorgungsleistungen**, insb. in Form einer (auch gemeinsamen) **Haushaltsführung**, dann kann einerseits der Unterhaltsanspruch – teilweise oder insgesamt – nach § 1579 verwirkt sein; anderseits kann sich die Bedürftigkeit des Unterhaltsgläubigers mindern, entfällt aber zunächst nicht ohne weiteres.[41] Die Frage der **Anrechnung** derartiger **Versorgungseinkünfte** auf den Unterhaltsbedarf des Unterhaltsgläubigers ist daher von dem Problem der Verwirkung oder Teilverwirkung des Unterhaltsanspruchs durch das Zusammenleben mit einem neuen Partner (§§ 1361 Abs. 1 und 3, 1569 ff., 1579 Nr. 2 und 7) scharf zu sondern.[42] Dies gilt auch hinsichtlich der Darlegungs- und Beweislast: In dem einen Fall (§ 1579) geht es um den Bestand des Unterhaltstatbestands; insoweit trägt der Unterhaltsschuldner die Darlegungs- und Beweislast für alle Tatumstände der Anspruchsbegrenzung; im Rahmen der Bedürftigkeit (§ 1577) ist der Unterhaltsgläubiger dafür darlegungs- und beweispflichtig, dass er (noch immer) unterhaltsbedürftig ist, dass nicht vielmehr sein Unterhaltsbedarf um den wirtschaftlichen Gegenwert der Versorgungsleistungen gemindert ist,[43] auch wenn er neben den Versorgungsleistungen voll berufstätig ist.[44]

24 Einen **Sonderfall** stellt die **Pflege naher Verwandter** dar: Soweit einer der in § 13 Abs. 6 Satz 2 SGB XI geregelten Ausnahmefälle nicht vorliegt, verbietet sich nach Abs. 6 Satz 1 der Bestimmung eine unterhaltsrechtliche Berücksichtigung des an die Pflegeperson weitergeleiteten Pflege-

---

37 Ausführlich BGH FamRZ 2007, 1303, 1305 = FuR 2010, 164; s. auch Klinkhammer FF 2009, 140, 143.
38 Zu allem BGH FamRZ 1990, 280.
39 BGH FamRZ 1985, 902 – Zahlungen zur Rückführung eines Darlehens; 1990, 280 – Prozesskosten.
40 BGH FamRZ 1995, 344.
41 BGH FamRZ 1980, 40.
42 Vgl. Büttner FamRZ 1996, 136.
43 S. BGH FamRZ 2004, 1170 = FuR 2004, 497 = FuR 2004, 500 im Anschluss an die Senatsurteile BGHZ 148, 105 = BGH FamRZ 2001, 986 = FuR 2001, 306, und BGH FamRZ 2001, 1693 = FuR 2001, 500 – der Wert der Versorgungsleistungen, die ein unterhaltsberechtigter Ehegatte während der Trennungszeit für einen neuen Lebenspartner erbringt, trete als Surrogat an die Stelle einer Haushaltsführung während der Ehezeit und sei deswegen im Wege der Differenzmethode in die Berechnung des Ehegattenunterhalts einzubeziehen.
44 BGH FamRZ 1995, 343 zur Bedürftigkeit.

geldes gemäß § 37 Abs. 1 SGB XI, die zu einer Verkürzung des dieser zustehenden Unterhaltsanspruchs führen würde.[45]

a) Wohngemeinschaft

Nimmt jemand den Unterhaltsgläubiger **unentgeltlich** in seine **Wohnung** auf, verbleibt es bei 25 dem Grundsatz, dass freiwillige unentgeltliche Zuwendungen Dritter die Bedürftigkeit des Unterhaltsgläubigers im allgemeinen nicht berühren, wenn nur der Zuwendungsempfänger unterstützt werden soll (keine Leistungen im Synallagma!), sofern keine Ausnahmefallgestaltung anzunehmen ist. Bei **bloßer Wohngemeinschaft** kommt demnach in einem solchen Ausnahmefall die **Anrechnung** eines **(fiktiven) Einkommens** regelmäßig nur in Mangellagen in Betracht.[46]

b) Wohn- und Wirtschaftsgemeinschaft

Ist allerdings – wie regelmäßig – über eine **drittfinanzierte Wohngemeinschaft** hinaus auch eine 26 **Wirtschaftsgemeinschaft** des Unterhaltsgläubigers mit einem **neuen Partner** anzunehmen, können dessen Zuwendungen nicht mehr als freiwillig und/oder unentgeltlich und damit unterhaltsrechtlich irrelevant angesehen werden; sie sind vielmehr auf Seiten des Unterhaltsgläubigers zu berücksichtigen, sofern nicht ein Unterhaltsanspruch bereits dem Grunde nach gem. § 1579 Nrn. 2 und 7 ausgeschlossen ist. Führen der Unterhaltsgläubiger und der Dritte – wie regelmäßig – einen **gemeinsamen Haushalt**, dann ist in den Zuwendungen des Dritten (Leistungen/Gebrauchsvorteile) – zumindest teilweise – ein Entgelt für die Gewährung von Unterkunft und für sonstige Versorgungsleistungen (insb. für die – auch gemeinsame – Haushaltsführung) zu sehen.[47] Es ist dann im Einzelfall festzustellen, welche Zuwendungen dem Unterhaltsgläubiger von Seiten des Dritten unmittelbar oder über dessen Beiträge zur gemeinsamen Lebensführung zufließen; diese Zuwendungen sind sodann zu bewerten.

c) Versorgungsleistungen als Surrogat

Unterhaltsrelevantes Einkommen ist (erst recht) dann anzusetzen, wenn der Unterhaltsgläubiger 27 seinem neuen **leistungsfähigen** Partner den **Haushalt** führt; dann muss er sich unterhaltsrechtlich eine angemessene **Vergütung** für die erbrachten Versorgungsleistungen anrechnen lassen:[48] Die – auf den Scheidungszeitpunkt bezogenen – konkreten **Barmittel** sind nur ein **Kriterium, nicht** aber der **alleinige Maßstab** für die ehelichen Lebensverhältnisse gem. § 1578; diese sind vielmehr durch alles geprägt, was während der Ehe für den Lebenszuschnitt der Ehegatten nicht nur vorübergehend tatsächlich von Bedeutung war, mithin auch durch die häusliche Mitarbeit des nicht erwerbstätigen Ehegatten, die mitursächlich für den erreichten sozialen Standard ist. Entsprechendes gilt grundsätzlich auch für den **Wert von Versorgungsleistungen**, welche der Unterhaltsgläubiger in der **häuslichen Gemeinschaft** einem **neuen leistungsfähigen Partner** tatsächlich erbringt. Grundsätzlich sind auch solche **geldwerten Versorgungsleistungen** als **Surrogat** für die frühere Haushaltstätigkeit in der Familie anzusehen, denn sie sind insoweit nicht anders zu beurteilen, als

---

45 BGH FamRZ 2006, 846 (Aufgabe von BGH FamRZ 1996, 933); s. aber – mit beachtlichen Gründen – auch OLG Karlsruhe FamRZ 2005, 1756 = FuR 2005, 329 betr. Pflegegeld nach § 37 SGB XI.
46 S. auch BGH FamRZ 1995, 343; vgl. auch OLG Karlsruhe FamRZ 2005, 1756 = FuR 2005, 329 – Wohnvorteil in Verbindung mit Pflegeleistungen der Tochter für ihre Mutter.
47 S. etwa BGH FamRZ 1980, 40.
48 BGH FamRZ 1980, 40 = FuR 2004, 497 = FuR 2004, 500 im Anschluss an die Senatsurteile BGHZ 148, 105 = BGH FamRZ 2001, 986 = FuR 2001, 306, und BGH FamRZ 2001, 1693 = FuR 2001, 500 – der Wert der Versorgungsleistungen, die ein unterhaltsberechtigter Ehegatte während der Trennungszeit für einen neuen Lebenspartner erbringt, trete als Surrogat an die Stelle einer Haushaltsführung während der Ehezeit und sei deswegen im Wege der Differenzmethode in die Berechnung des Ehegattenunterhalts einzubeziehen.

wenn der Unterhaltsgläubiger eine bezahlte Tätigkeit bei Dritten annähme.[49] Ist die Erwerbsfähigkeit des Unterhaltsgläubigers – etwa krankheitshalber – eingeschränkt, versorgt er aber daneben
noch einen neuen Partner, ist im Zweifel davon auszugehen, dass er diese häuslichen Tätigkeiten
noch zusätzlich übernehmen kann; maßgebend ist dann im Wege der Schätzung der insoweit
zugute kommenden Vorteile (§ 287 ZPO) auf den objektiven Wert abzustellen, den die Versorgungsleistungen, ggf. auch die Wohnungsgewährung, für den neuen Partner haben.

d) Zumutbarkeit der Übernahme und Ausübung von Versorgungsleistungen

28 Nach Ansicht des BGH[50] sind auch **außerhalb vollschichtiger Erwerbstätigkeit** erbrachte **Leistungen** – die nach allgemeinen Grundsätzen als **überobligatorisch** angesehen werden müssen –
zumutbar und damit dem Grunde nach **vergütungspflichtig:** Die **tatsächliche Übernahme** von
und die **Ausübung** der **Versorgungsleistungen** stelle ein gewichtiges Indiz für ihre Zumutbarkeit
dar.

29 Auch bei **voller Erwerbstätigkeit beider Lebenspartner** und **Aufteilung** der **Haushaltsführung**
zwischen ihnen ist dem Unterhaltsgläubiger entsprechend dem Rechtsgedanken des § 1577 Abs. 2
jedenfalls dann eine – wenn auch geringere – Vergütung für Versorgungsleistungen anzurechnen,
wenn der neue Partner in gehobenen wirtschaftlichen Verhältnissen lebt und den Unterhaltsgläubiger daran teilhaben lässt, erst recht, wenn der Unterhaltsschuldner in engen wirtschaftlichen
Verhältnissen lebt. In solchen Fallgestaltungen sind daher die Interessen beider Unterhaltsparteien
im Einzelfall abzuwägen.

e) Rechtsnatur der Vergütung für Versorgungsleistungen

30 Die für derartige Versorgungsleistungen anzusetzende Vergütung ist nicht einem Einkommen aus
Erwerbstätigkeit gleichzusetzen, sondern es handelt sich um eine **besondere Art anderweitiger
Deckung** des **Unterhaltsbedarfs**, die aus **Billigkeitsgründen** nicht unberücksichtigt bleiben darf.[51]
Daher stellt sich die Frage der Zumutbarkeit einer Erwerbstätigkeit nicht, ganz abgesehen davon,
dass die tatsächliche Übernahme solcher Versorgungsleistungen ihre Zumutbarkeit indiziert. Eventuelle Absprachen der beiden Partner in der neuen Lebensbeziehung sind ebenso ohne Belang wie
der Wille, den Unterhaltsschuldner nicht oder doch zu entlasten: Auch ohne entsprechende Vereinbarung ist eine angemessene Vergütung bedürftigkeitsmindernd anzurechnen. Auch wenn sich
der Unterhaltsgläubiger auf **Unentgeltlichkeit** von **Dienstleistungen** beruft, die jedoch üblicherweise vergütet werden, ist grundsätzlich die Anrechnung in Höhe eines angemessenen Verdienstes
(vgl. § 850h Abs. 2 ZPO) veranlasst.[52]

f) Höhe der Vergütung/Leistungsfähigkeit des Dritten

31 Eine solche – tatsächliche oder fiktive – **Vergütung** für **geldwerte Leistungen/Gebrauchsvorteile**
darf allerdings nur dann angesetzt werden, wenn diese von **messbarem Wert** sind, ihr Umfang also
auch unter Berücksichtigung des auf den Unterhaltsgläubiger selbst entfallenden Anteils der häuslichen Arbeiten oder einer kleinen Wohnung nicht nur als geringfügig zu veranschlagen ist.[53] Eine
geldwerte Vergütung für derartige Leistungen/Gebrauchsvorteile darf **nicht** angesetzt werden,

---

49 BGH FamRZ 2004, 1170 = FuR 2004, 497 = FuR 2004, 500 im Anschluss an die Senatsurteile BGHZ
   148, 105 = BGH FamRZ 2001, 986 = FuR 2001, 306, und BGH FamRZ 2001, 1693 = FuR 2001, 500.
50 BGH FamRZ 1987, 1011 (Nr. 472); 1995, 343; 1996, 556 – Arbeit im Haushalt sei erfahrungsgemäß
   leichter mit anderweitigen Verpflichtungen vereinbar.
51 BGH FamRZ 1987, 1011 (Nr. 472); 1988, 259; 1995, 343.
52 BGH FamRZ 1980, 665.
53 OLG *Hamm* NJWE-FER 1998, 195; nach OLG Hamm OLGR 2000, 236 kann (erst) bei kompletter
   hauswirtschaftlicher Versorgung die Zurechnung eines Versorgungsentgelts von monatlich 750 DM
   gerechtfertigt sein.

wenn und soweit der neue Lebenspartner **finanziell** – unter Wahrung des eigenen angemessenen Selbstbehalts – **nicht** in der Lage ist, ein **Versorgungsentgelt** zu **entrichten:**[54] Er muss seinen eigenen Selbstbehalt nur dann einsetzen, wenn er entsprechende Versorgungsleistungen auch ohne die Mithilfe des Unterhaltsgläubigers zu finanzieren hätte.[55]

Die **Höhe** des **angemessenen Versorgungsentgelts** richtet sich entscheidend nach dem **Wert** der **Gegenleistung**, also derjenigen Leistungen, die der Unterhaltsgläubiger für seinen neuen Lebenspartner erbringt,[56] und nach der **Leistungsfähigkeit** des neuen Partners. Dieser Wert ist regelmäßig nach § 287 ZPO, bezogen auf die gesamten Umstände des jeweiligen Einzelfalles, zu schätzen, bei voller Berufstätigkeit des Unterhaltsgläubigers entsprechend den Maßstäben des § 1577 Abs. 2.[57] **32**

g) Ersparnisse auf Grund des Zusammenlebens bzw. von »Generalunkosten«

Der Lebensbedarf des Unterhaltsgläubigers wie auch des Unterhaltsschuldners kann nach Trennung/Scheidung – je nach den Umständen des Einzelfalles – dadurch beeinflusst werden, dass infolge gemeinschaftlichen Wirtschaftens mit anderen Personen die Kosten der Lebenshaltung, insb. für Wohnen, Energie, Funk und Fernsehen, Zeitung und Telefon u.a.,[58] niedriger gehalten werden können als im Falle des Alleinlebens. Durch das gemeinsame Leben und Wirtschaften mit einem **neuen Partner** entsteht daher regelmäßig eine **Ersparnis** von sog. **Generalunkosten**.[59] Ansatzpunkt für ihre Bewertung sind diejenigen Ersparnisse, die durch das gegenüber einer Einzelperson kostengünstigere Wirtschaften erzielt werden können: Die Lebenshaltungskosten für einen Alleinstehenden sind erfahrungsgemäß höher als die anteiligen Lebenshaltungskosten eines Partners in einer Gemeinschaft. **33**

Auf solche **abstrakte Ersparnisse** auf **Grund** des **Zusammenlebens** mit einem anderen Partner darf grundsätzlich **nicht** im Rahmen der Bedürftigkeit, wohl aber im Rahmen der Leistungsfähigkeit (Herabsetzung des Selbstbehalts) abgestellt werden, weil auch der eheliche Lebensbedarf durch derartigen ersparten Aufwand geprägt gewesen ist:[60] Ehegattenunterhalt knüpft an das Zusammenleben **während** der **Ehe** und die damit einhergehenden wirtschaftlichen Vorteile an und ist demgemäß in der Regel bereits unter **Einschluss** dieser **Vorteile** bemessen. Ist bei der Bestimmung des Unterhalts im Einzelfall ausnahmsweise sog. trennungsbedingter Mehrbedarf zugebilligt worden, dann wird dieser infolge der Begründung einer Wirtschaftsgemeinschaft mit einem neuen Partner regelmäßig entfallen.[61] **34**

Bei einer sog. **Mangellage** (mangelnde Leistungsfähigkeit) ist daher der notwendige Selbstbehalt des Unterhaltsschuldners im Hinblick auf das Zusammenleben mit einem neuen Partner zu kürzen, wobei diese Ersparnis den Partnern des Zusammenlebens **jeweils** zur **Hälfte** zuzurechnen **35**

---

54 BGHZ 93, 123 = BGH FamRZ 1985, 273; BGH FamRZ 1983, 146.
55 BGH FamRZ 1987, 1011 (Nr. 472).
56 Vgl. BGH FamRZ 1980, 40 (Nr. 472); 1995, 343; 1996, 556.
57 Zu allem s. etwa BGH FamRZ 1995, 343; OLG München NJWE-FER 1998, 267 – im Einzelfall 550 DM; OLG Hamm FamRZ 2000, 1220.
58 Zu allem OLG Düsseldorf FamRZ 1980, 1118; OLG Hamburg FamRZ 1987, 1044; OLG Hamm FamRZ 1988, 425; NJW-RR 1997, 963; FamRZ 2000, 1285 (Ls); OLG Düsseldorf FamRZ 1991, 220.
59 OLG Hamburg FamRZ 1987, 1044, 1045: regelmäßig 20 bis 25 % der gesamten Lebenshaltungskosten.
60 BGH FamRZ 1995, 343 = FuR 2004, 222 = FuR 2006, 266 (Berufungsurteil: OLG Düsseldorf FamRZ 2004, § 1104); 2006, 1182; s. auch OLG Karlsruhe FamRZ 2004, 1209 – keine Minderung der Bedürftigkeit des Unterhaltsgläubigers auf Grund der durch das Zusammenleben mit einem neuen Lebenspartner ersparten Lebenshaltungskosten; OLG Thüringen FamRZ 2006, 1277; a.A. noch OLG Frankfurt FamRZ 1985, 957; OLG Hamburg FamRZ 1987, 1044.
61 BGH FamRZ 1995, 343.

ist.[62] Für die zweite Ehefrau des Unterhaltsschuldners ist entsprechend der konkreten Lebenssituation der notwendige Eigenbedarf als Einsatzbetrag in die Mangelverteilung einzustellen, dabei jedoch die durch die gemeinsame Haushaltsführung der Ehegatten erfahrungsgemäß eintretende Ersparnis zu berücksichtigen.[63] Soweit der Unterhaltsgläubiger einen solchen Synergieeffekt durch das Zusammenleben mit einem neuen Partner unter Hinweis auf dessen Leistungsunfähigkeit bestreitet, obliegt ihm dafür die volle Darlegungs- und Beweislast. Bleibt er beweisfällig, ist von einer entsprechenden Leistungsfähigkeit des neuen Lebensgefährten auszugehen und ein entsprechender Synergieeffekt zu berücksichtigen.[64]

3. Vermögenserträge

a) Anrechnung tatsächlich erzielter Einkünfte

36 Nach § 1577 Abs. 1 kann ein geschiedener Ehegatte Unterhalt insoweit nicht verlangen, als er sich aus seinen Einkünften und seinem Vermögen selbst unterhalten kann. **Vermögenserträge** in Form von Einkünften, aber auch in Form von Nutzungen des Vermögens (§ 100) sind dabei in jedem Fall nach Vorabzug des entsprechenden **Aufwands** (»Werbungskosten«)[65] **steuerbereinigt** in **voller Höhe** (»Nettozufluss«)[66] im Rahmen der Bemessung des Unterhalts anzusetzen; anders als bei der Prüfung, ob der Vermögensstamm zu verwerten ist (§ 1577 Abs. 3), findet keine Billigkeitsabwägung statt.[67] (Vor-)Abzüge zum Ausgleich eines inflationsbedingten Wertverlustes des Vermögensstammes sind unzulässig.[68]

37 **Erträge** aus **gemeinsamen** oder **vormals gemeinsamen Vermögenswerten** verhalten sich jedoch nicht immer im Ergebnis »wertneutral«,[69] sondern sie wirken – insb. bei Gebrauchsvorteilen aus dem Vermögen, aber auch bei Verbrauch des Geldes oder eines Teils des Geldes möglicherweise fiktiv – auf Seiten des Unterhaltsgläubigers bedarfsmindernd und auf Seiten Unterhaltsschuldners einkommenssteigernd.[70] Stammt ein Vermögenswert aus dem Verkauf eines gemeinsamen Hauses, kann im Rahmen der Billigkeitsabwägung i.S.d. § 1577 zu berücksichtigen sein, ob der Unterhaltsschuldner einen entsprechenden Erlösanteil zur freien Verfügung erhalten hat, und in welcher Höhe der Unterhaltsgläubiger sonstiges Vermögen oder Altersvorsorge besitzt.[71]

38 **Einkünfte** oder sonstige **Vermögensvorteile**, die sich über den **Zugewinnausgleich** ergeben, sind ebenfalls als eheprägend bei der Bedarfsermittlung zu berücksichtigen, wenn sie zuvor als Erträge des ausgleichspflichtigen Ehegatten die ehelichen Lebensverhältnisse geprägt hatten.[72] Gleiches gilt, wenn aus sonstigem Vermögen bereits während der Ehe Erträge geflossen und für den Lebensunterhalt verbraucht worden sind. War das entsprechende Vermögen schon vor der Durchführung des Zugewinnausgleichs vorhanden, und hatten die **Vermögenserträge** (§ 100) schon seinerzeit die **ehelichen Lebensverhältnisse geprägt**, macht es keinen Unterschied, ob sie nach wie

62 BGH FamRZ 2010, 802 – Billigung einer monatlichen Ersparnis von 200 €; s. auch OLG Hamm NJW-RR 2005, 515 – der Senat hat die durch das Zusammenleben eintretende Ersparnis auf der Grundlage der in den Hammer Leitlinien festgelegten Bedarfsabsenkung im Falle des Zusammenlebens mit rund 27 % berücksichtigt und den notwendigen Selbstbehalt des erwerbstätigen Unterhaltsschuldners von (damals) 840 € auf rund 727 € ermäßigt ($^1/_2$ = 13,5 %).
63 BGH FamRZ 2004, 792, 793 = FuR 2004, 222 = FuR 2006, 408 (Ls).
64 BGH FamRZ 2010, 802 – zum mangelnden Beweisantritt durch einen Unterhaltsschuldner.
65 Bei Einkünften aus Vermietung/Verpachtung lediglich um Schuldzinsen, nicht dagegen um Tilgungsleistungen.
66 BGH FamRZ 2006, 387 = FuR 2006, 180.
67 BGH FamRZ 1985, 357.
68 BGH FamRZ 1986, 441 – Umlage in der Regel auf ein Jahr.
69 So aber OLG Koblenz FamRZ 2002, 1407; OLG Saarbrücken NJW-RR 2005, 444.
70 S. hierzu ausführlich BGH FamRZ 2005, 1159 = FuR 2005, 361; OLG Koblenz FF 2005, 193.
71 OLG Brandenburg NJW-RR 2009, 1371.
72 BGH FamRZ 2007, 1532 – Fortführung von BGH FamRZ 1985, 357, 359.

vor von einem Ehegatten gezogen werden, oder ob sie jetzt – nach Durchführung des Zugewinn-ausgleichs – auf beide Ehegatten verteilt sind: In beiden Fällen prägen die dann zu berücksichtigenden Vermögenseinkünfte auch die ehelichen Lebensverhältnisse und sind deswegen im Wege der Differenzmethode in die Unterhaltsberechnung einzubeziehen.[73]

Auf die Herkunft des Vermögens[74] kommt es **nicht** an; entscheidend ist allein, ob und in welcher **39** Höhe Unterhaltsgläubiger bzw. Unterhaltsschuldner ihren Lebensbedarf aus den Vermögensertrā-gen bestreiten können. Vermögenserträge mindern die Bedürftigkeit daher auch dann, wenn sie aus **geschenktem Vermögen** stammen, wenn also der Zuwender dem Zuwendungsempfänger das Kapital zur freien Verfügung überlassen hat; sie teilen dann das Schicksal des Kapitals regelmäßig nicht (s. § 1577 Abs. 3).[75] Erträge aus Schmerzensgeld[76] sind daher grundsätzlich ebenso einsatz-pflichtig wie solche aus einer nach der Trennung aufgeteilten Lebensversicherung.[77]

Häufig führt die Trennung der Eheleute zur **Veräußerung** eines **gemeinsam angeschafften Eigen-** **40** **heims**, da keiner der Ehegatten in der Lage ist, den Hälfteanteil des Ehepartners zu erwerben. Durch die Vermögensauseinandersetzung wird oftmals Kapital gebildet, was sich unterhaltsrecht-lich durch Zinseinkünfte auswirkt. Werden die ehelichen Lebensverhältnisse der Parteien (auch) durch mietfreies Wohnen in einer Immobilie einer der Parteien oder beider geprägt, dann erhöhen die daraus gezogenen **Nutzungsvorteile** grundsätzlich auch den **eheangemessenen Bedarf**. Mit dem **Verkauf** der gemeinsamen Immobilie nach der Trennung/Scheidung **entfallen** die **Nutzungs-** **vorteile** für **beide Parteien**, so dass ein (fiktiver) Ansatz des Wohnvorteils nicht mehr in Betracht kommt. Diese Einbuße muss von beiden Ehegatten getragen werden: Die – gegebenenfalls nach Ablösung von Schulden und von Zugewinnausgleichszahlungen – verbliebenen **Vermögenserträge** aus dem verbliebenen (Rest-)Kapital treten als **Surrogate** an die Stelle des eheprägenden Nut-zungsvorteils und sind daher – ebenfalls eheprägend – mit der Differenz- bzw. Additionsmethode in die Unterhaltsbemessung einzubeziehen.[78]

Der Unterhaltsschuldner schuldet nachehelichen Unterhalt lediglich unter Berücksichtigung der **41** nach Durchführung des Zugewinnausgleichs **noch vorhandenen Vermögenseinkünfte**. Umge-kehrt muss sich der Unterhaltsgläubiger für diesen Unterhaltsanspruch das im Wege des Zuge-winnausgleichs erhaltene Vermögen und somit die daraus erzielbaren Einkünfte entgegen halten lassen. Weil der Unterhaltsschuldner jedoch nach § 1581 Satz 2 grundsätzlich nur die Vermögens-einkünfte und nicht den Vermögensstamm einsetzen muss, führt dies nicht zu einer Doppelbe-rücksichtigung ein und desselben Vermögensbetrages im Zugewinnausgleich und im Unterhalts-recht.[79]

Oftmals kann der Unterhaltsgläubiger einen Anspruch auf Zugewinnausgleich nur deswegen **42** durchsetzen, weil der Unterhaltsschuldner die Vermögensgewinne während der Ehezeit und auch nach der Trennung nicht für die eheliche Lebensführung verwendet, sondern damit sein Vermö-gen gemehrt hat. Ist ein und dieselbe Vermögensmasse bereits durch den Zugewinn ausgeglichen, steht das **Verbot** der **Doppelberücksichtigung** einem erneuten Ausgleich dieses Betrages im Wege

---

73 BGH FamRZ 1990, 989; BGHZ 148, 105 = BGH FamRZ 2001, 986 = FuR 2001, 306; BGH FamRZ 2001, 1140 = FuR 2001, 314 = FuR 2007, 484 in Fortführung von BGH FamRZ 1985, 357, 359 und mit Hinweis auf BGH FamRZ 2005, 1159, 1161 zum Wohnvorteil; vgl. auch 13. Deutscher Familienge-richtstag 1999, Beschlüsse Arbeitskreis 3 zu III. – Brühler Schriften zum Familienrecht.
74 BGH FamRZ 1985, 354 – Anteil am Veräußerungserlös des ehemaligen Familienheims.
75 OLG Köln FamRZ 1993, 711.
76 Vgl. BGH FamRZ 1988, 1031 mit Anm. Voelskow FamRZ 1989, 481.
77 OLG Köln FamRZ 1998, 743; OLG Karlsruhe FamRZ 2002, 750 – Vermögenserträge aus der Anlage kapitalisierten Schmerzensgeldes im Rahmen des § 1361.
78 BGHZ 148, 105 = BGH FamRZ 2001, 986 = FuR 2001, 306, Veränderung von BGH FamRZ 1985, 354 m.w.N.; 1986, 437; 1992, 423.
79 BGH FamRZ 2007, 1532 = FuR 2007, 484.

des Unterhalts entgegen.[80] **Kredite,** die der Unterhaltsschuldner aufnimmt, um Zugewinn auszahlen zu können, werden nicht einkommensmindernd bei seiner Leistungsfähigkeit berücksichtigt, da der Unterhaltsgläubiger ansonsten den ihm zustehenden Zugewinn über seinen Unterhalt mitfinanzieren würde.[81]

43 (zur Zeit nicht besetzt)

b) Anrechnung fiktiver Einkünfte auf Grund von Obliegenheitsverletzungen

44 **Verletzt** der Unterhaltsgläubiger – im Gegenseitigkeitsprinzip stehende – unterhaltsrechtliche **Obliegenheiten,** dann sind ihm regelmäßig **fiktive Einkünfte** in derjenigen Höhe zuzurechnen, in der er sie unterhaltsrechtlich bereinigt erzielen könnte, wenn er sich rechtstreu verhalten hätte.

aa) Obliegenheit zu ertragreicher Vermögensanlage

45 Dem Unterhaltsgläubiger obliegt, **eigenes** – auch aus Vermögensauseinandersetzung und Zugewinnausgleich erlangtes – **Vermögen** in zumutbaren Grenzen so **ertragreich** wie möglich **anzulegen,** weil auch solche Einkünfte die Bedürftigkeit mindern, die er in zumutbarer Weise erzielen könnte, tatsächlich aber nicht einzieht.[82] Ist **vorhandenes Vermögen** eindeutig unwirtschaftlich angelegt, dann obliegt dem Unterhaltsgläubiger die **Umschichtung** dieses Vermögens in eine ertragreichere Anlageform.[83] Vermögen darf schon gar nicht ohne Not dergestalt umgeschichtet werden, dass erhebliche **Einkommensverluste** zu verzeichnen sind.[84] Zinseinkünfte mindern die Bedürftigkeit grundsätzlich ab dem Zeitpunkt des Kapitalzuflusses (also der Kapitalanlage), auch wenn die Zinsen erst später ausbezahlt werden. Allerdings ist dem Unterhaltsgläubiger jedoch – insb. hinsichtlich des im Rahmen einer Vermögensauseinandersetzung frei gewordenen Kapitals – eine **angemessene Überlegungsfrist** hinsichtlich der in Anspruch zu nehmenden Anlageform zuzubilligen.[85] Nicht zweckbestimmte oder mit einem Rückforderungsvorbehalt versehene Schenkungen der Eltern an ihr verheiratetes Kind (Ehefrau) sind hinsichtlich der Erträge aus der geschenkten Substanz bedürftigkeitsmindernd zu berücksichtigen, und zwar fiktiv, wenn der Gegenstand an die Eltern zurückübertragen worden ist, ohne dass für die Rückübertragung ein Grund im Rechtssinne bestand.[86]

46 **Verstößt** der Unterhaltsgläubiger gegen die **Obliegenheit** zur ertragreichen Anlage seines Vermögens, dann kann ihn der Unterhaltsschuldner auf eine anderweitige Anlage und die daraus erzielbaren fiktiven Einkünfte verweisen, jedoch nur dann, wenn sich die tatsächliche Anlage des Vermögens als **eindeutig unwirtschaftlich** erweist;[87] die nicht eingezogenen Vermögenserträge mindern als **fiktives Einkommen** seine Bedürftigkeit.[88] Abzustellen ist auf die bei einer herkömmlichen, hinreichend sicheren Anlageform mögliche **Rendite.**[89] Die Höhe fiktiver Einkünfte ist nach § 287 ZPO anhand der bekannten längerfristig erzielbaren Renditen sicherer Finanzanlagen oder erzielbarer Festgeldzinsen zu schätzen.

---

80 BGH FamRZ 2007, 1532 = FuR 2007, 484; vgl. zur arbeitsrechtlichen Abfindung BGH FamRZ 2004, 1352, 1353.
81 BGH FamRZ 1986, 437; OLG Hamm FamRZ 1985, 483.
82 BGH FamRZ 1986, 439; OLG Hamm NJW-RR 1998, 724.
83 BGH FamRZ 1986, 439; OLG Stuttgart FamRZ 1993, 559.
84 OLG Hamm FamRZ 1999, 917.
85 BGH FamRZ 1986, 441.
86 OLG Köln FamRZ 2003, 601.
87 BGH FamRZ 1986, 439; 2005, 1159 = FuR 2005, 361.
88 BGH FamRZ 1985, 354; OLG Hamm FamRZ 1999, 232.
89 BGH FamRZ 1992, 423.

Uecker

bb) Verbrauch des Vermögensstammes

Ein Ansatz fiktiver Einkünfte scheidet allerdings aus, wenn das einzusetzende **Vermögen** – teilweise oder auch insgesamt – **nicht** mehr **vorhanden** ist;[90] dann kann allerdings § 1579 Nr. 3 (mutwillige Herbeiführung der Bedürftigkeit) anzuwenden sein.[91] Der Unterhaltsschuldner darf in angemessenem Rahmen eigenes wie auch aus der Vermögensauseinandersetzung erlangtes Vermögen zur Tilgung von Schulden (etwa Gerichts- und Anwaltskosten) und/oder für notwendige Anschaffungen (etwa Pkw) wie auch für persönliche Bedürfnisse (etwa Anmietung und Ausstattung einer neuen Wohnung, Einzahlung in eine Lebensversicherung zum Zwecke angemessener Altersvorsorge) verwenden.[92]

47

Hat der Unterhaltsgläubiger jedoch mit dem teilweisen oder vollständigen Verbrauch seines Vermögens **unwirtschaftlich** gehandelt und dadurch seine **Bedürftigkeit mutwillig** (§ 1579 Nr. 4) herbeigeführt, sich also unter grober Missachtung dessen, was jedem einleuchten muss, oder in Verantwortungs- und Rücksichtslosigkeit gegen den Unterhaltsschuldner über die erkannte Möglichkeit nachteiliger Folgen für seine Bedürftigkeit hinweggesetzt, dann sind **fiktive Zinseinkünfte** anzusetzen,[93] nicht aber, wenn und soweit das Wohl gemeinsamer, vom Unterhaltsgläubiger betreuter Kinder beeinträchtigt würde (»Kinderschutzklausel« des § 1579).[94]

48

cc) Umfassende Interessenabwägung (Zumutbarkeitsprüfung)

Es ist nach **Zumutbarkeitsgesichtspunkten** zu entscheiden, ob die Verletzung einer solchen Obliegenheit angenommen werden kann, wobei unter Berücksichtigung der **Umstände** des jeweiligen **Einzelfalles** die **Belange** des **Unterhaltsgläubigers** und des **Unterhaltsschuldners gegeneinander abzuwägen** sind. **Einerseits** kommt es darauf an, ob die Unterhaltslast den Unterhaltsschuldner besonders hart trifft, **andererseits** muss dem Inhaber des Vermögens ein gewisser **Ermessensspielraum** belassen werden, bei dem auch der Aspekt einer langfristigen inflationsgesicherten Absicherung von Bedeutung sein kann.[95] Die Verletzung derartiger Obliegenheit liegt um so näher, je offensichtlicher die tatsächlichen Erträge unterhalb der üblicherweise erzielbaren liegen.

49

dd) Grenzen der Obliegenheiten

Bei **objektiven Schwierigkeiten** und **psychischen Belastungen** – insb. wenn Rechte gerichtlich durchgesetzt werden müssen – kann allerdings eine Obliegenheit ausscheiden.[96] Daher ist nach Zumutbarkeitsgesichtspunkten zu entscheiden, ob der Unterhaltsgläubiger gegebenenfalls Pflichtteils- oder Vermächtnisansprüche – auch gegen seine Eltern – oder seine Rechte auf Auflösung einer ungeteilten Erbengemeinschaft[97] geltend machen muss.[98] Solange die Geltendmachung entsprechender Rechte nicht zu einem endgültigen vermögensrechtlichen Nachteil führt, etwa weil Testamente für diesen Fall vorsehen, dass der Anspruchsteller auch beim Tode des letztversterbenden Ehegatten auf den Pflichtteil gesetzt wird, sind auch derartige Ansprüche grundsätzlich geltend zu machen. Allerdings trifft den Unterhaltsgläubiger keine Verpflichtung zur gerichtlichen

50

---

90 Vgl. BGH FamRZ 1988, 159.
91 BGH FamRZ 1986, 553 (Nr. 325); 1988, 701.
92 BGH FamRZ 1995, 540, 541; OLG Hamm NJW-RR 1998, 724; OLG Koblenz FF 2005, 193 – Prozesskosten.
93 BGH FamRZ 1990, 989; 1997, 873 ff.; OLG Saarbrücken OLGR 2005, 826; NJW-RR 2005, 444.
94 BGH FamRZ 1986, 560; 1997, 873.
95 BGH FamRZ 1998, 87 = FuR 2001, 314.
96 BGH FamRZ 1998, 367.
97 BGHZ 75, 272 = BGH FamRZ 1980, 43.
98 BGH FamRZ 1992, 423; s. auch Kindermann ZFE 2003, 175 ff.; zur unterhaltsrechtlichen Behandlung eines dem Unterhaltsgläubiger nach Scheidung der Ehe im Wege der Erbschaft zugeflossenen Geldvermögens s. OLG Celle FuR 2009, 628 = NJW 2010, 79.

Durchsetzung von Ansprüchen bei ungewissem Ausgang.[99] Die Geltendmachung eines Pflichtteilsergänzungsanspruchs ist einem Unterhaltsgläubiger daher nicht zuzumuten, wenn das Verfahrensrisiko zu einem relativ geringen Ergänzungsanspruch außer Verhältnis steht.[100]

ee) Beispiele von Obliegenheitsverletzungen

51   Die **Zurechnung fiktiver Einkünfte** kommt insb. dann in Betracht, wenn der Unterhaltsgläubiger vorhandenes **Barvermögen** nicht mit marktüblichen Zinsen anlegt,[101] wenn er vorhandenes Vermögen ganz oder teilweise für nicht notwendige Bedürfnisse ausgibt, wenn er **nicht** oder **wenig ertragbringendes Vermögen** nicht in ertragreiches Kapital umschichtet, oder wenn er **Mieteinkünfte** durch zumutbare Teilvermietung einzelner Räume seines Hauses nicht einzieht.[102] Das Festhalten an **Immobilienbesitz** ist auch dann in der Regel nicht unwirtschaftlich, wenn das Immobilienvermögen relativ niedrige Erträge abwirft, die jedoch nicht gänzlich aus dem üblichen Rahmen fallen.[103] Entsprechendes gilt, wenn der Unterhaltsgläubiger erhebliches Vermögen in ertragloses Vermögen investiert (etwa in eine selten genutzte Ferienwohnung, in unbebautes Bauland, in eine teure Sammlung u.a.),[104] oder wenn eine Anlageform bei hohen Vermögenswerten marktunüblich geringe Renditen abwirft. **Spar-** und **Girokonten** sind immer verwertbar; ihre Verwertung ist nie unwirtschaftlich.[105]

52   Deshalb darf der Unterhaltsgläubiger den **Erlös** aus dem **Verkauf** eines bisher bewohnten **Familienheims** nicht ohne weiteres zum Erwerb einer neuen Immobilie verwenden. Muss er zur Finanzierung neuen **Wohnungseigentums** neben dem Einsatz des Verkaufserlöses zusätzliche Verbindlichkeiten eingehen, mindern diese seinen Wohnwert nicht: Die Unterhaltspflicht umfasst grundsätzlich nicht die Verpflichtung, Schulden des anderen Ehegatten zu tilgen.[106] Ansonsten muss er prüfen, ob er nicht durch eine verzinsliche Anlage des Kapitals deutlich höhere Erträge erwirtschaften kann:[107] Dann kann es ihm entsprechende Umschichtung seines **Vermögens** obliegen. Seine Bedürftigkeit reduziert sich dann ggf. um fiktive Netto-Kapitalerträge, wenn diese in zumutbarer Weise erzielt werden können und erheblich über dem bei Wiederanlage in Grundeigentum erzielbaren Wohnwert liegen.[108] Allerdings ist auch insoweit eine Billigkeitsprüfung im Einzelfall veranlasst; hierbei die Belange des Unterhaltsgläubigers und des Unterhaltsschuldners gegeneinander abzuwägen, wobei es vor allem darauf ankommt, ob die Unterhaltslast den Unterhaltsschuldner besonders hart trifft, und ob die Anlage des Vermögens als Wohnungseigentum eindeutig unwirtschaftlich ist.[109] Soweit der ermittelte Wohnwert in keinem Verhältnis zu erzielbaren Zinseinkünften steht, sind daher die **fiktiven Zinseinkünfte** als **Einkommen** anzusetzen.[110]

---

99   BGH FamRZ 1998, 1503 betreffend die Erhebung einer Abänderungsklage gegen eine Haftpflichtversicherung.
100   OLG Hamm FamRZ 1997, 1537.
101   S. etwa OLG Hamm FamRZ 1999, 232 zur Unwirtschaftlichkeit einer Vermögensanlage.
102   BGH FamRZ 1988, 145.
103   Vgl. BGH FamRZ 1986, 560.
104   BGH FamRZ 1986, 439.
105   BGH FamRZ 1984, 364.
106   BGH FamRZ 1992, 423.
107   BGH FamRZ 1998, 87 = FuR 2005, 361.
108   BGH FamRZ 1998, 87; s. auch BGH FamRZ 1992, 423 zur Bedürftigkeit eines geschiedenen Ehegatten, der unter Einsatz seines Erlösanteils an dem früheren gemeinsamen Haus sowie von Bankkrediten ein Eigenheim errichtet und bewohnt.
109   BGH FamRZ 1992, 423.
110   Gerhardt FamRZ 1993, 1139.

4. Sonderfälle: Sonstige Leistungen/Darlehen

Sonstige Einkünfte (etwa **Gebrauchsvorteile**, insb. Wohnwert, **Sozialleistungen** und/oder **freiwillige Leistungen Dritter** u.a.) können in **Sonderfällen** ebenfalls bedürftigkeitsmindernd anzurechnen sein. Der Unterhaltsgläubiger ist **grundsätzlich nicht** verpflichtet, seine Unterhaltsbedürftigkeit durch **Aufnahme** von **Darlehen** zu beheben, es sei denn, die Darlehensgewährung erfolgt auf Grund günstiger öffentlich-rechtlich finanzierter Angebote (etwa Leistungen nach dem Bundesausbildungsförderungsgesetz). **Ausnahmsweise** kommt eine Verweisung auf die Möglichkeit der **Inanspruchnahme** von **Krediten** in Betracht, wenn lediglich Zeiträume überbrückt werden müssen, die der Unterhaltsgläubiger benötigt, damit er noch anderweitige Ansprüche realisieren kann (etwa Rentenzahlungen), oder wenn sich die Vermögensverwertung/-umschichtung noch verzögert. 53

5. Unterhaltsbedarf und Verbrauchergeldparität

Ist der angemessene Unterhaltsbedarf eines im **Ausland** lebenden **Ehegatten** gegen den in Deutschland lebenden Unterhaltsschuldner zu ermitteln, dann kann der Unterhalt nach deutschen Maßstäben nicht ohne nähere Prüfung als angemessen angesehen werden. Manchmal liegen die Lebenshaltungskosten deutlich, manchmal nur geringfügig unter denen der Bundesrepublik Deutschland. Auch bei Anwendung ausländischen Sachrechts kommt es für die Höhe des Unterhalts immer auf die jeweils **örtlichen Verhältnisse** von Unterhaltsgläubiger und Unterhaltsschuldner an, etwa entsprechend der amtlichen Ländergruppeneinteilung[111] für den Unterhaltsgläubiger oder die Verbrauchergeldparität beim Unterhaltsschuldner. Verlegt etwa die unterhaltsberechtigte geschiedene Ehefrau (mit dem gemeinsamem Kind) ihren Wohnsitz in das Ausland, und benötigt sie zur Aufrechterhaltung ihres Lebensstandards nur einen Teil der in Deutschland titulierten Unterhaltsbeträge, dann ist ein Unterhaltstitel entsprechend abzuändern.[112] 54

D. Anrechnung von Einkünften nach § 1577 Abs. 2

§ 1577 Abs. 2 regelt die Anrechnung von **Einkünften** des Unterhaltsgläubigers auf seinen in Abs. 1 der Norm definierten **Unterhaltsbedarf**: Nach Satz 1 sind Einkünfte nicht anzurechnen, soweit der Unterhaltsschuldner nicht den vollen Unterhalt (§ 1578) leistet; nach Satz 2 sind Einkünfte, die den vollen Unterhalt übersteigen, insoweit anzurechnen, als dies unter Berücksichtigung der beiderseitigen wirtschaftlichen Verhältnisse der Billigkeit entspricht. Die einhellige Meinung bezieht § 1577 Abs. 2 nur auf **Einkünfte** aus **unzumutbarer Tätigkeit** (sog. »überobligatorisches« **Einkommen**). Die tatsächliche Ausübung einer Berufstätigkeit neben der Betreuung eines Kindes, das das dritte Lebensjahr vollendet hat, indiziert grundsätzlich die Vereinbarkeit der Tätigkeit mit den Belangen des Kindes i.S.d. § 1570 Abs. 1; der Abzug eines Betreuungsbonus oder eine Teilanrechnung der tatsächlich erzielten Einkünfte nach § 1577 Abs. 2 kommt deshalb im Regelfall nicht in Betracht, auch wenn die Tätigkeit bereits im Trennungsjahr aufgenommen wurde,[113] sofern nicht einer **besonderen Doppelbelastung** (Umfang der Kinderbetreuung neben der Erwerbstätigkeit) Rechnung zu tragen ist.[114] Ob im Übrigen das Einkommen des gem. § 1570 unterhaltsberechtigten Elternteils, das dieser neben der Kindesbetreuung erzielt, nach § 1577 Abs. 2 bei der Unterhaltsbemessung zu berücksichtigen ist, hängt davon ab, in welchem Maße er nach § 1570 von der Erwerbsobliegenheit befreit ist. Der pauschale Abzug eines Betreuungsbonus von seinem Einkommen kommt nicht in Betracht.[115] 55

---

111 S. FamRZ 2004, 249.
112 OLG München FamRZ 1998, 857 – Umzug in die tschechische Republik, Minderung des Bedarfs auf 40 %.
113 OLG Düsseldorf FuR 2010, 221; FamRZ 2010, 39.
114 Hierzu ausführlich BGHZ 177, 272 = BGH FamRZ 2008, 1739 = FuR 2008, 485.
115 BGH, Urteil vom 21.04.2010 – XII ZR 134/08 – juris (im Anschluss an BGH FamRZ 2005, 442, 444 = FuR 2005, 174 zu § 1615l).

Unzumutbare Erwerbseinkünfte kommen auch dann in Betracht, wenn etwa ein erwerbsunfähig erkrankter Unterhaltsberechtigter weiterhin berufstätig bleibt oder erneut berufstätig wird oder wenn ein im Ruhestand befindlicher Unterhaltsberechtigter Erwerbseinkünfte erwirtschaftet.

I. Anwendungsbereich der Norm

56   § 1577 Abs. 2 normiert – als **Schutzvorschrift** zu Gunsten des **Unterhaltsgläubigers** – die bedürftigkeitsmindernde **Anrechnung überobligatorischen Einkommens** des Unterhaltsgläubigers im Rahmen des nachehelichen (Ehegatten-)Unterhalts.[116] § 1361 (Trennungsunterhalt) regelt nicht, ob und ggf. inwieweit überobligatorische Einkünfte des Unterhaltsgläubigers im Rahmen seiner Unterhaltsbedürftigkeit anzurechnen sind (Regelungslücke!); daher ist die für den nachehelichen Unterhalt geltende Vorschrift des § 1577 Abs. 2 auf den Trennungsunterhalt (§ 1361) **analog** anzuwenden,[117] allerdings mit milderen Anrechnungsmaßstäben, weil der Unterhaltsgläubiger während der Trennung auf Grund einer lediglich gesteigerten (s. § 1361 Abs. 2), nicht aber auf Grund voller Eigenverantwortung (s. § 1569) nicht schlechter gestellt werden darf als nach rechtskräftiger Auflösung der Ehe.[118] Auch die Regelung des Unterhalts von Mutter und Vater aus Anlass der Geburt eines Kindes (§ 1615l) sieht nicht vor, ob und ggf. in welcher Höhe überobligatorische Einkünfte des Unterhaltsgläubigers im Rahmen seiner Unterhaltsbedürftigkeit anzurechnen sind (ebenfalls Regelungslücke!), so dass § 1577 Abs. 2 auf diesen Unterhaltsanspruch nach § 1615l ebenfalls **analog** anwendbar ist.[119] Der **Rechtsgedanke** des § 1577 Abs. 2 ist im Rahmen des Verwandtenunterhalts (§§ 1601 ff.), in dessen Bereich die Anrechnung überobligatorischen Einkommens des Unterhaltsgläubigers ebenfalls nicht gesetzlich geregelt ist, **entsprechend** heranzuziehen.[120]

57   § 1577 Abs. 2 erfasst **sämtliche Überobligationsmäßigen Einkünfte** (»alle Einkünfte aus unzumutbarer Quelle«[121]), insb. aus unzumutbarer Erwerbstätigkeit[122] wie auch aus nicht zumutbaren Versorgungsleistungen.[123]

II. Bereinigung des überobligatorischen Einkommens

58   Zunächst ist das überobligatorische Einkommen des Unterhaltsgläubigers um die **üblichen Vorabzugsposten** zu bereinigen (etwa Steuern, Vorsorgeaufwendungen, Erwerbsaufwand, Kindesunterhalt, Schulden u.a.). Entsteht dem Unterhaltsgläubiger auf Grund seiner unzumutbaren Tätigkeit **konkreter Aufwand**, weil er neben seiner Erwerbstätigkeit die **Betreuung** von **Kindern** sicherstellen muss, dann darf er diesen für die infolge dieser Berufstätigkeit notwendige anderweitige

---

116   S. etwa BGH FamRZ 1983, 146.
117   BGH FamRZ 1995, 343.
118   BGH FamRZ 1983, 569.
119   BGH FamRZ 2005, 442 = FuR 2005, 174 (Berufungsurteil OLG München OLGR 2003, 340); s. auch OLG München FuR 2006, 187 = NJW-RR 2006, 586; OLG Hamburg FamRZ 2005, 927; a.A. OLG Schleswig, FuR 2001, 555, 557; Schulz DAVorm 1996, 463, 467 – das Einkommen der Mutter eines nichtehelichen Kindes sei mangels einer Regelung über die Anwendbarkeit unzumutbarer Einkünfte im Rahmen des § 1615l regelmäßig in voller Höhe zu berücksichtigen und lediglich um Kindesbetreuungskosten zu bereinigen.
120   BGH FamRZ 1995, 475, 477 f.
121   Palandt/Brudermüller § 1577 Rn. 24.
122   BGH FamRZ 1983, 569.
123   BGH FamRZ 1982, 146, 149 (Nr. 472); 1995, 343.

Betreuung des Kindes entstehenden (konkreten) **Betreuungsaufwand**[124] – neben seinen allgemeinen berufsbedingten Aufwendungen (Erwerbsaufwand) – vorab von seinen Einkünften abziehen, weil im Regelfall erst solcher Aufwand überobligatorische Erwerbstätigkeit trotz Kinderbetreuung ermöglicht. Kindergartenbeiträge bzw. vergleichbare Aufwendungen für die Betreuung eines Kindes in einer kindgerechten Einrichtung sind in den Unterhaltsbeträgen, die in den Unterhaltstabellen ausgewiesen sind, unabhängig von der sich im Einzelfall ergebenden Höhe des Unterhalts nicht enthalten; sie sind – mit Ausnahme der in einer Kindereinrichtung anfallenden und somit mit dem Tabellenunterhalt abgegoltenen – Verpflegungskosten Mehrbedarf des Kindes.[125] Dennoch können solche Aufwendungen in der familienrechtliche Praxis vereinfacht beim betreuenden Elternteil einkommensmindernd angesetzt werden, um ein weiteres Verfahren wegen Geltendmachung kindbezogenen Mehrbedarfs zu vermeiden.[126]

III. Aufspaltung der überobligatorischen Einkünfte

Ist die **Erwerbstätigkeit** des Unterhaltsgläubigers als **überobligatorisch** anzusehen, dann ist zu prüfen, ob, in welchem Umfang und auf welche Weise das Einkommen aus solcher (überobligatorischer) Tätigkeit in die Unterhaltsbemessung einzubeziehen ist. **59**

In Konsequenz seiner sog. Surrogats-Rechtsprechung hat der BGH[127] seine **Rechtsprechung** zur **60** **Berücksichtigung überobligatorischer Einkünfte** im Rahmen der Unterhaltsbemessung nunmehr **grundlegend geändert.** Solche Einkünfte sind nunmehr in einen **unterhaltsrelevanten** und in einen **nicht unterhaltsrelevanten Teil** aufzuspalten. Der nach §§ 1577 Abs. 2, 242 zu bemessende **unterhaltsrelevante** Anteil dieser überobligationsmäßigen Einkünfte ist (ebenfalls) im Wege der Additions- bzw. Differenzmethode zu berücksichtigen. Der **nicht unterhaltsrelevante** Anteil dieser Einkünfte prägt die ehelichen Lebensverhältnisse nicht; er bleibt bei der Unterhaltsermittlung vollständig unberücksichtigt.[128]

Als **Grundregel** gilt: Einkünfte aus unzumutbaren Erwerbsquellen dürfen nur **ausnahmsweise völlig unangetastet** bleiben; regelmäßig müssen sie nach dem Sinn des § 1577 Abs. 2 – bei Sicherung **61** des vollen eigenen Unterhalts – in begrenztem Umfange auch zur Entlastung des Unterhaltsschuldners herangezogen werden.[129] Dieser Teil des Einkommens darf allerdings **nicht schematisch** oder **pauschal** beurteilt werden; vielmehr darf der Tatrichter überobligatorisches Einkommen stets und nur nach Treu und Glauben unter Berücksichtigung der besonderen Umstände des konkreten Einzelfalles in die Bemessung des Unterhalts einbeziehen.[130]

Diese Aufspaltung überobligatorischer Einkünfte **verletzt** bewusst, aber auch zutreffend das **Halb-** **62** **teilungsprinzip:** Verfügt der Unterhaltsgläubiger, bedingt durch diese Aufspaltung bezüglich seiner Einkünfte aus unzumutbarer Tätigkeit, im Ergebnis über mehr Einkommen als der Unter-

124 BGHZ 162, 384 = BGH FamRZ 2005, 1154 = FuR 2005, 364; zum Unterhaltspflichtigen vgl. BGH FamRZ 1982, 779, 780; OLG Braunschweig FamRZ 1997, 355; s. auch OLG Hamm NJW-RR 1997, 963 – Anrechnung überobligationsmäßiger Einkünfte bei Betreuung eines Kindes durch eine Tagesmutter; OLG Saarbrücken NJW-RR 2004, 869 – konkreter Betreuungsaufwand für die Betreuung durch eine Tagesmutter; KG FamRZ 2006, 341 – Kita- bzw. Hortkosten.
125 BGH FamRZ 2008, 1152 = FuR 2008, 350 = FuR 2009, 415.
126 S. etwa OLG Thüringen OLGR 2009, 698.
127 BGHZ 148, 105 = BGH FamRZ 2001, 986 = FuR 2001, 306; 148, 368 = FamRZ 2001, 1687 = FuR 2001, 494 = FamRZ 2005, 1154 = FuR 2005, 364; BGH FamRZ 2003, 518 = FuR 2003, 248.
128 BGH FamRZ 2007, 882 unter Hinweis auf BGHZ 148, 368 = BGH FamRZ 2001, 1687 = FuR 2001, 494 = FamRZ 2005, 1154 = FuR 2005, 364; A.A. (unzutr.) OLG Stuttgart OLGR 2005, 127.
129 BGH FamRZ 1995, 343.
130 BGHZ 162, 384 = BGH FamRZ 2005, 1154 = FuR 2005, 364; BGH FamRZ 2005, 442 = FuR 2005, 174; OLG Frankfurt OLGR 2004, 294 – neben einer »Betreuungspauschale« kein weiterer prozentualer Bonus nach § 1577 Abs. 2; OLG Karlsruhe OLGR 2005, 195 mit Beispielsrechnungen.

haltsschuldner, dann honoriert dieses Ergebnis nur die besonderen Leistungen des Unterhaltsgläubigers auf Grund nicht gebotener Berufstätigkeit und die damit verbundene besondere **Belastung;**[131] diese Verletzung des Halbteilungsprinzips erfordert daher alleine **keine Billigkeitskorrektur.**

1. Unterhaltsrelevanter Teil

62a   Der unterhaltsrechtlich relevante Teil besteht aus den Einkünften, die der Unterhaltsberechtigte erzielt oder erzielen muss. Mit der Erwirtschaftung des unterhaltsrechtlich relevanten Teiles kommt der Unterhaltsberechtigte seinen unterhaltsrechtlichen Obliegenheiten nach. Er erbringt die Leistungen, die von ihm zur Deckung seines eigenen Bedarfes erwartet werden. Einkünfte die unterhaltsrechtlich relevant sind, können eheprägend oder auch nicht eheprägend sein. Eheprägend sind sie dann, wenn sie die ehelichen Lebensverhältnisse geprägt haben. Nicht eheprägende Einkünfte liegen vor, wenn sie erstmalig nach Eheschließung erzielt werden (etwa auf Grund von Schenkungen, Erbschaften etc.) oder Folge eines Karrieresprungs sind. Die Art der Einkünfte (eheprägend oder nicht eheprägend) entscheidet darüber, ob das Einkommen im Wege der Anrechnungs- oder Differens- bzw. Additionsmethode berücksichtigt wird (vergleiche zur Frage der eheprägenden Einküfte auch die Kommentierung zu § 1578).

63-65   (zur Zeit nicht besetzt)

2. Nicht unterhaltsrelevanter Teil

65a   Der nichtunterhaltsrechtliche relevante Teil der Einkünfte besteht aus den Einkünften, die der Unterhaltsberechtigte erzielt, obwohl er nicht dazu verpflichtet ist, Einnahmen dieser Art zu erwirtschaften. Der Unterhaltsberechtigte leistet also mehr, als das was von ihm rechtlich verlangt werden kann. Nichtzumutbare Einkünfte liegen typischerweise dann vor, wenn ein unterhaltsberechtigter Elternteil, dem Unterhaltsansprüche wegen Kindesbetreuung zustehen, über seine Obliegenheiten hinaus erwerbstätig wird. Ebenso liegen Einkünfte aus nichtzumutbarer Erwerbstätigkeit vor, wenn der erkrankte Ehegatte über seine Verpflichtungen hinaus erwerbstätig wird oder der verrentete Ehegatte eine Erwerbstätigkeit ausübt, obwohl er die Regelaltersgrenze erreicht hat. Einkünfte aus dem überobligationsmäßig erzielten Teil der Einnahmen bleiben bei der Berechnung grundsätzlich unberücksichtigt.[132] Eine Anrechnung dieser Einkünfte kommt allenfalls dann in Betracht, wenn die Summe aus geleistetem Unterhalt und aus überobligatorischem Einkommen den vollen Unterhalt (Unterhalt ohne Berücksichtigung des überobligationsmäßigen Einkommens) übersteigt und die Anrechnung der Billigkeit entspricht.

66-67   (zur Zeit nicht besetzt)

IV. Kriterien zur Aufspaltung der überobligatorischen Einkünfte

68   Der **Tatrichter** hat in jedem **Einzelfall** an Hand bestimmter Kriterien zu prüfen, welcher Teil des überobligatorisch erzielten Einkommens in die Unterhaltsbemessung einzubeziehen ist (sog. unterhaltsrelevanter Teil), und welchen Teil dieses Einkommens er völlig unberücksichtigt lässt (sog. nicht unterhaltsrelevanter Teil).

---

131 OLG Düsseldorf FamRZ 1986, 170.
132 BGH FamRZ 2003, 518, 520 m Anm. Büttner; BGHZ 162, 384 = BGH FamRZ 2005, 1154 = FuR 2005, 364.

1. Abgrenzung obligatorischer von überobligatorischen Einkünften

Für die Beurteilung, ob überobligatorisches Einkommen des Unterhaltsgläubigers nach § 1577 **69**
Abs. 2 bei der Unterhaltsbemessung zu berücksichtigen ist,[133] gelten zunächst die Kriterien zur
Abgrenzung der **obligatorischen** von der **überobligatorischen Erwerbstätigkeit**, ob also der
Unterhaltsgläubiger aus freien Stücken erwerbstätig ist, oder ob die Arbeitsaufnahme durch eine
wirtschaftliche Notlage veranlasst ist,[134] denn die freiwillige Ausübung einer Berufstätigkeit kann
ein **maßgebendes Indiz** für eine vorhandene tatsächliche Arbeitsfähigkeit im konkreten Einzelfall
sein.[135]

2. Gesetzliches Kriterium »beiderseitige wirtschaftliche Verhältnisse«

Wichtiges Abwägungskriterium sind zunächst die im Gesetz erwähnten »**beiderseitigen wirt- 70
schaftlichen Verhältnisse**« der Parteien,[136] insb. auch weitere Unterhaltspflichten,[137] aber auch
anrechnungsfreies Einkommen des Unterhaltsschuldners.[138] Je ärger die Not, unzumutbare
Erwerbstätigkeit auszuüben, desto eher wird nur einen geringerer Teil der Einkünfte anzurechnen
sein. Ist der Unterhaltsschuldner außerstande, den nachehelichen Unterhaltsbedarf des Unterhaltsgläubigers ohne Gefährdung seines eigenen angemessenen Unterhalts zu decken, dann ist darauf
zu achten, ob aus **Billigkeitkeitsgründen** Einkünfte aus unzumutbarer Tätigkeit in einem größeren Maße anrechnungsfrei zu belassen sind.

Hat der Unterhaltsschuldner pflichtwidrig Unterhalt nicht geleistet und dadurch eine entspre- **71**
chende Notlage herbeigeführt, wird von einer Anrechnung überobligatorischen Einkommens im
Zweifel eher abzusehen sein. In **Mangellagen**,[139] die der Unterhaltsschuldner nicht verursacht hat,
kann es angemessen sein, überobligatorisches Einkommen (fast) vollständig anzurechnen.[140] Andererseits kann es unbillig sein, Einkünfte anzurechnen, wenn dem Unterhaltsgläubiger auch ohne
Anrechnung kaum etwas für seine Lebenshaltung zur Verfügung steht, und anderseits der Unterhaltsschuldner nicht schwer belastet wird.[141]

3. Kinderbetreuung neben Berufstätigkeit durch einen Elternteil

Im Rahmen der Beurteilung der **persönlichen Verhältnisse** der Parteien steht der Hauptanwen- **72**
dungsbereich dieser Vorschrift im Vordergrund: **Unzumutbare Erwerbstätigkeit** wegen **Kinderbetreuung**. Auch hier darf der dem Unterhaltsgläubiger anrechnungsfrei zu belassende Teils des
Einkommens nicht schematisch beurteilt werden, sondern der Tatrichter hat in jedem Einzelfall
sorgfältig abzuwägen. Maßgebend sind insb. der Umfang des **doppelten Aufwands** (Erwerbstätigkeit und Kinderbetreuung) sowie die mit der Berufstätigkeit verbundenen **Belastungen**.[142] Führt
die Unterhaltsbemessung nach dem Halbteilungsgrundsatz ohne Berücksichtigung eines Betreuungsbonus dazu, dass den Parteien genau die gleichen Beträge zur Verfügung stehen, obwohl der

133 OLG Saarbrücken NJW-RR 2006, 869.
134 BGH FamRZ 1998, 1501, 1502.
135 BGH FamRZ 1981, 1159, 1161 = FuR 2005, 174.
136 OLG Hamm FamRZ 2002, 1708; KG FamRZ 1995, 355.
137 OLG Braunschweig FamRZ 2002, 1711; OLG Saarbrücken NJW-RR 2006, 869.
138 OLG Hamburg FamRZ 2005, 927 – überobligatorisch beurteilte Tätigkeit als Disc-Jockey; keine
 Anrechnung von Einkommen in Form von Wohnvorteilen.
139 S. auch OLG Frankfurt FamRZ 1984, 799.
140 BGH FamRZ 1981, 146 = FuR 1999, 282; s. auch OLG Düsseldorf FamRZ 1978, 8056; OLG Hamm
 FamRZ 1992, 1427; OLG Stuttgart FamRZ 1990, 753 – Anrechnung mit einem Drittel.
141 BGH FamRZ 1988, 145.
142 OLG Hamm NJW-RR 1997, 963 – in etwa Anrechnung zu 2/3, weil die unterhaltsberechtigte Mutter
 in der Kinderbetreuung durch die Hilfe einer Tagesmutter erheblich entlastet war; OLG Karlsruhe
 FamRZ 2004, 1209 – wegen des Alters der gemeinsamen Kinder Anrechnung des erzielten Einkommens nur mit 1/3.

betreuende Ehegatte wegen der Versorgung der Kinder in seinem Haushalt in seiner Lebensführung erheblich eingeschränkt ist, muss dies im Rahmen der **Billigkeitsprüfung** zu einer **Anpassung** des **Unterhalts** zu seinen Gunsten führen.[143] Bei kaum erhöhtem Betreuungsaufwand und nur sehr geringen tatsächlichen Betreuungskosten wird hingegen der nicht unterhaltsrelevante Teil des als überobligatorisch anzusehenden Einkommens regelmäßig nur gering anzusetzen sein.[144] Grundsätzlich gilt: Je größer die **doppelte Last** (Berufstätigkeit neben Kinderbetreuung) ist, umso höher wird der Betreuungsbonus anzusetzen sein.[145]

73   Ist der Unterhaltsgläubiger berufstätig, ohne hierzu oder in dem geübten Ausmaß wegen Betreuung eines/mehrerer gemeinsamer Kindes/r verpflichtet zu sein, dann wird dieser überobligatorischen Mehrbelastung über das gebotene Maß hinaus durch Ansatz eines **nicht unterhaltsrelevanten** und daher anrechnungsfreien **Betrages** (»**Betreuungsbonus**«)[146] aus dem überobligatorisch erzielten Einkommen Rechnung getragen. Dieser Betreuungsbonus stellt kein Entgelt für die Kinderbetreuung dar, sondern dient dem **Ausgleich** für die **Doppelbelastung** durch Betreuung kleinerer Kinder und durch überobligationsmäßige Berufstätigkeit.[147] Der BGH hat – jedoch vor Inkrafttreten des UÄndG – zutreffend den Ansatz eines anrechnungsfreien Betrages des auf einer überobligationsmäßigen Tätigkeit beruhenden Mehreinkommens auch dann für gerechtfertigt gehalten, wenn keine konkreten Betreuungskosten anfallen, etwa weil die zweite Ehefrau des Unterhaltsschuldners das Kind aus dessen Ehe mitbetreut.[148] Er hat einen Abzug von monatlich 300 DM in einem Fall, in dem die zweite Ehefrau des Unterhaltsverpflichteten dessen 13 und 14 Jahre alte Kinder aus erster Ehe mitbetreute, nicht beanstandet.[149] Allerdings kommt der pauschale Abzug eines Betreuungsbonus vom Einkommen nicht in Betracht;[150] ob das Einkommen des gem. § 1570 unterhaltsberechtigten Elternteils, das dieser neben der Kindesbetreuung erzielt, nach § 1577 Abs. 2 bei der Unterhaltsbemessung zu berücksichtigen ist, hängt davon ab, in welchem Maße er nach § 1570 im jeweiligen Einzelfall von der Erwerbsobliegenheit befreit ist.

4. Kinderbetreuung neben Berufstätigkeit durch beide Elternteile

74   Betreut je ein Elternteil je ein gemeinsames Kind, gelten die vorgenannten Grundsätze entsprechend. Wird bei einem Elternteil wegen Kindesbetreuung aus überobligatorischer Tätigkeit erzieltes Einkommen nur teilweise angerechnet, während das vom Unterhaltsschuldner durch Vollzeittätigkeit erzielte Einkommen auch dann als eheprägend angesehen wird, wenn er ausserdem ein minderjähriges Kind betreut, dann ist die **Mehrbelastung** des **Unterhaltsschuldners** ebenfalls durch Zubilligung eines **Betreuungsbonus** als **Abzugsposten** von seinem Einkommen zu berücksichtigen, das insoweit dann als überobligatorisch anzusehen ist. Bei Berücksichtigung aller insoweit maßgebenden Umstände auf beiden Seiten wird sich dann grundsätzlich keine Ungleichbehandlung von Überobligationsmäßigen Erwerbseinkünften des Unterhaltsschuldners und des Unterhaltsgläubigers ergeben.[151]

---

143 OLG Schleswig OLGR 2003, 157.
144 S. etwa KG FamRZ 2006, 341 – überwiegend selbständige Steurberaterin
145 § 1570 Rdn. 68a.
146 BGH FamRZ 2001, 350 = FuR 2001, 262; OLG München FuR 2002, 329.
147 BGHZ 177, 272 = BGH FamRZ 2008, 1739 = FuR 2008, 485; ähnlich bereits OLG Schleswig OLGR 2003, 157.
148 BGHF 3, 1175; BGHZ 162, 384 = BGH FamRZ 2005, 1154 = FuR 2005, 364 m.w.N.
149 BGH FamRZ 1986, 790, 791.
150 BGH, Urteil vom 21.04.2010 – XII ZR 134/08 – juris (im Anschluss an BGH FamRZ 2005, 442, 444 = FuR 2005, 174 zu § 1615l).
151 S. etwa BGH FamRZ 2001, 350, 352; OLG Karlsruhe OLGR 2005, 195 mit Beispielsrechnungen.

E. Verwertung des Vermögensstammes (§ 1577 Abs. 3)

§ 1577 Abs. 1 und 3 normieren hinsichtlich der **Obliegenheit** des **Unterhaltsgläubigers**, den 75
Stamm seines **Vermögens** für den **eigenen Unterhalt** (also bedürfigkeitsmindernd) einzusetzen,
ein **Regel-Ausnahme-Prinzip:** In § 1577 Abs. 1 die **Einsatzpflicht** als Regel sowie in § 1577 Abs. 3
die **Einschränkung** dieser **Obliegenheit** in **Ausnahmefällen** (»soweit die Verwertung **unwirtschaftlich** oder unter Berücksichtigung der beiderseitigen wirtschaftlichen Verhältnisse **unbillig** wäre«).
Nach dem Grundsatz der Verhältnismäßigkeit kann eine Verwertung des Vermögensstammes
jedoch nur dann verlangt werden, wenn eine **Beleihung** oder eine **Umschichtung** des **Vermögens**
nicht in Betracht kommt.[152] Aufgrund des Gegenseitigkeitsprinzips sind betreffend die Obliegenheit zur Vermögensverwertung die **Maßstäbe** des § 1577 Abs. 3 für den **Unterhaltsgläubiger** und
die des § 1581 Satz 2 für den **Unterhaltsschuldner** regelmäßig **identisch.**[153]

I. Grundsatz: Pflicht zur Verwertung des Vermögensstammes (§ 1577 Abs. 1)

Nach § 1577 Abs. 1 muss der unterhaltsberechtigte geschiedene Ehegatte vor der Inanspruch- 76
nahme des Unterhaltsschuldners **grundsätzlich** (auch) den **Stamm** seines **Vermögens bedürftigkeitsmindernd** einsetzen;[154] ihm obliegt daher grundsätzlich, sein **Vermögen** zu **verwerten.** Die
Obliegenheit zur Verwertung des Vermögensstammes hängt im Einzelfall von der voraussichtlichen Dauer der Unterhaltsbedürftigkeit und von den dauerhaften Ertragsaussichten des verfügbaren Vermögens ab. Nach diesen Maßstäben ist grundsätzlich Vermögen jeder Art zu verwerten.[155]
Hat der Unterhaltsgläubiger etwa **Vermögen** geerbt, muss er bei dessen Verwendung auf die
Belange des Unterhaltsschuldners Rücksicht nehmen: Zwar ist ihm die Verwendung eines Teils
des Geldes zur Deckung sonstiger Bedürfnisse zuzubilligen; den Ertrag und sukzessive einen Teils
des Stamms des verbliebenen Vermögens hat er aber zur Deckung seines Unterhaltsbedarfs aufzuwenden.[156] Kommt eine Vermögensverwertung in Betracht, dann kann der Unterhaltsgläubiger –
wenn dies zumutbar ist – auf die Aufnahme eines **Kredits** bis zur Verwertung des Vermögens verwiesen werden.

Ist der Vermögensstamm zu Unterhaltszwecken zu verwerten (§ 1577 Abs. 1 und 3), dann darf er 77
das heranzuziehende Vermögen jedenfalls auf einen **angemessenen Zeitraum** – die **voraussichtliche Dauer** der Unterhaltsbedürftigkeit – **verteilen,** da das Vermögen dann ja dazu dient, den
Unterhalt des Unterhaltsgläubigers ergänzend zu seinen sonstigen erzielten bzw. erzielbaren Einkünften auf **Lebenszeit** zu sichern.[157] Der Zeitraum für die anteilige Verteilung beginnt mit der
Rechtskraft der Scheidung und ist an der statistischen Lebenserwartung zu bemessen.[158]

II. Ausnahme: Einschränkung der Pflicht zur Verwertung des Vermögensstammes (§ 1577 Abs. 3)

§ 1577 Abs. 3 **schränkt** die **Obliegenheit** zur **Vermögensverwertung** ein: Der Unterhaltsgläubiger 78
muss den Stamm seines Vermögens nicht verwerten, wenn und soweit die Verwertung **unwirtschaftlich** oder unter Berücksichtigung der beiderseitigen wirtschaftlichen Verhältnisse **unbillig**
wäre. In der Praxis wird eine **Obliegenheit** zur **Vermögensverwertung** regelmäßig nur **ausnahmsweise** angenommen, während der Trennung – wegen der stärkeren personellen Verantwortung der
noch verheirateten Ehegatten füreinander – tendenziell noch geringer als nach rechtskräftiger Auf-

---

152 BGH FamRZ 1984, 663.
153 BGH FamRZ 1985, 354.
154 Zum Gesetzentwurf vgl. BT-Drucks. 7/650 S. 135.
155 BGH FamRZ 1985, 354.
156 OLG Oldenburg FamRZ 2005, 718.
157 BGH FamRZ 1985, 354.
158 S. etwa OLG Saarbrücken OLGR 2007, 662 – die Verwertung eines **Teils** des Vermögens der Unterhaltsgläubigerin zu Unterhaltszwecken wurde als zumutbar erachtet.

lösung der Ehe. Daher kann in der Trennungszeit die Obliegenheit, den Stamm des Vermögens für den eigenen Unterhalt anzugreifen, nicht in dem Umfang bejaht werden und schon gar nicht weiter gehen, als wenn die Ehe geschieden und jeder der ehemaligen Partner im **Grundsatz wirtschaftlich** für sich **selbst verantwortlich** ist (§ 1569).[159]

79   Der Gesetzgeber hat davon abgesehen, die Einzelheiten des Umfangs und der Art und Weise der Pflicht zur Verwertung des Vermögens zu regeln. Mit Hilfe der Kriterien »**Wirtschaftlichkeit**« und »**Billigkeit**« der Verwertung soll nach **tatrichterlichem Ermessen** im Rahmen einer umfassenden **Billigkeitsabwägung** – auf **sämtliche Umstände** des jeweiligen **Einzelfalles** abgestellt – eine gerechte und ausgewogene Lösung erreicht werden.[160] Verbleiben **Zweifel**, ob eine Unwirtschaftlichkeit oder Unbilligkeit bejaht werden muss, ist eine **Obliegenheit** zur **Verwertung** anzunehmen.

1. Wirtschaftlichkeit der Vermögensverwertung

80   **Grundsätzlich** muss geprüft werden, ob die Verwertung des Vermögens – langfristig gesehen – zu **wirtschaftlichen Nachteilen** führen wird;[161] insb. sind die Rechtsgedanken des § 180 Abs. 3 ZVG (in dem Familienheim wohnen gemeinsame Kinder) sowie des § 90 Abs. 2 Nr. 8 SGB XII (kleines Hausgrundstück für eigene Wohnzwecke) und § 90 Abs. 2 Nr. 9 SGB XII (Notgroschen) zu berücksichtigen, wobei die Freibeträge des § 90 Abs. 2 SGB XII nur einen Anhaltspunkt und regelmäßig nur die **untere Grenze** der Pflicht zur Verwertung von Vermögen darstellen können.

81   Die **Wirtschaftlichkeit** ist insb. dann zu verneinen, wenn die Vermögensverwertung zu einem nicht mehr vertretbaren **wirtschaftlichen Schaden** zum Nachteil des Unterhaltsgläubigers führen würde,[162] etwa wenn bedeutende Veräußerungsverluste entstehen können, insb. wenn der zu erwartende Veräußerungserlös außer Verhältnis zum Wert des Vermögensgegenstands steht.[163] Eine derartige Unwirtschaftlichkeit kann sich aber auch unter Berücksichtigung des Lebensalters des Unterhaltsgläubigers wie auch auf Grund der voraussichtlichen Dauer der Bedürftigkeit sowie der Ertragsstärke des Vermögens ergeben,[164] insb. wenn der Unterhaltsschuldner durch die Verwertung seines Vermögens die Basis für eine langfristige – auch teilweise – Sicherung seines Unterhalts aus eigenen Mitteln aufgeben müsste.[165] Am ehesten besteht eine Gewähr für Wirtschaftlichkeit bei einer (zumutbaren) Vermögensverwertung im Rahmen der Aufhebung einer Miteigentumsgemeinschaft, so dass bei schon laufender Verwertung (§ 753) eine die Aufnahme eines Kredits unter Belastung des Anteils oder durch dessen Verkauf nicht verlangt werden kann.[166] Der Verlust von Steuervorteilen genügt für sich alleine nicht, Unwirtschaftlichkeit zu bejahen.

2. Billigkeit der Vermögensverwertung

82   Wird die **Wirtschaftlichkeit** der Vermögensverwertung bejaht, kann eine Pflicht zur Verwertung des Vermögens gleichwohl ausgeschlossen sein, wenn dies eine **unbillige Härte** bedeuten würde. Auch die (**Un-**) **Billigkeit** der Vermögensverwertung ist unter Abwägung aller **Umstände** des **Einzelfalles** festzustellen.

83   **Weiterhin** kann es im Rahmen der Billigkeitsabwägung insb. auf **folgende Umstände** ankommen: Auf die

- **persönlichen Lebensumstände**, insb. auf das Lebensalter und auf den Gesundheitszustand von Unterhaltsgläubiger und Unterhaltsschuldner,

---

159   BGH FamRZ 1983, 146; 1985, 360.
160   BGH FamRZ 1985, 354, 356.
161   BGH FamRZ 1985, 360.
162   BGHZ 75, 272 = BGH FamRZ 1980, 43.
163   OLG Frankfurt FamRZ 1987, 1179.
164   Vgl. BGH FamRZ 1985, 354.
165   OLG München FamRZ 1994, 1459.
166   BGH FamRZ 1984, 662.

Uecker

- **beiderseitigen wirtschaftlichen Verhältnisse** der Parteien, insb. die Ergiebigkeit von Verwertungserlösen, auch, inwieweit der Unterhaltsschuldner sein Vermögen für Unterhaltszwecke einsetzen muss:[167] Wenn auch die Herkunft des Vermögens (etwa aus dem Zugewinnausgleich[168] und/oder aus der Auseinandersetzung gemeinsamen Vermögens) bedeutungslos ist, so ist doch das Verlangen nach Verwertung regelmäßig unbillig, wenn beiden Parteien gleich hohe Anteile zufließen,[169] wenn es sich um ein nur kleines Vermögens eines älteren Unterhaltsgläubigers handelt, oder wenn bei besonders günstigen wirtschaftlichen Verhältnissen die Verwertung von Grundbesitz verlangt wird,[170]
- **Ertragsmöglichkeiten** der Vermögensgegenstände (im Vergleich zu ihrem ideellen Wert),[171]
- Notwendigkeit von **Rücklagen** für den Unterhaltsgläubiger für die Fälle eines möglichen Sonderbedarfs (Not und Krankheit):[172] Unbillig ist regelmäßig die Verwertung eines Notgroschens, eines kleinen selbstbewohnten Hausgrundstücks, einer Leibrente, eines Schmerzensgeldes[173] sowie von Hausratsgegenständen,
- Rücksichtnahme auf die **Belange naher Angehöriger**,[174] insb. unabhängig von der Rangfolge auch volljähriger Kinder, wobei ein Pflichtteilsanspruch grundsätzlich zu verwerten ist,[175]
- **Affektionsinteressen:** Unbillig ist etwa das Verlangen nach Verwertung eines Kunstwerks von nicht bedeutendem Wert.[176]
- **Voraussichtliche Dauer** der Unterhaltsbedürftigkeit.[177]
- Unbilligkeit, weil das Vermögen aus der Veräußerung einer gemeinschaftlichen Immobilie stammt und der Unterhaltspflichtige über entsprechendes Vermögen verfügt.[178]
- Prüfung ob der Unterhaltsberechtigte das Vermögen für die Finanzierung seiner Altersversorgung benötigt und deshalb eine Verwertung des Vermögens nicht in Betracht kommt.[179]
- Bei Auszahlungen aus Lebensversicherungen, die der Altersversorgung des Unterhaltsberechtigten dienen liegt eine Obliegenheit zur Vermögensverwertung vor.[180] Hier empfiehlt es sich, als Grundlage für die Berechnung des aus der Vermögensverwertung stammenden Einkommens, die Angebote der Lebensversicherung auf Auszahlung einer Rente statt des Kapitalbetrages vorlegen zu lassen und die fiktive Rentenzahlung als Einkommen zu berücksichtigen.

F. Unterhaltssicherung durch Vermögen: Vermögensverlust (§ 1577 Abs. 4)

§ 1577 Abs. 4 Satz 1 normiert eine **Sonderregelung** für den **Wegfall anzurechnender Vermögens-** **84** **einkünfte** auf Seiten des Unterhaltsgläubigers **nach** der **Scheidung:** War zum Zeitpunkt der Scheidung zu erwarten, dass der Lebensbedarf des Unterhaltsgläubigers aus seinem Vermögen nachhal-

167 Vgl. OLG Hamm FamRZ 1997, 1537.
168 BGH FamRZ 1985, 357 – auch Umschichtung eines schon vor der Zustellung des Scheidungsantrages vorhandenen Vermögens.
169 BGH FamRZ 1985, 354; OLG Hamm FamRZ 1999, 717; OLG Koblenz FamRZ 2005, 1482 – Aufteilung des Sparvermögens in gleich hohe Anteile.
170 BGH FamRZ 1986, 560.
171 BGH FamRZ 1985, 354.
172 Vgl. BGH FamRZ 1985, 360–27 000 DM bei nicht erwerbstätiger, geschiedener Ehefrau; 1986, 439 – nur Rendite für kurzfristig verfügbare.Sp.arguthaben ansetzbar; s. auch BGH FamRZ 1984, 364; OLG Hamm FamRZ 2000, 1286 – Lebensversicherung.
173 BGH FamRZ 1988, 1145; einschränkend jedoch BGH FamRZ 1989, 172.
174 BGH FamRZ 1980, 126 – Verlust des Wohnrechts eines Elternteils; FamRZ 1984, 364.
175 BGH FamRZ 1993, 1065 – das Verlangen nach Verwertung ist jedoch unbillig, wenn die zu erwartenden Erträge die Bedürftigkeit nur geringfügig beheben würden.
176 Vgl. BT-Drucks. 7/650 S. 135.
177 BGH FamRZ 1985, 354, 356.
178 BGH FamRZ 2006, 387.
179 BGH FamRZ 2006, 1511.
180 OLG Hamm FamRZ 2000, 1286; Wendl/Dose § 1 Rn. 613.

tig gesichert sein würde, fällt das Vermögen aber später weg, so besteht kein Anspruch auf Unterhalt (§ 1577 Abs. 4 Satz 1), und zwar auch dann nicht, wenn zunächst ein Unterhaltsanspruch bestand, dieser aber wegen späteren Vermögenserwerbs erloschen ist.

85   Die Zielsetzung der Norm entspricht § 1573 Abs. 4: Sie dient dem Vertrauen des Unterhaltsschuldners darauf, dass der geschiedene Ehegatte auf Grund seines Vermögens nicht auf Unterhalt angewiesen ist. Für die Frage, ob und inwieweit der Unterhalt nachhaltig gesichert ist, gelten die **Maßstäbe** des **§ 1574 Abs. 2.** Nachhaltige Sicherung ist nicht anzunehmen, wenn im Zeitpunkt der Scheidung zwar bereits vorhandene, aber noch nicht offen zutage getretene Umstände gegen eine nachhaltige Sicherung der Unterhalts sprachen.

86   Die **Ausnahmeregelung** des § 1577 Abs. 4 gilt allerdings **nicht**, wenn im Zeitpunkt des Vermögenswegfalls von dem geschiedenen Ehegatten wegen der **Pflege** oder **Erziehung** eines/mehrerer **gemeinschaftlichen/r Kindes** keine Erwerbstätigkeit erwartet werden konnte (§ 1577 Abs. 4 Satz 2): Dann lebt der Unterhaltsanspruch nach § 1570 wieder auf und kann Ansprüche auf **Anschlussunterhalt** gem. §§ 1571 ff. nach sich ziehen.

G. Darlegungs- und Beweislast

I. Grundsatz

87   Der **Unterhaltsgläubiger** muss seine (Unterhalts-)**Bedürftigkeit** darlegen und – im Bestreitensfalle – beweisen, gegebenenfalls auch substantiiert vorgetragene Zweifel an seiner Bedürftigkeit beseitigen (§ 1577 Abs. 1). Diese Darlegungs- und Beweislast umfasst auch **hinreichende Erwerbsbemühungen** sowie auch das **Fehlen** einer **realen Beschäftigungschance.**[181] Der Unterhaltsgläubiger trägt ferner – wenn und soweit er sich auf Nicht- bzw. Teilanrechnung **überobligatorischer** Einkünfte beruft – die Darlegungs- und Beweislast für die **Unzumutbarkeit** der **Erwerbstätigkeit** wie auch für die **Nicht-** bzw. **Teilanrechenbarkeit** der aus einer solchen Tätigkeit stammenden Einkünfte (§ 1577 Abs. 2). Er ist weiterhin darlegungs- und beweispflichtig dafür, dass der **Einsatz** des **Vermögensstammes** unwirtschaftlich und/oder unbillig wäre (§ 1577 Abs. 3), oder dass weggefallenes Vermögen seinen Unterhalt nicht **nachhaltig gesichert** hat (§ 1577 Abs. 4). Soweit eine **Billigkeitsabwägung** veranlasst ist, hat jede Partei die zu ihren Gunsten sprechenden Umstände darzulegen und zu beweisen. Behauptet der Unterhaltsschuldner, die Bedürftigkeit des Unterhaltsgläubigers sei auf Grund eines strafbaren oder unredlichen Verhaltens entfallen, hat er dies substantiiert darzulegen und im Bestreitensfalle zu beweisen.[182]

88   Der **Grundsatz** der **Eigenverantwortung** (§ 1569) begründet hohe Anforderungen an die Nachweispflicht, sich um eine (auch) **angemessene** Erwerbstätigkeit zu bemühen.[183] Wer sich auf die (Un-) **Angemessenheit** einer **Erwerbstätigkeit** beruft, muss die tatsächlichen Voraussetzungen darlegen und beweisen. Eine langjährig ausgeübte Berufstätigkeit begründet eine tatsächliche Vermutung für ihre Angemessenheit.

89   Der **Unterhaltsgläubiger** hat darzulegen und im Falle des Bestreitens auch zu beweisen, dass eine an sich **erreichbare Erwerbstätigkeit** für ihn aufgrund der **ehelichen Lebensverhältnisse unzumutbar** ist. Damit trägt das Gesetz dem Vertrauen, das beim Unterhaltsgläubiger aufgrund einer **nachhaltigen** gemeinsamen Gestaltung der ehelichen Lebensverhältnisse entstanden ist, ausreichend Rechnung und verhindert einen unangemessenen sozialen Abstieg. Ohne Bedeutung ist, ob der **Lebensstandard vorübergehend ansteigt** (etwa durch Mehreinkommen aus unzumutbarer

---

181 Zu allem BGH FamRZ 2009, 1300 = FuR 2009, 567 im Anschluss an BGH FamRZ 1980, 126.
182 BGH FamRZ 1983, 670.
183 BGH FamRZ 1991, 416.

Tätigkeit) **oder absinkt** (etwa infolge vorübergehender Arbeitslosigkeit).[184] Der Tatrichter hat nunmehr im konkreten Einzelfall sorgfältig abzuwägen. Nach der Gesetzesbegründung muss ein aufgrund des Eingreifens dieser Bestimmung eventuell geminderter Lebensstandard des geschiedenen Ehegatten nicht Anlass dafür geben, dass ein Aufstockungsunterhaltsanspruch (§ 1573 Abs. 2) begründet wird; vielmehr ist dem durch eine Begrenzung des Unterhaltsanspruchs nach § 1578b angemessen zu begegnen.

II. Leistungen in einer neuen Partnerschaft

Der Unterhaltsgläubiger ist **auch** für die Tatsache darlegungs- und beweisbelastet, dass er **keinerlei Leistungen** für Versorgungsleistungen in einer **eheähnlichen Beziehung** mit einem **neuen Partner** erhält und/oder beanspruchen kann,[185] oder dass trotz des Zusammenlebens mit einem neuen Partner nur eine Wohngemeinschaft (ggf. Anrechnung eines Wohnvorteils) gegeben ist, und er deshalb keine Aufwendungen erspart (sog. Generalunkostenersparnis).[186] 90

Allerdings löst erst **substantiierter** Vortrag des **Unterhaltsschuldners** zum **Bestehen** einer **derartigen Beziehung** oder des **Bezugs** von **Einkünften** hieraus (regelmäßig fiktive Einkünfte) diese negative Darlegungs- und Beweislast aus: Der Unterhaltsgläubiger hat sodann den Einwand des Unterhaltsschuldners zu widerlegen, er erbringe für einen neuen Partner Versorgungsleistungen und erhalte hierfür eine Vergütung oder müsse sich eine solche anrechnen lassen.[187] Hat er einen neuen Partner in seine Wohnung aufgenommen, dann hat er die Höhe des Entgelts für die Wohnungsgewährung und für die sonstigen Aufwendungen zu beweisen. Gleiches gilt für Art, Umfang und Wert der eigenen Versorgungsleistungen sowie für die Leistungsfähigkeit des neuen Partners. 91

(zur Zeit nicht besetzt) 92

§ 1578 Maß des Unterhalts

(1) [1]Das Maß des Unterhalts bestimmt sich nach den ehelichen Lebensverhältnissen. [2]Der Unterhalt umfasst den gesamten Lebensbedarf.

(2) Zum Lebensbedarf gehören auch die Kosten einer angemessenen Versicherung für den Fall der Krankheit und der Pflegebedürftigkeit sowie die Kosten einer Schul- oder Berufsausbildung, einer Fortbildung oder einer Umschulung nach den §§ 1574, 1575.

(3) Hat der geschiedene Ehegatte einen Unterhaltsanspruch nach den §§ 1570 bis 1573 oder § 1576, so gehören zum Lebensbedarf auch die Kosten einer angemessenen Versicherung für den Fall des Alters sowie der verminderten Erwerbsfähigkeit.

---

184 BGH FamRZ 1988, 256 zu den Auswirkungen auf die für den Trennungsunterhalt maßgebenden ehelichen Lebensverhältnisse, wenn der unterhaltspflichtige Ehegatte sich nach der Trennung selbständig macht (im entschiedenen Fall: Eröffnung einer Arztpraxis) und vorübergehend keine Einkünfte erzielt.
185 Büttner FamRZ 1996, 136.
186 BGH FamRZ 1995, 343.
187 BGH FamRZ 1995, 291.

Uecker

A. Strukturen

Der Lebensbedarf eines getrennt lebenden/geschiedenen Ehegatten richtet sich nach den **eheli-** **1** **chen Lebensverhältnissen** (Maßstab des § 1361 Abs. 1 Satz 1 für den Trennungsunterhalt und des § 1578 Abs. 1 Satz 1 für den nachehelichen Unterhalt.[1] Das Gesetz definiert den Begriff »eheliche Lebensverhältnisse« nicht. Trotz ihres unterschiedlichen Wortlauts sind die Bestimmungen des § 1361 Abs. 1 Satz 1 (zum »angemessenen Unterhalt«), des § 1578 Abs. 1 Satz 1 (»Maß des Unterhalts«) und des § 58 Abs. 1 EheG (für die sog. Unterhalts-Altfälle) **inhaltsgleich**,[2] weil es während des ehelichen Zusammenlebens nur **einheitliche eheliche Lebensverhältnisse** geben kann.[3] Für den Trennungsunterhalt ergibt sich das schon daraus, dass die ehelichen Lebensverhältnisse jedenfalls durch die Entwicklung bis zur Trennung geprägt werden.[4]

Der Bedarf des Unterhaltsberechtigten richtet sich grundsätzlich nach den im Zeitpunkt des Eintritts der Ehescheidung vorherrschenden Verhältnissen.[5] **1a**

(zur Zeit nicht besetzt) **2**

So ist eine **dauerhafte Verbesserung** der **Einkommensverhältnisse** auch dann zu berücksichtigen, **3** wenn sie erst nach der Trennung/Scheidung eingetreten ist, ihr aber eine Entwicklung zugrunde liegt, die bereits in der Ehe angelegt war, und deren Erwartung die ehelichen Lebensverhältnisse (mit-) **geprägt** hatte.[6]

Die Fixierung auf den Zeitpunkt der Trennung/Scheidung ist aber nicht nur für **Einkommens-** **4** **steigerungen** von Bedeutung; nach Trennung/Scheidung eintretende **Einkommensminderun-** **gen** – etwa Arbeitslosigkeit,[7] Eintritt in das Rentenalter[8] oder ein nicht abzuwendender Einkommensrückgang – sind ebenfalls bei der Bemessung des Bedarfs nach den ehelichen Lebensverhältnissen zu berücksichtigen, wenn sich die Ehegatten hierauf auch bei Fortbestehen der Ehe hätten einrichten müssen,[9] sofern der Einkommensrückgang nicht auf einer Verletzung einer Erwerbsobliegenheit beruht[10] oder durch freiwillige berufliche oder wirtschaftliche Dispositionen des Unterhaltsschuldners veranlasst worden ist und von ihm durch zumutbare Vorsorge hätte aufgefangen

---

1 Aus der neueren Literatur zu § 1578 etwa Bömelburg FF 2010, 73 ff. (Anrechnung von fiktivem Einkommen des neuen Ehegatten); Born NJW 2010, 641 ff. (Der verweiblichte Hausmann und das Karussell der Fiktionen); Herrler FamRZ 2010, 117 ff. (Zur sog. »Dreiteilungs-Rechtsprechung« des BGH); Kemper FuR 2009, 372 ff. (Die wandelbaren Lebensverhältnisse); Maurer FamRZ 2009, 204 f. (Rechtsprechung des BGH hinsichtlich der »wandelbaren Lebensverhältnisse«); Reinken FPR 2009, 82 ff. (Rechtsprechung und Diskussionsstand zur Mangelfallberechnung nach neuem Recht).
2 BGH FamRZ 1984, 356.
3 BGH FamRZ 1982, 576; s. auch OLG Naumburg OLGR 1997, 233 – für die Berechnung eines Unterhaltsanspruchs genüge es nicht, ausschließlich die Einkünfte zum Zeitpunkt der Scheidung zu beachten; vielmehr sei der ganze Ehezeitraum für die Ermittlung des Unterhaltsbedarfs entscheidungserheblich; allgemein zu § 1578 s. Born FF 2001, 183; Gross FF 2001, 109; Wiegmann FF 2001, 118; Büttner u.a. FF 2001, 37 ff.; Büttner FF 2002, 78; NJW 2001, 3244; FPR 2002, 53; Brudermüller (Interview) FF 2002, 37; Graba FPR 2002, 48; Bäumel FPR 2002, 31; Reus/Goelz FamRZ 2001, 1672 – Boris und Barbara Becker; auch OLG Karlsruhe FuR 2002, 317; OLG Frankfurt FuR 2002, 321; OLG Stuttgart FuR 2002, 325.
4 BGH FamRZ 1999, 367, 368 f.
5 BVerfG FamRZ 2011, 437; BGH FamRZ 2012, 281.
6 BGH FamRZ 1987, 459.
7 BGH FamRZ 1988, 256.
8 BGHZ 153, 372 = BGH FamRZ 2003, 848 = FuR 2003, 358 mit Anm. Hoppenz FamRZ 2003, 854 ff.
9 BGH FamRZ 1993, 1304; BGHZ 153, 358 = BGH FamRZ 2003, 590 = FuR 2003, 254 mit Anm. Büttner FamRZ 2003, 594; vgl. auch OLG Schleswig OLGR 2003, 184; s. auch Graba FamRZ 2003, 746 f.
10 BGH FamRZ 1992, 1045.

werden können.[11] Das Unterhaltsrecht will den bedürftigen Ehegatten nach der Trennung/Schei-
dung wirtschaftlich im Grundsatz nicht besser stellen, als er ohne Trennung/Scheidung stünde.
Hätten sich die Eheleute nicht getrennt, dann hätte der eine Ehegatte die negative Einkommensentwicklung des anderen ebenfalls wirtschaftlich mittragen müssen. Die Trennung/Scheidung
kann ihm das Risiko einer solchen – auch vom Unterhaltsschuldner hinzunehmenden – Entwicklung, wenn sie dauerhaft und vom Unterhaltsschuldner nicht durch auf seine Erwerbsobliegenheit
bezogene gebotene Anstrengungen vermeidbar ist, nicht abnehmen.[12] »Normale« Einkommenssteigerungen und »normale« Einkommensrückgänge werden daher im Wege der Differenzmethode gleichbehandelt. Auch die Aufnahme oder Erweiterung einer bis zur Trennung oder Ehescheidung aufgenommenen Erwerbstätigkeit prägt die ehelichen Lebensverhältnisse, soweit sie im
Zeitpunkt der Ehescheidung voraussehbar war.

B. Normzweck

5   § 1578 will im Rahmen der Bemessung des nachehelichen Unterhalts – wie auch § 1361 für den
Trennungsunterhalt – durch die Anknüpfung an die ehelichen Lebensverhältnisse dem unterhaltsberechtigten Ehegatten den in der Ehe erreichten Lebensstandard, der als Ergebnis gemeinsamer
Arbeit anzusehen ist, auch für die Zukunft erhalten und den sozial Schwächeren vor dem sozialen
Abstieg bewahren.[13] Das UÄndG 1986 hat diese zunächst ohne Einschränkung geltende, allerdings zu scharfe Lebensstandardgarantie eingeschränkt.[14] Das **UÄndG 2007** hat aus § 1578 a.F.
nur in Abs. 1 die Sätze 2 und 3 gestrichen, weil die Herabsetzung und die zeitliche Begrenzung
von Unterhaltsansprüchen nunmehr in § 1578b einheitlich geregelt sind.

C. Eheliche Lebensverhältnisse (§ 1578 Abs. 1 Satz 1)

6   § 1578 Abs. 1 Satz 1 bestimmt das **Maß** des **vollen eheangemessenen nachehelichen Unterhalts**
nach den **ehelichen Lebensverhältnissen**.

I. Bestimmung (»Prägung«) der ehelichen Lebensverhältnisse

7   Die ehelichen Lebensverhältnisse – ehelicher (sozialer) Lebensstandard – werden grundsätzlich
durch alle wirtschaftlich relevanten beruflichen, gesundheitlichen und familiären Umstände
geprägt,[15] die während der Ehe für den Lebenszuschnitt der Ehegatten **nicht nur vorübergehend
tatsächlich** von **Bedeutung** waren, sie also **tatsächlich** und **nachhaltig geprägt** (»eheprägend«)
haben.[16] Hierzu gehören die **wirtschaftlichen Verhältnisse** der Ehegatten, also Einkommen und
Vermögen, soweit es zur Bedarfsdeckung – nicht jedoch zur Vermögensbildung! – verwendet
wurde, alle wirtschaftlichen Nutzungen, die während der Ehe gezogen wurden (etwa Gebrauchsvorteile, Vermögenserträge uvam), sowie Belastungen,[17] andererseits aber auch gleichermaßen
Dienst- und **Arbeitsleistungen** innerhalb der Familie, insb. durch häusliche Arbeit/Mitarbeit bzw.
Kinderbetreuung durch den nicht erwerbstätigen Ehegatten: Solche Leistungen verbessern die
ehelichen Lebensverhältnisse, da sie Dienst- und Fürsorgeleistungen ersetzen, die sonst durch
Fremdleistungen erkauft werden müssten, und zudem vielfältige, nicht in Geld messbare Hilfeleis-

---

11 BGH FamRZ 1988, 145.
12 BGHZ 153, 358 = BGH FamRZ 2003, 590 = FuR 2003, 254 mit Anm. Büttner FamRZ 2003, 594,
    und Graba FamRZ 2003, 746.
13 Palandt/Brudermüller § 1578 Rn. 2.
14 Vgl. BVerfG FamRZ 1981, 745, 751; BGH FamRZ 1983, 678.
15 BGH FamRZ 1982, 576, und ständig, zuletzt BGH FamRZ 1999, 367 = FuR 1999, 172 (Berufungsur-
    teil: OLG Hamm FamRZ 1997, 886); BGHZ 148, 105 = BGH FamRZ 2001, 986 = FuR 2001, 306.
16 BGHZ 89, 108 = BGH FamRZ 1984, 149; BGH FamRZ 1986, 780.
17 BGH FamRZ 1999, 367 = FuR 1999, 172.

tungen enthalten, die zu einem höheren Lebenszuschnitt der Familie führen.[18] Daher sind die ehelichen Lebensverhältnisse in jedem **Einzelfall konkret** zu **ermitteln**.[19]

II. Veränderung der »Prägerechtsprechung«

Mit Grundsatzurteil vom 13.06.2001 hat der BGH[20] seine bisherige Rechtsprechung zur Bemessung des Unterhalts eines Ehegatten, der in der Ehe die **Haushaltsführung** und/oder **Kindesbetreuung** übernommen hatte und nach der Trennung/Scheidung eine Erwerbstätigkeit aufgenommen und/oder ausgeweitet hat, grundlegend geändert: Die aus einer Aufnahme/Erweiterung der Berufstätigkeit nach Trennung/Scheidung erzielten **Mehreinkünfte** des haushaltsführenden/kinderbetreuenden Ehegatten sind **eheprägend**; daher ist das erzielte (Mehr-)Einkommen nicht mehr nach der sog. Anrechnungsmethode, sondern nach der Differenz-/Additionsmethode in die Unterhaltsbemessung einzubeziehen.[21] Das BVerfG hat diese Rechtsprechung als verfassungskonform bestätigt.[22] Dies gilt auch für **Einkünfte** aus **überobligatorischer Tätigkeit**, die nach der neueren Rechtsprechung des BGH[23] in einen unterhaltsrelevanten Teil, der nach der Differenz-/Additionsmethode in die Unterhaltsbemessung einzustellen ist, und in einen nicht unterhaltsrelevanten Teil, der im Rahmen der Bemessung des Ehegattenunterhalts überhaupt nicht zu berücksichtigen ist, aufzuspalten sind.[24]   **8**

Von der Bedarfsprägung (nach dem Surrogatsgedanken) **ausgenommen** sind jedoch solche Einkünfte, die auf einer **außergewöhnlichen Einkommensentwicklung** (»**Karrieresprung**«) beruhen; diese prägten die ehelichen Lebensverhältnisse nicht.[25]   **9**

1. Anwendung der Differenz-/Additionsmethode

Solange und soweit der haushaltsführende/kinderbetreuende Ehegatte keine Einkünfte erzielt und zu einer Erwerbstätigkeit auch nicht verpflichtet ist, ist bei der Bedarfsermittlung allein auf das Einkommen des erwerbstätigen Ehegatten abzustellen. Nimmt der während der Ehe haushaltsführende/kinderbetreuende Ehegatte jedoch nach der Trennung/Scheidung eine Erwerbstätigkeit auf   **10**

---

18 BGHZ 148, 105 = BGH FamRZ 2001, 986 = FuR 2001, 306; BGH FamRZ 2003, 434 = FuR 2003, 259; a.A. etwa noch BGH FamRZ 1981, 539, 541.
19 S. hierzu BGH FamRZ 1986, 437; nach OLG Koblenz FamRZ 2000, 610 sind in der Möglichkeit, ein dem Unterhaltsschuldner gehörendes Segelflugzeug nutzen zu können, keine bedarfsprägenden Vermögenseinkünfte zu sehen.
20 BGHZ 148, 105 = BGH FamRZ 2001, 986 = FuR 2001, 306; hierzu auch Rauscher FuR 2001, 385 – krit. zur reinen Hausfrauenehe; 2001, 438 – zur Abänderung von Titeln auf Grund veränderter Rechtslage; Gerhardt FamRZ 2000, 134 ff.; FuR 2001, 433; Bäumel FPR 2002, 31 ff.; Born MDR 2000, 981; FF 2001, 183; Büttner NJW 2001, 3244; FPR 2002, 53 ff.; Scholz FamRZ 2001, 1061; Borth FamRZ 2001, 1653; Luthin FamRZ 2001, 1065; Graba FPR 2002, 48 ff.; Veit JZ 2002, 41; Niepmann MDR 2001, 992; BGHReport 2001, 552; Miesen FF 2001, 140; Bergschneider MittBayNot 2001, 402; Hohloch JuS 2001, 1123; Heinke Streit 2001, 166; Moritz JA 2001, 828; Hohloch LM BGB § 1573 Nr. 31; Wax LM ZPO § 323 Nr. 77a; Abel NotBZ 2001, 300; Stollenwerk ZAP Fach 11R, 309; Borgmann BRAK-Mitt. 2001, 172; Muscheler JZ 2002, 661; Wegmann DNotZ 2002, 450; s. auch BGH FamRZ 2003, 434 = FuR 2003, 259.
21 So auch BGH FamRZ 2003, 434 = FuR 2003, 259; OLG Braunschweig FamRZ 2002, 1711.
22 BVerfG FamRZ 2002, 527 = FuR 2002, 134; s. auch Papier NJW 2002, 2129, 2133; zur Widersprüchlichkeit der vom BVerfG bejahten Gleichwertigkeit von Familien- und Erwerbsarbeit bei der Bemessung des nach ehelichen Unterhalts s. Koch JR 2003, 241.
23 BGHZ 162, 384 = BGH FamRZ 2005, 1154 = FuR 2005, 364.
24 OLG Hamm FamRZ 2004, 376 mit Anm. Kofler FamRZ 2004, 808 – auf Grund besonderer Umstände wurden überobligatorisch erzielte Einkünfte mit einem Anteil von 50 % bedarfsdeckend angerechnet; vgl. auch OLG Hamm FuR 2003, 418 = NJW-RR 2003, 1297; zu Einzelheiten vgl. Soyka FuR 2003, 193 mit zahlreichen Berechnungsbeispielen zu den Auswirkungen dieser BGH-Rechtsprechung.
25 BGHZ 148, 105 = BGH FamRZ 2001, 986 = FuR 2001, 306.

oder weitet er eine solche aus, sind die hieraus erzielten Einkünfte im Wege der Differenz-/Additionsmethode in die Berechnung des nachehelichen Unterhalts einzustellen. Ausgangspunkt für die Bedarfsprägung ist die während der Ehe ausgeübte Haushaltsführung und/oder Kindererziehung, da die bisherige Familienarbeit den ehelichen Lebensstandard mitgeprägt hat. An deren Stelle tritt das Erwerbseinkommen, so dass über den Surrogatsgedanken die Einkünfte des bisher haushaltsführenden/kinderbetreuenden Ehegatten die Lebensverhältnisse bestimmen.

11   Damit soll auch der bislang nicht oder nur in Teilzeit erwerbstätige Ehegatte nach der Trennung/ Scheidung an dem durch die **häusliche Mitarbeit** – gleich ob mit und ohne Kinderbetreuung – **verbesserten** ehelichen Lebensstandard teilhaben. Dieser **Teilhabegedanke** greift daher nicht nur im Falle der Wiederaufnahme der Berufstätigkeit im Anschluss an die Kinderbetreuung, sondern er gilt auch bei kinderlosen Ehen, in denen der Ehegatte nur den Haushalt geführt hat und sein eigenes Fortkommen um der Ehe willen oder im Interesse der beruflichen Tätigkeit bzw. Karriere des anderen Ehegatten zurückgestellt hat, weil die hierdurch eingetretenen Nachteile in Bezug auf die eigene berufliche Tätigkeit fortwirken.[26]

12   Beide Tätigkeiten erhöhen gleichermaßen den sozialen Standard der Familie, oft auch ihre wirtschaftlichen Verhältnisse. **Arbeit** für die **Familie** ist daher immer dann **bedarfsprägend**, wenn an ihre Stelle ein entsprechendes **Surrogat** (etwa Erwerbstätigkeit und/oder Leistungen in neuer nichtehelicher Partnerschaft) getreten ist.[27] Unerheblich ist, ob die nach der Trennung/Scheidung aufgenommene/erweiterte Tätigkeit auf einem entsprechenden Lebensplan beruht; ebenso wenig kommt es auf Art und Umfang der Haushaltsführung an. Nunmehr wird, indem das **Ersatzeinkommen** (»Surrogat«) bereits in die **Bemessung** des **Lebensbedarfs** einbezogen und in die Differenz-/Additionsrechnung eingestellt wird, gewährleistet, dass – ebenso wie die Ehegatten früher von der Familienarbeit zu gleichen Teilen profitiert haben – nunmehr das beiderseitige Einkommen zwischen ihnen nach dem Grundsatz der gleichmäßigen Teilhabe beider Ehegatten am ehelichen Lebensstandard aufgeteilt wird.

13   Die **Surrogatwirkung** eines Einkommens in diesem Sinne bezieht sich auch auf **Lohnersatzleistungen**, die im Anschluss an eine berufliche Tätigkeit erlangt werden, die ihrerseits als Surrogat der Familienarbeit zu sehen ist. Dies gilt in erster Linie für das Arbeitslosengeld, das Krankengeld und für Leistungen der gesetzlichen Unfallversicherung, aber auch für Rentenleistungen aus Kindererziehungszeiten und Leistungen nach dem Kindererziehungsleistungsgesetz, da diese ein Entgelt für die Betreuung und Erziehung von Kindern darstellen – sowie für erhaltene Abfindungen für den Verlust des Arbeitsplatzes.[28]

14   (zur Zeit nicht besetzt)

15   Diese geänderte Rechtsprechung hat zunächst dazu geführt, dass fast keine gescheiterte Ehe mehr ohne Unterhaltslasten auseinandergesetzt werden konnte, weil sich regelmäßig berufliche Nachteile der Hausfrau auch in ihrem Erwerbseinkommen nach Trennung/Scheidung niedergeschlagen haben, so dass der Aufstockungsunterhalt (§ 1361 bzw. § 1573 Abs. 2) sich neben dem Betreuungsunterhalt (§ 1570) zum häufigsten Unterhaltstatbestand entwickelt hatte. Daher hat – der Rechtsprechung des BGH zur Begrenzung des Aufstockungsunterhalts folgend – das **UÄndG 2007** noch weitergehende Begrenzungsmöglichkeiten (s. § 1578b) geschaffen. Nunmehr ist in noch weitergehendem Umfange von diesen **Entlastungsmöglichkeiten** zu Gunsten des **unterhalts-**

---

26   BGHZ 148, 105 = BGH FamRZ 2001, 986 = FuR 2001, 306; OLG Koblenz NJW-RR 2002, 364; Kleffmann FuR 2002, 160, 161.
27   Zu Problemen des Ehegattenunterhalts bei neuer Partnerschaft s. auch Soyka FuR 2004, 1 ff.
28   Kleffmann FuR 2002, 160, 162; weiterführend Ergebnisse des Arbeitskreises 13 des 14. Deutschen Familiengerichtstages (2001); s. auch Scholz FamRZ 2003, 265; Gerhardt, FuR 2001, 433; FamRZ 2003, 272; BGH FamRZ 2012, 1040.

pflichtigen Ehegatten, insb. durch die **Begrenzung** des **Unterhalts** nach § 1578b, Gebrauch zu machen.[29]

2. Abänderung von Alttiteln

Diese Änderung der höchstrichterlichen Rechtsprechung hat zu einer neuen Rechtslage geführt, die auch bei der **Abänderung** eines **Unterhaltstitels** für den Unterhaltszeitraum zu berücksichtigen ist, der der Verkündung des die bisherige Rechtsprechung aufgebenden Urteils des BGH folgt. Für die Zeit davor verbleibt es dagegen hinsichtlich der Unterhaltsbemessung bei der früheren Rechtslage.[30] **16**

Regelmäßig gilt der Grundsatz, dass abgeschlossene rechtliche Sachverhalte als abschließend geregelt gelten (für Beschlüsse: Rechtskraft, die nur ausnahmsweise durchbrochen werden darf, für sonstige Titel: »pacta sunt servanda«), und dass daher grundsätzlich allenfalls in Titel mit Dauerwirkungen (etwa Unterhaltstitel), und dies nur in Ausnahmefällen, eingegriffen werden darf. Bei einer Abänderung rechtskräftiger Titel allein aus diesem Anlass ist eine **erweiterte Billigkeitsprüfung** im Hinblick auf diejenigen **Dispositionen** geboten, die der Unterhaltsschuldner im **Vertrauen** auf den **Fortbestand** der **Rechtslage** gemacht hat.[31] **17**

Ausnahmsweise erlaubt eine Änderung der Gesetzeslage und die ihr gleichkommende verfassungskonforme Auslegung einer Norm durch das BVerfG eine **Abänderung** von **Unterhaltstiteln** für die Zukunft wegen ihrer **Dauerwirkungen**. Dies gilt auch für eine grundlegende Änderung einer Grundsatzrechtsprechung, an der sich das Rechtsleben allgemein und allseits orientiert hat, die eine andere Rechtslage schafft und damit in ihren Auswirkungen einer Gesetzesänderung oder einer Änderung der Rechtslage auf Grund der Rechtsprechung des BVerfG gleichkommt. Als solche **tiefgreifende Änderung** der **Rechtslage** hat der BGH[32] auch die Änderung seiner Rechtsprechung auf Grund des Urteils vom 13.06.2001 – Ersetzung der Anrechnungs- durch die Differenz-/Additionsmethode bei der Bemessung des nachehelichen Unterhalts – angesehen.[33] **18**

(Unterhalts-) **Beschlüsse** sind – auch allein auf die Änderung der höchstrichterlichen Rechtsprechung zu § 1578 gestützt – abänderbar.[34] Beruht ein sonstiger Unterhaltstitel – etwa ein **gerichtlicher Vergleich** oder ein für **vollstreckbar erklärter Anwaltsvergleich** oder eine andere **vollstreckbare Urkunde** – auf der früheren, nunmehr aber geänderten höchstrichterlichen Rechtsprechung, dann kann die Änderung dieser Rechtsprechung die Fortwirkung des freiwilligen Unterhaltstitels durchaus berühren.[35] Maßgebend sind die Regeln über die Veränderung oder den Wegfall der **19**

---

29 So vor In-Kraft-Treten des UÄndG 2007 bereits Kleffmann FuR 2002, 160, 163 unter Hinweis auf Scholz FamRZ 2001, 1061, 1064, und Büttner/Niepmann NJW 2001, 2215, 2225; ausführlich zu Vereinbarungen zur zeitlichen und höhenmäßigen Begrenzung des Ehegattenunterhalts sowie des nachehelichen Unterhalts s. Langenfeld FPR 2003, 155.

30 BGHZ 153, 372 = BGH FamRZ 2003, 848 = FuR 2003, 358 mit Anm. Hoppenz; BGH FamRZ 2003, 1734 = FuR 2003, 568 (Berufungsurteil: OLG Zweibrücken FamRZ 2002, 821) mit Anm. Büttner FamRZ 2003, 1830 und Luthin FamRB 2004, 111; s. auch OLG Koblenz FamRZ 2003, 1105; Kindermann ZFE 2002, 140.

31 OLG Köln FuR 2003, 134 = FamRZ 2003, 460.

32 BGHZ 148, 368 = BGH FamRZ 2001, 1687 = FuR 2001, 494.

33 Vgl. Scholz FamRZ 2001, 1061; Luthin FamRZ 2001, 1065; Miesen FF 2001, 140; Borth FamRZ 2001, 1653.

34 OLG Köln FamRZ 2003, 460 = FuR 2003, 134; Scholz FamRZ 2001, 1061, 1063; Luthin FamRZ 2001 1065; Miesen FF 2001, 140, 141; Kleffmann FuR 2002, 160, 164.

35 BGHZ 148, 368 = BGH FamRZ 2001, 1687 = FuR 2001, 494 in Fortführung von BGH FamRZ 1983, 569 ff. zur Frage der Abänderung von Prozessvergleichen bei Änderung der Rechtsprechung – entschieden zur Änderung der Bemessung des nachehelichen Unterhalts nach § 1578; zur Abänderung solcher Titel grundlegend BGH FamRZ 1983, 569; ausführlich zum Umfang der Abänderung eines Prozessvergleichs über nachehelichen Unterhalt s. Büttner FamRZ 2003, 520.

Geschäftsgrundlage, somit der Wille der Parteien als Grundlage des Vertrages. Daher ist zu ermitteln, welche Verhältnisse die Vertragspartner zur Grundlage ihrer Einigung gemacht haben, und wie sie diese **Geschäftsgrundlage** nunmehr rechtlich einordnen und bewerten. Ob und gegebenenfalls wie sodann die Vereinbarung an die die veränderte Rechtslage anzupassen ist, ist im Hinblick auf die Ausgewogenheit der Regelung in jedem Einzelfall unter Berücksichtigung der Interessen beider Parteien zu prüfen, wobei eine Abänderung der Vereinbarung insb. auch für den Unterhaltsgläubiger **zumutbar** sein muss, insb. im Hinblick auf sein **Vertrauen** in den **Bestand** der **vertraglichen Regelung**.

20   Eine solche Möglichkeit der Anpassung laufender Verträge an die geänderten Rechtsprechung hat der BGH ausdrücklich für den Fall bejaht, dass in einem Unterhaltsvergleich den Erwerbseinkünften der geschiedenen Ehefrau die Anrechnungsmethode statt der nunmehr anzuwendenden Differenz-/Additionsmethode zugrunde gelegt worden ist.[36] Allerdings kann auch eine veränderte Rechtslage frühestens ab demjenigen Zeitpunkt auf die Rechtsverhältnisse der Parteien einwirken, zu dem sie eingetreten ist, zur Änderung der Rechtsprechung des BGH zur Bemessung des nachehelichen Unterhalts nach der Differenz-/Additionsmethode also frühestens ab 13.06.2001.[37] Hat sich die Geschäftsgrundlage bereits vor der Verkündung der BGH-Entscheidung am 13.06.2001 wegen wesentlicher Änderung der wirtschaftlichen Verhältnisse verändert, dann ist die neue BGH-Rechtsprechung nur für den streitigen Unterhaltszeitraum anzuwenden, der nach dem 13.06.2001 liegt.[38]

3.   Weitere »Surrogatsformen«(Fortführung des Urteils vom 13.06.2001)

21   Der BGH hat sodann seine mit diesem Grundsatzurteil vom 13.06.2001[39] eingeleitete grundlegende Änderung der Rechtsprechung[40] – das später erzielte Einkommen ist **Surrogat** des während der Ehe wirtschaftlich relevanten, aber nicht monetären Faktors »Familienarbeit« – mit den Urteilen vom 05.09.2001 (Leistungen in neuer Partnerschaft)[41] und vom 31.10.2001[42] (Renten/Pensionen) fortgesetzt; auch fiktiv zugerechnetes Erwerbseinkommen ist in die Differenz-/Additionsmethode einzubeziehen.

a)   Fiktiv zugerechnetes Erwerbseinkommen als Surrogat

22   Die Grundsätze zum Einbezug des nach Trennung/Scheidung erzielten (Mehr-)Erwerbseinkommens des Unterhaltsgläubigers als Surrogat des wirtschaftlichen Wertes seiner bisherigen Familienarbeit im Wege der Differenz-/Additionsmethode in die Bemessung des Ehegattenunterhalts[43] gelten auch dann entsprechend, wenn dem Unterhalt begehrenden Ehegatten wegen Verstoßes gegen

---

36   BGHZ 148, 368 = BGH FamRZ 2001, 1687 = FuR 2001, 494 mit Anm. Gottwald FamRZ 2001, 1691.

37   BGHZ 148, 368 = BGH FamRZ 2001, 1687, 1691 = FuR 2001, 494.

38   A.A. OLG Hamm FamRZ 2004, 109.

39   BGHZ 148, 105 = BGH FamRZ 2001, 986 = FuR 2001, 306.

40   Scholz (FamRZ 2001, 1061) vergleicht sie mit den Auswirkungen des 1. EheRG vom 1. Juli 1977.

41   FamRZ 2001, 1693 = FuR 2001, 500 – Fortführung von BGHZ 148, 105 = BGH FamRZ 2001, 986 ff. = FuR 2001, 306; s. auch OLG Frankfurt FuR 2005, 460 – Zurechnung eines (teil) bedarfsdeckendes Versorgungsentgelts in Höhe von mtl. 350 €; zur Abänderung von Alttiteln auf Grund der mit Urteil vom 13.06.2001 veränderten Rechtsprechung s. BGHZ 148, 368 = BGH FamRZ 2001, 1687 = FuR 2001, 494; zu Problemen des Ehegattenunterhalts bei neuer Partnerschaft s. auch Soyka FuR 2004, 1 ff.

42   BGH FamRZ 2002, 88 = FuR 2002, 26.

43   BGHZ 148, 105 = BGH FamRZ 2001, 986 = FuR 2001, 306.

unterhaltsrechtliche Obliegenheiten **fiktives Einkommen** zugerechnet wird.[44] Das ohne Verletzung unterhaltsrechtlicher Obliegenheiten erzielbare (Mehr-)Einkommen ist ebenfalls als **Surrogat der Familienarbeit** auf Seiten des Unterhaltsgläubigers **eheprägend** im Wege der Differenz-/Additionsmethode (bereits) in die Bedarfsbemessung einzubeziehen;[45] auch solche fiktiven Einkünfte haben dann die ehelichen Lebensverhältnisse geprägt. Voraussetzung ist allerdings, dass der Ehegatte, dem die fiktiven Einkünfte zugerechnet werden, tatsächlich den Haushalt geführt und/oder sich der Kinderbetreuung gewidmet hat.[46]

Sind tatsächliche Einkünfte unabhängig davon, wann sie erzielt werden, in die Bedarfsermittlung   23
einzubeziehen, muss dies in gleicher Weise für fiktive Einkünfte gelten. Der Umstand, ob der Unterhaltsgläubiger tatsächliche Einkünfte erzielt, oder aber ob ihm wegen Verstoßes gegen die Erwerbsobliegenheit fiktive Einkünfte zuzurechnen sind, macht keinen Unterschied.[47]

b) Dienstleistungen in neuer Partnerschaft als Surrogat

Erbringt der Unterhaltsgläubiger nach der Trennung[48]/Scheidung[49] seinem neuen **leistungsfähigen**   24
Partner **Versorgungsleistungen** in Form von **Bar-** und **Sachleistungen**, dann wird oftmals rechtsfehlerhaft der neue Partner als »Surrogat« des (früheren) Ehepartners angesehen. Versorgungsleistungen in neuer Partnerschaft sind jedoch Surrogate der früheren **Familienarbeit** (Haushaltsführung/Kinderbetreuung), die je nach Umfang der Dienstleistungen und der entsprechenden Gegenleistungen vergütet werden oder fiktiv zu vergüten sind. Dieses nach der Trennung/Scheidung **tatsächlich erzielte** bzw. **fiktiv anzusetzende Einkommen** aus **Versorgungsleistungen** stellt wirtschaftlich Erwerbseinkommen des Unterhaltsgläubigers als Surrogat des wirtschaftlichen Wertes seiner bisherigen Familienarbeit dar und ist daher im Wege der Differenz-/Additionsmethode in die Bemessung des Ehegattenunterhalts einzustellen (»entsprechend einer bezahlten Tätigkeit als Haushälterin bei Dritten«):[50] Auch solche geldwerten Versorgungsleistungen als Surrogat für die frühere Haushaltstätigkeit in der Familie sind nicht anders zu beurteilen, als wenn der Unterhaltsgläubiger eine bezahlte Tätigkeit bei Dritten aufnähme.[51]

Dies gilt auch dann, wenn der Unterhaltsgläubiger – sogar in vollem Umfange – berufstätig ist: Es   25
handelt sich jeweils um kein Einkommen aus unzumutbarer Tätigkeit, da die Haushaltsführung erfahrungsgemäß mit anderweitigen Verpflichtungen ohne größere Probleme vereinbar ist.[52] Ist die Erwerbsfähigkeit des Unterhaltsgläubigers – etwa krankheitshalber – eingeschränkt, versorgt er aber daneben noch einen neuen Partner, ist im Zweifel davon auszugehen, dass er diese häuslichen

---

44 BGH FamRZ 2001, 1693 = FuR 2001, 500 zu einem fiktiven Erwerbseinkommen des Unterhaltsgläubigers aus einer ihm zuzumutenden geringfügigen Beschäftigung; FamRZ 2003, 434 zur unterhaltsrechtlichen Erwerbsobliegenheit von Beamten und Soldaten mit vorgezogener Altersgrenze nach ihrer Pensionierung (hier: Pensionierung eines Strahlflugzeugführers mit 41 Jahren) mit Anm. Borth FamRZ 2004, 360, und Roessink FamRB 2004, 75.

45 BGHZ 148, 105 = BGH FamRZ 2001, 986 = FuR 2001, 306; BGH FamRZ 2001, 1291 = FuR 2001, 404; s. auch Scholz FamRZ 2001, 1061, 1063.

46 So bereits BGH FamRZ 1997, 284; sodann BGH FamRZ 2005, 1979, 1981 = FuR 2006, 266 (Berufungsurteil: OLG Düsseldorf FamRZ 2004, 1104).

47 BGH FamRZ 2001, 1291.

48 FamRZ 2004, 1170 = FuR 2004, 497 im Anschluss an BGH FamRZ 2001, 105.

49 FamRZ 2004, 1173 = FuR 2004, 500 im Anschluss an BGH FamRZ 2001, 105.

50 BGHZ 148, 105 = BGH FamRZ 2001, 986 = FuR 2001, 306.

51 BGH FamRZ 2001, 1693 = FuR 2001, 500; zust. Schwolow FuR 2003, 118; a.A. jedoch OLG Oldenburg FamRZ 2002, 1488 = FuR 2002, 274; OLG München FuR 2003, 329 = FF 2003, 218; Rauscher FuR 2002, 337 ff.; Gerhardt FamRZ 2003, 272; zweifelnd Schnitzler FF 2003, 42.

52 BGH FamRZ 1987, 1011, 1013 = FuR 2001, 500.

Tätigkeiten noch zusätzlich übernehmen kann:[53] Die **tatsächliche Übernahme** und **Ausübung** der **Versorgungsdienste** stellt ein **gewichtiges Indiz** für ihre **Zumutbarkeit** dar.[54]

26 Zweifel an dieser Rechtsprechung[55] veranlassten den BGH, diese Rechtsprechung zu überprüfen. Er hat an ihr festgehalten,[56] auch wenn der Haushalt neben einer vollen Berufstätigkeit geführt wird. Auch hier kommt der Surrogatsgedanke zum Tragen, so dass es auch insoweit gerechtfertigt erscheint, neben den Erwerbseinkünften auch die **Versorgungsleistungen** für **Dritte** als **Surrogat** der **Haushaltsführung** anzusehen.[57]

27 Der Wert derartiger Leistungen ist im **konkreten Einzelfall** mit dem **objektiven Wert** zu ermitteln, den die Versorgungsleistungen und eventuelle Sachbezüge für den Partner haben.[58] Insoweit hat der Unterhaltsgläubiger auf Grund der ihm im Rahmen der Bedürftigkeit obliegenden Darlegungs- und Beweislast[59] Tatsachen (die einzelnen Zuwendungen) vorzutragen, die eine Schätzung nach § 287 ZPO erlauben.[60] Diese Schätzung nach § 287 Abs. 2 ZPO obliegt in erster Linie dem Tatrichter und ist mit der Revision nur insoweit angreifbar, als sie auf falschen oder offenbar unsachlichen Erwägungen beruht oder wesentlichen Tatsachenvortrag außer Acht lässt,[61] oder wenn dem Beschluss eine Auseinandersetzung mit den für die Bemessung wesentlichen Umständen nicht zu entnehmen ist.[62] Der Wert kann auch in ersparten Aufwendungen liegen.[63]

28 Die Rechtsprechung hat bislang den **Wert** der **Haushaltsführung** – **regelmäßig** nach der **Leistungsfähigkeit** des **neuen Partners** – mit Beträgen von 400 € bis 1.000 € angesetzt, stellt zutreffend im Ergebnis jedoch immer auf die **gesamten Umstände** des **Einzelfalles** ab. Der Wert der Leistungen einer sog. »Nur-Hausfrau« dürfte bei Leistungsfähigkeit ihres neuen Partners im mittleren Bereich mit 500 € bis 900 €, je nach Aufwand und Umfang, angemessen sein.

29 Die Frage der Zurechnung von – tatsächlichem oder fiktivem – Einkommen wegen Versorgungsleistungen – auch in Form von »Sachbezügen« (Gewährung von Wohnraum bzw. Verpflegung) ist immer von der Frage zu unterscheiden, ob der Anspruch auf Unterhalt wegen Zusammenlebens mit einem neuen Partner **verwirkt** bzw. **teilverwirkt** (§ 1579) ist;[64] weiterhin ist abzugrenzen von den zu freiwilligen Leistungen Dritter entwickelten Grundsätzen. »Sachbezüge« durch den neuen **Partner**[65] sind unterhaltsrechtlich anzusetzen, wenn sie als Gegenleistung für fiktiv zu vergütende Versorgungsleistungen erbracht werden. In einer nichtehelichen Lebensgemeinschaft ist ein Erfah-

53 BGH FamRZ 2001, 1693 = FuR 2001, 500.
54 BGH FamRZ 1987, 1011, 1013.
55 S. insb. OLG Oldenburg FamRZ 2002, 1488 = FuR 2002, 274; OLG München FuR 2003, 329 = FF 2003, 218; Rauscher FuR 2002, 337 ff.; Gerhardt FamRZ 2003, 272.
56 BGH FamRZ 2004, 1173 = FuR 2004, 497; 2004, 1170; 2004, 500 im Anschluss an die Senatsurteile BGHZ 148, 105 = BGH FamRZ 2001, 986 = FuR 2001, 306, und BGH FamRZ 2001, 1693 = FuR 2001, 500 – der Wert der Versorgungsleistungen, die ein unterhaltsberechtigter Ehegatte während der Trennungszeit für einen neuen Lebenspartner erbringt, trete als Surrogat an die Stelle einer Haushaltsführung während der Ehezeit und sei deswegen im Wege der Differenzmethode in die Berechnung des Ehegattenunterhalts einzubeziehen.
57 A.A. Kleffmann FuR 2002, 160, 162 – nicht aber im Mangelfall nach dem Gedanken der ersparten Aufwendungen unter Hinweis auf die Ergebnisse des Arbeitskreises 13 des 14. DFGT 2001.
58 BGH FamRZ 1984, 662, 663 = FuR 2001, 500; s. auch Scholz FamRZ 2001, 1061, 1064.
59 BGH FamRZ 1995, 343.
60 BGH FamRZ 2001, 1693 = FuR 2001, 500 – die Bewertung der Haushaltstätigkeit mit einem Vorteil von 400 € monatlich durch das Berufungsgericht wurde gebilligt.
61 BGHZ 3, 162, 175; BGH NJW-RR 1993, 795, 796; FamRZ 2001, 1693 = FuR 2001, 500.
62 BGH VersR 1992, 1410; FamRZ 2001, 1693 = FuR 2001, 500.
63 BGH FamRZ 1995, 343; s. auch Wohlgemuth FamRZ 2003, 983.
64 Büttner FamRZ 1996, 36 ff.
65 Sachleistungen durch den neuen **Ehegatten** bleiben in aller Regel als dessen Beitrag zum Familienunterhalt außer Ansatz, vgl. OLG Bamberg FamRZ 1996, 628; OLG Hamm FamRZ 2000, 1285 (Ls).

rungssatz des Inhalts anzunehmen, dass die Partnerin vergütungspflichtige Versorgungsleistungen erbringt. Liegt ein **Mangelfall** vor, bedarf es dieser Abgrenzung allerdings nicht mehr: Dann sind aus **Billigkeitsgründen** (auch) **freiwillige Leistungen Dritter** ganz oder teilweise als **Einkommen** des Zuwendungsempfängers anzusetzen.[66]

c) Renten/Pensionen als Surrogate

Die Grundsätze der (geänderten) Rechtsprechung, wonach nach Trennung/Scheidung erzieltes **30** Erwerbseinkommen des Unterhaltsgläubigers gleichsam als Surrogat des wirtschaftlichen Wertes seiner bisherigen Familienarbeit bei der Unterhaltsbemessung im Wege der Differenz-/Additionsmethode einbezogen wird,[67] gelten auch dann entsprechend, wenn der Unterhalt begehrende Ehegatte aus Altersgründen nach der Ehe keine Erwerbstätigkeit mehr aufnimmt, sondern **Altersversorgung** (Rente/Pension) bezieht. Diese ist in gleicher Weise als **Surrogatseinkommen** in die Bedarfsberechnung einzustellen, und zwar insgesamt ohne Unterscheidung danach, ob die der Versorgung zugrunde liegenden Leistungen – insgesamt oder teilweise – vor[68] oder während der Ehe erbracht wurden, und/oder ob sie auf dem durchgeführten Versorgungsausgleich beruhen.[69] Auf den Umstand, dass der Unterhaltsschuldner selbst noch keine Rente, sondern Erwerbseinkommen bezieht, kommt es nicht an.[70]

Renteneinkünfte, die auf Beiträgen beruhen, welche der Unterhaltsgläubiger mit Mitteln des ihm **31** vom Unterhaltsschuldner gezahlten **Vorsorgeunterhalts** erworben hat, erhöhen den eheangemessenen Bedarf nach § 1578 jedoch nicht, sondern sind nach der **Anrechnungsmethode** zu berücksichtigen: Diese Einkünfte sind eine Folge der Scheidung, welche die ehelichen Lebensverhältnisse schon deshalb nicht geprägt hat.[71] Der Unterhaltsschuldner wäre doppelt belastet, wenn er mit seinen Unterhaltsleistungen nicht nur die Altersversorgung seines geschiedenen Ehegatten auf- oder auszubauen hätte, sondern auch noch einen auf Grund der so erworbenen Versorgung erhöhten Elementarunterhaltsbedarf befriedigen müsste.

d) Gebrauchsvorteile als Surrogate

Der Surrogatsgedanke ist auch auf andere Einkunftsarten anwendbar: Maßgebend ist immer, ob **32** nach der Trennung/Scheidung Einkommensquellen weggefallen und dadurch neue Einkommensquellen entstanden sind, durch deren Nutzung Einkünfte erzielt werden. In diesem Falle füllen die Nutzungen die Lücke aus, die durch den Wegfall der während der intakten Ehe vorhandenen Einkommensquelle entstanden ist, und prägen die ehelichen Lebensverhältnisse.

Als eheprägend sind nicht nur **Zinseinkünfte** anzusehen, die auch schon während intakter Ehe **33** erzielt worden sind, sondern auch solche, die erstmals nach Trennung oder Scheidung zufließen, soweit der ihnen zugrunde liegenden Vermögensposten durch den **Wegfall** einer während der intakter Ehe vorhandenen **Einkommensquelle** entstanden ist, wobei es unerheblich ist, ob die während intakter Ehe vorhandene Einkommensquelle tatsächlich Nutzungen abgeworfen hat.[72] Dies gilt

---

66 OLG München FamRZ 1997, 313, 314; OLG Hamm FamRZ 2000, 1285 (Ls).
67 BGHZ 148, 105 = BGH FamRZ 2001, 986 = FuR 2001, 306.
68 Hoppenz (FamRZ 2003, 854, 855)) hat den auf vorehelich erworbenen Rentenanwartschaften beruhenden Rententeil als »Mitgift« charakterisiert.
69 BGH FamRZ 2002, 88, 91 = FuR 2002, 26 (Berufungsinstanz: OLG München NJW-RR 2000, 449); 2005, 1897 = FuR 2005, 516; OLG Celle OLGR 2002, 99; OLG Koblenz OLGR 2002, 9; bereits seinerzeit relativierend OLG München FamRZ 1997, 613 = FuR 1997, 1990; anders noch BGH FamRZ 1987, 459, 460; s. auch Scholz FamRZ 2001, 1061, 1063; R. Müller FuR 2002, 195.
70 BGH FPR 2002, 528 = FF 2002, 139.
71 BGHZ 153, 372 = BGH FamRZ 2003, 848 = FuR 2003, 358 mit Anm. Hoppenz; vgl. auch KG FamRZ 2003, 1107 zu prägenden Renteneinkünften, auch wenn die Rentenanteile (teilweise) auf dem Versorgungsausgleich beruhen.
72 BGH FamRZ 2002, 88.

insb. für Kapital, das im Wege des/der Zugewinnausgleichs/Vermögensauseinandersetzung erlangt worden ist, und das daher im Regelfall die ehelichen Lebensverhältnisse prägt, weil es als Surrogat an die Stelle einer während intakter Ehe vorhanden gewesenen Einkommensquelle getreten ist.

34 Etwas anderes gilt allerdings dann, wenn der Unterhaltsschuldner eine ihm gehörende Immobilie nicht veräußert, sondern mit einem **Darlehen** zur **Finanzierung** der **Ausgleichszahlung** belastet. Der monatliche Schuldendienst prägt die ehelichen Lebensverhältnisse nicht, da es sich um eine scheidungsbedingte Schuld handelt, weil sie durch den Zugewinnausgleich verursacht worden ist. In diesem Falle ist in der Bedarfsberechnung keine Lücke entstanden, die da die Immobilie weiterhin in Höhe des Wohnwertes bedarfsprägend berücksichtigt wird. Mangels Lücke kann auch der Surrogationsgedanke nicht greifen, so dass die Zinsen aus dem Kapital, das der Unterhaltsgläubiger erhält, im Wege der Anrechnungsmethode zu berücksichtigen sind.

35 Veräußert der Unterhaltsschuldner allerdings die Immobilie, um die Zugewinnausgleichsforderung zu finanzieren oder um das Bruchteilsvermögen aufzulösen, dann fließen die Zinsen im Wege des Surrogats in die Berechnung mit ein, da durch die Veräußerung der Immobilie eine Einkommensquelle in Wegfall geraten ist, so dass eine Lücke in der Bedarfsberechnung entstanden ist, die durch die nunmehr erzielten Zinsen im Wege des Surrogats ausgefüllt werden kann.

III. Individuell angelegtes Maß der ehelichen Lebensverhältnisse

36 Das Gesetz stellt in §§ 1361 Abs. 1 Satz 1, 1578 Abs. 1 Satz 1 für das Maß des Ehegattenunterhalts auf die ehelichen Lebens-, Erwerbs- und Vermögensverhältnisse beider Ehegatten ab: Sie bilden innerhalb jeder einzelnen Ehe die Grundlage der jeweils **individuell** angelegten ehelichen Lebensverhältnisse (»tatsächliche Lebenshaltung«); daher ist auch der eheliche **Lebensstandard** jeweils grundsätzlich **individuell** angelegt. Der (ehe-) angemessene Lebensbedarf ist daher im jeweiligen **Einzelfall objektiv konkret** zu ermitteln und erfordert deshalb regelmäßig eine konkrete Feststellung derjenigen Einkommens- und Vermögensverhältnisse, die den ehelichen Lebensstandard bestimmt haben.[73] Die konkret festgestellten individuellen ehelichen Lebensverhältnisse bilden die **Obergrenze** des **Lebenszuschnitts** und somit des davon abgeleiteten Unterhaltsbedarfs.

37 Somit ist regelmäßig schon durch die Bedarfsermittlung auf Seiten des Unterhaltsgläubigers sichergestellt, dass dem Unterhaltsschuldner ein – unter Berücksichtigung des Erwerbstätigenbonus – ebenso großer Anteil des verfügbaren Einkommens verbleibt, wie ihn der Unterhaltsgläubiger beanspruchen kann. Dies gilt auch, wenn und soweit erst nach der Scheidung eingetretene Entwicklungen bei der Bedarfsermittlung zu berücksichtigen sind (etwa auf Seiten des Unterhaltsschuldners bedarfssteigernde Einkommensverbesserungen bzw. bedarfsmindernde Einkommensverschlechterungen).[74]

1. Standpunkt eines objektiven Betrachters

38 Die für das Maß des Unterhalts ausschlaggebenden ehelichen Lebensverhältnisse sind grundsätzlich nach den für den allgemeinen Lebensbedarf **tatsächlich genutzten Einkünften** zu bestimmen. Um sowohl eine nach den gegebenen **Verhältnissen** zu **dürftige**, übertrieben sparsame **Lebensführung** (sog. »Geizkragenehe«)[75] als auch einen **übermäßigen**, übertriebenen **Luxusaufwand** (sog. »Luxusehe«)[76] als Maßstab für die Ansprüche auf Ehegattenunterhalt auszuschließen, ist bei der **Ermittlung** der **ehelichen Lebensverhältnisse** ein **objektiver Maßstab** anzulegen: Nur in diesem

---

73 BGH FamRZ 1993, 789 = FuR 2006, 266 (Berufungsurteil: OLG Düsseldorf FamRZ 2004, 1104).
74 BGH FamRZ 2006, 683 = FuR 2006, 266.
75 OLG Hamm FamRZ 1993, 1089.
76 S. etwa OLG Düsseldorf FamRZ 1996, 1418.

Rahmen kann das **tatsächliche Konsumverhalten** der Ehegatten während des **ehelichen Zusammenlebens** berücksichtigt werden.[77]

Die für die Bemessung des nachehelichen Unterhalts maßgeblichen Lebensumstände sind so zu bestimmen, wie sie in der Ehe praktiziert worden sind, solange sich die Eheleute dabei in einem Rahmen gehalten haben, der nach dem **verfügbaren Einkommen** vom Standpunkt eines **vernünftigen** und **objektiven Betrachters** aus bei Berücksichtigung der konkreten Einkommens- und Vermögensverhältnisse wirtschaftlich sinnvoll und angemessen erscheint,[78] also einen Lebensstandard, den entsprechend situierte Ehegatten im Regelfall wählen.[79] Hiernach können die Einkommen der Eheleute nur insoweit der Vermögensbildung zugeordnet und damit für den laufenden Unterhaltsbedarf als unmaßgeblich behandelt werden, als es nach den gegebenen Einkommensverhältnissen als angemessen erscheint.[80] Diese Korrekturen dürfen allerdings nicht dazu führen, dass Vermögenseinkünfte als eheprägend zugrunde gelegt werden, die auch nach einem objektiven Maßstab nicht für die allgemeine Lebensführung verwendet worden wären: Auch bei objektivierter Wertung der ehelichen Lebensverhältnisse ist daher immer zunächst das für die Unterhaltsbemessung unterhaltsrechtlich relevante Einkommen festzustellen.[81] Wurde das Vermögen etwa in thesaurierenden Fonds ohne laufenden Zinsertrag angelegt, dann ist der Unterhaltsschuldner – in den Grenzen des oben angeführten objektiven Maßstabs – fiktiv so zu behandeln, als wären seine Vermögenserträge laufend verfügbar gewesen.[82] **39**

2. Vermögensbildung bei gehobenen Einkünften

Waren die ehelichen Lebensverhältnisse durch **hohe Einkommen** geprägt, dann ist erfahrungsgemäß (**Erfahrungssatz!**) grundsätzlich ein Teil dieses Einkommens während der Ehe nicht vollständig für die Lebenshaltung verbraucht, sondern nach individueller Entscheidung der Ehegatten anteilig zur **Vermögensbildung** – auch für die Altersvorsorge[83] – verwendet worden.[84] Solche Einkommensteile, die schon vor der Trennung der Eheleute nicht der Bedarfsdeckung, sondern der Vermögensbildung gedient haben, dürfen bei der Bestimmung der für den Lebensbedarf maßgebenden ehelichen Lebensverhältnisse grundsätzlich nicht berücksichtigt werden, da Unterhalt grundsätzlich nur Bedarf decken soll, nicht aber der Vermögensbildung dienen darf.[85] **40**

In solchen Fällen sind die nicht unterhaltsrelevanten, weil zur Vermögensbildung verwandten Einkommensteile von den unterhaltsrechtlich bedeutsamen Teilen zu **sondern**, wobei die konkrete Bedarfsbemessung jedoch nicht dazu führen darf, einen Bedarf anzunehmen, der in den tatsächlichen Lebens-, Einkommens- und Vermögensverhältnissen keinen Niederschlag gefunden hat. Vermögensgüter der Ehegatten allein rechtfertigen eine solche einkommensunabhängige Bedarfsermittlung jedenfalls dann nicht, wenn diese Vermögensgüter die wirtschaftliche Grundlage für das Familieneinkommen abgaben und deshalb auch schon während der Ehe bei vernünftiger ökonomischer Betrachtung zur Deckung des Lebensbedarfs der Ehegatten nicht zur Verfügung gestanden haben. **41**

---

77 BGH FamRZ 1982, 151 m.N.; 1990, 283, 285; 1997, 281.
78 S. auch OLG Hamm FamRZ 1993, 1089; OLG Saarbrücken NJW-RR 2005, 1454; Graba FamRZ 1989, 571; a.A. Luthin FamRZ 1988, 1109.
79 OLG Frankfurt FamRZ 1997, 353.
80 BGH FamRZ 1984, 358.
81 BGH FamRZ 1997, 281, 284 = FuR 2007, 484 – Fortführung von BGH FamRZ 1997, 281, 284.
82 BGH FamRZ 2007, 1532, 1534 f.; s. auch OLG Koblenz FPR 2002, 63; OLG Köln FamRZ 2002, 326 = FuR 2001, 412 zur konkreten Ermittlung des Unterhaltsbedarf des Ehegatten bei gehobenen Einkommensverhältnissen.
83 BGH FamRZ 1992, 423; nicht aber nach Eintritt in den Ruhestand s. OLG Karlsruhe NJWE-FER 2000, 73.
84 BGH FamRZ 1982, 151.
85 Zu allem BGH FamRZ 1987, 36, 39 = FuR 2005, 23.; OLG Hamm FamRZ 1999, 21; OLG Koblenz FamRZ 1999, 1366.

42   **Abzugsposten** bei der Bereinigung der unterhaltsrelevanten Einkommens sind daher diejenigen Aufwendungen zur **Vermögensbildung** in einem nach den ehelichen Lebensverhältnissen angemessenen Rahmen, die den Eheleuten nach ihrer Lebensführung schon während ihres Zusammenlebens nicht für den laufenden Lebensbedarf zur Verfügung gestanden haben,[86] nicht aber Aufwendungen für Bedarfsgüter, die der Lebensführung dienen, und deren Wert mit zunehmendem Gebrauch laufend abnimmt.[87] Die Frage, ob und in welchem Umfange vermögensbildende Einkommensteile aus dem unterhaltsrelevanten Einkommen auszuscheiden sind, ist jedoch im Rahmen des Vorabzugs nur dann zu prüfen, wenn der Unterhalt nach Quoten des Einkommens (»abstrakt«), nicht aber nach dem jeweiligen Unterhaltsbedarf im Einzelfall (»konkret«) ermittelt wird.

43   Da die ehelichen Lebensverhältnisse in jedem einzelnen Fall individuell angelegt sind, kann es für die Frage der Abgrenzung der Verbrauchs- von den Vermögensbildungsteilen auch **keine** »generell angemessene« **Vermögensbildungsquote** geben;[88] vielmehr ist – anhand der entsprechenden Übung vor der Trennung der Eheleute in jedem Einzelfall – ein **objektiver Maßstab** anzulegen.[89] Dieser kann nicht Gegenstand eines Erfahrungssatzes sein, sondern der Aufwand für Vermögensbildung ist vom Unterhaltsschuldner konkret darzulegen und zu beweisen. Hat allerdings das Einkommen der Eheleute eine bestimmte Höhe erreicht, dann muss der Unterhaltsgläubiger substantiiert darlegen, dass es insgesamt für den Lebensbedarf verbraucht worden ist. Bei einem gemeinsam erzielten Nettoeinkommen von rund 22.000 DM ist davon auszugehen, dass Teile des Einkommens zur Vermögensbildung verwandt worden sind, insb. wenn die Eheleute während der Zeit ihres Zusammenlebens den Bau bzw. Erwerb eines Hauses finanziert haben: Hierbei handelt es sich um einen klassischen Fall der Vermögensbildung.[90] Liegen allerdings keine hinreichenden Anhaltspunkte für den Umfang der Vermögensbildung vor, so ist es Aufgabe des Unterhaltsverpflichteten im Einzelnen vorzutragen und zu belegen, welche Einkommensbestandteile zur Finanzierung der ehelichen Lebensverhältnisse und welche zur Vermögensbildung zur Verfügung standen.

44   Nach objektiven Maßstäben ist daher der jeweilige Einzelfall zu prüfen, wobei vornehmlich auf die **tatsächliche Vermögensbildung** während der Ehe abzustellen ist.[91] Solange sich die Eheleute bei der Vermögensbildung in einem Rahmen gehalten haben, der vom Standpunkt eines vernünftigen (»objektiven«) Betrachters aus – nach einem objektiven Maßstab – wirtschaftlich sinnvoll und angemessen erscheint, bestimmt ihr **tatsächliches Konsumverhalten** während des ehelichen Zusammenlebens auch den maßgeblichen ehelichen Lebensstandard. Ist die Beurteilung der ehelichen Lebensverhältnisse auf Grund der Feststellung, welcher Teil des Gesamteinkommens verlebt wurde, und welcher Teil der Re-Investition oder Vermögensbildung diente, nicht möglich, so muss konkret festgestellt werden, wie sich die ehelichen Lebensverhältnisse gestaltet haben. Legt demnach der Unterhaltsgläubiger konkret dar, dass während der Ehezeit höhere Geldmittel zur Befriedigung des Bedarfs zur Verfügung gestanden haben, so scheidet die Annahme der Vermögensbildung in Höhe des konkret nachgewiesenen Bedarfs aus.

45   Das bedarfsmindernde Einkommen des **Unterhaltsgläubigers** darf hingegen niemals um **vermögensbildende Ausgaben** bereinigt werden, da der Unterhaltsbedarf nur die Kosten der Lebenshal-

---

86 BGH FamRZ 1980, 665, 669; BGHZ 89, 108 = BGH FamRZ 1984, 149; 1987, 36.
87 BGHZ 89, 108 = BGH FamRZ 1984, 149; BGH FamRZ 1987, 36.
88 S. OLG Köln FuR 2004, 266.
89 BGH FamRZ 1983, 678.
90 OLG Köln FuR 2004, 266.
91 BGH FamRZ 1992, 1045; OLG Köln NJWE-FER 1998, 191 – Ansammlung von Mietenträgen während der Ehe; OLG Hamm NJWE-FER 1999, 204 – Zinseinkünfte aus einem im Ausland angelegten Vermögen wurden während der Ehe nicht verbraucht; OLG München FamRZ 1999, 1350 – Beiträge für Lebensversicherungen sind nicht vermögensbildend, wenn und soweit der notwendige Unterhalt nicht gesichert ist; OLG Hamm FuR 2000, 31 – regelmäßige Zahlungen von Eltern für eine Lebensversicherung der Eheleute sind nicht bedarfsprägend; OLG Koblenz FuR 2000, 181 = FamRZ 2000, 605.

tung decken soll, niemals jedoch der Vermögensbildung dienen darf (vgl. §§ 1577 Abs. 1, 1602 Abs. 1):[92] Die Aufgabe des Ehegattenunterhalts erschöpft sich darin, dem bedürftigen Ehegatten, soweit die Leistungsfähigkeit des Unterhaltsschuldners reicht, diejenigen Mittel zur Verfügung zu stellen, die er benötigt, um seine laufenden Lebensbedürfnisse so zu befriedigen, wie es den ehelichen Lebensverhältnissen entspricht, **nicht** aber (auch weitere) **Vermögensbildung** zu ermöglichen: Der Unterhaltsgläubiger würde sonst besser gestellt, als er während des Zusammenlebens der Ehegatten gestanden hätte.[93]

Eine Ausnahme von diesen Grundsätzen hat der BGH jedoch bezüglich der **zusätzlichen** (sog. sekundäre) **Altersvorsorge**[94] auch auf seiten des Unterhaltsgläubigers anerkannt. Dem steht auch nicht entgegen, dass die monatlichen Aufwendungen allein der **Kapitalbildung** dienen, denn es steht sowohl dem Unterhaltsschuldner als auch dem Unterhaltsgläubiger grundsätzlich frei, in welcher Weise er von seinen eigenen erzielten Einkünften neben der primären Altersvorsorge weitere (sekundäre) Vorsorge für sein Alter trifft.[95] Insoweit kommt es auch nicht darauf an, ob diese Aufwendungen bereits bei Rechtskraft der Scheidung gezahlt worden sind, denn bei fortbestehender Ehe hätte der Unterhaltsschuldner die zusätzliche Altersvorsorge ebenfalls akzeptieren und mittragen müssen; dann kann auch die Scheidung ihm das Risiko einer solchen Verringerung des verfügbaren Einkommens nicht abnehmen.[96]   46

Die Praxis zieht die **quantitative Grenze**, ab der eine **quotale Bedarfsbestimmung** nicht mehr möglich ist (**relative Sättigungsgrenze**), zumeist mit einer pragmatischen **Faustformel**: Anknüpfend an die Tabellenwerte der Düsseldorfer Tabelle endet die Möglichkeit quotaler Bedarfsbemessung dort, wo ein Einkommen nach der höchsten Einkommensgruppe der Düsseldorfer Tabelle erreicht ist. Ergibt sich also im Rahmen des Quotenunterhalts ein höherer Bedarf des Unterhaltsgläubigers als etwa 2.000 bis 2.500 € (**Halbteilungsgrundsatz**, je nach vorgegebener Tabelle – etwa DT oder SüdL[97]), dann muss der Unterhaltsgläubiger seinen eheangemessenen Bedarf **konkret** nach seinen **Einzelbedürfnissen** darlegen und gegebenenfalls beweisen.[98] Allerdings muss dem Unterhaltsschuldner auch bei der konkreten Bemessung des Unterhalts die Hälfte der/des bereinigten prägenden Nettoeinkommen/s verbleiben. Das OLG Koblenz[99] hat bei Nettoeinkünften des Unterhaltsschuldners von mehr als 20.000 € monatlich einen Bedarf der unterhaltsberechtigten Ehefrau in Höhe von gerundet 3.600 € angenommen. Das OLG Hamm[100] will bei einem Anspruch auf nachehelichen Unterhalt in Höhe von 8.000 € den Bedarf der Unterhalt begehrenden Ehefrau noch nicht konkret, sondern quotal ermitteln. Liegen dem Unterhaltsberechtigten keinerlei Anhaltspunkte dafür vor, welche Mittel während der Ehezeit für den Konsum zur Verfügung gestanden haben, dürfte es Aufgabe des Unterhaltsverpflichteten sein, das Einnahmen- und   47

---

92 BGH FamRZ 1992, 423.
93 BGH FamRZ 1987, 36.
94 BGHZ 163, 84 = BGH FamRZ 2005, 1817, 1821 f. = FuR 2005, 555.
95 BGHZ 169, 59 = BGH FamRZ 2006, 1511, 1514; BGH FamRZ 2007, 1232.
96 BGH FamRZ 2007, 1232 = FuR 2007, 367 (Ls); BGH FamRZ 2009, 1207 = FuR 2009, 530; vgl. auch BGHZ 171, 206 = BGH FamRZ 2007, 793, 795 f. = FuR 2007, 276.
97 Differenzierungen wegen des Erwerbstätigenbonus.
98 S. BGH FamRZ 1994, 1169; OLG Oldenburg FamRZ 1996, 288; OLG Frankfurt FamRZ 1997, 353; OLG Köln FamRZ 1998, 1170 (Ls); OLG Düsseldorf FamRZ 1998, 1191; OLG Bamberg FamRZ 1999, 513; OLG Hamm FamRZ 1999, 723; OLG Karlsruhe NJW-RR 2000, 1024; OLG Koblenz FamRZ 2000, 605; OLG Frankfurt FuR 2001, 371; OLG Köln FuR 2001, 412; LL OLG Frankfurt Ziff. 9 – eheangemessener Unterhaltsbedarf könne bis zu einem Betrag von 3 600 DM als Quotenunterhalt geltend gemacht werden; Eschenbruch/Loy FamRZ 1994, 665; Büte FuR 2005, 385 mit Checkliste.
99 FuR 2003, 128.
100 FamRZ 2003, 1109; vgl. zu Einzelheiten Kleffmann in Scholz/Stein, Praxishandbuch Familienrecht, Teil H Rn. 228 ff.

Ausgabeverhalten während der Zeit des ehelichen Zusammenlebens im Einzelnen darzulegen und zu beweisen.

Auch die Höhe des Unterhaltsbedarfes ist nicht nach oben begrenzt. obergerichtliche und höchstrichterliche Entscheidungen zu sehr hohen Unterhaltesansprüchen finden sich in der Regel nicht, da über solche Ansprüche üblicherweise Vergleiche oder Vereinbarungen abgeschlossen werden. Unterhaltsansprüche, die über 50.000,00 € bis 60.000,00 € pro Monat liegen, sind durchaus denkbar und im Rahmen von Trennungs- und Scheidungsfolgen vereinbart worden.

48 Die Leitlinien der OLGe verweisen jeweils in Ziffer 15.3 durchwegs darauf, dass bei sehr guten Einkommensverhältnissen der Eheleute eine konkrete Bedarfsberechnung in Betracht kommt. Das OLG Frankfurt gibt in seinen Leitlinien (Ziff. 15.3) vor:

»Ein eheangemessener Unterhaltsbedarf (Elementarunterhalt) kann bis zu einem Betrag von 2.200 € als Quotenunterhalt geltend gemacht werden. Ein darüber hinausgehender Bedarf muss konkret dargelegt werden. Eigenes Einkommen des bedürftigen Ehegatten – Erwerbseinkommen nach Abzug des Erwerbstätigenbonus – ist hierauf anzurechnen.«

Das OLG Oldenburg formuliert in seinen Leitlinien (Ziff. 15.3):

»Bei hohen Einkommen – in der Regel, wenn das für den Ehegattenunterhalt verfügbare Einkommen die höchste Einkommensgruppe der Düsseldorfer Tabelle übersteigt – ist der Bedarf konkret darzulegen.«

3. Eingeschränkter Lebensstandard (»Geizkragenehe«)

49 Diese Grundsätze zur Bereinigung des Einkommens um Anlagen zur Vermögensbildung gelten allerdings dann nicht, wenn nur eingeschränkter Lebensstandard (»**Geizkragenehe**«) die Vermögensbildung ermöglicht hat, sei es auf Grund eines **gemeinsamen Lebensplans** der **Ehegatten** (subjektiv), sei es nach einem **objektiven Maßstab**.[101] Der unterhaltsbedürftige Ehegatte braucht sich daher eine das verfügbare Einkommen **unangemessen einschränkende Vermögensbildung** nicht entgegen halten lassen,[102] weil die personalen Grundlagen einer derartigen eingeschränkten Lebensführung, die während intakter Ehe ihre Berechtigung haben konnte (»**gemeinsamer Lebensplan**«), nach dem Scheitern der Ehe **entfallen** ist, und weil nach Beendigung der ehelichen Lebensgemeinschaft eine weitere Vermögensbildung beim Unterhaltsschuldner dem anderen Ehegatten nicht (s. § 1414) oder nur mehr begrenzt (s. § 1384) zugute kommt.[103]

4. Überdurchschnittlicher Lebensstandard (»Sättigungs- bzw. Bedarfsgrenze«)

50 Der Bedarf nach den ehelichen Lebensverhältnissen ist auch bei äußerst günstigen wirtschaftlichen Verhältnissen – sowohl für den Trennungsunterhalt wie auch für den nachehelichen Unterhalt – grundsätzlich **nicht** nach **oben begrenzt**.[104] Waren die Lebensverhältnisse der Parteien weit überdurchschnittlich und luxuriös, so hat der Unterhaltsgläubiger grundsätzlich **Anspruch** auf **weitere Teilhabe** an dem in der Ehe geübten **Lebensstandard**. Der BGH[105] hat es daher bislang stets abgelehnt, eine **obere Grenze** für die Unterhaltsansprüche von Ehegatten (sog. **Sättigungs- bzw. Bedarfsgrenze**) anzuerkennen; er hat allerdings bei extrem hohen Einkünften in Ausnahmefällen auch bei einem **überdurchschnittlichen** Lebensstandard Bedürfnisse nicht als unterhaltsfähig anerkannt, die sich aus der Sicht eines objektiven dritten Betrachters als überaus **luxuriös** darstellen:

---

101 BGH FamRZ 1984, 358; BGHZ 89, 108 = BGH FamRZ 1984, 149 – abzugsfähig können daher auch bei einem durchschnittlichen Einkommen entsprechend niedrige Beiträge für eine Lebensversicherung sein; 2007, 1532 = FuR 2007, 484.
102 BGH FamRZ 1987, 36 = FuR 2007, 484; s. auch OLG Karlsruhe FamRZ 2005, 801.
103 BGH FamRZ 1984, 358; 2007, 1532 = FuR 2007, 484.
104 BGH FamRZ 1994, 1169.
105 BGH FamRZ 1994, 1169; s. auch BGH FamRZ 1983, 150, 151 m.w.N.

Uecker

Dann komme eine Beschränkung des Unterhalts auf Mittel in Betracht, die eine Einzelperson auch bei Berücksichtigung hoher Ansprüche nach objektiven Maßstäben für billigenswerten Lebensbedarf sinnvoll ausgeben kann.[106] Gewinne wie auch Verluste aus Vermietung und Verpachtung von Anlageimmobilien sind oftmals als vermögensbildende Aufwendungen unterhaltsrechtlich nicht zu berücksichtigen, sofern die Gewinne nicht für die Lebenshaltung verwendet worden sind, weil die zu Verlusten führenden Finanzmittel eheprägend nicht verfügbar waren.[107] So ist es bei sehr wohlhabenden wirtschaftlichen Verhältnissen nicht ausgeschlossen, dass ein nach den ehelichen Lebensverhältnissen ermittelter Unterhaltsbedarf mehrere 10.000,00 € pro Monat ausmacht. Bei der Bestimmung des angemessenen Bedarfes ist allerdings zu beachten, dass nach Beendigung der ehelichen Lebensgemeinschaft kein Anspruch auf Finanzierung eines »ehespezifischen Luxus« besteht. Zuwendungen, die der Unterhaltsberechtigte nur wegen des Bestehens der Ehe erhalten hat und die Ausdruck der besonderen Wertschätzung des anderen Ehegatten waren, müssen nicht fortgesetzt werden.[108]

Allerdings versagt die Methodik der (abstrakten) Quotierung des unterhaltsrelevant verfügbaren **51** Einkommens bei überdurchschnittlich günstigen wirtschaftlichen Verhältnissen,[109] weil dort Einkünfte erfahrungsgemäß nicht in vollem Umfang zur Deckung des laufenden Unterhaltsbedarfs verwendet werden, sondern zum Teil auch zur Vermögensbildung oder zu anderen Zwecken bestimmt waren, und die quotale Bemessung des Unterhalts dann zu falschen Ergebnissen führt. Daher ist der Lebensbedarf in solchen Fällen nicht nach einem Anteil (einer Quote) an den Einkünften zu bestimmen, sondern maßgebend ist, in welchem Umfang die Familieneinkünfte während des Zusammenlebens der Parteien für den allgemeinen Lebensunterhalt verwendet wurden; anzuknüpfen ist also an diejenigen **Aufwendungen**, mit denen die Parteien während ihres Zusammenlebens ihren **allgemeinen Lebensstandard** bestritten haben: Dem Unterhalt begehrenden Ehegatten kommt als Unterhalt nur derjenige Betrag zu, der erforderlich ist, damit er diesen seinen ehelichen Lebensstandard aufrecht erhalten kann.[110] Insoweit kann an diejenigen Aufwendungen angeknüpft werden, mit denen die Eheleute während ihres Zusammenlebens ihren allgemeinen Lebensstandard bestritten haben, wenn auch letztlich – objektiviert – derjenige **Lebenszuschnitt** maßgebend ist, den **entsprechend situierte Ehegatten** im **Regelfall** wählen.[111] Der Bedarf des Unterhaltsgläubigers ist auch dann anhand seiner tatsächlichen Lebenshaltungskosten konkret zu ermitteln, wenn das Einkommen des Unterhaltsschuldners nur schwer feststellbar ist.[112]

5. Auskunfts- und Belegvorlageanspruch bei konkreten Bedarf

Haben die Eheleute in wirtschaftlich so günstigen Verhältnissen gelebt, dass ein Teil der Einkünfte **52** nicht für den laufenden Lebensunterhalt verwendet, sondern der Vermögensbildung zugeführt wurde, und steht die Leistungsfähigkeit des unterhaltsverpflichteten Ehegatten – auch für die

---

106 S. auch OLG Koblenz FuR 2003, 1128 zur konkreten Bemessung des Ehegattenunterhalts anhand des Lebensbedarfs; OLG Frankfurt FamRZ 1997, 353.
107 S. etwa OLG Hamm OLGR 2004, 309 = FamRZ 2005, 214 (Ls) zu Verlusten aus dieser Einkunftsart.
108 OLG Köln FuR 2004, 266.
109 Die nach OLG Frankfurt FamRZ 1997, 353 bei einem Nettoverdienst von über 8 000 DM beginnen.
110 OLG Köln FuR 2001, 402 – Nettoeinkünfte des Unterhaltsschuldners zwischen 12 000 und 17 000 DM; Bedarf der unterhaltsberechtigten Ehefrau: 4 500 DM (Schätzung); OLG Schleswig OLGR 2001, 376 zur Frage der Bemessung des Trennungsunterhalts, wenn Teile des Einkommens zur Vermögensbildung verwendet wurden; grundlegend BGH FamRZ 1994, 1169; vgl. auch OLG Frankfurt FuR 2001, 371.
111 BGH, Urteil vom 22.12.1982 – IVb ZR 340/81 – n.v.; FamRZ 1982, 1187, 1188; zur Bemessung des Unterhaltsbedarfs nach den konkreten Lebensverhältnissen bei überdurchschnittlichen Einkommensverhältnissen s. Norpoth ZFE 2003, 179 ff.
112 BGH FamRZ 1987, 691; OLG Hamm FamRZ 1992, 1175; OLG Köln FamRZ 1993, 64; OLG Düsseldorf FamRZ 1996, 1418; ausführlich Eschenbruch/Loy FamRZ 1994, 665 ff.; Büte FuR 2005, 385 mit Checkliste.

Zahlung hoher Unterhaltsbeträge an den Unterhaltsgläubiger – außer Streit, ist also der **Lebensbe-darf konkret** darzulegen, dann hat der Unterhaltsschuldner über sein Einkommen/Vermögen **weder Auskunft** zu erteilen **noch Belege** vorzulegen, sofern er erklärt, dass er jedenfalls imstande ist, den konkret ermittelten Unterhalt zu leisten: Der Unterhaltsgläubiger kann in einem solchen Fall die Aufwendungen für die Aufrechterhaltung seines ehelichen Lebensstandards aus eigenem Wissen konkret darlegen, ohne dass er insoweit auf Auskünfte zum Einkommen/Vermögen bzw. auf die Vorlage von entsprechenden Belegen zum Einkommen des Unterhaltsschuldners angewiesen ist.[113] Ansprüche auf Auskunft und/oder Belegvorlage sind sog. akzessorische Nebenansprüche zum Hauptsacheanspruch: Sie sind nicht geschuldet, wenn offensichtlich (evident) feststeht, dass der die Auskunft/Belegvorlage begehrende Ehegatte aus ihr Rechtsfolgen nicht oder nicht mehr herleiten kann, Ansprüche auf Auskunft/Belegvorlage also ersichtlich zweckfremd beansprucht werden und nur noch Selbstzweck sind, so dass durch die Geltendmachung des nur formal gegeben Anspruchs gegen das Schikaneverbot des § 226 verstoßen würde.[114] Hat allerdings der Unterhaltsberechtigte keine Vorstellungen über das Ausgabeverhalten während der Ehezeit, weil die finanziellen Verhältnisse ausschließlich vom Unterhaltsverpflichteten geregelt wurden, ist ihm Auskunft über die Höhe der Einnahmen und Ausgaben zu erteilen. Nur dann, wenn dem Unterhaltsberechtigten bekannt ist, welche Einkommensbestandteile während der Ehezeit für die Haushaltsführung und welche zur Vermögensbildung zur Verfügung standen, kann er den auf ihn entfallenden Unterhalt errechnen und insb. seinen konkreten Bedarf ableiten.

IV. »Wandelbare eheliche Lebensverhältnisse«

52a   Die Bemessung des Unterhaltsbedarfes nach dem Stichtagsprinzip (Zeitpunkt der Rechtskraft der Ehescheidung, ggf. in Bezug auf bestimmte Entwicklungen auch Zeitpunkt der Trennung) war in den letzten Jahren Gegenstand umfangreicher Diskussionen. Der BGH hatte sich zuletzt weitge-hend vom Stichtagsprinzip entfernt und die Bemessung des Unterhaltsbedarfes nach »wandelbaren ehelichen Lebensverhältnissen« vorgenommen. Den Unterhaltsbedarf sollten grundsätzlich auch sol-che Umstände beeinflussen, die erst nach Eintritt der Rechtskraft der Ehescheidung eingetreten waren.[115] Das BVerfG hat mit Beschluss vom 27.01.2011 die Rechtsprechung des BGH zu den wan-delbaren ehelichen Lebensverhältnissen missbilligt.[116] Ob der Ansatz des BVerfGs systematisch rich-tig ist, kann durchaus bezweifelt werden.[117] Im Ergebnis ist jedoch mit der Entscheidung des BVerfGs die Diskusion um die wandelbaren ehelichen Lebensverhältnisse »abgeschlossen«. Der BGH hat wegen der Entscheidung des BVerfGs seine Rechtsprechung geändert.[118] Maßgeblich für die Bemessung des Unterhaltsbedarfes nach den ehelichen Lebensverhältnissen sind damit grund-sätzlich die Verhältnisse im Zeitpunkt der Ehescheidung.

53   (zur Zeit nicht besetzt)

54   Mit dem nunmehr in § 1609 geschaffenen Vorrang des Unterhalts minderjähriger und nach § 1603 Abs. 2 Satz 2 privilegierter volljähriger Kinder ist keine Änderung der früheren Rechtslage verbunden. **§ 1609** beschränkt sich auf die Regelung der Rangfolgen mehrerer Unterhaltsgläubi-ger, betrifft also die **Leistungsfähigkeit**; auf die **Höhe** des **Unterhaltsbedarfs** hat diese Vorschrift hingegen **keine Auswirkung**. Soweit der Unterhaltsanspruch von Kindern ohne eigene Lebensstel-lung mit Ansprüchen anderer Unterhaltsgläubiger, wie etwa Unterhaltsansprüchen getrennt leben-der oder geschiedener Ehegatten oder Ansprüchen nach § 1615l konkurriert, kann das Einkom-

---

113 BGH FamRZ 1994, 1169; Eschenbruch/Loy FamRZ 1994, 665, 667 ff.; Büte FuR 2005, 385 mit Checkliste.
114 BGHZ 86, 143 = BGH FamRZ 1983, 157.
115 Vgl. Klinkhammer FamRZ 2010, 1777 ff.
116 BVerfGE 128, 193 = FamRZ 2011, 437.
117 Vgl. Klinkmanner in Festschrift Hahne sowie Wendl/Gerhardt § 4 Rn. 428 ff.
118 BGH FamRZ 2012, 281 = FuR 2012, 180.

mens etwa mit Hilfe der Bedarfskontrollbeträge der Düsseldorfer Tabelle wertend ausgewogen verteilt werden.[119] Mit dem Vorrang des Unterhaltsanspruchs minderjähriger und privilegierter volljähriger Kinder haben derartige **Korrekturen** für die **Bemessung eines ausgewogenen Unterhaltsbedarfs aller Berechtigten** allerdings eine noch größere Bedeutung gewonnen.

1. Maßgeblicher Zeitpunkt für die Bestimmung der ehelichen Lebensverhältnisse

Da es auf die wirtschaftlichen Verhältnisse im Zeitpunkt der Rechtskraft der Ehescheidung ankommt sind Veränderungen, die in der Trennungszeit eingetreten sind, grundsätzlich zu beachten. Etwas anderes gilt nur dann, wenn diese Veränderungen auf einer Entwicklung beruhen, die ohne die Trennung nicht eingetreten wäre oder die aus anderen Gründen unerwartet und außergewöhnlich war.[120] Änderungen nach der Ehescheidung sind nur dann beachtlich, wenn sie auch bei Fortbestehen der Ehe eingetreten wären oder in anderer Weise in der Ehe angelegt und mit hoher Wahrscheinlichkeit zu erwarten waren. Dies gilt nicht nur für eine Verbesserung sondern auch für Verschlechterung von Einkommensverhältnissen. Bei einer Verschlechterung der Einkommensverhältnisse ist daher ebenfalls zu beachten, ob die Ehegatten sich auf diese Veränderung der Einkünfte bei gedachtem Fortbestand der Ehe hätten einrichten müssen. Dies ist immer dann der Fall, wenn unverschuldet ein Arbeitsplatz verloren geht oder Einkünfte aus sonstigen Gründen sinken. Ebenso gilt dies dann, wenn eine Veränderung der Einkünfte durch den Bezug von Renten statt Erwerbseinnahmen (siehe dazu unten). **54a**

(zur Zeit nicht besetzt) **55**

Der unbestimmte Rechtsbegriff der »**ehelichen Lebensverhältnisse**« ist nach der neueren Rechtsprechung des BGH wieder mehr im Sinne eines strikten Stichtagsprinzips auszulegen.[121] **56**

Auch Einkünfte aus einer nach der Ehescheidung aufgenommenen oder erweiterten Erwerbstätigkeit sind als »Surrogat« der Haushaltsführung und oder Kindesbetreuung nach den ehelichen Lebensverhältnissen zu berücksichtigen.[122] Unterhaltsverpflichtungen gegenüber nichtehelichen Kindern, die vor der Ehescheidung geboren oder gezeugt worden, prägen die ehelichen Lebensverhältnisse ebenso, wie eine eventuelle Unterhaltsverpflichtung aus § 1615 l BGB.[123] **56a**

(zur Zeit nicht besetzt) **57-62**

2. Einkommen als zentraler Maßstab für die Ermittlung der ehelichen Lebensverhältnisse

Der Unterhaltsbedarf eines getrennt lebenden/geschiedenen Ehegatten richtet sich nach den – im Trennungsunterhalt (§ 1361 Abs. 1) wie im nachehelichen Unterhalt (§§ 1570 ff.) identischen – ehelichen Lebensverhältnissen. **Zentraler Maßstab** für die Bestimmung der ehelichen Lebensverhältnisse ist das für die **allgemeine Lebensführung verfügbare Einkommen** der Ehegatten. Hierzu rechnen nicht nur das/die unterhaltsrelevant bereinigte/n Nettoeinkommen als Geldeinnahme/n, sondern auch Sachentnahmen (etwa Verwendung von Eigenprodukten für den Lebensbedarf) oder andere vermögenswerte (Gebrauchs-)Vorteile nach § 100, die bei der Ermittlung des unterhaltsrechtlich relevanten Einkommens grundsätzlich – ggf. im Wege der Schätzung – mit ihrem Geldwert zu veranschlagen und in die Einkommensberechnung einzustellen sind.[124] Da über den **63**

---

119 BGHZ 175, 182 = BGH FamRZ 2008, 968 = FuR 2008, 297 unter Hinweis auf Klinkhammer FamRZ 2008, 193, 197 f.
120 BGH FamRZ 1999, 367, 368.
121 BGH FamRZ 2012, 281; BVerfG FamRZ 2011, 437.
122 BVerfG FamRZ 2002, 527; BGH FamRZ 2012, 281.
123 Wendl/Gerhardt § 4 RN 440; BGH FamRZ 2006, 683.
124 BGH FamRZ 2005, 97 = FuR 2005, 23; grundlegend bereits BGH FamRZ 1987, 46, 48; im Einzelnen Kuckenburg/Perleberg-Kölbel FuR 2004, 160, 161.

(künftigen) Unterhalt **prognostisch** zu entscheiden ist,[125] sind im Rahmen der **unterhaltsrelevanten Bereinigung** des bisherigen Einkommens **Gewichtungen** bezüglich des **künftigen Einkommens** veranlasst.

3. Berücksichtigung nachehelicher Entwicklungen

63a Nach der nicht mehr anzuwenden Rechtsprechung über die Berücksichtigung nachehelicher Veränderungen auf den Unterhaltsbedarf bleibt es bei einer Bemessung des Unterhaltsbedarfes nach den Einkünften und Belastungen, die im Zeitpunkt der Rechtskraft der Ehescheidung bestehen. Die aktuelle Rechtsprechung des BGH[126] führt dazu, dass die ursprünglichen bis zur Entwicklung der Rechtssprechung zu den wandelbaren Lebensverhältnissen ergangenen Entscheidungen wieder zu beachten sind.

Veränderungen der rechtlichen oder tatsächlichen Verhältnisse nach Eintritt der Rechtskraft der Ehescheidung sind nur dann auf der Bedarfsebene zu beachten, wenn sie auch bei gedachter fortbestehen der Ehe eingetreten wären oder jedenfalls mit hoher Wahrscheinlichkeit im Zeitpunkt des Eintritts der Rechtskraft der Ehescheidung zu erwarten waren.[127]

a) Einkommensminderungen

63b Verschlechterungen der Einkommensverhältnisse sind demnach zu beachten, wenn sie auch bei Fortbestand der Ehe mit hoher Wahrscheinlichkeit eingetreten wären und sich die Ehegatten auf eine solche Verschlechterung einstellen mussten.[128] Dies gilt insbesondere für den Eintritt von Arbeitslosigkeit oder Rentenbezug während der Ehezeit.[129] Auch sonstige Einkommenseinbußen, die unabhängig von der Ehescheidung eingetreten sind und nicht von dem Unterhaltsberechtigten oder Unterhaltsverpflichteten zu vertreten sind, wirken sich auf den Bedarf aus, wie etwa der Fortfall von Fahrtkostenerstattungen oder ähnliches.[130] Dass die Verschlechterung der Einkommensverhältnisse nicht vorwerfbar sein darf, ergibt sich aus allgemeinen Grundsätzen.[131] Teilweise sind auch solche Aufwendungen einkommensmindernd zu berücksichtigen, die bewusst vom Unterhaltsberechtigten oder Unterhaltsverpflichteten eingegangen wurden, ohne dass ihnen insoweit ein Unterhaltsbezogener Vorwurf gemacht werden kann. Dies gilt beispielsweise für das Entstehen von Kosten, die durch den Eintritt in eine Religionsgemeinschaft verursacht werden.[132]

63c Bei einer Verschlechterung der Einkommensverhältnisse durch Entstehung neuer Unterhaltsverpflichtungen ist zu unterscheiden:

Wurde das Kind vor der Ehescheidung geboren, ist diese Unterhaltsverpflichtung und ggf. auch die Verpflichtung nach § 1615 l BGB in jeder Hinsicht zu berücksichtigen.[133] Entsprechendes dürfte dann gelten, wenn sich im Zeitpunkt der Ehescheidung die Geburt eines weiteren nichtehelichen Kindes abzeichnet.

---

125 BGH FamRZ 2010, 869 = FuR 2010, 394 (Berufungsurteil: OLG Düsseldorf FamRZ 2008, 1254); s. auch OLG Naumburg FF 2002, 67 mit Anm. Büttner – vorläufige Prognose zur Befristung.
126 BGH FamRZ 2012, 181 ff.
127 BGH FamRZ 2012, 281.
128 BVerfG FamRZ 2011, 437; BGH FamRZ 2012, 281 ff; BGH FamRZ 1986, 148, 149.
129 BGH FamRZ 2005, 1479, 1488.
130 BGH FamRZ 2012, 281 ff.; BGH FamRZ 1982, 575, 576.
131 BVerfG FamRZ 2011, 437 ff.
132 BGH FamRZ 2007, 793 = FuR 2007, 276
133 BGH FamRZ 2012, 281.

Die Unterhaltsverpflichtung gegenüber einem neuen Ehepartner ist bei der Bedarfbestimmung ebenso wenig beachtlich, wie die Unterhaltsverpflichtung gegenüber einem Kind, dass nach der Ehescheidung gezeugt wurde.[134]

(zur Zeit nicht besetzt)   64-68

Unterhaltsgläubiger wie auch Unterhaltsschuldner dürfen nach der Rechtsprechung des BGH von   69
ihren Einkünften grundsätzlich neben der gesetzlichen Altersvorsorge eine zusätzliche (»sekundäre«) Altersvorsorge betreiben, die unterhaltsrechtlich beim Elternunterhalt bis zu 5 % des Bruttoeinkommens[135] und im Übrigen bis zu 4 % des Bruttoeinkommens betragen kann.[136] Dabei
kann es nicht darauf ankommen, ob die angemessene, zusätzliche Altersvorsorge bereits während
der Ehezeit betrieben wurde. Die unterbliebene (angemessene) Altersversorgung hat deshalb die
ehelichen Lebensverhältnisse auch dann geprägt, wenn die Einzahlung in die Altersversorgung
später, nach der Ehescheidung nachgeholt werden. Die Entstehung dieser Verpflichtung war
objektiv im Zeitpunkt der Scheidung vorhersehbar.[137] Der Unterhaltsverpflichtete oder Unterhaltsberechtigte darf nicht an einem übertrieben hohen Ausgabeverhalten zu Lasten der Altersversorgung festgehalten werden.

b) Einkommensverbesserungen

Auch dauerhafte **Verbesserungen** des **verfügbaren Einkommens** auf Seiten des Unterhaltsschuld-   70
ners nach der Trennung/Scheidung können sich bei der Bemessung der ehelichen Lebensverhältnisse **bedarfssteigernd** auswirken, wenn ihnen eine bereits **in der Ehe angelegte** (»eheprägende«)
Entwicklung zugrunde liegt, die aus der Sicht zum Zeitpunkt der Scheidung mit hoher Wahrscheinlichkeit zu erwarten war, **und** diese Erwartung die ehelichen Lebensverhältnisse bereits
geprägt hat (etwa allgemeine Lohnsteigerungen, üblicher beruflicher Aufstieg, Regelbeförderungen).[138] Gleiches gilt für den Unterhaltsberechtigten. Wird erstmals nach der Ehescheidung eine
wegen Kindesbetreuung oder Haushaltsführung unterbliebene Erwerbstätigkeit aufgenommen, so
sind die daraus erzielten Einkünfte eheprägend. Das Erwerbseinkommen stellt das »Surrogat« der
bis dahin erbrachten Haushalts- und Betreuungsleistungen dar.[139] Dies gilt selbst für fiktive Einkünfte (siehe oben RN 22) oder für Versorgungsleitungen für neue Partner und daraus erstmalig
erzielte Einkünfte (RN 26).

Vermögenseinkünfte haben die ehelichen Lebensverhältnisse geprägt, wenn sie in der Ehe angelegt
waren. Dies gilt beispielsweise auch für Zinseinkünfte aus dem Verkauf einer bis zur Ehescheidung
vorhandenen Immobilie.[140] Auch Zinsen aus dem bezahlten Zugewinnausgleich sind eheprägend.[141]

---

134 BGH FamRZ 2012, 281.
135 BGH FamRZ 2004, 792, 793 = FuR 2004, 222 = FuR 2006, 513.
136 BGHZ 163, 84, 97 ff. = BGH FamRZ 2005, 1817, 1821 f. = FuR 2005, 555 = FamRZ 2007, 793, 795
     = FuR 2007, 276; BGH FamRZ 2009, 1207 = FuR 2009, 530.
137 Vgl. BGH FamRZ 2012, 281 = FuR 2012, 180
138 BGH FamRZ 1987, 459, 460; BGHZ 171, 206 = BGH FamRZ 2007, 793 = FuR 2007, 276 (Beru-
     fungsgericht: OLG Hamm FamRZ 2005, 1177 = FuR 2005, 332) im Anschluss an das Senatsurteil
     BGHZ 166, 351 = BGH FamRZ 2006, 683 = FuR 2006, 266; BGH FamRZ 2006, 387 = FuR 2006,
     180 (Berufungsgericht: OLG Hamburg FamRZ 2003, 1108); BGHZ 171, 206 = FamRZ 2007, 793,
     795 = FuR 2007, 276; BGHZ 175, 182 = BGH FamRZ 2008, 968 = FuR 2008, 297; 179, 196 = BGH
     FamRZ 2009, 411 = FuR 2009, 159.
139 BGH FamRZ 2005, 1979, 1981.
140 BGH FamRZ 2009, 23.
141 BGH FamRZ 2008, 963.

Nicht eheprägend sind Vermögenseinkünfte aus einer nach der Trennung oder Ehescheidung angefallenen Erbschaften oder einem Gewinn aus einer Lotterie etc.[142] Gleiches gilt auch für sonstige Kapitaleinkünfte, die aus Vermögenswerten stammen, die während der Ehezeit nicht vorhanden waren und nicht Surrogat von veräußerten aus der Ehezeit stammenden Vermögenswerten darstellen.[143]

71 Unerwartete **Einkommenssteigerungen** ab **Trennung/Scheidung** dürfen jedoch bei der Bemessung der ehelichen Lebensverhältnisse grundsätzlich dann nicht herangezogen werden, wenn sie nicht auf dem Zusammenleben der Ehegatten vor der Trennung/Scheidung, sondern auf einer **unerwarteten, ungewöhnlichen,** vom **Normalverlauf erheblich abweichenden beruflichen Entwicklung** (»**Karrieresprung**«) beruhen:[144] Das sog. »Spiegelbildprinzip« (Art. 6 GG) verbietet es, den getrennt lebenden/geschiedenen Ehegatten besser zu stellen, als er während der Ehe stand oder aufgrund einer absehbaren Entwicklung ohne die Scheidung stehen würde.[145]

Auch Veränderungen der Erwerbstätigkeit, die nur wegen der Trennung- Scheidung eintreten konnten sind ebenfalls nicht zu berücksichtigen. Dies gilt zum Beispiel für einen trennungs- und scheidungsbedingten Orts- und Berufswechsel sowie für die Aufnahme einer Erwerbstätigkeit, die bei Aufrechterhaltung der Ehe nicht möglich gewesen wäre (beispielsweise Erwerbstätigkeit mit langen Auslandsaufenthalten). Auch die Änderung der Art der Erwerbstätigkeit kann dazu führen, dass höhere Einkünfte nach Trennung durch einen Wechsel seines Einsatzes vom Nahverkehr in den Fernverkehr ein höheres Einkommen, so ist von einer ungewöhnlichen, nicht eheprägenden Entwicklung auszugehen, wenn die Trennung der Eheleute Anlass für diesen Wechsel war.

72 (zur Zeit nicht besetzt)

73 Hat etwa der Unterhaltsschuldner nach der Trennung die ihm erst dann zur Verfügung stehende Freizeit, die er während des ehelichen Zusammenlebens mit der Familie verbracht hat, für seine berufliche Fortbildung eingesetzt und deshalb einen **beruflichen Aufstieg** erreicht, ist die darauf beruhende Einkommenssteigerung bei der Unterhaltsbemessung zugunsten der unterhaltsberechtigten Ehefrau nicht zu berücksichtigen.[146] Wird der Berechnung des nachehelichen Unterhalts fiktiv das Einkommen des Unterhaltsschuldners vor einem **Karrieresprung** zugrunde gelegt, so kann der Unterhaltsschuldner von diesem fiktiven Einkommen nicht den erhöhten, aus dem tatsächlich erzielten Einkommen berechneten Kindesunterhalt in Abzug bringen.[147]

74 Allerdings ist die berufliche Karriere des Unterhaltsschuldners mit der Folge einer erheblichen Einkommenssteigerung jedenfalls dann während der Ehe »angelegt«, wenn die Grundlage hierfür bereits durch ein während der Ehe erfolgreich absolviertes Fachhochschulstudium gelegt wurde

---

142 BGH FamRZ 2006, 387.

143 BGH FamRZ 2007, 1532.

144 BGHZ 171, 206 = BGH FamRZ 2007, 793 = FuR 2007, 276 (Berufungsgericht: OLG Hamm FamRZ 2005, 1177 = FuR 2005, 332) im Anschluss an das Senatsurteil BGHZ 166, 351 = BGH FamRZ 2006, 683 = FuR 2006, 266; BGH FamRZ 2006, 387 = FuR 2006, 180 (Berufungsgericht: OLG Hamburg FamRZ 2003, 1108); 2007, 793, 795; BGHZ 175, 182 = BGH FamRZ 2008, 968 = FuR 2008, 297; BGHZ 179, 196 = BGH FamRZ 2009, 411 = FuR 2009, 159; so bereits BGH FamRZ 1990, 1085; BGHZ 148, 105 = BGH FamRZ 2001, 986 = FuR 2001, 306; BGH FamRZ 2006, 317 = FuR 2006, 129 im Anschluss an BGH FamRZ 2002, 88 = FuR 2002, 26; zum Karrieresprung im Unterhaltsrecht eingehend Clausius FF 2006, 233 ff.

145 BGHZ 171, 206 = BGH FamRZ 2007, 793 = FamRZ 2008, 968 = FuR 2008, 297; 179, 196 = FamRZ 2009, 411 = FuR 2009, 159 (Berufungsurteil OLG Düsseldorf FamRZ 2007, 1815); 2009, 579 (Berufungsurteil: OLG Celle FamRZ 2007, 1821 – Ernennung zum Oberarzt als bloße Fortsetzung der schon in der Ehe angelegten Lebensverhältnisse); 2010, 869 = FuR 2010, 394 (Berufungsurteil: OLG Düsseldorf FamRZ 2008, 1254); s. auch OLG Celle FamRZ 2005, 1746 zu einem bereits während der Ehe absehbaren Insolvenzverfahren.

146 OLG Koblenz FamRZ 2003, 1109.

147 OLG Schleswig FamRZ 2006, 209 (Ls).

(sog. »**asymmetrische Ausbildungsehe**«). Dies gilt auch dann, wenn die berufliche Entwicklung nach der Scheidung nur mit einem verstärkten Arbeitseinsatz und Erweiterung der im Studium und in den ersten Berufsjahren erworbene Kenntnisse und Qualifikationen vollzogen werden konnte.[148]

Maßgeblicher **Zeitpunkt** für die Prüfung, ob beim nachehelichen Unterhalt ein **Karrieresprung**   75 und damit eine vom Normalverlauf abweichende Entwicklung vorliegt, ist die **Trennung**[149] und nicht erst die Scheidung:[150] Beruht ein »Karrieresprung« des Unterhaltsschuldners auf einer unerwarteten Entwicklung des Einkommens, die erst nach der Trennung/Scheidung der Eheleute eingetreten ist, ist die dadurch erzielte Einkommenssteigerung nicht prägend für die ehelichen Lebensverhältnisse und unterhaltsrechtlich bei der Bedarfsbemessung grundsätzlich nicht zu berücksichtigen.[151]

Äußerst schwierig ist die Frage eines sog. Karrieresprungs bei **Arbeitnehmern** zu entscheiden.   76 Erzielt ein Berufskraftfahrer nach der Trennung durch einen Wechsel seines Einsatzes vom Nah- in den Fernverkehr höheres Einkommen, dann ist dieses für die Bemessung des nachehelichen Unterhalts auch dann maßgeblich, wenn Anlass für diesen Wechsel die Trennung der Eheleute war.[152] In der **freien Wirtschaft** ist für die Prüfung der Frage, ob ein Karrieresprung durch Wechsel einer Tätigkeit vorliegt, wesentliches Indiz, ob eine über das übliche Maß hinausgehende Einkommenssteigerung vorliegt.[153] Von einem Karrieresprung, dessen Mehrertrag die ehelichen Lebensverhältnisse nicht geprägt hat, kann auszugehen sein, wenn der Unterhaltsschuldner in einem anderen Tätigkeitsbereich oder in einer anderen Funktion tätig wird und infolgedessen mehr als 20 % mehr verdient als vorher.[154] Ein ähnlicher Maßstab sollte auch bei Selbstständigen und Freiberuflern eingesetzt werden, und zwar selbst dann, wenn die Art der Erwerbstätigkeit nicht geändert wird. Sind die ehelichen Lebensverhältnisse durch ein bestimmtes Einkommen des Unternehmers oder Freiberuflers geprägt worden und findet nach Trennung oder Scheidung eine Steigerung der eheprägenden Einkünfte von mehr als 20 % statt, ist dieses höhere Einkommen nicht eheprägend, weil es das Konsumverhalten und damit den Bedarf während der Ehezeit nicht geprägt hat.

Die Regelbeförderung bei Beamten hat die ehelichen Lebensverhältnisse auch dann geprägt, wenn die Beförderung erst nach Eintritt der Rechtskraft der Ehescheidung oder der Trennung stattfindet. Dies gilt nicht für die Leistungsbeförderung. Sie ist regelmäßig nicht eheprägend.[155] (Siehe auch Rdn. 77a).

Hat der unterhaltsberechtigte Ehegatte politische Mandate innegehabt und darüber hinaus neben   77 der Haushaltsführung/Kinderbetreuung die politische Karriere des Unterhaltsschuldners begleitet und gefördert, prägt dies die ehelichen Lebensverhältnisse, ohne dass es darauf ankommt, ob eine Entlohnung gewährt wurde. In einem solchen Fall liegt es nicht völlig außerhalb einer normalen

---

148   OLG Celle FamRZ 2005, 704 – im entschiedenen Fall das Dreifache des zuvor erzielten Einkommens; zur außergewöhnlichen Einkommensentwicklung s. auch OLG Düsseldorf FuR 2006, 89.
149   OLG Schleswig NJW-RR 2004, 147.
150   OLG München FuR 2003, 328.
151   OLG Schleswig NJW-RR 2004, 147; OLG Nürnberg FamRZ 2004, 1212 – Beförderung des Unterhaltsschuldners nach der Scheidung vom Sonderschullehrer (Besoldungsgruppe A 13) zum Konrektor an einer Sonderschule (Besoldungsgruppe A 14 L).
152   OLG Köln FamRZ 2001, 1374 – die Tätigkeit als Fernfahrer sei in der Ehe angelegt gewesen, und es sei nicht ungewöhnlich, dass ein Berufskraftfahrer im Verlaufe seines Arbeitslebens zunächst im Nahverkehr und dann im Fernverkehr und umgekehrt arbeite.
153   OLG München FuR 2003, 328.
154   OLG Köln NJW-RR 2004, 297; s.a. Rdn. 77b.
155   Wendl/Gerhardt § 4 Rn. 574; Zur Einkommensverbesserung Selbstständiger siehe auch BGH FamRZ 1982, 576, 578.

Entwicklung, dass nach der Trennung die nunmehr nicht mehr für diesen Zweck gebrauchten Kapazitäten umgeschichtet und für eine Erwerbstätigkeit eingesetzt werden.[156]

77a Ansonsten ist die Rechtsprechung zur Abgrenzung von in der Ehe angelegten Einkommenssteigerungen und unwöhnlichen Entwicklungen (Karrieresprung) stark Einzelfall geprägt.[157] So liegt eine eheprägende Erhöhung der Einkünfte üblicherweise bei Regelbeförderungen vor.[158] Gleiches gilt für die absehbare und übliche berufliche Weiterentwicklung in der freien Wirtschaft.[159] Eine Leistungsbeförderung stellt grundsätzlich einen Karrieresprung dar. Es sei denn, dass diese bereits im Zeitpunkt der Trennung oder Scheidung unmittelbar bevorstand und absehbar war.[160]

Einkommensveränderungen, die durch eine im Zeitpunkt der Trennung oder Scheidung bereits absehbarer alsbaldige Beendigung der Berufsausbildung eintreten, sind hingegen eheprägend.[161]

77b Bei selbstständig Tätigen und Unternehmern fällt die zutreffende Einordnung von Einkommenserhöhung oder Ermäßigungen schwer. Auch erhebliche, weit über dem Durchschnitt liegende Einkommenssteigerungen werden immer noch aus dem gleichen Betrieb oder der gleichen freiberuflichen Praxis erzielt. Die Art der Tätigkeit ändert sich in diesen Fällen regelmäßig nicht. Wann Einkommensverbesserungen bei Selbstständigen oder Freiberuflern nicht mehr eheprägend sind, ist unter Berücksichtigung des Sinns und Zwecks des § 1578 Abs. 1 zu berücksichtigen. Dem unterhaltsberechtigten Ehegatten soll grundsätzlich der während der Ehezeit geschaffene Lebensstandard erhalten bleiben. Ihm sollen die Mittel zustehen, die er benötigt, um seinen bisherigen Lebensstandard aufrecht zu erhalten. Die Beteiligung nach der Trennung oder Ehescheidung eingetretenen ungewöhnlich hohen Einkommenssteigerungen sind dafür nicht erforderlich. Sie stehen in einem Zusammenhang mit dem ursprünglich, während der Ehezeit geschaffenen Bedarf. Sei es auch bei Selbstständigen und Unternehmern auf den Umfang der Einkommenssteigerung zur Abgrenzung zwischen bedarfprägenden und nicht bedarfsprägenden Einkünften abzustellen. Eine Einkommenssteigerung, die 20 % oder mehr überschreitet, ist in keinem Fall eheprägend.[162]

78-79 (zur Zeit nicht besetzt)

c) Veränderungen in den persönlichen Verhältnissen

80 Bei der Bemessung des nachehelichen Unterhalts nach den ehelichen Lebensverhältnissen (§ 1578 Abs. 1 Satz 1) können auch **sonstige spätere Veränderungen** in den maßgeblichen **persönlichen Verhältnissen** des **Unterhaltsschuldners** (Hinzutritt weiterer Unterhaltspflichten) den Bedarf des geschiedenen Ehegatten beeinflussen, wenn sie zu Minderungen des dem Unterhaltsschuldner verfügbaren Einkommens führen, wenn sie entweder bereits im Zeitpunkt der Eheschließung eingetreten waren oder unmittelbar bevorstanden.[163]

80a Die erneute Eheschließung und daraus entstehende Unterhaltslasten sind daher nicht zu berücksichtigen. Sie setzt die vorherige Ehescheidung denklogisch voraus und kann deshalb die stichtags-

---

156 OLG Zweibrücken FuR 2001, 24 = NJW-RR 2001, 220 – Bürgermeister; s. auch OLG Stuttgart FamRZ 2001, 482 – Engagement einer Pfarrersehefrau in den von ihrem Ehemann betreuten Gemeinden.

157 Kritik dazu bei Wendl/Gerhardt § 4 Rn. 558.

158 BGH FamRZ 1982, 684, 686; BGH FamRZ 2010, 869; BGH FamRZ 2009, 411; OLG Hamm FamRZ 1990, 361; OLG Köln FamRZ 1993, 711.

159 BGH FamRZ 1990, 1090; BGH FamRZ 1988, 156; Wendl/Gerhardt § 4 RN 573.

160 BGH FamRZ 2007, 1232; BGH FamRZ 2009, 411; BGH FamRZ 1985, 791; OLG Hamm FamRZ 1990, 65; OLG Düsseldorf FamRZ 192, 1439; OLG Hamm FamRZ 1994, 515; OLG Koblenz FamRZ 1999, 1079.

161 BGH FamRZ 1986, 148.

162 BGH FamRZ 1982, 576, 578 sowie Wendl/Gerhardt § 4 Rn. 558.

163 BGH FamRZ 2012, 281

geprägten ehelichen Lebensverhältnisse nicht beeinflussen.[164] Gleiches gilt auch für Einkommenssteigerungen, die Folge einer neuen Eheschließung sind, wie etwa der Splittingvorteil aus der neuen Ehe.[165] Ebenso sind sonstige familienbezogenen Leistungen wegen einer erneuten Eheschließung nicht zu beachten, wie etwa Familienzuschläge für nicht gemeinsame Kinder.[166]

Unterhaltsverpflichtungen gegenüber Kindern, die nach der Eheschließung geboren werden und **80b** aus einer neuen Beziehung stammen sind nicht zu berücksichtigen.[167] Kinder, die vor der Ehescheidung geboren wurden oder deren Geburt sich im Zeitpunkt der Ehescheidung abzeichnete sind zu berücksichtigen. Gleiches gilt für Unterhaltsverpflichtungen nach § 1615l BGB, die vor der Ehescheidung entstanden oder im Zeitpunkt der Ehescheidung absehbar waren.[168]

War das nichteheliche Kind im Zeitpunkt der Ehescheidung noch nicht geboren oder noch nicht gezeugt, so sind spätere Unterhaltsverpflichtungen gegenüber dem Kind und der Mutter des Kindes (§ 1615l BGB) nach allgemeinen Grundsätzen zu beachten. Dies führt dazu, dass jedenfalls der Unterhaltsbedarf durch diese späteren Unterhaltsverpflichtungen nicht geprägt wird. Allerdings können solche Unterhaltsverpflichtungen im Rahmen der Leistungsfähigkeit berücksichtigt werden.[169] Ob in Bezug auf Unterhaltsverpflichtungen gegenüber weiteren Kindern oder der Mutter eines weiteren Kindes strikt auf die Zeit der Geburt oder auf die Zeugung abgestellt werden muss, ist offen. Nach älteren Rechtsprechungen ist ausschließlich auf den Zeitpunkt der Geburt abgestellt worden.[170] Ob diese Rechtsprechung aufrecht erhalten bleiben kann, muss vor dem Hintergrund der mit der jüngsten Entscheidung des BGH[171] entwickelten Grundsätzen bezweifelt werden. Maßgeblich dürfte es auch insoweit auf die Absehbarkeit der weiteren Verpflichtungen im Zeitpunkt der Ehescheidung ankommen.

Soweit der Unterhaltsberechtigte nicht eheprägende Einkünfte erzielt (Karrieresprung, Erwerb **80c** weiteren Vermögen/Erbschaften etc.) sind diese Einkünfte nicht im Wege der Differenz- oder Additionsmethode, sondern stattdessen im Wege der Anrechnungsmethode in voller Höhe auf den Unterhaltsbedarf anzurechnen.[172]

(zur Zeit nicht besetzt) **81-82**

Gleiches gilt auch für eine Verringerung des Nettoeinkommens, wenn der Unterhaltsschuldner **83** nach Rechtskraft der Ehescheidung in eine Religionsgemeinschaft eingetreten ist und sich dadurch sein Nettoeinkommen verringert: Der Unterhaltsgläubiger hätte bei fortbestehender Ehe den Kircheneintritt akzeptieren und die Verringerung des verfügbaren Nettoeinkommens mit tragen müssen; dann kann ihm auch die Scheidung nicht das Risiko einer solchen – auch den Unterhaltsschuldner treffenden – Verringerung des verfügbaren Einkommens abnehmen.[173]

(zur Zeit nicht besetzt) **84-88**

---

164 BVerfG FamRZ 2011, 437; BGH FamRZ 2012, 281.
165 BGH FamRZ 2012, 281; OLG Düsseldorf FamRZ 2011, 1953.
166 BGH FamRZ 2007, 793; BGH FamRZ 2008, 1911; Schörmann FamRZ 2012, 924; Kleffmann/Soyka Kapitel IX Rn. 364.
167 BGH FamRZ 2012, 525 sowie BGH FamRZ 2012, 281; Schörmann FamRZ 2012, 923.
168 BGH FamRZ 2012, 281.
169 BGH FamRZ 2012, 281 = FuR 2012, 180.
170 BGH FamRZ 2003, 363, 365.
171 BGH FamRZ 2012, 281.
172 siehe dazu auch Wendl/Gutdeutsch § 4 Rn. 818 ff.
173 BGHZ 171, 206 = BGH FamRZ 2007, 793 = FuR 2007, 276 (Berufungsgericht: OLG Hamm FamRZ 2005, 1177 = FuR 2005, 332).

4. Auswirkungen einer weiteren Eheschließung auf die Höhe des Unterhaltsbedarfes

88a Die erneute Eheschließung wirkt sich nicht (mehr) auf die Höhe des Unterhaltsbedarfes aus. Bis zur Entscheidung des BVerfG[174] war nach der Rechtsprechung des BGH auch die durch eine spätere Eheschließung verursachte Veränderung der wirtschaftlichen Verhältnisse bereits bei der Bestimmung des Unterhaltsbedarfes zu beachten.[175] Diese Rechtsprechung musste nunmehr wegen der bereits angesprochenen Entscheidung des BVerfG aufgegeben werden. Der BGH ist bei der Bestimmung des Bedarfes zu der alten Rechtsprechung zurückgekehrt. Danach sind die bis zur Ehescheidung eingetretenen Verhältnisse maßgeblich. Spätere Veränderungen sind nur dann zu beachten, wenn sie auch bei Fortbestehen der Ehe eingetreten wären oder in anderer Weise in der Ehe angelegt waren und ihr Eintritt mit hoher Wahrscheinlichkeit zu erwarten war, wobei die Änderung der Verhältnisse dann kurze Zeit nach Eheschließung eingetreten sein muss. Die erneute Eheschließung zählt nicht dazu. Sie setzt die Beendigung der ersten Ehe voraus.[176] Unterhaltsverpflichtungen, die aus einer neuen Ehe erwachsen sind daher allenfalls im Rahmen der Leistungsfähigkeit zu beachten.

89-96 (zur Zeit nicht besetzt)

V. Darlegungs- und Beweislast für die Gestaltung der ehelichen Lebensverhältnisse

97 Der Unterhaltsgläubiger trägt grundsätzlich die Darlegungs- und Beweislast für die **Gestaltung der ehelichen Lebensverhältnisse**, von denen er seinen Lebensbedarf und damit seinen Unterhaltsanspruch ableitet.

1. Grundsatz

98 Der Unterhaltsgläubiger ist für die **Gestaltung** der ehelichen Lebensverhältnisse, damit für den **Unterhaltsmaßstab** gem. § 1578 und somit für die **Voraussetzungen** des **eheangemessenen Unterhalts** darlegungs- und beweisbelastet: Er muss darlegen, wie die ehelichen Lebensverhältnisse, von denen er seinen Unterhaltsanspruch der Höhe nach ableitet, mit Aktiven und Passiven gestaltet waren, und seine Behauptungen im Bestreitensfall beweisen.[177] Er trägt des weiteren die Darlegungs- und Beweislast für die **gegenwärtigen beiderseitigen Einkommens-** und **Vermögensverhältnisse**; dazu gehören auch Tatsachen, die zugleich die Leistungsfähigkeit des unterhaltspflichtigen Ehegatten bestimmen und daher an sich zu dessen Beweissphäre gehören. Die Darlegungs- und Beweislast bezieht sich auch auf ein behauptetes Auseinanderklaffen zwischen den aktuellen Verhältnissen und den ehelichen Lebensverhältnissen.[178] Ist der Bedarf anhand einer der in der Praxis anerkannten Quoten bemessen worden, bedarf es zur Darlegung der Angemessenheit der Quote keiner weiteren Ausführungen und keines Beweises. Legt der Unterhaltsgläubiger plausibel ein bestimmtes Einkommen dar, etwa anhand des bisherigen Konsumverhaltens, der genutzten Pkw, der Hauslasten und der Urlaubsgewohnheiten, so darf sich die andere Partei nicht auf bloßes Bestreiten beschränken; sie muss vielmehr von sich aus die (auch beiderseitigen) Einkommensverhältnisse im Einzelnen darlegen und notfalls beweisen. Enthält sich der Unterhaltsschuldner allerdings einer einlassungsfähigen Darlegung seiner Einkünfte, dann ist das Vorbringen des Unterhalt begehrenden Ehegatten als zugestanden anzusehen.[179]

---

174 BVerfG FamRZ 2011, 437 = FuR 2011, 220.
175 BGH FamRZ 2008, 297.
176 BGH FamRZ 2012, 281.
177 BGHZ 89, 108 = BGH FamRZ 1984, 149; FamRZ 1990, 1085; OLG München FamRZ 1999, 1512.
178 OLG Hamm FamRZ 2000, 1017 (Ls).
179 OLG Celle OLGR 2002, 219.

2. Veränderung der wirtschaftlichen Lage nach Trennung/Scheidung

Die Darlegungs- und Beweislast dafür, dass die für die ehelichen Lebensverhältnisse maßgebenden **99** Einkommensverhältnisse der Ehegatten seit der Trennung/Scheidung eine **unerwartete, vom Normalverlauf erheblich abweichende Entwicklung** genommen haben, trägt im Unterhaltsverfahren diejenige **Partei**, die daraus **Rechte herleitet**.[180] Der **Unterhaltsgläubiger** muss darlegen und beweisen, dass diese Veränderungen nach Trennung/Scheidung ausnahmsweise eheprägend waren, dass also eine Einkommensveränderung nach der Trennung/Scheidung dem gemeinsamen Lebensplan entsprach und demzufolge als eheprägend in die Bedarfsbemessung einzustellen ist.[181] Behauptet der **Unterhaltsschuldner** eine seit der Trennung/Scheidung abweichende außergewöhnliche Entwicklung, dass also vorhandene Einkünfte nicht eheprägend sind, dann ist er insoweit darlegungs- und beweispflichtig.[182] Er trägt auch die Darlegungs- und Beweislast für alle Voraussetzungen, unter denen der Unterhalt **begrenzt** werden kann (§ 1578b).[183]

3. Darlegungs- und Beweislast im Rahmen der konkreten Bedarfsermittlung

Wer **konkreten Unterhalt** begehrt, trägt insgesamt für seinen aus den ehelichen Lebensverhältnis- **100** sen **abgeleiteten Lebensbedarf** die volle Darlegungs- und Beweislast. Er muss jetzt ganz konkret vortragen, wie das seitherige »Budget« der Parteien beschaffen war, welchen Lebensbedarf er sicherstellen konnte, und in welchem Umfange er hierfür monatlich Geld ausgeben konnte. Im Rahmen der **konkreten Bedarfsermittlung** hat der Unterhaltsgläubiger seine Bedarfsposten zusammenzustellen (etwa die Kosten für Instandhaltung und Pflege des bewohnten Hauses und Grundbesitzes, für Haltung und Wartung eines Pkw, für Personal – z.B. Gärtner, Haushaltshilfe, Putzhilfe –, für privaten Bedarf – z.B. Kleidung, Kosmetik, Friseur etc. –, für angemessene Freizeitgestaltung – etwa in der Form kultureller und sportlicher Betätigung, wobei sich letztere nach dem Lebensalter und dem Gesundheitszustand des Unterhaltsgläubigers ausrichten wird (etwa: Golf spielen statt des in der Familie üblichen Reitens) –, für Reisen und Erholungsaufenthalte in dem in der Ehe geübten gehobenen Zuschnitt, uvam). Bei dem Ansatz der allgemeinen Lebenshaltungskosten kann unter Umständen auf die **Höhe** eines **früher verfügbaren Haushaltsgeldes** abgestellt und danach der jeweilige entsprechende Anteil ermittelt werden. Auf der Grundlage einer derartigen Zusammenstellung der Ausgaben in den einzelnen Lebensbereichen unter Nachweis **entsprechenden Konsumverhaltens** kann die Höhe des eheangemessenen Unterhalts (gegebenenfalls durch Schätzung) zu ermitteln und festzulegen sein.[184] Soweit der unterhaltsberechtigte Ehegatte keine Kenntnis von den wirtschaftlichen Verhältnissen hat und ihm insbesondere auch nicht bewusst ist, welche Ausgaben während der Ehezeit für den ehelichen Konsum zur Verfügung standen, kann er verlangen, dass der Unterhaltspflichtige die Höhe seiner Einkünfte und Vermögensaufwendungen offen legt, so dass der eheangemessene Bedarf konkret bestimmt werden kann.

4. Negative Tatsachen

Ist der Unterhaltsgläubiger für **negative Tatsachen** (etwa keine Minderung der Bedürftigkeit **101** durch ausreichende Eigeneinkünfte und/oder keine Minderung des Lebensbedarfs durch prägende Verbindlichkeiten) beweisbelastet, dann muss der Unterhaltsschuldner derartige Tatsachen zumindest so schlüssig und substantiiert vortragen, dass der Unterhaltsgläubiger den Gegenbeweis antreten kann. Weder das einfache Bestreiten des Unterhaltsgläubigers, er beziehe konkret dargelegte

---

180 BGH FamRZ 1983, 352.
181 BGHZ 89, 108 = BGH FamRZ 1984, 149; BGH FamRZ 1988, 701.
182 BGH FamRZ 1986, 244; OLG Hamm FamRZ 1998, 1602.
183 Palandt/Brudermüller § 1578 Rn. 81.
184 Zu allem BGH FamRZ 1994, 1169; Eschenbruch/Loy FamRZ 1994, 665 ff.; Büte FuR 2005, 385 mit Checkliste; s.a. Schwolow FuR 1997, 313.

Einkünfte nicht, noch der unsubstantiierte Vortrag des Unterhaltsschuldners, der andere Ehegatte erziele (weitere) Einkünfte, genügen prozessual.[185]

5. Doppelrelevante Tatsachen

102   Die zur Begründung der Ermittlung des Bedarfs herangezogenen Umstände, insb. auch die wirtschaftlichen Verhältnisse des Unterhaltsschuldners, sind auch für die Bemessung des angemessenen Eigenbedarfs des Unterhaltsschuldners erheblich (sog. **doppelrelevante Tatsachen**).[186] Hinsichtlich solcher doppelrelevanter Tatsachen, die sowohl für die Bedürftigkeit als auch für die Leistungsfähigkeit eine Rolle spielen, überschneiden sich Darlegungs- und Beweislast von Unterhaltsgläubiger und Unterhaltsschuldner.

103   Deshalb ist zu unterscheiden: Da sich der Bedarf nach den ehelichen Lebensverhältnissen und diese sich nach den wirtschaftlichen Verhältnissen der Ehegatten richten, trägt der Unterhaltsgläubiger auch die Darlegungs- und Beweislast für die Einkommens- und Vermögensverhältnisse des Unterhaltsschuldners. Macht der Unterhaltsgläubiger plausible Angaben zu seinem Bedarf, ist es jedoch Sache des Unterhaltsschuldners, die seine Einkommens- und Vermögensverhältnisse betreffenden Angaben substantiiert zu bestreiten. Er trägt deshalb die Beweislast dafür, dass der vom Unterhaltsgläubiger dargelegte Bedarf nicht zutrifft, letztlich also für seine Einkommens- und Vermögensverhältnisse, weil der Unterhaltsgläubiger außerhalb des von ihm darzulegenden Geschehensablaufs steht und keine nähere Kenntnis der maßgebenden Umstände hat, während der Unterhaltsschuldner diese Kenntnis über die vom Unterhaltsberechtigten behaupteten, seinem Wahrnehmungsbereich zuzuordnenden Tatsachen hat, und ihm nähere Angaben auch im Hinblick auf seine Auskunftsverpflichtung zumutbar sind.

104   Unter diesen Umständen kann dem Unterhaltsgläubiger nicht in jedem Fall aufgegeben werden, mit seinem Bedarf inzident auch die für die Leistungsfähigkeit des Unterhaltsschuldners maßgeblichen Tatsachen darzulegen und zu beweisen; er muss vielmehr davon freigestellt sein, wenn er lediglich den Mindestunterhalt beansprucht, weil in einem derartigen Fall seine Bedürftigkeit insoweit unstreitig ist: Dann obliegt es dem Unterhaltsschuldner, darzulegen und nachzuweisen, dass er zur Leistung des geforderten Mindestunterhalts außerstande ist.[187]

D. Lebensbedarf

105   Das Recht zur Teilhabe an dem bisherigen Lebensstandard begrenzt immanent gleichzeitig auch den Lebensbedarf und damit die Höhe des Unterhalts (s. etwa §§ 1573 Abs. 2, 1577 Abs. 2 – voller Unterhalt): Der getrennt lebende/geschiedene Ehegatten kann nicht mehr Unterhalt verlangen, als ihm – von einem objektiven Standpunkt aus betrachtet – während intakter Ehe zur Verfügung stand (**Grundsatz** der **Symmetrie**).

I. Begriff »voller Unterhalt«

106   Die **ehelichen Lebensverhältnisse** bilden damit **grundsätzlich** die **Obergrenze** für den angemessenen Lebens- und damit Unterhaltsbedarf.[188] **Ausnahmsweise** kann sich der Unterhalt eines Ehegatten über seinen Hälfteanteil an den ehelichen Lebensverhältnissen hinaus erhöhen, wenn und soweit besonderer Bedarf – **Vorsorge-**, **Mehr-** und/oder **Sonderbedarf** – zu berücksichtigen

---

185   Zur sekundären Beweislast bei negativen Tatsachen s.a. BGH Urt. vom 11.07.2012, XII ZR 72/10.
186   Zu den sog. doppelrelevanten Tatsachen s. auch OLG Karlsruhe FamRZ 1997, 1011.
187   BGHZ 89, 108 = BGH FamRZ 1984, 149; OLG München FamRZ 1994, 393; OLG Karlsruhe FamRZ 1997, 1011.
188   BGH FamRZ 1982, 255.

sind.[189] Der **volle Unterhalt** entspricht daher der **Hälfte** der **ehelichen Lebensverhältnisse (Quotenunterhalt)**[190] zuzüglich des **besonderen Bedarfs** (§ 1578 Abs. 1 Satz 4: »Der Unterhalt umfasst den gesamten Lebensbedarf«). Der Stamm des Vermögens ist nur in Ausnahmefällen anzutasten (§§ 1577 Abs. 3 für den Unterhaltsgläubiger, § 1581 Satz 2 für den Unterhaltsschuldner). Der anteilige Lebensbedarf umfasst nur **Bedarfsdeckung, nicht** aber **Vermögensbildung** soweit diese nicht der Altersvorsorge dient und angemessen ist.[191]

Lebt der Unterhaltsgläubiger im **Ausland**, dann sind für die Ermittlung seines gesamten Lebensbedarfs und damit seines Unterhalts diejenigen Geldbeträge maßgebend, die er an seinem Aufenthaltsort aufwenden muss, um den den ehelichen Lebensverhältnissen entsprechenden Lebensstandard aufrechtzuerhalten.[192] Dazu können diejenigen Vergleichswerte herangezogen werden, die im Statistischen Jahrbuch für die Bundesrepublik Deutschland zum Kaufkraftverhältnis zwischen der Bundesrepublik und dem betreffenden ausländischen Staat angegeben sind.[193] 107

II. Selbständige und unselbständige Bedarfsteile

Der **gesamte Lebensbedarf** als **Summe aller Bedürfnisse** setzt sich aus **unselbständigen** und **selbständigen Bedarfsteilen** zusammen. Alle unselbständigen Teile des Gesamtunterhalts sind (der Höhe nach) voneinander abhängig und dürfen daher nicht einzeln geltend gemacht werden; jeder Bedarfsteil, der im Elementarunterhalt nicht enthalten ist, ist daher im Unterhaltsantrag wie auch im Unterhaltsbeschluss **gesondert auszuweisen**; Mehrbedarf ist dem Elementarunterhalt hinzuzuaddieren. Kein Unterhaltsteil wird von Amts wegen zugesprochen, da es im freien Ermessen der Parteien liegt, neben dem Elementarunterhalt noch weitere Unterhaltsteile geltend machen.[194] Wird nur allgemein Unterhalt begehrt, ohne dass die tatsächlichen Voraussetzungen von Vorsorge-, Mehr- und/oder Sonderbedarf vorgetragen werden, darf das Gericht lediglich den Elementarunterhalt titulieren. Ein **Unterhaltsbegehren ohne nähere Bezeichnung** umfasst in aller Regel den **Gesamtunterhalt**, so dass Nachforderungen für die Vergangenheit entfallen.[195] 108

III. Elementarbedarf

Der **Elementarbedarf** (§ 1361 Abs. 1 Satz 1 für den Trennungsunterhalt und § 1578 für den nachehelichen Unterhalt) ist der regelmäßige lebensnotwendige Bedarf des täglichen Lebens, insb. die Aufwendungen für Wohnen, Ernährung, Kleidung, Erwerbsaufwand und Freizeitgestaltung aller Art sowie alle weiteren persönlichen und gesellschaftlichen Bedürfnisse. 109

IV. Vorsorgebedarf (Vorsorgeunterhalt)

Der **Vorsorgeunterhalt** ist Teil eines einheitlichen, den Lebensbedarf betreffenden Unterhaltsanspruchs.[196] Elementar- und Vorsorgeunterhalt können in getrennten Verfahren geltend gemacht werden.[197] Ein Rechtsstreit über den **ab Rechtshängigkeit** des **Scheidungsantrages** (s. § 1361 Abs. 1 Satz 2) bestehenden Anspruch des getrennt lebenden Ehegatten auf Vorsorgeunterhalt ist keine Folgesache.[198] Der Altersvorsorgeunterhalt (§ 1578 Abs. 3) muss gesondert und beziffert 110

189 BGH FamRZ 1985, 374.
190 BGH FamRZ 1983, 146.
191 BGH FamRZ 1985, 576; vgl. auch BGHZ 116, 184 = BGH FamRZ 1992, 291.
192 S. etwa BGH FamRZ 1992, 1060.
193 BGH FamRZ 1987, 682; ausführlich Wendl/Dose § 9 Rn. 38 ff.
194 BGH FamRZ 1985, 690.
195 BGH FamRZ 1985, 690.
196 BGH FamRZ 1982, 255.
197 BGH FamRZ 1982, 1187.
198 BGH FamRZ 1982, 781.

beantragt werden,[199] wird also nicht von Amts wegen zuerkannt. Das Gericht ist hingegen weder an die Berechnung noch an den Aufteilungsvorschlag des Vorsorgeunterhalt begehrenden Ehegatten gebunden;[200] allerdings hat es § 308 ZPO zu beachten.

111 Reichen die verfügbaren Mittel nicht aus, um den gesamten Bedarf zu befriedigen, sind der **Elementarbedarf** und der **Bedarf wegen Kranken- und Pflegevorsorge vorrangig**; der Altersvorsorgebedarf tritt zurück.[201] Altersvorsorgebedarf darf deshalb bereits dann **nicht** mehr zuerkannt werden, wenn nicht auf Seiten beider Eheleute der jeweilige Mindestbedarf (das Existenzminimum) gedeckt ist.[202]

1. Anspruchsgrundlagen

112 Bezüglich des **Vorsorgebedarfs** (»**Vorsorgeunterhalt**«) ist zwar hinsichtlich der **Anspruchsgrundlagen** zwischen Trennungsunterhalt (§ 1361 Abs. 1 Satz 2 bzw. § 1578 Abs. 2 **analog**) und nachehelichem Unterhalt (§ 1578 Abs. 2 und 3) zu differenzieren; die Norminhalte sind allerdings im Wesentlichen identisch. Wird im Rahmen eines Abänderungsantrages erstmals Vorsorgeunterhalt geltend gemacht, dann ist an denjenigen Betrag anzuknüpfen, auf den der Elementarunterhalt an sich zu erhöhen ist.[203]

a) Trennungsunterhalt (§ 1361 Abs. 1 Satz 2)

113 § 1361 Abs. 1 Satz 2 regelt neben dem Elementarunterhalt (§ 1361 Abs. 1 Satz 1) ausdrücklich nur den (Vorsorge-)Bedarf für den Fall des **Alters** und der **verminderten Erwerbsfähigkeit**; eine Regelung des (Vorsorge-)Bedarfs für den Fall der **Krankheit/Pflegebedürftigkeit** fehlt (ebenso auch eine § 1578 Abs. 2 korrespondierende Regelung betreffend ausbildungsbedingten Mehrbedarf für den Fall, dass im Rahmen des Trennungsunterhalts eine **Ausbildungsobliegenheit** oder aber ausnahmsweise ein **Anspruch** auf **Ausbildungsunterhalt** besteht, und insoweit eine Ausbildung, Fortbildung oder Umschulung notwendig ist).

114 Da der Unterhaltsgläubiger während der Trennung nicht schlechter gestellt werden darf als der Unterhaltsgläubiger im nachehelichen Unterhalt, dem § 1569 die volle Eigenverantwortung aufgebürdet hat, ist angesichts dieser Regelungslücke im Gesetz die für den nachehelichen Unterhalt geltende Vorschrift des § 1578 Abs. 2 **analog** anzuwenden, sowohl was den (Vorsorge-)Bedarf für den Fall der **Krankheit/Pflegebedürftigkeit** anlangt, als auch Aufwendungen im Rahmen **ausbildungsbedingten Mehrbedarfs**.[204] Wird der Unterhalt durch eine korrekte Bedarfsberechnung ermittelt, so ist der Altersvorsorgeunterhalt aus dem ermittelten Unterhaltsbedarf zu errechnen. Es kommt nicht zur Anwendung der Bremer Tabelle. Eine Obergrenze für den Vorsorgebedarf gibt es nicht.[205] Für die Höhe des Vorsorgebedarfes ist auf die übliche Quote (gesetzlicher Rentenversicherungsbeitrag) abzustellen. Dies sind derzeit 19,6 % des Bruttoeinkommens, hier des konkreten Unterhaltsbedarfes. Ob dem Unterhaltsberechtigten insoweit auch eine um 4 % erhöhte Quote zugebilligt werden kann, ist streitig.[206]

b) Nachehelicher Unterhalt (§ 1578 Abs. 2 und 3)

115 § 1578 normiert als Teil des Lebensbedarfs im Rahmen des nachehelichen Unterhalts auch – zweckgebunden – die Kosten einer angemessenen Versicherung für den Fall der **Krankheit/Pflegebedürf-**

199 OLG Hamm FamRZ 1997, 1278.
200 BGH FamRZ 1985, 912.
201 BGH FamRZ 1981, 442.
202 BGH FamRZ 1987, 684.
203 BGH FamRZ 1982, 465.
204 BGH FamRZ 1982, 255.
205 BGH FamRZ 2012, 945, 946.
206 Maurer FamRZ 2012, 950, 951.

tigkeit[207] sowie die Kosten einer **Schul-** oder **Berufsausbildung**, einer **Fortbildung** oder einer **Umschulung** nach §§ 1574, 1575 (§ 1578 Abs. 2) sowie – mit Ausnahme des Unterhaltsanspruchs nach § 1575 – auch die Kosten einer angemessenen Versicherung für den Fall des **Alters** sowie der **verminderten Erwerbsfähigkeit** (§ 1578 Abs. 3). Dieser Vorsorgeunterhalt ist in der nach dem Halbteilungsgrundsatz ermittelten Unterhaltsquote regelmäßig nicht enthalten.[208] Die Angemessenheit der Vorsorge bestimmt sich nach den ehelichen Lebensverhältnissen;[209] sie bezieht sich auf die Höhe der Kosten und die Bemessung des Anspruchs, nicht auf die Art und Weise der Vorsorge.[210] Soweit der Unterhaltsbedarf konkret und nicht nach der Quote bestimmt wird, errechnet sich der Altersvorsorgeunterhalt aus einem prozentualen Anteil des Elementarunterhaltes (mindestens 19,6 % des Elementarunterhaltsbedarfes, höchstens 23,6 % siehe dazu oben Rdnr. 114).

2. (Vorsorge-)Bedarf für den Fall der Krankheit/Pflegebedürftigkeit

Zum Lebensbedarf des Unterhaltsgläubigers gehören als (**Vorsorge-**) **Bedarf** die Kosten einer angemessenen Versicherung für den Fall der **Krankheit/Pflegebedürftigkeit**. Ist der Unterhaltsgläubiger freiwillig in der gesetzlichen Krankenversicherung versichert, dann ist er zugleich nach § 20 Abs. 3 SGB XI in der gesetzlichen Pflegeversicherung pflichtversichert. Ist er Mitglied einer privaten Krankenversicherung, dann muss er sich selbst pflegeversichern (§ 23 SGB XI). In aller Regel ist der Unterhaltsgläubiger **während** der **Trennung** entweder selbst versichert oder in der Familienversicherung bis zur Rechtskraft der Scheidung (§ 10 Abs. 1 SGB V) (noch) zusammen mit dem Unterhaltsschuldner mitversichert. Daher ist Vorsorgebedarf für den Fall der Krankheit/Pflegebedürftigkeit nicht in dem Quotenunterhalt des Elementarbedarfs enthalten.[211]   **116**

Dennoch kann mangels anderweitigen Versicherungsschutzes bereits während der Dauer des Getrenntlebens ein Anspruch auf (zusätzlichen) Bedarf betreffend Aufwand für **Krankheits-/Pflegevorsorge** entstehen. Da der Unterhaltsgläubiger im Rahmen des Trennungsunterhalts mit einer lediglich gesteigerten Eigenverantwortung (s. § 1361 Abs. 2) nicht schlechter gestellt werden darf als im Rahmen des nachehelichen Unterhalts mit voller Eigenverantwortung (§ 1569), gilt insoweit § 1578 Abs. 2 analog. Wenn und solange der Unterhaltsschuldner in der privaten Krankenversicherung noch zusammen mit dem Unterhaltsschuldner mitversichert ist, ist dieser verpflichtet, Arztrechnungen der Versicherung vorzulegen und erstattete Beträge weiterzuleiten.[212] Soweit der Unterhaltsschuldner eine bestehende Mitversicherung kündigt, ohne den Unterhaltsgläubiger hiervon zu verständigen, macht er sich **schadenersatzpflichtig** wg. Verletzung von Nebenpflichten aus einem gesetzlichen Schuldverhältnis.[213]   **117**

Ab Rechtskraft der Scheidung ist der Unterhaltsgläubiger in der gesetzlichen Kranken-/Pflegeversicherung (Familienversicherung) nicht mehr versichert; er kann und sollte ihr innerhalb einer **Ausschlussfrist** von **drei Monaten** ab Rechtskraft der Scheidung beitreten (§§ 10, 9 Abs. 1 Nr. 2 Abs. 2 Nr. 2 SGB V). Die dann entstehenden Kosten sind Vorsorgebedarf nach § 1578 Abs. 2. Zutreffend rügt der BGH,[214] es sei »ein unbefriedigender und reformbedürftiger Rechtszustand«, dass der geschiedenen Ehefrau eines Beamten eine freiwillige Versicherung in der gesetzlichen   **118**

---

207 S. hierzu die Ergänzung des § 1578 Abs. 2 durch Art. 19 RRG 1999; zum Pflegeversicherungsbedarf vgl. auch OLG Saarbrücken FamRZ 1999, 382; OLG Schleswig FamRZ 1996, 217; Gutdeutsch FamRZ 1994, 878.
208 BGH FamRZ 1980, 555.
209 BGH FamRZ 1983, 676.
210 BGH FamRZ 1983, 152.
211 BGH FamRZ 1983, 676 – Billigung des Neuabschlusses einer privaten Krankenversicherung durch die geschiedene Ehefrau eines Beamten für die Zeit nach der Scheidung.
212 OLG Düsseldorf FamRZ 1991, 437, 438; zur Frage, wer Vertragspartner einer ärztlichen Behandlung nach Trennung der Eheleute wird, vgl. BGH NJW 1991, 2958.
213 OLG Koblenz FamRZ 1989, 1111.
214 FamRZ 1989, 483.

Krankenversicherung (§§ 176, 176b RVO) nicht möglich sei (nachdem auch die entsprechenden Vorteile – etwa Ansprüche auf Beihilfe – aus der Verbeamtung des Ehegatten entfallen sind).

119 Welcher Versicherungsschutz angemessen ist, bestimmt sich nach den ehelichen Lebensverhältnissen im jeweiligen **konkreten Einzelfall**, also insb. entsprechend den bereits **während des Zusammenlebens angefallenen Kosten** bzw. bei **Neuversicherungen** nach den angemessenen Kosten einer **entsprechenden** Kranken- und Pflegeversicherung (**Anhaltspunkt:** Sätze der gesetzlichen Krankenversicherung bzw. bei einer Beamtenfamilie mit Beihilfeberechtigung der übliche Versicherungsschutz durch eine ergänzende Privatversicherung bzw. durch Neuabschluss einer entsprechenden Versicherung nach Wegfall der Beihilfeberechtigung).[215] Bei einer **privaten Versicherung** – auch in Form einer **Zusatzversicherung** zur gesetzlichen Kranken-/Pflegeversicherung – besteht grundsätzlich ein Anspruch, in gleicher Weise weiter versichert zu sein, da diese Form des Krankenversicherungsschutzes den ehelichen Lebensverhältnissen entspricht.[216]

120 Der Aufwand auf Seiten des Unterhaltsschuldners bezüglich der Aufwendungen für die Krankheits-/Pflegevorsorge des Unterhaltsgläubigers gem. § 1578 Abs. 2 ist im Rahmen der Bemessung des Unterhalts – wie auch der Aufwand für Steuern und eigene Vorsorge – **vorab** vom **Bruttoeinkommen** des Unterhaltsschuldners bzw. vom Einkommen des geringverdienenden Unterhaltsgläubigers abzuziehen; erst dann ist die Unterhaltsquote zu bilden.[217] Ist der Vorsorgeaufwand für Krankheit/Pflege im Verhältnis zum Elementarunterhalt zu hoch, dann kann der Gesamtunterhalt in einer den Interessen beider Parteien gerecht werdenden Weise abweichend auf die Unterhaltsbestandteile verteilt werden.[218] **Krankenvorsorgeunterhalt** kann jedoch nach § 1578b **begrenzt** werden, wenn ein den ehelichen Lebensverhältnissen entsprechender Versicherungsschutz in der privaten Krankenversicherung nur mit einem unverhältnismäßig hohen Beitrag zu erreichen ist.[219]

121 Der nach § 1578 Abs. 2 auf die Krankheits-/Pflegevorsorge entfallende Teil des Unterhalts ist – wie der Altersvorsorgeunterhalt auch – **zweckgebunden** und steht nicht zur Deckung des allgemeinen Lebensbedarfs zur Verfügung. Der Unterhaltsschuldner ist jedoch – ebenso wie beim Altersvorsorgeunterhalt nach § 1578 Abs. 3 – in **Ausnahmefällen** berechtigt, die Zweckbindung des auf die Krankheits-/Pflegevorsorge entfallenden Teils des Unterhalts durch Zahlung unmittelbar an den Versorgungsträger sicherzustellen,[220] wenn zuverlässige Vorsorge ansonsten nicht gewährleistet ist. Ist dies nicht durchsetzbar, dann ist der Unterhaltsschuldner bei nicht bestimmungsgemäßer Verwendung der auf die Vorsorge entfallenden Beträge insoweit geschützt, als sich der Unterhaltsgläubiger im Versicherungsfall unterhaltsrechtlich so behandeln lassen muss, als hätten die Zahlungen zu einer entsprechenden Versicherung geführt.

3. Vorsorgebedarf für den Fall des Alters bzw. der Berufs- oder Erwerbsunfähigkeit

122 **Vorsorgebedarf** nach § 1361 Abs. 1 Satz 2 für den Trennungsunterhalt[221] und nach § 1578 Abs. 3 für den nachehelichen Unterhalt soll die Risiken »**Alter**« und »**Erwerbseinschränkung**« absichern und ist daher als **Vorsorge** im Elementarunterhalt **nicht** enthalten. Der Unterhaltsgläubiger nimmt nach der Trennung noch an der Altersversorgung seines Ehepartners über den Versorgungsausgleich teil. Ab **Rechtshängigkeit der Ehesache** entfällt jedoch diese Teilhabe (§ 1361 Abs. 1 Satz 2). Das Gesetz billigt daher dem Ehegatten, wenn und soweit er insoweit unterhaltsbedürftig ist, im Rahmen des Trennungsunterhalts ab Rechtshängigkeit des Scheidungsverfahrens

215 BGH FamRZ 1988, 1145, 1147; vgl. hierzu näher Husheer FamRZ 1991, 264 ff.
216 Husheer FamRZ 1991, 264 ff.
217 BGH FamRZ 1983, 676 unter Hinweis auf das Senatsurteil FamRZ 1982, 887 m.w.N.; 1988, 1145, 1147.
218 BGH FamRZ 1989, 483.
219 OLG Oldenburg FuR 2010, 175.
220 BGH FamRZ 1983, 676.
221 BGH FamRZ 1983, 676.

nach § 1361 Abs. 1 Satz 2 sowie im Rahmen des nachehelichen Unterhalts ab Rechtskraft der Scheidung gem. § 1578 Abs. 3 einen Anspruch auf **Vorsorgeunterhalt (unselbständiger Teil** des **Gesamtunterhalts)** zu.[222]

a) Zweck des Vorsorgeunterhalts nach § 1361 Abs. 1 Satz 2 bzw. nach § 1578 Abs. 3

Der Anspruch auf **Vorsorgeunterhalt** nach § 1361 Abs. 1 Satz 2 bzw. nach § 1578 Abs. 3 (Erwerbs- **123** einschränkungen bzw. Alter) ist dazu bestimmt, auf Seiten des Unterhaltsgläubigers als Teil des einheitlichen, seinen gesamten Lebensbedarf umfassenden Unterhaltsanspruchs diejenigen Nachteile auszugleichen, die ihm daraus erwachsen, dass er durch familiäre Aufgabenbereiche an Erwerbstätigkeit insgesamt oder teilweise gehindert war, wenn sich diese Nachteile auch in der Zeit ab Beginn des Monats der Rechtshängigkeit des Scheidungsantrages (§§ 1361 Abs. 4 Satz 4, 1360a i.V.m. 1613 Abs. 1 Satz 2)[223] fortsetzen (bis dahin sind in aller Regel wegen des Versorgungsausgleichs keine Nachteile anzunehmen). Das Gesetz will es dem Unterhaltsgläubiger ermöglichen, seine im Versorgungsausgleich erworbenen Versorgungsanwartschaften weiter zu erhöhen, um die ansonsten entstehende Lücke in seiner »sozialen Biographie«[224] zu vermeiden.[225]

b) Beginn des Anspruchs auf Vorsorgeunterhalt

Die Kosten einer angemessenen Versicherung für den Fall der Berufs- und Erwerbsunfähigkeit **124** sowie für den Fall des Alters können **frühestens** ab **Rechtshängigkeit** des **Scheidungsverfahrens** verlangt werden (§ 1361 Abs. 1 Satz 2); im Sinne einer unmittelbaren Anknüpfung an das Ende der vom Versorgungsausgleich umfassten Ehezeit nach § 1587 Abs. 2 ist der Beginn des Monats maßgeblich, in dem die Rechtshängigkeit der Ehesache eingetreten ist.[226]

c) Subsidiarität des Vorsorgeunterhalts nach § 1361 Abs. 1 Satz 2 bzw. § 1578 Abs. 3

Elementar- und Kranken-/Pflegevorsorgeunterhalt (dieser als Teil des Elementarunterhalts)[227] **125** gehen dem Vorsorgeunterhalt nach § 1361 Abs. 1 Satz 2 bzw. nach § 1578 Abs. 3 vor.[228] Daher ist für einen Anspruch auf Vorsorgeunterhalt nach § 1361 Abs. 1 Satz 2 bzw. nach § 1578 Abs. 3 bereits dann kein Raum, wenn im Mangelfall die verfügbaren Mittel nicht einmal für den Elementarunterhaltsbedarf ausreichen.[229] Außerhalb von Mangellagen ist im Rahmen der **Angemessenheitskontrolle**[230] auch zu prüfen, ob dem Unterhaltsgläubiger für seinen laufenden Lebensbedarf ausreichend Mittel zur Verfügung stehen, oder ob eine Kürzung des an sich nachrangigen Vorsorgeunterhalts nach § 1361 Abs. 1 Satz 2 bzw. nach § 1578 Abs. 3 notwendig ist.[231]

Verfügt der Unterhaltsschuldner über ausreichende Mittel, den gesamten Unterhalt zu leisten, **126** dann ist der Vorsorgeunterhalt nach § 1361 Abs. 1 Satz 2 bzw. nach § 1578 Abs. 3 zusammen mit dem Aufwand für angemessene Krankheits-/Pflegevorsorge **zusätzlich** zur **Quote** des Elementarunterhalts zuzubilligen, weil auch auf Seiten des Unterhaltsschuldners Aufwendungen für den

---

222 Zu allem ausführlich Maier, Der Vorsorgeunterhalt (1993).
223 BGH FamRZ 1981, 442.
224 BGH FamRZ 1999, 372 = FuR 1999, 165.
225 FamRZ 1981, 442, 444 – zur Bemessung des Altersvorsorgeunterhalts, wenn bei der Bemessung des Elementarunterhalts überobligationsmäßige Erwerbseinkünfte des Berechtigten nach § 1577 Abs. 2 nicht angerechnet werden.
226 BGH FamRZ 1981, 442, 445.
227 OLG München FamRZ 1998, 553 – Elementar- und Krankenvorsorgeunterhalt sind auch im Mangelfall gleichrangig.
228 BGH FamRZ 1981, 442; OLG Hamm FamRZ 1994, 446.
229 BGH FamRZ 1987, 684.
230 BGH FamRZ 1988, 145.
231 BGH FamRZ 1987, 684; 1999, 367 = FuR 1999, 172 (Berufungsurteil: OLG Hamm FamRZ 1997, 886).

Vorsorgebedarf (im Wege des Vorabzugs vor der Ermittlung des eheprägenden Einkommens) berücksichtigt werden. Wird Vorsorgeunterhalt verlangt, dann **erhöht** sich – wie bei Berücksichtigung sonstiger Verbindlichkeiten vor der Quotenbildung – der **Quotenunterhaltsanspruch** des Unterhaltsgläubigers. Die Unterhaltsquote verändert daher – auch bei eheprägenden bonierten Einkünften des Unterhaltsschuldners aus Erwerbstätigkeit – den Grundsatz der **Halbteilung** (als Grenze möglicher Inanspruchnahme).

d) Auswahl der Form angemessener Vorsorge durch den Unterhaltsgläubiger

127   Der Unterhaltsgläubiger darf zwischen **verschiedenen Formen** der **Vorsorge** frei **wählen**: Er darf private Versicherer in Anspruch nehmen, aber auch der gesetzlichen Rentenversicherung beitreten, soweit dies rechtlich möglich ist.[232] Ist in der gesetzlichen Rentenversicherung keine dynamische Höherversicherung mehr zu erreichen, dann darf er andere Versorgungsmöglichkeiten in Anspruch nehmen.[233] Allerdings obliegt ihm, die sachgerechten und angemessenen Aufwendungen möglichst gering zu halten. Die **Höhe** des **Vorsorgebedarfs** richtet sich daher nach dem **Umfang** des angemessenen (**Elementar-**) **Unterhalts**; sie hängt also nicht davon ab, ob der Unterhaltsgläubiger Rentenversicherungsbeiträge aus eigener Berufstätigkeit leistet oder bereits selbst Rentenanwartschaften erworben hat.[234] Obwohl die gesetzliche Rentenversicherung als die regelmäßige Form der Altersvorsorge i.S.d. §§ 1361 Abs. 1 Satz 2, 1578 Abs. 3 und die dafür aufzuwendenden Kosten als Anhaltspunkt für die Bemessung des Vorsorgebeitrags geeignet angesehen wird,[235] weicht die Praxis heutzutage angesichts der Probleme in der staatlichen Rentenversicherung meist auf lukrativere private Vorsorge aus.

e) Teilanspruch auf Altersvorsorge

128   Elementarunterhalt ist **Einkommen** des Unterhaltsgläubigers im Sinne des Altersvorsorgeunterhalts und bestimmt daher auch dessen Höhe. Gleichgestellt sind Einkommen in diesem Sinne auch **Einkünfte** des Unterhaltsgläubigers **ohne Versorgungswert** (etwa Unterhaltsleistungen, fiktive Einkünfte wegen Betreuung eines Partners oder Einkünfte aus geringfügiger Erwerbstätigkeit ohne Versicherungspflicht oder Unfallrenten),[236] nicht jedoch bedarfsprägende Einkünfte aus Kapitalerträgen, Mieterträgen oder auch Gebrauchsvorteilen[237] (sie sind auf den Gesamtbedarf und damit auch auf den Altersvorsorgeunterhaltsbedarf anzurechnen und mindern somit den Altersvorsorgeunterhalt).[238] Vorsorgeunterhalt gem. § 1361 Abs. 1 Satz 2 bzw. nach § 1578 Abs. 3 kann daher sowohl dann verlangt werden, wenn der Unterhaltsgläubiger mangels eigenem Einkommen in **vollem Maße unterhaltsbedürftig** ist,[239] als auch dann, wenn er lediglich ergänzenden Unterhalt bezieht: Dann begründet er in Höhe seines eigenen Einkommens regelmäßig eine eigene entsprechende Altersversorgung, so dass auch der zuzubilligende Vorsorgeunterhalt lediglich der **Aufstockung** einer durch die Erwerbstätigkeit bereits erzielten **Altersversorgung** dient[240]

---

232 BGH FamRZ 1987, 684 = FuR 1999, 165.
233 BGH FamRZ 1988, 145.
234 BGH FamRZ 1988, 1145.
235 BGH FamRZ 1981, 442.
236 BGH FamRZ 1998, 1503; FamRZ 1999, 372, 373 = FuR 1999, 165 = FuR 1999, 172.
237 Zur Ermittlung und Berechnung des Altersvorsorgeunterhalts bei Berücksichtigung des Wohnvorteils s. BGH FamRZ 2000, 351 = FuR 2000, 252.
238 BGH FamRZ 1999, 372, 373 = FuR 1999, 165; s. auch BGH FamRZ 1999, 367, 370 = FuR 1999, 172; Graba FamRZ 1999, 751, 756.
239 BGH FamRZ 1981, 442, 444.
240 BGH FamRZ 1999, 372 = FuR 1999, 165.

(in derartigen Fällen kann für die Bemessung des Anspruchs auf Differenzvorsorgeunterhalt ebenfalls an den – verbleibenden – Elementarunterhalt angeknüpft werden).[241]

Würden derartige Einkünfte später im Alter nicht mehr vorhanden sein, hätte der Unterhaltsgläubiger aber im Umfang dieser Einkünfte keine Altersversorgung erworben, dann würde seine »soziale Biographie« insoweit eine Lücke aufweisen. Der mit dem Vorsorgeunterhalt beabsichtigte Zweck erfordert es deshalb, dem Unterhaltsgläubiger auch im Umfang solcher Einkünfte ohne eigenen Versorgungswert einen Anspruch auf Altersvorsorgeunterhalt zuzubilligen. Für die Bemessung des angemessenen Vorsorgeunterhalts ist deshalb an den Betrag anzuknüpfen, den der Unterhaltsgläubiger als Unterhalt verlangen könnte, wenn er über die genannten Einkünfte nicht verfügen würde.[242] Dies gilt auch dann, wenn der Elementarunterhalt unter Heranziehung des § 1577 Abs. 2 ermittelt wird; allerdings kann die nach § 1577 Abs. 2 anzustellende Billigkeitsabwägung durch die Verpflichtung des Unterhaltsschuldners zur Leistung von Vorsorgeunterhalt beeinflusst werden.[243] Miet- und Kapitaleinkünfte haben ebenso wie Wohnwertvorteile einen eigenen Versorgungswerk. Sie sind grundsätzlich dazu geeignet, als ergänzende Altersversorgung zu dienen.

129

Verfügt der Unterhaltsgläubiger über **Erwerbs-** bzw. **Erwerbsersatzeinkommen** (etwa wegen Leistungen für einen Lebenspartner) **ohne Anteile** für **Altersvorsorge**, oder muss er sich solches **fiktiv** anrechnen lassen, dann billigt ihm der BGH – da seine »soziale Biographie«[244] ansonsten insoweit eine Lücke aufweisen würde – auch im **Umfang** dieser **Einkünfte** einen Anspruch auf Altersvorsorgeunterhalt zu, sofern ihm nicht **fiktive Einkünfte** mit **fiktiver Alterssicherung** zuzurechnen sind.[245] Für die Bemessung des angemessenen Vorsorgeunterhalts ist deshalb an denjenigen (fiktiven) Unterhaltsbetrag anzuknüpfen, den der Unterhaltsgläubiger als Unterhalt verlangen könnte, wenn er über die genannten Einkünfte nicht verfügen würde.[246] Erzielt der Unterhaltsgläubiger Einkommen aus unzumutbarer Erwerbstätigkeit, dann ist im Rahmen des **unterhaltsrelevanten Teils** auch die durch diese Arbeit erzielte Altersvorsorge zu berücksichtigen.[247] Sofern keiner derjenigen Fälle vorliegt, in denen der Altersvorsorgeunterhalt einstufig berechnet werden darf (etwa bei besonders günstigen wirtschaftlichen Verhältnissen oder wenn von der Unterhaltsquote anrechenbare Eigeneinkünfte des Unterhaltsgläubigers im Wege der Anrechnungsmethode abzuziehen sind und folglich noch genug Masse für den Altersvorsorgeunterhalt vorhanden ist),[248] dann muss der endgültige Elementarunterhalt unter Berücksichtigung dieses Altersvorsorgeunterhalts im Wege einer **zweistufigen Berechnung** ermittelt werden, um eine Verletzung des Halbteilungs-

130

---

241 BGH FamRZ 1999, 372, 373 = FuR 1999, 165 – auch Elementarunterhalt als lediglich ergänzender Unterhalt oder als Aufstockungsunterhalt kann zu einem Anspruch auf Altersvorsorgeunterhalt führen; insoweit dient der Vorsorgeunterhalt der Aufstockung der durch Erwerbstätigkeit erzielten Altersversorgung; s. auch OLG Dresden FamRZ 1999, 232; OLG Hamm FamRZ 1997, 1278; zur Bemessung des eigenen Anteils am Einkommen zur eigenen Altersversorgung und zur Bemessung des entsprechenden Bedarfs des unterhaltsberechtigten Ehegatten s. Borth FamRZ 2004, 794.

242 BGH FamRZ 1999, 372 = FuR 1999, 165.

243 BGH FamRZ 1988, 145.

244 BGH FamRZ 1999, 372 = FuR 1999, 165.

245 Hierzu BGH FamRZ 1982, 679; so auch OLG Hamm FamRZ 1994, 107 zum Krankenvorsorgeunterhalt.

246 S. etwa BGH FamRZ 1991, 307, 309 f. zur Berechnung des Altersvorsorgeunterhalts auf der Grundlage eines hypothetisch – ohne Abzug von anzurechnenden fiktiven Einkünften aus einer sozialversicherungsfreien Tätigkeit – angenommenen Unterhalts; FamRZ 1999, 372 = FuR 1999, 165 im Anschluss an BGH FamRZ 1982, 679, 680 zur Bemessung des Altersvorsorgeunterhalts in einem Fall, in dem der Elementarunterhaltsbedarf des Unterhaltsgläubigers teilweise durch Einkünfte aus einer sozialversicherungsfreien Teilzeitbeschäftigung gedeckt war; FamRZ 1999, 372 = FuR 1999, 165; 1999, 367 = FuR 1999, 172 (Berufungsurteil: OLG Hamm FamRZ 1997, 886).

247 A.A. noch BGH FamRZ 1988, 145 zu § 1577 Abs. 2.

248 Vgl. hierzu BGH FamRZ 1999, 372 = FuR 1999, 165 m.w.N.

grundsatzes zu Lasten des Unterhaltsschuldners zu vermeiden.[249] Das gewonnene Ergebnis ist sodann tatrichterlich auf seine Angemessenheit und Billigkeit zu überprüfen,[250] auch dahingehend, ob dem Unterhaltsgläubiger für seinen laufenden Lebensbedarf ausreichende Mittel zur Verfügung stehen, oder ob eine Kürzung des an sich nachrangigen Altersvorsorgeunterhalts erforderlich ist.[251]

131 **Bedarfsprägende Vermögenseinkünfte** (auch Gebrauchsvorteile, etwa Wohnwert) des Unterhaltsgläubigers sind – bezogen auf den Altersvorsorgeunterhalt – einem Erwerbseinkommen **nicht** gleichzusetzen, sondern ihrer Art nach selbst als **Altersvorsorge** geeignet; sie bleiben daher bei der Ermittlung des Unterhaltsbedarfs außer Betracht:[252] Sie sind auf den Gesamtunterhaltsbedarf und damit auch auf den Altersvorsorgeunterhaltsbedarf anzurechnen und mindern somit den Altersvorsorgeunterhalt.[253] Entsprechendes gilt für Mieteinkünfte, Kapitaleinkünfte und Wohnwertvorteile.

132 ▶ **Beispiel**

Bemessung des Altersvorsorgeunterhalts unter Berücksichtigung einer befristeten Unfallrente des Unterhaltsgläubigers[254]
1. Das Berufungsgericht hatte der Unterhaltsbemessung nach § 1578 Abs. 1 Satz 1 ein um Steuern, Sozialversicherungsbeiträge und berufsbedingte Aufwendungen bereinigtes Einkommen des Unterhaltsschuldners von 2.949,40 DM zugrunde gelegt und hiervon zunächst den jeweiligen Tabellenunterhalt für das Kind sowie – von dem verbleibenden Betrag – einen Erwerbstätigkeitsbonus von 1/7 abgezogen. Den (vorläufigen) Gesamtbedarf der Unterhaltsgläubigerin hat es unter Hinzurechnung ihrer als anrechenbar angesehenen Rente von (1.205,50 DM ./. 50 DM abzüglich 19,94 DM =) 1.135,56 DM mit einer Quote von 1/2 des bereinigten Gesamteinkommens angesetzt und sodann durch Abzug des anrechenbaren Einkommens der Antragstellerin einen vorläufigen Anspruch auf Elementarunterhalt ermittelt. Ausgehend von diesem Betrag hat es unter Hinzurechnung der (vollen) Renteneinkünfte der Antragstellerin den ihr zustehenden Krankenvorsorgeunterhalt mit dem von ihr zu entrichtenden Beitragssatz zur Krankenversicherung von 11,9 % errechnet. Für die Berechnung des Altersvorsorgeunterhalts hat es unter Berücksichtigung des Krankenvorsorgeunterhalts erneut einen vorläufigen Elementarunterhalt ermittelt, diesen – **ohne Hinzurechnung der Rente** – unter Heranziehung der Bremer Tabelle hochgerechnet und aus dem sich ergebenden fiktiven Bruttoentgelt den Betrag des Altersvorsorgeunterhalts errechnet.
2. Der BGH hat diese Berechnung gebilligt: Bezüglich des Renteneinkommens der Antragstellerin sei kein anteiliger Altersvorsorgeunterhalt zu zahlen, obwohl die Rente nach dem sog. Bruttolohnprinzip bemessen ist und deshalb einen der Altersversorgung dienenden Anteil enthält.

f) Begrenzungen des Anspruchs auf Altersvorsorge

133 (Alters- und Erwerbsunfähigkeits-)Vorsorgeunterhalt nach § 1361 Abs. 1 Satz 2 bzw. nach § 1578 Abs. 3 ist **regelmäßig** zu **begrenzen**. Zwar schließt fortgeschrittenes Alter des Unterhaltsgläubigers

---

249 BGH FamRZ 1999, 367 = FuR 1999, 172 (Berufungsurteil: OLG Hamm FamRZ 1997, 886); zur zweistufigen Berechnung des Altersvorsorgeunterhalts vgl. etwa BGH FamRZ 1981, 442, 444 f. m.w.N., und seither ständig.

250 BGH FamRZ 1988, 145, 151.

251 Vgl. dazu BGH FamRZ 1987, 684, 686.

252 BGH FamRZ 2000, 351 = FuR 2000, 252.

253 BGH FamRZ 1999, 372 = FuR 1999, 165; s. auch BGH FamRZ 1999, 367 = FuR 1999, 172; Graba FamRZ 1999, 751, 756; s. auch BGH FamRZ 1992, 423, 425 zu den Auswirkungen erzielbarer Einkünfte aus Kapitalvermögen auf den Anspruch auf Altersvorsorgeunterhalt.

254 Nach BGH FamRZ 1998, 1503.

Altersvorsorgeunterhalt grundsätzlich nicht aus; auch kommt es nicht darauf an, ob der Unterhaltsgläubiger überhaupt noch eine angemessene bzw. ausreichende Altersversorgung aufbauen kann. Vorsorgeunterhaltsbedarf nach § 1361 Abs. 1 Satz 2 bzw. nach § 1578 Abs. 3 besteht jedoch regelmäßig nur bis zum allgemeinem Rentenenintrittsalter von **65 Jahren höchstens 67 Jahren**;[255] zu diesem Zeitpunkt endet auch ein entsprechender Unterhaltstitel.

Ein Anspruch nach § 1361 Abs. 1 Satz 2 bzw. nach § 1578 Abs. 3 besteht auch **nicht**, wenn der **134** Unterhaltsgläubiger bereits eine **angemessene Vorsorge** für den Fall der Erwerbsunfähigkeit/-einschränkung bzw. für das Alter **erworben** hat, soweit und sofern rentenrechtliche Anrechnungszeiten (etwa im Falle krankheitsbedingter Arbeitslosigkeit nach § 58 SGB VI) einschlägig sind, oder wenn für diese Fälle ausreichendes Kapitalvermögen vorhanden ist.[256] Darüber hinaus ist dieser Anspruch auf Vorsorgeunterhalt auf denjenigen Zeitpunkt begrenzt, in dem der Unterhaltsgläubiger eine Altersversorgung zu erwarten hat, die diejenige des Unterhaltsschuldners erreicht,[257] wenn er eine anderweitige angemessene Altersversorgung besitzt,[258] oder wenn die ehelichen Lebensverhältnisse trotz beiderseitiger Erwerbstätigkeit dadurch geprägt waren, dass für den Unterhaltsgläubiger keine angemessene Altersvorsorge betrieben wurde.[259] Maßgebend ist, ob der Ehegatte sonst in der Versorgung schlechter gestellt würde.[260] Die ehelichen Lebensverhältnisse können etwa dadurch geprägt werden, dass ein Ehegatte mit Rücksicht auf eine zu erwartende Erbschaft davon absieht, in angemessener Weise für sein Alter vorzusorgen. In einem solchen Falle können auch erst nach der Scheidung anfallende Einkünfte aus einer Erbschaft insoweit als prägend angesehen werden, als sie – über die tatsächlich betriebene Altersvorsorge hinaus – für eine angemessene Altersversorgung erforderlich gewesen wären.[261]

g) Bestimmungswidrige Verwendung des Vorsorgeunterhalts

Vorsorgeunterhalt nach § 1361 Abs. 1 Satz 2 bzw. nach § 1578 Abs. 3 ist – wie der nach § 1578 **135** Abs. 2 auf die Krankheits-/Pflegevorsorge entfallende Teil des Unterhalts – **zweckgebunden** in jeder Form der Vermögensbildung (Aufbau von Aktiva wie auch Abbau von Passiva) zu verwenden und steht somit nicht zur Deckung des allgemeinen Lebensbedarfs zur Verfügung, ist aber dennoch grundsätzlich an den **Unterhaltsgläubiger** zu leisten. Dieser ist grundsätzlich auch nicht verpflichtet, schon bei der erstmaligen Geltendmachung des Anspruchs Einzelheiten über die **beabsichtigte Altersvorsorge** darzulegen, wenn an der zweckentsprechenden Verwendung der Beiträge keine Zweifel bestehen.[262]

Die **zweckwidrige Verwendung** der für den Vorsorgeunterhalt nach § 1361 Abs. 1 Satz 2 bzw. **136** nach § 1578 Abs. 3 geleisteten Beiträge wirkt sich auf den Unterhaltsanspruch nur unter den Voraussetzungen des § 1579 Nr. 4 aus: Es fehlt es bereits am Mutwillen, wenn der Unterhaltsgläubiger wegen einer besonderen Notlage diesen Vorsorgeunterhalt für seinen elementaren Lebensunterhalt verbraucht hat. Ansonsten muss sich der Unterhaltsgläubiger im Versicherungsfall unterhaltsrechtlich so behandeln lassen, als hätte er dieses Geld zum Aufbau der Altersvorsorge verwendet, d.h. der entsprechende Ertrag ist ihm als fiktives Einkommen zuzurechnen.[263]

---

255 OLG Frankfurt FamRZ 1990, 1363.
256 BGH FamRZ 1992, 423; 1999, 367 = FuR 1999, 172 (Berufungsurteil: OLG Hamm FamRZ 1997, 886) – Vermögenseinkünfte, die dem Unterhaltsgläubiger voraussichtlich auch im Alter und bei Berufs- oder Erwerbsunfähigkeit zufließen.
257 BGH FamRZ 1981, 442 = FuR 2000, 252.
258 BGH FamRZ 1992, 423 – Kapitaleinkünfte, die ihm auch im Alter sowie bei Berufs- oder Erwerbsunfähigkeit unverändert zufließen.
259 BGH FamRZ 1988, 1145.
260 OLG Hamm FamRZ 1992, 1175.
261 BGH FamRZ 2006, 387 = FuR 2006, 180.
262 BGH FamRZ 1983, 152.
263 BGH FamRZ 1987, 684, 688; OLG Koblenz OLGR 2002, 9.

137 Allerdings darf der Unterhaltsschuldner in solchen Fällen diese **Zweckbindung** durch Zahlung unmittelbar an den Versorgungsträger **sicherstellen**,[264] insb. wenn zuverlässige Vorsorge ansonsten nicht gewährleistet ist. Er kann daher verlangen, dass er unmittelbar an den Träger der entsprechenden Versorgung zahlen darf, etwa wenn wegen besonderer Umstände das Verlangen des Unterhaltsgläubigers auf Zahlung an sich selbst treuwidrig erscheint, insb. wenn begründete Zweifel an einer zweckentsprechenden Verwendung bestehen.[265] Eine Verurteilung zur Zahlung an einen Versorgungsträger setzt voraus, dass der Unterhaltsgläubiger in Ausübung seines Wahlrechts einen geeigneten Versorgungsträger benennt und darlegt, dass Zahlungen an diesen zu einem den Anforderungen gem. § 1361 Abs. 1 Satz 2 bzw. nach § 1578 Abs. 3 entsprechenden Versicherungsschutz führen.

138 Hat der Unterhaltsgläubiger einen Titel auf Zahlung von Vorsorgeunterhalt nach § 1361 Abs. 1 Satz 2 bzw. nach § 1578 Abs. 3 an sich selbst erlangt, dann kann Unterhaltsschuldner den Einwand, wegen bestimmungswidriger Verwendung könne nur noch Zahlung unmittelbar an einen Versicherungsträger verlangt werden, nur mit dem **Abänderungsantrag** mit dem Ziel geltend machen, dass Zahlung des Vorsorgeunterhalts künftig nur mehr an einen bestimmten Versicherungsträger zu leisten ist.

h) Ermittlung und Bezifferung des Vorsorgeunterhalts

aa) Hinweise an die Anwaltspraxis

139 Die Ermittlung des – nachrangigen – Vorsorgeunterhalts gem. § 1361 Abs. 1 Satz 2 bzw. nach § 1578 Abs. 3 veranlasst vorab folgende **Hinweise** an die **Anwaltspraxis**:

– Außerhalb von **Mangellagen** sind Kranken-/Pflege- und Altersvorsorgeunterhalt – soweit rechtlich zulässig – stets geltend zu machen, um die **Unterhaltsansprüche** zu **optimieren**: Die Geltendmachung von Altersvorsorgeunterhalt führt dazu, dass sich auch bei Erwerbseinkünften die Unterhaltsquote der Halbteilung nähert.

– Wird wegen der umständlichen Berechnung davon abgesehen, Vorsorgeunterhalt geltend zu machen, sollte wenigstens der verlangte Elementarunterhalt **hilfsweise** auf **Altersvorsorgeaufwand** gestützt werden: Ist der Elementarunterhalt nicht voll durchzusetzen, muss das Gericht selbständig prüfen, ob der verlangte Unterhalt nicht durch die Inanspruchnahme von Vorsorgeunterhalt gerechtfertigt ist. Selbst der beschwerdebefangene Unterhaltsgläubiger kann, ohne dass er Anschlussbeschwerde einlegen muss, das erstinstanzlich titulierte Unterhaltsbegehren mit Altersvorsorgeunterhalt auffüllen.[266]

– Wird VKH beantragt, sollte zumindest ein geschätzter Betrag als Altersvorsorgeunterhalt verlangt werden; im Rahmen des VKH-Prüfungsverfahrens hat das Gericht alsdann auch den Vorsorgeunterhalt zu berechnen.

bb) Vereinfachte Darstellung für den Mandanten/die Mandantin

140 Soweit der **Unterhaltsgläubiger** selbst sozialpflichtig erwerbstätig ist, deckt er insoweit auch seinen Altersvorsorgebedarf selbst ab. Bezüglich der noch **offenen Unterhaltsdifferenz** ist – anders als beim Krankenvorsorgeunterhalt – an den (verbleibenden) Elementarunterhalt anzuknüpfen, der sich im Rahmen der Unterhaltsbemessung – Differenz-/Additions- oder Anrechnungsmethode – ergibt.[267]

---

264 BGH FamRZ 1983, 676.
265 BGH FamRZ 1982, 465.
266 BGH FamRZ 1999, 367 = FuR 1999, 172 (Berufungsurteil: OLG Hamm FamRZ 1997, 886).
267 BGH FamRZ 1999, 372, 373 = FuR 1999, 165 – auch Elementarunterhalt als lediglich ergänzender Unterhalt oder als Aufstockungsunterhalt kann zu einem Anspruch auf Altersvorsorgeunterhalt führen; insoweit dient der Vorsorgeunterhalt der Aufstockung der durch Erwerbstätigkeit erzielten Altersversorgung; s. auch OLG Dresden FamRZ 1999, 232, 233; OLG Hamm FamRZ 1997, 1278, 1279.

Die **Höhe** des **Altersvorsorgeunterhalts** wird – **regelmäßig zweistufig** – ermittelt. In der **ersten** 141
Stufe wird der Elementarunterhalt, ggf. zuzüglich Einkommen des Unterhaltsgläubigers ohne Versorgungswert, als Nettoeinkommen angesehen und mittels der Bremer Tabelle auf ein fiktives Bruttoeinkommen hochgerechnet; der diesem Bruttoeinkommen entsprechende Beitrag zur gesetzlichen Rentenversicherung ist der zu leistende Altersvorsorgeunterhalt. Sodann ist in einer **zweiten Stufe** der Barunterhalt neu zu bestimmen, weil zur Wahrung des Halbteilungsgrundsatzes der errechnete Altersvorsorgeunterhalt – wie sonstiger anerkennenswürdiger Vorsorgeaufwand – nunmehr vorab vom Einkommen des Unterhaltsschuldners abzuziehen ist. Der zweistufigen Berechnung des neben Altersvorsorgeunterhalt geschuldeten Elementarunterhalts bedarf es nicht, soweit im Wege der Anrechnungsmethode Einkünfte von der Unterhaltsquote abzuziehen sind.[268] Daher kann die Revision nur dann wirksam auf die Entscheidung zum Altersvorsorgeunterhalt als Teil des geltend gemachten einheitlichen Unterhaltsanspruchs beschränkt werden, wenn der **Halbteilungsgrundsatz** im Einzelfall keine zweistufige Berechnung des ebenfalls rechtshängigen Elementarunterhalts gebietet, und deswegen auch ein Teilbeschluss zum Altersvorsorgeunterhalt zulässig wäre.[269]

▶ **Beispiel 1** 142

Bemessung des Altersvorsorgeunterhalts nach den SüdL 2010 (EB: 10 %)
Einkommen des Ehemannes (bereits bereinigt um 5 % Erwerbsaufwand): 3.600 €
Einkommen der (geschiedenen) Ehefrau: Null
vorläufiger (Elementar-)Unterhalt: (3.600 ./. 10 % Erwerbstätigenbonus = 3.240 €) : 2 = 1.620 €[270]
Zuschlag nach Bremer Tabelle 2010: 32 % = (kaufmännisch) gerundet 2.138 €
Altersvorsorgeunterhalt: (19,9 % aus 2.138 € = (kaufmännisch) gerundet 425 €
endgültiger (Elementar-)Unterhalt: (3.600 € ./. 425 € =) 3.175 €, hieraus 45 % = (gerundet) 1.429 €
Gesamte Unterhaltslast: (1.429 € + 425 € Altersvorsorgeunterhalt =) 1.854 €
»Mehrkosten« des Altersvorsorgeunterhalts im Gesamtunterhalt: (1.854 € ./. 1.620 € =) 234 €.

▶ **Beispiel 2** 143

Bemessung des Altersvorsorgeunterhalts nach der DT 2010 (Erwerbstätigenbonus: 1/7)
Einkommen des Ehemannes (bereits bereinigt um konkreten Erwerbsaufwand): 3.600 €
Einkommen der (geschiedenen) Ehefrau: Null
vorläufiger (Elementar-)Unterhalt: (3.600 €, davon 3/7) 1.543 €
Zuschlag nach Bremer Tabelle 2010: 30 % = (kaufmännisch gerundet) 2.006 €
Altersvorsorgeunterhalt: (19,9 % aus 2.006 € = (kaufmännisch gerundet) 399 €
endgültiger (Elementar-)Unterhalt: (3.600 € ./. 399 € =) 3.201 €, hieraus 3/7 = (gerundet) 1.372 €
Gesamte Unterhaltslast: (1.372 € + 399 € =) 1.771 €
»Mehrkosten« des Altersvorsorgeunterhalts: (1.771 € ./. 1.543 € =) 228 €.

cc) »Sparbüchse mit Risiko«

Aus dem Altersvorsorgeunterhalt erworbene Erträge (etwa Renten) sind bei der Unterhaltsbemes- 144
sung im Alter im Wege der **Anrechnungsmethode** zu berücksichtigen: Insoweit erzieltes Einkom-

---

268 BGH FamRZ 1999, 372 = FuR 1999, 165 im Anschluss an BGH FamRZ 1982, 1187, 1188; s. auch BGH FamRZ 1998, 1503.
269 BGH FamRZ 2007, 117 = FuR 2007, 28.
270 Vereinfacht: Unterhaltsanspruch = 45 % aus dem bereinigten Einkommen.

men ist ebenso wie die Altersvorsorgeunterhaltspflicht ausschließlich Folge der Scheidung und damit nicht eheprägend.[271]

Nach den vorstehenden Beispielen betragen die »Mehrkosten« des Altersvorsorgeunterhalts für den Unterhaltsschuldner 234 € (SüdL 2010) bzw. 228 € (DT 2010). Damit zahlt der Unterhaltsschuldner zunächst mehr, als wenn er nur Elementarunterhalt entrichten müsste; der Unterhaltsgläubiger finanziert allerdings einen Teil seiner Altersvorsorge insoweit mit, als sein Elementarunterhalt gekürzt wird. Zahlt der Unterhaltsschuldner auf Grund anwaltlicher Beratung (»möglichst wenig«) nur Elementarunterhalt, verbleibt voraussichtlich im Alter eine hohe (Elementar-)Unterhaltslast. Wird der Altersvorsorgeunterhalt klug verwaltet, mehrt er sich deutlich, so dass der Unterhaltsgläubiger im Alter über deutlich höhere Renteneinkünfte verfügt, als Elementarunterhalt zu zahlen wäre (Anrechnungsmethode).[272] Die zweckentsprechende Verwendung des Altersvorsorgeunterhalts kann weitgehend abgesichert werden, ganz abgesehen davon, dass der Unterhaltsgläubiger, wenn er den Altersvorsorgeunterhalt nicht zur Altersvorsorge einsetzt, fiktiv behandelt wird, als habe er dies getan (§ 1579 Nr. 4).[273]

dd) Konkretes Begehren; Bestimmungsrecht des Gerichts

145   Vorsorgeunterhalt muss **konkret** geltend gemacht werden; es ist unzulässig, ihn ohne Antrag zuzuerkennen.[274] Er ist unselbständiger Bestandteil des geltend gemachten Gesamtunterhalts. Die Verteilung des Gesamtunterhalts auf die einzelnen Unterhaltsbestandteile (wie Elementar-, Krankheits-/Pflege- sowie Altersvorsorgeunterhalt) kann das **Gericht bestimmen**; es ist an die Anträge (§ 253 ZPO) nur hinsichtlich der **Höhe** des **Gesamtunterhalts gebunden**.[275] Über den geltend gemachten Gesamtunterhalt darf das Gericht nicht hinausgehen.[276] Ist der Elementarunterhalt bereits tituliert, kann nicht geltend gemachter Vorsorgeunterhalt nur dann zusätzlich geltend gemacht werden, wenn sonstige Abänderungsgründe vorliegen.[277]

ee) Berechnung des Vorsorgeunterhalts

146   Nach der Rechtsprechung des BGH[278] ist der Vorsorgeunterhalt nach § 1361 Abs. 1 Satz 2 bzw. nach § 1578 Abs. 3 regelmäßig **zweistufig** zu ermitteln, um zu verhindern, dass zu Lasten des Unterhaltsschuldners vom Grundsatz der gleichmäßigen Teilhabe der Ehegatten an den ehelichen Lebensverhältnisse (»Halbteilungsgrundsatz«) abgewichen wird. In der **ersten Berechnungsstufe** wird auf der Grundlage des rechnerischen Elementarunterhalts, ggf. zuzüglich des Einkommens ohne Versorgungswert, der **Vorsorgeunterhalt** (entsprechend dem vollen Beitragssatz in der gesetzlichen Rentenversicherung) und sodann in der **zweiten Berechnungsstufe** der endgültige Elementarunterhalt ermittelt, indem von dem bereinigten Nettoeinkommen des Unterhaltsschuldners vorab der Vorsorgeunterhalt abgezogen wird. Erst aus dem dann verbleibenden Einkommen ist der **endgültige Elementarunterhalt** nach der maßgebenden Quote zu bemessen.[279]

---

271   BGH FamRZ 2003, 848, 852.
272   Krause FamRZ 2003, 1617 – »Der Altersvorsorgeunterhalt – eine Chance für den Pflichtigen«: Im Interesse des Unterhaltsschuldner sei sogar zu prüfen, ob nicht dem Unterhaltsgläubiger Altersvorsorgeunterhalt regelrecht angeboten wird, wenn eine lebenslängliche Unterhaltspflicht zu befürchten ist.
273   BGH FamRZ 2003, 848, 853.
274   OLG Hamm FamRZ 1997, 1278.
275   BGH FamRZ 1989, 483; OLG Hamm FamRZ 1997, 1278.
276   BGH FamRZ 1989, 483, 485; 1999, 367 = FuR 1999, 172.
277   BGHZ 94, 145 = BGH FamRZ 1985, 690.
278   BGH FamRZ 1981, 442.
279   BGH FamRZ 1981, 442 ff. = FuR 1999, 165; integrierte Berechnungsmodelle für den Vorsorge- und *Grundunterhalt* erzielen eine höhere rechnerische Genauigkeit, s. etwa Gröning FamRZ 1984, 736 ff.; Jacob FamRZ 1988, 997 ff.; Gutdeutsch FamRZ 1989, 451 ff.; Maier FamRZ 1992, 1259 ff.; Möller FamRZ 1998, 342 ff.

1. Stufe 147

– Elementarunterhalt, ggf. zuzüglich Einkommen ohne Versorgungswert, als Recheneinheit: Zunächst ist aus dem Gesamteinkommen der (vorläufige) (Quoten-)Elementarunterhalt zu errechnen, der ohne Vorsorgeunterhalt zu zahlen wäre,[280] und ggf. das Einkommen ohne Versorgungswert hinzuzuaddieren,
– Hochrechnung nach Bremer Tabelle: Der so ermittelte Basisbetrag ist sodann mit Hilfe der Bremer Tabelle auf ein fiktives Bruttoeinkommen hochzurechnen: Es wird als Nettoeinkommen gem. § 14 Abs. 2 SGB IV behandelt, das durch Zuschlag (fiktiver) Lohnsteuern nach Steuerklasse I und des Arbeitnehmeranteils an Sozialabgaben (ohne Krankenversicherung)[281] zu erhöhen ist;
– Vorsorgeunterhalt in Höhe des Beitragssatzes in der gesetzlichen Rentenversicherung: Das so ermittelte fiktive Bruttoeinkommen wird mit dem aktuellen Beitragsprozentsatz der gesetzlichen Rentenversicherung multipliziert (ab 01.01.2007: Beitragssatz 19,9%), um die Höhe des dem Elementarunterhalt entsprechenden Vorsorgebedarfs zu ermitteln;

2. Stufe

– Abzug des so errechneten Vorsorgeunterhalts vom Nettoeinkommen des Unterhaltsschuldners: Sodann ist der (bislang) als Quotenunterhalt festgestellte Elementarunterhalt neu festzusetzen; der ermittelte Vorsorgeaufwand ist von dem unterhaltsrechtlich maßgeblichen Einkommen des Unterhaltsschuldners abzuziehen;
– Ermittlung des endgültigen Quotenunterhalts: Aus dem verbliebenen Einkommen des Unterhaltsschuldners ist nach der maßgebenden Quote der endgültige (Elementar-)Quotenunterhalt zu errechnen.[282] Wird gleichzeitig Kranken-/Pflege- und Altersvorsorgeunterhalt geltend gemacht, muss zur Bildung des korrigierten Elementarunterhalts sowohl der zuvor ermittelte Kranken-/Pflege- als auch der Altersvorsorgebedarf abgezogen werden;
– Ermittlung des endgültigen Gesamtunterhalts: Der vorstehend ermittelte Vorsorgeunterhalt ist nunmehr dem neu errechneten (Elementar-)Quotenunterhalt zuzuschlagen; so ergibt sich der neue Gesamtunterhalt.

Angemessenheits- und **Leistungskontrolle:** (Auch) das so gewonnene Ergebnis ist sodann tatrich- 148 terlich auf seine Angemessenheit und Billigkeit zu überprüfen, insb. ob dem Unterhaltsgläubiger für den laufenden Lebensbedarf ausreichende Mittel zur Verfügung stehen, oder ob der an sich nachrangige Altersvorsorgeunterhalt zu kürzen ist.[283] In derartigen Fällen kann der Tatrichter gehalten sein, den **Gesamtunterhalt** in einer den Interessen beider Parteien gerecht werdenden Weise **abweichend** auf die **Unterhaltsbestandteile** zu **verteilen**, wobei er zu beachten hat, dass – anders als beim Altersvorsorgeunterhalt – für den Krankheits- und Pflegevorsorgeunterhalt kein grundsätzlicher Vorrang des laufenden Unterhalts besteht, weil auch die Versicherung gegen Krankheit/Pflegebedarf als wichtiger Teil des gegenwärtigen Unterhaltsbedarfs des Unterhaltsgläubigers angesehen werden muss.

Bei der Bemessung des Altersvorsorgeunterhalts auf der Grundlage des Elementarunterhalts nach 149 der Bremer Tabelle ist auf Seiten des Unterhaltsgläubigers zu berücksichtigen, dass **Mieterträge** nicht Erwerbseinkommen gleichzustellen sind, weil sie ihrer Art nach selbst als Altersvorsorge geeignet sind. Sie sind deshalb bei der Ermittlung des Elementarunterhalts als Grundlage des Altersvorsorgeunterhalts nicht bei der Bedarfsermittlung, sondern nur bei der Bedarfsdeckung zu

---

280 Vgl. BGH FamRZ 1998, 1503.
281 BGH FamRZ 1983, 888.
282 BGH FamRZ 1999, 367 = FuR 1999, 172 (Berufungsurteil: OLG Hamm FamRZ 1997, 886).
283 BGH FamRZ 1981, 442, 445 = FuR 1999, 172; 1999, 372 = FuR 1999, 165 – dabei kann berücksichtigt werden, dass der Unterhaltsschuldner den bei der Unterhaltsberechnung abgezogenen Kindesunterhalt wegen der Kindergeldverrechnung nicht voll aufbringen muss; OLG Hamm FamRZ 1997, 1278.

berücksichtigen. Erst bei der endgültigen Bemessung des Elementarunterhalts sind die Mieteinnahmen auch zur Bedarfsbestimmung heranzuziehen.[284]

150 Einer filigran verfeinerten mathematischen Bemessung des Altersvorsorgebedarfs bedarf es nicht, weil das Unterhaltsrecht sowieso zur Bestimmung des angemessenen Bedarfs in erheblichem Umfang auf Pauschalierungs- und Vereinfachungsregeln zurückgreift[285].

151 Zur Vermeidung solch komplizierter Berechnungen hat **Gutdeutsch** eine **Tabellarische Übersicht** zum **Direktabgriff** des **Altersvorsorgeunterhalts** auf der Grundlage der von ihm fortgeführten Bremer Tabelle entwickelt.[286]

152 Die zuvor beschriebene mehrstufige Berechnung des Vorsorgeunterhalts nach § 1361 Abs. 1 Satz 2 bzw. nach § 1578 Abs. 3 muss – angesichts fehlender Gefährdung des Halbteilungsgrundsatzes[287] – **ausnahmsweise** nicht angestellt werden, wenn

– der Unterhalt konkret zu bemessen ist, weil die Parteien in besonders günstigen wirtschaftlichen Verhältnissen leben,[288]

– der Altersvorsorgeunterhalt aus früher zur Vermögensbildung verwendeten Einkünften aufgebracht werden kann,[289]

– wegen der Anrechnung von Einkünften des Unterhaltsgläubigers auf seinen Bedarf im Wege der Anrechnungsmethode dem Unterhaltsschuldner bei Wahrung seines eigenen, den ehelichen Lebensverhältnisse entsprechenden Unterhalts noch genügend Mittel für den Altersvorsorgeunterhalt des Unterhaltsgläubigers verbleiben.[290]

153 Auch wenn der BGH[291] einen zusätzlichen Altersvorsorgeaufwand von 4 % des Jahresbruttoeinkommens gebilligt hat, ist doch der primäre Altersvorsorgeunterhalt vor der insoweit nachrangigen (sekundären) Altersvorsorge des Unterhaltsschuldners zu ermitteln und anzusetzen, nachdem der Unterhaltsschuldner seine primäre Altersvorsorge bereits im Vorabzug gesichert hat, und es dem Halbteilungsgrundsatz in grober Weise widerspricht, wenn der Unterhaltsschuldner eine »Luxusvorsorge« betreibt, während der Unterhaltsschuldner überhaupt keine Altersvorsorge hat. Der Beitrag zur gesetzlichen Rentenversicherung ist dann nicht mehr angemessen, wenn die Ehegatten auch vor der Trennung einen höheren Prozentsatz zur Alterssicherung eingesetzt haben.[292]

ff) Vorsorgeunterhalt und konkrete Bedarfsbemessung

153a Liegen besonders günstige wirtschaftliche Verhältnisse vor, bestimmt sich die Höhe des Vorsorgebedarfs nach einer konkreten Bedarfsermittlung. Aus dem konkret ermittelten Bedarf ist der Vorsorgeunterhalt zu bestimmen. Die Höhe des Vorsorgebedarfes wird nicht durch die Beitragsbemessungsgrenze begrenzt.[293] Hat der Unterhaltsberechtigte davon abgesehen seinen Bedarf konkret zu bestimmen, findet nach den Leitlinien einiger OLG'e eine pauschale Begrenzung des

---

284 OLG Hamm FamRZ 2003, 1839 im Anschluss an BGH NJW 2000, 284, 288.

285 S. etwa OLG Hamm FamRZ 1997, 1278 – »Die Unterhaltsberechnung muss praktikabel bleiben«.

286 S. Tabellenband Schürmann TzFamR.

287 OLG Hamm NJWE-FER 1999, 54.

288 BGH FamRZ 1982, 1187 = FuR 1999, 172 (Berufungsurteil: OLG Hamm FamRZ 1997, 886); s. auch OLG München FamRZ 1992, 1310.

289 BGH FamRZ 1999, 372 = FuR 1999, 165.

290 BGH FamRZ 1999, 372, 374 = FuR 1999, 165 im Anschluss an BGH FamRZ 1982, 1187, 1188 – bei anzurechnenden fiktiven Versorgungsleistungen; 1999, 367, 370 = FuR 1999, 172; OLG Hamm NJWE-FER 1999, 54.

291 Vgl. etwa BGHZ 163, 84 = BGH FamRZ 2005, 1817 ff. = FuR 2005, 555.

292 Haussleiter NJW-Spezial 2006, 7.

293 BGH FamRZ 2007, 117; FamRZ 2010, 1337, 1340.

Unterhalts statt. In diesem Unterhalt ist der Vorsorgeunterhalt nicht enthalten. Er kann zusätzlich geltend gemacht werden.[294]

V. Mehrbedarf

Sonderbedarf ist (weil insoweit die **zeitliche Sperre** des § 1613 Abs. 1 durchbrochen ist) – vom **Mehrbedarf** (**regelmäßig** wiederkehrende Belastungen) abzugrenzen; wobei Sonderbedarf durchaus aus Teil des trennungsbedingten Mehrbedarfs im weitesten Sinne sein kann. **154**

1. Trennungsbedingter Mehrbedarf

Der **Quotenbedarf** des Elementarunterhalts ist regelmäßig nach dem gesamten verfügbaren Einkommen zu bemessen, weil auch die Haushaltstätigkeit und Kindererziehung die ehelichen Lebensverhältnisse in einem Umfang geprägt haben, wie er sich aus dem als Surrogat an ihre Stelle getretenen Einkommen ergibt. Neben dem deswegen im Wege der Differenzmethode zu ermittelnden (höheren) Unterhaltsbedarf würde ein konkret zu bemessener zusätzlicher Bedarf (»**trennungsbedingter Mehrbedarf**«) eines Ehegatten stets zu einem Verstoß gegen den Halbteilungs- bzw. Dreiteilungsgrundsatz führen. Da ein **trennungsbedingter Mehrbedarf** regelmäßig nicht in den ehelichen Lebensverhältnissen angelegt ist, kann er in der Regel auch nicht neben dem nach der Differenz- bzw. Additionsmethode ermittelten Quotenbedarf berücksichtigt werden.[295] Dementsprechend bleibt **trennungsbedingter Mehrbedarf** der geschiedenen Ehegatten in der Praxis nunmehr **regelmäßig** außer Betracht, weil das gesamte Einkommen beider Ehegatten in die Bedarfsbemessung nach **Quoten** einbezogen wird und schon aufgrund der Halbteilung die Interessen beider Ehegatten angemessen berücksichtigt werden.[296] **155**

Anders kann dies **ausnahmsweise** dann sein, wenn Einkommensteile vor ihrer Verteilung nach Quote aus dem unterhaltsrelevanten Einkommen ausgesondert worden sind; dieses Einkommen ist dann für Mehrbedarf verfügbar. Die Vermögensbildung in dem vor der Trennung als angemessen erachteten Rahmen darf daher nach der Trennung auch dann nicht mehr fortgesetzt werden, wenn der in der Ehe erreichte Lebensstandard wegen **trennungsbedingten Mehrbedarfs** durch die verfügbaren Mittel nicht mehr voll gedeckt werden kann.[297] Werden vermögensbildende Aufwendungen nicht berücksichtigt, dann kann der Unterhaltsgläubiger verlangen, dass er so gestellt wird, als wäre dieser Aufwand nicht betrieben worden.[298] **156**

2. Krankheitsbedingter Mehrbedarf

Wer sich auf **krankheitsbedingten Mehrbedarf** (etwa Diät, Zuzahlungen für Medikamente) beruft, muss diesen nach Grund und Höhe schlüssig und substantiiert darlegen und im Bestreitensfalle nachweisen. Ob der Unterhaltsgläubiger ihn bedarfserhöhend oder der Unterhaltsschuldner ihn einkommensmindernd geltend machen kann, hängt davon ab, welche notwendigen Aufwendungen des täglichen Lebens, die nicht schon im Eigenbedarf enthalten sind, infolge der Krankheit entstehen. Hierzu muss der Betreffende **konkrete Tatsachen** vortragen, aus denen sich sowohl die **Notwendigkeit** als auch die **Höhe** der **krankheitsbedingten Mehraufwendungen** erge- **157**

---

294 BGH FamRZ 2012, 947 ff.
295 BGH FamRZ 2004, 1357 = FuR 2004, 548 unter Hinweis auf Graba FamRZ 2002, 857, 859.
296 BGH FamRZ 2007, 1303, 1305 = FuR 2010, 164 (Berufungsurteil zu OLG Hamm FamRZ 2009, 1914); vgl. auch Klinkhammer FF 2009, 140, 143.
297 BGHZ 89, 108 = BGH FamRZ 1984, 149; BGH FamRZ 1987, 913.
298 OLG Thüringen FamRZ 2004, 1207; OLG Hamm OLGR 2004, 309 = FamRZ 2005, 214 (Ls) – die Entscheidung betraf einen Facharzt für Urologie – das Gesamtnettoeinkommen der Parteien mit fast 10.000 € monatlich wurde vor der Trennung teilweise zur Bedarfsdeckung eingesetzt und teilweise auch zur Vermögensbildung verwendet; der Senat hat den konkreten Elementarunterhaltsbedarf auf 2.690 € monatlich geschätzt.

ben, etwa den – über die Kosten für eine Normalernährung hinausgehenden – Mehrbedarf nach Art, Menge und Preis konkret darlegt und bei Bestreiten nachweisen. Dies kann in der Regel durch Vorlage einer Kostenaufstellung und von Belegen über Ausgaben für einen längeren Zeitraum erfolgen, die erforderlich gewesen sind, um den Mehrbedarf zu decken.[299]

VI. Sonderbedarf

158 **Selbständiger Teil** des gesamten Lebensbedarfs (voller Unterhalt!) ist der **Sonderbedarf** (**Anspruchsgrundlage:** §§ 1361 Abs. 4 Satz 3, 1360a Abs. 3, 1585b i.V.m. § 1613 Abs. 2 – etwa Kostenvorschuss, Umzugskosten u.a.) mit den jeweiligen Nebenansprüchen (etwa Ansprüche auf Auskunft und Belegvorlage bzw. auf Abgabe einer Eidesstattlichen Versicherung).[300]

159 Zwischen **geschiedenen Ehegatten** besteht **kein Anspruch** auf **Kostenvorschuss**, auch nicht als Sonderbedarf, sofern nicht der Unterhaltsschuldner rechtzeitig vor Rechtskraft der Scheidung in Verzug gesetzt oder die Folgesache, für die Kostenvorschuss verlangt wird, aus dem Scheidungsverbund abgetrennt worden ist.[301]

160 Sonderbedarf (s. die Legaldefinition des § 1613 Abs. Nr. 1) entsteht außerhalb regelmäßiger Bedürfnisse **unregelmäßig** und in **außergewöhnlicher Höhe**, also überraschend und der Höhe nach nicht abschätzbar (etwa Umzugskosten,[302] Renovierungskosten der vormaligen Ehewohnung, Krankheits- und Operationskosten u.a.).[303] Demzufolge setzt ein Anspruch auf Sonderbedarf vor allem voraus,[304] dass der (notwendige) Bedarf bei der Bemessung des laufenden Unterhalts nicht berücksichtigt werden konnte, dass kein Vermögen vorhanden ist, auf das der Unterhaltsschuldner den Unterhaltsgläubiger bezüglich des Sonderbedarfs verweisen kann, und dass der Sonderbedarf begehrende Ehegatte nicht zumutbar Rücklagen bilden konnte.[305]

161 An dem Tatbestandselement »außergewöhnlich hoch« werden regelmäßig Ansprüche auf Erstattung von Kosten auf Grund der sog. Gesundheitsreform ab 01.01.2004 scheitern (etwa Praxisgebühr, Zuzahlungen etc.), zumal diese zusätzlichen Belastungen auch den Unterhaltsschuldner treffen oder treffen können.

162 Für den Sonderbedarf sind jedoch immer die Umstände des Einzelfalles maßgebend, insb. die Höhe der Unterhaltsrente und die sonstigen Einkünfte des Unterhaltsgläubigers sowie der Lebenszuschnitt der Parteien. Krankheitskosten können etwa dann als Sonderbedarf geltend gemacht werden, wenn der von der Krankenversicherung nicht übernommene Teil gegenüber dem Unterhaltsanspruch unverhältnismäßig hoch ist.[306]

---

299 Zu allem s. OLG Karlsruhe FamRZ 1998, 1435, 1436; OLG Saarbrücken OLGR 2005, 826 – krankheitsbedingter Mehrbedarf des Unterhaltsschuldners aufgrund der Ernährung mittels einer Magensonde; OLG Hamm FamRZ 2006, 124; im Übrigen BGH FamRZ 2005, 1897 = FuR 2005, 516.
300 Zum Begriff BGH FamRZ 1983, 29; krit. OLG Karlsruhe FamRZ 1997, 967; OLG Frankfurt FamRZ 1987, 143 zur Zeitsperre.
301 BGHZ 89, 33 = BGH FamRZ 1984, 148; OLG Nürnberg FamRZ 1990, 421; OLG Frankfurt EzFamR aktuell 2001, 233; s. auch OLG Zweibrücken FamRZ 2001, 637.
302 OLG Frankfurt FamRZ 1987, 1143; OLG Köln FamRZ 1986, 163 – wenn Getrenntleben innerhalb der Ehewohnung nicht möglich oder nicht zumutbar sei.
303 Während der BGH (FamRZ 1984, 470) fordert, dass der Bedarf nicht vorhersehbar ist, verlangt das OLG Karlsruhe (FamRZ 1997, 967) nicht, dass der Bedarf überraschend aufgetreten ist.
304 BGH FamRZ 1982, 145.
305 OLG Stuttgart FamRZ 1978, 684 – Zahnersatz.
306 BGH FamRZ 1982, 145; s. im Übrigen die Kommentierung zu § 1585b und zu § 1613.

E. Bemessung des Ehegattenunterhalts

Unterhaltsschuldverhältnisse sind Massenerscheinungen, auf die aus **Vereinfachungsgründen** notwendig **pauschalierende** und **typisierende Berechnungsmethoden** anzuwenden sind. Die diversen
Berechnungsmethoden bezwecken, den **Anteil** jedes **Ehegatten** in Ansehung gleichmäßiger Teilhabe an den **ehelichen Lebensverhältnissen** angemessen zu ermitteln. Der BGH[307] hat daher seit
jeher gebilligt, dass bereinigte Einkommen mittlerer Größenordnung nach einer pauschalen
Quote verteilt werden (Gegensatz: Einkommen in einfacher Größenordnung führen regelmäßig
zu Mangelfallrechnungen, hohe Einkommen zur Zumessung konkreten Unterhalts). Der Tatrichter hat die zutreffende Berechnungsmethode auszuwählen, sie gegebenenfalls anzuwenden und
sodann letztlich das Ergebnis der Unterhaltsberechnung – nicht nur in Mangelfällen (§ 1581)! –
im Wege der **Billigkeits-** und **Angemessenheitskontrolle** daraufhin zu überprüfen, ob im konkreten Einzelfall die Aufteilung des verfügbaren Einkommens insgesamt billig und angemessen ist.[308]
Für **alle Methoden** gilt: Das (ggf. auf beiden Seiten verfügbare) unterhaltsrelevante Bruttoeinkommen (auch wenn es nur fiktiv angesetzt wird, und – sofern anrechenbar – auch Zuverdienstein-
kommen)[309] ist zunächst um Steuern, Vorsorge- und Erwerbsaufwand sowie um prägende Verbindlichkeiten (insb. Kinderunterhalt)[310] zu bereinigen und sodann zu quoteln (z.B. zu 4/7 : 3/7
oder 55 % : 45 % – Erwerbstätigenbonus[311] für – auch fiktive[312] – Erwerbseinkünfte, zu 1/2 für
sonstiges Einkommen).[313] Der Kindesunterhalt ist mit dem um das (anteilige) Kindergeld geminderten **Zahlbetrag** (nicht mehr Tabellenbetrag) abzuziehen.[314]

163

I. Grundsatz der Halbteilung (»Halbteilungsprinzip«)

Dem bedürftigen Unterhalt begehrenden Ehegatten ist nach Möglichkeit der in der Ehe erreichte
bisherige Lebensstandard zu erhalten:[315] Beide Ehegatten nehmen grundsätzlich in gleicher Weise
am gemeinsamen Lebensstandard teil (»**Halbteilungsprinzip**« oder »**Halbteilungsgrundsatz**«);
Abweichungen vom Grundsatz der gleichmäßigen Teilhabe bedürfen **besonderer Gründe**.[316] Dieser Gedanke der **Gleichbehandlung beider Ehegatten** ist nicht darauf beschränkt, dem Unterhaltsschuldner die Hälfte seines im Zeitpunkt der Unterhaltsleistung vorhandenen Einkommens
zu belassen, wenn er nicht durch Erfüllung seiner Erwerbsobliegenheit weitere Einkünfte sicherstellen kann.

164

Der Halbteilungsgrundsatz gebietet bereits bei der Bedarfsermittlung, dem Unterhaltsschuldner
wie dem Unterhaltsgläubiger von seinem eigenen anrechenbaren Erwerbseinkommen einen – die
Hälfte seines verteilungsfähigen Einkommens maßvoll übersteigenden – Betrag anrechnungsfrei
zu belassen.[317] Aus entsprechenden Erwägungen hat der BGH auch das Maß des einer nicht ver-

165

---

307 BGH FamRZ 1996, 345.
308 BGH FamRZ 1984, 151.
309 OLG Düsseldorf, Urteil vom 22.02.1995 – 4 UF 213/94; a.A. OLG Hamm FamRZ 1994, 1029 – die
    für die Mithilfe im Büro des Ehemannes gezahlten 1.000 DM monatlich seien als Taschengeld geflossen
    und hätten die ehelichen Lebensverhältnisse nicht ernsthaft geprägt; s. auch OLG Düsseldorf NJW-RR
    1997, 385.
310 Zur Unterhaltslast des mit in die Ehe gebrachten Kindes s. BGH FamRZ 1994, 87 = FuR 1999, 172
    (Berufungsurteil: OLG Hamm FamRZ 1997, 886).
311 BGH FamRZ 1985, 908.
312 BGH FamRZ 1991, 307 = FuR 1991, 97.
313 BGH FamRZ 1990, 989.
314 BGH FamRZ FamRZ 2009, 1300 – auch zu den Grenzen einer verfassungskonformen Auslegung.
315 Vgl. BGH FamRZ 1992, 1045 unter Hinweis auf die Gesetzgebungsgeschichte.
316 BGH FamRZ 1984, 356, 357; OLG Schleswig OLGR 2001, 41 zur hälftigen Aufteilung von Altersren-
    ten ohne Berücksichtigung des auf dem Versorgungsausgleich beruhenden Anteils; zur gleichen Teilhabe
    der Ehegatten am gemeinsam Erwirtschafteten im Unterhaltsrecht s. auch W. Maier NJW 2002, 3359.
317 BGH FamRZ 1991, 304, 305.

heirateten Mutter nach § 1615l Abs. 2 zu gewährenden Unterhalts schon auf der **Bedarfsebene** nach dem Halbteilungsgrundsatz begrenzt.[318]

166 Das in § 1578 Abs. 1 Satz 2 definierte Maß »**voller Unterhalt**«[319] richtet sich nach den ehelichen Lebensverhältnissen. Grundsätzlich sind die jeweils bereinigten Einkommen – Abzugsposten sind vor allem steuerliche Lasten, Vorsorgeaufwand, Verbindlichkeiten (insb. Kindesunterhalt) in angemessenem Rahmen sowie (nur) bei Einkünften aus Erwerbstätigkeit der Erwerbstätigenbonus[320] – unter den Ehegatten hälftig aufzuteilen.[321]

167-189 (zur Zeit nicht besetzt)

II. Berechnungsmethoden

190 Die Bemessung des Unterhalts orientiert sich maßgeblich daran, ob die **verfügbaren Einkommen insgesamt** oder aber nur **teilweise** in die Unterhaltsbemessung einzubeziehen sind. Danach bestimmen sich die **drei üblichen Berechnungsmethoden**:

- **Anrechnungsmethode:** Es ist Einkommen vorhanden, das mangels Prägung der ehelichen Lebensverhältnisse auf der Bedarfsebene nicht zu berücksichtigen ist, wohl aber auf den Unterhaltsbedarf angerechnet wird;
- **Differenzmethode:** Aus allen – neben tatsächlichen Einkommen auch aus fiktiven einschließlich der sog. Surrogate (etwa für Familienarbeit, für Versorgungsleistungen und für nicht mehr vorhandene Gebrauchsvorteile) nach der neueren Rechtsprechung des BGH[322] – Einkünften, die im Rahmen der Bedarfsbemessung zu berücksichtigen sind, erhält nach unterhaltsrelevanter Bereinigung der unterhaltsbedürftige Ehegatte die Hälfte der Differenz;
- **Additionsmethode:** Sie ersetzt die sog. Mischmethoden (gemischte Differenz-/Anrechnungsmethode), wenn nicht alle Einkünfte in die Bedarfsbemessung einzustellen sind, oder aber wenn Einkünfte aus mehreren Quellen unterschiedlich bereinigt werden müssen (die Additionsmethode ist trotz **zweistufiger** Berechnung einfacher zu handhaben als die sog. Mischmethoden).[323]

191 Während Nord-, West- und Ostdeutschland bei der Bemessung des Ehegattenunterhalts (noch) überwiegend neben der Anrechnungsmethode die Differenz- sowie die gemischte Anrechnungs-/Differenzmethode anwenden, rechnet der süddeutsche Raum (entsprechend der Vorgabe in den SüdL) mit der **Additionsmethode** statt der **gemischten Differenz-/Anrechnungsmethode**, wenn sich das/die Einkommen des Unterhaltsgläubigers bzw. des Unterhaltsschuldners teils aus prägenden (auch in Form surrogierender), teils aus nichtprägenden (weil nicht surrogierenden) Einkünften zusammensetzt.[324] Die Differenz zwischen dem bereinigten Einkommen des Unterhaltsschuldners und dem prägenden bereinigten Einkommen des Unterhaltsgläubigers ist zu quotieren; sodann ist von dieser Quote das bereinigte (nichtprägende) Mehreinkommen des Unterhaltsgläu-

---

318   BGH FamRZ 2005, 442, 443.
319   BGH FamRZ 1983, 146.
320   BGH FamRZ 1988, 1031; hierzu zuletzt ausführlich BGH FamRZ 1997, 806.
321   BGH FamRZ 1982, 894; im Übrigen FamRZ 1984, 662 zu Renten- bzw. Vermögenseinkünften; zu Sonderfällen s. OLG Hamm FamRZ 2000, 25; OLG Köln NJW-RR 2001, 1371; OLG Thüringen FamRZ 2004, 1207; OLG Stuttgart FamRZ 2004, 112 im Anschluss an BGH FamRZ 2003, 363.
322   BGHZ 148, 105 = BGH FamRZ 2001, 986 = FuR 2001, 306 – Ersetzung der Anrechnungs- durch die Differenzmethode, wenn der während der Ehe wegen Haushaltsführung/Kinderbetreuung nicht oder nur teilweise berufstätige Ehegatten (erst) nach der Trennung/Scheidung eine Erwerbstätigkeit aufgenommen hat.
323   *Der BGH hat die Additionsmethode mehrfach bei schwierigen Unterhaltsberechnungen herangezogen* (vgl. FamRZ 1989, 1160); ausführlich *Gerhardt* FamRZ 1993, 261.
324   BGH FamRZ 1990, 989.

bigers abzuziehen (etwa höheres Erwerbseinkommen bereinigt bzw. Erträge aus Vermögensauseinandersetzung[325] mangels Erwerbstätigenbonus in voller Höhe).[326]

1. Anrechnungsmethode

Nach der **Anrechnungsmethode** ist auf die aus dem bereinigten Einkommen ermittelte **Bedarfs-** **192** **quote** das (auf gleiche Weise bereinigte) **Einkommen** des Unterhaltsgläubigers **anzurechnen.**[327] Nach der geänderten Rechtsprechung des BGH[328] zur Bemessung des nachehelichen Unterhalts (»Surrogate«) ist die Anrechnungsmethode (nur noch) dann anzuwenden, wenn nach der Trennung/Scheidung Einkommen in jeglicher Form weder eheprägend ist noch als sog. Surrogat gewertet werden darf, etwa Mehreinkommen infolge einer ungewöhnlichen Entwicklung, z.B. Karrieresprung,[329] oder aus Erbschaften, Schenkungen, Lottogewinne u.ä., aber auch fiktive Einkünfte, Gebrauchswerte, Nutzungen u.a.); auf die frühere Unterscheidung (**Alleinverdiener-** = **Haushaltsführungsehe**) kommt es damit nicht mehr an.[330]

Die ehelichen Lebensverhältnisse können auch dadurch geprägt werden, dass ein Ehegatte mit **193** Rücksicht auf eine zu **erwartende Erbschaft** davon absieht, in angemessener Weise für sein Alter vorzusorgen. In einem solchen Fall können auch erst nach der Scheidung anfallende Einkünfte aus einer Erbschaft insoweit als prägend angesehen werden, als sie – über die tatsächlich betriebene Altersvorsorge hinaus – für eine angemessene Altersversorgung erforderlich gewesen wären.[331] Die Einleitung eines Insolvenzverfahrens stellt keine unerwartete und vom Normalverlauf erheblich abweichende Entwicklung dar, wenn bei der Ehescheidung bereits erhebliche Verbindlichkeiten bestanden, so dass es im Falle einer Einkommensreduzierung auch bei bestehender Ehe mit hoher Wahrscheinlichkeit zu einem Insolvenzverfahren gekommen wäre.[332]

2. Differenzmethode

Die **Differenzmethode** (rechnerische Verkürzung der Additionsmethode) ist heranzuziehen, wenn **194** Einkommen beider Parteien die ehelichen Lebensverhältnisse geprägt haben (= **Doppelverdiene-** **rehe**), oder wenn nach der Trennung/Scheidung tatsächlich bzw. fiktiv erzielte Einkünfte als Surrogate den ehelichen Lebensverhältnissen als prägend hinzuzurechnen sind. Die Unterhaltsquote ist aus der **Differenz** der **bereinigten Einkommen** beider Parteien zu errechnen.[333]

3. Additionsmethode

Der BGH hat mehrfach bei schwierigen Unterhaltsberechnungen die **Additionsmethode** herange- **195** zogen.[334] Sie verlangt eine **zweistufige Berechnung**:

– **1. Stufe: Bedarf** nach den **ehelichen Lebensverhältnissen** = (prägendes und unterhaltsrelevantes überobligatorisches Einkommen des Unterhaltsschuldners (= 6/7 prägende Erwerbsein-

---

325 BGH FamRZ 1986, 437.
326 BGH FamRZ 1985, 908; zur sog. Quotenbedarfsmethode bei Mischeinkünften s. Wendl/Gutdeutsch § 4 Rn. 397, 398 Fälle 4 und 5.
327 BGH FamRZ 1981, 752.
328 BGHZ 148, 105 = BGH FamRZ 2001, 986 = FuR 2001, 306.
329 S. hierzu Scholz FamRZ 2001, 1061, 1062.
330 BGH FamRZ 1981, 752; zur heutigen Anwendung der Anrechnungsmethode s. Borth FamRB 2002, 271 ff.
331 BGH FuR 2006, 180 = FamRZ 2006, 387 (Berufungsurteil: OLG Hamburg FamRZ 2003, 1108); zur Prägung der ehelichen Lebensverhältnisse durch eine Unfallrente vgl. auch OLG Koblenz FamRZ 2003, 1106.
332 OLG Celle FamRZ 2005, 1746.
333 BGH FamRZ 1981, 539.
334 BGH FamRZ 1997, 806, 807; BGHZ 148, 105 = BGH FamRZ 2001, 986 = FuR 2001, 306.

künfte + sonstiges prägendes Einkommen)) + (prägendes und unterhaltsrelevantes überobligatorisches Einkommen des Unterhaltsgläubigers (= 6/7 prägende Erwerbseinkünfte + sonstiges prägendes Einkommen)) : 2 (Bereinigung der prägenden und unterhaltsrelevanten überobligatorischen Einkünfte beider Parteien, wobei (nur) im Rahmen der Erwerbseinkünfte der Erwerbstätigenbonus (und erst) vom bereinigten Nettoeinkommen abgezogen werden darf;[335] Aufwendungen, die eine andere Einkommensart betreffen, sind dort anzusetzen). Der Bedarf beträgt regelmäßig 50 % der Summe der gemeinsamen prägenden und unterhaltsrelevanten überobligatorischen, jeweils bereinigten Einkünfte.

– **2. Stufe: Höhe** des **Unterhalts** = Bedarf ./. Eigeneinkommen des Unterhaltsgläubigers (= 6/7 prägende **und** unterhaltsrelevante überobligatorische Erwerbseinkünfte + sonstiges prägendes **und** nichtprägendes Einkommen).

Von dem in Stufe 1 ermittelten Bedarf ist in der Stufe 2 das gesamte bereinigte **Einkommen** des Unterhaltsgläubigers abzuziehen, gegebenenfalls nach Abzug des Erwerbstätigenbonus, nicht jedoch der nicht unterhaltsrelevante Teil seiner überobligatorischen Einkünfte; dies ergibt dann den Unterhaltsanspruch.[336]

§ 1578a   Deckungsvermutung bei schadensbedingten Mehraufwendungen

Für Aufwendungen infolge eines Körper- oder Gesundheitsschadens gilt § 1610a.

1 Zwei Vermutungsvorschriften (§ 1610a für den Verwandtenunterhalt und § 1361 Abs. 1 Satz 1 Hs. 2 i.V.m. § 1610a sowie § 1578a i.V.m. § 1610a für den Ehegattenunterhalt, nicht aber für den Familienunterhalt!)[1] normieren eine **Beweislastumkehr:**[2] Bezieht der Unterhaltsschuldner für Aufwendungen infolge eines Körper- oder Gesundheitsschadens Sozialleistungen, dann wird bei der Prüfung eines Unterhaltsanspruchs vermutet, dass die Aufwendungen nicht geringer sind als die Höhe dieser Sozialleistungen. Der Gegner des Geschädigten kann nunmehr diese Vermutung **widerlegen:** Er muss darlegen und beweisen, dass die Sozialleistungen den tatsächlichen schadensbedingten Mehraufwand übersteigen, dass mit ihnen also entweder allgemeiner Konsum oder Vermögensbildung finanziert wird; das bloße Bestreiten genügt nicht.[3] § 1578a ist eine reine Verweisungsvorschrift auf § 1610a; auf die dortige Kommentierung wird verwiesen.

§ 1578b   Herabsetzung und zeitliche Begrenzung des Unterhalts wegen Unbilligkeit

(1) [1]Der Unterhaltsanspruch des geschiedenen Ehegatten ist auf den angemessenen Lebensbedarf herabzusetzen, wenn eine an den ehelichen Lebensverhältnissen orientierte Bemessung des Unterhaltsanspruchs auch unter Wahrung der Belange eines dem Berechtigten zur Pflege oder Erziehung anvertrauten gemeinschaftlichen Kindes unbillig wäre. [2]Dabei ist insbesondere zu berücksichtigen, inwieweit durch die Ehe Nachteile im Hinblick auf die Möglichkeit eingetreten sind, für den eigenen Unterhalt zu sorgen oder eine Herabsetzung des Unterhaltsanspruchs unter Berücksichtigung der Dauer der Ehe unbillig wäre. [3]Nachteile im Sinne von Satz 2 können sich vor allem aus der Dauer der Pflege oder Erziehung eines gemeinschaftlichen Kindes sowie aus der Gestaltung von Haushaltsführung und Erwerbstätigkeit während der Ehe ergeben.

---

335 Vgl. BGH FamRZ 1989, 1160, 1163.
336 Vgl. Gerhardt FamRZ 1993, 261.
  1 Zur Geltung dieser Beweislastumkehr für die eingetragene Lebenspartnerschaft s. § 12 Abs. 3 Satz 2 LPartG.
  2 BGH FamRZ 1994, 21; ausführlich Künkel FamRZ 1991, 1131 ff.
  3 OLG Hamm OLGR 1999, 313; OLG Koblenz FamRZ 2005, 1482.

(2) [1]Der Unterhaltsanspruch des geschiedenen Ehegatten ist zeitlich zu begrenzen, wenn ein zeitlich unbegrenzter Unterhaltsanspruch auch unter Wahrung der Belange eines dem Berechtigten zur Pflege oder Erziehung anvertrauten gemeinschaftlichen Kindes unbillig wäre. [2]Absatz 1 Satz 2 und 3 gilt entsprechend.

(3) Herabsetzung und zeitliche Begrenzung des Unterhaltsanspruchs können miteinander verbunden werden.

Übersicht

A. Strukturen

1 Auf Grund gesellschaftlicher Veränderungen und gewandelter Wertvorstellungen in den vergangenen Jahren (insb. hohe Scheidungsrate, geänderte Rollenverteilung, neue Familienstrukturen, aber auch Zunahme von »Zweitfamilien«, steigende Zahl von Mangelfällen aufgrund wirtschaftlich teilweise desolater Lage sowie höhere Akzeptanz der Eigenverantwortung nach der Ehe) hat der Gesetzgeber das Unterhaltsrecht bezüglich der **Begrenzung** des **nachehelichen Unterhalts** mit dem **UÄndG 2007** erneut **reformiert.** Da die Garantie des ehelichen Lebensstandards nicht mehr in allen Fällen als zeitgemäß angesehen werden kann, ist nunmehr der nacheheliche Unterhalt stärker, und zwar neben dem Vertrauensgrundsatz bei Ehen von langer Dauer, auf die Korrektur ehebedingter Bedürfnislagen zu beschränken.[1]

2 Zudem hat die – betrags- wie zeitmäßige – Begrenzung eines Anspruchs auf nachehelichen Unterhalt aus Billigkeitsgründen durch die Änderung der Rechtsprechung des BGH[2] zur eheprägenden Familienarbeit ein stärkeres Gewicht gewonnen, denn Haushaltsführung und Kinderbetreuung prägen – über den Wert des später an ihre Stelle tretenden Surrogats – die ehelichen Lebensverhältnisse, was seit 13.06.2001 zu einem erhöhten Unterhaltsbedarf des Unterhaltsgläubigers und – im Falle hinreichender Leistungsfähigkeit – auch zu einem höheren Unterhaltsanspruch führt.

3 Entsprechend dem gesetzgeberischen Willen, die nacheheliche Eigenverantwortung noch mehr zu stärken (vgl. § 1569), haben die Gerichte künftig noch mehr Möglichkeiten, den nachehelichen Unterhalt der Höhe nach zu begrenzen und/oder zu befristen, wobei der in der Ehe erreichte Lebensstandard nicht mehr der entscheidende, sondern nur noch einer von mehreren Maßstäben dafür sein soll, ob eine Erwerbstätigkeit – und wenn ja, welche – nach der Scheidung (wieder) aufgenommen werden muss.

4 § 1578b ist im Wesentlichen der (aufgehobenen) Norm des § 1573 Abs. 5 nachgebildet;[3] daher kann weitgehend die Rechtsprechung des BGH zu § 1573 Abs. 5 a.F. auch im Rahmen dieser

---

1 So auch – ausführlich – Scholz FamRZ 2003, 265, 271; aus der neueren Literatur zu § 1578b s. etwa Finke FF 2009, 121 f. (Beschränkung des Krankheitsunterhalts nach § 1572 BGB); Gerhardt FamRZ 2009, 1114 ff. (Mindestbedarf beim Ehegattenunterhalt); Gutdeutsch NJW 2009, 945 ff. (Zusammenspiel von Ehegatten- und Kindesunterhalt – Unterhalt vom Unterhalt); Haußleiter NJW-Spezial 2009, 36 f. (Die richterliche Schätzung im Unterhaltsrecht); Klinkhammer FF 2009, 140 ff. (Brauchen wir noch die »ehelichen Lebensverhältnisse«?); Langheim FamRZ 2010, 409 ff. (Befristung und Herabsetzung von Unterhaltsansprüchen nach § 1578b BGB); Reinken FF 2009, 357 ff. (Rechtsprechung zur Befristung von Unterhaltsansprüchen); Reinken FPR 2009, 82 ff. (Rechtsprechung und Diskussionsstand zur Mangelfallberechnung nach neuem Recht); Söpper NJW 2009, 993 (Befristung des Krankheitsunterhalts); Viefhues/Steiniger ZNotP 2010, 122 ff. (Wichtige Gesichtspunkte bei Unterhaltsvergleichen und notariellen Unterhaltsvereinbarungen); Viefhues ZFE 2010, 4 ff. (Begrenzung und Befristung des Aufstockungsunterhalts); Viefhues FamRZ 2009, 1993 f. (Zum Maßstab des angemessenen Lebensbedarfs nach § 1578b BGB).
2 BGHZ 148, 105 ff. = BGH FamRZ 2001, 986 = FuR 2001, 306; BGH FamRZ 2004, 1173 = FuR 2004, 500.
3 Vgl. im Einzelnen Dose, FamRZ 2007, 1289, 1293. zu den einzelnen im Rahmen der Begrenzung heranzuziehenden Umstände vgl. auch Claudius in FF 2012, S. 3 ff.

Nachfolgenorm herangezogen werden.[4] § 1578b strukturiert die verschiedenen **Begrenzungsmöglichkeiten** in **drei Absätzen**: Danach ist der nacheheliche Unterhaltsanspruch zeitlich zu begrenzen oder herabzusetzen, wenn ein zeitlich unbeschränkter oder nach den ehelichen Lebensverhältnissen bemessener Unterhaltsanspruch unbillig wäre. Ein Anspruch auf nachehelichen Unterhalt darf nach § 1578b nur dann begrenzt werden, wenn bestimmte Kriterien im Rahmen einer Gesamtabwägung aller Umstände des Einzelfalles, insb. jedoch unter Beachtung der gesetzlichen Kriterien, eine Begrenzung des nachehelichen Unterhalts nachgerade gebieten, wobei sich der Unterhaltsschuldner auf diese Begrenzung regelmäßig (Ausnahme: kurze Ehedauer) dann nicht berufen kann, wenn der Unterhaltsgläubiger ein gemeinschaftliches Kind nicht nur vorübergehend allein oder überwiegend betreut oder betreut hat.[5]

§ 1578b ist wie § 1579 als **Billigkeitsvorschrift** konzipiert. Dennoch grenzen sich beide Vorschriften klar voneinander ab: § 1579 knüpft an bestimmte, eingegrenzte Fallkonstellationen an und erfasst dabei neben Fällen, in denen die Unterhaltsleistung aus objektiven Gründen unzumutbar ist (§ 1579 Nr. 1, 2 und 8), vor allem Fälle, in denen dem Unterhaltsberechtigten ein Fehlverhalten gegen die eheliche Solidarität vorgeworfen werden muss (§ 1579 Nr. 3 bis 8). Dagegen erfordert § 1578b eine Billigkeitsabwägung anhand bestimmter, vom Gesetzgeber vorgegebener Kriterien. Bei diesen **Kriterien** handelt es sich allein um **objektive Umstände**, denen kein Unwerturteil oder eine subjektive Vorwerfbarkeit anhaftet. Eheliches Fehlverhalten, insb. Verstöße gegen die eheliche Solidarität, wirken weiterhin allein nach § 1579 auf den nachehelichen Unterhalt ein. Die Rechtsfolgen des § 1579 reichen dementsprechend weiter, da der Unterhaltsanspruch sofort teilweise oder insgesamt versagt werden kann, während § 1578b eine Herabsetzung oder Befristung regelmäßig nur nach einer Übergangszeit vorsieht. 5

I. Zeitraum 01.07.1977 bis 31.03.1986

Das am 01.07.1977 in Kraft getretene **1. EheRG**[6] kannte – mit Ausnahme des § 1579 – keinerlei Möglichkeit einer Befristung des nachehelichen Unterhalts; in der Zeit vom 01.07.1977 bis zum 31.03.1986 gab es mit Ausnahme des § 1579 überhaupt keine Möglichkeit, nachehelichen Unterhalt aus Gründen der Billigkeit zu begrenzen, so dass bei Titeln, die in diesem Zeitraum geschaffen worden sind, auch keinerlei Präklusionsgefahr droht. 6

II. Zeitraum 01.04.1986 bis 31.12.2007

Da die einschneidenden wirtschaftlichen Folgen einer Trennung/Scheidung, erzwungen vor allem durch eine seinerzeit grundsätzlich lebenslang angelegte Unterhaltslast, nicht völlig losgelöst von Billigkeitsgesichtspunkten geregelt werden können,[7] hatte der Gesetzgeber mit dem **UÄndG 1986**[8] erstmals mit Wirkung zum 01.04.1986 in § 1573 Abs. 5 und in § 1578 Abs. 1 Satz 2 – jedoch beschränkte, alternativ oder kumulativ anwendbare[9] – Herabsetzung- und Befristungsmöglichkeiten für den nachehelichen Unterhalt geschaffen, um die Eigenverantwortung zu fördern und der Einzelfallgerechtigkeit mehr Raum zu geben.[10] Die damit verbundene Begrenzung des Arbeitsmarktrisikos für den Unterhaltsgläubiger wurde damit begründet, man sei zum Zeitpunkt des In-Kraft-Tretens des 1. EheRG noch davon ausgegangen, ein geschiedener Ehegatte müsse grundsätzlich in absehbarer Zeit in der Lage sein, einen Arbeitsplatz zu finden. Da diese gesetzge- 7

---

4 BGH FamRZ 2010, 538 = FuR 2010, 284.
5 BGH FamRZ 1986, 886, jedoch noch zu § 1578 Abs. 1 S. 2.
6 Erstes Gesetz zur Reform des Ehe- und Familienrechts vom 14.06.1976 – BGBl I 1421.
7 So bereits Willutzki, Brühler Schriften zum Familienrecht Bd. 3 (1984) S. 15, 16 ff. m.w.N.
8 BGBl I 301.
9 BGH FamRZ 2000, 1499 = FuR 2000, 475 mit Anm. Gottwald FamRZ 2000, 1502 = FuR 2000, 1502.
10 Vgl. BT-Drucks. 10/2888 S. 11 f.; s. auch Brudermüller FamRZ 1998, 649, 650; zur Anwendung der §§ 1573 Abs. 5, 1578 Abs. 1 S. 2 s. etwa Brudermüller FF 2004, 101, und Viefhues ZFE 2004, 262.

berische Vorstellung durch die aktuelleren arbeitsmarktpolitischen Entwicklungen überholt sei, habe die Begrenzungsmöglichkeit beim nachehelichen Unterhalt ausdrücklich klargestellt werden müssen.[11]

8   Auch nach Inkrafttreten des UÄndG 1986 konnte der bislang grundsätzlich lebenslang angelegte nacheheliche Unterhalt bis zum 31.12.2007 nur ausnahmsweise und nur aufgrund dreier Vorschriften (§§ 1573 Abs. 5, 1578 Abs. 1 Satz 2 und § 1579) begrenzt werden. Während § 1579 (sog. »negative Billigkeitsklausel«) immer **grobe Unbilligkeit** voraussetzt, konnte nach den beiden anderen Vorschriften der nacheheliche Unterhalt bereits aus **Billigkeitsgründen** herabgesetzt werden.

9   Nach § 1573 **Abs. 5** konnten (nur) Unterhaltsansprüche nach § 1573 Abs. 1 bis 4 (Erwerbslosigkeit und/oder Aufstockung) sowohl (zunächst) teilweise herabgesetzt und sodann befristet (»zeitlich gestufte Befristung«),[12] aber auch sofort insgesamt auf Null begrenzt werden (»sofortige Befristung«).

10 § 1578 **Abs. 1 Satz 2** betraf das Maß des geschuldeten Unterhalts: Der zunächst nach den ehelichen Lebensverhältnissen (§ 1578 Abs. 1 Satz 1) bestimmte Unterhalt konnte nach einer gewissen Zeit begrenzt und sodann auf den »angemessenen Lebensbedarf« ermäßigt werden (»zeitlich abgestufte Unterhaltsbemessung«); die Norm gestattete hingegen nicht den vollen Wegfall des nachehelichen Unterhalts, auch nicht des herabgesetzten.[13] § 1578 Abs. 1 Satz 2 konnte auf sämtliche sechs nachehelichen Unterhaltstatbestände angewendet werden.[14]

11 Beide Normen konnten auch zusammen angewendet werden: So konnte etwa der nacheheliche Unterhalt nach § 1578 Abs. 1 Satz 2 zunächst für eine Übergangsphase verringert und – sofern es sich um Unterhaltsansprüche nach § 1573 Abs. 1 bis 4 handelte – der herabgesetzte Unterhalt nach einer weiteren Zeit gemäß § 1573 Abs. 5 befristet werden. Bei beiden Vorschriften handelte es sich um **anspruchsbegrenzende Regelungen**, die kein Ermessen eröffneten, sondern bei Vorliegen ihrer tatbestandlichen Voraussetzungen zwingend berücksichtigt werden mussten,[15] in der familiengerichtlichen Praxis jedoch kaum angewendet wurden,[16] jedoch im Hinblick auf die Änderung der Rechtsprechung des BGH (Urteil vom 13.06.2001[17] – Abkehr von der sog. Anrechnungsmethode und Hinwendung zur sog. Differenz-/Additionsmethode) besondere praktische Bedeutung erlangten.[18]

III. Zeitraum ab 01.01.2008

12 Das **UÄndG 2007** hat in Fortsetzung des im UÄndG 1986 eingeschlagenen Weges die beiden bislang im Gesetz verstreuten Begrenzungsregelungen betreffend den nachehelichen (Ehegatten-)Un-

---

11 Hierzu ausführlich Brudermüller FamRZ 1998, 649, 656; Gerhardt FuR 1997, 249 f.; Gerhardt/Gutdeutsch FuR 1999, 241; ausführlich zu unterhaltsbeschränkenden Vereinbarungen s. Langenfeld FPR 2003, 155.

12 S. etwa OLG Düsseldorf FamRZ 1987, 945.

13 BGH FamRZ 1999, 710 = FuR 1999, 278.

14 BGH FamRZ 1986, 886; OLG Hamburg FamRZ 1998, 294; OLG Hamm FamRZ 1998, 295 zu § 1572.

15 BGH FamRZ 1990, 857; ausführlich zu Vereinbarungen zur zeitlichen und höhenmäßigen Begrenzung des Ehegattenunterhalts sowie des nachehelichen Unterhalts s. Langenfeld FPR 2003, 155.

16 Hierzu etwa Brudermüller FamRZ 1998, 649 ff.; Gerhardt/Gutdeutsch FuR 1999, 241, 244; s. auch Schwab FamRZ 1997, 521, 524; Gerhardt FamRZ 2000, 134, 136; Brudermüller FamRZ 1998, 649, 650.

17 BGHZ 148, 105, 121 = BGH FamRZ 2001, 986, 991 = FuR 2001, 306.

18 BGH FamRZ 2006, 1006 = FuR 2006, 374; S. etwa OLG Hamm NJW-RR 2003, 1084; OLG München FuR 2003, 326; Scholz FamRZ 2003, 265, 271; Brudermüller FF 2004, 101 ff.; Grandel FF 2004, 237 ff.; Schwarz NJW-Spezial 2004, 295 ff.

terhalt (§ 1573 Abs. 5 und § 1578 Abs. 1 Satz 2)[19] auf eine neu geschaffene Norm (§ 1578b) konzentriert und damit – erweiternd – eine grundsätzlich für alle Unterhaltstatbestände geltende Billigkeitsregelung eingefügt, die nach Maßgabe der dort aufgeführten Billigkeitskriterien eine Herabsetzung und/oder Befristung von Unterhaltsansprüchen ermöglicht. Das **UÄndG 2007**[20] ermöglicht nunmehr mit der auf dem Grundsatz der Eigenverantwortung (§ 1569) beruhenden neuen **Billigkeitsregelung** des § 1578b eine noch weitergehende Reduzierung (Herabsetzung oder Befristung) des nachehelichen Unterhalts.[21]

§ 1578b ist eine **Kernbestimmung** des **neuen Unterhaltsrechts** zur **Begrenzung** des **nachehelichen**   13
Unterhalts. Die Norm knüpft keine Konsequenzen an schuldhaftes Fehlverhalten des Unterhaltsgläubigers; hierfür gilt vielmehr auch weiterhin nur § 1579. In § 1578b geht es nur um die Folgen objektiver Umstände. Auch nach der Neuregelung sind bei der Prüfung, ob eine Unterhaltsbegrenzung in Betracht kommt, selbstverständlich die Interessen gemeinsamer Kinder zu berücksichtigen. Die – die bisherigen Begrenzungsregelungen (§ 1573 Abs. 5 und § 1578 Abs. 1 Satz 2 und 3) erweiternde – Norm musste geschaffen werden, da

– der BGH sich für den Regelfall von der Anrechnungsmethode gelöst hat und über seine Surrogat-Rechtsprechung die Differenz-/Additionsmethode in teilweise sehr weitem Umfange anwendet, etwa wenn die Haushaltsführung für einen neuen Partner als Surrogat für die frühere Haushaltsführung in der Ehe angesehen wird, und deshalb das hierfür anzusetzende fiktive Einkommen den Unterhalt nur um 3/7 oder 45 % kürzt (und nicht mehr voll auf den Unterhalt angerechnet wird), somit fast jede Scheidung zumindest Aufstockungsunterhalt nach sich zog, **und**
– die Hinweise des BGH und zahlreicher Autoren, es müsse stärker von der Möglichkeit zur Begrenzung des nachehelichen Unterhalts nach Dauer oder/und Höhe Gebrauch gemacht werden, in der Rechtsprechung der Instanzgerichte – und auch in der anwaltlichen Praxis – fast nichts geändert haben,

so dass die Tendenz zum lebenslangen nachehelichen Unterhalt noch weiter zugenommen hatte.

B. Normzweck

Die neue Norm verfolgt das Ziel, die sich in der aus Art. 6 GG ergebenden fortwirkenden Solidarität gegründeten nachehelichen Unterhaltsansprüche anhand **objektiver Billigkeitsmaßstäbe**,   14
insb. anhand des Maßstabs der »ehebedingten Nachteile«, im Einzelfall angemessen zu begrenzen. Der Neuregelung liegen folgende **grundsätzliche Erwägungen** zugrunde:

Die Leistungen der Ehegatten, die sie auf Grund vereinbarter Arbeitsteilung in der Ehe (Berufstä-   15
tigkeit, Haushaltsarbeit, Kindererziehung) erbringen, sind grundsätzlich gleichwertig, so dass beide Ehegatten grundsätzlich Anspruch auf »gleiche Teilhabe am gemeinsam Erwirtschafteten« haben. Dieser **Teilhabeanspruch** bestimmt in besonderer Weise auch die unterhaltsrechtliche Beziehung der Ehegatten,[22] bedeutet aber keineswegs eine »Lebensstandardgarantie« im Sinne einer zeitlich unbegrenzten und in der Höhe nicht abänderbaren Teilhabe nach einer Scheidung. Mit der Ehescheidung endet nicht nur die Ehe, sondern auch die Begründung dafür, dass eine weitere Beteiligung an den ehelichen Lebensverhältnissen dauerhaft geboten ist.

---

19 Hierzu auch Brudermüller FF 2004, 101; Schwarz NJW-Spezial 2004, 295; Grandel FPR 2005, 320; Schürmann FPR 2005, 492; Reinecke ZFE 2006, 289 mit Berechnungsbeispielen.
20 BGBl 2007 I 3189.
21 Eingehend zu Fragen der Herabsetzung und Befristung nachehelichen Unterhalts insb. Weil FamRB 2009, 51; Bissmaier FamRZ 2009, 389; Viefhues ZFE 2010, 4.
22 Vgl. BVerfGE 105, 1.

16   Die fortwirkende Verantwortung für den bedürftigen Partner (»nacheheliche Solidarität«) erfordert vor allem einen Ausgleich derjenigen Nachteile, die dadurch entstehen, dass der Unterhaltsgläubiger wegen der Aufgabenverteilung in der Ehe, insb. der Kinderbetreuung, nach der Scheidung nicht oder nicht ausreichend für seinen eigenen Unterhalt sorgen kann. Diese Erwägung liegt insb. den Unterhaltstatbeständen des § 1570 (Betreuungsunterhalt), § 1573 (Unterhalt wegen Erwerbslosigkeit und Aufstockungsunterhalt) und § 1575 (Ausbildungsunterhalt) zugrunde. Diese **»ehebedingten«**, auf der Aufgabenverteilung in der Ehe beruhenden **Nachteile** steigen wegen der zunehmenden persönlichen und sozialen Verflechtung typischerweise mit der **Dauer** der Ehe, so dass im **Einzelfall** eine **lebenslange Unterhaltspflicht** gerechtfertigt sein kann. Je geringer aber diese Nachteile sind, desto eher ist im Lichte des Grundsatzes der Eigenverantwortung unter Billigkeitsgesichtspunkten eine Beschränkung des Unterhaltsanspruchs geboten, wobei in besonderer Weise auf die Wahrung der Belange eines vom Berechtigten betreuten gemeinschaftlichen Kindes zu achten ist.

17   § 1578b beschränkt sich allerdings nicht nur darauf, ehebedingte Nachteile zu kompensieren, sondern berücksichtigt unter Billigkeitsgesichtspunkten auch eine darüber hinausgehende **nacheheliche Solidarität**, wenn also **keine ehebedingten Nachteile** zu verzeichnen sind.[23] Billigkeitsmaßstab für die Herabsetzung oder Befristung des Unterhalts ist hier allein die fortwirkende Solidarität im Lichte des Grundsatzes der Eigenverantwortung, wobei die in § 1578b Abs. 1 Satz 3 genannten Umstände auch für das Ausmaß einer fortwirkenden Verantwortung bedeutsam sind, insb. wegen der Dauer der Ehe. In dem Spannungsverhältnis zwischen der fortwirkenden Verantwortung und dem Grundsatz der Eigenverantwortung muss auch hier in jedem Einzelfall eine angemessene und für beide Seiten gerechte Lösung gefunden werden.

18   Sowohl bei der Herabsetzung als auch bei der Befristung des Unterhalts ist außerdem zu berücksichtigen, dass die Belange eines vom Berechtigten betreuten gemeinschaftlichen Kindes gewahrt bleiben (sog. **Kinderschutzklausel**). Diese Kinderschutzklausel schützt davor, dass der nacheheliche Unterhalt so weit abgesenkt wird, dass zwischen dem Lebensstandard des kinderbetreuenden Ehegatten und demjenigen der Kinder, die ungeschmälert Kindesunterhalt erhalten, ein erheblicher Niveauunterschied besteht; insoweit sind bei § 1578b andere Wertungen erforderlich als im Rahmen des sehr viel strengeren § 1579.

C. Voraussetzungen des § 1578b

19   Die gesetzlichen Unterhaltstatbestände der §§ 1570 ff. unterscheiden im Einzelnen nicht danach, aus welchem Grunde es gerechtfertigt ist, einem Ehegatten zugunsten des anderen eine Unterhaltslast aufzuerlegen. Sie sind zwar im Lichte des Grundsatzes der Eigenverantwortung nach der Ehe auszulegen, bieten aber keinen hinreichend konkreten Anknüpfungspunkt für Billigkeitserwägungen der dargestellten Art. § 1578b normiert eine grundsätzlich für alle Unterhaltstatbestände geltende Billigkeitsregelung. Die Vorschrift ist bewusst nicht als allgemeine Generalklausel ausgestaltet, sondern gibt den Gerichten in Abs. 1 und in Abs. 2, der wiederum auf Abs. 1 verweist, klare gesetzliche Vorgaben für die vorzunehmenden **Billigkeitserwägungen**.

20   § 1578b regelt sowohl die **Herabsetzung (Abs. 1)** als auch die **Befristung (Abs. 2)** des nachehelichen Unterhalts und stellt zugleich klar, dass auch eine **Kombination** von Herabsetzung und Befristung des Unterhalts möglich ist (**Abs. 3**). Der Unterhaltsanspruch **ist** danach herabzusetzen oder zu befristen, wenn ein zeitlich unbeschränkter oder nach den ehelichen Lebensverhältnissen bemessener Unterhaltsanspruch unbillig wäre. Die Norm sieht bei der Herabsetzung (§ 1578b

---

23   BGHZ 179, 43 = BGH FamRZ 2009, 406 = FuR 2009, 203; BGH FamRZ 2009, 1207 = FuR 2009, 530.

Abs. 1 Satz 1) – wie bisher § 1578 Abs. 1 Satz 2 – einen **Ersatzmaßstab** in Höhe des **angemessenen Lebensbedarfs** vor.[24]

Die **beispielhafte Aufzählung dreier Kriterien** (»Kinderbetreuung«, »Ehedauer« und »Gestaltung   21
von Haushaltsführung und Erwerbstätigkeit«) schließt es im Rahmen der **Gesamtwürdigung aller
Umstände** des **Einzelfalles** nicht aus, auch **andere Bewertungsmerkmale** wertend heranzuziehen.
Die Möglichkeit der Herabsetzung und Befristung gilt mit gewissen Einschränkungen für sämtliche Unterhaltsansprüche. Zu Beachten bleibt allerdings grundsätzlich, dass es sich bei § 1578b um
eine Ausnahmevorschrift handelt. Festzustellen ist daher, dass eine unbeschränkte oder unbegrenzte Unterhaltsverpflichtung unbillig ist.[25] Ob und in welchem Maß die Befristung oder
Begrenzung eines Unterhaltsanspruches vorzunehmen ist, hängt insgesamt von sämtlichen während der Ehezeit geschaffenen tatsächlichen Umständen ab. Unter Berücksichtigung der »nachehelichen Solidarität« ist in jedem Fall zu überprüfen, wie und ob eine Begrenzung oder Beschränkung des Unterhaltsanspruches vorzunehmen ist.[26]

I. Herabsetzung: § 1578b Abs. 1

Der Unterhaltsanspruch eines geschiedenen Ehegatten ist auf den angemessenen Lebensbedarf   22
herabzusetzen, wenn eine an den ehelichen Lebensverhältnissen orientierte Bemessung des Unterhaltsanspruchs auch unter Wahrung der Belange eines dem Berechtigten zur Pflege oder Erziehung anvertrauten gemeinschaftlichen Kindes unbillig wäre. Bei dieser **Billigkeitsabwägung** ist
vorrangig zu berücksichtigen, inwieweit durch die Ehe Nachteile im Hinblick auf die Möglichkeit
eingetreten sind, für den eigenen Unterhalt zu sorgen. Solche **ehebedingten Nachteile** können
sich vor allem aus der Dauer der Pflege oder Erziehung eines gemeinschaftlichen Kindes, aus der
Gestaltung von Haushaltsführung und Erwerbstätigkeit während der Ehe sowie aus der Dauer der
Ehe ergeben. Grundsätzlich scheidet dann, wenn ein solcher ehebedingter Nachteil vorhanden
bleibt, die Möglichkeit der Befristung des Unterhaltsanspruches gemäß § 1578b Abs. 2 aus. Eine
Begrenzung des Unterhaltsanspruches ist trotz ehebedingten Nachteiles nicht ausgeschlossen.
Durch die Bemessung des Unterhaltsanspruches nach den eigen angemessenen Verhältnissen findet rechnerisch über die Begrenzung des Unterhaltsanspruches nach § 1578b Abs. 1 ein Ausgleich
des ehebedingten Nachteiles statt. Die Herabsetzung auf den eigenen angemessenen Bedarf hat
stets Vorrang vor einer Befristung des Anspruches.[27] Die Herabsetzung auf den angemessenen
Unterhaltsbedarf wird nach einer Übergangszeit der Regelfall sein, weil mit der Beendigung der
Ehe grundsätzlich auch die »ehelichen Lebensverhältnisse« enden. Die Begründung von Unterhaltsansprüchen nach Rechtskraft der Ehescheidung soll dann, wenn dies nicht ausnahmsweise
durch die nacheheliche Solidarität geboten ist, grundsätzlich nicht zu einer lebenslänglichen
Lebensstandardgarantie führen. Mit Ansprüchen auf Zahlung nachehelichen Unterhaltes soll vorrangig ein Ausgleich der durch die Eheschließung und Gestaltung von Haushaltsführung sowie
Kindesbetreuung geschaffenen Nachteilen stattfinden.[28] Nur Ausnahmsweise gebietet die »nacheheliche Solidarität« die Aufrechterhaltung der während der Ehezeit geschaffenen Lebensverhältnisse auch dann, wenn diese oberhalb des Lebensstandards liegen, die der Unterhaltsberechtigte
durch eine eigene Erwerbstätigkeit bei Fortgedachter Eheschließung erreicht hätte. Hier ist es
dann Aufgabe des Unterhaltsberechtigten, dazulegen, weshalb ihm eine Herabsetzung des Lebensstandards auf den eigenen angemessenen Lebensstandard aus Gründen der ehelichen Solidarität
nicht zugemutet werden kann.[29]

---

24 Vgl. Palandt/Brudermüller 65. Aufl. (2006) § 1578 Rn. 80.
25 BGH FamRZ 2012, 197.
26 Siehe dazu auch Dose FamRZ 2011, S. 1341, 1347.
27 BGH FamRZ 2011, 1851; Schürmann FamRZ 2012, 924.
28 Motive der Unterhaltsrechtsreform vgl. Bundestagsdrucksachen 16/1830 Seite 18.
29 Vgl. im einzelnen zur nachehelichen Solidarität BGH FamRZ 2011, 1851; Dose FamRZ 2011, 1341,
    1347; Schürmann FamRZ 2012, 913, 925.

II. Zeitliche Begrenzung: § 1578b Abs. 2

23   Der Unterhaltsanspruch des geschiedenen Ehegatten ist nach § 1578b Abs. 2 zu **befristen**, wenn ein zeitlich unbegrenzter Unterhaltsanspruch auch unter Wahrung der Belange eines dem Berechtigten zur Pflege oder Erziehung anvertrauten gemeinschaftlichen Kindes unbillig wäre; die Billigkeitskriterien des Abs. 1 Satz 2 und 3 gelten entsprechend.

III. Kumulation Herabsetzung/zeitliche Begrenzung: § 1578b Abs. 3

24   Nach § 1578b Abs. 3 können Ansprüche auf nachehelichen Unterhalt sowohl **alternativ** bzw. **kumulativ**[30] herabgesetzt als auch **befristet** werden (»zeitlich gestufte Befristung«),[31] soweit ein unbegrenzter Unterhaltsanspruch unter Berücksichtigung der Ehedauer sowie der Gestaltung von Haushaltsführung und Erwerbstätigkeit unbillig wäre, regelmäßig jedoch nicht, wenn der Unterhaltsgläubiger ein gemeinschaftliches Kind überwiegend betreut hat oder betreut (§ 1578b Abs. 1).[32]

IV. Wesentliche Änderungen zu den bisherigen Begrenzungsmöglichkeiten

25   § 1578b beinhaltet vor allem folgende **wesentliche Änderungen** zu den **bisherigen Begrenzungsmöglichkeiten**: Bislang

- konnte der Unterhalt der Höhe nach und/oder zeitlich begrenzt werden. Nunmehr ist er herabzusetzen und/oder zu befristen. Wenn die Voraussetzungen dieses Begrenzungstatbestands vorliegen, gibt es kein Ermessen;
- konnte gemäß § 1573 Abs. 5 nur der Aufstockungsunterhalt zeitlich begrenzt werden; für alle anderen Unterhaltstatbestände war das nicht möglich, sondern allenfalls eine Begrenzung der Höhe nach gemäß § 1578b. Die jetzige Regelung lässt für jeden Unterhaltsanspruch sowohl eine Begrenzung der Höhe nach als auch eine Befristung des Anspruchs insgesamt zu. Bisher musste, damit wenigstens teilweise eine Begrenzung möglich war, ein eigentlich einheitlicher Unterhaltsanspruch in mehrere Teilansprüche aus unterschiedlichen Tatbeständen aufgespalten werden (sog. zusammengesetzte Anspruchsgrundlage); diese Konstruktion ist nun nicht mehr erforderlich;
- wurde – jedenfalls in der Praxis – nur der unterstellte Anspruch auf Beibehaltung des ehelichen Lebensstandards eingeschränkt. Die jetzige Regelung reduziert den Anspruch grundsätzlich auf einen Ausgleich der als Folge der Ehe verschlechterten Möglichkeit, sich selbst zu unterhalten; der Umfang dieser Nachteile bestimmt den Umfang der möglichen Unterhaltsbegrenzung. Es muss also geklärt werden, ob die Einkommensdifferenz die Folge ehebedingter Nachteile ist. Je mehr sich ehebedingte Nachteile auswirken, um so eher scheidet eine Unterhaltseinschränkung aus; ist die Einkommensdifferenz jedoch nicht die Folge ehebedingter Nachteile, kann der Unterhalt auch bei langer Ehedauer nur dann nicht begrenzt werden, wenn es für den Unterhaltsgläubiger – insb. bei Berücksichtigung seines Alters bei Ehescheidung – unzumutbar ist, sich dauerhaft auf einen seinen eigenen beruflichen Möglichkeiten entsprechenden Lebensstandard einzurichten. Der Unterhaltsanspruch des geschiedenen Ehegatten wird – wie bisher schon der Anspruch der »nichtehelichen Mutter« aus § 1615l – zu einem besonderen Ausgleichsanspruch. Auszugleichen ist die als Folge der Ehe/Kinderbetreuung verschlechterte Einkommensmöglichkeit;

---

30   BGH FamRZ 2000, 1499 = FuR 2000, 475 mit Anm. Gottwald; 2000, 1502 = FuR 2001, 139.

31   S. etwa OLG Düsseldorf FamRZ 1987, 945 – Begrenzung bei einer Ehedauer von ca. 13 Jahren: die 37-jährige Ehefrau hatte keine ehebedingten Nachteile erlitten und war wieder vollschichtig in ihrem erlernten Beruf tätig ist, wo sie die übliche Vergütung verdiente.

32   Vgl. hierzu näher Gerhardt FuR 1997, 249; Schwab FamRZ 1997, 521; Brudermüller FamRZ 1998, 649; Büttner FF 2002, 68 zur Beschränkung des nachehelichen Aufstockungsunterhalts bei langer Ehedauer und Kinderbetreuung.

- konnte der Unterhalt in der Regel nicht begrenzt werden, wenn der Unterhaltsgläubiger ein gemeinsames Kind jedenfalls überwiegend betreut hatte. Heute gibt es diese Regel nicht mehr, vielmehr ist die Betreuung eines Kindes nur noch – neben der Gestaltung von Haushaltsführung und Erwerbstätigkeit – bei der Prüfung der Frage zu berücksichtigen, inwieweit Nachteile für das berufliche Fortkommen und die Möglichkeit, sich selbst zu unterhalten, eingetreten sind;
- wurde die Dauer der Kindesbetreuung pauschal der Ehedauer gleichgestellt. Nach der jetzigen Regelung ist die Dauer der Kindesbetreuung nur noch eines unter mehreren Kriterien bei der Klärung der Frage, inwieweit dem Unterhaltsgläubiger durch die Ehe Nachteile für das berufliche Fortkommen und die Möglichkeit, sich selbst zu unterhalten, entstanden sind.

D. Gebot verschärfter Anwendung der Unterhaltsbegrenzung

Die familiengerichtliche Rechtsprechung hatte in den vergangenen Jahren von den Möglichkeiten **26** der Begrenzung nachehelichen Unterhalts wenig Gebrauch gemacht, §§ 1573 Abs. 5, 1578 Abs. 1 Satz 2 also bislang kaum angewendet.[33] Erst mit der Abkehr des BGH von der sog. Anrechnungsmethode und Hinwendung zur sog. Differenz-/Additionsmethode mit der Entscheidung vom 13.06.2001[34] war eine Tendenz zu einer vermehrten Beschränkung von Unterhaltsansprüchen festzustellen.[35] § 1578b verfolgt das Ziel, die Begrenzung von Unterhaltsansprüchen anhand objektiver Billigkeitsmaßstäbe und hier insb. anhand des Maßstabs der »ehebedingten Nachteile« zu erleichtern. Die Begrenzungsmöglichkeiten gemäß § 1578b sind daher künftig wesentlich häufiger anzuwenden als bislang; sie gelten grundsätzlich auch für »Altfälle«, wenn und soweit dies den Betroffenen unter Berücksichtigung ihres Vertrauens in die einmal getroffene Regelung zumutbar ist (**Vertrauensschutzprinzip**).

Daher ist künftig bereits bei der erstmaligen Geltendmachung des Unterhalts die Frage nach einer **27** zeitlichen Begrenzung oder Herabsetzung des Unterhaltsanspruchs (nunmehr) in verstärktem Maße zu prüfen.[36] Gelangt der Tatrichter auf Grund einer umfassenden Wertung zu dem Ergebnis, dass es als unbillig abgesehen werden muss, einen zeitlich unbegrenzten Unterhaltsanspruch zuzubilligen, muss er § 1578b anwenden.[37]

E. Anwendungsbereich der Norm

Die in das System des nachehelichen Unterhaltsrechts eingefügte Norm des § 1578b ist im Rah **28** men des **Trennungsunterhalts** nicht anzuwenden.[38] Auf vor dem 01.07.1977 entstandene Unterhaltsansprüche ist weiterhin nur das damals geltende Unterhaltsrecht (§§ 58 ff. EheG) anzuwenden.[39] Nach der Vorgabe des Gesetzgebers ist § 1578b im Übrigen auf **alle Tatbestände** der

---

33 S. etwa Schwab FamRZ 1997, 521, 524; Brudermüller FamRZ 1998, 649, 650; Gerhardt/Gutdeutsch FuR 1999, 241, 244; Gerhardt FamRZ 2000, 134, 136.
34 BGHZ 148, 105 ff.. = BGH FamRZ 2001, 986 = FuR 2001, 306.
35 S. etwa OLG Hamm NJW-RR 2003, 1084; OLG München FuR 2003, 326; Scholz FamRZ 2003, 265, 271; Brudermüller FF 2004, 101 ff.; Grandel FF 2004, 237 ff.; Schwarz NJW-Spezial 2004, 295 ff.; 2005, 7 ff.
36 BGH FamRZ 2004, 1357 = FuR 2004, 548.
37 S. etwa OLG Hamm OLGR 2000, 274; OLG Naumburg OLGR 2002, 250; OLG Frankfurt OLGR 2003, 364, jeweils noch zu § 1573 Abs. 5.
38 OLG Brandenburg FamRZ 2009, 699 = FuR 2009, 212 mit Anm. Ehinger FPR 2009, 247; OLG Bremen FamRZ 2009, 1415 = FuR 2009, 217.
39 OLG München ZFE 2009, 77.

§§ 1570 ff. anwendbar,[40] soweit nicht die Norm bereits immanent nicht anwendbar ist (s. etwa §§ 1570, 1575, 1576).

I. § 1570 (Betreuungsunterhalt)

29 Im Rahmen des Betreuungsunterhalts nach § 1570 führt fehlende oder eingeschränkte Erwerbsmöglichkeit wegen Betreuung eines gemeinsamen Kindes zu einem ehebedingten Nachteil, der regelmäßig unterhaltsrechtlich auszugleichen ist.[41] Eine **Befristung** des Betreuungsunterhalts nach § 1578b scheidet indes bereits deshalb aus, weil § 1570 in der seit 01.01.2008 geltenden Fassung insoweit eine Sonderregelung für die Billigkeitsabwägung enthält: Nach Vollendung des dritten Lebensjahres des betreuten Kindes kann der betreuende Elternteil nur noch **Betreuungsunterhalt** nach **Billigkeit** verlangen (§ 1570 Abs. 1 Satz 2 und Abs. 2). Im Rahmen dieser Billigkeitsabwägung nach § 1570 sind aber bereits alle kind- und elternbezogenen Umstände des Einzelfalles zu berücksichtigen. Wenn die Billigkeitsabwägung zu dem Ergebnis führt, dass der Betreuungsunterhalt über die Vollendung des dritten Lebensjahres hinaus wenigstens teilweise fortdauert, können dieselben Gründe nicht zu einer Befristung im Rahmen der Billigkeit nach § 1578b führen.[42]

30 Geht allerdings der Unterhaltsbedarf nach den **ehelichen Lebensverhältnissen** gemäß § 1578 Abs. 1 erheblich über den angemessenen Unterhalt nach der **eigenen Lebensstellung** des Unterhaltsgläubigers hinaus, dann kommt eine **Kürzung (Herabsetzung)** des Betreuungsunterhalts vom **eheangemessenen Unterhalt** nach § 1578 Abs. 1 auf den **eigenen angemessenen Unterhalt** nach der eigenen Lebensstellung in Betracht, wenn einerseits die notwendige Erziehung und Betreuung gemeinsamer Kinder trotz des abgesenkten Unterhaltsbedarfs sichergestellt und das Kindeswohl auch sonst nicht beeinträchtigt ist, und andererseits eine **fortdauernde Teilhabe** des betreuenden Elternteils an den **abgeleiteten ehelichen Lebensverhältnissen** während der Ehe **unbillig** erscheint.[43] Bei der Prüfung einer Begrenzung des Unterhaltsanspruches nach § 1570 Abs. 1, 2 ist allerdings die Rechtsprechung zur Höhe des Betreuungsunterhaltes zu beachten. Solange der Unterhaltsberechtigte keine Erwerbstätigkeit nachgehen muss (z. B. bei Betreuung eines noch nicht 3 Jahre alten gemeinsamen Kindes) bestimmt sich die Höhe seines Unterhaltsbedarfes nach § 1578 Abs. 1. Liegt also entweder keine Erwerbstätigkeit vor oder ist die Erwerbstätigkeit vollen Umfanges unzumutbar, kann der Unterhaltsberechtigte nach § 1570 den vollen Bedarf nach den ehelichen Lebensverhältnissen verlangen. Sobald der Unterhaltsberechtigte eine eigene Erwerbstätigkeit aufnimmt, etwa nach Vollendung des 3. Lebensjahres des gemeinschaftlichen Kindes und damit einen Teil seines Unterhaltsbedarfes durch Einkünfte deckt verändert sich die Höhe des nach § 1570 zu fordernden Unterhaltes. Dann kann nur noch der Unterhalt nach § 1570 geltend gemacht werden, der den Einkommensverlust des Unterhaltsberechtigten entspricht.[44] Liegt demnach eine Teilzeiterwerbstätigkeit auf Seiten des Unterhaltsberechtigten vor, gibt es einen gestuften Unterhaltsanspruch, und zwar in Höhe des Einkommensausfalls aus § 1570 und in Bezug auf Rest als Aufstockungsunterhalt (§ 1573).

Für die Begrenzung und Befristung des Unterhaltsanspruches hat dies weitreichende Konsequenzen. Der Aufstockungsunterhalt gemäß § 1573 Abs. 2 kann durchaus befristet werden. Findet eine Befristung statt, so erhält der Unterhaltsberechtigte lediglich Unterhalt aus § 1570 in Höhe seines

---

40 BGHZ 179, 43 = BGH FamRZ 2009, 406 = FuR 2009, 203; BGH FamRZ 2009, 1124 = FuR 2009, 447.

41 BGHZ 180, 170 = BGH FamRZ 2009, 770, 772 = FuR 2009, 391; BGH FamRZ 2009, 1207 = FuR 2009, 530; vgl. auch OLG Brandenburg FamRZ 2009, 521.

42 BGHZ 180, 170 = BGH FamRZ 2009, 770, 774 = FuR 2009, 391 m.w.N.; BGH FamRZ 2009, 1124 = FuR 2009, 447 = FuR 2009, 577 (»Flexistunden«); vgl. auch OLG Hamm FamRZ 2009, 519; OLG Brandenburg FamRZ 2009, 521; OLG Karlsruhe NJW 2008, 3645; OLG Köln FamRZ 2009, 518.

43 BGHZ 180, 170 = BGH FamRZ 2009, 770, 774 = FuR 2009, 391 m.w.N.; BGH FamRZ 2009, 1124 = FuR 2009, 447.

44 Vgl. BGH FamRZ 2009, 770 sowie BGH Urteil vom 18.04.2012 XII ZR 65/10

Einkommensausfalles. Eine Begrenzung des Unterhaltsanspruches gem. § 1578b Abs. 1 ist daneben nicht mehr möglich, da der eigen angemessene Unterhalt dem Unterhalt entspricht, der dann nach § 1570 gezahlt wird. Etwas anderes gilt nur dann, wenn die ausgeübte Tätigkeit nicht der Tätigkeit entspricht, die der Unterhaltsberechtigte ohne Eheschließung ausgeübt hätte.[45]

II. § 1571 (Altersunterhalt)

Altersunterhalt ist dann nicht **zu befristen**,[46] wenn der Unterhaltsgläubiger aufgrund der Rollenverteilung in der Ehe nicht ausreichend für den Fall der altersbedingten Einkommensminderung vorgesorgt hat, und seine Altersvorsorge infolge der Ehe und Kindererziehung geringer ist, als sie ohne die Ehe wäre. Hat der Unterhaltsgläubiger in Absprache mit dem Unterhaltsschuldner bei Eingehung der Ehe seinen gut besoldeten Arbeitsplatz aufgegeben, und hat er nach der Trennung wegen seines Alters keine realistischen Chancen, eine ähnlich dotierte Stelle zu finden, stellt die Aufgabe des Arbeitsplatzes einen ehebedingten Nachteil dar, der dauerhaft auszugleichen ist.[47]   31

Beim Altersunterhalt ist zu berücksichtigen, ob der unterhaltsberechtigte Ehegatte trotz des durchgeführten Versorgungsausgleichs geringere Renteneinkünfte erzielt, als er ohne die Ehe und die Erziehung der gemeinsamen Kinder erzielen würde.[48] Eine Begrenzung des Unterhaltsanspruches auf den Unterhaltsbedarf, den der Unterhaltsberechtigte erreicht hätte, wenn es nicht zur Eheschließung gekommen wäre, dürfte auch beim Altersunterhalt möglich sein. Allerdings ist zu beachten, dass dann jedenfalls das Existenzminimum gewahrt bleibt.

III. § 1572 (Unterhalt wegen Krankheit/Gebrechen)

Mit der Schaffung des Unterhaltsanspruchs wegen Krankheit/Gebrechen hat der Gesetzgeber ein **besonderes Maß** nach **nachehelicher Solidarität** festgeschrieben, das auch im Rahmen der Begrenzung des nachehelichen Unterhalts zu berücksichtigen ist.[49] Durch das Wort »insb.« in § 1578b Abs. 1 Satz 2 wird deutlich, dass nicht allein auf das Vorliegen ehebedingter Nachteile abgestellt werden kann, sondern dass auch andere Gesichtspunkte für die Billigkeitsabwägung eine Rolle spielen können.[50]   32

1. Abgrenzung der Unterhaltstatbestände

Zunächst sind die Anspruchsgrundlagen wegen eines Erwerbshindernisses aus §§ 1570 bis 1572 und aus § 1573 Abs. 2 (Aufstockungsunterhalt) danach abzugrenzen, ob wegen des vorliegenden Hindernisses eine Erwerbstätigkeit vollständig oder nur zum Teil ausgeschlossen ist: Ist der Unter-   33

---

45 Vgl. zur Konkurrenzsituation der einzelnen Vorschriften auch Palandt/Brudermüller § 1570 RN 22, 23.

46 OLG Celle FamRZ 2009, 121; OLG Schleswig NJW 2009, 2223; OLG Koblenz FamRZ 2009, 1750; OLG Schleswig FuR 2009, 537.

47 Vgl. auch OLG Brandenburg FuR 2010, 33 = OLGR 2009, 861 – Befristung mangels ehebedingter Nachteile auch nach langer Ehedaher, bei geringem Renteneinkommen und in hohem Alter.

48 BGH FamRZ 2009, 1207 = FuR 2009, 530.

49 Grundlegend BGH FamRZ 2009, 1207 = FuR 2009, 530; vgl. auch KG FamRZ 2009, 1153; OLG Bremen FamRZ 2009, 1912; OLG Frankfurt FamRZ 2009, 526 = FuR 2009, 45 – keine Befristung bei dauerhaft – auch schicksalsbedingter – Erwerbsunfähigkeit des Ehegatten in hohem Alter und langer Ehedauer; vgl. jedoch auch OLG Köln FamRZ 2009, 429 – keine Befristung solange keine Prognose über die Heilungschance (im entschiedenen Fall: einer Krebserkrankung) getroffen werden kann; ähnlich OLG Hamm FPR 2009, 547; OLG Hamburg FamRZ 2009, 781; OLG Karlsruhe FamRZ 2009, 341 – Befristung von Krankheitsunterhalt selbst bei Vorliegen ehebedingter Nachteile; OLG Koblenz FamRZ 2009, 427 = FuR 2009, 285 = FuR 2009, 589 zur Frage der Befristung des Krankenunterhalts bei unsicherer Prognose über die Heilungschance; OLG Köln NJW-RR 2009, 800; OLG München FamRZ 2009, 1154; eingehend zur Begrenzung und Befristung auch Triebs FPR 2008, 31; Ehinger FPR 2009, 105.

50 Grundlegend BGH FamRZ 2009, 406 = FuR 2009, 203; 2009, 1207 = FuR 2009, 530.

haltsgläubiger **vollständig** an einer Erwerbstätigkeit gehindert, ergibt sich der Anspruch auf nachehelichen Unterhalt allein aus §§ 1570 bis 1572, und zwar auch für denjenigen Teil des Unterhaltsbedarfs, der nicht auf dem Erwerbshindernis, sondern auf dem den angemessenen Lebensbedarf übersteigenden Bedarf nach den ehelichen Lebensverhältnissen (**voller Unterhalt**) gemäß
§ 1578 Abs. 1 Satz 1 beruht. Ist der Unterhaltsgläubiger hingegen nur **teilweise** an einer Erwerbstätigkeit gehindert, ergibt sich der Unterhaltsanspruch wegen des allein durch die Erwerbshinderung verursachten Einkommensausfalls aus §§ 1570 bis 1572 und im Übrigen als Aufstockungsunterhalt aus § 1573 Abs. 2.[51] Auch hier ist ggf. zu prüfen, ob unter Umständen eine Befristung
des Aufstockungsunterhaltsteiles möglich ist.

2. Krankheit als ehebedingter Nachteil

34 Der Umstand, dass eine Erkrankung während der Ehe eintritt, führt nicht ohne weiteres zu einem
ehebedingten Nachteil; vielmehr handelt es sich bei einer schweren Krankheit und der durch sie
bedingten Erwerbsunfähigkeit in der Regel um eine schicksalhafte Entwicklung. Nach der Rechtsprechung des BGH ist eine Krankheit daher regelmäßig **nicht** als **ehebedingt**, sondern vielfach als
schicksalsbedingt anzusehen.[52]

35 Dass die Krankheit regelmäßig nicht ehebedingt ist, hat allerdings Einfluss auf die grundsätzliche
Gewichtung des Unterhalts nach § 1572 im Rahmen der Billigkeitsabwägung und im Hinblick
auf das von den Ehegatten zu fordernde Maß an **fortwirkender Unterhaltsverantwortung** nach
der Scheidung.[53] Dementsprechend war die Legitimation des Krankheitsunterhalts schon bei den
Beratungen zum 1. Eherechtsreformgesetz nicht frei von Zweifeln.[54] Eine dauerhafte Unterhaltsverantwortung des geschiedenen Ehegatten für das allein im zeitlichen Zusammenhang mit der
Ehe stehende Krankheitsrisiko ist deswegen nicht ohne weiteres gerechtfertigt. Der Einsatzzeitpunkt in § 1572 schließt deswegen eine Einstandspflicht des geschiedenen Ehegatten für erst
nachehelich eingetretene Erkrankungen aus.[55]

36 Daher kann sich im Rahmen des § 1572 ein **ehebedingter Nachteil** zunächst daraus ergeben, dass
ein Unterhaltsgläubiger aufgrund der Rollenverteilung in der Ehe nicht ausreichend für den Fall
der krankheitsbedingten Erwerbsminderung vorgesorgt hat, und seine Erwerbsunfähigenrente
infolge der Ehe und Kindererziehung geringer ist, als sie ohne die Ehe wäre. Insoweit entsprechen
sich der Krankheitsunterhalt nach § 1572 und der Altersunterhalt nach § 1571. In beiden Fällen
ist allerdings auch zu berücksichtigen, dass der Ausgleich unterschiedlicher Vorsorgebeiträge vornehmlich Aufgabe des Versorgungsausgleichs ist, durch den die Interessen des Unterhaltsgläubigers regelmäßig ausreichend gewahrt werden.[56] Steht die Erkrankung in unmittelbaren Zusammenhang mit der Eheschließung, wie etwa gesundheitliche Beeinträchtigung als Folge er Geburt
eines gemeinschaftlichen Kindes, Unfälle im ehelichen Haushalt etc. ist die Erkrankung ehebedingt. Eine Befristung des Unterhaltsanspruches nach § 1578b Abs. 2 wird in solchen Fällen regelmäßig ausscheiden. Eine Begrenzung des Unterhaltsanspruches auf den eigen angemessenen

---

51 BGH FamRZ 2010, 869 = FuR 2010, 394 im Anschluss an BGHZ 179, 43 = BGH FamRZ 2009, 406
= FuR 2009, 203, und BGH FamRZ 1990, 492, 493 f. zu § 1570; 1993, 789, 791 = zu § 1572, und
FamRZ 1999, 708, 709 = FuR 1999, 372 zu § 1571.
52 BGH FamRZ 2012, 39; FamRZ 2011, 875; FamRZ 2012, 788.
53 Ähnlich OLG Celle FamRZ 2008, 1449, 1451.
54 Vgl. BT-Drucks. 7/650 S. 124.
55 BGHZ 179, 43 = BGH FamRZ 2009, 406, 409 f. = FuR 2009, 203; BGH FamRZ 2008, 1325, 1328 f.
= FuR 2008, 401 = FuR 2008, 438 = FuR 2009, 530; OLG Frankfurt FamRZ 2009, 526; OLG Koblenz
FamRZ 2009, 427; OLG Bremen FamRZ 2009, 343; OLG Düsseldorf FamRZ 2009, 1914 = FuR 2009,
418.
56 BGHZ 179, 43 = BGH FamRZ 2009, 406, 409 f. = FuR 2009, 203; BGH FamRZ 2008, 1325, 1328 f.
= FuR 2008, 401 = FuR 2008, 438 = FuR 2009, 530.

Unterhalt gemäß § 1578b Abs. 1 bleibt möglich. Ansonsten sind die üblichen Kriterien bei de Befristung und Beschränkung zu beachten.[57]

3. Krankheit/Gebrechen im Lichte nachehelicher Solidarität

§ 1578b beschränkt sich nach dem Willen des Gesetzgebers nicht auf die Kompensation ehebe- **37** dingter Nachteile, sondern berücksichtigt auch eine darüber hinausgehende **nacheheliche Solida-rität**,[58] denn indem § 1578b Abs. 1 Satz 2 »insb.« auf das Vorliegen ehebedingter Nachteile abstellt, schließt die Norm andere Gesichtspunkte für die Billigkeitsabwägung nicht aus. Dieser Umstand gewinnt besonders beim nachehelichen Unterhalt gemäß § 1572 wegen einer Krankheit, die regelmäßig nicht ehebedingt ist, an Bedeutung.[59]

Mit der Schaffung des Unterhaltsanspruchs wegen Krankheit oder Gebrechen in § 1572 hat das **38** Gesetz ein **besonderes Maß** an **nachehelicher Solidarität** festgeschrieben, das auch im Rahmen der Begrenzung oder Befristung dieses nachehelichen Unterhalts nicht unberücksichtigt bleiben kann. Auch in solchen Fällen, in denen die fortwirkende eheliche Solidarität den wesentlichen Billigkeits-maßstab bildet, fällt den in § 1578b Abs. 1 Satz 3 genannten Umständen besondere Bedeutung zu.[60] Auf deren Grundlage, insb. der Dauer der Pflege oder Erziehung gemeinschaftlicher Kinder, der Gestaltung von Haushaltsführung und Erwerbstätigkeit während der Ehe sowie der Dauer der Ehe ist auch der Umfang einer geschuldeten nachehelichen Solidarität zu bemessen.[61]

Auch wenn das Unterhaltsrecht eine Befristung des Krankheitsunterhalts erst aufgrund der nach **39** Rechtskraft der Scheidung in Kraft getretenen Gesetzeslage zulässt, kann daraus ein besonderer Vertrauensschutz nicht hergeleitet werden. Der Gesetzgeber hat von einem **Vertrauensschutz** für sog. **Altfälle** bewusst abgesehen und das neue Recht auf Unterhaltsansprüche, die ab 01.01.2008 entstanden sind, für unterschiedslos anwendbar erklärt.[62] Für vor diesem Datum bereits ergangene rechtskräftige Entscheidungen, errichtete Titel oder Unterhaltsvereinbarungen enthält § 36 Nr. 1 EGZPO einen über das Inkrafttreten des Gesetzes hinausreichenden **Vertrauensschutz** und macht eine Abänderung von der **Zumutbarkeit** abhängig.

Während der BGH in einer Entscheidung[63] eine Unterhaltsbegrenzung gebilligt hat, hat er in einer **40** weiteren Entscheidung[64] eine Begrenzung abgelehnt. Beide Entscheidungen beruhen auf **Einzelfall-erwägungen** im Rahmen einer **Billigkeitsprüfung**. Beiden Fällen lag zugrunde, dass die Krankheit weder selbst ein ehebedingter Nachteil war, noch die Versorgungslage aufgrund der Ehe schlechter als ohne die Ehe war, so dass ehebedingte Nachteile nicht vorlagen. In der Entscheidung vom 26.11.2008[65] hatten die Parteien nur ca. fünf Jahre zusammengelebt. Ein Ehegatte hatte durch den Versorgungsausgleich einen deutlich über dem Existenzminimum liegenden Lebensstandard erreicht. In der anderen Konstellation waren die Parteien 26 Jahre verheiratet und hatten eine reine »Hausfrauenehe« geführt; die Ehefrau hatte vier Kinder großgezogen. Der BGH hat eine Begren-zung des nachehelichen Unterhalts im Hinblick darauf, dass die Ehefrau nur knapp über dem Selbstbehalt liegende Einkünfte erzielte, aus Gründen nachehelicher Solidarität abgelehnt.

---

57 Vgl. BGH FamRZ 2009, 1207 keine Befristung nach 26 jähriger Ehe mit 4 Kindern oder nach 20 jähri-ger Ehe mit 2 Kindern und eines mit 9 Jahren verstorbenen behinderten Kindes BGH FamRZ 2010, 1057.
58 BT-Drucks. 16/1830 S. 19.
59 BGHZ 179, 43 = BGH FamRZ 2009, 406, 409 = FuR 2009, 203; BGH FamRZ 2009, 1207 = FuR 2009, 530.
60 BT-Drucks. 16/1830 S. 19.
61 BGH FamRZ 2009, 1207 = FuR 2009, 530.
62 BT-Drucks. 16/1830 S. 32.
63 BGHZ 179, 43 = BGH FamRZ 2009, 406, 409 = FuR 2009, 203.
64 BGH FamRZ 2009, 1207 = FuR 2009, 530.
65 BGHZ 179, 43 = BGH FamRZ 2009, 406, 409 = FuR 2009, 203.

41 Im Rahmen der gebotenen Billigkeitsentscheidung sind auch alle **sonstigen Umstände** des **Einzelfalles** zu berücksichtigen, insb. die Einkommensverhältnisse und Lebensumstände beider Parteien, ob die Krankheit therapierbar ist und der Unterhaltsgläubiger sich dem bislang entzogen hat, die Dauer der Ehe und die Dauer der nachehelichen Unterhaltsleistung, aber auch persönliche Umstände auf Seiten des Unterhaltsschuldners.[66] Ein Anspruch auf Zahlung von Krankenunterhalt kann auch 11-jähriger Ehezeitdauer befristet werden.[67]

42 **Krankenvorsorgeunterhalt** kann der Höhe nach gem. § 1578b begrenzt werden, wenn ein den ehelichen Lebensverhältnissen entsprechender Versicherungsschutz in der privaten Krankenversicherung nur mit einem unverhältnismäßig hohen Beitrag zu erreichen ist.[68]

IV. § 1573 (Unterhalt wegen Erwerbslosigkeit, Aufstockungsunterhalt)

43 Auch schon nach früherer Rechtslage konnte Unterhalt nach § 1573 begrenzt werden (sowohl nach § 1578 Abs. 1 Satz 2, insb. aber nach § 1573 Abs. 5): Oftmals ist es dem Gläubiger – jedenfalls nach einer **Übergangszeit**[69] – zumutbar, sich auf eine Kürzung des eheangemessenen Unterhalts und sodann ggf. auf dessen gänzlichen Wegfall einzustellen. Die Übergangszeit vom Wegfall ehebedingter Nachteile bis zum Fortfall des Aufstockungsunterhalts nach § 1573 Abs. 2 ist **nicht schematisch** an der **Ehedauer** zu orientieren; vielmehr findet sie ihren Grund darin, dass der Unterhaltsgläubiger nach der Scheidung Zeit benötigt, um sich auf die Kürzung des eheangemessenen Unterhalts einzustellen. Zwar können auch dabei die Dauer der Ehe und das Alter des Unterhaltsgläubigers nicht unberücksichtigt bleiben; auch bei sehr langer Ehedauer wird es dem Unterhaltsgläubiger aber in Fällen, in denen er seit vielen Jahren vollschichtig erwerbstätig ist, regelmäßig möglich sein, seine persönlichen und finanziellen Verhältnisse innerhalb einer mehrjährigen Übergangszeit auf die Einkünfte einzurichten, die er ohne die Unterhaltsleistungen des geschiedenen Ehegatten zur Verfügung hat.[70]

1. Änderung der Rechtsprechung des BGH

44 Auf Grund seiner geänderten Rechtsprechung zur Berücksichtigung der Haushaltstätigkeit/Kinderbetreuung, die zu einer späteren Bedarfsdeckung durch eigenes Einkommen führt, hat der BGH dem Umstand der zeitlichen Befristung des Aufstockungsunterhalts größere Bedeutung beigemessen und dabei seine frühere Rechtsprechung zur Befristung des nachehelichen Unterhalts, insb. des Aufstockungsunterhalts (§ 1573 Abs. 2), geändert.[71] Diese Rechtsprechung des BGH kommt einer **wesentlichen Änderung** der den früheren Unterhaltstiteln zugrunde liegenden **Verhältnisse** gleich (s. auch § 36 EGZPO zum **Vertrauensschutz**).

45 Weil die frühere Rechtsprechung des BGH zur Befristung des Aufstockungsunterhalts vornehmlich auf die Dauer der Ehe abgestellt hatte, und danach bei deutlich mehr als 20-jähriger Ehedauer keine Befristung mehr in Betracht gekommen wäre, steht diese Änderung der Rechtsprechung einer Präklusion der jetzt für eine Befristung sprechenden Umstände nicht entgegen. Erst durch die neuere Rechtsprechung des BGH und die gesetzliche Neuregelung des § 1578b sind die weite-

---

66 BGH FamRZ 2010, 629 (Berufungsurteil: OLG Frankfurt FamRZ 2009, 526) – 50 %-ige Minderung der Erwerbsfähigkeit des Unterhaltsschuldners.
67 BGH FamRZ 2009, 406.
68 OLG Oldenburg FuR 2010, 175.
69 Grundlegend BGH FamRZ 2008, 1508 = NJW 2008, 2644.
70 BGH FamRZ 2008, 1508 = FuR 2008, 438.
71 BGHZ 177, 356 = BGH FamRZ 2008, 1911 = FuR 2008, 542; BGH FamRZ 2006, 1006, 1007 f.

ren Umstände, insb. das Fehlen ehebedingter Nachteile, überhaupt relevant geworden, was eine Präklusion ausschließt (s. etwa § 36 Nr. 1 EGZPO).[72]

2. Begrenzung des Aufstockungsunterhalts

Insb. der Anspruch auf **Aufstockungsunterhalt** nach § 1573 Abs. 2 kann nach § 1578b herabgesetzt oder befristet werden, wobei zu berücksichtigen ist, inwieweit durch die Ehe Nachteile im Hinblick auf die Möglichkeit eingetreten sind, für den eigenen Unterhalt zu sorgen. Solche **ehebedingten Nachteile** können sich vor allem aus der Dauer der Pflege oder Erziehung gemeinschaftlicher Kinder, aus der Gestaltung von Haushaltsführung und Erwerbstätigkeit während der Ehe sowie aus der Ehedauer ergeben. Jedenfalls der Anspruch auf Aufstockungsunterhalt ist danach **regelmäßig** zu befristen, wenn ehebedingte Nachteile nicht mehr vorliegen, während eine Befristung bei noch vorhandenen ehebedingten Nachteilen regelmäßig ausgeschlossen ist.   46

Kann der Unterhalt begehrende Ehegatte keine ehebedingten Nachteile in wirtschaftlicher Hinsicht darlegen und beweisen, so entspricht es der Billigkeit, den nachehelichen Aufstockungsunterhalt zu befristen.[73] Eine Befristung des nachehelichen Aufstockungsunterhalts kann jedoch regelmäßig nicht allein mit der Erwägung abgelehnt werden, damit entfalle der Einsatzzeitpunkt für einen späteren Anspruch auf Altersunterhalt nach § 1571 Nr. 3.[74] Allerdings belasten die Auswirkungen einer vorübergehenden Unterbrechung der Erwerbstätigkeit auf die künftige Altersversorgung nach Durchführung des Versorgungsausgleichs regelmäßig beide Ehegatten in gleichem Umfange; ein dadurch entstandener Nachteil ist dann vollständig ausgeglichen.[75] Auch dann, wenn ehebedingte Nachteile vorliegen, kann der Unterhaltsanspruch auf den angemessenen Lebensbedarf herabgesetzt werden. Mit der Begrenzung des Unterhaltsanspruches auf den angemessenen Bedarf findet ein Ausgleich des ehelichen Nachteiles statt, da der angemessene Bedarf nach der Höhe der Einkünfte bestimmt wird, die der Unterhaltsberechtigte ohne Eheschließung erzielt hätte. Eine Begrenzung des Unterhaltsanspruches nach § 1578b Abs. 1 scheidet jedoch ausnahmsweise aus, wenn dies die »nacheheliche Solidarität« gebietet.[76]   47

3. Anpassung des nachehelichen Unterhalts auf das voreheliche Maß

Bereits § 1573 Abs. 5 und § 1578 Abs. 1 Satz 2 und 3 a.F. sahen eine Möglichkeit zur zeitlichen Begrenzung des Aufstockungsunterhalts vor, soweit insb. unter Berücksichtigung der Dauer der Ehe sowie der Gestaltung von Haushaltsführung und Erwerbstätigkeit ein zeitlich unbegrenzter Unterhaltsanspruch unbillig war. Bei der Subsumtion unter diese Ausnahmetatbestände hat der BGH jedoch in seiner neueren Rechtsprechung **nicht** mehr entscheidend auf die Ehedauer, sondern darauf abgestellt, ob sich eine nacheheliche Einkommensdifferenz, die den Anspruch auf Aufstockungsunterhalt begründen könnte, als ein **ehebedingter Nachteil** darstellt, der einen dauerhaften unterhaltsrechtlichen Ausgleich zugunsten des bedürftigen Ehegatten rechtfertigen kann. Schon nach dieser früheren Rechtslage bot der Anspruch auf Aufstockungsunterhalt nach § 1573 Abs. 2 a.F. deswegen keine – von ehebedingten Nachteilen unabhängige – Lebensstandardgarantie im Sinne einer fortwirkenden Mitverantwortung.   48

---

72 BGH FamRZ 2001, 1687, 1690 (für die Abänderung eines Vergleichs nach geänderter höchstrichterlicher Rechtsprechung); FamRZ 2003, 848, 851 f. (für die Abänderung eines Urteils nach geänderter höchstrichterlicher Rechtsprechung); BGHZ 171, 206, 227 f. = BGH FamRZ 2007, 793, 795 f. = FuR 2007, 276 = BGH FamRZ 2008, 1911 = FuR 2008, 542; zu allem ausführlich Dose FamRZ 2007, 1289, 1294 ff.; zur Präklusion s. auch Graba FamFR 2010, 53 ff.

73 OLG Celle FamRZ 2008, 1448.

74 BGH FamRZ 2008, 1508 = FuR 2008, 438.

75 BGH FamRZ 2008, 1508 = FuR 2008, 438 = FuR 2008, 401; BGHZ 179, 196 = BGH FamRZ 2009, 411 = FuR 2009, 159.

76 Siehe dazu Dose FamRZ 2011, 1341, 1347.

49 War die nacheheliche Einkommensdifferenz nicht auf ehebedingte Nachteile, sondern darauf zurückzuführen, dass beide Ehegatten schon **vorehelich** infolge ihrer **Berufsausbildung** einen **unterschiedlichen Lebensstandard erreicht** hatten, konnte es im Einzelfall dem unterhaltsberechtigten Ehegatten nach einer **Übergangszeit** zumutbar sein, auf einen Lebensstandard nach den ehelichen Lebensverhältnissen zu verzichten und sich statt dessen mit dem **Lebensstandard** zu begnügen, den er auch **ohne die Ehe** erreicht hätte. Diese Rechtsprechung ist in die Neuregelung des § 1578b zum 01.01.2008 eingeflossen.[77]

4. Tatbestandskonkurrenzen im Mangelfall

50 Der Anspruch auf **Aufstockungsunterhalt** nach geschiedener Ehe von langer Dauer ist nur dann mit dem Anspruch eines neuen Ehegatten auf **Betreuungsunterhalt gleichrangig**, wenn nach langer Ehedauer auch ehebedingte Nachteile i.S.d. § 1578b Abs. 1 Satz 2 und 3 vorliegen (§ 1609 Nr. 2). Die gesetzliche Neuregelung in § 1609 Nr. 2 stellt für den Vorrang gegenüber anderen (geschiedenen) Ehegatten – wie die Begrenzung des nachehelichen Unterhalts nach § 1578b[78] – zusätzlich darauf ab, ob ehebedingte Nachteile vorliegen.[79] Auch insoweit ist demnach darauf abzustellen, inwieweit durch die Ehe Nachteile im Hinblick auf die Möglichkeit eingetreten sind, für den eigenen Unterhalt zu sorgen.[80]

51 Die **Darlegungs-** und **Beweislast** für Tatsachen, die über eine **gleichrangige** weitere Unterhaltspflicht zu einer Leistungsunfähigkeit führen können, trägt zwar der Unterhaltsschuldner.[81] Hat dieser allerdings Tatsachen vorgetragen, die einen Wegfall ehebedingter Nachteile nahe legen, etwa den Umstand, dass er Unterhaltsgläubiger in seinem erlernten oder vorehelich ausgeübten Beruf vollschichtig arbeitet, obliegt es dem Unterhaltsgläubiger, Umstände darzulegen und zu beweisen, die für fortdauernde ehebedingte Nachteile und somit für einen Rang des Unterhaltsanspruchs nach § 1609 Nr. 2 sprechen.

V. Befristung und Begrenzung des Ausbildungsunterhaltes gem. § 1575

51a Der Ausbildungsanspruch aus § 1575 Abs. 1, 2 ist bereits aus sich heraus befristet. Er besteht lediglich für die Dauer einer angemessen Aus- oder Fortbildung. Eine darüber hinausgehende Befristung nach § 1578b Abs. 2 wird daher regelmäßig nicht in Betracht kommen.

Dies gilt jedoch nicht für eine Herabsetzung des Unterhaltes nach § 1578b Abs. 1. Hier wird es auf die Umstände des Einzelfalles ankommen. Je nach Ehezeitdauer wird der Unterhaltsanspruch des § 1575 durchaus auf den eigen angemessenen Unterhalt herabgesetzt werden können. Dabei ist dem Unterhaltsberechtigten jedoch mindestens das Existenzminimum zu belassen.[82]

VI. § 1576 (Unterhalt aus Billigkeitsgründen)

52 § 1578b ist auch auf den Unterhaltsanspruch nach § 1576 nicht anwendbar: Im Rahmen eines Unterhaltsanspruchs aus Billigkeitsgründen (§ 1576) gehört eine Billigkeitsabwägung bereits zu den Tatbestandsvoraussetzungen und kann bereits dort zu einem nur herabgesetzten oder befristeten Anspruch führen.

---

77 BGH FamRZ 2008, 134, 135; zur Entwicklung der Rechtsprechung vgl. Dose FamRZ 2007, 1289, 1294 f.
78 Vgl. insoweit BGHZ 174, 195 = BGH FamRZ 2008, 134, 136 = FuR 2008, 88.
79 BT-Drucks. 16/6980 S. 10.
80 BGHZ 177, 356 = BGH FamRZ 2008, 1911 = FuR 2008, 542.
81 BGH FamRZ 1988, 930, 931.
82 Wendl/Bömelburg § 4 Rn. 365.

F. Kriterien zur Begrenzung des Unterhalts nach § 1578b[83]

Im Rahmen der **Billigkeitsentscheidung** über die **Begrenzung** des nachehelichen Unterhalts ist **vorrangig** zu berücksichtigen, inwieweit durch die Ehe Nachteile im Hinblick auf die Möglichkeit eingetreten sind, für den eigenen Unterhalt zu sorgen. Solche **ehebedingten Nachteile** können sich vor allem aus der Dauer der Pflege und Erziehung eines gemeinschaftlichen Kindes, aus der Gestaltung von Haushaltsführung und Erwerbstätigkeit während der Ehe sowie aus der Dauer der Ehe ergeben; maßgebend ist deswegen darauf abzustellen, ob im Zeitpunkt der Entscheidung des Tatrichters ehebedingte Nachteile absehbar sind, die daher regelmäßig die Möglichkeit einer Begrenzung des nachehelichen Unterhalts einschränken.[84] Hat der geschiedene Ehegatte hinsichtlich seines Erwerbseinkommens einen ehebedingten Nachteil erlitten, dann steht dies einer Befristung des nachehelichen Unterhalts entgegen.[85]   53

§ 1578b beschränkt sich allerdings nicht auf die **Kompensation ehebedingter Nachteile**, sondern berücksichtigt auch eine darüber hinausgehende nacheheliche Solidarität. Geboten ist eine **Gesamtabwägung aller Umstände** des **Einzelfalles**.[86]   54

I. Ehebedingte Nachteile

§ 1578b Abs. 1 Satz 2 konkretisiert das bedeutsamste Kriterium »**ehebedingte Nachteile**« für die **Feststellung** der **Unbilligkeit**. Ob und in welchem Umfange Unterhaltsansprüche begrenzt werden können, hängt danach wesentlich davon ab, ob und in welchem Ausmaß die Gestaltung der Ehe, insb. die Arbeitsteilung der Ehegatten, die Fähigkeit eines Ehegatten, für seinen Unterhalt zu sorgen, beeinträchtigt hat. Hinsichtlich der Verknüpfung »durch die Ehe« genügt, dass der Nachteil, nicht für den eigenen Unterhalt sorgen zu können, ganz überwiegend bzw. im Wesentlichen auf die **vereinbarte Aufgabenverteilung** während der **Ehe** zurückzuführen ist. Erzielt der Unterhaltsgläubiger nach einer ehebedingten Einschränkung seiner Erwerbstätigkeit lediglich Einkünfte, die den eigenen angemessenen Unterhaltsbedarf nach § 1578b nicht erreichen, scheidet eine Befristung des Unterhaltsanspruchs daher regelmäßig aus. Steht die Unbilligkeit hingegen fest, besteht kein Ermessensspielraum; der Unterhaltsanspruch muss hinsichtlich Höhe und Dauer begrenzt werden.[87]   55

Derartige ehebedingte Nachteile können sich vor allem aus den **gesetzlich genannten** (§ 1578b Abs. 1 Satz 3) und daher wichtigsten **Umständen** ergeben: Dauer der Pflege oder Erziehung eines gemeinschaftlichen Kindes, Gestaltung von Haushaltsführung und Erwerbstätigkeit während der Ehe sowie – wenn auch und nur noch eingeschränkt – Dauer der Ehe. Damit stellt das Gesetz klar, dass es nicht (mehr) **entscheidend** auf die Dauer der Ehe und der Kindererziehung, sondern auf das **Vorliegen ehebedingter Nachteile** ankommt, wofür die **Ehedauer** und die **zunehmende Verflechtung** der **gemeinsamen Verhältnisse** lediglich **Indizien** sind.[88]   56

Die ausdrückliche Erwähnung des Billigkeitsmaßstabs der »**ehebedingten Nachteile**« und die Konkretisierung der Umstände, die zu einem solchen Nachteil führen können (Dauer der Kinderbetreuung, Arbeitsteilung während der Ehe, Dauer der Ehe) machen deutlich, dass es im Rahmen von § 1578b – anders als vielfach im Rahmen des § 1579 – nicht um ein Fehlverhalten oder Verschulden des unterhaltsberechtigten Ehegatten geht, sondern **allein** um die **wertende Würdigung**   57

---

83 Alle Zitate im Folgenden betreffen jeweils noch Rechtsprechung und Literatur zu den Begrenzungsnormen § 1573 Abs. 5 bzw. § 1578 Abs. 1 Satz 2.
84 BGH FamRZ 2008, 582, 586 = FuR 2008, 208 = FuR 2010, 284; vgl. bereits BGH FamRZ 2008, 1325.
85 BGH in ständiger Rechtsprechung, zuletzt BGH FamRZ 2010, 538 = FuR 2010, 284.
86 BGHZ 179, 43 = BGH FamRZ 2009, 406; BGH FamRZ 2009, 1207 = FuR 2009, 530; 2010, 629 (Berufungsurteil: OLG Frankfurt FamRZ 2009, 526).
87 BGHZ 179, 43 = BGH FamRZ 2009, 406; BGH FamRZ 2009, 1990 = FuR 2010, 96 = FuR 2010, 284.
88 BGH FamRZ 2009, 1990 = FuR 2010, 96 = FuR 2010, 284.

objektiver Umstände, etwa Dauer der Kindererziehung oder der Ehe. Beide Umstände führen für sich gesehen nicht zwangsläufig zu einem Nachteil; gleichwohl erhöhen sich nach der Lebenserfahrung die (beruflichen) Nachteile für denjenigen Ehegatten, der sich ganz der Kindererziehung und/oder der Hausarbeit gewidmet hat, mit zunehmender Dauer der Ehe.

58 Hat der Unterhaltsgläubiger eine vollzeitige Erwerbstätigkeit in dem von ihm erlernten oder vor der Ehe ausgeübten Beruf aufgenommen, können ehebedingte Nachteile i.S.v. § 1578b nicht mit den durch die Unterbrechung der Erwerbstätigkeit während der Ehe bedingten geringeren Rentenanwartschaften begründet werden, wenn für diese Zeit der **Versorgungsausgleich vollständig durchgeführt** worden ist: Der **Nachteil** in der **Versorgungsbilanz** ist dann in gleichem Umfange von beiden Ehegatten zu tragen und damit vollständig ausgeglichen, was einen zusätzlichen unterhaltsrechtlichen Ausgleich ausschließt.[89]

58a Ein ehebedingter Nachteil liegt nicht vor, wenn der Unterhaltsberechtigte einen aus vorangegangener Ehe vorhandenen Unterhaltsanspruch durch die erneute Eheschließung verliert[90]. Ein ehebedingter Nachteil liegt auch nicht darin, wenn der Unterhaltsberechtigte seine Erwerbstätigkeit wegen der Betreuung gemeinschaftlicher Kinder vor Eheschließung beschränkt hatte. In diesen Fällen kann allenfalls dann ein ehebedingter Nachteil während der Ehe dadurch entstanden sein, dass auch nach Erfolg der Eheschließung die Einschränkung der Erwerbstätigkeit oder deren Aufgabe fortbestanden hat[91]. Der Verlust höherer Einkünfte durch Verzicht auf eine berufliche Karriere kann in der Regel einen ehebedingten Nachteil darstellen. Vorteile, die aus der Ehescheidung stammen, sind allerdings zu beachten[92].

59 Trägt der/die Unterhaltsberechtigte substantiiert und detailliert vor, dass sie/er, wenn sie/er nicht durch die Betreuung des gemeinsamen Kindes daran gehindert gewesen wäre, weitere Lehrgänge und Fortbildungsmaßnahmen durchgeführt, und am sog. Aufbau Ost teilgenommen hätte, in dessen Verlauf sie die schon vorher angestrebte Verbeamtung hätte erreichen und eine laufbahnübergreifende Beförderung mit einem Einkommen nach Besoldungsgruppe A 13 erzielen können, nach der auch der/die Unterhaltsverpflichtete besoldet wird, so reicht das grundsätzlich für die Annahme eines ehebedingten Nachteils aus. Den sicheren Beweis, dass dies tatsächlich auch eingetreten wäre, kann sie/er naturgemäß nicht führen. Ausreichend für den Nachweis ist insoweit eine genügend sichere Prognose aufgrund der konkreten bewiesenen oder zugestandenen Umstände des Einzelfalles.[93]

1. Dauer der Pflege oder Erziehung eines gemeinschaftlichen Kindes

60 Eine **nicht nur vorübergehende Kinderbetreuung manifestiert grundsätzlich ehebedingte Nachteile.** Da es keine absolute Zeitschranke gibt, kann allein wegen der gesetzlichen Betreuungsnotwendigkeit von Kindern – die erfahrungsgemäß in aller Regel einen Zeitraum von der Geburt bis zum 14. Lebensjahr eines Kindes in Anspruch nimmt[94] – noch nicht von vornherein Ausschluss einer Begrenzung des nachehelichen Unterhalts angenommen werden. Allerdings steht die **Kinderbetreuung** einer **Kürzung** des **Bedarfs** nicht grundsätzlich entgegen.[95]

61 Im Rahmen der Abwägung aller relevanten Umstände ist neben der Dauer der Ehe insb. darauf abzustellen, ob der unterhaltsberechtigte Ehegatte inzwischen durch eigenes Einkommen und/

---

89 BGH FamRZ 2008, 134 = FuR 2008, 88 = FuR 2008, 401; BGH NJW 2012, 2028 Urt. vom 07.03.2012 XII ZR 145/09.
90 BGH Urt. vom 27.11.2011 XII ZR 47/10; Maurer FamRZ 2012, 197
91 BGH Urt. vom 07.03.2012 XII ZR 25/10; NJW 2012, 1506
92 BGH Urt. vom 07.03.2012 XII ZR 145/09; Urt. vom 08.06.2011, XII ZR 17/09.
93 OLG Köln OLGR 2009, 353.
94 Hahne FamRZ 1996, 305, 307.
95 BGHZ 180, 170 = BGH FamRZ 2009, 770 = FuR 2009, 391; BGH FamRZ 2009, 1124 = FuR 2009, 447 = FuR 2009, 577 (»Flexistunden«).

oder Vermögen dauerhaft abgesichert ist und auch allein mindestens einen Lebensstandard erreicht, den er ohne die Ehe erreicht hätte. Ist das nicht der Fall, weil er in der Zeit der Kindererziehung an einer vollschichtigen Erwerbstätigkeit gehindert war, und wirkt sich diese Erwerbslücke auch auf seine **künftigen Erwerbschancen** und den **Aufbau** seiner **Altersversorgung** aus, oder kann der Ehegatte auch nach Ende der Kinderbetreuung – sei es krankheits- oder arbeitsmarktbedingt – **keine angemessene Vollerwerbstätigkeit** ausüben, können diese Umstände einer Begrenzung des Unterhalts entgegenstehen.[96]

2. Gestaltung von Haushaltsführung und Erwerbstätigkeit während der Ehe

Nach der **Lebenserfahrung** stellen Ehegatten mit zunehmender Dauer ihrer Ehe ihre Lebensführung wechselseitig aufeinander ein und entwickeln ihre beiderseitigen Lebenspositionen immer stärker miteinander, im allgemeinen zumeist verbunden mit wachsender wirtschaftlicher Abhängigkeit eines Ehegatten von dem anderen, gegenüber der er sich durch die unterhaltsrechtliche Solidarität abgesichert zu fühlen pflegt (»**Verflechtung** der **gemeinsamen Lebensführung**«).[97] Bei der Prüfung der Begrenzung des nachehelichen Unterhalts ist daher grundsätzlich auch die bisherige Lebenssituation der beiden Partner in ihrer Ehe zu berücksichtigen, entscheidend geprägt durch ihren auf ein gemeinsames Lebensziel ausgerichteten gemeinsamen Lebensplan, also nach dem Ausmaß der Verflechtung der beiderseitigen Lebenskreise und nach dem Grad der wechselseitigen wirtschaftlichen Abhängigkeit des unterhaltsbedürftigen von dem anderen geschiedenen Ehegatten. | **62**

Je mehr die Bedürftigkeit auf eine ehelich bedingte wachsende **wirtschaftliche Abhängigkeit** des Unterhaltsgläubigers vom Unterhaltsschuldner und (damit) auf ehebedingte Umstände zurückzuführen ist, desto weniger wird eine Befristung des Unterhalts in Betracht kommen.[98] Das Arbeitsplatzrisiko gehört nur dann zu den ehebedingten Risiken, wenn es sich gerade aus der Gestaltung der ehelichen Lebensverhältnisse ergibt.[99] Eine Herabsetzung des Unterhaltsbedarfes auf den angemessenen Bedarf kommt allerdings auch in diesen Fällen in Betracht. Etwas anderes gilt nur dann, wenn dies die »nacheheliche Solidarität« ausnahmsweise gebietet.[100] | **63**

Kommt eine Begrenzung des nachehelichen Unterhalts in Betracht, dann ist grundsätzlich derjenige Zeitraum zu wählen, der erforderlich ist, damit sich der Unterhaltsgläubiger rechtzeitig wirtschaftlich und psychisch auf die **neue Lebenssituation einstellen** kann (»Übergangsfrist«).[101] Notwendig ist daher eine **Prognose**, innerhalb welcher Zeit es dem geschiedenen Ehegatte voraussichtlich gelingen wird, um sich wirtschaftlich und psychisch auf die Kürzung bzw. den Wegfall des Unterhalts einzustellen. Für die Bemessung der Übergangsfirst ist zunächst von Bedeutung, inwieweit und wie lange die Ehegatten ihren Lebenszuschnitt aufeinander und auf ein **gemeinsames Lebensziel** ausgerichtet hatten; maßgebliche Kriterien sind aber auch die Vermittelbarkeit auf dem Arbeitsmarkt, die Art der früher ausgeübten Tätigkeit, das Alter sowie die Dauer einer Ausbildung, die Dauer der Erwerbslosigkeit und die soziale Einbindung. Die **Übergangsfrist** hängt **nicht schematisch** von der **Ehedauer** ab;[102] diese ist aber ein gesetzlich normierter Anhaltspunkt | **64**

---

96 BGH FamRZ 2009, 1207 unter Hinweis auf die auch nach neuem Recht fortbestehende nacheheliche Solidarität – im entschiedenen Fall waren die Eheleute 26 Jahre verheiratet, hatten eine reine Hausfrauenehe geführt, die Eheschließung erfolgte mit 16 Jahren, die Ehefrau war schwanger und verfügte über keine Berufsausbildung, aus der Ehe wurden vier Kinder geboren, das jüngste Kind war im Zeitpunkt der Scheidung 10 Jahre alt, auf Seiten der Ehefrau lag darüber hinaus eine (Krebs-)Erkrankung vor.
97 BGH FamRZ 1981, 140 (Nr. 98); FamRZ 1999, 710 = FuR 1999, 278; s. auch BVerfGE 80, 286, 293 mit Hinweis auf BGH FamRZ 1986, 886.
98 BGH FamRZ 1986, 886; OLG Düsseldorf FamRZ 1992, 952.
99 OLG Köln NJW-RR 1995, 1157.
100 Vgl. zur nachehelichen Solidarität Dose FamRZ 2011, 1341 ff.
101 BGH FamRZ 1986, 886; OLG Düsseldorf FamRZ 1988, 838.
102 BGH FamRZ 1986, 889; OLG Hamm FamRZ 1998, 292; BGH FamRZ 2008, 1508.

für den zeitlichen Rahmen der nachehelichen Solidarität. Die Praxis setzte bislang die verbleibende Restunterhaltsdauer überwiegend mit einem Zeitraum an, der deutlich unterhalb der Ehedauer lag.[103]

65 Blieb die Ehe **kinderlos**, wird regelmäßig eine **Befristung** des Unterhaltsanspruchs und nicht nur seine Herabsetzung in Betracht kommen. Etwas anderes gilt lediglich dann, wenn eine **Ehe von langer Dauer** vorliegt, und wenn **erhebliche ehebedingte Nachteile** eingetreten sind. Als Abwägungskriterium kann insb. die Gestaltung von Haushaltsführung und Erwerbstätigkeit und damit die Übernahme der sog. Hausfrau-/Hausmannrolle von Bedeutung sein, wenn hierdurch eine ansonsten zu erwartende berufliche Entfaltung nicht möglich war.[104]

66 Beruht eine Entscheidung, die den Unterhalt begrenzt, auf einer nur **vorläufigen Prognose**, dann ist sie bei einer **späteren Änderung** der **Tatsachen**, auf denen die Prognose beruht, im Wege eines neuen Antrages korrigierbar. Es bleibt dem Unterhaltsgläubiger dann unbenommen, in einem späteren Verfahren nachzuweisen, dass sich die im vormaligen Verfahren getroffene Prognose als fehlerhaft erwiesen hat, etwa weil die Aufnahme einer bedarfsdeckenden Erwerbstätigkeit – trotz hinreichender Bemühungen – im Nachhinein doch nicht möglich gewesen ist.[105]

67 Ein maßgeblicher Anhaltspunkt für die Billigkeitsprüfung ist insb. die Belastung des Unterhaltsschuldners im Verhältnis zwischen dem ihm verbleibenden Einkommen (ohne Rücksicht auf nachrangige Unterhaltspflichten) und dem Gesamteinkommen des Unterhaltsgläubigers, insb. die Höhe des nach den ehelichen Lebensverhältnissen bemessenen Unterhalts im Verhältnis zu den dem Unterhaltsschuldner verbleibenden Mitteln.[106] Nicht von Bedeutung, weil nicht ehebedingt, sind indessen **Einkommensunterschiede**, die auf **unterschiedlicher vorehelicher beruflicher Entwicklung** beruhen.[107] Weitere Billigkeitskriterien sind etwa: Erschwerte Eingliederung in das Arbeitsleben in vorgerücktem Alter, überobligatorischer Einsatz zugunsten des Unterhaltsschuldners während der Ehe, reduzierter Gesundheitszustand, Vermögensverwertung während der Ehe,[108] Betreuung eines Pflegekindes und Mitarbeit im Erwerbsgeschäft/Unternehmen des Unterhaltsschuldners.

68 Der Fortfall des Unterhaltsanspruches stellt keinen ehebedingten Nachteil dar, weil die Beendigung der alten Unterhaltsverpflichtung gesetzliche Folge der neuen Eheschließung ist.[109] Nachteile aus einer früheren Ehe dürfen allerdings dann nicht berücksichtigt werden, wenn und soweit ein solcher Anspruch im Zeitpunkt der Scheidung mangels Leistungsfähigkeit des Unterhaltsschuldners keinen Wert mehr besitzt.[110]

69 Allerdings können die kinderbetreuungs- bzw. ehebedingten Nachteile auch entfallen, etwa wenn der Unterhaltsgläubiger nach vorübergehender Beurlaubung wieder in sein früheres Beschäftigungsverhältnis ohne Einkommenseinbußen zurückkehren konnte. Nachteile, die infolge des eigenen Verhaltens des Unterhaltsgläubigers oder aus konjunkturbedingten Gründen während der Ehe eintreten, sind nicht ehebedingt.

---

103 Vgl. hierzu die Übersichten bei Eschenbruch Schaubild nach Rn. 1435; im Übrigen Brudermüller FamRZ 1998, 649, 650; Gerhardt FamRZ 2000, 134, 136; s. auch OLG Hamm FamRZ 1998, 292 – maßgebend sei die tatsächliche Umstellungszeit (entschieden: drei Jahre bei einer 9-jährigen Ehe).
104 BGH FamRZ 1986, 886.
105 Vgl. BGH FamRZ 1987, 572, 575; ferner BGH FamRZ 1985, 791, 792 – objektive »nachträgliche Sicht«.
106 BGH FamRZ 1988, 817.
107 KG FamRZ 1992, 948 – Begrenzung bei $5^1/_2$-jähriger Ehedauer.
108 Hierzu BGH FamRZ 1986, 886.
109 BGH Urt. vom 23.11.2011 XII ZR 47/10.
110 BGH FamRZ 1989, 483; a.A. Brudermüller FamRZ 1998, 649.

3. Dauer der Ehe i.S.d. § 1578b

Die **Dauer** der **Ehe** hat eigenständige Bedeutung nur im Rahmen der Ansprüche aus §§ 1571,   **70**
1572, wenn aus der Ehedauer eine größere nachwirkende Verantwortung folgt; im Übrigen stellt
sie – vor allem im Regelungszusammenhang des § 1578b – nur ein **Indiz** für die **zunehmende
Verflechtung** der **beiderseitigen Verhältnisse** und damit für eine **Einschränkung** der **wirtschaftlichen Selbständigkeit** und damit der bei der Billigkeitsprüfung zu berücksichtigenden Aspekte
dar.[111] Beruht der Einkommensunterschied nicht auf ehebedingten Nachteilen, scheidet eine
Befristung des Unterhalts bei langer Ehedauer nur aus, wenn es auch ohne Berücksichtigung des
Alters im Scheidungszeitpunkt unzumutbar ist, die Lebensführung auf dem eigenen Standard und
den beruflichen Möglichkeiten angemessener Lebensführung einzurichten.[112]

Grundsätzlich ist für eine Begrenzung des Unterhalts nicht der **formale Gesichtspunkt** der **Zeit-**   **71**
dauer der Ehe maßgebend, sondern es ist in jedem Einzelfall zu prüfen, ob und inwieweit die
wirtschaftlichen und insb. die beruflichen Dispositionen der Eheleute miteinander **verflochten**
und mithin ehebedingt sind, und inwieweit sich **ehebedingte Nachteile** in der Einkommenssituation und damit auch in der beruflichen Entwicklung im Hinblick auf die Dauer der Ehe **verfestigt**
haben. Je weniger eine wirtschaftliche Verflechtung beider Ehepartner und das schützenswerte
Bedürfnis eines Ehepartners nach Absicherung durch den Unterhalt festzustellen ist, desto weniger
kommt der Ehedauer Gewicht zu.[113]

Die Ehezeitdauer ist lediglich ein Indiz dafür, in wie weit die besonderen Umstände der »nachehe-   **71a**
lichen Solidarität« zu einer Berücksichtigung im Rahmen der Befristung und Begrenzung des
Unterhaltsanspruches führen.[114] Die Ehezeitdauer allein reicht als Kriterium für eine Beschränkung der Möglichkeiten aus § 1578 b daher nicht aus. Es kommt stattdessen darauf an, ob und
in welchem Umfang der Ehezeit Verhältnisse geschaffen worden sind, die im Rahmen einer
umfassenden Abwägung nach § 1578 b BGB zu beachten sind. Eine lange Ehezeitdauer muss
daher einer Befristung eines Unterhaltsanspruches keineswegs entgegen stehen[115] wenn keine ehebedingten Nachteile entstanden sind und auch ansonsten keine Anhaltspunkte dafür vorhanden
sind, dass im Rahmen der nachehelichen Solidarität von einer Befristung des Unterhaltsanspruches abzusehen ist. Umgekehrt kann auch bei einer kurzen Ehezeitdauer durchaus die Möglichkeit einer Befristung des Unterhaltsanspruches fortfallen, wenn dem Unterhaltsberechtigten durch
die Eheschließung selbst ein erheblicher ehebedingter Nachteil entstanden ist, der nicht wieder
ausgeglichen werden kann, wie etwa die Kündigung eines Beamtenverhältnisses.

(zur Zeit nicht besetzt)   **72**

Beruht die Einkommensdifferenz auf **fortwirkenden ehelichen Nachteilen**, dann kommt eine   **73**
Befristung des Aufstockungsunterhalts auch bei kurzer Ehe regelmäßig nicht in Betracht, denn der
ehebedingte Nachteil erfordert einen dauerhaften unterhaltsrechtlichen Ausgleich. Beruht die Einkommensdifferenz hingegen auf einer **vorehelich unterschiedlichen Ausbildung**, dann wird eine
Befristung regelmäßig zu erwägen sein, außer sie ist wegen langer Ehedauer und fortgeschrittenen
Alters nicht zumutbar.[116] Der BGH hat damit bereits in der Zeit vor In-Kraft-Treten des UÄndG
2007 die Reformvorschrift des § 1578b vorweggenommen, indem er entscheidend auf die **ehebedingten Nachteile** abgestellt hat.[117]

---

111 Vgl. nur BGH FamRZ 2007, 1237; BGH FamRZ 2006, 1006.
112 BGH FamRZ 2006, 1006 = FuR 2006, 374.
113 OLG Düsseldorf FamRZ 2006, 1040 = FuR 2006, 89.
114 Vgl. Dose FamRZ 2011, 1341 ff.
115 BGH FamRZ 2007, 793 Befristung bei 20-jähriger Ehezeitdauer.
116 BGH FamRZ 2006, 1006 mit Anm. Born.
117 S. hierzu ausführlich Büttner FamRZ 2007, 800, 801.

74   Im Gegensatz zu den vormaligen Begrenzungsnormen der § 1573 Abs. 5 und § 1578 Abs. 1 Satz 2 verlängert das Gesetz nunmehr nicht mehr die »eigentliche« Ehedauer (Heirat/Rechtshängigkeit der Ehesache) um denjenigen Zeitraum, in welchem der Unterhaltsgläubiger wegen Betreuung eines gemeinschaftlichen Kindes gemäß § 1570 Unterhalt verlangen konnte, sondern es hat nunmehr die **Wahrung** der **Kindesbelange** als **gesetzliches Prüfungskriterium** gestaltet. Demnach dürfen Kindererziehungszeiten nicht (mehr) schematisch der Dauer der Ehe hinzugerechnet, sondern nurmehr im Rahmen der **Billigkeitsprüfung** berücksichtigt werden.[118]

75   Die **Ehedauer** rechnet bei allen Begrenzungsnormen (§§ 1578b, 1579 Nr. 1) von der **Eheschließung** bis zur **Rechtshängigkeit** des **Scheidungsantrages**, auch bei einem verfrühten Scheidungsantrag, nicht jedoch bei einem VKH-Antrag.[119] Auf die Zeit des tatsächlichen Zusammenlebens kommt es nicht an; auch lange Zeiten vorehelichen Zusammenlebens sind ohne Belang. Die Dauer der Trennung ist wegen der damit verbundenen Lockerung der Verflechtung zwischen den Ehegatten zu berücksichtigen.[120] Heiraten die Ehegatten einander erneut, wird die Dauer der zweiten Ehe weder um die Zeit der ersten Ehe noch um die Kinderbetreuung vor der zweiten Eheschließung verlängert. Alle diese Umstände können jedoch im Rahmen der Billigkeitsabwägung im Hinblick darauf berücksichtigt werden, dass die Ehegatten ihre Lebensführung bereits aufeinander eingestellt und in wechselseitiger Abhängigkeit auf ein **gemeinsames Lebensziel** ausgerichtet haben,[121] insb. wenn der Unterhalt begehrende Ehegatte in diesen Zeiten gemeinsame Kinder betreut hat.

76   Der BGH[122] hatte für den Anwendungsbereich der vormaligen Begrenzungsnormen der §§ 1573 Abs. 5, 1578 Abs. 1 Satz 2 sowohl eine absolute Zeitschranke also auch die formale Anknüpfung an die tatsächliche Ehedauer[123] ausdrücklich abgelehnt: Es komme auf den jeweiligen Einzelfall an. Er hat es auch bei einer Ehedauer von knapp drei Jahren für nicht ausgeschlossen gehalten, wegen sonstiger Umstände von einer zeitlichen Begrenzung abzusehen,[124] ging bis zum Jahre 2006 allerdings davon aus, dass sich eine Ehedauer von mehr als 10 Jahren einem Grenzbereich nähern dürfte, in dem – vorbehaltlich stets zu berücksichtigender besonderer Umstände des Einzelfalles – der Dauer der Ehe als Billigkeitskriterium ein durchschlagendes Gewicht gemäß einer dauerhaften Unterhaltsgarantie und gegen die Möglichkeit zeitlicher Begrenzung des Unterhalts zukommen wird.[125]

77   (zur Zeit nicht besetzt)

77a Auch bei langer Ehezeitdauer ist eine Befristung nicht ausgeschlossen. Nach dem neugeschaffenen § 1578b Abs. 1 und Abs. 2 kommt es zwar auch auf die Dauer der Ehe, vorrangig jedoch auf den Umfang der während der Ehezeit geschaffenen Abhängigkeiten an. Die Ehezeitdauer kann allenfalls ein Indiz für die Verflechtung der wirtschaftlichen Verhältnisse darstellen. Im Übrigen ist nach den Umständen des Einzelfalles auch bei langen Ehen zu überprüfen, ob eine Befristung oder Begrenzung des Unterhaltsanspruches in Betracht kommt.[126]

78   (zur Zeit nicht besetzt)

---

118 BVerfG FamRZ 1992, 1283 zu § 1573 Abs. 5 und § 1578 Abs. 1 S. 2; Schlüter/Vennemann FuR 1990, 47.
119 BGH FamRZ 1981, 140; OLG Köln FamRZ 1985, 1046.
120 BGH FamRZ 2008, 134; OLG Hamm NJW – RR 2009, 508; OLG Oldenburg OLGR 2009, 555.
121 BGH FamRZ 1995, 1405; OLG Hamm FamRZ 1989, 1091; OLG Düsseldorf FamRZ 1996, 1416.
122 BGH FamRZ 1989, 483; 1990, 857.
123 BGH FamRZ 1986, 886.
124 BGH FamRZ 1986, 886.
125 BGH FamRZ 1990, 857.
126 BGH FamRZ 2010, 629; Wendl/Wönne § 4 RN 1020.

Bei **Ehen** von **kürzerer Dauer** ist vor allem die **Gestaltung** von **Haushaltsführung** und **Erwerbstä-** 79
tigkeit zu berücksichtigen und zu prüfen, ob der Unterhaltsgläubiger eigene Berufs- und Erwerbsaussichten zurückgestellt hat, um durch alleinige Haushaltsführung dem Ehepartner die volle
berufliche Entfaltung zu ermöglichen.[127]

II. Weitere Abwägungskriterien

Da das Gesetz in § 1578b neben der Prüfung der gesetzlichen Kriterien »Ehedauer« und »Gestal- 80
tung der Haushaltsführung und Erwerbstätigkeit« sowie »Kinderbetreuung« immer eine Billigkeitsabwägung unter Berücksichtigung **aller Umstände** des **jeweiligen Einzelfalles** verlangt, sind
auch **weitere Abwägungskriterien** von Bedeutung, nicht jedoch die Rechtsfolgen eines Fehlverhaltens des Unterhaltsgläubigers, weil diese in § 1579 abschließend geregelt sind.[128]

1. »Gleiche Teilhabe am gemeinsam Erwirtschafteten«

Die Leistungen der Ehegatten, die sie auf Grund ihrer vereinbarten Arbeitsteilung in der Ehe 81
(Berufstätigkeit, Haushaltsarbeit, Kindererziehung) erbringen, sind gleichwertig, so dass sie grundsätzlich Anspruch auf »**gleiche Teilhabe am gemeinsam Erwirtschafteten**« haben. Dieser **Teilha-**
beanspruch bestimmt in besonderer Weise auch die unterhaltsrechtliche Beziehung der Ehegatten,[129] bedeutet aber nicht von vornherein eine »Lebensstandardgarantie« im Sinne einer zeitlich
unbegrenzten und in der Höhe nicht abänderbaren Teilhabe nach der Scheidung. Grund für die
nachehelichen Unterhaltsansprüche ist die sich aus Art. 6 GG ergebende fortwirkende Solidarität.

2. Nachteilsausgleich auf Grund fortwirkender Verantwortung

Fortwirkende Verantwortung für den bedürftigen Partner erfordert vor allem einen Ausgleich der- 82
jenigen Nachteile, die dadurch entstehen, dass der Unterhaltsberechtigte wegen der **Aufgabenver-**
teilung in der Ehe, insb. der Kinderbetreuung, nach der Scheidung nicht oder nicht ausreichend
für seinen eigenen Unterhalt sorgen kann. »Ehebedingte Nachteile«, die auf der Aufgabenverteilung in der Ehe beruhen, steigen wegen der zunehmenden persönlichen und sozialen Verflechtung
typischerweise mit der Dauer der Ehe, so dass im **Einzelfall** eine **lebenslange Unterhaltpflicht**
gerechtfertigt sein kann. Je geringer aber diese Nachteile sind, desto eher ist im Lichte des Grundsatzes der Eigenverantwortung unter Billigkeitsgesichtspunkten eine Begrenzung des Unterhaltsanspruchs geboten, wobei in besonderer Weise auf die Wahrung der Belange eines vom Unterhaltsgläubiger betreuten gemeinschaftlichen Kindes zu achten ist.

Das Tatbestandselement »Gestaltung von Haushaltsführung und Erwerbstätigkeit« ist insb. dann 83
bedeutsam, wenn der unterhaltsberechtigte Ehegatte sich während der Ehe auf die Haushaltsführung konzentriert und dadurch nunmehr eine schlechtere Position im Erwerbsleben innehat. Dabei
ist in jedem Einzelfall konkret zu fragen, ob er durch die **Übernahme** der **Haushaltsführung berufli-**
che Nachteile erlitten hat; eine tatsächliche Vermutung hierfür streitet – anders als bei der Kinderbetreuung – nicht. Daher ist der Unterhalt regelmäßig zeitlich nicht begrenzbar, wenn der Unterhalt
begehrende Ehegatte, um dem anderen die volle berufliche Entfaltung zu ermöglichen, eigene
Erwerbsaussichten zurückgestellt und dadurch bleibende berufliche Nachteile erlitten[130] oder aber
langjährig Einschränkungen in der Lebensführung wegen der Ausbildung des Unterhaltsschuldners
hingenommen hat.[131] Erfolgte die Aufgabe der vormaligen Berufstätigkeit jedoch aus anderen Grün-

---

127 Vgl. dazu auch BGH vom 02.03.2011 XII ZR 44/09
128 Vgl. zu den Kriterien auch BGH vom 30.06.2010 XII ZR 9/09.
129 Vgl. BVerfGE 105, 1.
130 BGH FamRZ 1986, 886; s. auch OLG Frankfurt FamRZ 1999, 97 – trotz 15-jähriger Ehedauer und Kin-
     desbetreuung wurde der nacheheliche Unterhalt aufgrund der Finanzierung einer akademischen Ausbil-
     dung durch den Unterhaltsschuldner herabgesetzt; OLG Hamm FamRZ 2010, 185.
131 OLG Hamm FamRZ 1991, 1474.

den (berufliche Neuorientierung etc.) gilt dies alles nicht. Dann kommt eine Befristung des Unterhaltsanspruches auch dann in Betracht, wenn die jetzt erzielten Einkünfte unter den ursprünglich erzielten liegen, also eine Verschlechterung der Verhältnisse eingetreten ist.[132]

84 Eine Begrenzung des Unterhalts ist jedenfalls in all denjenigen Fällen kritisch zu prüfen, in denen ein Ehegatte seinen Arbeitsplatz aufgegeben hat, um sich der Familie zu widmen, und er nach der Ehe auch keine angemessene Erwerbstätigkeit mehr zu finden vermag oder trotz Ausübung einer angemessenen Erwerbstätigkeit seinen eigenen vollen Lebensbedarf nicht decken kann. Bei hierdurch eingetretener Arbeitslosigkeit bzw. eingeschränkter Erwerbsmöglichkeit spricht eine tatsächliche Vermutung, dass sie ehebedingt ist. Dies ist immer dann anzunehmen, wenn die Ehegatten einvernehmlich ihre persönlichen und wirtschaftlichen Verhältnisse bestimmen, und sich ein Ehegatte gemäß §§ 1353, 1356 zur Führung des Haushalts bereit erklärt hat. Eine einvernehmliche Entscheidung der Ehegatten ist nicht erforderlich.[133]

3. Fortwirkung der nachehelichen Solidarität unter Billigkeitsgesichtspunkten

84a Die Begrenzung und Befristung von Unterhaltsansprüchen ist nach den Umständen des Einzelfalles unter Berücksichtigung der nachehelichen Solidarität und der sich aus dem Unterhaltsrecht ergebenen Teilhabegerechtigkeit vorzunehmen.[134] Beides, nämlich die nacheheliche Solidarität und die Teilhabegerechtigkeit führt dazu, dass Unterhaltsansprüche jedenfalls dann nur noch im Ausnahmefall befristet werden können, wenn dem Unterhaltsberechtigten ein ehebedingter Nachteil entstanden ist, der weiterhin fortwirkt.[135] Eine Begrenzung des Unterhaltsanspruches ist allerdings grundsätzlich möglich. Sie entspricht der Intention des Gesetzgebers, der für den Unterhaltsberechtigten keine dauerhafte Lebensstandardgarantie einräumen wollte, die oberhalb seines eigenen angemessenen Bedarfes liegt. Dass es dabei nicht allein auf die Ehezeitdauer ankommt, ist mehrfach entschieden worden.[136]

85 (zur Zeit nicht besetzt)

86 § 1578b erfasst daher auch diejenigen Fälle, in denen es nicht um die Kompensation »ehebedingter Nachteile«, sondern allein um das **Ausmaß** der darüber **hinausgehenden nachehelichen Solidarität** geht (etwa Erkrankung eines Ehegatten, die ganz unabhängig von der Ehe eingetreten ist). Billigkeitsmaßstab für die Herabsetzung oder zeitliche Begrenzung des Unterhalts ist hier allein die fortwirkende Solidarität im Lichte des Grundsatzes der Eigenverantwortung, wobei die in § 1578b Abs. 1 Satz 3 genannten Umstände auch Bedeutung für das Ausmaß einer fortwirkenden Verantwortung haben. Dies gilt insb. für die Dauer der Ehe. Die gleichen Grundsätze gelten auch für den Fall, in dem etwa eine Erwerbstätigkeit allein an der **bestehenden Arbeitsmarktlage** scheitert und damit nicht auf einen »ehebedingten Nachteil« zurückzuführen ist. Entsprechendes gilt dann, wenn kurze Zeit nach Aufnahme einer Erwerbstätigkeit die Fortsetzung dieser Erwerbstätigkeit aus ehebedingten Gründen scheitert, weil eine nachhaltige Sicherung des Arbeitsplatzes wegen vorangegangener Entscheidung in der Ehe nicht gelungen ist.

G. Ersatzmaßstab: Der angemessene Lebensbedarf

87 Nach § 1578b Abs. 1 Satz 1 ist der Unterhaltsanspruch eines geschiedenen Ehegatten auf den **eigenen angemessenen Lebensbedarf** herabzusetzen, wenn eine an den ehelichen Lebensverhältnissen

---

132 Vgl. dazu auch BGH FamRZ 2011, 628.
133 BGH FamRZ 2010, 1633; FamRZ 2011, 628.
134 Vgl. ausführlich dazu Dose FamRZ 2011, 1341 ff.
135 Vgl. zum ehebedingten Nachteil Dose FamRZ 2011, 1346 f. sowie BGH FamRZ 2011, 1381; FamRZ 2010, 926; FamRZ 2009, 1990; FamRZ 2011, 713
136 BGH FamRZ 2009, 406; FamRZ 2010, 1971; FamRZ 2010, 1637.

orientierte Bemessung des Unterhaltsanspruchs (§ 1578 Abs. 1 Satz 1) auch unter Wahrung der Belange eines dem Berechtigten zur Pflege oder Erziehung anvertrauten gemeinschaftlichen Kindes unbillig wäre. Die Kriterien für die Billigkeitsabwägung ergeben sich aus den in § 1578b Abs. 1 Satz 2 und 3 genannten Gesichtspunkten.

Bei dieser Herabsetzung sieht das Gesetz ausdrücklich – wie bisher in § 1578 Abs. 1 Satz 2 – einen **88** **Ersatzmaßstab** in Höhe des **angemessenen Lebensbedarfs** vor. Allerdings müssen die Belange eines vom Unterhaltsgläubiger betreuten gemeinschaftlichen Kindes gewahrt bleiben (sog. **Kinderschutzklausel**). Schon aus diesem Grunde kommt eine über die immanente Begrenzung des § 1570 hinausgehende Beschränkung des Anspruchs auf Betreuungsunterhalt nur in seltenen Fällen in Betracht. In jedem Falle bewahrt die Kinderschutzklausel den Unterhaltsgläubiger davor, dass der Betreuungsunterhalt so weit abgesenkt wird, dass zwischen dem Lebensstandard des kinderbetreuenden Ehegatten und demjenigen der Kinder, die ungeschmälert Kindesunterhalt erhalten, ein erheblicher Niveauunterschied besteht. Insoweit sind bei § 1578b andere Wertungen erforderlich als im Rahmen des sehr viel strengeren § 1579.

Der Maßstab des **eigenen angemessenen Lebensbedarfs**, der nach § 1578b regelmäßig die untere **89** **Grenze** für die **Herabsetzung** des nachehelichen Unterhalts bildet, bemisst sich nach dem Einkommen, das der unterhaltsberechtigte Ehegatte ohne die Ehe und Kindererziehung aus eigenen Einkünften zur Verfügung hätte.[137] Dabei ist auch auf die konkrete Lebenssituation des Unterhaltsgläubigers abzustellen; beim Krankheitsunterhalt kann deswegen nur auf das Einkommen abgestellt werden, das der Unterhaltsgläubiger ohne die Ehe und Kindererziehung im Falle seiner Krankheit zur Verfügung hätte. Erzielt der Unterhaltsgläubiger eigene Einkünfte, die diesen angemessenen Unterhaltsbedarf erreichen, oder könnte er solche Einkünfte erzielen, kann dies im Rahmen der Billigkeitsabwägung nach einer **Übergangszeit**, in der er sich nach gescheiterter Ehe von den ehelichen Lebensverhältnissen auf den Lebensbedarf nach den eigenen Einkünften umstellen kann, zum vollständigen Wegfall des nachehelichen Unterhalts in Form einer Befristung führen.[138]

Aus dem Begriff der **Angemessenheit** folgt aber zugleich, dass der nach § 1578b herabgesetzte Unter- **90** haltsbedarf jedenfalls wenigstens das **Existenzminimum** des Unterhaltsgläubigers erreicht.[139] Bei **günstigeren Einkommensverhältnissen** dürfte es angemessen sein, nicht nur das Existenzminimum, sondern 1.000 € als untere Grenze in Ansatz zu bringen.[140] Erzielt der Unterhaltsgläubiger nach einer ehebedingten Einschränkung seiner Erwerbstätigkeit lediglich Einkünfte, die den eigenen angemessenen Unterhaltsbedarf nach § 1578b nicht erreichen, scheidet eine Befristung des Unterhaltsanspruchs regelmäßig aus, nicht aber eine Begrenzung auf den angemessenen Bedarf.

H. Kombination beider Begrenzungsmöglichkeiten (§ 1578b Abs. 3)

Da ein abrupter Wechsel des Lebensstandards oft nicht angemessen sein dürfte, und beide **91** **Begrenzungsmöglichkeiten** (Herabsetzung und Befristung) im Falle eines Unterhaltsanspruchs nach § 1578b auch **kombiniert** werden dürfen (§ 1578b Abs. 3), bietet sich zumeist – je nach Sachlage – eine **abgestufte Lösung** (zunächst Herabsetzung, sodann Befristung des Unterhalts) an. Regelmäßig ist der Unterhalt zunächst auf den angemessenen Bedarf herabzusetzen (§ 1578b Abs. 1), sodann nach Ablauf eines angemessenen Zeitraums zu befristen (§ 1578b Abs. 2).[141]

---

137 BGH FamRZ 2009, 1990; FamRZ 2010, 629; FamRZ 2010, 2059.
138 BGH FamRZ 2006, 1006, 1007 f. = FuR 2006, 374.
139 BGH FamRZ 2009, 1990, 1991 = FuR 2010, 96 (»Cheftexterin«); 2010, 629 (Berufsurteil: OLG Frankfurt FamRZ 2009, 526) – zum Zeitpunkt der Entscheidung lag das Existenzminimum bei 770 €; BGH FamRZ 2010, 1633.
140 Kleffmann FuR 2010, 311, 316.
141 Vgl. OLG Hamm FamRZ 1986, 908; OLG Celle FamRZ 1987, 69; OLG Düsseldorf FamRZ 1987, 945; OLG Karlsruhe FamRZ 1989, 511.

I. Minderung des Unterhalts nach Ablauf einer Übergangsfrist

92   Zunächst ist während einer **Übergangsphase** der **volle Unterhalt** nach den **ehelichen Lebensverhältnissen** zu gewähren. Wenn sodann eine unbefristete Beteiligung des geschiedenen Ehegatten an den Einkommenssteigerungen auf Seiten des Unterhaltsschuldners, auch wenn sie zum Zeitpunkt der Scheidung absehbar waren, nicht angemessen wäre,[142] soll nach einer **Übergangsfrist** der Unterhalt in Höhe einer sachlich nicht mehr gerechtfertigten fortgesetzten Teilhabe am ehelichen Lebensstandard entfallen. Der Unterhaltsgläubiger soll aber auch nicht schlechter stehen, als er ohne die Ehe gestanden hätte. Zugunsten des Unterhaltsgläubigers kann – etwa für die Bemessung der Übergangsfrist – berücksichtigt werden, dass er seine (Teil-)Erwerbstätigkeit trotz Übernahme der mit der Kinderbetreuung verbundenen zusätzlichen Belastungen aufrechterhalten hat. Die Bemessung der **Übergangsfrist** darf **nicht schematisch** an der **Ehedauer** orientiert werden, sondern es kommt entscheidend auf den Zeitraum an, der dem Unterhaltsgläubiger zur **Umstellung** seiner **Lebensverhältnisse** billigerweise zuzugestehen ist.[143]

II. Umfang der betragsmäßigen Reduzierung

93   Die Absenkung des Unterhalts auf den sog. angemessenen eigenen Lebensbedarf nach § 1578 führt zu einer Reduzierung des Unterhalts auf einen Betrag unterhalb des Quoten- und Billigkeitsunterhalts nach §§ 1578 Abs. 1 Satz 1, 1581. Der angemessene Bedarf i.S.d. § 1578 Abs. 1 Satz 2 ist somit nicht mit dem eheangemessenen Bedarf gleichzusetzen, sondern er wird vielmehr deutlich unterhalb, aber auch oberhalb des Existenzminimums (des notwendigen Unterhalts)[144] angesiedelt, wobei als Anknüpfungspunkt die Lebensstellung des Berechtigten vor der Ehe (**fiktiver Lebensstandard vor der Ehe**) oder die Lebensstellung, die der Berechtigte ohne die Ehe gehabt hätte (**fiktiver Lebensstandard ohne Ehe**), dienen kann.[145] War der Unterhaltsgläubiger vor der Ehe nicht erwerbstätig, oder hatte er vor der Eheschließung keine geregelten Einkünfte, kann ist als angemessener Bedarf i.S.v. § 1578 Abs. 1 Satz 2 regelmäßig der angemessene Selbstbehalt anzunehmen; er wird erhöht um konkrete geltend gemachte Kosten einer Kranken- und Altersvorsorge.[146] Eine Absenkung unter den notwendigen Selbstbehalt ist regelmäßig nicht vertretbar, auch wenn der voreheliche Lebensstandard niedriger war.[147] Da wenigstens der Mindestbedarf gewährleistet sein muss, wirkt sich § 1578b in Mangelfällen nicht aus.

III. Aufgabe des Tatrichters

94   Der Tatrichter hat regelmäßig eine **gerechte Zahl** zwischen dem **vollen** und dem **notwendigen Unterhalt** zu suchen.[148] Bereits in den Beratungen des Rechtsausschusses[149] zum UÄndG 1986 wurde darauf verwiesen, die Formulierung »und danach auf den angemessenen Lebensbedarf abgestellt« i.S.d. § 1578 Abs. 1 Satz 2 solle eine Leitlinie für die Bestimmung eines Ersatzmaßstabs bieten, zugleich aber die Nachteile eines festen Ersatzmaßstabs vermeiden; dadurch solle es den Gerichten ermöglicht werden, die dem Einzelfall gerecht werdende Bemessungsgrundlage auszuwählen. Mit der Verwendung der Worte »angemessener Lebensbedarf« wird darauf hingewiesen, dass der Unterhaltsgläubiger auch nach der zeitlichen Begrenzung also mehr als das Existenzminimum (den notwendigen Unterhalt) beanspruchen kann. In vielen Fällen wird sich die Lebensstel-

---

142   BGH FamRZ 1987, 459.
143   BGH FamRZ 1986, 886; BGH FamRZ 2008, 1508.
144   OLG Düsseldorf FamRZ 1992, 951; OLG Stuttgart FamRZ 2003, 1111.
145   BGH FamRZ 1986, 886; 1989, 483; OLG Hamm FamRZ 1998, 295; OLG Hamburg FamRZ 1998, 294 – der angemessene Eigenbedarf gegenüber einem volljährigen Kind (1.800 DM) sollte gedeckt sein.
146   OLG München FuR 2003, 326 – derzeit 1.000 €.
147   BGH FamRZ 2010, 1633; FamRZ 2010, 629; FamRZ 2009, 1990, 1991; FamRZ 2010, 629.
148   S. hierzu näher Brudermüller FamRZ 1998, 649, 658.
149   BT-Drucks. 10/4514 S. 22.

lung des Unterhaltsgläubigers vor der Ehe oder die Lebensstellung, die er ohne die Ehe hätte, als Anknüpfungspunkt anbieten. Damit ist ein Ausgleich ehebedingter Nachteile des Berechtigten gewährt.

Die Abwägung aller für die Billigkeitsentscheidung des § 1578b in Betracht kommenden **95** Gesichtspunkte ist Aufgabe des Tatrichters. Seine Entscheidung kann vom Revisionsgericht nur daraufhin überprüft werden, ob er die im Rahmen der Billigkeitsprüfung maßgebenden Rechtsbegriffe verkannt oder für die Einordnung unter diese Begriffe wesentliche Umstände unberücksichtigt gelassen hat.[150] Der revisionsrechtlichen Überprüfung unterliegt insb., ob der Tatrichter sich mit dem Verfahrensstoff und den Beweisergebnissen umfassend und widerspruchsfrei auseinandergesetzt hat, seine Würdigung also vollständig und rechtlich möglich ist und nicht gegen Denkgesetze oder Erfahrungssätze verstößt. Das setzt voraus, dass in dem Beschluss die **wesentlichen Gründe** aufgeführt werden, die für die **richterliche Überzeugungsbildung** im Rahmen der **Billigkeitsabwägung** leitend gewesen sind. Nicht erforderlich ist hingegen die ausdrückliche Auseinandersetzung mit allen denkbaren und fern liegenden Gesichtspunkten, wenn sich nur ergibt, dass eine sachgerechte Beurteilung stattgefunden hat.[151]

I. Darlegungs- und Beweislast

Jede Partei ist nach allgemeinen zivilprozessualen Grundsätzen für die ihr **günstig erscheinenden** **96** **Tatsachen darlegungs- und beweispflichtig.** Sie darf die Behauptungen des darlegungspflichtigen Verfahrensgegners über Umstände, die allein in ihrem Wahrnehmungsbereich liegen, nicht nur bestreiten, sondern sie muss dem Vorbringen des Gegners positive Angaben entgegensetzen, wenn sie den Eintritt der Geständnisfiktion nach § 138 Abs. 3 ZPO zu ihren Lasten vermeiden will.[152]

Diesen allgemeinen Grundsätzen zufolge trägt der Unterhaltsschuldner auch die Darlegungs- und **97** Beweislast für diejenigen Tatsachen, die zu einer Begrenzung des nachehelichen Unterhalts, also zur Anwendung des § 1578b – einer unterhaltsbegrenzenden Norm mit Ausnahmecharakter[153] – führen können, weil § 1578b als **Ausnahmetatbestand** konzipiert ist.[154] Der Unterhaltsschuldner hat auch diejenigen Umstände darzulegen und zu beweisen, die für eine nur kurze Übergangsfrist sprechen. In diese Darlegungs- und Beweislast des Unterhaltsschuldners fällt grundsätzlich auch der Umstand, dass dem Unterhaltsgläubiger keine ehebedingten Nachteile i.S.v. § 1578b entstanden sind.[155]

Diese dem Unterhaltsschuldner obliegende Darlegungs- und Beweislast erfährt jedoch Erleichte- **98** rungen nach den von der Rechtsprechung zum Beweis negativer Tatsachen entwickelten Grundsätzen: Den Prozessgegner der für eine negative Tatsache beweisbelasteten Partei trifft eine sog. sekundäre Darlegungslast; dadurch soll eine unbillige Belastung der beweispflichtigen Partei vermieden werden. Der Umfang der sekundären Darlegungslast richtet sich nach den Umständen des Einzelfalles. Die Darlegungen müssen so konkret sein, dass der beweisbelasteten Partei eine

---

150 BGHZ 171, 206 = BGH FamRZ 2007, 793, 800 = FuR 2007, 276 = FuR 2008, 37 = FuR 2010, 96 = FuR 2010, 284; 2010, 629 (Berufungsurteil: OLG Frankfurt FamRZ 2009, 526).
151 BGH NJW-RR 1993, 1379.
152 BGHZ 98, 353 = BGH FamRZ 1987, 259 – die Geständnisfiktion trete aber nicht schon dann ein, wenn der gegnerische Vortrag nicht glaubwürdig ist.
153 Grundlegend BGH FamRZ 2008, 134.
154 BGH FamRZ 1986, 886; 2009, 1990 = FuR 2010, 96 = FuR 2010, 398; OLG Celle FamRZ 2009, 121 = FuR 2008, 498; OLG Schleswig FuR 2009, 290 = NJW 2009, 1216; OLG Köln FamRZ 2010, 649; vgl. auch Christl FamRZ 1986, 627, und 1987, 981 zu dem vor dem 01.01.2008 bestehenden Prozessrisiko bei Befristung des nachehelichen Unterhalts.
155 BGH FamRZ 2010, 802 [Berufungsurteil: OLG Hamm FamRZ 2009, 519] unter Hinweis auf BGH FamRZ 2008, 134, und BGH FamRZ 2008, 1325 = FuR 2008, 401.

Widerlegung möglich ist.[156] Diese Grundsätze sind auf die Darlegung ehebedingter Nachteile i.S.v. § 1578b ebenfalls anzuwenden.[157] Würde den Unterhaltsschuldner die uneingeschränkte Darlegungs- und Beweislast treffen, so müsste er sämtliche auch nur theoretisch denkbaren und nicht näher bestimmten Nachteile widerlegen, die aufgrund der Rollenverteilung innerhalb der Ehe möglicherweise entstanden sind. Das würde in Anbetracht dessen, dass die Tatsachen zur hypothetischen beruflichen Entwicklung den persönlichen Bereich des Unterhaltsgläubigers betreffen, zu einer unbilligen Belastung des Unterhaltsschuldners führen.

99 Diese sekundäre Darlegungslast hat im Rahmen von § 1578b zum Inhalt, dass der Unterhaltsgläubiger die Behauptung des Unterhaltsschuldners, es seien keine ehebedingten Nachteile entstanden, substantiiert bestreiten und seinerseits darlegen muss, welche konkreten ehebedingten Nachteile entstanden sein sollen. Erst wenn das Vorbringen des Unterhaltsgläubigers diesen Anforderungen genügt, müssen die vorgetragenen ehebedingten Nachteile vom Unterhaltsschuldner widerlegt werden. Soweit der BGH in der Vergangenheit für den Fall, dass der Unterhaltsgläubiger eine ehebedingt unterbrochene Erwerbstätigkeit nach der Scheidung wieder aufnehmen konnte, erwähnt hat, dass den Unterhaltsgläubiger dafür, dass ihm dennoch ehebedingte Nachteile entstanden seien, neben der Darlegungslast auch die Beweislast treffe,[158] hat er an dieser Rechtsprechung nicht festgehalten.[159] Der Unterhaltsgläubiger, der zur Aufnahme einer vollzeitigen Erwerbstätigkeit in dem von ihm erlernten oder vor der Ehe ausgeübten Beruf in der Lage ist, hat daher Umstände dafür darzulegen, dass ihm dennoch ein Nachteil verblieben ist.[160] Ähnliches gilt, wenn der Unterhaltsgläubiger vor der Ehe keine Berufsausbildung abgeschlossen hat, im Hinblick auf eine von ihm zu verlangende – auch unqualifizierte – Erwerbstätigkeit. Der Unterhaltsgläubiger muss demnach Umstände dafür vortragen, dass er ohne Eheschließung und/oder Kindererziehung eine konkrete Berufsausbildung aufgenommen und abgeschlossen hätte, die ihm ein höheres Einkommen ermöglicht hätte, als er es unter den heute gegebenen Verhältnissen erzielen kann.[161] [162]

100 Es gehört zum pflichtgemäßen Sachvertrag eines Rechtsanwalts, die für eine Herabsetzung oder Befristung sprechenden Tatsachen im Einzelnen vorzutragen. Unterlassener Vortrag kann eine **anwaltliche Pflichtverletzung** darstellen.[163] Zwar bedarf es keines ausdrücklichen Antrages, da eine höhenmäßige oder zeitliche Begrenzung als Minus im Klageabweisungsantrag enthalten ist; ob zur Begrenzung des Haftungsrisikos ein Hilfsantrag auf Begrenzung und oder Befristung des Unterhaltsanspruches zu stellen ist, wird unterschiedlich bewertet.[164] Zivilprozessual dürfte ein solcher Anspruch wohl nicht zulässig sein. Im Übrigen hat das Gericht, dass über den Unterhaltsanspruch zu entscheiden hat, von Amts wegen zu überprüfen, ob die Voraussetzungen der Begrenzung oder Befristung erfüllt sind.[165] Allerdings sollte der Unterhaltsberechtigte ggf. zur Vermeidung von Kostennachteilen ggf. den Unterhalt der Höhe nach gestaffelt und zeitlich begrenzt beantragen, soweit die Voraussetzung für eine Begrenzung und Befristung des Unterhaltsanspruches auch aus Sicht des Unterhaltsberechtigten erfüllt sein sollten.[166]

---

156 BGHZ 154, 5, 9 = BGH NJW 2003, 1449, 1450 = BGH FamRZ 2007, 896; BGH NJW 2003, 1039; ZIP 2009, 1654; NJW 2010, 1364.
157 BGH Urt. vom 11.07.2012 XII ZR 72/10.
158 BGH FamRZ 2008, 134, 136 = FuR 2008, 401; 2009, 1990 = FuR 2010, 96.
159 BGH FamRZ 2010, 802 (Berufungsurteil: OLG Hamm FamRZ 2009, 519 – verbleibende Zweifel gehen zu Lasten des Unterhaltsschuldners).
160 BGH FamRZ 2008, 134, 136 = FuR 2008, 401; 2009, 1990 = FuR 2010, 96 unter Hinweis auf BGH FamRZ 1990, 857, 859 f.
161 BGH FamRZ 2010, 802 [Berufungsurteil: OLG Hamm FamRZ 2009, 519].
162 BGH FamRZ 2010, 875 = FuR 2010, 398 – Klarstellung von BGH FamRZ 2008, 134, und FamRZ 1990, 857.
163 BGH FamRZ 2009, 1990 = FuR 2010, 96; OLG Düsseldorf FamRZ 2009, 1141.
164 OLG Düsseldorf ZFE 2009, 234; OLG Düsseldorf FamRZ 2009, 1141.
165 BGH FamRZ 2010, 1238; FamRZ 2010, 1884.
166 Wendl/Wönne § 4 RN 1027.

J. Präklusion (§ 238 Abs. 2 FamFG)

Bei einer Entscheidung zur Begrenzung handelt es sich immer um eine **Prognoseentscheidung.**   101
Wie das frühere Recht setzt auch die Begrenzung des nachehelichen Unterhalts aus Billigkeitsgründen nach § 1578b nicht zwingend voraus, dass der Zeitpunkt, ab dem der Unterhaltsanspruch entfällt, bereits erreicht ist. Wenn die dafür **ausschlaggebenden Umstände** im Zeitpunkt
der Entscheidung bereits **eingetreten** oder **zuverlässig voraussehbar** sind, ist eine Begrenzung
nicht einer späteren Abänderung nach § 238 FamFG vorzubehalten, sondern schon im Ausgangsverfahren auszusprechen. Ob die für die Begrenzung ausschlaggebenden Umstände allerdings
bereits im Ausgangsverfahren zuverlässig vorhersehbar sind, lässt sich nur unter Berücksichtigung
aller Umstände des Einzelfalles beantworten.[167] Oftmals besteht das Risiko der Präklusion in
einem späteren Abänderungsverfahren.

I. Durchbrechung der Rechtskraft nach § 238 Abs. 2 FamFG

Aus Gründen der Rechtssicherheit darf die Rechtskraft von Urteilen/Beschlüssen nur in seltenen   102
Ausnahmefällen durchbrochen werden.[168] § 238 Abs. 2 FamFG normiert (wie vormals § 323 Abs. 2
ZPO) – als prozessualen Anwendungsfall der clausula rebus sic stantibus[169] – eine der Ausnahmen
für Dauerschuldverhältnisse: Nach einer Verurteilung zu künftig fällig werdenden wiederkehrenden Leistungen[170] kann wegen einer nachträglich eingetretenen Veränderung der Verhältnisse auf
Abänderung des Titels geklagt werden[171] (§ 238 Abs. 2 FamFG gilt daher nicht für sonstige Titel;
allerdings ist bei sonstigen Titeln die Bindungswirkung zu beachten).[172] Aus dieser Zielsetzung der
Norm ergeben sich auch die Grenzen für den Einbruch in die Rechtskraft, den der Abänderungsantrag zu bewirken vermag. Daher sind – insb. zur Absicherung der Rechtskraft unanfechtbar
gewordener Entscheidungen – auch innerhalb des § 238 Abs. 2 FamFG **zeitliche Schranken** für
die Berücksichtigung von **Abänderungsgründen** errichtet: In § 238 Abs. 2 FamFG für die Berücksichtigung anspruchsbegründender Tatsachen (**Präklusionswirkung**), und in § 238 Abs. 3 FamFG
ergänzend für die Rechtsfolgen an sich berücksichtigungsfähiger Umstände:[173] Es bedarf der Möglichkeit einer Abänderung nicht, wenn die veränderten Verhältnisse schon im Ausgangsverfahren
zur Geltung gebracht werden konnten (**Zeitschranke**).[174]

II. Zulässigkeit des Abänderungsantrages

Ein Abänderungsantrag ist daher nur insoweit zulässig, als die Gründe, auf die sie gestützt wird, erst   103
nach dem Schluss der mündlichen Verhandlung, in der eine Erweiterung des Antrages oder die Geltendmachung von Einwendungen spätestens hätte erfolgen müssen, **entstanden** sind (§ 238 Abs. 2
FamFG – »Präklusion«). Lag ein Abänderungsgrund (als »Alttatsache«) bereits im Erstverfahren vor,
kann er jedoch berücksichtigt werden, wenn und soweit er nicht im Widerspruch zur Rechtskraft

---

167 BGHZ 171, 206 = BGH FamRZ 2007, 793, 799 = FuR 2007, 276. = FuR 2008, 88 = FuR 2008,
     401 m.w.N.
168 Alle §§-Angaben im folgenden ohne nähere Bezeichnung sind solche der ZPO; grundlegend zu § 323
     Abs. 2 BGHZ 80, 389, 397; 96, 205 mit Anm. Hoppenz FamRZ 1986, 226 ff.; Marl JA 1986, 334;
     Eckert MDR 1986, 542.
169 So schon BGHZ 34, 110, 115 ff.
170 Gleichlautend auch ein klageabweisendes Urteil im Rahmen einer gegen eine einstweilige Anordnung
     gerichteten negativen Feststellungsklage: s. OLG Hamm FamRZ 2000, 544.
171 Zur Darlegungs- und Beweislast des Unterhaltsgläubigers bei Wechsel der Anspruchsgrundlage im
     Abänderungsprozess s. OLG Köln NJW-RR 2001, 1371.
172 OLG Karlsruhe Kind-Prax 2000, 161; OLG Köln FamRZ 2000, 905 = FuR 2000, 365; OLG Schles-
     wig FuR 2001, 570.
173 S. BGHZ 85, 64.
174 BGHZ 34, 110, 115 ff.; BGH FamRZ 2000, 1499.

der Vorentscheidung steht.[175] Die rechtliche Bindung des Gerichts des Abänderungsantrages an die Grundlagen des früheren Urteils erfasst jedoch nur solche unverändert gebliebenen tatsächlichen Verhältnisse, die im Erstverfahren nach dem Vortrag der Parteien und einer etwa durchgeführten Beweisaufnahme festgestellt worden sind, und denen das Erstgericht Bedeutung für seine Entscheidung beigemessen hat.[176] Werden (überhaupt) keine nachträglichen Abänderungsgründe geltend gemacht, ist der (Abänderungs-) antrag als unzulässig abzuweisen.[177]

1. Voraussetzungen für die Entscheidung im Erstverfahren

104 Äußerst bedeutsam ist die Zeitschranke des § 238 Abs. 2 FamFG, wenn Begrenzung des Unterhalts nach § 1578b verlangt wird. Die Begrenzung setzt zwar nicht voraus, dass der entsprechende Zeitpunkt bereits erreicht ist. Wenn und soweit die für eine Begrenzung des Unterhalts sprechenden Gründe jedoch bereits eingetreten oder zuverlässig vorauszusehen sind, muss über die Begrenzung des Unterhalts im Erstverfahren entschieden werden; die Entscheidung über eine Unterhaltsbegrenzung darf wegen der Präklusionswirkung des § 238 Abs. 2 FamFG grundsätzlich nicht mehr einem Abänderungsantrag überlassen bleiben.[178] Soweit im Zeitpunkt der Erstentscheidung eine sichere Prognose zur Begrenzung oder Befristung noch nicht möglich war, ist die spätere Abänderung beschränkt auf eine begehrte Begrenzung oder Befristung möglich.[179]

105 Allerdings ist der Abänderungsantragsteller dann nicht präkludiert, wenn das Gericht die Befristung oder Begrenzung auf eine **Prognose künftiger Entwicklung** gestützt hat, und diese sich als **unrichtig** erweist,[180] oder wenn sich die Kriterien der Beurteilung der Angemessenheit geändert haben.[181] Hat der Unterhaltsschuldner in einer notariellen Urkunde Unterhaltszahlungen ohne zeitliche Begrenzung zugesagt, kann er einen Abänderungsantrag nicht mit Erfolg auf § 1578b stützen, wenn die von ihm angeführten Maßstäbe schon im Zeitpunkt der Errichtung der Urkunde vorlagen oder ihr zukünftiger Eintritt mit Sicherheit vorhersehbar war, in der Urkunde selbst jedoch keinen Niederschlag gefunden hat.[182]

2. Voraussetzungen für die Entscheidung im Abänderungsverfahren

106 Konnten die maßgebenden Umstände im Ausgangsverfahren noch **nicht abschließend beurteilt** werden, oder weisen die Entscheidungsgründe die Beurteilung der Begrenzung als »zur Zeit nicht möglich« aus,[183] dann ist eine Begrenzung gemäß § 1578b im Wege des Abänderungsantrages (nicht des Vollstreckungsgegenantrages!) geltend zu machen.[184] Kann über die Höhe des angemessenen Bedarfs bei der Erstentscheidung noch keine sichere Prognose getroffen werden, ist im Rahmen eines Feststellungswiderantrages des Unterhaltsschuldners jedenfalls der Zeitpunkt der Herabsetzung des Unterhalts vom eheangemessenen auf den angemessenen Bedarf festzusetzen.[185]

---

175 BGH FamRZ 1987, 257 m.w.N.
176 S. etwa OLG Schleswig OLGR 1999, 128.
177 Hierzu etwa BGHZ 96, 205; FamRZ 1995, 221, 223.
178 Grundlegend BGH FamRZ 1986, 886 = FuR 2000, 475; OLG München FamRZ 1997, 295.
179 BGH FamRZ 2011, 454.
180 OLG Düsseldorf FamRZ 1996, 1416.
181 S. hierzu OLG Hamm FamRZ 1994, 1392; Gerhardt FuR 1997, 249; Hahne FamRZ 1996, 305, 310; BGH FamRZ 2011, 454; FamRZ 2007, 793, 797.
182 OLG Düsseldorf OLGR 1996, 221.
183 Zu allem OLG Celle FamRZ 1987, 69; OLG Düsseldorf OLGR 1992, 362; FamRZ 1992, 1188; Brudermüller FamRZ 1998, 649, 651; Gerhardt FuR 1997, 249 – vor allen Entscheidungen BGH FamRZ 2011, 454
184 BGH FamRZ 2001, 905; s. auch OLG Schleswig FamRZ 2006, 209 (Ls).
185 OLG Düsseldorf FamRZ 1992, 951.

III. Präklusion und Rechtsverteidigung

§ 238 Abs. 2 FamFG errichtet eine zeitliche Schranke nur für den **Abänderungsantragsteller**, **107** schränkt hingegen die Rechtsverteidigung nicht ein: Vorbringen, das auf Abweisung des Abänderungsantrages und damit auf den Fortbestands des Titels zielt, greift nicht in seine Rechtskraftwirkung ein, sondern will gerade an jener Entscheidung festhalten.[186] Hat der Abänderungsantragsteller eine Veränderung der maßgeblichen Verhältnisse dargelegt und bewiesen, die an sich eine Abänderung der Erstentscheidung rechtfertigen würde, kann die Antragsgegnerpartei dem andere, auch früher bereits entstandene, jedoch damals nicht vorgetragene/berücksichtigte (unverändert gebliebene) Umstände entgegen halten, die gegen eine Abänderung sprechen und es rechtfertigen, dass es bei dem Ersturteil verbleibt.[187]

Dies gilt aber nicht für vorgetragene und in der Erstentscheidung infolgedessen bereits bewertete **108** Tatsachen: Es würde einen Eingriff in die Rechtskraft der früheren Entscheidung bedeuten, wenn diese Umstände jetzt neu und anders bewertet würden, und zwar auch zur Verteidigung der Rechtskraft des früheren Urteils.[188]

IV. Eintritt der Präklusionswirkung: maßgebender Zeitpunkt

Maßgebender Zeitpunkt für den **Eintritt** der **Präklusionswirkung** ist der Schluss der mündlichen **109** Verhandlung über einen Sachantrag[189] in der letzten Tatsacheninstanz – im schriftlichen Verfahren der in § 128 Abs. 2 Satz 2 und Abs. 3 Satz 2 normierte Zeitpunkt –, wenn im Erstverfahren eine Tatsachenverhandlung stattgefunden hat;[190] dies gilt gleichermaßen für ein Erst- wie für ein Abänderungsverfahren. Dabei kommt es grundsätzlich nicht auf die Parteistellung oder Zielrichtung des Vorverfahrens an: Beide Parteien sind angehalten, ihren Standpunkt bereits im Ausgangsverfahren zur Geltung zu bringen.[191]

V. Vermeidung der Präklusionswirkung durch Tätigkeit in der Rechtsmittelinstanz

Ändern sich maßgeblichen Umstände (erst) nach Schluss der mündlichen Verhandlung erster **110** Instanz, aber vor Ablauf der Beschwerdefrist, und ist noch kein Beschwerdeverfahren anhängig, dann kann jede Partei wählen, ob sie Beschwerde einlegen oder einen Abänderungsantrag stellen will:[192] Es ist der Partei nicht zuzumuten, zum Zwecke der Sachprüfung ein Beschwerdeverfahren durchzuführen.[193]

Wird ein Beschwerdeverfahren geführt, und ist im Rahmen dieses Verfahrens eine erneute Prü- **111** fung der für die Verurteilung maßgebenden Verhältnisse zu erwarten,[194] dann muss der Beschwerdeführer – unabhängig von seiner Parteirolle in erster Instanz – alle Umstände, die erst nach Schluss der mündlichen Verhandlung erster Instanz eingetreten sind, spätestens bis zum Schluss

---

186 BGHZ 98, 353, 360; BGH FamRZ 1988, 159; OLG Hamm FamRZ 1994, 1591.
187 BGHZ 98, 353, 360 ff.; 171, 206 = BGH FamRZ 2007, 793 = FuR 2007, 276; BGH FamRZ 1987, 257; OLG Oldenburg FamRZ 1996, 366, 367; krit. Gottwald FamRZ 1992, 1379.
188 BGH FamRZ 2001, 1364, 1365.
189 OLG Köln NJW-RR 1996, 1349.
190 BGH FamRZ 1984, 772, 774 – rückwirkende Bewilligung einer EU-Rente; OLG Köln FamRZ 1996, 355.
191 BGHZ 96, 205, 207 ff.; 136, 374, 375 f. mit Anm. Klein FuR 1998, 6; FamRZ 2000, 1499.
192 BGHZ 96, 205; OLG Oldenburg FamRZ 1980, 394; OLG Hamburg FamRZ 1984, 706, 707; OLG Bamberg FamRZ 1990, 187; KG FamRZ 1990, 1122 mit Anm. Diener FamRZ 1991, 211; Hahne FamRZ 1983, 1189, 1193; Eckert MDR 1986, 542.
193 BGHZ 96, 205; BGH FamRZ 1988, 493.
194 S. hierzu OLG Köln FamRZ 1997, 507 – nicht aber bei Urteilsanfechtung in einem anderen Teilbereich.

der mündlichen Verhandlung im Beschwerdeverfahren geltend machen,[195] gegebenenfalls auch im Wege einer – auch nach Ablauf der Beschwerdebegründungsfrist möglichen – Antragserweiterung.[196] Der Beschwerdegegner darf grundsätzlich nicht (mehr) zwischen Anschlussbeschwerde und Abänderungsantrag wählen; vielmehr muss er geänderte Umstände im Wege der Anschlussbeschwerde im Beschwerdeverfahren vortragen, gegebenenfalls auch antragserweiternd.[197] Treten während des Beschwerdeverfahrens gegen einen Endbeschluss allerdings Abänderungsgründe ein, die eine Abänderung eines bereits in diesem Verfahren ergangenen rechtskräftigen Teilbeschlusses in diesem Verfahren rechtfertigen, dann darf zwischen Anschlussbeschwerde und Abänderungsantrag gewählt werden.[198]

112   Verliert die Anschließung infolge Rücknahme oder Verwerfung der Beschwerde ihre Wirkung, dann gilt der nunmehr zu erhebende Abänderungsantrag im Sinne einer Fiktion (»Vorwirkung«) als bereits zum Zeitpunkt der Erhebung der Anschlussbeschwerde im Vorverfahren erhoben. Allerdings darf die insoweit begünstigte Partei die vertrauensstörende Wirkung der Anschlussbeschwerde nach den Grundsätzen von Treu und Glauben (§ 242) nicht beliebig lange Zeit ausdehnen. Der BGH[199] hat offen gelassen, bis zu welchem Zeitpunkt die »Vorwirkung« eines Abänderungsantrages allenfalls ausgedehnt werden kann.

113   Hat ein Ehegatte wegen seines eigenen Unterhaltsanspruchs Beschwerde eingelegt, und sind nach Schluss der mündlichen Verhandlung im Vorverfahren Umstände eingetreten, die eine Erhöhung des Kindesunterhalts rechtfertigen, dann kann er als Prozessstandschafter nicht zwischen Erweiterung seiner eigenen Beschwerdeanträge diesbezüglich und eines neuen Abänderungsantrages wählen, sondern er ist aus Gründen der Prozessökonomie gehalten, die Abänderungsgründe im Wege der Erweiterung seiner eigenen Beschwerdeanträge geltend zu machen.[200]

114   Für die Präklusion bleibt trotz eines Beschwerdeverfahrens der Zeitpunkt der letzten mündlichen Tatsachenverhandlung erster Instanz maßgebend, wenn die Beschwerde als unzulässig verworfen[201] oder vor Eintritt in die Sachverhandlung zurückgenommen[202] wurde. Hat im Beschwerdeverfahren eine neue Sachprüfung (der für die Verurteilung maßgeblichen Verhältnisse) stattgefunden, ist in einem späteren Abänderungsverfahren der Präklusionszeitpunkt i.S.d. § 238 Abs. 2 FamFG der Schluss der letzten mündlichen Verhandlung vor dem Beschwerdegericht, gleichgültig, welche Partei das Rechtsmittel eingelegt hat. Wird die Beschwerde im Verfahren nach § 522 Abs. 2 und 3 zurückgewiesen, kommt es für die Präklusionswirkung darauf an, ob die veränderten Umstände diesem Prüfungsverfahren zugrunde gelegen haben.

---

195 BGH FamRZ 1985, 691, 692; OLG Hamburg FamRZ 1984, 706, 707; Hahne FamRZ 1983, 1189, 1193.
196 BGHZ 85, 140; a.A. KG FamRZ 1990, 1122, 1123 – keine Pflicht zur Klageerweiterung in der Berufungsinstanz.
197 BGHZ 4, 229; 37, 131; 83, 371; 96, 205; 103, 393 mit Anm. Ewers FamRZ 1988, 704, und Gottwald JR 1989, 112, 119 – »gelungenes Beispiel teleologischer Reduktion«; OLG Hamm FamRZ 1987, 829, 830; OLG Bamberg FamRZ 1990, 187; a.A. OLG Hamburg FamRZ 1984, 706, 708; OLG Karlsruhe FamRZ 1984, 1247; Hoppenz FamRZ 1986, 226, 227 f.; Eckert MDR 1986, 542, 543 f.
198 BGH FamRZ 1993, 941.
199 BGHZ 103, 393 im Anschluss an BGHZ 96, 205; s. auch OLG Hamm FamRZ 2001, 557; OLG Karlsruhe FamRZ 1999, 1289 zum Streitwert einer Abänderungsklage mit Vorwirkung.
200 KG FamRZ 1990, 1122 mit Anm. Diener FamRZ 1991, 211.
201 OLG Düsseldorf FamRZ 1984, 493.
202 BGHZ 96, 205; a.A. OLG Zweibrücken FamRZ 1989, 304 mit abl. Anm. Gottwald 1989, 306; s. auch Gottwald FamRZ 1987, 733.

VI. Alttatsachen bei besonderen Beschlussformen

Bei bestimmten besonderen Beschlussformen sind oftmals die Alttatsachen problematisch. 115

1. Alttatsachen und Versäumnisbeschluss

War der Abänderungsantragsteller im Erstverfahren säumig, dann dürfen Umstände, die er im 116
Erstverfahren mit dem Einspruch hätte geltend machen können, nicht mehr berücksichtigt werden.[203] Der BGH[204] hat offen gelassen, ob es für die wesentliche Änderung der Verhältnisse auf die fiktiven[205] (die damals vorgetragenen, gem. § 331 Abs. 1 Satz 1 als zugestanden geltenden) oder auf die tatsächlichen[206] Verhältnisse bei Erlass der Säumnisentscheidung ankommt, sofern der Antragsteller in vollem Umfange durch Versäumnisbeschluss obsiegt hat (s. hierzu § 331 Abs. 2). Verlangt der Unterhaltsgläubiger in einem Abänderungsverfahren höheren Unterhalt, dann ist er nach Erlass eines Versäumnisbeschlusses mit dem Vortrag weiterer Alttatsachen nicht präkludiert: Da er im Vorverfahren mit seinem Antrag und dem dafür erforderlichen Sachvortrag durchgedrungen ist, berührt die Berücksichtigung von Alttatsachen die Rechtskraftwirkung nicht.

2. Alttatsachen und Anerkenntnisbeschluss

Hat die Antragsgegnerpartei den Anspruch im Vorverfahren anerkannt (§ 307), ist bezüglich der 117
Präklusion zwischen Unterhaltsgläubiger und Unterhaltsschuldner zu differenzieren: Hat der Unterhaltsgläubiger in vollem Umfange obsiegt, dann kann er sich auf Umstände, die bereits zum Zeitpunkt des prozessualen Anerkenntnisses vorgelegen haben, in einem Abänderungsverfahren berufen, wenn sich auch die Verhältnisse im Übrigen wesentlich geändert haben: Ebenso wie bei einem Versäumnisbeschluss verändert die Berücksichtigung von Alttatsachen die Rechtskraftwirkung nicht. Auf Seiten des Unterhaltsschuldners unterfallen seit dem Erstverfahren unverändert bestehende und fortwirkende Alttatsachen der Präklusion,[207] wobei er allerdings nicht gehalten ist, zur Vermeidung der späteren Präklusion gegen ein in erster Instanz rechtskräftig gewordenes Anerkenntnisbeschluss Abänderungswiderantrag zu stellen.[208] Mit dem Vortrag veränderter Umstände ist der Unterhaltsschuldner hingegen nicht präkludiert, wenn diese seit dem Anerkenntnis eingetreten sind und einen Abänderungsgrund darstellen.

3. Mehrere aufeinander folgende Abänderungsanträge

Bei mehreren aufeinander folgenden Abänderungsverfahren ist für die Zeitschranke des § 238 118
Abs. 3 FamFG auf den Schluss der Tatsachenverhandlung des letzten (Abänderungs-)Verfahrens abzustellen, wenn zur Sache entschieden worden ist. Dabei kommt es grundsätzlich nicht auf die Parteistellung oder Zielrichtung des Vorverfahrens an.[209]

---

203 BGH FamRZ 1982, 792.

204 FamRZ 1996, 345.

205 OLG Stuttgart FamRZ 1982, 91, 92; OLG Zweibrücken FamRZ 1983, 291; OLG Karlsruhe OLGR
    1999, 428; OLG Köln FamRZ 2002, 471 – auch zu den Anforderungen an die Darlegungen des klagenden Unterhaltsschuldners; s. auch Christian DAVorm 1988, 343, 347, Kalthoener/Büttner NJW
    1990, 1640, 1648.

206 OLG Karlsruhe FamRZ 1983, 624, 625; OLG Hamm FamRZ 1984, 1123; OLG Oldenburg FamRZ
    1990, 188; OLG Frankfurt FamRZ 1995, 735, differenzierend Spangenberg DAVorm 1984, 797, 798,
    und Maurer FamRZ 1989, 445, 449; krit. Braun FamRZ 1994, 1145.

207 OLG Hamm FamRZ 1992, 1201; a.A. OLG Bamberg FamRZ 1986, 702 – keine Tatsachenfeststellung; 2001, 556 – Anerkenntnisurteil nach umfassender allseitiger Sachaufklärung im Vorprozess.

208 OLG Hamm FamRZ 1997, 890 in Fortführung von BGH FamRZ 1993, 941; vgl. aber OLG Karlsruhe FamRZ 1992, 189; s. auch OLG Koblenz FamRZ 1998, 915 zu den Voraussetzungen des Widerrufs eines prozessualen Anerkenntnisses mit der Berufung.

209 BGHZ 96, 205, 207 ff.; 136, 374, 375 f. mit Anm. Klein FuR 1998, 6; FamRZ 1995, 221, 223.

VII. Notwendigkeit des Abänderungswiderantrages

119   Begehrt der Abänderungsgegner nicht nur Antragsabweisung, sondern selbst Abänderung des Ausgangsbeschlusses, dann darf er nicht zwischen Widerantrag und einem weiteren Abänderungsverfahren wählen, sondern er muss Widerantrag stellen, wenn er nicht mit denjenigen Umständen, auf die er sich beruft, präkludiert sein will (ein »Vorbehalt« allein genügt nicht).

1. Notwendigkeit eines einheitlichen Verfahrens

120   Hat es der Gegner des früheren, auf Unterhaltserhöhung gerichteten Abänderungsverfahrens versäumt, die bereits bestehenden, für eine Herabsetzung nach § 1578b sprechenden Gründe geltend zu machen, kann er auf diese Gründe keinen neuen Abänderungsantrag stützen: § 238 Abs. 2 FamFG stellt sicher, dass nicht gesonderte Abänderungsverfahren für Erhöhungs- und Herabsetzungsverlangen verfügbar sind, sondern dass der **Einfluss veränderter Umstände** auf den **titulierten Unterhaltsanspruch** in einem **einheitlichen Verfahren** nach beiden Seiten hin geklärt wird.[210] Bei aufeinander folgenden Abänderungsverfahren mit entgegen gesetzter Zielrichtung wird dadurch vermieden, dass in jedem Verfahren eine andere Zeitschranke für die Berücksichtigung von Tatsachen gilt, und dass es zu einer Verdoppelung von Verfahren über den gleichen Lebenssachverhalt mit der damit verbundenen Gefahr einander widersprechender Entscheidungen kommt.[211]

VIII. »Objektive Lage«

121   Der Abänderungsantragsteller ist mit allen Umständen präkludiert, die im maßgebenden Zeitpunkt objektiv entstanden waren (»**objektive Lage**«), aber nicht vorgetragen/rechtlich bewertet worden sind, wobei es ohne Belang ist, ob die Partei und/oder das Gericht darum wussten:[212] § 238 FamFG dient nicht der Behebung von Fehlern der ursprünglichen Entscheidung – auch wenn das Vorverfahren mit Anerkenntnis- oder Versäumnisbeschluss geendet hat[213] – oder nachlässiger Verfahrensführung.[214] Ebenso wie bei allen (anderen) Entscheidungen, deren etwaige Unrichtigkeit die Rechtskraft nicht berührt,[215] gilt auch im Abänderungsverfahren, dass eine möglicherweise unrichtige Beurteilung im Erstverfahren den Umfang der rechtlichen Bindung nicht beeinflusst, grundsätzlich auch nicht aus Gründen der Billigkeit:[216] Die Möglichkeit, sich auf eine unrichtige Entscheidung zu berufen, wird durch die Rechtskraft gerade abgeschnitten. Dies gilt auch für den Verfahrensverlauf, insb. für die Beweisaufnahme: Präkludiert sind daher auch Umstände, die der Abänderungsantragsteller im Vorverfahren nicht beweisen konnte.[217] Liegt allerdings eine wesentliche Änderung der Verhältnisse vor, dann sind bei der vorzunehmenden Abänderung der Erstentscheidung auch Rechtsfehler des Erstgerichts zu berichten.[218] Neben

---

210   BGH FamRZ 2000, 1499 = FuR 2000, 475 im Anschluss an BGHZ 80, 389.
211   BGHZ 136, 374, 377 mit Anm. Klein FuR 1998, 6; FamRZ 2000, 1499.
212   BGHZ 96, 205; 98, 353; 136, 374; FamRZ 1982, 687; zweifelnd Schlosser NJW 1995, 1405 zu der rechtsähnlichen Bestimmung des § 767 Abs. 2.
213   OLG Hamm FamRZ 1992, 1201; s. auch OLG Köln FamRZ 1987, 846.
214   BGH NJW-RR 1988, 957 zur Schlüssigkeit einer verlängerten Vollstreckungsgegenklage.
215   BGH FamRZ 1983, 260 ff. m.w.N.
216   So bereits BGH FamRZ 1979, 694 ff.
217   Kalthoener/Büttner NJW 1991, 2678, 2687; Gottwald FamRZ 1992, 1374, 1380; bedenklich OLG Düsseldorf FamRZ 1989, 1207 – richtig: Korrektur einer falschen Prognose auf Grund tatsächlicher Veränderung; unzutr. OLG Koblenz FamRZ 1991, 210 – Fehlerkorrektur einer (bloßen) Beweislastentscheidung aus Billigkeitsgründen.
218   OLG Köln OLGR 2001, 237.

Gesetzesänderungen stellt auch eine Änderung der gefestigten höchstrichterlichen Rechtsprechung sowohl bei Urteilen als auch bei Vergleichen einen Abänderungsgrund dar.[219]

Eine **wesentliche Veränderung der maßgeblichen Verhältnisse** liegt seit dem Urteil des BGH vom 12.04.2006[220] etwa darin, dass es schon bei der nach § 1573 Abs. 5 a.F. anzustellenden Billigkeitsabwägung nicht mehr vorrangig auf die Dauer der Ehe ankam, sondern auf dem Unterhaltsgläubiger entstandene ehebedingte Nachteile.[221]

IX. Vorausschau

Nach dem Wortlaut des Gesetzes ist der Abänderungsantragsteller nur mit denjenigen Umständen **122** präkludiert, die nach dem Schluss der mündlichen Verhandlung entstanden sind. Für die Ausschlusstatbestände des § 238 Abs. 2 FamFG (wie auch des § 767 Abs. 2 ZPO) kommt es nicht darauf an, ob und wann das Entstehen eines solchen Umstands vorausgesehen werden konnte:[222] Es gibt regelmäßig kein hinreichend sicheres Kriterium dafür, wann ein Umstand eintreten wird und wann nicht.[223] Wurden voraussehbare künftige Umstände im Erstverfahren jedoch tatsächlich bereits berücksichtigt (etwa der sog. Alterssprung oder die durch Trennung gemäß § 1567 Abs. 1 im Folgejahr zwingend eintretenden steuerlichen Veränderungen[224]), dann ist der Abänderungsantragsteller mit seinem Vortrag im Abänderungsfolgeverfahren präkludiert.

Dennoch wird – aus Gründen der Prozessökonomie – eine **Prognose** der **künftigen Entwicklung** **123** im Erstverfahren verlangt,[225] etwa wenn in der mündlichen Verhandlung im Erstverfahren feststand, dass diese Tatsachen in nächster Zukunft eintreten »und durch das Gegenspiel anderer möglicherweise eintretender Tatsachen in ihrer Wirkung auf die Unterhaltsbemessung nicht kompensiert« werden.[226]

Konnte eine Begrenzung des Ehegattenunterhalts nach §§ 1573 Abs. 5, 1578 Abs. 1 Satz 2 aus Bil- **124** ligkeitsgründen von einem bestimmten Zeitpunkt an bereits zum Zeitpunkt der letzten mündlichen Verhandlung des Eheverfahrens vorgetragen und geltend gemacht werden, ist ein Abänderungsantrag bei gleich gebliebenen Verhältnissen im Hinblick auf § 238 Abs. 2 FamFG mit dem Ziel einer Unterhaltsbegrenzung unzulässig: Die Entscheidung, dass der Unterhaltsanspruch von einem bestimmten Zeitpunkt an aus Billigkeitsgründen zu begrenzen ist, setzt nicht voraus, dass dieser Zustand bereits erreicht ist. Soweit die betreffenden Gründe im Scheidungsverfahren schon eingetreten oder zuverlässig vorauszusehen sind, ist die Entscheidung über eine Unterhaltsbegrenzung grundsätzlich bereits im Ausgangsverfahren zu treffen.[227] Es ist ohne Bedeutung, ob die vor der letzten mündlichen Verhandlung bereits vorliegenden Gründe schon Gegenstand der richterlichen Beurteilung waren, weil der Abänderungsantragsteller keine »Korrektur« der früheren Entscheidung herbeiführen darf.[228] Eine Abänderung von Entscheidungen, die vor Änderung der Rechtsprechung zur Befristung ergehen, ist grds. möglich.[229]

---

219 BGHZ 177, 356, 380 = BGH FamRZ 2008, 1911, 1917 f. = FuR 2008, 542; BGH FamRZ 2001, 1687, 1690 = FuR 2001, 494. = FuR 2003, 358, und BGH FamRZ 2010, 111 = FuR 2010, 164.
220 FamRZ 2006, 1006 = FuR 2006, 374.
221 BGH FamRZ 2010, 111 = FuR 2010, 164 = FuR 2010, 284.
222 BGHZ 80, 389, 397; FamRZ 1982, 792, 793 – in naher Zukunft anstehende, voraussichtliche Entlassung aus der Strafhaft; 1988, 493; 1992, 167; OLG Bamberg FamRZ 1990, 187 – Alterssprung; Klauser DAVorm 1982, 125, 126; Niklas DAVorm 1987, 1, 11; Graba NJW 1988, 2343, 2346 m.w.N.
223 Gottwald FamRZ 1992, 1374, 1375.
224 OLG Bremen MDR 2001, 1314.
225 BGH FamRZ 1995, 291, 292.
226 KG FamRZ 1990, 1122.
227 BGH FamRZ 2001, 905.
228 BGH FamRZ 1986, 886, 888; 2000, 1499 unter Hinweis auf BGHZ 98, 353, 358 f.; 2001, 905.
229 Vgl. zur Änderung der Rechtsprechung BGH FamRZ 2006, 1006.

125 Ist der Unterhaltsschuldner dagegen aus tatsächlichen oder – etwa wenn der Unterhaltstitel aus der Zeit vor dem 01.04.1986[230] stammt – aus rechtlichen Gründen darauf angewiesen, eine Begrenzung des Unterhalts im Wege des Abänderungsantrages zu erreichen, dann ist ihm diese Möglichkeit erst eröffnet, wenn die in Frage stehenden Verhältnisse bereits eingetreten sind, denn für die Abänderung der Verurteilung zu künftig fällig werdenden wiederkehrenden Leistungen genügt es nicht, dass die Prognose der künftigen Verhältnisse, die der Verurteilung zugrunde liegt, aus nachträglicher Sicht anders zu treffen wäre.[231]

126 Die Möglichkeiten der **Kinderbetreuung** dürfen allerdings **nicht vorausschauend** für einen fernliegenden Zeitraum beurteilt werden, insb. im Hinblick auf die Unsicherheiten der gesundheitlichen und schulischen Entwicklung von Kindern in den kommenden Jahren. Die mit dem Alter des Kindes steigenden Anforderungen an die Erwerbsobliegenheit des betreuenden Elternteils können daher nur für einen eng begrenzten Zeitraum, regelmäßig ein Jahr (ab der letzten mündlichen Verhandlung) vorausschauend beurteilt werden.[232]

X. Hinweis auf die Gefahr verspäteten Sachvortrages

127 Obwohl Antragsabweisung als minus auch die Begrenzung des Unterhalts umfasst,[233] eine entsprechende – auch teilweise – Antragsabweisung im Hinblick auf Begrenzung des nachehelichen Unterhalts deshalb nicht gesondert beantragt werden muss, empfiehlt es sich im Hinblick auf die strenge Rechtsprechung des BGH zur Anwaltshaftung, in allen insoweit in Betracht kommenden Fällen entsprechende Anträge zur Begrenzung des nachehelichen Unterhalts im Eventualverhältnis zu stellen.

XI. Ausnahmen der Präklusion nach Treu und Glauben (§ 242)

128 Treu und Glauben (§ 242) bestimmt das gesamte Rechtssystem, so dass Unbilligkeit – wenn auch in krassen Ausnahmefällen – die Rechtskraftwirkung zu zerstören vermag.[234] Abänderungsgründe sind daher dann nicht präkludiert, wenn ansonsten ein **unerträgliches** und auch **unverhältnismäßiges Ergebnis** einträte.[235] Im Rahmen eines zulässigen Abänderungsantrages können daneben (»Annexkorrektur«) auch Alttatsachen in die Prüfung einzubeziehen sein, wenn ansonsten nur ein untragbares, auf Unverständnis stoßendes Ergebnis erzielt werden könnte.[236]

1. Bindungen an Bemessungsgrundlagen

129 Der BGH[237] hält den Abänderungsantragsteller nicht daran fest, dass er im Erstverfahren zu wenig Unterhalt verlangt hat: Nachdem im Unterhaltsverfahren die Höhe des Unterhalts für den Unterhaltsgläubiger vielfach schwer vorauszuberechnen sei, weil sie von der Ausfüllung unbestimmter Rechtsbegriffe abhänge, müsse eine Bindung »auf Unverständnis stoßen«; daher könne im Rahmen des eröffneten Abänderungsantrages der zusätzlich beanspruchte Unterhalt auf Umstände gestützt werden, die bereits im Vorverfahren vorgelegen hätten. Aus den gleichen Erwägungen

---

230 Erst das UÄndG 1986 hat die Begrenzungsnormen der § 1573 Abs. 5 und § 1578 Abs. 1 Satz 2 geschaffen.
231 BGHZ 80, 389, 397; FamRZ 2000, 1499.
232 BGH FamRZ 1995, 291.
233 OLG München FamRZ 1997, 295.
234 BGHZ 98, 353; FamRZ 1990, 1095; OLG Koblenz FamRZ 1998, 565.
235 BGH FamRZ 1987, 257 m.w.N.; umfassender Graba, Die Abänderung von Unterhaltstiteln 2. Aufl. (2000) Rn. 323 ff. – Maßstab ähnlich den Regeln der Veränderung der Geschäftsgrundlage.
236 BGH FamRZ 1983, 260, 261; OLG Schleswig FamRZ 1988, 417.
237 BGH FamRZ 1984, 374; BGHZ 94, 145; s. auch OLG Koblenz FamRZ 1991, 210; krit. Niklas FamRZ 1987, 869, 872 f.; MDR 1989, 131, 133 ff.

könne der Unterhaltsschuldner, der im Vorverfahren Antragsabweisung durchgesetzt habe, im zulässig eröffneten Abänderungsverfahren den bereits im Erstverfahren vorliegenden Abänderungsgrund geltend machen, der Unterhaltsgläubiger sei voll erwerbsfähig gewesen: Es wäre »unerträglich und auch unverhältnismäßig«,[238] wenn in einem zulässig eröffneten neuen Verfahren, in dem wiederum der volle Unterhalt nach beiden Seiten (Erhöhungs- und Herabsetzungsverlangen) geklärt werden soll, die Frage der Erwerbsfähigkeit des Unterhaltsgläubigers ausgeklammert werden müsste.

Stützt ein selbständiger Unterhaltsschuldner seinen Abänderungsantrag auf eine Verringerung seiner Einkünfte, dann ist er mit diesem Umstand nicht schon dann präkludiert, wenn die Ertragslage zum Zeitpunkt des Erstbeschlusses bereits schlecht war; entscheidend ist vielmehr die tatsächliche (wesentliche) Einkommensreduzierung.[239] Konnte das Gericht im Vorverfahren seine Prognose nicht auf »aktuelle« Umstände stützen (etwa im Rahmen der Ermittlung des Einkommens aus selbständiger Tätigkeit), dann gebietet Treu und Glauben, Umstände, die zwar vorlagen, aber nicht berücksichtigt werden konnten, von der Präklusion auszunehmen. 130

Haben sich die Einkommensverhältnisse seit der letzten mündlichen Verhandlung in dem Verfahren, in dem der abzuändernde Beschluss ergangen ist, soweit verbessert, dass jetzt eine Deckung des vollen Unterhaltsbedarfs möglich ist, können die Parteien nicht an der früheren Beschränkung festgehalten werden: In einem solchen Fall ist für die Unterhaltsbemessung ohne Bindung an die früher verwendeten Hilfsmittel allein nach der materiellen Rechtslage zu entscheiden.[240] 131

2. Unwahrheit im Erstverfahren

Verstößt eine Partei im Vorverfahren gegen die **prozessuale Wahrheitspflicht** (§ 138), verstieße es gegen Treu und Glauben, würde man dies mit der Präklusionswirkung »belohnen«.[241] Hat der Unterhaltsgläubiger dem anderen Teil (auch unaufgefordert) Umstände nicht geoffenbart, die ersichtlich die Unterhaltspflicht berühren, und konnten diese deshalb im Vorverfahren nicht in die Entscheidung einbezogen werden, dann sind diese Umstände im Abänderungsverfahren zu berücksichtigen, wenn die Folgen über den Präklusionszeitpunkt fortwirken.[242] Hat der Unterhaltsschuldner im Vorverfahren sein wahres unterhaltsrelevantes Einkommen verschleiert, und hat das Gericht aus diesem Grunde den Unterhalt zu niedrig festgesetzt, dann kann sich der Unterhaltsschuldner insoweit nicht auf die Präklusionswirkung berufen; vielmehr ist für die Beurteilung, ob eine Änderung der Verhältnisse eingetreten ist, von dem unzutreffenden Einkommen auszugehen und die davon abweichende Entwicklung mit dem tatsächlichen Einkommen zu begründen. 132

XII. Verurteilung auf Grund fiktiv angenommener Leistungsfähigkeit

Wurde ein arbeitsloser Unterhaltsschuldner im Erstverfahren wegen Verletzung von Erwerbsobliegenheiten als **fiktiv leistungsfähig** angesehen, dann kann er mit dem Abänderungsantrag geltend machen, trotz (nunmehriger) intensiver Bemühungen sei der Arbeitsmarkt für ihn verschlossen, habe er also keine Arbeit finden können. Es liegt keine Präklusionstatsache vor, weil im Vorverfahren im Rahmen der Prognoseentscheidung gerade davon ausgegangen wurde, der Arbeitslose könne eine Arbeit finden (auch wenn er als Alttatsache »verschlossenen Arbeitsmarkt« behauptet hatte).[243] 133

---

238 BGHZ 136, 374 mit Anm. Klein FuR 1998, 6.
239 OLG Hamm FamRZ 1996, 1077.
240 BGH FamRZ 1987, 257.
241 BGH FamRZ 1990, 1095; OLG Koblenz FamRZ 1998, 565.
242 BGH FamRZ 1997, 483.
243 S. hierzu etwa OLG Düsseldorf FamRZ 1989, 1207 mit Anm. Vollkommer/Steindl FamRZ 1989, 1208.

K. Begrenzung des nachehelichen Unterhalts in der neueren Rechtsprechung der Oberlandesgerichte[244]

134 Kammergericht FamRZ 2008, 1942

1. Aus der Neufassung des § 1570 Abs. 1 ergibt sich nicht automatisch, dass der betreuende Elternteil mit Vollendung des 3. Lebensjahres des Kindes auf eine vollschichtige Erwerbstätigkeit zu verweisen ist.

2. Auch bei einem 6 Jahre alten Kind, das die erste Schulklasse und anschließend den Hort besucht, ist der betreuende Elternteil nicht grundsätzlich verpflichtet, einer vollschichtigen Erwerbstätigkeit nachzugehen; in dem hier zu entscheidenden Einzelfall ist jedenfalls eine Erwerbstätigkeit von 69,23 % einer vollen Stelle ausreichend.

3. Auch nach neuem Recht ergibt sich eine Pflicht zur zeitlichen Begrenzung des Anspruchs auf Betreuungsunterhalt weder aus der Neufassung des Gesetzes noch aus § 1578b; vielmehr ist der Betreuungsunterhaltsanspruch aus sich selbst heraus begrenzt, nämlich durch die Betreuungsbedürftigkeit des Kindes während seiner Minderjährigkeit. Der genaue Zeitpunkt des Wegfalls der Betreuungsbedürftigkeit lässt sich nicht exakt vorher bestimmen.

4. Es entspricht nicht dem Grundsatz der nachehelichen Solidarität, auf den die Verlängerung nach § 1570 Abs. 2 maßgeblich abstellt, den Unterhaltsanspruch zunächst zeitlich zu befristen und den betreuenden Elternteil für die Zeit danach im Falle der Fortdauer der Betreuungsbedürftigkeit des Kindes auf eine prozessuale Durchsetzung seines Anspruchs zu verweisen.

Hinweis: Auf die Revision des Beklagten hat der Bundesgerichtshof (BGHZ 180, 170 = FamRZ 2009, 770 = FuR 2009, 391) das vorstehende Urteil des Kammergerichts unter Verwerfung des weitergehenden Rechtsmittels im Kostenpunkt und insoweit aufgehoben, als über die Unterhaltsansprüche der Klägerin für die Zeit ab 01.01.2008 entschieden wurde. Er hat die Sache im Umfange der Aufhebung zur erneuten Verhandlung und Entscheidung an das Kammergericht zurückverwiesen.

Kammergericht FamRZ 2009, 1153

Die Abänderung eines vor dem 01.01.2008 ergangenen Urteils, durch das der geschiedene Ehegatte zur Zahlung nachehelichen Unterhalts wegen einer bei Rechtskraft der Scheidung vorhandenen Erkrankung, die die Aufnahme einer Erwerbstätigkeit des begünstigten Ehegatten unmöglich macht, verpflichtet worden ist, mit dem Ziel der zeitlichen Begrenzung kommt nicht in Betracht, solange und soweit der berechtigte Ehegatte seine Obliegenheit erfüllt, alles zur Wiederherstellung seiner Gesundheit Erforderliche zu unternehmen.

OLG Brandenburg OLGR 2008, 989

1. Wird über die Vollendung des 65. Lebensjahres hinaus eine Erwerbstätigkeit ausgeübt, so handelt es sich um eine sog. überobligatorische Tätigkeit. Das Einkommen daraus ist nach den allgemeinen unterhaltsrechtlichen Grundsätzen von Treu und Glauben unter Berücksichtigung der besonderen Umstände des Einzelfalles anzurechnen. Bei Selbständigen, die üblicherweise über das 65. Lebensjahr hinaus tätig sind, ist das erzielte Einkommen regelmäßig in vollem Umfange für Unterhaltszwecke zu verwenden. Neben den tatsächlichen Einkünften aus selbständiger Tätigkeit ist auch die zusätzlich bezogene Altersrente bedarfserhöhend zu berücksichtigen.

2. Die Herabsetzung bzw. zeitliche Begrenzung des Unterhaltsanspruchs kann noch nicht im Ausgangsverfahren ausgesprochen werden, sondern ist einem späteren Abänderungsverfahren zu überlassen, wenn die wirtschaftlichen Verhältnisse der Eheleute mit hinreichender Sicherheit erst nach

---

244 Die gesamte Rechtsprechung des Bundesgerichtshofes wie auch der Oberlandesgerichte kann im Volltext kostenlos auf der homepage www.Familienrecht-Deutschland.de abgerufen werden.

Verkündung des den Unterhalt erstmals festsetzenden Urteils entflochten sind (vgl. BGH FamRZ 2007, 793 = FuR 2007, 276 Tz. 60 f.). Ein solcher Fall ist anzunehmen, wenn der Ausgleich des Zugewinns noch nicht stattgefunden hat, ein solcher aber von einem Ehegatten begehrt wird, und hierüber zwischen den Parteien noch Streit im Hinblick auf die einzustellenden Vermögenspositionen besteht.

OLG Brandenburg FamRZ 2008, 1952

1. Die Neuregelung des § 1578b verpflichtet das Gericht zur Begrenzung nachehelichen Unterhalts, wenn ein unbegrenzter Unterhalt unbillig wäre.

2. Sind durch die Ehe berufliche Nachteile eingetreten, die im Zeitpunkt der letzten mündlichen Verhandlung andauern, liegen die Voraussetzungen einer Befristung eines Aufstockungsunterhalts nicht vor (hier: bei einer 14-jährigen vollständigen Berufspause wegen Kindererziehung und Haushaltsführung einer bei Ehescheidung 48 Jahre alten ausgebildeten Diätassistentin, die vor der Berufsaufgabe eine Stelle mit Leitungsfunktion besetzt hatte).

3. Bei einem Ehegatten mit einer gehobenen beruflichen Qualifikation und einer ausgeübten Leitungsposition streitet eine Vermutung dafür, dass durch eine ehebedingte langjährige Unterbrechung der Berufstätigkeit berufliche Nachteile entstehen. Der Unterhaltsgläubiger trägt keine erhöhte Darlegungslast hinsichtlich des Billigkeitsgesichtspunkts der ehebedingten Nachteile.

4. Der Unterhaltsschuldner trägt die Darlegungs- und Beweislast für diejenigen Tatsachen, die für eine Anwendung von § 1578b sprechen. (Red.)

Hinweis: Der Bundesgerichtshof (FamRZ 2009, 1300 = FuR 2009, 567) hat auf die Revision des Antragstellers das vorstehende Urteil des OLG Brandenburg aufgehoben und den Rechtsstreit zur erneuten Verhandlung und Entscheidung an das OLG zurückverwiesen.

OLG Brandenburg FamRZ 2008, 1947

1. Betreut die geschiedene Ehefrau ein gemeinsames 11-jähriges Kind, das an ADS leidet, ist sie nicht verpflichtet, mehr als eine Halbtagstätigkeit auszuüben.

2. Bei einer Entscheidung über eine Herabsetzung oder Befristung des nachehelichen Unterhalts gemäß § 1578b sind nur bereits eingetretene oder zuverlässig voraussehbare Begrenzungsgründe zu berücksichtigen.

3. Der Abänderungskläger ist für die begehrte Abänderung des Titels im vollen Umfange darlegungsbelastet. Ist aufgrund seines Vortrags eine konkrete Berechnung des ihm zuzurechnenden Einkommens unter Berücksichtigung aller Unterhaltsgläubiger nicht möglich, geht dies ausschließlich zu seinen Lasten. (Red.)

OLG Brandenburg OLGR 2009, 10

Können die Voraussetzungen für eine Herabsetzung und/oder Befristung des nachehelichen Unterhalts zum Zeitpunkt der Entscheidung noch nicht abschließend festgestellt werden (hier: unmittelbar bevorstehender Eintritt des Rentenalters des Unterhaltsschuldners und Zahlung einer Rente wegen Erwerbsminderung des Unterhaltsgläubigers), so ist eine Entscheidung darüber einem etwaigen Abänderungsverfahren zu überlassen. (Red.)

OLG Brandenburg NJW-RR 2009, 3 = OLGR 2009, 125

Wird nach 20-jähriger kinderloser Ehe Aufstockungsunterhalt verlangt, dann ist dieser für eine Übergangszeit von 4 Jahren zu begrenzen, wenn keine ehebedingten Nachteile vorliegen. Der Unterhaltsgläubiger soll die Möglichkeit haben, sich während dieses Zeitraums auf die geänderten Umstände einzustellen. (Red.)

OLG Brandenburg FamRZ 2009, 521 = NJW 2008, 3722

Hat eine Ehe bis zur Rechtshängigkeit des Scheidungsantrages mehr als fünf Jahre angedauert, sind aber ehebedingte Nachteile nicht feststellbar, dann erscheint es angemessen, den nachehelichen Unterhaltsanspruch bis zur Vollendung des 10. Lebensjahres der gemeinsamen Tochter der Parteien zu befristen. (Red.)

OLG Brandenburg FuR 2009, 211 = OLGR 2009, 427

1. § 1609 beschränkt sich auf die Regelung der Rangfolge mehrerer Unterhaltsgläubiger, betrifft also die Leistungsfähigkeit, hat aber auf die Höhe des Unterhaltsbedarfs keine Auswirkungen.

2. Die Vorschrift des § 1578b Abs. 1, 2 gilt nach ihrer systematischen Stellung nur für den nachehelichen Unterhalt, nicht jedoch für den Trennungsunterhalt. (Red.)

OLG Brandenburg NJW-RR 2009, 1227

Sowohl die lange Dauer der Ehe (hier: gut 28 Jahre) als auch die ungesicherte berufliche Zukunft des Unterhaltsgläubigers (hier: überwiegende Arbeitslosigkeit während der letzten zehn Ehejahre) stehen einer Befristung des nachehelichen Unterhalts nicht generell entgegen. (Red.)

OLG Brandenburg NJW-RR 2009, 1371

Im Rahmen der Befristung des nachehelichen Unterhalts ist von Bedeutung, welche Zeit der Unterhaltsgläubiger benötigt, um sich auf die neue Lebenssituation einzustellen. Dass zwischen Trennung und Rechtskraft der Scheidung ein erheblicher Zeitraum liegt, ist bei der Abwägung hinsichtlich der Rechtsfolge nach § 1578b Abs. 2 Satz 1 ebenfalls von Bedeutung. (Red.)

OLG Brandenburg NJW-RR 2009, 1659

1. § 1578b ist anwendbar, wenn die Sonderregelung des § 1570 nicht einschlägig ist.

2. Für die Bemessung der Begrenzungszeit nach § 1578b kann auch von Bedeutung sein, dass die Eheleute auch schon vor der Eheschließung lange Zeit miteinander verbunden waren. (Red.)

OLG Braunschweig FamRZ 2008, 999 = FuR 2008, 514

Keine zeitliche Befristung des nachehelichen Unterhalts wegen Krankheit nach neuem Recht, wenn die Erkrankung anlässlich der Geburt gemeinsamer Kinder erstmals aufgetreten ist. (Red.)

OLG Bremen FamRZ 2008, 1957 = FuR 2008, 557

1. Der Unterhaltsanspruch nach den ehelichen Lebensverhältnissen kann auch bei einer Ehedauer von 27 Jahren gemäß § 1578b Abs. 1 der Höhe nach auf den angemessenen Bedarf zu begrenzen sein, wenn dem Unterhalt Begehrenden ehebedingte Nachteile nicht entstanden sind.

2. Der angemessene Bedarf i.S.v. § 1578b Abs. 1 orientiert sich grundsätzlich an dem Einkommen des Unterhalt Begehrenden vor der Ehe oder dem Einkommen, das er ohne die Ehe hätte. Eine Absenkung des Unterhalts unter den gegenüber Ehegatten geltenden Selbstbehalt kommt in der Regel aber nicht in Betracht.

OLG Bremen FuR 2008, 556 = NJW 2008, 3074

Eine bestehende Unterhaltsregelung kann an das neue Unterhaltsrecht im Wege der Abänderungsklage nicht angepasst werden, wenn die Regelung zeitlich nach der Entscheidung des Bundesgerichtshofes vom 12.04.2006 (FamRZ 2006, 1006 = FuR 2006, 374) getroffen worden ist, und das Abänderungsbegehren auf mangelnde ehebedingte Nachteile des Unterhaltsberechtigten im Hinblick auf seine Berufsausübung gestützt wird.

OLG Bremen FamRZ 2009, 347 = FuR 2009, 41

1. § 1578b Abs. 2 lässt eine sofortige Begrenzung des Unterhaltsanspruchs ab Rechtskraft der Scheidung in der Regel nicht zu.

2. Auch bei einer Trennungszeit von rund $2^1/_2$ Jahren mit korrespondierender Unterhaltsverpflichtung ist eine sofortige Begrenzung des Aufstockungsunterhaltsanspruchs ab Rechtskraft der Scheidung nicht möglich.

3. Dem Unterhaltsberechtigten ist eine Übergangszeit einzuräumen, die ihren Grund darin findet, dass er nach der Scheidung Zeit benötigt, um sich auf die Kürzung des eheangemessenen Unterhalts einzustellen (BGH FamRZ 2008, 1508, 1511 = FuR 2008, 438).

OLG Bremen FamRZ 2009, 343

Schuldet der Unterhaltsverpflichtete sowohl seinem geschiedenen als auch seinem neuen Ehegatten Unterhalt, dann bemisst sich der den beiden Ehegatten zustehende Bedarf aus einem Drittel des sich aus dem (um den Erwerbstätigenbonus gekürzten) Einkommen des Pflichtigen und der Berechtigten ergebenden Gesamteinkommens (wie BGHZ 177, 356 = FamRZ 2008, 1911 = FuR 2008, 542).

OLG Bremen FamRZ 2009, 1415 = FuR 2009, 217

Auf den Anspruch auf Trennungsunterhalt (§ 1361) findet die Begrenzungsvorschrift des § 1587b keine Anwendung.

OLG Bremen FamRZ 2009, 1912

Der Anspruch auf nacheheliche Krankheitsunterhalt kann herabgesetzt und/oder befristet werden, wenn dem Unterhaltsberechtigten keine ehebedingten Nachteile in Bezug auf die Möglichkeit, für den eigenen Unterhalt zu sorgen, entstanden sind. Dies gilt dann nicht, wenn sonstige Billigkeitsgesichtspunkte, insb. die nacheheliche Solidarität, einer Begrenzung entgegenstehen.

OLG Bremen FuR 2009, 627 = OLGR 2009, 728

Hat ein fast 54 Jahre alter unterhaltsberechtigter Ehegatte, der während der fast 31 Jahre langen Ehezeit zwei aus der Ehe hervorgegangene Kinder betreut hat, ehebedingte Nachteile im Hinblick auf die Möglichkeit erlitten, für den eigenen Unterhalt zu sorgen (hier: keine Möglichkeit mehr, in den vor der Eheschließung in Polen erlernten Beruf der Bankkauffrau zurückzukehren), kann es an den Voraussetzungen für eine Befristung oder Herabsetzung seines Anspruchs auf Aufstockungsunterhalt fehlen.

OLG Celle FamRZ 2008, 1448

Kann der Unterhalt begehrende Ehegatte keine ehebedingten Nachteile in wirtschaftlicher Hinsicht darlegen und beweisen, so entspricht es der Billigkeit, den nachehelichen Aufstockungsunterhalt zeitlich zu befristen. (Red.)

OLG Celle FamRZ 2009, 121 = FuR 2008, 498

1. Nach Inkrafttreten der Unterhaltsrechtsreform unterliegt grundsätzlich auch der (zuvor geschützte) Unterhaltsanspruch wegen Alters oder Krankheit nach §§ 1571, 1572 der Begrenzung. Der Unterhaltsschuldner hat indessen die für eine Begrenzung des Unterhaltsanspruchs sprechenden Umstände darzulegen und zu beweisen. Dieser Darlegungslast genügt er nicht allein durch den Hinweis darauf, dass die Erkrankung der Unterhaltsgläubigerin auch ohne die Ehe mit ihm aufgetreten wäre; vielmehr hat er im Rahmen des Einwands der Begrenzung des Unterhaltsanspruchs konkret zur Situation während der Ehe, insb. zur Arbeits- und Rollenverteilung zwischen den Eheleuten sowie zu den vorehelichen Verhältnissen vorzutragen, damit zuverlässig beurteilt werden kann, ob die Unterhaltsgläubigerin tatsächlich keine Nachteile erlitten hat, die sich etwa aus der vereinbarten Rollenverteilung ergeben.

2. Eine Befristung des Unterhaltsanspruchs, die im Rahmen der auf Erhöhung des Unterhalts gerichteten Abänderungsklage des Unterhaltsgläubigers geltend gemacht wird, scheidet bereits aus prozessualen Gründen aus, weil insoweit nur eine mögliche Befristung des Heraufsetzungsbetrages in Betracht käme, und dies zu einer unzulässigen Aufspaltung des Unterhaltsanspruchs führen würde. (Red.)

OLG Celle FF 2008, 421

Bei einer Ehe von rund $17^{1}/_{2}$ Jahren, die nicht durch gemeinsame Kinder, sondern durch praktisch durchgehende beiderseitige Erwerbstätigkeit geprägt war, erscheint angesichts der begrenzten Höhe des unstreitigen Unterhaltsbetrages von 327,62 € eine Befristung des Aufstockungsunterhalts auf einen Zeitraum von insgesamt fünf Jahren ab Rechtskraft der Scheidung angemessen.

OLG Celle FamRZ 2008, 1949

Stellt sich die Einkommensdifferenz, die den Anspruch auf Aufstockungsunterhalt begründet, nicht als ehebedingter Nachteil dar, der einen dauerhaften unterhaltsrechtlichen Ausgleich zugunsten eines Ehepartners rechtfertigen würde, ist der Anspruch auf Aufstockungsunterhalt gemäß § 1578b Abs. 2 zeitlich zu begrenzen. (Red.)

OLG Celle FamRZ 2008, 1449

Der Anspruch auf nachehelichen Krankheitsunterhalt gemäß § 1572 Nr. 2 kann bei einer Ehedauer von etwa $4^{3}/_{4}$ Jahren befristet werden, auch wenn die Erkrankung nach rechtskräftiger Ehescheidung zu einem Zeitpunkt hervorgetreten ist, als der unterhaltsberechtigte Ehegatte noch ein gemeinschaftliches Kind betreut hat.

OLG Celle FamRZ 2008, 1956 = FuR 2008, 450

Zur Begrenzung des Aufstockungsunterhalts nach neuem Unterhaltsrecht.

OLG Celle OLGR 2009, 176 = FamRZ 2009, 1161 [Ls]

1. Hat die unterhaltsberechtigte Ehefrau im Hinblick auf das gemeinsame Familienkonzept wegen der Kinderbetreuung sowie der Haushaltsführung während der Ehe ihre Berufstätigkeit aufgegeben, wirken sich die ehebedingten Nachteile noch immer und gerade seit Eintritt in die Altersrente nachteilig für sie aus. Durch den Bezug der Altersrente besteht für sie auch keine Möglichkeit mehr, diesen dauerhaften ehebedingten Nachteil auszugleichen. Ein Wegfall des Aufstockungsunterhalts scheidet daher aus.

2. Hat der Unterhaltsgläubiger infolge des Bezugs von Altersrente keinen Anspruch mehr auf Zahlung von Altersvorsorgeunterhalt, ist es angemessen und entspricht der Billigkeit, den nachehelichen Unterhalt auf den Elementarunterhalt zu begrenzen. (Red.)

OLG Celle FamRZ 2009, 56 = FuR 2009, 172

1. Ist der Unterhaltsberechtigte vollständig an einer Erwerbstätigkeit gehindert, geht sein Anspruch auf nachehelichen Krankheitsunterhalt nach § 1572 auch dann auf den vollen Unterhalt nach den ehelichen Lebensverhältnissen, wenn der Berechtigte eine Rente wegen Erwerbsminderung bezieht.

2. Die Betreuung von zwei $16^{1}/_{2}$-jährigen Zwillingskindern neben einer vollschichtigen Erwerbstätigkeit rechtfertigt grundsätzlich keinen Betreuungsbonus mehr für den Unterhaltspflichtigen.

3. Zur Herabsetzung und Befristung eines Anspruchs auf nachehelichen Krankheitsunterhalt, wenn der Berechtigte eine – mit den im Versorgungsausgleich erworbenen Anrechten aufgebesserte – gesetzliche Erwerbsminderungsrente bezieht.

OLG Celle FamRZ 2009, 530

Das Vertrauen eines geschiedenen Ehegatten auf die Gewährung des vereinbarten nachehelichen Unterhalts steht einem Wegfall des Unterhaltsanspruchs alsbald nach Inkrafttreten der Unterhaltsrechtsreform jedenfalls dann entgegen, wenn die Ehe von langer Dauer war, der unterhaltsberechtigte Ehegatte nach der Scheidung noch 11 Jahre gemeinsame minderjährige Kinder betreut und aufgrund seines Alters und seiner fehlenden Berufsausbildung und -erfahrung wenig Chancen auf dem Arbeitsmarkt hat.

OLG Celle FamRZ 2009, 2105

Da § 1578b als Einrede ausgestaltet ist, obliegt zwar grundsätzlich dem Unterhaltsschuldner die Darlegungs- und Beweislast dafür, dass der Unterhaltsgläubiger keine ehebedingten Nachteile erlitten hat. Arbeitet der Unterhaltsgläubiger indessen nachehelich in dem bereits vor der Ehe ausgeübten Beruf, spricht eine tatsächliche Vermutung dafür, dass keine ehebedingten Nachteile vorliegen; es ist dann Sache des Unterhaltsgläubigers, diese Vermutung zu erschüttern. (Red.)

OLG Celle FuR 2009, 628 = NJW 2010, 79 = FamRZ 2010, 301 [Ls]

1. Neben der Betreuung von zwei 11 Jahre und 14 Jahre alten Schulkindern ist der Betreuungselternteil aus elternbezogenen Gründen auch dann noch nicht zur Ausübung einer vollschichtigen Erwerbstätigkeit verpflichtet, wenn die Kinder nach der Schule ganztägig in einer geeigneten Tagespflegestelle betreut werden könnten.

2. Zur unterhaltsrechtlichen Behandlung eines Geldvermögens, welches dem berechtigten Ehegatten nach Scheidung der Ehe im Wege der Erbschaft zugeflossen ist.

3. Wird der Unterhalt auf einen angemessenen Lebensbedarf herabgesetzt, indem er auf einen Nachteilsausgleich nach der eigenen Lebensstellung des Berechtigten beschränkt worden ist, umfasst der Unterhaltsbedarf auch den Altersvorsorgebedarf (im Anschluss an OLG Bremen FamRZ 2008, 1957).

OLG Celle FamRZ 2010, 566

1. Unabhängig davon, ob der Unterhaltsgläubiger ehebedingte Nachteile erlitten hat, kommt eine Begrenzung des nachehelichen Unterhalts nicht in Betracht, wenn der Unterhaltsgläubiger zusammen mit dem nachehelichen Unterhalt und seinen (auch fiktiv zugerechneten) Einkünften nur über Einkünfte verfügt, die geringfügig über seinem angemessenen Lebensbedarf liegen, wenn er im Hinblick auf seine verminderte Erwerbsfähigkeit keine Gelegenheit mehr hat, entsprechende Dispositionen zu treffen, um sich auf die zum 01.01.2008 geänderte Rechtslage einzustellen, insb. wenn er der seinerzeit gültigen Rechtslage bis zur Änderung der Rechtsprechung des Bundesgerichtshofes zur Befristung des nachehelichen Unterhalts im April 2006 jedenfalls bis kurz vor Eintritt der verminderten Erwerbsfähigkeit darauf vertrauen durfte, einen an den fortgeschriebenen ehelichen Verhältnissen orientierten Unterhaltsanspruch zu behalten.

2. Die Rechtsprechung des Bundesgerichtshofes zur Befristung eines nachehelichen Unterhaltsanspruchs zielt insb. auf Ehepaare, die nach der Scheidung noch in der ersten Hälfte ihres Berufslebens stehen (vgl. BGH FamRZ 2007, 2049 = FuR 2008, 37). (Red.)

OLG Celle NJW-Spezial 2010, 356

1. Die 44-jährige geschiedene Ehefrau eines Zahnarztes kann vier Jahre nach Rechtskraft der Scheidung auch dann auf den Arbeitsmarkt für un- und angelernte Kräfte verwiesen werden, wenn sie das Abitur erworben und ein Lehramtsstudium im Zusammenhang mit der Eheschließung abgebrochen hat; das gilt jedenfalls dann, wenn sie während der Ehezeit mehrere Jahre als ungelernte Empfangskraft in der Praxis des Ehemannes mitgearbeitet hat.

2. Hat die zweite Ehefrau des Unterhaltspflichtigen vorehelich geborene Kinder (Stiefkinder des Unterhaltspflichtigen) in die Ehe mitgebracht, und wird ihr im Rahmen der Dreiteilungsmethode

ein Einkommen aus hypothetischer Erwerbstätigkeit zugerechnet (BGH FamRZ 2010, 111 = FuR 2010, 164), so sind diese Einkünfte jedenfalls um den Betrag zu bereinigen, den sie zur Deckung des durch Unterhaltszahlungen des leiblichen Vaters nicht gedeckten Mindestbedarfs ihrer Kinder benötigen würde.

3. Dem Umstand der Haushaltsersparnis durch das Zusammenleben des Unterhaltspflichtigen mit seiner zweiten Ehefrau kann im Rahmen der Dreiteilungsmethode dadurch Rechnung getragen werden, dass der Quotenbedarf der geschiedenen Ehefrau pauschal um 10 % erhöht wird.

4. Zur Beurteilung ehebedingter Nachteile bei einer Abiturientin, die im Zusammenhang mit der Eheschließung in jungen Jahren ein Studium abgebrochen hat.

OLG Celle, Urteil vom 18.05.2010 – 10 UF 9/10 – n.v.

Die geschiedene Ehefrau, die nach der Trennung der Eheleute zum neben der Alleinbetreuung der gemeinsamen Kinder frühestmöglichen Zeitpunkt ein zeitnah vor der Eheschließung konkret vorbereitetes (hier: Lehramts-)Studium aufgenommen und innerhalb der maßgeblichen Regelstudienzeit erfolgreich (hier: mit »sehr gut«) abgeschlossen hat, erfüllt ihre sekundäre Darlegungslast dafür, ohne Eheschließung und Familiengründung heute eine diesem tatsächlichen Studienerfolg entsprechende Tätigkeit (hier: verbeamtete Gymnasiallehrerin) auszuüben, auch wenn sie das zweite Staatsexamen später tatsächlich nicht bestanden hat; die Anforderungen an die auf dieser Grundlage dem unterhaltspflichtigen Ehemann obliegende Widerlegung solcher ehebedingter Nachteile werden durch ein bei Eheschließung und Geburt der gemeinsamen Kinder erreichtes Alter der Ehefrau von 29 Jahren nicht herabgesetzt.

OLG Dresden FamRZ 2010, 565

1. Kindergartenbeiträge als wesentliche Änderung des Einkommens.

2. Nachehelicher Unterhalt wegen Krankheit des Berechtigten, die schon in der Ehe begonnen hatte; Begrenzung und Befristung: 14 Jahre Ehedauer, gemeinsame Tochter volljährig; keine ehebedingten Nachteile; Berechtigte bezieht 684 € Erwerbsunfähigkeitsrente; der Verpflichtete kann rund 1.400 € für Unterhalt einsetzen/Eheende: 2000/Unterhalt: 2009–2010: 234 €; 2011–2018: 100 €.

OLG Dresden FamRZ 2010, 649

1. Nach 32-jähriger Hausfrauenehe wird der nacheheliche Unterhalt weder befristet noch begrenzt.

2. Die Rentenbezüge der geschiedenen Hausfrau, die sie durch den Versorgungsausgleich erworben hat, erhöhen den in der Ehe angelegten Bedarf und vermindern die Bedürftigkeit.

3. Eine neue Ehe des Verpflichteten führt zur Dreiteilung des Bedarfs gemäß BGHZ 177, 356 (FamRZ 2008, 1911 = FuR 2008, 542), aber nicht vor dem 30.07.2008, dem Datum der genannten Entscheidung des Bundesgerichtshofes.

OLG Düsseldorf FamRZ 2008, 1539 [Ls]

Eine Herabsetzung des Trennungsunterhalts auf den angemessenen Lebensbedarf oder seine zeitliche Begrenzung entsprechend der für den nachehelichen Unterhalt geltenden Regelung des § 1578b ist für den Trennungsunterhalt nicht vorgesehen. (Red.)

OLG Düsseldorf FamRZ 2008, 1950

Ist die Ehefrau allein infolge der Tatsache, dass sie nach über 30 Jahren Ehe über keine berufliche Praxis verfügt, nunmehr auf Tätigkeiten im Geringverdienerbereich angewiesen, stellt sich diese Minderung ihrer Verdienstmöglichkeiten als ehebedingter Nachteil dar, welcher im Rahmen des nachehelichen Unterhaltsanspruchs auszugleichen ist. (Red.)

OLG Düsseldorf OLGR 2009, 412 = FamRZ 2009, 530 [Ls]

1. Die Rechtsfrage, ob und unter welchen Voraussetzungen Unterhaltsansprüche nach der seit 01.01.2008 geltenden Vorschrift des § 1578b zu befristen sind, ist höchstrichterlich noch nicht geklärt und darf deshalb grundsätzlich nicht im Prozesskostenhilfe-Prüfungsverfahren entschieden werden.

2. Soweit rückständige Unterhaltsansprüche, die zunächst kraft Gesetzes auf einen öffentlichen Leistungsträger übergegangen sind und dann an den Berechtigten zurückübertragen wurden, geltend gemacht werden, ist der Berechtigte in der Regel nicht als bedürftig anzusehen, weil ihm insoweit ein Anspruch auf Prozesskostenvorschuss gegen den Leistungsträger zusteht (im Anschluss an BGH FamRZ 2008, 1159 = FuR 2008, 347).

OLG Düsseldorf FamRZ 2009, 522 = FuR 2009, 220

Auch nach neuem Recht ist eine pauschalierende Beurteilung anhand des Kindesalters zulässig.

OLG Düsseldorf JMBl NW 2009, 147

1. Der Krankheitsunterhalt nach § 1572 ist nach dem seit Januar 2008 geltenden Unterhaltsrecht gem. § 1578b Abs. 2 grundsätzlich befristbar. Die krankheitsbedingte Erwerbsunfähigkeit des Unterhaltsberechtigten ist im Rahmen der nach § 1578b vorzunehmenden Billigkeitsabwägung zu berücksichtigen, steht einer Befristung jedoch grundsätzlich nicht entgegen.

2. Die krankheitsbedingte Erwerbsunfähigkeit des Unterhaltsberechtigten ist nicht allein deshalb als ehebedingter Nachteil (i.S.d. § 1578b) anzusehen, weil die Erkrankung während der Ehe ausgebrochen ist und nicht ausgeschlossen werden kann, dass ihr Ausbruch und Verlauf durch den unglücklichen Verlauf der Ehe begünstigt wurde.

3. Ein ehebedingter Nachteil liegt jedoch vor, wenn sich die Versorgungslage des Unterhaltsberechtigten im Krankheitsfall durch die Gestaltung der ehelichen Lebensverhältnisse verschlechtert hat. Dies ist insb. anzunehmen, wenn der Unterhaltsberechtigte aufgrund seiner Erwerbsabstinenz während der Ehe die Voraussetzungen für den Bezug einer Erwerbsminderungsrente nicht erfüllt.

OLG Düsseldorf FamRZ 2009, 1157 = FuR 2009, 219

1. Bei dergestalt untypischem Eheverlauf, dass das erste Kind der Parteien erst nach längerer Ehedauer (hier: ca. 14 Jahre) geboren wurde, und für die Ehefrau nach der Geburt eines weiteren Kindes erst mit knapp 50 Jahren eine Erwerbsobliegenheit eingetreten ist, ist eine Beschränkung des Anspruchs auf nachehelichen Unterhalt gemäß § 1578b nicht geboten.

2. Beschränkt ein Ehegatte seinen Unterhaltsanspruch ausdrücklich auf die Sättigungsgrenze für den Quotenunterhalt, ist es nicht möglich, zusätzlich eine weitere Unterhaltsposition, die im Rahmen einer konkreten Bedarfsbemessung zu berücksichtigen wäre, geltend zu machen.

OLG Düsseldorf ZFE 2009, 472

Nach einer Ehedauer von 12 Jahren ist nach den neueren Entscheidungen des Bundesgerichtshofes auch bei einer 54 Jahre alten Ehefrau der Aufstockungsunterhalt auf drei Jahre zu befristen (im Anschluss an BGHZ 171, 206 = BGH FamRZ 2007, 793 = FuR 2007, 276, und BGH FamRZ 2007, 1236 = FuR 2007, 367 [Ls]). (Red.)

OLG Düsseldorf NJW-RR 2010, 218

Ein Anspruch auf nachehelichen Unterhalt – Aufstockungsunterhalt – ist zu befristen, wenn der/die Unterhaltsberechtigte nach der Scheidung der Ehe an seine vor/bei Eheschließung gegebenen Verdienstmöglichkeiten angeknüpft hat.

OLG Düsseldorf FamRZ 2010, 301 = FuR 2010, 38

1. Der Zeitraum ab Beginn des Mutterschutzes kann jedenfalls wirtschaftlich bei der Bemessung der Ehezeit zu berücksichtigen sein.

2. Leidet ein in der 34. Schwangerschaftswoche geborenes Kind an einer Immunschwäche, die immer wieder zu Atemwegsinfekten führt, bedingt dies einen erhöhten Betreuungsbedarf, wenn das Kind wegen Ansteckungsgefahr nicht regelmäßig den Kindergarten kann und zu Hause versorgt werden muss, wofür andere Personen als die Kindesmutter nicht zur Verfügung stehen. Vor dem Hintergrund von beruflich bedingten Fahrzeiten von $1^1/_2$ Stunden, von Schichtdienst und zumindest eingeschränkter Stabilität des Kindes kann eine mehr als halbschichtige Erwerbstätigkeit nicht erwartet werden. (Red.)

OLG Düsseldorf FamRB 2010, 168

Wenn der Unterhaltsberechtigte während der Ehe fast durchgehend erwerbstätig war und die Möglichkeit hatte, sich beruflich seinen persönlichen Fähigkeiten und Neigungen entsprechend zu entfalten, während die Unterhaltspflichtige zunächst 20 Jahre lang den Haushalt und die Kinder versorgte und sich erst im Anschluss daran seinem beruflichen Fortkommen widmen konnte, und zudem durch die während der Ehe begründeten hohen Verbindlichkeiten der Parteien faktisch allein belastet wird, lassen diese atypischen Umstände auch beim Krankenunterhalt – trotz der hier bestehenden besonderen Verpflichtung zur nachehelichen Solidarität (BGH FamRZ 2009, 1207 = FuR 2009, 530) – eine zeitnahe Befristung des Unterhaltsanspruchs geboten erscheinen.

OLG Frankfurt, Urteil vom 11.07.2008 – 3 UF 241/06 – n.v.

1. Es war bereits im Jahre 1999 nach § 1573 Abs. 1 und 5 und § 1578 Abs. 1 und 2 möglich, einen Anspruch nach § 1573 herabzusetzen und auch zu befristen; insoweit hat die Neuregelung in § 1578b keine neue Rechtsqualität erfahren.

2. Der Unterhaltsschuldner ist mit einem Verlangen nach Begrenzung präkludiert, wenn er bereits vorliegende Tatsachen, die zur Befristung oder Begrenzung gem. §§ 1573 Abs. 5, 1578 Abs. 1 a.F. führen konnten, nicht bereits im Erstverfahren vorgetragen hat, auch wenn die Befristung erst zu einem späteren Zeitpunkt greift (im Anschluss an BGH FamRZ 2004, 1357, 1360 = FuR 2004, 548).

3. Dies gilt dann nicht, wenn die abzuändernde Entscheidung aus einer Zeit vor der Änderung der Rechtsprechung des Bundesgerichtshofes vom 13.06.2001 zur eheprägenden Haushaltstätigkeit und Kindererziehung stammt, und die für die notwendige Gesamtwürdigung maßgebenden Umstände seinerzeit noch nicht sicher abgeschätzt werden konnten (im Anschluss an BGHZ 171, 206 = BGH FamRZ 2007, 793 = FuR 2007, 276). (Red.)

OLG Frankfurt NJW 2008, 3440 = FuR 2008, 612

1. Zur Befristung des Unterhalts nach § 1573 auf eine Übergangszeit von drei Jahren

2. Ehebedingte Nachteile liegen nicht vor, wenn die Zeit der Kindererziehung vor der Eheschließung gelegen hat, und die Unterhalt begehrende Ehefrau während der späteren Ehezeit von knapp 8 Jahren keine beruflichen Nachteile erlitten hat.

3. Der Abzug eines im Hausabtrag enthaltenen Tilgungsanteils kann aus dem Gesichtspunkt der zusätzlichen Altersversorgung (von bis zu 4 %) weiterhin in Betracht kommen (vgl. BGH FamRZ 2008, 963 ff. = FuR 2008, 283).

OLG Frankfurt FamRZ 2009, 526 = FuR 2009, 45

1. Begehrt der Unterhaltsberechtigte Auskunft über bisher verschwiegene Einkünfte des Unterhaltsschuldners, kann er daneben im Wege der Teilklage Unterhalt aus den Einkünften verlangen, über welche der Unterhaltspflichtige schon Auskunft erteilt hat.

2. Zur Begrenzung und Befristung von Krankheitsunterhalt nach dem neuen Unterhaltsrecht.

3. Ist der unterhaltsberechtigte Ehegatte nach 23-jähriger Ehe dauerhaft erwerbungsunfähig erkrankt, und lebten die Ehegatten vor der Scheidung bereits seit vier Jahren getrennt, ist eine Begrenzung des vollen Unterhalts auf einen Zeitraum von sechs Jahren ab Rechtskraft der Scheidung angemessen. Anschließend ist der Unterhalt auf den angemessenen Lebensbedarf zu beschränken, welcher bei Parteien in durchschnittlichen Einkommensverhältnissen mit dem angemessenen Selbstbehalt gegenüber volljähriger Kindern von derzeit 1.100 € in Ansatz zu bringen ist. Eine Befristung des begrenzten Unterhalts kommt bei dauerhafter Erwerbsunfähigkeit, hohem Alter des Unterhaltsberechtigten und langer Ehedauer nicht in Betracht.

Hinweis: Auf die Revisionen der Antragstellerin und des Antragsgegners hat der Bundesgerichtshof (FamRZ 2010, 629 = FuR 2010, 342) das vorstehende Urteil des OLG Frankfurt insoweit aufgehoben, als der Antragsgegner für die Zeit von Januar 2008 bis Dezember 2009 zu höherem nachehelichen Unterhalt als monatlich 387 €, für die Zeit von Januar 2010 bis September 2010 zu Unterhalt in Höhe von monatlich 847 € und für die Zeit ab Oktober 2010 zu Unterhalt in Höhe von monatlich 337 € verurteilt wurde, und die Klage in Höhe eines weiteren monatlichen nachehelichen Unterhalts von (920,27 €./. 337 € =) 583,27 € für die Zeit ab Oktober 2010 abgewiesen worden ist. Im Umfange der Aufhebung wurde das Verfahren zur neuen Verhandlung und Entscheidung an das Berufungsgericht zurückverwiesen.

OLG Frankfurt OLGR 2009, 527

Hat eine Ehe bis zur rechtskräftigen Scheidung 28 Jahre gedauert, sind aus der Beziehung vier Kinder hervorgegangen, war der Unterhaltsgläubiger wegen Kinderbetreuung ca. 20 Jahre nicht berufstätig, und ist er zudem zumindest zwischenzeitlich erheblich psychisch erkrankt, dann kommt eine Befristung des Anspruchs auf nachehelichen Unterhalt nicht in Betracht. (Red.)

OLG Frankfurt FamRZ 2009, 1162 = FuR 2009, 634

Zur Begrenzung des Aufstockungsunterhalts gemäß § 36 Nr. 1 EGZPO i.V.m. § 1578b, der in einem Prozessvergleich vom 02.03.2005 unbefristet festgesetzt wurde.

OLG Frankfurt, Urteil vom 03.03.2009 – 3 UF 275/08 – n.v.

Es ist davon auszugehen, dass zwischen der jedenfalls seit 2006 deutlich geänderten Rechtsprechung des Bundesgerichtshofes und der gesetzlichen Neuregelung keine inhaltliche Änderung zur Begrenzung von Aufstockungsunterhalt gegeben ist (vgl. BGH FamRZ 2006, 1006 = FuR 2006, 374; Palandt/Brudermüller 68. Aufl. Einf. II vor § 1569 Rn. 15; Dose FamRZ 2007, 1289). Nach der neuen Rechtslage und der sich schon vorher entwickelnden Rechtsprechung des Bundesgerichtshofes führt allein die Annahme einer langen Ehe nicht dazu, dass eine Begrenzung der Unterhaltsansprüche ausgeschlossen wäre (vgl. BGH FamRZ 2006, 1006 = FuR 2006, 374; 2008, 134). Die Dauer der Ehe ist aber gleichwohl von Bedeutung, da sich der (berufliche) Nachteil, der sich nach der Scheidung für den Ehegatten ergibt, der sich ganz der Kindererziehung und Haushaltsführung gewidmet hat, in aller Regel mit zunehmender Dauer der Ehe erhöht (BT-Drucks. 16/1830, 19). Eine Einkommensdifferenz der Ehegatten muss sich als ehebedingter Nachteil darstellen, der einen dauerhaften unterhaltsrechtlichen Ausgleich zugunsten des bedürftigen Ehegatten rechtfertigt.

OLG Frankfurt MDR 2010, 331 = FamRZ 2010, 816 [Ls]

Liegen ehebedingte Nachteile vor, die der unterhaltsberechtigte Ehegatte bis zum Eintritt in das Rentenalter nicht ausgleichen kann, ist eine Befristung des auf den angemessenen Bedarf herabgesetzten Unterhalts nicht vorzunehmen. Solche ehebedingten Nachteile können darin liegen, dass eine gesicherte, beamtengleiche Stellung zugunsten der Haushaltsführung und Kindererziehung aufgegeben wurde, die eine höhere Vergütung gewährleistete, als sie in vergleichbarer Stellung in der Privatwirtschaft erzielbar ist.

OLG Hamburg FamRZ 2009, 781

Durch den in der Übergangsvorschrift des Art. 36 EGZPO geregelten Vertrauensschutz soll eine flexible, an der Einzelfallgerechtigkeit orientierte Überleitung bestehender Unterhaltsregelungen auf die neue Rechtslage erreicht werden. Für den Vertrauensschutz im Rahmen eines laufenden Verfahrens maßgebend sind insb. die zeitliche Dauer der bestehenden Unterhaltsverpflichtung sowie die daraus resultierende Einstellung der persönlichen Lebensverhältnisse auf einen dauerhaften Bezug des geregelten Unterhalts. (Red.)

OLG Hamm FamRZ 2008, 1000

1. Gemäß § 36 Nr. 7 EGZPO ist für die bis zum 31.12.2007 fällig gewordenen Unterhaltsansprüche weiterhin das bisherige Recht maßgebend.

2. Für weitergehende Unterhaltsansprüche ist gemäß § 1578b eine Billigkeitsprüfung durchzuführen, deren Ergebnis, sollte es zu einer Beschränkung des Unterhaltsanspruchs führen, einer weiteren Zumutbarkeitsprüfung zu unterziehen ist. Dabei ist zu berücksichtigen, wann dem Unterhaltsgläubiger der gänzliche Wegfall des nachehelichen Unterhaltsanspruchs unter dem Gesichtspunkt des Vertrauensschutzes zuzumuten ist (hier: unter Berücksichtigung des Alters der Beteiligten, des Gesundheitszustands des Unterhaltsgläubigers und der getroffenen, längerfristig bindenden Dispositionen wie etwa Mietverpflichtungen besteht ein Vertrauensschutz von mindestens weiterer zwei Jahren). (Red.)

OLG Hamm NJW-RR 2009, 508

1. Ob und in welchem Umfange Unterhaltsansprüche begrenzt werden können, hängt im wesentlichen davon ab, ob und in welchem Ausmaße durch die Ehe Nachteile im Hinblick auf die Möglichkeit eingetreten sind, für den eigenen Unterhalt zu sorgen.

2. Von entscheidender Bedeutung kann sein, dass der Unterhaltsgläubiger aufgrund eines gemeinschaftlich getroffenen Entschlusses anlässlich der Geburt des gemeinsamen Kindes aus dem Erwerbsleben ausgeschieden ist und dadurch ehebedingte Nachteile erlitten hat. (Red.)

OLG Hamm, Urteil vom 27.06.2008 – 13 UF 272/07 – n.v.

1. Der nacheheliche Unterhalt ist nicht zu befristen, wenn der Unterhaltsgläubiger zu 100 % schwerbehindert ist, Erwerbsunfähigkeitsrente bezieht und es ihm nicht möglich ist, eine weitergehende Erwerbstätigkeit aufzunehmen.

2. Bei einem Unterhaltsanspruch wegen Krankheit kommt der ehelichen und nachehelichen Solidarität gesteigerte Bedeutung zu, so dass die Frage des Vorliegens ehebedingter Nachteile in der Regel von geringerer Bedeutung ist als beim Aufstockungsunterhalt. (Red.)

Hinweis: Der Bundesgerichtshof (FamRZ 2009, 1207 = FuR 2009, 530) hat die Revision des Beklagten gegen das vorstehende Urteil des OLG Hamm zurückgewiesen, das genannte Urteil auf die Anschlussrevision der Klägerin aufgehoben und die Sache im Umfang der Aufhebung zur erneuten Verhandlung und Entscheidung an das OLG zurückverwiesen.

Am 18.12.2009 hat das OLG Hamm sodann folgendes Urteil verkündet:

1. Auf die Berufung des Beklagten und auf die Anschlussberufung der Klägerin wird das am 10.10.2007 verkündete Urteil des Amtsgerichts – Familiengericht – Rheine teilweise abgeändert und insgesamt wie folgt neu gefasst:

Der Beklagte wird verurteilt, an die Klägerin für die Monate Februar bis April 2007 einen Unterhaltsrückstand in Höhe von 255,91 € nebst Zinsen in Höhe von 5 Prozentpunkten über dem jeweiligen Basiszinssatz seit 13.04.2007 zu zahlen. Der Beklagte wird weiter verurteilt, an die Klägerin einen monatlichen Unterhalt von jeweils 111 € für die Monate Mai 2007 bis April 2008, 182 € für den Monat Mai 2008, 193 € für den Monat Juni 2008, jeweils 187 € für die Monate Juli bis November 2008, jeweils 209 € für die Monate Dezember 2008 bis Juni 2009, 770 € für den Monat Juli 2009 und jeweils 666 € ab August 2009, fällig und zahlbar jeweils zum ersten eines Monats, zu zahlen.

Der Beklagte wird zudem verurteilt, an die Klägerin vorgerichtliche Rechtsanwaltskosten in Höhe von 126,86 € nebst Zinsen in Höhe von 5 Prozentpunkten über dem jeweiligen Basiszinssatz seit 13.04.2007 zu zahlen.

Im Übrigen wird die Klage abgewiesen.

2. Die weitergehende Berufung des Beklagten und die weitergehende Anschlussberufung der Klägerin werden zurückgewiesen.

3. Die Kosten des Rechtsstreits erster Instanz trägt der Beklagte. Von den Kosten des Berufungsverfahrens tragen die Klägerin 10 % und der Beklagte 90 %. Die Kosten des Revisionsverfahrens trägt der Beklagte.

4. Das Urteil ist vorläufig vollstreckbar.

5. Die Revision wird nicht zugelassen.

OLG Hamm FamRZ 2009, 519

1. Ein Anspruch auf Betreuungsunterhalt nach § 1570 Abs. 1 Satz 2 und 3 ist grundsätzlich nicht zu befristen.

2. Der Anspruch auf Aufstockungsunterhalt bietet keine von ehebedingten Nachteilen unabhängige Lebensstandardsgarantie mehr, sondern gebietet es nur, dem bedürftigen Ehegatten die Nachteile auszugleichen, die ihm deshalb entstehen, weil er wegen der Aufgabenteilung in der Ehe nicht oder nicht ausreichend in der Lage ist, nach der Scheidung für seinen Unterhalt zu sorgen (im Anschluss an BGH FamRZ 2008, 134).

3. Die Darlegungs- und Beweislast für Tatsachen, die zu einer Begrenzung des nachehelichen Unterhalts führen, trägt der Unterhaltsschuldner. Hat dieser allerdings Tatsachen vorgetragen, die einen Wegfall ehebedingter Nachteile und damit eine Begrenzung des nachehelichen Unterhalts nahelegen, so obliegt es dem Unterhaltsgläubiger, Umstände darzulegen und zu beweisen, die gegen eine Unterhaltsbegrenzung oder für eine längere »Übergangsfrist« für die Umstellung auf den Lebensstandard nach den eigenen Einkünften sprechen (im Anschluss an BGH FamRZ 2008, 1508 = FuR 2008, 438).

4. Hat die Unterhalt nach § 1573 Abs. 2 begehrende Ehefrau im Alter von 22 Jahren ohne vorherigen Schul- oder Berufsabschluss geheiratet und in der mehr als 15 Jahre dauernden Ehe (nach einer Totgeburt) zwei Kinder erzogen, können ehebedingte Nachteile nicht schon mit der Begründung verneint werden, dass ihr nach dem Abbruch zweier Berufsausbildungen zu Beginn der Ehe, anschließender Berufspause und späterer geringfügiger Beschäftigung nach Scheitern der Ehe keine Erwerbsmöglichkeiten und Einkommensquellen verschlossen seien, die sich ihr ohne die Berufspause tatsächlich erschlossen hätten; vielmehr spricht unter diesen Umständen vieles dafür, dass die Ehefrau ohne die Ehe, die Schwangerschaften und die in der Ehe praktizierte Rollenver-

teilung einer Berufstätigkeit nachgegangen wäre und dadurch zumindest umfassende Berufserfahrung erworben hätte, die ihr dementsprechende, im Verhältnis zu jetzt bessere Einkommensquellen eröffnet hätte.

5. Es geht in diesem Fall zu Lasten des unterhaltspflichtigen Ehemannes, dass die Ehefrau im Zeitpunkt der Eheschließung noch am Anfang ihres beruflichen Werdegangs stand, und deshalb ungewiss ist, wie sich ihre weitere berufliche Entwicklung ohne die Ehe gestaltet hätte. (Red.)

Hinweis: Auf die Revision des Beklagten hat der Bundesgerichtshof (FamRZ 2010, 875) das vorstehende Urteil des OLG Hamm aufgehoben und den Rechtsstreit zur erneuten Verhandlung und Entscheidung an das OLG zurückverwiesen.

OLG Hamm FuR 2009, 352 = OLGR 2009, 434 = FF 2009, 28

Eine Unterhaltsbegrenzung kommt trotz einer Ehedauer von 28 Jahren auch dann in Betracht, wenn auf Seiten des Unterhaltsschuldners gehobene Einkommensverhältnisse bestehen.

OLG Hamm FamRZ 2009, 1914

1. Der Anspruch auf Aufstockungsunterhalt scheidet als Anschlusstatbestand aus, wenn und soweit eine Erkrankung zu einem Zeitpunkt auftritt, zu dem bereits eine nachhaltige Sicherung des Unterhalts i.S.d. § 1573 Abs. 4 eingetreten ist, weil in diesem Fall die Erkrankung allein der Risikosphäre des Unterhaltsgläubigers zuzuordnen ist.

2. Der neue Ehegatte ist bei der Unterhaltsbemessung im Rahmen der Angemessenheitsprüfung unterhaltsrechtlich bezüglich seiner Erwerbsobliegenheiten nicht anders zu behandeln als ein geschiedener Ehegatte, für den der Grundsatz der Eigenverantwortung gilt.

3. Nicht nur eine bestehende Ehe, sondern auch die Folgewirkungen einer geschiedenen Ehe, zu denen die Unterhaltsregelung gehört, wird durch Art. 6 Abs. 1 GG geschützt, wobei die geschiedene Ehe und die neue Ehe gleichwertig und gleichrangig sind.

4. Haben sich die maßgeblichen tatsächlichen Grundlagen nicht verändert, und stammt der Vortitel aus einer Zeit, in der die geänderte Rechtsprechung des Bundesgerichtshofes zur zeitlichen Begrenzung und Herabsetzung des Unterhaltsanspruchs gemäß § 1573 Abs. 5 wirksam geworden und publiziert worden ist, beseitigt § 36 Abs. 1 Nr. 1, 2 EGZPO nicht die Bindungswirkungen des Vortitels. (Red.)

Hinweis: Der Bundesgerichtshof (FamRZ 2010, 111 = FuR 2010, 164) hat die Revision des Klägers gegen das vorstehende Urteil des OLG Hamm zurückgewiesen.

OLG Hamm OLGR 2009, 834 = FamRZ 2009, 2098 [Ls]

1. Besteht für eine geschiedene Ehefrau die Notwendigkeit zum Abschluss einer privaten Krankenversicherung, um den Umfang ihres aus der Ehe gewohnten Versicherungsschutzes aufrechtzuerhalten, kann in den hierdurch ausgelösten Mehrkosten ein fortwirkender ehebedingter Nachteil liegen.

2. Im Falle einer chronischen Erkrankung ist bei der Frage einer zeitlichen Begrenzung eines Anspruchs auf nachehelichen Unterhalt aus § 1572 auch zu berücksichtigen, ob die Anspruchsberechtigte nach gegenwärtiger Prognose jemals in der Lage sein wird, ihre wirtschaftliche Situation durch eine eigene Berufstätigkeit zu verbessern.

OLG Hamm FamRZ 2009, 2093 = FuR 2009, 698

Eine Beschränkung des Anspruchs auf Aufstockungsunterhalt kommt nicht in Betracht, sofern eine verlässliche Prognose der beruflichen Perspektive des Elternteils erst nach Wegfall der Kindesbetreuung möglich ist. (Red.)

OLG Hamm FamRZ 210, 814

Der nacheheliche Unterhalt wegen Krankheit nach § 1572 Nr. 2 kann gemäß § 1578b Abs. 2 zeitlich befristet werden, wenn der Anspruch auf die Rente wegen teilweiser oder voller Erwerbsminderung gemäß § 43 Abs. 1 und 2 SGB VI durch eine Erwerbstätigkeit nach Beendigung der Betreuung und Erziehung eines gemeinsamen Kindes hätte erworben werden können.

OLG Karlsruhe FamRZ 2008, 1187 = FuR 2008, 354

Zur Herabsetzung und zeitlichen Begrenzung des Unterhalts nach einer Ehedauer von 19 Jahren und ehebedingten Nachteilen (Eheschließung: Ehemann ist Beamter im höheren Dienst; Ehefrau ist Marketingassistentin; die Ehegatten haben ein etwa gleich hohes Einkommen; Scheidung: Ehefrau ist Bürokraft bei 1.500 € monatlich netto; Aufstockungsunterhalt 405 € zuzüglich 101 € Altervorsorgeunterhalt).

OLG Karlsruhe FuR 2009, 49 = NJW 2008, 3645

1. Zur Beschränkung eines Unterhaltsanspruchs gem. § 1579 Nr. 2, weil der Berechtigte in einer verfestigten Lebensgemeinschaft lebt.

2. Zur Begrenzung eines Unterhaltsanspruchs nach § 1578b Abs. 2

OLG Karlsruhe FamRZ 2008, 2206

1. Hat die von Geburt aus rumänische Ehefrau ehebedingte Nachteile erlitten, weil sie während der (bis zur Einreichung des Scheidungsantrages) 23 Jahren dauernden Ehe auf Grund der einverständlichen Rollen- und Arbeitsteilung die gemeinsamen Kinder betreut und infolgedessen nach ihrer Übersiedlung nach Deutschland auf jede berufliche Weiterbildung oder Wiedereingliederung verzichtet hat, während der Ehemann seine berufliche Tätigkeit ungehindert und erfolgreich fortführen konnte, und können diese ehebedingten Nachteile in Zukunft nicht mehr ausgeglichen werden, weil die Ehefrau ihren erlernten Beruf nicht mehr ausüben kann und eine dauernde Einkommensminderung hinnehmen muss, dann kommt eine Befristung des (Aufstockungs-)Unterhaltsanspruchs nicht in Betracht.

2. Es entspricht in diesem Falle jedoch der Billigkeit, den Unterhaltsanspruch der Ehefrau nach § 1578b Abs. 1 herabzusetzen, wenn die nacheheliche Einkommensdifferenz nicht in vollem Umfange auf ehebedingte Nachteile zurückzuführen ist, sondern ihre Gründe auch in der unterschiedlichen Ausbildung und Berufswahl der Ehegatten findet, die auch ohne die Ehe zu unterschiedlichen Einkommen geführt hätten. Dabei ist bei einem eigenen bedarfsdeckenden Einkommen der unterhaltsberechtigten Ehefrau der Unterhaltsanspruch so zu bemessen, dass der angemessene Lebensbedarf durch das eigene Einkommen und den Unterhalt gedeckt ist, wobei sich der angemessene Lebensbedarf nach der Lebensstellung der Ehefrau vor der Ehe, oder derjenigen, die sie ohne die Ehe hätte, bemisst.

3. Der so ermittelte Unterhaltsanspruch kann aus Gründen der Billigkeit maßvoll, d.h. in einem Bereich zwischen dem eheangemessenen Bedarf und dem den eigenen Lebensverhältnissen angemessenen Lebensbedarf erhöht (und die Herabsetzung vermindert) werden, wenn die ehebedingten Nachteile der unterhaltsberechtigten Ehefrau nicht nur in einer Einkommensminderung bestehen, sondern auch darin, dass diese sich mit einer Erwerbstätigkeit zufrieden geben muss, die nicht ihrer Vorbildung und ihren in ihrer Ausbildung angelegten Fähigkeiten entspricht. (Red.)

OLG Karlsruhe FamRZ 2009, 341 = FuR 2008, 614

1. Ist die schicksalhafte Krankheit der geschiedenen Ehefrau erst ca. 12 Jahre nach Rechtskraft der Scheidung und damit zu einem Zeitpunkt aufgetreten, als sie bereits wieder seit mehr als zwei Jahren vollschichtig erwerbstätig war und ihrer Berufsausbildung entsprechende Einkünfte erzielen konnte, und zahlt der geschiedene Ehemann seit etwa 24 Jahren nachehelichen Unterhalt, dies aufgrund der Erkrankung der Ehefrau seit etwa 5 Jahren in nicht unbeträchtlicher Höhe, dann

führen diese Umstände dazu, dass der Unterhaltsanspruch gemäß § 1578b Abs. 2 nicht unbefristet bleiben kann (hier: Befristung ab 01.01.2008 bis zum 31.12.2012 unter Herabsetzung auf 1.000 € abzüglich 449,61 € Erwerbsunfähigkeitsrente = gerundet 550 €).

2. Eine Absenkung des Unterhalts unter den gegenüber Ehegatten geltenden Selbstbehalt von derzeit 1.000 € kommt in der Regel nicht in Betracht. (Red.)

OLG Karlsruhe FamRZ 2009, 351 = FuR 2009, 282

Zur Beschränkung eines Unterhaltsanspruchs gem. § 1579 Nr. 2, weil der Berechtigte in einer verfestigten Lebensgemeinschaft lebt.

OLG Karlsruhe FamRZ 2009, 1160

Auch wenn auf Seiten der geschiedenen Ehefrau keine ehebedingten Nachteile vorliegen, muss ihr bei einer langen Ehedauer (fast 17 Jahre bis zur Zustellung des Scheidungsantrages) ein maßgeblicher Zeitraum zugebilligt werden, für den sie sich als Nachwirkung der ehelichen Solidarität auf die Unterstützung des geschiedenen Ehemannes verlassen darf. Dies rechtfertigt eine Befristung des Unterhaltsanspruchs gem. § 1578b Abs. 2 auf 4 Jahre ab Rechtskraft der Ehescheidung.

OLG Karlsruhe FamRZ 2009, 2107

1. Der nachträglichen Herabsetzung und/oder zeitlichen Begrenzung einer in einem Prozessvergleich ohne Befristung vereinbarten Verpflichtung zur Zahlung nachehelichen Unterhalts nach § 323 ZPO i.V.m. §§ 313, 1578b steht nicht entgegen, dass der Vergleich (erst) im Jahre 2004 (also unter Geltung der Befristungsmöglichkeiten nach §§ 1573 Abs. 5, 1578 Abs. 1 Satz 2 i.d.F. des UÄndG vom 20.02.1986) geschlossen wurde.

2. Hat der Unterhaltsberechtigte nennenswerte fortdauernde ehebedingte Nachteile nicht nachgewiesen, obwohl die Umstände einen Wegfall ehebedingter Nachteile und damit eine Begrenzung des nachehelichen Unterhalts nahe legen, steht auch eine Ehedauer von 25 Jahren (gerechnet bis zur Rechtshängigkeit des Scheidungsantrages) einer zeitlichen Begrenzung und Herabsetzung des Anspruchs auf nachehelichen Unterhalt nach § 1578b nicht entgegen (hier: Herabsetzung und zeitliche Begrenzung auf 8 Jahre nach alsbald nach Rechtshängigkeit des Scheidungsantrages rechtskräftig gewordenem Scheidungsurteil).

OLG Karlsruhe, Urteil vom 08.04.2010 – 2 UF 147/09 – n.v.

1. Ehebedingte Nachteile, die nach § 1578b bei der Prüfung der Herabsetzung/Begrenzung eines Anspruch auf Altersunterhalt zu berücksichtigen sind, können auch darin liegen, dass es der unterhaltsberechtigten Ehefrau nach der Scheidung infolge teilweise ehebedingter Erkrankung und ehebedingter beruflicher Abstinenz nicht mehr gelungen ist, eine rentenversicherungspflichtige Tätigkeit zu finden und so ihre Altersversorgung weiter aufzubauen.

2. Der Annahme ehebedingter Nachteile steht in diesem Fall nicht entgegen, dass die Ehefrau nach der Scheidung bis zum Erreichen des Rentenalters zwar Unterhalt, nicht jedoch Altersvorsorgeunterhalt erhalten hat.

OLG Koblenz FamRZ 2009, 524 = FuR 2009, 51

1. Die Kosten für die berufsbedingte Nutzung eines Kraftfahrzeugs sind auch bei einer Entfernung von mehr als 30 Kilometern zwischen Wohnung und Arbeitsstätte nicht pauschal zu begrenzen; vielmehr kommt es auf den Einzelfall an.

2. Über eine Befristung oder Herabsetzung des nachehelichen Unterhalts nach § 1578b kann erst entschieden werden, wenn das Einkommen des Unterhaltsberechtigten nachhaltig gesichert ist. Vorher ist der Sachverhalt nicht ausreichend geklärt.

OLG Koblenz FamRZ 2009, 1750

1. Auch ein Unterhaltsanspruch nach § 1571 kann der Höhe nach begrenzt werden; dies gilt jedenfalls, wenn es sich bei der Ehe um eine sog. »Altersehe« handelt.

2. Der »angemessene Lebensbedarf« i.S.d. § 1578b Abs. 1 ist mindestens mit dem angemessenen Selbstbehalt von derzeit 1.100 € anzusetzen.

OLG Koblenz FamRZ 2010, 379 = FuR 2009, 589

Ohne ehebedingte Nachteile kann ein Unterhaltsanspruch aus § 1572 nach einer 1979 geschlossenen Ehe, die 1992 geschieden wurde, und in der die Ehefrau zwei 1981 und 1983 geborene Kinder betreute, bis Februar 2011 befristet werden.

OLG Köln FamRZ 2008, 2119 = FuR 2008, 506

1. Der Senat ist der Auffassung, dass nach dem Willen des Gesetzgebers gem. § 1570 bei der Betreuung von zwei elf und acht Jahre alten Kinder eine vollschichtige Tätigkeit der betreuenden Mutter grundsätzlich gefordert werden kann. Es ist Aufgabe der Kindesmutter, darzulegen und ggf. zu beweisen, dass ausnahmsweise die Aufnahme einer (vollen) Erwerbstätigkeit nicht möglich bzw. unzumutbar ist.

2. Liegen keine Anhaltspunkte dafür vor, dass die Unterhaltsberechtigte nach Ablauf einer gewissen Orientierungsphase bei gehöriger Anstrengung unter Berücksichtigung ihrer beruflichen Vor- und Weiterbildung keine adäquate vollschichtige Tätigkeit finden kann, die es ihr ermöglicht, ihren eheangemessenen Bedarf selbst zu decken, ist der Unterhaltsanspruch bis zum Ablauf der Orientierungsphase zu befristen.

3. Ergeben die Einkommensverhältnisse des Unterhaltsverpflichteten, dass er zwar den Bedarf seiner vorrangig berechtigten Kinder entsprechend seinen Einkommensverhältnissen voll, nicht aber den Bedarf der nachrangig berechtigten betreuenden Elternteile decken kann, so ist der Unterhaltsanspruch der Kinder notfalls bis auf den Mindestunterhalt herabzustufen, um so zu einer möglichst ausgewogenen Bedarfsdeckung zu kommen, da sich der Vorrang des Kindesunterhalts nicht auf der Bedarfsebene, sondern erst bei der Frage der Leistungsfähigkeit auswirkt.

4. Reicht auch dann das Einkommen des Unterhaltsverpflichteten nicht aus, um den Bedarf der gleichrangig berechtigten Mütter voll zu decken, ist für diese im Gleichrang stehenden Unterhaltsberechtigten eine Mangelfallberechnung anzustellen, wobei für diese zunächst die Einsatzbeträge der Unterhaltsleitlinien des OLG Köln, und zwar für die Klägerin 900 € gem. Nr. 23.2 (2. Spiegelstrich) und für die Lebensgefährtin des Beklagten gem. Nr. 23.2 (3. Spiegelstrich) 800 € bei der Bedarfsermittlung einzusetzen sind.

OLG Köln FamRZ 2009, 122 = FuR 2008, 458

Auch nach Inkrafttreten des Unterhaltsrechtsänderungsgesetzes hat sich keine grundlegende rechtliche Änderung der Sach- und Rechtslage zur Frage der Befristung bzw. Beschränkung von Unterhaltsansprüchen ergeben, die eine umfassende Neubewertung der höchstrichterlichen Rechtsprechung hierzu erfordert; vielmehr kodifiziert die Vorschrift des § 1578b die einschlägige Rechtsprechung des BGH zur Befristung bzw. Beschränkung von Unterhaltsansprüchen. Weiterhin gilt, dass eine Billigkeitsentscheidung aufgrund der besonderen Umstände des jeweiligen Einzelfalles zu treffen ist.

OLG Köln FamRZ 2009, 518

1. Die Neuregelung des Unterhaltsrechts zum 01.01.2008 führt nicht dazu, dass der geschiedene Ehegatte nach der Vollendung des dritten Lebensjahres eines gemeinschaftlichen Kindes sofort vollschichtig arbeiten muss, selbst wenn entsprechende Möglichkeiten der Kinderbetreuung vorhanden sind. Auch nach neuem Recht ist von einem stufenweisen, an den Kriterien von § 1570 orientierten Übergang in die Vollerwerbstätigkeit auszugehen (Palandt/Brudermüller, Nachtrag

zur 67. Aufl. [2008] § 1570 Rn. 11). Dabei kommt unter Berücksichtigung der jeweiligen Umstände des Einzelfalles eine Verlängerung des Betreuungsunterhalts aus kindbezogenen und elternbezogenen Gründen in Betracht (vgl. BGHZ 177, 272 = FamRZ 2008, 1739 = FuR 2008, 485).

2. Im vorliegenden Fall war zu berücksichtigen, dass die Antragsgegnerin (Unterhaltsberechtigte) zwei Schulkinder im Alter von 9 und 11 Jahren zu betreuen hat. Neben den rein schulischen Hilfen durch die Mutter kommen weitere Aufgaben durch das Engagement beider Kinder in sportlicher und musikalischer Hinsicht und mit Rücksicht auf ihren Freundeskreis hinzu, die – was der Antragsteller einräumt – auch bereits während der Ehe vorhanden und angelegt waren und vom Antragsteller (Unterhaltspflichtiger) ausdrücklich erwünscht sind und gefördert werden. Allein die dabei geforderte zeitliche, physische und psychische Beanspruchung der Antragsgegnerin lässt eine weitergehende Erwerbstätigkeit als tatsächlich ausgeübt nicht zu, ist jedenfalls nicht zumutbar und wäre überobligatorisch.

3. Es kommt vorliegend noch hinzu, dass die Antragsgegnerin im Schichtdienst und teilweise auch am Wochenende arbeitet. die Antragsgegnerin muss deshalb an den arbeitsfreien Nachmittagen der Frühschicht und dem arbeitsfreien Wochenende die Betreuung und Fürsorge der beiden Kinder intensivieren, um den Ausfall an den anderen Tagen und dem Wochenende wegen ihrer Arbeitstätigkeit zu kompensieren.

4. Es ist allgemein anerkannt, dass neben oder nach der Erziehung und Betreuung in staatlichen Einrichtungen ein Anteil an der Betreuung und Erziehung der Kinder bei dem betreuenden Elternteil verbleibt, dessen Umfang im Einzelfall unterschiedlich sein, vor allem aber vom Alter des Kindes abhängen kann (vgl. BGHZ a.a.O.Tz. 103). Auch die Inanspruchnahme der überwiegend vom Jugendamt der Stadt W. bezahlten Kinderfrau ändert nichts daran, dass die Antragsgegnerin neben ihrer 2/3-Stelle als Schwimmmeisterhelferin persönlich immer wieder gefordert ist und für ihre beiden Kinder »da sein« muss.

OLG Köln FamRZ 2009, 448

Eine unsorgfältige frühere Prozessführung kann nicht über § 323 Abs. 1 ZPO mit der Abänderungsklage in einem Folgeprozess beseitigt werden. Notwendige Folge eines früheren unvollständigen Prozessvortrags, wonach nicht ausreichend substantiiert zu unterhaltsrelevanten Schulden vorgetragen worden ist und insb. Belege fehlten, dass solche Belastungen tatsächlich entstanden waren, ist, dass der Abänderungskläger nach wie vor mit deren Geltendmachung gem. § 323 Abs. 2 ZPO ausgeschlossen ist.

OLG Köln FamRZ 2009, 429

Zu Beginn einer Krebstherapie kann kaum eine sichere Prognose über die Heilungs- und Wiedereingliederungschancen ins Berufsleben oder Dauer der Behandlungszeit und Umfang der zu erwartenden Wiederherstellung der Arbeitsfähigkeit abgegeben werden, so dass unbefristet nachehelicher Unterhalt wegen Krankheit zuzusprechen sein kann.

OLG Köln FF 2009, 80

Dem Unterhaltsberechtigten ist eine angemessene Übergangszeit von sechs bis zwölf Monaten zuzubilligen, um sich auf die geänderte Rechtslage nach dem Unterhaltsrechtsänderungsgesetz einzustellen und neben der Betreuung zweier Kinder im Alter von 15 und 12 Jahren eine Vollzeitarbeitsstelle zu finden.

OLG Köln FamRZ 2010, 649

1. Aufstockungsunterhalt ist nicht herabzusetzen oder zu befristen, wenn der/die Unterhaltsberechtigte ehebedingte Nachteile insoweit erlitten hat, dass sie ehebedingt kein höheres, in etwa dem des/der Unterhaltsverpflichteten entsprechendes Einkommen mehr erzielen kann.

2. Die den Unterhalt begrenzenden Möglichkeiten sind als Ausnahmetatbestände konzipiert, so dass der/die Unterhaltspflichtige die Darlegungs- und Beweislast für Umstände trägt, die zu einer Unterhaltsbegrenzung führen können. Erst wenn dieser solche Umstände vorgetragen hat, obliegt es der/dem Unterhaltsberechtigten, solche Umstände darzulegen und zu beweisen, die gegen eine Unterhaltsbegrenzung sprechen (BGH FamRZ 2008, 134).

3. Trägt der/die Unterhaltsberechtigte substantiiert und detailliert vor, dass sie/er, wenn sie/er nicht durch die Betreuung des gemeinsamen Kindes daran gehindert gewesen wäre, weitere Lehrgänge und Fortbildungsmaßnahmen durchgeführt, was der/die Unterhaltsverpflichtete bestätigt hat, und am sog. Aufbau Ost teilgenommen hätte, in dessen Verlauf sie die schon vorher angestrebte Verbeamtung hätte erreichen und eine laufbahnübergreifende Beförderung hätte erzielen können mit einem Einkommen nach Besoldungsgruppe A 13, nach der auch der/die Unterhaltsverpflichtete besoldet wird, so reicht das grundsätzlich für die Annahme eines ehebedingten Nachteils aus. Den sicheren Beweis, dass dies tatsächlich auch eingetreten wäre, kann sie/er naturgemäß nicht führen. Ausreichend für den Nachweis ist insoweit eine genügend sichere Prognose aufgrund der konkreten bewiesenen oder zugestandenen Umstände des Einzelfalles.

OLG Köln FuR 2010, 49 = OLGR 2009, 469

1. Kann die unterhaltsberechtigte Ehefrau ihren angemessenen Lebensbedarf im Hinblick auf ihr Alter und nur geringe Rentenansprüche nicht selbst decken, so kommt eine Befristung des auf den angemessenen Bedarf begrenzten Altersunterhaltsanspruchs auch bei Fehlen ehebedingter Nachteile nicht in Betracht.

2. Eine Entscheidung über die Frage der Befristung ist bei klaren tatsächlichen Verhältnissen auch im PKH-Prüfungsverfahren möglich.

OLG Köln FuR 2010, 47 = NJW 2009, 3169

1. Die Änderung der Gesetzgebung zum Unterhaltsrecht (hier: neu ausgestaltete Möglichkeit der Beschränkung auf den lebensangemessenen Unterhalt und der Befristung beim Nichtvorliegen ehebedingter Nachteile) stellt eine Änderung i.S.d. § 323 Abs. 1 ZPO dar.

2. Der Gesetzgeber strebt eine weitgehende Anpassung alter Unterhaltstitel an das neue Recht nach Maßgabe des § 36 Nr. 1 bis 3 EGZPO an. (Red.)

OLG Köln ZFE 2009, 475 = FamRZ 2010, 217 [Ls]

1. Die einvernehmliche Aufgabe jeglicher Erwerbstätigkeit (hier: gut bezahlte Stelle bei einem Arzneimittelverband) zu Gunsten einer Hausfrauentätigkeit im Alter von 41 Jahren führt auch bei einer kurzen Ehedauer von vier Jahren wegen dauerhafter ehebedingter Nachteile zu einer unbefristeten Unterhaltsverpflichtung.

2. Behauptet der Unterhaltsschuldner, der Ehefrau wäre wegen ihres Gesundheitszustands oder ihres Alters ohnehin gekündigt worden, und tritt er dafür keinen Beweis an, so ist dies unsubstanziiert. (Red.)

OLG Köln FamRZ 2010, 654

Kann im Zeitpunkt der Scheidung nicht mehr von einer engen Verflechtung der Lebensverhältnisse ausgegangen werden (hier: auf Grund kurzen Zusammenlebens von weniger als vier Jahren und Getrenntlebens von mehr als anderthalb Jahren), und sind ehebedingte Nachteile für den Unterhaltsgläubiger nicht ersichtlich (hier: da sich seine Chancen auf dem Arbeitsmarkt für ungelernte Kräfte durch die 4-jährige Übernahme der Haushaltsführung und Kindererziehung während der Ehe nicht verringert haben), entspricht es der Billigkeit, seinen Unterhaltsanspruch gemäß § 1578b Abs. 1 ohne Übergangsfrist auf den angemessenen Lebensbedarf herabzusetzen. (Red.)

OLG München FamRZ 2008, 1959

Der Anspruch auf Krankheitsunterhalt ist zeitlich zu begrenzen, wenn dem Unterhaltsgläubiger ndurch die Eheschließung keine ehebedingten Nachteile entstanden sind, und der Unterhaltsschuldner eine neue Ehe geschlossen hat, aus der bereits ein Kind hervorgegangen ist. (Red.)

OLG München FamRZ 2009, 52

Hatten die Eheleute bis zur Trennung nur ca. $7^1/_2$ Jahre zusammengelebt, wurde ihre kinderlose Ehe nach 9-jähriger Dauer geschieden, dann sind ehebedingte Nachteile auf Seiten der teilschichtig berufstätigen Ehefrau nicht ersichtlich. Weiss die Ehefrau seit der Trennung, dass sie künftig für ihren Lebensunterhalt selbst sorgen muss, erscheint eine zeitliche Begrenzung des Aufstockungsunterhalts auf 3 Jahre ab Zustellung des Scheidungsantrages gerechtfertigt. (Red.)

OLG München FamRZ 2009, 1154

1. Setzt sich der nacheheliche Unterhaltsanspruch des geschiedenen Ehegatten aus einem Unterhaltsanspruch wegen Krankheit und einem solchen auf Aufstockungsunterhalt bei Annahme eines fiktiven Einkommens zusammen, so errechnet sich das Verhältnis von Aufstockungs- und Krankheitsunterhalt daraus, wie der Unterhalt ohne ein fiktives Einkommen zu berechnen wäre, wobei dem Unterhaltsgläubiger zuzurechnende ersparte Aufwendungen zu berücksichtigen und ins Verhältnis zu dem Unterhaltsanspruch ohne Ansatz des fiktiven Einkommens zu setzen sind.

2. Im Rahmen der Befristung des Krankenunterhalts nach § 1578b ist zwischen den ehebedingten Nachteilen des Unterhaltsgläubigers, der Dauer der (hier: 14-jährigen) Ehe, dem Zeitraum, für den bereits Unterhalt gezahlt wurde, und dem Vertrauensschutz des Unterhaltsgläubigers gemäß § 36 Nr. 1 EGZPO abzuwägen, wenn der (abzuändernde) Unterhaltstitel aus der Zeit vor Inkrafttreten der Gesetzesänderung stammt. (Red.)

OLG Nürnberg FamRZ 2008, 1256 = FuR 2008, 359

Bei einem Unterhalt wegen Krankheit kommt der ehelichen Solidarität gesteigerte Bedeutung zu. Bei einer langen Ehedauer und drohender Verschlechterung des Gesundheitszustands in der Zukunft kann daher von einer Befristung abgesehen werden.

OLG Nürnberg NJW-Spezial 2008, 260

Der nacheheliche Unterhalt darf bei Anwendung des § 1578b Abs. 1 nicht unter den dem Unterhaltsgläubiger zustehenden Selbstbehalt von 1.000 € herabgesetzt werden.

OLG Nürnberg OLGR 2008, 910 = FuR 2008, 512

1. Auch wenn hinsichtlich der Erwerbsobliegenheit des unterhaltsberechtigten Ehegatten nicht mehr das bisherige, von der Rechtsprechung nach altem Recht entwickelte Altersphasenmodell zum Tragen kommt, und nach dem Willen des Gesetzgebers nunmehr stärker auf den Einzelfall und tatsächlich bestehende, zumutbare und verlässliche Möglichkeiten der Kinderbetreuung abgestellt werden soll, ist – nicht zuletzt im Interesse der Rechtssicherheit – im Regelfall eine gewisse schematisierende Betrachtungsweise angemessen und geboten, von der aufgrund besonderer Umstände allerdings jederzeit abgewichen werden kann.

2. Danach wird im Allgemeinen dem betreuenden Elternteil nicht sogleich nach Ablauf von drei Jahren nach der Geburt des Kindes eine über den Umfang einer Geringverdienertätigkeit hinausgehende Beschäftigung anzusinnen sein; als zeitliche Zäsur, ab der gewöhnlich eine Halbtagstätigkeit zu erwarten ist, ist der Eintritt des Kindes in die zweite Grundschulklasse für angemessen anzusehen.

3. Eine Obliegenheit zur Vollerwerbstätigkeit wird im Regelfall auch nach dem 01.01.2008 nicht vor dem 15. Lebensjahr des betreuten Kindes anzunehmen sein.

OLG Nürnberg FamRZ 2009, 345 = FuR 2009, 54

1. § 524 Abs. 2 Satz 3 ZPO gilt nur dann, wenn sich die für die Unterhaltsbemessung maßgeblichen Verhältnisse nach Ablauf der Berufungserwiderungsfrist geändert haben.

2. Zur Zumutbarkeit von Beitragszahlungen beim Ausgleich einer Betriebsrente.

3. Zur Darlegung der Erwerbsbemühungen des arbeitslosen Unterhaltsberechtigten.

4. Zur Begrenzung bzw. Befristung des nachehelichen Unterhaltsanspruchs.

OLG Oldenburg FamRZ 2009, 1159

1. Der Aufstockungsunterhalt einer 47-jährigen geschiedenen Ehefrau ist nicht gemäß § 1578b Abs. 1 auf den angemessenen Lebensbedarf herabzusetzen, wenn sie während der 27 Jahre dauernden Ehe allein für die Betreuung der gemeinsamen Kinder zuständig und daher an der Möglichkeit gehindert war, für den eigenen ausreichenden Unterhalt zu sorgen, und zusammen mit dem Aufstockungsunterhalt nur über rund 1.000 € verfügt, so dass ihr lediglich eine bescheidene Lebensführung ermöglicht wird.

2. Der Unterhaltsanspruch ist in diesem Fall jedoch auf zehn Jahre nach Rechtskraft der Scheidung zu befristen, wenn die Ehefrau angesichts ihres Alters noch die Möglichkeit hat, teilweise eine eigene Altersversorgung aufzubauen. (Red.)

OLG Oldenburg OLGR 2009, 555 = FamRZ 2009, 2014 [Ls]

1. Zur Frage der Entstehung sog. ehebedingter Nachteile bei Abbruch eines Studiums wegen der Geburt eines gemeinsamen Kindes.

2. Der angemessene Lebensbedarf i.S.v. § 1578 Abs. 1 Satz 1 richtet sich danach, welches Einkommen der Berechtigte ohne Unterbrechung der Erwerbstätigkeit aktuell erwirtschaften würde.

OLG Oldenburg FamRZ 2010, 567 = FuR 2010, 175

1. Ein Anspruch auf Krankenvorsorgeunterhalt kann isoliert geltend gemacht werden, wenn der laufende Lebensbedarf durch das eigene Einkommen gedeckt ist.

2. Krankenvorsorgeunterhalt kann in der Höhe nach § 1578b begrenzt werden, wenn ein den ehelichen Lebensverhältnissen entsprechender Versicherungsschutz in der privaten Krankenversicherung nur mit einem unverhältnismäßig hohen Beitrag zu erreichen ist.

OLG Rostock FamRZ 2009, 2014

Der unterhaltsrechtliche Auskunftsanspruch ist nur dann ausgeschlossen, wenn die Auskunft den Unterhaltsanspruch unter keinem Gesichtspunkt beeinflussen kann. Dies ist nicht der Fall, wenn eine Befristung oder Herabsetzung des geschuldeten Unterhalts in Betracht kommt.

OLG Saarbrücken FF 2008, 504

1. Begehrt der Unterhaltsschuldner eine Beschränkung seiner Unterhaltspflicht mit der Begründung, die Unterhaltsgläubigerin habe ihre Bedürftigkeit i.S.v. § 1579 Nr. 2 i.d.F. vom 02.01.2002 mutwillig herbeigeführt, weil sie eine zumutbare Therapie mutwillig unterlassen habe, gehen insoweit verbleibende Zweifel zu seinen Lasten.

2. Verschweigt die Unterhaltsgläubigerin geringfügige Einkünfte (hier: in Höhe von insgesamt 308 €), die sie in einem Zeitraum von wenigen (hier: sieben) Monaten vereinnahmt hat, rechtfertigt dies nicht die Annahme eines Härtegrundes i.S.d. § 1579 Nr. 2 und 4 vom 02.01.2002, wenn sich die Einkünfte selbst bei anteiliger Einbeziehung nicht auf den titulierten Unterhaltsanspruch ausgewirkt hätten, und im Übrigen eine lange Ehedauer vorliegt.

3. Allein eine lange Ehedauer (hier: fast 29 Jahre) steht einer zeitlichen Begrenzung der Unterhaltspflicht nach § 1578b Abs. 2 nicht entgegen.

4. Hat die Unterhaltsgläubigerin zu Beginn der Ehe während des Studiums des Unterhaltsschuldners durch ihre Erwerbstätigkeit maßgeblich zum Familieneinkommen beigetragen, und ist sie vor der Geburt des gemeinsamen Kindes qualifizierteren Tätigkeiten nachgegangen, musste jedoch als Folge wiederholter berufsbedingter Umzüge der Familie mehrfache Arbeitsplatzwechsel mit teilweise befristeten Arbeitsverhältnissen hinnehmen, wodurch eine kontinuierliche berufliche Weiterentwicklung nicht mehr gegeben war, und hat sie wegen der Erziehung des Kindes keine bzw. keine reguläre Erwerbstätigkeit ausgeübt und ist anschließend nur noch einer untervollschichtigen Erwerbstätigkeit nachgegangen, steht dies einer zeitlichen Begrenzung der Unterhaltspflicht nach § 1578b Abs. 2 entgegen. (Red.)

OLG Saarbrücken FamRZ 2009, 783 = FuR 2009, 227

Die Änderung der Rechtsprechung des Bundesgerichtshofes zur Zulässigkeit einer zeitlichen und höhenmäßigen Befristung des Aufstockungsunterhalts bei langer Ehedauer ist bereits mit der Entscheidung vom 12.04.2006 (FamRZ 2006, 1006 = FuR 2006, 374) vollzogen worden. Der Unterhaltsschuldner ist daher mit seinem auf Befristung des Unterhaltsanspruchs gerichteten Vorbringen präkludiert, wenn er die Klagegründe nach Erlass der vorzitierten Entscheidung im Vorprozess hätte geltend machen können.

OLG Saarbrücken, Beschluss vom 23.06.2009 – 9 WF 37/09 – n.v.

Hat bereits im Ausgangsverfahren vor Inkrafttreten des UÄndG die Möglichkeit bestanden, dem Aufstockungsunterhaltsanspruch den Einwand der Befristung entgegenzuhalten, ist der Unterhaltsschuldner mit diesem Einwand im Abänderungsverfahren gemäß § 36 Abs. 1 Nr. 1 EGZPO ausgeschlossen.

OLG Saarbrücken FamRZ 2010, 652

Zeitliche Begrenzung des Aufstockungsunterhalts bei langer Ehe ohne fortwirkende ehebedingte Nachteile.

OLG Saarbrücken ZFE 2010, 113

1. Im Rahmen der nach § 1570 zu prüfenden kindbezogenen Gründe ist auch die Entlastung des betreuenden Elternteils durch den mitsorgeberechtigten, zur Betreuung des Kindes während der berufsbedingten Abwesenheit jenes Elternteils bereiten Elternteil von Bedeutung.

2. Übt eine Ehefrau als beamtete Grundschullehrerin exakt und zudem vollschichtig denjenigen Beruf aus, für den sie auch ausgebildet worden ist, spricht dies grundsätzlich gegen das Vorliegen ehebedingter Nachteile.

3. Es gibt keinen Erfahrungssatz dahingehend, dass Grundschullehrer bei längerer Berufstätigkeit mit hinreichender Wahrscheinlichkeit auch eine gehobene Position erlangen.

4. Hat der Unterhaltsschuldner Tatsachen vorgetragen hat, die – wie z.B. die Aufnahme einer vollzeitigen Erwerbstätigkeit in dem vom Unterhaltsgläubiger erlernten oder vor der Ehe ausgeübten Beruf – den Wegfall ehebedingter Nachteile nahe legen, so obliegt es dem Unterhaltsgläubiger, Umstände darzulegen und zu beweisen, die dem widersprechen. (Red.)

OLG Saarbrücken FuR 2010, 235 = FamRZ 2010, 654 [Ls]

1. Ab Zustellung des Scheidungsantrages ist der Tilgungsanteil für ein zur Finanzierung vermieteten Wohnungseigentums aufgenommenes eheprägendes Darlehen bei der Bedarfsermittlung regelmäßig nicht mehr zu berücksichtigen (im Anschluss an BGH FamRZ 2008, 963 = FuR 2008, 283).

2. Verbrauchsunabhängige Nebenkosten sind regelmäßig nicht von einem Wohnwert bzw. Mieteinnahmen abzusetzen, da sie inzwischen typischerweise auf den Mieter umgelegt werden (im Anschluss an BGH FamRZ 2009, 1300 = FuR 2009, 567).

3. Ist der Unterhaltsberechtigte verpflichtet und in der Lage, eine vollschichtige Tätigkeit in seinem vorehelich erlernten und ausgeübten Beruf aufzunehmen, so spricht dieser Umstand zwar gegen fortdauernde ehebedingte Nachteile (vgl. BGH FamRZ 2008, 1325 = FuR 2008, 401). Dies gilt allerdings nur, wenn die Einkünfte des Unterhaltsberechtigten aus dieser Tätigkeit wenigstens die Einkünfte aus einer ehebedingt aufgegebenen Erwerbstätigkeit erreichen; dann trifft den Unterhaltsberechtigten die Darlegungs- und Beweislast dafür, dass gleichwohl ehebedingte Nachteile vorliegen, etwa weil mit der Unterbrechung der Erwerbstätigkeit während der Ehezeit Einbußen im beruflichen Fortkommen verbunden waren. Wenn hingegen das jetzt erzielbare Einkommen hinter dem Einkommen aus der früher ausgeübten Tätigkeit zurückbleibt, weil eine Wiederaufnahme der früheren Erwerbstätigkeit nach längerer Unterbrechung nicht mehr möglich ist, bleibt es insoweit bei einem ehebedingten Nachteil, den der Unterhaltsschuldner widerlegen muss (im Anschluss an BGH FamRZ 2009, 1990 = FuR 2010, 96).

OLG Saarbrücken, Urteil vom 04.03.2010 – 6 UF 95/09 – n.v.

1. Beim Ehegattenunterhalt kommt eine nicht an einer Quote orientierte konkrete Bedarfserfassung nur bei weit überdurchschnittlich guten wirtschaftlichen Verhältnissen in Betracht.

2. Gibt ein Unterhaltsverpflichteter seiner Arbeitsstelle mutwillig auf, muss er sich grundsätzlich so behandeln lassen, als ob er das bis dahin erzielte Einkommen weiterhin hätte.

3. Erwägungen zur Befristung von Unterhaltsansprüchen wegen Krankheit.

OLG Saarbrücken, Urteil vom 12.05.2010 – 6 UF 132/09 – n.v.

1. Im Rahmen der Beurteilung der Frage, ob elternbezogene Gründe eine Fortdauer des Betreuungsunterhaltsanspruchs gebieten können, ist der Aufwand für die Erledigung der hauswirtschaftlichen Aufgaben durch den betreuenden Elternteil außer Betracht zu lassen, denn die Erfüllung dieser häuslichen Pflichten ist Teil des nach § 1606 Abs. 3 Satz 2 vom betreuenden Elternteil dem Kind geschuldeten Naturalunterhalts, der das Gegenstück zum Barunterhalt ist, den der andere Elternteil dem Kind schuldet.

2. Kosten für eine Berufsunfähigkeitsversicherung sind vom unterhaltsrelevanten Einkommen absetzbar, weil sie der Sicherung des Erwerbseinkommens des Unterhaltsverpflichteten im Falle der Krankheit – und damit in diesem Falle auch dem Unterhaltsberechtigten – dienen, ohne dass jener auf Kosten dieses eigenes Vermögen bildet (im Anschluss an BGH FamRZ 2009, 1207 = FuR 2009, 530).

3. Die dem Unterhaltsverpflichteten obliegende Darlegungs- und Beweislast für Tatsachen, die zu einer Befristung oder Herabsetzung des nachehelichen Unterhalts führen können, umfasst auch den Umstand, dass dem Unterhaltsberechtigten keine ehebedingten Nachteile i.S.v. § 1578 entstanden sind. Allerdings erfährt diese Darlegungs- und Beweislast Erleichterungen nach den von der Rechtsprechung zum Beweis negativer Tatsachen entwickelten Grundsätzen (im Anschluss an BGH FamRZ 2010, 875).

OLG Schleswig FuR 2009, 290 = OLGR 2009, 133

1. Für die Billigkeitsentscheidung über eine Befristung des Unterhaltsanspruchs stellt § 1578b ausdrücklich auf fortdauernde ehebedingte Nachteile ab. Solche Nachteile können sich vor allem aus der Dauer der Pflege und Erziehung eines gemeinschaftlichen Kindes, aus der Gestaltung von Haushaltsführung und Erwerbstätigkeit während der Ehe sowie aus der Dauer der Ehe ergeben (hier: die Antragsgegnerin hatte während der Ehe 15 Jahre nicht in dem erlernten Beruf gearbeitet). Zu berücksichtigen ist auch die Erkrankung eines Ehegatten, selbst wenn sie unabhängig von der Ehe eingetreten ist.

2. Die Darlegungs- und Beweislast für die Voraussetzungen des § 1578b trägt der Unterhaltsverpflichtete, da es sich um eine unterhaltsbegrenzende Norm mit Ausnahmecharakter handelt.

Dabei müssen die Umstände, die zu einer Befristung des Unterhaltsanspruchs führen, feststehen, so dass eine sichere Prognose möglich ist.

OLG Schleswig FuR 2009, 537 = OLGR 2009, 256

1. Ehebedingte Nachteile können auf Grund eines durchgeführten Versorgungsausgleichs weggefallen sein.

2. Eine Herabsetzung und Befristung des Altersunterhalts nach §§ 1571, 1578b kommt auch im Falle einer Scheidung nach langer Ehedauer in Betracht.

3. Der geschiedene Ehegatte kann gegen den unterhaltspflichtigen Ehemann gem. § 1585b Abs. 3 einen Schadensersatzanspruch wegen Verschweigens einer Rente geltend machen.

OLG Schleswig NJW 2009, 3732

1. Ein Verstoß gegen die Erwerbsobliegenheit, eine Vollzeittätigkeit auszuüben, liegt bei einer Erwerbspflichtigen, die durch ihre bisherige Teilzeitarbeit schon eine relativ gesicherte Position erworben hat (hier: Grundschullehrerin), nicht vor, wenn sie sich im Hinblick auf eine Vollzeittätigkeit räumlich nur eingeschränkt bewirbt.

2. Die Voraussetzungen für eine Begrenzung bzw. Befristung des Unterhaltsanspruchs nach § 1578b sind nicht gegeben, wenn die Berechtigte weiterhin ehebedingte Nachteile hat, und es ungewiss ist, wann sie in ein unbefristetes Vollzeitarbeitsverhältnis übernommen wird.

OLG Schleswig FamRZ 2010, 651

1. Hat die Ehefrau wegen der (hier: 32 Jahre dauernden) Ehe ihre qualifizierte Tätigkeit (hier: als Musikinstrumentenkauffrau) aufgegeben, und war sie während der Ehe zunächst überhaupt nicht und danach nur teilweise als ungelernte Arbeiterin beschäftigt, hätte jedoch ohne die Eheschließung heute ein erheblich höheres Einkommen aus einer qualifizierten Berufstätigkeit, dann hat sie erhebliche Nachteile erlitten.

2. Im Rahmen der Begrenzung des nachehelichen Unterhalts ist neben der Kinderbetreuung auch zu berücksichtigen, dass die Ehefrau aufgrund ihres Alters ihre Berufstätigkeit nicht mehr ausweiten kann.

3. In eine Gesamtabwägung muss auch eine lange Ehedauer einfließen.

4. Bei der Billigkeitsabwägung kommt auch dem Gesichtspunkt der nachehelichen Solidarität eine erhebliche Bedeutung zu. (Red.)

OLG Schleswig, Beschluss vom 27.11.2009 – 10 WF 140/09 – n.v.

Eine Herabsetzung und Befristung des bislang (nach altem Recht) zeitlich unbegrenzt titulierten Aufstockungsunterhalts kommt nach dem Grundsatz der Eigenverantwortung desto eher in Betracht, je geringer die ehebedingten Nachteile sind.

OLG Stuttgart FamRZ 2008, 2208 = FuR 2009, 117

1. Die stets wandelbaren Lebensverhältnisse rechtfertigen eine spätere erstmalige Geltendmachung nachehelichen Ehegattenunterhalts, falls sich die wirtschaftlichen Verhältnisse ändern (hier: teilweiser Wegfall von Verbindlichkeiten).

2. Wird nach rechtskräftiger Ehescheidung die Eröffnung eines Insolvenzverfahrens beantragt oder eine außergerichtliche Schuldenbereinigung unternommen, so sind ehebedingte Verbindlichkeiten nur noch im Umfang der pfändbaren Beträge berücksichtigungsfähig.

3. Für die Frage einer Befristung des nachehelichen Ehegattenunterhalts ist nicht ausschließlich auf die Aufnahme einer Erwerbstätigkeit in dem früher gewählten Beruf abzustellen. Die Tatsache oder auch nur die Möglichkeit einer Tätigkeit im erlernten Beruf ist deshalb allein als Indiz für

das Fehlen ehebedingter Nachteile anzusehen. Für die Befristungsdauer (Übergangsfrist) ist auch der seitherige Unterhaltszeitraum in Betracht zu ziehen. Dem hat der Umstand gleichzustehen, dass Unterhalt wegen der Zahlung auf gemeinsame Verbindlichkeiten nicht geschuldet ist.

OLG Stuttgart FamRZ 2009, 53

1. Bei einem 1996 geschlossenen Vergleich ist die Frage einer Befristung erneut zu prüfen, weil der Wandel in der Gerichtspraxis durch die Regelung in § 1578b, die mit Wirkung ab 01.01.2008 in Kraft getreten ist, weiterentwickelt worden ist mit dem Ziel, die Beschränkung von Unterhaltsansprüchen anhand objektiver Billigkeitskriterien zu erleichtern, und eine Änderung der Gesetzeslage regelmäßig eine wesentliche Abweichung von der Geschäftsgrundlage eines Vergleichs darstellt, die dessen Anpassung rechtfertigt.

2. Eine Einkommensdivergenz stellt dann keinen ehebedingten Nachteil dar, wenn eine Ehefrau das Rentenalter erreicht hat und mit dem bislang bereit gestellten Vorsorgeunterhalt in der Lage gewesen wäre, sich eine Rente zu sichern, die der Höhe nach den Rentenanwartschaften entspräche, die bei einer ununterbrochenen Berufstätigkeit hätten erwerben können. In einem solchen Falle sind mögliche Nachteile, die sie auf Grund der Rollenverteilung in der Ehe erlitten hat, bereits vollständig ausgeglichen. (Red.)

OLG Stuttgart FamRZ 2009, 785

1. Hat die unterhaltsberechtigte geschiedene Ehefrau ihren erlernten qualifizierten Beruf bereits vor der Eheschließung aufgegeben und die erlernte Tätigkeit in der Ehe nie ausgeübt, dann muss der Unterhaltsschuldner die Annahme von Erwerbsstellen im minderqualifizierten Bereich als angemessene Erwerbstätigkeit hinnehmen, ohne dass er vom Unterhaltsgläubiger die Aufnahme einer höher dotierten Arbeit verlangen kann.

2. Eine Befristung des Anspruchs auf Aufstockungsunterhalt gemäß § 1578b Abs. 2 kommt nicht in Betracht, wenn von einem dauerhaft verbleibenden Nachteil im beruflichen Fortkommen des Unterhaltsgläubigers als Folge der ehebedingten Unterbrechung seines Erwerbslebens auszugehen ist. (Red.)

OLG Stuttgart FamRZ 2009, 788 = FuR 2009, 293

Ist bereits nach dem vor dem 01.01.2008 geltenden Recht eine Befristung des Ehegattenunterhalts möglich gewesen, insb. nach der Änderung der Rechtsprechung des Bundesgerichtshofes ab dem Frühjahr 2006, so sind Umstände, die in einem im Jahre 2007 entschiedenen Unterhaltsrechtsstreit bereits hätten berücksichtigt werden können, in einem nach dem 01.01.2008 eingeleiteten Abänderungsverfahren präkludiert. § 36 Nr. 2 EGZPO steht dem nicht entgegen.

OLG Stuttgart FamRZ 2010, 217 = FuR 2010, 52

1. Ein fortwirkender ehebedingter Nachteil kann auch zu einer Unterhaltsbegrenzung nach § 1578b Abs. 1 führen.

2. Hat eine unterhaltsberechtigte Ehefrau den Beruf einer Bankkauffrau erlernt und infolge einer Familienpause ca. 20 Jahre lang in diesem Beruf nicht mehr gearbeitet, so können bei bestehender Erwerbsobliegenheit Einkünfte aus einer Tätigkeit als Bürohilfskraft zugerechnet werden.

OLG Thüringen FamRZ 2008, 2203 = FuR 2009, 58

1. Die gesetzliche Neuregelung des § 1570 verlangt keinen abrupten, übergangslosen Wechsel von der elterlichen Betreuung zur Vollzeiterwerbstätigkeit.

2. Von einem Elternteil, der ein Kind betreut, das den Kindergarten oder die beiden ersten Grundschulklassen besucht, wird man in der Regel keine Vollbeschäftigung verlangen können.

3. Nach Inkrafttreten des UÄndG ist dem betreuenden Elternteil eine Überlegungsfrist zuzubilligen.

4. Voraussetzungen der Befristung des Betreuungsunterhalts nach § 1578b.

OLG Thüringen FamRZ 2010, 216

1. Entspricht die Arbeitsstelle, die der Unterhaltsberechtigte innehat, in etwa seinem beruflichen Werdegang, seinen beruflichen Fähigkeiten, und ist auch die Bezahlung angemessen, so ist die Entscheidung des Unterhaltsberechtigten, diese Arbeitsstelle zu behalten, unterhaltsrechtlich auch dann nicht zu beanstanden, wenn die rein theoretische Möglichkeit besteht, dass er irgendwo eine besser bezahlte Arbeitsstelle hätte finden können.

2. Wer eine zumutbare Nutzung durch Vermietung unterlässt, dem ist danach der durchschnittlich erzielbare Ertrag (Mietzins) als fiktive/s Einkommen zuzurechnen.

3. Zu den Voraussetzungen einer Herabsetzung des Unterhaltsanspruchs auf den eheangemessenen Bedarf ab Rechtskraft der Ehescheidung.

4. Die Voraussetzungen für eine zeitlich begrenzte Herabsetzung sind inhaltsgleich mit den Voraussetzungen des § 1578b Abs. 2 für eine zeitliche Begrenzung des Unterhaltsanspruchs. Im Regelfall gibt es keine sofortige Herabsetzung mit Beginn des Unterhalts ab Rechtskraft der Scheidung, weil die Gewährung einer Übergangsfrist selten unbillig sein dürfte. Derartige Gründe sind nicht ansatzweise ersichtlich, wenn die Parteien lange verheiratet waren, drei Kinder aus der Ehe hervorgegangen sind, und die Antragsgegnerin kein vorwerfbares Verhalten trifft.

OLG Thüringen FamRZ 2010, 815 [Ls]

Die Voraussetzungen für eine zeitlich begrenzte Herabsetzung sind inhaltsgleich mit den Voraussetzungen des § 1578b Abs. 2 für eine zeitliche Begrenzung des Unterhaltsanspruchs. Im Regelfall gibt es keine sofortige Herabsetzung mit Beginn des Unterhalts ab Rechtskraft der Scheidung, weil die Gewährung einer Übergangsfrist selten unbillig sein dürfte. Derartige Gründe sind nicht ansatzweise ersichtlich, wenn die Parteien lange verheiratet waren, ein Kind aus der Ehe hervorgegangen ist, und die Antragsgegnerin kein vorwerfbares Verhalten trifft.

OLG Zweibrücken FamRZ 2008, 1958

1. Hat eine 1954 geborene geschiedene Ehefrau als gelernte Einzelhandelsverkäuferin trotz langer Ehedauer keine beruflichen Nachteile erlitten, weil sie während der Ehe durchgängig berufstätig war, kann auch dann, wenn ihre berufliche Zukunft nicht gesichert ist, der titulierte Aufstockungsunterhalt zeitlich begrenzt werden.

2. Der ungesicherten beruflichen Zukunft der Ehefrau ist dadurch Rechnung zu tragen, dass die Übergangsfrist großzügig bemessen wird (hier: Ehedauer 21 Jahre, Festschreibung des Aufstockungsunterhalts für 10 Jahre und weitere Zahlungspflicht für 6 Jahre). (Red.)

OLG Zweibrücken OLGR 2008, 884

1. Die Befristung eines Anspruchs auf Krankheitsunterhalt ist dann unbillig, wenn die Parteien rund 34 Jahre miteinander verheiratet waren, die Unterhaltsgläubigerin ihren erlernten Beruf aufgegeben hat, um gemeinsame Kinder zu betreuen und in der Firma ihres Ehegatten mitzuarbeiten, eigene Geschäftsanteile unentgeltlich auf ihren Ehegatten übertragen hat, und zudem infolge der durch die Trennung beeinflussten Erkrankung mit hoher Wahrscheinlichkeit dauerhaft nicht in der Lage sein wird, durch eigene Erwerbstätigkeit für ihren Unterhalt zu sorgen.

2. Eine fiktive Zurechnung von Jahresüberschüssen bei der Ermittlung des unterhaltsrechtlich relevanten Einkommens eines Gesellschafters kommt dann nicht in Betracht, wenn die Entscheidung, Überschüsse aus dem vorangegangenen Geschäftsjahr in der Gesellschaft zu belassen, aus wirtschaftlicher Sicht zur Erhaltung des Handlungspielraums der Gesellschaft geboten war.

OLG Zweibrücken FamRZ 2009, 49

1. Kann eine gelernte Friseurin nach Scheidung ihrer 21-jährigen Ehe bei entsprechenden Erwerbsbemühungen in ihren früheren Beruf zurückkehren, und kann sie dabei ein vergleichbares Einkommen erzielen wie vor ihrer Heirat, so erscheint es dann, wenn keine Kindesbelange berührt sind, gerechtfertigt, den Anspruch auf Aufstockungsunterhalt auf die Dauer von fünf Jahren zu befristen.

2. Bei der Berechnung des Ehegattenunterhalts ist für den Kindesunterhalt als Abzugsposition der um das hälftige Kindergeld gekürzte Zahlbetrag zugrunde zu legen.

OLG Zweibrücken OLGR 2008, 978

Bei einer 62 Jahre alten Ehefrau, die sich während der 33-jährigen Ehe der Parteien unter Aufgabe ihres erlernten Berufs der Kindererziehung und Haushaltsführung gewidmet hat, und die eine Erwerbstätigkeit nicht mehr wird finden können, ist eine Befristung des Unterhaltsanspruchs aus § 1573 Abs. 1 und 2 nicht gerechtfertigt.

OLG Zweibrücken FuR 2009, 60

Hat die Ehefrau entsprechend der gemeinsamen Lebensplanung der Ehegatten ihren erlernten und bis dahin ausgeübten Beruf nach Geburt des gemeinsamen Kindes vor annähernd 30 Jahren aufgegeben, und konnte sie nach der Ehescheidung keine eigenen Versorgungsanwartschaften mehr erwerben, weil aufgrund ihres Alters und der fehlenden Berufserfahrung keine reale Beschäftigungschance für eine angemessene Erwerbstätigkeit bestand, ist ihr Unterhaltsanspruch nicht nach § 1578b zu begrenzen. (Red.)

OLG Zweibrücken OLGR 2009, 61

1. Eine Herabsetzung oder zeitliche Begrenzung des Unterhaltsanspruchs wegen Betreuung eines Kindes kommt dann nicht in Betracht, wenn gegenwärtig keine zuverlässige Prognose über den Wegfall der mit der Betreuung verbundenen ehebedingten Nachteile möglich ist.

2. Zur Frage der Erwerbsobliegenheit bei Betreuung eines 3-jährigen Kindes.

OLG Zweibrücken FuR 2009, 298 = OLGR 2009, 105

1. Ein sieben bzw. acht Jahre altes Kind benötigt altersbedingt noch eine weitgehend lückenlose Betreuung und Beaufsichtigung und kann deshalb nicht für Zeiträume von einer bis mehreren Stunden unbeaufsichtigt bleiben. Selbst bei der Möglichkeit einer Fremdbetreuung im Hort in der Zeit zwischen 8 und 16 Uhr kann deshalb von der betreuenden Mutter regelmäßig keine vollschichtige Erwerbstätigkeit erwartet werden.

2. Eine Herabsetzung oder zeitliche Begrenzung des Unterhaltsanspruchs wegen Betreuung eines Kindes kommt dann nicht in Betracht, wenn gegenwärtig keine zuverlässige Prognose über den Wegfall der mit der Betreuung verbundenen ehebedingten Nachteile möglich ist.

OLG Zweibrücken FamRZ 2009, 1161 = FuR 2009, 239

1. Zur nachträglichen Befristung eines durch Vergleich zunächst unbefristet titulierten Anspruchs auf Ehegattenunterhalt nach der Änderung der Rechtsprechung des Bundesgerichtshofes durch Urteil vom 12.04.2006, aber vor Inkrafttreten des UÄndG.

2. Bei Abänderung eines Prozessvergleichs wegen Änderung der Rechtsprechung kommt es entscheidend darauf an, welche Rechtslage die Parteien ihrer Einigung zugrunde gelegt haben. Es kann nicht ohne Weiteres davon ausgegangen werden, dass ihnen vor Veröffentlichung der geänderten Rechtsprechung in der FamRZ diese bekannt gewesen ist.

OLG Zweibrücken FamRZ 2010, 813 [Ls]

Befristung des nachehelichen Krankheitsunterhalts auf 5 Jahre ab Rechtskraft der Scheidung; Abwägung bei rund 23 Jahre während Hausfrauenehe mit drei gemeinsamen Kindern und Erwerbsunfähigkeit der Ehefrau wegen Erblindung während der Ehe, wobei im Zeitpunkt der Scheidung alle Kinder wirtschaftlich selbständig sind, und die Ehefrau 42 Jahre alt ist.

§ 1579   Beschränkung oder Versagung des Unterhalts wegen grober Unbilligkeit

Ein Unterhaltsanspruch ist zu versagen, herabzusetzen oder zeitlich zu begrenzen, soweit die Inanspruchnahme des Verpflichteten auch unter Wahrung der Belange eines dem Berechtigten zur Pflege oder Erziehung anvertrauten gemeinschaftlichen Kindes grob unbillig wäre, weil

1. die Ehe von kurzer Dauer war; dabei ist die Zeit zu berücksichtigen, in welcher der Berechtigte wegen der Pflege oder Erziehung eines gemeinschaftlichen Kindes nach § 1570 Unterhalt verlangen kann,
2. der Berechtigte in einer verfestigten Lebensgemeinschaft lebt,
3. der Berechtigte sich eines Verbrechens oder eines schweren vorsätzlichen Vergehens gegen den Verpflichteten oder einen nahen Angehörigen des Verpflichteten schuldig gemacht hat,
4. der Berechtigte seine Bedürftigkeit mutwillig herbeigeführt hat,
5. der Berechtigte sich über schwerwiegende Vermögensinteressen des Verpflichteten mutwillig hinweggesetzt hat,
6. der Berechtigte vor der Trennung längere Zeit hindurch seine Pflicht, zum Familienunterhalt beizutragen, gröblich verletzt hat,
7. dem Berechtigten ein offensichtlich schwerwiegendes, eindeutig bei ihm liegendes Fehlverhalten gegen den Verpflichteten zur Last fällt oder
8. ein anderer Grund vorliegt, der ebenso schwerwiegt wie die in den Nummern 1 bis 7 aufgeführten Gründe.

Uecker

A. Strukturen

1   Nach § 1579 kann Ehegattenunterhalt (s. auch die Verweisungsnorm des § 1361 Abs. 3 zum Trennungsunterhalt) bei bestimmten Fallgestaltungen **versagt, herabgesetzt** und/oder **zeitlich begrenzt** werden, **wenn** und **soweit** die Inanspruchnahme des Unterhaltsschuldners auch unter Wahrung der Belange eines dem Unterhaltsgläubiger zur Pflege oder Erziehung anvertrauten gemeinschaftlichen **Kindes grob unbillig** wäre.[1] Diese sog. **negative Härteklausel** (Gegensatz: positive Härteklausel des § 1576) darf jedoch nur **ausnahmsweise** nach sorgfältiger Prüfung der jeweiligen Verhältnisse des Einzelfalles angewendet werden, weil über diese Vorschrift nicht das Schuldprinzip wieder aufleben soll:[2] Nur **schwerwiegendes und eindeutig** bei **einem Ehegatten liegendes evidentes Fehlverhalten** vermag die Voraussetzungen dieses Ausschlusstatbestands zu erfüllen.[3] Angemessenes Verhalten in **Wahrnehmung berechtigter Interessen** kann niemals als Fehlverhalten i.S.d. § 1579 angesehen werden.[4]

2   Auch die **Gesamtheit mehrerer Umstände** kann zu einer Verwirkung des Unterhaltsanspruchs führen, auch wenn jeder Tatbestand für sich genommen für die Annahme einer Teilverwirkung oder Verwirkung noch nicht ausreicht.[5] Stellen **verschiedene Umstände** für sich genommen keine Gründe dar, den Unterhaltsanspruch gem. § 1579 zu begrenzen, kann eine Begrenzung doch der Billigkeit entsprechen, etwa wenn sie **kumuliert** die Lebensumstände des Unterhaltsschuldners wegen der Folgen einer nicht unbedeutenden Erkrankung und der ihn emotional sehr stark belastenden Trennung erschweren.[6]

3   § 1579 ist **neben** der zweiten **Begrenzungsnorm** (§ 1578b) anwendbar. Regelmäßig können die Verwirkungseinwendungen, bezogen auf den Grund, und ihre Auswirkungen, bezogen auf die Höhe der Unterhaltskürzung, erst im Laufe einer Beweisaufnahme geklärt werden. VKH darf daher für einen Antrag wegen Ehegattenunterhalts grundsätzlich nicht schon deshalb mangels hinreichender Erfolgsaussicht versagt werden, weil ein Unterhaltsanspruch wegen grober Unbilligkeit nach § 1579 ausgeschlossen sein soll.[7]

4   Der Unterhaltsanspruch kann frühestens **ab** dem **Zeitpunkt** des **Fehlverhaltens** begrenzt werden. **Grundsätzlich** erlöschen verwirkte Ansprüche endgültig, leben also auch dann nicht wieder auf, wenn der Verwirkungstatbestand entfällt, etwa wenn der Unterhalt begehrende Ehegatte das mit einem Dritten eingegangene eheähnliche Verhältnis wieder aufgibt.[8] Ein verwirkter Unterhaltsan-

---

1 S. etwa BGH FamRZ 2009, 1124 = FuR 2009, 447; zu den unterhaltsrechtlichen Risiken in der Lebensgestaltung bei Trennung/Scheidung für den Unterhaltsgläubiger s. Wellenhofer-Klein FPR 2003, 163 ff.
2 BT-Drucks. 7/4361 S. 32.
3 BVerfGE 57, 361 = FamRZ 1981, 745 unter Hinweis auf BGH FamRZ 1979, 569.
4 S. etwa die Fallgestaltungen in BGH FamRZ 2009, 1124 = FuR 2009, 447.
5 BGH FamRZ 2009, 1124 = FuR 2009, 447.
6 OLG Schleswig FamRZ 2004, 808.
7 S. etwa OLG Karlsruhe OLGR 2001, 328.
8 S. etwa OLG Oldenburg FamRZ 1981, 775; OLG Hamm FamRZ 1981, 954.

spruch kann jedoch **ausnahmsweise** im Einzelfall **wieder aufleben**, etwa wenn die Belange eines gemeinsamen Kindes dies erfordern.[9]

Die **Belange** eines **gemeinschaftlichen Kindes**, das von dem geschiedenen Ehegatten betreut wird, sind durch die »**Kinderschutzklausel**« (Einleitungssatz des § 1579) zu wahren. Im Einzelfall ist zu prüfen, inwieweit der eheangemessene Unterhalt auf das zur Kindesbetreuung erforderliche Maß reduziert werden oder inwieweit der betreuende Elternteil – beispielsweise **nach** dem **dritten Lebensjahr des Kindes** – durch eine Teilzeiterwerbstätigkeit zum eigenen Unterhalt beitragen kann. 5

B. Normzweck

§ 1579 soll dem **Gerechtigkeitsempfinden grob widersprechende Ergebnisse** vermeiden, wenn ein geschiedener Ehegatte von dem anderen **nacheheliche Solidarität** durch Leistung von Unterhalt verlangt, diese Solidarität aber selbst vermissen lässt. Die nach der Trennung/Scheidung fortwirkende personale Verantwortung der Ehegatten füreinander reduziert sich im Unterhaltsrecht auf die einseitige Unterhaltsverpflichtung des wirtschaftlich stärkeren gegenüber dem bedürftigen Partner und durchbricht damit den im ehelichen Unterhaltsrecht allgemein geltenden Grundsatz der Gegenseitigkeit der Unterhaltspflicht (s. § 1360 – »schulden einander«). Die Grenze des Zumutbaren eines schuldunabhängigen Unterhaltsanspruchs ist aber dort überschritten, wo ein getrennt lebender/geschiedener Ehegatte Unterhaltsansprüche zu erfüllen hätte, obwohl Ausschlusstatbestände nach § 1579 vorliegen. Damit ist zugleich verfassungsrechtlich sichergestellt, dass der Eingriff in die Handlungsfreiheit des Unterhaltsschuldners im finanziellen Bereich als Folge der Unterhaltslasten Bestandteil der verfassungsmäßigen Ordnung ist, vor dem Grundrecht des Art. 2 Abs. 1 GG bestehen kann und auch die vom Grundsatz der Verhältnismäßigkeit gezogenen Grenzen nicht überschreitet.[10] 6

Der Gesetzgeber hat § 1579 erstmals im Jahre 1986 mit dem Gesetz zur Änderung unterhaltsrechtlicher, verfahrensrechtlicher und anderer Vorschriften vom 20.02.1986 (UÄndG 1986)[11] neu gefasst: Er hat zum einen die Einzeltatbestände unter Berücksichtigung der Rechtsprechung des BGH erweitert, präzisiert und konkretisiert,[12] zum anderen die sog. **Kinderschutzklausel** (»Wahrung der Belange eines dem Unterhaltsgläubiger zur Pflege oder Erziehung anvertrauten gemeinschaftlichen Kindes«) der Rechtsprechung des BVerfG[13] angepasst (Aufhebung des strikten Ausschlusses der Härteklausel bei einem Unterhaltsanspruch aus § 1570). Die materiell-rechtlichen Vorschriften des UÄndG 1986 gelten jedoch nur für Unterhalt, der nach dem 31.03.1986 fällig geworden ist.[14] 7

Das **UÄndG 2007** hat erneut in § 1579 eingegriffen: Neben der Änderung der Überschrift der Norm (»Beschränkung oder Versagung des Unterhalts wegen grober Unbilligkeit«) wurde § 1579 Nr. 1 neu gefasst, ein neuer Härtegrund durch § 1579 Nr. 2 eingeführt und die Nummerierung geändert (Verschiebung der bisherigen Nrn. 2 mit 7 nach Nrn. 3 mit 8). Mit der Neufassung der amtlichen Überschrift durch das **UÄndG 2007** wollte der Gesetzgeber die Zielrichtung der Bestimmung besser verdeutlichen: Sie drückt nunmehr die **Rechtsfolge**, nämlich die Beschränkung des Unterhaltsanspruchs (nach Höhe, zeitlicher Dauer der Leistung oder einer Kombination 8

---

9 BGH FamRZ 1987, 1238, 1239; s. auch OLG Hamm FamRZ 2000, 907 – Wiederaufleben des auf Grund einer sozio-ökonomischen Lebensgemeinschaft entfallenen Unterhaltungsanspruchs nach Beendigung dieser Beziehung.
10 BVerfGE 57, 361 = FamRZ 1981, 745.
11 BGBl I 301.
12 Hierzu näher Büttner FamRZ 1996, 136.
13 BVerfGE 57, 361 = FamRZ 1981, 745.
14 BGH FamRZ 1987, 356.

aus Höhe und Dauer) und seine vollständige Versagung aus und nennt zugleich die entscheidende Voraussetzung hierfür, nämlich die **grobe Unbilligkeit**. Diese kann sich aus einem **vorwerfbaren Fehlverhalten** des Unterhaltsgläubigers (§ 1579 Nrn. 3 bis 7) oder aus einer objektiven Unzumutbarkeit der Unterhaltsleistung für den Unterhaltspflichtigen (§ 1579 Nrn. 1, 2, 8) ergeben.

9   Die neu gefasste Überschrift dient gleichzeitig der besseren **Abgrenzung** der Norm zu § 1578b. Fälle von ehelichem Fehlverhalten werden von § 1578b nicht erfasst, auch nicht unter dem Gesichtspunkt der »Einzelfallgerechtigkeit«; für diese Fälle verbleibt es bei den spezielleren Tatbeständen des § 1579, die insoweit eine abschließende Regelung enthalten. Trotz der in § 1578b Abs. 3 ausdrücklich erwähnten Möglichkeit, Herabsetzung und zeitliche Begrenzung des Unterhaltsanspruchs miteinander zu kombinieren, erschien dem Gesetzgeber eine entsprechende Klarstellung bei § 1579 entbehrlich, da eine abgestufte Unterhaltsbegrenzung von einer zeitlich begrenzten Herabsetzung bis zur vollständigen Versagung als Rechtsfolge des § 1579 bereits seit Jahrzehnten als unstreitige Möglichkeit der Begrenzung im Rahmen des § 1579 anerkannt ist.

C. Anwendungsbereich der Norm

10   Über die Verweisungsnorm des § 1361 Abs. 3 gilt die für den nachehelichen Unterhalt konzipierte Vorschrift mit Ausnahme ihrer Nr. 1 auch für den Trennungsunterhalt (§ 1361). Da bei § 1576 (»Billigkeitsunterhalt«) alle Umstände bereits im Rahmen des Tatbestands in die Billigkeitsprüfung einzubeziehen sind, kann § 1579 auf diesen Unterhaltsanspruch nicht angewendet werden.[15] § 1579 ist eine **unterhaltsrechtliche Sondervorschrift**; § 242 ist nicht zusätzlich zu prüfen.[16] Unterhaltsansprüche nach §§ 58 ff. EheG (sog. »Altehen«)[17] dürfen nicht nach § 1579 (und auch nicht nach § 242) begrenzt werden,[18] sondern nur innerhalb der Unterhaltstatbestände des EheG.

11   Regelmäßig kann der Unterhaltsgläubiger seine Unterhaltsansprüche **nur** für die **Zukunft** verwirken; die Norm berührt zum Zeitpunkt der Verfehlung bereits entstandene Unterhaltsansprüche nicht. Dem Unterhaltsgläubiger steht der Unterhaltsanspruch solange zu, als er nicht in der vom Gesetz bezeichneten Weise gegen den Unterhaltsschuldner verfehlt: Es besteht grundsätzlich kein Anlass, den mit Unterhaltszahlungen in Verzug geratenen Unterhaltsschuldner zu begünstigen, weil ein späteres Ereignis ihn von der Unterhaltspflicht befreit.[19]

12   Allerdings sind **Ausnahmefälle** denkbar, in denen die Verfehlung des Unterhaltsgläubigers so schwerwiegend ist, dass die Inanspruchnahme des Unterhaltsschuldners auch wegen bereits **entstandener Unterhaltsansprüche** unzumutbar ist (etwa wenn der Unterhaltsgläubiger einen für den betreuten Umgang mit den gemeinsamen Kindern vereinbarten Termin zur Begehung einer gefährlichen Körperverletzung zu Lasten des unterhaltspflichtigen Ehegatten ausnutzt).[20]

13   Dem Auskunftsverlangen eines Unterhaltsgläubigers kann in der Regel die Verwirkung des Unterhaltsanspruchs nach § 1579 nicht entgegen gehalten werden, weil die Höhe des Unterhaltsanspruchs für die anzustellenden Billigkeitsabwägungen von Bedeutung ist, und deshalb die Auskunft vorrangig erteilt werden muss, damit der Anspruch geprüft werden kann.[21]

---

15 BGH FamRZ 1984, 361.
16 BGHZ 84, 280 = BGH FamRZ 1982, 898; BGH FamRZ 1985, 376.
17 S. hierzu OLG Karlsruhe FamRZ 1999, 1141.
18 BGH FamRZ 1991, 1040 zu EheG 58 a.F.; OLG Zweibrücken FamRZ 1999, 1140.
19 BGH FamRZ 1984, 34 = FuR 2004, 407 zu den Voraussetzungen der Verwirkung rückständigen Unterhalts OLG Düsseldorf FamRZ 1994, 896 – Berücksichtigung des Zeitpunkts der Straftat im Rahmen der Billigkeitsabwägung.
20 BGH FamRZ 2004, 612 = FuR 2004, 407 (Berufungsurteil: OLG Zweibrücken FamRZ 2002, 241).
21 OLG Bamberg FamRZ 2006, 344 = FuR 2005, 519.

D. Voraussetzungen des § 1579

§ 1579 setzt **drei Tatbestandselemente** voraus:

1. Verwirkungstatbestand,
2. grobe Unbilligkeit, **und**
3. kein Ausschluss der begründeten Einwendung durch die sog. Kinderschutzklausel (Notwendigkeit der Wahrung der Belange eines dem Unterhaltsgläubiger zur Pflege oder Erziehung anvertrauten gemeinschaftlichen Kindes).

14

Auch wenn einer der Tatbestände der Nrn. 1–8 erfüllt ist und keine Interessen eines gemeinschaftlichen Kindes zu wahren sind, setzt doch die Verwirkung eines Unterhaltsanspruchs nach § 1579 neben der Feststellung eines Härtegrundes aus Nrn. 1–8 dieser Vorschrift stets eine grobe Unbilligkeit der Inanspruchnahme des Unterhaltsschuldners voraus.[22]

Zunächst sind die **Voraussetzungen** des **jeweiligen Härtetatbestands** (ohne Billigkeitserwägungen!) zu prüfen; sodann ist unter Beachtung der Kriterien des § 1579 Satz 1 Hs. 1 zu entscheiden, inwieweit es **grob unbillig** wäre, den Unterhaltsschuldner in Anspruch zu nehmen.[23] Letztlich ist dann zu entscheiden, ob nicht die Beschwerde des Unterhaltsschuldners auf Verwirkung durch die **Wahrung der Belange** eines dem Unterhaltsgläubiger zur Pflege oder Erziehung anvertrauten **gemeinschaftlichen Kindes** ausgeschlossen ist.

15

I. Katalog der Verwirkungstatbestände

§ 1579 normiert **sieben Verwirkungstatbestände** (Nrn. 1–7) sowie **einen Auffangtatbestand** (Nr. 8). **Mehrere Verwirkungstatbestände** können **einzeln, kumulativ** oder **alternativ** erfüllt sein.[24]

16

1. § 1579 Nr. 1 – kurze Dauer der Ehe

Das UÄndG 2007 hat § 1579 Nr. 1 sprachlich klarer gefasst. Das BVerfG[25] musste bereits § 1579 Nr. 1 a.F. zur Vermeidung verfassungswidriger Ergebnisse auslegen: Zunächst ist von der tatsächlichen Ehezeit auszugehen, und erst im Anschluss erfolgt eine Abwägung, inwieweit die Inanspruchnahme des Unterhaltsschuldners auch unter Wahrung der Belange eines vom Unterhaltsgläubiger betreuten gemeinschaftlichen Kindes grob unbillig ist. Entgegen dem bisherigen Wortlaut der Norm war demnach die Betreuungszeit nicht der Ehedauer hinzuzurechnen, sondern sie wird erst im Rahmen der Abwägung relevant, da andernfalls eine »kurze Ehedauer« in Kinderbetreuungsfällen kaum mehr denkbar wäre, und der Härtegrund der »Kurzzeitehe« fast immer leer liefe.

17

Neben der sprachlichen Anpassung der Norm an die Rechtsprechung des BVerfG drückt die neue Formulierung klarer aus, dass die Kindesbelange und die Betreuung gemeinschaftlicher Kinder durch den Unterhaltsgläubiger einer Beschränkung des Unterhalts weder von vornherein noch grundsätzlich entgegen stehen, sondern dass bei der nach Bejahung einer »kurzen Ehedauer« durchzuführenden **umfassenden Billigkeitsabwägung** die **Kindesbelange** zu wahren und die **Kindesbetreuung besonders** zu **berücksichtigen** sind. Mit der Ersetzung des Wortes »konnte« durch das Wort »kann« wird deutlich, dass es bei der Abwägung nicht nur um bereits abgelaufene, sondern auch um künftige Betreuungszeiten geht. Sinn und Zweck des § 1579 Nr. 1 ist es daher, den betreuenden Elternteil im Interesse des Kindeswohls zu begünstigen.[26]

18

---

22 BGHZ 175, 182 = BGH FamRZ 2008, 968 = FuR 2008, 297 unter Hinweis auf BGH FamRZ 2004, 612, 614.
23 BGH FamRZ 1998, 541 = FuR 1998, 131 = FuR 1999, 278.
24 S. etwa OLG Koblenz FamRZ 2000, 605 = FuR 2000, 183 – § 1579 Nr. 2 und 4.
25 BVerfGE 80, 286.
26 OLG Köln FamRZ 2008, 523.

19 § 1579 Nr. 1 ist auch i.d.F. des UÄndG 2007 verfassungsgemäß.[27] Im Bereich des Trennungsunterhalts (§ 1361) ist und bleibt die Anwendung dieser Norm ausgeschlossen (§ 1361 Abs. 3). Der Anspruch auf nachehelichen Ehegattenunterhalt wegen Betreuung eines Kindes nach § 1570 hängt nicht davon ab, dass die Ehegatten für eine gewisse Dauer in einer gemeinsamen Ehewohnung zusammengelebt haben, denn § 1570 knüpft lediglich an die **Betreuung** eines **gemeinsamen Kindes** durch den geschiedenen Ehegatten an und setzt deswegen – wie der Anspruch auf Trennungsunterhalt[28] – nicht voraus, dass die Ehegatten begonnen hatten, eine eheliche Lebensgemeinschaft zu verwirklichen und einen gemeinsamen Lebensplan ins Werk zu setzen oder durch sonstige Anstrengungen einen gemeinsamen Lebensbereich zu schaffen. Ein fiktives Einkommen des Unterhaltsgläubigers ist daher auch dann im Wege der Differenz-/Additionsmethode in die Berechnung des nachehelichen Ehegattenunterhalts einzubeziehen, wenn die Eheleute nur wenige Tage zusammen gelebt haben, und eine Versagung, Herabsetzung oder Begrenzung des Unterhaltsanspruchs wegen Unbilligkeit nur aus Gründen des Kindeswohls ausscheidet.[29]

20 Die Begründung der Bundesregierung zum **UÄndG 2007** ging davon aus, im Bereich von »Kurzzeitehen« seien Überschneidungen von § 1578b mit § 1579 Nr. 1 denkbar: Einerseits könne eine unbeschränkte Unterhaltsverpflichtung bei kurzer Ehedauer nach § 1579 Nr. 1 grob unbillig sein; andererseits wirke sich eine kurze Ehe häufig nicht negativ auf die Möglichkeit des geschiedenen Ehegatten aus, selbst für seinen Unterhalt zu sorgen: Deshalb komme auch eine Anwendung von § 1578b in Betracht.

a) Regel-Ausnahme-Prinzip

21 **Grundsätzlich** muss sich der wirtschaftlich stärkere Teil als Folge der fortwirkenden nachehelichen Verantwortung für den bedürftigen Partner, wenn einer der nachehelichen Unterhaltstatbestände vorliegt, bei entsprechender Bedürftigkeit des Unterhaltsgläubigers (und bestehender Leistungsfähigkeit des Unterhaltsschuldners) bis zur Grenze des Zumutbaren mit der finanziellen Unterhaltsbelastung abfinden.[30] Ob im Einzelfall die nacheheliche Unterhaltspflicht auf Grund kurzer Dauer der Ehe (§ 1579 Nr. 1) begrenzt werden darf, bestimmt sich nicht danach, ob eine längerdauernde Unterhaltslast des geschiedenen Ehegatten als Folge der Ehe angemessen erscheint, sondern nur nach allgemein verbindlichen, objektiven Kriterien. Unerheblich ist, wie der Ehegatte ohne die Ehe stünde. Ehebedingte Nachteile sind in diesem Zusammenhang nur dann von Bedeutung, wenn sie bei Einsetzen des Unterhaltsanspruchs noch fortwirken.[31]

b) Zeitrahmen der Ehedauer i.S.d. § 1579 Nr. 1

22 Für die **Berechnung** der **Dauer** der Ehe gem. § 1579 Nr. 1 ist – auch bei einem verfrühten Scheidungsantrag – auf den **Zeitraum** zwischen **Eheschließung** und **Rechtshängigkeit** des **Scheidungsantrages** abzustellen.[32] Die Frage, ob und warum der Antrag verfrüht gestellt wurde, ist nur im Rahmen der Billigkeitsprüfung zu berücksichtigen.[33] Die Dauer der Kindesbetreuung ist auf Grund des eindeutigen Wortlautes der Vorschrift bei der Bestimmung der Ehezeitdauer nicht zu berücksichtigen. Sie ist insbesondere nicht der Ehezeitdauer hinzuzurechnen.[34]

---

27 BVerfG FamRZ 1992, 1283, 1284 zu § 1579 Nr. 1 a.F.
28 Vgl. insoweit BGH FamRZ 1980, 876, 877.
29 BGH FamRZ 2005, 1979 = FuR 2006, 32 im Anschluss an BGHZ 148, 105 = FamRZ 2001, 986 = FuR 2001, 306, und BGH FamRZ 2003, 434.
30 BVerfGE 57, 361, 380, 381 = FamRZ 1981, 745; BGH FamRZ 1999, 710 = FuR 1999, 278.
31 BGH FamRZ 1989, 483.
32 BGH FamRZ 1981, 140 (Nr. 98); 1986, 886; 1991, 307; vgl. näher im Einzelnen Kommentierung bei § 1578.
33 OLG Schleswig FamRZ 2003, 763.
34 Schnitzler, in: DAI Skriptum zur 15. Jahresarbeitstagung Familienrecht S. 400.

c) Bemessung der Ehedauer i.S.d. § 1579 Nr. 1

(Auch) das **UÄndG 2007** hat auf Vorgaben, bis zu welcher **Dauer** eine Ehe als »**kurz**« anzusehen **23** ist, verzichtet: Dieser Zeitraum könne nicht abstrakt und für alle Ehen gleich bestimmt werden; der zeitliche Bereich sei durch die Rechtsprechung bereits so weit konkretisiert, dass eine gesetzliche Festlegung nicht erforderlich erscheine und auf die **bisherige Rechtsprechung** zurückgegriffen werden könne. Eine kurze Ehezeitdauer kann zum Verlust des Unterhaltsanspruchs, ab Vollendung des 3. Lebensjahres eines gemeinsamen Kindes führen. (OLG Brand. Beschluß vom 12.01.2011 – 9 UF 383/09).

Die Ehedauer i.S.d. § 1579 Nr. 1 ist daher nicht nach festen abstrakten Maßstäben zu bemessen, **24** sondern nach der **konkreten Lebenssituation** der Ehegatten im **Einzelfall**,[35] insb. nach derjenigen des Unterhaltsgläubigers. **Maßgebliches Kriterium** ist grundsätzlich, ob die Ehegatten ihre beiderseitigen **Lebenspositionen** in der **Ehe** – auch in Ansehung eines vorehelich längeren Zusammenlebens in nichtehelicher Lebensgemeinschaft[36] – bereits so weit aufeinander eingestellt und in **wechselseitiger Abhängigkeit** auf ein **gemeinsames Lebensziel** ausgerichtet haben, dass die fortdauernde Unterhaltsverpflichtung nicht mehr als grob unbillig empfunden wird, somit das **Maß der Verflechtung** der **beiderseitigen Lebensdispositionen** und der **Grad** der **wirtschaftlichen Abhängigkeit** des **unterhaltsbedürftigen Ehegatten** von dem **anderen**: Die Lebenssituation der Partner in der Ehe wird durch den **gemeinsamen Lebensplan** entscheidend geprägt.

Mit ansteigender Dauer der Ehe geht auch eine **zunehmende Verflechtung** der **beiderseitigen** **25** **Lebensdispositionen** sowie im Allgemeinen eine **wachsende wirtschaftliche Abhängigkeit** des unterhaltsbedürftigen Ehegatten einher, gegenüber der sich dieser durch die unterhaltsrechtliche Solidarität des Ehepartners abgesichert zu fühlen pflegt.[37] Erfahrungsgemäß hat die Verflechtung der beiderseitigen Lebenspositionen in aller Regel schon nach einer Ehedauer von **drei Jahren** einen Grad erreicht, der die Beurteilung der Ehe als nicht mehr kurz i.S.v. § 1579 Nr. 1 rechtfertigt.[38]

Gleichwohl hat der BGH im Interesse praktischer Handhabung der Norm die zeitlichen Bereiche **26** konkretisiert, innerhalb derer eine Ehe **grundsätzlich** als von kurzer oder nicht mehr von kurzer Dauer anzusehen ist. Eine Ehedauer von nicht mehr als **zwei Jahren** ist regelmäßig als **kurz**, eine solche von **drei Jahren Dauer an** im Regelfall[39] **nicht** mehr als **kurz** i.S.d. § 1579 Nr. 1 anzusehen,[40] auch wenn die Ehe in vorgerücktem Alter geschlossen wurde.[41] Die Verpflichtung zur Zahlung nachehelichen Unterhalts kann bei einer Ehedauer von knapp zwei Jahren und einem tatsächlichen Zusammenleben von deutlich weniger als einem Jahr grob unbillig sein.[42] Bei einer Ehedauer von 4 Jahren und 8 Monaten kann nicht mehr von einer kurzen Ehe gesprochen werden,[43] bei einer Ehedauer von knapp über 4 Jahren jedenfalls dann nicht, wenn die Parteien in hohem Maße – auch in Ansehung eines vorehelichen längeren Zusammenlebens in nichtehelicher

---

35 BGH FamRZ 1981, 140 (Nr. 98).
36 OLG Schleswig OLGR 1999, 342 – Ehedauer knapp über 4 Jahre.
37 FamRZ 1981, 140 (Nr. 98); 1999, 710 = FuR 1999, 278; OLG Celle FamRZ 2006, 553; s. auch BVerfGE 80, 286, 293 mit Hinweis auf BGH FamRZ 1986, 886.
38 OLG Köln OLGR 2002, 96.
39 BGH FamRZ 1981, 140 (Nr. 98); 1989, 483; OLG Hamm FamRZ 2002, 430.
40 OLG Düsseldorf FamRZ 2000, 827 – Einreichung des Scheidungsantrages etwa 2 Jahre/9 Monate nach der Eheschließung; Rechtshängigkeit wegen Auslandszustellung erst nach Ablauf von 3 Jahren; Beschränkung des Unterhaltsanspruchs nach § 1572 auf einen Zeitraum von 2 Jahren nach Rechtskraft der Scheidung. Kurze Ehezeitdauer nach 2 1/2 Jahren OLG Köln FamRZ 2008, 523; Vgl. auch BGH FamRZ 2008, 2011.
41 BGH FamRZ 1982, 582; OLG Hamm FamRZ 1988, 400; OLG Frankfurt FamRZ 1991, 823.
42 OLG Hamm NJW-RR 2006, 651.
43 OLG Schleswig MDR 2000, 1077 – da die nicht berufstätige Ehefrau jedoch durch die Eheschließung keine beruflichen Nachteile erlitten hatte, wurde der Unterhalt gem. § 1578 Abs. 1 S. 2 etwa 5 Jahre nach der Scheidung auf den angemessenen Lebensbedarf herabgesetzt.

Lebensgemeinschaft – ihre beiderseitigen Lebenspositionen verflochten haben.[44] Bei einer Ehedauer **zwischen zwei** und **drei Jahren** ist maßgebend, ob und gegebenenfalls inwieweit die Ehegatten ihre **Lebensführung** in der **Ehe** bereits aufeinander **eingestellt** und in **wechselseitiger Abhängigkeit** auf ein **gemeinsames Lebensziel** ausgerichtet haben.[45]

27   Allerdings schließt dieser (nur) für den **Regelfall** geltende Grundsatz **Ausnahmen** nicht aus, wenn auf Grund **besonderer,** vom Regelfall **abweichender Umstände** des **Einzelfalles** eine andere Beurteilung der Ehedauer geboten ist. Der BGH hat in zwei Entscheidungen die Möglichkeit bejaht, eine Ehe von mehr als drei Jahren noch als kurz zu beurteilen.[46] Bei einer Ehedauer von knapp fünf Jahren hat er Erwägungen zu § 1579 Nr. 1 nicht von vornherein mit dem Hinweis auf den Zeitablauf verworfen, sondern ausgeführt, es seien keine Anhaltspunkte dafür ersichtlich, dass auf Grund besonderer Umstände des Falles »dennoch von einer kurzen Ehedauer« auszugehen sei.[47] Solche Anhaltspunkte können etwa Verhaltensweisen[48] oder längeres Zusammenleben[49] vor der Heirat sein. Unerheblich ist, dass aus der Ehe keine Kinder hervorgegangen sind, und dass das Zusammenleben zeitweise durch Zwistigkeiten geprägt war; auch eine unter Umständen 30-jährige Unterhaltsbelastung rechtfertigt keine Billigkeitskorrektur.[50] In der Rechtsprechung der Oberlandesgerichte sind Ehen von bis zu vier Jahren Dauer und darüber hinaus wegen besonderer Einzelumstände noch als kurz i.S.d. § 1579 Nr. 1 angesehen worden.[51] Der BGH hat allerdings eine **erweiternde Auslegung** der Norm mit Rücksicht auf die grundsätzlich lebenslange Unterhaltslast abgelehnt:[52] Der Härtegrund des § 1579 Nr. 1 dürfe über seinen gesetzlichen Anwendungsbereich hinaus nicht ausgedehnt werden.

28   Hat eine Ehe nur wenige Jahre gedauert, ist zuerst § 1579 Nr. 1 zu prüfen. Während die Dauer der Ehe bei der Prüfung von § 1578b nur aufgegriffen wird, weil eine kurze Ehe darauf hindeutet, dass die Ehegatten durch die Ehe keine Nachteile haben hinnehmen müssen, ist bei § 1579 Nr. 1 die Ehe von kurzer Dauer das entscheidende Tatbestandsmerkmal. Liegt eine kurze Ehe i.S.d. § 1579 Nr. 1 vor, verengt sich der Entscheidungsspielraum des Gerichts. Die Versagung, Herabsetzung oder zeitliche Begrenzung des Unterhaltsanspruchs hängt dann nur noch von der in § 1579 Hs. 1 vorgesehenen **Billigkeitsprüfung** ab, die vor allem der Wahrung der Belange gemeinschaftlicher Kinder dient. An diese Prüfung waren schon bislang keine allzu hohen Anforderungen zu stellen.[53] Liegt dagegen kein Fall des § 1579 Nr. 1 vor, gilt § 1587b mit der Folge, dass beispielsweise bei einer 4-jährigen Ehe eine Beschränkung bereits grundsätzlich eher in Betracht kommen wird als bei einer 10- oder 15-jährigen Ehe. Bei einer Ehedauer von 26 Monaten handelt es sich auch bei Betreuung eines gemeinsamen Kindes um eine kurze Ehedauer, wenn es abgesehen von der Geburt des gemeinsamen Kindes und der damit verbundenen vorübergehenden Aufgabe der Erwerbstätigkeit der Ehefrau an einer gemeinschaftlichen Lebensplanung und Verflechtung der Parteien fehlte.[54]

---

44 OLG Schleswig OLGR 1999, 342.
45 BGH FamRZ 1982, 894, 895; s. auch OLG Nürnberg FuR 1997, 351 = EzFamR aktuell 1997, 341; OLG Celle FamRZ 1987, 69 und zur Kürzung und zur zeitlichen Begrenzung des eheangemessenen Unterhaltsanspruchs bei einer Ehedauer von knapp drei Jahren; OLG Köln FamRZ 2008, 523.
46 BGHF 3, 1149; BGH FamRZ 1987, 463.
47 FamRZ 1995, 1405.
48 BGH FamRZ 1986, 886.
49 BGH FamRZ 1995, 1405.
50 BGH FamRZ 1999, 710 = FuR 1999, 278.
51 S. etwa OLG Düsseldorf FamRZ 1983, 1139; OLG Frankfurt FamRZ 1989, 630; OLG Köln FamRZ 1992, 65; OLG Hamm FamRZ 1992, 326 – bei höherem Alter der Ehegatten im Zeitpunkt der Eheschließung; OLG Koblenz OLGR 2003, 131 – Ehedauer von 4 1/4 Jahren.
52 BGH FamRZ 1999, 710 = FuR 1999, 278.
53 Vgl. BGH FamRZ 1989, 483, 486.
54 OLG Celle FamRZ 2006, 553.

Das Tatbestandselement »kurze Ehedauer« allein begrenzt den Unterhaltsanspruch noch nicht;[55]   **29** vielmehr muss die Inanspruchnahme des geschiedenen Ehegatten – über die Wahrung der Belange eines gemeinschaftlichen Kindes hinaus – **grob unbillig** sein.[56] Bei einer Ehedauer bis zu zwei Jahren können an die Darlegung von Unbilligkeitsgründen im Regelfall geringere Anforderungen gestellt werden, soweit eine extrem kurze Ehedauer die Inanspruchnahme des geschiedenen Ehegatten im Einzelfall nicht schon für sich allein grob unbillig macht.[57] Je länger aber eine Ehe über zwei Jahre hinaus gedauert hat, um so mehr hängt die Anwendung der Härteklausel von der **Feststellung konkreter Umstände** ab, die die Inanspruchnahme des geschiedenen Ehegatten als unerträglichen Widerspruch zum Gerechtigkeitsempfinden erscheinen lassen. Auch dann, wenn eine kurze Ehezeitdauer vorliegt, kann der Ausschluss des Unterhalts grob unbillig sein, wenn während der kurzen Ehezeitdauer erhebliche wirtschaftliche Abhängigkeiten od. ehebedingte Nachteile entstanden sind.

2. § 1579 Nr. 2 – Verfestigte Lebensgemeinschaft des Unterhaltsgläubigers

Das UÄndG 2007 hat in § 1579 Nr. 2 den in der Praxis bedeutsamsten Härtegrund, das **dauer-**   **30** **hafte Zusammenleben** des Unterhaltsgläubigers mit einem **neuen Partner**, als eigenständigen Ausschlusstatbestand normiert. Diese Vorschrift erfasst jetzt viele derjenigen Fälle, die von den Gerichten bislang über den bisherigen § 1579 Nr. 7 gelöst wurden, und die Anlass zur Herausbildung einer überaus reichen, nur schwer überschaubaren Kasuistik gegeben haben. Verbleibende, von der Neuregelung nicht erfasste Fallgruppen sind wie bisher zu lösen; die Neuregelung verändert insoweit nichts. Gleichwohl wird der bisherige **Auffangtatbestand** des § 1579 Nr. 7 (jetzt: Nr. 8) dadurch erheblich »entlastet« und kann seiner ursprünglichen Funktion besser gerecht werden, Auffangtatbestand für alle sonstigen, nicht benannten Fälle zu sein, in denen eine unbeschränkte Unterhaltsverpflichtung grob unbillig wäre.

Dieser Härtegrund sanktioniert **kein vorwerfbares Fehlverhalten** des Unterhaltsgläubigers, son-   **31** dern erfasst eine **rein objektive Gegebenheit** bzw. eine **Veränderung** in den **Lebensverhältnissen** des bedürftigen geschiedenen Ehegatten, die eine dauerhafte Unterhaltsleistung unzumutbar erscheinen lässt.[58]

a) Hauptanwendungsfall »objektiver Unzumutbarkeit« i.S.d. § 1579 Nr. 2: Neue Partnerschaften

Hauptanwendungsfall »objektiver Unzumutbarkeit« i.S.d. § 1579 Nr. 2 sind **ehegleiche Lebens-**   **32** **gemeinschaften** des **Unterhaltsgläubigers** mit einem **neuen Partner**,[59] wenn also der Unterhalt begehrende geschiedene Ehegatte sein Verhältnis zu einem neuen Lebensgefährten im Sinne einer **festen sozialen Verbindung** fortsetzt, und das Verhältnis als ein **ehegleiches** (»normale« Familie) anzusehen ist, also an die Stelle der Ehe getreten ist.[60] Ist es jedoch zwischen Eheleuten nie zu einem Zusammenleben und damit einer »echten« eheliche Gemeinschaft gekommen, dann bedeu-

---

55 OLG Schleswig OLGR 2001, 349.
56 BGH FamRZ 1982, 582; 1992, 1045, bestätigt durch BVerfG FamRZ 1992, 1283.
57 FamRZ 1981, 944 – Ehedauer von etwa 2 1/2 Jahren.
58 S. etwa OLG München FamRZ 2010, 126.
59 § 1579 Nr. 7 soll allerdings nach Büttner/Niepmann NJW 2001, 2215, 2226 nicht anwendbar sein, wenn eine Eheschließung (oder ihr Pendant) in der neuen Partnerschaft nicht möglich ist; a.A. Bosch FF 2001, 53 mit Entgegnung Wiegmann FF 2001, 118; zum Wegfall des Anspruchs auf nachehelichen Unterhalt wegen Bestehens einer nichtehelichen Lebensgemeinschaft s. Hohloch FF 2002, 32; zu Problemen des Ehegattenunterhalts bei neuer Partnerschaft s. auch Soyka FuR 2004, 1 ff.
60 BGH FamRZ 1997, 671 – auf die Intensität der intimen Beziehungen zueinander komme es nicht an; OLG Schleswig FuR 2005, 473 unter Hinweis auf OLG München OLGR 1993, 117 – langjähriges Zusammenleben in einer eheähnlichen Gemeinschaft trotz nur kurzfristiger Trennung mit getrennten Schlafzimmern in demselben Stockwerk eines von den Eltern der Ehefrau finanzierten, neu errichteten Hauses. BGH Urt. vom 05.10.2011 XII ZR 117/09 = FuR 2012, 83.

tet die Aufnahme einer neuen Partnerschaft nicht zwingend einen Verstoß gegen eine eheliche Bindung und kann damit auch nicht als schwerwiegendes einseitiges Fehlverhalten des Unterhaltsgläubigers angesehen werden.[61]

33   Eine nichteheliche Lebensgemeinschaft kann insb. dann einen Härtetatbestand i.S.v. § 1579 Nr. 2 – mit der Folge der Unzumutbarkeit einer weiteren (uneingeschränkten) Unterhaltsbelastung für den Unterhaltsschuldner – begründen, wenn die aus der Unterhaltspflicht erwachsende **Belastung** die **Grenze** des dem Unterhaltsschuldner **Zumutbaren** überschreitet. Dabei kann sich eine **Unzumutbarkeit** unabhängig von der Vorwerfbarkeit bestimmter Verhaltensweisen auch aus **objektiven Gegebenheiten** und **Veränderungen** der **Lebensverhältnisse** der früheren Ehegatten ergeben.[62]

34   Das Gesetz definiert nicht, unter welchen Umständen und ab wann eine **verfestigte Lebensgemeinschaft** anzunehmen ist. Aufgrund der Vielfalt der denkbaren Lebenssachverhalte hat allein das mit dem konkreten Fall befasste Gericht zu entscheiden, ob der Tatbestand im Einzelfall erfüllt ist. Dies ist insb. dann zu bejahen, wenn **objektive**, nach **außen tretende Umstände** den Schluss auf eine **verfestigte Lebensgemeinschaft** nahe legen. Kriterien wie die Leistungsfähigkeit des neuen Partners, die Aufnahme von intimen Beziehungen oder die Frage, ob die Partner der neuen Lebensgemeinschaft eine Ehe bzw. eine Lebenspartnerschaft eingehen könnten, spielen grundsätzlich keine Rolle, da der neu geschaffene Härtegrund nicht zu einer Kontrolle der Lebensführung des geschiedenen Ehegatten führen darf; **entscheidender Umstand** ist vielmehr allein, dass der geschiedene Ehegatte, der eine **neue Lebensgemeinschaft** eingegangen ist, die sich verfestigt hat, sich damit endgültig aus der nachehelichen Solidarität herauslöst und zu erkennen gibt, dass er diese nicht mehr benötigt. Dies ist auch der Grund dafür, die »verfestigte Lebensgemeinschaft« als Anwendungsfall der Unbilligkeit nach § 1579 zu begreifen und nicht als Fall der bloßen Deckung des Bedarfs i.S.v. § 1577 Abs. 1.

35   Von einer **verfestigten Lebensgemeinschaft** ist etwa dann auszugehen, wenn über einen längeren Zeitraum hinweg ein **gemeinsamer Haushalt** geführt wird, wenn das **Erscheinungsbild** in der **Öffentlichkeit** auf eine **eheliche Verbindung** schließen lässt, wenn eine solche eheähnliche Gemeinschaft **jahrelang andauert**, oder wenn **größere gemeinsame Investitionen** getätigt, insb. die neuen Partner gemeinsam Immobilieneigentum, vor allem ein zu Wohnzwecken dienendes Hausgrundstück, erworben haben und neben den finanziellen Verflechtungen auch die tatsächliche Ausgestaltung der Nutzung des Hausanwesens keinen Zweifel daran aufkommen lässt, dass die Beziehung für die Zukunft und auf Dauer angelegt ist.[63] Auch die bewusste Entscheidung für ein gemeinschaftliches Kind deutet auf eine gefestigte eheliche Partnerschaft hin.

36   Bei derartigen Konstellationen bedarf es des im Übrigen für erforderlich erachteten Zeitmoments von zwei bis drei Jahren[64] nicht. Das **Zeitmoment** ist nicht das alleinige Kriterium, an dem die Verfestigung einer Lebensgemeinschaft zu messen ist; vielmehr kann, je fester die Verbindung nach außen hin in Erscheinung tritt, eine kürze Zeitspanne ausreichen. Für die Frage der Unterhaltsverwirkung bei Aufnahme einer neuen Beziehung durch den Unterhaltsgläubiger kommt es darauf an, ob sich die Trennung als Ausbruch aus einer intakten Ehe darstellt. Unerheblich ist, ob es sich um eine gleichgeschlechtliche oder um eine heterosexuelle Beziehung handelt.[65] Auch bei einem kürzeren Zeitraum des Bestehens der Partnerschaft, kann dies dennoch zur Feststellung

---

61   BGH FamRZ 1981, 1042, 1043; OLG München FamRZ 1994, 1108.
62   BGH FamRZ 1987, 689.
63   OLG Saarbrücken NJW-RR 2009, 1449; allgemein zur Verwirkung von Unterhaltsansprüchen auch Henjes FuR 2009, 432; Zimmermann FuR 2009, 190. OLG Köln FF 2005, 192.
64   Grundlegend BGH FamRZ 2002, 810.
65   OLG Brandenburg FPR 2009, 431 = FamRB 2009, 237; zur »verfestigten Lebensgemeinschaft« nach § 1579 Nr. 2 BGB n.F. (bis 31.12.2007 § 1579 Nr. 7 BGB); vgl. auch OLG Karlsruhe FamRZ 2009, 351 = FPR 2009, 259.

einer ehegleichen Partnerschaft führen. Dies gilt zunächst im Hinblick auf vorgenommene erhebliche gemeinschaftliche Investitionen, wie z.B. dem Erwerb eines gemeinschaftlichen Hauses. Es gilt aber auch dann, wenn die Parteien, wenn sie zunächst in der Wohnung eines Partners zusammengelebt haben, eine neue gemeinschaftliche Wohnung anmieten und sie beziehen.[66]

Allerdings vermag **Aufnahme und Verfestigung** einer (auch intimen) **Beziehung** zu einem **neuen** 37 **Partner ohne gemeinsames Wohnen** und **Wirtschaften** für sich allein den Tatbestand der Härteklausel des § 1579 Nr. 2 nicht erfüllen.[67] Der BGH hat hierzu ausgeführt, eine Unterhaltsverpflichtung gegenüber einem geschiedenen Ehegatten, der eine solche Beziehung unterhält, könne nicht schon aus diesem Grunde generell als unzumutbar angesehen werden kann, auch wenn der Unterhaltsschuldner in die Lage geraten kann, dass der Unterhaltsgläubiger seinen neuen Partner aus dem ihm gezahlten Unterhalt mit unterhält, weil der Unterhaltsgläubiger über den ihm zustehenden Unterhalt frei verfügen kann.[68] Letztlich obliegt es der verantwortlichen Beurteilung des Tatrichters, ob er den Tatbestand des eheähnlichen Zusammenlebens aus tatsächlichen Gründen für gegeben erachtet oder nicht.[69] Es kommt immer auf die Umstände des Einzelfalles an und insbesondere auf die Frage, ob das Erscheinungsbild der neuen Partnerschaft dazu führt, dass dem Unterhaltsverpflichteten eine weitere Unterhaltsleistung nicht zugemutet werden kann. Im Ausnahmefall kann dies auch dann gelten, wenn kein gemeinsamer Haushalt geführt wird und die Partner in unterschiedlichen Wohnungen leiben.[70]

Die familienrechtliche Praxis muss sich andauernd mit **versteckten** und **verstohlenen Partnerschaften** befassen; die Umstände des Zusammenlebens werden dann in einer Beweisaufnahme vor 38 dem FamG vielfach bagatellisiert (»Worte und Taten«).[71] Die häufigsten Beschönigungen:

– Keine gemeinsame Wohnung; oftmals werden Wohnungen in einem Haus getrennt gehalten (»jeder übernachte regelmäßig auch in seiner Wohnung«),
– nur gelegentlich werde zusammen gekocht, ansonsten »wirtschafte jeder für sich« (»Essen in der Kantine oder unterwegs«),
– »Wochenendbeziehung«,
– nur ein gemeinsamer Urlaub im Jahr,
– nur einmaliges Auftreten des neuen Partners bei einer Familienfeier des Unterhaltsgläubigers,
– geschäftliche Beziehungen,
– Trennung der persönlichen und finanziellen Bereiche (»Wäsche wäscht die Mutter oder die Schwester«),
– jeweils eigener Freundeskreis am jeweiligen Wohnort.

Für den Außenstehenden ergibt sich das **Bild** einer **verfestigten**, auf **Dauer angelegten Lebensge-** 39 **meinschaft** insb. aus folgenden Tatsachen:

– familiengleiche enge Verbindung (identische Kommunikationsadressen,[72] gemeinsame Freizeit mit und ohne Urlaube),

---

66 OLG Frankfurt NJW RR 2011, 1155; Vgl. zu einer kurzen Dauer der Partnerschaft aber dennoch Bestehen einer ehegeichen Partnerschaft auch OLG Oldenburg vom 19.01.2012, 13 UF 155/11 sowie AG Witten FamFR 2012, 323 = Beck RS 2012, 11639; AG Ludwigslust Versicherung nach einem Jahr des Zusammenlebens FamRZ 2011, 1066.
67 BGH FamRZ 1989, 487; 1995, 540, 542.
68 BGH FamRZ 1989, 487.
69 BGHZ 150, 209, 215 = BGH FamRZ 2002, 810 = FuR 2002, 250 m.w.N.; 157, 395 = FamRZ 2004, 614 = FuR 2004, 228.
70 BGH FamRZ 2011, 791.
71 Musterfall zu einer solchen Bagatellisierung: OLG Stuttgart OLGR 2005, 127.
72 S. OLG Köln OLGR 2007, 217 – identische Postanschrift sei für sich allein kein ausreichendes Indiz für eine eheähnliche Lebensgemeinschaft.

- Wirtschaftliche, nicht unerhebliche Verbindung (etwa Erwerb von gemeinsamem Grundeigentum oder eines PKW zu Gunsten des neuen Partners sowie sonstige wirtschaftliche Verflechtungen),
- Erwartung der Akzeptanz und Kenntnisnahme dieser Partnerschaft von Dritten (etwa Familienfeier, Traueranzeige),
- im Übrigen alle Gründe des § 7 SGB II.

40 Der BGH hat die für die Frage der **Verwirkung** des **Unterhaltsanspruchs** bei **langem Zusammenleben** mit einem **neuen Partner beispielhafte Fallgruppen** gebildet.[73]

aa) Fortdauer einer nichtehelichen Beziehung

41 Hat sich der Unterhaltsgläubiger seinem neuen Partner schon während der Ehe zugewandt, und liegt ihm deshalb ein offensichtlich schwerwiegendes, eindeutig bei ihm liegendes Fehlverhalten i.S.d. § 1579 Nr. 7 zur Last, dann kann – obwohl nach der Scheidung nicht mehr von einem Fehlverhalten gesprochen werden kann – in einem solchen Fall eine (uneingeschränkte) Inanspruchnahme auch auf nachehelichen Unterhalt für den Unterhaltsschuldner unzumutbar sein und daher den Härtegrund des § 1579 Nr. 2 erfüllen.[74] Die **wirtschaftliche Lage** des **neuen Partners** ist hierbei **nicht** von entscheidender Bedeutung: Für den Unterhaltsschuldner kann die Unterhaltsbelastung unter solchen Umständen auch dann die Grenze des Zumutbaren überschreiten, wenn der neue Lebensgefährte des Unterhaltsgläubigers finanziell nicht in der Lage ist, diesen in einer Weise zu unterhalten, wie sie dem früheren ehelichen Lebensstandard entspricht.[75] Zerbricht die »ehezerstörende« Partnerschaft jedoch alsbald nach der Scheidung, und wird danach eine weitere begründet, dann lebt der Unterhaltsanspruch wieder auf; die neue Gemeinschaft kann jedoch unter den (übrigen) Tatbestandsvarianten des § 1579 dessen Rechtsfolgen auslösen.[76]

bb) Begleitumstände einer neuen Partnerschaft

42 Der Unterhaltsanspruch kann nach § 1579 Nr. 2 verwirkt sein, wenn die Beziehung des Unterhaltsgläubigers zu seinem neuen Partner wegen **besonderer**, etwa **kränkender** oder **sonst anstößiger Begleitumstände** geeignet ist, den Unterhaltsschuldner in außergewöhnlicher Weise zu treffen, ihn in der Öffentlichkeit bloßzustellen oder sonst in seinem Ansehen zu schädigen[77] (»der Gehörnte«).

cc) Absehen von Heirat

43 Der BGH[78] hat es ferner als Härtegrund i.S.d. § 1579 Nr. 2 angesehen, wenn der Unterhaltsgläubiger von einer Eheschließung mit seinem neuen Partner nur deshalb absieht, weil er den Unterhaltsanspruch gegen den geschiedenen Ehegatten nicht verlieren will. Dabei können die **finanziellen Verhältnisse** des neuen Partners insofern eine Rolle spielen, als sie den Unterhaltsgläubiger von einer Eheschließung mit ihm abhalten und daher der Annahme entgegen stehen können, dieser heirate den neuen Partner nur deshalb nicht, um seinen Unterhaltsanspruch aus der geschiedenen Ehe nicht zu verlieren.[79]

---

73 BGH FamRZ 1989, 487; s. auch BGH FamRZ 1995, 540.
74 BGH FamRZ 1983, 569; 1983, 676; 1984, 154, 155; 1989, 487; 1991, 670.
75 BGH FamRZ 1989, 487.
76 Palandt/Brudermüller § 1579 Rn. 34.
77 BGH FamRZ 1981, 752; BGHF 3, 1371; BGH FamRZ 1989, 487 – unter Hinweis auf die Fälle nach § 66 EheG a.F.; s. auch OLG Thüringen FamRZ 2005, 1095 – Zusammenleben der Ehefrau mit ihrem Schwiegersohn an einem anderen Wohnort.
78 BGH FamRZ 1982, 896 zu § 66 EheG; 1983, 569; 1984, 986; 1987, 1011; 1989, 487.
79 BGH FamRZ 1984, 986; s. auch OLG Köln NJW-RR 1994, 1030.

dd) Unterhaltsgemeinschaft

Auch wenn der Unterhaltsgläubiger, der mit einem neuen Partner **dauerhaft** in einer **festen sozia-**   44
len und **wirtschaftlichen Verbindung** zusammenlebt, von einer neuen Eheschließung aus hinzunehmenden Gründen absieht, kann die neue Verbindung dazu führen, dass die Fortdauer der
Unterhaltsbelastung und des damit verbundenen Eingriffs in die Handlungsfreiheit und Lebensgestaltung des Unterhaltsschuldners für diesen unzumutbar wird. Das ist der Fall, wenn kein verständlicher Grund dafür ersichtlich ist, dass die Partner nicht zu einer »ehegleichen ökonomischen
Solidarität«[80] – also zu einer Unterhaltsgemeinschaft – gelangen, mithin gemeinsam wirtschaften,
wobei der den Haushalt führende Partner wie in einer Ehe von dem anderen unterhalten wird.[81]
Als typisches Anzeichen ist **regelmäßig** – nicht aber zwingend – ein **räumliches Zusammenleben**
mit **gemeinsamem Haushalt** anzusehen.[82]

Allerdings kann der Unterhaltsschuldner den Unterhaltsgläubiger auf eine derartige Unterhaltsge-   45
meinschaft nur dann verweisen, soweit dieser in der neuen Gemeinschaft wirtschaftlich sein Auskommen hat, der neue Partner also hinreichend **leistungsfähig** ist. »Auskommen« in diesem Sinne
bedeutet nicht das volle, also eheangemessene Auskommen, sondern es genügt, dass der notwendige Eigenbedarf des Unterhaltsgläubigers gesichert wird. Dies kann auch durch Hinzurechnung
fiktiver Einkünfte der Fall sein, etwa wenn die geschiedene Ehefrau trotz Betreuung gemeinsamer
Kinder in gefestigter nichtehelicher häuslicher Gemeinschaft Versorgungsleistungen für ihren Partner erbringt, und dieser objektiv in der Lage ist, ihr durch Unterstützung bei der Kindesbetreuung
die Aufnahme einer ihren Mindestbedarf deckenden Erwerbstätigkeit zu ermöglichen.[83] Verfügt
der neue Partner nicht über die insoweit erforderlichen Geldmittel und/oder den notwendigen
Zeitrahmen, dann kommt eine Begrenzung der Unterhaltspflicht nach § 1579 Nr. 2 unter dem
Gesichtspunkt »Unterhaltsgemeinschaft« regelmäßig nicht in Betracht;[84] allerdings sind die
schlechten wirtschaftlichen Verhältnisse des neuen Partners bei der Billigkeitsprüfung zu berücksichtigen.[85]

ee) Eheersetzende Partnerschaft (sog. »sozio-ökonomische« Lebensgemeinschaft)

Allein die Tatsache, dass der unterhaltsberechtigte geschiedene Ehegatte mit einem neuen Partner   46
eine intime Beziehung unterhält, stellt grundsätzlich keinen anderen Grund i.S.d. § 1579 Nr. 2
dar, der zur Verwirkung des Unterhaltsanspruchs führen kann. Allerdings kann ein **länger dauern-**
des Verhältnis des Unterhaltsgläubigers zu einem anderen Partner dann zur Annahme eines Härtegrundes im Rahmen des § 1579 Nr. 2 – mit der Folge der Unzumutbarkeit einer weiteren
(uneingeschränkten) Unterhaltsbelastung für den Unterhaltsschuldner – führen, wenn sich die
Beziehung in einem solchen Maße verfestigt hat, dass sie als **eheähnliches Zusammenleben** anzusehen und gleichsam an die Stelle einer Ehe getreten ist. Dabei setzt die Annahme einer derartigen
Lebensgemeinschaft nicht zwingend voraus, dass die Partner räumlich zusammenleben und einen
gemeinsamen Haushalt führen, auch wenn eine solche Form des Zusammenlebens in der Regel

---

80 BGH FamRZ 1983, 569.
81 BGH FamRZ 1989, 487.
82 BGH FamRZ 1984, 986; OLG Hamm FamRZ 2000, 229.
83 OLG Celle FamRZ 2000, 1374 mit abl. Anm. Eberl-Borges NJW 2001, 1309; a.A. Büttner/Niepmann
    NJW 2001, 2215, 2226.
84 BGH FamRZ 1989, 487; OLG Hamm FamRZ 1997, 1080.
85 OLG Düsseldorf FamRZ 2000, 1374 (Ls).

ein typisches Anzeichen hierfür sein wird.[86] Lebt der Unterhalt begehrende geschiedene Ehegatte nacheinander jeweils über kürzere Zeiträume mit verschiedenen Partnern zusammen, wobei keine Partnerschaft für sich genommen die zu fordernde Mindestdauer von 2 bis 3 Jahren erreicht, dann ist der Verwirkungsgrund einer auf längere Dauer angelegten eheähnlichen Gemeinschaft schon rein begrifflich ausgeschlossen. Der geforderte Mindestzeitraum des Zusammenlebens hat ja gerade den Sinn, verlässlich beurteilen zu können, ob es sich um eine auf Dauer angelegte verfestigte Gemeinschaft handelt oder die Partner nur »probeweise« zusammenleben. Wenn der geschiedene Ehegatte seine (wechselnden) Beziehungen jeweils nach kürzerer Zeit wieder beendet, kann nicht von verfestigter eheähnlicher Gemeinschaft gesprochen werden.[87]

47 Lebt der Unterhaltsgläubiger bereits über einen längeren Zeitraum hinweg mit seinem neuen Partner in einer **festen sozialen Verbindung** (»auf **Dauer angelegtes Verhältnis**«), die beide als neue Lebensform gewählt haben, und in der sie künftig ihr Leben gemeinsam gestalten wollen, und hat sich diese Beziehung im Sinne einer ehegleichen ökonomischen Solidarität nach ihrem äußeren Erscheinungsbild in einem solchen Maße verfestigt, dass sie als **eheähnliches Zusammenleben** gleichsam an die Stelle einer neuen Ehe getreten ist (sog. »**sozio-ökonomische Lebensgemeinschaft**«), dann ist die weitere (uneingeschränkte) Unterhaltsbelastung für den Unterhaltsschuldner als unzumutbar (grob unbillig) anzusehen:[88] Die gemeinsame Lebensplanung, dieser »Formenumweg«,[89] ist letztlich der innere Grund dafür, warum von einem bestimmten Zeitpunkt an die Fortdauer der Unterhaltsbelastung und der damit verbundene Eingriff in die Handlungsfreiheit und die Lebensgestaltung für den Unterhaltsschuldner unzumutbar erscheint. Eine solche eheersetzende Lebensgemeinschaft ist regelmäßig durch ständige gegenseitige Hilfe und Unterstützung im Alltag, gemeinsames Wohnen, gemeinsame Freizeitgestaltung und Zukunftsplanung sowie familiäre Kontakte zu den Angehörigen der Familie des Partners gekennzeichnet,[90] wobei nicht zwingend vorausgesetzt wird, dass die Partner räumlich zusammen leben und einen gemeinsamen Haushalt führen, auch wenn eine solche Form des Zusammenlebens in der Regel ein typisches Anzeichen hierfür sein wird.[91]

48 Der Verwirkungstatbestand setzt weder räumliches Zusammenwohnen noch gemeinsame Haushaltsführung[92] voraus; auch kommt es nicht darauf an, ob der neue Partner wirtschaftlich in der

---

86 BGH FamRZ 2002, 23, 25; BGHZ 150, 209, 215 = BGH FamRZ 2002, 810 = FuR 2002, 250 m.w.N.; 157, 395 = FamRZ 2004, 614 = FuR 2004, 228 (Berufungsurteil: OLG Koblenz OLGR 2002, 11) – die Beziehung der geschiedenen Ehefrau zu ihrem Lebensgefährten hatte sich seit Jahren so sehr verfestigt, dass sie in ihrer persönlichen und wirtschaftlichen Ausprägung und Intensität einem eheähnlichen Verhältnis gleichkam (beide Partner lebten schon seit Jahren in einer gemeinsamen Wohnung, führten einen gemeinsamen Haushalt und traten auch in der Öffentlichkeit und bei Familienfeiern als Paar auf); Gesichtspunkte, die der Annahme eines solchen eheähnlichen Verhältnisses entgegen stehen könnten, waren weder vorgetragen noch sonst ersichtlich.

87 OLG Köln FamRZ 2005, 279.

88 Grundlegend BGH FamRZ 1989, 487, 490; sodann FamRZ 1995, 540, 542; s. auch OLG Schleswig FuR 2005, 476; OLG Stuttgart OLGR 2005, 127; OLG Karlsruhe OLGR 2005, 195.

89 OLG Bremen OLGR 2000, 296.

90 OLG Schleswig MDR 2002, 1252.

91 BGH FamRZ 1984, 986, 987 = FuR 2002, 127 = FuR 2002, 250 mit Anm. Bergschneider FamRZ 2002, 951 – das neue Verhältnis kam in seiner persönlichen und wirtschaftlichen Ausprägung und Intensität einem solchen eheähnlichen Verhältnis gleich: Beide Partner hatten gemeinsam ein Grundstück gesucht, das sich eignete, ihnen jeweils als Wohnung zu dienen und die Möglichkeit eröffnete, dort eine geschäftliche Tätigkeit auszuüben; beide Partner waren für die Finanzierung des Grundstückserwerbs erhebliche finanzielle Verpflichtungen eingegangen, zu denen sie unabhängig voneinander nicht in der Lage gewesen wären und die sie hätten vermeiden können, wenn jeder für sich nur seinen eigenen Wohn- bzw. Geschäftsraumbedarf gedeckt hätte; neben dieser langfristigen gemeinsamen Zukunftsplanung, die über eine bloße Freundschaft weit hinausging und wie ein eheähnliches Verhältnis zu bewerten war, lebten die Parteien in unmittelbarer räumlicher Nähe zueinander.

92 BGH FamRZ 1997, 671.

Lage ist, dem anderen ein Auskommen zu bieten, ihn also zu unterhalten.[93] Nicht notwendig muss eine »nachhaltige wirtschaftliche Verflechtung der Lebensverhältnisse« vorliegen.[94] Allerdings müssen, wenn die Parteien – nicht nur »verkappt« zur »Sicherung« des Unterhalts – in getrennten Wohnungen leben, **eindeutige tatsächliche Merkmale** festgestellt sein, die auf eine **feste Lebensgemeinschaft hinweisen**. Auch bei **Bestehen getrennter Wohnungen** kann der Anspruch auf nachehelichen Unterhalt verwirkt sein, wenn sich die Beziehung zwischen Unterhaltsgläubiger und neuem Partner in einer mit einer Wochenendehe vergleichbaren Weise darstellt und zudem deutliche Anhaltspunkte dafür vorliegen, dass die Wahl der unterschiedlichen Wohnungen nur erfolgte, um einen Unterhaltsanspruch nicht zu gefährden.[95]

Der Verwirkungstatbestand ist »in klassischer Weise«[96] gegeben, wenn die (Trennungs-)Unterhalt begehrende Ehefrau während der Trennungszeit über mehrere Jahre hinweg mit einem Lebensgefährten zusammengelebt und diesem zwei Kinder geboren hat. Eine seit fast drei Jahren bestehende Lebensgemeinschaft mit einem neuen Partner darf nicht als »nicht verfestigt« angesehen werden, weil es »in der Beziehung schon längere Zeit kriselt«;[97] vielmehr kommt eine Begrenzung eines Unterhaltsanspruchs wegen grober Unbilligkeit i.S.d. § 1579 Nr. 2 wegen Bestehens einer ehegleichen Lebensgemeinschaft nach Ablauf von drei Jahren deren Bestands auch dann in Betracht, wenn sich die Lebensgefährten während dieser Zeit für die Dauer eines Jahres räumlich distanziert haben, ohne dass sie die Beziehung abgebrochen hätten,[98] oder wenn sie gar zwischenzeitlich in getrennten Wohnungen leben, ohne ihre Beziehung abzubrechen.[99]   **49**

Unter welchen **anderen Umständen** – nach einer gewissen Mindestdauer – auf ein eheähnliches Zusammenleben geschlossen werden kann, lässt sich nicht allgemein verbindlich festlegen.[100] Grundsätzlich muss diese Beziehung jedoch bereits über einen **längeren Zeitraum** hinweg bestehen.[101] Nach welchem Zeitablauf – und unter welchen weiteren Umständen – dies angenommen werden kann, kann nicht allgemein verbindlich festgelegt werden. Nach Ansicht des BGH[102] darf eine gewisse **Mindestdauer** – im Einzelfall kaum unter zwei bis drei Jahren[103] – in der Regel nicht unterschritten werden, weil vor Ablauf einer solchen zeitlichen Mindestgrenze im allgemeinen nicht verlässlich beurteilt werden kann, ob die Partner nur »probeweise« zusammen leben, etwa um eine spätere Eheschließung vorzubereiten – ein Verhalten, das keinen Härtegrund i.S.v. § 1579 Nr. 7 erfüllt –, oder ob sie auf Dauer in einer verfestigten Gemeinschaft leben und nach dem **Erscheinungsbild** der Beziehung in der Öffentlichkeit diese Lebensform bewusst auch für ihre weitere Zukunft gewählt haben.[104]   **50**

---

93 OLG Bremen OLGR 2000, 296.
94 So aber OLG Karlsruhe FamRZ 2005, 1179.
95 OLG Zweibrücken, Urteil vom 05.02.2010 – 2 UF 140/09 – juris.
96 OLG Zweibrücken FuR 2000, 438.
97 A.A. OLG Köln NJW-RR 2003, 938 – bedarfsmindernd seien jedoch die finanziellen Vorteile durch das Wirtschaften in einem gemeinsamen Haushalt zu werten.
98 OLG Hamm FuR 2003, 418 = NJW-RR 2003, 1297 – getrennte Wohnungen.
99 OLG Saarbrücken FF 2003, 252.
100 BGH FamRZ 1984, 986, 490; 1991, 670, 672; 1995, 540, 542; 1997, 671; 2002, 23 = FuR 2002, 127.
101 BGH FamRZ 1984, 986, 987 = FuR 2002, 127 = FuR 2002, 250 mit Anm. Bergschneider FamRZ 2002, 951.
102 FamRZ 1987, 487 = FuR 2002, 250 mit Anm. Bergschneider FamRZ 2002, 951; FuR 2012, 830.
103 BGH FamRZ 1989, 487; 1997, 671; 2002, 810 = FuR 2002, 250 mit Anm. Bergschneider FamRZ 2002, 951; BGHZ 150, 209, 215 = BGH FamRZ 2002, 810 = FuR 2002, 250 m.w.N.; 157, 395 = FamRZ 2004, 614 = FuR 2004, 228; so auch OLG Nürnberg EzFamR aktuell 2000, 308; s. auch OLG Köln FamRZ 1998, 1236 – Verfestigung der neuen Beziehung »seit nunmehr über 2$^1/_2$ Jahren«.
104 FamRZ 1983, 996 m.w.N.; OLG Frankfurt OLGR 2002, 7; OLG Schleswig FuR 2005, 476; s. auch Luthin FamRZ 1986, 1166.

51 **Ausnahmsweise** kann eine solche »Verfestigung« auch schon nach **kürzerer Zeit** angenommen werden, wenn **besondere Umstände** auf eine Entscheidung der beiden Lebenspartner für eine langjährige gemeinsame Zukunft hindeuten, insb. gemeinsame bedeutende wirtschaftliche Dispositionen (etwa der Kauf einer gemeinsamen Immobilie für gemeinsame Wohnzwecke)[105] oder aber die künftige Familienplanung. Erwarten die neuen Lebenspartner bereits ein gemeinsames Kind, oder wurde ein solches gar in der neuen Lebenspartnerschaft bereits geboren, dann tritt das Zeitmoment deutlich zurück.[106] Dies gilt auch dann, wenn die neue Lebenspartnerschaft zerbricht, etwa wenn die geschiedene Ehefrau mit ihrem Lebensgefährten zwar nur etwa 18 Monate lang zusammengelebt hat, aber auch sonst intensiven Umgang mit ihm hatte, und außerdem drei gemeinsame Kinder aus der Gemeinschaft hervorgegangen sind, von denen das älteste bereits vier Monate nach der Scheidung der geschiedenen Ehefrau geboren wurde.[107] Auch in weiteren Entscheidungen wurde eine kürzere Zeit des Zusammenlebens als ausreichend erachtet.[108]

52 Ob die Aufnahme eines Verhältnisses zu einem anderen Partner die aus der Unterhaltspflicht erwachsende Belastung unzumutbar macht, hängt nicht davon ab, ob es zwischen den Partnern zu **Intimitäten** kommt oder nicht: Entscheidend für die Unzumutbarkeit einer fortdauernden (uneingeschränkten) Unterhaltsbelastung ist vielmehr der Umstand, dass der Unterhaltsgläubiger mit einem Partner in einer verfestigten Beziehung lebt, die Partner ihre Lebensverhältnisse so aufeinander abgestellt haben, dass sie wechselseitig füreinander einstehen, indem sie sich gegenseitig Hilfe und Unterstützung gewähren, und damit ihr Zusammenleben ähnlich gestalten, wie es sich auf Grund der nach außen dringenden Gegebenheiten auch in einer Ehe darstellt, gleichgültig, ob es sich um eine gleichgeschlechtliche oder eine heterosexuelle Beziehung handelt.[109] Eine solche Verbindung rechtfertigt grundsätzlich die Annahme, der Berechtigte sei im Rahmen der neuen Partnerschaft »wie in einer Ehe« versorgt.[110] Insoweit ist es auch unerheblich, dass die Unterhalt begehrende Frau geltend macht, der Partner, mit dem sie eine verfestigte Beziehung unterhalte, sei **homosexuell**.[111]

53 Auch das mit einer Ehe vergleichbare **Erscheinungsbild** der neuen **Verbindung** in der **Öffentlichkeit**[112] kann dazu führen, dass die Fortdauer der Unterhaltsbelastung und des damit verbundenen Eingriffs in seine Handlungsfreiheit und Lebensgestaltung für den Unterhaltsschuldner nach rela-

---

105 FamRZ 2002, 810 = FuR 2002, 250; OLG Köln FamRZ 2000, 290 mit Anm. Heuschmid ff. 1999, 155 – die Partner lebten bereits über ein Jahr lang in einem zu gemeinschaftlichem Eigentum erworbenen Haus zusammen; OLG Hamburg FamRZ 2002, 1038 – Kauf und Bezug eines gemeinsamen Hauses; OLG Köln FF 2005, 192 – Kauf und Bezug eines gemeinsamen Hauses, und aus der eheähnlichen Lebensgemeinschaft ging zudem noch ein Kind hervor; OLG Stuttgart OLGR 2005, 127 – gemeinsamer Erwerb von gemeinsam bewohntem Grundeigentum; OLG Schleswig FamRZ 2005, 277 – Erwerb des Miteigentumsanteils durch den neuen Lebenspartner von dem früheren Ehemann (Zeitmoment: 18 Monate); 2006, 954; OLG Nürnberg FuR 2002, 328 – das Erscheinungsbild in der Öffentlichkeit war absolut vergleichbar mit einer Ehe (Zusammenleben etwa 1½ Jahre, aus der Verbindung mit dem neuen Partner stammten drei Kinder, von denen das älteste etwa 4 Monate nach der Scheidung geboren wurde); OLG Karlsruhe FamRZ 2006, 706.
106 Zu allem OLG Schleswig NJW-RR 2005, 734; OLG Köln FF 2005, 192 – die Lebenspartner hatten zudem noch gemeinsam ein Familienheim errichtet; OLG Köln FamRZ 2005, 279.
107 OLG Nürnberg FuR 2002, 328 – damit sei jedenfalls in der Öffentlichkeit ein mit einer Ehe absolut vergleichbares Erscheinungsbild eingetreten.
108 OLG Köln FF 1999, 155 = FamRZ 2000, 290; OLG Nürnberg FuR 2002, 328 (1,5 Jahre); OLG Schleswig FamRZ 2005, 277 (1,5 Jahre); OLG Köln FF 2005, 192 (16 Monate bei gemeinsamen Kind und gemeinschaftlichen Hauserwerb); AG Essen NJW 2009, 2460; AG Witten FamFR 2012, 323 = Beck RS 2012, 11693; OLG Oldenburg vom 19.01.2012 13 UF 155/11; Zusammenfassend Schnitzler in Skriptum in DAI Tagung, 15. Jahresarbeitstagung Seite 401.
109 BGHZ 176, 150 = BGH FamRZ 2008, 1414 = FuR 2008, 406; OLG Brandenburg FF 2010, 33.
110 BGH FamRZ 1995, 344, 345.
111 BGH FamRZ 2002, 810 = FuR 2002, 250 mit Anm. Bergschneider FamRZ 2002, 951.
112 S. etwa OLG Nürnberg FuR 2002, 328.

tiv kurzer Zeit unzumutbar wird, wenn sich diese Beziehung bereits nach kurzer Zeit in einem solchen Maße verfestigt, dass damit gleichsam ein nichteheliches Zusammenleben an die Stelle einer Ehe getreten ist.[113] Hält sich etwa der neue Partner ganz überwiegend in der Wohnung der geschiedenen Ehefrau auf, übernachtet er auch dort, werden Freizeit (insb. die Wochenenden, hohe Festtage, Feierlichkeiten) und Urlaube – zumal unter Einbeziehung der Kinder – im Wesentlichen gemeinsam gestaltet und verbracht, und leistet der neue Partner moralischen und praktischen Beistand, so dass in der Öffentlichkeit der Eindruck einer verfestigten Gemeinschaft besteht, ist eine Verwirkung nach § 1579 Nr. 2 auch dann anzunehmen, wenn der neue Partner (auch) weiterhin eine eigene Wohnung unterhält.[114]

Eine neue Partnerschaft bietet bereits dann das Erscheinungsbild einer quasi ehelichen Lebensgemeinschaft, wenn die Bindung seit drei Jahren besteht, die Partner Wochenenden, Freizeit und Ferien gemeinsam verbringen und der eine Partner an Familienfeiern des anderen teilnimmt.[115] Weitere Indizien sind insb. das Auftreten als Paar, das Ausrichten gemeinsamer Feste, beiderseitiges Erscheinen in öffentlichen Anzeigen, Benennung als »Papa« oder »Mama« von den Kindern des anderen Partners, »gelebte Solidarität« (etwa durch Versorgung bei Krankheit u.a.).[116] Lebt etwa ein infolge schwerer Behinderung oder Krankheit pflegebedürftiger Ehegatte nach der Ehescheidung mit einem neuen Partner zusammen, der ihm eine so umfassende Betreuung und Zuwendung zuteil werden lässt, wie sie in aller Regel nur allernächste Angehörige, einem Erwachsenen zumeist nur der Ehepartner, gewähren, so ist der Tatbestand der Unterhaltsverwirkung nach § 1579 Nr. 2 erfüllt; auf sexuelle Kontakte kommt es insoweit nicht an.[117] Auch wenn die Unterhalt begehrende geschiedene Ehefrau nicht mit ihrem neuen Partner in einer gemeinsamen Wohnung lebt, jedoch angibt, sie unterhalte mit ihm eine intime Beziehung, träfe sich mit ihm in ihrer Freizeit, gehe mit ihm gemeinsam spazieren und zum Einkaufen, ist auf Grund dieser deutlichen Hinweise eine sehr enge Beziehung anzunehmen, die auch von Außenstehenden als ehegleiche Gemeinschaft gewertet werden kann, und die zur Annahme des Härtegrundes des § 1579 Nr. 2 führt.[118] Der Tatrichter hat zu beurteilen, ob diese Voraussetzungen vorliegen, und die Verfestigung der sozialen Beziehung im Einzelfall festzustellen; das bloße »Erscheinungsbild« genügt regelmäßig nicht.[119]

Der BGH[120] hat offen gelassen, ob die Annahme einer auf Dauer angelegten verfestigten Verbindung voraussetzt, dass diese von der konkreten Umgebung des Berechtigten als ehegleiches Verhältnis wahrgenommen und gewertet wird, ob also das **Erscheinungsbild** der **nichtehelichen Lebensgemeinschaft** in der **Öffentlichkeit** maßgebend ist, oder ob es ausreicht, dass die Partner ihre Verbindung als dauerhaft ansehen, auch wenn sie es verstehen, die Beziehung in der Öffent-

54

55

---

113 Grundlegend BGH FamRZ 1983, 569; OLG Zweibrücken FamRZ 2001, 833; OLG Frankfurt OLGR 2002, 7; Häberle FamRZ 1986, 311, 315; Büttner FamRZ 1996, 136; Palandt/Brudermüller § 1579 Rn. 39: »eine als Ehealternative auf Dauer bewusst gewählte und verfestigte nichteheliche Lebensgemeinschaft« – »Das Verdikt objektiver Unzumutbarkeit gründet sich hier dar auf, dass die Parteien redlicherweise eine Ehe (oder Lebenspartnerschaft) eingehen würden«.
114 OLG Hamm NJW-RR 1996, 1474.
115 OLG Hamm FamRZ 1994, 1591; OLG Karlsruhe FamRZ 1997, 366 – im entschiedenen Fall verneint: die Parteien hätten insgesamt nur 1994 eine Woche Urlaub und 1995 einige Tage im Urlaub gemeinsam verbracht.
116 S. OLG Hamm FamRZ 2000, 229; Schnitzler FF 2001, 82 m.w.N.
117 OLG Köln FuR 2002, 531.
118 OLG Frankfurt FamRZ 2003, 99; Vgl. BGH FamRZ 2011, 251.
119 OLG Hamm FamRZ 1998, 1588 mit Anm. Born; s. auch OLG Düsseldorf FamRZ 2000, 1374 (Ls) – Kürzung eines Unterhaltsanspruchs nach § 1572 nach einer Ehedauer bis zur Trennung von 20 Jahren trotz wissentlich falschen Prozessvortrags und fester sozialer Bindung zu einem (wirtschaftlich schwachen) Partner.
120 FamRZ 1997, 671, siehe auch FuR 2012, 83.

lichkeit **geheim** zu halten.[121] Die Maßgeblichkeit des Erscheinungsbildes einer neuen Partnerschaft in der Öffentlichkeit als Grund für die Unzumutbarkeit einer weiteren (uneingeschränkten) Unterhaltsbelastung des Unterhaltsschuldners betreffe jedenfalls allein die Erkennbarkeit der Partnerschaft auf Grund der nach außen dringenden Gegebenheiten und setze nicht voraus, dass die Partnerschaft auch tatsächlich in diesem Sinne bewertet wird.[122] Ist eine nichteheliche Lebensgemeinschaft eines geschiedenen Ehegatten nach dem maßgeblichen Erscheinungsbild in der Öffentlichkeit an die Stelle einer Ehe getreten, tritt eine Verwirkung seines Anspruchs auf nacheheliche Unterhalt unabhängig davon ein, ob die nichtehelichen Lebenspartner (auch) eine Unterhaltsgemeinschaft eingegangen sind.[123]

56 Äußerst schwierig ist die Abgrenzung zu einer zwar auf **Dauer angelegten**, aber bewusst auf **Distanz** gehaltenen nichteheliche Partnerschaft mit zwei verschiedenen, klar abgrenzbaren Lebensmittelpunkten, die keine Unzumutbarkeit der Unterhaltsleistung begründet.[124] Wohnen die Partner einer nichtehelichen Lebensgemeinschaft jedenfalls am Wochenende zusammen, und besteht die Beziehung seit fast sechs Jahren, wobei beide nach außen hin als Paar auftreten und der nichteheliche Lebenspartner von den Kindern seiner Lebenspartnerin »Papa« genannt wird, hat sich die Beziehung derart verfestigt, dass der Umstand, dass die Partner keine gemeinsame Wohnung (dauerhaft) bewohnen, der Annahme der Verwirkung gemäß § 1579 Nr. 2 nicht entgegen steht.[125] Ob hingegen eine zwar auf **Dauer angelegte**, aber bewusst auf **Distanz** gehaltene nichteheliche Partnerschaft mit zwei verschiedenen, klar abgrenzbaren Lebensmittelpunkten eine Unzumutbarkeit der Unterhaltsleistung begründet, hängt von dem **Umständen** des **Einzelfalles** ab.[126] Ein Verhältnis, das in seiner persönlichen und wirtschaftlichen Ausprägung und Intensität einem eheähnlichen Verhältnis gleichkommt, liegt jedenfalls dann vor, wenn die Parteien seit mehreren Jahren zwar in verschiedenen Wohnungen, aber im selben Hause leben, und die wirtschaftliche wie auch private Situation des geschiedenen Ehegatten mit der seines Lebensgefährten ganz wesentlich verflochten ist.[127]

57 Allerdings darf nicht allein auf den Ausschnitt der Partnerbeziehung abgestellt werden, der das Bild der Beziehung in der Öffentlichkeit prägt, sondern es muss auch die vom Unterhaltsgläubiger und seinem Partner ganz bewusst **gewählte Lebenssituation** in ihrer **Gesamtheit** miteinbezogen werden. Halten die Partner einer nichtehelichen Lebensgemeinschaft in dem Bestreben, einen »gewissen Freiraum« zu behalten, ganz bewusst ihre Lebensbereiche getrennt[128] (etwa indem sie getrennt wohnen und die überwiegende Zeit in ihrem eigenen Lebenskreis verbringen), und haben sie damit ihre Beziehung bewusst auf Distanz angelegt, weil sie ein enges Zusammenleben – etwa auf Grund der in ihren bisherigen Partnerschaften gemachten Erfahrungen – nicht wünschen, dann ist diese von den Beteiligten in eigener Verantwortung getroffene Lebensgestaltung zu respektieren,[129] und dann lässt das Gesamtbild der Beziehung des geschiedenen Unterhaltsgläubigers zu seinem neuen Partner eine weitere Heranziehung des Unterhaltsschuldners zu Unterhaltszahlungen weder insgesamt noch teilweise als (objektiv) unzumutbar erscheinen.[130]

121 S. Luthin FamRZ 1986, 1166, 1167.
122 BGH FamRZ 1995, 540.
123 OLG Hamm FamRZ 2003, 877.
124 Hierzu ausführlich BGH FamRZ 2002, 23 = FuR 2002, 127 (Berufungsurteil: OLG Koblenz FamRZ 2000, 1372; s. auch OLG Frankfurt FamRZ 2000, 427 – eigener Lebensmittelpunkt der getrennt wohnenden Partner.
125 OLG Hamm OLGR 2000, 236 im Anschluss an OLG Hamm FamRZ 1997, 374, und OLG Köln FamRZ 1998, 1236; s. aber auch OLG Hamm FamRZ 1994, 963.
126 BGH FamRZ 1984, 986, 490 f.; 1991, 670, 672; 1995, 540, 542 f.; 1997, 671, 672; 2002, 23 = FuR 2002, 127.
127 OLG Koblenz NJW-RR 2004, 1373.
128 S. auch OLG Frankfurt FamRZ 2000, 427.
129 BGH FamRZ 2002, 23 = FuR 2002, 127.
130 OLG Koblenz FamRZ 2000, 1372.

Unter solchen Umständen kommt der Frage, ob die Gemeinschaft von ihrer Intensität her gleich-   58
wohl einem ehelichen Zusammenleben entspricht und gleichsam an die Stelle einer Ehe tritt, entscheidende Bedeutung zu. Erst wenn diese Feststellung getroffen werden kann, kommt es auf die
weiteren Voraussetzungen, die an das Vorliegen des Härtegrundes zu stellen sind, an. Daraus folgt
andererseits, dass eine **allein subjektiv** in Anspruch genommene **Distanz** zu dem neuen Partner,
die in der **tatsächlichen Lebensgestaltung** nicht zum Ausdruck kommt, **nicht** berücksichtigt werden darf.[131]

Sind diese Voraussetzungen erfüllt, dann kann von dem Zeitpunkt an, in dem sich das nichteheli-   59
che Zusammenleben der neuen Partner als eine solchermaßen verfestigte Verbindung darstellt, die
Bedeutung der geschiedenen Ehe als Grund für eine fortdauernde unterhaltsrechtliche Verantwortung des Unterhaltsschuldners gegenüber seinem geschiedenen Ehegatten zurücktreten, und es
kann für ihn objektiv unzumutbar werden, den früheren Ehegatten unter derartig veränderten
Lebensumständen – als Folgewirkung aus der geschiedenen Ehe – gleichwohl weiterhin (uneingeschränkt – es bleibt dabei, dass auch dann zur Wahrung der Belange von zu betreuenden minderjährigen Kindern kein Unterhaltsausschluss, sondern nur eine Herabsetzung auf den notwendigen
Bedarf in Betracht kommen kann)[132] unterhalten zu müssen.[133]

Die **wirtschaftliche Lage** des **neuen Partners** des Unterhaltsgläubiger spielt hierbei – anders als im   60
Fall der Verweisung auf eine Unterhaltsgemeinschaft – grundsätzlich **keine Rolle**, auch wenn der
geschiedene Ehegatte in dieser seiner neuen Beziehung in wirtschaftlicher Hinsicht kein Äquivalent zu den ehelichen Lebensverhältnissen oder gar kein Auskommen findet: Maßgebend ist, dass
die jetzige eheähnliche Beziehung die frühere Ehe in den Hintergrund drängt, und dass die Fortdauer der Unterhaltspflicht wegen der eheähnlichen Verfestigung der neuen Lebenspartnerschaft
für den früheren Ehegatten unzumutbar ist.[134] Allerdings können bei der Billigkeitsprüfung –
neben anderen Kriterien – auch die wirtschaftlichen Verhältnisse des neuen Partners mit zu
berücksichtigen sein.[135]

ff) Gleichgeschlechtliche Partnerschaften

Der Grundsatz, wonach ein Härtegrund i.S.v. § 1579 Nr. 2 anzunehmen sein kann, wenn der   61
Unterhaltsgläubiger seit längerer Zeit mit einem neuen, verschiedengeschlechtlichen Partner
zusammenlebt, und diese Beziehung sich in einem solchen Maße verfestigt hat, dass damit gleich-
sam »ein nichteheliches Zusammenleben an die Stelle einer Ehe getreten ist«,[136] konnte nach
Ansicht des BGH[137] nicht (ohne weiteres) auf die Verhältnisse in einer **gleichgeschlechtlichen
Beziehung** übertragen werden.

Mit dem Lebenspartnerschaftsgesetz vom 16.02.2001[138] hat der Gesetzgeber nunmehr insoweit   62
ein rechtliches Institut mit Leitbild geschaffen. In seinem Urteil vom 20.03.2002[139] musste der

---

131 BGH FamRZ 2002, 23 = FuR 2002, 127.
132 OLG Köln FamRZ 1998, 1236.
133 BGH FamRZ 1997, 671.
134 OLG Schleswig NJW-RR 2004, 799.
135 BGH FamRZ 1989, 487; Luthin FamRZ 1986, 1166.
136 Ausführlich BGH FamRZ 1989, 487.
137 BGH FamRZ 1995, 344 – offen gelassen allerdings für die Fallgruppe »Unterhaltsgemeinschaft« (wenn
    also der Unterhaltsgläubiger eine dauerhafte Unterhaltsgemeinschaft mit einem gleichgeschlechtlichen
    Partner begründet, mit dem eine Eheschließung kraft Gesetzes nicht in Betracht kommt, oder wenn ein
    geschiedener Ehegatte auf Dauer von einem finanziell wesentlich besser gestellten gleichgeschlechtlichen
    Partner, ohne ihm den Haushalt zu führen, tatsächlich voll unterhalten wird); s. auch OLG Hamm
    FamRZ 2000, 21 – Zusammenleben zweier Frauen in häuslicher Gemeinschaft mit intimen Beziehun-
    gen.
138 BGBl I 266 ff.
139 BGH FamRZ 2002, 810 = FuR 2002, 250 mit Anm. Bergschneider FamRZ 2002, 951.

BGH nicht entscheiden, ob an dieser Auffassung mit Rücksicht auf das Lebenspartnerschaftsgesetz festzuhalten ist. Hierzu führt Brudermüller[140] (zutreffend) aus:

»Kommt es aber nur auf die tatsächliche Bildung einer »Unterhaltsgemeinschaft« an, ist bei der im Unterhaltsrecht angezeigten ökonomischen Betrachtungsweise die Binnenstruktur der gemeinsamen wirtschaftlichen »Einheit« unerheblich, insb. ob überhaupt sexuelle – auch gleichgeschlechtliche (offen BGH FamRZ 1995, 344) – Beziehungen bestehen. Erforderlich ist aber eine »Solidarität« (hier im Unterschied zu freiwilligen Leistungen Dritter in Form von psychischer oder materieller Unterstützung zu verstehen), auf Grund deren der eine Partner »wie in einer Ehe von dem anderen unterhalten« wird (BGH FamRZ 1995, 540, 542), wie nunmehr das Lebenspartnerschaftsgesetz vorsieht. Unabhängig von der Frage, ob ein gleichgeschlechtliches Zusammenleben zur Anwendung der Nr. 6 oder 7 führen kann, ist in Betracht zu ziehen, dass auch insoweit tatsächliche oder fiktive Zuwendungen des (gleichgeschlechtlichen) Partners dem Unterhaltsberechtigten als Einkommen zuzurechnen sein können.«

62-63   (zur Zeit nicht besetzt)

gg) Wiederaufleben eines verwirkten Unterhaltsanspruches

63a   Bei Verwirkung des Unterhaltsanspruches nach § 1579 Ziffer 2 wegen Bestehens einer ehegleichen Partnerschaft kann es grundsätzlich nach Beendigung der Partnerschaft zum Wiederaufleben eines Unterhaltsanspruches kommen. Das Wiederaufleben des Unterhaltsanspruches wird nicht in § 1586 a geregelt. Diese Vorschrift erfasst diesen Sachverhalt nicht. Soweit allerdings § 1586 a (Wiederaufleben des Unterhaltsanspruches bei gescheiterter weiterer Ehe des Unterhaltsberechtigten) dem Unterhaltsberechtigten Unterhaltsansprüche zubilligt, gilt dies erstrecht für Unterhaltsansprüche, die wegen Bestehens einer ehegleichen Partnerschaft verwirkt worden sind. Steht dem Unterhaltsberechtigten daher ein Unterhaltsanspruch aus § 1570 BGB zu. Lebt dieser ohne weiteres wieder auf. Für andere Unterhaltsansprüche gilt dies jedoch nur ausnahmsweise, und zwar dann, wenn trotz der zuvor verfestigten Lebensgemeinschaft insbesondere wegen der Ehezeitdauer, der Verteilung von Erwerbstätigkeit und Haushaltsführung sowie unter Berücksichtigung der nachehelichen Solidarität ausnahmsweise das vollständige oder teilweise wieder aufleben des Unterhaltsanspruches geboten ist.[141]

3. § 1579 Nr. 3 – Schwere Straftat des Unterhaltsgläubigers

64   Der Unterhaltsgläubiger kann seinen Unterhaltsanspruch gem. § 1579 Nr. 3 teilweise oder insgesamt verwirken, wenn er sich eines **Verbrechens** oder eines **schweren vorsätzlichen Vergehens** – also nicht eines Vergehens mit leichterem Unrechtsgehalt – gegen den Unterhaltsschuldner oder einen Angehörigen, mit dem dieser eng verbunden ist, schuldig gemacht hat; **Versuch** (häufigster Fall: versuchter Prozessbetrug)[142] kann genügen,[143] ebenso alle Teilnahmehandlungen an einer Straftat. Straftaten nach § 4 GewSchG können schwere vorsätzliche Vergehen i.S.d. § 1579 Nr. 3 darstellen.[144] Bei **Vergehen** ist abzuwägen, ob die Tat den Unterhaltsschuldner ebenso schwer trifft wie den Unterhaltsgläubiger der (auch teilweise) Verlust seines Unterhalts. Die Straftat muss kein absolutes Recht des Unterhaltsschuldners oder eines nahen Angehörigen (etwa Leib, Leben, Frei-

---

140 In Palandt § 1579 Rn. 38.
141 BGH FamRZ 2011, 1498 = FuR 2011, 639.
142 S. hierzu etwa BGH FamRZ 2005, 97 = FuR 2005, 23; OLG Karlsruhe FamRZ 2002, 1037; OLG Koblenz OLGR 2009, 603 – das Verschweigen der Auszahlung eines Erbschaftsanteils in Höhe von 18.000 € sowie einer väterliche Zuwendung in Höhe von knapp 50.000 € wurde noch nicht als schwerwiegende Verletzung der Vermögensinteressen der anderen Prozesspartei angesehen (?).
143 OLG Koblenz OLGR 1997, 245.
144 OLG Bamberg OLGR 2007, 474.

heit, Ehre) verletzen; die Norm schützt auch die Verletzung deren Vermögen oder sonstiger Interessen.

Die Zahlung von Unterhalt in Kenntnis der Verstöße gegen Anordnungen nach dem GewSchG **65** begründet kein schutzwürdiges Vertrauen auf Weiterzahlung, wenn der Unterhaltsschuldner dabei zu Unrecht von der Schuldunfähigkeit oder eingeschränkten Schuldfähigkeit des Unterhaltsgläubigers bei Begehung der Tat ausgegangen ist.[145]

Der Unterhaltsgläubiger geht zwar nach § 1579 seiner Unterhaltsansprüche grundsätzlich nur für **66** die **Zukunft** verlustig;[146] allerdings können – insb. bei **besonderer Schwere** der vom Unterhaltsgläubiger gegen den Unterhaltsschuldner verübten Straftat – in besonders gravierenden Ausnahmefällen auch bereits **entstandene Unterhaltsansprüche** als **verwirkt** anzusehen sein: Besondere Umstände der Tat können jede weitere Erfüllung der sich aus der ehelichen oder nachehelichen Solidarität ergebenden Unterhaltspflicht für das Opfer unerträglich werden und mit Billigkeitsgesichtspunkten schlechthin unvereinbar erscheinen lassen, mag auch der Zeitraum, für den der Täter von seinem Opfer Unterhalt begehrt, vor der Tatausführung gelegen haben. Die Beurteilung der Frage, ob die besonderen Voraussetzungen einer solchen, auch vor der Tat liegende Unterhaltszeiträume erfassenden Unzumutbarkeit weiterer Unterhaltsleistungen vorliegen, obliegt dem Tatrichter.[147]

a) Schuldhaftes und schwerwiegendes Fehlverhalten

Da § 1579 Nr. 3 **schuldhaftes Verhalten**, also – auch verminderte[148] – **Schuldfähigkeit**, voraus- **67** setzt, scheiden in schuldunfähigem Zustand begangene Delikte ebenso aus wie Fahrlässigkeitstaten.[149] Für die unterhaltsrechtliche Beurteilung der **Schwere** der **Tat** kommt es weder auf die Bestrafung des Unterhaltsschuldners als solche noch auf das Strafmaß an. Der Unterhaltsschuldner darf dem Unterhaltsgläubiger **keine Veranlassung** für dessen Verfehlungen gegeben und ihm diese auch **nicht verziehen** haben. Fehlt es an der Schuldfähigkeit, können die Folgen einer rechtswidrigen Tat im Rahmen von § 1579 Nr. 8 jedenfalls dann berücksichtigt werden, wenn sie fortwirken und besonders schwer wiegen.[150] Der Tatrichter entscheidet, ob ein strafbares vorsätzliches Vergehen »schwer« i.S.d. § 1579 Nr. 3 ist.[151]

Verfehlungen mit **leichterem Unrechtsgehalt** (etwa **Ehrverletzungen** und **Beleidigungen** sowie **68** **üble Nachrede**) genügen regelmäßig für eine Anwendung des § 1579 Nr. 3 nicht, soweit sie sich im Rahmen typischer Ehewidrigkeiten halten, das **übliche Maß** einer Auseinandersetzung zwischen Eheleuten im Rahmen der Trennung nicht überschreiten und **nicht als verziehen** gelten.[152] Dies ist allerdings anders bei wiederholten schwerwiegenden Beleidigungen und Verleumdungen, insb. wenn sie mit nachteiligen und nachhaltigen Auswirkungen auf die persönliche und berufliche Entfaltung sowie auf die Stellung des Unterhaltsschuldners in der Öffentlichkeit verbunden sind.[153] Der Unterhaltsschuldner darf durch sein Verhalten diese Tat **nicht direkt** oder indirekt **provoziert** haben.

---

145 OLG Bamberg OLGR 2007, 474.
146 BGH FamRZ 1984, 34.
147 BGH FamRZ 2004, 612 = FuR 2004, 407.
148 OLG Hamm FamRZ 2002, 240 – gefährliche Körperverletzung (Misshandlung) zu Lasten eines eigenen ehelichen Kindes (Säugling) im Zustand verminderter Schuldfähigkeit.
149 BGH NJW 1982, 100; s. auch OLG Hamm FamRZ 1997, 1485.
150 OLG Schleswig FamRZ 2000, 1375 – versuchtes Tötungsdelikt im Zustand der Schuldunfähigkeit.
151 BGH FamRZ 1984, 34; 1997, 483.
152 S. etwa OLG Düsseldorf FamRZ 1994, 896 – Revolverschüsse auf den Ehemann anlässlich einer ehelichen Auseinandersetzung vor der Trennung, ganz leichte Verletzungen des Ehemannes, weiteres 9-monatiges Zusammenleben in der Folgezeit.
153 BGH NJW 1982, 100; vgl. auch KG FamRZ 1995, 355; OLG Hamm FamRZ 1995, 808; OLGR 2000, 274; OLG München FamRZ 2006, 1605 – schuldhaft wiederholt schwerwiegende Beleidigungen und nicht haltbare Anschuldigungen des Unterhaltsgläubigers gegen den Unterhaltsschuldner.

b) »Missbrauch mit dem Missbrauch«

69   Zunehmend plagt sich die Praxis – wie auch im Rahmen des Gewaltschutzes! – mit dem »**Missbrauch** mit dem **Missbrauch**«. Äußert der Unterhaltsgläubiger falsche Verdächtigungen und Tatsachenbehauptungen über einen angeblichen sexuellen Missbrauch eines gemeinsamen Kindes durch den Unterhaltsschuldner, rechtfertigt dies die Begrenzung des nachehelichen Unterhalts gemäß § 1579 unter Wahrung der Kindesbelange.[154] Sexuelle Gewalt gegen Kinder, insb. gegen die eigenen, ist ein Tatbestand, der nicht nur strafrechtlich sanktioniert, sondern auch durch eine besondere gesellschaftliche Ächtung gekennzeichnet ist. Ein Elternteil, der sich solcher Übergriffe gegen sein Kind schuldig gemacht hat, verliert nach der Lebenserfahrung in seinem familiären, sozialen und beruflichen Umfeld erheblich an Ansehen und wird diesen Makel möglicherweise sein ganzes Leben lang nicht mehr los. Es kommt hinzu, dass die Aufklärung dieses Tatbestands außerordentlich schwierig ist, denn sie erfordert in der Regel die Einvernahme des Kindes, die dieses bei aller Behutsamkeit zusätzlich belasten und psychisch beschädigen kann.

70   Daher ist ein **leichtfertig** und **ohne hinreichend gravierende Anhaltspunkte** gegen einen Elternteil geäußerter **Verdacht** eines solchen **Missbrauchs** in aller Regel als schwerwiegendes Fehlverhalten i.S.d. § 1579 zu werten, insb. dann, wenn der Unterhalt begehrende Elternteil nicht aus nur subjektiver Besorgnis um das Wohl des gemeinschaftlichen Kindes wegen des Verdachts des sexuellen Missbrauchs bei den Ermittlungsbehörden Anzeige erstattet, es ihm also im wesentlichen nicht um die Verifizierung seines Verdachts und den Schutz des gemeinschaftlichen Kindes geht, sondern seine Behauptungen vielmehr als **Instrument** im Rahmen der **Auseinandersetzung** der **Eltern** nach ihrer Trennung benutzt. Dies gilt nicht nur bei konkreter Bezichtigung sexuell motivierter Handlungen, sondern auch dann, wenn der sexuelle Missbrauch nicht positiv und ausdrücklich behauptet, sondern nur angedeutet wird und im Ergebnis nicht zu strafrechtlichen Ermittlungen geführt wird. Ist ein Verdacht erst einmal in der Welt, lässt er sich nicht mehr einfangen.[155] Ein solches Fehlverhalten – **Kind** als **Waffe** im **Scheidungskampf** – darf auch unterhaltsrechtlich nicht ohne Sanktion bleiben.

c) Verletzung von Wahrheits- und Informationspflichten

71   Die Rechtsprechung sanktioniert zunehmend – und zu Recht – die **Verletzung** von **Wahrheits-** und **Informationspflichten** innerhalb und außerhalb eines gerichtlichen Unterhaltsverfahrens, insb. die unterlassene bzw. nicht vollständige oder gar **wahrheitswidrige Offenbarung eigener Einkünfte**.[156] Die besondere Schwere und Verwerflichkeit des Verhaltens besteht darin, dass der Unterhaltsgläubiger vom Unterhaltsschuldner eheliche Solidarität fordert, ohne ihr selbst zu genügen, und darauf abstellt, durch Täuschung von dem anderen eine ihm nicht zustehende Leistung zu erlangen. Die Anforderungen korrespondieren nicht nur mit der allgemeinen prozessualen Wahrheitspflicht nach § 138 ZPO, sondern auch mit der materiell-rechtlichen Obliegenheit, in dem unterhaltsrechtlichen Schuldverhältnis über Erwerbseinkünfte und Vermögensverhältnisse zutreffend und vollständig zu unterrichten (zu den Anforderungen s. etwa § 1580 – Auskunft/Belegvorlage, § 235 FamFG – Pflicht zur ungefragten Information bei wesentlicher Veränderung der Umstände, und § 117 Abs. 2 ZPO – Sanktionen in VKH-Verfahren).

72   **Versuchter Prozessbetrug** (§ 263 StGB) – er beginnt bereits mit bewusst unwahrem Parteivortrag bei Gericht[157] – genügt grundsätzlich, um die Rechtsfolgen des § 1579 Nr. 3 (kumulativ auch mit Nr. 4) auszulösen (etwa im Unterhaltsverfahren durch unwahre (Tun) oder unvollständige (Unter-

---

154   So auch OLG Schleswig OLGR 2000, 429.

155   OLG Frankfurt FuR 2005, 460 – entschieden allerdings zu § 1579 Nr. 6.

156   S. etwa BGH FamRZ 1988, 270 = FuR 1999, 377 m.w.N.; vgl. auch OLG Frankfurt FamRZ 1990, 1363; OLG Celle FamRZ 1991, 1313; OLG Karlsruhe FamRZ 1995, 1488; OLG Koblenz FamRZ 1997, 371; OLG Frankfurt FuR 2002, 83; Hoppenz FamRZ 1989, 337; Kleffmann FuR 1998, 105.

157   OLG Köln FamRZ 2003, 678 – versuchter Betrug im Zugewinnausgleichsprozess.

lassen) Angaben).[158] Derartige Pflichtverletzungen entstellen den zur Beurteilung der Unterhalts-bedürftigkeit maßgebenden Gesamtsachverhalt.

Täuschung über die eigene Bedürftigkeit und Nichtbeachtung der Vermögensinteressen des **73** Unterhaltsschuldners, etwa durch **bewusstes Verschweigen** oder gar **Ableugnen** von Einkünften, um (unrechtmäßig) Unterhalt zu erlangen, kann daher zur Aberkennung jeglichen Unterhalts füh-ren: Unvollständige, fehlerhafte und/oder bewusst falsche Angaben zum Einkommen und/oder Vermögen stellen einen Prozessbetrug dar.[159]

Allein ungenauer, unsorgfältiger, unpräziser und/oder zögerlicher Verfahrensvortrag allein begrün- **74** det hingegen den Vorwurf eines versuchten Prozessbetruges noch nicht.[160] Das für die Anfech-tungsberechtigung nach § 123 Abs. 1 erforderliche **arglistige Handeln** setzt voraus, dass der Täu-schende durch sein Verhalten beim Erklärungsgegner einen **Irrtum** erregen bzw. aufrecht erhalten möchte, d.h. der Täuschende muss die Unrichtigkeit der falschen Angaben gekannt und gleichzei-tig das Bewusstsein und den Willen gehabt haben, durch die irreführenden Angaben bzw. das Unterlassen der Aufklärung über die wahre Sachlage einen Irrtum zu erregen bzw. aufrecht zu erhalten und den Getäuschten damit zu einer Willenserklärung zu bewegen, die er sonst nicht oder mit anderem Inhalt abgegeben hätte; bedingter Vorsatz genügt.[161]

Die **Verletzung** einer **Pflicht** zu **ungefragter Information** kann zur – teilweisen, aber auch gesam- **75** ten – Verwirkung eines Unterhaltsanspruchs führen,[162] sofern nicht nach den Umständen des Ein-zelfalles (etwa bei besonders langer Ehedauer von mehr als 30 Jahren und geringen verschwiegenen Nebeneinkünfte, die keine Auswirkungen auf den nachehelichen Unterhalt haben konnten) trotz versuchten Prozessbetrugs von Verwirkung abzusehen ist.[163] Ein Verwirkungsgrund kann auch dann gegeben sein, wenn der Unterhaltsgläubiger die sich aus einer Unterhaltsvereinbarung ergebende **Informationspflicht** gegenüber dem Unterhaltsschuldner über geänderte wirtschaftliche Verhält-nisse verletzt: Der Unterhaltsgläubiger ist im Hinblick auf seine vertragliche Treuepflicht gehalten, jederzeit und unaufgefordert dem anderen Teil die Umstände zu offenbaren, die ersichtlich dessen Verpflichtung aus dem Vertrag berühren.[164] Bei **betrügerischem Prozessverhalten**, insb. bei mutwil-ligem Verschweigen von Einkünften aus eigener Erwerbstätigkeit trotz Offenbarungspflicht[165] kön-nen sich die Anwendungsbereiche von § 1579 Nr. 3 und Nr. 5[166] überschneiden.

Der **objektive Tatbestand** des für eine Verwirkung nach § 1579 sprechenden Härtegrundes kann **76** auch dadurch erfüllt sein, dass der Unterhaltsberechtigte den Verpflichteten nicht **ungefragt** über

---

158 OLG Celle FamRZ 1991, 1313 f.; OLG Frankfurt FamRZ 1990, 1363 f.; OLG München FuR 1997, 274 = EzFamR aktuell 1997, 262; OLG Hamm FamRZ 1997, 373; OLG Karlsruhe FamRZ 2002, 1037.

159 OLG Köln FuR 2001, 402; FamRZ 2001, 1717 = FuR 2001, 515; OLG Hamm FamRZ 2002, 242; s. auch OLG Düsseldorf FamRZ 2000, 1374 (Ls) – Kürzung eines Unterhaltsanspruchs nach § 1572 nach einer Ehedauer bis zur Trennung von 20 Jahren trotz wissentlich falschen Prozessvortrags und fes-ter sozialer Bindung zu einem (wirtschaftlich schwachen) Partner; OLG Frankfurt FF 2006, 157 mit Anm. Schnitzler FF 2006, 159 f. – Verschweigen der Ausweitung einer Berufstätigkeit; OLG Branden-burg OLGR 2009, 861.

160 OLG Frankfurt EzFamR aktuell 2001, 329 (Ls) = FF 2002, 180 (Ls); OLG Schleswig FamRZ 2003, 603 betr. Trennungsunterhalt – unvollständige, schleppend aktualisierte und verspätete Angaben des Unterhaltsgläubigers über seine Einkünfte während des laufenden Verfahrens.

161 BGH FamRZ 2000, 153 = FuR 1999, 377.

162 OLG Koblenz FamRZ 1997, 371, 373; OLG Schleswig ZFE 2008, 154 (Ls).

163 S. etwa OLG Hamm NJW-RR 2003, 510.

164 OLG Bamberg FamRZ 2001, 834 = FuR 2001, 545 – der Senat hat § 1579 Nr. 7 angenommen.

165 S. etwa OLG Koblenz FamRZ 1996, 1402; Schnitzler FF 1999, 43.

166 S. hierzu BGH FamRZ 1990, 1091.

einen **erheblichen Anstieg** des **eigenen Einkommens** informiert.[167] Allerdings muss der **Vorwurf hinreichend schwer wiegen**, da ansonsten die Sanktion des Unterhaltsverlusts unverhältnismäßig wäre. Verschweigt der Unterhaltsgläubiger etwa geringfügige Einkünfte, die er in einem Zeitraum von wenigen Monaten vereinnahmt hat, rechtfertigt dies nicht die Annahme eines Härtegrundes, wenn sich die Einkünfte selbst bei anteiliger Einbeziehung nicht auf den titulierten Unterhaltsanspruch auswirkt hätten, und im Übrigen eine lange Ehedauer vorliegt.[168] Auch nach einer Ehedauer von 24 Jahren können **falsche Angaben** zu **eigenen Erwerbseinkünften** zu einer vollständigen Verwirkung nach § 1579 führen.[169] Verschweigt der Unterhaltsschuldner eigene Einkünfte, dann kann er sich nach § 1585b Abs. 3 **schadensersatzpflichtig** machen.[170]

d) Beispiele zu § 1579 Nr. 3 aus der Rechtsprechung

77
- Täuschung des Unterhaltsschuldners über Trennungsabsichten und für den Unterhaltsschuldner unerwartetes Verlassen der Familie unter Mitnahme des/der Kind/er;[171]
- Falsche Angaben des Unterhalt begehrenden Ehegatten zu den Trennungsumständen (außereheliche Beziehung);[172]
- Falsche Angaben zu den Einkommensverhältnissen des Unterhaltsgläubigers vor der Trennung;[173]
- Betrug im Unterhaltsverfahren durch Verschweigen eigener Einkünfte oder durch Falschangaben zu deren Höhe;[174]
- Diebstahl zum Nachteil des Unterhaltsschuldners und tätlicher Angriff gegen ihn;[175]
- Schusswaffengebrauch gegen den Unterhaltsschuldner;[176]
- Tötung eines gemeinsamen Kindes durch die Kindesmutter im Zustand der Schuldunfähigkeit auf Grund einer affektiven Psychose;[177]
- Gefährliche Körperverletzung bei nicht unerheblichem Mitverschulden des Ehemannes durch jahrelange unbegründete Eifersucht,[178] nicht jedoch leichtere Körperverletzung während der Trennung;[179]
- Sexuelle Vergehen gegenüber der Stieftochter im Zustand verminderter Schuldfähigkeit;[180]
- Vorbereitungshandlung einer Körperverletzung;[181] nicht provozierte Körperverletzung;[182]

---

167 BGH FamRZ 2008, 1325 = FuR 2008, 401 (Berufungsurteil: OLG Hamm – FamRZ 2007, 215) – Fortführung von BGH FamRZ 1997, 483.
168 OLG Saarbrücken FF 2008, 504.
169 OLG Brandenburg FuR 2010, 33 = OLGR 2009, 861.
170 OLG Schleswig FuR 2009, 537 – im entschiedenen Fall: eine Rente.
171 OLG Schleswig FamRZ 2003, 603.
172 OLG Schleswig FamRZ 2004, 808.
173 OLG Schleswig FamRZ 2004, 808.
174 BGH FamRZ 1984, 34; OLG Hamm FamRZ 1997, 1337; OLG Schleswig NJW-RR 2004, 1372 – Verschweigen von Einkünften aus einer vorübergehenden Beschäftigung seitens des Unterhaltsgläubigers; OLG Schleswig FuR 2005, 476 – Verschweigen der Aufnahme einer Halbtagstätigkeit seitens des Unterhaltsgläubigers KG FamRZ 2006, 341 – Verschweigen zusätzlicher Einkünfte im Unterhaltsprozess.
175 OLG Karlsruhe FamRZ 2001, 833 zu einem versuchten Diebstahl in einem besonders schweren Fall, auch wenn die Tat nicht mit einer Verurteilung, sondern mit einer Verwarnung unter Strafvorbehalt geahndet wurde; OLG Hamm FamRZ 1994, 168 – entschieden zu § 1361.
176 OLG Düsseldorf FamRZ 1994, 896.
177 OLG Bamberg FamRZ 1979, 505; OLG Hamm FamRZ 1997, 1485 zu § 1361 – Verwirkung verneint.
178 OLG Koblenz FamRZ 1998, 745 – sehr gute wirtschaftliche Verhältnisse.
179 OLG Köln FuR 2009, 476 = OLGR 2009, 623 – sehr emotional gestaltete Trennungsphase.
180 OLG Hamm FamRZ 1990, 887.
181 *OLG Schleswig* FamRZ 2004, 808.
182 OLG Koblenz FamRZ 1991, 1312.

Anschlag auf die unterhaltspflichtige Ehefrau zur Begehung einer gefährlichen Körperverletzung während eines für den betreuten Umgang mit den gemeinsamen Kindern vereinbarten Termins;[183]
– Fortgesetzte, vorsätzliche sittenwidrige Schädigungen des Unterhaltsschuldners an seinem Arbeitsplatz;[184]
– Nötigung durch Drohung mit Offenlegung der Homosexualität;[185]
– Vorwurf sexuellen Missbrauchs (§ 1579 Nr. 3 i.V.m. § 187 StGB);[186]
– Verleumdung des Ehepartners im Zustand erheblicher verminderter Schuldfähigkeit (Vorwurf des sexuellen Missbrauchs gemeinsamer Kinder);[187]
– falsche Aussage im Vaterschaftsfeststellungsverfahren;[188]
– Anschwärzen beim Arbeitgeber: Behauptung des nicht genehmigten Betreibens eines Gewerbes unter Beilegung von Intimfotos[189] oder Äußerung eines (letzten Endes wohl begründeten) Korruptionsverdachts ohne konkrete Anhaltspunkte;[190]
– Formulierung einer Strafanzeige betreffend (teilweise) viele Jahre zurückliegende Vorgänge in zeitlichem Zusammenhang mit einem Unterhaltsverfahren;[191]
– Existenzgefährdende Doppelpfändung aus einem summarischen Titel.[192]

4. § 1579 Nr. 4 – Mutwillige Herbeiführung der Bedürftigkeit

Ein Unterhaltsanspruch kann nach § 1579 Nr. 4 verwirkt sei, wenn der Unterhaltsgläubiger seine **Bedürftigkeit mutwillig herbeigeführt** hat: Das **vorsätzliche** und **leichtfertige Verhalten** muss also **bedürftigkeitsbezogen** sein.[193] Die Vorschrift soll vermeiden, dass der Unterhaltsschuldner die Folgen einer leichtfertigen Herbeiführung der Bedürftigkeit durch den anderen Ehegatten mittragen muss.   78

a) Abgrenzungen

§ 1579 Nr. 4 ist gegenüber § 1573 und § 1577 abzugrenzen.   79

aa) Abgrenzung zu § 1573

Verwirkung nach § 1579 Nr. 4 ist nur zu prüfen, wenn ein Unterhaltstatbestand bejaht wird, und wenn der Unterhaltsgläubiger nicht in der Lage ist, einer Berufstätigkeit nachzugehen. Weist der erwerbslose Unterhaltsgläubiger Bemühungen um einen Arbeitsplatz nicht oder nicht ausreichend nach, entfällt bereits der Unterhaltstatbestand (§ 1573 Abs. 1). Unterlässt hingegen der erwerbsunfä-   80

---

183 OLG Zweibrücken FamRZ 2002, 241; s. auch BGH FamRZ 2004, 612.
184 BGH NJW 1982, 100 f.
185 KG FamRZ 1992, 571.
186 OLG Hamm FamRZ 1995, 808 – Verwirkung verneint; OLG Schleswig OLGR 2000, 429; 2005, 695 – kein Handeln der Unterhaltsgläubigerin »wider besseres Wissen«.
187 OLG Hamm FamRZ 1995, 808 – Verwirkung verneint; OLG Schleswig OLGR 2000, 429.
188 OLG Bremen FamRZ 1981, 953.
189 OLG Düsseldorf FamRZ 1997, 418 – zu § 1361; zu den Voraussetzungen der Verwirkung vgl. auch noch OLG Stuttgart FamRZ 1997, 419.
190 OLG Koblenz NJWE-FER 1997, 3 – die Anzeige gegenüber dem Sicherheitsreferat des Bundesbeamten für Wehrtechnik und Beschaffung rechtfertigte bei der erwerbsunfähigen Unterhaltsgläubigerin die Herabsetzung des Unterhalts auf den Mindestbedarf zuzüglich Krankheitsvorsorgekosten; vgl. auch bereits OLG Düsseldorf NJW-RR 1996, 1155; s. auch BGH FamRZ 2002, 23 = FuR 2002, 127 – Strafanzeigen des Unterhaltsgläubigers (auch wegen Steuerhinterziehung) und anonyme Anrufe bei einem der Arbeitgeber des Unterhaltsschuldners.
191 OLG Hamm EzFamR aktuell 1997, 291 = FuR 1997, 304 (Ls); s. auch OLG Frankfurt EzFamR aktuell 2002, 267 (Ls) – Strafanzeige wegen Urkundenfälschung.
192 OLG Frankfurt EzFamR aktuell 2002, 267 (Ls).
193 BGH FamRZ 1984, 361, 367.

hige Unterhaltsgläubiger vorwerfbar, seine Erwerbsfähigkeit durch geeignete und zumutbare Maßnahmen wieder herzustellen, kann der Tatbestand des § 1579 Nr. 4 erfüllt sein.[194] Der Rückgriff
auf allgemeine Grundsätze ist ausgeschlossen: Liegen die Voraussetzungen der Vorschrift nicht vor,
dann darf dem Unterhaltsgläubiger auch kein fiktives Einkommen zugerechnet werden.[195]

bb) Abgrenzung zu § 1577

81 Die Abgrenzung des § 1579 Nr. 4 zu § 1577 ist bereits wegen der unterschiedlichen Rechtsfolgen
bedeutsam: § 1579 ist eine **Billigkeitsregelung**, § 1577 Abs. 1 hingegen **starres Recht** mit **Zumut-
barkeitskorrektiv**. Abgrenzungsprobleme ergeben sich insb. bei der **Zurechnung fiktiven Einkommens** wie auch bei der **Verschwendung** von Vermögen.[196]

b) Mutwillen als unterhaltsbezogene Leichtfertigkeit

82 »**Mutwillig**« bedeutet nicht, dass der Unterhaltsgläubiger seine **Bedürftigkeit** vorsätzlich zweckge-
richtet zu Lasten des Unterhaltsschuldners herbeigeführt haben muss; andererseits genügt auch
einfaches Verschulden nicht. § 1579 Nr. 4 verlangt **Mutwillen**, der sich zumindest als **unterhaltsbezogen vorwerfbar (leichtfertig)**[197] darstellen muss, also vom üblichen sozialen Standard abweichendes Verhalten im Sinne bewusster Fahrlässigkeit. Das Verhalten muss zum Unterhalt in einer
Beziehung stehen, die sich nicht in bloßer Ursächlichkeit erschöpft, sondern die Vorstellungen
und Antriebe, die dem zu beurteilenden Verhalten zugrunde liegen, müssen sich (auch) auf die
Bedürftigkeit als Folge dieses Verhaltens erstrecken. **Leichtfertig** handelt der Unterhaltsgläubiger,
wenn er die Möglichkeit des Eintritts der Bedürftigkeit als Folge seines Verhaltens erkennt und im
Bewusstsein dieser Möglichkeit handelt, wobei er sich unter grober Nichtachtung dessen, was
jedem einleuchten muss, oder in Verantwortungs- und Rücksichtslosigkeit (**Maßstab**: die aus der
ehelichen Lebensgemeinschaft gem. § 1353 Abs. 1 resultierenden Pflichten) gegen den Unterhaltsschuldner über die erkannte Möglichkeit nachteiliger Folgen für seine Bedürftigkeit hinwegsetzt.[198] **Leichtfertig** handelt insb., wer eine der beiden bzw. beide zur selbständigen Deckung des
Lebensbedarfs maßgebenden Faktoren **Erwerbsfähigkeit** und/oder **Vermögen** auf sinnlose Art aufs
Spiel setzt und – wenn auch nur teilweise – einbüßt.

c) Leichtfertigkeit, bezogen auf die Erwerbsfähigkeit

83 Auf die **Erwerbsfähigkeit** bezogene **Leichtfertigkeit** (Vorwerbarkeit) kann (nur) anhand von **Fallgruppen** geprüft werden.

aa) Arbeitsplatz

84 Nimmt der Unterhaltsgläubiger eine den Planungen und Vereinbarungen während des Bestehens
der ehelichen Lebensgemeinschaft entsprechende Berufstätigkeit nach der Trennung wegen des
Scheiterns des **gemeinsamen Lebensplans** auf Grund der Trennung der Ehegatten nicht auf, dann
kann es bereits am Mutwillen fehlen, wenn sich auf Grund der Trennung bereits die Grundlagen
der Planungen (etwa veränderte Kinderbetreuung) geändert haben.[199] Verliert der Unterhaltsgläu-

---

194 BGH FamRZ 1987, 359, 361.
195 BGH FamRZ 1986, 560.
196 Vgl. BGH FamRZ 1992, 423.
197 Zu diesem Merkmal s. auch OLG Karlsruhe FamRZ 1994, 755 in Abgrenzung zu BGH FamRZ 1992,
    1045.
198 BGH FamRZ 1981, 1042 – Unterlassen der gerichtlichen Verfolgung eines möglichen Verdienstausfall-
    schadens, wenn die gegnerische Versicherung den Anspruch verneint; FamRZ 2000, 815 = FuR 2000,
    472 – dies gilt für den Unterhaltsgläubiger ebenso wie für den Unterhaltsschuldner hinsichtlich seiner
    Leistungsfähigkeit.
199 S. etwa OLG Schleswig FamRZ 2004, 808.

biger **selbstverschuldet** seinen **Arbeitsplatz** (etwa infolge einer Straftat, z.B. Alkoholdelikte), dann wird es regelmäßig an unterhaltsbezogener Mutwilligkeit **fehlen.**[200] Solche Fälle können sachgerecht auf der Ebene der Bedürftigkeit bzw. Leistungsfähigkeit durch Zurechnung fiktiven Einkommens gelöst werden. Demnach genügt für sich allein auch nicht die bloße Vorhersehbarkeit des Arbeitsplatzverlustes.

bb) Krankheit, Alkohol- oder Drogenmissbrauch und/oder Unterhaltsneurosen

Der Unterhaltsgläubiger führt seine Bedürftigkeit selbst herbei, wenn er – insb. etwa bei Alkohol- oder Drogenabhängigkeit, Abhängigkeit von Medikamenten, Renten- oder Unterhaltsneurosen, Übergewicht[201] u.a. – seine **Krankheit** selbst unterhaltsbezogen leichtfertig **verschuldet** hat.[202] Bedürftigkeit i.S.d. § 1579 Nr. 4 kann allerdings auch dadurch mutwillig herbeigeführt sein, dass es der Unterhaltsgläubiger in vorwerfbarer Weise unterlassen hat, durch geeignete und zumutbare – also notwendige, jedoch weitgehend risikolose – **Behandlungsmaßnahmen**, die sichere Aussicht auf Heilung oder wesentliche Besserung erwarten lassen,[203] seine Erwerbsfähigkeit wieder herzustellen, nachdem er seine Krankheit erkannt hat.[204] Die Frage, von welchem Zeitpunkt an die Erkenntnis über die Art der Erkrankung zugerechnet werden kann, und die Beurteilung des Zeitraums, innerhalb dessen der Unterhaltsgläubiger gehalten ist, wirksame Maßnahmen zur Wiederherstellung seiner Gesundheit zu ergreifen, sind Gegenstand tatrichterlicher Beurteilung. Begehrt der Unterhaltsschuldner eine Beschränkung seiner Unterhaltspflicht mit der Begründung, der Unterhaltsgläubiger habe seine Bedürftigkeit mutwillig herbeigeführt, weil er eine zumutbare **Therapie** mutwillig unterlassen habe, gehen insoweit verbleibende Zweifel zu seinen Lasten.[205]

cc) Unterlassen einer Ausbildungsmaßnahme

Ein geschiedener Ehegatte hat seine Bedürftigkeit mutwillig i.S.d. § 1579 Nr. 4 herbeigeführt, wenn er eine als notwendig erkannte, Erfolg versprechende **Vor-** bzw. **Ausbildung** i.S.d. § 1574 Abs. 3 nicht absolviert hat, um seinen Unterhaltsanspruch nicht zu gefährden.[206]

dd) Fehlgeschlagener Suizidversuch

Ein **fehlgeschlagener Selbstmordversuch**, der zur Erwerbsunfähigkeit führt, begründet nur dann Mutwillen, wenn der Unterhaltsgläubiger ein mögliches Fehlschlagen des Versuchs und als dessen Folge seine Erwerbsunfähigkeit ins Auge gefasst, gebilligt und sich rücksichts- und verantwortungslos über die erkannte Möglichkeit solcher nachteiliger Folgen für seine unterhaltsrechtliche Bedürftigkeit hinweggesetzt hat.[207]

ee) Homologe Invitrofertilisation

Nach Ansicht des BGH[208] verwirkt die Ehefrau nachehelichen Unterhalt nicht nach § 1579, wenn sie sich einer **homologen Invitrofertilisation** unterzieht, obwohl der Ehemann sein Einverständnis

85

86

87

88

---

200 S. BGH FamRZ 2007, 1532 = FuR 2007, 484 – grundlose Aufgabe des Arbeitsplatzes.
201 OLG Düsseldorf FamRZ 1987, 1262; OLG Hamm FamRZ 1989, 631; OLG Köln FamRZ 1992, 65 – Übergewicht.
202 BGH FamRZ 1987, 359, 361.
203 OLG Hamm NJW-RR 2003, 510.
204 BGH FamRZ 2005, 1897 = FuR 2005, 516 – Verweigerung kontinuierlicher Behandlung diagnostizierter Schizophrenie mangels Krankheitseinsicht: Die unterlassene Behandlung beruhte nicht auf einem mutwilligen Verhalten des Unterhaltsgläubigers, sondern auf der diagnostizierten Krankheit selbst.
205 OLG Saarbrücken FF 2008, 504.
206 BGH FamRZ 1986, 553 (Nr. 325); OLG Hamburg FamRZ 1991, 445 – Kürzung des Altersunterhalts.
207 BGH FamRZ 1989, 1054; OLG Köln FamRZ 1992, 1311.
208 BGHZ 146, 391 = BGH FamRZ 2001, 541 = FuR 2001, 184 mit Anm. Koch JR 2002, 105 (Berufungsurteil: OLG Stuttgart FamRZ 1999, 1136).

zurückgezogen hat. Streitig war die Unterhaltspflicht des Ehemannes wegen Betreuung eines Kindes nach § 1570, welches im Wege der homologen Invitrovertilisation gezeugt wurde. Zum Zeitpunkt der Implantation befand sich die Ehe bereits in der Krise, da sich der Ehemann bereits zuvor einer anderen Frau zugewandt und dies seiner Ehefrau noch vor der Implantation mitgeteilt hat. Er wollte aus diesem Grunde an der Abrede der extrakorporalen Befruchtung nicht uneingeschränkt festhalten. Zwei Monate später trennten sich die Eheleute. Noch vor der Geburt des Kindes reichte die Ehefrau Scheidungsantrag ein und begehrte nachehelichen Unterhalt.

89 Der BGH[209] hat den Unterhaltsanspruch auf § 1570 gestützt, weil das aus der Invitrofertilisation hervorgegangene Kind ein gemeinsames Kind der Eheleute ist, und das Kind genetisch vom Ehemann abstammt. Den eigentlichen Schwerpunkt der Entscheidung sah der BGH in der Frage, wie weit die Bindung einer Abrede über die Gestaltung der ehelichen Lebensverhältnisse und der Familienplanung reicht, und welche Folgen sich aus der einseitigen Abkehr hiervon durch einen Ehegatten ergeben. Insb. unter Bezug auf Art. 1 Abs. 1 GG verneint der BGH die Bindung der Ehegatten an eine gemeinsame Festlegung, ob, zu welchem Zeitpunkt und gegebenenfalls auf welche Weise sie Nachkommen in die Welt setzen wollen. Die grundrechtlich geschützte persönliche Würde und das Selbstbestimmungsrecht des einzelnen würden bei einer Bindung verletzt, weil sich aus diesem auch ableite, sich jederzeit erneut und frei für und gegen ein Kind zu entscheiden. Der BGH ließ dahingestellt, ob dem Grunde nach die Prüfung der Härteklausel des § 1579 überhaupt zulässig sei; jedenfalls läge kein leichtfertiges Verhalten, das im Rahmen des § 1579 verlangt wird, vor.

d) Vermögensbezogene Leichtfertigkeit

90 Der Tatbestand des § 1579 Nr. 4 kann auch dann begründet sein, wenn der Unterhaltsgläubiger **Vermögen** (etwa vorzeitig ausgezahlten Zugewinn) **verschwendet** hat und dadurch nunmehr mittellos ist. Durfte er allerdings sein Vermögen oder einen bestimmten Teil davon gem. § 1577 Abs. 3 unangetastet lassen, darf der Verbrauch dieses Vermögens (teils) nicht als mutwillige Herbeiführung der Bedürftigkeit gewertet werden.[210] Mutwillig im Hinblick auf die dadurch herbeigeführte Verringerung der Vermögenserträge handelt jedenfalls nicht, wer ererbtes Vermögen zum Erwerb eines Eigenheims verwandt hat, wenn die wirtschaftlichen Verhältnisse des Unterhaltsschuldners besonders günstig sind.[211] **Verschleuderung** von **Vermögen** infolge Verbrauch der Vermögenssubstanz darf nicht angenommen werden, wenn Vermögen aus Zugewinn, Vermögensauseinandersetzung oder Erbschaft aus anerkennenswerten Gründen für berechtigte Zwecke ausgegeben worden ist (etwa für Verfahrenskosten, Umzug, notwendiges neues Mobiliar nach der Trennung, Altersvorsorge u.a.).[212]

e) Weitere Beispiele aus der Rechtsprechung zu § 1579 Nr. 4

91 Ein Ehegatte führt seine Bedürftigkeit nicht schon dadurch mutwillig i.S.d. § 1579 Nr. 4 herbei, indem er sich (einseitig) von dem anderen trennt, daher aus der Ehewohnung auszieht und dadurch **trennungsbedingten Mehrbedarf** verursacht: Ansonsten würde mittelbar Zwang zur Aufrechterhaltung der Ehe ausgeübt, was der Gesetzgeber vermeiden wollte.[213]

---

209 Grundlegend BGH FamRZ 1988, 375 = FuR 2000, 472.
210 Zu allem s. BGH FamRZ 1984, 361; s. auch OLG Brandenburg NJW-RR 2009, 1371.
211 BGH FamRZ 1986, 560.
212 BGH FamRZ 1990, 989.
213 BGH FamRZ 1986, 434.

Bei Verstoß gegen eine **Absprache** zur **Familienplanung** (die als zum nicht justiziablen Intimbereich eines jeden Partners gehörend angesehen wird, § 1353), wird es regelmäßig bereits am unterhaltsbezogenen Mutwillen fehlen.[214]

Verwendet der Unterhaltsgläubiger den ihm zugesprochenen **Vorsorgeunterhalt zweckwidrig,** obwohl der Elementarunterhalt den Lebensbedarf ausreichend deckt, kann er im Rentenfall seinen Unterhalt in Höhe des dadurch niedrigeren Renteneinkommens (teilweise) verwirken.[215] Dies setzt allerdings voraus, dass dem Unterhaltsgläubiger mutwilliges Verhalten vorgeworfen werden kann, was bei einer Notlage oder bei Einkünften unterhalb des notwendigen Selbstbehalts fraglich ist.[216]

5. § 1579 Nr. 5 – Verletzung von Vermögensinteressen des Unterhaltsschuldners

§ 1579 Nr. 5 verlangt objektiv, dass sich der Unterhaltsgläubiger über **schwerwiegende Vermögens-** **92** **interessen** des Unterhaltsschuldners mutwillig hinweggesetzt hat, diese also durch sein Verhalten mindert oder gefährdet,[217] insb. Kontenplünderungen (rechtswidrige Entnahmen aus gemeinsamen Konten über die Verteilungsregeln der §§ 430 ff. hinaus[218] bzw. Missbrauch einer – immanent auf Zwecke gemeinsamer Lebensführung begrenzten – Kontovollmacht für Konten des Unterhaltsschuldners).[219] Zu den Vermögensinteressen gehören auch Einkommensinteressen (etwa Steuerersparnis durch gemeinsame Veranlagung). Der Härtegrund des § 1579 Nr. 5 setzt daher objektiv einen gravierenden Verstoß des Unterhaltsgläubigers voraus, wie sich aus der Wortwahl »schwerwiegende« und »hinwegsetzen« gibt. Damit stellt die Vorschrift nicht allein auf den Umfang der Vermögensgefährdung ab, sondern auch auf die Intensität der Pflichtverletzung.[220]

Subjektiv erfordert der Härtegrund des § 1579 Nr. 5 mutwilliges Handeln, das zumindest leicht- **93** fertiges Verhalten des Unterhaltsgläubigers voraussetzt.[221]

Grund für die Sanktion ist, dass der Unterhaltsgläubiger unter Verletzung des Gegenseitigkeits- **94** und Loyalitätsprinzips durch sein Verhalten dem Unterhaltsschuldner die Erfüllung seiner Unterhaltspflichten erschwert oder unmöglich macht und damit gleichzeitig diejenigen Mittel beeinträchtigt, aus denen er Unterhalt begehrt. Die Pflichtwidrigkeit des Unterhaltsgläubigers muss aber in jedem Falle den Unterhaltsschuldner ebenso hart treffen wie der Einschnitt in seinen Unterhalt den Unterhaltsgläubiger. **Vereitelt** der Unterhaltsgläubiger massiv das **Umgangsrecht**

---

214 Tendenziell insoweit BGHZ 146, 391 = BGH FamRZ 2001, 541 = FuR 2001, 184 mit Anm. Koch JR 2002, 105 (Berufungsurteil: OLG Stuttgart FamRZ 1999, 1136).

215 BGHZ 153, 372 = BGH FamRZ 2003, 848, 853 mit Anm. Hoppenz = FuR 2003, 358; BGH FamRZ 1987, 684; OLG Bamberg FamRZ 2003, 762; krit. hierzu Weychardt FamRZ 1987, 1130; s. auch Krause FamRZ 2003, 1617.

216 OLG Schleswig OLGR 2001, 41.

217 Zur Gefährdung s. OLG Düsseldorf FamRZ 1996, 1418; OLG Hamm FamRZ 2002, 242 – Versicherungsbetrug seitens des Unterhaltsgläubigers tangierte die Vermögensinteressen des Unterhaltsschuldners ebenso wie versuchte rechtswidrige Veräußerung von Hausrat; OLG Koblenz FF 2005, 193 – unsubstantiierter Vortrag zu Wegnahme und Verkauf gemeinsamen Hausrats; OLG Oldenburg FamRZ 2002, 243 – Vernichtung persönlicher Gegenstände des Unterhaltsschuldners von beträchtlichem Wert durch den Unterhaltsgläubiger.

218 OLG Köln FuR 2009, 476 = OLGR 2009, 623 – Abhebungen vom gemeinsamen Girokonto hatten zu einer Kontoüberziehung geführt.

219 OLG Celle FamRZ 1994, 1324; OLG Schleswig NJW-RR 2004, 799 – Kontenplünderung.

220 BGH FamRZ 2009, 1124 = FuR 2009, 447 im Anschluss an BGH FamRZ 2008, 1325, 1327 – fortdauernde Vollstreckung aus einem Titel zur Wahrnehmung berechtigter Interessen; Anschwärzen bei Vorgesetzten, OLG Brandenburg FamRZ 2011, 226 RN 1583; OLG Brandenburg FamRZ 2011, 226.

221 BGHZ 146, 391, 399 f. = BGH FamRZ 2001, 541, 544; BGH FamRZ 1988, 1031, 1033 = FuR 2008, 401.

des Unterhaltsschuldners mit seinem/n Kind/ern, dann können **hohe nutzlose finanzielle Aufwendungen** den Tatbestand des § 1579 Nr. 5 erfüllen.[222]

95   § 1579 Nr. 5 setzt – wie auch § 1579 Nr. 4 – **Verschulden**, also vorsätzliches oder leichtfertiges – nicht dagegen **unterhaltsbezogenes** Verhalten – voraus.[223]

96   Hauptanwendungsbereich dieser Norm sind Verstöße gegen die **Obliegenheit** zur **ungefragten Information** über spätere Einkommensänderungen nach einer Unterhaltsregelung. So sind jedenfalls die Parteien eines Unterhaltsvergleichs verpflichtet, sich gegenseitig ungefragt zu informieren, wenn ihr Verdienst das für die Bemessung des Unterhalts berücksichtigte Einkommen deutlich übersteigt,[224] wobei sich diese Verpflichtung zur ungefragten Information nicht nur aus der vertraglichen Treuepflicht nach Abschluss eines gerichtlichen Vergleichs ergibt, sondern unabhängig von der Art des Unterhaltstitels schon aus dem unterhaltsrechtlichen Treueverhältnis.[225]

97   Bei **betrügerischem Prozessverhalten**, insb. mutwilligem Verschweigen von Einkünften aus eigener Erwerbstätigkeit trotz Offenbarungspflicht[226] können sich die Anwendungsbereiche von § 1579 Nr. 4 und Nr. 5[227] **überschneiden**. Das OLG Frankfurt[228] hat bei **betrügerischem Prozessverhalten** Verwirkung nach § 1579 Nr. 5 bejaht: Die Antragstellerin habe sich mutwillig über schwerwiegende Vermögensinteressen des Antragsgegners hinweggesetzt, indem sie im erstinstanzlichen Verfahren verschwiegen habe, dass sie jedenfalls seit Mai 1999 mit einem neuen Partner in **eheähnlicher Gemeinschaft** zusammenlebe, und indem sie dies trotz der insoweit hinreichend eindeutigen Aussage eines gerichtlich vernommenen Zeugen auch im Beschwerdeverfahren weiterhin geleugnet hatte. Unsorgfältiger und zögerlicher Prozessvortrag allein begründet noch nicht den Vorwurf eines versuchten Prozessbetruges;[229] ebenso begründet nicht jede ungenaue und unpräzise Sachverhaltsdarstellung den Verwirkungseinwand, der im Übrigen hinreichend schwer wiegen muss, da ansonsten die Sanktion des Unterhaltsverlusts unverhältnismäßig wäre.[230]

98   Verweigert der unterhaltsberechtigte Ehegatte ohne sachlichen Grund seine **Zustimmung** zum **begrenzten Realsplitting**, so stellt dies jedenfalls dann, wenn dieses Verhalten regelmäßig praktiziert wird, einen Verwirkungsgrund i.S.d. § 1579 Nr. 5 dar. Etwas anderes kann gelten, wenn die Verweigerung durch den Streit der Parteien über die Übernahme von Steuerberaterkosten durch den Unterhaltsschuldner sachlich begründet war.[231]

---

222 S. hierzu etwa OLG Schleswig OLGR 2005, 695.
223 Häberle FamRZ 1986, 312.
224 BGH FamRZ 1986, 450, 453.
225 BGH FamRZ 2008, 1325 = FuR 2008, 401; Büttner FF 2008, 15; vgl. auch Hoppenz FamRZ 1989, 337, 338 f.
226 S. etwa OLG Koblenz FamRZ 1996, 1402, OLG Hamm FamRZ 2002, 242; OLG Schleswig FuR 2005, 476 – Verschweigen der Ausweitung der Arbeitszeit seitens des Unterhaltsgläubigers (§ 1579 Nr. 4); Schnitzler FF 1999, 43.
227 S. hierzu BGH FamRZ 1990, 1091.
228 FuR 2002, 83 – darüber hinaus habe sich die Klägerin über schwerwiegende Vermögensinteressen des Beklagten dadurch mutwillig hinweggesetzt, dass sie nach Aufnahme einer Erwerbstätigkeit ab 01.01.2000 trotz entsprechender Verpflichtung zur unverzüglichen Offenlegung der Erwerbseinkünfte diese verschwiegen, sogar vollen Unterhalt verlangt hatte; der Senat hat offen gelassen, ob auch »die Schwelle des Verwirkungstatbestands des § 1579 Nr. 2 überschritten« war.
229 OLG Schleswig FamRZ 2003, 603 betr. Trennungsunterhalt unvollständige, schleppend aktualisierte und verspätete Angaben des Unterhaltsgläubigers über seine Einkünfte während des laufenden Verfahrens.
230 OLG Frankfurt EzFamR aktuell 2001, 329 (Ls) = FF 2002, 180 (Ls).
231 OLG Koblenz FF 2009, 83.

Der Tatbestand des § 1579 Nr. 5 kann wegen **geschäftlicher Schädigung** – etwa durch Mitwir-   **99**
kung an der Aufkündigung von Geschäftsbeziehungen – erfüllt sein,[232] ebenso durch Denunzia-
tion beim Arbeitgeber/Dienstvorgesetzten mit dem Ziel, dem Unterhaltsschuldner seinen Arbeitsplatz zu vernichten.[233] Ein geschiedener Ehegatte kann daher seinen Unterhaltsanspruch verwirken, wenn ihm fortlaufende Verfehlungen gegen den anderen Ehegatten vorzuwerfen sind, die
diesen nicht nur der Gefahr – ungerechtfertigter – strafrechtlicher Verfolgung aussetzen, sondern
auch in seiner Existenz bedrohen.[234] Er verletzt daher in besonders schwerwiegender Weise seine
Pflicht zur nachehelichen Solidarität und gefährdet in erheblichem Maße die Vermögensinteressen
des Unterhaltsschuldners, wenn er mehrfach gegenüber – potentiellen – Auftraggebern des (auch)
als freiberuflicher Architekt tätigen Unterhaltsschuldners darauf hinweist, dass Zwangsvollstreckungsmaßnahmen gegen den Unterhaltsschuldner fruchtlos verlaufen seien, und er – der Unterhaltsgläubiger – Antrag auf Abgabe der eidesstattlichen Versicherung gestellt habe.

Allerdings verwehrt § 1579 Nr. 5 dem Unterhaltsgläubiger nicht, mit Nachdruck seine **eigenen**   **100**
Ansprüche geltend zu machen und im Wege der Vollstreckung durchzusetzen, wobei er jedoch
alles zu unterlassen hat, was zur Durchsetzung seiner eigenen Ansprüche nicht erforderlich ist,
wenn es den Unterhaltsschuldner nachhaltig schädigen und ihm dadurch die Erfüllung seiner
Unterhaltspflicht erschweren oder unmöglich machen kann. Die Vorsprache des Unterhaltsgläubigers beim Arbeitgeber des Unterhaltsschuldners wegen akuter oder zukünftiger Pfändungen
begründet daher den Verwirkungseinwand nach § 1579 Nr. 5 dann nicht, wenn der Unterhaltsschuldner nicht freiwillig zahlt und sich nicht gesetzestreu verhält.[235]

Trägt ein Ehepartner im Rechtsstreit über den Ehegattenunterhalt einen Sachverhalt vor, der   **101**
geeignet ist, den in Anspruch genommenen Ehegatten der strafrechtlichen Verfolgung wegen
Steuerhinterziehung durch sog. »Schwarzgeldeinnahmen« zu belangen, dient dies der **Wahrneh-**
mung berechtigter Interessen und führt nicht zur Herabsetzung des Unterhaltsanspruchs wegen
grober Unbilligkeit.[236] In derartigen Fällen wird und soll der Tatrichter generell gem. § 116 AO
verfahren: Richter haben Tatsachen, die sie dienstlich erfahren, und die den Verdacht einer Steuerstraftat begründen, der zuständigen Finanzbehörde mitzuteilen. Der Unterhalt begehrende Ehegatte selbst sollte mit Anzeigen bei den Finanzbehörden[237] zurückhaltend verfahren, weil sowohl
der Umfang des steuerlich zu prüfenden Materials als auch die Konsequenzen seiner Anzeige oftmals weder für ihn selbst noch für seinen Rechtsvertreter hinreichend prüfbar (Umfang des steuerlich zu prüfenden Materials) als auch vorhersehbar (Konsequenzen seiner Anzeige) sind. Ein Hinweis auf § 116 AO im Unterhaltsverfahren stellt niemals unterhaltsrelevantes Fehlverhalten dar.

§ 1579 Nr. 5 erfasst regelmäßig wissentlich falsche oder leichtfertige, zumal nicht im öffentlichen   **102**
Interesse liegende **Strafanzeigen**, insb. wenn wirtschaftlich nachteilige Folgen nicht ausgeschlossen

---

232 S. etwa BGH FamRZ 2009, 1124 = FuR 2009, 447 im Anschluss an BGH NJW 1982, 100, 101 –
     Schreiben an Dienstvorgesetzte des Unterhaltsschuldners bei Gesamtwürdigung des beiderseitigen Ver-
     haltens; OLG Celle FamRZ 1987, 69 – Kopieren von Geschäftsunterlagen sowie die Benutzung eines
     der Unterhaltsgläubigerin vom Unterhaltsschuldner auch für Privatentnahmen zur Verfügung gestellten
     Blankoschecks am Tage der Trennung der Parteien.
233 OLG München FamRZ 1982, 270 – Strafanzeigen gegen den Unterhaltsschuldner und Anzeigen bei
     seinem Dienstvorgesetzten; OLG Hamm FamRZ 1987, 946 f.; OLG Zweibrücken FamRZ 1986, 63;
     OLG Köln FamRZ 1995, 1580; OLG Karlsruhe FamRZ 1998, 746.
234 OLG Koblenz FamRZ 1991, 1312 – Beschuldigung des Vortäuschens einer Straftat, des Versicherungs-
     betruges und der Untreue zu Lasten des Arbeitgebers des Unterhaltsschuldners; s. auch BGH FamRZ
     2002, 23 = FuR 2002, 127 – Strafanzeigen des Unterhaltsgläubigers (auch wegen Steuerhinterziehung)
     und anonyme Anrufe bei einem der Arbeitgeber des Unterhaltsschuldners.
235 OLG Hamm FamRZ 1999, 235.
236 OLG Zweibrücken OLGR 2002, 105.
237 S. etwa OLG Schleswig NJW-RR 2004, 799 – Anzeige wegen Schmuckdiebstahls und wegen Verun-
     treuung von Betriebsvermögen.

werden können,[238] und wenn sich die Anzeige als schwerwiegende Verletzung der auch zwischen geschiedenen Ehegatten bestehenden Loyalitätspflicht darstellt. Eine (auch) begründete Strafanzeige kann daher ehewidrig und damit Grundlage für eine Verwirkung von Unterhaltsansprüchen sein, wenn es dem Unterhaltsgläubiger gleichgültig sein kann, ob das Delikt, um welches es geht, strafrechtlich geahndet wird, weil sie selbst mit dem verletzten Rechtsgut in keiner Beziehung steht. »In diesen Fällen den ehelichen Bereich nicht berührender Straftaten darf man annehmen, dass die eheliche Loyalität verlangt, sich nicht zum denunzierenden Verfolger aufzuwerfen.«[239]

103 **Berechtigte Strafanzeigen**[240] – etwa wegen eindeutiger Verletzung der Unterhaltspflicht[241] – führen hingegen nicht zur (Teil-)Verwirkung von Unterhalt,[242] etwa wenn der Unterhaltsgläubiger der Polizei mitteilt, der Unterhaltsschuldner sei unter erheblichem **Alkoholeinfluss** mit einem Kfz unterwegs, wobei er ihn wiederholt aufgefordert hatte, sich in einer psychiatrischen Klinik untersuchen und behandeln zu lassen.[243] Eine bewusst falsche Strafanzeige, gestützt auf den Vorwurf der Nötigung im Strassenverkehr, kann zu einer Verwirkung des Unterhaltsanspruchs um Zweidrittel führen.[244]

104 Die leichtfertige Erstattung einer Strafanzeige gegen den geschiedenen unterhaltspflichtigen Ehegatten wegen **Steuerhinterziehung** kann den Verwirkungstatbestand des § 1579 Nr. 5 erfüllen, wenn dadurch schwerwiegende Einkommens- und Vermögensinteressen des angezeigten Ehegatten gefährdet werden. Sind allerdings die belastenden Angaben nicht geeignet, einen erheblichen Tatverdacht bzw. strafrechtliche Ermittlungsmaßnahmen gegen den Unterhaltsschuldner herbeizuführen, und stellt das Vorgehen des Anzeigeerstatters im Ergebnis (nur) den untauglichen Versuch dar, mit Hilfe eines Ermittlungsverfahrens zusätzliche Kenntnisse über die Einkommens- und Vermögensverhältnisse des Unterhaltsschuldners im Hinblick auf die Durchsetzung von Unterhalts- und/oder Zugewinnausgleichsansprüchen zu erhalten, so kommt eine (Teil-)Verwirkung des Unterhaltsanspruchs nicht in Betracht.[245] Erstattet der Unterhaltsgläubiger wahrheitswidrig gegenüber dem Finanzamt eine »Selbstanzeige«, um im Zugewinnausgleichsverfahren Informationen über die seiner Behauptung nach getätigten Aktientransaktionen des Unterhaltsschuldners zu erlangen, so liegt auch hierin ein Verwirkungsgrund, der zu einer Herabsetzung des Unterhalts entsprechend dem Grad des vorwerfbaren Verhaltens des Unterhaltsgläubigers führt.[246]

105 Der Härtegrund des § 1579 Nr. 5 setzt nicht voraus, dass dem Unterhaltsschuldner tatsächlich ein Vermögensschaden entstanden ist; vielmehr genügt eine schwerwiegende **Gefährdung** seiner **Vermögensinteressen** bzw. einer **wesentlichen Einkommensquelle**.[247]

---

238 OLG München FamRZ 1982, 270; OLG Koblenz FamRZ 1991, 1312 – Gefährdung der Betriebsrente.

239 OLG Zweibrücken OLGR 2000, 407.

240 Zu berechtigten Strafanzeigen in Wahrnehmung berechtigter Interessen wegen falscher eidesstattlicher Versicherung, Vollstreckungsvereitelung und Unterhaltspflichtverletzung s. BGH FamRZ 2009, 1124 = FuR 2009, 447 im Anschluss an BGH FamRZ 2002, 23, 25 f.

241 OLG Stuttgart FamRZ 1979, 40 – Erstattung einer Strafanzeige durch den unterhaltsberechtigten (geschiedenen) Ehegatten gegen den anderen wegen Verletzung der Unterhaltspflicht; OLG Celle FamRZ 1987, 69 – Anzeige wegen unerlaubten Schusswaffenbesitzes.

242 S. etwa OLG Schleswig NJW-RR 2004, 799 – Strafanzeige wegen Veruntreuung von Betriebsvermögen.

243 OLG Bamberg FamRZ 1987, 1264.

244 OLG Hamm NJW-RR 2006, 509 zu § 1611.

245 OLG Köln NJWE-FER 1999, 107.

246 OLG Koblenz FF 2009, 83.

247 BGH FamRZ 2009, 1124 = FuR 2009, 447 im Anschluss an BGH FamRZ 2008, 1325, 1327; OLG Düsseldorf FamRZ 1996, 1418; OLG Schleswig NJW-RR 2004, 799 – Kontaktaufnahme zu Banken mit der Folge der Sperrung sämtlicher Konten und Begrenzung der Kreditlinien.

6. § 1579 Nr. 6 – Gröbliche Verletzung der Familienunterhaltspflicht

§ 1579 Nr. 6 setzt voraus, dass der Unterhaltsgläubiger (bereits) vor der Trennung längere Zeit 106 hindurch seine Pflicht gröblich verletzt hat, zum Familienunterhalt beizutragen, und dass die Familie durch dieses Verhalten in eine nicht nur kurzfristige Notlage geraten ist; einmalige oder kurzzeitige Pflichtverletzungen fallen nicht unter diesen Härtegrund. Eine solche Verletzung muss sich nicht unbedingt gegen den Unterhaltsschuldner selbst gerichtet haben, sondern es genügt, wenn der Unterhaltsgläubiger seinen Pflichten etwa gegenüber gemeinsamen Kindern nicht nachgekommen ist. Einen ähnlichen Rechtsgedanken normiert § 1381 Abs. 2.

Der Tatbestand setzt Leistungsfähigkeit des Unterhaltsschuldners – insb. seine Erwerbsfähigkeit – 107 voraus. Der klare Wortlaut (»Familienunterhalt«) schließt eine Anwendung der Vorschrift auf den Trennungsunterhalt aus. Handlungen i.S.d. § 1579 Nr. 6 sind insb. regelmäßiges Vertrinken des Arbeitslohns, arbeitsscheues Verhalten zu Lasten der Familie (der Unterhaltsgläubiger ist trotz Erwerbsfähigkeit und der Möglichkeit, einen Arbeitsplatz zu erlangen, keiner Erwerbstätigkeit nachgegangen), Vernachlässigung der Haushaltsführung und/oder der Sorge für die Kinder, Verweigerung der Abgabe von Haushaltsgeld trotz ausreichendem Einkommen sowie Verstöße gegen die Mitarbeitspflicht im beruflichen Bereich des anderen Ehegatten (§ 1356). Gelegentliches Fehlverhalten erfüllt den Tatbestand des § 1579 Nr. 6 nicht; als »längere« Zeit dürfte mindestens der Zeitraum eines Jahres anzunehmen sein;[248] maßgebend sind auch hier die Umstände des Einzelfalles.

7. § 1579 Nr. 7 – Schwerwiegendes eindeutiges Fehlverhalten

§ 1579 Nr. 7 sanktioniert als Generalklausel subjektiv vorwerfbares, offensichtlich schwerwiegen- 108 des, eindeutig allein bei dem Unterhalt begehrenden Ehegatten liegendes einseitiges Fehlverhalten gegen den anderen,[249] so dass diese Vorschrift bei beiderseitigem Fehlverhalten, auch wenn es zur Trennung der Parteien geführt hat, nicht anwendbar ist.[250] Verstöße i.S.d. § 1579 Nr. 7 erfordern ein gegen die eheliche Treuepflicht und Solidarität gerichtetes Verhalten, wobei die aus der Ehe folgende Pflicht zur Solidarität bis zur Trennung gilt, ja sogar über die Scheidung hinaus. Sie äußert sich in gegenseitiger Rücksichtnahme auf die berechtigten Interessen des Ehepartners. Zu diesem Pflichtenkreis gehört im Falle der Trennung auch, dass die Auflösung der ehelichen Gemeinschaft unter Berücksichtigung der hierfür aufgestellten gesetzlichen Regelungen erfolgt.[251]

Hauptanwendungsbereich der Norm sind Verstöße gegen die eheliche Solidarität, insb. gegen die 109 eheliche Treuepflicht im Bereich des Trennungsunterhalts (§ 1361 Abs. 3).[252] Betreut der Unterhaltsgläubiger (zumindest) ein gemeinsames Kind, dann wird der Unterhaltsanspruch regelmäßig nur herabzusetzen sein.[253] Trifft eine unterhaltsberechtigte Ehefrau, die zwei minderjährige Kinder zu versorgen hat, der Vorwurf schweren einseitigen Fehlverhaltens, das den Verwirkungstatbestand des § 1579 Nr. 7 erfüllt, erscheint die Zahlung des vollen Unterhalts für unbestimmte Zeit unbillig; es kommt dann eine Befristung des nachehelichen Unterhalts in Betracht.[254] Allein der

---

248 Häberle FamRZ 1986, 312.
249 BGH FamRZ 2001, 1693 = FuR 2001, 500 m.w.N.; s. auch OLG München FamRZ 1994, 1108.
250 S. etwa BGH FamRZ 2005, 967 – Prozessverhaltens des Unterhaltsschuldners, der mehrfach unwahre Behauptungen aufgestellt hatte.
251 OLG Schleswig NJW-RR 2004, 799 – eklatanter Vertrauensmissbrauch: Gemeinsame Urlaubsreise mit dem Ehepartner trotz Trennungsabsicht und Organisation der Auflösung des gemeinsamen Hausrats in Abwesenheit während dieser Urlaubszeit.
252 Zu Problemen des Ehegattenunterhalts bei neuer Partnerschaft s. auch Bosch FF 2002, 103; Soyka FuR 2004, 1 ff.
253 BGH FamRZ 1989, 1279, 1280.
254 OLG Oldenburg NJWE-FER 2001, 227 – bis zur Vollendung des 15. Lebensjahres des jüngsten Kindes.

Umstand, dass Ehegatten seit neun Jahren keine geschlechtlichen Kontakte mehr miteinander unterhalten haben, zwingt jedoch nicht zu dem Schluss, ihre Ehe sei gescheitert.[255]

a) Schwerwiegendes, eindeutig beim Unterhaltsgläubiger liegendes Fehlverhalten

110   Das Fehlverhalten des Unterhaltsgläubigers muss **offensichtlich schwerwiegend** sein (»**Ehewidrig-keiten** von **erheblichem Gewicht**«); verbale Auseinandersetzungen genügen regelmäßig nicht. Das deutliche Übergewicht muss **eindeutig** beim **Unterhaltsgläubiger** liegen.[256] Einseitiges Fehlverhalten setzt nicht voraus, dass die Ehe bislang von Problemen und Spannungen frei war; entscheidend ist, ob **konkrete Gegenvorwürfe** von **einigem Gewicht** hinsichtlich des Verhaltens des Unterhaltsgläubigers vor der Trennung erhoben werden können.[257] Einseitiges Fehlverhalten liegt trotz wiederholtem Verstoß gegen die eheliche Treuepflicht dann nicht vor, wenn der Unterhalts-schuldner jahrelang seinen ehelichen Pflichten nicht nachgekommen ist, und die Ehegatten daher jahrelang keine sexuellen Kontakte mehr hatten.[258] Auch die bloße Verweigerung des ehelichen Verkehrs seitens des Unterhaltsgläubigers führt allein nicht zum Wegfall des Unterhalts.[259]

111   Ein **einseitiges Fehlverhalten** i.S.d. § 1579 Nr. 7 liegt in der **Hinwendung** der **Ehefrau** zu einem **anderen Mann** und der **Aufnahme** einer **intimen Beziehung** zu ihm **während bestehender Ehe**, solange die Ehefrau nicht substantiiert darlegt, dass dem Ehemann ein ähnlich schweres Fehlver-halten zur Last zu legen ist. Hat dieser durch schwere Ehewidrigkeiten die Abkehr des anderen Teils von der Ehe und die Zuwendung zu einem anderen Partner (mit-) veranlasst, oder hat er sich bereits vorher von den ehelichen Bindungen losgesagt, kann er sich nicht mehr auf diesen Verwir-kungstatbestand berufen.[260] Die Annahme **einseitigen Ausbrechens** aus der Ehe kann nicht durch den allgemein gehaltenen Vortrag ausgeschlossen werden, die Parteien hätten sich auseinander gelebt, und es habe keine intakte eheliche Lebensgemeinschaft mehr bestanden.[261] Können Ursa-che und Vorwerfbarkeit der Eheverfehlungen nicht genau ermittelt werden, bleibt der Unterhalts-schuldner **beweisfällig**; § 1579 Nr. 7 ist dann nicht anzuwenden.[262]

b) Gesamtschau des Verhaltens beider Ehegatten

112   Bei der **Gesamtbetrachtung** des **Verhaltens beider Parteien** im **jeweiligen Einzelfall** muss die (ein-seitige) Unterhaltslast einem objektiven Betrachter wegen der vom Unterhaltsgläubiger begange-nen gravierenden Ehewidrigkeiten **unerträglich** erscheinen. Maßgebend ist, ob die Abwendung von der Ehe und die Hinwendung zu einem anderen Partner eine **evidente Abkehr** von einer bis dahin »intakten« Ehe (nur subjektiv empfundene schwere Beziehungsstörungen genügen nicht)[263] oder aber eine **reaktive Flucht** aus einer **bereits tendenziell gescheiterten Ehe** darstellt. Eine Frau hat daher ihren Unterhaltsanspruch nicht nach § 1579 Nr. 7 verwirkt, wenn ihr trotz Aufnahme einer intimen Beziehung im Zusammenhang mit der Trennung kein eindeutiges bzw. einseitiges Verschulden an der Trennung anzulasten ist, weil allenfalls nach außen und aus der Sicht des Ehe-mannes eine intakte Ehe bestand, während in Wirklichkeit massive Beziehungsstörungen vorla-gen, die zumindest von ihr wahrgenommen und empfunden wurden.[264] Kümmert sich ein Ehe-gatte während der Ehe ausschließlich um seine Arbeit, dann hat er, spätestens nachdem er erfährt,

---

255   OLG Zweibrücken FamRZ 2009, 699.
256   BGH FamRZ 1989, 1279; KG FamRZ 1998, 1112.
257   BGH FamRZ 1982, 463.
258   KG FamRZ 1992, 571.
259   So auch Palandt/Brudermüller § 1579 Rn. 26; a.A. AG Brühl NJWE-FER 2000, 51.
260   BGH FamRZ 1982, 463, 464; krit. Wellenhofer-Klein FamRZ 1995, 905.
261   OLG Hamm OLGR 2001, 145 im Anschluss an BGH FamRZ 1981, 439.
262   Unzutreffend OLG Celle FamRZ 1999, 508 – eheliche Solidarität verbiete jeden Umgang, der nur den bösen Schein eines Treubruchs hervorrufe.
263   OLG Koblenz FamRZ 2000, 1371.
264   OLG Koblenz FamRZ 2000, 1371.

dass der andere Ehegatte eine Eheberatung besucht, Anlass, sich um seine Ehe zu bemühen. Unterlässt er dies, ist die Trennung des anderen Ehegatten nicht als Ausbruch aus einer intakten Ehe anzusehen.[265] Sind durch ehewidrige Beziehungen die Voraussetzungen des § 1579 Nr. 7 eingetreten, entfallen die Rechtsfolgen nicht ohne weiteres dadurch, dass der Unterhaltsschuldner seinerseits ehewidrige Beziehungen aufnimmt. Dies kann allerdings bei der Prüfung, ob und inwieweit seine Inanspruchnahme grob unbillig ist, Bedeutung gewinnen.[266]

c) Zeitpunkt des Fehlverhaltens

Unterhaltsrelevantes Fehlverhalten bis zur **Auflösung** der **Ehe** erfordert stets einen **Verstoß** gegen   113
die **eheliche Solidarität** und gegen den **Grundsatz der Gegenseitigkeit.**

– **Voreheliche Sachverhalte** müssen daher die ehelichen Lebensverhältnisse beeinflusst haben. Eheaufhebungsgründe (§ 1314 Abs. 2 Nr. 2–4) erfüllen regelmäßig die Voraussetzungen des § 1579 Nr. 7 nicht;[267] § 1314 ist insoweit die speziellere Regelung. In jedem Falle aber kann berücksichtigt werden, dass die Nichtehelichkeit eines »untergeschobenen« Kindes erst später festgestellt wird;[268]
– Fehlverhalten **vor** der **Trennung** kann schwerer wiegen als nach der Trennung,[269] obwohl die eheliche Treuepflicht grundsätzlich auch während der Dauer des Getrenntlebens gilt,[270] falls nicht die neue Beziehung erst aufgenommen wird, nachdem der **Partner** bereits **Scheidungsabsichten** geäußert hat;[271]
– Handlungen **nach** der **Scheidung** sind nur dann zu berücksichtigen, wenn sie gegen die nacheheliche Solidarität verstoßen; da die eheliche Treuepflicht mit der Scheidung endet,[272] sind ab diesem Zeitpunkt Beziehungen zu einem anderen Partner für § 1579 Nr. 7 nicht (mehr) von Belang.

Allerdings muss der Tatrichter darauf achten, dass die Betroffenen wie auch ihnen »nahe stehenden« Zeugen oftmals bemüht sind, Fehlverhalten (insb. eine neue Beziehung) herunterzuspielen und dessen Beginn auf einen Zeitpunkt nach dem Auszug des Unterhalt begehrenden, getrennt lebenden/geschiedenen Ehegatten darzustellen.

Ein **Ausschluss** des **Trennungsunterhalts** nach §§ 1361 Abs. 3, 1579 Nr. 7 führt regelmäßig auch   114
zum **Ausschluss** des **nachehelichen Unterhalts** nach § 1579 Nr. 7: Trifft den nachehelichen Unterhalt begehrenden Ehegatten ein offensichtlich schwerwiegendes, eindeutig bei ihm liegendes Fehlverhalten,[273] und ist demnach ein Härtegrund nach § 1579 Nr. 7 zu bejahen, dann ist regelmäßig nicht nur der Anspruch auf Trennungsunterhalt (§ 1361 Abs. 3) ausgeschlossen, sondern es ist als unzumutbar anzusehen, dass der andere Ehegatte auf Grund (nunmehr geminderter) nachehelicher Solidarität nachehelichen Unterhalt leisten muss; ein solches Fehlverhalten macht daher (auch) eine Inanspruchnahme auf nachehelichen Unterhalt unzumutbar und erfüllt insoweit den Härtegrund des § 1579 Nr. 7 mit der Rechtsfolge eines dauerhaften Unterhaltsausschlusses.[274]

---

265 OLG Schleswig FF 2001, 66.
266 S. hierzu BGH NJW 1986, 722.
267 Bedenklich daher bedenklich OLG Frankfurt FamRZ 1999, 1135 – nach der von dem Unterhalt begehrenden Ehegatten herbeigeführten Trennung stelle auch die anschließend aufgenommene, für die Trennung nicht ursächliche, auf Dauer angelegte intime Beziehung zu einem neuen Partner einen Verwirkungstatbestand dar.
268 OLG Schleswig OLGR 1998, 34.
269 OLG Hamm FamRZ 1997, 1484 – außereheliche Beziehungen.
270 BGH FamRZ 1983, 142.
271 BGH FamRZ 1983, 150, 152.
272 BGH FamRZ 1995, 344.
273 S. hierzu etwa FamRZ 1989, 1279, 1280 m.w.N.
274 BGH FamRZ 1983, 569, 572.

115   Ist ein Anspruch auf Trennungsunterhalt nicht verwirkt, kann dennoch ein nachehelicher Unterhaltsanspruch zu versagen sein: Durch den Grundsatz der nachehelichen Eigenverantwortung (§ 1569) gewinnt auch die **Bedeutung** der **Verwirkungsgründe** für den **nachehelichen Unterhalt stärkeres Gewicht**, als es für den Trennungsunterhalt (§ 1361 Abs. 3) der Fall ist.[275]

d) Typische Fallgruppen

116   Häufig wiederholen sich in der Praxis **bestimmte Fallgestaltungen**, so dass – ohne Anspruch auf Vollständigkeit – **typische Fallgruppen** bestimmt werden können.

aa) Verstöße gegen die eheliche Treuepflicht

117   Die häufigste Fallgruppe ist der Streit um Verwirkung von Unterhaltsansprüchen wegen **Verstößen** gegen die **eheliche Treuepflicht** (»Ausbruch aus intakter Ehe«).[276] Die eheliche Treuepflicht gebietet, Defizite des gemeinschaftlichen Lebens anzusprechen und mit dem Ehepartner nach einer Lösung zu suchen, wenn die eheliche Gesinnung verloren zu gehen droht. Wer diese Pflicht missachtet und eine neue Beziehung aufnimmt, ohne zuvor für eine Rettung der Ehe gekämpft zu haben, macht sich eines einseitigen Fehlverhaltens schuldig. Nur wenn alle Bemühungen zur Aufarbeitung der Eheprobleme vergeblich bleiben, kann die Ehe als gescheitert angesehen werden, so dass die Zuwendung zu einem neuen Partner nicht mehr als einseitiges Fehlverhalten zu werten ist.[277] (Auch) für diesen Verwirkungsgrund ist derjenige Ehegatte darlegungs- und beweispflichtig, der sich auf die rechtsvernichtende Einwendung der Verwirkung beruft. Er genügt seiner Darlegungslast nicht, wenn er lediglich gewisse Eheverfehlungen des Ehepartners von weniger gravierender Tragweite schildert.[278]

118   Dass sich der Unterhalt begehrende Ehegatte seinem neuen Partner noch während bestehender Ehe zugewandt hat, begründet allein noch nicht den Vorwurf eines offensichtlich schwerwiegenden, eindeutig bei ihm liegenden Fehlverhaltens gegen den anderen.[279] Weder reicht für sich alleine aus, dass die »Liebe« zum Ehepartner erlischt und durch Gefühle gegenüber einer dritten Person überflügelt wird,[280] noch genügt die bloße eheliche Untreue für sich alleine; vielmehr ist ein Ausbrechen aus einer Ehe i.S.v. § 1579 Nr. 6 nur bei **Abkehr** von der **Ehe gegen** den **Willen des Partners** unter **Begründung** einer **nichtehelichen Lebensgemeinschaft** oder bei einem **nachhaltigen**, auf **Dauer** angelegten, **intimen Verhältnis** anzunehmen.[281]

119   Der Tatbestand des § 1579 Nr. 7 kann daher bereits dann erfüllt sein, wenn sich der Unterhalt begehrende Ehegatte gegen den Willen des anderen einem neuen Partner zuwendet und ein nachhaltiges, auf längere Dauer angelegtes **intimes Verhältnis** mit diesem – auch ohne häusliche Gemeinschaft[282] – begründet,[283] wenn er mit einem Dritten gegen den Willen des Ehepartners zusammenlebt,[284] wenn er intime Beziehungen zu wechselnden Partnern aufnimmt,[285] und wenn

---

275   BGH FamRZ 2007, 1532 = FuR 2007, 484 zu § 1579 Nr. 2 und 4 (vor allem unwahrer Vortrag bei Gericht).
276   S. etwa OLG Hamm FamRZ 2002, 753 – Aufnahme einer Tätigkeit als Prostituierte (entschieden zu § 1361).
277   OLG Hamm NJW-RR 2005, 515 – zielstrebiger Ausbruch aus einer noch intakten Ehe.
278   OLG Köln FamRZ 2003, 767.
279   BGH FamRZ 2001, 1693 = FuR 2001, 500.
280   OLG Schleswig FamRZ 2004, 808.
281   Vgl. die Zusammenstellung bei Wellenhofer-Klein FamRZ 1995, 905, 908.
282   Vgl. BGH FamRZ 1989, 1279; OLG Koblenz FamRZ 2000, 290 = FuR 2000, 189 – besonderer Vertrauensbruch wegen eines Verhältnisses mit einem gemeinsamen Freund; s. auch Anm. Wenger MDR 2000, 35.
283   BGH FamRZ 1980, 665.
284   BGH FamRZ 1989, 487, 489; 1989, 1279, 1280.
285   BGH FamRZ 1983, 670, 671.

die Ehe **dadurch** scheitert,[286] weil in allen diesen Fällen eine **schwerwiegende Abkehr** von den **ehelichen Bindungen** zu sehen ist. Die Hinwendung zu einem anderen Partner bei im wesentlichen intakter Ehe kann allerdings einen Unterhaltsanspruch nach § 1579 Nr. 7 auch dann ausschließen, wenn keine sexuelle Beziehung besteht.[287] Hat die unterhaltsberechtigte Ehefrau über 20 Jahre lang ein intimes Verhältnis mit einem anderen Mann unterhalten, dann führt dieses schwerwiegende Fehlverhalten zum völligen Ausschluss ihres Unterhaltsanspruchs, wenn ihr **notwendiger Selbstbehalt** durch eigenes Erwerbseinkommen gedeckt ist.[288] Setzt die (trennungs-) unterhaltsberechtigte Ehefrau den »bösen Schein« einer nachhaltig über mehrere Monate bestehenden außerehelichen Beziehung, distanziert sie sich damit erkennbar von der ehelichen Lebensgemeinschaft, so dass ein Anspruch auf Trennungsunterhalt vollständig entfällt.[289] Eine (völlige) Verwirkung des Unterhaltsanspruchs lässt sich jedoch nicht damit begründen, dass die Unterhalt begehrende (frühere) Ehefrau einmal unter Alkoholeinfluss ehebrüchig geworden ist.[290]

Die Ehefrau hat ihren Unterhaltsanspruch wegen offensichtlich schwerwiegenden Fehlverhaltens   **120** gegen die eheliche Treuepflicht verwirkt, wenn sie während der Ehezeit über etwa 2 Jahre ein intimes Verhältnis mit einem Freund der Familie hatte, und damit den Ehemann massiv hintergangen hat; unerheblich ist, dass diese Beziehung vor der Trennung der Eheleute geendet hat und erst danach wieder aufgenommen worden ist.[291] Sie hat ihren Unterhaltsanspruch auch dann verwirkt, wenn der auf Unterhalt in Anspruch genommene Ehemann trotz Kenntnis des Verhältnisses der Ehefrau zu einem anderen Mann und des Umstands, dass aus dieser Beziehung ein Kind hervorgegangen ist, seiner Ehefrau verzeiht in der Hoffnung, die Ehe damit retten zu können, die Ehefrau aber trotzdem zu dem Vater dieses Kindes zieht.[292] Auf Verwirkung des Anspruchs auf nachehelichen Unterhalt wegen Verfehlungen während der Ehezeit kann sich der Unterhaltsschuldner aber dann nicht (mehr) berufen, wenn eine Unterhaltsvereinbarung geschlossen worden ist, als ihm das ehewidrige Verhalten seines vormaligen Partners bereits bekannt war.[293]

Der Umstand, dass der Unterhaltsschuldner vor der Trennung ehewidrige Beziehungen aufge-   **121** nommen und zu diesem Zeitpunkt keine Kenntnis von dem bereits lang andauernden Verhältnis des unterhaltsberechtigten Ehegatten hatte, steht der Annahme eines einseitigen schwerwiegenden Fehlverhaltens nicht entgegen; dieses Verhalten des Unterhaltsschuldners ist lediglich für die **Billigkeitsabwägung** von Bedeutung.[294] Ob der auf Unterhalt in Anspruch genommene Ehegatte durch die häusliche Gemeinschaft des anderen mit einem Dritten in ungewöhnlicher Weise betroffen wird, hängt auch davon ab, ob der andere nunmehr woanders lebt.[295]

bb) Begleitumstände der neuen Partnerschaft

Begleitumstände der **neuen Partnerschaft** können den Einwand der Verwirkung begründen,   **122** wenn sie sich dazu eignen, den Unterhaltsschuldner zu dem ütigen, bloßzustellen oder lächerlich

---

286 BGH FamRZ 1983, 142.
287 OLG Hamm FamRZ 1981, 162; KG FamRZ 1989, 868 mit Anm. Finger FamRZ 1989, 1180, und Diener FamRZ 1990, 407; OLG Nürnberg FamRZ 1999, 508.
288 OLG Koblenz FPR 2002, 446.
289 OLG Zweibrücken FamRZ 2004, 1576.
290 OLG Hamm OLGR 2000, 274.
291 OLG Koblenz FamRZ 2000, 290 = FuR 2000, 189; s. auch Anm. Wenger MDR 2000, 35.
292 OLG Nürnberg NJWE-FER 2000, 275; zust. Büttner/Niepmann NJW 2001, 2215, 2226; a.A. OLG Hamm FamRZ 1997, 1080 – die Aufnahme außerehelichen Intimverkehrs vor der einvernehmlichen Trennung der Eheleute bzw. bevor der andere Partner sich einseitig von den ehelichen Bindungen losgesagt hat, stelle auch dann ein schwerwiegendes Fehlverhalten i.S.d. § 1579 Nr. 6 dar, wenn die Möglichkeit der Scheidung kurze Zeit vorher in einem Gespräch der Eheleute erwogen worden sei.
293 OLG Düsseldorf FamRZ 2001, 835.
294 BGH NJW 1986, 722.
295 BGH FamRZ 1981, 752.

zu machen, und deshalb kränkend sind. Dies ist etwa dann der Fall, wenn die Beziehung des Unterhaltsgläubigers zu seinem neuen Lebenspartner wegen besonderer, etwa kränkender oder sonst anstößiger Begleitumstände, geeignet ist, den Unterhaltsschuldner in außergewöhnlicher Weise zu treffen, bloßzustellen oder in seinem Ansehen zu schädigen.[296] Maßgebend ist der **Rechtskreis des Unterhaltsschuldners**.[297]

cc) Absehen von einer Heirat (nur) zur Vermeidung der Rechtsfolgen des § 1586

123 Sieht der Unterhalt begehrende Ehegatte **von** einer **Heirat** mit seinem neuen Partner **nur** zur **Vermeidung** der **Rechtsfolgen** des § 1586 (Erlöschen des Unterhaltsanspruchs) ab, dann kann der Anspruch auf Unterhalt verwirkt sein, jedenfalls wenn keine beachtlichen Gründe – etwa schlechte wirtschaftliche Verhältnisse des Partners – gegen eine Wiederheirat bestehen.[298] Absehen von einer Heirat mit dem neuen Partner **ohne** Hinzutreten **besonderer Umstände** stellt für sich allein keinen schwerwiegenden Grund dar.[299] Allerdings kann der Tatrichter aus den Motiven des nichtehelichen Zusammenlebens im Falle einer Lebens- und Wirtschaftsgemeinschaft zusätzliche Gesichtspunkte für die Anwendung der Härteklausel gewinnen.[300]

dd) Leugnen der außerehelichen Zeugung und des »Unterschiebens« eines Kindes

124 Ein offensichtlich schwerwiegendes, eindeutig bei der unterhaltsberechtigten Ehefrau liegendes Fehlverhalten gegenüber dem Unterhaltsschuldner kann auch darin liegen, dass diesem gegenüber jahrelang zumindest mit bedingtem Vorsatz ein nicht von ihm stammendes Kind als ehelich ausgegeben worden ist.[301] Im Falle einer **Kindesunterschiebung** kommt dem Unterhaltsschuldner eine Beweiserleichterung in Form des Anscheinsbeweises zugute; er muss lediglich den Nachweis der nichtehelichen Abstammung des Kindes führen; daraus lässt sich auf einen zur Empfängnis geeigneten außerehelichen Geschlechtsverkehr der Ehefrau schließen. Es ist dann deren Sache, die ernsthafte Möglichkeit eines anderen – die Verwirkung billigerweise nicht begründenden – Geschehensablaufs darzutun. Demgemäß kann einer Verwirkung des Unterhaltsanspruchs entgegenstehen, dass die unterhaltsberechtigte Ehefrau ihr außereheliches Verhältnis gestanden hat und subjektiv davon ausgehen konnte, der Ehemann könne dies auch an Hand anderer Umstände verständig würdigen.[302] Die Berufung des wegen Ehegattenunterhalt in Anspruch genommenen Ehemannes auf Verwirkung ist – von Ausnahmefällen abgesehen – nur zulässig, wenn die nichteheliche Vaterschaft rechtskräftig festgestellt ist. Die Klärung der Vaterschaft ist einem dafür nach dem Gesetz allein vorgesehenen Statusverfahren vorbehalten; sie kann in einem Unterhaltsrechtsstreit auch nicht als Vorfrage zum Gegenstand einer gerichtlichen Beweiserhebung gemacht werden.[303]

125 Hat die geschiedene Ehefrau ihren früheren Ehemann von der rechtzeitigen Anfechtung der Vaterschaft eines ehelichen Kindes abgehalten, kann dies einen Verwirkungstatbestand darstellen, wenn die Abstammung von einem anderen Mann unstreitig ist, insb. dann, wenn die Ehefrau

---

296 BGH FamRZ 1995, 344.
297 Nehlsen-v. Stryk FamRZ 1990, 109, 111.
298 FamRZ 1984, 384.
299 BGH FamRZ 1984, 986.
300 BGH FamRZ 1987, 1011.
301 BGH FamRZ 1983, 142 – die Ehefrau hatte die Möglichkeit der außerehelichen Zeugung des älteren der beiden Kinder geleugnet; vgl. auch OLG Oldenburg FamRZ 1991, 448; OLG Köln FamRZ 1998, 749; OLG Brandenburg FuR 2001, 383 = NJW-RR 2000, 1098 – BGH FamRZ 2012, 779 = FuR 2012, 314.
302 OLG Zweibrücken FuR 1997, 350 = NJWE-FER 1997, 193 – langjährige Kinderlosigkeit trotz beiderseitigen Kinderwunsches.
303 OLG Köln MDR 2003, 270.

ihren damaligen Ehemann in der falschen Sicherheit gewiegt hat, er müsse nicht für das Kind aufkommen.[304]

Ein schwerwiegendes Fehlverhalten kann auch dann vorliegen, wenn die Möglichkeit besteht, dass **125a**
ein während der Ehe geborenes Kind von einem anderen abstammt und die Ehefrau Ihren Ehemann nicht von dieser Möglichkeit unterrichtet.[305]

ee) Vereitelung des Umgangsrechts

Planmäßige, fortgesetzte, massive und **schuldhafte Vereitelung** des **Umgangsrechts** kann in gra- **126**
vierenden Fällen zu einer (meist zeitweiligen) Verwirkung des Unterhaltsanspruchs des kinderbetreuenden Elternteils gem. § 1579 Nr. 6 führen.[306] **Passivität** genügt zunächst für sich allein nicht,
wenn der Unterhaltsgläubiger in der Vergangenheit Besuche nicht ausreichend gefördert hat; der
Tatbestand setzt **Aktivität** in **negativer Hinsicht** voraus: Der Unterhaltsgläubiger muss konkret
gegen Umgangsversuche vorgegangen sein und Umgangskontakte verhindert haben. Wandelt
allerdings der Unterhaltsgläubiger nach eindeutigen rechtlichen Hinweisen, insb. auf das Kindeswohl und auf das Elternrecht des umgangsberechtigten Elternteils, seine bisherige Passivität nicht
in **Aktivität** in **positiver Hinsicht** um, dann ist sein Unterhaltsanspruch zunächst zu kürzen und
nach Fortsetzung seines passiven Verhaltens – sofern das Kindeswohl nicht gravierend beeinträchtigt wird – insgesamt zu versagen.

Wandert der sorgeberechtigte Elternteil, dem das Aufenthaltsbestimmungs- oder sogar das Sorge- **127**
recht über die Kinder zugesprochen worden ist, mit diesen gegen den Willen des anderen Elternteils aus, und erschwert er dadurch die Ausübung des Umgangsrechts des Umgangsberechtigten,
ist dies allein kein Grund für die Herabsetzung des Unterhalts, wenn für die Auswanderung ein
plausibler Grund vorliegt.[307] In einer **Auswanderung** kann schwerwiegendes Fehlverhalten zu
sehen sein, wenn der Unterhaltsgläubiger vor allem mit der Absicht auswandert, das Umgangsrecht zu vereiteln.[308]

Ein wegen nachhaltiger und massiver **Behinderung** des **Umgangsrechts** des Unterhaltsschuldners **128**
verwirkter Anspruch auf Unterhalt kann jedoch **wieder aufleben**, wenn der Umgangsberechtigte
sein Umgangsrecht nicht nur vorübergehend in angemessenem Umfang wieder wahrnehmen
kann. Insoweit genügt es nicht, dass sich der Unterhaltsgläubiger hinsichtlich des Umgangsrechts
nunmehr neutral verhält; Voraussetzung ist vielmehr, dass die Wirkungen des früheren Fehlverhaltens bei den Kindern beseitigt sind, und dass nunmehr **nachhaltig** ein dauerhafter und angemessener Umgang mit den Kindern ausgeübt werden kann.[309] Es muss sich um ein schwerwiegendes,
hartnäckiges und eindeutig beim Unterhaltsgläubiger liegendes Fehlverhalten handeln.[310]

---

304 BGH FamRZ 1985, 51; OLG Oldenburg FamRZ 1991, 448.
305 BGH FamRZ 2011, 1854 = FuR 2012, 83.
306 BGH FamRZ 1987, 356, 357; 2007, 882; OLG Nürnberg FamRZ 1994, 1393 – Herabsetzung des
     Unterhaltsanspruchs; OLG München FamRZ 1997, 1160; OLG Karlsruhe FamRZ 1999, 92; OLG
     Schleswig FamRZ 2003, 688 m.w.N.; 2004, 808; OLGR 2005, 695.
307 BGH FamRZ 1987, 356, 357 – die Ehefrau war mit den Kindern in die Karibik geflogen, zunächst nur,
     um Abstand vom Ehezerwürfnis zu gewinnen, blieb aber schließlich dort; ähnlich auch OLG Karlsruhe
     FamRZ 1996, 1094.
308 BGH FamRZ 1987, 356 – nicht jedoch schon bei bloßer Täuschung über die Absicht der Auswanderung.
309 OLG Nürnberg FamRZ 1997, 614.
310 OLG Nürnberg OLGR 2008, 910.

ff) Sonstige Fallgestaltungen in der Rechtsprechung

129   – Gewerbsmäßiges Betreiben von Telefonsex ohne Wissen des Ehemannes[311] sowie Aufnahme
        einer Tätigkeit als Prostituierte;[312]
      – Bestehlen eines Ehegatten, verbunden mit tätlichem Angriff;[313]
      – Verweigerung der Begründung eines gemeinsamen Wohnsitzes, sofern sich der weigernde Ehe-
        gatte einem objektiv vernünftigen und zumutbaren Vorschlag ohne sachliche Gründe von eini-
        gem Gewicht willkürlich und rücksichtslos verschlossen hat;[314]
      – persönliche Diskriminierung des Unterhaltsschuldners.[315]

8. § 1579 Nr. 8 – Auffangtatbestand (ebenso schwerwiegender anderer Grund)

130   § 1579 Nr. 8 erfasst als **Auffangtatbestand** alle sonstigen Fälle **objektiver Unzumutbarkeit** der
      Unterhaltsleistung, wenn also die Inanspruchnahme des Unterhaltsschuldners wegen der aus der
      Unterhaltspflicht erwachsenden unverhältnismäßigen Belastungen aus sonstigen Gründen die
      Grenzen des **Zumutbaren überschreitet**.[316] Ist im konkreten Fall der Tatbestand des § 1579
      Nrn. 1–7 nicht erfüllt, weil es an einem der dort genannten gesetzlichen Tatbestandsmerkmale
      fehlt (etwa die Dauer der Ehe nach der speziellen Regelung des § 1579 Nr. 1),[317] dann kann nicht
      der gleiche Sachverhalt (»Dauer der Ehe«) nochmals als »anderer Grund« im Sinne der Auffangre-
      gelung des § 1579 Nr. 8 berücksichtigt werden.[318] Erforderlich sind **schwerwiegende Sachverhalte,**
      ohne dass **Verschulden** des Unterhaltsgläubigers vorliegen muss, etwa wenn sich der Unterhalt
      begehrende Ehegatte bewusst in verletzender Weise von jeglichen ehelichen Bindungen gelöst und
      von der Ehe distanziert hat.[319] Ein Ausschluss der vermögensrechtlichen Folgen der Scheidung wie
      im Falle des § 1318 ist allerdings über § 1579 Nr. 8 nicht zu erreichen.[320]

131   Die nach § 1586b unverändert auf den Erben übergehende gesetzliche Unterhaltspflicht bleibt
      auch weiterhin Einwänden aus § 1579 ausgesetzt; nur die Leistungsfähigkeit des Unterhaltsschuld-
      ners wird durch die Begrenzung auf den fiktiven Pflichtteil des Unterhaltsgläubigers (sog. kleiner
      Pflichtteil bei gesetzlichem Erbrecht des Unterhaltsgläubigers zuzüglich Pflichtteilsergänzungsan-
      spruch, § 1586b Abs. 1 Satz 2 und 3 i.V.m. §§ 1931 Abs. 1 und 2, 2325 ff.[321]) und die Möglichkeit
      der Beschränkung auf den vorhandenen Nachlass (§§ 1975, 1990, 1992) ersetzt. Der nach
      § 1586b haftende Erbe des Unterhaltsschuldners kann sich deswegen grundsätzlich weiterhin oder
      auch erstmals auf § 1579 Nr. 8 berufen, wenn der Unterhaltsschuldner nicht zuvor darauf verzich-
      tet hatte. Dabei kann der Erbe sich auch auf neue oder weiter fortgeschrittene Umstände seit dem
      Tode des Erblassers stützen.[322] Von einem ausdrücklichen oder stillschweigenden Verzicht auf die
      Rechtsfolgen des § 1579 Nr. 8 kann jedenfalls dann nicht ausgegangen werden, wenn der verstor-
      bene geschiedene Ehegatte in Kenntnis einer langjährigen neuen eheähnlichen Gemeinschaft sei-

---

311 OLG Karlsruhe FamRZ 1995, 1488; s. auch Scholz FamRZ 2003, 1900 f. – »Unterhalt für Telefon-
     sex?«.
312 OLG Hamm FamRZ 2002, 753.
313 OLG Hamm FamRZ 1994, 168.
314 BGH FamRZ 1987, 572.
315 OLG Oldenburg FamRZ 2002, 243.
316 BGH FamRZ 1983, 569, jeweils m.w.N.
317 S. etwa OLG Brandenburg NJW-RR 2004, 581.
318 BGH FamRZ 1983, 569; 1987, 572; 1988, 930; 1994, 566.
319 OLG Stuttgart FamRZ 1987, 479, 480 m.N.; OLG Frankfurt FamRZ 1987, 157; s. auch OLG Celle
     FamRZ 2006, 703 – die unterhaltsrechtliche Position eines Ehegatten könne durch die erneute Ehe der-
     selben Parteien nicht verschlechtert werden.
320 BGHZ 133, 227 = BGH FamRZ 1996, 1209.
321 BGHZ 146, 114, 118 ff. = BGH FamRZ 2001, 282 = FuR 2001, 259.
322 BGH FamRZ 2003, 521 = FuR 2003, 247; BGHZ 157, 395 = BGH FamRZ 2004, 614 = FuR 2004,
     228 (Berufungsurteil: OLG Koblenz OLGR 2002, 11).

nes geschiedenen Ehegatten weiterhin monatlich Unterhalt bezahlt hat, um nach § 5 VAHRG eine – sonst höhere – Kürzung seiner Rente zu verhindern.[323]

a) »Unverbindliche« Ehen, insb. sog. »Scheinehen« bzw. »Zweckheiraten«

Ehegattenunterhalt kann – auch für die Dauer des Getrenntlebens (§§ 1361 Abs. 3, 1579 Nr. 8) – zu versagen sein, wenn sich die Ehegatten vor der Eheschließung darüber einig waren, dass wegen einer kirchlich nicht geschiedenen Vorehe eines Ehegatten eine Gemeinschaft irgendeiner Art nicht aufgenommen werden sollte, und ein Zusammenleben deshalb unterblieb. Wer die **Eheschließung** vor dem Standesbeamten als **tatsächlich unverbindlich** ansieht und deshalb **keine eheliche Lebensgemeinschaft** aufnimmt, kann andererseits nicht einen Unterhaltsanspruch aus der formalen Rechtsstellung herleiten, die ihm die Eheschließung gibt: Er setzt sich bezüglich der »internen« Folgen der Eheschließung in Widerspruch zu seinem eigenen Verhalten.[324] **132**

Ein Härtegrund i.S.d. § 1579 Nr. 8 kann auch bei »**Scheinehen**« bzw. »**Zweckheiraten**«[325] anzunehmen sein, wenn also von Anfang an keine ernst gemeinte, dauerhafte eheliche Lebensgemeinschaft aufgenommen werden soll. Das für § 1579 Nr. 8 wesentliche Erfordernis, dass die aus der Unterhaltspflicht erwachsende Belastung für den Verpflichteten die **Grenze** des **Zumutbaren** übersteigt, kann auch aus objektiven Gegebenheiten und Entwicklungen der Lebensverhältnisse der Ehegatten folgen; hierzu kann ausreichen, dass sich der Unterhalt begehrende Ehegatte objektiv treuwidrig verhält.[326] **133**

Hiervon ist jedoch die Fallgestaltung abzugrenzen, dass die Parteien von Anfang an getrennt gelebt, die Eheschließung jedoch als verbindlich angesehen haben.[327] Allerdings kann der Unterhalt nach § 1579 Nr. 8 begrenzt werden, wenn die Parteien bis zur Trennung nur **wenige Monate zusammengelebt** haben, die Voraussetzungen des Tatbestands § 1579 Nr. 1 (kurze Ehedauer, jedoch langjährige Trennung) jedoch nicht vorliegen.[328] **134**

b) Sonstige Fallgruppen

Weitere Fallgruppen aus der Rechtsprechung: **135**

aa) Begrenzung eines Anspruchs nach § 1572 (gesundheitliche Beeinträchtigung)

Ausnahmsweise kann ein Anspruch gem. § 1572 (»gesundheitliche Beeinträchtigung« des Unterhaltsgläubigers) nach § 1579 Nr. 8 begrenzt werden, wenn aus sonstigen Gründen, insb. aus objektiven Gegebenheiten und Entwicklungen der Lebensverhältnisse der Ehegatten die aus der Unterhaltspflicht erwachsende Belastung für den Unterhaltsschuldner die **Grenzen des Zumutbaren** überschreitet.[329] Das ist jedenfalls dann nicht der Fall, wenn der geschiedene Ehemann in 20-jähriger Ehezeit infolge Krankheit der Ehefrau durch überobligatorischen Einsatz nicht nur die finanzielle, sondern auch die häusliche Versorgung der Familie sichergestellt hat, und die beantragte **136**

---

323 BGHZ 157, 395 = BGH FamRZ 2004, 614 = FuR 2004, 228.
324 BGH FamRZ 1994, 558 zu einer staatlich wirksamen, aber nach Kirchenrecht ungültigen Ehe; s. auch LSG Berlin, Urteil vom 09.12.1993 – L 8 J 9/93 – juris zum »verständigen Grund« bei Verzicht auf nachehelichen Unterhalt (Anrechnung eines infolge der Auflösung der zweiten Ehe erworbenen neuen – fiktiven – Unterhaltsanspruchs auf die wieder aufgelebte Witwenrente nach § 1291 Abs. 2 S. 2 RVO a.F.) und zur Scheinehe.
325 BGH FamRZ 1988, 930.
326 BGH FamRZ 1987, 572 mN; 1994, 558.
327 BGH FamRZ 1982, 573.
328 BGH FamRZ 1988, 930; s. auch OLG Brandenburg NJW-RR 2004, 581.
329 BGH FamRZ 1986, 443 m.w.N.; 1988, 930 – Begrenzung des Unterhalts auf insgesamt fünf Jahre nach Rechtskraft des Scheidungsurteils; s. auch OLG Oldenburg FamRZ 1991, 827; OLG Brandenburg FamRZ 1996, 866.

Erhöhung der Unterhaltsleistungen möglicherweise dazu führen wird, dass das während der Ehe gemeinsam errichtete und danach vom Ehemann allein übernommene und mit beiden gemeinsamen Kindern bewohnte Haus veräußert werden muss.[330]

bb) »Böswilliges Verlassen«

137   Für die Annahme eines Verwirkungsgrundes nach § 1579 Nr. 8 reicht es nicht aus, dass der Unterhaltsgläubiger beim Unterhaltsschuldner ausgezogen ist. Grundsätzlich steht dem Unterhaltsgläubiger das Recht frei, die eheliche Gemeinschaft aufzugeben. Für ein **böswilliges Verlassen** im Sinne des »Im-Stich-Lassens« müssen weitere Umstände hinzukommen, die als schwerwiegendes Fehlverhalten gegen die eheliche Treuepflicht und Solidarität zu werten sind.[331]

cc) Bedürftigkeit auf Grund der Geburt eines außerehelichen Kindes während der Ehe

138   Es kann aus objektiven Gründen als grob unbillig i.S.d. § 1579 Nr. 8 anzusehen sein, wenn eine Frau während der Ehe ein nichteheliches Kind zur Welt bringt, alleine deshalb ihrer an sich bestehenden Erwerbsobliegenheit nicht nachkommen kann, und insoweit ihren Ehepartner finanziell unverhältnismäßig belastet (kein Fall mutwilliger Herbeiführung der Bedürftigkeit durch leichtfertiges Verhalten i.S.v. § 1579 Nr. 4).[332] Auch wenn die rechtsvernichtende Einwendung von Amts wegen zu berücksichtigen ist, muss der Unterhaltsschuldner, der sich auf die Verwirkung stützen will, die Umstände, auf denen sie beruhen kann, darlegen und im Falle des Bestreitens beweisen. Allein der Sachvortrag, der Unterhaltsgläubiger habe während der Ehe ein nichteheliches Kind geboren, reicht für sich allein nicht aus, um eine mutwillige Herbeiführung der Bedürftigkeit annehmen zu können; vielmehr muss der Unterhaltsschuldner alle Tatumstände darlegen, aus denen er ein leichtfertiges Verhalten des anderen Ehegatten, insb., wie es zur Empfängnis des Kindes kam, und ob es möglich gewesen wäre, vom Erzeuger des Kindes nach § 1615l Unterhalt zu erlangen.[333] Bei der sodann insoweit erforderlichen umfassenden Interessenabwägung sind alle Interessen des jeweiligen Einzelfalles sorgfältig gegeneinander abzuwägen.

dd) In der Rechtsprechung verneinte Härtefalle nach § 1579 Nr. 8

139   Ein **Ausschluss** des **Unterhaltsanspruchs** wegen **grober Unbilligkeit** gem. § 1579 Nr. 8 wurde bei folgenden **Fallgestaltungen verneint:**

– Die neue Familie des Unterhaltsschuldners muss wegen der Unterhaltszahlung an den geschiedenen Ehegatten unterhalb der Sozialhilfeschwelle leben;[334]
– Der Unterhaltsanspruch wird – auch bei einer von Anfang an bestehenden Trennung der Ehegatten – jahrelang nicht geltend gemacht;[335]
– Nach mehr als 25 Jahren wird erstmals Unterhalt verlangt;[336] insoweit hat der BGH[337] betont, für den Anspruch auf laufenden Unterhalt hätten neben den unterhaltsrechtlichen Bestimmungen über den Verlust des Unterhaltsanspruchs die allgemeinen Regeln über die Verwirkung von Ansprüchen keine eigenständige Bedeutung;

---

330 OLG Hamm FamRZ 2006, 707.
331 OLG Köln OLGR 2002, 297.
332 OLG München FamRZ 1994, 1108 – die Frau bezog nur Erziehungsgeld in Höhe von 600 DM (vgl. hierzu § 9 BErzGG); s. auch KG KGR 1997, 127 – Unterhaltsausschluss nach § 1579 Nr. 7, weil der bedürftige Ehegatte ein nach der Trennung von einem Dritten empfangenes Kind zu betreuen hatte.
333 OLG München FamRZ 1994, 1108.
334 BGH FamRZ 1996, 1272, zweifelnd Palandt/Brudermüller § 1579 Rn. 1 und § 1581 Rn. 16.
335 BGH FamRZ 1985, 376 – mehr als 30-jähriges Getrenntleben.
336 BGH FamRZ 1985, 376 – von Anfang an bestehende Trennung der Ehegatten.
337 BGHZ 84, 280 = BGH FamRZ 1982, 898; BGH FamRZ 1985, 376.

- Auszahlung der Witwenrente;[338]
- Verrat eines »Familiengeheimnisses« unter Verstoß gegen ein früheres Schweigeversprechen, verbunden mit versuchter Erpressung finanzieller Vorteile;[339]
- Nach Versteuerung verschwiegener Einkünfte.[340]

II. Grobe Unbilligkeit

§ 1579 normiert **rechtsvernichtende Einwendungen**;[341] die Vorschrift ist daher **von Amts wegen** 140 zu beachten. Dennoch muss sich der **Unterhaltsschuldner** im Rahmen der jeweiligen Billigkeitsabwägung auf **Verwirkung berufen**: Er muss zum Ausdruck bringen, dass nach seiner Ansicht durch das Verhalten des anderen Partners die Grenzen ehelicher/nachehelicher Solidarität überschritten sind, er es demnach als ungerecht empfindet, dass er selbst jedoch unterhaltsrechtliche Solidarität wahren muss. **Zahlt** ein Ehegatte über längere Zeit hinweg nachehelichen Unterhalt trotz **Kenntnis** der einer möglichen Verwirkung zugrunde liegenden Tatumstände, ohne sich auf die Verwirkung zu berufen, kann daraus zu folgern sein, dass er – **ähnlich** einer **Verzeihung** – zum Ausdruck gebracht hat, dass er aus der Verwirkungslage auch in Zukunft keine Folgerungen ziehen will.[342] Er kann dann mit dem nachträglich erhobenen Verwirkungseinwand ausgeschlossen sein, weil seine (weitere) Inanspruchnahme auf Unterhalt nicht grob unbillig ist.[343] **Anerkennt** er trotz **Kenntnis** eines Verwirkungsgrundes einen Unterhaltsanspruch, kann er sich später regelmäßig nicht mehr auf dessen Verwirkung berufen.[344]

»Verzeihung« von Verwirkungstatbeständen ist möglich. Aus dem Umstand, dass der Unterhalts- 141 schuldner trotz Kenntnis des Verwirkungstatbestands zunächst keine juristischen Schritte einleitet, um sich von seiner Unterhaltspflicht zu befreien, sondern den Unterhalt weiterleistet, kann nicht ohne Weiteres darauf geschlossen werden, der Unterhaltsschuldner sei zu zeitlich unbegrenzter Unterhaltsleistung bereit;[345] mit zunehmender Zahlungsdauer wird er sich aber fragen lassen müssen, warum er **nunmehr** die (Weiter-)Zahlung von Unterhalt als grob unbillig ansieht.

1. Feststellung grober Unbilligkeit im Rahmen einer Gesamtwürdigung

Das Gesetz knüpft allein an das Vorliegen eines Härtetatbestands noch keine bestimmten Rechts- 142 folgen. **Zunächst** sind die **Voraussetzungen** des **jeweiligen Härtetatbestands** (ohne Billigkeitserwägungen!) zu bejahen, bevor unter Beachtung der Kriterien des § 1579 Satz 1 Hs. 1 zu entscheiden ist, inwieweit eine Inanspruchnahme des Unterhaltsschuldners grob unbillig wäre; **grobe Unbilligkeit** ist positiv festzustellen.[346] Liegt demnach ein Härtegrund vor, ermöglicht dies erst die Billigkeitsabwägung, ersetzt sie aber nicht, sondern kann allenfalls **Indiz** für **grobe Unbilligkeit** sein. Nach Prüfung des jeweiligen Härtetatbestands ist daher eine **Gesamtwürdigung** notwendig,[347] ob unter Berücksichtigung der Schwere des Solidaritätsverstoßes gegenläufige Gesichtspunkte im Einzelfall die Unterhaltsleistungen noch zumutbar machen (etwa bei außerordentlich guter Einkommen- und Vermögenslage des Unterhaltsschuldners).[348] Die **Gesamtabwägung**, ob

---

338 OLG Köln OLGR 2002, 297 zum Trennungsunterhalt.
339 OLG Hamm OLGR 2000, 42.
340 BGH FamRZ 2011, 791 = FuR 2011, 392.
341 BGH FamRZ 1991, 670, 672.
342 OLG Düsseldorf FamRZ 1997, 1159.
343 OLG Bremen, Beschluss vom 01.02.2010 – 4 UF 106/09 – juris.
344 OLG Nürnberg FamRZ 1992, 673.
345 OLG Hamm FamRZ 2003, 877.
346 BVerfGE 57, 361 = FamRZ 1981, 745; BGH FamRZ 1982, 582 zu § 1579 Nr. 1; 1999, 710 = FuR 1999, 278.
347 BGH FamRZ 1986, 889; BVerfG FamRZ 1992, 1283 – die gesetzliche Regelung ist verfassungskonform.
348 S. etwa OLG München OLGR 1997, 295; OLG Hamm FamRZ 1999, 1139.

neben dem Tatbestand im Einzelfall grobe Unbilligkeit vorliegt, ist verfassungsrechtlich nicht zu beanstanden.[349]

2. Kriterien der Billigkeitsprüfung

143   Im Rahmen der **Billigkeitsprüfung** – Gesamtwürdigung der gesamten Umstände des jeweiligen Einzelfalles – sind neben den **zwei maßgebenden Kriterien »Maß der Verflechtung der beiderseitigen Lebenspositionen und Grad der wirtschaftlichen Abhängigkeit«** sowie »**persönliche und wirtschaftliche Lage der Parteien**« noch andere Kriterien zu prüfen.

a) Maß der Verflechtung der beiderseitigen Lebenspositionen und Grad der wirtschaftlichen Abhängigkeit

144   Im Rahmen der Billigkeitsprüfung ist das **Maß der Verflechtung der beiderseitigen Lebenspositionen** und der **Grad der wirtschaftlichen Abhängigkeit** des Unterhaltsgläubigers vom Unterhaltsschuldner von zentraler Bedeutung, weil die Lebenssituation der Partner während der Ehe durch den **gemeinsamen Lebensplan** entscheidend geprägt worden ist, und mit Zunahme der Ehedauer auch eine **zunehmende Verflechtung der beiderseitigen Lebensdispositionen** sowie im allgemeinen eine **wachsende wirtschaftliche Abhängigkeit** des unterhaltsbedürftigen Ehegatten einhergeht, gegenüber der sich dieser Ehegatte durch die unterhaltsrechtliche Solidarität des anderen abgesichert zu fühlen pflegt.[350]

b) Persönliche und wirtschaftliche Lage der Parteien

145   Zu den **persönlichen Umständen** zählen insb. die lange Dauer der Ehe,[351] die ehebedingten Nachteile für den Unterhaltsgläubiger,[352] dessen Verdienste um die Familie, insb. bei der Kindererziehung,[353] sein Alter, sein Gesundheitszustand sowie seine Chancen, einen Arbeitsplatz zu finden. Allerdings tritt der Gesichtspunkt der langen Ehedauer bei festem wirtschaftlichem und sozialem Zusammenschluss des Unterhaltsgläubigers mit einem neuen Partner zurück.[354]

146   Im Rahmen der Prüfung der **wirtschaftlichen Verhältnisse** beider Parteien ist das Interesse des Unterhaltsgläubigers an der Unterhaltsleistung gegen das Interesse des Unterhaltsschuldners an einer finanziellen Entlastung abzuwägen.[355] Auf Seiten des **Unterhaltsgläubigers** kann von Bedeutung sein, ob und gegebenenfalls inwieweit er (noch) auf Unterhaltsleistungen angewiesen ist (wirtschaftliche Verhältnisse des neuen Partners!), ebenso der Umstand, dass es wegen der Zuwendungen des neuen Partners nur noch um Aufstockungsunterhalt geht.[356] Auf Seiten des **Unterhaltsschuldners** ist von Bedeutung, inwieweit sich seine Inanspruchnahme im Rahmen seiner Einkommensverhältnisse auf seinen finanziellen Bewegungsspielraum und auf sein Interesse an wirtschaftlicher Entlastung auswirkt.[357] **Beengte finanzielle Verhältnisse** in Verbindung mit einer Barunterhaltslast für beim Unterhaltsgläubiger lebende Kinder und zugleich eine doppelte Last für Bar- und Betreuungsunterhalt für ihn selbst können zu einer unverhältnismäßigen Belastung führen.[358]

---

349   BVerfG FamRZ 1992, 1283, 1284.
350   BGH FamRZ 1981, 140 (Nr. 98); 1986, 886; vgl. BVerfG 1980, 286, 293.
351   BGHF 4, 1233; BGH FamRZ 1986, 443.
352   Hierzu etwa OLG Brandenburg FamRZ 1996, 866; OLG Hamm FamRZ 2002, 430.
353   BGH FamRZ 1986, 889.
354   BGH FamRZ 1986, 443.
355   BGH FamRZ 1994, 558.
356   BGH FamRZ 1984, 356.
357   BGH FamRZ 1983, 670.
358   BGH FamRZ 1984, 34.

c) Sonstige Kriterien

Im Rahmen der Billigkeitsprüfung können weiter von Bedeutung sein: 147

– **Schwere** des **Härtegrundes** (Art des Verschuldens, vgl. § 1579 Nrn. 3–7, oder nur objektive Gründe, vgl. § 1579 Nrn. 1, 2 und 8);[359]
– **Unterhaltszahlungen** trotz **Kenntnis** des Verwirkungsgrundes;[360]
– sonstige **besondere Umstände** des konkreten **Einzelfalles**.

III. Wahrung der Kindesbelange (»Kinderschutzklausel«)

Im Rahmen der **Billigkeitsabwägung** nach § 1579 sind die **Belange** des beim Unterhaltsgläubiger   148
lebenden **ehegemeinsamen Kindes** besonders zu berücksichtigen: Der Unterhalt darf dann nicht
versagt, herabgesetzt oder zeitlich begrenzt werden, wenn und soweit die Inanspruchnahme des
Unterhaltsschuldners auch unter **Wahrung** der **Belange** eines dem Unterhaltsgläubiger zur **Pflege**
oder **Erziehung anvertrauten gemeinschaftlichen Kindes** grob unbillig wäre (sog. »**Kinderschutzklausel**«). Diese Klausel sichert, dass der Unterhalt nur so weit gekürzt werden darf, als dem
betreuenden Elternteil jedenfalls diejenigen Mittel verbleiben, die er zur ordnungsmäßigen
Betreuung des/der Kinde/s/r benötigt. Insoweit ist eine **umfassende Interessenabwägung** veranlasst, bei der vor allem der verfassungsrechtlich verankerte Grundsatz der Verhältnismäßigkeit und
der Vorrang des Kindeswohls zu beachten sind. Seit In-Kraft-Treten des **UÄndG 2007** ist die sog.
Kinderschutzklausel regelmäßig nur mehr bei Betreuung von Kleinkindern – also Kinder bis zum
Alter von drei Jahren (s. § 1570 Abs. 1 Satz 1 – »Basisunterhalt«) – bedeutsam. In besonders krassen Fällen des Fehlverhaltens gegen den geschiedenen Ehegatten wirkt sich die sog. Kinderschutzklausel des § 1579 (Pflege/Erziehung eines gemeinschaftlichen Kindes können der Begrenzung des
Unterhaltsanspruchs entgegen stehen) dahin aus, dass der Unterhaltsgläubiger es hinnehmen
muss, dass abweichend vom Regelfall der Kinderbetreuung bereits früher eine Erwerbstätigkeit
aufnehmen muss, um seinen auf den Selbstbehalt begrenzten Lebensunterhalt selbst zu decken.[361]

1. Strukturen

Kinder stehen unter dem besonderen Schutz des Staates.[362] Das Grundgesetz gebietet daher, dass   149
auch im Bereich des Ehegattenunterhalts jede Regelung vermieden wird, die sich für die Entwicklung eines Kindes nachteilig auswirken könnte: Das Kind darf nicht unter dem Fehlverhalten des
ihn betreuenden Elternteils leiden, der im Falle einer wirtschaftlich erzwungenen Erwerbstätigkeit
seiner Elternaufgabe zeitlich nur noch unzureichend nachkommen könnte. Daher dient der
Unterhaltsanspruch nach § 1570 der Sicherung der Wahrnehmung seiner Elternverantwortung;[363]
den **Belangen** des **Kindes** kommt gegenüber denen des unterhaltsverpflichteten Elternteils grundsätzlich der **Vorrang** zu.[364] Insoweit ist dessen verfassungsrechtlicher Anspruch, unter den Voraussetzungen des § 1579 von Unterhaltszahlungen ganz oder teilweise freigestellt zu werden, durch
die Interessen des Kindes begrenzt, die Verwirkung des Betreuungsunterhaltes ist jedoch nicht ausgeschlossen.[365]

---

359 S. etwa OLG Hamm FamRZ 2002, 240 – Misshandlung eines gemeinsamen Säuglings.
360 OLG Hamm FamRZ 1994, 705; OLG Düsseldorf 1997, 1159.
361 OLG München FamRZ 2006, 1605.
362 BVerfGE 24, 119, 144.
363 BVerfGE 24, 119, 143; 57, 361 = FamRZ 1981, 745.
364 BVerfGE 37, 217, 252; BGH FamRZ 1984, 154
365 BVerfGE 57, 361 = FamRZ 1981, 745; BGH FamRZ 2011, 1498 = FuR 2011, 639.

2. Rechtlich gesicherte Betreuung

150 Der wegen Betreuung eines Kindes Unterhalt begehrende Elternteil, der seinen Unterhaltsanspruch verwirkt hat, kann sich allerdings nur dann auf die Kinderschutzklausel berufen, wenn ihm die **Betreuung des Kindes** durch eine **Vereinbarung** der **Eltern** oder durch eine **Sorgerechtsentscheidung** übertragen worden ist.[366] Hat sich ein Ehegatte die Betreuung des Kindes unter dessen Herausnahme aus dem bisherigen Lebensbereich sowie unter Verstoß gegen das Elternrecht des verlassenen Ehepartners verschafft, dann darf er aus diesem **rechtswidrigen Verhalten nicht** noch **wirtschaftliche Vorteile** ziehen:[367] »Die Gewährung eines Unterhaltsanspruchs in solchen Fällen würde eine unzulässige Prämiierung der Verletzung des Elternrechts des Verpflichteten darstellen und damit dessen wirtschaftliche Handlungsfreiheit in einer unangemessenen und unzumutbaren Weise einschränken; dies wäre mit Art. 2 Abs. 1 GG nicht zu vereinbaren«.[368]

3. Sicherstellung der Pflege und Erziehung des Kindes

151 **Pflege** und **Erziehung** eines **Kindes** sind trotz Anwendung der Härteklausel dann **gesichert**, wenn die dem betreuenden Ehegatten verbleibenden Mittel das Maß dessen übersteigen, was er – ggf. zusammen mit seinen Erwerbseinkünften – zur **Deckung** seines **Mindestbedarfs** benötigt.[369] Die Belange eines Kindes können auch dann gewahrt sein, wenn und soweit der Unterhalt begehrende geschiedene Ehegatte die zur Kinderbetreuung erforderlichen Mittel von **anderer Seite** erhalten kann und daher auf den Unterhalt nicht angewiesen ist,[370] ferner, wenn die **Pflege** und **Erziehung** des Kindes in **anderer Weise** als durch **elterliche Betreuung sichergestellt** werden kann,[371] wobei eine Verweisung auf Dritte bis zum In-Kraft-Treten des **UÄndG 2007** (das jetzt in § 1570 ausdrücklich auf »bestehende Möglichkeiten der Kinderbetreuung« verweist), teilweise als unzulässig angesehen wurde.[372]

a) Sicherstellung durch verfügbare Mittel

152 Die **Pflege** und **Erziehung** des **Kindes** kann gesichert sein, wenn eigenes – auch fiktives ebenso wie überobligatorisches[373] – **Einkommen** wie auch vorhandenes **Vermögen** zumutbar eingesetzt werden können.

aa) Eigenes – auch fiktives – Erwerbseinkommen

153 Die Pflege und Erziehung des Kindes ist durch eigenes – **auch** fiktives (vgl. § 1570 – »wenn und soweit«) – Einkommen, wenn es zumindest in Höhe des Notbedarfs erzielt wird, gesichert. Ist der Unterhaltsanspruch – insgesamt oder teilweise – verwirkt, dürfen nach In-Kraft-Treten des **UÄndG 2007** die sog. **Erfahrungssätze** des BGH[374] zu den Erwerbsobliegenheiten trotz Kinderbetreuung (sog. »Altersphasenmodell«) nicht mehr herangezogen werden; vielmehr sind nunmehr an die **Erwerbsobliegenheit** des **betreuenden Elternteils** noch **höhere** Anforderungen zu stellen (etwa vorgezogene Erwerbstätigkeit oder Ausweitung bereits ausgeübter Berufstätigkeit bei ander-

---

366 BVerfGE 57, 361 = FamRZ 1981, 745.
367 BGH FamRZ 1980, 665.
368 BVerfGE 57, 361 = FamRZ 1981, 745.
369 BVerfG FamRZ 1981, 745, 749; BGHZ 57, 361; BGH FamRZ 1997, 671.
370 BGH FamRZ 1989, 1279; OLGR Hamm 2004, 86 – gem. Ziff. 21.4.2 der Hammer Leitlinien 2003: 730 €.
371 BGH FamRZ 1989, 1279; OLG Düsseldorf FamRZ 1987, 1267; OLG Frankfurt FamRZ 1987, 588.
372 BGH FamRZ 1989, 1279.
373 OLG Saarbrücken FF 2003, 252.
374 BGHZ 89, 108 = BGH FamRZ 1984, 149 = FamRZ 1990, 260; BGH FamRZ 1984, 769.

weitiger und zumutbarer Betreuung des Kindes).[375] Der Unterhaltsgläubiger hat dann unter Verzicht auf das heute übliche Maß an Freizeit einer Beschäftigung nachzugehen, die im Regelfall einem Kinder betreuenden Elternteil nicht zugemutet wird. Abzustellen ist nunmehr auf die **Betreuungsnotwendigkeit im Einzelfall**, die im Wesentlichen durch Umstände in der Person des Kindes (Alter, Gesundheitszustand, schulische Leistungen, körperliche und geistige Entwicklung u.a.), aber auch des betreuenden Elternteils (Alter, Gesundheitszustand, Beschäftigungschancen, anderweitige Betreuungsmöglichkeiten u.a.) bestimmt wird. Die Notwendigkeit der Betreuung entsprechend diesen Grundsätzen bestimmt auch die Grenzen der Herabsetzung des Unterhalts.[376]

In **Verwirkungsfällen** ist auch **ansonsten unterhaltsrechtlich geschütztes Einkommen** (s. etwa § 11 BEEG, § 13 Abs. 6 SGB XI) **bedürftigkeitsmindernd** einzusetzen.[377] Dies gilt auch dann, wenn es sich bei dem Kind, für das Elterngeld gezahlt wird, nicht um ein gemeinsames Kind der Parteien handelt, und um so mehr, wenn ein Unterhaltsanspruch nach § 1615l gegen den Lebensgefährten, den Vater des Kindes, mangels dessen Leistungsfähigkeit nicht durchsetzbar ist.[378]   154

Freiwillige Leistungen Dritter mindern regelmäßig nur in Ausnahmefällen die Unterhaltsbedürftigkeit.[379] Ist ein Unterhaltsanspruch **verwirkt**, gebietet jedoch die Billigkeit, Leistungen Dritter **bedürftigkeitsmindernd** jedenfalls dann anzurechnen, wenn der leistungsfähige neue Partner die erforderlichen Mittel bereit stellt,[380] weil ansonsten die Gefahr besteht, dass der Kindesunterhalt für den Eigenbedarf des Ehegatten mitverwendet wird.[381] Dies gilt jedoch nicht für Sozialhilfeleistungen, weil die Verweisung auf Sozialhilfe mit dem Grundsatz der Subsidiarität der Sozialhilfe (§ 2 SGB XII) regelmäßig unvereinbar ist.[382]   155

Erbringt der in gefestigter nichtehelicher häuslicher Gemeinschaft lebende Unterhaltsgläubiger trotz Kinderbetreuung **Versorgungsleistungen** für seinen **neuen Partner**,[383] und vermag ihm dieser objektiv durch Unterstützung bei der Kindesbetreuung eine den Unterhaltsbedarf ganz oder teilweise deckende Erwerbstätigkeit zu ermöglichen – etwa, weil er selbst arbeitslos ist –, dann kann der Unterhaltsschuldner den Unterhaltsgläubiger auf **eigenes fiktives Erwerbseinkommen** verweisen:[384] Diese Fallgestaltung unterscheidet sich nicht wesentlich von abwechselnder Elternbetreuung während intakter Ehe.   156

---

375 BGH FamRZ 1987, 1238 = FuR 1998, 131 m.w.N.; OLG Schleswig OLGR 2000, 429 – der Unterhaltsgläubiger, der seinen Unterhaltsanspruch nach § 1579 verwirkt hat, sei in gesteigertem Maße zur Ausübung einer Erwerbstätigkeit verpflichtet; OLG Saarbrücken FF 2003, 252 – Zumutbarkeit der Aufnahme einer unterhalbschichtigen Beschäftigung mit einem erzielbaren Einkommen von 389 €; ausführlich hierzu Liebl-Blittersdorff/Schöfer-Liebl FamRZ 1989, 1241 ff.

376 S. etwa OLG Zweibrücken FamRZ 2001, 833 zum Unterhaltsanspruch eines in nichtehelicher Lebensgemeinschaft lebenden geschiedenen Ehegatten, der ein fünfzehn Jahre altes, aber behindertes ehegemeinsames Kind betreut; auch Schwab FamRZ 1997, 521, 5255; Büttner FamRZ 1998, 1; Büttner/Niepmann NJW 2000, 2547, 2557.

377 BGH FamRZ 1998, 541; OLG Hamm OLGR 1997, 77; OLG Schleswig OLGR 2002, 384; FuR 2005, 473.

378 OLG Schleswig FuR 2005, 473 zu § 9 BErzGG.

379 BGH FamRZ 1995, 537 m.N.; 1995, 537; 1999, 843 = FuR 1999, 282 = FuR 1999, 377.

380 OLG Zweibrücken FamRZ 2001, 833.

381 OLG Hamm FuR 2003, 418 = NJW-RR 2003, 1297.

382 BGH FamRZ 1989, 1279; OLG Saarbrücken OLGR 2002, 342.

383 S. etwa OLGR Hamm 2004, 86 – Deckung des Mindestbedarfs u.a. durch Kostenersparnis infolge des Zusammenlebens mit dem neuen Partner (80 €) und durch Zahlungen des neuen Partners (250 €).

384 OLG Celle FamRZ 2000, 1374 mit abl. Anm. Eberl-Borges NJW 2001, 1309; a.A. Büttner/Niepmann NJW 2001, 2215, 2226.

bb) Einsatz von Vermögen

157   Die Billigkeit gebietet, dass – abweichend von § 1577 Abs. 3 – in Verwirkungsfällen der **Stamm des Vermögens** mit Ausnahme eines – allerdings knapp zu bemessenden **Schonvermögens** (sog. Notgroschen) – einzusetzen ist, sofern nicht ein **beachtliches Ungleichgewicht** zu Lasten des Kinder betreuenden Elternteils entsteht, das letztlich auch den Interessen der gemeinsamen Kinder widerspricht.[385] »**Schonvermögen**« i.S.d. § 90 SGB XII sind unter anderem kleinere Barbeträge oder sonstige Geldwerte bis zu ca. **2.300 €**.

b) Maß des notwendigen Unterhaltsbedarfs

158   Es liegt im **Interesse des Kindes**, dass der betreuende, bedürftige getrennt lebende/geschiedene Ehegatte grundsätzlich auch dann Unterhalt von seinem früheren Ehepartner beanspruchen kann, wenn er durch sein Verhalten einen der Tatbestände des § 1579 erfüllt hat: Zum einen sein Interesse an einer **ordnungsmäßigen Betreuung**, die den betreuenden Elternteil teilweise oder insgesamt an eigener Erwerbstätigkeit hindert, zum anderen das Interesse daran, dass der betreuende Elternteil nicht genötigt oder in Versuchung geführt wird, zu seinem **Nachteil vom Unterhalt des Kindes** mit zu leben. Streitig ist, bis zu welcher **Grenze** der Unterhalt **gekürzt** werden darf. Grundsätzlich richtet sich der Anspruch auch der Höhe nach an den **Belangen** und dem **Wohl** der betreuten gemeinschaftlichen **Kinder** aus, wobei er allerdings aus Billigkeitsgründen regelmäßig auf das zur Kindesbetreuung notwendige Mindestmaß herabzusetzen ist, so dass jedenfalls der **Mindestbedarf (Existenzminimum)** gedeckt ist.[386] Über den gekürzten Elementarunterhalt hinaus kann der Unterhaltsgläubiger zwar – soweit er nicht versichert ist – Ersatz von **Aufwendungen** für **Kranken-** und **Pflegeversicherung** als Teil des Existenzminimums verlangen, nicht aber (auch) – subsidiären – **Altersvorsorgeunterhalt**.[387]

159   Bei der Bemessung des äußersten Existenzminimums, das dem Ehegatten zuzubilligen ist, darf nicht schematisch auf die Selbstbehaltssätze der Unterhaltstabellen zurückgegriffen werden; vielmehr ist im Rahmen einer **Gesamtschau** zu prüfen, welche Beträge dem betreuenden Elternteil und dem Kind zur Verfügung stehen bzw. stehen werden. Hierbei kann nach In-Kraft-Treten des **UÄndG 2007** auf das **Kindergeld** – wenn überhaupt – nur begrenzt zurückgegriffen werden, nachdem es nunmehr nach § 1612b nunmehr in voller Höhe bedarfsdeckend auf den Unterhalt des Kindes anzurechnen ist.[388] Nachdem das Kindergeld nunmehr beim volljährigen Kind insgesamt seinen Barbedarf insoweit deckend anzurechnen ist, kann es bei keinem Elternteil mehr berücksichtigt werden.

4. Rücktritt der Belange des Kindes hinter Verwirkungsinteressen

160   Nach der Rechtsprechung des BVerfG muss nach dem Grundsatz der Verhältnismäßigkeit in **besonderen Härtefällen** auch bei Kinderbetreuung ein Ausschluss oder eine **Herabsetzung** des Unterhalts möglich sein.[389] Aus dem Vorrang der Kindesbelange darf daher nicht geschlossen wer-

---

385   Zu einem solchen Fall »beachtlichen Ungleichgewichts« s. BGH FamRZ 1997, 873 – trotz finanziell nicht üppiger Verhältnisse wurde eine Vermögensreserve (»Notgroschen«) für plötzlich auftretenden Sonderbedarf für Elternteil und zwei Kinder von rund 15.000 DM gebilligt.
386   BVerfG FamRZ 1981, 745, 749; BGH FamRZ 1989, 1279; nicht aber auf den »sich aus den ehelichen Lebensverhältnissen ergebenden Mindestbedarf« – so OLG Frankfurt FuR 2001, 428 zu § 1579 Nr. 1; s. auch OLG Schleswig FuR 2005, 473.
387   A.A. OLG Bremen FamRZ 1999, 1138 m.w.N. – bei Vorliegen eines Verwirkungstatbestands entfalle ein Anspruch auf Vorsorgeunterhalt nicht, sondern er sei entsprechend zu kürzen.
388   OLG Hamm FamRZ 1999, 1134 – Verwirkung des Unterhaltsanspruchs wegen schwerwiegender Eheverfehlung (*einseitiger grundloser Ausbruch aus der Ehe*), jedoch Betreuung eines 4-jährigen gemeinsamen Kindes.
389   BVerfG FamRZ 1989, 941 = FuR 1990, 47.

den, dass auch in besonders schwerwiegenden Fällen eine Herabsetzung des Unterhalts unter den Mindestbedarf oder eine Versagung schlechthin unzulässig ist.[390] Allerdings ist eine Herabsetzung noch **unter** die **Grenze** des sog. **Mindestbedarfs** – mit der Folge, dass der Unterhaltsgläubiger trotz der Kindesbetreuung in gewissem Umfang einer Teilerwerbstätigkeit nachgehen muss, um den eigenen notwendigen Bedarf sicherzustellen – nur dann veranlasst, wenn der jeweilige Tatbestand des § 1579 erfüllt ist, und es insb. grob unbillig wäre, den anderen Elternteil wegen Betreuungsunterhalt in Anspruch zu nehmen, insb. wenn sich der Unterhalt begehrende Ehegatte ein besonders schwerwiegendes Fehlverhalten hat zuschulden kommen lassen.[391]

Der BGH hatte bislang nicht zu entscheiden, ob es besonders schwerwiegende Härtefälle geben **161** kann, in denen diese **Grenzen** zur **Vermeidung untragbarer Ergebnisse** überschritten werden, in denen also die **Belange** des **Kindes** denen des Unterhaltsschuldners in **weiterem Umfang weichen** müssen,[392] insb. durch Verweisung auf anderweitige Sicherstellung des Betreuung des Kindes.[393] Die Reduzierung des eheangemessenen Unterhalts auf das zur Kindesbetreuung erforderliche Maß mag zwar in der Regel ausreichen, um in Härtefällen einen gerechten Interessenausgleich zu schaffen – zumindest wenn der notwendige Unterhalt als Existenzminimum (= Selbstbehalt) und damit die Kinderbetreuung gesichert sind;[394] in besonders krassen Fällen kann durchaus eine weitere Herabsetzung des Unterhalts bis hin zu seiner völligen Versagung in Betracht kommen. Daher ist die Prüfung, ob ein solcher außergewöhnlicher Härtefall vorliegt, nicht schon deshalb entbehrlich, weil der Unterhaltsschuldner ohnehin nicht den Mindestunterhalt leisten kann.[395]

E. Rechtsfolgen

Ist ein Unterhaltsanspruch nach § 1579 zu **begrenzen**, darf dies **nicht schematisch** erfolgen; viel- **162** mehr ist die Unterhaltspflicht an die jeweiligen **Umstände** des **Einzelfalles** anzupassen. § 1579 Satz 1 sieht daher vor, dass die **acht Ausschlusstatbestände** des § 1579 demnach

1. zur (betragsmäßigen) **Herabsetzung** des Unterhalts, und/oder
2. zu seiner **zeitlichen Begrenzung**, und/oder
3. zu seinem völligen **Wegfall**

kumulativ, aber auch **alternativ** – führen können.

Der Einwand der Verwirkung des Unterhalts kann auch dann geltend gemacht werden, wenn die Parteien in einer Unterhaltsvereinbarung die Berufung auf §§ 238 ff. FamFG ausgeschlossen haben.[396]

I. Notwendigkeit einer Stufenprüfung

Zunächst ist abzuwägen, ob **mildere Sanktionen** als die völlige Versagung des Unterhalts – seine **163** alternativ mögliche Herabsetzung sowie zeitliche Begrenzung – ausreichend sind: Die völlige Versagung des Unterhalts ist auf Fälle **beschränkt**, bei denen jede Unterhaltsleistung schlechthin unerträglich wäre.[397] Daher bietet sich zumeist eine **abgestufte Begrenzung** des Unterhalts an: Von der zeitlich begrenzten Herabsetzung bis zur dauerhaft vollständigen Versagung oder auch

---

390 S. etwa Henrich FamRZ 1986, 401, 404.
391 BGH FamRZ 1984, 34.
392 S. BGH FamRZ 1997, 671 = FuR 1998, 131.
393 FamRZ 1989, 1279 = FuR 1998, 131.
394 BGH FamRZ 1989, 1279, 1280.
395 BGH FamRZ 1998, 541 = FuR 1998, 131.
396 OLG Koblenz FamRZ 2004, 1656 – Vollstreckungsgegenklage wegen Begründung einer nichtehelichen Lebensgemeinschaft gem. § 1579 Nr. 7.
397 BGH FamRZ 1983, 670 m.N.; 1997, 483.

zunächst eine uneingeschränkte Gewährung, spätere Herabsetzung und schließlich volle Versagung. Nacheheliche Solidarität ist nicht nur für eine der Ehedauer entsprechende Zeit zumutbar.[398]

II. Zumessung der Sanktion im Einzelfall

164   Welche dieser Sanktionen – je nach Schweregrad des Verhaltens – der Billigkeit unter Würdigung aller Umstände des Einzelfalles entspricht, obliegt im Rahmen der **Gesamtwürdigung** der dabei gebotenen **Zumutbarkeitsprüfung aller Umstände des Einzelfalles** tatrichterlichem Ermessen; **pauschale Erwägungen** genügen **nicht**.[399] Der dem **Tatrichter** bei der Würdigung der beiderseitigen Rechts- und Interessenlagen im Rahmen der hierfür gebotenen Zumutbarkeitsprüfung vorbehaltene Beurteilungsspielraum unterliegt nur einer rechtlichen Kontrolle durch das Revisionsgericht.[400] Bedeutsame Kriterien sind insb. die langjährige Dauer der Ehe, die von dem Unterhalt begehrenden Ehegatten wahrgenommenen Aufgaben in der Ehe (etwa Haushaltsführung bzw. Kindererziehung/-betreuung), die persönlichen (etwa Alter und Gesundheitszustand) und wirtschaftlichen Verhältnisse sowie die Auswirkungen einer Begrenzung des Unterhalts auf die jeweiligen Lebensverhältnisse des Unterhalt begehrenden Ehegatten.[401]

165   Nachdem § 1579 die Möglichkeit eröffnet, einen Unterhaltsanspruch nur teilweise zu versagen oder auch nur herabzusetzen, muss es einem Anspruch auf Kostenvorschuss in einer Ehesache nicht zwingend entgegen stehen, dass Unterhaltsansprüche des den Vorschuss begehrenden Ehegatten nach § 1579 verwirkt sind, sofern die Inanspruchnahme des anderen Ehegatten auf Zahlung eines Kostenvorschusses billig erscheint.[402]

III. Zeitrahmen

166   Die **Rechtsfolgen** treten nur für die **Zukunft** ein; vor der Verwirkungslage bereits entstandene Unterhaltsansprüche bleiben grundsätzlich unberührt.[403] Sanktionen gem. § 1579 müssen nicht **endgültig** sein: Je nach Härtegrund (als Ausprägung des Grundsatzes von Treu und Glauben), der Dauerwirkung, der Zumutbarkeit und Billigkeit sowie nach den Umständen des Einzelfalles kann ein verwirkter Unterhaltsanspruch – ganz oder teilweise – **wieder aufleben**.[404]

167   Hat sich der Unterhaltsgläubiger mit einem neuen Partner in einer Lebensgemeinschaft verbunden, und konnte er während der Dauer dieser Gemeinschaft wegen grober Unbilligkeit keinen Unterhalt verlangen, muss der Ausschluss des Unterhaltsanspruchs nicht notwendig endgültig sein. **Ändern** sich später die **Gegebenheiten**, die die Unzumutbarkeit der Inanspruchnahme des früheren Ehegatten auf Unterhalt begründet haben, bleiben diese Änderungen weder unberücksichtigt, noch führen sie ohne weiteres zur Wiederherstellung der unterhaltsrechtlichen Lage, die vor dem Eintritt der die Unzumutbarkeit begründenden Umstände bestanden hat; erforderlich ist vielmehr eine **neue umfassende Prüfung**, ob die aus einer wieder auflebenden Unterhaltspflicht

---

398   BGH FamRZ 1996, 1272.
399   BGH FamRZ 1983, 670, 672 = FuR 2002, 250 mit Anm. Bergschneider FamRZ 2002, 951.
400   BGH FamRZ 1988, 930; 1997, 483.
401   S. etwa BGH FamRZ 2002, 810 = FuR 2002, 250 mit Anm. Bergschneider FamRZ 2002, 951.
402   OLG Koblenz EzFamR aktuell 2000, 388; OLG Zweibrücken FamRZ 2001, 1149.
403   BGH FamRZ 1984, 34 = FuR 2004, 407 zu den Voraussetzungen der Verwirkung rückständigen Unterhalts OLG Düsseldorf FamRZ 1994, 896 – Berücksichtigung des Zeitpunkts der Straftat im Rahmen der Billigkeitsabwägung.
404   BGH FamRZ 1986, 443 m.w.N.; NJW 1986, 722; FamRZ 1987, 689; nach Beseitigung der Störungen im Rahmen des Umgangsrechts OLG Nürnberg FamRZ 1997, 814; OLG München FamRZ 1998, 614.

erwachsende Belastung für den Unterhaltsschuldner weiterhin die Zumutbarkeitsgrenze überschreitet.[405]

Ein Wiederaufleben des Unterhaltsanspruches außerhalb des Betreuungsunterhaltes findet jedoch   **168**
ausnahmsweise nur dann statt, wenn dies die nacheheliche Solidarität gebietet.[406]

§ 1579 **vernichtet** den **Unterhaltsanspruch**, je nach Rechtsfolge vollständig oder teilweise.   **169**

IV. Darlegungs- und Beweislast im Allgemeinen

Der auf Unterhalt in Anspruch genommene (getrennt lebende/geschiedene) Ehegatte ist **darle-**   **170**
gungs- und **beweispflichtig** für alle die grobe Unbilligkeit begründenden **tatsächlichen Vorausset-**
zungen des jeweiligen behaupteten **Verwirkungstatbestands** des § 1579, auch für die **Einseitigkeit**
des Fehlverhaltens, sowie für alle Umstände, die seine Inanspruchnahme als grob unbillig erscheinen lassen:[407] Er muss alle Tatsachen darlegen und im Falle des Bestreitens unter Beweis stellen,
die für die Zuordnung der jeweiligen Rechtsfolge im Einzelfall bedeutsam sind. Will er die völlige
Versagung von Unterhalt als härteste Sanktion erreichen, muss er insoweit »Ausreichendes«[408] vorgetragen. Zum Nachweis des Bestehens einer behaupteten neuen Lebensgemeinschaft des Unterhaltsgläubigers reicht es indes aus, dass der Unterhaltsschuldner das Bestehen eines gemeinsamen
Telefaxanschlusses (durch Vorlage eines Telefaxes) des Unterhaltsgläubigers mit dem neuen Partner
nachweist.[409]

Bestreitet der Unterhaltsgläubiger schlüssigen Tatsachenvortrag zur Verwirkungslage, dann trägt   **171**
der Unterhaltsschuldner grundsätzlich die Darlegungs- und Beweislast auch für das **Fortbestehen**
des **Verwirkungsgrundes**:[410] Er muss Vorbringen des Unterhaltsgläubigers, das im Falle der Richtigkeit gegen die Annahme einer groben Unbilligkeit sprechen würde, widerlegen. Soweit er ein
derartiges Vorbringen lediglich in Abrede stellen kann, sind allerdings an die Substantiierung seiner Darlegungen nach Treu und Glauben keine hohen Anforderungen zu stellen, da es sich
wesentlich um die **Behauptung** sog. **negativer Tatsachen** handelt.[411]

V. Darlegungs- und Beweislast im Falle des § 1579 Nr. 3

Gehen beide Parteien gleichermaßen in einer sehr emotional gestalteten Trennungsphase nicht   **172**
rücksichtsvoll miteinander um, kann dies die Verwirkung eines Trennungsunterhaltsanspruchs
nicht begründen. Die Partei, die eine **Körperverletzung** als **schweres vorsätzliches Vorgehen** i.S.d.
§ 1579 Nr. 3 behauptet, trägt hierfür die Darlegungs- und Beweislast.[412]

VI. Darlegungs- und Beweislast im Falle des § 1579 Nr. 4

Im Rahmen des § 1579 Nr. 4 muss der **Unterhaltsgläubiger** beweisen, dass er nach mutwilliger   **173**
Herbeiführung der Bedürftigkeit alle erforderlichen Anstrengungen zur **Beseitigung** seiner
Bedürftigkeit unternommen hat.[413]

---

405 BGH FamRZ 1986, 443 m.w.N.; NJW 1986, 722; FamRZ 1987, 689; s. auch OLG Schleswig MDR
       2000, 770; Haeberle FamRZ 1986, 311, 316; Luthin FamRZ 1986, 1166, 1168 f.
406 BGH Urt. vom 13.07.2011 XII ZR 34/09 = NJW 2011, 3089.
407 BGH FamRZ 1983, 670; KG FamRZ 1992, 571; OLG Koblenz FamRZ 2006, 705.
408 BGH FamRZ 2001, 1693 = FuR 2001, 500.
409 OLG Koblenz FamRZ 2006, 705.
410 BGH FamRZ 1984, 364; OLG Karlsruhe NJW-RR 1999, 153.
411 BGH FamRZ 1982, 463.
412 OLG Köln FuR 2009, 476 = OLGR 2009, 623.
413 BGH FamRZ 1984, 364.

VII. Darlegungs- und Beweislast in den Fällen des § 1579 Nr. 2 und 8

174   Der Unterhaltsschuldner muss zwar darlegen, dass der Unterhaltsgläubiger in einer nichtehelichen Gemeinschaft lebt, die weitere Unterhaltsansprüche ausschließt; bei der Darlegung der Tatsachen, die zum Wahrnehmungsbereich des anderen gehören, genügt es aber, wenn eine solche Tatsache behauptet und zugleich darauf hingewiesen wird, dass eine genauere Kenntnis zu diesen Tatsachen nur die Gegenpartei habe, der hierzu entsprechende Angaben zuzumuten seien. Der Gegenpartei ist es dann im Hinblick auf die Auskunftspflicht nach § 242 zuzumuten, sich zu diesen **Behauptungen substantiiert** zu **äußern**, wobei es eines konkreten eigenen klärenden Tatsachenvortrags des Unterhaltsgläubigers aus seinem eigenen Wahrnehmungsbereich bedarf; ein einfaches Bestreiten des Unterhaltsgläubigers zu den ins Einzelne gehenden Bekundungen des beweisbelasteten Unterhaltsschuldners genügt dann nicht. Unterlässt der Unterhaltsgläubiger eine solche, ihm den Umständen nach zumutbare **Substantiierung**, dann gelten die Tatsachenbehauptungen des Unterhaltsschuldners gem. § 138 Abs. 3 ZPO als zugestanden.[414]

175   Bei noch bestehender Lebensgemeinschaft muss derjenige Ehegatte, der sich unmittelbar im Anschluss an die Abwendung von dem anderen Ehegatten einem neuen Partner zuwendet, substantiiert darlegen, dass die **Ehe** bereits **gescheitert** war, oder dass sein Verhalten aus sonstigen Gründen nicht als **einseitiges Fehlverhalten** gewertet werden kann; dieses gegen die Annahme einer groben Unbilligkeit sprechende Vorbringen muss dann der Unterhaltsschuldner widerlegen. Die Behauptung, der Unterhaltsgläubiger sehe von einer Heirat mit seinem Partner nur ab, um sich seine Unterhaltsansprüche zu erhalten, ist dem Anscheinsbeweis nicht zugänglich.[415]

VIII. Detektivkosten

176   **Kosten** für die Beauftragung eines **Detektivs**[416] zum Nachweis der Voraussetzungen der Verwirkung eines Unterhaltsanspruchs sind dann als notwendig i.S.v. § 91 Abs. 1 ZPO zu erachten, wenn die Ermittlungen aus der Sicht des Auftraggebers zur **Erhärtung** eines **konkreten Verdachts** erforderlich waren, wenn sie verfahrensbezogen entstanden sind, also in unmittelbarem Zusammenhang zu einem Prozessrechtsverhältnis standen, und wenn die erstrebten Feststellungen – etwa Zusammenleben des Unterhalt begehrenden Ehegatten mit einem neuen Partner – wirklich notwendig waren, also die Feststellung nicht einfacher, z.B. durch Ausschöpfung anderer (anzubietender), verhältnismäßiger Beweismittel – etwa mögliche Zeugenbenennung – erfolgen konnte.[417] Die Ermittlungen des Detektivs müssen hierbei nicht zwangsläufig den Verfahrensverlauf beeinflusst haben; sie müssen aber in den Rechtsstreit eingeführt worden sein. Detektivkosten sind jedoch nicht zu erstatten, wenn die Beauftragung einer Detektei und die daraufhin angestellten Ermittlungen von vornherein nicht geeignet waren, den Verfahrensausgang zu beeinflussen.[418]

177   Neben einer **Notwendigkeitsprüfung** hat **nicht** noch gesondert eine Verhältnismäßigkeitsprüfung stattzufinden, weil ja der Gang der Ermittlungen selten mit einiger Sicherheit prognostiziert wer-

---

414   BGH NJW 1999, 1404.
415   BGH NJW 1983, 1584; OLG Köln NJW-RR 1994, 1030.
416   S. hierzu Schnitzler FF 2002, 143 zu der Frage, ob in einem Unterhaltsprozess einer Partei entstandene Detektivkosten zu erstatten sind.
417   Im Einzelnen OLG Stuttgart FamRZ 1989, 888, und KG KGR 2002, 297, jeweils Erstattungsfähigkeit von Detektivkosten im Verfahren wegen Trennungsunterhalts; OLG Koblenz VersR 2003, 1554 m.w.N.; OLG Schleswig FamRZ 2006, 352 – auch Observationskosten in Höhe von über 60.000 € können erstattungsfähig sein.
418   KG KGR 2002, 297 – bejaht wegen unzureichender Ermittlungsergebnisse des Detektivs und einer Unterhaltsvereinbarung der Ehegatten.

den kann.[419] Der Rechtsanwalt verletzt im Rahmen eines Auftrags zur Prüfung der möglichen Abänderbarkeit eines Unterhaltsvergleichs seine anwaltlichen Pflichten nicht, wenn er dem Mandanten die Beauftragung eines Detektivs empfiehlt, um das Vorliegen einer von dem Mandanten vermuteten nichtehelichen Lebensgemeinschaft der Unterhalt beziehenden Ehefrau und damit den Verwirkungsgrund des § 1579 Nr. 2 oder 7 beweisen zu können.[420]

F. Verzicht auf Einwendungen gem. § 1579

Zunächst gilt der **Grundsatz**, dass der **Verzicht** auf ein **Recht niemals** zu **vermuten** ist; vielmehr sind an die Feststellung eines Verzichtswillens strenge Anforderungen zu stellen.[421] Allerdings kann ein ausdrücklicher oder konkludenter[422] Verzicht auf die Rechtsfolgen der Verwirkung daraus hergeleitet werden, dass der Unterhaltsschuldner trotz Kenntnis der Umstände der Verwirkung Unterhalt weiterbezahlt.[423] Grundsätzlich ist dann davon auszugehen, dass der Unterhaltsschuldner persönliches, aber verziehenes Fehlverhalten des unterhaltsberechtigten Ehegatten und/oder objektive Umstände nicht als grob unbillig empfunden hat. Hat der Unterhaltsschuldner etwa in Kenntnis einer gegen ihn von dem Unterhaltsgläubiger erstatteten Strafanzeige den Anspruch auf Trennungsunterhalt anerkannt, ohne sich auf die Verwirkung oder Unzumutbarkeit der (Weiter-)Zahlung des Ehegattenunterhalts nach § 1361 Abs. 3 i.V.m. § 1579 zu berufen, kann er nachträglich einen Verwirkungstatbestand nicht mehr geltend machen.[424]

Hat der Unterhaltsschuldner allerdings nur mit **Rücksicht** auf die **Betreuungsbedürftigkeit** eines gemeinsamen Kindes Unterhalt ungeschmälert weitergezahlt, ohne von der Möglichkeit Gebrauch zu machen, ihn auf den Mindestbedarf herabzusetzen,[425] kommt es auf die Umstände des jeweiligen Einzelfalles an. In aller Regel wird man einem auf das Wohl seines Kindes besonders beachten Unterhaltsschuldner nicht die Möglichkeit wegnehmen dürfen, sich nach Wegfall der Betreuungsbedürftigkeit des Kindes (noch) auf Härtegründe des § 1579 zu berufen; insoweit ist nach der Lebenserfahrung zu vermuten, dass ein **Verzicht regelmäßig immanent** auf die **Zeit** der **Betreuungsbedürftigkeit** des gemeinsamen Kindes begrenzt ist.

Verzichtet der Unterhaltsschuldner darauf, gegen den Unterhaltsanspruch bestimmte Tatsachen einzuwenden, dann ist diese Erklärung lediglich im Rahmen der Billigkeitsabwägung des § 1579 zu berücksichtigen. Verzichtet er ohne Bezug auf bestimmte Tatsachen generell darauf, den Unterhaltsanspruch zu schmälern, dann darf die negative Härteklausel des § 1579 insgesamt nicht mehr geprüft werden.

178

179

180

---

419 OLG Koblenz VersR 2003, 1554 ff.; KG JurBüro 2004, 32; OLG Schleswig FamRZ 2006, 352 – der Kläger hatte die Intensität der Observation dem Verfahrensstand angepasst und dadurch vermeidbare Kosten vermieden.
420 OLG Thüringen OLG-NL 2006, 228.
421 BGHZ 105, 250 = BGH FamRZ 1989, 150; BGH WM 1982, 671, 673; FamRZ 1987, 40; NJW-RR 1999, 593; BFH/NV 2007, 1283.
422 BGH FamRZ 2003, 521.
423 BGHZ 157, 395 = BGH FamRZ 2004, 614 = FuR 2004, 228 (Berufungsurteil: OLG Koblenz OLGR 2002, 11) unter Hinweis auf OLG Düsseldorf FamRZ 1997, 1159; OLG Hamm FamRZ 1997, 1485, 1486; OLG Hamm FamRZ 1994, 704, 705.
424 OLG Nürnberg FamRZ 1992, 673.
425 S. hierzu etwa BGH FamRZ 1997, 483, 484.

G. Aktuelle Rechtsprechung

I. Rechtsprechung des BGH

1. BGH Urteil vom 30.03.2011, Aktz.: XII ZR 3/09[426]

181   Regelmäßige Zahlungen des neuen Lebenspartners

Eine Partnerschaft im Sinne des § 1579 Nr. 2 BGB liegt vor, wenn sich die Beziehung des Unterhaltsberechtigten zu einem neuen Lebenspartner derart verfestigt hat, dass sie als eheähnlich zu betrachten ist.[427] Davon ist trotz einer längeren Dauer des Verhältnisses nicht auszugehen, wenn die Lebensbereiche getrennt gehalten werden und die Beziehung damit bewusst auf Distanz angelegt ist.[428] In dem vorliegenden Fall hat der vermeintliche Lebenspartner allerdings regelmäßige Geldzahlungen auf das Konto der Unterhaltsberechtigten geleistet. Solche Zahlungen können trotz dem Eindruck einer bewusst auf Distanz gehaltenen Beziehung auf eine verfestigte Lebensgemeinschaft hinweisen.

2. BGH Urteil vom 13.07.2011, Aktz.: XII ZR 84/09[429]

182   Wiederaufleben des nachehelichen Unterhalts nach Ende einer neuen Lebensgemeinschaft

1. Zweck der gesetzlichen Neuregelung in § 1579 Nr. 2 BGB ist es, rein objektive Gegebenheiten bzw. Veränderungen in den Lebensverhältnissen des bedürftigen Ehegatten zu erfassen, die eine dauerhafte Unterhaltsleistung unzumutbar erscheinen lassen. Entscheidend ist deswegen darauf abzustellen, dass der unterhaltsberechtigte frühere Ehegatte eine verfestigte neue Lebensgemeinschaft eingegangen ist, sich damit endgültig aus der ehelichen Solidarität herauslöst und zu erkennen gibt, dass er diese nicht mehr benötigt. Kriterien wie die Leistungsfähigkeit des neuen Partners spielen hingegen keine Rolle.

2. Ein nach § 1579 Nr. 2 BGB beschränkter oder versagter nachehelicher Unterhaltsanspruch kann grundsätzlich wiederaufleben, wobei es einer umfassenden Zumutbarkeitsprüfung unter Berücksichtigung aller Umstände bedarf. Bei Beendigung der verfestigten Lebensgemeinschaft lebt ein versagter Unterhaltsanspruch regelmäßig im Interesse gemeinsamer Kinder als Betreuungsunterhalt wieder auf. Für andere Unterhaltstatbestände gilt dies nur dann, wenn trotz der für eine gewisse Zeit verfestigten neuen Lebensgemeinschaft noch ein Maß an nachehelicher Solidarität geschuldet ist, das im Ausnahmefall eine weitergehende nacheheliche Unterhaltspflicht rechtfertigen kann.

(Leitsätze des Gerichtes)

In diesem Urteil geht der Senat zum einen auf das Verhältnis zwischen § 1579 Nr. 2 BGB und § 1586a BGB ein. Dabei ist das Wiederaufleben eines Unterhaltsanspruches gem. § 1586a BGB davon gekennzeichnet, dass gem. § 1586a BGB nur der Betreuungsunterhalt gem. § 1570 BGB wiederauflebt. Geht ein Unterhaltsanspruch gem. § 1579 Nr. 2 BGB unter, können ausnahmsweise auch andere Unterhaltstatbestände wiederaufleben, soweit sich dies im Rahmen einer Zumutbarkeitsprüfung ergibt. Allerdings verdeutlicht der Senat, dass die nacheheliche Solidarität der ersten Ehe im Regelfall durch die Aufnahme einer neuen verfestigten Lebensgemeinschaft oder Ehe aufgelöst wird. Ein Unterhaltsanspruch wird daher zwar grundsätzlich im Interesse gemeinsamer Kinder als Betreuungsunterhalt wiederaufleben. Im Rahmen anderer Unterhaltstatbestände wird der den Unterhalt Begehrende regelmäßig Umstände darlegen und beweisen müssen, die nahelegen, dass trotz der für eine gewisse Zeit verfestigten neuen Lebensgemeinschaft noch ein

---

426   BGH in: FamRZ 2011, 791.
427   BGHZ 157, 395 = FamRZ 2004, 614 ff.; BGHZ 150, 209 = FamRZ 2002, 810 ff.
428   BGH Urteil vom 24.10.2001, Aktz.: XII ZR 284/99 = FamRZ 2002, 23 ff.
429   BGH in: NJW 2011, 3089.

Maß an nachehelicher Solidarität gefordert werden kann, die eine fortdauernde nacheheliche Unterhaltspflicht rechtfertigen.

3. BGH Urteil vom 05.10.2011 XII ZR 117/09[430]

Beschränkung des nachehelichen Unterhalts wegen verfestigter Lebensgemeinschaft des Berechtigten   183

1. Mit der zum 01.01.2008 in Kraft getretenen Neuregelung des § 1579 Nr. 2 BGB ist die verfestigte Lebensgemeinschaft als eigenständiger Härtegrund in das Gesetz übernommen worden. Eine Änderung der Rechtslage ist damit allerdings nicht verbunden.

2. Zweck der gesetzlichen Neuregelung in § 1579 Nr. 2 BGB ist es, rein objektive Gegebenheiten bzw. Veränderungen in den Lebensverhältnissen des bedürftigen Ehegatten zu erfassen, die eine dauerhafte Unterhaltsleistung unzumutbar erscheinen lassen. Entscheidend ist deswegen, darauf abzustellen, dass der unterhaltsberechtigte frühere Ehegatte eine verfestigte neue Lebensgemeinschaft eingegangen ist, sich damit endgültig aus der ehelichen Solidarität herauslöst und zu erkennen gibt, dass er diese nicht mehr benötigt. Kriterien wie die Leistungsfähigkeit des neuen Partners spielen hingegen keine Rolle.

3. Wurde in einem vorangegangenen Abänderungsverfahren eine verfestigte Lebensgemeinschaft des Unterhaltsberechtigten rechtskräftig verneint, steht dies einer späteren Beschränkung oder Versagung des Unterhalts wegen grober Unbilligkeit nach § 1579 Nr. 2 BGB nicht entgegen, die auf neue Umstände gestützt ist. Als solche kommen insbesondere Indiztatsachen für das Erscheinungsbild der Lebensgemeinschaft in der Öffentlichkeit und ein längerer Zeitablauf in Betracht.

Die Regelung des § 1579 Nr. 2 BGB sanktioniert kein vorwerfbares Fehlverhalten des Unterhaltsberechtigten. Zweck der Vorschrift ist es vielmehr, rein objektive Gegebenheiten bzw. Veränderungen in den Lebensverhältnissen des bedürftigen Ehegatten zu erfassen, die eine dauerhafte Unterhaltsleistung unzumutbar erscheinen lassen. Es wird keine gesetzliche Definition des Begriffes der verfestigten Lebensgemeinschaft in § 1579 Nr. 2 BGB vorgenommen. Nach ständiger Rechtsprechung kann sie insbesondere dann angenommen werden, wenn objektive, nach außen tretende Umstände wie etwa ein über einen längeren Zeitraum hinweg geführter gemeinsamer Haushalt, das Erscheinungsbild in der Öffentlichkeit, größere gemeinsame Investitionen wie der Erwerb eines gemeinsamen Familienheims oder die Dauer der Verbindung den Schluss auf eine verfestigte Lebensgemeinschaft nahelegen.[431] Anhand dieser nach außen tretenden Umstände soll festgestellt werden, ob der Ehegatte sich aus der nachehelichen Solidarität herauslöst und sich endgültig einer neuen Partnerschaft zuwendet. Weitere Kriterien wie etwa die Leistungsfähigkeit des neuen Partners spielen hingegen keine Rolle. Die verfestigte Lebensgemeinschaft ist damit kein Fall der bloßen Bedarfsdeckung i.S. von § BGB § 1577 Abs. 1 BGB. Die Belange eines gemeinschaftlichen Kindes sind allerdings im Rahmen der Kinderschutzklausel im Einleitungssatz des § 1579 BGB zu beachten.

In dem vorliegenden Fall hat die den Unterhalt Begehrende eine mittlerweile zehn Jahre andauernde intime Beziehung zu einem neuen Lebenspartner aufrechterhalten. Der BGH verdeutlicht zwar, dass die Dauer einer Partnerschaft nicht das allein entscheidende Kriterium bei der Frage nach einer verfestigten Lebensgemeinschaft ist, dennoch ist sie zu berücksichtigen. Überdies traten die Klägerin und ihr vermeintlicher Lebenspartner in der Öffentlichkeit bei verschiedenen Tanzveranstaltungen als Paar gemeinsam auf. Der Senat geht daher davon aus, dass das Vorliegen in dieser Konstellation einer verfestigten Lebensgemeinschaft naheliegt.

---

430 BGH in: NJW 2011, 3712 ff.
431 BT-Drucks. 16/1830, S. 21; vgl. auch BGH in: NJW 2011, 3089 = FamRZ 2011, 1498; NJW 2011, 1582 = FamRZ 2011, 791.

4. BGH Urteil vom 15.02.2012, Aktz.: XII ZR 137/09[432]

184 »Unterschieben« eines nicht vom Pflichtigen abstammenden Kindes

1. Verschweigt eine Ehefrau ihrem Ehemann, dass ein während der Ehe geborenes Kind möglicherweise von einem anderen Mann abstammt, verwirklicht dies grundsätzlich den Härtegrund eines Fehlverhaltens i. S. von § 1579 Nr. 7 BGB. Die Anfechtung der Vaterschaft ist hierfür nicht Voraussetzung.

2. Ein Härtegrund kann nicht nur angenommen werden, wenn die anderweitige leibliche Vaterschaft unstreitig ist, sondern auch dann, wenn der Ausschluss der leiblichen Vaterschaft des Ehemanns in zulässiger Weise festgestellt worden ist.

(Leitsätze des Gerichts)

Ein offensichtliches, schwerwiegendes, eindeutig bei dem Berechtigten liegendes Fehlverhalten i. S. d. Verwirkungstatbestand § 1579 Nr. 7 BGB ist nicht zwangsläufig jeder Ehebruch. Es wird gefordert, dass der Ehebruch eine so schwerwiegende Abkehr von ehelichen Bindungen darstellt, dass die Inanspruchnahme des anderen Ehegatten grob unbillig erschiene. Ein auf Dauer angelegtes intimes Verhältnis stellt nach der Rechtsprechung des Senats einen solchen Härtegrund dar.[433]

In diesem Urteil bestätigt der Senat seine bisherige Rechtsprechung zu außerhalb der Ehe gezeugten Kindern.[434] Es wird festgestellt, dass ein Härtegrund i. S. d. § 1579 Nr. 7 BGB vorliegt, wenn ein innerhalb der Ehe geborenes Kind, möglicherweise bei einem Ehebruch gezeugt wurde und der Ehegatte in dem Glauben gelassen wird, dass allein er als Vater des Kindes in Frage kommt. Dadurch hat die Berechtigte in einer elementaren persönlichen Frage in die Lebensgestaltung des Ehemanns eingegriffen und diesem, insbesondere bei anschließender Fortsetzung der Ehe, seiner autonomen Entscheidung entzogen. Ein solches Verhalten stellt einen gravierenden Eingriff in die persönliche Lebensgestaltung des Ehemanns dar. Sein Verhältnis und seine Einstellung zu dem Kind sowie auch zu der Ehe werden regelmäßig wesentlich von dem Bestehen der leiblichen Vaterschaft abhängen. Das Verschweigen der möglichen Vaterschaft eines anderen Manns stellt demnach ein offensichtlich schwerwiegendes Fehlverhalten dar. Da zudem mindestens ein bedingter Vorsatz bestehen muss, liegt das Fehlverhalten regelmäßig auch allein bei der Ehefrau, weil sie im Gegensatz zum Ehemann über die notwendige Kenntnis verfügt.

II. Rechtsprechung der OLGe

1. OLG Köln, Beschluss vom 06.02.2012 II – 4 WF 214/11

185 Verwirkung des nachehelichen Unterhaltes wegen mutwilliger Eigengefährdung

Die den Unterhalt Begehrende Antragsgegnerin leidet an einer psychische Krankheit, die durch eine ungefähr dreimonatige Partnerschaft mit einem »offensichtlich sadistisch veranlagten Partner« verursacht wurde, wie eine Bestätigung der behandelnden Dipl. Psychologin belegt. Das OLG geht aufgrund der Dauer der Beziehung davon aus, dass diese Beziehung seitens der Antragsgegnerin bewusst und gewollt eingegangen wurde und nicht erkennbar ist, weshalb die Antragsgegnerin diese Beziehung nicht frühzeitig unterbrochen hat, um so weitergehende psychische Belastungen zu vermeiden. Daher geht das OLG davon aus, dass die den Unterhalt Begehrende ihre aktuelle psychische Erkrankung jedenfalls mitverursacht hat. Dieses Verhalten ist in Bezug auf ihre Erwerbsfähigkeit zumindest als leichtfertig anzusehen, was zur Feststellung der Mutwilligkeit iSd. des § 1579 BGB ausreicht. Die Antragsgegnerin wusste um ihre psychische Instabilität, da sie diese bereits in vorangegangenen Verfahren vorgebracht hat. Wenn sie gleichwohl diese Partner-

---

432 BGH in: FamFR 2012, 201 = NJW 2012, 1443.
433 BGHZ 176, 150 = NJW 2008, 2779 = FamRZ 2008, 1414.
434 vgl. BGH in: NJW 1985, 2266 = FamRZ 1985, 267, 268.

schaft im Wissen um ihre eingeschränkte psychische Belastbarkeit eingeht und mehrere Monate fortführt, handelt sie in Hinblick auf ihre psychische Gesundheit und einer davon abhängigen Erwerbsfähigkeit unvernünftig und leichtfertig.

Schließlich wäre ein Unterhaltsanspruch, wenn man die Voraussetzungen des § 1579 Nr. 4 BGB nicht annehmen würde, wegen § 1579 Nr. 8 BGB zu versagen. Denn das Verhalten der Antragsgegnerin beinhaltet jedenfalls einen »anderen Grund«, den nachehelichen Unterhalt abzulehnen. Hierzu wird auf die Überlegungen des Amtsgerichts hingewiesen, wonach es nach der hier gebotenen summarischen Prüfung mit Blick auf die gesamten Umstände einschließlich der Ehezeit und der Zeiten der Zahlung des Trennungsunterhalts für den Antragsteller objektiv unzumutbar wäre, nachehelichen Unterhalt zu zahlen.

2. OLG Oldenburg, Beschluss vom 19.03.2012 13 UF 155/11

Verfestigen einer Lebensgemeinschaft im Sinne des Verwirkungstatbestandes vor Ablauf des Trennungsjahres   **186**

1. Allein das »einseitige Ausbrechen aus intakter Ehe« rechtfertigt nicht die Annahme einer Verwirkung des Unterhaltsanspruchs nach § 1579 Nr. 7 BGB.

2. Eine »verfestigte Lebensgemeinschaft« im Sinne von § 1579 Nr. 2 BGB kann bei Vorliegen besonderer Umstände auch schon nach Ablauf des ersten Trennungsjahres angenommen werden.

Die Beteiligten sind miteinander in zweiter Ehe seit dem 15.06.2000 verheiratet, haben keine gemeinsamen Kinder und leben seit Ende September 2010 getrennt. Die Antragstellerin ist unmittelbar nach der Trennung von ihrem Ehegatten zu ihrem neuen Lebensgefährten gezogen, für den sie seither den Haushalt führt. Gegen ihren getrennt lebenden Ehegatten macht sie Trennungsunterhalt ab Dezember 2010 geltend. Die Beteiligten streiten insbesondere darum, ob der Unterhaltsanspruch der Antragstellerin durch Ausbruch aus einer intakten Ehe verwirkt ist

Nach Auffassung des Senats führt allein der Umstand der Zuwendung zu einem anderen Partner noch nicht zu einer Verwirkung des Unterhaltsanspruchs. Es entspricht allgemeiner Lebenserfahrung, dass sich ein Ehepartner nicht »einfach so« aus der einstmals mit allen Erwartungen auf Dauer eingegangenen ehelichen Beziehung loslöst und sich einem anderen Partner zuwendet, sondern dass dem eine »Erosion der ehelichen Beziehungen« vorausgegangen ist (vgl. dazu OLG Frankfurt, NJW-RR 1994, 456). Nach dem Vorbringen beider Beteiligter kannte die Antragstellerin ihren jetzigen Lebensgefährten schon einige Jahre vor der Trennung und hatte Kontakt zu diesem – nach Angaben des Antragsgegners sogar intimen Kontakt. Die Beziehung der Antragstellerin zu ihrem späteren Lebensgefährten hat sich in der letzten Zeit vor der Trennung allmählich entwickelt. Gleichwohl hielt die Antragstellerin bis zum Oktober 2010 an der Ehe mit dem Antragsgegner fest. Die Ehe befand sich daher aus objektiver Sicht schon über einen längeren Zeitraum in einer Krise, wobei unentschieden war, ob die Krise überwunden und die Antragstellerin auch weiterhin bei dem Antragsgegner bleiben würde oder ob die Krise zu einer Trennung und Zuwendung der Antragstellerin zu dem neuen Partner führen würde. Begreift man die Trennung als dynamischen Prozess, der bereits vor der räumlichen Trennung begonnen hat und der mit der räumlichen Trennung nicht abgeschlossen ist, ist es nicht gerechtfertigt, den Unterhaltsanspruch der Antragstellerin bereits mit dem Tag ihres Auszugs als verwirkt anzusehen. Die Frage, ob die Antragstellerin die Trennung von ihrem Ehemann durchhalten oder ob sie den Auszug aus der Ehewohnung nach Kurzem als Fehler erkennen und zu ihrem Ehemann zurückkehren würde, kann im Zeitpunkt des Auszugs der Antragstellerin noch nicht als beantwortet angesehen werden. Der Senat vertritt daher die Auffassung, dass eine unterhaltsverwirkende »Abkehr« aus der Ehe allenfalls und erst dann angenommen werden kann, wenn die neue Beziehung einen gewissen Grad der Verfestigung erreicht hat. Diese enge Auslegung erscheint auch unter dem Gesichtspunkt des Ausnahmecharakters des § 1579 BGB als geboten. Allein die Zuwendung zu einem neuen Partner rechtfertigt deshalb nach Auffassung des Senats noch nicht die Annahme eines

»offensichtlich schwerwiegenden«, eindeutig beim Unterhaltsberechtigten liegendes Fehlverhalten gegenüber dem Unterhaltspflichtigen i.S.d. § 1579 Nr. 7 BGB.

Mit Ablauf des Monats September 2011 ist der Unterhaltsanspruch der Antragstellerin jedoch nach § 1361 Abs. 3 i.V.m. § 1579 Nr. 2 BGB verwirkt, da sich die Beziehung der Antragstellerin zu Herrn B... mit Ablauf des ersten Trennungsjahres bereits verfestigt hat. Nach herrschender Rechtsprechung – auch des Senats – kann in zeitlicher Hinsicht regelmäßig zwar nicht vor Ablauf von zwei Jahren davon ausgegangen werden, dass sich eine Lebensgemeinschaft in diesem Sinn »verfestigt« hat. Im vorliegenden Fall kommen aber weitere Umstände hinzu, die die Annahme einer »verfestigten Lebensgemeinschaft« auch schon vor Ablauf von 2 Jahren als gerechtfertigt erscheinen lassen. Die Antragstellerin hatte ihren Lebensgefährten nach eigenen Angaben bereits seit Jahren regelmäßig bei gemeinsamen Kegelurlauben getroffen. Ab Ende 2009 und besonders nach ihrer Operation und Reha-Kur im Jahr 2010 hat sich die Beziehung durch telefonische Kontakte kontinuierlich vertieft. Auch wenn es zu diesem Zeitpunkt – wie die Antragstellerin behauptet – noch keine intimen Kontakte gegeben haben sollte, waren sich beide doch bereits derart vertraut geworden, dass die Antragstellerin direkt nach der Trennung im September 2011 zu ihrem Lebensgefährten gezogen ist, wo sie bis heute mit diesem gemeinsam lebt und ihm den Haushalt führt. Damit unterscheidet sich der Verlauf dieser Beziehung zum Beispiel ganz wesentlich von einer Beziehung, die sich erst nach der Trennung allmählich entwickelt, später zur Gründung eines gemeinsamen Haushalts und schließlich nach Ablauf von 2-3 Jahren zur Annahme einer »verfestigten Lebensgemeinschaft« führt. Vor dem Hintergrund der oben beschrieben Umstände hat sich die Beziehung der Antragstellerin zu ihrem Lebensgefährten nach Auffassung des Senats bereits nach Ablauf eines Jahres so »verfestigt«, dass weitere Unterhaltsleistungen für den Antragsgegner nicht mehr zumutbar erscheinen.

3. OLG Brandenburg, Beschluss vom 22.03.2012 9 UF 46/09

187 Verfestigte Lebensgemeinschaft bei getrennt geführten Haushalten

Die den Unterhalt begehrende und ihr vermeintlicher Lebenspartner kennen sich in dem hier vorliegenden Fall unstreitig seit dem Jahr 2006 und führen getrennte Haushalte. Es steht weiter fest, dass der vermeintliche Lebenspartner die Antragsgegnerin während deren Urlaubsaufenthalts an der Ostsee für einige Tage besucht hat und sie im Jahre 2011 einen gemeinsamen Urlaub unternommen haben. Des Weiteren kommt es zu wechselseitigen Besuchen an den Wochenenden und den Feiertagen mit Übernachtungen. Die den Unterhalt begehrende behauptet, dass es erst im Jahre 2011, nach der Trennung ihres vermeintlichen Lebenspartners von seiner damaligen Partnerin, zu einer »gewissen Dynamik« innerhalb ihrer Beziehung gekommen wäre. Allerdings kennzeichne sich die Beziehung dadurch, dass bewusst Abstand gewahrt werden würde, ohne dass eine wirtschaftliche Verflechtung entstehen würde, bringt die Unterhaltsberechtigte weiter vor.

Das OLG Brandenburg verneint in diesem Fall das Vorliegen einer verfestigten Lebensgemeinschaft unter dem Hinwies, dass der beweispflichtige Unterhaltspflichtige »keine weitergehenden hinreichend belastbaren Anknüpfungstatsachen für eine Paarbeziehung, die nach außen erkennbar eheähnlichen Charakter hat, der sich etwa aus der konkreten Übernahme von Solidarität und Verantwortung, wie sie in einer Ehe füreinander wahrgenommen wird, ableiten ließe,« vorgetragen hat. Für nicht ausreichend erachtete das OLG die unter Zeugenbeweis gestellten einzelnen Übernachtungsbesuche des vermeintlichen Lebenspartners. Diese Besuche können keinen »tragfähigen Schluss auf das Vorhandensein einer heute schon verfestigten Lebensgemeinschaft im Sinne von § 1579 Nr. 2 BGB« begründen.

§ 1580 Auskunftspflicht

[1]Die geschiedenen Ehegatten sind einander verpflichtet, auf Verlangen über ihre Einkünfte und ihr Vermögen Auskunft zu erteilen. [2]§ 1605 ist entsprechend anzuwenden.

§ 1580 Satz 1 erstreckt die Auskunftspflicht (auch) auf geschiedene Ehegatten,[1] nicht jedoch gegenüber dessen (neuem) Ehegatten,[2] während § 1580 Satz 2 bezüglich der Anwendung der Norm auf die grundlegende Vorschrift des § 1605 verweist (zur Auskunfts- und Belegvorlagepflicht zwischen getrennt lebenden Ehegatten s. §§ 1361 Abs. 4 Satz 4, 1605). Der **Anspruch auf Auskunft** und/oder **Belegvorlage** gem. § 1580 **entsteht** mit **Rechtshängigkeit des Scheidungsantrages**,[3] so dass über das Auskunfts- und Belegvorlagebegehren bereits vor Rechtskraft der Scheidung erkannt werden kann. § 1580 (und § 1605) regeln nur einen Teilbereich, in dem der Gesetzgeber die gegenseitigen Rechte und Pflichten präzisieren wollte; dies schließt aber eine in besonderen Fällen aus § 242 herzuleitende Informationspflicht nicht aus.[4] **1**

Das Auskunftsbegehren hinsichtlich des nachehelichen Unterhalts (§ 1580 i.V.m. § 1605) stellt einen **anderen Streitgegenstand** dar als das Auskunftsbegehren hinsichtlich des Trennungsunterhalts (§ 1361 Abs. 4 Satz 4 i.V.m. § 1605), da dieses (nur) die Durchsetzung von Trennungsunterhalt (§ 1361) ermöglichen bzw. erleichtern soll.[5] Daher kann dem Auskunftsbegehren nach § 1580 **grundsätzlich** weder entgegen gehalten werden, dass bereits ein Auskunftsantrag wegen Trennungsunterhalts rechtshängig sei (§ 261 Abs. 3 Nr. 1 ZPO),[6] noch, dass der Auskunftsschuldner bereits während der Trennungszeit Auskunft erteilt habe und daher nicht verpflichtet sei, vor Ablauf der Frist des § 1605 Abs. 2 erneut Auskunft zu erteilen.[7] Mangels Identität zwischen Trennungsunterhalt und nachehelichem Unterhalt kann die rechtskräftige Abweisung des Auskunftsanspruchs bezüglich des Trennungsunterhalts keine rechtlichen Auswirkungen auf die Frage nach dem nachehelichen Unterhalt entfalten.[8] **2**

Hat der Auskunftsschuldner jedoch während der Trennung bereits ordnungsgemäß Auskunft erteilt und diese durch entsprechende Einkommensbelege belegt, so steht dem Auskunftsschuldner **ausnahmsweise** ein Anspruch gem. § 1580 dann nicht zu, wenn auf Grund der erteilten Auskunft und der vorliegenden Belege die für die Bemessung des nachehelichen Unterhalts maßgebenden wirtschaftlichen Verhältnissen bekannt sind, **und** wenn es **offensichtlich** ist, dass sich an ihnen nichts geändert hat: Der Anspruch nach § 1580 wird dann **rechtsmissbräuchlich** geltend gemacht; einem Antrag fehlt dann das Rechtsschutzinteresse.[9] Schuldet der geschiedene Ehegatte dem anderen im Rahmen eines Verlangens auf Ehegattenunterhalt Auskunft, dann darf er die Auskunft nicht von vornherein eigenmächtig auf die seines Erachtens eheprägenden Einkünfte beschränken (im Rahmen eines Stufenantrages auf nachehelichen Unterhalt erhöht sich der Streit- **3**

---

1 OLG Bamberg FamRZ 2005, 1682 – kein Auskunftsanspruch des Unterhaltsgläubigers bei Scheidung nach italienischem Recht.

2 OLG München NJWE-FER 2000, 311.

3 BGH FamRZ 1982, 151.

4 BGH FamRZ 1986, 450 = FuR 2003, 573 (Berufungsurteil: OLG München FamRZ 2002, 50) mit Anm. Strohal FamRZ 2003, 1838; Born FamRB 2004, 40; s. auch OLG Karlsruhe FamRZ 2003, 1840 – Auskunftsbegehren über die Einkommens- und Vermögensverhältnisse des anderen Ehegatten bezüglich der für einen Ausschluss oder eine Herabsetzung des Versorgungsausgleichs zu wertenden Umstände.

5 OLG Koblenz FamRZ 2005, 460.

6 OLG Düsseldorf FamRZ 1992, 1313 (Ls).

7 OLG Hamm FamRZ 1996, 868; OLG Düsseldorf FamRZ 2002, 1038 = FuR 2002, 538; OLG Köln FPR 2003, 129; OLG Hamm FamRZ 2004, 377; a.A. OLG Thüringen FamRZ 1997, 1280; KG KGR 2004, 192.

8 OLG Koblenz FamRZ 2005, 460.

9 Vgl. OLG Thüringen FamRZ 1997, 1280 – jedoch rechtsfehlerhaft begründet mit § 1605 Abs. 2.

wert der Auskunftsstufe daher nicht um die mit der Unterscheidung zwischen eheprägenden und nicht eheprägenden Einkünften angeblich verbundenen Kosten der Konsultierung eines anwaltlichen oder steuerlichen Beraters).[10]

4   Einem Auskunftsantrag fehlt die für die Gewährung von VKH erforderliche **Erfolgsaussicht**, wenn der Antragsteller die Anspruchsvoraussetzungen für einen Unterhaltstatbestand nicht darlegt: Der Grundsatz von Treu und Glauben, auf dem die Auskunftspflicht beruht, verbietet es nämlich, den geschiedenen Ehegatten auf Auskunft in Anspruch zu nehmen, wenn unabhängig von dessen Einkommens- und Vermögensverhältnissen ein Unterhaltsanspruch gegen ihn nicht in Betracht kommt (»Evidenz«).[11]

5   Im Falle einer Verurteilung zur Auskunft/Belegvorlage ist der Wert der Beschwer gemäß § 3 ZPO nach billigem Ermessen zu bestimmen. Hierfür ist das Interesse des Rechtsmittelführers maßgebend, die Auskunft nicht erteilen zu müssen. Dabei ist – von dem Fall eines besonderen Geheimhaltungsinteresses abgesehen[12] – auf den **Aufwand** an **Zeit und Kosten** abzustellen, den die Erteilung der geschuldeten Auskunft erfordert.[13] Die Kosten der Zuziehung einer sachkundigen Hilfsperson können nur berücksichtigt werden, wenn sie zwangsläufig entstehen, weil der Auskunftspflichtige selbst zu einer sachgerechten Auskunftserteilung nicht in der Lage ist.[14] Ist der Auskunftsantrag abgewiesen worden, so bestimmt sich die Beschwer nach den wirtschaftlichen Interessen des Unterhaltsberechtigten. Das wirtschaftliche Interesse wird mit einem Anteil von 1/4 bis 1/10 des Wertes der erwarteten Unterhaltszahlung angenommen.[15]

6   Das Rechtsbeschwerdegericht kann die Bemessung der Beschwer nur darauf überprüfen, ob das Beschwerdegericht von dem ihm nach § 3 ZPO eingeräumten Ermessen rechtsfehlerhaft Gebrauch gemacht hat, was insb. dann der Fall ist, wenn das Gericht bei der Bewertung des Beschwerdegegenstands maßgebliche Tatsachen verfahrensfehlerhaft nicht berücksichtigt oder etwa erhebliche Tatsachen unter Verstoß gegen seine Aufklärungspflicht (§ 139 ZPO) nicht festgestellt hat, denn der Sinn des dem Beschwerdegericht eingeräumten Ermessens würde verfehlt, wenn das Rechtsbeschwerdegericht berechtigt und verpflichtet wäre, ein vom Beschwerdegericht fehlerfrei ausgeübtes Ermessen durch eine eigene Ermessensentscheidung zu ersetzen. Diese Beschränkung begrenzt zugleich die Möglichkeit des Rechtsbeschwerdegerichts, Tatsachen zu berücksichtigten, die erstmals im Verfahren der Rechtsbeschwerde geltend gemacht werden.[16]

7   Die Auskunft ist nicht geschuldet, wenn sie für die Ermittlung des Unterhaltsanspruches nicht benötigt wird. Die Höhe des Unterhaltes also unter keinem denkbaren Gesichtspunkt durch die Auskunft beeinflusst werden kann.[17] Dies gilt dann, wenn wirksam auf Unterhalt verzichtet wurde, die Höhe des Unterhaltsbedarfes verbindlich vereinbart wurde und die Leistungsfähigkeit des Unterhaltsverpflichteten insoweit unstreitig ist. Es gilt auch regelmäßig dann, wenn der Unterhalt bei feststehender uneingeschränkter Leistungsfähigkeit des Unterhaltsschuldners nach dem konkreten Bedarf und nicht nach der Unterhaltsquote errechnet wird.[18] Hat allerdings der Unterhaltsberechtigte überhaupt keine oder nur völlig unzureichende Kenntnisse von den wirtschaftlichen Verhältnissen und dem Ausgabeverhalten während der Ehe, so kann auch im Rahmen einer konkreten Bedarfsberechnung von dem Unterhaltsverpflichteten erwartet werden, dass er die Einnahmen einerseits und den Umfang der während der Ehezeit getätigten Vermögendbildung ande-

---

10   OLG Köln ZAP EN-Nr. 356/2003 (Ls).
11   OLG Hamm FamRZ 2005, 1839.
12   Vgl. insoweit BGHZ 164, 63, 66 ff. = BGH FamRZ 2005, 1986 f.
13   BGHZ GSZ 128, 85, 87 f. = BGH FamRZ 1995, 349; BGH FamRZ 2005, 104.
14   BGH FamRZ 2006, 33, 34 unter Hinweis auf BGH FamRZ 2002, 666, 667.
15   BGH FamRZ 2006, 619; FamRZ 1993, 1189; siehe auch § 1605 Rn. 120.
16   Zu allem BGH FamRZ 2007, 714 = FuR 2007, 223 unter Hinweis auf BGH NJW-RR 1991, 509; NJW 1999, 3050 f.
17   BGH FamRZ 2010, 964; Wendl/Dose § 1 Rn. 1154.
18   BGH FamRZ 2011, 192; Wendl/Dose § 1 Rn. 1154.

rerseits darlegt, damit der Unterhaltsberechtigte im einzelnen anhand des während der Ehezeit gepflegten Ausgabeverhaltens die Höhe seines Unterhaltsbedarfes konkret berechnen kann. Gem. §1580 Satz 2 ist im Übrigen §1605 entsprechend anzuwenden; insoweit wird daher auf die Kommentierung zu §1605 verwiesen.

Kapitel 3 Leistungsfähigkeit und Rangfolge

§1581 Leistungsfähigkeit

[1]Ist der Verpflichtete nach seinen Erwerbs- und Vermögensverhältnissen unter Berücksichtigung seiner sonstigen Verpflichtungen außer Stande, ohne Gefährdung des eigenen angemessenen Unterhalts dem Berechtigten Unterhalt zu gewähren, so braucht er nur insoweit Unterhalt zu leisten, als es mit Rücksicht auf die Bedürfnisse und die Erwerbs- und Vermögensverhältnisse der geschiedenen Ehegatten der Billigkeit entspricht. [2]Den Stamm des Vermögens braucht er nicht zu verwerten, soweit die Verwertung unwirtschaftlich oder unter Berücksichtigung der beiderseitigen wirtschaftlichen Verhältnisse unbillig wäre.

A. Strukturen

1   § 1581 normiert im System des **nachehelichen Unterhalts** die **Leistungsfähigkeit**: Die **Leistungspflicht** des **Unterhaltsschuldners** ist auf denjenigen Betrag begrenzt, der seinen eigenen Lebensbedarf (Eigenbedarf = **Selbstbehalt**) übersteigt (§ 1581 Satz 1).[1] Ist der Unterhaltsschuldner nach seinen Erwerbs- und Vermögensverhältnissen unter Berücksichtigung seiner sonstigen Verpflichtungen außerstande, ohne Gefährdung seines eigenen angemessenen Lebensbedarfs den vollen geschuldeten Unterhalt zu gewähren, dann liegt eine Mangellage (»**Mangelfall**«) vor.[2]

2   Da die hierbei zu treffende Entscheidung jeweils auf den **Einzelfall** abstellt, kann der dem Unterhaltsschuldner nach § 1581 zu belassende Teil seiner Mittel für seinen eigenen angemessenen Unterhalts nicht generell für alle Fälle gleich sein. Im Rahmen der dann notwendigen **Billigkeitsprüfung** wird die Unterhaltspflicht auf denjenigen Betrag begrenzt, der mit Rücksicht auf die Bedürfnisse und die Erwerbs- und Vermögensverhältnisse der geschiedenen Ehegatten der **Billigkeit** entspricht (**Selbstbehalt** = Obergrenze für die unterhaltsrechtliche Haftung).

3   Der Unterhaltsschuldner hat in Kenntnis seiner Unterhaltspflichten seine **Arbeitskraft** voll einzusetzen und wie ein guter Sachwalter Nutzungen aus seinem **Vermögen** zu ziehen. Tut er dies nicht, kann er sich nicht nur strafbar machen (§ 170b StGB), sondern er muss sich so behandeln lassen, als würde er entsprechende Einnahmen erzielen.[3] Es ist dem Unterhaltsschuldner daher grundsätzlich unterhaltsrechtlich verwehrt, sich ohne anerkennenswerten Grund eines Vermögenswertes zu begeben, dessen Nutzung ihm geldwerte Vorteile gebracht hat, und der deshalb zu seiner finanziellen Leistungsfähigkeit beigetragen hat.[4] Zwar sind nicht nur unverschuldete (etwa Krankheit),[5] sondern auch **selbst verschuldete Beschränkungen** der **Leistungsfähigkeit** grundsätzlich **beachtlich**, wenn nicht im Einzelfall schwerwiegende Gründe vorliegen, die ihm nach Treu und Glauben die Berufung auf eine eingeschränkte Leistungsfähigkeit verwehren.[6] Ein solcher **Verstoß** gegen **Treu und Glauben** kommt im allgemeinen jedoch bereits dann in Betracht, wenn der Unterhaltsschuldner verantwortungslos, zumindest **unterhaltsbezogen vorwerfbar** (**leichtfertig**) gehandelt hat, insb. wenn er keine objektiv möglichen und subjektiv zumutbaren Einkünfte erzielt.[7] **Schuldhaftes Handeln** ist bereits dann unterhaltsbezogen vorwerfbar, wenn die zugrunde liegenden Motive sich zumindest auch auf die Verminderung der unterhaltsbezogenen Leistungsfähigkeit erstreckt haben.[8]

4   Leistungsfähigkeit muss – auch wie die Bedürftigkeit – in **zeitlicher Kongruenz** zum Unterhaltsanspruch bestehen. Maßgebend für die Feststellung der Leistungsfähigkeit ist daher stets der **Zeitpunkt**, in dem die **Unterhaltspflicht entsteht** (**Grundsatz** der **Gleichzeitigkeit** bzw. der **zeitlichen Kongruenz**). Spätere erhöhte Leistungsfähigkeit wirkt sich auf abgeschlossene Zeiträume der Vergangenheit nicht aus: Bessern sich die wirtschaftlichen Verhältnisse des Unterhaltsschuldners später, wird er also wieder **leistungsfähig**, wirkt dies nicht zurück. **Sonderbedarf** schuldet der Unterhaltsschuldner dementsprechend nur, soweit er zum Zeitpunkt der Fälligkeit des Sonderbedarfs ausreichend leistungsfähig ist. Ist er das zu diesem Zeitpunkt nicht, schuldet er auch dann keine

---

1 BGH FamRZ 1985, 354, 356; 1989, 159, 161.
2 BGHZ 109, 72 = BGH FamRZ 1990, 260 = FuR 1990, 161.
3 OLG Bamberg FamRZ 1987, 1031.
4 BGH FamRZ 2005, 967.
5 S. etwa OLG Schleswig FamRZ 2003, 685 – Aufgabe der bisherigen Erwerbstätigkeit allein aus gesundheitlichen Gründen (Krebserkrankung und deren Folgen).
6 BGH FamRZ 2003, 1471 mit Anm. Luthin.
7 BGH FamRZ 1985, 158 ff. mit Anm. Luthin; OLG Bamberg FamRZ 1987, 699 – verneint bei Verlust der Fahrererlaubnis wegen Trunkenheit und darauf folgender Kündigung des Arbeitsplatzes: Es lag zwar Leichtfertigkeit vor, jedoch kein unterhaltsrechtlicher Bezug zu der Straftat.
8 S. BVerfG FuR 2004, 402 = FamRZ 2004, 1949 – Verfassungswidrigkeit fiktiv angenommener Leistungsfähigkeit durch Eingriff in den beruflichen Bereich (Zurechnung der halben Pfarrstelle) des Ehegatten.

Nachzahlung, wenn die Leistungsfähigkeit später (und auch wieder) eintritt.[9] Im **Abänderungsfall** besteht bei Besserung der wirtschaftlichen Lage des Unterhaltsschuldners keine Bindung an zuvor vorgenommene Billigkeitsabwägungen und eine damit verbundene Kürzung der Unterhaltsansprüche; vielmehr kann im Rahmen eines Abänderungsantrages die Unterhaltsbemessung **ohne Bindung** an eine früher durchgeführte Mangelberechnung allein nach der materiellen Rechtslage vorgenommen werden.[10]

(Auch) der Unterhaltsschuldner muss den **Stamm** seines **Vermögens** nicht verwerten, wenn und 5 soweit die Verwertung **unwirtschaftlich** oder unter Berücksichtigung der beiderseitigen wirtschaftlichen Verhältnisse **unbillig** wäre (§ 1581 Satz 2); insoweit gelten auf Grund des **Gleichbehandlungsgrundsatzes** spiegelbildlich die zu § 1577 Abs. 3 normierten sowie von Rechtsprechung und Literatur entwickelten Grundsätze. Diese Grundsätze sind entsprechend auch im Rahmen des Trennungsunterhalts (§ 1361) heranzuziehen, wobei allerdings zu berücksichtigen ist, dass sich das Verhältnis der Ehegatten während ihrer Trennungszeit von demjenigen nach der Scheidung noch durch die eheliche Bindung unterscheidet.[11]

B. Normzweck

§ 1581 schützt den Unterhaltsschuldner: Die Norm begrenzt seine Unterhaltspflicht. Ist er nach 6 seinen Erwerbs- und Vermögensverhältnissen unter Berücksichtigung seiner sonstigen Verpflichtungen außerstande, ohne **Gefährdung** des **eigenen angemessenen Unterhalts** Unterhalt zu gewähren, so braucht er nur insoweit Unterhalt zu leisten, als es mit Rücksicht auf die Bedürfnisse und die Erwerbs- und Vermögensverhältnisse der geschiedenen Ehegatten der Billigkeit entspricht. Seine finanzielle **Leistungsfähigkeit** endet jedenfalls dort, wo er nicht mehr in der Lage ist, seine **eigene Existenz** zu sichern.[12] Durch die Zahlung von Unterhalt darf der Unterhaltsschuldner nicht in soziale Not (Sozialhilfebedürftigkeit) getrieben werden; ihm muss (zumindest) sein **eigener angemessener Lebensbedarf** (= angemessener Selbstbehalt, relative Grenze) verbleiben. (Nur) in sehr eng begrenzten Ausnahmefällen ist der Selbstbehalt des Unterhaltsschuldners auf (wenigstens) sein **eigenes Existenzminimum** zurückzuführen (= notwendiger Selbstbehalt, absolute Grenze).

C. Begrenzung der Leistungspflichten auf den Selbstbehalt

Ist der Unterhaltsschuldner mehreren Unterhaltsgläubigern zum Unterhalt verpflichtet (etwa dem 7 geschiedenen Ehegatten und minderjährigen Kindern), dann können die **Selbstbehalte** in **unterschiedlicher Höhe** anzusetzen sein: Der jeweilige Selbstbehalt ist in dem **jeweiligen einzelnen** Unterhaltschuldverhältnis zu bestimmen.

Übersicht über die verschiedenen Selbstbehalte 8

Die Selbstbehalte sind »feste Limits«, die im Regelfall nach unten nicht unterschritten werden sollen.[13]

1. Notwendiger = kleiner Selbstbehalt (§ 1603 Abs. 2)

Haften Eltern ihren minderjährigen und diesen nach § 1603 Abs. 2 Satz 2 gleichgestellten (sog. privilegierten) volljährigen Kindern, dann gilt im allgemeinen der notwendige = kleine Selbstbehalt (§ 1603 Abs. 2) als unterste Grenze der Inanspruchnahme des Unterhaltsschuldners.[14]

---

9 BGH FamRZ 1985, 155; KG NJW-RR 1991, 1221; OLG Nürnberg NJWE-FER 1997, 169; OLG Hamm FamRZ 1998, 1586; Beinkinstadt DAVorm 1994, 1 f.
10 BGH FamRZ 1987, 257.
11 BGH FamRZ 2005, 97, 99 = FuR 2005, 23 = FuR 2009, 97.
12 BVerfG FamRZ 2002, 1685 = FuR 2002, 175.
13 BGH FamRZ 2004, 370, 373.
14 BGH FamRZ 2009, 314 = FuR 2009, 162.

2. Angemessener = großer Selbstbehalt (§ 1603 Abs. 1)

Für Unterhaltsansprüche volljähriger Kinder haftet der Unterhaltsschuldner bis zur Grenze des angemessenen = großen Selbstbehalts gem. § 1603 Abs. 1.[15]

3. Angemessener Ehegattenselbstbehalt (§ 1581) und Selbstbehalt nach § 1615l

Gegenüber Ehegatten oder einem ein nichteheliches Kind betreuendem Elternteil (§ 1615l) gilt grundsätzlich der angemessene Selbstbehalt gem. § 1581, ein in etwa gemittelter Wert zwischen den Selbstbehalten des § 1603 Abs. 1 und des § 1603 Abs. 2.[16]

4. Erweiterter großer Selbstbehalt (»Super-Selbstbehalt«)

Haften Kinder für den Lebensbedarf ihrer Eltern (»Elternunterhalt«) oder Großeltern ihren Enkeln (»Enkelunterhalt«), dann können sie sich auf die Haftungsgrenze des sog. erweiterten großen Selbstbehalts (»Super-Selbstbehalt«) berufen.[17]

I. Verfassungsrechtliche Garantie des Selbstbehalts

9   Dem Unterhaltsschuldner dürfen nur im Rahmen der verfassungsmäßigen Ordnung Unterhaltspflichten auferlegt werden, wobei die Auslegung und Anwendung verfassungsgemäßer unterhaltsrechtlicher Normen nicht zu verfassungswidrigen Ergebnissen, der ausgeurteilte Unterhalt also **nicht** zu einer **unverhältnismäßigen Belastung** des **Unterhaltsschuldners** führen darf. Wird die **Grenze** des **Zumutbaren** eines Unterhaltsanspruchs überschritten, ist die Beschränkung der Dispositionsfreiheit des Verpflichteten im finanziellen Bereich als Folge der Unterhaltsansprüche des Bedürftigen nicht mehr Bestandteil der verfassungsmäßigen Ordnung und kann vor dem Grundrecht des Art. 2 Abs. 1 GG nicht bestehen.[18]

10 Die Vorschriften zur Leistungsfähigkeit (§§ 1581, 1603) sind eine Ausprägung des **Grundsatzes der Verhältnismäßigkeit** im Unterhaltsrecht. Die Gerichte haben im **Einzelfall** zu prüfen, ob der Unterhaltsschuldner in der Lage ist, den beanspruchten Unterhalt zu zahlen, oder ob dieser – unbeschadet der Zulässigkeit der Zurechnung fiktiven Einkommens – die finanzielle Leistungsfähigkeit des Unterhaltsschuldners übersteigt.

11 Eine **Unterhaltspflicht** besteht daher **nicht**, wenn und soweit der Unterhaltschuldner infolge einer Unterhaltsleistung selbst sozialhilfebedürftig würde: Ihm muss bereits aus verfassungsrechtlichen Gründen jedenfalls derjenige Betrag verbleiben, der seinen **eigenen Lebensbedarf** nach **sozialhilferechtlichen Grundsätzen** sicherstellt.[19] Seine finanzielle unterhaltsrechtliche Leistungsfähigkeit endet jedenfalls dort, wo er nicht mehr in der Lage ist, seine eigene Existenz zu sichern.[20] Die Bemessung dieses – auch verfassungsrechtlich zu beachtenden – Mindestselbstbehalts ist Aufgabe des Tatrichters, wobei es diesem nicht verwehrt ist, sich an Erfahrungs- und Richtwerte anzulehnen, sofern nicht im Einzelfall besondere Umstände eine Abweichung gebieten.[21]

---

15 BGH FamRZ 2009, 307 = FuR 2009, 97.
16 BGH FamRZ 2006, 683 = FuR 2006, 266.
17 BGHZ 152, 217 = FamRZ 2002, 1698 = FuR 2003, 26 BGH FamRZ 2007, 375 = FuR 2007, 119.
18 BVerfG FamRZ 2002, 1685 = FuR 2002, 175 = FuR 2004, 402 zu den verfassungsrechtlichen Grenzen fiktiver Zurechnung von Einkommen im Rahmen der Verurteilung zur Zahlung nachehelichen Ehegatten- und Kindesunterhalts; 2010, 626 = FuR 2010, 333.
19 BGHZ 111, 194, 198 = BGH FamRZ 1990, 849, 850; BGH FamRZ 1996, 1272, 1273; Scholz FamRZ 2004, 751, 757 ff.
20 BVerfG FamRZ 2001, 1685 f.; BGH 2006, 683 = FuR 2006, 266 (Berufungsurteil: OLG Düsseldorf FamRZ 2004, 1104); zur Höhe vgl. Klinkhammer FamRZ 2004, 1909, 1910 ff., und Schürmann FamRZ 2005, 148 f.
21 BGH NJW 1984, 1614.; FamRZ 2006, 683 = FuR 2006, 266.

II. Orientierungshilfen in Tabellen/Leitlinien zum Unterhalt

Der jeweilige **Selbstbehalt** im Einzelfall ist – trotz Vorgabe in Unterhaltstabellen/Leitlinien – **12**
keine feste Größe, sondern die Tabellendaten sind – wenn auch nur grobe – **Orientierungshilfen.**[22] Da der Ehegattenselbstbehalt und letztlich die nach § 1581 zu treffende Billigkeitsabwägung jeweils individuell nach den ehelichen Lebensverhältnissen und nach den Besonderheiten des jeweiligen Einzelfalles zu bestimmen ist, obliegt die individuelle Ermittlung des **Selbstbehalts** in jedem **Einzelfall** wie auch die sodann gebotene Billigkeitsabwägung des § 1581 Satz 1 tatrichterlichem Ermessen. Die Rechtsprechung ist diffus (»buntscheckiges Bild«[23]).

Eine **tatrichterlich** nach **Billigkeitsgesichtspunkten** getroffene **Entscheidung** unterliegt zwar nur **13**
in eingeschränktem Umfange der revisionsrechtlichen Überprüfung; eine solche ist aber dann eröffnet, wenn die tatrichterliche Entscheidung den gesetzlich vorgegebenen Ermessensspielraum nicht ausschöpft oder gesetzlich vorgegebene Wertungen außer Betracht lässt.[24] Dies ist etwa dann und schon deshalb der Fall, wenn der Tatrichter die gesetzlich vorgeschriebene individuelle Billigkeitsabwägung durch Hinweis auf einen einheitlichen Selbstbehalt nach einer Tabelle, Leitlinie und/oder Orientierungshilfe ersetzt hat, ohne den Umständen des jeweiligen Einzelfalles Rechnung zu tragen. Insoweit ist es auch verfehlt, sich auch dann an feste Tabellen, Leitlinien und/oder Orientierungshilfe zu halten, wenn andere Lebensverhältnisse zu beurteilen sind als diejenigen, auf die sie für den **Regelfall** abstellen.[25]

III. Neuere Rechtsprechung des BGH

Nach der neueren Rechtsprechung des BGH sollen die Tabellen/Leitlinien der OLGe – wie auch **14**
der sich an sie anlehnende Tatrichter – bei der **Bemessung** des **Selbstbehalts** gem. § 1581 neben den gesetzlichen Vorgaben, die sich insb. aus dem Wesen der Unterhaltspflicht und der Rangfolge des Anspruchs im Verhältnis zu anderen Unterhaltsgläubigern ergeben, auch die **Wertungen** seiner **Rechtsprechung**[26] beachten:

1. Der **angemessene Selbstbehalt** gegenüber Unterhaltsansprüchen **volljähriger Kinder** (§ 1603 **15**
   Abs. 1) darf regelmäßig **nicht** mit dem notwendigen Selbstbehalt gegenüber Unterhaltsansprüchen minderjähriger und diesen nach § 1603 Abs. 2 gleichgestellter Kinder gleichgesetzt werden;[27]
2. Es ist aus Rechtsgründen nicht vertretbar und auch nicht billig, dem unterhaltspflichtigen geschiedenen Ehegatten regelmäßig nur den **notwendigen Selbstbehalt** zu belassen (die darin zum Ausdruck kommende Gleichbehandlung des Unterhaltsanspruchs von Ehegatten mit demjenigen minderjähriger Kinder ließe die gesteigerte Unterhaltspflicht nach § 1609 außer Betracht, die darin begründet ist, dass minderjährigen Kindern wegen ihres Alters von vornherein die Möglichkeit verschlossen ist, durch eigene Anstrengungen zur Deckung ihres notwendigen Lebensbedarfs beizutragen, was gilt für geschiedene oder getrennt lebende Ehegatten nicht in gleichem Maße gilt);[28]
3. Der gegenüber dem Unterhaltsanspruch volljähriger Kinder stärker ausgestaltete Charakter des **Ehegattenunterhalts** kann auch zu einer **stärkeren Haftung** und damit zu einem geringeren Selbstbehalt nach § 1581 führen, als dies auf der Grundlage des § 1603 Abs. 1 gegenüber dem Unterhaltsanspruch **volljähriger Kinder** der Fall ist.

---

22 BGH FamRZ 1987, 266; BSG FamRZ 1987, 274 – Bestimmung des Unterhalts »in Anlehnung« an die DT.
23 S. BSG FamRZ 1987, 274 – »kleiner« Selbstbehalt im Rahmen des § 1361.
24 BGHZ 109, 72, 88 = BGH FamRZ 1990, 262, 266.
25 BGH FamRZ 1992, 795, 797 = FuR 2005, 224.
26 FamRZ 2006, 683 = FuR 2006, 266 in Fortführung von BGH FamRZ 2005, 354 = FuR 2005, 170.
27 BGH FamRZ 1989, 272 f.
28 So bereits BGH FamRZ 1997, 806; sodann bestätigend FamRZ 2005, 354, 355 m.w.N.

16   Im Rahmen seiner Rechtsprechung zu den sog. wandelbaren ehelichen Lebensverhältnissen hat der BGH[29] auch die Grundsätze zur **Bemessung** des **Selbstbehalts** des Unterhaltsschuldners verändert. Er hat seine Rechtsprechung zum sog. »eheangemessenen Selbstbehalt«[30] aufgegeben: Einer zusätzlichen Begrenzung der Leistungsfähigkeit nach den individuellen ehelichen Lebensverhältnissen (sog. »eheangemessener Selbstbehalt«) bedürfe es nach seiner sog. Surrogats-Rechtsprechung[31] nicht mehr,[32] weil nach dieser nunmehr der Grundsatz der gleichmäßigen Teilhabe beider Ehegatten am ehelichen Lebensstandard (»**Halbteilungsgrundsatz«**) bereits im Rahmen der Bedarfsbemessung gewahrt werde.[33] Nachdem die Rechtsprechung zu den wandelbaren ehelichen Lebensverhältnissen aus verfassungsrechtlichen Gründen aufgegeben wurde, ist zweifelhaft, ob diese Rechtsprechung in Bezug auf die Bemessung des Selbstbehaltes beibehalten bleibt.

17   Während der BGH bislang den eigenen angemessenen Unterhalt i.S.d. § 1581 mit dem eheangemessenen Unterhalt nach § 1578 gleichgesetzt hat, belässt er dem Unterhaltsschuldner nunmehr im Regelfall einen einheitlichen »**Ehegattenselbstbehalt«** in der Regel mit einem Betrag, der den notwendigen Selbstbehalt gegenüber einem Unterhaltsanspruch minderjähriger Kinder (§ 1603 Abs. 2) nicht unerheblich übersteigt und zwischen diesem und dem angemessenen Selbstbehalt (§ 1603 Abs. 1) liegt,[34] und zwar sowohl für den Trennungsunterhalt wie auch für den nachehelichen Unterhalt, auch gegenüber einem Anspruch auf Betreuungsunterhalt.[35] Im Einklang mit der Rechtsprechung zur Leistungsfähigkeit beim Verwandtenunterhalt (§ 1603) ist deswegen im Rahmen des § 1581 die Leistungsfähigkeit des Unterhaltsschuldners erst bei »Gefährdung des eigenen angemessenen Unterhalts« (§ 1581 Satz 1) beeinträchtigt. Die Billigkeitsabwägung im Rahmen des § 1581 kann nur in eng begrenzten Ausnahmefällen dazu führen, dass dem Unterhaltsschuldner nur der notwendige Selbstbehalt verbleibt, wenn dies den ehelichen Lebensverhältnissen (§ 1578 Abs. 1 Satz 1) entspricht.[36] Der dem Unterhaltsschuldner zu belassende Selbstbehalt entspricht, wenn der Unterhaltsschuldner nicht erwerbstätig ist, dem Selbstbehalt eines Nichterwerbstätigen.[37]

18   Diese gesetzlichen Wertungen gebieten, den – pauschalen – Selbstbehalt gegenüber dem Unterhaltsanspruch eines geschiedenen Ehegatten nach § 1581 mit einem Betrag zu bemessen, der nicht unter dem notwendigen (§ 1603 Abs. 2), aber auch nicht über dem angemessenen (§ 1603 Abs. 1) Selbstbehalt liegt, sondern der – so der BGH,[38] anlehnend an seine Rechtsprechung zu § 1615l Abs. 2,[39] – in der **Regel** mit einem Betrag zu bemessen ist, der etwa in der **Mitte zwischen** dem

---

29   FamRZ 2006, 683 = FuR 2006, 266 in Fortführung von BGH FamRZ 2005, 354 = FuR 2005, 170.
30   BGHZ 109, 72, 83 ff. = BGH FamRZ 1990, 260, 264; BGH FamRZ 2004, 1357, 1358 f. – der eigene angemessene Unterhalt i.s.v. § 1581 sei grundsätzlich mit dem eheangemessenen Unterhalt nach § 1578 gleichzusetzen.
31   BGH FamRZ 2006, 683 = FuR 2006, 266 (Berufungsurteil: OLG Düsseldorf FamRZ 2004, 1104).
32   Abgrenzung zu BGHZ 109, 72, 83 f.; BGH FamRZ 2004, 1357, 1358 f. = FuR 2004, 548; Fortführung von BGHZ 153, 358, 364 f. = BGH FuR 2003, 25.
33   BGH FamRZ 2006, 683 = FuR 2006, 266 mit ausführlicher, sachgerechter Begründung, in Abgrenzung zu BGHZ 109, 72, 83 f.; BGH FamRZ 2004, 1357, 1358 f., und in Fortführung von BGHZ 153, 358, 364 f.
34   BGHZ 166, 351, 356 ff. = BGH FamRZ 2006, 683, 684 = FuR 2006, 266; BGH FamRZ 2009, 307 = FuR 2009, 97 = FuR 2009, 95; BGH NJW 2011, 303.
35   Zuletzt BGH FamRZ 2009, 307 = FuR 2009, 97; s. auch OLG Köln OLGR 2009, 590 (Ls) – in entsprechender Anwendung des § 1581 gelte die verfassungsrechtlich bedenkenfreie Umkehr der Darlegungs-und Beweisführungslast auch für den Trennungsunterhalt.
36   S. etwa OLG Koblenz FamRZ 2007, 1330.
37   BGH FamRZ 2009, 307 = FuR 2009, 97 – das Urteil erging zum Trennungsunterhalt und befasst sich vor allem mit der Leistungsfähigkeit des Unterhaltsschuldners bei Bezug von Krankengeld.
38   BGH FamRZ 2006, 683 = FuR 2006, 266 (Berufungsurteil: OLG Düsseldorf FamRZ 2004, 1104), in Fortführung von BGH FamRZ 2005, 354 ff.
39   FamRZ 2005, 354, 355 f. = FuR 2005, 170.

angemessenen (§ 1603 Abs. 1) und dem **notwendigen** (§ 1603 Abs. 2) **Selbstbehalt** liegt.[40] Jedenfalls muss der Selbstbehalt des § 1581 Satz 1 seiner **Funktion** nach etwas **über** dem **effektiven Sozialhilfesatz** liegen,[41] wenn auch die unterhaltsrechtliche Bestimmung der Leistungsfähigkeit anderen Grundsätzen folgt als das Sozialrecht:[42] Selbstbehaltssätze nach den Unterhaltstabellen/Leitlinien und Sozialhilfesätze[43] sind ebenso wenig aufeinander abgestimmt wie die Sätze der VKH (und auch die Pfändungsfreigrenzen,[44] Anträge nach § 850f ZPO!).[45]

Allerdings unterscheidet sich das Verhältnis der Ehegatten während ihrer **Trennungszeit** von demjenigen nach der Scheidung noch durch die **eheliche Bindung:**[46] Während der Ehe tragen die Ehegatten noch mehr Verantwortung füreinander als nach der Scheidung (»eheliche Solidarität«); daher legt die besondere Verbundenheit, von der das Verhältnis der Ehegatten geprägt wird, dem Unterhaltsgläubiger während des Getrenntlebens noch ein höheres Maß an Rücksichtnahme auf die Interessen des Unterhaltsschuldners auf, als dies nach der Scheidung (»nacheheliche Solidarität«) der Fall ist. Denoch hat der BGH nicht zwischen § 1361 und §§ 1569 ff. differenziert: Der Verhältnismäßigkeitsgrundsatz gebiete es, diese Vorschrift entsprechend anzuwenden, da sich auch der Anspruch auf Trennungsunterhalt wie jeder Unterhaltsanspruch an der Leistungsfähigkeit des Unterhaltsschuldners auszurichten habe.[47] **19**

Der **Pfändungsfreibetrag** darf jedoch nicht mit dem unterhaltsrechtlichen Selbstbehalt, auch nicht mit dem sog. notwendigen Selbstbehalt, der in der Regel etwas oberhalb der Sozialhilfesätze liegt, bemessen werden:[48] Was dem Vollstreckungsschuldner bei der erweiterten Pfändung (»**Unterhaltsvollstreckung**«) als notwendiger Unterhalt verbleiben muss, entspricht in der Regel dem notwendigen Lebensunterhalt i.S.d. §§ 19 ff. SGB II bzw. des 3. Kapitels des SGB XII. Allerdings sind volljährige unverheiratete Kinder bis zur Vollendung des 21. Lebensjahres, die im Haushalt der Eltern oder eines Elternteils leben und sich in der allgemeinen Schulausbildung befinden, trotz ihrer materiellen unterhaltsrechtlichen Privilegierung in § 1603 Abs. 2 Satz 2 mit ihren Ansprüchen **nicht** im Rang von § 850d Abs. 2a) ZPO zu berücksichtigen.[49] Bei der Unterhaltsvollstreckung kann der nach § 850d Abs. 1 Satz 2 ZPO unpfändbare Teil des Arbeitseinkommens, über dessen Höhe im Beschwerdeverfahren entschieden worden ist, in entsprechender Anwendung des § 850g Satz 1 ZPO neu festgesetzt werden, wenn aufgrund einer erstmaligen höchstrichterlichen Grundsatzentscheidung teilweise geänderte Maßstäbe für seine Berechnung gelten.[50] **20**

1. Regel: »Eigener angemessener Unterhalt« im Sinne des § 1581 Satz 1

§ 1581 Satz 1 ist im Unterhaltsschuldverhältnis nur dann von Bedeutung, wenn diejenigen Mittel, die nach Deckung des Selbstbehalts des Unterhaltsschuldners für den Unterhalt mehrerer Berech- **21**

---

40 BGH FamRZ 2005, 357 = FuR 2005, 224 zum Selbstbehalt im Rahmen eines Unterhaltsschuldverhältnisses gem. § 1615l.

41 OLG Hamm FamRZ 1992, 582; vgl. Büttner FamRZ 1990, 459 ff.; Schellhorn FuR 1991, 341; Scholz FamRZ 1999, 1177 ff.

42 BGH FamRZ 1995, 537.

43 Die Regelsätze für die laufenden Leistungen zum Lebensunterhalt werden gem. § 28 SGB XII jährlich von den zuständigen Landesbehörden festgesetzt.

44 Zu einer trotz hohen Einkommens, jedoch völliger Überschuldung auf Pfändungsfreigrenzen beschränkten Unterhaltspflicht s. OLG Celle FamRZ 2002, 887.

45 S. Scholz FamRZ 1996, 65, 71; zu dem neuen Kontopfändungsschutz bei Unterhaltsansprüchen s. Griesche FPR 2010, 170 ff.

46 BGH FamRZ 2005, 97, 99 = FuR 2005, 23 = FuR 2009, 97.

47 BGH FamRZ 2009, 404 = FuR 2009, 157 unter Hinweis auf BGHZ 166, 351, 358 = BGH FamRZ 2006, 683, 684 = FuR 2006, 266 m.w.N.

48 BGHZ 156, 30 = BGH FamRZ 2003, 1466 = FuR 2004, 78 mit Anm. Wax FamRZ 2003, 1743 – noch zum BSHG.

49 BGH FamRZ 2003, 1176.

50 BGHZ 161, 73 = BGH FamRZ 2005, 198 = FuR 2005, 180.

tigter zur Verfügung stehen, nicht ausreichen, um sämtliche Ansprüche zu erfüllen (sog. »**Mangellagen**« oder »**Mangelfälle**«). Die nach Abzug des (angemessenen) Selbstbehalts noch verfügbaren Mittel sind unter den **gleichrangigen Unterhaltsgläubigern anteilig** aufzuteilen; nachrangige Unterhaltsbedürftige kommen mit ihren Ansprüchen nur zum Zuge, wenn und soweit nach voller Befriedigung der vorrangigen Ansprüche ein freier Betrag verbleibt.[51]

2. Ermittlung des Ehegattenselbstbehalts

22 Der BGH[52] bestimmt in ständiger Rechtsprechung den **Bedarf** des **Unterhaltsgläubigers** grundsätzlich anhand einer Quote auf der Grundlage des eheprägenden Einkommens; eine feste Bedarfsuntergrenze – etwa im Sinne eines Existenzminimums (Mindestbedarf) – erkennt er erst in neuester Rechtsprechung an.[53] Dies gilt gleichermaßen für den Bedarf des **Unterhaltsschuldners**: Solange ihm die **jeweilige Unterhaltsquote** an dem **eheprägenden Einkommen** verbleibt, muss er den vollen Unterhalt zahlen. Ist er allerdings »nach seinen Erwerbs- und Vermögensverhältnissen unter Berücksichtigung seiner sonstigen Verpflichtungen außerstande, ohne Gefährdung des eigenen angemessenen Unterhalts« den vollen, nach § 1578 geschuldeten Unterhalt zu leisten, so schlägt der Unterhaltsanspruch des Unterhaltsgläubigers in einen **Billigkeitsanspruch** um, dessen Umfang der Tatrichter unter Abwägung der beiden Eheleuten zur Verfügung stehenden Mittel sowie der beiderseits zu befriedigenden Bedürfnisse nach **individuellen Gesichtspunkten** zu bestimmen hat.[54]

3. »Eigener angemessener Unterhalt« auch in Mangellagen

23 Der BGH hält es aus Rechtsgründen **nicht** für nicht vertretbar und in diesem Sinne nicht »billig«, einem unterhaltspflichtigen geschiedenen Ehegatten im Verhältnis zum anderen geschiedenen Ehegatten auch dann, wenn dessen Existenzminimum nicht sichergestellt ist, **regelmäßig** nur den **notwendigen Selbstbehalt** zu belassen,[55] und zwar auch dann, wenn der Unterhaltsgläubiger auf diese Weise gezwungen ist, öffentliche Mittel für seinen Unterhalt in Anspruch zu nehmen.[56]

4. Ausnahme: »Notwendiger Selbstbehalt«

24 Nur **ausnahmsweise** darf im Rahmen der Billigkeitsabwägung nach § 1581 Satz 1 der **angemessene Selbstbehalt** bis auf den **notwendigen Selbstbehalt** (= notwendigen Eigenbedarf) als unterste Grenze der Inanspruchnahme (= **Existenzminimum**) herabgesetzt, dem Unterhaltsschuldner also eine Unterhaltspflicht bis zur **Grenze des eigenen notwendigen Selbstbehalts** auferlegt werden, weil die nacheheliche unterhaltsrechtliche Verantwortung gegenüber der ehelichen Solidarität abgeschwächt ist.[57] Eine solche **Ausnahme** kommt etwa dann in Betracht, wenn die

---

51 BGH FamRZ 1980, 555, 557; BGHZ 162, 384 = BGH FamRZ 2005, 1154 = FuR 2005, 364.
52 Vgl. bereits BGH FamRZ 1988, 256 m.w.N. mit Anm. Klein FuR 1997, 255 f.; Fröschle FamRZ 1999, 1241 f.
53 BGH FamRZ 2010, 357 = FuR 2010, 217 (»Archäologin«) zu § 1615l, und BGH FamRZ 2010, 802 zum nachehelichen Unterhalt.
54 BGHZ 109, 72, 83 f. = BGH FamRZ 1990, 260; BGH FamRZ 2004, 1357 = FuR 2004, 548 zur Abänderung eines Prozessvergleichs über einen nach § 1581 herabgesetzten nachehelichen Unterhalt nach Änderung der höchstrichterlichen Rechtsprechung zur Anrechnungsmethode, und zur Bindungswirkung an eine – nicht vorgenommene – zeitliche Begrenzung oder Herabsetzung des Anspruchs auf Billigkeitsunterhalt; zutreffend hatte das Berufungsgericht im Rahmen einer Billigkeitsprüfung den dem Unterhaltsschuldner nach § 1581 zu belassenden Selbstbehalt auf 4/7 seiner eigenen Erwerbseinkünfte beschränkt.
55 BGHZ 109, 72 = BGH FamRZ 1990, 260, 265 m.w.N.; 1997, 806; OLG Koblenz FamRZ 1997, 426 – angemessener Selbstbehalt eines Rentners: 1.650 DM.
56 BGH FamRZ 1997, 806 = FuR 2006, 266.
57 BGHZ 109, 72 = BGH FamRZ 1990, 260; 1987, 806.

besonderen Umstände des Einzelfalles und eine Billigkeitsabwägung der beiderseitigen Interessen und Bedürfnisse dies rechtfertigen, etwa wenn der Unterhaltsgläubiger im Einzelfall aus besonderen Gründen (etwa Gesundheits- und/oder Altersgründe) ähnlich hilflos und bedürftig ist wie ein minderjähriges unverheiratetes Kind,[58] und/oder wenn er wegen der Betreuung eines Kleinstkindes (s. § 1570 Abs. 1 Satz 1 – sog. »Basisunterhalt«) nicht selbst für seinen Unterhalt sorgen kann, und er alle Möglichkeiten ausgeschöpft hat, staatliche Hilfen (etwa Betreuungshilfen nach dem KJHG (SGB VIII)) zu erlangen.[59]

D. Voraussetzungen begrenzter bzw. fehlender Leistungsfähigkeit

Insgesamt bzw. teilweise leistungsunfähig ist (nur), wer   **25**

1. Unterhalt nicht oder nicht in ausreichendem Maße gewähren kann, und
2. hierzu auch nicht verpflichtet ist.

Schlagwort: »Wer nichts hat, und wer (rechtlich) auch nichts haben muss«.

Der Gleichbehandlungsgrundsatz prägt auch im Rahmen des § 1581 die gegenseitigen Pflichten **26** (»Obliegenheiten«):[60] Keine Partei darf von der anderen etwas verlangen, was ihr nicht auch selbst zuzumuten ist. Daher gelten grundsätzlich alle Feststellungen im Rahmen der Bedürftigkeit zu der Frage, in welchem Umfang beim Unterhaltsgläubiger ein nach den ehelichen Lebensverhältnissen ungedeckter Unterhaltsbedarf besteht, spiegelbildlich auch für die Prüfung der Leistungsfähigkeit auf Seiten des Unterhaltsschuldners. Auf folgende Besonderheiten ist im Rahmen des § 1581 zu achten:

I. Einkünfte

Die Leistungsfähigkeit des Unterhaltsschuldners wird einerseits durch sein tatsächlich vorhandenes Einkommen und/oder Vermögen bestimmt, andererseits durch seine Erwerbsfähigkeit wie **27** auch seine Erwerbspflicht, also diejenigen Mittel, die er bei gutem Willen – etwa durch zumutbare Erwerbstätigkeit – erzielen könnte.

1. Tatsächliche Einkünfte

Nach dem Grundsatz der Gleichbehandlung beider Ehegatten sind im Rahmen der Leistungsfähigkeit grundsätzlich alle Einkünfte des Unterhaltsschuldners heranzuziehen, die – spiegelbildlich – auch bei der Feststellung der Bedürftigkeit des Unterhaltsgläubigers mindernd anzusetzen **28** sind, auch wenn sie nicht eheprägend sind (insb. auch die vor der Trennung für Vermögensbildung verwendeten Einkommensteile).[61] Dem Unterhaltsschuldner obliegt, zumutbare Einkünfte zu erzielen, insb. seine Arbeitsfähigkeit so gut wie möglich einzusetzen. Eine Entfernung zwischen Wohnung und Arbeitsstätte von 23,4 km liegt noch im Rahmen dessen, was einem Unterhalts-

---

58 OLG Koblenz FamRZ 2005, 1482 – zum Trennungsunterhalt (die 80-jährige Klägerin war in vollem Umfange pflegebedürftig, konnte weder allein laufen noch aufstehen, musste teilweise über eine Magensonde ernährt werden und war infolgedessen ebenso wenig wie ein minderjähriges Kind in der Lage, für ihren Unterhalt selbst zu sorgen).
59 BGHZ 109, 72, 85 = BGH FamRZ 1990, 260; 1987, 806 – das Berufungsgericht (OLG Karlsruhe) hatte angesichts individuell äußerst beengter Verhältnisse und des Umstands, dass der Ehefrau und den Kindern im Vergleich zum Pflichtigen immer noch erheblich weniger zur Bedarfsdeckung verblieb, einen solchen Ausnahmefall angenommen hat; dies hat der BGH gebilligt; FamRZ 1997, 806.
60 So BGH FamRZ 1985, 354; tendenziell strenger beim Unterhaltsgläubiger Graba FamRZ 2001, 1257, 1260.
61 BGH FamRZ 1985, 354.

gläubiger zumutbar ist.[62] Auch insoweit gelten die allgemeinen Grundsätze zur Ermittlung des unterhaltsrelevanten Einkommens (s. Kleffmann, »Grundlagen der Einkommensermittlung«, Vor § 1361 Teil B).

2. Zurechnung fiktiver Einkünfte

29   Die Rechtskraft der Scheidung führt zwar die gegenseitige unterhaltsrechtliche Verantwortung der Ehegatten grundsätzlich auf die Eigenverantwortung (§ 1569) zurück. Besteht jedoch trotz § 1569 eine Unterhaltslast, dann muss der Unterhaltsschuldner (gegebenenfalls auch weiterhin) **besondere Rücksicht** auf die **Belange** des **Unterhaltsgläubigers** nehmen:[63] Er darf nach der Scheidung seine übliche Erwerbstätigkeit bisherigen Umfangs nicht ohne weiteres verändern, sondern ihn trifft unterhaltsrechtlich die Obliegenheit, die ihm zumutbaren Einkünfte zu erzielen, insb. seine Arbeitsfähigkeit so gut wie möglich einzusetzen und eine ihm zumutbare und mögliche Erwerbstätigkeit auszuüben. Soweit er dieser Obliegenheit nicht nachkommt, ist ihm **fiktives Einkommen** als sog. **Erwerbsersatzeinkommen** zuzurechnen:[64] Er muss sich dann so behandeln lassen, als ob er über das Einkommen, das er bei gutem Willen durch eine zumutbare Erwerbstätigkeit erzielen könnte, tatsächlich verfügt.[65]

a) Verlust des Arbeitsplatzes

30   Ein vom Unterhaltsschuldner zwar **selbstverschuldeter,** aber **ungewollter Verlust** seines **Arbeitsplatzes** rechtfertigt die Annahme leichtfertigen Verhaltens nicht. Setzt sich der Unterhaltsschuldner gegen eine Kündigung seines Arbeitgebers nicht zur Wehr, kann nur dann leichtfertiges Verhalten angenommen werden, wenn die Kündigung aus dem Horizont des Unterhaltsschuldners betrachtet offensichtlich unbegründet ist.[66] Hat der Unterhaltsschuldner – ohne dass ihm dies unterhaltsrelevant vorgeworfen werden kann – seinen **Arbeitsplatz verloren,** dann muss er ohne schuldhaftes Zögern alle ihm zumutbaren Maßnahmen unternehmen, um wieder angemessene Einkünfte zu erzielen,[67] insb. wieder in das Berufsleben einzutreten.[68] Hierzu genügt allein die Meldung beim Arbeitsamt nicht, sondern es sind zusätzliche Bemühungen in Eigeninitiative notwendig, wie sie auch dem Unterhaltsgläubiger gem. § 1569 zugemutet werden.

31   Ein **Wohnsitzwechsel** kann einem arbeitslosen Unterhaltsschuldner unterhaltsrechtlich dann nicht vorgeworfen werden, wenn er ernsthaft damit gerechnet hat, dass er auf dem Arbeitsmarkt im Bereich des neuen Wohnsitzes zumindest gleiche, wenn nicht bessere Erwerbschancen hat.[69] **Umschulungsmaßnahmen** zur Erlangung einer erstmaligen Berufsausbildung mit verbesserter Aussicht auf einen Arbeitsplatz stellen in der Regel kein leichtfertiges Verhalten dar. Wird jedoch eine **bestehende Arbeit,** welche den Unterhalt der Familie nachhaltig zu sichern geeignet war, auf Grund einer weiteren Berufsausbildung **aufgegeben,** so kann sich der Unterhaltsschuldner auf die aus diesem Verhalten resultierende Leistungsunfähigkeit nicht berufen.

32   Diese Grundsätze sind auch bei Einschränkung der Leistungsfähigkeit durch einen ohne Not vorgenommenen **Arbeitsplatzwechsel** des Unterhaltsschuldners anzuwenden, erst Recht bei **Aufnahme** einer **selbständigen Tätigkeit:** Wer ohne Not in Kenntnis seiner Unterhaltspflichten eine selbständige Tätigkeit aufnimmt, die mit erheblichen Einkommenseinbußen verbunden ist, han-

---

62 OLG Karlsruhe FamRZ 2006, 1147 (Ls) im Anschluss an BGH NJW-RR 1995, 129.
63 BVerfG FamRZ 1996, 343; BGH FamRZ 1996, 796.
64 BGH FamRZ 1981, 539.
65 BGH FamRZ 1981, 539.
66 BGH FamRZ 1994, 372.
67 BGH FamRZ 1994, 372.
68 BGH FamRZ 1994 372, 374.
69 OLG Schleswig OLGR 1999, 226 – Wohnsitznahme in Dänemark; 1999, 227 – Umzug von Schleswig-Holstein nach Sachsen-Anhalt.

delt regelmäßig unterhaltsbezogen leichtfertig, sofern er vor Aufnahme dieser Tätigkeit nicht ausreichend dafür Sorge getragen hat, dass er seinen Unterhaltspflichten in der Folgezeit unverändert nachkommen kann. Demzufolge kann auch ein Selbständiger in Kenntnis seiner Unterhaltspflichten gehalten sein, eine besser bezahlte nichtselbständige Tätigkeit aufzunehmen.

b) Einkommensminderungen wegen Eintritts in den Ruhestand

(Nur) **unvermeidbare Einkommensminderungen** wegen Eintritts in den **nicht vorzeitigen Ruhe-** 33 **stand** sind (auch) im Rahmen der Leistungsfähigkeit grundsätzlich zu beachten. Auch die Erwerbsobliegenheit eines Selbständigen endet regelmäßig mit Erreichen der üblichen Altersgrenze (Vollendung des 65. Lebensjahres).[70] Der Unterhaltsgläubiger ist demzufolge verpflichtet, sachdienliche Anträge zu stellen, um eine durch den Versorgungsausgleich bedingte Rentenkürzung hinauszuschieben.[71] Minderung der Leistungsfähigkeit infolge Übertritts in den **vorzeitigen** Ruhestand kann der Unterhaltsschuldner ausnahmsweise nur dann geltend machen, wenn sein Ruhestandseinkommen eine Höhe erreicht hat, die die Aufrechterhaltung eines vom Standpunkt eines vernünftigen Betrachters angemessen erscheinenden Lebensstandards ermöglicht.[72]

c) Altersteilzeit

Grundsätzlich muss kein Unterhaltsgläubiger Minderungen des Einkommens auf Seiten des Unter- 34 haltsschuldners und damit ihre Auswirkungen auf seinen Unterhalt (regelmäßig: Kürzung seines Unterhalts) hinnehmen, wenn der Unterhaltsschuldner von der lediglich aus arbeitsmarktpolitischen Gründen eingeführten Möglichkeit der **Altersteilzeit** Gebrauch macht und daher seine Erwerbstätigkeit reduziert (»**Altersteilzeit**«): Dann ist »**unterhaltsbezogener Mutwillen**« anzunehmen.[73]

Ausnahmen können dann gerechtfertigt sein, wenn 35

– die Altersteilzeit auf Grund von Gesundheitsbeeinträchtigungen, die eine krankheitsbedingte Verminderung der Erwerbstätigkeit zur Folgen haben, in Anspruch genommen wird,[74]
– der Unterhaltsgläubiger seinen Unterhaltsbedarf auf einem relativ hohen Niveau aus seinen eigenen Einkünften sicherstellen kann,[75] **oder**
– arbeitgeberseits die Altersteilzeit aus betrieblichen Gründen »erzwungen« wird.

Alle Umstände müssen im **Einzelfall**[76] sorgfältig abgewogen werden, insb. die persönlichen und 36 wirtschaftlichen Verhältnisse auf beiden Seiten, die Gründe für diese Wahl, der Umfang der Alterssicherung, die Gesamtentwicklung der Ehe bis zur Scheidung u.a.[77]

d) Fiktion von Vermögenserträgen

Nach der Scheidung der Ehe ist der Unterhaltsschuldner grundsätzlich gehalten, vorhandenes **Ver-** 37 **mögen** möglichst **ertragreich** zu **nutzen**. Geschieht dies nicht, dann sind Vermögenserträge auf Grund unterlassener Nutzung des Vermögens bzw. nach dessen Verschwendung – entsprechend der Fiktion von Einkommen aus nicht genutzter Arbeitskraft – zu fingieren,[78] sofern dadurch nicht unzulässig Druck zur Verwertung eines nach § 1581 Satz 2 nicht einsatzpflichtigen Vermö-

---

70 OLG Hamm FamRZ 1997, 883.
71 OLG Nürnberg FamRZ 1997, 961.
72 BGH FamRZ 1984, 662 zu einer vom öffentlich-rechtlich Dienstherrn angebotenen vorzeitigen Pensionierung.
73 OLG Saarbrücken FamRZ 2007, 1019 mit Anm. Eschenbruch NJW 2007, 522.
74 OLG Koblenz FamRZ 2000, 610; OLG Hamm FamRZ 2002, 1476; OLG Köln FamRZ 2003, 602.
75 OLG Koblenz FamRZ 2000, 610.
76 S. BGH FamRZ 1999, 708 zur Erwerbspflicht des Unterhaltsschuldners.
77 Vgl. OLG Hamm FamRZ 1999, 1078; OLG Koblenz FamRZ 2000, 610.
78 Vgl. BGH FamRZ 1986, 437.

gensstammes ausgeübt wird. Unberührt bleibt eine eventuelle Obliegenheit zur Vermögensumschichtung; insoweit beschränkt § 1581 Satz 2 die Leistungspflicht nicht (»verwerten«). Daher darf der Unterhaltsschuldner eine ihm gehörende Immobilie nicht unentgeltlich Dritten, auch nicht Kindern mit eigener Lebensstellung, zur Verfügung stellen, sondern er ist unterhaltsrechtlich gehalten, entweder zu vermieten oder den objektiven Mietwert zu verlangen.[79]

II. Finanzielle Belastungen als Abzugsposten

38 Für die Berücksichtigung von **finanziellen Belastungen** des Unterhaltsschuldners im Rahmen der Leistungsfähigkeit gelten grundsätzlich die gleichen Maßstäbe wie bei der Prüfung der Bedürftigkeit des Unterhaltsgläubigers, jedoch mit folgenden **Besonderheiten:**

1. Schulden

39 Der **Unterhaltsanspruch** genießt **keinen prinzipiellen Vorrang** vor der **Schuldentilgung** auf Seiten des Unterhaltsschuldners (zu Verbindlichkeiten im Unterhaltsrecht s. ausführlich Vor § 1360).

a) Eheprägende Schulden

40 (Kredit-) **Verbindlichkeiten**, die bereits zur Zeit des **Zusammenlebens** der Ehegatten entstanden sind, und die aus der **gemeinsamen Lebensführung** der Eheleute (also bis zu ihrer Trennung) herrühren, sind grundsätzlich bereits auf der **Bedarfsebene** mindernd zu berücksichtigen: Sie haben die ehelichen Lebensverhältnisse und hätten sie auch bei Fortbestand der Ehe geprägt; sie müssen daher auch den nachehelichen Unterhalt beeinflussen.[80] Allerdings können sie nicht (nochmals) im Rahmen der Leistungsfähigkeit angesetzt werden: Über das System des Vorabzugs trägt der Unterhaltsgläubiger die Last dieser Verbindlichkeit hälftig mit.

41 **Haften** getrennt lebende oder geschiedene Eheleute für (Kredit-) **Verbindlichkeiten gesamtschuldnerisch**, und wurde die alleinige Schuldentilgung durch einen der getrennt lebenden oder geschiedenen Ehegatten bei der Berechnung des dem anderen zustehenden Unterhalts bereits berücksichtigt, dann liegt eine **anderweitige Bestimmung** i.S.d. § 426, welche die grundsätzliche Haftung von Gesamtschuldnern im Innenverhältnis zu gleichen Teilen verdrängt, nahe. Allerdings darf eine – die hälftige Ausgleichspflicht unter Gesamtschuldnern überlagernde – anderweitige Bestimmung i.S.d. § 426 Abs. 1 Satz 1 nicht bereits dann angenommen werden, wenn ein Ehegatte die gemeinsamen Schulden nach der Trennung/Scheidung weiterhin allein abträgt, während der andere – auch ohne ausdrückliche oder stillschweigende Vereinbarung – Trennungsunterhalt nicht geltend macht; vielmehr bedarf es insoweit einer konkludenten oder ausdrücklichen Vereinbarung der (auch geschiedenen) Ehegatten untereinander. Ob eine stillschweigende Vereinbarung angenommen werden kann, ist jeweils nach den Umständen des Einzelfalles zu entscheiden. Kehrt sich allerdings das Pflichtenverhältnis dergestalt um, dass die Unterhaltspflicht des die Schulden allein tilgenden Ehegatten entfällt und dieser seinerseits Unterhalt verlangen kann, liegt die Annahme eines Wegfalls der Geschäftsgrundlage nahe, denn die Nichtgeltendmachung eines nun nicht mehr bestehenden Unterhaltsanspruchs kann schwerlich als Gegenleistung oder Entgegenkommen angesehen werden, die es rechtfertigten, dass der andere Ehegatte die gemeinsamen Schulden weiterhin alleine abträgt.[81]

---

79 OLG Hamm OLGR 2003, 224.
80 BGH FamRZ 1982, 23; zur Behandlung von Schulden im Unterhaltsrecht grundlegend BGH FamRZ 1984, 657.
81 BGH FamRZ 2005, 1236 = FuR 2005, 379 = FuR 2007, 562 = FuR 2008, 201.

b) Nichtprägende Schulden

Nicht eheprägende, also **nach** der **Trennung** eingegangene Verbindlichkeiten sind nicht auf der 42
Bedarfsebene, sondern im Rahmen der **Leistungsfähigkeit** zu berücksichtigen. Hat der Unterhaltsschuldner in Kenntnis der Unterhaltspflicht Schulden **einseitig begründet**, dann ist es ihm im Rahmen der Gesamtabwägung zuzumuten, diese Lasten selbst zu tragen: Bereits die Kenntnis von der Unterhaltspflicht verwehrt es ihm in der Regel, sich auf eine infolge von Schulden eingetretene Verminderung der Leistungsfähigkeit zu berufen.[82] Solche Verpflichtungen können nur ausnahmsweise dann berücksichtigt werden, wenn und soweit sie »unvermeidbar«[83] waren, also »notwendig und unausweichlich«[84] eingegangen werden mussten. Insoweit ist grundsätzlich ein **strenger Maßstab** anzulegen, insb. wenn Kosten des Lebensunterhalts finanziert worden sind.[85]

Insgesamt ist eine **umfassende Interessenabwägung** im **jeweiligen Einzelfall** erforderlich,[86] wobei 43
folgende **Gesichtspunkte** bedeutsam sein können: Anlass, Zeitpunkt und Art der Begründung von Kreditverbindlichkeiten,[87] insb. Kenntnis des Unterhaltsschuldners von der Unterhaltspflicht,[88] Kenntnis und Billigung des Unterhaltsgläubigers bei Aufnahme der Kredite, Vermeidung weiterer Verschuldung des Unterhaltsschuldners, vorübergehendes besonders Angewiesensein des Unterhaltsgläubigers auf Unterhaltszahlungen, Möglichkeit der zeitlichen Streckung durch den Unterhaltsschuldner im Rahmen eines angemessenen Tilgungsplans, erwartete Einkommenssteigerung auf Seiten des Unterhaltsgläubigers sowie schutzwürdige Belange von Drittgläubigern.[89] Auf Schulden, die **leichtfertig**, für **luxuriöse Zwecke** oder **ohne verständigen Grund** eingegangen worden sind, kann sich der Unterhaltsschuldner grundsätzlich nicht berufen.[90]

c) Schuldenmoratorium

Soweit Kreditverbindlichkeiten im Rahmen der Leistungsfähigkeit überhaupt mindernd zu 44
berücksichtigen sind, darf dies jedenfalls nur in angemessener Höhe (im Rahmen eines **angemessenen Tilgungsplans**, sog. »**Schuldenmoratorium**«) geschehen. Ein angemessener Tilgungsplan darf einerseits berücksichtigen, dass ein weiteres Anwachsen der Verschuldung vermieden wird, andererseits, dass oft zu Zeiten des Zusammenlebens ein entsprechender Anteil des Einkommens für die Schuldenrückführung verwendet worden ist.

Zunächst gilt der **Grundsatz**, dass der unterhaltsberechtigte Ehegatte durch die Trennung/Scheidung weder schlechter noch besser gestellt werden soll.[91] Da bei der Unterhaltsbemessung ein 45
objektiver Maßstab anzulegen ist, ist derjenige **Lebensstandard** entscheidend, der vom Standpunkt eines **vernünftigen Betrachters** aus **angemessen** erscheint, so dass weder eine nach den Verhältnissen zu dürftige Lebensführung noch ein übertriebener Aufwand zählt.[92] Daher ist zu fragen wie sich der Unterhaltsschuldner verständigerweise bei Fortdauer der ehelichen Gemeinschaft verhalten hätte. Unterhaltsmindernd sind diejenigen Beträge zu berücksichtigen, die im Falle der Fortdauer der ehelichen Gemeinschaft bei verantwortlicher Abwägung der Unterhaltsbelange und

---

82 BGH FamRZ 1990, 283.
83 BGH FamRZ 1982, 898.
84 BGH FamRZ 1990, 283.
85 BGH FamRZ 1998, 1501; OLG Hamm FuR 2000, 33 – Kreditaufwendungen für trennungsbedingte Möbelanschaffungen oder Mietmehrleistungen seien zwar nicht bedarfsprägend, ggf. aber bei der Leistungsfähigkeit abzugsfähig; s. auch Fischer-Winkelmann FamRZ 1998, 929 zum Schuldzinsenabzug.
86 Vgl. OLG Hamm FamRZ 1997, 821.
87 BGH FamRZ 1985, 911; OLG Karlsruhe NJW-RR 1998, 578 – keine Berücksichtigung querulatorisch verursachter Prozesskosten.
88 BGH FamRZ 1990, 283.
89 BGH FamRZ 1991, 1163.
90 BGH FamRZ 1982, 157.
91 BGH FamRZ 1982, 23, 24.
92 BGH FamRZ 1982, 151, 152.

der Fremdgläubigerinteressen für die Schuldentilgung verwandt worden wären,[93] wobei im Einzelfall abzuwägen ist, wie stark der Unterhaltsgläubiger auf die Unterhaltszahlungen angewiesen ist, und inwieweit dem Unterhaltsschuldner eine finanzielle Streckung der Verschuldung über Jahre hinaus zumutbar ist.[94]

2. Unterhaltslasten

46 **Unterhaltspflichten**, die gegenüber dem geschiedenen Ehegatten nicht nachrangig, aber erst nach Rechtskraft der Scheidung entstanden sind – etwa Unterhaltsverpflichtungen gegenüber nach Rechtskraft der Scheidung geborenen Kindern[95] – mindern in Mangellagen nach In-Kraft-Treten des **UÄndG 2007** nicht mehr die Leistungsfähigkeit, sondern sind nunmehr nach § 1609 n.F. zu beurteilen (absoluter Vorrang minderjähriger und ihnen gem. § 1603 Abs. 2 gleichgestellter volljähriger Kinder).

47 Haben die getrennt lebenden/geschiedenen Eheleute (auch stillschweigend) trotz Mangellage im Rahmen der Bemessung des nachehelichen Unterhalts den **Vorwegabzug** des **vollen Unterhalts** von nicht nach § 1609 Nr. 1 bevorzugten Kindern vereinbart, dann ist der insoweit notwendige Einkommensteil des Unterhaltsschuldners bereits auf der Bedarfsebene auszusondern und nicht nochmals bei der Leistungsfähigkeit zu berücksichtigen (zu den im Rahmen einer Unterhaltsbemessung zu berücksichtigenden Unterhaltslasten s. ausführlich Vor § 1360 Rn. 284 ff.). Auch bei der Beurteilung der Leistungsfähigkeit des Unterhaltsschuldners für den Ehegattenunterhalt ist der **Kindesunterhalt** mit dem um das (anteilige) Kindergeld geminderten **Zahlbetrag** (nicht mit dem Tabellenbetrag) abzuziehen.[96]

3. Vermögensbildung

48 **Vermögenserträge** rechnen zu den Einkünften; sie sind – wenn eheprägend – uneingeschränkt für den nachehelichen Unterhalt einzusetzen. Aufwendungen für einseitige Vermögensbildung des Unterhaltsschuldners sind nicht zu berücksichtigen, weil auch der Unterhaltsschuldner nicht auf Kosten des Unterhaltsgläubigers Vermögen bilden darf;[97] Es gelten grundsätzlich dieselben Maßstäbe, die auch bei der Prüfung der Bedürftigkeit des Unterhaltsgläubigers anzulegen sind (s. auch Vor § 1360 Rn. 55).

III. Aufnahme von Krediten zur Sicherstellung des Unterhaltsanspruchs

49 **Grundsätzlich** ist es dem Unterhaltsschuldner **nicht** zuzumuten, zur **Sicherstellung** des **Unterhaltsanspruchs Kredite** aufzunehmen. Er ist zwar nicht von vornherein von der Pflicht enthoben, durch die **Aufnahme** eines **Kredits**, insb. im Wege der Belastung seines Vermögens, Mittel zu beschaffen und einzusetzen. Ist er jedoch ohnehin schon mit Schulden belastet, deren Abtrag seine finanziellen Möglichkeiten übersteigt, dann kann ihm eine **Erhöhung** dieser **Verschuldung** zur Aufbringung zusätzlicher für Unterhaltszwecke einzusetzender Mittel **grundsätzlich nicht** zugemutet werden;[98] Die Verweisung auf einen Kredit ist regelmäßig unzumutbar, wenn der Kredit in absehbarer Zeit aus Eigenmitteln des Unterhaltsschuldners nicht zurückgezahlt werden kann.[99]

---

93 BGH FamRZ 1982, 23.
94 Zu allem BGH FamRZ 1982, 678.
95 BGH FamRZ 1987, 472.
96 BGH FamRZ 2009, 1477 = FuR 2009, 572 unter Hinweis auf BGH FamRZ 2009, 1300 = FuR 2009, 567.
97 BGH FamRZ 1984, 358; NJW-RR 1995, 129.
98 Vgl. BGH FamRZ 1982, 678.
99 BGH FamRZ 1982, 678.

Ausnahmsweise besteht eine solche **Obliegenheit** jedoch dann, wenn   **50**

1. Unterhaltsansprüche nur **vorübergehend** geltend gemacht werden, etwa weil die Leistungsfähigkeit des Unterhaltsschuldners nur zeitweise abgesunken ist, und konkrete Aussicht auf Besserung besteht,
2. die Zeit bis zur Durchsetzung von Ansprüchen des Unterhaltsschuldners selbst oder einer Vermögensverwertung/Umschichtung **überbrückt** werden muss,
3. der Unterhaltsschuldner **Dispositionen** im Rahmen seines **Erwerbslebens** treffen will, die – jedenfalls zunächst – zu eingeschränkter Leistungsfähigkeit führen.

IV. Verwertung des Vermögensstammes (§ 1581 Abs. 2)

§ 1581 Satz 2 normiert auf Seiten des **Unterhaltsschuldners** – spiegelbildlich zu § 1577 Abs. 1   **51** und 3 auf Seiten des Unterhaltsgläubigers – die **Obliegenheit**, den **Stamm** seines **Vermögens** im Rahmen der Leistungsfähigkeit für **Unterhaltszwecke** einzusetzen. Auch § 1581 Satz 2 normiert ein **Regel-Ausnahme-Prinzip**: Einsatzpflicht als Regel und **Einschränkung** dieser **Obliegenheit** in **Ausnahmefällen** (»soweit die Verwertung **unwirtschaftlich** oder unter Berücksichtigung der beiderseitigen wirtschaftlichen Verhältnisse **unbillig** wäre«). Nach dem Grundsatz der Verhältnismäßigkeit kann eine Verwertung des Vermögensstammes jedoch nur dann verlangt werden, wenn eine **Beleihung** oder eine **Umschichtung** des **Vermögens** nicht in Betracht kommt.[100] Auf Grund des Gegenseitigkeitsprinzips sind betreffend die Obliegenheit zur Vermögensverwertung die **Maßstäbe** des § 1577 Abs. 3 für den **Unterhaltsgläubiger** und die des § 1581 Satz 2 für den **Unterhaltsschuldner** regelmäßig identisch.[101] Die Verwertung von Grundbesitz kommt dann nicht in Betracht, wenn die Vermietung bzw. Veräußerung mit erheblichen finanziellen Verlusten und mit einer Halbierung des Erwerbseinkommens des Unterhaltsschuldners verbunden wäre.[102] Bezieht ein Unterhaltsschuldner, weil er sich von der Sozialversicherungspflicht hat befreien lassen, keine Rente, kann er im Verhältnis zum Unterhaltsgläubiger zur Verwertung des Stammes seines Vermögens verpflichtet sein.[103]

V. Veränderungen des Selbstbehalts nach Billigkeit durch Besonderheiten

Besonderheiten können nach **Treu** und **Glauben** unter Berücksichtigung aller Umstände des **Einzelfalles** eine **Abweichung** von den in Orientierungshilfen (Tabellen/Leitlinien) verankerten   **52** Richtwerten rechtfertigen;[104] dabei sind vor allem die Auswirkungen der Inanspruchnahme des Unterhaltsschuldners auf seinen finanziellen Bewegungsspielraum zu berücksichtigen.[105] Die Anpassung der jeweiligen Richtwerte an den konkreten Einzelfall ist demnach dem Tatrichter vorbehalten, dem auch im Übrigen die Bestimmung der Selbstbehalte, Unterhaltsquoten und Bedarfstabellen überlassen ist.

1. Erhöhung des Selbstbehalts durch Mehrbedarf

Zum **vollen Ehegattenselbstbehalt** gehört – jedoch nur in eng begrenzten Ausnahmefällen –   **53** neben der Unterhalts **quote** auch **unvermeidbarer** trennungsbedingter **Mehrbedarf**, der die **Leistungsfähigkeit**[106] daher einschränken kann. Solche (**zusätzlichen**) Lasten sind im Rahmen der Leistungsfähigkeit nur dann von Bedeutung, wenn sie der Unterhaltsschuldner nicht aus vorhan-

---

100 BGH FamRZ 1984, 663.
101 BGH FamRZ 1985, 354.
102 OLG Celle FamRZ 2002, 887 zu einem Fall völliger Überschuldung.
103 OLG Schleswig FuR 2004, 279.
104 BGH FamRZ 1984, 154.
105 BGH FamRZ 1983, 670.
106 BGH FamRZ 1990, 979.

denen Mitteln zu decken vermag, etwa durch sonstiges (nicht prägendes und daher nicht bei der Bedarfsbemessung bereits quotiertes) Einkommen bzw. durch den Einsatz von Vermögen.[107] Verbleibt bei der Bedarfsermittlung nach Bereinigung des unterhaltsrelevanten Einkommens im Wege des Vorabzugs noch immer ein **deutliches Ungleichgewicht** der **finanziellen Lasten**, etwa weil diese dem Vorabzug nicht zugeordnet werden können/dürfen, kann es gerechtfertigt sein, den Selbstbehalt aufzustocken.[108]

54 Unabhängig davon, dass auf Grund der geänderten Rechtsprechung des BGH[109] zu den ehelichen Lebensverhältnissen (»**Surrogationen**«) kaum mehr Raum für Mehrbedarf sein wird (Quotenunterhalt auf der Grundlage der Gesamteinkommen), ist es jedenfalls regelmäßig unbillig, wenn dem Unterhaltsschuldner – auf Kosten des Elementarunterhalts des Unterhaltsgläubigers – Mehrbedarf zugestanden wird, dem Unterhaltsgläubiger hingegen (mangels Leistungsfähigkeit des Unterhaltsschuldners) nicht einmal der volle Elementarunterhalt.

55 Aufwendungen für **Verfahrenskosten** in Scheidungs- und Scheidungsfolgesachen – dazu gehören auch VKH-Raten – sind durch die Trennung der Eheleute veranlasst und haben daher die ehelichen Lebensverhältnissen nicht geprägt; sie sind daher nicht bei der Ermittlung des Bedarfs, sondern grundsätzlich nur als **trennungsbedingter Mehrbedarf** zu berücksichtigen.[110] Allerdings ist insoweit – insb. wenn diese Kosten kreditiert werden – ein **strenger Maßstab** anzulegen: Solche Aufwendungen sind nur dann ansatzfähig, wenn auch die andere Partei entsprechend belastet ist (Halbteilungsgrundsatz!). Ob Verfahrenskosten – sei es als berücksichtigungswürdige Schulden, sei es in Form von VKH-Raten – als die Leistungsfähigkeit mindernd angesetzt werden dürfen, hängt auch davon ab, ob sie mutwillig, verantwortungslos oder leichtfertig – sozusagen durch querulatorisches Prozessverhalten – ausgelöst worden sind.[111]

56 Durch **Ausübung** des **Umgangs bedingte Kosten** eines barunterhaltpflichtigen Elternteils mit seinem Kind/seinen Kindern können regelmäßig nicht von seinem Einkommen abgezogen werden.[112] **Ausnahmsweise** können sie jedoch berücksichtigt werden, wenn und soweit sie nicht anderweitig, insb. nicht aus dem anteiligen Kindergeld, bestritten werden können.[113] Dies gilt vor allem dann, wenn das Umgangsrecht wegen **räumlicher Entfernung** zwischen Elternteil und Kind nur mit **erheblichem Aufwand** ausgeübt werden kann.[114] Das Unterhaltsrecht darf dem Unterhaltsschuldner nicht die Möglichkeit nehmen, sein Umgangsrecht zur Erhaltung der Eltern-Kind-Beziehung auszuüben: Gem. § 1684 hat einerseits das Kind Recht auf Umgang mit jedem Elternteil, andererseits ist aber auch jeder Elternteil zum Umgang mit dem Kind berechtigt und verpflichtet. Alle diese Rechte und Pflichten stehen unter dem Schutz von Art. 6 Abs. 2 Satz 1 GG.[115] Insoweit ist das Wohl der Kinder vorrangig zu bewerten.[116] Umgangskosten sind daher immer dann zu berücksichtigen, wenn sie für den Unterhaltsschuldner schlechthin unzumutbar sind und dazu führen, dass das Umgangsrecht nicht oder nur eingeschränkt ausgeübt werden kann.[117] Kos-

107 OLG München FamRZ 1994, 898.
108 BGH FamRZ 1984, 34 – den Unterhaltsschuldner traf bezüglich des bei ihm lebenden Kindes die Bar- und Betreuungsunterhaltslast; 1990, 979; s. auch OLG München FamRZ 1994, 898.
109 BGHZ 148, 105 = BGH FamRZ 2001, 986 = FuR 2001, 306.
110 BGH FamRZ 1982, 250; OLG München FamRZ 1994, 898; OLG Karlsruhe NJW-RR 1998, 578; vgl. auch Bernreuther FamRZ 1995, 769; unzutreffend daher der Vorabzug der PKH-Rate für das Scheidungsverfahren bereits bei der Bedarfsbemessung in der Mangelfallentscheidung des BGH FamRZ 1997, 806.
111 OLG Karlsruhe FamRZ 1988, 202; NJW-RR 1998, 578.
112 Grundlegend BGH FamRZ 1995, 215.
113 OLG Bremen FamRZ 2009, 889.
114 OLG Frankfurt FamRZ 1991, 78; OLG Karlsruhe FamRZ 1992, 58.
115 BVerfGE FamRZ 2002, 809.
116 BGH FamRZ 2005, 706, 708 = FuR 2005, 253 = FuR 2008, 203 = FuR 2009, 577 (»Flexistunden«).
117 OLG Schleswig NJW 2009, 1216.

ten der Ausübung des Umgangsrechts, die deutlich über den normalen Anteil hinausgehen, können durch einen – teilweisen – Abzug vom Einkommen oder durch eine Erhöhung des Ehegattenselbstbehalts berücksichtigt werden. Voraussetzung ist, dass diese Kosten nicht bereits durch einen – teilweisen – Abzug vom Einkommen berücksichtigt worden sind, und dass der Unterhaltsschuldner die notwendigen Kosten des Umgangs nicht aus den Mitteln bestreiten kann, die ihm über dem notwendigen Selbstbehalt hinaus verbleiben.[118]

Die Berücksichtigung eines Mehrbedarfs in Form von Fahrtkosten, die durch Teilnahme an einer besonderen **Testreihe** eines neuen **Medikaments** entstehen, ist nicht schon deshalb ausgeschlossen, weil die Krankenkasse diese Kosten nicht übernimmt. Sofern die ehelichen Lebensverhältnisse bereits von der Erkrankung geprägt waren und angenommen werden kann, dass der erkrankte frühere Ehegatte auch bei Fortbestehen der Ehe an dem Langzeitversuch teilgenommen hätte, ist es für den Unterhaltsgläubiger zumutbar, diese Maßnahme im Rahmen des Unterhalts mitzutragen.[119] **57**

2. Verminderung des Selbstbehalts

In **Ausnahmefällen** können sowohl der notwendige als auch der angemessene Selbstbehalt des Unterhaltsschuldners **niedriger** anzusetzen sein, als dies die von der Praxis entwickelten Richtsätze vorsehen.[120] **58**

a) »Konsumverzicht« des Unterhaltsschuldners

Grundsätzlich ist auch bei der Bestimmung der Leistungsfähigkeit des Unterhaltsschuldners ein **objektiver Maßstab** anzulegen. Lebt der Unterhaltsschuldner besonders sparsam (»**Konsumverzicht**«), verzichtet er etwa auf Ausgaben für notwendige Bedürfnisse, kommt diese Ersparnis im **Regelfalle** den anderen Bedarfspositionen und nicht dem/den Unterhaltsgläubiger/n zugute:[121] Grundsätzlich steht es dem Unterhaltsschuldner frei, wie er seine **Lebensverhältnisse gestaltet**, wie er seine **Bedürfnisse gewichtet**, und welche **Schwerpunkte** er bei der **Deckung** seiner **notwendigen Ausgaben** setzt, für welche Zwecke er also seine verfügbaren Mittel verwendet. Der Selbstbehalt darf daher regelmäßig nicht vermindert werden, wenn eine Ersparnis innerhalb des Lebensbereichs des Unterhaltsschuldners ausschließlich auf seiner eigenen Disposition über die im Rahmen des Selbstbehalts verfügbaren Mittel (etwa billiges Wohnen, Änderung seiner Verbrauchsgewohnheiten, Verzicht auf kulturelle oder sonstige, die in der Summe des Bedarfs »Selbstbehalt« definierte Bedürfnisse) beruht.[122] **59**

---

118 BGH FamRZ 2005, 706 ff., 708 = FuR 2005, 253 = FuR 2008, 203 = FuR 2009, 577 (»Flexistunden«) – die Antragsgegnerin war nach der Trennung mit dem Kind verzogen; der Antragsteller musste deswegen zur Ausübung seines 14-tägigen Umgangsrechts mehrere Hundert Kilometer fahren: Der BGH hat gebilligt, dass das Berufungsgericht auf der Grundlage dieses Sachverhalts einen Teil der Umgangskosten von 30 € monatlich vom Einkommen des Antragstellers abgesetzt hat; OLG Schleswig OLGR 2005, 695 – ein monatlicher Betrag in Höhe von 100 € sei im entschiedenen Fall angemessen; OLG Koblenz FamRZ 2006, 501–200 € monatlich zur Bestreitung der notwendigsten Kosten des Umgangs.

119 OLG Hamm FamRZ 1997, 944.

120 BGH FamRZ 1998, 286 unter Hinweis auf OLG Hamm FamRZ 1980, 916, 917 m.N.; 2009, 307 = FuR 2009, 97 zur Leistungsfähigkeit des Unterhaltsschuldners bei Bezug von Krankengeld.

121 OLG Hamm NJW-RR 1997, 962 – sofern eine Haushaltshilfe notwendig ist, sei der erforderliche Betrag auch dann anzusetzen, wenn die Haushaltshilfe unentgeltlich von Familienangehörigen geleistet werde; OLG Karlsruhe FamRZ 1998, 479; OLG Frankfurt FamRZ 1999, 1522.

122 OLG Düsseldorf FamRZ 1999, 1020 – es sei dem Unterhaltsschuldner unbenommen, etwa seinen Wohnbedarf auf besonders einfache Weise zu decken und die dadurch freiwerdenden Mittel für bessere Kleidung oder Ernährung auszugeben; OLG Frankfurt FamRZ 1999, 1522 = FuR 2005, 459; OLG Hamburg FamRZ 2003, 1102 – »Unterschlupf« eines Unterhaltsschuldners mit eigener Lebensstellung im mütterlichen Haushalt.

60 Kann der Unterhaltsschuldner allerdings nicht einmal das **Existenzminimum minderjähriger Kleinkinder** unter drei Jahren[123] (s. § 1570 Abs. 1 Satz 1 – sog. »Basisunterhalt«) wahren, dann tritt **ausnahmsweise** sein Recht auf finanzielle Selbstbestimmung zurück; er muss dann die **Kostenersparnis** aus dem Konsumverzicht für die Sicherung des Lebensunterhalts der Kinder einsetzen.[124] Der BGH[125] hat mehrfach gebilligt, dass der Selbstbehalt eines Unterhaltsschuldners zwar um die durch eine gemeinsame Haushaltsführung eintretende Ersparnis, jedoch höchstens bis auf sein Existenzminimum nach sozialhilferechtlichen Grundsätzen herabgesetzt werden kann.

b) Haushaltsgemeinschaft des Unterhaltsschuldners mit seinem Ehegatten

61 Eine **Unterschreitung** des **notwendigen Selbstbehalts** kann etwa dann veranlasst sein, wenn die **Ehegatten** in der gemeinsamen Ehewohnung getrennt wohnen und sich die Kosten der Haushaltsführung teilen.[126] Umstritten ist, ob auf Grund der Minderung des Bedarfs des Unterhaltsschuldners durch **gemeinsame Haushaltsführung** mit dem **neuen Ehegatten** auch der Selbstbehalt in krassen Mangellagen (Existenznot des kleinere gemeinsame Kinder betreuenden geschiedenen Ehegatten) herabgesetzt werden darf (»Generalunkostenersparnis«).[127] Einerseits wird argumentiert, entsprechend den Grundsätzen der unterhaltsrelevanten Neutralität freiwilliger Leistungen Dritter wolle der neue Ehegatte durch die Gewährung mietfreien Wohnens regelmäßig lediglich den Ehepartner begünstigen, nicht aber dessen unterhaltsrechtliche Leistungsfähigkeit erhöhen.[128] Andererseits wird darauf verwiesen, dass der Unterhaltsschuldner durch die häusliche Gemeinschaft mit dem neuen Ehegatten Aufwendungen erspare, was bei der Bemessung des Selbstbehalts nach den Unterhaltsleitlinien nicht berücksichtigt sei.[129] Das OLG Nürnberg hat in einem solchen Falle – der Unterhaltsschuldner lebte mit seinem neuen (leistungsfähigen) Ehegatten zusammen – den Selbstbehalt des Unterhaltsschuldners um die Hälfte der aus diesem Zusammenleben resultierenden Ersparnis gekürzt und diesen Kürzungsansatz aus der Differenz zwischen den in den SüdL festgelegten Sätzen für den Selbstbehalt einerseits und den Mindestbedarf des mit dem Unterhaltsschuldner zusammenlebenden Ehegatten andererseits abgeleitet.[130]

c) Haushaltsgemeinschaft des Unterhaltsschuldners mit einem Dritten

62 Eine ähnliche Streitfrage stellt sich, wenn die Kostenersparnis auf Seiten des Unterhaltsschuldners auf dessen **gemeinsamer Haushaltsführung** mit einem **Dritten** (etwa einem neuen Lebenspartner) beruht. Begründet der Unterhaltsschuldner mit einem neuen (leistungsfähigen) Partner eine Haushaltsgemeinschaft, dann ist dies für sich allein noch kein Grund, wegen der Ersparnisse infolge gemeinsamer Haushaltsführung mit einem neuen Partner den angemessenen Selbstbehalt des Unterhaltsschuldners zu kürzen. Derartige wirtschaftliche Vorteile sind eine Folge der Gestal-

---

123 S. hierzu den Bericht der Bundesregierung über die Höhe des Existenzminimums von Erwachsenen und Kindern für das Jahr 2008 – BT-Drucks. 16/3265.

124 OLG Dresden FamRZ 1999, 1522 (Ls).

125 FamRZ 2004, 25 = FuR 2004, 33 = FuR 2006, 266; Beschluss vom 17.01.2007 – XII ZA 37/06 – n.v. (zu OLG Brandenburg OLGR 2007, 132)).

126 OLG Hamm FamRZ 1998, 1508 – Abschlag von 20 % bis 25 % führte zur Kürzung des billigen Eigenbedarfs von 1 650 auf 1 300 DM.

127 S. etwa BGH FamRZ 1998, 286 unter Hinweis auf OLG Hamm FamRZ 1980, 916, 917 m.N. – der neue Ehegatte war ebenfalls berufstätig.

128 OLG Hamm FamRZ 2000, 428 – der Unterhaltsschuldner lebte mit seiner neuen Ehefrau in einer in deren Alleineigentum stehenden Eigentumswohnung.

129 OLG Hamm FamRZ 2000, 311 – Kürzung des notwendigen Selbstbehalts von 1.500 DM auf 73 % davon, mithin 1.095 DM; 2003, 1214 – Reduzierung des Selbstbehalts bei Wiederverheiratung des Unterhaltsschuldners; s. auch OLG Koblenz NJW-RR 2003, 146 – lebe der Unterhaltsschuldner mit einer Lebensgefährtin zusammen, die zu den Kosten der gemeinsamen Lebensführung beiträgt, sei der Selbstbehalt um mindestens 150 € zu kürzen.

130 OLG Nürnberg FuR 2006, 139 = NJW 2006, 2127.

tung der privaten Lebensverhältnisse des Unterhaltsschuldners, vergleichbar der Verringerung von einzelnen Bedarfspositionen innerhalb des Warenkorbes, der nur in seiner Summe den Selbstbehalt definiert, hinsichtlich der einzelnen Positionen jedoch nach dem Belieben des Schuldners verschoben und ausgetauscht werden kann (»Konsumverzicht«). schließt sich der Unterhaltsschuldner mit einem neuen Partner zu einer Wohnbedarfsgemeinschaft zusammen, und erzielt er dadurch hinsichtlich einzelner Bedarfspositionen Ersparnisse, dann ist dies nicht anders zu bewerten als die Rechtslage bei der Frage eines Konsumverzichts.[131] Beide Formen des differenzierten Bedarfs des Unterhaltsschuldners je nach Gestaltung der neuen Partnerschaft (Ehegatte bzw. Dritter) unterscheiden sich dadurch, dass der Ehegatte als Bestandteil des jeweiligen Unterhaltssystems in die wirtschaftlichen Verhältnisse des Unterhaltsschuldners eingebunden ist, oftmals auch mit konkurrierenden gleich- oder vorrangigen Unterhaltsansprüchen, während der Dritte als neuer Partner des Unterhaltsschuldners in keinerlei Rechtsbeziehung zu den geltend gemachten Unterhaltsansprüchen steht.[132]

d) Kürzung des Selbstbehalts in Mangellagen

In **Mangellagen** ist es allerdings angezeigt, in **allen** derartigen Fallgestaltungen jeglichen Selbstbehalt des Unterhaltsschuldners zu reduzieren: Die in jedem Unterhaltsstreit gebotene Billigkeits- und Angemessenheitsprüfung verlangt nachgerade, keinem Unterhaltsschuldner Mittel zuzugestehen, die er mangels Bedarf nicht benötigt, während der/die Unterhaltsgläubiger Existenznot leiden. Daher ist der Selbstbehalt des Unterhaltsschuldners im **Mangelfall** herabzusetzen, wenn er mit einem Partner in einer **Haushaltsgemeinschaft** zusammenlebt und dadurch Wohn- und Haushaltskosten spart, sofern der neue Partner zu den Kosten der gemeinsamen Lebensführung beiträgt oder beizutragen vermag.[133] **63**

e) Abgrenzungen

Allerdings sind von diesen **häuslichen Ersparnissen** alle **geldwerten Vorteile** abzugrenzen, die der Unterhaltsschuldner auf Grund eines Rechtstitels erlangt oder zu erreichen vermag, weil es sich insoweit um Bestandteile seines Einkommens handelt (etwa die Gebrauchsnutzung einer Wohnung aus dinglichem Recht oder als Teil der Arbeitsvergütung, der Gebrauchsvorteil des auch privat genutzten Dienst-Pkw und/oder ähnliches). **64**

f) Devisenparitäten

Rechtsprechung und Literatur bemessen den eigenen **Bedarf** (**Selbstbehalt**) eines im **Ausland** lebenden Unterhaltsschuldners nach zwei unterschiedliche Methoden: Entweder Kürzung des Eigenbedarfs nach der Ländergruppeneinteilung des Bundesfinanzministeriums (Vergleich der Durchschnittslöhne in der verarbeitenden Industrie nach steuerlichen Gesichtspunkten) oder nach den vom statistischen Bundesamt herausgegebenen Werten zur Verbrauchergeldparität (wieviel ausländische Geldeinheiten erforderlich sind, um die gleichen Gütermengen in bestimmter Quali- **65**

---

131 OLG Frankfurt FamRZ 2005, 2090 = FuR 2005, 459.
132 OLG Frankfurt FamRZ 2005, 2090 = FuR 2005, 459.
133 S. etwa BGH FamRZ 2004, 24; OLG Koblenz FamRZ 2003, 313 – Kürzung des Selbstbehalts um mindestens 150 €; OLG Hamm FamRZ 2002, 1708 – Ersparnis von Wohn- und Haushaltskosten in häuslicher Gemeinschaft mit einem neuen Partner; 2003, 1210 – auf Grund der Beteiligung des Unterhaltsschuldners an den Wohnkosten mit 210 € Minderung des Selbstbehalts um insgesamt 27 % auf rund 614 €; OLG Nürnberg FamRZ 2004, 300; OLG Köln OLGR 2004, 330 = FamRZ 2005, 458 (Ls) – der Unterhaltsschuldner wohnte mietfrei im Hause seiner Mutter, die ihm diesen geldwerten Gebrauchsvorteil im Bewusstsein der Unterhaltsschuld zukommen ließ, so dass der Wohnvorteil nicht als freiwillige Zuwendung eines Dritten nur an den Begünstigten zu werten war (der Selbstbehalt wurde um den darin enthaltenen Warmmietanteil, bereinigt um verbrauchsabhängige Nebenkosten, reduziert).

tät im Ausland zu erwerben, die man im Inland für eine inländische Geldeinheit erhält).[134] Es ist im Einzelfall zu entscheiden, welche der beiden Methoden zu bevorzugen ist, insb. wenn Bedenken gegen das verfügbare Quellenmaterial bestehen.[135]

VI. Neu eingetretene Einschränkungen der Leistungsfähigkeit

66   **Neu eingetretene Einschränkungen** der Leistungsfähigkeit kann der Unterhaltsschuldner gegenüber einem früheren Unterhaltstitel mit dem Abänderungsantrag (§§ 238 ff. FamFG) geltend machen. Löst sich infolge einer Einkommenssteigerung beim Unterhaltsschuldner eine Mangellage auf, kann der Unterhaltsgläubiger erstmals eine Unterhaltsanpassung nach dem eheangemessenen Bedarf verlangen, und zwar wie bei einer Erstentscheidung ohne Bindung an die Grundlagen der Mangelfallberechnung.[136]

E. Begrenzung des Einwands eingeschränkter Leistungsfähigkeit

67   **Leistungseinschränkungen** des Unterhaltsschuldners sind nur dann beachtlich, wenn sie **nachhaltig** eintreten. **Kurzfristige** oder **vorübergehende Minderungen** der Leistungsfähigkeit, die auch im Rahmen üblicher und angemessener Vorsorge überbrückt werden können, sind grundsätzlich unbeachtlich: Einschränkungen der Leistungsfähigkeit von bis zu **drei Monaten** nötigen deshalb in der Regel **nicht** zu einer Anpassung des Unterhalts.

68   Der auf Unterhalt in Anspruch genommene Ehegatte ist jedenfalls dann und insoweit nicht leistungsfähig, wenn und soweit er auf Grund von Unterhaltungsleistungen selbst **Sozialhilfe** in Anspruch nehmen müsste.[137] Dieser Grundsatz gilt hingegen **nicht** für **andere Unterhaltsberechtigte**, auch wenn sie mit ihm in Haushaltsgemeinschaft leben: Das Verhältnis mehrerer Unterhaltsgläubiger wird durch neue Rangvorschrift des § 1609 i.d.F. des UÄndG 2007 bestimmt, die nicht nach der Haushaltszugehörigkeit differenziert. Bei beschränkter Leistungsfähigkeit des Unterhaltsschuldners kann daher ein nachrangig Berechtigter mit seinem Unterhaltsanspruch insgesamt ausfallen, ohne Rücksicht auf das Zusammenleben mit dem Unterhaltsschuldner und unabhängig davon, dass sich somit auch faktische Auswirkungen auf den eigenen Lebensstandard des Unterhaltsschuldners ergeben. Diese Fallgestaltung rechtfertigt für sich allein auch keine Begrenzung des Unterhaltsanspruchs nach § 1579 Nr. 8.[138] Ein möglicher Nebenverdienst begründet allerdings dann keine Leistungsfähigkeit, wenn er zusammen mit dem Einkommen des neuen Lebenspartners nicht den sich nach der Düsseldorfer Tabelle für die Bedarfsgemeinschaft ergebenden Selbstbehalt erreicht.[139]

F. Auswirkungen von weiteren Unterhaltsverpflichtungen auf die Leistungsfähigkeit

68a   Schuldet der Unterhaltsverpflichtete sowohl seinem geschiedenen Ehegatten, als auch der ledigen Mutter eines gemeinschaftlichen Kindes (§ 1615l) oder einem nicht aus der Ehe stammenden

---

134 Zum Meinungsstand s. OLG Hamm FamRZ 1989, 1084, 1086; OLG Hamburg FamRZ 1990, 794, 795; OLG Düsseldorf FamRZ 1990, 556; OLG Karlsruhe FamRZ 1998, 1531; OLG München FamRZ 2002, 55, 56; OLG Zweibrücken FamRZ 2004, 729; OLG Hamm FamRZ 2006, 124 zum Eigenbedarf eines in der Türkei lebenden Unterhaltsschuldners – geschätzte Ersparnis von rund 1/3 des in Deutschland zu berücksichtigenden Selbstbehalts.
135 Hierzu etwa OLG Hamm FamRZ 2006, 124.
136 BGH FamRZ 1989, 842.
137 BGHZ 111, 194 = BGH FamRZ 1990, 849 – Unterbringung in einem Heim, wobei die Rente die entstehenden Kosten nicht zu decken vermag; s. auch BGHZ 123, 49 = BGH FamRZ 1993, 1186.
138 BGH FamRZ 1996, 1272 zu § 1579 Nr. 7 a.F.
139 OLG Oldenburg FamRZ 2005, 1179.

Kind Unterhalt wirkt sich dieser Umstand nur dann auf den Bedarf nach den ehelichen Lebensverhältnissen aus, wenn die Unterhaltsverpflichtung vor dem Eintritt der Rechtskraft der Ehescheidung entstanden ist.[140] Gleiches dürfte dann gelten, wenn das Entstehen der Unterhaltsbedürftigkeit der weiteren Unterhaltsberechtigten im Zeitpunkt der Rechtskraft der Ehescheidung absehbar ist. Die ursprüngliche Rechtsprechung des BGH zu den wandelbaren ehelichen Lebensverhältnissen, verbunden mit der unmittelbaren Auswirkungen von Unterhaltsverpflichtungen auf den Unterhaltsbedarf unabhängig von deren Entstehungszeitpunkt wurde auf Grund verfassungsrechtlicher Bedenken aufgegeben.[141] Soweit Unterhaltsansprüche sich nicht auf den Unterhaltsbedarf auswirken (insbesondere auch Unterhaltsverpflichtungen gegenüber neuen Ehepartnern und neuen aus dieser Ehe stammenden Kindern) wirken sich diese Unterhaltsverpflichtungen daher nicht (mehr) auf den Unterhaltsbedarf des geschiedenen Ehegatten aus. Sie sind im Rahmen der Leistungsfähigkeit des Unterhaltsverpflichteten zu berücksichtigen, wobei die Rangfolge der Unterhaltsberechtigten (§ 1609) maßgeblich ist.

I. Unterscheidung zwischen Bedürftigkeit und Leistungsfähigkeit

Weitere Unterhaltsverpflichtungen, die nicht eheprägend waren (siehe dazu oben Rdn. 69) sind daher nicht mehr auf der Bedarfsebene, sondern im Rahmen der Leistungsfähigkeit zu beachten. Sind die Unterhaltsverpflichtungen gegenüber dem geschiedenen und dem neuen Ehegatten gem. § 1609 BGB gleichrangig, ist der Unterhalt im Rahmen der ursprünglichen Drittelberechnung wegen eingeschränkter Leistungsfähigkeit des Unterhaltsverpflichteten zu errechnen.[142] Die ursprüngliche Berechnung zur Dreiteilung fand auf der Bedarfsebene statt. Nach dem durch eine Entscheidung des BVerfG diese Handhabung als verfassungswidrig angesehen wurde, verschiebt sich die Berechnung auf die Bedarfsebene.[143] **68b**

Bei gleichem Unterhaltsrang führt dies rechnerisch allerdings nicht zu einem unterschiedlichen Ergebnis. Entsprechendes gilt in Bezug auf Unterhaltsansprüche gem. § 1615l.

(zur Zeit nicht besetzt) **69-70**

II. Bedarf und Leistungsfähigkeit zusammenfassender Verteilungsvorgang

Die Bedarfsermittlung nach einer Quote vom Einkommen geht nunmehr davon aus, dass ein Einkommen in kleiner bis mittlerer Größenordnung vollständig zur Bestreitung des Lebensunterhalts verbraucht wird, und die – geschiedenen – Ehegatten daran gleichmäßig teilhaben sollen. Bei dieser in der Praxis durchweg angewendeten Methode bestimmt das Einkommen des Unterhaltsschuldners nicht erst dessen Leistungsfähigkeit, sondern bereits den Bedarf des Unterhaltsgläubigers.[144] Die Bedarfsbemessung nach Quoten stellt damit in der Sache bereits einen **Bedarf** und **Leistungsfähigkeit zusammenfassenden Verteilungsvorgang** dar, bei dem die Interessen beider Parteien des Unterhaltsverhältnisses zu berücksichtigen sind.[145] Diese vereinfachende Handhabung hat dazu geführt, dass die Kontrolle der Leistungsfähigkeit nach § 1581 – abgesehen von der festen Untergrenze des sog. Ehegattenselbstbehalts – weitgehend entbehrlich geworden ist, weil der dem Unterhaltsschuldner aufgrund des Quotenunterhalts verbleibende Anteil zugleich seinem eigenen angemessenen Unterhalt nach § 1581 Satz 1 entspricht. Das ist jedenfalls seit der durch das Urteil des BGH vom 13.06.2001[146] geänderten Rechtsprechung zur Behandlung des Einkom- **71**

---

140 BVerfG FamRZ 2011, 437; BGH FamRZ 2012, 180 ff.
141 Vgl. BGH FamRZ 2008, 968; BVerfG FamRZ 2011, 437; BGH FamRZ 2012, 180 ff.
142 BGH FamRZ 2012, 180 ff.; Zur Drittelmethode siehe BGH FamRZ 2010, 111.
143 BVerfG FamRZ 2011, 437.
144 Vgl. BGH FamRZ 2009, 1300, 1305 = FuR 2009, 567.
145 Hinweis des BGH auf Klinkhammer, FF 2009, 140, 142 f.
146 BGHZ 148, 105 = BGH FamRZ 2001, 986 = FuR 2001, 306.

mens des Unterhaltsgläubigers aus einer nach der Scheidung aufgenommenen Erwerbstätigkeit regelmäßig der Fall.

III. Unterschiedlicher Rang der Ehegatten

71a Das Entstehen weiterer Unterhaltsverpflichtungen kann sich sowohl auf den Bedarf des Unterhaltsberechtigten, als auch auf die Leistungsfähigkeit des Unterhaltsverpflichteten auswirken. Soweit die sonstigen Unterhaltsverpflichtungen eheprägend sind, beeinflussen sie die Höhe des Bedarfes. Dies gilt für sämtliche Unterhaltsverpflichtungen, die bis zur Ehescheidung entstanden sind.[147] Soweit die Unterhaltsverpflichtungen nicht eheprägend sind, weil sie erst nach Eintritt der Scheidung entstanden sind, sind sie bei der Leistungsfähigkeit des Unterhaltsverpflichteten in Ansatz zu bringen, und zwar auch dann, wenn kein Mangelfall vorliegt.[148] Dies gebietet das Grundgesetz auf allgemeine Handlungsfreiheit (Art. 2 Abs. 1 GG). Das dem Unterhaltsverpflichteten verbleibende Einkommen darf im Ergebnis wegen dieser Grundsätze nicht geringer sein, als der an den Unterhaltsberechtigten zu leistende Betrag.[149] Übersteigt der den Unterhaltsberechtigten zugebilligte Bedarf den des Unterhaltsverpflichteten liegt, ein »relativer« Mangelfall vor, der eine Billigkeitsabwägung zu Gunsten des Unterhaltsberechtigten auslöst. Wenn der angemessene Selbstbehalt unterschritten wird, liegt ein absoluter Mangelfall vor, der sich dann unmittelbar unter Beachtung der Rangfolge der Berechtigten nach §§1582 und 1609 auswirkt.[150]

71b Die Leistungsfähigkeit des Unterhaltsverpflichteten wird nach allem unter Beachtung sämtlicher gleich- und vorrangiger Unterhaltsverpflichteten beeinflusst.[151] Zur Vermeidung eines relativen Mangelfalls (siehe oben RN 72) kann dann auf die ursprüngliche bereits bei der Bedarfsberechnung angewandte Drittelmethode zurückgegriffen werden, sofern es sich um gleichrangige Unterhaltsverpflichtungen handelt. Vorteile, die durch das gemeinsame Wohnen entstehen oder sonstige in der neuen Ehe entstehende Synergieeffekte sind im Rahmen der Billigkeit zu beachten.[152]

71c Bei der Bemessung der Leistungsfähigkeit sind sämtliche Einkünfte zu beachten, ggf. auch solche, die aus einem Karrieresprung stammen sowie der Splittingvorteil aus der neuen Ehe.[153]

72-74 (zur Zeit nicht besetzt)

IV. Gleichrang der Ehegatten und Rollenverteilung

75 Aus dem allgemeinen Gleichheitssatz des Art. 3 Abs. 1 GG folgt nicht, dass eine geschiedene Ehe mit einer bestehenden in jeder Hinsicht gleichzubehandeln wäre; das BGB geht vielmehr in vielerlei Hinsicht vom Gegenteil aus (s. etwa die Unterhaltstatbestände mit Einsatzzeitpunkten, §§ 1571–1573 sowie die Begrenzungsnorm des § 1578b, die den geschiedenen Ehegatten aufgrund der durch die Scheidung beendeten Rechtsbindung schlechter stellen als den Ehegatten in einer bestehenden Ehe). Aus einer bestehenden Ehe erwachsen ihrer Natur nach stärkere rechtliche Bindungen als aus einer geschiedenen. Allerdings ist im Falle der unterhaltsrechtlichen Konkurrenz eines geschiedenen Ehegatten mit dem jetzigen Ehegatten zu berücksichtigen, dass durch die von den Ehegatten der neuen Ehe frei gewählte Rollenverteilung der bestehende Unterhaltsanspruch des geschiedenen Ehegatten nicht über Gebühr geschmälert werden darf.[154]

---

147 BGH FamRZ 2012, 281 = FuR 2012, 180.
148 BGH FamRZ 2012, 281.
149 BGH FamRZ 2012, 281 = FuR 2012, 180.
150 BGH FamRZ 2012, 281 = FuR 2012, 180.
151 BGH FamRZ 2012, 281 ff.
152 BGH FamRZ 2012, 281 ff.
153 BGH FamRZ 2012, 281 ff.
154 BGH FamRZ 2010, 111 = FuR 2010, 164 (Berufungsurteil zu OLG Hamm FamRZ 2009, 1914).

Zwar ist die den Anspruch auf **Familienunterhalt** (§ 1360) begründende **Rollenverteilung** gemäß 76
§ 1356 gesetzlich zulässig und kann regelmäßig nicht als rechtsmissbräuchlich bewertet werden.[155]
Andererseits darf die das Innenverhältnis der Ehegatten betreffende Rollenverteilung die – dem
neuen Ehegatten bekannte – Unterhaltpflicht gegenüber dem geschiedenen Ehegatten nicht
übermäßig beeinträchtigen. Dieser Gedanke findet im Ansatz bereits in der sog. Hausmann-Hausfrau-Rechtsprechung des BGH[156] seinen Ausdruck. Auch wenn in diesen Fällen die Wahl der
Haushaltsführung durch den Unterhaltsschuldner in Rede steht, sind mit der durch diese Rechtsprechung nur einschränkend akzeptierten Rollenverteilung mittelbare Auswirkungen auf die Aufgabenverteilung innerhalb der bestehenden Ehe verbunden, die der neue Ehegatte nach § 1356
Abs. 2 Satz 2 mittragen muss. Die daraus entstehenden Einschränkungen der neuen Ehe sind verfassungsrechtlich nicht zu beanstanden.[157]

Besteht eine **Unterhaltskonkurrenz** von **geschiedenem** und **neuem Ehegatten,** dann ist vor allem 77
den bestehenden gesetzlichen Wertungen Rechnung zu tragen, dass die **Rollenverteilung** der zweiten Ehe im Falle des Zusammentreffens mit Ansprüchen auf nacheheliche Unterhalt nicht ausschlaggebend ist; auf den dem neuen Ehegatten zustehenden Familienunterhalt kommt es daher
nicht entscheidend an. Da es nach § 1609 Nr. 2 im Konkurrenzfall ebenfalls nicht darauf
ankommt, ob dem ein Kind betreuenden neuen Ehegatten ein Anspruch auf Familienunterhalt
nach § 1360 zusteht, ist auch hier statt dessen auf die **hypothetische Betrachtung** abzustellen, ob
der neue Ehegatte im Falle einer **Scheidung** – etwa wegen Kinderbetreuung – **unterhaltsberechtigt** wäre.[158]

Damit bringt das Gesetz zum Ausdruck, dass die unterhaltsberechtigten (geschiedenen) Ehegatten 78
im Hinblick auf die Erwerbsobliegenheit gleich zu behandeln sind, und dass die das Innenverhältnis der neuen Ehe betreffende Rollenverteilung bei der Bemessung des für den neuen Ehegatten
zu reservierenden Unterhaltsbetrags nicht entscheidend ist. Dass sich die genannten Regelungen
auf den Unterhaltsrang beziehen, steht ihrer Heranziehung für die Frage der Unterhaltsbedürftigkeit im Rahmen der Drittelmethode schließlich im Wege: Vielmehr ist eine Einbeziehung des
vom neuen Ehegatten erzielbaren Einkommens nicht bei der Bedarfsermittlung erforderlich. Der
»neue« Ehegatte und die Unterhaltsverpflichtung ihm gegenüber ist ausschließlich im Rahmen der
Leistungsfähigkeit, nicht jedoch mehr im Rahmen der Bedürftigkeit zu berücksichtigen.[159]

(zur Zeit nicht besetzt) 79-81

G. Darlegungs- und Beweislast

Auch wenn die Leistungsfähigkeit – wie auch die Bedürftigkeit – grundlegende Voraussetzung 82
eines jedes Unterhaltsanspruchs ist und damit zur Antragsbegründung im Unterhaltsverfahren
gehören würde, ist sie in §§ 1581, 1603 aus Zweckmäßigkeitsgründen als **Einwendung** mit der
Folge ausgestaltet, dass der Unterhaltsschuldner die Darlegungs- und Beweisführungslast für eine
von ihm behauptete beschränkte oder fehlende Leistungsfähigkeit trägt. Diese Umkehr der Darle-

---

155 BGH FamRZ 2010, 111 = FuR 2010, 164 (Berufungsurteil zu OLG Hamm FamRZ 2009, 1914) unter
 Hinweis auf BGH FamRZ 2009, 762 zum Verhältnis von Familienunterhalt und Volljährigenunterhalt,
 und – zur bis 2007 geltenden Rechtslage – BGH FamRZ 2007, 1081 zum Verhältnis von Familien-
 und Minderjährigenunterhalt.
156 BGHZ 169, 200, 205 f. = BGH FamRZ 2006, 1827, 1828 m.w.N.
157 BGH FamRZ 2010, 111 = FuR 2010, 164 (Berufungsurteil zu OLG Hamm FamRZ 2009, 1914) unter
 Hinweis auf BVerfG FamRZ 1985, 143, 145.
158 BGH FamRZ 2010, 111 = FuR 2010, 164 (Berufungsurteil zu OLG Hamm FamRZ 2009, 1914).
159 Zur alten Rechtsprechen (Verteilung bei der Bedürftigkeit) siehe BGH FamRZ 2010, 111; Zur neuen
 Rechtsprechung vgl. BGH FamRZ 2012, 281 ff.

gungs- und Beweislast gilt in entsprechender Anwendung des § 1581 auch für den Anspruch auf Trennungsunterhalt und ist verfassungsrechtlich bedenkenfrei.[160]

83   Macht der Unterhaltsschuldner geltend, er könne den Unterhaltsbedarf des Unterhaltsgläubigers nicht ohne Gefährdung seines eigenen angemessenen Lebensbedarfs decken, hat er für die Voraussetzungen einer so begründeten Beschränkung seiner Leistungspflicht und damit des Unterhaltsanspruchs darzulegen und zu beweisen:[161] Er trägt also die **Darlegungs- und Beweislast** für alle Tatsachen, auf die er seine **behauptete eingeschränkte** oder **mangelnde Leistungsfähigkeit** stützt.[162] Dieser Einwand kann im Unterhaltsannex zum Vaterschaftsfeststellungsverfahren nicht erhoben werden.[163] Beruft sich der Unterhaltsschuldner wegen Verringerung seines Einkommens aus Erwerbstätigkeit auf eingeschränkte Leistungsfähigkeit, und bestreitet der Unterhaltsgläubiger die behauptete Verringerung des Einkommens, dann muss der Unterhaltsschuldner nicht nur die Gehaltsbescheinigungen vorlegen, aus denen sich das neue Gehalt ergibt, sondern auch darlegen und beweisen, dass, warum und mit welchem Inhalt sowie ab wann der Arbeitsvertrag geändert worden ist.[164]

84   Diese Darlegungs- und Beweislast des Unterhaltsschuldners bezieht sich auch auf **alle** diejenigen **Umstände**, mit denen er die **unterhaltsrechtliche Relevanz** seiner **Verbindlichkeiten** begründet, insb., dass sie unvermeidbar waren, also notwendig und unausweichlich eingegangen werden mussten und nicht durch ein Schuldenmoratorium gestreckt werden konnten.[165]

85   Beruft sich der Unterhaltsschuldner, der eine **Beschränkung** seiner **Leistungsfähigkeit** behauptet, auf sein **steuerpflichtiges Einkommen**, so braucht er bezüglich der hierbei abgesetzten Beträge zwar nicht sämtliche Belege vorzulegen, durch die gegenüber der Steuerbehörde die behaupteten Aufwendungen glaubhaft zu machen sind; er muss jedoch seine Einnahmen und behaupteten Aufwendungen im Einzelnen so darstellen, dass die allein **steuerlich beachtlichen Aufwendungen** von solchen, die **unterhaltsrechtlich** von Bedeutung sind, **abgegrenzt** werden können.[166] Legt der Unterhaltsgläubiger nachvollziehbar ein bestimmtes Einkommen des Unterhaltsschuldners dar, etwa anhand des bisherigen Konsumverhaltens unter Hinweis auf die von den Parteien benutzten Kraftfahrzeuge, Urlaubsgewohnheiten etc., so darf sich der Unterhaltsschuldner nicht auf bloßes Bestreiten beschränken, sondern muss von sich aus seine Einkommensverhältnisse im Einzelnen darlegen.[167]

86   Im Rahmen der **Billigkeitsabwägung** trägt jede Partei die Darlegungs- und Beweislast für die ihr günstigen Tatsachen.

160   OLG Köln OLGR 2009, 590 (Ls).
161   BGH FamRZ 1980, 770.
162   BGH FamRZ 1980, 770; KG FamRZ 1991, 976; OLG Düsseldorf FamRZ 1994, 926; OLG Bamberg FamRZ 1995, 436.
163   OLG Celle OLGR 2002, 154.
164   KG FPR 2002, 409.
165   BGHZ 109, 211 = BGH FamRZ 1990, 283; zu Verbindlichkeiten im Unterhaltsrecht grundlegend BGH FamRZ 1984, 657.
166   BGH FamRZ 1980, 770, 771.
167   OLG Celle FamRZ 2003, 177.

§ 1582 Rang des geschiedenen Ehegatten bei mehreren Unterhaltsberechtigten

Sind mehrere Unterhaltsberechtigte vorhanden, richtet sich der Rang des geschiedenen Ehegatten nach § 1609.

Das **UÄndG 2007** hat § 1582 neu gefasst. Die Änderungen betreffen sowohl die nunmehr präziser gefasste Überschrift der Norm als auch den Text der Bestimmung. An die Stelle der komplexen Rangregelung in § 1582 a.F. ist nunmehr eine **reine Verweisungsnorm** getreten. Die **Regelung** der **Rangfolge** zwischen **allen Unterhaltsgläubigern** ergibt sich nunmehr aus dem (neu gefassten) § 1609, der somit für alle Unterhaltsverhältnisse gilt. **1**

Die Neufassung führt zu einer deutlichen Verkürzung der Vorschrift. Anstelle der bisherigen komplexen Regelung der unterhaltsrechtlichen Rangfolge, bei der es zur Klärung des unterhaltsrechtlichen Rangverhältnisses zwischen verschiedenen Unterhaltsberechtigten vielfach erforderlich war, mehrere, teilweise komplizierte Vorschriften parallel zu betrachten, tritt eine klare Gesamtkonzeption, bei der sich die Rangfolge zwischen allen Unterhaltsberechtigten aus einer einzigen, übersichtlich gefassten Vorschrift ergibt, dem neu gefassten § 1609. Sonderregelungen zur Rangfolge der Unterhaltsberechtigung in einzelnen Unterhaltsverhältnissen, wie demjenigen zwischen geschiedenen Ehegatten, zwischen dem Vater und der Mutter des außerhalb einer bestehenden Ehe geborenen Kindes wegen des Betreuungsunterhalts oder zwischen Lebenspartnern nach dem Lebenspartnerschaftsgesetz, erübrigten sich: Mit der Neufassung der Vorschrift des § 1609 genügt jeweils eine gilt. **einfache Verweisung** auf die **zentrale Regelung** der **Rangfolge**, die **für alle Unterhaltsverhältnisse** einheitlich gilt. **2**

§ 1583 Einfluss des Güterstands

Lebt der Verpflichtete im Falle der Wiederheirat mit seinem neuen Ehegatten im Güterstand der Gütergemeinschaft, so ist § 1604 entsprechend anzuwenden.

Eine neue Eheschließung des Unterhaltsschuldners wirkt sich auf seine Unterhaltspflicht gegenüber dem geschiedenen Ehegatten grundsätzlich nur im Rahmen des § 1582 aus. Hat der Unterhaltsschuldner in **neuer Ehe** den Güterstand der **Gütergemeinschaft** (§§ 1415 ff.) vereinbart, dann kann die Frage der Leistungsfähigkeit problematisch werden, da im Wahlgüterstand der Gütertrennung – mit Ausnahme von Vorbehalts- und Sondergut – das Vermögen beider Ehegatten nicht (wie beim gesetzlichen Güterstand der Zugewinngemeinschaft oder wie beim Wahlgüterstand der Gütertrennung) getrennt ist, der Unterhaltsgläubiger durch die Wahl des Güterstandes seitens des Unterhaltsschuldners jedoch nicht schlechter gestellt werden darf. Daher muss für die Bestimmung der Leistungsfähigkeit des Unterhaltsschuldners das Gesamtgut herangezogen werden können. § 1583 **fingiert** deshalb – auch bei fortgesetzter Gütergemeinschaft (§§ 1483 ff.) – entsprechend § 1604, dass das **Gesamtgut** dem **Unterhaltsschuldner** alleine gehört. **1**

Diese Zurechnung kann im **Mangelfall** dazu führen, dass von **voller Leistungsfähigkeit** des **Unterhaltsschuldners** auszugehen ist (§ 1583 i.V.m. § 1604 Satz 1). Allerdings kann die Haftung für alle Gesamtgutsverbindlichkeiten und der aus dem Gesamtgut zu deckende Bedarf des neuen Ehegatten (s. §§ 1420, 1437, 1459) die Leistungsfähigkeit auch des Unterhaltsschuldners mindern (§ 1581). **2**

§ 1604 Satz 2 relativiert eine Besserstellung des Unterhaltsgläubigers in denjenigen Fällen, in denen auch der **neue Ehegatte** (in der Gütergemeinschaft) seinem früheren Ehegatten oder Verwandten **unterhaltspflichtig** ist, durch Gleichrang im Rahmen der allgemeinen gesetzlichen Vorschriften (§ 1583 i.V.m. § 1604 Satz 2): Je nach Rang (vgl. §§ 1582, 1609) bzw. Umfang der **3**

Unterhaltspflichten ist das Gesamtgut daher nicht notwendig gleichmäßig für alle Unterhaltsberechtigten verfügbar.

4   Endet die Gütergemeinschaft durch Tod des Unterhaltsschuldners (§ 1482), gilt § 1586b; sein Anteil am Gesamtgut gehört zum Nachlass (§ 1482 Satz 1) und bestimmt dessen Leistungsfähigkeit.

§ 1584   Rangverhältnisse mehrerer Unterhaltsverpflichteter

[1]Der unterhaltspflichtige geschiedene Ehegatte haftet vor den Verwandten des Berechtigten. [2]Soweit jedoch der Verpflichtete nicht leistungsfähig ist, haften die Verwandten vor dem geschiedenen Ehegatten. § 1607 Abs. 2 und 4 gilt entsprechend.

A. Strukturen

1   § 1584 regelt den **Schuldnerrang** im **Ehegattenunterhalt**, innerhalb welcher Reihenfolge also mehrere Unterhaltsschuldner für Unterhaltsansprüche des geschiedenen Ehegatten haften:

– S. 1: Der unterhaltspflichtige geschiedene Ehegatte haftet vor den Verwandten des Unterhaltsgläubigers (»**Vorranghaftung**«);
– S. 2: Ist der geschiedene Ehegatte nicht oder nur beschränkt leistungsfähig, haften (ergänzend) die Verwandten (»**Ausfallhaftung**«);
– S. 3: Ist der Unterhaltsschuldner jedoch teilweise oder insgesamt leistungsfähig, kann der Unterhalt jedoch (insgesamt oder teilweise) nur nicht erreicht werden, haften die Verwandten ersatzweise (»**Ersatzhaftung**«); insoweit verweist die Norm auf die Legalzession des § 1607 Abs. 2 mit dem Verbot des Forderungsübergangs zum Nachteil des Berechtigten (§ 1607 Abs. 4).

B. Vorranghaftung (§ 1584 Satz 1)

2   Der **Grundsatz** der **Vorranghaftung** des **geschiedenen Ehegatten** vor den Verwandten des Unterhaltsgläubigers (§ 1584 Satz 1) beruht darauf, dass dessen Bedürftigkeit typischerweise ehebedingt und daher der geschiedene Ehegatte zunächst aus Gründen nachehelicher Solidarität für den nicht gedeckten Teil des Lebensbedarfs des Unterhaltsgläubigers verantwortlich ist. Der geschiedene Ehegatte haftet vor Verwandten des Unterhaltsgläubigers auch dann vorrangig, wenn diese in äußerst guten wirtschaftlichen Verhältnissen leben, während sich der Unterhaltsschuldner mit relativ geringem Einkommen bescheiden muss. Der geschiedene Ehegatte haftet auch dann vorrangig, wenn sich der andere noch in Ausbildung befindet, auch wenn die Verwandten (eigentlich) noch verpflichtet wären, Ausbildungsunterhalt (§ 1610 Abs. 2) zu leisten.

3   Das Gesetz regelt weder in § 1584 noch in § 1615l Abs. 3 und 5 noch in § 1608 das **Rangverhältnis** zwischen einem **geschiedenen Ehegatten** und einem **nichtehelichen Elternteil**, wenn der Unterhaltsanspruch also einerseits auf § 1570 und andererseits auf § 1615l beruht. Der BGH[1] hat diese Regelungslücke ausgefüllt: Bei der Bemessung der **anteiligen Haftung** verschiedener Väter in entsprechender Anwendung des § 1606 Abs. 3 Satz 1 führt der Maßstab der jeweiligen Einkom-

---

1 Zuletzt BGHZ 177, 272 = BGH FamRZ 2008, 1739 = FuR 2008, 485.

mens- und Vermögensverhältnisse in einer Vielzahl der Fälle zwar zu angemessenen Lösungen. Die Anknüpfung an diesen eher schematischen Maßstab ist allerdings nicht in allen Fällen der Betreuung von Kindern aus verschiedenen Verbindungen zwingend. Da § 1606 Abs. 3 Satz 1 nach § 1615l Abs. 3 Satz 1 allerdings nur entsprechend anwendbar ist, lässt dies auch Raum für eine Berücksichtigung anderer Umstände, insb. der Anzahl, des Alters, der Entwicklung und der Betreuungsbedürftigkeit der jeweiligen Kinder.

So kann im Einzelfall von Bedeutung sein, dass die Mutter durch die vermehrte Betreuungsbe- 4
dürftigkeit eines jüngeren Kindes von jeglicher Erwerbstätigkeit abgehalten wird, obwohl das fort-
geschrittene Alter eines anderen Kindes an sich eine teilweise Erwerbstätigkeit erlauben würde. Eine **schematische Aufteilung** der **Haftungsquote** nach den jeweiligen Einkommens- und Vermö-gensverhältnissen des geschiedenen Ehemannes und des Vaters wäre dann unbefriedigend. Der Erzeuger des vermehrt betreuungsbedürftigen Kindes muss dann in entsprechend höherem Umfang, gegebenenfalls auch allein, zum Unterhalt für die Mutter herangezogen werden. Für die Ermittlung der Haftungsquoten sind danach zunächst die Einkommens- und Vermögensverhält-nisse beider anteilig haftenden Väter zu berücksichtigen. Im Anschluss daran kann der Haftungs-anteil des Beklagten nach den Umständen des Einzelfalles **wertend** nach oben oder nach unten **korrigiert** werden.[2] Soweit der Unterhalt vom Vater des nichtehelichen Kindes nicht erlangt wer-den kann, kann § 1607 Abs. 2 entsprechend anzuwenden sein.

§ 1584 ist auch auf alle **vertraglichen Unterhaltsansprüche** anzuwenden, die den gesetzlichen 5
Unterhaltsanspruch nur **näher ausgestalten**, nicht hingegen auf vertraglich begründete Unterhalts-ansprüche. Ein Unterhaltsverzicht der Eheleute untereinander zu Lasten nachrangig haftender Verwandter ist gegenüber diesen unwirksam.

C. Ausfallhaftung (§ 1584 Satz 2)

Ist der Unterhaltsschuldner **nicht leistungsfähig** (»er fällt aus«, §§ 1581, 1582, 1609), dann haften 6
die nächsten Verwandten **originär**, ohne dass sie auf den Unterhaltsschuldner zurückgreifen kön-nen; daher ist auch ein Forderungsübergang gem. § 1607 Abs. 2 – anders als bei der Ersatzhaftung (§ 1584 Satz 3) – ausgeschlossen. Kann der Unterhaltsschuldner wenigstens einen Teil des Unter-haltsbedarfs ohne Gefährdung seines eigenen angemessenen Unterhalts erbringen, ist er also (nur) **begrenzt** leistungsfähig, verbleibt es insoweit bei seiner Vorranghaftung nach § 1584 Satz 1; die Verwandten haften nur für den verbleibenden Rest originär (»soweit«).[3]

Der Umfang der Haftung bestimmt sich für den Verwandten nach **allgemeinen Maßstäben** des 7
Verwandtenunterhalts, nicht nach dem (unter Umständen höheren) »eheangemessenen« Maßstab i.S.d. §§ 1578, 1581: Der Selbstbehalt des Verwandten darf nicht auf den möglicherweise niedri-geren Selbstbehalt des Ehegatten herabgesetzt werden. Demzufolge ist auch die Haftung der Ver-wandten **begrenzt** auf den im Rahmen des Verwandtenunterhalts geschuldeten Betrag, erfasst etwa nicht den Vorsorgeunterhalt nach § 1578 Abs. 3.

Ist der nacheheliche Unterhaltsanspruch wegen grober Unbilligkeit gem. § 1579 begrenzt oder 8
insgesamt ausgeschlossen (etwa wegen kurzer Ehedauer nach § 1579 Nr. 1), können sich die Ver-wandten nicht stets auf § 1611 Abs. 3 berufen; insoweit kann durchaus noch eine Verwandtenhaf-tung in Betracht kommen. Erfüllt der Ausschlussgrund nach § 1579 allerdings zugleich auch die Voraussetzungen des § 1611, dann haften auch die Verwandten nicht auf Unterhalt.

---

2 Zuletzt BGHZ 177, 272 = BGH FamRZ 2008, 1739 = FuR 2008, 485 im Anschluss an BGH FamRZ
   2007, 1303 = FuR 2007, 529.
3 BT-Drucks. 7/650, S. 145.

D. Ersatzhaftung (§ 1584 Satz 3)

9   Ist der geschiedene Ehegatte **leistungsfähig**, kann der Unterhaltsgläubiger jedoch seinen Unterhaltsanspruch gegen ihn nicht durchsetzen, dann haften die Verwandten **an Stelle** (»ersatzweise«) des geschiedenen Ehegatten für den Unterhaltsanspruch des anderen (§ 1607 Abs. 2), etwa dann, wenn die Rechtsverfolgung (auch Zwangsvollstreckung, ohne dass ein entsprechender Versuch notwendig ist) im Inland ausgeschlossen oder erheblich erschwert ist, oder wenn ein inländischer Titel im Ausland vollstreckt werden müsste.

10   Im Gegensatz zur Ausfallhaftung nach § 1584 Satz 2 löst die **Ersatzhaftung** nach § 1584 Satz 3 auf Grund der **Legalzession** des § 1603 Abs. 2 einen **Ersatzanspruch** gegen den **unterhaltspflichtigen geschiedenen Ehegatten** aus; Ansprüche wegen GoA bzw. ungerechtfertigte Bereicherung sind jedoch ausgeschlossen. Leistet hingegen ein **nicht unterhaltspflichtiger Dritter** an den unterhaltsberechtigten geschiedenen Ehegatten, kann er Ersatzansprüche aus GoA (§§ 677 f.) oder aus ungerechtfertigter Bereicherung (§§ 812 ff.) geltend machen. Der Forderungsübergang kann **nicht** zum **Nachteil** des **Unterhaltsgläubigers** geltend gemacht werden (§ 1584 Satz 3 i.V.m. § 1607 Abs. 4). Ein Restunterhaltsanspruch des Unterhaltsgläubigers ist somit gegenüber dem übergegangenen Ersatzanspruch vorrangig.

E. Darlegungs- und Beweislast

11   Hinsichtlich der Darlegungs- und Beweislast ist im Rahmen des § 1584 zu differenzieren zwischen Unterhaltsgläubiger und dem originär bzw. subsidiär haftenden Verwandten.

I. Unterhaltsgläubiger zur Ausfall- bzw. Ersatzhaftung

12   Nimmt der unterhaltsberechtigte geschiedene Ehegatte einen nachrangig haftenden Verwandten in Anspruch, muss er darlegen und beweisen, dass sein eigener (ehe-) angemessener Unterhalt gefährdet, und dass der vorrangig haftende geschiedene Ehegatte nicht oder nur teilweise leistungsfähig ist (**Ausfallhaftung**, § 1584 Satz 2), oder dass er seine Ansprüche wegen erschwerter Rechtsverfolgung nicht oder nur teilweise durchsetzen kann (**Ersatzhaftung**, § 1584 Satz 3).[4] Die Darlegungs- und Beweislast für die Leistungsfreiheit der unterhaltspflichtigen Verwandten obliegt dem unterhaltsbedürftigen Ehegatten.[5]

II. Unterhaltsschuldner zum Vorrang unterhaltspflichtiger Verwandter

13   Beruft sich der unterhaltspflichtige geschiedene Ehegatte auf den Vorrang unterhaltspflichtiger Verwandter, dann muss er darlegen und beweisen, dass sein eigener (ehe-) angemessener Unterhalt unter Berücksichtigung seiner sonstigen Verpflichtungen oder trotz Fehlens solcher Verpflichtungen gefährdet ist (§§ 1581, 1582), dass ein Verwandter vor ihm haftet.

III. Verwandter zur Ausfall- bzw. Ersatzhaftung

14   Der in Anspruch genommene Verwandte muss darlegen und beweisen, dass der vorrangig Haftende entweder seine Unterhaltspflicht erfüllt hat, oder dass ein anderer Unterhaltsschuldner vorrangig haftet.

---

4   OLG Hamm FamRZ 1996, 116; OLG Schleswig OLGR 1996, 123.
5   OLG Zweibrücken FamRZ 1987, 590 zur vorrangigen Haftung der Eltern einer verheirateten Ehefrau vor dem Ehemann, soweit dessen angemessener Unterhalt berührt wird; OLG Düsseldorf FamRZ 1982, 611.

IV. Verwandter zum Forderungsübergang bei Ersatzhaftung

Will der ersatzweise haftende Verwandte auf Grund des Forderungsübergangs gegen den vorrangig 15
haftenden Unterhaltsschuldner vorgehen, dann muss er den Unterhaltsanspruch nach Grund und
Höhe sowie dessen Erfüllung darlegen und beweisen, der vorrangig haftende Unterhaltsschuldner
dann seine begrenzte oder fehlende Leistungsfähigkeit (§§ 1581, 1582).

Kapitel 4   Gestaltung des Unterhaltsanspruchs

§ 1585   Art der Unterhaltsgewährung

(1) ¹Der laufende Unterhalt ist durch Zahlung einer Geldrente zu gewähren. ²Die Rente ist
monatlich im Voraus zu entrichten. ³Der Verpflichtete schuldet den vollen Monatsbetrag auch
dann, wenn der Unterhaltsanspruch im Laufe des Monats durch Wiederheirat oder Tod des
Berechtigten erlischt.

(2) Statt der Rente kann der Berechtigte eine Abfindung in Kapital verlangen, wenn ein wichtiger Grund vorliegt und der Verpflichtete dadurch nicht unbillig belastet wird.

A. Strukturen

Der laufende nacheheliche Unterhalt ist regelmäßig durch **Zahlung** einer **monatlich** im **Voraus** 1
fälligen **Geldrente** zu gewähren (§ 1585 Abs. 1 Satz 1 und 2). Die Vorschrift entspricht der Regelung in § 1361; § 1612 Abs. 1 Satz 2 ist hier wie dort nicht anwendbar. Der volle Monatsbetrag
wird auch dann geschuldet, wenn der Unterhaltsanspruch im Laufe des Monats durch Wiederheirat oder durch Tod des Unterhaltsgläubigers erlischt (§ 1585 Abs. 1 Satz 3).

Der **Unterhaltsgläubiger** (und nur er!) kann gem. § 1585 Abs. 2 **ausnahmsweise Abfindung** des 2
Unterhalts in Form von **Kapital** verlangen, wenn ein wichtiger Grund vorliegt (etwa Auswanderung oder Gründung einer eigenen Existenz), **und** wenn die Abfindung den Unterhaltsschuldner
nicht unbillig belastet (etwa weil er in guten Vermögensverhältnissen lebt).[1] Das **Regel**- (Abs. 1)/
Ausnahme- (Abs. 2) **-Verhältnis** ist strikt zu achten: Liegen die beiden Tatbestandselemente des
Abs. 2 dieser Norm nicht zweifelsfrei vor, darf dem Unterhaltsschuldner keine Abfindung aufgedrängt werden. Ein beim Tode des Unterhaltsgläubigers noch nicht erfüllter Abfindungsanspruch
ist mangels anderweitiger Vereinbarung erloschen und daher nicht vererbbar.[2]

---

1 Bedenklich Jauernig/Schlechtriem §§ 1585 ff. Anm. 3 – zumutbar Abfindung mittels Kredit, dessen Rückzahlung in Raten den monatlichen Unterhaltsbeträgen entspricht.
2 OLG Hamburg FamRZ 2002, 234 m.w.N.

B. Regel: Monatliche Geldrente (§ 1585 Abs. 1)

I. Zahlung monatlich im Voraus in vollen Monatsbeträgen (§ 1585 Abs. 1)

3   Vorbehaltlich anderweitiger Vereinbarung der Parteien (§ 1585c)[3] ist die Unterhaltsrente als Geldrente **monatlich im Voraus in vollen Monatsbeträgen** zu entrichten (§ 1585 Abs. 1 Satz 1 und 2), und zwar auch dann, wenn die Ehegatten in Gütergemeinschaft gelebt haben, diese aber noch nicht auseinandergesetzt ist.[4] § 1585 Abs. 1 Satz 1 entspricht – mit dem inhaltsgleichen Gehalt der Norm – § 1361 Abs. 4 Satz 1, § 1585 Abs. 1 Satz 2 dem § 1361 Abs. 4 Satz 2. Anders als im Rahmen des Trennungs- (§ 1361 Abs. 4) und des Verwandtenunterhalts (§ 1614) braucht der Unterhaltsgläubiger Vorauszahlungen auf monatlich fälligen **nachehelichen** Unterhalt nur für einen Zeitraum von **sechs Monaten** entgegenzunehmen; gegen seinen Unterhaltsanspruch kann infolgedessen für die Zukunft über diesen Zeitraum hinaus auch nicht aufgerechnet werden.[5]

II. Zahlung von Vorsorgeunterhalt durch Geldrente

4   Auch der **Vorsorgeunterhalt** ist – als Teil des einheitlichen Unterhaltsanspruchs – **grundsätzlich** durch Zahlung einer **Geldrente** zu entrichten. Da er nicht darauf gerichtet ist, dem Unterhaltsgläubiger unmittelbar einen Versicherungsschutz zu verschaffen, sondern jede Form der Vermögensbildung (Aufbau von Aktiva ebenso wie Abbau von Passiva) genügt, ist er an den Unterhaltsgläubiger zu zahlen, jedenfalls solange kein konkreter Anlass für die Annahme besteht, dass die Leistungen zweckfremd verwendet werden.[6] Auf Zahlung an den Versicherungsträger darf daher **ausnahmsweise** nur dann erkannt werden, wenn besondere Umstände vorliegen, die das Verlangen des Unterhaltsgläubigers auf Zahlung des Vorsorgeunterhalts an sich selbst als Verstoß gegen Treu und Glauben (§ 242) erscheinen lassen.[7]

C. Ausnahme: Abfindung des Unterhaltsanspruchs in Form von Kapital (§ 1585 Abs. 2)

5   Eine Abfindung kann **erhebliche Nachteile** für den **Unterhaltsschuldner** haben (s. auch Kommentierung zu § 1585c). Kapitalabfindungen für zukünftigen Unterhalt sind typische Unterhaltsaufwendungen, auch wenn der Unterhalt nicht laufend, sondern als Einmalzahlung geleistet wird; Steuerermäßigung wegen außergewöhnlicher Belastung (§ 33 EStG) ist deshalb § 33a Abs. 5 EStG ausgeschlossen.[8] Aufwendungen für den typischen Unterhaltsbedarf – insb. Ernährung, Kleidung, Wohnung, Hausrat, Versicherungen – einer dem Steuerpflichtigen gegenüber unterhaltsberechtigten Person können nur nach § 33a Abs. 1 EStG abgezogen werden; Unterhaltsleistungen, mit denen ein besonderer und außergewöhnlicher Bedarf abgedeckt wird – z.B. Krankheitskosten oder Pflegekosten – dagegen nach § 33 EStG. Die Abgrenzung der typischen von den untypischen Unterhaltsaufwendungen richtet sich nach deren Anlass und Zweckbestimmung, nicht nach deren Zahlungsweise. Die Abfindung der Unterhaltsansprüche des geschiedenen oder getrennt lebenden Ehegatten fällt daher auch dann unter § 33a Abs. 1 EStG, wenn der Steuerpflichtige dazu verpflichtet ist.[9]

---

3 BGH FamRZ 1997, 484; OLG Köln FamRZ 1990, 1243 – in dem betreffenden Vergleich war vereinbart »bis zum 7. eines jeden Monats«.
4 OLG Nürnberg FuR 1993, 289.
5 BGHZ 123, 49 = BGH FamRZ 1993, 1186 = FuR 1993, 226 mit Anm. v. Heintschel-Heinegg JA 1994, 182 (Berufungsurteil: OLG Hamburg FamRZ 1992, 328).
6 BGH FamRZ 1981, 442.
7 BGH FamRZ 1982, 1187.
8 FG Köln EFG 2006, 414.
9 BFHE 222, 338 = FamRZ 2008, 2024.

Der **Unterhaltsgläubiger** – nicht der Unterhaltsschuldner![10] – kann statt der laufenden monatli- 6
chen Rente eine auf Geldzahlung (nicht auf Leistung eines bestimmten Vermögensgegenstands
oder bestimmter Vermögensgegenstände!) gerichtete **Kapitalabfindung** verlangen. Dieser
Anspruch soll es ihm unter bestimmten Voraussetzungen ermöglichen, »auch die wirtschaftliche
Verbindung geschiedener Ehegatten rasch zu lösen, damit jeder von ihnen unbelastet einen neuen
Lebensweg beschreiten kann«.[11] Der Unterhaltsanspruch **erlischt** bei einer durch Beschluss zuerkannten Kapitalabfindung mit Rechtskraft des Beschlusses.

Der **Anspruch** auf **Abfindung** des nachehelichen Unterhalts in Form einer **Kapitalzahlung** setzt 7
eine **Abwägung** der **Interessen** von **Unterhaltsgläubiger** und **Unterhaltsschuldner** voraus:

1. **Wichtiger Grund** für eine Kapitalabfindung auf Seiten des Unterhaltsgläubigers (etwa als Hilfe
   für die Schaffung einer eigenen Existenz oder bei drohender Leistungsunfähigkeit des Unterhaltsschuldners),[12] **und**
2. Keine **unbillige Belastung** des **Unterhaltsschuldners**: Er muss die geforderte Abfindung
   unschwer leisten können. Es darf also weder dazu gedrängt werden, Vermögenswerte verlust-
   reich zu veräußern bzw. andere Schuld- (insb. Unterhalts-) verpflichtungen zu vernachlässigen,
   noch darf der eigene angemessene Unterhalt gefährdet werden.

D. Kapitalabfindung des Unterhaltsrechts durch Vereinbarung

Die vorgenannten Voraussetzungen müssen bei einer **Abfindungsvereinbarung nicht** vorliegen. In 8
der Praxis sind daher Abfindungen auch in all denjenigen Fällen zu empfehlen, in denen der Unterhaltsschuldner entweder über ausreichende Geldmittel verfügt oder aber über Kredite finanzieren
kann: Es entspricht dem Grundsatz der Eigenverantwortung (§ 1569) wie auch den Zielen des Verbundverfahrens, mit der Auflösung der Ehe möglichst **alle Fragen abschließend** zu **regeln**, so dass
jeder Ehepartner seine Zukunft eigenverantwortlich und unabhängig gestalten kann. Nicht selten
wird in der Praxis allerdings seitens der Unterhaltsgläubiger versucht, in Anbetracht einer kurz
bevorstehenden neuen Heirat Unterhaltsansprüche noch schnell und hoch abfinden zu lassen.
Damit werden Unterhaltsrechte rechtsmissbräuchlich in einem Umfang in Anspruch genommen,
der diesen Unterhaltsgläubigern nicht zusteht. Aus diesem Rechtsmissbrauch kann die Verpflichtung
entstehen, die **erschlichene Abfindung** zurückzuzahlen (hierzu im Einzelnen § 1585c Rn. 22 ff.).

E. Höhe der Kapitalabfindung

Die Höhe der Abfindung ist individuell im Einzelfall zu bemessen, insb. auf Grund sog. **Belas-** 9
tungsmomente und **Entlastungsmomente** im Rahmen einer **Abwägung** aller **Umstände** des
jeweiligen **Einzelfalles**, insb. der in der Praxis häufigsten Kriterien **Altersstruktur** aller Beteiligten
sowie deren sonstige **persönliche** und **wirtschaftliche Verhältnisse**, insb. aber die Kriterien der
Begrenzung des Unterhalts nach § 1578b.[13]

Zunächst ist der in Frage kommende **Unterhaltszeitraum** zu bestimmen: Vielfach liegt der Bemes- 10
sung einer Kapitalabfindung nur ein eingeschränkter Unterhaltszeitraum zugrunde, etwa die Zeit
bis zum Wegfall des Anspruchs auf Unterhalt und damit verbunden bis zum Eintritt voller
Erwerbsobliegenheit des Unterhaltsgläubigers, oder die Zeit bis zur Verrentung des Unterhalts-

---

10 BGHZ 123, 49 = BGH FamRZ 1993, 1186 = FuR 1993, 226 mit Anm. v. Heintschel-Heinegg JA 1994,
    182 (Berufungsurteil: OLG Hamburg FamRZ 1992, 328).
11 Palandt/Brudermüller § 1585 Rn. 5.
12 FG Köln EFG 2006, 414 – Krebserkrankung und der mögliche Verlust eines gut dotierten Arbeitsplatzes
    seien keine wichtigen Gründe i.S.d. § 1585 Abs. 2.
13 Zu Einzelheiten s. Schöppe-Fredenburg FuR 1999, 11 f. mit einem Berechnungsbeispiel, sowie die Kom-
    mentierung zu § 1585c.

gläubigers, wenn davon ausgegangen werden kann, dass bereits im Versorgungsausgleich weitgehende spätere Parität der beiderseitigen Einkommen erreicht worden ist. Soll ausnahmsweise eine lebenslange Unterhaltsrente abgefunden werden, kann die prognostizierte Laufzeit der allgemeinen Sterbetafel entnommen werden.

11 Sodann ist die **Höhe** der **derzeit geschuldeten monatlichen Unterhaltsrente** mit den üblichen Kapitalisierungstabellen (etwa die Kapitalisierungstabellen des Bewertungsgesetzes, §§ 13 und 14 mit den Anlagen 9 und 9a; Kapitalisierungstabellen der Versicherungswirtschaft weisen z.B. Kapitalisierungsfaktoren für Witwenrenten unter Berücksichtigung der Wiederverheiratungsmöglichkeit aus) zu ermitteln. Aus der monatlichen Unterhaltsrente und deren Laufzeit ergibt sich sodann der bereits abgezinste Kapitalbetrag.

12 Von dem so mit Hilfe entsprechender Kapitalisierungstabellen errechneten Kapital sind wegen der weiteren Risiken je nach Umständen des Falles **Riskoabschläge** zu machen. Hierzu gibt es keine allgemein geltenden Grundsätze, da immer der **jeweilige Einzelfall** zu bewerten ist. Grundsätzlich sind alle Gesichtspunkte zu beachten, die für spätere Änderungen oder den Wegfall des Unterhaltsanspruchs von Bedeutung sein können (**Zukunftsprognose**): Ist etwa zu erwarten, dass Unterhalt nur für kurze Zeit zu zahlen sein könnte (etwa absehbare neue Lebenspartnerschaft), dann wird die Abfindung wesentlich niedriger ausfallen, als wenn zu erwarten steht, dass Unterhalt über lange Zeit hinweg zu leisten sein könnte (z.B. Betreuung noch sehr kleiner Kinder).

13 **Orientierungshilfen**

– Lebenserwartung beider Parteien (die mit Hilfe von Kapitalisierungstabellen zur Kapitalabfindung für Renten ermittelt werden kann), insb. Vorversterbensrisiken (der Unterhaltsschuldner hat zu bedenken, dass die Unterhaltsansprüche erlöschen, der Unterhaltsgläubiger, dass nach Maßgabe des § 1586b unter Umständen kein · oder nur ein eingeschränkt realisierbarer Anspruch gegen die Erben besteht);
– Wegfall der Bedürftigkeit des Unterhaltsgläubigers (etwa auf Grund gesetzlicher Befristungen des Unterhaltsanspruchs; Aussicht auf neue unterhaltsrelevante Lebenspartnerschaft/Wiederverheiratung; Einkommenszuwächse nach Wegfall der Kinderbetreuung auf Grund entsprechender Erwerbsobliegenheiten oder infolge von Vermögenszuflüssen, etwa Anfall einer Erbschaft), **und**
– künftige Leistungsfähigkeit des Unterhaltsschuldners, insb. ob berufliche Schwierigkeiten und/oder weitere Unterhaltslasten zu erwarten sind.

14 Insoweit ist noch zu beachten:

– Die Tabellenwerte für eine Zeitrente dürfen dann nicht herangezogen werden, wenn diese nach dem Tode des Berechtigten an dessen Erben weiter zu bezahlen ist (Kapitalisierung ohne Berücksichtigung der Sterbenswahrscheinlichkeit);
– Die Abfindung eines zeitlich begrenzten Unterhaltsrechts ist nach dem Barwert der entsprechenden »temporären Leibrente« zu berechnen: Vom Barwert einer ab Berechnungsstichtag berechneten lebenslangen Rente wird der entsprechende Barwert einer lebenslangen Rente, deren Beginn jedoch bis zum Ende des abzufindenden Unterhaltszeitraums aufgeschoben ist, abgezogen;
– maßgebend sind die Tabellen für monatlich vorschüssige Zahlungen;
– Der Umfang der Abzinsung richtet sich nach dem einzusetzenden Zinsfuss, also auf wahrscheinlich künftig zu erwirtschaftende durchschnittliche Verzinsung des Kapitals, wobei jedoch ein bestimmter Dynamisierungsanteil enthalten sein sollte. Bei einer deutlichen Dynamisierung muss ein niedrigerer Zinssatz zugrunde gelegt werden: Eine jährliche Rentenerhöhung um 2 % würde im Verhältnis zu einer statischen Rente beispielsweise eine Verminderung des Zinssatzes um 2 % bedeuten.

§ 1585a   Sicherheitsleistung

(1) ¹Der Verpflichtete hat auf Verlangen Sicherheit zu leisten. ²Die Verpflichtung, Sicherheit zu leisten, entfällt, wenn kein Grund zu der Annahme besteht, dass die Unterhaltsleistung gefährdet ist oder wenn der Verpflichtete durch die Sicherheitsleistung unbillig belastet würde. Der Betrag, für den Sicherheit zu leisten ist, soll den einfachen Jahresbetrag der Unterhaltsrente nicht übersteigen, sofern nicht nach den besonderen Umständen des Falles eine höhere Sicherheitsleistung angemessen erscheint.

(2) Die Art der Sicherheitsleistung bestimmt sich nach den Umständen; die Beschränkung des § 232 gilt nicht.

A.   Strukturen

§ 1585a Abs. 1 Satz 1 verpflichtet den Unterhaltsschuldner, dem Unterhaltsgläubiger für **künftigen Unterhalt** auf **Verlangen Sicherheit** zu leisten.[1] Der Anspruch auf Sicherheitsleistung entsteht mit der Unterhaltspflicht und ist dieser akzessorisch. § 1585a ist weder auf den Unterhaltsanspruch des getrennt lebenden Ehegatten[2] noch auf denjenigen eines ehelichen Kindes[3] analog anwendbar. Muss der Unterhaltsschuldner Sicherheit leisten, soll die Sicherheitsleistung den **einfachen Jahresbetrag** der Unterhaltsrente nicht übersteigen, sofern nicht nach den besonderen Umständen des Falles eine höhere Sicherheitsleistung angemessen erscheint (§ 1585a Abs. 1 Satz 3). Die Art der Sicherheitsleistung bestimmt sich nach den Umständen des jeweiligen Einzelfalles; die Beschränkung des § 232 gilt nicht (§ 1585a Abs. 2). **1**

Diese Verpflichtung zur Sicherheitsleistung entfällt gem. § 1585a Abs. 1 Satz 2 jedoch dann, wenn **2**

– kein Grund zu der Annahme besteht, dass die Unterhaltsleistung gefährdet ist, **oder**
– der Unterhaltsschuldner durch die Sicherheitsleistung unbillig belastet würde.

B.   Normzweck

Gefährdung künftigen Unterhalts und/oder **mangelnde unbillige Belastung** des Unterhaltsschuldners sind **keine Voraussetzungen** des Anspruchs auf Sicherheitsleistung: § 1585a gewährt den Anspruch ohne weiteres, da derjenige, der sich seiner Unterhaltspflicht zu entziehen sucht, die entsprechenden Anstalten regelmäßig so treffen wird, dass sein Vorgehen dem Unterhaltsgläubiger so lange wie möglich verborgen bleibt, und es dann für Sicherungsmaßnahmen zu spät sein kann. Der Unterhaltsschuldner kann allenfalls mangelnde Gefährdung der künftigen Unterhaltsleistungen oder Unbilligkeit seiner Belastung anspruchsvernichtend bzw. -mindernd **einwenden**; ihn **3**

---

1 Zur Sicherung von Unterhaltsansprüchen durch dinglichen Arrest s. ausführlich Menne FamRZ 2004, 6 ff.
2 OLG Düsseldorf FamRZ 1981, 67 – Hinweis auf die Arrestvorschriften (§§ 916 ff. ZPO).
3 OLG Düsseldorf FamRZ 1980, 1116 zu einem Arrestverfahren.

trifft insoweit die Darlegungs- und Beweislast, da der **Anspruch** auf **Sicherheitsleistung** den **Regelfall** darstellt.[4]

C. Voraussetzungen des Anspruchs

4 Der **Anspruch** auf **Sicherheitsleistung** gem. § 1585a Abs. 1 Satz 1 knüpft an **keine besonderen Voraussetzungen**; insb. muss der Unterhaltsgläubiger **keinen Sicherungsgrund** nachweisen (etwa, dass sich der Unterhaltsschuldner seiner Unterhaltpflicht zu entziehen sucht). Allerdings muss er diesen Anspruch zusammen mit dem Antrag auf Unterhaltsleistung geltend machen: Wurde nicht schon bei der Verurteilung zur Leistung von Unterhalt auf Sicherheitsleistung erkannt, dann kann der Unterhaltsgläubiger nur noch dann Sicherheitsleistung verlangen, wenn er einen Sicherungsgrund darlegt und (gegebenenfalls) beweist (etwa erhebliche Verschlechterung der Vermögensverhältnisse des Unterhaltsschuldners oder Anhaltspunkte dafür, dieser werde sich künftig seinen Zahlungspflichten entziehen). Dies gilt auch dann, wenn eine ursprünglich bestimmte Sicherheit später erhöht werden soll (§ 324 ZPO).

5 Der Unterhaltsschuldner kann gem. § 1585a Abs. 1 Satz 2 einwenden, es bestehe keine Pflicht zur **Sicherheitsleistung**, weil

– die **künftigen Unterhaltszahlungen nicht gefährdet** seien; insoweit genügt die Darlegung, dass der Unterhalt laufend pünktlich gezahlt wird, und dass auch künftig insoweit keine Gefährdung besteht (Verlust oder Aufgabe des Arbeitsplatzes rechtfertigen es durchaus, eine Gefährdung anzunehmen),[5] **oder**
– die Anordnung einer Sicherheitsleistung sich für ihn **unbillig** auswirken würde, insb. dann, wenn seine Existenz gefährdet oder seine Kreditwürdigkeit wesentlich eingeschränkt würde.

D. Umfang (§ 1585 Abs. 1 Satz 3) und Art der der Sicherheitsleistung (§ 1585a Abs. 2)

6 Die Sicherheitsleistung soll regelmäßig den **einfachen Jahresbetrag** der **Unterhaltsrente** nicht übersteigen (§ 1585 Abs. 1 Satz 3). Wird Sicherheitsleistung angeordnet, dann ist der **Grundsatz** der **Verhältnismäßigkeit** zu beachten.

I. Regelhöhe der Sicherheitsleistung (§ 1585 Abs. 1 Satz 3)

7 Der Betrag, für den Sicherheit zu leisten ist, soll **regelmäßig** den **einfachen Jahresbetrag** der **Unterhaltsrente** nicht übersteigen (§ 1585 Abs. 1 Satz 3). Von dieser Regel kann **ausnahmsweise** abgewichen werden, wenn und soweit nach besonderen Umständen des Falles eine höhere Sicherheitsleistung angemessen erscheint, etwa wenn der künftige Unterhalt wegen verschwenderischer Lebensführung des Unterhaltsschuldners besonders gefährdet ist; dann kann – wie beim Arrestverfahren – eine Sicherungsdauer von bis zu fünf Jahren angeordnet werden. Eine **verlängerte Sicherungsdauer** ist insb. dann angemessen, wenn zu erwarten steht, dass der Unterhaltsschuldner auch künftig – wie bereits in der Vergangenheit – intensiv und hartnäckig zum Nachteil des Unterhaltsgläubigers Vermögensverschiebungen vornehmen wird, oder wenn er sich seinen Unterhaltspflichten auf Dauer entziehen will.[6]

---

4 Palandt/Brudermüller § 1585a Rn. 1.
5 A.A. Palandt/Brudermüller § 1585a Rn. 3.
6 S. etwa OLG Düsseldorf FamRZ 1994, 111.

II. Art der Sicherheitsleistung (§ 1585a Abs. 2)

Die **Art der Sicherheitsleistung** richtet sich gem. § 1585a Abs. 2 nach den gesamten Umständen 8
des Einzelfalles; das Gericht ist an die Beschränkungen gem. § 232 nicht gebunden. Als Sicherheitsleistung kommen daher – alternativ, aber auch kumulativ – die Verpfändung von Vermögenswerten (etwa des Anspruchs aus einer Lebensversicherung) und/oder die Bürgschaften in Betracht.
Die Abtretung künftiger Lohn- oder Gehaltsansprüche kann hingegen nicht angeordnet werden,
da sie über die bloße Sicherung des Unterhalts hinaus Erfüllungswirkung hätte.

§ 1585b Unterhalt für die Vergangenheit

**(1) Wegen eines Sonderbedarfs (§ 1613 Abs. 2) kann der Berechtigte Unterhalt für die Vergan-
genheit verlangen.**

**(2) Im Übrigen kann der Berechtigte für die Vergangenheit Erfüllung oder Schadensersatz
wegen Nichterfüllung nur entsprechend § 1613 Abs. 1 fordern.**

**(3) Für eine mehr als ein Jahr vor der Rechtshängigkeit liegende Zeit kann Erfüllung oder Scha-
densersatz wegen Nichterfüllung nur verlangt werden, wenn anzunehmen ist, dass der Verpflichtete sich der Leistung absichtlich entzogen hat.**

A. Strukturen

Das (gesamte) Unterhaltsrecht wird (auch) von dem **Grundsatz** beherrscht, dass **Unterhalt** für die 1
Vergangenheit nicht verlangt werden kann. Unterhalt soll und darf dem Unterhaltsgläubiger (nur)
ermöglichen, seine **laufenden Kosten** der **Lebenshaltung** zu bestreiten; er dient seinem Wesen
nach nicht dazu, Bedürfnisse einer zurückliegenden Zeit zu befriedigen (»praeteritum non vivitur«). Allerdings formuliert das Gesetz in § 1585b Abs. 2 (für den nachehelichen Unterhalt) und
in § 1613 (für den Verwandtenunterhalt sowie über die Verweisungsnormen der §§ 1360a Abs. 3,
1361 Abs. 4 Satz 4 für den Familien- bzw. Trennungsunterhalt) **Ausnahmen** von diesem Grundsatz:

– **Sonderbedarf** gem. § 1585b Abs. 1 mit dem Normengehalt des § 1613 Abs. 2 durch die entsprechende Verweisung, **und**
– Recht zur Geltendmachung von **Unterhalt** für die **Vergangenheit** (aufgelaufene **Unterhaltsrückstände**) gem. § 1585b Abs. 2, begrenzt jedoch durch die Zeitschranke des § 1585b Abs. 3
  (s. hierzu auch die Restschuldbefreiung gem. §§ 286 ff., 304 ff.. InsO). Für eine Inverzugsetzung ist im Rahmen des nachehelichen Unterhalts § 1585b Abs. 2 maßgebend, nicht die für
  den Verwandtenunterhalt und über §§ 1361 Abs. 4 Satz 4, 1360 Abs. 3 für den Trennungsunterhalt geltende Norm des § 1613 Abs. 1.[1]

---

1 OLG München OLGR 2008, 133.

2   Mit der Änderung des § 1613 (durch das KindUG mit Wirkung ab 01.07.1998) hatte der Gesetz-geber Disparitäten geschaffen:[2] Er hatte – was die Fiktion einer Mahnung durch das Verlangen nach Auskunft anlangt – § 1613 Abs. 1 Satz 1 für den Verwandtenunterhalt erweitert, hingegen die früher inhaltsgleiche Norm des § 1585 Abs. 2 für den nachehelichen Unterhalt unverändert belassen. Somit begründete ein **Auskunftsbegehren** zum Zwecke der Geltendmachung von Unter-halt im Rahmen des nachehelichen Unterhalts – anders als für den Familien-, Trennungs- und Verwandtenunterhalt (§§ 1361 Abs. 4 Satz 4, 1360a Abs. 3, 1613) – nach § 1585b Abs. 2 a.F. kei-nen Anspruch auf Unterhaltszahlungen für die Vergangenheit (»Unterhaltsrückstände«). Das **UÄndG 2007** hat § 1585b Abs. 2 neu gefasst und diese Disparitäten beseitigt: § 1585b Abs. 2 ver-weist deshalb nunmehr auf § 1613 Abs. 1. Damit sind die Voraussetzungen, nach denen Unterhalt für die Vergangenheit gefordert werden kann, nunmehr (wieder) vereinheitlicht.

B. Normzweck

3   Die Norm bezweckt im wesentlichen den Schutz des Unterhaltsschuldners: Da Unterhalt grund-sätzlich nur laufend/künftig zu bezahlen ist, kann er sich regelmäßig auch nur auf derzeitige sowie künftig auf ihn zukommende Belastungen einstellen;[3] er soll davor geschützt sein, dass Verpflich-tungen anwachsen, mit denen er nicht rechnen muss. Wird er jedoch auf eine Ausnahme von der künftigen Leistungspflicht hingewiesen, dann muss er von dem **Zeitpunkt** der **Aufforderung** an damit rechnen, dass er auf rückständigen Unterhalt in Anspruch genommen wird, so dass er erst dann überblicken und kalkulieren kann, wieviel er für seinen eigenen Lebensbedarf ausgeben darf, und welche Rücklagen er für Unterhaltszwecke bilden muss.[4]

C. Sonderbedarf (§ 1585b Abs. 1)

4   Auch der geschiedene Ehegatte kann – neben dem laufenden (vollen) Unterhalt – unter bestimm-ten Voraussetzungen **Sonderbedarf** verlangen: **Anspruchsgrundlage** ist (über die Verweisungs-norm des § 1585b Abs. 1) **§ 1613**. Nach der Legaldefinition des § 1613 Abs. 2 Nr. 1 kann (nur) **unregelmäßiger außergewöhnlich hoher Bedarf** als Sonderbedarf geltend gemacht werden, also Bedarf, der nicht mit Wahrscheinlichkeit vorauszusehen war und demzufolge bei der Bemessung des laufenden Unterhalts nicht berücksichtigt werden konnte[5] (etwa Umzugskosten bzw. kürzere medizinische oder heilpädagogische Behandlung). Das tatbestandsimmanente Element der **Bedürftigkeit** setzt des Weiteren voraus, dass kein Vermögen vorhanden ist, auf das bezüglich des Sonderbedarfs zumutbar(!) verwiesen werden kann. Maßgebend sind die **Umstände** des jeweiligen **Einzelfalles**, wobei es vor allem auf die Höhe der Unterhaltsrente und die sonstigen Einkünfte des Unterhaltsgläubigers sowie den Lebenszuschnitt der Parteien ankommt[6] (vgl. im Übrigen Kom-mentierung zu § 1613).

5   Im Gegensatz zum Familien- und Trennungsunterhalt besteht unter geschiedenen Eheleuten **kein Anspruch** auf **Kostenvorschuss**, auch nicht als Sonderbedarf i.S.v. § 1585b Abs. 1, da der Anspruch auf Kostenvorschuss in §§ 1569 ff. nicht geregelt ist.[7] § 1360a Abs. 4 ist nicht analog anzuwenden, da diese Bestimmung nur für bestehende Ehen gilt. Die Verweisung beim Tren-

---

2 Zur Kritik s. etwa Gerhardt FuR 2005, 529, 537.
3 BGH FamRZ 1992, 920.
4 OLG Hamburg FamRZ 1991, 109 mit Anm. Henrich zu den Kosten einer Klassenreise; zu allem auch BT-Drucks. 13/7338 S. 31.
5 BGH FamRZ 2006, 612 = FuR 2006, 210 zu Kosten für eine Konfirmation, in Fortführung von BGH FamRZ 1982, 145, 146, und FamRZ 2001, 1603 = FuR 2001, 326.
6 BGH FamRZ 1983, 29.
7 BGHZ 89, 33 = BGH FamRZ 1984, 148; Ausnahme: aus dem Scheidungsverbund abgetrennte Folgesa-che.

nungsunterhalt nach § 1361 Abs. 4 auf den Familienunterhalt gem. § 1360a Abs. 4 zeigt, dass im Bereich des nachehelichen Unterhalts keine Gesetzeslücke vorliegt. Wird nachehelicher Unterhalt (noch rechtzeitig!) im **Scheidungsverbund** geltend gemacht, kann für diese Ansprüche Kostenvorschuss verlangt werden, weil die Ehe noch nicht geschieden ist, also Kostenvorschuss im Rahmen des Trennungsunterhalts verlangt wird. Ist die Ehe rechtskräftig geschieden, kann Kostenvorschuss nur **ausnahmsweise** dann verlangt werden, wenn die Folgesache »nachehelicher Unterhalt« aus dem Scheidungsverbund abgetrennt worden ist, und dann nur innerhalb dieser Folgesache, oder aber wenn rechtswirksam vor Rechtskraft der Scheidung Verzug begründet worden ist.

D. Unterhalt für die Vergangenheit (§ 1585b Abs. 2 und 3)

Der Unterhaltsgläubiger kann für die Vergangenheit **ausnahmsweise** bezüglich des nachehelichen 6 Unterhalts Erfüllung oder Schadensersatz wegen Nichterfüllung[8] (nur) von dem Zeitpunkt an fordern, in dem der Unterhaltsschuldner in **Verzug** gekommen oder der **Unterhaltsanspruch rechtshängig** geworden ist (§ 1585b Abs. 2 und 3). Er hat damit – kumulativ oder alternativ – **drei Möglichkeiten**, Ansprüche auf **rückständigen Unterhalt** zu begründen: Durch

– Verzug (§ 1585b Abs. 2),
– Rechtshängigkeit eines unterhaltsrechtlichen Verfahrens (§ 1585b Abs. 2),
– Stufenmahnung[9] (zu allem ausführlich s. § 1613 Rn. 13 ff.).

Haben geschiedene Eheleute den Anspruch auf nachehelichen Unterhalt allerdings vertraglich 7 geregelt, dann kann der Unterhaltsgläubiger rückständigen Unterhalt grundsätzlich auch für eine Zeit verlangen, in der der Unterhaltsschuldner nicht in Verzug gekommen und der Unterhaltsanspruch nicht rechtshängig war. Für eine länger als **ein Jahr** vor der **Rechtshängigkeit** liegende Zeit kann jedoch **auch** der vertraglich geregelte Unterhalt nur unter den Voraussetzungen des § 1585b Abs. 3 verlangt werden.[10] Wird in einem Vertrag lediglich eine gesetzliche Unterhaltspflicht anerkannt oder geregelt, geht es um gesetzlichen und nicht um vertraglichen Unterhalt.[11]

I. Verzug des Unterhaltsschuldners

Verzug i.S.v. § 1585b Abs. 2 liegt vor, wenn der **Unterhaltsgläubiger** deutlich macht, dass er – 8 gegebenenfalls **auch weiterhin** – Unterhalt verlangen wird. Wird dies mit vorprozessualen Schreiben zum Ausdruck gebracht, liegt darin eine Mahnung i.S.v. § 1585b Abs. 2.[12] Fordert der Unterhaltsgläubiger den Unterhaltsschuldner auf, ab einem zukünftigen Zeitpunkt Unterhalt in bestimmter Höhe zu leisten, so tritt in der Regel **Verzug** auf Grund sog. **Kalenderfälligkeit** ein; einer (nochmaligen) Mahnung nach Eintritt der Fälligkeit bedarf es regelmäßig nicht. Die verzugsbegründende Wirkung der Unterhaltsforderung dauert grundsätzlich solange, wie die anspruchsbegründenden Tatsachen fortbestehen. Ändern sich diese Verhältnisse wesentlich, so kann der Unterhaltsgläubiger unter dem Gesichtspunkt des Vertrauensschutzes gehalten sein, die Unterhaltsforderung zu wiederholen bzw. zu erneuern. Unterlässt er dies, so darf der Unterhaltsschuldner unter Umständen darauf vertrauen, dass er auf Grund der veränderten Sachlage von nun an keinen Unterhalt mehr zu leisten braucht[13] (zum Verzug im Einzelnen § 1613 Rn. 13 ff.).

---

8 OLG Schleswig NJW 2009, 2223 – Anspruch auf Schadensersatz wegen Verschweigens einer Rente.
9 BGH FamRZ 1990, 283; OLG Schleswig OLGR 2002, 257.
10 BGHZ 105, 250 = BGH FamRZ 1989, 150.
11 OLG Brandenburg FamRZ 2009, 800.
12 OLG Karlsruhe FamRZ 1988, 400; zur Stufenmahnung s. BGHZ 109, 211 = BGH FamRZ 1990, 283; s. auch OLG München OLGR 2008, 133.
13 BGHZ 103, 62 = BGH FamRZ 1988, 370.

9 Eine **vor Eintritt** der **Rechtskraft** der **Scheidung** ausgesprochene **Mahnung** wegen **nachehelichen Unterhalts** begründet **keinen Verzug**,[14] da der Anspruch erst nach Rechtskraft der Scheidung entsteht und ein Anspruch nicht angemahnt werden kann, ehe er entstanden ist.[15] Die **Mahnung** wegen **Trennungsunterhalt** begründet **keinen Verzug** wegen des (künftigen) Anspruchs auf **nachehelichen Unterhalt**.[16] Das sollte de lege ferenda geändert werden.[17] Allerdings verstößt das Berufen auf fehlenden Verzug dann gegen Treu und Glauben (§ 242), wenn der Unterhaltsgläubiger das Begehren auf nachehelichen Unterhalt im Verbund geltend machen will, und der Unterhaltsschuldner ihn davon mit der Begründung abhält, er wolle schnell geschieden werden; die Unterhaltsfrage könne später geregelt werden.[18]

10 Das **Auskunftsverlangen** genügt zwar nunmehr auch beim nachehelichen Unterhalt, den Unterhaltsschuldner in **Verzug** zu setzen; dennoch ist die Auskunft jedoch erst **nach Rechtskraft** des **Scheidungsbeschlusses** zu verlangen: Die schon vor Rechtskraft der Scheidung verlangte Auskunft begründet keinen Verzug, weil der nacheheliche Unterhalt vom Trennungsunterhalt wesensverschieden ist und erst mit Rechtskraft der Ehescheidung fällig wird.[19] In Fällen, in denen nicht klar ist, wann die Rechtskraft eintritt oder schon eingetreten ist (z.B. bei Rechtsmittel nur in einer Folgesache mit Eintritt der Rechtskraft) sollte vorsorglich wiederholt Auskunft verlangt werden.

II. Rechtshängigkeit i.S.v. § 1585b Abs. 2 und 3

11 Für das Tatbestandsmerkmal »**Rechtshängigkeit**« i.S.v. § 1585b genügt eine **prozessuale Auseinandersetzung** über **unterhaltsrechtliche Fragen**.[20] Eine solche prozessuale Auseinandersetzung stellt auch die **Rechtsverteidigung** des Unterhaltsgläubigers – etwa gegen einen Vollstreckungsgegen- bzw. Abänderungsantrag des Unterhaltsschuldners – dar; nicht erforderlich ist, dass der Unterhaltsgläubiger darüber hinaus Zahlungsantrag erhebt.[21] Wird mit der Unterhaltsforderung aufgerechnet, dann ist für die Zeitschranke des § 1585b Abs. 3 der Zeitpunkt der Aufrechnungserklärung maßgebend.[22] Rechtshängigkeit i.S.d. § 1585b Abs. 3 ist wörtlich zu verstehen; die Zustellung eines bloßen – wenn auch wirksamen – Gesuchs um Bewilligung von VKH begründet zwar Verzug,[23] genügt jedoch zur Wahrung der Frist des § 1585b Abs. 3 nicht:[24] Rechtshängigkeit tritt auch i.S.v. § 1585b erst mit der Zustellung des Antrages in der Hauptsache (§§ 253 Abs. 1, 261 Abs. 1 ZPO) ein. Handelt es sich bei der noch vorzunehmenden Zustellung des Antrages auf

---

14 BGH FamRZ 1992, 920 (a.A. noch Berufungsgericht OLG Celle FamRZ 1991, 1202; OLG Schleswig FamRZ 1989, 1092; OLG Karlsruhe FamRZ 1990, 70 – jedenfalls dann, wenn die Parteien noch kurze Zeit vor Rechtskraft des Scheidungsausspruchs über den nachehelichen Unterhalt verhandelt haben und alsbald nach Ausspruch der Weigerung wegen der Rechtskraft des Scheidungsausspruchs der Anspruch auf nachehelichen Unterhalt fällig wurde); so auch OLG Hamm FamRZ 1989, 634; OLG Düsseldorf OLGR 1993, 40.

15 OLG Zweibrücken OLGR 2008, 978.

16 BGHZ 103, 62 = BGH FamRZ 1988, 370; OLG Koblenz FuR 2006, 45 = NJW-RR 2006, 151.

17 Palandt/Brudermüller § 1585b Rn. 2 unter Hinweis auf die Empfehlungen des DFGT (FamRZ 2000, 273, 275).

18 OLG Hamm FamRZ 2007, 1468.

19 OLG Brandenburg NJW-RR 2009, 1659.

20 OLG Karlsruhe FamRZ 1988, 400; OLG Düsseldorf FamRZ 2002, 327 zur Anwendbarkeit des § 270 Abs. 3 ZPO.

21 OLG Karlsruhe FamRZ 1988, 400.

22 BGH FamRZ 1996, 1067.

23 S. BGH FamRZ 1992, 920; OLG Karlsruhe OLGR 2002, 210.

24 OLG Schleswig FamRZ 1988, 961; OLG Karlsruhe FamRZ 2002, 1039; OLG Naumburg FamRZ 2006, 490 = FuR 2005, 423; a.A. OLG Schleswig OLGR 2002, 257 – die Zustellung einer mit einem PKH-Gesuch verbundenen Klage auf rückständigen Unterhalt nach der PKH-Entscheidung gelte als demnächst gem. § 270 Abs. 3 ZPO und wahre somit die Jahresfrist des § 1585b Abs. 3 bereits mit Einreichung der Klage und nicht erst ab deren Zustellung.

nachehelichen Unterhalt nicht mehr um eine demnächstige, kann Unterhalt frühestens von dem Monat an verlangt werden, der 12 Monate vor dem Monat der tatsächlichen Zustellung der Antragsschrift liegt.[25]

Hat sich auf Grund fehlerhafter Sachbehandlung des Unterhaltsantrages bei Gericht die Antrags-   **12**
zustellung verzögert, kann der Unterhaltsgläubiger Unterhalt für die Vergangenheit trotz der Zeit-schranke des §1585b Abs. 3 auch dann beanspruchen, wenn zwischen Anhängigkeit und Rechts-hängigkeit des Antrages ein längerer Zeitraum liegt; die **Rechtshängigkeit** der **Antrages** wirkt dann gemäß §270 Abs. 3 ZPO auf den **Zeitpunkt** der **Antragseinreichung** zurück.[26] Verfolgt allerdings ein Unterhalt begehrender geschiedener Ehegatte einen aus dem Scheidungsverbund abgetrennten Anspruch auf nachehelichen Unterhalt nach Rechtskraft der Scheidung über einen längeren Zeitraum hinweg nicht mehr weiter, dann kann er für die Zeit bis zur Aufnahme der abgetrennten Folgesache keinen rückständigen Unterhalt mehr beanspruchen: Insoweit ist es ihm unter dem Gesichtspunkt der Verwirkung verwehrt, noch Rechte aus dem eingetretenen Verzug herzuleiten, nachdem er durch seine Untätigkeit die warnende Wirkung einer früheren Mahnung selbst beseitigt hat.[27]

Reicht der Unterhaltsgläubiger einen VKH-Antrag mit schlüssigem Antragsentwurf ein, über den   **13**
das Gericht trotz regelmäßiger Erinnerung erst nach ca. acht Monaten entscheidet, dann ist §167 ZPO mit der Folge anwendbar, dass die Frist des §1585b Abs. 3 nicht vom Zeitpunkt der Rechts-hängigkeit, sondern von der Anbringung des VKH-Antrages zu berechnen ist.[28]

III. Zeitschranke des §1585b Abs. 3

Die **Zeitschranke** des §1585b Abs. 3 stellt eine spezielle Ausformung des Rechtsinstituts der **Ver-**   **14**
wirkung dar, die an eine »illoyal verspätete Geltendmachung« des Rechts nachteilige Folgen für den Rechtsinhaber knüpft.[29] Der rechtskräftig geschiedene Unterhaltsgläubiger muss sich um eine **zeitnahe Verwirklichung** seines nachehelichen Unterhaltsanspruchs bemühen, damit die Unter-haltsschuld nicht allzu stark anwächst.[30] Der Anspruch kann nicht wegen verspäteter Geltendma-chung verwirkt werden, bevor er überhaupt fällig geworden ist: Da nach dem in §§1585b Abs. 3, 1613 Abs. 2 Satz 1 zum Ausdruck kommenden Rechtsgedanken nur für mehr als ein Jahr zurück-liegende Ansprüche ein besonderer Schuldnerschutz vorgesehen ist (»Zeitmoment«), kann Verwir-kung nur für die vor dieser Jahresfrist fällig gewordenen Ansprüche in Frage kommen.[31] Im Rah-men der Verwirkung von Ansprüchen auf rückständigen nachehelichen Unterhalt kann das »Umstandsmoment« darin liegen, dass der **Unterhaltsgläubiger** auf von ihm angeforderte Aus-kunft über die Einkommensverhältnisse des Unterhaltsschuldners den Unterhaltsanspruch nicht beziffert, und/oder der Unterhaltsgläubiger eine mit – nicht notwendig schlüssigen – Gründen versehene Kürzung der laufenden Zahlungen des Unterhaltsschuldners hinnimmt.[32] Das Umstandsmoment für die Verwirkung des Unterhaltsanspruchs kann erfüllt sein, wenn der Vater des nichtehelichen Kindes seit der Geburt regelmäßig Unterhalt zahlt, und die Mutter diese Beträge über Jahre entgegennimmt, ohne mehr zu fordern.[33]

---

25 OLG Brandenburg FamRZ 2009, 800.
26 OLG Schleswig OLGR 2004, 304 – Zeitraum von mehr als 4 Jahren.
27 OLG Oldenburg FamRZ 2005, 722 – Zeitraum von mehr als drei Jahren.
28 OLG Hamm FamRZ 2007, 1468.
29 BGHZ 105, 250 = BGH FamRZ 1989, 150; FamRZ 2005, 1162 = FuR 2005, 370 (Berufungsurteil OLG Saarbrücken OLGR 2002, 227).
30 Vgl. BGH FamRZ 1992, 920; OLG Schleswig FamRZ 2000, 889.
31 OLG Celle OLGR 1994, 41 (im Anschluss an BGH FamRZ 1988, 370); s. auch OLG Brandenburg FamRZ 2002, 960 (Ls).
32 OLG Karlsruhe FamRZ 2002, 1039.
33 OLG Schleswig FamRZ 2008, 2057.

15 Diese Zeitschranke ist auch bei vorangegangenen **außergerichtlichen Verhandlungen** zu beachten: Die Berufung des auf Unterhalt in Anspruch genommenen geschiedenen Ehegatten auf § 1585b Abs. 3 ist nicht rechtsmissbräuchlich, wenn der Unterhalt begehrende andere Teil es in der Hoffnung auf eine außergerichtliche Einigung versäumt hat, den verlangten Unterhalt innerhalb der Jahresfrist des § 1585b Abs. 3 gerichtlich einzufordern.[34]

1. Inhalt der Zeitschranke

16 Entsprechend dem Schutzbereich der Norm kann für eine **mehr** als **ein Jahr** vor der **Rechtshängigkeit liegende Zeit** – bezogen auf nachehelichen Unterhalt (im Trennungs- und Verwandtenunterhalt sieht das Gesetz eine solche Frist nicht vor) – Erfüllung oder Schadensersatz wegen Nichterfüllung nur dann verlangt werden, wenn anzunehmen ist, dass sich der Unterhaltsschuldner der Unterhaltsleistung **absichtlich entzogen** hat. An dieses Tatbestandselement sind **keine strengen Anforderungen** zu stellen. Ein aktives Hintertreiben der Unterhaltsverpflichtung ist nicht immer erforderlich; es genügt **jedes zweckgerichtete Verhalten** (auch **Unterlassen**) des **Unterhaltsschuldners**, das die **zeitnahe Realisierung** der **Unterhaltsschuld verhindert** oder zumindest **wesentlich erschwert**.[35] Allerdings genügt es nicht, wenn der Unterhaltsschuldner (nur) seine Unterhaltszahlungen einstellt; hinzukommen muss eine bewusste Erschwerung der Durchsetzung des Rechts auf Unterhalt.[36]

2. Anwendungsbereich des § 1585b Abs. 3

17 Die **Ausschlussfrist** des § 1585b Abs. 3 gilt auch dann, wenn der Unterhaltsanspruch auf einen **Träger** der **Sozialhilfe übergegangen** ist.[37] Haben geschiedene Eheleute den Anspruch auf nachehelichen Unterhalt **vertraglich** – in Form des Ausgestaltung eines gesetzlichen Anspruchs – geregelt, so kann der Unterhaltsgläubiger rückständigen Unterhalt zwar grundsätzlich auch für eine Zeit verlangen, in der der Unterhaltsschuldner nicht in Verzug und der Anspruch nicht rechtshängig war. Für eine länger als ein Jahr vor der Rechtshängigkeit liegende Zeit kann auch der vertraglich geregelte Unterhalt jedoch nur im Rahmen der Zeitschranke des § 1585b Abs. 3 verlangt werden. Für einen **vertraglichen Verzicht** auf die Einhaltung der Zeitschranke bedarf es eindeutiger Anhaltspunkte für einen entsprechenden Verzichtswillen, weil der Verzicht auf ein Recht niemals zu vermuten ist, vielmehr an die Feststellung eines Verzichtswillens strenge Anforderungen zu stellen sind.[38]

18 § 1585b Abs. 3 hindert jedoch nicht daran, einen länger zurückliegenden **Verzugsschaden** geltend zu machen, der durch die **verspätete Leistung** des Unterhaltsschuldners entstanden ist.[39] Will der Unterhaltsschuldner das sog. **begrenzte Realsplitting** (§ 10 Abs. 1 Nr. 1 EStG) in Anspruch nehmen, dann kann er die insoweit notwendige Zustimmung des Unterhaltsgläubigers regelmäßig nur Zug um Zug gegen eine bindende Erklärung verlangen, durch die er sich zur Freistellung von dessen wirtschaftlichen Nachteilen verpflichtet, die diesem als Folge der Besteuerung der erhaltenen Unterhaltszahlungen erwächst. Die diesbezüglichen Verpflichtungen beider Seiten sind Ausprägungen des Grundsatzes von Treu und Glauben (§ 242) im Rahmen des zwischen ihnen bestehenden gesetzlichen Unterhaltsrechtsverhältnisses.[40] Vor dem Hintergrund, dass die Unterhaltsverpflichtung grundsätzlich darauf gerichtet ist, die Mittel für den laufenden Lebensbedarf des Berechtigten zur Verfügung zu stellen, bezweckt § 1585b Abs. 3 insb., den Unterhaltsschuldner

---

34 Vgl. OLG Hamburg FamRZ 2001, 1217 (Ls).
35 BGHZ 105, 250 = BGH FamRZ 1989, 150.
36 OLG Köln FamRZ 1997, 426.
37 BGH FamRZ 1987, 1014.
38 BGHZ 105, 250 = BGH FamRZ 1989, 150; BGH WM 1982, 671, 673; FamRZ 1987, 40; NJW-RR 1999, 593; BFH/NV 2007, 1283.
39 OLG Hamm FamRZ 1995, 613.
40 BGH FamRZ 1983, 576 = FuR 2005, 370.

vor Härten zu schützen, die sich aus der Inanspruchnahme für eine Zeit ergeben, in der er sich auf eine Unterhaltsverpflichtung nicht einzurichten brauchte. Der Ausgleichsanspruch nach Zustimmung zum begrenzten Realsplitting dient demgegenüber nicht der Befriedigung von Lebensbedürfnissen in einer bestimmten Zeit, sondern soll gewährleisten, dass dem unterhaltsberechtigten Ehegatten aus der ihm abverlangten Zustimmungserklärung **keine Nachteile** – auch beim Bezug öffentlicher Hilfen – entstehen.

Es handelt sich um einen Anspruch eigener Art, der – anders als der Unterhaltsanspruch – nicht **19** davon abhängt, dass der Unterhaltsschuldner leistungsfähig und der Unterhaltsgläubiger unterhaltsbedürftig ist; vielmehr ist er aus Billigkeitsgründen geschuldet, damit die Zustimmung zum begrenzten Realsplitting für den Unterhaltsgläubiger zumutbar ist. Der Unterhaltsschuldner, der das Realsplitting in Anspruch nimmt, kann und muss sich von vornherein auf den späteren Ausgleich der steuerlichen Nachteile des Unterhaltsgläubigers einstellen. Die **Zeitschranke** des § 1585b Abs. 3 ist daher auf den Anspruch des Unterhaltsgläubigers auf **Freistellung** von **Nachteilen**, die ihm auf Grund seiner Zustimmung zum begrenzten Realsplitting nach § 10 Abs. 1 Nr. 1 EStG entstanden ist, **weder unmittelbar** noch **entsprechend** noch **sinngemäß** anzuwenden.[41] § 1585b Abs. 3 beinhaltet eine spezielle Ausformung des allgemeinen Verwirkungsgrundsatzes. Liegen die Voraussetzungen dieses besonderen Anwendungsbereichs der Verwirkung nicht vor, verbleibt es bei der Anwendbarkeit des aus den Grundsätzen von Treu und Glauben (§ 242) folgenden allgemeinen Verwirkungsgrundsatzes als Unterfall der unzulässigen Rechtsausübung.[42] Damit fehlt es an einer Regelungslücke für eine analoge Anwendung des § 1585b Abs. 3.[43]

E. Darlegungs- und Beweislast

Der Unterhalts **gläubiger** muss **Fälligkeit** und **Mahnung** darlegen und beweisen, der Unterhalts **20** **schuldner**, dass er den **Verzug nicht** zu **vertreten** hat. Im Verfahren hat der Unterhaltsgläubiger nur solche Umstände darzulegen und zu beweisen, die nach der Lebenserfahrung den Schluss rechtfertigen, der Unterhaltsschuldner habe »sich der Leistung absichtlich entzogen« (arg. »wenn anzunehmen ist«). Es ist dann Sache des Unterhaltsschuldners, die gegen ihn sprechende tatsächliche Vermutung dadurch zu entkräften, indem er Tatsachen darlegt und beweist, die jene Schlussfolgerung zu erschüttern vermögen.[44]

§ 1585c Vereinbarungen über den Unterhalt

[1]Die Ehegatten können über die Unterhaltspflicht für die Zeit nach der Scheidung Vereinbarungen treffen. [2]Eine Vereinbarung, die vor der Rechtskraft der Scheidung getroffen wird, bedarf der notariellen Beurkundung. [3]§ 127a findet auch auf eine Vereinbarung Anwendung, die in einem Verfahren in Ehesachen vor dem Prozessgericht protokolliert wird.

---

41 BGH FamRZ 1985, 1232 (Nr. 637); 2005, 1162 = FuR 2005, 370 (Berufungsurteil OLG Saarbrücken OLGR 2002, 227); a.A. OLG Hamburg FamRZ 2000, 888.
42 BGHZ 84, 280, 281 ff.; 105, 290, 298 = BGH FamRZ 1989, 150.
43 BGH FamRZ 2005, 1162 = FuR 2005, 370.
44 BGHZ 105, 250 = BGH FamRZ 1989, 150.

A. Strukturen

1 Das **UÄndG 2007** hat der Norm zwei (weitere) Sätze angefügt: Danach bedürfen vor Rechtskraft der Ehescheidung getroffene Vereinbarungen über den nachehelichen Unterhalt der notariellen Beurkundung (bzw. der Form eines gerichtlich protokollierten Vergleichs, § 127a, jedoch nur in einem Verfahren in Ehesachen vor dem Prozessgericht). Während vormals Ehegatten über die nacheheliche Unterhaltspflicht auch vor Rechtskraft ihrer Scheidung **formfrei Vereinbarungen** treffen konnten – sie konnten also im Gegensatz zum Familien- und Trennungsunterhalt (§§ 1360a Abs. 3, 1361 Abs. 4 Satz 4, 1614) sogar **nacheheliche Unterhaltsansprüche abfinden** oder insgesamt auf sie **verzichten**[1] –, ist dies auf Grund der Ergänzung des § 1585c durch Satz 2 nicht mehr möglich. Der – **nunmehr formbedürftige** – **Verzicht** auf (**künftigen**) **nachehelichen Unterhalt** muss **nicht** in einem **zeitlichen Zusammenhang mit einem Scheidungsverfahren** erklärt werden; die Eheleute können ihn durch Ehevertrag vor oder bei Eingehung der Ehe vereinbaren.[2] Mit rechtswirksamem Abschluss eines Verzichtsvertrages (auch im Rahmen einer Abfindungsvereinbarung) erlischt der Unterhaltsanspruch.

2 Die **Unterhaltsrechtsreform** hat den ehevertraglichen Gestaltungsspielraum und -bedarf erweitert. Die Stärkung der Eigenverantwortlichkeit der geschiedenen Ehegatten lässt weniger Raum für eine gerichtliche Kontrolle zugunsten der Unterhaltsgläubiger. Der Gestaltungsspielraum des Betreuungsunterhalts nach §§ 1570, 1615l wurde durch das UÄndG 2007 erweitert. **Unterhaltsverstärkende Regelungen,** die korrespondierend mit der zunehmenden wirtschaftlichen Eigenverantwortung geschiedener Ehegatten an Bedeutung gewinnen werden, müssen sich grundsätzlich gleichfalls an der Rechtsprechung des BGH[3] messen lassen. Danach können Unterhaltsabreden sittenwidrig sein, die den Zahlungspflichtigen über das gesetzliche Maß hinaus finanziell so belasten, dass er seine eigene Existenz nur durch Sozialleistungen sichern kann.[4]

3 Vereinbarungen der Ehegatten sind zumeist anzutreffen als sog. **vorsorgende Vereinbarungen** (meist notarielle Eheverträge für den Fall einer noch nicht beabsichtigten, aber möglichen Scheidung) sowie als sog. **regelnde Vereinbarungen** (die Scheidung ist bereits beabsichtigt oder das entsprechende Verfahren läuft schon) in Gestalt von (meist notariellen) Eheverträgen oder gerichtlichen bzw. außergerichtlichen sog. Scheidungsvereinbarungen – alles je nach Formzwang der einzelnen Vertragsteile.[5]

---

1 Näher s. etwa Grziwotz FamRZ 1997, 585; Büttner FamRZ 1998, 1; Steiniger/Viefhues FPR 2009, 114; Baumann/Schulze zur Wiesche RNotZ 2001, 193 zu den steuerrechtlichen Folgen; Borgmann FF 2002, 82 ff. zu Fehlern bei Verhandlungen und Vergleichsabschluss; zu den Konsequenzen der neuen Rechtsprechung des BGH zur Bewertung der Haushaltsführung für die Gestaltung von Unterhaltsvereinbarungen s. Ring FamRB 2002, 125; zu Gestaltung außergerichtlicher Unterhaltsvereinbarungen s. Hoffmann FF 2004, 1.

2 BGH FamRZ 1985, 788; s. auch OLG Brandenburg FamRZ 2003, 764.

3 Zuletzt BGH FamRZ 2009, 198 = FuR 2009, 106.

4 Zu verstärkenden Unterhaltsvereinbarungen nach der Reform vgl. eingehend Herrler FPR 2009, 506.

5 Zur Wirksamkeit und Behandlung einer nach jüdisch-religiösem Recht geschlossenen Ketubbah-Vereinbarung bei Scheidung israelischer Eheleute nach deutschem Recht s. OLG Düsseldorf FamRZ 2002, 1118.

Uecker

Das Spannungsfeld Vertragsfreiheit (Privatautonomie, Art. 2 Abs. 1 GG) und der Grundsatz der **4** ehelichen und nachehelichen Solidarität (§ 1353) kollidierten vielfach miteinander. Der BGH hatte in ständiger Rechtsprechung Eheverträge durchwegs, wenn sie nicht offensichtlich sittenwidrig waren, nicht beanstandet, auch wenn eine der beiden Vertragsparteien erheblich benachteiligt war (»pacta sunt servanda«).[6] Das BVerfG[7] hat in neueren Entscheidungen die Verpflichtung zur **Kontrolle** von **Eheverträgen** deutlich erweitert. Im Hinblick auf dieses Gebot hat auch der BGH[8] seine Rechtsprechung zur Rechtswirksamkeit und zur Ausübungskontrolle von Eheverträgen einer umfassenden Überprüfung unterzogen.[9]

Die Neuregelung führt den Formzwang nicht für jede nacheheliche Unterhaltsvereinbarung ein, **5** sondern nur für solche, die vor Rechtskraft des Scheidungsbeschlusses abgeschlossen werden. Eine besondere Schutzbedürftigkeit des Ehegatten, der sich in der schwächeren Verhandlungsposition befindet, wird in aller Regel nur im Zeitraum bis zur Rechtskraft des Scheidungsbeschlusses bestehen. Auch soll eine spätere, im Verlaufe des Unterhaltsverhältnisses eventuell erforderlich werdende Anpassung der Vereinbarung an geänderte Umstände nicht durch Einführung eines Formzwangs unnötig erschwert werden.

Mit der Ergänzung des § 1585c um einen dritten Satz will – parallel zu § 1378 Abs. 3 Satz 2 beim **6** Zugewinnausgleich und zu § 1587o Abs. 2 Satz 1 und 2 beim Versorgungsausgleich – der Gesetzgeber sicherstellen, dass außer einem Prozessvergleich von den Parteien auch eine formwirksame Vereinbarung über den nachehelichen Unterhalt in einem Verfahren in **Ehesachen** im Wege der Protokollierung durch das Prozessgericht abgeschlossen werden kann. Damit soll Rechtssicherheit geschaffen werden für den in der forensischen Praxis nicht seltenen Fall, in dem die Ehegatten in einer Ehesache das Gericht um Protokollierung einer zuvor getroffenen Einigung, beispielsweise eines Unterhaltsverzichts, ersuchen, ohne dass eine Unterhaltssache anhängig ist, oder dass Streit oder Ungewissheit über den Unterhalt durch gegenseitiges Nachgeben ausgeräumt wird.

Die neue Formvorschrift lässt die Wirksamkeit bestehender Vereinbarungen über den nachehelichen Unterhalt, die in der Vergangenheit formfrei geschlossen werden konnten, unberührt; sie ist **7** nur auf Rechtsgeschäfte anzuwenden, die nach Inkrafttreten des UÄndG 2007 vollendet werden.

Diese vom Gesetzgeber sicherlich gut gemeinte Regelung ist missraten: **8**

– Er hat zum einen übersehen, dass die beiden anderen Streitgegenstände »Zugewinn« und »Versorgungsausgleich« nicht vergleichbar sind: Der Zugewinnausgleich ist immer im Anwaltsprozess (§ 78 ZPO) zu führen, ein Verfahren wegen Versorgungsausgleich ist immer von der Amtsmaxime (§ 12 FGG) beherrscht. Ein nach Rechtskraft der Scheidung geführtes Verfahren wegen nachehelichen Unterhalts ist weder Anwaltsprozess noch Offizialverfahren, so dass der Schutz einer möglicherweise unterlegenen Vertragspartei gerade nicht gegeben ist, sondern nunmehr versucht werden könnte, nachehelichen Unterhalt nicht im Scheidungsverbund zu

---

6 S. etwa zur Bemessung des nachehelichen Betreuungsunterhalts nach vorehelich erklärtem Unterhaltsverzicht, wenn der Unterhaltsgläubiger Vermögen, das er nach der Trennung als Erlös aus der Veräußerung eines gemeinschaftlichen Hauses erhalten hatte, bis zur Scheidung der Ehe verbraucht hat, BGH FamRZ 1997, 873.

7 Bezüglich des Begriffs »Ehevertrag« ist nicht (nur) auf die Legaldefinition des § 1408 Abs. 1 abzustellen (s. Grziwotz MDR 2001, 393).

8 FuR 2004, 119 = FamRZ 2004, 601 mit Anm. Borth FamRZ 2004, 609, Bergschneider FamRZ 2004, 807, Rakete-Dombek NJW 2004, 1273; Dauner-Lieb FF 2004, 65, Grziwotz FamRB 2004, 106 und 2004, 199, Wachter ZFE 2004, 132 und ZNotP 2004, 264, Mayer FPR 2004, 363, Rauscher DNotZ 2004, 524, Koch NotBZ 2004, 147, Münch ZNotP 2004, 122, Langenfeld ZEV 2004, 311, Brandt MittBayNot 2004, 278, Börger ZAP Fach 11 R, 429, Grziwotz BGHR 2004, 519, Finger LMK 2004, 108, Breil Streit 2004, 80.

9 Hierzu ausführlich Goebel FamRZ 2003, 1513 – »In guten, nicht in schlechten Tagen? – Sechs Thesen zur richterlichen Kontrolle von Unterhaltsverzichten«.

klären, sondern mit dieser Scheidungsfolge den Ehegatten bis nach dem Verbund hinzuhalten und dann (formfrei wie vormals) zu einem Verzicht zu bewegen; **und**

– Zum anderen wird gutwilligen Eheleuten ein in der Praxis häufiger Weg unnötig erschwert: Meist konnten sich die Parteien während eines Prozesses über Trennungsunterhalt auch über den nachehelichen Unterhalt verständigen, und zwar im Rahmen eines Vergleichs im Trennungsunterhaltsprozess. Nunmehr müssen die Parteien – wesentlich kostenaufwendiger – für die Regelung des nachehelichen Unterhalts einen Notar bemühen und können nicht die gesamte Streitigkeit kurzerhand bei Gericht abklären.

9   Ein richtiger Weg wäre es gewesen, den beabsichtigten Schutz wie folgt zu formulieren:

»§ 127a kann auch auf eine Vereinbarung angewendet werden, die in einem Verfahren wegen Ehegattenunterhalt protokolliert wird, wenn beide Prozessparteien durch einen Rechtsanwalt vertreten sind, oder die in einem Verfahren in Ehesachen vor dem Prozessgericht protokolliert wird.«

B. Normzweck

10   § 1585c stellt klar, dass der **Grundsatz** der **Vertragsfreiheit** auch im Unterhaltsrecht gilt; hierdurch sollen insb. spätere Unterhaltsstreitigkeiten unter geschiedenen Eheleuten vermieden werden. **Wertsicherungsklauseln**[10] sind ohne Genehmigung gem. § 2 PaPkG zulässig, insb. wenn es sich um Leistungsvorbehalte oder sog. Spannungsklauseln handelt. Stellen Wertsicherungsklauseln auf den vom Statistischen Bundesamt ermittelten Preisindex für die Lebenshaltungskosten ab, dann sind sie auch hinreichend bestimmt. Aus ihnen kann vollstreckt werden, wenn und weil die in Bezug genommenen Daten, nämlich die Indizes des Statistischen Bundesamtes, leicht und zuverlässig feststellbar sind; damit sind sie offenkundig i.S.v. § 291 ZPO.[11]

11   Mit der Regelung des Formzwangs will der Gesetzgeber eine bessere Absicherung des laufenden Unterhalts für den Berechtigten erreichen, nachdem Unterhalt in der Regel von weitaus existentiellerer Bedeutung ist als etwa Zugewinn und Güterrecht, aber auch der spätere Versorgungsausgleich. Die Annahme, das Wesen des Unterhalts sei jedem von sich aus verständlich, so dass es der Anordnung eines Formzwangs nicht bedürfe, habe sich in der Praxis häufig als unzutreffend erwiesen, denn immer wieder würden weit reichende Unterhaltsregelungen in Unkenntnis ihrer Tragweite getroffen, ohne dass sachkundiger Rat eingeholt wird.

12   Nach der Ehescheidung können Verzichtsvereinbarungen weiterhin formlos wirksam abgeschlossen werden, wie das auch bei Vereinbarungen über den Zugewinnausgleich möglich ist (Formzwang nur gemäß § 1378 Abs. 2 Satz 3). Der Formzwang bezweckt vor allem, durch die Mitwirkung eines Notars oder eines Rechtsanwalts die fachkundige und unabhängige Beratung der vertragsschließenden Parteien sicherzustellen, um die Vertragspartner vor übereilten Erklärungen zu bewahren und ihnen die rechtliche Tragweite ihrer Vereinbarungen vor Augen zu führen.

C. Kontrolle von Eheverträgen

12a   Soweit es um die Prüfung der Wirksamkeit von Unterhaltsvereinbarungen geht, wird auf die Darstellung zur Wirksamkeit von Eheverträgen bei § 1408 verwiesen.

13-109   (zur Zeit nicht besetzt)

---

10 S. Hierzu Palandt/Heinrichs § 245 Rn. 24–36.
11 BGH FuR 2004, 226 = FamRZ 2004, 531 unter Hinweis auf BGH NJW 1992, 2088; s. auch OLG Schleswig FuR 2004, 277 zu einer vertraglichen Vereinbarung über die Anpassung des Unterhalts bei einer Änderung des Lebenshaltungskostenindex.

D. Rechtsnatur von Unterhaltsvereinbarungen

Von den **vertraglichen** Unterhaltsschuldverhältnissen[12] sind zunächst die **gesetzlichen** zu sondern: Vereinbarungen i.S.d. § 1585c können sowohl eigenständige Unterhaltsansprüche begründen (sog. **novierende Vereinbarungen**) als auch (lediglich) gesetzliche Ansprüche konkretisieren und/oder modifizieren (sog. **gestaltende Vereinbarungen**). **110**

Auch im Rahmen des Unterhaltsrechts gilt die Regel »Vertrag vor Gesetz«: Es darf daher nur in besonderen Ausnahmefällen ein Parteiwille angenommen werden, den Unterhaltsanspruch völlig auf eine vertragliche Grundlage zu stellen und ihm damit den Charakter eines gesetzlichen Unterhaltsanspruchs zu nehmen.[13] Unterhaltsvereinbarungen regeln daher im Zweifel nur den gesetzlichen Unterhalt.[14] Ein vor der Scheidung geschlossener Vergleich erfasst im Zweifel nur den Trennungsunterhalt (§ 1361). Wird aus einer solchen Vereinbarung gleichwohl weiter Unterhalt bezahlt, kann daraus allein nicht auf einen Rechtsbindungswillen geschlossen werden.[15] Soll eine Vereinbarung eine Abschließende Regelung enthalten, dann ist sie einer ergänzenden Vertragsauslegung nicht zugänglich.[16] Wollten die Parteien eines Unterhaltsvergleichs mit der Vereinbarung eines Abfindungsbetrages eine abschließende Regelung treffen, dann ist der Fortbestand der unterhaltsrelevanten Umstände nicht Geschäftsgrundlage dieser Vereinbarung. Bei dieser Vereinbarung bleibt es folglich auch dann, wenn der Abfindungsbetrag in Raten gezahlt werden sollte, und der Unterhaltsgläubiger vor der Fälligkeit der letzten Rate neu heiratet.[17] **111**

I. Novierende Vereinbarungen

Der Grundsatz der Vertragsfreiheit erlaubt es (auch), den Anspruch auf Unterhalt völlig von der gesetzlichen Regelung zu lösen und auf eine eigenständige vertragliche Grundlage zu stellen, also einen neuen Schuldgrund (Novation) zu schaffen.[18] Die (besonderen) Vorschriften für gesetzliche Unterhaltsansprüche gelten dann nicht mehr.[19] Wegen der weitreichenden Folgen ist nur ausnahmsweise davon auszugehen, dass eine Novation vorliegt. Im Regelfall wird der gesetzliche Unterhaltsanspruch durch eine Vereinbarung lediglich modifiziert. **112**

II. Gestaltende Vereinbarungen

Konkretisieren und/oder modifizieren vertragliche Vereinbarungen lediglich die gesetzliche Unterhaltspflicht, dann sind über die vertraglichen Regelungen hinaus gegebenenfalls die allgemeinen unterhalts- und verfahrensrechtlichen Vorschriften anzuwenden:[20] Trotz vertraglicher Ausgestaltung des gesetzlichen Unterhaltsanspruchs bleibt dieser **Rechtsgrund**. Ein Austausch des gesetzlichen Unterhaltstatbestands ist allerdings auch durch Vereinbarung nicht möglich.[21] **113**

III. Unterhaltsvereinbarung: Überlassung eines Grundstücksanteils zur Nutzung

Erwerben Eheleute während der Ehe gemeinsam ein Familienheim als Miteigentümer, trennen sie sich sodann, und überlässt ein Ehegatte dem anderen auf Grund einer entsprechenden Unterhalts- **114**

---

12 Etwa eine Vereinbarung der Eheleute über die Zustimmung zu einer heterologen Insemination (BGHZ 129, 297 = FamRZ 1995, 861; zur Ehelichkeitsanfechtung bei heterologer Insemination s. auch BGH FamRZ 1995, 1272).
13 BGH FamRZ 1984, 874.
14 OLG Bamberg FamRZ 1999, 1278.
15 OLG Hamm FamRZ 1998, 1520.
16 BGH FamRZ 1985, 787.
17 BGH FamRZ 2005, 1662 = FuR 2005, 508 [Berufungsgericht: OLG Frankfurt FamRZ 2005, 1253].
18 S. etwa OLG Karlsruhe FamRZ 2000, 233.
19 BGHZ 72, 182 = FamRZ 1978, 873.
20 Vgl OLG Hamm FamRZ 1997, 1282; OLG Bamberg FamRZ 1998, 25.
21 Palandt/Brudermüller § 1585c Rn. 8.

vereinbarung unter Übernahme sämtlicher verbrauchsunabhängiger Kosten (z.B. Schuldzinsen) das Familienheim zur alleinigen Nutzung, dann kann er sowohl den Mietwert seines Miteigentumsanteils an dem Familienheim als auch die Hälfte der von ihm getragenen verbrauchsunabhängigen Kosten im Rahmen des sog. **begrenzten Realsplittings** als Sonderausgaben i.S.d. § 10 Abs. 1 Nr. 1 EStG abziehen, sofern der andere Ehegatte dem Abzug zustimmt.[22]

115 Der Begriff »Unterhaltsleistungen« ist in § 10 Abs. 1 Nr. 1 EStG nicht definiert. Nach überwiegender Meinung entspricht er dem in § 33a EStG verwendeten Begriff »Aufwendungen für den Unterhalt«. Der Begriff »Aufwendungen« wird im Allgemeinen im Sinne von Ausgaben verstanden; dabei handelt es sich um alle Güter, die in Geld oder Geldeswert bestehen und beim Steuerpflichtigen abfließen.[23] maßgebend ist, dass die Aufwendungen i.S.d. § 10 Abs. 1 Nr. 1 EStG für Zwecke des Unterhalts gemacht worden sind,[24] insb. die typischen Aufwendungen zur Bestreitung der Lebensführung (etwa für Ernährung, Kleidung, Wohnung u.a.). Der Unterhalt kann in Geld oder geldwerten Sachleistungen erbracht werden. Die unentgeltliche Überlassung einer Wohnung stellt eine sog. Naturalunterhaltsleistung dar, die in sinngemäßer Anwendung des § 15 Abs. 2 BewG mit den üblichen Mittelpreisen des Verbrauchsorts anzusetzen ist (z.B. ortsüblicher Mietzins bei unentgeltlicher Wohnungsüberlassung zu Unterhaltszwecken).[25] Wird eine Wohnung unentgeltlich zu Unterhaltszwecken überlassen und dadurch der Anspruch des Unterhaltsberechtigten auf Barunterhalt vermindert, so ist die Wohnungsüberlassung einer geldwerten Sachleistung (Ausgabe) gleichzusetzen, die mit der Überlassung zur Nutzung abfließt.

E. Form von Vereinbarungen aus der Zeit vor dem UÄndG 2007

116 Vereinbarungen über den nachehelichen Unterhalt nach § 1585c konnten – im Gegensatz zu Vereinbarungen über den Versorgungsausgleich (§§ 1408 Abs. 2, 1587o Abs. 2) oder zu güterrechtlichen Vereinbarungen (§§ 1410, 1378 Abs. 3), die jeweils der notariellen Beurkundung bedürfen – bis zum In-Kraft-Treten des UÄndG 2007 grundsätzlich zu jeder Zeit **formfrei** – auch privatschriftlich, ja sogar mündlich – abgeschlossen werden.

I. Form unterhaltsrechtlicher Vereinbarungen

117 Das **UÄndG 2007** hat mit der Ergänzung der Norm um einen zweiten Satz dem Schutzbedürfnis für die Sicherung der Existenz nach Auflösung einer Ehe Rechnung getragen: Nunmehr bedürfen vor Rechtskraft der Scheidung getroffene Vereinbarungen über den nachehelichen Unterhalt der notariellen Beurkundung (bzw. der Form eines gerichtlich protokollierten Vergleichs gem. § 127a). Da die Absicherung des laufenden Unterhalts für den Unterhaltsgläubiger oftmals von weitaus existentiellerer Bedeutung ist als etwa der Versorgungsausgleich oder gar die Vermögensauseinandersetzung, ist nunmehr die notarielle Beurkundung Wirksamkeitserfordernis für Vereinbarungen über den nachehelichen Unterhalt. Der Gesetzgeber bezweckt mit dem Formerfordernis, durch die Mitwirkung eines Notars die fachkundige und unabhängige Beratung der vertragsschließenden Parteien sicherzustellen, um die Vertragspartner vor übereilten Erklärungen zu bewahren und ihnen die rechtliche Tragweite ihrer Vereinbarungen vor Augen zu führen. Zu der Frage, welchen inhaltlichen Grenzen Unterhaltsvereinbarungen unterfallen, ist die bisherige höchstrichterliche Rechtsprechung heranzuziehen. Ob die dort dargelegten Voraussetzungen vorliegen, hat das Gericht jeweils anhand des konkreten Einzelfalles zu entscheiden. Statt einer notariellen Vereinbarung kann auch formwirksam ein Vergleich über den nachehelichen Unterhalt als gerichtlicher Vergleich abgeschlossen werden. Voraussetzung dafür ist allerdings, dass der

---

22 BFHE 192, 75 = FamRZ 2000, 1360.
23 BFHE 178, 339.
24 BFH/NV 1989, 779.
25 BFH/NV 1994, 474.

Abschluss eines Vergleiches in einer »Ehesache« vor dem Prozessgericht erfolgt. Ehesachen sind gem. § 121 FamFG Verfahren auf Ehescheidung, auf Aufhebung der Ehe oder auf Feststellung des Bestehens oder Nichtbestehens einer Ehe. Zu den Ehesachen zählen nicht Verfahren auf Zahlung von Trennungsunterhalt. Vergleiche über den nachehelichen Unterhalt, die im Trennungsunterhaltsverfahren abgeschlossen werden, sind damit formunwirksam und deshalb nichtig. Die gesetzliche Vorschrift ist eindeutig, wenn auch rechtspolitisch missglückt.

Ob durch einen Beschluss gem. § 278 Abs. 6 ZPO die notarielle Beurkundungsform ersetzt wird, ist umstritten.[26] Zur Vermeidung von Haftungsrisiken wird daher davon abgeraten, Vergleiche über den nachehelichen Unterhalt nach § 278 Abs. 6 ZPO abzuschließen.

II. Zeitpunkt des Abschlusses unterhaltsrechtlicher Vereinbarungen

Allerdings bedarf nicht jede Regelung des nachehelichen Unterhalts notarieller Form, sondern nur   118
für diejenige, die **vor Rechtskraft** des **Scheidungsbeschlusses** abgeschlossen wird. Insoweit nahm der Gesetzgeber an, dass eine besondere Schutzbedürftigkeit des Ehegatten, der sich in der schwächeren Verhandlungsposition befindet, in aller Regel nur im Zeitraum bis zur Rechtskraft des Scheidungsbeschlusses besteht; auch wollte er eine spätere, im Verlauf des Unterhaltsverhältnisses eventuell erforderlich werdende Anpassung der Vereinbarung an geänderte Umstände nicht durch Einführung eines Formzwangs unnötig erschweren.

F. Abfindungs- und Verzichtsvereinbarungen

Der Verzicht kann zeitlich befristet, aufschiebend oder auflösend bedingt sowie der Höhe nach   119
oder insgesamt auf Teile der Unterhaltsberechtigung beschränkt werden. Wird wechselseitig und rechtswirksam »für den Fall der Scheidung« ein Verzicht auf Unterhalt erklärt, so erfasst ein solcher Verzicht – je nach seinem durch Auslegung zu ermittelnden Inhalt – in aller Regel den **gesamten** Unterhaltsanspruch. Hat der Unterhaltsgläubiger durch einen Prozessvergleich auf seinen titulierten Unterhaltsanspruch verzichtet, muss er ein erneutes Unterhaltsbegehren im Wege des Leistungsantrages und nicht des Abänderungsantrages geltend machen.[27] Der Abschluss eines Vorvertrages über einen Unterhaltsverzichtsvertrag ist unzulässig, da dieser als abstraktes Verfügungsgeschäft unmittelbar auf den Eintritt der Rechtsänderung gerichtet ist.[28] Ein nach deutschem Recht zu beurteilender Vertrag über eine Morgengabe islamischen Rechts kann einen (formlos gültigen) Abfindungsvertrag darstellen.[29] Unterhaltsverträge **zu Gunsten Dritter**, die diesen eigene Rechte einräumen, können nur dann angenommen werden, wenn ein darauf gestützter Parteiwille in der Erklärung deutlich zum Ausdruck kommt.[30]

Ein **Unterhaltsverzicht** bedarf stets klarer und eindeutiger Vereinbarung, weil der Verzicht auf ein   120
Recht niemals zu vermuten, vielmehr an die Feststellung eines Verzichtswillens strenge Anforderungen zu stellen sind.[31]. In einem Unterhaltsvertrag, in dem sich die Ehegatten für den Fall einer Scheidung verpflichten, sich durch Arbeit ein eigenes Einkommen zu verschaffen und sich selbst

---

26 MüKo/Einsele RN 4 zu § 127a der zu Recht darauf hinweist, dass die von § 127a verlangte Protokollierung der Erklärungen gem. §§ 159 ff. ZPO nach Feststellung des Vergleiches gem. § 278 Abs. 6 ZPO nicht erfolgt.
27 OLG Hamm FamRZ 2000, 907.
28 OLG Karlsruhe FamRZ 1995, 998.
29 BGH FamRZ 1987, 463; zur Vereinbarung einer Morgengabe s. auch OLG Frankfurt Streit 1989, 110.
30 BGH FamRZ 1986, 254; zur Abgrenzung zu Leibrentenversprechen (§§ 759 ff.) s. OLG Nürnberg FamRZ 1996, 296.
31 BGHZ 105, 250 = FamRZ 1989, 150; BGH WM 1982, 671, 673; FamRZ 1987, 40; NJW-RR 1999, 593; BFH/NV 2007, 1283.

zu unterhalten, ist weder ein einseitiger noch ein wechselseitiger Unterhaltsverzicht zu sehen.[32] Abfindungs- und Verzichtsvereinbarungen sind vielfach miteinander verbunden.[33] Vereinbaren Eheleute in einem notariellen Vertrag den gegenseitigen Verzicht auf Unterhalt mit Ausnahme des Betreuungsunterhalts nach § 1570 für die Ehefrau, so ist diese nicht gehindert, für die Zeit, für die ihr Betreuungsunterhalt zusteht, auch den entsprechenden Altersvorsorgeunterhalt geltend zu machen, denn dieser stellt keinen selbständigen Anspruch dar (der gegebenenfalls unter den Unterhaltsverzicht fiele), sondern ist unselbständiger Teil des einheitlichen, den gesamten Lebensbedarf umfassenden Unterhaltsanspruchs.[34]

121 Unterhaltsvereinbarungen enthalten zumeist ein großes Haftungsrisiko für Rechtsanwälte.[35] Eine von dem Rechtsanwalt einer Partei entworfene Vereinbarung über nacheheliche Unterhalt ist wegen Sittenwidrigkeit nichtig, wenn der Bevollmächtigte die andere anwaltlich nicht vertretene Partei (objektiv) unrichtig dahin berät, die weitgehend unabänderliche Unterhaltsverpflichtung auf unbegrenzte Zeit entspreche der »Düsseldorfer Tabelle« und den gesetzlichen Ansprüchen, obwohl es sich bei richtiger Beurteilung um eine kurze Ehe i.S.d. § 1573 Abs. 5 handelt.[36]

I. Abfindungsvereinbarungen

122 Vereinbaren die Parteien **Abfindung** des **Unterhalts** durch **Kapitalzahlung**, ist zu beachten:

1. **Steuerliche Nachteile:** Wenn der Abfindungsbetrag nicht auf mehrere Jahre verteilt werden kann/soll, kann er steuerlich nur im Rahmen des Höchstbetrages nach § 10 EStG (ab 01.01.1002: 13 805 €) wirken; für die Zukunft entfällt hingegen der Steuervorteil des begrenzten Realsplittings. Als außergewöhnliche Belastung (§ 33 Abs. 1 EStG) kann der Abfindungsbetrag regelmäßig nicht berücksichtigt werden;[37]

2. **Besoldungsrechtliche Nachteile:** Geschiedene Beamte,[38] Soldaten[39] bzw. Dienstordnungsangestellte,[40] die anstelle einer Unterhaltsrente eine einmalige Abfindung in Kapital auf der Grundlage der festgelegten Zahl der abzulösenden monatlichen Unterhaltsleistungen nach §§ 1585c, 1585 Abs. 2 geleistet haben, sind in die Stufe 1 des Ortszuschlags (geschiedene Beamte/Soldaten) und nicht in die Stufe 2 (geschiedene Beamte/Soldaten, wenn sie aus der Ehe zum Unterhalt verpflichtet sind), einzugruppieren, auch wenn sie die Abfindung mit einem in monatlichen Raten zu tilgenden Darlehen finanzieren;[41]

3. **Auswirkungen des § 5 VAHRG bei Kapitalabfindung des Unterhaltsanspruchs:**[42] Die Frage, ob der aus dem Versorgungsausgleich Berechtigte gegen den hieraus Verpflichteten i.S.d. § 5 VAHRG einen Anspruch auf Unterhalt hat, richtet sich nach den Vorschriften des bürgerlichen

---

32 OLG Schleswig FamRZ 1993, 72.

33 S. etwa die Vertragsmuster bei Langenfeld, Handbuch Rn. 830 ff., und Bergschneider, Eheverträge Rn. 305 ff., sowie Hdb FA-FamR/Bergschneider 12. Kap. Rn. 92 ff.

34 OLG Koblenz FF 2003, 138.

35 S. etwa BGH NJW-RR 1993, 706 zur Haftung des zu einem Unterhaltsverzicht ratenden Rechtsanwalts; Sarres/Schöppe-Fredenburg FuR 2002, 395.

36 OLG Düsseldorf FamRZ 1989, 635.

37 BFH NJWE-FER 1998, 211 zu einer vergleichsweise vereinbarten Kapitalabfindung zur Abgeltung sämtlicher möglicherweise in der Vergangenheit entstandener und künftiger Unterhaltsansprüche eines geschiedenen Ehegatten nach § 33 Abs. 1 EStG: »fehlende Zwangsläufigkeit«; FG Nürnberg [Nichtzulassungsbeschwerde als unzulässig verworfen durch BFH, Beschluss vom 18.07.2003 – III B 42/03].

38 BVerwG NJW 2003, 1886.

39 BVerwG FamRZ 1992, 173 mit Anm. Henrich [Berufungsinstanz OVG NW NJW 1989, 1179] betreffend Zeitsoldaten.

40 BAGE 55, 379.

41 So BAGE 55, 379.

42 S. BSG NJW 1994, 2374 = EzFamR VAHRG § 5 Nr. 1; zur Problematik ausführlich Schöppe-Fredenburg/Schwolow FuR 1997, 65 ff. und 104 ff.

Rechts.[43] Ein Anspruch auf Unterhalt i.S.d. § 5 VAHRG besteht auch dann, wenn der Berechtigte auf – weitere – Unterhaltsleistungen des Verpflichteten gegen Zahlung einer Abfindung verzichtet,[44] jedoch nur solange, so weit die Abfindungszahlung den (fiktiven) laufenden Unterhalt deckt;

4. Ein Abfindungsvergleich zur Regelung des nachehelichen Unterhalts erhöht den gem. § 17 Abs. 1 Satz 1 GKG für widerkehrende Unterhaltsleistungen geltenden Streitwert über den Jahresbetrag hinaus nicht.[45]

Der Berechtigte hat ungeachtet eines bestehenden Prozessvergleichs, auf Grund dessen ihm   **123** nacheheglicher Unterhalt zu leisten ist, keinen Anspruch auf Unterhalt i.S.d. § 5 VAHRG, der es gebietet, von der Kürzung der Versorgungsbezüge nach § 57 BeamtVG abzusehen, wenn der Unterhaltsschuldner seine Leistungspflicht durch einen Antrag nach § 238 FamFG, § 767 ZPO vollständig beseitigen kann.[46]

Der Wirksamkeit des in einer Unterhaltsvereinbarung enthaltenen Verzichts auf den nacheheli-   **124** chen Unterhalt steht die Nichtigkeit des Verzichts auf Trennungsunterhalt nicht entgegen.[47] Auch auf einen Unterhaltsverzicht kann vertraglich verzichtet werden.[48]

1. Inhalt von Verzicht-/Erlassverträgen

Nur ein gegenseitiger (Erlass-) Vertrag – nicht jedoch eine einseitige Erklärung[49] – führt dazu, dass   **125** das Unterhaltsstammrecht[50] erlischt. Verzicht kann nicht allein deshalb angenommen werden, weil der Unterhaltsanspruch längere Zeit nicht geltend gemacht worden ist;[51] vielmehr muss der Wille, auf ein Recht zu verzichten, eindeutig zum Ausdruck gebracht werden, so dass ein stillschweigender Verzicht auf Unterhalt nur ausnahmsweise angenommen werden kann.[52] Ein Verzicht auf nacheglichen Unterhalt kann zeitlich befristet, aufschiebend oder auflösend bedingt sowie der Höhe nach oder insgesamt auf Teile der Unterhaltsberechtigung beschränkt werden.[53]

2. Umfang des Unterhaltsverzichts

Ein wirksamer Unterhaltsverzicht umfasst im Zweifel den gesamten Unterhaltsanspruch, also auch   **126** den **Notbedarf**. Ist der Fall etwaigen Notbedarfs ausdrücklich ausgenommen, ist gegebenenfalls das Existenzminimum bzw. Aufstockung auf das Existenzminimum geschuldet.[54] Ein Verzicht auf

---

43 S. auch OLG Stuttgart FamRZ 2003, 455 zu einer Vereinbarung im Rahmen des schuldrechtlichen Versorgungsausgleichs (Titulierung eines Anspruchs auf Ausgleichsrente nach § 1587g sowie auf Abtretung der Rechte gegen den Versicherungsträger).

44 BVerwGE 109, 231 = NJW-RR 2000, 145 zur Kürzung von Versorgungsbezügen nach § 55c SVG nach Abfindung nachehelichen Unterhalts im Wege einer Vereinbarung nach § 1585c; s. hierzu auch BGHZ 126, 202 = FamRZ 1994, 1171 = EzFamR VAHRG § 6 Nr. 2; BSG NJW 1994, 2374; NJW-RR 1996, 897; VGH Baden-Württemberg NVwZ-RR 1992, 497 – besoldungsrechtlich relevante Unterhaltspflicht bei Bedienung des auf die geschiedene Ehefrau entfallenden Anteils gemeinsamer ehebedingter Darlehensverbindlichkeiten.

45 OLG Düsseldorf JurBüro 1992, 51.

46 BVerwGE 122, 301 = FamRZ 2005, 709.

47 OLG Zweibrücken FuR 2000, 444.

48 OLG Düsseldorf FamRZ 1996, 734.

49 OLG Stuttgart FamRZ 1999, 1136.

50 S. etwa OLG Saarbrücken OLGR 2002, 172; a.A. Hess FamRZ 1996, 981, 983 – kein gesondertes Unterhaltsstammrecht.

51 BGH FamRZ 1981, 763.

52 OLG Schleswig FamRZ 1993, 72; OLG Braunschweig OLGR 1995, 62.

53 BGH FamRZ 1997, 873.

54 BGH FamRZ 1980, 1104.

den (gegebenenfalls wieder auflebenden) Unterhaltsanspruch gem. § 1586a muss ausdrücklich erklärt werden.

G. Abänderung von Unterhaltsvereinbarungen

127 Vereinbarungen sind nach § 239 FamFG abzuändern; maßgebend sind die Grundsätze über die Veränderung oder den Wegfall der Geschäftsgrundlage: Da Geltungsgrund einer Vereinbarung ausschließlich der Parteiwille ist, richtet sich die Anpassung inhaltlich allein nach den Regeln des materiellen Rechts, also nach den Grundsätzen über den Wegfall oder die Veränderung der Geschäftsgrundlage (§ 313), die zu einer **differenzierteren Regelung** als der in § 323 Abs. 1 ZPO vorgesehenen führen.[55]

128 Ob eine solche Änderung eingetreten ist, richtet sich nach dem **Parteiwillen** als dem **Geltungsgrund** des Vergleichs. Ist in den danach maßgeblichen Verhältnissen seit Abschluss des Vergleichs eine Änderung eingetreten, so muss die gebotene Anpassung der getroffenen Regelung an die veränderten Verhältnisse unter Wahrung des Parteiwillens und der ihm entsprechenden Grundlagen erfolgen. Haben sich diese Grundlagen allerdings so tiefgreifend geändert, dass dem Parteiwillen für die vorzunehmende Änderung kein hinreichender Anhaltspunkt mehr zu entnehmen ist, kann in Betracht kommen, die Abänderung ausnahmsweise ohne fortwirkende Bindung an die (unbrauchbar gewordenen) Grundlagen des abzuändernden Vergleichs vorzunehmen und – im Falle einer Unterhaltsregelung – den Unterhalt wie bei einer Erstfestsetzung nach den gesetzlichen Vorschriften zu bemessen.[56]

129 Der ausdrückliche vertragliche Verzicht auf eine Abänderbarkeit der Unterhaltsvereinbarung ist gem. § 242 allenfalls dann unwirksam, wenn bei Einhaltung der Unterhaltsvereinbarung eine Existenzgefährdung des Unterhaltsschuldners eintreten würde.[57]

130 Schwierigkeiten treten für sog. Altfälle auf:

131 (1) Hat ein Ehegatte im Hinblick auf den Ehevertrag Unterhaltsansprüche erst gar nicht geltend gemacht, ist es ihm nicht verwehrt, erstmals – auch Jahre nach der Scheidung – Unterhalt gerichtlich einzufordern, allerdings innerhalb der Zeitschranke des § 1585b Abs. 3 (nicht länger als ein Jahr zurückliegende Zeiträume) und unter den Voraussetzungen des § 1585b Abs. 2 (Verzug oder Rechtshängigkeit). Es ist weiter darauf zu achten, dass die Tatbestandsvoraussetzungen der jeweiligen Anspruchsgrundlage (noch) vorliegen, insb. der jeweilige Einsatzzeitpunkt wie auch die lückenlose Anspruchskette.

132 (2) Ist im Hinblick auf einen damals als wirksam angesehenen Ehevertrag einen Unterhaltsantrag abgewiesen worden, kommt **kein Abänderungsantrag** gemäß §§ 238 ff. FamFG in Betracht. Abgesehen davon, dass es bei §§ 238 ff. FamFG einem antragsabweisenden Erstbeschluss an einer gemäß § 238 Abs. 1 FamFG erforderlichen Verurteilung zur Zahlung künftig fällig werdender wiederkehrender Leistungen fehlt, handelt es sich bei der Beurteilung des Unterhaltsstammrechts auch nicht um einen Abänderungsgrund. Der Verzicht auf Unterhalt betrifft nicht den Unterhaltsanspruch selbst, sondern er lässt das Unterhaltsstammrecht erlöschen. Aus diesem Grunde handelt es sich um eine Einwendung, die im Wege des Vollstreckungsabwehrantrages gemäß § 767 ZPO geltend zu machen ist.[58] Einem neuen Antrag steht daher die Rechtskraft des Abweisungsur-

---

55 BGHZ 85, 64, 73 = FamRZ 1983, 22; BGH FamRZ 1980, 342 = FuR 2001, 314 = FuR 2001, 494; s. auch OLG Saarbrücken FuR 2004, 245 zu den Voraussetzungen, unter denen sich die Berufung auf den vertraglichen Ausschluss der Abänderbarkeit einer Unterhaltsvereinbarung als unzulässige Rechtsausübung darstellt.
56 BGH FamRZ 1994, 696, 697 ff.
57 OLG Köln FamRZ 1989, 637.
58 Soyka, Die Abänderungsklage im Unterhaltsrecht Rn. 30 »Unterhaltsverzicht«.

teils betreffend das Unterhaltsstammrecht entgegen. Mangels Wiederaufnahmegrund scheidet auch eine Wiederaufnahme des Verfahrens gemäß § 580 ff. ZPO aus.

Eheverträge, in denen langfristige Unterhaltsverpflichtungen zu einem Zeitpunkt vereinbart worden sind, der vor der Reform, dem Unterhaltsänderungsgesetzt, lag, können ggf. wegen Fortfalles der Geschäftsgrundlage geändert werden.[59] **132a**

(zur Zeit nicht besetzt) **133**

Kapitel 5   Ende des Unterhaltsanspruchs

§ 1586   Wiederverheiratung, Begründung einer Lebenspartnerschaft oder Tod des Berechtigten

(1) Der Unterhaltsanspruch erlischt mit der Wiederheirat, der Begründung einer Lebenspartnerschaft oder dem Tod des Berechtigten.

(2) [1]Ansprüche auf Erfüllung oder Schadensersatz wegen Nichterfüllung für die Vergangenheit bleiben bestehen. [2]Das Gleiche gilt für den Anspruch auf den zur Zeit der Wiederheirat, der Begründung einer Lebenspartnerschaft oder des Todes fälligen Monatsbetrag.

A. Erlöschen des Unterhaltsanspruchs (§ 1586 Abs. 1)

Der nacheheliche Unterhalt endet (neben dem **Wegfall des entsprechenden Anspruchs** etwa infolge Wegfalls der Bedürftigkeit oder auf Grund eines Unterhaltsverzichts) gem. § 1586 Abs. 1 bei **1**

– **Wiederheirat** des Unterhaltsgläubigers (vorbehaltlich § 1586a – Wiederaufleben des Unterhaltsanspruchs nach Auflösung der neuen Ehe),
– **Begründung** einer **eingetragenen Lebenspartnerschaft** durch den Unterhaltsgläubiger, **oder**
– **Tod** des Unterhaltsgläubigers (vgl. auch §§ 1615 Abs. 1, 1360a Abs. 3, 1361 Abs. 4 Satz 4),

da der Unterhaltsgläubiger durch **Wiederheirat** (§§ 1360 ff.) bzw. bei Begründung einer eingetragenen **Lebenspartnerschaft**[1] (s. Art. 2 Nr. 8 LPartG) einen neuen Unterhaltsanspruch erhält.[2]

§ 1586 Abs. 1 ist auf den Unterhaltsanspruch aus Anlass der Geburt nach § 1615l Abs. 1 Satz 1 und Abs. 2 Satz 1 und 2 **entsprechend** anzuwenden.[3] Der Unterhaltsanspruch des geschiedenen Ehegatten, der im Falle einer Wiederheirat nach § 1586 Abs. 1 entfällt, ist sogar stärker ausgeprägt und beruht neben dem Zweck einer Sicherung der Pflege und Erziehung des Kindes auch auf **2**

---

59 BGH Urteil vom 25.01.2012 XII ZR 139/09, NJW 2012, 1209 sowie FamRZ 2012, 525.
  1 Jedoch nicht für verschiedengeschlechtliche Lebenspartnerschaften: BGH FamRZ 1980, 40; 1981, 753.
  2 Zur Bindungswirkung von Unterhaltsvereinbarungen gem. § 1586 gegenüber den Erben s. Hambitzer FamRZ 2001, 201; zur Vererblichkeit von Unterhaltsansprüchen gemäß § 1586b und ihrer vertraglichen Abdingbarkeit s. Hambitzer FPR 2003, 157.
  3 OLG Stuttgart FamRZ 2003, 701.

einer fortgeltenden nachehelichen Solidarität der geschiedenen Ehegatten. Wenn bei Wiederheirat des Unterhaltsgläubigers selbst dieser Unterhaltsanspruch nach § 1586 Abs. 1 entfällt, muss das erst recht für den Anspruch aus § 1615l Abs. 2 gelten. Zudem entsteht während der laufenden Unterhaltpflicht gem. § 1615l Abs. 2 Satz 2 durch Heirat ein neuer Anspruch auf Familienunterhalt nach §§ 1360, 1360a, der nach der ausdrücklichen gesetzlichen Wertung in § 1586 Abs. 1 sogar einem Anspruch auf nachehelichen Unterhalt gem. § 1570 vorgeht.

3   Der stärkere Anspruch auf Familienunterhalt verdrängt deswegen auch den nach Wortlaut und inhaltlicher Ausgestaltung mit § 1570 weitgehend vergleichbaren Unterhaltsanspruch gemäß § 1615l.[4] Vereinbaren Eheleute anlässlich der Ehescheidung hingegen nach einem wechselseitigen Unterhaltsverzicht die Zahlung einer monatlichen Leibrente an die Frau »bis zu ihrem Tod«, so erlischt der Anspruch bei Wiederheirat der Frau nicht.[5] Verstirbt der Unterhaltsschuldner, gilt § 1586b. Wird die Ehe aufgehoben, dann lebt der Unterhaltsanspruch auch bei Ausschluss der Scheidungsfolgen gem. § 1318 Abs. 2 nicht wieder gegen den früheren Ehegatten auf, da zunächst eine gültige Ehe bestanden hat.

4   Wendet der Unterhaltsschuldner gegen einen Unterhaltstitel ein, der Unterhaltsanspruch sei auf Grund Wiederverheiratung weggefallen, dann hat er diesen Einwand mit dem **Vollstreckungsgegenantrag** gem. § 767 ZPO zu verfolgen: Nur er – und nicht der Abänderungsantrag – erfasst die nach Errichtung des Titels entstandenen rechtsvernichtenden und rechtshemmenden Einwendungen, zu denen auch das **Erlöschen** eines **titulierten Anspruchs** gehört.[6]

5   Ein Anspruch des Unterhaltsschuldners auf VKH für die Verfolgung eines Anspruchs auf Herausgabe des Unterhaltstitels besteht nicht, wenn der Unterhaltsanspruch des Unterhaltsgläubigers durch Wiederverheiratung erloschen ist, der Unterhaltsgläubiger nach der Heirat keine Vollstreckung aus dem Titel mehr versucht, und der Unterhaltsschuldner die Zahlungen eingestellt hat.[7]

B. Fortbestehen des Unterhaltsanspruchs (§ 1586 Abs. 2)

6   In den zwei Fallgestaltungen des § 1586 Abs. 2 bestehen Unterhaltsansprüche fort: Nach § 1586 Abs. 2 Satz 1 für **Unterhaltsrückstände**, und nach § 1586 Abs. 2 Satz 2 für den **laufenden Unterhalt** bis zum Ende des Monats, in den die zum Erlöschen des Unterhaltsanspruchs führenden Ereignisse fallen.

I. Unterhaltsrückstände (§ 1586 Abs. 2 Satz 1)

7   Ansprüche auf Erfüllung oder auf Schadensersatz wegen Nichterfüllung bleiben bestehen und können gegebenenfalls von dem/den Erben weiterverfolgt werden, wenn sie bis zum Zeitpunkt des Erlöschens künftiger Unterhaltsansprüche nach § 1586 Abs. 1 (Wiederheirat, Begründung einer eingetragenen Lebenspartnerschaft oder Tod des Unterhaltsschuldners) **fällig** waren und **nicht erfüllt** worden sind (§ 1586 Abs. 2 Satz 1 – »**Unterhaltsrückstände**«). Ein beim Tode des Unterhaltsgläubigers noch nicht erfüllter Abfindungsanspruch ist mangels anderweitiger Vereinbarung hingegen erloschen und daher nicht vererbbar.[8] Wollten allerdings die Parteien eines Unterhaltsvergleichs mit der Vereinbarung eines Abfindungsbetrages eine abschließende Regelung treffen, dann ist der Fortbestand der unterhaltsrelevanten Umstände nicht Geschäftsgrundlage dieser Vereinbarung; vielmehr verbleibt es auch dann bei ihr, wenn der Abfindungsbetrag in Raten

---

4   BGHZ 161, 124 = BGH FamRZ 2005, 347 = FuR 2005, 165 (Berufungsurteil OLG Stuttgart FamRZ 2003, 701) in Abgrenzung zu BGH FamRZ 1998, 541; a.A. – neben dem Berufungsurteil – noch OLG Schleswig FamRZ 2000, 637; OLG München OLGR 2002, 144.
5   OLG Koblenz FamRZ 2002, 1040.
6   OLG Naumburg FamRZ 2006, 1402.
7   OLG Nürnberg FuR 1992, 303 (Ls).
8   OLG Hamburg FamRZ 2002, 234 m.w.N.

gezahlt werden sollte, und der Unterhaltsgläubiger vor der Fälligkeit der letzten Rate erneut heiratet.[9] **Ratenzahlung** wird regelmäßig im Interesse des Unterhaltsschuldners vereinbart, einmal aus finanziellen Gründen, weil sie ihm die Zeit einräumt, sich auf die erst künftig fällig werdenden Teilbeträge wirtschaftlich einzustellen, und/oder auch aus steuerlichen Gründen, wenn das Realsplitting des § 10 EStG in Anspruch genommen werden soll, der Abfindungsbetrag den dort festgelegten Höchstbetrag übersteigt und daher die Möglichkeit eingeräumt werden soll, den den Höchstbetrag des § 10 EStG übersteigenden Abfindungsbetrag – verteilt auf mehrere Jahre – als Sonderausgabe steuerlich abzusetzen.[10]

II. Haftung für den vollen Monatsbetrag (§ 1586 Abs. 2 Satz 2)

Aus praktischen Erwägungen und zur **Vermeidung kleinlicher taggenauer Abrechnung** – ohne **8** dass daraus ein allgemeiner Rechtsgedanke abgeleitet werden darf[11] – gilt gleiches auch für den Anspruch auf den zum Zeitpunkt des Erlöschens künftiger Unterhaltsansprüche nach § 1586 Abs. 1 (Wiederheirat, Begründung einer eingetragenen Lebenspartnerschaft oder Tod des Unterhaltsschuldners) fälligen **vollen Monatsbetrag** des Unterhalts (§ 1586 Abs. 2 Satz 2).

§ 1586a Wiederaufleben des Unterhaltsanspruchs

(1) Geht ein geschiedener Ehegatte eine neue Ehe oder Lebenspartnerschaft ein und wird die Ehe oder Lebenspartnerschaft wieder aufgelöst, so kann er von dem früheren Ehegatten Unterhalt nach § 1570 verlangen, wenn er ein Kind aus der früheren Ehe oder Lebenspartnerschaft zu pflegen oder zu erziehen hat.

(2) ¹Der Ehegatte der später aufgelösten Ehe haftet vor dem Ehegatten der früher aufgelösten Ehe. ²Satz 1 findet auf Lebenspartnerschaften entsprechende Anwendung.

A. Strukturen

Ist ein Unterhaltsanspruch gem. § 1570 (Betreuungsunterhalt) nach § 1586 durch **Wiederheirat** **1** **des Unterhaltsgläubigers erloschen**, kann dieser **frühere Unterhaltsanspruch** wieder **aufleben**, wenn die neue Ehe – durch Aufhebung/Scheidung oder Tod des neuen Ehepartners – wieder aufgelöst wird (§ 1586a Abs. 1).[1] Diese Vorschrift begründet eine **Ausnahme** von der ansonsten **notwendigen Tatbestandskette**.[2] Im Falle der Auflösung der zweiten Ehe durch Aufhebung/Scheidung haftet der Ehegatte der später aufgelösten Ehe vor dem Ehegatten der früher aufgelösten (§ 1586a Abs. 2); ein Ausgleichsanspruch des zweiten Ehegatten ist gesetzlich nicht vorgesehen.

---

9 BGH FamRZ 2005, 1662 = FuR 2005, 508 (Berufungsurteil OLG Frankfurt FamRZ 2005, 1253).
10 So auch in der Fallgestaltung, die der Entscheidung BGH FamRZ 2005, 1662 = FuR 2005, 508 zugrunde lag.
11 BGHZ 103, 62 = BGH FamRZ 1988, 370.
1 OLG Saarbrücken FamRZ 1987, 1046.
2 S. hierzu Kommentierung zu § 1569.

2 Das **UÄndG 2007** hat § 1586a Abs. 1 Satz 2 ersatzlos gestrichen. Diese Vorschrift gewährte dem Unterhalt begehrenden geschiedenen Ehegatten gegen seinen früheren Ehegatten nach Scheidung seiner weiteren Ehe und nach Beendigung der Kinderbetreuung einen sog. »Betreuungs-Anschlussunterhaltsanspruch«. Nachdem sich jedoch der unterhaltsbedürftige Ehegatte mit der Eingehung einer neuen Ehe endgültig von der aus der früheren, geschiedenen Ehe abgeleiteten nachehelichen Solidarität verabschiedet hat, fehlt es – im Gegensatz zu dem aus Gründen des Kindeswohls gebotenen Betreuungsunterhaltsanspruch gegen den früheren Ehegatten nach § 1586a Abs. 1 – für den Anspruch auf Anschlussunterhalt an einer inneren Rechtfertigung, wobei auch der Grundsatz der Eigenverantwortung des geschiedenen Ehegatten dem Wiederaufleben von Anschlussunterhaltsansprüchen entgegen steht.

B. Normzweck

3 § 1586a ist Ausdruck **nachehelicher Solidarität** für **ehebedingte Bedürfnislagen** und **gemeinsamer Verantwortung** für die **Betreuung gemeinsamer Kinder** durch den unterhaltsberechtigten geschiedenen Ehegatten, jedoch begrenzt durch das Ende der Betreuung gemeinsamer Kinder.

C. Unterhaltsanspruch nach § 1586a Abs. 1

I. Voraussetzungen eines Unterhaltsanspruchs nach § 1586a Abs. 1

4 Ein (Unterhalts-) Anspruch nach § 1586a Abs. 1 setzt voraus, dass

- ein Unterhaltsanspruch nach § 1586 auf Grund einer (wirksamen) neuen Ehe erloschen ist,
- diese (wirksame) neue Ehe – sei es durch Aufhebung oder Scheidung, sei es durch Tod des neuen Ehegatten – rechtswirksam beendet ist, **und**
- der Unterhaltsgläubiger durch **Kinderbetreuung** eines oder mehrerer Kindes/Kinder aus der früheren Ehe an einer Erwerbstätigkeit gehindert ist (insoweit gilt der Maßstab des § 1570 – »wenn und soweit«); das Gesetz sieht insoweit – ebenso wie in § 1570 – keinen Einsatzzeitpunkt vor.

II. Nichtidentität der beiden Unterhaltsansprüche

5 Der gem. § 1586 Abs. 1 mit der Wiederheirat des Unterhaltsgläubigers kraft Gesetzes erlöschende Anspruch ist mit dem Anspruch aus § 1586a Abs. 1 **nicht identisch**: Beide Unterhaltsansprüche weisen so erhebliche Unterschiede in ihrer gesetzlichen Ausgestaltung auf, dass materiell-rechtlich von **jeweils besonderen Anspruchsgrundlagen** auszugehen ist. So ist etwa für die **Höhe** des (subsidiären) Unterhalts nach § 1586a der in der letzten Ehe erreichte Lebensstandard Obergrenze eines Unterhaltsanspruchs nach § 1586a.

6 Auch ein über den Unterhaltsanspruch eines Ehegatten für die Zeit nach Scheidung der Ehe geschlossener Vergleich umfasst demnach ohne entsprechenden Parteiwillen nicht den Unterhaltsanspruch, den der (frühere) Unterhaltsgläubiger nach der Scheidung einer neuen Ehe gem. § 1586a erlangt.[3]

7 Macht der Unterhaltsgläubiger einen Anspruch nach § 1586a Abs. 1 geltend, ist er auf einen neuen Antrag zu verweisen; er muss nach allgemeinen Regeln die Voraussetzungen dieses Anspruchs darlegen und beweisen. Gegen die Vollstreckung aus dem ursprünglichen Titel kann daher Vollstreckungsgegenantrag nach § 767 ZPO erhoben werden.[4]

---

3 BGH FamRZ 1988, 46 (Berufungsgericht OLG Zweibrücken FamRZ 1986, 907).
4 BGH FamRZ 1988, 46 (Berufungsgericht OLG Zweibrücken FamRZ 1986, 907).

D. Auflösung einer Haftungskollision (§ 1586a Abs. 2)

Treffen **Unterhaltsansprüche** aus **mehreren Ehen** zusammen, dann haftet der Ehegatte der später 8 aufgelösten Ehe vorrangig vor den anderen geschiedenen Ehegatten. Das gilt uneingeschränkt auch dann, wenn gemeinsame Kinder aus verschiedenen Ehen hervorgegangen sind. Das Gesetz vermeidet somit im Interesse einer klaren Regelung jegliche gesamtschuldnerische Haftung mehrerer geschiedener Ehegatten. Ist der Unterhaltsgläubiger allerdings wegen der Betreuung eines Kindes/mehrerer Kinder aus zweiter Ehe an einer Erwerbstätigkeit nur teilweise gehindert, infolge der Betreuung aller Kinder dagegen in vollem Umfange, dann haften beide geschiedenen Ehegatten **anteilig** im Verhältnis ihrer nachwirkenden Mitverantwortung nach § 1570 entsprechend dem Gedanken der Entscheidung des BGH vom 21.01.1998[5] zur Anteilshaftung zweier Väter (Verantwortung nach § 1570 bzw. nach § 1615l) gem. § 1606 Abs. 3 analog. Entfällt die Primärhaftung des zweiten Ehegatten wegen eingeschränkter Leistungsfähigkeit bzw. wegen Leistungsunfähigkeit, dann lebt die Unterhaltspflicht des ersten Ehegatten wieder auf. Dies gilt auch dann, wenn der gegen den zweiten Ehegatten bestehende Unterhaltsanspruch nicht oder nur erschwert durchgesetzt werden kann.

Ein Antrag des früheren Ehemannes auf Feststellung, dass ein bei Scheidung der neuen Ehe nach 9 § 1586a möglicher Unterhaltsanspruch gegen ihn ausgeschlossen sei, ist unzulässig;[6] Die vorrangige Haftung des zweiten Ehegatten (§ 1586a Abs. 2 Satz 1) bedeutet nicht, dass Unterhaltsgläubiger schon vor einem Unterhaltsrechtsstreit gegen den Ehegatten der früher aufgelösten Ehe in einem Unterhaltsverfahren gegen den zweiten Ehegatten klären lassen muss, ob gegen diesen ein Unterhaltsanspruch besteht; vielmehr ist die Haftung des zweiten Ehegatten gegebenenfalls inzidenter in dem Verfahren gegen den früheren Ehegatten zu prüfen.[7]

§ 1586b   Kein Erlöschen bei Tod des Verpflichteten

(1) [1]Mit dem Tod des Verpflichteten geht die Unterhaltspflicht auf den Erben als Nachlassverbindlichkeit über. [2]Die Beschränkungen nach § 1581 fallen weg. [3]Der Erbe haftet jedoch nicht über einen Betrag hinaus, der dem Pflichtteil entspricht, welcher dem Berechtigten zustände, wenn die Ehe nicht geschieden worden wäre.

(2) Für die Berechnung des Pflichtteils bleiben Besonderheiten auf Grund des Güterstands, in dem die geschiedenen Ehegatten gelebt haben, außer Betracht.

---

5 BGH FamRZ 1998, 541 = FuR 1998, 131.
6 OLG Karlsruhe FamRZ 1989, 184.
7 OLG Hamm FamRZ 1986, 364.

A. Strukturen

1 Verstirbt der Unterhaltsschuldner, dann geht die Unterhaltpflicht auf den/die Erben als **Nachlassverbindlichkeit** über (§ 1586b Abs. 1 Satz 1):[1] § 1586b gewährt dem geschiedenen Ehegatten nunmehr nach dem Tode des Unterhaltsschuldners grundsätzlich erbrechtliche Ansprüche an dessen Nachlass, die zumindest wirtschaftlich betrachtet ein Äquivalent für den verlorenen Unterhalt darstellen; die passive Vererblichkeit des Unterhaltsanspruchs des geschiedenen Ehegatten stellt einen **Ausgleich für den Verlust erbrechtlicher Ansprüche** dar.[2] Es ist daher möglich, einen Unterhaltstitel gegen den Erblasser auf die Erben umzuschreiben: Durch § 1586b wird der Inhalt des Anspruchs gegen den Erblasser nicht verändert, sondern es tritt lediglich an die Stelle des Einwands begrenzter Leistungsfähigkeit der Einwand der Haftungsbeschränkung auf den Pflichtteil.[3] Der **Vorbehalt** der **beschränkten Erbenhaftung** kann erstmals noch in der **Beschwerdeinstanz** geltend gemacht werden.[4] Treffen der Erblasser und sein Ehegatte für den Fall der Scheidung eine unselbständige Unterhaltsvereinbarung, so geht mit dem Tode des Verpflichteten die Unterhaltspflicht auf den Erben als Nachlassverbindlichkeit über.[5] Haben der Erblasser und sein Ehegatte einen unbefristeten Anspruch auf nachehelichen Unterhalt vereinbart, ist § 36 Nr. 1 EGZPO mögliche Grundlage für ein Verlangen des Erben nach Begrenzung oder Befristung des Unterhaltsanspruchs.[6]

2 Hat der Erblasser sich gegenüber seinem Ehegatten für einen Zeitraum einer langen Ehe und einer langen Trennungszeit solidarisch gezeigt und Unterhalt gezahlt und dieses Verhalten auch nach der Scheidung fortgesetzt, kann eine **zeitliche Befristung** oder **Begrenzung** des Unterhaltsanspruchs nach den ehelichen Lebensverhältnissen und im Hinblick auf ein hohes Alter des Ehegatten unbillig sein. Dies kann bei Fehlen ehebedingter Nachteile in der Erwerbsbiographie dann gelten, wenn der Ehegatte sich in vollständige wirtschaftliche Abhängigkeit von dem Erblasser begeben hat, und diese wirtschaftliche Abhängigkeit während der Ehe und auch noch nach der Trennung über einen langen Zeitraum so gelebt wurde.[7]

3 Zu Gunsten des Unterhaltsgläubigers entfallen die Beschränkungen nach § 1581 (§ 1586b Abs. 1 Satz 2); allerdings haftet der Erbe nicht über einen Betrag hinaus, der dem Pflichtteil entspricht, welcher dem Unterhaltsgläubiger zustände, wenn die Ehe nicht geschieden worden wäre (§ 1586b Abs. 1 Satz 3). Besonderheiten auf Grund des Güterstandes, in dem die geschiedenen Ehegatten gelebt haben, bleiben für die Berechnung des Pflichtteils außer Betracht (§ 1586b Abs. 2). Da der Unterhaltsanspruch in dem Umfang auf die Erben übergeht, wie er beim Tode des Unterhaltsschuldners diesem gegenüber bestanden hat, ist zu dessen Gunsten der Erwerbstätigenbonus abzusetzen.[8]

4 (zur Zeit nicht besetzt)

B. Normzweck

5 Ohne Scheidung kann ein Ehegatte in jedem Falle das beanspruchen, was ihm das Gesetz, vom Erblasser nicht entziehbar, als Mindestteilhabe am Vermögen des Erblassers garantiert: den

---

1 Zur Reichweite der Erbenhaftung nach § 1586b s. Dressler NJW 2003, 2430.
2 Palandt/Brudermüller § 1586b Rn. 1; s. auch Bergschneider FamRZ 2003, 1049 ff.; Sarres FamRB 2002, 316 f. – »Unterhaltspflichten und Erbfall – Sonderfall: Abfindungszahlung«; 2003, 200 f. – »Unterhaltspflichten und Erbfall – Die verkannte Brisanz des § 1586b«.
3 OLG Frankfurt FF 2003, 68; s. auch Kuchinke FF 2002, 161 – »Unterhalt und Pflichtteil«.
4 OLG Zweibrücken FamRZ 2007, 1192.
5 OLG Koblenz OLGR 2009, 821 betr. Altersunterhalt.
6 OLG Koblenz OLGR 2009, 821.
7 OLG Koblenz OLGR 2009, 821 – 50-jährige Ehedauer und Trennungszeit von mehr als 20 Jahren.
8 OLG Zweibrücken FamRZ 2007, 1192.

Pflichtteil. Der **Unterhaltsanspruch** hat **Ersatzfunktion** für dieses weggefallene **Erbrecht**. Entfällt nunmehr der Unterhaltsanspruch, dann begründet die Sonderregelung des § 1585b einen Ausgleichsanspruch für diesen Verlust: Der Unterhaltsanspruch soll diesen erbrechtlichen Mindestanspruch ersetzen, sofern nicht eine anspruchsverkürzende Haftungsbeschränkung greift.[9]

C. Nachlassverbindlichkeit »Unterhalt« (§ 1586b Abs. 1 Satz 1)

Nach dem Tode des **Unterhaltsschuldners** geht die Unterhaltspflicht gegenüber dem geschiedenen   **6**
Ehegatten nicht unter, sondern die Unterhaltsschuld verwandelt sich nunmehr qua lege in eine Nachlassverbindlichkeit auf Unterhalt, so dass nunmehr die Erben für den Unterhalt haften (§ 1586b Abs. 1 Satz 1). Voraussetzung ist, dass der Unterhaltsgläubiger auch weiterhin **bedürftig** ist; insoweit sind insb. Veränderungen seiner wirtschaftlichen Lage auf Grund des Todes des Unterhaltsschuldners (etwa Zufluss von Vermögen auf Grund von Versicherungsleistungen) mit zu berücksichtigen. Die Erben können sich allerdings auf die Haftungsbeschränkungen gem. §§ 1975 ff. berufen (insoweit ist Vorbehalt der beschränkten Erbenhaftung in der Entscheidung gem. § 780 ZPO erforderlich). Bei fortgesetzter Gütergemeinschaft gilt § 1489 (vgl. auch §§ 1488, 1499, 1500). Belastungen eines Erben mit Vermächtnissen und Erblasserverbindlichkeiten führen auch dann nicht zu Anschaffungskosten, wenn die Verpflichtungen den Wert des Nachlasses erreichen oder übersteigen.[10]

Der **Umfang** von **Erbenverpflichtung** und **-haftung** gilt auch bei **vertraglicher Regelung** des   **7**
Unterhalts, soweit ein **gesetzlicher Unterhaltsanspruch ausgestaltet** worden ist.[11] Ist dies nicht der Fall, dann ist maßgebend, ob die Vereinbarung nach dem Willen der Vertragspartner auch gegenüber den Erben gelten soll;[12] der Anspruch muss gegebenenfalls gegen die Erben neu tituliert werden. Ist eine weitere ungeschmälerte Erfüllung der Unterhaltspflicht nach dem Tode des Unterhaltsschuldners **vereinbart**, dann sind die Vorschriften über die Haftungsbeschränkungen der Erben nach § 1586b Abs. 1 Satz 3 nicht anwendbar.

Der nach § 1586b auf nacheheliche Unterhalt in Anspruch genommene Erbe des Unterhalts-   **8**
schuldners kann sich weiterhin oder auch erstmals auf die Härteklausel des § 1579 Nr. 2 (Verwirkung wegen langjährigen eheähnlichen Zusammenlebens der geschiedenen Ehefrau des Erblassers) berufen, wenn nicht der Unterhaltsschuldner zuvor darauf verzichtet hatte, oder sofern das Verhalten des Erblassers nicht objektiv den Schluss zulässt, dass er den Verwirkungsgrund nicht geltend machen wollte.[13] Von einem ausdrücklichen oder stillschweigenden Verzicht auf die Rechtsfolgen des § 1579 Nr. 2 kann nicht ausgegangen werden, wenn der verstorbene Ehegatte in Kenntnis einer langjährigen neuen eheähnlichen Gemeinschaft der Unterhaltsschuldners weiterhin monatlich Unterhalt bezahlt hatte, um nach § 5 VAHRG eine – sonst höhere Kürzung seiner Rente zu verhindern.[14]

---

9 Palandt/Brudermüller § 1586b Rn. 1.
10 FG München Urteil vom 7. Mai 2002 – 12 K 3292/00 – n.v.
11 OLG Koblenz FamRZ 2003, 261 – betr. eine den gesetzlichen Unterhaltsanspruch lediglich ausgestaltende unselbständige Vereinbarung über nacheheliche Aufstockungs- bzw. Altersunterhalt der kinderbetreuenden Ehefrau.
12 Hambitzer FamRZ 2001, 201.
13 BGH FamRZ 2003, 521 = FuR 2003, 247; BGHZ 157, 395 = BGH FamRZ 2004, 614 = FuR 2004, 228 (Berufungsurteil: OLG Koblenz OLGR 2002, 11) mit Anm. Büttner FamRZ 2004, 614, und Borth FamRB 2004, 154.
14 BGH FamRZ 2003, 521 = FuR 2003, 247; BGHZ 157, 395 = BGH FamRZ 2004, 614 = FuR 2004, 228.

D. Wegfall der Beschränkung nach § 1581 (§ 1586b Abs. 1 Satz 2)

9   Mit dem Tode des Unterhaltsschuldners ist sein **Selbstbehalt** und damit seine **Leistungsfähigkeit ohne Bedeutung** (§ 1586b Abs. 1 Satz 2), weil sein eigener angemessener Unterhalt nicht (mehr) gefährdet sein kann; der Unterhaltsgläubiger kann daher jetzt den vollen Unterhalt nach den ehelichen Lebensverhältnissen verlangen. Auch bisherige Beschränkungen des Unterhalts wegen Vorrangs minderjähriger Kinder oder wegen Gleichrangs eines neuen Ehegatten des Unterhaltsschuldners bleiben nunmehr außer Betracht, da deren Unterhaltsansprüche mit dem Tode des Unterhaltsschuldners erlöschen und erbrechtlich kompensiert werden.

E. Begrenzte Erbenhaftung (§ 1586b Abs. 1 Satz 3)

10 § 1586 Abs. 1 Satz 3 **begrenzt** die **Erbenhaftung** auf den **fiktiven Pflichtteil** des Unterhaltsgläubigers: Der Erbe haftet nicht über einen Betrag hinaus, der dem Pflichtteil entspricht, welcher dem Unterhaltsgläubiger zustände, wenn die Ehe nicht geschieden worden wäre. Die Norm bezweckt, dass der geschiedene Ehegatte nicht mehr erhalten soll, als er gehabt hätte, wenn seine Ehe statt durch Scheidung durch den Tod des Unterhaltsschuldners aufgelöst worden wäre. Maßgebend ist der kleine Pflichtteil gem. § 1931 Abs. 1 und 2.

11 Zunächst wird der Fortbestand der geschiedenen Ehe bis zum Tode des Unterhaltsschuldners fingiert. Auszugehen ist somit vom Gesamtnachlass, nicht etwa von dem Vermögen, das der Unterhaltsschuldner zum Zeitpunkt der Scheidung besessen hat. Daher bleibt auch eine eventuelle Wiederheirat des Unterhaltsschuldners unberücksichtigt. Zu berücksichtigen sind dagegen andere Pflichtteilsberechtigte, insb. auch nach der Scheidung geborene Kinder aus weiteren Ehen.

12 Bei der **Bemessung** der **Haftungsgrenze** des § 1586b Abs. 1 Satz 3 für die Haftung des Erben sind auch **(fiktive) Pflichtteilsergänzungsansprüche** des **Unterhaltsgläubigers** gegen den/die **Erben** gem. §§ 2325 ff. **mit einzubeziehen,**[15] die dem Unterhaltsberechtigten gemäß § 2325 gegen die Erben zustünden, wenn seine Ehe mit dem Unterhaltspflichtigen erst durch dessen Tod aufgelöst worden wäre. Gegenüber diesen (nur fiktiven) Pflichtteilsergänzungsansprüchen des Unterhaltsberechtigten können sich Erben, die selbst pflichtteilsberechtigt sind, nicht auf § 2328 berufen.[16] Die Pflichtteilsergänzung dient der Auffüllung des wahren Pflichtteilsanspruchs zum Schutze der Pflichtteilsberechtigten (und dann auch des geschiedenen Ehegatten als Unterhaltsberechtigten). Soll der Lebensbedarf des geschiedenen Ehegatten über den Tod des Unterhaltsschuldners hinaus in ähnlicher Weise sichergestellt werden, wie dies bei Fortbestand der Ehe durch erbrechtliche Ansprüche erreicht worden wäre, dann ist es allein folgerichtig, bei der Bemessung der Haftungsgrenze des § 1586b Abs. 1 Satz 3 auch einen dem geschiedenen Ehegatten dann zustehenden Pflichtteilsergänzungsanspruch zu berücksichtigen. Auch dadurch erhält dieser nicht mehr, als er gehabt hätte, wenn seine Ehe statt durch Scheidung durch den Tod des Unterhaltsschuldners aufgelöst worden wäre.[17]

13 Diese Lösung nimmt dem Unterhaltsschuldner den Anreiz, seinen Nachlass durch Schenkungen zu Lebzeiten zu vermindern und so den nach seinem Tode weiter bestehenden, ohnehin beschränkten Unterhaltsanspruch seines geschiedenen Ehegatten zu entwerten.[18] Dem Unterhalts-

---

15 BGHZ 153, 372 = BGH FamRZ 2003, 848 = FuR 2003, 358 mit Anm. Hoppenz im Anschluss an BGHZ 146, 114 = BGH FamRZ 2001, 282 = FuR 2001, 259; OLG Koblenz FamRZ 2003, 261; zum Verhältnis zwischen nachehelichem Unterhalt und Pflichtteilsergänzungsansprüchen s. Klingelhöffer ZEV 2003, 113 f.
16 BGH FamRZ 2007, 1800 – Fortführung von BGHZ 146, 114, 118 = BGH FamRZ 2001, 282, 283; FamRZ 2003, 848, 854.
17 BGHZ 146, 114 = BGH FamRZ 2001, 282 = FuR 2001, 259.
18 BGHZ 146, 114 = BGH FamRZ 2001, 282 = FuR 2001, 259 unter Hinweis auf Klingelhöffer ZEV 1999, 13 f.

Uecker

schuldner darf eine solche Gestaltung zum Nachteil des Unterhaltsgläubigers nicht ermöglicht werden, zumal § 2332 Abs. 1 Rechtsgeschäfte unter Lebenden, durch die der künftige Pflichtteilsanspruch gemindert wird, in gleicher Weise als beeinträchtigende Verfügungen ansieht wie den letztwillig bestimmten Ausschluss von der Erbfolge. § 2329 ist hingegen auf das Verhältnis zwischen dem früheren Ehegatten und dem (auch beschenkten) Erben des Unterhaltsschuldners nicht, auch nicht entsprechend anzuwenden, weil der unterhaltsberechtigte frühere Ehegatte nicht pflichtteilsberechtigt ist, und § 1586b diesem nur einen Anspruch gegen den Erben und Erbeserben einräumt.[19]

§ 1990 beschränkt die Durchsetzbarkeit des Anspruchs auf den wirklich vorhandenen Nachlass; **14** insoweit ermöglichen auch Pflichtteilsergänzungsansprüche nicht die Durchsetzung des Anspruchs aus § 1586b bei Erschöpfung des Nachlasses.[20] Der in Anspruch genommene Erbe kann dem Unterhaltsanspruch auch dann erfolgreich die Einrede der **Dürftigkeit** des **Nachlasses** entgegensetzen, wenn ihm aus der Lebensversicherung des Erblassers Zahlungen zugeflossen sind, sofern er – der Erbe – Bezugsberechtigter aus dieser Lebensversicherung war; dann nämlich ist der Anspruch des Erben auf Zahlung der Sicherungssumme ohne Durchgang durch das Vermögen des Erblassers als des Versicherungsnehmers unmittelbar in der Person des Bezugsberechtigten entstanden und also nicht in den Nachlass des Erblassers gefallen.[21] Im Falle eines Nachlassvergleichsverfahrens steht dem beschränkt haftenden Erben des (verstorbenen) Unterhaltsschuldners das Recht auf Herabsetzung des Unterhalts nach § 1586b Abs. 1 Satz 1 (bzw. nach § 70 Abs. 2 Satz 2 EheG) nicht zu.[22]

Hat der geschiedene Ehegatte freiwillig auf ein Erbrecht (Pflichtteil) verzichtet, so manifestiert **15** sich darin sein Entschluss, dass er kraft Gesetzes im Erbfall vom Erben nichts erhalten will; der Erbe soll ihm dann auch nichts schulden. Hat es also zwischen den geschiedenen Ehegatten zuvor, während der Ehezeit also einen Pflichtteilsverzicht gegeben, entfällt auch die Vererblichkeit des Unterhaltsanspruches.[23]

Die Haftung des Erben betrifft einen (familienrechtlichen) Unterhaltsanspruch; ein entsprechen **16** der Rechtsstreit ist daher **Familiensache.** Einem bereits gegen den unterhaltpflichtigen geschiedenen Ehegatten vorliegenden Titel kann die Vollstreckungsklausel gegen den nach § 1586b Abs. 1 Satz 1 (wie auch nach § 70 EheG) haftenden Erben erteilt werden.[24] Die Möglichkeit der Umschreibung des Titels entspricht dem Bestreben des Gesetzgebers, eine dauerhafte Sicherung des unterhaltsberechtigten geschiedenen Ehegatten über den Tod des Unterhaltsschuldners hinaus zu schaffen, die andernfalls zumindest vorübergehend in Frage gestellt wäre, wenn erst ein neuer Titel erstritten werden müsste. Zugleich dient die Umschreibung dem Gebot der Prozessökonomie; nachdem sich nach Ansicht des BGH[25] die Rechtsnatur der auf den Erben übergegangenen Unterhaltspflicht nicht ändert, sondern allenfalls die Höhe der auf den Erben übergehenden

19 OLG Koblenz FamRZ 2003, 261 (Abgrenzung zu BGHZ 146, 114 = BGH FamRZ 2001, 282 = FuR 2001, 259); zur Frage der unmittelbaren Umschreibung eines Unterhaltstitels auf den Erbeserben s. Diener FamRZ 2004, 557 f.
20 OLG Celle OLGR 1995, 88.
21 OLG Celle OLGR 1995, 88.
22 OLG Frankfurt FamRZ 1985, 938.
23 Palandt/Brudermüller § 1586b Rn. 8 mit z.w.N. auch zur Gegenmeinung (der Anspruch sei gesetzlich uneingeschränkt statuiert): Grziwotz FamRZ 1991, 1258; Reimann FS Schippel 1996, 300; Pentz FamRZ 1998, 1344 in Auseinandersetzung mit Bestelmeyer FamRZ 1998, 1152; Schmitz FamRZ 1999, 1569; s. auch Dieckmann FamRZ 1999, 1029; Büttner/Niepmann NJW 2000, 2547, 2552.
24 BGH FamRZ 1985, 164, 165 zu der inhaltsgleichen Regelung des § 70 EheG; BGHZ 160, 186 = BGH FamRZ 2004, 1546 = FuR 2004, 555 (Berufungsurteil: OLG Stuttgart FamRZ 2004, 1220) unter Hinweis auf BGHZ 146, 114, 115; EzFamR BGB § 1586b Nr. 6; OLG Frankfurt FF 2003, 68; OLG Koblenz FamRZ 2004, 557; a.A. OLG Oldenburg FamRZ 2004, 1220.
25 BGH FamRZ 1985, 164, 165 mit krit. Anm. Büttner FamRZ 2004, 616, 617.

Unterhaltspflicht und der Umfang seiner Haftung für sie.[26] Ändert sich die Höhe der auf den Erben übergehenden Unterhaltspflicht und der Umfang seiner Haftung für sie, ist der Erbe darauf zu verweisen, dies gegebenenfalls im Wege des Abänderungsantrages gem. §§ 238 ff. FamFG oder des Vollstreckungsabwehrantrages nach § 767 ZPO geltend zu machen, wobei auch ein Vorbehalt der Haftung nach § 780 Abs. 1 ZPO in Betracht kommen kann.[27] Im Falle einer wesentlichen Änderung der für die Unterhaltsbemessung maßgebenden Umstände ist der Abänderungsantrag für beide Parteien eröffnet. Sie kann von einem Miterben allein erhoben werden.[28]

17 Steht in dem gegen den Erben geführten Unterhaltsverfahren des geschiedenen Ehegatten weder die Höhe der insgesamt geschuldeten Unterhaltsleistungen, noch die Höhe des Nachlasses, noch der Wert eventueller zur Ergänzung des Pflichtteils führender Schenkungen fest, kann die Geltendmachung der Erschöpfung des Nachlasses und der Haftungsbegrenzung auf den fiktiven Pflichtteil gemeinsam mit der Bezifferung der Haftungsbegrenzung aus § 2328 der Zwangsvollstreckung vorbehalten bleiben (§§ 780, 781, 785 ZPO).[29] Ungeachtet der Möglichkeit zur Umschreibung eines Unterhaltsvergleichs gegen den nach § 1586b haftenden Erben gemäß §§ 727, 795 ZPO fehlt einem Leistungsantrag des Unterhaltsgläubigers gegen den Erben nicht das Rechtsschutzbedürfnis, wenn der Erbe Einwendungen gegen ein Fortbestehen des in dem gerichtlichen Vergleich als nicht der Rechtskraft fähigem Titel geregelten Unterhaltsanspruchs erhebt, und deshalb mit einem Vollstreckungsabwehr- oder Abänderungsantrag des Erben zu rechnen ist.[30]

18 Richtet sich der Unterhaltsanspruch des geschiedenen Unterhaltsgläubigers als Nachlassverbindlichkeit gegen den Erben des Unterhaltsschuldners, dann kann – weil an die ehelichen Lebensverhältnisse nicht mehr angeknüpft werden kann – bei einer Bedarfssteigerung der Unterhalt entsprechend der Steigerung der allgemeinen Lebenshaltungskosten angepasst werden.[31]

F. Güterrechtliche Besonderheiten (§ 1586b Abs. 2)

19 Für die Berechnung des Pflichtteils bleiben Besonderheiten auf Grund des Güterstandes, in dem die geschiedenen Ehegatten gelebt haben, außer Betracht (§ 1586b Abs. 2); § 1371 Abs. 1 ist somit nicht anzuwenden.

Untertitel 3   Versorgungsausgleich

§ 1587   Verweis auf das Versorgungsausgleichsgesetz

Nach Maßgabe des Versorgungsausgleichsgesetzes findet zwischen den geschiedenen Ehegatten ein Ausgleich von im In- oder Ausland bestehenden Anrechten statt, insbesondere aus der gesetzlichen Rentenversicherung, aus anderen Regelsicherungssystemen wie der Beamtenversorgung oder der berufsständischen Versorgung, aus der betrieblichen Altersversorgung oder aus der privaten Alters- und Invaliditätsvorsorge.

---

26 S. BGHZ 146, 114, 117 = BGH FamRZ 2001, 282 = FuR 2001, 259.
27 BGH FamRZ 2004, 1546 m.w.N.
28 OLG Zweibrücken FamRZ 2007, 1192.
29 OLG Koblenz FamRZ 2003, 261.
30 KG FamRZ 2005, 1759.
31 OLG Celle FamRZ 1987, 1038 unter Hinweis auf BGH FamRZ 1985, 1016.

Die früheren §§ 1587a – 1587p sind durch Art. 3 Nr. 5 VAStrReG aufgehoben worden. Die neue 1 Fassung des § 1587 enthält nur noch einen deklaratorischen Verweis auf das VersAusglG, in dem das materielle Recht des VA jetzt abschließend geregelt ist. Die Vorschrift beschreibt jedoch auch bereits den Gegenstand des VA, indem der wesentliche Inhalt des § 2 Abs. 1 VersAusglG wiedergegeben wird (s. dazu im Einzelnen § 2 VersAusglG Rdn. 2–5).

Versorgungsausgleichsgesetz – VersAusglG

Vorbemerkung vor § 1

A. Ziel und Rechtfertigung des Versorgungsausgleichs

1 Der Versorgungsausgleich (VA) ist als neues Rechtsinstitut durch das am 01.07.1977 in Kraft getretene 1.EheRG vom 14.07.1976[1] in das BGB eingefügt worden. Er hat die Aufgabe, die von den Eheleuten während der Ehe erworbenen Anrechte auf eine Versorgung wegen Alter und Invalidität, soweit diese als Ergebnis der gemeinsamen Lebensleistung anzusehen sind, gleichmäßig aufzuteilen. Seine verfassungsrechtliche Legitimation findet der VA in Art. 3 Abs. 2 und Art. 6 Abs. 1 GG.[2]

2 Der VA bildet – mit der umfassenden Einbeziehung der öffentlich-rechtlichen und privaten Versorgungsanrechte – die dritte Säule der vermögensrechtlichen Ausgleichssysteme nach der Scheidung (Aufhebung) einer Ehe, neben dem nachehelichen Unterhalt und dem Zugewinnausgleich. Zu beiden bestehen inhaltliche Verbindungen, jedoch auch erhebliche Unterschiede. Der VA wird insb. unabhängig vom Güterstand (vgl. § 2 Abs. 4 VersAusglG) und von spezifischen unterhaltsrechtlichen Voraussetzungen (Bedürftigkeit, Leistungsfähigkeit, fehlende Wiederheirat) durchgeführt.

3 Seine innere Rechtfertigung findet der VA in dem Grundsatz der **gleichen Teilhabe an den Vermögenswerten**, die während der Ehe in gleichberechtigter Partnerschaft und als Ergebnis **gemeinsamer Lebensleistung** geschaffen worden sind.[3] Die eheliche Lebensgemeinschaft ist schon während der Phase der Erwerbstätigkeit eines oder beider Ehegatten im Keim auch eine **Versorgungsgemeinschaft**.[4] Daher rechtfertigt sich eine Aufteilung der Versorgungsanrechte auch dann, wenn beide Ehegatten während der Ehe durchgehend voll erwerbstätig gewesen sind.[5]

4 **Ziel des VA** ist es, dem ausgleichsberechtigten Ehegatten nach Möglichkeit **eigenständige Versorgungsanrechte** zu verschaffen und damit die Versorgungsschicksale der Ehegatten endgültig zu trennen.[6] Diesem Ziel dient der **öffentlich-rechtliche Wertausgleich**, der grundsätzlich von Amts wegen **bei der Scheidung** durchgeführt wird (§ 137 Abs. 1 und 2 FamFG). Sofern im Einzelfall die Voraussetzungen für einen Wertausgleich im Zeitpunkt der Scheidung (noch) fehlen, kann – **subsidiär**[7] und grundsätzlich nur auf Antrag – der **schuldrechtliche VA** durchgeführt werden. Er führt lediglich zu einem auf Zahlung einer Geldrente gerichteten (unterhaltsähnlichen) schuldrechtlichen Anspruch gegen den ausgleichspflichtigen Ehegatten oder – nach dessen Tod – gegen den Träger der auszugleichenden Versorgung. Außerdem kann dieser Anspruch erst entstehen, wenn bei dem ausgleichsberechtigten Ehegatten ein Versorgungsfall (Erreichen der Regelaltersgrenze oder Invalidität) eingetreten ist.

5 Der VA ist im Familienrecht verankert und damit als **privatrechtliches Instrument** zum Ausgleich der Nachteile, die mit dem Ende der Ehe als Versorgungsgemeinschaft verbunden sind, gestaltet. Er weist jedoch vielfältige Bezüge zu den rechtlichen Systemen auf, denen die dem VA unterliegenden Anrechte zugeordnet sind. Die großen sozialen Sicherungssysteme Deutschlands, insb. die gesetzliche Rentenversicherung, sind vom öffentlichen Recht geprägt. Die betriebliche Altersversorgung weist vielfältige arbeitsrechtliche und versorgungsrechtliche Bezüge auf. Die private Alters- und Invaliditätsvorsorge wiederum folgt den Regeln des Versicherungsvertragsrechts. Der VA soll unmittelbare Rechtswirkungen in den verschiedenen Versorgungssystemen auslösen, muss aber als akzessorisches Rechtsinstrument auch die Maßgaben dieser Versorgungssysteme so weit wie möglich beachten.[8]

---

1 BGBl I S. 1421.
2 BVerfG FamRZ 1980, 326, 333.
3 Vgl. z.B. BT-Drucks. 7/650 S. 155; BT-Drucks. 16/10144 S. 29, 31.
4 BVerfG FamRZ 1979, 477, 479.
5 BGH FamRZ 1988, 709.
6 BT-Drucks. 16/10144 S. 31.
7 Johannsen/Henrich/Holzwarth § 20 VersAusglG Rn. 10; Ruland Rn. 675.
8 BT-Drucks. 16/10144 S. 32.

B. Die ursprüngliche Konzeption des Versorgungsausgleichs

Mit dem 1. EheRG wurde der VA als **privatrechtliches Rechtsinstitut** in den §§ 1587–1587p 6 BGB a.F. geregelt. § 1587 BGB a.F. enthielt grundsätzliche Bestimmungen über den Gegenstand des VA, die Berechnung der Ehezeit und die Abgrenzung zum Zugewinnausgleich. Die §§ 1587a bis 1587e BGB a.F. betrafen den öffentlich-rechtlichen Wertausgleich, die §§ 1587f bis 1587n den schuldrechtlichen VA. § 1587o BGB a.F. regelte die Voraussetzungen und den zulässigen Inhalt von Parteivereinbarungen über den VA, und § 1587p BGB a.F. enthielt eine Vorschrift zum Schutz der vom VA betroffenen Versorgungsträger vor Doppelleistungen. Vor allem aufgrund verfassungsrechtlicher Beanstandungen wurden mit dem Gesetz zur Regelung von Härten im Versorgungsausgleich (VAHRG) vom 21.02.1983[9] ergänzende Bestimmungen getroffen, die zunächst zeitlich befristet waren, 1987 aber zu Dauerrecht wurden.[10] Mit dem Gesetz zur Überleitung des Versorgungsausgleichs auf das Beitrittsgebiet vom 25.07.1991 (VAÜG)[11] wurden weitere Sonderregelungen für Versorgungsanrechte geschaffen, die in den neuen Bundesländern erworben wurden. Hierdurch entstand eine sehr unübersichtliche Rechtslage, die den Zugang zum Recht des VA weiter erschwerte.

Da der VA als Familiensache der freiwilligen Gerichtsbarkeit konzipiert war (§ 621a Abs. 1 Satz 1 7 i.V. mit § 621 Abs. 1 Nr. 6 ZPO a.F.), richtete sich das **Verfahren** nach dem früheren FGG; dieses enthielt spezielle Vorschriften für den VA in den §§ 53b – 53g. Allerdings fanden nach Maßgabe des § 64a Abs. 3 FGG i.V. mit § 621a Abs. 1 S. 2 ZPO a.F. teilweise auch Verfahrensvorschriften der ZPO Anwendung. Wenn der Wertausgleich – wie i.d.R. – im Scheidungsverbund durchzuführen war, galten im Übrigen die zivilprozessualen Bestimmungen für das Verbundverfahren in den §§ 623 ff. ZPO a.F.

Das frühere materielle Recht des VA beruhte auf dem – dem Zugewinnausgleich nachgebilde- 8 ten – **Prinzip des Einmalausgleichs**: Bei beiden Ehegatten wurden die dem VA unterliegenden Versorgungsanrechte addiert, die Summen wurden gegenübergestellt und die Hälfte der Differenz ergab den **Gesamtausgleichsanspruch** eines Ehegatten (§§ 1587a Abs. 1, 1587g Abs. 1 BGB a.F.). Der Einmalausgleich erforderte im Bereich des öffentlich-rechtlichen Wertausgleichs, dass alle Versorgungsanrechte **saldiert** wurden. Da die einzelnen Versorgungssysteme aber in Finanzierung, Wertentwicklung und Leistungsspektrum sehr unterschiedlich ausgestaltet und die darin begründeten Anrechte in ihrer Qualität nicht ohne weiteres vergleichbar sind, musste ein einheitlicher Vergleichsmaßstab entwickelt werden, an dem alle Anrechte gemessen werden konnten. Der Gesetzgeber des 1. EheRG bestimmte die Wertentwicklung (Dynamik) der Versorgungsanrechte im weiteren Anwartschafts- und im Leistungsstadium zum (einzigen) für den vorzunehmenden Vergleich maßgeblichen Kriterium[12] und ordnete außerdem an, dass die Dynamik der gesetzlichen Rentenversicherung als Vergleichsmaßstab (»gemeinsamer Nenner«) heranzuziehen war, an dem die Wertentwicklung aller anderen Anrechte zu messen war. Eine Ausnahme galt nur für die Beamten- und Soldatenversorgung, deren Wertentwicklung kraft Gesetzes als mit der gesetzlichen Rentenversicherung vergleichbar bestimmt wurde. Andere Anrechte, deren Wert nicht in nahezu gleicher Weise stieg wie der Wert gesetzlicher Rentenanwartschaften, mussten vor der Einstellung in die Gesamtausgleichsbilanz in Anrechte der gesetzlichen Rentenversicherung umgewertet und damit den »volldynamischen« Anrechten vergleichbar gemacht werden (§ 1587a Abs. 3 BGB a.F.). Das erforderte eine Umrechnung der nicht volldynamischen Anrechte in Anwartschaften der gesetzlichen Rentenversicherung, indem ermittelt wurde, welche gesetzliche Rentenanwartschaft entstehen würde, wenn der während der Ehezeit erworbene Kapitalwert des zu vergleichenden

---

9 BGBl I S. 105.
10 Gesetz über weitere Maßnahmen auf dem Gebiet des Versorgungsausgleichs vom 08.12.1986, BGBl I 2317.
11 BGBl I S. 1606.
12 Vgl. zu den Gründen dafür BT-Drucks. 16/10144 S. 32 f.

Anrechts in die gesetzliche Rentenversicherung eingezahlt würde. War für die Versorgung tatsächlich kein Deckungskapital vorhanden (wie etwa bei umlagefinanzierten Versorgungen), musste zunächst ein fiktives Deckungskapital – der sog. Barwert – berechnet werden. Für diese Berechnung waren die Faktoren der BarwertVO heranzuziehen, die auf biometrischen Rechnungsgrundlagen (u.a. Lebenserwartung) und einem bestimmten Rechnungszins beruhten, mit dem der Nominalwert der zu vergleichenden Anwartschaft auf das Ehezeitende abgezinst wurde.[13]

9   (zur Zeit nicht besetzt)

10 Für die Durchführung des öffentlich-rechtlichen Wertausgleichs – zugunsten des gesamtausgleichsberechtigten Ehegatten – standen zahlreiche **Ausgleichsformen** zur Verfügung, die grundsätzlich in einer verbindlich festgelegten Rangfolge heranzuziehen waren. Dieses System war kompliziert und führte zu häufigen Fehlentscheidungen, die (meist von den Versorgungsträgern eingelegte) Rechtsmittel zur Folge hatten. Fast alle Ausgleichsformen führten auf Seiten des ausgleichsberechtigten Ehegatten zum Erwerb von gesetzlichen Rentenanwartschaften (Ausnahme: Realteilung nach § 1 Abs. 2 VAHRG), während auf Seiten des Verpflichteten häufig eine andere bei einem öffentlich-rechtlichen Versorgungsträger bestehende Versorgung gekürzt (§§ 1587b Abs. 2 BGB a.F., 1 Abs. 3 VAHRG) oder zum Ausgleich eines Anrechts, das bei einem privatrechtlichen Versorgungsträger bestand, ein Anrecht aus einem Regelsicherungssystem über eine Halbteilung hinaus in erweitertem Umfang zum Ausgleich herangezogen (§ 3b Abs. 1 Nr. 1 VAHRG) oder der Ausgleichspflichtige zu einer Kapitalzahlung auf das Rentenversicherungskonto des Ausgleichsberechtigten verpflichtet wurde (§ 3b Abs. 1 Nr. 2 VAHRG). Dadurch ergaben sich für beide Ehegatten ungleichartige Versorgungsanrechte mit unterschiedlichen Leistungsspektren, Risiken und Entwicklungschancen.

11 Anrechte des ausgleichspflichtigen Ehegatten bei privatrechtlichen Versorgungsträgern konnten häufig **nicht vollständig öffentlich-rechtlich ausgeglichen** werden, weil der Ausgleich durch erweitertes Splitting nach § 3 b Abs. 1 Nr. 1 VAHRG nur bis zu einem bestimmten Höchstbetrag möglich war und ein weiter gehender Ausgleich durch Beitragszahlung (§ 3b Abs. 1 Nr. 2 VAHRG) meist an der wirtschaftlichen Belastbarkeit des ausgleichspflichtigen Ehegatten scheiterte. Auch Anrechte aus Beamtenversorgung und aus berufsständischer Versorgung konnten aufgrund der Höchstbetragsbegrenzung nach § 1587b Abs. 5 BGB a.F. nicht vollständig öffentlich-rechtlich ausgeglichen werden.[14] In diesen Fällen verblieb dem ausgleichsberechtigten Ehegatten nur ein schuldrechtlicher Restausgleich, der jedoch erst nach Eintritt des Versorgungsfalles bei beiden Ehegatten beantragt werden konnte und nur selten in Anspruch genommen wurde. Damit gingen den ausgleichsberechtigten Ehegatten – meist den Frauen – diese Teile der auszugleichenden Versorgungen faktisch häufig verloren, womit das Ziel einer gleichberechtigten Teilhabe an den während der Ehe erworbenen Versorgungsanrechten verfehlt wurde. Selbst wenn es aber zu einem schuldrechtlichen (Rest-) Ausgleich kam, erhielt der ausgleichsberechtigte Ehegatte in der Regel keinen eigenständigen Anspruch gegen den Versorgungsträger, sondern nur einen mit zusätzlichen Risiken behafteten Anspruch gegen den ausgleichspflichtigen Ehegatten.

12 Wenn mindestens ein Ehegatte in der Ehezeit ein sog. **angleichungsdynamisches Anrecht** erworben hatte, war der VA nur nach Maßgabe des VAÜG durchzuführen. Darunter war ein Anrecht zu verstehen, das in den neuen Bundesländern erworben worden war und eine stärkere Dynamik aufwies als ein vergleichbares, in den alten Bundesländern erworbenes Anrecht (§ 1 VAÜG). Diese Regelung war vor allem auf Anrechte in der gesetzlichen Rentenversicherung zugeschnitten, die bei einem Erwerb in den neuen Bundesländern bis zur Einkommensangleichung zwar geringer bewertet werden, aber stärkere Anpassungen erfahren als die in den alten Bundesländern erworbe-

---

13 Vgl. BT-Drucks. 16/10144 S. 33.
14 § 1587b Abs. 5 BGB a.F. verwies auf § 76 Abs. 2 Satz 3 SGB VI a.F. Diese Vorschrift sollte verhindern, dass über den VA – bezogen auf die Ehezeit – höhere Rentenanwartschaften erworben werden konnten als durch eine versicherungspflichtige Tätigkeit.

nen Anrechte. Anrechte aus den alten und Anrechte aus den neuen Bundesländern waren im VA (abweichend von dem sonst geltenden Prinzip des Einmalausgleichs) getrennt zu saldieren und auszugleichen (§ 3 Abs. 1 Nr. 4 VAÜG). Stimmte die Ausgleichsrichtung bei West- und Ost-Anrechten nicht überein und war noch kein Versorgungsfall eingetreten, war das VA-Verfahren bis zur Angleichung der Rentenwerte in Ost und West auszusetzen (§ 2 Abs. 1 VAÜG). Dadurch hat sich – vornehmlich in den neuen Bundesländern – seit 1992 bei den Gerichten eine erhebliche Anzahl von ausgesetzten Verfahren angesammelt.

§ 10a VAHRG ermöglichte es zwar (seit 1987), rechtskräftige Entscheidungen über den **öffent-lich-rechtlichen Wertausgleich abzuändern**, wenn sich nachträglich Wertveränderungen der aus-geglichenen Anrechte aufgrund von Prognosefehlern oder aufgrund von rechtlichen oder tatsächli-chen Veränderungen, die auf den Ehezeitanteil zurückwirkten, ergeben hatten. Eine solche Abänderung war jedoch nur auf Antrag und erst ab Eintritt eines Versorgungsfalles oder nach Vollendung des 55. Lebensjahres möglich. Sie setzte zudem voraus, dass sich der Gesamtaus-gleichssaldo um mindestens 10 % geändert hatte. Tatsächlich wurden aber nur selten Abände-rungsverfahren betrieben, wodurch die Möglichkeit, Fehler der Erstentscheidung zu korrigieren, weitgehend ungenutzt blieb.[15] **13**

Das frühere Recht bot nur wenig Spielraum für **Vereinbarungen** zwischen den Ehegatten über den VA. Im zeitlichen Zusammenhang mit der Scheidung bedurften Vereinbarungen der Genehmi-gung des Familiengerichts (§ 1587o BGB a.F.). Zwar war die Genehmigung nur zu versagen, »wenn unter Einbeziehung der Unterhaltsregelung und der Vermögensauseinandersetzung offen-sichtlich die vereinbarte Leistung nicht zu einer dem Ziel des Versorgungsausgleichs entsprechen-den Sicherung des Berechtigten geeignet ist oder zu keinem nach Art und Höhe angemessenen Ausgleich unter den Ehegatten führt«. Gleichwohl hemmte das Erfordernis der gerichtlichen Genehmigung die Dispositionsbereitschaft der Ehegatten, da vielfach nicht vorhersehbar war, wie streng die Gerichte auf eine Parität der vereinbarten wechselseitigen Leistungen achten würden. Vor allem ein gänzlicher Ausschluss des VA bedurfte häufig besonderer Rechtfertigungsbemühun-gen. Eheverträge konnten nach § 1408 Abs. 2 BGB a.F. zwar genehmigungsfrei geschlossen werden, blieben aber nur wirksam, wenn innerhalb eines Jahres nach ihrem Abschluss kein Schei-dungsantrag gestellt wurde. Ferner bereitete die Abgrenzung von Eheverträgen und Scheidungs-vereinbarungen Probleme. Schließlich stellte auch die fehlende Vertrautheit der Rechtsanwälte und Notare mit der schwierigen und wenig anwenderfreundlich formulierten Materie des VA ein erhebliches Hindernis für Parteivereinbarungen dar. **14**

C. Die Strukturreform des Versorgungsausgleichs

I. Das Strukturreformgesetz

Am 20.08.2008 wurde der Regierungsentwurf eines Gesetzes zur Strukturreform des Versorgungs-ausgleichs (**VAStrReG**)[16] vorgelegt. Dieser erfuhr aufgrund der Stellungnahme des Bundesrates[17] und der Beratungen des Rechtsausschusses zahlreiche Änderungen. Am 03.04.2009 wurde das Gesetz schließlich in der vom Rechtsausschuss vorgeschlagenen Fassung[18] verkündet. Es ist – zusammen mit dem FamFG – am 01.09.2009 in Kraft getreten (Art. 23 Satz 1 VAStrReG). **15**

Kernstück des VAStrReG ist das in Art. 1 zu findende neue Gesetz über den Versorgungsausgleich (Versorgungsausgleichsgesetz – **VersAusglG**). Dort sind nunmehr alle **materiellrechtlichen Bestimmungen** über den VA zusammengefasst. Dieses Gesetz zeichnet sich durch eine klare **16**

---

15 BT-Drucks. 16/10144 S. 36.
16 BT-Drucks. 16/10144.
17 BT-Drucks. 16/10144 S. 116.
18 BT-Drucks. 16/11903.

Struktur und eine verständliche sprachliche Gestaltung aus und hebt sich damit wohltuend vom früheren Recht ab. Das VAHRG und das VAÜG sowie die BarwertVO sind aufgehoben worden (Art. 23 S. 2 VAStrReG). Von den früheren Vorschriften im BGB ist nur noch § 1587 erhalten geblieben, der in seiner neuen Fassung aber nur noch eine knappe Darstellung des Gegenstandes des VA enthält und hinsichtlich der Einzelheiten auf das VersAusglG verweist. Die Ausgliederung des VA aus dem BGB hat ihren Grund ausschließlich darin, dass die Neustrukturierung und bessere sprachliche Gestaltung einen Raum beansprucht, der im BGB vor § 1588 nicht zur Verfügung steht, ändert aber nichts daran, dass der VA weiterhin ein Institut des Privatrechts bleibt.

17 Das VersAusglG ist in **drei Teile** gegliedert. In **Teil 1** (»Der Versorgungsausgleich«) sind in vier Kapiteln der Grundsätze des Ausgleichs zusammengefasst. **Kapitel 1** regelt in einem »Allgemeinen Teil« den Grundsatz der Halbteilung sämtlicher in der Ehezeit erworbener Versorgungsanrechte, den Gegenstand des VA, die Berechnung der Ehezeit, die Bestimmung des Ehezeitanteils und des Ausgleichswerts der Anrechte, den grundsätzlichen Ausschluss des VA bei kurzer Ehe sowie Auskunftsansprüche zwischen den Beteiligten. In **Kapitel 2** sind die Dispositionsbefugnisse der Ehegatten, die öffentlich-rechtlichen Ausgleichsformen, eine Bagatellklausel, der schuldrechtliche VA sowie eine Härteklausel geregelt. **Kapitel 3** enthält besondere Bestimmungen über den Ausgleich einer privaten Invaliditätsversorgung, den Schutz des Ausgleichsberechtigten und der Versorgungsträger vor Abschluss des Verfahrens sowie die Rechtsfolgen beim Tod eines Ehegatten. **Kapitel 4** umfasst Regelungen über die Anpassung rechtskräftiger Entscheidungen in Härtefällen. **Teil 2** (»Wertermittlung«) enthält Vorschriften über die Ermittlung des Ehezeitanteils der in den Ausgleich einzubeziehenden Versorgungsanrechte und des als Hilfsgröße zu ermittelnden korrespondierenden Kapitalwerts. In **Teil 3** befinden sich schließlich Übergangsvorschriften.

18 Die **verfahrensrechtlichen Bestimmungen** über den VA sind nunmehr in den §§ 217 bis 229 FamFG zusammengefasst. Die am 17.12.2008 verkündete Fassung des FamFG[19] enthielt allerdings noch Vorschriften, die auf das frühere Recht des VA zugeschnitten waren. Durch Art. 2 VAStrReG sind die §§ 219 bis 229 FamFG durch neue Bestimmungen ersetzt worden und der frühere § 230 FamFG ist entfallen. Mit der Aufhebung des früheren FGG durch das FGG-RG sind auch die den VA betreffenden Vorschriften der §§ 53b bis 53g FGG entfallen.

II. Leitlinien des neuen Rechts

1. Neue Teilungsformen

19 Der reformierte VA vermeidet eine Verrechnung ungleichartiger Anrechte. Im Regelfall soll jedes Versorgungsanrecht, das einer der Eheleute in der Ehezeit erworben hat, innerhalb des jeweiligen Versorgungssystems zwischen den Ehegatten geteilt werden. Das Gesetz bezeichnet diese Ausgleichsform als **interne Teilung** (§ 10 Abs. 1 VersAusglG). Sie entspricht dem früheren Splitting gesetzlicher Rentenanwartschaften (§ 1587b Abs. 1 BGB a.F.) und der früheren Realteilung sonstiger Anrechte (§ 1 Abs. 2 VAHRG a.F.). Die interne Teilung gewährleistet eine gerechte Teilhabe beider Eheleute an den in der Ehe erworbenen Anrechten, denn jeder Ehegatte nimmt an den Chancen und Risiken des Versorgungssystems des anderen Ehegatten teil (vgl. Rdn. 65). Als alternative Ausgleichsform sieht das VersAusglG nur noch die **externe Teilung** vor, die dem früheren Quasi-Splitting (§§ 1587b Abs. 2 BGB a.F., 1 Abs. 1 VAHRG) vergleichbar ist. Hier findet ein Transfer des bei Ehezeitende tatsächlich vorhandenen Ausgleichswerts in ein anderes Versorgungssystem statt, das der ausgleichsberechtigte Ehegatte auswählen kann (vgl. Rdn. 66). Da jedes in den VA fallende Anrecht für sich geteilt wird, brauchen die einzelnen, in ihrer Dynamik, ihrem Leistungsspektrum und ihren sonstigen wertbestimmenden Merkmalen höchst unterschiedlichen Anrechte nicht mehr mithilfe der BarwertVO oder eines ähnlichen Mechanismus vergleichbar gemacht zu werden. Damit entfällt die Notwendigkeit einer Prognose über die künftige Wertent-

---

19 BGBl I 2008 S. 2586.

wicklung der Anrechte, wodurch eine erhebliche Fehlerquelle beseitigt wird und spätere Anpassungen im Rahmen von Abänderungsverfahren weitgehend entbehrlich werden. Ferner werden die typischen Wertverzerrungen und Transferverluste, die mit einem Wechsel der Versorgungssysteme verbunden sind, vermieden. Allerdings kommt auch das reformierte Recht nicht völlig ohne eine Gesamtschau des bei beiden Ehegatten vorhandenen Bestandes ehezeitlicher Versorgungsanrechte aus. Insbesondere für die Fragen, auf welcher Basis eine Gesamtvermögensauseinandersetzung möglich ist (§ 6 Abs. 1 Nr. 1 VersAusglG), ob ein Ausgleich wegen Geringfügigkeit auszuschließen ist (§ 18 VersAusglG) oder ob Anlass zu einer Korrektur des VA aus Billigkeitsgründen besteht (§ 27 VersAusglG), ist ein Überblick über die gesamte Versorgungslage der Ehegatten erforderlich. Um eine Grundlage für eine Vorsorgevermögensbilanz zu schaffen und den Eheleuten den Wert des auszugleichenden Vorsorgevermögens zu verdeutlichen, verpflichtet § 5 Abs. 3 VersAusglG die Versorgungsträger, die auszugleichenden Versorgungsanrechte stets (auch) als Kapitalwert anzugeben (vgl. Rdn. 56 sowie § 5 Rdn. 18–20).

Die **interne Teilung** führt zu einer gleichwertigen Teilhabe des jeweils ausgleichsberechtigten Ehegatten an den vom ausgleichspflichtigen Ehegatten in der Ehezeit erworbenen Versorgungsanrechten, indem der Ausgleichsberechtigte eigenständige, den Anrechten des Ausgleichspflichtigen strukturell vergleichbare Anrechte erhält. Hierdurch wird die Position der ausgleichsberechtigten Person, meist der Ehefrauen, gegenüber dem früheren Recht gestärkt und im Versorgungsfall – zumindest im Regelfall – eine gerechte Aufteilung des Vorsorgevermögens erreicht. Nachteilig ist bei der internen Teilung sämtlicher Anrechte allerdings, dass es durch den Hin- und Her-Ausgleich zwischen den Ehegatten zu einer Vermehrung von Anrechten unterschiedlicher Art bei beiden Ehegatten kommen kann. Außerdem kann die interne Teilung mit Verwaltungskosten der Versorgungsträger verbunden sein, die auf die Ehegatten umgelegt werden dürfen, was wiederum den Wert der ihnen verbleibenden Versorgungsanrechte schmälert. Diese Nachteile können aber weitgehend durch Vereinbarungen der Ehegatten vermieden werden (s. § 6 Rdn. 16 ff.). Die Maßgaben für die Umsetzung der internen Teilung sind in den jeweiligen Versorgungssystemen selbst zu regeln. Für die gesetzliche Rentenversicherung sind die Vorschriften des SGB VI an das neue Recht angepasst worden (Art. 4 VAStrReG). Für die Versorgung der Bundesbeamten und -richter finden sich gesetzliche Bestimmungen im neuen Bundesversorgungsteilungsgesetz (BVersTG, Art. 5 VAStrReG); dieses Gesetz gilt entsprechend auch für die Versorgung von Soldaten (§ 55e SVG) und Bundestagsabgeordneten (§ 25a Abs. 2 AbgG). Ob für Landes- und Kommunalbeamte entsprechende Regelungen geschaffen werden, liegt aufgrund der Gesetzgebungskompetenz in der Hand der Landesgesetzgeber. Weitere gesetzliche Bestimmungen über eine interne Teilung finden sich für die Alterssicherung der Landwirte in § 43 ALG (wo schon nach altem Recht eine Realteilung geregelt war) und für die Altersversorgung der Schornsteinfeger in § 33a Schornsteinfegergesetz (i.d.F. des Art. 17 VAStrReG). Soweit Regelungen auf untergesetzlicher Ebene notwendig sind, etwa in dem für Betriebsrenten maßgeblichen Recht, haben die zuständigen Versorgungsträger die Vorschriften zu erlassen. Dabei haben sie die in § 11 VersAusglG geregelten Vorgaben für eine gerechte interne Teilung zu beachten. Soweit besondere Vorschriften für den Vollzug der internen Teilung fehlen, gelten nach § 11 Abs. 2 VersAusglG die Regelungen über das Anrecht der ausgleichspflichtigen Person für das zu übertragende Anrecht entsprechend. Bei Teilung einer betrieblichen Versorgung erlangt der Ausgleichsberechtigte die Stellung eines ausgeschiedenen Arbeitnehmers i.S. des Betriebsrentengesetzes (§ 12 VersAusglG). 20

Zu einem Ausgleich über ein anderes Versorgungssystem kommt es nur noch, wenn die Beteiligten dies wünschen, die interne Teilung mit einem unverhältnismäßigen Aufwand verbunden wäre oder ein Träger der Beamtenversorgung keine interne Teilung zulässt. Diese Form des Ausgleichs bezeichnet der Gesetzgeber als **externe Teilung** (§§ 14 Abs. 1, 16 VersAusglG). Weitere öffentlich-rechtliche Ausgleichsformen kennt das neue Recht nicht mehr. Damit wird der Vollzug des Ausgleichs gegenüber dem bisherigen Recht mit seinen zahlreichen Ausgleichsformen wesentlich vereinfacht. 21

2. Keine Ausgleichsreste mehr

22 Die Abkehr vom Einmalausgleich über die gesetzliche Rentenversicherung ermöglicht es, auch betriebliche und private Anrechte schon im Wertausgleich bei der Scheidung vollständig zu teilen. Damit verbleiben **keine Ausgleichsreste** mehr, die einem späteren schuldrechtlichen Restausgleich vorbehalten bleiben müssten. Das stärkt die Rechtsstellung des ausgleichsberechtigten Ehegatten, der bereits mit der Scheidung uneingeschränkt eigenständige Versorgungsanrechte erhält und nicht auf die spätere, mit Risiken verbundene Geltendmachung schuldrechtlicher Ansprüche verwiesen wird. Da der Ausgleich grundsätzlich abschließend auf der Grundlage der am Ehezeitende als dem maßgeblichen Bewertungsstichtag (§ 5 Abs. 2 VersAusglG) vorhandenen Kapitalwerte erfolgen soll, sind spätere **Abänderungsverfahren über den Wertausgleich** nur noch in Bezug auf Anrechte aus den Regelsicherungssystemen i.S. des § 32 VersAusglG zulässig (§ 225 Abs. 1 FamFG). Auch insoweit beschränkt sich die Abänderungsentscheidung aber auf diejenigen Anrechte, deren Wert sich – rückwirkend betrachtet – aufgrund der nacheheizeitlichen Entwicklung wesentlich oder zumindest derart verändert hat, dass der Ausgleichsberechtigte aufgrund der Abänderungsentscheidung eine (zusätzliche) Wartezeit erfüllen kann (§ 225 Abs. 2–4 FamFG). Durch diese Rechtsänderungen werden nicht nur die Ehegatten, sondern auch die Gerichte und die Versorgungsträger von einem Großteil der nach früherem Recht notwendigen Abänderungsverfahren entlastet.

3. Keine Aussetzung in Ost-West-Fällen mehr

23 Mit der Umstellung auf die neuen Teilungsregeln bedarf es **keiner Aussetzung in Ost-West-Fällen mehr**, d.h. in Verfahren, in denen ein Ehegatte höhere angleichungsdynamische (Ost-) Anrechte und der andere Ehegatte höhere nichtangleichungsdynamische (West-) Anrechte erworben hat. Vielmehr werden diese Anrechte je für sich intern geteilt. Außerdem können die nach früherem Recht ausgesetzten Verfahren wieder aufgenommen und in Anwendung der neuen Ausgleichsform zum Abschluss gebracht werden (s. Rdn. 28).

4. Ausschluss des Versorgungsausgleichs in Bagatellfällen

24 Zur Entlastung aller Beteiligten soll ein VA künftig im Regelfall nicht mehr stattfinden, soweit ein **Ausgleichswert** (d.h. der hälftige Ehezeitanteil, § 1 Abs. 2 Satz 2 VersAusglG) **gering** ist. Bei einer Ehedauer von bis zu drei Jahren sind die Ausgleichswerte der erworbenen Anrechte im Allgemeinen nicht erheblich. Deshalb findet ein VA bei kurzer Ehedauer nur noch statt, wenn ein Ehegatte dies ausdrücklich beantragt (§ 3 Abs. 3 VersAusglG). Hierdurch werden die Scheidungsverfahren beschleunigt, weil schon die Einholung von Auskünften entbehrlich ist. Auch bei längerer Ehedauer soll ein VA i.d.R. hinsichtlich solcher Anrechte unterbleiben, deren Ausgleichswert einen bestimmten Mindestbetrag nicht überschreitet; das Gleiche gilt bei geringer Differenz zwischen den Ausgleichswerten von gleichartigen Anrechten beider Eheleute (§ 18 VersAusglG). Diese Bestimmung dient indessen ausschließlich der Entlastung der Versorgungsträger. Für die Gerichte führt sie zu einer erheblichen zusätzlichen Belastung, da der Ausgleichswert der Anrechte ermittelt und an der Bagatellgrenze gemessen werden sowie zusätzlich noch eine Ermessensprüfung vorgenommen werden muss. Für die Anwälte der Beteiligten begründen alle Ausnahmebestimmungen Mehraufwand und besondere Haftungsrisiken (vgl. § 3 Rdn. 31 und § 18 Rdn. 22).

5. Erweiterung der Dispositionsbefugnisse

25 Mit der Reform sind die **Dispositionsbefugnisse der Ehegatten** erweitert worden. Sie können unter erleichterten Voraussetzungen Vereinbarungen über den VA schließen oder in Verträge über die gesamte Scheidungsfolgen einbeziehen. Auch Vereinbarungen, die im Zusammenhang mit der Scheidung geschlossen werden, bedürfen keiner gerichtlichen Genehmigung mehr. Durch die richterliche Inhalts- und Ausübungskontrolle, der nach der Rechtsprechung des BGH alle Verträge der Eheleute unterliegen, ist eine Prüfung sichergestellt, dass sich Vereinbarungen

über den VA nicht einseitig zu Lasten eines Ehegatten auswirken (vgl. unten Rdn. 81 und § 8 Rdn. 2 ff.).

6. Anwenderfreundlichere Bestimmungen

Das neue Recht ist wesentlich **anwenderfreundlicher** gestaltet als die früheren Regelungen. Das **26** VersAusglG bündelt die materiellrechtlichen Vorschriften, ordnet sie systematisch klarer und formuliert kürzer und verständlicher als das frühere Recht. Die Bestimmungen sind möglichst systemneutral formuliert, um von den – häufigen – Rechtsänderungen in den einzelnen Versorgungssystemen unabhängig zu sein. Bei der Bewertung der auszugleichenden Anrechte wird so weit wie möglich Bezug auf das Bewertungsrecht der jeweiligen Versorgungssysteme genommen, weil nicht davon auszugehen ist, dass der familienrechtliche VA einen besseren Stichtagswert ermitteln könnte als das jeweilige Versorgungssystem selbst.[20]

D. Übergangsrecht

Das VersAusglG ist gemäß Art. 23 S. 1 VAStrReG am 01.09.2009 in Kraft getreten. Nach den **all-** **27** **gemeinen Übergangsregelungen** des § 48 Abs. 1 VersAusglG und des Art. 111 Abs. 1 FGG-RG war zwar in Verfahren über den VA, die vor dem 01.09.2009 eingeleitet worden waren, das bis dahin geltende materielle Recht und Verfahrensrecht grundsätzlich weiterhin anzuwenden. Dieser Grundsatz wurde jedoch durch § 48 Abs. 2 und 3 VersAusglG sowie Art. 111 Abs. 3 bis 5 FGG-RG in mehrfacher Hinsicht durchbrochen. Zum einen wurde die Geltung des neuen Rechts sofort auch auf alle Verfahren über den VA erstreckt, die vor oder nach dem Inkrafttreten des neuen Rechts aus dem Verbund abgetrennt oder ausgesetzt worden waren oder in denen das Ruhen des Verfahrens angeordnet worden war (vgl. dazu die Erläuterungen zu § 48). Zum anderen wurden mit dem 01.09.2010 alle Verfahren in das neue Recht übergeleitet, in denen im ersten Rechtszug noch keine Endentscheidung erlassen worden war, die sich also hinsichtlich des gesamten Verfahrensgegenstandes noch in erster Instanz befanden. Damit kommt die Anwendung des früheren Rechts seit dem genannten Tag grundsätzlich nur noch in Rechtsmittelverfahren in Betracht. Dem gegenüber beschränkt § 49 VersAusglG die Anwendung des neuen Rechts in Verfahren, die die **Anpassung von rechtskräftigen VA-Entscheidungen** aus Härtegründen regeln (§§ 32 ff. VersAusglG), auf solche Anträge, die nach dem 31.08.2009 eingereicht werden.

Gemäß § 50 Abs. 1 Nr. 2 VersAusglG sollen die unter der Geltung des früheren Rechts **nach § 2** **28** **Abs. 1 Satz 2 VAÜG ausgesetzten Verfahren** innerhalb von fünf Jahren (also bis zum 31.08.2014) von Amts wegen wiederaufgenommen und (gemäß § 48 Abs. 2 VersAusglG nach neuem Recht) zum Abschluss gebracht werden. Auf Antrag eines Ehegatten oder eines Versorgungsträgers ist das Verfahren sofort wiederaufzunehmen, wenn bei mindestens einem Ehegatten ein Versorgungsfall eingetreten ist und sich der VA auf die Höhe der Versorgung auswirkt (§ 50 Abs. 1 Nr. 1, Abs. 2 VersAusglG).

Die §§ 51, 52 VersAusglG regeln die Voraussetzungen und das Verfahren für die **Abänderung von** **29** nach altem Recht getroffenen **Entscheidungen über den öffentlich-rechtlichen Wertausgleich.** Die Abänderungsvoraussetzungen unterscheiden sich von denjenigen, die nach § 10a VAHRG für vor dem 01.09.2009 eingeleitete Verfahren galten, weichen aber aufgrund der geänderten gesetzlichen Rahmenbedingungen auch erheblich von denjenigen ab, die nach § 225 FamFG für die Abänderung von Entscheidungen gelten, die nach neuem Recht getroffen werden. Die Vorschriften für die **Durchführung** des Abänderungsverfahrens lehnen sich allerdings an den für die Abänderung von nach neuem Recht ergangenen Entscheidungen geltenden § 226 FamFG an. Für Verfahren über die Abänderung des schuldrechtlichen VA wird das anzuwendende Recht allein durch

---

20 Schmid FPR 2009, 196, 200.

den Zeitpunkt der Einleitung des Verfahrens bestimmt (§ 227 Abs. 1 FamFG i.V. mit § 48 Abs. 1 VersAusglG).

30 Ist in einem nach Inkrafttreten des neuen Rechts eingeleiteten Verfahren über den **schuldrechtlichen VA** ein nach früherem Recht erfolgter **öffentlich-rechtlicher Teilausgleich** auf die (nach § 20 VersAusglG zu berechnende) schuldrechtliche Ausgleichsrente anzurechnen, so ist dessen Wert gemäß § 53 VersAusglG mithilfe der aktuellen Rentenwerte der gesetzlichen Rentenversicherung zu bestimmen. Es ist daher – abweichend von der früheren Rechtsprechung des BGH[21] – keine »Entdynamisierung« mehr vorzunehmen, sondern nur der öffentlich-rechtlich ausgeglichene Teilbetrag entsprechend der Steigerung des aktuellen Rentenwerts seit Ende der Ehezeit zu aktualisieren (vgl. dazu § 53 Rdn. 2 f.).

31 Für vor dem Inkrafttreten des 1. EheRG und damit auch der Einführung des VA, d.h. vor dem 01.07.1977 liegende Sachverhalte bleiben die Übergangsbestimmungen des Art. 12 Nr. 3 Sätze 1, 4 und 5 des 1. EheRG sowie Art. 4 § 4 VAwMG weiterhin anzuwenden (§ 54 VersAusglG).

E. Anwendungsbereich und Gegenstand des Versorgungsausgleichs

I. Anwendungsbereich

32 Der VA erfolgt im Falle der **Scheidung** (§ 1587 BGB) und seit dem 01.01.2005 auch nach **Aufhebung einer Lebenspartnerschaft** (§§ 20, 21 Abs. 4 LPartG). Gemäß § 1318 Abs. 3 BGB findet er ferner bei **Aufhebung der Ehe** (§§ 1313, 1314 BGB) statt, soweit dies nicht im Hinblick auf die Umstände bei der Eheschließung oder bei einem Verstoß gegen das Verbot der Doppelehe (§ 1306 BGB) im Hinblick auf die Belange des weiteren Ehegatten grob unbillig wäre.[22]

33 Der VA gilt auch für vor dem 01.07.1977 geschlossene Ehen (**Altehen**), sofern sie nicht vor diesem Zeitpunkt geschieden worden sind (Art. 12 Nr. 3 S. 1 i.V. mit Satz 4 des 1. EheRG).[23] Im Beitrittsgebiet gilt das Recht des VA grundsätzlich für seit dem 01.01.1992 (Inkrafttreten des SGB VI) geschiedene Ehen (Art. 234 § 6 EGBGB mit der dort in Satz 2 bestimmten Möglichkeit des Ausschlusses in Bezug auf Versorgungsanrechte, die bereits Gegenstand einer früheren anderweitigen Regelung waren).[24] Das frühere interlokale Kollisionsrecht[25] ist dadurch weitgehend obsolet geworden.

34 Die Fälle mit **Auslandsberührung (IPR)** sind in Art. 17 Abs. 3 EGBGB[26] geregelt.[27] Gemäß Art. 17 Abs. 3 S. 1 Hs. 1 EGBGB unterliegt der VA dem nach der (in Deutschland unmittelbar geltenden) Rom III-Verordnung[28] auf die Scheidung anzuwendenden Recht. Maßgeblich ist also das Scheidungsstatut. Kommt danach deutsches Recht zur Anwendung, ist der VA bei Beteiligung auch nur eines deutschen Ehegatten stets durchzuführen, bei Beteiligung von zwei Ausländern

---

21 FamRZ 2000, 89, 92.
22 Näher dazu – insb. zur Durchführung des VA nach bigamischer Ehe – BGHZ 1982, 475, 476.
23 Ausführlich BGB-RGRK/Wick vor §§ 1587 ff. Rn. 99 f.; ferner BGH FamRZ 1979, 906.
24 Ausführlich dazu BGH FamRZ 2006, 766.
25 Vgl dazu BGB-RGRK/Wick vor § 1587 Rn. 92 ff.; ferner OLG Zweibrücken FamRZ 2001, 33; OLG Brandenburg FamRZ 2002, 1190.
26 I.d.F. des Art. 1 Nr. 2 des Gesetzes zur Anpassung der Vorschriften des Internationalen Privatrechts an die Verordnung (EU) Nr. 1259/2010 [Rom III-Verordnung] und zur Änderung anderer Vorschriften des Internationalen Privatrechts (bei Redaktionsschluss noch nicht verabschiedet; vgl. BR-Drucks. 468/12). Die Fassung gilt gemäß Art. 229 § 29 EGBGB nur in Verfahren über den VA, die ab dem 21.06.2012 eingeleitet worden sind; in vorher eingeleiteten Verfahren ist die frühere Fassung weiter anzuwenden.
27 Vgl. BGB-RGRK/Wick vor § 1587 Rn. 84 ff.
28 Verordnung (EU) Nr. 1259/2010 des Rates vom 20.12.2010, ABl. L 343/10. Die VO gilt ab dem 21.06.2012 für gerichtliche Verfahren und Vereinbarungen, die ab diesem Tag eingeleitet bzw. geschlossen wurden (Art. 18 Abs. 1 S. 1, Art. 21).

jedoch nur dann, wenn das Recht eines der Staaten, denen die Ehegatten bei Rechtshängigkeit des Scheidungsantrags angehören, einen VA kennt (Art. 17 Abs. 3 S. 1 Hs. 2 EGBGB). Im Falle eines **ausländischen Scheidungsstatuts** findet ein VA (nach deutschem Recht) nur dann statt, wenn ein Ehegatte dies ausdrücklich beantragt und (mindestens) einer der Ehegatten ein inländisches Versorgungsanrecht erworben hat, und nur insoweit, als die Durchführung des VA im Hinblick auf die beiderseitigen wirtschaftlichen Verhältnisse während der gesamten Ehezeit der Billigkeit entspricht (Art. 17 Abs. 3 Satz 2 EGBGB) (vgl. dazu § 1 Rdn. 9 ff.). Entsprechendes gilt bei Aufhebung einer Lebenspartnerschaft (Art. 17 b Abs. 1 Satz 3 und 4 EGBGB).

II. Gegenstand

Ein für das Verständnis des Rechts des VA (insb. auch für die zutreffende Anwendung der Bewertungsregeln der §§ 39 ff. VersAusglG) maßgeblicher Grundsatz ist die **Beschränkung des Ausgleichs auf die in der Ehezeit erworbenen Anrechte** (§ 1 Abs. 1 VersAusglG). Nur solange die Versorgungsgemeinschaft (s.o. Rdn. 3) tatsächlich bestanden hat, und nur soweit in dieser Zeit der Erwerb von Versorgungsanrechten (oder Teilen davon) erfolgt ist und abgeschlossen wurde, ist die erforderliche verfassungsrechtliche Legitimation für den Eingriff in die durch Art. 14 GG geschützten Versorgungsanrechte des Ausgleichspflichtigen gegeben. Der Erwerb eines Versorgungsanrechts (oder eines werterhöhenden Teiles) nach Ende der Ehezeit (auch wenn er unmittelbar danach erfolgte, in der Ehezeit »angelegt« war oder nachträglich »für die Ehezeit« begründet wurde) bleibt unberücksichtigt. 35

Als **Ehezeit** gilt die Zeit vom Beginn der Monats der Eheschließung bis zum Ende des Monats vor Rechtshängigkeit des Scheidungsantrags (§ 3 Abs. 1 VersAusglG; ebenso schon nach früherem Recht § 1587 Abs. 2 BGB a.F.). 36

Dem VA unterliegen gemäß § 2 Abs. 2 VersAusglG durch **Arbeit oder Vermögenseinsatz** erworbene Anrechte auf eine Versorgung wegen **Alters oder Invalidität**, die im Regelfall auf eine **Rente** gerichtet sind. Anders als nach früherem Recht fallen Anrechte auf betriebliche Altersversorgung und aus zertifizierten Vorsorgeverträgen nunmehr unabhängig von der Leistungsform, also auch bei Zusage einer **Kapitalleistung**, in den VA. Als Versorgungsanrechte sind sowohl Anwartschaften auf eine künftige Versorgung als auch Ansprüche auf bereits laufende Versorgungen anzusehen (§ 2 Abs. 1 VersAusglG). Eine **private Invaliditätsversorgung** ist nach neuem Recht nur dann in den VA einzubeziehen, wenn der Versorgungsfall in der Ehezeit eingetreten ist und auch der andere Ehegatte eine Invaliditätsrente bezieht oder zumindest die gesundheitlichen Voraussetzungen dafür erfüllt. Ein solches Anrecht kann jedoch nur schuldrechtlich ausgeglichen werden (§ 28 VersAusglG). Dem VA unterliegen auch **ausländische Versorgungsanrechte** (§ 2 Abs. 1 VersAusglG), sie sind aber nach neuem Recht stets schuldrechtlich auszugleichen (§ 19 Abs. 2 Nr. 4, Abs. 4 VersAusglG). 37

F. Grundlagen des Versorgungsausgleichs

I. Halbteilungsgrundsatz

§ 1 Abs. 1 VersAusglG übernimmt den im früheren Recht in den §§ 1587a Abs. 1, 1587g Abs. 1 BGB geregelten **Grundsatz der Halbteilung**, bezieht ihn aber nicht mehr auf den Wertunterschied zwischen den von beiden Eheleuten insgesamt in der Ehe erworbenen Versorgungsanrechten, sondern auf jedes einzelne in der Ehezeit erworbene Anrecht. Infolge dessen ist jeder Ehegatte, der einen Ehezeitanteil erworben hat, insoweit ausgleichspflichtig, und der andere Ehegatte ist insoweit ausgleichsberechtigt (§ 1 Abs. 2 Satz 1 VersAusglG). Für den **hälftigen Wert eines Ehezeitanteils** wird der Begriff »Ausgleichswert« verwendet (§ 1 Abs. 2 Satz 2 VersAusglG). 38

II. Grundformen des Versorgungsausgleichs

39 Das Gesetz unterscheidet zwei Grundformen des VA:

- den Wertausgleich bei der Scheidung (nach früherer Terminologie: öffentlich-rechtlicher VA), §§ 9–19 VersAusglG;
- Ausgleichsansprüche nach der Scheidung (nach früherer Terminologie: schuldrechtlicher VA), §§ 20–26 VersAusglG.

40 Soweit möglich, ist der **Wertausgleich** bei der Scheidung durchzuführen, denn nur diese Ausgleichsform führt zu der beabsichtigten eigenständigen sozialen Sicherung des ausgleichsberechtigten Ehegatten, indem durch richterlichen Gestaltungsakt Versorgungsanrechte des ausgleichspflichtigen Ehegatten gekürzt und in entsprechender Höhe auf den Berechtigten übertragen oder für diesen begründet werden. Der Wertausgleich bei der Scheidung wird grundsätzlich von Amts wegen im Scheidungsverbund durchgeführt, ohne dass es einer Initiative der Ehegatten bedarf (§ 137 Abs. 1 und 2 FamFG). Nach einer Auslandsscheidung ist der Wertausgleich in einem selbständigen Verfahren durchzuführen. Abänderungsverfahren über den Wertausgleich nach den §§ 51, 52 VersAusglG oder den §§ 225, 226 FamFG finden stets nur auf Antrag eines Ehegatten (oder eines Versorgungsträgers) statt.

41 **Schuldrechtliche Ausgleichsansprüche** verschaffen dem Ausgleichsberechtigten keine eigenen Versorgungsanrechte, sondern nur einen auf Zahlung einer Geldrente gerichteten (unterhaltsähnlichen) Anspruch gegen den Verpflichteten bzw. nach dessen Tod – unter bestimmten Voraussetzungen – gegen den Träger der auszugleichenden Versorgung. Außerdem entstehen diese Ausgleichsansprüche erst, wenn bei dem Verpflichteten der Versorgungsfall eingetreten ist. Bis dahin kann der Berechtigte keine Ansprüche geltend machen, selbst wenn er erwerbsunfähig wird. Der schuldrechtliche VA findet gemäß § 223 FamFG nur auf Antrag statt. Dies gilt grundsätzlich auch im Scheidungsverbundverfahren, falls die gesetzlichen Voraussetzungen für die Durchführung des schuldrechtlichen VA ausnahmsweise bereits zum Zeitpunkt der Scheidung gegeben sind. Nur für den schuldrechtlichen Ausgleich einer privatrechtlichen Invaliditätsversorgung nach § 28 VersAusglG bedarf es keines Antrags (vgl. § 28 Rdn. 11). Der Anspruch auf die schuldrechtliche Ausgleichsrente ist weder in der Vollstreckung privilegiert (vgl. § 20 Rdn. 47) noch insolvenzgeschützt (vgl. § 20 Rdn. 47a). Anders als der Wertausgleich bei der Scheidung betrifft der schuldrechtliche VA nicht das unpfändbare Rentenstammrecht, sondern leitet sich aus den daraus erwachsenen laufenden Einzelansprüchen ab, die gem. § 54 Abs. 4 SGB I der Pfändung unterliegen. Ein weiterer Nachteil des schuldrechtlichen VA liegt darin, dass der Anspruch auf die Ausgleichsrente mit dem Tode des Verpflichteten erlischt (§ 31 Abs. 3 S. 1 VersAusglG), es sei denn, dass Ansprüche auf Teilhabe an der Hinterbliebenenversorgung gegen den Versorgungsträger geltend gemacht werden können (§ 25 VersAusglG). Diese Ansprüche sind aber auf die Höhe der fiktiven Hinterbliebenenversorgung beschränkt und entfallen zudem i.d.R. mit einer Wiederverheiratung des Berechtigten.

III. Ausschluss des Versorgungsausgleichs

42 In folgenden Fällen ist ein **VA insgesamt** (d.h. in vollem Umfang und sowohl in öffentlich-rechtlicher als auch in schuldrechtlicher Form) **ausgeschlossen**:

- wenn die Ehezeit (i.S. des § 3 Abs. 1 VersAusglG) nicht mehr als drei Jahre gedauert hat und kein Ehegatte (ausdrücklich) die Durchführung des VA beantragt hat (§ 3 Abs. 3 VersAusglG);
- wenn die Ehegatten eine (der Form des § 7 VersAusglG entsprechende und der richterlichen Inhaltskontrolle nach § 8 Abs. 1 VersAusglG standhaltende) Vereinbarung geschlossen haben, wonach kein VA durchgeführt werden soll;
- wenn die Durchführung des VA i.S. des § 27 VersAusglG (insgesamt) grob unbillig ist.

Im erstgenannten Fall braucht das Gericht überhaupt keine Ermittlungen über die in der Ehezeit erworbenen Versorgungsanrechte anzustellen. Bei einem vertraglichen Ausschluss des VA sind Ermittlungen nur insoweit erforderlich, als es im konkreten Fall im Rahmen der Inhaltskontrolle nach § 8 VersAusglG geboten ist (vgl. § 8 Rdn. 4). Ob die grobe Unbilligkeit ohne Aufklärung der erworbenen Anrechte festgestellt werden kann, ist eine Frage des Einzelfalls.

Gemäß § 18 VersAusglG können **einzelne Versorgungsanrechte vom VA auszunehmen** sein, nämlich   43

– von beiden Ehegatten erworbene Anrechte gleicher Art, wenn die Differenz ihrer Ausgleichswerte gering ist;
– einzelne Anrechte der Ehegatten von geringem Ausgleichswert.

Insoweit muss das Gericht zunächst einmal Ermittlungen anstellen, um die Geringfügigkeit eines Anrechts bzw. der Wertdifferenz gleichartiger Anrechte beider Ehegatten feststellen zu können. Außerdem hat das Gericht in jedem Einzelfall zu prüfen, ob die Einbeziehung der Anrechte trotz Geringfügigkeit geboten ist.

In allen vorgenannten Fällen hat das Gericht eine Endentscheidung über den VA zu treffen und   44
in der Beschlussformel ausdrücklich **festzustellen**, dass bzw. inwieweit ein VA nicht stattfindet (§ 224 Abs. 3 FamFG). Diese Entscheidung ist mit der Beschwerde anfechtbar und erwächst in Rechtskraft. Sie hat daher nicht – wie nach früherem Recht in Fällen eines vertraglichen Ausschlusses noch in der Regel[29] – nur deklaratorische Wirkung. Dies hat zur Folge, dass der VA trotz seines Ausschlusses einen Gegenstandswert hat und die Anwälte insoweit auch Gebührenansprüche erwerben (s. Rdn. 100).[30] **Keine** Feststellungsentscheidung ist in den Fällen zu treffen, in denen ausländisches Scheidungsstatut gilt und keiner der Ehegatten einen Antrag nach Art. 17 Abs. 3 S. 2 EGBGB gestellt hat. Denn in diesem Fall ist überhaupt kein VA-Verfahren einzuleiten (s.o. Rdn. 34). Trifft das Gericht dennoch eine (negative Feststellungs-) Entscheidung dahin, dass kein VA stattfinde, so hat diese – jedenfalls wenn ersichtlich keine materiellrechtliche Prüfung stattgefunden hat, sondern das Gericht nur zum Ausdruck bringen wollte, dass die Voraussetzungen für die Durchführung des VA nach Art. 17 Abs. 3 Satz 2 EGBGB nicht vorliegen – lediglich deklaratorischen Charakter, erwächst nicht in Rechtskraft und steht einem späteren isolierten Verfahren auf Antrag eines Ehegatten nicht entgegen.[31]

G. Durchführung des Wertausgleichs

Die Durchführung des Wertausgleichs erfolgt in vier gedanklichen Schritten: 45

– Bestimmung der in den Wertausgleich fallenden Anrechte beider Ehegatten;
– Feststellung des Ausgleichswerts dieser Anrechte;
– Aussonderung der unter die Bagatellklausel des § 18 VersAusglG fallenden Anrechte;
– Vollzug des Ausgleichs der verbleibenden Anrechte.

I. Bestimmung der in den Wertausgleich fallenden Anrechte

Die Arbeit des Familiengerichts – und der Anwälte – beginnt mit der Feststellung der in den VA   46
einzubeziehenden Versorgungsanrechte der Ehegatten (zum Verfahren s.u. Rdn. 91 ff.). Hierbei sind Fragen sowohl in tatsächlicher als auch in rechtlicher Hinsicht zu klären.

---

29 Vgl. BGH FamRZ 1991, 679, 680; OLG Düsseldorf FamRZ 2006, 793; OLG Bremen FamRZ 2007, 1180; anders allerdings für einen Ausnahmefall, in dem das Gericht die Wirksamkeit des Vertrages erkennbar geprüft und ausdrücklich bejaht hatte; BGH FamRZ 2009, 215.
30 Ebenso Borth FamRZ 2009, 562.
31 OLG Düsseldorf FamRZ 1999, 1210; OLG Karlsruhe FamRZ 2006, 955; OLG Bremen Beschluss vom 26.04.2012 – 5 UF 107/11 – (juris).

1. Tatsächliche Feststellungen

47 In **tatsächlicher Hinsicht** geht es um die **Ermittlung aller** als **Versorgungsanrechte** im Sinne von § 2 VersAusglG in Betracht kommenden Vermögenswerte. Im Verfahren über den VA gilt der **Amtsermittlungsgrundsatz** (§ 26 FamFG; s.u. Rdn. 91). Das Familiengericht hat daher die in den Ausgleich einzubeziehenden Anrechte und deren Ausgleichswerte von Amts wegen festzustellen. Zu diesem Zweck wird den Ehegatten ein Fragebogen übersandt, in dem sie sämtliche Anwartschaften und Ansprüche auf eine Versorgung i.S. des § 2 VersAusglG vollständig anzugeben haben. Die Ehegatten haben gegenüber dem Gericht die Verpflichtung, in der vom Gericht gewünschten Form über ihre Versorgungsanrechte **Auskunft** zu erteilen und auch gegenüber Versorgungsträgern Mitwirkungshandlungen zu erbringen, die das Gericht zur Feststellung der in den VA einzubeziehenden Anrechte für erforderlich hält (§ 220 FamFG). Die Erfüllung dieser Pflicht kann außer durch Zwangsgeld auch durch Zwangshaft durchgesetzt werden (§ 35 FamFG; vgl. § 4 Rdn. 16). Daneben bestehen materiellrechtliche Auskunftsansprüche der Ehegatten untereinander und zwischen Ehegatten und Versorgungsträgern (§ 4 VersAusglG), die aber eher dazu dienen, schon im Vorfeld eines gerichtlichen Verfahrens – etwa zur Vorbereitung von Vereinbarungen – an Informationen zu gelangen.

48 Die **Anwälte der Ehegatten** haben dabei eine wichtige, das Gericht **unterstützende und kontrollierende Funktion.** Neben der Aufgabe, den vertretenen Ehegatten bei der Erfüllung seiner Auskunftspflicht zu beraten,[32] hat der Anwalt vor allem die Pflicht darauf zu achten, dass der andere Ehegatte seine Versorgungsanrechte vollständig angibt. Der Anwalt wird deshalb die Auskünfte der Gegenseite mit seinem Mandanten erörtern und überprüfen[33] und – auf Grund dessen Kenntnis der biografischen Daten – ggf. auf Lücken hinweisen. Das betrifft zumeist nicht die Grundversorgungen wie die gesetzlichen Rentenanwartschaften oder die Anwartschaften auf Beamtenversorgung (die im allgemeinen routinemäßig durch Auskünfte der Versorgungsträger vollständig und zutreffend geklärt werden), wohl aber sonstige Versorgungsanrechte, etwa betriebliche Versorgungen oder private Lebensversicherungen. Eine mangelhafte Erfüllung der Kontrollpflicht gerade in Bezug auf die Anrechte des anderen Ehegatten kann für den eigenen Mandanten erhebliche Nachteile verursachen[34] und birgt deshalb auch ein nicht unerhebliches **Haftungsrisiko**. Das Abänderungsverfahren nach den §§ 225, 226 VersAusglG kann die Nachteile jedenfalls nicht rückwirkend beseitigen.[35]

2. Rechtliche Feststellungen

49 In **rechtlicher Hinsicht** geht es bei den Ermittlungen vor allem darum, aus dem Kreis der ermittelten Versorgungsanrechte diejenigen ganz oder teilweise auszuschließen, die aus Rechtsgründen nicht (mehr) zu berücksichtigen sind mit der Folge, dass die weiteren Ausgleichsschritte insoweit entfallen. Die dem VA unterliegenden Anrechte sind zu konkretisieren, d.h. es ist festzustellen, ob ein in der Ehezeit erworbenes Anrecht dem VA unterliegt und ob ein grundsätzlich in den VA fallendes Anrecht (auch) in der Ehezeit erworben worden ist. Besondere Beachtung verdienen Anrechte aus nicht zertifizierten **Lebensversicherungen mit Wahlrechten**. Eine Kapitalversicherung mit Rentenoption unterliegt dem VA nur, wenn das Wahlrecht bis zum maßgeblichen Stichtag ausgeübt wird (vgl. dazu § 2 Rdn. 20); andernfalls wird sie ggf. vom Zugewinnausgleich erfasst. Der Mandant kann deshalb u.U. selbst bestimmen, welchem Ausgleichssystem die Versicherung unterfällt; die möglicherweise unterschiedlichen wirtschaftlichen Auswirkungen wird der

---

32 Vgl. Schöppe-Fredenburg FuR 1998, 207 f.
33 Vgl. FA-FamR/Gutdeutsch/Wagner 7. Kap. Rn. 50, 68.
34 Vgl. etwa BGH NJW 1998, 138, 141; ggf. Ausschluss eines Haftungsanspruchs gegen den Rentenversicherungsträger wegen Verletzung der Pflicht zur Überprüfung der Auskunft auf offenbare Unstimmigkeiten.
35 Ausführlich dazu unten Rdn. 75 ff.; zu weiteren Haftungsfragen unten Rdn. 60, 103 ff. sowie Schöppe-Fredenburg FuR 1997, 65, 104; Christl/Sprinz FuR 1997, 175.

Anwalt mit seinem Mandanten zu erörtern haben. Bei bestehender Gütertrennung ist dem Mandanten in jedem Fall zu empfehlen, die etwa vorgesehene Ausübung der Rentenoption auf die Zeit nach dem Stichtag zu verschieben (Folge: die Lebensversicherung wird weder vom VA noch von einem anderen konkurrierenden Ausgleichssystem erfasst). Eine Rentenversicherung mit Kapitalwahlrecht unterliegt zunächst dem VA; sie kann dem VA durch Ausübung des Wahlrechts vor dem Stichtag entzogen werden; das ist in jedem Fall bei Gütertrennung zu empfehlen (Rechtsfolge wie vorstehend). Im Falle der Zugewinngemeinschaft führt die Ausübung der Option vor dem Stichtag zur Bilanzierung beim Zugewinnausgleich. Auch wenn das Wahlrecht erst nach dem Stichtag ausgeübt worden ist, fällt das Anrecht – trotz der sich dadurch eröffnenden Manipulationsmöglichkeiten – nicht in den VA, weil er nur die im Zeitpunkt der Entscheidung noch vorhandenen Versorgungsanrechte im Sinne von § 2 VersAusglG erfassen kann, nicht früher bestehende, jetzt aber in andere Vermögenswerte umgewandelte Rechtspositionen;[36] u.U. kann allerdings eine nachträgliche Zuordnung des im bisherigen Versorgungsanrecht verkörperten Vermögenswertes zum Zugewinnausgleich in Betracht kommen.

Weiter ist zu beachten, dass **noch nicht ausgleichsreife Anrechte** vom Wertausgleich auszunehmen sind (§ 19 Abs. 1 Satz 1 VersAusglG). Dem gemäß ist bei allen dem VA unterliegenden Anrechten zusätzlich die Ausgleichsreife zu prüfen. Hierzu genügt allerdings die Feststellung, dass keiner der in § 19 Abs. 2 VersAusglG abschließend geregelten Tatbestände vorliegt. Nicht ausgleichsreif sind danach nur 50

— Anrechte, die dem Grunde oder der Höhe nach noch nicht hinreichend gesichert sind, insb. betriebliche Anrechte, die i.S. des Betriebsrentenrechts noch nicht unverfallbar sind;
— degressive Bestandteile einer bereits laufenden Versorgung;
— Anrechte, deren Ausgleich unwirtschaftlich wäre, etwa weil sie für den Ausgleichsberechtigten wertlos wären;
— Anrechte bei einem ausländischen, zwischen- oder überstaatlichen Versorgungsträger; in diesem Fall kann das Gericht auch Anrechte des anderen Ehegatten oder sämtliche Anrechte beider Ehegatten vom Wertausgleich ausnehmen (§ 19 Abs. 3 VersAusglG).

Für die Frage der Ausgleichsreife kommt es auf den **Zeitpunkt der gerichtlichen Entscheidung** an (§ 19 Abs. 1 Satz 2 i.V. mit § 5 Abs. 2 VersAusglG). Deshalb muss insoweit die Entwicklung bis zur gerichtlichen Entscheidung beobachtet werden. Nicht ausgleichsreife Anrechte bleiben einem späteren schuldrechtlichen VA vorbehalten (§ 19 Abs. 4 VersAusglG). Darauf hat das Gericht in der Begründung seiner Entscheidung über den Wertaugleich unter konkreter Benennung der Anrechte ausdrücklich hinzuweisen (§ 224 Abs. 4 FamFG). 51

Soweit **private Invaliditätsversorgungen** überhaupt in den VA fallen (s. dazu Rdn. 37), sind sie nicht in den Wertausgleich einzubeziehen, sondern schuldrechtlich auszugleichen (§ 28 Abs. 3 VersAusglG). 52

II. Ermittlung der Ausgleichswerte

1. Auskünfte der Versorgungsträger

a) Ehezeitanteil

Die **Versorgungsträger** sind gemäß § 220 Abs. 1 und 4 FamFG dem Gericht gegenüber **auskunftspflichtig**. Nach früherem Recht hatten sie grundsätzlich nur die bei ihnen erworbenen Versorgungsanrechte und die für die Berechnung des Ehezeitanteils erforderlichen Parameter mitzuteilen. Zwar berechneten insb. die öffentlich-rechtlichen Versorgungsträger auch früher schon den Ehezeitanteil der Anrechte, eine gesetzliche Verpflichtung bestand dazu jedoch nicht. Nach neuem 53

---

36 BGH FamRZ 2011, 1931.

Recht haben alle Versorgungsträger den **Ehezeitanteil** eines bei ihnen erworbenen Anrechts selbst zu berechnen. Diesen haben sie, wenn es um den **öffentlich-rechtlichen Wertausgleich** geht, in der für ihr System maßgeblichen Bezugsgröße anzugeben (§ 5 Abs. 1 VersAusglG).[37] Eine Umrechnung dieser Bezugsgröße in einen Rentenbetrag wie nach früherem Recht ist entbehrlich, weil grundsätzlich jedes Anrecht im System intern geteilt wird. Für die Berechnung des Ehezeitanteils müssen sich die Versorgungsträger zwischen den beiden in den §§ 39, 40 VersAusglG geregelten Bewertungsmethoden (vgl. dazu Rdn. 61 ff.) entscheiden, sofern das Gericht ihnen keine bestimmte Methode vorgibt.

b) Ausgleichswert

54 Weiter haben die Versorgungsträger einen Vorschlag für die Bestimmung des **Ausgleichswerts** des Anrechts zu unterbreiten (§ 5 Abs. 3 VersAusglG). Dieser entspricht zwar grundsätzlich der Hälfte des in der Ehezeit erworbenen Werts (§ 1 Abs. 2 S. 2 VersAusglG) und scheint daher mathematisch leicht zu ermitteln. Zu Abweichungen von der hälftigen Aufteilung der ehezeitlichen Bezugsgröße kann es aber unter zwei Aspekten kommen: Zum einen richtet sich die konkrete Durchführung der Teilung eines Anrechts gemäß § 10 Abs. 3 VersAusglG nach den maßgeblichen Versorgungsregelungen. Diese müssen nicht zwingend eine hälftige Teilung der in der Ehezeit im Versorgungssystem erworbenen Bezugsgröße vorschreiben. Da die Ehegatten aufgrund verschiedenen Geschlechts und Alters unterschiedliche Versicherungsrisiken darstellen, kann z.B. eine gleichmäßige Aufteilung des Deckungskapitals oder Barwerts einer Versorgung bei den Ehegatten – bezogen auf die Ehezeit – zu unterschiedlich hohen Anrechten führen. Die Versorgungsregelungen können auch vorsehen, dass zur Erzielung von gleich hohen Renten auf Seiten beider Ehegatten das ehezeitliche Deckungskapital ungleich verteilt wird. Beide Varianten sind, wie schon hinsichtlich der vergleichbaren Realteilung nach dem früheren § 1 Abs. 2 VAHRG anerkannt war,[38] mit dem Halbteilungsgrundsatz vereinbar und daher zulässig.[39] Zum anderen kann sich eine Abweichung von der numerischen Halbteilung der ehezeitlich erworbenen Bezugsgröße auch dadurch ergeben, dass der Versorgungsträger von dem ihm nach § 13 VersAusglG zustehenden Recht Gebrauch macht, die ihm durch die Aufnahme der ausgleichsberechtigten Person in sein Versorgungssystem entstehenden **Kosten** – jeweils hälftig – mit den Anrechten beider Ehegatten zu verrechnen.

55 Die Versorgungsträger dürfen allerdings nur **angemessene Teilungskosten** in Ansatz bringen. Sie sind verpflichtet, den beabsichtigten Kostenabzug bei ihrem Vorschlag des Ausgleichswerts gesondert auszuweisen und zu erläutern (§ 220 Abs. 4 Satz 1 FamFG).[40] Das **Gericht** ist verpflichtet, den Vorschlag des Versorgungsträgers zu **prüfen** und ggf. gemäß § 220 Abs. 4 Satz 2 FamFG weitere Erläuterungen zu verlangen. Diese gerichtliche Prüfungspflicht entbindet die **Anwälte** der Parteien nicht davon, auch ihrerseits die Vorschläge zu kontrollieren und zur Vermeidung von **Haftungsrisiken** auf weitere Erläuterungen – insb. zur Angemessenheit in Abzug gebrachter Teilungskosten – hinzuwirken (vgl. dazu näher § 13 Rdn. 5).

c) Korrespondierender Kapitalwert

56 Falls der Ausgleichswert nicht in Form eines Kapitalbetrags, sondern in einer anderen Bezugsgröße bezeichnet wird, hat der Versorgungsträger zusätzlich auch noch einen **korrespondierenden Kapitalwert** anzugeben (§ 5 Abs. 3 VersAusglG). Dabei handelt es sich gemäß § 47 Abs. 2 VersAusglG um den Betrag, der zum Ende der Ehezeit aufzubringen wäre, um beim Versorgungsträger des ausgleichspflichtigen Ehegatten für diesen ein Anrecht in Höhe des Ausgleichswerts zu begründen,

---

37 Vgl. BT-Drs. 16/10144 S. 102; Borth FamRZ 2009, 562, 563.
38 Vgl. etwa BGH FamRZ 1988, 1254, 1255.
39 Vgl. BT-Drucks. 16/10144 S. 50, 56. Kritisch dazu Häußermann FPR 2009, 223.
40 BT-Drucks. 16/10144 S. 57.

also den »Kaufpreis«, den der Ausgleichswert für den Verpflichteten in seinem Versorgungssystem hätte. Der korrespondierende Kapitalwert soll den Eheleuten den Vermögenswert des auszugleichenden Anrechts verständlich zu machen, einen Vergleich mit sonstigen Vermögensgegenständen ermöglichen und Vereinbarungen der Ehegatten, insb. umfassende Gesamtvermögensauseinandersetzungen unter Einbeziehung der Versorgungsanrechte erleichtern (vgl. dazu § 5 Rdn. 19 und § 47 Rdn. 2–4).[41]

d) Berechnungsstichtag Ehezeitende

Maßgeblicher **Stichtag für die Bewertung** der Anrechte ist das **Ende der Ehezeit** (§ 5 Abs. 2   **57** Satz 1 VersAusglG), d.h. der letzte Tag des letzten in die Ehezeit fallenden Monats. Auf diesen Zeitpunkt werden insb. die persönlichen Bemessungsgrundlagen, von denen die Höhe einer Versorgung abhängt, festgeschrieben. Nach Ehezeitende eingetretene rechtliche und tatsächliche Veränderungen, die auf den Ehezeitanteil zurückwirken, sind jedoch bei der Entscheidung über den VA noch zu berücksichtigen (§ 5 Abs. 2 Satz 2 VersAusglG). Dabei geht es allerdings nur um solche Veränderungen, die auch in einem späteren Abänderungsverfahren berücksichtigt werden könnten, wie z.B. ein vorzeitiger Versorgungsfall. Außer Betracht bleiben dagegen im Wertausgleich die normalen Wertsteigerungen aufgrund von Versorgungsanpassungen sowie sonstige nachehezeitliche Veränderungen, die keinen Bezug mehr zur Ehezeit haben.[42]

Mit der Wahl eines bestimmten Stichtags wird für Versorgungsanrechte, die sich noch in der   **58** **Anwartschaftsphase** befinden, ein **Versorgungsfall fingiert.** Dadurch werden im Prinzip gleiche Bewertungsgrundsätze für Anwartschaften und laufende Versorgungen bereitgestellt. Die Bewertung von Versorgungsanwartschaften ist gleichwohl – insb. wenn der VA zwischen noch weit vor dem normalen Versorgungsbeginn stehenden Ehegatten erfolgt – häufig mit erheblichen Unsicherheiten verbunden, weil sie zeitlich eine **Momentaufnahme,** inhaltlich eine **Prognose** hinsichtlich des voraussichtlichen zukünftigen Bestandes und Wertes der Versorgungsanwartschaft darstellt. Soweit diese Prognose sich als falsch herausstellt, ist bei Anrechten aus den in § 32 VersAusglG genannten Regelsicherungssystemen gemäß §§ 225, 226 FamFG die Möglichkeit einer (teilweisen oder auch umfassenden) Abänderung des Wertausgleichs gegeben.[43] Bei anderen Anrechten ist eine Abänderung ausgeschlossen. Dies ist sachgerecht, soweit der Ehezeitanteil nach der unmittelbaren Bewertungsmethode auf der Grundlage des zum Ehezeitende vorhandenen Versorgungswertes berechnet werden kann. Bei Anrechten hingegen, deren Ehezeitanteil nach der zeitratierlichen Methode berechnet werden und daher auch die nach Ehezeitende liegende Zeit des weiteren Anwartschaftserwerbs einbezogen werden muss, begegnet der Ausschluss der Abänderungsmöglichkeit verfassungsrechtlichen Bedenken. Denn im Falle eines vorzeitigen Ausscheidens aus dem Beschäftigungsverhältnis erweist sich die der Erstentscheidung zugrunde liegende Prognose der bis zum Versorgungsfall erreichbaren Beschäftigungszeit und des daraus erzielbaren Versorgungswerts im Nachhinein als ebenso unzutreffend wie der aus dem Verhältnis der in die Ehezeit fallenden Beschäftigungszeit zur gesamten (voraussichtlichen) Beschäftigungszeit berechnete Ehezeitanteil dieses Versorgungswerts. Insb. bei betrieblichen Versorgungsanrechten, deren Ehezeitanteil gemäß § 45 Abs. 2 Satz 2 und 3 VersAusglG zeitratierlich berechnet werden muss, kann sich die in der Erstentscheidung vorgenommene zeitratierliche Berechnung in der Rückschau als unzutreffend erweisen.

---

41 BT-Drucks. 16/10144 S. 51.
42 BT-Drucks. 16/10144 S. 49.
43 Nach früherem Recht ergangene Entscheidungen über den Wertausgleich können gemäß §§ 51, 52 VersAusglG in erweitertem Umfang abgeändert werden.

2. Kontrolle durch Gericht und Anwälte

59 Gerade weil die Berechnung der dem Ausgleich unterliegenden Ehezeitanteile nach neuem Recht auf die Versorgungsträger delegiert worden ist, dürfen deren Auskünfte nicht ohne sorgfältige **Prüfung vom Gericht** übernommen werden. Wie schon nach früherem Recht ist insb. darauf zu achten, dass die Auskunft die richtige Person betrifft, dass die zutreffende Ehezeit zugrunde gelegt worden ist und dass – soweit ersichtlich – von den korrekten Dienst- bzw. Beschäftigungszeiten ausgegangen worden ist.[44] Ferner muss darauf geachtet werden, ob der Ehezeitanteil nach der gemäß §§ 39 ff. VersAusglG zutreffenden Bewertungsmethode berechnet worden ist. Eine sachgerechte Prüfung setzt voraus, dass die Versorgungsträger den Berechnungsvorgang übersichtlich und nachvollziehbar dargestellt und die maßgeblichen Versorgungsregelungen vorgelegt haben (vgl. § 220 Abs. 4 Satz 1 FamFG). Fehlt es an diesen Voraussetzungen, muss das Gericht den Versorgungsträger zur Ergänzung und Erläuterung seiner Auskunft auffordern (§ 220 Abs. 4 Satz 2 FamFG). Auch die **Anwälte** haben eine Kontrollfunktion, die sie im Interesse ihrer Mandanten wahrnehmen müssen. § 220 Abs. 4 Satz 2 FamFG gibt ihnen die Möglichkeit, ausdrücklich die Einholung von **Erläuterungen** des Versorgungsträgers zu **beantragen**. Davon sollten sie – schon zur Vermeidung möglicher Regresse – im Zweifel auch Gebrauch machen.

60 Kommt ein Ausschluss des VA im Hinblick auf eine kurze Ehezeit i.S. des § 3 Abs. 3 VersAusglG oder nach der Bagatellklausel des § 18 VersAusglG in Bezug auf bestimmte Versorgungsanrechte in Betracht, müssen die **Anwälte prüfen**, ob sich dieser Ausschluss zum Nachteil ihrer Mandantin bzw. ihres Mandanten auswirkt. Im Fall einer **kurzen Ehe** ist dies allerdings nicht immer eindeutig feststellbar, weil das Gericht gar keine Auskünfte über die von den Ehegatten erworbenen Anrechte einholt, solange kein Ehegatte den zur Durchführung des VA in diesen Fällen erforderlichen Verfahrensantrag gestellt hat. In jedem Fall muss mit der Mandantin bzw. dem Mandanten erörtert werden, ob die Stellung eines Antrags nach § 3 Abs. 3 VersAusglG im Ergebnis – d.h. im Hinblick auf den bei Durchführung des VA vom anderen Ehegatten zu erwartenden Ausgleichswert einerseits und den zu erwartenden Verlust eigener Anrechte andererseits – zweckmäßig oder ob dem Mandanten eher an einem raschen Abschluss des Scheidungsverfahrens gelegen ist, der ohne die Notwendigkeit von Ermittlungen hinsichtlich des VA erreicht werden kann. Die Erörterung dieser Fragen sollte zur Vermeidung von Regressen in den Handakten ebenso dokumentiert werden wie die Entscheidung, die die Mandantin bzw. der Mandant nach entsprechender Beratung schließlich selbst zu treffen hat. Die Anwendung der **Bagatellklausel** steht im Ermessen des Familiengerichts. Hier muss der Anwalt des Ehegatten, der dadurch benachteiligt würde, dass ein Anrecht des anderen Ehegatten oder eine zugunsten des anderen Ehegatten bestehende Differenz zwischen gleichartigen Anrechten beider Ehegatten nicht ausgeglichen wird, einer Anwendung der Bagatellbestimmungen widersprechen, wenn die Einbeziehung der Anrechte in den Ausgleich im Einzelfall geboten erscheint (vgl. § 18 Rdn. 15 ff.). Eine solche Intervention ist aber nur möglich, wenn der Anwalt selbst prüft, welche Ausgleichswerte i.S. des § 18 VersAusglG »gering« sind und welche Konsequenzen ein unterbleibender Ausgleich von Anrechten des anderen Ehegatten für die eigene Mandantschaft hat.

3. Wertermittlungsmethoden

61 Wie der Ehezeitanteil der Versorgungsanrechte zu ermitteln ist, bestimmt sich gemäß § 5 Abs. 5 VersAusglG nach den §§ 39–47 VersAusglG. Darin werden die zahlreichen Bewertungsbestimmungen des früheren Rechts, die auf einzelne Versorgungsarten zugeschnitten waren (§ 1587a Abs. 2 BGB a.F.), auf zwei grundsätzlich unterschiedliche Methoden zurückgeführt, ohne dass damit wesentliche Änderungen im Verhältnis zum früheren Recht verbunden sind.

---

44 Vgl. z.B. Schröder/Bergschneider/Hauß Rn. 6.54 ff.

a) Unmittelbare Bewertungsmethode

Die Methode der **unmittelbaren Bewertung** ist anzuwenden, wenn sich der Wert eines Anrechts 62
nach einer Bezugsgröße richtet, die unmittelbar bestimmten Zeitabschnitten zugeordnet werden
kann (§ 39 Abs. 1 VersAusglG). In diesem Fall lässt sich der Wert des Ehezeitanteils unmittelbar
aus der auf die Ehezeit entfallenden Bezugsgröße ermitteln. Die unmittelbare Bewertungsmethode
kommt insb. bei Versorgungssystemen zum Zuge, die als Bezugsgröße für die Berechnung der
Versorgungsanrechte Entgeltpunkte oder vergleichbare Rechengrößen, die Höhe eines Deckungskapitals, die Summe von Rentenbausteinen oder entrichteten Beiträgen oder die Dauer der Zugehörigkeit zum Versorgungssystem verwenden (§ 39 Abs. 2 VersAusglG). Für einzelne Versorgungssysteme (gesetzliche Rentenversicherung, betriebliche Altersversorgung, Zusatzversorgung des
öffentlichen Dienstes, private Versicherungen) wird dies in den §§ 43, 45 und 46 VersAusglG
näher geregelt.

b) Zeitratierliche Bewertungsmethode

Die **zeitratierliche Bewertung** ist vorzunehmen, wenn kein direkter Zusammenhang zwischen 63
einer Bezugsgröße aus der Ehezeit und der Höhe der Versorgung besteht (§ 40 Abs. 1 Vers-
AusglG). Das ist insb. der Fall, wenn die Höhe der Versorgung sowohl von der Dauer einer
Anrechnungszeit als auch vom (letzten) Lohn abhängt (§ 40 Abs. 4 VersAusglG). Anwendungsfälle
für die zeitratierliche Bewertung sind z.B. die Beamtenversorgung (vgl. § 44 Abs. 1 VersAusglG)
und betriebliche Versorgungen, die nicht kapitalfinanziert sind, wie etwa Anrechte aufgrund einer
Direktzusage des Arbeitgebers.[45]

III. Vollzug des Ausgleichs

1. Allgemeines

Der Wertausgleich findet in Form der Teilung jedes einzelnen von einem Ehegatten in der Ehezeit 64
erworbenen Anrechts statt. Falls – wie im Regelfall – beide Eheleute in der Ehezeit Anrechte
erworben haben, werden die Anrechte daher nicht mehr – wie nach früherem Recht – miteinander verrechnet, sondern in Form eines **Hin- und Her-Ausgleichs** je für sich geteilt. Während das
frühere Recht insgesamt sechs öffentlich-rechtliche Ausgleichsformen kannte (Splitting und
Quasi-Splitting nach § 1587b Abs. 1 und 2 BGB, Realteilung und analoges Quasi-Splitting nach
§ 1 Abs. 3 VAHRG, erweitertes Splitting oder Quasi-Splitting sowie Beitragszahlungsanordnung
nach § 3b Abs. 1 VAHRG), sieht das neue Recht nur noch zwei Formen des Wertausgleichs vor:

– die **interne Teilung** nach den §§ 10–13 VersAusglG;
– die **externe Teilung** nach den §§ 14–17 VersAusglG.

Zum **Rangverhältnis** dieser beiden Ausgleichsformen bestimmt § 9 Abs. 2 und 3 VersAusglG, dass die
interne Teilung in erster Linie durchzuführen ist und nur unter den in § 14 Abs. 2 und § 16 Abs. 1
und 2 VersAusglG geregelten Voraussetzungen ausnahmsweise eine externe Teilung stattfindet.

2. Interne Teilung

Bei der **internen Teilung** wird der Ausgleich dergestalt durchgeführt, dass das Gericht den Aus- 65
gleichswert jedes von einem Ehegatten erworbenen Anrechts innerhalb des Versorgungssystems
auf den anderen Ehegatten überträgt (§ 10 Abs. 1 VersAusglG). Die Entscheidung entspricht dem
früheren Splitting (gesetzlicher Rentenanwartschaften) bzw. der früheren Realteilung (sonstiger
Versorgungsanrechte). Auch gleichartige Anrechte beider Ehegatten bei demselben Versorgungsträger werden vom Gericht je für sich geteilt; insoweit findet jedoch nach Rechtskraft der Ent-

---

45 Vgl. auch BGH FamRZ 2007, 891 zur Versorgung eines GmbH-Gesellschafters; BT-Drucks. 16/10144
    S. 79.

scheidung eine Verrechnung seitens der Versorgungsträger statt (§ 10 Abs. 2 VersAusglG). Die konkrete Durchführung der Teilung richtet sich nach den maßgeblichen Versorgungsbestimmungen (§ 10 Abs. 3 VersAusglG). Diese müssen allerdings den gesetzlichen Mindestanforderungen des § 11 Abs. 1 VersAusglG genügen. Verhalten sich die Versorgungsbestimmungen nicht zur internen Teilung, so erwirbt der ausgleichsberechtigte Ehegatte eine Rechtsstellung, die derjenigen des ausgleichspflichtigen Ehegatten entspricht (§ 11 Abs. 2 VersAusglG). Der Versorgungsträger ist berechtigt, angemessene Teilungskosten anteilig zu Lasten beider Ehegatten vom Ehezeitanteil in Abzug zu bringen (§ 13 VersAusglG).

3. Externe Teilung

66 Die **externe Teilung** findet **nur in bestimmten**, gesetzlich abschließend geregelten **Fällen** statt:

- beim Ausgleich von Anrechten aus einem öffentlich-rechtlichen Dienst- oder Amtsverhältnis (d.h. aus einem Beamtenverhältnis oder einem beamtenähnlichen Verhältnis) zu einem Bundesland oder einem kommunalen Dienstherrn, wenn eine interne Teilung nicht gesetzlich vorgesehen ist (§ 16 Abs. 1 VersAusglG);
- beim Ausgleich von Anrechten eines Widerrufbeamten oder Zeitsoldaten (§ 16 Abs. 2 VersAusglG);
- beim Ausgleich von sonstigen Anrechten nur unter den Voraussetzungen des § 14 Abs. 2 und 5 VersAusglG.

Bei der externen Teilung kürzt das Gericht das vom ausgleichspflichtigen Ehegatten erworbene Anrecht um den Ausgleichswert und begründet in Höhe dieses Werts für den ausgleichsberechtigten Ehegatten ein Anrecht in einem anderen Versorgungssystem, der sog. Zielversorgung (§ 14 Abs. 1 VersAusglG). Diese Ausgleichsform entspricht in ihren Wirkungen dem früheren Quasi-Splitting, sie ist jedoch nicht mehr auf den Ausgleich von Anrechten beschränkt, die bei einem öffentlich-rechtlichen Versorgungsträger erworben worden sind. In den Fällen des § 16 Abs. 1 und 2 VersAusglG wird das Anrecht für den Berechtigten in der gesetzlichen Rentenversicherung begründet. In den Fällen des § 14 Abs. 2 VersAusglG kann der Berechtigte die Zielversorgung grundsätzlich frei wählen (§ 15 Abs. 1 VersAusglG). Zur Ausübung des Wahlrechts setzt ihm das Familiengericht ggf. eine Frist (§ 222 Abs. 1 FamFG). Wird das Wahlrecht ausgeübt, muss der Berechtigte die Zustimmung des Zielversorgungsträgers nachweisen (§ 222 Abs. 2 FamFG). Übt der Berechtigte das Wahlrecht nicht aus, begründet das Familiengericht für ihn ein Anrecht bei einem sog. Auffangversorgungsträger. Das ist grundsätzlich die gesetzliche Rentenversicherung, beim Ausgleich einer betrieblichen Versorgung jedoch die Versorgungsausgleichskasse (§ 15 Abs. 5 VersAusglG). Der ausgleichspflichtige Ehegatte braucht der externen Teilung grundsätzlich nicht zuzustimmen. Etwas anderes gilt jedoch, wenn die externe Teilung für ihn steuerschädlich ist (§ 15 Abs. 3 VersAusglG). Dies hat das Familiengericht zu überprüfen, und auch der Anwalt des ausgleichspflichtigen Ehegatten hat hierauf Bedacht zu nehmen (vgl. § 15 Rdn. 9–11).

4. Auswirkungen des Wertausgleichs

67 Die interne Teilung hat stets, die externe Teilung in der Regel **rechtsgestaltende Wirkung**. Im Fall der externen Teilung nach § 14 VersAusglG muss ein **Kapitaltransfer** zwischen den beteiligten Versorgungsträgern durchgeführt werden. Der Versorgungsträger des ausgleichspflichtigen Ehegatten hat den Ausgleichswert als Kapitalbetrag an den Versorgungsträger, bei dem das Anrecht für den Berechtigten begründet wird (Zielversorgung), zu zahlen (§ 14 Abs. 4 VersAusglG). Das Gericht hat diese **Zahlungspflicht** ausdrücklich zu **titulieren** (§ 222 Abs. 3 FamFG).

68 Der VA wirkt sich für beide Eheleute erst aus, wenn bei ihnen ein zum Bezug einer Rente berechtigender **Versorgungsfall** (Erreichen einer maßgeblichen Altersgrenze oder Invalidität) **eintritt**. Bei der Rente des Ausgleichspflichtigen wirkt sich die durch den VA ausgelöste Kürzung auch dann sofort aus, *wenn der Ausgleichsberechtigte* seinerseits noch keine – um den im VA übertragenen Ausgleichswert erhöhte – Versorgung bezieht. Das frühere Rentner- bzw. Pensionärsprivileg, das

ausgleichspflichtigen Beziehern gesetzlicher Renten und Ruhegehaltsempfängern bis zum Eintritt eines Versorgungsfalls beim Berechtigten die Weiterzahlung der ungekürzten Versorgung sicherte, ist mit der Strukturreform des VA weggefallen (vgl. § 10 Rdn. 20 und 24). Die Kürzung der Versorgung des Verpflichteten kann jedoch u.U. auf Antrag unterbleiben oder rückgängig gemacht werden, wenn der Berechtigte vor seinem Tod aus dem durchgeführten VA keine oder nur geringe Leistungen erhalten hat (§§ 37, 38 VersAusglG). Ferner kann die Kürzung ausgesetzt werden, solange der Berechtigte noch keine Versorgungsleistungen erhält und gegen den Verpflichteten einen Anspruch auf nachehelichen Unterhalt hat oder nur deshalb nicht hat, weil der Verpflichtete gerade wegen der auf dem VA beruhenden Kürzung seiner Versorgung nicht leistungsfähig ist (§§ 33, 34 VersAusglG). Eine weitere Möglichkeit, eine durch den VA ausgelöste Versorgungskürzung auszusetzen, besteht für den Fall, dass der ausgleichspflichtige Ehegatte eine Invaliditätsrente oder eine vorgezogene Altersrente erhält, die aufgrund des VA gekürzt ist, aber seinerseits noch keine Leistung aus einem im VA vom anderen Ehegatten erworbenen Anrecht beziehen kann (§§ 35, 36 VersAusglG).

5. Tod eines Ehegatten

Ist ein **Ehegatte** nach Rechtskraft der Scheidung, aber vor der Rechtskraft der Entscheidung über **69** den Wertausgleich **verstorben**, so kann der überlebende Ehegatte den Anspruch auf Wertausgleich gegen die Erben des Verstorbenen geltend machen, wobei der Ausgleich allerdings auf den Saldo sämtlicher Ausgleichswerte begrenzt ist (§ 31 Abs. 1 Satz 1, Abs. 2 VersAusglG). Die Erben des verstorbenen Ehegatten haben ihrerseits jedoch kein Recht auf Durchführung des Wertausgleichs (§ 31 Abs. 1 Satz 2 VersAusglG).

H. Ausgleichsansprüche nach der Scheidung

I. Allgemeines

Auch nach neuem Recht ist nicht in allen Fällen ein öffentlich-rechtlicher Wertausgleich möglich. **70** Daher gibt es als **subsidiäre Ausgleichsform** weiterhin das Institut des **schuldrechtlichen VA**, für den mit der Strukturreform der Terminus »Ausgleichsansprüche nach der Scheidung« eingeführt worden ist. Der schuldrechtliche VA kann allerdings auch künftig u.U. schon zusammen mit der Scheidung geltend gemacht werden, wenn die Fälligkeitsvoraussetzungen (vgl. § 20 Abs. 2 VersAusglG) zum Zeitpunkt der Scheidung bereits erfüllt sind oder wenn für ein schuldrechtlich auszugleichendes Anrecht eine Abfindung (§§ 23, 24 VersAusglG) verlangt wird.

II. Anwendungsbereich

Der **Anwendungsbereich** des schuldrechtlichen VA beschränkt sich nach neuem Recht auf **71** Anrechte, die bei der Scheidung noch nicht ausgleichsreif waren (§ 19 Abs. 4 VersAusglG), auf laufende private Invaliditätsversorgungen (§ 28 Abs. 3 VersAusglG) sowie auf Anrechte, die nach (ausdrücklicher) Vereinbarung der Ehegatten schuldrechtlich ausgeglichen werden sollen (§ 6 Abs. 1 Satz 2 Nr. 3 VersAusglG). Ferner kommt in Fällen, in denen nach früherem Recht nur ein öffentlich-rechtlicher Teilausgleich stattgefunden hat, ein schuldrechtlicher Restausgleich in Betracht (vgl. §§ 51 Abs. 4, 53 VersAusglG). Anrechte, die zwar in den Wertausgleich hätten einbezogen werden können, aber dort übersehen worden sind, unterliegen dagegen nicht dem schuldrechtlichen VA (vgl. unten Rdn. 95 und § 20 Rdn. 4a). Soweit der öffentlich-rechtliche Wertausgleich nach altem Recht mit Rücksicht auf die Höchstbegrenzung nach § 3b Abs. 1 Nr. 1 VAHRG nicht vollständig durchgeführt werden konnte, ist ein schuldrechtlicher Restausgleich vorzunehmen; insoweit ist eine Abänderung des öffentlich-rechtlichen VA ausgeschlossen (§ 51 Abs. 4 VersAusglG). Der auf die schuldrechtliche Ausgleichsrente anzurechnende öffentlich-rechtliche Teilausgleich ist – abweichend von der zum alten Recht ergangenen Rechtsprechung des BGH[46] – mithilfe der aktuellen Rentenwerte der gesetzlichen Rentenversicherung zu aktualisieren (§ 53 VersAusglG).

III. Durchführung

72 Die **Durchführung** des schuldrechtlichen VA entspricht im Wesentlichen dem früheren Recht. Das Gericht entscheidet grundsätzlich nur auf **Antrag** eines Beteiligten (§ 223 FamFG). Eine Ausnahme gilt jedoch für den – immer nur schuldrechtlich möglichen (vgl. Rdn. 52) – Ausgleich einer privaten Invaliditätsrente (§ 137 Abs. 2 Satz 2 FamFG).[47] Der schuldrechtliche VA besteht in einem unterhaltsähnlichen Anspruch auf Zahlung einer monatlichen Geldrente, der sog. **Ausgleichsrente**. Der ausgleichspflichtige Ehegatte schuldet sie in Höhe des Ausgleichswerts der schuldrechtlich auszugleichenden Versorgung (§ 20 Abs. 1 Satz 1 VersAusglG). Von dem Bruttobetrag des Ausgleichswerts sind jedoch die darauf entfallenden (und allein vom Ausgleichspflichtigen zu entrichtenden) Sozialversicherungsbeiträge oder vergleichbaren Aufwendungen (von Privatversicherten) abzuziehen (§ 20 Abs. 1 Satz 2 VersAusglG). Da § 18 VersAusglG auf den schuldrechtlichen VA entsprechend anzuwenden ist (§ 20 Abs. 1 Satz 3 VersAusglG), muss vor Abzug der Sozialversicherungsbeiträge noch geprüft werden, ob der Ausgleichswert gering und deshalb von einem Ausgleich abzusehen ist. Die Zahlungsmodalitäten der schuldrechtlichen Ausgleichsrente entsprechen denjenigen eines Anspruchs auf nachehelichen Unterhalt (§ 20 Abs. 3 VersAusglG).

73 Die Ausgleichsrente wird durch **Leistungsentscheidung** des Familiengerichts tituliert, deren Vollstreckung dem Berechtigten selbst obliegt. Er hat die Möglichkeit, vom Verpflichteten die **Abtretung** seiner jeweils fälligen Versorgungsansprüche gegen den Versorgungsträger in Höhe der laufenden Ausgleichsrente zu verlangen (§ 21 VersAusglG), wodurch die Kontinuität der Rentenleistungen gesichert werden kann. Darüber hinaus kann der Berechtigte wegen seines künftigen Anspruchs auf Ausgleichsrente von dem Verpflichteten eine **Abfindung** verlangen, wenn diesem die Zahlung nach seinen wirtschaftlichen Verhältnissen zumutbar ist (§ 23 VersAusglG). Die Höhe der Abfindung richtet sich nach dem Zeitwert des Ausgleichswerts (§ 24 Abs. 1 Satz 1 VersAusglG). Liegen die Voraussetzungen der Bagatellklausel (§ 18 VersAusglG) vor, scheidet regelmäßig auch eine Abfindung aus (§ 24 Abs. 1 Satz 2 VersAusglG). Die Abfindung kann (auf Antrag) auch schon im Scheidungsverbund zugesprochen werden. Es handelt sich dabei jedoch nicht um eine Form des Wertausgleichs, sondern um die Vorwegnahme des schuldrechtlichen VA. § 22 VersAusglG normiert einen **Anspruch** des ausgleichsberechtigten Ehegatten **auf Ausgleich von Kapitalzahlungen** für den Fall, dass der Ausgleichspflichtige von seinem Versorgungsträger aus einem noch nicht öffentlich-rechtlich ausgeglichenen, auf eine Kapitalleistung gerichteten Anrecht i.S. des § 2 Abs. 2 Nr. 3 VersAusglG Kapital ausgezahlt erhält.

IV. Tod eines Ehegatten

74 Mit dem Tod eines Ehegatten erlöschen die schuldrechtlichen Ausgleichsansprüche nach der Scheidung (§ 31 Abs. 3 Satz 1 VersAusglG). Abgetretene Ansprüche gehen wieder an den Verpflichteten über (§ 21 Abs. 4 VersAusglG). Der ausgleichsberechtigte Ehegatte kann nach dem Tod des Ausgleichspflichtigen von dem Träger der auszugleichenden Versorgung eine Rente in der Höhe verlangen, in der ihm im Falle des Fortbestehens der Ehe eine Hinterbliebenenversorgung zugestanden hätte. Diesen früher in § 3a VAHRG geregelten »verlängerten schuldrechtlichen VA« bezeichnet das neue Recht als »**Teilhabe an der Hinterbliebenenversorgung**« (§ 25 VersAusglG). Wenn das schuldrechtlich auszugleichende Anrecht bei einem ausländischen, zwischen- oder über-

---

46 FamRZ 2000, 89, 92.
47 BT-Drucks. 16/10144 S. 69.

staatlichen Versorgungsträger besteht, so richtet sich der Anspruch des Berechtigten gegen die Witwe oder den Witwer des verstorbenen ausgleichspflichtigen Ehegatten (§ 26 VersAusglG).

I. Korrektur des Versorgungsausgleichs

Eine Korrektur rechtskräftiger Entscheidungen über den VA war ursprünglich nur im Bereich des 75 schuldrechtlichen VA vorgesehen. Nach § 1587g Abs. 3 BGB a.F. konnte die Entscheidung über die schuldrechtliche Ausgleichsrente abgeändert werden, wenn nachträglich eine wesentliche Änderung in Bestand oder Höhe eines auszugleichenden Anrechts eingetreten war. Für den öffentlich-rechtlichen VA fehlte zunächst eine solche Abänderungsmöglichkeit. Sie ist jedoch 1987 mit dem früheren § 10a VAHRG geschaffen worden. Diese Vorschrift erlaubte unter bestimmten Voraussetzungen eine sog. Totalrevision des öffentlich-rechtlichen VA unter weitgehender Durchbrechung der Rechtskraft.

Die §§ 225, 226 FamFG enthalten im Kern dem früheren § 10a VAHRG entsprechende Bestim- 76 mungen über die **Abänderung von Entscheidungen über den öffentlich-rechtlichen Wertausgleich**. Sie beschränken die Abänderungsmöglichkeit aber auf Anrechte aus den öffentlich-rechtlichen Regelsicherungssystemen (§ 225 Abs. 1 i.V.m. § 32 FamFG).[48] Da sich die Vorschriften nur auf die Abänderung von Entscheidungen beziehen, die bereits **nach neuem Recht** ergangen sind, werden sie vorerst nur selten praktisch relevant werden. Die Abänderung von Entscheidungen, die noch in Anwendung des **früheren Rechts** ergangen sind, richtet sich nach den §§ 51, 52 VersAusglG. Für alle Fallgestaltungen gilt: Die Abänderung findet nur auf Antrag eines Ehegatten, eines Hinterbliebenen oder eines Versorgungsträgers statt. Der Antrag ist frühestens sechs Monate vor dem Zeitpunkt zulässig, zu dem eine Versorgung zu laufen beginnt oder dies aufgrund der Abänderung zu erwarten ist. Die Abänderung kann unterbleiben, wenn Härtegründe vorliegen. Die Wirkungen der Abänderungsentscheidung treten mit dem auf den Monat der Antragstellung folgenden Monat ein.

Entscheidungen über den öffentlich-rechtlichen VA, die **nach altem Recht** ergangen sind, können 77 gemäß § 51 VersAusglG unter bestimmten, teilweise vom früheren § 10a VAHRG abweichenden Voraussetzungen in Anwendung der neuen Teilungsregeln abgeändert werden. Das Gleiche gilt für die Abänderung von Vereinbarungen, die die Ehegatten über den VA geschlossen haben (§ 227 Abs. 2 FamFG). Im Abänderungsverfahren sind nur diejenigen Anrechte von Bedeutung, die im Erstverfahren »in den Ausgleich einbezogen« worden sind (§ 51 Abs. 1 VersAusglG), d.h. die auch Gegenstand der abzuändernden Entscheidung über den öffentlich-rechtlichen VA waren.[49] Anrechte, die vollständig dem schuldrechtlichen VA vorbehalten worden sind, bleiben ebenso außer Betracht wie Anrechte, die bei der Erstentscheidung übersehen worden sind, oder Anrechte, deren Einbeziehung in den Wertausgleich erst das neue Recht ermöglicht.[50] Die Abänderung einer nach altem Recht ergangenen Entscheidung setzt voraus, dass entweder sich der **Ausgleichswert** (zumindest) **eines Anrechts**, das in der Erstentscheidung in den öffentlich-rechtlichen VA einbezogen worden war, **wesentlich geändert** hat oder dass ein **Anrecht der berufsständischen, betrieblichen oder privaten Altersvorsorge** in der Erstentscheidung infolge der Umwertungsbestimmungen des § 1587a Abs. 3 und 4 BGB a.F. **erheblich unterbewertet** worden ist. Eine Abänderung ist im letzteren Fall allerdings ausgeschlossen, wenn das Anrecht im Rahmen der Erstentscheidung teilweise durch erweitertes Splitting oder Quasi-Splitting nach § 3b Abs. 1 Nr. 1 VAHRG ausgeglichen worden ist; in diesem Fall bleibt der Ausgleichsberechtigte auf einen schuldrechtlichen Restausgleich verwiesen (§ 51 Abs. 4 VersAusglG), wobei der öffentlich-rechtliche Teilausgleichsbetrag

---

48 Vgl. zu den Gründen BT-Drucks. 16/10144 S. 97.
49 BT-Drucks. 16/10144 S. 89.
50 BT-Drucks. 16/10144 S. 89.

nach Maßgabe des § 53 VersAusglG zu aktualisieren ist. Wenn die Abänderungsvoraussetzungen vorliegen, findet eine »Totalrevision« der Erstentscheidung statt.

78 **Entscheidungen**, die **nach neuem Recht** ergangen sind, können in Bezug auf ein einzelnes Anrecht abgeändert werden, wenn sich dessen Ausgleichswert aufgrund nach Ehezeitende eingetretener rechtlicher oder tatsächlicher Veränderungen wesentlich geändert hat (§ 225 Abs. 1 FamFG). Hier findet keine Totalrevision der Erstentscheidung statt, sondern die Abänderung beschränkt sich auf das Anrecht, auf das sich der gestellte Abänderungsantrag bezieht.[51] Im Rahmen dieser begrenzten Abänderung können jedoch auch Fehler einer im Erstverfahren erteilten Auskunft oder Fehler der Erstentscheidung korrigiert werden.[52]

79 **Entscheidungen über schuldrechtliche Ausgleichsansprüche** können ebenso wie nach den §§ 1587g Abs. 3, 1587d Abs. 2 BGB a.F. auch nach neuem Recht abgeändert werden. § 227 Abs. 1 FamFG verweist insoweit auf die allgemeine Verfahrensvorschrift des § 48 Abs. 1 FamFG. Dort ist geregelt, dass rechtskräftige Endentscheidungen mit Dauerwirkung wegen nachträglich veränderter Tatsachen- oder Rechtsgrundlagen aufgehoben oder geändert werden können.

J. Vereinbarungen über den Versorgungsausgleich

80 Mit der Strukturreform sind die Spielräume der Ehegatten zur Gestaltung des VA und zu seiner Einbeziehung in den Gesamtvermögensausgleich wesentlich erweitert worden.[53] Die **formellen und materiellen Voraussetzungen** für Vereinbarungen über den VA, die früher für Eheverträge in § 1408 Abs. 2 BGB a.F. und für Vereinbarungen im Zusammenhang mit der Scheidung in § 1587o BGB a.F. geregelt waren, sind in den §§ 6–8 VersAusglG zusammengefasst worden. § 1408 Abs. 2 BGB n.F. enthält nur noch einen Verweis auf diese Vorschriften. Die Ehegatten können nunmehr jederzeit wirksame Vereinbarungen über den VA schließen, ohne eine Genehmigung des Familiengerichts einholen zu müssen (§ 6 Abs. 1 Satz 1 VersAusglG). Ein Ehevertrag wird auch nicht mehr – wie nach früherem Recht – unwirksam, wenn innerhalb eines Jahres nach Vertragsschluss die Scheidung beantragt wird. Bestehen bleibt jedoch die Formbedürftigkeit von Verträgen über den VA: Sie bedürfen weiterhin der notariellen Beurkundung oder der Aufnahme in einen gerichtlichen Vergleich, für Vereinbarungen im Rahmen von Eheverträgen gilt das Formerfordernis des § 1410 BGB (§ 7 VersAusglG).

81 § 6 VersAusglG setzt den Ehegatten inhaltlich keine Schranken, sondern erklärt vielmehr durch die angeführten Regelbeispiele insb. die Einbeziehung des VA in eine Gesamtvermögensauseinandersetzung und selbst einen (kompensationslosen) Ausschluss des VA ausdrücklich für (grundsätzlich) zulässig. Beschränkungen ergeben sich lediglich insoweit, als der Vertrag einer richterlichen **Inhalts- und Ausübungskontrolle** standhalten muss (§ 8 Abs. 1 VersAusglG). Damit wird an die Rechtsprechung des BGH[54] angeknüpft, wonach Vereinbarungen über Scheidungsfolgen stets an den §§ 138 und 242 BGB zu messen sind.[55] Die insoweit bestehende gerichtliche Prüfungspflicht[56] macht eine formelle Genehmigung entbehrlich. Ist die Vereinbarung nicht zu beanstanden, ist das Gericht daran gebunden (§ 6 Abs. 2 VersAusglG). Wenn der öffentlich-rechtliche VA wirksam ausgeschlossen worden ist, hat das Gericht im Tenor der Endentscheidung ausdrücklich festzustellen, dass (bzw. inwieweit) ein Wertausgleich nicht stattfindet (§ 224 Abs. 3 FamFG). Diese Entscheidung erwächst in Rechtskraft und schließt die spätere Geltendmachung einer

---

51 BT-Drucks. 16/10144 S. 96.
52 BT-Drucks. 16/10144 S. 97.
53 BT-Drucks. 16/10144 S. 39, 50.
54 FamRZ 2004, 601; speziell zum VA BGH FamRZ 2005, 26. Vgl. auch BVerfG FamRZ 2001, 343.
55 Vgl. zu Inhalt und Wirksamkeitsvoraussetzungen von Verträgen über den VA näher Wick FPR 2009, 219.
56 BT-Drucks. 16/10144 S. 52.

Unwirksamkeit der Vereinbarung aus. Die richterliche Prüfungspflicht mindert die **Haftungsrisiken des Anwalts oder Notars**, der künftig eine Vereinbarung über den VA schließt oder beurkundet, schließt sie aber nicht völlig aus. Denn letztlich trägt der Anwalt oder Notar die Verantwortung für eine vertragliche Modifikation des VA.[57]

Die Einbeziehung des VA in einen **Gesamtvermögensausgleich** wird dadurch erleichtert, dass die **82** Versorgungsträger für Versorgungsanrechte, deren Bezugsgröße nicht ohnehin ein Kapitalwert ist, zusätzlich einen korrespondierenden Kapitalwert (§ 47 VersAusglG) anzugeben haben (s.o. Rdn. 56).[58] Zweckmäßig sind insb. solche Vereinbarungen, mit denen Anrechte eines Ehegatten auf der Grundlage des (korrespondierenden) Kapitalwerts mit Versorgungsanrechten oder sonstigen Vermögenswerten des anderen Ehegatten verrechnet werden. Denn dadurch können die nach neuem Recht zunehmenden Teilungsvorgänge verringert und die bestehenden Anrechte gebündelt werden. Außerdem kann dadurch ggf. auch eine Belastung der Ehegatten mit Teilungskosten nach § 13 VersAusglG vermieden werden.[59] Angesichts der erklärten Absicht des Gesetzgebers, die Dispositionsbefugnisse der Ehegatten zu erweitern, begegnet es grundsätzlich auch keinen Bedenken, wenn sich die im Zuge der Vereinbarung verrechneten Positionen wertmäßig nicht entsprechen.

K. Verfahrensgrundsätze

I. Anwendbarkeit des FamFG

Der **VA ist** eine **Familiensache**, über die im Verfahren nach dem **FamFG** zu entscheiden ist (§§ 1, **83** 111 Nr. 7 FamFG). Es gelten die Bestimmungen des Buchs 1 des FamFG, soweit nicht in den §§ 217–230 FamFG sowie in den Vorschriften über den Verfahrensverbund zwischen Scheidungssachen und Folgesachen (§§ 133–150 FamFG) Sonderregelungen enthalten sind. Der VA ist keine Familienstreitsache i.S. des § 112 FamFG, so dass die nur für Ehesachen und Streitsachen geltenden Verweisungen auf Vorschriften der ZPO (§§ 113, 117 FamFG) nicht eingreifen. Auf Verfahren, die vor dem 01.09.2009 eingeleitet worden sind, waren grundsätzlich weiter die früheren Verfahrensvorschriften des FGG und der ZPO anwendbar (Art. 111 Abs. 1 Satz 1 FGG-RG). Wenn das VA-Verfahren jedoch aus dem Verbund abgetrennt oder ausgesetzt oder das Ruhen des Verfahrens angeordnet worden ist, so gelten ab Abtrennung bzw. ab Wiederaufnahme des Verfahrens die Vorschriften des FamFG. Seit dem 01.09.2010 ist in allen noch in erster Instanz anhängigen Verfahren das neue Recht anzuwenden (Art. 111 Abs. 4 und 5 FGG-RG). Das Verfahrensrecht folgt daher der in § 48 VersAusglG getroffenen Übergangsregelung für das materielle Recht (vgl. dazu oben Rdn. 27).

II. Verbundverfahren und selbständige Verfahren

Der Wertausgleich nach den §§ 9–19 VersAusglG wird i.d.R. **von Amts wegen** im **Verhandlungs-** **84** **und Entscheidungsverbund mit der Scheidungssache** (und ggf. auch mit anderen Folgesachen) durchgeführt (§ 137 Abs. 1 und 2 FamFG). Selbständige Verfahren über den Wertausgleich kommen nur in Ausnahmefällen in Betracht, z.B. wenn Deutsche im Ausland geschieden worden sind oder wenn eine Ehe durch rechtskräftigen Beschluss nach den §§ 1314, 1315 BGB aufgehoben worden ist. Sobald das zuständige Gericht von einer Auslandsscheidung Kenntnis erlangt, ist das Verfahren von Amts wegen einzuleiten, wenn im Falle eines im Inland durchgeführten Schei-

---

57 Vgl. zur Pflicht des Anwalts, die Zweckmäßigkeit einer Vereinbarung über den VA (z.B. einer Verzichtsvereinbarung) zu prüfen, und zur Haftung bei Verletzung dieser Pflicht BGH FamRZ 2010, 1154 und FamRZ 2010, 2067.
58 BT-Drucks. 16/10144 S. 50.
59 Wick FPR 2009, 219, 222.

dungsverfahrens ein VA hätte stattfinden müssen.[60] Das Gleiche gilt nach Rechtskraft einer Eheaufhebung.[61] Ein Verfahren über den Wertausgleich ist – anders als nach früherem Recht – nunmehr auch dann von Amts wegen einzuleiten, wenn ein Wertausgleich wegen kurzer Ehezeit, eines vertraglich vereinbarten Ausschlusses des VA, geringfügiger Ausgleichswerte oder grober Unbilligkeit nicht stattfindet. Denn in all diesen Fällen ist gemäß § 224 Abs. 3 FamFG mit der Endentscheidung eine (negative) Feststellung zu treffen (s. Rdn. 98). Nur auf Antrag ist ein Verfahren über den VA jedoch (auch im Verbund) in den Fällen eines ausländischen Scheidungsstatuts einzuleiten (Art. 17 Abs. 3 S. 2 EGBGB; vgl. oben Rdn. 34 und § 1 Rdn. 12 ff.).

85   Verfahren über schuldrechtliche Ausgleichsansprüche finden demgegenüber i.d.R. in einem **selbständigen Verfahren** statt. Die Geltendmachung im Verbund kommt nur in Betracht, wenn die Fälligkeitsvoraussetzungen des § 20 Abs. 1 und 2 VersAusglG schon zum Zeitpunkt der Scheidung erfüllt sind oder wenn die Abfindung künftiger Ausgleichsansprüche nach den §§ 23, 24 VersAusglG verlangt wird. Ein Verfahren über schuldrechtliche Ausgleichsansprüche setzt grundsätzlich einen **Antrag** voraus (§ 223 FamFG); eine Ausnahme gilt nur für den Ausgleich einer privaten Invaliditätsrente nach § 28 VersAusglG (§ 137 Abs. 2 Satz 2 FamFG). Anträge auf Abänderung des Wertausgleichs nach den §§ 51, 52 VersAusglG oder den §§ 225–227 FamFG lösen stets ein selbständiges Verfahren über den VA aus. Auch über die Anpassung des VA nach Rechtskraft (§§ 32– 38 VersAusglG) und über außerhalb eines Scheidungsverbundes geltend gemachte Auskunftsansprüche nach § 4 VersAusglG ist in einem selbständigen Verfahren zu entscheiden.

86   Im **Verbund** gilt für den VA in erster und zweiter Instanz für die Ehegatten **Anwaltszwang** (§ 114 Abs. 1 FamFG). Dieser bleibt auch im Falle einer Abtrennung nach § 140 Abs. 2 FamFG bestehen,[62] so dass verfahrensrechtlich wirksame Erklärungen weiterhin nur durch einen Anwalt abgegeben werden können. Eine Ausnahme gilt nach der (nicht überzeugenden) Rechtsprechung des BGH aufgrund der Bestimmung des Art. 111 Abs. 4 S. 2 FGG-RG für vor dem 01.09.2009 eingeleitete und aus dem Verbund abgetrennte Verfahren; (nur) diese sind als selbständige Verfahren fortzuführen. Auch in Verfahren mit Anwaltszwang bedürfen die Ehegatten für den Antrag nach § 3 Abs. 3 VersAusglG auf Durchführung des VA trotz kurzer Ehezeit und für die Erklärungen nach § 15 Abs. 1 und 3 VersAusglG zum Wahlrecht bei Durchführung der externen Teilung keiner anwaltlichen Vertretung (§ 114 Abs. 4 Nr. 7 FamFG). Andere Beteiligte müssen in erster und zweiter Instanz nicht anwaltlich vertreten sein. Im **selbständigen Verfahren** besteht in erster und zweiter Instanz für alle Beteiligten kein Anwaltszwang (§ 10 Abs. 1 i.V. mit § 114 Abs. 1 FamFG). Im **Verfahren vor dem BGH** müssen die Beteiligten grundsätzlich durch einen beim BGH zugelassenen Rechtsanwalt vertreten sein; eine Ausnahme gilt nur für Behörden und juristische Personen des öffentlichen Rechts, soweit diese sich durch eine Person vertreten lassen, die über die Befähigung zum Richteramt verfügt (§§ 10 Abs. 4, 114 Abs. 2 und 3 FamFG).

III. Zuständigkeit

87   Für Familiensachen, die den VA betreffen, ist das Familiengericht ausschließlich **sachlich zuständig** (§§ 23a Abs. 1 Nr. 1, 23b Abs. 1 GVG i.V. mit §§ 111 Nr. 7, 217 FamFG). Die **örtliche Zuständigkeit** ist in § 218 FamFG geregelt. Danach ist bei Anhängigkeit einer Ehesache das Gericht, bei dem die Ehesache im ersten Rechtszug anhängig ist oder war, ausschließlich zuständig. Ohne Anhängigkeit einer Ehesache ist in erster Linie das Gericht zuständig, in dessen Bezirk die Ehegatten ihren gemeinsamen gewöhnlichen Aufenthalt haben oder zuletzt gehabt haben, wenn einer der Ehegatten sich dort weiterhin gewöhnlich aufhält. Liegen diese Voraussetzungen nicht vor, richtet sich der Gerichtsstand nach dem gewöhnlichen Aufenthalt oder Sitz des Antragsgegners, hilfsweise nach dem gewöhnlichen Aufenthalt oder Sitz des Antragstellers. Wenn sich

---

60 BGH FamRZ 1993, 798.
61 *BGH FamRZ 1982, 586.*
62 *BGH FamRZ 1981, 24; 1998, 1505. Vgl. auch § 137 Abs. 5 FamFG.*

auch danach kein Gerichtsstand feststellen lässt, ist die Zuständigkeit des Amtsgerichts Schöneberg in Berlin gegeben. Zur Zuständigkeit für Anpassungsverfahren nach den §§ 33, 34 VersAusglG vgl. § 34 Rdn. 3. **Funktionell zuständig** ist der Richter, wobei Richter auf Probe im ersten Jahr nach ihrer Ernennung jedoch gemäß § 23 Abs. 3 Satz 2 GVG nicht in Familiensachen tätig werden dürfen. Eine Zuständigkeit des Rechtspflegers ist seit der Strukturreform nicht mehr gegeben.

Die **internationale Zuständigkeit** der deutschen Gerichte für selbständige Verfahren über den VA   **88**
ist gemäß § 102 FamFG gegeben, wenn

– der Antragsteller oder der Antragsgegner seinen gewöhnlichen Aufenthalt im Inland hat;
– über inländische Anrechte zu entscheiden ist, z.B. in den Fällen des Art. 17 Abs. 3 Satz 2 EGBGB;
– ein deutsches Gericht die Ehe zwischen Antragsteller und Antragsgegner geschieden hat.

§ 102 FamFG wird weder durch EU-Recht noch durch Staatsverträge verdrängt. Insb. ist die Brüssel IIa-VO[63] auf VA-Sachen nicht anwendbar.[64] Steht der VA im Verbund mit der Scheidungssache, bestimmt sich die internationale Zuständigkeit der deutschen Gerichte nach der Zuständigkeit für die Ehesache (§ 98 Abs. 2 FamFG). Diese wiederum richtet sich nach § 98 Abs. 1 FamFG, soweit nicht gemäß § 97 FamFG vorrangige Rechtsakte der EU oder völkerrechtliche Vereinbarungen gelten. Zu beachten ist insb. die Brüssel IIa-VO.[65]

IV. Verfahrensbeteiligte

Am Verfahren über den **Wertausgleich** sind außer den **Ehegatten** (§ 219 Nr. 1 FamFG) auch die   **89**
Versorgungsträger, die durch die Entscheidung in ihrer Rechtsstellung unmittelbar betroffen werden können, materiell beteiligt.[66] Das sind nach neuem Recht alle Versorgungsträger, bei denen ein Anrecht durch interne Teilung ausgeglichen oder im Wege externer Teilung gekürzt wird, sowie im Falle externer Teilung auch der Träger der Zielversorgung (§ 219 Nr. 2 und 3 FamFG). Am Verfahren über den **schuldrechtlichen VA** nach den §§ 20–24 VersAusglG sind i.d.R. nur die Ehegatten beteiligt.[67] Soweit im Verfahren Auskünfte der Versorgungsträger einzuholen sind, löst dies keine materielle Beteiligung aus. Im Falle des Todes eines Ehegatten können **Hinterbliebene** oder **Erben** dieses Ehegatten zu beteiligen sein (§ 219 Nr. 4 FamFG). Im Verfahren über den Wertausgleich treten gemäß § 31 Abs. 1 Satz 1 VersAusglG an die Stelle des ausgleichspflichtigen Ehegatten dessen Erben. Erben des Ausgleichsberechtigten können schuldrechtliche Ausgleichsansprüche bezüglich rückständiger Beträge der Ausgleichsrente (§ 20 Abs. 3 VersAusglG i.V. mit § 1585b Abs. 2 und 3 BGB) geltend machen und damit verfahrensbeteiligt sein. Entsprechend ist eine Verfahrensbeteiligung der Erben des Verpflichteten möglich, wenn der Berechtigte einen Anspruch auf rückständige Ausgleichsrente hat.[68] Hinterbliebene können im Abänderungsverfahren über den Wertausgleich (§§ 52 Abs. 1 VersAusglG, 226 Abs. 1 FamFG) und im Verfahren über

---

63 Verordnung (EG) Nr. 2201/2003 des Rates vom 27.11.2003 über die Zuständigkeit und die Anerkennung und Vollstreckung von Entscheidungen in Ehesachen und in Verfahren betreffend die elterliche Verantwortung und zur Aufhebung der Verordnung (EG) Nr. 1347/2000, Abl. EG Nr. L 338.
64 BGH FamRZ 2009, 677, 678; Keidel/Engelhardt § 102 Rn. 2; Schulte-Bunert/Weinreich/Baetge § 102 Rn. 2; a.A. OLG Karlsruhe FamRZ 2010, 147, 148 m. abl. Anm. Gottwald.
65 Vgl. dazu Keidel/Engelhardt § 98 Rn. 2 ff.; Schulte-Bunert/Weinreich/Baetge § 98 Rn. 13.
66 BGH FamRZ 1981, 132, 133.
67 Versorgungsträger werden durch die Entscheidung über die schuldrechtliche Ausgleichsrente nach § 20 VersAusglG nicht in ihren Rechten betroffen; vgl. BGH FamRZ 1989, 369, 370. An Verfahren über die Abtretung von Versorgungsansprüchen nach § 21 VersAusglG (Borth Rn. 778) und über die Teilhabe an der Hinterbliebenenversorgung nach § 25 VersAusglG sind jedoch die betroffenen Versorgungsträger zu beteiligen.
68 BGH FamRZ 1989, 950, 951.

die Teilhabe an der Hinterbliebenenversorgung (§§ 25, 26 VersAusglG) beteiligt sein. An Verfahren, die die Anpassung nach Rechtskraft betreffen (§§ 33, 34 VersAusglG), sind neben den Ehegatten auch die betroffenen Versorgungsträger beteiligt. An Stelle eines verstorbenen Ehegatten können dessen Erben zu beteiligen sein (vgl. § 34 Abs. 4 VersAusglG).

90   Aus der materiellen Beteiligung von Versorgungsträgern folgt die Notwendigkeit, diese auch formell in das Verfahren einzubeziehen. Die **formelle Beteiligung der Versorgungsträger** erfolgt i.d.R. schon durch die Übersendung des gerichtlichen Auskunftsersuchens (§ 220 Abs. 1 FamFG). Im Falle interner Teilung brauchen ihnen die Auskünfte der anderen beteiligten Versorgungsträger nicht zur Kenntnis gebracht zu werden, weil sie durch die Teilung dort bestehender Anrechte nicht betroffen werden. Eine Ausnahme gilt jedoch für die Versorgungsträger gleichartiger Anrechte beider Ehegatten, weil diese Anrechte von den Versorgungsträgern ggf. nach § 10 Abs. 2 VersAusglG zu verrechnen sind. Bei externer Teilung eines Anrechts müssen der Versorgungsträger des Ausgleichspflichtigen und der Träger der Zielversorgung wechselseitig über die erteilten Auskünfte informiert werden. Den beteiligten Versorgungsträgern ist die gerichtliche Entscheidung zuzustellen. Wird eine vorgeschriebene Beteiligung unterlassen, so kann eine erlassene Entscheidung auch ohne wirksame Bekanntgabe an den übergangenen Versorgungsträger wirksam werden. Aus § 63 Abs. 3 Satz 2 FamFG ergibt sich, dass ein Beteiligter, dem eine erlassene Entscheidung nicht bekannt gemacht worden ist, ein Rechtsmittel nur so lange einlegen kann, bis die Rechtsmittelfristen für die anderen (tatsächlich) Beteiligten abgelaufen sind (vgl. dazu unten Rdn. 108). Ist das Verfahren nach dem Tod des verpflichteten Ehegatten gegen dessen **Erben** fortzusetzen (vgl. Rdn. 69), so sind diese förmlich am Verfahren zu beteiligen.

V. Amtsermittlungen

91   In Verfahren über den VA gilt – ebenso wie früher nach § 12 FGG – weiterhin der **Grundsatz der Amtsermittlung** (§ 26 FamFG). Das Familiengericht muss daher von Amts wegen die zur Aufklärung des Sachverhalts erforderlichen Ermittlungen anstellen, soweit dies für die zu treffende Entscheidung von Bedeutung ist. Die Ehegatten trifft jedoch eine Mitwirkungspflicht (vgl. § 220 FamFG). Deshalb kann das Gericht, ohne seine Aufklärungspflicht zu verletzen, davon ausgehen, dass die Ehegatten ihnen vorteilhafte Umstände, z.B. solche, die die Anwendung einer Härteklausel oder die Durchführung des VA trotz Geringfügigkeit der Ausgleichswerte (§ 18 VersAusglG) rechtfertigen können, oder solche, die nach Ende der Ehezeit eingetreten sind und gemäß § 5 Abs. 2 Satz 2 VersAusglG berücksichtigt werden müssen, von sich aus vorbringen.[69] Ist dies aber geschehen, muss das Gericht den Hinweisen aufgrund seiner Amtsermittlungspflicht auch nachgehen.[70]

92   Die **Amtsermittlungen beginnen** i.d.R. damit, dass das Familiengericht den beteiligten Eheleuten einen amtlichen Fragebogen zuleitet, in dem sie sich über die von ihnen bisher erworbenen Versorgungsanrechte vollständig zu erklären haben (vgl. Rdn. 47). Die Ehegatten sind dem Gericht gegenüber zur Erteilung von Auskunft in der jeweils verlangten Form verpflichtet (§ 220 Abs. 2 und 3 FamFG). Das Gericht kann die erforderlichen Auskünfte auch durch **Zwangsmittel** nach § 35 FamFG erzwingen (vgl. Rdn. 47). Die Festsetzung eines Zwangsmittels ist mit der sofortigen Beschwerde nach § 35 Abs. 5 FamFG i.V. mit den §§ 567 ff. ZPO anfechtbar. Reichen die gesetzlichen Zwangsmittel nicht aus, um die erforderlichen Auskünfte von einem Ehegatten zu erhalten, muss das Gericht anderweitig ermitteln. § 220 Abs. 1 FamFG bietet die rechtliche Handhabe, um die notwendigen Angaben über die soziale Biografie des betreffenden Ehegatten auch vom anderen Ehegatten oder von nicht am Verfahren beteiligten Stellen – z.B. von Arbeitgebern und Krankenkassen – zu erhalten.

---

69 BGH FamRZ 1988, 709, 710.
70 OLG Brandenburg FamRZ 2006, 129, 130.

Hat das Gericht die in Betracht kommenden Versorgungsanrechte ermittelt, holt es – wiederum **93** unter Verwendung von Vordrucken und unter Mitteilung der maßgeblichen Ehezeit – bei den zuständigen Versorgungsträgern **Auskünfte über** Grund und Höhe der **Versorgungsanrechte** ein (§ 220 Abs. 1 FamFG, § 5 VersAusglG). Die Versorgungsträger sind gemäß § 220 Abs. 4 und 5 FamFG zur Auskunft verpflichtet (vgl. Rdn. 53 ff.). Auch gegen sie kann das Gericht ggf. Zwangsmittel nach § 35 FamFG einsetzen, wenn sie ihrer Verpflichtung nicht nachkommen.

VI. Endentscheidung

1. Form und Wirkung

Soweit ein VA-Verfahren beim Familiengericht – entweder isoliert oder im Scheidungsverbund – **94** anhängig geworden ist und sich nicht anderweitig (z.B. durch Rücknahme des Scheidungsantrags, § 141 Satz 1 FamFG, oder des isolierten Antrags auf Durchführung oder Abänderung des VA) erledigt hat, ist eine **Endentscheidung** über den Verfahrensgegenstand zu erlassen (§ 38 Abs. 1 Satz 1 FamFG). Diese ergeht – auch wenn zugleich über die Scheidung und ggf. auch über Familienstreitsachen (i.S. des § 112 FamFG) entschieden wird – in **Beschlussform** (§§ 116 Abs. 1, 142 Abs. 1 FamFG). Die Entscheidung muss im Rubrum sämtliche Verfahrensbeteiligten, die durch die Entscheidung betroffen werden[71] (vgl. Rdn. 118), die Bezeichnung des Gerichts und der daran beteiligten Richter sowie die Beschlussformel enthalten (§ 38 Abs. 2 FamFG). Der Beschluss ist zu **begründen** (§ 224 Abs. 2 FamFG), mit einer **Rechtsbehelfsbelehrung** zu versehen (§ 39 FamFG)[72] und zu unterschreiben (§ 38 Abs. 3 Satz 2 FamFG). Er wird erst **mit der Rechtskraft wirksam** (§ 224 Abs. 1 FamFG). Die Rechtskraft tritt mit Ablauf der Rechtsmittelfrist für alle Verfahrensbeteiligten ein (§§ 63 Abs. 1, 71 Abs. 1 FamFG). Dies gilt auch für die Beschwerdeentscheidung des OLG. Im Fall einer nicht zugelassenen und deshalb unstatthaften Rechtsbeschwerde wird die OLG-Entscheidung erst mit Bekanntmachung der Entscheidung des BGH rechtskräftig.[73] Im Scheidungsverbund kann die Entscheidung über den VA allerdings nicht vor Rechtskraft des Scheidungsausspruchs wirksam werden (§ 148 FamFG). In aus dem Verbund abgetrennten Verfahren ist eine Entscheidung über den VA auch dann zu treffen, wenn die Ehegatten einander nach Rechtskraft der Scheidung zwischenzeitlich erneut geheiratet haben.[74]

2. Teilentscheidung

Endentscheidungen können auch in Form von **Teilentscheidungen** ergehen, mit denen der Ver- **95** fahrensgegenstand teilweise endgültig erledigt wird. Teilentscheidungen über den VA sind zulässig, bei einer Folgesache allerdings nur, soweit dies mit den Regeln des Verfahrensverbundes vereinbar ist.[75] Wenn ein Teilkomplex des Gesamtausgleichs aussonderbar ist und die Entscheidung über diesen Teil durch den noch ausstehenden Restausgleich nicht mehr berührt werden kann, darf grundsätzlich eine Teilentscheidung getroffen werden.[76] Da nach dem neuen Ausgleichssystem jedes einzelne Anrecht für sich ausgeglichen wird, kann nunmehr grundsätzlich auch der Aus-

---

71 OLG Köln FamRZ 2011, 721.
72 Die Rechtsbehelfsbelehrung ist entbehrlich, wenn ein Rechtsmittel nicht statthaft ist; vgl. OLG Stuttgart FamRZ 2010, 146, 147; Schulte-Bunert/Weinreich/Oberheim § 39 Rn. 9; Bork/Jacoby/Schwab/Elzer § 39 Rn. 13; Zöller/Feskorn § 39 FamFG Rn. 4, 9. Entscheidungen der Oberlandesgerichte bedürfen einer Rechtsbehelfsbelehrung nur, wenn die Rechtsbeschwerde zugelassen wird (Schulte-Bunert/Weinreich/Oberheim § 39 Rn. 13. Zum notwendigen Inhalt der Rechtsbehelfsbelehrung vgl. BGH FamRZ 2011, 1389.
73 GmS OGB FamRZ 1984, 975.
74 BGH FamRZ 1983, 461, 462; OLG Koblenz FamRZ 1981, 60.
75 BGH FamRZ 1984, 1214, 1215.
76 BGH FamRZ 1983, 38, 39.

gleich jedes Anrechts Gegenstand einer Teilentscheidung sein.[77] Eine Teilentscheidung kann auch ergehen, wenn die Herabsetzung des Ausgleichsbetrags nach einer Härteklausel in Betracht kommt.[78] Eine Teilentscheidung liegt allerdings nur dann vor, wenn in der Entscheidung oder in Begleitumständen zum Ausdruck kommt, dass das Gericht über einen Teil des Verfahrensgegenstandes vorab entscheiden und den Rest später regeln will. Ist es sich nicht bewusst, dass es den VA unvollständig regelt, steht einer ergänzenden Entscheidung § 68 Abs. 1 S. 2 FamFG entgegen.[79] Ist dem Gericht ein an sich in den Wertausgleich einzubeziehendes Versorgungsanrecht überhaupt nicht bekannt geworden, weil es von dem Versorgungsanwärter vergessen oder verheimlicht worden ist, kann es daher nicht in einem neuen (selbständigen) Verfahren über den Wertausgleich nachträglich ausgeglichen werden. Auch ein Wertausgleich im Rahmen eines Abänderungsverfahrens nach den §§ 51, 52 VersAusglG oder nach den §§ 225, 226 FamFG scheidet aus, weil sich die Abänderung auf Anrechte beschränkt, die bereits Gegenstand der Erstentscheidung waren. Denkbar ist zwar ein späterer schuldrechtlicher VA. Nach der Struktur des neuen Rechts beschränkt sich der schuldrechtliche VA aber auf die gesetzlich ausdrücklich geregelten Fälle und dient nicht dazu, Fehler im Verfahren über den Wertausgleich bei der Scheidung zu korrigieren (s. dazu näher § 20 Rdn. 4a).

3. Abgrenzung zur Zwischenentscheidung

96 Von den Endentscheidungen zu unterscheiden sind **Zwischenentscheidungen**, mit denen der Verfahrensgegenstand nicht – auch nicht teilweise – erledigt, sondern nur ein Zwischenstreit beendet oder das Verfahren gefördert wird. Dazu gehören z.B. Anordnungen an Beteiligte nach § 220 FamFG sowie die Festsetzung von Zwangsmitteln nach § 35 FamFG.

4. Beschlussformel

97 In der **Beschlussformel** hat das Gericht im **Wertausgleich bei der Scheidung** die einzelnen auszugleichenden Anrechte intern oder extern zu teilen. Dabei sind jedes einzelne ausgeglichene Anrecht, sein Ausgleichswert, ausgedrückt in der nach § 5 Abs. 1 VersAusglG maßgebenden Bezugsgröße und grundsätzlich bezogen auf ein bestimmtes Ehezeitende, die Ausgleichsform (interne oder externe Teilung), der ausgleichspflichtige und der ausgleichsberechtigte Ehegatte sowie die betroffenen Versorgungsträger, zu deren Gunsten oder Lasten die Übertragung oder Begründung der Anrechte erfolgt, zum Ausdruck zu bringen.[80] Bei einer externen Teilung nach § 14 Abs. 2 VersAusglG hat das Gericht zusätzlich den Kapitalbetrag festzusetzen, den der Versorgungsträger des ausgleichspflichtigen Ehegatten gemäß § 14 Abs. 4 VersAusglG zum Transfer des Ausgleichswerts an den Träger der Zielversorgung – u.U. nebst Zinsen ab Ende der Ehezeit (s. § 14 Rdn. 19c ff.) – zu zahlen hat (§ 222 Abs. 3 FamFG). Bei **Ausgleichsansprüchen nach der Scheidung** hat das Gericht eine Leistungsentscheidung zu treffen, in der – wie in einem Unterhaltsurteil – der Zahlungspflichtige und der Leistungsempfänger, der zu zahlende Monatsbetrag der schuldrechtlichen Ausgleichsrente, der Zeitpunkt der Fälligkeit der einzelnen Monatsraten und ggf. rückständige Beträge nebst Verzugszinsen genannt werden bzw. in den Fällen des § 22 und des § 23 VersAusglG der zu zahlende Kapitalbetrag.

98 Nach dem früheren § 53d FGG war eine Entscheidung über den öffentlich-rechtlichen VA entbehrlich, wenn die Ehegatten den VA durch Ehevertrag nach § 1408 Abs. 2 BGB a.F. oder durch Scheidungsfolgenvereinbarung nach § 1587o BGB wirksam ausgeschlossen hatten. Eine gleichwohl häufig getroffene Entscheidung, dass die Durchführung des VA nicht stattfinde, hatte – als

---

77 BGH FamRZ 2011, 1785; 2011, 1931, 1932; OLG Düsseldorf FamRZ 2011, 719; OLG Celle FamRZ 2011, 720; Ruland Rn. 1136; Borth Rn. 1160.
78 BGH FamRZ 1983, 890, 891.
79 BGH FamRZ 1984, 572; 1988, 276, 277.
80 Ruland Rn. 1128.

Wick

bloße Wiedergabe des Gesetzestextes – lediglich deklaratorische Wirkung.[81] Nach neuem Recht hat das Gericht dagegen in allen Fällen, in denen deutsches Scheidungsrecht und damit (gemäß Art. 17 Abs. 3 Satz 1 EGBGB) auch deutsches VA-Statut gilt, eine Endentscheidung über den VA zu treffen, unabhängig davon, ob ein Wertausgleich stattfindet oder nicht. Soweit ein VA wegen kurzer Ehezeit (§ 3 Abs. 3 VersAusglG), aufgrund eines Vertrages zwischen den Ehegatten (§ 6 Abs. 1 VersAusglG), wegen Geringfügigkeit von Ausgleichswerten (§ 18 VersAusglG) oder wegen grober Unbilligkeit (§ 27 VersAusglG) nicht stattfindet, hat das Gericht nämlich nunmehr ausdrücklich eine **negative Feststellung** zu treffen (§ 224 Abs. 3 FamFG). In diesen Fällen hat jetzt immer eine materielle Prüfung des Gerichts stattzufinden,[82] im Falle einer Vereinbarung in Bezug auf deren Wirksamkeit (§ 8 Abs. 1 VersAusglG), und die negative Feststellung des Gerichts erwächst in materielle Rechtskraft. Ist der VA insgesamt (und nicht nur der Wertausgleich bei der Scheidung) ausgeschlossen, so ist dies (trotz der eingeschränkten Fassung des § 224 Abs. 3 FamFG) ausdrücklich festzustellen. Über Anrechte, die bei der Scheidung noch nicht ausgleichsreif sind und deshalb nicht dem Wertausgleich unterliegen, sondern lediglich schuldrechtlich auszugleichen sind (§ 19 Abs. 1 Satz 1, Abs. 4 VersAusglG), braucht in der Beschlussformel keine Feststellung getroffen zu werden.[83] In der Begründung des Beschlusses ist jedoch ausdrücklich festzuhalten, dass hinsichtlich dieser (konkret zu benennenden) Anrechte noch (schuldrechtliche) Ausgleichsansprüche nach der Scheidung verbleiben (§ 224 Abs. 4 FamFG).

5. Nebenentscheidungen

Im **Scheidungsverbund** ergeht eine einheitliche **Kostenentscheidung**, die auch die VA-Folgesache einschließt und mit der die Verfahrenskosten grundsätzlich zwischen den Ehegatten gegeneinander aufzuheben sind (§ 150 Abs. 1 FamFG). Ist der VA nach § 140 Abs. 2 FamFG aus dem Verbund abgetrennt worden, so sind die Kosten hinsichtlich dieser Folgesache ebenfalls gegeneinander aufzuheben (§ 150 Abs. 1 und 5 FamFG). Beteiligte Versorgungsträger haben ihre außergerichtlichen Kosten selbst zu tragen (§ 150 Abs. 3 FamFG). Auch in **selbständigen Verfahren** hat das Gericht stets eine Kostenentscheidung zu erlassen (§§ 81 Abs. 1 Satz 3, 82 FamFG). Grundsätzlich sind die Kosten eines selbständigen VA-Verfahrens nach billigem Ermessen den Beteiligten ganz oder teilweise aufzuerlegen (§ 81 Abs. 1 Satz 1 FamFG). Im Allgemeinen ist wie im Scheidungsverbund eine Kostenaufhebung angemessen.[84] In bestimmten Fällen ist das Ermessen des Gerichts jedoch eingeschränkt, z.B. wenn der Antrag eines Beteiligten von vornherein keine Aussicht auf Erfolg hatte oder wenn ein Beteiligter das Verfahren durch schuldhafte Verletzung seiner Mitwirkungspflicht erheblich verzögert hat (§ 81 Abs. 2 FamFG). Das Gericht kann auch anordnen, dass keine Gerichtskosten zu erheben sind (§ 81 Abs. 1 Satz 2 FamFG). Hinsichtlich der außergerichtlichen Kosten der Versorgungsträger ist § 150 Abs. 3 FamFG im selbständigen Verfahren entsprechend anzuwenden.[85]

Das Gericht hat ferner von Amts wegen (§ 55 FamGKG) für jede VA-Sache den **Wert festzusetzen**, nach dem sich die Gerichtsgebühren (§ 3 Abs. 1 FamGKG) und die anwaltlichen Gebühren (§§ 2 Abs. 1, 23 Abs. 1, 32 Abs. 1 RVG) richten. Dies gilt auch dann, wenn kein Wertausgleich durchzuführen ist, weil die Ehe nicht länger als drei Jahre gedauert und kein Ehegatte die Durch-

81 BGH FamRZ 1991, 679, 680; anders jedoch BGH FamRZ 2009, 215 für den Fall, dass ersichtlich eine gerichtliche Inhaltskontrolle stattgefunden hatte.
82 BT-Drucks. 16/10144 S. 96.
83 Johannsen/Henrich/Hahne § 225 FamFG Rn. 6; Palandt/Brudermüller § 19 VersAusglG Rn. 13; NK-BGB/Götsche § 19 VersAusglG Rn. 47; a.A. Johannsen/Henrich/Holzwarth § 19 VersAusglG Rn. 24; Erman/Norpoth § 19 VersAusglG Rn. 22: Ausspruch im Tenor erforderlich.
84 OLG Thüringen FamRZ 2012, 638, 640.
85 OLG Thüringen FamRZ 2012, 638, 640; Borth Rn. 1226.

führung des VA beantragt hat (§ 3 Abs. 3 VersAusglG),[86] weil die Ehegatten den VA wirksam vertraglich ausgeschlossen haben (§ 6 VersAusglG),[87] weil die Werte der auszugleichenden Anrechte geringfügig sind (§ 18 VersAusglG)[88] oder weil die Durchführung des VA grob unbillig wäre (§ 27 VersAusglG).[89] Zwar kann das Gericht – jedenfalls in Fällen kurzer Ehezeit und vielfach auch bei Vereinbarungen über den Ausschluss des VA – von Ermittlungen hinsichtlich der Anrechte absehen. Es hat jedoch in allen Fällen eine negative Feststellung zu treffen, die in materielle Rechtskraft erwächst (s. Rdn. 44), und die Anwälte haben eine Prüfung vorzunehmen, die ein Haftungsrisiko begründet (s. § 3 Rdn. 27 ff.). Der Verfahrenswert bemisst sich in Abhängigkeit zum einen von der Zahl der auszugleichenden Anrechte und zum anderen von den Nettoeinkünften der Ehegatten, beträgt aber mindestens 1.000 € (§ 50 Abs. 1 FamGKG).[90]

100a Der Wertberechnung ist **jedes verfahrensgegenständliche Anrecht** zugrunde zu legen, unabhängig davon, ob es im Ergebnis im Wege interner oder externer Teilung ausgeglichen wird.[91] Es kommt ausschließlich darauf an, ob ein gemäß § 2 VersAusglG dem VA unterliegendes Anrecht in der Ehezeit erworben worden ist und deshalb für den VA von Bedeutung sein kann. Zu berücksichtigen sind daher auch Anrechte, deren Teilung letztlich unterbleibt, weil das Gericht gemäß § 224 Abs. 3 FamFG beschließt, dass (insoweit) kein VA stattfindet.[92] Anders liegt es hingegen, wenn die Scheidung nach ausländischem Recht ausgesprochen wird und kein Antrag auf Durchführung des VA nach Art. 17 Abs. 3 S. 2 EGBGB gestellt worden ist, denn in diesem Fall ist überhaupt kein Verfahren über den VA anhängig geworden.[93] **Mehrere nicht gleichartige Anrechte**, die ein Ehegatte bei demselben Versorgungsträger erworben hat (z.B. West- und Ost-Anrechte der gesetzlichen Rentenversicherung), sind separat zu zählen.[94] Dies rechtfertigt sich aufgrund des zusätzlichen Prüfungsaufwands, den die gesonderte Bewertung ungleichartiger Anrechte zur Folge hat. Im Einzelfall kann allerdings eine Herabsetzung des Werts gemäß § 50 Abs. 3 FamGKG in Betracht kommen.[95] Außer Betracht bleiben bei der Wertfestsetzung Anrechte, die die Ehegatten zwar

---

86 OLG Düsseldorf FamRZ 2010, 2102; OLG Celle FamRZ 2010, 2103; OLG Karlsruhe FamRZ 2011, 668; OLG Thüringen FamRZ 2012, 128; Borth Rn. 1230; Prütting/Helms/Klüsener § 50 FamGKG Rn. 6; Kemper Kap.XI Rn. 243; NK-FamR/Hauß § 3 VersAusglG Rn. 13; NK-Versorgungsausgleichsrecht/Götsche § 3 VersAusglG Rn. 62; a.A. Schulte-Bunert/Weinreich/Keske § 50 FamGKG Rn. 15.

87 OLG Celle FamRZ 2010, 2103; OLG München FamRZ 2011, 1813; Schulte-Bunert/Weinreich/Keske § 50 FamGKG Rn. 14; Prütting/Helms/Klüsener § 50 FamGKG Rn. 6.

88 OLG Dresden FamRZ 2010, 1804; OLG Thüringen FamRZ 2010, 2099, 2100; 2011, 1060, 1062; OLG Schleswig FamRZ 2011, 133; OLG Stuttgart FamRZ 2011, 994; OLG Hamburg FamRZ 2011, 1813.

89 Kemper Kap. XI Rn. 243; Schulte-Bunert/Weinreich/Keske § 50 FamGKG Rn. 14; Wick FuR 2011, 605, 609.

90 Mit der Neufassung haben sich die Gebühren für VA-Sachen gegenüber dem früheren Recht im Durchschnitt (wenn auch nicht wesentlich) erhöht. Dies ist vom Gesetzgeber beabsichtigt, damit der konkrete Aufwand, der für die Familiengerichte und für die Anwälte entsteht, angemessener vergütet wird (BT-Drucks. 16/10144 S. 111; 16/11903 S. 126).

91 BT-Drucks. 16/11903 S. 61; OLG Thüringen FamRZ 2010, 38, 39; OLG Stuttgart FamRZ 2011, 134; 2011, 994; Keske FuR 2010, 433, 439.

92 OLG Düsseldorf FamRZ 2010, 2102; OLG Celle FamRZ 2010, 2103; Kemper Kap. XI Rn. 243; Thiel/Schneider FamFR 2010, 409, 410; Keske FuR 2010, 433, 439.

93 OLG Frankfurt FamRZ 2010, 2097.

94 OLG Dresden FamRZ 2010, 1804; OLG Stuttgart FamRZ 2010, 2098, 2099; OLG Thüringen FamRZ 2010, 2099, 2100; 2011, 38; 2011, 1060, 1062; OLG Nürnberg NJW 2011, 620; OLG Celle FamRZ 2012, 1311; Grabow FamRB 2010, 93, 96; Türck-Brocker FPR 2010, 308, 310; Thiel-Schneider FamFR 2010, 409, 410; a.A. OLG Brandenburg FamRZ 2011, 1591; 2012, 310; 2012, 379; 2012, 715; OLG Stuttgart Beschluss vom 30.03.2012 – 17 UF 32/12 – (juris); Keuter FamRZ 2011, 1026, 1027.

95 OLG Stuttgart FamRZ 2010, 2098, 2099.

angegeben haben, die aber nach Auffassung des Gerichts nicht zu den nach § 2 VersAusglG dem VA unterliegenden Anrechten gehören oder nicht in der Ehezeit erworben worden sind.[96]

Streitig ist, ob im Rahmen des Wertausgleichs bei der Scheidung auch **Anrechte** in die Bemessung des Verfahrenswerts einzubeziehen sind, die das Gericht als **nicht ausgleichsreif** i.S. des § 19 VersAusglG beurteilt und die deshalb nach § 19 Abs. 1 S. 1 VersAusglG dem schuldrechtlichen VA vorbehalten bleiben. Zwar muss in diesem Fall keine in Rechtskraft erwachsende Entscheidung über den Wertausgleich dieser Anrechte ergehen, sondern nur in den Gründen auf die Möglichkeit späterer Geltendmachung schuldrechtlicher Ausgleichsansprüche hingewiesen werden (§ 224 Abs. 4 FamFG). Gleichwohl sind nicht ausgleichsreife Anrechte »Gegenstand« des Verfahrens über den Wertausgleich, weil das Gericht die Ausgleichsreife prüfen muss. Der Anwalt des Ausgleichsberechtigten hat die Beurteilung des Gerichts zu überprüfen und ggf. mit einem Rechtsmittel die Einbeziehung eines nicht als ausgleichsreif angesehenen Anrechts in den Wertausgleich geltend zu machen. Dies rechtfertigt es, grundsätzlich auch die Anrechte, deren Ausgleichsreife das Gericht verneint hat, bei der Bemessung des Verfahrenswerts zu berücksichtigen.[97] Allerdings können ausländische Anrechte, deren Einbeziehung in den Wertausgleich bei der Scheidung von vornherein ausscheidet, zumindest im Wege der Korrektur nach § 50 Abs. 3 FamGKG für die Wertbemessung außer Betracht bleiben.[98]

Die Wertbemessung richtet sich nach dem in drei Monaten erzielten Nettoeinkommen der Ehegatten. Die Regelung knüpft an § 43 Abs. 2 FamGKG an, wonach für die Einkommensverhältnisse der Ehegatten, die für die Festsetzung des Werts der Ehesache mitbestimmend sind, das **Dreimonatseinkommen der Ehegatten** zugrunde zu legen ist. Durch den Gleichklang der beiden Bewertungsvorschriften soll der Aufwand für die Wertfestsetzung im VA begrenzt werden.[99] Die Einbeziehung anderer für die Bemessung des Werts der Ehesache maßgebender Gesichtspunkte – wie etwa des Vermögens der Ehegatten (§ 43 Abs. 1 FamGKG) – ist nach § 50 Abs. 1 S. 1 FamGKG für den Wert des VA zwar ohne Bedeutung. Da der Wert der Ehesache aber meist nach dem Dreimonatseinkommen bemessen wird, kann der Wert des VA regelmäßig vom Wert der Ehesache abgeleitet werden.[100] Einigkeit besteht darüber, dass es auch nach § 50 Abs. 1 S. 1 FamGKG auf das Nettoerwerbseinkommen der Ehegatten ankommt, also auf die Bruttoeinkünfte abzüglich Steuern, Sozialversicherungsabgaben und Werbungskosten abzustellen ist. Teilweise wird die Ansicht vertreten, dass bei der für die Wertfestsetzung des VA maßgebenden Einkommensberechnung individuelle Abzüge, die bei der Berechnung des für den Wert der Ehesache maßgebenden Einkommens abzuziehen sind, wie etwa der Kindesunterhalt, nicht zu berücksichtigen seien.[101] Dies steht indessen der vom Gesetzgeber beabsichtigten Vereinfachung der Wertbe-

100b

100c

96 OLG Stuttgart FamRZ 2011, 994, 995; OLG Koblenz Beschluss vom 05.07.2011 – 7 WF 646/11 – (juris); Schulte-Bunert/Weinreich/Keske § 50 FamGKG Rn. 6; Keuter FamRZ 2011, 1026, 1027.
97 OLG Köln Beschluss vom 29.11.2010 – 27 UF 148/10 – (juris; insoweit in FamRZ 2011, 721 nicht abgedruckt); Kemper Kap. XI Rn. 243; Schulte-Bunert/Weinreich/Keske § 50 FamGKG Rn. 6; Holzwarth FamRZ 2011, 933, 944; a.A. OLG Brandenburg Beschluss vom 14.06.2011 – 10 UF 249/10 – (juris; insoweit in FamRZ 2012, 310 nicht abgedruckt); OLG Naumburg Beschluss vom 20.09.2011 – 8 WF 229/11 – (juris).
98 OLG Stuttgart FamRZ 2011, 134; OLG Saarbrücken Beschluss vom 24.04.2012 – 6 WF 33/12 – (juris).
99 BT-Drucks. 16/10144 S. 111.
100 Keuter FamRZ 2011, 1026, 1027; a.A. Kemper Kap. XI Rn. 247; Schulte-Bunert/Weinreich/Keske § 50 FamGKG Rn. 7.
101 OLG Stuttgart FamRZ 2010, 2098; OLG Bamberg FamRZ 2011, 1424; OLG Rostock FamRZ 2012, 241, 242; OLG Nürnberg MDR 2012, 588; Schneider/Wolf/Volpert/Thiel § 50 Rn. 16; Schulte-Bunert/Weinreich/Keske § 50 FamGKG Rn. 7; Prütting/Helms/Klüsener § 50 FamGKG Rn. 8; Borth Rn. 1229; Kemper Kap. XI Rn. 246; Türck-Brocker FPR 2010, 308, 309.

rechnung entgegen und ist deshalb abzulehnen.[102] Außer Betracht bleiben bei der Einkommensberechnung staatliche Sozialleistungen zur Deckung des Grundbedarfs ohne Lohnersatzfunktion (wie etwa Leistungen nach dem SGB II).[103] Maßgebend ist das Einkommen im Zeitpunkt der Einleitung des Verfahrens, d.h. im Scheidungsverbund der Einreichung des Scheidungsantrags, im isolierten Verfahren der Anhängigkeit der VA-Sache.[104] Das gilt auch, wenn das Verfahren längere Zeit ausgesetzt war.[105]

100d Gemäß § 50 Abs. 1 S. 1 FamGKG beträgt der Verfahrenswert grundsätzlich für jedes Anrecht 10 % des Dreimonatsnettoeinkommens der Eheleute. Für Verfahren über Ausgleichsansprüche nach der Scheidung (einschließlich der Ansprüche auf Teilhabe an der Hinterbliebenenversorgung) erhöht sich der Wert jedoch für jedes Anrecht auf 20 % des maßgeblichen Einkommens. Diese Erhöhung gilt ausschließlich für Verfahren über den schuldrechtlichen VA i.S. der §§ 20 – 26 VersAusglG und soll dem mit diesen Verfahren, denen oft komplexe, weit zurückliegende Sachverhalte zugrunde liegen, verbundenen höheren Aufwand Rechnung tragen.[106] Keine Erhöhung kommt daher in Betracht für isolierte oder aus dem Verbund abgetrennte Verfahren über den Wertausgleich bei der Scheidung[107] sowie für **Abänderungsverfahren** über den Wertausgleich nach den §§ 51, 52 VersAusglG und den §§ 225, 226 FamFG.[108] Auch **Anpassungsverfahren** nach den §§ 33, 34 VersAusglG, die keine Ausgleichsansprüche nach der Scheidung, sondern die Aussetzung der aufgrund des Wertausgleichs bei der Scheidung erfolgten Versorgungskürzungen betreffen, sind grundsätzlich mit 10 % des Dreimonatseinkommens der Ehegatten zu bewerten. Da der Gesetzgeber allerdings offensichtlich übersehen hat, eine auf diese Verfahren speziell zugeschnittene Wertvorschrift zu schaffen, kann der sich nach § 50 Abs. 1 FamGKG auch erhöht werden, wenn eine aufwändige Unterhaltsberechnung erforderlich ist (s. dazu näher § 34 Rdn. 6).

100e Gemäß § 50 Abs. 3 FamGKG kann das Gericht den Wert herauf- oder herabsetzen, wenn eine Bewertung nach Abs. 1 nach den besonderen Umständen des Einzelfalls unbillig wäre. Damit kann verhindert werden, dass der Verfahrenswert zu Umfang, Schwierigkeit und Bedeutung der Sache in keinem vertretbaren Verhältnis steht.[109] Ob der **Mindestwert** nach Abs. 1 Satz 2 noch unterschritten werden darf, ist umstritten. Da der Gesetzgeber die Bewertung des VA mit Rücksicht auf den konkreten Aufwand der Gerichte und die Leistungen der Anwälte verbessern wollte, indem die früheren Festwerte durch an der wirtschaftlichen Leistungsfähigkeit der Ehegatten und der Zahl der auszugleichenden Anrechte orientierte und damit stärker an die Bedeutung der Sache für die Beteiligten und am Aufwand des Gerichts und der Anwälte anknüpfende Werte ersetzt

---

102 OLG Nürnberg FamRZ 2010, 2101; AG Ludwigslust FamRZ 2010, 2101; Keuter FamRZ 2011, 1026, 1028; Wick FuR 2011, 605, 610.

103 So für Ehesachen OLG Celle FamRZ 2006, 1690; 2012, 240; OLG Naumburg FamRZ 2009, 639; OLG Hamm FamRZ 2011, 1422; OLG Bremen FamRZ 2012, 239; a.A. OLG Düsseldorf FamRZ 2009, 543; OLG Brandenburg FamRZ 2011, 1423.

104 OLG München FamRZ 2012, 1387, 1388; Schneider FamRZ 2010, 87.

105 OLG Thüringen FamRZ 2010, 2099; 2011, 1060, 1062; OLG Brandenburg FamRZ 2011, 1797; OLG Rostock FamRZ 2012, 241; Türck-Brocker FPR 2010, 308, 309; Keuter FamRZ 2011, 1026, 1028; a.A. Grabow FamRB 2010, 93, 95.

106 BT-Drucks. 16/11903 S. 61; MüKo-ZPO/Stein § 224 FamFG Rn. 43; Holzwarth FamRZ 2011, 933, 943; Keuter FamRZ 2011, 1026, 1029.

107 OLG Thüringen FamRZ 2010, 2099, 2100; 2011, 1060, 1062; OLG Nürnberg FamRZ 2011, 132; OLG Schleswig FamRZ 2011, 133; Borth Rn. 1228; Prütting/Helms/Klüsener § 50 FamGKG Rn. 5; Türck-Brocker FÜR 2010, 308, 309; Keuter FamRZ 2011, 1026, 1029.

108 OLG Bremen Beschluss vom 02.07.2012 – 4 WF 69/12 – (juris); Grabow FamRB 2010, 93, 95; Thiel-Schneider FamFR 2010, 409, 411; wohl auch Borth Rn. 1228; Schulte-Bunert/Weinreich/Keske § 50 FamGKG Rn. 5 (allerdings mit der Befürwortung von Korrekturen unter Heranziehung von Abs. 3, vgl. Rn. 12); a.A. OLG Brandenbrug FamRZ 2011, 1797; Krause FamRB 2009, 321; 2010, 29.

109 BT-Drucks. 16/10144 S. 111.

Wick

wurden,[110] spricht viel dafür, dass eine Unterschreitung des in § 50 Abs. 1 Satz 2 FamGKG normierten Mindestwerts auch in Fällen von geringer Bedeutung nicht in Betracht kommt;[111] zumindest bedürfte eine Unterschreitung dieses Mindestwerts einer besonderen Begründung.

Steht der **VA im Scheidungsverbund**, erfolgt die Wertfestsetzung i.d.R. für alle Gegenstände des Scheidungsverbundes zusammen, da die Scheidungssache und die Folgesachen gebührenrechtlich als eine Angelegenheit gelten und die einzelnen Werte daher für die Ermittlung der Gerichts- und Anwaltsgebühren zu addieren sind (§ 44 Abs. 1 FamGKG, § 16 Nr. 4 RVG).   **100f**

In Verfahren über **Auskunftsansprüche** (§ 4 VersAusglG) oder über die **Abtretung** von Versorgungsansprüchen (§ 21 VersAusglG) beträgt der Verfahrenswert gemäß § 50 Abs. 2 FamGKG 500 €; auch insoweit ist nach Abs. 3 eine abweichende Bewertung aus Billigkeitsgründen möglich.   **100g**

Übergangsrechtlich gilt Folgendes: Soweit ein VA-Verfahren vor dem 01.09.2009 eingeleitet, aber gemäß Art. 111 Abs. 3 oder 4 FGG-RG in das neue Recht übergeleitet worden ist, kommt für das weitere Verfahren das neue Kostenrecht des FamGKG zur Anwendung. Der Verfahrenswert ist daher ggf. neu nach § 50 FamGKG zu bestimmen, wobei das Einkommen bei Beginn des Scheidungsverfahrens zugrunde zu legen ist.[112] Nach der Rechtsprechung des BGH[113] haben Verfahren, die vor dem 01.09.2009 eingeleitet, dann aus dem Verbund abgetrennt worden und gemäß Art. 111 Abs. 4 S. 2 FGG-RG als selbständige Familiensachen fortzuführen sind, die Eigenschaft der Folgesache (§ 137 Abs. 2 FamFG) verloren.[114] Das bedeutet jedoch nicht, dass die **Anwaltsgebühren** in dem fortgeführten Verfahren nochmals entstehen. Gemäß § 21 Abs. 3 RVG sind das fortgeführte und das frühere Verfahren *dieselbe* Angelegenheit. In derselben Angelegenheit kann der Anwalt die Gebühren in jedem Rechtszug nur einmal fordern (§ 15 Abs. 2 S. 1 RVG). Das gilt auch, wenn ein VA-Verfahren mehr als zwei Jahre ausgesetzt war. § 15 Abs. 5 S. 2 RVG findet insoweit keine Anwendung, weil der Auftrag des Anwalts mit der Abtrennung und Aussetzung der VA-Sache nicht erledigt war.[115] Soweit die Gebührentatbestände ab Selbständigkeit des Verfahrens erneut entstanden sind, kann sich zugunsten des Anwalts allerdings auswirken, dass der Wert des VA nicht mehr (gemäß § 16 Nr. 4 RVG) mit dem Wert anderer im Verbund stehender Sachen zusammenzurechnen ist und dass er nach § 50 FamGKG höher sein kann als nach § 49 GKG a.F. In diesem Fall kann der Anwalt die Differenz zwischen den nach früherem Recht verdienten Gebühren und den nach neuem Recht entstandenen Gebühren geltend machen.[116]   **100h**

6. Beschlussergänzung und -berichtigung

Eine **Ergänzung** oder **Berichtigung** des Beschlusses ist gemäß §§ 42, 43 FamFG möglich.[117] So kann z.B. ein Eingabefehler bei Verwendung eines familiengerichtlichen Computerprogramms zur Berechnung des VA eine offenbare Unrichtigkeit i.S. des § 42 Abs. 1 FamFG sein.[118] Dagegen ist eine nachträgliche Änderung oder Ergänzung einer sachlich unrichtigen Entscheidung nach § 68   **101**

---

110 BT-Drucks. 16/10144 S. 111.
111 HK-FamGKG/Thiel § 50 Rn. 17 f.; Kemper Kap. XI Rn. 248; Thiel/Schneider FamFR 2010, 409, 411; Türck-Brocker FPR 2010, 308, 310; Keuter FamRZ 2011, 1026, 1030; a.A. Schulte-Bunert/Weinreich/Keske § 50 Rn. 11.
112 OLG Thüringen FamRZ 2010, 2099; OLG Schleswig FamRZ 2011, 133.
113 FamRZ 2011, 635.
114 Kritisch dazu Wick FuR 2011, 363, 364 m.w.Nw.
115 OLG Celle FamRZ 2011, 240, 241; OLG Oldenburg FamRZ 2011, 665; KG FamRZ 2011, 667; vgl. auch BGH FamRZ 2010, 1723, 1725.
116 OLG Celle FamRZ 2011, 240; OLG Oldenburg NJW 2011, 1614; im Ergebnis auch Jüdt FuR 2011, 307, 308.
117 Vgl. zum früheren Recht schon OLG Düsseldorf FamRZ 1982, 1093; OLG Brandenburg FamRZ 2000, 1096.
118 OLG Bamberg FamRZ 1998, 764; Schulte-Bunert/Weinreich § 42 Rn. 21.

Abs. 1 S. 2 FamFG unzulässig.[119] Eine rechtskräftige Entscheidung kann nur in einem Abände-rungsverfahren nach den §§ 51, 52 VersAusglG, §§ 225, 226 FamFG oder § 227 Abs. 1 i.V.m. § 48 Abs. 1 FamFG korrigiert werden. Die Berichtigung einer Entscheidung hat grundsätzlich keinen Einfluss auf den Lauf der Rechtsmittelfrist. Eine Ausnahme gilt nur für den Fall, dass die zunächst zugestellte Entscheidung insgesamt – also einschließlich der Entscheidungsgründe – nicht klar genug war, um den Beteiligten eine Grundlage für ihre Entschließungen über ihr weiteres Vorge-hen bieten zu können.[120]

7. Bekanntmachung

101a Wird über den VA gemäß § 137 Abs. 1 FamFG im Verbund mit der Scheidung entschieden, so ist der Beschluss nach § 113 Abs. 1 S. 2 FamFG i.V.m. den §§ 311 Abs. 2 S. 1, 329 Abs. 1 S. 1 ZPO wie ein Urteil zu verkünden.[121] Hinsichtlich der Entscheidung über den VA kann dabei auf die Beschlussformel Bezug genommen werden (§ 142 Abs. 3 FamFG).[122] Der Beschluss ist den Betei-ligten – der den VA betreffende Teil also auch den betroffenen Versorgungsträgern – entsprechend § 317 ZPO förmlich zuzustellen.[123] In selbständigen Verfahren über den VA richtet sich die Bekanntgabe der Entscheidung nach § 41 i.V.m. § 15 FamFG. Die Bekanntgabe an die Beteiligten kann hier durch förmliche Zustellung oder durch Aufgabe des Beschlusses zur Post erfolgen. Auch eine mündliche Bekanntgabe gegenüber Anwesenden durch Verlesen der Beschlussformel ist zuläs-sig. In diesem Fall muss die Entscheidung jedoch anschließend nebst Begründung noch schriftlich bekanntgemacht werden. Eine telefonische Bekanntgabe kommt nicht in Betracht.[124]

8. Vollstreckung

102 Da die **Entscheidung über den Wertausgleich** grundsätzlich **rechtsgestaltende Wirkung** hat (vgl. Rdn. 67), bedarf es insoweit **keiner Vollstreckung**. Eine etwa erforderliche Verrechnung intern geteilter gleichartiger Anrechte durch den oder die beteiligten Versorgungsträger nach § 10 Abs. 2 VersAusglG betrifft nur den Vollzug der Teilung auf den Versorgungskonten der Ehegatten. Im Falle der externen Teilung nach § 14 Abs. 2 VersAusglG kommt allerdings eine Vollstreckung sei-tens des Versorgungsträgers des ausgleichspflichtigen Ehegatten aus dem gemäß § 222 Abs. 3 FamFG zusätzlich erforderlichen Ausspruch über den erforderlichen Kapitaltransfer (s.o. Rdn. 67) in Betracht. Zur Durchsetzung titulierter **schuldrechtlicher Ausgleichsansprüche** kann ebenfalls eine Vollstreckung erforderlich sein, die vom ausgleichsberechtigten Ehegatten zu betreiben ist (vgl. § 20 Rdn. 47). Auch Auskunftstitel nach § 4 VersAusglG bedürfen der Vollstreckung (s. § 4 Rdn. 8).

9. Aufgaben des Anwalts nach Erlass der Entscheidung

103 Die Anwälte der Ehegatten haben vor allem die Endentscheidung sorgfältig zu überprüfen, und zwar sowohl hinsichtlich ihrer tatsächlichen Grundlagen als auch hinsichtlich der rechtlichen Bewertun-gen. Die anwaltliche Kontrolle muss wegen des Eintritts der Rechtskraft nach Fristablauf (s. Rdn. 94) zudem sehr zügig erfolgen. Sie ist mit erheblichem **Haftungsrisiko** verbunden, weil der Mandantschaft im Falle der Schlechterfüllung irreparable Vermögensschäden erwachsen können.

---

119 BGH FamRZ 1982, 687; 1984, 572; 1988, 276, 277.
120 BGH FamRZ 2009, 1480.
121 BGH FamRZ 2012, 106 m. krit. Anm. Heiter FamRZ 2012, 206; Prütting/Helms § 116 Rn. 12,14; MüKo-ZPO/Heiter § 142 FamFG Rn. 24.
122 Aus praktischen Erwägungen wird auf die Verlesung der in den Tenor aufzunehmenden umfangreichen technischen Einzelheiten verzichtet; vgl. BT-Drucks. 16/10144 S. 93.
123 Prütting/Helms § 116 Rn. 14; MüKo-ZPO/Heiter § 142 FamFG Rn. 26.
124 Prütting/Helms § 41 Rn. 15; Keidel/Meyer-Holz § 41 Rn.7.

Entscheidungen zum öffentlich-rechtlichen Wertausgleich können zwar (insoweit unter Durchbre- **104** chung der materiellen Rechtskraft) im Verfahren nach den §§ 51, 52 VersAusglG oder nach den §§ 225, 226 FamFG abgeändert werden. Die **Abänderung** ist jedoch nach der Strukturreform nicht mehr in demselben Umfang möglich wie früher. Während im früheren Verfahren nach § 10a VAHRG selbst Fehler der Erstentscheidung korrigiert werden konnten, enthalten die neuen Vorschriften verschiedene Restriktionen. So beschränkt sich die Abänderung von Entscheidungen, die nach neuem Recht ergangen sind, auf den Ausgleich von Anrechten aus den öffentlich-rechtlichen Regelsicherungssystemen, d.h. aus der gesetzlichen Rentenversicherung, der Beamtenversorgung, den berufsständischen Versorgungen, der Alterssicherung der Landwirte und den Abgeordneten- und Ministerversorgungen (§ 225 Abs. 1 FamFG i.V.m. § 32 VersAusglG). Der Ausgleich von Anrechten bei privatrechtlichen Versorgungsträgern kann daher nicht mehr korrigiert werden. Soweit eine Abänderung des Wertausgleichs möglich ist, beschränkt sich deren Wirkung im Übrigen auf die Zeit ab dem auf die Antragstellung folgenden Monatsersten (§ 226 Abs. 4 FamFG). Solange bei den Ehegatten noch kein Versorgungsfall eingetreten ist, wirkt sich diese Beschränkung wirtschaftlich nicht aus. Sie schließt aber die rückwirkende Beseitigung von Vermögenseinbußen bei laufenden Versorgungen aus. Soweit der Wertausgleich gemäß § 224 Abs. 3 FamFG vom Familiengericht ausgeschlossen worden ist, besteht überhaupt keine rechtliche Möglichkeit zu einer späteren Korrektur.[125]

Zu diesen rechtlichen Beschränkungen für eine nachträgliche Fehlerbeseitigung kommt hinzu, **105** dass ein Anwalt i.d.R. keine Veranlassung hat, sich später noch einmal mit dem abgeschlossenen VA-Verfahren zu befassen. Von der Mandantschaft wird insoweit mangels der möglichen Fehlerquellen kein Anstoß zur Prüfung kommen. Ein nicht sofort entdeckter Fehler wird deshalb fortbestehen und – bei laufenden Versorgungen – ständig neue unberechtigte Vermögenseinbußen auf Seiten eines Ehegatten verursachen.

Die Anwälte sollten daher unverzüglich nach Zustellung der Entscheidung die erforderliche **Prü- 106 fung** vornehmen. Sie bezieht sich zunächst – wie schon vor und während des Verfahrens (vgl. Rdn. 48) – auf die **tatsächlichen Grundlagen** der Entscheidung, insb. die vollständige Erfassung aller Versorgungsanrechte des Gegners. In **rechtlicher Hinsicht** ist vor allem eine kritische Prüfung der Entscheidungteile geboten, die sich mit Versorgungsanrechten außerhalb der Regelsicherungssysteme befassen. Im Einzelnen ist insb. zu prüfen:

- Ist die Ehezeit richtig berechnet worden?
- Falls der Wertausgleich wegen kurzer Ehezeit (§ 3 Abs. 3 VersAusglG) ausgeschlossen worden ist: Wird der vertretene Ehegatte dadurch (soweit dies ohne Auskünfte der Versorgungsträger beurteilt werden kann) derart benachteiligt, dass (im Rahmen einer Beschwerde) ein Antrag auf Durchführung des VA gestellt werden sollte?
- Falls der Wertausgleich im Hinblick auf eine Vereinbarung der Ehegatten ausgeschlossen worden ist und sich dieser Ausschluss (vermutlich) erheblich zu Lasten des vertretenen Ehegatten auswirkt: Bestehen Anhaltspunkte dafür, dass die Vereinbarung einer richterlichen Inhalts- oder Ausübungskontrolle nach § 8 VersAusglG nicht standhalten wird?
- Falls der Wertausgleich zum Nachteil des vertretenen Ehegatten wegen Geringfügigkeit (§ 18 VersAusglG) ausgeschlossen worden ist: Hat das Gericht das ihm zustehende Ermessen richtig ausgeübt?
- Falls der Wertausgleich zum Nachteil des vertretenen Ehegatten wegen grober Unbilligkeit (§ 27 VersAusglG) ausgeschlossen worden ist: Kann die Bewertung des Gerichts hingenommen werden?
- Falls das Gericht Anrechte des gegnerischen Ehegatten wegen fehlender Ausgleichsreife (§ 19 VersAusglG) in den schuldrechtlichen VA verwiesen hat: Ist das Fehlen der Ausgleichsreife zutreffend beurteilt worden? Insb.: Ist die Verfallbarkeit betrieblicher Anrechte nach dem Stand

---

125 Vgl. schon zum früheren Recht BGH FamRZ 1996, 282, 283.

zum Zeitpunkt der Entscheidung beurteilt worden (vgl. § 19 Abs. 1 Satz 2 i.V. mit § 5 Abs. 2 Satz 2 VersAusglG)?

- Falls ausländische Anrechte des gegnerischen Ehegatten wegen fehlender Ausgleichsreife in den schuldrechtlichen VA verwiesen worden sind: Entspricht es der Billigkeit, auch die (deutschen) Anrechte des vertretenen Ehegatten nicht in einen Wertausgleich einzubeziehen (vgl. § 19 Abs. 3 VersAusglG)?
- Sind die Ehezeitanteile zutreffend nach den §§ 39–41 VersAusglG berechnet worden?
- Hat das Gericht den Ausgleich mit zutreffenden Ausgleichswerten (§ 1 Abs. 2 Satz 2 VersAusglG) durchgeführt? Insb.: Sind keine zu hohen Teilungskosten (§ 13 VersAusglG) in Abzug gebracht worden?
- Falls eine externe Teilung nach § 14 Abs. 2 VersAusglG durchgeführt worden ist und der ausgleichspflichtige Ehegatte vertreten wird: Ist die externe Teilung für den vertretenen Ehegatten steuerneutral (§ 15 Abs. 3 VersAusglG)?
- Falls eine externe Teilung nach § 14 Abs. 2 VersAusglG durchgeführt worden ist und der ausgleichsberechtigte Ehegatte vertreten wird: Ist das Anrecht für den Berechtigten bei dem gewählten Versorgungsträger begründet worden?
- Falls eine externe Teilung nach § 16 Abs. 1 VersAusglG durchgeführt worden ist und der ausgleichsberechtigte Ehegatte vertreten wird: Ist das ausgeglichene Anrecht bei einem Versorgungsträger erworben worden, der **keine** interne Teilung vorsieht?

VII. Rechtsmittelverfahren

1. Zulässige Rechtsmittel

a) Rechtsmittel gegen Endentscheidungen

107 Gegen **Endentscheidungen** des Familiengerichts über den VA ist das Rechtsmittel der **Beschwerde** statthaft unabhängig davon, ob die Entscheidung im Verbund mit dem Scheidungsausspruch und/oder mit der Entscheidung über andere Scheidungsfolgesachen ergangen ist oder in einem selbständigen Verfahren (§ 58 Abs. 1 FamFG). Endentscheidungen sind Entscheidungen in der Hauptsache, die die Instanz beenden und im zivilprozessualen Verfahren in der Form eines Endurteils erlassen worden wären.[126] Darunter fallen auch instanzbeendende Teilentscheidungen.[127] Nach neuem Recht sind auch Entscheidungen, mit denen festgestellt wird, dass ein VA (teilweise) nicht stattfindet (§ 224 Abs. 3 FamFG), beschwerdefähig.[128]

107a Ist im **Scheidungsverbund** über den VA entschieden worden, kann die VA-Entscheidung isoliert mit der Beschwerde angefochten werden. Der VA bleibt dann auch in der Beschwerdeinstanz eine Folgesache i.S. des § 137 Abs. 2 Nr. 1 FamFG – mit allen sich daraus ergebenden verfahrensrechtlichen Konsequenzen, z.B. für den Anwaltszwang, die Kostenentscheidung und die bewilligte Verfahrenskostenhilfe. Das Gleiche gilt bei einer Abtrennung des VA aus dem Verbund (§ 137 Abs. 5 S. 1 FamFG). Eine Ausnahme gilt jedoch für vor dem 01.09.2009 eingeleitete Verbundverfahren; insoweit sind die abgetrennten VA-Folgesachen als selbständige Familiensachen fortzuführen (Art. 111 Abs. 4 S. 2 FGG-RG), was nach der Rechtsprechung des BGH[129] zur Folge hat, dass die Vorschriften über das Verbundverfahren keine Anwendung finden und der VA keine Folgesache ist. Die Beschwerde ist, falls sie sich nicht nur gegen eine Kostenentscheidung richtet (s. dazu Rdn. 115), nicht von einer Mindestbeschwer abhängig (§ 228 FamFG).

---

126 Vgl. dazu näher Jansen/Wick § 64 Rn. 153.
127 BGH FamRZ 1981, 533.
128 BT-Drucks. 16/10144 S. 96; Ruland Rn. 1146; vgl. schon zum alten Recht auch BGH FamRZ 2009, 215.
129 FamRZ 2011, 635.

Die **Rechtsmittelfrist** beträgt einen Monat (§ 63 Abs. 1 FamFG). Sie beginnt für jeden Beteiligten 108
mit der schriftlichen Bekanntmachung des Beschlusses an ihn, spätestens mit Ablauf von fünf
Monaten nach Erlass des Beschlusses (§ 63 Abs. 3 FamFG). Nach früherem Recht lief die Fünfmo-
natsfrist h.M. zufolge nicht gegen einen Versorgungsträger, der am Verfahren nicht formell beteiligt
worden war.[130] Dadurch bestand die Gefahr fehlerhafter Rechtskraftzeugnisse bezüglich der Scheidung, weil übergangene Versorgungsträger jederzeit noch ein Rechtsmittel einlegen konnten. Nach
neuem Recht können materiell beteiligte, aber nicht formell zum Verfahren hinzugezogene Versorgungsträger dagegen, wie § 63 Abs. 3 Satz 2 FamFG klarstellt, nur so lange Rechtsmittel einlegen, bis
die Rechtsmittelfrist gegenüber dem letzten tatsächlich Beteiligten abgelaufen ist, und zwar unabhängig davon, ob gegen einzelne Beteiligte aufgrund wirksamer Bekanntgabe der Entscheidung die
Monatsfrist des § 63 Abs. 1 Satz 1 FamFG oder wegen nicht wirksamer Bekanntgabe die Fünfmo-
natsfrist des § 63 Abs. 3 Satz 2 FamFG lief.[131] Den übergangenen Versorgungsträgern bleibt nur die
Möglichkeit, gemäß § 48 Abs. 2 FamFG die Wiederaufnahme des Verfahrens zu beantragen. Da es
sich bei der Beschwerdefrist um eine **Notfrist** handelt, kommt eine Verlängerung nicht in Betracht.
Eine Wiedereinsetzung in den vorigen Stand ist gemäß §§ 17–19 FamFG möglich; in Ehesachen
einschließlich der mit ihnen im Verbund stehenden Folgesachen finden insoweit gemäß § 117 Abs. 5
FamFG die §§ 233, 234 Abs. 1 Satz 2 ZPO entsprechende Anwendung.

Die Beschwerde ist **beim Amtsgericht einzulegen** (§ 64 Abs. 1 FamFG), und zwar entweder durch 109
Einreichung einer Beschwerdeschrift oder zur Niederschrift der Geschäftsstelle (§ 64 Abs. 2 Satz 1
FamFG). § 64 Abs. 2 Satz 2 FamFG schließt die Einlegung zur Niederschrift der Geschäftsstelle
nur in Ehesachen und Familienstreitsachen aus, zu denen der VA nicht gehört. Für VA-Folgesachen gilt allerdings gemäß § 114 Abs. 1 FamFG Anwaltszwang, so dass das Rechtsmittel insoweit
nur von einem Anwalt eingelegt werden kann. Eine Einlegung durch E-Mail ist nicht zulässig,
solange die rechtlichen Voraussetzungen dafür nach § 14 Abs. 4 FamFG noch nicht erfüllt sind.[132]
Die Beschwerde muss die Bezeichnung des angefochtenen Beschlusses sowie die Erklärung enthalten, dass Rechtsmittel dagegen eingelegt wird (§ 64 Abs. 2 Satz 3 FamFG). Ferner ist eine Unterschrift erforderlich (§ 64 Abs. 2 Satz 4 FamFG), wobei diese im Falle des Anwaltszwangs vom
Anwalt stammen muss.

Das Amtsgericht hat die Beschwerde (mit den Verfahrensakten) unverzüglich **an das** übergeord- 110
nete **OLG** als das gemäß § 119 Abs. 1 Nr. 1a GVG zuständige Rechtsmittelgericht **weiterzuleiten**.
Zu einer **Abhilfe** ist das Amtsgericht bei Anfechtung einer Endentscheidung **nicht befugt** (§ 68
Abs. 1 Satz 2 FamFG). Die gemäß § 15 FamFG erforderliche Bekanntgabe der Beschwerdeschrift
an die anderen Verfahrensbeteiligten (durch förmliche Zustellung) obliegt dem OLG.

Eine **Beschwerdebegründung** ist nach neuem Recht nur in Ehesachen und Familienstreitsachen 111
zwingend vorgeschrieben (§ 117 Abs. 1 Satz 1 FamFG). Für Beschwerden gegen VA-Entscheidungen gilt § 65 Abs. 1 FamFG, wonach das Rechtsmittel lediglich begründet werden **soll**. Das
Gericht (d.h. der Familiensenat des OLG) **kann** dem Beschwerdeführer eine Frist zur Begründung
der Beschwerde setzen (§ 65 Abs. 2 FamFG). Das Rechtsmittel ist jedoch nicht unzulässig, wenn
der Beschwerdeführer trotz Fristsetzung keine Begründung einreicht.[133] Der Rechtsmittelführer
muss auch keinen bestimmten Antrag stellen. Er sollte allerdings zum Ausdruck bringen, inwieweit er sich durch die angefochtene Entscheidung beschwert fühlt und welches Ziel er mit der
Beschwerde verfolgt. Im Zweifel ist davon auszugehen, dass die Entscheidung über den VA insge-

---

130 BGH FamRZ 1988, 827; NJW-RR 2000, 953; OLG Brandenburg FamRZ 2004, 1300; OLG Naumburg
     FamRZ 2007, 490; OLG München FamRZ 2007, 491; a.A. Jansen/Wick § 64 Rn. 184.
131 BT-Drucks. 16/9733 S. 289; OLG Hamm FamRZ 2011, 396; OLG Celle FamRZ 2012, 321; Schulte-
     Bunert/Weinreich/Unger § 63 Rn. 22; Keidel/Sternal § 63 Rn. 45; a.A. Prütting/Helms/Abramenko § 63
     Rn. 7: Beschwerdefrist läuft mit dem Empfang der Entscheidung in Textform.
132 BGH FamRZ 2009, 319.
133 BT-Drucks. 16/6308 S. 206; Keidel/Sternal § 65 Rn. 3.

samt insoweit angegriffen werden soll, als der Beschwerdeführer dadurch betroffen ist.[134] Mit dem Unterlassen einer Beschwerdebegründung riskiert der Beschwerdeführer damit letztlich nur, dass sich das OLG selbst bei seiner Entscheidung auf eine knappe Begründung beschränkt und ggf. nur auf die seiner Ansicht nach zutreffenden Gründe des angefochtenen Beschlusses Bezug nimmt. Die Beschwerde kann auf neue Tatsachen und Beweismittel gestützt werden (§ 65 Abs. 3 FamFG). Damit besteht auch die Möglichkeit, rechtliche und tatsächliche Veränderungen geltend zu machen, die nach Ehezeitende eingetreten sind, aber auf den Ehezeitanteil zurückwirken (§ 5 Abs. 2 Satz 2 VersAusglG), z.B. eine Änderung der Versorgungsbestimmungen, die sich auf die Höhe der Versorgung auswirkt, die eingetretene Ausgleichsreife eines Anrechts, die nunmehr die Einbeziehung in den Wertausgleich ermöglicht, oder die vorzeitige Beendigung eines Dienst- oder Arbeitsverhältnisses, die sich auf die zeitratierliche Bewertung nach § 40 VersAusglG auswirkt.[135] Mit der Beschwerde können auch noch gestaltende Verfahrensrechte ausgeübt werden, z.B. kann ein Antrag nach § 3 Abs. 3 VersAusglG gestellt oder ein Ausschluss des VA aufgrund einer zwischenzeitlich geschlossenen Vereinbarung geltend gemacht werden. Im schuldrechtlichen VA kann die Beschwerde z.B. auf eine inzwischen eingetretene Anpassung der auszugleichenden Versorgung gestützt werden (vgl. § 5 Abs. 4 Satz 2 VersAusglG). Gemäß § 65 Abs. 4 FamFG kann die Beschwerde nicht darauf gestützt werden, dass das Amtsgericht seine (örtliche oder sachliche) Zuständigkeit zu Unrecht angenommen hat.

111a Eine **Teilanfechtung** ist zulässig, wenn die Beschwerde auf die Teilung einer oder mehrerer einzelner Versorgungsanrechte beschränkt wird und nicht besondere Gründe die Einbeziehung der sonstigen Anrechte zwingend erfordern.[136] Da nach neuem Recht alle Anrechte grundsätzlich unabhängig voneinander ausgeglichen werden (Hin- und Her-Ausgleich), ist in den meisten Fällen eine auf einzelne Anrechte bezogene Teilanfechtung zulässig. Dies gilt insbesondere für die Versorgungsträger, die nur durch die Teilung der bei ihnen erworbenen Anrechte, bei externer Teilung auch durch die Inanspruchnahme als Zielversorgung betroffen sind. Eine wechselseitige Abhängigkeit kann jedoch z.B. dann in Betracht kommen, wenn im Rahmen einer Härtefallprüfung nach § 27 VersAusglG eine Gesamtabwägung unter Einbeziehung aller Anrechte geboten ist[137] oder wenn ein Ausschluss des Ausgleichs von gleichartigen Anrechten beider Ehegatten nach § 18 Abs. 1 VersAusglG zu prüfen ist.[138] Es genügt, dass sich die Beschränkung des Rechtsmittels aus der Beschwerdebegründung ergibt. Bei dem Rechtsmittel eines Versorgungsträgers kann im Zweifel davon ausgegangen werden, dass sich dieses nur auf den Ausgleich eines Anrechts bezieht, das der Ausgleichspflichtige bei dem Beschwerdeführer erworben hat oder das im Falle externer Teilung bei dem Beschwerdeführer begründet werden soll. Bei einer Teilanfechtung hat das Beschwerdegericht die erstinstanzliche Entscheidung nur in Bezug auf die Teilung des Anrechts zu überprüfen, auf die sich das Rechtsmittel des Beschwerdeführers bezieht.[139] Die anderen Versorgungsträger brauchen dann am Beschwerdeverfahren nicht beteiligt zu werden.[140] Bei der Teilanfechtung durch einen Versorgungsträger erwachsen die von dessen Rechtsmittel nicht erfassten Teile der Entscheidung nicht ohne weiteres in Rechtskraft, denn die Ehegatten können sich, wenn sie nicht ausdrücklich auf Rechtsmittel und Anschlussrechtsmittel hinsichtlich des Versorgungsausgleichs verzichtet haben, der Beschwerde des Versorgungsträgers anschließen und einen anderen Teil der Entscheidung des Amtsgerichts anfechten. Auch ein Versorgungsträger kann sich dem Rechtsmittel eines Ehegatten oder eines anderen Versor-

---

134 OLG Düsseldorf NJW-RR 2011, 808.
135 Ruland Rn. 1150.
136 BGH FamRZ 2011, 547; 2011, 1931; OLG Nürnberg FamRZ 2011, 991; 2011, 1229 (LS); OLG Düsseldorf NJW-RR 2011, 808; OLG Karlsruhe Beschluss vom 10.06.2011 – 18 UF 202/10 – (juris); OLG Köln FamRZ 2012, 302; OLG Brandenburg FamRZ 2012, 555.
137 Borth Rn. 1214.
138 OLG Nürnberg Beschluss vom 17.02.2011 – 11 UF 1659/10 – (juris), FamRZ 2011, 1229 (LS); Wick FuR 2011, 605, 608.
139 OLG Düsseldorf NJW-RR 2011, 808; OLG Köln FamRZ 2012, 310.
140 OLG Stuttgart FamRZ 2011, 1086.

gungsträgers anschließen, soweit er durch das Hauptrechtsmittel in seinen Rechten betroffen werden kann (s. Rdn. 112). Eine Teilanfechtung, die sich auf einen nicht trennbaren Teil der angefochtenen Entscheidung beschränkt, ist unbeachtlich; das Rechtsmittelgericht hat diese Entscheidung dann in vollem Umfang zu überprüfen.[141]

Gemäß § 66 FamFG ist grundsätzlich eine **Anschlussbeschwerde** zulässig. Es fehlt dafür jedoch an einem Rechtsschutzbedürfnis, wenn dasselbe Ziel verfolgt wird wie vom Beschwerdeführer mit seinem Hauptrechtsmittel.[142] Da sich einem beschwerdeführenden Versorgungsträger gegenüber i.d.R. jede Änderung der angefochtenen Entscheidung sowohl vorteilhaft als auch nachteilig auswirken kann, ist das Beschwerdegericht schon aufgrund des Hauptrechtsmittels des Versorgungsträgers in der Lage, ungehindert durch das Verbot der reformatio in peius (s. dazu Rdn. 121) eine umfassende Überprüfung der angefochtenen Entscheidung vorzunehmen. In einem solchen Fall ist deshalb eine unselbständige Anschlussbeschwerde eines Ehegatten in Bezug auf das vom Hauptrechtsmittel betroffene Anrecht unzulässig.[143] Die Ehegatten können außer Beanstandungen gegen die Wertberechnung des Gerichts auch solche Umstände, die einen Ausschluss oder eine Kürzung des VA aufgrund einer Härteklausel rechtfertigen sollen, ohne eigenen Rechtsmittelangriff in das von einem Versorgungsträger eröffnete Beschwerdeverfahren einführen mit der Folge, dass das Rechtsmittelgericht der Frage eines (völligen oder teilweisen) Ausschlusses des VA nachzugehen hat.[144] Hat ein Beteiligter nur einen Teil der VA-Entscheidung angefochten, so kann ein anderer Beteiligter mit der unselbständigen Anschlussbeschwerde den nicht vom Hauptrechtsmittel erfassten Teil der Entscheidung angreifen.[145] Ein Versorgungsträger kann sich der Beschwerde eines anderen Versorgungsträgers jedoch nur dann anschließen, wenn er durch die Entscheidung über das Hauptrechtsmittel in einer eigenen Rechtsposition betroffen werden kann.[146] Dies ist aufgrund des Hin- und Her-Ausgleichs im neuen Recht allerdings meist nicht der Fall. Die Ehegatten können sich jedoch mit der Anschlussbeschwerde gegen alle Entscheidungsteile wenden, durch die sie beschwert sind und auf die sich das Hauptrechtsmittel nicht bezieht.[147]

Zur Anschließung an ein Hauptrechtsmittel genügt es, wenn ein Verfahrensbeteiligter zu erkennen gibt, dass er eine Änderung der angefochtenen Entscheidung mit anderer Zielrichtung als der Hauptrechtsmittelführer begehrt.[148] Die Anschlussbeschwerde ist in nur den VA betreffenden Beschwerdeverfahren nicht fristgebunden. § 66 Satz 1 Hs. 2 FamFG erfordert die Einreichung einer Beschwerdeschrift beim OLG. In entsprechender Anwendung des § 64 Abs. 2 S. 1 FamFG genügt aber auch die Erklärung zur Niederschrift der Geschäftsstelle.[149] Eine Begründung ist für die Anschlussbeschwerde nicht vorgeschrieben. Es ist insoweit jedoch § 65 FamFG entsprechend heranzuziehen. Das OLG kann daher auch dem Anschlussbeschwerdeführer eine Frist zur Begründung seines Rechtsmittels setzen.[150] Die Anschlussbeschwerde verliert ihre Wirkung, wenn das Hauptrechtsmittel zurückgenommen oder als unzulässig verworfen wird (§ 66 Satz 2 FamFG).

Ist der **VA in** einer **Verbundentscheidung** nach § 137 Abs. 1 FamFG geregelt worden, können sich die Ehegatten einem Hauptrechtsmittel, das sich gegen den Scheidungsausspruch oder die Ent-

112

112a

113

---

141 BGH FamRZ 1983, 459.
142 BGH FamRZ 1982, 36, 38.
143 BGH FamRZ 1985, 59, 60.
144 BGH FamRZ 1985, 267, 269.
145 OLG Celle FamRZ 1985, 939.
146 OLG Stuttgart FamRZ 2011, 1086; OLG Zweibrücken FamRZ 2011, 1226; OLG Frankfurt Beschluss vom 07.12.2011 – 4 UF 203/11 – (juris); Borth Rn. 1211.
147 KG NJW-RR 2011, 1372.
148 BGH FamRZ 1990, 276, 277.
149 Prütting/Helms/Abramenko § 66 Rn. 9; Schulte-Bunert/Weinreich/Unger § 66 Rn. 18; Keidel/Sternal § 66 Rn. 15; a.A. Maurer FamRZ 2009, 465, 468.
150 Keidel/Sternal § 66 Rn. 17, 18; Schulte-Bunert/Weinreich/Unger § 66 Rn. 18; Maurer FamRZ 2009, 465, 468.

scheidung in einer anderen Folgesache richtet, noch innerhalb eines Monats nach Zustellung der Rechtsmittelbegründung mit einer Beschwerde gegen die Entscheidung zum VA anschließen (§ 145 Abs. 1 FamFG). Dies gilt jedoch nicht für Versorgungsträger, da diese das Hauptrechtsmittel nicht hätten einlegen können und davon auch nicht betroffen sind.[151]

b) Rechtsmittel gegen Neben- und Zwischenentscheidungen

114 Gegen **Neben- oder Zwischenentscheidungen**, die den VA betreffen, sind Rechtsmittel nach neuem Recht nur noch in den gesetzlich ausdrücklich geregelten Fällen statthaft. Das FamFG sieht insoweit die **sofortige Beschwerde** in entsprechender Anwendung der §§ 567 ff. ZPO vor (vgl. z.B. § 21 Abs. 2 FamFG für die Aussetzung des Verfahrens nach § 221 Abs. 2 FamFG, § 35 Abs. 5 FamFG für die Anordnung von Zwangsmaßnahmen und § 85 FamFG für Kostenfestsetzungsbeschlüsse). Das Rechtsmittel ist daher grundsätzlich binnen zwei Wochen ab Zustellung der Entscheidung einzulegen, bei Anfechtung der Ablehnung von Verfahrenskostenhilfe jedoch binnen einem Monat (§ 76 Abs. 2 FamFG i.V.m. § 127a Abs. 2 Satz 3 ZPO). Nicht selbständig anfechtbare Entscheidungen können nur auf ein Rechtsmittel gegen die Endentscheidung im Beschwerderechtszug (mit) überprüft werden (§ 58 Abs. 2 FamFG). **Einstweilige Anordnungen**, die nach § 49 FamFG z.B. während eines Verfahrens über Ausgleichsansprüche nach der Scheidung erlassen werden können, sind gemäß § 57 Satz 1 FamFG nicht anfechtbar.

115 **Kostenentscheidungen** sind im Verfahren nach dem FamFG grundsätzlich **isoliert anfechtbar**.[152] Eine Ausnahme gilt nur für Entscheidungen in Ehesachen und Familienstreitsachen (§ 113 Abs. 1 Satz 2 FamFG i.V.m. § 99 Abs. 1 ZPO). Da im Scheidungsverbund eine einheitliche Kostenentscheidung über die Scheidungssache und die Folgesachen ergeht (§ 150 Abs. 1 FamFG), kommt die isolierte Anfechtung der Kostenentscheidung in Bezug auf eine im Verbund getroffene Entscheidung über den VA nicht in Betracht. Wird dagegen über den VA nach Abtrennung aus dem Verbund gesondert entschieden, so ist die dann nach § 150 Abs. 5 Satz 1 FamFG zu treffende Kostenentscheidung isoliert anfechtbar. Statthaftes Rechtsmittel für die Anfechtung einer Kostenentscheidung ist die Beschwerde nach § 58 FamFG. Zulässig ist das Rechtsmittel allerdings nur, wenn die Beschwer 600 € übersteigt oder das Amtsgericht die Beschwerde (ausdrücklich) zugelassen hat (§ 61 FamFG, der insoweit nicht durch § 228 FamFG ausgeschlossen wird).

2. Beschwerdeberechtigung

116 Die **Beschwerdeberechtigung** der Ehegatten und der am Verfahren materiell beteiligten Versorgungsträger richtet sich nach § 59 Abs. 1 FamFG. Der VA muss mit einem im Gesetz nicht vorgesehenen Eingriff in die subjektive Rechtsstellung des Beschwerdeführers verbunden sein, ohne dass es auf eine finanzielle Mehrbelastung oder auf eine förmliche Beteiligung am Verfahren der Vorinstanz ankommt.[153] Soweit eine Entscheidung nur auf Antrag ergehen kann, wie etwa im Falle kurzer Ehezeit (§ 3 Abs. 3 VersAusglG), bei einer Scheidung nach ausländischem Recht (Art. 17 Abs. 3 Satz 2 EGBGB) oder (grundsätzlich) bei Ausgleichsansprüchen nach der Scheidung (§ 223 FamFG), ist nur der Antragsteller beschwerdeberechtigt, wenn sein Antrag abgelehnt worden ist. Der Antrag kann aber auch erstmals mit der Beschwerde gestellt werden.

117 Der **ausgleichsberechtigte Ehegatte** ist z.B. in seinen Rechten betroffen, wenn er im VA weniger Anrechte erhält, als ihm nach dem Gesetz zustehen,[154] oder wenn das Gericht einen Ausgleichsanspruch überhaupt verneint hat.[155] Eine Beschwerdeberechtigung besteht auch, wenn der VA nicht

---

151 OLG Köln FamRZ 1988, 411; Zöller/Lorenz § 145 FamFG Rn. 10.
152 BT-Drucks. 16/6308 S. 168; Keidel/Meyer-Holz § 58 Rn. 95; Keidel/Zimmermann § 81 Rn. 82; FA-FamR/Keske 17. Kapitel Rn. 350; Zimmermann FamRZ 2009, 377, 382.
153 BGH FamRZ 1981, 132, 133.
154 OLG Hamm FamRZ 1994, 48.
155 BGH FamRZ 1991, 549.

in der vom Berechtigten gewünschten Form durchgeführt worden ist, z.B. in der Form der internen Teilung trotz Vorliegens der Voraussetzungen für eine (vom Berechtigten gewünschte) externe Teilung oder in Form der externen Teilung, obwohl die dafür erforderlichen Voraussetzungen nicht vorliegen; ferner wenn statt des Wertausgleichs der schuldrechtliche VA durchgeführt oder dem Berechtigten vorbehalten worden ist[156] oder wenn das Gericht den VA in anderer Weise durchgeführt hat als die Ehegatten dies (wirksam) vertraglich vereinbart haben. Der Ausgleichsberechtigte kann in einem Verfahren, das erstinstanzlich ausschließlich den Wertausgleich betraf, jedoch nicht mit der Beschwerde erstmals schuldrechtliche Ausgleichsansprüche geltend machen.[157] Ebenso kann nach einem erstinstanzlichen Verfahren, das nur den schuldrechtlichen VA betraf, mit der Beschwerde nicht erstmals die Abänderung des öffentlich-rechtlichen VA beantragt werden. Der **ausgleichspflichtige Ehegatte** ist z.B. im Falle eines zu hohen Ausgleichsbetrages oder einer für ihn ungünstigen Ausgleichsform in seinen Rechten beeinträchtigt. Ferner kann er etwa rügen, dass das Gericht den VA nicht (z.B. wegen kurzer Ehezeit oder wegen grober Unbilligkeit) gemäß § 224 Abs. 3 FamFG ausgeschlossen oder dass es eine externe Teilung vorgenommen hat, die für den Ausgleichspflichtigen steuerschädlich ist, ohne dass er die nach § 15 Abs. 3 VersAusglG erforderliche Zustimmung erteilt hat.

Für die Beschwerdebefugnis der **Versorgungsträger** ist erforderlich, allerdings auch ausreichend, dass ein Versorgungsträger geltend macht, durch die angefochtene Entscheidung werde in einer dem Gesetz nicht entsprechenden Weise in seine Rechtsstellung eingegriffen. Damit kann grundsätzlich jeder Verstoß gegen die Bestimmungen über die Durchführung des Wertausgleichs gerügt werden, sofern sich dieser nur in der konkreten Ausgleichsform, die das Gericht in seiner Entscheidung bestimmt hat, auf das zwischen (mindestens) einem Ehegatten und dem beschwerdeführenden Versorgungsträger bestehende Rechtsverhältnis auswirkt. Es kommt auch nicht darauf an, ob die angefochtene Entscheidung zu einer finanziellen Mehrbelastung des beschwerdeführenden Versorgungsträgers führen kann, denn die künftige Entwicklung der Versicherungsverhältnisse lässt sich nicht sicher prognostizieren.[158] Die Entscheidung des Familiengerichts ist mit einem Eingriff in die Rechtsstellung eines Versorgungsträgers verbunden, wenn ein bei ihm bestehendes Anrecht geteilt oder bei ihm ein Anrecht im Wege externer Teilung begründet wird.[159] Unerheblich ist, ob die zu übertragenden oder zu begründenden Anwartschaften zu hoch oder zu gering bemessen worden sind und ob bei dem Versorgungsträger Anrechte gutgeschrieben oder abgezogen worden sind.[160] Eine Beschwerdeberechtigung des Versorgungsträgers ist auch zu bejahen, wenn der Wertausgleich in einer anderen als der vorgeschriebenen Form durchgeführt worden ist.[161]

An einer Beschwerdebefugnis des Versorgungsträgers fehlt es grundsätzlich, wenn ein bei ihm in der Ehezeit erworbenes **Anrecht vom Wertausgleich** gänzlich **ausgeschlossen** wird. Durch einen auf § 224 Abs. 3 FamFG beruhenden Ausschluss des VA wegen kurzer Ehezeit (§ 3 Abs. 3 VersAusglG), aufgrund der Härteklausel des § 27 VersAusglG[162] oder aufgrund einer Vereinbarung nach § 6 Abs. 1 S. 2 Nr. 2 VersAusglG werden die Versorgungsträger nicht in ihren Rechten betroffen.[163] Auch ein Ausschluss von Anrechten wegen Geringfügigkeit nach § 18 VersAusglG kann

118

118a

---

156 BGH FamRZ 1983, 44, 47.
157 BGH FamRZ 1990, 606; OLG Frankfurt FamRZ 2009, 885.
158 BGH FamRZ 1981, 132, 133; 2012, 851 (für öffentlich-rechtliche Versorgungsträger der in § 32 VersAusglG genannten Sicherungssysteme).
159 OLG Stuttgart FamRZ 2011, 1086; vgl. auch BGH FamRZ 1981, 132, 133.
160 BGH FamRZ 1982, 36, 37; 2012, 851.
161 BGH FamRZ 1996, 482; 2003, 1738, 1740; 2009, 853, 854.
162 BGH FamRZ 1981, 132, 134.
163 Borth Rn. 1216; Ruland Rn. 1148; vgl. allerdings zum früheren Recht BGH FamRZ 2009, 853, 854, wo eine Beschwerdebefugnis für den Fall bejaht wurde, dass ein Anrecht überhaupt nicht in den Gesamtausgleich einbezogen wurde.

von den Versorgungsträgern grundsätzlich nicht angefochten werden.[164] Allerdings sind in Bezug auf § 18 Abs. 1 VersAusglG Konstellationen möglich, die ein Beschwerderecht begründen können. Dies beruht darauf, dass das Gericht in diesen Fällen die Gleichartigkeit von Anrechten beider Ehegatten feststellen muss. Dann kann sich der Versorgungsträger gegen einen Ausschluss mit der Begründung wehren, die vom Gericht angenommene Gleichartigkeit der Anrechte sei nicht gegeben, weshalb die Anrechte auch nicht nach § 10 Abs. 2 VersAusglG verrechnet werden könnten.[165] Anders liegt es jedoch, wenn der Versorgungsträger nur darauf stützt, dass bei ihm kein Verwaltungsaufwand entstehe.[166] Ein Versorgungsträger ist auch dann beschwerdebefugt, wenn er den Ausschluss eines bei einem anderen Versorgungsträger bestehenden Anrechts nach § 18 Abs. 2 VersAusglG mit der Begründung rügt, dieses Anrecht sei von gleicher Art wie ein beim Beschwerdeführer erworbenes Anrecht und könne daher im Fall seiner Teilung gem. § 10 Abs. 2 VersAusglG mit dem bei ihm bestehenden Anrecht verrechnet werden.[167] Ferner ist ein Beschwerderecht gegeben, wenn das Gericht nur eines von mehreren bei einem Versorgungsträger erworbenen Anrechten nach § 18 Abs. 2 VersAusglG ausgeschlossen hat und der Versorgungsträger geltend macht, dass die Anrechte in einer rechtlichen oder wirtschaftlichen Verbindung stehen.[168]

118b Ein Versorgungsträger ist grundsätzlich auch dann in seiner Rechtsstellung unmittelbar betroffen, wenn ein bei ihm bestehendes **Anrecht** zu Unrecht überhaupt **nicht in den VA einbezogen** worden ist. Auch in diesem Fall lässt sich wegen der Ungewissheit des zukünftigen Versicherungsverlaufs regelmäßig nicht feststellen, ob sich die angegriffene Entscheidung im konkreten Fall zum Nachteil des Versorgungsträgers auswirkt.[169] Aus dem gleichen Grund kann sich ein Versorgungsträger mit einer Beschwerde auch dagegen wehren, dass ein bei ihm bestehendes Anrecht vom Gericht als nicht ausgleichsreif beurteilt und deshalb in den schuldrechtlichen VA verwiesen worden ist.[170] Dagegen kann ein inländischer Versorgungsträger nicht rügen, dass das Gericht im Hinblick auf ein (nach § 19 Abs. 2 Nr. 4 VersAusglG nicht ausgleichsreifes) ausländisches Anrecht eines Ehegatten aus Billigkeitsgründen auch ein inländisches Versorgungsanrecht des anderen Ehegatten in den schuldrechtlichen VA verwiesen hat, denn die insoweit anzuwendende Bestimmung des § 19 Abs. 3 VersAusglG ist eine Schutzvorschrift ausschließlich im Interesse des anderen Ehegatten, durch deren Heranziehung ebenso wenig in Rechte des Versorgungsträgers eingegriffen wird wie durch die Anwendung der Härteklausel des § 27 VersAusglG.

3. Durchführung des Beschwerdeverfahrens und Entscheidung

119 Über Rechtsmittel gegen Entscheidungen der Familiengerichte in VA-Sachen entscheidet das **Oberlandesgericht** (§ 119 Abs. 1 Nr. 1 a GVG), und zwar durch einen Senat für Familiensachen (§ 119 Abs. 2 i.V.m. § 23b Abs. 1 GVG). Unter den Voraussetzungen des § 526 ZPO – keine besonderen rechtlichen oder tatsächlichen Schwierigkeiten, keine grundsätzliche Bedeutung der Rechtssache und bisher noch nicht durchgeführte mündliche Verhandlung – kann die Sache einem Senatsmitglied als Einzelrichter übertragen werden, wenn sie nicht im Verbund mit einer Ehesache oder Familienstreitsache steht (§ 68 Abs. 4 FamFG). Das OLG prüft die Statthaftigkeit

---

164 OLG Schleswig FamRZ 2012, 378; Borth Rn. 1216.
165 OLG Stuttgart Beschluss vom 09.06.2011 – 15 UF 74/11 – (juris), FamRZ 2011, 733 (LS); OLG Frankfurt Beschluss vom 16.01.2012 – 5 UF 381/10 – (juris); OLG Karlsruhe FamRZ 2012, 1306; ähnlich OLG Celle FamRZ 2012, 717; Brudermüller NJW 2011, 3196, 3203.
166 OLG Stuttgart FamRZ 2012, 303.
167 OLG Düsseldorf FamRZ 2011, 1404; jurisPK-BGB/Breuers § 18 VersAusglG Rn. 63.2; a.A. OLG Schleswig FamRZ 2011, 36, 37.
168 OLG Saarbrücken FamRZ 2012, 306; OLG Frankfurt FamRZ 2012, 1308 für den Fall, dass die Anrechte ein einheitlich steuerlich gefördertes Altersvorsorgevermögen i.S. des § 10 a EStG darstellen.
169 BGH FamRZ 2000, 746; 2003, 1738, 1740; 2009, 853, 854; 2012, 851; OLG Celle FamRZ 1997, 760; OLG Karlsruhe Beschluss vom 24.05.2012 – 18 UF 335/11 – (juris); Jansen/Wick § 53b Rn. 67.
170 BGH FamRZ 2003, 1738, 1740; a.A. OLG Nürnberg MDR 2012, 717; Ruland Rn. 1148; Borth Rn. 1216.

der Beschwerde sowie die Einhaltung der Form- und Fristvorschriften. Im Fall der Unzulässigkeit wird die Beschwerde verworfen (§ 68 Abs. 2 FamFG). Andernfalls kann eine mündliche Verhandlung durchgeführt werden (§ 68 Abs. 3 Satz 2 i.V.m. § 32 FamFG). Das OLG kann aber auch von der Durchführung eines Termins absehen, wenn ein solcher in erster Instanz stattgefunden hat und von einer erneuten Verhandlung oder Anhörung keine zusätzlichen Erkenntnisse zu erwarten sind (§ 68 Abs. 3 Satz 2 FamFG). Die Bestimmung des § 117 Abs. 3 FamFG, wonach das Gericht die Beteiligten auf die Absicht, so zu verfahren, zunächst hinzuweisen hat, gilt in VA-Sachen nur, wenn der VA auch in zweiter Instanz noch im Verbund mit der Scheidungssache oder mit einer Familienstreitsache steht.[171] In isolierten VA-Beschwerdeverfahren genügt es, den Beteiligten zu der beabsichtigten Verfahrensweise und der in Aussicht genommenen Entscheidung rechtliches Gehör zu geben, soweit sie von der zu treffenden Entscheidung betroffen sein können.

Das OLG hat grundsätzlich selbst in der Sache zu **entscheiden** (§ 69 Abs. 1 Satz 1 FamFG). An **120** Sachanträge ist es in VA-Sachen nicht gebunden; § 117 Abs. 2 Satz 1 FamFG verweist nur in Ehe- und Familienstreitsachen auf § 528 ZPO.[172] Hat der Beschwerdeführer sein Rechtsmittel allerdings in zulässiger Weise beschränkt (s. Rdn. 111a), so hat das OLG seine Entscheidung auf den Verfahrensgegenstand zu beschränken, auf den sich die Beschwerde bezieht.[173] Es darf keinen Verfahrensgegenstand an sich ziehen, über den das Amtsgericht nicht entschieden hat. Es muss sich daher auf den Ausgleich der Anrechte beschränken, auf den sich das Rechtsmittel bezieht, wenn dieser keine Auswirkungen auf den Ausgleich anderer Anrechte hat. Das Gericht darf auch nicht über den schuldrechtlichen VA entscheiden, wenn Gegenstand der angefochtenen Entscheidung nur der Wertausgleich war.[174] Eine Aufhebung und Zurückverweisung kommt nur in Betracht, wenn das Amtsgericht in der Sache noch nicht entschieden hat oder wenn das erstinstanzliche Verfahren an einem wesentlichen Mangel leidet, zur Entscheidung eine umfangreiche oder aufwändige Beweisaufnahme notwendig wäre und ein Beteiligter (ausdrücklich) die Zurückverweisung beantragt (§ 69 Abs. 1 Satz 2 und 3 FamFG).

Im Rechtsmittelverfahren über den VA ist das Verbot der Schlechterstellung des Rechtsmittelführers (**reformatio in peius**) zu beachten. Ist die Entscheidung über den VA nur von einem Ehegatten **121** angefochten worden, so darf sie zu dessen Nachteil weder in der Höhe des Ausgleichsbetrages noch in der Form des Ausgleichs abgeändert werden. Hat ein Ehegatte sein Rechtsmittel (zulässiger Weise) auf den Ausgleich eines einzelnen Anrechts beschränkt, so bezieht sich das Verschlechterungsverbot auf den Ausgleichswert dieses Anrechts. Bei einem unbeschränkten Rechtsmittel kommt es auf das Ergebnis des gesamten Ausgleichs an. Insoweit ist eine Gesamtsaldierung vorzunehmen, die bei unterschiedlichen Bezugsgrößen auf Basis der korrespondierenden Kapitalwerte zu erfolgen hat. Hinsichtlich eines einzelnen Anrechts darf die angefochtene Entscheidung daher zu Lasten des Rechtsmittelführers geändert werden, sofern dies durch eine Besserstellung hinsichtlich des Ausgleichs eines anderen Anrechts kompensiert wird. Das Verschlechterungsverbot gilt grundsätzlich auch hinsichtlich der Beschwerden von Versorgungsträgern.[175] Wenn sich allerdings – wie meistens – eine Änderung der angefochtenen Entscheidung je nach dem (nicht vorhersehbaren) künftigen Versicherungsverlauf sowohl zum Vorteil als je zum Nachteil des Versorgungsträgers auswirken kann, verlangt das Interesse des Versorgungsträgers an einer sachlich richtigen Entscheidung eine Überprüfung durch das Rechtsmittelgericht in jeder Richtung.[176] Steht jedoch fest, dass sich eine Abänderung der angefochtenen Entscheidung für den Versorgungsträger nur nachteilig auswirken kann, z.B. weil der ausgleichspflichtige Ehegatte verstorben

171 Keidel/Weber § 117 Rn. 3; Maurer FamRZ 2009, 465, 476 und 478; anders offenbar Ruland Rn. 1151.
172 BGH FamRZ 1984, 990, 991; Borth Rn. 1220; Maurer FamRZ 2009, 465, 480.
173 BGH FamRZ 1984, 990, 991.
174 BGH FamRZ 1990, 606.
175 BGH FamRZ 1984, 990, 992.
176 BGH FamRZ 1988, 51, 54.

ist und seine Versorgungsanrechte nicht mehr gekürzt werden können, so ist das Verbot der Schlechterstellung zugunsten des beschwerdeführenden Versorgungsträgers zu beachten.[177]

122 Die Beschwerdeentscheidung ergeht in **Beschlussform** (§ 69 Abs. 3 i.V.m. § 38 FamFG) und bedarf einer **Begründung** (§ 69 Abs. 2 FamFG). Die **Kostenentscheidung** richtet sich, wenn im **Verbund** über den VA entschieden wurde, bei einer erfolgreichen Anfechtung nach § 150 Abs. 1 FamFG.[178] Bei einem erfolglosen Rechtsmittel eines Ehegatten ist die Kostenentscheidung nach § 113 Abs. 1 S. 2 FamFG i.V.m. § 97 Abs. 1 und 3 ZPO zu treffen. Die Versorgungsträger haben ihre außergerichtlichen Kosten stets selbst zu tragen (§ 150 Abs. 3 FamFG). Bleibt das Rechtsmittel eines Versorgungsträgers erfolglos, hat er die Kosten des Beschwerdeverfahrens nach § 113 Abs. 1 S. 2 FamFG i.V.m. § 97 Abs. 1 und 3 ZPO zu tragen.[179] Auch bei erfolgreichem Rechtsmittel können dem Versorgungsträger die Kosten entsprechend § 97 Abs. 2 ZPO auferlegt werden, wenn er nur aufgrund der geänderten Auskunft obsiegt.[180] Dies setzt allerdings voraus, dass die fehlerhafte Auskunft auf grobem Verschulden beruhte.[181] Steht der VA in der Beschwerdeinstanz noch im Verbund mit einer Ehe- oder Familienstreitsache, so sind gemäß § 113 Abs. 1 FamFG die Kostenvorschriften der ZPO (§§ 91 ff.) entsprechend anzuwenden. In einem **selbständigen Verfahren** ist die Kostenentscheidung nach den §§ 81 ff. FamFG zu treffen. Die Versorgungsträger haben ihre Kosten entsprechend § 150 Abs. 3 FamFG selbst zu tragen.[182] Das Gericht hat auch den **Beschwerdewert** festzusetzen (§ 55 Abs. 2 FamGKG). Er richtet sich nach dem Gegenstand des Beschwerdeverfahrens. Bei einer Teilanfechtung (s. Rdn. 111a) bestimmt sich der Wert daher grundsätzlich nur nach der Zahl der Versorgungsanrechte, auf die sich die Beschwerde bezieht.[183] Eine **Rechtsmittelbelehrung** ist in der Beschwerdeentscheidung nur erforderlich, wenn die Rechtsbeschwerde statthaft ist (vgl. dazu Rdn. 124).[184]

123 Der Beschluss ist den Beteiligten durch förmliche Zustellung **bekannt zu geben** (§ 69 Abs. 3 i.V.m. § 41 Abs. 1 FamFG; s.o. Rdn. 101a). Eine Endentscheidung des OLG wird erst mit der Rechtskraft wirksam (§ 69 Abs. 3 i.V.m. § 41 Abs. 1 FamFG). Auch wenn die Rechtsbeschwerde nicht zugelassen worden ist (vgl. dazu Rdn. 124), wird die Entscheidung des OLG erst dann rechtskräftig, wenn die Rechtsbeschwerdefrist abgelaufen und binnen dieser Frist kein Rechtsmittel eingegangen ist.[185]

4. Rechtsbeschwerde

124 Gegen die Entscheidungen der Oberlandesgerichte findet – unabhängig davon, ob es sich um Endentscheidungen oder um sonstige Entscheidungen handelt – die **Rechtsbeschwerde** zum BGH statt, wenn das OLG sie (ausdrücklich) zugelassen hat (§ 70 Abs. 1 FamFG). Die Rechtsbeschwerde ist zuzulassen, wenn die Rechtssache grundsätzliche Bedeutung hat oder eine Entscheidung des BGH zur Rechtsfortbildung oder zur Sicherung einer einheitlichen Rechtsprechung erforderlich ist (§ 70 Abs. 2 Satz 1 FamFG). An die Zulassung der Rechtsbeschwerde ist der BGH gebunden (§ 70 Abs. 2 Satz 2 FamFG). Die Nichtzulassung der Rechtsbeschwerde ist unanfechtbar. Die Rechtsbeschwerde ist binnen eines Monats ab Zustellung der Beschwerdeentscheidung durch Einreichen einer Beschwerdeschrift beim BGH einzulegen (§ 71 Abs. 1 Satz 1 FamFG). Sie kann nur auf eine Rechtsverletzung gestützt werden (§ 72 Abs. 1 FamFG). Gemäß § 75 FamFG

---

177 BGH FamRZ 1985, 1240, 1241.
178 OLG München FamRZ 2011, 1062; OLG Brandenburg FamRZ 2012, 306; Johannsen/Henrich/Markwardt § 150 FamFG Rn. 12 f.
179 OLG Naumburg FamRZ 2011, 1374; Johannsen/Henrich/Markwardt § 150 FamFG Rn. 15.
180 OLG Naumburg FamRZ 2011, 1631.
181 OLG Brandenburg FamRZ 2012, 306.
182 OLG Thüringen FamRZ 2012, 638, 640; Borth Rn. 1227.
183 A.A. OLG Thüringen FamRZ 2012, 638, 640.
184 Schulte-Bunert/Weinreich/Oberheim § 39 Rn. 13; Prütting/Helms/Abramenko § 39 Rn. 4.
185 BGH FamRZ 1990, 283, 286.

findet gegen Endentscheidungen des Familiengerichts auf Antrag die **Sprungrechtsbeschwerde** statt, wenn alle Beteiligten einwilligen und der BGH sie zulässt.

L. Anpassung nach Rechtskraft

Rechtskräftig gewordene Entscheidungen über den öffentlich-rechtlichen Wertausgleich können aufgrund nachträglich eingetretener Entwicklungen Auswirkungen haben, die Grundrechte von Ehegatten verletzen. Dies betrifft Fallgestaltungen, bei denen der ausgleichspflichtige Ehegatte durch den VA in seiner Versorgungslage spürbar betroffen ist, ohne dass der Ausgleichsberechtigte davon (schon) profitieren kann. Für solche Fälle muss aus verfassungsrechtlichen Gründen eine besondere Korrekturmöglichkeit bestehen.[186] Dem trugen schon die §§ 4–10 VAHRG a.F. Rechnung. An ihre Stelle sind die §§ 32–38 VersAusglG getreten. Sie ermöglichen eine **Anpassung** rechtskräftig gewordener Entscheidungen in der Weise, dass deren Wirkungen – entweder teilweise oder insgesamt – zeitweilig oder sogar dauerhaft außer Kraft gesetzt werden. **125**

Anpassungsfähig sind allerdings nur die in § 32 VersAusglG aufgeführten Anrechte aus öffentlich-rechtlichen Regelsicherungssystemen, nicht dagegen privatrechtliche Anrechte insb. aus dem Bereich der ergänzenden betrieblichen oder privaten Altersvorsorge. **126**

Die Anpassung einer Entscheidung kommt in folgenden **Fallgruppen** in Betracht: **127**

- wenn zwischen den geschiedenen Ehegatten ein Unterhaltsrechtsverhältnis besteht und sich die bei dem einen Ehegatten eingetretene Versorgungskürzung negativ auf die Höhe des dem anderen Ehegatten zustehenden Unterhaltsanspruchs auswirkt (§§ 33, 34 VersAusglG);
- wenn ein Ehegatte eine Invaliditätsrente oder vorgezogene Altersrente bezieht, die aufgrund des VA gekürzt ist, aber seinerseits aus einem im VA erworbenen Anrecht noch keine Leistung beziehen kann (§§ 35, 36 VersAusglG);
- wenn ein Ehegatte Versorgungsleistungen erhält, die aufgrund des VA gekürzt sind, und der andere Ehegatte verstorben ist, ohne aus dem ausgeglichenen Anrecht (wesentliche) Leistungen bezogen zu haben (§§ 37, 38 VersAusglG).

Eine Anpassung der Entscheidungen erfolgt nur auf **Antrag** (§§ 33 Abs. 1, 35 Abs. 1, 37 Abs. 1). In der ersten der in Rdn. 127 genannten Fallgruppen (sog. Unterhaltspriveleg) ist der Antrag (anders als nach früherem Recht) an das **Familiengericht** zu richten (§ 34 Abs. 1 VersAusglG), in den anderen beiden Fallgruppen an den **Versorgungsträger**, bei dem das aufgrund des VA gekürzte Anrecht besteht (§§ 36 Abs. 1, 38 Abs. 1 Satz 1 VersAusglG). **Antragsberechtigt** sind die jeweils betroffenen Ehegatten (§§ 34 Abs. 2, 36 Abs. 2, 38 Abs. 1 Satz 2 VersAusglG). Nach dem Tod eines Antragstellers geht dessen Anpassungsanspruch auf seine Erben über (§§ 34 Abs. 4, 36 Abs. 3, 38 Abs. 2 VersAusglG). Beim Vorliegen der Anpassungsvoraussetzungen wird in den ersten beiden Fallgruppen die Kürzung der Versorgung des Ausgleichspflichtigen ausgesetzt (§§ 33 Abs. 1, 35 Abs. 1 VersAusglG), in der dritten Fallgruppe wird die Versorgungskürzung dauerhaft eingestellt. Die Anpassung wirkt jeweils ab dem ersten Tag des auf die Antragstellung folgenden Monats (§§ 34 Abs. 3, 36 Abs. 3, 38 Abs. 2 VersAusglG). Zur Entscheidung des Familiengerichts nach § 34 Abs. 1 VersAusglG vgl. § 34 Rdn. 6. **128**

Die §§ 32–38 VersAusglG sind nur auf Anträge anwendbar, die nach dem 31.08.2009 beim Familiengericht bzw. beim zuständigen Versorgungsträger eingehen. Auf Anträge, die bis zum 31.08.2009 bei den Versorgungsträgern eingegangen sind, ist das bis dahin geltende Recht anzuwenden (§ 49 VersAusglG); die Anträge sind daher nach den §§ 4–10 VAHRG a.F. zu bescheiden. Ein vor dem 01.09.2009 beim Familiengericht eingegangener Antrag ist unzulässig, weil eine Zuständigkeit des Familiengerichts vor diesem Zeitpunkt noch nicht begründet war. **129**

---

186 BVerfG FamRZ 1980, 326, 334.

Teil 1   Der Versorgungsausgleich

Kapitel 1   Allgemeiner Teil

§ 1 VersAusglG   Halbteilung der Anrechte

(1) Im Versorgungsausgleich sind die in der Ehezeit erworbenen Anteile von Anrechten (Ehezeitanteile) jeweils zur Hälfte zwischen den geschiedenen Ehegatten zu teilen.

(2) ¹Ausgleichspflichtige Person im Sinne dieses Gesetzes ist diejenige, die einen Ehezeitanteil erworben hat. ²Der ausgleichsberechtigten Person steht die Hälfte des Werts des jeweiligen Ehezeitanteils (Ausgleichswert) zu.

A. Norminhalt

1   § 1 VersAusglG regelt den Grundsatz der **Halbteilung** aller von den Ehegatten in ihrer Ehe erworbenen Versorgungsanrechte und bestimmt die **Ausgleichsverpflichtung und -berechtigung** in Bezug auf die dem Ausgleich unterliegenden einzelnen Anrechte.

B. Halbteilungsgrundsatz (Abs. 1)

2   § 1 Abs. 1 VersAusglG bestimmt, dass das von den Ehegatten in der Ehezeit erworbene Vorsorgevermögen hälftig geteilt wird. Der Halbteilungsgrundsatz bezieht sich nicht mehr wie im früheren Recht (§§ 1587a Abs. 1, 1587g Abs. 1 BGB a.F.) auf die Wertdifferenz zwischen den von beiden Ehegatten insgesamt in der Ehezeit erworbenen Anrechten, sondern auf jedes einzelne von ihnen in der Ehe erworbene Anrecht. Die Vorschrift enthält damit den »Programmsatz« für das gesamte Gesetz.¹ Sie bringt das dem neuen Recht zugrunde liegende **Prinzip der systeminternen Teilung** jedes ehezeitlich erworbenen Anrechts zum Ausdruck. Mit der hälftigen Teilung der erworbenen Anrechte soll eine gleiche Teilhabe der Ehegatten an dem in der Ehe erwirtschafteten Vorsorgevermögen gewährleistet werden.² Der Halbteilungsgrundsatz wird allerdings **nicht strikt eingehalten**. Die in den §§ 3 Abs. 3 und 18 VersAusglG enthaltenen Bagatellklauseln haben zur Folge, dass nicht in allen Fällen ein VA stattfindet und dass nicht sämtliche ehezeitlichen Versorgungsanrechte zwischen den Ehegatten aufgeteilt werden. Dagegen bestehen aus verfassungsrechtlicher Sicht keine grundsätzlichen Bedenken. Denn bei der Ordnung von Massenerscheinungen wie dem VA und aus Praktikabilitätsgründen können typisierende und generalisierende Regelungen notwendig sein und müssen deshalb in einem gewissen Rahmen Härten und Ungerechtigkeiten hingenommen werden.³ Bei der Auslegung einzelner Vorschriften und bei Ermessensentscheidungen ist der Halbteilungsgrundsatz jedoch zu berücksichtigen.⁴

3   Der **Begriff der Teilung** umfasst sowohl die öffentlich-rechtlichen Ausgleichsformen der internen Teilung im Rahmen desselben Versorgungssystems (§§ 10–13 VersAusglG) und der externen Teilung über ein vom ausgleichsberechtigten Ehegatten bestimmbares anderes Versorgungssystem nach den §§ 14–17 VersAusglG als auch schuldrechtliche Ausgleichsansprüche nach den §§ 20–26 VersAusglG.⁵

4   **Teilungsgegenstand** sind die von beiden Ehegatten in der Ehezeit erworbenen Anteile von Anrechten; diese werden als »Ehezeitanteile« legal definiert. Welche »Anrechte« dem VA unterlie-

---

1 BT-Drucks. 16/10144 S. 45.
2 BT-Drucks. 16/10144 S. 31, 45; BVerfG FamRZ 2006, 1000.
3 BVerfG FamRZ 2006, 1000, 1001; BGH FamRZ 2012, 192, 193.
4 BT-Drucks. 16/10144 S. 45; BGH FamRZ 2012, 192, 195.
5 BT-Drucks. 16/10144 S. 45.

gen, regelt § 2 VersAusglG. Die konkrete Berechnung der **Ehezeit** ergibt sich aus § 3 Abs. 1 Vers-AusglG. Wie der Ehezeitanteil eines Anrechts zu berechnen ist, wird in § 5 VersAusglG allgemein umrissen und in den §§ 39–46 VersAusglG in den Einzelheiten geregelt. Zum »Erwerb« eines Anrechts in der Ehezeit vgl. § 3 Rdn. 12 ff.

C. Persönlicher Anwendungsbereich des Versorgungsausgleichs (Abs. 1)

I. Ehescheidung

Gem. § 1587 BGB (n.F.) und **§ 1 Abs. 1 VersAusglG** findet der VA **zwischen geschiedenen Ehe-** 5
leuten statt. Damit ist ein vorzeitiger Ausgleich schon während des Getrenntlebens – anders als beim Zugewinnausgleich (§§ 1385, 1386 BGB) – ausgeschlossen.[6] Für die Durchführung des VA wird vielmehr ein **Scheidungsausspruch vorausgesetzt.** Allerdings ist nicht erforderlich, dass die Scheidung bereits rechtskräftig ist, wenn der VA durchgeführt wird. Da der öffentlich-rechtliche Wertausgleich nach den §§ 9–19 VersAusglG und der schuldrechtliche Ausgleich einer privaten Invaliditätsversorgung nach § 28 VersAusglG grundsätzlich von Amts wegen im Verbund mit der Scheidung zu regeln sind (§ 137 Abs. 1, Abs. 2 Satz 1 Nr. 1 und S. 2 FamFG), wird das VA-Verfahren insoweit schon mit Anhängigkeit des Scheidungsantrags eingeleitet und zusammen mit dem Scheidungsausspruch in der Verbundentscheidung (§ 142 Abs. 1 FamFG) abgeschlossen. Die Entscheidung über den VA kann jedoch nicht vor Rechtskraft der Scheidung wirksam werden (§ 148 FamFG). Ist eine Ehe im **Ausland nach deutschem Recht geschieden** worden, ohne dass ein VA durchgeführt worden ist, so kann – soweit erforderlich, nach Anerkennung des ausländischen Scheidungsausspruchs[7] – der VA in einem (selbständigen) inländischen Verfahren nachgeholt werden.[8] Das Verfahren ist in diesem Fall von Amts wegen einzuleiten, sobald das Familiengericht von der Scheidung Kenntnis erlangt.[9]

In welchem **Güterstand** die Ehegatten gelebt haben, ist für die Durchführung des VA unerheb- 6
lich. Der VA findet daher auch dann statt, wenn die Ehegatten Gütertrennung, aber nicht ausdrücklich auch einen Ausschluss des VA vertraglich vereinbart haben.[10]

Der VA findet grundsätzlich auch dann statt, wenn die Ehegatten (nach Abtrennung der VA-Fol- 7
gesache aus dem Verbund) **wieder geheiratet** haben.[11] Damit sollen den Ehegatten für den Fall der erneuten Scheidung die (dann für die eigene Versorgung möglicherweise dringend benötigten) Ausgleichsansprüche aus der ersten Ehe gesichert werden. Denn bei einer Scheidung der zweiten Ehe unterliegen nur die in dieser erworbenen Anrechte dem VA. Solange der VA in Bezug auf die erste Ehe nicht wirksam durchgeführt worden ist, können die Ehegatten ihn noch gem. § 6 Abs. 1 S. 2 Nr. 2 VersAusglG vertraglich ausschließen. Wird dann auch ihre zweite Ehe geschieden, kann dadurch aber die Geschäftsgrundlage des Vertrages entfallen,[12] was zur Folge hat, dass der VA nachträglich – ggf. in Abänderung der Vereinbarung (§ 227 Abs. 2 FamFG) – durchzuführen ist.

---

6 Ruland Rn. 86.
7 Scheidungen in EU-Mitgliedstaaten (außer Dänemark) werden nach Art. 21 der Brüssel IIa-VO grundsätzlich ohne besonderes Verfahren anerkannt. Im Übrigen gilt § 107 FamFG. Vgl. dazu Keidel/Zimmermann § 107 Rn. 5; Schulte-Bunert/Weinreich/Baetge § 107 Rn. 3; Jansen/Wick § 16a Rn. 69 ff.
8 BGH FamRZ 2005, 1666; OLG Düsseldorf FamRZ 1999, 1210; Ruland Rn. 87.
9 Johannsen/Henrich Art. 17 EGBGB Rn. 58; Borth Rn. 1032; a.A. Ruland Rn. 105, wonach die Durchführung des VA nur auf Antrag eines Ehegatten stattfinden soll. Die §§ 124, 133 FamFG regeln jedoch nur die formellen Voraussetzungen für die Einleitung eines Scheidungsverfahrens. Ist die Scheidung bereits (im Ausland) ausgesprochen worden, ergibt sich die Notwendigkeit eines amtswegigen Verfahrens aus den §§ 26, 217 FamFG i.V.m. § 1 Abs. 1 VersAusglG.
10 Ruland Rn. 88; vgl. auch BGH FamRZ 2012, 434, wonach trotz Gütertrennung sogar ein mit Mitteln aus dem vorehelich erworbenen Privatvermögen begründetes Anrecht dem VA unterliegt.
11 BGH FamRZ 1983, 461, 462; OLG Hamm FamRZ 2007, 559.
12 Ruland Rn. 93.

8 Bei einer **Scheidung nach deutschem Recht** richtet sich auch der VA nach deutschem Recht (Art. 17 Abs. 3 S. 1 Hs. 1 EGBGB). Haben **beide Ehegatten eine ausländische Staatsangehörigkeit**, findet ein VA allerdings nur statt, wenn ihn das Recht eines der Staaten kennt, denen die Ehegatten bei Rechtshängigkeit des Scheidungsantrags angehört haben (Art. 17 Abs. 3 S. 1 Hs. 2 EGBGB). Ausländische Rechtsordnungen, die einen VA »kennen«, sind selten.[13] Ein dem deutschen VA strukturell vergleichbares Rechtsinstitut findet sich nur in wenigen Rechtsordnungen, etwa in Kanada, den Niederlanden, der Schweiz und Großbritannien.[14] Nach der Rechtsprechung des BGH[15] muss allerdings der Kerngehalt des betreffenden ausländischen Rechtsinstituts grundsätzlich mit den wesentlichen Strukturmerkmalen des deutschen VA vergleichbar sein. Die ausländischen Bestimmungen müssen darauf gerichtet sein, die wesentlichen in der Ehezeit erworbenen Versorgungsanrechte unabhängig von Bedürfnis, Leistungsfähigkeit und Güterstand der Ehegatten angemessen aufzuteilen und dem Ausgleichsberechtigten möglichst eigene Ansprüche gegen einen Versorgungsträger zu verschaffen. Allerdings reicht es auch aus, wenn das ausländische Sachrecht lediglich einen dem deutschen schuldrechtlichen VA vergleichbaren Ausgleichsmechanismus vorsieht. Der BGH[16] hat gleichwohl eine Adäquanz des niederländischen VA verneint, weil nach niederländischem Recht zwar deutsche gesetzliche Rentenanwartschaften dem VA unterliegen, nicht aber die – nach deutschem Recht in den VA einzubeziehenden – Anrechte auf die niederländische AOW-Pension. Dadurch würde der Halbteilungsgrundsatz erheblich verletzt. Da Art. 17 Abs. 3 EGBGB insbesondere den angemessenen Ausgleich deutscher Versorgungsanrechte sicherstellen solle, müsse das berufene ausländische Sachrecht auch einen mit dem deutschen Recht strukturell vergleichbaren Ausgleich »ausländischer« (d.h. insoweit also deutscher) Anrechte und einen angemessenen Gesamtausgleich sämtlicher Versorgungsanrechte vorsehen.

9 Die Vorschriften über den VA finden keine Anwendung auf Ehen, die vor Inkrafttreten des 1. EheRG (01.07.1977) geschieden worden sind, sowie auf nach Inkrafttreten des 1. EheRG geschiedene Ehen unter der Voraussetzung, dass der ausgleichsberechtigte Ehegatte abgefunden worden war oder dass die Ehegatten vor dem 01.07.1977 einen Vertrag über die dem VA unterliegenden Anrechte geschlossen hatten (Art. 12 Nr. 3 S. 4–6 des 1. EheRG[17]). Des Weiteren unterliegen Ehen, die vor dem 01.01.1992 in der DDR bzw. (ab dem 03.10.1990) in den neuen Bundesländern geschieden worden sind, keinem VA (Art. 234 § 6 Abs. 1 S. 1 EGBGB). Für die nach dem 31.12.1991 im **Beitrittsgebiet** geschiedenen Ehen gilt dies nur insoweit, als ein Anrecht Grundlage einer vor dem 03.10.1990 geschlossenen Vereinbarung oder gerichtlichen Entscheidung über die Vermögensteilung war (Art. 234 § 6 Abs. 1 S. 2 EGBGB).[18] Bei einer vor dem 01.01.1992 im Beitrittsgebiet geschiedenen Ehe ist ein nachträglicher VA ausnahmsweise möglich, wenn der Scheidungsantrag vor dem 19.09.1986 rechtshängig geworden war und beide Ehegatten vor dem 03.10.1990 in die alten Bundesländer übersiedelt sind.[19] Der VA kann im konkreten Fall kraft Gesetzes **auszuschließen** sein, weil die Ehe von kurzer Dauer war und der für diesen Fall erforderliche Antrag auf Durchführung des VA nicht gestellt worden ist (§ 3 Abs. 3 VersAusglG) oder weil die Ehegatten den VA durch eine wirksame Vereinbarung ausgeschlossen haben (§ 6 Abs. 1 Satz 2 Nr. 2, Abs. 2 VersAusglG).

---

13 Vgl. die Übersichten bei Ruland Rn. 108-112; Klattenhoff FuR 2000, 49; Gutdeutsch FamRBint 2006, 54.
14 Vgl. Klattenhoff FuR 2000, 49, 55; Reusser FamRZ 2001, 595, 599; Gutdeutsch FamRBint 2006, 54, 57.
15 FamRZ 2009, 677, 679.
16 FamRZ 2009, 677, 681.
17 Die Vorschriften sind zwar durch Art. 21 VAStrReG aufgehoben worden, sie gelten aber gleichwohl aufgrund der Bestimmung des § 54 VersAusglG fort.
18 Vgl. zu den Hintergründen dieser Regelungen Wick Rn. 25 f.
19 BGH FamRZ 2006, 766.

Bei einer **Scheidung nach ausländischem Recht** richtet sich das VA-Statut ebenfalls nach dem für **10** die Scheidung maßgebenden Recht (Art. 17 Abs. 3 Satz 1 Hs. 1 EGBGB). Ein VA ist dann nur durchzuführen, wenn ein Ehegatte dies ausdrücklich beantragt und (mindestens) ein Ehegatte ein inländisches Anrecht erworben hat (Art. 17 Abs. 3 Satz 2 EGBGB). Damit wird der deutsche VA auf Ehen von Ausländern erstreckt, die dadurch, dass ein Versorgungsanrecht bei einem inländischen Versorgungsträger erworben worden ist, einen ausreichenden Inlandsbezug aufweisen. Auf iranische Ehegatten findet die Vorschrift allerdings gem. Art. 8 Abs. 3 des deutsch-iranischen Niederlassungsabkommens[20] keine Anwendung.[21]

(derzeit nicht belegt) **11**

Im Falle einer Antragstellung nach Art. 17 Abs. 3 Satz 2 EGBGB hat das Gericht ferner von Amts **12** wegen zu prüfen, ob die Durchführung des VA im Hinblick auf die beiderseitigen wirtschaftlichen Verhältnisse (auch während der nicht im Inland verbrachten Zeit) der Billigkeit widerspricht. Im Rahmen der **Billigkeitserwägungen** sind alle wirtschaftlichen Gesichtspunkte von Bedeutung.[22] Darauf beschränkt sich die Prüfung indes nicht. Die Billigkeitsklausel soll in den Fällen mit Auslandsberührung eine den Belangen aller Beteiligten entsprechende gerechte Lösung in jedem Einzelfall eines berechtigten Bedürfnisses nach einem VA ermöglichen. Ob die Durchführung des VA der Billigkeit widerspricht, hat das Gericht unter Berücksichtigung aller Umstände des Einzelfalls zu prüfen.[23] Es muss allerdings nicht von sich aus nach Tatsachen forschen, die der Durchführung des VA widersprechen, sondern kann davon ausgehen, dass die Ehegatten bzw. ihre Anwälte die ihnen vorteilhaften Umstände von sich aus vortragen.[24] Eine Herabsetzung oder ein Ausschluss des VA kommt insbesondere in Betracht, wenn ein Ehegatte inländische Anrechte abgeben müsste, obwohl der andere Ehegatte zur Alterssicherung geeignete Vermögenswerte im Ausland besitzt, die nicht in den VA einbezogen werden können oder nicht zu ermitteln sind.[25] Im Rahmen der Billigkeitsprüfung ist es auch zu berücksichtigen, wenn ein ausländisches Anrecht bereits durch eine im Inland zu beachtende Gerichtsentscheidung (z.B. im Rahmen eines mit dem deutschen Recht nicht vergleichbaren ausländischen VA) oder durch eine im Rahmen des ausländischen Scheidungsverfahrens verbindlich getroffene Parteivereinbarung ausgeglichen worden ist.[26] Steht Art. 17 Abs. 3 Satz 2 EGBGB der Durchführung des VA nach deutschem Recht nicht entgegen, so schließt dies die Anwendung der allgemeinen Härteklausel des § 27 VersAusglG nicht aus.[27]

Zur Stellung des **Antrags** berechtigt ist im Fall des Art. 17 Abs. 3 Satz 2 Nr. 1 BGB jeder Ehegatte, **13** dessen Partner in der Ehezeit ein inländisches Anrecht erworben hat. Bei der von Nr. 2 erfassten Alternative sind stets beide Ehegatten antragsberechtigt. Der Antrag muss im Verbundverfahren bis zum Schluss der mündlichen Verhandlung erster Instanz gestellt werden. Ist dies nicht geschehen, kann er auch später noch in einem selbständigen Verfahren nachgeholt werden.[28] Der Antrag unterliegt nur im Scheidungsverbund dem Anwaltszwang, nicht dagegen in seinem späteren selbständigen Verfahren (§ 114 Abs. 1 FamFG). Er hat lediglich verfahrensrechtliche Bedeutung. Ein Sachantrag braucht daher nicht gestellt zu werden. Geschieht dies dennoch, so tritt dadurch keine Bindung für das Gericht ein. Das Ende der Ehezeit wird nicht durch den Zeitpunkt der Antrag-

---

20 Vom 17.02.1929, RGBl. 1930 II S. 1006.
21 BGH FamRZ 2005, 1666.
22 BGH FamRZ 2000, 418, 419; OLG Karlsruhe FamRZ 1989, 399; OLG Celle FamRZ 1991, 204.
23 BGH FamRZ 1994, 826.
24 BGH FamRZ 1988, 709.
25 BGH FamRZ 1994, 825, 826; OLG Düsseldorf FamRZ 1993, 433, 434.
26 BGH FamRZ 2009, 681, 683; zur Frage, ob eine im Ausland geschlossene Vereinbarung den Formerfordernissen entspricht und sich auf den VA erstreckt, vgl. OLG Schleswig FamRZ 2012, 132 mit Anm. Gutdeutsch FamRBint 2012, 28.
27 BGH FamRZ 1994, 825, 827; 2007, 996, 1000.
28 BGH FamRZ 2007, 996, 1000.

stellung beeinflusst, sondern bestimmt sich nach § 3 Abs. 1 VersAusglG.[29] Die Antragstellung kann sogar konkludent erfolgen, z.B. durch Übersendung der ausgefüllten Fragebögen zum VA.[30]

13a Solange kein Ehegatte einen Antrag nach Art. 17 Abs. 3 S. 2 EGBGB gestellt hat, ist – auch im Scheidungsverbund – kein Verfahren über den VA einzuleiten und deshalb keine Entscheidung zu treffen. Das folgt auch daraus, dass der Fall des Art. 17 Abs. 3 S. 2 EGBG in § 224 Abs. 3 FamFG nicht genannt ist. Da kein Verfahren durchzuführen ist, ist auch kein Verfahrenswert festzusetzen. Trifft das Gericht dennoch eine negative Feststellungsentscheidung, hat diese im Regelfall nur deklaratorische Bedeutung, erwächst nicht in Rechtskraft und steht der späteren Einleitung eines selbständigen Verfahrens auf Antrag eines Ehegatten nicht entgegen (vgl. vor § 1 Rdn. 44).

II. Eheaufhebung

14 Auch nach **Aufhebung einer Ehe** gem. §§ 1313, 1314 BGB kann ein VA durchgeführt werden. In diesem Fall kommt jedoch ein Verfahrensverbund mit der Ehesache nicht in Betracht, weil § 137 Abs. 1 FamFG ausdrücklich nur die Verbindung des VA mit einer Scheidungssache vorsieht.[31] Vielmehr muss zunächst die Rechtskraft des Eheaufhebungsurteils abgewartet werden, und anschließend ist dann – von Amts wegen – in einem selbständigen Verfahren isoliert über den VA zu entscheiden.[32] Im Fall der Eheaufhebung hat das Gericht stets zu prüfen, ob und ggf. inwieweit der VA im Hinblick auf die Umstände bei der Eheschließung oder im Hinblick auf die Belange eines weiteren Ehegatten grob unbillig wäre (§ 1318 Abs. 3 BGB). Dies ist insbesondere dann anzunehmen, wenn der Ausgleichsberechtigte bewusst gegen ein Eheverbot verstoßen hat.[33] Im Fall einer Doppelehe (§ 1306 BGB) ist ein VA ggf. für jede Ehe so durchzuführen, als ob es die andere Ehe nicht gäbe.[34]

III. Aufhebung einer Lebenspartnerschaft

15 Nach **Aufhebung einer eingetragenen Lebenspartnerschaft** (i.S. des LPartG) findet ebenfalls ein VA statt, wenn die Lebenspartnerschaft nach dem 31.12.2004 begründet worden ist (§ 20 Abs. 1 LPartG) oder wenn die Lebenspartnerschaft zwar vorher geschlossen worden ist, die Lebenspartner aber durch – notariell beurkundete und bis zum 31.12.2005 gegenüber dem für ihren Wohnsitz zuständigen Amtsgericht abgegebene – Erklärungen für den VA optiert haben (§ 20 Abs. 4 i.V.m. § 21 Abs. 4 LPartG). Sind diese Erklärungen nicht fristgemäß abgegeben worden, können die Lebenspartner einen VA auch nicht vertraglich vereinbaren. Für nach ausländischem Recht aufgehobene Lebenspartnerschaften gelten gem. Art. 17b Abs. 1 Satz 3 und 4 EGBGB[35] die gleichen Grundsätze wie nach Art. 17 Abs. 3 EGBGB (s.o. Rdn. 9–13).

D. Ausgleichspflichtige und ausgleichsberechtigte Person (Abs. 2)

16 Gem. § 1 Abs. 2 S. 1 VersAusglG ist **ausgleichspflichtig** im Sinne des VersAusglG diejenige Person, die einen Ehezeitanteil erworben hat. Die Vorschrift ist die Konsequenz aus dem neuen Prinzip der systeminternen Teilung, das gem. Abs. 1 zur Folge hat, dass jeder Ehegatte, der in der Ehe ein Versorgungsanrecht erworben hat, davon die Hälfte an den anderen Ehegatten abzugeben hat. Haben – wie im Regelfall – beide Ehegatten in der Ehezeit Versorgungsanrechte erworben, sind

---

29 OLG Koblenz FamRZ 1991, 1323.
30 OLG Schleswig FamRZ 1991, 96, 97; OLG München FuR 1993, 169.
31 BGH FamRZ 1982, 586; 1989, 153, 154; Prütting/Helms § 137 Rn. 8.
32 Verfahrensfehlerhaft nicht berücksichtigt von OLG Karlsruhe FamRZ 2005, 370.
33 OLG Karlsruhe FamRZ 2005, 370.
34 BGH FamRZ 1980, 768; 1982, 474, 477; Ruland Rn. 92.
35 I.d.F. des Art. 20 Nr. 2 VAStrReG.

folglich nunmehr auch beide – jeder in Bezug auf die von ihm erworbenen Ehezeitanteile – ausgleichspflichtig. Darin unterscheidet sich das neue Ausgleichssystem grundlegend von dem früheren Prinzip des Einmalausgleichs, nach dem im Wege einer Gesamtsaldierung sämtlicher in der Ehezeit erworbener Anrechte nur einer der Ehegatten – nämlich derjenige mit den insgesamt höheren ehezeitlichen Anrechten – ausgleichspflichtig war (vgl. vor § 1 VersAusglG Rdn. 8).

Hinsichtlich der von dem ausgleichspflichtigen Ehegatten erworbenen Ehezeitanteile ist der andere Ehegatte (spiegelbildlich) **ausgleichsberechtigt** (**§ 1 Abs. 2 Satz 2 VersAusglG**). Für den Regelfall, dass beide Ehegatten in der Ehezeit Versorgungsanrechte erworben haben, bewirkt das Zusammentreffen von Ausgleichsverpflichtung und Ausgleichsberechtigung in der Person beider Ehegatten einen **Hin- und Her-Ausgleich** bezüglich der dem VA unterliegenden Anrechte, weil jeder Ehegatte gem. § 1 Abs. 1 VersAusglG die Hälfte seiner Ehezeitanteile an den anderen Ehegatten abzugeben hat. 17

Die Verwendung des Wortes »**Person**« statt »Ehegatte« (nicht nur in § 1, sondern im gesamten VersAusglG) ist aus zwei Gründen zweckmäßig: Zum einen ermöglicht es eine geschlechtsneutrale Bezeichnung der Ehegatten. Zum anderen erleichtert es sprachlich die – allerdings ohnehin nur entsprechende (§ 20 Abs. 1 LPartG) – Anwendung des VersAusglG auf eingetragene Lebenspartner. 18

E. Ausgleichswert (Abs. 2 Satz 2)

§ 1 Abs. 2 Satz 2 VersAusglG regelt auch die **Höhe des** dem jeweils ausgleichsberechtigten Ehegatten zustehenden **Anspruchs auf Beteiligung** an einem vom anderen Ehegatten erworbenen Ehezeitanteil (i.S. des § 1 Abs. 1 VersAusglG). Dass sich der Ausgleichsanspruch auf die **Hälfte des Ehezeitanteils** bezieht, ergibt sich freilich auch schon aus § 1 Abs. 1 VersAusglG. Die eigenständige Bedeutung des § 1 Abs. 2 Satz 2 VersAusglG liegt in der Legaldefinition des **Ausgleichswerts**. Sie erschließt sich allerdings nicht aus dem Wortlaut des Gesetzes. Für die schlichte mathematische Operation einer hälftigen Teilung (des Ehezeitanteils) scheint ein besonderer Rechtsbegriff nicht erforderlich zu sein. Der Ausgleichswert soll jedoch generell den Wert bezeichnen, der auf den ausgleichsberechtigten Ehegatten zu transferieren ist.[36] Dieser Wert kann aus zwei Gründen von der Hälfte des Ehezeitanteils, den der andere Ehegatte erworben hat, abweichen (vgl. auch § 5 Rdn. 16): Zum einen richtet sich die konkrete Durchführung der Teilung eines Anrechts gem. §§ 10 Abs. 3, 14 Abs. 3 VersAusglG nach den maßgeblichen Versorgungsregelungen. Diese müssen nicht zwingend eine hälftige Teilung der vom Ausgleichspflichtigen in der Ehezeit in seinem Versorgungssystem erworbenen Bezugsgröße (§ 5 Abs. 1 VersAusglG) vorschreiben. Sie können vielmehr auch – z.B. zur Erzielung gleich hoher Renten auf Seiten beider Ehegatten im Versorgungsfall – anordnen, dass die ehezeitliche Bezugsgröße ungleich verteilt wird. In diesem Fall erhält der Ausgleichsberechtigte als Ausgleichswert mehr oder weniger als die Hälfte des Ehezeitanteils. Zum anderen kann sich eine Abweichung von der numerischen Halbteilung des Ehezeitanteils auch dadurch ergeben, dass der Versorgungsträger von dem ihm nach § 13 VersAusglG zustehenden Recht Gebrauch macht, Teilungskosten in Abzug zu bringen. Da die Teilungskosten hälftig mit den Anrechten beider Ehegatten zu verrechnen sind, verringert sich der dem Ausgleichsberechtigten zustehende Ausgleichswert um die hälftigen Teilungskosten. 19

---

36 BT-Drucks. 16/10144 S. 45.

§ 2 VersAusglG   Auszugleichende Anrechte

(1) Anrechte im Sinne dieses Gesetzes sind im In- oder Ausland bestehende Anwartschaften auf Versorgungen und Ansprüche auf laufende Versorgungen, insbesondere aus der gesetzlichen Rentenversicherung, aus anderen Regelsicherungssystemen wie der Beamtenversorgung oder der berufsständischen Versorgung, aus der betrieblichen Altersversorgung oder aus der privaten Alters- und Invaliditätsvorsorge.

(2) Ein Anrecht ist auszugleichen, sofern es

1. durch Arbeit oder Vermögen geschaffen oder aufrechterhalten worden ist,
2. der Absicherung im Alter oder bei Invalidität, insbesondere wegen verminderter Erwerbsfähigkeit, Berufsunfähigkeit oder Dienstunfähigkeit, dient und
3. auf eine Rente gerichtet ist; ein Anrecht im Sinne des Betriebsrentengesetzes oder des Altersvorsorgeverträge-Zertifizierungsgesetzes ist unabhängig von der Leistungsform auszugleichen.

(3) Eine Anwartschaft im Sinne dieses Gesetzes liegt auch vor, wenn am Ende der Ehezeit eine für das Anrecht maßgebliche Wartezeit, Mindestbeschäftigungszeit, Mindestversicherungszeit oder ähnliche zeitliche Voraussetzung noch nicht erfüllt ist.

(4) Ein güterrechtlicher Ausgleich für Anrechte im Sinne dieses Gesetzes findet nicht statt.

A. Norminhalt

1   § 2 VersAusglG regelt den **sachlichen Anwendungsbereich des VA**, d.h. den Gegenstand, auf den sich der VA bezieht. Die in den VA einzubeziehenden Anrechte werden gegenüber nicht einzubeziehenden Vermögensgegenständen abgegrenzt. Die Vorschrift gilt sowohl für den öffentlich-rechtlichen Wertausgleich als auch für schuldrechtliche Ausgleichsansprüche.

B. Anwartschaften und Ansprüche auf eine Versorgung (Abs. 1)

2   Dem VA unterliegen **Anwartschaften** sowie bereits **fällige Ansprüche** auf eine Versorgung (§ 2 Abs. 1 VersAusglG). Für Anwartschaften und bereits entstandene Ansprüche auf Versorgung wird der Sammelbegriff »**Anrechte**« verwendet. Auf den im früheren Recht verwendeten Begriff der »Aussicht« auf eine Versorgung ist im Zuge der Reform verzichtet worden, weil die Abgrenzung zur Anwartschaft nicht immer klar war.[1] Den praktisch wichtigsten Zweifelsfall, nämlich die Nichterfüllung einer allgemeinen Wartezeit, regelt jetzt § 2 Abs. 3 VersAusglG. Deshalb konnte auf die Differenzierung zwischen Aussichten und Anwartschaften verzichtet werden.[2] Der Umstand, dass eine für die Versorgung maßgebliche **Wartezeit**, Mindestbeschäftigungszeit oder ähnliche zeitliche Voraussetzung am Ende der Ehezeit noch nicht erfüllt ist, steht nach der aus-

---

1   Vgl. z.B. BGH FamRZ 1981, 856.
2   BT-Drucks. 16/10144 S. 45.

drücklichen Regelung des § 2 Abs. 3 VersAusglG der Einbeziehung einer Anwartschaft in den VA nicht entgegen (s.u. Rdn. 22).

Ob es sich um **öffentlich-rechtliche oder privatrechtliche Anrechte** handelt, ist für die Einbeziehung in den VA nach neuem Recht grundsätzlich unerheblich. Es kann lediglich für die Berechnung des Ehezeitanteils und für die Ausgleichsform von Bedeutung sein. § 2 Abs. 1 VersAusglG stellt auch klar, dass – wie schon nach früherem Recht – sowohl im Inland als auch im Ausland (auch bei zwischen- oder überstaatlichen Versorgungsträgern) **erworbene Anrechte** in den VA fallen. Ausländische Anrechte unterliegen allerdings nach neuem Recht nicht mehr dem Wertausgleich bei der Scheidung (§ 19 Abs. 2 Nr. 4 VersAusglG). Schuldrechtliche Ausgleichsansprüche bleiben dem ausgleichsberechtigten Ehegatten jedoch erhalten (§ 19 Abs. 4 VersAusglG). **3**

Grundsätzlich fallen alle Bestandteile eines Versorgungsanrechts in den VA. Eine Ausnahme gilt jedoch gem. § 40 Abs. 5 VersAusglG für **ehe- und familienbezogene Bestandteile** wie z.B. den Familienzuschlag zum Ruhegehalt eines Beamten. **4**

§ 2 Abs. 1 VersAusglG zählt (in Übereinstimmung mit § 1587 BGB n.F.) nicht abschließend, sondern nur als **Regelbeispiele** die Versorgungssysteme auf, die für den VA von besonderer praktischer Bedeutung sind. Erwähnt sind in Anlehnung an das »Drei-Säulen-Modell« der Vorsorge die Regelsicherungssysteme (gesetzliche Rentenversicherung, Beamtenversorgung, berufsständische Versorgung), die betriebliche Altersversorgung und die private Alters- und Invaliditätsvorsorge. **5**

C. Erwerb durch Arbeit oder Vermögen (Abs. 2 Nr. 1)

Nach § 2 Abs. 2 Nr. 1 VersAusglG sind nur solche Anrechte in den VA einzubeziehen, die entweder durch Arbeit oder mit Hilfe des Vermögens geschaffen oder aufrechterhalten worden sind. Damit soll der VA auf diejenigen Anrechte beschränkt werden, die typischerweise das Ergebnis der gemeinsamen Lebensleistung der Ehegatten sind. **Geschaffen** wird ein Anrecht, wenn es entsteht oder weiter anwächst, **aufrechterhalten** wird es, wenn bestimmte Bedingungen für die künftigen Versorgungsleistungen nach der Begründung des Anrechts durch weitere rechtlich erhebliche Umstände erfüllt werden, ohne dass sich dadurch ein weiterer Wertzuwachs ergibt.[3] Letzteres ist z.B. bei einem aktiven Beamten der Fall, der vor Beginn der Ehezeit bereits die zum Erreichen des Höchstruhegehaltssatzes erforderlichen Dienstjahre (vgl. § 44 Rdn. 27) zurückgelegt hat; die weitere Dienstzeit bis zur Altersgrenze erhöht zwar das Ruhegehalt nicht mehr, ist aber zum Erwerb der Versorgung noch erforderlich. Dem gegenüber erwirbt ein Ehegatte, der bei Beginn der Ehezeit bereits eine Altersversorgung bezieht, in der Ehe keine Anrechte mehr. Die in der Ehezeit stattfindenden Versorgungsanpassungen begründen keinen auszugleichenden Ehezeitanteil.[4] Nicht in der Ehezeit begründet ist auch ein Unterhaltsbeitrag, der einem Beamten, dem das Ruhegehalt rechtskräftig aberkannt worden ist, nach Ehezeitende gnadenhalber bewilligt worden ist.[5] **6**

Auf **Arbeit** beruhen Anrechte, die das versorgungsrechtliche Resultat einer nichtselbständigen Beschäftigung als Arbeitnehmer (Beamter, Angestellter oder Arbeiter) oder einer arbeitnehmerähnlichen Stellung als Selbständiger sind. Hierzu gehören auch gesetzliche Rentenanwartschaften, die aufgrund von Kindererziehungszeiten[6] oder einer häuslichen Pflegetätigkeit[7] erworben worden sind, sowie Anwartschaften, die auf im Versorgungssystem anrechenbaren beitragsfreien Zeiten **7**

---

3 BT-Drucks. 7/650 S. 155; Palandt/Brudermüller § 2 Rn. 5; Hauß/Eulering Rn. 97.
4 OLG Düsseldorf FamRZ 1979, 595; Ruland Rn. 167.
5 BGH NJW-RR 1996, 257; OLG Köln FamRZ 1994, 1462.
6 BGH FamRZ 2007, 1966; BT-Drucks. 16/10144 S. 46. Das Gleiche gilt für den Kindererziehungszuschlag zum Ruhegehalt eines Beamten nach § 50a BeamtVG, nicht jedoch für den Kindererziehungszuschlag nach den §§ 294 ff. SGB VI, der vor 1921 geborenen Müttern gewährt wird, wegen seines überwiegenden Entschädigungscharakters (BGH FamRZ 1991, 675).
7 KG FamRZ 2006, 210; OLG Stuttgart FamRZ 2006, 1452.

oder vergleichbaren ruhegehaltfähigen Zeiten beruhen. Das Gleiche gilt für Anrechte aus Beitragszahlungen, die während der Freistellungsphase einer flexiblen Arbeitszeitregelung (z.B. Altersteilzeit) geleistet worden sind; denn diese Anrechte beruhen auf der Ansammlung eines Wertguthabens während der Arbeitsphase.[8] Nicht durch Arbeit erworben sind auch die aus strukturpoliti-
schen Gründen gewährte Landabgaberente nach §§ 121 ff. ALG[9] und die Produktionsaufgabe-
rente für Landwirte.[10] Ausländische sog. Volksrenten, die allen Einwohnern unabhängig von der
konkreten Arbeits- und Beitragsleistung allein im Hinblick auf die Dauer des Aufenthalts in dem
betreffenden Staat gewährt werden, sind dagegen nach dem Zweck des VA, die auf gemeinsamer
Lebensleistung der Ehegatten beruhenden Anrechte auszugleichen, in den VA einzubeziehen.[11]

8 Durch den Einsatz von **Vermögen** sind Anrechte erworben, denen Sach- oder Geldmittel
zugrunde liegen wie z.B. Beitrags- oder Kapitalzahlungen in eine berufsständische Versorgung
oder in eine private Lebensversicherung. Auf die Zweckbestimmung beim Erwerb des Vermögens,
mit dessen Hilfe Versorgungsanrechte erworben worden sind, kommt es grundsätzlich nicht an.[12]
Auch die Herkunft des Vermögens ist unerheblich. Daher sind z.B. auch Anrechte auszugleichen,
die mit Hilfe des vor der Ehezeit erworbenen Vermögens begründet oder aufrechterhalten worden
sind,[13] selbst wenn die Ehegatten Gütertrennung vereinbart hatten.[14] Dem VA unterliegt auch ein
Wertzuwachs, der lediglich auf während der Ehezeit angesammelten Gewinnanteilen oder Zinsen
beruht (s. § 3 Rdn. 18 und § 39 Rdn. 13).[15]

8a Dem VA unterliegen auch Anrechte, die mit Mitteln aus einem **Darlehen**[16] oder dem Anteil aus
dem Erlös des gemeinsamen Hauses nach Scheitern der Ehe[17] erworben wurden. Soweit ein aufgenommener Kredit bei Ehezeitende noch nicht getilgt ist, kommt allerdings eine Korrektur nach
§ 27 VersAusglG in Betracht, sofern die Verbindlichkeit nicht im Rahmen des Zugewinnausgleichs zu berücksichtigen ist.[18] Auch Anrechte aus privater Rentenversicherung, die ein Ehegatte
zur Kreditsicherung **abgetreten** hat, fallen nach der – noch zum früheren Recht ergangenen –
Rechtsprechung des BGH[19] in den VA, solange die Sicherheit noch nicht in Anspruch genommen
worden ist und der Ehegatte nicht gehindert ist, das Darlehen auf andere Weise zu tilgen. Diese
Rechtsprechung kann jedoch nicht ohne weiteres auf das neue Recht übertragen werden. Nach
früherem Recht fand eine Gesamtsaldierung aller ehezeitlichen Versorgungsanrechte statt, in die
auch das sicherungsabgetretene Anrecht einzubeziehen war. Es war entweder auf Seiten des

---

8   Schmeiduch FamRZ 1999, 1035, 1037; Schröder/Bergschneider/Hauß Rn. 6.95.
9   BGH FamRZ 1988, 272; 2008, 770, 773.
10 Greßmann/Klattenhoff FamRZ 1995, 577, 578.
11 BGH FamRZ 2008, 770, 773; vgl. auch BT-Drucks. 16/10144 S. 46.
12 BT-Drucks. 16/10144 S. 46; BGH FamRZ 1993, 684.
13 BGH FamRZ 1984, 570, 571; 2011, 877 mit krit. Anm. Hoppenz; KG FamRZ 1996, 1552; OLG
    Nürnberg FamRZ 2005, 1256.
14 BGH FamRZ 2012, 434 mit krit. Anm. Bergschneider; ebenso für Anrechte, die nach vereinbarter
    Gütertrennung mit Mitteln des Privatvermögens erworben wurden, Rehme FuR 2006, 389, 393; Borth
    FamRZ 2006, 1641; a.A. OLG Hamm FamRZ 2006, 795.
15 Borth Rn. 100; Erman/Norpoth § 2 Rn. 5; Hoffmann/Raulf/Gerlach FamRZ 2011, 333, 334; a.A.
    Ruland Rn. 167; Höfer DB 2010, 1010, 1013: Berücksichtigung ehezeitlicher Zinserträge nur, wenn
    während der Ehezeit auch weitere Beiträge gezahlt worden sind; noch weitergehend Kemper VI Rn. 62;
    Hauß/Eulering Rn. 523 ff.: Ehezeitliche Zinserträge, die auf das vor der Ehezeit gebildete Kapital entfal-
    len, müssten eliminiert werden.
16 OLG Hamm FamRZ 1998, 297; OLG Koblenz FamRZ 2001, 1221; Borth Rn. 86; Erman/Norpoth § 2
    Rn. 5; a.A. OLG Nürnberg FamRZ 2002, 1632 hinsichtlich einer vollfinanzierten Lebensversicherung.
17 OLG Köln FamRZ 2000, 157.
18 OLG Koblenz FamRZ 2001, 1221; Borth Rn. 86; Palandt/Brudermüller § 2 Rn. 6; Erman/Norpoth § 2
    Rn. 5.
19 BGH FamRZ 2011, 963; ebenso OLG Zweibrücken FamRZ 2004, 642; OLG Nürnberg FamRZ 2012,
    1221; Ruland Rn. 172; a.A. OLG Nürnberg FamRZ 2007, 1246.

gesamtausgleichsberechtigten Ehegatten zu verrechnen oder wurde durch erweitertes Splitting nach § 3 b Abs. 1 Nr. 1 VAHRG ausgeglichen. Dabei war es selbst nicht Teilungsgegenstand, sondern wurde durch Inanspruchnahme eines anderen Anrechts des ausgleichpflichtigen Ehegatten ausgeglichen. Löste der Anrechterwerber den Kredit später durch Inanspruchnahme des Deckungskapitals der Versicherung ab, konnte der Verlust des Versorgungsanrechts noch in einem Abänderungsverfahren nach § 10 a VAHRG geltend gemacht werden. Nach neuem Recht müsste das Anrecht intern oder extern geteilt werden. Im Falle interner Teilung erhielte auch der Ausgleichsberechtigte nur ein sicherungsabgetretenes Anrecht (genauer: einen Anspruch auf Rückübertragung der Rechte aus der Versicherung für den Fall, dass der Kredit in anderer Weise als durch Inanspruchnmahme des Deckungskapitals getilgt wird[20]). Noch problematischer wäre eine externe Teilung: Dann müsste der Versicherung nach § 14 Abs. 4 VersAusglG die Zahlung eines Kapitalbetrages in Höhe des Ausgleichswerts aufgegeben werden. Eine wirtschaftliche Belastung des Versicherers wäre jedoch nur insoweit vertretbar, als sie das Deckungskapital nicht zur Besicherung hinsichtlich des Kredits benötigt. Zudem kann der Ausgleichsberechtigte nach neuem Recht bei einer späteren Inanspruchnahme der Sicherheit durch den Kreditgeber, der zum Verlust des Anrechts führt, keine Abänderung des Wertausgleichs verlangen, weil § 225 Abs. 1 FamFG die Abänderung auf die in § 32 VersAusglG genannten Regelsicherungssysteme beschränkt, zu denen private Versicherungen nicht gehören. Diese Gesichtspunkte sprechen dafür, sicherungsabgetretene Anrechte nicht in den Wertausgleich bei der Scheidung einzubeziehen. Da noch nicht feststeht, ob der Versorgungsanwärter daraus die vorgesehene Rente erhält oder ob das Deckungskapital zur Tilgung des von ihm in Anspruch genommenen Darlehens verwendet wird, sind die Anrechte bis zur Klärung der Frage, ob sie vom Sicherungsnehmer in Anspruch genommen werden, als noch nicht endgültig gesichert und damit als nicht ausgleichsreif i.S. des § 19 Abs. 2 Nr. 1 VersAusglG anzusehen. Dies hat zur Folge, dass sie einem späteren schuldrechtlichen VA vorbehalten bleiben (vgl. § 19 Rdn. 13b).[21] Befriedigt sich der Gläubiger später aus dem sicherungsabgetretenen Anrecht, kann dem Ausgleichsberechtigten gegen den Ausgleichspflichtigen ein Anspruch nach § 22 VersAusglG oder aus § 812 Abs. 1 BGB zustehen.[22]

Ähnliche Probleme ergeben sich bei im Wege der Zwangsvollstreckung **gepfändeten Anrechten**. 8b
Hier besteht allerdings die Möglichkeit, das Anrecht insoweit belastungsfrei auf den ausgleichsberechtigten Ehegatten zu übertragen, als das Anrecht von der Pfändung nicht erfasst wird.[23] Soweit das Anrecht dem Gläubiger an Zahlungs Statt überwiesen wurde, ist der Ausgleichspflichtige jedoch nicht mehr Inhaber des Anrechts (§ 835 Abs. 2 ZPO). Auch wenn das Anrecht dem Gläubiger nur zur Einziehung überwiesen wurde, wird häufig damit zu rechnen sein, dass es zur Verwertung kommt und der Ausgleichspflichtige das Anrecht verliert. Die verbleibende Unsicherheit und der Zusammenhang mit dem Titel, aus dem die Vollstreckung betrieben wird, sprechen dafür, auch ein gepfändetes Anrecht dem schuldrechtlichen VA vorzubehalten.[24]

Die analoge Anwendung des für den Zugewinnausgleich geltenden § 1374 Abs. 2 BGB kommt 9
nicht in Frage. Daher unterliegen dem VA auch Anrechte, die mit **Mitteln aus einer Schenkung**

---

20 Kemper/Norpoth FamRB 2011, 284, 285.
21 So KG FamRZ 2012, 1218, 1219; OLG Schleswig FamRZ 2012, 1220; Gutdeutsch FamRB 2012, 187; a.A. Borth Rn. 506; NK-FamR/Hauß § 2 Rn. 3; Hauß FamRB 2011, 207, 208; Kemper/Norpoth FamRB 2011, 284 ff., die das abgetretene Anrecht ebenso wie das zugrunde liegende Darlehen einem güterrechtlichen Ausgleich zuweisen; zweifelnd Palandt/Brudermüller § 2 Rn. 6; wieder anders OLG Nürnberg FamRZ 2012, 1221; OLG Saarbrücken Beschluss vom 26.01.2012 – 9 UF 161/11 – (juris), wonach das mit dem Sicherungsrecht belastete Anrecht intern zu teilen sein soll; dem steht jedoch entgegen, dass das Anrecht infolge der Abtretung nicht dem Ausgleichspflichtigen zusteht und mit der Teilung in das Recht des Sicherungsnehmers eingegriffen würde.
22 Gutdeutsch FamRB 2012, 187.
23 OLG Naumburg FamRZ 2012, 1057.
24 KG FamRZ 2012, 1218, 1219; Gutdeutsch FamRB 2012, 187; a.A. Kemper/Norpoth FamRB 2011, 284, 287 (güterrechtlicher Ausgleich).

erworben worden sind. Dabei ist grundsätzlich unerheblich, ob die Zuwendung zweckgebunden war oder nicht.[25] Hat der Schenkende die Beiträge allerdings unmittelbar an den Versorgungsträger gezahlt, so fällt das Anrecht nicht in den VA.[26] Das Gleiche gilt, wenn die Mittel zwar über den begünstigten Ehegatten geflossen sind, bei wirtschaftlicher Betrachtung aber kein Unterschied zu einer Direktleistung des Schenkenden besteht.[27] Auch Anrechte, die ein Ehegatte in der Ehezeit mit Mitteln begründet hat, die ihm durch den (vorzeitigen) Zugewinnausgleich oder aufgrund einer endgültigen Vermögensauseinandersetzung zugeflossen sind, sind nicht in den VA einzubeziehen.[28]

10   Im Übrigen ist eine wertende Betrachtung im Einzelfall erforderlich, ob eine Versorgung nach Sinn und Zweck des VA einzubeziehen ist oder nicht.[29] Der Zweck des § 2 Abs. 2 Nr. 1 Vers-AusglG liegt darin, Anrechte vom VA auszuschließen, die nicht auf der gemeinsamen Lebensleistung der Ehegatten beruhen.[30] Dies gilt für Anrechte auf **Leistungen mit Entschädigungscharakter**. Letztere sind auch dann nicht einzubeziehen, wenn zu dem schädigenden Ereignis ein beruflicher Bezug besteht, wie z.B. bei der gesetzlichen Berufsunfallversicherung.[31] Nicht durch Arbeit oder Kapitaleinsatz erworben sind ferner Anrechte auf Leistungen nach dem Bundesentschädigungsgesetz,[32] dem Bundesversorgungsgesetz und dem Opferentschädigungsgesetz.[33] Das Gleiche gilt für Leistungen mit überwiegend sozialer Zielsetzung[34] wie etwa Wohngeld, Erziehungs- bzw. Elterngeld, Ausbildungsförderung, die bedarfsorientierte Grundsicherung im Alter nach den §§ 41 ff. SGB XII, der Unterhaltsbeitrag für aus disziplinarischen Gründen entlassene Beamte[35] und der Sozialzuschlag zu Renten im Beitrittsgebiet nach Art. 40 RÜG. Andererseits steht es der Zuordnung zum VA nicht entgegen, dass eine (ausländische) Versorgung im Einzelfall allein aufgrund der Dauer des Aufenthalts in einem Staatsgebiet und zur Sicherung des Sozialminimums zum Teil auch aus Steuermitteln gewährt wird, wenn es sich dabei erkennbar um der Altersvorsorge dienende gesetzliche Leistungen handelt.[36]

D. Absicherung im Alter oder bei Invalidität (Abs. 2 Nr. 2)

I. Allgemeines

11   Gem. § 2 Abs. 2 Nr. 2 VersAusglG fallen in den VA nur solche Anrechte, die der Absicherung im Alter oder bei **Invalidität** (oder – wie regelmäßig – für beide Fälle) dienen. Anrechte mit anderer Zweckbestimmung gehören nicht dazu.[37] Insbesondere wird eine reine **Hinterbliebenenversorgung** nicht vom VA erfasst. Sofern eine Hinterbliebenenversorgung allerdings (quasi als »dritte Säule« neben der Alters- und der Invaliditätsversorgung) mit zum Leistungsspektrum eines

---

25 BGH FamRZ 1983, 262, 263; OLG Hamm FamRZ 1998, 297; OLG Koblenz FamRZ 2005, 1255.
26 BGH FamRZ 1983, 262, 263; noch weiter gehend OLG Köln FamRZ 1984, 64; Johannsen/Henrich/ Hahne § 2 Rn. 4; Schröder/Bergschneider/Hauß Rn. 6.98 und 6.100, die auch Fälle einbeziehen wollen, in denen die Zuwendung in das Vermögen des Empfängers geflossen ist, dieser aber aufgrund einer ihm erteilten Auflage gebunden war.
27 BGH FamRZ 1984, 570, 571; OLG Nürnberg FamRZ 1996, 1550, 1551.
28 BGH FamRZ 1992, 790, 791; OLG Köln FamRZ 1996, 1549.
29 BT-Drucks. 16/10144 S. 46.
30 BGH FamRZ 2008, 770, 773.
31 BT-Drucks. 16/10144 S. 46; kritisch dazu Ruland Rn. 164.
32 BGH FamRZ 1981, 239.
33 Ebenso Ruland Rn. 158.
34 BGH FamRZ 2008, 770, 773.
35 BGH FamRZ 1997, 158.
36 BGH FamRZ 2008, 770, 773.
37 BGH FamRZ 1988, 936, 937.

Anrechts gehört, ist sie – anders als nach früherem Recht[38] – bei der Ermittlung des Ehezeitanteils und des Ausgleichswerts aus Praktibilitätsgründen auch dann einzubeziehen, wenn sie versicherungsmathematisch gesondert bewertet werden kann.[39] Der Altersversorgung des versicherten Ehegatten kann auch eine Lebensversicherung dienen, die zusätzlich das (geringe) Todesfallrisiko eines Kindes abdeckt (s. § 46 Rdn. 6).

Die bloße Eignung zur Verwirklichung eines der genannten Vorsorgeziele genügt zur Einbeziehung in den VA nicht. Deshalb sind an sich für Vorsorgezwecke durchaus dienliche und in der Praxis auch häufig verwandte, aber ihrer Struktur nach **zweckneutrale Vermögenswerte** wie z.B. Kapital oder Grundbesitz, Zins- oder Mieteinkünfte von vornherein **nicht zu berücksichtigen**. Sie sind ggf. güterrechtlich auszugleichen. **12**

Nicht in den VA einzubeziehen sind auch Anrechte auf Leistungen, die **andere** als die erwähnten **13** **Risiken** abdecken. Dies gilt z.B. für

– Leistungen der gesetzlichen Kranken-, Pflege-,[40] Unfall-[41] und Arbeitslosenversicherung;
– Leistungen mit Lohnersatzcharakter wie z.B. Vorruhestandsleistungen, Übergangsgelder, Abfindungen.[42] Allerdings können **Überbrückungsleistungen** auch Vorsorgecharakter haben, insbesondere wenn sie zum Ausgleich des versicherungsmathematischen Abschlags dienen sollen, der mit der vorzeitigen Inanspruchnahme der gesetzlichen Rente verbunden ist.[43] Voraussetzung für die Einbeziehung in den VA ist aber in jedem Fall, dass die den Leistungen zugrunde liegende Vereinbarung in der Ehezeit geschlossen worden ist;[44]
– der Ehrensold von ehrenamtlich tätigen Bürgermeistern;[45]
– die Knappschaftsausgleichsleistung nach § 239 SGB VI, die aus sozialen Gründen unter bestimmten Voraussetzungen an langjährig beschäftigte, aber noch nicht rentenberechtigte Versicherte gewährt wird, die nach Vollendung des 65. Lebensjahres aus einem Betrieb im Bergbau ausgeschieden sind.[46]

II. Altersversorgung

Eine Versorgung wegen Alters liegt vor, wenn eine Leistung **wegen Erreichens eines bestimmten** **14** **Lebensalters** zur Versorgung im Anschluss an die Beendigung des aktiven Arbeitslebens gewährt wird. Davon zu unterscheiden sind Leistungen, die lediglich eine Kompensation für den (vorzeitigen) Verlust des Arbeitsplatzes darstellen[47] oder als Vermögensanlage dienen sollen.[48] Die maßgebende Altersgrenze ergibt sich aus der für das jeweilige Versorgungsanrecht geltenden Rechtsnorm oder Versorgungsregelung und kann im Einzelfall auch deutlich vor oder hinter der für eine Regelaltersrente der gesetzlichen Rentenversicherung geltenden Altersgrenze liegen.[49] Ist der Versorgungsfall noch nicht eingetreten und der Ehezeitanteil nach der zeitratierlichen Methode des § 40 VersAusglG zu berechnen, so ist davon auszugehen, dass die Altersversorgung mit Erreichen der Regelaltersgrenze in Anspruch genommen wird, selbst wenn der Versorgungsanwärter die

---

38 Vgl. BGH FamRZ 1992, 165, 166.
39 BT-Drucks. 16/10144 S. 46.
40 Staudinger/Eichenhofer § 1587 Rn. 25; Ruland Rn. 151.
41 BGH FamRZ 1989, 844, 846.
42 BGH FamRZ 1988, 936, 938; OLG Celle FamRZ 1989, 1099; OLG Karlsruhe FamRZ 1998, 629; OLG Brandenburg FamRZ 2002, 754, 755.
43 BGH FamRZ 2001, 27, 28; OLG Köln FamRZ 2002, 1496; Hauß/Eulering Rn. 101.
44 BGH FamRZ 2009, 1735, 1736; Hauß/Eulering Rn. 102; a.A. insoweit OLG Köln FamRZ 2002, 1496.
45 BGH FamRZ 2011, 1287.
46 A.A. AG Essen FamRZ 2007, 292.
47 BGH FamRZ 2001, 27, 28.
48 BGH FamRZ 2007, 889; OLG Oldenburg FamRZ 2008, 2038.
49 BGH FamRZ 2001, 284, 285.

Möglichkeit hat oder die Absicht äußert, vorzeitig in den Ruhestand zu gehen oder über die Regelaltersgrenze hinaus erwerbstätig zu sein.[50] Steht es im Ermessen des Dienstherrn, den Versorgungsanwärter schon nach Erreichen einer besonderen vorgezogenen Altersgrenze in den Ruhestand zu versetzen, ist für die Durchführung des VA eine Prognose zu treffen, die sich an der im Zeitpunkt der Entscheidung festzustellenden Praxis auszurichten hat.[51] Wird bei Ehezeitende bereits eine vorgezogene Rente bezogen, so ist bei Anwendung der zeitratierlichen Methode die tatsächliche Dienstzeit oder Betriebszugehörigkeit zu berücksichtigen (§ 41 Abs. 2 Satz 2 VersAusglG); auch ein mit der vorzeitigen Inanspruchnahme verbundener Versorgungsabschlag ist dann zu berücksichtigen.[52] Hat sich der Ehegatte dagegen erst nach Ehezeitende für den vorzeitigen Rentenbezug entschieden, ist dem VA das Anrecht auf die ungekürzte Altersrente zugrunde zu legen.[53] Bei Anwendung der unmittelbaren Bewertungsmethode des § 39 VersAusglG bleibt die Inanspruchnahme einer vorgezogenen Altersgrenze außer Betracht.[54]

III. Invaliditätsversorgung

15   Der Begriff der **Invalidität** ist in einem allgemeinen Sinn zu verstehen und erfasst die bei allen Versorgungen mögliche Einschränkung der Arbeits- oder Dienstunfähigkeit vor Erreichen der Altersgrenze. Die weiteren im Gesetz genannten Termini bezeichnen, wie durch das Wort »insbesondere« zum Ausdruck kommt, lediglich die in einzelnen Versorgungen verwendeten Spezialbegriffe. In der gesetzlichen Rentenversicherung setzt eine Versorgung wegen **verminderter Erwerbsfähigkeit** voraus, dass eine Erwerbstätigkeit wegen Krankheit oder Behinderung nicht mehr oder nur noch eingeschränkt ausgeübt werden kann (§ 43 SGB VI). Dienstunfähigkeit bezeichnet in der Beamtenversorgung einen vergleichbaren Sachverhalt. Der Begriff der **Berufsunfähigkeit** wird insbesondere in der privaten Versicherungswirtschaft verwendet. Er bezeichnet eine ärztlich bestätigte, dauernde Beeinträchtigung der Berufsausübung durch Krankheit oder Unfall. Die Kriterien der Berufsunfähigkeit sind enger gefasst als die der Erwerbsunfähigkeit. Bei einer Berufsunfähigkeit kann der Betroffene lediglich seinen bisherigen Beruf nicht mehr ausüben, zu einer anderen Erwerbstätigkeit kann er jedoch noch in der Lage sein. Der Versicherungsfall liegt im Allgemeinen schon bei mehr als 50 % Berufsunfähigkeit vor. Die Berufsunfähigkeitsversicherung kann als selbständige Versicherung oder als Zusatzversicherung zu einem anderen Versicherungsvertrag (auch in Kombination mit einem Aktien- oder Rentenfonds) bestehen. Für Anrechte aus privaten Invaliditätsvorsorgeverträgen gilt die Sonderregelung des § 28 VersAusglG. Danach fallen diese Anrechte nur dann in den VA, wenn der Versicherungsfall (der Invalidität) in der Ehezeit eingetreten ist und auch der ausgleichsberechtigte Ehegatte am Ende der Ehezeit bereits eine laufende Versorgung wegen Invalidität bezieht oder zumindest die gesundheitlichen Voraussetzungen dafür erfüllt. Diese Anrechte sind indes stets nur schuldrechtlich auszugleichen.

E. Leistungsformen (Abs. 2 Nr. 3)

16   Nach früherem Recht unterlagen dem VA ausschließlich Anrechte, die auf eine **Rente** gerichtet waren, d.h. auf eine regelmäßig wiederkehrende Geldzahlung. Daran hält § 2 Abs. 2 Nr. 3 Hs. 1 VersAusglG fest, allerdings nur noch im Grundsatz. In Betracht kommen sowohl lebenslange (Regelfall) als auch zeitlich begrenzte Renten.[55] Eine Altersrente muss i.d.R. für die Versorgung im Anschluss an die Beendigung des aktiven Arbeitslebens als Ersatz für das bisherige Erwerbsein-

---

50 BGH FamRZ 1993, 684, 687.
51 OLG Celle FamRZ 2010, 37; OLG Stuttgart FamRZ 2010, 734.
52 BGH FamRZ 2011, 1214, 1215.
53 BGH FamRZ 2011, 1214, 1215; 2012, 769 mit Anm. Hauß.
54 Anders noch BGH FamRZ 2005, 1455; vgl. dazu § 41 Rdn. 6.
55 OLG Koblenz FamRZ 2001, 995, 996.

kommen vorgesehen sein und darf nicht – als bereits wesentlich früher bezogene Leistung – reinen Renditecharakter haben (s. Rdn. 14). Für die Einbeziehung in den Wertausgleich ist ferner erforderlich, dass die Dauer der Rente feststeht. Deshalb bleiben hier sog. degressive Anrechte, die im Laufe eines nicht im Voraus bestimmbaren Zeitraums allmählich abgebaut werden, außer Betracht; sie können lediglich schuldrechtlich ausgeglichen werden (§ 19 Abs. 2 Nr. 2, Abs. 4 VersAusglG). Auch Anrechte auf Sachleistungen sowie Nutzungsrechte, wie sie typischerweise in Leibgedingen und Altenteilen ausbedungen werden, fallen nicht in den VA.[56] Dies gilt auch für entsprechende Anrechte der betrieblichen Altersversorgung (s. Rdn. 18). Ein Anspruch auf Beitragserstattung, wie er häufig gewährt wird, wenn die für den Bezug einer Versorgung erforderliche Wartezeit nicht erfüllt ist, unterliegt ebenfalls nicht dem VA.[57]

§ 2 Abs. 2 Nr. 3 Hs. 2 VersAusglG bestimmt, dass **Anrechte im Sinne des Betriebsrentengesetzes** 17 **und Anrechte i.S. des Altersvorsorgeverträge-Zertifizierungsgesetzes** (AltZertG)[58] unabhängig von der Leistungsform stets in den VA einzubeziehen sind. Damit sind Anrechte aus diesen Versorgungssystemen, die **auf Kapitalleistungen** (oder eine Mischung von Renten- und Kapitalleistungen) **gerichtet** sind und nach früherem Recht (ganz oder teilweise) dem Zugewinnausgleich unterlagen, nunmehr dem VA unterworfen. Für die Zuordnung dieser Anrechte kommt es in Übergangsfällen entscheidend darauf an, ob altes oder neues Recht zur Anwendung kommt (vgl. § 48 VersAusglG). Allerdings ist ein Anrecht nicht nachträglich dem (schuldrechtlichen) VA zuzuordnen, wenn der öffentlich-rechtliche VA vor dem 01.09.2009 rechtskräftig nach altem Recht durchgeführt worden ist.[59] Mit der Einbeziehung der nicht auf Rentenleistungen gerichteten Anrechte in den VA sollen Abgrenzungsprobleme zwischen Zugewinnausgleich und VA beseitigt werden, die sich aus den in der Praxis zunehmenden Mischformen betrieblicher und privater Versorgungszusagen ergeben. Außerdem soll vermieden werden, dass ein Anrecht dem VA entzogen wird, indem nach Rechtshängigkeit des Scheidungsantrags ein Kapitalwahlrecht ausgeübt wird.[60] Diese Gefahr besteht indes auch bei Anrechten aus Kapitallebensversicherungen, die nicht unter das AltZertG fallen (s. Rdn. 20).

Anrechte im Sinne des Betriebsrentengesetzes (BetrAVG) sind Anrechte auf Leistungen der 18 Alters-, Invaliditäts- oder Hinterbliebenenversorgung, die einem Arbeitnehmer aus Anlass eines Arbeitsverhältnisses vom Arbeitgeber zugesagt worden sind und für die der Arbeitgeber einsteht (§ 1 Abs. 1 S. 1 BetrAVG). Arbeitnehmer sind Arbeiter, Angestellte und Auszubildende (§ 17 Abs. 1 S. 1 BetrAVG). Ferner fallen unter das BetrAVG auch Personen, die nicht Arbeitnehmer sind, denen aber aus Anlass ihrer Tätigkeit für ein fremdes Unternehmen Leistungen der betrieblichen Altersversorgung zugesagt worden sind (§ 17 Abs. 1 S. 2 BetrAVG). Dazu gehören etwa leitende Angestellte, jedoch keine Selbständigen[61] und keine Allein- oder Mehrheitsgesellschafter.[62] Die Versorgungszusage kann sich aus einem Einzelvertrag oder einer allgemeinen Regelung (z.B. Betriebsvereinbarung, Versorgungsordnung, Tarifvertrag), aber auch schlicht aus betrieblicher Übung oder dem arbeitsrechtlichen Grundsatz der Gleichbehandlung ergeben (§ 1b Abs. 1 S. 4 BetrAVG).[63] Zwar können Anrechte i.S. des BetrAVG auch auf Sachleistungen gerichtet sein, z.B.

---

56 BGH FamRZ 1993, 682; Borth Rn. 79; Ruland Rn. 156.
57 BGH FamRZ 1986, 892, 894.
58 Vom 26.06.2001, BGBl. I S. 1310, 1322.
59 A.A. AG Groß-Gerau FamRZ 2011, 1736 mit abl. Anm. Borth FamRZ 2012, 375; Spangenberg FamRZ 2012, 373; Schwamb FamRZ 2012, 374.
60 BT-Drucks. 16/10144 S. 46; vgl. zu diesem Problem auch BGH FamRZ 2003, 664.
61 BGH FamRZ 1988, 51.
62 BGH FamRZ 1993, 684, 686.
63 Vgl. zum Erfordernis der Gleichbehandlung von Teilzeitbeschäftigten BVerfG ZBR 1998, 166; BAG BB 1993, 437.

Kohle- oder Stromdeputate.[64] Der BGH[65] hat jedoch bereits zum früheren Recht entschieden, dass die Grundkonzeption des VA auf Geldrenten zugeschnitten sei und gegen die Einbeziehung von Sachleistungen auch der praktische Gesichtspunkt spreche, dass diese versicherungsmathematisch nicht kalkulierbar seien. Mit der Erweiterung des VA auf betriebliche Anrechte »unabhängig von der Leistungsform« wollte der Gesetzgeber nur auf Kapitalleistungen gerichtete Anrechte, die bisher dem Zugewinnausgleich unterlagen, in den VA einbeziehen.[66] Sachleistungen sind daher weiter außer Betracht zu lassen.[67]

19 **Anrechte** aus einem **zertifizierten Altersvorsorgevertrag** fallen nach neuem Recht ebenfalls unabhängig von der Form der zugesagten Leistungen in den VA. Soweit ein Vorsorgevertrag (auch) Kapitalleistungen vorsieht, kommt es daher entscheidend darauf an, ob er unter das AltZertG fällt, was vom Familiengericht zu klären ist. § 1 Abs. 1 S. 1 Nr. 4 AltZertG lässt sowohl Leistungen in Form einer lebenslangen Leibrente als auch Ratenzahlungen im Rahmen eines Auszahlungsplans mit anschließender Teilkapitalverrentung spätestens ab dem 85. Lebensjahr zu. Die Leistungen müssen während der gesamten Auszahlungsphase gleich bleiben oder steigen. Bis zu 12 Monatsleistungen können in einer Auszahlung zusammengefasst werden. Zu Beginn der Auszahlungsphase kann eine Teilkapitalisierung in Höhe von 30 % des zur Verfügung stehenden Kapitals vorgenommen werden. Ferner dürfen die in der Auszahlungsphase anfallenden Zinsen ausgekehrt werden.

20 Die **Sonderregelung** des § 2 Abs. 2 Nr. 3 Hs. 2 VersAusglG ist **abschließend**. Kapitalleistungen berufsständischer Versorgungsträger hat der Gesetzgeber bewusst nicht mit einbezogen, weil sie wegen fehlender steuerlicher Begünstigung keine praktische Bedeutung mehr haben.[68] Anrechte aus **privaten Kapitallebensversicherungen** sind nicht in den VA einzubeziehen, weil sie nicht immer der Altersvorsorge, sondern teilweise auch der Finanzierung größerer Anschaffungen dienen.[69] Außerdem kann der Bezugsberechtigte in der Anwartschaftsphase über das angesparte Kapital verfügen, z.B. durch vorzeitige Kündigung. Die Kapitallebensversicherungen unterliegen weiterhin dem Zugewinnausgleich, wenn die Ehegatten im gesetzlichen Güterstand gelebt haben. Findet – etwa wegen Gütertrennung – kein güterrechtlicher Ausgleich statt, kann der isolierte Ausgleich einer Rentenversicherung im Rahmen des VA grob unbillig sein. In diesem Fall kann der VA in Anwendung des § 27 VersAusglG (teilweise) ausgeschlossen werden.[70] **Kapitalversicherungen mit Rentenwahlrecht** fallen nur dann in den VA, wenn das Wahlrecht bis zum Eintritt der Rechtshängigkeit (auf diesen Zeitpunkt – und nicht auf das Ende der Ehezeit i.S. des § 3 Abs. 1 VersAusglG – kommt es hier wegen der notwendigen Harmonisierung mit dem Zugewinnausgleich an) ausgeübt worden ist.[71] Eine **Rentenversicherung mit Kapitalwahlrecht** ist in den VA einzubeziehen, wenn von der Option kein Gebrauch gemacht worden ist.[72] Insoweit kommt es allerdings nach der (nicht überzeugenden) Rechtsprechung des BGH[73] nicht auf den Zeitpunkt

---

64 BAGE 120, 330; 133, 289 = FamRZ 2010, 1559.
65 FamRZ 1993, 682.
66 BT-Drucks. 16/10144 S. 46.
67 Erman/Norpoth § 2 Rn. 9; NK-VersAusglR/Götsche § 2 Rn. 60; Ruland Rn. 156; a.A. Palandt/Brudermüller § 2 Rn. 11; NK-FamR/Hauß § 2 Rn. 15; Hauß FamRB 2010, 361, 362; Wick FuR 2011, 363, 366.
68 BT-Drucks. 16/10144 S. 47.
69 BT-Drucks. 16/10144 S. 47; vgl. schon zum früheren Recht BGH FamRZ 1984, 156.
70 Hauß/Eulering Rn. 76.
71 BGH FamRZ 1984, 156, 158; abw. OLG Stuttgart FamRZ 2009, 1587 für den schuldrechtlichen VA in einem Fall, in dem der Versorgungsempfänger ein Rentenwahlrecht aus einer erst nach Ehezeitende vollzogenen Umwandlung einer ursprünglich auf Rentenleistungen gerichteten Zusage in einen Kapitalkontenplan ausgeübt hatte.
72 BGH FamRZ 1993, 684, 685; OLG Karlsruhe FamRZ 1996, 673; OLG Celle FamRZ 1999, 1200, 1202.
73 FamRZ 2003, 664; 2003, 923; 2011, 1931; 2012, 1039; Borth FamRZ 2011, 1919.

der Rechtshängigkeit des Scheidungsantrags an. Auch wenn das Wahlrecht erst nach diesem Zeitpunkt, aber noch vor der (letzten tatrichterlichen) Entscheidung über den VA ausgeübt worden ist, soll das Anrecht im VA nicht mehr berücksichtigt werden, weil in den VA nur solche Anrechte einbezogen werden können, die im Zeitpunkt der Entscheidung noch vorhanden sind. Eine Einbeziehung in den VA soll selbst dann ausscheiden, wenn ein Zugewinnausgleich nicht oder nicht mehr in Betracht kommt, weil die Ehegatten Gütertrennung vereinbart haben oder der Zugewinnausgleich bereits durch rechtskräftige gerichtliche Entscheidung oder durch Vereinbarung der Ehegatten abgeschlossen ist. Danach bestehen weiterhin Manipulationsmöglichkeiten des ausgleichspflichtigen Ehegatten,[74] die auch durch das Leistungsverbot des § 29 VersAusglG nicht auszuschließen sind. Hat ein Ehegatte ein Versorgungsanrecht bewusst dem VA entzogen, ermöglicht es jetzt allerdings die Härteklausel des § 27 VersAusglG, im Gegenzug ein Anrecht des anderen Ehegatten in entsprechender Höhe vom VA auszuschließen.

F. Nichterfüllung zeitlicher Voraussetzungen (Abs. 3)

§ 2 Abs. 3 VersAusglG entspricht inhaltlich dem früheren § 1587a Abs. 7 S. 1 Hs. 1 BGB. Bei **Versorgungsanwartschaften** sind die zum Bezug einer Versorgung erforderlichen zeitlichen Voraussetzungen im Zeitpunkt der Entscheidung häufig noch nicht erfüllt. Wenn sie aus diesem Grunde unberücksichtigt blieben, ließen sich viele Anrechte bei der Scheidung noch nicht ausgleichen. Der Gesetzgeber sieht deshalb – in der Annahme, dass die Anwartschaften regelmäßig zum Vollrecht erstarken – als Grundsatz vor, dass das Fehlen zeitlicher Voraussetzungen einer Einbeziehung der Anwartschaften in den VA nicht entgegensteht. **21**

Zu den im VA grundsätzlich unberücksichtigt zu lassenden **zeitlichen Voraussetzungen** gehören z.B. die allgemeine Wartezeit (Mindestversicherungszeit) von fünf Jahren (60 Beitragsmonaten) in der gesetzlichen Rentenversicherung (§ 50 SGB VI) und die ebenso lange Mindestdienstzeit in der Beamtenversorgung (§ 4 Abs. 1 Nr. 1 BeamtVG). Die Vorschrift hat auch Bedeutung für die Fälle, in denen es nicht um den Grund, sondern (nur) um die Höhe der Versorgung geht. Sie ist daher auch anwendbar auf die Mindestdienstzeit eines Beamten in einem Beförderungsamt gem. § 5 Abs. 3 BeamtVG[75] und auf die rentenrechtliche Zeit von 25 Jahren, die erfüllt sein muss, damit für Kinderberücksichtigungszeiten in der gesetzlichen Rentenversicherung zusätzliche Entgeltpunkte angerechnet werden können (§ 70 Abs. 3a i.V.m. § 57 SGB VI). § 2 Abs. 3 VersAusglG kann allerdings nicht zur Beurteilung der Frage herangezogen werden, ob überhaupt eine Versorgungsanwartschaft besteht. Führt eine entstandene Beitragslücke dazu, dass die bis dahin erworbenen Anrechte (zunächst) wegfallen, so sind diese Anrechte nicht in den VA einzubeziehen. Daran ändert es nichts, dass sie im Fall rechtswirksamer Nachentrichtung von Beiträgen wieder aufleben können. Einer solchen erneuten Begründung der Anrechte müsste dann in einem Abänderungsverfahren Rechnung getragen werden.[76] Auch wenn im Zeitpunkt der Entscheidung bereits feststeht, dass die Wartezeit nicht mehr erfüllt werden kann, ist das Anrecht im VA nicht zu berücksichtigen.[77] Allerdings ist die Prognose, dass ein Ehegatte künftig keine rentenversicherungspflichtige Tätigkeit mehr ausüben und infolge dessen keine weiteren gesetzlichen Rentenanwartschaften mehr erwerben wird, im Allgemeinen nur gerechtfertigt, wenn er sich bereits in einem höheren Lebensalter befindet. **22**

Auch wenn § 2 Abs. 3 VersAusglG keine dem § 1587a Abs. 7 S. 1 Hs. 2 BGB a.F. entsprechende ausdrückliche Ausnahmeregelung mehr enthält, bleibt es doch dabei, dass **betriebliche Versorgungsanwartschaften** nur dann in den Wertausgleich einzubeziehen sind, wenn sie im Zeitpunkt **23**

---

74 Vgl. Wick Rn. 156; Deisenhofer FamRZ 2003, 745; Zimmermann DNotZ 2003, 546.
75 BGH FamRZ 1982, 31.
76 BGH FamRZ 2004, 693, 695 zur Alterssicherung der Landwirte.
77 BGH FamRZ 1996, 98, 101.

der gerichtlichen Entscheidung **bereits unverfallbar** sind. Das folgt aus § 19 Abs. 2 Nr. 1 und Abs. 4 VersAusglG. Ebenso werden entsprechend dem früheren § 1587a Abs. 7 S. 2 BGB bei der Berechnung einer gesetzlichen Rentenanwartschaft zusätzliche Entgeltpunkte nach § 262 SGB VI (»Rente nach Mindesteinkommen«) nicht berücksichtigt, wenn die dafür erforderlichen 35 Jahre mit rentenrechtlichen Zeiten im Zeitpunkt der Entscheidung nicht erfüllt sind.

G. Abgrenzung zum Güterrecht (Abs. 4)

24   § 2 Abs. 4 VersAusglG entspricht dem früheren § 1587 Abs. 3 BGB, bringt aber noch klarer zum Ausdruck, dass Anrechte, die dem VA unterliegen, nicht güterrechtlich ausgeglichen werden dürfen (Verbot der Doppelverwertung).[78] Dies gilt auch dann, wenn im konkreten Fall – etwa wegen kurzer Ehezeit – ein VA nicht stattfindet oder wenn wegen Gütertrennung kein Zugewinnausgleich durchgeführt wird. Soweit sich daraus unbillige Härten ergeben, kann dem durch Anwendung des § 27 VersAusglG begegnet werden. § 2 Abs. 4 VersAusglG ist ferner der Grundsatz zu entnehmen, dass ein Anrecht nur entweder dem VA oder dem Zugewinnausgleich unterliegen kann, niemals aber beiden Ausgleichssystemen. Ein Vermögenswert, über den bereits ein (ggf. vorzeitiger) Zugewinnausgleich stattgefunden hat, kann nicht mehr dem VA unterfallen. Deshalb bleiben z.B. Anwartschaften der gesetzlichen Rentenversicherung, die durch Nachentrichtung freiwilliger Beiträge mit Mitteln aus dem (vorzeitigen) Zugewinnausgleich erworben worden sind, im VA außer Betracht.[79] Das Gleiche gilt, wenn Eheleute während der Ehe Gütertrennung vereinbaren und für die Vergangenheit auf Zugewinnausgleich verzichten, für Anwartschaften aus einer privaten Rentenversicherung, die ein Ehegatte nach Abschluss des Ehevertrages aus seinem bereits bei Abschluss des Ehevertrages vorhandenen Vermögen begründet hat.[80] Anders liegt es hingegen, wenn nicht feststeht, dass die Rentenanwartschaft mit Mitteln begründet worden ist, die bereits in einen Zugewinnausgleich einbezogen worden sind. Haben die Ehegatten in einem Ehevertrag lediglich Gütertrennung vereinbart, ohne zu bestimmen, inwieweit damit zugleich über bei Vertragsschluss vorhandene Vermögenswerte ein Zugewinnausgleich stattgefunden hat, steht einem VA über später mit Hilfe des Vermögens begründete Anrechte grundsätzlich nichts im Wege.[81]

§ 3 VersAusglG   Ehezeit, Ausschluss bei kurzer Ehezeit

(1) Die Ehezeit im Sinne dieses Gesetzes beginnt mit dem ersten Tag des Monats, in dem die Ehe geschlossen worden ist; sie endet am letzten Tag des Monats vor Zustellung des Scheidungsantrags.

(2) In den Versorgungsausgleich sind alle Anrechte einzubeziehen, die in der Ehezeit erworben wurden.

(3) Bei einer Ehezeit von bis zu drei Jahren findet ein Versorgungsausgleich nur statt, wenn ein Ehegatte dies beantragt.

---

78 BT-Drucks. 16/10144 S. 47.
79 BGH FamRZ 1992, 790; OLG Köln FamRZ 2000, 157.
80 KG FamRZ 2003, 39.
81 Rehme FuR 2006, 389, 393 und FamRZ 2006, 1451; Borth FamRZ 2006, 1641; a.A. OLG Hamm FamRZ 2006, 795.

A. Norminhalt

§ 3 VersAusglG enthält in **Abs. 1** eine Definition der Ehezeit, auf die sich gem. § 1 Abs. 1 Vers- 1
AusglG der VA bezieht. **Abs. 2** regelt die Zuordnung des Erwerbs von Anrechten zur Ehezeit.
Abs. 3 schließt einen VA für den Regelfall aus, wenn die Ehe nicht eine bestimmte Mindestzeit
gedauert hat.

B. Berechnung der Ehezeit (Abs. 1)

I. Allgemeines

§ 3 Abs. 1 VersAusglG enthält – übereinstimmend mit § 1587 Abs. 2 BGB a.F. – eine **Legaldefini-** 2
tion der Ehezeit für die Berechnung im Rahmen des VA. Danach ist maßgebend die Zeit vom
ersten Tag des Monats, in dem die Ehe geschlossen worden ist, bis zum letzten Tag des Monats,
der der Zustellung des Scheidungsantrags vorausgeht. Im VA wird daher – anders als etwa beim
Zugewinnausgleich (§ 1384 BGB) – immer in vollen Monatszeiträumen gerechnet. Dadurch soll
den Versorgungsträgern die Berechnung der auf die Ehezeit entfallenden Anrechte erleichtert werden.[1] Das vorgezogene Ehezeitende soll darüber hinaus Manipulationen entgegenwirken und die
Durchführung des VA im Verbund mit der Scheidung ermöglichen.[2] Zwar wird die eheliche Versorgungsgemeinschaft i.d.R. schon mit der Trennung der Eheleute beendet. Der Trennungszeitpunkt ließe sich aber in vielen Fällen nicht ohne aufwändige Beweisaufnahme feststellen. Deshalb
hat der Reformgesetzgeber aus Praktikabilitätsgründen am bisherigen Endstichtag festgehalten.[3]
Die durch den vorgezogenen Berechnungszeitpunkt beim Ausgleichsberechtigten entstehende Versorgungslücke wird durch den Anspruch auf Altersvorsorgeunterhalt (§ 1361 Abs. 1 Satz 2 BGB)
geschlossen.

Die Parteien können **über die** Bestimmung der **Ehezeit nicht vertraglich disponieren.**[4] Zwar ist 3
es grundsätzlich zulässig, ein in einem Teil der Ehezeit (z.B. in der Trennungszeit) erworbenes
Anrecht vertraglich vom VA auszuschließen. Dabei darf jedoch das gesetzliche Ehezeitende als der
nach § 5 Abs. 2 VersAusglG für die Bewertung maßgebliche Stichtag nicht verlegt werden. Soll ein
im letzten Abschnitt der Ehezeit erworbener Teil eines Anrechts vom VA ausgeklammert werden,
muss auch dieses Teil-Anrecht bezogen auf das gesetzliche Ehezeitende bewertet und von dem in
der gesamten Ehezeit erworbenen Anrecht in Abzug gebracht werden.[5]

Das **Familiengericht stellt** die für den konkreten Fall maßgebende **Ehezeit** nach Zustellung des 4
Scheidungsantrags **fest** und teilt sie den Ehegatten sowie den Versorgungsträgern, von denen Auskünfte einzuholen sind, mit. Diese Festlegung der Ehezeit ist eine **nicht anfechtbare Zwischenent-**

---

1 BT-Drucks. 16/10144 S. 47.
2 BT-Drucks. 7/4361 S. 36; BGH FamRZ 1993, 292, 294.
3 BT-Drucks. 16/10144 S. 47.
4 BGH FamRZ 1990, 273.
5 BGH FamRZ 2006, 769, 771.

scheidung.[6] Eine fehlerhafte Berechnung der Ehezeit kann daher erst mit einem Rechtsmittel gegen die Endentscheidung gerügt werden.

II. Beginn der Ehezeit (Abs. 1 Hs. 1)

5   Der Beginn der Ehezeit richtet sich nach dem standesamtlich beurkundeten Datum der Eheschließung (§§ 1310, 1311 BGB oder entsprechende ausländische Vorschriften). Zur Feststellung dieses Zeitpunkts hat sich das Familiengericht die Heiratsurkunde vorlegen zu lassen. Eine Vorverlegung des Stichtags im Falle vorausgegangener nichtehelicher Gemeinschaft ist unzulässig.[7] Waren dieselben Eheleute mehrfach miteinander verheiratet, so ist die letzte Eheschließung maßgebend. Das gilt auch dann, wenn bei der früheren Ehescheidung kein VA stattgefunden hat.[8]

III. Ende der Ehezeit (Abs. 1 Hs. 2)

6   Das Ende der Ehezeit wird nach § 3 Abs. 1 Hs. 2 VersAusglG durch die **Zustellung des Scheidungsantrags** ausgelöst. In § 1587 Abs. 2 BGB a.F. wurde stattdessen auf die **Rechtshängigkeit** des Scheidungsantrags abgestellt. Eine sachliche Änderung ist mit der Neufassung nicht beabsichtigt. Die Zustellung des Scheidungsantrags löst auch nach neuem Recht die Rechtshängigkeit aus (§§ 113 Abs. 1 Satz 2, 124 Satz 2 FamFG i.V.m. §§ 253 Abs. 1, 263 Abs. 1 ZPO). Ist die Antragsschrift allerdings nicht oder nicht ordnungsgemäß zugestellt worden, muss das Ende der Ehezeit in anderer Weise festgestellt werden. Nach den über § 113 Abs. 1 Satz 2 FamFG entsprechend anwendbaren Vorschriften der ZPO kann die Rechtshängigkeit auch mit der rügelosen Einlassung des Antragsgegners in der mündlichen Verhandlung (§ 295 ZPO) – allerdings ohne Rückwirkung[9] – oder durch die Stellung des Scheidungsantrags in der mündlichen Verhandlung (§ 261 Abs. 2 ZPO) eintreten, und zwar auch dann, wenn der – ordnungsgemäß geladene – Ehegatte im Termin weder anwesend noch anwaltlich vertreten ist.[10] Hat allerdings der Verfahrensbevollmächtigte des Antragsgegners vor Rechtshängigkeit des Scheidungsantrags das Mandat niedergelegt und nimmt das Gericht die weiteren Zustellungen unter Nichtbeachtung des (gem. § 113 Abs. 1 Satz 2 FamFG entsprechend anwendbaren) § 87 Abs. 1 ZPO an den Antragsgegner persönlich vor, so bewirken weder diese Zustellungen noch eine rügelose Einlassung des nicht anwaltlich vertretenen Antragsgegners in der Verhandlung die Rechtshängigkeit des Scheidungsantrags; in diesem Fall endet die Ehezeit, wenn ein wirksamer Scheidungsausspruch ergangen ist, mit dem Ende des Monats, der der Rechtskraft der Scheidung vorausging.[11] Ist mit einem erkennbar verfrüht gestellten Scheidungsantrag eine Manipulation des Berechnungsstichtags bezweckt, so kann das Familiengericht unter Rückgriff auf § 242 BGB eine Korrektur vornehmen.[12]

7   Maßgebend ist die **Zustellung** desjenigen Scheidungsantrags, der den zur Scheidung führenden Rechtsstreit ausgelöst hat.[13] Die Antragsschrift muss entweder durch den Urkundsbeamten der Geschäftsstelle oder durch einen Rechtsanwalt beglaubigt sein (§ 169 Abs. 2 ZPO).[14] Die Zustellung muss grundsätzlich auf Veranlassung des Gerichts erfolgt sein und den gesetzlichen Formvorschriften (§ 271 Abs. 1 i.V.m. §§ 166 ff. ZPO) entsprechen. Hat der Antragsgegner bereits einen Verfahrensbevollmächtigten bestellt, so kann nur noch an diesen wirksam zugestellt werden (§ 172

---

6 OLG Düsseldorf FamRZ 1978, 515; OLG Frankfurt NJW-RR 1989, 1236, 1237; Borth Rn. 127.
7 OLG Hamburg FamRZ 1979, 518, 519.
8 BGH FamRZ 1982, 1193.
9 BGH FamRZ 1984, 368.
10 OLG Brandenburg FamRZ 1998, 1439.
11 OLG Zweibrücken FamRZ 1999, 27; a.A. OLG Brandenburg FamRZ 2001, 1220: Zeitpunkt der Zustellung des Scheidungsurteils.
12 BGH FamRZ 1997, 347, 348; Borth Rn. 120; Ruland Rn. 175.
13 BGH FamRZ 1980, 552.
14 OLG Brandenburg FamRZ 1998, 1439.

ZPO). Das gilt auch dann, wenn der Verfahrensbevollmächtigte des Antragsgegners seine Vollmacht vorprozessual angezeigt hatte und in der Antragsschrift als solcher bezeichnet worden ist.[15] Eine Zustellung gegen Empfangsbekenntnis (§ 174 ZPO) ist auch dann wirksam, wenn der Zustellungsadressat das Empfangsbekenntnis ohne Datum zurückgegeben hat.[16] Die Zustellung eines Gesuchs um Verfahrenskostenhilfe reicht nicht aus.[17] Ist ein Scheidungsantrag ausdrücklich unter der Bedingung eingereicht worden, dass er nur für den Fall der Bewilligung von Verfahrenskostenhilfe gestellt werden soll, und ist diese verweigert worden, so führt die trotzdem erfolgte Zustellung des Scheidungsantrags nicht das Ende der Ehezeit herbei.[18] Auch die Zustellung eines unzulässigen – z.B. nicht von einem Rechtsanwalt eingereichten – Scheidungsantrags bewirkt nicht die Beendigung der Ehezeit.[19] Wollte das Gericht mit der Übersendung einer Antragsschrift die Rechtshängigkeit herbeiführen, was nach Bewilligung der Verfahrenskostenhilfe oder Einzahlung eines Gerichtskostenvorschusses (vgl. § 14 Abs. 1 Satz 1 FamGKG) i.d.R. anzunehmen ist, so gilt die Zustellung trotz Verletzung von Formvorschriften als in dem Zeitpunkt bewirkt, in dem die Antragsschrift dem Empfänger tatsächlich zugegangen ist (§ 189 ZPO); dann bestimmt dieser Zeitpunkt das Ende der Ehezeit.[20] Erforderlich ist aber der Zugang des zuzustellenden Schriftstücks, nicht nur einer inhaltlich damit übereinstimmenden Abschrift.[21] Ist eine Zustellung des Scheidungsantrags erfolgt, lässt sich aber der genaue Zeitpunkt der Zustellung nicht mehr feststellen, so trägt der Ehegatte, der aus einer längeren Ehedauer den Vorteil eines höheren VA ziehen würde, den Nachteil der Nichtfeststellbarkeit des Zustellungsdatums.[22]

Ist die **Scheidung im Ausland** ausgesprochen worden und wird der VA dann im Inland (in einem   8
selbständigen Verfahren) nachgeholt, so bestimmt sich der Eintritt der Rechtshängigkeit nach der lex fori des ausländischen Gerichts.[23]

Auch im Falle der **Eheaufhebung** oder der **Aufhebung einer Lebenspartnerschaft** kommt es für   9
das Ende der Ehezeit auf die Zustellung der das Verfahren einleitenden Antragsschrift an.[24]

Haben **beide Ehegatten** in demselben Verfahren die **Scheidung beantragt**, kommt es darauf an, 10
welcher Scheidungsantrag zuerst zugestellt worden ist. Dessen Rechtshängigkeit bleibt auch dann maßgebend, wenn er später abgewiesen oder zurückgenommen und die Ehe auf den Antrag des anderen Ehegatten geschieden wird.[25] Wird dagegen ein in einem früheren Verfahren gestellter Scheidungsantrag zurückgenommen, nachdem in einem neuen Verfahren ein Scheidungsantrag des anderen Ehegatten rechtshängig geworden ist, so ist die Rechtshängigkeit des letzteren für das Ehezeitende maßgebend.[26] Das Vorstehende gilt entsprechend, wenn in demselben Verfahren sowohl die Scheidung als auch die Eheaufhebung beantragt worden ist.[27]

War das **Scheidungsverfahren** längere Zeit **ausgesetzt** oder ist es nicht betrieben worden, bleibt 11
die eingetretene Rechtshängigkeit des Scheidungsantrags trotzdem grundsätzlich für das Ehezeit-

---

15 OLG Zweibrücken FamRZ 2006, 128.
16 BGH FamRZ 2005, 1552.
17 BGH FamRZ 1982, 1005.
18 OLG Naumburg FamRZ 2002, 401.
19 Vgl. OLG Stuttgart FamRZ 1981, 789; OLG Celle FamRZ 1996, 297.
20 BGH FamRZ 1984, 368.
21 OLG Zweibrücken FamRZ 2006, 128; OLG Naumburg FamRZ 2006, 956.
22 BGH FamRZ 1989, 1058, 1059.
23 BGH FamRZ 1992, 1058; OLG Frankfurt FamRZ 2009, 1586, 1587.
24 Zur Eheaufhebung vgl. BGH FamRZ 1989, 153. Zur Lebenspartnerschaft vgl. die Pauschalverweisung
    auf das VersAusglG in § 20 Abs. 1 LPartG.
25 BGH FamRZ 1982, 153, 154; OLG Köln FamRZ 1992, 685; OLG Naumburg FamRZ 2002, 754; kri-
    tisch für den Fall einer Rücknahme des ersten Antrags nach Zustellung des Gegenantrags Staudinger/
    Rehme § 1587 Rn. 80 ff; MüKo/Dörr § 3 Rn. 8.
26 BGH FamRZ 1990, 384, 385.
27 BGH FamRZ 1989, 153.

ende maßgebend.[28] Eine Ausnahme gilt nur dann, wenn die Berufung auf § 3 Abs. 1 VersAusglG wegen besonderer Umstände rechtsmissbräuchlich wäre und deshalb gegen Treu und Glauben verstoßen würde, z.B. wenn die Eheleute nach erfolgter Aussöhnung die eheliche Lebensgemeinschaft langfristig wieder aufgenommen hatten und der Umstand, dass das Scheidungsverfahren formal weiter schwebte, in Vergessenheit geraten war.[29] In diesem Fall ist das Ende des Monats, der dem Antrag auf Wiederaufnahme des Scheidungsverfahrens vorausging, als Ehezeitende anzunehmen.

C. Erwerb in der Ehezeit (Abs. 2)

12   Bereits aus § 1 Abs. 1 VersAusglG ergibt sich, dass Versorgungsanrechte dem VA nur insoweit unterliegen, als sie **in der Ehezeit erworben** worden sind.[30] Der Erwerbsvorgang muss in der Ehezeit stattgefunden haben, d.h. dass das Anrecht – zumindest teilweise – durch Arbeit oder Vermögen in der Ehezeit begründet oder aufrechterhalten worden sein muss (vgl. § 2 Abs. 2 Nr. 1 VersAusglG). Ist ein rechtlich selbständiges Anrecht durch eine zusätzliche Vereinbarung erst nach Ende der Ehezeit begründet worden, fällt es nicht in den VA, auch wenn bei dem gleichen Versorgungsträger vorher bereits während der Ehezeit ein Anrecht erworben wurde.[31] Ist ein und dasselbe Anrecht – wie i.d.R. – teils in der Ehezeit, teils in der Zeit davor oder danach erworben worden, so muss für die Zwecke des VA der Ehezeitanteil des Anrechts (i.S. des § 1 Abs. 1 VersAusglG) ermittelt werden. Nur solange die Versorgungsgemeinschaft (s. vor § 1 Rdn. 3) tatsächlich bestanden hat, und nur soweit in dieser Zeit der Erwerb von Versorgungsanrechten (oder Teilen davon) erfolgt ist und abgeschlossen wurde, ist die erforderliche verfassungsrechtliche Legitimation für den Eingriff in die durch Art. 14 GG geschützten Versorgungsanrechte des Ausgleichspflichtigen gegeben. Der Erwerb eines Versorgungsanrechts (oder eines werterhöhenden Teiles) nach Ende der Ehezeit (auch wenn er unmittelbar danach erfolgte, in der Ehezeit »angelegt« war oder nachträglich »für die Ehezeit« begründet wurde) bleibt unberücksichtigt. Der BGH hat die strikte Begrenzung auf den ehezeitlichen Erwerb zu Recht stets betont. Diese Beschränkung gilt auch für die Abänderung des Wertausgleichs und für den schuldrechtlichen Ausgleich. Außer Betracht bleibt im VA die Kürzung eines Versorgungsanrechts wegen eines erst nach Ende der Ehezeit in Anspruch genommenen vorzeitigen Altersruhegeldes (vgl. § 5 Rdn. 9; § 41 Rdn. 6 und 9).

13   § 3 Abs. 2 VersAusglG regelt, wann ein **Anrecht der Ehezeit zuzurechnen** ist. Diese Frage bereitet keine Probleme, wenn die Beiträge, mit denen ein Anrecht erworben worden ist, auch in der Ehezeit entrichtet worden sind, oder wenn die Versicherungs- oder Anrechnungszeiten, aus denen ein Versorgungsanrecht herrührt, in die Ehezeit fallen. Denn dann können die entsprechenden Bestandteile des Anrechts ohne weiteres der Ehezeit zugeordnet werden. Fraglich ist die Zuordnung aber dann, wenn diese Zeiträume nicht deckungsgleich sind. Der Reformgesetzgeber hat die Frage in Übereinstimmung mit der vom BGH bereits zum früheren Recht vertretenen Auffassung[32] im Sinne des sog. **In-Prinzips** entschieden. Danach ist ein Anrecht insoweit der Ehezeit zuzuordnen, als die den Versorgungserwerb auslösende Arbeitsleistung oder Kapitalentrichtung in der Ehezeit erfolgt ist.[33] Daher fallen Anrechte, die durch Einzahlungen während der Ehezeit für vor der Eheschließung liegende Zeiten begründet worden sind, in den VA.[34] Dagegen unterliegen

---

28 BGH FamRZ 1980, 552, 553; OLG Koblenz FamRZ 2012, 709.
29 BGH FamRZ 1986, 335, 336; OLG Hamm FamRZ 1991, 844, 845; OLG Köln FamRZ 1992, 685, 686; OLG Karlsruhe FamRZ 2003, 1566.
30 BGH FamRZ 1995, 289.
31 BGH FamRZ 2009, 1735, 1737 zu einer erst im Rahmen einer Vorruhestandsvereinbarung vom Arbeitgeber zugesagten Zusatzleistung.
32 BGH FamRZ 1981, 1169; 1993, 292; 1997, 414.
33 BT-Drucks. 16/10144 S. 47.
34 OLG Köln FamRZ 2000, 157; OLG Thüringen FamRZ 2000, 234.

Anrechte, die auf Beiträgen beruhen, die nach Ende der Ehezeit für in der Ehe liegende Zeiten nachentrichtet worden sind, nicht dem VA; die nachgezahlten Beiträge sind auch nicht in entsprechender Anwendung des § 225 FamFG in den VA einzubeziehen.[35]

In der **gesetzlichen Rentenversicherung** werden die Versicherungsbeiträge normalerweise direkt   14
vom Arbeitsentgelt einbehalten, so dass der Erwerb der Rentenanwartschaften mit dem ihn auslösenden Arbeitseinsatz zeitlich deckungsgleich ist. Anders verhält es sich jedoch u.U. mit Beiträgen von versicherungspflichtigen Selbständigen und mit freiwilligen Beiträgen. Hier ist der Zeitpunkt der Beitragszahlung maßgeblich.[36] Das In-Prinzip gilt unabhängig vom ehelichen Güterstand[37] für alle Formen der Nachentrichtung freiwilliger Beiträge in die gesetzliche Rentenversicherung (s. § 43 Rdn. 23, 42), auch für sog. Wiederauffüllungsbeiträge, die zum Ausgleich der aufgrund eines früheren VA eingetretenen Minderung von Rentenanwartschaften geleistet wurden,[38] aber nicht für die Nachversicherung eines früheren Beamten, Richters oder Soldaten.[39] Soweit Beiträge zwar nach dem Ende der Ehezeit i.S. des § 3 Abs. 1 VersAusglG, aber vor Rechtshängigkeit des Scheidungsantrags als dem für die Berechnung des Zugewinnausgleichs maßgebenden Stichtag (§ 1384 BGB) entrichtet worden sind, ist eine Einbeziehung der darauf beruhenden Anrechte in den VA geboten, damit zwischen VA und Zugewinnausgleich keine Lücke entsteht.[40] Umgekehrt müssen Anrechte, für deren Erwerb zwischen dem Beginn des Eheschließungsmonats und dem Tag der Heirat freiwillige Beiträge nachentrichtet worden sind, im VA außer Betracht bleiben.[41] Auch Anrechte, die ein Ehegatte während der Ehezeit durch Nachentrichtung freiwilliger Beiträge mit Mitteln aus dem vorzeitigen Zugewinnausgleich erworben hat, unterfallen nicht dem VA.[42]

In der **Beamtenversorgung** wird die Versorgungsanwartschaft in der zurückgelegten ruhegehaltfä-   15
higen Dienstzeit erworben. Hier kommt es für den VA darauf an, in welchem Verhältnis die in die Ehezeit fallende Dienstzeit zur gesamten Dienstzeit steht (vgl. § 44 Rdn. 33).

In der **berufsständischen Versorgung** ist ähnlich wie in der gesetzlichen Rentenversicherung zwi-   16
schen Pflichtbeiträgen und freiwilligen Beiträgen zu unterscheiden. Pflichtbeiträge sind daher den Monaten zuzuordnen, in denen die beitragspflichtige Tätigkeit ausgeübt worden ist, bei freiwilligen Beiträgen ist dagegen entscheidend, wann die Zahlung erfolgt ist.[43]

In der **betrieblichen Altersversorgung** kommt es auf den Zeitpunkt der Arbeitsleistung an. Fiel   17
diese in der Ehezeit, ist das Anrecht insoweit zuzurechnen. Unerheblich ist dagegen, wann Arbeitgeber oder Arbeitnehmer Beiträge an den Versorgungsträger geleitet haben. Bei kapitalgedeckten Systemen kommt es nach der unmittelbaren Bewertungsmethode des § 39 VersAusglG auf den Kapitalzuwachs während der Ehezeit an.

Eine **private Altersversorgung** wird durch Beitragszahlungen des Versicherungsnehmers aufge-   18
baut, so dass grundsätzlich mit jeder Beitragsleistung weitere Bestandteile des Anrechts erworben werden. Das aus den Beiträgen gebildete Deckungskapital wächst jedoch während der Anwartschaftszeit und auch noch während des Leistungszeitraums durch Zinsgewinne weiter an. Nach h.M. ist der Ehezeitanteil eines kapitalgedeckten Anrechts aus der Differenz des bei Ende der Ehezeit und des bei Beginn der Ehezeit vorhandenen Deckungskapitals – bzw. des nach § 46 VersAusglG maßgebenden Rückkaufswerts – zu ermitteln. Damit werden auch die Zinsgewinne, die während der Ehezeit auf bereits bei Beginn der Ehe vorhandenes Deckungskapital erzielt worden

---

35 BGH FamRZ 1997, 414; Hauß/Eulering Rn. 454.
36 BGH FamRZ 1985, 687; Ruland Rn. 186; kritisch dazu Bergner § 3 Anm. 3.2.
37 KG FamRZ 1996, 1552.
38 BGH FamRZ 2007, 1719.
39 Bergner § 3 Anm. 3.2.
40 BGH FamRZ 1981, 1169, 1172.
41 BGH FamRZ 1993, 292.
42 BGH FamRZ 1992, 790, 791.
43 BT-Drucks. 16/10144 S. 48.

sind, dem VA unterworfen.[44] Die dagegen erhobene Kritik, der in der Ehezeit auf voreheliches Versorgungsvermögen erworbene Zuwachs an Versorgungsanrechten habe keinen Bezug zur Ehezeit,[45] ist nicht berechtigt. Auch Zinsgewinne, die in der Ehe auf bereits zu Beginn der Ehe vorhandene Teile von Versorgungsanrechten erzielt werden, beruhen auf »Vermögen«, das i.S. des § 2 Abs. 2 Nr. 1 VersAusglG »geschaffen« worden ist. Soweit dieses Versorgungsvermögen während der Ehe aufrechterhalten wird, sind die darauf erzielten Zinsgewinne der Ehezeit zuzuordnen (s. auch § 39 Rdn. 13). Diese Betrachtungsweise harmoniert zudem mit dem Zugewinnausgleich, in den ebenfalls – etwa bei Kapital-Lebensversicherungen – der Wertzuwachs vorehelichen Vermögens einbezogen wird.

19   Problematisch ist die zeitliche Zuordnung von Anrechten, die während eines in eine **Arbeits- und eine Freistellungsphase** aufgeteilten Zeitraums erworben worden sind. Bei diesem Arbeitszeitmodell wird während der – in der Regel vorangehenden – Arbeitsphase ein gekürztes Arbeitsentgelt gezahlt und zugleich ein sog. Wertguthaben oder Zeitwertkonto angesammelt, das in der Freistellungsphase dadurch verbraucht wird, dass das Arbeitsentgelt trotz Freistellung von der Arbeitsleistung weitergezahlt wird. Es ist aber auch möglich, dass die Freistellungsphase vorangeht. In diesem Falle wird dem Arbeitnehmer zunächst ein Wertguthaben zur Verfügung gestellt, das er in der anschließenden Arbeitsphase »verdienen« muss. Die Fälligkeit der Beiträge richtet sich jeweils nach der Fälligkeit der Arbeitsentgelte. Entsprechend dem Zeitpunkt der Zahlung des Arbeitsentgelts und der Beiträge werden auch die dadurch erworbenen Versorgungsanrechte (z.B. in der gesetzlichen Rentenversicherung die Entgeltpunkte oder in der betrieblichen Altersversorgung das Zeitwertguthaben) zeitlich zugeordnet, unabhängig davon, wann die Arbeitsleistung erbracht worden ist. Da es in der gesetzlichen Rentenversicherung darauf ankommt, wann die Beiträge geleistet worden sind, mit denen Entgeltpunkte und damit Rentenanwartschaften erworben worden sind, müssen die Entgeltpunkte, die während der Freistellungsphase aus den in diesem Zeitraum abgeführten Rentenversicherungsbeiträgen gutgeschrieben worden sind, auch dieser Zeitphase zugeordnet werden. Geht die Arbeitsphase der Freistellungsphase voraus, so wird auch nicht etwa schon in der Arbeitsphase eine Aussicht auf spätere Rentenanwartschaften in Höhe des für die Freistellungsphase angesammelten Wertguthabens erworben. Denn das in der Arbeitsphase angesammelte Wertguthaben dient zunächst noch nicht der Altersversorgung, sondern der Finanzierung einer Freistellung. Es ist daher nicht in den VA einzubeziehen, soweit die Freistellung nicht in die Ehezeit fällt.[46] Kann ein Wertguthaben nicht vereinbarungsgemäß verwendet werden (z.B. weil das Arbeitsverhältnis vorzeitig beendet worden ist), so ist das Arbeitsentgelt aus dem Wertguthaben auf die in der Vergangenheit liegenden Kalendermonate mit Pflichtbeiträgen bei dem Arbeitgeber, bei dem das Wertguthaben angespart worden ist, zu verteilen, und aus den nachzuentrichtenden Beiträgen werden für die Vergangenheit zusätzliche Entgeltpunkte gutgeschrieben (§ 70 Abs. 3 SGB VI). Insoweit ist für den VA nach dem In-Prinzip (s.o. Rdn. 13 und § 43 Rdn. 42) von einem Erwerb im Zeitpunkt der tatsächlichen Nachentrichtung auszugehen.[47]

20   Führt die strikte Anwendung des In-Prinzips im Einzelfall zu einem grob unbilligen Ergebnis, so kommt eine Korrektur nach § 27 VersAusglG in Betracht. Dies gilt z.B. dann, wenn der Ausgleichspflichtige nach Ende der Ehezeit aus seinen Mitteln freiwillige Beiträge für den anderen Ehegatten nachentrichtet hat und der einbezahlte Betrag keinem güterrechtlichen Ausgleich zu seinen Gunsten unterliegt.[48]

---

44   Borth Rn. 100; Johannsen/Henrich/Holzwarth § 39 Rn. 21; Erman/Norpoth § 2 Rn. 5; Bergner § 46 Anm. 3.
45   Ruland Rn. 167; Hauß/Eulering Rn. 521–537; Höfer DB 2010, 1010, 1013.
46   BT-Drucks. 16/10144 S. 48; Hauß/Eulering Rn. 457; Palandt/Brudermüller § 3 Rn. 15; Hoppenz/Hoppenz § 3 Rn. 6; Schmeiduch FamRZ 1999, 1035, 1037.
47   Schmeiduch FamRZ 1999, 1035, 1038.
48   BGH FamRZ 1987, 364; OLG Zweibrücken FamRZ 1984, 911.

D. Versorgungsausgleich bei kurzer Ehezeit nur auf Antrag (Abs. 3)

I. Allgemeines

Bei einer **Ehezeit von bis zu drei Jahren** findet ein VA gem. § 3 Abs. 3 VersAusglG **nur auf Antrag**   21
statt. Die Vorschrift, die im früheren Recht keine Entsprechung hatte, war im Gesetzgebungsverfahren umstritten. Im Regierungsentwurf war ein genereller Ausschluss des VA bei einer Ehezeit
von bis zu zwei Jahren vorgesehen. Damit sollten Versorgungsträger und Familiengerichte von
Verfahren entlastet werden, in denen es in aller Regel nur um geringe Ausgleichswerte geht und
auch aus Sicht der Eheleute regelmäßig kein Bedarf besteht, einen VA durchzuführen.[49] Dagegen
sind jedoch verfassungsrechtliche Bedenken erhoben worden,[50] die sich auch der Bundesrat zuei-
gen gemacht hat.[51] Auf seinen Vorschlag, dem sich der Rechtsausschuss des Bundestages angeschlossen hat,[52] wurde einerseits die Ehedauer, bis zu der grundsätzlich kein VA stattfindet, im
Interesse spürbarer Entlastungseffekte auf drei Jahre verlängert, andererseits aber eine Antragsklausel eingeführt, die den Ehegatten im Einzelfall ermöglichen soll, einen VA zu erreichen. Damit soll
vermieden werden, dass der VA auch dann zwingend ausgeschlossen ist, wenn in (seltenen) Fällen
ein Ehegatte in kurzer Zeit außergewöhnlich hohe Anrechte erworben hat.[53]

Die **Dauer der Ehezeit** bestimmt sich nach § 3 Abs. 1 VersAusglG. Die Ausschlussklausel greift   22
somit ein, wenn die Zeit vom Beginn des Eheschließungsmonats bis zum letzten Tag des Monats
vor Zustellung des Scheidungsantrags nicht mehr als 36 Monate gedauert hat.

II. Verfahren ohne Antrag

Wenn (bzw. solange) **kein Antrag** auf Durchführung des VA gestellt wird, braucht das Familienge-   23
richt weder von den Ehegatten noch von den Versorgungsträgern Auskünfte zum VA einzuholen.
Sofern keine anderen Folgesachen anhängig sind, kann das Scheidungsverfahren daher rasch zum
Abschluss gebracht werden. Mit der Scheidung hat das Gericht eine **negative Feststellungsentscheidung** zum VA zu treffen: Es hat in der Beschlussformel auszusprechen, dass ein **VA nicht
stattfindet**.[54] Zwar sieht § 224 Abs. 3 FamFG nur die Feststellung vor, dass ein »Wertausgleich bei
der Scheidung« nicht stattfindet. Aus § 3 Abs. 3 VersAusglG ergibt sich jedoch, dass im Falle kurzer Ehezeit und fehlender Antragstellung der VA insgeamt ausgeschlossen ist, also ein späterer
schuldrechtlicher VA ausscheidet. Dies ist daher auch im Tenor zum Ausdruck zu bringen. Die
Begründung für das Unterbleiben des VA braucht sich nur in den Entscheidungsgründen zu ergeben.[55] Die Entscheidung nach § 3 Abs. 3 VersAusglG setzt eine materielle Prüfung der Voraussetzungen des § 3 Abs. 3 FamFG voraus, ist mit der Beschwerde nach § 58 FamFG anfechtbar und
erwächst in materielle Rechtskraft.[56] Daraus folgt, dass das Gericht den VA zuvor mit den Beteiligten zu erörtern hat (§ 221 Abs. 1 FamFG). Zumindest ein nicht anwaltlich vertretener Ehegatte
muss im Interesse eines fairen Verfahrens ausdrücklich darauf hingewiesen werden, dass ohne
Antragstellung kein VA stattfindet.[57] Die Rechtskraftwirkung der Entscheidung hat zur Folge, dass
ein erst später in einem selbständigen Verfahren gestellter Antrag auf Durchführung des Wertaus-

---

49 BT-Drucks. 16/10144 S. 48.
50 Nachweise bei Ruland Rn. 89.
51 BT-Drucks. 16/10144 S. 116.
52 BT-Drucks. 16/11903 S. 52.
53 BT-Drucks. 16/11903 S. 53; Borth FamRZ 2009, 562.
54 Ebenso Borth Rn. 1147, 1151; NK-BGB/Götsche § 3 Rn. 52; NK-FamR/Hauß § 3 VersAusglG Rn. 13;
    unzutreffend Keidel/Weber § 224 Rn. 8b; Schulte-Bunert/Weinreich/Rehme § 224 Rn. 3; MüKo/Dörr
    § 224 FamFG Rn. 9.
55 OLG Hamm FamRZ 2012, 146.
56 Ruland Rn. 91; Keidel/Weber § 224 Rn. 8; Schulte-Bunert/Weinreich/Rehme § 224 Rn. 5; Eulering/Vief-
    hues FamRZ 2009, 1368, 1370; vgl. auch zum früheren Recht bereits BGH FamRZ 2009, 215.
57 Ruland Rn. 90.

gleichs unzulässig ist. Insoweit gilt etwas anderes als für Anträge nach Art. 17 Abs. 3 S. 2 EGBGB, die auch noch nach Abschluss des Scheidungsverfahrens gestellt werden können.[58] Denn bei ausländischem Scheidungsstatut oder deutschem Scheidungsstatut von Ausländern unterschiedlicher Nationalität findet nach Art. 17 Abs. 3 S. 1 EGBGB grundsätzlich kein VA statt und steht ein solcher daher nicht im Scheidungsverbund, solange kein Antrag nach S. 2 gestellt ist. Deshalb hat in diesem Fall keine negative Feststellungsentscheidung zu ergehen, wie sich auch aus § 224 Abs. 3 FamFG ergibt. Da nach § 3 Abs. 3 VersAusglG eine Sachentscheidung über den VA ergeht, hat das Verfahren über den Wertausgleich trotz der Tatsache, dass letztlich kein VA durchgeführt wird, einen Gegenstandswert,[59] und die Anwälte erwerben insoweit Gebührenansprüche.

III. Verfahren mit Antrag

24   Der **Antrag** auf (regelwidrige) Durchführung des VA kann von jedem Ehegatten gestellt werden. Er unterliegt **keinem Anwaltszwang** (§ 114 Abs. 4 Nr. 7 FamFG) und ist **nicht fristgebunden**. Er kann folglich im erstinstanzlichen Verfahren jederzeit und auch noch im Rahmen einer Beschwerde gegen die Entscheidung zum VA gestellt werden. Zwar bestimmt § 137 Abs. 2 Satz 1 FamFG, dass Folgesachen bis spätestens zwei Wochen vor der (letzten[60]) mündlichen Verhandlung in den Scheidungsverbund eingeführt werden müssen. Der VA steht jedoch auch in Fällen kurzer Ehezeit von Anfang an im Verbund, da sich die Dauer der Ehezeit erst mit der Zustellung des Scheidungsantrags konkretisiert, und der Verbund bleibt bis zu der vom Gericht nach § 224 Abs. 3 FamFG zu treffenden (feststellenden) Endentscheidung bestehen. Daher kann der Antrag in erster Instanz auch im Verbund zumindest bis zum Schluss der mündlichen Verhandlung gestellt werden.[61] Das Gericht kann den VA allerdings in diesem Fall gemäß § 140 Abs. 2 Nr. 4 oder 5 FamFG aus dem Verbund abtrennen. Die Antragstellung ist auch noch im Beschwerdeverfahren möglich. Die Beschwerde kann sogar darauf gestützt werden, dass nunmehr ein Antrag nach § 3 Abs. 3 VersAusglG gestellt wird.[62]

25   Der Antrag ist auch an **keine Form** gebunden.[63] Da über den Wertausgleich (außer bei ausländischem Scheidungsstatut, Art. 17 Abs. 3, Art. 17b Abs. 1 S. 4 EGBGB) auch ohne Antragstellung – in Form negativer Feststellung (§ 224 Abs. 3 FamFG; s. Rdn. 23) – zu entscheiden ist, handelt es sich bei dem Antrag nach § 3 Abs. 3 VersAusglG nicht um einen verfahrenseinleitenden Antrag i.S. des § 23 FamFG. Er ist ein Sachantrag, der keiner Begründung bedarf. Das Gericht darf ihn nicht etwa deshalb ablehnen, weil nicht ersichtlich ist, dass der Antragsteller durch den Ausschluss des VA nicht (nennenswert) benachteiligt würde. Gem. § 25 FamFG sollen Anträge, die keinem Anwaltszwang unterliegen, zwar grundsätzlich schriftlich oder zu Protokoll der Geschäftsstelle abgegeben werden. Dadurch wird eine mündliche oder telefonische Antragstellung jedoch nicht ausgeschlossen.[64] Der Antrag kann nicht unter einer Bedingung, z.B. dass sich der VA zugunsten des Antragstellers auswirkt, gestellt werden.[65] Der Antragsteller ist aber nicht gehindert, seinen Antrag zurückzunehmen (§ 22 Abs. 1 Satz 1 FamFG), wenn sich nach Einholung von Auskünften herausstellt, dass er mehr Anrechte an den anderen Ehegatten abgeben müsste als er von diesem

---

58   Vgl. BGH FamRZ 2007, 996, 1000.
59   Borth FamRZ 2009, 562.
60   OLG Hamm FamRZ 2010, 2091; Keidel/Weber § 137 Rn. 20; Schulte-Bunert/Weinreich/Schröder § 137 Rn. 4; a.A. Prütting/Helms § 137 Rn. 47; MüKo-ZPO/Heiter § 137 FamFG Rn. 47: erster Verhandlungstermin maßgebend.
61   OLG Dresden FamRZ 2011, 483; OLG Brandenburg FamRZ 2011, 1147; Borth Rn. 1151; Johannsen/ Henrich/Hahne § 3 Rn. 13.
62   OLG Frankfurt Beschluss vom 13.06.2012 – 3 UF 26/12 – (juris); NK-BGB/Götsche § 3 Rn. 49.
63   Ruland Rn. 90.
64   Keidel/Sternal § 23 Rn. 19; Prütting/Helms/Ahn-Roth § 23 Rn. 10; a.A. MüKo-ZPO/Ulrici § 23 FamFG Rn. 36.
65   Keidel/Sternal § 23 Rn. 45.

erhielte. Dann kann freilich der andere Ehegatte seinerseits einen Antrag nach § 3 Abs. 3 Vers-AusglG stellen. Nach Erlass der Endentscheidung kann der Antrag nur noch mit Zustimmung der anderen Beteiligten (also einschließlich der Versorgungsträger) zurückgenommen[66] werden (§ 22 Abs. 1 S. 2 FamFG).

Ist der Antrag gestellt worden, hat das Gericht ebenso zu verfahren wie in Fällen einer drei Jahre **26** übersteigenden Ehezeit. Es sind also zunächst von den Ehegatten und dann von den Versorgungsträgern die erforderlichen Auskünfte einzuholen (§ 220 FamFG). In vielen Fällen wird die Durchführung des VA im Ergebnis dann daran scheitern, dass die Ausgleichswerte die Bagatellgrenze des § 18 Abs. 2 VersAusglG nicht überschreiten.

IV. Taktische Überlegungen

Die **Antragstellung** nach § 3 Abs. 3 VersAusglG will **gut überlegt** sein. Einerseits ist zu bedenken, **27** dass das Scheidungsverfahren wesentlich beschleunigt werden kann, wenn der VA nicht im Scheidungsverbund durchgeführt werden muss. Andererseits muss berücksichtigt werden, dass ohne Antragstellung jedem Ehegatten der Anspruch auf Beteiligung an den vom anderen Ehegatten in der Ehe erworbenen Anrechten verloren geht, allerdings jeder Ehegatte auch keine eigenen Anrechte an den anderen Ehegatten abgeben muss. Welcher Ehegatte – und ggf. in welchem Volumen – im Saldo durch den VA begünstigt würde, lässt sich ohne Einholung von Auskünften der Versorgungsträger häufig nur schwer abschätzen. Es kann aber auch nicht dazu geraten werden, regelmäßig den Antrag nach § 3 Abs. 3 VersAusglG zu stellen, um auf diese Weise eine Klärung der Versorgungsanrechte zu erreichen. Denn wenn sich dann herausstellt, dass der andere Ehegatte in der Ehezeit wesentlich geringere Anrechte erworben hat, wirkt sich die Antragstellung letztlich zum Nachteil des Antragstellers aus. Das Gericht hat den VA aufgrund des gestellten Verfahrensantrags auch dann durchzuführen, wenn der Antragsteller höhere Anrechte auszugleichen hat. Zwar kann der Antragsteller seinen Antrag zurücknehmen, womit die Voraussetzung für die Durchführung des VA entfiele, doch besteht dann das Risiko, dass der andere Ehegatte seinerseits den Antrag nach § 3 Abs. 3 VersAusglG stellt, um sich die für ihn nach Einholung der Auskünfte ersichtlich gewordenen Vorteile einer Durchführung des VA zu sichern.

Grundsätzlich kann zwar davon ausgegangen werden, dass innerhalb einer Ehezeit von nicht mehr **28** als drei Jahren nur geringe Anrechte erworben sein können. Vor allem wenn beide Eheleute erwerbstätig waren und vergleichbar hohe Einkünfte erzielt haben, werden die Ausgleichswerte ihrer ehezeitlichen Anrechte regelmäßig kaum nennenswert differieren. In solchen Fällen »schadet« allerdings ein Antrag nach § 3 Abs. 3 VersAusglG i.d.R. auch nicht, weil geringfügige Anrechte auch aufgrund der Bagatellklausel des § 18 VersAusglG vom VA ausgenommen werden. Die Antragstellung hat dann letztlich nur zur Folge, dass das Scheidungsverfahren infolge der zum VA erforderlichen Ermittlungen länger dauert. **Nicht** ganz **unerhebliche Differenzen zwischen den auszugleichenden Anrechten** beider Ehegatten können indes insbesondere in Fällen auftreten, in denen nur ein Ehegatte während der Ehezeit erwerbstätig war. In der gesetzlichen Rentenversicherung können z.B. innerhalb von drei Jahren bis zu sechs Entgeltpunkte erworben werden,[67] die im Jahre 2012 in der allgemeinen Rentenversicherung (West) einem Kapitalwert von 38.156,50 € entsprechen.[68] Es liegt auf der Hand, dass der hälftige Ausgleichswert eines solchen Anrechts von mehr als 19.000 € nicht als geringfügig angesehen werden kann.[69] In anderen Versorgungssyste-

---

66 NK-BGB/Götsche § 3 Rn. 48; NK-FamR/Hauß § 3 Rn. 11; Kemper Kap. VIII Rn. 20.

67 Die Begrenzung ergibt sich aus der für jedes Jahr festgesetzten Beitragsbemessungsgrenze nach den §§ 159, 160 SGB VI, die rund doppelt so hoch ist wie das für das jeweilige Jahr festgestellten Durchschnittsentgelt der Versicherten.

68 6 × 6359, 416; vgl. die Bekanntmachung der Umrechnungsfaktoren für den VA in der Rentenversicherung vom 19.12.2011, BGBl. I S. 2798; s. auch FamRZ 2012, 172.

69 Der Wert liegt auch deutlich über der nach § 18 Abs. 3 VersAusglG maßgebenden Bagatellgrenze.

men können innerhalb eines Zeitraums von bis zu drei Jahren sogar noch wesentlich höhere Anrechte erworben werden, insbesondere von Beamten des höheren Dienstes in der Beamtenversorgung, in der Minister- und der Abgeordnetenversorgung, in der berufsständischen Versorgung und von Selbständigen, die in ein kapitalgedecktes System eingezahlt haben. In solchen Fällen sollte der andere Ehegatte einen Antrag nach § 3 Abs. 3 VersAusglG stellen, um nicht möglicherweise erhebliche Ausgleichswerte zu verlieren. Dies gilt umso mehr, wenn er selbst in der Ehezeit keine oder nur geringe Anrechte erworben hat.

29   Es ist allerdings nicht generell so, dass der in der Ehe nicht erwerbstätig gewesene Ehegatte vom VA profitiert. So erwirbt etwa in der gesetzlichen Rentenversicherung eine Kinder betreuende Ehefrau Anrechte aus **Kindererziehungszeiten**, und zwar im ersten bis dritten Lebensjahr des Kindes (bei mehreren kurz nacheinander geborenen Kindern u.U. auch darüber hinaus). Die Bewertung dieser Anrechte knüpft an das rentenrechtliche Durchschnittseinkommen aller Versicherten an (vgl. dazu § 43 Rdn. 25 f.), so dass die Ehefrau in der Ehezeit allein aus Kindererziehungszeiten sogar höhere Anrechte als der Ehemann erworben haben kann, wenn dieser in der Ehezeit unterdurchschnittliche Erwerbseinkünfte hatte.[70] Es muss daher, insbesondere wenn die Ehegatten nur gesetzliche Rentenanwartschaften erworben haben, sorgfältig abgeschätzt werden, ob sich eine Antragstellung voraussichtlich »lohnt«.

30   Eine Möglichkeit zur zumindest ungefähren Klärung der in den VA fallenden Anrechte vor Stellung des Antrags nach § 3 Abs. 3 VersAusglG bieten die **materiellrechtlichen Auskunftsansprüche**, die jeder Ehegatte gegen seine Versorgungsträger[71] und nach § 4 VersAusglG auch gegen den anderen Ehegatten – im Fall der Nichterfüllung sogar gegen dessen Versorgungsträger (§ 4 Abs. 2 VersAusglG, § 109 Abs. 5 Satz 2 SGB VI) – hat. Diese Auskunftsansprüche können auch schon vor Rechtshängigkeit des Scheidungsantrags geltend gemacht werden (vgl. § 4 Rdn. 3).

31   Für die Anwälte begründet die Antragsklausel ein nicht zu unterschätzendes **Regressrisiko**. Sie sollten daher die Mandanten eingehend über Chancen und Risiken einer Antragstellung bzw. unterlassenen Antragstellung informieren, diese Beratung im eigenen Interesse sorgfältig dokumentieren und evtl. auch einen Haftungsausschluss vereinbaren.[72] Letztlich müssen die Ehegatten selbst entscheiden, ob sie mehr an einer schnellen Scheidung interessiert sind als an einer Klärung der in der Ehezeit erworbenen Anrechte, die mit einer Antragstellung erreicht werden kann.

§ 4 VersAusglG   Auskunftsansprüche

(1) Die Ehegatten, ihre Hinterbliebenen und Erben sind verpflichtet, einander die für den Versorgungsausgleich erforderlichen Auskünfte zu erteilen.

(2) Sofern ein Ehegatte, seine Hinterbliebenen oder Erben die erforderlichen Auskünfte von dem anderen Ehegatten, dessen Hinterbliebenen oder Erben nicht erhalten können, haben sie einen entsprechenden Auskunftsanspruch gegen die betroffenen Versorgungsträger.

(3) Versorgungsträger können die erforderlichen Auskünfte von den Ehegatten, deren Hinterbliebenen und Erben sowie von den anderen Versorgungsträgern verlangen.

(4) Für die Erteilung der Auskunft gilt § 1605 Abs. 1 Satz 2 und 3 des Bürgerlichen Gesetzbuchs entsprechend.

---

70 Vgl. BT-Drucks. 16/10144 S. 48.
71 Vgl. z.B. für die gesetzliche Rentenversicherung § 109 Abs. 5 Satz 1 SGB VI.
72 Bergner NJW 2009, 1233; Hauß FPR 2009, 214, 215; Hauß/Eulering Rn. 35.

A. Norminhalt

§ 4 regelt **materiellrechtliche Auskunftsansprüche der Beteiligten** in Bezug auf die dem VA unter- 1
liegenden Anrechte. Die Vorschrift wird durch die in § 220 FamFG geregelten verfahrensrechtlichen Auskunftspflichten ergänzt (vgl. dazu unten Rdn. 11 ff.).

B. Wechselseitige Auskunftsansprüche von Ehegatten, Hinterbliebenen und Erben (Abs. 1)

§ 4 Abs. 1 VersAusglG fasst die früher in verstreuten Vorschriften (§§ 1587e Abs. 1, 1587k Abs. 1 2
BGB a.F., §§ 3a Abs. 8, 9 Abs. 4, 10a Abs. 11 VAHRG) geregelten **wechselseitigen Auskunftsansprüche der Ehegatten** sowie – im Falle ihres Ablebens und einer eigenen Betroffenheit – ihrer
Hinterbliebenen und **Erben** zusammen. Es handelt sich insoweit um zivilrechtliche Nebenansprüche im Rahmen des VA, die während der Anhängigkeit eines gerichtlichen Verfahrens kaum praktische Bedeutung haben, weil das Gericht von Amts wegen zu ermitteln hat (§ 26 FamFG) und
die Beteiligten ihm gegenüber verfahrensrechtlich zur Auskunft verpflichtet sind (§ 220 FamFG).
Meist wird deshalb insoweit auch kein Rechtsschutzinteresse an der Geltendmachung des zivilrechtlichen Auskunftsanspruchs bestehen,[1] zumal das Gericht zur Durchsetzung der verfahrensrechtlichen Auskunftspflicht nunmehr auch Zwangshaft anordnen kann (§ 35 FamFG).[2]

Bedeutsam sind die materiellrechtlichen Auskunftsansprüche jedoch etwa zur **Vorbereitung einer** 3
Vereinbarung über den VA nach den §§ 6–8 VersAusglG[3] und zur Klärung des Sachverhalts vor
Einleitung eines gerichtlichen Verfahrens, z.B. zur Feststellung, ob die zur Geltendmachung der
schuldrechtlichen Ausgleichsrente erforderlichen Fälligkeitsvoraussetzungen nach § 20 Abs. 2 Vers-
AusglG erfüllt sind oder ob eine ein Abänderungsverfahren eröffnende wesentliche Wertänderung
vorliegt (§ 51 Abs. 1 und 2 VersAusglG, § 225 Abs. 3 FamFG, § 227 Abs. 1 i.V.m. § 48 Abs. 1
FamFG). Zu diesem Zweck kann die Auskunft auch schon vor der Zustellung des Scheidungsantrags als dem für die genaue Ermittlung des Ehezeitanteils maßgeblichen Bewertungsstichtag verlangt werden.[4] In diesem Fall muss ein anderer, möglichst aktueller Bewertungsstichtag benannt
werden. Weil die Auskunftspflicht – ähnlich wie im Unterhaltsrecht – lediglich die Durchsetzung
des Hauptanspruchs unterstützen soll, ist der Anspruch ausgeschlossen, wenn der VA durch (wirksamen) Ehevertrag ausgeschlossen worden ist[5] oder wenn bereits rechtskräftig über den VA entschieden worden ist,[6] es sei denn, dass ein Abänderungsverfahren vorbereitet werden soll und ein
Abänderungsantrag nicht (z.B. weil es sich im Fall des § 225 FamFG auf andere als in § 32 Vers-

---

1 Bergner § 4 Anm. 2.2.
2 OLG München FamRZ 1998, 244; OLG Oldenburg FamRZ 1999, 1207.
3 BT-Drucks. 16/10144 S. 48.
4 OLG Koblenz FamRZ 1978, 702; OLG Düsseldorf FamRZ 1990, 46; Johannsen/Henrich/Hahne § 4
  Rn. 3; Palandt/Brudermüller § 4 Rn. 3.
5 BGH FamRZ 1981, 533.
6 BGH FamRZ 1982, 687.

AusglG genannte Anrechte bezieht) von vornherein aussichtslos ist. Das mögliche Vorliegen von Härtegründen i.S. des § 27 VersAusglG schließt dagegen einen Auskunftsanspruch nicht aus. Das Gleiche gilt, wenn über die Wirksamkeit eines vertraglichen Ausschlusses des VA gestritten wird.[7]

C. Auskunftsansprüche von Ehegatten, Hinterbliebenen und Erben gegen Versorgungsträger (Abs. 2)

4   Gem. § 4 Abs. 2 VersAusglG haben Ehegatten (bzw. ihre Hinterbliebenen oder Erben) **hilfsweise Auskunftsansprüche gegenüber den Versorgungsträgern** des anderen Ehegatten (bzw. dessen Hinterbliebenen oder Erben). Auch diese Vorschrift, die im früheren Recht keine Entsprechung hatte, fasst alle Auskunftsansprüche zusammen, die die Durchsetzung eines materiellen Ausgleichsanspruchs vorbereiten sollen. Voraussetzung für eine Inanspruchnahme des Versorgungsträgers ist, dass die erforderliche Auskunft von dem anderen Ehegatten (bzw. von dessen Hinterbliebenen oder Erben) nicht zu erhalten ist. Die auskunftsberechtigte Person muss daher i.d.R. erfolglos versucht haben, die Auskunft von der vorrangig auskunftpflichtigen Person zu erlangen. Dieses erfolglose Bemühen muss dem Versorgungsträger auch – zumindest auf Verlangen – nachgewiesen werden.[8] Es empfiehlt sich daher, ein Mahnschreiben an die auskunftspflichtige Person gegen Zustellungsnachweis zu versenden und dem Versorgungsträger das Mahnschreiben und den Zustellungsnachweis vorzulegen. Der Versorgungsträger kann seine Auskunft nicht davon abhängig machen, dass die auskunftsberechtigte Person ihren Auskunftsanspruch gegen die auskunftpflichtige Person vergeblich **gerichtlich** geltend gemacht hat. Die Voraussetzung, dass der Auskunftsberechtigte die Auskunft nicht von dem vorrangig Auskunftspflichtigen **erhalten kann**, dürfte auch dann erfüllt sein, wenn der Auskunftsberechtigte die Anschrift des Auskunftspflichtigen trotz zumutbarer Bemühungen (die ggf. nachzuweisen sind) nicht in Erfahrung bringen konnte, der Versorgungsträger sie aber kennt.

D. Auskunftsansprüche der Versorgungsträger (Abs. 3)

5   Nach § 4 Abs. 3 VersAusglG können auch den **Versorgungsträgern** materiellrechtliche Auskunftsansprüche zustehen, wenn sie die Auskünfte für die ihnen nach § 5 VersAusglG obliegenden Berechnungen oder sonst zur Information oder zum Vollzug des VA benötigen. Die Ansprüche können sich sowohl gegen die Ehegatten, ihre Hinterblieben oder Erben als auch gegen andere Versorgungsträger richten. Angaben anderer Versorgungsträger sind z.B. erforderlich, wenn die Höhe eines Anrechts von der Höhe eines anderen Anrechts abhängig ist, z.B. bei einer Gesamtversorgung.[9] Bei der Teilhabe an der Hinterbliebenenversorgung (§§ 25, 26 VersAusglG) kann der Versorgungsträger des (verstorbenen) ausgleichspflichtigen Ehegatten sowohl vom ausgleichsberechtigten Ehegatten als auch von der Witwe bzw. dem Witwer des ausgleichspflichtigen Ehegatten Auskünfte verlangen, um die Berechtigung des geltend gemachten Anspruchs auf Zahlung der verlängerten schuldrechtlichen Ausgleichsrente zu prüfen. Ferner kommen Auskunftsansprüche der Versorgungsträger z.B. bei den Anpassungsverfahren nach den §§ 32 ff. VersAusglG in Betracht. Auf Verlangen haben die Versorgungsträger ihr Auskunftsinteresse konkret darzulegen.

---

7 OLG Koblenz FamRZ 2004, 1217.
8 BT-Drucks. 16/10144 S. 48.
9 BT-Drucks. 16/10144 S. 48 f.

E. Umfang der Auskunftspflicht (Abs. 4)

Die Auskunftsansprüche erstrecken sich auf alle Umstände, die zur Berechnung der in den VA fal- 6
lenden Anrechte **erforderlich** sind.[10] Ggf. sind auch Angaben über außereheliche Zeiten zu
machen, wenn davon die Feststellung des Ehezeitanteils abhängig ist, wie z.B. in der gesetzlichen
Rentenversicherung beim Vorliegen von in die Ehezeit fallenden beitragsfreien Zeiten. Auskunft
kann auch über Umstände verlangt werden, die für einen Ausschluss oder eine Herabsetzung des
VA von Bedeutung sein können wie z.B. die Einkommens- und Vermögensverhältnisse des anderen Ehegatten.[11]

Grundsätzlich kann der Auskunftspflichtige selbst bestimmen, in welcher **Art und Weise** er die 7
Auskunft erteilen will. Gem. § 260 Abs. 1 BGB, auf den über die §§ 4 Abs. 4 VersAusglG, 1605
Abs. 1 Satz 3 BGB verwiesen wird, genügt nämlich die Vorlage einer übersichtlichen und nachprüfbaren Aufstellung.[12] Deshalb besteht dem anderen Ehegatten gegenüber im Allgemeinen
keine Verpflichtung, die vom Familiengericht übersandten Vordrucke auszufüllen.[13] Die Frage ist
jedoch ohne praktische Relevanz, weil in einem anhängigen Verfahren das Gericht die Fragebögen
versendet und die Beteiligten verfahrensrechtlich verpflichtet sind, die Bögen auszufüllen (§ 220
FamFG). Gem. § 4 Abs. 4 VersAusglG i.V.m. § 1605 Abs. 1 Satz 2 BGB sind auf Verlangen auch
Belege (z.B. Versicherungsunterlagen, Rentenbescheide, Einkommensnachweise) vorzulegen. In
diesem Rahmen muss der andere Ehegatte ggf. auch **Bescheinigungen von Dritten** einholen (z.B.
von Rentenversicherungsträgern aufgrund des eigenen Auskunftsrechts nach § 109 SGB VI, vgl.
Rdn. 10).

F. Verfahren

Die Auskunftsansprüche sind mit einem **Antrag an das Familiengericht** geltend zu machen, der 8
i.d.R. ein selbständiges Verfahren i.S. der §§ 111 Nr. 7, 217 ff. FamFG einleitet.[14] In Betracht
kommt auch ein **Stufenantrag** in entsprechender Anwendung des § 254 ZPO.[15] Ist ein Scheidungsverfahren anhängig, kann der Auskunftsanspruch nur im Scheidungsverbund geltend gemacht werden.[16] In einem selbständigen Verfahren besteht kein Anwaltszwang. Über den
Antrag ergeht eine **Endentscheidung** in Form eines Beschlusses. Das Gericht hat auch den Verfahrenswert festzusetzen (§ 55 Abs. 2 FamGKG). Er beträgt für alle Auskunftsverfahren 500 € (§ 50
Abs. 2 FamGKG). Die Entscheidung, die einen Beteiligten zur Auskunft verpflichtet, wird gem.
§ 95 Abs. 1 Nr. 3 und Abs. 4 FamFG i.V.m. § 888 ZPO vollstreckt,[17] d.h. nicht nur mit der Möglichkeit von Zwangsgeld, sondern auch von Zwangshaft. Einer vorherigen Androhung des
Zwangsmittels bedarf es nicht (§ 888 Abs. 2 ZPO). Dem Schuldner ist jedoch zuvor rechtliches
Gehör zu geben (§ 891 ZPO). Die Vollstreckung hat gem. § 1 Nr. 3 JBeitrO von Amts wegen
durch das Familiengericht zu erfolgen.[18]

---

10 OLG Hamm FamRZ 1978, 700; OLG Frankfurt FamRZ 1982, 185.
11 OLG Karlsruhe FamRZ 2005, 1840.
12 BGH FamRZ 1984, 465, 467; OLG Karlsruhe FamRZ 2003, 1840.
13 OLG Frankfurt FamRZ 2006, 556; a.A. OLG Hamm FamRZ 1978, 700, 701; OLG Düsseldorf FamRZ
1979, 836.
14 Vgl. BGH FamRZ 1981, 533; 1982, 687.
15 OLG Hamm FamRZ 1980, 64; OLG Hamburg FamRZ 1981, 179; OLG Frankfurt FamRZ 2000, 99.
16 OLG Hamm Beschluss vom 27.08.2012 – 6 WF 152/12 – (juris); Borth Rn. 1064.
17 Keidel/Giers § 95 Rn. 12, 14.
18 Keidel/Giers § 95 Rn. 14; a.A. BGH FamRZ 1983, 578; Schulte-Bunert/Weinreich/Schulte-Bunert § 95
Rn.5; NK-BGB/Götsche § 4 Rn. 25; Bergmann FPR 2008, 434.

G. Auskunftsansprüche der Ehegatten gegen eigene Versorgungsträger

9   In § 4 VersAusglG nicht geregelt sind materiellrechtliche Auskunftsansprüche, die Ehegatten oder Hinterbliebene gegenüber ihren eigenen Versorgungsträgern haben. Insoweit bedarf es keiner gesetzlichen Bestimmung, weil sich derartige Auskunftsansprüche aus den Rechtsgrundlagen der jeweiligen Versorgungssysteme ergeben.

10   Gem. § 109 Abs. 5 Satz 1 SGB VI erhalten Versicherte auf Antrag, den sie persönlich stellen können, vom zuständigen Rentenversicherungsträger Auskunft über die Höhe ihrer auf die Ehezeit entfallenden Rentenanwartschaften. Jeder Ehegatte ist zudem berechtigt, auch über die ehezeitlichen Anwartschaften des anderen Ehegatten Auskunft zu verlangen, wenn dieser seiner Auskunftspflicht nicht oder nicht vollständig nachgekommen ist (§ 109 Abs. 5 Satz 2 SGB VI i.V.m. § 74 Nr. 2b SGB X). In diesem Fall wird die dem Ehegatten erteilte Auskunft auch dem Versicherten selbst mitgeteilt (§ 109 Abs. 5 Satz 3 SGB VI). Darüber hinaus erhalten Versicherte rentennaher Jahrgänge von Amts wegen und jüngere Versicherte auf Antrag eine Auskunft über die Höhe ihrer bisher (insgesamt) erworbenen Rentenanwartschaften (§ 109 Abs. 1 SGB VI). Angehörige des öffentlichen Dienstes können gegenüber dem Dienstherrn oder einem Zusatzversorgungsträger (vgl. z.B. § 51 VBL-Satzung) auskunftsberechtigt sein. Arbeitnehmer, die Anwartschaften aus betrieblicher Altersversorgung erworben haben, können ihren Arbeitgeber aufgrund einer Nebenpflicht aus dem Arbeits- oder Dienstvertrag und einen früheren Arbeitgeber gem. § 4a BetrAVG auf Auskunft in Anspruch nehmen, und Versicherungsnehmer einer privaten Lebensversicherung haben aufgrund des Versicherungsvertrages ein Auskunftsrecht gegenüber dem Versicherer.

H. Verfahrensrechtliche Auskunftspflichten (§ 220 FamFG)

11   Neben den in § 4 VersAusglG geregelten Auskunftsansprüchen bestehen die **verfahrensrechtlichen Auskunftspflichten** nach § 220 FamFG.

12   Nach § 220 Abs. 1 und 3 FamFG kann das Gericht über Grund und Höhe der Versorgungsanrechte **Auskünfte von den Ehegatten und ihren Hinterbliebenen** einholen; diese sind verpflichtet, den gerichtlichen Ersuchen Folge zu leisten. Die Auskunftspflicht entsteht bereits mit der Anhängigkeit eines VA-Verfahrens.[19] Im Verbund sollte allerdings der Scheidungsantrag rechtshängig sein. Unerheblich ist, ob der Scheidungsantrag begründet ist[20] und ob dem Ehegatten, der die Auskunft erteilen soll, bereits Verfahrenskostenhilfe bewilligt worden ist.[21] Ein unzulässiger Scheidungsantrag kann jedoch keine Auskunftspflicht auslösen.[22] Die Ehegatten haben alle Tatsachen zu offenbaren, die das Gericht zur Ermittlung von Grund und Höhe eines Versorgungsanrechts für erforderlich hält. Die Auskunftspflicht besteht auch dann, wenn die Wirksamkeit eines Vertrages, mit dem der VA ausgeschlossen worden ist, streitig ist[23] und umfasst auch solche Anrechte, deren Einbeziehung in den VA zweifelhaft ist, denn die Entscheidung darüber, ob ein VA stattfindet und welche Anrechte ihm unterliegen, obliegt allein dem Familiengericht. Auf Aufforderung haben die Ehegatten auch über Umstände Auskunft zu geben, die für die Anwendung der Härteklausel (§ 27 VersAusglG) von Bedeutung sein können. In welcher Form die Auskunft erteilt wer-

---

19   OLG Köln FamRZ 1984, 1111; Schulte-Bunert/Weinreich/Rehme § 220 Rn. 4.
20   OLG Brandenburg FamRZ 1998, 681; OLG Zweibrücken FamRZ 1998, 918; OLG Oldenburg FamRZ 2012, 55; Schulte-Bunert/Weinreich/Rehme § 220 Rn. 4; MüKo/Dörr § 220 FamFG Rn. 2; a.A. OLG Koblenz FamRZ 2009, 1836.
21   OLG Dresden FamRZ 2004, 1981.
22   OLG Karlsruhe FamRZ 1994, 1330.
23   OLG Koblenz FamRZ 2004, 1217; zu weitgehend allerdings AG Ludwigslust FamRZ 2011, 1868, wonach die Ehegatten auch dann zur Einreichung der Vordrucke verpflichtet sein sollen, wenn keiner von ihnen Gründe für eine Unwirksamkeit der Vereinbarung geltend macht und solche auch sonst nicht ersichtlich sind.

den soll, bestimmt ebenfalls das Gericht. I.d.R. wird den Ehegatten zunächst aufgeben, den amtlichen Fragebogen zum VA vollständig auszufüllen. Hierzu sind die Ehegatten in jedem Fall verpflichtet (§ 220 Abs. 2 Satz 1 FamFG) Anschließend kann sich die Notwendigkeit ergeben, den Ehegatten noch ergänzende Angaben abzuverlangen. Dabei steht es im Ermessen des Familiengerichts, die Ehegatten auch zum Ausfüllen bestimmter weiterer Formulare zu verpflichten, wenn diese der vollständigen Erfassung aller für die Berechnung der Versorgungsanwartschaft erheblichen Daten dienen.[24] Das Gericht kann die Ehegatten im Interesse der Beschleunigung auch auffordern, Auskünfte direkt gegenüber den Versorgungsträgern zu erteilen (§ 220 Abs. 3 FamFG). Die Anordnung des Gerichts ist nicht anfechtbar, auch wenn sie mit einem Hinweis auf die möglichen Folgen einer Zuwiderhandlung verbunden ist.[25]

Gem. § 220 Abs. 1, Abs. 4 Satz 1 FamFG haben die **Versorgungsträger** dem Gericht **die nach § 5** **13**
VersAusglG benötigten Werte (Ehezeitanteil, Ausgleichswert und ggf. korrespondierender Kapitalwert) einschließlich einer übersichtlichen und nachvollziehbaren **Berechnung** mitzuteilen. Außerdem sind die für die Versorgung maßgebenden **Regelungen** (z.B. Satzung, Versorgung, Betriebsvereinbarung) zu übersenden, falls sie dem Gericht nicht bereits aus anderen Verfahren bekannt sind.[26] § 220 Abs. 4 Satz 2 FamFG stellt klar, dass das Gericht bei unvollständigen Auskünften oder in Zweifelsfällen befugt ist, die Versorgungsträger zu ergänzenden Auskünften oder zur **Erläuterung ihrer Berechnungen** aufzufordern (s. auch § 47 Rdn. 16). Auch die Ehegatten können beantragen, dass das Gericht einen Versorgungsträger zu weiteren Erläuterungen auffordert. Hiervon sollten die Anwälte im Interesse ihrer Mandanten zur Vermeidung von Regressen Gebrauch machen. Ob das Gericht dem Antrag eines Beteiligten folgt und die ergänzenden Angaben fordert, steht allerdings im Ermessen des Gerichts. Auch bei Antragstellung eines Beteiligten besteht die Auskunftspflicht des Versorgungsträgers ausschließlich gegenüber dem Gericht.[27]

Die Versorgungsträger haben die Auskünfte als Verfahrensbeteiligte (§ 219 Nr. 2 VersAusglG) **14**
unentgeltlich zu erteilen.[28] Das gilt auch für die Berechnung des korrespondierenden Kapitalwerts, der u.U. mit größerem Aufwand verbunden ist (vgl. § 47 Rdn. 16). Die im VA-Verfahren erteilten Auskünfte von öffentlich-rechtlichen Versorgungsträgern stellen keine Verwaltungsakte dar. Sie haben keine bindende Wirkung, sondern sind lediglich Entscheidungshilfen für das Gericht, die es im Rahmen seiner Aufklärungspflicht nach § 26 FamFG selbständig auf ihre Richtigkeit zu überprüfen hat.[29] Hält ein Ehegatte die vom Träger seiner Versorgung erteilte Auskunft für unzutreffend, so kann er in einem verwaltungs- oder sozialgerichtlichen Verfahren eine Klärung herbeiführen. Das Familiengericht kann in diesem Fall das Verfahren aussetzen und dem Ehegatten eine Frist zur Klageerhebung bestimmen (§ 221 Abs. 3 FamFG). Ein öffentlich-rechtlicher Versorgungsträger erfüllt mit der dem Familiengericht erteilten Auskunft u.U. auch eine ihm gegenüber dem zu versorgenden Ehegatten obliegende Amtspflicht i.S. von § 839 Abs. 1 BGB. Deshalb kann der Ehegatte schadensersatzberechtigt sein, wenn es aufgrund einer fehlerhaften Auskunft zu einer unrichtigen (und nicht mehr mit Hilfe eines Rechtsmittels oder in einem Abänderungsverfahren korrigierbaren) Entscheidung des Familiengerichts über den VA kommt. Der Versorgungsträger muss den Ehegatten dann im Versorgungsfall so stellen, wie er bei einer zutreffenden Entscheidung stehen würde.[30]

24 KG FamRZ 2002, 960; Borth FamRZ 2001, 877, 890; a.A. OLG Brandenburg FamRZ 1998, 681; OLG Frankfurt FamRZ 2006, 556 – Kontenklärungsantrag –.
25 OLG Zweibrücken FamRZ 2011, 1089; MüKo-ZPO/Stein § 220 FamFG Rn. 68; Prütting/Helms/Wagner § 220 Rn. 27; a. A, Keidel/Zimmermann § 35 Rn. 65
26 BT-Drucks. 16/10144 S. 94.
27 BT-Drucks. 16/10144 S. 94.
28 So für die Berechnung des Ehezeitanteils ausdrücklich BT-Drucks. 16/10144 S. 57; BGH FamRZ 2012, 610, 612.
29 BGH FamRZ 1984, 159, 160.
30 BGH FamRZ 1998, 89.

15   Gem. § 220 Abs. 1 FamFG kann das Gericht auch von »**sonstigen Stellen**« zur Durchführung des VA benötigte Auskünfte einholen. Damit werden auch alle von den Versorgungsträgern mit der Durchführung oder auch nur der Berechnung der Versorgungen beauftragten natürlichen oder juristischen Personen erfasst, die tatsächlich zur Erteilung der benötigten Auskünfte in der Lage und befugt sind.[31] Dies können z.B. rechtlich selbstständige Pensions- und Unterstützungskassen als Träger von betrieblichen Altersversorgungen oder auch Einzelpersonen sein. Innerhalb eines Konzerns ist auskunftspflichtig nur die gegenüber dem Arbeitnehmer zur Versorgung verpflichtete Gesellschaft, selbst wenn konzernintern die Berechnung der Betriebsrente durch die Muttergesellschaft übernommen wird.[32] Über Zeiten der Arbeitslosigkeit können Arbeitsagenturen oder gesetzliche Krankenkassen, über Ausbildungszeiten schulische Einrichtungen befragt werden. Über zurückliegende Versicherungszeiten können frühere Arbeitgeber Auskunft erteilen, zur Klärung ausländischer Anrechte können die zuständigen Verbindungsstellen der gesetzlichen Rentenversicherung in Anspruch genommen werden. Die allgemeine behördliche Verschwiegenheitspflicht (§ 35 Abs. 1 SGB I) und das Zeugnisverweigerungsrecht der Angehörigen privater Versicherungsgesellschaften (§ 383 Abs. 1 Nr. 6 ZPO i.V.m. § 29 Abs. 2 FamFG) treten hinter der gesetzlichen Auskunftsverpflichtung nach § 220 Abs. 1 FamFG zurück.[33] Ein Rentenversicherungsträger hat einem Auskunftsersuchen des Familiengerichts auch dann nachzukommen, wenn das Versicherungskonto noch nicht vollständig geklärt ist.[34] Zwar fallen auch Anrechte, die bei ausländischen, zwischen- oder überstaatlichen Versorgungsträgern erworben worden sind, in den VA (vgl. § 2 Rdn. 3). Da diese Versorgungsträger aber nicht der deutschen Jurisdiktion unterliegen, hat das Familiengericht diesen gegenüber kein durchsetzbares Auskunftsrecht.

16   Die **zwangsweise Durchsetzung von Auskunftsverlangen** des Familiengerichts erfolgt – auch im Scheidungsverbund – nach § 35 FamFG.[35] Danach kann das Gericht Zwangsgeld und, wenn dessen Anordnung keinen Erfolg verspricht, also z.B. wenn eine Zwangsgeldfestsetzung erfolglos war oder wenn die Vollstreckung eines Zwangsgeldes aussichtslos ist, auch Zwanghaft anordnen. Einer vorherigen Androhung der Zwangsmaßnahme bedarf es nicht. Mit der Aufforderung zur Auskunft muss aber auf die Folgen einer Zuwiderhandlung – also die Festsetzung des Zwangsmittels – hingewiesen werden (§ 35 Abs. 2 FamFG). Die Zwangsmaßnahmen sind lediglich Beugemittel. Sie sind daher nur so lange zu treffen und aufrechtzuerhalten, wie der Auskunftspflichtige die erforderte und geschuldete Auskunft verweigert.[36] Erteilt er die Auskunft nach der Festsetzung des Zwangsmittels, so tritt dadurch keine Erledigung des Zwangsmittelverfahrens ein, sondern der Zwangsmittelbeschluss ist – auf Beschwerde auch noch im Rechtsmittelverfahren – aufzuheben.[37] Die Zwangsmittelfestsetzung ist nur zulässig, wenn das Familiengericht die Handlung, die es erzwingen will, in seinem Beschluss hinreichend klar bestimmt hat.[38] In welcher Form die Auskunft zu erteilen ist und worauf sie sich zu erstrecken hat, bestimmt das Gericht nach pflichtgemäßem Ermessen. Die Aufforderung des Versorgungsträgers, an einer Kontenklärung mitzuwirken, kann für sich allein keine Grundlage für eine Zwangsmaßnahme sein.[39]

---

31   OLG Dresden FamRZ 2000, 298; OLG Bremen FamRZ 2004, 31.
32   OLG Hamburg FamRZ 2000, 541.
33   BT-Drucks. 7/4694 S. 18; BGH FamRZ 1998, 89; OLG Zweibrücken FamRZ 1998, 918.
34   AG Friedberg FamRZ 1985, 1270 mit Anm. Friederici FamRZ 1986, 476.
35   Borth Rn. 1116; Ruland Rn. 1111; Keidel/Zimmermann § 35 Rn. 8; Keidel/Weber § 220 Rn. 14; a.A. Glockner/Hoenes/Weil § 3 Rn. 2, die § 95 FamFG für anwendbar halten, der jedoch nur die Vollstreckung aus Endentscheidungen betrifft.
36   OLG Nürnberg FamRZ 1997, 216.
37   KG FamRZ 1997, 216; OLG Brandenburg FamRZ 2005, 2079, 2080; OLG Schleswig Beschluss vom 03.01.2012 – 10 WF 258/11 – (juris).
38   OLG Karlsruhe FamRZ 1989, 651; OLG Hamburg FamRZ 1993, 350, 351; OLG Frankfurt FamRZ 2006, 556; OLG Hamm FamRZ 2011, 1682 (LS).
39   OLG Hamm FamRZ 2011, 1682.

Mit der Festsetzung sind dem Auskunftspflichtigen die **Kosten** des Zwangsgeldverfahrens aufzuerlegen (§ 35 Abs. 3 Satz 2 FamFG). Der Beschluss, mit dem Zwangsmaßnahmen angeordnet werden, ist mit der sofortigen Beschwerde in entsprechender Anwendung der §§ 567 ff. ZPO anfechtbar (§ 35 Abs. 5 FamFG). Die Ablehnung einer Zwangsmaßnahme ist nicht anfechtbar.[40] Die Beitreibung des Zwangsgeldes erfolgt nach den Vorschriften der JBeitrO und der EBAO, wobei das Familiengericht Vollstreckungsbehörde ist und ggf. auch über weitere Vollstreckungsmaßnahmen wie Wohnungsdurchsuchung oder den Erlass eines Pfändungs- und Überweisungsbeschlusses zu entscheiden hat.[41] Funktionell zuständig ist insoweit der Rechtspfleger (§ 31 Abs. 3 RPflG).

§ 5 VersAusglG   Bestimmung von Ehezeitanteil und Ausgleichswert

(1) Der Versorgungsträger berechnet den Ehezeitanteil des Anrechts in Form der für das jeweilige Versorgungssystem maßgeblichen Bezugsgröße, insbesondere also in Form von Entgeltpunkten, eines Rentenbetrags oder eines Kapitalwerts.

(2) [1]Maßgeblicher Zeitpunkt für die Bewertung ist das Ende der Ehezeit. [2]Rechtliche oder tatsächliche Veränderungen nach dem Ende der Ehezeit, die auf den Ehezeitanteil zurückwirken, sind zu berücksichtigen.

(3) Der Versorgungsträger unterbreitet dem Familiengericht einen Vorschlag für die Bestimmung des Ausgleichswerts und, falls es sich dabei nicht um einen Kapitalwert handelt, für einen korrespondierenden Kapitalwert nach § 47.

(4) [1]In Verfahren über Ausgleichsansprüche nach der Scheidung nach den §§ 20 und 21 oder den §§ 25 und 26 ist grundsätzlich nur der Rentenbetrag zu berechnen. [2]Allgemeine Wertanpassungen des Anrechts sind zu berücksichtigen.

(5) Die Einzelheiten der Wertermittlung ergeben sich aus den §§ 39 bis 47.

---

[40] A.A. Keidel/Zimmermann Rn. 66: befristete Beschwerde nach den §§ 58 ff. FamFG. Dies trifft jedoch nicht zu, weil es sich nur um eine Zwischenentscheidung des Gerichts handelt. Wieder anders Johannsen/Henrich/Büte § 35 Rn. 20: sofortige Beschwerde; dagegen spricht jedoch, dass § 35 Abs. 5 FamFG die Anfechtbarkeit ausdrücklich auf die Anordnung einer Zwangsmaßnahme beschränkt.

[41] BayObLG FamRZ 1991, 212; OLG Karlsruhe FamRZ 1984, 498; Keidel/Zimmermann § 35 Rn. 45.

A. Norminhalt

1 § 5 VersAusglG regelt den Inhalt der Auskünfte, die die Versorgungsträger gegenüber dem Gericht zu erteilen haben. Abs. 1 verpflichtet sie, den Ehezeitanteil der bei ihnen erworbenen Anrechte zu berechnen, und zwar in der für ihr Versorgungssystem maßgebenden Bezugsgröße. Abs. 2 bestimmt den für diese Berechnung maßgebenden Bewertungsstichtag. Abs. 3 regelt die weitere Verpflichtung der Versorgungsträger, dem Gericht einen Ausgleichswert und ggf. auch einen korrespondierenden Kapitalwert vorzuschlagen. Nach Abs. 4 ist der Ehezeitanteil als Rentenbetrag zu berechnen, wenn eine schuldrechtliche Ausgleichsrente geltend gemacht wird. Abs. 5 verweist für die Einzelheiten der Wertermittlung auf die §§ 39–47 VersAusglG.

B. Berechnung des Ehezeitanteils (Abs. 1)

I. Berechnung durch die Versorgungsträger

2 Gem. § 5 Abs. 1 VersAusglG haben die Versorgungsträger – anders als nach früherem Recht – nicht nur die für die Berechnung des Ehezeitanteils erforderlichen Parameter mitzuteilen, sondern (was die meisten Versorgungsträger allerdings auch früher schon getan haben) selbst den Ehezeitanteil zu berechnen. **Ehezeitanteil** ist der in der Ehezeit erworbene Anteil eines Anrechts (§ 1 Abs. 1 VersAusglG). Seine Ermittlung richtet sich gem. § 5 Abs. 5 VersAusglG nach den Bestimmungen der §§ 39–47 VersAusglG. Danach haben die **Versorgungsträger selbst zu entscheiden**, welche der in den §§ 39–42 VersAusglG genannten alternativen Wertermittlungsmethoden anzuwenden ist. Der Gesetzgeber hielt dies für gerechtfertigt, weil die Versorgungsträger aufgrund der Kenntnis ihres Versorgungssystems und der ihm zugrunde liegenden rechtlichen Regelungen am besten in der Lage seien, die Berechnung vorzunehmen.[1] Aus der Zuweisung der Berechnung an die Versorgungsträger ist jedoch nicht zu folgern, dass das Gericht an die Entscheidung des Versorgungsträgers für eine bestimmte Wertermittlungsmethode gebunden wäre.[2] Es hat die Berechnung des Ehezeitanteils vielmehr sorgfältig zu prüfen, insbesondere zu kontrollieren, ob die richtige Bewertungsmethode nach den §§ 39 ff. VersAusglG angewandt worden ist und ob die Berechnung der maßgebenden Versorgungsregelung entspricht (s. dazu unten Rdn. 27 ff.).

II. Zuständige Versorgungsträger

3 **Zuständige** Versorgungsträger sind z.B.

- in der gesetzlichen Rentenversicherung der das Versicherungskonto führende Versicherungsträger (die Deutsche Rentenversicherung Bund, die Deutsche Rentenversicherung Knappschaft-Bahn-See oder ein Regionalträger der Deutschen Rentenversicherung),
- in der Beamtenversorgung die jeweilige Dienstherrn-Körperschaft,
- in der Zusatzversorgung des öffentlichen Dienstes die Versorgungsanstalt des Bundes und der Länder (VBL) oder eine sonstige kommunale oder kirchliche Zusatzversorgungskasse,
- in der betrieblichen Altersversorgung bei Direktzusagen der Arbeitgeber, bei mittelbaren Versorgungszusagen eine Pensionskasse, ein Pensionsfonds, eine Unterstützungskasse oder im Fall einer Direktversicherung ein Versicherungsunternehmen, nach einer Insolvenz des Betriebes der Pensions-Sicherungs-Verein in Köln (§ 14 BetrAVG),

---

1 BT-Drucks. 16/10144 S. 49.
2 BT-Drucks. 16/10144 S. 50; Ruland Rn. 330.

– in der Alterssicherung der Landwirte der Spitzenverband der landwirtschaftlichen Sozialversicherung mit Sitz in Kassel, ab 01.01.2013 die landwirtschaftliche Alterskasse,[3]
– bei einer privaten Versicherung das Versicherungsunternehmen.

III. Berechnung in der maßgebenden Bezugsgröße

Soweit es um den **Wertausgleich nach der Scheidung** geht, haben die Versorgungsträger den Ehezeitanteil nicht – wie nach früherem Recht – stets als Rentenbetrag anzugeben, sondern vielmehr **in der für ihr Versorgungssystem maßgebenden Bezugsgröße.** Sie haben insoweit kein Auswahlermessen, sofern die Bestimmungen der §§ 39 ff. VersAusglG nicht ausdrücklich verschiedene Bewertungsmethoden zulassen.[4] Für die betriebliche Altersversorgung eröffnet § 45 Abs. 1 VersAusglG ausdrücklich ein Wahlrecht zwischen einem Rentenbetrag nach § 2 BetrAVG und einem Kapitalwert nach § 4 Abs. 5 BetrAVG. Eine Umrechnung der in dem Versorgungssystem verwendeten Bezugsgröße in einen Rentenbetrag ist nach neuem Recht entbehrlich. Für die interne Teilung innerhalb des Versorgungssystems, auf die der reformierte VA abzielt, genügt die Ermittlung des Ehezeitanteils in der jeweiligen Bezugsgröße, weil der Ausgleichsberechtigte den ihm zustehenden Ausgleichswert im gleichen Versorgungssystem erhält.[5] Die Angabe des Ehezeitanteils in einer speziellen Bezugsgröße ist allerdings für die Ehegatten nicht ohne weiteres verständlich. Deshalb ist ein Ehezeitanteil, der nicht als Kapitalwert angegeben wird, vom Versorgungsträger noch in einen (korrespondierenden) Kapitalwert umzurechnen (s.u. Rdn. 18). Für den **schuldrechtlichen VA** gilt die Sonderregelung des § 5 Abs. 4 VersAusglG (s.u. Rdn. 21 ff.). 4

§ 5 Abs. 1 VersAusglG nennt als in Betracht kommende Bezugsgrößen – lediglich **beispielhaft** – neben einem **Rentenbetrag** auch einen **Kapitalwert** sowie **Entgeltpunkte.** Letztere weisen auf die gesetzliche Rentenversicherung als den in der Praxis bedeutsamsten Versorgungsträger hin (s. § 39 Rdn. 10). Kapitalwerte werden bei Versorgungsanrechten als Bezugsgröße verwendet, denen ein Deckungskapital zugrunde liegt (s. § 39 Rdn. 12) oder die auf der Grundlage eines versicherungsmathematischen Barwerts errechnet werden. Weitere häufig verwendete Bezugsgrößen sind etwa Versorgungspunkte (in der Zusatzversorgung des öffentlichen Dienstes), Leistungs- oder Steigerungszahlen (in berufsständischen Versorgungen und in der Alterssicherung der Landwirte) und Rentenbausteine (in der betrieblichen Altersversorgung). Auch Fondsanteile kommen als Bezugsgröße in Betracht (vgl. § 10 Rdn. 6a). 5

C. Bewertungsstichtag (Abs. 2)

I. Wertermittlung zum Ehezeitende (Abs. 2 Satz 1)

Die nach § 5 Abs. 1 VersAusglG vorzunehmende Berechnung des Ehezeitanteils ist – wie schon nach früherem Recht – **auf das Ende der Ehezeit zu beziehen** (§ 5 Abs. 2 Satz 1 VersAusglG). Dieses bestimmt sich nach § 3 Abs. 1 VersAusglG. Das **Stichtagsprinzip** soll sicherstellen, dass die Ehezeitanteile aller dem VA unterliegenden Anrechte einheitlich mit ihrem auf den gleichen Zeitpunkt bezogenen Wert ermittelt werden, d.h. ohne Berücksichtigung von Anpassungen, die vor oder nach dem Stichtag stattgefunden haben. Nur das gewährleistet die Einhaltung des Halbteilungsgrundsatzes und ermöglicht den Vergleich mehrerer auszugleichender Anrechte etwa für Ver- 6

---

3 Gemäß § 1 des Gesetzes zur Errichtung der Sozialversicherung für Landwirtschaft, Forsten und Gartenbau wird zum 01.01.2013 die »Sozialversicherung für Landwirtschaft, Forsten und Gartenbau« als Träger für die landwirtschaftliche Sozialversicherung errichtet. Sie führt gemäß § 49 ALG (i.d.F. des Art. 4 Nr. 13 des LSV-Neuordnungsgesetzes vom 12.04.2012, BGBl. I S. 579) in Angelegenheiten der Alterssicherung der Landwirte und bei Durchführung der Aufgaben nach dem ALG die Bezeichnung »landwirtschaftliche Alterskasse«.
4 BT-Drucks. 16/11903 S. 53.
5 BT-Drucks. 16/10144 S. 49.

einbarungen oder im Rahmen der Bagatellklausel des § 18 VersAusglG. Das Stichtagsprinzip hat zur Folge, dass die am Ende der Ehezeit für die Höhe der Versorgung maßgebenden Daten und Faktoren festgeschrieben und für diesen Zeitpunkt der Eintritt des Versorgungsfalles sowie die Erfüllung von Warte- und Mindestbeschäftigungszeiten fingiert werden.[6] Die **individuellen Bemessungsgrundlagen** einer Versorgung sind stets mit den bei Ehezeitende maßgebenden Werten zu berücksichtigen. Dazu gehören z.B. die Besoldungs-, Tarif- oder Gehaltsgruppe und die jeweilige Einkommenshöhe.[7] Ein nach Ehezeitende erfolgter beruflicher Aufstieg bleibt daher außer Betracht, auch wenn schon in der Ehezeit Vorbereitungen für derartige Veränderungen (Bewerbungen, Zusagen, Verträge o.ä.) getroffen worden sind.[8]

7   Der Stichtag des Ehezeitendes kann nicht durch **Parteivereinbarung** verändert werden.[9] Soll ein Teil der Ehezeit durch Vereinbarung vom VA »ausgeklammert« werden, so müssen die auf die Ausschlusszeit entfallenden Anrechte – ebenfalls stichtagsbezogen – gesondert berechnet und dann von den in der gesamten Ehezeit erworbenen Anrechten abgezogen werden. Das Ergebnis darf den gesetzlichen Ausgleichsanspruch nicht übersteigen (s. § 3 Rdn. 3).[10]

II. Berücksichtigung nachehezeitlicher Veränderungen (Abs. 2 Satz 2)

1. Änderungen mit Rückwirkung auf den Ehezeitanteil

8   § 5 Abs. 2 Satz 2 VersAusglG ermöglicht die Berücksichtigung von bestimmten Änderungen, die sich zwischen Ehezeitende und Entscheidung ergeben haben, im Rahmen der Entscheidung über den VA. Berücksichtigungsfähig sind sowohl **rechtliche** als auch **tatsächliche Änderungen**, aber nur solche, die **auf den Ehezeitanteil zurückwirken**, d.h. die – rückwirkend aus der Sicht im Zeitpunkt der Entscheidung betrachtet – zu einer anderen Bewertung des Ehezeitanteils führen.[11] Dabei geht es nur um solche Änderungen, die auch in einem späteren Abänderungsverfahren nach den §§ 225, 226 FamFG berücksichtigt werden könnten, allerdings ohne Beschränkung auf die in § 32 VersAusglG genannten Anrechte.

2. Individuelle Änderungen

9   Zu den im Erstverfahren berücksichtigungsfähigen **individuellen Änderungen** gehören z.B. die vorzeitige Versetzung eines Beamten in den Ruhestand,[12] das Ausscheiden aus dem Beamtenverhältnis mit der Folge des Verlustes der Beamtenversorgungsanwartschaft und der Nachversicherung in der gesetzlichen Rentenversicherung[13] sowie der Eintritt einer vorzeitigen Dienst- oder Erwerbsunfähigkeit.[14] In diesen Fällen kann sich bei Anwendung der zeitratierlichen Bewertungsmethode (§ 40 VersAusglG) durch die Einbeziehung der tatsächlichen Versorgung in den VA ein höherer Ehezeitanteil ergeben, obwohl der Wert der Versorgung insgesamt gesunken ist. In solchen Härtefällen kann der Ausgleich in Anwendung des § 27 VersAusglG gekürzt werden.[15]

10   Weitere individuelle Veränderungen, die bereits im Erstverfahren über den VA berücksichtigt werden können, sind z.B. die Erfüllung restlicher zeitlicher Voraussetzungen für eine ruhegehaltfähige

---

6   BGH FamRZ 1981, 856, 861; 1982, 1005, 1006; 1987, 918, 919; 2012, 509.
7   BT-Drucks. 16/10144 S. 49; BGH FamRZ 1987, 918, 920.
8   BGH FamRZ 1982, 1003, 1004; 2008, 1512, 1513; 2009, 1738, 1742.
9   BGH FamRZ 2001, 1444, 1446; 2006, 769, 771.
10   BGH FamRZ 2001, 1444, 1446.
11   BT-Drucks. 16/10144 S. 49; BGH FamRZ 1988, 1148.
12   BGH FamRZ 1996, 215.
13   BGH FamRZ 1981, 856, 861; OLG Oldenburg Beschluss vom 11.06.2012 – 13 UF 56/12 – (juris).
14   BGH FamRZ 1989, 492, 494; OLG Hamm FamRZ 2012, 551, 553.
15   BGH FamRZ 1982, 36, 41.

Stellenzulage[16] sowie die Verkürzung oder Verlängerung bisher bewilligter Beurlaubung oder Teilzeitbeschäftigung.[17] Ist der Ehezeitanteil einer betrieblichen Altersversorgung zeitratierlich zu berechnen, so ist auch im Falle eines Ausscheidens aus dem Betrieb nach Ende der Ehezeit auf die Dauer der tatsächlichen Betriebszugehörigkeit abzustellen.[18] Das gilt auch dann, wenn der Ehegatte aufgrund einer Vorruhestandsregelung ausgeschieden ist.[19] Bei einer berufsständischen Versorgung sind eine nach Ehezeitende in Anspruch genommene Beitragsfreistellung, durch die sich der Wert des ehezeitlich erworbenen Anrechts rückwirkend vermindert,[20] sowie die Erhöhung einer Versorgungsanwartschaft, die allein durch den Wechsel des Versorgungsträgers ausgelöst worden ist, zu berücksichtigen.[21] In jedem Falle zu beachten ist eine nach Ehezeitende eingetretene Ausgleichsreife eines Anrechts i.S. des § 19 VersAusglG, z.B. durch Unverfallbarwerden einer betrieblichen Anwartschaft. Dies ergibt sich aus der Verweisung des § 19 Abs. 1 Satz 2 auf § 5 Abs. 2 VersAusglG.[22]

Ist der **Versorgungsfall** (durch Erreichen der Altersgrenze oder Eintritt der Invalidität) **nach Ende**   **11**
der Ehezeit eingetreten, so ist der Ehezeitanteil des Anrechts grundsätzlich aus der bereits laufenden Versorgung zu berechnen. Zur Wahrung des Stichtagsprinzips ist die Versorgung jedoch auf das Ehezeitende zurückzurechnen. Diese Rückrechnung muss grundsätzlich entsprechend den nachehezeitlichen Versorgungsanpassungen erfolgen, die nach der für das Anrecht maßgebenden Versorgungsordnung tatsächlich erfolgt sind.[23]

Bei kapitalgedeckten Anrechten ist eine **nach Ehezeitende** durch (nicht dem Leistungsverbot des   **11a**
§ 29 VersAusglG unterliegende, vgl. § 29 Rdn. 3) **planmäßige Rentenzahlungen** an den bereits versorgungsberechtigten ausgleichspflichtigen Ehegatten eingetretene Verminderung des Deckungskapitals bei der Berechnung des Ehezeitanteils und des Ausgleichswerts zu berücksichtigen. Andernfalls würde der Halbteilungsgrundsatz verletzt, weil dem Ausgleichspflichtigen im Falle einer hälftigen Teilung des bei Ehezeitende vorhandenen Kapitalwerts infolge des während des VA-Verfahrens eingetretenen Wertverzehrs ein deutlich geringeres Anrecht verbleiben würde als dem Ausgleichsberechtigten. Es ist nicht gerechtfertigt, dass der nach der Ehezeit eingetretene Wertverzehr allein vom Ausgleichspflichtigen getragen wird.[24]

Die durch **vorzeitige** Inanspruchnahme der **Altersrente** unter Inkaufnahme eines **Versorgungsab**   **11b**
schlags eingetretene Kürzung eines Versorgungsanrechts ist im Wertausgleich bei der Scheidung nur bei Anwendung der zeitratierlichen Bewertungsmethode und auch dann nur zu berücksichtigen, wenn der Ausgleichspflichtige die maßgebliche Entscheidung noch in der Ehezeit getroffen hat (vgl. § 41 Rdn. 6 und 9). Hat der Ausgleichspflichtige die um den Abschlag gekürzte Rente erst nach Ende der Ehezeit in Anspruch genommen, errechnet sich der Ausgleichswert auch bei zeitratierlicher Bewertung aus der ungekürzten Altersrente, die der Verpflichtete ohne Versorgungsabschlag mit dem Erreichen der Altersrente bezogen hätte. Denn der Entscheidung für die (gekürzte) vorgezogene Rente fehlt der unmittelbare Bezug zur Ehezeit. Zwar verbleibt dem Ausgleichspflichtigen nach durchgeführtem VA bezogen auf den Ehezeitanteil weniger als dem Ausgleichsberechtigten. Darin liegt jedoch kein Verstoß gegen den Halbteilungsgrundsatz. Denn die

16 BGH FamRZ 1982, 1003; 1986, 975.
17 BGH FamRZ 1988, 940, 941; 1989, 1060.
18 BGH FamRZ 1990, 605; OLG Celle FamRZ 1989, 985, 988.
19 BGH FamRZ 2009, 1735.
20 BGH NJW-RR 1989, 1477.
21 OLG Nürnberg FamRZ 1996, 1481.
22 BT-Drucks. 16/10144 S. 62.
23 BGH FamRZ 2007, 1084; 2009, 586, 589; 2009, 1309, 1310; 2009, 1397, 1398.
24 KG Beschluss vom 13.08.2012 – 17 UF 62/12 – (juris); Borth Rn. 582; ders. FamRZ 2011, 1773, 1776; Gutdeutsch/Hoenes/Norpoth FamRZ 2012, 73 ff.; Bergner FamFR 2012, 97, 100; vgl. auch NK-FamR/ Hauß § 39 Rn. 14 ff.; a.A. OLG Frankfurt Beschluss vom 26.01.2012 – 5 UF 90/00 – (juris); AG Tempelhof-Kreuzberg FamRZ 2012, 1057 (LS).

Kürzung des dem Ausgleichspflichtigen verbleibenden Anrechts beruht auf seinem Entschluss, Altersrente bereits vor Erreichen der Regelaltergrenze in Anspruch zu nehmen, wodurch er in den Genuss eines verlängerten Rentenbezugs kommt.[25] Dem schuldrechtlichen VA ist dagegen die gekürzte vorgezogene Rente zugrunde zu legen, wenn der Ausgleichsberechtigte – wozu er berechtigt ist (vgl. § 20 Rdn. 12) – die schuldrechtliche Ausgleichsrente nach § 20 VersAusglG beansprucht, bevor der Ausgleichspflichtige die Regelaltersgrenze erreicht hat.[26] In diesem Fall partizipiert auch der Berechtigte vorzeitig an der Altersrente des Verpflichteten, so dass er sich die Kürzung entgegen halten lassen muss, die der Verpflichtete aufgrund vorzeitiger Inanspruchnahme der Rente hinnehmen muss.

3. Rechtsänderungen

12 Veränderungen im Wert eines Versorgungsanrechts, die aufgrund von **Gesetzesänderungen** nach Ende der Ehezeit eintreten, sind im VA stets zu berücksichtigen, wenn dies dem zeitlichen Geltungswillen des Gesetzes entspricht,[27] auch dann, wenn die Rechtsänderung erst während des Rechtsbeschwerdeverfahrens in Kraft getreten ist.[28] Das gleiche gilt bezüglich Wertveränderungen, die durch die Änderung nichtgesetzlicher Versorgungsregelungen (z.B. Verordnung, Satzung, Tarifvertrag, Versorgungsordnung, Betriebsvereinbarung, Versicherungsbedingungen) eintreten.[29] Rechtsänderungen, die zwar schon verkündet, aber noch nicht in Kraft getreten sind, sind allerdings außer Betracht zu lassen.[30]

4. Verlust eines Anrechts

13 Ist ein Versorgungsanrecht zwar in der Ehezeit erworben worden, aber bei Ehezeitende nicht mehr vorhanden, folgt schon aus dem Stichtagsprinzip, dass es im VA nicht zu berücksichtigen ist. Aber auch dann, wenn ein **Anrecht** erst **nach Ehezeitende** ersatzlos **weggefallen** ist, kann es nach Auffassung des BGH nicht mehr in den VA einbezogen werden.[31] Deshalb fallen z.B. Anwartschaften der gesetzlichen Rentenversicherung, die durch eine nach Ehezeitende erfolgte Beitragserstattung erloschen sind, nicht mehr in den VA,[32] ebenso wenig Anrechte aus betrieblicher Altersversorgung, die infolge eines wirksamen Widerrufs der Versorgungszusage durch den Arbeitgeber weggefallen[33] oder die gem. § 3 BetrAVG zulässiger Weise vom Arbeitgeber abgefunden worden sind, und Anwartschaften aus einer Rentenlebensversicherung mit Kapitalwahlrecht, wenn nach Ehezeitende von der Option Gebrauch gemacht worden ist.[34] Ebenso ist ein auf nacheheezeitlicher Inanspruchnahme von Rentenleistungen eingetretener Wertverlust zu berücksichtigen (s.o. Rdn. 11a). Auch ein nachehezeitlicher (teilweiser) Wertverlust von fondsgebundenen Anrechten ist im VA zu berücksichtigen, sofern er vom Gericht konkret festgestellt wird und nicht im Zeitpunkt der Entscheidung bereits eine gegenläufige Entwicklung eingesetzt hat, die den nachehezeitlichen Wertverlust wieder auffängt.[35] Um zu verhindern, dass ein Anrecht vermindert wird

---

25 BT-Drucks. 16/10144 S. 80; BGH FamRZ 2011, 1214, 1215; 2012, 769, 770; 2012, 851, 852; a.A. OLG Stuttgart FamRZ 2011, 378; OLG Hamm FamRZ 2012, 551, 553.
26 BGH FamRZ 1999, 218, 220; 2000. 89, 90; 2001, 25; OLG Celle FamRZ 2004, 1215, 1216; 2005, 521, 523; OLG Hamm FamRZ 2005, 810, 811.
27 BGH FamRZ 1984, 565, 566; 2000, 748, 749; 2003, 435, 436; 2006, 321, 322; 2012, 941.
28 BGH FamRZ 1983, 1003, 1004; 2002, 608, 609.
29 BGH FamRZ 1986, 447, 448; 1989, 951, 953; 2006, 321, 322; vgl. auch OLG Düsseldorf FamRZ 2010, 811 zu einer nachehezeitlichen Umgestaltung des Versorgungssystems, mit der eine Absenkung der Versorgung verbunden ist.
30 FamRZ 1993, 414, 415.
31 BGH FamRZ 1986, 892, 893; 1992, 45, 46; 2009, 950, 951; 2011, 1931.
32 BGH FamRZ 1995, 31; 2005, 2055, 2056.
33 OLG Karlsruhe FamRZ 2004, 1037; OLG Düsseldorf FamRZ 2010, 811.
34 BGH FamRZ 2003, 664, 665; 2011, 1931; 2012, 1039.
35 BGH FamRZ 2012, 694, 697.

oder wegfällt, verpflichtet § 29 VersAusglG die Versorgungsträger, bis zum wirksamen Abschluss des Verfahrens Zahlungen an den ausgleichspflichtigen Ehegatten zu unterlassen. Dieses Verbot kann allerdings erst greifen, wenn die Versorgungsträger vom Verfahren Kenntnis erlangt haben. Hat der ausgleichsberechtigte Ehegatte den Wegfall eines Versorgungsanrechts bewusst in Schädigungsabsicht herbeigeführt, so kann dies im Rahmen der Härteklausel (§ 27 VersAusglG) berücksichtigt werden.[36] Darüber hinaus bietet § 22 VersAusglG jetzt die Möglichkeit, nach Ehezeitende auf Veranlassung des Ausgleichspflichtigen kapitalisierte Rentenanrechte schuldrechtlich auszugleichen, indem der Berechtigte einen Anspruch auf Ausgleich der erfolgten Kapitalzahlung geltend machen kann (vgl. § 22 Rdn. 4). Im VA nicht mehr zu berücksichtigen ist eine bei Ehezeitende noch gezahlte befristete Invaliditätsrente, deren Zahlung nach Fristablauf eingestellt worden ist.[37]

5. Form des Ausgleichs

Die **Form des Ausgleichs** richtet sich – auch im Abänderungsverfahren nach §§ 225, 226 **14** FamFG – stets nach den Verhältnissen im Zeitpunkt der letzten tatrichterlichen Entscheidung.[38] Eine interne Teilung von gesetzlichen Rentenanwartschaften nach § 10 VersAusglG kommt deshalb nur in Betracht, wenn zu diesem Zeitpunkt für den Verpflichteten ein Versicherungskonto besteht, auf dem gesetzliche Rentenanwartschaften verbucht sind. Eine externe Teilung nach § 16 VersAusglG setzt voraus, dass der Verpflichtete Beamtenversorgungsanwartschaften oder zumindest (als Zeitsoldat oder Widerrufsbeamter) alternative Versorgungsaussichten gegenüber seinem Dienstherrn besitzt, zu deren Lasten gesetzliche Rentenanwartschaften begründet werden könnten. Ist ein Ehegatte nach Ende der Ehezeit aus dem Beamten- oder Soldatenverhältnis ausgeschieden und in der gesetzlichen Rentenversicherung nachversichert worden, so ist der Ausgleich nicht (mehr) nach § 16 VersAusglG, sondern durch interne Teilung nach § 10 VersAusglG vorzunehmen.[39] Entsprechend findet eine interne Teilung auch statt, wenn die Nachversicherung bei einem berufsständischen Versorgungsträger erfolgt ist.[40] Solange die Nachversicherung jedoch noch aufgeschoben ist (vgl. § 184 SGB VI), muss der Ausgleich gem. § 16 Abs. 1 oder 2 VersAusglG zu Lasten des Anspruchs des Beamten oder Soldaten gegenüber seinem Dienstherrn auf Nachversicherung durchgeführt werden.[41] Ist ein Verpflichteter, der in der Ehezeit als Widerrufsbeamter oder Zeitsoldat tätig war, nach Ehezeitende zum Beamten auf Probe oder zum Berufssoldaten ernannt worden, so wird das Anrecht – zum Wert der fiktiven Nachversicherung – entweder intern geteilt (wenn der Dienstherr des Verpflichteten die interne Teilung zulässt) oder es findet eine externe Teilung gem. § 16 Abs. 1 VersAusglG statt.[42] Veränderungen, die erst im Rechtsbeschwerdeverfahren eintreten, wirken sich auf die Ausgleichsform nicht mehr aus.[43] Sie können aber in einem späteren Abänderungsverfahren berücksichtigt werden,[44] soweit ein solches nach § 225 Abs. 1 FamFG i.V.m. § 32 VersAusglG eröffnet ist.

D. Vorschlag des Ausgleichswerts (Abs. 3)

Gem. § 5 Abs. 3 VersAusglG haben die Versorgungsträger dem Familiengericht in ihrer Auskunft **15** auch einen **Vorschlag** für die Bestimmung des **Ausgleichswerts** zu unterbreiten. Der Ausgleichswert ist grundsätzlich in der gleichen Bezugsgröße anzugeben wie der Ehezeitanteil. Werden die

---

36 BGH FamRZ 1988, 1148, 1151; 1989, 42, 43.
37 BGH FamRZ 2009, 950, 951.
38 BGH FamRZ 1981, 856, 861; 1999, 221, 222.
39 BGH FamRZ 1981, 856, 861; 1989, 1058, 1059.
40 BGH FamRZ 1989, 44, 45.
41 BGH FamRZ 1988, 1253.
42 BGH FamRZ 1982, 154, 155; 1987, 921, 922.
43 BGH FamRZ 1983, 682, 683; 1989, 44, 45; 1989, 1058, 1059.
44 BGH FamRZ 1989, 264.

Angaben in verschiedenen Bezugsgrößen gemacht, ist für den VA die Bezugsgröße maßgeblich, in der der Ausgleichswert angegeben wird. Der Ausgleichswert eines Anrechts entspricht nach § 1 Abs. 2 Satz 2 VersAusglG der **Hälfte seines Ehezeitanteils** und scheint deshalb mathematisch so einfach ermittelt werden zu können, dass sich die Notwendigkeit einer Berechnung durch die Versorgungsträger nicht auf den ersten Blick erschließt. In vielen Fällen entspricht der Ausgleichswert auch tatsächlich exakt der Hälfte des Ehezeitanteils. So lässt sich z.B. der Ausgleichswert einer gesetzlichen Rentenanwartschaft ohne weiteres durch hälftige Teilung der auf die Ehezeit entfallenden Entgeltpunkte ermitteln, und der Ausgleichswert einer Beamtenversorgungsanwartschaft ergibt sich durch hälftige Teilung des in der Ehezeit erworbenen Anrechts auf monatliches Ruhegehalt.

16 Zu **Abweichungen von der hälftigen Teilung** der ehezeitlichen Bezugsgröße kann es aber unter zwei Aspekten kommen: Zum einen richtet sich die konkrete Durchführung der Teilung eines Anrechts gem. § 10 Abs. 3 VersAusglG nach den maßgeblichen Versorgungsregelungen. Diese müssen nicht zwingend eine hälftige Teilung der in der Ehezeit im Versorgungssystem erworbenen Bezugsgröße vorschreiben. Da die Ehegatten in einem kapitalgedeckten Versorgungssystem aufgrund verschiedenen Geschlechts und Alters unterschiedliche Versicherungsrisiken darstellen, führt die gleichmäßige Aufteilung des in der Ehezeit gebildeten Deckungskapitals bei den Ehegatten im Versorgungsfall zu unterschiedlich hohen Renten. Die Versorgungsregelung kann vorsehen, dass bei der internen Teilung zur Erzielung gleich hoher Renten auf Seiten beider Ehegatten das ehezeitliche Deckungskapital ungleich aufgeteilt wird. Beide Varianten sind, wie schon hinsichtlich der vergleichbaren Realteilung nach altem Recht (§ 2 VAHRG) anerkannt war,[45] mit dem Halbteilungsgrundsatz vereinbar und daher zulässig.[46] Zum anderen kann sich eine Abweichung von der numerischen Halbteilung der ehezeitlich erworbenen Bezugsgröße auch dadurch ergeben, dass der Versorgungsträger von dem ihm nach § 13 VersAusglG zustehenden Recht Gebrauch macht, die ihm durch die Aufnahme des ausgleichsberechtigten Ehegatten in sein Versorgungssystem entstehenden Verwaltungskosten – in angemessener Höhe und jeweils hälftig (vgl. § 13 Rdn. 4) – mit den Anrechten beider Ehegatten zu verrechnen. Dann lautet die mathematische Formel zur Berechnung des konkreten Ausgleichswerts: (Ehezeitanteil der Bezugsgröße – Teilungskosten) : 2.

17 Wie sich schon aus der Wortwahl des Gesetzes ergibt, wonach die Versorgungsträger den Ausgleichswert nur »vorschlagen«, ist das **Familiengericht** an den vom Versorgungsträger genannten Ausgleichswert **nicht gebunden**. Es hat die Berechnung des Versorgungsträgers vielmehr in eigener Zuständigkeit zu prüfen (s.u. Rdn. 27 ff.) und seiner Entscheidung ggf. einen abweichenden Ausgleichswert zugrunde zu legen.[47]

E. Vorschlag eines korrespondierenden Kapitalwerts (Abs. 3)

18 Wenn Ehezeitanteil und Ausgleichswert nicht in Form eines Kapitalwerts, sondern in einer anderen Bezugsgröße bezeichnet werden, haben die Versorgungsträger zusätzlich einen **korrespondierenden Kapitalwert** vorzuschlagen (§ 5 Abs. 3 VersAusglG). Dabei handelt es sich gem. § 47 Abs. 2 VersAusglG um den Betrag, der zum Ende der Ehezeit aufzubringen wäre, um beim Versorgungsträger des ausgleichspflichtigen Ehegatten für diesen ein Anrecht in Höhe des Ausgleichswerts zu begründen, also um den Betrag, mit dem sich der Ausgleichspflichtige selbst am Ende der Ehezeit in Höhe des Ausgleichswerts in das Versorgungssystem »einkaufen« könnte. Die Einzelheiten regeln die Absätze 3 bis 5 des § 47 VersAusglG.

---

45 Vgl. etwa BGH FamRZ 1988, 1254, 1255..

46 BT-Drucks. 16/10144 S. 50; OLG Köln FamRZ 2012, 302; KG FamRZ 2012, 635, 636; Johannsen/ Henrich/Hahne § 5 Rn. 7; kritisch dazu Häußermann FPR 2009, 223.

47 OLG Brandenburg FamRZ 2011, 1591, 1592; Ruland Rn. 330.

Der korrespondierende Kapitalwert soll vor allem dazu dienen, den Eheleuten den **Vermögens-** 19
wert eines Anrechts **verständlich zu machen**, dessen Ehezeitanteil und Ausgleichswert in einer
Bezugsgröße angegeben werden, die den aktuellen Kapitalwert nicht erkennen lässt. Die dadurch
geschaffene Transparenz erleichtert zudem Vereinbarungen der Ehegatten über die Verrechnung
einzelner Anrechte oder gar die Einbeziehung der Versorgungsanrechte in eine Gesamtvermögensauseinandersetzung (vgl. § 6 Rdn. 11). Denn mit der Bildung von Kapitalwerten für sämtliche in
den VA fallende Anrechte wird den Ehegatten und ihren Anwälten die Erstellung einer **Vorsor-**
gevermögensbilanz ermöglicht.[48] Allerdings darf dabei nicht aus dem Auge verloren werden, dass
der korrespondierende Kapitalwert nur eine **Hilfsgröße** darstellt, wie § 47 Abs. 1 VersAusglG ausdrücklich betont. Bei einem Wertvergleich von Anrechten aus verschiedenen Versorgungssystemen
darf nicht allein auf die Höhe der einzelnen Kapitalwerte geachtet werden, sondern es sind auch
sonstige wertbildende Faktoren, die den Wert einer Versorgung kennzeichnen zu berücksichtigen
(§ 47 Abs. 5 VersAusglG). Dazu gehören z.B. das Leistungsspektrum der Versorgung, die allgemeinen Anpassungen, die Finanzierungsverfahren sowie sonstige Vorzüge einer Versorgung wie etwa
Insolvenzschutz (vgl. § 47 Rdn. 11 ff.).[49]

Der korrespondierende Kapitalwert wird ferner bei Versorgungsanrechten, die in einer anderen 20
Bezugsgröße als einem Rentenbetrag oder einem Kapitalwert angegeben werden, zur Ermittlung
der **Bagatellgrenze nach § 18 Abs. 3 VersAusglG** benötigt. Er kann auch sonst vom Gericht verwendet werden, wenn die Werte einzelner Versorgungsanrechte miteinander verglichen werden
müssen, z.B. bei der Prüfung des Gerichts, ob der VA aus Härtegründen – ganz oder hinsichtlich
einzelner Anrechte – nach § 27 VersAusglG auszuschließen ist.[50]

F. Berechnungen für den schuldrechtlichen Versorgungsausgleich (Abs. 4)

I. Grundsätzlich Angabe eines Rentenbetrags (Abs. 4 Satz 1)

Im Verfahren über **Ausgleichsansprüche nach der Scheidung**, d.h. den schuldrechtlichen VA, 21
haben die Versorgungsträger den Ehezeitanteil und den Ausgleichswert – abweichend von Abs. 1
und 3 – grundsätzlich nur als (monatlichen) **Rentenbetrag** anzugeben. Für den schuldrechtlichen
VA ist die Angabe eines Rentenbetrages erforderlich, aber im Regelfall auch ausreichend, weil hier
nur bereits laufende Versorgungen auszugleichen sind und der ausgleichsberechtigte Ehegatte
daran in Form eines Anspruchs auf (monatliche) Ausgleichsrente beteiligt wird (§ 20 Abs. 1
Satz 1 VersAusglG).[51] Für die Entscheidung über die Abtretung von Versorgungsansprüchen nach
§ 21 VersAusglG wird ebenfalls regelmäßig nur ein Rentenwert benötigt. Auch ein Anspruch auf
Teilhabe an der Hinterbliebenenversorgung ist auf eine monatliche Rente gerichtet (§§ 25 Abs. 1, 26
Abs. 1 VersAusglG). Das Gericht kann den Versorgungsträgern allerdings auch die Angabe eines
korrespondierenden Kapitalwerts aufgeben, wenn ein solcher im Einzelfall benötigt wird, z.B. zur
Vorbereitung einer Vereinbarung der Ehegatten – insbesondere wenn sie jeweils ein Anrecht mit
unterschiedlicher Dynamik schuldrechtlich auszugleichen haben – oder im Rahmen einer Härte-
fallprüfung nach § 27 VersAusglG.[52] Den Ehegatten bzw. ihren Anwälten steht es frei, beim
Gericht ausdrücklich anzuregen, dass ein korrespondierender Kapitalwert berechnet wird.

§ 5 Abs. 4 Satz 1 VersAusglG findet **keine Anwendung**, wenn es um **Ansprüche auf den Ausgleich** 22
von Kapitalzahlungen nach § 22 VersAusglG oder auf **Abfindung** nach den §§ 23, 24 VersAusglG
geht. Denn diese Ansprüche der ausgleichsberechtigten Ehegatten richten sich auf Kapitalzahlun-

---

48 BT-Drucks. 16/10144 S. 50.
49 BT-Drucks. 16/10144 S. 112; Bergschneider Rn. 859; Hauß FPR 2009, 214, 217; Wick FuR 2010, 376,
   377.
50 BT-Drucks. 16/10144 S. 50.
51 BT-Drucks. 16/10144 S. 50, 125.
52 BT-Drucks. 16/10144 S. 117, 125; 16/11903 S. 53.

gen, deren Höhe sich nach dem Ausgleichswert des schuldrechtlich auszugleichenden Anrechts bemisst.[53] Deshalb haben die Versorgungsträger insoweit ebenso wie für den Wertausgleich bei der Scheidung die Angaben nach § 5 Abs. 1 und 3 VersAusglG zu machen, also Ehezeitanteil, Ausgleichswert und ggf. einen korrespondierenden Kapitalwert anzugeben (zur Ermittlung des Zeitwerts bei der Abfindung vgl. § 24 Rdn. 4).

II. Berücksichtigung von allgemeinen Wertanpassungen (Abs. 4 Satz 2)

23   Gem. § 5 Abs. 4 Satz 2 VersAusglG sind in Verfahren über Ansprüche auf schuldrechtliche Ausgleichsrente nach den §§ 20, 21 VersAusglG und über Ansprüche auf Teilhabe an der Hinterbliebenenversorgung nach den §§ 25, 26 VersAusglG **allgemeine Wertanpassungen** des Anrechts zu berücksichtigen, die nach Ehezeitende vorgenommen geworden sind. Damit wird nicht etwa von dem nach § 5 Abs. 2 Satz 1 VersAusglG maßgebenden Bewertungsstichtag abgerückt. Die Einbeziehung nachehezeitlicher Wertveränderungen dient lediglich dazu, den bei Ehezeitende bestehenden Wert des Anrechts zu aktualisieren (vgl. im Einzelnen § 20 Rdn. 25 ff.). Die Vorschrift verfolgt daher den gleichen Zweck wie der frühere § 1587g Abs. 2 Satz 2 BGB.[54]

24   Berücksichtigungsfähig sind daher nur solche Wertänderungen, die dem Anrecht **am Ende der Ehezeit** bereits **latent innewohnten**.[55] Das sind solche Änderungen der tatsächlichen Verhältnisse, die rückwirkend betrachtet einen anderen Wert des Anrechts und einen anderen Ehezeitanteil ergeben. Erfasst werden damit insbesondere die planmäßigen Anpassungen der Anwartschaften und laufenden Versorgungen an die wirtschaftliche Entwicklung, an denen alle Versorgungsberechtigten eines Systems teilnehmen.[56] Beispielhaft sind insoweit zu nennen die Anpassungen von gesetzlichen Renten(anwartschaften) anhand der Steigerung des aktuellen Rentenwerts, von Beamtenpensionen an die (ruhegehaltfähigen) Dienstbezüge der aktiven Beamten, von Betriebsrenten gem. § 16 BetrAVG,[57] von privaten Renten um nach Ehezeitende hinzuerworbene Überschussanteile, soweit diese auf den Ehezeitanteil entfallen.[58]

25   Ferner sind die gem. § 5 Abs. 2 Satz 2 VersAusglG auf den Ehezeitanteil zurückwirkenden **tatsächlichen und rechtlichen Veränderungen** zu berücksichtigen, die auch beim Wertausgleich bei der Scheidung von Bedeutung sind (vgl. dazu oben Rdn. 8–13). An individuellen Veränderungen kommen z.B. in Betracht der Eintritt der Invalidität,[59] die Inanspruchnahme einer vorzeitigen Altersrente,[60] die nachehezeitliche Vereinbarung eines vorgezogenen Rentenbeginns ohne Versorgungsabschlag.[61] Als bedeutsame Rechtsänderungen sind z.B. bei Beamtenpensionen die Absenkung des Ruhegehaltssatzes durch das Versorgungsänderungsgesetz 2001 und die Kürzung bzw. der Wegfall der Sonderzahlung zu berücksichtigen.[62] Bei Renten aus der Zusatzversorgung des öffentlichen Dienstes ergeben sich bei einem Ehezeitende vor dem 01.01.2002 aufgrund der Reform des Satzungsrechts wesentliche Veränderungen etwa für die Berechnung des Ehezeitanteils und für die Anpassungen.[63] Eine Änderung der betrieblichen Versorgungsordnung ist auch dann

---

53 BT-Drucks. 16/10144 S. 50; Johannsen/Henrich/Hahne § 5 Rn. 10.
54 BT-Drucks. 16/11903 S. 53.
55 BGH FamRZ 1987, 145, 147; 2008, 1512, 1513; 2009, 1738, 1741.
56 BT-Drucks. 16/11903 S. 53; BGH FamRZ 2008, 1512, 1513; 2009, 1738, 1741.
57 BGH FamRZ 2001, 25, 26; OLG Hamm FamRZ 2001, 1221, 1222; 2004, 1213, 1214; OLG Celle FamRZ 2004, 1215, 1216.
58 OLG Hamm FamRZ 1994, 1528, 1529.
59 BGH FamRZ 1990, 605; 1993, 304; 2000, 89, 90.
60 BGH FamRZ 2001, 25; 2008, 1512, 1514; 2008, 1834; OLG Celle FamRZ 2004, 1215, 1216; OLG Hamm FamRZ 2005, 810, 811.
61 BGH FamRZ 2007, 891, 892.
62 OLG Celle FamRZ 2006, 422, 423.
63 BGH FamRZ 2007, 1084, 1085.

zu berücksichtigen, wenn sie der Zustimmung der betroffenen Arbeitnehmer bedurfte und mit ihr auch Nachteile für den Versorgungsberechtigten in anderen Bereichen einhergingen.[64]

Demgegenüber sind Veränderungen, die **keinen Bezug** mehr **zum ehezeitlichen Erwerb** haben, **26** außer Betracht zu lassen.[65] Deshalb muss bei Versorgungen, deren Höhe (auch) von dem zuletzt erreichten Einkommen des Versorgungsempfängers abhängt, eine Wertsteigerung, die auf einem erst nach Ende der Ehezeit eingetretenen beruflichen Aufstieg oder auf zusätzlichem persönlichem Einsatz des Versorgungsempfängers beruht, herausgerechnet werden.[66] Außer Betracht zu lassen ist auch eine Versorgungserhöhung, die auf einer erst nach Ehezeitende individuell ausgehandelten Versorgungszusage mit erheblich verändertem Inhalt beruht.[67]

G. Prüfungspflicht des Gerichts und der Anwälte

Das **Gericht** darf die vom Versorgungsträger mitgeteilten Werte nicht ohne **eigene Prüfung** über- **27** nehmen. Kann es die Berechnungen nicht nachvollziehen, muss es weitere Erläuterungen und ggf. auch eine nicht vorliegende Versorgungsregelung anfordern (§ 220 Abs. 4 Satz 2 FamFG). Die Annahme des Gesetzgebers, in aller Regel würden Erläuterungen nicht erforderlich sein, da die Versorgungsträger die Auskünfte meist automatisiert erteilen und die nötigen ergänzenden Erläuterungen, sobald sie einmal in der EDV hinterlegt sind, ebenfalls automatisiert werden können,[68] dürfte sich in dieser Allgemeinheit nicht als zutreffend erweisen. Auch die Anwälte der Beteiligten haben die Verpflichtung, die Auskünfte und Berechnungen der Versorgungsträger zu überprüfen. Sie können gem. § 220 Abs. 4 Satz 2 FamFG ausdrücklich die Beiziehung der maßgebenden Versorgungsregelungen und die Einholung weiterer Erläuterungen beantragen, wenn das Gericht seiner Prüfungspflicht nicht hinreichend nachkommt oder sie Berechnungen der Versorgungsträger nicht nachvollziehen können (vgl. § 4 Rdn. 13).

Die mitgeteilten **Ehezeitanteile** sind insbesondere daraufhin zu überprüfen, ob die Berechnungen **28** der Versorgungsträger auf der richtigen Ehezeit und auf zutreffenden tatsächlichen Grundlagen beruhen.[69] In Zweifelsfällen sind z.B. die in den Auskünften der Rentenversicherungsträger befindlichen Versicherungsverläufe auf Vollständigkeit zu kontrollieren. Auskünfte der betrieblichen Versorgungsträger sollten insbesondere daraufhin überprüft werden, ob die tatsächlich erreichbare oder erreichte Betriebszugehörigkeit zugrunde gelegt worden ist. Ferner ist darauf zu achten, dass der Ehezeitanteil nach der für das Anrecht geeigneten Bewertungsmethode (§ 39 oder § 40 VersAusglG) berechnet worden ist.

In Bezug auf den **Ausgleichswert** bedürfen vor allem in Abzug gebrachte Teilungskosten (§ 13 **29** VersAusglG) besonderer Aufmerksamkeit. Die Versorgungsträger sind verpflichtet, die Teilungskosten gesondert auszuweisen[70] und auch deren Kalkulation darzulegen.[71] Kommen sie dieser Verpflichtung nicht nach, hat das Familiengericht kraft der ihm nach § 220 Abs. 4 Satz 2 FamFG zustehenden Befugnis ergänzende Auskünfte einzuholen. Sind unangemessen hohe Teilungskosten (vgl. dazu § 13 Rdn. 3) in Abzug gebracht worden, muss das Gericht den vorgeschlagenen Ausgleichswert korrigieren. Die gerichtliche Prüfungspflicht entbindet die Anwälte nicht davon, auch ihrerseits die Vorschläge zu kontrollieren und zur Vermeidung von Haftungsrisiken auf weitere Erläuterungen – insbesondere zur Angemessenheit in Abzug gebrachter Teilungskosten – hinzu-

---

64 BGH FamRZ 2009, 1738, 1742; OLG Düsseldorf FamRZ 2010, 811.
65 BGH FamRZ 1987, 145; 1990, 605.
66 BGH FamRZ 2009, 205, 207; 2009, 1738, 1742; OLG Celle FamRZ 1993, 1328; OLG Bremen FamRZ 2004, 31, 32; OLG Hamm FamRZ 2004, 1213, 1214; 2005, 810, 812.
67 BGH FamRZ 2008, 1512, 1514; OLG Celle FamRZ 2005, 521, 523.
68 BT-Drucks. 16/10144 S. 50.
69 Ruland Rn. 1185 ff.
70 BT-Drucks. 16/10144 S. 57.
71 Vgl. BGH FamRZ 2012, 610, 614.

wirken. Insoweit sind die Anwälte beider Ehegatten gleichermaßen gefordert, weil die Teilungskosten gem. § 13 VersAusglG je zur Hälfte auf beide Ehegatten abgewälzt werden dürfen.

30   Auch der **korrespondierende Kapitalwert** ist zumindest auf seine Plausibilität zu überprüfen. Seine Berechnung sollte aber aus den Auskünften der Versorgungsträger auch mathematisch nachzuvollziehen sein. Deshalb kann verlangt werden, dass das versicherungsmathematische Berechnungsverfahren und die zugrunde liegenden Annahmen der Berechnung, insbesondere der Rechnungszins und die angewandten Sterbetafeln, benannt werden. Ferner kann die Vorlage des versicherungstechnischen Geschäftsplans, in dem die Rechnungsgrundlagen und Berechnungsformeln für die relevanten Rechenfaktoren festgelegt sind, begehrt werden. Dies empfiehlt sich allerdings wegen der für Laien nicht verständlichen Fachsprache nur dann, wenn die Überprüfung durch einen Versicherungsmathematiker beabsichtigt ist. Der Anwalt des ausgleichsberechtigten Ehegatten muss die Berechnung jedenfalls dann in groben Zügen kontrollieren, wenn von der korrekten Ermittlung abhängt, ob der Wert die nach § 18 Abs. 3 VersAusglG maßgebende Bagatellgrenze unterschreitet und das Anrecht deshalb vom VA ausgenommen werden kann.

H. Einzelheiten der Wertermittlung (Abs. 5)

31   § 5 Abs. 5 VersAusglG verweist wegen der Einzelheiten der Wertermittlung – d.h. insbesondere hinsichtlich der **Berechnung des Ehezeitanteils** und des **korrespondierenden Kapitalwerts** – auf die §§ 39–47 VersAusglG. Diese Vorschriften befinden sich aus Gründen der besseren Lesbarkeit in einem besonderen Teil des Gesetzes.[72] Mit der Aufgliederung der Bestimmungen über die Wertermittlung in mehrere Vorschriften unterscheidet sich das VersAusglG wohltuend vom früheren Recht, das die Wertermittlungsvorschriften in dem langen, unübersichtlichen und schwer durchschaubaren § 1587a BGB a.F. komprimiert hatte. Die neuen Wertermittlungsbestimmungen sind zudem durch eine Änderung der gesetzlichen Systematik gestrafft und übersichtlicher gestaltet worden. Die zahlreichen Bewertungsvorschriften des früheren Rechts, die auf bestimmte Versorgungssysteme zugeschnitten waren (§ 1587a Abs. 2 BGB a.F.), sind auf nur zwei grundsätzlich unterschiedliche Methoden zurückgeführt worden, die unmittelbare (§ 39 VersAusglG) und die zeitratierliche Bewertungsmethode (§ 40 VersAusglG). Diese gesetzlichen Bestimmungen beschreiben die Methoden in abstrakter Form und überlassen es dem Rechtsanwender, die zu bewertenden konkreten Versorgungsanrechte einer der beiden alternativen Methoden zuzuordnen. Diese Gesetzessystematik hat außerdem den Vorteil, dass die gesetzlichen Bestimmungen beim Entstehen neuer Formen von Versorgungsanrechten nicht lückenhaft werden, denn die abstrakten Gesetzesfassungen erlauben auch die Einordnung bisher noch nicht bekannter Versorgungsformen.[73]

Kapitel 2   Ausgleich

Abschnitt 1   Vereinbarungen über den Versorgungsausgleich

§ 6 VersAusglG   Regelungsbefugnisse der Ehegatten

(1) ¹Die Ehegatten können Vereinbarungen über den Versorgungsausgleich schließen. ²Sie können ihn insbesondere ganz oder teilweise

1. in die Regelung der ehelichen Vermögensverhältnisse einbeziehen,
2. ausschließen sowie
3. Ausgleichsansprüchen nach der Scheidung gemäß den §§ 20 bis 24 vorbehalten.

---

72   BT-Drucks. 16/10144 S. 50.
73   BT-Drucks. 16/10144 S. 77.

(2) Bestehen keine Wirksamkeits- und Durchsetzungshindernisse, ist das Familiengericht an die Vereinbarung gebunden.

A. Norminhalt

Die §§ 6 bis 8 VersAusglG regeln an vorgezogener Stelle im (die Durchführung des Ausgleichs **1** betreffenden) Kapitel 2, unter welchen **Voraussetzungen** und mit welchem **Inhalt** die Ehegatten **Vereinbarungen** über den VA treffen können. Darin kommt der geänderte Stellenwert zum Ausdruck, den der Gesetzgeber vertraglichen Dispositionen der Ehegatten über den VA zuweist. Bevor der VA in den gesetzlich geregelten Fällen und Ausgleichsformen durch gerichtliche Entscheidung geregelt wird, sollen die Ehegatten prüfen, ob und ggf. welche vertraglichen Modifikationen des VA zweckmäßig sind. § 6 VersAusglG umschreibt die den Ehegatten zustehenden Regelungsbefugnisse (Abs. 1) und bestimmt, dass das Familiengericht an Vereinbarungen gebunden ist, sofern keine Wirksamkeits- und Durchsetzungshindernisse bestehen (Abs. 2).

B. Dispositionsbefugnisse nach früherem Recht

Nach früherem Recht konnten die Ehegatten über den VA entweder durch **Ehevertrag** nach **2** § 1408 Abs. 2 BGB a.F. oder durch eine **im Zusammenhang mit der Scheidung stehende Vereinbarung** nach § 1587o BGB a.F. vertraglich disponieren. Entsprechendes galt gem. § 20 Abs. 3 und 4 LPartG a.F. für eingetragene Lebenspartner, soweit auf ihre Partnerschaft (schon) der VA anzuwenden war. **Inhaltlich** bestanden für eine ehevertragliche Regelung nach dem Gesetz keine Beschränkungen, § 1408 Abs. 2 Satz 1 BGB a.F. ermöglichte vielmehr ausdrücklich sogar einen (völligen) Ausschluss des VA. Allerdings war ein Ehevertrag im Falle der Scheidung wirkungslos, wenn der Scheidungsantrag innerhalb eines Jahres nach Vertragsschluss gestellt[1] worden war (§ 1408 Abs. 2 Satz 2 BGB a.F.). Vereinbarungen über den VA, die (erst) im Zusammenhang mit der Scheidung getroffen wurden, bedurften zu ihrer Wirksamkeit der gerichtlichen Genehmigung (§ 1587o Abs. 2 Satz 3 BGB a.F.). Damit sollte einer Manipulation zulasten der Versorgungsträger vorgebeugt und ferner verhindert werden, dass der sozial schwächere Ehegatte im Zuge von Absprachen im Zusammenhang mit der Scheidung (bewusst oder unbewusst) benachteiligt wurde.[2] Die Genehmigung sollte zwar nur versagt werden, wenn der Schutz des (an sich) ausgleichsberechtigten Ehegatten dies erforderte (vgl. § 1587o Abs. 2 Satz 4 BGB a.F.). Die Kriterien

---

1 Maßgebend war die Zustellung der Scheidungsantragsschrift, BGH FamRZ 1987, 365; 1999, 155, 156; unter den Voraussetzungen des § 167 ZPO genügte auch die Einreichung des Scheidungsantrags, BGH FamRZ 1987, 365, 366; 2005, 598.

2 BT-Drucks. 7/4361 S. 48; 7/4992 S. 6; BVerfG FamRZ 1982, 769; BGH FamRZ 1981, 1051; 1985, 45, 46.

für die inhaltliche Angemessenheitskontrolle waren jedoch unklar, was zu einer sehr unterschiedlichen Genehmigungspraxis bei den Gerichten geführt hatte.[3] Für alle Vereinbarungen über den VA galten strenge Formvorschriften: Eheverträge bedurften notarieller Beurkundung bei gleichzeitiger Anwesenheit beider Vertragspartner (§ 1410 BGB), Scheidungsvereinbarungen mussten entweder notariell beurkundet oder in Form eines gerichtlichen Vergleichs geschlossen werden (§ 1587o Abs. 2 Satz 1 und 2 BGB a.F.).

C. Das Regelungskonzept des neuen Rechts

3   Mit der Strukturreform sind die vertraglichen **Dispositionsmöglichkeiten** der Ehegatten gegenüber dem früheren Recht deutlich **erweitert** worden.[4] Die formellen und materiellen Voraussetzungen für Vereinbarungen über den VA sind in den §§ 6 bis 8 VersAusglG zusammengefasst worden. § 1587o BGB a.F. ist gestrichen worden, § 1408 Abs. 2 BGB n.F.[5] enthält für Vereinbarungen über den VA, die im Rahmen eines Ehevertrages geschlossen werden, nur noch eine Verweisung auf die §§ 6 und 8 VersAusglG. Mit der Vereinheitlichung der gesetzlichen Regelungen ist die teilweise schwierige Abgrenzung zwischen Eheverträgen und Scheidungsfolgenvereinbarungen nach § 1587o BGB a.F.,[6] die insbesondere für die Frage der Genehmigungsbedürftigkeit von Bedeutung war, entbehrlich geworden. Die Ehegatten können jetzt jederzeit wirksame Vereinbarungen über den VA schließen. Die Wirksamkeit einer ehevertraglichen Regelung hängt nicht mehr davon ab, dass innerhalb eines Jahres nach Vertragsschluss kein Scheidungsantrag gestellt wird. Auch braucht in keinem Fall mehr eine familiengerichtliche Genehmigung eingeholt zu werden. Bestehen geblieben ist lediglich die Formbedürftigkeit von Vereinbarungen über den VA, die sich jetzt bei Vereinbarungen, die nicht in einem Ehevertrag geschlossen werden, nach § 7 VersAusglG richtet. Für ehevertragliche Vereinbarungen gilt weiterhin die Formvorschrift des § 1410 BGB (vgl. § 7 Rdn. 7). Der Gesetzgeber ist davon ausgegangen, dass die Formvorschriften und die nach der neueren höchstrichterlichen Rechtsprechung bei Eheverträgen gebotene richterliche Inhalts- und Ausübungskontrolle (vgl. § 8 Rdn. 2 ff.) einen hinreichenden Schutz gegen gesetz- oder sittenwidrige Verträge gewährleistet.[7]

4   Besondere **Übergangsbestimmungen** für das auf Vereinbarungen anzuwendende Recht enthält das VersAusglG nicht. Daher bleiben die früheren Vorschriften auf Vereinbarungen anwendbar, die vor dem Inkrafttreten der Strukturreform am 01.09.2009 geschlossen worden sind. Eheverträge über den VA werden somit auch dann aufgrund eines innerhalb eines Jahres nach Vertragsschluss gestellten Scheidungsantrags unwirksam, wenn die Scheidung erst nach dem 31.08.2009 beantragt worden ist. Soll dieses Ergebnis vermieden werden, müssen die Ehegatten den Vertrag unter der Geltung des neuen Rechts bekräftigen. Eine vor dem 01.09.2009 geschlossene Scheidungsvereinbarung unterliegt wegen der eingetretenen Rechtsänderung gem. § 313 BGB grundsätzlich der Überprüfung des Fortbestehens ihrer Geschäftsgrundlage und ist ggf. anzupassen.[8]

---

3   Vgl. dazu z.B. Wick Rn. 376.
4   Wick FuR 2010, 301.
5   Art. 3 Nr. 2 und 3 VAStrReG.
6   Vgl. dazu z.B. BGH FamRZ 1987, 467; Wick Rn. 367, 369.
7   BT-Drucks. 16/10144 S. 51.
8   OLG Stuttgart Beschluss vom 22.12.2011 – 18 UF 330/11 – (juris); abw. OLG Koblenz FamRZ 2012, 130, wonach auf eine vor dem 01.09.2009 geschlossene Vereinbarung das neue Recht uneingeschränkt anwendbar sein soll.

D. Zulässiger Inhalt von Vereinbarungen (Abs. 1)

I. Allgemeines

Die **Grundsatznorm** des § 6 Abs. 1 Satz 1 VersAusglG stellt klar, dass auch nach neuem Recht Ver- 5
einbarungen über den VA geschlossen werden können. Die Voranstellung dieser Vorschrift soll
ausdrücklich betonen, dass Vereinbarungen nunmehr grundsätzlich erwünscht sind.[9] Sie enthält
weder in zeitlicher noch in inhaltlicher Hinsicht irgendwelche Einschränkungen der Dispositionsbefugnisse.

Die Ehegatten können daher grundsätzlich **zu jeder Zeit**, also vor, während und auch nach der 6
Ehe Vereinbarungen schließen. Vor und während der Ehe geschieht dies wie nach früherem Recht
im Rahmen von Eheverträgen. Scheidungsfolgenvereinbarungen nehmen keine besondere Rechtsstellung mehr ein, sondern werden wie andere Eheverträge behandelt. Auch nach der Ehe können
noch Vereinbarungen über den VA geschlossen werden. Sie betreffen dann i.d.R. entweder ein aus
dem Verbund abgetrenntes Verfahren über den Wertausgleich oder schuldrechtliche Ausgleichsansprüche nach der Scheidung. Denkbar sind auch Vereinbarungen im Rahmen eines Verfahrens
über die Anpassung nach Rechtskraft (§§ 32 ff. VersAusglG).[10] Unzulässig sind jedoch Vereinbarungen, mit denen eine rechtskräftig gewordene Entscheidung über den Wertausgleich rückgängig
gemacht werden soll.[11] Dem steht die rechtsgestaltende Wirkung der Entscheidungen entgegen.
Auch ein Abänderungsantrag kann nicht auf eine solche nachträgliche Vereinbarung gestützt werden.[12] Nur wenn ein Abänderungsverfahren aus anderen Gründen eröffnet ist und soweit in dessen Rahmen eine Korrektur der früheren Entscheidung über den VA möglich ist, kommt eine
Dispositionsbefugnis der Ehegatten in Betracht.[13] Ausnahmen sind in Bezug auf Entscheidungen
mit rechtsgestaltender Wirkung allerdings möglich, wenn alle betroffenen Versorgungsträger einverstanden sind. Disponibel sind nach der Scheidung auch nach früherem Recht ergangene Bei-
tragszahlungsanordnungen (§ 3b Abs. 1 Nr. 2 VAHRG, § 1587b Abs. 3 BGB a.F.), die noch nicht
erfüllt worden sind, denn insoweit hat es der Berechtigte auch in der Hand, ob er aus der Entscheidung die Vollstreckung betreiben will. Dasselbe gilt für gerichtliche Entscheidungen nach
§ 1587b Abs. 4 BGB a.F. und für Vereinbarungen der Ehegatten, die sich nicht auf die Modifizierung rechtsgestaltender Ausgleichsformen beschränkten, sondern Beitragszahlungen oder einen
anderweitigen Vermögensausgleich zum Inhalt hatten. Auch der Vollzug des schuldrechtlichen VA
unterliegt der Parteidisposition. Soweit die Ehegatten nach der Scheidung eine Vereinbarung über
den schuldrechtlichen VA treffen, ist diese auch nach neuem Recht nicht form- oder genehmigungsbedürftig (vgl. § 7 Rdn. 9). Nicht zulässig ist es, in einem Verfahren, in dem gem. § 48
Abs. 1 VersAusglG das frühere materielle Recht gilt, die Anwendung des neuen Rechts zu vereinbaren.[14] Die Anwälte haben ihre Mandanten über die Möglichkeit und Zweckmäßigkeit von Vereinbarungen aufzuklären und für den Abschluss einer (formgerechten) Vereinbarung zu sorgen.
Verletzten sie diese Pflicht, haften sie dem Mandanten auf Schadensersatz.[15]

Auch **inhaltlich** erlegt § 6 Abs. 1 Satz 1 VersAusglG den Ehegatten keine Einschränkungen auf. 7
Solche ergeben sich lediglich aus § 8 VersAusglG. Gegenstand einer Vereinbarung können grundsätzlich sämtliche in der Ehezeit erworbenen Anrechte auf eine Alters- und Invaliditätsversorgung
i.S. des § 2 VersAusglG sein. Die Ehegatten können sowohl eine auf den VA beschränkte Vereinbarung treffen als auch den VA in eine vermögensrechtliche Gesamtauseinandersetzung einbeziehen, wie § 6 Abs. 1 Satz 2 Nr. 1 VersAusglG ausdrücklich klarstellt. Die Vereinbarung muss sich

---

9 BT-Drucks. 16/10144 S. 51.
10 Ruland Rn. 850; Borth FamRZ 2003, 889, 896.
11 BGH FamRZ 2002, 1553; Ruland Rn. 850; Wick FuR 2010, 376.
12 OLG Zweibrücken FamRZ 2002, 1410; a.A. AG Bochum FamRZ 2000, 1156.
13 Borth FamRZ 2003, 889, 896.
14 OLG Stuttgart FamRZ 2010, 1671.
15 BGH FamRZ 2010, 1154; 2010, 2067.

nicht auf sämtliche dem VA unterfallenden Anrechte erstrecken, sondern kann sich auch auf einen beliebigen Teil davon beschränken (s.u. Rdn. 16).

8   Die Ehegatten können die Vereinbarung auch unter einer **Bedingung** oder mit einer **Befristung** schließen oder mit einem Rücktrittsvorbehalt versehen. So kann der Ausschluss des VA z.B. davon abhängig gemacht werden, dass eine bestimmte Ehezeit nicht überschritten wird oder ein Ehegatte durch seine eigenen Anrechte oder durch Vermögen in bestimmtem Umfang abgesichert ist. Der Ausschluss kann auch unter der auflösenden Bedingung vereinbart werden, dass ein gemeinschaftliches Kind geboren wird.[16]

9   § 6 Abs. 1 Satz 2 VersAusglG verdeutlicht die Gestaltungsbefugnisse der Ehegatten durch **drei Regelbeispiele** für die Ausgestaltung von Vereinbarungen. Die hier genannten vertraglichen Absprachen waren zwar auch schon nach früherem Recht grundsätzlich zulässig. Die Aufnahme in das Gesetz soll jedoch ausdrücklich betonen, dass gerade Vereinbarungen dieses Inhalts möglich sind und künftig unter erleichterten Voraussetzungen abgeschlossen werden können.

II. Einbeziehung des Versorgungsausgleichs in eine Gesamtvermögensauseinandersetzung (Abs. 1 Satz 2 Nr. 1)

10   § 6 Abs. 1 Satz 2 Nr. 1 VersAusglG stellt klar, dass die Eheleute den **VA** – ganz oder teilweise – **in die Regelung der ehelichen Vermögensverhältnisse** bei der Scheidung **einbeziehen** können. Der VA muss daher nicht mehr – wie nach bisherigem Recht in den meisten Fällen – gesondert von den sonstigen vermögensrechtlichen Angelegenheiten geregelt werden. Die Ehegatten haben vielmehr freie Hand, die dem VA unterliegenden Anrechte in eine Gesamtregelung der bestehenden vermögensrechtlichen Ansprüche – z.B. auf Zugewinnausgleich, auf nachehelichen Unterhalt, auf Auseinandersetzung einer Bruchteilsgemeinschaft (§§ 749, 752 BGB) oder auf Ausgleich nach § 426 BGB – einzubeziehen. Allerdings sollten die verrechneten Vermögenswerte eine vergleichbare Sicherheit bieten. Ferner sind die unterschiedlichen steuerrechtlichen Folgen der Vermögensverschiebungen zu beachten: Während güterrechtliche und andere vermögensrechtliche Ansprüche nicht besteuert werden, unterliegen Altersversorgungen grundsätzlich der Steuerpflicht.[17] Außerdem können Renten auch kranken- und pflegeversicherungspflichtig sein. Darauf sollte der Anwalt den Mandanten vor Abschluss einer Vereinbarung hinweisen und sich ggf. eine Haftungsfreistellung geben oder die Einschaltung eines Steuerberaters genehmigen lassen.[18]

11   Die Einstellung von Versorgungsanrechten in eine Gesamtvermögensbilanz wird dadurch erleichtert, dass die Versorgungsträger für Anrechte, deren Ehezeitanteil nicht ohnehin gem. § 5 Abs. 1 VersAusglG als Kapitalwert ermittelt wird, (zusätzlich) einen sog. **korrespondierenden Kapitalwert** anzugeben haben (§ 5 Abs. 3 i.V.m. § 47 VersAusglG). Dieser drückt den »Kaufpreis« aus, mit dem der ausgleichspflichtige Ehegatte bei seinem Versorgungsträger ein Anrecht in Höhe des Ausgleichswerts erwerben könnte (s. § 47 Rdn. 5). In der anwaltlichen und notariellen Beratungspraxis muss allerdings bedacht werden, dass es sich bei dem korrespondierenden Kapitalwert nur um eine Hilfsgröße handelt (so ausdrücklich § 47 Abs. 1 VersAusglG), die lediglich eine ungefähre Wertvorstellung vermitteln kann, aber keinen exakten Vergleich der Werte von Versorgungsanrechten ermöglicht, die in unterschiedlichen Versorgungssystemen erworben worden sind. Bei einem Wertvergleich verschiedenartiger Anrechte sind, wie § 47 Abs. 6 VersAusglG ausdrücklich betont, auch weitere wertbildende Faktoren zu berücksichtigen, die sich auf die zu erwartende oder bereits gezahlte Versorgung auswirken (vgl. dazu § 47 Rdn. 11). Da Vereinbarungen über den VA aber künftig grundsätzlich auch dann tolerabel sind, wenn Versorgungsanrechte mit wertmäßig nicht exakt übereinstimmenden Gegenleistungen verrechnet werden, können die korrespon-

---

16 Ruland Rn. 851; Bergner § 6 Anm. 2.2; Johannsen/Henrich/Hahne § 6 Rn. 14.
17 Vgl. NK-FamR/Hauß § 6 Rn. 15; Bredthauer FPR 2009, 500, 501; Schramm NJW-Spezial 2009, 292.
18 NK-FamR/Hauß § 6 Rn. 17.

dierenden Kapitalwerte gleichwohl als Basis für Vereinbarungen dienen, die einen Gesamtvermögensausgleich zum Ziel haben, insbesondere wenn den Ehegatten die unterschiedlichen Berechnungsgrundlagen deutlich gemacht werden.

Entsprechen sich die Werte, die der eine Ehegatte über den VA und der andere Ehegatte über den 12
sonstigen Vermögensausgleich erhalten würden, in etwa, so können die Ehegatten wechselseitig auf Ausgleichsansprüche verzichten. Ist dies nicht angemessen, kann auch die Verrechnung nur einzelner Versorgungsanrechte mit sonstigen vermögensrechtlichen Ansprüchen und im Übrigen die Durchführung des VA vereinbart werden (vgl. dazu Rdn. 22 ff.). Ferner können die Ehegatten übereinkommen, dass die von dem einen Ehegatten auszugleichenden Anrechte vollständig mit einem Teil der vom anderen Ehegatten erworbenen Anrechte verrechnet werden und dieser Ehegatte zum Ausgleich seiner weiteren ehezeitlichen Anrechte einen Geldbetrag zahlt oder sonstige Vermögenswerte überträgt.[19] Beschränken sich die Ehegatten – zulässigerweise – darauf, nur **einzelne Versorgungsanrechte** in den sonstigen Vermögensausgleich einzubeziehen, ist der VA in Bezug auf die übrigen in der Ehezeit erworbenen Versorgungsanrechte durchzuführen.

▶ **Beispiel:** 13

Ehemann M hat ehezeitliche Versorgungsanrechte mit (korrespondierenden) Kapitalwerten von 120.000 € und 30.000 € erworben, die Ehefrau F ein ehezeitliches Versorgungsanrecht mit einem (korrespondierenden) Kapitalwert von 20.000 €. Dem Zugewinnausgleich unterliegen ein Endvermögen des Ehemannes von 50.000 € (hälftiger Miteigentumsanteil an einer gemeinsamen Immobilie) und ein Endvermögen der Ehefrau von 80.000 € (hälftiger Miteigentumsanteil an der Immobilie von 50.000 € und Kapitallebensversicherung im Wert von 30.000 €). Eine Verrechnung von Anrechten nach § 10 Abs. 2 VersAusglG ist nicht möglich.

Nach dem Gesetz müssten die drei Versorgungsanrechte jeweils geteilt werden. Beide Ehegatten hätten dann jeweils drei Versorgungsanrechte im (ehezeitlichen) Wert von 60.000 €, 15.000 € und 10.000 €. Die Ehefrau hätte dem Ehemann einen Zugewinnausgleich von (80.000 € ./. 50.000 € = 30.000 € : 2 =) 15.000 € zu zahlen. Um diese Verpflichtung erfüllen zu können, müsste sie ggf. ihren Miteigentumsanteil an der Immobilie auf M übertragen oder ihre Lebensversicherung auflösen.

Eine Gesamtvermögensbilanz ergibt auf Seiten des Ehemannes einen (ehezeitlichen) Vermögenszuwachs von (150.000 € Versorgungsvermögen + 50.000 € Zugewinn =) 200.000 € und auf Seiten der Ehefrau einen (ehezeitlichen) Vermögenszuwachs von (20.000 € Versorgungsvermögen + 80.000 € Zugewinn =) 100.000 €. Wirtschaftlich sinnvoll wäre z.B. eine Vereinbarung, wonach sämtliche Vermögenswerte verrechnet werden. F hätte danach einen Gesamtausgleichsanspruch von (200.000 € – 100.000 € = 100.000 € : 2 =) 50.000 €. Zur Erfüllung seiner Ausgleichsverpflichtung könnte M der F z.B. das hälftige Miteigentum an der Immobilie übertragen. Beide Ehegatten würden ihre Versorgungsanrechte behalten.

Es könnten auch das Versorgungsanrecht des M über 30.000 € und die Lebensversicherung der F über 30.000 € miteinander verrechnet werden. Dann entfiele ein Zugewinnausgleichsanspruch des M und es wären nur noch die beiden restlichen Anrechte der Ehegatten (M 120.000 €, F 20.000 €) zu teilen. Auch diese beiden Anrechte könnten noch verrechnet werden, so dass im Ergebnis von dem Anrecht des M nur noch (100.000 € : 2 =) 50.000 € auf F zu übertragen wären.

III. Ausschluss des Versorgungsausgleichs (Abs. 1 Satz 2 Nr. 2)

§ 6 Abs. 1 Satz 2 Nr. 2 VersAusglG lässt ausdrücklich auch einen vertraglichen **Ausschluss des VA** 14
zu. Damit wird sowohl ein vollständiger als auch ein teilweiser Ausschluss erfasst. Ein Ausschluss unterliegt – insbesondere im Fall eines Totalverzichts und nicht unerheblicher Ausgleichswerte –

---

19 Ruland Rn. 854.

allerdings in besonderem Maß der Inhalts- und Ausübungskontrolle des Gerichts nach § 8 Abs. 1 VersAusglG.

15 Ein **vollständiger Ausschluss** des VA wird in Betracht kommen können, wenn beide Ehegatten voraussichtlich unabhängig von einem VA unter Berücksichtigung ihrer bereits erworbenen sowie der künftig noch erzielbaren Anrechte über eine hinreichende Alterssicherung verfügen werden[20] oder wenn Härtegründe vorliegen, so dass die Anwendung des § 27 VersAusglG nahe liegt.[21] Ferner ist ein Ausschluss – auch in Verbindung mit § 6 Abs. 1 Satz 2 Nr. 1 VersAusglG – unbedenklich, wenn eine bei Ehezeitende bestehende Differenz sämtlicher beiderseitiger Ausgleichswerte auf Basis der (korrespondierenden) Kapitalwerte gering ist oder anderweitig kompensiert wird.[22]

16 Ein **Teilausschluss** kann sich sowohl auf einzelne Anrechte als auch auf einen Teil eines Anrechts beziehen. Die Eheleute können z.B. – im Regelfall unbedenklich – auf den Ausgleich von wertmäßig nicht bedeutsamen Anrechten der ergänzenden Altersvorsorge (etwa der betrieblichen Altersversorgung oder der privaten Alterssicherung) verzichten. Anders als nach früherem Recht[23] ist für **anrechtsbezogene Teilausschlüsse** unerheblich, welcher Ehegatte insgesamt in der Ehe höhere Anrechte erworben hat.[24] Eine Herausnahme von einzelnen Anrechten aus dem VA kommt insbesondere in Betracht in Bezug auf Anrechte, die aus Anfangsvermögen eines Ehegatten finanziert worden sind, und auf Anrechte aus privaten Versicherungen, die zur Kreditsicherung einer Baufinanzierung abgetreten sind.[25] Mit Rücksicht auf die Rechtsprechung des BGH zu Rentenversicherungen mit Kapitalwahlrecht (vgl. § 2 Rdn. 20) sind Vereinbarungen zweckmäßig, die Anrechte aus derartigen Versicherungen unabhängig von der Ausübung des Wahlrechts dem Zugewinnausgleich zuweisen.[26] Das Gericht hat den VA nach einem solchen Teilausschluss nur noch in Bezug auf diejenigen Anrechte durchzuführen, auf die sich der Ausschluss nicht erstreckt.[27] Außerdem ist im Entscheidungstenor jedoch ausdrücklich festzustellen, in Bezug auf welche Anrechte kein VA stattfindet (s. Rdn. 29a).

17 Die Ehegatten können auch vereinbaren, dass der **Ausgleich vertraglich auf einen Teil der Ehezeit beschränkt** wird. Anlass zu einer solchen zeitlichen Begrenzung des VA kann z.B. sein, dass die Ehegatten einen Zeitraum längeren Getrenntlebens oder einen Zeitraum mit ungeklärten Versorgungsanrechten ausklammern wollen. Zwar ist der Stichtag, zu dem die auszugleichenden Anwartschaften kraft Gesetzes zu bewerten sind, nämlich das **Ende der Ehezeit** i.S. von § 3 Abs. 1 VersAusglG, **nicht disponibel**.[28] Ein vertraglich vereinbartes vorgezogenes Ehezeitende kann aber als zulässige Beschränkung des VA auf einen Teil der Ehezeit ausgelegt werden.[29] Zum Vollzug einer solchen Vereinbarung hat das Familiengericht zusätzlich zu dem auf die gesamte gesetzliche Ehezeit entfallenden Versorgungsanrecht beider Ehegatten das jeweils in der ausgeklammerten Zeit erworbene Anrecht zu ermitteln, und zwar letzteres ebenfalls nach der für die Berechnung des Ehezeitanteils des Anrechts maßgebenden Bewertungsvorschrift und auf das gesetzliche Ehezeitende bezogen. Das in den vertraglich modifizierten VA einzubeziehende Anrecht ergibt sich sodann, indem das in der ausgeklammerten Zeit erworbene Anrecht von dem gesamten ehezeitli-

---

20 Vgl. BGH FamRZ 1987, 467, 468; 1987, 578, 580.
21 Vgl. BGH FamRZ 1982, 471, 472; 1987, 578, 580.
22 BT-Drucks. 16/10144 S. 51.
23 Vgl. dazu BGH FamRZ 1988, 153, 154.
24 BT-Drucks. 16/10144 S. 51.
25 Münch FamRB 2012, 194.
26 Vgl. auch Münch FamRB 2012, 194, 198.
27 BT-Drucks. 16/10144 S. 51.
28 BGH FamRZ 2001, 1444, 1446; 2004, 256, 257; OLG Karlsruhe FamRZ 2005, 1747.
29 BGH FamRZ 2004, 256, 257; OLG Celle FamRZ 2002, 823, 824; OLG Saarbrücken FamRZ 2012, 232.

chen Anrecht subtrahiert wird.[30] Eine während der ausgeklammerten Zeit erfolgte Beförderung des ausgleichspflichtigen Ehegatten ist dabei außer Betracht zu lassen.[31]

Da das Gericht gem. § 18 VersAusglG **geringwertige Anrechte** oder gleichartige Anrechte beider   **18** Ehegatten von geringer Wertdifferenz grundsätzlich vom Ausgleich auszunehmen hat, bedarf es insoweit für einen Ausschluss keiner formgebundenen Vereinbarung der Ehegatten; vielmehr ist allenfalls ein Hinweis an das Gericht angebracht, dass kein Anlass gesehen wird, die Anrechte (ausnahmsweise) in den Ausgleich einzubeziehen. Wenn die insoweit nach § 18 Abs. 3 VersAusglG maßgebende Wertgrenze nur knapp überschritten ist, wird ein vertraglicher (Teil-) Ausschluss des VA regelmäßig keinen Bedenken begegnen.

Der Ausschluss des VA braucht nicht unbedingt vereinbart zu werden, wenn wegen **kurzer Ehe-**   **19** **zeit** gem. § 3 Abs. 3 VersAusglG ohne Antrag eines Ehegatten ohnehin kein VA stattfindet. In einem solchen Fall kann sich allerdings eine Vereinbarung empfehlen, wonach wechselseitig **auf das Antragsrecht nach § 3 Abs. 3 VersAusglG verzichtet** wird.

Steuerrechtlich ist zu beachten, dass Ausgleichszahlungen, die als Gegenleistung für einen Verzicht   **19a** auf den VA an den anderen Ehegatten geleistet werden, als Werbungskosten nach § 9 Abs. 1 S. 1 EStG in Abzug gebracht werden können.[32] Das Gleiche gilt, wenn an Stelle des Wertausgleichs bei der Scheidung Beitragszahlungen zu einer privaten Rentenversicherung geleistet werden, um die ungekürzte Versorgung zu erhalten.[33]

Für den vertraglichen Ausschluss des VA fällt nach neuem Recht eine **anwaltliche Einigungsge-**   **19b** **bühr** nach Nr. 1003 VV zu § 2 Abs. 2 RVG auch dann an, wenn sich die Beteiligten schon bei Einreichung des Scheidungsantrags auf den Ausschluss des VA geeinigt hatten.[34] Auch wenn zum Zeitpunkt des Vertragsschlusses bereits Auskünfte der Versorgungsträger vorliegen und die Höhe der Ausgleichswerte feststehen, löst die Vereinbarung die Einigungsgebühr aus.[35]

IV. Vorbehalt des schuldrechtlichen Versorgungsausgleichs (Abs. 1 Satz 2 Nr. 3)

Gem. § 6 Abs. 1 Satz 2 Nr. 3 VersAusglG können die Ehegatten vereinbaren, dass an Stelle des   **20** öffentlich-rechtlichen Wertausgleichs – ganz oder teilweise – ein **schuldrechtlicher VA** nach den §§ 20 bis 24 VersAusglG stattfinden soll. Hierfür wird allerdings selten Anlass bestehen, weil der ausgleichsberechtigte Ehegatte regelmäßig daran interessiert sein wird, dass der Ausgleich von Anrechten, die bei Scheidung bereits i.S. des § 19 VersAusglG ausgleichsreif sind, zu diesem Zeitpunkt auch in öffentlich-rechtlicher Form durchgeführt wird.[36] Außerdem muss der jeweils ausgleichsberechtigte Ehegatte die Risiken des schuldrechtlichen VA bedenken, die auch künftig bestehen bleiben. Dazu gehört insbesondere der Wegfall des Anspruchs auf die schuldrechtliche Ausgleichsrente bei Tod des ausgleichspflichtigen Ehegatten. Es entsteht in diesem Fall auch kein Anspruch gegen den Träger der auszugleichenden Versorgung auf Teilhabe an einer etwa bestehenden Hinterbliebenenversorgung (§ 25 Abs. 2 VersAusglG). Ferner erlöschen Ansprüche gegen den Versorgungsträger regelmäßig mit der Wiederheirat des Ausgleichsberechtigten.[37] Zweckmäßig kann die Vereinbarung des schuldrechtlichen VA aber für den Ausgleichspflichtigen z.B. sein, wenn bei ihm bereits ein Versorgungsfall eingetreten, beim Ausgleichsberechtigten ein solcher

---

30 BGH FamRZ 1990, 273, 275; 2001, 1444, 1446; 2004, 256, 257; OLG Celle FamRZ 2001, 163.
31 OLG Frankfurt FamRZ 2006, 348.
32 BFH FamRZ 2011, 1055.
33 BFH FamRZ 2010, 1801.
34 OLG Oldenburg NJW-RR 2011, 1570; OLG München NJW 2012, 1089.
35 OLG Frankfurt FamRZ 2010, 922; OLG Hamm FamRZ 2011, 1974; OLG Karlsruhe FamRZ 2012, 395; OLG München NJW 2012, 1089.
36 BT-Drucks. 16/10144 S. 51.
37 Vgl. BGH FamRZ 2005, 189; 2006, 326; 2011, 961.

dagegen in absehbarer Zeit noch nicht zu erwarten ist oder wenn der Ausgleichspflichtige deutlich älter ist als der Berechtigte, so dass beim Verpflichteten voraussichtlich wesentlich früher ein Versorgungsfall eintreten wird.[38] In diesem Fall kann mit der Vereinbarung des schuldrechtlichen VA eine sofortige Kürzung der Versorgung des Ausgleichspflichtigen verhindert werden.

V. Weitere Gestaltungsmöglichkeiten

21   Die Ehegatten können grundsätzlich eine **Verrechnung von Anrechten unterschiedlicher Art** oder eine **Verrechnung einzelner Versorgungsanrechte mit sonstigen Vermögenswerten** des anderen Ehegatten vereinbaren. Solche Vereinbarungen sind zweckmäßig, um **Nachteile des neuen Ausgleichssystems zu vermeiden.**

22   Ein Nachteil besteht darin, dass es bei Durchführung des Wertausgleichs nach den gesetzlichen Vorschriften aufgrund der anrechtsbezogenen Teilung zwangsläufig bei beiden Ehegatten zu einer – u.U. erheblichen – **Vermehrung der Versorgungsanrechte** kommt. Deshalb kann es sich empfehlen, die Teilungsvorgänge zu verringern. Allerdings ist zu beachten, dass Anrechte gleicher Art, die beide Ehegatten bei demselben Versorgungsträger erworben haben, ohnehin nach § 10 Abs. 2 Satz 1 VersAusglG beim Vollzug der gerichtlichen Entscheidung innerhalb des Versorgungssystems zu verrechnen sind. Entsprechendes gilt, wenn zwar verschiedene Versorgungsträger zuständig sind, diese aber eine Verrechnung vereinbart haben (§ 10 Abs. 2 Satz 2 VersAusglG). Liegen die Voraussetzungen des § 10 Abs. 2 VersAusglG dagegen nicht vor, müssen die Ehegatten eine von ihnen gewünschte Verrechnung ausdrücklich vereinbaren. Die Verrechnung kann dabei auf Basis von Deckungskapitalien oder – wenn solche nicht vorhanden sind – auf der Grundlage der von den Versorgungsträgern gem. § 47 VersAusglG mitgeteilten korrespondierenden Kapitalwerte vorgenommen werden. Angesichts der erklärten Absicht des Gesetzgebers, die Dispositionsbefugnisse der Ehegatten zu erweitern, wird es regelmäßig auch keinen Bedenken begegnen, wenn sich die verrechneten Anrechte oder sonstigen Vermögenspositionen wertmäßig nicht exakt entsprechen (s.o. Rdn. 11). Die Zustimmung eines Versorgungsträgers ist nur dann erforderlich, wenn die von den Ehegatten vereinbarte Lösung der maßgeblichen Versorgungsregelung widerspricht (vgl. § 8 Abs. 2 VersAusglG), insbesondere wenn ein Anrecht über die Höhe des sich nach § 1 Abs. 2 Satz 2 i.V.m. § 5 Abs. 3 VersAusglG ergebenden Ausgleichswerts hinaus auf den anderen Ehegatten übertragen oder extern geteilt werden soll.

23   ▶ **Beispiel** für eine Verrechnungsvereinbarung:
Ehemann M hat ehezeitliche Anrechte mit (korrespondierenden) Kapitalwerten von 15.000 €, 10.000 € und 5.000 € erworben, Ehefrau F andersartige ehezeitliche Anrechte mit (korrespondierenden) Kapitalwerten von 10.000 € und 7.500 €. Eine Verrechnung von Anrechten nach § 10 Abs. 2 VersAusglG ist nicht möglich. Nach dem Gesetz müssten sämtliche fünf Anrechte geteilt werden. Beide Ehegatten würden danach jeweils über fünf verschiedene Anrechte verfügen.
Denkbar wäre eine Vereinbarung, wonach sämtliche Anrechte verrechnet werden und für F lediglich in Höhe eines angenommenen Gesamtausgleichsanspruchs von (30.000 € – 17.500 € = 12.500 € : 2 =) 6.250 € zu Lasten des größten Anrechts von M ein Anrecht bei dem Träger dieser Versorgung begründet wird.
Zulässig wäre aber auch z.B. eine Vereinbarung dahin, dass nur eine Teilung der beiden Anrechte über jeweils 10.000 € oder der Anrechte über 5.000 € und über 7.500 € unterbleibt.
Zu beachten ist, dass der Versorgungsträger des jeweils ausgleichspflichtigen Ehegatten statt der internen Teilung eine externe Teilung verlangen kann, wenn der Ausgleichswert der bei diesem Versorgungsträger bestehenden Versorgung infolge des vertraglich Vereinbarten unter den in § 14 Abs. 2 Nr. 2 bzw. § 17 VersAusglG genannten Grenzwert sinkt.

---

38   Wick FuR 2010, 376, 379.

Ein weiterer Nachteil des neuen Systems besteht darin, dass die Versorgungsträger berechtigt sind, den ihnen durch eine interne Teilung entstehenden Verwaltungsaufwand anteilig auf beide Ehegatten abzuwälzen, indem die Ausgleichswerte vorab um **Teilungskosten** gemindert werden (§ 13 VersAusglG). Diese Möglichkeit nutzen insbesondere privatrechtliche Versorgungsträger. Die Ehegatten können die Minderung der Versorgungswerte dadurch vermeiden, dass sie einen anderweitigen Ausgleich vereinbaren. Es empfiehlt sich insbesondere, die Verrechnung solcher Anrechte miteinander oder mit vom anderen Ehegatten erworbenen, nicht von einem Abzug bedrohten (werthöheren) Anrechten oder mit sonstigen Vermögenswerten des anderen Ehegatten zu vereinbaren. Hier bietet sich ein interessantes Feld für kreative vertragliche Lösungen.

24

Eine Kürzung des Versorgungswerts um Teilungskosten kann auch durch die Vereinbarung verhindert werden, dass das auszugleichende Anrecht nicht gem. § 10 VersAusglG intern, sondern gem. § 14 VersAusglG **extern geteilt** wird. Bei der externen Teilung können die Versorgungsträger nämlich keine Teilungskosten in Abzug bringen.[39] Außerdem kann der Ausgleichsberechtigte im Fall der externen Teilung selbst bestimmen, in welchem Versorgungssystem (sog. Zielversorgung) ihm der Ausgleichswert gutgeschrieben werden soll (§ 15 Abs. 1 VersAusglG). So kann er erreichen, dass er nicht im Wege der internen Teilung ein wirtschaftlich uninteressantes Anrecht im Versorgungssystem des Ausgleichspflichtigen erhält, sondern vielmehr über die externe Teilung eine bereits bestehende eigene Versorgung ausbauen kann. Gem. § 14 Abs. 2 Nr. 1 VersAusglG ist eine externe Teilung durchzuführen, wenn der ausgleichsberechtigte Ehegatte und der Versorgungsträger des ausgleichspflichtigen Ehegatten dies vereinbaren. Eine Beteiligung des ausgleichspflichtigen Ehegatten an einer solchen Vereinbarung ist zwar nur für den Fall vorgeschrieben, dass die zum Vollzug der externen Teilung vom Träger der auszugleichenden Versorgung an die gewählte Zielversorgung zu leistende Kapitalzahlung (§ 14 Abs. 4 VersAusglG) beim ausgleichspflichtigen Ehegatten zu steuerpflichtigen Einnahmen führen kann (vgl. § 15 Rdn. 9), aber auch in anderen Fällen zweckmäßig. Außerdem muss der Träger der Zielversorgung zustimmen (§ 14 Rdn. 6).

25

Die Verrechnung gleichartiger Anrechte beider Ehegatten empfiehlt sich insbesondere, wenn beide als Landes- oder Kommunalbeamte Anrechte der **Beamtenversorgung** erworben haben. Nach der gesetzlichen Regelung müssten die Anrechte jeweils extern geteilt werden, wodurch für beide Ehegatten Anrechte der gesetzlichen Rentenversicherung begründet würden (§ 16 Abs. 1 und 3 VersAusglG). Abgesehen von den generellen Unterschieden beider Versorgungsarten[40] können für die Ausgleichsberechtigten Nachteile insbesondere dadurch entstehen, dass eine Invaliditätsversorgung aus der gesetzlichen Rentenversicherung nur unter besonderen Voraussetzungen erlangt werden kann, die Beamte i.d.R. nicht erfüllen. Mit einer Verrechnungsvereinbarung kann erreicht werden, dass nur der Ehegatte mit dem höheren auszugleichenden Anrecht der Beamtenversorgung in Höhe der Differenz der Ausgleichswerte eine gesetzliche Rentenanwartschaft erhält oder dass (etwa unter Einbeziehung sonstiger Vermögenswerte oder einer Ausgleichszahlung) der Ausgleich beider Anrechte ausgeschlossen wird. Eine solche Verrechnungsvereinbarung ist auch nicht etwa nach § 8 Abs. 2 VersAusglG unwirksam (vgl. dazu § 8 Rdn. 16).

25a

▶ **Beispiel:**
Beide Ehegatten haben als Landesbeamte in der am 31.05.2012 endenden Ehezeit ausschließlich Anrechte der Beamtenversorgung erworben, M im Ausgleichswert von monatlich 800 € und F im Ausgleichswert von monatlich 700 € (jeweils bezogen auf das Ehezeitende). Nach dem Gesetz würden die Beamtenversorgungsanrechte der Ehegatten um monatlich 800 bzw. 700 € gekürzt, beide erhielten zum Ausgleich jeweils eine gesetzliche Rentenanwartschaft.
Die Ehegatten könnten eine Verrechnung der Ausgleichswerte vereinbaren. Dann hätte das Gericht nur in Höhe von monatlich 100 € zu Lasten des Anrechts des M eine gesetzliche Ren-

---

39 BT-Drucks. 16/10144 S. 57.
40 Vgl. dazu OLG Celle FamRZ 2012, 1058.

tenanwartschaft für F zu begründen, im Übrigen behielten beide Ehegatten ihre Anrechte aus der Beamtenversorgung. Der Ausgleich könnte auch vollständig ausgeschlossen werden, wenn F auf den Ausgleich der Wertdifferenz verzichtet oder die Ehegatten insoweit eine anderweitige Kompensation vereinbaren, z.B. eine Zahlung des M in Höhe des korrespondierenden Kapitalwerts der Ausgleichswertdifferenz von (100 € : 27,47 x 6359,416 =) 23.150,40 € oder die Übertragung eines entsprechenden Vermögenswerts.

26 Ferner kann eine **Vereinbarung für den Ausgleichsberechtigten zweckmäßig** sein, wenn die für das auszugleichende Anrecht maßgebende Versorgungsregelung – was gem. § 11 Abs. 1 Satz 2 Nr. 3 VersAusglG zulässig ist – keinen Invaliditätsschutz bietet und der Ausgleichsberechtigte darauf Wert legt, auch für den Fall der Invalidität abgesichert zu sein, und die gewählte Zielversorgung diesen zusätzlichen Schutz bietet. Allerdings wird der Transfer des Ausgleichswerts in die Zielversorgung dann dazu führen, dass das erworbene Anrecht auf Alterssicherung geringer ausfällt.

27 **Anrechte**, die im Zeitpunkt der Entscheidung **nicht ausgleichsreif** (i.S. des § 19 VersAusglG) sind, z.B. weil der Ausgleich für den Ausgleichsberechtigten unwirtschaftlich wäre oder weil ein ausländisches Anrecht in den VA fällt, bleiben einem späteren schuldrechtlichen VA vorbehalten. Eine Vereinbarung der Ehegatten, wonach insoweit der Wertausgleich stattfinden soll, ist nicht zulässig. Die Ehegatten können jedoch in eine Vereinbarung nach § 6 VersAusglG auch die dem schuldrechtlichen VA unterliegenden Anrechte einbeziehen und auf diese Weise ein späteres Verfahren über den schuldrechtlichen VA vermeiden.[41]

28 Für den **Ausgleichpflichtigen** kann eine Vereinbarung über den Wertausgleich vorteilhaft sein, wenn er **erheblich jünger** ist **als der Berechtigte** und ihn deshalb voraussichtlich überleben wird. Die interne Teilung hat auf Seiten des Verpflichteten eine Kürzung seines Versorgungsanrechts auch über den Tod des Berechtigten hinaus zur Folge, die gem. § 37 Abs. 2 VersAusglG nur dann (teilweise) abgewendet werden kann, wenn der Berechtigte die Versorgung nicht länger als 36 Monate bezogen hat. Diese Rechtsfolge kann durch eine Vereinbarung vermieden werden, mit der der Ausgleichpflichtige den Berechtigten in geeigneter anderer Form absichert, etwa durch Kapitalzahlung in eine Lebensversicherung, Übertragung einer Immobilie oder Einräumung eines Wohnrechts oder Nießbrauchs, wobei der Rückfall dieses dinglichen Rechts an den Verpflichteten im Fall des Ablebens des Berechtigten vorgesehen werden kann.[42]

E. Bindung des Gerichts an Vereinbarungen (Abs. 2)

29 Gem. § 6 Abs. 2 VersAusglG ist das **Gericht an** eine **Vereinbarung gebunden**, die die allgemeinen vertraglichen und die in den §§ 7 und 8 VersAusglG geregelten besonderen Wirksamkeitsvoraussetzungen erfüllt. Ist der Vertrag daher in der vorgeschriebenen Form geschlossen worden und hält er der Inhalts- und Ausübungskontrolle stand, hat das Gericht ihn bei der zu treffenden Endentscheidung über den VA zu beachten.

F. Verfahren und Entscheidung

29a Haben die Ehegatten eine Vereinbarung nach § 6 VersAusglG geschlossen, so ist diese dem Familiengericht vorzulegen, damit dieses die formellen und materiellen Wirksamkeitsvoraussetzungen nach den §§ 7, 8 VersAusglG prüfen und feststellen kann, ob und ggf. mit welchen Modifikationen der VA durchzuführen ist. Erachtet das Familiengericht die Vereinbarung für wirksam, so hat es aufgrund der nach § 6 Abs. 2 VersAusglG bestehenden Bindung (s. Rdn. 29) entsprechend der

41 Johannsen/Henrich/Hahne § 6 Rn. 8; NK-BGB/Götsche § 6 Rn. 35.
42 Johannsen/Henrich/Hahne § 6 Rn. 9.

Vereinbarung zu entscheiden. Ist der **VA** vollständig **ausgeschlossen** worden, hat das Gericht gem. § 224 Abs. 3 FamFG in der Beschlussformel ausdrücklich **festzustellen, dass kein VA stattfindet**. Zwar sieht § 224 Abs. 3 FamFG nur die Feststellung vor, dass ein »Wertausgleich bei der Scheidung« nicht stattfindet. Haben die Ehegatten aber nicht nach § 6 Abs. 1 S. 2 Nr. 3 VersAusglG schuldrechtliche Ausgleichsansprüche vorbehalten, sondern den VA insgesamt ausgeschlossen, so ist dies auch im Tenor zum Ausdruck zu bringen.[43] Die Begründung für das Unterbleiben des Ausgleichs braucht nur in den Entscheidungsgründen angegeben zu werden.[44] Bei einem Teilausschluss oder einer sonstigen Modifikation des VA ist der VA nur insoweit durchzuführen, als dies nach der Vereinbarung vorgesehen ist, und im Übrigen ist eine negative Feststellungsentscheidung nach § 224 Abs. 3 VersAusglG zu treffen. Zur Wertfestsetzung im Falle negativer Feststellung vgl. vor § 1 Rdn. 100. Die Entscheidung nach § 224 Abs. 3 FamFG ist mit der Beschwerde nach § 58 FamFG anfechtbar und erwächst in materielle Rechtskraft.[45] Nach Eintritt der Rechtskraft ist – anders als nach früherem Recht, nach dem die Entscheidung, dass ein VA aufgrund eines vertraglichen Ausschlusses nicht stattfinde, i.d.R. nur deklaratorische Bedeutung hatte – ein Antrag auf Durchführung des VA mit der Begründung, die Vereinbarung über den VA sei unwirksam (geworden), unzulässig.

Kommt das Gericht bei seiner Prüfung nach den §§ 7, 8 VersAusglG zu dem Ergebnis, dass die **30** **Vereinbarung nichtig** ist, so muss es den Wertausgleich bei Scheidung von Amts wegen bzw. das Verfahren über Ausgleichsansprüche nach der Scheidung auf Antrag durchführen. Dann ist in den Entscheidungsgründen darzulegen, weshalb das Gericht die Vereinbarung für unwirksam hält.[46]

G. Abänderung von Vereinbarungen

Vereinbarungen über den **Wertausgleich nach der Scheidung** können durch eine neue Vereinba- **31** rung der Ehegatten wieder **abgeändert** werden, sofern die Ehegatten die Abänderung nicht ausdrücklich ausgeschlossen haben. Zur Formbedürftigkeit s. § 7 Rdn. 10.

Ist aufgrund der ersten Vereinbarung bereits eine **gerichtliche Entscheidung** über den Wertaus- **32** gleich wirksam geworden, muss diese aufgrund der geänderten Vereinbarung in einem Verfahren nach den §§ 225, 226 FamFG durch gerichtliche Entscheidung abgeändert werden (§ 227 Abs. 2 FamFG). Die Möglichkeit einer gerichtlichen Abänderung beschränkt sich allerdings auf die in § 32 VersAusglG genannten Anrechte (§ 225 Abs. 1 FamFG). Eine Vereinbarung, die den Wertausgleich privater oder betrieblicher Versorgungsanrechte abändert, kann daher nicht vollzogen werden, sofern die betroffenen Versorgungsträger nicht ausdrücklich zustimmen.[47] Voraussetzung für eine Abänderung der früheren Entscheidung ist außerdem, dass die Wertänderung wesentlich ist und dass sich die Abänderung zugunsten eines Ehegatten oder eines Hinterbliebenen auswirkt (§ 225 Abs. 3 und 5 FamFG). Die Abänderung einer auf einer Vereinbarung beruhenden gerichtlichen Entscheidung erfolgt gem. § 227 Abs. 1 FamFG nach den Grundsätzen des § 48 Abs. 1 FamFG.

Auch ein **vor der Eheschließung** vertraglich vereinbarter **Ausschluss des VA** kann später vertrag- **33** lich geändert werden, und zwar sowohl mit Rückwirkung auf den Zeitpunkt der Eheschließung als auch nur mit Wirkung ex nunc.[48] Im letzteren Fall beginnt die Ehezeit dann mit dem Ersten

---

43 Ebenso Borth Rn. 937; Ruland Rn. 886; NK-BGB/Götsche § 6 Rn. 45; Kemper Kap. VII Rn. 27; anders Erman/Norpoth § 6 Rn. 7.
44 BT-Drucks. 16/10144 S. 52; OLG Hamm FamRZ 2012, 146.
45 BT-Drucks. 16/10144 S. 52; Ruland Rn. 886; Johannsen/Henrich/Hahne § 6 Rn. 2.
46 BT-Drucks. 16/10144 S. 52.
47 Ruland Rn. 862.
48 Ruland Rn. 887; Kniebes/Kniebes DNotZ 1977, 269, 284.

des Monats, in dem der Änderungsvertrag geschlossen worden ist.[49] Die Durchführung eines VA ist allerdings nur insoweit noch möglich, als nicht bereits eine familiengerichtliche Entscheidung rechtskräftig geworden ist.[50]

§ 7 VersAusglG   Besondere formelle Wirksamkeitsvoraussetzungen

(1) Eine Vereinbarung über den Versorgungsausgleich, die vor Rechtskraft der Entscheidung über den Wertausgleich bei der Scheidung geschlossen wird, bedarf der notariellen Beurkundung.

(2) § 127a des Bürgerlichen Gesetzbuchs gilt entsprechend.

(3) Für eine Vereinbarung über den Versorgungsausgleich im Rahmen eines Ehevertrags gilt die in § 1410 des Bürgerlichen Gesetzbuchs bestimmte Form.

A. Norminhalt

1   § 7 VersAusglG regelt in Abs. 1 und 2 – in sachlicher Übereinstimmung mit dem früheren § 1587o Abs. 2 Satz 1 und 2 BGB – die formellen Voraussetzungen einer Vereinbarung über den VA. Abs. 3 enthält eine Sonderregelung für Eheverträge, die ebenfalls dem früheren Recht (§§ 1408 Abs. 2 a.F., 1410 BGB) entspricht.

B. Vereinbarungen vor Rechtskraft der Entscheidung über den Wertausgleich

I. Allgemeines

2   § 7 Abs. 1 VersAusglG stellt klar, dass Vereinbarungen über den VA – auch über schuldrechtliche Ausgleichsansprüche i.S. der §§ 20 ff. VersAusglG – einer besonderen Form bedürfen, wenn sie vor dem Zeitpunkt der Rechtskraft der Entscheidung über den (öffentlich-rechtlichen) Wertausgleich geschlossen werden. Unerheblich ist, ob die Vereinbarung vor oder während der Anhängigkeit des Scheidungsverfahrens oder eines selbständigen gerichtlichen Verfahrens über den Wertausgleich zustande kommt. Wird das Verfahren über den Wertausgleich aus dem Verbund abgetrennt, so bleibt die Vereinbarung auch nach dem Eintritt der Rechtskraft der Scheidung noch formbedürftig. Erst wenn auch die in dem abgetrennten Verfahren getroffene Entscheidung über den Wertausgleich rechtskräftig geworden ist, bedarf eine Vereinbarung über den VA keiner Form mehr (s. Rdn. 9). Insoweit geht der Formzwang über denjenigen bei Unterhaltsvereinbarungen hinaus, die nach Rechtskraft der Scheidung formfrei geschlossen werden können (§ 1585 c Satz 2 BGB).

---

49 Ruland Rn. 887.
50 OLG München FamRZ 1997, 1082, 1084; OLG Köln FamRZ 2000, 832; OLG Karlsruhe FamRZ 2004, 1972.

II. Notarielle Beurkundung (Abs. 1)

Nach § 7 Abs. 1 VersAusglG sind die Formvoraussetzungen im Falle **notarieller Beurkundung** 3
erfüllt. Dabei müssen die Vertragspartner – anders als beim Ehevertrag (s.u. Rdn. 8) – nicht
gleichzeitig beim Notar anwesend sein; vielmehr genügt es nach § 128 BGB, wenn Antrag und
Annahme getrennt beurkundet werden. Eine Stellvertretung bei der Beurkundung ist zulässig,
selbst durch den anderen Ehegatten.[1] Die erforderliche Vollmacht des vertretenen Ehegatten
bedarf gem. § 167 Abs. 2 BGB nicht der notariellen Beurkundung. Die Formvorschrift will eine
angemessene Beratung und Information der Ehegatten vor Vertragsschluss sicherstellen.

Der beurkundende Notar ist gem. § 17 BeurkG verpflichtet, den **Sachverhalt zu klären**, die Ehe- 4
gatten über die rechtliche Tragweite der Vereinbarung zu **belehren** und sich zu vergewissern, dass
sie den Vertragsinhalt verstanden haben und das Rechtsgeschäft ihrem wirklichen Willen entspricht. Er soll die Ehegatten auch auf die Genehmigungsbedürftigkeit der Vereinbarung hinweisen und dies in der Niederschrift vermerken (§ 18 BeurkG). Zur Vorbereitung der Vereinbarung
kann der Notar im Auftrage und mit Vollmacht der Parteien bei den zuständigen Rentenversicherungsträgern Auskünfte über die in der Ehezeit erworbenen gesetzlichen Rentenanwartschaften
einholen. Er kann den Ehegatten auch die Einschaltung eines Rentenberaters empfehlen,[2] was
allerdings nur sinnvoll ist, wenn beide Ehegatten lückenlose Nachweise über geleistete Versicherungsbeiträge sowie anrechenbare beitragsfreie Zeiten beibringen können, die eine Berechnung der
während der Ehezeit erworbenen Anwartschaften ermöglichen. Zu den Aufgaben des Notars
gehört es hingegen nicht, auf die persönlichen Verhältnisse der Beteiligten abgestellte konkrete
Einzelberechnungen vorzunehmen und die Angemessenheit der Vereinbarung eingehend zu prüfen. Hat die Vereinbarung einen vollstreckungsfähigen Inhalt (z.B. bei einer Verpflichtung zur
Zahlung eines Kapitalbetrages in eine private Lebensversicherung), so sollte die Klausel aufgenommen werden, dass sich der Verpflichtete der sofortigen Zwangsvollstreckung unterwirft. Aber auch
eine Vereinbarung ohne Unterwerfungsklausel ist wirksam. Weigert sich der Verpflichtete später,
die vereinbarte Verpflichtung zu erfüllen, so muss der Berechtigte seinen Anspruch notfalls
gerichtlich geltend machen und titulieren lassen.

III. Gerichtlicher Vergleich oder gerichtliches Protokoll (Abs. 2)

Gem. § 7 Abs. 2 VersAusglG i.V.m. § 127a BGB kann für die Vereinbarung anstelle der notariellen 5
Beurkundung auch die **Form eines gerichtlichen Vergleichs** gewählt werden. Die gesetzliche
Regelung erfordert nicht, dass die Vereinbarung materiellrechtlich den Charakter eines Vergleichs
i.S. des § 779 BGB hat, sondern nur, dass die Erklärungen der Ehegatten in ein nach den Vorschriften der ZPO (§§ 159 ff.) errichtetes **gerichtliches Protokoll** (oder vorläufiges Protokoll,
§ 160a ZPO) aufgenommen werden.[3] Ein Vergleichsabschluss im schriftlichen Verfahren nach
§ 278 Abs. 6 ZPO[4] oder ein Anwaltsvergleich nach § 796a ZPO[5] genügen der gesetzlichen Form
nicht, weil diese Formen des Vergleichsabschlusses nicht die Beratung und Belehrung nach § 17
BeurkG sicherstellen. Der protokollierte Vertragstext muss den Beteiligten vorgelesen oder vom
Tonträger vorgespielt und von ihnen genehmigt werden, und diese Formalitäten sind ebenfalls in
das Protokoll aufzunehmen (§ 162 ZPO). Fehlt es an einem dieser Erfordernisse, hat das Gericht
etwa nur übereinstimmende Erklärungen der Ehegatten als einen Teil des Verhandlungsablaufs

---

1 Ruland Rn. 867; Johannsen/Henrich/Hahne § 7 Rn. 1.
2 BT-Drucks. 7/4361 S. 49.
3 BGH FamRZ 1991, 679, 680; 1994, 96, 97; BT-Drucks. 16/10144 S. 52.
4 OLG Brandenburg FamRZ 2008, 1192, 1193; Borth Rn. 909; Ruland Rn. 868; Zöller/Greger § 278
   Rn. 31; Musielak/Foerste § 278 Rn. 18; Johannsen/Henrich/Hahne § 7 Rn. 2; a.A. OLG Naumburg
   FamRZ 2009, 617; OLG München FamRZ 2011, 812 (für den Fall, dass die Vereinbarung auf Vorschlag
   des Gerichts geschlossen wurde); BAG NJW 2007, 1831; Palandt/Ellenberger § 127a Rn. 2.
5 BGH NJW 1993, 3141; Ruland Rn. 868; Borth Rn. 909; Johannsen/Henrich/Hahne § 7 Rn. 2.

festgehalten, so ist die Vereinbarung formunwirksam.[6] Dem Gericht obliegen die Belehrungspflichten des § 17 BeurkG (vgl. § 1 Abs. 2 BeurkG).[7]

6   Im Scheidungsverbundverfahren, das dem **Anwaltszwang** unterliegt (§ 114 Abs. 1 FamFG), müssen beide Ehegatten bei der Protokollierung durch einen Rechtsanwalt vertreten sein.[8] Da Folgesachen ihren Charakter mit einer Abtrennung aus dem Verbund grundsätzlich nicht verlieren (§ 137 Abs. 5 Satz 1 Hs. 1 FamFG), bleibt der Anwaltszwang auch in aus dem Verbund abgetrennten VA-Verfahren bestehen.[9]

C. Ehevertrag (Abs. 3)

7   Für Vereinbarungen über den VA, die im Rahmen eines **Ehevertrages** geschlossen werden, gilt – wie schon nach früherem Recht – die strengere Form des § 1410 BGB (§ 7 Abs. 3 VersAusglG). Ein Ehevertrag ist nach der Legaldefinition des § 1408 Abs. 1 BGB eine vertragliche Regelung, die Ehegatten bezüglich ihrer güterrechtlichen Verhältnisse treffen. Werden im Rahmen eines solchen Vertrages auch Vereinbarungen über den VA geschlossen, so sind diese nur wirksam, wenn der gesamte Ehevertrag den Formvorschriften des § 1410 BGB genügt. Entsprechendes gilt gem. § 20 Abs. 3 LPartG auch für Vereinbarungen über den VA im Rahmen von Lebenspartnerschaftsverträgen i.S. des § 7 LPartG.

8   Ein Ehevertrag bedarf gem. § 1410 BGB der **notariellen Beurkundung** nach Maßgabe der §§ 8 ff. BeurkG bei **gleichzeitiger Anwesenheit beider Vertragspartner**. Allerdings ist auch in diesem Fall eine Vertretung durch einen Bevollmächtigten bei Vertragsschluss zulässig, wobei selbst der andere Ehegatte Vertreter sein kann.[10] Vollmacht oder nachträgliche Zustimmung des Vertretenen bedürfen nicht der für den Ehevertrag selbst bestimmten Form (§§ 167 Abs. 2, 182 Abs. 2 BGB). Die Formvorschrift soll eine gründliche Belehrung über die Rechtsfolgen des Vertrages durch den Notar (§ 17 BeurkG) sichern. Die Geschäftsfähigkeit der Vertragspartner richtet sich nach den allgemeinen Vorschriften (vgl. §§ 104 ff. BGB). Unschädlich ist es, wenn die in einer formgerecht aufgenommenen Urkunde getroffenen Vereinbarungen nicht ausdrücklich als Ehevertrag bezeichnet worden sind.

D. Vereinbarungen nach Rechtskraft der Entscheidung über den Wertausgleich

9   Vereinbarungen, die nach Rechtskraft der Entscheidung über den Wertausgleich bei Scheidung getroffen werden, sind **formfrei** möglich, soweit sie sich auf noch nicht ausgeglichene Anrechte beziehen. Die Ehegatten können daher insbesondere über die gem. § 19 VersAusglG dem schuldrechtlichen VA vorbehaltenen Anrechte formfrei disponieren. Insoweit besteht kein besonderes Schutzbedürfnis der Ehegatten mehr, denn sie können ohne den Druck des Scheidungsverfahrens die Notwendigkeit und den Inhalt etwaiger Vereinbarungen gründlicher prüfen, und ihnen ist durch das vorangegangene Scheidungsverfahren die Bedeutung des VA bereits bewusst geworden. Außerdem können sie ggf. beim Familiengericht einen Antrag auf schuldrechtlichen VA stellen und im Rahmen dieses Verfahrens die Vereinbarung gerichtlich prüfen lassen.[11]

---

6   OLG Düsseldorf FamRZ 1987, 1160, 1161.

7   BVerfG FamRZ 1982, 769, 773.

8   BGH FamRZ 1991, 679, 680.

9   BGH FamRZ 1981, 29; 1998, 1505. Eine Ausnahme gilt jedoch für Verfahren, die vor dem 01.09.2009 eingeleitet worden und nach Abtrennung aus dem Verbund gemäß Art. 111 Abs. 4 S. 2 FGG-RG nach neuem Recht als selbständige Familiensachen fortzuführen sind, BGH FamRZ 2011, 635.

10   Ruland Rn. 869; Johannsen/Henrich/Hahne § 7 Rn. 3; Vollkommer DNotZ 1999, 522.

11   BT-Drucks. 16/10144 S. 52.

E. Änderungs- und Aufhebungsverträge

Ein Vertrag, mit dem eine formbedürftige **Vereinbarung geändert** wird, bedarf grundsätzlich der 10
gleichen Form wie die geänderte Vereinbarung.[12] Teilweise wird die Auffassung vertreten, dass
auch die Aufhebung einer Vereinbarung oder eines Ehevertrages formbedürftig sei.[13] Dem ist
jedoch nicht zu folgen. Nach allgemeinen Grundsätzen kann ein formbedürftiges Rechtsgeschäft – abgesehen von den gesetzlich ausdrücklich geregelten Fällen des Erbvertrages (§ 2290
Abs. 4 BGB) und des Erbverzichts (§ 2351 BGB) – formlos wieder aufgehoben werden.[14] Die
Abänderung von Vereinbarungen über den **schuldrechtlichen VA** ist jederzeit ohne Einschränkung
und formlos[15] möglich.

F. Verfahren

Ist eine Vereinbarung über den VA **nicht in der gesetzlich vorgeschriebenen Form geschlossen** 11
worden, so ist sie gem. § 125 BGB nichtig. Auch eine familiengerichtliche Genehmigung nach
§ 1587 o Abs. 2 Satz 3 BGB a.F. konnte die Formnichtigkeit nicht heilen.[16] Ein formunwirksam
vereinbarter Ausschluss des VA kann das Verfahren daher nicht beenden. Das Familiengericht hat
den VA vielmehr nach den gesetzlichen Vorschriften durchzuführen. Sieht es dagegen von einer
Entscheidung über den VA ab, obwohl dieser gem. § 137 FamFG als Folgesache im Verbund mit
der Scheidung steht, so kommt der isolierte Ausspruch der Ehescheidung einer (stillschweigenden)
Abtrennung des VA-Verfahrens nach § 140 Abs. 2 FamFG gleich.[17] Die VA-Folgesache ist daher –
spätestens auf ausdrücklichen Antrag eines Beteiligten – fortzuführen. Das Gleiche gilt grundsätzlich, wenn ein Gericht unter der Geltung des früheren Rechts im Hinblick auf eine formunwirk-
same Vereinbarung ausgesprochen hatte, dass ein VA nicht stattfinde. Denn dabei handelte es sich
i.d.R. nur um eine deklaratorische Entscheidung, die nicht in Rechtskraft erwuchs.[18] Anders lag
es jedoch, wenn die Entscheidung des Gerichts ausweislich der Entscheidungsgründe auf einer
materiellrechtlichen Prüfung der Wirksamkeit der Vereinbarung beruhte.[19] Nach neuem Recht hat
das Gericht auch im Falle einer Vereinbarung stets eine Sachentscheidung zu treffen. Stellt es gem.
§ 224 Abs. 3 FamFG fest, dass ein VA aufgrund einer Vereinbarung nicht stattfindet, so erwächst
die Entscheidung auch dann in Rechtskraft, wenn die Vereinbarung nicht in der vorgeschriebenen
Form geschlossen worden war (vgl. § 6 Rdn. 29a). Damit ist eine Fortsetzung des VA-Verfahrens
ausgeschlossen, und ein Antrag auf nachträgliche Durchführung des VA ist unzulässig.

§ 8 VersAusglG   Besondere materielle Wirksamkeitsvoraussetzungen

(1) Die Vereinbarung über den Versorgungsausgleich muss einer Inhalts- und Ausübungskontrolle standhalten.

(2) Durch die Vereinbarung können Anrechte nur übertragen oder begründet werden, wenn die
maßgeblichen Regelungen dies zulassen und die betroffenen Versorgungsträger zustimmen.

12 BGH NJW 1974, 271.
13 OLG Köln FamRZ 2000, 832; Goering FamRB 2004, 64, 65.
14 BGHZ 83, 395, 397; OLG Karlsruhe FamRZ 1995, 361, 362; 2004, 1972; Ruland Rn. 871; Palandt/
    Heinrichs § 125 Rn. 8.
15 BGH FamRZ 2001, 1444, 1449; OLG Karlsruhe FamRZ 1989, 762.
16 BGH FamRZ 1991, 679, 680; OLG Brandenburg FamRZ 2000, 1157.
17 OLG Zweibrücken FamRZ 1987, 84; OLG Köln FamRZ 1998, 373.
18 BGH FamRZ 1991, 679, 680; 1991, 681.
19 BGH FamRZ 2009, 215; OLG Celle OLGReport 2009, 23.

A. Norminhalt

1   § 8 regelt besondere **materielle Wirksamkeitsvoraussetzungen** von Vereinbarungen über den VA, die das Familiengericht – zusätzlich zu den formellen Voraussetzungen des § 7 VersAusglG – stets von Amts wegen zu prüfen hat. Abs. 1 sieht eine richterliche Inhalts- und Ausübungskontrolle insbesondere mit Rücksicht auf die §§ 138 und 242 BGB vor, Abs. 2 verlangt darüber hinaus eine Kontrolle, ob die systemimmanenten Schranken beachtet worden sind, die sich aus den maßgeblichen Versorgungsregelungen ergeben.

B. Inhalts- und Ausübungskontrolle (Abs. 1)

I. Allgemeines

2   § 8 Abs. 1 VersAusglG bestimmt, dass eine Vereinbarung über den VA einer (richterlichen) **Inhalts- und Ausübungskontrolle** standhalten muss. Die Gerichte haben Vereinbarungen über den VA daher stets (von Amts wegen) daraufhin zu überprüfen, ob sie nach den allgemeinen gesetzlichen Vorschriften wirksam sind und ihnen auch keine Durchsetzungshindernisse entgegenstehen.[1] Nur wenn sich bei der Prüfung keine Beanstandungen ergeben, ist das Gericht an die Vereinbarung gebunden (§ 6 Abs. 2 VersAusglG). Die richterliche Kontrolle verfolgt den gleichen Zweck wie das frühere Erfordernis der richterlichen Genehmigung von Scheidungsvereinbarungen nach § 1587o BGB a.F., nämlich die Verhinderung von Vereinbarungen der Ehegatten zu Lasten der Sozialsysteme sowie von Vereinbarungen, die eine einseitige und unangemessene Lastenverteilung zum Nachteil eines Ehegatten zur Folge haben. Ein Genehmigungsverfahren ist nicht mehr erforderlich, weil Eheverträge nach der Rechtsprechung des BVerfG[2] und des BGH[3] stets einer richterlichen Inhalts- und Ausübungskontrolle – insbesondere im Hinblick auf die §§ 138 und 242 BGB – unterliegen.[4]

3   Durch die strengen Voraussetzungen, die nach der Rechtsprechung des BGH insbesondere für einen vollständigen Ausschluss des VA erfüllt sein müssen, wird die richterliche Kontrolle im Ergebnis bereits in die Nähe der Genehmigungsbedürftigkeit gerückt[5] und die **grundsätzliche Dispositionsfreiheit der Ehegatten** jedenfalls insoweit **eingeschränkt**. Ein völliger Ausschluss des VA ist z.B. von der Rechtsordnung nur dann hinzunehmen, wenn er mit dem Gebot der ehelichen Solidarität vereinbar ist (s. Rdn. 7).

4   Eine **detaillierte** Inhalts- und Ausübungskontrolle kann allerdings auf solche Fälle beschränkt werden, in denen sich konkrete Anhaltspunkte für eine Sittenwidrigkeit oder Anpassungsbedürftigkeit ergeben.[6] Solche **Anhaltspunkte im Einzelfall vorzutragen**, obliegt dem Ehegatten, der sich

---

1   BT-Drucks. 16/10144 S. 52.
2   FamRZ 2001, 343.
3   FamRZ 2004, 601; speziell zum VA BGH FamRZ 2005, 26; 2005, 185; 2008, 2011; 2009, 1041.
4   BT-Drucks. 16/10144 S. 51.
5   In diesem Sinne auch Bergschneider S. 69.
6   Vgl. BT-Drucks. 16/10144 S. 52.

durch eine Vereinbarung benachteiligt fühlt.[7] In der Mehrzahl der Fälle genügt eine gerichtliche Überprüfung dahin, ob die Vereinbarung gegen ein gesetzliches Verbot verstößt.

Daraus folgt für die **rechtsberatende Praxis**, dass über den VA künftig grundsätzlich insoweit frei 5
disponiert werden kann, als die Vereinbarung (voraussichtlich) einer gerichtlichen Kontrolle standhalten wird. Durch die in § 6 Abs. 1 Satz 2 VersAusglG aufgeführten Regelbeispiele werden den Eheleuten und den sie beratenden Rechtsanwälten zudem konkrete Gestaltungsmöglichkeiten aufgezeigt (vgl. dazu § 6 Rdn. 10 ff.). Ist der Abschluss einer Vereinbarung beabsichtigt, deren Wirksamkeit möglicherweise vom Gericht beanstandet werden könnte, empfiehlt es sich, dem Gericht den Entwurf der vorgesehenen Vereinbarung vorab zur Beurteilung der Wirksamkeit vorzulegen.

Die gerichtliche Wirksamkeitskontrolle ist in **zwei Schritten** durchzuführen: Zunächst ist im Rah- 6
men einer **Inhaltskontrolle** zu prüfen, ob die Vereinbarung schon im Zeitpunkt ihres Zustandekommens offenkundig für den Fall der Scheidung zu einer so gravierenden Benachteiligung eines Ehegatten führte, dass der Vertrag als sittenwidrig anzusehen ist (§ 138 BGB). Hält der Vertrag der Inhaltskontrolle stand, ist ggf. im Rahmen einer **Ausübungskontrolle** zu prüfen, ob und inwieweit der durch den Vertrag begünstigte Ehegatte gemäß § 242 BGB nach Treu und Glauben gehindert ist, sich im Scheidungsfall gegenüber dem anderen Ehegatten auf vertragliche Bestimmungen zu berufen.

II. Inhaltskontrolle

Im Rahmen der Inhalts- (Wirksamkeits-) Kontrolle ist der Vertrag auf Gesetz- oder Sittenwidrig- 7
keit zu prüfen. § 138 BGB erfordert eine **Gesamtwürdigung**, die in **objektiver** Hinsicht die Einkommens- und Vermögensverhältnisse im Zeitpunkt der Vereinbarung sowie den geplanten oder bereits verwirklichten Zuschnitt der Ehe und in **subjektiver** Hinsicht die von den Ehegatten mit der Vereinbarung verfolgten Zwecke sowie die sonstigen Beweggründe berücksichtigt, die den begünstigten Ehegatten zu seinem Verlangen nach der von den gesetzlichen Bestimmungen abweichenden vertraglichen Gestaltung veranlasst und den benachteiligten Ehegatten bewogen haben, diesem Verlangen zu entsprechen.[8] Sittenwidrigkeit kann i.d.R. nur angenommen werden, wenn durch den Vertrag Regelungen aus dem **Kernbereich des Scheidungsfolgenrechts** ganz oder jedenfalls zu erheblichen Teilen abbedungen worden sind, ohne dass dieser Nachteil für den anderen Ehegatten durch anderweitige Vorteile gemildert oder durch eine besondere Gestaltung der Ehe oder durch gewichtige Belange des begünstigten Ehegatten gerechtfertigt wurde.[9] Zum Kernbereich der Scheidungsfolgen gehört auch der VA. Er rangiert – als vorweggenommener Altersunterhalt – auf derselben Stufe wie der Unterhaltsanspruch nach § 1571 BGB, der wiederum gleich nach dem besonders privilegierten Betreuungsunterhalt (§ 1570 BGB) einzustufen ist.[10] Seine zugleich bestehende Verwandtschaft mit dem Zugewinnausgleich kann zwar jedenfalls bei deutlich gehobenen Versorgungsverhältnissen eine weitergehende Dispositionsbefugnis rechtfertigen.[11] War jedoch bei Vertragsschluss absehbar, dass der eine Ehegatte aufgrund des geplanten oder bereits verwirklichten Zuschnitts der Ehe nicht in der Lage sein würde, eine ausreichende Altersversorgung aufzubauen, während der andere Ehegatte sich durch die Ausübung seiner Erwerbstätigkeit

---

7 Ruland Rn. 887; Johannsen/Henrich/Hahne § 8 Rn. 1; Erman/Norpoth § 8 Rn. 31; Wick FPR 2009, 219, 220. Vgl. dazu die Rechtsprechung zur Anwendung der Härteklauseln, wonach die Gerichte nicht von sich aus nach Härtegründen zu forschen brauchen, sondern es den Ehegatten obliegt, zunächst Tatsachen vorzutragen, die nach ihrer Ansicht die Heranziehung einer Härteklausel begründen können: BGH FamRZ 1988, 709, 710; 1990, 985, 987; 2007, 366, 367.
8 BGH FamRZ 2005, 26, 27; 2005, 185, 186; 2005, 1449, 1450; 2007, 450, 451.
9 BGH FamRZ 2004, 601, 606; 2005, 1444, 1446; 2006, 1097, 1098; 2006, 1359, 1361.
10 BGH FamRZ 2004, 601, 605; 2005, 691, 693; 2008, 2011, 2013; 2009, 1041, 1043.
11 BGH FamRZ 2004, 601, 605.

und/oder durch sein Vermögen für das Alter hinreichend würde absichern können, so ist der vereinbarte Ausschluss des VA nichtig, jedenfalls wenn sich die Parteien bei Vertragsschluss ersichtlich in ungleichen Verhandlungspositionen befanden.[12]

8   Eine bei Abschluss des Vertrages bestehende **Schwangerschaft** oder eine **andere Zwangslage** des benachteiligten Ehegatten kann ein gewichtiges Indiz für eine vertragliche Disparität sein, wenn der beruflich besser qualifizierte und einkommensstärkere Kindesvater die Eheschließung davon abhängig gemacht hat, dass die Frau einen Ehevertrag akzeptiert, mit dem die Lasten einseitig zu ihren Ungunsten verteilt wurden.[13] Das OLG München[14] hat z.B. einen vertraglichen Ausschluss des VA zwischen einem Deutschen und einer ausländischen Ehefrau als unwirksam angesehen, weil sich diese in einer erheblich schwächeren wirtschaftlichen Lage befand und der Ehevertrag unter dem Druck der Sicherung einer Aufenthaltserlaubnis zustande gekommen war.

9   Andererseits ist zu berücksichtigen, dass selbst ein vollständiger **Ausschluss des VA** nach § 6 Abs. 1 Satz 2 Nr. 2 VersAusglG **grundsätzlich zulässig** ist (vgl. § 6 Rdn. 14 f.). Deshalb sind Vereinbarungen nicht zu beanstanden, wenn aus Sicht bei Vertragsschluss beide Ehegatten davon ausgehen konnten, für den Fall des Alters oder der Invalidität nicht auf die Durchführung eines VA in der gesetzlich vorgesehenen Form angewiesen zu sein, z.B. weil sie davon ausgehen konnten, durch eigene Erwerbstätigkeit oder eigenes Vermögen hinreichend Vorsorge treffen zu können.[15] Unerheblich ist insoweit, ob die Ehegatten damit rechnen konnten, während der Ehezeit etwa gleich hohe Versorgungsanrechte zu erwerben. Ein Ausschluss des VA kann auch nicht als sittenwidrig angesehen werden, wenn er durch einen angemessenen Vermögenszufluss kompensiert wurde, z.B. durch Zahlung eines Kapitalbetrages,[16] durch den Abschluss eines Lebensversicherungsvertrages[17] oder die Erhöhung der Versicherungssumme eines bestehenden Vertrages, durch die Übertragung einer Immobilie,[18] von Nießbrauchsrechten, Unternehmensbeteiligungen[19] oder kurssicheren Wertpapieren. Ferner kann der Ausschluss seine Rechtfertigung in Härtegründen finden, die eine grobe Unbilligkeit i.S. des § 27 VersAusglG begründen könnten,[20] selbst wenn eine gerichtliche Entscheidung möglicherweise nicht zu einem Totalausschluss des VA führen würde.[21]

10 Für die **anwaltliche und notarielle Praxis** hat die Rechtsprechung des BGH zur Folge, dass einerseits die Ausgewogenheit der vereinbarten Rechte und Pflichten und andererseits die Machtverhältnisse zwischen den Ehegatten genau zu ermitteln und zu würdigen sind.[22] Dabei kommt es insbesondere auf die Motivation der Beteiligten, ihre persönliche und wirtschaftliche Situation, ihre Ausbildung und ihre beruflichen Perspektiven sowie die Aufgabenverteilung in der Ehe an.

11 Eine Vereinbarung über den VA kann auch dann unwirksam sein, wenn sie voraussichtlich dazu führt, dass ein Ehegatte individuelle Vorteile **zum Nachteil der Grundsicherung** nach dem SGB XII erzielt.[23] Insofern gelten die von der Rechtsprechung entwickelten Grundsätze zur Unzulässigkeit eines Verzichts auf nachehelichen Unterhalt, der zu Lasten eines Trägers der sozialen

12 BGH FamRZ 2006, 1097, 1098; 2008, 2011, 2014; 2009, 1041, 1043; OLG Düsseldorf FamRZ 2006, 793, 794; OLG Dresden FamRZ 2006, 1546; OLG München FamRZ 2007, 1244.
13 BVerfG FamRZ 2001, 343, 346; BGH FamRZ 2004, 1444, 1447; 2009, 1041, 1042; OLG Hamm FamRZ 2010, 1904; vgl. aber auch OLG Celle FamRZ 2008, 1191.
14 FamRZ 2008, 2079; vgl. auch BGH FamRZ 2007, 450 (russische Klavierlehrerin).
15 BGH FamRZ 2005, 691; OLG Düsseldorf FamRZ 2006, 347; OLG Saarbrücken FamRZ 2008, 1189; OLG Koblenz FamRZ 2012, 130; OLG Hamm FamRZ 2012, 232; Münch FPR 2011, 504, 508.
16 OLG Köln FamRZ 1997, 1359.
17 BGH FamRZ 1982, 471, 473.
18 OLG Koblenz FamRZ 2004, 1970; OLG Karlsruhe FamRZ 2010, 34, 35.
19 Vgl. OLG Brandenburg FamRZ 2007, 736.
20 BGH FamRZ 1982, 471, 472; 1987, 578, 580.
21 BGH FamRZ 1982, 688, 689; 1987, 467, 468; KG FamRZ 2000, 1157.
22 Bergschneider FamRZ 2001, 1337, 1339.
23 BT-Drucks. 16/10144 S. 53; vgl. auch Hauß FamRB 2008, 282, 284.

Sicherung geht,[24] entsprechend.[25] Eine Vereinbarung kann indes nur dann als sittenwidrig angesehen werden, wenn schon bei ihrem Abschluss hinreichend sicher vorhersehbar ist, dass ein Ehegatte künftig auf die Grundsicherung im Alter angewiesen sein wird, dies aber ohne die Vereinbarung nicht der Fall wäre. Eine solche Prognose, die auch sonstige Vermögenswerte, die zur Alterssicherung geeignet sein können, mit einzubeziehen hat, wird regelmäßig nur möglich sein, wenn der Eintritt des Versorgungsfalls bereits relativ nahe ist.

Unwirksam sind ferner auch künftig Vereinbarungen, die gegen ein **gesetzliches Verbot** verstoßen (§ 134 BGB) oder die den Bestimmungen einer für den Ausgleich maßgebenden Versorgungsordnung nicht entsprechen. In diesem Zusammenhang ist insbesondere § 8 Abs. 2 VersAusglG von Bedeutung, der Vereinbarungen zu Lasten der Versorgungsträger untersagt (vgl. dazu unten Rdn. 16).   **12**

Enthält der zu beurteilende Ehevertrag **Regelungen zu verschiedenen Scheidungsfolgen**, so ist eine Gesamtschau erforderlich.[26] Die Nichtigkeit schon einer einzigen Vertragsklausel hat allerdings gemäß **§ 139 BGB** im Zweifel Rechtsfolgen für die Gültigkeit des gesamten Vertrages.[27] Etwas anderes gilt nur dann, wenn anzunehmen ist, dass der Vertrag auch ohne die nichtigen Bestandteile geschlossen worden wäre. Hierfür kann eine sog. **salvatorische Klausel** sprechen. Für eine auf einzelne Vertragsbestimmungen beschränkte Teilnichtigkeit bleibt jedoch trotz einer salvatorischen Klausel kein Raum, wenn sich die Sittenwidrigkeit der getroffenen Abreden bereits aus der Gesamtwürdigung eines Vertrages ergibt, dessen Inhalt für einen Ehegatten ausnahmslos nachteilig ist und dessen Einzelregelungen durch keine berechtigten Belange des anderen Ehegatten gerechtfertigt werden.[28] Insbesondere lässt sich die Nichtigkeit eines vereinbarten Ausschlusses des VA dann nicht deshalb verneinen, weil bereits der Ausschluss des nachehelichen Unterhalts nichtig ist und der benachteiligte Ehegatte deshalb Altersvorsorgeunterhalt beanspruchen kann, mit dessen Hilfe er eine eigene Altersvorsorge wird aufbauen können.[29]   **13**

III. Ausübungskontrolle

Wenn ein Vertrag der Wirksamkeitskontrolle standhält, muss das Gericht im Rahmen einer **Ausübungskontrolle** prüfen, ob und inwieweit der durch den Vertrag begünstigte Ehegatte gemäß § 242 BGB nach Treu und Glauben gehindert ist, sich im Scheidungsfall gegenüber dem anderen Ehegatten auf vertragliche Bestimmungen zu berufen. Dafür sind nicht nur die Verhältnisse im Zeitpunkt des Vertragsschlusses maßgebend. Entscheidend ist vielmehr, ob sich nunmehr – d.h. im Zeitpunkt des Scheiterns der Ehe – aus dem vereinbarten Ausschluss einer gesetzlichen Scheidungsfolge eine evident einseitige Lastenverteilung ergibt, deren Hinnahme für den betroffenen Ehegatten unzumutbar ist. Das kann insbesondere der Fall sein, wenn die tatsächliche einvernehmliche Lebensgestaltung von der Lebensplanung bei Vertragsschluss grundlegend abweicht.[30] Auch insoweit kommt es wesentlich auf den Rang des ausgeschlossenen gesetzlichen Anspruchs an: Je gewichtiger die Scheidungsfolge ist, umso schwerwiegender müssen die Gründe sein, die für ihren Ausschluss sprechen.[31] Ein aufgrund beiderseitiger Erwerbstätigkeit aus Sicht bei Vertrags-   **14**

---

24 BGH FamRZ 1983, 137; 1985, 788; 2007, 197.
25 BT-Drucks. 16/10144 S. 53.
26 BGH FamRZ 2005, 691, 693; OLG München FamRZ 2003, 376; OLG Brandenburg FamRZ 2003, 764.
27 BGH FamRZ 2005, 1444, 1447.
28 BGH FamRZ 2006, 1097, 1098; 2008, 2011, 2014 m. Anm. Bergschneider.
29 BGH FamRZ 2006, 1097, 1098.
30 Vgl. OLG Koblenz FamRZ 2010, 212: Wiederaufnahme der ehelichen Gemeinschaft nach einem im Hinblick auf die Trennung der Ehegatten vereinbarten Ausschluss des VA; KG FamRZ 2011, 1587: Aufgabe einer selbständigen Tätigkeit während der Ehe.
31 BGH FamRZ 2004, 601, 606; 2005, 1444, 1446.

schluss nicht zu beanstandender vertraglicher Ausschluss des VA kann bei späterer Scheidung z.B. deshalb nicht mehr hinnehmbar sein, weil die Ehefrau im Hinblick auf die Betreuung von in der Ehe geborenen Kindern ihre Erwerbstätigkeit aufgegeben und in langjähriger Ehe keine für die spätere Existenzsicherung im Alter ausreichende Versorgung mehr hat aufbauen können.[32] Auch eine Veränderung im Eheverlauf, die nicht bewusst und einverständlich herbeigeführt worden ist, kann im Rahmen der Ausübungskontrolle von Bedeutung sein, wenn sie zu einer evident einseitigen Lastenverteilung geführt hat. So kann etwa die schwere Erkrankung eines Ehegatten, die eine weitere Erwerbstätigkeit ausschließt, einer Berufung auf einen vertraglichen Ausschluss des VA entgegenstehen, sofern die dadurch eingetretenen Versorgungsnachteile nicht durch einen Anspruch auf Invaliditätsrente kompensiert werden.[33]

15 Ist einem Ehegatten die Berufung auf eine ihm günstige Vertragsklausel verwehrt, so kommt in erster Linie eine **Vertragsanpassung** in Betracht. Das Gericht hat diejenige Rechtsfolge anzuordnen, die den berechtigten Belangen beider Parteien in der nunmehr eingetretenen Situation in ausgewogener Weise Rechnung trägt.[34] Eine Klausel, die einen Ehegatten in nicht hinnehmbarem Maße einseitig belastet, ist zu modifizieren oder – wenn dies nicht ausreicht – zu ignorieren und durch die Anwendung der gesetzlichen Bestimmungen zu ersetzen. Die übrigen vertraglichen Regelungen bleiben davon grundsätzlich unberührt bzw. sind nach den für sie geltenden Maßstäben gesondert zu prüfen. Kann sich z.B. ein Ehegatte nicht auf den vereinbarten Ausschluss des nachehelichen Unterhalts berufen, weil **nach Abschluss des Ehevertrages gemeinschaftliche Kinder geboren** sind, deren Betreuung den anderen Ehegatten an der Fortsetzung seiner Erwerbstätigkeit hindert, so hat dies nicht zwingend zur Folge, dass eine zugleich getroffene Vereinbarung über den Ausschluss des VA ebenfalls unbeachtlich ist. Denn der betreuende Ehegatte erwirbt für jedes Kind während der ersten drei Jahre nach der Geburt aufgrund anrechenbarer Kindererziehungszeiten entweder gesetzliche Rentenanwartschaften oder (als Beamter) Beamtenversorgungsanwartschaften.[35] Dadurch wird die Unterbrechung der Erwerbstätigkeit für die Versorgungsbiografie kompensiert; Frauen erhalten sogar für die Kindererziehungszeit meist höhere Rentenanwartschaften als sie für eine Erwerbstätigkeit hätten erwerben können, weil die Kindererziehung wie eine entsprechend dem Durchschnittseinkommen aller Versicherten bezahlte Erwerbstätigkeit bewertet wird (vgl. § 43 Rdn. 26), Frauen aber im Durchschnitt immer noch weniger verdienen als Männer. I.d.R. wird sich daher nur dann, wenn die Kinder den betreuenden Ehegatten deutlich über die ersten drei Lebensjahre hinaus an einer (Erweiterung der) Erwerbstätigkeit gehindert haben, die Frage stellen, ob die (teilweise) Durchführung des gesetzlichen VA erforderlich ist, um eine evident einseitige Lastenverteilung zu verhindern. Die Anpassung des Vertrages an den mutmaßlichen Parteiwillen kann in solchen Fällen in der Weise geschehen, dass (ggf. durch Sachverständigengutachten) die Rentenanwartschaften ermittelt werden, die der betreuende Ehegatte (zusätzlich) hätte erwerben können, wenn er während der Zeit der Kinderbetreuung seine Erwerbstätigkeit fortgeführt und dabei ein Einkommen erzielt hätte wie vor der Kinderbetreuung oder wie später in der Zeit nach Wiederaufnahme seiner früheren Erwerbstätigkeit.[36]

32 OLG Dresden FamRZ 2006, 1546, 1547; OLG Schleswig FamRZ 2007, 1891, 1893.
33 Vgl. BGH FamRZ 2008, 582; Johannsen/Henrich/Hahne § 8 Rn. 11.
34 BGH FamRZ 2004, 601, 606; 2005, 185, 187.
35 Selbst Personen, die von der Versicherungspflicht in der gesetzlichen Rentenversicherung befreit sind, können Kindererziehungszeiten erwerben und sind nach § 208 SGB VI i.d.F. des Gesetzes vom 15.07.2009 (BGBl. I S. 1939) nunmehr auch berechtigt, freiwillige Beiträge für so viele Monate nachzuzahlen, wie zur Erfüllung der allgemeinen Wartezeit noch erforderlich sind.
36 BGH FamRZ 2005, 185, 187; OLG Düsseldorf FamRZ 2006, 347; OLG Zweibrücken FamRZ 2006, 1683.

C. Verbot von Vereinbarungen zulasten der Versorgungsträger (Abs. 2)

§ 8 Abs. 2 VersAusglG bestimmt, dass durch eine Vereinbarung der Eheleute Versorgungsanrechte **16** nur dann (unmittelbar) übertragen oder begründet werden können, wenn die maßgeblichen Regelungen dies zulassen und die betroffenen Versorgungsträger zustimmen. Die Bestimmung lockert das bisherige, auf die gesetzliche Rentenversicherung bezogene strikte Verbot des § 1587o Abs. 1 Satz 2 BGB, lässt aber keinen Zweifel daran, dass keine Verträge geschlossen werden dürfen, die mit den maßgeblichen Versorgungsregelungen unvereinbar sind und auch nicht die Zustimmung des betroffenen Versorgungsträgers im Einzelfall gefunden haben.[37] Die Öffnung des bisherigen generellen Verbots ist vor allem für Ausgleichswerte aus privaten Versorgungen von Bedeutung. Insoweit werden – unter dem Vorbehalt der Zustimmung der betroffenen Versorgungsträger – für die Ehegatten erweiterte Dispositionsmöglichkeiten geschaffen.[38] Über Anrechte in den öffentlich-rechtlichen Sicherungssystemen (z.B. gesetzliche Rentenversicherung, Beamtenversorgung, Alterssicherung der Landwirte) können die Ehegatten auch weiterhin nicht unmittelbar verfügen. Solche Anrechte können auch nicht über den gesetzlich vorgegebenen Rahmen hinaus übertragen werden (Verbot des sog. Super-Splittings; vgl. §§ 32, 46 Abs. 2 SGB I; § 3 Abs. 1 BeamtVG).[39] Die Ehegatten können aber den VA ganz oder teilweise ausschließen (§ 6 Abs. 1 S. 2 Nr. 2 VersAusglG). Dies beinhaltet auch das Recht, einzelne Zeiten aus dem Ausgleich herauszunehmen, selbst wenn sich dadurch infolge der Verrechnung nach § 10 Abs. 2 VersAusglG der Gesamtausgleich zugunsten eines Ehegatten erhöht.[40] Ohne ausdrückliche Zustimmung des Trägers der auszugleichenden Versorgung können die Ehegatten auch keine Teilungsform vereinbaren, die nach den Bestimmungen des Versorgungssystems nicht vorgesehen ist. Sie können daher z.B. nicht festlegen, dass das Anrecht eines Landes- oder Kommunalbeamten intern geteilt wird, wenn der zuständige Landesgesetzgeber keine interne Teilung zugelassen hat.[41] **Verrechnungsvereinbarungen** werden durch § 8 Abs. 2 VersAusglG auch in Bezug auf öffentlich-rechtliche Regelversorgungen nicht ausgeschlossen. Vereinbaren die Ehegatten z.B., dass ein Ausgleich nur in Höhe der Differenz zwischen ihren jeweiligen Ausgleichswerten zu Lasten des Anrechts des Ehegatten mit dem höheren Ausgleichswert durchgeführt werden soll, beinhaltet die Vereinbarung den Ausschluss bzw. Teil-Ausschluss des Ausgleichs ihrer Anrechte. Eine solche Vereinbarung ist nach § 6 Abs. 1 S. 2 Nr. 2 VersAusglG zulässig und kann deshalb auch durch gerichtliche Entscheidung vollzogen werden. Der jeweils ausgleichspflichtige Ehegatte erhält nicht etwa deshalb eine höhere als die ihm gesetzlich zustehende Versorgung, weil sein eigenes Anrecht in geringerem Umfang gekürzt wird als dies ohne die Verrechnung der Fall wäre.[42]

---

37 BT-Drucks. 16/10144 S. 53; OLG Celle BetrAV 2012, 543.
38 BT-Drucks. 16/10144 S. 53.
39 Vgl. BGH FamRZ 2001, 1701, 1702; Ruland Rn. 872 f.; Palandt/Brudermüller § 8 Rn. 3; Erman/Norpoth § 8 Rn. 21; unzutreffend deshalb AG Kelheim FamRZ 2011, 1653 m. abl. Anm. Borth.
40 Ruland Rn. 876.
41 Ruland Rn. 875.
42 OLG Celle Beschluss vom 10.08.2012 – 10 UF 139/12 – (juris); Borth Rn. 923; Ruland Rn. 853, 859; Erman/Norpoth § 8 Rn. 21; Palandt/Brudermüller § 8 Rn. 3; Bergner FamFR 2012, 208; vgl. auch OLG Celle NJW 2011, 1888 = FamRZ 2011, 1656 (LS); a.A. OLG Schleswig FamRZ 2012, 1144; Eichenhofer NJW 2012, 2078, 2080.

Abschnitt 2   Wertausgleich bei der Scheidung

Unterabschnitt 1   Grundsätze des Wertausgleichs bei der Scheidung

§ 9 VersAusglG   Rangfolge der Ausgleichsformen, Ausnahmen

(1) Dem Wertausgleich bei der Scheidung unterfallen alle Anrechte, es sei denn, die Ehegatten haben den Ausgleich nach den §§ 6 bis 8 geregelt oder die Ausgleichsreife der Anrechte nach § 19 fehlt.

(2) Anrechte sind in der Regel nach den §§ 10 bis 13 intern zu teilen.

(3) Ein Anrecht ist nur dann nach den §§ 14 bis 17 extern zu teilen, wenn ein Fall des § 14 Abs. 2 oder des § 16 Abs. 1 oder Abs. 2 vorliegt.

(4) Ist die Differenz beiderseitiger Ausgleichswerte von Anrechten gleicher Art gering oder haben einzelne Anrechte einen geringen Ausgleichswert, ist § 18 anzuwenden.

A. Norminhalt

1   Mit § 9 VersAusglG beginnt der Abschnitt 2 des Teils 1, der die Durchführung des Wertausgleichs bei der Scheidung regelt. Abs. 1 bestimmt, welche Anrechte vom Wertausgleich erfasst werden. Abs. 2 erklärt die interne Teilung zur Regelausgleichsform, Abs. 3 regelt den Anwendungsbereich der externen Teilung als subsidiärer Ausgleichsform. Abs. 4 weist ausdrücklich darauf hin, dass nach § 18 VersAusglG stets zu prüfen ist, ob einzelne Anrechte vom Wertausgleich auszunehmen sind.

B. Anwendungsbereich des Wertausgleichs bei der Scheidung (Abs. 1)

I. Wertausgleich bei der Scheidung

2   Der VA ist – soweit möglich – als **Wertausgleich bei der Scheidung** durchzuführen. Der Begriff entspricht dem unter der Geltung des früheren Rechts verbreiteten Begriff des **öffentlich-rechtlichen VA** (vgl. vor § 1 Rdn. 39, 40). Der vom Gesetzgeber verwendete neue Begriff soll die Verständlichkeit für die Beteiligten verbessern,[1] ist allerdings unscharf. Zwar ist der VA regelmäßig **bei der Scheidung** durchzuführen, und zwar im Rahmen einer Verbundentscheidung nach § 137 Abs. 1 FamFG, ohne dass es eines Antrags bedarf (§ 137 Abs. 2 Satz 2 FamFG), also von Amts wegen.[2] In bestimmten Fällen ist ein (öffentlich-rechtlicher) Wertausgleich aber – ebenso wie schon nach früherem Recht – **auch nach Rechtskraft der Scheidung möglich**. Dies gilt zum einen bei einer Abtrennung des VA aus dem Verbund gem. § 140 Abs. 2 Nr. 2 oder 4 FamFG. Ferner kommt ein Wertausgleich nach einer im Ausland ausgesprochenen Scheidung in Betracht, wenn

---

1   Vgl. BT-Drucks. 16/10144 S. 39.
2   BT-Drucks. 16/10144 S. 53.

deutsches Scheidungsrecht angewendet worden ist und damit auch deutsches VA-Statut gilt. In diesem Fall ist der VA – in Form des Wertausgleichs – in Deutschland in einem selbständigen Verfahren nachzuholen. Des Weiteren kann ein nachträglicher Wertausgleich durchzuführen sein, wenn die Ehegatten nach ausländischem Recht geschieden worden sind. Wenn die Scheidung im Ausland ausgesprochen worden ist, kann anschließend in Deutschland ein Antrag nach Art. 17 Abs. 3 Satz 2 EGBGB auf Ausgleich inländischer Anrechte gestellt werden, über den in einem selbständigen Verfahren zu entscheiden ist. Das Gleiche gilt, wenn die Ehegatten im Inland geschieden worden sind, im Scheidungsverfahren aber kein Antrag nach Art. 17 Abs. 3 Satz 2 EGBGB gestellt worden ist. Denn ein solcher Antrag kann, weil er nicht an eine Frist gebunden ist, auch noch nach Rechtskraft der Scheidung gestellt werden.[3] Eine nachträgliche Durchführung des VA ist nicht einmal dann ausgeschlossen, wenn das Familiengericht im Scheidungsurteil ausgesprochen hat, ein VA finde (mangels Antragstellung nach Art. 17 Abs. 3 Satz 2 EGBGB) nicht statt, denn ein solcher Ausspruch hatte lediglich deklaratorische Bedeutung.[4]

II. Dem Wertausgleich unterfallende Anrechte

Der Wertausgleich findet bei **deutschem Scheidungsstatut** grundsätzlich in allen Fällen statt, in   3
denen die Eheleute in der Ehezeit Versorgungsanrechte i.S. des § 2 VersAusglG erworben haben. Ein Wertausgleich scheidet ausnahmsweise aus,

– wenn die Ehe von kurzer Dauer war und kein Antrag nach § 3 Abs. 3 VersAusglG gestellt worden ist,
– wenn die Ehegatten den gesamten VA wirksam durch Vereinbarung ausgeschlossen haben (§§ 6–8 VersAusglG).

Ferner kann ein Wertausgleich im Einzelfall ausgeschlossen werden, soweit der VA grob unbillig ist (§ 27 VersAusglG). Dies erfordert jedoch zunächst amtswegige Ermittlungen und sodann eine wertende Betrachtung des Familiengerichts. Bei **ausländischem Scheidungsstatut** ist auf Antrag eines Ehegatten gem. Art. 17 Abs. 3 Satz 2 EGBGB grundsätzlich ein Wertausgleich in Bezug auf inländische Anrechte durchzuführen. Von einem Ausgleich ist jedoch abzusehen, soweit seine Durchführung im Hinblick auf die beiderseitigen wirtschaftlichen Verhältnisse während der gesamten Ehezeit der Billigkeit widerspricht (Art. 17 Abs. 3 Satz 2, letzter Hs. EGBGB). Auch insoweit kann die Einbeziehung des Anrechts in den Wertausgleich nur aufgrund einer Prüfung der Umstände des Einzelfalls beurteilt werden.[5]

§ 9 Abs. 1 VersAusglG stellt ferner klar, dass auch **einzelne Anrechte** vom Wertausgleich ausge-   4
schlossen sein können. Dazu gehören

– Anrechte, die gem. einer **Vereinbarung** der Ehegatten nach den §§ 6–8 VersAusglG entweder überhaupt nicht oder nur schuldrechtlich ausgeglichen werden sollen (Abs. 1, 1. Alt.), sowie
– Anrechte, die gem. § 19 Abs. 2 VersAusglG noch **nicht ausgleichsreif** sind oder deren Einbeziehung in den Wertausgleich gem. § 19 Abs. 3 VersAusglG im Hinblick auf nicht ausgleichsreife ausländische Anrechte unbillig erscheint (Abs. 1, 2. Alt.); sie sind gem. § 19 Abs. 4 VersAusglG immer nur schuldrechtlich auszugleichen.

Darüber hinaus fallen in den Wertausgleich auch nicht

– Anrechte aus **privater Invaliditätsvorsorge**; sie sind gem. § 28 Abs. 3 VersAusglG stets schuldrechtlich auszugleichen.

---

3 BGH FamRZ 2007, 996, 1000; OLG Düsseldorf FamRZ 1999, 1210; OLG Karlsruhe FamRZ 2002, 1633, 1634; OLG Braunschweig FamRZ 2005, 1683.
4 OLG Karlsruhe FamRZ 2006, 955.
5 BGH FamRZ 2000, 418, 419; 2007, 366, 368; 2007, 996, 997; 2009, 681, 683.

Schließlich kann das Gericht einzelne Anrechte nach § 18 VersAusglG vom VA ausnehmen. Darauf weist § 9 Abs. 4 VersAusglG ausdrücklich hin (s.u. Rdn. 9).

C. Ausgleichsformen

I. Allgemeines

5 Der Wertausgleich findet in Form der **Teilung** jedes einzelnen von den Ehegatten in der Ehezeit erworbenen Anrechts (§§ 1 Abs. 1, 3 Abs. 2 VersAusglG) statt. Daher sind – anders als nach früherem Recht (vgl. dazu vor § 1 Rdn. 8 ff.) – im Rahmen des gesetzlich vorgesehenen Ausgleichs Anrechte beider Ehegatten nicht mehr miteinander zu verrechnen. Die Ehegatten sind jedoch nicht gehindert, im Rahmen einer Vereinbarung nach § 6 VersAusglG eine Verrechnung vorzunehmen, wobei sie zum Zwecke der Vergleichbarmachung der stichtagsbezogenen Ausgleichswerte auf die von den Versorgungsträgern mitgeteilten Kapitalwerte bzw. korrespondierenden Kapitalwerte (i.S. des § 47 VersAusglG) zurückgreifen können.

6 Die Teilung ist in **zwei verschiedenen Formen** möglich (vgl. vor § 1 Rdn. 64–68), die in einem gesetzlich bestimmten **Rangverhältnis** stehen. **Vorrangig** ist eine **interne Teilung** (§§ 10–13 VersAusglG) durchzuführen. Nur in gesetzlich fest umrissenen Fällen wird die interne Teilung durch die **externe Teilung** (§§ 14–17 VersAusglG) ersetzt.

II. Interne Teilung (Abs. 2)

7 § 9 Abs. 2 VersAusglG bestimmt, dass der Wertausgleich **in der Regel** in Form der **internen Teilung** durchzuführen ist. Diese Ausgleichsform ist daher maßgebend, wenn sie nicht aufgrund besonderer Bestimmungen ausgeschlossen ist. Das ist der Fall, wenn die gesetzlichen Voraussetzungen für eine externe Teilung vorliegen (s. Rdn. 8). Die interne Teilung ist dagegen nicht etwa durch einen schuldrechtlichen VA zu ersetzen, weil die für das zu teilende Anrecht maßgebenden Regelungen den Anforderungen des § 11 VersAusglG nicht genügen. Wegen der Einzelheiten der internen Teilung verweist § 9 Abs. 2 auf die §§ 10–13 VersAusglG).

III. Externe Teilung (Abs. 3)

8 § 9 Abs. 3 VersAusglG stellt klar, dass ein Anrecht **nur** unter den in § 14 Abs. 2 und § 16 Abs. 1 und 2 VersAusglG normierten Voraussetzungen extern zu teilen ist. Auch darin kommt die subsidiäre Stellung dieser Ausgleichsform gegenüber der internen Teilung zum Ausdruck. Die Einzelheiten der externen Teilung ergeben sich aus den §§ 14–17 VersAusglG.

D. Ausschluss des Wertausgleichs durch die Bagatellklausel (Abs. 4)

9 § 9 Abs. 4 VersAusglG enthält einen – an sich überflüssigen – Hinweis auf die **Bagatellklausel** des § 18 VersAusglG. Damit soll verdeutlicht werden, dass vor Durchführung der internen oder externen Teilung in Bezug auf jedes auszugleichende Anrecht zunächst immer zu prüfen ist, ob es nach § 18 VersAusglG wegen Geringfügigkeit vom Ausgleich auszunehmen ist.

E. Verfahren

10 Der Wertausgleich ist grundsätzlich (s.o. Rdn. 2) im Verbund mit dem Scheidungsausspruch durchzuführen (§§ 137 Abs. 1, 142 Abs. 1 FamFG). Eine Teilentscheidung ist möglich (vgl. vor § 1 Rdn. 95). Soweit ein **Wertausgleich durchgeführt** wird, muss die Entscheidung für jedes ausgeglichene Anrecht einen Ausspruch entweder in Form der internen oder in Form der externen Teilung enthalten (zur Tenorierung s. § 10 Rdn. 9, § 14 Rdn. 26). Eine Verrechnung

gleichartiger Anrechte im Fall der internen Teilung erfolgt erst beim Vollzug der Entscheidung durch die Versorgungsträger (§ 10 Abs. 2 VersAusglG). Im Fall der externen Teilung nach § 14 Abs. 2 VersAusglG hat das Gericht im Entscheidungstenor ferner den gem. § 14 Abs. 4 VersAusglG vom Versorgungsträger der ausgleichspflichtigen Person an den Träger der Zielversorgung zu zahlenden Kapitalbetrag festzusetzen (§ 222 Abs. 3 VersAusglG). Die Entscheidung wird mit der Rechtskraft wirksam (§ 224 Abs. 1 FamFG), im Scheidungsverbund allerdings nicht vor Rechtskraft des Scheidungsausspruchs (§ 148 FamFG; vgl. vor § 1 Rdn. 94). Der Ausspruch zur internen Teilung hat rechtsgestaltende Wirkung (s. § 10 Rdn. 3), für den Ausspruch zur externen Teilung gilt dies für den Regelfall (s. § 14 Rdn. 4, § 16 Rdn. 11).

Soweit ein **Wertausgleich** aus den in § 3 Abs. 3 (kurze Ehe), § 6 (Vereinbarung der Ehegatten), § 18 Abs. 1 oder 2 (Geringfügigkeit) oder § 27 VersAusglG (Härteklausel) genannten Gründen **nicht stattfindet**, hat das Gericht dies in der Beschlussformel ausdrücklich festzustellen (§ 224 Abs. 3 FamFG; vgl. vor § 1 Rdn. 98). Entsprechendes muss für einen Ausschluss des VA wegen Unbilligkeit nach Art. 17 Abs. 3 Satz 2, letzter Hs. EGBGB gelten. Soweit **Anrechte** nicht in den Wertausgleich einbezogen werden, aber noch **schuldrechtlich ausgeglichen** werden können, ist zwar kein Ausspruch im Tenor (etwa der Vorbehalt von Ausgleichsansprüchen nach der Scheidung) erforderlich;[6] das Gericht hat diese Anrechte jedoch in den Entscheidungsgründen zu »benennen« (§ 224 Abs. 4 FamFG). Insoweit empfiehlt sich ein ausdrücklicher Hinweis, dass hinsichtlich des betreffenden Anrechts später noch ein schuldrechtlicher Ausgleich möglich ist, sobald die Fälligkeitsvoraussetzungen des § 20 Abs. 2 VersAusglG bzw. bei Anrechten der privaten Invaliditätsvorsorge die Voraussetzungen des § 28 Abs. 1 VersAusglG erfüllt sind.   **11**

Unterabschnitt 2   Interne Teilung

§ 10 VersAusglG   Interne Teilung

(1) **Das Familiengericht überträgt für die ausgleichsberechtigte Person zulasten des Anrechts der ausgleichspflichtigen Person ein Anrecht in Höhe des Ausgleichswerts bei dem Versorgungsträger, bei dem das Anrecht der ausgleichspflichtigen Person besteht (interne Teilung).**

(2) **¹Sofern nach der internen Teilung durch das Familiengericht für beide Ehegatten Anrechte gleicher Art bei demselben Versorgungsträger auszugleichen sind, vollzieht dieser den Ausgleich nur in Höhe des Wertunterschieds nach Verrechnung. ²Satz 1 gilt entsprechend, wenn verschiedene Versorgungsträger zuständig sind und Vereinbarungen zwischen ihnen eine Verrechnung vorsehen.**

(3) **Maßgeblich sind die Regelungen über das auszugleichende und das zu übertragende Anrecht.**

---

6 Ebenso schon nach früherem Recht BGH FamRZ 1984, 251, 254.

A. Norminhalt

1   Der Unterabschnitt 2 umfasst die Bestimmungen zur internen Teilung als der vorrangigen (s. § 9 Rdn. 6) und zentralen Ausgleichsform des öffentlich-rechtlichen Wertausgleichs. § 10 VersAusglG regelt die Durchführung der Teilung im Einzelnen. Abs. 1 bestimmt den Inhalt des Begriffs der internen Teilung, Abs. 2 regelt die Verrechnung gleichartiger Anrechte auf Seiten beider Ehegatten und Abs. 3 klärt das Verhältnis der gesetzlichen Vorschriften zu den Regelungen in den einzelnen Versorgungssystemen.

B. Begriff der internen Teilung (Abs. 1)

2   Bei der **internen Teilung** überträgt das Gericht das auszugleichende Anrecht in Höhe des Ausgleichswerts (i.S. des § 1 Abs. 2 Satz 2 VersAusglG) innerhalb desselben Versorgungssystems vom Ausgleichspflichtigen auf den Ausgleichsberechtigten (§ 10 Abs. 1 VersAusglG). Die Entscheidung des Gerichts entspricht dem früheren Splitting gesetzlicher Rentenanwartschaften nach § 1587b Abs. 1 BGB a.F. bzw. der früheren Realteilung sonstiger Anrechte nach § 1 Abs. 2 VAHRG. Anders als die Realteilung ist die interne Teilung nach § 10 VersAusglG jedoch nicht davon abhängig, dass die Ausgleichsform in der maßgebenden Versorgungsregelung ausdrücklich zugelassen wird. Die interne Teilung gewährleistet grundsätzlich die **gleichmäßige Teilhabe** beider Ehegatten an jedem in der Ehezeit erworbenen Anrecht. Denn der ausgleichsberechtigte Ehegatte erwirbt den Ausgleichswert, der grundsätzlich der Hälfte des Ehezeitanteils entspricht (§ 1 Abs. 2 Satz 2 VersAusglG), in dem gleichen Versorgungssystem, in dem auch der ausgleichspflichtige Ehegatte das auszugleichende Anrecht besitzt. Der Ausgleichsberechtigte erwirbt damit in Bezug auf das geteilte Anrecht grundsätzlich die gleiche Rechtsstellung wie der Ausgleichspflichtige und wird in gleicher Weise für Alter und Invalidität abgesichert. Abweichungen können sich allerdings aus den maßgeblichen Versorgungsregelungen ergeben (§ 10 Abs. 3 VersAusglG), soweit sich diese im Rahmen der durch § 11 VersAusglG gesetzten Grenzen halten.

3   Die gerichtliche Entscheidung hat **rechtsgestaltende Wirkung**. Mit Rechtskraft der Entscheidung erwirbt der Ausgleichsberechtigte bei dem Versorgungsträger des Ausgleichspflichtigen ein Anrecht in Höhe des vom Gericht bezeichneten Ausgleichswerts. Es wird daher kraft gerichtlicher Entscheidung ein Versorgungsverhältnis zwischen dem Ausgleichsberechtigten und dem Versorgungsträger begründet oder – falls der Ausgleichsberechtigte zuvor ebenfalls schon dem gleichen Versorgungssystem angehörte – ein bestehendes Versorgungsverhältnis verändert, indem das vom Ausgleichsberechtigten selbst schon erworbene Versorgungsanrecht aufgestockt wird. Zugleich verändert die gerichtliche Entscheidung das zwischen dem Ausgleichspflichtigen und dem Versorgungsträger bestehende Rechtsverhältnis, indem das Anrecht des Verpflichteten entsprechend dem Ausgleichswert gekürzt wird. Dies gilt auch während der Insolvenz des Ausgleichspflichtigen; die gerichtliche Entscheidung ist ein Hoheitsakt, der von § 91 Abs. 1 InsO nicht erfasst wird.[1] Die Kürzung des Anrechts des Verpflichteten erfolgt grundsätzlich in gleicher Höhe wie die Gutschrift auf Seiten des Ausgleichsberechtigten. Das gilt auch dann, wenn der Versorgungsträger gem. § 13

---

1   OLG Frankfurt Beschluss vom 16.03.2012 – 3 U 14/12 – (juris).

VersAusglG **Teilungskosten** in Abzug bringt, denn diese sind hälftig auf beide Ehegatten zu verteilen. Die Kürzung des Anrechts beim Verpflichteten kann jedoch von der Gutschrift für den Ausgleichsberechtigten abweichen, wenn – was nach § 10 Abs. 3 VersAusglG zulässig ist – die Versorgungsregelung vorsieht, dass ein die maßgebliche Bezugsgröße darstellendes Deckungskapital
ungleich aufgeteilt wird, um bezogen auf die Ehezeit gleich hohe Rentenanwartschaften auf Seiten
beider Ehegatten zu erreichen (vgl. § 5 Rdn. 16). Da die Versorgungsträger die interne Teilung –
insbesondere durch die Umlage von Teilungskosten auf die Ehegatten – für sich grundsätzlich
kostenneutral gestalten können, ist die Aufnahme des geschiedenen Ehegatten ihres bisherigen
Versorgungsanwärters für sie zumutbar. Auch die Ausdehnung der Teilung auf private Versorgungsträger ist verfassungsrechtlich unbedenklich, zumal deren schutzwürdigen Interessen durch
die Bagatellklausel des § 18 VersAusglG und die Möglichkeit der Option für die externe Teilung
(§ 14 Abs. 2 Nr. 2 VersAusglG) in weitgehendem Umfang Rechnung getragen wird.[2]

C. Anwendungsbereich der internen Teilung

Grundsätzlich können **sämtliche** dem Wertausgleich nach der Scheidung unterliegenden 4
Anrechte intern geteilt werden. Ausnahmen gelten jedoch gem. § 16 Abs. 1 und 2 VersAusglG für
Anrechte aus einem öffentlich-rechtlichen Dienst- oder Amtsverhältnis, solange der Versorgungsträger keine interne Teilung vorsieht, sowie für Anrechte von Widerrufsbeamten und Zeitsoldaten.
Der Bund hat für die in einem Dienstverhältnis mit ihm stehenden Beamten und Soldaten mit
dem BVersTG (Art. 5 VAStrReG) die interne Teilung eingeführt (s. Rdn. 22 und § 16 Rdn. 3). Zu
einem Eingriff in die zwischen den Ländern bzw. Kommunen und ihren Beamten bestehenden
Versorgungsverhältnisse fehlt dem Bund indes seit der Föderalismusreform die Gesetzgebungskompetenz. Deshalb kann die interne Teilung von Anrechten bei den Ländern und Kommunen
nur durch Landesgesetze ermöglicht werden. Die Länder sind dem Beispiel des Bundes bisher
jedoch nicht gefolgt. Solange das Anrecht eines Landes- oder Kommunalbeamten nicht intern
geteilt werden kann, bleibt gem. § 16 Abs. 1 VersAusglG nur die externe Teilung. Generell gilt dies
für die alternativ ausgestalteten Anrechte der Widerrufsbeamten und Zeitsoldaten, deren endgültige Zuordnung zu einem Versorgungssystem noch nicht feststeht (vgl. § 16 Rdn. 12 ff.).

Wie sich aus § 10 Abs. 2 VersAusglG ergibt, ist **jedes Anrecht für sich** intern zu teilen, auch wenn 5
der andere Ehegatte ein gleichartiges Anrecht bei demselben Versorgungsträger erworben hat (vgl.
dazu unten Rdn. 10). Darin unterscheidet sich die interne Teilung vom Splitting bzw. der Realteilung nach früherem Recht, wo die Möglichkeit der Verrechnung mit gleichartigen Anrechten des
anderen Ehegatten im Rahmen der gerichtlichen Entscheidung bestand. Anrechte **verschiedener
Art**, die ein Ehegatte bei **demselben Versorgungsträger** erworben hat, sind gesondert zu teilen.
Dies gilt z.B. für Anrechte der gesetzlichen Rentenversicherung, die in verschiedenen Versicherungszweigen (allgemeine und knappschaftliche Versicherung) oder einerseits in den alten und
andererseits in den neuen Bundesländern erworben worden sind (§ 120f Abs. 2 SGB VI; vgl.
unten Rdn. 6 und § 43 Rdn. 43), aber auch, wenn sich ein betriebliches Anrecht aus verschiedenen
Bausteinen mit unterschiedlichen wertbildenden Faktoren zusammensetzt.[3]

D. Gerichtliche Entscheidung

In der gerichtlichen Entscheidung muss die »**Übertragung**« eines Anrechts für den ausgleichsbe- 6
rechtigten Ehegatten zu Lasten eines bestimmten Anrechts des ausgleichspflichtigen Ehegatten bei
einem bestimmten Versorgungsträger zum Ausdruck kommen. Außer den Ehegatten ist daher

---

2 BT-Drucks. 16/10144 S. 42.
3 BGH FamRZ 2012, 189; OLG Stuttgart FamRZ 2011, 381; 2011, 897; OLG Karlsruhe FamRZ 2011,
   894; OLG Bremen FamRZ 2011, 895.

auch der **Versorgungsträger** genau zu bezeichnen, bei dem das zu teilende Anrecht besteht.[4] Das ist diejenige natürliche oder juristische Person, der gegenüber der ausgleichspflichtige Ehegatte das auszugleichende Anrecht erworben hat, nicht eine etwa abweichende Person, Behörde oder Einrichtung, die die Auskunft über die Höhe des Anrechts erteilt hat. Weiter muss der **Ausgleichswert** angegeben werden, der für den Ausgleichsberechtigten übertragen wird, ihm also bei dem Versorgungsträger gutzuschreiben ist (§ 10 Abs. 1 VersAusglG). Dieser Ausgleichswert ist in der für das Versorgungssystem maßgeblichen **Bezugsgröße** (§ 5 Abs. 1 VersAusglG) zu bezeichnen.[5]

6a   Da gem. § 10 Abs. 3 VersAusglG für die interne Teilung die Regelungen über das auszugleichende Anrecht »maßgeblich« sind (s.u. Rdn. 15), muss in der Entscheidung des Gerichts klargestellt werden, welche **konkrete Bezugsgröße** geteilt wird, wenn bei einem Versorgungsträger verschiedenartige Bezugsgrößen bzw. Anrechte in Betracht kommen. Bei gesetzlichen Rentenanwartschaften ist die nähere **Bezeichnung der Rechtsgrundlage** im Tenor entbehrlich, weil sich das aus der Übertragung von Entgeltpunkten folgende Recht aus dem Gesetz ergibt.[6] Es ist jedoch bei der Tenorierung zwischen Entgeltpunkten und Entgeltpunkten (Ost) zu unterscheiden, je nachdem, ob das zu teilende Anrecht in den alten oder neuen Bundesländern erworben worden ist, sowie zwischen Entgeltpunkten aus der allgemeinen und aus der knappschaftlichen Rentenversicherung (s. § 43 Rdn. 43). Auch in der Alterssicherung der Landwirte wird zwischen Steigerungszahlen, die in den alten Bundesländern erworben worden sind (und mit dem allgemeinen Rentenwert zu multiplizieren sind, § 23 Abs. 1 ALG), und Steigerungszahlen, die in den neuen Bundesländern erworben worden sind (und mit dem allgemeinen Rentenwert [Ost] zu multiplizieren sind, § 102 Abs. 1 ALG), unterschieden. Auch bei Beamtenversorgungsanwartschaften ist die Bezeichnung der Rechtsgrundlage (BeamtVG bzw. evtl. Landesgesetze, SVG) entbehrlich. Bei Versorgungsanrechten, für die untergesetzliche Versorgungsregelungen gelten, ist die Angabe der maßgeblichen Versorgungsregelung aber geboten, um den konkreten Inhalt des für den ausgleichsberechtigten Ehegatten bei dem Versorgungsträger geschaffenen Anrechts klarzustellen. Deshalb ist im Tenor der gerichtlichen Entscheidung die zugrunde liegende Fassung oder das Datum der Versorgungsregelung anzugeben. Die Gefahr, dass dadurch für den Berechtigten ein auf den Stand bei Ehezeitende fixiertes Anrecht entsteht, ist schon aufgrund der Bestimmung des § 5 Abs. 2 S. 2 VersAusglG ausgeschlossen. Außerdem gewährleistet § 11 Abs. 1 VersAusglG eine gleichwertige Teilhabe des Ausgleichsberechtigten an dem vom Ausgleichspflichtigen erworbenen Anrecht, insbesondere auch an der künftigen Wertentwicklung.[7] Sind nach Ehezeitende Rechtsänderungen eingetreten, die sich auf die Höhe des Ehezeitanteils auswirken, so ist dies bereits bei der Erstentscheidung zu berücksichtigen.[8] In diesem Fall ist im Tenor die nach Ehezeitende wirksam gewordene und in der Entscheidung berücksichtigte aktuelle Fassung der Versorgungsregelung anzugeben.[9] Hat der Ausgleichspflichtige bei einem Versorgungsträger ein Anrecht erworben, das sich aus **verschiedenen Bausteinen** mit unterschiedlichen wertbildenden Faktoren zusammensetzt, muss das Gericht die einzelnen Bausteine im Tenor gesondert ausweisen und teilen.[10] Bei **betrieblichen Altersversorgungen** kommen sowohl Rentenbeträge als auch Kapitalwerte als Bezugsgrößen in Betracht (vgl. § 45 Abs. 1 VersAusglG). Geben die maßgeblichen Versorgungsregelungen keine konkrete Bezugsgröße für die interne Teilung vor, hat das Gericht die Bezugsgröße zu bestimmen. Bei **privaten Rentenversicherungen** ist gem. § 46 VersAusglG der Rückkaufswert die maßgebliche Bezugs-

---

4   Wick FuR 2011, 555, 557.
5   Vgl. BT-Drucks. 16/10144 S. 50; BGH MDR 2012, 1041 (Rn. 9); OLG Oldenburg FamRZ 2011, 1148.
6   BGH FamRZ 2011, 547, 548.
7   BGH FamRZ 2011, 547; MDR 2012, 1041; OLG Celle FamRZ 2011, 379.
8   BGH FamRZ 1985, 447, 448; 1989, 951, 953; 2006, 321, 322.
9   OLG Celle FamRZ 2011, 379, 380.
10   BGH FamRZ 2012, 189, 190; 2012, 610, 611 (VW-Versorgung); OLG Stuttgart FamRZ 2011, 381; 2011, 897; 2012, 711; OLG Karlsruhe FamRZ 2011, 894; OLG Bremen FamRZ 2011, 895; OLG Saarbrücken FamRZ 2011, 1655; KG FamRZ 2012, 635, 636.

größe. Zur Einbeziehung von **Schlussüberschussanteilen und Bewertungsreserven** vgl. § 46 Rdn. 8 f. **Fondsgebundene Anrechte** der betrieblichen Altersversorgung oder der privaten Rentenversicherung sind auch in Form von Fondsanteilen intern teilungsfähig, wenn der Wert der Fondsanteile bei Ehezeitende (ggf. abzüglich Teilungskosten) ohne weiteres bestimmbar ist (vgl. auch § 46 Rdn. 8).[11]

Die zu Lasten des Verpflichteten vorzunehmende Kürzung seines Anrechts braucht das Gericht grundsätzlich nicht anzugeben, auch wenn der Ausgleichswert von der Hälfte des Ehezeitanteils abweicht, weil der Kapitalwert als nach § 5 Abs. 1 VersAusglG maßgebliche Bezugsgröße zur Erzielung gleich hoher Renten ungleich aufzuteilen ist (s.o. Rdn. 3). Die Kürzung ergibt sich vielmehr aus den maßgeblichen Versorgungsregelungen.[12] Besteht jedoch schon aufgrund der vom Versorgungsträger nach § 5 Abs. 1 und 3 VersAusglG erteilten Auskunft Streit zwischen diesem und dem ausgleichspflichtigen Ehegatten über die vorzunehmende Lastschrift, kann das Gericht auch die dem Ausgleichswert für den Berechtigten entsprechende und nach der Versorgungsregelung berechtigte Belastung des Verpflichteten titulieren, um die Streitfrage mit zu entscheiden.[13] **7**

Ferner ist in der Entscheidung das maßgebende **Ende der Ehezeit** i.S. des § 3 Abs. 1 VersAusglG als Bezugszeitpunkt anzugeben, wenn der Ausgleichswert in einem €-Betrag angegeben wird.[14] Nur dann kann der Versorgungsträger den Ausgleichswert bezogen auf den richtigen Stichtag auf Seiten des Ausgleichspflichtigen belasten und zugunsten des Ausgleichsberechtigten verbuchen. Durch den Stichtagsbezug wird gewährleistet, dass sich etwaige seit Ehezeitende wirksam gewordene Anpassungen auf Seiten beider Ehegatten (d.h. sowohl hinsichtlich der Lastschrift beim Verpflichteten als auch hinsichtlich der Gutschrift beim Berechtigten) auswirken. Wird der Ausgleichswert dagegen in einer besonderen, unveränderlichen Bezugsgröße ausgedrückt, die in dem Versorgungssystem erst nach Eintritt des Versorgungsfalles in einen aktuellen €-Betrag umgerechnet wird, ist die Angabe eines Bezugszeitpunkts entbehrlich. Dies gilt z.B. für die gesetzliche Rentenversicherung, in der die Entgeltpunkte auf den Versicherungskonten mit Hilfe des aktuellen Rentenwerts in einen aktuellen Rentenbetrag umgerechnet werden (vgl. § 43 Rdn. 19),[15] sowie für die Zusatzversorgung des öffentlichen Dienstes, in der die erworbenen Versorgungspunkte mit Hilfe des Referenzentgelts in einen €-Wert umgerechnet werden (vgl. § 45 Rdn. 29). Zur Vereinheitlichung der Entscheidungen und zur Vermeidung von Fehlern empfiehlt es sich jedoch, stets das Ehezeitende als Bezugszeitpunkt anzugeben.[16] In einer **Abänderungsentscheidung** ist dagegen nicht das Ende der Ehezeit der maßgebende Bezugszeitpunkt, sondern der auf den Eingang des Abänderungsantrags beim Familiengericht folgende Monatserste (s. § 51 Rdn. 29–31). **8**

---

11 OLG Zweibrücken Beschluss vom 14.06.2012 – 2 UF 36/12 – (juris); OLG Celle Beschluss vom 28.08.2012 – 10 UF 17/12 – (juris); Glockner/Hoenes/Weil § 7 Rn. 19; Hoffmann/Raulf/Gerlach FamRZ 2011, 333, 336; Borth FamRZ 2011, 337, 340; Gutdeutsch/Hoenes/Norpoth FamRZ 2012, 597, 598; Kemper FamRB 2012, 177, 178; a.A. OLG München FamRZ 2011, 377; 2012, 636, 637; OLG Stuttgart FamRZ 2011, 979; Beschluss vom 30.03.2011 – 17 UF 32/12 – (juris); OLG Nürnberg Beschluss vom 26.03.2012 – 9 UF 1939/11 – (juris); OLG Saarbrücken Beschluss vom 11.06.2012 – 6 UF 42/12 – (juris); offen gelassen von BGH FamRZ 2012, 694, 697 unter Hinweis auf BGH FamRZ 2007, 2055. Vgl. auch OLG Düsseldorf FamRZ 2011, 1869, das es jedenfalls für zulässig hält, neben dem auf das Ehezeitende bezogenen Kapitalwert die Zahl der diesem entsprechenden Fondsanteile zu nennen, damit die Teilung auf Basis der Fondsanteile erfolgen kann und die Berücksichtigung nachehelicher Wertveränderungen deutlich wird.
12 OLG Karlsruhe FamRZ 2011, 894, 895; OLG Stuttgart Beschluss vom 08.08.2012 – 17 UF 162/12 – (juris).
13 OLG Stuttgart FamRZ 2011, 897, 898; 2012, 711, 712.
14 OLG München FamRZ 2011, 377; OLG Saarbrücken FamRZ 2011, 1593; grundsätzlich für Angabe des Ehezeitendes BGH MDR 2012, 1041, 1042.
15 OLG Celle FamRZ 2010, 979 ff.; Ruland Rn. 556, Fn.152.
16 Borth FamRZ 2010, 981; Bergner FamFR 2011, 221; Holzwarth FamRZ 2011, 933, 935; Wick FuR 2011, 555, 557.

9   Der **Tenor** der Entscheidung kann etwa wie folgt lauten:

▶ Ausgleich eines Anrechts der **gesetzlichen Rentenversicherung**:
   Im Wege der internen Teilung wird zulasten des Anrechts des Ehemannes in der allgemeinen Rentenversicherung bei der Deutschen Rentenversicherung Bund (Versicherungskonto Nr. …) ein Anrecht in Höhe von 8,5245 Entgeltpunkten, bezogen auf den 31.01.2010, auf das Versicherungskonto der Ehefrau bei der Deutschen Rentenversicherung Bund übertragen.
   Ausgleich eines Anrechts der **Beamtenversorgung**:
   Im Wege der internen Teilung wird zulasten des Anrechts des Ehemannes bei der Bundesrepublik Deutschland (Personal-Nr. …) zugunsten der Ehefrau ein Anrecht in Höhe von monatlich 250,00 €, bezogen auf den 31.01.2010, übertragen.
   Ausgleich eines Anrechts der **betrieblichen Altersversorgung**:
   Im Wege der internen Teilung wird zulasten des Anrechts der Ehefrau bei … (Firma bzw. betrieblicher Versorgungträger) zugunsten des Ehemannes ein Anrecht in Höhe von 6.000 € nach Maßgabe der Betriebsvereinbarung vom …, bezogen auf den 31.01.2010, übertragen.
   Ausgleich eines Anrechts aus **privater Rentenversicherung**:
   Im Wege der internen Teilung wird zulasten des Anrechts des Ehemannes bei der …(Versicherungsgesellschaft) (Versicherungsnummer: …) zugunsten der Ehefrau ein Anrecht in Höhe von 8.000 € nach Maßgabe der Teilungsordnung in der Fassung vom … und nach Maßgabe des Tarifs … sowie der Allgemeinen Versicherungsbedingungen …, bezogen auf den 31.01.2010, übertragen.

Zum Geschäftswert vgl. vor § 1 Rdn. 100 ff.

E. Verrechnung von gleichartigen Anrechten (Abs. 2)

10   Das Gericht hat auch dann, wenn die Ehegatten **Anrechte gleicher Art** bei **demselben Versorgungträger** erworben haben, jedes Anrecht intern zu teilen. So findet z.B. auch ein Hin- und Her-Ausgleich von gesetzlichen Rentenanwartschaften statt, die beide Ehegatten bei demselben Versicherungträger erworben haben. § 10 Abs. 2 Satz 1 VersAusglG stellt jedoch sicher, dass beim Vollzug der gerichtlichen Entscheidung gleichartige Anrechte beider Ehegatten bei demselben Versorgungträger miteinander dergestalt verrechnet werden, dass eine Gut- bzw. Lastschrift nur in Höhe des Wertunterschieds, d.h. in Höhe der Differenz zwischen den jeweiligen Ausgleichswerten, vorgenommen wird. So wird im Ergebnis letztlich ein Hin- und Her-Ausgleich vermieden, aber eine Fehlerquelle bei der Arbeit des Familiengerichts beseitigt.[17]

▶ **Beispiel:**

   M hat eine gesetzliche Rentenanwartschaft mit einem Ausgleichswert von 6,4328 Entgeltpunkten[18] erworben, F eine gleichartige Anwartschaft im Ausgleichswert von 2,8002 Entgeltpunkten. Das Gericht hat jeweils den Ausgleichswert auf den anderen Ehegatten zu übertragen. Die Rentenversicherungsträger nehmen bei M nur eine Lastschrift von (6,4328–2,8002 =) 3,6326 und bei F eine Gutschrift in gleicher Höhe vor.

11   Anrechte beider Ehegatten bestehen bei **demselben Versorgungträger**, wenn die (natürliche oder juristische) Person, die die (künftigen) Versorgungsleistungen zugesagt hat, identisch ist, aber auch dann, wenn für die Ehegatten verschiedene Untergliederungen desselben Versorgungträgers zuständig sind. So stellt etwa § 120f Abs. 1 SGB VI klar, dass die bei verschiedenen Trägern der gesetzlichen Rentenversicherung erworbenen Anrechte als bei demselben Versorgungträger erwor-

---

17   BT-Drucks. 16/10144 S. 54, 55.
18   Die Entgeltpunkte werden auf vier Dezimalstellen errechnet, vgl. § 121 Abs. 1 und 2 SGB VI.

bene Anrechte gelten.[19] Allerdings können mehrere bei demselben Versorgungsträger erworbene Anrechte auch durchaus von verschiedener Art sein (s.u. Rdn. 13).

Eine Verrechnung von Versorgungsanrechten beider Ehegatten kann auch vorgenommen werden, **12** wenn **verschiedene Versorgungsträger** eine Verrechnung vereinbart haben (§ 10 Abs. 2 Satz 2 VersAusglG). Auch in diesem Fall müssen die Anrechte jedoch von gleicher Art sein.

Die Frage, ob **Anrechte** als **gleichartig** anzusehen sind, kann u.U. sehr schwierig zu beantworten **13** sein. Der Begriff der Gleichartigkeit wird – mit gleichem Bedeutungsgehalt[20] – auch in § 18 Abs. 1 VersAusglG verwendet und ist dort von erheblich größerer praktischer Bedeutung, weil von der Gleichartigkeit abhängt, ob die Anrechte überhaupt auszugleichen sind (vgl. daher zu den Einzelheiten § 18 Rdn. 8 ff.).

Es können selbst bei demselben Versorgungsträger mehrere Anrechte von verschiedener Art erworben worden sein. So sind z.B. gem. § 120f Abs. 2 SGB VI in der **gesetzlichen Rentenversicherung** **14** Anrechte aus den alten und Anrechte aus den neuen Bundesländern, die einerseits mit Entgeltpunkten und andererseits mit Entgeltpunkten (Ost) bewertet werden (§§ 66, 254d SGB VI), nicht als gleichartig zu behandeln,[21] und das Gleiche gilt für Anrechte aus der allgemeinen und Anrechte aus der knappschaftlichen Rentenversicherung, die gem. §§ 67, 82 SGB VI mit unterschiedlichen Rentenartfaktoren errechnet werden[22] (s. auch § 43 Rdn. 43).

F. Vollzug der internen Teilung (Abs. 3)

I. Allgemeines

Die **Einzelheiten des Vollzugs** der gerichtlichen Entscheidung bestimmen sich nach den Vorschriften für die jeweiligen Versorgungssysteme (§ 10 Abs. 3 VersAusglG). Maßgebend sind gesetzliche Vorschriften oder Regelungen in Satzungen, Versorgungsordnungen, Tarifverträgen, Betriebsvereinbarungen, Versicherungsbedingungen oder sonstigen vertraglichen Regelungen. Untergesetzliche Bestimmungen müssen den Anforderungen des § 11 VersAusglG entsprechen,[23] d.h. dass die gleichwertige Teilhabe beider Ehegatten an den in der Ehezeit erworbenen Anrechten sichergestellt sein muss (s. § 11 Rdn. 2 ff.). **15**

II. Gesetzliche Rentenversicherung

1. Allgemeines

Anrechte der gesetzlichen Rentenversicherung werden nach neuem Recht dadurch ausgeglichen, **16** dass unmittelbar **Entgeltpunkte** (oder Entgeltpunkte [Ost]) **übertragen** werden. Damit ist die nach früherem Recht erforderliche zweimalige Umrechnung (zunächst zur Vorbereitung der gerichtlichen Entscheidung von Entgeltpunkten in eine monatliche Rentenanwartschaft und dann im Vollzug der Entscheidung wieder von der Rentenanwartschaft zurück in Entgeltpunkte) entbehrlich geworden (vgl. § 43 Rdn. 40). Die Übertragung der Entgeltpunkte ist mit Wirksamkeit der rechtsgestaltenden Entscheidung des Familiengerichts vollzogen (§ 52 Abs. 1 Satz 3 SGB VI), ohne dass es noch einer Mitwirkung der Rentenversicherungsträger bedürfte. Die interne Teilung bewirkt auf dem Versicherungskonto des Verpflichteten eine Lastschrift und auf dem Versicherungskonto des Berechtigten eine Gutschrift von Entgeltpunkten oder Entgeltpunkten (Ost). Das

---

19 BT-Drucks. 16/10144 S. 54, 100.
20 Vgl. BT-Drucks. 16/11903 S. 54.
21 BGH FamRZ 2012, 192, 194.
22 BT-Drucks. 16/10144 S. 55, 100; OLG Stuttgart FamRZ 2012, 303, 305; OLG Karlsruhe FamRZ 2012, 1306.
23 BT-Drucks. 16/10144 S. 55; BGH FamRZ 2011, 547, 548.

SGB VI bezeichnet die Lastschrift als »Abschlag« und die Gutschrift als »Zuschlag« an Entgelt-punkten (§§ 76 Abs. 1, 264 a Abs. 1 SGB VI). Soweit der Ausgleichspflichtige in der Ehezeit Ent-geltpunkte in der **knappschaftlichen Rentenversicherung** erworben hat, die einen höheren Wert haben als Anrechte der allgemeinen Rentenversicherung (vgl. dazu näher § 43 Rdn. 2, 18, 43), wird der Ausgleichsberechtigte auch daran hälftig beteiligt, indem ihm insoweit (mittels des Ren-tenartfaktors 1,3333 um 1/3 erhöhte, § 82 SGB VI) knappschaftliche Entgeltpunkte gutgeschrie-ben werden (§ 120f Abs. 2 Nr. 2 SGB VI). Für die anwaltliche Beratung der Mandanten über die wirtschaftlichen Folgen des VA ist es hilfreich zu wissen, dass sich der Wert des Zuschlags bzw. Abschlags an Entgeltpunkten durch den VA relativ einfach in eine aktuelle monatliche Rentenan-wartschaft umrechnen lässt. Dazu muss der Zuschlag bzw. Abschlag lediglich mit dem gerade gel-tenden aktuellen Rentenwert multipliziert werden (s. dazu § 43 Rdn. 19).

2. Auswirkungen beim Ausgleichsberechtigten

17 Beim **Ausgleichsberechtigten** hat die interne Teilung außerdem die Wirkung, dass er zusätzliche **Wartezeitmonate** angerechnet bekommt. Die Erfüllung einer Wartezeit gehört zu den Anspruchs-voraussetzungen einer bestimmten Rente. Daher ist es für den Ausgleichsberechtigten von erhebli-cher Bedeutung, dass er mit dem VA nicht nur Entgeltpunkte erhält, sondern auch die den über-tragenen Entgeltpunkten entsprechenden Wartezeitmonate gutgeschrieben bekommt. Besonders wichtig ist die Erfüllung der **allgemeinen Wartezeit von fünf Jahren** (60 Monaten), die Grundvo-raussetzung dafür ist, dass überhaupt eine Alters- oder Erwerbsminderungsrente bezogen werden kann (§ 50 Abs. 1 SGB VI). Die Anzahl der mit dem VA erworbenen Wartezeitmonate ergibt sich (auch in der knappschaftlichen Rentenversicherung), wenn der Zuschlag an Entgeltpunkten aus dem VA durch die Zahl 0,0313 geteilt wird (§ 52 Abs. 1 Satz 1 SGB VI). Das Endergebnis ist auf die nächste volle Zahl nach oben zu runden (§ 121 Abs. 3 SGB VI). Von der sich danach ergeben-den Zahl der Kalendermonate sind jedoch die Ehezeitmonate, die bereits mit eigenen Beitragszei-ten des Berechtigten belegt sind, abzuziehen (§ 52 Abs. 1 Satz 5 SGB VI). Die **Formel zur Berech-nung der zusätzlichen Wartezeit aus dem VA** lautet daher:

(Zuschlag an Entgeltpunkten : 0,0313) ./. eigene Beitragsmonate des Berechtigten in der Ehezeit.

▶ **Beispiel:**

> 7,1263 Entgeltpunkte : 0,0313 = 228 Monate Wartezeit (./. evtl. eigene Wartezeitmonate des Berechtigten in der Ehezeit).
> Damit wird – unabhängig von etwa vorhandenen eigenen Beitragsmonaten des Berechtigten – die allgemeine Wartezeit von 60 Monaten erfüllt. Zur Erfüllung dieser Wartezeit genügen (60 × 0,0313 =) 1,8780 Entgeltpunkte. Diese Entgeltpunkte entsprechen z.B. im 1. Halbjahr 2012 einer monatlichen Rentenanwartschaft von 51,59 € (1,8780 Entgeltpunkte × 27,47 aktueller Rentenwert) bzw. in den neuen Bundesländern von 45,77 € (1,8780 Entgeltpunkte [Ost] × 24,37 aktueller Rentenwert [Ost]).
> Das Gericht und der Anwalt des Ausgleichsberechtigten müssen bei ausgleichsberechtigten Perso-nen, die bisher nicht in der gesetzlichen Rentenversicherung versichert waren, prüfen, ob sie – ggf. unter Nachzahlung von Beiträgen – in der Lage sein werden, die Wartezeit zu erfüllen.

18 Haben **beide Ehegatten gesetzliche Rentenanwartschaften** auszugleichen, die gem. § 10 Abs. 2 Satz 1 VersAusglG i.V.m. § 120f Abs. 1 SGB VI zu verrechnen sind, erfolgt eine Gutschrift von **Wartezeitmonaten** nur für einen Ehegatten entsprechend dem Zuwachs an Entgeltpunkten, der sich für ihn nach der Verrechnung ergibt (§ 52 Abs. 1 Satz 2 SGB VI). Die Entgeltpunkte (Ost) sind hinsichtlich der Wartezeitberechnung den Entgeltpunkten gleichgestellt (§ 264 a Abs. 3 SGB VI), führen also zur gleichen Zahl an Wartezeitmonaten. Die durch den VA übertragenen Rentenanwartschaften stehen nicht solchen aufgrund von Pflichtbeiträgen gleich. Deshalb wirkt sich die Gutschrift für den Berechtigten weder auf die Bewertung beitragsfreier und beitragsge-minderter Zeiten aus noch kann sie (abgesehen von dem Gewinn an Wartezeit) zur Erfüllung der

Voraussetzungen für eine Erwerbsminderungsrente (überwiegende Beschäftigung in den letzten fünf Jahren) beitragen.[24]

Bezieht der Berechtigte bereits eine **Rente**, so hat der Zuschlag an Entgeltpunkten (oder Entgelt- **19** punkten [Ost]) zur Folge, dass sich seine Rente um den Betrag erhöht, der sich aus dem Produkt der übertragenen Entgeltpunkte und des geltenden aktuellen Rentenwerts (oder aktuellen Rentenwerts [Ost]) ergibt. Die Erhöhung wird mit dem Monat wirksam, der auf die Rechtskraft der gerichtlichen Entscheidung folgt (§ 101 Abs. 3 Satz 1 SGB VI). Bezieht der Ausgleichspflichtige auch schon eine Rente, ist der Versicherungsträger jedoch für eine Übergangszeit bis zu dem Monat, der auf den Monat folgt, in dem ihm die VA-Entscheidung zugestellt worden ist, von der Zahlung des Erhöhungsbetrages an den Ausgleichsberechtigten befreit (§ 30 VersAusglG). Der Ausgleichsberechtigte kann den Erhöhungsbetrag gem. § 816 Abs. 2 BGB gegen den Ausgleichspflichtigen geltend machen.[25]

3. Auswirkungen beim Ausgleichspflichtigen

Beim Ehegatten mit den höheren Anrechten hat der Abschlag an Entgeltpunkten keine Auswir- **20** kungen auf die Wartezeit. Bezieht er bereits eine Rente, so wird diese von dem auf die Rechtskraft der gerichtlichen Entscheidung folgenden Monat an um den Betrag gekürzt, der sich aus dem Abschlag an Entgeltpunkten (oder Entgeltpunkten [Ost]) und dem geltenden aktuellen Rentenwert (oder aktuellen Rentenwert [Ost]) ergibt (§ 101 Abs. 3 Satz 1 SGB VI). Das gilt auch dann, wenn der Ausgleichsberechtigte noch keine Rente erhält. Insoweit ist mit dem VAStrReG eine bedeutsame Rechtsänderung eingetreten, die für die Ausgleichspflichtigen von erheblichem Nachteil ist: Das früher in § 101 Abs. 3 SGB VI a.F. geregelte sog. **Rentnerprivileg**, das die Weiterzahlung des bisherigen Rentenbetrages bis zum Rentenbeginn auf Seiten des Ausgleichsberechtigten anordnete, ist **entfallen**.[26] Nach der Übergangsregelung des § 268a Abs. 2 SGB VI ist das Rentnerprivileg nur dann erhalten geblieben, wenn das VA-Verfahren noch vor dem 01.09.2009 anhängig geworden ist und die Rente vor diesem Termin begonnen hat.

Der Verpflichtete ist berechtigt, seine aufgrund des VA geminderten Rentenanwartschaften (ganz **21** oder teilweise) durch Entrichtung freiwilliger Beiträge **wieder aufzufüllen** (§§ 187 Abs. 1 Nr. 1, 281a Abs. 1 Nr. 1 SGB VI). Die Beitragszahlung steht der Begründung von Rentenanwartschaften gleich und führt zu einem Zuschlag an Entgeltpunkten, mit dem der durch den VA bewirkte Abschlag wieder ausgeglichen werden kann (§ 76 Abs. 2 Satz 1 und Satz 2 Nr. 1 SGB VI). Die Höhe der Beiträge kann mit Hilfe der Umrechnungsfaktoren aus Tabelle 3 der Rechengrößen zum VA[27] ermittelt werden. Als Zeitpunkt der Beitragszahlung gilt dabei grundsätzlich noch das Ende der Ehezeit, wenn der erforderliche Betrag innerhalb von drei Kalendermonaten nach Zugang der Mitteilung über die Rechtskraft der Entscheidung des Familiengerichts gezahlt wird (§§ 187 Abs. 5, 281a Abs. 4 SGB VI). Bei späterer Zahlung richtet sich der Beitragsaufwand nach dem im Zeitpunkt der Zahlung geltenden Beitragssatz. Ist der Beitragssatz der gesetzlichen Rentenversicherung zwischenzeitlich gesenkt worden, kann es für den Verpflichteten günstiger sein, die Dreimonatsfrist verstreichen zu lassen, um von einer nach Ehezeitende eingetretenen Senkung des Beitragssatzes zu profitieren.[28] Ist bereits ein bindender Bescheid über die Bewilligung von Vollrente wegen Alters ergangen, so können Beiträge auch für die Zeit vor Rentenbeginn nicht mehr entrichtet werden (§§ 187 Abs. 4, 281a Abs. 4 SGB VI). Die freiwilligen Wiederauffüllungszahlungen können steuerlich als Werbungskosten geltend gemacht werden.[29]

---

24 BSG FamRZ 1990, 1346; Ruland Rn. 538.
25 Ruland Rn. 541.
26 Zu den Gründen der Rechtsänderung vgl. BT-Drucks. 16/10144 S. 100; zur Verfassungsmäßigkeit Ruland Rn. 550 ff.
27 FamRZ 2012, 170, 172.
28 Schmidbauer FamRZ 2000, 932.
29 BFH FamRZ 2006, 485; 2010, 467 und 468; Ruland Rn. 1236.

III. Beamtenversorgung

1. Allgemeines

22 Die Durchführung der internen Teilung von Anrechten der **Bundesbeamten** und **Bundesrichter** ist im BVersTG[30] geregelt. Das Gesetz gilt entsprechend auch für Anrechte von Ausgleichspflichtigen, die in einem öffentlich-rechtlichen **Amtsverhältnis** des Bundes stehen oder standen (§ 1 Abs. 3 BVersTG), z.B. für Mitglieder der Bundesregierung und parlamentarische Staatssekretäre, sowie für ausgleichspflichtige **Soldaten** (§ 55e SVG) und **Abgeordnete** des Bundestages (§ 25a Abs. 2 AbgG). Auf Anrechte von Landes- und Kommunalbeamten sowie Abgeordnete der Länder ist das BVersTG hingegen nicht anwendbar (s.o. Rdn. 4).

2. Auswirkungen beim Ausgleichsberechtigten

23 Mit Wirksamkeit der gerichtlichen Entscheidung wird ein Versorgungsverhältnis zwischen dem **ausgleichsberechtigten Ehegatten** und dem Versorgungträger (d.h. i.d.R. dem Dienstherrn) des Ausgleichspflichtigen begründet, das allerdings keinen durch Art. 33 Abs. 5 GG geschützten Alimentationsanspruch auslöst.[31] Der Ausgleichsberechtigte erwirbt eine Anwartschaft oder einen Anspruch unmittelbar gegenüber dem Versorgungsträger (§ 2 Abs. 1 BVersTG). Das übertragene Anrecht schließt auch eine Hinterbliebenenversorgung ein (§ 2 Abs. 2 BVersTG). Der Zeitpunkt, ab dem der Ausgleichsberechtigte Versorgungsleistungen aus dem übertragenen Anrecht verlangen kann, richtet sich nicht nach dem für den Verpflichteten geltenden Beamtenversorgungsrecht, sondern nach den einschlägigen Regelungen desjenigen gesetzlichen Alterssicherungssystems, dem der Ausgleichsberechtigte bis zum Bezug von Leistungen der Alters- oder Invaliditätsversorgung angehört hat. Zu den gesetzlichen Alterssicherungssystemen sind die gesetzlich geregelten Versorgungssysteme wie insbesondere die gesetzliche Rentenversicherung, die Beamtenversorgung, die Alterssicherung der Landwirte und die Schornsteinfegerversorgung (s.u. Rdn. 31) zu zählen, aber auch die auf gesetzlicher Grundlage bestehenden berufsständischen Versorgungssysteme.[32] Ist der Berechtigte keinem gesetzlichen Alterssicherungssystem zuzuordnen, besteht ein Leistungsanspruch gegen den Träger der auszugleichenden Versorgung von dem Zeitpunkt an, zu dem er in der gesetzlichen Rentenversicherung Anspruch auf eine (Alters- oder Erwerbsminderungs-) Rente gehabt hätte (§ 2 Abs. 3 BVersTG). Der Anspruch auf Versorgungsleistungen muss bei dem Versorgungträger schriftlich geltend gemacht werden (§ 2 Abs. 4 BVersTG). Das Vorliegen der Voraussetzungen für den Anspruch auf Leistungen ist zu begründen und auf Anforderung der für die Auszahlung zuständigen Stelle zu belegen.[33] Die Verjährung von Ansprüchen richtet sich nach den Vorschriften des BGB. Fällig gewordene Ansprüche verjähren daher grundsätzlich in drei Jahren (§§ 197 Abs. 2, 195 BGB).[34]

3. Auswirkungen beim Ausgleichspflichtigen

24 Auf Seiten des **ausgleichspflichtigen Bundesbeamten oder Soldaten** wirkt sich die mit der gerichtlichen Entscheidung vorgenommene Übertragung von Versorgungsanrechten auf den anderen Ehegatten erst dann aus, wenn er Ruhegehalt bezieht. Die Versorgungsbezüge werden – nach Anwendung von Ruhens-, Kürzungs- und Anrechnungsvorschriften (vgl. §§ 53–56 BeamtVG) – um den Monatsbetrag der übertragenen Anrechte gekürzt (§ 57 Abs. 1 Satz 1, Abs. 2 Satz 1 BeamtVG). Der Kürzungsbetrag erhöht oder vermindert sich entsprechend den nach Ehezeitende eingetretenen Anpassungen der beamtenrechtlichen Versorgungsbezüge (§ 57 Abs. 2 Satz 2 und 3

---

30 Art. 5 VAStrReG; in Kraft seit 01.09.2009, Art. 23 Satz 1 VAStrReG. Vgl. dazu Müller-Tegethoff/Tegethoff FamRZ 2012, 1353.
31 BT-Drucks. 16/10144 S. 103; Ruland Rn. 562.
32 Ruland Rn. 537; Johannsen/Henrich/Holzwarth § 10 Rn. 28.
33 BT-Drucks. 16/10144 S. 104; Ruland Rn. 567.
34 BT-Drucks. 16/10144 S. 104.

BeamtVG). Bezieht der Ausgleichspflichtige bereits Ruhegehalt, wird dieses nach Wirksamkeit der VA-Entscheidung um den Ausgleichswert gekürzt (§ 57 Abs. 1 Satz 1 BeamtVG). Erfüllt auch der Ausgleichsberechtigte bereits die Voraussetzungen für den Bezug von Versorgungsleistungen aus dem übertragenen Anrecht, wird der Versorgungsträger durch § 30 VersAusglG für eine Übergangszeit vor Doppelleistungen geschützt (vgl. dazu oben Rdn. 19). Das (dem Rentnerprivileg, oben Rdn. 20, entsprechende) frühere Pensionärsprivileg ist mit Wirkung vom 01.09.2009 entfallen, jedoch stellt ebenso wie im Rentenversicherungsrecht eine Übergangsregelung sicher, dass ein bereits vor dem 01.09.2009 gezahltes Ruhegehalt nicht gekürzt wird, wenn das VA-Verfahren vor dem 01.09.2009 eingeleitet worden ist (§ 57 Abs. 1 Satz 2 BeamtVG). Der Verpflichtete kann die Minderung seiner Versorgungsanrechte durch Zahlung eines Kapitalbetrages (ganz oder teilweise) wieder auszugleichen (§ 58 Abs. 1 BeamtVG). Der zum vollen Ausgleich erforderliche Betrag richtet sich nach dem Beitrag, der in die gesetzliche Rentenversicherung einzuzahlen gewesen wäre, um dort eine entsprechende gesetzliche Rentenanwartschaft für den Verpflichteten zu begründen (s. Rdn. 21); diese Anwartschaft ist an die nach dem Tag der Entscheidung eingetretene Entwicklung der beamtenrechtlichen Versorgungsbezüge anzupassen (§ 58 Abs. 2 BeamtVG). Der Beamte kann die Zahlung auch noch nach Eintritt des Ruhestandes vornehmen. Die Wiederauffüllungszahlungen können – anders als beim Ausgleich von gesetzlichen Rentenanwartschaften (s.o. Rdn.21) – steuerlich als **Werbungskosten** geltend gemacht werden.[35] Für ausgleichspflichtige Soldaten gelten entsprechende Bestimmungen des SVG.

Scheidet der ausgleichspflichtige Ehegatte nach Durchführung des VA aus seinem Dienstverhältnis aus, so bleibt der Anspruch des Ausgleichsberechtigten gegen den Träger der ausgeglichenen Versorgung hiervon unberührt. Der Versorgungsträger kann zwar die ihm hierdurch entstehenden Kosten nicht mehr durch Kürzung der Versorgungsbezüge zulasten des Ausgleichspflichtigen kompensieren. Er wird jedoch durch § 5 BVersTG gegen Doppelleistungen geschützt. Nach dieser Vorschrift kann er von dem neuen Dienstherrn des Ausgleichspflichtigen oder, wenn der Ausgleichspflichtige aus dem Beamtenverhältnis ausgeschieden ist, von dem Träger der gesetzlichen Rentenversicherung, bei dem der ausgeschiedene Beamte nachversichert worden ist, die Erstattung der geleisteten Zahlungen verlangen (§ 5 BVersTG). Diese Erstattungspflicht entfällt allerdings wieder, wenn die Nachversicherung eines ausgeschiedenen Beamten zu einer Abänderungsentscheidung nach den §§ 51, 52 VersAusglG oder den §§ 225, 226 FamFG führt und diese die interne Teilung der früheren Beamtenversorgungsanwartschaft durch die Teilung der nunmehr bestehenden gesetzlichen Rentenanwartschaft ersetzt.[36] 25

IV. Alterssicherung der Landwirte

Die **Alterssicherung der Landwirte** erfasst alle selbständigen Landwirte und mitarbeitende Familienangehörige (§ 1 Abs. 1 ALG). Selbständig versichert (und beitragspflichtig) sind (seit 1995) auch die Ehegatten und (ab 2013) die Lebenspartner von Landwirten; sie gelten kraft Gesetzes ebenfalls als Landwirte, wenn die Ehegatten bzw. Lebenspartner nicht dauernd getrennt leben und der Ehegatte bzw. Lebenspartner nicht erwerbsunfähig ist (§ 1 Abs. 3 Satz 1, § 1a ALG). Mitarbeitende Familienangehörige sind Personen, die mit dem Landwirt oder seinem Ehegatten bzw. Lebenspartner bis zum dritten Grade verwandt oder bis zum zweiten Grade verschwägert oder deren Pflegekinder sind und die in dem Unternehmen des Landwirts hauptberuflich tätig sind (§ 1 Abs. 8 ALG). § 43 **ALG** ermöglichte bereits seit 1995 die Realteilung von Versorgungsanrechten aus der Alterssicherung der Landwirte. Die Neufassung der Vorschrift[37] regelt nunmehr die *interne Teilung* solcher Anrechte, ohne dass es wie früher erforderlich ist, dass der ausgleichsbe- 26

---

35 BFH NJW 2006, 1839; 2006, 1840; Ruland Rn. 1246.
36 Vgl. BT-Drucks. 16/10144; Ruland Rn. 572.
37 I.d.F. des Art. 9 Nr. 6 VAStrReG.

rechtigte Ehegatte ebenfalls berücksichtigungsfähige Zeiten in der Alterssicherung der Landwirte zurückgelegt hat.

27 Das Familiengericht überträgt in Höhe des Ausgleichswerts, der in der in der Alterssicherung der Landwirte verwendeten Bezugsgröße »**Steigerungszahl**« ausgedrückt wird, zu Lasten der Anrechte des Verpflichteten für den Berechtigten Anrechte bei der landwirtschaftlichen Alterskasse (§ 43 Abs. 2 Satz 1 ALG). Dabei sind – wie in der gesetzlichen Rentenversicherung – Anrechte aus Zeiten in den alten und Anrechte aus Zeiten in den neuen Bundesländern getrennt intern zu teilen (§ 43 Abs. 2 Satz 2 ALG). Die Teilung wird – ähnlich wie in der gesetzlichen Rentenversicherung – in der Weise durchgeführt, dass auf Seiten des Verpflichteten ein Abschlag (von der Steigerungszahl) und auf Seiten des Berechtigten ein Zuschlag (zur Steigerungszahl) vorgenommen wird. Der Ausgleichsberechtigte erwirbt mit dem Zuschlag zur Steigerungszahl auch zusätzliche Wartezeitmonate. Der Divisor zur Berechnung der zusätzlichen Wartezeitmonate ist kleiner als in der gesetzlichen Rentenversicherung (vgl. dazu oben Rdn. 17). Er beträgt (seit dem 01.09.2009) 0,0157 für Landwirte und ihre Ehefrauen bzw. Lebenspartner und 0,0079 für mitarbeitende Familienangehörige (§ 17 Abs. 3 ALG). Da die Wartezeit in der Alterssicherung der Landwirte erheblich länger ist (15 Jahre, § 11 Abs. 1 Nr. 2, Abs. 2 Nr. 2 ALG) als in der gesetzlichen Rentenversicherung, soll mit dem kleineren Divisor erreicht werden, dass die Ausgleichsberechtigten (ggf. mit eigenen Beiträgen außerhalb der Ehezeit) möglichst auch die Wartezeit für die Rente aus der Alterssicherung der Landwirte erfüllen.[38] Wenn der Ausgleichsberechtigte die Wartezeit dennoch nicht erfüllt, hat er einen Anspruch auf Beitragserstattung, der auch die Hälfte des Ausgleichswerts einschließt (§ 76 Abs. 3 ALG).

V. Betriebliche Altersversorgung

28 Für die interne Teilung einer **betrieblichen Altersversorgung** bestimmt § 12 VersAusglG, dass die ausgleichsberechtigte Person mit der Übertragung des Anrechts die Stellung eines ausgeschiedenen Arbeitnehmers i.S. des BetrAVG erlangt (vgl. dazu die Anmerkungen zu § 12). Im Übrigen können die betrieblichen Versorgungsträger die Durchführung der internen Teilung grundsätzlich frei gestalten. Ihre Versorgungsregelungen müssen allerdings den in § 11 Abs. 1 VersAusglG geregelten Mindestanforderungen genügen (vgl. § 11 Rdn. 2 ff.). Treffen sie keine Bestimmungen, gelten gem. § 11 Abs. 2 VersAusglG für das auf den Ausgleichsberechtigten übertragene Anrecht die Regelungen über das Anrecht des Ausgleichspflichtigen entsprechend, soweit nicht besondere Regelungen für den VA bestehen. Betriebliche Versorgungsträger machen regelmäßig von der Möglichkeit, Teilungskosten geltend zu machen (§ 13 VersAusglG), Gebrauch. Zur internen Teilung von Anrechten aus der **Zusatzversorgung des öffentlichen Dienstes** vgl. § 45 Rdn. 26 ff.

VI. Berufsständische Versorgung

29 In der berufsständischen Versorgung war häufig bereits die Realteilung nach dem früheren § 1 Abs. 2 VAHRG vorgesehen, aber zum Teil an die Voraussetzung geknüpft, dass auch der ausgleichsberechtigte Ehegatte Mitglied des Versorgungssystems war oder zumindest der gleichen Berufsgruppe wie der Ausgleichspflichtige angehörte. Die interne Teilung ist ohne eine derartige Einschränkung möglich. Die Einzelheiten sind in den maßgeblichen Versorgungsordnungen zu regeln.

VII. Private Rentenversicherung

30 Auch in der privaten Rentenversicherung wurde zum Teil früher schon die Realteilung nach § 1 Abs. 2 VAHRG zugelassen, wobei regelmäßig Teilungskosten in Abzug gebracht wurden. Insoweit

---

38 BT-Drucks. 16/10144 S. 106.

ergeben sich durch die Einführung der internen Teilung keine Veränderungen. Die Durchführung der internen Teilung kann in allgemeinen oder besonderen Versicherungsbedingungen geregelt werden.

VIII. Schornsteinfegerversorgung

Die Versorgungsanrechte der Bezirkschornsteinfegermeister sind gem. § 33a Schornsteinfegerge- 31
setz[39] intern zu teilen, indem zu Lasten des vom Ausgleichspflichtigen erworbenen Anrechts für den Ausgleichsberechtigten ein Anrecht bei der Versorgungsanstalt der deutschen Bezirksschornsteinfegermeister übertragen wird. Dabei sind – wie in der gesetzlichen Rentenversicherung – Anrechte aus den alten und aus den neuen Bundesländern getrennt zu teilen. Wie in der Beamtenversorgung werden Zahlungen aus dem übertragenen Anrecht von dem Monat an geleistet, in dem der Ausgleichsberechtigte Anspruch auf Alters- oder Invaliditätsleistungen aus einem gesetzlichen Alterssicherungssystem hat oder, wenn er einem solchen System nicht angehört, in der gesetzlichen Rentenversicherung gehabt hätte (§ 33a Abs. 4 Schornsteinfegergesetz).

G. Steuerrechtliche Folgen der internen Teilung

Die interne Teilung ist für die Ehegatten stets steuerneutral. Bei Beiden werden erst die späteren 32
Versorgungsleistungen (nachgelagert) besteuert (§ 3 Nr. 55a EStG).[40] Der Ausgleichspflichtige kann die Minderung seiner Anrechte nicht steuerlich geltend machen.[41] Zur steuerrechtlichen Abzugsfähigkeit von Aufwendungen zur Wiederauffüllung von Versorgungskürzungen s.o. Rdn. 21 und 24.

§ 11 VersAusglG   Anforderungen an die interne Teilung

(1) ¹Die interne Teilung muss die gleichwertige Teilhabe der Ehegatten an den in der Ehezeit erworbenen Anrechten sicherstellen. ²Dies ist gewährleistet, wenn im Vergleich zum Anrecht der ausgleichspflichtigen Person

1. für die ausgleichsberechtigte Person ein eigenständiges und entsprechend gesichertes Anrecht übertragen wird,
2. ein Anrecht in Höhe des Ausgleichswerts mit vergleichbarer Wertentwicklung entsteht und
3. der gleiche Risikoschutz gewährt wird; der Versorgungsträger kann den Risikoschutz auf eine Altersversorgung beschränken, wenn er für das nicht abgesicherte Risiko einen zusätzlichen Ausgleich bei der Altersversorgung schafft.

(2) Für das Anrecht der ausgleichsberechtigten Person gelten die Regelungen über das Anrecht der ausgleichspflichtigen Person entsprechend, soweit nicht besondere Regelungen für den Versorgungsausgleich bestehen.

---

39 I.d.F. des Art. 17 Nr. 3 VAStrReG.
40 BT-Drucks. 16/10144 S. 108; Ruland Rn. 1219; Schmid FPR 2009, 196, 201; Schmid/Bührer FamRZ 2010, 1608, 1609; Breuers FPR 2011, 517.
41 Münch FamRB 2010, 284, 285.

A. Norminhalt

1 § 11 VersAusglG legt für die Versorgungsträger, die ihre Versorgungsordnungen kraft Satzungsautonomie regeln (insbesondere die Träger der Zusatzversorgung des öffentlichen Dienstes sowie berufsständische Versorgungswerke) oder auf kollektiv- oder privatvertraglicher Basis handeln (betriebliche und private Versorgungsträger), Mindestanforderungen an die Ausgestaltung der internen Teilung fest. Auf gesetzliche Bestimmungen über die interne Teilung, wie sie sich etwa für die gesetzliche Rentenversicherung im SGB VI, für die Beamtenversorgung im BVersTG und für die Alterssicherung der Landwirte in § 43 ALG finden (s. im Einzelnen § 10 Rdn. 16 ff.), ist die Vorschrift nicht anwendbar.[1] Diese haben ohnehin den verfassungsrechtlichen Maßgaben für eine angemessene Teilhabe am gemeinsam erworbenen Versorgungsvermögen zu entsprechen. Den Familiengerichten steht über den durch Art. 100 GG gesetzten Rahmen hinaus keine weitere Prüfungskompetenz zu. § 11 VersAusglG trifft keine ausdrückliche Bestimmung dazu, welche Konsequenzen eine Verletzung der normierten Mindestanforderungen hat (s. dazu Rdn. 12).

B. Mindestanforderungen an die interne Teilung (Abs. 1)

I. Allgemeines

2 Bei der **Ausgestaltung der internen Teilung** sind die Versorgungsträger – ebenso wie schon früher bei der Realteilung nach § 1 Abs. 2 VAHRG[2] – grundsätzlich frei. Die konkrete Ausgestaltung der Regelungen über das auszugleichende und das zu übertragende Anrecht, die gem. § 10 Abs. 3 VersAusglG maßgeblich sein sollen, steht daher grundsätzlich in ihrem Ermessen.[3] Allerdings ergibt sich schon aus § 10 Abs. 1 VersAusglG, dass die Versorgungsträger die Durchführung der Teilung nicht mehr von einer Antragstellung abhängig machen oder gegenständlich oder persönlich beschränken können.[4] Sie können auch nicht mehr festlegen, dass das auszugleichende Anrecht für den Ausgleichsberechtigten bei einem anderen Versorgungsträger begründet wird,[5] weil § 10 Abs. 1 VersAusglG die Übertragung des Anrechts innerhalb des Versorgungssystems ausdrücklich vorschreibt. Ein Ausgleich über einen externen Versorgungsträger ist nur noch unter den Voraussetzungen des § 14 Abs. 2 VersAusglG möglich.

3 Schon bei der Realteilung nach § 1 Abs. 2 VAHRG war zu prüfen, ob die maßgebende Versorgungsregelung bestimmte Mindestanforderungen erfüllte, die sich aus den Grundprinzipien des VA ergeben.[6] Daran knüpft § 10 Abs. 1 VersAusglG an. Abs. 1 Satz 1 schreibt den **Grundsatz der gleichwertigen Teilhabe** fest, der in Satz 2 näher konkretisiert wird. Da dieser Grundsatz Verfassungsrang hat, können Versorgungsregelungen keinen Bestand haben, die den Mindestanforderungen nicht genügen oder sonst zu einer Verletzung des Halbteilungsgrundsatzes führen.

4 Die unter der Geltung des früheren Rechts streitige Frage, ob betriebliche und private Versorgungsträger mit einer Realteilung auch die Möglichkeit schaffen mussten, dass rechtskräftige Ent-

---

1 BT-Drucks. 16/10144 S. 55; BGH FamRZ 2011, 547, 548.
2 BGH FamRZ 1988, 1254; 2008, 1602, 1605.
3 BT-Drucks. 16/10144 S. 56; BGH FamRZ 1988, 1254; KG FamRZ 2012, 635, 636.
4 Vgl. zum früheren Recht insoweit BGH FamRZ 1993, 173, 174; OLG Naumburg FamRZ 2002, 102.
5 Anders noch zur Realteilung BGH FamRZ 2008, 1418, 1422.
6 BGH FamRZ 1988, 1254; 1989, 951, 953; 2008, 1418, 1421.

scheidungen über den VA in besonderen **Härtefällen** entsprechend den §§ 4–9 VAHRG a.F. angepasst werden konnten,[7] hat der Gesetzgeber mit dem VAStrReG dahin entschieden, dass derartige Anpassungsvorschriften nicht erforderlich sind. Das folgt daraus, dass die – den §§ 4–9 VAHRG a.F. entsprechenden – Vorschriften der §§ 33–38 VersAusglG nur für die in § 32 VersAusglG (abschließend[8]) genannten Anrechte aus öffentlich-rechtlichen Regelsicherungssystemen gelten sollen (vgl. zur analogen Anwendung des § 32 VersAusglG auf sonstige Anrechte § 32 Rdn. 11). Die Freistellung der privaten Versorgungsträger von solchen Härteregelungen ist jedoch verfassungsrechtlich problematisch.[9]

II. Eigenständiges Anrecht von entsprechender Sicherung (Abs. 1 Satz 2 Nr. 1)

§ 11 Abs. 1 Satz 2 Nr. 1 VersAusglG verlangt, dass der ausgleichsberechtigte Ehegatte im Wege der internen Teilung ein **eigenständiges Anrecht** erhält. Es muss ein eigenes Versorgungsrechtsverhältnis zwischen dem Ausgleichsberechtigten und dem Versorgungsträger begründet werden, das von dem zwischen dem Versorgungsträger und dem ausgleichspflichtigen Ehegatten bestehenden Rechtsverhältnis unabhängig ist. Der Ausgleichsberechtigte muss einen selbständigen Anspruch gegen den Versorgungsträger erlangen, der vom weiteren Versorgungsschicksal des Ausgleichspflichtigen nicht mehr beeinflusst werden kann.[10] Ein späteres Ausscheiden des Verpflichteten aus dem Versorgungssystem darf daher z.B. keine Konsequenzen für den Berechtigten mehr haben. Eine bloße Abtretung von Ansprüchen reicht nicht aus, weil die so erworbenen Ansprüche mit dem Tod des Ausgleichspflichtigen untergehen.[11] Bei privaten Lebensversicherungsverträgen und bei Direktversicherungen der betrieblichen Altersversorgung ist es erforderlich, dass der Ausgleichsberechtigte selbst versicherte Person wird.[12] Im Übrigen gewährleistet § 12 VersAusglG für betriebliche Versorgungsanrechte, dass der Ausgleichsberechtigte eine eigenständige Rechtsposition erhält.

Das übertragene Anrecht muss außerdem **in vergleichbarer Weise gesichert** sein wie das dem Ausgleichspflichtigen verbleibende Anrecht. Bei den meisten Versorgungssystemen gibt es Sicherungsmechanismen, die für das übertragene Anrecht dieselbe Sicherheit gewährleisten wie für das auszugleichende Anrecht. Für betriebliche Versorgungsanrechte gilt z.B. die Insolvenzsicherung über den Pensions-Sicherungs-Verein nach § 7 ff. BetrAVG, bei privaten Versorgungen wirken die Bestimmungen des Versicherungsaufsichtsrechts für alle Versicherungsnehmer.[13] Problematisch kann die vergleichbare Sicherheit aber z.B. beim Ausgleich von Unternehmerversorgungen sein, auf die das BetrAVG keine Anwendung findet. Hier kommt es darauf an, ob die auszugleichende Versorgung des Unternehmers (z.B. über eine Lebensversicherung) rückgedeckt ist. Wenn das der Fall ist, so muss dem Ausgleichsberechtigten im Rahmen der internen Teilung eine entsprechende Sicherung verschafft werden. Besteht hingegen keine Rückdeckung, so erfordert der Grundsatz der gleichmäßigen Teilhabe auch keine Insolvenzsicherung für das übertragene Anrecht. Denn der Ausgleichsberechtigte muss nicht besser gestellt werden als der Verpflichtete. Das Anrecht des Ausgleichspflichtigen kann trotz der fehlenden Insolvenzsicherung intern geteilt werden, womit der Ausgleichsberechtigte dann sowohl die Chancen als auch die Risiken des ausgeglichenen Anrechts teilt.[14]

---

7 Vgl. BGH FamRZ 1993, 298; 1997, 1470; 1998, 421, 423.
8 BT-Drucks. 16/10144 S. 72.
9 Ruland Rn. 926 ff.
10 BT-Drucks. 16/10144 S. 56.
11 BT-Drucks. 16/10144 S. 56; BGH FamRZ 1985, 799, 800; Borth Rn. 532; Ruland Rn. 590.
12 BT-Drucks. 16/10144 S. 56.
13 BT-Drucks. 16/10144 S. 56.
14 BT-Drucks. 16/10144 S. 56; Johannsen/Henrich/Holzwarth § 11 Rn. 6; Borth Rn. 533; Ruland Rn. 590;.

III. Vergleichbarer Wert und vergleichbare Wertentwicklung (Abs. 1 Satz 2 Nr. 2)

7   § 11 Abs. 1 Satz 1 Nr. 2 VersAusglG regelt zum einen, dass für den ausgleichsberechtigten Ehegatten ein **Anrecht in Höhe des Ausgleichswerts** entsteht. Damit wird zum Ausdruck gebracht, dass der dem Ausgleichsberechtigten zufließende Ausgleichswert (i.S. des § 1 Abs. 2 Satz 2 VersAusglG) dem bei dem Ausgleichspflichtigen verbliebenen Anrecht **wertmäßig entsprechen** muss.[15] Diese Voraussetzung kann – wie schon früher bei der Realteilung nach § 1 Abs. 2 VAHRG a.F. – bei Anrechten, denen ein Deckungskapital zugrunde liegt oder für die zum Zwecke der Teilung ein Kapitalwert zu errechnen ist,[16] durch drei verschiedene Berechnungsmethoden erfüllt werden:

– Die Teilung des auszugleichenden Anrechts kann auf der Grundlage des Deckungskapitals oder des versicherungsmathematischen Barwerts erfolgen. Damit wird der tatsächliche Kapitalwert oder der Barwert des Anrechts hälftig auf beide Ehegatten verteilt. Die Ehegatten werden aber später aus dem gleichen Deckungskapital unterschiedlich hohe Renten erhalten, wenn – wie nahezu immer – für beide unterschiedliche versicherungstechnische Rechnungsgrundlagen gelten.[17] Allerdings ist zweifelhaft, ob eine geschlechtsverschiedene Kalkulation mit dem GG und dem europäischen Gemeinschaftsrecht vereinbar ist.[18]

– Es kann die Halbteilung von Rentenbeträgen oder Bezugsgrößen vorgesehen werden. Dazu muss das der (fiktiven) Rente zugrunde liegende Deckungskapital um den Betrag vermindert werden, der zur Bildung des für den Berechtigten zu begründenden Anrechts erforderlich ist. Da die Höhe dieses Betrages vom Alter und Geschlecht des Berechtigten abhängig ist, kann der Ausgleich je nach Lage des Falles mehr oder weniger als die Hälfte des Deckungskapitals beanspruchen. Wegen der damit verbundenen, schwer kalkulierbaren Risiken für den Versorgungsträger ist diese Teilungsform wenig verbreitet.

– Das in der Ehezeit erworbene Deckungskapital wird so geteilt, dass – bezogen auf das Ehezeitende – für beide Ehegatten gleich hohe (fiktive) Renten entstehen.[19] Von den versicherungstechnischen Rechnungsgrundlagen der Ehegatten hängt dann ab, ob für das zu übertragende Anrecht mehr oder weniger als die Hälfte des in der Ehezeit gebildeten Deckungskapitals benötigt wird.

Den Versorgungsträgern steht es frei, für welche der drei Methoden sie sich entscheiden.[20] Die Ehegatten müssen die getroffene Entscheidung hinnehmen und können – wenn sie sich einig sind – allenfalls versuchen, den Versorgungsträger zu einer von der Versorgungsregelung abweichenden Aufteilung im Einzelfall zu bewegen.

8   Die Versorgungsbestimmungen müssen außerdem sicherstellen, dass die **Wertentwicklung** des übertragenen Anrechts **in vergleichbarer Weise** verlaufen wird, wie das nach den Versorgungsregelungen für das vom Ausgleichspflichtigen erworbene Anrecht vorgesehen ist, d.h. dass das übertragene Anrecht in gleichem Umfang regelmäßig angepasst (dynamisiert) wird. I.d.R. ergibt sich dies bereits daraus, dass der Berechtigte in das Versorgungssystem aufgenommen wird, dem der Ausgleichspflichtige angehört, und dass die Anpassung der Anwartschaften und laufenden Leistungen

---

15   BT-Drucks. 16/10144 S. 56.
16   Vgl. dazu BGH FamRZ 1988, 1254, 1255; OLG Nürnberg FamRZ 1989, 1097; OLG Celle FamRZ 2007, 221, 222.
17   Vgl. BGH FamRZ 1988, 1254; 2011, 547; OLG Bamberg FamRZ 1985, 942; OLG Nürnberg FamRZ 2005, 1486; OLG Karlsruhe FamRZ 2005, 1752; OLG Düsseldorf FamRZ 2011, 194; KG FamRZ 2012, 635, 636.
18   Vgl. EuGH FamRZ 2011, 1127 m. Anm. Borth; Birk DB 2011, 819; Kahler NJW 2011, 894; Orgis FPR 2011, 509.
19   Vgl. BT-Drucks. 16/10144 S. 56; OLG Oldenburg FamRZ 2011, 1148 (Zusatzversorgung des öffentlichen Dienstes); OLG Nürnberg FamRZ 2011, 1947 (betriebliche Altersversorgung); OLG Köln FamRZ 2012, 302; OLG Brandenburg FamRZ 2012, 555
20   OLG Nürnberg Beschluss vom 06.05.2011 – 11 UF 165/11 – (juris), FamRZ 2011, 1947 (LS); OLG Oldenburg FamRZ 2011, 1148; OLG Köln FamRZ 2012, 302.

generell in der Versorgungsregelung festgelegt ist. Für **betriebliche Anrechte** folgt z.B. aus § 12 VersAusglG, dass auch für das übertragene Anrecht die Bestimmung des § 16 BetrAVG gilt, wonach alle Betriebsrenten regelmäßig anzupassen sind (s. § 12 Rdn. 1). In der Anwartschaftsphase ist eine solche Anpassung allerdings für betriebliche Versorgungsanrechte nicht vorgeschrieben, und soweit Anwartschaften aufgrund der Versorgungsregelung dynamisiert werden, gilt dies regelmäßig nicht für die Anrechte von ausgeschiedenen Arbeitnehmern (§ 2 Abs. 5 S. 1 BetrAVG). Insbesondere bei sog. **endgehaltsbezogenen Versorgungszusagen**, bei denen die Höhe der künftigen Rente an die Entwicklung des Einkommens im Betrieb geknüpft ist, endet die Dynamik in der Anwartschaftsphase, wenn der Anwärter aus dem Betrieb ausscheidet. Die an sich von § 11 Abs. 1 S. 2 Nr. 2 VersAusglG geforderte vergleichbare Wertentwicklung des dem Ausgleichspflichtigen verbleibenden und des auf den Ausgleichsberechtigten übertragenen Anrechts wäre danach in der Anwartschaftsphase nicht gewährleistet. Das wirft die Frage auf, in welchem Verhältnis § 12 zu § 11 Abs. 1 S. 2 Nr. 2 VersAusglG steht.

Teilweise wird die Auffassung vertreten, § 12 VersAusglG schließe auch die Anwendbarkeit des § 2 Abs. 5 S. 1 BetrAVG ein, was zur Folge habe, dass der Versorgungsträger das dem Ausgleichsberechtigten übertragene Anrecht in der Anwartschaftsphase nicht anzupassen brauche. Hierdurch werde zwar die Position des Ausgleichsberechtigten gegenüber dem weiter im Betrieb beschäftigten Ausgleichspflichtigen geschwächt. Dies sei aber noch mit dem Halbteilungsgrundsatz vereinbar.[21] Die Anwartschaftsdynamik wird als bis zum Eintritt des Versorgungsfalles noch »verfallbar« angesehen und der Ausgleichsberechtigte hinsichtlich der sich bei einem weiteren Verbleib des Ausgleichspflichtigen im Betrieb nach Ehezeitende sukzessive verwirklichenden Wertsteigerung auf die Möglichkeit eines späteren (ergänzenden) schuldrechtlichen VA verwiesen.[22] Nach anderer Auffassung ist es dagegen mit dem Halbteilungsgrundsatz nicht vereinbar, dem Ausgleichsberechtigten eine Teilhabe an der sich beim Ausgleichspflichtigen nach Ehezeitende realisierenden Dynamik des Anrechts zu versagen. Danach wird das in § 11 Abs. 1 S. 2 Nr. 2 VersAusglG geregelte Postulat vergleichbarer Wertentwicklung nicht durch § 12 VersAusglG eingeschränkt.[23] **8a**

Der letztgenannten Auffassung ist zu folgen. Nach den Vorstellungen des Gesetzgebers soll § 11 Abs. 1 S. 2 Nr. 2 VersAusglG gewährleisten, dass sich das zu übertragende Anrecht in vergleichbarer Weise im Wert entwickelt wie das auszugleichende Anrecht.[24] Es wäre mit dem Halbteilungsgrundsatz nicht vereinbar, wenn der Ausgleichsberechtigte nicht ebenso wie der Ausgleichspflichtige an der Anwartschaftsdynamik teilhaben würde, die dem Anrecht bei Ehezeitende innewohnte und sich (erwartungsgemäß) nach Ehezeitende realisiert. Es ist nicht der Sinn und Zweck des § 12 VersAusglG, die Rechtsstellung des Ausgleichsberechtigten einzuschränken. Die Vorschrift soll vielmehr nur klarstellen, dass der Ausgleichsberechtigte zwar keine arbeitsrechtliche Stellung erhält, aber versorgungsrechtlich jedenfalls einem ausgeschiedenen Arbeitnehmer gleichgestellt wird (s. § 12 Rdn. 1). Damit wird indessen nicht ausgeschlossen, dass das übertragene Anrecht in der Anwartschaftsphase zu dynamisieren ist, solange der Ausgleichspflichtige im Betrieb verbleibt und damit auch das auszugleichende Anrecht weiter dynamisiert wird. Anders als nach früherem Recht kann der Ausgleichsberechtigte wegen der bei Ehezeitende noch nicht dauerhaft gesicherten **8b**

---

21 Palandt/Brudermüller § 12 Rn. 3; Johannsen/Henrich/Holzwarth § 12 Rn. 1; Glockner/Hoenes/Weil § 8 Rn. 28; Kemper Kap. VIII Rn. 280; Häußermann FPR 2009, 223; Höfer DB 2010, 1010, 1012.

22 OLG Nürnberg Beschluss vom 06.05.2011 – 11 UF 165/11 – (juris), FamRZ 2011, 1947 (LS); Borth Rn. 448 ff. und 727; ders. FamRZ 2012, 601, 604; MüKo/Gräper § 12 Rn. 12; Erman/Norpoth § 19 Rn. 12; NK-BGB/Götsche § 19 Rn. 17; Höfer Rn. 63, 166 ff.; vgl. auch BT-Drucks. 16/10144 S. 63 und 97: ein »noch nicht ausgeglichenes Anrecht« i.S. des § 20 Abs. 1 VersAusglG sei auch eine im Zeitpunkt der Entscheidung über den Wertausgleich bei der Scheidung noch verfallbare Einkommensdynamik.

23 Ruland Rn. 592; Bergner § 12 Anm. 3.2; ders. FamFR 2010, 461; NK-FamR/Hauß § 12 Rn. 5; jurisPK-BGB/Breuers § 11 Rn. 19; Wick FuR 2011, 555, 556.

24 BT-Drucks. 16/10144 S. 56.

und deshalb noch »verfallbaren« Dynamik auch nicht auf die spätere Geltendmachung schuldrechtlicher Ausgleichsansprüche nach den §§ 20 ff. VersAusglG verwiesen werden. Zum einen ist der – für den Berechtigten mit erheblichen Risiken verbundene – schuldrechtliche VA insoweit nicht erforderlich, denn die Anwartschaftsdynamik wohnt dem intern zu teilenden Anrecht bereits bei Ehezeitende latent inne und geht bereits infolge der internen Teilung mit auf den Ausgleichsberechtigten über. Der Versorgungsträger muss nur sicherstellen, dass die sich beim Ausgleichspflichtigen realisierende Anwartschaftsdynamik wertgleich auf das auf den Ausgleichsberechtigten übertragene Anrecht erstreckt wird. Zum anderen wäre ein schuldrechtlicher VA bezüglich der nachehezeitlich realisierten Anwartschaftsdynamik aber auch gar nicht in vollem Umfang möglich. Schuldrechtliche Ausgleichsansprüche können nur in Bezug auf eine Versorgung bestehen, die dem Ausgleichspflichtigen tatsächlich zufließt. Mit der internen Teilung des betrieblichen Anrechts verliert der Ausgleichspflichtige aber bereits die Hälfte seines Ehezeitanteils. Im Versorgungsfall erhält er nur noch eine Rente, die die ihm verbliebene Hälfte des Ehezeitanteils – einschließlich der darin verwirklichten Einkommensdynamik – umfasst. Insoweit besteht aber keine Ausgleichspflicht mehr, so dass der andere Ehegatte insoweit auch keinen Anspruch auf schuldrechtliche Ausgleichsrente haben kann. Hiervon würde allein der Versorgungsträger profitieren, gegen den der Ausgleichsberechtigte keinen schuldrechtlichen Ausgleichsanspruch geltend machen kann. Ein nachträglicher Ausgleich der Anwartschaftsdynamik ist auch nicht im Rahmen eines Abänderungsverfahrens möglich. Entscheidungen über den Wertausgleich, die nach neuem Recht ergangen sind, können in Bezug auf betriebliche Altersversorgungen nicht abgeändert werden (§ 225 Abs. 1 FamFG i.V.m. § 32 VersAusglG). § 51 Abs. 1 VersAusglG ermöglicht zwar eine Totalrevision von nach altem Recht ergangenen Entscheidungen und in diesem Rahmen auch die Einbeziehung von Wertänderungen bei betrieblichen Anrechten.[25] Die nachehelich realisierte Anwartschaftsdynamik dürfte aber keine nach § 5 Abs. 2 S. 2 VersAusglG zu berücksichtigende nacheheliche Wertveränderung darstellen, sondern Bestandteil des am Stichtag bereits vorhandenen und im Wege der internen Teilung ausgeglichenen Wertes sein. Die nacheheliche Entwicklung der Anwartschaftsdynamik hat der Versorgungsträger aufgrund der internen Teilung beim Berechtigten ebenso zu berücksichtigen wie beim Verpflichteten.

8c   Außer Betracht bleiben sollen nach der Gesetzesbegründung Veränderungen von Satzungen und Bemessungsgrundlagen, die nach Ehezeitende eingetreten sind, wobei auf § 5 Abs. 2 Satz 2 VersAusglG verwiesen wird.[26] Nach dieser Bestimmung sind jedoch rechtliche Veränderungen, die nach Ende der Ehezeit wirksam werden, bei der Entscheidung zu berücksichtigen, soweit sie auf den Ehezeitanteil zurückwirken. Danach muss bei der gerichtlichen Entscheidung auch eine nach Ende der Ehezeit vorgenommene Änderung der Versorgungsregelung berücksichtigt werden, die sich rückwirkend betrachtet auf die Wertentwicklung des Anrechts auswirkt. Denn dabei geht es nicht um eine Veränderung der individuellen Bemessungsgrundlagen des Anrechts, sondern um eine allgemeine, nicht auf individuellen Umständen beruhende Änderung des auf das Ehezeitende bezogenen Werts des Anrechts, die bei der Erstentscheidung zu beachten ist.[27]

IV. Gleicher Risikoschutz (Abs. 1 Satz 2 Nr. 3)

9   Nach § 11 Abs. 1 Satz 2 Nr. 3 VersAusglG muss das übertragene Anrecht grundsätzlich den **gleichen Risikoschutz** gewähren wie das auszugleichende Anrecht. Dies bezieht sich sowohl auf das Spektrum der abgesicherten Risiken als auch auf den Zeitpunkt und den Umfang der für den jeweiligen Versorgungsfall vorgesehenen Leistungen. Eine **Regelaltersrente** muss daher beim Ausgleichsberechtigten mit dem gleichen Lebensalter beginnen wie beim Verpflichteten, sofern für

---

25 Vgl. Borth FamRZ 2012, 601, 603.
26 BT-Drucks. 16/10144 S. 56; ebenso Johannsen/Henrich/Holzwarth § 11 Rn. 12; Hauß/Eulering Rn. 190; Triebs FPR 2009, 202, 204.
27 Bergner § 11 Anm. 2.3; vgl. auch BGH FamRZ 2009, 1735, 1736.

diesen nicht aufgrund allgemeiner Regelungen eine vorgezogene Altersgrenze gilt.[28] Eine **Invaliditätsrente** muss der Ausgleichsberechtigte ebenfalls unter den gleichen allgemeinen Voraussetzungen erlangen können wie der Verpflichtete. Unerheblich ist es dagegen, ob der Berechtigte im konkreten Fall die gleiche Aussicht wie der Verpflichtete hat, diese allgemeinen Voraussetzungen zu erfüllen. So ist ein gleicher Risikoschutz z.B. nicht allein deshalb zu verneinen, weil der Berechtigte im Gegensatz zum Verpflichteten die besonderen Voraussetzungen für eine Erwerbsminderungsrente aus der gesetzlichen Rentenversicherung (drei Jahre Pflichtbeiträge in den letzten fünf Jahren, § 43 Abs. 1 Nr. 2 SGB VI) nicht wird erfüllen können. Hat der Berechtigte einen entsprechenden Vorsorgebedarf, empfiehlt sich in einem solchen Fall der Abschluss einer Vereinbarung nach § 6 VersAusglG oder nach § 14 Abs. 2 Nr. 1 VersAusglG. Gehört zum Spektrum der für den Ausgleichspflichtigen abgesicherten Risiken auch eine **Hinterbliebenenversorgung**, so muss diese grundsätzlich auch auf den Berechtigten erstreckt werden. Auch ein Sterbegeld ist Teil der Hinterbliebenenversorgung.[29]

§ 11 Abs. 1 Satz 2 Nr. 3, letzter Hs. VersAusglG ermöglicht es den Versorgungsträgern allerdings, den Risikoschutz für den Ausgleichsberechtigten **auf eine reine Altersversorgung zu beschränken.** Damit wird insbesondere dem Umstand Rechnung getragen, dass bestimmte Versorgungssysteme für Außenstehende keinen Invaliditätsschutz vermitteln können.[30] Außerdem kann ein berechtigtes Interesse des Versorgungsträgers bestehen, sich vor den schwer kalkulierbaren Risiken der Invalidität und der Hinterbliebenenversorgung für Außenstehende zu schützen. Wenn der Versorgungsträger den Ausgleichsberechtigten auf die Altersversorgung beschränkt, muss er jedoch für die nicht abgesicherten Risiken der Invalidität und/oder der Hinterbliebenenversorgung einen **zusätzlichen Ausgleich** bei der Altersversorgung schaffen. Wie die Kompensation auszusehen hat, lässt das Gesetz offen. Es liegt nahe, dass das Anrecht auf Altersrente um einen nach versicherungsmathematischen Grundsätzen berechneten Zuschlag zu erhöhen ist, wobei die Parameter des jeweiligen Versorgungssystems maßgeblich sind.[31] Denkbar ist auch eine Vorverlegung des Rentenzugangsalters für den Ausgleichsberechtigten.[32] Der Versorgungsträger hat in der Teilungsordnung generell zu regeln[33] und in seiner nach § 220 Abs. 4 FamFG zu erteilenden Auskunft im Einzelnen darzulegen, wie er den nach § 11 Abs. 1 Satz 2 Nr. 3 VersAusglG gebotenen zusätzlichen Ausgleich berechnet hat.[34] Im Tenor der Entscheidung muss der Zuschlag nicht genannt werden.[35]

C. Fehlen besonderer Regelungen (Abs. 2)

Der Gesetzgeber hat § 11 Abs. 1 VersAusglG als Regelungsauftrag an die Versorgungsträger verstanden, Bestimmungen über die interne Teilung von Anrechten ihres Versorgungssystems zu treffen.[36] Soweit sie diesem Auftrag nicht nachkommen, greift die Auffangregelung des Abs. 2 ein. Danach gelten für den Fall, dass der Versorgungsträger keine besonderen Bestimmungen über den VA getroffen hat, die Regelungen über das Anrecht des Ausgleichspflichtigen für das auf den Aus-

10

11

28 Ruland Rn. 596.
29 OLG Brandenburg FamRZ 2012, 555.
30 BT-Drucks. 16/10144 S. 56; ebenso schon für das frühere Recht BGH FamRZ 1994, 559, 560.
31 Borth Rn. 570; Ruland Rn. 596; Bergner § 11 Anm. 2.5; vgl. auch BGH FamRZ 2011, 547, 548; OLG Celle FamRZ 2011, 379, 381: Erhöhung der Altersrente um 9 % als Kompensation für Invaliditäts- und Hinterbliebenenversorgung ausreichend; KG FamRZ 2012, 635, 636: Kompensation für Invaliditätsversorgung nur 3 %.
32 Johannsen/Henrich/Holzwarth § 11 Rn. 13.
33 OLG Koblenz FamRZ 2012, 301; KG FamRZ 2012, 635, 636.
34 BT-Drucks. 16/10144 S. 56; OLG Hamm Beschluss vom 21.05.2012 – 4 UF 328/11 – (juris).
35 KG FamRZ 2012, 635, 636.
36 BT-Drucks. 16/10144 S. 55.

gleichberechtigten übertragene Anrecht entsprechend. Damit erhält der Ausgleichsberechtigte kraft Gesetzes eine Rechtsposition, die der des Ausgleichspflichtigen vollständig entspricht.

12 Auf § 11 Abs. 2 VersAusglG ist auch zurückzugreifen, wenn die **Versorgungsregelungen nicht den Mindestanforderungen** des Abs. 1 **entsprechen** und deshalb gegen § 134 BGB verstoßen.[37] Die Gerichte sind wegen der Privatautonomie der Versorgungsträger nicht berechtigt, die zu beanstandenden Regelungen durch andere für angemessen gehaltene zu ersetzen.[38] Anders als nach früherem Recht[39] kann auch nicht auf eine andere Ausgleichsform ausgewichen werden.[40] Denn die externe Teilung ist nur unter den in den §§ 14 Abs. 2 und 16 Abs. 1 und 2 VersAusglG abschließend geregelten Fällen zulässig, und mit schuldrechtlichen Ausgleichsansprüchen wäre der Ausgleichsberechtigte nicht in vergleichbarer Weise abgesichert wie mit einer internen Teilung. Beim Fehlen einer den Mindestanforderungen genügenden Regelung hat das Familiengericht deshalb die interne Teilung durchzuführen, aber ausdrücklich auszusprechen, dass das Anrecht für den Ausgleichsberechtigten zu den für das auszugleichende Anrecht geltenden Bedingungen übertragen wird.[41]

D. Prüfungspflicht des Gerichts

13 Ob die Anforderungen des § 11 Abs. 1 VersAusglG erfüllt sind, hat das Familiengericht zu prüfen.[42] Die Genehmigung der Versorgungsregelung durch die zuständige Aufsichtsbehörde ist nur ein Indiz für die Einhaltung der gesetzlichen Mindestanforderungen, bindet das Gericht aber nicht.[43] Das Gericht kann den Versorgungsträger gem. § 220 Abs. 4 Satz 2 FamFG von Amtswegen oder auf Antrag eines Ehegatten (bzw. seines Anwalts) auffordern, näher darzulegen, dass die Versorgungsregelung einzelnen der in § 11 Abs. 1 Satz 2 geregelten Mindestanforderungen genügt.

§ 12 VersAusglG   Rechtsfolge der internen Teilung von Betriebsrenten

Gilt für das auszugleichende Anrecht das Betriebsrentengesetz, so erlangt die ausgleichsberechtigte Person mit der Übertragung des Anrechts die Stellung eines ausgeschiedenen Arbeitnehmers im Sinne des Betriebsrentengesetzes.

1 Durch § 12 VersAusglG wird fingiert, dass der ausgleichsberechtigte Ehegatte beim Ausgleich eines betrieblichen Versorgungsanrechts i.S. des BetrAVG die **Rechtsstellung eines ausgeschiedenen Arbeitnehmers** erlangt. Er erhält damit keine arbeitsrechtliche Stellung, sondern es wird lediglich eine versorgungsrechtliche Beziehung mit dem Versorgungsträger begründet,[1] die vom weiteren Schicksal des ausgleichspflichtigen Ehegatten unabhängig ist. Die Fiktion bewirkt u.a., dass sich die Anpassungsregelungen des § 16 BetrAVG und der Insolvenzschutz der §§ 7 ff. BetrAVG auf das auf den Ausgleichsberechtigten übertragene Anrecht erstrecken.[2] Zur Frage, ob das übertragene Anrecht auch an Anpassungen in der Anwartschaftsphase teilnimmt, vgl. § 11 Rdn. 8 ff. Der

---

37 BT-Drucks. 16/10144 S. 57; OLG Koblenz FamRZ 2012, 301; OLG Hamm Beschluss vom 21.05.2012 – 4 UF 328/11 – (juris).
38 Ruland Rn. 595; Johannsen/Henrich/Holzwarth § 11 Rn. 15; Hoppenz/Hoppenz § 11 Rn. 8.
39 Vgl. BGH FamRZ 1993, 298.
40 Anders Häußermann BetrAV 2008, 428, 429 (Verweisung des Anrechts in den schuldrechtlichen VA).
41 OLG Koblenz FamRZ 2012, 301; Hauß/Eulering Rn. 199; Johannsen/Henrich/Holzwarth § 11 Rn. 15.
42 BT-Drucks. 16/10144 S. 55; BGH FamRZ 2011, 547, 549.
43 Ruland Rn. 595; Johannsen/Henrich/Holzwarth § 11 Rn. 16.
 1 BT-Drucks. 16/10144 S. 57.
 2 BT-Drucks. 16/10144 S. 57.

Ausgleichsberechtigte hat auch das Recht zur Fortsetzung der Versorgung mit eigenen Beiträgen gem. § 1b Abs. 5 Satz 1 BetrAVG. Ferner kann er gem. § 4 Abs. 3 BetrAVG innerhalb eines Jahres von dem Versorgungsträger verlangen, dass der Versorgungswert auf einen eigenen Arbeitgeber übertragen wird, wenn das auszugleichende Anrecht über einen Pensionsfonds, eine Pensionskasse oder eine Direktversicherung durchgeführt worden ist und der Übertragungswert die Beitragsbemessungsgrenze der gesetzlichen Rentenversicherung (vgl. dazu § 14 Rdn. 15 und § 17 Rdn. 1) nicht übersteigt. Dem Ausgleichsberechtigten steht auch der Auskunftsanspruch gegen den Versorgungsträger nach § 4a BetrAVG zu. Da der internen Teilung nur unverfallbare Anrechte unterliegen (vgl. § 19 Abs. 1, Abs. 2 Nr. 1 VersAusglG), ist auch das übertragene Anrecht unverfallbar.

Für Rechtsstreitigkeiten zwischen dem ausgleichsberechtigten Ehegatten und dem Versorgungsträger ist das Arbeitsgericht zuständig. Denn der Ausgleichsberechtigte wird durch die Gestaltungswirkung der gerichtlichen Entscheidung über den VA Rechtsnachfolger i.S. des § 3 ArbGG.[3] **2**

§ 13 VersAusglG   Teilungskosten des Versorgungsträgers

Der Versorgungsträger kann die bei der internen Teilung entstehenden Kosten jeweils hälftig mit den Anrechten beider Ehegatten verrechnen, soweit sie angemessen sind.

A. Norminhalt

Bereits unter der Geltung des früheren Rechts war anerkannt, dass die Versorgungsträger im Rahmen der Realteilung nach § 1 Abs. 2 VAHRG a.F. berechtigt waren, ihre Verwaltungskosten in angemessener Höhe von dem zu teilenden Anrecht in Abzug zu bringen.[1] § 13 VersAusglG legalisiert diese Praxis ausdrücklich für die interne Teilung. Er gibt den Versorgungsträgern das Recht, die ihnen durch die interne Teilung entstehenden Kosten auf die Ehegatten abzuwälzen. Gebunden sind sie dabei nur insoweit, als sie lediglich »angemessene« Teilungskosten in Ansatz bringen dürfen und diese Kosten »hälftig« mit den Anrechten beider Ehegatten zu verrechnen haben. Die Regelung bezieht sich nur auf die interne Teilung und ist auf die externe Teilung auch nicht entsprechend anwendbar.[2] Die Vorschrift hat praktische Bedeutung im Wesentlichen für die privaten Versorgungsträger und die Träger der Zusatzversorgung des öffentlichen Dienstes. In den für die öffentlich-rechtlichen Regelsicherungssysteme geltenden gesetzlichen Vorschriften ist ein Ansatz von Teilungskosten nicht vorgesehen. **1**

B. Begriff der Teilungskosten

Umlagefähig sind nur solche Kosten, die den Versorgungsträgern infolge der Teilung des auszugleichenden Anrechts entstehen. Das sind nicht die Kosten der Wertermittlung, die für die dem Gericht nach § 220 Abs. 4 FamFG zu erteilende Auskunft entstehen, also nicht die (Personal- und Sach-) Kosten, die durch die Berechnung der nach § 5 Abs. 1 und 3 VersAusglG mitzuteilenden **2**

---

3 BT-Drucks. 16/10144 S. 57.
1 OLG Celle FamRZ 1985, 939, 942; OLG Frankfurt FamRZ 1998, 626, 628; BGB-RGRK/Wick § 1 VAHRG Rn. 29.
2 BT-Drucks. 16/10144 S. 57; Ruland Rn. 344; Johannsen/Henrich/Holzwarth § 13 Rn. 4.

Werte (Ehezeitanteil, Ausgleichswert und ggf. korrespondierender Kapitalwert) anfallen,[3] und auch nicht die Kosten des Auskunftsschreibens oder durch die Beteiligung am gerichtlichen Verfahren entstehende Kosten. Von § 13 VersAusglG werden vielmehr nur Kosten erfasst, die erst aufgrund der Durchführung der internen Teilung entstehen. Das ist allerdings nicht nur der **Aufwand**, der dem Versorgungsträger unmittelbar durch die Aufnahme einer zusätzlichen Person in das Versorgungssystem entsteht, also die Kosten der Einrichtung eines neuen Versorgungskontos. Vielmehr zählen dazu auch die dem Versorgungsträger im Rahmen der **Kontenverwaltung** des Anrechts für den Ausgleichsberechtigten während der Anwartschafts- und der Leistungsphase erwachsenden Mehrkosten.[4] Bei kapitalgedeckten Anrechten sind das die Kosten, die dem Versorgungsträger dadurch zusätzlich entstehen, dass sich das zu verwaltende Vorsorgekapital wegen der Teilung auf mehr Berechtigte verteilt.[5]

C. Angemessenheit der Teilungskosten

3   Die Versorgungsträger dürfen nur **angemessene** Teilungskosten in Abzug bringen. Der Abzug muss in einem angemessenen Verhältnis zu den dem Versorgungsträger durch den Vollzug der internen Teilung tatsächlich entstehenden Verwaltungskosten stehen. Nach der Gesetzesbegründung dürfen die Versorgungsträger – wie schon nach früherem Recht bei der Realteilung nach § 1 Abs. 2 VAHRG a.F. – die Kosten **pauschalieren**, wobei ein Abzug von 2 bis 3 % des Deckungskapitals i.d.R. tolerabel ist.[6] Dem gemäß nehmen die meisten Versorgungsträger einen pauschalen Abzug in Höhe von bis zu 3 % des ehezeitlichen Kapitalwerts der Versorgungsanrechte vor. In der Rechtsprechung wird dies fast ausnahmslos akzeptiert.[7] Eine Prozentpauschale ist jedoch – auch im Hinblick auf die Eigentumsgarantie des Art. 14 GG – nicht gerechtfertigt, weil sie vom Verursacherprinzip abweicht und über das Prinzip einer »Mischkalkulation« höhere Versorgungswerte überproportional belastet werden.[8] Damit müssen insbesondere Ehegatten, die lange verheiratet gewesen sind und dadurch hohe auszugleichende Anrechte erworben haben, teilweise deutlich höhere Teilungskosten tragen als Ehegatten, die nach kurzer Ehezeit geschieden wurden. Zwischen den konkret anfallenden Teilungskosten und der Höhe des Ausgleichswerts besteht jedoch keine Interdependenz. Angemessen sind daher nur sog. Stückkosten, d.h. betriebswirtschaftlich kalkulierte durchschnittliche Fallkosten unabhängig von der konkreten Höhe des Ausgleichswerts.[9] Einen vertretbaren Kompromiss zwischen Festbetrags- und Prozentpauschale haben die Zusatzversorgungskassen des kommunalen und kirchlichen Dienstes gewählt. Sie bringen eine feste Pauschale von 200 € in Ansatz, der noch ein Betrag von 0,5 % des ehezeitlichen Kapitalwerts hinzugerechnet wird.[10]

3a Auch nach der h.M. soll eine Pauschalierung allerdings nicht grenzenlos zulässig sein, weil auch im Rahmen einer Mischkalkulation ein Abzug unangemessen wäre, der die Anrechte der Ehegatten empfindlich schmälern würde und außer Verhältnis zu dem tatsächlichen Aufwand des Versorgungsträgers stünde. Zur Vermeidung von außer Verhältnis stehenden Belastungen wird es des-

---

3   BT-Drucks. 16/10144 S. 57; BGH FamRZ 2012, 610, 612.
4   BGH FamRZ 2012, 610, 613; 2012, 942, 943; MDR 2012, 1095.
5   OLG Düsseldorf Beschluss vom 31.05.2012 – 8 UF 115/10 – (juris).
6   BT-Drucks. 16/10144 S. 57.
7   So auch BGH FamRZ 2012, 610, 613 f.; 2012, 942, 943; MDR 2012, 1042; OLG Stuttgart FamRZ 2012, 711, 713.
8   OLG Oldenburg Beschluss vom 08.11.2011 – 14 UF 61/11 – (juris), FamRZ 2012, 1387 (LS); AG Oberhausen ZFE 2011, 155; MüKo/Eichenhofer § 13 Rn. 6; jurisPK-BGB/Breuers § 13 Rn. 11.2; Merten/Baumeister DB 2009, 957, 959; Keuter FamRZ 2011, 1914, 1916 und 1918.
9   Die VBL berechnet z.B. eine feste Pauschale von 250 €.
10 Gebilligt von OLG Celle FamRZ 2011, 723.

halb als notwendig erachtet, die pauschale Berechnung auf einen **Höchstbetrag** zu begrenzen.[11] Darüber, wie dieser Höchstbetrag zu bemessen ist, gehen die Meinungen allerdings weit auseinander.[12] Der Tendenz in der Rechtsprechung, die Grenze bei 500 € anzusetzen,[13] hat der BGH eine Absage erteilt.[14] Nach seiner Auffassung bleibt die Bestimmung von Wertgrenzen zunächst den Versorgungsträgern überlassen. Eine feste Obergrenze könne schon deshalb nicht festgelegt werden, weil zwischen einer privaten Rentenversicherung und einer betrieblichen Altersversorgung, insbesondere in Form einer Direktzusage, wesentliche Unterschiede bestehen und die Kosten im konkreten Einzelfall von der Struktur der Versorgungszusage und von der Anzahl der Versorgungsberechtigten abhängen. Bei privaten Versicherungen werden die Kosten der laufenden Verwaltung regelmäßig aus dem vorhandenen Deckungskapital entnommen, so dass durch die interne Teilung nur geringe zusätzliche Verwaltungskosten ausgelöst werden. Bei einer betrieblichen Direktzusage müssen die Kosten der laufenden Verwaltung dagegen aus dem vorhandenen Vermögen entnommen werden. Bei Teilung betrieblicher Anrechte ist zudem zu berücksichtigen, dass der Ausgleichsberechtigte gemäß § 12 VersAusglG die Stellung eines ausgeschiedenen Arbeitnehmers i.S. des BetrAVG erhält. Daraus ergeben sich weitere Pflichten und damit ein höherer Verwaltungsaufwand für den Versorgungsträger. Verallgemeinerungsfähige Aussagen zur Höhe angemessener Teilungskosten sind deshalb nach Auffassung des BGH nicht möglich. Es bleibt vielmehr den Versorgungsträgern freigestellt, auch höhere Teilungskosten zu beanspruchen. Die Bestimmung der Wertgrenzen unterliegt allerdings der Kontrolle durch die Familiengerichte (vgl. Rdn. 5). Macht der Versorgungsträger auf einen Höchstbetrag begrenzte pauschale Teilungskosten geltend, kann er auch einen **Mindestbetrag** ansetzen, damit die Mischkalkulation aufgeht.[15]

Von den Trägern der **privaten Rentenversicherung** werden überwiegend Teilungskosten von etwa **3b** 250 € geltend gemacht. Der Ansatz wesentlich höherer Teilungskosten dürfte näher zu begründen sein.[16] Bei **betrieblichen Anrechten** aus einer **Direktversicherung** fallen meist keine wesentlich höheren Teilungskosten an. Bei betrieblichen Anrechten aus einer **Direktzusage** liegen die geltend gemachten Teilungskosten in den meisten Fällen nicht über 600 €. Dies deckt sich mit allgemeinen betriebswirtschaftlichen Berechnungen.[17] Teilweise werden von Versorgungsträgern aber auch deutlich höhere Teilungskosten geltend gemacht und von Gerichten akzeptiert, insbesondere wenn die Ehegatten selbst keine Einwendungen erheben.[18] Gerade in diesen Fällen ist eine nähere Prüfung seitens des Gerichts erforderlich (vgl. Rdn. 5).

D. Durchführung des Kostenabzugs

Die Versorgungsträger sind verpflichtet, die Teilungskosten **jeweils hälftig** mit den **Anrechten bei-** **4** **der Ehegatten** zu verrechnen. Daraus folgt, dass die Teilungskosten nicht vom errechneten Ehezeitanteil des auszugleichenden Anrechts abzuziehen sind, sondern jeweils zur Hälfte von dem Ausgleichswert (i.S. des § 1 Abs. 2 Satz 2 und des § 5 Abs. 3 VersAusglG), der gem. § 10 Abs. 1

---

11 BT-Drucks. 16/11903 S. 53; BGH FamRZ 2012, 610, 614; 2012, 942, 943; MDR 2012, 1042.
12 Vgl. dazu etwa Wick FuR 2011, 436, 437; Brudermüller NJW 2011, 3196, 3200; jurisPK-BGB/Breuers § 13 Rn. 11 ff.
13 Vgl. z.B. OLG Stuttgart FamRZ 2011, 897, 898; OLG Köln FamRZ 2011, 1795, 1797.
14 BGH FamRZ 2012, 610, 614; 2012, 942, 944; MDR 2012, 1095.
15 OLG Nürnberg FamRZ 2011, 1947 (200 €); OLG Saarbrücken Beschluss vom 20.10.2011 – 6 UF 125/11 – (juris) (50 €); Engbroks BetrAV 2008, 438, 440 (250 €); Hauß/Eulering Rn. 205 (150 €).
16 Vgl. OLG Düsseldorf FamRZ 2011, 1947; großzügiger aber OLG Hamm Beschluss vom 21.11.2011 – 8 UF 248/11 (juris).
17 Lucius/VeitGroß BetrAV 2011, 52; vgl. auch NK-FamR/Hauß § 13 VersAusglG Rn. 3 ff.
18 Vgl. die Übersicht bei Wick FuR 2011, 436, 437; vgl. auch OLG Nürnberg FamRZ 2011, 1947; OLG Karlsruhe FamRZ 2011, 1948; OLG München Beschluss vom 21.11.2011 – 12 UF 1638/11 – (juris); OLG Stuttgart Beschluss vom 08.12.2011 – 18 UF 114/11 – (juris).

VersAusglG die Grundlage des auf den Ausgleichsberechtigten zu übertragenden Anrechts bildet, und von dem dem Ausgleichspflichtigen verbleibenden Anrecht.

E. Prüfungspflicht des Gerichts und der Anwälte

5   Die Versorgungsträger haben die in Ansatz gebrachten Teilungskosten in ihren Auskünften an die Gerichte nach § 220 Abs. 4 FamFG im Rahmen ihres Vorschlags für einen Ausgleichswert (§ 5 Abs. 3 VersAusglG) offen zu legen.[19] Die **Gerichte** sind verpflichtet, den **Vorschlag des Versorgungsträgers zu prüfen** und ggf. gem. § 220 Abs. 4 Satz 2 FamFG weitere Erläuterungen – insbesondere zur Kostenkalkulation, wenn keine Pauschale geltend gemacht oder ein außergewöhnlicher hoher Betrag beansprucht wird – zu verlangen.[20] Die Kostenkalkulation hat sich am konkreten Einzelfall zu orientieren. Dabei sind die Struktur der Versorgungszusage, die Anzahl der Versorgungsberechtigten und die voraussichtliche Dauer der Kontenverwaltung von wesentlicher Bedeutung. Es ist zu berücksichtigen, dass bei der Verwaltung von betrieblichen Anrechten – insbesondere aus Direktzusagen – durch die nach dem BetrAVG obliegenden Verpflichtungen ein höherer Kostenaufwand entsteht als bei versicherungsförmigen Anrechten.[21] Bei kleineren Arbeitgebern können höhere Kosten auch durch die Inanspruchnahme einer externen Verwaltung ausgelöst werden, die ihnen nicht zu verwehren ist, insbesondere wenn dies der seit Jahren üblichen Praxis entspricht oder wenn die zusätzliche Einstellung von Personal (etwa für versicherungsmathematische Berechnungen) wirtschaftlich unangemessen wäre.[22] Die vom Versorgungsträger vorgelegte Kostenkalkulation ist allerdings – ggf. unter Hinzuziehung eines Sachverständigen – näher daraufhin zu prüfen, ob die geltend gemachten Verwaltungskosten wirklich in vollem Umfang durch die Teilung des Anrechts ausgelöst oder nicht vielmehr auch Generalunkosten einbezogen werden, die unabhängig von der Anzahl der zu verwaltenden Anrechte entstehen und nicht als umlagefähig angesehen werden können.[23] Die gerichtliche Prüfungspflicht entbindet die **Anwälte** nicht davon, auch ihrerseits die Vorschläge zu kontrollieren und – auch zur Vermeidung von **Haftungsrisiken** – in Ausnutzung des ihnen mit § 220 Abs. 4 Satz 2 FamFG ausdrücklich eingeräumten Antragsrechts auf weitere Erläuterungen hinzuwirken. Dies gilt hier für die Anwälte beider Ehegatten, weil beide von der durch Teilungskosten verursachten Kürzung betroffen sind. In Anbetracht der Haftungsrisiken für die Anwälte erscheint es zweifelhaft, ob sich die Annahme des Gesetzgebers[24] bestätigen wird, dass Erläuterungen in aller Regel nicht erforderlich sein dürften, weil die Versorgungsträger die Auskünfte meist im automatisierten Verfahren erteilen und die nötigen ergänzenden Erläuterungen, sobald sie einmal in der EDV hinterlegt sind, ebenfalls automatisiert werden können. Hat der Versorgungsträger unangemessen hohe Teilungskosten in Abzug gebracht oder die Teilungskosten entgegen § 13 VersAusglG nicht hälftig auf beide Ehegatten verteilt, so darf das Gericht den vom Versorgungsträger vorgeschlagenen Ausgleichswert nicht übernehmen, sondern hat die ihm geboten erscheinende Korrektur vorzunehmen.[25]

19 BT-Drucks. 16/10144 S. 57.
20 BGH FamRZ 2012, 610, 613 f.; 2012, 942, 944; MDR 2012, 1095.
21 Lucius/Veit/Groß BetrAV 2011, 52; Niehaus BetrAV 2011, 140, 142; Höfer FamRZ 2011, 1539, 1543.
22 BGH FamRZ 2012, 942, 944.
23 OLG Nürnberg FamRZ 2011, 898, 899; OLG Düsseldorf Beschluss vom 31.05.2012 – 8 UF 115/10 – (juris); MüKo/Eichenhofer § 13 Rn. 6; Wick FuR 2011, 436.
24 BT-Drucks. 16/10144 S. 50.
25 BT-Drucks. 16/11903 S. 53; BGH FamRZ 2012, 610, 613; 2012, 942, 943; Palandt/Brudermüller § 13 Rn. 1.

Unterabschnitt 3 Externe Teilung

§ 14 VersAusglG Externe Teilung

(1) Das Familiengericht begründet für die ausgleichsberechtigte Person zulasten des Anrechts der ausgleichspflichtigen Person ein Anrecht in Höhe des Ausgleichswerts bei einem anderen Versorgungsträger als demjenigen, bei dem das Anrecht der ausgleichspflichtigen Person besteht (externe Teilung).

(2) Eine externe Teilung ist nur durchzuführen, wenn

1. die ausgleichsberechtigte Person und der Versorgungsträger der ausgleichspflichtigen Person eine externe Teilung vereinbaren oder
2. der Versorgungsträger der ausgleichspflichtigen Person eine externe Teilung verlangt und der Ausgleichswert am Ende der Ehezeit bei einem Rentenbetrag als maßgeblicher Bezugsgröße höchstens 2 Prozent, in allen anderen Fällen als Kapitalwert höchstens 240 Prozent der monatlichen Bezugsgröße nach § 18 Abs. 1 des Vierten Buches Sozialgesetzbuch beträgt.

(3) § 10 Abs. 3 gilt entsprechend.

(4) Der Versorgungsträger der ausgleichspflichtigen Person hat den Ausgleichswert als Kapitalbetrag an den Versorgungsträger der ausgleichsberechtigten Person zu zahlen.

(5) Eine externe Teilung ist unzulässig, wenn ein Anrecht durch Beitragszahlung nicht mehr begründet werden kann.

A. Norminhalt

Der Unterabschnitt 3 umfasst die §§ 14–17 VersAusglG mit Regelungen über die externe Teilung, 1 d.h. den Wertausgleich außerhalb des Versorgungssystems des auszugleichenden Anrechts. § 14 VersAusglG enthält in Abs. 1 eine Begriffsbestimmung der externen Teilung. Die Voraussetzungen für eine externe Teilung sind in den Abs. 2 und 5 geregelt, die Abs. 3 und 4 betreffen den Vollzug der externen Teilung. Weitere Voraussetzungen für die externe Teilung sind in den §§ 15 und 17 VersAusglG normiert. Verfahrensvorschriften für die Durchführung der externen Teilung finden sich in § 222 FamFG. § 16 VersAusglG betrifft einen Sonderfall der externen Teilung, auf den die anderen Vorschriften nicht anwendbar sind.

B. Begriff der externen Teilung (Abs. 1)

2 Bei der **externen Teilung** begründet das Familiengericht zulasten des Anrechts des ausgleichspflichtigen Ehegatten für den ausgleichsberechtigten Ehegatten ein Anrecht in Höhe des Ausgleichswerts bei einem **anderen Versorgungsträger** als demjenigen, bei dem das Anrecht des Ausgleichspflichtigen besteht (§ 14 Abs. 1 VersAusglG). Diese gerichtliche Entscheidung entspricht strukturell dem früheren Quasi-Splitting nach § 1587b Abs. 2 BGB a.F. bzw. dem früheren analogen Quasi-Splitting nach § 1 Abs. 3 VAHRG. Anders als diese Ausgleichsformen des alten Rechts ist die externe Teilung in den Fällen des § 14 Abs. 2 VersAusglG jedoch nicht auf Anrechte beschränkt, die der Ausgleichspflichtige bei einem **öffentlich-rechtlichen** Versorgungsträger erworben hat. Die externe Teilung nach § 16 VersAusglG bezieht sich dagegen nur auf Anrechte bei öffentlich-rechtlichen Versorgungsträgern und ist folglich mit dem früheren Quasi-Splitting nach § 1587b Abs. 2 BGB a.F. identisch. Die externe Teilung führt zu einem Transfer des auszugleichenden Anrechts in Höhe des Ausgleichswerts in ein anderes – vom Ausgleichsberechtigten wählbares – Versorgungssystem. Dieser Transfer gewährleistet an sich nur dann eine gleichmäßige Teilhabe beider Ehegatten an dem in der Ehezeit erworbenen Anrecht, wenn die Versorgungssysteme hinreichend vergleichbar sind und der Transfer des Ausgleichswerts damit für den Ausgleichsberechtigten zu einem **gleichwertigen** Anrecht führt.[1] Erfüllt das für den Ausgleichsberechtigten zu begründende Anrecht z.B. nicht zumindest annähernd die Anforderungen, die § 11 Abs. 1 VersAusglG für ein im Wege der internen Teilung zu begründendes Anrecht normiert, ist die externe Teilung für den Ausgleichsberechtigten problematisch. Deshalb ist sie ohne Zustimmung des Ausgleichsberechtigten auch nur im Rahmen bestimmter Höchstbeträge zulässig (vgl. § 14 Abs. 2 Nr. 2 VersAusglG). Im Hinblick auf diese Begrenzung fordert § 15 Abs. 2 VersAusglG lediglich, dass die gewählte Zielversorgung für den Ausgleichsberechtigten eine **angemessene** Versorgung gewährleistet (vgl. dazu § 15 Rdn. 7).

3 **Teilungskosten** dürfen die beteiligten Versorgungsträger – anders als bei der internen Teilung (§ 13 VersAusglG) – bei der externen Teilung nicht in Ansatz bringen.[2] Hierfür besteht kein Bedürfnis, denn beim Versorgungsträger des Ausgleichspflichtigen entsteht lediglich ein Kapitalabfluss (§ 14 Abs. 4 VersAusglG), aber kein Aufwand für die Aufnahme und Verwaltung einer weiteren Person wie bei der internen Teilung, und bei der Zielversorgung wird der Ausgleichsberechtigte entweder ohnehin schon geführt (wenn er eine dort bestehende Versorgung ausbauen will) oder sie gewinnt einen neuen Versorgungsanwärter. Wenn sie an Letzterem aus finanziellen Gründen nicht interessiert ist, hat sie grundsätzlich die Möglichkeit, die Aufnahme des Ausgleichsberechtigten abzulehnen. Dies trifft nur für die in § 15 Abs. 5 VersAusglG genannten Auffangversorgungsträger nicht zu. Deren laufende Verwaltungskosten werden aber in Bezug auf den gesamten Versichertenbestand aus erwirtschafteten Einnahmen bzw. aus Steuermitteln gedeckt. Hat ein privatrechtlicher Versorgungsträger den Abzug von Teilungskosten in der maßgebenden Versorgungsregelung vorgesehen, so ist dies zwar aufgrund der Rechtssetzungsautonomie der Versorgungsträger und im Hinblick auf das Fehlen einer gesetzlichen Regelung, die den Ansatz von Teilungskosten bei der externen Teilung ausdrücklich verbietet, vom Gericht zu beachten. In diesem Fall kann die Zielversorgung jedoch nicht als (i.S. des § 15 Abs. 2 VersAusglG) angemessen angesehen werden. Deshalb kommt eine externe Teilung über den gewählten Zielversorgungsträger nicht in Betracht, es sei denn, dass die Ehegatten eine dahingehende (bindende) Vereinbarung (i.S. des § 6 VersAusglG) getroffen haben.

3a Die externe Teilung kann für die Ehegatten aus folgenden Gründen eine **attraktive Alternative** zur internen Teilung sein: Zum einen können durch diese Ausgleichsform ggf. Teilungskosten vermieden werden (vgl. Rdn. 3), wovon beide Ehegatten anteilig profitieren würden, weil der Abzug sie

---

1 Ruland Rn. 624. Zur Problematik der externen Teilung betrieblicher Anrechte aus Direktzusagen s.u. Rdn. 19 a ff.
2 BT-Drucks. 16/10144 S. 57; Ruland Rn. 629; Johannsen/Henrich/Holzwarth § 14 Rn. 17.

nach § 13 VersAusglG je zur Hälfte träfe. Zum anderen hat der Ausgleichsberechtigte die Möglichkeit, selbst das Versorgungssystem zu bestimmen, bei dem ihm der Ausgleichswert gutgeschrieben wird. Entscheidet er sich für den Ausbau einer bestehenden Versorgung, so verhindert er ggf. auch, dass die Zahl der Versorgungssysteme, denen er angehört, steigt und sich seine Altersversorgung damit zersplittert. Durch die Wahl einer bereits bestehenden Zielversorgung kann außerdem erreicht werden, dass auch ein unter der Bagatellgrenze des § 18 VersAusglG liegendes Anrecht extern geteilt wird, weil für den Ausgleichsberechtigten keine Splitterversorgung entsteht und deshalb ein Ausschluss des Ausgleichs nicht gerechtfertigt ist.[3] Nachteilig können sich für den Ausgleichsberechtigten eventuelle Transferverluste auswirken (s. dazu Rdn. 19b).

Die Entscheidung nach § 14 Abs. 1 VersAusglG hat grundsätzlich **rechtsgestaltende Wirkung**. Mit   4 Rechtskraft der Entscheidung wird das auszugleichende Anrecht des Ausgleichspflichtigen um den **Ausgleichswert** gekürzt, und der Ausgleichsberechtigte erhält dafür ein Anrecht in Höhe dieses Ausgleichswerts in einem anderen, »externen« Versorgungssystem, der sog. **Zielversorgung** (vgl. § 15 Abs. 2 VersAusglG). Durch die gerichtliche Entscheidung wird daher bereits ein Rechtsverhältnis zwischen dem Ausgleichsberechtigten und dem von ihm ausgewählten Versorgungsträger begründet oder es wird ein zwischen beiden bereits bestehendes Rechtsverhältnis inhaltlich erweitert.[4] Es muss jedoch auch gewährleistet werden, dass der Kapitalwert, der dem in die Zielversorgung transferierten Anrecht entspricht, vom Versorgungsträger des Verpflichteten an den Träger der Zielversorgung fließt. Deshalb bestimmt § 14 Abs. 4 VersAusglG, dass der Versorgungsträger des Ausgleichspflichtigen den Ausgleichswert als Kapitalbetrag an den Träger der Zielversorgung zu zahlen hat (s.u. Rdn. 19). Erst mit der Zahlung des Betrages wird der Versorgungsträger des Ausgleichspflichtigen von seinen Rechten und Pflichten befreit. Für die betriebliche Altersversorgung ist damit auch klargestellt, dass die Zusage des Arbeitgebers des Ausgleichspflichtigen insoweit erlischt.[5]

Macht der Ausgleichsberechtigte von dem ihm nach § 15 VersAusglG zustehenden **Wahlrecht hin-**   5 **sichtlich der Zielversorgung** nicht innerhalb einer ihm vom Gericht zu setzenden Frist (§ 222 Abs. 1 FamFG) Gebrauch, so erfolgt der Ausgleich über einen **Auffangversorgungsträger** (§ 15 Abs. 5 VersAusglG). Ist das im konkreten Fall gem. § 15 Abs. 5 Satz 1 VersAusglG die gesetzliche Rentenversicherung, erwirbt der Ausgleichsberechtigte das ihm zugeteilte Anrecht nicht bereits mit Rechtskraft der gerichtlichen Entscheidung, sondern erst mit dem Zahlungseingang des Betrages, der vom Familiengericht nach § 222 Abs. 3 FamFG festgesetzt wurde (§ 120g SGB VI; s.u. Rdn. 25). Ist ein betriebliches Versorgungsanrecht extern zu teilen, so ist Auffangversorgungsträger die Versorgungsausgleichskasse (§ 15 Abs. 5 Satz 2 VersAusglG). Für sie gibt es keine dem § 120g SGB VI entsprechende Schutzvorschrift, so dass die gerichtliche Entscheidung hinsichtlich der externen Teilung sofort rechtsgestaltend wirkt.

C. Anwendungsbereich der externen Teilung (Abs. 2)

I. Allgemeines

Da die externe Teilung eine Form des öffentlich-rechtlichen Wertausgleichs ist, kommt sie –   6 ebenso wie die interne Teilung nach § 10 VersAusglG – nur für Anrechte in Betracht, die (i.S. des § 19 VersAusglG) bereits ausgleichsreif sind und für die die Ehegatten nicht durch Vereinbarung nach den §§ 6–8 VersAusglG einen anderweitigen Ausgleich geregelt haben (§ 9 Abs. 1 VersAusglG). Gem. § 9 Abs. 3 VersAusglG findet die externe Teilung außerdem nur in den gesetzlich ausdrücklich bestimmten Fällen statt (es sei denn, dass die Ehegatten und die beteiligten Versorgungsträger etwas anderes vereinbaren). Abgesehen von den in § 16 VersAusglG geregelten Fällen

---

3 BGH FamRZ 2012, 189, 190.
4 BT-Drucks. 16/10144 S. 58.
5 BT-Drucks. 16/10144 S. 58.

ist die externe Teilung nur unter den in § 14 Abs. 2 VersAusglG normierten **alternativen Voraussetzungen** statt. Beide Alternativen erfordern ein **Einverständnis des Versorgungsträgers des Ausgleichspflichtigen**. Nicht ausdrücklich geregelt ist das Erfordernis der **Zustimmung des Trägers der Zielversorgung**. Dieses ergibt sich aber daraus, dass dieser Versorgungsträger durch die externe Teilung ebenso in seinen Rechten betroffen wird wie der Versorgungsträger des Ausgleichspflichtigen.[6] Der ausgleichsberechtigte Ehegatte muss dem Gericht die Zustimmung des Trägers der Zielversorgung innerhalb einer gesetzten Frist nachweisen (§ 222 Abs. 2 FamFG). Übt der Ausgleichsberechtigte sein Wahlrecht nicht (wirksam) aus oder findet er keinen aufnahmebereiten Versorgungsträger, so ist das Anrecht für den Ausgleichsberechtigten bei einem Auffangversorgungsträger zu begründen (§ 15 Abs. 5 VersAusglG; s.u. Rdn. 25). Dessen Zustimmung bedarf es nicht.[7]

7   Ferner kann im Einzelfall auch die **Zustimmung des ausgleichspflichtigen Ehegatten** zur Begründung des Anrechts bei dem gewählten Versorgungsträger erforderlich sein. Das ist der Fall, wenn die Zahlung des Kapitalbetrags nach § 14 Abs. 4 VersAusglG an die gewählte Zielversorgung beim Ausgleichspflichtigen zu steuerpflichtigen Einnahmen oder zu einer steuerschädlichen Verwendung führt, d.h. wenn die externe Teilung für ihn nicht steuerneutral ist (§ 15 Abs. 3 VersAusglG; vgl. dazu § 15 Rdn. 9 ff.).

8   Aus § 14 Abs. 5 VersAusglG ergibt sich – für beide in § 14 Abs. 2 VersAusglG geregelten Alternativen – die weitere Voraussetzung, dass für den Ausgleichsberechtigten ein **Anrecht noch durch Beitragszahlung begründet werden kann** (s. dazu unten Rdn. 17 f.). Aber auch im Übrigen muss die externe Teilung nach den für die Zielversorgung geltenden Vorschriften rechtlich zulässig sein.[8] Für die gesetzliche Rentenversicherung ergibt sich dies aus § 187 Abs. 1 Nr. 2 SGB VI, für die Beamtenversorgung aus § 16 VersAusglG und § 57 Abs. 1 BeamtVG und für die Versorgungsausgleichskasse aus dem Gesetz über die Versorgungsausgleichskasse.[9] In der Alterssicherung der Landwirte können Anrechte nur dann im Wege externer Teilung begründet werden, wenn der Ausgleichsberechtigte vor dem Ende der Ehezeit bereits Anrechte nach dem ALG erworben hatte (§ 43 Abs. 3 ALG).

9   Sind die genannten **Voraussetzungen für die externe Teilung erfüllt, muss** das Gericht das auszugleichende Anrecht extern teilen.[10] Es hat dann also nicht etwa ein Ermessen, ob es die interne oder die externe Teilung durchführt. Das Gericht hat allerdings zu prüfen, ob die gewählte Zielversorgung angemessen ist (§ 15 Abs. 2 VersAusglG). Verneint es dies, ist die externe Teilung über einen der in § 15 Abs. 5 VersAusglG genannten Auffangversorgungsträger durchzuführen.

II. Vereinbarung zwischen Ausgleichsberechtigtem und Versorgungsträger (Abs. 2 Nr. 1)

10   Gem. § 14 Abs. 2 Nr. 1 VersAusglG ist die externe Teilung möglich, wenn sich der **Ausgleichsberechtigte** und der **Versorgungsträger des Verpflichteten** auf diese Teilungsform **verständigen**. Dem Ausgleichsberechtigten kann an der externen Teilung gelegen sein, wenn er kein Interesse daran hat, im Wege interner Teilung in das Versorgungssystem des geschiedenen Ehegatten aufgenommen zu werden, sondern statt dessen lieber nach eigenen Vorstellungen eine bereits bestehende Versorgung ausbauen oder eine Versorgung bei einem von ihm bevorzugten Versorgungsträger begründen möchte. Für den Versorgungsträger bietet die externe Teilung den Vorteil, dass er zwar einen Kapitalabfluss hinnehmen, aber dafür auch keine mit unkalkulierbaren Versicherungsrisiken verbundene Person in sein Versorgungssystem aufnehmen muss. Ob der Versorgungs-

6 Vgl. BT-Drucks. 16/10144 S. 58, 59; Ruland Rn. 645; Bergner NJW 2009, 1169, 1172.
7 BT-Drucks. 16/10144 S. 58.
8 Ruland Rn. 646.
9 Art. 9e des Gesetzes zur Änderung des Vierten Buches Sozialgesetzbuch, zur Errichtung einer Versorgungsausgleichskasse und anderer Gesetze vom 15.07.2009, BGBl. I S. 1939.
10 BT-Drucks. 16/10144 S. 58; Ruland Rn. 643.

träger die externe Teilung vereinbaren **darf**, richtet sich nach den für sein Versorgungssystem geltenden Rechtsgrundlagen.[11] § 14 Abs. 2 Nr. 1 VersAusglG ermöglicht es den Beteiligten, auch über hohe Ausgleichswerte Vereinbarungen zu treffen. Damit wird zwar keine ideale Halbteilung mehr garantiert, weil sich die Zielversorgung anders entwickeln kann als das ausgeglichene Anrecht. Der Ausgleichsberechtigte kann aber frei entscheiden, ob er die mit dem Wechsel des Versorgungssystems verbundenen Risiken in Kauf nehmen will.[12]

Die Vereinbarung nach § 14 Abs. 2 Nr. 1 VersAusglG ist nur eine **Abrede über den Ausgleichsweg**.[13] Eine Vereinbarung über den Ausgleichs**wert** können nur die Ehegatten (nach den §§ 6–8 VersAusglG) schließen. Die Vereinbarung zwischen dem Ausgleichsberechtigten und dem Versorgungsträger muss sich nicht auf die Bestimmung der Zielversorgung erstrecken. Diese kann der Ausgleichsberechtigte grundsätzlich frei wählen (§ 15 Abs. 1 VersAusglG). Die Ausübung des **Wahlrechts** ist jedoch keine zwingende Voraussetzung für die externe Teilung nach § 14 Abs. 2 Nr. 1 VersAusglG.[14] Wenn der Berechtigte sein Wahlrecht innerhalb der ihm vom Gericht nach § 222 Abs. 1 FamFG zu setzenden Frist nicht ausübt oder wenn die ausgeübte Wahl nicht wirksam ist, weil die Voraussetzungen des § 15 Abs. 2 und 3 VersAusglG nicht erfüllt sind, kann dennoch aufgrund der zwischen dem Ausgleichsberechtigten und dem Versorgungsträger getroffenen Vereinbarung eine externe Teilung stattfinden, indem das Anrecht für den Ausgleichsberechtigten bei einem der in § 15 Abs. 5 VersAusglG genannten Auffangversorgungsträger begründet wird. Da es dem Versorgungsträger freisteht, ob er überhaupt eine Vereinbarung nach § 14 Abs. 2 Nr. 1 VersAusglG schließen will, kann er den Abschluss auch von einer Bedingung abhängig machen. Er kann daher z.B. auf der Wahl einer bestimmten Zielversorgung bestehen.[15] Das Gericht hat allerdings stets zu prüfen, ob die gewählte **Zielversorgung angemessen** ist (§ 15 Abs. 2 VersAusglG; vgl. § 15 Rdn. 7). Ist das nicht der Fall, ist die Vereinbarung unwirksam, soweit sie die Zielversorgung bestimmt. Ob dies gem. § 139 BGB zur Unwirksamkeit der Vereinbarung insgesamt führt oder ob es bei der externen Teilung bleibt und diese über einen Auffangversorgungsträger durchgeführt wird, hat das Gericht im Einzelfall zu beurteilen.[16]

11

Die Vereinbarung bedarf nicht der in § 7 VersAusglG bestimmten **Form**, denn diese Vorschrift gilt nur für Vereinbarungen zwischen den Ehegatten.[17] Wird der ausgleichspflichtige Ehegatte allerdings in die Vereinbarung einbezogen, ist die Form des § 7 VersAusglG erforderlich. In diesem Fall können die Ehegatten zugleich – in den durch § 8 VersAusglG gezogenen Grenzen – über den Ausgleichswert disponieren.[18] Mangels gesetzlicher Bestimmung ist für die Vereinbarung nach § 14 Abs. 2 Nr. 1 VersAusglG auch nicht die Schriftform erforderlich (vgl. § 126 Abs. 1 BGB).[19] Das Gericht muss sich nur im Rahmen seiner Amtsermittlungspflicht Gewissheit darüber verschaffen, dass die Vereinbarung zustande gekommen ist. Dafür kann es ausreichen, dass die Beteiligten dem Gericht (auch fernmündlich) den Abschluss einer Vereinbarung bestätigen. I.d.R. wird das Gericht allerdings eine schriftliche Fixierung erwarten.

12

---

11 Vgl. Ruland Rn. 644; Johannsen/Henrich/Holzwarth § 14 Rn. 8. Die Vorschriften über die gesetzliche Rentenversicherung und die landwirtschaftliche Alterssicherung sehen z.B. keine externe Teilung der in diesen Versorgungssystemen erworbenen Anrechte vor.
12 BT-Drucks. 16/10144 S. 58.
13 BT-Drucks. 16/10144 S. 58; Ruland Rn. 644.
14 Johannsen/Henrich/Holzwarth § 14 Rn. 8.
15 Johannsen/Henrich/Holzwarth § 14 Rn. 8.
16 BT-Drucks. 16/10144 S. 58; Ruland Rn. 648.
17 BT-Drucks. 16/10144 S. 58; Ruland Rn. 643; Elden FPR 2009, 206; Wick FuR 2010, 376, 380.
18 Ruland Rn. 666.
19 Erman/Norpoth § 14 Rn. 4; NK-BGB/Götsche § 14 Rn. 33; a.A. Ruland Rn. 643; Johannsen/Henrich/Holzwarth § 14 Rn. 10.

III. Verlangen des Versorgungsträgers (Abs. 2 Nr. 2)

13 **Allein auf Verlangen des Versorgungsträgers** des ausgleichspflichtigen Ehegatten ist die externe Teilung durchzuführen, wenn der Ausgleichswert einen bestimmten **Höchstbetrag** nicht überschreitet (§ 14 Abs. 2 Nr. 2 VersAusglG). Mit dieser Vorschrift soll dem Versorgungsträger ermöglicht werden, kleinere Ausgleichswerte auch ohne Zustimmung des ausgleichsberechtigten Ehegatten quasi abzufinden. Der so zwangsweise stattfindende Transfer des Kapitalwerts in ein anderes Versorgungssystem ist vertretbar, weil die Entstehung von kleinen Anrechten und unangemessenen Verwaltungskosten vermieden werden kann, wenn der vom Versorgungsträger nach § 14 Abs. 4 VersAusglG zu zahlende Kapitalbetrag in eine bestehende Versorgung des Ausgleichsberechtigten oder an einen Auffangversorgungsträger fließt.[20] Der Versorgungsträger kann zwar eine bestimmte Zielversorgung vorschlagen, z.B. eine Pensionskasse, die demselben Konzern angehört. Ein solcher Vorschlag ist aber weder für das Gericht noch für den Ausgleichsberechtigten bindend.[21] Vielmehr steht dem Ausgleichsberechtigten die Wahl der Zielversorgung prinzipiell frei (§ 15 Abs. 1 VersAusglG). Er muss sein Wahlrecht allerdings innerhalb der ihm vom Gericht nach § 222 Abs. 1 FamFG gesetzten Frist ausüben und innerhalb dieser Frist auch die Zustimmung des gewählten Versorgungsträgers nachweisen (§ 222 Abs. 2 FamFG), andernfalls begründet das Gericht für ihn ein Anrecht bei einem der in § 15 Abs. 5 VersAusglG genannten Auffangversorgungsträger.

14 Der nach § 14 Abs. 2 Nr. 2 VersAusglG **maßgebende Höchstbetrag** bestimmt sich nach einer Bezugsgröße, die regelmäßig an die Einkommensentwicklung angepasst wird, nämlich der **monatlichen Bezugsgröße nach § 18 Abs. 1 SGB IV.** Sie wird jährlich in der Sozialversicherungs-Rechengrößenverordnung bekannt gemacht (vgl. dazu näher § 18 Rdn. 11). Diese Bezugsgröße ist auch beim Ausgleich von in den neuen Bundesländern erworbenen Anrechten maßgebend. Für die Bestimmung des im konkreten Fall maßgebenden Höchstbetrags kommt es auf die bei **Ehezeitende** geltende Bezugsgröße an.

15 Die Berechnung des Höchstbetrags hängt im konkreten Fall davon ab, in welcher **Bezugsgröße i.S. des § 5 Abs. 1 VersAusglG** der Versorgungsträger des Verpflichteten den Ausgleichswert berechnet:

– Wird der Ausgleichswert in einem **Rentenbetrag** angegeben, beträgt der Höchstbetrag 2 % der in Rdn. 14 genannten Bezugsgröße.

– Verwendet der Versorgungsträger (irgend)eine **andere Bezugsgröße**, ist auf den **Kapitalwert** abzustellen, den der Ausgleichswert des Anrechts hat. Ist Bezugsgröße des Versorgungssystems kein Kapitalwert, kommt es auf den **korrespondierenden Kapitalwert** (i.S. des § 47 VersAusglG) an.[22] Die Höchstgrenze des extern teilungsfähigen Kapitalwerts beträgt 240 % der in Rdn. 14 genannten Bezugsgröße.

Eine **Sonderregelung** gilt gem. § 17 VersAusglG für den Fall, dass **betriebliche Versorgungsanrechte aus einer Direktzusage oder einer Unterstützungskasse** auszugleichen sind (vgl. § 17 Rdn. 1, 2). In diesem Fall erhöht sich die maßgebende Höchstgrenze als Kapitalwert auf die bei Ende der Ehezeit maßgebende (jährliche) **Beitragsbemessungsgrenze** in der allgemeinen (gesetzlichen) Rentenversicherung nach den §§ 159, 160 SGB VI.

---

20 BT-Drucks. 16/10144 S. 58.
21 BT-Drucks. 16/10144 S. 59.
22 Vgl. BT-Drucks. 16/10144 S. 61 f.

Aus der folgenden Tabelle sind die maßgebenden Grenzwerte ab dem Jahr 2002 abzulesen:[23] 16

Ende der Ehezeit	Bezugsgröße nach § 18 Abs. 1 SGB IV	2 % (€)	240 % (€)	Beitragsbemessungsgrenze (€)
2002	2345	46,90	5628	54.000
2003	2380	47,60	5712	61.200
2004	2415	48,30	5796	61.800
2005	2415	48,30	5796	62.400
2006	2450	49,00	5880	63.000
2007	2450	49,00	5880	63.000
2008	2485	49,70	5964	63.600
2009	2520	50,40	6048	64.800
2010	2555	51,10	6132	66.000
2011	2555	51,10	6132	66.000
2012	2625	52,50	6300	67.200

D. Unzulässigkeit der externen Teilung bei Ausschluss einer Beitragszahlung (Abs. 5)

Eine externe Teilung ist nicht (mehr) zulässig, wenn ein Anrecht nach den für die Zielversorgung 17
maßgebenden Vorschriften durch Beitragszahlung nicht mehr begründet werden kann (§ 14 Abs. 5
VersAusglG), wie z.B. in der gesetzlichen Rentenversicherung nach Erteilung eines bindenden
Altersrentenbescheides (§ 187 Abs. 4 SGB VI). Die Vorschrift entspricht dem früheren § 1587e
Abs. 3 BGB, ist allerdings nicht auf die Beitragszahlung in die gesetzliche Rentenversicherung
beschränkt. Sie gilt nicht für die externe Teilung nach § 16 VersAusglG.[24]

Ist eine externe Teilung nach § 14 Abs. 5 VersAusglG ausgeschlossen, ist der Ausgleichsberechtigte 18
nicht etwa auf schuldrechtliche Ausgleichsansprüche nach der Scheidung verwiesen, sondern es
hat vielmehr eine **interne Teilung** stattzufinden.[25]

E. Kapitaltransfer zwischen den Versorgungsträgern (Abs. 4)

I. Grundsatz

Der Vollzug der externen Teilung erfordert einen Kapitaltransfer zwischen dem Versorgungsträger 19
des Ausgleichspflichtigen, der hinsichtlich des an den Ausgleichsberechtigten abgezweigten Teils
des ausgeglichenen Anrechts von seinen Verpflichtungen gegenüber dem Ausgleichspflichtigen
befreit wird, und dem Träger der Zielversorgung, der die Verpflichtungen aus dem für den Ausgleichsberechtigten begründeten Anrecht zu übernehmen hat. Deshalb normiert § 14 Abs. 4 Vers-
AusglG einen **zivilrechtlichen Anspruch** des Trägers der Zielversorgung gegen den Versorgungsträger des Ausgleichspflichtigen auf **Zahlung des Kapitalbetrages**, der dem **Ausgleichswert**
entspricht. Auf die externe Teilung nach § 16 VersAusglG findet die Bestimmung jedoch keine

---

23 Die Werte für die Zeit vor 2002 können für Verfahren von Bedeutung sein, die vor dem 01.09.2009
    anhängig geworden sind, auf die aber gem. § 48 Abs. 2 oder 3 VersAusglG neues Recht anzuwenden ist,
    sowie für Abänderungsverfahren. Zu Werten früherer Jahre s. die Tabelle in FamRZ 2010, 95.
24 BT-Drucks. 16/10144 S. 59.
25 BT-Drucks. 16/11903 S. 53; Ruland Rn. 661.

Anwendung (vgl. § 222 Abs. 4 FamFG). Das Gericht hat den zu zahlenden Betrag – in Form einer von Amts wegen zu treffenden Leistungsentscheidung – im Rahmen der Endentscheidung, mit der auch die externe Teilung durchgeführt wird, zu titulieren (§ 222 Abs. 3 FamFG; s.u. Rdn. 26). Aufgrund des Kapitaltransfers erwirbt der Ausgleichsberechtigte ein Anrecht in der Zielversorgung nach den für diese maßgeblichen Regelungen (§ 14 Abs. 3 i.V.m. § 10 Abs. 3 VersAusglG). Durch den Wechsel des Versorgungssystems, mit dem die externe Teilung verbunden ist, kann es zu sog. Transferverlusten kommen.

II. Berechnung des Ausgleichswerts auf Barwertbasis

19a Der für die Höhe des zu zahlenden Betrages maßgebliche **Ausgleichswert** entspricht bei kapitalgedeckten Versorgungen i.d.R. der Hälfte des in der Ehezeit gebildeten Kapitalstocks. Wird kein Deckungskapital gebildet, wie z.B. bei betrieblichen Anrechten aus einer Direktzusage oder einer Unterstützungskasse, bestimmt sich der Ausgleichswert nach dem **Barwert** des auszugleichenden Rentenanrechts, der nach versicherungsmathematischen Grundsätzen berechnet wird.[26] Der Barwert bezeichnet die Summe aller künftigen Zahlungen, die aus einem Anrecht resultieren können, wobei versicherungsmathematische Methoden die Wahrscheinlichkeit, dass es tatsächlich zu solchen Zahlungen kommen wird, gewichten und sie auf den Bewertungsstichtag abzinsen.[27] Der Gesamtwert der künftigen Rentenleistungen wird durch den **Rententrend**, d.h. die zu erwartenden Rentenanpassungen (Dynamik der Rente) beeinflusst. Deshalb ist der Barwertberechnung (auch) ein realistischer Rententrend zugrunde zu legen.[28] Hat der Versorgungsträger bei der Barwertberechnung keine Anpassungen des Anrechts in der Leistungsphase berücksichtigt, ist zu ermitteln, mit welchen Anpassungen voraussichtlich zu rechnen sein wird, und dem Versorgungsträger ist eine Neuberechnung unter Berücksichtigung des Rententrends aufzugeben. Andernfalls wird ein zu niedriger Ausgleichswert zugrunde gelegt. Bei betrieblichen Anrechten kann wegen der Anpassungsverpflichtung nach § 16 BetrAVG häufig von einer (jedenfalls) 1%igen Steigerung in der Leistungsphase ausgegangen werden.

19b Von wesentlicher Bedeutung für die Barwertberechnung ist der Ansatz des **Rechnungszinses**. Je höher dieser angesetzt wird, desto niedriger ist der Barwert. Das Gesetz überlässt die Bestimmung des Ausgleichswerts und damit auch des Barwerts den Versorgungsträgern bzw. den Gerichten, die deren Auskünfte zu überprüfen haben. In Rechtsprechung und Schrifttum ist umstritten, von welchem Zinssatz für die Berechnung des Ausgleichswerts auszugehen ist. Einigkeit besteht lediglich darin, dass der steuerliche Rechnungszins nach § 6a EStG von 6 % nicht heranzuziehen ist.[29] In der Gesetzesbegründung ist darauf hingewiesen worden, dass eine Verzinsung mit dem Zinssatz nach § 253 Abs. 2 HGB (dem sog. **BilMoG-Zinssatz**) in Betracht komme, der von Unternehmen zur Berechnung bilanzieller Rückstellungen für Altersversorgungsverpflichtungen zu verwenden ist und monatlich von der Bundesbank aktualisiert wird.[30] § 253 Abs. 2 HGB ermöglicht den Unternehmen die Wahl zwischen dem der Restlaufzeit der Versorgung entsprechenden durchschnittlichen Marktzinssatz der vergangenen sieben Jahre (Satz 1) und dem durchschnittlichen Marktzinssatz, der sich bei einer angenommenen Restlaufzeit von 15 Jahren ergibt (Satz 2). Überwiegend wird der nach Satz 2 berechnete Pauschalwert verwendet.[31] Nach Auffassung des OLG Bremen ist

---

26 BT-Drucks. 16/10144 S. 95; 16/11903 S. 53; Ruland Rn. 649; MüKo/Gräper § 14 Rn. 22; Johannsen/Henrich/Holzwarth § 14 Rn. 23, 25; Bergner § 14 Anm. 5; Glockner/Hoenes/Weil § 8 Rn. 36; a.A. Palandt/Brudermüller § 14 Rn. 8; Hoppenz/Hoppenz § 14 Rn. 9; Häußermann FPR 2009, 223, 224: Maßgebend sei der Einkaufspreis in die Zielversorgung für den Ausgleichsberechtigten.
27 MüKo/Dörr/Glockner § 47 Rn. 13.
28 OLG München FamRZ 2012, 130, 131.
29 BT-Drucks. 16/11903 S. 56; OLG Hamburg FamRZ 2012, 637, 638; Borth Rn. 191; Jaeger FamRZ 2010, 1714.
30 BT-Drucks. 16/10144 S. 85; 16/11903 S. 56.
31 So z.B. Höfer Rn. 155.

dagegen der Zinsfuß heranzuziehen, der sich bei Zugrundelegung der konkreten Zeit vom Ehe-zeitende bis zum (voraussichtlichen) Versorgungsbeginn ergibt.[32] Der Zinssatz nach § 253 Abs. 2 S. 2 HGB liegt seit langem über 5 % und damit deutlich über dem Rechnungszins privater Versi-cherer[33] oder gar der Garantieverzinsung von Lebensversicherungen oder der Versorgungsaus-gleichskasse (bis 2011 2,25 %, ab 2012 1,75 %).[34] Auch in der gesetzlichen Rentenversicherung ist mittelfristig nur mit einer Dynamik von 1 bis 2 % zu rechnen. Wird für den Ausgleichsberechtig-ten im Wege externer Teilung ein Anrecht z.B. in der gesetzlichen Rentenversicherung, in einem privaten »Riester«-Vertrag oder bei der Versorgungsausgleichskasse begründet, so hat die Ermitt-lung des Ausgleichswerts auf Basis des Barwerts erhebliche Transferverluste zur Folge, weil der Barwertberechnung ein Rechnungszins zugrunde gelegt wird, der nicht der im Zielversorgungssys-tem zu erwartenden Wertentwicklung entspricht. Zwar hat der BGH die Verwendung des Bil-MoG-Zinssatzes bisher nicht beanstandet.[35] In der obergerichtlichen Rechtsprechung und in der Literatur wird jedoch zu Recht darauf hingewiesen, dass jedenfalls bei externer Teilung von Anrechten aus einer Direktzusage und einer Unterstützungskasse, die nach § 17 VersAusglG bis zu Ausgleichswerten in Höhe der Beitragsbemessungsgrenze der allgemeinen Rentenversicherung zulässig ist (s.o. Rdn. 15), bei Verwendung des BilMoG-Zinssatzes verfassungsrechtlich bedenkli-che Verfehlungen des Halbteilungsgrundsatzes auftreten können.[36] Zur Abhilfe wird zum Teil eine Bewertung des auszugleichenden Anrechts mit einem marktgerechten (geringeren) Rechnungszins unter Heranziehung des § 42 VersAusglG[37] und zum Teil ein Ausweichen auf die interne Teilung empfohlen.[38] Die Ehegatten können die externe Teilung durch eine Verrechnungsvereinbarung zumindest teilweise vermeiden.[39] Ansonsten muss der Ausgleichsberechtigte darauf hinwirken, dass das Gericht die vom Versorgungsträger vorgenommene Berechnung des Ausgleichswerts kor-rigiert, indem es der Barwertberechnung einen geringeren Rechnungszins als den BilMoG-Zins-satz zugrunde legt. Der Gesetzgeber hat die Verwendung dieses Zinssatzes zwar empfohlen, aber nicht gesetzlich vorgeschrieben.

III. Verzinsung des Kapitalbetrags

Eine Verletzung des Halbteilungsgrundsatzes droht auch dadurch, dass der Ausgleichswert beim Wertausgleich bei der Scheidung grundsätzlich auf das Ende der Ehezeit zu beziehen ist (§ 5 Abs. 2 Satz 1 VersAusglG), während die Titulierung nach § 14 Abs. 4 VersAusglG und die Erfüllung der Verpflichtung erst zu einem – u.U. wesentlich – späteren Zeitpunkt erfolgen. Wird der an die Zielversorgung zu transferierende Kapitalbetrag nach dem auf das Ehezeitende bezogenen Aus-gleichswert bemessen, nimmt der Ausgleichsberechtigte nicht an einer zwischen Ehezeitende und Entscheidung eingetretenen Wertänderung des Anrechts teil. Dadurch würde der Halbteilungs-grundsatz verletzt. Der zu zahlende Kapitalbetrag muss daher grundsätzlich so bemessen werden, dass der Ausgleichsberechtigte auch **an der** dem Anrecht innewohnenden **Dynamik beteiligt** wird.[40]

19c

---

32 FamRZ 2012, 637; ebenso für Restlaufzeiten unter 15 Jahren Höfer FamRZ 2011, 1539, 1540.
33 Vgl. das von OLG Hamm Beschluss vom 06.02.2012 – 12 UF 207/10 – (juris), FamRZ 2012, 1306 (LS), zitierte Sachverständigen-Gutachten.
34 Vgl. Art. 1 Nr. 1 lit. a der VO vom 01.03.2011, BGBl. I S. 345.
35 BGH FamRZ 2011, 1785; ebenso OLG München FamRZ 2012, 130; Engelstädter/Kraft BetrAV 2011, 344 ff.
36 OLG Hamm Beschluss vom 06.02.2012 – 12 UF 207/10 – (juris), FamRZ 2012, 1306 (LS); Borth Rn. 622; Erman/Norpoth § 45 Rn. 12; Jaeger FamRZ 2010, 1714; 2011, 615; Hauß FamRZ 2011, 88; Bergner FamFR 2011, 314, 315.
37 OLG Hamm Beschluss vom 06.02.2012 – 12 UF 207/10 – (juris): 3,25 %; Erman/Norpoth § 45 Rn. 12.
38 Ruland FPR 2011, 479, 482.
39 Engelstädter/Kraft BetrAV 2011, 344, 346; Bergner FamFR 2011, 314, 316.
40 Ebenso Borth Rn. 611; Bergner § 14 Anm. 5.

19d Für den Fall, dass das Anrecht für den Berechtigten in der **gesetzlichen Rentenversicherung** zu begründen ist, wird das Problem für den Regelfall, dass über den VA im Verbund mit der Scheidung (und damit im Allgemeinen zeitnah zum Ende der Ehezeit) entschieden wird, durch § 76 Abs. 4 Satz 2 SGB VI gelöst. Danach ist der vom Gericht festgesetzte Kapitalbetrag mit dem bei Ehezeitende maßgebenden Umrechnungsfaktor für die Ermittlung von Entgeltpunkten im Rahmen des VA zu vervielfältigen. Hier ist daher der auf das Ehezeitende bezogene Ausgleichswert zu titulieren. Dadurch, dass der Umrechnungsfaktor ebenfalls auf das Ehezeitende bezogen ist, wird gewährleistet, dass der Berechtigte bereits ab diesem Stichtag an der Dynamik gesetzlicher Rentenanrechte teilnimmt. Wird indessen nicht im Verbund oder wird in einem nach Aussetzung wiederaufgenommenen oder in einem Abänderungsverfahren über den VA entschieden, so richtet sich die Höhe des Kapitalbetrages nach dem bei Eingang des Verfahrensantrags oder im Zeitpunkt der Wiederaufnahme des Verfahrens maßgebenden Umrechnungsfaktor (§ 76 Abs. 4 Satz 3 SGB VI). Hier ist daher in der Zwischenzeit keine Teilhabe des Ausgleichsberechtigten an dem zwischenzeitlichen Wertzuwachs des auszugleichenden Anrechts gewährleistet. Bei externer Teilung von Anrechten aus **anderen Versorgungssystemen** spiegelt ein Zahlbetrag in Höhe des Ausgleichswerts stets nur den Kapitalwert am Ende der Ehezeit wider.

19e Damit der Ausgleichsberechtigte auch in der Zeit nach Ehezeitende an der Wertentwicklung des auszugleichenden Anrechts teilnimmt, ist der Träger der auszugleichenden Versorgung grundsätzlich zu verpflichten, den **Zahlbetrag zu verzinsen**.[41] Die **Höhe der Zinsen** hat sich an dem tatsächlichen Wertzuwachs des auszugleichenden Anrechts zu orientieren. Liegt dem Anrecht ein Deckungskapital zugrunde, ist daher an die Verzinsung anzuknüpfen, die auch dem Ausgleichspflichtigen verbliebenen Hälfte des Ehezeitanteils zugute kommt. Ist der Ausgleichswert auf der Grundlage des Barwerts der künftigen Versorgungsleistungen nach versicherungsmathematischen Grundsätzen berechnet worden, wie insbesondere bei einer betrieblichen Versorgung nach § 45 Abs. 1 S. 1 VersAusglG i.V.m. § 4 Abs. 5 BetrAVG (s.o. Rdn. 19b), sind die Zinsen nach dem Rechnungszins zu bemessen, der der Barwertberechnung zugrunde liegt.[42] Er muss sich aus der Auskunft des Versorgungsträgers ergeben. Der BGH hat eine Verzinsung jedenfalls bis zur Rechtskraft (und Wirksamkeit) der VA-Entscheidung bejaht; über eine weiter gehende Verzinsung war seinerzeit nicht zu entscheiden.[43] Tatsächlich stehen dem Ausgleichsberechtigten Zinsen bis zur Erfüllung zu, so dass in der Entscheidung keine zeitliche Begrenzung vorzunehmen ist.[44] Keine Verzinsungspflicht besteht für die Zeit, in der der Ausgleichspflichtige bereits Rentenleistungen aus dem auszugleichenden Anrecht bezogen hat.[45] Ist für den Berechtigten ein Anrecht in der gesetzlichen Rentenversicherung zu begründen, so sind Zinsen nur in den von § 76 Abs. 4 S. 3 SGB VI erfassten Fällen (s.o. Rdn. 19d) zu titulieren, und dies auch nur zeitlich begrenzt bis zur Einleitung bzw. Wiederaufnahme des Verfahrens.[46] Bei einer **fondsgebundenen Rentenversicherung** bleibt ein nachehezeitlicher Zuwachs des (nach § 46 VersAusglG relevanten) Rückkaufswerts stets außer Betracht; hier ist daher keine Verzinsung des zu zahlenden Kapitalbetrags auszusprechen. Der Ausgleichsberechtigte nimmt auch nicht an einem nachehezeitlichen Wertzuwachs teil, während ein nachehezeitlicher Wertverlust gemäß § 5 Abs. 2 S. 2 VersAusglG zu berücksichtigen ist.[47]

---

41 BGH FamRZ 2011, 1785; Borth Rn. 550, 612.
42 BGH FamRZ 2011, 1785.
43 FamRZ 2011, 1785.
44 OLG Celle NJW-RR 2011, 1571; FamRZ 2012, 1058, 1059; OLG Frankfurt Beschluss vom 04.04.2012 – 3 UF 220/11 – (juris); AG Tempelhof-Kreuzberg FamRZ 2012, 1057; jurisPK-BGB/Breuers § 14 Rn. 25.2; a.A. Ruland Rn. 653: Verzinsung bis zur Rechtskraft der Entscheidung; Borth Rn. 550; ders. FamRZ 2011, 1773, 1775: Verzinsung bis zum Zugang der mit dem Rechtskraftvermerk versehenen Entscheidung beim Versorgungsträger.
45 BGH FamRZ 2011, 1785, 1788; OLG Frankfurt Beschluss vom 26.01.2012 – 5 UF 90/00 – (juris).
46 Vgl. KG FamRZ 2011, 1795.
47 BGH FamRZ 2012, 694, 696; OLG Stuttgart Beschluss vom 30.03.2012 – 17 UF 32/12 – (juris); a.A. OLG Nürnberg Beschluss vom 26.03.2012 – 9 UF 1939/11 – (juris); Kemper FamRB 2012, 178: Verzinsung des Ausgleichswerts.

F. Verfahren

§ 222 FamFG enthält **verfahrensrechtliche Regelungen für die externe Teilung** in den Fällen des **20** § 14 Abs. 2 VersAusglG. Auf die externe Teilung nach § 16 VersAusglG sind diese Bestimmungen nicht anwendbar (§ 222 Abs. 4 FamFG). Nach § 222 Abs. 1 FamFG sind die **Wahlrechte nach § 14 Abs. 2 VersAusglG** innerhalb vom Gericht gesetzter **Fristen** auszuüben. Das Gericht muss indes nicht unbedingt eine Frist setzen. Es kann auch zunächst davon ausgehen, dass die (gem. § 9 Abs. 2 VersAusglG vorrangige) interne Teilung durchzuführen ist, solange die Beteiligten nicht von sich aus die Voraussetzungen des § 14 Abs. 2 VersAusglG darlegen. Allerdings ist es verfahrensökonomisch, wenn das Gericht bereits bei Einholung der Auskünfte zumindest um Mitteilung bittet, ob eine externe Teilung gewünscht wird.[48] Andernfalls kann sich das Verfahren später dadurch verzögern, dass erst in einem späten Verfahrensstadium für die externe Teilung optiert wird. Die amtlichen Vordrucke für die Auskünfte der Versorgungsträger sehen deshalb bereits eine entsprechende Rubrik vor, in der die Option für die externe Teilung angegeben werden kann. Hat das Gericht keine Frist nach § 222 Abs. 1 FamFG gesetzt, können die Beteiligten die externe Teilung noch bis zum Schluss der mündlichen Verhandlung in der Scheidungssache verlangen. Ist jedoch eine Frist gesetzt worden, so muss diese grundsätzlich **eingehalten** werden. Zwar handelt es sich nicht um eine Ausschlussfrist, so dass das Gericht den in der Wahl zum Ausdruck kommenden Wunsch des Berechtigten auch dann noch berücksichtigen kann, wenn die Erklärung erst nach Fristablauf abgegeben worden ist, insbesondere wenn die Frist nicht aus grober Nachlässigkeit versäumt worden und auch keine Absicht, das Verfahren zu verzögern, zu erkennen ist.[49] Das Gericht muss eine nach Fristablauf ausgeübte Wahl aber nicht mehr berücksichtigen. Deshalb muss der **Anwalt des ausgleichsberechtigten Ehegatten auf die Einhaltung der Frist achten** bzw. – wenn diese nicht eingehalten werden kann – rechtzeitig eine angemessene Fristverlängerung beantragen.

Hat der Versorgungsträger des Ausgleichspflichtigen gem. § 14 Abs. 2 Nr. 2 VersAusglG wirksam **21** für die externe Teilung optiert oder ist dem Gericht eine Vereinbarung nach § 14 Abs. 2 Nr. 1 VersAusglG vorgelegt worden und hat sich der Ausgleichsberechtigte bisher noch nicht dazu geäußert, bei welchem Versorgungsträger für ihn im Fall der externen Teilung ein Anrecht begründet werden soll, so hat das Gericht dem Berechtigten gem. § 222 Abs. 1 FamFG eine **Frist zur Ausübung seines Wahlrechts nach § 15 Abs. 1 VersAusglG**, also zur Benennung einer Zielversorgung, zu setzen. Auch diese Frist muss eingehalten werden. Für die Erklärung nach § 15 Abs. 1 VersAusglG ist keine Form vorgeschrieben; es besteht gem. § 114 Abs. 4 Nr. 7 FamFG insoweit auch kein Anwaltszwang (vgl. § 15 Rdn. 5). Gem. § 222 Abs. 2 FamFG muss der Ausgleichsberechtigte, wenn er von seinem Wahlrecht Gebrauch macht, innerhalb der ihm gesetzten Frist auch den Nachweis beibringen, dass der gewählte Versorgungsträger zur Aufnahme des Berechtigten bereit ist. Zu diesem Nachweis gehört die Mitteilung der einschlägigen Daten, die das Gericht benötigt, um den Entscheidungstenor hinreichend bestimmt fassen zu können, z.B. im Hinblick auf die genaue Firmenbezeichnung eines Unternehmens oder die Tarifbezeichnung und Policennummer eines Vorsorgevertrages, der ausgebaut werden soll.[50] Im Hinblick auf diese Konsequenz der Fristversäumung muss der Ausgleichsberechtigte schon mit der Fristsetzung ausdrücklich auch aufgefordert werden, mit der Ausübung des Wahlrechts die Zustimmung des gewählten Versorgungsträgers beizubringen. Ist diese Aufforderung unterblieben, muss dem Ausgleichsberechtigten, der innerhalb der gesetzten Frist nur die gewünschte Zielversorgung benannt hat, zur Gewährleistung eines fairen Verfahrens eine Nachfrist zur Beibringung der Zustimmung des gewählten Versor-

---

48 BT-Drucks. 16/10144 S. 95; Ruland Rn. 654; Johannsen/Henrich/Holzwarth § 14 Rn. 21.
49 Johannsen/Henrich/Holzwarth § 14 Rn. 21; Schulte-Bunert/Weinreich/Rehme § 222 Rn. 8; a.A. BT-Drucks. 16/10144 S. 95; Ruland Rn. 659; Erman/Norpoth § 15 Rn. 2; Keidel/Weber § 222 Rn. 4; Hauß/Eulering Rn. 216, wonach die Rechte nach § 14 Abs. 2 VersAusglG nach Fristablauf überhaupt nicht mehr ausgeübt werden können.
50 BT-Drucks. 16/10144 S. 95.

gungsträgers eingeräumt werden. Übt der Ausgleichsberechtigte das Wahlrecht nicht fristgemäß aus, erfolgt die externe Teilung über einen der in § 15 Abs. 5 VersAusglG genannten Auffangversorgungsträger.

22 Das Gericht hat den **Träger der Zielversorgung** rechtzeitig am Verfahren zu **beteiligen** (§ 219 Nr. 3 FamFG). Ihm müssen daher vor dem Erlass der Entscheidung die vom Versorgungsträger des Verpflichteten nach § 5 Abs. 1 und 3 VersAusglG mitgeteilten Werte bekannt gegeben werden, damit er insoweit – insbesondere zu dem aus dem Ausgleichswert errechneten Kapitalbetrag, den er gem. § 14 Abs. 4 VersAusglG vom Versorgungsträger des Ausgleichspflichtigen beanspruchen kann – rechtliches Gehör erhält. Dies gilt auch für die nach § 15 Abs. 5 VersAusglG zuständigen Auffangversorgungsträger.

23 Das Gericht hat vor seiner Entscheidung – von Amts wegen – zu prüfen, ob im konkreten Fall die **Zustimmung des ausgleichspflichtigen Ehegatten** zur externen Teilung erforderlich ist. Auch der **Anwalt** des Ausgleichspflichtigen muss im Interesse seines Mandanten und zur Vermeidung eines Regressrisikos sein besonderes Augenmerk auf diesen Punkt richten. Gem. § 15 Abs. 3 VersAusglG bedarf die externe Teilung der Zustimmung des Ausgleichspflichtigen, wenn sie für ihn **steuerschädlich** ist (vgl. dazu § 15 Rdn. 9). Auch wenn das Gericht die Zustimmung des Ausgleichspflichtigen im konkreten Fall nicht für erforderlich hält, sollte es den Ausgleichspflichtigen im Interesse eines fairen Verfahrens vor Erlass der Entscheidung ausdrücklich auf § 15 Abs. 3 VersAusglG hinweisen und ihm zur Frage der steuerrechtlichen Folgen der externen Teilung Gelegenheit zur Stellungnahme geben.

G. Gerichtliche Entscheidung

24 Liegen die gesetzlichen Voraussetzungen vor, hat das Gericht die externe Teilung durchzuführen, indem zu Lasten des Anrechts des Ausgleichspflichtigen für den Berechtigten ein Anrecht bei der Zielversorgung begründet wird (§ 14 Abs. 1 VersAusglG). Diese Entscheidung hat grundsätzlich **rechtsgestaltende Wirkung.** Mit Rechtskraft der Entscheidung verliert der Ausgleichspflichtige das auszugleichende Anrecht in Höhe des Ausgleichswerts, und der Ausgleichsberechtigte erwirbt in Höhe des kapitalisierten Ausgleichswerts ein Anrecht bei dem gewählten Träger der Zielversorgung. Allerdings muss der mit der externen Teilung verbundene Kapitaltransfer zwischen den beteiligten Versorgungsträgern (**nach** Eintritt der Rechtskraft der Entscheidung) noch vollzogen werden. Damit dies gewährleistet ist, hat das Gericht – von Amts wegen – in der Endentscheidung auch den **Kapitalbetrag festzusetzen,** den der Versorgungsträger des Ausgleichspflichtigen gem. § 14 Abs. 4 VersAusglG an die Zielversorgung zu zahlen hat (vgl. dazu oben Rdn. 19). Diese Entscheidung kann gesondert mit einem Rechtsmittel angegriffen werden, womit die Rechtskraft und damit die Zahlungspflicht hinausgeschoben wird. Zahlt der Versorgungsträger des Ausgleichspflichtigen trotz Eintritt der Rechtskraft nicht, muss der Träger der Zielversorgung die Zwangsvollstreckung betreiben,[51] die sich gem. § 95 Abs. 1 Nr. 1 und Abs. 2 FamFG nach den §§ 803 ff. ZPO richtet. Erst mit dem Eingang des Betrages beim Träger der Zielversorgung erlangt dieser das Kapital, das er für das bereits wirksam bei ihm begründete Anrecht benötigt. Die Zielversorgung trägt daher insoweit das Vollstreckungs- und Insolvenzrisiko.

25 Hat der Ausgleichspflichtige **keine Zielversorgung gewählt** und erfolgt deshalb die externe Teilung nach § 15 Abs. 5 Satz 1 VersAusglG in der **gesetzlichen Rentenversicherung als Auffangversorgungsträger,** erwirbt der Ausgleichsberechtigte das für ihn im Wege externer Teilung begründete Anrecht erst mit Zahlungseingang des vom Gericht nach § 222 Abs. 3 FamFG festgesetzten Betrages beim zuständigen Rentenversicherungsträger (§ 120g SGB VI). Diese Regelung dient dem Schutz der Rentenversicherungsträger, die zur Aufnahme des Ausgleichsberechtigten ver-

---

51 BT-Drucks. 16/10144 S. 95.

pflichtet sind.[52] Hier verschiebt sich das Vollstreckungs- und Insolvenzrisiko auf den ausgleichsberechtigten Ehegatten. Dieser Nachteil muss bei der Entscheidung darüber, ob das Wahlrecht nach § 15 Abs. 1 VersAusglG ausgeübt werden soll, mit bedacht werden. Auch wenn der Ausgleichsberechtigte sich für die gesetzliche Rentenversicherung als Zielversorgung entscheidet, sollte er daher die Wahl ausüben. Stimmt der gesetzliche Rentenversicherungsträger dann der externen Teilung zu,[53] greift die Bestimmung des § 120g SGB VI nicht ein. Auch im Fall des § 120g SGB VI obliegt die Vollstreckung des Zahlungstitels dem Rentenversicherungsträger. Ist das Anrecht für den Ausgleichsberechtigten gem. § 15 Abs. 5 Satz 2 VersAusglG bei der **Versorgungsausgleichskasse** zu begründen, gelten keine Besonderheiten. In diesem Fall erwirbt der Ausgleichsberechtigte das Anrecht daher schon mit Rechtskraft und Wirksamkeit der gerichtlichen Entscheidung über die externe Teilung.

Für den **notwendigen Inhalt der Entscheidung** zur externen Teilung gelten die Ausführungen in Rdn. 6–8 zu § 10 entsprechend. Allerdings ist im Hinblick auf den Transfer des Ausgleichswerts in die Zielversorgung das **Ende der Ehezeit** stets als Bezugszeitpunkt anzugeben. So benötigt z.B. die gesetzliche Rentenversicherung als Zielversorgung den Bezugszeitpunkt, um das übertragene Anrecht bzw. den zu transferierenden Kapitalbetrag in Entgeltpunkte umzurechnen (vgl. § 76 Abs. 4 Satz 1 und 2 SGB VI). Bei einer **Abänderungsentscheidung** ist als Bezugszeitpunkt das Ende des Monats der Antragstellung anzugeben (s. § 51 Rdn. 29–31). Anders als bei der internen Teilung (s. § 10 Rdn. 6a) brauchen die Rechtsgrundlagen des auszugleichenden Anrechts und die maßgebliche Teilungsordnung in der Beschlussformel nicht genannt zu werden.[54] Dagegen müssen der Träger der Zielversorgung und das bei diesem zu begründende Anrecht konkret bezeichnet werden. Bei **fondsgebundenen Anrechten** kommt eine sog. offene Tenorierung, mit der Wertveränderungen bis zum Vollzug der externen Teilung einbezogen werden sollen, hinsichtlich des zu zahlenden Betrages nicht in Betracht, weil der durchzuführende Kapitaltransfer die Bestimmung eines Kapitalwerts erfordert und nacheheliche Wertveränderungen der Fondsanteile nicht mehr zu berücksichtigen sind (s.o. Rdn. 19e).[55] Der **Tenor** der Entscheidung über den Wertausgleich bei Scheidung kann etwa wie folgt lauten:[56]

Ausgleich eines Anrechts der **betrieblichen Altersversorgung** nach Ausübung des Wahlrechts nach § 15 Abs. 1 VersAusglG:

Im Wege der externen Teilung wird zulasten des Anrechts des Ehemannes bei der Pensionskasse X (Aktenzeichen YZ) zugunsten der Ehefrau ein Anrecht in Höhe von 3.000 € bei der A-Versicherung nach Maßgabe der Allgemeinen Versicherungsbedingungen vom …, bezogen auf den 31.01.2010, begründet.

Die Pensionskasse X hat der A-Versicherung diesen Betrag zuzüglich Zinsen in Höhe von … % ab dem auf das Ende der Ehezeit folgenden Monatsersten zu zahlen.

Ausgleich eines Anrechts der **privaten Altersvorsorge** (Riester-Vertrag) ohne Ausübung des Wahlrechts nach § 15 Abs. 1 VersAusglG:

Im Wege der externen Teilung wird zulasten des Anrechts des Ehemannes bei der A-Versicherung (Versicherungsnummer: …) zugunsten der Ehefrau ein Anrecht in Höhe von 3.000 € auf dem

---

52 BT-Drucks. 16/10144 S. 101.
53 Nach Ruland Rn. 646, 658 soll sich aus § 187 Abs. 1 Nr. 2 SGB VI ergeben, dass eine Zustimmung des Rentenversicherungsträgers nicht erforderlich ist. Das ist jedoch zweifelhaft.
54 OLG Oldenburg Beschluss vom 07.02.2012 – 3 UF 171/11 – (juris); jurisPK-BGB/Breuers § 14 Rn. 34.1.
55 OLG Nürnberg Beschluss vom 26.03.2012 – 9 UF 1939/11 – (juris); OLG Stuttgart Beschluss vom 30.03.2012 – 17 UF 32/12 – (juris) OLG Celle Beschluss vom 28.08.2012 – 10 UF 17/12 – (juris).
56 Vgl. z.B. die Vorschläge von Eulering/Viefhues FamRZ 2009, 1368, 1376.

Versicherungskonto Nr. … bei der Deutschen Rentenversicherung Bund, bezogen auf den 31.01.2010, begründet.

Die A-Versicherung hat der Deutschen Rentenversicherung Bund diesen Betrag zuzüglich Zinsen in Höhe von … % ab dem auf das Ende der Ehezeit folgenden Monatsersten zu zahlen.

Zum **Geschäftswert** vgl. vor § 1 Rdn. 100.

H. Verrechnung von Anrechten

27   Eine dem § 10 Abs. 2 VersAusglG entsprechende Bestimmung enthält § 14 VersAusglG nicht. Die im Regierungsentwurf vorgesehene Bezugnahme in § 14 Abs. 3 VersAusglG auf § 10 Abs. 2 ist wieder gestrichen worden, weil der Gesetzgeber zu der Auffassung gelangt war, dass eine Verrechnung von Anrechten bei der externen Teilung nicht möglich sei.[57] Das ist jedoch ein Irrtum. Wird z.B. im Wege externer Teilung für einen Ehegatten ein Anrecht in der gesetzlichen Rentenversicherung begründet und hat dieser Ehegatte seinerseits im Wege interner Teilung ein Anrecht der gesetzlichen Rentenversicherung auszugleichen, so erhält er sowohl eine Gutschrift als auch eine Lastschrift an Entgeltpunkten. Insoweit kann daher in entsprechender Anwendung des § 10 Abs. 2 VersAusglG eine Verrechnung erfolgen.[58]

I. Vollzug der externen Teilung (Abs. 3)

28   Der Verweis in § 14 Abs. 3 auf § 10 Abs. 3 VersAusglG stellt klar, dass sich auch bei der externen Teilung die Regelungen für den **Vollzug der gerichtlichen Entscheidung** aus dem Recht der betroffenen Versorgungsträger ergeben.[59] Auf Seiten des Ausgleichspflichtigen werden danach grundsätzlich die gleichen Wirkungen eintreten wie im Falle der internen Teilung. Sein Anrecht wird um den Ausgleichswert gekürzt. Ein Abzug von Teilungskosten kommt jedoch im Gegensatz zur internen Teilung nicht in Betracht (s.o. Rdn. 3). Der Ausgleichsberechtigte erhält ein Anrecht bei der gewählten Zielversorgung, hilfsweise bei einem Auffangversorgungsträger i.S. des § 15 Abs. 5 VersAusglG. Ist Bezugsgröße der Zielversorgung kein Kapitalwert, wird der korrespondierende Kapitalwert des Ausgleichswerts (in dessen Höhe gem. § 14 Abs. 4 VersAusglG ein Kapitaltransfer zwischen den beteiligten Versorgungsträgern stattzufinden hat) im Zielversorgungssystem in die Bezugsgröße dieses Systems umgerechnet. Die Umbuchung des ausgeglichenen Anrechts ist – abgesehen von der Begründung eines Anrechts in der gesetzlichen Rentenversicherung als Auffangversorgungsträger (s.o. Rdn. 25) – mit Wirksamkeit der Entscheidung über den Wertausgleich vollzogen. Die Wirksamkeit tritt mit der Rechtskraft (§ 224 Abs. 1 FamFG), bei einer Verbundentscheidung jedoch nicht vor Rechtskraft des Scheidungsausspruchs ein (§ 148 FamFG).

29   Ist **Zielversorgung** die **gesetzliche Rentenversicherung**, so richten sich die Auswirkungen der externen Teilung für den Ausgleichsberechtigten nach § 76 SGB VI. Der Berechtigte erhält einen Zuschlag an Entgeltpunkten, der aus dem gem. § 222 Abs. 3 FamFG i.V.m. § 14 Abs. 4 VersAusglG vom Gericht festgesetzten Kapitalbetrag errechnet wird. Ein Zuschlag an Entgeltpunkten (Ost) kommt bei der externen Teilung nach § 14 Abs. 2 VersAusglG nicht in Betracht (vgl. § 264a Abs. 1 SGB VI). Der Kapitalbetrag wird mit dem zum Ende der Ehezeit maßgebenden Umrech-

---

57   BT-Drucks. 16/11903 S. 53.
58   Ruland Rn. 630; Johannsen/Henrich/Holzwarth § 14 Rn. 31; MüKo/Gräper § 14 Rn. 21; vgl. auch BT-Drucks. 16/10144 S. 58.
59   BT-Drucks. 16/10144 S. 59.

nungsfaktor für die Ermittlung von Entgeltpunkten im Rahmen des VA[60] multipliziert (§ 76 Abs. 4 S. 2 SGB VI). In Fällen, in denen der VA nicht Folgesache ist, und in Abänderungsverfahren ist der bei Eingang des Antrags auf Durchführung oder Abänderung des VA maßgebende Umrechnungsfaktor zugrunde zu legen, in Fällen der Aussetzung des Verfahrens über den VA kommt es auf den bei Wiederaufnahme des Verfahrens maßgebenden Faktor an (§ 76 Abs. 4 S. 3 SGB VI). Das Produkt aus dem Kapitalbetrag und dem Umrechnungsfaktor, gerundet auf vier Stellen hinter dem Komma (§ 121 Abs. 1 SGB VI und 2 SGB VI), ergibt die Gutschrift an Entgeltpunkten auf dem Versicherungskonto des Ausgleichsberechtigten. Der Ausgleichsberechtigte erhält ferner eine Gutschrift an Wartezeitmonaten, deren Höhe sich aus dem Zuschlag an Entgeltpunkten berechnet (vgl. dazu § 10 Rdn. 17). Bezieht der Ausgleichsberechtigte bereits Rente, erhöht sich diese um einen dem Zuschlag an Entgeltpunkten entsprechenden Betrag (vgl. § 10 Rdn. 19).

Ist die **Alterssicherung der Landwirte** zur **Zielversorgung** gewählt worden, was nur zulässig ist, **30** wenn der Ausgleichsberechtigte vor dem Ende der Ehezeit bereits Anrechte in der landwirtschaftlichen Alterssicherung erworben hat (s.o. Rdn. 8), erhält der Ausgleichsberechtigte einen Zuschlag zur Steigerungszahl (als der in der Alterssicherung der Landwirte maßgebenden Bezugsgröße). Dieser Zuschlag ergibt sich, wenn der nach § 222 Abs. 3 FamFG festgesetzte Kapitalbetrag durch das Zwölffache des Beitrags geteilt wird, der nach § 68 ALG als Beitrag für das Jahr maßgebend ist, in das das Ende der Ehezeit fällt.

J. Steuerrechtliche Folgen der externen Teilung

Die **steuerrechtlichen Folgen** erfordern bei der externen Teilung besondere Beachtung, weil das **31** auszugleichende und das zu begründende Anrecht unterschiedlichen Steuerregimes unterliegen können. Die externe Teilung kann für den ausgleichspflichtigen Ehegatten gravierende steuerliche Nachteile zur Folge haben, wenn das auszugleichende Anrecht der nachgelagerten Besteuerung unterliegt, das zu begründende Anrecht aber vorgelagert nur mit dem Ertragsanteil besteuert wird. Eine nachgelagerte Besteuerung liegt vor, wenn die Aufwendungen für die Altersvorsorge von der Besteuerung freigestellt sind und die später aus der Versorgung bezogenen Leistungen voll besteuert werden. Bei der vorgelagerten Besteuerung werden dagegen die Vorsorgeaufwendungen aus versteuertem Einkommen geleistet, und die späteren Versorgungsleistungen werden nur noch bezüglich des Zinsanteils besteuert.

Nach allgemeinem Einkommensteuerrecht würde die Übertragung des Ausgleichswerts auf die Ziel- **32** versorgung beim Ausgleichspflichtigen (teilweise) bereits zu steuerpflichtigen Einkünften nach den §§ 19, 20 oder 22 EStG führen. Dies wird jedoch durch § 3 Nr. 55b Satz 1 EStG[61] verhindert. Die Vorschrift stellt sicher, dass der durch die externe Teilung bewirkte Vermögenstransfer beim Ausgleichspflichtigen i.d.R. steuerneutral bleibt und erst die Leistungen, die der Ausgleichsberechtigte später aus dem für ihn begründeten Anrecht bezieht, besteuert werden.[62] Dieser **nachgelagerten Besteuerung** unterliegen die von § 32 VersAusglG erfassten **Regelsicherungssysteme** (gesetzliche Rentenversicherung, Beamtenversorgung, berufsständische Versorgungen, Alterssicherung der Landwirte, Abgeordneten- und Ministerversorgungen), die privaten sog. **Rürup-Verträge** (kapitalgedeckte private Lebensversicherungen, die lebenslange Leibrenten für die Versicherten oder ihre Hinterbliebenen vorsehen und nicht vererbliche, nicht übertragbare, nicht beleihbare, nicht veräußer-

---

60 Die Rechengrößen werden gem. § 187 Abs. 3 SGB VI vom Bundesministerium für Arbeit und Soziales jährlich im BGBl. bekannt gemacht (vgl. zuletzt BGBl. I 2011, 2798). Vgl. ferner die Zusammenstellung der Rechengrößen zur Durchführung des VA in der gesetzlichen Rentenversicherung in FamRZ 2012, 170.

61 I.d.F. des Art. 10 Nr. 1 VAStrReG.

62 BT-Drucks. 16/10144 S. 108.

bare und nicht kapitalisierbare Ansprüche verleihen), die **betriebliche Altersversorgung**[63] (jedoch mit Ausnahme der Zusatzversorgung des öffentlichen Dienstes) sowie die privaten (staatlich geförderten) sog. **Riester-Verträge.**[64] Allerdings können Bestandteile von »Riester«-Anrechten auch mit dem Ertragsanteil zu besteuern sein.[65] **Vorgelagert** werden stets private Versicherungsverträge besteuert, deren Vorsorgezweck nicht gesichert ist (z.B. **ungeförderte Lebensversicherungen**).

33 Um Besteuerungslücken zu vermeiden, wird die in § 3 Nr. 55b Satz 1 EStG vorgesehene Steuerfreistellung nach Satz 2 dieser Vorschrift für die Fälle ausgeschlossen, in denen Anrechte der **betrieblichen Altersversorgung** oder der nach § 10a und Abschnitt XI des EStG **geförderten privaten Altersvorsorge auf Vorsorgeprodukte übertragen** werden, die der **vorgelagerten Besteuerung** mit ihrem Ertragsanteil unterliegen.[66] In diesen Fällen hat der Ausgleichspflichtige den Kapitalwert des an den Ausgleichsberechtigten abgegebenen Anrechts voll zu versteuern. Da diese Konsequenz im Ergebnis zu einer Verletzung des Halbteilungsgrundsatzes führt, ist die externe Teilung in solchen Fällen nur mit der ausdrücklichen Zustimmung des Ausgleichspflichtigen zulässig (§ 15 Abs. 3 VersAusglG; vgl. dazu § 15 Rdn. 9 ff.). Deshalb muss – ungeachtet der dem Gericht von Amts wegen obliegenden Prüfungspflicht – der **Anwalt des ausgleichspflichtigen Ehegatten** stets sorgfältig prüfen, ob die externe Teilung für seinen Mandanten steuerschädlich ist, oder jedenfalls auf eine gründliche Prüfung durch das Gericht hinwirken. Das Gericht hat im Regelfall Auskünfte der beteiligten Versorgungsträger über die steuerlichen Konsequenzen einzuholen. Die Versorgungsträger sind verpflichtet, die für die Besteuerung der Leistungen erforderlichen Grundlagen festzustellen und zu dokumentieren (vgl. § 3 Nr. 55b Satz 3 und 4 EStG),[67] so dass die steuerlichen Folgen der externen Teilung im Regelfall ohne sachverständige Beratung geklärt werden können.

34 **Steuerliche Nachteile für den Ausgleichspflichtigen** liegen insbesondere dann auf der Hand, wenn ein Anrecht der betrieblichen oder geförderten privaten Altersvorsorge extern geteilt wird und der Ausgleichsberechtigte ein nicht zertifiziertes Produkt der privaten Altersvorsorge zur Zielversorgung gewählt hat. Unproblematisch ist dagegen die Übertragung in die gesetzliche Rentenversicherung, in eine Pensionskasse, eine Direktversicherung und in einen zertifizierten Altersvorsorgevertrag (»Riester«), wie sich bereits aus § 15 Abs. 4 VersAusglG ergibt. Das Gleiche gilt auch für eine Übertragung in die Versorgungsausgleichskasse, in die Alterssicherung der Landwirte, in ein berufsständisches Versorgungssystem oder in einen »Rürup«-Vertrag (s. § 15 Rdn. 10).[68]

§ 15 VersAusglG   Wahlrecht hinsichtlich der Zielversorgung

(1) Die ausgleichsberechtigte Person kann bei der externen Teilung wählen, ob ein für sie bestehendes Anrecht ausgebaut oder ein neues Anrecht begründet werden soll.

(2) Die gewählte Zielversorgung muss eine angemessene Versorgung gewährleisten.

(3) Die Zahlung des Kapitalbetrags nach § 14 Abs. 4 an die gewählte Zielversorgung darf nicht zu steuerpflichtigen Einnahmen oder zu einer schädlichen Verwendung bei der ausgleichspflichtigen Person führen, es sei denn, sie stimmt der Wahl der Zielversorgung zu.

---

63 Eine Ausnahme gilt allerdings für den Fall, dass ein Anrecht aus einem »Riester-Vertrag« extern geteilt und für den Berechtigten ein betriebliches Anrecht bei einem Arbeitgeber als Träger einer Direktzusage oder bei einer Unterstützungskasse begründet werden soll; vgl. § 15 Rdn. 10.

64 Vgl. Ruland Rn. 1212 ff. sowie FamRZ 2009, 1456; Schmid/Bührer FamRZ 2010, 1608, 1610; Breuers FPR 2011, 517, 518.

65 Ruland Rn. 1257 und FamRZ 2009, 1456, 1461.

66 BT-Drucks. 16/10144 S. 109; vgl. auch Münch FamRB 2010, 284, 286; Schmid/Bührer FamRZ 2010, 1608, 1611.

67 BT-Drucks. 16/10144 S. 109.

68 Ruland Rn. 1221.

(4) Ein Anrecht in der gesetzlichen Rentenversicherung, bei einem Pensionsfonds, einer Pensionskasse oder einer Direktversicherung oder aus einem Vertrag, der nach § 5 des Altersvorsorgeverträge-Zertifizierungsgesetzes zertifiziert ist, erfüllt stets die Anforderungen der Absätze 2 und 3.

(5) [1]Übt die ausgleichsberechtigte Person ihr Wahlrecht nicht aus, so erfolgt die externe Teilung durch Begründung eines Anrechts in der gesetzlichen Rentenversicherung. [2]Ist ein Anrecht im Sinne des Betriebsrentengesetzes auszugleichen, ist abweichend von Satz 1 ein Anrecht bei der Versorgungsausgleichskasse zu begründen.

A. Norminhalt

§ 15 VersAusglG enthält Bestimmungen über das dem ausgleichsberechtigten Ehegatten zustehende Recht, die Zielversorgung – d.h. das Versorgungssystem, in dem das extern zu teilende Anrecht für ihn begründet werden soll – zu wählen, sowie die Voraussetzungen, die die getroffene Wahl für den Eintritt ihrer Wirksamkeit erfüllen muss, und die Konsequenzen einer Nichtausübung des Wahlrechts. Abs. 5 Satz 2 ist erst am 01.04.2010 in Kraft getreten (s.u. Rdn. 13). **1**

B. Anwendungsbereich der Vorschrift

§ 15 VersAusglG gilt nur für die Fälle der externen Teilung nach § 14 Abs. 2 VersAusglG. Keine Anwendung findet die Vorschrift auf die externe Teilung nach § 16 VersAusglG. Dort hat der Ausgleichsberechtigte kein Wahlrecht hinsichtlich der Zielversorgung,[1] und es bedarf auch zur Durchführung der externen Teilung in keinem Fall der Zustimmung des Ausgleichspflichtigen (s. § 16 Rdn. 3). **2**

C. Wahlrecht des Ausgleichsberechtigten (Abs. 1)

§ 15 Abs. 1 VersAusglG gibt dem Ausgleichsberechtigten in den Fällen der externen Teilung nach § 14 Abs. 2 Nr. 1 und 2 VersAusglG das Recht, die **Zielversorgung** selbst zu **wählen**. Der Versorgungsträger des Ausgleichspflichtigen kann zwar eine konkrete Zielversorgung vorschlagen und im Fall des § 14 Abs. 2 Nr. 1 VersAusglG den Abschluss der Vereinbarung auch davon abhängig machen, dass der Ausgleichsberechtigte den Vorschlag akzeptiert. Der Ausgleichsberechtigte muss den Vorschlag aber nicht annehmen.[2] Das einseitige Verlangen des Versorgungsträgers nach § 14 Abs. 2 Nr. 2 VersAusglG ist bedingungsfeindlich.[3] Hier kann der Ausgleichsberechtigte in jedem Fall die Zielversorgung bestimmen. Ist der Versorgungsträger des Verpflichte- **3**

---

1 Johannsen/Henrich/Holzwarth § 15 Rn. 2; Elden FPR 2009, 206, 207; vgl. auch BT-Drucks. 16/10144 S. 95.
2 BT-Drucks. 16/10144 S. 59.
3 BT-Drucks. 16/10144 S. 59.

ten damit nicht einverstanden, bleibt ihm nur die Möglichkeit, sein Verlangen nach externer Teilung zurückzunehmen.

4   Der Ausgleichsberechtigte kann entweder einen Versorgungsträger wählen, bei dem er bereits ein Versorgungsanrecht besitzt, und das im Wege externer Teilung zu begründende Anrecht damit **zum Ausbau der bestehenden Versorgung** verwenden, oder er kann sich dafür entscheiden, bei einem für geeignet gehaltenen Versorgungsträger ein **neues Anrecht** zu begründen. Die Wahl einer bereits bestehenden Versorgung empfiehlt sich vor allem dann, wenn der Ausgleichswert unter der nach § 18 Abs. 3 VersAusglG maßgebenden Bagatellgrenze liegt. Denn in diesem Fall entsteht für den Berechtigten keine unwirtschaftliche Splitterversorgung, was vom Gericht bei der Ermessensentscheidung nach § 18 Abs. 1 oder 2 VersAusglG zugunsten des Berechtigten zu berücksichtigen ist (vgl. § 18 Rdn. 15c).[4]

5   Die Ausübung des Wahlrechts erfolgt durch Abgabe einer **Willenserklärung** des Ausgleichsberechtigten gegenüber dem Gericht. Für diese Erklärung ist keine besondere Form vorgeschrieben. Sie kann daher z.B. auch mündlich in der Verhandlung oder telefonisch abgegeben werden. Es besteht insoweit auch **kein Anwaltszwang** (§ 114 Abs. 4 Nr. 7 FamFG).

6   Das Gericht kann dem Ausgleichsberechtigten gem. § 222 Abs. 1 FamFG eine **Frist** setzen, in der das **Wahlrecht ausgeübt** werden muss. Die getroffene Wahl ist nur wirksam, wenn der **gewählte Versorgungsträger** seine **Zustimmung** zur Aufnahme des für den Berechtigten zu begründenden Anrechts erklärt. Deshalb muss der Berechtigte innerhalb der vom Gericht gesetzten Frist auch nachweisen, dass der ausgewählte Versorgungsträger mit der vorgesehenen Teilung einverstanden ist (§ 222 Abs. 2 FamFG). Kann der Berechtigte die Zustimmung des gewählten Versorgungsträgers nicht innerhalb der gesetzten Frist beibringen, muss er beim Gericht rechtzeitig um Fristverlängerung nachsuchen. Darauf hat der **Anwalt des Ausgleichsberechtigten** zu achten. Wird das Wahlrecht nicht (fristgemäß) ausgeübt, so wird für den Ausgleichsberechtigten ein Anrecht bei einem Auffangversorgungsträger begründet (s.u. Rdn. 12 ff.). Das Gleiche gilt, wenn das Wahlrecht zwar ausgeübt, aber nicht (fristgemäß) die Zustimmung der gewählten Zielversorgung beigebracht worden ist. Hat der Berechtigte fristgemäß die Zustimmung der gewählten Zielversorgung nachgewiesen, lehnt das Gericht aber die gewählte Zielversorgung ab, weil es sie für nicht angemessen i.S. des § 15 Abs. 2 VersAusglG hält (s. Rdn. 7, 8), oder scheitert ein Ausgleich über die gewählte Zielversorgung daran, dass der ausgleichspflichtige Ehegatte seine (wegen nachteiliger steuerlicher Auswirkungen) nach § 15 Abs. 3 VersAusglG erforderliche Zustimmung zur Wahl der Zielversorgung nicht erteilt, muss das Gericht dem Ausgleichsberechtigten eine anderweitige Wahlmöglichkeit einräumen, also ggf. erneut eine Frist nach § 222 Abs. 1 FamFG setzen.

D. Anforderungen an die gewählte Zielversorgung

I. Angemessenheit der Zielversorgung (Abs. 2 und 4)

7   § 15 Abs. 2 VersAusglG schreibt vor, dass die gewählte Zielversorgung für den Ausgleichsberechtigten eine **angemessene** Versorgung gewährleisten muss. Dies hat das Familiengericht von Amts wegen zu prüfen, und auch der **Anwalt des Ausgleichsberechtigten** muss im Interesse seines Mandanten darauf achten, dass diese Anforderung erfüllt ist. Eine Prüfung ist im konkreten Fall allerdings entbehrlich, wenn eine der in Abs. 4 genannten Versorgungssysteme als Zielversorgung gewählt wird, denn diese gelten **kraft Gesetzes** als **angemessen**. Bei einer anderen Zielversorgung kommt es entscheidend darauf an, ob sie hinsichtlich Eigenständigkeit der Sicherung, der abgedeckten Risiken, der Dynamisierung der Leistungen und der Sicherheit des Systems mit der ausgeglichenen Versorgung annähernd vergleichbar ist.[5] Allerdings muss die Angemessenheit nicht

---

4   Wick FuR 2012, 230, 235.
5   OLG Schleswig Beschluss vom 10.09.2012 – 10 UF 314/11 – (juris); Ruland Rn. 647.

allein deshalb verneint werden, weil die Zielversorgung keinen Invaliditäts- und/oder Hinterbliebenschutz gewährleistet, denn dies ist nach § 11 Abs. 1 Satz 2 Nr. 3 VersAusglG auch bei der internen Teilung nicht zwingend erforderlich.[6]

Sieht das Gericht die gewählte Zielversorgung **nicht** als **angemessen** an, hat es den Ausgleichsbe-   8
rechtigten darauf hinzuweisen und ihm Gelegenheit zu geben, eine andere Zielversorgung zu wählen. Hierzu kann ihm erneut eine Frist nach § 222 Abs. 1 FamFG gesetzt werden.

II. Steuerneutralität für den Ausgleichspflichtigen (Abs. 3 und 4)

Gem. § 15 Abs. 3 VersAusglG bedarf die externe Teilung der **Zustimmung des Ausgleichspflichti-**   9
gen, wenn die zum Vollzug des Ausgleichs erforderliche Zahlung des Kapitalbetrags nach § 14
Abs. 4 VersAusglG an die gewählte Zielversorgung beim Ausgleichspflichtigen zu steuerpflichtigen
Einnahmen oder zu einer schädlichen Verwendung (gem. § 93 EStG[7]) führen würde. Hintergrund
dieser Bestimmung sind die je nach Art der Zielversorgung unterschiedlichen **steuerrechtlichen**
Konsequenzen der externen Teilung für den Steuerpflichtigen (vgl. dazu § 14 Rdn. 30 ff.). Der
Ausgleichspflichtige soll es nicht hinnehmen müssen, dass sich die Wahl einer bestimmten Zielversorgung – insbesondere einer nicht geförderten privaten Lebensversicherung – für ihn steuerschädlich auswirkt. Es bleibt ihm aber unbenommen, sich in Kenntnis der nachteiligen Steuerfol-
gen mit einem Ausgleich über die gewählte Zielversorgung einverstanden zu erklären, z.B. gegen
einen angemessenen wirtschaftlichen Ausgleich. Die Zustimmung des Ausgleichspflichtigen ist
eine Willenserklärung, die keiner besonderen Form bedarf und für die kein Anwaltszwang besteht
(§ 114 Abs. 4 Nr. 7 FamFG).

Eine **Zustimmung** des Ausgleichspflichtigen ist **entbehrlich**, wenn der Ausgleichsberechtigte eines   10
der in Abs. 4 genannten Versorgungssysteme als Zielversorgung gewählt hat. Abs. 4 hat insoweit
nur deklaratorische Bedeutung, da sich die Steuerneutralität der externen Teilung in diesen Fällen
bereits aus dem Steuerrecht ergibt.[8] Bei der Begründung eines Anrechts der gesetzlichen Rentenversicherung und eines Anrechts in einem nach § 5 AltZertG zertifizierten Vorsorgevertrag ist die
Steuerneutralität stets gesichert. Bei der Begründung eines betrieblichen Anrechts gilt dies uneingeschränkt nur dann, wenn als Zielversorgung ein Pensionsfonds, eine Pensionskasse oder eine
Direktversicherung gewählt wird. Dies ist durch die mit dem Jahressteuergesetz 2010 erfolgte
Änderung des § 15 Abs. 4 VersAusglG klargestellt worden.[9] Die externe Teilung ist für den Ausgleichspflichtigen meist auch dann steuerneutral, wenn die Zahlung des Kapitalbetrages an den
Arbeitgeber als Träger einer Direktzusage oder an eine Unterstützungskasse erfolgt. Eine Ausnahme gilt jedoch für den Fall, dass es sich bei dem auszugleichenden Anrecht um ein solches aus
gefördertem Altersvorsorgevermögen gemäß § 10a/Abschnitt XI EStG (»Riester-Verträge«) handelt. Nur in diesem Fall ist die Wahl der Zielversorgung daher von der Zustimmung des Ausgleichspflichtigen abhängig.[10] Auch die Übertragung des Ausgleichswerts in die Alterssicherung
der Landwirte, in eine berufsständische Versorgung, auf einen »Rürup-Vertrag« i.S. des § 5a
AHZertG und in die Versorgungsausgleichskasse (s.u. Rdn. 13) ist steuerneutral.[11] Wählt der Ausgleichsberechtigte ein anderes System als Zielversorgung, hat das **Gericht** von Amts wegen zu
prüfen, ob der Ausgleich über die vom Ausgleichsberechtigten gewählte Zielversorgung für den
Ausgleichpflichtigen steuerneutral ist oder nicht. Hierzu hat das Gericht i.d.R. Auskünfte der bet-

---

6 Johannsen/Henrich/Holzwarth § 15 Rn. 5.
7 BT-Drucks. 16/13424 S. 36.
8 BT-Drucks. 16/11903 S. 54; 17/2249 S. 98; Schmid/Bührer FamRZ 2010, 1608, 1610.
9 Art. 25 des JStG 2010 vom 08.12.2010, BGBl. I S. 1768, gemäß Art. 32 Abs. 2 rückwirkend in Kraft seit
   01.09.2009.
10 BT-Drucks. 17/2249 S. 98.
11 BT-Drucks. 17/2249 S. 98 (zur Versorgungsausgleichskasse); OLG Schleswig Beschluss vom 10.09.2012
    – 10 UF 314/11 – (juris) (Rürup-Vertrag); Ruland Rn. 1221.

eiligten Versorgungsträger einzuholen, die die steuerlichen Folgen der externen Teilung ohnehin zu klären haben (vgl. § 14 Rdn. 32). Der **Anwalt des Ausgleichspflichtigen** darf sich nicht darauf verlassen, dass das Gericht seiner Prüfungspflicht nachkommt und die steuerlichen Folgen für den Ausgleichspflichtigen richtig beurteilt, sondern muss zur Vermeidung eigener **Haftungsrisiken** die steuerlichen Konsequenzen für den Ausgleichspflichtigen selbst sorgfältig prüfen (lassen) bzw. auf ergänzende Ermittlungen des Gerichts hinwirken.

11 Kommt das Gericht zu dem Ergebnis, dass die **Zustimmung des Ausgleichspflichtigen erforderlich** ist, sollte es ihm eine Frist zur Abgabe einer Erklärung, ob die Zustimmung nach § 15 Abs. 3 VersAusglG erteilt wird, setzen. Erklärt der Ausgleichspflichtige die erforderliche Zustimmung, so hat das Gericht die Begründung des Anrechts bei der vom Ausgleichsberechtigten gewählten Zielversorgung anzuordnen. Wird die notwendige Zustimmung nicht erteilt, ist die vom Ausgleichsberechtigten getroffene Wahl nicht wirksam.[12] In diesem Fall muss das Gericht dem Ausgleichsberechtigten Gelegenheit geben, eine andere Zielversorgung zu bestimmen. Hierzu kann (erneut) eine Frist nach § 222 Abs. 1 FamFG gesetzt werden.[13]

E. Ausgleich über Auffangversorgungsträger (Abs. 5)

I. Allgemeines

12 Falls die Voraussetzungen der externen Teilung nach § 14 Abs. 2 VersAusglG vorliegen, der Ausgleichsberechtigte aber nicht oder jedenfalls nicht innerhalb der ihm nach § 222 Abs. 1 FamFG gesetzten Frist eine Zielversorgung benennt, wird für ihn ein Anrecht bei einem der in § 15 Abs. 5 VersAusglG vorgesehenen **Auffangversorgungsträger** begründet. Das Gleiche gilt, wenn die gewählte Zielversorgung nicht (i.S. des § 15 Abs. 2 VersAusglG) angemessen ist oder wenn der Ausgleichspflichtige die nach § 15 Abs. 3 VersAusglG erforderliche Zustimmung nicht erteilt und der Ausgleichsberechtigte (ggf. trotz Fristsetzung) keine andere Zielversorgung benannt hat, die den Anforderungen des § 15 Abs. 2 und 3 VersAusglG genügt. Als Auffangversorgungsträger war in der zunächst verkündeten Gesetzesfassung nur die **gesetzliche Rentenversicherung** vorgesehen. Erst mit einer Gesetzesänderung[14] ist Abs. 5 Satz 2 angefügt worden, der (nur) für den Fall, dass ein Anrecht der betrieblichen Altersversorgung (i.S. des BetrAVG) auszugleichen ist, die Begründung des Anrechts bei der **Versorgungsausgleichskasse** vorsieht. Die Auffangversorgungsträger sind zur Aufnahme des Anrechts verpflichtet, sofern der Ausgleichsberechtigte keine (wirksame) Wahl der Zielversorgung getroffen hat. Ihre Zustimmung braucht daher nicht eingeholt zu werden. Diese Versorgungsträger müssen aber gem. § 219 Nr. 3 FamFG am Verfahren beteiligt werden. Es genügt nicht, ihnen nur die Endentscheidung zuzustellen.

II. Ausgleich über die Versorgungsausgleichskasse

13 Beim **Ausgleich eines betrieblichen Versorgungsanrechts** des Verpflichteten dient die **Versorgungsausgleichskasse** als Auffangversorgungsträger. Damit wird gewährleistet, dass das Vorsorgekapital zu ähnlichen wirtschaftlichen Bedingungen wie in der betrieblichen Altersversorgung verwaltet werden kann und dass die externe Teilung für den Ausgleichspflichtigen steuerneutral ist.[15] Bei der Versorgungsausgleichskasse handelt es sich um eine auf gesetzlicher Grundlage[16] beru-

---

12 BT-Drucks. 16/11903 S. 54.

13 MüKo-ZPO/Stein § 222 FamFG Rn. 34; Schmid/Bührer FamRZ 2010, 1608, 1611.

14 Art. 9d Nr. 2 des Gesetzes zur Änderung des Vierten Buches Sozialgesetzbuch, zur Errichtung einer Versorgungsausgleichskasse und anderer Gesetze vom 15.07.2009, BGBl. I S. 1939, 1947.

15 BT-Drucks. 16/13424 S. 36; 17/2249 S. 98.

16 Gesetz über die Versorgungsausgleichskasse (VersAusglKassG), Art. 9e des Gesetzes zur Änderung des Vierten Buches Sozialgesetzbuch, zur Errichtung einer Versorgungsausgleichskasse und anderer Gesetze vom 15.07.2009, BGBl. I S. 1939, 1947.

hende, von der Versicherungswirtschaft gegründete Pensionskasse in der Rechtsform eines VVaG. Die Kasse bildet aus den auf § 14 Abs. 4 VersAusglG beruhenden Zahlungseingängen ein Deckungskapital, das zu einem bestimmten Mindestsatz zu verzinsen ist. Es dürfen nur angemessene Verwaltungskosten in Abzug gebracht werden, und ab Rentenbeginn müssen sämtliche auf den Rentenbestand entfallende Überschussanteile zur Erhöhung der laufenden Leistungen verwendet werden. Der Berechtigte erhält ein Anrecht, das – ebenso wie zertifizierte Vorsorgeprodukte – auf eine lebenslange, nach einem geschlechtsunabhängigen Tarif bemessene Altersversorgung gerichtet, nicht übertragbar, nicht beleihbar und nicht veräußerbar ist und nicht vorzeitig verwertet werden darf.[17] Eine Invaliditäts- oder Hinterbliebenenversorgung ist nicht inkludiert. Die Versorgungsausgleichskasse ist berechtigt, ein Anrecht, dessen Ausgleichswert die Bagatellgrenze des § 18 Abs. 3 VersAusglG nicht übersteigt, ohne Zustimmung des Ausgleichsberechtigten abzufinden.[18] Ein weiterer Ausbau der Versorgung mit eigenen Beiträgen ist für den Ausgleichsberechtigten nicht möglich. Dies beruht auf dem Konzept der Versorgungsausgleichskasse als spezifische Auffanglösung; die Kasse soll nicht in Konkurrenz zu den Anbietern der Versicherungswirtschaft treten.[19] Die Versorgungsausgleichskasse konnte ihre Tätigkeit nicht schon mit Inkrafttreten des VersAusglKassG am 22.07.2009,[20] sondern erst nach Erteilung der Erlaubnis durch die Bundesanstalt für Finanzdienstleistungsaufsicht, die zudem der Zustimmung mehrerer Bundesministerien bedurfte, aufnehmen. Erst seit Bekanntmachung der Erlaubnis am 01.04.2010[21] können die Gerichte Anrechte bei der Versorgungsausgleichskasse begründen, weil § 15 Abs. 5 Satz 2 VersAusglG erst an diesem Tag in Kraft getreten ist.[22]

III. Ausgleich über die gesetzliche Rentenversicherung

Soweit Anrechte anderer Art über einen Auffangversorgungsträger auszugleichen sind, müssen sie bei dem für den Ausgleichsberechtigten zuständigen Träger der gesetzlichen Rentenversicherung begründet werden. In diesem Fall erwirbt der Ausgleichsberechtigte das für ihn begründete Anrecht erst, wenn der vom Gericht nach § 222 Abs. 3 FamFG festgesetzte, vom Versorgungsträger des Ausgleichspflichtigen nach § 14 Abs. 4 VersAusglG geschuldete Betrag beim Rentenversicherungsträger eingeht (§ 120g SGB VI; vgl. § 14 Rdn. 5). Mit dem Zahlungseingang treten jedoch die gleichen Wirkungen ein, wie wenn der Ausgleichsberechtigte die gesetzliche Rentenversicherung als Zielversorgung gewählt hat (vgl. dazu § 14 Rdn. 28). Der Ausgleichsberechtigte kann das erworbene Anrecht auch durch eigene Beitragszahlungen ausbauen, soweit und solange er nach den allgemeinen Vorschriften des SGB VI zur Entrichtung freiwilliger Beiträge berechtigt ist.

14

---

17 BT-Drucks. 16/13424 S. 37; Höfer Rn. 87 ff.
18 § 5 Abs. 1 S. 3 VersAusglKassG i.d.F. des Art. 10a des Vierten Gesetzes zur Änderung des Vierten Buches Sozialgesetzbuch und anderer Gesetze vom 22.12.2011, in Kraft seit 01.01.2012. Die in der Vorschrift in Bezug genommene Wertgrenze in § 3 Abs. 2 S. 1 BetrAVG entspricht der Bestimmung des § 18 Abs. 3 VersAusglG.
19 BT-Drucks. 16/13424 S. 37.
20 Art. 10 Abs. 1 des Gesetzes zur Änderung des Vierten Buches Sozialgesetzbuch, zur Errichtung einer Versorgungsausgleichskasse und anderer Gesetze vom 15.07.2009, BGBl. I S. 1939, 1949.
21 Bekanntmachung des Bundesministeriums für Arbeit und Soziales vom 26.03.2010, BGBl. I S. 340.
22 Art. 10 Abs. 7 des Gesetzes zur Änderung des Vierten Buches Sozialgesetzbuch, zur Errichtung einer Versorgungsausgleichskasse und anderer Gesetze vom 15.07.2009, BGBl. I S. 1939, 1949.

§ 16 VersAusglG   Externe Teilung von Anrechten aus einem öffentlich-rechtlichen Dienst- oder Amtsverhältnis

(1) Solange der Träger einer Versorgung aus einem öffentlich-rechtlichen Dienst- oder Amtsverhältnis keine interne Teilung vorsieht, ist ein dort bestehendes Anrecht zu dessen Lasten durch Begründung eines Anrechts bei einem Träger der gesetzlichen Rentenversicherung auszugleichen.

(2) Anrechte aus einem Beamtenverhältnis auf Widerruf sowie aus einem Dienstverhältnis einer Soldatin oder eines Soldaten auf Zeit sind stets durch Begründung eines Anrechts in der gesetzlichen Rentenversicherung auszugleichen.

(3) [1]Das Familiengericht ordnet an, den Ausgleichswert in Entgeltpunkte umzurechnen. [2]Wurde das Anrecht im Beitrittsgebiet erworben, ist die Umrechnung in Entgeltpunkte (Ost) anzuordnen.

A. Norminhalt

1 § 16 VersAusglG regelt, wie die externe Teilung von Anrechten aus einem öffentlich-rechtlichen Dienst- oder Amtsverhältnis durchzuführen ist, wenn in Bezug auf solche Anrechte eine interne Teilung ausgeschlossen ist. Der Durchführungsweg unterscheidet sich in diesen Fällen wesentlich von der externen Teilung nach den §§ 14, 15 VersAusglG. Diese Vorschriften finden auf die externe Teilung nach § 16 VersAusglG keine Anwendung (vgl. § 14 Rdn. 1).[1] Das Gleiche gilt für die verfahrensrechtlichen Bestimmungen in § 222 Abs. 1–3 FamFG (§ 222 Abs. 4 FamFG).

B. Ausgleich von öffentlich-rechtlichen Versorgungen der Länder (Abs. 1)

I. Voraussetzungen

2 § 16 Abs. 1 VersAusglG sieht die externe Teilung von Anrechten vor, die der ausgleichspflichtige Ehegatte aus einem öffentlich-rechtlichen Dienst- oder Amtsverhältnis erworben hat. In einem **öffentlich-rechtlichen Dienstverhältnis** befinden sich alle Beamten, Richter und Soldaten, die in einem Dienstverhältnis zu einer Körperschaft, Anstalt oder Stiftung des öffentlichen Rechts, einem ihrer Verbände oder einer ihrer Arbeitsgemeinschaften stehen. Zu den öffentlich-rechtlichen Körperschaften zählen z.B. auch die großen Religionsgesellschaften.[2] Mit der Einbeziehung **öffentlich-rechtlicher Amtsverhältnisse** wird die externe Teilung auch auf die Versorgung von Ministern, parlamentarischen Staatssekretären und Bundesbeauftragten sowie auf Abgeordnetenversorgungen erstreckt.[3] Nicht unter § 16 Abs. 1 VersAusglG fallen Anrechte, die sich zwar nach

---

1 BT-Drucks. 16/10144 S. 59.
2 BGB-RGRK/Wick § 1587b Rn. 48.
3 BT-Drucks. 16/10144 S. 117; 16/11903 S. 54; Ruland Rn. 634.

beamtenrechtlichen Vorschriften oder Grundsätzen richten, die aber aus einem auf privatrechtlicher Grundlage beruhenden Dienst- oder Arbeitsverhältnis erworben worden sind.[4]

Anrechte, die ausgleichspflichtige Ehegatten aufgrund eines **Dienst- oder Amtsverhältnisses mit** **3** **dem Bund** erworben haben, können nach dem BVersTG intern geteilt werden (vgl. § 10 Rdn. 22). Das Gleiche würde für Versorgungen aus einem Dienst- oder Amtsverhältnis mit einem Land oder einer Kommune gelten, wenn das zuständige Bundesland die interne Teilung durch Gesetz ermöglicht hätte. Bisher hat jedoch noch kein Bundesland die interne Teilung eingeführt. Soweit die **Länder keine** entsprechende **Regelung** treffen, fehlt es für eine interne Teilung des Anrechts an einer gesetzlichen Grundlage. Für diese Fälle ermöglicht § 16 Abs. 1 VersAusglG eine externe Teilung in der Form, dass zulasten des Anrechts des Ausgleichspflichtigen für den Ausgleichsberechtigten ein Anrecht bei einem Träger der gesetzlichen Rentenversicherung begründet wird. Eine andere **Zielversorgung** als die gesetzliche Rentenversicherung ist insoweit nicht vorgesehen. Der Ausgleichsberechtigte hat also kein Wahlrecht.[5] Der Gesetzgeber ist davon ausgegangen, dass das Anrecht, das der Ausgleichsberechtigte in der gesetzlichen Rentenversicherung erwirbt, in seiner Qualität dem Anrecht des Ausgleichspflichtigen in dem öffentlich-rechtlichen Versorgungssystem entspricht (vgl. auch § 47 Abs. 3 VersAusglG). Der Ausgleichsberechtigte erhält auch dann eine gesetzliche Rentenanwartschaft, wenn er selbst ebenfalls (nur) ein Anrecht aus einem öffentlich-rechtlichen Dienst- oder Amtsverhältnis hat.

Selbst für den Fall, dass beide Ehegatten Landes- oder Kommunalbeamte sind, ist **keine Verrech-** **4** **nung** der jeweiligen Ausgleichswerte vorgesehen. Das hat zur Folge, dass sie jeweils die Hälfte ihres ehezeitlich erworbenen Beamtenversorgungsanrechts abgeben müssen und dafür vom anderen Ehegatten jeweils (nur) eine gesetzliche Rentenanwartschaft in der Höhe erhalten, die dem Ausgleichswert der Beamtenversorgungsanwartschaft entspricht. Die Ehegatten gehören daher, wenn sie bisher noch keine gesetzliche Rentenanwartschaft hatten, fortan zwei verschiedenen Versorgungssystemen an. Außerdem sind Anrechte der Beamtenversorgung im langfristigen Vergleich stärker im Wert gestiegen als gesetzliche Rentenanwartschaften. Schließlich ist zu bedenken, dass die Wartezeit für den späteren Bezug einer gesetzlichen Rente nur erfüllt wird, wenn der Berechtigte (ggf. unter Hinzurechnung bereits selbst erworbener Entgeltpunkte) nach Durchführung des VA 1,8780 Entgeltpunkte erreicht.[6] Zwar können Beamte ihre Rentenanwartschaft nunmehr durch freiwillige Beitragszahlung soweit aufstocken, dass sie die Wartezeit erfüllen.[7] Dies setzt jedoch einen entsprechenden Kapitaleinsatz voraus. Diese Nachteile einer externen Teilung nach § 16 VersAusglG lassen sich dadurch verringern oder ganz vermeiden, dass die Ehegatten gemäß § 6 VersAusglG eine Verrechnung der auf die Beamtenversorgung entfallenden Ausgleichswerte und evtl. zusätzlich einen anderweitigen Ausgleich der nach Verrechnung verbliebenen hälftigen Differenz der Ausgleichswerte vereinbaren (vgl. § 6 Rdn. 25a).[8] Schließen die Ehegatten keine Vereinbarung, sind die beiderseitigen Beamtenversorgungsanrechte indes grundsätzlich extern zu tei-

---

4 Vgl. schon zum früheren Recht BGH FamRZ 1985, 794, 795; OLG Celle FamRZ 1983, 1146, 1147; OLG Celle FamRZ 1995, 812; OLG München FamRZ 1984, 908.

5 Johannsen/Henrich/Holzwarth § 16 Rn. 3; Elden FPR 2009, 206, 207.

6 Die allgemeine Wartezeit für die Regelaltersrente beträgt fünf Jahre, also 60 Monate (§ 50 Abs. 1 S. 1 Nr. 1 SGB VI). Die Wartezeitmonate aus dem VA ergeben sich aus der Formel: Begründete Entgeltpunkte : 0,0313 (§ 52 Abs. 1 Nr. 1 SGB VI; vgl. auch § 10 Rdn. 17).

7 Durch Art. 2 des Dritten Gesetzes zur Änderung des Vierten Buches Sozialgesetzbuch und anderer Gesetze vom 05.08.2010 (BGBl. I S. 1127), in Kraft seit 10.08.2010, wurde der bisherige § 7 Abs. 2 SGB VI gestrichen. Versicherten, die bis zum Erreichen der Regelaltersgrenze die allgemeine Wartezeit nicht erfüllt haben und nach früherem Recht nicht das Recht zur freiwilligen Versicherung hatten, wurde mit § 282 Abs. 2 SGB VI n.F. das Recht eingeräumt, auf – bis zum 31.12.2015 zu stellenden – Antrag freiwillige Beiträge für so viele Monate nachzuzahlen, wie zur Erfüllung der allgemeinen Wartezeit noch erforderlich sind (vgl. BT-Drucks. 17/2169 S. 8 f.).

8 Eine solche Vereinbarung ist entgegen OLG Schleswig FamRZ 2012, 1144 zulässig, vgl. Borth FamRZ 2012, 1146; Bergner FamFR 2012, 208.

len. Die Anrechte können nur dann als i.S. des § 19 Abs. 2 Nr. 3 VersAusglG (wegen mangelnder Wirtschaftlichkeit des Wertausgleichs) nicht ausgleichsreif angesehen werden, wenn der Berechtigte voraussichtlich nicht in der Lage sein wird, die für das Erreichen der Wartezeit erforderlichen freiwilligen Beiträge zu leisten (vgl. § 19 Rdn. 16).

5   Die Ausgleichsform des § 16 Abs. 1 VersAusglG entspricht dem Quasi-Splitting nach § 1587b Abs. 2 BGB a.F. Die Rechtsstellung des Ausgleichsberechtigten ist jedoch dadurch verbessert worden, dass die frühere **Höchstbegrenzung** des Ausgleichs nach den §§ 1587b Abs. 5 BGB a.F. (auf ein Anrecht, das zu maximal zwei Entgeltpunkten pro Jahr auf Seiten des Ausgleichsberechtigten führt), **entfallen** ist. Damit können nunmehr Anrechte aus einem öffentlich-rechtlichen Dienst- oder Amtsverhältnis in vollem Umfang durch externe Teilung ausgeglichen werden. § 1587b Abs. 5 BGB a.F. ist auch in Fällen, in denen der VA gemäß § 48 VersAusglG noch nach altem Recht durchzuführen ist, nicht mehr anzuwenden.[9] Die Verweisung eines Restausgleichsbetrages in den schuldrechtlichen VA wie nach § 1587f Nr. 2 BGB a.F. ist daher nicht mehr erforderlich.

6   Die externe Teilung wird nicht dadurch gehindert, dass der **Ausgleichsberechtigte** bereits eine **Rente bezieht**. § 14 Abs. 5 VersAusglG ist auf die externe Teilung nach § 16 Abs. 1 VersAusglG nicht anwendbar.[10]

7   Da sich die **Ausgleichsform** nicht nach den Verhältnissen bei Ende der Ehezeit, sondern nach den **Verhältnissen im Zeitpunkt der gerichtlichen Entscheidung** richtet (vgl. § 5 Rdn. 14), kommt eine externe Teilung nach § 16 Abs. 1 VersAusglG nicht (mehr) in Betracht, wenn der ausgleichspflichtige Ehegatte aus dem öffentlich-rechtlichen Dienst- oder Amtsverhältnis ausgeschieden und entweder in der gesetzlichen Rentenversicherung oder in einem berufsständischen Versorgungssystem nachversichert worden ist. Vielmehr ist das Anrecht dann intern zu teilen. Solange die Nachversicherung allerdings noch nicht erfolgt ist, ist die externe Teilung durchzuführen (vgl. § 5 Rdn. 14), wobei sich der Ausgleichswert nach dem Wert des Anspruchs auf Nachversicherung bemisst (vgl. § 44 Rdn. 7).

II. Durchführung

8   Die externe Teilung erfolgt in der Weise, dass das Familiengericht zulasten des für den ausgleichspflichtigen Ehegatten bei dem öffentlich-rechtlichen Versorgungsträger bestehenden Anrechts für den Ausgleichsberechtigten ein Anrecht bei einem Träger der gesetzlichen Rentenversicherung begründet (§ 16 Abs. 1 VersAusglG). Die **Belastung auf Seiten des Ausgleichspflichtigen** geschieht in Höhe des Ausgleichswerts, der gem. § 5 Abs. 1 VersAusglG in der für das Versorgungssystem maßgebenden Bezugsgröße berechnet wird, d.h. bei den nach § 16 Abs. 1 und 2 VersAusglG auszugleichenden Anrechten in einem monatlichen Rentenbetrag. Die **Gutschrift auf Seiten des Ausgleichsberechtigten** erfordert wegen des Transfers in das System der gesetzlichen Rentenversicherung die Umrechnung des Ausgleichswerts in die für die gesetzliche Rentenversicherung maßgebende Bezugsgröße, also in Entgeltpunkte oder in Entgeltpunkte (Ost). Deshalb muss der Ausspruch zur Begründung des Anrechts für den Ausgleichsberechtigten (§ 16 Abs. 1 VersAusglG) um die Anordnung, in welche Bezugsgröße der gesetzlichen Rentenversicherung der Ausgleichswert umzurechnen ist (§ 16 Abs. 3 VersAusglG), ergänzt werden (s.u. Rdn. 15 f.). In der Entscheidung ist das **Ende der Ehezeit als Bezugszeitpunkt** für die vom Versicherungsträger (mittels Division durch den bei Ehezeitende maßgebenden aktuellen Rentenwert, § 76 Abs. 4 Satz 1 SGB VI) vorzunehmende Umrechnung des Ausgleichswerts in Entgeltpunkte oder Entgeltpunkte (Ost) anzugeben. Bei einer **Abänderungsentscheidung** nach den §§ 51, 52 VersAusglG ist Bezugszeitpunkt das Ende des Monats, in dem der Abänderungsantrag beim Gericht eingegangen ist (vgl. § 51 Rdn. 29–31).

---

9   BGH FamRZ 2011, 550.
10   BT-Drucks. 16/10144 S. 59; Ruland Rn. 636.

Gem. § 219 Nr. 3 FamFG ist der **Versicherungsträger am Verfahren zu beteiligen**, bei dem das 9
Anrecht für den Ausgleichsberechtigten zu begründen ist. Dieser Versicherungsträger ist auch im
Tenor der Entscheidung unter Bezeichnung des Versicherungskontos anzugeben. Hat der Ausgleichsberechtigte noch kein Versicherungskonto, so ist die Übertragung auf ein neu zu errichten-
des Konto vorzunehmen, denn der Berechtigte wird aufgrund des VA kraft Gesetzes versichert (§ 8
Abs. 1 Nr. 2 SGB VI). Der Versicherungsträger, der das Konto zu errichten hat, ist konkret zu
benennen. Andernfalls geht die Entscheidung ins Leere und kann für den Berechtigten nach Eintritt des Versicherungsfalles keine Wirkungen entfalten.[11] Der **Anwalt des Berechtigten** muss
daher unbedingt darauf achten, dass die Entscheidung nicht nur die Begründung der gesetzlichen
Rentenanwartschaft, sondern auch den für die Aufnahme des Berechtigten zuständigen Versicherungsträger bestimmt. Seit der Organisationsreform 2005 werden neue Versicherte den Versicherungsträgern nicht mehr nach der Art der beruflichen Tätigkeit (Angestellte/Arbeiter) und nach
regionaler Zuständigkeit zugeteilt, sondern durch die Datenstelle der Rentenversicherungsträger
nach einem bestimmten Verteilungsschlüssel. Bis zur Vergabe der Versicherungsnummer – und
damit regelmäßig zum Zeitpunkt einer gerichtlichen Entscheidung, mit der einem bisher noch
nicht versichert gewesenen Ehegatten Rentenanwartschaften übertragen werden – ist die Deutsche
Rentenversicherung Bund in Berlin zuständig.[12]

Der **Tenor der gerichtlichen Entscheidung** kann etwa wie folgt lauten:[13] 10

▶ Im Wege der externen Teilung wird zulasten des Anrechts des Ehemannes beim Land Nordrhein-Westfalen (Landesamt für Bezüge und Versorgung, Aktenzeichen ...) zugunsten der Ehefrau auf ihrem Versicherungskonto Nr. ... bei der Deutschen Rentenversicherung Bund ein
Anrecht der gesetzlichen Rentenversicherung in Höhe von monatlich 300 €, bezogen auf den
31.01.2010, begründet.
Der Ausgleichswert ist in Entgeltpunkte umzurechnen.

Zum Geschäftswert vgl. vor § 1 Rdn. 100 ff.

III. Auswirkungen

Die Entscheidung über die externe Teilung nach § 16 Abs. 1 VersAusglG hat **rechtsgestaltende** 11
Wirkung. Auf Seiten des **Ausgleichsberechtigten** hat die externe Teilung die gleichen Auswirkun-
gen wie im Falle einer internen Teilung von Anrechten der gesetzlichen Rentenversicherung
(Zuschlag an Entgeltpunkten und entsprechenden Wartezeitmonaten, vgl. § 10 Rdn. 16–19). Für
den **Ausgleichspflichtigen** treten die gleichen Auswirkungen ein wie bei einer internen Teilung
seines Anrechts nach dem BVersTG (vgl. § 10 Rdn. 24). Allerdings gilt das Pensionärsprivileg für
Landes- und Kommunalbeamte fort, solange der Landesgesetzgeber keine eigene Regelung des
Beamtenversorgungsrechts getroffen hat. Denn da die Gesetzgebungskompetenz für die Beamtenversorgung mit der Föderalismusreform zum 01.09.2006 auf die Länder übergegangen ist, gilt das
BeamtVG in den Ländern in seiner an diesem Tage maßgebenden Fassung fort, bis eine landesgesetzliche Neuregelung erfolgt.[14] Der Rentenversicherungsträger bekommt seine Aufwendungen für
die aufgrund des VA zu zahlende Rente vom Träger der Beamtenversorgung erstattet, aber erst
dann, wenn der Rentenfall tatsächlich eingetreten ist (§ 225 Abs. 1 SGB VI).

---

11 BGH FamRZ 1991, 1425, 1426; OLG Celle FamRZ 2006, 1453, 1454.
12 Vgl. dazu näher Borth FamRZ 2005, 1885, 1887.
13 Vgl. z.B. Eulering/Viefhues FamRZ 2009, 1368, 1372.
14 Vgl. Voucko-Glockner/Vogts FamRZ 2010, 950; Borth FamRZ 2010, 1210, 1213.

C. Ausgleich von Anrechten der Widerrufsbeamten und Zeitsoldaten (Abs. 2)

12   Nach § 16 Abs. 2 VersAusglG sind die Versorgungsanrechte der Widerrufsbeamten und Zeitsoldaten ebenfalls durch Begründung eines Anrechts für den Ausgleichsberechtigten in der gesetzlichen Rentenversicherung auszugleichen. Widerrufsbeamten und Zeitsoldaten steht (noch) kein Anrecht auf Beamten- bzw. Soldatenversorgung zu, weil noch offen ist, ob sie nach Beendigung des Vorbereitungsdienstes oder der Verpflichtungszeit in ein Beamtenverhältnis auf Probe oder ein Soldatenverhältnis auf Lebenszeit übernommen werden. Ist dies nicht der Fall, erfolgt für die im Widerrufsbeamten- oder Zeitsoldatenverhältnis zurückgelegte Zeit eine **Nachversicherung**, und zwar grundsätzlich in der gesetzlichen Rentenversicherung (§ 8 Abs. 2 SGB VI), auf Antrag auch bei einer berufsständischen Versorgungseinrichtung (§ 186 SGB VI; vgl. § 43 Rdn. 24). Widerrufsbeamte und Zeitsoldaten erwerben daher **alternativ ausgestaltete Anrechte**, die gem. § 44 Abs. 4 VersAusglG mit dem (geringeren) Wert des Anspruchs auf Nachversicherung in den VA einzubeziehen sind.[15] Dies gilt auch dann, wenn der betreffende Ehegatte nach Ehezeitende Beamter auf Probe oder Berufssoldat geworden ist; der Laufbahnwechsel hat keinen Bezug zur Ehezeit mehr.[16] Das Familiengericht muss bei dem für eine spätere Nachversicherung zuständigen Rentenversicherungsträger eine Auskunft über die im Falle der Nachversicherung erworbene (fiktive) gesetzliche Rentenanwartschaft einholen. Die maßgebende Ausgleichsform richtet sich nach den Verhältnissen im Zeitpunkt der (letzten tatrichterlichen) Entscheidung: Solange noch keine Nachversicherung durchgeführt oder kein Beamten- oder Soldatenverhältnis auf Lebenszeit begründet worden ist, findet gem. § 16 Abs. 2 VersAusglG eine externe Teilung zu Lasten des Versorgungsträgers des Verpflichteten statt. Steht dagegen bereits fest, welcher Art die künftige Versorgung sein wird, so ist der Ausgleich im Falle erfolgter Nachversicherung durch interne Teilung des entstandenen Anrechts und im Falle der Begründung eines Beamtenverhältnisses auf Probe oder eines Soldatenverhältnisses auf Lebenszeit entweder durch interne Teilung (falls der Versorgungsträger eine solche zulässt) oder durch externe Teilung nach § 16 Abs. 1 VersAusglG durchzuführen.

13   Auf Anrechte aus einem **Beamtenverhältnis auf Zeit** (z.B. von kommunalen Wahlbeamten, beamteten Staatssekretären und Hochschuldozenten, §§ 66, 67 BeamtVG), in dem bis zum Ende der Amtszeit die Wartefrist nicht erfüllt werden kann, ist § 16 Abs. 2 VersAusglG entsprechend anzuwenden (vgl. § 44 Rdn. 35).[17] **Beamte auf Probe** haben dagegen schon ein Anrecht auf eine spätere Versorgung aus ihrem öffentlich-rechtlichen Dienstverhältnis erworben,[18] das entweder durch interne Teilung nach § 10 VersAusglG oder durch externe Teilung nach § 16 Abs. 1 VersAusglG auszugleichen ist. Ist der Beamte allerdings wieder aus dem Beamtenverhältnis entlassen und nachversichert worden, ist sein Anrecht (soweit möglich, bereits im Erstverfahren, sonst ggf. in einem Abänderungsverfahren) intern zu teilen.

14   ▶ **Beispiel eines Tenors bei externer Teilung nach § 16 Abs. 2 VersAusglG:**

> Im Wege der externen Teilung wird zulasten des vom Ehemann aufgrund seines Dienstverhältnisses als Soldat auf Zeit mit der Bundesrepublik Deutschland (Wehrbereichsverwaltung III, Aktenzeichen ...) erworbenen Anrechts zugunsten der Ehefrau auf ihrem Versicherungskonto Nr. ... bei der Deutschen Rentenversicherung Bund ein Anrecht der gesetzlichen Rentenversicherung in Höhe von monatlich 300 €, bezogen auf den 31.01.2010, begründet.
> Der Ausgleichswert ist in Entgeltpunkte umzurechnen.

Zum Geschäftswert vgl. vor § 1 Rdn. 100 ff.

---

15   Vgl. zum früheren Recht bereits BGH FamRZ 1981, 856.
16   BGH FamRZ 1987, 921.
17   BT-Drucks. 16/10144 S. 59 f.
18   BGH FamRZ 1982, 362.

D. Umrechnung in Entgeltpunkte bzw. Entgeltpunkte (Ost) (Abs. 3)

Wird gem. § 16 Abs. 1 VersAusglG ein Anrecht aus einem öffentlich-rechtlichen Dienst- oder 15
Amtsverhältnis oder gem. § 16 Abs. 2 VersAusglG ein Anrecht aus einem Beamtenverhältnis auf
Widerruf oder einem Dienstverhältnis eines Soldaten auf Zeit ausgeglichen, so ist die Bezugsgröße
des auszugleichenden Anrechts i.S. des § 5 Abs. 1 VersAusglG ein monatlicher Rentenbetrag. Der
in dieser Bezugsgröße ausgedrückte Ausgleichswert muss jedoch in dem Versorgungssystem, in
dem der Ausgleichswert für den Ausgleichsberechtigten begründet wird, also in der gesetzlichen
Rentenversicherung, in der dort verwendeten Bezugsgröße verbucht werden. Daher ist eine
Umrechnung des ausgeglichenen monatlichen Rentenbetrages in die maßgebliche Bezugsgröße
der gesetzlichen Rentenversicherung erforderlich. In der gesetzlichen Rentenversicherung werden
indes zwei verschiedene Bezugsgrößen verwendet, nämlich für (regeldynamische) Anrechte, die in
den alten Bundesländern erworben sind, Entgeltpunkte, und für (angleichungsdynamische) Anrechte aus den neuen Bundesländern Entgeltpunkte (Ost) (s. § 43 Rdn. 16). Es muss deshalb klargestellt werden, ob das auszugleichende Anrecht einer in den alten oder in den neuen
Bundesländern erworbenen gesetzlichen Rentenanwartschaft entspricht. Dem trägt die Vorschrift
des § 16 Abs. 3 VersAusglG Rechnung, die den früheren §§ 1587b Abs. 6 BGB, 3 Abs. 1 Nr. 5
VAÜG a.F. entspricht. Sie bestimmt, dass das Gericht anzuordnen hat, ob der Ausgleichswert in
Entgeltpunkte (Abs. 3 Satz 1) oder in Entgeltpunkte (Ost) umzurechnen ist (Abs. 3 Satz 2). Dies
hängt entgegen dem missverständlichen Wortlaut des Gesetzes nicht davon ab, ob das auszugleichende Anrecht in den alten oder in den neuen Bundesländern erworben worden ist, sondern
davon, ob es sich um ein regel- oder ein angleichungsdynamisches Anrecht handelt, d.h. ob für
das Anrecht eine – vom Gebiet der alten Bundesländer abweichende – besondere Besoldungs-
struktur galt.[19] Da die Angleichung der Beamtenversorgung in den neuen Bundesländern an das
Westniveau inzwischen abgeschlossen ist, bleibt für § 16 Abs. 3 S. 2 VersAusglG kein Anwendungsbereich mehr.

Der Rentenversicherungsträger des Ausgleichsberechtigten vollzieht die gerichtliche Entscheidung, 16
indem er den Monatsbetrag des begründeten Anrechts durch den bei Ehezeitende maßgebenden
aktuellen Rentenwert (§ 76 Abs. 4 Satz 1 SGB VI) oder aktuellen Rentenwert (Ost) teilt (§ 264a
Abs. 2 Satz 1 SGB VI) und den sich aus der Division ergebenden Zuschlag an Entgeltpunkten
oder Entgeltpunkten (Ost) auf dem Versicherungskonto des Ausgleichsberechtigten verbucht
(§§ 76 Abs. 1 Satz 1 und Abs. 2 Satz 1, 264a Abs. 1 SGB VI). Der Rentenversicherungsträger
bekommt seine Aufwendungen für die aufgrund des VA zu zahlende Rente vom Träger der Beamtenversorgung nach Eintritt des Rentenfalls erstattet (§ 225 Abs. 1 SGB VI; vgl. oben Rdn. 11).

§ 17 VersAusglG Besondere Fälle der externen Teilung von Betriebsrenten

**Ist ein Anrecht im Sinne des Betriebsrentengesetzes aus einer Direktzusage oder einer Unter-
stützungskasse auszugleichen, so darf im Fall des § 14 Abs. 2 Nr. 2 der Ausgleichswert als Kapitalwert am Ende der Ehezeit höchstens die Beitragsbemessungsgrenze in der allgemeinen Rentenversicherung nach den §§ 159 und 160 des Sechsten Buches Sozialgesetzbuch erreichen.**

§ 17 bestimmt, dass für Anrechte i.S. des Betriebsrentengesetzes, die auf einer **Direktzusage** beru- 1
hen oder bei einer **Unterstützungskasse** bestehen, für den Fall, dass die externe Teilung allein aufgrund des Verlangens des Versorgungsträgers stattfinden soll (§ 14 Abs. 2 Nr. 2 VersAusglG), eine
von der Regelung in § 14 Abs. 2 Nr. 2 VersAusglG abweichende Wertgrenze gilt. Die externe Teilung ist hier bis zu einem Ausgleichswert möglich, der als Kapitalwert der (am Ende der Ehezeit

---

19 OLG Dresden FamRZ 2011, 813; OLG Rostock FamRZ 2011, 1593; OLG Thüringen FamRZ 2012,
    638; vgl. auch BGH FamRZ 2012, 941; a.A. OLG Brandenburg FamRZ 2011, 38.

maßgebenden) Beitragsbemessungsgrenze in der allgemeinen gesetzlichen Rentenversicherung (§§ 159, 160 SGB VI) entspricht (vgl. zur konkreten Berechnung § 14 Rdn. 15).

2   § 17 VersAusglG erfasst die **internen Durchführungswege** der betrieblichen Altersversorgung. Hier hält der Gesetzgeber eine (deutlich) höhere Wertgrenze für gerechtfertigt, weil der Arbeitgeber – anders als bei Anrechten aus einem externen Durchführungsweg (Direktversicherung, Pensionskasse, Pensionsfonds) – unmittelbar mit den Folgen einer internen Teilung konfrontiert ist, also der Verwaltung der Ansprüche betriebsfremder Versorgungsempfänger übernehmen muss. Deshalb soll das mögliche Interesse des Ausgleichsberechtigten an der systeminternen Teilhabe zurückstehen.[1] Dies ist allerdings angesichts der Verzehnfachung des Höchstwerts für die von der Zustimmung des Ausgleichsberechtigten unabhängige externe Teilung nicht unproblematisch. Immerhin bleibt dem Ausgleichsberechtigten die Wahl der Zielversorgung.

Unterabschnitt 4   Ausnahmen

§ 18 VersAusglG   Geringfügigkeit

(1) Das Familiengericht soll beiderseitige Anrechte gleicher Art nicht ausgleichen, wenn die Differenz ihrer Ausgleichswerte gering ist.

(2) Einzelne Anrechte mit einem geringen Ausgleichswert soll das Familiengericht nicht ausgleichen.

(3) Ein Wertunterschied nach Absatz 1 oder ein Ausgleichswert nach Absatz 2 ist gering, wenn er am Ende der Ehezeit bei einem Rentenbetrag als maßgeblicher Bezugsgröße höchstens 1 Prozent, in allen anderen Fällen als Kapitalwert höchstens 120 Prozent der monatlichen Bezugsgröße nach § 18 Abs. 1 des Vierten Buches Sozialgesetzbuch beträgt.

A. Norminhalt

1   Nach der **Bagatellklausel** des § 18 VersAusglG sollen gleichartige Anrechte beider Ehegatten von geringer Wertdifferenz sowie einzelne Anrechte von geringem Wert im Allgemeinen vom VA ausgeschlossen werden. Das Gericht kann diese Anrechte jedoch im Rahmen des ihm eingeräumten Ermessens auch in den VA einbeziehen.

B. Zweck der Vorschrift

2   Nach der Gesetzesbegründung dient § 18 VersAusglG zum einen dazu, einzelne Versorgungsanrechte, deren **Ausgleich** »**unverhältnismäßig** und aus Sicht der Parteien nicht vorteilhaft« ist bzw.

---

1   BT-Drucks. 16/10144 S. 60.

»in der Regel nicht lohnt«,[1] vom VA auszunehmen. Diese Begründung trägt die Einführung der Bagatellklausel jedoch keineswegs. § 18 VersAusglG enthält eine Ausnahme von dem in § 1 Abs. 1 VersAusglG geregelten Grundsatz der Halbteilung,[2] für die es aus Sicht des Ehegatten, dessen Ausgleichsanspruch durch die Herausnahme einzelner Anrechte aus dem VA vermindert wird, keine Rechtfertigung gibt. Außerdem ist die in § 18 Abs. 3 VersAusglG geregelte Geringfügigkeitsgrenze keineswegs so niedrig, dass der Ausschluss einzelner Anrechte vom VA ohne weiteres vernachlässigt werden kann (s.u. Rdn. 12 ff.). Auch sonst bietet die Vorschrift für die Ehegatten keine Vorteile. Das Scheidungsverfahren wird dadurch nicht beschleunigt, sondern eher verzögert. Denn das Gericht muss – anders als im Falle kurzer Ehezeit nach § 3 Abs. 3 VersAusglG – in jedem Fall den Ausgleichswert der Anrechte ermitteln und dann zusätzlich noch prüfen, ob die Ausgleichswerte bzw. (bei gleichartigen Anrechten) deren Differenz den Grenzwert des § 18 Abs. 3 VersAusglG überschreiten. Im Fall des § 18 Abs. 1 VersAusglG muss das Gericht u.U. aufwändige Ermittlungen dazu anstellen, ob beide Ehegatten Anrechte von gleicher Art erworben haben. Schließlich hat das Gericht noch die durch die Soll-Fassung der Bestimmungen vorgeschriebene Ermessensprüfung vorzunehmen, ob die Einbeziehung der Anrechte nach den Umständen des Einzelfalls geboten ist (vgl. Rdn. 15 ff.). Entsprechende Überlegungen müssen auch die Ehegatten und ihre Anwälte anstellen, was insbesondere für den **Anwalt des Ausgleichsberechtigten** mit einem nicht zu vernachlässigenden **Haftungsrisiko** verbunden ist (vgl. u. Rdn. 22). Für die Gerichte und die Anwälte verursacht die Bagatellklausel demnach einen erheblichen Mehraufwand,[3] der nicht annähernd dadurch kompensiert wird, dass die Endentscheidung um die interne oder externe Teilung der nach § 18 VersAusglG vom VA ausgenommenen Anrechte entlastet wird, zumal das Gericht im Tenor der Entscheidung bezüglich der unberücksichtigt gebliebenen Anrechte eine negative Feststellung zu treffen hat (§ 224 Abs. 3 FamFG).

Der eigentliche Zweck des § 18 VersAusglG ist ein anderer: Die Vorschrift soll in den geregelten 3 Fallkonstellationen einen für unverhältnismäßig gehaltenen **Verwaltungsaufwand für die zuständigen Versorgungsträger vermeiden.**[4] Die Vorschrift dient also ausschließlich den Interessen der Versorgungsträger. Deren Interessen können aber – über den durch § 3 Abs. 3 VersAusglG bewirkten Entlastungseffekt hinaus – nicht in einer Vielzahl von Fällen eine nicht ganz unerhebliche Verletzung des Halbteilungsgrundsatzes rechtfertigen. Hinzu kommt, dass schon die frühere Bagatellklausel des § 3c VAHRG a.F., die von Anfang 1987 bis Ende 1991 galt,[5] wieder aufgehoben worden ist, da sich der damit beabsichtigte Vereinfachungs- und Entlastungseffekt nicht eingestellt hatte. Die beabsichtigte Erleichterung für die Versorgungsträger war nur auf Kosten eines zusätzlichen Arbeitsaufwands bei den Gerichten erreicht worden. Außerdem hatte die Bestimmung zu Anwendungsproblemen geführt, die die Rechtsmittelinstanzen in einem unangemessenen Umfang beschäftigt hatten.[6] Die bisherige Entwicklung zeigt, dass sich § 18 VersAusglG – entgegen der Annahme des Gesetzgebers[7] – ähnlich auswirkt und keineswegs zu einer Verfahrensvereinfachung führt, sondern die Gerichte und die Anwälte vielmehr unangemessen belastet.[8]

---

1 BT-Drucks. 16/10144 S. 60.
2 So auch BT-Drucks. 16/10144 S. 54; BGH FamRZ 2012, 192, 193. Die Halbteilung der ehezeitlichen Anrechte ist gemäß Artt. 3 Abs. 2, 6 Abs. 1 GG grundsätzlich verfassungsrechtlich geboten, vgl. BVerfG FamRZ 1979, 477, 480; 1980, 326, 333; 1986, 543, 547; 1993, 161, 162; 2003, 1173; 2006, 1000; 2006, 1002, 1003; Wick Festschrift für Hahne (2012) S. 419 ff.
3 Ruland Rn. 496; Wick FuR 2009, 482, 487; tendenziell auch Johannsen/Henrich/Holzwarth § 18 Rn. 1; Bergner § 18 Anm. 1.2; Hauß FPR 2009, 214, 219.
4 BT-Drucks. 16/10144 S. 60; BGH FamRZ 2012, 189, 190.
5 Die Vorschrift wurde durch Art. 2 Nr. 3 VAwMG vom 08.12.1986 (BGBl. I S. 2261) eingefügt und durch Art. 30 Nr. 1 RÜG vom 25.07.1991 (BGBl. I S. 1606) wieder aufgehoben.
6 BT-Drucks. 12/405 S. 174; BGB-RGRK/Wick § 3c VAHRG Rn. 1.
7 BT-Drucks. 16/10144 S. 60.
8 Vgl. Ruland Rn. 496, 499; Johannsen/Henrich/Holzwarth § 18 Rn. 1; Wick FuR 2012, 230.

3a § 18 VersAusglG verstößt nach Auffassung des BGH nicht gegen höherrangiges **Verfassungsrecht**. Nach der Rechtsprechung des BVerfG[9] folgt zwar aus Art. 6 Abs. 1 i.V.m. Art. 3 Abs. 2 GG die gleiche Berechtigung der Ehegatten an dem in der Ehe erworbenen Versorgungsvermögen. Deshalb ist der Halbteilungsgrundsatz aus verfassungsrechtlicher Sicht Maßstab des VA. Er findet sich auch im neuen Recht als Programmsatz in § 1 Abs. 1 VersAusglG. Der Gesetzgeber ist jedoch nicht gehindert, aus Gründen der Praktikabilität typisierende und generalisierende Regelungen zu schaffen, selbst wenn dadurch im Einzelfall Härten und Ungerechtigkeiten entstehen können. Mit der Eröffnung eines Ermessensspielraums ermöglicht die Vorschrift des § 18 VersAusglG den Gerichten, den Besonderheiten jedes Einzelfalls angemessen Rechnung zu tragen.[10]

C. Anwendungsbereich der Vorschrift

4 Die Bagatellklausel des § 18 VersAusglG ist, wie sich aus § 9 Abs. 4 VersAusglG ergibt, bei jedem **Wertausgleich nach der Scheidung** zu prüfen. Sie ist auf alle dem VA unterliegenden Anrechte anwendbar. Einen generellen Ausschluss der Anwendbarkeit auf Anrechte der gesetzlichen Rentenversicherung hat der BGH abgelehnt.[11] Die Vorschrift findet im **schuldrechtlichen VA** entsprechende Anwendung (§§ 20 Abs. 1 Satz 3, 22 Satz 2, 24 Abs. 1 Satz 2 VersAusglG). Daher können sowohl ein Anspruch auf schuldrechtliche Ausgleichsrente als auch ein Anspruch auf Kapitalzahlungen oder eine Abfindung ausgeschlossen werden, wenn der Ausgleichswert des betreffenden Anrechts – bezogen auf das Ende der Ehezeit – den nach § 18 Abs. 3 VersAusglG maßgebenden Grenzwert nicht überschreitet. Die Vorschriften über die **Teilhabe an der Hinterbliebenenversorgung** enthalten zwar keine ausdrückliche Bezugnahme auf § 18 VersAusglG. Aus § 25 Abs. 3 Satz 1 VersAusglG ergibt sich aber, dass der Anspruch gegen den Versorgungsträger nicht weiter geht als er gegen den Ausgleichspflichtigen geltend gemacht werden könnte, wenn dieser noch leben würde. Daraus folgt, dass die Bagatellklausel auch bei Ansprüchen auf die sog. verlängerte schuldrechtliche Ausgleichsrente zu beachten ist.[12]

D. Anwendungsfälle

I. Allgemeines

5 § 18 VersAusglG regelt in den Abs. 1 und 2 zwei verschiedene Anwendungsfälle der Bagatellklausel. Während Abs. 1 in den VA fallende Anrechte beider Ehegatten erfasst, die untereinander zu verrechnen sind, werden nach Abs. 2 einzelne Anrechte für sich betrachtet. Die Prüfung der Voraussetzungen des Abs. 2 ist (u.U. wesentlich) einfacher als die der Voraussetzungen des Abs. 2. Dennoch hat sich die **Prüfungsreihenfolge des Gerichts** nach der Reihenfolge der Regelungen im Gesetz zu richten.[13] Denn es muss verhindert werden, dass ein Anrecht des einen Ehegatten wegen Geringfügigkeit gem. Abs. 2 vom Ausgleich ausgenommen wird, während ein gleichartiges Anrecht des anderen Ehegatten, das nur wenig höher ist, aber die Geringfügigkeitsgrenze überschreitet, ausgeglichen wird. Es ist daher stets mit der Prüfung zu beginnen, ob beide Ehegatten gleichartige Anrechte erworben haben und – wenn ja – ob die Differenz der Ausgleichswerte gering ist.

5a Sehr streitig war jedoch, ob gleichartige Anrechte, deren Ausgleichswertdifferenz nicht gering ist, zusätzlich je für sich nach § 18 Abs. 2 VersAusglG auf Überschreiten der Bagatellgrenze zu prüfen

---

9   FamRZ 2006, 1000.
10   BGH FamRZ 2012, 192, 193.
11   FamRZ 2012, 192, 195.
12   BT-Drucks. 16/10144 S. 67; Ruland Rn. 770; Johannsen/Henrich/Holzwarth § 25 Rn. 19.
13   BGH FamRZ 2012, 192, 195; Ruland Rn. 504; Johannsen/Henrich/Holzwarth § 18 Rn. 14.

sind.[14] Der BGH hat diese Frage verneint.[15] Nach seiner Auffassung ist die in § 18 Abs. 2 Vers-AusglG verwendete Bezeichnung »einzelne Anrechte« als Abgrenzung zu den Anrechten »gleicher Art« i.S. des Abs. 1 zu verstehen. Wenn ein Ausgleich nach Abs. 1 statzufinden habe, weil die Wertdifferenz über der Bagatellgrenze liege, würden weder der Halbteilungsgrundsatz als gesetztes Ziel noch der Zweck der Verwaltungsvereinfachung erreicht, wenn eines der gleichartigen Anrechte als »einzelnes Anrecht« zusätzlich der weiteren Prüfung nach Abs. 2 unterworfen würde. Außerdem verfolge Abs. 2 den weiteren Zweck, sog. Splitterversorgungen zu vermeiden. Solche entstünden aber nicht, wenn beide Ehegatten ohnehin gleichartige Anrechte hätten und der Ausgleich über die bestehenden Konten durch Umbuchung erfolge. Soweit gleichartige Anrechte der Ehegatten in der gesetzlichen Rentenversicherung betroffen sind (wie in den vom BGH entschiedenen Fällen), ist der Auffassung des BGH beizupflichten. Wenn die Ehegatten gleichartige Anrechte bei demselben Versorgungsträger auszugleichen haben, hat dieser den Ausgleich nämlich nach § 10 Abs. 2 Satz 1 VersAusglG dergestalt zu vollziehen, dass die Ausgleichswerte miteinander verrechnet werden. Das Gleiche gilt nach § 10 Abs. 2 Satz 2 VersAusglG, wenn die Anrechte zwar bei verschiedenen Versorgungsträgern bestehen, diese aber eine Verrechnung vereinbart haben. In diesen Fällen verursacht der Vollzug der internen Teilung in der Tat keinen solchen Verwaltungsaufwand, dass der Ausschluss eines der beiden gleichartigen Anrechte gerechtfertigt wäre. Dann ist es aber auch nicht geboten, das geringere der beiden Anrechte noch einer Prüfung nach § 18 Abs. 2 VersAusglG zu unterziehen (der Ausgleichswert des höheren liegt in diesen Fällen zwangsläufig über der Bagatellgrenze). Ist dagegen eine Verrechnung von bei verschiedenen Versorgungsträgern bestehenden Anrechten nach § 10 Abs. 2 Satz 2 VersAusglG nicht vorgesehen, kann die Teilung jedes der beiden gleichartigen Anrechte einen nicht unerheblichen Verwaltungsaufwand verursachen. Liegt der Ausgleichswert des wertniedrigeren Anrechts (möglicherweise sogar erheblich) unter der Bagatellgrenze, können durchaus gewichtige Gründe für einen Ausschluss des Anrechts vom Versorgungsausgleich vorliegen. So kann es zur Wahrung des Halbteilungsgrundsatzes gerade geboten sein, das wertniedrigere von zwei gleichartigen Anrechten nach § 18 Abs. 2 VersAusglG vom Ausgleich auszuschließen, wenn der andere Ehegatte ein andersartiges Anrecht von geringem Ausgleichswert erworben hat, das ebenfalls nach § 18 Abs. 2 VersAusglG vom Ausgleich auszuschließen ist.[16] Gleichwohl ist der BGH der Auffassung, dass § 18 Abs. 2 VersAusglG auch in diesen Fällen »im Hinblick auf die Bedeutung des Halbteilungsgrundsatzes« nicht zur Anwendung komme.[17]

Für beide Anwendungsfälle gilt die gleiche **Geringfügigkeitsgrenze**, die in Abs. 3 konkretisiert wird (s.u. Rdn. 11 ff.). Sie bezieht sich in Abs. 1 auf die Differenz zwischen den Ausgleichswerten der gegenüber zu stellenden Anrechte beider Ehegatten und in Abs. 2 auf den Ausgleichswert jedes einzelnen in den VA fallenden Anrechts. Bei beiden Alternativen wird daher an den **Ausgleichswert** von Anrechten angeknüpft. Darunter ist gemäß § 1 Abs. 2 Satz 2 VersAusglG die Hälfte des Werts des Ehezeitanteils zu verstehen. Unproblematisch ist dies bei Anrechten der gesetzlichen Rentenversicherung. Hier entspricht der Ausgleichswert genau der (mathematischen) Hälfte des ermittelten Ehezeitanteils, d.h. die auf die Ehezeit entfallenden Entgeltpunkte werden durch 2 geteilt. Anders liegt es indessen häufig bei Anrechten privater Versorgungsträger, insbesondere von solchen der betrieblichen Altersversorgung. Hier werden Ehezeitanteil und Ausgleichswert nicht selten in unterschiedlichen Bezugsgrößen angegeben. Oft entspricht der Ausgleichswert auch nicht der Hälfte des Ehezeitanteils, weil der Ehezeitanteil in einen (versicherungsmathematischen) Barwert umgerechnet, dieser dann hälftig geteilt und die auf den Ausgleichsberechtigten zu über-

6

14 Vgl. dazu Wick FuR 2011, 436, 438 m.w.N.
15 FamRZ 2012, 192, 195; 2012, 277, 279; 2012, 513, 514.
16 Ebenso OLG Celle FamRZ 2010, 979, 981; OLG Frankfurt, Beschl. v. 17.01.2011 – 5 UF 278/10 –;
    Beschluss vom 16.01.2012 – 5 UF 381/10 – (juris); Bergner FamFR 2012, 25, 26 f.; Schwamb FamRB
    2012, 89, 90 f.; Breuers FuR 2012, 117, 119.
17 FamRZ 2012, 192, 195; 2012, 513, 514.

tragende Hälfte anschließend (wieder nach versicherungsmathematischen Grundsätzen) in ein Rentenanrecht (oder eine andere Bezugsgröße) umgewandelt wird. Aufgrund der für beide Ehegatten – wegen ihres unterschiedlichen Alters und Geschlechts – verschiedenen versicherungsmathematischen Rechenfaktoren ergibt sich in diesen Fällen aus der hälftigen Teilung des Barwerts für den Ausgleichsberechtigten ein von der Hälfte des Ehezeitanteils abweichender Ausgleichswert. Für die Bagatellgrenze kommt es auf den Ausgleichs-Kapitalwert an, der auf den Ausgleichsberechtigten zu übertragen ist.[18] Bei einer privaten Rentenversicherung bleibt jedoch die Aussicht auf die (im Zeitpunkt der Entscheidung betragsmäßig noch nicht endgültig gesicherten) Schlussüberschüsse und Bewertungsreserven außer Betracht.[19]

6a Bei der internen Teilung kann der Versorgungsträger die ihm durch den Ausgleich entstehenden Kosten (**Teilungskosten**) jeweils hälftig mit den Anrechten beider Ehegatten verrechnen (§ 13 VersAusglG). Dadurch verringert sich der Ausgleichswert hier im Ergebnis um die hälftigen Teilungskosten. Das wirft die Frage auf, ob diese Kürzung des Ausgleichswerts auch im Rahmen des § 18 VersAusglG zu berücksichtigen ist. Der BGH hatte sich mit dieser Frage noch nicht zu beschäftigen. In der Literatur wird auf die Legaldefinition des Ausgleichswerts in § 1 Abs. 2 Satz 2 VersAusglG Bezug genommen, ohne dass aber auf die Besonderheit der Teilungskosten eingegangen wird.[20] Lediglich Götsche spricht sich ausdrücklich dafür aus, bei der Bagatellprüfung von dem um die hälftigen Teilungskosten gekürzten Ausgleichswert auszugehen.[21] In der Rechtsprechung hatte bisher nur das AG Biedenkopf[22] einen Fall zu entscheiden, in dem die Frage entscheidungserheblich war. Es hat den um die hälftigen Teilungskosten gekürzten Ausgleichswert zugrunde gelegt und das Anrecht vom Ausgleich ausgeschlossen, da keine besonderen Umstände vorlägen, die eine abweichende Entscheidung rechtfertigen würden. Die Entscheidung vermag jedoch nicht zu überzeugen. Es leuchtet schon nicht ein, warum die vom Versorgungsträger zu treffende Auswahl der Ausgleichsform und unter Umständen sogar die Höhe der angesetzten Teilungskosten letztlich dafür maßgeblich sein soll, ob das Anrecht überhaupt ausgeglichen wird. Bei der externen Teilung können keine Teilungskosten abgezogen werden. Hier richtet sich der an der Bagatellgrenze zu messende Wert daher strikt nach der Hälfte des Ehezeitanteils. Allein die Tatsache, dass sich der Versorgungsträger im konkreten Fall für die interne Teilung entscheidet, sollte der Einbeziehung des Anrechts in den Ausgleich nicht im Wege stehen, zumal die Bagatellgrenze in diesen Fällen selbst bei Berücksichtigung der Teilungskosten i.d.R nur geringfügig unterschritten sein wird. Auch in Fällen, in denen der Ausgleichswert eines Anrechts aufgrund Anwendung der Härteklausel des § 27 VersAusglG unter die Bagatellgrenze des § 18 Abs. 3 VersAusglG sinkt, wird überwiegend ein (weiter gehender) Ausschluss des Anrechts nach § 18 VersAusglG abgelehnt.[23]

7 Da sowohl Abs. 1 als auch Abs. 2 als **Soll-Vorschrift** gefasst ist, hat das Gericht bei beiden Fallvarianten ein **Ermessen**. Es kann von der gesetzlichen Regel abweichen und die unter Abs. 1 oder Abs. 2 fallenden Anrechte in den Ausgleich einbeziehen, wenn die Umstände des Einzelfalls dies erfordern.[24] Ob hierzu Anlass besteht, hat das Gericht – anders als im Fall kurzer Ehedauer, in dem der VA nur auf Antrag eines Ehegatten durchzuführen ist – **von Amts wegen zu prüfen**. Es hat daher auch die insoweit erforderlichen Ermittlungen – etwa zur Frage der Gleichartigkeit von

18 BGH FamRZ 2012, 189, 190.
19 OLG Celle FamRZ 2012, 308, 309.
20 Vgl. Johannsen/Henrich/Holzwarth § 18 Rn. 6; jurisPK-BGB/Breuers § 18 Rn. 11.
21 NK-VersAusglR/Götsche § 18 Rn. 8.
22 Beschluss vom 06.12.2011 – 30 F 763/10 – (juris). Vgl. dazu näher Wick FuR 2012, 230, 232.
23 Borth Rn. 635; Ruland Rn. 509; Palandt/Brudermüller § 18 Rn. 5; Hoppenz FamRZ 2010, 1342; a.A. AG Kerpen FamRZ 2010, 981.
24 BT-Drucks. 16/10144 S. 61; 16/11903 S. 54 f.; Ruland Rn. 491; Johannsen/Henrich/Holzwarth § 18 Rn. 15.

Anrechten (vgl. Rdn. 9) – von sich aus anzustellen. Zu den für die Ermessensausübung maßgebenden Gesichtspunkten vgl. unten Rdn. 15 ff.

II. Geringe Ausgleichswertdifferenz gleichartiger Anrechte (Abs. 1)

Gem. § 18 Abs. 1 VersAusglG sollen gleichartige Anrechte beider Ehegatten nicht ausgeglichen **8** werden, wenn die **Differenz ihrer Ausgleichswerte** (i.S. des § 1 Abs. 2 Satz 2 VersAusglG) **gering** ist. Hier sind daher an sich in den VA fallende Anrechte auf Seiten beider Ehegatten einander gegenüberzustellen, sofern sie von gleicher Art sind. Die Geringfügigkeitsgrenze bestimmt sich nach § 18 Abs. 3 VersAusglG (s. Rdn. 11 ff.).

Aufgrund des Vorrangs des § 18 Abs. 1 VersAusglG (s. Rdn. 5) kommt der Frage, welche **Anrechte** **9** als **gleichartig** im Sinne dieser Vorschrift anzusehen sind, große Bedeutung zu. Die Frage kann nur dann dahinstehen, wenn sowohl die Ausgleichswerte der in Betracht kommenden Anrechte als auch die Differenz ihrer Ausgleichswerte die maßgebliche Bagatellgrenze überschreiten. Andernfalls muss das Gericht klären, ob ehezeitlich erworbene Anrechte beider Ehegatten von gleicher Art sind. Hierzu sind u.U. aufwändige Ermittlungen erforderlich. Nach den Vorstellungen des Gesetzgebers wird der Begriff »Anrechte gleicher Art« in § 18 Abs. 1 VersAusglG in dem gleichen Sinne verwandt wie in § 10 Abs. 2 S. 1 VersAusglG.[25] Beide Vorschriften verfolgen den Zweck, dass ein »wirtschaftlich letztlich nicht erforderlicher Hin-und-her-Ausgleich von beiderseitigen Anrechten der Ehegatten vermieden wird«.[26] Dieser Zweck kann nur in Bezug auf Anrechte erreicht werden, die in den wesentlichen strukturellen Elementen des Versorgungssystems übereinstimmen. Dazu gehören z.B. das Leistungsspektrum, das Finanzierungsverfahren, die allgemeinen Anpassungen der Anwartschaften und laufenden Versorgungen sowie andere wertbildende Faktoren wie etwa Insolvenzschutz.[27] Damit ist allerdings nur eine grobe Orientierung für die Vergleichbarkeit von Anrechten möglich. Festzuhalten bleibt jedenfalls, dass Anrechte, die nach grundsätzlich verschiedenen Finanzierungsverfahren – z.B. dem Kapitaldeckungsverfahren, dem Umlageverfahren, dem offenen Deckungsplanverfahren – berechnet werden, nicht als gleichartig angesehen werden können. Ebenso sprechen Unterschiede bei den abgesicherten Risiken (Alter, Invalidität, Hinterbliebenenversorgung) gegen eine Gleichartigkeit. Auch nicht unerhebliche Abweichungen in Bezug auf die Dynamik indizieren eine fehlende Gleichartigkeit. Die Prüfung der Dynamik erfordert u.U. aufwändige Ermittlungen hinsichtlich der bisherigen und der künftig zu erwartenden Anpassungen, wie sie aus dem früheren Recht im Hinblick auf die Frage der Volldynamik und die davon abhängige Umwertung von Anrechten nach § 1587a Abs. 3 BGB erforderlich waren.[28]

Nach diesen Maßstäben handelt es sich bei (regeldynamischen) **Anrechten der gesetzlichen Ren-** **9a** **tenversicherung**, die auf Entgeltpunkten beruhen (sog. West-Anrechten), und (angleichungsdynamischen) Anrechten, die auf Entgeltpunkten (Ost) beruhen (sog. Ost-Anrechten), nicht um gleichartige Anrechte, denn die Entgeltpunkte führen bis zur Rentenangleichung in Ost und West zu höheren Rentenbeträgen als die Entgeltpunkte (Ost).[29] Außerdem bestimmt § 120f Abs. 2 Nr. 1 SGB VI ausdrücklich, dass die im Beitrittsgebiet und im übrigen Bundesgebiet erworbenen Anrechte bis zur Einkommensgleichheit im gesamten Bundesgebiet nicht als gleichartig gelten. Ohne Bedeutung ist in diesem Zusammenhang, dass nach Eintritt des Versicherungsfalles aus beiden Anrechten eine einheitliche Rente gezahlt wird. Diesem Umstand ist allerdings im Rahmen der Ermessensausübung des Gerichts Rechnung zu tragen. Nach § 120f Abs. 2 Nr. 2 SGB VI sind

25 BT-Drucks. 16/11903 S. 54.
26 BT-Drucks. 16/10144 S. 55; 16/11903 S. 54; BGH FamRZ 2012, 192, 194; 2012, 277, 278; 2012, 513, 514.
27 BT-Drucks. 16/10144 S. 55; 16/11903 S. 54; BGH FamRZ 2012, 192, 194; 2012, 277.
28 Vgl. dazu etwa BGH FamRZ 1983, 40, 42; 2005, 600, 601; 2007, 23, 26.
29 BGH FamRZ 2012, 192, 194; 2012, 277, 278.

auch Anrechte aus der allgemeinen und aus der knappschaftlichen Rentenversicherung nicht gleichartig.[30]

9b Im Übrigen werden die Maßstäbe zur Beurteilung der Gleichartigkeit von Anrechten erst noch zu konkretisieren sein. Geht man dabei von einem Gleichlauf der Bestimmungen in den §§ 10 Abs. 2 und 18 Abs. 1 VersAusglG aus, sollte sich eine Verrechnung von Ausgleichswerten im Rahmen der Bagatellprüfung auf solche Anrechte beschränken, die bei demselben Versorgungsträger bestehen und nach § 10 Abs. 2 Satz 1 VersAusglG aufgrund ihrer identischen Berechnungsgrundlagen vom Versorgungsträger zu verrechnen wären, sowie auf Anrechte, die zwar bei verschiedenen Versorgungsträgern bestehen, aber im Falle einer Vereinbarung zwischen diesen nach § 10 Abs. 2 Satz 2 VersAusglG verrechnet werden könnten. Dies wird regelmäßig voraussetzen, dass die Versorgungssysteme die **gleiche Bezugsgröße** verwenden, den gleichen gesetzlichen oder vergleichbaren satzungsrechtlichen Bestimmungen unterliegen und zur Berechnung der Renten die gleichen Grundsätze zugrunde legen.

9c Wegen erheblicher struktureller Unterschiede sind Anrechte aus der **Zusatzversorgung des öffentlichen Dienstes** und aus privater **betrieblicher Altersversorgung nicht** als **gleichartig** anzusehen.[31] Das Gleiche gilt für Anrechte aus der Zusatzversorgung des öffentlichen Dienstes und aus der gesetzlichen Rentenversicherung.[32] Auch Anrechte aus verschiedenen privaten betrieblichen Altersversorgungen werden wegen unterschiedlicher Durchführungswege und Finanzierungsformen (z.B. teilweise Kapitaldeckung, teilweise Berechnung auf Basis eines versicherungsmathematischen Barwerts) häufig als verschiedenartig zu beurteilen sein.[33] Abzulehnen ist die Ansicht, dass Anrechte aus den Regelsicherungssystemen (gesetzliche Rentenversicherung, Beamtenversorgung, berufsständische Versorgung, Alterssicherung der Landwirte) grundsätzlich als miteinander vergleichbar behandelt werden müssten.[34] Entgegen verbreiteter Auffassung weisen auch Anrechte der **gesetzlichen Rentenversicherung** und der **Beamtenversorgung** keine für die Annahme von Gleichartigkeit ausreichenden Gemeinsamkeiten auf. Beide Versorgungssysteme verwenden unterschiedliche Bezugsgrößen, und die Anrechte werden nicht in vergleichbarer Weise angepasst. Allein der Umstand, dass der Gesetzgeber zum Zwecke des Ausgleichs nicht intern teilbarer Beamtenversorgungen und zur Ermittlung des korrespondierenden Kapitalwerts von Beamtenversorgungen mangels entsprechender Rechtsgrundlagen im Bereich der Beamtenversorgung hilfsweise auf Vorschriften der gesetzlichen Rentenversicherung zurückgreift (§§ 16 Abs. 3, 47 Abs. 3 VersAusglG), kann die Annahme von Gleichartigkeit nicht begründen.[35] Ferner können beim gleichen Arbeitgeber erworbene **betriebliche Anrechte**, die auf verschiedenen Versorgungszusagen beruhen, als verschiedenartig anzusehen sein,[36] ebenso Anrechte, für die verschiedene Durchführungswege (Direktzusage, Pensionskasse, Pensionsfonds, Unterstützungskasse, Direktversicherung; vgl. § 45 Rdn. 5) vorgesehen sind.[37] Auch Anrechte bei verschiedenen **berufsständischen Versorgungen** werden aufgrund unterschiedlicher Finanzierungsverfahren und Dynamik häufig nicht als gleichartig angesehen werden können.[38]

---

30 BT-Drucks. 16/10144 S. 55, 100; OLG Stuttgart FamRZ 2012, 303, 305; OLG Karlsruhe FamRZ 2012, 1306.
31 OLG Karlsruhe FamRZ 2011, 641.
32 OLG Stuttgart FamRZ 2011, 1733.
33 Borth Rn. 630; Erman/Norpoth § 10 Rn. 6; Hauß FPR 2009, 214, 217; Wick FuR 2011, 436, 439.
34 So aber Johannsen/Henrich/Holzwarth § 18 Rn. 5.
35 OLG Celle FamRZ 2012, 1058, 1059; Kemper Kap. VIII Rn. 54; a.A. AG Hameln FamRZ 2012, 132; Borth Rn. 630; Ruland Rn. 512; ders. FamFR 2012, 123; Johannsen/Henrich/Holzwarth § 18 Rn. 5; Erman/Norpoth § 10 Rn. 6; Bergner NJW 2010, 3269, 3270; Götsche FamRB 2010, 344, 345.
36 BGH FamRZ 2012, 189, 190; 2012, 610, 611; Hauß FPR 2009, 214, 218.
37 Johannsen/Henrich/Holzwarth § 18 Rn. 5; Glockner/Hoenes/Weil Rn. 10; Hauß/Eulering Rn. 180; Hauß FPR 2009, 214, 217.
38 Anders aber, wenn das gleiche Finanzierungsverfahren verwendet wird und ein Überleistungsabkommen besteht; Ruland Rn. 512; MüKo/Gräper § 18 Rn. 7.

Gleichartig sind dagegen alle Anrechte der Beamten- und Soldatenversorgung sowie beamtenähn- 9d
licher Versorgungen und der Abgeordnetenversorgungen, weil sie (jedenfalls derzeit noch) auf im
Wesentlichen übereinstimmenden gesetzlichen Grundlagen beruhen.[39] Ebenso sind etwa Anrechte
bei verschiedenen Trägern der Zusatzversorgung des öffentlichen und kirchlichen Dienstes gleichartig, weil ihnen weitgehend übereinstimmende Satzungsregelungen zugrunde liegen.[40] Auch
Anrechte bei privaten Versorgungsträgern können als gleichartig beurteilt werden, wenn die Leistungen jeweils ausschließlich aus einem Deckungskapital erbracht werden.[41]

III. Geringer Ausgleichswert einzelner Anrechte (Abs. 2)

Gem. § 18 Abs. 2 VersAusglG sollen – auf Seiten beider Ehegatten jeweils gesondert betrachtet – 10
einzelne Anrechte mit **geringem** Ausgleichswert nicht ausgeglichen werden. Die Geringfügigkeitsgrenze bezieht sich daher hier auf den Ausgleichswert jedes einzelnen Anrechts, das an sich auszugleichen wäre. Die Vorschrift ermöglicht nach ihrem Wortlaut auch den Ausschluss mehrerer
geringwertiger Anrechte desselben Ehegatten. Diese Konstellation gibt jedoch besonderen Anlass
zur Ausübung des richterlichen Ermessens, da die Kumulation mehrerer Ausschlüsse zum Nachteil
eines Ehegatten zu einer i.d.R. nicht mehr hinnehmbaren Verletzung des Halbteilungsgrundsatzes
führt, sofern nicht auch der Ausgleich eines geringwertigen Anrechts auf Seiten des anderen Ehegatten ausgeschlossen wird (vgl. dazu die Beispiele Rdn. 18, 19).

E. Geringfügigkeitsgrenze (Abs. 3)

Die **Geringfügigkeitsgrenze** berechnet sich bei beiden in Abs. 1 und 2 geregelten Fallvarianten in 11
Abhängigkeit von einer dynamischen Größe, nämlich der **monatlichen Bezugsgröße nach § 18
Abs. 1 SGB IV.** Dabei handelt es sich um eine im Sozialversicherungsrecht verwendete Rechengröße, die von der Entwicklung des Durchschnittsentgelts der gesetzlichen Rentenversicherung
abhängig ist[42] und jährlich mit der Sozialversicherungs-Rechengrößenverordnung im BGBl. I
bekannt gemacht wird.[43] Die Bezugsgröße nach § 18 Abs. 1 SGB IV wurde auch schon im früherem Recht herangezogen, z.B. für den Grenzwert beim erweiterten Splitting nach § 3b Abs. 1 Nr. 1
VAHRG a.F. und bei der Wesentlichkeitsgrenze für die Abänderung des öffentlich-rechtlichen VA
nach § 10a VAHRG a.F. Während im früheren Recht aber bei in den neuen Bundesländern
erworbenen Anrechten noch die besondere Bezugsgröße nach § 18 Abs. 2 SGB IV anzuwenden
war (§ 4 Abs. 1 Nr. 1, Abs. 2 Nr. 2 VAÜG a.F.), sieht § 18 Abs. 3 VersAusglG keine solche Differenzierung mehr vor; auch bei in den neuen Bundesländern erworbenen Anrechten ist somit zur
Berechnung des Grenzwerts die Bezugsgröße nach § 18 Abs. 1 SGB IV heranzuziehen.[44]

Für die Prüfung der Geringfügigkeit nach § 18 Abs. 3 VersAusglG kommt es nicht auf die im Zeit- 12
punkt der Entscheidung, sondern auf die **am Ende der Ehezeit maßgebende Bezugsgröße** an, weil
diese mit der Ausgleichswertdifferenz (nach Abs. 1) oder dem Ausgleichswert (nach Abs. 2) zu verglichen ist und diese Werte gem. § 5 Abs. 2 VersAusglG ebenfalls auf das Ende der Ehezeit bezogen sind.
Etwas anderes gilt jedoch im **schuldrechtlichen VA**, wo die Bagatellklausel gem. § 20 Abs. 1 Satz 3
VersAusglG entsprechend anzuwenden ist. Da die schuldrechtliche Ausgleichsrente unter Berücksichtigung der bis zum Rentenbeginn erfolgten allgemeinen Anpassungen zu berechnen ist (§ 5 Abs. 4
Satz 2 VersAusglG), muss die Geringfügigkeitsgrenze hier auf den Zeitpunkt des Rentenbeginns bezo-

---

39 Ruland Rn. 512; Kemper Kap. VIII Rn. 56
40 OLG Köln Beschluss vom 03.02.2012 – 4 UF 263/11 – (juris); Ruland Rn. 512.
41 BT-Drucks. 16/11903 S. 54; Johannsen/Henrich/Holzwarth § 18 Rn. 5; Hauß FPR 2009, 214, 217.
42 Gem. § 18 Abs. 1 SGB IV wird die jährliche Bezugsgröße ermittelt, indem das Durchschnittentgelt der
    gesetzlichen Rentenversicherung im vorvergangenen Kalenderjahr auf den nächsthöheren, durch 420 teil-
    baren Betrag aufgerundet wird.
43 Zuletzt Sozialversicherungs-Rechengrößenverordnung 2012 vom 02.12.2011, BGBl. I 2011, 2421.
44 Ruland Rn. 502.

gen und somit zur Berechnung des Grenzwerts die zu diesem Zeitpunkt maßgebende Bezugsgröße nach § 18 Abs. 1 SGB IV herangezogen werden (vgl. § 20 Rdn. 34).

13   Auf den ersten Blick verwirrend ist, dass in § 18 Abs. 3 VersAusglG – neben der Bezugsgröße nach § 18 Abs. 1 SGB IV – noch von einer weiteren »Bezugsgröße« die Rede ist. Dabei handelt es sich um die von dem jeweiligen Versorgungssystem verwendete **Bezugsgröße i.S. des § 5 Abs. 1 VersAusglG**, in der der Ehezeitanteil und der Ausgleichswert des Anrechts berechnet werden. Wenn der Versorgungsträger Ehezeitanteil und Ausgleichswert in verschiedenen Bezugsgrößen angibt, kommt es für die Anwendung des § 18 Abs. 3 VersAusglG auf die Bezugsgröße an, in der der Ausgleichswert ausgedrückt wird. § 18 Abs. 3 VersAusglG unterscheidet für die Berechnung der Geringfügigkeitsgrenze danach, ob der Ausgleichswert als Rentenbetrag oder in einer anderen Bezugsgröße berechnet worden ist. Ist ein **Rentenbetrag** maßgebliche Bezugsgröße, liegt die Grenze bei 1 % der monatlichen Bezugsgröße nach § 18 Abs. 1 SGB IV. Ist der Ausgleichswert in einer anderen Bezugsgröße berechnet worden, so wird an den **Kapitalwert** oder den **korrespondierenden Kapitalwert** (i.S. des § 47 VersAusglG) des Ausgleichswerts angeknüpft; in diesem Fall liegt die Grenze bei 120 % der monatlichen Bezugsgröße nach § 18 Abs. 1 SGB IV. Eine »andere Bezugsgröße« (als ein Rentenbetrag) sind auch die Entgeltpunkte in der gesetzlichen Rentenversicherung, so dass für gesetzliche Rentenanwartschaften ein korrespondierender Kapitalwert nach § 47 VersAusglG zu bilden ist.[45] Er wird in den Auskünften der Versicherungsträger stets im Anschluss an den Ausgleichswert angegeben. Stimmt der Ausgleichswert mit dem maßgebenden Grenzwert überein, gilt er noch als geringfügig. Wenn der Grenzwert (um mindestens 0,01 €) überschritten wird, muss das Anrecht auf jeden Fall ausgeglichen werden. Die Höhe der Grenzwerte und das Wertverhältnis zwischen Rentenbetrag und Kapitalwert entsprechen der Bestimmung des § 3 Abs. 2 BetrAVG, die regelt, bis zu welchen Werten Arbeitgeber unverfallbare betriebliche Versorgungsanwartschaften abfinden können.[46]

14   Aus der folgenden Tabelle sind die maßgebenden Grenzwerte ab dem Jahr 2002 abzulesen:[47]

Ende der Ehezeit	Bezugsgröße nach § 18 Abs. 1 SGB IV	1 %	120 %
2002	2345	23,45	2814
2003	2380	23,80	2856
2004	2415	24,15	2898
2005	2415	24,15	2898
2006	2450	24,50	2940
2007	2450	24,50	2940
2008	2485	24,85	2982
2009	2520	25,20	3024
2010	2555	25,55	3066
2011	2555	25,55	3066
2012	2625	26,25	3150

---

45   BT-Drucks. 16/10144 S. 62; BGH FamRZ 2012, 192, 194; 2012, 277, 278.

46   BT-Drucks. 16/10144 S. 61; kritisch dazu Ruland Rn. 503 mit dem – allerdings nicht überzeugenden – Hinweis darauf, dass der Beitragswert einer dem Rentenbetrag entsprechenden gesetzlichen Rentenanwartschaft deutlich höher als der in § 3 Abs. 2 BetrAVG geregelte Kapitalwert ist.

47   Zu Bezugsgrößen noch früherer Jahre, die z.B. für Abänderungsvberfahren benötigt werden, s. die Tabelle in FamRZ 2010, 89, 95.

F. Ermessen des Gerichts

Durch die Soll-Fassungen der Abs. 1 und 2 wird deutlich gemacht, dass das Gericht nach **pflicht-** **gemäßem Ermessen** darüber zu entscheiden hat, ob Anrechte, die als geringfügig anzusehen sind, trotzdem auszugleichen sind (s. Rdn. 7). Nach welchen Kriterien und mit welchen Maßstäben das Ermessen auszuüben ist, lässt das Gesetz indessen offen. Zum Teil wurde davon ausgegangen, dass Anrechte, die die tatbestandlichen Voraussetzungen erfüllen, in der Regel vom Ausgleich auszu- schließen und nur bei Vorliegen besonderer Gründe in den Ausgleich einzubeziehen seien.[48] Die- ser Sichtweise ist der BGH zu Recht nicht gefolgt. Er hat vielmehr betont, dass § 18 VersAusglG im Spannungsfeld mit dem **Halbteilungsgrundsatz** steht. Der Ausschluss eines Anrechts vom VA nach § 18 VersAusglG führt zu einer Durchbrechung des Halbteilungsgrundsatzes, die besonderer Rechtfertigung im Einzelfall bedarf. § 18 VersAusglG verfolgt den Zweck, einen durch die Teilung eines Anrechts beim betroffenen Versorgungsträger entstehenden, gemessen am geringen Aus- gleichswert des Anrechts **unverhältnismäßigen Verwaltungsaufwand** zu **vermeiden**.[49] Deshalb sind die Belange der Verwaltungseffizienz auf Seiten des Versorgungsträgers gegen das Interesse des ausgleichsberechtigten Ehegatten an der Erlangung auch geringfügiger Anrechte abzuwägen. Kann die mit der Bagatellklausel bezweckte Verwaltungsvereinfachung nicht in einem den Ausschluss des Ausgleichs rechtfertigenden Maße erreicht werden, gebührt dem Halbteilungsgrundsatz der Vorrang und das Anrecht ist ungeachtet des für den Ausgleichsberechtigten nur geringen Wertzu- wachses auszugleichen.[50] Im Rahmen der nach § 18 Abs. 1 und 2 VersAusglG gebotenen Ermes- sensausübung geht es daher nicht darum, ob im Einzelfall trotz Geringfügigkeit des Ausgleichs- werts oder der Ausgleichswertdifferenz besondere Gründe gegen einen Ausschluss sprechen. Vielmehr ist zu fragen, ob der Ausgleich im konkreten Fall einen unangemessen hohen Verwal- tungsaufwand bei dem betroffenen Versorgungsträger auslösen würde. Sind dafür keine ausrei- chenden Anhaltspunkte ersichtlich, erfordert der Halbteilungsgrundsatz die Einbeziehung gleich- artiger Anrechte von geringer Ausgleichswertdifferenz bzw. einzelner Anrechte von geringem Ausgleichswert in den VA.[51]

Haben beide Ehegatten **gesetzliche Rentenanwartschaften** erworben, so ist regelmäßig weder ein Ausschluss gleichartiger Anrechte von geringer Wertdifferenz noch ein Ausschluss einzelner Anrechte von geringem Wert geboten. Durch die interne Teilung der beiderseitigen gesetzlichen Rentenanwartschaften entsteht kein wesentlicher Verwaltungsaufwand. Die Versicherungsträger vollziehen die gerichtliche Entscheidung durch Umbuchung der der Ausgleichswertdifferenz ent- sprechenden Entgeltpunkte auf den Versicherungskonten beider Ehegatten (§ 10 Abs. 2 Satz 1 VersAusglG). Darüber hinaus wird kein weiterer ins Gewicht fallender Verwaltungsaufwand aus- gelöst. Durch einen Ausschluss der Anrechte vom VA würde daher bei den Versicherungsträgern kein Entlastungseffekt eintreten. Dann würde aber der unterlassene Ausgleich der ehezeitlichen Versorgungsanrechte eine unverhältnismäßige Verletzung des Halbteilungsgrundsatzes bedeuten. Unter diesen Umständen gebietet der Halbteilungsgrundsatz trotz der geringen Ausgleichswertdif- ferenz die Einbeziehung der gleichartigen Anrechte in den VA.[52] Dies gilt auch in den Fällen, in denen ein Ehegatte sowohl Entgeltpunkte als auch Entgeltpunkte (Ost) erworben hat und der Ausgleichswert eines dieser Anrechte unter der Bagatellgrenze liegt. Die zusätzliche Teilung dieses geringfügigen Anrechts fällt neben dem ohnehin vorzunehmenden Ausgleich des höheren Anrechts kaum ins Gewicht. Ost- und West-Anrechte werden auf demselben Versicherungskonto

15

15a

---

48 In diesem Sinne z.B. OLG Stuttgart FamRZ 2012, 303; OLG Düsseldorf Beschluss v. 31.05.2011 – 7 UF 64/11 – (juris); Hauß/Eulering Rn. 276; Götsche FamRB 2011, 344, 347; van Eymeren FamFR 2011, 461, 463.
49 BT-Drucks. 16/10144, S. 38 und 60; 16/11903, S. 54.
50 BGH FamRZ 2012, 189, 190; 2012, 192, 196; 2012, 277, 279; 2012, 610, 611.
51 In diesem Sinne auch Borth FamRZ 2012, 190 f.; Holzwarth FamRZ 2012, 280, 281; Bergner FamFR 2012, 25, 26; Schwamb FamRB 2012, 89 f. Wick Festschrift für Hahne S. 419 ff.
52 BGH FamRZ 2012, 192, 196 f.; 2012, 277, 279; 2012, 513, 514.

verwaltet und nach der Einkommensangleichung im gesamten Bundesgebiet durch Verschmelzung des allgemeinen Rentenwerts und des allgemeinen Rentenwerts (Ost) zusammengeführt. Deshalb gebietet der Halbteilungsgrundsatz auch den Ausgleich des einzelnen Anrechts mit geringem Ausgleichswert.[53] Im Hinblick auf den geringen Verwaltungsaufwand, den der Vollzug der internen Teilung auslöst, wird ein Ausschluss von Anrechten der gesetzlichen Rentenversicherung in aller Regel nicht gerechtfertigt sein, jedenfalls wenn der ausgleichsberechtigte Ehegatte bereits über ein Versicherungskonto verfügt.[54] Eine Ausnahme kommt etwa in Betracht, wenn dem geringen gesetzlichen Rentenanrecht eines Ehegatten ein ungleichartiges, aber ebenfalls geringwertiges Anrecht des anderen Ehegatten gegenüber steht.[55]

15b Auch wenn geringwertige Anrechte anderer Art vorliegen, die **intern zu teilen** wären, gebietet der Halbteilungsgrundsatz häufig die Durchführung des Ausgleichs. Für die Versorgungsträger entsteht zwar im Rahmen einer internen Teilung ein erheblicher Verwaltungsaufwand dadurch, dass für den ausgleichsberechtigten Ehegatten ein zusätzliches Konto eingerichtet und geführt werden muss. Es ist jedoch zu berücksichtigen, dass der Versorgungsträger die dadurch für ihn entstehenden zusätzlichen Kosten gemäß § 13 VersAusglG mit den Anrechten beider Ehegatten verrechnen kann. Angesichts dieser Möglichkeit der Kompensation verlieren die zusätzlichen Verwaltungskosten als Belange der Versorgungsträger an Bedeutung.[56] § 18 Abs. 2 VersAusglG soll allerdings auch die Entstehung von **unwirtschaftlichen Kleinstanrechten** auf Seiten des ausgleichsberechtigten Ehegatten vermeiden.[57] Diesem Gesichtspunkt kommt indessen kein Gewicht zu, wenn es sich bei dem geringwertigen Anrecht um einen von mehreren auszugleichenden Versorgungsbausteinen handelt, die Teil einer einheitlichen Altersversorgung darstellen,[58] oder wenn der Ausgleichsberechtigte bereits ein eigenes Anrecht bei dem Träger des intern zu teilenden Anrechts besitzt.

15c Ist ein Anrecht aufgrund des Verlangens des Versorgungsträgers nach § 14 Abs. 2 Nr. 2 VersAusglG **extern zu teilen**, so entsteht bei ihm – anders als bei interner Teilung, die ihn zur Aufnahme des Ausgleichsberechtigten in das Versorgungssystem und zur Verwaltung des neuen Anrechts zwingt – kein ins Gewicht fallender Verwaltungsaufwand, denn er hat lediglich eine Kürzung des bei ihm bestehenden Anrechts des Ausgleichspflichtigen vorzunehmen und einen Kapitalbetrag in Höhe des Ausgleichswerts an die Zielversorgung zu zahlen (§ 14 Abs. 4 VersAusglG). Damit fehlt es insoweit an einem die Durchbrechung des Halbteilungsgrundsatzes rechtfertigenden Grund. Die Belastung des Versorgungsträgers mit den Kosten einer externen Teilung kann für sich genommen den Ausschluss eines Ausgleichs nach § 18 VersAusglG regelmäßig nicht rechtfertigen.[59] Allerdings sind auch die Interessen der Zielversorgung bei Ausübung des richterlichen Ermessens mit zu beachten. Hat der Ausgleichsberechtigte das ihm hinsichtlich der Zielversorgung zustehende Wahlrecht (§ 15 Abs. 1 VersAusglG) ausgeübt und der gewählte Versorgungsträger in Kenntnis des geringen Ausgleichswerts zugestimmt, besteht kein Grund, das Anrecht vom Ausgleich auszuschließen. Denn in diesem Fall ist davon auszugehen, dass der Zielversorgungsträger den Ausgleich trotz des geringen Ausgleichswerts nicht als unwirtschaftlich betrachtet.[60] Hat der Ausgleichsberechtigte dagegen sein Wahlrecht nicht ausgeübt und wäre deshalb für den Ausgleichsberechtigten nach § 15 Abs. 5 VersAusglG ein Anrecht bei einem Auffang-Versorgungsträger zu begründen, kommt es darauf an, ob dort für den Ausgleichsberechtigten ein **unwirtschaftliches Kleinstanrecht** entstünde. Das ist bei der gesetzlichen Rentenversicherung nur dann der Fall,

53 BGH FamRZ 2012, 192, 196 f.
54 Ebenso Bergner FamFR 2012, 25, 28; Borth FamRZ 2012, 190, 191; Holzwarth FamRZ 2012, 280 f.; Schwamb FamRB 2012, 89, 90; Breuers FuR 2012, 117.
55 Vgl. OLG Celle FamRZ 2010, 979, 981; OLG Frankfurt, Beschl. v. 17.01.2011 – 5 UF 278/10 – (juris).
56 BGH FamRZ 2012, 610, 612.
57 BGH FamRZ 2012, 189, 190.
58 BGH FamRZ 2012, 610, 612.
59 BGH FamRZ 2012, 189, 190.
60 Ebenso Borth FamRZ 2012, 190, 192.

wenn der Ausgleichsberechtigte dort bisher noch keine Anwartschaft besitzt. Anders liegt es dagegen, wenn eine betriebliche Altersversorgung auszugleichen ist und für den Ausgleichsberechtigten ein Anrecht bei der **Versorgungsausgleichskasse** begründet würde (§ 15 Abs. 5 Satz 2 VersAusglG). Denn bei dieser Kasse, die nur für die Aufnahme von durch den VA begründeten Anrechten zuständig ist, kann der Ausgleichsberechtigte bisher noch kein Anrecht besitzen, so dass der Ausgleich dort zu einer »Splitterversorgung« führen würde (die allerdings nunmehr durch Zahlung einer Abfindung aufgelöst werden kann[61]). Der Ausgleichsberechtigte kann aber einem Ausschluss des Ausgleichs dadurch entgegen wirken, dass er als Zielversorgung ein Versorgungssystem wählt, in dem er bereits über ein Anrecht verfügt. In Betracht kommt insoweit beim Ausgleich einer betrieblichen Altersversorgung auch die gesetzliche Rentenversicherung. Eine zweckmäßige Auswahl der Zielversorgung ist also geeignet, dem Ausgleichsberechtigten auch geringe Ausgleichswerte zu sichern. Der Anwalt des Ausgleichsberechtigten sollte das Gericht ausdrücklich darauf hinweisen, dass der Ausgleichsberechtigte ein bereits bestehendes Anrecht ausbauen will, damit das Gericht dies bei seiner Ermessensausübung auch berücksichtigt.

Der Ausgleich eines geringwertigen Anrechts kann auch deshalb geboten sein, weil das **Anrecht** **16** **außergewöhnliche Vorzüge** aufweist, die es als besonders vorteilhaft erscheinen lässt, z.B. eine herausragende Dynamik oder besonders großzügige Leistungsvoraussetzungen.[62] Für einen Ausgleich eines Anrechts kann ferner sprechen, dass der **Ausgleichsberechtigte** erwerbsunfähig oder in vorgerücktem Alter ist und aufgrund bisher nur geringer Rentenanwartschaften selbst **auf** einen **geringen Wertzuwachs dringend angewiesen** ist, um seinen notwendigen Lebensunterhalt bestreiten zu können.[63] Besonderes Augenmerk ist auch darauf zu richten, ob der Ausgleich eines Anrechts dazu führen würde, eine für den Bezug einer Rente erforderliche **Wartezeit** – insbesondere die allgemeine Wartezeit in der gesetzlichen Rentenversicherung von 60 Monaten (vgl. dazu § 10 Rdn. 17) – zu erfüllen.[64] Ist allerdings nach normalem Verlauf – insbesondere bei noch jungen Ehegatten – damit zu rechnen, dass die Wartezeit auch ohne das betreffende Anrecht wird erfüllt werden können, kann der Ausgleich des Anrechts auch unterbleiben. Das Gleiche gilt, wenn der Berechtigte bereits über eine auskömmliche andere Versorgung verfügt.[65] Bestehen keine Anhaltspunkte dafür, dass der Ausschluss eines Anrechts zu einer Verringerung von Verwaltungsaufwand führt, fehlt es an einer sachlichen Rechtfertigung für die mit der Anwendung der Bagatellklausel verbundene Durchbrechung des Halbteilungsgrundsatzes. In diesem Fall muss die Ermessensausübung des Gerichts daher zur Einbeziehung auch geringer Anrechte oder gleichartiger Anrechte mit geringer Ausgleichswertdifferenz führen.

Eine unangemessene Benachteiligung eines Ehegatten kann insbesondere dadurch ausgelöst werden, dass die Voraussetzungen des § 18 Abs. 1 und/oder Abs. 2 VersAusglG in Bezug auf mehrere Ausgleichswerte oder Ausgleichswertdifferenzen erfüllt sind. Dadurch kann es zu einer **Kumulation mehrerer** für sich genommen geringfügiger **Ausschlüsse** zum Nachteil eines Ehegatten kommen, die im Ergebnis zu einer Überschreitung der mit § 18 Abs. 3 VersAusglG festgelegten Bagatellgrenze führt und – auch unter verfassungsrechtlichen Aspekten – mit der beabsichtigten Verwaltungsvereinfachung nicht mehr zu rechtfertigen ist.[66] Um derartige Auswirkungen zu verhindern, muss das Familiengericht zumindest bei komplexen Fallgestaltungen eine Vorsorgever-

---

61 § 5 Abs. 3 S. 1 VersAusglKassG.
62 BT-Drucks. 16/10144 S. 61.
63 BT-Drucks. 16/10144 S. 61; BGH FamRZ 2012, 192, 196; OLG Hamm FamRZ 2012, 713; Ruland Rn. 519; Johannsen/Henrich/Holzwarth § 18 Rn. 16.
64 BT-Drucks. 16/10144 S. 61; BGH FamRZ 2012, 192, 196; Ruland Rn. 520.
65 BGH FamRZ 1991, 544.
66 BT-Drucks. 16/10144 S. 61; BGH FamRZ 2012, 192, 196; OLG Düsseldorf FamRZ 2011, 1404; Ruland Rn. 518; Johannsen/Henrich/Holzwarth § 18 Rn. 17; a.A. OLG Stuttgart FamRZ 2011, 1593; KG NJW-RR 2011, 1372; MüKo/Gräper § 18 Rn. 10, 18.

mögensbilanz aufstellen, in die sämtliche Ausgleichswerte auf Basis ihrer Kapitalwerte oder korrespondierenden Kapitalwerte einbezogen werden.[67]

18 ▶ Beispiel 1:

Ehezeitende ist der 31.01.2010. Ehemann M hat ein Anrecht mit einem Ausgleichswert als Rentenbetrag von monatlich 300 €, Ehefrau F ein gleichartiges Anrecht im Ausgleichswert von monatlich 200 €. Ehemann M hat noch zwei weitere Anrechte im Ausgleichs-Kapitalwert von 3.000 € und 2.500 €.

– Die Ausgleichswerte der beiden gleichartigen Anrechte sind gem. § 18 Abs. 1 VersAusglG gegenüberzustellen. Die Differenz der Ausgleichswerte von 100 € übersteigt die für das Ende der Ehezeit maßgebende Geringfügigkeitsgrenze von 25,55 €. Daher kommt ein Ausschluss nach Abs. 1 nicht in Betracht. Abs. 2 findet nach BGH auf die beiden gleichartigen Anrechte keine Anwendung.

– Beide weiteren Anrechte des M liegen unterhalb der maßgebenden Geringfügigkeitsgrenze für Kapitalwerte von 3.066 €, müssten also nach § 18 Abs. 2 VersAusglG nicht ausgeglichen werden. Im Ergebnis würde F damit einen Kapitalwert von 5.500 € verlieren, obwohl der Gesetzgeber die »Opfergrenze« für den Ausgleichsberechtigten auf (bezogen auf das Jahr 2010) 3.066 € veranschlagt hat. Mindestens eines der beiden weiteren Anrechte des M muss daher ausgeglichen werden, um eine nicht mehr hinnehmbare Verletzung des Halbteilungsgrundsatzes zu vermeiden.

19 ▶ Beispiel 2:

Ehemann M hat, bezogen auf ein Ehezeitende am 31.01.2010, ein Anrecht im Ausgleichs-Kapitalwert von 17.000 € erworben, Ehefrau F ein gleichartiges Anrecht im Ausgleichs-Kapitalwert von 20.000 €. Daneben hat M noch ein Anrecht im Ausgleichs-Kapitalwert von 10.000 €, F hat noch Anrechte im Ausgleichskapitalwert von 3.000 €, 2.000 € und 1.000 €.

– Zwischen den beiden gleichartigen Anrechten der Ehegatten besteht eine Differenz der Ausgleichswerte von 3.000 €. Da diese Differenz die maßgebliche Geringfügigkeitsgrenze nicht übersteigt, könnten beide Anrechte nach § 18 Abs. 1 VersAusglG im VA außer Betracht bleiben.

– Die Ausgleichswerte der übrigen drei Anrechte von F liegen unter der maßgeblichen Geringfügigkeitsgrenze und könnten daher nach § 18 Abs. 2 VersAusglG aus dem VA herausgenommen werden. Der Ausgleichswert des Anrechts von M liegt dagegen über dem Grenzwert. Dieses Anrecht ist daher als einziges zwingend auszugleichen. F erhielte den Ausgleichswert von 10.000 €.

Damit wäre das Halbteilungsprinzip indes grob verletzt. Denn eine Gesamtbilanz aller Ausgleichswerte auf Kapitalwertbasis ergibt nur eine Differenz von 1.000 € (27.000 € – 26.000 €). Es ist daher geboten, den VA unter Einbeziehung zumindest der drei geringwertigen Anrechte von F durchzuführen. Insoweit drängt sich auch eine Vereinbarung auf mit dem Ziel, die Teilungsvorgänge zu verringern (vgl. § 6 Rdn. 16 ff.).

20 ▶ Beispiel 3:

Ehemann M hat, bezogen auf das Ehezeitende 31.01.2010, ein Anrecht im Ausgleichs-Kapitalwert von 5.000 € erworben, Ehefrau F Anrechte im Ausgleichs-Kapitalwert von 3.000 € und 2.500 €.

Das Anrecht des M wäre auszugleichen, die Anrechte der F wären nach § 18 Abs. 2 VersAusglG wegen Geringfügigkeit nicht auszugleichen. Ohne Korrektur erhielte F einen Ausgleichswert von 5.000 €, ohne selbst etwas abgeben zu müssen. Bei einer Gesamtvorsorgevermögensbilanz kehrt sich dagegen die Ausgleichsrichtung um: Die Summe der Ausgleichswerte der F beträgt

---

[67] BT-Drucks. 16/10144 S. 61; Ruland Rn. 518.

5.500 € und liegt daher um 500 € über dem Ausgleichswert des M. Hier liegt zur Erzielung eines angemessenen Ergebnisses ein Ausgleich mindestens eines der Anrechte der F, wenn nicht sogar beider Anrechte nahe. Mit Rücksicht auf die geringe Differenz der beiderseitigen Anrechte im Rahmen der Gesamtbilanz bietet sich aber ein Ausschluss des gesamten VA im Wege einer Vereinbarung nach § 6 Abs. 1 Satz 2 Nr. 2 VersAusglG an.

Bei der Ermessensprüfung des Gerichts ist schließlich auch das **Votum des** durch einen Ausschluss **21** **benachteiligten Ehegatten** von nicht unerheblicher Bedeutung. Das folgt aus den erweiterten Dispositionsbefugnissen, die den Ehegatten mit § 6 VersAusglG eingeräumt worden sind.[68] Erklärt sich der betreffende Ehegatte mit einer über die Grenze des § 18 Abs. 3 VersAusglG hinausgehenden Verletzung des Halbteilungsgrundsatzes ausdrücklich einverstanden und stünden einer entsprechenden Vereinbarung der Ehegatten keine Wirksamkeitshindernisse i.S. des § 8 VersAusglG entgegen, so kann das Gericht von einem Ausgleich der Anrechte absehen. Dadurch wird eine Vereinbarung der Ehegatten entbehrlich, die das Gericht gem. § 6 Abs. 2 VersAusglG ebenfalls hinzunehmen hätte.[69]

Für die **Anwälte** der Ehegatten stellt § 18 VersAusglG ein **erhebliches Regressrisiko** dar. Sie haben **22** die Voraussetzungen der Vorschrift und die Ermessensausübung des Gerichts sorgfältig zu prüfen. Das gilt ganz besonders für den Anwalt des Ehegatten, der dadurch, dass ein Anrecht oder mehrere Anrechte nach § 18 VersAusglG vom VA ausgenommen werden, benachteiligt wird. Er muss nämlich darauf achten, ob Umstände vorliegen, die die Durchführung des VA im Einzelfall gebieten, ggf. diese Gesichtspunkte zugunsten der Mandantin/des Mandanten ausdrücklich vortragen und darauf hinwirken, dass das Gericht von dem ihm zustehenden Ermessen Gebrauch macht und ein geringwertiges Anrecht in den VA einbezieht.[70] Notfalls kann ein solches Ziel auch noch mit einer Beschwerde verfolgt werden.

G. Gerichtliche Entscheidung

Soweit das Gericht Anrechte nach § 18 VersAusglG wegen Geringwertigkeit nicht ausgleicht, ist **23** dies gem. § 224 Abs. 3 FamFG **in der Beschlussformel** der Endentscheidung ausdrücklich **festzustellen.** Dabei ist über den Wortlaut der Vorschrift hinaus auszusprechen, dass hinsichtlich der von § 18 VersAusglG erfassten Anrechte ein **VA nicht stattfindet.** Denn da sich der Anwendungsbereich des § 18 VersAusglG auch auf den schuldrechtlichen VA erstreckt (§ 20 Abs. 1 S. 3 VersAusglG), ist bei Anwendung der Bagatellklausel nicht nur der Wertausgleich auszuschließen, sondern der VA insgesamt.[71] Dem Ausgleichsberechtigten bleibt nicht etwa die Möglichkeit offen, hinsichtlich des geringwertigen Anrechts später schuldrechtliche Ausgleichsansprüche nach der Scheidung geltend zu machen. Der Anlass des Ausschlusses braucht nur in den Gründen angegeben zu werden.[72] Der **Tenor** lautet

---

68 BT-Drucks. 16/10144 S. 61; BGH FamRZ 2012, 192, 196.
69 BT-Drucks. 16/10144 S. 61.
70 Johannsen/Henrich/Holzwarth § 18 Rn. 2, 15; Hauß/Eulering Rn. 279.
71 Ebenso Borth Rn. 639; Johannsen/Henrich/Holzwarth § 18 Rn. 10, 14; unzutreffend Erman/Norpoth § 18 Rn. 12; Keidel/Weber § 224 Rn. 8b; MüKo/Dörr § 224 FamFG Rn. 9, 11; Eulering/Viefhues FamRZ 2009, 1368, 1372, die die Entscheidung auf den Wertausgleich beschränken wollen. Die auf den Wertausgleich beschränkte Fassung des § 224 Abs. 3 FamFG beruht darauf, dass sich der Ausschluss nicht in allen dort erfassten Fällen zwingend auf den gesamten VA erstreckt. So können Ehegatten etwa vereinbaren, dass ein Anrecht nicht im Wertausgleich, sondern nur im schuldrechtlichen VA erfasst werden soll.
72 OLG Hamm FamRZ 2012, 146; Eulering/Viefhues FamRZ 2009, 1368, 1370, 1371; Prütting/Helms/Wagner § 224 Rn. 16; Keidel/Weber § 224 Rn. 8; a.A. Ruland Rn. 522; Johannsen/Henrich/Holzwarth § 18 Rn. 10, 13; Schulte-Bunert/Weinreich/Rehme § 224 FamFG Rn. 6.

– beim Ausschluss einzelner Anrechte – im Anschluss an die Aussprüche zur internen oder externen Teilung – : »Hinsichtlich des Anrechts des Ehemannes/der Ehefrau bei … (Versorgungsträger, Aktenzeichen) findet ein VA nicht statt.«
– bei einem Ausschluss sämtlicher Anrechte: »Ein VA findet nicht statt.«

Führt das Gericht den Ausgleich geringwertiger Anrechte in Ausübung des ihm zustehenden Ermessens durch, ist dies in den Entscheidungsgründen zu begründen.

24   Die Entscheidung ist auch im Falle des (Teil-)Ausschlusses mit der **Beschwerde** nach § 58 FamFG anfechtbar. Mit der Beschwerdebegründung kann auch erstmals geltend gemacht werden, dass ein Anrecht in den VA hätte einbezogen oder ausgeschlossen werden müssen. Zur Beschwerdeberechtigung beteiligter Versorgungsträger vgl. Rn. 118a vor § 1. Der Beschluss erwächst in **materielle Rechtskraft**[73] (vgl. auch zur vergleichbaren Entscheidung beim Ausschluss des VA wegen kurzer Ehezeit § 3 Rdn. 23). Eine spätere Abänderung der Entscheidung nach den §§ 225, 226 FamFG ist – beschränkt auf die in § 32 VersAusglG genannten Anrechte – möglich.[74]

§ 19 VersAusglG   Fehlende Ausgleichsreife

(1) [1]Ist ein Anrecht nicht ausgleichsreif, so findet insoweit ein Wertausgleich bei der Scheidung nicht statt. [2]§ 5 Abs. 2 gilt entsprechend.

(2) Ein Anrecht ist nicht ausgleichsreif,

1. wenn es dem Grund oder der Höhe nach nicht hinreichend verfestigt ist, insbesondere als noch verfallbares Anrecht im Sinne des Betriebsrentengesetzes,
2. soweit es auf eine abzuschmelzende Leistung gerichtet ist,
3. soweit sein Ausgleich für die ausgleichsberechtigte Person unwirtschaftlich wäre oder
4. wenn es bei einem ausländischen, zwischenstaatlichen oder überstaatlichen Versorgungsträger besteht.

(3) Hat ein Ehegatte nicht ausgleichsreife Anrechte nach Absatz 2 Nr. 4 erworben, so findet ein Wertausgleich bei der Scheidung auch in Bezug auf die sonstigen Anrechte der Ehegatten nicht statt, soweit dies für den anderen Ehegatten unbillig wäre.

(4) Ausgleichsansprüche nach der Scheidung gemäß den §§ 20 bis 26 bleiben unberührt.

---

73 BT-Drucks. 16/10144 S. 96.
74 Ruland Rn. 999; Erman/Norpoth § 18 Rn. 12; MüKo/Dörr § 225 FamFG Rn. 6.

A. Norminhalt

§ 19 VersAusglG trifft Regelungen für nicht ausgleichsreife Anrechte. Diese werden nach Abs. 1   1 vom Wertausgleich bei der Scheidung ausgenommen. Sie bleiben einem späteren schuldrechtlichen VA vorbehalten (Abs. 4). Abs. 2 enthält eine (abschließende[1]) Aufzählung der nicht ausgleichsreifen Anrechte, Abs. 3 eine ergänzende Bestimmung für Fälle, in denen in- und ausländische Anrechte auszugleichen sind.

B. Begriff der fehlenden Ausgleichsreife

Der **Begriff** der »fehlenden Ausgleichsreife« ist mit dem VersAusglG neu eingeführt worden. Mit   2 ihm werden Anrechte gekennzeichnet, die zwar die Voraussetzungen des § 2 VersAusglG erfüllen und damit grundsätzlich in den VA fallen, die aber im Zeitpunkt der Scheidung aufgrund besonderer Eigenschaften (noch) nicht intern oder extern geteilt werden können oder sollen. Zum einen geht es um Anrechte, die zwar bei Scheidung schon bestehen, aber noch nicht so gesichert sind, dass ein – u.U. nicht mehr abänderbarer – Wertausgleich schon gerechtfertigt ist. Ferner werden Anrechte erfasst, deren Höhe (noch) nicht hinreichend aufklärbar ist oder deren Ausgleich für den Berechtigten ohne wirtschaftlichen Wert wäre. Schließlich betrifft die Vorschrift ausländische Anrechte, die mangels hoheitlicher Eingriffsbefugnis durch deutsche Gerichte nicht geteilt werden können.

C. Maßgeblicher Zeitpunkt für die Feststellung der Ausgleichsreife (Abs. 1 Satz 2)

Maßgeblicher Zeitpunkt für die Prüfung der Ausgleichsreife ist der Zeitpunkt der letzten tatrich-   3 terlichen Entscheidung, in der Beschwerdeinstanz also der Zeitpunkt der Entscheidung des OLG. Denn § 19 Abs. 1 Satz 2 erklärt § 5 Abs. 2 VersAusglG für entsprechend anwendbar. Nach Satz 1 dieser Vorschrift ist zwar grundsätzlich auf das Ende der Ehezeit abzustellen. Die »entsprechende« Anwendung des Satzes 2 hat jedoch zur Folge, dass bis zur Entscheidung eingetretene Veränderungen, die sich auf die Ausgleichsreife des Anrechts auswirken, zu berücksichtigen sind.[2] Zwischen Ehezeitende und Entscheidung ausgleichsreif gewordene Anrechte sind daher in den Wertausgleich einzubeziehen. Insoweit gilt nichts anderes als schon nach früherem Recht für unverfallbar gewordene betriebliche Anrechte (§ 1587a Abs. 2 Nr. 3 Satz 3 BGB a.F.).

D. Nicht ausgleichsreife Anrechte (Abs. 2)

I. Nicht hinreichend verfestigte Anrechte (Abs. 2 Nr. 1)

Gem. § 19 Abs. 2 Nr. 1 VersAusglG sind Anrechte, die dem Grunde oder der Höhe nach noch   4 nicht hinreichend verfestigt sind, nicht ausgleichsreif. Damit soll verhindert werden, dass Anwartschaften ausgeglichen werden, bei denen im Zeitpunkt der Scheidung noch nicht hinreichend sicher ist, ob sie sich tatsächlich später zu einem Rechtsanspruch auf Versorgungsleistungen entwickeln werden. Bereits laufende Versorgungen kommen also insoweit nicht in Betracht, weil sich die Anwartschaft hier bereits zum Rechtsanspruch verfestigt hat und damit Ausgleichsreife eingetreten ist.[3]

---

1 Borth Rn. 640; Johannsen/Henrich/Holzwarth § 19 Rn. 4.
2 BT-Drucks. 16/10144 S. 62; Ruland Rn. 478; Johannsen/Henrich/Holzwarth § 19 Rn. 3; Hauß/Eulering Rn. 248; vgl. zum früheren Recht auch schon BGH FamRZ 1982, 1195.
3 BGH FamRZ 2005, 1461, 1462.

1. Betriebliche Anrechte

5 § 19 Abs. 2 Nr. 1 VersAusglG erfasst, wie ausdrücklich hervorgehoben wird, insbesondere **Anwartschaften auf betriebliche Altersversorgung**, die noch **verfallbar** sind. Dies entspricht dem früheren Recht, das gem. § 1587a Abs. 2 Nr. 3 Satz 3 BGB a.F. noch verfallbare betriebliche Anwartschaften ebenfalls vom öffentlich-rechtlichen VA ausnahm. **Unverfallbarkeit** tritt nach Betriebsrentenrecht erst nach einer bestimmten Zeit der Betriebszugehörigkeit ein. Scheidet ein Arbeitnehmer – aus welchen Gründen auch immer – vor Ablauf der Unverfallbarkeitsfrist aus dem Betrieb aus, der ihm eine betriebliche Altersversorgung zugesagt hat, verliert er sein Anrecht – mit Ausnahme der Teile, die allein auf eigenen Beiträgen des Arbeitnehmers beruhen – ersatzlos. Da auf dem privaten Arbeitsmarkt eine relativ hohe Fluktuation herrscht, kann erst mit Eintritt der Unverfallbarkeit von einer so hinreichenden Sicherung des Anrechts ausgegangen werden, dass seine Einbeziehung in den Wertausgleich bei Scheidung zu rechtfertigen ist. Dies gilt umso mehr, als eine Abänderung des einmal durchgeführten Wertausgleichs betrieblicher Anrechte ausgeschlossen ist (vgl. § 225 Abs. 1 FamFG i.V.m. § 32 VersAusglG).

6 Die §§ 1b, 2 BetrAVG stellen **Mindestanforderungen** für die Unverfallbarkeit dem Grunde und der Höhe nach auf, von denen zugunsten der Arbeitnehmer durch Versorgungsordnung jederzeit, zuungunsten der Arbeitnehmer nur aufgrund eines Tarifvertrages (§ 17 Abs. 3 Satz 1 BetrAVG) abgewichen werden kann. Für Versorgungsanrechte, die vor dem 01.01.2001 entstanden sind, gelten Übergangsregelungen (§§ 30f – 30h BetrAVG). Daraus ergibt sich nach den Bestimmungen des BetrAVG für die Unverfallbarkeit dem **Grunde** nach folgendes Bild:

– Nach § 30f BetrAVG ist eine Anwartschaft auf eine vor dem 01.01.2001 zugesagte betriebliche Altersversorgung dem Grunde nach unverfallbar, wenn bei Beendigung des Arbeitsverhältnisses
  – der Arbeitnehmer das 35. Lebensjahr vollendet hat und
  – entweder die **Versorgungszusage** für ihn mindestens zehn Jahre bestanden hat oder der Beginn der Betriebszugehörigkeit mindestens zwölf Jahre zurück liegt und die Versorgungszusage für ihn mindestens drei Jahre bestanden hat.

Die Unverfallbarkeit tritt auch ein, wenn die Zusage ab dem 01.01.2001 fünf Jahre bestanden hat und bei Beendigung des Arbeitsverhältnisses das 30. Lebensjahr vollendet ist. Für Anrechte aus Entgeltumwandlung gelten insoweit keine Besonderheiten.

– Die Anwartschaft auf eine nach dem 31.12.2000 zugesagte betriebliche Altersversorgung ist gem. § 1b BetrAVG dem **Grunde** nach unverfallbar, wenn bei Beendigung des Arbeitsverhältnisses
  – der Arbeitnehmer das 30. Lebensjahr vollendet hat und
  – die **Versorgungszusage** zu diesem Zeitpunkt mindestens fünf Jahre bestanden hat.

Bei Anrechten aus **Entgeltumwandlung** ist die Anwartschaft jedoch (hinsichtlich jedes einzelnen Beitrages) sofort unverfallbar (§ 1b Abs. 5 BetrAVG). Das Gleiche gilt (i.V.m. § 1 Abs. 2 Nr. 4 Hs. 2 BetrAVG) für kapitalgedeckte Anrechte aus Entgeltverwendung.

Abweichende tarifvertragliche Regelungen gelten z.B. im Baugewerbe. Anrechte auf die sog. Rentenbeihilfe der Sozialkasse Bau (SOKA-Bau) werden unverfallbar, wenn der Arbeitnehmer das 30. Lebensjahr vollendet hat und mindestens fünf Jahre bei demselben Arbeitgeber beschäftigt war.[4] Zur Höhe der Anwartschaft s. § 45 Rdn. 10.

7 Der **Zeitpunkt der Versorgungszusage** fällt meist, aber nicht immer mit dem Beginn der Betriebszugehörigkeit zusammen. Bei einer betrieblichen Versorgung in Form einer Direktversicherung oder einer Versicherung durch eine Pensionskasse oder einen Pensionsfonds gilt die Versorgungszusage jedenfalls mit dem Versicherungsbeginn als erteilt (§ 1b Abs. 2 Satz 4, Abs. 3 Satz 2

---

4 Vgl. AG Meldorf FamRZ 2010, 1806.

BetrAVG), bei einer Versorgung durch eine Unterstützungskasse in dem Zeitpunkt, von dem an der Arbeitnehmer zum Kreis der Begünstigten der Kasse gehört (§ 1b Abs. 4 Satz 2 BetrAVG). Unzulässig sind sog. Vorschaltzeiten, mit denen erreicht werden soll, dass eine Versorgungsanwartschaft erst nach Ablauf einer bestimmten Zeit entstehen soll.[5] Auf die Zeit der Betriebszugehörigkeit werden Zeiten der Teilzeitbeschäftigung voll angerechnet.[6]

Ein Arbeitnehmer behält seine Anwartschaft auch dann, wenn er aufgrund einer **Vorruhestandsre-** **gelung** ausscheidet und nur deshalb die Voraussetzungen für den Bezug einer Betriebsrente nicht erfüllen kann (§ 1b Abs. 1 Satz 2 BetrAVG). Eine Änderung der Versorgungszusage oder ihre Übernahme durch eine andere Person führt nicht zu einer Unterbrechung der Unverfallbarkeitsfristen (§ 1b Abs. 1 Satz 3 BetrAVG). Unverfallbare Anrechte sind grundsätzlich unauflöslich (§ 3 Abs. 1 BetrAVG) und nicht übertragbar (§ 4 Abs. 1 BetrAVG). Der Arbeitgeber kann allerdings ein Anrecht, das einen bestimmten Mindestwert nicht erreicht, durch einmalige Kapitalzahlung abfinden, sofern der Arbeitnehmer nicht für die Übertragung des Anrechts auf einen neuen Arbeitgeber votiert (§ 3 Abs. 2 BetrAVG). Die Abfindung führt dazu, dass das Versorgungsanrecht erlischt und im VA nicht mehr zu berücksichtigen ist. **8**

Von den Unverfallbarkeitsfristen sind sog. **Wartezeiten** zu unterscheiden. Als solche werden im Allgemeinen Mindestanwartschaftszeiten bezeichnet, nach deren Ablauf frühestens Leistungen im Versorgungsfall gewährt werden. Sie gelten gleichermaßen für betriebstreue wie für bereits ausgeschiedene Mitarbeiter und laufen unabhängig von der Fortdauer der Betriebszugehörigkeit (§ 1b Abs. 1 Satz 5 BetrAVG), können also auch nach dem Ausscheiden aus dem Betrieb noch erfüllt werden. Gelegentlich wird der Begriff der Wartezeit in Versorgungsordnungen aber auch (nur) im Sinne einer Mindestbeschäftigungszeit verwendet. Dann handelt es sich um eine besondere vertragliche Unverfallbarkeitsfrist (z.B. die satzungsmäßige Wartezeit von fünf Jahren nach § 34 Abs. 1 VBL-Satzung, mit der lediglich die gesetzliche Unverfallbarkeitsfrist zugunsten der Versicherten abgekürzt wird). Im Allgemeinen ist die Wartezeit kürzer als die Unverfallbarkeitsfrist und kann deshalb als erste Stufe der Unverfallbarkeit bezeichnet werden.[7] Die Bestimmungen des BetrAVG hindern den Arbeitgeber jedoch nicht, die Gewährung von Versorgungsleistungen an die Erfüllung einer längeren Wartezeit zu knüpfen, denn sie bezwecken nur die Gleichstellung von betriebstreuen und ausgeschiedenen Arbeitnehmern, die hinsichtlich der Wartezeiten durch § 1b Abs. 1 Satz 5 BetrAVG gewährleistet ist. Bei der Berechnung der Wartezeit sind sog. Vordienstzeiten zu berücksichtigen, wenn dies den vertraglichen Regelungen zu entnehmen ist.[8] In diesem Fall beginnt die Wartezeit schon vor der tatsächlichen Betriebszugehörigkeit. **9**

Nach dem Betriebsrentenrecht ist eine **arbeitgeberfinanzierte** Anwartschaft der **Höhe** nach grundsätzlich mindestens in Höhe des Prozentsatzes unverfallbar, der sich aus dem Verhältnis der tatsächlichen Betriebszugehörigkeit zu der Zeit vom Beginn der Betriebszugehörigkeit bis zur Vollendung des 65. Lebensjahres (oder einer anderen in der Versorgungsregelung vorgesehenen festen Altersgrenze) ergibt (§ 2 Abs. 1 Satz 1 BetrAVG). Bei Anwartschaften aus Direktversicherung oder gegenüber einer Pensionskasse kann der Arbeitgeber die zu erbringende Leistung unter bestimmten Voraussetzungen auf die vom Versicherer aufgrund des Versicherungsvertrages zu erbringende Leistung beschränken (sog. versicherungsvertragliche Lösung, § 2 Abs. 2 Satz 2, Abs. 3 Satz 2 BetrAVG). Hat er dies bis zur Entscheidung des Gerichts getan, so ist von dem so bemessenen Anrecht auszugehen.[9] Bei Anwartschaften aus **Entgeltumwandlung**, aus einer beitragsorientierten Leistungszusage und aus einer Beitragszusage mit Mindestleistung berechnet sich die Höhe der **10**

---

5 BAG DB 1977, 1704.
6 BAG DB 1993, 169.
7 BGH FamRZ 1982, 899, 903.
8 BGH FamRZ 1985, 263, 264.
9 BGH FamRZ 1987, 52, 55.

unverfallbaren Anwartschaft aus den bis zum Ausscheiden angesammelten Entgelten bzw. Beiträgen (§ 2 Abs. 5a und 5b, § 30g BetrAVG).

11   Im VA gilt allerdings ein **eigenständiger Unverfallbarkeitsbegriff**. Es kommt hier nicht allein darauf an, ob die Voraussetzungen der §§ 1b, 2 BetrAVG erfüllt sind. Entscheidend ist vielmehr, welcher **Versorgungswert** dem Grunde und der Höhe nach unabhängig von einem weiteren Verbleib des Arbeitnehmers im Betrieb bereits **endgültig gesichert** ist.[10] Dabei ist von einer normalen Entwicklung des Arbeitsverhältnisses auszugehen. Die bloß theoretische Möglichkeit, dass der Anspruch auf die Versorgung im Einzelfall aus einem besonderen, im Verhalten des Arbeitnehmers liegenden Grund noch entfallen kann, steht der generellen Annahme einer unverfallbaren Anwartschaft nicht entgegen.[11] Bei der Zusatzversorgungskasse des Baugewerbes (SOKA-BAU) hängt die Höhe der Versorgung z.B. mit vom Lebensalter des Arbeitnehmers bei Renteneintritt und von den dann erreichten Wartezeitmonaten ab. Wie sich diese Parameter bis zum Versorgungsfall entwickeln werden, ist zum Zeitpunkt der Scheidung noch ungewiss. Daher müssen die auf diesen Faktoren beruhenden Bestandteile des Anrechts im Wertausgleich außer Betracht bleiben.[12] Endgültig gesichert sind auch Anrechte aus sog. Startgutschriften rentenferner Jahrgänge in der Zusatzversorgung des öffentlichen Dienstes, die für Versicherungszeiten vor dem 01.01.2002 erteilt worden sind. Diese Anrechte konnten zwar bis zur Neuregelung der vom BGH für verfassungswidrig erklärten Übergangsvorschriften in den Satzungen der Versorgungsträger nicht abschließend berechnet werden (vgl. § 45 Rdn. 33 ff.). Dies rechtfertigte es jedoch nicht, die Anrechte als nicht ausgleichsreif anzusehen.[13] Nachdem die Versorgungsträger die Berechnung der Startgutschriften in ihren Satzungen inzwischen neu geregelt haben, besteht ohnehin kein Hindernis mehr gegen eine Einbeziehung der Anrechte in den Wertausgleich.[14]

11a   Betriebliche Ruhegeldordnungen sehen häufig eine Wertsteigerung des Versorgungsanrechts während der Anwartschaftsphase in Abhängigkeit von dem jeweils letzten Einkommen des Arbeitnehmers vor, jedoch nur so lange, wie der Arbeitnehmer dem Betrieb angehört (**endgehaltsbezogene Versorgungszusagen**). In diesem Fall ist die Dynamik des Versorgungsanrechts vom weiteren Verbleib im Betrieb abhängig und damit bis zum Eintritt des Versorgungsfalles noch verfallbar. Daraus folgt, dass das Anrecht im Wertausgleich nur auf der Basis des bei Ehezeitende maßgebenden Einkommens berechnet werden kann. Nach früherem Recht wurde der ausgleichsberechtigte Ehegatte hinsichtlich des Wertzuwachses, der sich bei einem Verbleib des Ausgleichspflichtigen im Betrieb nach Ehezeitende realisierte, auf einen späteren schuldrechtlichen VA verwiesen.[15] Daran soll nach den Vorstellungen des Gesetzgebers und der herrschenden Auffassung in Rechtsprechung und Literatur auch nach neuem Recht festgehalten werden. Dieser Auffassung kann jedoch nicht gefolgt werden (vgl. dazu eingehend § 11 Rdn. 8 ff.). Im Fall der internen Teilung des Anrechts hat der Versorgungsträger vielmehr den auf den Ausgleichsberechtigten übertragenen Ausgleichswert gem. § 11 Abs. 1 S. 2 Nr. 2 VersAusglG in gleicher Weise anzupassen wie das dem Verpflichteten verbliebene Anrecht. Im Fall der externen Teilung wird für den Berechtigten ein eigenständiges Anrecht begründet, das sodann nach den für die Zielversorgung geltenden Maßstäben angepasst wird. Bei beiden Ausgleichsformen besteht daher kein Bedarf an einem ergänzenden schuldrechtlichen Ausgleich.

11b   Besteht eine betriebliche Altersversorgung aus **mehreren Versorgungsbausteinen** und ist **eines dieser Anrechte noch verfallbar**, so sind weitere bereits unverfallbare, aber i.S. des § 18 VersAusglG geringwertige Bausteine nicht vom VA auszuschließen, sondern ebenfalls als noch verfallbar zu

---

10   BGH FamRZ 1982, 899, 901.
11   BGH FamRZ 1986, 341, 343.
12   Hauß/Eulering Rn. 245.
13   OLG Düsseldorf FamRZ 2011, 719; OLG Celle FamRZ 2011, 720; OLG Karlsruhe FamRZ 2011, 727; a.A. OLG München FamRZ 2011, 222; OLG Köln FamRZ 2011, 721.
14   BGH FamRZ 2012, 1131.
15   BGH FamRZ 1989, 844.

behandeln und einem schuldrechtlichen VA vorzubehalten. Denn eine im Wertausgleich getroffene Entscheidung, das unverfallbare Anrecht nicht auszugleichen, erwüchse in materielle Rechtskraft, so dass spätere schuldrechtliche Ausgleichsansprüche ebenfalls ausgeschlossen wären. Darüber hinaus wäre zu besorgen, dass das bislang nicht ausgleichsreife Anrecht bei späterer Unverfallbarkeit ebenfalls für sich genommen einen geringen Ausgleichswert aufweist und ein schuldrechtlicher Ausgleich deshalb insoweit gem. §§ 20 Abs. 1 S. 3, 18 Abs. 2 VersAusglG ausgeschlossen werden würde. Damit geriete aus dem Blick, dass die Versorgungsbausteine im Rahmen der Bagtellklausel als Einheit zu betrachten sind. Indem alle Versorgungsbausteine in den schuldrechtlichen VA verwiesen werden, kann die Frage der Geringwertigkeit der Anrechte im Rahmen des schuldrechtlichen VA abschließend und sachgerecht beurteilt werden.[16]

Wie schon nach früherem Recht hat das **Familiengericht** bei jeder betrieblichen Anwartschaft von **12** Amts wegen **aufzuklären**, ob und inwieweit das Anrecht unverfallbar ist. Da es insoweit auf den Zeitpunkt der Entscheidung ankommt (s. Rdn. 3), sieht der amtliche Auskunftsbogen für betriebliche Versorgungsträger (V 31) neben der Angabe, ob die Unverfallbarkeit im Zeitpunkt der Auskunftserteilung bereits eingetreten ist, für den Fall der Verneinung dieser Frage die weitere Angabe vor, bis zu welchem Zeitpunkt das Arbeitsverhältnis andauern muss, damit die Unverfallbarkeit eintritt. Ist dieser Zeitpunkt bis zur Entscheidung erreicht, muss das Gericht noch einmal beim Versorgungsträger nachfragen, ob das Arbeitsverhältnis noch besteht und die Unverfallbarkeit daher eingetreten ist. In dem Merkblatt, das den Versorgungsträgern mit dem Auskunftsersuchen übersandt wird, befindet sich auch der Hinweis, dass bei einer endgehaltsbezogenen Versorgung nur der Teil des Anrechts als unverfallbar anzugeben ist, der sich aus dem Prozentsatz des Einkommens am Ende der Ehezeit ergibt (s. Rdn. 11). Ferner werden die Versorgungsträger darauf hingewiesen, dass die Gerichte die Angabe benötigen, ob es sich um eine endgehaltsbezogene Versorgung handelt, damit sie in den Entscheidungsgründen den nach § 224 Abs. 4 FamFG vorgeschriebenen Hinweis auf den (im Hinblick auf die Einkommensdynamik, s. Rdn. 11) möglichen schuldrechtlichen Restausgleich aufnehmen (vgl. dazu Rdn. 24).

2. Sonstige Anrechte

§ 19 Abs. 2 Nr. 1 VersAusglG erfasst auch Anrechte, die nicht unter das BetrAVG fallen, für die **13** aber aufgrund individual- oder tarifvertraglicher Bestimmungen vergleichbare Unverfallbarkeitsregelungen wie für betriebliche Anrechte gelten. Nicht ausgleichsreif sind daher auch Anrechte von herrschenden **Gesellschafter-Geschäftsführern**, wenn sie aufgrund von Verfallbarkeitsklauseln, Widerrufsrechten oder Bedingungen im Zeitpunkt der Entscheidung als noch nicht hinreichend verfestigt anzusehen sind.[17]

Die Ausgleichsreife des Anrechts aus einer **fondsgebundenen Rentenversicherung** wird nicht **13a** dadurch in Frage gestellt, dass der Wert nach Ehezeitende durch Kursentwicklungen am Kapitalmarkt sinken kann.[18] Ein nachehezeitlicher Wertverlust ist jedoch gem. § 5 Abs. 2 S. 2 VersAusglG bei der Entscheidung zu berücksichtigen, soweit nicht bereits eine gegenläufige Entwicklung eingesetzt hat, die den nachehezeitlichen Wertverlust wieder auffängt.[19]

Anrechte, die zur Sicherung eines Darlehens **abgetreten** oder wirksam ver- oder gepfändet worden **13b** sind, können nicht intern oder extern geteilt werden, weil sie nicht der Verfügungsgewalt des Schuldners unterliegen. Sie fallen zwar in den VA, solange nicht feststeht, dass das abgetretene

---

16 OLG Celle Beschluss vom 10.01.2012 – 17 UF 182/11 –.
17 BT-Drucks. 16/11903 S. 55; Johannsen/Henrich/Holzwarth § 19 Rn. 6; Hauß/Eulering Rn. 243; Borth FamRZ 2009, 1361, 1365. Vgl. ferner OLG Hamburg FamRZ 2010 1440, 1441 zu einem Anrecht, das einem beurlaubten Beamten für die Tätigkeit in einem Angestelltenverhältnis für den Fall zugesagt worden war, dass das Arbeitsverhältnis bis zum Eintritt des Versorgungsfalles andauern würde.
18 BGH FamRZ 2012, 694, 695.
19 BGH FamRZ 2012, 694, 697.

oder gepfändete Anrecht tatsächlich zur Schuldtilgung in Anspruch genommen wird,[20] bleiben nach neuem Recht aber dem schuldrechtlichen VA vorbehalten (vgl. § 2 Rdn. 8a, 8b).

II. Degressive Anrechte (Abs. 2 Nr. 2)

14   § 19 Abs. 2 Nr. 2 VersAusglG erfasst Teile von Anrechten, die auf eine **abzuschmelzende Leistung** gerichtet sind. Dabei geht es um Zuschläge zu bereits laufenden, nach neuen rechtlichen Bestimmungen berechneten Versorgungsleistungen, die für eine Übergangzeit aus Gründen des Bestandsschutzes gezahlt, aber im Zuge weiterer Versorgungsanpassungen stufenweise abgebaut werden. Da die Zeitpunkte und die Höhe weiterer Anpassungen ungewiss sind, kann auch die Dauer der Gewährung der abzuschmelzenden Leistung nicht bestimmt werden. Deshalb fehlt es für einen Wertausgleich an einer tragfähigen Bemessungsgrundlage.[21] Betroffen waren z.B. der auf § 69e BeamtVG beruhende Zuschlag zum beamtenrechtlichen Ruhegehalt, der nach der Absenkung des Ruhegehaltssatzes (von 1,875 % auf 1,79375 % für jedes Jahr ruhegehaltfähiger Dienstzeit, vgl. § 44 Rdn. 27) durch das Versorgungsänderungsgesetz 2001[22] eine stufenweise Absenkung des Versorgungsniveaus bewirken sollte,[23] sowie die in § 120h SGB VI enumerativ aufgeführten Zuschläge nach den §§ 307b Abs. 6, 315a, 319a, 319b SGB VI, die zu gesetzlichen Renten in den neuen Bundesländern gezahlt wurden, um die am 31.12.1991 nach früherem DDR-Recht erreichte Rentenhöhe zu erhalten.[24]

III. Unwirtschaftlichkeit des Wertausgleichs (Abs. 2 Nr. 3)

15   § 19 Abs. 2 Nr. 3 VersAusglG nimmt ebenso wie § 1587b Abs. 4 BGB a.F. Anrechte vom Wertausgleich aus, deren **Ausgleich für den ausgleichsberechtigten Ehegatten unwirtschaftlich** wäre, setzt dafür aber anders als die frühere Vorschrift keinen Antrag dieses Ehegatten mehr voraus. Damit verringert sich das frühere **Regressrisiko für den Anwalt des Ausgleichsberechtigten**, weil das Gericht nunmehr von Amtswegen zu prüfen hat, ob der Ausgleich unwirtschaftlich ist, und das Anrecht ggf. auch von Amtswegen dem schuldrechtlichen VA vorzubehalten hat. Allerdings muss der Anwalt des Ausgleichsberechtigten weiterhin darauf achten, dass das Gericht die fehlende Ausgleichsreife erkennt, und ggf. auf Umstände hinweisen, die für eine Unwirtschaftlichkeit sprechen.

16   Besondere praktische Relevanz hatte die Vorschrift nach früherem Recht für den Fall eines **ausgleichsberechtigten Beamten**, der mit dem ihm durch den Wertausgleich zufließenden Anrecht der gesetzlichen Rentenversicherung die für den späteren Bezug einer gesetzlichen Rente erforderliche allgemeine Wartezeit von 60 Monaten (vgl. § 10 Rdn. 17, § 43 Rdn. 12) nicht erfüllen konnte.[25] Da nunmehr auch nicht versicherungspflichtige Personen zur Zahlung freiwilliger Beiträge berechtigt sind und damit die Wartezeit erfüllen können, kann die Übertragung oder Begründung einer gesetzlichen Rentenanwartschaft für sie nicht mehr ohne weiteres als unwirtschaftlich angesehen werden,[26] sondern nur noch dann, wenn sie wirtschaftlich nicht in der Lage sein werden, die zum Erreichen der Wartezeit erforderlichen freiwilligen Beiträge zu entrichten (vgl. § 16 Rdn. 4). Der VA ist nicht schon deshalb unwirtschaftlich, weil der Berechtigte aus den zu übertragenden oder zu begründenden Rentenanwartschaften wegen Nichterfüllung der besonderen rentenrechtlichen Voraussetzungen (drei Jahre Pflichtbeitragszeiten innerhalb der letzten fünf Jahre vor Eintritt der Erwerbsminderung, § 43 Abs. 1 Nr. 2, Abs. 2 Nr. 2 SGB VI) keine

---

20 BGH FamRZ 2011, 963 zum früheren Recht.
21 BT-Drucks. 16/10144 S. 62; vgl. schon zum früheren Recht BGH FamRZ 1984, 565; Wick Rn. 172.
22 Vom 20.12.2001, BGBl. I S. 3926.
23 BGH FamRZ 2007, 994, 995; 2011, 706.
24 BT-Drucks. 16/10144 S. 62.
25 BGH FamRZ 1980, 129, 130; OLG Frankfurt FamRZ 2000, 164, 165; OLG Celle FamRZ 2006, 1453, 1455.
26 OLG Dresden Beschluss vom 30.04.2012 – 29 UF 1153/11 – (juris).

Erwerbsminderungsrente realisieren kann. Denn der Frühinvaliditätsschutz in der gesetzlichen Rentenversicherung ist für einen Beamten nicht von der gleichen Bedeutung wie für einen nicht beamteten Ehegatten. Ein Beamter hat hinsichtlich dieses Risikos bereits mit seinem Anspruch auf beamtenrechtliches Ruhegehalt eine Grundsicherung.[27] Auch der Umstand, dass sich ein auszugleichendes beamtenrechtliches Anrecht beim ausgleichsberechtigten Ehegatten nicht sofort rentenerhöhend auswirken kann, macht die Teilung des Anrechts nicht unwirtschaftlich, selbst wenn der Ausgleichspflichtige sofort eine Kürzung seiner Pension hinnehmen muss.[28]

IV. Ausländische Anrechte (Abs. 2 Nr. 4)

Gem. § 19 Abs. 2 Nr. 4 VersAusglG sind Anrechte, die bei einem **ausländischen, zwischenstaatli-** **chen oder überstaatlichen Versorgungsträger** erworben worden sind, generell nicht ausgleichsreif. Sie sind deshalb stets im Wertausgleich außer Betracht zu lassen. Damit wird berücksichtigt, dass ein solcher Versorgungsträger nicht der deutschen Gerichtsbarkeit unterliegt und daher vom Familiengericht nicht verpflichtet werden kann, auszugleichende Anrechte intern oder extern zu teilen. Zum **Zweck des Wertausgleichs** braucht daher – anders als nach früherem Recht, unter dessen Geltung jedenfalls Anrechte ausgleichsberechtigter Ehegatten zum Zwecke der Gesamtsaldierung zu klären waren – i.d.R. auch kein Ausgleichswert ermittelt zu werden.[29]

Allerdings ist aus anderen Gründen grundsätzlich **aufzuklären**, ob in der Ehezeit überhaupt ein ausländisches Anrecht erworben worden ist und welcher Ausgleichswert für dieses Anrecht etwa in Betracht kommt.[30] Zum einen hat das Gericht gem. § 19 Abs. 3 VersAusglG zu prüfen, ob und ggf. inwieweit es unbillig wäre, die in den VA fallenden ausgleichsreifen (inländischen) Anrechte in den Wertausgleich einzubeziehen, während das ausländische Anrecht dem schuldrechtlichen VA vorbehalten bleibt. Diese Prüfung setzt einen zumindest ungefähren Vergleich des ausländischen Anrechts und der von beiden Ehegatten erworbenen inländischen Anrechte voraus (s. Rdn. 19 ff.). Zum anderen hat das Gericht gem. § 224 Abs. 4 FamFG in die Entscheidungsgründe einen Hinweis auf den später noch möglichen schuldrechtlichen Ausgleich aufzunehmen (s.u. Rdn. 24).

E. Ausgleichssperre für inländische Anrechte (Abs. 3)

Hat ein Ehegatte in der Ehezeit ein ausländisches, zwischen- oder überstaatliches Anrecht erworben, das gem. § 19 Abs. 2 Nr. 4 VersAusglG vom Wertausgleich auszuschließen ist, findet ein Wertausgleich auch in Bezug auf die sonstigen – inländischen und eigentlich ausgleichsreifen – Anrechte der Ehegatten nicht statt, soweit dies für den anderen Ehegatten unbillig wäre (§ 19 Abs. 3 VersAusglG). Die fehlende Ausgleichsreife des ausländischen Anrechts wirkt also als **Wertausgleichssperre** für inländische Anrechte, soweit dies aus Gründen der Billigkeit geboten ist.[31] Hintergrund dieser Bestimmung ist die deutlich schwächere Rechtsstellung, die der schuldrechtliche VA dem Ausgleichsberechtigten im Vergleich zum Wertausgleich verschafft (vgl. vor § 1 Rdn. 41). Es soll verhindert werden, dass ein Ehegatte die Hälfte seiner in der Ehezeit erworbenen Anrechte mit dem Wertausgleich bei der Scheidung bereits endgültig verliert, während er in Bezug auf das vom anderen Ehegatten in der Ehezeit erworbene ausländische Anrecht lediglich schuldrechtliche Ausgleichsansprüche erwirbt, deren Realisierung erst nach Eintritt des Versorgungsfalles

---

27 BGH FamRZ 2007, 30, 33.
28 OLG Düsseldorf Beschluss vom 03.05.2012 – 8 UF 202/11 – (juris).
29 Eine Klärung ausländischer Anrechte kann allenfalls im Rahmen einer Härtefallprüfung nach § 27 VersAusglG geboten sein; vgl. Johannsen/Henrich/Holzwarth § 19 Rn. 18; Hauß/Eulering Rn. 253.
30 Vgl. zur Bewertung französischer Rentenanwartschaften OLG Karlsruhe FamRZ 2010, 1989; zu dänischen Anrechten AG Flensburg FamRZ 2009, 1585 und OLG Schleswig SchlHA 2012, 105.
31 BT-Drucks. 16/10144 S. 63; OLG Saarbrücken FamRZ 2011, 1735.

möglich und zudem nicht hinreichend gesichert ist. Ein solcher Ausgleich wäre unausgewogen und damit unbillig, sofern sich die Ausgleichswerte der in- und ausländischen Anrechte in etwa entsprechen oder das ausländische Anrecht sogar wesentlich höher ist. Dies ist z.B. in Fällen denkbar, in denen ein Ehegatte längere Zeit im Ausland oder in einer zwischenstaatlichen oder überstaatlichen Organisation (z.B. EU) beschäftigt war, während der andere eine Tätigkeit im Inland ausgeübt hat oder nicht erwerbstätig war.[32]

20   Anders liegt es hingegen, wenn das ausländische Anrecht nur einen geringen Ausgleichswert hat und deshalb für die Versorgungsgemeinschaft beider Ehegatten von untergeordneter Bedeutung ist. Dann ist es nicht unbillig, wenn es im Wertausgleich außer Betracht gelassen und später ggf. schuldrechtlich ausgeglichen wird. Dies betrifft vor allem Fälle, in denen ein Ehegatte nur vergleichsweise geringe Zeit im Ausland beschäftigt war.[33]

21   Verfügt der Ehegatte, der ein ausländisches Anrecht von nicht nur geringem Ausgleichswert erworben hat, auch über ein ausgleichsreifes inländisches Anrecht, so kann es der Billigkeit entsprechen, dieses Anrecht zu teilen, damit jedenfalls insoweit bereits ein Wertausgleich bei der Scheidung erfolgt.[34] Ein vom anderen Ehegatten erworbenes, an sich ebenfalls ausgleichsreifes Anrecht kann dagegen im Hinblick auf das ausländische Anrecht (ganz oder teilweise) vom Wertausgleich ausgenommen werden, wenn dieser Ehegatte nicht insgesamt wertniedrigere inländische Anrechte erworben hat.[35]

22   Das Familiengericht hat die **Billigkeitsprüfung** in allen Fällen, in denen ein ausländisches Anrecht in den VA fällt, von Amts wegen vorzunehmen. Ob und inwieweit die Ausgleichssperre anzuwenden ist, hat das Gericht nach pflichtgemäßem Ermessen zu entscheiden.[36] Die Ermessensprüfung setzt grundsätzlich voraus, dass das Gericht zumindest die Größenordnung des in der Ehezeit erworbenen ausländischen Anrechts klärt, damit es dessen Bedeutung für die Versorgungssituation der Ehegatten beurteilen kann. Stößt die Aufklärung des ausländischen Anrechts allerdings auf große Schwierigkeiten[37] oder ist es zweifelhaft, ob überhaupt ein Anteil eines ausländischen Anrechts auf die Ehezeit entfällt, kann das Gericht auch dahinstehen lassen, ob das Anrecht einem späteren schuldrechtlichen Ausgleich unterliegt.[38] Dem Zweck des § 224 Abs. 4 FamFG genügt in diesem Fall auch ein entsprechend eingeschränkter Hinweis in den Entscheidungsgründen.

F.   Rechtsfolge fehlender Ausgleichsreife (Abs. 1 Satz 1, Abs. 4)

23   Soweit das Gericht ein Anrecht nach § 19 Abs. 2 VersAusglG als nicht ausgleichsreif ansieht oder nach § 19 Abs. 3 VersAusglG mit einer Ausgleichssperre belegt, wird es **nicht in den Wertausgleich** einbezogen (§ 19 Abs. 1 Satz 1 VersAusglG). **Ausgleichsansprüche nach der Scheidung** gem. den §§ 20 bis 26 VersAusglG bleiben jedoch gem. § 19 Abs. 4 VersAusglG »unberührt«. Daraus folgt, dass dem in Bezug auf das ausländische, zwischenstaatliche oder überstaatliche Anrecht ausgleichsberechtigten Ehegatten vorbehalten bleibt, schuldrechtliche Ausgleichsansprüche geltend zu machen, sobald die Voraussetzungen dafür erfüllt sind. Ein späterer schuldrechtlicher VA kann durch eine Vereinbarung der Ehegatten vermieden werden. In Betracht kommt etwa eine Einbezie-

---

32   BT-Drucks. 16/10144 S. 63; Ruland Rn. 480.
33   Vgl. OLG Celle FamRZ 2010, 979, 980.
34   OLG Celle NJW-RR 2011, 1571, 1573; OLG Brandenburg FamRZ 2012, 310, 311; AG Traunstein FamRZ 2012, 1146.
35   BT-Drucks. 16/10144 S. 63.
36   BT-Drucks. 16/10144 S. 63; OLG Saarbrücken FamRZ 2011, 1735; Ruland Rn. 480; Johannsen/Henrich/Holzwarth § 19 Rn. 21.
37   Vgl. z.B. BGH FamRZ 2003, 1737 zu osteuropäischen Anrechten.
38   Vgl. auch BT-Drucks. 16/10144 S. 62: »Aufklärung braucht bei besonderen Schwierigkeiten nicht zwingend durchgeführt zu werden«.

hung des ausländischen Anrechts im Wege einer Verrechnung mit einem inländischen Anrecht des anderen Ehegatten auf Basis der korrespondierenden Kapitalwerte. Kann der Wert des ausländischen Anrechts nicht exakt oder nur mittels eines aufwändigen Sachverständigen-Gutachtens ermittelt werden, können sich die Ehegatten auf eine Wertschätzung verständigen.[39]

G. Gerichtliche Entscheidung

In den **Tenor** der gerichtlichen Entscheidung braucht – wie schon nach früherem Recht[40] – weder 24 ein Vorbehalt des schuldrechtlichen VA noch eine Feststellung, dass ein Wertausgleich nicht stattfindet,[41] aufgenommen zu werden. Der Ausgleichsberechtigte hat insoweit auch kein Feststellungsinteresse. Stellt das Gericht dennoch einen (angeblich) schuldrechtlich auszugleichenden Betrag im Rahmen des Wertausgleichs fest, so können sich beide Ehegatten dagegen beschweren, weil die Gefahr besteht, dass sich ein Beteiligter in einem späteren Verfahren über den schuldrechtlichen VA auf die vermeintliche Rechtskraft der getroffenen Feststellung beruft.[42] In den **Entscheidungsgründen** hat das Gericht die Anrechte, die wegen mangelnder Ausgleichsreife im Rahmen des Wertausgleichs nicht ausgeglichen werden können, ausdrücklich zu benennen (§ 224 Abs. 4 FamFG). Damit sollen die Eheleute daran erinnert werden, dass noch nicht ausgeglichene Anrechte vorhanden sind, und gleichzeitig darauf hingewiesen werden, welche Anrechte dies sind. Dieser Hinweis hat keine konstitutive Bedeutung.[43] Daher ist ein späterer schuldrechtlicher Ausgleich auch dann möglich, wenn der Hinweis in den Gründen vergessen wurde. Ein Rechtsmittel ist weder gegen den Hinweis noch gegen das Fehlen eines Hinweises zulässig.[44]

Abschnitt 3   Ausgleichsansprüche nach der Scheidung

Unterabschnitt 1   Schuldrechtliche Ausgleichszahlungen

§ 20 VersAusglG   Anspruch auf schuldrechtliche Ausgleichsrente

(1) [1]Bezieht die ausgleichspflichtige Person eine laufende Versorgung aus einem noch nicht ausgeglichenen Anrecht, so kann die ausgleichsberechtigte Person von ihr den Ausgleichswert als Rente (schuldrechtliche Ausgleichsrente) verlangen. [2]Die auf den Ausgleichswert entfallenden Sozialversicherungsbeiträge oder vergleichbaren Aufwendungen sind abzuziehen. [3]§ 18 gilt entsprechend.

(2) Der Anspruch ist fällig, sobald die ausgleichsberechtigte Person

1. eine eigene laufende Versorgung im Sinne des § 2 bezieht,
2. die Regelaltersgrenze der gesetzlichen Rentenversicherung erreicht hat oder
3. die gesundheitlichen Voraussetzungen für eine laufende Versorgung wegen Invalidität erfüllt.

---

39 Borth Rn. 655.
40 BGH FamRZ 2007, 994, 995; OLG Zweibrücken FamRZ 2003, 1290; OLG Karlsruhe FamRZ 2005, 986, 987.
41 Ebenso Schulte-Bunert/Weinreich/Rehme § 224 Rn. 3; Keidel/Weber § 224 Rn. 8. Insoweit a.A. Johannsen/Henrich/Holzwarth § 19 Rn. 24; Prütting/Helms/Wagner § 224 Rn. 17; Zöller/Lorenz § 224 FamFG Rdn. 19: die Aufnahme eines Vorbehalts in den Tenor sei zweckmäßig. Noch weiter gehend Borth Rn. 653; Erman/Norpoth § 19 Rn. 22, wonach ein Ausspruch entsprechend § 224 Abs. 3 FamFG erforderlich sein soll. Die Fälle des § 19 VersAusglG sind jedoch in § 224 Abs. 3 FamFG gerade nicht genannt.
42 BGH FamRZ 1995, 293, 295.
43 BT-Drucks. 16/10144 S. 96.
44 BGH FamRZ 2007, 536; Keidel/Weber § 224 Rn. 10.

(3) Für die schuldrechtliche Ausgleichsrente gelten § 1585 Abs. 1 Satz 2 und 3 sowie § 1585b Abs. 2 und 3 des Bürgerlichen Gesetzbuchs entsprechend.

A. Norminhalt

1   Mit § 20 VersAusglG beginnt der Abschnitt 3 des Teils 1, der die (schuldrechtlichen) Ausgleichsansprüche nach der Scheidung behandelt. Unterabschnitt 1 umfasst die Bestimmungen über die schuldrechtliche Ausgleichsrente, die Abtretung von Versorgungsansprüchen zur Sicherung der Ausgleichsrente sowie den Anspruch auf Ausgleich von Kapitalzahlungen aus einem auf Kapitalleistungen gerichteten Anrecht. § 20 VersAusglG behandelt in Abs. 1 den Anwendungsbereich des schuldrechtlichen VA sowie den Inhalt und die Höhe des Ausgleichsanspruchs. Abs. 2 regelt die Fälligkeitsvoraussetzungen für den schuldrechtlichen Ausgleichsanspruch, Abs. 3 die Zahlungsmodalitäten. Die Vorschrift entspricht weitgehend dem früheren § 1587g BGB.

B. Zweck der Ausgleichsansprüche nach der Scheidung

2   **Ausgleichsansprüche nach der Scheidung** bestehen als **subsidiäre Ausgleichsform** für Anrechte, die zwar gem. den §§ 1 und 2 VersAusglG dem VA unterliegen, aber aus tatsächlichen oder rechtlichen Gründen nicht im Rahmen eines Wertausgleichs, also durch interne oder externe Teilung ausgeglichen werden können. Der Ausgleichsberechtigte erhält lediglich **schuldrechtliche Ansprüche** gegen den Ausgleichspflichtigen auf Beteiligung an dessen dem VA unterliegender, aber nicht oder nicht vollständig im Rahmen des Wertausgleichs ausgeglichener bereits laufender Versorgung in Höhe des Ausgleichswerts. Deshalb wurde diese Ausgleichsform im früheren Recht als **schuldrechtlicher VA** bezeichnet. Der neue Begriff ist insoweit unscharf, als schuldrechtliche Ausgleichsansprüche auch schon im Scheidungsverbund geltend gemacht werden können, wenn die Fälligkeitsvoraussetzungen bereits zu diesem Zeitpunkt vorliegen. Ferner kann eine Abfindung schuldrechtlicher Ausgleichsansprüche (§§ 23, 24 VersAusglG) stets schon bei Scheidung beansprucht werden (vgl. vor § 1 Rdn. 70). Der für Ansprüche nach den §§ 20 ff. VersAusglG häufig verwendete Begriff »Wertausgleich *nach* der Scheidung« ist unzutreffend, weil diese Ansprüche nur schuldrechtlicher Art sind und daher gerade keinen (rechtsgestaltenden) Wertausgleich von

Anrechten herbeiführen. Zu den Nachteilen des schuldrechtlichen VA im Einzelnen vgl. Rdn. 41 vor § 1.

C. Anwendungsbereich des schuldrechtlichen Versorgungsausgleichs (Abs. 1 Satz 1)

Auch nach neuem Recht ist nicht in allen Fällen ein Wertausgleich bei der Scheidung möglich. **3** Der Anwendungsbereich des schuldrechtlichen VA ist jedoch weitgehend zurückgedrängt worden. Soweit ein Anrecht intern oder extern geteilt werden kann, kommt es i.d.R. zu einem vollständigen Wertausgleich, so dass – anders als nach früherem Recht insbesondere aufgrund der Höchstbegrenzungen nach den §§ 1587b Abs. 5 BGB, 3b Abs. 1 Nr. 1 VAHRG a.F. – kein schuldrechtlicher Restausgleich mehr erforderlich wird. Eine Ausnahme gilt nach hier vertretener Ansicht auch nicht für endgehaltsbezogene Versorgungen, deren Dynamik zur Zeit der Scheidung noch nicht gesichert ist (vgl. dazu § 11 Rdn. 8 ff. und § 19 Rdn. 11a).

Dem schuldrechtlichen VA vorbehalten bleiben insbesondere die im Zeitpunkt der Entscheidung **4** über den Wertausgleich bei der Scheidung (i.S. des § 19 Abs. 2 VersAusglG) **nicht ausgleichsreifen Anrechte** (s. § 19 Rdn. 4–18). Ferner unterliegen dem schuldrechtlichen Ausgleich die zwar ausgleichsreif gewesenen, aber vom Gericht **gem. § 19 Abs. 3 VersAusglG nicht in den Wertausgleich einbezogenen Anrechte** (s. § 19 Rdn. 19–22). Dies ist in § 19 Abs. 4 VersAusglG ausdrücklich bestimmt. Gem. § 28 Abs. 3 VersAusglG fallen auch **Anrechte der Privatvorsorge wegen Invalidität** ausschließlich in den schuldrechtlichen VA (s. § 28 Rdn. 10). Des Weiteren ist ein schuldrechtlicher VA durchzuführen, wenn die Ehegatten dies ausdrücklich **vereinbart** haben (§ 6 Abs. 1 Satz 2 Nr. 3 VersAusglG; s. § 6 Rdn. 15).

Streitig ist, ob § 20 Abs. 1 Satz 1 VersAusglG auch die Möglichkeit eröffnet, ein **Anrecht**, das **beim** **4a** **Wertausgleich übersehen** oder vom Ausgleichspflichtigen **verschwiegen** worden ist, schuldrechtlich auszugleichen.

– Nach früherem Recht konnte ein im Ursprungsverfahren nicht berücksichtigtes Anrecht im Rahmen eines **Abänderungsverfahrens** nach § 10a VAHRG ausgeglichen werden, weil in diesem eine völlig neue Gesamtausgleichsbilanz zu erstellen war, in die auch später ermittelte Anrechte einzustellen waren.[1] Nach neuem Recht erstrecken sich Abänderungsverfahren sowohl nach den §§ 51, 52 VersAusglG als auch nach den §§ 225, 226 FamFG dagegen nur noch auf die bereits in das Ursprungsverfahren einbezogenen Anrechte und auf Abänderungsgründe, die nach der Erstentscheidung entstanden sind (vgl. § 51 Rdn. 10); im Verfahren nach den §§ 225, 226 FamFG wird die Abänderungsmöglichkeit zudem noch auf die in § 32 VersAusglG genannten Anrechte beschränkt. Damit scheidet nunmehr ein nachträglicher Ausgleich eines in der Ursprungsentscheidung ignorierten Anrechts in einem Abänderungsverfahren aus.[2]
– Eine Nachholung des Wertausgleichs bezüglich des »vergessenen« Anrechts im Rahmen des **Ursprungsverfahrens** durch das erstinstanzliche Gericht käme in Betracht, wenn dieses erkennbar lediglich eine Teilentscheidung hat treffen wollen.[3] Diese Voraussetzung ist aber nicht erfüllt, wenn das Amtsgericht ein Anrecht gar nicht ausgleichen wollte, weil es dieses übersehen hat oder ihm seine Existenz gar nicht bekannt war. Eine Ergänzung der erstinstanzlichen Entscheidung durch Beschluss nach § 43 FamFG würde voraussetzen, dass das Gericht ein Anrecht

---

1 BGH FamRZ 1993, 796.
2 BT-Drucks. 16/10144 S. 89; OLG München FamRZ 2012, 380; OLG Oldenburg Beschluss vom 20.09.2012 – 14 UF 96/12 – (juris); Borth Rn. 1174, 1241; ders. FamRZ 2012, 337, 338; Erman/Norpoth § 51 Rn. 20; Weil FF 2010, 195, 196; Götsche FamRB 2012, 122; Holzwarth Festschrift für Hahne S. 407, 412.
3 BGH NJW 1984, 1544; 1999, 1035; FamRZ 1988, 276; Holzwarth Festschrift für Hahne S. 407, 411.

übergangen hat, dessen Ausgleich ein Ehegatte ausdrücklich gefordert hat.[4] Im Ursprungsverfahren ist eine Korrektur daher nur in der Beschwerdeinstanz möglich.

– Teilweise wird ein nachträglicher Ausgleich eines übergangenen Anrechts im Rahmen eines **weiteren Erstverfahrens über den Wertausgleich** für zulässig erachtet.[5] Dem steht jedoch die Rechtskraft der (regelmäßig) im Verbund ergangenen Entscheidung, mit der das Familiengericht alle gem. § 9 Abs. 1 VersAusglG dem Wertausgleich bei der Scheidung unterfallenden Anrechte ausgleichen und nicht nur eine Teilentscheidung treffen wollte, entgegen.[6] Ein nachträglicher isolierter Ausgleich eines später aufgedeckten Anrechts ließe auch außer Betracht, dass trotz des anrechtsbezogenen neuen Ausgleichssystems häufig eine Gesamtbetrachtung aller auszugleichenden Anrechte erforderlich ist, z.B. bei Anwendung der Bagatellklausel des § 18 VersAusglG oder der Härteklausel des § 27 VersAusglG oder im Rahmen der Inhaltskontrolle von Vereinbarungen gem. § 8 Abs. 1 VersAusglG.

– Eine Durchbrechung der Rechtskraft der Entscheidung über den Wertausgleich ist nur über ein **Wiederaufnahmeverfahren** gem. § 48 Abs. 2 FamFG i.V.m. den §§ 579, 580 ZPO möglich.[7] In Betracht kommen die Wiederaufnahmegründe des § 580 Nr. 1 und 4 ZPO, die jedoch voraussetzen, dass der Ausgleichspflichtige ein Anrecht in betrügerischer Absicht bewusst verheimlicht hat. Dies wird nur selten feststellbar sein, zumal § 581 Abs. 1 ZPO zusätzlich erfordert, dass die Manipulation zu einer strafgerichtlichen Verurteilung geführt hat oder die Einleitung oder Durchführung eines Strafverfahrens aus anderen Gründen als wegen Mangels an Beweisen nicht erfolgen konnte. Die Fälle eines versehentlich nicht berücksichtigten (z.B. eines vergessenen) Anrechts können damit nicht erfasst werden. Insoweit kommt ein Restitutionsverfahren nur in Betracht, wenn nachträglich eine Urkunde aufgefunden worden ist (§ 580 Nr. 7b ZPO). Scheidet auch ein Wiederaufnahmeverfahren aus, hat der Ausgleichsberechtigte nur noch die Möglichkeit, den Ausgleichspflichtigen auf Schadensersatz in Anspruch zu nehmen. Dies ist allerdings nur erfolgversprechend, wenn der Ausgleichspflichtige ein Anrecht vorsätzlich verheimlicht hat.[8]

– Unter der Geltung des früheren Rechts hat der BGH die Berücksichtigung eines im Wertausgleich übersehenen Anrechts im Rahmen des schuldrechtlichen VA für zulässig erachtet.[9] Gleichwohl wird die Möglichkeit eines schuldrechtlichen Ausgleichs für das neue Recht in der Literatur teilweise verneint. Dies wird damit begründet, der schuldrechtliche VA diene nicht dazu, Fehler zu korrigieren, die beim Wertausgleich unterlaufen seien. Außerdem beschränke sich der schuldrechtliche VA nach der Konzeption des neuen Rechts auf die gesetzlich ausdrücklich geregelten Fälle, in denen Anrechte nicht in den Wertausgleich bei der Scheidung einbezogen werden können oder sollen. Er sei nicht mehr als Ausgleichsform konzipiert, mit der alle nicht in den Wertausgleich einbezogenen Anrechte aufgefangen werden sollen.[10] Diese Auffassung ist jedoch abzulehnen. Zum einen ist der schuldrechtliche VA nach neuem Recht (anders als noch im früheren § 1587f BGB) nicht auf gesetzlich abschließend bestimmte Fallgruppen beschränkt. Zwar werden im Gesetz an verschiedenen Stellen Anwendungsfälle des schuldrechtlichen VA erwähnt (§§ 6 Abs. 1 S. 2 Nr. 3, 19 Abs. 4, 28 Abs. 3 VersAusglG). Nach dem Wortlaut der §§ 20 Abs. 1 S. 1, 22 S. 1 VersAusglG erstreckt sich der schuldrechtliche VA

---

4   Holzwarth Festschrift für Hahne S. 407, 410.
5   Palandt/Brudermüller § 20 Rn. 3; Hoppenz/Hoppenz § 20 Rn. 1.
6   Borth Rn. 758; Ruland Rn. 682; Kemper Kap. IX Rn. 19; Holzwarth Festschrift für Hahne S. 407, 411
7   Borth Rn. 760; ders. FamRZ 2012, 337, 339; Kemper Kap. IX Rn. 20; Holzwarth Festschrift für Hahne S. 407, 414; Götsche FamRB 2012, 122, 123.
8   Borth Rn. 760; ders. FamRZ 2012, 337, 339 f.; Götsche FamRB 2012, 122, 124.
9   BGH FamRZ 2007, 1805 mit Anm. Borth.
10 OLG Oldenburg Beschluss vom 20.09.2012 – 14 UF 96/12 – (juris); Borth Rn. 759; ders. FamRZ 2012, 337, 338; Ruland Rn. 682, 699 f.; Kemper Kap. IX Rn. 15; Palandt/Brudermüller § 20 Rn. 3; Götsche FamRB 2012, 122, 123; vgl. auch zum früheren Recht BGH FamRZ 1993, 304, 305; 2008, 1339, 1341; 2011, 706, 709.

jedoch auf alle Versorgungen »aus einem noch nicht ausgeglichenen Anrecht«. Damit sollen nach der Gesetzesbegründung Anrechte erfasst werden, deren Ausgleich (insgesamt oder teilweise) »im Wertausgleich bei der Scheidung ... noch nicht erfolgt ist«.[11] Dies spricht dafür, dass dem schuldrechtlichen Ausgleich ebenso wie nach früherem Recht eine Auffangfunktion zukommen soll, auch wenn diese entsprechend den erweiterten öffentlich-rechtlichen Ausgleichsmöglichkeiten von wesentlich geringerer Bedeutung ist als nach früherem Recht.[12] Zum anderen wird mit dem schuldrechtlichen Ausgleich eines im Wertausgleich übersehenen Anrechts kein bei der Entscheidung über den Wertausgleich unterlaufener Fehler korrigiert. Wenn ein Anrecht überhaupt nicht – auch nicht in Form einer negativen Feststellung nach § 224 Abs. 3 FamFG – in den Wertausgleich einbezogen worden war, wird diese Entscheidung durch den schuldrechtlichen Ausgleich eines solchen Anrechts nicht korrigiert, sondern lediglich ergänzt. Der Wertausgleich bei der Scheidung erfordert anders als nach früherem Recht keine Gesamtsaldierung aller ausgleichsreifen Anrechte mehr. Vielmehr wird grundsätzlich jedes ausgleichsreife Anrecht isoliert geteilt oder aber sein Ausgleich gem. § 224 Abs. 3 FamFG ausgeschlossen. Die Rechtskraft einer Entscheidung über den Wertausgleich steht daher einem späteren schuldrechtlichen Ausgleich eines Anrechts, das nicht Gegenstand der Entscheidung über den Wertausgleich war, nicht entgegen.[13]

– Um **Rechtsnachteile** für den jeweils ausgleichsberechtigten Ehegatten zu **vermeiden**, sollte jeder Anwalt seinen Mandanten unbedingt dazu veranlassen, sich genaue Gedanken über die vom anderen Ehegatten in der Ehezeit erworbenen Anrechte zu machen, und das Gericht auf mögliche weitere Anrechte des anderen Ehegatten hinweisen.

Ein **schuldrechtlicher Restausgleich** ist in allen Fällen möglich, in denen nach **früherem Recht** 5 überhaupt kein oder nur teilweise ein öffentlich-rechtlicher Wertausgleich durchgeführt werden konnte (vgl. zum früheren Anwendungsbereich des schuldrechtlichen VA § 1587f BGB a.F.). Nach § 1587b Abs. 5 BGB a.F. war die Begründung von gesetzlichen Rentenanwartschaften zum Ausgleich hoher Anrechte des Verpflichteten (insbesondere aus der Beamtenversorgung und der berufsständischen Versorgung) auf einen Betrag begrenzt, den der Berechtigte selbst aus einer Pflichtversicherung unter Berücksichtigung der Beitragsbemessungsgrenze hätte erwerben können. § 3b Abs. 1 Nr. 1 VAHRG a.F. begrenzte den erweiterten (über die Halbteilung hinausgehenden) Wertausgleich von Anrechten (insbesondere aus der gesetzlichen Rentenversicherung) zum Ausgleich von Anrechten bei privaten Versorgungsträgern auf einen Höchstbetrag (2 % der monatlichen Bezugsgröße nach § 18 SGB IV). In diesen Fällen können nunmehr schuldrechtliche Restausgleichsansprüche nach den §§ 20 ff. VersAusglG geltend gemacht werden. Im Fall eines Teilausgleichs nach § 3b Abs. 1 Nr. 1 VAHRG a.F. kann nur dieser Weg beschritten werden (§ 51 Abs. 4 VersAusglG), während im Fall eines Teilausgleichs nach § 1587b Abs. 5 BGB a.F. ein Restausgleich auch im Rahmen eines Abänderungsverfahrens nach den §§ 51, 52 VersAusglG möglich ist.[14] Wie der erfolgte Teilausgleich auf die schuldrechtliche Ausgleichsrente anzurechnen ist, regelt § 53 VersAusglG (vgl. auch unten Rdn. 28 und § 53 Rdn. 1 ff.). Nach § 1587b Abs. 3 Satz 1 BGB a.F. sowie der Nachfolgeregelung des § 3b Abs. 1 Nr. 2 VAHRG a.F. konnten Anrechte dadurch ausgeglichen werden, dass dem ausgleichspflichtigen Ehegatten aufgegeben wurde, durch Zahlung von Beiträgen in die gesetzliche Rentenversicherung Rentenanwartschaften für den Ausgleichsberechtigten zu begründen. Soweit diese Verpflichtung nicht erfüllt worden ist, besteht für den Ausgleichsberechtigten ebenfalls die Möglichkeit, schuldrechtliche (Rest-) Ausgleichsansprüche geltend zu machen.

---

11 BT-Drucks. 16/10144 S. 63.
12 Johannsen/Henrich/Holzwarth § 20 Rn. 21; Erman/Norpoth § 20 Rn. 3; MüKo/Glockner § 20 Rn. 32; Bergner § 20 Anm. 7; jurisPK-BGB/Bregger § 20 Rn. 6; unsicher NK-FamR/Hauß § 20 Rn. 6 ff.
13 Holzwarth Festschrift für Hahne S. 407, 413.
14 Borth Rn. 751.

6   Ein **schuldrechtlicher** (Rest-) **Ausgleich scheidet** dagegen **aus**, wenn ein Anrecht aufgrund einer Bagatellregelung (§ 18 VersAusglG oder § 3c VAHRG a.F.), aufgrund einer Härteklausel (§ 27 VersAusglG, § 1587c BGB a.F.) oder aufgrund eines von den Ehegatten wirksam vereinbarten Ausschlusses des VA (teilweise) keinem Wertausgleich unterworfen worden ist. Einem nachträglichen schuldrechtlichen VA steht insoweit die Rechtskraft der getroffenen gerichtlichen Entscheidung entgegen.[15] Der schuldrechtliche VA darf auch nicht dazu dienen, Fehler, die in der Entscheidung über den Wertausgleich unterlaufen und nicht mit einem Rechtsmittel gerügt worden sind, zu korrigieren.[16] Dies ist nur in einem Abänderungsverfahren nach den §§ 51, 52 VersAusglG oder den §§ 225, 226 FamFG möglich, sofern die Voraussetzungen für einen »Einstieg« in die Abänderung gegeben sind.[17]

7   Ausgleichsansprüche nach der Scheidung sind auch ausgeschlossen, soweit das Gericht im Rahmen der Entscheidung über den Wertausgleich nach § 224 Abs. 3 FamFG ausdrücklich festgestellt hat, dass ein **VA nicht stattfindet**. Dies betrifft die in § 224 Abs. 3 FamFG geregelten Fälle kurzer Ehezeit (ohne einen auf Durchführung des VA gerichteten Antrag), eines vereinbarten Ausschlusses des VA, einer Herausnahme von Anrechten aus dem VA aufgrund des § 18 VersAusglG und eines Ausschlusses des VA aufgrund der Härteklausel. Auch wenn das Gericht nur tituliert hat, dass ein »Wertausgleich« nicht stattfindet, schließt die Rechtskraft der feststellenden Entscheidung nach § 224 Abs. 3 FamFG eine nachträgliche Korrektur im Wege einer Durchführung des schuldrechtlichen VA aus. Etwas anderes gilt nur für den Fall, dass die Ehegatten sich in einer Vereinbarung ausdrücklich einen schuldrechtlichen VA vorbehalten haben (vgl. § 6 Abs. 1 Satz 2 Nr. 3 VersAusglG).

D. Antragserfordernis

8   Der schuldrechtliche VA wird grundsätzlich **nur auf Antrag** durchgeführt (§ 223 FamFG). Eine Ausnahme gilt jedoch für den schuldrechtlichen Ausgleich einer **laufenden privaten Invaliditätsrente** i.S. des § 28 VersAusglG, der an die Stelle der von Amts wegen durchzuführenden Teilung tritt; insoweit bedarf es keines Antrags (§ 137 Abs. 2 Satz 2 FamFG für den Scheidungsverbund; im Übrigen bringt dies § 28 Abs. 3 VersAusglG dadurch zum Ausdruck, dass die §§ 20–22 nur »für die Durchführung des Ausgleichs« für entsprechend anwendbar erklärt werden, während nach den §§ 14 Abs. 4 Satz 2, 19 Abs. 4 VersAusglG Ausgleichsansprüche nach der Scheidung »unberührt bleiben«[18]).

9   Beziehen die Ehegatten während des Scheidungsverfahrens schon Rente oder ist zumindest zweifelhaft, ob hinsichtlich eines nicht in den Wertausgleich einbeziehbaren Anrechts bereits ein schuldrechtlicher VA durchgeführt werden kann (dazu kann ein gerichtlicher Hinweis erbeten werden), so sollte der Anwalt des Ausgleichsberechtigten den **Antrag** auf schuldrechtlichen VA bereits **im Verbund** stellen, um Rechtsnachteile für seine Mandantschaft zu vermeiden. Wird der schuldrechtliche VA nämlich nicht in den Verbund eingeführt, müsste anschließend ein neues selbständiges Verfahren eingeleitet werden, in dem die schuldrechtliche Ausgleichsrente u.U. nicht mehr rückwirkend verlangt werden kann (s.u. Rdn. 38). Schuldrechtliche Ausgleichsansprüche können auch nicht, wenn die Antragstellung in erster Instanz versäumt wurde, erstmals in einem sich anschließenden Beschwerdeverfahren geltend gemacht werden.[19] Daher scheidet die Möglichkeit aus, mit einem Rechtsmittel gegen die Entscheidung über den Wertausgleich einen ergänzenden schuldrechtlichen VA zu verlangen. Außerhalb eines Scheidungsverfahrens leitet der Antrag

---

15 Ruland Rn. 690; Johannsen/Henrich/Holzwarth § 20 Rn. 21.
16 Vgl. schon zum früheren Recht BGH FamRZ 1993, 304, 305; 2011, 706, 709.
17 Ruland Rn. 699; Johannsen/Henrich/Holzwarth § 20 Rn. 11.
18 BT-Drucks. 16/10144 S. 69.
19 BGH FamRZ 1990, 606.

nach § 223 FamFG ein **selbständiges Verfahren** nach §§ 111 Nr. 7, 217 FamFG ein. **Anwalts-zwang** besteht für den Antrag nur im Scheidungsverbund (§ 114 Abs. 1 FamFG).

Der Antrag ist lediglich Verfahrensvoraussetzung. Es muss nur zum Ausdruck gebracht werden, dass der Anspruch auf schuldrechtliche Ausgleichsrente geltend gemacht wird. Ein **Sachantrag** ist **nicht erforderlich**. Insbesondere braucht die begehrte Ausgleichsrente nicht beziffert zu werden.[20] Wird dennoch ein bezifferter Antrag gestellt, so tritt dadurch keine Bindung ein.[21] Dies gilt aller-dings nicht im Beschwerdeverfahren; hier ist das Gericht an eine bewusste Antragsbeschränkung gebunden.[22] Deshalb empfiehlt es sich für den Beschwerdeführer, auch im zweiten Rechtszug kei-nen bezifferten Antrag zu stellen und lediglich eine Korrektur »entsprechend der Rechtslage« zu beantragen. Dadurch stellt der Beschwerdeführer sicher, dass das Gericht den von ihm errechneten Ausgleichsbetrag ab dem frühestmöglichen Zeitpunkt tituliert und ihn nicht etwa aufgrund einer geringeren Forderung des Beschwerdeführers beschränkt.

10

Vorschlag für die Formulierung eines **Antrags** auf Ausgleichsrente:

▸ Es wird beantragt, den Antragsgegner zu verpflichten, der Antragstellerin eine schuldrechtliche Ausgleichsrente zu zahlen, rückständige Beträge sofort und künftig fällig werdende Monatsbe-träge monatlich im Voraus.

Damit sich die Ehegatten Klarheit darüber verschaffen können, ob ein Antrag auf schuldrechtli-chen VA sinnvoll ist, steht ihnen wechselseitig ein Anspruch auf Auskunft über Art und Höhe der vom anderen Ehegatten schuldrechtlich auszugleichenden Versorgungen und für den Fall, dass die Auskunft vom anderen Ehegatten nicht zu erhalten ist, auch ein Auskunftsanspruch gegen den Träger der auszugleichenden Versorgung zu (vgl. § 4 Rdn. 3 und 4).

E. Fälligkeit des Ausgleichsanspruchs (Abs. 1 Satz 1, Abs. 2)

Der ausgleichsberechtigte Ehegatte kann eine **schuldrechtliche Ausgleichsrente** verlangen, wenn

11

– der Ausgleichspflichtige laufende Versorgungsleistungen aus einem im Wertausgleich bei der Scheidung noch nicht oder noch nicht vollständig ausgeglichenen Anrecht bezieht (§ 20 Abs. 1 Satz 1 VersAusglG) und
– beim Ausgleichsberechtigten ein Versorgungsfall eingetreten ist (§ 20 Abs. 2 VersAusglG).

I. Versorgungsbezug beim Ausgleichspflichtigen (Abs. 1 Satz 1)

Der Verpflichtete muss bereits Versorgungsleistungen aus einem Anrecht beziehen, das noch schuldrechtlich ausgeglichen werden kann. Es genügt nicht, dass die Voraussetzungen für den Bezug einer Rente bereits erfüllt sind.[23] Es steht dem Ausgleichspflichtigen grundsätzlich frei, wann er die Versorgung in Anspruch nehmen will. Arbeitet er über die Altersgrenze hinaus weiter, kann der Ausgleichsberechtigte noch keine Ausgleichsrente erhalten.[24] I.d.R. erhöht sich das Ver-sorgungsanrecht bei späterer Inanspruchnahme der Versorgung, so dass der Ausgleichsberechtigte dann für den späteren Beginn mit einem höheren Betrag der Ausgleichsrente entschädigt wird, sofern sich auch der Ehezeitanteil erhöht. Nimmt der Ausgleichspflichtige eine vorgezogene Altersrente in Anspruch, kann auch der Ausgleichsberechtigte bereits Teilhabe daran verlangen.[25] Die Leistungen sind nur insoweit ausgleichspflichtig, als sie auf einer unter § 2 VersAusglG fallen-

12

20 BGH FamRZ 1989, 950, 951.
21 OLG Hamm FamRZ 1990, 889; OLG Bamberg FamRZ 2001, 689, 690.
22 OLG Saarbrücken FamRZ 2003, 614.
23 OLG Celle FamRZ 1995, 812, 814.
24 Borth Rn. 744; Ruland Rn. 692; Hauß/Eulering Rn. 313.
25 BGH FamRZ 2001, 25; 2001, 27, 29; 2008, 1512, 1513.

den Versorgung beruhen und das Anrecht darauf in der Ehezeit erworben worden ist. Ausgleichspflichtig sind auch Invaliditätsversorgungen.[26] Eine abgetretene oder verpfändete Versorgung ist
schuldrechtlich auszugleichen, wenn der Rentenberechtigte dafür eine andere Leistung empfängt
oder von fortlaufenden Verbindlichkeiten befreit wird.[27]

II. Versorgungsfall beim Ausgleichsberechtigten (Abs. 2)

13   Beim Ausgleichsberechtigten kommen drei alternative Fälligkeitsvoraussetzungen in Betracht:

- – Bezug einer Versorgung,
- – Erreichen einer Altersgrenze oder
- – Invalidität.

1. Versorgungsbezug (Abs. 2 Nr. 1)

14   Nach § 20 Abs. 2 Nr. 1 VersAusglG muss der Berechtigte seinerseits bereits **Leistungen aus einer
Versorgung** i.S. des § 2 VersAusglG **beziehen.** Dabei muss es sich jedoch nicht um eine ebenfalls
dem schuldrechtlichen VA unterliegende Rente handeln. Auf die Art der Versorgung kommt es
nicht an.[28] So genügt z.B. auch die (jetzt grundsätzlich) befristete Bewilligung einer Erwerbsminderungsrente aus der gesetzlichen Rentenversicherung, da diese eine bereits mindestens sechs
Monate andauernde Erwerbsminderung voraussetzt (§§ 101 Abs. 1, 102 Abs. 2 SGB VI).[29] Ferner
erfüllt der Bezug einer Rente wegen teilweiser Erwerbsminderung[30] oder einer ausländischen
Rente die Voraussetzungen des § 20 Abs. 2 Nr. 1 VersAusglG, und zwar unabhängig davon, ob der
Rentenbezieher die Anspruchsvoraussetzungen für eine Rente aus der deutschen Rentenversicherung erfüllt und ob die Versorgung in der Ehezeit erworben worden ist.[31] Nicht ausreichend ist
dagegen eine Abfindung oder Überbrückungszahlung ohne Altersversorgungscharakter.[32]

2. Erreichen der Regelaltersgrenze (Abs. 2 Nr. 2)

15   Nach § 19 Abs. 2 Nr. 2 VersAusglG kann der Ausgleichsberechtigte die schuldrechtliche
Ausgleichsrente auch beanspruchen, wenn er die **Regelaltersgrenze der gesetzlichen Rentenversicherung erreicht** hat, ohne selbst einen Rentenanspruch zu haben. In diesem Fall besteht ein entsprechender Versorgungsbedarf. Die pauschalierende Anknüpfung an die Regelaltersgrenze der
gesetzlichen Rentenversicherung dient der Vereinfachung und macht Feststellungen zu individuellen Umständen (z.B. zur Regelaltersgrenze des tatsächlich zuständigen Versorgungssystems) entbehrlich.[33] Die Regelaltersgrenze in der gesetzlichen Rentenversicherung ist mit dem RV-
Altersgrenzenanpassungsgesetz[34] auf 67 Jahre angehoben worden (§ 35 Satz 2 SGB VI). Für Versicherte der Geburtsjahrgänge vor 1964 gelten jedoch aufgrund der Übergangsregelung in § 235
SGB VI folgende vorgezogene Altersgrenzen:

---

26 BGH FamRZ 1987, 145, 146.
27 BGH FamRZ 1988, 936, 939; Ruland Rn. 693.
28 BGH FamRZ 2001, 27, 28.
29 OLG Karlsruhe FamRZ 2005, 986; OLG Düsseldorf FamRZ 2007, 225; Borth FamRZ 2006, 1641,
    1647.
30 Ruland Rn. 696; Johannsen/Henrich/Holzwarth § 20 Rn. 29; Hauß/Eulering Rn. 316.
31 BGH FamRZ 2001, 284.
32 BGH FamRZ 2001, 27, 28.
33 BT-Drucks. 16/10144 S. 64.
34 Vom 20.04.2007 (BGBl. I S. 554).

Geburtsjahr des Versicherten	Maßgebende Altersgrenze
bis 1946	65 Jahre
1947	65 Jahre 1 Monat
1948	65 Jahre 2 Monate
1949	65 Jahre 3 Monate
1950	65 Jahre 4 Monate
1951	65 Jahre 5 Monate
1952	65 Jahre 6 Monate
1953	65 Jahre 7 Monate
1954	65 Jahre 8 Monate
1955	65 Jahre 9 Monate
1956	65 Jahre 10 Monate
1957	65 Jahre 11 Monate
1958	66 Jahre
1959	66 Jahre 2 Monate
1960	66 Jahre 4 Monate
1961	66 Jahre 6 Monate
1962	66 Jahre 8 Monate
1963	66 Jahre 10 Monate

3. Invalidität (Abs. 2 Nr. 3)

Nach § 20 Abs. 2 Nr. 3 VersAusglG kann der Ausgleichsberechtigte die schuldrechtliche Aus- **16** gleichsrente schließlich auch verlangen, wenn er die **gesundheitlichen Voraussetzungen für eine Invaliditätsrente erfüllt**. Bezieht der Berechtigte aufgrund der Invalidität eine Rente, erfüllt er auch die Voraussetzungen des Abs. 2 Nr. 1. Praktische Bedeutung hat Abs. 2 Nr. 3 daher nur für die Fälle, in denen der Berechtigte zwar die gesundheitlichen, aber nicht die in seinem Versorgungssystem vorgesehenen zusätzlichen Voraussetzungen für eine Invaliditätsversorgung erfüllt. Eine Invaliditätsrente der gesetzlichen Rentenversicherung ist z.B. auch davon abhängig, dass der Versicherte vor Eintritt der Erwerbsminderung die allgemeine Wartezeit erfüllt und in den letzten fünf Jahren vor Eintritt der Erwerbsminderung drei Jahre Pflichtbeiträge für eine versicherte Beschäftigung oder Tätigkeit entrichtet hat (§ 43 Abs. 1 Satz 1 Nr. 2 und 3, Abs. 2 Satz 1 Nr. 2 und 3 SGB VI). In solchen Fällen besteht ein Versorgungsbedarf des Berechtigten unabhängig davon, ob er aufgrund der eingetretenen Invalidität selbst rentenberechtigt ist.[35]

F. Berechnung der Ausgleichsrente (Abs. 1 Satz 1 und 2)

I. Ausgleichswert (Abs. 1 Satz 1)

1. Allgemeines

Gem. § 20 Abs. 1 Satz 1 VersAusglG steht dem Ausgleichsberechtigten ein Anspruch auf eine **17** **schuldrechtliche Ausgleichsrente** zu, deren **Höhe** sich grundsätzlich nach dem **Ausgleichswert** des schuldrechtlich auszugleichenden Anrechts richtet. Der Ausgleichswert, für dessen Bestimmung der Versorgungsträger einen Vorschlag zu unterbreiten hat (§ 5 Abs. 3 VersAusglG), entspricht der

---

35 BT-Drucks. 16/10144 S. 64.

Hälfte des jeweiligen Ehezeitanteils (§ 1 Abs. 2 Satz 1 VersAusglG). Abweichungen vom Halbteilungsprinzip, wie sie sich bei der internen Teilung durch den Abzug von Teilungskosten (§ 13 VersAusglG) oder eine ungleiche Aufteilung des ehezeitlichen Deckungskapitals ergeben können, scheiden im schuldrechtlichen VA aus. Hier partizipiert der Ausgleichsberechtigte in jedem Fall hälftig an dem Ehezeitanteil der vom Ausgleichspflichtigen bezogenen Versorgung.

18   Der **Ehezeitanteil** der auszugleichenden Versorgung ist im schuldrechtlichen VA grundsätzlich nur als **Rentenbetrag** zu berechnen (§ 5 Abs. 4 Satz 1 VersAusglG). Er ist, da es im schuldrechtlichen VA stets um die Bewertung einer laufenden Versorgung geht, nach § 41 VersAusglG zu ermitteln. Ist der Ehezeitanteil nach der unmittelbaren Bewertungsmethode (§ 39 VersAusglG) zu berechnen wie z.B. bei der gesetzlichen Rentenversicherung oder der Zusatzversorgung des öffentlichen Dienstes nach neuem Satzungsrecht, ist auch für den schuldrechtlichen VA nur der Teil der Rente maßgebend, der sich aus der auf die Ehezeit entfallenden Bezugsgröße ergibt (§ 41 Abs. 1 VersAusglG). Ist die zeitratierliche Bewertungsmethode (§ 40 VersAusglG) anzuwenden, so ist dem Zeit-Zeit-Verhältnis die bis zum Versorgungsbeginn tatsächlich erreichte Dienst- oder Beschäftigungszeit zugrunde zu legen (§ 41 Abs. 2 Satz 2 VersAusglG).

2. Wertermittlung bezogen auf das Ehezeitende

19   Maßgeblicher **Zeitpunkt für die Bewertung** sind auch im schuldrechtlichen VA grundsätzlich die Verhältnisse am Ende der Ehezeit (§ 5 Abs. 2 Satz 1 VersAusglG). Ebenso wie im Wertausgleich sind aber **rechtliche und tatsächliche Veränderungen**, die auf den Ehezeitanteil zurückwirken, zu berücksichtigen (§ 5 Abs. 2 Satz 2 VersAusglG; vgl. dazu § 5 Rdn. 8–14). Das sind nur solche Wertänderungen, die dem Anrecht am Ende der Ehezeit bereits latent innewohnten.[36]

20   Zum einen sind **Veränderungen der individuellen Verhältnisse** zu berücksichtigen, durch die sich rückwirkend betrachtet der Ehezeitanteil der auszugleichenden Versorgung verändert. Dazu gehören z.B.:

– Eintritt vorzeitiger Invalidität;[37]
– vorgezogener Ruhestand;[38]
– Ausscheiden aus dem Betrieb vor Erreichen der in der Versorgungsregelung vorgesehenen festen Altersgrenze;[39]
– nachehezeitliche Vereinbarung eines vorgezogenen Rentenbeginns ohne Versorgungsabschlag;[40]
– nachträgliche Erfüllung von zeitlichen Voraussetzungen für die Anrechnung bestimmter Zeiten, wodurch der Wert des Versorgungsanrechts gestiegen ist.

21   Wertveränderungen können sich zum anderen durch eine **Änderung der** für das auszugleichende Versorgungsanrecht **maßgebenden** (gesetzlichen oder sonstigen) **Regelung** ergeben.[41] Deshalb sind z.B. Beamtenpensionen in der sich tatsächlich unter Berücksichtigung des durch das Versorgungsänderungsgesetz 2001 verringerten Ruhegehaltssatzes (s. § 44 Rdn. 28) und der Kürzung bzw. des Wegfalls der Sonderzahlung (s. § 44 Rdn. 30) zugrunde zu legen.[42] Bei Renten aus der Zusatzversorgung des öffentlichen Dienstes ist von der Rente auszugehen, die aufgrund des neuen Satzungsrechts gezahlt wird; beruht die Rente sowohl auf einer sog. Startgutschrift als auch auf weiteren ab

---

36 BGH FamRZ 1987, 145, 147; 1997, 285, 286; 2008, 1512, 1513; 2009, 1735, 1736; 2009, 1738, 1741.
37 BGH FamRZ 1990, 605; 1993, 304; 2000, 89, 90.
38 BGH FamRZ 1999, 218, 220; 2001, 25; 2008, 1512, 1514; 2008, 1834; OLG Celle FamRZ 2004, 1215, 1216; 2005, 521, 523; OLG Hamm FamRZ 2005, 810, 811.
39 BGH FamRZ 2001, 25, 26; 2008, 1512, 1514; OLG Hamm FamRZ 2004, 32, 33; OLG Celle FamRZ 2004, 1215, 1216.
40 BGH FamRZ 2007, 891, 892; anders OLG Hamm FamRZ 2005, 810, 811.
41 BGH FamRZ 2009, 1738, 1742; OLG Hamm FamRZ 1994, 1528, 1529.
42 OLG Celle FamRZ 2006, 422, 423.

2002 erworbenen Versorgungspunkten, so ist der Ehezeitanteil dieser Rente im Wege einer gemischten Methode teils zeitratierlich, teils konkret nach erworbenen Versorgungspunkten zu ermitteln.[43] Eine Änderung der betrieblichen Versorgungsordnung ist auch dann zu berücksichtigen, wenn sie der Zustimmung der betroffenen Arbeitnehmer bedurfte und mit ihr auch Nachteile für den Versorgungsberechtigten in anderen Bereichen einhergingen.[44]

Zu berücksichtigen ist auch ein nach Ehezeitende eingetretener vollständiger **Verlust eines Versorgungsanrechts**. Ist z.B. ein Anrecht auf Beamtenversorgung aufgrund Ausscheidens aus dem öffentlich-rechtlichen Dienstverhältnis erloschen und im Wege der Nachversicherung durch eine gesetzliche Rentenanwartschaft ersetzt worden, so scheidet ein Ausgleich des verlorenen Anrechts aus. Ferner kann ein Anrecht auf betriebliche Altersversorgung, das bei Ehezeitende noch verfallbar war und deshalb dem schuldrechtlichen VA vorbehalten blieb, nicht mehr ausgeglichen werden, wenn es später infolge Ausscheidens aus dem Betrieb vor Eintritt der Unverfallbarkeit erloschen ist. Auch ein durch Beitragserstattung erloschenes Anrecht kann nicht mehr durch eine schuldrechtliche Ausgleichsrente ausgeglichen werden. Bei einem auf Kapitalleistungen gerichteten Anrecht i.S. des § 2 Abs. 2 Nr. 3 VersAusglG kommt in diesem Fall jedoch noch ein Anspruch nach § 22 VersAusglG in Betracht, ebenso bei einem nach Ehezeitende kapitalisierten Rentenanrecht (vgl. § 22 Rdn. 4). **22**

Demgegenüber sind Veränderungen, die keinen Bezug mehr zum ehezeitlichen Erwerb haben, außer Betracht zu lassen.[45] Deshalb müssen auch im schuldrechtlichen VA grundsätzlich die bei Ehezeitende maßgebenden **persönlichen Bemessungsgrundlagen** einer Versorgung beachtet werden. Wertsteigerungen, die auf einem nacheheitlichen beruflichen Aufstieg (»Karrieresprung«) oder auf einem zusätzlichen persönlichen Einsatz des Leistungsempfängers beruhen, müssen dagegen herausgerechnet werden.[46] **23**

▶ **Beispiele:**

– Veränderung der Besoldungs- oder Tarifgruppe;[47]
– außergewöhnliche Einkommenssteigerung aufgrund eines »Karrieresprungs«;[48]
– Einkommenssteigerung nach Stellungswechsel;[49]
– Vereinbarung einer Versorgungserhöhung nach Ende der Ehezeit;[50]
– Erteilung einer neuen, individuell ausgehandelten Versorgungszusage mit erheblich verändertem Inhalt.[51]

Die Berechnung der **ohne den beruflichen Aufstieg erzielbar gewesenen** (fiktiven) **Versorgung** kann vom Versorgungsträger i.d.R. in der Weise durchgeführt werden, dass an das Einkommen eines Berufsnachfolgers oder einer in der gleichen Position wie früher der Ehegatte beschäftigten Person angeknüpft wird. Probleme können allerdings auftreten, wenn die frühere Position des Ehegatten nicht wieder besetzt worden ist und auch kein sonstiger in einer ähnlichen Stellung Beschäftigter vorhanden ist. In einem solchen Fall kann hilfsweise an die Entwicklung der Durchschnittseinkommen der in der gesetzlichen Rentenversicherung Versicherten angeknüpft werden. Die Durchschnittsentgelte bzw. vorläufig bestimmten Durchschnittsentgelte sind in Anlage 1 zum SGB VI zusammengestellt und können für die letzten Kalenderjahre aus den gem. § 69 Abs. 2 **24**

---

43 BGH FamRZ 2007, 1084, 1085.
44 BGH FamRZ 2009, 1738, 1742; OLG Düsseldorf FamRZ 2010, 811.
45 BGH FamRZ 1987, 145; 1990, 605.
46 BGH FamRZ 2009, 205, 207; 2009, 1738, 1742.
47 OLG Celle FamRZ 1993, 1328; OLG Hamm FamRZ 2005, 810, 812.
48 BGH FamRZ 1987, 145, 147; 1997, 285, 286; OLG Bremen FamRZ 2004, 31, 32; OLG Hamm FamRZ 2004, 1213, 1214; 2005, 810; OLG München FamRZ 2007, 1897.
49 OLG Zweibrücken FamRZ 2010, 1668, 1669.
50 OLG Celle FamRZ 2005, 521, 523; OLG Zweibrücken FamRZ 2010, 1668, 1669.
51 BGH FamRZ 2008, 1512, 1514.

SGB VI jährlich erlassenen Sozialversicherungs-Rechengrößenverordnungen oder im Internet unter www.Deutsche-Rentenversicherung.de abgelesen werden.

3. Berücksichtigung allgemeiner Wertanpassungen

25 Gem. § 5 Abs. 4 Satz 2 VersAusglG sind (nur) im schuldrechtlichen VA auch die **allgemeinen Wertanpassungen** zu berücksichtigen, an denen das auszugleichende Anrecht **seit Ende der Ehezeit** teilgenommen hat. Diese Anpassungen schlagen damit auf den Ehezeitanteil und den Ausgleichswert durch. Im Ergebnis ist deshalb im schuldrechtlichen VA ein **auf den Zeitpunkt des Beginns der Ausgleichsrente aktualisierter Ausgleichswert** maßgebend.[52] Der am Ende der Ehezeit maßgebende Wert spielt dagegen keine Rolle mehr. Die Ermittlung dieses Werts würde einen überflüssigen Ermittlungsaufwand erfordern und wäre wegen des seit Ende der Ehezeit verstrichenen Zeitraums häufig auch mit erheblichen Problemen verbunden. Ehezeitanteil und Ausgleichswert der Versorgung können also grundsätzlich aus der jeweils aktuell gezahlten Rente errechnet werden. Allerdings muss stets darauf geachtet werden, ob sich die persönlichen Bemessungsgrundlagen der Versorgung seit Ende der Ehezeit verändert haben (s. Rdn. 23). Ist das der Fall, muss (fiktiv) die Versorgung berechnet werden, die sich aktuell unter Zugrundelegung der bei Ehezeitende maßgebenden persönlichen Bemessungsgrundlagen ergäbe.

26 Mit § 5 Abs. 4 Satz 2 VersAusglG werden diejenigen Veränderungen erfasst, die sich infolge der geänderten wirtschaftlichen Lage aufgrund (regelmäßiger) **Anpassung des Anrechts an die Lohn- oder Verbraucherpreisentwicklung** ergeben und an denen alle Versorgungsberechtigten teilnehmen.[53]

▶ **Beispiele:**

  – Anpassung von Betriebsrenten gem. § 16 BetrAVG;[54]
  – Anpassung der Beamtenpensionen an die (ruhegehaltfähigen) Dienstbezüge der aktiven Beamten;
  – Steigerung von privaten Rentenversicherungen um nach Ehezeitende hinzuerworbene Überschussanteile.[55]

27 ▶ **Beispiel** für die Berechnung einer schuldrechtlichen Ausgleichsrente unter Eliminierung nachehezeitlicher persönlicher Veränderungen:
  Der Ehemann bezieht nach Erreichen der Altersgrenze eine betriebliche Altersversorgung von mtl. 500 €. Ohne einen nach Ehezeitende erfolgten Aufstieg in eine höhere Gehaltsstufe betrüge die Versorgung jedoch nur mtl. 450 €. Der Ehezeitanteil ist zeitratierlich zu berechnen (§ 45 Abs. 2 Satz 2 und 3 VersAusglG). Die Betriebszugehörigkeit dauerte vom 01.04.1960 bis zum 31.01.2003. Davon fiel der Zeitraum vom 01.10.1964 bis zum 30.11.1985 in die Ehezeit.
  Auszugehen ist von dem Nominalbetrag der tatsächlich gezahlten Betriebsrente; damit sind die nach Ehezeitende vorgenommenen Anpassungen erfasst. Unberücksichtigt zu lassen ist jedoch die Erhöhung, die auf dem erst nach Ehezeitende eingetretenen beruflichen Aufstieg beruht. Maßgebend ist daher eine Gesamtrente von mtl. 450 €.
  Zeitratierliche Berechnung des Ehezeitanteils: 450 € x 254 (Monate der Betriebszugehörigkeit in der Ehezeit) : 514 (Monate der Betriebszugehörigkeit insgesamt) = 222,37 €.
  Die der ausgleichsberechtigten Ehefrau zustehende schuldrechtliche Ausgleichsrente beträgt 222,37 € : 2 = 111,19 €.

---

52 So zutreffend auch Bergner § 20 Anm. 11.2.
53 BGH FamRZ 2008, 1512, 1513; 2009, 205, 207; 2009, 1738, 1741; OLG Köln FamRZ 2004, 1728, 1729.
54 BGH FamRZ 2001, 25, 26; OLG Hamm FamRZ 2001, 1221, 1222; 2004, 1213, 1214; OLG Celle FamRZ 2004, 1215, 1216.
55 OLG Hamm FamRZ 1994, 1528, 1529.

4. Berücksichtigung eines öffentlich-rechtlichen Teilausgleichs

Ist ein dem schuldrechtlichen VA unterliegendes Versorgungsanrecht nach altem Recht teilweise **28** öffentlich-rechtlich ausgeglichen worden, so ist dieser **Teilausgleich** auf den schuldrechtlichen Ausgleich **anzurechnen.** Der im Verfahren über den Wertausgleich rechtskräftig festgestellte, auf das Ende der Ehezeit bezogene Ausgleichsbetrag ist gem. § 53 VersAusglG mithilfe der aktuellen Rentenwerte der gesetzlichen Rentenversicherung zu aktualisieren (vgl. § 53 Rdn. 1 ff.). Im Fall eines Teilausgleichs durch erweitertes Splitting nach **§ 3b Abs. 1 Nr. 1 VAHRG a.F.** scheidet ein Abänderungsverfahren über den Wertausgleich aus (§ 51 Abs. 4 VersAusglG); der überschießende Rest kann daher nur schuldrechtlich ausgeglichen werden. Hat ein Teilausgleich nach **§ 3b Abs. 1 Nr. 2 VAHRG a.F.** stattgefunden, kommt dagegen auch ein Abänderungsverfahren nach den §§ 51, 52 VersAusglG in Betracht. Das Gleiche gilt, wenn der Wertausgleich wegen der früheren Höchstbegrenzung nach § 1587b Abs. 5 BGB a.F. nur teilweise möglich war. Wird ein schuldrechtlicher Restausgleich geltend gemacht, ist zu beachten, dass die Entscheidung über den Wertausgleich nur hinsichtlich der Übertragung oder Begründung eines Anrechts in bestimmter Höhe in Rechtskraft erwachsen ist. Keine Bindung entfaltet die frühere Entscheidung dagegen hinsichtlich der Gesamthöhe des Anrechts, das noch schuldrechtlich auszugleichen ist. Wertänderungen, die bei diesem Anrecht seit Ehezeitende eingetreten sind, müssen im Rahmen des schuldrechtlichen VA berücksichtigt werden.[56] Dies gilt z.B. für die Absenkung des Ruhegehaltssatzes und den Wegfall oder die Kürzung der jährlichen Sonderzahlung in der Beamtenversorgung.[57] Maßgebend ist daher der sich unter Berücksichtigung von Wertänderungen und Anpassungen ergebende (aktualisierte) Ausgleichswert. Erst davon ist der nach § 53 VersAusglG aktualisierte öffentlich-rechtliche Teilausgleich abzuziehen. Sind im Rahmen des nach § 1587 b Abs. 5 BGB begrenzten öffentlich-rechtlichen Wertausgleichs Anrechte des Ausgleichsberechtigten verrechnet worden, verringern diese auch im schuldrechtlichen VA den Ausgleichswert, wobei sie ebenfalls mit ihrem aktualisierten Wert in Ansatz zu bringen sind.[58] Wurde im Rahmen des öffentlich-rechtlichen Teilausgleichs ein Anrecht des ausgleichsberechtigten Ehegatten verrechnet, so ist auch die schuldrechtliche Ausgleichsrente unter Berücksichtigung der Rente zu berechnen, die der Ausgleichsberechtigte aus dem seinerzeit verrechneten Anrecht bezieht. Dabei kommt es nicht darauf an, ob die verrechneten Anrechte i.S. des § 10 Abs. 2 VersAusglG gleichartig sind. Im schuldrechtlichen VA werden nur Ansprüche auf bereits laufende Renten ausgeglichen, und die Ausgleichsrente kann an Veränderungen der auszugleichenden Versorgung(en) angepasst werden. Deshalb sind die strukturellen Unterschiede der einzelnen Versorgungssysteme ohne Belang und hindern eine Saldierung nicht (vgl. auch Rdn. 30).[59]

Soweit ein Anrecht im öffentlich-rechtlichen Wertausgleich nur teilweise ausgeglichen worden ist, **29** weil die **Einkommensdynamik noch verfallbar** war, ist ein ergänzender schuldrechtlicher VA nach hier vertretener Ansicht nicht erforderlich (vgl. § 19 Rdn. 11a).

II. Schuldrechtlich auszugleichende Anrechte beider Ehegatten

Nach früherem Recht waren schuldrechtlich auszugleichende Anrechte **beider Ehegatten** mitein- **30** ander zu verrechnen, und nur der Ehegatte mit dem höheren auszugleichenden Anrecht hatte dem anderen eine Ausgleichsrente – in Höhe der hälftigen Wertdifferenz – zu zahlen (§ 1587g Abs. 1 Satz 1 BGB a.F.). § 20 Abs. 1 S. 1 VersAusglG sieht demgegenüber **keine Saldierung** wechselseiti-

---

56 Ruland Rn. 710; Bergner § 20 Anm. 11.4.
57 OLG Celle FamRZ 2006, 422, 423; OLG Hamm FamRZ 2008, 898, 899.
58 OLG Celle FamRZ 2009, 1673, 1675; Bergner § 20 Anm. 11.4 und 11.7.3.
59 OLG Celle FamRZ 2011, 728, 729; OLG Zweibrücken Beschluss vom 25.05.2012 – 2 UF 58/12 – (juris); Ruland Rn. 676; abw. Borth Rn. 741, der auf die laufende Anpassungsbedürftigkeit der Ausgleichsrente aufgrund der Veränderungen beider Versorgungen hinweist und Verrechnungsvereinbarungen empfiehlt.

ger schuldrechtlicher Ausgleichsansprüche mehr vor. Dies beruht auf dem in § 1 Abs. 1 Vers-AusglG normierten Prinzip der getrennten Teilung jedes einzelnen Anrechts (vgl. § 1 Rdn. 2; § 9 Rdn. 5), zwingt aber nicht zu dem Schluss, dass eine Verrechnung gegenläufiger Ausgleichsansprüche durch das Gericht ausgeschlossen ist.[60] Die Verrechnung ist nicht nur zweckmäßig und verfahrensökonomisch.[61] Sie ist vielmehr im schuldrechtlichen VA sogar geboten. Dies gilt insbesondere dann, wenn ein öffentlich-rechtlicher Teilausgleich zu berücksichtigen ist, in dessen Rahmen bereits eine Verrechnung von Anrechten beider Ehegatten vorgenommen wurde (vgl. Rdn. 28). Im Übrigen ergibt sich das Erfordernis der Saldierung wechselseitiger Ausgleichsansprüche aus der Bestimmung des § 18 Abs. 1 VersAusglG, der gem. § 20 Abs. 1 S. 3 VersAusglG im schuldrechtlichen VA entsprechend anwendbar ist (Rdn. 33 ff.). Danach sind die Ausgleichswerte gleichartiger Anrechte gegenüberzustellen, und bei geringfügiger Ausgleichswertdifferenz kann der Ausgleich ausgeschlossen werden.[62] Da alle in den schuldrechtlichen Ausgleich fallenden Anrechte als strukturell gleichartig anzusehen sind (vgl. Rdn. 33), erfordert die Prüfung nach § 18 Abs. 1 VersAusglG im schuldrechtlichen VA stets die Einbeziehung der schuldrechtlich auszugleichenden Anrechte beider Ehegatten. § 18 Abs. 1 VersAusglG könnte seinen Zweck bezogen auf den schuldrechtlichen VA nicht erfüllen, wenn gleichartige Anrechte beider Ehegatten jeweils getrennt voneinander ausgeglichen werden müssten, obwohl zwischen den Ausgleichswerten nur eine geringe Differenz besteht.

III. Abzug der Sozialversicherungsbeiträge (Abs. 1 Satz 2)

31   Gem. § 20 Abs. 1 Satz 2 VersAusglG sind von dem ermittelten Ausgleichswert die darauf entfallenden **Sozialversicherungsbeiträge** oder **vergleichbaren Aufwendungen** des ausgleichspflichtigen Ehegatten abzuziehen. Damit hat der Gesetzgeber die zum früheren Recht ergangene Rechtsprechung des BGH[63] korrigiert, wonach dem schuldrechtlichen VA grundsätzlich die Bruttoversorgung unterlag und nicht generell, sondern nur in besonderen Härtefällen eine Kürzung der schuldrechtlichen Ausgleichsrente aufgrund der Härteklausel (§ 1587h BGB a.F.) möglich war. Der Grund für den Übergang zum »Nettoprinzip« liegt in Folgendem: Grundsätzlich unterliegt die auszugleichende Versorgung in vollem Umfang der Sozialversicherungspflicht, während der Ausgleichsberechtigte auf die schuldrechtliche Ausgleichsrente keine Kranken- und Pflegeversicherungsbeiträge zu entrichten hat. Mit dem Vorwegabzug der auf die Ausgleichsrente entfallenden Beiträge auf Seiten des Verpflichteten soll eine angemessene Teilhabe beider Ehegatten an der ehezeitanteiligen Versorgung erreicht werden.[64] Bei gesetzlich versicherten Ausgleichspflichtigen sind die Beiträge zur gesetzlichen Kranken- und Pflegeversicherung abzugsfähig, die in Höhe eines bestimmten Prozentsatzes der gesamten sozialversicherungspflichtigen Versorgungsbezüge erhoben werden.[65]

---

60   A.A. Borth Rn. 741; Ruland Rn. 676; Johannsen/Henrich/Holzwarth § 20 Rn. 4; Bergner § 20 Anm. 11.6; Erman/Norpoth Vor § 20 Rn. 3; NK-VersAusglR/Götsche § 20 Rn. 26: die Verrechnung bedürfe einer Vereinbarung der Ehegatten.

61   So auch Ruland Rn. 676; Erman/Norpoth Vor § 20 Rn. 3.

62   OLG Celle FamRZ 2011, 728, 729; OLG Zweibrücken Beschluss vom 25.05.2012 – 2 UF 58/12 – (juris); im Ergebnis auch Erman/Norpoth § 20 Rn. 8.

63   FamRZ 2005, 1982, 1983; 2007, 120, 122; 2007, 1545, 1547; anders jedoch nunmehr auch zum früheren Recht BGH FamRZ 2011, 706.

64   BT-Drucks. 16/10144 S. 64.

65   Der Beitragssatz zur gesetzlichen Krankenversicherung beträgt derzeit 15,5 % (§ 241 SGB V), der Beitragssatz zur gesetzlichen Pflegeversicherung 1,95 % (§ 55 Abs. 1 SGB XI). Bei der gesetzlichen Rente verringert sich der Beitragssatz zur Krankenversicherung um den vom Versicherungsträger zu übernehmenden Anteil von 7,3 % auf 8,2 %. Freiwillig in der gesetzlichen Krankenversicherung versicherte Rentner erhalten einen Beitragszuschuss zur gesetzlichen Rente von derzeit 7,3 %. Andere Versorgungen sowie daneben bezogene Arbeitsentgelte sind voll beitragspflichtig. Vgl. dazu näher Borth Rn. 762; Ruland Rn. 716 ff..

▶ **Beispiel:**

Der Ehezeitanteil der auszugleichenden Bruttoversorgung beträgt 1.000 €, der Ausgleichswert 500 €. Kranken- und Pflegeversicherungsbeiträge werden in Höhe von 10,15 % erhoben, das sind bezogen auf den Ausgleichswert 50,75 €. Die schuldrechtliche Ausgleichsrente beträgt (500 € – 50,75 € =) 449,25 €.

Beitragsfrei bleiben bei sozialversicherungspflichtigen Personen Einnahmen über der Beitragsbe-   **31a** messungsgrenze nach § 223 Abs. 3 i.V.m. § 6 Abs. 7 SGB V.[66] Überschreitet das Einkommen des Ausgleichspflichtigen die Beitragsbemessungsgrenze, so sind die Sozialversicherungsbeiträge nur anteilig dem auszugleichenden Anrecht zuzuordnen.[67] Entsprechendes gilt für freiwillig in der gesetzlichen Krankenversicherung Versicherte, die die maßgebliche Jahresarbeitsentgeltgrenze überschreiten.[68] Bei privat versicherten Personen sind nach § 20 Abs. 1 S. 2 VersAusglG die den gesetzlichen Beiträgen entsprechenden Aufwendungen für eine private Kranken- und Pflegeversicherung abzuziehen.[69] Berücksichtigungsfähig sind insoweit die Beiträge für einen Versicherungstarif, der der gesetzlichen Sozialversicherung entspricht. Da die Beiträge nicht einkommensabhängig sind, ist insoweit unerheblich, ob der Ausgleichspflichtige neben der auszugleichenden Versorgung noch weitere Einkünfte hat.[70]

In bestimmten Fällen kann es zu einer Beitragspflicht beider Ehegatten kommen. Ist der Aus-   **31b** gleichsberechtigte freiwillig in der gesetzlichen Krankenversicherung versichert, werden der Beitragsbemessung auf seiner Seite gem. § 240 SGB V grundsätzlich sämtliche Einkünfte zugrunde gelegt, so dass sich auch die schuldrechtliche Ausgleichsrente auf die Beitragshöhe auswirkt. Auch ein privat krankenversicherter ausgleichsberechtigter Ehegatte muss aus seinen Gesamteinkünften die Krankenversicherungsbeiträge aufbringen. In diesen Fällen wird der Halbteilungsgrundsatz zu Lasten des Ausgleichsberechtigten verletzt. Es liegt nahe, insoweit unter Heranziehung des § 27 VersAusglG eine Korrektur vorzunehmen.[71]

IV. Kein Abzug von Steuern

Die **steuerliche Belastung** des Ausgleichspflichtigen, die durch die auszugleichende Versorgung   **32** ausgelöst wird, bleibt – wie schon nach früherem Recht[72] – auch weiterhin im VA außer Betracht.[73] Dies rechtfertigt sich daraus, dass der Ausgleichspflichtige die Ausgleichsrente in voller Höhe als Sonderausgabe nach § 10 Abs. 1 Nr. 1b EStG von seinem zu versteuernden Einkommen abziehen kann und der Ausgleichsberechtigte sie als sonstige Einkünfte nach § 22 Nr. 1c EStG zu versteuern hat. Auch im Ausland zu entrichtende Steuern führen zu keiner anderen Beurteilung.[74]

G. Geringe Ausgleichswerte (Abs. 1 Satz 3)

§ 20 Abs. 1 Satz 3 VersAusglG erklärt **§ 18** für **entsprechend anwendbar**. Daraus folgt, dass   **33** geringe Ausgleichswerte auch keine schuldrechtlichen Ausgleichsansprüche auslösen sollen. Denn

---

66 Derzeit 45.900 €, § 4 Abs. 2 Sozialversicherungs-Rechengrößenverordnung 2012 vom 02.12.2011, BGBl. I S. 2421.

67 OLG Oldenburg Beschluss vom 29.02.2012 – 11 UF 31/11 – (juris); a.A. OLG Stuttgart FamRZ 2011, 1870, 1871: Sozialversicherungsbeiträge außer Betracht zu lassen, soweit die auszugleichende Versorgung auch nach Abzug des Ausgleichsbetrages noch über der Beitragsbemessungsgrenze liegt.

68 A.A. Borth Rn. 763.

69 BT-Drucks. 16/11903 S. 44; Borth Rn. 714; Ruland Rn. 714; Erman/Norpoth § 20 Rn. 14; NK-BGB/ Götsche § 20 Rn. 16; a.A. Kemper Kap. IX Rn. 84.

70 A.A. OLG Stuttgart FamRZ 2011, 1870, 1871 mit abl. Anm. Borth.

71 Borth Rn. 764; ders. FamRZ 2011, 432; vgl. auch BGH FamRZ 2011, 706, 709; Ruland Rn. 1274.

72 OLG Celle FamRZ 1993, 208, 211; 2011, 728, 731; OLG Stuttgart FamRZ 2006, 1610, 1611.

73 Johannsen/Henrich/Holzwarth § 20 Rn. 34; Borth Rn. 765; Ruland Rn. 714.

74 OLG Bremen Beschluss vom 23.02.2012 – 5 UF 76/11 – (juris).

es wäre ein Wertungswiderspruch, geringe Ausgleichswerte vom Wertausgleich bei der Scheidung auszunehmen, einen nachträglichen schuldrechtlichen VA aber zuzulassen.[75] Eine schuldrechtliche Ausgleichsrente kann daher nicht beansprucht werden, wenn der Ausgleichswert des auszugleichenden Anrechts die nach § 18 Abs. 3 VersAusglG maßgebende **Bagatellgrenze** (vgl. dazu § 18 Rdn. 11–14) nicht überschreitet (§ 18 Abs. 2 VersAusglG). Entsprechend anwendbar ist aber auch § 18 Abs. 1 VersAusglG. Danach kommt ein Ausschluss des Ausgleichs in Betracht, wenn beide Ehegatten gleichartige Anrechte schuldrechtlich auszugleichen haben. Im schuldrechtlichen Ausgleich ist lediglich die Höhe der laufenden Versorgung von Bedeutung, das Leistungsspektrum, die Dynamik und andere wertbestimmende Faktoren spielen dagegen keine Rolle mehr. Daher ist die Gleichartigkeit der Versorgungen im Regelfall zu bejahen (vgl. auch Rdn. 30).[76] Auch im schuldrechtlichen VA ist der jeweilige **Ausgleichswert** des Anrechts (i.S. des § 1 Abs. 2 Satz 2 VersAusglG) mit der Bagatellgrenze zu vergleichen. Daher ist der Betrag der schuldrechtlichen Ausgleichsrente **vor Abzug der Sozialversicherungsbeiträge** oder vergleichbarer Aufwendungen (i.S. des § 20 Abs. 1 Satz 2 VersAusglG) zum Vergleich heranzuziehen.[77]

34 Offen bleibt nach der gesetzlichen Regelung, auf welchen **Stichtag** der Vergleich des Ausgleichswerts und der Bagatellgrenze zu beziehen ist. Im Wertausgleich bei der Scheidung ist das das Ende der Ehezeit als der nach § 5 Abs. 2 Satz 1 VersAusglG maßgebende Bewertungsstichtag (§ 18 Rdn. 12). Im schuldrechtlichen VA wäre eine Rückbeziehung des Ausgleichswerts auf das Ende der Ehezeit jedoch oft nur mit großen Schwierigkeiten möglich. Sie ist auch sachlich nicht geboten. Denn § 5 Abs. 4 Satz 2 VersAusglG schreibt eine Aktualisierung des Ehezeitanteils und damit auch des Ausgleichswerts auf den **Zeitpunkt des Beginns der Ausgleichsrente** vor (s.o. Rdn. 25). Daraus folgt, dass die nach § 18 Abs. 3 VersAusglG maßgebende Geringfügigkeitsgrenze auf den gleichen Zeitpunkt zu beziehen, also zu aktualisieren ist.[78]

▶ **Beispiel:**

Der Verpflichtete schuldet eine Ausgleichsrente von mtl. 111,19 € (s. Beispiel in Rdn. 27) ab 01.01.2010.
Die Geringfügigkeitsgrenze beträgt für diesen Zeitpunkt 1 % der Bezugsgröße nach § 18 Abs. 1 SGB IV, das sind 25,55 €. Sie ist daher überschritten.

35 Wird die Bagatellgrenze nicht überschritten, ist zu prüfen, ob der Ausgleich gleichwohl nach den **Umständen des Einzelfalls** geboten ist (vgl. § 18 Rdn. 15–22). Das ist insbesondere dann der Fall, wenn der Ausgleichsberechtigte zur Sicherung seines angemessenen Unterhaltsbedarfs auch auf eine geringe Ausgleichsrente angewiesen ist[79] oder wenn er einen Anspruch auf nachehelichen Unterhalt hat, der durch die Ausgleichsrente verringert würde oder ganz entfiele, denn die schuldrechtliche Ausgleichsrente bietet dem Ausgleichsberechtigten – insbesondere wenn eine spätere Teilhabe an der Hinterbliebenenversorgung nach den §§ 25, 26 VersAusglG in Betracht kommt – eine bessere soziale Sicherung als ein Unterhaltsanspruch.

---

75 BT-Drucks. 16/10144 S. 64.
76 OLG Zweibrücken Beschluss vom 25.05.2012 – 2 UF 58/12 – (juris); Erman/Norpoth § 20 Rn. 8.
77 OLG Celle FamRZ 2011, 728, 730; NK-VersAusglR/Götsche § 20 Rn. 29; NK-FamR/Hauß § 20 Rn. 27; Palandt/Brudermüller § 20 Rn. 5; Wick FuR 2009, 482, 493.
78 OLG Celle FamRZ 2011, 728, 730; OLG Zweibrücken Beschluss vom 25.05.2012 – 2 UF 58/12 – (juris); NK-FamR/Hauß § 20 Rn. 28; NK-VersAusglR/Götsche § 20 Rn. 30; Palandt/Brudermüller § 20 Rn. 5.
79 Ruland Rn. 657; Johannsen/Henrich/Holzwarth § 20 Rn. 24; weiter gehend Bergner § 20 Anm. 13, der von der Anwendung des § 18 »grundsätzlich absehen« will.

H. Zahlung der Ausgleichsrente (Abs. 3)

§ 20 Abs. 1 Satz 1 VersAusglG gibt dem Ausgleichsberechtigten einen schuldrechtlichen Anspruch 36 auf eine **Geldrente**. Wegen der **Zahlungsmodalitäten** dieser Rente verweist § 20 Abs. 3 Vers-AusglG (wie früher § 1587k Abs. 1 BGB a.F.) auf Vorschriften des nachehelichen Unterhaltsrechts.

Gem. § 1585 Abs. 1 Satz 2 BGB ist die **Rente monatlich im Voraus** zu entrichten. Das gilt auch 37 dann, wenn der Ausgleichpflichtige die auszugleichende Versorgung erst am Ende des Monats erhält.[80] Aus der Verweisung auf § 1585 Abs. 1 Satz 3 BGB ergibt sich, dass für den Monat, in dem der Berechtigte stirbt, noch der volle Monatsbetrag der Ausgleichsrente geschuldet wird.

Für die **Vergangenheit** besteht ein Rentenanspruch ab dem Zeitpunkt, zu dem der Verpflichtete 38 zum Zwecke der Geltendmachung des Anspruchs auf Ausgleichsrente aufgefordert worden ist, über Beginn und Höhe seiner auszugleichenden Versorgung Auskunft zu erteilen, oder zu dem er in Verzug gekommen oder der Rentenanspruch rechtshängig geworden ist (§ 1585 b Abs. 2 i.V.m. § 1613 Abs. 1 Satz 1 BGB entsprechend). Damit keine Monatsbeträge der Rente für die Vergangenheit verloren gehen, empfiehlt es sich für den Berechtigten, die Ausgleichsrente oder zumindest den Auskunftsanspruch nach § 4 Abs. 1 VersAusglG schon im Vorfeld eines gerichtlichen Verfahrens geltend zu machen. Ein Auskunftsverlangen muss klar zum Ausdruck bringen, dass der Berechtigte in Bezug auf eine bestimmte noch schuldrechtlich auszugleichende Versorgung des Verpflichteten nach Auskunftserteilung eine Ausgleichsrente beanspruchen will. Für eine Inverzugsetzung ist anders als im Unterhaltsrecht keine Bezifferung erforderlich, da auch mit dem Verfahrensantrag kein genauer Zahlungsbetrag gefordert werden muss.[81] Die »Rechtshängigkeit« tritt in einem selbständigen Verfahren mit dem Zeitpunkt ein, zu dem der verfahrenseinleitende Antrag (§ 23 i.V.m. § 223 FamFG) dem Antragsgegner zugeht, jedoch nicht vor dem in § 20 Abs. 2 VersAusglG bestimmten Fälligkeitszeitpunkt.[82] Der Rentenanspruch besteht ab dem Ersten des Monats, in den das den Verzug oder die Rechtshängigkeit auslösende Ereignis fällt (§ 1585 b Abs. 2 i.V.m. § 1613 Abs. 1 Satz 2 BGB). Im Falle des Verzugs kann der Berechtigte auch Verzugszinsen verlangen.[83]

Aus dem für entsprechend anwendbar erklärten § 1585 b Abs. 3 BGB ergibt sich die Einschrän- 39 kung, dass für eine mehr als **ein Jahr vor Rechtshängigkeit** liegende Zeit Erfüllung oder Schadensersatz wegen Nichterfüllung nur verlangt werden kann, wenn anzunehmen ist, dass sich der Verpflichtete der Zahlung der Ausgleichsrente absichtlich entzogen hat. Da sich der Ausgleichspflichtige infolge der Aufforderung zur Auskunft, der Inverzugsetzung oder der Rechtshängigkeit auf die Inanspruchnahme einzustellen hat, kann er später nicht verlangen, dass ihm hinsichtlich der aufgelaufenen Rückstände Ratenzahlungen bewilligt werden.[84] In der Vergangenheit geleistete Unterhaltsbeträge können allerdings auf die für die entsprechende Zeit geschuldete Ausgleichsrente angerechnet werden.[85] Das gilt auch dann, wenn der Unterhalt unter Vorbehalt gezahlt worden ist. Denn den zuviel gezahlten Unterhalt könnte der Ausgleichpflichtige nach Bereicherungsrecht zurückfordern. Es ist regelmäßig unbillig, ihn auf die Durchsetzung von Bereicherungsansprüchen zu verweisen, die er erst nach erfolgreichem Abänderungsverfahren realisieren könnte. Deshalb ist dem Ausgleichpflichtigen nach Zahlung der rückständigen Ausgleichsrente ein aus Treu und Glauben folgender Anspruch auf Erstattung eines Teils der gezahlten Rente einzuräumen, dessen Höhe sich danach bemisst, inwieweit sich der Unterhaltsanspruch ermäßigt hätte,

---

80 BT-Drucks. 16/10144 S. 64; OLG Stuttgart FamRZ 2003, 455, 457; OLG Bremen Beschluss vom 23.02.2012 – 5 UF 76/11 – (juris); a.A. OLG Frankfurt FamRZ 2012, 640.
81 BGH FamRZ 1989, 950, 951; OLG Celle FamRZ 1993, 1328, 1332; OLG Bamberg FamRZ 1998, 1367; OLG Stuttgart FamRZ 2006, 1610, 1611.
82 OLG Celle FamRZ 1993, 1328, 1331; 2002, 244, 248.
83 OLG Hamm FamRZ 2001, 1221.
84 OLG Celle FamRZ 2003, 1299.
85 OLG Frankfurt FamRZ 2004, 28, 30.

wenn die Ausgleichsrente schon während des fraglichen Zeitraums gezahlt worden wäre. Da der Ausgleichspflichtige die auf die rückständige Ausgleichsrente zu erbringenden Zahlungen in der fraglichen Höhe sofort nach Zahlung zurückfordern könnte, kann er in Höhe des zuviel geleisteten Unterhalts dem Anspruch des Ausgleichsberechtigten nach § 20 VersAusglG den dolo-agit-Einwand entgegenhalten.[86]

40   Der **Anspruch** auf die Ausgleichsrente **erlischt** mit dem Tod eines Ehegatten (§ 31 Abs. 3 Satz 1 VersAusglG). Aus dem nach § 31 Abs. 3 Satz 2 VersAusglG für entsprechend anwendbar erklärten § 1586 Abs. 2 Satz 1 BGB ergibt sich jedoch die Einschränkung, dass Ansprüche auf rückständige Monatsbeträge bestehen bleiben (vgl. § 31 Rdn. 9).

I. Verfahren und Entscheidung

41   Ein gerichtliches Verfahren über die schuldrechtliche Ausgleichsrente ist nur erforderlich, wenn sich die Ehegatten nicht über die Höhe der Ausgleichsrente einigen können. Eine **Vereinbarung** ist außerhalb eines Scheidungsverfahrens formlos möglich (§ 7 Rdn. 9). Eine Vereinbarung stellt allerdings nur dann einen Vollstreckungstitel dar, wenn sie den verfahrensrechtlichen Anforderungen dafür entspricht. Die Ehegatten können den Versorgungsträger anweisen, die schuldrechtliche Ausgleichsrente direkt an den Ausgleichsberechtigten zu zahlen. Darin ist eine Abtretung nach § 21 VersAusglG zu sehen.[87]

42   Über Ausgleichsansprüche nach der Scheidung wird regelmäßig in einem selbständigen Verfahren nach § 111 Nr. 7 i.V.m. den §§ 217 ff. FamFG entschieden. Bei Vorliegen der Fälligkeitsvoraussetzungen des § 20 Abs. 2 VersAusglG kommt aber auch eine Einbeziehung in den Scheidungsverbund in Betracht (vgl. oben Rdn. 9). **Am Verfahren** sind nur die beiden Ehegatten (als Gläubiger und Schuldner der Ausgleichsrente) **beteiligt** (§ 219 Nr. 1 FamFG). Nach dem Tod des Berechtigten können dessen Erben allerdings Ansprüche auf rückständige Beträge der Ausgleichsrente geltend machen und damit verfahrensbeteiligt sein (§ 219 Nr. 4 FamFG). Entsprechend ist eine Verfahrensbeteiligung der Erben des Verpflichteten möglich, wenn der Berechtigte einen Anspruch auf rückständige Ausgleichsrente hat.[88] Versorgungsträger sind dagegen am Verfahren über den schuldrechtlichen VA nicht förmlich zu beteiligen, weil sie durch die Entscheidung nicht in ihren Rechten betroffen werden.[89] Sie sind jedoch zur Erteilung von Auskünften verpflichtet (§ 220 Abs. 1 und 4 FamFG). Am Verfahren über Ansprüche auf Teilhabe an der Hinterbliebenenversorgung (§ 25 VersAusglG) ist dagegen der Versorgungsträger zu beteiligen, der dem Verpflichteten die auszugleichende (eine Hinterbliebenenversorgung umfassende) Versorgung zugesagt hat (vgl. § 25 Rdn. 24).[90]

43   Das Gericht kann – auf begründeten Antrag des ausgleichsberechtigten Ehegatten (§ 51 Abs. 1 FamFG) – die schuldrechtliche Ausgleichsrente durch eine **einstweilige Anordnung** regeln. Voraussetzung dafür ist, dass ein dringendes Bedürfnis für eine vorläufige Regelung besteht und sich die Höhe der Ausgleichsrente bereits ungefähr abschätzen lässt (vgl. § 49 Abs. 1 FamFG). Das kann etwa der Fall sein, wenn die Rechtslage (im Wesentlichen) klar ist und der Ausgleichsberechtigte dringend auf die schuldrechtliche Ausgleichsrente angewiesen ist, die endgültige Entscheidung sich aber – etwa aufgrund ergänzender Ermittlungen – noch verzögern wird. Das Gericht darf aber nur auf den Betrag der Rente erkennen, der zur Deckung des notwendigen Bedarfs des Berechtigten erforderlich ist. Das ergibt sich aus allgemeinen verfahrensrechtlichen Grundsätzen, aber auch aus einem Umkehrschluss zu (dem nur für Unterhaltssachen geltenden) § 246 FamFG,

---

86   BGH FamRZ 2011, 706, 712; OLG Frankfurt FamRZ 2004, 28, 30.
87   Borth Rn. 755.
88   BGH FamRZ 1989, 950, 951.
89   BGH FamRZ 1989, 369, 370.
90   BGH FamRZ 1991, 175, 177.

der abweichend von § 49 FamFG als Rechtsfolge die Zuerkennung des vollen laufenden Unterhalts ermöglicht.[91] Eine Verpflichtung zur Abtretung von Versorgungsansprüchen nach § 21 VersAusglG kann nicht im Wege einstweiliger Anordnung ausgesprochen werden.[92] Das Anordnungsverfahren ist ein selbständiges Verfahren, auch wenn bereits das Hauptsacheverfahren anhängig ist (§ 51 Abs. 3 FamFG). Zuständig ist das Gericht, das für die Hauptsache zuständig wäre (§ 50 Abs. 1 FamFG).

Das Gericht hat durch Beschluss (§ 38 Abs. 1 FamFG) eine **Leistungsentscheidung** zu treffen, in   44
der – wie in einem Unterhaltstitel – der Zahlungspflichtige und der Leistungsempfänger, der zu zahlende Monatsbetrag der Ausgleichsrente, der Zeitpunkt der Fälligkeit der einzelnen Monatsraten und ggf. rückständige Beträge nebst Verzugszinsen genannt werden. Der **Tenor** kann etwa wie folgt lauten:

▶ Der Antragsgegner hat an die Antragstellerin ab ... eine monatliche Ausgleichsrente von ... € zu zahlen, und zwar rückständige Monatsbeträge sofort und künftige monatlich im Voraus.

Die Entscheidung ist zu begründen (§ 224 Abs. 2 FamFG), den Beteiligten durch Zustellung bekannt zu machen und wird erst mit der Rechtskraft wirksam (§ 224 Abs. 1 FamFG). Das Gericht hat auch eine Kostenentscheidung zu treffen und den Verfahrenswert festzusetzen (vgl. vor § 1 Rdn. 99 ff.). Der Verfahrenswert beträgt im Regelfall für jedes auszugleichende Anrecht 20 % des in drei Monaten erzielten Nettoeinkommens der Eheleute, mindestens 1.000 € (§ 50 Abs. 1 FamGKG; vgl. Rdn. 100 ff. vor § 1).

Nicht zulässig ist es, die Ausgleichsrente als **prozentualen Anteil** der vom Ausgleichspflichtigen   45
bezogenen Versorgung zugunsten des Berechtigten zu titulieren.[93] Diese Lösung hat zwar den Vorteil, dass die Ausgleichsrente bei jeder Anpassung der auszugleichenden Versorgung ohne Schwierigkeiten neu berechnet werden kann, und könnte daher Abänderungsverfahren vermeiden. Probleme können sich jedoch in der Vollstreckung ergeben, wenn der Verpflichtete den erhöhten Betrag nicht freiwillig leistet. Den Ehegatten steht es allerdings frei, sich in einer Vereinbarung nach § 6 VersAusglG auf eine schuldrechtliche Ausgleichsrente in Höhe eines prozentualen Anteils der auszugleichenden Versorgung zu verständigen.[94]

Gegen die Entscheidung des Familiengerichts ist die **Beschwerde** nach den §§ 58 Abs. 1, 63 Abs. 1   46
FamFG zulässig. Im Beschwerdeverfahren ist das Verbot der reformatio in peius zu beachten.[95] Eine Rechtsbeschwerde findet nach Maßgabe des § 70 FamFG statt.

J. Durchsetzung des Anspruchs auf Ausgleichsrente

Anders als im Wertausgleich, bei dem i.d.R. eine rechtsgestaltende Entscheidung getroffen wird,   47
die keiner Vollstreckung mehr bedarf (Ausnahme: Zahlungsanordnung des Gerichts nach § 222 Abs. 3 FamFG), wird die schuldrechtliche Ausgleichsrente als **Geldforderung** tituliert, die nach den dafür geltenden Vorschriften der §§ 803 ff. ZPO zu vollstrecken ist (§ 95 Abs. 1 Nr. 1 FamFG). Die Einleitung und Durchführung der **Vollstreckung** obliegt dem Gläubiger, also dem Ausgleichsberechtigten.[96] Die dem schuldrechtlichen VA unterliegenden Versorgungen sind nach Maßgabe der §§ 850 Abs. 2, 850 c, 851 c Abs. 1, 851 d ZPO wie Arbeitseinkommen pfändbar (§ 54 Abs. 4 SGB I).[97] Das hat zur Folge, dass sich der Ausgleichsberechtigte Vorpfändungen ent-

---

91 BT-Drucks. 16/10144 S. 92.
92 OLG Nürnberg FamRZ 2007, 1250.
93 BGH FamRZ 2007, 2055, 2056; 2008, 1841.
94 Borth Rn. 755.
95 OLG Frankfurt FamRZ 2005, 623, 625.
96 BGH FamRZ 1983, 578, 579.
97 BGH FamRZ 2005, 1564, 1565.

gegenhalten lassen muss und dass die auszugleichende Versorgung im Falle der Insolvenz des Verpflichteten in die Masse fällt. Dem Gläubiger der schuldrechtlichen Ausgleichsrente kommt auch nicht das für Unterhaltsgläubiger geltende Vollstreckungsprivileg des § 850 d ZPO zugute.[98] Infolge dessen steht sich der Ausgleichsberechtigte nach Fälligkeit der schuldrechtlichen Ausgleichsrente u.U. schlechter als vorher, obwohl der nacheheliche Unterhaltsanspruch nach § 1571 BGB gegenüber dem Anspruch auf schuldrechtliche Ausgleichsrente subsidiär ist. Der Ausgleichsberechtigte hat jedoch die Möglichkeit, von dem Ausgleichspflichtigen die Abtretung seiner Versorgungsansprüche in Höhe der schuldrechtlichen Ausgleichsrente zu verlangen (§ 21 VersAusglG) und sich auf diesem Wege weitergehend zu sichern.

47a Der Anspruch auf schuldrechtliche Ausgleichsrente ist **nicht insolvenzsicher.** Anders als künftige Unterhaltsansprüche, die nach § 40 InsO insolvenzfreie Forderungen sind und nicht der Restschuldbefreiung unterliegen, stellt der Anspruch aus dem schuldrechtlichen VA ab Eröffnung des Insolvenzverfahrens nur eine Insolvenzforderung dar, die zur Tabelle anzumelden ist und der Restschuldbefreiung unterliegt.[99] Im Fall der Abtretung nach § 21 VersAusglG ist der Ausgleichsberechtigte allerdings für die Dauer von zwei Jahren ab Eröffnung des Insolvenzverfahrens geschützt (§ 114 InsO). Auch nach Ablauf dieser Frist, also für die restliche Dauer bis zur Restschuldbefreiung, ist die Abtretung nur so weit und so lange unwirksam, als die Zwecke des Insolvenzverfahrens dies rechtfertigen.[100]

K. Steuerrechtliche Folgen

47b Der Ausgleichspflichtige hat die auszugleichende Versorgung in vollem Umfang zu versteuern, also auch hinsichtlich des Teils, den er als schuldrechtliche Ausgleichsrente an den Ausgleichsberechtigten zu zahlen hat. Der Ausgleichsberechtigte hat die Ausgleichsrente seinerseits als Einnahmen zu versteuern, und zwar entsprechend der Besteuerung der auszugleichenden Versorgung entweder in voller Höhe (bei nachgelagerter Besteuerung) oder mit dem Ertragsanteil (bei vorgelagerter Besteuerung). Der Ausgleichspflichtige kann die schuldrechtliche Ausgleichsrente in dem gleichen Umfang, wie sie beim Ausgleichsberechtigten besteuert wird, als Sonderausgaben nach § 10 Abs. 1 Nr. 1b EStG steuerlich absetzen.[101] Da diese Regelungen den Ausgleich zwischen den Ehegatten steuerneutral gestalten, besteht kein Anspruch des Berechtigten auf Ausgleich von Steuernachteilen.[102]

L. Abänderung der Ausgleichsrente

48 Nach § 227 Abs. 1 i.V.m. § 48 Abs. 1 FamFG kann das Familiengericht eine rechtskräftige Entscheidung, in der eine schuldrechtliche Ausgleichsrente festgesetzt worden ist, **auf Antrag** aufheben oder **abändern,** wenn sich die für die Festsetzung maßgebenden Verhältnisse wesentlich geändert haben. Die Veränderung kann sämtliche Umstände tatsächlicher oder rechtlicher Art betreffen, die auch im Rahmen der Erstentscheidung von Bedeutung sind. Das Abänderungsbegehren kann auch (allein) darauf gestützt werden, dass in einer vor Inkrafttreten des neuen Rechts ergangenen Entscheidung noch die Bruttoversorgung ausgeglichen und kein Abzug von Sozialversicherungsbeiträgen vorgenommen wurde.[103] Die eingetretene Veränderung muss **wesentlich** sein.

---

98   BGH FamRZ 2005, 1564.
99   BGH FamRZ 2011, 1938.
100 BGH FamRZ 2011, 1938, 1940.
101 BMF-Schreiben vom 09.04.2010, BStBl. I 2010, 323; Münch FamRB 2010, 284, 287.
102 OLG Celle FamRZ 1995, 812; OLG Hamburg FamRZ 2010, 1082; Borth Rn. 765; Ruland Rn. 1259; NK-VersAusglG/Breuers § 20 Rn. 54.
103 OLG Stuttgart FamRZ 2011, 1870, 1871. Vgl. auch BGH FamRZ 2011, 706, wonach Kranken- und Pflegeversicherungsbeiträge aufgrund der geänderten höchstrichterlichen Rechtsprechung in Erstverfahren auch für die Zeit vor dem 01.09.2009 in Abzug zu bringen sind.

Insoweit können die zu § 323 ZPO bzw. § 238 FamFG entwickelten Grundsätze herangezogen werden.[104] Da die §§ 225, 226 FamFG nur auf die Abänderung des Wertausgleichs anzuwenden sind, gilt die in § 225 Abs. 1 FamFG normierte Beschränkung auf die in § 32 VersAusglG genannten Anrechte nicht für den schuldrechtlichen VA.[105]

§ 21 VersAusglG Abtretung von Versorgungsansprüchen

(1) Die ausgleichsberechtigte Person kann von der ausgleichspflichtigen Person verlangen, ihr den Anspruch gegen den Versorgungsträger in Höhe der Ausgleichsrente abzutreten.

(2) Für rückständige Ansprüche auf eine schuldrechtliche Ausgleichsrente kann keine Abtretung verlangt werden.

(3) Eine Abtretung nach Absatz 1 ist auch dann wirksam, wenn andere Vorschriften die Übertragung oder Pfändung des Versorgungsanspruchs ausschließen.

(4) Verstirbt die ausgleichsberechtigte Person, so geht der nach Absatz 1 abgetretene Anspruch gegen den Versorgungsträger wieder auf die ausgleichspflichtige Person über.

A. Norminhalt

§ 21 VersAusglG, der weitgehend dem früheren § 1587i BGB entspricht, soll die Durchsetzung **1** des Anspruchs auf Ausgleichsrente (§ 20 VersAusglG) erleichtern. Die Vorschrift gibt dem Ausgleichsberechtigten über den Anspruch auf die Ausgleichsrente hinaus einen – dem BGB sonst fremden – ergänzenden Anspruch gegen den Ausgleichspflichtigen auf Abtretung seiner Ansprüche gegen den Versorgungsträger auf Leistungen aus der auszugleichenden Versorgung in Höhe der Ausgleichsrente (Abs. 1). Dieser Anspruch beschränkt sich jedoch auf künftige Monatsbeträge der Ausgleichsrente (Abs. 2). Die fehlende Übertragbarkeit oder Pfändbarkeit des dem Ausgleichspflichtigen zustehenden Versorgungsanspruchs steht der Geltendmachung des Abtretungsanspruchs nicht entgegen (Abs. 3). Abs. 4 bestimmt, dass der abgetretene Anspruch mit dem Tod des Ausgleichsberechtigten wieder auf den Ausgleichspflichtigen übergeht.

B. Voraussetzungen und Umfang des Abtretungsanspruchs (Abs. 1 und 2)

§ 21 Abs. 1 VersAusglG gibt dem ausgleichsberechtigten Ehegatten die Möglichkeit, neben dem **2** Anspruch auf Ausgleichsrente nach § 20 VersAusglG vom Ausgleichspflichtigen die **Abtretung** seiner in den schuldrechtlichen VA einbezogenen Ansprüche gegen seinen Versorgungsträger in Höhe der laufenden Ausgleichsrente zu verlangen. Dieser **ergänzende Anspruch** setzt zwar, wenn der Ausgleichspflichtige nicht zum Abschluss eines Abtretungsvertrages bereit ist, die Titulierung der Ausgleichsrente voraus, er kann aber bereits zusammen mit dem Anspruch auf die Ausgleichs-

---

104 BGH FamRZ 1990, 380, 382; Borth Rn. 802; a.A. Johannsen/Henrich/Holzwarth § 20 VersAusglG Rn. 55; Kemper Kap. IX Rn. 224: entsprechende Anwendung des § 225 Abs. 3 FamFG.
105 Johannsen/Henrich/Holzwarth § 20 Rn. 55.

rente gerichtlich geltend gemacht werden.[1] Die Abtretung verschafft dem Ausgleichsberechtigten i.d.R. eine weiter gehende Sicherung als die bloße Titulierung der Ausgleichsrente. Denn während der Ausgleichsberechtigte bei einer Vollstreckung in die Versorgung durch die zugunsten des Schuldners geltenden Pfändungsfreigrenzen beschränkt ist (vgl. § 20 Rdn. 47), kann er seine Ansprüche auf zukünftige Rentenbeträge nach der Abtretung ohne entsprechende Beschränkung realisieren. Wenn der Verpflichtete dies verhindern will, muss er sich gegenüber dem Antrag auf Zahlung der schuldrechtlichen Ausgleichsrente auf die Härteklausel des § 27 VersAusglG berufen und geltend machen, dass ihm der angemessene Unterhalt verbleiben müsse (vgl. § 27 Rdn. 13). Die Abtretung hat für den Ausgleichsberechtigten zudem den Vorteil, dass er die schuldrechtliche Ausgleichsrente direkt vom Träger der Versorgung des Verpflichteten erhält. Dadurch entfällt das Risiko, dass der Verpflichtete die Ausgleichsrente nicht (regelmäßig) zahlt und dass dann gegen ihn vollstreckt werden muss. Es empfiehlt sich daher für den Berechtigten im Allgemeinen, die Abtretung zu verlangen. Es besteht allerdings ein Risiko, dass auf abgetretene Ansprüche ein Sozialversicherungbeitrag erhoben wird.[2]

3   Der **Abtretungsanspruch** erfasst nur die schuldrechtlich auszugleichende Versorgung des Verpflichteten und die für den gleichen Zeitabschnitt fällig werdenden Ausgleichsansprüche i.S. des § 20 VersAusglG. Es ist also eine **sachliche und zeitliche Identität** zwischen der Ausgleichsrente und dem schuldrechtlich auszugleichenden Versorgungsanspruch erforderlich. Der Abtretungsanspruch ist auf **künftig** fällig werdende **Ausgleichsansprüche** des Berechtigten beschränkt; hinsichtlich rückständiger Beträge kann dagegen keine Abtretung beansprucht werden, wie § 21 Abs. 2 VersAusglG ausdrücklich klarstellt. Deshalb kann – anders als nach früherem Recht – für vergangene Zeiträume auch insoweit keine Abtretung mehr verlangt werden, als die Versorgungsansprüche vom Versorgungsträger noch nicht erfüllt sind.[3] Etwas anderes gilt nur für Monatsbeträge, die ab dem auf das Abtretungsverlangen folgenden Monat fällig geworden und noch nicht erfüllt sind. Soweit der Versorgungsträger die in der Vergangenheit entstandenen Ansprüche des ausgleichspflichtigen Ehegatten laufend erfüllt hat und bis zur Rechtskraft der Entscheidung – mit befreiender Wirkung (§ 407 BGB) – weiter erfüllt, muss die Entscheidung, mit der dem Ausgleichspflichtigen die Abtretung aufgegeben wird, auf die Zeit ab Rechtskraft der Entscheidung beschränkt werden.[4] Es kann auch wegen aufgelaufener Rückstände keine Abtretung künftiger Monatsraten verlangt werden.[5] Allerdings bleibt es den Ehegatten unbenommen, abweichende Vereinbarungen zu treffen.[6]

4   Die Abtretung der Versorgungsansprüche kann nicht hinsichtlich künftiger **prozentualer Anpassungen** der auszugleichenden Versorgung verlangt werden. Insoweit gilt das Gleiche wie für den Anspruch auf die Ausgleichsrente (vgl. dazu § 20 Rdn. 45).[7]

C. Wirksamkeit der Abtretung (Abs. 3)

5   Gem. § 21 Abs. 3 VersAusglG ist eine Abtretung nach Abs. 1 auch dann wirksam, wenn andere Bestimmungen die Übertragbarkeit oder Pfändbarkeit des zugrunde liegenden Versorgungsanspruchs ausschließen, wie z.B. § 400 BGB i.V.m. den Pfändungsschutzbestimmungen der ZPO oder § 2 Abs. 2 Satz 4 BetrAVG i.V.m. § 851 ZPO. Der VA wird hiernach in seiner Bedeutung

---

1   OLG Köln FamRZ 2004, 1728; Ruland Rn. 724; Johannsen/Henrich/Holzwarth § 21 Rn. 3.
2   Borth FamRZ 2011, 432.
3   Ruland Rn. 725; Bergner § 21 Anm. 3; Hauß/Eulering Rn. 335; Palandt/Brudermüller § 21 Rn. 1; a.A. Johannsen/Henrich/Holzwarth § 21 Rn. 2, 11(a).
4   OLG Celle FamRZ 1993, 1328, 1332; OLG Stuttgart FamRZ 2003, 455, 458; OLG Karlsruhe FamRZ 2005, 628, 629.
5   OLG Hamm FamRZ 1987, 290, 292.
6   BT-Drucks. 16/10144 S. 64.
7   BGH FamRZ 2008, 1841; OLG Celle FamRZ 2004, 1215, 1217.

höher eingestuft als die Schutzvorschriften, die eine Übertragung und Pfändbarkeit von laufenden Versorgungen verbieten.[8] § 21 Abs. 3 VersAusglG gilt auch für (zwischen dem Ausgleichspflichtigen und dem Versorgungsträger) vertraglich vereinbarte Abtretungsverbote (§ 399 BGB). Zeitlich vorrangige (zulässige) Pfändungen Dritter bleiben unberührt. § 21 Abs. 3 VersAusglG erlaubt in diesen Fällen jedoch eine weitergehende Abtretung.

D. Verfahren

Der ausgleichsberechtigte Ehegatte muss den Verpflichteten zunächst zum Abschluss eines **Abtre-** **6** **tungsvertrages** nach § 398 BGB auffordern. Kommt ein solcher Vertrag zustande, ist er dem Versorgungsträger mitzuteilen. Ab dem Zeitpunkt der Bekanntgabe der Abtretung kann der Versorgungsträger in Höhe der Ausgleichsrente nicht mehr mit befreiender Wirkung an den Ausgleichspflichtigen leisten (§ 407 Abs. 1 BGB). Kommt ein Abtretungsvertrag nicht zustande, muss der Ausgleichsberechtigte sein Abtretungsverlangen gerichtlich geltend machen, um einen **Vollstreckungstitel** zu erlangen. Erforderlich ist ein **Antrag** an das Familiengericht, dem Ausgleichspflichtigen gem. § 21 VersAusglG die Abgabe einer Abtretungserklärung aufzugeben. Dieser Antrag kann bereits mit dem Antrag auf Zahlung der Ausgleichsrente verbunden sein (s.o. Rdn. 2), aber auch noch nach Titulierung der Ausgleichsrente (in einem weiteren Verfahren) gestellt werden. Die Höhe der laufenden Ausgleichsrente, für die die Abtretung verlangt wird, braucht bei der Antragstellung nicht beziffert zu werden. Der **Antrag** kann etwa wie folgt formuliert werden:

▶ Es wird (weiter) beantragt, den Antragsgegner zu verpflichten, in Höhe der zu zahlenden monatlichen Ausgleichsrente die Abtretung seiner Versorgungsansprüche gegenüber dem Versorgungsträger, die für die Zeit ab Rechtskraft der Entscheidung fällig werden, an die Antragstellerin zu erklären.

Der Antrag leitet, sofern er nicht im Rahmen eines Scheidungsverbundverfahrens oder eines **7** anhängigen Verfahrens über die schuldrechtliche Ausgleichsrente gestellt wird, ein neues **selbständiges Verfahren** über den VA i.S. der §§ 111 Nr. 7, 217 FamFG ein. Es richtet sich nach den Bestimmungen des Buchs 1 des FamFG. Die örtliche Zuständigkeit bestimmt sich nach § 218 FamFG. Beteiligte i.S. des § 219 FamFG sind lediglich die Ehegatten. Das Gericht trifft eine Endentscheidung in Form eines **Beschlusses** (§ 38 Abs. 1 FamFG), der den Beteiligten durch Zustellung bekannt zu machen ist. Das Gericht hat auch eine Kostenentscheidung zu treffen und den Verfahrenswert festzusetzen (vgl. vor § 1 Rdn. 99 ff.). Der Verfahrenswert beträgt regelmäßig 500 € (§ 50 Abs. 2 FamGKG). Die Endentscheidung ist mit der Beschwerde nach den §§ 58 Abs. 1, 63 Abs. 1 FamFG anfechtbar.

E. Wirkung der Abtretung

Mit Rechtskraft und Wirksamkeit der gerichtlichen Entscheidung gilt die Abtretungserklärung **8** gem. § 95 Abs. 1 Nr. 5 FamFG i.V.m. § 894 Abs. 1 Satz 1 ZPO als abgegeben und der Abschluss eines Abtretungsvertrages als zustande gekommen. Soweit die Abtretung reicht, tritt der Berechtigte als neuer Gläubiger der Versorgungsansprüche an die Stelle des Verpflichteten (§ 398 Satz 2 BGB). Die Abtretung wirkt nicht an Erfüllungs Statt, sondern erfüllungshalber (§ 364 Abs. 2 BGB). Der Ausgleichsanspruch des Berechtigten wird daher nicht schon mit der Abtretung der Versorgungsansprüche erfüllt, sondern erst, wenn der Berechtigte Leistungen des Versorgungsträgers erhält.[9] Zur Wirkung der Abtretung in der Insolvenz des Ausgleichspflichtigen vgl. § 20 Rdn. 47a. Die Abtretung hat keine steuerrechtlichen Folgen, die sich von den in § 20 Rdn. 47b dargelegten Folgen unterscheiden.

---

8 BT-Drucks. 16/10144 S. 64 f.
9 Johannsen/Henrich/Holzwarth § 21 Rn. 9; Borth Rn. 774.

F. Rückübergang der Versorgungsansprüche (Abs. 4)

9 Da der Anspruch auf die Ausgleichsrente mit dem **Tod des Ausgleichsberechtigten** erlischt (§ 31 Abs. 3 Satz 1 VersAusglG), gehen die abgetretenen Versorgungsansprüche in diesem Fall wieder auf den Verpflichteten über (§ 21 Abs. 4 VersAusglG). Das gilt auch dann, wenn das Verfahren über den VA abgetrennt oder ausgesetzt war.[10] Ansprüche auf Erfüllung oder Schadensersatz wegen Nichterfüllung für die Vergangenheit bleiben jedoch bestehen (§ 31 Abs. 3 Satz 3 VersAusglG i.V.m. § 1586 Abs. 2 Satz 1 BGB) und können gegen die Erben geltend gemacht werden (vgl. § 31 Rdn. 9).

10 Der **Tod des Ausgleichspflichtigen** hat das Erlöschen seiner Versorgungsansprüche zur Folge. Damit erlöschen auch kongruente Ausgleichsansprüche des Berechtigten (§ 31 Abs. 3 Satz 1 VersAusglG), und die Abtretung hat keine Wirkung mehr. Der Ausgleichsberechtigte kann dann einen Anspruch auf Teilhabe an der Hinterbliebenenversorgung gegen den Versorgungsträger (§ 25 VersAusglG) oder die Witwe oder den Witwer des Ausgleichspflichtigen (§ 26 VersAusglG) haben (vgl. § 31 Abs. 3 Satz 2 VersAusglG).

G. Abänderung der gerichtlichen Entscheidung

11 Für die Abänderung der Entscheidung nach § 21 VersAusglG gilt das Gleiche wie für die Abänderung der Entscheidung über die schuldrechtliche Ausgleichsrente nach § 20 VersAusglG. Insoweit kann daher auf § 20 Rdn. 48 Bezug genommen werden.

§ 22 VersAusglG   Anspruch auf Ausgleich von Kapitalzahlungen

[1]Erhält die ausgleichspflichtige Person Kapitalzahlungen aus einem noch nicht ausgeglichenen Anrecht, so kann die ausgleichsberechtigte Person von ihr die Zahlung des Ausgleichswerts verlangen. [2]Im Übrigen sind die §§ 20 und 21 entsprechend anzuwenden.

A. Norminhalt

1 § 22 VersAusglG erweitert die schuldrechtlichen Ausgleichsansprüche des ausgleichsberechtigten Ehegatten nach den §§ 20, 21 VersAusglG, die auf eine Beteiligung an vom Ausgleichspflichtigen bezogenen Rentenleistungen abzielen, um einen Anspruch auf Beteiligung an Kapitalzahlungen, die der Ausgleichspflichtige von seinem Versorgungsträger aus einem im Wertausgleich noch nicht ausgeglichenen Versorgungsanrecht erhält (Satz 1). Auf den Anspruch sind die §§ 20, 21 VersAusglG entsprechend anwendbar (Satz 2). Diese Bezugnahme erstreckt sich auf die Regelungen, die schuldrechtliche Ausgleichsansprüche allgemein betreffen wie etwa den auszugleichenden Wert und die Fälligkeitsvoraussetzungen, nicht dagegen auf die Bestimmungen, die speziell auf einen Rentenanspruch zugeschnitten sind wie etwa § 20 Abs. 3 VersAusglG.

---

10 BGH FamRZ 2007, 1804, 1805.

B. Anspruchsvoraussetzungen

I. Kapitalbezug des Ausgleichspflichtigen

Der Ausgleichsanspruch des Berechtigten nach § 22 Satz 1 VersAusglG setzt voraus, dass der **Ver-** **2** **pflichtete Kapitalzahlungen** aus einem **noch nicht ausgeglichenen Anrecht** erhält. Noch nicht ausgeglichen sind Anrechte, die zwar gem. §§ 1 und 2 VersAusglG dem VA unterliegen, aber nicht im Rahmen des Wertausgleichs bei der Scheidung oder in einem vorangegangenen (ein anderes Anrecht betreffenden) Verfahren über den schuldrechtlichen VA ausgeglichen worden sind (vgl. § 20 Rdn. 3). Erfasst werden damit Anrechte, die bei Durchführung des Wertausgleichs noch nicht ausgleichsreif waren oder nach einer Vereinbarung der Ehegatten (nur) schuldrechtlich ausgeglichen werden sollen, nicht aber Anrechte, die im Verfahren über den Wertausgleich übersehen oder verschwiegen worden sind (vgl. § 20 Rdn. 4a). Ein schuldrechtlicher Ausgleich von Kapitalzahlungen scheidet auch aus, wenn der Wertausgleich noch nach altem Recht durchzuführen war und das Anrecht nach früherem Recht überhaupt noch nicht dem VA unterlag wie die auf Kapitalleistungen gerichteten Anrechte i.S. des § 2 Abs. 2 Nr. 3 VersAusglG.[1]

Der Ausgleichspflichtige muss die Kapitalzahlung tatsächlich **erhalten**. Es reicht nicht aus, dass er **3** eine Kapitalleistung in Anspruch nehmen könnte. Bei Inanspruchnahme einer Teilkapitalauszahlung beschränkt sich der Anspruch des Berechtigten auf eine Beteiligung daran. Der Anspruch nach § 22 Satz 1 VersAusglG muss andererseits nicht vor der Auszahlung an den Ausgleichspflichtigen geltend gemacht werden, sondern besteht **rückwirkend** auch dann, wenn die Kapitalzahlung an den Ausgleichspflichtigen bereits erfolgt ist. Der Ausgleichsberechtigte muss den Ausgleichspflichtigen auch nicht in Verzug setzen. Anders als laufende Rentenleistungen dienen Kapitalleistungen meist nicht dazu, den aktuellen Lebensbedarf des Berechtigten zu decken. Der Ausgleichspflichtige weiß zudem, dass die Hälfte des Ehezeitanteils des Anrechts dem Ausgleichsberechtigten zusteht, dieser den Auszahlungszeitpunkt aber nicht zwangsläufig kennt. Vor diesem Hintergrund muss das Vertrauen des Ausgleichspflichtigen, den gesamten Ausgleichswert behalten zu dürfen, hinter dem Interesse des Ausgleichsberechtigten an einer Beteiligung an dem ihm zustehenden Ausgleichswert zurücktreten.[2]

§ 22 VersAusglG ist an sich im Hinblick auf **Anrechte der betrieblichen oder privaten Altersvor-** **4** **sorge** geschaffen worden, die nach § 2 Abs. 2 Nr. 3 VersAusglG unabhängig von der Form der zugesagten Leistungen in den VA fallen. Die Vorschrift soll gewährleisten, dass auch in Fällen, in denen der Ausgleichspflichtige aus einem solchen Anrecht keine Rente, sondern eine **Kapitalzahlung** erhält, ein schuldrechtlicher VA möglich ist.[3] Sie erweitert dagegen nicht den Gegenstand des VA. Deshalb kann ein Anspruch aus § 22 VersAusglG nicht in Bezug auf Kapitalleistungen aus Anrechten geltend gemacht werden, die nicht dem VA unterliegen. Der Wortlaut der Vorschrift ermöglicht aber auch die Einbeziehung von Kapitalleistungen, die aus bei Ehezeitende vorhanden gewesenen Anrechten aus **Rentenversicherungen** gezahlt werden, nachdem der Ausgleichspflichtige nach Ehezeitende ein **Kapitalwahlrecht** ausgeübt oder einen Anspruch auf Abfindung oder auf Beitragserstattung geltend gemacht hat. In diesen Fällen lag am Ende der Ehezeit als dem maßgebenden Bewertungsstichtag (§ 5 Abs. 2 Satz 1 VersAusglG) ein dem VA unterliegendes Anrecht auf eine spätere Rentenleistung vor. Eine nach Ehezeitende erfolgte Kapitalisierung oder Beitragserstattung hindert zwar einen Wertausgleich und einen Anspruch auf Ausgleichsrente nach § 20 VersAusglG, steht aber einem Anspruch auf Beteiligung aus dem an den Ausgleichspflichtigen ausgekehrten Kapital nicht im Wege.[4] Damit wird zugleich Manipulationen seitens des Ausgleichspflichtigen entgegengewirkt.

---

1 Bergner § 22 Anm. 2.
2 BT-Drucks. 16/10144 S. 65.
3 BT-Drucks. 16/10144 S. 65.
4 Ruland Rn. 729; Johannsen/Henrich/Holzwarth § 22 Rn. 1; ebenso Glockner/Hoenes/Weil § 10 Rn. 34 ff. für ausländische Anrechte; a.A. Hauß/Eulering Rn. 341; Bergner § 22 Anm. 1.3.

II. Versorgungsbedarf des Ausgleichsberechtigten

5 Der Ausgleichsberechtigte kann den Ausgleich der Kapitalzahlungen erst verlangen, wenn in seiner Person ein **Versorgungsbedarf** entstanden ist. § 22 Satz 2 VersAusglG erklärt insoweit § 20 Abs. 2 VersAusglG für entsprechend anwendbar, so dass der Berechtigte eine laufende Versorgung i.S. des § 2 VersAusglG beziehen, die Regelaltersgrenze der gesetzlichen Rentenversicherung erreicht haben oder die gesundheitlichen Voraussetzungen für eine Invaliditätsversorgung erfüllen muss. Der Berechtigte kann den Anspruch nach § 22 VersAusglG aber auch noch geltend machen, wenn er die Fälligkeitsvoraussetzungen erst erfüllt, nachdem die Kapitalzahlung an den Ausgleichspflichtigen bereits erfolgt ist.[5]

C. Höhe des Anspruchs

6 Der Ausgleichsberechtigte kann vom Ausgleichspflichtigen eine **Zahlung in Höhe des Ausgleichswerts** des Versorgungsanrechts verlangen (§ 20 Satz 1 VersAusglG). Ehezeitanteil und Ausgleichswert sind gem. § 41 VersAusglG auf der Grundlage des Zeitwerts, d.h. des tatsächlich ausgezahlten Betrages zu ermitteln.[6] Gem. § 22 Satz 2 i.V.m. § 20 Abs. 1 Satz 2 VersAusglG sind die auf den Ausgleichswert entfallenden Sozialversicherungsbeiträge oder entsprechenden Aufwendungen in Abzug zu bringen. Die Forderung des Ausgleichsberechtigten unterliegt erst ab Verzug des Verpflichteten der Verzinsung.[7]

D. Anspruch auf Abtretung

7 Da § 22 Satz 2 VersAusglG auch § 21 für entsprechend anwendbar erklärt, kann der Ausgleichsberechtigte zum Zweck der Sicherung seines Anspruchs nach § 22 VersAusglG auch verlangen, dass der Ausgleichspflichtige ihm seinen **Kapitalzahlungsanspruch** gegen den Versorgungsträger in Höhe des Ausgleichswerts **abtritt**. Ein Abtretungsanspruch setzt jedoch – neben einem Versorgungsbedarf beim Ausgleichsberechtigten i.S. des § 20 Abs. 2 VersAusglG – voraus, dass der Ausgleichspflichtige zwar einen fälligen Auszahlungsanspruch gegen den Versorgungsträger, den Kapitalbetrag aber noch nicht erhalten hat. Ist die Auszahlung bereits erfolgt, geht die Abtretung ins Leere.[8]

E. Geringer Ausgleichswert

8 Gem. § 22 Satz 2 VersAusglG ist auch § 20 Abs. 1 Satz 3 entsprechend anwendbar. Das Gericht hat daher zu prüfen, ob der **Ausgleichswert** des Anrechts (oder im Falle gleichartiger Anrechte beider Ehegatten, die zu Kapitalzahlungen führen, die Differenz der Ausgleichswerte) i.S. des § 18 Abs. 3 VersAusglG **gering** ist. Die Sozialversicherungsbeiträge i.S. des § 20 Abs. 1 Satz 2 VersAusglG sind insoweit außer Betracht zu lassen (vgl. § 20 Rdn. 33). Da der Ausgleichswert als Zeitwert ermittelt wird, ist – wie auch bei der schuldrechtlichen Ausgleichsrente (vgl. § 20 Rdn. 34) – der Grenzwert nach § 18 Abs. 3 VersAusglG auf den Zeitpunkt der Geltendmachung des Ausgleichsanspruchs zu beziehen.[9] Wird die Bagatellgrenze unterschritten, bleibt zu prüfen, ob der Ausgleich dennoch im Einzelfall geboten ist (vgl. § 20 Rdn. 35).

---

5 BT-Drucks. 16/10144 S. 65; Borth Rn. 781; Ruland Rn. 728.
6 BT-Drucks. 16/10144 S. 65; Borth Rn. 780; Ruland Rn. 731; Johannsen/Henrich/Holzwarth § 22 Rn. 7.
7 Ruland Rn. 732; Johannsen/Henrich/Holzwarth § 22 Rn. 7.
8 Johannsen/Henrich/Holzwarth § 22 Rn. 8.
9 Bergner § 22 Anm. 3.

F. Erlöschen des Ausgleichsanspruchs

Der Anspruch auf Ausgleich von Kapitalzahlungen erlischt – ebenso wie der Anspruch auf Aus- 9
gleichsrente – mit dem Tod eines Ehegatten (§ 31 Abs. 3 Satz 1 VersAusglG)

G. Verfahren

Über den Ausgleichsanspruch nach § 22 VersAusglG wird nur auf **Antrag** des Ausgleichsberechtig- 10
ten entschieden (§ 223 FamFG). Der Antrag braucht – ebenso wie der Antrag auf Ausgleichsrente
nach § 20 VersAusglG (vgl. § 20 Rdn. 10) – nicht beziffert zu werden. Vorschlag für die **Formulierung des Antrags**:

▶ Es wird beantragt, den Antragsgegner zu verpflichten, zum Ausgleich der erhaltenen Kapitalzahlung aus seinem Anrecht bei ... den Ausgleichswert an die Antragstellerin zu zahlen.

Der Antrag leitet, sofern er nicht ausnahmsweise im Scheidungsverbund gestellt wird, ein **selbständiges Verfahren** über den VA nach den §§ 111 Nr. 7, 217 ff. FamFG ein. Am Verfahren sind
nur die Ehegatten beteiligt, dagegen keine Versorgungsträger (vgl. § 20 Rdn. 42). Die **gerichtliche
Endentscheidung** ergeht in Form eines Beschlusses (§ 38 Abs. 1 FamFG) und ist zu begründen
(§ 224 Abs. 2 FamFG). Sie ist den Beteiligten durch Zustellung bekannt zu machen und wird erst
mit der Rechtskraft wirksam (§ 224 Abs. 1 FamFG). Das Gericht hat eine Kostenentscheidung zu
treffen und den Verfahrenswert festzusetzen (vgl. vor § 1 Rdn. 99 ff.), der im Hinblick auf ein mit
der Kapitalzahlung ausgeglichenes Anrecht 20 % des in drei Monaten erzielten Nettoeinkommens
der Ehegatten beträgt, mindestens aber 1.000 € (§ 50 Abs. 1 FamGKG). Zu Rechtsmitteln vgl.
§ 20 Rdn. 46.

Zum Zweck der Sicherung des Anspruchs nach § 22 VersAusglG kann der Ausgleichsberechtigte 11
eine **einstweilige Anordnung** nach § 49 Abs. 1 FamFG beantragen.[10] Voraussetzung für den Erlass
einer Anordnung ist, dass ein dringendes Bedürfnis für ein sofortiges Tätigwerden besteht, etwa
weil eine Verfügung des Ausgleichspflichtigen droht, die die Vollstreckung gefährdet. Die einstweilige Anordnung kann jedoch nicht vor Eintritt der Fälligkeitsvoraussetzungen auch auf Seiten
des Ausgleichsberechtigten ergehen, weil es andernfalls an einem Anordnungsgrund fehlt. Der
Ausgleichsberechtigte kann unter den Voraussetzungen der §§ 23, 24 VersAusglG auch einen
Anspruch auf **Abfindung** geltend machen (vgl. § 23 Rdn. 4).

Unterabschnitt 2 Abfindung

§ 23 VersAusglG Anspruch auf Abfindung, Zumutbarkeit

(1) [1]Die ausgleichsberechtigte Person kann für ein noch nicht ausgeglichenes Anrecht von der
ausgleichspflichtigen Person eine zweckgebundene Abfindung verlangen. [2]Die Abfindung ist an
den Versorgungsträger zu zahlen, bei dem ein bestehendes Anrecht ausgebaut oder ein neues
Anrecht begründet werden soll.

(2) Der Anspruch nach Absatz 1 besteht nur, wenn die Zahlung der Abfindung für die ausgleichspflichtige Person zumutbar ist.

(3) Würde eine Einmalzahlung die ausgleichspflichtige Person unbillig belasten, so kann sie
Ratenzahlung verlangen.

---

10 Borth Rn. 781; Ruland Rn. 730.

A. Norminhalt

1   § 23 VersAusglG gibt dem ausgleichsberechtigten Ehegatten die Möglichkeit, für ein noch nicht im Wertausgleich ausgeglichenes Anrecht vom ausgleichspflichtigen Ehegatten eine Abfindung zu verlangen und zweckgebunden zum Ausbau einer bestehenden Versorgung oder zur Begründung eines neuen Anrechts zu verwenden (Abs. 1). Die Zahlung der Abfindung muss dem Ausgleichspflichtigen entweder in einer Summe (Abs. 2) oder zumindest in Raten zumutbar sein (Abs. 3). Die Vorschrift entspricht weitgehend dem früheren § 1587l Abs. 1 und 3 BGB. Die Höhe der Abfindung und deren Zweckbindung im Einzelnen richten sich nach § 24 VersAusglG.

B. Zweck der Vorschrift

2   § 23 VersAusglG ist Teil des schuldrechtlichen VA, hat jedoch spezifische Besonderheiten, die eine Nähe zum Wertausgleich begründen. Die Abfindung kann bereits im Scheidungsverbund geltend gemacht werden (s. Rdn. 13). Sie ermöglicht – ebenso wie der Wertausgleich und abweichend vom üblichen Charakter eines abgeleiteten Anspruchs – die **versorgungsrechtliche Trennung** der Ehegatten und damit für den Ausgleichsberechtigten den Aufbau einer eigenständigen Alterssicherung. Der Ausgleichsverpflichtete behält seine auszugleichende Versorgung, muss aber dem Ausgleichsberechtigten das Kapital zur Verfügung stellen, das dieser benötigt, um sich in Höhe des Ausgleichswerts selbst eine Versorgung zu schaffen. Damit wird ein späteres Dauerschuldverhältnis zwischen den geschiedenen Ehegatten entbehrlich, und der Berechtigte ist auch für den Fall gesichert, dass bei ihm der Versorgungsfall früher eintritt als beim Ausgleichspflichtigen oder dass der Verpflichtete vor ihm stirbt.

C. Anspruchsvoraussetzungen

I. Noch nicht ausgeglichenes Anrecht (Abs. 1 Satz 1)

3   Gem. § 23 Abs. 1 Satz 1 VersAusglG kann die Abfindung für ein **noch nicht ausgeglichenes Anrecht** verlangt werden. Der Begriff kennzeichnet – ebenso wie in § 20 Abs. 1 Satz 1, § 22 und § 25 Abs. 1 VersAusglG – ein nicht in den Wertausgleich einbezogenes Anrecht, das noch schuldrechtlich ausgeglichen werden kann (vgl. dazu näher § 20 Rdn. 3–7). Dem schuldrechtlichen VA steht nicht entgegen, dass u.U. auch ein Abänderungsverfahren nach § 51 VersAusglG möglich ist.

4   Der Abfindungsanspruch setzt voraus, dass ein künftiger Anspruch auf Ausgleichsrente nach § 20 VersAusglG oder auf Ausgleich von Kapitalzahlungen nach § 22 VersAusglG **dem Grunde nach** feststeht. Das ist noch nicht der Fall, solange ein betriebliches Versorgungsanrecht noch verfallbar[1] oder ein Anrecht sonst (i.S. des § 19 Abs. 2 Nr. 1 VersAusglG) dem Grund oder der Höhe nach noch nicht hinreichend gesichert ist oder wenn ein degressives Anrecht i.S. des § 19 Abs. 2 Nr. 2 VersAusglG auszugleichen ist. Denn in diesen Fällen steht noch nicht fest, ob bzw. in welcher Höhe der Ausgleichspflichtige Versorgungsleistungen erhalten wird. Die Fälligkeitsvoraussetzun-

---

1   BGH FamRZ 1984, 668, 669; Borth Rn. 785; Ruland Rn. 740; anders BT-Drucks. 16/10144 S. 65.

gen des § 20 Abs. 1 Satz 1 und Abs. 2 VersAusglG brauchen dagegen noch nicht erfüllt zu sein. Andererseits kann eine Abfindung auch dann noch verlangt werden, wenn sich das schuldrechtlich auszugleichende Anrecht bereits **in der Leistungsphase** befindet, und sogar noch, wenn der Ausgleichsberechtigte schon die Ausgleichsrente nach § 20 VersAusglG erhält.[2] Im letzten Fall ist der Ausgleichswert zur Berechnung des Abfindungsbetrages um den kapitalisierten Betrag der vom Berechtigten bereits bezogenen Leistungen zu kürzen (s. § 24 Rdn. 3).

II. Zweckgebundenheit der Abfindung (Abs. 1 Satz 2)

§ 23 Abs. 1 Satz 2 VersAusglG stellt klar, dass die Abfindung nicht zur freien Verfügung des aus-   5
gleichsberechtigten Ehegatten steht, sondern **zweckgebunden** ist. Sie muss für den Ausbau eines bestehenden oder die Begründung eines neuen Versorgungsanrechts verwendet werden. In Betracht kommen grundsätzlich nur Anrechte i.S. des § 2 VersAusglG. Allerdings können die Ehegatten gem. § 6 VersAusglG etwas anderes vereinbaren. Der Berechtigte hat zwar – ebenso wie bei einer externen Teilung – ein **Wahlrecht** bezüglich des Versorgungssystems, in dem er die Abfindung anlegen möchte. Auch die eine Abfindung aufnehmende **Zielversorgung** muss aber jedenfalls den Anforderungen des § 15 VersAusglG genügen (§ 24 Abs. 2 VersAusglG; vgl. § 24 Rdn. 6).

Eine Abfindung kommt zudem nur in Betracht, wenn die gewählte **Zielversorgung** die **Zahlung**   6
von Beiträgen zur Begründung oder Erweiterung eines Versorgungsanrechts (noch) **zulässt**. Insofern gilt das Gleiche wie nach § 14 Abs. 5 VersAusglG für die Zulässigkeit einer externen Teilung (vgl. § 14 Rdn. 17, 18). Die Zahlung von Beiträgen in die **gesetzliche Rentenversicherung** kommt – wie schon nach früherem Recht – nur in Betracht, wenn der Berechtigte nach rentenrechtlichen Vorschriften zur Beitragszahlung berechtigt ist. § 187 Abs. 1 Nr. 2a SGB VI n.F. beschränkt den Erwerb von Rentenanrechten auf die externe Teilung und ist auf die Abfindung nach § 23 VersAusglG wohl nicht anwendbar. Die Ehegatten können aber die Einzahlung der Abfindung in die gesetzliche Rentenversicherung gem. § 6 VersAusglG vereinbaren; mit den auf der Grundlage einer Vereinbarung gezahlten Beiträgen können Rentenanwartschaften begründet werden (§ 187 Abs. 1 Nr. 2b SGB VI).[3] Ansonsten kommt eine Begründung von gesetzlichen Rentenanwartschaften durch Beitragszahlung nur in Betracht, wenn der Berechtigte nach Sondervorschriften zur Nachentrichtung von Beiträgen berechtigt ist. Hierzu muss ggf. eine Auskunft des Rentenversicherungsträgers eingeholt werden. Nach bindender Bewilligung einer Vollrente wegen Alters ist eine Beitragszahlung überhaupt nicht mehr zulässig (§ 187 Abs. 4 SGB VI). Die Einzahlung von Beiträgen in eine **private Rentenversicherung** ist grundsätzlich nicht an eine Altersgrenze gebunden. Möglich ist auch die Zahlung der Abfindung an einen Träger der Beamtenversorgung, wenn damit Anrechte wieder aufgefüllt werden, die durch einen früheren VA verloren worden sind.[4]

III. Zumutbarkeit für den Ausgleichspflichtigen (Abs. 2)

Der Abfindungsanspruch ist an die Voraussetzung geknüpft, dass die Zahlung dem ausgleichs-   7
pflichtigen Ehegatten zumutbar ist (§ 23 Abs. 2 VersAusglG). Der Belastbarkeitsmaßstab entspricht demjenigen, der nach früherem Recht bei der Zumutbarkeit einer Beitragszahlungsanordnung nach § 3b Abs. 1 Nr. 2 VAHRG a.F. und einer Abfindung nach § 1587l BGB a.F. angelegt wurde. Es kommt daher darauf an, ob die Zahlung dem Verpflichteten **wirtschaftlich zuzumuten**

---

2 BT-Drucks. 16/10144 S. 65; Borth Rn. 786; Ruland Rn. 741; Johannsen/Henrich/Holzwarth § 23 Rn. 6;
   a.A. für die frühere Recht, das allerdings in § 1587l BGB a.F. eine Abfindung für »künftige Ausgleichsansprüche« vorsah, BGH FamRZ 2004, 1024, 1026; OLG Celle FamRZ 2009, 1673, 1674.
3 Borth Rn. 787; Ruland Rn. 750; Johannsen/Henrich/Holzwarth § 23 Rn. 11.
4 Ruland Rn. 751.

ist. Insoweit sind strenge Anforderungen zu stellen.[5] Dem Ausgleichspflichtigen können nur solche Vermögensopfer abverlangt werden, die zu seiner wirtschaftlichen Gesamtsituation in einem angemessenen Verhältnis stehen. Bei durchschnittlichen Einkommens- und Vermögensverhältnissen kann eine Abfindung i.d.R. nicht verlangt werden. Der eigene **angemessene Unterhalt** des Verpflichteten und der ihm gegenüber unterhaltsberechtigten Personen muss gesichert bleiben.[6] Auch die Verwertung eines bescheidenen Vermögens, des ehelichen Zugewinns oder eines Eigenheims ist im Regelfall nicht zumutbar.[7] Das Gleiche gilt für eine vom Arbeitgeber beim Ausscheiden aus dem Arbeitsverhältnis gezahlte Abfindung, die dazu dient, die mit dem Verlust des Arbeitsplatzes verbundenen Einkommensnachteile auszugleichen.[8] Eine Abfindung ist umso weniger zumutbar, wenn der Ausgleichsberechtigte über den Tod des Verpflichteten hinaus durch einen Anspruch auf Teilhabe an der Hinterbliebenenversorgung nach § 25 VersAusglG gesichert ist.[9] Andererseits schließt die Möglichkeit einer Teilhabe an der Hinterbliebenenversorgung eine Abfindung auch nicht aus, sofern die wirtschaftlichen Verhältnisse des Verpflichteten entsprechend günstig sind.[10] Einem Verpflichteten, der bereits über ein Eigenheim und eine ausreichende Altersversorgung verfügt, kann es zumutbar sein, die Abfindung durch Auflösung einer Kapitallebensversicherung und eines Bausparvertrages aufzubringen.[11]

8 Für die Anordnung einer Abfindung genügt nicht die Feststellung, dass Anhaltspunkte für eine Unzumutbarkeit weder vorgetragen noch sonst ersichtlich seien.[12] Das Gericht hat vielmehr **von Amts wegen zu ermitteln**, welche Belastung dem Verpflichteten wirtschaftlich zumutbar ist (§ 26 FamFG; vgl. auch Rdn. 14). Das Gericht kann ihm zur Klärung dieser Frage Auflagen erteilen, z.B. seine Einkommens- und Vermögensverhältnisse zu belegen.

IV. Anordnung einer Ratenzahlung (Abs. 3)

9 Ist der Verpflichtete zwar grundsätzlich leistungsfähig, würde ihn aber eine Einmalzahlung unbillig belasten, kann der Ausgleichsberechtigte von ihm **Ratenzahlung** verlangen (§ 23 Abs. 3 VersAusglG). Dies kann etwa der Fall sein, wenn der Ausgleichspflichtige zwar nicht über Vermögenswerte verfügt, aus denen er die Abfindung in einer Summe aufbringen kann, aber über ein so hohes Einkommen, dass er – auch unter Berücksichtigung seiner Unterhaltsverpflichtungen und sonstiger Belastungen – zur Zahlung (nennenswerter) Raten in der Lage ist.[13] Mit der »unbilligen Belastung« wird ebenso auf die wirtschaftliche Zumutbarkeit abgestellt wie nach Abs. 2.[14]

10 Eine getroffene Ratenzahlungsanordnung kann auf Antrag **aufgehoben oder abgeändert** werden, wenn sich die wirtschaftlichen Verhältnisse des Verpflichteten wesentlich verändert haben (§ 227 Abs. 1 i.V.m. § 48 Abs. 1 FamFG). Auch für diese Entscheidungen ist – anders als nach früherem Recht – nunmehr der Richter zuständig (vgl. vor § 1 Rdn. 87).[15]

---

5 BT-Drucks. 16/10144 S.65; BGH FamRZ 1997, 166, 168.
6 OLG München FamRZ 1988, 955; OLG Hamm FamRZ 1989, 400; Borth Rn.790.
7 BGH FamRZ 1997, 166, 169.
8 OLG Hamm FamRZ 1999, 929.
9 BGH FamRZ 1997, 166, 169.
10 OLG Karlsruhe FamRZ 2004, 1972.
11 OLG Hamm FamRZ 2005, 988.
12 BGH FamRZ 1999, 158, 159.
13 OLG Oldenburg FamRZ 2003, 768, 769.
14 Borth Rn. 790; Ruland Rn. 745; Johannsen/Henrich/Holzwarth § 23 Rn. 8.
15 Der nach Art. 23 Nr. 11 FGG-RG vorgesehene § 25 Nr. 1 RpflG ist durch Art. 14 VAStrReG wieder aufgehoben worden.

D. Wirkungen der Abfindung

Der versorgungsrechtlichen Verselbständigung der Ehegatten entspricht es, dass die Abfindung **11** nicht nur erfüllungshalber (wie im Falle der Abtretung, §21 Rdn.8), sondern **an Erfüllungs Statt** (§364 Abs.1 BGB) geleistet wird.[16] Die Zahlung bewirkt daher das **Erlöschen des Ausgleichsanspruchs** und schließt damit auch einen späteren Anspruch auf Teilhabe an der Hinterbliebenenversorgung nach §25 VersAusglG aus.[17] Bei einer Teil- oder Ratenzahlung erlischt der Ausgleichsanspruch nur in dem betreffenden Umfang. Die Abfindung hat ferner zur Folge, dass sich der Berechtigte auf einen etwaigen nachehelichen Unterhaltsanspruch gegen den Ausgleichspflichtigen den Betrag anrechnen lassen muss, den er ohne die Abfindung als Ausgleichsrente nach §20 VersAusglG erhalten hätte.[18]

Der Ausgleichspflichtige kann die Abfindungszahlung grundsätzlich nicht als Werbungskosten i.S. **11a** des §9 Abs.1 S.1 EStG, als dauernde Last i.S. des §10 Abs.1 Nr.1a EStG oder als außergewöhnliche Belastungen i.S. des §33 EStG **steuerlich** absetzen.[19] Dies käme nach dem steuerrechtlichen Korrespondenzprinzip nur in Betracht, wenn der Ausgleichsberechtigte die Abfindung seinerseits versteuern müsste; dies ist jedoch nicht der Fall. Der Ausgleichsberechtigte hat erst die Leistungen zu versteuern, die er aus der mit dem Abfindungsbetrag begründeten Versorgung erhält. Anders liegt es jedoch, wenn Ehegatten gemäß §6 VersAusglG vereinbaren, dass ein dem Wertausgleich bei der Scheidung unterliegendes Anrecht durch eine Beitragszahlung zu einer privaten Rentenversicherung ausgeglichen wird; diese Zahlung kann der Ausgleichspflichtige als Werbungskosten steuerlich geltend machen.[20]

E. Erlöschen des Abfindungsanspruchs

Der Abfindungsanspruch **erlischt** mit dem Tod des Berechtigten oder des Verpflichteten (§31 **12** Abs.3 Satz 1 VersAusglG). Soweit der Anspruch noch nicht erfüllt ist, kann er daher von den Erben des Ausgleichsberechtigten nicht mehr geltend gemacht werden. Der Ausgleichsberechtigte kann jedoch die Erben des Verpflichteten auf Erfüllung oder Schadensersatz wegen Nichterfüllung hinsichtlich beim Tod des Verpflichteten rückständiger Raten in Anspruch nehmen (§31 Abs.3 Satz 3 VersAusglG i.V.m. §1586 Abs.2 Satz 1 BGB).

F. Verfahren

Der Abfindungsanspruch kann als Nebenanspruch zum schuldrechtlichen VA entweder schon im **13** Scheidungsverbundverfahren oder aber später in einem selbständigen Verfahren geltend gemacht werden. Das Gericht entscheidet – auch im Scheidungsverbund – nur auf **Antrag** (§223 FamFG). Die Antragstellung unterliegt nur im Scheidungsverbund dem Anwaltszwang (§114 Abs.1 FamFG). Der Antrag muss nicht beziffert werden. Der Berechtigte muss jedoch einen konkreten Versorgungsträger bezeichnen, an den der Verpflichtete die Abfindung zahlen soll (§23 Abs.1 Satz 2 VersAusglG), die Zustimmung dieses Versicherungsträgers beibringen und das Versicherungskonto bzw. den Vertrag benennen, auf dem die Gutschrift erfolgen soll.

---

16 Ruland Rn. 739; Johannsen/Henrich/Holzwarth §23 Rn.3.
17 Borth Rn.784; Johannsen/Henrich/Holzwarth §23 Rn.3; Erman/Norpoth §23 Rn.6; Palandt/Brudermüller §23 Rn.3; a.A. Ruland Rn.739.
18 Borth Rn.801.
19 BFH FamRZ 2010, 1800 mit Anm. Borth; Ruland Rn.1261; NK-VersAusglG/Breuers §23 Rn.43 f.; anders Borth Rn.723, 795.
20 BFH FamRZ 2010, 1801 mit Anm. der Red.

Vorschlag für die **Formulierung eines Antrags:**

▶ Es wird beantragt, den Antragsgegner zu verpflichten, eine Abfindung für sein schuldrechtlich auszugleichendes Anrecht bei … (Versorgungsträger des Verpflichteten) für die Antragstellerin an … (Zielversorgungsträger) zugunsten des mit der Antragstellerin bestehenden Vertrages Nr. … zu zahlen.

14   Zur Vorbereitung des Abfindungsverlangens kann der Berechtigte – isoliert oder in Stufenform – vom Ausgleichspflichtigen gem. § 4 Abs. 1 VersAusglG **Auskunft** über die für den Abfindungsanspruch maßgebenden Umstände, also über die Berechnungsgrundlagen für die Höhe der Abfindung nach § 24 Abs. 1 VersAusglG und über die wirtschaftlichen Verhältnisse des Verpflichteten, verlangen. Hinsichtlich der wirtschaftlichen Verhältnisse besteht ein Auskunftsinteresse des Berechtigten, weil er für die Zumutbarkeit der Abfindungszahlung darlegungs- und beweispflichtig ist.[21] Allerdings kommt der Darlegungs- und Beweislast im Hinblick auf die Amtsermittlungspflicht des Familiengerichts (§ 26 FamFG) geringere Bedeutung zu.

15   Der Antrag leitet, sofern er nicht im Scheidungsverbund gestellt wird, ein selbständiges Verfahren über den VA nach den §§ 111 Nr. 7, 217 ff. FamFG ein. Am Verfahren sind i.d.R. nur die Ehegatten beteiligt (Ausnahme s. Rdn. 12), dagegen keine Versorgungsträger (vgl. § 20 Rdn. 42). Die **gerichtliche Endentscheidung** ergeht in Form eines Beschlusses (§ 38 Abs. 1 FamFG) und ist zu begründen (§ 224 Abs. 2 FamFG). Sie ist den Beteiligten durch Zustellung bekannt zu machen und wird erst mit der Rechtskraft wirksam (§ 224 Abs. 1 FamFG). Das Gericht hat eine Kostenentscheidung zu treffen und den Verfahrenswert festzusetzen (vgl. vor § 1 Rdn. 99 ff.), der regelmäßig für jedes mit der Abfindung ausgeglichene Anrecht 20 % des in drei Monaten erzielten Nettoeinkommens der Ehegatten beträgt, mindestens aber 1.000 € (§ 50 Abs. 1 FamGKG). Zu Rechtsmitteln vgl. § 20 Rdn. 46.

16   Der titulierte Anspruch ist nach den §§ 803 ff. ZPO zu **vollstrecken** (vgl. § 20 Rdn. 47). Die Zweckgebundenheit der Abfindung (s. Rdn. 5 f.) steht der Eintragung einer Zwangshypothek zugunsten des Ausgleichsberechtigten nicht entgegen.[22]

§ 24 VersAusglG   Höhe der Abfindung, Zweckbindung

(1) [1]Für die Höhe der Abfindung ist der Zeitwert des Ausgleichswerts maßgeblich. [2]§ 18 gilt entsprechend.

(2) Für das Wahlrecht hinsichtlich der Zielversorgung gilt § 15 entsprechend.

A. Norminhalt

1   § 24 VersAusglG ergänzt § 23 um Bestimmungen über die Höhe der Abfindung (Abs. 1 Satz 1), den Ausschluss einer Abfindung bei geringfügiger Höhe (Abs. 1 Satz 2) und über das dem ausgleichsberechtigten Ehegatten zustehende Wahlrecht hinsichtlich der Zielversorgung (Abs. 2).

---

21   BT-Drucks. 10/5447 S. 25; BGB-RGRK/Wick § 1587l Rn. 16.
22   OLG München FamRZ 2012, 577.

B. Höhe der Abfindung

Die Höhe der Abfindung richtet sich gem. § 24 Abs. 1 Satz 1 VersAusglG im konkreten Fall nach **2** dem **Zeitwert**, den der Ausgleichswert des Anrechts hat. Das Gesetz lässt offen, auf welchen genauen **Zeitpunkt** die Zeitwertermittlung zu beziehen ist; dieser Zeitpunkt soll vom Familiengericht bestimmt werden.[1] Grundsätzlich ist vom Zeitpunkt der Abfindungsentscheidung auszugehen.[2] Im Fall einer mündlichen Erörterung nach § 221 Abs. 1 FamFG kann dieser Termin zugrunde gelegt werden, im Fall einer Entscheidung im schriftlichen Verfahren der Tag der Beschlussfassung oder ein entscheidungsnaher Termin.[3]

Ausgangspunkt für die Berechnung der Abfindungshöhe ist der **Ausgleichswert** des Anrechts (i.S. **3** des § 1 Abs. 2 Satz 2 VersAusglG) **zum Ehezeitende** als dem nach § 5 Abs. 2 Satz 1 VersAusglG maßgebenden Stichtag, aber unter Berücksichtigung der nach Ehezeitende eingetretenen und auf den Ehezeitanteil zurückwirkenden rechtlichen und tatsächlichen Veränderungen i.S. des § 5 Abs. 2 Satz 2 VersAusglG (s. dazu § 20 Rdn. 19–24). Zugrunde zu legen ist entweder der Kapitalwert, wenn dieser als Bezugsgröße des Anrechts (i.S. des § 5 Abs. 1 VersAusglG) verwendet wird, andernfalls ein nach § 47 VersAusglG zu berechnender korrespondierender Kapitalwert.[4] Sozialversicherungsbeiträge oder vergleichbare Aufwendungen i.S. des § 20 Abs. 1 Satz 2 VersAusglG sind grundsätzlich nicht in Abzug zu bringen. Das folgt daraus, dass § 24 VersAusglG – anders als etwa § 22 VersAusglG – § 20 nicht für entsprechend anwendbar erklärt. Außerdem lassen sich die Abzüge, die von den Versorgungsleistungen des Ausgleichspflichtigen vorgenommen werden, nicht abschätzen, solange der Versorgungsfall noch nicht eingetreten ist. Allerdings kommt eine Abfindung auch dann noch in Betracht, wenn sich das auszugleichende Anrecht schon in der Leistungsphase befindet. In diesem Fall muss der Ausgleichswert um den kapitalisierten Betrag der Sozialversicherungsbeiträge bzw. der vergleichbaren Aufwendungen des Ausgleichspflichtigen vermindert werden. Hat der Ausgleichsberechtigte auch die Ausgleichsrente nach § 20 VersAusglG schon eine Zeit lang vom Ausgleichspflichtigen bezogen, muss der Ausgleichswert zuvor auch noch um einen versicherungsmathematischen Abschlag im Hinblick auf die bereits erhaltenen Monatsbeträge gekürzt werden[5] (vgl. § 23 Rdn. 4).

In einem zweiten Schritt ist der **Zeitwert** des ehezeitlichen Ausgleichswerts zu ermitteln. Das **4** bedeutet, dass der ehezeitbezogene Ausgleichswert (Rdn. 3) in vergleichbarer Weise zu **aktualisieren** ist wie der für eine Ausgleichsrente nach § 20 VersAusglG maßgebliche Ausgleichswert, bei dem gem. § 5 Abs. 4 Satz 2 VersAusglG die nachehezeitlichen Wertanpassungen zu berücksichtigen sind (vgl. § 20 Rdn. 25–27). Bei einer kapitalgedeckten Versorgung ist daher der durch zwischenzeitliche Überschusszinsen erzielte Wertzuwachs des Ausgleichswerts einzubeziehen.[6] Wenn das Deckungskapital ausschließlich auf während der Ehezeit erfolgten Beitragszahlungen beruht, braucht nicht zuerst ein auf das Ehezeitende bezogener Ausgleichswert ermittelt zu werden, sondern es kann sofort von dem im Zeitpunkt der Abfindungsentscheidung vorhandenen Kapitalstock ausgegangen werden. Sind nach Ehezeitende weitere Beitragszahlungen erfolgt, müssen die Überschusszinsen berechnet werden, die allein auf das ehezeitlich gebildete Deckungskapital entfallen. Ist Bezugsgröße ein Rentenbetrag, kann vom korrespondierenden Kapitalwert der zum Zeitpunkt der Abfindungsentscheidung vorhandenen Rentenanwartschaft (soweit diese auf die Ehezeit entfällt) ausgegangen werden, sofern sich die persönlichen Bemessungsgrundlagen seit Ehezeitende nicht geändert haben. Ist der korrespondierende Kapitalwert gem. § 47 Abs. 5 VersAusglG nach versicherungsmathematischen Grundsätzen zu berechnen, stellt sich die Frage, ob

---

1 BT-Drucks. 16/10144 S. 66.
2 BT-Drucks. 7/4361 S. 47; Borth Rn. 793; Ruland Rn. 743; Bergner § 24 Anm. 2.3.
3 BT-Drucks. 16/10144 S. 66; Johannsen/Henrich/Holzwarth § 24 Rn. 2.
4 BT-Drucks. 16/10144 S. 65.
5 BT-Drucks. 16/10144 S. 66.
6 BT-Drucks. 16/10144 S. 66; Borth Rn. 795; Ruland Rn. 743.

die für den Verpflichteten oder den Berechtigten maßgebenden individuellen Rechnungsgrundlagen maßgebend sind. § 47 VersAusglG stellt generell auf den Kapitalwert des auszugleichenden Anrechts für den Ausgleichspflichtigen ab.[7] Daher muss auch die Abfindung nach den für den Verpflichteten maßgebenden versicherungsmathematischen Rechnungsgrundlagen ermittelt werden.[8] Als Rechnungszins kann der von der Bundesbank bekannt gegebene aktuelle Zinssatz nach § 253 Abs. 2 HGB zugrunde gelegt werden. Dieser Zinssatz ist zu mindern, wenn das auszugleichende Anrecht dynamisch ist.[9] Über die Höhe des korrespondierenden Kapitalwerts hat der Versorgungsträger Auskunft zu erteilen (§ 5 Abs. 3 VersAusglG, § 222 FamFG). Reicht diese Auskunft nicht aus, muss das Gericht ein versicherungsmathematisches Gutachten einholen.

C. Keine Abfindung bei Geringfügigkeit des Ausgleichswerts (Abs. 1 Satz 2)

5   § 24 Abs. 1 Satz 2 VersAusglG erklärt § 18 für entsprechend anwendbar. Daraus folgt, dass **Anrechte von geringem Ausgleichswert** (oder schuldrechtlich auszugleichende und abzufindende Anrechte gleicher Art von geringer Ausgleichswertdifferenz) nicht abgefunden werden sollen. Die Regelung entspricht § 20 Abs. 1 Satz 3 VersAusglG. Es wäre nicht sachgerecht, wenn die Geltendmachung einer Ausgleichsrente an der Geringfügigkeit des Ausgleichswerts scheitern würde, aber eine Abfindung für ein solches Anrecht verlangt werden könnte. Da es für die Höhe der Abfindung auf den Zeitwert des Ausgleichswerts ankommt, muss auch die nach § 18 Abs. 3 VersAusglG maßgebliche Vergleichsgröße auf den gleichen aktuellen Zeitpunkt bezogen werden[10] (vgl. auch § 20 Rdn. 34 und § 22 Rdn. 8).

D. Wahlrecht des Ausgleichsberechtigten (Abs. 2)

6   Aus § 23 Abs. 1 Satz 2 VersAusglG ergibt sich, dass der Ausgleichsberechtigte selbst entscheiden kann, ob er die Abfindung für den **Ausbau eines bereits vorhandenen Anrechts** oder zur **Begründung eines neuen Anrechts** verwenden will. Ihm steht daher – ebenso wie im Fall der externen Teilung nach § 14 VersAusglG – ein **Wahlrecht hinsichtlich der Zielversorgung** zu. Dieses Wahlrecht kann er nur unter den gleichen Voraussetzungen und mit den gleichen Maßgaben ausüben, wie es ihm im Fall der externen Teilung möglich wäre. Indem § 15 VersAusglG für entsprechend anwendbar erklärt wird (§ 24 Abs. 2 VersAusglG), wird die in § 23 Abs. 1 Satz 1 VersAusglG geforderte **Zweckbindung der Abfindung** konkretisiert. Dem Gericht obliegt die Prüfung, ob das gewählte Versorgungssystem den vorausgesetzten Zweck erfüllt.

7   Der Ausgleichsberechtigte kann keine beliebige Zielversorgung wählen. Das gewählte Versorgungssystem muss eine **angemessene** Versorgung gewährleisten (§ 15 Abs. 2 VersAusglG). Diese Voraussetzung gilt bei den in § 15 Abs. 4 VersAusglG genannten Versorgungen (gesetzliche Rentenversicherung, betriebliche Altersversorgung, zertifizierter privater Vorsorgevertrag) stets als erfüllt. Bei anderen Versorgungsformen kommt es darauf an, ob zumindest eine eigenständige Altersversorgung begründet wird (vgl. § 15 Rdn. 7). Die gewählte Zielversorgung darf ferner nicht zu steuerpflichtigen Einnahmen des Ausgleichspflichtigen führen, sofern dieser nicht ausdrücklich zustimmt (§ 15 Abs. 3 VersAusglG). Auch die **Steuerneutralität für den Verpflichteten** gilt bei den in § 15 Abs. 4 VersAusglG genannten Versorgungssystemen stets als erfüllt, bei anderen Versor-

---

7 Vgl. BT-Drucks. 16/10144 S. 84.
8 Ebenso MüKo/Glockner § 24 Rn. 2; Glockner/Hoenes/Weil § 10 Rn. 43; offenbar auch Johannsen/Henrich/Holzwarth § 24 Rn. 1; Hoppenz/Hoppenz § 24 Rn. 7; Palandt/Brudermüller § 24 Rn. 1; Erman/Norpoth § 23 Rn. 1; a.A. Borth Rn. 795; Ruland Rn. 743: Daten des Ausgleichsberechtigten maßgebend; wieder anders Bergner/Schneider FamRZ 2004, 1766, 1771: abzustellen sei auf eine Kombination der für beide Ehegatten maßgebenden Grundlagen.
9 Borth Rn. 795; Ruland Rn. 743.
10 Bergner § 24 Anm. 3; Johannsen/Henrich/Holzwarth § 24 Rn. 3.

gungsformen ist eine Einzelfallprüfung geboten (vgl. § 15 Rdn. 9, 10). Übt der Berechtigte das Wahlrecht nicht aus, ist die Abfindung gem. § 15 Abs. 5 VersAusglG an die gesetzliche Rentenversicherung oder die Versorgungsausgleichskasse zu zahlen (vgl. § 15 Rdn. 12–14). Zur Ausübung des Wahlrechts kann das Gericht dem Ausgleichsberechtigten eine (Ausschluss-) Frist setzen (vgl. § 15 Rdn. 6).

Unterabschnitt 3   Teilhabe an der Hinterbliebenenversorgung

§ 25 VersAusglG   Anspruch gegen den Versorgungsträger

(1) Stirbt die ausgleichspflichtige Person und besteht ein noch nicht ausgeglichenes Anrecht, so kann die ausgleichsberechtigte Person vom Versorgungsträger die Hinterbliebenenversorgung verlangen, die sie erhielte, wenn die Ehe bis zum Tod der ausgleichspflichtigen Person fortbestanden hätte.

(2) Der Anspruch ist ausgeschlossen, wenn das Anrecht wegen einer Vereinbarung der Ehegatten nach den §§ 6 bis 8 oder wegen fehlender Ausgleichsreife nach § 19 Abs. 2 Nr. 2 oder Nr. 3 oder Abs. 3 vom Wertausgleich bei der Scheidung ausgenommen worden war.

(3) ¹Die Höhe des Anspruchs ist auf den Betrag beschränkt, den die ausgleichsberechtigte Person als schuldrechtliche Ausgleichsrente verlangen könnte. ²Leistungen, die sie von dem Versorgungsträger als Hinterbliebene erhält, sind anzurechnen.

(4) § 20 Abs. 2 und 3 gilt entsprechend.

(5) Eine Hinterbliebenenversorgung, die der Versorgungsträger an die Witwe oder den Witwer der ausgleichspflichtigen Person zahlt, ist um den nach den Absätzen 1 und 3 Satz 1 errechneten Betrag zu kürzen.

A. Norminhalt

Die §§ 25, 26 VersAusglG begründen Ansprüche des ausgleichsberechtigten Ehegatten auf **Teilhabe an der Hinterbliebenenversorgung** aus dem vom Ausgleichspflichtigen erworbenen und dem schuldrechtlichen VA unterliegenden Anrecht. Es geht um schuldrechtliche Ansprüche, die nach dem Tod des Ausgleichspflichtigen gegen dessen Versorgungsträger (§ 25 VersAusglG) oder gegen die Witwe bzw. den Witwer des Ausgleichspflichtigen (§ 26 VersAusglG) geltend gemacht werden können. Die Bestimmungen entsprechen dem früheren § 3a VAHRG. Dort wurde das Rechtsinstitut im Hinblick auf die über den Tod des Verpflichteten hinausgehende Anspruchsberechtigung als **verlängerter schuldrechtlicher VA** bezeichnet. 1

2   § 25 VersAusglG regelt in Abs. 1 die Voraussetzungen eines Anspruchs gegen den Versorgungsträger. Abs. 2 schließt Ansprüche für bestimmte Fallkonstellationen aus, Abs. 3 beschränkt den Anspruch in der Höhe. Abs. 4 nimmt bezüglich der Fälligkeitsvoraussetzungen und der Zahlungsmodalitäten auf § 20 VersAusglG Bezug. Abs. 5 regelt, welche Auswirkungen der dem Ausgleichsberechtigten zustehende Anspruch auf die Hinterbliebenenversorgung eines neuen Ehegatten des Ausgleichspflichtigen hat.

B. Grundlagen

3   Mit dem **Tod des ausgleichspflichtigen Ehegatten** erlöschen Ausgleichsansprüche nach der Scheidung gem. den §§ 20–24 VersAusglG (§ 31 Abs. 3 Satz 1 VersAusglG). Sie können daher – mit Ausnahme rückständiger Beträge (§ 31 Abs. 3 Satz 3 VersAusglG) – auch nicht mehr gegen die Erben geltend gemacht werden. Die dadurch entstehende Versorgungslücke soll über einen Anspruch gegen den Träger der noch schuldrechtlich auszugleichenden Versorgung geschlossen werden. Da dieser Anspruch davon abhängt, dass der Versorgungsträger eine Hinterbliebenenversorgung gewährt (s. Rdn. 8–10), profitiert der Ausgleichsberechtigte gerade von dieser Leistung. Dies wird durch den Rechtsbegriff der »Teilhabe an der Hinterbliebenenversorgung« deutlich gemacht.[1] Indem der Ausgleichsberechtigte seinen Ausgleichsanspruch nach dem Tod des Verpflichteten direkt gegen den – in aller Regel leistungsfähigen – Träger der schuldrechtlich auszugleichenden Versorgung geltend machen kann, wird die künftige Zahlung der Ausgleichsrente gesichert.

4   § 25 VersAusglG gibt dem Berechtigten einen **eigenständigen Anspruch** gegen den Versorgungsträger. Dieser ist nicht Rechtsnachfolger des verstorbenen Verpflichteten, vielmehr entsteht der Anspruch gegen ihn originär beim Eintritt der gesetzlichen Voraussetzungen.[2] Es ist nicht erforderlich, dass der Berechtigte zuvor bereits einen gem. § 20 Abs. 2 VersAusglG fälligen Anspruch gegen den (verstorbenen) Ausgleichspflichtigen hatte. Andererseits werden die Beteiligten auch nicht durch eine gerichtliche Entscheidung gebunden, mit der dem Verpflichteten zu dessen Lebzeiten die Zahlung einer bestimmten Ausgleichsrente aufgegeben worden war. Der Anspruch nach § 25 VersAusglG ist vielmehr nach Grund und Höhe unabhängig vom Ausgang eines früheren Verfahrens über schuldrechtliche Ausgleichszahlungen nach den §§ 20–24 VersAusglG.[3] Dies gilt selbst dann, wenn der Versorgungsträger am Verfahren formell beteiligt worden war. Der Ausgleichsberechtigte muss seinen Ausgleichsanspruch daher ggf. neu gegen den Versorgungsträger titulieren lassen, der seinerseits sämtliche Einwendungen geltend machen kann, die bereits vom verpflichteten Ehegatten erhoben worden waren oder hätten erhoben werden können. Besteht die auszugleichende Versorgung bei einem ausländischen, zwischen- oder überstaatlichen Versorgungsträger, so muss der Berechtigte den verlängerten schuldrechtlichen Ausgleichsanspruch gegen den hinterbliebenen Ehegatten des Verpflichteten geltend machen (§ 26 VersAusglG).

5   Die Teilhabe an der Hinterbliebenenversorgung ist ebenso wie die Grundform des schuldrechtlichen Ausgleichs **subsidiär** und ist deshalb ausgeschlossen, wenn das Anrecht des (verstorbenen) Verpflichteten noch einem Wertausgleich nach der Scheidung unterliegt, also durch interne oder externe Teilung ausgeglichen werden kann. Dies kann z.B. der Fall sein, wenn die Ehegatten unter Abtrennung der VA-Folgesache (§ 140 Abs. 2 FamFG) vorab geschieden worden sind und der anschließend wiederverheiratete Ausgleichspflichtige stirbt, bevor (vollständig) über den abgetrennten VA entschieden worden ist. In einem solchen Fall hat das Familiengericht den Ausgleich von Amts wegen soweit wie möglich in Form des Wertausgleichs vorzunehmen (§ 31 Abs. 1

---

1 BT-Drucks. 16/10144 S. 66.
2 BGH FamRZ 1991, 927, 928.
3 BGH FamRZ 1991, 175, 177; 1991, 927, 928; OLG Düsseldorf FamRZ 2005, 372.

und 2 VersAusglG), auch wenn der Berechtigte selbst einen Antrag auf Teilhabe an der Hinterbliebenenversorgung stellt.[4]

C. Anspruchsvoraussetzungen

I. Noch nicht ausgeglichenes Anrecht (Abs. 1)

Eine Teilhabe an der Hinterbliebenenversorgung kommt nur hinsichtlich »noch nicht ausgeglichener Anrechte« in Betracht (§ 25 Abs. 1 VersAusglG). Der Begriff hat den gleichen Inhalt wie in den §§ 20 Abs. 1 Satz 1, 22 und 23 Abs. 1 Satz 1 VersAusglG. Bei dem Anrecht, dessen Teilhabe der Ausgleichsberechtigte vom Versorgungsträger begehrt, muss es sich daher um ein **im Wertausgleich** bei der Scheidung **unberücksichtigt gebliebenes Anrecht** handeln, das an sich durch eine schuldrechtliche Ausgleichsrente nach § 20 VersAusglG oder Kapitalzahlungen nach § 22 VersAusglG auszugleichen wäre, wenn der Verpflichtete nicht gestorben wäre (vgl. § 20 Rdn. 4 – 7, § 22 Rdn. 2).

Die Voraussetzungen für die Durchführung des schuldrechtlichen VA müssen dem **Grunde** nach vorgelegen haben. Das ist zum einen der Fall, wenn der verstorbene Ehegatte vor seinem Tod selbst eine noch auszugleichende Versorgung bezog, aber auch dann, wenn er im Zeitpunkt seines Todes noch keinen Versorgungsanspruch hatte.[5] Es genügt, dass seine künftige Versorgung gesichert war. Daran fehlt es indes, wenn eine Anwartschaft noch verfallbar war und die Unverfallbarkeit auch nicht durch den Tod des Verpflichteten eingetreten ist.[6]

II. Bestehen einer Hinterbliebenenversorgung (Abs. 1)

Der Anspruch gegen den Versorgungsträger setzt voraus, dass das auszugleichende Anrecht eine Hinterbliebenenversorgung beinhaltet (§ 25 Abs. 1 VersAusglG). Der Versorgungsträger muss eine **Witwen-/Witwerversorgung** zugesagt haben; eine Waisenversorgung reicht nicht aus.[7] Eine solche Zusage kommt dann zwingend auch dem geschiedenen Ehegatten zugute. Eine in der maßgebenden Versorgungsregelung vorgesehene Beschränkung auf die/den wirkliche(n) Witwe/Witwer ist unwirksam.[8] Sieht die Versorgungsregelung allerdings – wie üblich – vor, dass die Hinterbliebenenrente im Fall der **Wiederheirat** der Witwe/des Witwers ruht oder erlischt, so erstreckt sich diese Rechtswirkung auch auf den geschiedenen Ehegatten, sodass der Berechtigte seinen Teilhabeanspruch mit erneuter Eheschließung verliert.[9] Dies gilt auch dann, wenn die zweite Ehe nach dem Tod des früheren Ehegatten, aber vor Eintritt in das Rentenbezugsalter geschlossen worden ist.[10] Auch eine als Hinterbliebenenversorgung zugesagte **Kapitalleistung** kann Grundlage eines Anspruchs nach § 25 VersAusglG sein.[11] Voraussetzung für einen Anspruch auf die Abfindung ist jedoch, dass ein Anspruch auf Teilhabe an der Hinterbliebenenversorgung erworben worden ist. Daran fehlt es, wenn der Ausgleichsberechtigte bereits vor Eintritt in das Rentenalter wiedergeheiratet hat.[12]

6

7

8

---

4 OLG Karlsruhe FamRZ 1989, 1290.
5 BGH FamRZ 1989, 1283.
6 BGH FamRZ 1984, 668, 669.
7 Johannsen/Henrich/Holzwarth § 25 Rn. 14; Borth Rn. 810; Ruland Rn. 762.
8 BGH FamRZ 2006, 326, 327; 2011, 961, 962; OLG Karlsruhe FamRZ 1988, 1290; OLG Stuttgart NJW-RR 1996, 259.
9 BT-Drucks. 16/10144 S. 66; BGH FamRZ 2005, 189.
10 BGH FamRZ 2011, 961.
11 Borth Rn. 815; Ruland Rn. 763; Johannsen/Henrich/Holzwarth § 25 Rn. 14; offen gelassen von BGH FamRZ 2005, 189, 191.
12 BGH FamRZ 2011, 961, 963.

9   Eine **nach Scheidung** zwischen dem Ausgleichspflichtigen und seinem Versorgungsträger individuell geschlossene Vereinbarung, wonach die ursprüngliche **Versorgungsregelung geändert** wird
und die Hinterbliebenenversorgung entfällt, ist zulässig und deshalb im VA zu berücksichtigen.
Etwas anderes gilt nur, wenn sich feststellen lässt, dass die Vereinbarung in bewusstem Zusammenwirken mit dem Vorsatz geschlossen wurde, den Ausgleichsberechtigten zu schädigen.[13]

10   Der Berechtigte muss die **allgemeinen Voraussetzungen** erfüllen, die die maßgebende Versorgungsregelung **für den Bezug der Hinterbliebenenversorgung** bestimmt. In Betracht kommen
z.B. Klauseln, die das Erreichen eines bestimmten Lebensalters, einer bestimmten Ehedauer oder
die Eingehung der Ehe vor Eintritt in den Ruhestand verlangen.[14]

D. Ausschluss des Anspruchs (Abs. 2)

11   Gem. § 25 Abs. 2 VersAusglG ist der **Anspruch** auf Teilhabe an der Hinterbliebenenversorgung in
bestimmten Fällen **ausgeschlossen.** Diese Regelung dient dem Schutz der Versorgungsträger vor
zusätzlichen wirtschaftlichen Belastungen, die mit den Ansprüchen nach den §§ 25, 26 Vers-
AusglG verbunden sind.[15]

I. Vereinbarung der Ehegatten

12   Ein Anspruch auf Teilhabe an der Hinterbliebenenversorgung ist zum einen ausgeschlossen, wenn
die Ehegatten gem. § 6 Abs. 1 Satz 2 Nr. 3 VersAusglG (oder nach früherem Recht gem. § 1587o
BGB a.F.) **vereinbart** haben, dass ein Anrecht statt durch den Wertausgleich nach der Scheidung
schuldrechtlich ausgeglichen werden soll. In diesem Fall ist der ausgleichsberechtigte Ehegatte
also auf Ansprüche nach den §§ 20–24 VersAusglG beschränkt, sofern der Versorgungsträger nicht
in die Vereinbarung der Ehegatten einbezogen worden ist und dem Ausgleichsberechtigten ausdrücklich die Teilhabe an der Hinterbliebenenversorgung zugesagt hat (vgl. § 6 Rdn. 15).

II. Fehlende Ausgleichsreife

13   Zum anderen scheidet ein Anspruch nach § 25 VersAusglG aus, wenn ein Anrecht in den in § 19
Abs. 2 Nr. 2 und 3 VersAusglG geregelten Fällen **nicht ausgleichsreif** ist. Dies betrifft degressive
Leistungsbestandteile und Anrechte, deren Ausgleich unwirtschaftlich wäre, etwa weil er sich für
den Berechtigten nicht auswirken würde. Dass ein betriebliches Anrecht wegen Verfallbarkeit dem
schuldrechtlichen VA vorbehalten geblieben ist (§ 19 Abs. 2 Nr. 1 VersAusglG), steht einem
Anspruch nach § 25 VersAusglG nicht entgegen. Auch ausländische Anrechte, die dem Wertausgleich nach § 19 Abs. 2 Nr. 4 VersAusglG entzogen sind, stehen einem Anspruch auf Teilhabe an
der Hinterbliebenenversorgung offen; in diesem Fall richtet sich der Anspruch aber nicht gegen
den (ausländischen) Versorgungsträger, sondern gegen die Witwe bzw. den Witwer des Ausgleichspflichtigen (§ 26 VersAusglG). Soweit an sich dem Wertausgleich zugängliche Anrechte aufgrund
der Ausgleichssperre des § 19 Abs. 3 VersAusglG dem schuldrechtlichen VA vorbehalten geblieben
sind, scheidet ein Anspruch nach § 25 VersAusglG ebenfalls aus.[16]

E. Höhe des Anspruchs (Abs. 1 und 3)

14   Der Anspruch auf Teilhabe an der Hinterbliebenenversorgung wird **in zweifacher Hinsicht
begrenzt:** Zum einen durch den Betrag, den der Ausgleichsberechtigte vom Versorgungsträger als

---

13 BGH FamRZ 2011, 961, 962; OLG Hamm FamRZ 2008, 2124; Ruland Rn. 766.
14 Vgl. Borth Rn. 812; Ruland Rn. 764.
15 BT-Drucks. 16/10144 S. 66.
16 Kritisch dazu Ruland Rn. 761.

Hinterbliebenenversorgung erhielte, wenn die Ehe bis zum Tod des Ausgleichspflichtigen fortbestanden hätte (§ 25 Abs. 1 VersAusglG), und zum anderen durch den Betrag, den der Ausgleichsberechtigte als schuldrechtliche Ausgleichsrente von dem Ausgleichspflichtigen selbst verlangen könnte, wenn dieser noch leben würde (§ 25 Abs. 3 Satz 1 VersAusglG).[17] I.d.R. ist die Hinterbliebenenversorgung höher als die schuldrechtliche Ausgleichsrente.[18] Deshalb ist die Berechnung der Höhe des Teilhabeanspruchs entgegen der systematischen Stellung im Gesetz (die von § 3a Abs. 1 Satz 1 VAHRG a.F. abweicht) zweckmäßiger Weise in folgenden zwei Berechnungsschritten vorzunehmen: Zunächst ist die Ausgleichsleistung zu ermitteln, die der Verpflichtete im Zeitpunkt seines Todes schuldete oder geschuldet hätte, wenn die Fälligkeitsvoraussetzungen des § 20 Abs. 2 VersAusglG bereits vorgelegen hätten. Anschließend ist die errechnete Ausgleichsleistung ggf. auf den Betrag der fiktiven Hinterbliebenenversorgung zu kürzen.

I. Berechnung der Ausgleichsrente (Abs. 3)

Gem. § 25 Abs. 3 Satz 1 VersAusglG bestimmt sich die Höhe des gegen den Versorgungsträger bestehenden Teilhabeanspruchs nach der **schuldrechtlichen Ausgleichsrente**, die der Berechtigte gem. § 20 VersAusglG vom Verpflichteten hätte verlangen können, wenn dieser nicht verstorben wäre. Ausgangspunkt für diese Berechnung ist auch insoweit der **Ausgleichswert** des auszugleichenden Anrechts als Hälfte des Ehezeitanteils (§§ 1 Abs. 2 Satz 2, 20 Abs. 1 Satz 1 VersAusglG). Der Ehezeitanteil ist nach § 41 VersAusglG zu berechnen.[19] Bei einem auf eine **Kapitalleistung** gerichteten Anrecht des Verpflichteten i.S. des § 2 Abs. 2 Nr. 3 VersAusglG ist der Ausgleichswert in entsprechender Anwendung des § 20 Abs. 1 Satz 1 VersAusglG (vgl. § 22 Satz 2 VersAusglG) als Kapitalwert zu ermitteln.[20] Das Gleiche gilt auch, wenn das auszugleichende Anrecht zwar auf eine Rente gerichtet war, die zugesagte Hinterbliebenenversorgung aber auf eine Kapitalzahlung beschränkt ist. Das folgt aus der Beschränkung des Teilhabeanspruchs auf die Leistung, die der Ausgleichsberechtigte im Falle einer Fortsetzung der Ehe bis zum Tod des Ausgleichspflichtigen erhalten hätte. Nach Ehezeitende eingetretene **Wertveränderungen** sind gem. § 5 Abs. 2 Satz 2 und Abs. 4 Satz 2 VersAusglG zu berücksichtigen (vgl. § 20 Rdn. 19–27).[21] Das Gleiche gilt für einen bereits erfolgten öffentlich-rechtlichen **Teilausgleich** (vgl. § 20 Rdn. 28, 29).[22] Fehler, die bei der Berechnung einer zuvor bereits titulierten schuldrechtlichen Ausgleichsrente unterlaufen sind, können ohne weiteres korrigiert werden, weil die frühere Entscheidung für das Verfahren über den Teilhabeanspruch nach § 25 VersAusglG keine Bindung entfaltet.[23] **Sozialversicherungsbeiträge** oder vergleichbare Aufwendungen sind hier nicht in Abzug zu bringen. § 20 Abs. 1 Satz 2 VersAusglG findet auf den Teilhabeanspruch keine entsprechende Anwendung, weil die Beiträge erst beim Ausgleichspflichtigen selbst anfallen.[24]

§ 20 Abs. 1 Satz 3 VersAusglG ist im Rahmen des § 25 Abs. 3 VersAusglG entsprechend anwendbar.[25] **Geringfügige Ausgleichsbeträge** führen daher i.d.R. auch zu keinem Anspruch auf Teilhabe an der Hinterbliebenenversorgung. Die Geringfügigkeitsgrenze des § 18 Abs. 3 VersAusglG

15

16

---

17 BT-Drucks. 16/10144 S. 66 f.

18 Glockner/Hoenes/Weil § 10 Rn. 48, Fn. 44: die schuldrechtliche Ausgleichsrente kann maximal 50 % der auszugleichenden Versorgung betragen, als Hinterbliebenenversorgung werden regelmäßig 60 % der dem Versorgungsempfänger selbst zustehenden Leistung zugesagt.

19 BT-Drucks. 16/10144 S. 66.

20 Borth Rn. 819; Hoppenz/Hoppenz § 25 Rn. 5.

21 BGH FamRZ 1989, 1285, 1287; OLG Hamm FamRZ 2001, 1221, 1222; Johannsen/Henrich/Holzwarth § 25 Rn. 16; Borth Rn. 818, 820.

22 OLG München FamRZ 2000, 1222, 1223; Johannsen/Henrich/Holzwarth § 25 Rn. 18.

23 OLG Düsseldorf FamRZ 2005, 372, 373; Borth Rn. 745; Palandt/Brudermüller § 25 Rn. 14; vgl. auch BGH FamRZ 1995, 157.

24 BT-Drucks. 16/10144 S. 67; Ruland Rn. 770.

25 BT-Drucks. 16/10144 S. 67; Ruland Rn. 770; Johannsen/Henrich/Holzwarth § 25 Rn. 19.

bemisst sich nach dem Zeitpunkt des Beginns der vom Versorgungsträger zu erbringenden Leistungen (vgl. § 20 Rdn. 34).

17   Gem. § 25 Abs. 3 Satz 2 VersAusglG sind Leistungen, die der Ausgleichsberechtigte selbst als (geschiedener) Hinterbliebener vom Versorgungsträger erhält, auf die errechnete Ausgleichsrente anzurechnen. Hierbei kann es sich um eine **Geschiedenen-Witwenrente** handeln, also um eine Hinterbliebenenversorgung, die trotz Scheidung im Hinblick auf die bestandene Ehe gewährt wird, um einen **Unterhaltsbeitrag nach § 22 Abs. 2 BeamtVG**, der der geschiedenen Ehefrau eines verstorbenen Beamten mit Rücksicht auf einen wegen der früheren Höchstbetragsbegrenzung nach § 1587b Abs. 5 BGB a.F. verbliebenen schuldrechtlichen Restausgleich gezahlt wird, oder um eine geflossene **Abfindung**.[26]

II. Fiktive Hinterbliebenenversorgung (Abs. 1)

18   Die nach § 25 Abs. 3 VersAusglG errechnete Ausgleichsrente ist ggf. auf den **Betrag der Hinterbliebenenversorgung** zu kürzen, die der Berechtigte erhielte, wenn seine Ehe mit dem Verpflichteten bis zu dessen Tode fortbestanden hätte. Der Berechtigte kann die Ausgleichsrente nur unter den Voraussetzungen und bis zur Höhe der fiktiven Hinterbliebenenversorgung verlangen.[27] Soweit die Versorgungsregelung die Anrechnung anderweitiger Einkünfte des Hinterbliebenen auf seine Versorgung vorsieht, ist dies auch bei der Ermittlung der fiktiven Hinterbliebenenversorgung des Berechtigten zu berücksichtigen.[28] Nicht anzurechnen sind jedoch Leistungen, die der Berechtigte gerade aus dem öffentlich-rechtlichen Wertausgleich erhält, denn diese Leistungen würden ihm nicht zufließen, wenn die Ehe mit dem Verpflichteten bis zu dessen Tod fortbestanden hätte.[29]

F. Fälligkeit und Dauer des Anspruchs (Abs. 4)

19   Der Teilhabeanspruch nach § 25 VersAusglG soll eine mit dem Tod des Verpflichteten eintretende Versorgungslücke schließen, den Berechtigten aber nicht besser stellen, als wenn der Verpflichtete noch lebte. Daher muss der Ausgleichsberechtigte die nach § 20 Abs. 2 VersAusglG für die schuldrechtliche Ausgleichsrente erforderlichen **Fälligkeitsvoraussetzungen** (vgl. dazu § 20 Rdn. 13–16) auch für den Teilhabeanspruch erfüllen. Dies wird mit der Verweisung in § 25 Abs. 4 VersAusglG zum Ausdruck gebracht. Die Fälligkeit kann darüber hinaus von besonderen Voraussetzungen abhängig sein, die die maßgebende Versorgungsregelung ganz allgemein an den Bezug der Hinterbliebenenversorgung knüpft (s.o. Rdn. 10). Die in § 20 Abs. 1 Satz 1 VersAusglG geregelte Fälligkeitsvoraussetzung auf Seiten des ausgleichspflichtigen Ehegatten, dass dieser die Versorgung »erlangt« hatte, braucht dagegen für den Teilhabeanspruch nach § 25 VersAusglG nicht erfüllt zu sein. Der Berechtigte muss auch nicht den Zeitpunkt abwarten, in dem beim Verpflichteten, wenn er noch gelebt hätte, der Versorgungsfall eingetreten wäre. Er kann die Teilhabe also u.U. wesentlich eher verlangen, als er im Falle des Weiterlebens der Ausgleichspflichtigen eine Ausgleichsrente nach § 20 VersAusglG hätte beanspruchen können.[30]

20   Hinsichtlich der konkreten **Ausgestaltung des Teilhabeanspruchs** verweist § 25 Abs. 4 auf § 20 Abs. 3 VersAusglG. Daraus folgt, dass sich auch der Anspruch gegen den Versorgungsträger auf Zahlung einer monatlichen Geldrente richtet, die monatlich im Voraus zu entrichten ist. Dies gilt auch dann, wenn die Rente des verstorbenen ausgleichspflichtigen Ehegatten erst zum Monats-

---

26   Borth Rn. 822; Johannsen/Henrich/Holzwarth § 25 Rn. 20.
27   OLG München FamRZ 2000, 1222, 1223.
28   Ruland Rn. 767.
29   Johannsen/Henrich/Holzwarth § 25 Rn. 17.
30   BT-Drucks. 10/5447 S. 11; Johannsen/Henrich/Holzwarth § 25 Rn. 12; Wagenitz FamRZ 1987, 1, 5.

ende zu zahlen war (s. auch § 20 Rdn. 37).[31] Eine Anspruchsberechtigung für vergangene Zeiträume besteht auch gegen den Versorgungsträger nur unter den in § 1585b Abs. 2 und 3 BGB geregelten Voraussetzungen (vgl. § 20 Rdn. 38, 39). Der Anspruch erlischt mit dem Tod des Berechtigten (§ 31 Abs. 3 Satz 1 VersAusglG). Der Versorgungsträger schuldet die Rente jedoch auch für den Monat, in dem der Berechtigte verstirbt, noch in voller Höhe (§§ 31 Abs. 3 Satz 2 und 3, 20 Abs. 3 VersAusglG i.V.m. §§ 1585 Abs. 1 Satz 3, 1586 Abs. 2 Satz 1 BGB).

Der Versorgungsträger muss die Ausgleichsrente in gleicher Weise wie die echten Hinterbliebenen- **21** renten **an die wirtschaftliche Entwicklung anpassen.** Dies folgt aus § 5 Abs. 4 Satz 2 VersAusglG. Kommt der Versorgungsträger dieser Verpflichtung nicht freiwillig nach, kann der Berechtigte die Anpassung mit einem Abänderungsantrag nach § 227 Abs. 1 FamFG gerichtlich geltend machen (s. Rdn. 25).[32]

G. Kürzung der Hinterbliebenenversorgung (Abs. 5)

Hatte der **Ausgleichspflichtige** nach der Scheidung **wieder geheiratet,** so kann der Versorgungs- **22** träger eine an den neuen Ehegatten zu zahlende **Hinterbliebenenversorgung** in Höhe des nach § 25 Abs. 1 und Abs. 3 Satz 1 VersAusglG berechneten, dem Berechtigten also vor einer Anrechnung nach § 25 Abs. 3 Satz 1 VersAusglG zustehenden Rentenbetrages **kürzen** (§ 25 Abs. 5 VersAusglG).[33] Damit soll eine Doppelbelastung des Versorgungsträgers vermieden werden.[34] Erreicht die Ausgleichsrente die Höhe der Hinterbliebenenrente, so erhält die Witwe/der Witwer des Verpflichteten überhaupt keine Versorgungsleistungen (mehr). Die Kürzung erfolgt erst von dem Zeitpunkt an, in dem die Zahlung der Ausgleichsrente beginnt.[35] Anders als nach früherem Recht (§ 3a Abs. 4 Satz 2 VAHRG a.F.) endet die Kürzungsmöglichkeit mit dem Tod des Berechtigten.[36]

Dem **Schutz des Versorgungsträgers** vor einer doppelten Inanspruchnahme dient ferner die **23** Bestimmung des § 30 VersAusglG. Auf die Erläuterungen zu dieser Vorschrift wird verwiesen.

H. Verfahren

Für das **Verfahren** über einen Teilhabeanspruch nach § 25 VersAusglG gelten die gleichen Grund- **24** sätze wie für das Verfahren über die schuldrechtliche Ausgleichsrente nach § 20 VersAusglG (vgl. § 20 Rdn. 41–46). **Beteiligte** des Verfahrens sind nur der ausgleichsberechtigte Ehegatte als Antragsteller und der Träger der Hinterbliebenenversorgung als Antragsgegner (§ 219 Nr. 1 und 2 FamFG). Besteht Streit über Grund oder Höhe des Anspruchs oder über den Umfang der Kürzung einer Hinterbliebenenversorgung, so ist das Familiengericht zur Entscheidung berufen. Zur Einleitung des Verfahrens bedarf es eines **Antrags** (§ 223 FamFG). Dieser braucht nicht beziffert zu werden (vgl. § 20 Rdn. 10). Der Antragsteller muss lediglich darlegen, welches Verfahrensziel er verfolgt und auf welche tatsächlichen Verhältnisse er seinen Antrag stützt.[37]

Der **Antrag** kann etwa wie folgt formuliert werden:

▶ Es wird beantragt, den Antragsgegner zu verpflichten, zum Ausgleich der Versorgung des … (Ausgleichspflichtigen) ab Rechtshängigkeit dieses Antrags als Teilhabe an der Hinterbliebenenversorgung eine monatliche Rente, fällig monatlich im Voraus, an die Antragstellerin zu zahlen.

31 A.A. OLG Frankfurt FamRZ 2012, 640.
32 Borth Rn. 824
33 OLG Düsseldorf FamRZ 2011, 1655.
34 BT-Drucks. 10/5447 S. 12.
35 BT-Drucks. 10/5447 S. 12.
36 Vgl. Ruland Rn. 771; Johannsen/Henrich/Holzwarth § 25 Rn. 28; a.A. Borth Rn. 828.
37 OLG München FamRZ 2000, 1222, 1223.

Für **feststellende Entscheidungen** fehlt vor Eintritt der Fälligkeitsvoraussetzungen (vgl. Rdn. 19), jedenfalls aber vor dem Tod des Verpflichteten regelmäßig das erforderliche Feststellungsinteresse,[38] so dass ein darauf zielender Antrag als unzulässig zu verwerfen ist. Mit Hilfe der in § 4 VersAusglG geregelten wechselseitigen **Auskunftsansprüche** können die nötigen Informationen beschafft werden. Ein Auskunftsantrag kann entsprechend § 254 ZPO mit dem Antrag auf Zahlung der verlängerten Ausgleichsrente in Stufenform verbunden werden. Die Zustellung des Antrags an andere Verfahrensbeteiligte ist nicht vorgeschrieben, aber im Hinblick auf die Rechtsfolgen der Rechtshängigkeit (§§ 25 Abs. 4, 20 Abs. 3 i.V.m. § 1585b Abs. 2 und 3 BGB) zweckmäßig.

25 Das Familiengericht erlässt einen **Leistungstitel**, aus dem ggf. nach § 95 Abs. 1 Nr. 1 FamFG i.V.m. den §§ 803 ff. ZPO die Zwangsvollstreckung betrieben werden kann (vgl. § 20 Rdn. 47). Grundsätzlich hat der Versorgungsträger die gem. § 25 Abs. 4 i.V.m. § 20 Abs. 3 VersAusglG zu zahlende Rente jeweils an den Anpassungen der an Hinterbliebene gezahlten Versorgungen teilhaben zu lassen. Geschieht dies nicht, kann der Ausgleichsberechtigte gerichtlich eine Abänderung der Rente beantragen (§ 227 Abs. 1 i.V.m. § 48 Abs. 1 FamFG). Ein solcher Antrag ist jedoch erst dann erfolgversprechend, wenn eine wesentliche Änderung eingetreten ist.

26 Nach § 51 Abs. 1 FamFG kann das Familiengericht (ohne Abhängigkeit von einem Hauptsacheverfahren, § 52 Abs. 1 FamFG) auf Antrag des Berechtigten den Teilhabeanspruch im Wege einer **einstweiligen Anordnung** vorläufig regeln. Damit ist die Möglichkeit eröffnet, dass der Berechtigte schon während des Verfahrens, das sich einige Zeit hinziehen kann, eine Grundversorgung erhält. Allerdings ist die Anordnung auf einen Betrag zu begrenzen, der zur Unterhaltssicherung für den Berechtigten erforderlich ist und dessen endgültige Festsetzung hinreichend wahrscheinlich ist (vgl. § 49 Abs. 1 FamFG; vgl. § 20 Rdn. 43).[39]

§ 26 VersAusglG   Anspruch gegen die Witwe oder den Witwer

(1) Besteht ein noch nicht ausgeglichenes Anrecht bei einem ausländischen, zwischenstaatlichen oder überstaatlichen Versorgungsträger, so richtet sich der Anspruch nach § 25 Abs. 1 gegen die Witwe oder den Witwer der ausgleichspflichtigen Person, soweit der Versorgungsträger an die Witwe oder den Witwer eine Hinterbliebenenversorgung leistet.

(2) § 25 Abs. 2 bis 4 gilt entsprechend.

A. Norminhalt

1 § 26 VersAusglG ergänzt § 25 um einen Anspruch des Ausgleichsberechtigten für den Fall, dass das noch schuldrechtlich auszugleichende Anrecht des verstorbenen Ausgleichspflichtigen bei einem ausländischen, zwischenstaatlichen oder überstaatlichen Versorgungsträger besteht. In diesem Fall richtet sich der Anspruch des Berechtigten auf Teilhabe an der Hinterbliebenenversorgung nicht gegen den Versorgungsträger, sondern gegen die Witwe bzw. den Witwer des Ausgleichspflichtigen. Die Vorschrift entspricht § 3a Abs. 5 Satz 1 VAHRG a.F.

B. Voraussetzungen und Höhe des Anspruchs

2 Da **ausländische, zwischenstaatliche und überstaatliche Versorgungsträger** nicht der deutschen Gerichtsbarkeit unterliegen, können die bei ihnen erworbenen Anrechte generell nicht in den öffentlich-rechtlichen Wertausgleich einbezogen werden (vgl. § 19 Rdn. 17). Gegen solche Versor-

---

38 BGH FamRZ 1996, 1465; Borth Rn. 835.
39 AG Solingen FamRZ 1998, 1368.

gungsträger können aus dem gleichen Grund aber auch keine Ansprüche auf Teilhabe an der Hinterbliebenenversorgung durchgesetzt werden. Deshalb gibt § 26 Abs. 1 VersAusglG dem ausgleichsberechtigten Ehegatten, der einen Anspruch nach § 25 Abs. 1 VersAusglG hätte, wenn das noch schuldrechtlich auszugleichende Anrecht bei einem inländischen Versorgungsträger bestünde, einen vergleichbaren Anspruch auf Teilhabe an der Hinterbliebenenversorgung gegen die Witwe oder den Witwer des verstorbenen Ausgleichspflichtigen.

Die **Voraussetzungen** und die **Höhe** des Ausgleichsanspruchs richten sich nach § 25 VersAusglG, 3
wie sich aus der Verweisung auf Abs. 1 dieser Vorschrift (in § 26 Abs. 1 VersAusglG) und auf die
Abs. 2 bis 4 dieser Vorschrift (in § 26 Abs. 2 VersAusglG) ergibt. Das von dem verstorbenen Ausgleichspflichtigen erworbene Anrecht bei einem ausländischen, zwischenstaatlichen oder überstaatlichen Versorgungsträger muss gem. § 19 Abs. 2 Nr. 4 VersAusglG dem schuldrechtlichen VA
unterliegen, und der Ausgleichsberechtigte müsste für den Fall, dass seine Ehe mit dem Ausgleichspflichtigen nicht geschieden worden wäre, einen Anspruch auf Hinterbliebenenversorgung
gegen diesen Versorgungsträger haben. Die Höhe des Anspruchs wird durch die fiktive Hinterbliebenenversorgung und durch den nach § 20 oder § 22 VersAusglG berechneten Ausgleichsanspruch
begrenzt (§ 25 Abs. 1 und 3 VersAusglG entsprechend). Darüber hinaus wird der gegen die Witwe
oder den Witwer bestehende Anspruch auch noch auf den Betrag begrenzt, den der hinterbliebene
Ehegatte selbst als Versorgungsleistung von dem Versorgungsträger erhält (§ 26 Abs. 1, letzter Hs.
VersAusglG). Dies gilt auch dann, wenn die Hinterbliebenenversorgung – etwa aufgrund devisenrechtlicher Besonderheiten – niedriger als die in der ausländischen Versorgungsregelung nominell
vorgesehene Rentenleistung ist.[1] Die Witwe oder der Witwer schuldet also jedenfalls nicht mehr,
als ihr/ihm selbst von dem ausländischen, zwischenstaatlichen oder überstaatlichen Versorgungsträger ausgezahlt wird.

C. Verfahren

Für das **Verfahren** gelten die in § 20 Rdn. 41–46 und in § 25 Rdn. 24, 25 dargestellten Grundsätze. **Beteiligte** des Verfahrens sind nur der ausgleichsberechtigte Ehegatte und der Hinterbliebene des Ausgleichspflichtigen (§ 219 Nr. 1 und 4 VersAusglG). 4

Der **Antrag** an das Familiengericht (§ 223 FamFG) kann etwa wie folgt formuliert werden:

▶ »Es wird beantragt, den Antragsgegner (Hinterbliebenen) zu verpflichten, zum Ausgleich der
Versorgung des … (Ausgleichspflichtigen) bei … (ausländischer, zwischenstaatlicher oder überstaatlicher Versorgungsträger) ab Rechtshängigkeit dieses Antrags als Teilhabe an der Hinterbliebenenversorgung eine monatliche Ausgleichsrente, fällig monatlich im Voraus, an die
Antragstellerin zu zahlen.«

Das Familiengericht erlässt einen **Leistungstitel**, aus dem ggf. nach § 95 Abs. 1 Nr. 1 FamFG 5
i.V.m. den §§ 803 ff. ZPO zu vollstrecken ist (vgl. § 20 Rdn. 47). Der Titel kann nach Maßgabe
des § 227 Abs. 1 i.V.m. § 48 Abs. 1 FamFG **abgeändert** werden (vgl. § 20 Rdn. 48).

Abschnitt 4   Härtefälle

§ 27 VersAusglG   Beschränkung oder Wegfall des Versorgungsausgleichs

[1]Ein Versorgungsausgleich findet ausnahmsweise nicht statt, soweit er grob unbillig wäre. [2]Dies
ist nur der Fall, wenn die gesamten Umstände des Einzelfalls es rechtfertigen, von der Halbteilung abzuweichen.

---

1 BT-Drucks. 10/5447 S. 13.

A. Norminhalt

1 § 27 VersAusglG enthält eine allgemeine Härteklausel, die eine Korrektur des sich nach den Wertermittlungsvorschriften ergebenden Ausgleichsanspruchs eines Ehegatten erlaubt, wenn die schematische Durchführung des VA zu einem der Gerechtigkeit in unerträglicher Weise widersprechenden Ergebnis führen würde.[1] Die Vorschrift fasst die Regelungen des früheren Rechts (§§ 1587c, 1587h BGB a.F., § 3a Abs. 6 VAHRG a.F.) in einer einzigen Bestimmung zusammen. Sie findet in Abänderungsverfahren entsprechende Anwendung (§§ 52 Abs. 1 VersAusglG, 226 Abs. 3 FamFG).

B. Grundsätzliches

2 Der VA folgt – wie der Zugewinnausgleich – dem formalen Prinzip der Halbteilung (vgl. § 1 Rdn. 2–4). Die rein schematische Umsetzung dieses Grundsatzes kann zu Ausgleichspflichten führen, die ganz oder teilweise nicht hinnehmbar sind. Für diese Fälle bietet § 27 VersAusglG eine **Härteregelung**. Die Norm erfüllt damit u.a. den notwendigen Zweck, verfassungswidrige (nämlich auf Verletzungen der Grundrechte, insbesondere durch willkürliche, nicht mehr verständliche Beeinträchtigungen des Eigentums nach Art. 14 GG hinauslaufende) Ergebnisse zu vermeiden.[2] Im Übrigen ist § 27 VersAusglG Ausdruck des allgemeinen Grundsatzes von Treu und Glauben.[3] Er hat die gleiche Funktion wie § 1381 BGB für den Zugewinnausgleich. Ähnlichkeiten bestehen im Ansatz auch mit § 1579 BGB im Unterhaltsrecht, jedoch mit spezifischen Unterschieden. Anders als § 1579 BGB, der auf fortwirkender nachehelicher Solidarität beruhende Ansprüche einschränkt, betrifft § 27 VersAusglG die Abwicklung eines in der Vergangenheit liegenden Sachverhalts; geregelt wird die Begrenzung von Beteiligungsansprüchen aus einer früheren Gemeinschaft.[4]

3 Daraus ergeben sich – im Vergleich zu § 1579 BGB, aber auch § 242 BGB[5] – deutlich **höhere Anforderungen** an die Feststellung der »groben Unbilligkeit« im Rahmen der Generalklausel des

1 BT-Drucks. 7/650 S. 162; 16/10144 S. 67.
2 BVerfG FamRZ 1980, 326; 1984, 653; 2003, 1173.
3 BGH FamRZ 1993, 176, 178; 2007, 996, 1000.
4 BGH FamRZ 1983, 35; 1984, 662; 1987, 362.
5 BGH FamRZ 1993, 176, 178.

§ 27 VersAusglG.[6] Die eheliche Lebensgemeinschaft ist regelmäßig hinreichende Rechtfertigung für den Beteiligungsanspruch in Bezug auf das ehezeitlich erlangte Versorgungsvermögen. Mit dem gemeinsamen Erwerb verbunden war die Absicht, es später gemeinsam zu konsumieren (s. vor § 1 Rdn. 3). Das Scheitern der Ehe führt lediglich zum nunmehr getrennten »Verbrauch« der Versorgungsanrechte ohne Änderung der Zweckbestimmung. Ein (teilweiser) Ausschluss des VA bedeutet demgegenüber eine (teilweise) Revision der in der Ehe angelegten und durch den Versorgungserwerb umgesetzten Planungen hinsichtlich der (zukünftigen, in der Ehe im Keim bereits enthaltenen) Versorgungsgemeinschaft; schon von daher bedarf der Ausschluss einer besonderen Rechtfertigung und muss auf Ausnahmefälle begrenzt bleiben.[7] Zum gleichen Ergebnis führt eine unterhaltsrechtliche Betrachtung. In dem (überschießenden) Erwerb von Versorgungsanrechten durch den (allein oder mehr als der andere Ehegatte) erwerbstätigen Ehegatten liegt auch eine Erfüllung seiner Unterhaltpflicht in Bezug auf die Alterssicherung.[8] Der (teilweise) Ausschluss läuft deshalb auf eine (teilweise) Rückgewähr des vom Berechtigten bereits erhaltenen (Altersvorsorge-) Unterhalts hinaus;[9] das ist nur möglich, wenn es bei einer Gesamtabwägung unerträglich erscheint, dem Ausgleichsberechtigten den hälftigen Anteil am Versorgungserwerb zu belassen.

§ 27 VersAusglG fasst nicht nur die bisherigen separaten Vorschriften für den Wertausgleich 4 (§ 1587c BGB a.F.) und für den schuldrechtlichen Ausgleich (§ 1587h BGB a.F.) zusammen, sondern **konzentriert** die Härteregelung außerdem in einer knappen **Generalklausel**. Eine Änderung des materiellen Rechts ist mit der sprachlichen Neufassung der Norm auf der Tatbestandsseite nicht beabsichtigt.[10] Nach wie vor bedarf es bei der Prüfung der materiellen Voraussetzungen einer **Gesamtschau der beiderseitigen Verhältnisse** der Ehegatten. Aufgabe der Gerichte ist es, im Einzelfall ein dem Zweck des VA und der Verfassungsnormen, insbesondere Art. 6 Abs. 1 und Art. 3 Abs. 2 GG entsprechendes Ergebnis zu erzielen, das ungerechte Schematisierungen vermeidet.[11]

In welchem **Güterstand** die Ehegatten gelebt haben, ist für die Anwendung der Härteklausel 5 grundsätzlich unerheblich.[12] Die Vereinbarung der Gütertrennung bildet daher für sich allein keinen Grund dafür, (auch) den VA auszuschließen.[13] Verfügt der Ehegatte, der im VA (ganz überwiegend) ausgleichsberechtigt wäre, über weder dem VA noch einem Zugewinnausgleich unterliegende Vermögenswerte, die zu einer angemessenen Alterssicherung geeignet ist, kann der andere Ehegatte durch einen VA grob benachteiligt werden, so dass eine Korrektur aufgrund der Härteklausel gerechtfertigt ist (s.u. Rdn. 11).

C. Vollständiger oder teilweiser Ausschluss des Versorgungsausgleichs

§ 27 VersAusglG ermöglicht sowohl einen **vollständigen** als auch einen **teilweisen Ausschluss** 6 (eine Herabsetzung) des VA. Das ergibt sich aus der Verwendung des Wortes »soweit« in Satz 1. Das Gericht kann den Ausgleich sowohl auf einzelne ehezeitlich erworbene Anrechte beschränken als auch Teile von Ausgleichswerten vom Ausgleich ausschließen. Anders als nach früherem Recht[14] kann es jedes Anrecht unabhängig davon, welcher Ehegatte insgesamt in der Ehezeit höhere Anrechte erworben hat, vom VA ausnehmen. Damit besteht nunmehr die Möglichkeit,

---

6 BGH FamRZ 1983, 32, 34; OLG Köln FamRZ 1998, 1370, 1371; OLG Bamberg FamRZ 2001, 1120, 1122.
7 BGH FamRZ 2006, 769, 770; 2007, 120, 122.
8 BT-Drucks. 7/4361 S. 19.
9 BGH FamRZ 1983, 32, 34.
10 BT-Drucks. 16/10144 S. 68.
11 BT-Drucks. 16/10144 S. 68; BGH FamRZ 1979, 477, 489.
12 BT-Drucks. 7/4361 S. 43 f.
13 BGH FamRZ 2005, 1238, 1239.
14 Vgl. dazu BGH FamRZ 1982, 36, 41; 1987, 48, 49.

auch ein Verhalten des Ehegatten zu sanktionieren, der insgesamt höhere Anrechte erwirtschaftet hat. Voraussetzung dafür ist allerdings, dass dieser Ehegatte wenigstens ein Anrecht in der Ehezeit erworben hat; mehr als die Hälfte eines Anrechts auf den anderen Ehegatten zu übertragen, bleibt weiterhin unzulässig.[15] Eine **befristete Herabsetzung** kommt bei schuldrechtlichen Ausgleichsansprüchen in Betracht, aber auch im Wertausgleich, wenn eine dem Ausgleichspflichtigen zustehende Versorgung erst von einem späteren Zeitpunkt an fällig ist, sich dadurch für einen vorübergehenden Zeitraum eine erhebliche Differenz zwischen den Nettoeinkommen beider Ehegatten ergibt und der Unterhalt des Ausgleichspflichtigen gefährdet ist.[16]

D. Grobe Unbilligkeit

I. Allgemeines

7   Gem. § 27 Satz 1 VersAusglG findet ein VA ausnahmsweise nicht statt, soweit er grob unbillig wäre. Damit wird zum einen zum Ausdruck gebracht, dass es sich bei § 27 VersAusglG um einen **Ausnahmetatbestand** handelt, an den strengere Maßstäbe anzulegen sind als bei der Prüfung eines Verstoßes gegen Treu und Glauben (s.o. Rdn. 3).[17] Deshalb kann die Frage, ob die Inanspruchnahme eines Ausgleichspflichtigen aus Verwirkungsgründen oder sonstigen Gesichtspunkten unzulässiger Rechtsausübung auszuschließen ist, nicht nach den allgemeinen Regeln entschieden werden, sondern ist allein nach dem Maßstab des § 27 VersAusglG zu beurteilen.[18] Das Erfordernis der **groben Unbilligkeit** beschränkt die Anwendung der Härteklausel zudem auf Fälle, in denen die starre Durchführung des Ausgleichs nach den gesetzlichen Bestimmungen dem Grundgedanken des VA in unerträglicher Weise widersprechen würde.[19] Diese Feststellung kann nur unter Berücksichtigung der gesamten Umstände des Einzelfalls getroffen werden (§ 27 Satz 2 VersAusglG).

8   Das Gericht hat dabei insbesondere die gegenwärtige und zukünftige **wirtschaftliche Situation** der Eheleute zu berücksichtigen und alle bereits bekannten oder vorhersehbaren Lebensumstände in Betracht zu ziehen, die ihre Versorgungslage beeinflussen. Insoweit kann die Aufstellung einer »Vorsorgevermögensbilanz« auf Basis der Kapitalwerte bzw. korrespondierenden Kapitalwerte aller ehezeitlichen Anrechte der Ehegatten Grundlage für die weitere Betrachtung sein,[20] in die dann auch etwaige Vermögensverschiebungen über den Zugewinnausgleich und eine bereits getroffene (wenn auch nicht notwendig schon rechtskräftige) Entscheidung über den nachehelichen Unterhalt[21] einzubeziehen sind. Darüber hinaus können auch persönliche Umstände oder objektive Gegebenheiten im Einzelfall von Bedeutung sein.[22] Geboten ist eine umfassende Würdigung der beiderseitigen Verhältnisse.[23] Die Tatsache, dass die Versorgung eines ausgleichspflichtigen Rentners oder Pensionärs nach neuem Recht aufgrund des VA sofort gekürzt wird, auch wenn der Ausgleichsberechtigte noch keine Rente bezieht (Wegfall des sog. Rentnerprivilegs), begründet für sich genommen keine grobe Unbilligkeit.[24]

---

15 BT-Drucks. 16/10144 S. 68.
16 BGH FamRZ 1999, 497, 498; 2005, 696, 698.
17 BGH FamRZ 1981, 756, 757; 1993, 176, 178; 2007, 996, 1000.
18 BGH FamRZ 1993, 176, 178.
19 BGH FamRZ 1979, 477, 489; 1982, 258; 1987, 255, 256; 1988, 822, 825; 2008, 1836, 1837.
20 BT-Drucks. 16/10144 S. 68; Ruland Rn. 784.
21 BGH FamRZ 2012, 845, 846.
22 Dies gilt auch im schuldrechtlichen VA; vgl. BGH FamRZ 1984, 251, 253; 1987, 145, 147; 2009, 205; 2012, 845.
23 BT-Drucks. 16/10144 S. 68; BVerfG FamRZ 2003, 1173, 1174; BGH FamRZ 2012, 845, 846.
24 OLG Stuttgart FamRZ 2011, 982; OLG Saarbrücken FamRZ 2012, 449; OLG Düsseldorf Beschluss vom 03.05.2012 – 8 UF 202/11 – (juris)..

Der Ausgleich des Anrechts eines Ehegatten kann nicht allein deshalb ausgeschlossen werden, weil **8a** der andere Ehegatte trotz Zwangsandrohung seiner Verpflichtung, die zur Aufklärung seiner eigenen Versorgungsanrechte erforderlichen Angaben zu machen, nicht nachkommt.[25]

II. Wirtschaftliches Ungleichgewicht

Die Durchführung des VA ist grob unbillig, wenn er zu einem **erheblichen wirtschaftlichen** **9** **Ungleichgewicht zu** Lasten eines Ehegatten führen und dem Zweck des VA, zu einer ausgewogenen sozialen Sicherung beider Ehegatten beizutragen, grob zuwiderlaufen würde. Dazu reicht es allerdings nicht aus, wenn ein Ehegatte aufgrund des VA besser dasteht als der andere[26] oder wenn ein ausgleichspflichtiger Ehegatte auf die Durchführung des VA nicht angewiesen ist, weil seine Altersversorgung bereits auf andere Weise hinreichend gesichert ist.[27] Auch die Tatsache, dass ein Ehegatte in der Ehezeit einer selbständigen Erwerbstätigkeit nachgegangen ist und keine Altersvorsorge betrieben hat, rechtfertigt für sich genommen keinen Ausschluss des VA, sondern kann nur relevant sein, wenn dieses Unterlassen als illoyal und grob leichtfertig zu bewerten ist.[28] Der VA ist auch nicht generell in Fällen zu korrigieren, in denen der Ausgleichspflichtige auf gemeinschaftlichen Schulden »sitzen bleibt«.[29] Auch eine bei ungekürzter Durchführung des VA drohende Unterschreitung des unterhaltsrechtlich erheblichen Selbstbehalts auf Seiten des Verpflichteten stellt keinen Härtegrund dar, wenn der Berechtigte ebenfalls in engen wirtschaftlichen Verhältnissen lebt, denn dem VA ist ein dem Unterhaltsrecht vergleichbarer Selbstbehalt des Verpflichteten fremd.[30] Eine Kürzung des Ausgleichs kann aber dann gerechtfertigt sein, wenn der Berechtigte bereits in ausreichender Weise für Alter und Invalidität versorgt ist, während der Verpflichtete auf die von ihm erworbenen Versorgungsanrechte dringend angewiesen ist.[31] Zur Beurteilung dieser Frage muss die Versorgungslage beider Ehegatten unter Berücksichtigung der bis zum Rentenalter noch möglichen Aufstockung der Altersversorgung verglichen werden. Ein (teilweiser) Ausschluss des VA kommt jedoch im Hinblick auf eine künftige Entwicklung nur dann in Betracht, wenn diese nicht nur möglich erscheint, sondern sicher zu erwarten ist.[32] Die Durchführung des VA ist auch dann grob unbillig, wenn er den Verpflichteten in unterhaltsrechtliche Abhängigkeit vom Berechtigten bringen würde.[33] Hat der Ausgleichspflichtige in einem solchen Fall dennoch einen VA zu seinen Lasten hingenommen, ist es ihm verwehrt, seinerseits den anderen Ehegatten auf nachehelichen Unterhalt in Anspruch zu nehmen.[34]

Auch schuldrechtliche **Ausgleichsansprüche nach der Scheidung** (§§ 20–24 VersAusglG) haben **10** nicht das Ziel, dass beide Ehegatten – wie etwa beim nachehelichen Unterhalt – über ungefähr gleich hohe Einkünfte verfügen. Auch sie dienen vielmehr ausschließlich der Teilung der in der Ehezeit erworbenen Versorgungsanrechte. Deshalb ist es grundsätzlich unerheblich, wie der ausgleichsberechtigte Ehegatte zum Zeitpunkt der Entscheidung über den schuldrechtlichen VA sein Leben gestaltet und ob er etwa mit einem wirtschaftlich gut gestellten neuen Lebenspartner zusammenlebt.[35] Der Ausgleich hängt auch nicht davon ab, dass der ausgleichspflichtige Ehegatte

---

25 A.A. OLG Naumburg FamRZ 2007, 1748.
26 BGH FamRZ 1986, 563; 1987, 923; 1995, 413, 414.
27 BGH FamRZ 1999, 714, 715; 2005, 1238, 1239.
28 OLG Köln FamRZ 2005, 1485, 1486; OLG Frankfurt FamRZ 2011, 901, 902; OLG Stuttgart FamRZ 2012, 311, 312; OLG Hamm Beschluss vom 31.05.2012 – 6 UF 32/12 – (juris).
29 BGH FamRZ 2003, 437, 438; 2005, 2052, 2054.
30 BGH FamRZ 1993, 682, 684; 2006, 769, 771; 2007, 996, 1000.
31 BGH FamRZ 1982, 258, 259; 1996, 1540, 1541; 2005, 696, 699; 2009, 303, 307.
32 BGH FamRZ 1996, 1540, 1542; 2005, 696, 699.
33 BGH FamRZ 1981, 756, 757; 2005, 696, 699; OLG Celle FamRZ 1989, 1098, 1100; OLG Karlsruhe FamRZ 2001, 1223.
34 OLG Celle FamRZ 2006, 1544.
35 OLG Schleswig OLGReport 2007, 398.

leistungsfähig und der Berechtigte bedürftig ist. Unterhaltsrechtlich erhebliche Selbstbehaltsgrenzen bestehen bei Durchführung des VA nicht. Als grob unbillig erweist sich der schuldrechtliche Ausgleich nur dann, wenn dem Ausgleichspflichtigen bei ungekürzter Durchführung des Ausgleichs nicht einmal der eigene **angemessene Unterhalt** (sowie ggf. ein zur Erfüllung vor- oder gleichrangiger Unterhaltspflichten erforderlicher Betrag) verbliebe und wenn außerdem der Ausgleichsberechtigte in auskömmlichen wirtschaftlichen Verhältnissen lebt.[36] Abzustellen ist bei beiden Ehegatten auf die wirtschaftlichen Verhältnisse zum Zeitpunkt der Geltendmachung des Ausgleichsanspruchs,[37] allerdings unter Einbeziehung der Einkommensverschiebung, die gerade infolge der Zahlung der Ausgleichsrente eintreten wird.[38] Die Wiederverheiratung des Verpflichteten begründet jedenfalls dann keine unbillige Härte, wenn der neue Ehegatte über eigene Einkünfte verfügt oder gegenüber dem ausgleichsberechtigten geschiedenen Ehegatten unterhaltsrechtlich nachrangig ist.[39] Für die Vergangenheit kann die Zuerkennung einer schuldrechtlichen Ausgleichsrente grob unbillig sein, soweit der Ausgleichsberechtigte bis zur Höhe der Ausgleichsrente nachehelichen Unterhalt bezogen hatte, den der Verpflichtete nicht zurückerhalten kann.[40] Die Einbeziehung eines betrieblich zugesagten Ausgleichsbetrages, der bei vorzeitiger Inanspruchnahme der Rente die damit einhergehende Kürzung der gesetzlichen Rente teilweise auffangen soll, ist nicht grob unbillig.[41]

11   In die Betrachtung der wirtschaftlichen Verhältnisse einzubeziehen ist das **nicht dem VA unterfallende Vermögen** des Ausgleichsberechtigten, d.h. insbesondere Grundeigentum und Kapitalanlagen, nicht zertifizierte Lebensversicherungen auf Kapitalbasis, Geldforderungen und Anwartschaften darauf. Vor allem, wenn solches **Vermögen nicht dem Zugewinnausgleich unterliegt**, also z.B. bei Gütertrennung, Schenkung oder Erbschaft, kann die Durchführung des VA grob unbillig sein.[42] Ist die Gütertrennung erst während der Ehezeit vereinbart worden, so muss sich der Ausschluss des VA i.d.R. auf die während der Gütertrennung erworbenen Versorgungsanrechte beschränken, weil der ausgleichsberechtigte Ehegatte an dem Vermögenszuwachs des anderen Ehegatten während des gesetzlichen Güterstandes durch den Zugewinnausgleich beteiligt wird.[43] Das Vermögen ist auch insoweit von Bedeutung, als es außerhalb der Ehe erworben worden ist.[44] Da es nach § 27 VersAusglG auf die beiderseitigen Verhältnisse ankommt, sind allerdings im Rahmen der gebotenen Gesamtabwägung auch die Vermögensverhältnisse des Verpflichteten mit zu berücksichtigen. Haben die Ehegatten im gesetzlichen Güterstand gelebt, reicht es zur Annahme einer groben Unbilligkeit im Allgemeinen nicht aus, wenn der Ausgleichsberechtigte als Selbständiger keine Altersversorgung betrieben hat und die insoweit ersparten Aufwendungen zur Verbesserung des Lebensstandards der Familie verwendet worden sind (s. Rdn. 9).

36   BGH FamRZ 2006, 321, 323; 2006, 323, 325; 2007, 120, 122; 2011, 706, 711; OLG Celle FamRZ 1993, 1328, 1332; OLG Karlsruhe FamRZ 2005, 628, 629; OLG Schleswig OLGReport 2007, 398, 399; OLG Stuttgart FamRZ 2011, 982.
37   BGH FamRZ 1985, 263, 265; OLG Celle FamRZ 1982, 501; OLG Karlsruhe FamRZ 1989, 762, 763.
38   BGH FamRZ 2011, 706, 711.
39   BGH FamRZ 2011, 706, 711.
40   OLG Frankfurt FamRZ 2004, 28, 30; OLG Hamm FamRZ 2008, 898, 900.
41   BGH FamRZ 2008, 1834, 1835.
42   BGH FamRZ 1981, 130; 1988, 47; OLG Hamm FamRZ 2001, 1223, 1224; OLG Zweibrücken FamRZ 2007, 1746.
43   OLG Bamberg FamRZ 2001, 162.
44   BGH FamRZ 1988, 940; OLG Karlsruhe FamRZ 1992, 689, 690; OLG München FamRZ 1995, 299.

III. Zweckverfehlung

1. Frühzeitige Invalidität eines Ehegatten

Die Rechtsprechung zieht die Härteklausel ferner in bestimmten Fallgruppen heran, in denen die 12
strikte Durchführung des VA seiner eigentlichen Zweckbestimmung zuwiderlaufen führen würde.
Bezieht der Verpflichtete aufgrund **eingetretener Invalidität** bereits Pension oder Rente, so ist im
VA grundsätzlich der Ehezeitanteil der tatsächlichen Versorgung zugrunde zu legen. Dieser Ehezeitanteil kann – insbesondere bei Versorgungen, deren Ehezeitanteil zeitratierlich zu berechnen ist
(§ 40 VersAusglG) – deutlich höher sein als der Ehezeitanteil der Anwartschaft auf fiktive Altersrente. Es ist daher möglich, dass ein erwerbsunfähiger Ehegatte in besonders hohem Maße ausgleichspflichtig, aber nicht mehr in der Lage ist, seine Altersversorgung noch durch weitere
Erwerbstätigkeit aufzustocken. Würde in einem solchen Fall der Berechtigte voraussichtlich eine
im Verhältnis zum Verpflichteten unverhältnismäßig hohe Versorgung erreichen und ist der Verpflichtete auf seine Anrechte dringend angewiesen, so kann der VA (höchstens) bis auf den Betrag
herabgesetzt werden, der sich als Ausgleichsanspruch ergäbe, wenn der Verpflichtete bei Ehezeitende noch erwerbstätig gewesen wäre.[45] Zurechnungszeiten in der gesetzlichen Rentenversicherung dürfen jedoch nicht ausgeklammert werden. Denn ihre Einbeziehung führt nicht zu einem
höheren VA, als ihn der Berechtigte bei Fortdauer der Erwerbstätigkeit des Verpflichteten zu beanspruchen hätte. Vielmehr wird der Versicherte durch die Zurechnungszeiten nur so gestellt, als sei
er erst zu einem späteren Zeitpunkt erwerbsunfähig geworden.[46]

2. Beide Eheleute Beamte

Die zeitratierliche Berechnung von Anrechten der Beamtenversorgung (§ 44 Abs. 1 VersAusglG) 13
kann zu unbilligen Ergebnissen führen, wenn **beide Eheleute Beamte** sind. Hat der Ehegatte, der
bei normalem Verlauf eine geringere Versorgung erlangen wird als der andere, nur deshalb rechnerisch den höheren Ehezeitanteil erworben, weil seine ruhegehaltfähige Gesamtdienstzeit wesentlich
kürzer ist als die des anderen Ehegatten, so kommt ein Ausschluss des VA in Betracht.[47] Eine Kürzung des VA kann auch geboten sein, wenn sich die ruhegehaltfähige Gesamtdienstzeit des Verpflichteten infolge einer durch Kindererziehung bedingten und über das Ehezeitende hinaus
fortgesetzten Teilzeitbeschäftigung verkürzt, der Ehezeitanteil sich dadurch erhöht und der ausgleichspflichtige Ehegatte voraussichtlich gerade wegen der kindererziehungsbedingten Teilzeitbeschäftigung nicht in der Lage sein wird, die volle Beamtenpension zu erreichen.[48] Der VA zwischen Beamten ist jedoch nicht allein deshalb grob unbillig, weil der Ausgleichsberechtigte aus der
gesetzlichen Rentenanwartschaft, die gem. § 16 VersAusglG im Wege externer Teilung für ihn zu
begründen ist, keine Rente wegen verminderter Erwerbsfähigkeit erhalten kann.[49] Selbst wenn der
Berechtigte aus der begründeten Rentenanwartschaft wegen Nichterfüllung der Wartezeit keine
Altersrente erwarten kann, ist der VA nicht grob unbillig. Denn der Beamte ist berechtigt, die
Anwartschaft durch Entrichtung freiwilliger Beiträge so weit auszubauen, dass er die Wartezeit
erfüllt. Ist er zur Entrichtung freiwilliger Beiträge wirtschaftlich nicht in der Lage, ist das Anrecht
vielmehr nicht ausgleichsreif, so dass ein Wertausgleich ausscheidet und das Anrecht später
schuldrechtlich auszugleichen ist (vgl. § 19 Rdn. 16).

3. Steuern und Sozialversicherungsbeiträge

Solange der Versorgungsfall noch nicht eingetreten ist, ist die (derzeit noch) **unterschiedliche** 14
Besteuerung von Beamtenpensionen und Renten kein ausreichender Grund für die Anwendung

---

45 BGH FamRZ 1982, 36, 41; 1988, 489, 490; 1999, 497, 498.
46 BGH FamRZ 1986, 337; 1988, 489, 491.
47 BVerfG FamRZ 1993, 405, 406.
48 OLG Zweibrücken FamRZ 1996, 491.
49 Vgl. BGH FamRZ 2007, 30, 33.

der Härteklausel, weil die tatsächliche spätere steuerliche Belastung der Altersversorgung nicht annähernd zuverlässig vorauszusehen ist.[50] Haben allerdings beide Eheleute schon die Altersgrenze erreicht, so kann die unterschiedliche steuerliche Belastung eine Kürzung des VA rechtfertigen, wenn sich annähernd sicher voraussehen lässt, dass die Nettobezüge des Verpflichteten aus seiner ehezeitlichen Anwartschaft durch den VA wesentlich unter die entsprechenden Nettobezüge des Berechtigten absinken würden.[51] Die steuerlichen Auswirkungen des schuldrechtlichen Ausgleichs begründen regelmäßig keine grobe Unbilligkeit. Denn der Ausgleichspflichtige kann die an den Ausgleichsberechtigten zu zahlende Ausgleichsrente als Sonderausgabe nach § 10 Abs. 1 Nr. 1b EStG von seinem zu versteuernden Einkommen absetzen,[52] während der Berechtigte die Leistungen nach § 22 Nr. 1c EStG zu versteuern hat (s. § 20 Rdn. 32). Anders als im Unterhaltsrecht steht dem Ausgleichsberechtigten auch kein Anspruch auf Ausgleich der durch das Realsplitting entstehenden steuerlichen Nachteile gegen den Verpflichteten zu.[53]

15 Die Belastung der Versorgung mit **Sozialversicherungsbeiträgen** kann keinen Härtefall begründen. Der Wertausgleich bei der Scheidung führt zur hälftigen Teilung des Ehezeitanteils der Anrechte. Daher trägt jeder Ehegatte nach Eintritt des Versorgungsfalles auch die Versicherungsbeiträge, die auf den ihm zustehenden hälftigen Ehezeitanteil erhoben werden. Beim schuldrechtlichen VA gilt (nach neuem Recht) das Nettoprinzip: Bei der Berechnung der schuldrechtlichen Ausgleichsrente wird der Ausgleichswert des Anrechts um die darauf entfallenden Sozialversicherungsbeiträge oder vergleichbaren Aufwendungen von privat Versicherten gekürzt (§ 20 Abs. 1 Satz 2 VersAusglG). Damit ist gewährleistet, dass im Ergebnis jeder Ehegatte die Beiträge zu tragen hat, die auf die ihm zufließende Hälfte der ehezeitlichen Versorgung entfallen.

4. Nachentrichtung von Beiträgen für den anderen Ehegatten

16 Das sog. **In-Prinzip in der gesetzlichen Rentenversicherung** (s. § 3 Rdn. 13 und § 43 Rn. 42) kann im Einzelfall zu einem grob unbilligen Ergebnis führen, wenn ein Ehegatte noch nach Ende der Ehezeit durch Nachentrichtung freiwilliger Beiträge Rentenanwartschaften für den anderen Ehegatten begründet hat, die im VA an sich nicht zu berücksichtigen wären, und der einbezahlte Betrag auch keinem güterrechtlichen Ausgleich unterliegt. Nach früherem Recht war eine Korrektur des VA nur dann möglich, wenn der Ehegatte, der die Beiträge nachentrichtet hatte, gesamtausgleichspflichtig war. In diesem Fall konnte der dem anderen Ehegatten zustehende Gesamtausgleich bis auf den Betrag herabgesetzt werden, der ihm als Ausgleichsanspruch zugestanden hätte, wenn die nachträglich begründeten Rentenanwartschaften auf seiner Seite in der Ausgleichsbilanz mit zu berücksichtigen wären.[54] Nach neuem Recht kann eine Korrektur in jeder Richtung vorgenommen werden, sofern der Ehegatte, der die Beiträge für den anderen nachentrichtet hat, in der Ehezeit selbst auch eigene Anrechte erworben hat, die dem VA unterliegen. In diesem Fall kann der Ausgleichswert seines Anrechts gem. § 27 VersAusglG in dem Umfang gemindert werden, in dem sich der Ausgleichswert des Anrechts des anderen Ehegatten erhöhen würde, wenn man ihm den Wert der nachentrichteten Beiträge hinzurechnen würde. Dass der ausgleichspflichtige Ehegatte sein Versorgungsanrecht während der Ehe mit Mitteln aus seinem Anfangsvermögen erworben hat, rechtfertigt für sich genommen nicht den Ausschluss des VA.[55]

---

50 BGH FamRZ 1987, 255, 257 1988, 709, 710; 1995, 29, 30; 2005, 696, 700; 2007, 627, 629.
51 BGH FamRZ 1987, 255, 257; 1989, 1163, 1165; 1995, 29, 30; OLG München FamRZ 2000, 161.
52 BFH NJW-RR 2004, 508.
53 OLG Hamburg FamRZ 2010, 1082; AG Bergisch Gladbach FamRZ 2008, 1867 m. zust. Anm. Borth; Ruland Rn. 1259.
54 BGH FamRZ 1987, 364.
55 BGH FamRZ 2011, 877 mit krit. Anm. Hoppenz; 2012, 434 mit krit. Anm. Bergschneider.

5. Phasenverschobene Ehe

Ein (teilweiser) Ausschluss des VA kann auch im Falle einer sog. **phasenverschobenen Ehe** in 17
Betracht kommen: Ist der Ehegatte mit den geringeren ehezeitlichen Anrechten wesentlich älter
als der andere, bezieht er schon Rente und beruht der höhere ehezeitliche Versorgungserwerb des
anderen Ehegatten nicht auf einer objektiv höheren Leistung während der Ehe, sondern auf der
Tatsache, dass der Ehegatte mit den geringeren Anrechten gerade wegen seines Alters – und nicht
ehebedingt – im letzten Teil der Ehezeit keine Anwartschaften mehr hinzuerworben hat, so fehlt
der rechtfertigende Grund für die (uneingeschränkte) Durchführung des VA. Dies gilt jedenfalls
dann, wenn der ältere Ehegatte im Gegensatz zum jüngeren bereits eine angemessene Alterssicherung besitzt und die Ehegatten jahrelang getrennt gelebt haben.[56]

6. Finanzierung einer Ausbildung

Ein VA kann ferner grob unbillig sein, wenn der Ausgleichsanspruch darauf beruht, dass der Ehe- 18
gatte mit den geringeren ehezeitlichen Anrechten während der Ehezeit eine (u.U. sogar vom anderen Ehegatten finanzierte) **Schul- oder Hochschulausbildung** absolviert hat, während der andere
Ehegatte durch seine Erwerbstätigkeit den vollen Lebensunterhalt der Familie allein sichergestellt
(und evtl. auch noch die gemeinsamen Kinder betreut) hat. In solchen Fällen ist für einen Ausschluss des VA auch nicht zusätzlich erforderlich, dass der Ehegatte mit den höheren ehezeitlichen
Anrechten auf den ungeschmälerten Bestand seiner Anrechte dringend angewiesen ist. Denn dem
anderen Ehegatten werden die Ausbildungszeiten später nach Aufnahme einer Erwerbstätigkeit
i.d.R. zumindest teilweise versorgungsmäßig angerechnet, z.B. als Anrechnungszeiten in der
gesetzlichen Rentenversicherung oder als ruhegehaltfähige Dienstzeit in der Beamtenversorgung.[57]

7. Anrechte aus Kindererziehungszeiten

Eine den Ausschluss des VA rechtfertigende Härte ergibt sich nicht allein daraus, dass eine Ehe- 19
frau aufgrund gesetzlicher Rentenanwartschaften ausgleichspflichtig ist, die sie infolge (Schwangerschaft und) **Kindererziehungszeiten** erworben hat. Mit der Berücksichtigung von Kindererziehungszeiten wird ein Ausgleich für die aus der Kindererziehung folgenden Einkommenseinbußen
geschaffen und der die Kinder betreuende Elternteil so gestellt, als wenn er während der Betreuung ein dem Durchschnitt aller Versicherten entsprechendes Einkommen bezogen und daraus
Rentenversicherungsbeiträge gezahlt hätte (vgl. § 43 Rdn. 26). Damit wird die Kindererziehung
versorgungsrechtlich wie eine Erwerbstätigkeit behandelt und eine Benachteiligung des mit der
Kindererziehung betrauten Ehegatten in Bezug auf den Aufbau einer Altersversorgung verhindert.
Eine Teilnahme des anderen Ehegatten an den insoweit erworbenen Rentenanwartschaften entspricht deshalb unter dem Gesichtspunkt der Versorgungsgemeinschaft durchaus dem Zweck des
VA.[58] Eine Kürzung oder ein Ausschluss des VA kommt in solchen Fällen nur unter umfassender
Würdigung der Gesamtumstände in Betracht. Nicht jedes Ungleichgewicht in der Aufgabenverteilung während der Ehe rechtfertigt den Ausschluss des VA, insbesondere wenn die Gestaltung der
ehelichen Lebensverhältnisse einvernehmlich geschah und mit einer gemeinsamen Lebensleistung
verbunden war.[59] Andererseits kann sich eine grobe Unbilligkeit aber im Einzelfall daraus ergeben,
dass der ausgleichspflichtige Ehegatte neben der Kindererziehung auch noch erwerbstätig war und
daraus zusätzliche Rentenanwartschaften erworben hat, ohne dass sich der andere Ehegatte in nen-

56 BGH FamRZ 2004, 1181, 1183; 2007, 1964; OLG Hamm FamRZ 2004, 885; OLG Celle FamRZ
2006, 1459; vgl. aber auch BGH FamRZ 2007, 1084, 1086.
57 BGH FamRZ 1983, 1217; 1988, 600; 1989, 1060; 2004, 862; OLG Köln FamRZ 2004, 884; OLG
Hamm FamRZ 2006, 1457; vgl. aber auch OLG Karlsruhe FamRZ 1997, 30 mit Anm. Krause FamRZ
1997, 567.
58 BGH FamRZ 2007, 1966; OLG Bremen FamRZ 2002, 466; OLG München FamRZ 2004, 1580; OLG
Karlsruhe FamRZ 2005, 1839, 1840; OLG Stuttgart FamRZ 2012, 311, 312.
59 BGH FamRZ 2007, 1966; OLG München FamRZ 2002, 757, 758.

nenswertem Umfang an der Betreuung der Kinder beteiligt hat. Härtegründe können auch darin begründet sein, dass der ausgleichspflichtige Ehegatte noch weit über die anerkennungsfähigen Kindererziehungszeiten (dazu § 43 Rdn. 25) hinaus durch die Betreuung der Kinder an der Ausübung einer Erwerbstätigkeit gehindert sein und vom anderen Ehegatten auch keinen Vorsorgeunterhalt erhalten wird, mit dem er seine Altersversorgung ausbauen könnte.[60]

IV. Persönliche Umstände

20 Eine grobe Unbilligkeit kann sich auch aus persönlichen Lebensumständen der Ehegatten ergeben. So kann z.B. eine **Krankheit** oder schwere **Behinderung** des Ausgleichspflichtigen, die sich auf seine Erwerbsfähigkeit auswirkt, den (teilweisen) Ausschluss des VA rechtfertigen.[61] Auch die Berücksichtigung selbstverschuldeter Lebenserschwernisse (z.B. **Alkohol- oder Drogensucht**) ist im Rahmen der Härteklausel nicht von vornherein ausgeschlossen. Es kommt vielmehr in derartigen Fällen entscheidend auf die wirtschaftliche Situation der Ehegatten und auf die Umstände an, unter denen der Verpflichtete in seine Lage geraten ist.[62] Übermäßiger Alkoholgenuss des Ausgleichsberechtigten in den letzten Jahren ist für sich allein kein Härtegrund.[63] Das Gleiche gilt, wenn der Berechtigte gemeinsame Kinder beim anderen Ehegatten zurückgelassen und damit dessen Fürsorge überantwortet hat. Ein solches Verhalten stellt zwar eine Verletzung der dem Kind gegenüber obliegenden Pflichten dar, ist im Verhältnis zum Ehegatten aber für den VA nicht von erheblicher Bedeutung.[64] Auch das Vorliegen einer schweren Krankheit, die der Berechtigte durch leichtfertiges Verhalten selbst verursacht hat, rechtfertigt keinen Ausschluss des VA.[65] Der nach der »Wende« eingetretene Verlust von Versorgungsanwartschaften, die in der DDR aufgrund einer **Tätigkeit für das Ministerium für Staatssicherheit** erworben worden waren, aber nicht in vollem Umfang in der gesetzlichen Rentenversicherung anerkannt werden, begründet jedenfalls dann keinen Härtefall, wenn der andere Ehegatte von der Stasi-Tätigkeit wusste und ihm die Einkünfte daraus während der Ehe zugute kamen.[66]

21 Es stellt grundsätzlich auch keinen Härtegrund dar, wenn in einer **Doppelverdienerehe** nur einer der Ehegatten (ausreichende) Altersvorsorge getroffen hat[67] oder wenn es der gemeinsamen Lebensplanung entsprach, dass der eine Ehegatte nicht oder nicht versicherungspflichtig erwerbstätig war.[68] Ebenso kann es nicht als Härtegrund berücksichtigt werden, wenn ein Ehegatte objektiv mögliche und subjektiv zumutbare **Beförderungs- oder Aufstiegschancen nicht genutzt** hat.[69] Ein (teilweiser) Ausschluss des VA kann jedoch gerechtfertigt sein, wenn der Berechtigte es als Selbständiger auch noch nach der Trennung der Parteien trotz vorhandenen Vermögens unterlassen hat, Altersvorsorge zu betreiben, und dies als illoyal und grob leichtfertig zu bewerten ist.[70]

---

60 OLG Stuttgart FamRZ 2000, 894; Rehme FPR 2005, 356, 359; vgl. aber auch OLG Bremen FamRZ 2002, 466 für den Fall, dass der Ausgleichsberechtigte selbständig und wesentlich älter ist als der Verpflichtete, und OLG Karlsruhe FamRZ 2005, 1839, 1840 für den Fall, dass der Berechtigte nicht in der Lage ist, in nennenswertem Umfang für sich selbst Versorgungsanwartschaften zu erwerben.
61 BGH FamRZ 1981, 756, 757; OLG Düsseldorf FamRZ 1993, 1322, 1325.
62 BGH FamRZ 1982, 475, 477.
63 OLG Hamburg FamRZ 1984, 396.
64 BGH FamRZ 1983, 35, 36.
65 OLG München FamRZ 1997, 752, 753.
66 OLG Dresden FamRZ 1998, 1375.
67 OLG Hamm FamRZ 1981, 574; Beschluss vom 31.05.2012 – 6 UF 32/12 – (juris); OLG Hamburg FamRZ 1984, 398, 399; OLG München FamRZ 1997, 752, 753.
68 KG FamRZ 1982, 1025; OLG Hamm FamRZ 1992, 956.
69 *BGH FamRZ 1988, 709, 710*; OLG Düsseldorf FamRZ 1994, 906; OLG Schleswig FamRZ 1999, 865, 866.
70 OLG Karlsruhe FamRZ 2006, 1457.

Strafhaft des Berechtigten ist für sich allein kein Ausschlussgrund, wenn der Verpflichtete ihn erst   22
nach Strafantritt geheiratet und die noch zu verbüßende Strafzeit gekannt hat.[71] Ist der Berechtigte
jedoch während der Ehe zu einer Freiheitsstrafe verurteilt worden, so kann es grob unbillig sein,
diejenigen Anwartschaften des Verpflichteten in den VA einzubeziehen, die er während der Inhaftierung des Berechtigten erworben hat.[72] Dies gilt insbesondere, soweit die Anwartschaften des
Verpflichteten auf Kindererziehungszeiten beruhen.[73] Ein Ausschluss des VA rechtfertigt sich auch
bei sog. **Scheinehen**, d.h. Ehen, die aus sachfremden Motiven (z.B. um einem Ausländer ein Aufenthaltsrecht zu verschaffen) geschlossen worden sind.[74]

V. Kurze Ehedauer

Bei einer **Ehedauer von nicht mehr als drei Jahren** findet ein VA nach neuem Recht nur noch   23
statt, wenn ein Ehegatte dies ausdrücklich beantragt (§ 3 Abs. 3 VersAusglG). Soweit ein Antrag
gestellt worden ist, werden die Ausgleichswerte der in der Ehezeit erworbenen Anrechte meist die
Bagatellgrenze des § 18 VersAusglG nicht überschreiten, so dass der VA nach dieser Bestimmung
ausgeschlossen werden kann. Damit wird sich die Frage, ob der VA im Hinblick auf eine kurze
Ehe grob unbillig ist, kaum noch stellen. Unter der Geltung des früheren Rechts hat die Rechtsprechung die Härteklausel vereinzelt auf Fälle besonders kurzer Ehezeit angewendet worden, weil
eine die Durchführung des VA rechtfertigende Versorgungsgemeinschaft hier nicht habe entstehen
können.[75] Insoweit ist jedoch Zurückhaltung geboten. Dass die eheliche Lebensplanung schon
nach relativ kurzer Zeit gescheitert ist, ändert regelmäßig nichts daran, dass sich die Ehegatten auf
eine spätere gemeinsame Versorgung eingestellt haben, und wird dem VA – erst recht, wenn die
erworbenen Anrechte nicht mehr so gering sind, dass die Bagatellklausel eingreift – i.d.R. nicht
jede innere Rechtfertigung nehmen.[76]

VI. Lange Trennungszeit

Die Inanspruchnahme eines Ehegatten kann grob unbillig sein, wenn die Ehegatten vor Ende der   24
Ehezeit **lange Zeit getrennt gelebt** haben und es daher in einem wesentlichen Teil der Ehe an
einer den VA rechtfertigenden **Versorgungsgemeinschaft gefehlt** hat.[77] Allerdings ist in solchen
Fällen das **Schutzbedürfnis des Berechtigten**, der auf den Fortbestand der Ehe und damit der Ver-
sorgungsgemeinschaft vertrauen durfte, angemessen zu berücksichtigen.[78] Vor allem während der
Zeit, in der der Ausgleichsberechtigte gemeinsame Kinder betreut, kann dieser darauf vertrauen,
weiter an dem Versorgungserwerb des anderen Ehegatten zu partizipieren; deshalb kommt eine
Kürzung des VA für diese Zeit regelmäßig nicht in Betracht.[79] Auch wenn der Ausgleichspflichtige

---

71 OLG Celle FamRZ 1980, 1032.
72 OLG Köln NJW-RR 1992, 67; OLG Nürnberg FamRZ 2004, 116; OLG Stuttgart FamRZ 2012, 311,
    313; vgl. aber OLG Hamm FamRZ 2001, 165.
73 OLG Hamm FamRZ 2002, 1633; OLG Stuttgart FamRZ 2012, 311.
74 OLG Köln FamRZ 1998, 301, 302.
75 Vgl. etwa BGH FamRZ 1981, 944: sechs Wochen Ehezeit und sechs Tage tatsächliches Zusammenleben;
    BGH FamRZ 2005, 2052, 2053: einige Tage Zusammenleben; OLG Köln FamRZ 1998, 301: Ehedauer
    von 14 Monaten; OLG Oldenburg FamRZ 2008, 1866: ein Jahr Ehezeit, zwei Monate Zusammenleben.
76 Vgl. KG FamRZ 1982, 1090; OLG Hamm FamRZ 1985, 78; OLG Celle FamRZ 1991, 204; OLG
    Thüringen FamRZ 2011, 1590.
77 BVerfG FamRZ 1980, 326, 334; BGH FamRZ 1980, 29, 36; 1983, 35, 36; 2004, 1181, 1182; 2008,
    1838, 1840.
78 BGH FamRZ 1981, 130, 132; 1993, 302; 1994, 825, 827; 2005, 2052; 2006, 769; vgl. auch Erk/Dei-
    senhofer FamRZ 2003, 134, 136.
79 BGH FamRZ 2005, 2052, 2053; anders jedoch für den Fall, dass das vom Ausgleichsberechtigten
    betreute, als ehelich geltende Kind unstreitig nicht vom Ausgleichspflichtigen abstammt, BGH FamRZ
    2008, 1838.

über viele Jahre hinweg widerspruchslos Trennungsunterhalt gezahlt hat, ohne von dem Ausgleichsberechtigten die Aufnahme einer sozialversicherungspflichtigen Tätigkeit zu fordern, kann der Berechtigte ein schutzwürdiges Vertrauen auf Teilhabe an den vom Verpflichteten während des Getrenntlebens erworbenen Versorgungsanwartschaften haben.[80] Bei Vorliegen einer langen Ehedauer (über 30 Jahre) scheidet eine Kürzung i.d.R. aus, selbst wenn die Dauer der Trennung 1/4 der Ehezeit ausmacht.[81]

25 In der Praxis wurde eine lange Trennungszeit etwa ab acht Jahren angenommen.[82] Sind außer einer langen Trennungszeit keine weiteren Härtegründe vorhanden, kommt ein vollständiger Ausschluss des VA nicht in Betracht, sondern lediglich die Ausklammerung der auf die Trennungszeit entfallenden Anwartschaften beider Eheleute.[83] Praktisch geschieht dies dadurch, dass die auf die Trennungszeit entfallenden Anrechte (auf das Ende der Ehezeit bezogen nach der gleichen Berechnungsmethode, die nach § 39 oder § 40 VersAusglG für die Berechnung des Ehezeitanteils der betreffenden Anrechte maßgebend ist) gesondert zu ermitteln und von den auf die gesamte Ehezeit entfallenden Anwartschaften abzuziehen sind. Nicht zulässig ist dagegen eine Vorverlegung des Ehezeitendes.[84]

VII. Persönliches Fehlverhalten

1. Eheliche Untreue

26 Persönliche **Eheverfehlungen** des Ausgleichsberechtigten können zwar, auch wenn sie ohne wirtschaftliche Relevanz geblieben sind, einen Ausschluss des VA rechtfertigen. Dies gilt aber nur in besonderen Ausnahmefällen, wenn der Berechtigte die sich aus der ehelichen Gemeinschaft ergebenden Verpflichtungen in besonders grober und nachhaltiger Weise verletzt hat.[85] Die Anforderungen sind insoweit wesentlich strenger als in § 1579 Nr. 7 BGB und entsprechen etwa dem Maßstab, der beim Zugewinnausgleich (§ 1381 BGB) angelegt wird.[86] Nach diesen Grundsätzen können z.B. ehewidrige Beziehungen am Schluss einer längeren Ehe einen Ausschluss des VA auch dann nicht begründen, wenn dadurch das Scheitern der Ehe ausgelöst worden ist.[87] Das Gleiche gilt i.d.R. für ehewidrige Beziehungen während der Ehezeit, wenn der andere Ehegatte die Ehe in Kenntnis dieses persönlichen Fehlverhaltens fortgesetzt und der ausgleichsberechtigte Ehegatte den ihm obliegenden Beitrag im Rahmen der ehelichen Aufgabenverteilung geleistet hat. Die Voraussetzungen der Härteklausel können nur dann erfüllt sein, wenn die Verletzung der ehelichen Treue wegen ihrer Auswirkungen auf den Ehepartner besonders ins Gewicht fällt, etwa weil die Pflichten ihm gegenüber längere Zeit nachhaltig verletzt worden sind[88] oder weil das Fehlver-

---

80 BGH FamRZ 2006, 769, 771.
81 OLG Hamm FamRZ 2011, 901.
82 Vgl. BGH FamRZ 1980, 29; 2004, 1181; OLG Celle FamRZ 1993, 208; 2001, 163; OLG Düsseldorf FamRZ 1993, 1322; OLG Brandenburg FamRZ 2002, 1190; OLG Saarbrücken FamRZ 2008, 1865.
83 OLG Brandenburg FamRZ 2002, 756, 757.
84 BGH FamRZ 2001, 1444, 1446; 2006, 769, 771. Vgl. ferner für Anwartschaften der gesetzlichen Rentenversicherung OLG Düsseldorf FamRZ 1993, 1322, 1324; OLG Celle FamRZ 1994, 1039, 1040; 2001, 163; für Anrechte der Beamtenversorgung OLG Düsseldorf FamRZ 1993, 1322, 1324; KG FamRZ 1994, 1038, 1039; für Anrechte der betrieblichen Altersversorgung BGH FamRZ 1987, 145, 148; OLG Celle FamRZ 1993, 208, 210; für Anrechte der Zusatzversorgung des öffentlichen Dienstes OLG Karlsruhe FamRZ 2006, 1607; für Anrechte der berufsständischen Versorgung BGH FamRZ 1987, 149, 150.
85 BGH FamRZ 1983, 32, 33; 1987, 362, 363; 1989, 1062, 1063; 1990, 985, 986; 2005, 2052, 2054.
86 BGH FamRZ 1990, 985, 986; OLG Hamm FamRZ 1997, 566; OLG Celle OLGReport 1998, 249, 251.
87 BVerfG FamRZ 2003, 1173, 1174; BGH FamRZ 1983, 35; 1984, 662, 665; 2005, 2052, 2053; OLG Köln FamRZ 2012, 313, 314.
88 BGH FamRZ 1983, 32, 33.

halten wegen kränkender Begleitumstände mit einer gravierenden Persönlichkeitsverletzung des anderen Ehegatten verbunden war.[89]

2. Unterschieben eines Kindes

Die Anwendung des § 27 VersAusglG kann auch in Betracht kommen, wenn eine ausgleichsbe- 27
rechtigte Ehefrau ihrem Ehemann verschwiegen hat, dass ein während der Ehe geborenes Kind möglicherweise von einem anderen Mann abstammt.[90] Die fehlende Abstammung vom Ehemann kann dabei nicht nur angenommen werden, wenn die Vaterschaft eines anderen Mannes unstreitig ist, sondern auch dann, wenn in einem anderen Verfahren in zulässiger Weise durch Sachverständigengutachten festgestellt worden ist, dass die leibliche Vaterschaft des Ehemannes ausgeschlossen ist.[91] I.d.R. ist der VA in diesen Fällen nicht vollständig auszuschließen, sondern nur für die Zeit ab der Geburt des untergeschobenen Kindes.[92] Weniger schwer wiegt das Verhalten der Ehefrau, wenn sie selbst zunächst von der Vaterschaft des Ehemannes ausgegangen war und ihre spätere Erkenntnis, dass ein in der Ehe geborenes Kind von einem anderen Mann abstammte, nicht sofort offenbart hat.[93] Gegen eine Kürzung des VA kann in solchen Fällen auch sprechen, dass die Ehefrau während der Ehe stets den Haushalt geführt, mehrere in der Ehe geborene gemeinsame Kinder betreut und erzogen und erst gegen Ende der Ehezeit ein Kind von einem anderen Mann empfangen hat, so dass die Unterhaltsleistungen des Ehemannes für dieses nicht von ihm abstammende Kind ihn nicht allzu schwer belastet haben.[94]

3. Straftaten gegen den anderen Ehegatten oder gegen Angehörige

Ein Ausschluss des VA kann ferner gerechtfertigt sein, wenn der ausgleichsberechtigte Ehegatte 28
schuldhaft eine **schwerwiegende Straftat** gegen den **Verpflichteten** oder dessen **nahe Angehörige** begangen hat.[95] Eine im Zustand verminderter Schuldfähigkeit begangene Straftat kann für einen Ausschluss ausreichen,[96] nicht aber eine von einem schuldunfähigen Ehegatten begangene Tat.[97] Auch eine einmalige Körperverletzung kann – jedenfalls wenn dadurch keine bleibenden Schäden entstanden sind – die Anwendung der Härteklausel nicht rechtfertigen.[98] Das Gleiche gilt für falsche Angaben im Unterhaltsrechtsstreit, jedenfalls wenn die Ehe von langer Dauer war und der Berechtigte seine Pflichten während der Ehe erfüllt hat.[99] Auch Straftaten mit vermögensrechtlichen Auswirkungen reichen i.d.R. für eine Kürzung des VA nicht aus.[100] Die grobe Vernachlässigung der persönlichen Betreuung und Erziehung eines gemeinsamen Kindes kann die Anwendung des § 27 VersAusglG rechtfertigen,[101] im Allgemeinen aber nur dann, wenn dadurch der Straftatbestand des Missbrauchs von Schutzbefohlenen erfüllt wird. Eine Straftat, die zur Entlassung aus dem Beamtenverhältnis und in deren Folge zum Verlust des Anrechts auf Beamtenversorgung und

---

89 BGH FamRZ 1985, 1236, 1240; OLG Bamberg FamRZ 1998, 1369; OLG Hamm FamRZ 2003, 1295; OLG Bremen FamRZ 2009, 2007 (Prostitution).
90 BGH FamRZ 1983, 32, 34; 1985, 267, 269; 2012, 845.
91 BGH FamRZ 2012, 845.
92 Vgl. BGH FamRZ 2012, 845, 846.
93 BGH FamRZ 1987, 362.
94 OLG Karlsruhe FamRZ 2000, 159.
95 BGH FamRZ 1990, 985; 2007, 360, 361; 2009, 1312, 1316; OLG Hamm FamRZ 1981, 473; OLG Nürnberg FamRZ 1982, 308; OLG Frankfurt FamRZ 1990, 1259; OLG Karlsruhe FamRZ 2000, 893; OLG Brandenburg FamRZ 2003, 384; KG FamRZ 2004, 643; OLG Bamberg FamRZ 2007, 1748.
96 OLG Stuttgart FamRZ 2010, 38.
97 OLG Saarbrücken FamRZ 2009, 2007.
98 BGH FamRZ 1985, 1236, 1240; OLG Bamberg FamRZ 1999, 932.
99 OLG Bamberg FamRZ 1998, 1376.
100 OLG Nürnberg FamRZ 1986, 580; OLG Hamburg FamRZ 2000, 893.
101 OLG Köln FamRZ 2008, 2285.

zur Nachversicherung in der gesetzlichen Rentenversicherung geführt hat, aber keinen Bezug zur Ehe hatte, rechtfertigt nicht die Anwendung des § 27 VersAusglG.[102]

VIII. Treuwidrige Auflösung eines Versorgungsanrechts

29 Der VA kann (teilweise) grob unbillig sein, wenn ein Ehegatte durch Handeln oder Unterlassen bewirkt hat, dass ein ihm zustehendes Versorgungsanrecht, das in den VA einzubeziehen gewesen wäre, gar nicht erst entstanden oder aber entfallen ist. Dieser Anwendungsfall der Härteklausel war früher in den §§ 1587c Nr. 2, 1587h Nr. 2 BGB a.F. gesondert geregelt. Erforderlich ist ein **treuwidriges Verhalten**, mit dem der Ehegatte (zumindest auch) die Entscheidung über den VA beeinflussen will.[103] Diese Voraussetzung ist nicht schon erfüllt, wenn er im begründeten Vertrauen darauf, dass der andere Ehegatte weiter für seinen Unterhalt sorgen werde, keine Erwerbstätigkeit aufgenommen hat[104] oder wenn er berufliche Aufstiegs- oder Beförderungschancen nicht genutzt hat.[105] Auch der Verlust eines aus einer Erbschaft stammenden Kapitals aufgrund einer spekulativen Anlage begründet für sich genommen noch keinen Härtefall.[106] Das Gleiche gilt, wenn der Ausgleichspflichtige über Vermögenswerte verfügt hat, um eine Insolvenz abzuwenden.[107] Dagegen kann die Anwendung der Härteklausel in Betracht kommen, wenn ein Ehegatte sich Beiträge hat erstatten lassen oder einen Versicherungsvertrag gekündigt hat, um die Einbeziehung des Anrechts in den VA zu verhindern.[108] Dies gilt erst recht, wenn die Ehegatten im Güterstand der Gütertrennung lebten oder wenn der das Versorgungsanrecht auflösende Ehegatte das erhaltene Kapital vor Rechtshängigkeit des Scheidungsantrags verbraucht hat, so dass es auch nicht im Zugewinnausgleich berücksichtigt werden kann.[109] Zwar kann ein im Zeitpunkt der Entscheidung bereits aufgelöstes Versorgungsanrecht nicht mehr in den VA einbezogen werden; das illoyale Verhalten des ausgleichpflichtigen Ehegatten kann jedoch nach § 27 VersAusglG dadurch sanktioniert werden, dass im Gegenzug ein Anrecht des anderen Ehegatten – zumindest im gleichen Ausgleichswert – vom VA ausgeschlossen wird.[110]

IX. Unterhaltspflichtverletzung

30 Ein VA kann ferner zugunsten eines Ehegatten grob unbillig sein, der während der Ehe längere Zeit hindurch seine Pflicht, zum **Familienunterhalt** beizutragen, **gröblich verletzt** hat. Dieser Härtefall war in den §§ 1587c Nr. 3, 1587h Nr. 3 BGB a.F. gesondert geregelt. Die Pflichtverletzung muss den Ehegatten- oder Kindesunterhalt betreffen. Als gröblich kann eine Unterhaltspflichtverletzung nur angesehen werden, wenn die geschuldeten Unterhaltsleistungen über einen längeren Zeitraum hinweg nicht erfüllt worden sind und wenn objektive Merkmale vorliegen, die dem pflichtwidrigen Verhalten ein besonderes Gewicht verleihen, z.B. wenn ein Unterhaltsberechtigter dadurch in ernste Schwierigkeiten bei der Beschaffung seines Lebensbedarfs geraten ist.[111] Dass eine Notlage letztlich durch überobligationsmäßigen Einsatz des anderen Ehegatten verhindert oder behoben worden ist, nimmt der Pflichtverletzung nicht das für die Anwendung der Här-

---

102 OLG Oldenburg Beschluss vom 11.06.2012 – 13 UF 56/12 – (juris); anders aber KG NJW-RR 2001, 1657.

103 BGH FamRZ 1984, 467, 469; 1986, 658, 659; 1988, 709, 710.

104 BGH FamRZ 1984, 467, 469.

105 BGH FamRZ 1988, 709, 710.

106 OLG Frankfurt FamRZ 2011, 901.

107 OLG Brandenburg FamRZ 2011, 902.

108 OLG Bamberg FamRZ 2007, 1897; OLG Nürnberg FamRZ 2011, 1737.

109 OLG Köln FamRZ 2006, 1042.

110 OLG Brandenburg FamRZ 2011, 722; OLG Nürnberg FamRZ 2011, 1737.

111 BGH FamRZ 1986, 658, 660; 1987, 918, 921; OLG Brandenburg FamRZ 1998, 299, 300; OLG Celle OLGReport 1998, 249, 250; FamRZ 2008, 791; OLG Naumburg FamRZ 2008, 2284.

teklausel erforderliche besondere Gewicht.[112] Dies gilt erst recht, wenn die Notlage durch Dritte oder durch Sozialleistungen behoben worden ist. Keine gröbliche Pflichtverletzung liegt dagegen vor, wenn die Nichterfüllung der Unterhaltspflicht wegen des ausreichenden Einkommens des anderen Ehegatten weder diesen noch die gemeinsamen Kinder in ernsthafte wirtschaftliche Schwierigkeiten gebracht hat.[113]

Die Unterhaltspflichtverletzung muss außerdem **schuldhaft** begangen worden sein.[114] Hierfür ist 31
erforderlich, aber auch ausreichend, dass der betreffende Ehegatte zumindest leichtfertig gehandelt hat und dass ein unterhaltsbezogenes Fehlverhalten vorliegt.[115] Die Verbüßung von Strafhaft begründet deshalb nur dann den Vorwurf der Unterhaltspflichtverletzung, wenn die Straftat auf einem Fehlverhalten beruht, das sich gerade auf die Unterhaltspflicht gegenüber dem anderen Ehegatten und/oder den gemeinsamen Kindern bezieht.[116] Hat ein Ehegatte infolge Alkohol- oder Drogenabhängigkeit längere Zeit nicht zum Familienunterhalt beigetragen, so kommt eine Kürzung des VA nur dann in Betracht, wenn er trotz vorhandener Einsichts- und Steuerungsfähigkeit eine ihm angeratene Entziehungskur unterlassen hat.[117]

Trotz der Anknüpfung an die Unterhaltspflichtverletzung besteht **keine schematische Abhängig-** 32
keit zwischen der Dauer der Pflichtverletzung und dem Umfang der Kürzung des VA. Die Herabsetzung des Ausgleichs ist daher nicht auf diejenigen Anwartschaften beschränkt, die die Ehegatten in der Zeit der Unterhaltspflichtverletzung erworben haben.[118]

E. Verfahrensrecht

Zwar setzt der Ausschluss des Versorgungsausgleichs **keinen Antrag** voraus. Es ist jedoch zweck- 33
mäßig, einen ausdrücklichen Antrag zu stellen, wenn Härtegründe vorliegen. Das Gericht braucht trotz des gem. § 26 FamFG geltenden Amtsermittlungsgrundsatzes nicht von sich aus nach Umständen zu forschen, die Anlass zur Prüfung geben können, ob die Härteklausel anzuwenden ist. Vielmehr ist es Sache des Verpflichteten, ausschlussrelevante Tatsachen vorzutragen und damit eine Kürzung des Ausgleichs anzuregen.[119] Auf § 27 VersAusglG gestützte Einwendungen können auch noch in der Beschwerdeinstanz geltend gemacht werden.[120] Härtegründe, die bereits im Zeitpunkt der Erstentscheidung über den VA vorlagen oder sich in der Entwicklung befanden, können in einem Abänderungsverfahren nicht mehr berücksichtigt werden.[121] Deshalb ist es für den Verpflichteten besonders wichtig, alle für die Anwendung des § 27 VersAusglG sprechenden Gesichtspunkte bereits im Erstverfahren vorzubringen. Wird der VA trotz Vorliegens von Härtegründen durchgeführt, ist der Rechtsanwalt schadensersatzpflichtig, der zum Ausschluss des VA nichts vorgetragen hat. Daran ändert es nichts, dass das Gericht die Härteklausel von Amtswegen zu prüfen hat.[122]

---

112 BGH FamRZ 1987, 49, 50.
113 BGH FamRZ 1986, 658, 660; OLG Karlsruhe FamRZ 1983, 818, 820.
114 BGH FamRZ 1981, 1041, 1042; OLG Celle FamRZ 1981, 576, 577; OLG Karlsruhe FamRZ 1997, 567, 568.
115 BGH FamRZ 1981, 1042, 1044; OLG Oldenburg Beschluss vom 11.06.2012 – 13 UF 56/12 – (juris).
116 Insoweit a.A. OLG Hamm FamRZ 2002, 1633 mit Anm. Kemnade, der zu Recht auf die Rechtsprechung des BGH zur Auswirkung einer Straftat auf die Unterhaltspflicht (FamRZ 2002, 813) hinweist.
117 OLG Celle FamRZ 1981, 576; OLG Düsseldorf FamRZ 2000, 162; OLG Köln FamRZ 2004, 1581.
118 BGH FamRZ 1987, 49, 51.
119 BGH FamRZ 1988, 709, 710; 1990, 985, 987; 1993, 682, 684; 2007, 366, 367.
120 BGH FamRZ 1985, 267, 269.
121 BGH FamRZ 1993, 175, 176; 1996, 282, 283; 2007, 360, 361; OLG Düsseldorf FamRZ 1989, 959; OLG Köln FamRZ 1990, 294, 295; OLG Stuttgart FamRZ 2002, 614; OLG Celle FamRZ 2003, 1291, 1293.
122 BGH FamRZ 2010, 2067.

34 Eine frühere Entscheidung über den VA kann nicht allein aufgrund später entstandener Härtegründe **abgeändert** werden.[123] Ist jedoch ein Abänderungsverfahren über den Wertausgleich aus anderen Gründen gem. § 225 FamFG oder § 51 VersAusglG eröffnet, können auch nachträglich eingetretene Härtegründe berücksichtigt werden.[124] Soweit der VA im Ursprungsverfahren ausgeschlossen worden ist, unterliegen die insoweit berücksichtigten Umstände im Abänderungsverfahren keiner erneuten Überprüfung.[125] Das gilt auch dann, wenn das Gericht im Rahmen der Billigkeitsprüfung den Sachverhalt nicht erschöpfend gewürdigt hat. Dies kann der dadurch benachteiligte Ehegatte nur mit einer Beschwerde gegen die Erstentscheidung rügen, aber nicht mit einem Abänderungsantrag bekämpfen.[126] Auch Umstände, die im Rahmen der Erstentscheidung nicht zu einer Herabsetzung oder zu einem Ausschluss des VA geführt haben, obwohl sie auf damals schon abgeschlossenen Tatbeständen beruhten, können im Abänderungsverfahren grundsätzlich nicht erneut aufgegriffen werden.[127] Dies gilt unabhängig davon, ob diese Umstände bereits bei der Erstentscheidung bekannt waren oder aus welchen sonstigen Gründen sie unberücksichtigt geblieben sind.[128]

35 Der BGH lässt die Berücksichtigung eines **bereits bei der Erstentscheidung abgeschlossenen Sachverhalts** jedoch insoweit zu, als die Abänderungsentscheidung zu einem höheren Ausgleich führen würde. Mit der abzuändernden Entscheidung stehe rechtskräftig nur fest, dass die Durchführung des VA in der dem Ausgleichsberechtigten bereits zuerkannten Höhe nicht durch Härtegründe ausgeschlossen werde. Dagegen lasse sich der Erstentscheidung keine rechtskräftige Feststellung dahin entnehmen, dass unter den Ehegatten ein VA in ungekürzter Höhe der sich jeweils ergebenden hälftigen Wertdifferenz ihrer ehezeitlichen Versorgungsanrechte durchzuführen sei.[129] Diese rechtliche Betrachtung ist jedoch gekünstelt und wird der Einheitlichkeit des in der Erstentscheidung beurteilten Sachverhalts nicht gerecht. Für die Heranziehung des § 27 VersAusglG besteht nur Raum, wenn berücksichtigungsfähige Umstände (z.B. persönliches Fehlverhalten) erst nach der Erstentscheidung entstanden sind oder wenn sich ein für die Härteklausel relevanter Tatbestand, der bei der Erstentscheidung noch nicht abgeschlossen war, später verwirklicht hat.[130]

36 Der Ausschluss eines Anrechts aufgrund der Härteklausel ist im **Tenor der Entscheidung** über den VA auszusprechen (§ 224 Abs. 3 FamFG) und nicht auf den Wertausgleich bei der Scheidung zu beschränken, da auch ein späterer schuldrechtlicher VA nicht mehr in Betracht kommt. Die Bezugnahme auf § 27 VersAusglG braucht sich nur aus den Gründen zu ergeben.[131]

Kapitel 3   Ergänzende Vorschriften

§ 28 VersAusglG   Ausgleich eines Anrechts der Privatvorsorge wegen Invalidität

(1) Ein Anrecht der Privatvorsorge wegen Invalidität ist nur auszugleichen, wenn der Versicherungsfall in der Ehezeit eingetreten ist und die ausgleichsberechtigte Person am Ende der Ehezeit eine laufende Versorgung wegen Invalidität bezieht oder die gesundheitlichen Voraussetzungen dafür erfüllt.

---

123 BGH FamRZ 1989, 725, 726; 1996, 1540, 1542; 2007, 360, 361; MüKo/Dörr § 51 Rn. 9 und § 226 FamFG Rn. 11.
124 Johannsen/Henrich/Holzwarth § 27 Rn. 8; MüKo/Dörr § 226 FamFG Rn. 12; offen gelassen von BGH FamRZ 1989, 725, 726.
125 BGH FamRZ 1996, 282, 283.
126 Unzutreffend insoweit OLG Zweibrücken FamRZ 2007, 1750.
127 BGH FamRZ 1989, 725, 726.
128 BGH FamRZ 2007, 360, 362.
129 BGH FamRZ 2007, 360, 362; a.A. OLG Celle FamRZ 2003, 1291, 1293.
130 KG FamRZ 2005, 1487.
131 OLG Hamm FamRZ 2012, 146.

(2) Das Anrecht gilt in vollem Umfang als in der Ehezeit erworben.

(3) Für die Durchführung des Ausgleichs gelten die §§ 20 bis 22 entsprechend.

A. Norminhalt

§ 28 VersAusglG ist eine Sonderregelung für den Ausgleich von Anrechten der Privatvorsorge für **1** den Fall der Invalidität. Abs. 1 bestimmt die Voraussetzungen für die Einbeziehung solcher Anrechte in den VA, Abs. 2 regelt die Ermittlung des Ehezeitanteils und Abs. 3 die Zuweisung der Anrechte in den schuldrechtlichen VA.

B. Anwendungsbereich der Vorschrift

Private Versicherungen gegen das Risiko der Invalidität werden von der Versicherungswirtschaft **2** insbesondere in Form von **Berufsunfähigkeits- und Berufsunfähigkeitszusatzversicherungen** angeboten. Dabei handelt es sich um reine Risikoversicherungen. Der Versicherer verspricht dem Versicherten als Gegenleistung für dessen Beiträge eine Rente für den Fall der Berufsunfähigkeit. Dieser Versicherungsfall tritt ein, wenn der Versicherte den zuletzt ausgeübten Beruf nicht mehr ausüben kann. I.d.R. wird die Rente fällig, wenn der Grad der Erwerbsminderung wenigstens 50 % beträgt. Üblicherweise wird die Rente nur für eine vertraglich festgelegte Zeit, etwa bis zum Erreichen der Regelaltersgrenze für den Bezug einer gesetzlichen Rente, geleistet. Im Gegensatz zur Leibrentenversicherung wird bei der Berufsunfähigkeitsversicherung ein Deckungskapital erst dann gebildet, wenn der Versicherungsfall tatsächlich eingetreten ist. Der Versicherungsschutz wird immer mit dem jeweils letzten Beitrag aufrechterhalten. Voraussetzung für die Zahlung der Rente ist daher, dass der Versicherte die Beiträge bis zum Eintritt des Versicherungsfalles tatsächlich gezahlt hat. Die Zusatzversicherung unterscheidet sich von der selbständigen Versicherung im Wesentlichen nur darin, dass neben oder anstelle der Rente als Versicherungsleistung die Befreiung von der Beitragszahlung zur Hauptversicherung im Falle der Berufsunfähigkeit vereinbart werden kann. Das führt dazu, dass die Hauptversicherung (z.B. eine Lebensversicherung) aus den Leistungen der Berufsunfähigkeitszusatzversicherung finanziert wird.

Private Unfallversicherungen sind ebenfalls Risikoversicherungen. Sie dienen der Vorsorge gegen **3** die wirtschaftlichen Nachteile von Unfällen und decken insoweit grundsätzlich auch das Invaliditätsrisiko ab. Meist steht allerdings der Entschädigungscharakter im Vordergrund, insbesondere wenn daneben noch eine Lebensversicherung und/oder eine Berufsunfähigkeitsversicherung besteht. Überwiegt der Entschädigungsgedanke, fällt das Anrecht nach allgemeinen Grundsätzen nicht in den VA (vgl. § 2 Rdn. 10, 13). Lässt sich dagegen feststellen, dass die Versicherung maßgeblich im Interesse der Invaliditätsvorsorge abgeschlossen worden ist (etwa im Fall der beruflichen Selbständigkeit oder bei besonders hohem Unfallrisiko), so kann die Einbeziehung in den VA in Betracht kommen.[1]

---

1 BGB-RGRK/Wick § 1587a Rn. 344; weiter gehend Borth Rn. 80, 90, 662; Palandt/Brudermüller § 28 Rn. 2; Erman/Norpoth § 28 Rn. 3; Hoppenz/Hoppenz § 28 Rn. 2, die Unfallversicherungen ohne Einschränkung einbeziehen.

4 Ob auch Invaliditätsrenten der **betrieblichen Altersversorgung** unter § 28 VersAusglG fallen, ist umstritten. Hierfür lässt sich zwar anführen, dass die betriebliche Altersversorgung nicht in den Schutzbereich der §§ 33 ff. VersAusglG einbezogen ist, weil sie nicht zu den in § 32 VersAusglG genannten Regelsicherungssystemen gehört. § 28 VersAusglG enthält jedoch eine auf den Bereich der Privatvorsorge beschränkte Sonderregelung, die nicht erweiterungsfähig ist.[2]

C. Voraussetzungen für die Einbeziehung in den Versorgungsausgleich (Abs. 1)

5 Ein Anrecht der Privatvorsorge wegen Invalidität ist gemäß § 28 Abs. 1 VersAusglG nur unter **zwei kumulativen Voraussetzungen** in den VA einzubeziehen: Zum einen muss der Versicherungsfall beim ausgleichspflichtigen Ehegatten in der Ehezeit eingetreten sein, zum anderen muss sich in der Person des Ausgleichsberechtigten ein vergleichbares Invaliditätsrisiko verwirklicht haben. Die zeitliche Befristung einer Invaliditätsversorgung steht der Einbeziehung in den VA nicht entgegen.[3]

I. Invalidität des Ausgleichspflichtigen

6 Wie schon unter der Geltung des früheren Rechts[4] fällt ein Anrecht der privaten Invaliditätsversorgung nur dann in den VA, wenn der **Versicherungsfall** beim Ausgleichspflichtigen **innerhalb der Ehezeit** (i.S. des § 3 Abs. 1 VersAusglG) **eingetreten** ist, d.h. wenn sich das versicherte Risiko in der Ehezeit verwirklicht hat und deshalb am Ende der Ehezeit eine Berufsunfähigkeitsrente oder eine Unfallrente an den Ausgleichspflichtigen gezahlt wird. Nur in diesem Fall ist tatsächlich ein Deckungskapital gebildet worden und hat sich das Anrecht realisiert. In der Anwartschaftsphase fehlt es dagegen an einer für den VA geeigneten Ausgleichsmasse.[5]

II. Invalidität des Ausgleichsberechtigten

7 Anders als nach früherem Recht setzt die Einbeziehung des Anrechts in den VA außerdem voraus, dass der **andere Ehegatte** bei Ehezeitende in einer **vergleichbaren gesundheitlichen Lage** ist. Er muss entweder ebenfalls bereits Versorgungsleistungen wegen Invalidität beziehen oder zumindest die gesundheitlichen Voraussetzungen dafür erfüllen. Denn nur in diesem Fall besteht ein Bedarf des anderen Ehegatten und damit eine innere Rechtfertigung für die Teilhabe an der laufenden Versorgung des Ausgleichspflichtigen.[6] Auch beim Ausgleichsberechtigten müssen die Invaliditätsvoraussetzungen am Ende der Ehezeit vorliegen. Es reicht nicht aus, wenn sie erst später eintreten. In diesem Fall könnte eine eigene Invaliditätsversorgung des anderen Ehegatten nicht mehr in den VA einbezogen werden, so dass eine Gleichbehandlung beider Ehegatten nicht gewährleistet wäre.

8 Beim Ausgleichsberechtigten müssen nicht die gleichen **Invaliditätsvoraussetzungen** erfüllt sein wie beim Ausgleichspflichtigen. Es genügt vielmehr, dass er die gesundheitlichen Anspruchsvoraussetzungen für eine Invaliditätsrente aus dem Versorgungssystem erfüllt, dem er selbst angehört, hilfsweise die gesundheitlichen Voraussetzungen für eine Erwerbsminderungsrente aus der gesetzlichen Rentenversicherung (vgl. zu den unterschiedlichen Kriterien einzelner Systeme § 2 Rdn. 15).[7] § 28 Abs. 1 VersAusglG fordert nicht, dass der Ausgleichsberechtigte selbst schon eine Invaliditätsrente bezieht, sondern lässt den Eintritt der Invalidität als solcher ausreichen. Damit wird gewährleistet, dass die Einbeziehung des Anrechts des Verpflichteten nicht daran scheitert, dass der Berechtigte zusätzliche Voraussetzungen für den Bezug seiner eigenen Invaliditätsversor-

---

2 Hoppenz/Hoppenz § 28 Rn. 3; a.A. FA-FamR/Gutdeutsch/Wagner Kap. 7 Rn. 189; Palandt/Brudermüller § 28 Rn. 2.
3 OLG Koblenz FamRZ 2001, 995, 996.
4 Vgl. dazu BGH FamRZ 1986, 344; 1993, 301; 2009, 1901, 1903.
5 BT-Drucks. 16/10144 S. 69.
6 BT-Drucks. 16/10144 S. 69.
7 Johannsen/Henrich/Hahne § 28 Rn. 2; Borth Rn. 663.

gung noch nicht erfüllt, z.B. in der gesetzlichen Rentenversicherung das Erfordernis einer dreijährigen Pflichtversicherung innerhalb der letzten fünf Jahre vor Eintritt der Erwerbsminderung (§ 43 Abs. 1 Satz 1 Nr. 2, Abs. 2 Satz 1 Nr. 2 SGB VI).

D. Ehezeitanteil (Abs. 2)

Ist ein Anrecht auf Invaliditätsversorgung in den VA einzubeziehen, weil der Leistungsfall in der **9** Ehezeit eingetreten ist (Rdn. 6), so gilt das Anrecht gemäß § 28 Abs. 2 VersAusglG **in vollem Umfang** als in der Ehezeit erworben.[8] Damit wird berücksichtigt, dass zur Ermittlung des Ehezeitanteils nicht an die Anzahl der in der Ehezeit gezahlten Beiträge oder an das in der Ehezeit angesammelte Deckungskapital angeknüpft werden kann. Maßgeblich für den Erwerb des Anrechts ist die Tatsache, dass der Versicherungsfall in der Ehezeit eintrat und folglich der letzte Beitrag in der Ehezeit geleistet wurde. Erst mit Eintritt des Versicherungsfalles wird das für die laufende Versorgung erforderliche Deckungskapital gebildet.[9] Dies rechtfertigt es, bei einem in die Ehezeit fallenden Versicherungsfall das gesamte erworbene Anrecht der Ehezeit zuzuordnen. Tritt der Versicherungsfall erst nach der Ehezeit ein, fällt das Anrecht nicht mehr – auch nicht teilweise – in den VA.

E. Durchführung des Ausgleichs (Abs. 3)

Wenn die Voraussetzungen des § 28 Abs. 1 VersAusglG erfüllt sind, ist eine private Invaliditäts- **10** rente **ausgleichsreif** und damit grundsätzlich einem Wertausgleich bei der Scheidung zugänglich. Die Invaliditätsversicherung des Ausgleichspflichtigen könnte intern geteilt werden, indem zu Lasten des für den Ausgleichspflichtigen gebildeten Deckungskapitals ein Anrecht für den Ausgleichsberechtigten mit einem entsprechenden Versicherungsschutz gebildet würde. Eine solche Lösung wäre jedoch nicht sachgerecht, weil der Ausgleichsberechtigte davon selbst im Falle eigener Invalidität nicht zwingend profitieren würde. Er würde nämlich nur dann eine Leistung aus dem Anrecht erhalten, wenn auch bei ihm die vertraglich vereinbarten Voraussetzungen für die Erwerbs- oder Berufsunfähigkeit erfüllt wären. Leistungen aus einer Berufsunfähigkeitsversicherung können daran gebunden sein, dass zuletzt überhaupt ein Beruf ausgeübt worden ist. Daran fehlt es z.B., wenn ein Ehegatte wegen der Erziehung von Kindern nicht erwerbstätig ist. Außerdem kann eine Invaliditätsabsicherung von einer aufwändigen Gesundheitsprüfung abhängig oder gar wegen individueller gesundheitlicher Risiken ganz ausgeschlossen sein. Aus diesen Gründen erfolgt der **Wertausgleich** hier in der Form, dass dem Ausgleichsberechtigten (lediglich) **schuldrechtliche Ausgleichsansprüche** nach den §§ 20–22 VersAusglG zustehen.[10]

§ 28 Abs. 3 VersAusglG verweist indes nur für die **Durchführung** des Ausgleichs auf Vorschriften **11** über die schuldrechtliche Ausgleichsrente. Es liegt daher nur eine Rechtsfolgenverweisung vor. Materiellrechtlich handelt es sich bei dem Ausgleich der privaten Invaliditätsrente um eine besondere Form des Wertausgleichs. Dies hat auch eine **verfahrensrechtliche Konsequenz:** Es bedarf zur Durchführung des Ausgleichs **keines Antrags** nach § 223 FamFG. Dies folgt schon daraus, dass es sich bei dem Ausgleich nach § 28 VersAusglG sachlich nicht um einen schuldrechtlichen VA handelt.[11] Darüber hinaus stellt § 137 Abs. 2 Satz 2 FamFG aber auch ausdrücklich klar, dass für den Ausgleich einer privaten Invaliditätsrente nach § 28 VersAusglG (auch im Scheidungsverbund) kein Antrag notwendig ist.

---

8 So schon zum früheren Recht BGH FamRZ 2009, 1901, 1903.
9 BT-Drucks. 16/10144 S. 69.
10 BT-Drucks. 16/10144 S. 70.
11 BT-Drucks. 16/10144 S. 69.

§ 29 VersAusglG   Leistungsverbot bis zum Abschluss des Verfahrens

Bis zum wirksamen Abschluss eines Verfahrens über den Versorgungsausgleich ist der Versorgungsträger verpflichtet, Zahlungen an die ausgleichspflichtige Person zu unterlassen, die sich auf die Höhe des Ausgleichswerts auswirken können.

A. Norminhalt

1   § 29 VersAusglG untersagt dem Träger eines in den VA fallenden Anrechts, bis zum wirksamen Abschluss des Verfahrens Zahlungen an den Ausgleichspflichtigen vorzunehmen, die die Höhe des Ausgleichswerts beeinträchtigen könnten. Die Vorschrift entspricht inhaltlich dem früheren § 10d VAHRG und wurde nur sprachlich an die Terminologie des neuen Rechts angepasst.

B. Zweck der Vorschrift

2   Versorgungsanrechte können ganz oder teilweise erlöschen, wenn die zur Begründung der Anrechte geleisteten Beträge zurückgezahlt (erstattet) werden. Hauptanwendungsfall ist die – unter bestimmten Voraussetzungen mögliche – **Beitragserstattung** in der gesetzlichen Rentenversicherung, die zur Auflösung des Versicherungsverhältnisses und infolge dessen zum Erlöschen der erworbenen Anrechte führt (§ 210 Abs. 6 SGB VI). Damit stehen die Anrechte auch nicht mehr für einen VA zur Verfügung.[1]

3   § 29 VersAusglG soll verhindern, dass ein Ehegatte unter Mitwirkung des Versorgungsträgers während der Dauer eines Verfahrens über den VA ein an sich auszugleichendes Anrecht dem VA entzieht, indem er sich Beiträge oder Aufwendungen nach den für das Anrecht geltenden Regelungen auszahlen lässt. Dieses Ziel soll durch ein an den Versorgungsträger adressiertes, **zeitlich begrenztes Zahlungsverbot** erreicht werden. Andere Formen der Beeinflussung (z.B. eine ohne Zustimmung des Versorgungsträgers mögliche Rentenkapitalisierung; vgl. dazu § 2 Rdn. 20) erfasst § 29 VersAusglG nicht. Die Vorschrift ist auch nicht auf bei Ehezeitende bereits laufende Rentenleistungen anwendbar.[2]

C. Bedeutung des Zahlungsverbots

4   Das **Zahlungsverbot richtet sich an alle** (auch privatrechtlichen) **Versorgungsträger**, bei denen für einen der Ehegatten ein Versorgungsanrecht besteht, dessen für den VA maßgebliche Höhe durch eine Auszahlung beeinflusst werden kann.[3] Sobald die Versorgungsträger von einem VA-Verfahren Kenntnis erhalten, dürfen sie keine Zahlung mehr vornehmen, die den Ausgleichswert des Anrechts mindert. Über den Wortlaut der Vorschrift hinaus darf der Versorgungsträger auch keine sonstige, das Erlöschen des Anrechts vorbereitende Handlung durchführen, z.B. keinen Erstattungsbescheid erlassen.[4] Da das Zahlungsverbot praktisch erst in dem Zeitpunkt Wirkungen entfalten kann, in dem der Versorgungsträger Kenntnis von dem VA-Verfahren erlangt, hat das Familiengericht die Versorgungsträger, bei denen ein Anspruch auf Beitragserstattung bestehen kann (ausgeschlossen bei der Beamtenversorgung), zum Schutz des jeweils ausgleichsberechtigten Ehegatten spätestens nach Rechtshängigkeit des Scheidungsantrags unverzüglich über die Einleitung

---

1   BGH FamRZ 1986, 892, 893; 1992, 45, 46; 2009, 950, 951.
2   BGH FamRZ 2011, 1785, 1788; Borth Rn. 580 und 668.
3   BT-Drucks. 10/6369 S. 23.
4   BT-Drucks. 10/6369 S. 23.

des VA-Verfahrens in Kenntnis zu setzen.[5] Üblicherweise geschieht dies durch die Übersendung des Auskunftsersuchens nach § 220 FamFG.

Da der Ausgleichswert die Hälfte des Ehezeitanteils ausmacht (§ 1 Abs. 2 Satz 2 VersAusglG), sind   5 die Versorgungsträger nicht gehindert, während des VA-Verfahrens den Gegenwert von vorehezeitlich erworbenen Anrechten und selbst den Gegenwert der dem Ausgleichspflichtigen nach Durchführung des VA verbleibenden Hälfte des Ehezeitanteils auszuzahlen. Nach wirksamem Abschluss des Verfahrens können Zahlungen und/oder sonstige das Erlöschen des Versorgungsanrechts bewirkende Handlungen erfolgen. Ein auf den nachträglichen Wegfall des Anrechts gestütztes Abänderungsbegehren kann gemäß § 225 Abs. 1 und 2 FamFG oder § 51 Abs. 1 VersAusglG zulässig sein, eine Abänderung wird jedoch bei einem bewussten Einwirken des Verpflichteten auf den Bestand des Anrechts als grob unbillig anzusehen und deshalb gemäß § 226 Abs. 3 FamFG bzw. § 52 Abs. 1 i.V.m. § 27 VersAusglG abzulehnen sein.

D. Rechtsfolgen einer Verletzung des Zahlungsverbots

Hat ein Versorgungsträger **trotz Kenntnis des VA-Verfahrens eine Auszahlung vorgenommen**, die   6 sich auf den Ausgleichswert auswirkt, so kann dies zwar eine Schadensersatzpflicht gegenüber dem Ausgleichsberechtigten auslösen. Das dadurch ausgelöste Erlöschen des Anrechts ist jedoch nicht dem Berechtigten gegenüber unwirksam.[6] Der Berechtigte hat auch keinen Anspruch auf Aufhebung eines Beitragserstattungsbescheids.[7] Werden die erstatteten Beiträge aber vom Versorgungsträger wieder eingezogen und lebt das erloschen gewesene Anrecht damit wieder auf, kann es ausgeglichen werden.

§ 30 VersAusglG   Schutz des Versorgungsträgers

(1) [1]Entscheidet das Familiengericht rechtskräftig über den Ausgleich und leistet der Versorgungsträger innerhalb einer bisher bestehenden Leistungspflicht an die bisher berechtigte Person, so ist er für eine Übergangszeit gegenüber der nunmehr auch berechtigten Person von der Leistungspflicht befreit. [2]Satz 1 gilt für Leistungen des Versorgungsträgers an die Witwe oder den Witwer entsprechend.

(2) Die Übergangszeit dauert bis zum letzten Tag des Monats, der dem Monat folgt, in dem der Versorgungsträger von der Rechtskraft der Entscheidung Kenntnis erlangt hat.

(3) Bereicherungsansprüche zwischen der nunmehr auch berechtigten Person und der bisher berechtigten Person sowie der Witwe oder dem Witwer bleiben unberührt.

A. Norminhalt

§ 30 VersAusglG befreit Versorgungsträger in Fällen, in denen der Ausgleichspflichtige oder dessen   1 Witwe oder Witwer bei Wirksamwerden der VA-Entscheidung bereits Leistungen aus dem auszugleichenden Anrecht bezieht, vorübergehend von der Leistungspflicht gegenüber einem Ausgleichsberechtigten, der ebenfalls schon die Voraussetzungen für den Bezug von Leistungen aus dem zu teilenden Anrecht erfüllt (Abs. 1). Der Übergangszeitraum wird in Abs. 2 konkretisiert. Abs. 3 bestimmt, dass Bereicherungsansprüche des Ausgleichsberechtigten unberührt bleiben. § 30

---

5 Johannsen/Henrich/Hahne § 29 Rn. 2.
6 BGH FamRZ 1995, 31, 32; Borth Rn. 670; Johannsen/Henrich/Hahne § 29 Rn. 2; kritisch dazu Bergner § 29 Anm. 4.
7 BSGE 90, 127.

VersAusglG übernimmt weitgehend den Inhalt der §§ 1587p BGB, 3a Abs. 7 und 10a Abs. 7 VAHRG a.F. und fasst ihn in einer einzigen Norm zusammen.

B. Zweck der Vorschrift

2   § 30 VersAusglG dient dem **Schutz der Versorgungsträger vor doppelter Inanspruchnahme** in Fällen, in denen aus dem auszugleichenden Anrecht bereits Versorgungsleistungen an den ausgleichspflichtigen Ehegatten erbracht werden und der Ausgleichsberechtigte bereits Leistungen aus dem auf ihn zu übertragenden Ausgleichswert beanspruchen kann. Hier findet mit Rechtskraft und Wirksamkeit der Entscheidung über den VA die Teilung des Anrechts statt mit der Folge, dass der Ausgleichspflichtige seinen Versorgungsanspruch in Höhe des Ausgleichswerts verliert und der Ausgleichsberechtigte einen entsprechenden Anspruch gegen den Versorgungsträger erwirbt. Für den Vollzug der gerichtlichen Entscheidung benötigen die Versorgungsträger jedoch eine gewisse Bearbeitungszeit.

C. Umfang der Schutzwirkung (Abs. 1)

3   Dem Schutzbedürfnis der Versorgungsträger trägt die – in Anlehnung an § 407 BGB geschaffene – Vorschrift des § 30 Abs. 1 Satz 1 VersAusglG Rechnung. Danach ist der Versorgungsträger erst nach Ablauf einer Schutzfrist verpflichtet, an den Berechtigten eine Versorgung (oder – wenn der Berechtigte auch bei ihm versichert ist – eine höhere Versorgung) zu leisten; bis dahin muss der Berechtigte Leistungen, die der Versorgungsträger noch an den Verpflichteten erbringt (und erbringen musste), gegen sich gelten lassen.[1] Zu einer **befreienden Wirkung** kann ein bisher bestehender Leistungsanspruch des ausgleichspflichtigen Ehegatten führen, aber auch eine frühere Entscheidung eines Familiengerichts, die abgeändert wird. Eine Befreiung des Versorgungsträgers von der Leistungspflicht setzt allerdings voraus, dass die bisher berechtigte Person bereits Leistungen erhalten hat. Dies ist nicht der Fall, wenn diese weder im Rentenbezug steht noch Versorgungsempfänger ist.[2]

4   Gemäß § 30 Abs. 1 Satz 2 VersAusglG ist Satz 1 entsprechend anwendbar, wenn der Versorgungsträger nach dem Tod des Ausgleichspflichtigen **Hinterbliebenenversorgung** an die Witwe bzw. den Witwer des Ausgleichspflichtigen leistet. Auch insoweit kann der Versorgungsträger übergangsweise noch mit befreiender Wirkung an den bisherigen Leistungsempfänger zahlen. Der Ausgleichsanspruch des Berechtigten wird durch Leistungen, die der Versorgungsträger an die Witwe bzw. den Witwer des Verpflichteten erbringt, nicht beeinträchtigt. Deshalb sind – auf Antrag des Berechtigten – auch rückständige Beträge zu titulieren.[3] Das Eintreten der Wirkungen des § 30 Abs. 1 Satz 2 VersAusglG kann aber durch einen Feststellungsausspruch des Familiengerichts klargestellt werden.[4]

5   Da § 30 Abs. 1 VersAusglG nur dem Schutz des Versorgungsträgers dient, ist dieser nicht gehindert, Leistungen aus dem übertragenen Anrecht an den Ausgleichsberechtigten schon vor Ablauf der Schutzfrist zu erbringen. In diesem Fall kann ihm gegen den Ausgleichspflichtigen ein **Erstattungsanspruch wegen** etwaiger **Überzahlungen** zustehen (vgl. §§ 48, 50 SGB X für die gesetzliche Rentenversicherung). Zahlt der Versorgungsträger nach Ablauf der Schutzfrist noch die ungekürzte Rente an den Verpflichteten, wird er dadurch dem Berechtigten gegenüber nicht von seiner Verpflichtung befreit; § 362 Abs. 2 BGB findet insoweit keine Anwendung. Der Versorgungsträger

---

1   BT-Drucks. 16/10144 S. 70; BSG FamRZ 1983, 389, 390; 1985, 595, 596; OLG Hamm FamRZ 1990, 528, 529.
2   *VG Stuttgart Urteil vom 27.06.2012 – 8 K 4605/11 – (juris).*
3   OLG Karlsruhe FamRZ 1993, 75.
4   BGH FamRZ 2001, 284, 286.

kann die zu Unrecht weiter an den Ausgleichspflichtigen geleisteten Beträge von diesem erstattet verlangen, wenn die Überzahlung unverschuldet war und der Verpflichtete von seiner Nichtberechtigung wusste oder hätte wissen müssen.

D. Übergangsfrist (Abs. 2)

Die **Übergangszeit**, für die der Versorgungsträger noch mit befreiender Wirkung an den Aus- 6 gleichspflichtigen oder dessen Witwe bzw. Witwer leisten kann, dauert bis zum Ablauf des Monats, der dem Monat folgt, in dem der Versorgungsträger **Kenntnis** von der Rechtskraft der Entscheidung erlangt (§ 30 Abs. 2 VersAusglG). Das Gericht sollte den beteiligten Versorgungsträgern daher den Eintritt der Rechtskraft unverzüglich mitteilen. Allerdings steht das **Kennenmüssen** der Kenntnis gleich. Es obliegt den Versorgungsträgern, sich in angemessener Zeit zu informieren, ob die Rechtskraft eingetreten ist, bzw. ein Rechtskraftzeugnis einzuholen (§ 46 FamFG).[5] Sie können auch nicht ohne weiteres davon ausgehen, dass eine Beschwerdeentscheidung des OLG, in der die Rechtsbeschwerde nicht zugelassen wurde mit der Folge, dass diese unstatthaft ist (§ 70 Abs. 1 FamFG), in Rechtskraft erwachsen ist. Denn die Rechtskraft tritt im Fall einer unstatthaften Rechtsbeschwerde erst mit Bekanntgabe der Entscheidung des BGH ein (vgl. vor § 1 Rdn. 94). Die Übergangsfrist beginnt daher auch in diesem Fall erst mit dem Eingang der Rechtskraftmitteilung des Familiengerichts beim Versorgungsträger bzw. mit dem Zeitpunkt, zu dem der Versorgungsträger den Eintritt der Rechtskraft hätte kennen müssen.[6]

E. Bereicherungsansprüche des Ausgleichsberechtigten (Abs. 3)

§ 30 Abs. 3 VersAusglG stellt klar, dass sich die Schutzwirkung des Abs. 1 auf die Versorgungsträ- 7 ger beschränkt, die Rechtsbeziehungen der Eheleute bzw. ihrer Hinterbliebenen davon aber nicht beeinflusst werden. Da der Ausgleichswert des Anrechts dem Ausgleichspflichtigen bzw. seiner Witwe oder seinem Witwer seit Rechtskraft und Wirksamkeit der VA-Entscheidung materiell nicht mehr zustand, hat der Berechtigte insoweit einen **Bereicherungsanspruch** nach den §§ 812, 816 Abs. 2 BGB.[7]

§ 31 VersAusglG   Tod eines Ehegatten

(1) [1]Stirbt ein Ehegatte nach Rechtskraft der Scheidung, aber vor Rechtskraft der Entscheidung über den Wertausgleich nach den §§ 9 bis 19, so ist das Recht des überlebenden Ehegatten auf Wertausgleich gegen die Erben geltend zu machen. [2]Die Erben haben kein Recht auf Wertausgleich.

(2) [1]Der überlebende Ehegatte darf durch den Wertausgleich nicht bessergestellt werden, als wenn der Versorgungsausgleich durchgeführt worden wäre. [2]Sind mehrere Anrechte auszugleichen, ist nach billigem Ermessen zu entscheiden, welche Anrechte zum Ausgleich herangezogen werden.

(3) [1]Ausgleichsansprüche nach der Scheidung gemäß den §§ 20 bis 24 erlöschen mit dem Tod eines Ehegatten. [2]Ansprüche auf Teilhabe an der Hinterbliebenenversorgung nach den §§ 25 und 26 bleiben unberührt. [3]§ 1586 Abs. 2 Satz 1 des Bürgerlichen Gesetzbuchs gilt entsprechend.

---

5 BSG FamRZ 1983, 699, 700; Johannsen/Henrich/Hahne § 30 Rn. 3.
6 BSG FamRZ 1985, 595, 597.
7 BT-Drucks. 16/10144 S. 70; OLG Hamm FamRZ 1990, 528, 529.

A. Norminhalt

1 § 31 VersAusglG regelt, welche Rechtsfolgen der Tod eines Ehegatten auf den Wertausgleich bei der Scheidung (Abs. 1 und 2) und auf schuldrechtliche Ausgleichsansprüche (Abs. 3) hat. Abs. 1 entspricht in seinem Regelungsgehalt dem § 1587e Abs. 2 und 4 BGB a.F., Abs. 3 den in § 1587k Abs. 2 Satz 1 und § 1587m BGB a.F. getroffenen Regelungen.

B. Tod eines Ehegatten vor Rechtskraft der Scheidung

2 Vor Rechtskraft der Scheidung kann ein Anspruch auf VA gemäß § 148 FamFG noch nicht wirksam entstehen. Stirbt ein Ehegatte **während des Scheidungsverfahrens**, gilt das **Verfahren** in der Hauptsache als **erledigt** (§ 131 FamFG). Diese Erledigung erstreckt sich auch auf die den VA betreffende Folgesache.[1] Der hinterbliebene Ehegatte erhält dann die volle Witwen- bzw. Witwerversorgung, weil die Ehe nicht geschieden wurde, sondern bis zum Tod des einen Ehegatten Bestand hatte.

C. Tod eines Ehegatten nach Rechtskraft der Scheidung

I. Auswirkungen auf den Wertausgleich bei der Scheidung

1. Tod vor Rechtskraft der Entscheidung über den Wertausgleich (Abs. 1 und 2)

3 Stirbt ein Ehegatte, der **in den Wertausgleich fallende Anrechte erworben** hat, nach Rechtskraft der Scheidung, aber **vor Rechtskraft der Entscheidung über den Wertausgleich** nach den §§ 9–19 VersAusglG, so erlischt sein Anspruch auf Wertausgleich. Die Erben des Verstorbenen können kein Recht auf Wertausgleich geltend machen (§ 31 Abs. 1 Satz 2 VersAusglG). Das gilt auch im Fall des Todes während der Aussetzung oder des Ruhens des VA-Verfahrens.[2]

4 Der andere (**überlebende) Ehegatte** verliert das Recht auf Wertausgleich dagegen grundsätzlich nicht. Er muss dieses Recht nach dem Tod seines früheren Ehegatten allerdings gegen dessen **Erben** geltend machen (§ 31 Abs. 1 Satz 1 VersAusglG). Diese treten wie Prozessstandschafter an die Stelle des verstorbenen Ehegatten und können die gleichen sachlich-rechtlichen Einwendungen wie dieser geltend machen,[3] z.B. sich auf Härtegründe i.S. des § 27 VersAusglG berufen,[4] wobei allerdings die durch den Tod des Erblassers entstandene Lage ergänzend zugunsten des anderen Ehegatten berücksichtigt werden kann.[5] Die Erben sind von Amts wegen am Verfahren zu beteiligen (§ 219 Nr. 4 FamFG).[6] Die Erbenstellung richtet sich nach der gesetzlichen oder

1 BGH FamRZ 1981, 245, 246; 1984, 467, 468; OLG Düsseldorf FamRZ 2005, 386, 387.
2 BGH FamRZ 2007, 1804.
3 BGH FamRZ 1982, 473, 474.
4 BGH FamRZ 1984, 467, 470; 1985, 1240, 1241.
5 BGH FamRZ 1984, 467, 470.
6 OLG Saarbrücken FamRZ 2012, 380, 381; OLG Celle Beschluss vom 21.06.2012 – 10 UF 37/12 – (juris).

gewillkürten Erbfolge und ist nicht mit der Hinterbliebenenstellung identisch. Hinterbliebene können von der Entscheidung nicht betroffen sein und brauchen daher auch nicht am Verfahren beteiligt zu werden.[7] Dies gilt jedoch nicht im Abänderungsverfahren (s. dazu Rdn. 8).

Die **Feststellung** des bzw. **der Erben** bereitet nicht selten Probleme, insbesondere in nach längerer **4a** Aussetzung wiederaufgenommenen Verfahren. Das Familiengericht sollte sich mit dem zuständigen Nachlassgericht in Verbindung setzen, dem (ebenfalls) die Feststellung der Erben obliegt und das entsprechende Ermittlungen anzustellen hat. Hat der Verstorbene kein Testament hinterlassen und ist deshalb vom Eintritt gesetzlicher Erbfolge auszugehen, so hat das Nachlassgericht die Erben zu ermitteln. Bleiben die Ermittlungen erfolglos, hat das Nachlassgericht nach Ablauf einer den Umständen entsprechenden Frist festzustellen, dass ein anderer Erbe als der Fiskus nicht vorhanden ist (§ 1964 Abs. 1 BGB). Diese Feststellung begründet die gesetzliche Vermutung, dass der Fiskus – d.h. das Bundesland, in dem der Erblasser zur Zeit des Erbfalls seinen Wohnsitz oder, falls ein solcher nicht feststellbar ist, seinen gewöhnlichen Aufenthalt hatte (§ 1936 BGB) – gesetzlicher Erbe ist (§ 1964 Abs. 2 BGB). Ab dieser Feststellung ist folglich das betreffende Bundesland am VA-Verfahren zu beteiligen. Bis zur Feststellung der Erben kann das Nachlassgericht einen Nachlasspfleger bestellen (§ 1960 BGB). Es ist dazu sogar verpflichtet, wenn der überlebende Ehegatte dies zum Zweck der Geltendmachung des Wertausgleichs beantragt (§ 1961 BGB). Auch das Familiengericht kann die Bestellung eines Nachlasspflegers anregen, der sodann für die unbekannten Erben am Verfahren zu beteiligen ist. Hat das Familiengericht festgestellt, dass der Verstorbene kein Testament hinterlassen hat, und berufen sich die in Betracht kommenden gesetzlichen Erben nicht darauf, die Erbschaft ausgeschlagen zu haben, so sind diese als mutmaßliche Erben am Verfahren zu beteiligen.[8]

Der dem überlebenden Ehegatten zustehende **Anspruch** ist gemäß § 31 Abs. 2 Satz 1 VersAusglG **5** dem Grund und der Höhe nach **beschränkt:** Dieser Ehegatte darf durch den Wertausgleich nicht besser gestellt werden, als wenn der VA insgesamt durchgeführt worden wäre. Er soll nicht etwa seine eigenen ehezeitlichen Anrechte in voller Höhe behalten und seinerseits an den vom verstorbenen Ehegatten erworbenen Anrechten teilhaben dürfen, sondern maximal den wirtschaftlichen Gegenwert der hälftigen Differenz zwischen den beiderseits in der Ehezeit erworbenen Anrechten erhalten. Es ist also eine Vergleichsberechnung vorzunehmen, bei der die in der Ehezeit erworbenen Anrechte beider Eheleute einander gegenüberzustellen sind.[9] Das erfordert eine **Gesamtsaldierung** der Ausgleichswerte aller dem Wertausgleich unterliegenden Anrechte[10] (ähnlich der nach früherem Recht aufzustellenden Gesamtausgleichsbilanz). Außer Betracht zu lassen sind also insoweit grundsätzlich die nicht ausgleichsreifen Anrechte. Allerdings ist bei Vorliegen ausländischer Anrechte eine Prüfung nach § 19 Abs. 3 VersAusglG vorzunehmen.[11] Dabei können die Ausgleichswerte von Anrechten, die in der gleichen Bezugsgröße ausgedrückt werden, miteinander verrechnet werden. Umfasst die Gesamtbilanz jedoch Anrechte mit verschiedenen Bezugsgrößen (i.S. des § 5 Abs. 1 VersAusglG), ist ein Gesamtvergleich auf Basis eines gemeinsamen Nenners

---

7 A.A. Johannsen/Henrich/Hahne § 31 Rn. 3. Entgegen der dort vertretenen Ansicht ergibt sich die Notwendigkeit der Beteiligung nicht daraus, dass die Hinterbliebenen in § 219 Nr. 4 FamFG genannt sind. Diese Bestimmung will nur sicherstellen, dass Hinterbliebene oder Erben eines verstorbenen Ehegatten beteiligt werden, wenn sie in ihrer Rechtsstellung betroffen sein können; dies ist jedoch im Anwendungsbereich des § 31 Abs. 1 und 2 VersAusglG nicht der Fall.

8 OLG Celle Beschluss vom 21.06.2012 – 10 UF 37/12 – (juris).

9 BT-Drucks. 16/10144 S. 71.

10 OLG Brandenburg FamRZ 2011, 1299; OLG Saarbrücken FamRZ 2012, 380, 381; OLG München FamRZ 2012, 1387, 1388; OLG Celle Beschluss vom 21.06.2012 – 10 UF 37/12 – (juris).

11 NK-BGB/Götsche § 31 Rn. 21; Erman/Norpoth § 31 Rn. 5.

erforderlich. Grundsätzlich werden nicht gleichartige Anrechte mit ihren korrespondierenden Kapitalwerten (i.S. des § 47 VersAusglG) in die Bilanz eingestellt.[12]

5a Keine gleichartigen Bezugsgrößen sind in der **gesetzlichen Rentenversicherung** erworbene **Entgeltpunkte** (aus rentenrechtlichen Zeiten in den alten Bundesländern) und **Entgeltpunkte (Ost)** (aus rentenrechtlichen Zeiten im Beitrittsgebiet).[13] Diese Bezugsgrößen können jedoch nicht auf Basis ihrer korrespondierenden Kapitalwerte, d.h. der Kapitalbeträge, die bei Ende der Ehezeit aufzubringen wären, um beim Versicherungsträger ein Anrecht in Höhe des Ausgleichswerts zu erwerben (§ 47 Abs. 2 VersAusglG), miteinander verglichen werden.[14] Denn bei einer solchen statischen (nur auf das Ehezeitende bezogenen) Kapitalwertbetrachtung bliebe die unterschiedliche Dynamik der West- und Ost-Anrechte außer Betracht.[15] § 47 Abs. 6 VersAusglG bestimmt jedoch ausdrücklich, dass bei einem Wertvergleich zwischen Anrechten, die in unterschiedlichen Bezugsgrößen ausgedrückt werden, über den stichtagsbezogenen reinen Kapitalwert hinaus auch die besonderen Merkmale einer Versorgung, zu denen u.a. ihre Dynamik gehört, zu berücksichtigen sind. Ein Vergleich der West- und Ost-Anrechte in der gesetzlichen Rentenversicherung muss daher die unterschiedlichen Anpassungen der aktuellen Rentenwerte und der aktuellen Rentenwerte (Ost)[16] einbeziehen, in denen sich die verschiednartige Dynamik der jeweiligen Anrechte widerspiegelt. Hierfür eignet sich der sog. **Angleichungsfaktor**, den der Gesetzgeber in dem früheren § 3 Abs. 2 Nr. 1a VAÜG zur Vergleichbarmachung des Werts von Ost-Anrechten mit West-Anrechten vorgesehen hatte.[17] Danach sind die Entgeltpunkte (Ost) nach folgender Formel in Entgeltpunkte umzurechnen:

$$\frac{\text{aktueller Rentenwert (Ost) bei Entscheidung}}{\text{Aktueller Rentenwert (Ost) bei Ehezeitende}} \times \frac{\text{aktueller Rentenwert bei Ehezeitende}}{\text{aktueller Rentenwert bei Entscheidung}}$$

Zu beachten ist, dass die aktuellen Rentenwerte bis 2001 in DM ausgedrückt waren und vor Einsetzen in die Formel noch durch Division mit dem Faktor 1,95583 in € umgerechnet werden müssen.

6 Ergibt sich aus der Gesamtbilanz, dass der **überlebende Ehegatte Anrechte von höherem Gesamtausgleichswert** erworben hat, ist überhaupt kein Wertausgleich durchzuführen. Er muss nicht etwa die zu seinen Gunsten bestehende Differenz an die Erben abgeben; dem steht § 31 Abs. 1 Satz 2 VersAusglG entgegen. Das Familiengericht hat in entsprechender Anwendung des § 224 Abs. 3 FamFG ausdrücklich festzustellen, dass ein Wertausgleich nicht stattfindet.[18]

6a Hat der **Überlebende** in der Ehezeit **wertniedrigere Anrechte** erworben, ist in Höhe der Differenz zwischen den Summen der Ausgleichswerte beider Ehegatten ein Wertausgleich zu Gunsten des überlebenden Ehegatten durchzuführen. Dies gilt auch dann, wenn im Rahmen der Gesamtsaldierung (s. Rdn. 5) Anrechte mit unterschiedlicher Dynamik gegenüberzustellen sind wie z.B. Ent-

---

12 OLG Brandenburg FamRZ 2011, 1299; OLG Saarbrücken FamRZ 2012, 380, 381; Borth Rn. 682; Ruland Rn. 494.
13 BGH FamRZ 2012, 192.
14 A.A. (ohne nähere Begründung) OLG Brandenburg FamRZ 2011, 1299; OLG Hamm NJW-RR 2011, 1376; OLG Saarbrücken FamRZ 2012, 380, 381; AG Neustadt/Rbge. Beschluss vom 20.08.2010 – 34 F 158/09 – (juris); AG Ludwigslust FamRZ 2011, 1869.
15 Insoweit zutreffend AG Erfurt FamRZ 2012, 876 mit Anm. Borth.
16 Die aktuellen Rentenwerte finden sich § 43 Rdn. 21.
17 OLG Thüringen Beschluss vom 08.06.2012 – 1 UF 152/12 – (juris); OLG Celle Beschluss vom 21.06.2012 – 10 UF 37/12 – (juris).
18 OLG München FamRZ 2012, 1387, 1388; Borth Rn. 682.

geltpunkte und Entgeltpunkte (Ost) in der gesetzlichen Rentenversicherung.[19] Die unterschiedlichen Bezugsgrößen sind mit Hilfe eines Angleichungsfaktors vergleichbar zu machen (s. Rdn. 5a). Die **Bagatellprüfung** nach § 18 VersAusglG ist nur in Bezug auf die Gesamtausgleichswertdifferenz durchzuführen, nicht in Bezug auf die Ausgleichswertdifferenz gleichartiger Anrechte oder den Ausgleichswert einzelner Anrechte. Dies folgt daraus, dass der Ausgleich nach § 31 VersAusglG nur in Richtung auf den gesamtausgleichsberechtigten Ehegatten stattfinden kann und es deshalb für die nach § 18 VersAusglG allein maßgebliche Frage, ob für den Versorgungsträger ein unangemessener Verwaltungsaufwand entsteht, nur auf die Gesamtausgleichsdifferenz ankommt.[20]

Hat der verstorbene Ehegatte **mehrere auszugleichende Anrechte**, hat das Gericht gemäß § 31 Abs. 2 Satz 2 VersAusglG nach billigem Ermessen zu entscheiden, welches Anrecht oder welche Anrechte des Ausgleichspflichtigen es zum Wertausgleich heranzieht, also intern oder (unter den Voraussetzungen des § 14 Abs. 2 oder § 16 VersAusglG) extern teilt. Dabei sind die Interessen des überlebenden Ehegatten und der in Betracht kommenden Versorgungsträger gegeneinander abzuwägen. Hierzu bedarf es auf jeden Fall des rechtlichen Gehörs. Eine Quotierung nach dem Verhältnis der Versorgungswerte, wie sie der BGH hinsichtlich der Ausgleichsformen nach dem VAHRG gefordert hat,[21] ist nicht erforderlich. I.d.R. wird es sowohl dem Interesse des überlebenden Ehegatten, seine Versorgungsanrechte zu konzentrieren, als auch den Interessen der Versorgungsträger, die Begründung geringer Anrechte zu vermeiden, entsprechen, dass möglichst nur ein einziges Anrecht für den ausgleichsberechtigten Ehegatten begründet wird.[22] Nicht zulässig ist es indes, ein Anrecht des Ausgleichspflichtigen über den Ausgleichswert hinaus zum Ausgleich (auch des anderen Anrechts) heranzuziehen.[23]

6b

Eine **Unterbrechung des Verfahrens** tritt mit dem Tod eines Ehegatten nicht ein, sofern die VA-Sache nicht im Verbund mit einer Familienstreitsache steht. Da sich das VA-Verfahren nach der Auflösung des Verbundes mit der Scheidungssache ausschließlich nach dem FamFG richtet, finden die §§ 239 ff. ZPO keine Anwendung. Eine entsprechende Anwendung dieser Vorschriften kommt ebenfalls nicht in Betracht.[24] Im Übrigen würde das Verfahren auch nach § 246 Abs. 1 ZPO nicht unterbrochen, wenn der Verstorbene anwaltlich vertreten ist. Eine **Aussetzung des Verfahrens** im Hinblick auf den Tod eines Beteiligten kommt sowohl nach § 21 Abs. 1 FamFG als auch nach § 246 Abs. 1 ZPO in Betracht.

7

2. Tod nach Rechtskraft der Entscheidung über den Wertausgleich

Stirbt ein Ehegatte erst nach Rechtskraft der Entscheidung über den Wertausgleich, so hat dies auf die eingetretenen Wirkungen der rechtsgestaltenden Entscheidung keinen Einfluss mehr. Dem Überlebenden verbleiben nur die Rechte aus den §§ 37, 38 VersAusglG. Der Tod des einen Ehegatten hindert den anderen jedoch nicht daran, ein **Abänderungsverfahren** nach den §§ 51, 52 VersAusglG oder nach den §§ 225, 226 FamFG zu betreiben. An diesem Verfahren sind die betroffenen Versorgungsträger und ggf. Hinterbliebene des verstorbenen Ehegatten zu beteiligen (vgl. § 226 Abs. 1 FamFG i.V.m. § 52 Abs. 1 VersAusglG). Hinterbliebene in diesem Sinne sind nur diejenigen Angehörigen des verstorbenen Ehegatten, die (Hinterbliebenen-)Leistungen aus

8

---

19 OLG Thüringen Beschluss vom 08.06.2012 – 1 UF 152/12 – (juris); OLG Celle Beschluss vom 21.06.2012 – 10 UF 37/12 – (juris); a.A. AG Erfurt FamRZ 2012, 876.
20 OLG Hamm NJW-RR 2011, 1376; OLG Celle Beschluss vom 21.06.2012 – 10 UF 37/12 – (juris); AG Ludwigslust FamRZ 2011, 1869; Ruland Rn. 494; a.A. OLG Brandenburg FamRZ 2011, 1299; AG Neustadt/Rbge.Beschluss vom 20.08.2010 – 34 F 158/09 – (juris); Borth Rn. 683.
21 BGH FamRZ 1984, 1214, 1216; 1991, 314; 2001, 477, 478; 2005, 1530.
22 Hoppenz/Hoppenz § 31 Rn. 10; Bergner § 31 Anm. 2.4.
23 Hoppenz/Hoppenz § 31 Rn. 10; Johannsen/Henrich/Hahne § 31 Rn. 4.
24 Vgl. BGH FamRZ 2009, 872 für Verfahren der freiwilligen Gerichtsbarkeit nach altem Recht; anders allerdings BGH FamRZ 1981, 245; 1984, 467, 469 für das familiengerichtliche Verfahren nach früherem Recht.

der Versorgung beziehen oder künftig noch beanspruchen können, auf deren Höhe sich die Abänderung des Wertausgleichs auswirken kann.[25] Auch im Abänderungsverfahren ist der in § 31 Abs. 2 VersAusglG geregelte Grundsatz zu beachten, dass der überlebende Ehegatte nicht besser gestellt werden darf als er stünde, wenn der VA zu Lebzeiten des anderen Ehegatten in beide Richtungen durchgeführt worden wäre. Im Abänderungsverfahren ist der VA nur an veränderte Verhältnisse anzupassen. Daher sind ungeachtet des Todes eines Ehegatten auch Anrechte des überlebenden Ehegatten zu teilen. Dies gilt auch dann, wenn nur der Träger der Versorgung des überlebenden Ehegatten Beschwerde eingelegt hat.[26]

II. Auswirkungen auf schuldrechtliche Ausgleichsansprüche (Abs. 3)

9   Sämtliche gemäß den §§ 20–24 VersAusglG bestehende schuldrechtliche Ausgleichsansprüche nach der Scheidung erlöschen mit dem **Tod eines der beiden Ehegatten** (§ 31 Abs. 3 Satz 1 VersAusglG). Sie gehen daher weder als Forderung noch als Verbindlichkeit auf Erben über. Aus dem nach § 31 Abs. 3 Satz 3 VersAusglG für entsprechend anwendbar erklärten § 1586 Abs. 2 Satz 1 BGB ergibt sich jedoch die Einschränkung, dass Ansprüche auf **rückständige** monatliche Rentenbeträge oder auf Schadensersatz wegen Nichterfüllung bestehen bleiben. Diese Ansprüche können daher von den Erben des Ausgleichsberechtigten geltend gemacht werden. Anders als § 1587k Abs. 2 Satz 1 BGB a.F. verweist § 31 Abs. 3 Satz 3 VersAusglG zwar nicht auf § 1586 Abs. 2 Satz 2 BGB. Aus § 20 Abs. 3 VersAusglG i.V.m. § 1585 Abs. 1 Satz 2 und 3 BGB ergibt sich jedoch die gleiche Rechtsfolge, dass auch die Erben des Ausgleichsberechtigten für den Monat, in dem der Ausgleichspflichtige verstorben ist, noch den vollen Betrag der Ausgleichsrente verlangen können.

10   § 31 Abs. 3 Satz 2 VersAusglG stellt klar, dass der Tod des ausgleichspflichtigen Ehegatten nicht zur Folge hat, dass Ansprüche des ausgleichsberechtigten Ehegatten auf **Teilhabe an der Hinterbliebenenversorgung** nach den §§ 25, 26 VersAusglG erlöschen. Diese Ansprüche treten vielmehr an die Stelle des erloschenen Anspruchs auf die schuldrechtliche Ausgleichsrente nach § 20 VersAusglG oder auf Kapitalzahlungen nach § 22 VersAusglG.[27]

Kapitel 4   Anpassung nach Rechtskraft

§ 32 VersAusglG   Anpassungsfähige Anrechte

Die §§ 33 bis 38 gelten für Anrechte aus

1. der gesetzlichen Rentenversicherung einschließlich der Höherversicherung,
2. der Beamtenversorgung oder einer anderen Versorgung, die zur Versicherungsfreiheit nach § 5 Abs. 1 des Sechsten Buches Sozialgesetzbuch führt,
3. einer berufsständischen oder einer anderen Versorgung, die nach § 6 Abs. 1 Nr. 1 oder Nr. 2 des Sechsten Buches Sozialgesetzbuch zu einer Befreiung von der Sozialversicherungspflicht führen kann,
4. der Alterssicherung der Landwirte,
5. den Versorgungssystemen der Abgeordneten und der Regierungsmitglieder im Bund und in den Ländern.

---

25 OLG Celle NJW 2011, 1888 = FamRZ 2011, 1656 (LS).
26 A.A. OLG Schleswig FamRZ 2012, 36 mit abl. Anm. der Redaktion.
27 BT-Drucks. 16/10144 S. 71; OLG Hamm Beschluss vom 28.08.2012 – 3 UF 65/12 – (juris).

A. Norminhalt

§ 32 VersAusglG bestimmt den Kreis der Versorgungsanrechte, auf die die zur Vermeidung verfas- 1
sungswidriger Auswirkungen des VA geschaffenen[1] Anpassungsvorschriften der §§ 33–38 Vers-
AusglG anwendbar sind. Die §§ 32 bis 38 VersAusglG finden auf Lebenspartnerschaften entsprechende Anwendung.[2] Die Norm hat außerdem Bedeutung für das Abänderungsverfahren über
den Wertausgleich nach den §§ 225, 226 FamFG; § 225 Abs. 1 FamFG beschränkt eine Abänderung des Wertausgleichs auf Anrechte i.S. des § 32 VersAusglG.

B. Bedeutung der Vorschrift

Die Vorschriften zur **Vermeidung verfassungswidriger Härten** in den §§ 33–38 VersAusglG sollen 2
nur für **Anrechte aus den Regelsicherungssystemen** obligatorisch sein.[3] Das entspricht der
Rechtslage vor Inkrafttreten des VAStrReG. Bei Schaffung der Anpassungsregelungen in den §§ 4
ff. VAHRG a.F. war bewusst von einer Einbeziehung privatrechtlicher Versorgungsträger abgesehen worden, da es nach Auffassung des Gesetzgebers Aufgabe dieser Versorgungsträger selbst ist,
in ihren maßgebenden Versorgungsregelungen Vorsorge gegen verfassungswidrige Härten zu treffen.[4] Auch der BGH hat die Autonomie privatrechtlicher Versorgungsträger betont und im Fehlen
diesbezüglicher Regelungen grundsätzlich keinen Hinderungsgrund gegen eine Realteilung nach
§ 1 Abs. 2 VAHRG a.F. gesehen; nur wenn im Zeitpunkt der Entscheidung bereits feststand, dass
verfassungswidrige Härten eintraten, sollte von einer Realteilung abgesehen werden.[5]

Die **verfassungsrechtliche** Unbedenklichkeit einer Beschränkung der Anpassungsbestimmungen 3
auf die öffentlich-rechtlichen Regelsicherungssysteme wird damit begründet, dass die Grundrechte
keine Drittwirkung entfalten und für private Versorgungsträger deshalb keine Verpflichtung
begründet werden könne, grundrechtswidrige Auswirkungen des VA auf die Ehegatten zu verhindern.[6] Aus verfassungsrechtlicher Sicht bestehen jedoch Bedenken dagegen, dass die nunmehr
getroffene gesetzgeberische Entscheidung, die interne Teilung auch für bei privatrechtlichen Versorgungsträgern bestehende Anrechte verbindlich zu machen, diesen Versorgungsträgern aber
keine Anpassungsbestimmungen vorzuschreiben, mit dem Gleichbehandlungsgrundsatz (Art. 3

---

1 Vgl. dazu vor § 1 Rdn. 125.
2 Vgl. § 20 Abs. 4 LPartG i.d.F. des Rechtsausschusses, BT-Drucks. 16/11903 S. 61.
3 BT-Drucks. 16/10144 S. 71.
4 BT-Drucks. 9/2296 S. 16.
5 BGH FamRZ 1997, 1470, 1471; 1998, 421, 423.
6 OLG Stuttgart FamRZ 2011, 1798; VGH München Urteil vom 15.11.2011 – 21 BV 11.151 – (juris),
  FamRZ 2012, 1311 (LS); offengelassen von BVerwG Beschluss vom 31.05.2012 – 8 B 6/12 – (juris);
  Johannsen/Henrich/Hahne § 32 Rn. 3; NK-VersAusglR/Götsche § 32 Rn. 10; vgl. auch BGH FamRZ
  2012, 853, 854.

Abs. 1 GG) vereinbar ist. Denn die Ehegatten, die auszugleichende Anrechte bei privatrechtlichen Versorgungsträgern erworben haben, werden im Fall eintretender schwerwiegender Härten ohne hinreichende Rechtfertigung wesentlich schlechter gestellt als Ehegatten, die Anrechte bei Versorgungsträgern der Regelsicherungssysteme erworben haben.[7] Noch problematischer ist es, dass sogar Anrechte bei öffentlich-rechtlichen Versorgungsträgern wie z.B. der Zusatzversorgung des öffentlichen Dienstes oder der Versorgungsanstalt der deutschen Bezirksschornsteinfegermeister von einer Anpassung nach den §§ 31 ff. VersAusglG ausgeschlossen werden (vgl. dazu Rdn. 11).[8] Verfassungsrechtliche Bedenken bestehen auch dagegen, dass aufgrund der in § 225 Abs. 1 FamFG enthaltenen Bezugnahme auf den Katalog des § 32 VersAusglG eine Abänderung des Wertausgleichs hinsichtlich aller Anrechte, die nicht in den Regelsicherungssystemen erworben worden sind, ausgeschlossen wird.[9]

C. Anpassungsfähige Anrechte

I. Gesetzliche Rentenversicherung (Nr. 1)

4   § 32 Nr. 1 VersAusglG erfasst Anrechte der **gesetzlichen Rentenversicherung**. Darunter fallen Anrechte auf Renten wegen Alters (§§ 35–42 SGB VI) und wegen verminderter Erwerbsfähigkeit (§§ 43, 45 SGB VI) einschließlich der Steigerungsbeträge, die auf (bis 1997 möglichen) Beiträgen der **Höherversicherung** beruhen (§ 269 SGB VI). Zur Organisation der gesetzlichen Rentenversicherung vgl. § 43 Rdn. 3–5.

II. Beamtenversorgung und zur Versicherungsfreiheit führende andere Versorgungen (Nr. 2)

5   Unter § 32 Nr. 2 VersAusglG fällt zum einen die **Beamtenversorgung**. Dazu zählt nicht nur die Beamtenversorgung im engeren Sinne, d.h. die im BeamtVG bzw. in Landesgesetzen geregelte Versorgung der Beamten des Bundes, der Länder und der Gemeinden, sondern auch die Versorgung der Richter des Bundes und der Länder, die sich gemäß § 1 Abs. 2 DRiG bzw. in Landesrichtergesetzen ebenfalls nach den Vorschriften der Beamtengesetze richtet, sowie die Soldatenversorgung, für die die (mit dem BeamtVG weitgehend übereinstimmenden) Vorschriften des SVG gelten.

6   Zum anderen erfasst § 32 Nr. 2 VersAusglG Versorgungen, die ebenso wie die Beamtenversorgung zur **Versicherungsfreiheit nach § 5 Abs. 1 SGB VI** führen. Das sind Versorgungen nach beamtenrechtlichen Vorschriften oder Grundsätzen, die Personen bei Körperschaften, Anstalten und Stiftungen des öffentlichen Rechts, deren Verbänden einschließlich der Spitzenverbände oder ihrer Arbeitsgemeinschaften erworben haben, sowie entsprechende Versorgungen bei öffentlich-rechtlich organisierten Kirchen oder ähnlichen Gemeinschaften.

III. Berufsständische Versorgungen oder andere zur Befreiung von der Versicherungspflicht führende Versorgungen (Nr. 3)

7   § 32 Nr. 3 VersAusglG erfasst zum einen **berufsständische Versorgungen**. Das sind Alterssicherungssysteme für die Angehörigen eines bestimmten Berufsstandes. Hierzu gehören die öffentlich-rechtlichen Versorgungseinrichtungen der kammerfähigen freien Berufe (Rechtsanwälte, Notare, Steuerberater, Ärzte, Zahnärzte, Tierärzte, Apotheker, Architekten). Meist besteht während der

---

7   OLG Schleswig FamRZ 2012, 1388; Borth Rn. 955; Ruland Rn. 928 ff.; MüKo/Gräper § 32 Rn. 5 f.; NK – FamR/Hauß § 32 Rn. 4 f.; Bergner § 32 Anm. 2; Rehme FuR 2008, 474; zweifelnd Palandt/Brudermüller § 32 Rn. 1; Kemper Kap. X Rn. 15; Born NJW 2008, 2289, 2292.

8   Insoweit auch OLG Schleswig FamRZ 2012, 1388; NK-VersAusglR/Götsche § 32 Rn. 10; Erman/Norpoth § 32 Rn. 11; Deisenhofer FamRZ 2011, 1122.

9   Vgl. dazu eingehend Schulte-Bunert/Weinreich/Rehme § 225 Rn. 27 ff.

Kammerzugehörigkeit eine Pflichtversicherung, und nach dem Ausscheiden aus dem kammerfähigen Beruf besteht die Möglichkeit zur freiwilligen Weiterversicherung. Während der Mitgliedschaft in der berufsständischen Versorgungseinrichtung wird der Freiberufler auf Antrag von der Versicherungspflicht in der gesetzlichen Rentenversicherung befreit (§ 6 Abs. 1 Nr. 1 SGB VI). Beamte und Berufssoldaten, die als solche ausscheiden und fortan einen kammerfähigen freien Beruf ausüben, können sich statt in der gesetzlichen Rentenversicherung in einem berufsständischen Versorgungswerk nachversichern lassen (§ 186 SGB VI).

Unter § 32 Nr. 3 VersAusglG fallen außerdem Versorgungen, die nach § 6 Abs. 1 Nr. 2 SGB VI zu einer **Befreiung von der Sozialversicherungspflicht** führen können. Diese Bestimmung betrifft die dem pädagogischen Personal von Privatschulen nach beamtenrechtlichen Grundsätzen oder entsprechenden kirchenrechtlichen Regelungen zugesagte Versorgung, nicht dagegen die Zusatzversorgung der Bezirksschornsteinfegermeister nach dem SchFG, weil dieser Personenkreis gem. § 2 Nr. 8 SGB VI versicherungspflichtig ist und auch nicht von der Versicherungspflicht befreit werden kann.[10]

8

IV. Alterssicherung der Landwirte (Nr. 4)

§ 32 Abs. 4 VersAusglG erfasst die **Alterssicherung der Landwirte.** Dabei handelt es sich um eine im ALG geregelte Form gesetzlicher Rentenversicherung für den Berufsstand der Landwirte und andere in der Landwirtschaft Beschäftigte. Die Versicherung erfasst alle selbständigen Landwirte und mitarbeitende Familienangehörige (§ 1 Abs. 1 ALG). Selbständig versichert (und beitragspflichtig) sind (seit 1995) auch die Ehegatten von Landwirten; sie gelten kraft Gesetzes ebenfalls als Landwirte, wenn die Ehegatten nicht dauernd getrennt leben und der Ehegatte nicht erwerbsunfähig ist (§ 1 Abs. 3 S. 1 ALG). Nicht erforderlich ist, dass der Ehegatte tatsächlich in der Landwirtschaft mitarbeitet.[11] Eingetragene Lebenspartner sind Ehegatten gleichgestellt (§ 1a ALG). Mitarbeitende Familienangehörige sind Personen, die mit dem Landwirt oder seinem Ehegatten bis zum dritten Grade verwandt oder bis zum zweiten Grade verschwägert oder deren Pflegekinder sind und die in dem Unternehmen des Landwirts hauptberuflich tätig sind (§ 1 Abs. 8 ALG).

9

V. Versorgung der Abgeordneten und Regierungsmitglieder (Nr. 5)

§ 32 Nr. 5 VersAusglG bezieht schließlich die Versorgung der Abgeordneten von Bund und Ländern[12] sowie die Versorgung von Regierungsmitgliedern im Bund und in den Ländern ein. Letztere stehen nicht in einem öffentlich-rechtlichen Dienstverhältnis und fallen deshalb nicht in den Anwendungsbereich der Beamtenversorgungsgesetze, sondern befinden sich in einem öffentlich-rechtlichen Amtsverhältnis.[13]

10

VI. Analoge Anwendung des § 32 VersAusglG auf andere Anrechte ?

Angesichts der Tatsache, dass sämtliche öffentlich-rechtlichen Versorgungsträger an die Vorgaben der Verfassung gebunden sind, ist nicht nachvollziehbar, warum die Anpassungsfähigkeit auf einzelne öffentlich-rechtliche Sicherungssysteme beschränkt ist, Anrechte bei anderen öffentlich-rechtlich organisierten Versorgungsträgern – wie z.B. der Schornsteinfegerversorgung, der Zusatzversorgung in der Land- und Forstwirtschaft oder in der Seemannskasse (§ 137a SGB VI) – dagegen ausgespart bleiben. Es stellt sich deshalb die Frage, ob § 32 VersAusglG einer Erweiterung im Wege lückenausfüllender Analogie fähig ist. Diese Frage ist zu bejahen. Zwar sieht der Gesetzgeber

11

10 VGH München Urteil vom 15.11.2011 – 21 BV 11.151 – (juris).
11 BSG FamRZ 1998, 1105; OLG Köln FamRZ 1998, 1438.
12 Vgl. dazu BGH FamRZ 1988, 380; OLG Celle FamRZ 1987, 715; 2009, 1673.
13 Vgl. OLG Celle FamRZ 2009, 1673.

den Katalog wohl als abschließend an.[14] Andererseits will er die hüttenknappschaftliche Zusatzversicherung im Saarland in der Gesetzesbegründung der Nr. 1 des § 32 VersAusglG zugeordnet wissen,[15] obwohl es sich dabei um ein System der betrieblichen Altersversorgung handelt. Dies spricht für eine unplanmäßige Gesetzeslücke. Zur Vermeidung verfassungswidriger Härten sind auch alle anderen öffentlich-rechtlichen Zusatzversorgungssysteme in entsprechender Anwendung des § 32 VersAusglG als anpassungsfähig zu behandeln.[16] Dazu gehört allerdings nicht die Zusatzversorgung des öffentlichen Dienstes.[17] Sie ist – auf tarifvertraglicher Grundlage – privatrechtlich organisiert, auch wenn die Versorgungsträger Anstalten des öffentlichen Rechts sind. Alle privatrechtlich organisierten Versorgungen – insbesondere die betriebliche und die private Alters- und Invaliditätsvorsorge – fallen nicht unter § 32 VersAusglG.

§ 33 VersAusglG Anpassung wegen Unterhalt

(1) Solange die ausgleichsberechtigte Person aus einem im Versorgungsausgleich erworbenen Anrecht keine laufende Versorgung erhalten kann und sie gegen die ausgleichspflichtige Person ohne die Kürzung durch den Versorgungsausgleich einen gesetzlichen Unterhaltsanspruch hätte, wird die Kürzung der laufenden Versorgung der ausgleichspflichtigen Person auf Antrag ausgesetzt.

(2) Die Anpassung nach Absatz 1 findet nur statt, wenn die Kürzung am Ende der Ehezeit bei einem Rentenbetrag als maßgeblicher Bezugsgröße mindestens 2 Prozent, in allen anderen Fällen als Kapitalwert mindestens 240 Prozent der monatlichen Bezugsgröße nach § 18 Abs. 1 des Vierten Buches Sozialgesetzbuch betragen hat.

(3) Die Kürzung ist in Höhe des Unterhaltsanspruchs auszusetzen, höchstens jedoch in Höhe der Differenz der beiderseitigen Ausgleichswerte aus denjenigen Anrechten im Sinne des § 32, aus denen die ausgleichspflichtige Person eine laufende Versorgung bezieht.

(4) Fließen der ausgleichspflichtigen Person mehrere Versorgungen zu, ist nach billigem Ermessen zu entscheiden, welche Kürzung ausgesetzt wird.

14 BT-Drucks. 16/10144 S. 72.
15 BT-Drucks. 16/10144 S. 72.
16 Borth Rn. 954; Ruland Rn. 937; Kemper Kap. X Rn. 14; Erman/Norpoth § 32 Rn. 11; a.A. BVerwG Beschluss vom 31.05.2012 – 8 B 6/12 – (juris) zur Zusatzversorgung der Bezirksschornsteinfegermeister; MüKo/Gräper § 32 Rn. 18; jurisPK-BGB/Breuers § 32 VersAusglG Rn. 10; Gutdeutsch FamRB 2010, 149, 150; offenbar auch Johannsen/Henrich/Hahne § 32 Rn. 3.
17 OLG Schleswig FamRZ 2012, 1388, 1390; VG München FamRZ 2012, 1310.

A. Norminhalt

§ 33 VersAusglG regelt die Voraussetzungen und die Wirkungen einer Anpassung wegen der 1
unterhaltsrechtlichen Folgen einer auf dem Wertausgleich beruhenden Versorgungskürzung (sog.
Unterhaltsprivileg). Die Vorschrift entspricht dem früheren § 5 VAHRG, lässt die Anpassung aber
nur noch unter engeren Voraussetzungen zu, ist also für die Ehegatten ungünstiger als das frühere
Recht. Die Abs. 1 und 2 regeln die Anpassungsvoraussetzungen. Der Umfang der Anpassung
bestimmt sich nach Abs. 3. Abs. 4 regelt, wie die Anpassung vorzunehmen ist, wenn der Ausgleichspflichtige mehrere Versorgungen bezieht. Mit dem Verfahren befasst sich § 34 VersAusglG.
Den Übergang vom alten zum neuen Recht regelt § 49 VersAusglG.

B. Zweck der Vorschrift

Tritt der Versorgungsfall beim ausgleichspflichtigen Ehegatten eher ein als beim ausgleichsberech- 2
tigten, so erhält der Verpflichtete nur die um die Lastschrift aus dem VA gekürzte Versorgung,
ohne dass der Berechtigte bereits Vorteile aus dem übertragenen Anrecht hat. Dies ist verfassungsrechtlich zu beanstanden, wenn der Berechtigte einen **gesetzlichen Unterhaltsanspruch** gegen den
Ausgleichspflichtigen hat.[1] Denn dann profitiert (zunächst) nur die Versichertengemeinschaft von
der Durchführung des VA. Beide Ehegatten haben dagegen Nachteile hinzunehmen: Der Ausgleichspflichtige erhält – obwohl der Ausgleichsberechtigte davon (noch) keinen Vorteil hat – nur
die gekürzte Versorgung. Der Ausgleichsberechtigte hat – da der Ausgleichspflichtige aufgrund der
Versorgungskürzung in seiner unterhaltsrechtlichen Leistungsfähigkeit gemindert ist – keinen oder
jedenfalls einen geringeren Unterhaltsanspruch als ohne die Versorgungskürzung. Diese Folge des
durchgeführten VA soll durch § 33 VersAusglG vermieden werden, indem die auf dem VA beruhende Kürzung ausgesetzt wird, allerdings nur so lange, bis der ausgleichsberechtigte Ehegatte
Versorgungsleistungen aus dem übertragenen Anrecht bezieht, und nur in Höhe des Unterhaltsanspruchs. § 33 VersAusglG hat noch größere praktische Bedeutung als der frühere § 5 VAHRG,
weil das frühere Rentnerprivileg (§ 101 Abs. 3 SGB VI a.F.; § 57 Abs. 1 Satz 1 BeamtVG a.F.) weggefallen ist und deshalb nunmehr auch bei Ausgleichspflichtigen, die bei Rechtskraft der Entscheidung über den VA bereits Rente oder Pension beziehen, aufgrund des VA sofort eine Versorgungskürzung eintritt (vgl. dazu – auch zum Übergangsrecht – § 10 Rdn. 20, 24). Diese Rechtsfolge ist
verfassungsrechtlich nicht zu beanstanden.[2]

C. Antragstellung (Abs. 1)

Eine Aussetzung der Versorgungskürzung erfolgt nur auf Antrag (§ 33 Abs. 1 VersAusglG). Zur 3
Antragstellung sind beide Ehegatten berechtigt, weil sich die Aussetzung für beide vorteilhaft auswirken kann (s. dazu im Einzelnen § 34 Rdn. 7).

D. Anspruchsvoraussetzungen (Abs. 1)

§ 33 Abs. 1 VersAusglG normiert folgende Grundvoraussetzungen für die Anpassung: 4

– Die ausgleichspflichtige Person muss bereits eine Versorgung erhalten, die aufgrund einer VA-
  Entscheidung gekürzt worden ist.
– Die ausgleichsberechtigte Person kann noch keine Versorgung aus einem im VA erworbenen
  Anrecht erhalten.

---

1 BVerfG FamRZ 1980, 326, 335.
2 OLG Celle Beschluss vom 29.05.2012 – 10 UF 279/11 – (juris); VGH München Beschluss vom
  28.02.2011 – 3 ZB 08.2853 – (juris); Ruland Rn. 550.

– Die ausgleichsberechtigte Person hätte gegen die ausgleichspflichtige Person einen (höheren) gesetzlichen Unterhaltsanspruch, wenn deren Versorgung nicht durch den VA gekürzt wäre.

I. Versorgungsbezug des Ausgleichspflichtigen

5   § 33 Abs. 1 VersAusglG setzt zunächst voraus, dass die **ausgleichspflichtige Person** bereits **Versorgungsleistungen bezieht**, die aufgrund einer – entweder nach früherem oder nach neuem Recht ergangenen – VA-Entscheidung um einen bestimmten Betrag **gekürzt** sind. In die Anpassung können daher nur Anrechte einbezogen werden, die im Wertausgleich bei der Scheidung bzw. nach früherem Recht im öffentlich-rechtlichen VA ausgeglichen worden sind.[3] Bei der gekürzten Versorgung muss es sich zudem um eine der in § 32 VersAusglG genannten Regelversorgungen handeln (zur Frage der analogen Anwendung dieser Bestimmung auf andere Versorgungen vgl. § 32 Rdn. 11). Die durch den VA ausgelöste Kürzung muss einen bestimmten **Mindestbetrag** erreichen (s.u. Rdn. 10, 11). Aufgrund welcher ausgeglichenen Versorgung die Kürzung erfolgte, ist unerheblich. In Betracht kommt auch eine nicht unter § 32 VersAusglG fallende Versorgung, die (ganz oder teilweise) nach dem früheren § 3b Abs. 1 Nr. 1 VAHRG ausgeglichen wurde.[4] Soweit der Verpflichtete die aufgrund des VA eingetretene Minderung seines Versorgungsanrechts durch Kapitaleinzahlung wieder ausgeglichen hat (§ 187 Abs. 1 Nr. 1 SGB VI, § 58 BeamtVG), fehlt es an der erforderlichen Versorgungskürzung. Der Ausgleichspflichtige muss die Versorgungsleistungen allerdings nicht unbedingt empfangen. Es genügt auch, wenn der Versorgungsanspruch bindend festgestellt ist. Von einem Versorgungsbezug ist daher auch auszugehen, wenn die gekürzte Versorgung (z.B. wegen des Bezugs einer Unfallrente, § 93 SGB VI) ruht, gepfändet oder abgetreten ist.[5] Hingegen reicht es nicht aus, dass der Ausgleichspflichtige zwar die Anspruchsvoraussetzungen für den Bezug einer Versorgung erfüllt, aber einen erforderlichen Rentenantrag noch nicht gestellt hat. § 33 VersAusglG ändert nichts an der Freiheit des Verpflichteten, über den Beginn des Versorgungsbezugs zu disponieren.

II. Kein Versorgungsanspruch des Ausgleichsberechtigten

6   Der **Ausgleichsberechtigte** darf aus einem im VA erworbenen Anrecht noch **keine laufende Alters- oder Invaliditätsversorgung** erhalten können. Wenn mehrere Anrechte zugunsten des Berechtigten ausgeglichen wurden, genügt es, dass er aus dem auf Seiten des Ausgleichspflichtigen gekürzten Anrecht noch keine Versorgungsleistungen beziehen kann.[6] Grundsätzlich ist auf den von einem Antrag abhängigen Rentenbescheid und den sich daraus ergebenden Rentenbeginn abzustellen. Eine Versorgung »läuft« auch dann schon, wenn sie (zunächst) nur auf Zeit bewilligt worden ist (wie z.B. regelmäßig die Erwerbsminderungsrente aus der gesetzlichen Rentenversicherung, § 102 Abs. 2 SGB VI) oder wenn sie (z.B. im Hinblick auf eine gesetzliche Unfallrente, § 93 SGB VI) ruht,[7] abgetreten oder gepfändet ist.[8] Fällt eine Zeitrente wieder weg, kann § 33 VersAusglG jedoch erneut zur Anwendung kommen.[9]

7   Da § 33 Abs. 1 VersAusglG nach seinem Wortlaut nicht voraussetzt, dass der Berechtigte noch keine laufende Versorgung »erhält«, sondern dass er **keine Versorgungsleistungen »erhalten kann«**, stellt sich die Frage, ob die Anpassung auch verlangt werden kann, wenn er zwar noch keine Versorgung bezieht, aber die Anspruchsvoraussetzungen dafür erfüllt. Wie lange er einer Erwerbstätigkeit nachgehen will, kann der Berechtigte in Ausübung seiner grundrechtlichen Frei-

---

3 OLG Hamm FamRZ 2011, 1951.
4 OLG Hamm FamRZ 2011, 814 mit Anm. Borth.
5 Ruland Rn. 944; Palandt/Brudermüller § 33 Rn. 4; Bergner FPR 2011, 483, 485.
6 Ruland Rn. 941.
7 Ruland Rn. 942; Johannsen/Henrich/Hahne § 33 Rn. 3.
8 Bergner § 33 Anm. 3.1.
9 VGH München DÖD 1997, 202.

heit (Art. 12 GG) autonom entscheiden. Deshalb kann die durch § 33 VersAusglG eingeräumte Rechtsstellung nicht dadurch beeinträchtigt werden, dass er davon absieht, eine Erwerbstätigkeit aufzugeben, die das Überschreiten der Hinzuverdienstgrenze nach § 34 Abs. 2 und 3 SGB VI zur Folge hat und damit den Bezug einer vorgezogenen Altersrente hindert.[10] Ebenso wenig kann vom Berechtigten erwartet werden, dass er seine Erwerbstätigkeit vor Erreichen der Regelaltersgrenze aufgibt, nur um zum frühestmöglichen Zeitpunkt eine Altersversorgung in Anspruch nehmen zu können und damit den Versorgungsträger zu entlasten, zumal die vorzeitige Inanspruchnahme i.d.R. einen Versorgungsabschlag zur Folge hat.[11] Unterlässt der Berechtigte es allerdings nach Erreichen der Regelaltersgrenze ohne anzuerkennenden Grund, einen Rentenantrag zu stellen, kommt eine Aussetzung der Rentenkürzung nicht in Betracht.[12]

III. Gesetzlicher Unterhaltsanspruch des Ausgleichsberechtigten

Die Kürzung der Versorgung des Ausgleichspflichtigen muss sich **nachteilig** auf einen dem Ausgleichsberechtigten gegen den Ausgleichspflichtigen zustehenden gesetzlichen Unterhaltsanspruch auswirken. Erforderlich ist daher, dass dem Berechtigten ohne die aufgrund des VA eingetretene Versorgungskürzung überhaupt ein **gesetzlicher Unterhaltsanspruch** zustünde oder dass ein solcher Anspruch höher wäre als ohne die Versorgungskürzung. In Betracht kommen regelmäßig nacheheliche Unterhaltsansprüche nach den §§ 1570 ff. BGB oder entsprechenden ausländischen Normen, ausnahmsweise – wenn die geschiedenen Ehegatten sich erneut geheiratet haben – Ansprüche nach § 1360 oder § 1361 BGB.[13] Der Anspruch muss auf gesetzlichen Vorschriften beruhen. Ein rein vertraglicher Anspruch reicht nicht aus, wohl aber eine vertragliche Ausgestaltung des gesetzlichen Anspruchs, etwa in einem gerichtlichen Vergleich.[14] Die Formerfordernisse eines Vertrages richten sich ausschließlich nach den Vorschriften des BGB bzw. des § 7 VersAusglG.[15] Das Gericht hat von Amts wegen zu klären, ob dem Ausgleichsberechtigten dem Grunde nach ein gesetzlicher Unterhaltsanspruch zusteht.[16] Ob der Anspruch schon tituliert ist, spielt grundsätzlich keine Rolle.[17] Ein bereits vorliegender Titel kann lediglich die Feststellung der Höhe des Anspruchs erleichtern (s. Rdn. 15a). Ohne Bedeutung ist ferner, ob der Verpflichtete bisher tatsächlich Unterhalt geleistet hat.[18] Ein Unterhaltsverzicht schließt die Anwendung des § 33 VersAusglG nicht aus, wenn eine **Kapitalabfindung** vereinbart wurde, allerdings ist die Aussetzung der Versorgungskürzung auf den Zeitraum zu beschränken, für den der Verpflichtete ohne die Abfindung nach den gesetzlichen Vorschriften noch weiter Unterhalt leisten müsste.[19]

8

---

10 BVerwG FamRZ 2005, 709, 710.
11 Borth Rn. 962; Ruland Rn. 942; Johannsen/Henrich/Hahne § 33 Rn. 3; Gutdeutsch FamRB 2010, 149.
12 Borth Rn. 962; Ruland Rn. 942; MüKo/Gräper § 33 Rn. 3; Palandt/Brudermüller § 33 Rn. 4; a.A. Müller FamRZ 2005, 1721, 1723; Bergner § 33 Anm. 3.1, die das Verhalten des Berechtigten nur auf der Ebene des Unterhaltsrechts berücksichtigen wollen.
13 BGH FamRZ 1983, 461; BVerwG FamRZ 1991, 429; OVG Münster FamRZ 2008, 2128.
14 BGH FamRZ 1997, 1470, 1472; BVerwG FamRZ 2005, 709, 711; OLG Hamm FamRZ 2011, 814.
15 BVerwG FamRZ 2008, 1522.
16 OLG Hamm FamRZ 2011, 1951, 1952;
17 BT-Drucks. 9/2296 S. 14; OVG Münster FamRZ 2001, 1151.
18 BVerwG NJW-RR 1994, 1219; VGH Mannheim FamRZ 2001, 1149, 1151; OVG Münster FamRZ 2002, 827, 828; Borth Rn. 964; Ruland Rn. 950; Johannsen/Henrich/Hahne § 33 Rn. 5; NK-VersAusglR/Götsche § 33 Rn. 20; a.A. Erman/Norpoth § 33 Rn. 5; Kemper Kap. X Rn. 35.
19 BGH FamRZ 1994, 1171; BSG NJW 1994, 2374; BVerwG ZBR 2000, 44; OVG Münster FamRZ 2002, 827, 828; 2009, 617, 618; Borth Rn. 965; Ruland Rn. 951; MüKo/Gräper § 33 Rn. 11; Johannsen/Henrich/Hahne § 33 Rn. 4; a.A. Gutdeutsch FamRB 2010, 149, 150: nach neuem Recht werde keine rückwirkende Entlastung mehr gewährt. Dies steht jedoch einer Berücksichtigung der Abfindung nicht entgegen, soweit diese für den Zeitraum ab dem auf die Antragstellung folgenden Monat (§ 34 Abs. 3 VersAusglG) geleistet worden ist. Der auf diesen künftigen Zeitraum entfallende Teil der Abfindung ist in eine fiktive Unterhaltsrente umzurechnen.

9   Ebenso wie das Bestehen eines Unterhaltsanspruchs ist der Fall zu behandeln, dass der Berechtigte zwar unterhaltsbedürftig, der **Verpflichtete** aber aufgrund der Versorgungskürzung **nicht leistungsfähig** ist. Wäre der Verpflichtete dagegen auch ohne die Kürzung – evtl. unter Berücksichtigung vorrangiger Unterhaltsverpflichtungen – nicht leistungsfähig, weil sein Einkommen immer noch unter dem ihm gegenüber dem berechtigten zustehenden Selbstbehalt liegen würde, kommt keine Aussetzung der Versorgungskürzung in Betracht.[20]

E. Mindestbetrag der Versorgungskürzung (Abs. 2)

10   Die Versorgung des Ausgleichspflichtigen muss um einen bestimmten **Mindestbetrag** gekürzt worden sein, damit eine Anpassung stattfinden kann. Darin unterscheidet sich das neue Recht von der früheren Bestimmung des § 5 VAHRG. Die Mindestbegrenzung soll die (gemäß § 34 Abs. 1 VersAusglG zuständigen) Familiengerichte von Bagatellfällen entlasten.[21] Daher ist es zweckmäßig, zunächst zu prüfen, ob der Mindestwert überschritten wird. Maßgeblich ist der Wert der Kürzung am Ende der Ehezeit (i.S. des § 3 Abs. 1 VersAusglG), nicht zum Zeitpunkt der Entscheidung über die Anpassung. Der aktuelle Kürzungsbetrag ist daher auf das Ehezeitende zurückzubeziehen. Im Regelfall entspricht der Kürzungsbetrag dem Ausgleichswert. Dessen auf das Ehezeitende bezogener Wert kann der Entscheidung über den Wertausgleich bei der Scheidung entnommen werden. Sind im Wertausgleich Anrechte beider Ehegatten gemäß § 10 Abs. 2 VersAusglG miteinander verrechnet worden, kann der Kürzungsbetrag vom Ausgleichswert abweichen.[22] Wurden mehrere Anrechte des Ausgleichspflichtigen aufgrund des VA gekürzt und erreicht nur die Kürzung eines dieser Anrechte den Mindestwert, kann auch die Kürzung der anderen Anrechte ausgesetzt werden, denn dadurch wird kein wesentlicher Mehraufwand beim Gericht verursacht.[23]

11   Für die **Bestimmung des Mindestwerts** wird – ebenso wie in § 18 Abs. 3 VersAusglG und § 14 Abs. 2 Nr. 2 VersAusglG – danach unterschieden, welche Bezugsgröße für das ausgeglichene Anrecht maßgebend ist; außerdem wird wiederum an die monatliche Bezugsgröße nach § 18 Abs. 1 SGB IV als dynamischen Faktor angeknüpft. Ist Bezugsgröße des Anrechts ein Rentenbetrag, so liegt die Mindestgrenze bei 2 %, in allen anderen Fällen als (evtl. korrespondierender) Kapitalwert bei 240 % der monatlichen Bezugsgröße nach § 18 Abs. 1 SGB IV. Die maßgeblichen Werte entsprechen den Grenzwerten nach § 14 Abs. 2 Nr. 2 VersAusglG. Deshalb kann auf die Tabelle in Rdn. 16 zu § 14 verwiesen werden. Ist der VA noch nach altem Recht erfolgt, kann (unabhängig davon, welche Bezugsgröße für das ausgeglichene Anrecht maßgebend ist) an den monatlichen Rentenbetrag angeknüpft werden, der in der Entscheidung über den Wertausgleich übertragen oder begründet worden ist.[24]

F. Begrenzung der Kürzungsaussetzung (Abs. 3)

12   Liegen die Voraussetzungen der Abs. 1 und 2 vor, hat das Familiengericht die **Kürzung** der ausgeglichenen Versorgung des Verpflichteten **auszusetzen** (§ 33 Abs. 3 VersAusglG). Zur Tenorierung vgl. § 34 Rdn. 6. Der **Umfang der Aussetzung** ist in zweifacher Hinsicht begrenzt: Zum einen durch die Höhe des dem Ausgleichsberechtigten zustehenden Unterhaltsanspruchs, zum anderen

---

20 BT-Drucks. 16/10144 S. 72 f.; Borth Rn. 963; Ruland Rn. 951; Johannsen/Henrich/Hahne § 33 Rn. 5; Gutdeutsch FamRB 2010, 149, 150.
21 BT-Drucks. 16/10144 S. 72.
22 *Ruland Rn. 947*; a.A. Bergner FPR 2011, 483, 484.
23 Bergner FPR 2011, 483.
24 BGH FamRZ 2012, 853, 855; Gutdeutsch FamRB 2010, 149, 151; Bergner FPR 2011, 483, 484.

durch die Differenz der beiderseitigen Ausgleichswerte aus denjenigen Anrechten i.S. des § 32 VersAusglG, aus denen der Ausgleichspflichtige eine laufende Versorgung bezieht.

I. Begrenzung der Aussetzung durch den Unterhalt

Nach § 5 VAHRG a.F. hatte ein Unterhaltsanspruch des Ausgleichsberechtigten unabhängig von seiner Höhe zur Folge, dass die gesamte Versorgungskürzung auszusetzen war. § 33 Abs. 3 Vers-AusglG **begrenzt die Aussetzung** dagegen auf die **Höhe des Unterhaltsanspruchs**, den der Berechtigte ohne die Kürzung hätte. Damit sollen ungerechtfertigte Vorteile der Ehegatten aus der Anpassungsregelung verhindert werden, die lediglich verfassungswidrige Härten beseitigen, die Ehegatten aber nicht zu Lasten der Versichertengemeinschaft begünstigen soll.[25] Die Ehegatten haben somit nach neuem Recht nicht mehr die Möglichkeit, durch vertragliche Dispositionen über den nachehelichen Unterhalt die Kürzung der Versorgung in vollem Umfang zu vermeiden und damit sowohl das Einkommen des Ausgleichspflichtigen als auch den Unterhalt des Ausgleichsberechtigten zu erhöhen.

13

Um den gebotenen **Vergleich der Versorgungskürzung mit der Höhe des Unterhaltsanspruchs** vornehmen zu können, muss das Familiengericht von Amts wegen[26] – fiktiv – den gesetzlichen Unterhaltsanspruch ermitteln, der dem Ausgleichsberechtigten ohne die Versorgungskürzung zustünde. Dabei sind sämtliche Umstände zu berücksichtigen, die die Höhe des bisher tatsächlich bestehenden Unterhaltsanspruchs beeinflussen, also z.B. auch sonstige Einkünfte sowie berücksichtigungsfähige Verbindlichkeiten des Unterhaltsschuldners. Die Vorschrift ist rechtssystematisch bedenklich. Denn das Gericht hat den Unterhalt – einen Verfahrensgegenstand, der als Familienstreitsache (§ 112 Nr. 1 FamFG) an sich der Parteimaxime unterliegt (§ 113 Abs. 1 FamFG i.V.m. den Vorschriften der ZPO, insbesondere §§ 138 Abs. 3, 253, 288, 308) – in einem Verfahren über den VA, in dem der Amtsermittlungsgrundsatz gilt, incidenter festzustellen. Selbst wenn der Unterhalt schon in einem Streitverfahren tituliert worden ist, bindet der ergangene Beschluss den betroffenen Versorgungsträger nicht,[27] so dass gleichwohl noch ein Verfahren nach den §§ 33, 34 VersAusglG möglich ist. Es empfiehlt sich daher, vorrangig diesen Verfahrensweg zu beschreiten, der eine Beteiligung des Versorgungsträgers sicherstellt (§ 219 Nr. 2 FamFG).[28] Die im Verfahren nach den §§ 33, 34 VersAusglG ergehende Entscheidung legt indessen ihrerseits i.d.R. nicht den tatsächlich geschuldeten Unterhalt fest. Denn zum einen sind im VA-Verfahren Bruttobeträge der Versorgungen zu berücksichtigen, so dass etwaige Steuern und Sozialversicherungsbeiträge im Gegensatz zur Unterhaltsberechnung außer Betracht bleiben.[29] Zum anderen ist der geschuldete Unterhalt ohnehin nach durchgeführter Aussetzung der Versorgungskürzung neu zu berechnen (vgl. das folgende Beispiel).

14

▶ **Beispiel 1:**

15

Im VA sind gesetzliche Rentenanwartschaften im Wert von monatlich 300 € vom Ehemann M auf die Ehefrau F übertragen worden, bezogen auf das Ende der Ehezeit am 31.01.2010. M erhält bereits Rente, wobei sich die Kürzung durch den VA auswirkt. Ohne die Kürzung durch den VA erhielte M monatlich 1.300 €, infolge des VA werden ihm nur 1.000 € gezahlt. F bezieht noch keine Rente. Sie hat ein (auch um den Erwerbstätigenbonus) bereinigtes Erwerbseinkommen von 800 €. Ein Unterhaltsanspruch gegen M scheidet aus, weil M kein den Selbstbehalt übersteigendes Einkommen hat. F hätte gegen M aber ohne dessen Versorgungskürzung einen Unterhaltsanspruch von monatlich 250 € (Versorgung des M ohne Kürzung durch den VA 1.300 € ./. Erwerbseinkommen der F 800 € = 500 € : 2).

---

25 BT-Drucks. 16/10144 S. 72.
26 OLG Hamm FamRZ 2011, 1951, 1952.
27 A.A. OLG Oldenburg Beschluss vom 14.05.2012 – 13 UF 131/11 – (juris).
28 Borth Rn. 966.
29 Vgl. BT-Drucks. 16/10144 S. 72; OLG Nürnberg FamRZ 2012, 1061; Borth Rn. 968.

Die Voraussetzungen des § 33 Abs. 1 VersAusglG liegen vor. Die Versorgungskürzung von monatlich 300 € übersteigt auch den maßgebenden Mindestbetrag nach § 33 Abs. 2 VersAusglG von – bezogen auf das Ende der Ehezeit – 51,10 €. Sie kann daher gemäß § 33 Abs. 3 VersAusglG in Höhe des (fiktiven) gesetzlichen Unterhaltsanspruchs von monatlich 250 € ausgesetzt werden. Die Versorgung des M wird also nur noch um monatlich (300 € ./. 250 € =) 50 € gekürzt.

Folge: M erhält künftig eine Versorgung von monatlich (1.300 € ./. Kürzung durch VA 50 € =) 1.250 € ausgezahlt. Auf dieser Basis ist der Unterhalt neu zu berechnen. M hat nunmehr (1.250 € ./. 800 € = 450 € : 2 =) 225 € Unterhalt an F zu zahlen. Beide Ehegatten verfügen damit über höhere Einkünfte als vor der Aussetzung des VA, nämlich jeweils über 1.025 €.

15a **Liegt** bereits ein **Unterhaltstitel vor**, so kann das Gericht bei der nach § 33 VersAusglG zu treffenden Entscheidung grundsätzlich von dem titulierten Betrag ausgehen.[30] Dies gilt auch dann, wenn der Unterhalt in einem gerichtlichen Vergleich oder in einer notariellen Scheidungsfolgenvereinbarung tituliert worden ist. Dabei ist zu berücksichtigen, dass die Ehegatten bei der Ausgestaltung des gesetzlichen Unterhalts gem. § 1585c S. 1 BGB einen gewissen Spielraum haben.[31] Nur wenn der gesetzliche Unterhalt ersichtlich überschritten wird und deshalb Anhaltspunkte für eine Manipulation vorliegen, muss das Gericht korrigierend eingreifen. Ein bestehender Titel kann nicht mehr zugrunde gelegt werden, wenn Anhaltspunkte dafür bestehen, dass sich die diesem zugrunde liegenden Verhältnisse wesentlich geändert haben und der Titel daher auf Antrag gemäß §§ 238, 239 FamFG abzuändern wäre.[32] Das ist insbesondere dann naheliegend, wenn der Unterhaltstitel noch aus der Zeit des Erwerbslebens des Ausgleichspflichtigen stammt und sich dessen Einkommen nach seinem Eintritt in den Ruhestand deutlich verringert hat.[33]

15b Zweifelhaft ist, ob das Gericht von Amts wegen auch Umstände zu berücksichtigen hat, mit denen sich der unterhaltspflichtige Ehegatte gegen den nachehelichen Unterhalt zur Wehr setzen könnte. Rechtsvernichtende und rechtshemmende Einwendungen wie etwa **Verwirkung** (§ 1579 BGB) oder Verjährung sind nur beachtlich, soweit sich der Unterhaltspflichtige ausdrücklich darauf beruft. Liegen objektive Anhaltspunkte dafür vor, dass ein Verwirkungseinwand erfolgreich sein könnte, wie z.B. eine besonders kurze Ehedauer oder eine dauerhafte Lebensgemeinschaft des ausgleichsberechtigten Ehegatten mit einem neuen Partner, kann das Gericht dies zum Anlass nehmen, beim ausgleichspflichtigen Ehegatten nachzufragen, ob der Verwirkungseinwand erhoben wird. Die Geltendmachung der **Herabsetzung** oder **Befristung** des nachehelichen Unterhalts (§ 1578b BGB) stellt dagegen keine rechtsvernichtende Einwendung dar, sondern ein Begehren, das mit einem Abänderungsantrag geltend zu machen ist.[34] Umstände, die eine Herabsetzung oder Befristung des Unterhalts rechtfertigen können, wären danach grundsätzlich von Amts wegen aufzuklären. Andererseits ist zu berücksichtigen, dass der nacheheliche Unterhalt gem. § 1585c S. 1 BGB für die Ehegatten weitgehend disponibel ist. Deshalb ist es auch im Rahmen der Prüfung nach § 33 VersAusglG grundsätzlich hinzunehmen, wenn sich der Ausgleichspflichtige – ggf. nach rechtlichem Hinweis des Gerichts – nicht auf die Herabsetzung oder Befristung berufen will.[35]

---

30 BGH FamRZ 2012, 853, 855; OLG Hamm FamRZ 2011, 815, 816; OLG Frankfurt FamRZ 2011, 1595, 1596.

31 OLG Hamm FamRZ 2011, 815, 817 mit Anm. Borth; OLG Oldenburg Beschluss vom 14.05.2012 – 13 UF 131/11 – (juris); OLG Düsseldorf Beschluss vom 09.07.2012 – 8 UF 21/11 – (juris); Borth Rn. 974.

32 BGH FamRZ 2012, 853, 855; OLG Hamm FamRZ 2011, 815, 817; OLG Frankfurt FamRZ 2011, 1595, 1596; OLG Karlsruhe FamRZ 2012, 452, 453; OLG Nürnberg FamRZ 2012, 1061; Borth Rn. 972; Schwamb NJW 2011, 1648, 1650; a.A. Bergner FPR 2011, 483, 486: der gesetzliche Unterhaltsanspruch sei in jedem Fall neu festzustellen.

33 BGH FamRZ 2012, 853, 855.

34 BGH FamRZ 2000, 1499; 2001, 905, 906.

35 OLG Frankfurt FamRZ 2011, 1595, 1596 mit zust. Anm. Borth; Beschluss vom 02.02.2012 – 4 UF 261/10 – (juris); Borth Rn. 974; Schwamb NJW 2011, 1648, 1650.

Wick

Die Versorgungskürzung kann nicht ausgesetzt werden, wenn der ausgleichspflichtige Ehegatte 15c
den Unterhalt auch aus den gekürzten Renteneinkünften weiterhin sicherstellen könnte, seine
unterhaltsrechtliche Leistungsfähigkeit durch die Kürzung also **nicht eingeschränkt** wird.[36] Dies
ergibt sich aus dem gegenüber dem früheren § 5 VAHRG geänderten Wortlaut des § 33 Abs. 1
VersAusglG, wonach der Ausgleichsberechtigte »ohne die Kürzung« einen Unterhaltsanspruch
haben müsste. Eine Aussetzung der Kürzung ist auch nicht aus verfassungsrechtlichen Gründen
für Fälle geboten, in denen sich die Kürzung auf die Höhe des Unterhaltsanspruchs nicht auswirkt. Dagegen kann die Kürzung ausgesetzt werden, wenn sie für den Wegfall des Unterhaltsanspruchs kausal wäre, weil sich infolge der Kürzung zwischen den Einkünften der Ehegatten nur
noch eine geringe Differenz ergäbe und der gesetzliche Unterhaltsanspruch deshalb wegen Geringfügigkeit entfiele.[37]

II. Begrenzung durch die Differenz beiderseitiger Ausgleichswerte

Gemäß § 33 Abs. 3 Hs. 2 VersAusglG wird die Aussetzung der Versorgungskürzung außerdem 16
durch die **Differenz der beiderseitigen Ausgleichswerte** aus denjenigen Anrechten i.S. des § 32
VersAusglG begrenzt, aus denen der ausgleichspflichtige Ehegatte eine laufende Versorgung
bezieht. Damit soll verhindert werden, dass ein Ausgleichspflichtiger infolge einer isolierten
Betrachtung eines einzigen Anrechts einen ungerechtfertigten Vorteil aus der Anpassung zieht. Er
darf nicht besser gestellt werden, als seien die Ausgleichswerte aus den Regelsicherungssystemen
saldiert worden.[38]

▶ **Beispiel 2:** 17

Ehemann M bezieht ohne Kürzung durch den VA eine Versorgung i.S. des § 32 VersAusglG
von 2.400 €. Ehefrau F hat ein bereinigtes Erwerbseinkommen von 1.000 €. M hätte an F
(2.400 € ./. 1.000 = 1.400 € : 2 =) 700 € Unterhalt zu zahlen. Mit dem VA wird das Anrecht
des M in Höhe von 800 € auf F übertragen, M erhält seinerseits von F ein Anrecht i.S. des
§ 32 VersAusglG von 300 € übertragen.
Die durch den VA eintretende Kürzung des Versorgung des M wird nicht in Höhe des Unterhaltsanspruchs von 700 € ausgesetzt, sondern nur in Höhe der Differenz zwischen dem
Anrecht, das M an F abgibt, und dem Anrecht, das M von F erhält, also auf (800 € ./. 300 €
=) 500 €. Die Begrenzung setzt allerdings voraus, dass M aus dem von F erhaltenen Anrecht
bereits Versorgungsleistungen erhält.[39]

G. Mehrere zu kürzende Versorgungen (Abs. 4)

Bezieht der ausgleichspflichtige Ehegatte **mehrere Versorgungen** i.S. des § 32 VersAusglG, die auf- 18
grund des VA zu kürzen sind, so entscheidet das Familiengericht, wenn die Voraussetzungen des
§ 33 Abs. 1–3 VersAusglG vorliegen, nach **billigem Ermessen**, welche Kürzung ausgesetzt wird
(§ 33 Abs. 4 VersAusglG). Die Aussetzung kann entweder auf ein Anrecht beschränkt werden,
wenn dies bereits ausreicht, um den Unterhaltsanspruch abzusichern, oder auf mehrere Versorgungen verteilt werden.

---

36 OLG Koblenz Beschluss vom 17.04.2012 – 7 UF 154/12 – (juris); Borth Rn. 964; Ruland Rn. 951;
    Johannsen/Henrich/Hahne § 33 Rn. 5; MüKo/Gräper § 33 Rn. 13; Palandt/Brudermüller § 33 Rn. 6; a.A.
    OLG Frankfurt FamRZ 2011, 1595, 1597; Beschluss vom 02.02.2012 – 4 UF 261/10 – (juris); OLG
    Karlsruhe FamRZ 2012, 452; jurisPK-BGB/Breuers § 33 Rn. 29; Gutdeutsch FamRB 2010, 149, 150;
    Bergner NJW 2010, 3545.
37 OLG Zweibrücken FamRZ 2012, 719.
38 BT-Drucks. 16/10144 S. 73.
39 BT-Drucks. 16/10144 S. 73.

19 ▶ **Beispiel 3:**

Ehemann M bezieht eine gesetzliche Rente von 300 €, die um 100 € zu kürzen ist, und eine Beamtenversorgung von 1.300 €, die um 400 € zu kürzen ist. M hätte an F 400 € Unterhalt zu zahlen.

Das Gericht kann entweder nur die Kürzung der Beamtenversorgung, diese aber in voller Höhe von 400 €, oder die Kürzung bei beiden Anrechten anteilig, insgesamt aber in Höhe von 400 €, aussetzen.

§ 34 VersAusglG   Durchführung einer Anpassung wegen Unterhalt

(1) Über die Anpassung und deren Abänderung entscheidet das Familiengericht.

(2) [1]Antragsberechtigt sind die ausgleichspflichtige und die ausgleichsberechtigte Person. [2]Die Abänderung einer Anpassung kann auch von dem Versorgungsträger verlangt werden.

(3) Die Anpassung wirkt ab dem ersten Tag des Monats, der auf den Monat der Antragstellung folgt.

(4) Der Anspruch auf Anpassung geht auf die Erben über, wenn der Erblasser den Antrag nach § 33 Abs. 1 gestellt hatte.

(5) Die ausgleichspflichtige Person hat den Versorgungsträger, bei dem die Kürzung ausgesetzt ist, unverzüglich über den Wegfall oder Änderungen seiner Unterhaltszahlungen, über den Bezug einer laufenden Versorgung aus einem Anrecht nach § 32 sowie über den Rentenbezug, die Wiederheirat oder den Tod der ausgleichsberechtigten Person zu unterrichten.

(6) [1]Über die Beendigung der Aussetzung aus den in Absatz 5 genannten Gründen entscheidet der Versorgungsträger. [2]Dies gilt nicht für den Fall der Änderung von Unterhaltszahlungen.

A. Norminhalt

1   § 34 VersAusglG enthält Vorschriften über das Verfahren zur Durchsetzung von Anpassungsansprüchen nach § 33 VersAusglG sowie für die Abänderung von Anpassungsentscheidungen. Die Zuständigkeit für die Entscheidung über die Anpassung ist in Abs. 1 und Abs. 6 geregelt, die Antragsberechtigung in Abs. 2. Abs. 3 legt die Wirkungen der Entscheidung fest, Abs. 4 befasst sich mit dem Übergang des Anpassungsanspruchs auf Erben. Abs. 5 ordnet unter konkreten Voraussetzungen eine Pflicht des Ausgleichsberechtigten zur Unterrichtung des Versorgungsträgers an.

B. Zuständigkeit und Verfahren des Familiengerichts (Abs. 1)

2   Anders als nach früherem Recht (§ 9 Abs. 1 VAHRG a.F.) hat über die **Aussetzung von Versorgungskürzungen** wegen Unterhalt nicht mehr der Träger der zu kürzenden Versorgung (in einem

Verwaltungsverfahren), sondern das **Familiengericht** zu entscheiden (§ 34 Abs. 1 VersAusglG). Diese Zuständigkeitsänderung ist sachgerecht, weil die nach § 33 VersAusglG zu treffende Entscheidung eine Prüfung des gesetzlichen Unterhaltsanspruchs des ausgleichsberechtigten Ehegatten voraussetzt, für die nur beim Familiengericht das notwendige Fachwissen vorhanden ist.[1] Das Familiengericht ist grundsätzlich auch für ein Verfahren über die **Abänderung** einer Anpassungsentscheidung sachlich zuständig. Allerdings kann der Versorgungsträger selbst eine Abänderung vornehmen, wenn Abänderungsgrund nicht eine Änderung von Unterhaltszahlungen ist (§ 34 Abs. 6 VersAusglG; s.u. Rdn. 15).

Die **örtliche Zuständigkeit** des Familiengerichts, an das der nach § 33 Abs. 1 FamFG erforderliche **3** Verfahrensantrag (s.u. Rdn. 7 und § 33 Rdn. 3) zu richten ist, bestimmt sich nach § 218 FamFG, der eine feste Rangfolge von Anknüpfungsgesichtspunkten regelt (vgl. dazu vor § 1 Rdn. 87).[2] Eine Zuständigkeit des Gerichts der Ehesache nach § 218 Nr. 1 FamFG kommt nicht in Betracht,[3] weil ein Anpassungsverfahren nach § 33 VersAusglG begriffsnotwendig voraussetzt, dass eine Entscheidung über den Wertausgleich bei der Scheidung rechtskräftig geworden und die Kürzung der Versorgung des Verpflichteten bereits eingetreten ist. Das Verfahren nach den §§ 33, 34 VersAusglG kann daher auch nicht im Scheidungsverbund betrieben werden.[4] Kann nicht gemäß § 218 Nr. 2 FamFG an den (letzten) gemeinsamen gewöhnlichen Aufenthalt der Ehegatten angeknüpft werden, ist das Gericht zuständig, in dessen Bezirk ein Antragsgegner seinen gewöhnlichen Aufenthalt oder Sitz hat (§ 218 Nr. 3 FamFG). Da die Anpassung wegen Unterhalt für den geschiedenen Ehegatten des Antragstellers nicht von Nachteil sein kann, ist dieser hier nicht als »Antragsgegner« anzusehen.[5] Antragsgegner ist vielmehr der Träger der gekürzten Versorgung. Dessen Sitz bestimmt folglich bei wortgetreuer Anwendung des Gesetzes die örtliche Zuständigkeit i.S. des § 218 Nr. 3 FamFG.[6] Allerdings ist kaum anzunehmen, dass der Gesetzgeber tatsächlich die Verfahren nach den §§ 33, 34 VersAusglG an den Niederlassungsorten der großen Versorgungsträger hat konzentrieren wollen. Deshalb sollte durch eine Gesetzesänderung ausdrücklich bestimmt werden, dass für Anträge nach § 34 Abs. 1 VersAusglG das Gericht zuständig ist, in dessen Bezirk der Antragsteller seinen gewöhnlichen Aufenthalt hat. Auch für **Abänderungsverfahren** bestimmt sich die örtliche Zuständigkeit nach § 218 FamFG. Wird die Abänderung vom Versorgungsträger beantragt (s.u. Rdn. 8), sind beide Ehegatten Antragsgegner, so dass für den Fall, dass nicht gemäß § 218 Nr. 2 FamFG an den (letzten) gemeinsamen gewöhnlichen Aufenthalt der Ehegatten angeknüpft werden kann, gemäß § 218 Nr. 3 FamFG die örtliche Zuständigkeit beider Gerichte gegeben ist, in deren Bezirken die Ehegatten ihre gewöhnlichen Aufenthalte haben.

Ist parallel ein Verfahren über den nachehelichen Unterhalt anhängig, kann das **VA-Verfahren 4** gemäß § 4 FamFG an das für die Unterhaltssache zuständige Familiengericht **abgegeben** werden. Eine Abgabe in umgekehrter Richtung, wie sie in der Gesetzesbegründung vorgeschlagen wird,[7] kommt dagegen nicht in Betracht, weil § 4 FamFG in Familienstreitsachen (zu denen der Ehegat-

---

1 BT-Drucks. 16/10144 S. 73.
2 OLG Frankfurt FamRZ 2010, 916; MüKo-ZPO/Stein § 218 FamFG Rn. 2; Hoppenz/Hoppenz § 34 Rn. 3; Borth FamRZ 2010, 917.
3 A.A. offensichtlich Hoppenz/Hoppenz § 34 Rn. 3; Gutdeutsch FamRB 2010, 149, 152.
4 Insoweit übereinstimmend Borth Rn. 961; Ruland Rn. 957; MüKo-ZPO/Stein § 218 FamFG Rn. 2; Wick FuR 2011, 605, 606; a.A. OLG Zweibrücken FamRZ 2012, 722; MüKo/Gräper § 34 Rn. 3; Erman/Norpoth § 33 Rn. 3; Palandt/Brudermüller § 34 Rn. 10; Gutdeutsch FamRZ 2010, 1140; Hoppenz/Hoppenz § 34 Rn. 14.
5 Unerheblich ist insoweit, dass der geschiedene Ehegatte am Verfahren zu beteiligen ist (s. Rdn. 6), denn dieses Beteiligungserfordernis macht ihn nicht zum »Antragsgegner«.
6 Ebenso MüKo-ZPO/Stein § 218 FamFG Rn. 19; Häußermann FPR 2009, 223, 224; Gutdeutsch FamRB 2010, 149, 152; a.A. OLG Frankfurt FamRZ 2010, 916.
7 BT-Drucks. 16/10144 S. 73; ebenso Ruland Rn. 966; Johannsen/Henrich/Hahne § 34 Rn. 1; Erman/Norpoth § 34 Rn. 3; NK-BGB/Götsche § 34 Rn. 4.

tenunterhalt gehört, § 112 Nr. 1 FamFG) nicht anwendbar ist (§ 113 Abs. 1 Satz 1 FamFG).[8] Das Verfahren nach den §§ 33, 34 VersAusglG ist vorrangig durchzuführen, weil die Versorgungsträger durch eine Festsetzung des Unterhalts im Streitverfahren nicht gebunden werden.[9] Das mit der Unterhaltssache befasste Gericht kann deshalb das bei ihm anhängige Verfahren **aussetzen**, bis in der VA-Sache inzidenter über die Höhe des gesetzlichen Unterhaltsanspruchs entschieden ist.[10] Eine Verbindung beider Verfahren ist nicht zulässig, weil für die Unterhaltssache als Familienstreitsache andere verfahrensrechtliche Bestimmungen gelten als für die VA-Sache (§ 260 ZPO i.V.m. § 113 Abs. 1 Satz 2 FamFG).[11]

5   Das familiengerichtliche **Verfahren** betrifft eine VA-Sache i.S. des § 111 Nr. 7 i.V.m. § 217 FamFG. Es handelt sich nicht um eine Familienstreitsache i.S. des § 112 FamFG, obwohl das Familiengericht inzidenter über die Höhe des nachehelichen Unterhalts zu befinden hat, den der eine Ehegatte dem anderen nach den gesetzlichen Vorschriften schuldet. Das Verfahren richtet sich vielmehr ausschließlich nach den Bestimmungen des FamFG. Es besteht folglich kein Anwaltszwang (vgl. § 114 FamFG). Das Familiengericht hat auch die tatbestandlichen Voraussetzungen für die Bestimmung des Unterhaltsanspruchs von Amts wegen festzustellen.[12] Am Verfahren sind beide Ehegatten[13] sowie der Träger der gekürzten Versorgung zu beteiligen (§ 219 Nr. 1 und 2 FamFG).

6   Das Familiengericht hat in seiner – in Form eines Beschlusses nach § 38 FamFG ergehenden – **Endentscheidung** auszusprechen, hinsichtlich welchen Anrechts des Ausgleichspflichtigen, in welcher konkreten Höhe und ab welchem Zeitpunkt die Kürzung der Versorgung ausgesetzt bzw. die Aussetzung abgeändert wird. Die Aussetzung der Kürzung ist auf den Betrag des ermittelten Unterhaltsanspruchs, maximal auf den Betrag zu beschränken, in welchem durch den VA tatsächlich eine Minderung der Versorgung eingetreten ist.[14] Der Titel darf sich nicht auf eine Aussetzung des vollen Kürzungsbetrages beschränken, auch wenn der fiktive Unterhaltsanspruch gegenwärtig die Rentenkürzung übersteigt.[15] Die Aussetzung erfolgt in Höhe eines Versorgungsbruttobetrages, was im Tenor zum Ausdruck gebracht werden kann.[16] Die Entscheidung setzt nicht die Höhe des Unterhalts verbindlich fest, nimmt aber Einfluss auf die Höhe des unterhaltsrelevanten Einkommens der geschiedenen Ehegatten.[17] Vorschlag für den **Tenor**:

▶ »Die aufgrund des Urteils des Amtsgerichts … vom … (Aktenzeichen) vorgenommene Kürzung der Versorgung des … (Ausgleichspflichtigen) bei … (zuständiger Versorgungsträger) wird in Höhe von monatlich … € mit Wirkung ab … ausgesetzt.«

Der Beschluss hat eine **Kostenentscheidung** nach § 81 Abs. 1 FamFG zu enthalten (vgl. vor § 1 Rdn. 99). Dabei ist es i.d.R. unangemessen, die beteiligten Versorgungsträger, die keinen Einfluss auf die Feststellung des nachehelichen Unterhalts nehmen können, an den Gerichtskosten zu

---

8   Ebenso Hoppenz/Hoppenz § 34 Rn. 14; Gutdeutsch FamRZ 2010, 1140, 1141; Schwamb NJW 2011, 1648, 1649.
9   Borth Rn. 966; Palandt/Brudermüller § 34 Rn. 10; NK-BGB/Götsche § 34 Rn. 4; Kemper Kap. X Rn. 92.
10 BT-Drucks. 16/10144 S. 73; Gutdeutsch FamRB 2010, 149, 154; FamRZ 2010, 1140, 1141; Borth FamRZ 2010, 1210, 1214; Bergner FPR 2011, 483, 486; Schwamb NJW 2011, 1648.
11 A.A. Erman/Norpoth § 34 Rn. 3; Gutdeutsch FamRZ 2010, 1140, 1141. Zweckmäßigkeitserwägungen können die sich aus dem Verfahrensrecht ergebenden Hinderungsgründe jedoch nicht beseitigen.
12 OLG Hamm FamRZ 2011, 1951, 1952.
13 Auch der Ehegatte, der nicht Antragsteller ist, wird durch die gerichtliche Entscheidung betroffen, OLG Frankfurt FamRZ 2010, 916, 917 m. Anm. Borth; Ruland Rn. 957; Hoppenz/Hoppenz § 34 Rn. 3; Borth FamRZ 2010, 1210, 1214; a.A. Häußermann FPR 2009, 223, 225.
14 OLG Stuttgart Beschluss vom 16.06.2011 – 18 UF 107/11 – (juris).
15 BGH FamRZ 2012, 853, 856; OLG Hamm FamRZ 2011, 814, 815; a.A. OLG Düsseldorf FamRZ FamRZ 2011, 1798.
16 OLG Nürnberg FamRZ 2012, 1061.
17 Borth FamRZ 2010, 1210, 1214.

beteiligen.[18] Außerdem ist ein **Verfahrenswert** festzusetzen. Dieser richtet sich im Grundsatz nach § 50 Abs. 1 und 3 FamGKG. Diese Vorschrift ist zwar auf die Verfahren zur Durchführung des VA zugeschnitten, bietet aber auch für das gerichtliche Verfahren nach den §§ 33, 34 VersAusglG eine geeignete Grundlage.[19] Maßgebend für den Verfahrenswert sind die Einkommensverhältnisse beider Ehegatten (die vom Gericht zu erfragen sind) und die Zahl der Anrechte, die für die zu treffende Entscheidung von Bedeutung sind. Das sind im Anpassungsverfahren die Versorgung des Ausgleichspflichtigen, deren Kürzung ausgesetzt werden soll, und ggf. sonstige Anrechte der Ehegatten i.S. des § 32 VersAusglG, die im Rahmen der nach § 33 Abs. 3 VersAusglG maßgebenden Höchstgrenze von Bedeutung sind. Da sich die Aussetzung der Versorgungskürzung stets auf Anrechte erstreckt, die dem Wertausgleich unterliegen, sind für jedes Anrecht 10 % des Dreimonatseinkommens der Eheleute zugrunde zu legen (s. vor § 1 Rdn. 100d).[20] Dies schließt es allerdings nicht aus, den sich danach ergebenden Wert in Anwendung des § 50 Abs. 3 FamGKG zu erhöhen, wenn dies der Billigkeit entspricht. Ist im Rahmen des Verfahrens nach den §§ 33, 34 VersAusglG mit erheblichem Aufwand der gesetzliche Unterhaltsanspruch zu klären, kann sich eine Bewertung mit dem Zwölffachen des begehrten monatlichen Anpassungsbetrages rechtfertigen.[21] Der Beschluss ist allen Beteiligten förmlich zuzustellen.

C. Antragserfordernis und Antragsberechtigung (Abs. 2)

Die Anpassung wegen Unterhalt findet nur auf **Antrag** statt (§ 33 Abs. 1 VersAusglG). Der Antrag   7 hat nur verfahrenseinleitenden Charakter. Er braucht nicht beziffert zu werden.[22] Der Antragsteller muss nur zum Ausdruck bringen, dass er im Hinblick auf die Unterhaltsverpflichtung eines Ehegatten erreichen will, dass dieser höhere Versorgungsleistungen erhält als ihm aufgrund der durch den VA ausgelösten Kürzung zufließen. Der Antrag kann, da kein Anwaltszwang besteht (s. Rdn. 5), schriftlich oder zur Niederschrift der Geschäftsstelle des zuständigen Familiengerichts gestellt werden (§ 25 FamFG). Er ist erst zulässig, wenn der Ausgleichspflichtige tatsächlich Versorgungsleistungen bezieht, die aufgrund des VA gekürzt sind.[23] **Antragsberechtigt** sind im **Erstverfahren** nur die **geschiedenen Ehegatten** (§ 34 Abs. 2 Satz 1 VersAusglG). Anders als nach dem früheren § 9 Abs. 2 VAHRG haben die Hinterbliebenen kein Antragsrecht.[24] Auch die Erben eines Ehegatten sind nicht antragsberechtigt; sie profitieren jedoch von einem Antrag, den der Erblasser bereits gestellt hatte (s.u. Rdn. 10).

---

18 OLG Bamberg FamRZ 2011, 1797.
19 OLG Celle Beschluss vom 29.05.2012 – 10 UF 279/11 – (juris); Grabow FamRB 2010, 93, 95.
20 OLG Schleswig NJW-RR 2012, 327; OLG Celle Beschluss vom 29.05.2012 – 10 UF 279/11 – (juris); OLG Stuttgart Beschluss vom 06.06.2012 – 16 WF 118/12 – (juris); ebenso wohl BGH Beschluss vom 21.03.2012 – XII ZB 234/11 – (Festsetzung auf 1.000 €); Borth Rn. 1228; a.A. OLG Hamm FamRZ 2011, 815, 818; OLG Brandenburg FamRZ 2011, 1797; OLG Nürnberg Beschluss vom 15.12.2011 – 10 UF 1601/11 – (juris); Krause FamRB 2009, 321; 2010, 29; Keske FuR 2010, 433, 439: 20 % des Dreimonatseinkommens maßgebend.
21 In diesem Sinne im Ergebnis auch OLG Frankfurt Beschluss vom 08.09.2010 – 5 UF 198/10 – (juris); Beschluss vom 02.02.2012 – 4 UF 261/10 – (juris); OLG Celle Beschluss vom 29.05.2012 – 10 UF 279/11 – (juris); NK-VersAusglR/Götsche § 34 Rn. 24; Thiel/Schneider FamFR 2010, 409, 412; Hauß FamRB 2010, 251, 257; Schwamb NJW 2011, 1648, 1651.
22 OLG Hamm FamRZ 2011, 1798.
23 BSG FamRZ 1990, 619, 620.
24 Da der Gesetzgeber den Hinterbliebenen bewusst kein Antragsrecht zubilligen wollte (BT-Drucks. 16/ 10144 S. 73), dürfte entgegen Ruland Rn. 890 für eine Analogie kein Raum sein.

Vorschlag für die **Formulierung eines Antrags**:

▶ »Namens des … (Ausgleichspflichtigen) wird beantragt, die von … (Versorgungsträger) aufgrund der Entscheidung über den VA im Urteil des Amtsgerichts … vom … (Aktenzeichen) vorgenommene Kürzung der laufenden Versorgung des Antragstellers gemäß § 33 VersAusglG auszusetzen.«

8 Ist eine durchgeführte Anpassung wegen einer Änderung des vom Ausgleichspflichtigen geschuldeten nachehelichen Unterhalts **abzuändern**, steht auch dem **Versorgungsträger** ein Antragsrecht zu (§ 34 Abs. 2 Satz 2 VersAusglG). Damit kann er erreichen, dass bei einer Verringerung der Unterhaltszahlungen (etwa aufgrund eines höheren Einkommens des ausgleichsberechtigten Ehegatten) die Versorgung des ausgleichspflichtigen Ehegatten wieder (in größerem Umfang oder gar vollständig) gekürzt werden kann. Die geschiedenen Ehegatten haben in diesem Fall kein Interesse an der Abänderung. Damit der Versorgungsträger von den geänderten Unterhaltszahlungen, die sein Antragsrecht begründen, Kenntnis erlangt, ist der ausgleichspflichtige Ehegatte zur (ungefragten) Information des Versorgungsträgers verpflichtet (s.u. Rdn. 11). Hat der Versorgungsträger gemäß § 34 Abs. 6 Satz 1 VersAusglG selbst die Entscheidungskompetenz (s. Rdn. 15), kann er ohne Antrag von sich aus tätig werden.

D. Wirkung der Anpassung (Abs. 3)

9 Die Entscheidung des Familiengerichts über die Anpassung oder eine Abänderung der Anpassung wirkt – anders als nach früherem Recht – erst ab dem **Beginn des auf die Antragstellung folgenden Monats** (§ 34 Abs. 3 VersAusglG). Als »Antragstellung« ist insoweit der Tag des Eingangs der Antragsschrift beim Familiengericht oder der Tag, an dem der Antrag zur Niederschrift der Geschäftsstelle des Familiengerichts abgegeben worden ist, anzusehen.[25] Beginnt der Versorgungsbezug nach diesem Zeitpunkt, so wirkt die Entscheidung erst ab Rentenbeginn.[26] Der Wirkungszeitpunkt sollte in jedem Fall in den Tenor aufgenommen werden (s. Rdn. 6).[27] Soweit der Versorgungsträger Nachzahlungen zu leisten hat, erfolgen diese an den Ausgleichspflichtigen. Die Bestimmung des § 6 VAHRG a.F., wonach Nachzahlungen je zur Hälfte an den Ausgleichspflichtigen und an den Ausgleichsberechtigten zu leisten waren, ist nicht übernommen worden. Entscheidet der Versorgungsträger kraft eigener Kompetenz nach § 34 Abs. 6 Satz 1 VersAusglG, fehlt es an einem die Wirkungen der Anpassung auslösenden Antrag. In diesem Fall wird die Aussetzung der Versorgungskürzung mit dem Zeitpunkt wirksam, zu dem dem Ausgleichspflichtigen die Aufnahme des Verfahrens durch den Versorgungsträger mitgeteilt worden ist.[28]

E. Anspruchsübergang auf Erben (Abs. 4)

10 Gemäß § 34 Abs. 4 VersAusglG gehen Anpassungsansprüche aus § 33 VersAusglG auf die Erben eines Ehegatten über, wenn der Erblasser zu seinen Lebzeiten den Antrag nach § 33 Abs. 1 VersAusglG gestellt hatte. Als »Erblasser« kommen nicht nur ausgleichspflichtige, sondern auch ausgleichsberechtigte Ehegatten in Betracht.

---

25 BGH FamRZ 2012, 853, 854; OLG Frankfurt FamRZ 2011, 1595, 1598.
26 OLG Hamm FamRZ 2011, 815.
27 OLG Hamm FamRZ 2011, 815; vgl. auch BGH FamRZ 2012, 853, 854.
28 Hoppenz/Hoppenz § 34 Rn. 8; Palandt/Brudermüller § 34 Rn. 5.

F. Mitteilungspflicht des Ausgleichspflichtigen (Abs. 5)

Nach § 34 Abs. 5 VersAusglG hat der ausgleichspflichtige Ehegatte seinen Versorgungsträger, der 11
die Kürzung der Versorgung aufgrund einer gerichtlichen Entscheidung ausgesetzt hat, unverzüglich über **Tatsachen** zu unterrichten, die zur **Beendigung** oder jedenfalls zur Beschränkung **der**
Aussetzung führen können. Damit soll der Versorgungsträger davor geschützt werden, dass er die
Versorgungsleistungen weiter in unveränderter Höhe leistet, obwohl die Unterhaltsverpflichtung
des ausgleichspflichtigen Ehegatten geringer geworden oder gar ganz entfallen ist. Durch die
Information erhält der Versorgungsträger Gelegenheit zu prüfen, ob bzw. inwieweit die Versor-
gung des Ausgleichspflichtigen wieder zu kürzen ist, weil die Voraussetzungen des § 33 Vers-
AusglG entfallen sind. § 34 Abs. 5 VersAusglG erweitert und verschärft die nach § 4 Abs. 1 und 3
VersAusglG bestehenden allgemeinen Auskunftspflichten.

Der Ausgleichspflichtige muss seinem Versorgungsträger unaufgefordert den **Wegfall und jede** 12
sonstige Veränderung seiner Unterhaltszahlungen mitteilen, unabhängig davon, aus welchen
Gründen die Änderung eingetreten ist. Nach dem klaren Wortlaut der Vorschrift besteht die Mitteilungspflicht bereits bei rein tatsächlicher Einstellung oder Verringerung der Unterhaltszahlungen; es ist nicht erforderlich, dass der Ausgleichspflichtige davon ausgeht, keinen Unterhalt mehr
oder nur noch geringeren Unterhalt zu schulden.[29] Selbst wenn der Unterhalt tituliert ist, muss
der Ausgleichspflichtige den Versorgungsträger von der Zahlungseinstellung oder -verringerung in
Kenntnis setzen, weil die Möglichkeit besteht, den Unterhalt mit Rückwirkung gerichtlich herabsetzen zu lassen (§ 238 FamFG). Die Beurteilung, ob die Einstellung oder Verringerung von
Unterhaltszahlungen eine Abänderung der Anpassung rechtfertigt, muss dem Versorgungsträger
überlassen bleiben. Dem Ausgleichspflichtigen steht es frei, den Versorgungsträger mit der Mitteilung über die Änderung der Unterhaltszahlungen über die Gründe zu unterrichten, die zur
Änderung des Zahlungsverhaltens geführt haben, und z.B. darauf hinzuweisen, dass eine nur
vorübergehende Zahlungsunfähigkeit vorlag, die den gesetzlichen Unterhaltsanspruch des Ausgleichsberechtigten nicht berührt.

Der Versorgungsträger ist ferner zu unterrichten, wenn der **Ausgleichspflichtige** selbst **Leistungen** 13
aus einer Versorgung i.S. des § 32 VersAusglG bezieht. Denn dieser Leistungsbezug kann sich
nach § 33 Abs. 3 VersAusglG auf die Höchstgrenze auswirken, bis zu der die Kürzung der auszugleichenden Versorgung ausgesetzt werden darf.

Weiter hat der Ausgleichspflichtige dem Versorgungsträger Mitteilung zu machen, wenn der **Aus-** 14
gleichsberechtigte eine **Rente bezieht.** Insoweit ist allerdings nur eine Rente aus einem im VA
erworbenen Anrecht von Bedeutung, weil nur eine solche die Aussetzungsberechtigung nach § 33
Abs. 1 VersAusglG beendet. Der Versorgungsträger kennt den Zeitpunkt, zu dem der Ausgleichsberechtigte eine Versorgung erhält, im Allgemeinen nicht und ist deshalb auf die Information durch
den Ausgleichspflichtigen angewiesen. Der Ausgleichspflichtige hat den Versorgungsträger ferner zu
unterrichten, wenn der **Ausgleichsberechtigte wieder geheiratet** hat oder **gestorben** ist, denn in diesen Fällen endet die Unterhaltsverpflichtung des ausgleichspflichtigen Ehegatten und damit entfällt
die Rechtfertigung für die Aussetzung der Kürzung der Versorgung des Verpflichteten.

Auf die nach § 34 Abs. 5 VersAusglG bestehenden umfangreichen Mitteilungspflichten sollte der 15
Anwalt des Ausgleichspflichtigen seinen Mandanten unbedingt hinweisen, nachdem eine Anpassungsentscheidung nach § 33 VersAusglG ergangen ist. Verletzt der ausgleichspflichtige Ehegatte
seine Unterrichtungspflicht schuldhaft, ist er dem Versorgungsträger schadensersatzpflichtig (§ 50
SGB X sowie § 823 Abs. 2 BGB i.V.m. § 34 Abs. 5 VersAusglG).[30]

---

29 A.A. Hoppenz/Hoppenz § 34 Rn. 10.
30 Borth Rn. 978; Ruland Rn. 964.

G. Abänderung der Anpassung (Abs. 6)

I. Eigene Entscheidungskompetenz des Versorgungsträgers (Abs. 6 Satz 1)

16 Erhält der Versorgungsträger Kenntnis von Tatsachen, die zum vollständigen **Wegfall der Aussetzungsberechtigung** führen, braucht er nicht das Familiengericht anzurufen und eine Aufhebung der Anpassungsentscheidung zu beantragen, sondern kann selbst über die Beendigung der Aussetzung entscheiden (§ 34 Abs. 6 Satz 1 VersAusglG). Dies gilt in den in Abs. 5 genannten Fällen, in denen die Unterhaltsverpflichtung des ausgleichspflichtigen gegenüber dem ausgleichsberechtigten Ehegatten endet[31] oder der ausgleichsberechtigte Ehegatte aus dem im VA erworbenen Anrecht eine laufende Versorgung bezieht. Hier bedarf es keiner gerichtlichen Befassung mehr, weil offensichtlich eine Unterhaltslast des Ausgleichspflichtigen nicht mehr gegeben ist bzw. eine Aussetzung der auf dem VA beruhenden Versorgungskürzung nicht mehr gerechtfertigt ist, nachdem der Berechtigte selbst Leistungen aus dem im VA erworbenen Anrecht beziehen kann. In diesen Fällen sind die Voraussetzungen des § 33 Abs. 1 VersAusglG für eine Anpassung ersichtlich nicht mehr gegeben. Aus der Bezugnahme auf Abs. 5 folgt allerdings, dass der Versorgungsträger auch dann in eigener Zuständigkeit entscheiden kann, wenn der Ausgleichspflichtige eine (weitere) Versorgung aus einem Anrecht i.S. des § 32 VersAusglG erhält. Der Bezug von Versorgungsleistungen aus einem anpassungsfähigen Anrecht führt jedoch nicht zwangsläufig zum völligen Wegfall der Aussetzungsberechtigung, sondern beeinflusst u.U. lediglich die nach § 33 Abs. 3 VersAusglG maßgebende Höchstgrenze und damit den Umfang der möglichen Versorgungskürzung. Deshalb bedürfte es in diesen Fällen an sich einer gerichtlichen Entscheidung.

17 Der Versorgungsträger trifft die **Entscheidung über die Beendigung der Aussetzung** in der für sein Versorgungssystem vorgesehenen Rechtsform. Die Träger der gesetzlichen Rentenversicherung haben z.B. den bisherigen Rentenbescheid aufzuheben (§ 101 Abs. 3b SGB VI) und einen neuen zu erlassen, der die (wieder) vorzunehmende Kürzung der Rente aufgrund des VA berücksichtigt.[32] Gegen die Entscheidung des Versorgungsträgers steht je nach der Art des Rechtsverhältnisses zwischen dem Versorgungsträger und dem Ausgleichspflichtigen der **Rechtsweg** zu den Sozialgerichten, Verwaltungsgerichten, Arbeitsgerichten oder Zivilgerichten offen;[33] eine Zuständigkeit der Familiengerichte ist dagegen nicht gegeben.

II. Notwendigkeit einer familiengerichtlichen Entscheidung (Abs. 6 Satz 2)

18 **Ändert** sich nur die **Höhe der Unterhaltszahlungen**, ist der Versorgungsträger nicht berechtigt, von sich aus die Aussetzung der Versorgungskürzung zu verändern (§ 34 Abs. 6 Satz 2 VersAusglG). Da in diesem Fall die Höhe der gesetzlichen Unterhaltsverpflichtung neu zu ermitteln ist, muss die Entscheidung über die Abänderung der Aussetzung vom Familiengericht getroffen werden. Um dessen Entscheidung herbeiführen zu können, steht dem Versorgungsträger nach Abs. 2 Satz 2 ein eigenes Antragsrecht zu (s.o. Rdn. 7). Die Ehegatten können ihrerseits eine Abänderung der Anpassung mit Rücksicht auf eine Erhöhung des Unterhalts beantragen. Die örtliche Zuständigkeit des Familiengerichts bestimmt sich nach § 218 Nr. 2–5 FamFG (s.o. Rdn. 3). Liegen die Voraussetzungen für eine Abänderung der Anpassung vor, erweitert oder verringert das Familiengericht die Aussetzung der Versorgungskürzung; kommt es zu dem Ergebnis, dass der Ausgleichsberechtigte überhaupt keinen Unterhaltsanspruch mehr hat, ist die Aussetzung insgesamt aufzuheben.

---

31 Nach Hoppenz/Hoppenz § 34 Rn. 7 soll der Versorgungsträger bei einem Wegfall der Unterhaltspflicht nicht selbst entscheiden dürfen. Besteht aber offensichtlich (und unstreitig) kein Unterhaltsanspruch des ausgleichsberechtigten Ehegatten mehr, bedarf es keiner gerichtlichen Entscheidung (BT-Drucks. 16/10144 S. 74). Deshalb verlangt § 34 Abs. 6 Satz 2 VersAusglG eine gerichtliche Entscheidung nur bei einer Änderung von Unterhaltszahlungen.

32 Borth Rn. 980; Ruland Rn. 963.

33 Hoppenz/Hoppenz § 34 Rn. 13.

§ 35 VersAusglG   Anpassung wegen Invalidität der ausgleichspflichtigen Person oder einer für sie geltenden besonderen Altersgrenze

(1) Solange die ausgleichspflichtige Person eine laufende Versorgung wegen Invalidität oder Erreichens einer besonderen Altersgrenze erhält und sie aus einem im Versorgungsausgleich erworbenen Anrecht keine Leistung beziehen kann, wird die Kürzung der laufenden Versorgung auf Grund des Versorgungsausgleichs auf Antrag ausgesetzt.

(2) § 33 Abs. 2 gilt entsprechend.

(3) Die Kürzung ist höchstens in Höhe der Ausgleichswerte aus denjenigen Anrechten im Sinne des § 32 auszusetzen, aus denen die ausgleichspflichtige Person keine Leistung bezieht.

(4) Fließen der ausgleichspflichtigen Person mehrere Versorgungen zu, so ist jede Versorgung nur insoweit nicht zu kürzen, als dies dem Verhältnis ihrer Ausgleichswerte entspricht.

A. Norminhalt

§ 35 VersAusglG ermöglicht es, die aufgrund des VA eingetretene Kürzung einer Invaliditätsversorgung oder einer vorgezogenen Altersrente des ausgleichspflichtigen Ehegatten auszusetzen, wenn dieser selbst noch keine Leistungen aus einem im VA erworbenen Anrecht beziehen kann. Abs. 1 und 2 regeln die Voraussetzungen für eine Anpassung, Abs. 3 und 4 die Rechtsfolgen der Anpassung. Das Verfahren ist in § 36 VersAusglG geregelt. Das Übergangsrecht ist in § 49 VersAusglG zu finden.   1

B. Zweck der Vorschrift

§ 35 VersAusglG hat keine Entsprechung im früheren Recht. Die Vorschrift ist geschaffen worden,   2
um etwaige **leistungsrechtliche Auswirkungen des** mit der Strukturreform eingeführten **Hin- und Her-Ausgleichs abzumildern** und zu vermeiden, dass der Ausgleichspflichtige infolge der isolierten Teilung der Anrechte schlechter gestellt ist als nach früherem Recht.[1] Das frühere Prinzip der Gesamtsaldierung sämtlicher von beiden Ehegatten erworbener Anrechte hatte für ausgleichspflichtige Frührentner zur Folge, dass sich ihre Versorgung nur um den Saldo aus den Versorgungsanrechten beider Eheleute reduzierte. Nach neuem Recht muss ein ausgleichspflichtiger Frührentner den Ausgleichswert seines Versorgungsanrechts an den Ausgleichsberechtigten abgeben, ohne dass gesichert ist, dass er seinerseits auch schon Versorgungsleistungen aus einem im VA erworbenen Anrecht beziehen kann. Entsteht für ihn ein solcher leistungsrechtlicher Nachteil, weil der bereits eine Invaliditätsversorgung oder eine vorgezogene Rente beziehende Ehegatte die Voraussetzungen zum Bezug einer Versorgung aus einem seinerseits im VA erworbenen Anrecht noch nicht erfüllt, kann die auf dem VA beruhende Kürzung seiner eigenen Versorgung ausgesetzt werden.

---

1 BT-Drucks. 16/10144 S. 74.

2a   Da die Anpassung nach § 35 VersAusglG nur in Bezug auf Anrechte aus den in § 32 VersAusglG genannten Regelversicherungssystemen zulässig ist, können **verfassungswidrige Härten** für Ehegatten auftreten, die bereits eine Rente aus einem nicht zu den Regelversorgungen gehörenden Sicherungssystem (z.B. aus einer privaten Rentenversicherung oder einer betrieblichen Altersversorgung) beziehen, die aufgrund des VA gekürzt wird, ohne ihrerseits schon eine Versorgungsleistung aus einem ihnen übertragenen Regelsicherungsanrecht erhalten zu können. Zur Vermeidung solcher Auswirkungen bietet sich eine **Vereinbarung** der Ehegatten an, wonach die beiderseitigen Anrechte auf der Grundlage ihrer korrespondierenden Kapitalwerte verrechnet werden.[2]

C. Antragstellung (Abs. 1)

3   Eine Anpassung der auf dem VA beruhenden Versorgungskürzung erfolgt nur auf **Antrag** (§ 35 Abs. 1 VersAusglG). Zur Antragstellung ist nur der ausgleichspflichtige Ehegatte selbst berechtigt (s. § 36 Rdn. 4). Der Antrag ist an den Versorgungsträger zu richten, bei dem der Ausgleichspflichtige das aufgrund des VA gekürzte Anrecht erworben hat (s. § 36 Rdn. 1).

Vorschlag für die **Formulierung eines Antrags**:

▶   »Namens des … (Ausgleichspflichtigen) wird beantragt, die aufgrund der Entscheidung über den VA im Urteil des Amtsgerichts … vom … (Aktenzeichen) von … (Versorgungsträger) vorgenommene Kürzung der laufenden Versorgung des Antragstellers gemäß § 35 VersAusglG auszusetzen.«

D. Voraussetzungen der Anpassung (Abs. 1 und 2)

I. Bezug einer aufgrund des VA gekürzten Versorgung

4   Der ausgleichspflichtige Ehegatte muss bereits eine laufende Versorgung i.S. des § 32 VersAusglG erhalten, die wegen **Invalidität** oder wegen **Erreichens einer besonderen Altersgrenze** gezahlt wird (§ 35 Abs. 1 VersAusglG). Zum Begriff der Invaliditätsversorgung vgl. § 2 Rdn. 15. Anpassungsfähig sind ferner Altersversorgungen, die bereits vor Erreichen der für das Versorgungssystem geltenden Regelaltersgrenze bezogen werden, weil eine besondere vorgezogene Altersgrenze erreicht worden ist und ggf. die weiteren für einen vorzeitigen Bezug der Altersversorgung erforderlichen Voraussetzungen erfüllt sind. Erfasst werden insbesondere die Pensionen von Beamten und Soldaten, die mit Erreichen einer besonderen Altersgrenze in den Ruhestand treten,[3] aber auch (ggf. auf Antrag) vor Erreichen der Regelaltersgrenze gewährte vorgezogene Altersrenten.[4]

5   Die laufende Versorgung des Ausgleichspflichtigen muss **aufgrund des VA gekürzt** worden sein. Diese Kürzung muss den nach § 33 Abs. 2 VersAusglG maßgebenden Mindestbetrag (vgl. § 33 Rdn. 10, 11) erreichen (§ 35 Abs. 2 VersAusglG).

II. Kein Leistungsbezug aus einem im VA erworbenen Anrecht

6   Der Ausgleichspflichtige darf **aus keinem im VA** (vom anderen Ehegatten) **erworbenen Anrecht Versorgungsleistungen** beziehen. Dies kann seinen Grund z.B. darin haben, dass die Versorgungsordnung des ausgeglichenen Anrechts des anderen Ehegatten keine Invaliditätsleistungen vorsieht oder an besondere Voraussetzungen knüpft, die beim Ausgleichspflichtigen nicht vorliegen (z.B. in der gesetzlichen Rentenversicherung drei Jahre Pflichtbeitragszeiten in den letzten fünf Jahren vor Eintritt der Erwerbsminderung, § 43 Abs. 1 Satz 1 Nr. 2, Abs. 2 Satz 1 Nr. 2 SGB VI), oder dass

---

2 Borth FamRZ 2010, 1210, 1214.
3 Vgl. dazu BGH FamRZ 2012, 944.
4 BT-Drucks. 16/11903 S. 55.

eine Altersrente aus dem System des im VA erworbenen Anrechts erst ab einer späteren Altersgrenze bezogen werden kann. Die Aussetzung der Versorgungskürzung kommt nur mit Rücksicht auf solche Anrechte in Betracht, die der Ausgleichspflichtige bereits durch eine rechtsgestaltende Entscheidung wirksam *erworben* hat. An einem solchen Erwerb fehlt es, wenn dem Ausgleichspflichtigen seinerseits der *schuldrechtliche* VA bezüglich eines vom anderen Ehegatten erworbenen Anrechts vorbehalten geblieben ist, denn insoweit ist ein Ausgleich überhaupt noch nicht erfolgt,[5]

Die Anpassung erfolgt nur auf Antrag (§ 35 Abs. 1 VersAusglG). Zur Antragstellung und Antragsberechtigung vgl. § 36 Rdn. 4. **7**

E. Rechtsfolgen (Abs. 1, 3 und 4)

Liegen die Anpassungsvoraussetzungen vor, wird die aufgrund des VA vorgenommene Kürzung **8** der Versorgung ausgesetzt (§ 35 Abs. 1 VersAusglG). Die **Aussetzung der Kürzung** ist jedoch **auf die Summe der Ausgleichswerte aus den anpassungsfähigen Anrechten** (i.S. des § 32 VersAusglG), aus denen der Ausgleichspflichtige (noch) keine Leistung bezieht, **zu begrenzen** (§ 35 Abs. 3 VersAusglG). Denn der Ausgleichspflichtige soll nicht besser gestellt werden als er stünde, wenn er bereits Versorgungsleistungen aus dem im VA erworbenen Anrecht beziehen würde.

§ 35 Abs. 4 VersAusglG regelt, wie die Aussetzung der Versorgungskürzung zu vollziehen ist, wenn **9** der **Ausgleichspflichtige mehrere Versorgungen** i.S. des § 32 VersAusglG **bezieht**: In diesem Fall hat die Kürzung bei den vom Ausgleichspflichtigen bezogenen Versorgungen jeweils insoweit zu unterbleiben, als es dem Verhältnis ihrer Ausgleichswerte entspricht. Um die auf sie entfallende Aussetzung der Kürzung feststellen zu können, müssen die Versorgungsträger ermitteln, ob der Ausgleichspflichtige weitere Versorgungen erhält, deren Kürzung ebenfalls ausgesetzt werden kann. Der Ausgleichspflichtige ist gemäß § 4 Abs. 3 VersAusglG verpflichtet, dem Versorgungsträger auf dessen Aufforderung hin Auskunft über seine weiteren Versorgungen zu erteilen.[6]

▶ **Beispiel:**[7] **10**

Vor Durchführung des VA hat Ehemann M ein Anrecht in Höhe von 1.000 € in der gesetzlichen Rentenversicherung (Ausgleichswert 500 €) und ein Anrecht in einer berufsständischen Versorgung in Höhe von 200 € (Ausgleichswert 100 €), Ehefrau F hat ein Anrecht in der Beamtenversorgung in Höhe von 100 € (Ausgleichswert 50 €).

Nach Durchführung des VA erhält M eine Erwerbsminderungsrente aus der gesetzlichen Rentenversicherung in Höhe von (aufgrund des VA gekürzt) 500 € und eine Invaliditätsrente aus der berufsständischen Versorgung in Höhe von (aufgrund des VA gekürzt) 100 €. F besitzt ein Anrecht in der Beamtenversorgung in Höhe von (aufgrund des VA gekürzt) 50 €, bezieht aber noch keine Versorgung.

Die Anpassung nach § 35 VersAusglG führt zur Aussetzung der Versorgungskürzung auf Seiten des M (von insgesamt 500 € + 100 € = 600 €) um die auf Seiten der F eingetretene Kürzung ihres ausgeglichenen Anrechts von 50 €.

Die Aussetzung dieser Kürzung ist im Verhältnis der jeweiligen Ausgleichswerte auf die beiden Versorgungen des M zu verteilen:

Gesetzliche Rente: 50 € × 500 : 600 = 41,67 €;

berufsständische Versorgung: 50 € × 100 : 600 = 8,33 €.

---

5 A.A. VG Aachen Urteil vom 26.01.2012 – 1 K 1701/10 – (juris).
6 BT-Drucks. 16/10144 S. 75.
7 Vgl. BT-Drucks. 16/10144 S. 74.

§ 36 VersAusglG   Durchführung einer Anpassung wegen Invalidität der ausgleichspflichtigen Person oder einer für sie geltenden besonderen Altersgrenze

(1) Über die Anpassung, deren Abänderung und Aufhebung entscheidet der Versorgungsträger, bei dem das auf Grund des Versorgungsausgleichs gekürzte Anrecht besteht.

(2) Antragsberechtigt ist die ausgleichspflichtige Person.

(3) § 34 Abs. 3 und 4 gilt entsprechend.

(4) Sobald die ausgleichspflichtige Person aus einem im Versorgungsausgleich erworbenen Anrecht eine Leistung im Sinne des § 35 Abs. 1 beziehen kann, hat sie den Versorgungsträger, der die Kürzung ausgesetzt hat, unverzüglich darüber zu unterrichten.

A. Norminhalt

1 § 36 VersAusglG regelt das Verfahren bei der Anpassung einer auf dem VA beruhenden Versorgungskürzung nach § 35 VersAusglG. Abs. 1 normiert die Zuständigkeit für die Entscheidung über die Anpassung, Abs. 2 die Antragsberechtigung. Abs. 3 verweist bezüglich der Wirkungen der Entscheidung und des Übergangs des Anpassungsanspruchs auf Erben auf § 34 VersAusglG. Abs. 4 bestimmt Mitteilungspflichten des ausgleichspflichtigen Ehegatten.

B. Zuständigkeit des Versorgungsträgers (Abs. 1)

2 Gemäß § 36 Abs. 1 VersAusglG hat über den **Antrag** des ausgleichspflichtigen Ehegatten **auf Anpassung** der Versorgungskürzung wegen Invalidität oder wegen Erreichens einer besonderen Altersgrenze (§ 35 Abs. 1 VersAusglG) der Versorgungsträger zu entscheiden, bei dem der Ausgleichspflichtige das aufgrund des VA gekürzte Anrecht erworben hat. Insoweit besteht also keine Zuständigkeit des Familiengerichts; ein dort gestellter Antrag ist unzulässig. Der Versorgungsträger ist auch zuständig, wenn über die **Abänderung** oder **Aufhebung** der Anpassung zu entscheiden ist. Eine Abänderung zum Nachteil des Ausgleichspflichtigen sowie die Aufhebung der Anpassung kann der Versorgungsträger auch ohne Antrag des Ausgleichspflichtigen vornehmen, denn andernfalls wäre er von dessen Willkür abhängig.[1] Der Versorgungsträger entscheidet in einem Verwaltungsverfahren. Gegen seine Entscheidung ist der Rechtsweg zum Gericht der jeweils zuständigen Fachgerichtsbarkeit gegeben (vgl. dazu § 34 Rdn. 17).

3 **Neben** den Voraussetzungen des § 35 VersAusglG können auch diejenigen für eine **Anpassung wegen Unterhalts** nach § 33 VersAusglG vorliegen. In diesem Fall ist vorrangig über die Anpassung nach § 35 VersAusglG zu entscheiden. Nur soweit danach noch ein Anpassungsanspruch nach § 33 VersAusglG verbleibt, ist insoweit noch das Familiengericht zu befassen.[2]

---

1 Hoppenz/Hoppenz § 36 Rn. 1; Palandt/Brudermüller § 36 Rn. 2.
2 Borth Rn. 985; Ruland Rn. 975 jurisPK-BGB/Breuers § 36 Rn. 5.

C. Antragserfordernis und Antragsberechtigung (Abs. 2)

Die Anpassung wegen des Bezugs einer Invaliditätsrente oder vorgezogenen Versorgung findet nur 4
auf Antrag statt (§ 35 Abs. 1 VersAusglG). Dieser Antrag ist nur zur Verfahrenseinleitung erforderlich und braucht nicht beziffert zu werden (vgl. dazu § 34 Rdn. 6). **Antragsberechtigt** ist nur der Ehegatte, der hinsichtlich des Anrechts, das gekürzt worden ist, ausgleichspflichtig ist. Für die Abänderung oder Aufhebung der Anpassung bedarf es keines Antrags (s.o. Rdn. 2). Zur Formulierung des Antrags s. § 35 Rdn. 3.

D. Wirkung der Anpassung (Abs. 3)

Die Entscheidung des Versorgungsträgers über die Aussetzung der Versorgungskürzung wirkt – 5
ihre Bestandskraft vorausgesetzt – ab dem **Beginn des auf die Antragstellung folgenden Monats** (§ 36 Abs. 3 i.V.m. § 34 Abs. 3 VersAusglG; vgl. dazu näher § 34 Rdn. 9). Entsprechendes gilt für eine auf Antrag des Ausgleichspflichtigen erfolgende Abänderung der Anpassung. Hat der Versorgungsträger von sich aus die Aussetzung der Versorgungskürzung abgeändert oder aufgehoben, wird die (bestandskräftig gewordene) Entscheidung mit der Mitteilung der Aufnahme des Verfahrens an den Ausgleichspflichtigen wirksam (vgl. § 34 Rdn. 9).

E. Anspruchsübergang auf Erben (Abs. 3)

Gemäß § 36 Abs. 3 i.V.m. § 34 Abs. 4 VersAusglG geht der Anpassungsanspruch des Ausgleichs- 6
pflichtigen auf dessen **Erben** über, wenn der Ausgleichspflichtige zu seinen Lebzeiten den Antrag nach § 35 Abs. 1 VersAusglG gestellt hatte.

F. Mitteilungspflicht des Ausgleichspflichtigen (Abs. 4)

Nach § 36 Abs. 4 VersAusglG muss der Versorgungsträger, der die Kürzung der Versorgung nach 7
§ 35 VersAusglG ausgesetzt hat, vom ausgleichspflichtigen Ehegatten unverzüglich **unterrichtet** werden, sobald dieser eine Alters- oder Invaliditätsversorgung aus dem im VA vom anderen Ehegatten erworbenen Anrecht beziehen kann. Damit soll sichergestellt werden, dass der Versorgungsträger die Kürzung der Versorgung wieder realisieren kann, wenn der Grund für die Aussetzung der Kürzung wegfällt.[3] Die Unterrichtungspflicht setzt nicht erst ein, wenn der Ausgleichspflichtige tatsächlich Versorgungsleistungen bezieht, sondern schon dann, wenn er Leistungen erhalten **kann,** wenn er also die Anspruchsvoraussetzungen für den Bezug von Leistungen aus dem im VA erworbenen Anrecht erfüllt. Ob sich die Anspruchsvoraussetzungen mit denjenigen decken, die für die bereits bezogene eigene Versorgung des Ausgleichspflichtigen gelten, ist unerheblich. Weiter gehende Auskunftspflichten können sich aus § 4 Abs. 3 VersAusglG ergeben. Zu den Folgen einer Verletzung der Mitteilungspflicht vgl. § 34 Rdn. 15.

§ 37 VersAusglG   Anpassung wegen Tod der ausgleichsberechtigten Person

(1) [1]Ist die ausgleichsberechtigte Person gestorben, so wird ein Anrecht der ausgleichspflichtigen Person auf Antrag nicht länger auf Grund des Versorgungsausgleichs gekürzt. [2]Beiträge, die zur Abwendung der Kürzung oder zur Begründung von Anrechten zugunsten der ausgleichsberechtigten Person gezahlt wurden, sind unter Anrechnung der gewährten Leistungen an die ausgleichspflichtige Person zurückzuzahlen.

---

3 BT-Drucks. 16/10144 S. 75.

(2) Die Anpassung nach Absatz 1 findet nur statt, wenn die ausgleichsberechtigte Person die Versorgung aus dem im Versorgungsausgleich erworbenen Anrecht nicht länger als 36 Monate bezogen hat.

(3) Hat die ausgleichspflichtige Person im Versorgungsausgleich Anrechte im Sinne des § 32 von der verstorbenen ausgleichsberechtigten Person erworben, so erlöschen diese, sobald die Anpassung wirksam wird.

A. Norminhalt

1 § 37 ermöglicht die Beendigung der Kürzung von Versorgungsleistungen des ausgleichspflichtigen Ehegatten, wenn der ausgleichsberechtigte Ehegatte verstorben ist, ohne nennenswerte Leistungen aus dem im VA vom Ausgleichspflichtigen erworbenen Anrecht bezogen zu haben. Die Vorschrift entspricht dem früheren § 4 VAHRG, erweitert aber die Voraussetzungen für die Anpassung und stimmt diese auf das neue System des Hin- und Her-Ausgleichs ab. Abs. 1 Satz 1 und Abs. 2 regeln die Voraussetzungen für die Anpassung. Abs. 1 Satz 2 befasst sich mit den Konsequenzen der Anpassung für Beiträge, die der Ausgleichspflichtige zur Erfüllung seiner Ausgleichspflicht oder zur Abwendung der Kürzung seines Anrechts gezahlt hat. Abs. 3 bestimmt, welche Auswirkungen die Anpassung auf Anrechte hat, die der Ausgleichspflichtige seinerseits im VA erworben hat. Das Verfahren der Anpassung wird ergänzend in § 38 VersAusglG geregelt. Übergangsrechtlich gilt § 49 VersAusglG.

B. Zweck der Vorschrift

2 § 37 VersAusglG verfolgt (wie § 4 VAHRG a.F.) den Zweck, **verfassungswidrige Härten zu vermeiden**, die dadurch eintreten können, dass der Ausgleichspflichtige dauerhafte Kürzungen seines in den VA einbezogenen Anrechts hinnehmen muss, obwohl der Ausgleichsberechtigte verstorben ist und keine oder nur geringe Leistungen aus dem ihm mit dem VA zugewiesenen Versorgungsanrecht erhalten hat. Diese Auswirkungen des VA entsprechen zwar dem Versicherungsprinzip und der mit Wirksamkeit der VA-Entscheidung eingetretenen Verselbständigung des auf den Ausgleichsberechtigten übertragenen Anrechts. Es ist jedoch aus verfassungsrechtlicher Sicht geboten, die Kürzung der Versorgung des Ausgleichspflichtigen rückabzuwickeln, wenn sich der VA nahezu vollständig nur zugunsten der Versichertengemeinschaft auswirken würde.[1]

C. Antragstellung (Abs. 1 Satz 1)

3 Eine Anpassung der auf dem VA beruhenden Versorgungskürzung erfolgt nur auf **Antrag** (§ 37 Abs. 1 Satz 1 VersAusglG). Zur Antragstellung ist nur der Ausgleichspflichtige selbst berechtigt (s. § 38 Rdn. 3). Vor der Antragstellung sollte geprüft werden, ob sich die Anpassung in Anbetracht der Tatsache, dass im Gegenzug Anrechte i.S. des § 32 VersAusglG, die der Ausgleichspflichtige im VA erworben hat, erlöschen, für ihn wirtschaftlich auszahlt (s. Rdn. 7). Der Antrag ist bei dem nach § 38 Abs. 1 Satz 1 VersAusglG zuständigen Versorgungsträger zu stellen. Er kann etwa wie folgt **formuliert** werden:

---

1 BVerfG FamRZ 1980, 326, 335.

> Namens des … (ausgleichspflichtigen Ehegatten) wird gemäß § 37 Abs. 1 Satz 1 VersAusglG beantragt, sein bei Ihnen bestehendes Anrecht nicht länger aufgrund des VA zu kürzen. Begründung: Der ausgleichsberechtigte Ehegatte ist am … verstorben und hat (soweit dem Antragsteller bekannt ist) nicht länger als 36 Monate Versorgungsleistungen aus dem im VA erworbenen Anrecht bezogen.

D. Anspruchsvoraussetzungen (Abs. 1 Satz 1, Abs. 2)

Die Anpassung setzt voraus, dass der Ausgleichsberechtigte gestorben ist (§ 37 Abs. 1 Satz 1 Vers- AusglG) und aus einem im VA erworbenen Anrecht i.S. des § 32 VersAusglG keine oder jedenfalls nicht länger als 36 Monate Versorgungsleistungen bezogen hat (§ 37 Abs. 2 VersAusglG). Damit ist die Grenze, bis zu der ein Versorgungsbezug des Ausgleichsberechtigten einer Anpassung nicht entgegensteht, gegenüber dem früheren Recht (24 Monate) zugunsten des Ausgleichspflichtigen erweitert worden. Anders als nach früherem Recht kommt es nur darauf an, ob der **Ausgleichsberechtigte selbst** Leistungen aus dem im VA erworbenen Anrecht erhalten hat. Eine Anpassung ist daher auch dann möglich, wenn Hinterbliebene des Ausgleichsberechtigten Leistungen aus dem Anrecht beziehen.[2] Einer Leistung an den Berechtigten selbst steht es indes gleich, wenn der Versorgungsträger aufgrund einer Abtretung oder Pfändung an einen Dritten leisten musste.[3] Auch die Monate, in denen der Versorgungsträger aufgrund des § 30 VersAusglG mit befreiender Wirkung noch an den Ausgleichspflichtigen gezahlt hat, sind mitzuzählen.[4] Die Höhe der monatlichen Leistungen, die der Ausgleichsberechtigte empfangen hat, ist unerheblich. Es kommt auch nur auf die tatsächlich an den Berechtigten geflossenen Leistungen an, nicht auf eine bestehende Leistungsberechtigung.[5] Von Bedeutung sind nur *Versorgungs*leistungen, die der Berechtigte bezogen hat; dazu gehören Alters- und Invaliditätsrenten, aber keine Zusatzleistungen, die ein Versorgungssystem gewährt wie z.B. Rehabilitationsleistungen oder Übergangsgelder.[6] **4**

E. Rechtsfolgen (Abs. 1 und 3)

Liegen die Anpassungsvoraussetzungen vor, wird das Anrecht des Ausgleichspflichtigen nicht bzw. nicht länger gekürzt (§ 37 Abs. 1 Satz 1 VersAusglG). Anders als nach früherem Recht findet keine rückwirkende Anpassung mehr statt. Die Versorgungskürzung wird vielmehr – mit Wirkung ab dem auf die Antragstellung folgenden Monatsersten (§§ 38 Abs. 2 i.V.m. § 34 Abs. 3 VersAusglG; vgl. § 38 Rdn. 4) – nur für Folgezeit, insoweit aber vollständig beseitigt.[7] **5**

Hat der Ausgleichspflichtige nach Durchführung des VA an seinen Versorgungsträger Zahlungen geleistet, um das durch den VA verlorene Anrecht »zurückzukaufen« (z.B. Beitragszahlung in die gesetzliche Rentenversicherung zur Wiederauffüllung von Rentenanwartschaften nach § 187 Abs. 1 Nr. 1 SGB VI oder Zahlung eines Kapitalbetrages an den Träger der Beamtenversorgung zur Wiederauffüllung der Versorgungsanwartschaften, § 58 BeamtVG), oder hat der Ausgleichspflichtige (gemäß § 1587b Abs. 3 BGB a.F. oder gemäß § 3b Abs. 1 Nr. 2 VAHRG a.F.) Beiträge zur Begründung von gesetzlichen Rentenanwartschaften entrichtet, so ist ihm der **gezahlte Betrag** abzüglich der aus dem ausgeglichenen Anrecht an den Ausgleichsberechtigten gewährten Leistun- **6**

---

2 BT-Drucks. 16/10144 S. 76.
3 Borth Rn. 988; Ruland Rn. 983.
4 BSG FamRZ 1990, 874; Ruland Rn. Rn. 983; Bergner § 37 Anm. 2.4.
5 Hoppenz/Hoppenz § 37 Rn. 3.
6 Ruland Rn. 982; Johannsen/Henrich/Hahne § 37 Rn. 3; Palandt/Brudermüller § 37 Rn. 2; anders im Hinblick auf den weiter gehenden Wortlaut des § 4 Abs. 2 VAHRG a.F. noch BSG FamRZ 1993, 1430.
7 Dagegen bestehen keine verfassungsrechtlichen Bedenken; vgl. VG München Urteil vom 29.03.2011 – M 5 K 10.4285 –, FamRZ 2011, 1798 (LS).

gen **zu erstatten** (§ 37 Abs. 1 Satz 2 VersAusglG). Keine erstattungsfähigen Beiträge sind die Versorgungskürzungen, die die Versorgungsträger aufgrund wirksamer gerichtlicher Entscheidungen vorgenommen haben.[8]

7 Hat der **Ausgleichspflichtige** seinerseits im VA ein **anpassungsfähiges Anrecht** i.S. des § 32 VersAusglG erworben, so hat die Beseitigung der Kürzung seines Anrechts zur Folge, dass das erworbene **Anrecht erlischt** (§ 37 Abs. 3 VersAusglG). Der Verlust des Anrechts tritt zu dem gleichen Zeitpunkt ein, in dem die Anpassung wirksam wird, also mit dem auf die Antragstellung folgenden Monatsersten (s. § 38 Rdn. 4). Die Bestimmung soll gewährleisten, dass der Ausgleichspflichtige nach Anwendung der Härteregelung nicht bessergestellt ist, als wenn ein VA nicht durchgeführt worden wäre.[9] An die sich nach § 37 Abs. 3 VersAusglG ergebende Konsequenz muss der Anwalt des Ausgleichspflichtigen unbedingt denken, bevor ein Antrag auf Anpassung nach § 37 Abs. 1 VersAusglG gestellt wird. Andernfalls könnte der Ausgleichspflichtige sich nach Durchführung der Anpassung u.U. schlechter stehen als vorher.

§ 38 VersAusglG   Durchführung einer Anpassung wegen Tod der ausgleichsberechtigten Person

(1) [1]Über die Anpassung entscheidet der Versorgungsträger, bei dem das auf Grund eines Versorgungsausgleichs gekürzte Anrecht besteht. [2]Antragsberechtigt ist die ausgleichspflichtige Person.

(2) § 34 Abs. 3 und 4 gilt entsprechend.

(3) [1]Die ausgleichspflichtige Person hat die anderen Versorgungsträger, bei denen sie Anrechte der verstorbenen ausgleichsberechtigten Person auf Grund des Versorgungsausgleichs erworben hat, unverzüglich über die Antragstellung zu unterrichten. [2]Der zuständige Versorgungsträger unterrichtet die anderen Versorgungsträger über den Eingang des Antrags und seine Entscheidung.

A. Norminhalt

1 § 38 VersAusglG regelt das Verfahren bei einer Anpassung wegen des Todes des Ausgleichsberechtigten in den Fällen des § 37 VersAusglG. Abs. 1 bestimmt die Entscheidungszuständigkeit und die Berechtigung zur Stellung des nach § 37 Abs. 1 VersAusglG zur Durchführung des Verfahrens erforderlichen Antrags. Abs. 2 verweist hinsichtlich der Wirkung der Entscheidung und des Anspruchsübergangs auf Erben auf § 34 Abs. 3 und 4 VersAusglG. Abs. 3 regelt Mitteilungspflichten des Ausgleichspflichtigen und des Versorgungsträgers.

---

8 VG München Urteil vom 29.03.2011 – M 5 K 10.4285 – (juris).
9 BT-Drucks. 16/10144 S. 76.

B. Zuständigkeit des Versorgungsträgers (Abs. 1 Satz 1)

Über einen Anpassungsantrag des Ausgleichspflichtigen nach § 37 Abs. 1 Satz 1 VersAusglG hat gemäß § 38 Abs. 1 Satz 1 VersAusglG der **Versorgungsträger** zu entscheiden, **bei dem das aufgrund des VA gekürzte Anrecht besteht.** Insoweit besteht – wie schon nach früherem Recht – keine Zuständigkeit des Familiengerichts; ein dort gestellter Antrag ist unzulässig. Hat der Ausgleichspflichtige mehrere Versorgungen i.S. des § 32 VersAusglG, die aufgrund des VA gekürzt werden, muss er ggf. mehrere Anträge bei den jeweils zuständigen Versorgungsträgern stellen.[1] Die Versorgungsträger entscheiden im Verwaltungswege. Gegen ihre Entscheidungen ist der Rechtsweg zum Gericht der jeweils zuständigen Fachgerichtsbarkeit gegeben (vgl. dazu § 34 Rdn. 17). **2**

C. Antragserfordernis und Antragsberechtigung (Abs. 1 Satz 2)

Die Anpassung wegen Tod des Ausgleichsberechtigten findet nach § 37 Abs. 1 Satz 1 VersAusglG nur auf Antrag statt. Der Antrag hat nur verfahrenseinleitenden Charakter und braucht nicht näher begründet oder beziffert zu werden (vgl. dazu § 34 Rdn. 6). **Antragsberechtigt** ist nur der (überlebende) Ehegatte, der das aufgrund des VA gekürzte Anrecht besitzt (§ 38 Abs. 1 Satz 2 VersAusglG). Dessen Hinterbliebene sind – anders als noch nach § 9 Abs. 2 VAHRG a.F. – nicht antragsberechtigt, denn sie mussten sich darauf einstellen, dass die (Hinterbliebenen-) Versorgung des Ausgleichspflichtigen um den für den VA abgezogenen Betrag reduziert war, und haben deshalb kein schutzwürdiges Interesse an der Rückgängigmachung der Versorgungskürzung.[2] Maßgeblich sind die jeweils im Zeitpunkt des Versicherungsfalls geltenden Bestimmungen. Hinterbliebene, für die der Versicherungsfall erst mit dem Tod des Versicherten eingetreten ist, sind daher auch dann nicht antragsberechtigt, wenn der Verstorbene unter der Geltung des früheren Rechts noch eine ungekürzte Rente bezogen hat.[3] Zur Formulierung des Antrags s. § 37 Rdn. 3. **3**

D. Wirkung der Anpassung (Abs. 2)

Der Versorgungsträger erlässt bei Vorliegen der Voraussetzungen des § 37 Abs. 2 VersAusglG den **Bescheid**, dass das Anrecht des Ausgleichspflichtigen nicht länger aufgrund des VA gekürzt wird. Diese Anpassung wirkt ab dem auf die Antragstellung folgenden Monatsanfang (§ 38 Abs. 2 i.V.m. § 34 Abs. 3 VersAusglG; vgl. dazu näher § 34 Rdn. 9) und damit – anders als nach früherem Recht[4] – nur noch ex nunc. Damit wird den Versorgungsträgern eine Rückabwicklung erspart und auch eine Kompensation dafür geschaffen, dass mit der nachträglichen Anpassung zulasten der Versichertengemeinschaft das Versicherungsprinzip durchbrochen wird.[5] Mit dem Wirksamwerden der Anpassung erlöschen zugleich die Anrechte i.S. des § 32 VersAusglG, die der überlebende Ehegatte im VA von dem verstorbenen erworben hatte (§ 37 Abs. 3 VersAusglG; vgl. § 37 Rdn. 7). **4**

E. Anspruchsübergang auf Erben (Abs. 2)

Sofern der Ausgleichspflichtige selbst einen Antrag auf Anpassung nach § 37 Abs. 1 Satz 1 VersAusglG gestellt hatte, geht der Anpassungsanspruch mit seinem Tod auf seine Erben über (§ 38 Abs. 2 i.V.m. § 34 Abs. 4 VersAusglG). **5**

---

1 BT-Drucks. 16/10144 S. 76.
2 BT-Drucks. 16/10144 S. 75.
3 SozG Gelsenkirchen Urteil vom 06.01.2012 – S 7 KN 334/11 – (juris).
4 Vgl. BSG FamRZ 2007, 815.
5 BT-Drucks. 16/10144 S. 76.

F. Mitteilungspflichten (Abs. 3)

6   Gemäß § 38 Abs. 3 Satz 1 VersAusglG hat der **Ausgleichspflichtige** die Versorgungsträger, bei denen er aufgrund des VA Anrechte von dem verstorbenen Ehegatten erworben hat, unverzüglich über seine Antragstellung nach § 37 Abs. 1 Satz 1 VersAusglG zu unterrichten. Diese Mitteilungspflicht trägt dem Umstand Rechnung, dass mit dem Wirksamwerden der Anpassung die Anrechte i.S. des § 32 VersAusglG, die der Ausgleichspflichtige seinerseits im VA vom anderen Ehegatten erworben hat, gemäß § 37 Abs. 3 VersAusglG erlöschen, und soll sicherstellen, dass diese Versorgungsträger ihre Leistungen an den Ausgleichspflichtigen rechtzeitig einstellen können.[6] Aus dem Zweck der Regelung folgt, dass der Ausgleichspflichtige nur diejenigen Versorgungsträger unterrichten muss, bei denen er eines der von § 32 VersAusglG erfassten Anrechte erworben hat.

7   § 38 Abs. 3 Satz 2 VersAusglG verpflichtet darüber hinaus den **Versorgungsträger**, bei dem ein Antrag auf Rückgängigmachung der Versorgungskürzung gestellt wurde, die »anderen Versorgungsträger« über den Eingang des Antrags und seine Entscheidung zu unterrichten. Damit soll ebenfalls gewährleistet werden, dass die Versorgungsträger, bei denen Anrechte bestehen, die mit dem Wirksamwerden der Anpassung erlöschen, davon Kenntnis erhalten, von welchem Zeitpunkt an sie die Leistung an den Ausgleichspflichtigen einstellen können.[7] Zu unterrichten sind daher auch insoweit nur die Versorgungsträger, bei denen der Ausgleichspflichtige durch den VA Anrechte i.S. des § 32 VersAusglG erworben hat. Um seine Informationspflicht erfüllen zu können, wird der nach § 38 Abs. 1 Satz 1 VersAusglG zuständige Versorgungsträger vom Ausgleichspflichtigen regelmäßig verlangen können, dass er eine Sterbeurkunde des Ausgleichsberechtigten, eine Kopie des Scheidungsurteils, aus dem sich sämtliche beteiligte Versorgungsträger entnehmen lassen, sowie einen Nachweis über die erfolgte Information der anderen Versorgungsträger nach § 38 Abs. 3 Satz 1 VersAusglG vorlegt.[8]

Teil 2   Wertermittlung

Kapitel 1   Allgemeine Wertermittlungsvorschriften

§ 39 VersAusglG   Unmittelbare Bewertung einer Anwartschaft

(1) Befindet sich ein Anrecht in der Anwartschaftsphase und richtet sich sein Wert nach einer Bezugsgröße, die unmittelbar bestimmten Zeitabschnitten zugeordnet werden kann, so entspricht der Wert des Ehezeitanteils dem Umfang der auf die Ehezeit entfallenden Bezugsgröße (unmittelbare Bewertung).

(2) Die unmittelbare Bewertung ist insbesondere bei Anrechten anzuwenden, bei denen für die Höhe der laufenden Versorgung Folgendes bestimmend ist:

1. die Summe der Entgeltpunkte oder vergleichbarer Rechengrößen wie Versorgungspunkten oder Leistungszahlen,
2. die Höhe eines Deckungskapitals,
3. die Summe der Rentenbausteine,
4. die Summe der entrichteten Beiträge oder
5. die Dauer der Zugehörigkeit zum Versorgungssystem.

---

6 BT-Drucks. 16/10144 S. 76.
7 BT-Drucks. 16/10144 S. 76.
8 BT-Drucks. 16/10144 S. 76 f.

A. Norminhalt

Die §§ 39 und 40 VersAusglG regeln in abstrakter Form zwei verschiedene Methoden, nach denen 1
der Wert des Ehezeitanteils eines noch in der Anwartschaftsphase befindlichen Versorgungsanrechts berechnet werden kann. § 39 VersAusglG beschreibt in Abs. 1 die unmittelbare Bewertungsmethode. Abs. 2 erklärt die unmittelbare Bewertungsmethode verbindlich für anwendbar, wenn sich die Höhe des Versorgungsanrechts nach den in dieser Vorschrift (beispielhaft) genannten Bezugsgrößen richtet. Für nach der unmittelbaren Bewertungsmethode zu berechnende Anrechte, die sich bereits in der Leistungsphase befinden, gilt ergänzend § 41 Abs. 1 VersAusglG.

B. Grundsätzliches

Während das frühere Recht Bewertungsbestimmungen enthielt, die für konkrete Versorgungssysteme galten, regelt das neue Recht die Grundsätze für die **Berechnung des Ehezeitanteils** der in 2
den VA fallenden Anrechte **in abstrakter Form**. Dies hat zum einen den Vorteil, dass die Wertermittlungsvorschriften gestrafft werden, weil sie auf die Beschreibung der beiden grundsätzlich unterschiedlichen Methoden des bisherigen Rechts zurückgeführt und Wiederholungen vermieden werden. Zum anderen bleiben die Bestimmungen offen für die Einordnung neuer Versorgungsmodelle. Für Versorgungssysteme, die sich unter keine der beiden Bewertungsvorschriften subsumieren lassen, hält § 42 VersAusglG eine Auffangregelung bereit. Sondervorschriften für einzelne Versorgungssysteme finden sich in den §§ 43–46 VersAusglG.

Für die Bestimmung des Ehezeitanteils gilt zunächst die im Allgemeinen Teil befindliche Vor- 3
schrift des § 5 VersAusglG. Sie regelt insbesondere den stets zu beachtenden **Bewertungsstichtag** des Endes der Ehezeit (i.S. des § 3 Abs. 1 VersAusglG). Alle Berechnungen sind auf diesen Stichtag zu beziehen (§ 5 Abs. 2 Satz 1 VersAusglG). Veränderungen, die nach Ehezeitende eingetreten sind, sind nur nach Maßgabe des § 5 Abs. 2 Satz 2 VersAusglG und bei Ausgleichsansprüchen nach der Scheidung (schuldrechtlicher VA) auch nach Maßgabe des § 5 Abs. 4 Satz 2 VersAusglG zu berücksichtigen.

Die Berechnung des Ehezeitanteils ist von den **Versorgungsträgern** in der für das Versorgungssys- 4
tem maßgeblichen Bezugsgröße anzustellen (§ 5 Abs. 1 VersAusglG). Die Versorgungsträger haben dem Familiengericht außerdem den Ausgleichswert des Anrechts und, falls dieser nicht als Kapitalwert angegeben wird, einen korrespondierenden Kapitalwert mitzuteilen (§ 5 Abs. 3 VersAusglG).

Die unmittelbare Bewertungsmethode ist gegenüber der zeitratierlichen Methode **vorrangig**, wie 5
sich aus der Fassung des § 40 Abs. 1 VersAusglG ergibt. Dies ist deshalb sachgerecht, weil sich auf diese Weise am besten die konkret während der Ehezeit erworbenen Versorgungswerte ermitteln

lassen; die zeitratierliche Methode pauschaliert aufgrund der Fiktion eines linearen Anstiegs des Versorgungswertes während der Anwartschaftsphase und ist damit ungenauer.[1]

6   Bei bestimmten Anrechten kann es geboten sein, **einzelne Bestandteile** der Versorgungsanwartschaft nach **unterschiedlichen Bewertungsmethoden** zu ermitteln (z.B. in der Zusatzversorgung des öffentlichen Dienstes, wenn eine nach früherem Recht erworbene Anwartschaft – sog. Startgutschrift – mit einer nach der Strukturreform von 2002 erworbenen Anwartschaft zusammentrifft; vgl. § 45 Rdn. 32, 33).[2]

C. Unmittelbare Bewertungsmethode (Abs. 1)

7   § 39 Abs. 1 VersAusglG regelt die Bewertung von Anrechten, die sich in der **Anwartschaftsphase** befinden und deren Wert sich unmittelbar bestimmen lässt. Die Vorschrift kommt zur Anwendung, wenn der Leistungsfall bis zum Zeitpunkt der (letzten tatrichterlichen) Entscheidung noch nicht eingetreten ist. Auf bereits laufende Versorgungen findet § 41 Abs. 1 VersAusglG Anwendung. Dies gilt auch dann, wenn der Leistungsfall erst nach Ende der Ehezeit eingetreten ist; allerdings müssen die bei Ehezeitende maßgebenden persönlichen Bemessungsgrundlagen beachtet werden, so dass eine Rückrechnung der laufenden Versorgung auf das Ehezeitende erforderlich ist (vgl. § 5 Rdn. 11). Abweichungen ergeben sich indes durch die Anknüpfung an § 41 Abs. 1 VersAusglG i.d.R. nicht, weil diese Vorschrift § 39 Abs. 1 VersAusglG für entsprechend anwendbar erklärt.

8   Eine unmittelbare Bewertung ist möglich, wenn sich der Wert des Anrechts nach einer **Bezugsgröße** (i.S. des § 5 Abs. 1 VersAusglG) richtet, die **unmittelbar bestimmten Zeitabschnitten zugeordnet** werden kann. Das ist der Fall, wenn ein direkter Zusammenhang zwischen dem aus der Ehezeit resultierenden Teil der Bezugsgröße und der Höhe der Versorgung besteht.[3] Der Wert des Ehezeitanteils kann dann konkret aus dem Umfang der auf die Ehezeit entfallenden Bezugsgröße – bezogen auf das Ende der Ehezeit als den maßgebenden Bewertungsstichtag (s. Rdn. 3) – berechnet werden.

D. Anwendungsfälle der unmittelbaren Bewertungsmethode (Abs. 2)

9   In § 39 Abs. 2 VersAusglG sind – nur beispielhaft und nicht abschließend, wie durch das Wort »insbesondere« zum Ausdruck kommt[4] – **bestimmte Bezugsgrößen** aufgezählt, deren Verwendung in den jeweiligen Versorgungssystemen die Berechnung des Ehezeitanteils unter Anwendung der unmittelbaren Bewertungsmethode zulässt.

I. Entgeltpunkte und vergleichbare Rechengrößen (Abs. 2 Nr. 1)

10   Abs. 2 Nr. 1 bezieht sich auf die praktisch bedeutsamste Fallgruppe von Versorgungen, nämlich Anrechte der **gesetzlichen Rentenversicherung.** Hier richtet sich die Höhe der Rente (u.a.) nach der Summe der **in der Ehezeit erworbenen Entgeltpunkte.** Der Rentenbetrag ergibt sich für einzelne Zeitabschnitte jeweils konkret aus dem Produkt der Entgeltpunkte und des aktuellen Rentenwerts. Für den maßgebenden Bewertungsstichtag lässt sich der Wert der ehezeitlichen Entgeltpunkte mit Hilfe des bei Ehezeitende geltenden aktuellen Rentenwerts ermitteln (vgl. dazu im Einzelnen § 43 Rdn. 40). Die Anwendung der unmittelbaren Bewertungsmethode für gesetzliche Rentenanwartschaften wird darüber hinaus auch noch in § 43 Abs. 1 VersAusglG verbindlich fest-

---

1   BT-Drucks. 16/10144 S. 78 und 79.
2   *BT-Drucks.* 16/10144 S. 78; BGH FamRZ 1996, 95; Ruland Rn. 338; Hauß/Eulering Rn. 551 ff.
3   BT-Drucks. 16/10144 S. 77.
4   BT-Drucks. 16/10144 S. 78.

gelegt. Sie entspricht im Übrigen dem früheren Recht (§ 1587a Abs. 2 Nr. 2 BGB a.F.). Entgeltpunkte sind auch die maßgebliche Bezugsgröße der Hüttenknappschaftlichen Zusatzversicherung
im Saarland.[5]

Für **Rechengrößen**, die den Entgeltpunkten der gesetzlichen Rentenversicherung (strukturell) **ver-**   11
gleichbar sind, gilt das Gleiche. Abs. 2 Nr. 1 erwähnt insoweit beispielhaft die (seit der Strukturreform von 2002) in der Zusatzversorgung des öffentlichen Dienstes verwendeten **Versorgungs-**
punkte. Ferner werden **Leistungszahlen** genannt. Dazu gehören z.B. die **Steigerungszahlen** in der
Alterssicherung der Landwirte[6] und in verschiedenen berufsständischen Versorgungswerken.[7]

II. Höhe eines Deckungskapitals (Abs. 2 Nr. 2)

Nach der unmittelbaren Bewertungsmethode kann der Ehezeitanteil auch berechnet werden,   12
wenn sich die Höhe der Versorgung nach einem angesammelten **Deckungskapital** richtet (Abs. 2
Nr. 2). Dies ist bei allen kapitalgedeckten Versorgungssystemen der Fall, zu denen insbesondere
die privaten Rentenversicherungen zählen, aber auch (in zunehmendem Umfang) betriebliche
Altersversorgungen und berufsständische Versorgungen. Das Deckungskapital setzt sich im
Wesentlichen aus den (von einem Ehegatten und/oder von seinem Arbeitgeber) eingezahlten Beiträgen, den erzielten Zinsgewinnen und den zugeteilten Überschussanteilen zusammen, vermindert um Risiko-, Verwaltungs- und sonstige Kosten. Die spätere Versorgung ergibt sich aus der
Verrentung des Deckungskapitals unter Anwendung versicherungsmathematischer Grundsätze
und Rechnungsgrundlagen, wobei insbesondere die statistische Lebenserwartung und die Verhältnisse des Kapitalmarkts zu berücksichtigen sind.

Der **Ehezeitanteil** der Anwartschaft lässt sich hier unmittelbar aus dem während der Ehezeit ange-   13
sammelten Deckungskapital berechnen.[8] Dies ist allerdings nur dann unproblematisch, wenn das
dem Anrecht zugrunde liegende Arbeits- oder Versicherungsverhältnis erst in der Ehezeit begonnen hat, denn dann entspricht der Ehezeitanteil dem bei Ende der Ehezeit vorhandenen
Deckungskapital. Ist ein Teil des Anrechts bereits vor Beginn der Ehezeit erworben worden, stellt
sich die Frage, ob auch die Gewinnanteile, die während der Ehezeit auf das bereits bei Beginn der
Ehezeit vorhandene Deckungskapital angefallen sind, der Ehezeit zuzurechnen sind. Teilweise
wird die Auffassung vertreten, dass der ehezeitliche Zuwachs auf das vorehezeitlich erworbene
Deckungskapital im VA nicht berücksichtigt werden dürfe, weil ein solcher Zuwachs auch in
anderen nicht kapitalgedeckten Versorgungssystemen nicht ausgeglichen werde.[9] Nach überwiegender Ansicht ist dagegen der auf das vorehelich erworbene Deckungskapital in der Ehezeit
erzielte Zuwachs mit auszugleichen; der Ehezeitanteil ergibt sich danach aus der Differenz zwischen den bei Ehezeitende und bei Beginn der Ehezeit vorhandenen Deckungskapitalien.[10] Zum
Teil wird insoweit allerdings in Anlehnung an die Berechnung des Zugewinns nach den §§ 1374
ff. BGB eine Indexierung des bei Ehebeginn vorhandenen Deckungskapitals für erforderlich
gehalten.[11] Richtigerweise ist auch der Vermögenszuwachs in den VA einzubeziehen, der während
der Ehezeit in Bezug auf das in die Ehe eingebrachte Deckungskapital erzielt worden ist, denn
nach § 2 Abs. 2 Nr. 1 VersAusglG sind alle aus Vermögen erworbenen Versorgungsanrechte auszugleichen, ohne dass es darauf ankommt, woher das zugrunde liegende Vermögen stammt (vgl. § 2

---

5 OLG Saarbrücken FamRZ 2011, 1868.
6 Vgl. dazu Ruland Rn. 400 ff..
7 Ruland Rn. 397; MüKo/Glockner § 39 Rn. 7; z.B. Baden-Württembergische Versorgungsanstalt für
  Ärzte, Zahnärzte und Tierärzte, BGH FamRZ 2011, 851, 852.
8 BT-Drucks. 16/10144 S. 78.
9 Hauß/Eulering Rn. 521–537.
10 Borth Rn. 510; Ruland Rn. 437; MüKo/Glockner § 39 Rn. 11; Johannsen/Henrich/Holzwarth § 39
  Rn. 21, § 46 Rn. 12; Hauß/Eulering Rn. 538–541; wohl auch Bergner § 46 Anm. 3.
11 Palandt/Brudermüller § 46 Rn. 6; Hoppenz/Hoppenz § 46 Rn. 6.

Rdn. 8). Es bedarf auch keiner Indexierung des bei Beginn der Ehe vorhandenen Kapitals, weil es im VA nicht um den Wertzuwachs eines Vermögensgegenstandes geht, sondern um das Anwachsen einer Versorgungsanwartschaft. Die zwischen Ehezeitende und gerichtlicher Entscheidung eintretende Wertentwicklung des Anrechts spielt bei der internen Teilung nach § 10 VersAusglG keine Rolle, weil das auszugleichende Anrecht bezogen auf den Stichtag Ehezeitende geteilt wird und der Ausgleichsberechtigte daher von diesem Zeitpunkt ab an der Wertentwicklung des übertragenen Anrechts teilnimmt. Bei einer externen Teilung nach § 14 VersAusglG kann eine Beteiligung des Ausgleichsberechtigten an der nachehezeitlichen Wertsteigerung des ausgeglichenen Anrechts jedoch nur dadurch erreicht werden, dass ein auf den Zeitpunkt der Entscheidung aktualisierter Kapitalwert auf den Träger der Zielversorgung transferiert wird (s. § 14 Rdn. 19c ff.).

14 Weitere Einzelheiten der vorzunehmenden Berechnung sind für **betriebliche Anrechte** in § 45 VersAusglG und für **private Versicherungen** in § 46 VersAusglG geregelt.

III. Summe der Rentenbausteine (Abs. 2 Nr. 3)

15 Gemäß Abs. 2 Nr. 3 sind Anrechte, bei denen sich die Höhe der Versorgung aus der **Summe der Rentenbausteine** ergibt, ebenfalls unmittelbar zu bewerten. In solchen Versorgungssystemen wird dem Versorgungsbeitrag für jedes Jahr der Anwartschaft direkt eine resultierende Leistung zugeordnet. Diese muss dabei nicht zwangsläufig in einem Geldwert ausgedrückt werden. Es sind z.B. auch Versorgungssysteme denkbar, die dem einzelnen Versorgungsbeitrag eine entsprechende Anzahl an Fondsanteilen zuordnen. Unerheblich ist, ob das Versorgungssystem zur Bezeichnung der Bezugsgröße den Begriff »Rentenbaustein« oder einen anderen Begriff verwendet. Der **Ehezeitanteil** des Anrechts ergibt sich aus der Summe der Rentenbausteine, die dem in die Ehezeit fallenden Zeitraum zugeordnet worden sind. Werden die Rentenbausteine allerdings – wie i.d.R. – jährlich ermittelt, ist eine unmittelbare Bewertung für die Jahre, in die der Beginn und das Ende der Ehezeit fallen, nicht möglich, sofern die Stichtage innerhalb des Kalenderjahres liegen. Deshalb muss für diese beiden Jahre ggf. eine zeitratierliche Berechnung vorgenommen werden, indem der in dem betreffenden Jahr erworbene Rentenbaustein im Verhältnis der in die Ehezeit fallenden Monate zu sämtlichen Monaten des Kalenderjahres berücksichtigt wird.[12]

IV. Summe der entrichteten Beiträge (Abs. 2 Nr. 4)

16 Unmittelbar zu bewerten sind auch Anrechte, bei denen sich die Höhe der Versorgung (ausschließlich) aus der **Summe der entrichteten Beiträge** ergibt (Abs. 2 Nr. 4). Diese Vorschrift, die dem früheren § 1587a Abs. 2 Nr. 4c BGB entspricht, hat vor allem für einige berufsständische Versorgungen[13] und für Höherversicherungsanteile aus der gesetzlichen Rentenversicherung[14] Bedeutung. Der **Ehezeitanteil** wird ermittelt, indem der zur Umrechnung der Beiträge in eine Rente anzuwendende mathematische Faktor mit der Summe der in der Ehezeit gezahlten Beiträge multipliziert wird.[15]

V. Dauer der Zugehörigkeit zum Versorgungssystem (Abs. 2 Nr. 5)

17 Nach Abs. 2 Nr. 5 ist die unmittelbare Bewertung ferner vorzunehmen, wenn sich die Höhe der Versorgung nach der **Dauer der Zugehörigkeit zum Versorgungssystem** richtet. Die Vorschrift

---

12 BT-Drucks. 16/10144 S. 78; Hauß/Eulering Rn. 542 ff.
13 Vgl. BGH FamRZ 1989, 951 (Kassenärztliche Vereinigung Hessen); 1996, 481 (Zahnärzteversorgung Schleswig-Holstein); 2005, 430; 2008, 1602 (Architektenversorgung Baden-Württemberg); 2006, 397 (Landesärztekammer Hessen).
14 Auch soweit diese in den neuen Bundesländern erworben worden sind; vgl. OLG Brandenburg FamRZ 2000, 676; OLG Thüringen FamRZ 2001, 627.
15 Borth Rn. 166.

entspricht § 1587a Abs. 2 Nr. 4a BGB a.F. Die Versorgung bemisst sich hier i.d.R. aus dem Produkt der in die Ehezeit fallenden Monate der Zugehörigkeit zum Versorgungssystem und dem Rechenfaktor, der für jedes Jahr der Zugehörigkeit festgelegt worden ist.[16] Der **Ehezeitanteil** wird dann ermittelt, indem die in die Ehezeit fallenden Monate der Zugehörigkeit zum System mit dem maßgebenden Rechenfaktor multipliziert werden.[17]

VI. Abgeordnetenversorgungen

Für die **Abgeordnetenversorgung des Bundes** schreibt § 25a Abs. 3 AbgG[18] ausdrücklich die unmittelbare Bewertung vor. Die Abgeordneten haben einen Anspruch auf Altersversorgung (»Altersentschädigung«), wenn sie das 67. Lebensjahr[19] vollendet haben und dem Bundestag mindestens ein Jahr[20] angehören (§ 19 Abs. 1 AbgG); mit jedem über das achte Jahr hinausgehenden Jahr der Mitgliedschaft zum Bundestag sinkt die Altersgrenze um ein Jahr (§ 19 Abs. 3 Satz 2 AbgG). Die Höhe der Versorgung bemisst sich nach einem von der Dauer der Mitgliedschaft zum Bundestag abhängigen Prozentsatz der monatlichen Abgeordnetenbezüge; der Steigerungssatz beträgt (seit 2008) für jedes Jahr der Mitgliedschaft 2,5 % der Abgeordnetenbezüge bis zu einem Höchstsatz von 67,5 % (§ 20 AbgG).[21] Gezählt werden nur volle Jahre der Mitgliedschaft, wobei eine Mandatszeit von mehr als einem halben Jahr allerdings als volles Jahr gilt (§ 20 Abs. 1 Satz 5 i.V.m. § 18 Abs. 1 Satz 4 AbgG). Mitgliedszeiten in Landesparlamenten und – eingeschränkt – in der Volkskammer der DDR sind auf Antrag anzurechnen (§ 21 AbgG). Der **Ehezeitanteil** einer solchen Abgeordnetenversorgung ergibt sich aus dem Produkt des bis zum Ende der Ehezeit erreichten Steigerungssatzes und der bei Ende der Ehezeit maßgebenden monatlichen Abgeordnetenbezüge,[22] wird also als monatlicher Rentenbetrag ermittelt.

18

Hat ein Abgeordneter bis zum Ende der Ehezeit noch **nicht** die zum Bezug einer späteren Versorgung **erforderliche Mandatszeit erreicht**, kann er sie aber bis zum Ende der laufenden Wahlperiode noch erreichen, ist von einem bestehenden, aber noch nicht ausgleichsreifen Anrecht i.S. des § 19 Abs. 2 Nr. 1 VersAusglG auszugehen. Nach Eintritt der Ausgleichsreife kann das Anrecht mit seinem nach Rdn. 18 berechneten Ehezeitanteil in den Wertausgleich einbezogen werden. Sind künftige Versorgungsleistungen dagegen bei Ende der Ehezeit zusätzlich davon abhängig, dass der Ehegatte nach Eheizeitende wiedergewählt wird, besteht kein auszugleichendes Anrecht auf Abgeordnetenversorgung.[23] Vielmehr ist in diesem Fall zu berücksichtigen, dass der Abgeordnete nur eine Abfindung oder die Nachversicherung in der gesetzlichen Rentenversicherung verlangen kann (§ 23 AbgG). Eine Abfindung fällt zwar im Allgemeinen nicht in den VA, weil sie keinen Versorgungscharakter hat (vgl. § 2 Rdn. 13). Hier kann es jedoch für den VA keinen Unterschied machen, ob der Abgeordnete sich zur Abgeltung seiner Versorgungsanwartschaft für eine Abfin-

19

---

16 BT-Drucks. 16/10144 S. 78.
17 Borth Rn. 166.
18 I.d.F. des Art. 7 VAStrReG.
19 Für vor 1964 geborene Abgeordnete gelten aufgrund einer Übergangsbestimmung (§ 19 Abs. 2 AbgG), die der für die gesetzliche Rentenversicherung geltenden Regelung (s. § 43 Rdn. 37) entspricht, vorgezogene Altersgrenzen.
20 Nach dem bis 2007 geltenden Recht war eine Mindestmandatszeit von acht Jahren erforderlich.
21 Für die Zeit bis 2007 galt ein Steigerungssatz von 3 % bis zum 23. Jahr der Mitgliedschaft.
22 BT-Drucks. 16/10144 S. 105 f.; Borth Rn. 594; nicht zutreffend Ruland Rn. 403, wonach (unter Bezugnahme auf BGH FamRZ 1992, 46, 47) die Gesamtzeit bis zum Ende der laufenden Wahlperiode maßgeblich sein soll. Dabei wird nicht beachtet, dass der Ehezeitanteil unter der Geltung des früheren Rechts nach der zeitanteiligen Methode zu berechnen war.
23 Vgl. BGH FamRZ 2007, 30, 35 zur vergleichbaren Anwartschaft eines kommunalen Wahlbeamten; ebenso für ein Anrecht aus der niedersächsischen Abgeordnetenversorgung OLG Celle FamRZ 2009, 1673, 1675. Kritisch zur Rechtsprechung des BGH Bergner FamRZ 2007, 534; Borth FamRZ 2008, 2069, 2070.

dung oder für die – zweifellos der Versorgung dienende – Nachversicherung in der gesetzlichen Rentenversicherung entscheidet. Deshalb ist die Versorgungsabfindung (die sich gemäß § 23 Abs. 1 Satz 2 AbgG für jeden angefangenen Monat der Mitgliedschaft im Bundestag auf den Höchstbeitrag zur allgemeinen Rentenversicherung zuzüglich 20 % dieses Höchstbeitrages bemisst) in jedem Fall mit dem auf die Ehezeit entfallenden Anteil in den VA einzubeziehen.[24]

20 Für die **Abgeordnetenversorgungen der Länder** gilt § 25a AbgG in seiner Neufassung nicht mehr. Sie können jedoch in entsprechender Anwendung dieser Vorschrift bewertet werden, sofern sich die Anrechte nach den gleichen Grundsätzen bemessen.

§ 40 VersAusglG   Zeitratierliche Bewertung einer Anwartschaft

(1) Befindet sich ein Anrecht in der Anwartschaftsphase und richtet sich der Wert des Anrechts nicht nach den Grundsätzen der unmittelbaren Bewertung gemäß § 39, so ist der Wert des Ehezeitanteils auf der Grundlage eines Zeit-Zeit-Verhältnisses zu berechnen (zeitratierliche Bewertung).

(2) [1]Zu ermitteln ist die Zeitdauer, die bis zu der für das Anrecht maßgeblichen Altersgrenze höchstens erreicht werden kann (n). [2]Zudem ist der Teil dieser Zeitdauer zu ermitteln, der mit der Ehezeit übereinstimmt (m). [3]Der Wert des Ehezeitanteils ergibt sich, wenn das Verhältnis der in die Ehezeit fallenden Zeitdauer und der höchstens erreichbaren Zeitdauer (m/n) mit der zu erwartenden Versorgung (R) multipliziert wird (m/n × R).

(3) [1]Bei der Ermittlung der zu erwartenden Versorgung ist von den zum Ende der Ehezeit geltenden Bemessungsgrundlagen auszugehen. [2]§ 5 Abs. 2 Satz 2 bleibt unberührt.

(4) Die zeitratierliche Bewertung ist insbesondere bei Anrechten anzuwenden, bei denen die Höhe der Versorgung von dem Entgelt abhängt, das bei Eintritt des Versorgungsfalls gezahlt werden würde.

(5) Familienbezogene Bestandteile des Ehezeitanteils, die die Ehegatten nur auf Grund einer bestehenden Ehe oder für Kinder erhalten, dürfen nicht berücksichtigt werden.

A. Norminhalt

1 § 40 VersAusglG regelt die zeitratierliche Methode für die Berechnung des Ehezeitanteils einer Versorgungsanwartschaft. Abs. 1 bestimmt, dass die zeitratierliche Methode nachrangig zur Anwendung kommt, wenn eine unmittelbare Bewertung nach § 39 VersAusglG nicht möglich ist. Abs. 2 und 3 regeln die Einzelheiten der Wertermittlung. Abs. 4 enthält einen Regelfall für die Anwendung der zeitratierlichen Methode. Abs. 5 befasst sich mit der Behandlung familienbezogener Bestandteile einer Versorgungsanwartschaft. Ist eine bereits laufende Versorgung zu bewerten, findet § 41 Abs. 2 VersAusglG Anwendung.

---

24 A.A. BT-Drucks. 16/10144 S. 106; Borth Rn. 594; Johannsen/Henrich/Holzwarth § 44 Rn. 14.

B. Anwendungsbereich der zeitratierlichen Methode (Abs. 1)

Die zeitratierliche Methode ist zur Bewertung eines Versorgungsanrechts, das sich noch in der 2
Anwartschaftsphase befindet, anzuwenden, wenn eine Bewertung nach der unmittelbaren
Methode nicht möglich oder nicht sachgerecht ist (§ 40 Abs. 1 VersAusglG). Die **zeitratierliche
Methode** ist daher **nachrangig**; ihre Anwendung setzt voraus, dass sich das Anrecht nicht für eine
Bewertung nach der unmittelbaren Methode eignet. Das ist nach der Gesetzesbegründung[1] der
Fall, wenn kein direkter Zusammenhang zwischen einer Bezugsgröße aus der Ehezeit und der
Höhe der Versorgung besteht, sondern das Anrecht im Laufe der Zeit gleichmäßig aufgebaut wird,
ohne dass eine unmittelbare Zuordnung von Wertbestandteilen zur Ehezeit möglich ist. Diese
Beschreibung ist jedoch ungenau; entscheidend ist vielmehr, dass das Anrecht während der
Anwartschaftsphase nicht gleichmäßig im Wert steigt oder dass ein Grund- und/oder ein Höchstbetrag vorgesehen ist, so dass die künftige Versorgung nicht bestimmt werden kann, ohne die vor
Ehebeginn zurückgelegte und die nach Ehezeitende bis zum Eintritt des (voraussichtlichen) Versorgungsfalles noch zurückzulegende Dienst- oder Beschäftigungszeit in die Betrachtung einzubeziehen.[2] I.d.R. steigt der Wert der Anwartschaft in Abhängigkeit von einem Entgeltfaktor (i.d.R.
dem letzten Einkommen) und einem Zeitfaktor (der im Dienst- oder Arbeitsverhältnis zurückgelegten Zeit). Der Entgeltfaktor kann problemlos auf das Ehezeitende als den nach § 5 Abs. 2
Satz 1 VersAusglG maßgeblichen Bemessungszeitpunkt bezogen werden (s.u. Rdn. 6). Die Bestimmung des Zeitfaktors setzt jedoch eine Prognose der weiteren Entwicklung nach Ende der Ehezeit
voraus. Daraus folgt, dass die zeitratierliche Methode unsicherer und im Zweifel auch ungenauer
ist als die unmittelbare Bewertung. Außerdem kann die tatsächliche spätere Entwicklung von der
Prognose abweichen, wodurch häufig Abänderungsverfahren erforderlich werden.

Die zeitratierliche Methode ist insbesondere bei der **Beamten- und Soldatenversorgung** anzuwen- 3
den, wie § 44 Abs. 1 VersAusglG ausdrücklich bestimmt (vgl. § 44 Rdn. 2 ff.). Dies entspricht dem
früheren Recht (§ 1587a Abs. 2 Nr. 1 BGB a.F.). Für die **betriebliche Altersversorgung** sah das
frühere Recht in § 1587a Abs. 2 Nr. 3 BGB a.F. ebenfalls die zeitratierliche Bewertung vor. Nach
§ 45 Abs. 2 VersAusglG ist dagegen eine zeitratierliche Bewertung nur noch vorzunehmen, wenn
eine unmittelbare Bewertung nicht möglich ist. Dies gilt etwa für endgehaltsabhängige Systeme
und für Gesamtversorgungssysteme (vgl. dazu i.E. § 45 Rdn. 16, 23 ff.). Die zeitratierliche
Methode kann sich ferner für die Bewertung der Anrechte von **Personen mit Unternehmereigenschaft** eignen. Zeitratierlich sind auch die – beamtenähnlich ausgestalteten – Versorgungen von
Richtern sowie von **Regierungsmitgliedern, parlamentarischen Staatssekretären und Bundesbeauftragten** zu bewerten.[3] Eine **berufsständische Versorgung** ist zeitratierlich zu bewerten, wenn
die Höhe der Versorgungsleistungen (auch) von der Dauer der Zugehörigkeit zu dem Versorgungswerk abhängt und Zusatzzeiten berücksichtigt werden, die keinem konkreten Zeitraum
zugeordnet werden können.[4] Bei **Abgeordnetenversorgungen** ist dagegen – abweichend vom früheren Recht – die unmittelbare Bewertungsmethode anzuwenden (s. § 39 Rdn. 18 ff.).

C. Zeitratierliche Bewertungsmethode (Abs. 2 und 3)

Bei der zeitratierlichen Methode wird der Ehezeitanteil auf der Grundlage eines **Zeit/Zeit-Verhält-** 4
nisses berechnet. Die ins Verhältnis zu setzenden Zeiträume sind zum einen die **gesamte Zeit**, die
bis zu der für das Anrecht maßgeblichen Altersgrenze höchstens erreicht werden kann (§ 40 Abs. 2
Satz 1 VersAusglG), und zum anderen der **Teil dieser Zeit**, der in die Ehezeit fällt (§ 40 Abs. 2

---

1 BT-Drucks. 16/10144 S. 79.
2 Bergner § 39 Anm. 2.
3 Borth Rn. 178; Ruland Rn. 473.
4 BGH FamRZ 2011, 547, 548: Rechtsanwaltsversorgung Niedersachsen; BGH FamRZ 2011, 1214:
Rechtsanwaltsversorgung Rheinland-Pfalz.

Satz 2 VersAusglG). Der Wert des Ehezeitanteils ergibt sich, indem die (aus der Sicht bei Ende der Ehezeit) zu erwartende Versorgung mit der in die Ehezeit fallenden Zeitdauer multipliziert und das Ergebnis durch die gesamte Zeitdauer dividiert wird (§ 40 Abs. 2 Satz 3 VersAusglG). Die **Rechenformel** zur Ermittlung des Ehezeitanteils lautet daher:

In die Ehezeit fallende Zeitdauer : gesamte Zeitdauer bis zur Altersgrenze x bei Erreichen der Altersgrenze zu erwartende Versorgung = Ehezeitanteil des Versorgungsanrechts.

In der Versicherungsmathematik wird diese zeitratierliche Berechnung als »m/n-tel-Methode« bezeichnet, weil den Zeitfaktoren die Buchstaben »m« (in der Ehezeit liegender Zeitraum) und »n« (Gesamtzeitraum) zugeordnet werden. Die zu erwartende Versorgung erhält die Bezeichnung »R«. Das Gesetz übernimmt diese Bezeichnungen in § 40 Abs. 2 VersAusglG. Damit ergibt sich folgende **mathematische Kurzformel** (§ 40 Abs. 2 Satz 3 VersAusglG):

m/n x R = Ehezeitanteil der Anwartschaft.

5 Die maßgebliche **Gesamtzeit** beginnt regelmäßig mit Eintritt in das Dienst- oder Arbeitsverhältnis, aufgrund dessen die Versorgung zugesagt worden ist. Bei **betrieblichen Versorgungen**, auf die das BetrAVG anzuwenden ist, kommt es auf den Beginn der Betriebszugehörigkeit an (vgl. § 45 Rdn. 19), bei einer **Beamtenversorgung** auf den Beginn der ruhegehaltfähigen Dienstzeit (vgl. § 44 Rdn. 22). Bei Anrechten einer **Person mit Unternehmereigenschaft** (z.B. Gesellschafter-Geschäftsführer) ist dagegen auf den Zeitpunkt der Erteilung der Versorgungszusage abzustellen.[5] Die Gesamtzeit endet mit der nach den für den betreffenden Ehegatten geltenden Bestimmungen des Versorgungssystems *maßgeblichen* Altersgrenze. Die Möglichkeit, eine vorzeitige Altersgrenze in Anspruch zu nehmen, bleibt dabei grundsätzlich außer Betracht.[6] Allerdings sind individuell geltende Altersgrenzen (z.B. aufgrund einer besonderen Verwendung oder einer Schwerbehinderung) zu berücksichtigen.[7] Anstelle der maßgeblichen Altersgrenze kann im Einzelfall auch ein anderer Stichtag den Gesamtzeitraum begrenzen, z.B. der Stichtag der Systemumstellung in der Zusatzversorgung des öffentlichen Dienstes bei der Bewertung der unter der Geltung des früheren Satzungsrechts erworbenen (Teil-) Anwartschaft (der sog. Startgutschrift).[8]

6 Auch die (voraussichtlich) **erreichbare Versorgung** ist nach den für das betreffende Versorgungssystem maßgeblichen Bestimmungen zu berechnen. Dabei ist von den zum Ende der Ehezeit geltenden persönlichen Bemessungsgrundlagen auszugehen (§ 40 Abs. 3 Satz 1 VersAusglG). Tatsächliche oder rechtliche Änderungen zwischen Ehezeitende und Zeitpunkt der Entscheidung, die sich auf die Berechnung des Ehezeitanteils auswirken, sind jedoch zu berücksichtigen; dies wird durch die Bezugnahme auf § 5 Abs. 2 Satz 2 in § 40 Abs. 3 Satz 2 VersAusglG zum Ausdruck gebracht.[9] Soweit sich die Höhe der Altersversorgung auch nach einem Entgeltfaktor richtet, ist danach das zum Ende der Ehezeit maßgebende Einkommen zugrunde zu legen. Ist die Höhe der Versorgung von der Dauer eines Dienst- oder Beschäftigungsverhältnisses abhängig, so ist bei der Prognose der zu erwartenden Versorgung grundsätzlich von einer Fortdauer des Beschäftigungsverhältnisses bis zur Altersgrenze auszugehen. Wenn die Beendigung des Beschäftigungsverhältnisses vor Erreichen der Altersgrenze (etwa aufgrund einer Kündigung) allerdings im Zeitpunkt der Entscheidung bereits feststeht, ist dies bei der zu prognostizierenden künftigen Versorgung zu berücksichtigen.[10]

---

5 BGH FamRZ 2007, 891; OLG Stuttgart FamRZ 2010, 1987; Borth Rn. 475; MüKo/Glockner § 40 Rn. 10.
6 BGH FamRZ 2011, 1214, 1215.
7 BGH FamRZ 2012, 944, 945.
8 BT-Drucks. 16/10144 S. 79.
9 BT-Drucks. 16/10144 S. 79.
10 Vgl. BGH FamRZ 1990, 605; 2007, 23, 25; 2007, 891, 892; 2009, 1309, 1311.

Kürzungen der Versorgung, die auf einem nach Scheidung einer früheren Ehe durchgeführten VA beruhen, sind bei der erreichbaren Versorgung außer Betracht zu lassen.[11]

D. Entgeltabhängige Versorgungsanrechte (Abs. 4)

§ 40 Abs. 4 VersAusglG erklärt die zeitratierliche Bewertung insbesondere für anwendbar, wenn 7 die Höhe der Versorgung von dem **Entgelt** abhängt, das **vor Eintritt des Versorgungsfalles zuletzt bezogen** wurde. Dabei kann es sich um das letzte Monatseinkommen oder auch um das durchschnittliche Monatseinkommen im letzten Jahr oder im Laufe mehrerer Jahre vor Eintritt des Versorgungsfalles handeln. I.d.R. sehen die Versorgungsbestimmungen hier eine Versorgung in Höhe eines bestimmten Prozentsatzes des letzten Bruttoeinkommens vor, u.U. auch unter Anrechnung anderer Versorgungen oder unter Begrenzung auf einen Höchstbetrag. Anwendungsfälle derartiger entgeltabhängiger Versorgungen sind die Beamten- und Soldatenversorgung sowie betriebliche Altersversorgungen insbesondere in Form einer Direktzusage.[12]

E. Familienbezogene Versorgungsbestandteile (Abs. 5)

Ehe- oder **familienbezogene Zuschläge**, die in einer künftigen Versorgungsleistung enthalten sind, 8 sind bei der Berechnung des Ehezeitanteils außer Betracht zu lassen (§ 40 Abs. 5 VersAusglG). Darunter fallen jedoch nur Leistungsbestandteile, die lediglich für die Dauer einer bestehenden Ehe oder einer bestimmten familiären Situation gewährt werden, z.B. der Familienzuschlag als Bestandteil der ruhegehaltfähigen Dienstbezüge eines Beamten oder Soldaten, auch wenn der geschiedene Versorgungsempfänger aufgrund seiner nachehelichen Unterhaltspflicht weiterhin Anspruch auf den Familienzuschlag hat.[13] Soweit die Versorgung dagegen dauerhaft auf Bestandteilen des früheren Arbeitsentgelts beruht, greift § 40 Abs. 5 VersAusglG nicht ein, auch wenn die Entgelterhöhung auf einer Kinderbetreuungszeit beruht. Daher unterliegen Kindererziehungszuschläge nach den §§ 50a, 50b BeamtVG, um die die Pensionen der Beamten im Hinblick auf die Erziehung von nach 1991 geborenen Kindern aufgestockt werden, dem VA (vgl. § 44 Rdn. 31 f.). Insoweit gilt nichts anderes als für die Entgeltpunkte, die gesetzlich Rentenversicherte aufgrund von Kindererziehungszeiten nach den §§ 56, 249, 249a SGB VI erworben haben (vgl. § 43 Rdn. 25 ff.). Auch familienbezogene Bestandteile von Renten aus der Zusatzversorgung des öffentlichen Dienstes sind im VA zu berücksichtigen.[14]

§ 40 Abs. 5 VersAusglG findet auf die unmittelbare Bewertungsmethode keine (entsprechende) 9 Anwendung. Soweit Anrechte unmittelbar bewertet werden können, sind die darin enthaltenen Bestandteile bereits verfestigt. Die Versorgungshöhe richtet sich nämlich nach der jeweils aktuellen Bemessungsgrundlage wie dem jeweils aktuellen Gehalt, das etwaige familienbezogene Bestandteile mit umfasst.[15]

---

11 BGH FamRZ 1997, 1534; 1998, 419 (Beamtenversorgung); KG FamRZ 2011, 223 (berufsständische Versorgung).
12 BT-Drucks. 16/10144 S. 79; vgl. auch BGH FamRZ 2007, 891 zur Versorgung eines GmbH-Gesellschafters.
13 OLG Frankfurt FamRZ 1988, 404.
14 BGH FamRZ 1995, 797, 798 zu dem erhöhten Ortszuschlag für Verheiratete als Teil des gesamtversorgungsfähigen Entgelts; das Gleiche muss – entgegen OLG Hamm FamRZ 2007, 218, 219 – auch für die Steuertabelle gelten, die bei der Berechnung der für die Startgutschrift bedeutsamen fiktiven Gesamtversorgung zugrunde zu legen ist.
15 BT-Drucks. 16/10144 S. 79.

§ 41 VersAusglG   Bewertung einer laufenden Versorgung

(1) Befindet sich ein Anrecht in der Leistungsphase und wäre für die Anwartschaftsphase die unmittelbare Bewertung maßgeblich, so gilt § 39 Abs. 1 entsprechend.

(2) [1]Befindet sich ein Anrecht in der Leistungsphase und wäre für die Anwartschaftsphase die zeitratierliche Bewertung maßgeblich, so gilt § 40 Abs. 1 bis 3 entsprechend. [2]Hierbei sind die Annahmen für die höchstens erreichbare Zeitdauer und für die zu erwartende Versorgung durch die tatsächlichen Werte zu ersetzen.

A. Norminhalt

1   § 41 VersAusglG regelt die Bewertung bereits laufender Versorgungen. Abs. 1 betrifft die Bewertung von Anrechten, die während der Anwartschaftsphase nach der unmittelbaren Methode zu bewerten gewesen wären, Abs. 2 die Bewertung von Anrechten, für die während der Anwartschaftsphase die zeitratierliche Methode maßgeblich gewesen wäre.

B. Bewertung nach der unmittelbaren Bewertungsmethode (Abs. 1)

2   Bei Anrechten, die in der Anwartschaftsphase nach der unmittelbaren Bewertungsmethode zu berechnen gewesen wären, ist diese Methode auch dann anzuwenden, wenn sich das Anrecht bereits in der **Leistungsphase** befindet, wenn also bereits Versorgungsleistungen an den bezugsberechtigten Ehegatten fließen. § 41 Abs. 1 VersAusglG erklärt deshalb die Bestimmungen des § 39 VersAusglG für entsprechend anwendbar. Maßgebender Zeitpunkt für die Feststellung, ob sich das Anrecht bereits in der Leistungsphase befindet, ist der Zeitpunkt der gerichtlichen Entscheidung. Der Beginn des Rentenbezugs ist ein Umstand, der sich rückwirkend betrachtet auf die Berechnung des Ehezeitanteils auswirkt und deshalb gemäß § 5 Abs. 2 Satz 2 VersAusglG ungeachtet der auf das Ehezeitende bezogenen Bewertung grundsätzlich zu berücksichtigen ist (s. § 5 Rdn. 9 und 11).

3   Der Ehezeitanteil einer laufenden Versorgung kann im Allgemeinen unmittelbar aus dem **auf die Ehezeit entfallenden Anteil** der maßgebenden **Bezugsgröße** ermittelt werden. Hat sich die Bezugsgröße nach Erreichen der für das Anrecht maßgeblichen Altersgrenze nicht mehr geändert, kann die nach Eintritt des Versorgungsfalles liegende Zeit außer Betracht gelassen und die Berechnung des Ehezeitanteils auf den Zeitraum vom Beginn der Ehezeit bis zum Erreichen der für das Anrecht maßgebenden Altersgrenze beschränkt werden.[1]

4   Besonderheiten gelten jedoch, wenn sich die in dem Versorgungssystem verwendete **Bezugsgröße nach dem Erreichen der** für das Anrecht maßgebenden **Altersgrenze ändert**. Dann müssen bei der Berechnung des Ehezeitanteils die durch den Leistungsbezug eingetretenen Veränderungen berücksichtigt werden. Die Bezugsgröße und damit der Wert des Anrechts kann sich z.B. bei einer kapitalgedeckten Versorgung vom Erreichen der Altersgrenze bis zum Ende der Ehezeit infolge des Bezugs von Versorgungsleistungen und des dadurch verursachten Kapitalverzehrs verringert haben.[2]

5   Bezieht ein Ehegatte bei Ehezeitende bereits eine **Erwerbsminderungsrente aus der gesetzlichen Rentenversicherung**, so handelt es sich dabei zwar noch nicht um die endgültige Rente, auf die erst mit Erreichen der Regelaltersgrenze (oder ggf. einer vorgezogenen Altersgrenze) Anspruch besteht. Ist die Erwerbsminderungsrente aber höher als die Anwartschaft auf die spätere Regelaltersrente, so ist zu berücksichtigen, dass die bisherige Rentenhöhe Bestandsschutz genießt (§ 88

---

1   BT-Drucks. 16/10144 S. 79.
2   BT-Drucks. 16/10144 S. 79.

SGB VI). Dies hat für den VA zur Folge, dass der Ehezeitanteil nicht aus den der Anwartschaft auf Regelaltersrente, sondern aus den der Erwerbsminderungsrente zugrunde liegenden Entgeltpunkten zu berechnen ist, wenn mit einer Entziehung der Erwerbsminderungsrente nicht mehr zu rechnen ist (vgl. § 43 Rdn. 36).[3] Wenn ein Ehegatte bereits eine **Teilrente** nach § 42 SGB VI bezieht, ist dem VA die Anwartschaft auf die spätere Vollrente zugrunde zu legen; dabei sind auch diejenigen Entgeltpunkte in die Berechnung des Ehezeitanteils einzubeziehen, die in der Ehezeit durch Beitragszahlungen während des Bezugs der Teilrente erworben worden sind.[4]

Unerheblich ist bei einer Bewertung nach der unmittelbaren Methode, ob ein Ehegatte eine mit **6** einem **Abschlag** verbundene **vorgezogene Altersrente** bezieht. Dies ergibt sich für die gesetzliche Rentenversicherung daraus, dass Teilungsgegenstand die in der Ehezeit erworbenen Entgeltpunkte sind, die gem. § 109 Abs. 6 SGB VI auf Basis einer Vollrente wegen Erreichens der Regelaltersgrenze zu berechnen sind. Der BGH hat bereits zum früheren Recht entschieden, dass der Zugangsfaktor nach § 77 SGB VI, der bei vorgezogener Inanspruchnahme der Altersrente eine Verringerung der Rentenhöhe bewirkt, im VA außer Betracht bleibt, wenn die den Abschlag auslösende vorzeitige Rente erst nach Ehezeitende in Anspruch genommen worden ist.[5] Daran hält er auch für das neue Recht – für alle unmittelbar zu bewertenden Versorgungsanrechte – fest.[6] Eine Ausnahme sollte nach Auffassung des BGH jedoch für den Fall gelten, dass der Ausgleichspflichtige die vorzeitige Altersrente schon während der Ehezeit in Anspruch genommen hat; »zur Wahrung des Halbteilungsgrundsatzes« sollte der Versorgungsabschlag insoweit außer Betracht bleiben, als die für seine Herabsetzung maßgeblichen Zeiten vorzeitigen Rentenbezugs noch in der Ehezeit zurückgelegt worden sind (vgl. dazu § 43 Rdn. 37).[7] Hiervon wollte sich der Gesetzgeber mit dem neuen Recht ausdrücklich distanzieren; da die Teilung von gesetzlichen Rentenanrechten künftig auf Basis der Entgeltpunkte erfolge, könne der Zugangsfaktor außer Betracht bleiben.[8] Danach ist der Versorgungsabschlag nunmehr grundsätzlich auch dann außer Betracht zu lassen, wenn die vorzeitige Rente schon während der Ehe in Anspruch genommen worden ist.[9] Das Gleiche gilt auch für andere unmittelbar zu bewertende Versorgungsanrechte.[10] Ist die vorgezogene Altersrente allerdings aufgrund einverständlicher Entscheidung der Ehegatten schon in der Ehezeit bezogen worden, kommt u.U. eine Korrektur gem. § 27 VersAusglG in Betracht.[11]

C. Bewertung nach der zeitratierlichen Bewertungsmethode (Abs. 2)

Für Anrechte, die während des Anwartschaftsstadiums nach der zeitratierlichen Methode zu **7** berechnen gewesen wären, ist diese Methode auch maßgebend, wenn der Rentenfall eingetreten ist. § 41 Abs. 2 Satz 1 VersAusglG erklärt insoweit die Bestimmungen in § 40 Abs. 1–3 VersAusglG für entsprechend anwendbar. Da im Leistungsfall die tatsächliche Höhe der Versorgung bekannt ist, sind die nach § 40 Abs. 2 Satz 3 VersAusglG anzustellenden Prognosen für die höchstens erreichbare Zeitdauer und die zu erwartende Versorgung durch die – nunmehr feststehenden –

3 BGH FamRZ 1990, 1341; 1997, 160.
4 Ruland Rn. 341.
5 BGH FamRZ 2005, 1455, 1458; 2007, 1542, 1543; 2009, 1309, 1311.
6 BGH FamRZ 2012, 851, 852.
7 BGH FamRZ 2005, 1455, 1458; 2007, 1542, 1543; 2009, 1309, 1311; 2012, 769, 770.
8 BT-Drucks. 16/10144 S. 80.
9 Borth Rn. 305; Ruland Rn. 360 ff.; MüKo/Weber § 43 Rn. 23; Erman/Norpoth § 41 Rn. 6; Palandt/Brudermüller § 43 Rn. 8; anders Holzwarth FamRZ 2012, 1101, 1102 unter Bezugnahme auf die allerdings auch noch zum alten Recht ergangene Entscheidung BGH FamRZ 2012, 851, 852.
10 Johannsen/Henrich/Holzwarth § 41 Rn. 11; NK-FamR/Hauß § 41 Rn. 9; NK-VersAusglR/Rehbein § 41 Rn. 13.
11 BT-Drucks. 16/10144 S. 80; NK-FamR/Hauß § 41 Rn. 10; NK-VersAusglR/Rehbein § 41 Rn. 12.

tatsächlichen **Werte** zu ersetzen (§ 41 Abs. 2 Satz 2 VersAusglG). Die **Rechenformel** zur Berechnung des Ehezeitanteils (vgl. dazu § 40 Rdn. 4) lautet daher hier:

In die Ehezeit fallende Zeitdauer (m) : tatsächliche gesamte Zeitdauer (n) x tatsächlich erreichte Versorgung (R) = Ehezeitanteil der Versorgung.

8   Maßgeblich bleiben aber auch bei dieser Bewertung die **persönlichen Bemessungsgrundlagen bei Ehezeitende**. Im Wertausgleich bei der Scheidung ist ein die Höhe der Versorgung beeinflussender Entgeltfaktor daher mit seinem bei Ehezeitende gegebenen Wert in die Berechnung einzubeziehen. Damit wird gewährleistet, dass weder die nach Ehezeitende eingetretenen normalen Anpassungen des Anrechts in die Bewertung einfließen noch ein etwaiger beruflicher Aufstieg, der keinen Bezug mehr zur Ehezeit hat.[12] Im schuldrechtlichen VA sind dagegen die nach Ehezeitende wirksam gewordenen Regelanpassungen zu berücksichtigen (§ 5 Abs. 4 Satz 2 VersAusglG).

9   Bei zeitratierlich zu bewertenden Anrechten ist der Berechnung eine **vorgezogene**, um einen **Abschlag** gekürzte **Versorgung** zugrunde zu legen, wenn die Rente noch während der Ehezeit in Anspruch genommen worden ist, da i.d.R. davon auszugehen ist, dass diese auch dem Ausgleichsberechtigten zugute gekommen ist.[13] Hat der Ausgleichspflichtige die um den Abschlag gekürzte Versorgung jedoch erst nach Ehezeitende in Anspruch genommen, bleibt die Kürzung im VA außer Betracht, und es ist von der Altersversorgung auszugehen, die der Ausgleichspflichtige (ohne Abschlag) mit Erreichen der Regelaltersgrenze erhalten hätte; dies gilt auch in einem Abänderungsverfahren.[14] Bei der zeitratierlichen Berechnung des Ehezeitanteils ist in diesem Fall konsequenterweise auch eine bis zur Regelaltersgrenze reichende Gesamtzeit zugrunde zu legen.

§ 42 VersAusglG   Bewertung nach Billigkeit

Führt weder die unmittelbare Bewertung noch die zeitratierliche Bewertung zu einem Ergebnis, das dem Grundsatz der Halbteilung entspricht, so ist der Wert nach billigem Ermessen zu ermitteln.

A. Norminhalt

1   § 42 VersAusglG enthält eine **Auffangvorschrift** zur Bewertung von Anrechten, für die sich weder die unmittelbare noch die zeitratierliche Bewertung eignet. Die Vorschrift entspricht § 1587a Abs. 5 BGB a.F.

B. Voraussetzungen für eine Bewertung nach Billigkeit

2   Ist das Familiengericht der Auffassung, dass sich weder mit der unmittelbaren Bewertungsmethode nach § 39 VersAusglG noch mit der zeitratierlichen Methode nach § 40 VersAusglG ein Ehezeitanteil und ein Ausgleichswert ermitteln lassen, die zu einem dem **Halbteilungsgrundsatz** entsprechenden Ergebnis führen, hat es gemäß § 42 VersAusglG die Möglichkeit, eine Bewertung nach billigem Ermessen vorzunehmen. Die Vorschrift dient zur Herbeiführung von Einzelfallgerechtigkeit, gibt aber keine Handhabe für eine willkürliche Bewertung. Das Gericht ist vielmehr

---

12 BT-Drucks. 16/10144 S. 80.
13 BT-Drucks. 16/10144 S. 80; BGH FamRZ 2011, 1214, 1215 (Rechtsanwaltsversorgung Rheinland-Pfalz); 2012, 769, 770 mit Anm. Hauß (Beamtenversorgung); OLG Celle FamRZ 2007, 560 (Beamtenversorgung); Borth Rn. 259; Johannsen/Henrich/Holzwarth § 44 Rn. 64; a.A. Ruland Rn. 388; NK-FamR/Hauß § 41 Rn. 10; NK-VersAusglR/Rehbein § 41 Rn. 19.
14 BT-Drucks. 16/10144 S. 80; BGH FamRZ 2011, 1214, 1215; 2012, 769, 770; OLG Celle FamRZ 2007, 560, 561; OLG Koblenz FamRZ 2007, 1248; a.A. OLG Hamm FamRZ 2012, 551, 553.

aufgrund des Amtsermittlungsgrundsatzes (§ 26 FamFG) gehalten, den Sachverhalt – notfalls auch unter Heranziehung eines Sachverständigen – so weit zu klären, dass der Ehezeitanteil – wenn möglich – nach der unmittelbaren oder zeitratierlichen Methode berechnet werden kann. Nur wenn sich ein Anrecht aufgrund seiner besonderen Struktur für die Anwendung einer der gesetzlich vorgesehen Bewertungsmethoden gar nicht eignet, darf das Gericht auf § 42 VersAusglG zurückgreifen.

C. Anwendungsbereich

Der Anwendungsbereich des § 42 VersAusglG ist wesentlich geringer als der des § 1587a Abs. 5   **3** BGB a.F. Unter die frühere Vorschrift wurden Anrechte subsumiert, die sich nicht den in § 1587a Abs. 2 BGB enumerativ aufgezählten Versorgungssystemen und Bewertungsregeln zuordnen ließen. Angesichts der jetzt abstrakt formulierten Bewertungsvorschriften in den §§ 39, 40 VersAusglG werden sich auch untypische Versorgungsarten künftig regelmäßig nach einer der beiden gesetzlich normierten Bewertungsmethoden berechnen lassen. Dies gilt z.B. für die alternativ ausgestalteten Anrechte der Widerrufsbeamten und Zeitsoldaten, für die § 44 Abs. 4 VersAusglG nunmehr sogar eine ausdrückliche gesetzliche Regelung enthält, sowie für Anrechte aus einem öffentlich-rechtlichen Amtsverhältnis (z.B. von Regierungsmitgliedern und parlamentarischen Staatssekretären), die beamtenähnlich ausgestaltet sind und deshalb jetzt nach § 40 VersAusglG zeitratierlich bewertet werden können (vgl. § 40 Rdn. 3). Für die Abgeordnetenversorgung des Bundes schreibt § 25a Abs. 3 AbgG eine Bewertung nach der unmittelbaren Methode vor (s. § 39 Rdn. 18 ff.). Ein Anwendungsbereich für die frühere Auffangvorschrift wurde ferner bei **ausländischen Versorgungsanrechten** gesehen. Auch insoweit lässt sich der Ehezeitanteil aber i.d.R. nach einer der beiden gesetzlich vorgesehenen Methoden berechnen. Praktische Schwierigkeiten für die Berechnung ergeben sich eher dadurch, dass die Anrechte und die für ihre Höhe maßgebenden Vorschriften häufig nur schwer zu ermitteln sind. Auch bei einer Bewertung nach billigem Ermessen sind versicherungsmathematische Grundsätze zu berücksichtigen; das Gericht kann den Ehezeitanteil nicht nach freiem Belieben bestimmen, sondern muss ggf. einen Sachverständigen zu Rate ziehen.[1] § 42 VersAusglG kann grundsätzlich auch nicht herangezogen werden, um als unbillig empfundene Ergebnisse, die sich bei Anwendung der §§ 39, 40 VersAusglG ergeben, zu verhindern. Hierzu dient vielmehr die Härteklausel des § 27 VersAusglG.[2]

Kapitel 2   Sondervorschriften für bestimmte Versorgungsträger

§ 43 VersAusglG   Sondervorschriften für Anrechte aus der gesetzlichen Rentenversicherung

(1) Für Anrechte aus der gesetzlichen Rentenversicherung gelten die Grundsätze der unmittelbaren Bewertung.

(2) Soweit das Anrecht auf eine abzuschmelzende Leistung nach § 19 Abs. 2 Nr. 2 gerichtet ist, ist der Ehezeitanteil für Ausgleichsansprüche nach der Scheidung nach dem Verhältnis der auf die Ehezeit entfallenden Entgeltpunkte (Ost) zu den gesamten Entgeltpunkten (Ost) zu bestimmen.

(3) Besondere Wartezeiten sind nur dann werterhöhend zu berücksichtigen, wenn die hierfür erforderlichen Zeiten bereits erfüllt sind.

---

1 BT-Drucks. 16/10144 S. 80; Johannsen/Henrich/Holzwarth § 42 Rn. 5; MüKo/Glockner § 42 Rn. 4.
2 A.A. offenbar Ruland Rn. 474; Johannsen/Henrich/Holzwarth § 42 Rn. 3.

A. Norminhalt

1 § 43 enthält besondere Vorschriften zur Bewertung von Anwartschaften und laufenden Renten aus dem Versorgungssystem der gesetzlichen Rentenversicherung. Abs. 1 stellt klar, dass der Ehezeitanteil nach der unmittelbaren Bewertungsmethode zu berechnen ist. Abs. 2 enthält eine Regelung für abzuschmelzende Leistungen, und Abs. 3 befasst sich mit den Auswirkungen besonderer Wartezeiten.

B. Grundzüge der gesetzlichen Rentenversicherung

I. Organisationsform

2 Die Grundlagen der gesetzlichen Rentenversicherung sind seit 1992 im SGB VI zusammengefasst. Seit dem 01.01.2005 gibt es nur noch **zwei Zweige** der gesetzlichen Rentenversicherung, die **allgemeine Rentenversicherung** und die **knappschaftliche Rentenversicherung**. Letztere unterscheidet sich von der allgemeinen Rentenversicherung u.a. durch höhere Beiträge und höhere Leistungen. In den Auskünften zum VA werden die Anrechte aus den beiden Zweigen der Rentenversicherung getrennt berechnet und ausgewiesen. Anders als nach früherem Recht sind die Anrechte nunmehr auch im VA getrennt zu erfassen und gesondert zu teilen (s.u. Rdn. 43).

3 **Versicherungsträger** ist die **Deutsche Rentenversicherung**, deren Aufgaben zwei Bundesträger – die »Deutsche Rentenversicherung Bund« (früher Bundesversicherungsanstalt für Angestellte) und die »Deutsche Rentenversicherung Knappschaft-Bahn-See« (früher Bundesknappschaft, Bahnversicherungsanstalt und Seekasse) – sowie verschiedene Regionalträger – die den Namen »Deutsche Rentenversicherung« mit einem Zusatz für ihre regionale Zuständigkeit tragen (früher Landesversicherungsanstalten) – wahrnehmen. Träger der **knappschaftlichen Rentenversicherung** ist ausschließlich die Deutsche Rentenversicherung Knappschaft-Bahn-See.

4 In die gesetzliche Rentenversicherung überführt worden sind auch die in der früheren Sozialversicherung der DDR erworbenen Anrechte einschließlich der in den dortigen Sonderversorgungssystemen erworbenen Anrechte. Die Überleitung erfolgte allerdings erst zum 01.01.1992 im Zusammenhang mit der Reform der gesetzlichen Rentenversicherung im alten Bundesgebiet. Für alle **Anrechte,**

die (vor oder nach dem 01.01.1992) **in den neuen Bundesländern erworben** worden sind, gelten bis zur Herstellung einheitlicher Einkommensverhältnisse im gesamten Bundesgebiet rentenrechtliche Besonderheiten, die sich auch auf den VA auswirken (vgl. dazu unten Rdn. 16, 20).

Teil der gesetzlichen Rentenversicherung ist auch die (bis 1997 zulässig gewesene) **Höherversicherung**. Sie ermöglichte den Erwerb zusätzlicher Anrechte durch Zahlung freiwilliger Beiträge, die nach Eintritt des Versicherungsfalles zur Leistung sog. Steigerungsbeträge führen (§§ 269, 248 Abs. 3 S. 2 Nr. 3 SGB VI). Diese Anrechte sind im VA gesondert zu erfassen. Ihr Ehezeitanteil ist nach § 39 Abs. 2 Nr. 4 VersAusglG zu ermitteln (vgl. § 39 Rdn. 16). Nicht zur gesetzlichen Rentenversicherung i.S. des § 43 VersAusglG gehören Anrechte aus der Alterssicherung der Landwirte, bei der es sich um eine Sonderform gesetzlicher Altersversorgung für diesen Berufsstand handelt. Zu deren Bewertung vgl. § 39 Rdn. 11.

II. Versicherter Personenkreis

Kraft Gesetzes sind in der gesetzlichen Rentenversicherung insbesondere Personen **versichert**, die gegen Arbeitsentgelt oder zu ihrer Berufsausbildung oder als Behinderte in für diese bestimmten besonderen Werkstätten oder Einrichtungen beschäftigt sind (§ 1 SGB VI), ferner selbständige Lehrer, Erzieher und Pflegepersonen, die keinen versicherungspflichtigen Arbeitnehmer beschäftigen, Hebammen und Entbindungspfleger, Seelotsen, Künstler und Publizisten, Hausgewerbetreibende, Küstenschiffer und -fischer mit eigenem Fahrzeug und nicht mehr als vier versicherungspflichtigen Arbeitnehmern, in die Handwerksrolle eingetragene Handwerker sowie Selbständige, die auf Dauer und im Wesentlichen nur für einen Auftraggeber tätig sind und regelmäßig keinen versicherungspflichtigen Arbeitnehmer beschäftigen (§ 2 SGB VI). Weiter besteht eine Versicherungspflicht während einer anrechenbaren Kindererziehungszeit (vgl. Rdn. 25), während der Pflege einer Person, die Anspruch auf Leistungen der sozialen oder privaten Pflegeversicherung hat, während des gesetzlichen Wehr- oder Zivildienstes, während des Bezugs von Kranken-, Übergangs- und Arbeitslosengeld sowie u.U. während des Bezugs von Vorruhestandsgeld (§ 3 SGB VI).

Andere Personen können unter den in § 4 SGB VI geregelten Voraussetzungen **auf** eigenen **Antrag versicherungspflichtig** werden, z.B. Entwicklungshelfer und Deutsche, die für eine begrenzte Zeit im Ausland tätig sind. Umgekehrt können sich Versicherungspflichtige nach Maßgabe des § 6 SGB VI von der Versicherungspflicht befreien lassen. Nicht versicherungspflichtige Personen können sich – längstens bis zum Beginn einer Altersrente – **freiwillig versichern**; dies gilt seit dem 11.08.2010 auch für versicherungsfreie oder von der Versicherung befreite Personen, die die allgemeine Wartezeit von fünf Jahren (vgl. dazu Rdn. 12) noch nicht erfüllt haben (§§ 7, 282 Abs. 2 SGB VI; s. § 16 Rdn. 4). **Versicherungsfrei** sind u.a. Beamte, Richter und Soldaten, geringfügig Beschäftigte, Studenten während eines vorgeschriebenen Praktikums und Bezieher einer Altersrente (§ 5 SGB VI).

III. Versicherungsverhältnis

Jeder Versicherte wird in der gesetzlichen Rentenversicherung unter einer bestimmten **Versicherungsnummer** geführt (§ 147 SGB VI). Sie wird beim Eintritt in die Rentenversicherung vergeben und ist unveränderlich. Die Versicherungsnummer kennzeichnet zugleich das **Versicherungskonto**, das für jeden Versicherten bei dem zuständigen Versicherungsträger geführt wird (§ 149 SGB VI). Auf diesem Konto werden die Daten gesammelt, die für die Berechnung der Renten von Bedeutung sind. Zur Möglichkeit der Versicherten, Auskünfte über ihr Versicherungskonto zu erhalten, vgl. § 4 Rdn. 10.

Aufgrund des gesetzlichen oder freiwilligen Versicherungsverhältnisses entsteht eine **Beitragspflicht** des Versicherten (§§ 157 ff. SGB VI). Die Höhe der gesetzlichen Beiträge richtet sich nach einem Prozentsatz des beitragspflichtigen Entgelts, begrenzt durch die Beitragsbemessungsgrenze; freiwillig Versicherte können eine Beitragsbemessungsgrundlage zwischen monatlich

400 € und der Beitragsbemessungsgrenze wählen, nach der sich die Höhe des Beitrags bemisst (§ 161 SGB VI).[1]

IV. Rentenansprüche und ihre Voraussetzungen

10 Renten aus der gesetzlichen Rentenversicherung werden grundsätzlich nur auf Antrag gezahlt (§ 115 SGB VI). **Altersrente** aus der gesetzlichen Rentenversicherung wird regelmäßig ab Erreichen der Regelaltersgrenze gewährt, wenn eine Wartezeit von fünf Jahren (s. Rdn. 12) erfüllt ist (§ 35 Satz 1 SGB VI: **Regelaltersrente**). Die Regelaltersgrenze wird grundsätzlich mit 67 Jahren erreicht (§ 35 Satz 2 SGB VI). Für Versicherte, die vor 1964 geboren sind, gelten jedoch folgende Regelaltersgrenzen (§ 235 SGB VI):

Geburtsjahr des Versicherten	Maßgebende Altersgrenze
bis 1946	65 Jahre
1947	65 Jahre 1 Monat
1948	65 Jahre 2 Monate
1949	65 Jahre 3 Monate
1950	65 Jahre 4 Monate
1951	65 Jahre 5 Monate
1952	65 Jahre 6 Monate
1953	65 Jahre 7 Monate
1954	65 Jahre 8 Monate
1955	65 Jahre 9 Monate
1956	65 Jahre 10 Monate
1957	65 Jahre 11 Monate
1958	66 Jahre
1959	66 Jahre 2 Monate
1960	66 Jahre 4 Monate
1961	66 Jahre 6 Monate
1962	66 Jahre 8 Monate
1963	66 Jahre 10 Monate

1 Die Beitragssätze und die Beitragsbemessungsgrenzen werden jährlich durch Verordnungen neu festgesetzt. Der Beitragssatz beträgt derzeit (2012) in der allgemeinen Rentenversicherung 19,6 % und in der knappschaftlichen Rentenversicherung 26,0 %. (Beitragssatzverordnung 2012 vom 16.12.2011, BGBl. I S. 2995). Die Beitragsbemessungsgrenzen betragen 2012 in den alten Bundesländern monatlich 5.600 € in der allgemeinen Rentenversicherung und monatlich 6.900 € in der knappschaftlichen Rentenversicherung, in den neuen Bundesländern monatlich 4.800 € in der allgemeinen Rentenversicherung und monatlich 5.900 € in der knappschaftlichen Rentenversicherung (§ 3 der Sozialversicherungs-Rechengrößenverordnung 2012 vom 02.12.2011, BGBl. I S. 2421).

Besondere Altersgrenzen gelten – bei Erfüllung besonderer Wartezeiten – für langjährig Versicherte (§§ 36, 236 SGB VI), für Schwerbehinderte (§§ 37, 236a SGB VI), für langjährig unter Tage beschäftigte Bergleute (§§ 40, 238 SGB VI) sowie – unter zusätzlichen Voraussetzungen – für vor dem 01.01.1952 geborene, arbeitslos gewordene oder in Altersteilzeit arbeitende Versicherte (§ 237 SGB VI) und für vor dem 01.01.1952 geborene Frauen (§ 237a SGB VI).

Ein Anspruch auf **Rente wegen verminderter Erwerbsfähigkeit** besteht, wenn ein Versicherter **11** teilweise oder voll erwerbsgemindert ist, in den letzten fünf Jahren vor Eintritt der Erwerbsminderung drei Jahre Pflichtbeiträge für eine versicherte Beschäftigung entrichtet und vor Eintritt der Erwerbsminderung die allgemeine Wartezeit von fünf Jahren erfüllt hat (§ 43 Abs. 1 Satz 1 und Abs. 2 Satz 1 SGB VI). Eine teilweise Erwerbsminderung liegt vor, wenn das Restleistungsvermögen des Versicherten auf dem allgemeinen Arbeitsmarkt weniger als sechs Stunden täglich beträgt; bei einem Restleistungsvermögen von weniger als drei Stunden liegt eine volle Erwerbsminderung vor (§ 43 Abs. 1 Satz 2 und Abs. 2 Satz 2 SGB VI). Für Versicherte, die vor dem 02.01.1961 geboren sind, kommt auch noch eine Berufsunfähigkeitsrente nach früherem Recht in Betracht (§ 240 SGB VI). Die Invaliditätsrenten werden grundsätzlich zunächst befristet (§ 102 Abs. 2 SGB VI). Läuft die Erwerbsminderungsrente noch bei Erreichen der Regelaltersgrenze, wird anschließend auch ohne Antrag die Regelaltersrente geleistet (§ 115 Abs. 3 Satz 1 SGB VI); in diesem Fall ist die Altersrente mindestens so hoch wie die vorangegangene Erwerbsminderungsrente (§ 88 Abs. 1 Satz 2 SGB VI; vgl. Rdn. 36).

Sowohl die Regelaltersrente als auch die Rente wegen verminderter Erwerbsfähigkeit setzen **12** voraus, dass der Versicherte die **allgemeine Wartezeit** von fünf Jahren erfüllt hat (§ 50 Abs. 1 Satz 1 Nr. 1 und 2 SGB VI). Für den Anspruch auf Regelaltersrente wird die Erfüllung fingiert, wenn zuvor Rente wegen verminderter Erwerbsfähigkeit bezogen wurde (§ 50 Abs. 1 Satz 2 Nr. 1 SGB VI). Auf die Wartezeit werden Kalendermonate angerechnet, in denen Pflichtbeiträge oder freiwillige Beiträge entrichtet worden sind oder für die Pflichtbeiträge als gezahlt gelten (z.B. Kindererziehungszeiten), sowie Ersatzzeiten (§§ 51 Abs. 1 und 4, 55 Abs. 1 SGB VI). Ferner wird der Zuschlag aus einem zugunsten des Versicherten durchgeführten VA auf die Wartezeit angerechnet. Dies geschieht in der Weise, dass die Gutschrift an Entgeltpunkten mit einem mathematischen Faktor in Wartezeitmonate umgerechnet wird (vgl. dazu § 10 Rdn. 17). Für einen ausgleichspflichtigen Versicherten hat der VA keine Auswirkungen auf die bereits erfüllte Wartezeit (vgl. § 10 Rdn. 20).

V. Grundzüge der Rentenberechnung

1. Allgemeines

Die Höhe der gesetzlichen Rente hängt hauptsächlich davon ab, welche (sozialversicherungspflich- **13** tigen) **Bruttoarbeitseinkünfte der Versicherte** erzielt hat und in welchem **Verhältnis** diese zu dem **durchschnittlichen Bruttoarbeitsentgelt aller Versicherten** in den einzelnen Kalenderjahren gestanden haben. Neben den Beitragszeiten (s. Rdn. 22 ff.) werden – aus sozialen Gründen – auch bestimmte beitragsfreie Zeiten (s. Rdn. 32 f.) rentensteigernd berücksichtigt. Die Berechnung der ehezeitlichen Rentenanwartschaften nehmen die Rentenversicherungsträger in ihren Auskünften an die Gerichte vor. Zum Verständnis und zur Kontrolle der Richtigkeit dieser Auskünfte ist es jedoch erforderlich, zumindest die Grundlagen der Rentenberechnung zu kennen.

2. Die Rentenformel

a) Vollrente wegen Alters

14 Der Monatsbetrag der **Vollrente wegen Alters** berechnet sich nach folgender **Rentenformel** (§§ 63 Abs. 6, 64 SGB VI):

▶ Summe der Entgeltpunkte × Zugangsfaktor × Rentenartfaktor × aktueller Rentenwert = monatliche Altersrente.

b) Entgeltpunkte

15 Die **Entgeltpunkte** sind die besondere »Währung« in der gesetzlichen Rentenversicherung; sie drücken den individuellen Leistungswert aus, den der Versicherte in der gesetzlichen Rentenversicherung erworben hat. Entgeltpunkte werden insbesondere für **Beitragszeiten** erworben, d.h. für Zeiten, in denen rentenversicherungspflichtige Erwerbstätigkeiten ausgeübt und Beiträge zur Rentenversicherung entrichtet worden sind. Das in jedem einzelnen Kalendermonat erzielte sozialversicherungspflichtige Arbeitseinkommen wird mit dem Durchschnittseinkommen aller Versicherten verglichen, und der sich ergebende **Verhältniswert** wird in Entgeltpunkte umgerechnet (§ 63 Abs. 2 Satz 1 SGB VI). Ein Versicherter, der ein Jahr lang Beiträge in Höhe des Durchschnittsentgelts aller Versicherten gezahlt hat, erhält einen vollen Entgeltpunkt (§ 63 Abs. 2 Satz 2 SGB VI). Lag die individuelle Beitragsleistung höher oder niedriger als das Durchschnittsentgelt, so erhält er für das betreffende Jahr entsprechend mehr oder weniger als einen vollen Entgeltpunkt. Auch Kindererziehungszeiten (Rdn. 25) gelten als Beitragszeiten. Die Entgeltpunkte für anrechenbare **beitragsfreie Zeiten** sind von der Höhe der in der übrigen Zeit versicherten Entgelte abhängig (§ 63 Abs. 3 SGB VI; vgl. unten Rdn. 33). **Ohne Anrechnung rentenrechtlicher Zeiten** können zusätzliche Entgeltpunkte aufgrund einer geringfügigen versicherungsfreien Beschäftigung, während der nur der Arbeitgeber Beiträge gezahlt hat, und aufgrund von (freiwilligen) Beiträgen, die der Versicherte selbst während vorzeitiger Inanspruchnahme einer Altersrente oder bei Abfindung einer betrieblichen Versorgungsanwartschaft gezahlt hat, erworben werden (§§ 76a, 76b SGB VI). Zuschläge oder Abschläge an Entgeltpunkten können sich aus einem rechtskräftig durchgeführten VA (§ 76 SGB VI) und aus einem (fakultativen) Rentensplitting während einer Ehe oder Lebenspartnerschaft ergeben (§§ 76c, 120a ff.. SGB VI). Die Entgeltpunkte werden stets auf vier Dezimalstellen ausgerechnet (§ 121 Abs. 1 und 2 SGB VI).

16 Für in den neuen Bundesländern zurückgelegte Zeiten werden grundsätzlich **Entgeltpunkte (Ost)** vergeben (§§ 254b Abs. 1, 254d SGB VI). Dies geschieht nach dem gleichen Muster wie bei den Entgeltpunkten, jedoch mit der Besonderheit, dass die Beitragsbemessungsgrundlage (das individuelle versicherungspflichtige Entgelt) jeweils mit einem Tabellenwert auf das Niveau eines vergleichbaren Verdienstes aus den alten Bundesländern umgerechnet wird (§ 256a Abs. 1 SGB VI). Damit wird vermieden, dass sich das vorübergehend niedrigere Einkommensniveau des Beitrittsgebiets in niedrigeren Entgeltpunkten niederschlägt und damit auch noch nach der späteren Einkommensangleichung zu niedrigeren Renten im Beitrittsgebiet führt. Die Entgeltpunkte (Ost) sind somit vollwertige Entgeltpunkte. Der Zusatz (Ost) kennzeichnet lediglich für die Träger der gesetzlichen Rentenversicherung, dass die Anwartschaft in den neuen Bundesländern erworben worden ist. Nicht mit Entgeltpunkten (Ost) werden in der ehemaligen DDR zurückgelegte Zeiten bewertet, wenn der Versicherte vor dem 18.05.1990 in die Bundesrepublik übersiedelt ist; in diesem Fall wird der Versicherte so behandelt, als verfüge er über Versicherungszeiten in den alten Bundesländern (vgl. Rdn. 28).

c) Zugangsfaktor

17 Der **Zugangsfaktor** dient dazu, Vor- oder Nachteile einer vom Regelfall abweichenden Rentenbezugsdauer zu vermeiden (§ 63 Abs. 5 SGB VI). Nimmt der Versicherte die Altersrente mit Erreichen der Regelaltersgrenze (s. Rdn. 10) in Anspruch, beträgt der Zugangsfaktor 1,0. Bei vorzeiti-

ger Inanspruchnahme der Altersrente verringert sich der Zugangsfaktor um 0,003 (entspricht 0,3 %) für jeden Monat der vorzeitigen Inanspruchnahme, bei späterem Rentenbeginn erhöht er sich um 0,005 für jeden Monat späterer Inanspruchnahme (§ 77 SGB VI). Das Produkt aus der Summe der erworbenen Entgeltpunkte und dem Zugangsfaktor bezeichnet das Gesetz als »**persönliche Entgeltpunkte**« (§§ 64 Nr. 1, 66 SGB VI).

d) Rentenartfaktor

Der **Rentenartfaktor** beträgt bei Altersrenten und Renten wegen voller Erwerbsminderung für   **18** persönliche Entgeltpunkte in der allgemeinen Rentenversicherung 1,0 (§ 67 Nr. 1 und 3 SGB VI), für persönliche Entgeltpunkte in der knappschaftlichen Rentenversicherung 1,3333 (§ 82 Nr. 1 und 3 SGB VI). Für Renten wegen teilweiser Erwerbsminderung ist der Faktor geringer.

e) Aktueller Rentenwert

Der **aktuelle Rentenwert** (§§ 63 Abs. 7, 68 SGB VI) dient zur Umrechnung der persönlichen Ent-   **19** geltpunkte in den aktuellen €-Wert (»Kurswert«) der Rentenanwartschaft. Er entspricht jeweils der Monatsrente für einen Entgeltpunkt bzw. der Monatsrente eines Versicherten, der für ein Kalenderjahr Beiträge aufgrund des Durchschnittsentgelts aller Versicherten gezahlt hat. Zum 1. Juli eines jeden Jahres wird der aktuelle Rentenwert angepasst, und zwar entsprechend der Entwicklung der Bruttoverdienste der Arbeitnehmer, vermindert oder erhöht um die jeweilige Veränderung des Beitragssatzes zur gesetzlichen Rentenversicherung (§§ 65, 68 SGB VI). Der aktuelle Rentenwert dient damit zugleich der Dynamisierung der Renten und Rentenanwartschaften durch Anpassung an die Entwicklung der Bruttoverdienste der Arbeitnehmer. Diese Einkommensdynamik verringert sich jedoch künftig dadurch, dass die Neufestsetzung des aktuellen Rentenwerts auch noch durch den sog. Nachhaltigkeitsfaktor beeinflusst wird. Dabei handelt es sich um einen demografischen Faktor, der das sich verschlechternde Verhältnis von Beitragszahlern zu Rentnern berücksichtigt und zu einer Abflachung der Rentenanpassungen führt. Außerdem wird die Rentendynamik in den Jahren 2005 bis 2013 noch durch den sog. Altersvorsorgeanteil gemindert (§ 255e SGB VI). Eine Verringerung des aktuellen Rentenwerts wird jedoch durch die §§ 68a, 255e Abs. 5 SGB VI ausgeschlossen.

Entgeltpunkte (Ost) werden bis zur Herstellung einheitlicher Einkommensverhältnisse im gesam-   **20** ten Bundesgebiet mit dem **aktuellen Rentenwert (Ost)** multipliziert (§§ 254b Abs. 1, 254c SGB VI). Die **Rentenformel** für die Berechnung einer Vollrente wegen Alters aus Rentenzeiten im Beitrittsgebiet lautet daher:

▶ Summe der Entgeltpunkte (Ost) × Zugangsfaktor × Rentenartfaktor × aktueller Rentenwert (Ost) = monatliche Altersrente

Der aktuelle Rentenwert (Ost) steht in Relation zu den Durchschnittsentgelten der Versicherten in den neuen Bundesländern und spiegelt während der Phase der Einkommensangleichung im Verhältnis zum aktuellen Rentenwert den noch bestehenden Unterschied im Einkommensniveau zwischen den alten Bundesländern und dem Beitrittsgebiet wider. Der aktuelle Rentenwert (Ost) wird ebenso wie der aktuelle Rentenwert jährlich zum 1. Juli entsprechend der Entwicklung der Bruttolöhne, jedoch derjenigen in den neuen Bundesländern, angepasst, mindestens aber in derselben Höhe wie der aktuelle Rentenwert (§ 255a SGB VI). Hat ein Versicherter rentenrechtliche Zeiten sowohl in den neuen Bundesländern als auch solche im alten Bundesgebiet zurückgelegt, so werden zwei Teilbeträge errechnet, deren Summe den Monatsbetrag der Rente ergibt (§ 254b Abs. 2 SGB VI).

21 Die aktuellen Rentenwerte und aktuellen Rentenwerte (Ost) haben sich seit 1977 wie folgt **entwickelt**:

	Aktueller Rentenwert (DM)	Aktueller Rentenwert (Ost) (DM)
1977	25,20	
1. Halbjahr 1978	27,01	
2. Halbjahr 1978	26,34	
1979	26,34	
1980	27,39	
1981	28,48	
1982	30,12	
1. Halbjahr 1983	30,12	
2. Halbjahr 1983	31,81	
1. Halbjahr 1984	31,81	
2. Halbjahr 1984	32,89	
1. Halbjahr 1985	32,89	
2. Halbjahr 1985	33,87	
1. Halbjahr 1986	33,87	
2. Halbjahr 1986	34,86	
1. Halbjahr 1987	34,86	
2. Halbjahr 1987	36,18	
1. Halbjahr 1988	36,18	
2. Halbjahr 1988	37,27	
1. Halbjahr 1989	37,27	
2. Halbjahr 1989	38,39	
1. Halbjahr 1990	38,39	
2. Halbjahr 1990	39,58	15,95
1. Halbjahr 1991	39,58	18,35
2. Halbjahr 1991	41,44	21,11
1. Halbjahr 1992	41,44	23,57
2. Halbjahr 1992	42,63	26,57
1. Halbjahr 1993	42,63	28,19
2. Halbjahr 1993	44,49	32,17
1. Halbjahr 1994	44,49	33,34
2. Halbjahr 1994	46,00	34,49
1. Halbjahr 1995	46,00	35,45
2. Halbjahr 1995	46,23	36,33
1. Halbjahr 1996	46,23	37,92

	Aktueller Rentenwert (DM)	Aktueller Rentenwert (Ost) (DM)
2. Halbjahr 1996	46,67	38,38
1. Halbjahr 1997	46,67	38,38
2. Halbjahr 1997	47,44	40,51
1. Halbjahr 1998	47,44	40,51
2. Halbjahr 1998	47,65	40,87
1. Halbjahr 1999	47,65	40,87
2. Halbjahr 1999	48,29	42,01
1. Halbjahr 2000	48,29	42,01
2. Halbjahr 2000	48,58	42,26
1. Halbjahr 2001	48,58	42,26
2. Halbjahr 2001	49,51	43,15
	(€)	(€)
1. Halbjahr 2002	25,31406	22,06224
2. Halbjahr 2002	25,86	22,70
1. Halbjahr 2003	25,86	22,70
2. Halbjahr 2003	26,13	22,97
1. Halbjahr 2004	26,13	22,97
2. Halbjahr 2004	26,13	22,97
1. Halbjahr 2005	26,13	22,97
2. Halbjahr 2005	26,13	22,97
1. Halbjahr 2006	26,13	22,97
2. Halbjahr 2006	26,13	22,97
1. Halbjahr 2007	26,13	22,97
2. Halbjahr 2007	26,27	23,09
1. Halbjahr 2008	26,27	23,09
2. Halbjahr 2008	26,56	23,34
1. Halbjahr 2009	26,56	23,34
2. Halbjahr 2009	27,20	24,13
1. Halbjahr 2010	27,20	24,13
2. Halbjahr 2010	27,20	24,13
1. Halbjahr 2011	27,20	24,13
2. Halbjahr 2011	27,47	24.37
1. Halbjahr 2012	27,47	24,37
2. Halbjahr 2012	28,07	24,92
1. Halbjahr 2013	28,07	24,92

3. Anrechnung und Bewertung von Beitragszeiten

a) Pflichtbeitragszeiten

22   Als Beitragszeiten werden Zeiten berücksichtigt, für die Pflichtbeiträge oder freiwillige Beiträge wirksam gezahlt worden sind oder als gezahlt gelten (§ 55 SGB VI). Die Entgeltpunkte für die **Pflichtbeitragszeiten** berechnen sich aus dem Verhältnis des persönlichen versicherungspflichtigen Bruttoentgelts (= Beitragsbemessungsgrundlage) zum Durchschnittseinkommen aller Versicherten in demselben Versicherungsjahr; für das Jahr das Rentenbeginns und das davor liegende Jahr wird ein vorläufig bestimmtes Durchschnittsentgelt zugrunde gelegt, weil das endgültige Durchschnittsentgelt bei Rentenbeginn noch nicht bekanntgemacht ist (§ 70 Abs. 1 SGB VI). Im Erstverfahren über den VA, in dem ein Versicherungsfall zum Zeitpunkt des Endes der Ehezeit fingiert wird, sind aus praktischen Erwägungen die vorläufigen Durchschnittsentgelte für das Jahr, in das das Ende der Ehezeit fällt, und für das vorangegangene Kalenderjahr zugrunde zu legen, und zwar grundsätzlich auch dann, wenn im Zeitpunkt der Entscheidung über den VA bereits endgültige Durchschnittsentgelte bekannt gegeben worden sind.[2] Wenn das VA-Verfahren allerdings längere Zeit ausgesetzt war (z.B. nach § 2 Abs. 1 S. 2 VAÜG) und nach der Wiederaufnahme ohnehin neue Auskünfte eingeholt werden müssen, ist von den bereits festgesetzten endgültigen Durchschnittsentgelten auszugehen.[3] Auch im Abänderungsverfahren sind die endgültigen Durchschnittsentgelte zugrunde zu legen.[4] Für bestimmte Beitragszeiten werden aus sozialen Gründen Mindestwerte angesetzt. Dies gilt z.B. für Wehr- und Zivildienstzeiten sowie Zeiten des Bezugs von Lohnersatzleistungen (§ 166 SGB VI). Die frühere Aufwertung der ersten Beitragsjahre (i.d.R. Berufsausbildung) auf 0,9 Entgeltpunkte im Jahr ist jedoch 1997 entfallen. Für Einkünfte aus geringfügiger versicherungsfreier Beschäftigung (Entgelt nicht mehr als monatlich 400 €, § 8 Abs. 1 SGB IV), für die der Arbeitgeber einen Beitragsanteil getragen hat, werden Zuschläge an Entgeltpunkten nach Maßgabe des § 76b SGB VI ermittelt. Entgeltpunkte aus Pflichtbeiträgen für eine häusliche Pflegetätigkeit, die von der Pflegekasse zugunsten der Pflegeperson entrichtet worden sind, sind auch im VA zu berücksichtigen.[5]

b) Freiwillige Beiträge

23   **Freiwillige Beiträge** müssen nicht zwingend in dem Zeitraum gezahlt werden, für den sie gelten sollen; gemäß § 197 Abs. 2 SGB VI genügt es, wenn sie bis zum 31. März des Jahres gezahlt werden, das dem Jahr folgt, für das sie angerechnet werden sollen. Nach Sondervorschriften kann eine Nachzahlung freiwilliger Beiträge auch für weiter zurück liegende Zeiträume zulässig sein (zur Zuordnung nachentrichteter Beiträge im VA vgl. Rdn. 42). Freiwillig Versicherte können Anzahl und Höhe der Beiträge selbst bestimmen. Die Entgeltpunkte für die freiwilligen Beiträge errechnen sich nach den gleichen Grundsätzen wie bei Pflichtbeiträgen. Die freiwilligen Beiträge werden in ein fiktives Arbeitsentgelt umgerechnet, das (als persönliche Beitragsbemessungsgrundlage) ins Verhältnis gesetzt wird zum Durchschnittsentgelt aller Versicherten in dem Kalenderjahr, für das die freiwilligen Beiträge gelten sollen.

c) Nachversicherung

24   Scheiden **Beamte** oder diesen gleichgestellte Personen aus ihrem Dienst- oder Arbeitsverhältnis aus, ohne dass ihnen eine Versorgung nach beamtenrechtlichen Vorschriften oder Grundsätzen gewährt wird, so sind sie für die Zeit, in der sie sonst rentenversicherungspflichtig beschäftigt gewesen wären, in der gesetzlichen Rentenversicherung **nachzuversichern** (§ 8 Abs. 2 SGB VI). Auf Antrag kann die Nachversicherung auch in einer berufsständischen Versorgung erfolgen

---

2   BGH 2012, 509, 511; 2012, 847, 849.
3   BGH FamRZ 2012, 847, 849.
4   BGH FamRZ 2012, 509, 512.
5   KG FamRZ 2006, 210; OLG Stuttgart FamRZ 2006, 1452.

(§ 186 SGB VI). Der Dienstherr oder Arbeitgeber hat die Beiträge nachzuentrichten, die im Zeitpunkt der Zahlung für versicherungspflichtige Beschäftigte gelten (§ 181 Abs. 1 SGB VI). Mit Durchführung der Nachversicherung fällt die Anwartschaft auf Beamtenversorgung weg und wird durch die Anwartschaft in der gesetzlichen Rentenversicherung ersetzt. Dadurch sinkt häufig der Wert der Anwartschaft, weil in der gesetzlichen Rentenversicherung Beitragsbemessungsgrenzen bestehen. Aufgrund der unterschiedlichen Berechnungsvorschriften kann sich zudem eine andere Bewertung des Ehezeitanteils ergeben. Eine solche Änderung des Werts der auszugleichenden Anwartschaft ist im VA auch dann zu berücksichtigen, wenn sie erst nach Ende der Ehezeit eingetreten ist.[6]

d) Kindererziehungszeiten

Für die Erziehung von Kindern, die nach dem 31.12.1991 geboren sind, wird eine **Kindererzie-** **25**
hungszeit (KEZ) von drei Jahren, beginnend nach Ablauf des Monats der Geburt, als Beitragszeit angerechnet (§ 56 Abs. 1 S. 1 und Abs. 5 S. 1 SGB VI). Die Erziehung eines vor dem 01.01.1992 geborenen Kindes führt zur Anrechnung einer KEZ von (nur) einem Jahr (§ 249 Abs. 1 SGB VI). Auch bei Mehrlingsgeburten oder bei Geburt eines weiteren Kindes während einer noch laufenden KEZ wird für jedes Kind die volle KEZ angerechnet (§ 56 Abs. 5 S. 2 SGB VI). Eine Anrechnung von KEZ kommt außer für leibliche Eltern auch für Adoptiveltern sowie für Stief- und Pflegeeltern in Betracht, die das Kind in ihren Haushalt aufgenommen und betreut haben. Die Gutschrift kann jedoch immer nur bei einem Elternteil erfolgen. Die KEZ wird demjenigen zugeordnet, der das Kind tatsächlich erzogen hat. Bei gemeinsamer Erziehung wird die KEZ der Mutter zugeordnet, falls die Eltern nicht durch übereinstimmende, unwiderrufliche Erklärung gegenüber dem zuständigen Versicherungsträger (mit Wirkung für die Zukunft) bestimmt haben, dass die KEZ dem Vater zugeordnet oder zwischen ihnen aufgeteilt werden soll (§ 56 Abs. 2 SGB VI). Eine Erziehung im Ausland kann nur berücksichtigt werden, wenn der erziehende Elternteil oder sein Ehegatte oder Lebenspartner während der Erziehung oder unmittelbar vor der Geburt des Kindes versicherungspflichtig war (§ 56 Abs. 3 SGB VI). Von der Anrechnung einer KEZ ausgeschlossen sind Beamte, Richter und Soldaten (§ 56 Abs. 4 Nr. 2 SGB VI). Dieser Personenkreis erhält aber zum Ausgleich einen Kindererziehungszuschlag zum Ruhegehalt (s. § 44 Rn. 31). Von der Anrechnung einer KEZ können auch Pflichtmitglieder eines berufsständischen Versorgungswerks ausgeschlossen sein, die von der Rentenversicherungspflicht befreit waren. Dies gilt jedoch nur dann, wenn die KEZ nicht in vergleichbarer Weise in dem berufsständischen Versorgungswerk angerechnet wird.[7] Keine KEZ erhalten Eltern angerechnet, die vor dem 01.01.1921 (im Beitrittsgebiet vor dem 01.01.1927) geboren sind. Sie bekommen eine besondere »Leistung für Kindererziehung« (§§ 294, 294a SGB VI); diese fällt nicht in den VA.[8]

Kindererziehungszeiten werden seit dem 01.07.1998 – rückwirkend – mit 0,0833 Entgeltpunkten **26**
(nach früherem Recht mit 0,0625 Entgeltpunkten) pro Monat **bewertet**, das entspricht 100 % des Durchschnittsverdienstes aller Versicherten (§ 70 Abs. 2 S. 1 SGB VI). In der Knappschaftsversicherung werden die KEZ nunmehr mit 0,0625 EP pro Monat bewertet (§ 83 Abs. 1 S. 1 SGB VI). Treffen KEZ mit Beitragszeiten zusammen, so findet eine Addition der jeweils erworbenen EP statt, allerdings nach oben begrenzt durch bestimmte Höchstbeträge (§§ 70 Abs. 2 S. 2, 83 Abs. 1 S. 2 und 3 SGB VI).

Ferner können sog. **Kinderberücksichtigungszeiten** zur Gutschrift zusätzlicher Entgeltpunkte für **27**
Beitragszeiten führen. Berücksichtigungsfähig ist die Erziehung eines Kindes bis zur Vollendung des 10. Lebensjahres (§ 57 SGB VI). Voraussetzung für die rentensteigernde Wirkung der Berücksichtigungszeiten ist allerdings, dass die Berücksichtigungszeiten nach dem Jahr 1991 liegen und

---

6 BGH FamRZ 1981, 856, 861.
7 BSG FamRZ 2006, 330.
8 BGH FamRZ 1991, 675.

dass der Versicherte 25 Jahre mit rentenrechtlichen Zeiten erreicht hat; das Gleiche gilt für Zeiten der nicht erwerbsmäßigen Pflege eines pflegebedürftigen Kindes (§ 70 Abs. 3a SGB VI). Berücksichtigungszeiten können sich ferner bei der Bewertung beitragsfreier und beitragsgeminderter Zeiten (§ 72 Abs. 1 SGB VI) sowie bei der Berechnung der Wartezeit von 35 Jahren, die für die Altersrente für langjährig Versicherte und für die Altersrente für Schwerbehinderte erforderlich ist, auswirken (§§ 36, 37, 51 Abs. 3 SGB VI). Zur Behandlung im VA vgl. u. Rdn. 46.

e) Rentenrechtliche Zeiten in den neuen Bundesländern

28 **Beitragszeiten** (einschließlich Kindererziehungszeiten), die **in den neuen Bundesländern** oder im früheren Reichsgebiet zurückgelegt worden sind, werden Entgeltpunkte (Ost) zugeordnet (§ 254d Abs. 1 SGB VI). Dies gilt allerdings nicht für Personen, die bis zum 18.05.1990 in die alten Bundesländer übersiedelt waren. Für sie bleibt es bei der früheren Regelung des Fremdrentenrechts, wonach solche Zeiten wie bundesdeutsche Beitragszeiten behandelt wurden (§ 254d Abs. 2 SGB VI).[9] Für Zeiten, die nicht durch Sozialversicherungsnachweise belegt werden können, sind die Entgeltpunkte (Ost) einem Tabellenwerk zu entnehmen. Anrechte aus Zusatz- und Sonderversorgungssystemen der früheren DDR sind mit dem Anspruchs- und Anwartschaftsüberführungsgesetz (AAÜG) in die gesetzliche Rentenversicherung überführt worden. Die Entgeltpunkte (Ost) für diese Anrechte richten sich nicht nach der Beitragszahlung, sondern nach dem jeweiligen Einkommen. Zusätzlich findet eine Leistungsbegrenzung statt, deren Umfang sich nach der Staats- oder Systemnähe des Rentenberechtigten richtet. Für Personen, die am 01.01.1992 bereits eine Rente aus der Sozialversicherung der DDR bezogen oder deren Rente bis zum 31.12.1996 beginnt, gelten Bestandsschutzregelungen. Danach wird die Rente zwar nach dem SGB VI berechnet, jedoch wird zusätzlich ein **Auffüllbetrag** in Höhe der Differenz bis zur Rente nach DDR-Recht gezahlt. Dieser Auffüllbetrag nimmt aber nicht an den laufenden Rentenanpassungen teil, sondern wird stufenweise abgebaut (s.u. Rdn. 45).

f) Ausländische rentenrechtliche Zeiten

29 Nach dem sog. **Fremdrentenrecht** werden **ausländische Beitrags- und Beschäftigungszeiten** des in § 1 FRG genannten Personenkreises (insbesondere Vertriebene und Aussiedler) wie bundesdeutsche Versicherungszeiten behandelt. Seit dem 01.01.1992 werden die für diese Zeiten zu berücksichtigenden Entgeltpunkte jedoch mit einem pauschalen Abschlag versehen. Dieser Abschlag ist auch im VA zu berücksichtigen. Ausländische Versicherungszeiten können sich auch insoweit auf die Höhe der deutschen Rentenanwartschaft auswirken, als sie nach über- oder zwischenstaatlichen Sozialversicherungsabkommen deutschen Versicherungszeiten gleichgestellt sind (vgl. insbes. Art. 45 EWG-VO 1408/71, wonach Versicherungszeiten innerhalb der EU weitgehend anrechenbar sind). Der deutsche Rentenversicherungsträger führt in diesen Fällen zusätzlich eine sog. zwischenstaatliche Berechnung durch und vergleicht deren Ergebnis mit demjenigen, das sich allein aus den deutschen Versicherungszeiten ergibt. Da nach den EU-Vorschriften der höhere Betrag als nationale Rente zu zahlen wäre, ist auch im VA auf den höheren Betrag aus den Alternativberechnungen abzustellen. Die Anrechnung nach deutschem Rentenversicherungsrecht schließt nicht aus, dass die ausländischen Versicherungszeiten auch zu einem ausländischen Versorgungsanrecht geführt haben.

g) Beitragsgeminderte Zeiten

30 Als Beitragszeiten gelten auch sog. **beitragsgeminderte Zeiten**. Das sind Kalendermonate, in denen Beitragszeiten mit beitragsfreien, aber rentenrechtlich anrechenbaren Zeiten (s.u. Rdn. 32 f.) zusammentreffen, sowie Zeiten der Berufsausbildung, wobei die ersten 36 Monate mit Pflichtbeiträgen bis zur Vollendung des 25. Lebensjahres auch ohne Nachweis als Zeiten einer Berufsausbil-

---

9 Vgl. BGH FamRZ 2006, 766, 769.

dung anerkannt werden (§§ 54 Abs. 3, 71 Abs. 3 S. 2 SGB VI). Die beitragsgeminderten Zeiten erhalten mindestens den Wert, den sie als beitragsfreie Zeiten nach der Vergleichsbewertung (s.u. Rdn. 33) hätten. Dies geschieht durch einen Zuschlag an Entgeltpunkten, der den einzelnen Kalendermonaten mit beitragsgeminderten Zeiten zu gleichen Teilen zugeordnet wird (§ 71 Abs. 2 SGB VI).

h) Mindestentgeltpunkte bei geringem Arbeitsentgelt

Gemäß § 262 Abs. 1 SGB VI sind **Mindest-Entgeltpunkte bei geringem Arbeitsentgelt** zu gewäh- 31
ren, wenn dies für den Versicherten günstiger ist als die normale Bewertung der Pflichtbeitragszeiten. Für den VA ist diese Regelung jedoch nur von Bedeutung, wenn die zur Anrechnung erforderliche Voraussetzung – 35 Jahre mit rentenrechtlichen Zeiten – bereits erfüllt ist (s.u. Rdn. 46). Dann kommt für die Berechnung des Ehezeitanteils § 262 Abs. 2 SGB VI zum Zuge; danach sind die zusätzlichen Entgeltpunkte den Kalendermonaten mit vollwertigen Beiträgen zu gleichen Teilen zuzuordnen.

4. Anrechnung und Bewertung beitragsfreier Zeiten

Bestimmte Zeiten ohne Beitragsleistungen sollen sich aus sozialen Gründen auf die Rentenberech- 32
nung auswirken. Zu den rentenrechtlich bedeutsamen »**beitragsfreien Zeiten**« (§ 54 Abs. 1 Nr. 2 SGB VI) gehören:

– **Anrechnungszeiten:** Darunter fallen insbesondere krankheitsbedingte Arbeitsunfähigkeit, Schwangerschaft und Mutterschaft während der Schutzfristen, Arbeitslosigkeit, Schul-, Fachschul-, Hochschulausbildung oder Teilnahme an einer berufsvorbereitenden Bildungsmaßnahme nach Vollendung des 17. Lebensjahres (bis zur Dauer von acht Jahren), Bezug einer Erwerbsminderungsrente (§§ 58, 252, 252a SGB VI).

– **Zurechnungszeit:** Mit dieser Zeit wird ein Versicherter, der vor Vollendung des 60. Lebensjahres erwerbsgemindert geworden ist, so gestellt, als habe er bis zur Vollendung des 60. Lebensjahres Beiträge zur gesetzlichen Rentenversicherung geleistet. Die Zurechnungszeit beginnt mit dem Eintritt der Erwerbsminderung oder – wenn die zum Rentenbezug erforderliche Wartezeit erst später erfüllt wird – mit Beginn der Rente. Sie endet mit der Vollendung des 60. Lebensjahres (§ 59 SGB VI), bei Renten, die vor dem 01.01.2004 begonnen haben, schon mit der Vollendung des 55. Lebensjahres, wobei aber für die darüber hinausgehende Zeit ein Zuschlag gewährt wird (§ 253a SGB VI). Zur Berücksichtigung der Zurechnungszeit im VA vgl. Rdn. 35.

– **Ersatzzeiten:** Dabei handelt es sich um Zeiten vor dem 01.01.1992, in denen der Versicherte infolge Militärdienstes bis 1945, Kriegsgefangenschaft, Flucht, Vertreibung, Freiheitsentzug in der DDR oder ähnlicher zeitbedingter Umstände an der Entrichtung von Beiträgen zur gesetzlichen Rentenversicherung gehindert war (§ 250 SGB VI).

Die **Bewertung** beitragsfreier Zeiten ist mit der Rentenreform 1992 grundlegend verändert wor- 33
den. Die früher erforderliche Halb- bzw. Mindestdeckung (d.h. Belegung der Zeit vom Eintritt in die gesetzliche Rentenversicherung bis zum Versicherungsfall mindestens zur Hälfte mit Pflichtbeiträgen sowie Mindestbelegung mit 60 Beitragsmonaten) ist entfallen. Beitragsfreie Zeiten werden nunmehr unter Verzicht auf besondere Anrechnungsvoraussetzungen stets bei der Rentenberechnung berücksichtigt. Sie erhalten den Durchschnittswert an Entgeltpunkten, der sich aus der Gesamtleistung an Beiträgen im belegungsfähigen Zeitraum ergibt (§ 71 Abs. 1 S. 1 SGB VI). Es wird somit eine Gesamtleistungsbewertung vorgenommen, bei der die beitragsfreien Zeiten umso höher bewertet werden, je mehr der Versicherte selbst zur Solidargemeinschaft beigetragen hat. Neben Beitragszeiten wirken sich bei dieser Bewertung auch Berücksichtigungszeiten (vgl. Rdn. 27) werterhöhend aus. Für die Gesamtleistungsbewertung werden jedem Monat Berücksichtigungszeit die Entgeltpunkte zugeordnet, die sich ergeben würden, wenn die Monate Kindererziehungszeiten wären (§ 71 Abs. 3 SGB VI). Im Rahmen der Gesamtleistungsbewertung werden zwei

Berechnungen durchgeführt: eine Grundbewertung aus allen Beiträgen (§ 72 SGB VI) und eine Vergleichsbewertung aus ausschließlich vollwertigen Beiträgen (§ 73 SGB VI). Der höhere der beiden ermittelten Werte ist für die Rentenberechnung zugrunde zu legen (§ 71 Abs. 1 S. 2 SGB VI); er wird allerdings für Ausbildungszeiten noch auf 75 % gekürzt (begrenzte Gesamtleistungsbewertung, § 74 SGB VI). Die Gesamtleistungsbewertung hat zur Folge, dass sich die Bewertung der beitragsfreien Zeiten im Laufe des Versicherungslebens ständig verändern kann. Soweit derartige Veränderungen nach Ehezeitende eintreten, sind sie aufgrund des Stichtagsprinzips (§ 5 Abs. 1 S. 1 VersAusglG) im VA außer Betracht zu lassen. Die nacheheliche Veränderung der Gesamtleistungsbewertung ist auch kein nach § 5 Abs. 2 S. 2 VersAusglG berücksichtigungsfähiger Umstand, denn er hat keinen Bezug zur Ehezeit. Die Gesamtleistungsbewertung beitragsfreier Zeiten ist daher im VA allein auf der Grundlage der bis Ehezeitende zurückgelegten rentenrechtlichen Zeiten durchzuführen.[10] Dies gilt auch in einem Abänderungsverfahren nach den §§ 51, 52 VersAusglG oder den §§ 225, 226 FamFG.[11]

C. Zuständigkeit der Versicherungsträger für Auskünfte zum Versorgungsausgleich

34 Hat ein Ehegatte (möglicherweise) Anwartschaften in der gesetzlichen Rentenversicherung erworben, ist das **Auskunftsersuchen des Familiengerichts** an den **zuständigen Rentenversicherungsträger** zu richten. Bei Eintritt in die gesetzliche Rentenversicherung nach dem 31.12.2004 wird die Zuständigkeit des Versicherungsträgers durch die Datenstelle der Versicherungsträger nach einem bestimmten Schlüssel festgelegt; bis zur Vergabe dieser Versicherungsnummer ist die Deutsche Rentenversicherung Bund zuständig (§ 127 Abs. 1 SGB VI). Versicherte, die bereits vor dem 01.01.2005 eine Versicherungsnummer erhalten haben, bleiben grundsätzlich dem bisher zuständigen Versicherungsträger zugeordnet (§ 274c SGB VI). Zahlt bereits ein Versicherungsträger eine Rente, so ist dieser auch für das Auskunftsersuchen zuständig. Ist die Versicherungsnummer eines Ehegatten nicht bekannt oder ist erst zu klären, ob Beiträge zur gesetzlichen Rentenversicherung entrichtet worden sind, sollte das Auskunftsersuchen an die Deutsche Rentenversicherung Bund oder den Regionalträger gesandt werden, in deren Bezirk der Ehegatte wohnt.

D. Bewertung der Anrechte im Versorgungsausgleich

I. In den Versorgungsausgleich fallende Anrechte

35 Im VA sind gemäß § 2 VersAusglG die Anrechte auf **Altersrente** (§§ 35–37, 40 SGB VI) und auf **Rente wegen verminderter Erwerbsfähigkeit** (§§ 43, 45 SGB VI) zu berücksichtigen. Außer Betracht bleiben Anrechte auf Hinterbliebenen- und Erziehungsrente nach den §§ 46–49 SGB VI sowie der Zuschuss zur Krankenversicherung (§ 269a SGB VI) und der Kinderzuschuss nach § 270 SGB VI, weil es sich dabei nicht um Leistungsanteile handelt, die auf Arbeit oder Vermögen beruhen, sondern um Sozialleistungen. Unberücksichtigt bleiben andererseits im Wertausgleich bei der Scheidung auch die aus der Rente zu zahlenden Beiträge zur Kranken- und Pflegeversicherung.[12] In den VA einzubeziehen sind jedoch auch die Leistungsbestandteile einer Rente, die auf Kindererziehungszeiten i.S. des § 56 SGB VI beruhen. Anrechte auf Leistungen aus der Höherversicherung (§ 269 SGB VI) fallen zwar in den VA, sind aber anders zu bewerten als die Anrechte aus der Grundversicherung (s. Rdn. 44). Leistungseinschränkungen, die sich aus dem Aufenthalt des Versicherten im Ausland oder dem Zusammentreffen der Rente mit anderen Einkünften (z.B. einer Unfallrente, § 93 SGB VI) ergeben, bleiben für den VA außer Betracht.[13] Entgeltpunkte aus

---

10 BGH FamRZ 2012, 509, 511; 2012, 847, 848; OLG Celle FamRZ 2011, 723.
11 BGH FamRZ 2012, 509, 511; 2012, 847, 849; a.A. Bergner NJW 2012, 1330, 1332.
12 BGH FamRZ 1994, 560, 561; 2007, 120, 122; 2008, 1833, 1834; Ruland Rn. 356.
13 Ruland Rn. 357; Palandt/Brudermüller § 43 Rn. 4; Johannsen/Henrich/Holzwarth § 43 Rn. 20.

der **Zurechnungszeit** sind im VA auch dann zu berücksichtigen, wenn die Invaliditätsrente schon vor der Eheschließung bewilligt worden war.[14] Bei der Erstentscheidung über den VA ist allerdings zu beachten, dass die fiktive Altersrente aufgrund des Stichtagsprinzips unter Ausschluss der über das Ehezeitende hinausreichenden Zurechnungszeit zu berechnen ist. Dies geschieht in der Weise, dass die auf die nachehezeitliche Zurechnungszeit entfallenden Entgeltpunkte bei der Berechnung der Vollrente wegen Alters ausgeklammert werden. Zu abzuschmelzenden Leistungsbestandteilen vgl. u. Rdn. 45.

Solange noch **kein Versicherungsfall** eingetreten ist, wird im VA die **Anwartschaft auf die Regel-**   36
altersrente (s.o. Rdn. 10) zugrunde gelegt (§ 109 Abs. 6 SGB VI). **Bezieht der Versicherte** bereits eine **Rente wegen verminderter Erwerbsfähigkeit**, ist zu berücksichtigen, dass neben dem bereits entstandenen Anspruch auf diese Rente auch eine Anwartschaft auf Regelaltersrente besteht (s.o. Rdn. 11). Ist mit der Entziehung der Erwerbsminderungsrente bis zum Erreichen der Regelaltersgrenze nicht mehr zu rechnen, so ist ein Vergleich dieser Rente mit der Anwartschaft auf Regelaltersrente anzustellen, weil der späteren Altersrente gemäß § 88 Abs. 1 Satz 2 SGB VI mindestens die persönlichen Entgeltpunkte aus der vorangegangenen Erwerbsminderungsrente zugrunde zu legen sind. Die Vergleichsberechnung ist auch dann anzustellen, wenn der Versicherungsfall erst nach Ende der Ehezeit eingetreten ist.[15] Bei dem Vergleich sind Entgeltpunkte für eine nacheheliche Zurechnungszeit, die bei der Berechnung der Erwerbsminderungsrente berücksichtigt worden sind, außer Betracht zu lassen.[16] Die Versicherungsträger nehmen in ihren Auskünften an die Gerichte die entsprechenden Alternativberechnungen vor. Im VA ist von dem Anrecht auszugehen, dem **insgesamt** die höheren Entgeltpunkte zugrunde liegen, auch wenn sich bei diesem ein geringerer **Ehezeitanteil** ergibt.[17] **Ob** noch damit zu rechnen ist, dass die Erwerbsminderungsrente wieder entzogen wird, hängt von der konkreten Erkrankung des Versicherten ab und ist im Einzelfall zu klären.[18] Die – regelmäßig vorzunehmende (s.o. Rdn. 11) – Befristung der Rente steht einer Prognose, dass mit der Entziehung nicht mehr zu rechnen ist, nicht unbedingt entgegen, vor allem dann nicht, wenn die Befristung schon ein- oder gar zweimal verlängert worden ist.

Erhält ein Ehegatte im Zeitpunkt der gerichtlichen Entscheidung bereits eine **Altersrente**, so ist   37
im VA von den dieser tatsächlich erworbenen Versorgung zugrunde liegenden Entgeltpunkten auszugehen,[19] auch wenn noch keine Regelaltersrente gezahlt wird. Nach bindender Bewilligung einer Altersrente ist nämlich der Wechsel in eine Erwerbsminderungsrente oder in eine andere Altersrente ausgeschlossen (§ 34 Abs. 4 SGB VI). Daher ist kein Vergleich der tatsächlichen Versorgung mit einer (möglicherweise höheren) Regelaltersrente mehr notwendig. Unerheblich ist für den VA, ob die Rente des Versicherten aufgrund **vorzeitiger Inanspruchnahme** um einen Abschlag (von 0,3 % für jeden Monat vorzeitiger Inanspruchnahme, vgl. Rdn. 17) gekürzt oder aufgrund über die Regelaltersgrenze hinaus **aufgeschobener Inanspruchnahme** um einen Zuschlag (von 0,5 % für jeden Monat späterer Inanspruchnahme) erhöht ist. Denn der Zugangsfaktor (§ 77 SGB VI), der den Ab- oder Zuschlag bewirkt, bleibt nach neuem Recht bei der Bewertung für den VA insgesamt außer Betracht (vgl. § 41 Rdn. 6).

Ob der Versicherte im Zeitpunkt der gerichtlichen Entscheidung die **allgemeine Wartezeit** (s.o.   38
Rdn. 12) bereits erfüllt hat, spielt gemäß § 2 Abs. 3 VersAusglG im VA keine Rolle. Dagegen kann die Erfüllung einer der längeren Wartezeiten nur berücksichtigt werden, wenn sie sich tatsächlich verwirklicht hat. Dies stellt § 43 Abs. 3 VersAusglG ausdrücklich klar (s.u. Rdn. 46). Unerheblich ist für den VA auch, ob der Versicherte von der Möglichkeit, eine sog. **Teilrente** in Anspruch zu

---

14 BGH FamRZ 1986, 337.
15 BGH FamRZ 1989, 492; 1990, 1341.
16 BGH FamRZ 1988, 489, 491; 1989, 721, 722; 1997, 160.
17 BGH FamRZ 1997, 160, 161; OLG Brandenburg FamRZ 2002, 1256; OLG Saarbrücken FamRZ 2012, 746.
18 BGH FamRZ 1984, 673; 1997, 1535, 1536; 2005, 1461, 1462.
19 BGH FamRZ 1984, 673; 1996, 406.

nehmen (und daneben noch einer Teilerwerbstätigkeit nachzugehen), Gebrauch machen wird oder schon Gebrauch gemacht hat. Maßgebend für den VA ist vielmehr die daneben stets bestehende Anwartschaft auf die sog. Vollrente.

39 Eine Rentenanwartschaft, die zwar bestanden hatte, aber im Zeitpunkt der gerichtlichen Entscheidung durch **Beitragserstattung** erloschen ist, bleibt außer Betracht, weil dem VA nur (noch) existierende Anrechte unterliegen (vgl. § 5 Rdn. 13).[20]

II. Berechnung des Ehezeitanteils (Abs. 1)

40 Der **Ehezeitanteil** eines Anrechts aus der gesetzlichen Rentenversicherung ist nach der **unmittelbaren Bewertungsmethode** des § 39 Abs. 1 VersAusglG zu berechnen. Dies ergibt sich bereits aus § 39 Abs. 2 Nr. 1 VersAusglG, der diese Methode zur Bewertung von Anrechten, deren Höhe sich aus der Summe der Entgeltpunkte berechnet, vorschreibt, wird aber in § 43 Abs. 1 VersAusglG nochmals ausdrücklich bekräftigt. Der Ehezeitanteil ist somit ebenso wie nach früherem Recht (§ 1587a Abs. 2 Nr. 2 BGB a.F.) aus der **Summe der in der Ehezeit erworbenen Entgeltpunkte** zu berechnen. Diese Entgeltpunkte brauchen aber – anders als nach früherem Recht – nicht mehr (durch Multiplikation mit dem aktuellen Rentenwert bei Ehezeitende) in einen monatlichen Rentenbetrag umgerechnet zu werden. Das folgt daraus, dass der Ehezeitanteil gemäß § 5 Abs. 1 VersAusglG in Form der für das Anrecht maßgebenden Bezugsgröße zu berechnen ist und diese Bezugsgröße auch Gegenstand der Teilung nach § 10 VersAusglG ist. Nach früherem Recht musste der ausgeglichene Rentenbetrag im Übrigen (aufgrund der vom Familiengericht getroffenen Anordnung nach § 1587b Abs. 6 BGB a.F. oder § 3 Abs. 1 Nr. 5 VAÜG a.F.) wieder in Entgeltpunkte zurückgerechnet werden. Damit entfallen nunmehr zwei Rechenschritte, die sich im Ergebnis letztlich aufheben.[21]

41 Zur Berechnung der auf die Ehezeit entfallenden Entgeltpunkte müssen grundsätzlich **alle Versicherungszeiten** bis zum Ende der Ehezeit – also auch die vor der Ehezeit liegenden Zeiten – **geklärt** sein. Denn die auf die Ehezeit entfallenden Entgeltpunkte können in ihrem Wert durch vor der Ehezeit liegende Versicherungszeiten beeinflusst werden. Das ist der Fall, wenn beitragsfreie Zeiten in die Ehezeit fallen, die nach den in Rdn. 33 dargestellten Grundsätzen mit Durchschnittswerten zu bewerten sind, die sich aus dem gesamten Versicherungsleben ergeben. Andererseits dürfen auch **nur die bis Ende der Ehezeit zurückgelegten rentenrechtlichen Zeiten berücksichtigt** werden. Nach Ehezeitende liegende Zeiten bleiben auch insoweit außer Betracht, als sie sich auf die Bewertung von in der Ehezeit liegenden beitragsfreien oder beitragsgeminderten Zeiten auswirken (vgl. oben Rdn. 33).

42 Dem VA unterliegen die **in der Ehezeit** erworbenen Entgeltpunkte. Die Zuordnung der aus dem gesamten Versicherungsverlauf bis zum Ehezeitende (als dem nach § 5 Abs. 2 Satz 1 VersAusglG maßgeblichen Bewertungsstichtag) erworbenen Entgeltpunkte zur Ehezeit erfolgt nach dem sog. **In-Prinzip** (vgl. dazu § 3 Rdn. 13 f.). Entgeltpunkte aus Pflichtbeitragszeiten sind auch im VA stets den Zeiten der Beschäftigung oder der Kindererziehung zuzuordnen, denen sie auch im Rentenversicherungsverlauf zugeordnet sind. Das Gleiche gilt für Entgeltpunkte aus einer Nachversicherung und aus beitragsfreien Zeiten. Bei freiwilligen Beiträgen kommt es dagegen für den VA nicht darauf an, **für** welche Zeiten sie auf dem Versicherungskonto gutgeschrieben worden sind, sondern **in** welcher Zeit sie entrichtet worden sind.[22] Zur zeitlichen Zuordnung von Entgeltpunkten, die auf den im Rahmen einer vereinbarten flexiblen Arbeitszeitregelung (z.B. Altersteilzeit) während der Freistellungsphase entrichteten Beiträgen beruhen, vgl. § 3 Rdn. 19.

---

20 BGH FamRZ 1992, 45; 1995, 31.
21 BT-Drucks. 16/10144 S. 81.
22 BT-Drucks. 16/10144 S. 47; BGH FamRZ 1981, 1169; 1985, 683; 1987, 364; 1996, 1538.

Wick

Maßgebend für den VA sind die **Entgeltpunkte i.S. des § 63 SGB VI** (s.o. Rdn. 15), nicht die – **43** sich erst nach Multiplikation mit dem Zugangsfaktor (s.o. Rdn. 17) ergebenden – **persönlichen** Entgeltpunkte. Der **Zugangsfaktor** bleibt daher im VA außer Betracht (s.o. Rdn. 37). Dagegen ist der **Rentenartfaktor** (s.o. Rdn. 18) auch im VA von Bedeutung, denn er drückt den generell höheren Wert der in der knappschaftlichen Rentenversicherung erworbenen Entgeltpunkte aus. Anrechte der allgemeinen Rentenversicherung und Anrechte der knappschaftlichen Rentenversicherung sind **keine gleichartigen Anrechte** i.S. des § 10 Abs. 2 Satz 1 VersAusglG (§ 120f Abs. 2 Nr. 2 SGB VI)[23] und können deshalb auch nicht von den Versicherungsträgern miteinander verrechnet werden. Folglich müssen die Versicherungsträger die in der allgemeinen Rentenversicherung und die in der knappschaftlichen Rentenversicherung erworbenen Entgeltpunkte getrennt ausweisen, und das Familiengericht muss diese Entgeltpunkte – anders als nach früherem Recht, wonach die Entgeltpunkte aus den verschiedenen Versicherungszweigen unter Heranziehung des jeweils maßgeblichen Rentenartfaktors in eine monatliche (Gesamt-) Rentenanwartschaft umzurechnen waren – jeweils **gesondert teilen** (s. auch § 10 Rdn. 6, 14).[24] Im Tenor muss daher klargestellt werden, ob Entgeltpunkte der allgemeinen oder der knappschaftlichen Rentenversicherung übertragen werden. Entsprechendes gilt auch für Entgeltpunkte und Entgeltpunkte (Ost). Auch diese sind nicht gleichartig (§ 120f Abs. 2 Nr. 1 SGB VI) und müssen deshalb getrennt voneinander geteilt werden.[25]

Anrechte aus der Höherversicherung sind ebenfalls gesondert zu teilen. Ihr Ehezeitanteil wird **44** nicht in Entgeltpunkten ausgedrückt, ist aber auch nach der unmittelbaren Bewertungsmethode zu berechnen, weil sich der Steigerungsbetrag zur Rente nach § 269 SGB VI aus der Summe der entrichteten Beiträge (und dem Alter bei Entrichtung der Beiträge) ergibt (§ 39 Abs. 2 Nr. 4 VersAusglG).

III. Abzuschmelzende Anrechte (Abs. 2)

§ 43 Abs. 2 VersAusglG regelt die Bestimmung des Ehezeitanteils von **abzuschmelzenden Leistun-** **45** **gen** der gesetzlichen Rentenversicherung i.S. des § 19 Abs. 2 Nr. 2 VersAusglG. Dabei handelt es sich um dem schuldrechtlichen VA unterliegende Anrechte (§ 19 Abs. 1 Satz 1 und Abs. 4 VersAusglG). Hierzu gehören die in § 120h SGB VI enumerativ aufgezählten,[26] aus Bestandsschutzgründen gezahlten Zuschläge, die zu den nach dem SGB VI berechneten Renten im Beitrittsgebiet übergangsweise geleistet, aber im Zuge weiterer Rentenanpassungen allmählich abgebaut werden. Diese Leistungsbestandteile lassen sich keinem konkreten Zeitraum zuordnen, so dass eine unmittelbare Bewertung nicht möglich ist. Deshalb ist der Ehezeitanteil – in Übereinstimmung mit § 3 Abs. 1 Nr. 6 und 7 VAÜG a.F. – aus dem Verhältnis der auf die Ehezeit entfallenden Entgeltpunkte (Ost) zu den der Rente insgesamt zugrunde liegenden Entgeltpunkten (Ost) zu ermitteln.

IV. Berücksichtigung von Wartezeiten (Abs. 3)

Die Erfüllung der allgemeinen Wartezeit von fünf Jahren, von der der Bezug einer Alters- oder **46** Invaliditätsrente aus der gesetzlichen Rentenversicherung abhängt (§ 50 Abs. 1 SGB VI; s. Rdn. 12), wird für die Einbeziehung des Anrechts in den VA gemäß § 2 Abs. 3 VersAusglG nicht vorausgesetzt (s.o. Rdn. 38). § 43 Abs. 3 VersAusglG stellt demgegenüber klar, dass **besondere Wartezeiten** im VA nur dann werterhöhend zu berücksichtigen sind, wenn die hierfür erforderli-

---

23 BT-Drucks. 16/10144 S. 55, 100; OLG Stuttgart FamRZ 2012, 303, 305; OLG Karlsruhe FamRZ 2012, 1306.
24 Borth Rn. 558; Ruland Rn. 559; Johannsen/Henrich/Holzwarth § 10 Rn. 10 und § 43 Rn. 25.
25 BGH FamRZ 2012, 192, 194; 2012, 277, 278.
26 BT-Drucks. 16/10144 S. 101.

chen Zeiten bereits erfüllt sind. Insoweit kommt es nicht auf das Ende der Ehezeit an,[27] sondern auf den Zeitpunkt der gerichtlichen Entscheidung,[28] denn die Erfüllung restlicher zeitlicher Voraussetzungen für eine Versorgung gehört zu den tatsächlichen Veränderungen nach Ende der Ehezeit, die auf den Ehezeitanteil zurückwirken und deshalb gemäß § 5 Abs. 2 Satz 2 VersAusglG zu berücksichtigen sind. Unter § 43 Abs. 3 VersAusglG fallen insbesondere die Mindestentgeltpunkte bei geringem Arbeitsentgelt nach § 262 SGB VI, deren Anrechnung rentenrechtliche Zeiten von mindestens 35 Jahren voraussetzen (s. o. Rdn. 31), sowie die zusätzlichen Entgeltpunkte, die gemäß § 70 Abs. 3a SGB VI für nach dem Jahr 1991 liegende Kinderberücksichtigungszeiten oder Zeiten der nicht erwerbsmäßigen Pflege eines pflegebedürftigen Kindes bis zur Vollendung des 18. Lebensjahres gutgeschrieben werden (s. o. Rdn. 27).[29] Im Übrigen begründet die Erfüllung besonderer Wartezeiten i.d.R. nur das Recht, eine Alters- oder Erwerbsminderungsrente vorzeitig in Anspruch zu nehmen (§ 50 Abs. 2–4 i.V.m. den §§ 37, 40, 43 Abs. 6, 45 Abs. 3 SGB VI), führt jedoch nicht zu einer Erhöhung der Entgeltpunkte und damit des Ehezeitanteils.

§ 44 VersAusglG   Sondervorschriften für Anrechte aus einem öffentlich-rechtlichen Dienstverhältnis

(1) Für Anrechte

1. aus einem Beamtenverhältnis oder einem anderen öffentlich-rechtlichen Dienstverhältnis und

2. aus einem Arbeitsverhältnis, bei dem ein Anspruch auf eine Versorgung nach beamtenrechtlichen Vorschriften oder Grundsätzen besteht,

sind die Grundsätze der zeitratierlichen Bewertung anzuwenden.

(2) Stehen der ausgleichspflichtigen Person mehrere Anrechte im Sinne des Absatzes 1 zu, so ist für die Wertberechnung von den gesamten Versorgungsbezügen, die sich nach Anwendung der Ruhensvorschriften ergeben, und von der gesamten in die Ehezeit fallenden ruhegehaltfähigen Dienstzeit auszugehen.

(3) ¹Stehen der ausgleichspflichtigen Person neben einem Anrecht im Sinne des Absatzes 1 weitere Anrechte aus anderen Versorgungssystemen zu, die Ruhens- oder Anrechnungsvorschriften unterliegen, so gilt Absatz 2 sinngemäß. ²Dabei sind die Ruhens- oder Anrechnungsbeträge nur insoweit zu berücksichtigen, als das nach Satz 1 berücksichtigte Anrecht in der Ehezeit erworben wurde und die ausgleichsberechtigte Person an diesem Anrecht im Versorgungsausgleich teilhat.

(4) Bei einem Anrecht aus einem Beamtenverhältnis auf Widerruf oder aus einem Dienstverhältnis einer Soldatin oder eines Soldaten auf Zeit ist der Wert maßgeblich, der sich bei einer Nachversicherung in der gesetzlichen Rentenversicherung ergäbe.

---

27 So aber Johannsen/Henrich/Holzwarth § 43 Rn. 34 unter Bezugnahme auf § 5 Abs. 2 VersAusglG.
28 Bergner § 43 Anm. 8.
29 BT-Drucks. 16/10144 S. 81.

A. Norminhalt

§ 44 VersAusglG enthält besondere Vorschriften für Anrechte der Beamtenversorgung und beam- **1**
tenähnlicher Versorgungen und entspricht dem früheren § 1587a Abs. 2 Nr. 1 BGB. Abs. 1 stellt
klar, dass die Anrechte nach der zeitratierlichen Methode zu bewerten sind. Die Abs. 2 und 3
regeln die Berechnung des Ehezeitanteils, wenn mehrere Anrechte der Beamtenversorgung oder
beamtenähnlicher Versorgungen oder derartige Anrechte mit anderen Versorgungsanrechten
zusammentreffen und deshalb Bestimmungen zur Anwendung kommen, die das (teilweise) Ruhen
einer Beamtenversorgung oder beamtenähnlicher Versorgung zur Folge haben. Diese Vorschriften
entsprechen § 1587a Abs. 6 BGB a.F. Abs. 4 regelt die Bewertung der Anrechte von Widerrufsbeamten und Zeitsoldaten.

B. Anwendungsbereich der Vorschrift

§ 44 VersAusglG regelt die Berechnung von Versorgungsanrechten **2**

– aus einem Beamtenverhältnis oder einem anderen öffentlich-rechtlichen Dienstverhältnis und
– aus einem Arbeitsverhältnis mit Anspruch auf Versorgung nach beamtenrechtlichen Vorschriften oder Grundsätzen.

I. Öffentlich-rechtliche Dienstverhältnisse

Das **öffentlich-rechtliche Dienstverhältnis** muss zu einem inländischen Dienstherrn (Bund, Län- **3**
der, Gemeinden sowie sonstige Körperschaften, Anstalten oder Stiftungen des öffentlichen Rechts)
bestehen; Dienstverhältnisse zu ausländischen oder internationalen Rechtsträgern kommen nicht
in Betracht.[1] In einem öffentlich-rechtlichen Dienstverhältnis stehen alle **Beamten, Richter** und
Soldaten. Ihr Dienstverhältnis kann auf **Lebenszeit,** auf bestimmte **Zeit,** auf **Probe** oder auf
Widerruf begründet werden. Je nach Art des Dienstverhältnisses ergeben sich unterschiedliche
versorgungsrechtliche Positionen. Auch Beamte und Richter auf Probe haben bereits ein in den
VA einzubeziehendes Versorgungsanrecht.[2] Das Gleiche gilt grundsätzlich für Beamte auf Zeit
(z.B. kommunale Wahlbeamte, beamtete Staatssekretäre, Hochschuldozenten), auch wenn ihr
Dienstverhältnis von vornherein nur für einen bestimmten Zeitraum begründet worden ist. Ist bei
Hochschuldozenten allerdings die Versetzung in den Ruhestand ausgeschlossen oder kann ein
Wahlbeamter die zum Bezug einer Beamtenversorgung erforderliche Mindestdienstzeit von fünf
Jahren bis zum Ende der bei Ehezeitende laufenden Amtszeit nicht erfüllen, so ist im VA nur der
Anspruch auf Nachversicherung in der gesetzlichen Rentenversicherung zugrunde zu legen (vgl.
Rdn. 35). Dies gilt generell für Beamte auf Widerruf und für Soldaten auf Zeit (s.u. Rdn. 42 f.).

---

1 BGH FamRZ 1988, 273, 275; 1996, 98, 100.
2 BGH FamRZ 1982, 362; 1999, 221.

4   Die Versorgung der **Beamten** und **Richter** war früher einheitlich im Beamtenversorgungsgesetz (BeamtVG) geregelt. Durch die Föderalismusreform hat der Bund allerdings die Gesetzgebungszuständigkeit für die Versorgung der nicht im Bundesdienst stehenden Beamten und Richter verloren (vgl. Art. 74 Abs. 1 Nr. 27 GG[3]). Das BeamtVG gilt jetzt in seiner aktuellen (insbesondere durch das Dienstrechtsneuordnungsgesetz[4] und das VAStrReG[5] geänderten) Fassung nur noch für Bundesbeamte und Bundesrichter (§ 1 Abs. 1 und 2 BeamtVG). Für Beamte und Richter in Ländern, die noch keine eigenen Versorgungsgesetze erlassen haben, ist es in seiner am 31.08.2006 geltenden Fassung in Kraft geblieben (Art. 125a GG, § 108 BeamtVG, § 71a DRiG), im Übrigen sind nunmehr die gesetzlichen Bestimmungen der Länder maßgebend. Die Beamtenversorgungsgesetze gelten auch für **Hochschullehrer**, sofern sie in das Beamtenverhältnis berufen worden sind. Für **Soldaten** enthält das Soldatenversorgungsgesetz (SVG) mit dem BeamtVG weitgehend inhaltsgleiche Bestimmungen.

5   **Träger der Beamten- bzw. Soldatenversorgung** ist der öffentlich-rechtliche Dienstherr des jeweiligen Beamten oder Soldaten. Dieser ist gemäß § 219 Nr. 2 FamFG am Verfahren förmlich zu beteiligen und um Auskunft über die Höhe des von dem Beamten, Richter oder Soldaten erworbenen Versorgungsanrechts zu ersuchen.

6   **Parlamentsabgeordnete** stehen nicht in einem öffentlich-rechtlichen Dienstverhältnis. Für sie gilt auch nicht das BeamtVG. Ihre Versorgung richtet sich vielmehr nach dem für ihr Parlament geltenden Abgeordnetengesetz (vgl. § 39 Rdn. 18 ff.). § 44 VersAusglG erfasst auch nicht Personen, die in einem öffentlich-rechtlichen **Amtsverhältnis** stehen. Dazu gehören z.B. Regierungsmitglieder, parlamentarische Staatssekretäre und Bundesbeauftragte.[6] Ihre Anrechte sind i.d.R. nach § 40 VersAusglG zu bewerten (vgl. § 40 Rdn. 3).

7   Ist das **Dienstverhältnis** vor dem Ende der Ehezeit **beendet** worden, so fehlt es an einer beamtenrechtlichen Versorgungsanwartschaft. Der ausgeschiedene Beamte ist grundsätzlich in der gesetzlichen Rentenversicherung **nachzuversichern** (§ 8 Abs. 2 Nr. 1 SGB VI; vgl. § 43 Rdn. 24). Das Versorgungsanrecht ist in diesem Fall (nur) mit dem Wert des Nachversicherungsanspruchs, der durch Auskunft des für die Nachversicherung zuständigen Rentenversicherungsträgers festzustellen ist, zu bewerten, auch wenn die Nachversicherung im Zeitpunkt der Entscheidung noch nicht durchgeführt worden ist. Ist ein früherer Beamter auf seinen Antrag gemäß § 186 SGB VI (statt in der gesetzlichen Rentenversicherung) in einer berufsständischen Versorgungseinrichtung nachversichert worden, so ist das dadurch erworbene Versorgungsanrecht im VA zu berücksichtigen.[7] Ist ein Beamter erst nach Ehezeitende aus dem Beamtenverhältnis ausgeschieden, so wäre zwar aufgrund des Stichtagsprinzips grundsätzlich die (höherwertige) Beamtenversorgungsanwartschaft in den VA einzubeziehen. Die nach dem Stichtag infolge des Ausscheidens aus dem Beamtenverhältnis eingetretene Änderung des Wertes der auszugleichenden Versorgung kann jedoch in entsprechender Anwendung der §§ 225, 226 FamFG schon im Erstverfahren berücksichtigt werden.[8] Ist das Beamtenverhältnis erst nach Ehezeitende begründet worden, so ist im VA nicht von einer beamtenrechtlichen Versorgungsanwartschaft auszugehen, auch wenn die Ehezeit nunmehr (teilweise) als ruhegehaltfähige Dienstzeit berücksichtigt wird.[9]

---

3   I.d.F. des Gesetzes vom 28.08.2006, BGBl. I S. 2034, in Kraft seit 01.09.2006.
4   DNeuG vom 05.02.2009, BGBl. I S. 160.
5   Vom 03.04.2009, BGBl. I S. 700.
6   Vgl. OLG Celle FamRZ 2009, 1673.
7   BGH FamRZ 1989, 264, 265.
8   Vgl. zum früheren Recht BGH FamRZ 1988, 1148, 1150; 1989, 42, 43; 1996, 215.
9   BGH FamRZ 1987, 921, 922.

II. Arbeitsverhältnis mit beamtenähnlicher Versorgung

Versorgungsanrechte nach **beamtenrechtlichen Vorschriften oder Grundsätzen** liegen vor, wenn 8
der Versorgungsanwärter zwar nicht in einem öffentlich-rechtlichen Dienstverhältnis steht, wenn
ihm aber aufgrund eines Arbeitsverhältnisses auf privatrechtlicher Grundlage eine Versorgung
zugesagt worden ist, die inhaltlich vollständig oder jedenfalls in den wesentlichen Grundzügen
dem Beamtenversorgungsrecht entspricht.[10] Die Rechtsform des Versorgungsträgers ist dabei ohne
Bedeutung. Wesentliche Voraussetzung für eine Versorgung nach beamtenrechtlichen Grundsätzen ist aber, dass der Arbeitgeber die Versorgung selbst zusagt und dass der Arbeitnehmer nicht
durch eigene Beiträge zum Erwerb des Anrechts beitragen muss.[11] Die Versicherungspflicht in der
gesetzlichen Rentenversicherung steht der Annahme einer beamtenähnlichen Versorgung i.d.R.
entgegen. Denn die Gewährleistung einer beamtenähnlichen Versorgung begründet die Versicherungsfreiheit vom Beginn des Monats an, in dem die Zusicherung der Anwartschaft vertraglich
erfolgt (§ 5 Abs. 1 S. 1 Nr. 2, S. 2 und S. 4 SGB VI). Daraus folgt im Umkehrschluss, dass ein
Beschäftigter, der versicherungspflichtig ist, keine Versorgungsanwartschaft nach beamtenrechtlichen Vorschriften oder Grundsätzen erwirbt.[12]

Im Einzelfall kann es zu **Abgrenzungsproblemen mit der betrieblichen Altersversorgung** kom- 9
men, die vor allem deshalb praktisch relevant sind, weil sich (nur) bei betrieblichen Versorgungsanrechten die Frage nach deren Unverfallbarkeit stellt. Hat ein Arbeitgeber Versorgungsleistungen
zugesagt, die sowohl nach beamtenrechtlichen Vorschriften oder Grundsätzen ausgestaltet sind als
auch die Voraussetzungen einer betrieblichen Altersversorgung erfüllen, so ist für die Zwecke des
VA die Bewertung nach § 44 VersAusglG als der gegenüber § 45 VersAusglG spezielleren Vorschrift vorzunehmen.[13] Die Einordnung eines Anrechts als beamtenähnliche Versorgung hat allerdings nicht notwendig zur Folge, dass es damit zu den anpassungsfähigen Anrechten i.S. des § 32
VersAusglG gehört. Denn § 32 VersAusglG bezieht lediglich solche Versorgungen ein, die zur Versicherungsfreiheit nach § 5 Abs. 1 VersAusglG führen (vgl. § 32 Rdn. 7).

Eine Versorgung nach beamtenrechtlichen Grundsätzen erwerben z.B. Pfarrer und Kirchenbeamte 10
öffentlich-rechtlicher Religionsgemeinschaften, deren Versorgungsbestimmungen die Anwendung
des Beamtenversorgungsrechts vorsehen,[14] Lehrer an Privatschulen,[15] Angestellte öffentlich-rechtlicher Banken,[16] Dienstordnungsangestellte der Orts- und Innungskrankenkassen[17] und wissenschaftliche Mitarbeiter der Max-Planck-Gesellschaft.[18]

C. Für den Versorgungsausgleich maßgebliche Anrechte

Die Versorgung der Beamten, Richter und Soldaten sowie der diesem Personenkreis gleichgestell- 11
ten Arbeitnehmer ist das **Ruhegehalt**, das ihnen nach den jeweils für sie geltenden versorgungsrechtlichen Bestimmungen bei Erreichen der maßgebenden Altersgrenze oder bei Dienstunfähigkeit (bei Beamten auf Zeit bei Ablauf ihrer Dienstzeit oder bei Versetzung in den einstweiligen

---

10 BGH FamRZ 1994, 232; 2011, 1216, 1217.
11 BGH FamRZ 1994, 232, 233; Hoppenz/Hoppenz § 44 Rn. 6, 7; Palandt/Brudermüller § 44 Rn. 4.
12 BGH FamRZ 2011, 1216, 1217; OLG Celle FamRZ 2011, 901 (LS); Borth Rn. 211; Erman/Norpoth
   § 44 Rn. 6; abw. OLG Düsseldorf FamRZ 1991, 1205; MüKo/Gräper § 44 Rn. 10; Johannsen/Henrich/
   Holzwarth § 44 Rn. 11, wonach die Versicherungsfreiheit oder –befreiungsmöglichkeit nur ein Indiz für
   das Vorliegen einer beamtenähnlichen Versorgung sein soll.
13 Borth Rn. 213; Erman/Norpoth § 44 Rn. 6; vgl. zum früheren Recht BGH FamRZ 1994, 232.
14 OLG Celle FamRZ 1983, 191; 1995, 812; OLG Nürnberg FamRZ 1995, 98.
15 BGH FamRZ 1985, 794; 1987, 918.
16 BGH FamRZ 1994, 232; NJW-RR 2006, 865; NJW-FER 1999, 22; vgl. aber andererseits OLG Celle
   FamRZ 2011, 901.
17 Borth Rn. 212; Johannsen/Henrich/Holzwarth § 44 Rn. 9.
18 BGH FamRZ 1986, 248, 249; OLG Celle FamRZ 1983, 1146; OLG München FamRZ 1984, 908.

Ruhestand) zusteht (vgl. § 2 Abs. 1 Nr. 1, § 4 Abs. 2 BeamtVG). Die Altersgrenze richtet sich nach dem für den jeweiligen Bediensteten geltenden Versorgungsrecht. Für Bundesbeamte gilt z.B. grundsätzlich die gleiche Regelaltersgrenze wie in der gesetzlichen Rentenversicherung (§ 51 BBG; vgl. zur Berechnung der individuellen Regelaltersgrenze § 43 Rdn. 10). In den Bundesländern ist die Altersgrenze dagegen zum Teil (noch) nicht angehoben worden.[19] Für bestimmte Laufbahnen gelten besondere vorgezogene Altersgrenzen (vgl. dazu Rdn. 19).

12   Eine **Versorgungsanwartschaft** haben Personen, denen ein Anspruch auf Ruhegehalt zustände, wenn sie bei Ende der Ehezeit in den Ruhestand treten würden. Ob der Bedienstete die Mindestdienstzeit von fünf Jahren, die Grundvoraussetzung für den Bezug von Ruhegehalt ist (§ 4 Abs. 1 Satz 1 Nr. 1 BeamtVG), bei Ende der Ehezeit bereits geleistet hat, bleibt gemäß § 2 Abs. 3 VersAusglG im VA außer Betracht. Familienbezogene Bestandteile des Ruhegehalts sind gemäß § 40 Abs. 5 VersAusglG im VA nicht zu berücksichtigen. Dies bezieht sich auf den Familienzuschlag nach den §§ 5 Abs. 1 Satz 1 Nr. 2, 50 Abs. 1 BeamtVG, nicht aber auf die Kindererziehungszuschläge nach den §§ 50a, 50b BeamtVG (s.u. Rdn. 31 f.). Unfallbedingte Erhöhungen der Versorgung bleiben im VA außer Betracht. Zwar fehlt in § 44 VersAusglG eine dem § 1587a Abs. 2 Nr. 1 Satz 4 BGB a.F. entsprechende Regelung. Der Grundsatz, dass Leistungen mit Entschädigungscharakter nicht in den VA einzubeziehen sind, ergibt sich jedoch aus der allgemeinen Begriffsbestimmung des Versorgungsanrechts in § 2 Abs. 2 Nr. 1 und 2 VersAusglG.[20] Dem VA unterliegen auch keine einmaligen Ausgleichszahlungen, die Beamte und Soldaten mit vorgezogenen Altersgrenzen gemäß §§ 48 BeamtVG, 38 SVG erhalten.[21] Das Gleiche gilt für Unterhaltsbeiträge, die einem aus disziplinarischen Gründen unter Verlust der Versorgungsanwartschaft aus dem Beamtenverhältnis entlassenen Ehegatten gewährt werden.[22] Ebenfalls nicht in den VA einzubeziehen sind die nur temporären Zuschläge zum Ruhegehalt nach den §§ 50d, 50e BeamtVG und die Übergangsgelder für entlassene Beamte nach den §§ 47, 47a, 67 Abs. 4 BeamtVG.[23]

D. Bewertung der Anrechte (Abs. 1)

I. Grundlagen

13   Der **Ehezeitanteil** der Anrechte aus einem öffentlich-rechtlichen Dienstverhältnis oder aus einem Arbeitsverhältnis mit Anspruch auf Versorgung nach beamtenrechtlichen Vorschriften oder Grundsätzen ist gemäß § 44 Abs. 1 VersAusglG nach der in § 40 und § 41 Abs. 2 VersAusglG geregelten **zeitratierlichen Methode** zu berechnen. Bei einem noch aktiven Bediensteten ist zunächst die bei Fortbestehen des Dienst- oder Arbeitsverhältnisses bis zur Altersgrenze erreichbare Versorgung zu errechnen; anschließend ist aus dem Verhältnis der in die Ehezeit fallenden Dienstzeit zur bis zur Altersgrenze erreichbaren Gesamtdienstzeit der Ehezeitanteil zu ermitteln. Befindet sich ein Bediensteter bei Ehezeitende bereits im Ruhestand, weil er die Regelaltersgrenze erreicht hat oder wegen Dienstunfähigkeit vorzeitig pensioniert worden ist, so ist keine fiktive Berechnung vorzunehmen. Vielmehr ist vom am Ehezeitende tatsächlich bezogenen Ruhegehalt auszugehen. Gemäß § 41 Abs. 2 Satz 2 VersAusglG gilt dies auch dann, wenn der Bedienstete vor Ende der Ehezeit – ggf. unter Inkaufnahme eines Versorgungsabschlags (vgl. § 14 Abs. 3 BeamtVG) – vorzeitig Altersruhegeld in Anspruch genommen hat. Ist der Bedienstete erst nach Ehezeitende vorzeitig in den Ruhestand getreten, so ist dagegen – auch in einem Abänderungsverfahren – von der am Ehezeitende bestehenden Anwartschaft auf Regelaltersruhegeld auszugehen und der mit dem vorzeitigen Ruhestand verbundene Versorgungsabschlag außer Betracht zu lassen (vgl. § 41 Rdn. 9).[24]

---

19 Z.B. Berlin, Brandenburg, Sachsen-Anhalt (Stand: Juni 2012).
20 Borth Rn. 219; Johannsen/Henrich/Holzwarth § 44 Rn. 37.
21 BGH FamRZ 1982, 999, 1001.
22 BGH FamRZ 1997, 158.
23 OLG Brandenburg FamRZ 2002, 754, 755; Palandt/Brudermüller § 44 Rn. 5.
24 BGH FamRZ 2012, 1214, 1215; 2012, 769, 770.

Der Ehezeitanteil der erreichten Versorgung ergibt sich aus dem Verhältnis der in die Ehezeit fal- 14
lenden Dienstzeit zu der der Versorgung insgesamt zugrunde gelegten Dienstzeit. Die vorzeitige
Beendigung der Dienstzeit infolge einer Dienstunfähigkeit ist jedoch im VA auch dann zu berücksichtigen, wenn die Dienstunfähigkeit erst nach Ehezeitende eingetreten ist,[25] und zwar wenn
möglich noch im Erstverfahren, sonst ggf. in einem Abänderungsverfahren nach den §§ 51, 52
VersAusglG oder nach den §§ 225, 226 FamFG.

Die **Formel zur Berechnung des Ehezeitanteils** einer Beamtenversorgung lautet demnach:

▶ (Tatsächlich bezogenes/erreichbares) Ruhegehalt × ruhegehaltfähige Dienstzeit in der Ehezeit :
gesamte (erreichte/erreichbare) ruhegehaltfähige Dienstzeit = Ehezeitanteil des Versorgungsanrechts.

II. Berechnung der vollen Versorgung

1. Ruhegehalt

Das **Ruhegehalt** eines Beamten (oder Richters oder Soldaten) wird auf der Grundlage der ruhege- 15
haltfähigen Dienstbezüge und der ruhegehaltfähigen Dienstzeit berechnet (§ 4 Abs. 3 BeamtVG).
Je nach Dauer der ruhegehaltfähigen Dienstzeit, die der Beamte bis zum Eintritt in den Ruhestand erreicht hat, ergibt sich ein bestimmter Ruhegehaltssatz; das ist ein prozentualer Anteil der
ruhegehaltfähigen Dienstbezüge (§ 14 BeamtVG).

Die **Formel zur Berechnung des Ruhegehalts** lautet:

▶ Ruhegehaltfähige Dienstbezüge × Ruhegehaltssatz = Ruhegehalt.

Bei Beamten, die noch im **aktiven Dienst** stehen, ist ein **fiktives** Ruhegehalt zu berechnen. Dies 16
geschieht in der Weise, dass die bis zum Ende der Ehezeit erreichte ruhegehaltfähige Dienstzeit
um die Zeit bis zur normalen Altersgrenze erweitert wird und die bis zum Eintritt in den Ruhestand insgesamt erreichbare ruhegehaltfähige Dienstzeit errechnet wird. Aus der Dauer dieser
Gesamtzeit ergibt sich der maßgebende (fiktive) Ruhegehaltssatz. Befindet sich ein Beamter bei
Ehezeitende bereits **im Ruhestand**, weil er die Altersgrenze erreicht hat oder wegen Dienstunfähigkeit vorzeitig pensioniert worden ist, so ist von dem bei Ehezeitende **tatsächlich** erreichten Ruhegehalt auszugehen. Die volle Versorgung ist im VA auch dann zugrunde zu legen, wenn das Ruhegehalt bereits aufgrund eines bei Scheidung einer früheren Ehe durchgeführten VA gekürzt
worden ist.[26]

Nach Ehezeitende aufgrund von Gesetzesänderungen eingetretene qualitative oder quantitative 17
Veränderungen einer Anwartschaft sind im Rahmen der verfahrensrechtlichen Möglichkeiten
(d.h. grundsätzlich bis zum Abschluss der letzten Tatsacheninstanz) bei der Entscheidung über
den VA zu berücksichtigen, wenn dies dem zeitlichen Geltungswillen des Gesetzes entspricht.[27]
Gemäß § 5 Abs. 2 Satz 2 VersAusglG können auch bleibende Veränderungen in den individuellen
Verhältnissen, die nach Ehezeitende eingetreten sind und rückwirkend betrachtet einen anderen
Ehezeitanteil der Versorgungsanwartschaft ergeben, berücksichtigt werden.[28] Dagegen bleiben die
bei Ehezeitende maßgeblichen persönlichen Bemessungsgrundlagen der Versorgung (Besoldungsgruppe, Besoldungsdienstalter) festgeschrieben. Somit bleiben nach dem Stichtag erfolgte Beförde-
rungen außer Betracht.[29] Dies gilt auch dann, wenn der Beamte bei der Beförderung mit in die
Ehezeit hineinreichender Rückwirkung in eine Planstelle der höheren Besoldungsgruppe eingewie-

---

25 BGH FamRZ 1989, 492; 1989, 727; 1991, 1415; 1995, 29.
26 BGH FamRZ 1997, 1534; 1998, 419.
27 BGH FamRZ 1984, 565; 1995, 27; 2006, 321, 322; 2012, 941, 942; 2012, 944, 945.
28 Vgl. z.B. BGH FamRZ 1987, 918, 920; 1988, 1148, 1150; 1989, 42; 1999, 157.
29 BGH FamRZ 1987, 918, 920; 1995, 27; 2003, 435, 437.

sen wird. Denn die rückwirkende Einweisung in eine Planstelle ist von der Beförderung abhängig, die erst mit der Aushändigung der Ernennungsurkunde wirksam wird. Erfolgt diese nach Ehezeitende, realisiert sich der für die persönliche Bemessungsgrundlage maßgebende Umstand auch erst zu diesem Zeitpunkt.[30] Die allgemeinen Versorgungsanpassungen sind allerdings bei Ausgleichsansprüchen nach der Scheidung zu berücksichtigen (§ 5 Abs. 4 Satz 2 VersAusglG).

2. Ruhegehaltfähige Dienstbezüge

18 Zu den **ruhegehaltfähigen Dienstbezügen** gehören (§ 5 Abs. 1 Satz 1 BeamtVG):

– das **Grundgehalt**, das dem Beamten (Richter, Soldaten) nach der für ihn maßgebenden Besoldungsordnung sowie der Besoldungsgruppe und Dienst- oder Lebensaltersstufe, der er bei Eintritt in den Ruhestand angehört, zuletzt zugestanden hat; im VA kommt es auf die bei Ehezeitende maßgebend gewesenen Bemessungsgrundlagen an (§ 5 Abs. 2 Satz 1 VersAusglG);
– der (an die Stelle des früheren Ortszuschlages getretene) **Familienzuschlag**; er bleibt aber gemäß § 40 Abs. 5 VersAusglG **im VA außer Betracht** (s.o. Rdn. 12);
– **Amts- und Stellenzulagen**; diese sind jedoch in den VA nur insoweit einzubeziehen, als sie bei Ehezeitende bereits ruhegehaltfähig sind.[31] Hatte der Beamte die individuellen Bedingungen für die Ruhegehaltfähigkeit bei Ehezeitende erfüllt, ist die Zulage aber auch dann zu berücksichtigen, wenn die Ruhegehaltfähigkeit erst nach Ehezeitende gesetzlich bestimmt wird.[32]

19 Im Wertausgleich bei der Scheidung sind die **bei Ehezeitende** maßgebenden ruhegehaltfähigen Dienstbezüge zugrunde zu legen. Im schuldrechtlichen VA sind auch die seit Ehezeitende wirksam gewordenen Anpassungen der Dienstbezüge zu berücksichtigen (§ 5 Abs. 4 Satz 2 VersAusglG), jedoch bleiben Veränderungen der Dienstbezüge, die auf einer Eingruppierung in eine andere Besoldungsgruppe oder Altersstufe beruhen, außer Betracht (s. Rdn. 17). Die letzten Dienstbezüge sind auch während einer **Teilzeitbeschäftigung** in voller Höhe als ruhegehaltfähig anzusetzen (§ 5 Abs. 1 Satz 2 BeamtVG).[33] Dasselbe gilt bei einer **Beurlaubung**, wobei hier die Bezüge maßgebend sind, die der Beamte unter Berücksichtigung seines (verringerten) Besoldungsdienstalters bei Ende der Ehezeit erhalten hätte, wenn er zu diesem Zeitpunkt seinen Dienst wieder angetreten hätte.[34]

20 Bei **Bundesbeamten** und **Soldaten** wird der Gesamtbetrag der ruhegehaltfähigen Dienstbezüge seit dem 01.07.2009 durch Multiplikation mit einem **Verminderungsfaktor** (seit 01.01.2012 0,9901) gekürzt (§ 5 Abs. 1 Satz 1 Hs. 2 BeamtVG[35]). Dies beruht auf der Einbeziehung der Sonderzahlung in das Grundgehalt (s. Rdn. 29). Der Verminderungsfaktor ist im VA zu berücksichtigen.[36]

21 Auch wenn das Ruhegehalt bereits bezogen wird, kommt es im Wertausgleich bei der Scheidung auf den **Bruttobetrag** der Versorgung an; es sind daher weder Steuern noch Sozialversicherungsbeiträge in Abzug zu bringen.[37] Der auf § 50f BeamtVG beruhende **Abzug für Pflegeleistungen** (in Höhe des hälftigen Pflegeversicherungsbeitrags nach § 55 Abs. 1 Satz 1 SGB XI) ist jedoch auch im VA zu berücksichtigen. Denn damit wird das Ruhegehalt nicht um tatsächliche Pflegeversicherungsbeiträge gekürzt, sondern es handelt sich um eine politisch motivierte Minderung der

---

30 BGH FamRZ 1999, 157, 158.
31 BGH FamRZ 1986, 975; 1995, 27.
32 BGH FamRZ 1995, 27.
33 BGH FamRZ 1986, 563.
34 BGH FamRZ 1996, 98, 99; OLG Celle FamRZ 1985, 716.
35 I.d.F. des Art. 3 Nr. 1 des Gesetzes zur Wiedergewährung der Sonderzahlung vom 20.12.2011, BGBl. I S. 2842.
36 *OLG Stuttgart FamRZ* 2010, 734, 735; Johannsen/Henrich/Holzwarth § 44 Rn. 33; Erman/Norpoth § 44 Rn. 14.
37 BGH FamRZ 1994, 560, 561; 2007, 120, 122.

Versorgung, mit der die Beitragsbelastung der gesetzlichen Rentner »wirkungsgleich« auf Ruhestandsbeamte übertragen werden sollte.[38]

3. Ruhegehaltfähige Dienstzeit

Die **ruhegehaltfähige Dienstzeit** bestimmt sich, sofern nicht für das Beamtenverhältnis abweichende landesrechtliche Vorschriften gelten, nach den §§ 6 bis 13 BeamtVG. Im VA sind alle Zeiten einzubeziehen, die der Versorgung aufgrund der tatsächlichen beruflichen Laufbahn als ruhegehaltfähig zugrunde gelegt werden, auch wenn diese Zeiten bei der gesetzlichen Rente ebenfalls berücksichtigt werden.[39] **Regelmäßig ruhegehaltfähig** ist die von der Ernennung an, frühestens ab Vollendung des 17. Lebensjahres, bis zur **Altersgrenze** in einem Hauptamt zurückgelegte Dienstzeit (§ 6 Abs. 1 Satz 1 und 2 BeamtVG). Maßgebend ist die für den Beamten nach seiner Laufbahn und Dienststellung am Ende der Ehezeit tatsächlich geltende Altersgrenze.[40] Wird die Altersgrenze nach Ehezeitende durch Gesetzesänderung verschoben, so ist dies gem. § 5 Abs. 2 S. 2 VersAusglG zu berücksichtigen.[41]   **22**

Soweit für bestimmte Gruppen des öffentlichen Dienstes (z.B. für Berufssoldaten und für Polizeivollzugsbeamte) **besondere Altersgrenzen** gelten, mit deren Erreichen die große Mehrheit des betroffenen Personenkreises auch tatsächlich in den Ruhestand tritt, sind diese auch im VA bei der Berechnung der ruhegehaltfähigen Dienstzeit zu beachten.[42] Durch das Dienstrechtsneuordnungsgesetz (s. Rdn. 4) ist insoweit keine wesentliche Änderung eingetreten. Zwar ist dem neuen § 45 Abs. 4 SoldG die Zielvorgabe zu entnehmen, dass das durchschnittliche Lebensalter aller wegen Überschreitens oder Erreichens der Altersgrenzen pensionierten Soldaten gesteigert werden soll. Ob die Umsetzung dieser Vorgabe in der Praxis tatsächlich zu einer signifikanten späteren Pensionierung des betroffenen Personenkreises führen wird, ist aber noch offen und rechtfertigt es nicht, derzeit im VA generell von einer längeren ruhegehaltfähigen Dienstzeit auszugehen.[43] Der vorzeitige Eintritt in den Ruhestand ist auch bei Beamten und Soldaten zu berücksichtigen, die aufgrund von Sonderregelungen auf **eigenen Antrag** mit Anspruch auf volles Ruhegehalt in den Ruhestand versetzt worden sind, selbst wenn der Antrag erst nach Ehezeitende gestellt worden ist. Hierunter fallen z.B. Soldaten, die gemäß § 2 Abs. 1 PersStärkeG vorzeitig pensioniert worden sind,[44] sowie frühere Postbeamte, die bei Postnachfolgeunternehmen beschäftigt waren und gemäß den §§ 1, 4, 5 des Gesetzes vom 10.11.2006[45] vor Erreichen der Regelaltersgrenze ohne Versorgungsabschlag in den Ruhestand versetzt worden sind. Durch die vorgezogene Altersgrenze ergibt sich bei dem betroffenen Personenkreis ein vergleichsweise hoher Ehezeitanteil. Dies rechtfertigt aber im Regelfall keine Kürzung des VA nach § 27 VersAusglG.   **23**

Neben den regelmäßigen ruhegehaltfähigen Dienstzeiten werden von Amtswegen oder auf Antrag auch **weitere Zeiten** als **ruhegehaltfähig** berücksichtigt. Dazu gehören gemäß den §§ 8–12 BeamtVG in einem anderen öffentlich-rechtlichen Dienstverhältnis oder in einem Amtsverhältnis (z.B. als Regierungsmitglied) zurückgelegte Zeiten sowie vor Eintritt in das Beamtenverhältnis liegende Zeiten, z.B. Hochschulausbildung, für die Übernahme in das Beamtenverhältnis vorgeschriebene berufspraktische Tätigkeit, Zeiten als Arbeiter oder Angestellter im öffentlichen   **24**

---

38 BGH FamRZ 2008, 1833; 2009, 211, 213 zur Vorläuferregelung in § 4a BSZG a.F.; OLG Stuttgart FamRZ 2010, 734, 735; MüKo/Gräper § 44 Rn. 48; Johannsen/Henrich/Holzwarth § 44 Rn. 34; a.A. Ruland Rn. 378.
39 BGH FamRZ 2000, 748; 2009, 749, 750; 2009, 853, 856.
40 BGH FamRZ 1982, 999; 1982, 1005; 1986, 975.
41 BGH FamRZ 2012, 941.
42 BGH FamRZ 1982, 999, 1000; 2012, 944, 945; OLG Celle FamRZ 2010, 37.
43 BGH FamRZ 2012, 944, 945; OLG Celle FamRZ 2010, 37; OLG Stuttgart FamRZ 2010, 734; OLG Zweibrücken FamRZ 2010, 977, 978; OLG Schleswig FamRZ 2010, 1987.
44 BGH FamRZ 1996, 215.
45 BGBl. I S. 2589.

Dienst, bestimmte berufliche Tätigkeiten, etwa als Rechtsanwalt. Für die Erziehung eines vor dem 01.01.1992 geborenen Kindes während eines schon bestehenden Beamtenverhältnisses wird gemäß § 85 Abs. 7 BeamtVG eine ruhegehaltfähige Dienstzeit von sechs Monaten angerechnet. Die Erziehung später geborener Kinder wirkt sich nicht auf die ruhegehaltfähige Dienstzeit aus, sondern begründet Anspruch auf einen Kindererziehungszuschlag zum Ruhegehalt (s.u. Rdn. 31). Ausbildungszeiten werden gem. § 12 Abs. 1 BeamtVG nur bis zu drei Jahren angerechnet. Bei der Berechnung des Ehezeitanteils ist dieser Zeitraum unabhängig von der tatsächlichen Dauer der Ausbildung dem Zeitraum ab Beginn der Ausbildung zuzuordnen.[46] Soweit die Anrechnung bestimmter Zeiten von einem **Antrag** des Beamten abhängt, ist ein solcher für den VA zu unterstellen, und zwar unabhängig davon, ob sich die Anrechnung im VA zugunsten oder zulasten des Beamten auswirkt.[47] Hängt die Berücksichtigung der Zeiten allerdings von einer Ermessensentscheidung des Dienstherrn ab, muss aufgeklärt werden, wie die zuständige Behörde ihr Ermessen auszuüben beabsichtigt. Das Gleiche gilt insofern, als die zuständige Behörde nach pflichtgemäßem Ermessen darüber zu entscheiden hat, wie der Zeitraum, der als ruhegehaltfähig anerkannt werden kann, auf den Gesamtzeitraum, der als ruhegehaltfähig in Betracht kommt, zu verteilen ist.[48]

25   Bei einer vorzeitigen **Dienstunfähigkeit** wird die Zeit vom Eintritt in den Ruhestand bis zur Vollendung des 60. Lebensjahres zu 2/3 als ruhegehaltfähige **Zurechnungszeit** berücksichtigt (§ 13 BeamtVG). Dabei handelt es sich indes nur um einen Berechnungsfaktor zur Steigerung des Ruhegehaltssatzes. Die Zurechnungszeit ist zwar bei der Berechnung der vollen Versorgung einzubeziehen,[49] bleibt jedoch bei der Ermittlung des Ehezeitanteils außer Betracht (s.u. Rdn. 34).

26   Zeiten der **Teilzeitbeschäftigung** sind nur zu dem Teil ruhegehaltfähig, der dem Verhältnis der ermäßigten zur vollen Dienstzeit entspricht (§ 6 Abs. 1 Satz 3 Hs. 1 BeamtVG). **Altersteilzeit** ist zu 9/10 der Arbeitszeit ruhegehaltfähig, aus der sich die Altersteilzeit berechnet (§ 6 Abs. 1 Satz 3 Hs. 2 BeamtVG). Die Zeit einer **Beurlaubung** ohne Dienstbezüge ist nicht ruhegehaltfähig (§ 6 Abs. 1 Satz 2 Nr. 5 BeamtVG). Für die Erweiterungszeit nach dem Ende der Ehezeit ist der Berechnung im VA weiterhin Teilzeitbeschäftigung bzw. Beurlaubung zugrunde zu legen, soweit die Verlängerung vom Dienstherrn bereits bewilligt worden ist.[50] Anschließende Zeiträume sind als in vollem Umfang ruhegehaltfähig zu behandeln.

4. Ruhegehaltssatz

27   Nach dem bis 1991 geltenden Recht stieg der **Ruhegehaltssatz** in unregelmäßigen Intervallen bis zum Höchstruhegehaltssatz von 75 %. Seit 1992 ist die Ruhegehaltsskala im BeamtVG und SVG dagegen linear ausgestaltet. Das Ruhegehalt betrug seitdem für jedes einzelne Jahr ruhegehaltfähiger Dienstzeit 1,875 % der ruhegehaltfähigen Dienstbezüge. Der Ruhegehaltshöchstsatz blieb mit 75 % unverändert. Mit dem **Versorgungsänderungsgesetz 2001**,[51] das grundsätzlich am 01.01.2002 in Kraft getreten ist, ist die Steigerung des Ruhegehalts abgesenkt worden. Nach der Neufassung des § 14 Abs. 1 Satz 1 BeamtVG beträgt das Ruhegehalt für jedes Jahr ruhegehaltfähiger Dienstzeit nur noch 1,79375 %, der **Ruhegehaltshöchstsatz** nur noch 71,75 % **der ruhegehaltfähigen Dienstbezüge**. Der Ruhegehaltshöchstsatz wird nach 40 ruhegehaltfähigen Dienstjahren erreicht. Zusätzliche Dienstjahre wirken sich nicht mehr ruhegehaltssteigernd aus. Das Mindestruhegehalt beträgt 35 % der ruhegehaltfähigen Dienstbezüge, es sei denn, der Beamte hat diese Mindestversorgung nur wegen langer Freistellungszeiten nicht erreicht (§ 14 Abs. 4

---

46   OLG Bremen FamRZ 2003, 929, 930 unter Bezugnahme auf die über Art. 3 GG zu beachtenden Verwaltungsvorschriften des BMI.
47   BGH FamRZ 1981, 665; 2005, 1531.
48   BGH FamRZ 2005, 1531, 1532.
49   BGH FamRZ 1982, 36, 41; 1996, 215, 217.
50   BGH FamRZ 1988, 940; 1989, 1060.
51   Vom 20.12.2001, BGBl. I S. 3926.

BeamtVG). Für **Beamte auf Zeit** gilt gemäß § 66 Abs. 2 BeamtVG eine günstigere Ruhegehalts-skala. Der Ruhegehaltssatz ist auf zwei Dezimalstellen zu runden (§ 14 Abs. 1 Satz 2 BeamtVG). Für Beamte, die vor der 8. Besoldungsanpassung nach dem 31.12.2002 in den Ruhestand getre-ten sind, galten Übergangsregelungen (§ 69e BeamtVG); danach wurde das Versorgungsniveau stufenweise auf den neuen Ruhegehaltssatz abgesenkt.

Im VA war einheitlich der **nach Abschluss der Übergangsphase maßgebende Ruhegehaltssatz** 28 zugrunde zu legen. Das galt auch dann, wenn der Beamte bereits vor Beginn[52] oder während die-ser Übergangsphase in den Ruhestand getreten war oder die Altersgrenze erreichte;[53] das Ruhe-halt war in diesen Fällen unter Heranziehung des Faktors 0,95667 zu errechnen, mit dem der Ruhegehaltssatz zum Abschluss der Übergangsphase gemäß § 69e Abs. 4 Satz 1 BeamtVG zu mul-tiplizieren war. Entsprechendes galt für das Ruhegehalt nach dem SVG.[54] Der vorübergehend zu zahlende Mehrbetrag konnte als abzuschmelzender Leistungsbestandteil i.S. des § 19 Abs. 2 Nr. 2 VersAusglG schuldrechtlich ausgeglichen werden.[55]

Weitere Übergangsregelungen sind bei der Berechnung der Versorgungsanwartschaften für 29 Beamte zu beachten, die vor dem 01.01.1992 in das Beamtenverhältnis übernommen worden sind. Danach bleibt insbesondere der nach früherem Recht am 31.12.1991 erreichte Ruhegehalts-satz gewahrt und wächst in den folgenden, nach neuem Recht zu berücksichtigenden ruhegehalt-fähigen Dienstjahren jeweils um 1 % bis zum Höchstsatz, wenn nicht das neue Recht für den Beamten günstiger ist (§ 85 Abs. 1 und 4 BeamtVG). Bei denjenigen Beamten, die vor dem 01.01.2002 die für sie maßgebende Altersgrenze erreicht haben, berechnet sich das Ruhegehalt insgesamt nach altem Recht, wenn nicht das neue Recht für sie günstiger ist (§ 85 Abs. 3 und 4 BeamtVG). In den Fällen, in denen die Übergangsregelungen eingreifen, ist daher eine Vergleichs-berechnung erforderlich.[56] Die mit dem Versorgungsänderungsgesetz 2001 eingeführten gleiten-den Versorgungskürzungen nach § 69e Abs. 4 BeamtVG erstrecken sich auch auf den nach diesen Übergangsregelungen berechneten Ruhegehaltssatz (§§ 69a Nr. 1, 85 Abs. 11 BeamtVG).

5. Sonderzahlung

Zu den dem VA unterliegenden Versorgungsbezügen gehören auch **Sonderzahlungen**. Für Bun- 30 desbeamte ist die frühere Sonderzahlung nach dem BSZG jedoch mit Wirkung vom 01.07.2009 Bestandteil des Grundgehalts geworden und damit kein gesonderter Bestandteil der ruhegehaltfä-higen Dienstbezüge mehr (Art. 15 Abs. 50 und Art. 17 Abs. 7 und 10 DNeuG[57]). In den Ländern bestehen unterschiedliche Regelungen. Zum Teil wird noch eine Sonderzahlung an Ruhestandsbe-amte gewährt. Soweit es sich dabei nicht um lediglich temporäre Leistungen handelt, die ggf. nach § 19 Abs. 2 Nr. 2 VersAusglG schuldrechtlich auszugleichen sind, fällt die Sonderzahlung weiter-hin in den VA. Handelt es sich um einen nur einmal im Jahr gezahlten Betrag, ist er dem Ruhege-halt mit 1/12 hinzuzurechnen.[58] Der aktuelle Wert der Sonderzahlung ist mit Hilfe des im Zeit-punkt der Entscheidung maßgebenden Bemessungsfaktors zu ermitteln.[59] Ist die Sonderzahlung nach Ehezeitende ganz weggefallen, ist sie im VA nicht mehr zu berücksichtigen.[60]

---

52 BGH FamRZ 2007, 994.
53 BGH FamRZ 2004, 256, 257; 2006, 98.
54 BGH FamRZ 2005, 1894.
55 BGH FamRZ 2011, 706, 708.
56 BGH FamRZ 1993, 414, 415.
57 Vom 05.02.2009, BGBl. I S. 160.
58 BGH FamRZ 1982, 583, 584.
59 BGH FamRZ 2000, 748, 749; 2005, 1529.
60 BGH FamRZ 2006, 98, 99.

6. Kindererziehungszuschläge

31 Das Ruhegehalt kann sich durch einen **Kindererziehungszuschlag** nach § 50a BeamtVG erhöhen. Dieser ist kein Bestandteil des Ruhegehalts (vgl. § 2 BeamtVG) und gehört nicht zu den gemäß § 40 Abs. 5 VersAusglG vom VA ausgeschlossenen familienbezogenen Zuschlägen (vgl. § 40 Rdn. 8). Nach § 50a Abs. 1 BeamtVG erhöht sich das Ruhegehalt eines Beamten für die Dauer einer ihm zuzuordnenden Kindererziehungszeit für jedes nach dem 31.12.1991 geborene Kind um einen Kindererziehungszuschlag, sofern dem Beamten nicht eine entsprechende Kindererziehungszeit in der gesetzlichen Rentenversicherung angerechnet wird und er die allgemeine Wartezeit für eine Rente der gesetzlichen Rentenversicherung erfüllt. Steht im Zeitpunkt der gerichtlichen Entscheidung über den VA noch nicht fest, ob der Beamte die allgemeine Wartezeit für eine Altersrente der gesetzlichen Rentenversicherung erfüllen wird, so ist die Kindererziehungszeit im Rahmen der gesetzlichen Rentenanwartschaft zu berücksichtigen.[61] Die Kindererziehungszeit beginnt (ebenso wie in der gesetzlichen Rentenversicherung, vgl. § 43 Rdn. 25) nach Ablauf des Monats der Geburt und endet nach Ablauf von 36 Monaten, spätestens mit dem Ende der Erziehung. Wird während dieses Zeitraums ein weiteres Kind erzogen, für das eine Kindererziehungszeit zuzuordnen ist, verlängert sich die Kindererziehungszeit entsprechend (§ 50a Abs. 2 BeamtVG). Für die Zuordnung der Kindererziehungszeit gilt § 56 Abs. 2 SGB VI entsprechend (§ 50a Abs. 3 BeamtVG). Die Höhe des Kindererziehungszuschlags entspricht dem Betrag, um den sich die gesetzliche Rente aufgrund der Anrechnung einer entsprechenden Kindererziehungszeit erhöht (vgl. dazu § 43 Rdn. 26). Der Zuschlag errechnet sich daher für den VA nach folgender Formel: Dezimalmonate der Kindererziehungszeit x aktueller Rentenwert x 8,33 : 100. Der Kindererziehungszuschlag ist auch dann zu berücksichtigen, wenn die Berechnung des Ruhegehaltssatzes noch nach dem bis zum 31.12.1991 geltenden Recht vorzunehmen ist (§ 85 Abs. 7 S. 2 BeamtVG). Die Zeit einer Kindererziehung für ein vor dem 01.01.1992 geborenes Kind wird gemäß § 85 Abs. 7 S. 1 BeamtVG mit sechs Monaten als ruhegehaltfähige Dienstzeit angerechnet, wenn das Kind innerhalb eines Beamtenverhältnisses geboren worden ist (vgl. Rdn. 24); ist das Kind dagegen vor Eintritt in das Beamtenverhältnis geboren, wird ein Kindererziehungszuschlag mit der Maßgabe gewährt, dass für das Kind eine Kindererziehungszeit von einem Jahr berücksichtigt wird (§ 50a Abs. 8 BeamtVG i.V.m. den §§ 249, 249a SGB VI).

32 Seit dem 01.01.2002 kann sich das Ruhegehalt weiter um einen **Kindererziehungsergänzungszuschlag** erhöhen (§ 50b BeamtVG). Dieser entspricht den Kinderberücksichtigungszeiten in der gesetzlichen Rentenversicherung nach § 70 Abs. 3a SGB VI und bemisst sich für jeden Monat der Kinderberücksichtigungszeit nach einem Bruchteil des aktuellen Rentenwerts. Auch der Ergänzungszuschlag ist im VA zu berücksichtigen.

III. Berechnung des Ehezeitanteils

33 Der **Ehezeitanteil des vollen Ruhegehalts** wird zeitanteilig nach dem Verhältnis der in die Ehezeit fallenden ruhegehaltfähigen Dienstzeit zur gesamten ruhegehaltfähigen Dienstzeit ermittelt. Bei noch aktiven Bediensteten ist eine Gesamtzeit bis zum Erreichen der individuell geltenden Regelaltersgrenze (s. Rdn. 11) zu unterstellen. Bei Bediensteten, die bis zum Zeitpunkt der Entscheidung in den Ruhestand getreten sind, ist gem. § 41 Abs. 2 S. 2 VersAusglG die tatsächlich erreichte Gesamtdienstzeit zugrunde zu legen. Ist der Beamte unter Inkaufnahme eines **Versorgungsabschlags** vorzeitig in den Ruhestand gegangen, gilt dies jedoch nur dann, wenn der Ruhestand noch während der Ehezeit begonnen hat. Ist die Entscheidung für die vorgezogene Pension erst nach Ehezeitende getroffen worden, ist ein fiktives Ruhegehalt unter Zugrundelegung einer Gesamtzeit bis zur Regelaltersgrenze zu berechnen (vgl. § 41 Rdn. 9).[62]

---

61 OLG Celle FamRZ 1995, 1158.
62 BGH FamRZ 2012, 769; 2012, 851.

Auch bei einer vorzeitigen Pensionierung wegen **Dienstunfähigkeit** (s. Rdn. 13, 16) endet die maßgebende Gesamtdienstzeit mit dem tatsächlichen Eintritt in den Ruhestand.[63] Eine **Zurechnungszeit** (§ 13 BeamtVG; s.o. Rdn. 25) wird insoweit bei der zeitratierlichen Berechnung nicht berücksichtigt, weil es sich bei ihr nicht um wirkliche Dienstzeiten handelt, sondern nur um einen bloßen Berechnungsfaktor für die Höhe der Versorgung.[64] Der Versorgungsabschlag, der bei einem Ruhestand wegen Dienstunfähigkeit vor Erreichen der Regelaltersgrenze für die gesamte Dauer der Versorgungszahlung vorgenommen wird (§ 14 Abs. 3 Satz 1 Nr. 3, 69h Abs. 3 BeamtVG), ist im VA voll zu berücksichtigen. I.d.R. erhöht sich der Ehezeitanteil der Versorgung eines vorzeitig pensionierten Beamten aufgrund der verkürzten Gesamtdienstzeit gegenüber dem Ehezeitanteil einer Anwartschaft auf fiktives Altersruhegehalt. Darin kann ein Härtegrund i.S. des § 27 VersAusglG liegen (s. dazu § 27 Rdn. 15).   34

Bei **Beamten auf Zeit** ist von der Versorgungsanwartschaft auszugehen, die sich aufgrund der am Ende der Ehezeit feststehenden Amtszeit ergibt. Als Gesamtzeit ist nicht die Zeit bis zur Altersgrenze, sondern nur die tatsächliche Dienstzeit bis zum Ende der Amtsperiode, für die der Beamte gewählt oder berufen worden ist, zugrunde zu legen, weil eine Wiederwahl oder Wiederberufung noch ungewiss ist.[65] Kann der Beamte bis zum Ablauf der Amtszeit, für die er zum Zeitpunkt des Ehezeitendes gewählt oder bestellt ist, die maßgebende Wartefrist für die Gewährung eines Ruhegehalts nicht erfüllen, so ist im VA keine Anwartschaft nach § 44 VersAusglG zu berücksichtigen.[66] Eine nach Ehezeitende erfolgte Wiederwahl des Beamten, die zur Realisierung des Versorgungsanrechts führt, ist kein Abänderungsgrund und kann daher weder im Erstverfahren noch in einem späteren Abänderungsverfahren berücksichtigt werden. Das Versorgungsanrecht ist vielmehr grundsätzlich mit dem Wert einer (fiktiven) Nachversicherung in der gesetzlichen Rentenversicherung anzusetzen.[67] Hat ein Wahlbeamter allerdings vor seiner Ernennung bereits in einem anderen öffentlich-rechtlichen Dienstverhältnis mit Anwartschaft auf eine Versorgung gestanden und erscheint seine Rückkehr in dieses Dienstverhältnis nach der Entlassung als Wahlbeamter gesichert, so ist die im Wahlbeamtenverhältnis zurückgelegte Zeit als zusätzliche ruhegehaltfähige Dienstzeit bei der Berechnung der in dem früheren Dienstverhältnis erworbenen beamtenrechtlichen Versorgungsanwartschaft zu berücksichtigen.[68] Die vorstehenden Grundsätze gelten entsprechend, wenn – was seit 01.07.1997 möglich ist – einem Beamten auf Lebenszeit ein Amt mit leitender Funktion zunächst im Beamtenverhältnis auf Zeit übertragen worden ist, hinsichtlich der dann in Betracht kommenden erhöhten Versorgung nach § 15a Abs. 3–5 BeamtVG.[69]   35

Bei **Beamten**, die in den **einstweiligen Ruhestand** versetzt worden sind, ist die volle Versorgung ohne Berücksichtigung des nach § 14 Abs. 6 BeamtVG nur temporär erhöhten Ruhegehaltssatzes zu ermitteln. Da der Beamte jederzeit wiederverwendet werden kann, ist von einer Gesamtzeit bis zur regelmäßigen Altersgrenze auszugehen, die sich aus der bereits abgeleisteten Dienstzeit, der Zeit des einstweiligen Ruhestands bis zu fünf Jahren und der anschließenden Erweiterungszeit bis zur Altersgrenze zusammensetzt. Nach dieser Gesamtzeit bemisst sich auch der fiktive Ruhegehaltssatz. Der Ehezeitanteil der vollen Versorgung bestimmt sich nach dem Verhältnis der in die Ehezeit fallenden ruhegehaltfähigen Dienstzeit zu der genannten Gesamtzeit.   36

Der **Ehezeitanteil der Kindererziehungszuschläge** (Rdn. 31, 32) ist **nicht nach der zeitratierlichen Methode** zu ermitteln, denn sie haben keinen Bezug zur ruhegehaltfähigen Dienstzeit, an die diese Vorschrift anknüpft. Da sich die Höhe der Zuschläge nach den Vorschriften der gesetzlichen Rentenversicherung bemisst, ist der Ehezeitanteil insoweit in entsprechender Anwendung des § 43   37

63 BGH FamRZ 1989, 727, 728; 1999, 499, 500.
64 BGH FamRZ 1982, 36, 41; 1996, 215, 217.
65 BGH FamRZ 1992, 46; 1995, 114.
66 BGH FamRZ 2007, 30, 35; 2009, 1743, 1744.
67 BGH FamRZ 1995, 114; 2009, 1743, 1745; vgl. auch BT-Drucks. 16/10144 S. 59 f.
68 BGH FamRZ 2007, 30, 34.
69 Johannsen/Henrich/Holzwarth § 44 Rn. 36.

Abs. 1 i.V.m. § 39 Abs. 2 Nr. 1 VersAusglG nach Maßgabe der in die Ehezeit fallenden Kindererziehungszeiten zu berechnen.[70]

E. Ruhen der Beamtenversorgung wegen anderer Versorgungsanrechte

I. Allgemeines

38 Hat ein Beamter, Richter oder Soldat mehrere beamten- oder soldatenrechtliche Versorgungsanwartschaften nebeneinander oder neben einer beamten- oder soldatenrechtlichen Anwartschaft noch ein anderes Versorgungsanrecht erworben, so können Ruhensvorschriften (vgl. §§ 54–56 BeamtVG, 55–55 b SVG) zur Anwendung kommen, die eine Kürzung des Ruhegehalts bewirken und damit eine Überversorgung verhindern sollen. Beim Zusammentreffen eines Versorgungsanspruchs aus einer Abgeordnetentätigkeit und einer anderen Versorgung gilt Entsprechendes nach der Sonderregelung des § 29 AbgG. Diese Ruhensvorschriften sind nach Maßgabe des § 44 Abs. 2 und 3 VersAusglG auch im VA zu beachten, sofern wenigstens ein Teil jedes der konkurrierenden Anrechte in der Ehezeit erworben worden ist.

II. Zusammentreffen mehrerer beamtenrechtlicher Versorgungsanrechte (Abs. 2)

39 Nach § 44 Abs. 2 VersAusglG ist beim Zusammentreffen **mehrerer beamtenrechtlicher Versorgungsanrechte** für die Wertberechnung des Ehezeitanteils von den sich nach Anwendung von **Ruhensvorschriften** ergebenden gesamten Versorgungsbezügen und der gesamten in die Ehezeit fallenden ruhegehaltfähigen Dienstzeit auszugehen. Das bedeutet, dass zunächst die aus den Ruhensvorschriften folgende Versorgungskürzung vorzunehmen und erst dann der Ehezeitanteil der (gekürzten) Versorgung zu ermitteln ist. Zuerst wird der Monatsbetrag der konkurrierenden Versorgungen aus der gesamten Dienstzeit ohne Berücksichtigung der Kürzungsvorschriften errechnet, wobei die Anwartschaft aus dem laufenden Beamtenverhältnis auf die Altersgrenze hochzurechnen ist. Danach wird die Höchstgrenze der Gesamtversorgung ermittelt (vgl. § 54 Abs. 2 BeamtVG), und zwar unter Zugrundelegung der gesamten ruhegehaltfähigen Dienstzeiten und der ruhegehaltfähigen Dienstbezüge aus der Endstufe der Besoldungsgruppe, aus der sich das frühere Ruhegehalt berechnet. Übersteigt die Summe aus der früheren und der neuen Versorgung die ermittelte Höchstgrenze, so wird die frühere Versorgung um den Differenzbetrag gekürzt (§ 54 Abs. 1 BeamtVG). Die gekürzte Gesamtversorgung bildet sodann die Grundlage für die Berechnung des Ehezeitanteils, die nach der zeitratierlichen Bewertungsmethode erfolgt. Der auszugleichende Ehezeitanteil ist aus dem Verhältnis der ehezeitlichen zur gesamten ruhegehaltfähigen Dienstzeit aus allen Dienstverhältnissen zu ermitteln.[71]

III. Zusammentreffen der Beamtenversorgung mit sonstigen Anrechten (Abs. 3)

40 § 44 Abs. 3 Satz 1 VersAusglG schreibt für die Fälle des Ruhens der **Beamtenversorgung** im Hinblick auf **Renten aus anderen Versorgungssystemen** eine sinngemäße Anwendung des Abs. 2 vor. In den VA fallende Renten, die zum Ruhen der Beamtenversorgung führen können, sind solche aus der gesetzlichen Rentenversicherung, der Zusatzversorgung des öffentlichen Dienstes, einer berufsständischen Versorgung oder einer mindestens teilweise arbeitgeberfinanzierten befreienden Lebensversicherung (§ 55 BeamtVG) oder aus dem Dienstverhältnis bei einer zwischen- oder überstaatlichen Einrichtung (§ 56 BeamtVG). Diese Versorgungen führen zu einer Kürzung des beamtenrechtlichen Ruhegehalts bis auf die maßgebliche Höchstgrenze. Als Höchstgrenze gilt der Betrag, der sich als Ruhegehalt ergeben würde, wenn der Berechnung bei den ruhegehaltfähigen

---

70 OLG Celle FamRZ 1999, 861; NJW-RR 2011, 1377 = FamRZ 2012, 132 (LS); Borth Rn. 261; Ruland Rn. 338; Johannsen/Henrich/Holzwarth § 44 Rn. 21; Erman/Norpoth § 44 Rn. 12.
71 Johannsen/Henrich/Holzwarth § 44 Rn. 82; vgl. auch BGH FamRZ 1996, 98, 102.

Dienstbezügen die Endstufe der Besoldungsgruppe, aus der das Ruhegehalt errechnet wird, und als ruhegehaltfähige Dienstzeit grundsätzlich die Zeit vom vollendeten 17. Lebensjahr bis zum Eintritt des Versorgungsfalles zugrunde gelegt werden. Ein Anrecht aus einer zwischen- oder überstaatlichen Versorgung fällt zwar gemäß § 19 Abs. 2 Nr. 4 VersAusglG nicht in den Wertausgleich. Gleichwohl ist für das beamtenrechtliche Anrecht im Wertausgleich eine Ruhensberechnung vorzunehmen,[72] sofern das Gericht nicht in Anwendung des § 19 Abs. 3 VersAusglG auch das beamtenrechtliche Anrecht dem schuldrechtlichen VA zuweist. Die Ruhensregelungen sind auch im schuldrechtlichen VA zu berücksichtigen.[73]

Im VA ist ein zum teilweisen Ruhen der Beamtenversorgung führendes **anderes Anrecht** nur dann von Bedeutung, wenn dieses Anrecht ebenfalls (auch) **in der Ehezeit erworben** worden ist und der Ausgleichsberechtigte im VA an diesem Anrecht teilhat (§ 44 Abs. 3 Satz 2 VersAusglG). Andernfalls ist die ehezeitliche Anwartschaft auf Beamtenversorgung ungekürzt, also mit dem Betrag, der sich ohne Anwendung der Ruhensvorschriften ergäbe, in den VA einzubeziehen.[74]   41

F. Anrechte von Widerrufsbeamten und Zeitsoldaten (Abs. 4)

Widerrufsbeamten und **Zeitsoldaten** steht (noch) kein unter § 44 Abs. 1 VersAusglG fallendes   42
Versorgungsanrecht zu, weil noch offen ist, ob sie nach Beendigung des Vorbereitungsdienstes oder der Verpflichtungszeit in ein Beamtenverhältnis auf Probe oder ein Soldatenverhältnis auf Lebenszeit übernommen werden. Kommt es nicht dazu, erfolgt für die im Widerrufsbeamten- oder Zeitsoldatenverhältnis zurückgelegte Zeit eine Nachversicherung, und zwar grundsätzlich in der gesetzlichen Rentenversicherung (§§ 8 Abs. 2, 181 ff. SGB VI), auf Antrag bei einer berufsständischen Versorgungseinrichtung (§ 186 SGB VI). Widerrufsbeamte und Zeitsoldaten erwerben daher **alternativ ausgestaltete Anrechte**. Diese sind, wenn das Widerrufsbeamten- oder Zeitsoldatenverhältnis bei Ehezeitende noch andauert, mit dem (geringeren) **Wert des Anspruchs auf Nachversicherung in der gesetzlichen Rentenversicherung** in den VA einzubeziehen. Das stellt § 44 Abs. 4 VersAusglG in Übereinstimmung mit der höchstrichterlichen Rechtsprechung zum früheren Recht[75] ausdrücklich fest. Die Bewertung mit dem Anspruch auf Nachversicherung hat auch zu erfolgen, wenn der betreffende Ehegatte nach Ehezeitende Beamter auf Probe oder Berufssoldat geworden ist; der Laufbahnwechsel hat keinen Bezug zur Ehezeit mehr.[76]

Das Familiengericht muss bei dem für eine spätere Nachversicherung zuständigen Rentenversiche-   43
rungsträger eine **Auskunft** über die im Falle der Nachversicherung erworbene (fiktive) gesetzliche Rentenanwartschaft einholen.[77] Dazu müssen dem Versicherungsträger die im Beamten- oder Soldatenverhältnis bis zum Ende der Ehezeit erzielten Entgelte mitgeteilt werden, die vom Träger der Beamten- oder Soldatenversorgung zu erfragen sind. Der Ausgleich des Anrechts erfolgt durch externe Teilung (§ 16 Abs. 2 VersAusglG). Am Verfahren sind sowohl der Träger der auszugleichenden Beamten- oder Soldatenversorgung als auch der Rentenversicherungsträger, bei dem als Zielversorgungsträger für den Ausgleichsberechtigten ein Anrecht zu begründen ist, förmlich zu **beteiligen**, nicht dagegen der Versicherungsträger, der den Wert des Anrechts aus der fiktiven Nachversicherung zu berechnen hat, denn dieser wird durch die Entscheidung zur externen Teilung nicht betroffen.

---

72 S. dazu näher Ruland Rn. 394.
73 BGH FamRZ 2005, 511, 512; 2011, 706, 709.
74 So schon zum früheren Recht BGH FamRZ 1983, 358, 360; 2000, 746; 2005, 511.
75 BGH FamRZ 1981, 856; 1982, 362; 1984, 156.
76 BGH FamRZ 1987, 921; 2003, 29.
77 BT-Drucks. 16/10144 S. 81.

§ 45 VersAusglG   Sondervorschriften für Anrechte nach dem Betriebsrentengesetz

(1) [1]Bei einem Anrecht im Sinne des Betriebsrentengesetzes ist der Wert des Anrechts als Rentenbetrag nach § 2 des Betriebsrentengesetzes oder der Kapitalwert nach § 4 Abs. 5 des Betriebsrentengesetzes maßgeblich. [2]Hierbei ist anzunehmen, dass die Betriebszugehörigkeit der ausgleichspflichtigen Person spätestens zum Ehezeitende beendet ist.

(2) [1]Der Wert des Ehezeitanteils ist nach den Grundsätzen der unmittelbaren Bewertung zu ermitteln. [2]Ist dies nicht möglich, so ist eine zeitratierliche Bewertung durchzuführen. [3]Hierzu ist der nach Absatz 1 ermittelte Wert des Anrechts mit dem Quotienten zu multiplizieren, der aus der ehezeitlichen Betriebszugehörigkeit und der gesamten Betriebszugehörigkeit bis zum Ehezeitende zu bilden ist.

(3) Die Absätze 1 und 2 gelten nicht für ein Anrecht, das bei einem Träger einer Zusatzversorgung des öffentlichen oder kirchlichen Dienstes besteht.

A. Norminhalt

1   § 45 VersAusglG enthält Sondervorschriften für die Bewertung von betrieblichen Versorgungsanwartschaften i.S. des Betriebsrentengesetzes (BetrAVG). Gemäß Abs. 1 ist bei der Bewertung an Bezugsgrößen anzuknüpfen, die sich aus den Bewertungsregeln des BetrAVG ergeben, und es ist von einer mit Ende der Ehezeit beendeten Betriebszugehörigkeit auszugehen. Abs. 2 bestimmt, dass der Ehezeitanteil grundsätzlich nach der unmittelbaren Bewertungsmethode zu berechnen ist, hilfsweise nach der zeitratierlichen Methode. Abs. 3 stellt klar, dass die Abs. 1 und 2 nicht für Anrechte aus der Zusatzversorgung des öffentlichen oder kirchlichen Dienstes gelten. § 45 VersAusglG gilt nur für Anrechte im Anwartschaftsstadium. Laufende Versorgungen sind nach der allgemeinen Vorschrift des § 41 VersAusglG – entweder unmittelbar oder zeitratierlich – zu bewerten.[1]

---

1 BT-Drucks. 16/10144 S. 82.

B. Anrechte nach dem Betriebsrentengesetz

I. Begriff der betrieblichen Altersversorgung

§ 45 VersAusglG regelt die Bewertung von Anrechten nach dem Betriebsrentengesetz (BetrAVG),[2] **2**
d.h. von Anrechten auf **betriebliche Altersversorgung**. § 1 Abs. 1 BetrAVG definiert die betriebliche Altersversorgung als Leistungen der Alters-, Invaliditäts- oder Hinterbliebenenversorgung, die einem Arbeitnehmer aus Anlass eines Arbeitsverhältnisses vom Arbeitgeber zugesagt worden sind und für deren Erfüllung der Arbeitgeber einsteht. Arbeitnehmer sind die Arbeiter und Angestellten sowie die Auszubildenden eines Betriebes (§ 17 Abs. 1 Satz 1 BetrAVG). Die Vorschriften über die betriebliche Altersversorgung gelten aber entsprechend auch für Personen ohne Arbeitnehmereigenschaft (z.B. Handels- oder Versicherungsvertreter), denen aus Anlass ihrer Tätigkeit für ein Unternehmen betriebliche Versorgungsleistungen zugesagt worden sind (§ 17 Abs. 1 Satz 2 BetrAVG). Auf Unternehmer[3] findet das BetrAVG dagegen keine Anwendung, ebenso wenig auf Mehrheitsgesellschafter, auch wenn sie – etwa als Geschäftsführer – in einem Anstellungsverhältnis zu dem Betrieb stehen.[4] Zur betrieblichen Altersversorgung zählt grundsätzlich auch die Zusatzversorgung des öffentlichen oder kirchlichen Dienstes (einschließlich der Zusatzversorgungen der Mitglieder der deutschen Kulturorchester und der deutschen Bühnen); für diese gelten jedoch gemäß § 18 BetrAVG Sonderregelungen, und auch § 45 VersAusglG findet insoweit gemäß seinem Abs. 3 keine Anwendung (vgl. u. Rdn. 26).

§ 1 Abs. 2 BetrAVG erweitert den Begriff der betrieblichen Altersversorgung auf folgende Versor **3**
gungsformen:

– **Beitragsorientierte Leistungszusagen** (Nr. 1): Der Arbeitgeber verpflichtet sich, bestimmte Beiträge in eine Versorgungsanwartschaft umzuwandeln. Hier wird dem Arbeitnehmer keine bestimmte Versorgung zugesagt. Deren spätere Höhe ist vielmehr von der Ertragsentwicklung des aus den Beiträgen gebildeten Kapitalstocks abhängig.
– **Beitragszusagen mit Mindestleistung** (Nr. 2): Der Arbeitgeber verpflichtet sich, bestimmte Beiträge an einen Pensionsfonds, eine Pensionskasse oder eine Direktversicherung zu zahlen und das aus den Beiträgen und den erwirtschafteten Erträgen angesammelte Kapital, mindestens aber die Summe der zugesagten Beiträge (soweit sie nicht für einen biometrischen Risikoausgleich verbraucht wurden) für die Versorgungsleistungen zur Verfügung zu stellen.
– **Entgeltumwandlung** (Nr. 3): Der Arbeitnehmer verzichtet auf einen Teil seines künftigen Arbeitsentgelts und erhält hierfür ersatzweise eine wertgleiche Anwartschaft auf Versorgungsleistungen. Sofern nicht in einem Tarifvertrag etwas anderes bestimmt ist (vgl. § 17 Abs. 3 und 5 BetrAVG), hat der Arbeitnehmer einen Anspruch auf Durchführung der Entgeltumwandlung, und er ist berechtigt, die Versicherung oder Versorgung mit eigenen Beiträgen fortzusetzen, wenn er bei fortbestehendem Arbeitsverhältnis vorübergehend kein Arbeitsentgelt erhält (§ 1a BetrAVG). Zur Entgeltumwandlung sind nur Personen berechtigt, die in der gesetzlichen Rentenversicherung pflichtversichert sind (§ 17 Abs. 1 Satz 3 BetrAVG).
– **Entgeltverwendung** (Nr. 4): Der Arbeitnehmer leistet selbst aus seinem Arbeitsentgelt Beiträge an einen Pensionsfonds, eine Pensionskasse oder eine Direktversicherung, aus denen später Leistungen der betrieblichen Altersversorgung finanziert werden, für die der Arbeitgeber einsteht. Hierbei sind die Regelungen für die Entgeltumwandlung entsprechend anzuwenden, soweit die zugesagten Leistungen aus den Beiträgen im Wege der Kapitaldeckung finanziert werden.

---

2 Gesetz zur Verbesserung der betrieblichen Altersversorgung (Betriebsrentengesetz – BetrAVG) vom 19.12.1974 (BGBl. I S. 3610), zuletzt geändert durch Art. 4e des Gesetzes zur Verbesserung der Rahmenbedingungen für die Absicherung flexibler Arbeitszeitregelungen und zur Änderung anderer Gesetze vom 21.12.2008 (BGBl. I S. 2940).
3 BGH FamRZ 1988, 51.
4 BGHZ 77, 94, 97; 77, 233; BGHFamRZ 1993, 684, 687; 1993, 1303, 1304.

Für den Begriff der betrieblichen Altersversorgung ist es daher nicht zwingend erforderlich, dass der Arbeitgeber die Versorgungsleistungen finanziert.[5]

II. Rechtsgrundlagen betrieblicher Versorgungsanrechte

4   Ein Anrecht der betrieblichen Altersversorgung wird i.d.R. durch eine **Versorgungszusage des Arbeitgebers** begründet. Diese kann beruhen auf

- Einzelvertrag;
- Gesamtzusage (Ruhegeld-, Pensions-, Versorgungsordnung);
- Tarifvertrag;
- Betriebsvereinbarung;
- gesetzlicher Grundlage.

Ferner kann sich eine Verpflichtung des Arbeitgebers zur Gewährung betrieblicher Versorgungsleistungen auch aus betrieblicher Übung oder dem Grundsatz der Gleichbehandlung ergeben (§ 1b Abs. 1 Satz 4 BetrAVG).[6] Ein Anrecht aus Entgeltumwandlung entsteht dadurch, dass der Arbeitnehmer seinen Anspruch auf Entgeltumwandlung gegen den Arbeitgeber geltend macht und mit diesem eine Vereinbarung über die Durchführung des Anspruchs schließt (§ 1b Abs. 1 Satz 1 und 2 BetrAVG).

III. Durchführungswege der betrieblichen Altersversorgung

4a   Für die konkrete Durchführung des VA ist von erheblicher Bedeutung, wer der **Träger der auszugleichenden Versorgung** ist. Denn dieser ist am Verfahren zu beteiligen (§ 219 Nr. 2 FamFG) und ihm ist die Entscheidung zuzustellen, damit sie ihm gegenüber wirksam werden kann (vgl. § 40 Abs. 1 FamFG). Für die betriebliche Altersversorgung gibt es **unterschiedliche Durchführungswege.** Auch können aus demselben Arbeitsverhältnis mehrere Anrechte bei verschiedenen Versorgungsträgern bestehen. Zudem können sich im VA je nach Art des Versorgungsträgers unterschiedliche Rechtsfolgen ergeben (vgl. § 15 Abs. 4, § 17 VersAusglG). Daher ist unbedingt auf die Beteiligung des richtigen Versorgungsträgers zu achten.

5   **Träger** der betrieblichen Altersversorgung (und Beteiligter im Verfahren über den VA, § 219 Nr. 2 FamFG) ist der Arbeitgeber selbst, wenn er eine sog. **Direktzusage** erteilt, d.h. wenn er nicht nur die Versorgungszusage gegeben, sondern sich auch selbst zur Gewährung der Versorgungsleistungen verpflichtet hat. Ein Anrecht aus einer Direktzusage liegt auch dann vor, wenn der Arbeitgeber zur Finanzierung und zu seiner Absicherung bei einem Versicherungsträger eine sog. **Rückdeckungsversicherung** abgeschlossen hat. Der Arbeitgeber kann die Durchführung der betrieblichen Altersversorgung auch einem **anderen Versorgungsträger** überlassen, muss in diesem Fall allerdings für die Erfüllung der von ihm zugesagten Leistungen einstehen (§ 1 Abs. 1 Satz 2 und 3 BetrAVG). Als beauftragte Leistungsträger kommen in Betracht:

- **Direktversicherung:** Hier schließt der Arbeitgeber bei einem privaten Lebensversicherungsunternehmen eine Versicherung auf das Leben des Arbeitnehmers ab und zahlt die laufenden Prämien, während das Bezugsrecht dem Arbeitnehmer zusteht (§ 1b Abs. 2 BetrAVG). Unerheblich ist für den VA, ob das Bezugsrecht widerruflich ist.[7] Nicht zur betrieblichen Altersversorgung gehört die sog. unechte Direktversicherung, bei der der Arbeitnehmer selbst Versicherungsnehmer ist; ein solches Anrecht fällt unter § 46 VersAusglG.

---

5 Vgl. *BAG* DB 1990, 2475.
6 Vgl. z.B. zur Gleichbehandlung von Teilzeitbeschäftigten *BVerfG* ZBR 1998, 166; *BAG* BB 1993, 437.
7 *BGH* FamRZ 1992, 411.

- **Pensionskassen** und **Pensionsfonds** der privaten Wirtschaft, die dem Arbeitnehmer einen Rechtsanspruch auf Versorgungsleistungen gewähren (§ 1b Abs. 3 BetrAVG). Man unterscheidet Einzelkassen (nur bei größeren Unternehmen), Gruppenkassen (z.B. Zusatzversorgungskasse des Baugewerbes – SOKA-Bau –, Beamtenversicherungsverein des deutschen Bank- und Bankiergewerbes – BVV –) und Konzernkassen. Sie sind meist als VVaG organisiert. Anstalten des öffentlichen Rechts sind die Zusatzversorgungskassen des öffentlichen und kirchlichen Dienstes (z.B. Versorgungsanstalt des Bundes und der Länder – VBL –). Nicht zu den Pensionskassen gehören die sog. Richtlinienverbände, deren Zweck es lediglich ist, einheitliche Versorgungsbedingungen der Mitgliedsunternehmen festzulegen, nicht jedoch, selbst Versorgungsleistungen zu erbringen.[8]
- **Unterstützungskassen** sind selbstständige rechtsfähige Versorgungseinrichtungen (meist in der Form eines e.V. oder einer GmbH), die auf ihre Leistungen keinen Rechtsanspruch gewähren (§ 1b Abs. 4 BetrAVG). Dies steht der Einbeziehung der Anrechte in den VA jedoch nicht entgegen, weil jedenfalls von einer gesicherten Aussicht auf Versorgungsleistungen auszugehen ist.[9] Der in den Versorgungsregelungen üblicherweise gemachte Vorbehalt der Freiwilligkeit der Leistungen führt nur dazu, dass der Kasse ein an sachliche Gründe gebundenes Widerrufsrecht zusteht.
- Bei **Insolvenz des Arbeitgebers** erwerben die betroffenen Arbeitnehmer ersatzweise (der Höhe nach allerdings begrenzte, vgl. § 7 BetrAVG[10]) Anrechte gegenüber dem Pensions-Sicherungs-Verein in Köln (§ 14 BetrAVG).

IV. Auszugleichende Anrechte

Dem VA unterliegen Anrechte nach dem BetrAVG, die auf **Alters- oder Invaliditätsversorgung** 6 gerichtet sind. Anrechte auf betriebliche Invaliditätsleistungen sind auch dann zu berücksichtigen, wenn die Invalidität bisher nicht eingetreten ist. Die Grundsätze der privaten Invaliditätsversicherung, bei der erst im Versicherungsfall ein Deckungskapital gebildet wird, können auf die betriebliche Versorgung nicht übertragen werden.[11] Auch § 28 VersAusglG findet insoweit keine Anwendung (vgl. auch § 28 Rdn. 4). Die an sich zum Leistungskatalog der betrieblichen Altersversorgung gehörende **Hinterbliebenenversorgung** (s.o. Rdn. 2) bleibt im VA aufgrund der sich aus § 2 Abs. 2 Nr. 2 VersAusglG ergebenden Beschränkung auf Anrechte, die der Alters- und Invaliditätsversorgung dienen, außer Betracht. Soweit der auf die Hinterbliebenenversorgung entfallende Wertanteil des Versorgungsanrechts abgegrenzt und gesondert bewertet werden kann, ist er daher im VA zu eliminieren. Anders als nach früherem Recht[12] erstreckt sich der VA nicht mehr nur auf **Rentenanrechte** (§ 2 Abs. 2 Nr. 3 Hs. 2 VersAusglG). Daher fallen nunmehr auch Anrechte in den VA, die auf Kapitalzahlungen gerichtet sind. Nach der Rechtsprechung des BAG umfasst der Begriff der betrieblichen Altersversorgung auch Sachleistungen wie z.B. Energiebezugsrechte (Kohle- oder Stromdeputate),[13] Personalrabatte[14] und Nutzungen wie z.B. ein Wohnungsrecht an einer Werkswohnung.[15] Solche Anrechte sind auch nach neuem Recht nicht zum Gegenstand des VA geworden (vgl. § 2 Rdn. 18).[16]

---

8 BGH FamRZ 2000, 89, 91.
9 BGH FamRZ 1986, 338; 1995, 1275.
10 Vgl. BGH FamRZ 2005, 103.
11 A.A. OLG Köln FamRZ 2007, 1741 m. abl. Anm. Glockner.
12 BGH FamRZ 1992, 411; 1993, 793, 794; 1993, 1303, 1304; 2003, 153.
13 BAGE 120, 330; 133, 289 = FamRZ 2010, 1559 (LS).
14 BAG Urteil vom 14.12.2010 – 3 AZR 799/08 – (juris).
15 Borth Rn. 374; MüKo/Eichenhofer § 45 Rn. 4.
16 Palandt/Brudermüller § 45 Rn. 6 unter Bezugnahme auf die allerdings zum früheren Recht ergangene Entscheidung BGH FamRZ 1993, 682; Erman/Norpoth § 2 Rn. 9; a.A. Borth Rn. 374; Hauß FamRB 2010, 361, 362.

7 Einmalige oder unregelmäßige **Zuwendungen** des Arbeitgebers **ohne Versorgungscharakter** wie z.B. Tantiemen, Treueprämien, Überbrückungszahlungen[17] und Vorruhestandsgelder fallen grundsätzlich nicht in den VA (vgl. auch § 2 Rdn. 13).[18] Das Gleiche gilt für Ansprüche auf Beitragserstattung, die an die Stelle verfallener Versorgungsanwartschaften getreten sind.[19] Keine einmalige Leistung und deshalb in den VA einzubeziehen ist jedoch ein regelmäßig mit der Betriebsrente gezahltes Weihnachtsgeld.[20] Auch ein Ausgleichsbetrag, der die mit dem vorzeitigen Rentenbeginn einhergehende Kürzung der gesetzlichen Rente teilweise auffangen soll, ist grundsätzlich im VA zu berücksichtigen.[21] Allerdings muss die den Ausgleichsleistungen zugrunde liegende Vereinbarung schon in der Ehezeit abgeschlossen worden sein.[22] Ein Anrecht, das vor dem Ende der Ehezeit gem. § 3 oder § 8 Abs. 2 BetrAVG abgefunden worden ist, kann nicht mehr ausgeglichen werden, weil es erloschen ist. Das Kapital wirkt sich jedoch – soweit noch vorhanden – auf den Zugewinnausgleich aus. Erlischt das Anrecht durch Abfindung erst nach Ende der Ehezeit, kann es ebenfalls nicht mehr in den Wertausgleich einbezogen werden.[23] In diesem Fall kommt jedoch ein Schadensersatzanspruch des Ausgleichsberechtigten in Betracht. Hat der Versorgungsträger gegen das Leistungsverbot des § 29 VersAusglG verstoßen, haftet er dem Ausgleichsberechtigten. Andernfalls kann ein Schadensersatzanspruch gegen den Ausgleichspflichtigen bestehen. Ist ein verfallbares Anrecht dem schuldrechtlichen VA vorbehalten geblieben und wird das Anrecht nach Eintritt der Unverfallbarkeit abgefunden, kann der Ausgleichsberechtigte gegen den Ausgleichspflichtigen entweder einen Anspruch auf schuldrechtlichen Ausgleich der Kapitalzahlung nach § 22 VersAusglG geltend machen, sofern die dafür erforderlichen Fälligkeitsvoraussetzungen vorliegen, oder einen Schadensersatzanspruch.[24]

8 In den **Wertausgleich bei der Scheidung** sind nur solche betrieblichen Anrechte einzubeziehen, die im Zeitpunkt der (letzten tatrichterlichen) Entscheidung bereits **unverfallbar** sind (§ 19 Abs. 1, Abs. 2 Nr. 1 VersAusglG). Daraus folgt, dass bei betrieblichen Anrechten immer zu klären ist, ob die Unverfallbarkeit bereits eingetreten ist (oder bis zur Entscheidung eintreten wird). Diese Klärung sollte am Anfang der Ermittlungen stehen, weil sich bei noch fehlender Unverfallbarkeit weitere Ermittlungen erübrigen. Das Gericht hat bei der Scheidung in Bezug auf diese Anrechte keine Entscheidung zu treffen. In den Gründen des Scheidungsbeschlusses hat das Gericht die noch verfallbaren Anrechte jedoch zu benennen und festzuhalten, dass gemäß § 19 Abs. 4 VersAusglG hinsichtlich dieser Anrechte noch schuldrechtliche Ausgleichsansprüche nach der Scheidung (§§ 20 ff. VersAusglG) verbleiben (§ 224 Abs. 4 FamFG). Zu den Voraussetzungen der Unverfallbarkeit vgl. § 19 Rdn. 5–12. Die Möglichkeit einer späteren Abänderung des Wertausgleichs nach Eintritt der Unverfallbarkeit besteht – im Gegensatz zum früheren Recht (vgl. § 10a Abs. 1 Nr. 2 VAHRG a.F.) – nicht mehr, weil der Ausgleich betrieblicher Anrechte (von den in § 32 Rdn. 11 genannten Anrechten abgesehen) gemäß § 225 Abs. 1 FamFG i.V.m. § 32 VersAusglG keiner Abänderung unterliegt.

C. Bewertung betrieblicher Versorgungsanrechte (Abs. 1)

9 § 45 Abs. 1 VersAusglG enthält besondere Vorschriften für die Bewertung betrieblicher Versorgungsanwartschaften, die sich so weit wie möglich an die Bestimmungen des Betriebsrentenrechts

---

17 OLG Karlsruhe FamRZ 1998, 629; offen gelassen von BGH FamRZ 2009, 1735, 1736.
18 Borth Rn. 375; Johannsen/Henrich/Holzwarth § 45 Rn. 22; Palandt/Brudermüller § 45 Rn. 6; offen gelassen von BGH FamRZ 2001, 25, 27; 2009, 1735, 1736.
19 BGH FamRZ 1982, 899, 903; OLG Hamburg FamRZ 1980, 1028, 1029.
20 OLG Hamm FamRZ 1998, 628.
21 BGH FamRZ 2008, 1834 m. abl. Anm. Hoppenz FamRZ 2008, 2188.
22 BGH FamRZ 2009, 1735, 1736.
23 Johannsen/Henrich/Holzwarth § 45 Rn. 22.
24 AG Böblingen FamRZ 2010, 1905 m. Anm. Borth; Borth Rn. 396 f.

anlehnen. Damit wird zum einen gewährleistet, dass künftige Änderungen des in ständiger Entwicklung befindlichen Betriebsrentenrechts auch bei der Wertermittlung im VA nachvollzogen werden können. Zum anderen können die beteiligten Versorgungsträger mit Bewertungsvorschriften arbeiten, die ihnen aus dem jeweiligen betrieblichen Versorgungssystem geläufig sind.[25] Diese Vorschriften berücksichtigen die Form der Zusage, der Durchführung und der Finanzierung. § 45 Abs. 1 VersAusglG gilt unabhängig vom Durchführungsweg für alle Anrechte der betrieblichen Altersversorgung in der **Privatwirtschaft**, nicht jedoch für Anrechte der Zusatzversorgung des öffentlichen und kirchlichen Dienstes (§ 45 Abs. 3 VersAusglG).[26] Die Bestimmung ist unmittelbar nur auf **Anwartschaften** der betrieblichen Altersversorgung anwendbar (s.o. Rdn. 1).

Gemäß § 45 Abs. 1 Satz 1 VersAusglG ist im VA entweder der Wert des Anrechts als **Rentenbetrag** 10 nach § 2 BetrAVG oder der **Kapitalwert** nach § 4 Abs. 5 BetrAVG zugrunde zu legen. Die Wahl einer der beiden Bewertungsmethoden bleibt dem Versorgungsträger überlassen, der die Auskunft nach § 5 VersAusglG zu erteilen hat.[27] Die Versorgungsträger entscheiden sich i.d.R. für die Anwendung eines Kapitalwerts, zumal sich dadurch die – bei Rentenwerten zusätzlich erforderliche (§ 5 Abs. 3 VersAusglG) – Angabe eines korrespondierenden Kapitalwerts erübrigt.

Die §§ 2 und 4 BetrAVG können durch **tarifvertragliche Regelungen** abbedungen werden (§ 17 10a Abs. 3 BetrAVG). In diesem Fall findet § 45 Abs. 1 BetrAVG keine – zumindest keine unmittelbare – Anwendung. Der Ehezeitanteil des Anrechts muss dann nach den §§ 39, 40 VersAusglG und evtl. in entsprechender Anwendung des § 45 Abs. 1 VersAusglG bestimmt werden. Dies gilt z.B. für Anrechte auf eine Rentenbeihilfe bei der Sozialkasse des Baugewerbes (**SOKA-Bau**). Diese Rentenbeihilfe setzt sich aus den Komponenten Grundbeihilfe und Ergänzungsbeihilfe zusammen. Die Höhe der Grundbeihilfe ist von der Dauer der Zugehörigkeit zum Versorgungssystem abhängig und deshalb nach § 39 Abs. 2 Nr. 5 VersAusglG nach der unmittelbaren Bewertungsmethode zu bestimmen. Inwieweit Zeiten der Ausbildung und des Tätigwerdens im Baunebengewerbe berücksichtigt und aus erzielten Überschüssen Ergänzungsbeihilfen gezahlt werden können, lässt sich erst im Versorgungsfall feststellen, so dass darauf entfallende Teile des Anrechts in der Anwartschaftsphase noch als verfallbar und damit nicht ausgleichsreif zu behandeln sind (vgl. auch § 19 Rdn. 11).[28]

Der **Rentenbetrag** nach § 2 BetrAVG entspricht der Höhe der unverfallbaren Anwartschaft. Diese 11 wird bei einer Direktzusage und bei einer über einen Pensionsfonds oder eine Unterstützungskasse finanzierten Versorgung zeitratierlich aus dem Verhältnis der tatsächlichen Betriebszugehörigkeit zu der Zeit vom Beginn der Betriebszugehörigkeit bis zur Regelaltersgrenze in der gesetzlichen Rentenversicherung ermittelt (§ 2 Abs. 1 Satz 1, Abs. 3a, Abs. 4 BetrAVG). Bei Anwartschaften aus Direktversicherung oder gegenüber einer Pensionskasse kann der Arbeitgeber die zu erbringende Leistung unter bestimmten Voraussetzungen auf die vom Versicherer aufgrund des Versicherungsvertrages zu erbringende Leistung beschränken (sog. versicherungsvertragliche Lösung, § 2 Abs. 2 Satz 2, Abs. 3 Satz 2 BetrAVG). Hat er dies bis zur Entscheidung des Gerichts getan, so ist im VA von dem so bemessenen Anrecht auszugehen.[29] Bei Anwartschaften aus Entgeltumwandlung, aus einer beitragsorientierten Leistungszusage und aus einer Beitragszusage mit Mindestleistung berechnet sich die Höhe der unverfallbaren Anwartschaft aus den bis zum Ausscheiden umgewandelten Entgeltbestandteilen bzw. Beiträgen (§§ 2 Abs. 5a und 5b, 30g BetrAVG).

Der **Kapitalwert** nach § 4 Abs. 5 BetrAVG ist der Wert des Anrechts, der bei einem Arbeitsplatz- 12 wechsel vom bisherigen auf den neuen Arbeitgeber übertragen werden kann. Bei (kapitalgedeckten) Versorgungen, die über einen Pensionsfonds, eine Pensionskasse oder eine Direktversicherung

---

25 BT-Drucks. 16/10144 S. 82.
26 BT-Drucks. 16/10144 S. 82.
27 BT-Drucks. 16/10144 S. 82.
28 Vgl. AG Meldorf FamRZ 2010, 1806.
29 BGH FamRZ 1987, 52, 55; 2003, 1648, 1649.

durchgeführt werden, entspricht der Übertragungswert dem bei Ehezeitende gebildeten **Deckungskapital** (§ 4 Abs. 5 S. 2 BetrAVG). Überschussanteile, die in einem Fonds angelegt worden sind, sind grundsätzlich mit dem Wert bei Ehezeitende zu berücksichtigen.[30] Bei einer unmittelbar über den Arbeitgeber oder über eine Unterstützungskasse durchgeführten betrieblichen Altersversorgung, für die kein Deckungskapital gebildet wird, bestimmt sich der Übertragungswert gem. § 4 Abs. 5 S. 1 Hs. 1 BetrAVG nach dem **Barwert** der nach § 2 BetrAVG bemessenen künftigen Versorgungsleistung, bezogen auf das Ende der Ehezeit.[31] Bei der Berechnung des Barwerts sind nach § 4 Abs. 5 S. 1 Hs. 2 BetrAVG die Rechnungsgrundlagen und die anerkannten Regeln der Versicherungsmathematik maßgebend. Damit wird dem Versorgungsträger ein weiter Ermessensspielraum eröffnet. Nach den Regeln der Versicherungsmathematik wird der Barwert der künftig zu zahlenden Versorgungsleistungen durch biometrische Rechnungsgrundlagen – insbesondere die Lebenserwartung des Versorgungsanwärters und die Wahrscheinlichkeit der zu erbringenden Leistungen – sowie durch den Rechnungszins bestimmt, mit dem diese Leistungen auf den Bewertungsstichtag abgezinst werden (vgl. dazu § 47 Rdn. 10). Die Sterbewahrscheinlichkeit ist anhand aktueller statistischer Erhebungen zu ermitteln. Am aktuellsten sind die Richttafeln 2005G von Heubeck. Der Gesamtwert der künftigen Rentenleistungen wird durch den Rententrend, d.h. die zu erwartenden Rentenanpassungen (Dynamik) beeinflusst. Deshalb ist der Barwertberechnung ein möglichst realistischer Rententrend zugrunde zu legen.[32] Von Bedeutung ist auch der Ansatz des Rechnungszinses. Je höher dieser veranschlagt wird, desto niedriger fällt der Barwert aus – und umgekehrt. Für eine realistische Bewertung kommt es daher entscheidend auf den Ansatz eines der Realität möglichst nahe kommenden Rechnungszinses an.[33] Im Betriebsrentenrecht wird im Allgemeinen – einer Empfehlung in der Gesetzesbegründung folgend[34] – der zur bilanziellen Bewertung der Pensionsrückstellungen nach § 253 Abs. 2 HGB[35] dienende durchschnittliche Marktzinssatz für erstrangige festverzinsliche Industrieanleihen (sog. BilMoG-Zinssatz) herangezogen Dieser Zinssatz liegt seit längerem bei über 5 % (vgl. dazu näher § 47 Rdn. 10) und damit deutlich höher als der Rechnungszins privater Versicherer von etwa 4 % oder gar der Versorgungsausgleichskasse, die noch äußerst vorsichtig mit einem Garantiezins von (seit 01.01.2012) 1,75 %[36] kalkuliert. Diese bilanzielle Bewertung führt im VA zu einer – u.U. erheblichen – Verletzung des Halbteilungsgrundsatzes, wenn das Anrecht extern geteilt wird und die Zielversorgung von einem deutlich geringeren Rechnungszins ausgeht. Deshalb ist es bei einer solchen Konstellation erforderlich, dass der Barwertberechnung anstelle des BilMoG-Zinssatzes der Rechnungszins zugrunde gelegt wird, mit dem der Träger der auszugleichenden Versorgung tatsächlich wirtschaftlich kalkuliert.[37] Nicht herangezogen werden kann jedenfalls der gem. § 6a EStG maßgebliche steuerliche Rechnungszins von 6 %.[38]

---

30 OLG München FamRZ 2011, 377; vgl. auch BGH FamRZ 2012, 694 für fondsgebundene private Rentenversicherungen.

31 BT-Drucks. 16/10144 S. 95; 16/11903 S. 53; Borth Rn. 414; Johannsen/Henrich/Holzwarth § 45 Rn. 50 ff.; Erman/Norpoth § 45 Rn. 10; Glockner/Hoenes/Weil § 8 Rn. 36.

32 OLG München FamRZ 2012, 130.

33 MüKo/Dörr/Glockner § 47 Rn. 14; Höfer, Der Versorgungsausgleich in der betrieblichen Altersversorgung (2010), Rn. 150 ff.; Jaeger FamRZ 2010, 1714, 1716; 2011, 615; Hauß FamRZ 2011, 88; Bergner FamFR 2011, 314, 315; Engelstädter/Kraft BetrAV 2011, 344.

34 BT-Drucks. 16/10144 S. 85; 16/11903 S. 56.

35 I.d.F. des Gesetzes zur Modernisierung des Bilanzrechts vom 25.05.2009, BGBl. I S. 1102.

36 Art. 1 Nr. 1 lit. a der VO vom 01.03.2011, BGBl. I S. 345.

37 OLG Hamm Beschluss vom 06.02.2012 – 12 UF 207/10 – (juris), FamRZ 2012, 1306 (LS); MüKo/Dörr/Glockner § 47 Rn. 14, 16; Erman/Norpoth § 45 Rn. 12; NK-FamR/Hauß § 45 Rn. 26; Höfer Rn. 155, 158; Jaeger FamRZ 2010, 1714, 1718; Hauß FamRZ 2011, 88, 89; a.A. Ruland Rn. 650: das Anrecht sei in diesem Fall intern zu teilen.

38 BT-Drucks. 16/11903 S. 56; OLG Bremen FamRZ 2012, 637.

Gemäß § 45 Abs. 1 Satz 2 VersAusglG ist für die Wertermittlung anzunehmen, dass die **Betriebs-** **13** **zugehörigkeit** des ausgleichspflichtigen Ehegatten **zum Ende der Ehezeit endete**. Diese Fiktion dient dazu, den Rentenbetrag oder den Kapitalwert unter Berücksichtigung der jeweiligen Versorgungsordnung zum Ende der Ehezeit als dem nach § 5 Abs. 2 Satz 1 VersAusglG maßgeblichen Bewertungsstichtag zu ermitteln.[39]

D. Berechnung des Ehezeitanteils (Abs. 2)

I. Allgemeines

§ 45 Abs. 2 VersAusglG ermöglicht es, den Ehezeitanteil einer betrieblichen Versorgungsanwart- **14** schaft je nach Sachlage entweder nach der unmittelbaren (§ 39 VersAusglG) oder nach der zeitra- tierlichen Methode (§ 40 VersAusglG) zu berechnen. Wie sich aus der Fassung des § 45 Abs. 2 Satz 2 VersAusglG entnehmen lässt, ist vorrangig zu prüfen, ob eine unmittelbare Bewertung möglich ist. Die Regelung entspricht der auch durch § 40 Abs. 1 VersAusglG vorgegebenen Rang- folge. Eine Versorgung kann sich auch aus mehreren Teilen zusammensetzen, die nach unter- schiedlichen Methoden zu berechnen sind (vgl. § 39 Rdn. 6).

II. Unmittelbare Bewertung (Abs. 2 Satz 1)

Eine **unmittelbare Bewertung** kommt nur in Betracht, wenn ein direkter Zusammenhang zwi- **15** schen der Höhe der Versorgung und einer direkt der Ehezeit zugeordneten Bezugsgröße besteht (vgl. § 39 Rdn. 7, 8). Das ist bei betrieblichen Altersversorgungen insbesondere dann der Fall, wenn das Anrecht **kapitalgedeckt** ist oder wenn es aus **Rentenbausteinen** berechnet wird (vgl. § 39 Abs. 2 Nr. 2, 3 VersAusglG).[40] Für eine unmittelbare Bewertung kommen aber auch **beitrags-** **abhängige Versorgungen** in Betracht (vgl. § 39 Abs. 2 Nr. 4 VersAusglG). Dazu gehören die in § 1 Abs. 2 BetrAVG genannten Formen der betrieblichen Altersversorgung (s.o. Rdn. 3).[41] Bei Anrech- ten aus Entgeltumwandlung und aus beitragsorientierten Leistungszusagen ist die volle Versorgung die gemäß §§ 2 Abs. 5a und 5b, 31g BetrAVG bei Ehezeitende unverfallbare Anwartschaft zugrunde zu legen. Entsprechendes gilt für eine Beitragszusage mit Mindestleistung, deren über die Garantieleistung hinausgehender Wert in der Anwartschaftsphase noch nicht erfasst werden kann.

III. Zeitratierliche Bewertung (Abs. 2 Satz 2 und 3)

1. Anwendungsbereich

Ist eine unmittelbare Bewertung nicht möglich, so ist der Ehezeitanteil der betrieblichen Versor- **16** gungsanwartschaft zeitratierlich zu berechnen (§ 45 Abs. 2 Satz 2 VersAusglG). Die zeitratierliche Berechnung findet nur auf Anrechte Anwendung, deren Höhe sich nicht unmittelbar aus einer der Ehezeit zugeordneten Bezugsgröße ergibt. Dies gilt vor allem für endgehaltsbezogene Direkt- zusagen sowie für Gesamtversorgungssysteme. Auch bei kapitalgedeckten Systemen kann eine zeit- ratierliche Bewertung erforderlich sein, wenn es arbeitsrechtlich auf den Zeitpunkt des Kapitalzu- flusses nicht ankommt.[42] Ferner kommt eine zeitratierliche Berechnung in Betracht, wenn eine

---

39 BT-Drucks. 16/10144 S. 82.
40 BT-Drucks. 16/10144 S. 82.
41 BGH MDR 2012, 1095 (VW-Beteiligungsrente I). Vgl. schon zum früheren Recht OLG Nürnberg FamRZ 2005, 112; OLG Celle FamRZ 2007, 563; OLG Köln OLG-Report 2009, 9 (beitragsorientierte Leistungszusage); OLG Zweibrücken FamRZ 2007, 1083, 1084 (BASF-Betriebsrente); OLG Frankfurt FamRZ 2008, 1349 und OLG Celle FamRZ 2008, 1349 (VW-Beteiligungsrente I); Borth FamRZ 2008, 2069, 2072.
42 BT-Drucks. 16/10144 S. 82; Ruland Rn. 428.

unmittelbare Bewertung mit unzumutbarem Aufwand verbunden wäre, z.B. wenn zwar die Größe des gesamten Anrechts, nicht aber mehr die konkreten Zahlungsströme in der Ehezeit aus den beim Versorgungsträger vorhandenen Unterlagen ersichtlich sind.[43]

2. Durchführung

a) Andauernde Betriebszugehörigkeit

17 Zur Berechnung des **Ehezeitanteils** ist der nach § 45 Abs. 1 VersAusglG ermittelte Wert der Versorgungsanwartschaft in das Verhältnis der ehezeitlichen Betriebszugehörigkeit zur gesamten Betriebszugehörigkeit bis zum Ehezeitende zu setzen (§ 45 Abs. 2 Satz 3 VersAusglG). Ist der nach Abs. 1 ermittelte Wert nach § 2 BetrAVG auch zeitratierlich berechnet worden (s. Rdn. 11), sind dabei an sich zwei ratierliche Berechnungen – jeweils nach der m/n-Methode des § 40 Abs. 2 VersAusglG – nacheinander vorzunehmen. Diese beiden Berechnungsschritte lassen sich aber bei noch **andauernder Betriebszugehörigkeit** dahin zusammenfassen, dass die bei Erreichen der maßgeblichen Altersgrenze zu erwartende Versorgung mit dem Verhältnis der ehezeitlichen Betriebszugehörigkeit zur maximal möglichen Betriebszugehörigkeit multipliziert wird.[44] Dies entspricht dem früheren § 1587a Abs. 2 Nr. 3 Satz 1 BGB.

Die **Berechnungsformel** lautet:

▶ Erreichbare volle Versorgung × Betriebszugehörigkeit in der Ehe : gesamte Betriebszugehörigkeit bis zur Altersgrenze = auszugleichendes Anrecht.

Bei der Ermittlung der **vollen Versorgung** ist von den am Ende der Ehezeit maßgebenden Bemessungsgrundlagen auszugehen, also bei lohnabhängigen Versorgungen von dem zuletzt erzielten Einkommen. Es ist eine Fortdauer der Betriebszugehörigkeit bis zur Altersgrenze zu fingieren. Bei dienstzeitabhängigen Steigerungen ist daher von der Versorgung auszugehen, die sich bei einer bis zur Altersgrenze fortlaufenden Betriebszugehörigkeit ergäbe. Als **Altersgrenze** ist in diesem Fall die in der Versorgungsregelung vorgesehene Regelaltersgrenze zugrunde zu legen. Knüpft die Versorgungsregelung an die in der gesetzlichen Rentenversicherung geltende Regelaltersgrenze an, so ist die Altersgrenze unter Berücksichtigung des § 236 SGB VI individuell zu ermitteln (vgl. dazu § 43 Rdn. 10). Ist die Höhe der Versorgung sowohl dienstzeit- als auch gehaltsabhängig, werden die Dienstzeit und der daran geknüpfte Bemessungssatz bis zur Altersgrenze hochgerechnet, das maßgebende Gehalt wird dagegen mit dem für das Ehezeitende ermittelten Betrag zugrunde gelegt.

b) Beendete Betriebszugehörigkeit

18 Bei im Zeitpunkt der Entscheidung[45] bereits **beendeter Betriebszugehörigkeit** lässt sich der Wert der (unverfallbaren) Anwartschaft auf künftige betriebliche Altersrente konkret berechnen. Das Gleiche gilt, wenn die Betriebsrente zum Zeitpunkt der Entscheidung bereits gezahlt wird. In diesem Fall berechnet sich der Ehezeitanteil nach der **Formel**:

▶ Erworbene volle Versorgung × Betriebszugehörigkeit in der Ehe : gesamte Betriebszugehörigkeit bis zum Ausscheiden = auszugleichendes Anrecht.

c) Berechnung der Betriebszugehörigkeit

19 Für den **Beginn der Betriebszugehörigkeit** ist der Zeitpunkt maßgebend, in dem der Arbeitnehmer in das Arbeitsverhältnis eingetreten ist. Es sind insoweit auch Zeiten einzubeziehen, die sich

---

43 BT-Drucks. 16/10144 S. 82.
44 BT-Drucks. 16/10144 S. 83; Ruland Rn. 432.
45 *Auf diesen Zeitpunkt – und nicht auf das Ehezeitende – ist abzustellen, da gemäß § 5 Abs. 2 Satz 2 VersAusglG* nachehezeitliche Veränderungen, die sich auf den Ehezeitanteil auswirken, zu berücksichtigen sind. Vgl. schon zum früheren Recht BGH FamRZ 1990, 605; 2007, 23, 25; 2009, 1309, 1311.

nach der Versorgungsordnung auf die Höhe der Versorgung nicht auswirken.[46] Andererseits bleiben Zeiten einer früheren Beschäftigung, auf die sich die betriebliche Altersversorgung rechtlich nicht erstreckt, wie z.B. eine Praktikantentätigkeit, außer Betracht.[47] Es kommt nicht auf den Zeitpunkt der Erteilung der Versorgungszusage oder den Beginn der Mitgliedschaft in einer betrieblichen Versorgungseinrichtung an, sondern auf den Eintritt in den Betrieb, auch wenn dieser geraume Zeit früher erfolgt ist.[48] Auch Zeiten der Teilzeitbeschäftigung sind dabei voll zu berücksichtigen.[49] Ein betriebliches Anrecht fällt nicht in den VA, wenn der die Versorgungszusage enthaltende Arbeitsvertrag noch innerhalb der Ehezeit abgeschlossen, die Beschäftigung aber erst nach der Ehezeit aufgenommen worden ist.[50]

Der Betriebszugehörigkeit **gleichgestellte Zeiten** sind in die Berechnung einzubeziehen. Als **20** gesetzlich gleichgestellte Zeiten kommen z.B. Zeiten des Mutterschutzes, des Erziehungsurlaubs,[51] des Wehr- oder Zivildienstes sowie der Tätigkeit als gewählter Abgeordneter in Betracht. Vertraglich gleichgestellt sind betriebsfremde Zeiten, die aufgrund der Versorgungsregelung oder besonderer vertraglicher Abmachungen wie Zeiten der Betriebszugehörigkeit behandelt werden. Hier ist allerdings zu klären, ob die Anrechnung nur die Abkürzung der Wartezeit oder Unverfallbarkeitsfrist bewirken oder – jedenfalls auch – Bedeutung für die Erwerbsdauer der Versorgung und für die Höhe der gewährten Leistungen haben soll. Nur im letztgenannten Fall sind die Zeiten bei der pro-rata-temporis-Berechnung zu berücksichtigen.[52] Dies trifft z.B. für die in der Leistungsordnung des »Essener Verbandes« enthaltene Regelung zu, wonach jedes angefangene Kalenderjahr der Betriebszugehörigkeit als volles Kalenderjahr gilt.[53] Vordienstzeiten müssen bei der Ermittlung des Ehezeitanteils außer Betracht bleiben, wenn sie nach der für das konkrete Versorgungsanrecht maßgebenden Regelung keinen Einfluss auf den Wert dieses Anrechts haben. Es genügt nicht, dass sie sich auf den Wert eines anderen Anrechts auswirken.[54] Soweit § 1b Abs. 1 Satz 2 BetrAVG für den Fall, dass ein Arbeitnehmer aufgrund einer Vorruhestandsregelung aus dem Betrieb ausscheidet, eine Anrechnung der Zeit vom Ausscheiden bis zur festen Altersgrenze vorsieht, gilt dies nur hinsichtlich der Wartezeit und der sonstigen Voraussetzungen für den Bezug von Versorgungsleistungen überhaupt, führt aber nicht zu einer Erhöhung des Werts der erworbenen Versorgungsanwartschaft. Insoweit liegt daher keine der Betriebszugehörigkeit gleichgestellte Zeit vor, sofern der Arbeitnehmer endgültig aus dem Arbeitsleben ausgeschieden ist.[55]

Die **Betriebszugehörigkeit endet** entweder mit dem Eintritt eines Versorgungsfalles[56] oder mit **21** dem Ausscheiden aus dem Betrieb aufgrund einer Auflösung des Arbeitsvertrages (nicht schon mit einer Kündigung). Das tatsächliche Ende der Betriebszugehörigkeit ist auch dann maßgebend, wenn ein Arbeitnehmer infolge Eintritts in den Vorruhestand aus dem Betrieb ausgeschieden ist, mag er auch (nicht in den VA fallende, vgl. Rdn. 7) Überbrückungsleistungen erhalten,[57] oder wenn er eine vorgezogene Altersrente bezieht.[58] Auf das tatsächliche Ausscheiden aus dem Betrieb ist auch dann abzustellen, wenn ein Arbeitnehmer über die Regelaltersgrenze hinaus weiter

---

46 BGH FamRZ 1989, 844, 846.
47 BGH FamRZ 2000, 89, 91.
48 BT-Drucks. 16/10144 S. 82; zum früheren Recht schon BGH FamRZ 1997, 166, 167; 1998, 420, 421;
    zum neuen Recht BGH FamRZ 2011, 1216, 1217.
49 BGH FamRZ 2009, 1738, 1741; 2009, 1986, 1988.
50 BGH FamRZ 2011, 1216.
51 BAG FamRZ 1994, 1104.
52 BGH FamRZ 1985, 263, 264; 1992, 791, 793.
53 BGH FamRZ 2000, 89, 91; OLG Hamm FamRZ 2005, 810, 811.
54 BGH FamRZ 1992, 791, 793; 2000, 89, 91.
55 BGH FamRZ 2001, 25, 27; 2009, 948, 950.
56 BGH FamRZ 1982, 33, 35.
57 BGH FamRZ 2009, 296, 298; 2009, 1735, 1737.
58 BGH FamRZ 2001, 25, 26; 2009, 586, 588.

beschäftigt worden ist.[59] Auch wenn die Rente erst nach Ehezeitende begonnen hat, kann von der tatsächlich gezahlten Rente ausgegangen werden; dann muss die Rente allerdings, wenn sich die persönliche Bemessungsgrundlage (also z.B. das letzte Gehalt) zwischen Ehezeitende und Rentenbeginn geändert hat, entsprechend der seit Ende der Ehezeit eingetretenen Entwicklung der Bemessungsgrundlage auf das Ende der Ehezeit zurückgerechnet werden.[60] Eine Erwerbsunfähigkeitsrente ist – anstelle einer fiktiven Anwartschaft auf Altersrente – in den VA einzubeziehen, wenn sie auch nach Erreichen der Altersgrenze in unveränderter Höhe weitergezahlt werden wird. Unerheblich ist insoweit, ob feststeht, dass die Rente ohne Unterbrechung bis zur Altersgrenze weiterlaufen wird.[61] Ein durch vorzeitige Inanspruchnahme einer Betriebsrente ausgelöster **Versorgungsabschlag** ist im VA nur dann zu berücksichtigen, wenn die Rente noch vor Ende der Ehezeit begonnen hat.[62] In diesem Fall ist bei der Berechnung des Ehezeitanteils auch die aufgrund des vorgezogenen Ruhestandes verkürzte Betriebszugehörigkeit zu berücksichtigen, wodurch sich i.d.R. der auf die Ehezeit entfallende Anteil der Versorgung gegenüber einer fiktiven Berechnung auf der Grundlage der bis zur Regelaltersgrenze erreichbar gewesenen Versorgung erhöht.

22   Die **Dauer** der Gesamtbetriebszugehörigkeit und der Betriebszugehörigkeit in der Ehe sind jeweils in **vollen Monaten** auszudrücken; dabei ist § 3 Abs. 1 VersAusglG entsprechend anzuwenden.[63] Der Monat, in dem das für den Eintritt in den Ruhestand maßgebende Lebensjahr vollendet wird, ist allerdings noch zur Betriebszugehörigkeit zu rechnen, wenn der Arbeitnehmer bis zum Monatsende noch gearbeitet hat, denn der Ruhestand beginnt in diesem Fall erst im Folgemonat.[64] Für die Zeit einer **Teilzeitbeschäftigung** wird i.d.R. entweder die Beschäftigungszeit oder das maßgebliche versorgungsfähige Entgelt anteilig gekürzt. Für die Erweiterungszeit vom Ehezeitende bis zur Altersgrenze ist der durchschnittliche Beschäftigungsquotient zugrunde zu legen, der sich aus der bisher erreichten Zeit der Betriebszugehörigkeit ergibt.[65] Diese Berechnung entspricht der Rechtsprechung des BAG zur Berücksichtigung des betrieblich festgelegten Herabsetzungsfaktors wegen Teilzeitbeschäftigung im Rahmen der zeitratierlichen Berechnung der unverfallbaren Anwartschaft nach § 2 Abs. 1 BetrAVG.[66]

d) Gesamtversorgungszusagen

23   Eine besondere Erscheinungsform der betrieblichen Altersversorgung, die allerdings in der Praxis immer seltener wird, sind die sog. **Gesamtversorgungszusagen.** Hier verpflichtet sich der Arbeitgeber, die Differenz zwischen einer bestimmten (i.d.R. vom letzten Gehalt abhängigen) Gesamtversorgung und einer oder mehrerer darauf anzurechnender anderer Renten zu leisten. Meist ist zumindest die Rente aus der gesetzlichen Rentenversicherung anzurechnen. Der Ehezeitanteil einer solchen betrieblichen Altersversorgung war unter der Geltung des früheren Rechts nach der Rechtsprechung des BGH[67] wie folgt zu ermitteln (sog. **VBL-Methode**): Zunächst ist die erreichte oder bis zur Altersgrenze erreichbare Gesamtversorgung festzustellen. Sodann ist der Ehezeitanteil dieser Gesamtversorgung zeitratierlich nach dem Verhältnis der in die Ehezeit fallenden anrechenbaren Beschäftigungszeit zur anrechenbaren Gesamtbeschäftigungszeit zu berechnen. Von dieser Teil-Gesamtversorgung ist dann der Ehezeitanteil der Grundversorgung abzuziehen. Stellt die

---

59 BGH FamRZ 2000, 89, 91.
60 BGH FamRZ 2007, 996, 998; OLG Celle FamRZ 2006, 271, 274.
61 BGH FamRZ 2005, 1461, 1462; 2007, 996, 998.
62 BGH FamRZ 2012, 769; 2012, 851; OLG Celle FamRZ 2006, 271, 272; a.A. OLG Stuttgart FamRZ 1999, 863, 864.
63 BGH FamRZ 2001, 284, 286; OLG Köln FamRZ 1999, 1430.
64 OLG Hamm FamRZ 1994, 1528, 1529; anders OLG Hamm FamRZ 1999, 923, das den Monat, in dem die Altersgrenze erreicht wird, nicht mehr einbezieht.
65 OLG Celle Beschluss vom 06.10.2010 – (juris), FamRZ 2011, 901 (LS).
66 BAGE 98, 212; BAG DB 2009, 2497.
67 FamRZ 1985, 363, 365; 1991, 1416, 1418; 1991, 1421, 1423; 2005, 1458; 2005, 1664.

gesetzliche Rente die Grundversorgung dar, so ist der aus der Auskunft des Rentenversicherungsträgers ersichtliche Ehezeitanteil maßgebend. Die auf die Ehezeit entfallenden Entgeltpunkte sind ggf. (bezogen auf das Ehezeitende) in eine monatliche Rentenanwartschaft umzurechnen, wenn Bezugsgröße der betrieblichen Altersversorgung ein Rentenbetrag ist. Sind nach der Versorgungsordnung auch vor Beginn der Betriebszugehörigkeit erworbene gesetzliche Rentenanwartschaften auf die Gesamtversorgung anzurechnen, so ist zusätzlich ein dem Verhältnis Ehezeit/Gesamtzeit entsprechender Anteil der vorbetrieblich erworbenen gesetzlichen Rentenanwartschaften in Abzug zu bringen.

Die **Berechnungsformel** lautet:

▶ Erreichbare volle Gesamtversorgung × Betriebszugehörigkeit in der Ehe : gesamte Betriebszugehörigkeit = ehezeitliche Gesamtversorgung ./. Ehezeitanteil der anzurechnenden Rentenanwartschaft ./. (vorbetrieblich erworbener Teil der anzurechnenden Rentenanwartschaft × Betriebszugehörigkeit in der Ehe : gesamte Betriebszugehörigkeit) = Ehezeitanteil der betrieblichen Versorgungsanwartschaft.

Die VBL-Methode sollte auch Anwendung finden, wenn im Rahmen einer Gesamtversorgung **24** lediglich ein Teil der Rente aus der gesetzlichen Rentenversicherung anzurechnen ist,[68] wenn die anzurechnende Rentenanwartschaft nur fiktiv zu berechnen ist, weil der Arbeitnehmer tatsächlich Beiträge zu einer befreienden Lebensversicherung (auf Kapitalbasis) entrichtet hat[69] oder wenn mehrere Versorgungen anzurechnen sind.[70]

Eine Variante ist die **limitierte Gesamtversorgung**, bei der die Gesamtversorgung auf einen **25** bestimmten Höchstbetrag beschränkt ist und die betriebliche Altersversorgung gekürzt wird, wenn die Summe aus betrieblicher Versorgung und sonstigen Versorgungen den Höchstbetrag überschreitet. Wenn die erreichbare Gesamtversorgung die Höchstgrenze überschreitet, ist vom Ehezeitanteil der höchstens erreichbaren Versorgung der Ehezeitanteil der anzurechnende(n) Rente(n) abzuziehen.[71] Wird der Höchstbetrag nicht überschritten, so ist jedes zur Gesamtversorgung gehörende Anrecht gesondert zu bewerten.[72] Der auf die Ehezeit entfallende Höchstbetrag wird ermittelt, indem der Höchstbetrag der bis zur Altersgrenze erreichbaren Gesamtversorgung, vermindert um die vorbetrieblich erworbene Grundversorgung, mit dem nach § 46 Abs. 2 Satz 3 VersAusglG maßgebenden Zeit/Zeit-Verhältnis multipliziert wird.[73]

In der Literatur wird ganz überwiegend angenommen, dass Anrechte aus Gesamtversorgungen **25a** auch nach neuem Recht weiter nach der VBL-Methode zu berechnen sind.[74] Dagegen spricht jedoch, dass das neue Recht des VA nach den Vorstellungen des Gesetzgebers »akzessorischen Charakter« haben soll und »die Maßgaben der primären Versorgungssysteme so weit wie möglich zu beachten« hat.[75] Deshalb soll sich die Vorschrift des § 45 VersAusglG so weit wie möglich an die Bewertungsregeln des Betriebsrentenrechts anlehnen. Damit soll gewährleistet werden, dass die betrieblichen Versorgungsträger mit Bewertungsvorschriften arbeiten können, die ihnen aus dem jeweiligen betrieblichen Versorgungssystem geläufig sind.[76] Im Betriebsrentenrecht wird die Höhe der auf eine Betriebsrente anzurechnenden Versorgung indessen seit jeher nach der sog. Betriebs-

---

68 BGH FamRZ 1991, 1416, 1420.
69 BGH FamRZ 1998, 420.
70 BGH FamRZ 1994, 23, 24.
71 BGH FamRZ 1991, 1421, 1422.
72 OLG Hamm FamRZ 1999, 923; OLG Zweibrücken FamRZ 1999, 928.
73 OLG Celle FamRZ 1989, 402, 404; OLG Braunschweig OLGReport 1999, 238, 239; a.A. OLG Zweibrücken FamRZ 1999, 928.
74 Borth Rn. 441 ff.; Ruland Rn. 433; Johannsen/Henrich/Holzwarth § 45 Rn. 64; Palandt/Brudermüller § 45 Rn. 13; Hauß/Eulering Rn. 646 ff.; Voraufl. Rn. 23.
75 BT-Drucks. 16/10144 S. 32.
76 BT-Drucks. 16/10144 S. 82.

renten- oder **Hochrechnungsmethode** ermittelt (vgl. § 2 Abs. 5 S. 2 BetrAVG). Deshalb spricht viel dafür, die von den Versorgungsträgern i.d.R. auf der Grundlage der (ihnen vertrauten) Hochrechnungsmethode erstellten Berechnungen des Ehezeitanteils auch im VA zu übernehmen.[77]

E. Zusatzversorgung des öffentlichen Dienstes (Abs. 3)

I. Allgemeines

26 Die Arbeitnehmer des öffentlichen Dienstes sind außer in der gesetzlichen Rentenversicherung auch in der Zusatzversorgung des öffentlichen Dienstes pflichtversichert. Dabei handelt es sich um die für diesen Personenkreis durch Tarifvertrag vereinbarte betriebliche Altersversorgung, für die die Vorschriften des Betriebsrentengesetzes jedoch nur mit Einschränkungen gelten (vgl. § 18 BetrAVG). Eine Bezugnahme auf § 2 BetrAVG kommt hier zur Wertermittlung für den VA nicht in Betracht, weil diese Vorschrift auf die Wertermittlung von Anwartschaften in der Privatwirtschaft zugeschnitten ist. § 4 Abs. 5 BetrAVG ist auf zumindest teilweise umlagefinanzierte Anrechte, zu denen die Anrechte der Zusatzversorgung des öffentlichen Dienstes gehören, nicht anwendbar (§ 18 Abs. 1 letzter Hs. BetrAVG). § 45 Abs. 3 VersAusglG stellt deshalb klar, dass Anrechte aus der Zusatzversorgung des öffentlichen Dienstes nicht nach den Grundsätzen der Abs. 1 und 2 zu bewerten sind. Der Ehezeitanteil dieser Anrechte ist vielmehr nach den allgemeinen Bewertungsmethoden der §§ 39–41 VersAusglG zu berechnen.[78] Entsprechendes gilt für die Zusatzversorgung von Angehörigen des kirchlichen Dienstes.

27 **Bis Ende 2001** war die Zusatzversorgung des öffentlichen Dienstes Teil eines **Gesamtversorgungssystems**. Die Höhe der Gesamtversorgung orientierte sich an der Beamtenversorgung; die Zusatzversorgungsrente stockte – als sog. Versorgungsrente – die jeweilige gesetzliche Rente bis zur Höhe fiktiver Ruhestandsbezüge eines entsprechenden Beamten auf. Versicherte, die bei Eintritt des Versicherungsfalles nicht mehr im öffentlichen Dienst beschäftigt waren, hatten nach früherem Recht Anspruch auf eine sog. Versicherungsrente. Hatte der Versicherte die Unverfallbarkeitsvoraussetzungen nach dem BetrAVG erfüllt, erhielt er als Rente einen zeitanteiligen Betrag der (fiktiven) Versorgung, die ihm im Falle eines Verbleibs im öffentlichen Dienst bei Erreichen der Altersgrenze zugestanden hätte (§ 18 Abs. 2 BetrAVG; sog. qualifizierte Versicherungsrente). Andernfalls wurde die Rente nach einem festen Bruchteil der entrichteten Beiträge berechnet (sog. einfache Versicherungsrente).[79]

28 Zum **01.01.2002** wurde die Zusatzversorgung des öffentlichen Dienstes **strukturell verändert**.[80] Das bisherige Gesamtversorgungssystem wurde geschlossen und durch ein **Versorgungspunktemodell** ersetzt. In dieses neue System wurden auch die bereits bestehenden Versicherungen (Anwartschaften und bereits laufende Renten) überführt, indem die bisher erworbenen, in der Bezugsgröße eines Rentenbetrages ausgedrückten Anrechte in Versorgungspunkte umgerechnet und für die Versicherten als sog. **Startgutschrift** verbucht wurden. Aus dieser Strukturreform ergeben sich erhebliche Änderungen für die Berechnung der Leistungen aus der Zusatzversorgung und auch für die Berechnung der in den VA fallenden Anwartschaften. Der Versicherte erwirbt mit den Beiträgen zur Zusatzversorgung nunmehr laufend Versorgungspunkte, aus denen die spätere Betriebsrente errechnet wird. Die Leistungen nach dem Punktemodell spiegeln somit die gesamte Lebensarbeitsleistung während der Pflichtversicherung in der Zusatzversorgung wider. Im Rahmen des Punktemodells werden Leistungen zugesagt, die sich bei einer fiktiven Beitragsleistung von 4 % des zusatzversorgungspflichtigen Arbeitsentgelts in einem kapitalgedeckten System ergeben würden.

---

77 Erman/Norpoth § 45 Rn. 19.
78 BT-Drucks. 16/10144 S. 83.
79 Vgl. dazu näher Wick FamRZ 2008, 1223.
80 Die Strukturreform ist grundsätzlich mit dem GG vereinbar; vgl. BVerfG FamRZ 2008, 2197. Vgl. zum Problem der Übergangsregelungen aber Rdn. 33 ff.

Die **Versorgungspunkte** sind nunmehr die Bezugsgröße der Zusatzversorgung des öffentlichen 29
Dienstes (i.S. des § 5 Abs. 1 VersAusglG). Sie ergeben sich für jedes Jahr aus folgender **Formel:**

▶ Individuelles zusatzversorgungspflichtiges Entgelt : 1.000 € × Altersfaktor = Versorgungspunkte.

Das individuelle Entgelt (1/12 des versorgungspflichtigen Jahresarbeitseinkommens) wird in
Beziehung gesetzt zu einem festgelegten Referenzentgelt von 1.000 €. Der sich ergebende Verhältniswert wird für jedes einzelne Jahr mit einem aus einer Tabelle entnommenen Altersfaktor multipliziert, der eine Verzinsung von jährlich 3,25 % in der Anwartschaftsphase und von jährlich
5,25 % in der Rentenphase widerspiegelt; je jünger der Arbeitnehmer ist, desto höher werden die
Versorgungspunkte bewertet, weil der Verzinsungszeitraum länger ist. Im Ergebnis führen die Versorgungspunkte zu einer Rente, wie sie durch Beitragszahlung in Höhe von 4 % des zusatzver-
gungspflichtigen Entgelts in ein kapitalgedecktes System erreicht würde. Zusätzlich können den
Versicherten – abhängig von der Entwicklung auf dem Kapitalmarkt – sog. Bonuspunkte vergeben werden. Zur **Umrechnung in Geld** werden die Versorgungspunkte mit einem sog. Messbetrag
multipliziert. Er beträgt 0,4 % des Referenzentgelts, also 4 €. Die **Höhe der späteren Betriebsrente** berechnet sich danach aus der **Formel:**

▶ Summe aller Versorgungspunkte × 4 € = Betriebsrente.

Beim **Ausscheiden** eines Arbeitnehmers **aus dem öffentlichen Dienst** endet die Pflichtversiche- 30
rung. Der ausgeschiedene Arbeitnehmer bleibt zwar beitragsfrei versichert. Die beitragsfreie Versicherung kann jedoch nur dann zu einem Rentenanspruch führen, wenn eine Wartezeit von
60 Monaten erfüllt ist, d.h. wenn der Arbeitnehmer fünf Jahre im öffentlichen Dienst versicherungspflichtig beschäftigt war. Andernfalls besteht nur ein Anspruch auf Beitragserstattung, der
nicht in den VA fällt.[81] Zwar besteht die Möglichkeit, dass der Arbeitnehmer erneut im öffentlichen Dienst beschäftigt wird und die Wartezeit dann noch erfüllt. Bis dahin ist die Anwartschaft
auf Zusatzversorgungsleistungen aber noch **verfallbar** und damit nicht in den Wertausgleich bei
der Scheidung einzubeziehen.

Träger der Versorgung sind Zusatzversorgungskassen, die als Anstalten des öffentlichen Rechts 31
organisiert sind. Mit Abstand wichtigster Versorgungsträger ist die Versorgungsanstalt des Bundes
und der Länder in Karlsruhe (VBL), an der insbesondere Gebietskörperschaften und deren Verbände sowie sonstige juristische Personen des öffentlichen Rechts beteiligt sind. Ferner bestehen
zahlreiche regionale, kommunale und kirchliche Zusatzversorgungskassen und solche für
bestimmte Berufsgruppen (z.B. Versorgungsanstalten der deutschen Bühnen und der deutschen
Kulturorchester, Emder Zusatzversorgungskasse für Sparkassen; vgl. dazu § 18 BetrAVG). Die
Rechtsbeziehungen zwischen der Versorgungsanstalt, den beteiligten Arbeitgebern und den versicherten Arbeitnehmern richten sich nach der jeweiligen Versorgungssatzung.

II. Berechnung des Ehezeitanteils der ab 2002 erworbenen Anrechte

Der Ehezeitanteil der seit 2002 im neuen System erworbenen Anrechte ist nach der **unmittelba-** 32
ren Methode auf der Grundlage der auf die Ehezeit entfallenden Versorgungspunkte zu berechnen
(§§ 39 Abs. 2 Nr. 1, 41 Abs. 1 VersAusglG). Das gilt auch dann, wenn der betreffende Ehegatte
daneben Anrechte aus der Zeit vor 2002 erworben hat; diese sind gesondert zu bewerten.[82] Bei
einer Erwerbsminderungsrente berücksichtigte zusätzliche Versorgungspunkte aufgrund von
Zurechnungszeiten sind einzubeziehen, wenn die Erwerbsminderung bereits während der Ehezeit
eingetreten ist, dann aber auch insoweit, als die Versorgungspunkte für nach Ehezeitende liegende

---

81 BGH FamRZ 1982, 899, 903.
82 BGH FamRZ 2007, 1084, 1085.

Zeiten gewährt werden. Bonuspunkte sind nur insoweit zu berücksichtigen, als sie bis zum Ehezeitende gutgeschrieben worden sind.[83]

III. Berechnung des Ehezeitanteils der bis 2001 erworbenen Anrechte

33 Für die Berechnung der bis zum 31.12.2001 nach altem Satzungsrecht erworbenen (Teil-) Anrechte ist von der auf diesen Stichtag bezogenen **Startgutschrift** auszugehen und daraus nach der **zeitratierlichen Methode** des § 40 VersAusglG der Ehezeitanteil zu ermitteln, indem der Wert der Startgutschrift in das Verhältnis der ehezeitlichen zu der insgesamt zurückgelegten gesamtversorgungsfähigen Zeit – jeweils begrenzt auf die Zeit bis zum 31.12.2001 – gesetzt wird.[84] Bei dieser zeitratierlichen Berechnung ist auch die Zeit einer **Teilzeitbeschäftigung** ohne Abschlag zu berücksichtigen.[85] Die Zeit der Teilzeitbeschäftigung darf daher nicht mittels eines »Gesamtbeschäftigungsquotienten« prozentual gekürzt werden.

34 Der BGH hatte die Satzungen der Versorgungsträger insoweit für verfassungswidrig und deshalb unwirksam erklärt, als sie die Berechnung der **Startgutschriften** sog. **rentenferner Jahrgänge** (Geburtsjahrgänge ab 1947) regelten.[86] Die Verfassungswidrigkeit dieser Satzungsbestimmungen hatte zur Folge, dass der Wert eines vor 2002 erworbenen (Teil-) Anrechts dieses Personenkreises nicht berechnet und deshalb auch keiner Entscheidung über den VA zugrunde gelegt werden konnten. Daran hatte sich auch durch die Strukturreform des VA nichts geändert.[87] Die Verfahren über den VA, in denen derartige Anrechte auszugleichen waren, mussten daher grundsätzlich bis zu einer verfassungsgemäßen Neuregelung der maßgeblichen Satzungsvorschriften **ausgesetzt** werden.[88] Nach neuem Recht konnte die Aussetzung allerdings auf Anrechte aus der Zusatzversorgung beschränkt werden, da nunmehr jedes Anrecht für sich intern oder extern zu teilen ist und somit die Möglichkeit bestand, andere Anrechte der Ehegatten vorab durch Teilentscheidung auszugleichen.[89] Die Startgutschriften der sog. **rentennahen Geburtsjahrgänge** bis 1946 waren nach anderen Satzungsvorschriften zu berechnen, die vom BGH nicht beanstandet worden sind.[90] Insoweit war die Durchführung des VA daher nicht gehindert.

34a Nachdem die Tarifpartner am 30.05.2011 eine **Einigung über die Neuregelung der Startgutschriften** erzielt hatten, die den Vorgaben des BGH Rechnung trägt,[91] und die Versorgungsträger in der Folgezeit ihre Satzungsbestimmungen geändert hatten, werden seit Frühjahr 2012 in den ausgesetzten Verfahren nach und nach neue Auskünfte über die in der Zusatzversorgung erworbenen Anrechte erteilt. Die Gerichte können daher jetzt die ausgesetzten Verfahren wiederaufnehmen (was durch förmlichen Beschluss erfolgen sollte) und zum Abschluss bringen.

35-38 (zur Zeit nicht besetzt)

39 In Fällen, in denen (z.B. in Abänderungsverfahren nach § 10a VAHRG a.F. oder nach den §§ 51, 52 VersAusglG) das **Ehezeitende vor dem 01.01.2002** liegt und der **Versorgungsfall bis zu diesem Zeitpunkt noch nicht eingetreten** ist, ist für die Bewertung der Anwartschaft von der zum 01.01.2002 nach dem neuen Satzungsrecht berechneten Startgutschrift auszugehen. Diese ist

---

83 Palandt/Brudermüller § 45 Rn. 19; Erman/Norpoth § 45 Rn. 27; Johannsen/Henrich/Holzwarth § 45 Rn. 94.
84 BGH FamRZ 2007, 1084, 1085; 2009, 1397, 1399; Wick FamRZ 2008, 1223, 1229.
85 BGH FamRZ 2009, 1738, 1741; 2009, 1986, 1988.
86 BGH FamRZ 2008, 395; 2008, 1343; 2009, 211, 212.
87 Borth Rn. 467; Ruland Rn. 452; Hoppenz/Hoppenz § 45 Rn. 16.
88 BGH FamRZ 2009, 211, 214; 2009, 303, 305; 2009, 1901, 1904.
89 Borth Rn. 449; Johannsen/Henrich/Holzwarth § 45 Rn. 97.
90 BGH FamRZ 2009, 36; 2010, 727.
91 Vgl. dazu Hügelschäffer BetrAV 2011, 61.

jedoch auf das Ehezeitende zurückzurechnen.[92] Da das Satzungsrecht nur eine auf den 31.12.2001 bezogene Berechnung der Startgutschrift ermöglicht, muss für die Rückrechnung nach geeigneten Bemessungsgrößen gesucht werden. Systemgerecht ist insoweit eine Rückrechnung im Verhältnis des gesamtversorgungsfähigen Entgelts bei Ehezeitende zum gesamtversorgungsfähigen Entgelt am 31.12.2001;[93] diese Entgelte sind vom Träger der Zusatzversorgung zu erfragen. Beruhte die Startgutschrift auf einer fiktiven Versorgungsrente, so ist der Mehrbetrag, der auf einer Wiederheirat des Versicherten (und dem infolge dessen bei der Berechnung der Netto-Gesamtversorgung maßgebenden Steuerabzug nach Steuerklasse III) beruht, außer Betracht zu lassen.[94] Der Ehezeitanteil der nach altem Recht erworbenen Anwartschaft ist aus dem Verhältnis der in die Ehezeit fallenden zur insgesamt bis Ende 2001 zurückgelegten gesamtversorgungsfähigen Zeit zu berechnen.[95]

In Fällen, in denen **sowohl das Ehezeitende als auch der Rentenbeginn vor dem 01.01.2002** 40 liegt, ist von der am 01.01.2002 gezahlten sog. **Besitzstandsrente** auszugehen.[96] Auch deren Ehezeitanteil ist zeitratierlich nach dem Verhältnis der in die Ehezeit fallenden zur insgesamt zurückgelegten gesamtversorgungsfähigen Zeit zu ermitteln.[97] Hat die Rente erst nach Ehezeitende begonnen, muss sie zuvor jedoch – um die nacheheliche Wertentwicklung zu eliminieren – auf das Ehezeitende zurückgerechnet werden. Diese Rückrechnung hat grundsätzlich entsprechend der Entwicklung des gesamtversorgungsfähigen Entgelts zwischen dem Ende der Ehezeit und dem 31.12.2001 zu erfolgen.[98] Hat der Anspruchsinhaber aber bereits bei Ehezeitende eine Versorgungsrente (vgl. § 40 VBL-Satzung a.F.) bezogen, kann die Rückrechnung auch anhand der Steigerungsraten der Beamtenversorgung im Zeitraum zwischen Ehezeitende und dem 31.12.2001 erfolgen, weil die Versorgungsrente entsprechend der Beamtenversorgung angepasst wurde.[99]

Anrechte aus der Zusatzversorgung des öffentlichen Dienstes sind aufgrund der Satzungsbestim- 41 mungen **intern zu teilen** (vgl. z.B. § 32a Abs. 1 VBL-Satzung). Der **Ausgleichswert** des Anrechts entspricht nicht der Hälfte der vom Ausgleichspflichtigen in der Ehezeit erworbenen Versorgungspunkte. Vielmehr werden diese Versorgungspunkte nach versicherungsmathematischen Grundsätzen auf der Basis der biometrischen Faktoren des Ausgleichspflichtigen in einen Barwert umgerechnet. Die Hälfte des Barwerts, gekürzt um hälftige Teilungskosten nach § 13 VersAusglG, wird sodann wieder in Versorgungspunkte umgerechnet. Dies geschieht unter Verwendung der biometrischen Faktoren des ausgleichsberechtigten Ehegatten (vgl. z.B. § 32a Abs. 2 VBL-Satzung). Aufgrund der unterschiedlichen biometrischen Faktoren (die die statistische Lebenserwartung ausdrücken) ergeben sich aus dem gleichen hälftigen Barwert für die geschlechts- und meist auch altersverschiedenen Ehegatten unterschiedlich hohe Versorgungspunkte und damit später unterschiedlich hohe Rentenbeträge. Insbesondere wirkt sich diese Form der Teilung zum Nachteil von Frauen aus, die statistisch eine deutlich höhere Lebenserwartung haben. Diese Bestimmung des Ausgleichswerts ist in der Rechtsprechung überwiegend akzeptiert worden.[100] Dagegen bestehen jedoch Bedenken: Zum einen verwenden die Träger der Zusatzversorgung versicherungsmathema-

92 BGH FamRZ 2007, 1238, 1240; 2009, 586, 589; 2009, 1312, 1315.
93 BGH FamRZ 2009, 950, 953; 2009, 1309, 1311; a.A. Ruland Rn. 459; Bergner FamRZ 2005, 602, 603; Rehme FuR 2006, 552, 555: Rückrechnung im Verhältnis der aktuellen Rentenwerte der gesetzlichen Rentenversicherung.
94 OLG Hamm FamRZ 2007, 218.
95 BGH FamRZ 2009, 950, 953.
96 BGH FamRZ 2007, 1238, 1239.
97 BGH FamRZ 2009, 586, 589.
98 BGH FamRZ 2009, 586, 589; 2009, 1312, 1315.
99 BGH FamRZ 2009, 1986, 1989.
100 OLG Düsseldorf Beschluss vom 10.09.2010 – 7 UF 84/10 – (juris), insoweit in FamRZ 2011, 719 nicht abgedruckt; OLG Celle FamRZ 2011, 723, 726; OLG Oldenburg FamRZ 2011, 1148; OLG Köln FamRZ 2012, 302; vgl. auch BT-Drucks. 16/10144 S. 50; Ruland Rn. 460 ff.; Johannsen/Henrich/Holzwarth § 5 Rn. 7.

tische Faktoren, die erst auf hartnäckige Nachfragen der Gerichte offengelegt wurden[101] und veraltet sind (Heubeck-Richttafel 1998). Ferner werden Rechnungszinsen zugrunde gelegt, die unrealistisch sein dürften (z.B. VBLklassik: Anwartschaftsphase 3,25 %; Leistungsphase: 5,25 %; vgl. dazu § 14 Rdn. 19b). Des Weiteren dürfte der Ansatz geschlechtsspezifischer biometrischer Faktoren aufgrund der Rechtsprechung des EuGH[102] (vgl. dazu § 46 Rdn. 10) mit dem Grundsatz der Gleichbehandlung der Geschlechter nicht vereinbar und deshalb allenfalls übergangsweise noch hinnehmbar sein. Der EuGH hat entschieden, dass im Bereich des privaten Versicherungswesens ab Ende Dezember 2012 unterschiedliche Prämien und Leistungen für Männer und Frauen unzulässig sind, obwohl dies bisher aufgrund der längeren Lebenserwartung von Frauen anerkannten versicherungsmathematischen Grundsätzen entsprach. Dies dürfte entsprechend auch für betriebliche Altersversorgungen gelten, die von den Tarifpartnern des öffentlichen Dienstes ausgehandelt werden.[103] Hinzu kommt, dass in der Zusatzversorgung des öffentlichen Dienstes weder bei den Beiträgen noch bei den Renten der Versicherten nach dem Geschlecht differenziert wird. Die unterschiedliche Behandlung von Männern und Frauen nur bei der internen Teilung von Versorgungsanrechten soll zwar zusätzliche Belastungen der Versichertengemeinschaft vermeiden, dürfte aber gleichwohl gegen § 11 Abs. 1 S. 1 VersAusglG verstoßen, weil die ausgleichsberechtigten Frauen mit dem VA nicht so gestellt werden wie eine Versicherte, die aus ihren Versorgungspunkten eine ebenso hohe Rente erhält wie ein Versicherter. Daraus würde sich die Konsequenz ergeben, dass die Teilungsregelung der Zusatzversorgungsträger unwirksam ist und deshalb gem. § 11 Abs. 2 VersAusglG für das Anrecht der ausgleichsberechtigten Person die Regelungen über das Anrecht der ausgleichspflichtigen Person entsprechend gelten. Danach wären die ehezeitlichen Versorgungspunkte unmittelbar hälftig zu teilen.

§ 46 VersAusglG   Sondervorschriften für Anrechte aus Privatversicherungen

[1]**Für die Bewertung eines Anrechts aus einem privaten Versicherungsvertrag sind die Bestimmungen des Versicherungsvertragsgesetzes über Rückkaufswerte anzuwenden.** [2]**Stornokosten sind nicht abzuziehen.**

A. Norminhalt

1   § 46 VersAusglG trifft Sonderregelungen für die Bewertung von Versorgungsanrechten, die auf privaten Versicherungsverträgen beruhen. Diese Anrechte sind nach Satz 1 auf der Grundlage des nach den Bestimmungen des VVG berechneten Rückkaufswertes zu bewerten. Satz 2 schreibt zusätzlich vor, dass die versicherungsvertraglich zulässigen Stornokosten bei der Bewertung im VA nicht in Abzug zu bringen sind.

B. Anwendungsbereich der Vorschrift

2   § 46 erfasst Anrechte aus privaten Versicherungsverträgen. Aus der allgemeinen Bestimmung des § 2 Abs. 2 Nr. 2 VersAusglG folgt, dass es nur um Verträge geht, die der Absicherung für Alter oder Invalidität dienen. Für private **Invaliditätsversicherungen** gilt indes § 28 VersAusglG. Daraus folgt, dass insoweit überhaupt nur am Ende der Ehezeit bereits laufende Renten auszugleichen sind und diese dann in vollem Umfang als in der Ehezeit erworben gelten. Insofern erübrigt sich die Berechnung eines Ehezeitanteils. Eine **Versicherung für den Fall des Alters** liegt nur vor, wenn

---

101 Kritisch dazu mit Recht Ruland Rn. 1100.
102 Urteil vom 01.03.2011 – C 236/09 -, NJW 2011, 907 = FamRZ 2011, 1127 (LS).
103 Borth Rn. 193, 472; ders. FamRZ 2011, 1127; Erman/Norpoth § 11 Rn. 1 und § 45 Rn. 24; vgl. auch Orgis FPR 2011, 509, 512.

die vorgesehenen Leistungen speziell für das Alter bestimmt sind und als Ersatz für das zuvor erzielte Erwerbseinkommen dienen sollen, nicht dagegen, wenn die Versicherung auch zum Zweck der Vermögensanlage abgeschlossen worden ist und Rentenleistungen zu einem erheblichen Teil schon während des aktiven Erwerbslebens gezahlt werden.[1] Eine zeitliche Begrenzung der Rentenleistungen (sog. Zeitrentenversicherung) steht der Einbeziehung in den VA nicht entgegen, wenn der Versorgungszweck der Versicherung erkennbar ist.[2] Zu sicherungsabgetretenen oder gepfändeten Anrechten vgl. § 2 Rdn. 8a f.

Soweit private Versicherungsverträge im Rahmen der betrieblichen Altersversorgung abgeschlossen 3 worden sind (sog. **Direktversicherungen**, vgl. § 45 Rdn. 5), findet § 46 VersAusglG keine Anwendung; die aus diesen Verträgen resultierenden Anrechte fallen vielmehr unter § 45 VersAusglG.

Gemäß § 2 Abs. 2 Nr. 3 Hs. 1 VersAusglG fallen grundsätzlich nur auf **Rentenleistungen** gerich- 4 tete Verträge in den VA. Kapitalversicherungen mit Rentenwahlrecht sind nur in den VA einzubeziehen, wenn das Wahlrecht bis zur Rechtshängigkeit der Scheidung tatsächlich ausgeübt worden ist. Umgekehrt fällt eine Rentenversicherung mit Kapitalwahlrecht nicht in den VA, wenn der Versicherungsnehmer das Wahlrecht ausgeübt hat (s. § 2 Rdn. 20).

Anrechte aus Verträgen nach dem AltZertG[3] unterfallen dem VA unabhängig von der vorgesehe- 5 nen Leistungsform, also auch dann, wenn sie auf **Kapitalleistungen** gerichtet sind (s. § 2 Rdn. 19). Die Anrechte nach dem AltZertG werden jedoch nicht von § 46 VersAusglG erfasst, soweit es sich um Rentenversicherungen i.S. des § 10 Abs. 1 Nr. 2 Buchstabe b EStG handelt, d.h. sog. »Rürup«- oder Basisrenten. Diese Anrechte dürfen nicht kapitalisiert werden, so dass es keinen Rückkaufswert gibt. Ihr Ehezeitanteil ist nach der unmittelbaren Methode des § 39 VersAusglG anhand der Summe der entrichteten Beiträge zu berechnen.[4]

C. Zuordnung der Anrechte im Versorgungsausgleich

Das Anrecht aus einer privaten Rentenversicherung ist demjenigen Ehegatten zuzurechnen, zu 6 dessen Versorgung die Leistungen aus dem Versicherungsvertrag dienen sollen. Das wird meist – muss aber nicht stets – der Versicherungsnehmer sein. Maßgebend für den VA ist die **Bezugsberechtigung**. Hat der Ehegatte, der Versicherungsnehmer ist, unwiderruflich einen Dritten zum Bezugsberechtigten bestimmt, so fällt das Anrecht nicht in den VA. Hat er seinen Ehegatten unwiderruflich als Bezugsberechtigten eingesetzt, so ist das Anrecht diesem zuzurechnen. Ist dessen Bezugsrecht aber noch widerruflich, so muss das Anrecht dem Versicherungsnehmer zugerechnet werden, weil er jederzeit das Widerrufsrecht ausüben und sich selbst zum Bezugsberechtigten bestimmen kann.[5] Der Einbeziehung in den VA muss auch nicht entgegenstehen, dass ein Ehegatte den Vertrag auf das Leben eines Kindes abgeschlossen und in einer gesonderten Erklärung, die nicht in den Versicherungsschein aufgenommen wurde, bestimmt hat, dass die Versicherung als »Sparvertrag« für das Kind abgeschlossen wurde. Ein solches Anrecht ist dem Ehegatten zuzuordnen, wenn er sowohl Versicherungsnehmer als auch Bezugsberechtigter ist und die vereinbarte Rentenzahlung etwa zu dem Zeitpunkt einsetzen soll, zu dem dieser Ehegatte aus dem Arbeitsleben ausscheiden wird.[6]

---

1 BGH FamRZ 2007, 889; OLG Oldenburg FamRZ 2008, 2038.
2 OLG Stuttgart FamRZ 2001, 493, 494.
3 Altersvorsorgeverträge-Zertifizierungsgesetz vom 26.06.2001, BGBl. I S. 1310, 1322.
4 BT-Drucks. 16/10144 S. 84; Borth Rn. 505, 511; Ruland Rn. 319, 464.
5 BGH FamRZ 1992, 411; OLG Brandenburg FamRZ 2001, 489, 490; Johannsen/Henrich/Holzwarth § 46 Rn. 2; Palandt/Brudermüller § 46 Rn. 3.
6 A.A. OLG Zweibrücken NJW-RR 2011, 803.

D. Berechnung des Ehezeitanteils

I. Bestimmung des Rückkaufswerts

7   Maßgebliche Bezugsgröße für die Bewertung der Anrechte aus einem privaten Versicherungsvertrag ist der nach den Bestimmungen des VVG zu ermittelnde **Rückkaufswert** (§ 46 Satz 1 VersAusglG). Dabei handelt es sich um den vom Versicherer im Fall der Kündigung oder Aufhebung des Versicherungsvertrages auszuzahlenden Betrag. Im VA kommt es auf den am Ende der Ehezeit (als dem gemäß § 5 Abs. 2 Satz 1 VersAusglG maßgebenden Bewertungsstichtag) vorhandenen Rückkaufswert an. Er drückt den stichtagsbezogenen Wert des Anrechts als Kapitalwert i.S. des § 5 Abs. 1 VersAusglG aus. Der Versicherungsträger ist gemäß § 220 Abs. 4 FamFG verpflichtet, dem Familiengericht den Rückkaufswert einschließlich einer übersichtlichen und nachvollziehbaren Berechnung mitzuteilen. Bestand der Vertrag auch schon bei der Eheschließung, hat der Versicherungsträger zusätzlich den Rückkaufswert am Beginn der Ehezeit anzugeben, damit der Ehezeitanteil errechnet werden kann (s. Rdn. 11).

8   Für **seit dem 01.01.2008 geschlossene Verträge** gilt § 169 Abs. 3 Satz 1 VVG n.F.[7] Danach wird zur Bestimmung des Rückkaufswerts auf das Deckungskapital zum Ende der laufenden Versicherungsperiode zurückgegriffen, das nach den anerkannten Regeln der Versicherungsmathematik mit den Rechnungsgrundlagen der Prämienkalkulation berechnet wird. Bei einer Kündigung des Versicherungsvertrages entspricht der Rückkaufswert mindestens dem Betrag des Deckungskapitals, das sich bei gleichmäßiger Verteilung der angesetzten Abschluss- und Vertriebskosten auf die ersten fünf Vertragsjahre ergibt. Da bei fondsgebundenen Versicherungen kein Deckungskapital im eigentlichen Sinn gebildet wird, ist insoweit der nach anerkannten Regeln der Versicherungsmathematik ermittelte Zeitwert maßgebend, soweit nicht der Versicherer eine bestimmte Mindestleistung garantiert (§ 169 Abs. 4 Satz 1 VVG).[8] Bei Neuverträgen umfasst der Rückkaufswert auch die dem Versicherungsnehmer bereits zugeteilten Überschussanteile, den nach den maßgeblichen Versicherungsbedingungen für den Fall der Kündigung vorgesehenen Schlussüberschussanteil und mindestens die Hälfte der auf den Vetrag entfallenden Bewertungsreserven (§ 169 Abs. 7 i.V.m. § 153 Abs. 3 S. 2 VVG).[9] Bei einer **fondsgebundenen** privaten **Rentenversicherung** ist ein nachehezeitlicher Wertzuwachs nicht zu berücksichtigen. Die nachehezeitliche Wertentwicklung der Fondsanteile ist kein Umstand, der auf die Ehezeit zurückwirkt und deshalb gem. § 5 Abs. 2 S. 2 VersAusglG den Wert des Ehezeitanteils rückwirkend verändern könnte.[10] Demgegenüber findet ein nachehezeitlicher Wertverlust Berücksichtigung, wenn er konkret festgestellt worden ist und nicht im Zeitpunkt der gerichtlichen Entscheidung durch eine gegenläufige Entwicklung bereits wieder kompensiert worden ist.[11] Zwar ist der Ehezeitanteil grundsätzlich als Kapitalbetrag auszudrücken. Bei interner Teilung des Anrechts kommt jedoch auch eine Bestimmung des Ehezeitanteils bzw. des Ausgleichswerts in **Fondsanteilen** in Betracht, wenn diese eindeutig bestimmbar sind (vgl. auch § 10 Rdn. 6a); zur Klarstellung kann in den Tenor der Wert der übertragenen Fondsanteile zum Ehezeitende aufgenommen werden.[12]

---

7   I.d.F. des Gesetzes zur Reform des Versicherungsvertragsrechts vom 23.11.2007, BGBl. I S. 2631.

8   BT-Drucks. 16/10144 S. 84; BGH FamRZ 2012, 694, 696; MüKo/Glockner § 46 Rn. 7, 8; Palandt/Brudermüller § 46 Rn. 6.

9   Vgl. auch BGH FamRZ 2012, 694, 696.

10 BGH FamRZ 2012, 694, 696; krit. Kemper FamRB 2011, 177.

11 BGH FamRZ 2012, 694, 697 mit zust. Anm. Borth.

12 OLG Zweibrücken Beschluss vom 14.06.2012 – 2 UF 38/12 – (juris); OLG Celle Beschluss vom 28.08.2012 – 10 UF 17/12 – (juris); Glockner/Hoenes/Weil § 7 Rn. 19; Hoffmann/Raulf/Gerlach FamRZ 2011, 333, 336; Borth FamRZ 2011, 337, 340; Gutdeutsch/Hoenes/Norpoth FamRZ 2012, 597, 598; Kemper FamRB 2012, 177, 178; a.A. OLG München FamRZ 2011, 377; 2012, 636, 637; OLG Stuttgart FamRZ 2011, 979; Beschluss vom 30.03.2012 – 17 UF 32/12 – (juris); OLG Düsseldorf NJW-RR 2011, 1378 = FamRZ 2011, 1869 (LS); OLG Nürnberg Beschluss vom 26.03.2012 – 9 UF 1939/11 – (juris); OLG Saarbrücken Beschluss vom 11.06.2012 – 6 UF 42/12 – (juris); Hauß/Eulering Rn. 672; offen gelassen von BGH FamRZ 2012, 694, 697 unter Hinweis auf BGH FamRZ 2007, 2055.

Auf **bis zum 31.12.2007 abgeschlossene Verträge** bleiben die früheren Vorschriften des VVG 9
anwendbar (Art. 1 Abs. 1, Art. 4 Abs. 2 EGVVG). Nach § 176 Abs. 3 Satz 1 VVG a.F. war der
Rückkaufswert insoweit nach den anerkannten Regeln der Versicherungsmathematik für den
Schluss der laufenden Versicherungsperiode als Zeitwert der Versicherung zu berechnen, wobei
Prämienrückstände abgesetzt werden konnten. Eine Beteiligung der Versicherungsnehmer an
Überschussanteilen und Bewertungsreserven war nicht vorgesehen. Nach der Rechtsprechung des
BGH[13] und des BVerfG[14] darf der Rückkaufswert allerdings einen bestimmten Mindestwert nicht
unterschreiten.[15] Bei Altverträgen sind die noch nicht zugeteilten Schlussüberschussanteile und
Bewertungsreserven nicht beim Ausgleichswert zu berücksichtigen, sondern gesondert auszuweisen. Sie können bei interner Teilung des Anrechts im Wege sog. offener Tenorierung in den Ausgleich einbezogen werden, allerdings nicht mit einem bestimmten Betrag, weil das Anrecht insoweit der Höhe nach noch nicht gesichert ist.[16] Bei externer Teilung des Anrechts kann der zum
Vollzug des Transfers zu zahlende Kapitalbetrag (§ 14 Abs. 4 VersAusglG) noch nicht bestimmt
werden. Deshalb muss der Ausgleich der noch nicht zugeteilten Schlussüberschüsse und Bewertungsreserven insoweit schuldrechtlich erfolgen (§ 19 Abs. 2 Nr. 1 VersAusglG).

Stornokosten dürfen im VA nicht vom Rückkaufswert abgezogen werden (§ 46 Satz 2 Vers- 10
AusglG). Ein solcher Abschlag ist nach § 169 Abs. 5 VVG zulässig, wenn dem Versicherungsunternehmen aufgrund der Auszahlung des Rückkaufswerts Kosten entstehen, die kompensiert werden
sollen. Da es bei einer internen Teilung aber tatsächlich zu keiner Auszahlung, sondern nur zu
einer Aufteilung des Rückkaufswerts auf beide Ehegatten kommt, ist die Berücksichtigung von
Stornokosten nicht gerechtfertigt.[17] Bei einer externen Teilung kommt es zwar zu einem Kapitalabfluss. Da diese Ausgleichsform aber nur mit Zustimmung des Versorgungsträgers angewandt
wird, hat er auch die mit dem Kapitalabfluss verbundenen Kosten zu tragen.[18] Er kann seinen
Aufwand auch nicht etwa als **Teilungskosten** nach § 13 VersAusglG in Abzug bringen, weil diese
Bestimmung auf die externe Teilung keine Anwendung findet (s. § 13 Rdn. 1).

II. Ermittlung des Ehezeitanteils

Der **Ehezeitanteil** des Anrechts ergibt sich unmittelbar aus dem **Zuwachs des Rückkaufswerts** 11
innerhalb der Ehezeit. Ist der Vertrag in der Ehezeit abgeschlossen worden, entspricht der bei
Ehezeitende vorhandene Rückkaufswert auch dem Ehezeitanteil. Bei einem vor der Ehezeit abgeschlossenen Vertrag muss zur Ermittlung des Ehezeitanteils der bereits bei Beginn der Ehezeit
angesammelte Rückkaufswert von dem am Ende der Ehezeit vorhandenen Rückkaufswert subtrahiert werden. Gewinnanteile, die in der Ehezeit auf den bereits bei Beginn der Ehezeit vorhandenen Kapitalwert angefallen sind, sind dem Ehezeitanteil zuzurechnen, brauchen also nicht elimi-
niert zu werden. Es ist auch nicht erforderlich, den bei Beginn der Ehezeit vorhandenen
Rückkaufswert zu indexieren (vgl. dazu im Einzelnen § 39 Rdn. 13).

---

13 NJW 2005, 3559, 3567.
14 NJW 2006, 1783.
15 S. dazu näher Ruland Rn. 468; Johannsen/Henrich/Holzwarth § 46 Rn. 14.
16 OLG München FamRZ 2011, 978; OLG Celle FamRZ 2012, 308; Hoffmann/Raulf/Gerlach FamRZ
    2011, 333, 334; Borth FamRZ 2011, 337, 339; Jaeger FamRZ 2011, 1348; a.A. Holzwarth FamRZ
    2012, 1101, 1110, der jedoch verkennt, dass die Schlussüberschussanteile und Bewertungsreserven nur
    bei Neuverträgen Teil des Rückkaufswerts sind (vgl. Rdn. 8).
17 BT-Drucks. 16/10144 S. 84; vgl. zum früheren Recht auch schon BGH FamRZ 1986, 344.
18 BT-Drucks. 16/10144 S. 84.

Kapitel 3   Korrespondierender Kapitalwert als Hilfsgröße

§ 47 VersAusglG   Berechnung des korrespondierenden Kapitalwerts

(1) Der korrespondierende Kapitalwert ist eine Hilfsgröße für ein Anrecht, dessen Ausgleichswert nach § 5 Abs. 3 nicht bereits als Kapitalwert bestimmt ist.

(2) Der korrespondierende Kapitalwert entspricht dem Betrag, der zum Ende der Ehezeit aufzubringen wäre, um beim Versorgungsträger der ausgleichspflichtigen Person für sie ein Anrecht in Höhe des Ausgleichswerts zu begründen.

(3) Für Anrechte im Sinne des § 44 Abs. 1 sind bei der Ermittlung des korrespondierenden Kapitalwerts die Berechnungsgrundlagen der gesetzlichen Rentenversicherung entsprechend anzuwenden.

(4) [1]Für ein Anrecht im Sinne des Betriebsrentengesetzes gilt der Übertragungswert nach § 4 Abs. 5 des Betriebsrentengesetzes als korrespondierender Kapitalwert. [2]Für ein Anrecht, das bei einem Träger einer Zusatzversorgung des öffentlichen oder kirchlichen Dienstes besteht, ist als korrespondierender Kapitalwert der Barwert im Sinne des Absatzes 5 zu ermitteln.

(5) Kann ein korrespondierender Kapitalwert nach den Absätzen 2 bis 4 nicht ermittelt werden, so ist ein nach versicherungsmathematischen Grundsätzen ermittelter Barwert maßgeblich.

(6) Bei einem Wertvergleich in den Fällen der §§ 6 bis 8, 18 Abs. 1 und § 27 sind nicht nur die Kapitalwerte und korrespondierenden Kapitalwerte, sondern auch die weiteren Faktoren der Anrechte zu berücksichtigen, die sich auf die Versorgung auswirken.

A. Norminhalt

1   § 47 VersAusglG regelt die Einzelheiten zur Ermittlung des korrespondierenden Kapitalwerts, den der Versorgungsträger dem Familiengericht gemäß § 5 Abs. 3 VersAusglG vorzuschlagen hat. Abs. 1 stellt klar, dass dieser Wert nur anzugeben ist, wenn der Ehezeitanteil nicht ohnehin in einem Kapitalwert ausgedrückt wird, und dass es sich dabei nur um eine Hilfsgröße handelt. Abs. 2 definiert den korrespondierenden Kapitalwert als Einkaufspreis des auszugleichenden Anrechts zum Zeitpunkt des Ehezeitendes. Die Abs. 3 und 4 enthalten ergänzende Bestimmungen für Anrechte aus einem öffentlich-rechtlichen Dienstverhältnis und aus der betrieblichen Altersversorgung. Abs. 5 ist eine Auffangklausel für Anrechte, deren korrespondierender Kapitalwert nicht nach den Vorschriften der Abs. 2 bis 4 bewertet werden kann. Abs. 6 stellt schließlich klar, dass der korrespondierende Kapitalwert nicht unkritisch als Grundlage für einen Wertvergleich verschiedenartiger Anrechte herangezogen werden darf.

B. Zweck und Bedeutung der Vorschrift (Abs. 1)

§ 47 Abs. 1 VersAusglG weist ausdrücklich auf die **Hilfsfunktion** des korrespondierenden Kapital- 2
werts hin. Er wird nicht bei Anrechten benötigt, deren nach § 5 Abs. 1 VersAusglG maßgebliche
Bezugsgröße bereits ein Kapitalwert ist. Nur Anrechte, für die eine andere Bezugsgröße verwendet
wird, sind nach Maßgabe des § 47 VersAusglG – bezogen auf das Ehezeitende (als den nach § 5
Abs. 2 Satz 1 VersAusglG maßgeblichen Bewertungsstichtag) – in einen Kapitalwert umzurechnen.

§ 47 VersAusglG verfolgt den Zweck, in verschiedenen Bezugsgrößen ausgedrückte **Versorgungs-** 3
anrechte miteinander **vergleichbar** zu machen. Der **Kapitalwert** der Anrechte, bezogen auf das
Ehezeitende (als den nach § 5 Abs. 2 Satz 1 VersAusglG maßgeblichen Bewertungsstichtag), soll als
gemeinsame Bezugsgröße (»gemeinsamer Nenner«) für einen Wertvergleich dienen. Die Kapital-
wertbestimmung ermöglicht außerdem auch einen **Vergleich von Versorgungsanrechten mit sons-**
tigen Vermögenswerten der Ehegatten. Damit wird eine Grundlage für die Einbeziehung von
Versorgungsanrechten in eine Gesamtvermögensauseinandersetzung der Ehegatten im Rahmen
einer Vereinbarung nach § 6 Abs. 1 Satz 2 Nr. 1 VersAusglG, aber auch für sonstige Vereinbarungen der Ehegatten über den VA geschaffen.[1] Ein Wertvergleich mehrerer Anrechte kann ferner
nach § 18 Abs. 1 VersAusglG im Rahmen der Härteklausel des § 27 VersAusglG erforderlich sein.
Bei Wertvergleichen auf Kapitalwertbasis ist indes § 47 Abs. 6 VersAusglG zu beachten (s.u.
Rdn. 11 ff.).

Der korrespondierende Kapitalwert wird außerdem als Bezugsgröße benötigt, um bei Anrechten, 4
die weder in einem Rentenbetrag noch in einem Kapitalwert ausgedrückt werden, festzustellen, ob
ihr Ausgleichswert die **Bagatellgrenze** des § 18 Abs. 3 VersAusglG (vgl. § 18 Rdn. 13) oder, wenn
ein Versorgungsträger eine **externe Teilung** verlangt, den **Grenzwert** des § 14 Abs. 2 Nr. 2 Vers-
AusglG überschreitet (vgl. § 14 Rdn. 15). Auch für die nach dem Tod eines Ehegatten gem. § 31
Abs. 2 VersAusglG vorzunehmende Gesamtbilanz ist ggf. auf die korrespondierenden Kapitalwerte
zurückzugreifen (vgl. § 31 Rdn. 5).

C. Berechnung des korrespondierenden Kapitalwerts

I. Allgemeines (Abs. 2)

§ 47 Abs. 2 VersAusglG bestimmt grundsätzlich, dass der korrespondierende Kapitalwert dem 5
(in € ausgedrückten) Betrag entspricht, der zum Ende der Ehezeit aufzubringen wäre, um beim
Versorgungsträger des ausgleichspflichtigen Ehegatten für diesen ein Anrecht in Höhe des Ausgleichswerts zu begründen. Maßgebend ist daher, zu welchem Preis der Ausgleichspflichtige selbst
bei Ehezeitende ein Anrecht in Höhe des Ausgleichswerts hätte erwerben können.[2] Dieser »Einkaufspreis« des auszugleichenden Anrechts ist in den meisten Versorgungssystemen verfügbar und
stellt die Versorgungsträger insoweit vor keine Probleme. Die zu ermittelnden Kosten des
Anrechtserwerbs liefern einen Kapitalbetrag, der ein akzeptables Wertäquivalent für Anrechte darstellt, die in Rentenbeträgen oder anderen Bezugsgrößen ausgedrückt werden.[3] Da es stets auf den
Einkaufspreis für den Ausgleichspflichtigen ankommt, kann das im Wege der internen Teilung für
den Ausgleichsberechtigten begründete Anrecht für diesen allerdings einen geringeren oder einen
höheren Rentenwert haben als das dem Ausgleichspflichtigen verbleibende Anrecht, wenn das
Versorgungssystem keinen geschlechtsunabhängigen Tarif verwendet, denn da Frauen und Männer eine unterschiedliche statistische Lebenserwartung haben, führt der gleiche Kapitalwert bei
ihnen aufgrund unterschiedlicher zu erwartender Rentenlaufzeiten zu verschieden hohen Rentenanwartschaften.

---

1 Wick FuR 2010, 376.
2 BT-Drucks. 16/10144 S. 84.
3 BT-Drucks. 16/10144 S. 84.

II. Anrechte der gesetzlichen Rentenversicherung

6   Bei Anrechten der **gesetzlichen Rentenversicherung** berechnet sich der korrespondierende Kapitalwert nach den Beiträgen, die der Ausgleichspflichtige bei Ende der Ehezeit zur Begründung eines Anrechts in Höhe der auf den Ausgleichsberechtigten zu übertragenden Entgeltpunkte zu zahlen hätte. Gem. § 187 Abs. 3 S. 1 SGB VI ist für einen Entgeltpunkt der Betrag zu zahlen, der sich ergibt, wenn der zum Zeitpunkt der Beitragszahlung geltende Beitragssatz auf das für das Kalenderjahr der Beitragszahlung bestimmte vorläufige Durchschnittsentgelt angewendet wird. Das vorläufige Durchschnittsentgelt ist auch dann maßgeblich, wenn im Zeitpunkt der Entscheidung bereits das endgültige Durchschnittsentgelt festgestellt worden ist.[4] Die **Umrechnung der Entgeltpunkte in Beiträge** erfolgt mit Hilfe der »Umrechnungsfaktoren für den VA in der Rentenversicherung«, die das Bundesministerium für Arbeit und Soziales jährlich bekanntmacht.[5] Die Rentenversicherungsträger nehmen diese Berechnung vor und geben den dadurch ermittelten korrespondierenden Kapitalwert in ihren Auskünften an die Gerichte an. Im Jahr 2012 hat ein Entgeltpunkt in der allgemeinen Rentenversicherung einen Beitragswert von 6.359,42 € und in der knappschaftlichen Rentenversicherung einen Beitragswert von 8.435,98 €. Der entsprechende Beitragswert eines Entgeltpunkts (Ost) im Jahr 2012 beträgt in der allgemeinen Rentenversicherung 5.410,43 € und in der knappschaftlichen Rentenversicherung 7.177,10 €.

III. Anrechte aus einem öffentlich-rechtlichen Dienstverhältnis (Abs. 3)

7   Anrechte i.S. des § 44 Abs. 1 VersAusglG, also **Anrechte aus einem öffentlich-rechtlichen Dienstverhältnis**, insbesondere aus der **Beamtenversorgung**, sind gemäß § 47 Abs. 3 VersAusglG unter entsprechender Anwendung der **Berechnungsgrundlagen der gesetzlichen Rentenversicherung** in einen korrespondierenden Kapitalwert umzurechnen. Der Grund hierfür ist, dass bei diesen Versorgungssystemen der Erwerb von Anrechten durch freiwillige Beitragszahlung i.d.R. nicht möglich ist, weshalb auch entsprechende Rechengrößen zur Ermittlung eines Beitragsaufwandes nicht zur Verfügung stehen.[6] Um zusätzlichen Verwaltungsaufwand für die Ermittlung fiktiver Kapitalwerte zu vermeiden, sollen insoweit die für die gesetzliche Rentenversicherung geltenden Rechengrößen entsprechend angewendet werden. Dies hält der Gesetzgeber für vertretbar, weil die Versorgungen »durchaus vergleichbar« seien (was strukturell allerdings unzutreffend ist) und Wert- und Strukturänderungen in der gesetzlichen Rentenversicherung i.d.R. in der Beamtenversorgung nachvollzogen würden[7] (was nur teilweise zutrifft). Die Berechnung des korrespondierenden Kapitalwerts erfordert hier zunächst die Umrechnung des in einem monatlichen Rentenbetrags ausgedrückten Ausgleichswerts in Entgeltpunkte, indem der Rentenbetrag durch den bei Ehezeitende maßgebenden aktuellen Rentenwert (s. § 43 Rdn. 21) dividiert wird; das Endergebnis ist auf vier Dezimalstellen zu runden (§ 121 Abs. 1 und 2 SGB VI). Sodann sind die Entgeltpunkte wie in Rdn. 6 dargestellt in einen Kapitalbetrag umzurechnen.

IV. Anrechte aus betrieblicher Altersversorgung (Abs. 4)

1. Private betriebliche Altersversorgung (Abs. 4 Satz 1)

8   Der korrespondierende Ausgleichswert eines Anrechts i.S. des Betriebsrentengesetzes, d.h. eines betrieblichen Versorgungsanrechts der Privatwirtschaft, bestimmt sich gemäß § 47 Abs. 4 Satz 1 VersAusglG nach dem Übertragungswert i.S. des § 4 Abs. 5 BetrAVG, dem der Ausgleichswert des Anrechts entspricht (s. dazu § 45 Rdn. 12).

---

4   OLG Saarbrücken FamRZ 2012, 38.
5   Vgl. zuletzt Bek. vom 19.12.2011 (BGBl. I S. 2798), FamRZ 2012, 172.
6   BT-Drucks. 16/10144 S. 85.
7   BT-Drucks. 16/10144 S. 85.

2. Zusatzversorgung des öffentlichen Dienstes (Abs. 4 Satz 2)

Für Anrechte aus der Zusatzversorgung des öffentlichen und kirchlichen Dienstes schließt § 47 **9**
Abs. 4 Satz 2 VersAusglG dagegen eine Bestimmung des korrespondierenden Kapitalwerts anhand
eines Übertragungswerts nach § 4 Abs. 5 BetrAVG aus, denn diese Vorschrift findet auf die weitgehend umlagefinanzierte Zusatzversorgung keine Anwendung (s. § 45 Rdn. 26). Auch eine Wertermittlung nach § 47 Abs. 2 VersAusglG wäre problematisch, weil die arbeitgeberfinanzierten
Zusatzversorgungskassen sich bei gleicher Leistung durch erheblich voneinander abweichende
Umlagesätze auszeichnen. Es käme damit zu Wertverzerrungen, wenn auf die fiktive Einzahlung
dieser Beiträge abgestellt würde.[8] Deshalb bestimmt § 47 Abs. 4 Satz 2 VersAusglG, dass der korrespondierende Kapitalwert von Anrechten aus der Zusatzversorgung nach Abs. 5 zu ermitteln ist.

V. Andere Anrechte (Abs. 5)

Lässt sich der korrespondierende Kapitalwert eines Anrechts nicht nach den in Abs. 2–4 geregelten **10**
Grundsätzen bestimmen, so ist gem. § 47 Abs. 5 VersAusglG nach versicherungsmathematischen
Grundsätzen ein **Barwert** zu ermitteln. Der Barwert kennzeichnet den aktuellen Wert aller künftigen Leistungen aus dem Anrecht, abgezinst auf den Bewertungsstichtag, im VA also auf das Ende
der Ehezeit. Die Wahrscheinlichkeit des Eintritts der versicherten Risiken (Alters-, Invaliditäts-
und Hinterbliebenenversorgung) wird anhand **biometrischer Rechnungsgrundlagen** (insbesondere Sterbe- und Invaliditätswahrscheinlichkeit) bestimmt (vgl. auch § 45 Rdn. 12).[9] Am verbrei-
tetsten und aktuellsten sind derzeit die Richttafeln 2005G von Heubeck. Sie enthalten auf dem
Stand des Jahres 2005 einen »generationengerechte« Sterbetafel, die die einzelnen Wahrscheinlich-
keiten nach Alter, Geschlecht und Geburtsjahr gestaffelt wiedergibt.[10] Weitere Differenzierungen
etwa nach der Berufsgruppe sind möglich und erhöhen die Genauigkeit der Berechnung. Die Verwendung geschlechtsspezifischer Faktoren dürfte allerdings künftig nicht mehr zulässig sein. Der
EuGH hat mit Urteil vom 01.03.2011[11] entschieden, dass die in Art. 5 Abs. 2 der Richtlinie 2004/
113/EG enthaltene (und in § 20 Abs. 2 S. 1 AGG übernommene) Ausnahmeregelung, wonach
unterschiedliche Prämien und Leistungen für Frauen und Männer auch in nach dem 21.12.2007
abgeschlossenen privaten Versicherungsverträgen zulässig sind, wenn die Risikobewertung auf relevanten und genauen versicherungsmathematischen und statistischen Daten beruht, mit Wirkung
vom 21.12.2012 für ungültig erklärt. Die Entscheidung ist verbindlich.[12] Sie bezieht sich zwar nur
auf den Geltungsbereich der Richtlinie, der sich auf private, freiwillige und von Beschäftigungs-
verhältnissen unabhängige Versicherungen und Rentensysteme beschränkt. Die tragenden
Gesichtspunkte der Entscheidung treffen aber auch auf den Bereich der betrieblichen Altersversorgung zu. Auch insoweit wird der Gleichbehandlungsgrundsatz die alsbaldige Einführung
geschlechtsneutraler Beiträge und Leistungen erfordern.[13] Die Wahl des **Rechnungszinses** für die
Diskontierung wird den Versorgungsträgern überlassen. Damit soll gewährleistet werden, dass ein
möglichst realistischer und für das jeweilige Anrecht spezifischer Zins verwendet wird.[14] Die Versorgungsträger können dabei grundsätzlich auf den für die bilanzielle Bewertung von Pensionsrückstellungen nach § 253 Abs. 2 HGB maßgeblichen Zinssatz zurückgreifen, der monatlich von
der Deutschen Bundesbank bekannt gegeben wird (vgl. dazu näher § 14 Rdn. 19b; zur Problematik des Rechnungszinses insbesondere bei externer Teilung vgl. § 45 Rdn. 12.[15]

8 BT-Drucks. 16/10144 S. 85.
9 Borth Rn. 191; Ruland Rn. 326; MüKo/Dörr/Glockner § 47 Rn. 13.
10 Vgl. www.heubeck.de.
11 NJW 2011, 907 = FamRZ 2011, 1127 (LS mit Anm. Borth).
12 Vgl. BVerfG NJW 2010, 3422, 3424.
13 Borth FamRZ 2011, 1127, 1128; vgl. auch Borth Rn. 193, 472; Erman/Norpoth § 47 Rn. 9.
14 BT-Drucks. 16/10144 S. 85.
15 BT-Drucks. 16/11903 S. 56. Differenzierend MüKo/Dörr/Glockner § 47 Rn. 13 ff.; Höfer Rn. 150 ff.;
    Glockner/Hoenes/Weil § 3 Rn. 36 ff.

D. Berücksichtigung sonstiger wertbildender Faktoren (Abs. 6)

I. Allgemeines

11 Ein Wertvergleich von Anrechten mit sehr verschiedenartigen Berechnungsgrundlagen auf der Basis von Kapitalwerten, die ebenfalls auf unterschiedlichen Berechnungsweisen beruhen, ist ähnlich problematisch[16] wie die Vergleichbarmachung von Anrechten nach früherem Recht unter ausschließlicher Berücksichtigung der Dynamik und unter Verwendung der pauschalierenden BarwertVO. Der »Einkaufspreis« eines Anrechts vermag nicht alle Faktoren abzubilden, die sich auf die tatsächlich zu erwartenden Versorgungsleistungen auswirken und die sonstigen Vorzüge eines Versorgungssystems bestimmen. § 47 Abs. 6 VersAusglG verlangt deshalb, dass sich der Fokus bei einem Wertvergleich nicht nur auf die (korrespondierenden) Kapitalwerte richtet, sondern dass auch die **sonstigen wertbildenden Faktoren** der einzelnen Anrechte in die Betrachtung einbezogen werden. Dazu gehören insbesondere das **Leistungsspektrum** (z.B. isolierte Altersversorgung oder zusätzlicher Invaliditäts- und Hinterbliebenenschutz), die **allgemeinen Anpassungen** (Dynamik der Anwartschaften und laufenden Leistungen, s. dazu Rdn. 12 ff.), die **Finanzierungsverfahren** (z.B. Kapitaldeckungs- oder Umlageverfahren), Insolvenzschutz (z.B. – in begrenztem Umfang – in der betrieblichen Altersversorgung nach §§ 7 ff. BetrAVG) oder Teilkapitalisierungsrechte.[17]

II. Dynamik der Anrechte

12 Die **Dynamik** eines Anrechts spiegelt sich zwar i.d.R., nicht aber immer im »Einkaufspreis« hinreichend wider. Deshalb empfiehlt sich grundsätzlich ein Vergleich der Anpassungen, die die Anwartschaften und laufenden Rentenleistungen in den zu vergleichenden Systemen über einen längeren Zeitraum erfahren haben. Die Rechtsprechung hat zum früheren Recht (das für alle Anrechte, die nicht in der gesetzlichen Rentenversicherung und in der Beamtenversorgung erworben worden waren, stets eine Prüfung der Dynamik erforderte; vgl. vor § 1 Rdn. 8) auf die Entwicklung in den letzten zehn Jahren abgestellt.[18] Darüber hinaus ist eine Prognose erforderlich, ob auch in Zukunft mit vergleichbaren Wertsteigerungen wie in der Vergangenheit zu rechnen ist.[19]

13 In der **gesetzlichen Rentenversicherung** erfolgen Anpassungen im Wesentlichen entsprechend der Entwicklung der Bruttolöhne (vgl. § 43 Rdn. 19); aufgrund des dämpfenden Einflusses verschiedener Faktoren lagen die Anpassungssätze in den alten Bundesländern in den letzten zehn Jahren jedoch nur noch bei durchschnittlich knapp 1 % jährlich. Ähnlich haben sich auch die Anrechte in der **Beamtenversorgung** entwickelt, die in unregelmäßigen Zeitabständen und seit der Gesetzgebungshoheit der Länder für ihre Beamten auch in unterschiedlicher Höhe angepasst werden,[20] sowie Anrechte in der **Abgeordnetenversorgung** und in der **Alterssicherung der Landwirte**. Im Beitrittsgebiet fallen die Anpassungen in den Regelversorgungssystemen bis zur Einkommensangleichung im gesamten Bundesgebiet allerdings deutlich höher aus als in den alten Bundesländern. Diese Unterschiede spiegeln sich in den aktuellen Rentenwerten wider (vgl. § 43 Rdn. 21). Ein realistischer Wertvergleich der West- und Ost-Anrechte ist nicht allein über die korrespondierenden Kapitalwerte möglich. Vielmehr muss der Wert der Ost-Anrechte mit Hilfe eines Angleichungsfaktors vergleichbar gemacht werden (vgl. § 31 Rdn. 5a).[21]

---

16 Palandt/Brudermüller § 47 Rn. 9, 10; Hoppenz/Hoppenz § 47 Rn. 3; Hauß/Eulering Rn. 702.
17 BT-Drucks. 16/10144 S. 56.
18 BGH FamRZ 1992, 1051, 1054.
19 BGH FamRZ 1983, 40, 42.
20 Vgl. die Tabelle von Gutdeutsch, zuletzt FamRZ 2009, 838.
21 OLG Thüringen Beschluss vom 08.06.2012 – 1 UF 152/12 – (juris); OLG Celle Beschluss vom 21.06.2012 – 10 UF 37/12 – (juris).

Anrechte in der **betrieblichen Altersversorgung** entwickeln sich in der Anwartschaftsphase unter- 14
schiedlich. Sieht die maßgebende Versorgungsregelung lediglich eine Aufstockung der Anwartschaft in zeitlichen Intervallen um feste Beträge vor, so handelt es sich um eine statische Versorgung. Wächst der Anwartschaftswert – wie meistens – in Abhängigkeit von Beiträgen, die sich
nach der jeweiligen Höhe des Einkommens des Arbeitnehmers richten, so liegt zwar eine Teildy-
namik vor, weil aus den steigenden Beiträge auch höhere Anrechte erworben werden als in der
Vergangenheit. Solche Wertsteigerungen entsprechen jedoch nicht denjenigen umlagefinanzierter
Versorgungssysteme, weil der Wert der Anrechte, die aus den bereits gezahlten Beiträgen erworben
worden sind, nicht weiter angepasst wird.[22] Dies gilt auch für die Zusatzversorgung des öffentlichen Dienstes.[23] Anders liegt es jedoch, wenn die Wertsteigerung einer betrieblichen Versorgungsanwartschaft unmittelbar an die Einkommensentwicklung geknüpft ist, z.B. wenn ein fester
Bruchteil des letzten Einkommens vor Eintritt des Versorgungsfalles als Versorgungsleistung zugesagt worden ist. Dies gilt allerdings nur so lange, wie die Betriebszugehörigkeit andauert und der
Arbeitnehmer damit an der Entwicklung der Einkommen im Betrieb teilnimmt. Deshalb ist die
Einkommensdynamik während der Anwartschaftsphase nur so lange gesichert, wie die Betriebszugehörigkeit andauert.[24] In der Leistungsphase schreibt § 16 BetrAVG grundsätzlich Anpassungen
im Dreijahresabstand unter Berücksichtigung der wirtschaftlichen Lage des Arbeitgebers vor. Der
Versorgungsträger genügt seiner Verpflichtung in jedem Fall, wenn er turnusmäßig Anpassungen
der laufenden Renten entsprechend dem Verbraucherpreisindex für Deutschland oder der Netto-
löhne vergleichbarer Arbeitnehmergruppen des Unternehmens vornimmt. Derartige Anpassungen
entsprechen im langjährigen Vergleich der Wertentwicklung in der gesetzlichen Rentenversicherung.[25] Der Versorgungsträger kann sich die turnusmäßigen Anpassungsprüfungen ganz ersparen,
indem er sich verpflichtet, die Renten jährlich jeweils um wenigstens 1 % anzupassen. So verfahren z.B. auch die Träger der Zusatzversorgung des öffentlichen Dienstes. Derartige Anpassungen
gewährleisten ebenfalls eine mit der gesetzlichen Rentenversicherung vergleichbare Wertentwicklung im Leistungsstadium.[26]

Eine im Umlageverfahren finanzierte **berufsständische Versorgung** erreicht i.d.R. mindestens die 15
gleiche Dynamik wie die gesetzliche Rentenversicherung.[27] Bei Anrechten, die im Kapitaldeckungsverfahren finanziert werden, ist dagegen eine genauere Prüfung angezeigt. Hier hängt die
Wertentwicklung maßgeblich von der Anlagepolitik des Versorgungsträgers und der Entwicklung
auf dem Kapitalmarkt ab.[28]

E. Verfahren

Die **Versorgungsträger** haben dem Familiengericht den korrespondierenden Kapitalwert **vorzu-** 16
schlagen (§ 5 Abs. 3 VersAusglG), wenn ihr Versorgungssystem nicht ohnehin einen Kapitalwert
als Bezugsgröße verwendet. Sie sind als Verfahrensbeteiligte (§ 219 Nr. 2 FamFG) verpflichtet, die
dazu ggf. erforderliche besondere Berechnung (etwa des versicherungsmathematischen Barwerts
nach § 47 Abs. 5 VersAusglG) vorzunehmen (§ 220 Abs. 4 Satz 1 FamFG). Es reicht insoweit nicht
aus, lediglich das Ergebnis mitzuteilen. Vielmehr muss der Versorgungsträger auch die erforderlichen Berechnungen übersichtlich und nachvollziehbar, also kurz und verständlich darstellen. Dazu

22 BGH FamRZ 1985, 1119, 1120; 1987, 1241.
23 BGH FamRZ 2004, 1474, 1475; 2004, 1706; 2005, 878.
24 Vgl. zum früheren Recht BGH FamRZ 2005, 601, 602; 2007, 23, 27; 2007, 996, 999.
25 BGH FamRZ 2007, 23, 26; 2007, 996, 998; 2009, 948, 950.
26 BGH FamRZ 2004, 1474; 2005, 1532; OLG Düsseldorf FamRZ 2005, 724; OLG Celle FamRZ 2006,
    271, 272.
27 Vgl. BGH FamRZ 1983, 265, 266; 1983, 998, 999.
28 Vgl. BGH FamRZ 1992, 1051; 1997, 166; 2005, 430; 2006, 397, 398; Glockner FamRZ 2003, 1233,
    1235.

gehören auch Angaben über die Zugehörigkeit des Ehegatten zum Versorgungssystem, das angewandte versicherungsmathematische Berechnungsverfahren sowie die grundlegenden Annahmen der Berechnung, insbesondere Zinssatz und angewandte Sterbetafeln. Zur Offenlegung von Geschäftsgeheimnissen (etwa spezifische geschäftsinterne Kalkulationen) sind die Versorgungsträger indes nicht verpflichtet.[29] Ferner sind die vertraglichen Bestimmungen oder das einschlägige Satzungsrecht mitzuteilen, damit das Gericht die vorgelegte Berechnung und deren Grundlagen nachvollziehen kann. Es genügt aber, auf bereits in einem anderen Verfahren bei demselben Gericht eingereichte Unterlagen zu verweisen.[30] Die Versorgungsträger haben die Auskunft unentgeltlich zu erteilen (s. § 4 Rdn. 14), dürfen daher auch für die zur Ermittlung des korrespondierenden Kapitalwerts anzustellenden Berechnungen keine Kosten in Rechnung stellen. Die Kosten der Auskunft gehören auch nicht zu den Teilungskosten i.S. des § 13 VersAusglG (s. § 13 Rdn. 2). Die Anwälte der Ehegatten sollten deshalb darauf achten, dass der mit der Auskunftserteilung verbundene Aufwand nicht in die Kalkulation der Teilungskosten einfließt.

Teil 3   Übergangsvorschriften

§ 48 VersAusglG   Allgemeine Übergangsvorschrift

(1) In Verfahren über den Versorgungsausgleich, die vor dem 1. September 2009 eingeleitet worden sind, ist das bis dahin geltende materielle Recht und Verfahrensrecht weiterhin anzuwenden.

(2) Abweichend von Absatz 1 ist das ab dem 1. September 2009 geltende materielle Recht und Verfahrensrecht anzuwenden in Verfahren, die

1. am 1. September 2009 abgetrennt oder ausgesetzt sind oder deren Ruhen angeordnet ist oder
2. nach dem 1. September 2009 abgetrennt oder ausgesetzt werden oder deren Ruhen angeordnet wird.

(3) Abweichend von Absatz 1 ist in Verfahren, in denen am 31. August 2010 im ersten Rechtszug noch keine Endentscheidung erlassen wurde, ab dem 1. September 2010 das ab dem 1. September 2009 geltende materielle Recht und Verfahrensrecht anzuwenden.

A. Norminhalt

1   Das VersAusglG ist am 01.09.2009 in Kraft getreten (Art. 23 Satz 1 VAStrReG) und findet daher ohne besondere Bestimmung in VA-Verfahren Anwendung, die nach dem 31.08.2009 begonnen haben. § 48 VersAusglG regelt, inwieweit das neue Recht in Verfahren, die noch unter der Gel-

---

29 BT-Drucks. 16/10144 S. 94; Erman/Norpoth § 47 Rn. 9; Glockner/Hoenes/Weil § 3 Rn. 44.
30 BT-Drucks. 16/10144 S. 94.

tung des früheren Rechts (also vor dem 01.09.2009) eingeleitet worden sind, anzuwenden ist. Abs. 1 bestimmt den **Grundsatz**, dass das frühere Recht auf vor dem 01.09.2009 eingeleitete Verfahren weiter anwendbar bleibt. Abs. 2 und 3 enthalten **Ausnahmen** von diesem Grundsatz. Diese Bestimmungen, die für das Verfahrensrecht in Art. 111 Abs. 4 und 5 FGG-RG nachvollzogen werden, sollen verhindern, dass das alte Recht noch längere Zeit über das Inkrafttreten der Reform hinaus weiter angewendet werden muss.[1]

§ 48 VersAusglG gilt nicht für Verfahren auf Anpassung nach Rechtskraft nach den §§ 4–10 VAHRG a.F.; insoweit trifft § 49 VersAusglG eine besondere Regelung. Weitere Sondervorschriften finden sich für die Wiederaufnahme von Verfahren, die nach § 2 Abs. 1 Satz 2 VAÜG a.F. ausgesetzt worden sind, in § 50 VersAusglG, für die Abänderung von Entscheidungen über den öffentlich-rechtlichen VA, die nach früherem Recht getroffen worden sind (§§ 1587a, 1587b BGB a.F., §§ 1, 3b VAHRG a.F.), in den §§ 51, 52 VersAusglG und für die Anrechnung eines nach früherem Recht erfolgten öffentlich-rechtlichen Teilausgleichs auf Ausgleichsansprüche nach den §§ 20–26 VersAusglG in § 53 VersAusglG. 2

B. Zielrichtung der Übergangsvorschriften

Den Übergangsvorschriften allgemein und dem § 48 VersAusglG im Besonderen liegt das Ziel des Gesetzgebers zugrunde, das **neue VA-Recht** möglichst weitgehend und **möglichst rasch zur Anwendung** kommen zu lassen. Damit soll vermieden werden, dass die Praxis noch über einen längeren Zeitraum zwei Rechtsordnungen nebeneinander anwenden muss.[2] Erwägungen des **Vertrauensschutzes** können demgegenüber in den Hintergrund treten, weil das neue Recht dem Grundsatz der Halbteilung des ehezeitlich erworbenen Vorsorgevermögens besser Rechnung trägt als das frühere Recht. Zudem wiegt der Vertrauensschutz deshalb nicht so schwer, weil die auszugleichenden Anrechte meist noch nicht zum Leistungsrecht erstarkt sind und ihre Zuteilung im VA nach früherem Recht über § 10a VAHRG a.F. noch korrigiert werden konnte.[3] Die Übergangsvorschriften sind verfassungsgemäß. Sie entfalten lediglich eine zulässige sog. unechte Rückwirkung, die zwar auch zurückliegende Sachverhalte betrifft, Rechtsfolgen aber erst für die Zukunft entfaltet und verstoßen auch weder gegen Art. 3 GG noch gegen Art. 14 GG.[4] 3

Für **Scheidungen**, die **bis zum 31.12.1991 in den neuen Bundesländern** erfolgt sind, bleibt es auch nach Inkrafttreten des neuen Rechts dabei, dass kein VA durchzuführen ist. Eine rückwirkende Erstreckung des neuen VA-Rechts auf solche Ehen kam aus verfassungsrechtlichen Gründen nicht in Betracht.[5] 4

Zum 01.09.2009 ist nicht nur das VersAusglG, sondern auch das FamFG in Kraft getreten, das sich gemäß seinem § 111 Nr. 7 auch auf VA-Sachen bezieht. Wegen der engen **Verzahnung zwischen materiellem Recht und Verfahrensrecht** soll der Übergang vom alten zum neuen Recht parallel verlaufen. Dem tragen die verfahrensrechtlichen Übergangsregelungen in Art. 111 FGG-RG, insbesondere die speziell auf den VA zugeschnittenen Abs. 4 und 5, Rechnung, die gewährleisten sollen, dass sich Verfahren, in denen das neue materielle Recht des VersAusglG Anwendung findet, nach den Vorschriften des FamFG richten. Die beabsichtigte Kongruenz des materiellen Rechts und Verfahrensrechts wird zusätzlich dadurch hervorgehoben, dass auch die eigentlich nur das materielle Recht betreffende Norm des § 48 VersAusglG ausdrücklich hervorhebt, dass bei Anwendbarkeit des früheren materiellen Rechts weiter das frühere Verfahrensrecht gilt (Abs. 1), 5

1 BT-Drucks. 16/10144 S. 127; 16/11903 S. 57.
2 BT-Drucks. 16/10144 S. 85.
3 BT-Drucks. 16/10144 S. 85.
4 OLG München FamRZ 2012, 454 (zu § 48 Abs. 3 VersAusglG); vgl. auch BVerfGE 126, 369.
5 BT-Drucks. 16/10144 S. 86.

während bei Anwendbarkeit des neuen materiellen Rechts auch das neue Verfahrensrecht zur Geltung kommt (Abs. 2 und 3).[6]

C. Grundsätzliche Anwendbarkeit alten Rechts auf vor dem 01.09.2009 eingeleitete Verfahren (Abs. 1)

6   Gemäß § 48 Abs. 1 VersAusglG war in Verfahren über den VA, die **vor** dem Inkrafttreten dieses Gesetzes, also vor dem 01.09.2009 eingeleitet worden waren, das bis dahin geltende materielle Recht und Verfahrensrecht weiterhin anzuwenden. Die Vorschrift normierte lediglich einen **Grundsatz**, der durch Abs. 2 und 3 weitgehende **Ausnahmen** erfuhr (s. Rdn. 10 ff.).

7   **Verfahren über den VA** sind sämtliche gerichtlichen Verfahren, die den VA betreffen, also unter die §§ 111 Nr. 7, 217 FamFG fallen. Das sind alle Verfahren, die sich auf den mit den §§ 1 Abs. 1, 2 Abs. 1 VersAusglG bezeichneten Gegenstand des VA beziehen.[7] Ein **Verfahren über den Wertausgleich bei der Scheidung** ist **eingeleitet**, wenn der Scheidungsantrag bei Gericht **anhängig** gemacht worden ist und der VA gemäß § 623 Abs. 1 ZPO a.F. oder § 137 Abs. 2 FamFG von Amts wegen im Verbund mit der Scheidung durchzuführen ist.[8] Die Anhängigkeit wird dadurch herbeigeführt, dass eine Scheidungsantragsschrift beim Gericht eingereicht wird (§ 124 Satz 1 FamFG, der § 622 Abs. 1 ZPO a.F. entspricht). Allein die Einreichung einer Antragsschrift zur Bewilligung von Verfahrenskostenhilfe führt jedoch noch nicht zur Einleitung des Scheidungs- bzw. VA-Verfahrens.[9] Ist der VA im Scheidungsverbund nur auf Antrag durchzuführen, so wird das Verfahren über den VA auch erst mit der entsprechenden Antragstellung beim Gericht eingeleitet. Das ist z.B. der Fall, wenn bei ausländischem VA-Statut gemäß Art. 17 Abs. 3 Satz 2, Art. 17b Abs. 1 Satz 4 EGBGB ein VA nur auf Antrag stattfindet oder wenn schon im Scheidungsverbund ausschließlich (schuldrechtliche) Ausgleichsansprüche nach der Scheidung (§§ 20–24 VersAusglG) geltend gemacht werden. In Fällen kurzer Ehezeit wird das Verfahren dagegen nicht erst mit einem Antrag nach § 3 Abs. 3 VersAusglG eingeleitet,[10] denn hier ist auch ohne einen Antrag eine (Feststellungs-) Entscheidung über den VA zu treffen, woraus folgt, dass ein Verfahren über den VA unabhängig von einer Antragstellung anhängig ist (vgl. § 3 Rdn. 23). Auch wenn die Ehegatten den VA durch Ehevertrag oder sonstige Vereinbarung ausgeschlossen haben, ist von Amts wegen ein VA-Verfahren einzuleiten, in dem die formellen und materiellen Wirksamkeitsvoraussetzungen nach den §§ 7, 8 VersAusglG zu prüfen sind und eine Feststellung nach § 224 Abs. 3 FamFG zu treffen ist.

8   **Selbständige Verfahren über den VA** werden stets **mit der Einreichung einer Antragsschrift eingeleitet.**[11] Dies gilt insbesondere für Abänderungsverfahren über den Wertausgleich und für Verfahren über Ausgleichsansprüche nach der Scheidung.

9   In einem vor dem 01.09.2009 beim Amtsgericht eingeleiteten oder nach Abtrennung vom Scheidungsverbund fortgeführten Verfahren bleibt es auch in den **Rechtsmittelinstanzen** bei der Anwendung des früheren materiellen Rechts und des früheren Verfahrensrechts.[12] Der Rechtsmit-

---

6   BT-Drucks. 16/10144 S. 86; 16/11903 S. 56, 62.
7   Schulte-Bunert/Weinreich/Rehme § 217 Rn. 1; Prütting/Helms/Wagner § 217 Rn. 3; Bergner NJW 2009, 1233, 1235.
8   BT-Drucks. 16/10144 S. 87; Johannsen/Henrich/Holzwarth § 48 Rn. 4; Bergner NJW 2009, 1233, 1235; Kemper FPR 2009, 227, 228.
9   BGH FamRZ 2012, 783, 785.
10   A.A. Johannsen/Henrich/Holzwarth § 48 Rn. 4.
11   BT-Drucks. 16/10144 S. 87; Johannsen/Henrich/Holzwarth § 48 Rn. 4; Bergner NJW 2009, 1233, 1235.
12   BT-Drucks. 16/6308 S. 359; BGH FamRZ 2011, 100, 101; 2012, 856, 858; Keidel/Engelhardt Art. 111 FGG-RG Rn. 2; Prütting/Helms/Prütting Art. 111 FGG-RG Rn. 6; Schulte-Bunert/Weinreich/Schürmann Art. 111 FGG-RG Rn. 12.

telzug ist nicht als ein neues Verfahren anzusehen. Andernfalls hätte nach Inkrafttreten des neuen Rechts ein Rechtsmittel allein zu dem Zweck eingelegt werden können, die Anwendung des neuen Rechts zu erreichen. Im Übrigen kommt der Wille des Gesetzgebers, das anzuwendende Recht für alle Instanzen einheitlich zu gestalten, auch darin zum Ausdruck, dass das frühere Recht selbst über den 31.08.2010 hinaus auf in den Rechtsmittelinstanzen anhängigen Verfahren weiterhin anwendbar bleibt (vgl. Rdn. 17).

D. Anwendbarkeit neuen Rechts in abgetrennten, ausgesetzten und ruhenden Verfahren (Abs. 2)

I. Allgemeines

Gemäß § 48 Abs. 2 VersAusglG ist das **neue Recht** auch in solchen vor dem 01.09.2009 eingelei- **10** teten Verfahren anzuwenden, die **abgetrennt** oder **ausgesetzt** worden sind oder deren **Ruhen angeordnet** worden ist. Unerheblich ist dabei, ob die Abtrennung, Aussetzung oder Ruhensanordnung bereits vor dem 01.09.2009 erfolgt ist (Nr. 1) oder nach Inkrafttreten des neuen Rechts erfolgt (Nr. 2). Im ersteren Fall richtet sich das Verfahren bereits seit dem 01.09.2009 nach neuem Recht, im letzteren Fall seit dem Zeitpunkt der Abtrennung, Aussetzung oder Ruhensanordnung. Das anzuwendende Recht bleibt jedoch für alle Instanzen maßgeblich, denn es muss verhindert werden, dass ein Rechtsmittel allein zu dem Zweck eingelegt wird, die Anwendung des neuen Rechts zu erreichen. Ist in einem vom Amtsgericht abgetrennten VA-Verfahren noch vor dem 01.09.2009 in erster Instanz eine Endentscheidung nach altem Recht ergangen, so bleibt es daher auch in der Rechtsmittelinstanz bei der Anwendung des früheren Rechts (s.o. Rdn. 9).[13] Hat das Amtsgericht dagegen in einem abgetrennten Verfahren erst nach dem 31.08.2009 eine Endentscheidung getroffen, die sich gemäß § 48 Abs. 2 VersAusglG nach neuem Recht zu richten hatte, so ist (unabhängig davon, welches Recht das Amtsgericht seiner Entscheidung zugrunde gelegt hat) in der Beschwerdeinstanz neues Recht anzuwenden. Ist die Abtrennung, Aussetzung oder Ruhensanordnung erst in zweiter Instanz erfolgt, hat das OLG – unabhängig davon, ob die Verfahrensmaßnahme vor oder nach der Rechtsumstellung erfolgt ist – nach neuem Recht zu entscheiden.[14] Steht der VA im Verbund mit einem Scheidungsverfahren, erfassen die Aussetzung oder das Ruhen des Scheidungsverfahrens auch die Folgesache VA. Nach Wiederaufnahme des Verbundverfahrens ist nicht nur der VA materiellrechtlich nach neuem Recht (VersAusglG) zu beurteilen. Art. 111 Abs. 3 FGG-RG gewährleistet darüber hinaus, dass sich das gesamte Verbundverfahren nunmehr nach neuem Verfahrensrecht (FamFG) richtet.

Wurde ein vom Scheidungsverbund abgetrenntes und zunächst ausgesetztes Verfahren zum VA **10a** vom Amtsgericht vor dem 01.09.2009 wiederaufgenommen oder wurde ein vom Amtsgericht erlassener Aussetzungsbeschluss vor diesem Zeitpunkt vom OLG wirksam aufgehoben, so richtet sich das weitere Verfahren nach früherem Recht. Im Falle einer später wirksam gewordenen Wiederaufnahme ist dagegen auf das weitere Verfahren das neue Recht anwendbar.[15]

(zur Zeit nicht besetzt) **11**

II. Aussetzung des Verfahrens

Eine **Aussetzung** des Verfahrens erfordert einen förmlichen Beschluss des Familiengerichts[16] auf **12** gesetzlicher Grundlage und bewirkt einen Stillstand des Verfahrens mit der Wirkung, dass der Lauf einer jeden Frist aufhört und nach Beendigung der Aussetzung die volle Frist von neuem zu

---

13 BGH FamRZ 2012, 856.
14 Vgl. BGH FamRZ 2009, 1901, 1905.
15 BGH FamRZ 2012, 98.
16 OLG Celle FamRZ 2011, 587; Palandt/Brudermüller § 48 Rn. 3; Erman/Norpoth § 48 Rn. 13..

laufen beginnt (§ 21 Abs. 1 Satz 2 FamFG i.V.m. § 249 ZPO). Ein VA-Verfahren konnte nach früherem Recht gemäß § 53c FGG bei Streit der Beteiligten über den Bestand oder die Höhe eines Versorgungsanrechts und bei Anhängigkeit eines Rechtsstreits über ein Versorgungsanrecht ausgesetzt werden; entsprechende Regelungen finden sich jetzt in § 221 Abs. 2 und 3 FamFG. Zu Aussetzungen des VA-Verfahrens ist es unter der Geltung des früheren Rechts ferner gekommen, wenn ein Ehegatte höhere angleichungsdynamische und der andere Ehegatte höhere nichtangleichungsdynamische Anrechte erworben hatte (§ 2 Abs. 1 S. 2 VAÜG). Eine (Teil-) Aussetzung des VA ist gemäß § 21 FamFG auch geboten, wenn die Entscheidung über den VA von dem Bestehen oder Nichtbestehen eines Rechtsverhältnisses abhängt, das den Gegenstand eines anderen Verfahrens bildet oder von einer Verwaltungsbehörde festzustellen ist. So musste das VA-Verfahren z.B. zwischen 2008 und 2011 ausgesetzt werden, wenn ein nach dem 31.12.1946 geborener (sog. rentenferner) Ehegatte vor dem 01.01.2002 Anrechte in der Zusatzversorgung des öffentlichen Dienstes erworben hatte, denn solche vor der Strukturreform der Zusatzversorgung des öffentlichen Dienstes erworbene und als sog. Startgutschriften in das neue Versorgungsrecht überführten Anrechte konnten bis zur Neufassung der vom BGH für verfassungswidrig erklärten Übergangsbestimmungen in den Satzungen der Versorgungsträger nicht berechnet werden (s. § 45 Rdn. 34 ff.). Die Aussetzung eines Scheidungsverfahrens wegen eines Versöhnungsversuchs der Ehegatten (§ 614 ZPO a.F. bzw. § 136 FamFG) erstreckt sich auch auf die VA-Folgesache.

13 (zur Zeit nicht besetzt)

III. Ruhen des Verfahrens

14 Das **Ruhen** des Verfahrens ist im FamFG nicht geregelt. Insoweit sind – wie schon unter der Geltung des früheren FGG[17] – die §§ 251, 251a ZPO entsprechend anzuwenden.[18] Das Ruhen unterscheidet sich in seinen Voraussetzungen kaum von denjenigen, die in § 21 FamFG für die Aussetzung geregelt sind, es hat jedoch im Gegensatz zur Aussetzung keine Auswirkungen auf den Lauf von Fristen (§ 251 Satz 2 ZPO). § 48 Abs. 2 VersAusglG verlangt eine **gerichtliche Ruhensanordnung**, d.h. eine nach außen erkennbar gewordene gerichtliche Entscheidung, die den Stillstand des Verfahrens feststellt. Nicht ausreichend ist es dagegen für einen Übergang in das neue Recht, wenn das Verfahren nur tatsächlich nicht betrieben wurde.[19] Auch der Umstand, dass die Akten nach der Aktenordnung »weggelegt« worden sind, genügt nicht, denn es fehlt insoweit an einer nach außen erkennbar gewordenen gerichtlichen Entscheidung.[20] Weggelegte Verfahren werden indessen von § 48 Abs. 3 VerrsAusglG erfasst (s. Rdn. 17).

IV. Abtrennung

15 Unter **Abtrennung** ist die Lösung einer VA-Folgesache (i.S. des § 623 Abs. 1 Satz 1 ZPO a.F. bzw. § 137 Abs. 2 Satz 1 Nr. 1 FamFG) aus dem Verbund mit der Scheidungssache gemäß den §§ 627, 628 ZPO a.F. bzw. § 140 FamFG zu verstehen. Da die Abtrennung typischerweise darauf beruht, dass sich die Durchführung des VA erheblich verzögert, sollte verhindert werden, dass in diesen Verfahren noch nach Jahren das frühere Ausgleichssystem beibehalten werden muss.[21] Die Abtrennung aus dem Verbund hat nicht zur Folge, dass das VA-Verfahren ausgesetzt wird. Es ist vielmehr von Amts wegen weiter zu betreiben, sofern nicht im Einzelfall Gründe für eine Aussetzung (s. Rdn. 12) vorliegen. Im Gegensatz zu den Fällen der Aussetzung und des Ruhens des Verfahrens

---

17 Vgl. BayObLG NJW-RR 1988, 16.
18 Keidel/Sternal § 21 Rn. 41.
19 OLG Celle FamRZ 2011, 587.
20 Palandt/Brudermüller § 48 Rn. 3; Erman/Norpoth § 48 Rn. 17; vgl. auch BT-Drucks. 16/11903 S. 57; a.A. Bergner § 48 Anm. 3.
21 BT-Drucks. 16/11903 S. 57.

kam es daher in den Fällen der Abtrennung aus dem Verbund zu einem Übergang des VA in das neue Recht, ohne dass ein Verfahrensstillstand eintrat. Der Rechtsübergang schloss gemäß § 48 Abs. 2 VersAusglG und Art. 111 Abs. 4 Satz 1 FGG-RG das Verfahrensrecht mit ein.

Gemäß Art. 111 Abs. 4 S. 2 FGG-RG werden »alle **vom Verbund abgetrennten Folgesachen** ... als 15a **selbständige Familiensachen** fortgeführt.« Diese Bestimmung hat zu Streit über die verfahrensrechtliche Behandlung von abgetrennten (und ausgesetzten) Verfahren geführt. Teilweise wurde die Ansicht vertreten, die abgetrennten Sachen seien trotz der Bezeichnung als selbständige Familiensachen weiter als Folgesachen zu behandeln. Art. 111 Abs. 4 S. 2 FGG-RG bezwecke nur, einen möglichen Restverbund mehrerer aus dem Verbund abgetrennter Folgesachen aufzulösen.[22] Die Auflösung dieses Restverbundes war erforderlich, weil mit Art. 111 Abs. 4 S. 1 FGG-RG nur der VA aufgrund der Abtrennung in das neue Recht überführt wurde, während für andere Folgesachen gemäß Art. 111 Abs. 1 S. 1 FGG-RG das frühere Recht anwendbar blieb. Nach Auffassung des BGH ergibt sich dagegen aus der Bezeichnung »selbständige Familiensache«, dass die Abtrennung zum Verlust der Eigenschaft als Folgesache führt.[23] Die Entscheidung vermag nicht zu überzeugen. Es leuchtet nicht ein, warum der VA gerade und nur in den Übergangsfällen die Eigenschaft als Folgesache verlieren soll. Die Gesetzesbegründung lässt sich auch dahin interpretieren, dass S. 2 die Trennung eines Restverbundes mehrerer Folgesachen bewirken sollte. Die Praxis wird sich aber auf die vom BGH vorgenommene Auslegung einzustellen haben.

Aus der Rechtsprechung des BGH ergeben sich folgende verfahrens- und gebührenrechtlichen 15b Konsequenzen:

— Das selbständig gewordene Verfahren erhält ein neues Aktenzeichen.[24] Dies gilt entsprechend auch für andere zusammen mit dem VA abgetrennte Folgesachen.
— Auf das selbständige VA-Verfahren sind gemäß Art. 111 Abs. 4 S. 1 FGG-RG die Verfahrensvorschriften des FamFG (auch die §§ 217 ff. FamFG) und gemäß § 48 Abs. 2 VersAusglG die materiellrechtlichen Vorschriften des VersAusglG anzuwenden. Für andere abgetrennte Folgesachen bleibt es dagegen gemäß Art. 111 Abs. 1 S. 1 FGG-RG bei der Anwendung des früheren Rechts; etwas anderes gilt jedoch gemäß Art. 111 Abs. 5 FGG-RG und § 48 Abs. 3 VersAusglG, wenn die Abtrennung erst nach dem 31.08.2010 erfolgt ist, denn dann gilt seit dem 01.09.2010 für den gesamten Scheidungsverbund neues Recht.
— Das für das Scheidungsverbundverfahren örtlich zuständig gewesene Gericht bleibt gemäß § 2 Abs. 2 FamFG auch für das selbständig gewordene VA-Verfahren zuständig.[25]
— Da die VA-Sache nach Eintritt der »Selbständigkeit« nicht mehr mit der Scheidungssache verbunden und auch keine Familienstreitsache i.S. des § 112 FamFG ist, greift nicht mehr die Verweisung des § 113 Abs. 1 FamFG auf Verfahrensvorschriften der ZPO. Vielmehr gelten ausschließlich der Bestimmungen des FamFG. Die Kostenentscheidung ist daher nach den §§ 80 ff. FamFG zu treffen. § 150 FamFG ist nicht mehr anzuwenden.
— In dem selbständigen Verfahren gilt kein Anwaltszwang, da die Voraussetzungen des § 114 Abs. 1 FamFG nicht mehr vorliegen. Daher kann eine Vereinbarung über den VA in der Form des gerichtlichen Vergleichs (§ 7 Abs. 2 VersAusglG i.V.m. § 127a BGB) auch ohne anwaltliche Vertretung geschlossen werden.

---

22 Z.B. OLG Naumburg FamRZ 2011, 125; OLG Brandenburg FamRZ 2011, 53; OLG Rostock FamRZ 2011, 223; OLG Celle FamRZ 2011, 240; Schael FamRZ 2010, 2042; Hauß FPR 2011, 26, 31; Vogel FPR 2011, 31, 32.
23 BGH FamRZ 2011, 635; ebenso Prütting/Helms FamFG § 137 Rn. 71; Götsche FamRZ 2009, 2047, 2051; Kemper FPR 2010, 69, 71.
24 Ebenso Vogel FPR 2011, 31, 32.
25 OLG Thüringen Beschluss vom 01.03.2011 – 11 SA 1/11 – (juris); OLG Brandenburg FamRZ 2011, 1656.

– Die Bevollmächtigung des Anwalts für das Scheidungsverfahren, die sich gemäß § 624 Abs. 1 ZPO a.F. (jetzt § 114 Abs. 5 S. 2 FamFG) auch auf die VA-Folgesache erstreckte, dürfte auch für das selbständig fortgeführte Verfahren gelten. Daher sind Zustellungen zunächst weiterhin an den Anwalt zu bewirken.

– Die Bewilligung von PKH für das Scheidungsverfahren, die sich gemäß § 624 Abs. 2 ZPO a.F. (jetzt § 149 FamFG) grundsätzlich auch auf eine VA-Folgesache erstreckte, gilt nicht mehr für das selbständige Verfahren. Es muss daher – nach neuem Recht – dafür gesondert um VKH nachgesucht werden.[26] Es sind eine neue VKH-Erklärung und aktuelle Belege vorzulegen. Im Gegensatz zum Scheidungsverbund, auf den die §§ 114 ff. ZPO entsprechend anzuwenden sind (§ 113 Abs. 1 FamFG), gelten für selbständige VA-Verfahren die §§ 76 – 78 FamFG. Da das selbständige Verfahren nicht dem Anwaltszwang unterliegt, ist die Beiordnung eines Anwalts von der Erfüllung der besonderen Voraussetzungen des § 78 Abs. 2 FamFG abhängig. Danach ist ein Anwalt nur beizuordnen, wenn die anwaltliche Vertretung wegen der Schwierigkeit der Sach- und Rechtslage erforderlich erscheint. Dies wird allerdings in Anbetracht der Kompliziertheit des VA regelmäßig zu bejahen sein.

– Für die Gerichtsgebühren wird die VA-Sache so behandelt, als sei sie nie im Verbund gewesen (§ 6 Abs. 2 FamGKG). Es werden also nur Gebühren nach dem FamGKG erhoben. § 44 FamGKG kommt nicht zur Anwendung. Der Verfahrenswert richtet sich nach § 50 FamGKG.

– Die gerichtliche Wertfestsetzung ist auch für die Anwaltsgebühren maßgebend (§ 32 Abs. 1 RVG). Unzutreffend führt der BGH[27] aus, das selbständige Verfahren sei gebührenrechtlich als neue Angelegenheit zu behandeln und die Anwälte würden für die Tätigkeit in dem abgetrennten und selbständigen Verfahren gemäß § 150 Abs. 5 S. 2 FamFG gesonderte Gebühren erhalten. § 150 Abs. 5 S. 2 FamFG enthält keine gebührenrechtliche, sondern eine kostenrechtliche Regelung und besagt deshalb nichts darüber, welche Gebühren dem Anwalt zustehen. Wird eine Folgesache als selbständige Familiensache fortgeführt, so sind das fortgeführte und das frühere Verfahren gemäß § 21 Abs. 3 RVG dieselbe Angelegenheit.[28] In derselben Angelegenheit kann der Anwalt die Gebühren in jedem Rechtszug nur einmal fordern (§ 15 Abs. 2 S. 1 RVG). Das gilt auch, wenn seit der Aussetzung der VA-Sache mehr als zwei Jahre vergangen sind. § 15 Abs. 5 S. 2 RVG findet insoweit keine Anwendung, weil der Auftrag des Anwalts mit der Abtrennung und Aussetzung der VA-Sache nicht erledigt war.[29] Soweit die Gebührentatbestände ab Selbständigkeit des Verfahrens erneut entstanden sind, kann sich zu Gunsten des Anwalts allerdings auswirken, dass der Wert des VA nicht mehr (gemäß § 16 Nr. 4 RVG) mit dem Wert anderer Verbundverfahren zusammenzurechnen und nach § 50 FamGKG u.U. höher ist als nach § 49 GKG a.F. In diesem Fall kann der Anwalt die Differenz zwischen den nach früherem Recht verdienten Gebühren und den nach neuem Recht entstandenen Gebühren geltend machen.[30]

16 (zur Zeit nicht besetzt)

E. Anwendbarkeit neuen Rechts ab 01.09.2010 in beim Amtsgericht schwebenden Verfahren

17 Gemäß § 48 Abs. 3 VersAusglG findet das neue Recht seit 01.09.2010 in allen vor dem 01.09.2009 eingeleiteten Verfahren Anwendung, die nicht bereits nach § 48 Abs. 2 VersAusglG in

---

26 BGH FamRZ 2011, 1219.
27 FamRZ 2011, 635, 637.
28 Unzutreffend deshalb die Interpretation der Entscheidung des BGH von Jüdt FuR 2011, 307 dahin, dass die Anwaltsgebühren aufgrund der Selbständigkeit des weiteren Verfahrens »neu« entstünden.
29 OLG Celle FamRZ 2011, 240, 241; OLG Oldenburg FamRZ 2011, 665; KG FamRZ 2011, 667; vgl. auch BGH FamRZ 2010, 1723, 1725.
30 OLG Celle FamRZ 2011, 240; OLG Oldenburg NJW 2011, 1614. So im Ergebnis auch Jüdt FuR 2011, 307, 308.

das neue Recht überführt worden sind, in denen aber **im ersten Rechtszug** noch **keine Endent-scheidung** ergangen ist. Hiermit werden auch solche Verfahren erfasst, in denen zwar kein (förmlicher) Aussetzungs- oder Ruhensbeschluss erlassen worden ist, die aber tatsächlich über längere Zeit nicht weiterbetrieben und nach der Aktenordnung weggelegt worden sind.[31] Endentscheidungen sind Beschlüsse, durch die der Verfahrensgegenstand ganz oder teilweise erledigt wird (§ 38 Abs. 1 Satz 1 FamFG). Ist daher vor dem 01.09.2010 über einen Teil des VA bereits endgültig entschieden worden, steht dies einer Überführung des verbliebenen Restes des Verfahrensgegenstandes in das neue Recht entgegen.[32] Auch der verbliebene Verfahrensteil ist in diesem Fall nach früherem Recht zu entscheiden. Bei der Anwendung des alten Rechts bleibt es auch in denjenigen VA-Verfahren, die vor dem 01.09.2010 in der ersten Instanz insgesamt abgeschlossen worden sind. Anschließende Beschwerde- und Rechtsbeschwerdeverfahren unterliegen daher in solchen Fällen auch nach dem 31.08.2010 weiter dem alten Recht (s.o. Rdn. 9). Art. 111 Abs. 5 FGG-RG sorgt auch insoweit für einen Gleichlauf von materiellem Recht und Verfahrensrecht. Die Vorschrift bestimmt darüber hinaus, dass sich bei am 01.09.2010 noch fortbestehendem Verbund des VA mit der Scheidungssache und ggf. anderen Folgesachen das neue Verfahrensrecht auf das gesamte Verbundverfahren erstreckt.

§ 49 VersAusglG Übergangsvorschrift für Auswirkungen des Versorgungsausgleichs in besonderen Fällen

Für Verfahren nach den §§ 4 bis 10 des Gesetzes zur Regelung von Härten im Versorgungsausgleich, in denen der Antrag beim Versorgungträger vor dem 1. September 2009 eingegangen ist, ist das bis dahin geltende Recht weiterhin anzuwenden.

Sowohl das frühere Recht (§§ 4–10 VAHRG) als auch das neue Recht (§§ 32–38 VersAusglG) 1 enthalten Bestimmungen, die die nachträgliche **Anpassung einer Entscheidung** über den öffentlich-rechtlichen Wertausgleich aus bestimmten **Härtegründen** vorsehen. Das neue Recht bringt jedoch sowohl in materiellrechtlicher als auch in verfahrensrechtlicher Hinsicht Änderungen. Übergangsrechtlich regelt § 49 VersAusglG, dass die früheren Vorschriften anzuwenden sind, wenn der nach früherem Recht erforderliche Antrag (§ 9 Abs. 1 VAHRG) vor dem 01.09.2009 beim zuständigen Versorgungträger eingegangen ist. Der Eingang des verfahrenseinleitenden Antrags beim Versorgungträger ist auch maßgebend, wenn sich an das behördliche Verfahren ein gerichtliches Verfahren angeschlossen hat.[1] Eine dem § 48 Abs. 2 und 3 VersAusglG entsprechende Sonderregelung für bei Inkrafttreten des VAStrReG bereits anhängige Verfahren ist in § 49 VersAusglG nicht vorgesehen. § 49 VersAusglG ist verfassungsgemäß und verstößt nicht gegen das Rückwirkungsverbot.[2]

---

31 BT-Drucks. 16/11903 S. 57; Erman/Norpoth § 48 Rn. 17; Borth FamRZ 2012, 161.
32 Palandt/Brudermüller § 48 Rn. 3.
 1 BT-Drucks. 16/10144 S. 87; OLG Hamm FamRZ 2010, 1807.
 2 VG Trier Urteil vom 31.01.2012 – 1 K 1349/11.TR – (juris); vgl. auch OLG München FamRZ 2012, 454 (zu § 48 Abs. 3 VersAusglG).

§ 50 VersAusglG   Wiederaufnahme von ausgesetzten Verfahren nach dem Versorgungsausgleichs-Überleitungsgesetz

(1) Ein nach § 2 Abs. 1 Satz 2 des Versorgungsausgleichs-Überleitungsgesetzes ausgesetzter Versorgungsausgleich

1. ist auf Antrag eines Ehegatten oder eines Versorgungsträgers wieder aufzunehmen, wenn aus einem im Versorgungsausgleich zu berücksichtigenden Anrecht Leistungen zu erbringen oder zu kürzen wären;
2. soll von Amts wegen spätestens bis zum 1. September 2014 wieder aufgenommen werden.

(2) Der Antrag nach Absatz 1 Nr. 1 ist frühestens sechs Monate vor dem Zeitpunkt zulässig, ab dem auf Grund des Versorgungsausgleichs voraussichtlich Leistungen zu erbringen oder zu kürzen wären.

A. Norminhalt

1 Wenn ein Ehegatte in der Ehezeit angleichungsdynamische Anrechte (d.h. dynamische Anrechte aus den neuen Bundesländern, deren Wert bis zur Herstellung gleicher Einkommensverhältnisse im gesamten Bundesgebiet stärker steigt als der Wert entsprechender Anrechte in den alten Bundesländern) erworben hatte, war der VA nach früherem Recht nur durchzuführen, wenn ausschließlich solche Ost-Anrechte auszugleichen waren, wenn sich bei der getrennt vorzunehmenden Saldierung von Ost- und West-Anrechten jeweils die gleiche Gesamtausgleichsrichtung ergab oder wenn bei einem ausgleichsberechtigten Ehegatten bereits ein Leistungsfall eingetreten war (§ 2 Abs. 1 Satz 1 VAÜG a.F.). Bei gegenläufiger Ausgleichsrichtung bezüglich West- und Ost-Anrechten und noch nicht eingetretenem Leistungsfall war das Verfahren gemäß § 2 Abs. 1 Satz 2 VAÜG auszusetzen. Da nach dem neuen Recht alle Anrechte der Ehegatten getrennt voneinander ausgeglichen werden, bedarf es künftig bei derartigen Konstellationen keiner Aussetzung mehr. Ost- und West-Anrechte sind vielmehr als verschiedenartige Anrechte zu behandeln und unabhängig voneinander zu teilen (vgl. etwa für die gesetzliche Rentenversicherung § 10 Rdn. 6a). Das neue Recht ermöglicht zugleich die Durchführung des VA in den ausgesetzten Verfahren. § 50 VersAusglG regelt, zu welchem Zeitpunkt diese Verfahren wieder aufzunehmen sind. Abs. 1 Nr. 1 ordnet die sofortige Wiederaufnahme für den Fall an, dass ein Leistungsfall eingetreten ist und ein Ehegatte die Wiederaufnahme beantragt. Für alle anderen ausgesetzten Verfahren sieht Abs. 1 Nr. 2 eine Wiederaufnahme innerhalb von fünf Jahren nach Inkrafttreten des neuen Rechts vor. Abs. 2 regelt, ab wann der Antrag nach Abs. 1 Nr. 1 zulässig ist.

B. Wiederaufnahme im Leistungsfall (Abs. 1 Nr. 1, Abs. 2)

2 Nach § 50 Abs. 1 Nr. 1 VersAusglG hat das Familiengericht ein ausgesetztes Verfahren auf Antrag wieder aufzunehmen, wenn aus einem im VA zu berücksichtigenden Anrecht Leistungen zu erbringen oder zu kürzen wären. Damit wird an die Regelung des § 2 Abs. 2 VAÜG a.F. angeknüpft, die unter den gleichen Voraussetzungen schon nach früherem Recht die Wiederaufnahme eines ausgesetzten Verfahrens ermöglichte. Die Vorschrift soll sicherstellen, dass ein VA sofort durchgeführt wird, wenn er sich auf die Höhe der laufenden Versorgungen direkt auswirkt und damit Einfluss auf berechtigte wirtschaftliche Interessen eines Ehegatten oder eines Versorgungsträgers nimmt.[1] In diesem Fall sollen die Beteiligten nicht darauf warten müssen, dass das Gericht tätig wird.

---

1 BT-Drucks. 12/405 S. 178; 16/10144 S. 88.

Antragsberechtigt sind die **Ehegatten** und die betroffenen **Versorgungsträger**. Hinterbliebene 3
haben dagegen (anders als noch nach § 2 Abs. 2 VAÜG a.F.) kein Antragsrecht. Sie sind nicht
materiell betroffen, weil mit dem Tod eines Ehegatten sein Recht auf Wertausgleich erlischt (§ 31
VersAusglG).[2] Da ein aus dem Verbund abgetrenntes Verfahren seinen Charakter als Folgesache
gem. Art. 111 Abs. 4 S. 2 FGG-RG verloren hat (s. § 48 Rdn. 15), besteht für den Antrag eines
Ehegatten kein Anwaltszwang (s. § 48 Rdn. 16). **Zulässig** ist der Antrag bereits sechs Monate vor
dem Zeitpunkt, ab dem aufgrund des VA voraussichtlich Leistungen zu erbringen oder zu kürzen
wären, jedoch nicht früher (§ 50 Abs. 2 VersAusglG). Damit wird regelmäßig gewährleistet, dass
das Verfahren abgeschlossen werden kann, bis der Leistungsfall tatsächlich eintritt. Die Bestimmung entspricht der in § 226 Abs. 2 FamFG und § 52 Abs. 1 VersAusglG für Abänderungsverfahren getroffenen Regelung. Im Fall einer Invaliditätsrente ist der früheste zulässige Zeitpunkt für
den Antrag nach Abs. 1 Nr. 1 der Antrag auf Invaliditätsrente, denn hier ist – anders als bei der
Altersrente – der Leistungsfall nicht längere Zeit im Voraus absehbar.[3]

C. Wiederaufnahme von Amts wegen (Abs. 1 Nr. 2)

Auch wenn die Durchführung des VA noch keine sofortigen leistungsrechtlichen Auswirkungen 4
hat, sollen die ausgesetzten Verfahren innerhalb einer angemessenen Zeit wiederaufgenommen
und (gemäß § 48 Abs. 2 Nr. 1 VersAusglG nach neuem Recht) abgeschlossen werden. Deshalb verpflichtet § 50 Abs. 1 Nr. 2 VersAusglG die Gerichte, die ausgesetzten Verfahren, deren Wiederaufnahme nicht nach Abs. 1 Nr. 1 beantragt wird, innerhalb von fünf Jahren ab Inkrafttreten des
neuen Rechts, d.h. bis zum 01.09.2014, von Amts wegen wiederaufzunehmen. Die Soll-Fassung
der Vorschrift verdeutlicht, dass die Fünfjahresfrist im Hinblick auf den erheblichen Aufwand,
den die Erledigung der ausgesetzten Verfahren – insbesondere in den neuen Bundesländern –
erfordert, in Einzelfällen auch überschritten werden kann.[4]

D. Verfahren nach Wiederaufnahme

Die Wiederaufnahme des Verfahrens (Beendigung der Aussetzung) erfordert ebenso wie die Aus- 5
setzung einen förmlichen Beschluss des Gerichts.[5] Dieser ist den Beteiligten bekanntzumachen.[6]
Der Beschluss ist – ebenso wie die Ablehnung einer Wiederaufnahme – mit der sofortigen
Beschwerde anfechtbar.[7] Nach Wiederaufnahme ist auf das Verfahren gemäß § 48 Abs. 2 Vers-
AusglG neues Recht anzuwenden. Die auszugleichenden Anrechte sind daher nach den §§ 39 ff.
VersAusglG zu bewerten und jeweils hälftig zwischen den Ehegatten intern oder extern zu teilen.
Die in den alten Bundesländern und die in den neuen Bundesländern erworbenen Anrechte sind
getrennt auszugleichen, sofern sie – wie z.B. Anrechte in der gesetzlichen Rentenversicherung (s.
§ 10 Rdn. 6a) – nach verschiedenen Vorschriften bewertet werden. I.d.R. muss das Gericht neue
Auskünfte der Versorgungsträger einholen, schon weil sich aufgrund des Zeitablaufs tatsächliche
oder rechtliche Änderungen ergeben haben können, die auf den Ehezeitanteil zurückwirken und
deshalb gemäß § 5 Abs. 2 Satz 2 VersAusglG zu berücksichtigen sind.[8] Außerdem muss der Versorgungsträger den Ehezeitanteil und den Ausgleichswert nunmehr in der maßgebenden Bezugsgröße
angeben. Das Verfahren richtet sich nach der Wiederaufnahme nach den Vorschriften des FamFG.

---

2 BT-Drucks. 16/10144 S. 88.
3 BT-Drucks. 16/10144 S. 88.
4 BT-Drucks. 16/10144 S. 120; 16/11903 S. 57.
5 Zöller/Greger § 150 ZPO Rn. 1; MüKo-ZPO/Pabst § 21 FamFG Rn. 23.
6 OLG Saarbrücken FamRZ 2012, 380, 381; OLG Celle FamRZ 2012; 1311.
7 OLG Nürnberg FamRZ 2010, 1462; MüKo-ZPO/Pabst § 21 FamFG Rn. 23, 24; Keidel/Sternal § 21
   Rn. 31.
8 OLG Saarbrücken FamRZ 2012, 380, 381.

§ 51 VersAusglG   Zulässigkeit einer Abänderung des öffentlich-rechtlichen Versorgungsausgleichs

(1) Eine Entscheidung über einen öffentlich-rechtlichen Versorgungsausgleich, die nach dem Recht getroffen worden ist, das bis zum 31. August 2009 gegolten hat, ändert das Gericht bei einer wesentlichen Wertänderung auf Antrag ab, indem es die in den Ausgleich einbezogenen Anrechte nach den §§ 9 bis 19 teilt.

(2) Die Wertänderung ist wesentlich, wenn die Voraussetzungen des § 225 Abs. 2 und 3 des Gesetzes über das Verfahren in Familiensachen und in den Angelegenheiten der freiwilligen Gerichtsbarkeit vorliegen, wobei es genügt, dass sich der Ausgleichswert nur eines Anrechts geändert hat.

(3) [1]Eine Abänderung nach Absatz 1 ist auch dann zulässig, wenn sich bei Anrechten der berufsständischen, betrieblichen oder privaten Altersvorsorge (§ 1587a Abs. 3 oder 4 des Bürgerlichen Gesetzbuchs in der bis zum 31. August 2009 geltenden Fassung) der vor der Umrechnung ermittelte Wert des Ehezeitanteils wesentlich von dem dynamisierten und aktualisierten Wert unterscheidet. [2]Die Aktualisierung erfolgt mithilfe der aktuellen Rentenwerte der gesetzlichen Rentenversicherung. [3]Der Wertunterschied nach Satz 1 ist wesentlich, wenn er mindestens 2 Prozent der zum Zeitpunkt der Antragstellung maßgeblichen monatlichen Bezugsgröße nach § 18 Abs. 1 des Vierten Buches Sozialgesetzbuch beträgt.

(4) Eine Abänderung nach Absatz 3 ist ausgeschlossen, wenn für das Anrecht nach einem Teilausgleich gemäß § 3b Abs. 1 Nr. 1 des Gesetzes zur Regelung von Härten im Versorgungsausgleich noch Ausgleichsansprüche nach der Scheidung gemäß den §§ 20 bis 26 geltend gemacht werden können.

(5) § 225 Abs. 4 und 5 des Gesetzes über das Verfahren in Familiensachen und in den Angelegenheiten der freiwilligen Gerichtsbarkeit gilt entsprechend.

A. Norminhalt

1 § 51 VersAusglG regelt die Voraussetzungen für die Abänderung einer Entscheidung über den öffentlich-rechtlichen VA, die nach dem früheren Recht getroffen worden ist. Die Vorschrift tritt – zusammen mit dem die Durchführung des Verfahrens regelnden § 52 VersAusglG – an die Stelle des früheren § 10a VAHRG. Abs. 1 bestimmt, dass das Verfahren nur auf Antrag eingeleitet wird und dass die Abänderung eine wesentliche Wertänderung voraussetzt und in den Ausgleichsformen des neuen Rechts erfolgt. Abs. 2 erläutert, was unter einer wesentlichen Wertänderung zu verstehen ist. Abs. 3 ermöglicht eine Abänderung auch für den Fall, dass Anrechte im Erstverfahren aufgrund der Dynamisierung nach altem Recht erheblich unterbewertet worden sind. Nach

Abs. 4 ist eine Abänderung nach Abs. 3 jedoch ausgeschlossen, wenn im Erstverfahren ein öffentlich-rechtlicher Teilausgleich gemäß § 3b Abs. 1 Nr. 1 VAHRG stattgefunden hatte: insoweit wird der Ausgleichsberechtigte ausschließlich auf Ausgleichsansprüche nach der Scheidung gemäß den §§ 20–26 VersAusglG verwiesen. Abs. 5 erklärt § 225 Abs. 4 und 5 FamFG für entsprechend anwendbar; damit wird die Abänderung auch für den Fall eröffnet, dass sie für den Berechtigten zur Erfüllung einer Wartezeit führen würde, und sie wird für den Fall ausgeschlossen, dass sie sich weder zugunsten eines Ehegatten noch zugunsten eines Hinterbliebenen auswirken würde.

B. Anwendungsbereich

§ 51 VersAusglG regelt nur die **Voraussetzungen für die Abänderung einer Entscheidung** über 2 den öffentlich-rechtlichen Wertausgleich, die nach altem (also dem bis 31.08.2009 geltenden) Recht getroffen worden ist. Die Vorschrift wird durch § 52 VersAusglG ergänzt, der Bestimmungen über die **Durchführung des Verfahrens** enthält. Die §§ 51, 52 VersAusglG kommen nur zur Anwendung, wenn sich das Abänderungsverfahren nach neuem Recht richtet. Ob dies der Fall ist, bestimmt sich nach Art. 23 Satz 1 VAStrReG und § 48 VersAusglG. Danach ist für die Anwendung des neuen Rechts grundsätzlich erforderlich, dass das Abänderungsverfahren nach dem 31.08.2009 eingeleitet worden ist, d.h. dass der verfahrenseinleitende Antrag nach diesem Zeitpunkt beim Familiengericht eingegangen ist. Auf ein vorher eingeleitetes Verfahren bleibt grundsätzlich das alte Recht – d.h. § 10a VAHRG – anwendbar (§ 48 Abs. 1 VersAusglG). Allerdings sind noch in erster Instanz befindliche Verfahren spätestens zum 01.09.2010 in das neue Recht übergeleitet worden (§ 48 Abs. 3 VersAusglG). Hat das Familiengericht vor dem 01.09.2009 eine Endentscheidung nach altem Recht erlassen, so bleibt dieses Recht auch für die Beschwerdeinstanz maßgebend (vgl. § 48 Rdn. 9).[1]

Keine Anwendung finden die §§ 51, 52 VersAusglG auf die **Abänderung von Entscheidungen**, 3 die bereits **nach neuem Recht** ergangen sind. Insoweit richten sich die Zulässigkeit einer Abänderung nach § 225 FamFG und das Verfahren nach § 226 FamFG.

Einer Abänderung sind auch unter der Geltung des früheren Rechts geschlossene **Eheverträge** 4 nach § 1408 Abs. 2 BGB a.F. und gerichtlich genehmigte **Vereinbarungen** der Ehegatten nach § 1587o BGB a.F. zugänglich, wenn die Ehegatten eine Abänderung nicht vertraglich ausdrücklich ausgeschlossen haben.[2] Das folgt aus der in den §§ 51, 52 VersAusglG statuierten entsprechenden Anwendbarkeit der §§ 225, 226 FamFG, auf die wiederum § 227 Abs. 2 FamFG für die Abänderbarkeit von Vereinbarungen über den VA Bezug nimmt. Die mit der Strukturreform des VA verbundenen Rechtsänderungen können eine Störung der Geschäftsgrundlage der getroffenen Vereinbarung über den Wertausgleich darstellen, die ein Anpassungsverlangen rechtfertigen kann.

Auf die **Abänderung** von unter der Geltung des früheren Rechts ergangenen **Entscheidungen** 5 **über den schuldrechtlichen VA** finden die §§ 51, 52 VersAusglG keine Anwendung. Insoweit gilt – ebenso wie für die Abänderung von nach neuem Recht getroffenen Entscheidungen über Ausgleichsansprüche nach der Scheidung (vgl. § 227 Abs. 1 FamFG) – die allgemeine Bestimmung des § 48 Abs. 1 FamFG.[3] Dort ist geregelt, dass rechtskräftige Endentscheidungen mit Dauerwirkung wegen nachträglich veränderter Tatsachen- oder Rechtsgrundlagen aufgehoben oder abgeändert werden können.

---

1 Vgl. BGH FamRZ 2011, 100, 101; 2012, 856, 858.
2 Palandt/Brudermüller § 51 Rn. 2.
3 BT-Drucks. 16/10144 S. 98.

C. Zweck der Vorschrift

6 § 51 VersAusglG soll ebenso wie der frühere § 10a VAHRG die Abänderung einer Entscheidung über den öffentlich-rechtlichen Wertausgleich ermöglichen, wenn sich durch nachträgliche Umstände tatsächlicher oder rechtlicher Art der **Ausgleichswert** von in den VA einbezogenen Anrechten **wesentlich verändert** hat. Eine solche Abänderungsmöglichkeit ist schon aus verfassungsrechtlichen Gründen geboten.[4] Denn die Ausgleichsmechanismen des früheren Rechts erzielten häufig Ergebnisse, die eine angemessene Teilhabe verfehlten und daher einer Korrektur bedürfen. § 51 VersAusglG eröffnet die Abänderung deshalb in weiter gehendem Umfang als § 225 FamFG. Anders als diese Vorschrift beschränkt § 51 VersAusglG die Abänderung nicht auf Anrechte aus den öffentlich-rechtlichen Sicherungssystemen i.S. des § 32 VersAusglG, sondern lässt auch Korrekturen in Bezug auf Anrechte bei privatrechtlich organisierten Versorgungsträgern zu. Für die Abänderung von nach altem Recht ergangenen Entscheidungen soll jedoch nicht der frühere § 10a VAHRG fortgelten. Denn dies hätte zur Folge, dass indirekt noch über lange Zeit die im Übrigen außer Kraft gesetzten früheren Teilungsregelungen und Ausgleichsformen weiter anzuwenden wären. Um dies zu vermeiden, sieht § 51 Abs. 1 VersAusglG für den Fall, dass eine wesentliche Wertänderung vorliegt, einen neuen Wertausgleich in Anwendung der neuen Ausgleichsformen vor. Aus dem alten Recht übernommen wurde das Prinzip der »**Totalrevision**« der früheren Entscheidung.[5] Bei Vorliegen einer wesentlichen Wertänderung wird die frühere Entscheidung daher nicht nur teilweise, sondern insgesamt neu gestaltet. Allerdings sind – anders als nach früherem Recht – in den neuen Wertausgleich nur diejenigen Anrechte einzubeziehen, die auch schon Gegenstand der abzuändernden Entscheidung waren (s. Rdn. 10).

D. Antragserfordernis (Abs. 1)

7 Die **Abänderung** erfolgt **nur auf Antrag** (§ 51 Abs. 1 VersAusglG). Der Antrag ist nur verfahrenseinleitender Natur. Er ist **kein Sachantrag** und braucht deshalb das konkrete Ziel der begehrten Abänderungsentscheidung nicht anzugeben und nicht beziffert zu werden.[6] Es ist nur erforderlich, dass der Antragsteller die Zuständigkeit des angerufenen Gerichts begründet und darlegt, dass vor dem 01.09.2009 eine Entscheidung über den öffentlich-rechtlichen VA getroffen worden ist, deren Abänderung in Betracht kommen kann. Umgekehrt bindet ein bestimmter Antrag das Gericht nicht hinsichtlich der Höhe und der Form des Ausgleichs. Eine Beschränkung auf einzelne Anrechte oder Ausgleichsformen ist daher nicht möglich.[7] Die Erstentscheidung kann auch zu Ungunsten des Antragstellers abgeändert werden.[8] Diese Rechtsfolge kann der Antragsteller – sofern nicht auch ein anderer Beteiligter einen Antrag gestellt hat – dadurch abwenden, dass er den Antrag zurücknimmt, was bis zur Rechtskraft der Entscheidung noch möglich ist. Zwar kann anschließend ein anderer Antragsberechtigter ein neues Abänderungsverfahren einleiten. Die daraufhin ergehende Entscheidung wird jedoch gemäß § 52 Abs. 1 VersAusglG i.V.m. § 226 Abs. 4 FamFG erst zu einem späteren Zeitpunkt wirksam.

8 Die Antragsberechtigung ist in § 52 Abs. 1 VersAusglG i.V.m. § 226 Abs. 1 FamFG geregelt (s. § 52 Rdn. 2 f.). Der Antrag kann frühestens sechs Monate vor dem Zeitpunkt gestellt werden, zu dem eine Versorgung zu laufen beginnt oder dies aufgrund der Abänderungsentscheidung zu erwarten ist (§ 52 Abs. 1 VersAusglG i.V.m. § 226 Abs. 2 FamFG; s. § 52 Rdn. 4). Ein Ehegatte

---

4 BT-Drucks. 16/10144 S. 88.
5 OLG Hamm FamRZ 2012, 551, 552; Borth Rn. 1238; Ruland Rn. 1056; Palandt/Brudermüller § 51 Rn. 15.
6 BGH FamRZ 1989, 264; 2003, 1738, 1739; Ruland Rn. 1058.
7 BGH FamRZ 1991, 676, 677.
8 BGH FamRZ 2007, 360, 361.

kann den Antrag auch noch nach dem Tod des anderen Ehegatten stellen.[9] In diesem Fall ist zu beachten, dass der überlebende Ehegatte durch die Entscheidung nicht besser gestellt werden darf als er stünde, wenn der VA zu Lebzeiten des anderen Ehegatten durchgeführt worden wäre (§ 31 Abs. 2 VersAusglG; vgl. § 31 Rdn. 6a). Zur Beteiligung in diesem Fall s. Rdn. 26.

▶ Muster für einen Antrag: 9
Antrag auf Abänderung des öffentlich-rechtlichen Versorgungsausgleichs
des … (Antragstellers) – Verfahrensbevollmächtigte:… –
Namens und in Vollmacht des Antragstellers beantragen wir,
das Urteil des Amtsgerichts – Familiengericht – … vom … (Aktenzeichen …) im Ausspruch
zum Versorgungsausgleich gemäß § 51 VersAusglG abzuändern.
Begründung:
Der Antragsteller wurde durch das vorstehend genannte Urteil rechtskräftig von seiner Ehefrau
… (Name, ggf. auch Anschrift) geschieden. Zugleich wurde der öffentlich-rechtliche Versorgungsausgleich durchgeführt. Vom Versicherungskonto des Antragstellers wurden gesetzliche
Rentenanwartschaften in Höhe von … € (DM), bezogen auf den … (Ende der Ehezeit i.S. des
§ 1587 Abs. 2 BGB), auf das Versicherungskonto seiner Ehefrau übertragen. Der Antragsteller
begehrt die Abänderung der Entscheidung über den Versorgungsausgleich gemäß § 51 Abs. 1
und 2 VersAusglG. Die örtliche Zuständigkeit des angerufenen Gerichts ergibt sich aus § 218
Nr. … FamFG.
Es ist davon auszugehen, dass sich der Ausgleichswert des vom Antragsteller (oder: von der
geschiedenen Ehefrau des Antragstellers) bei … (Versorgungsträger) erworbenen Anrechts seit
dem Erlass des Urteils vom … wesentlich geändert hat.

E. Zulässigkeit der Abänderung

I. Wesentliche Wertänderung nicht dynamisierter Anrechte (Abs. 1 und 2)

1. Anwendungsbereich

§ 51 Abs. 1 und 2 VersAusglG regeln i.V.m. § 225 Abs. 2 und 3 FamFG die Zulässigkeit einer   10
Abänderung wegen einer Wertänderung von Anrechten, die in den öffentlich-rechtlichen VA einbezogen worden waren. Anders als nach § 10a VAHRG a.F., nach dem es auf die Veränderung des
(im Rahmen der Saldierung aller Anrechte ermittelten) Gesamtausgleichsanspruchs ankam,
genügt es für die Zulässigkeit des Abänderungsbegehrens nach neuem Recht, dass sich der **Ausgleichswert** (d.h. die Hälfte des Ehezeitanteils, § 1 Abs. 2 Satz 2 VersAusglG) **nur eines Anrechts**,
das in den Ausgleich einbezogen worden war, **wesentlich geändert** hat. Welches Anrecht sich in
seinem Ausgleichswert wesentlich geändert hat, ist – anders als bei der Abänderung einer nach
neuem Recht ergangenen Entscheidung (vgl. § 225 Abs. 1 FamFG) – unerheblich, denn nach § 51
VersAusglG beschränkt sich das Abänderungsverfahren nicht auf Anrechte i.S. des § 32 Vers-
AusglG.[10] Allerdings sind für das Abänderungsverfahren nur **Anrechte** von Bedeutung, die im
Erstverfahren »**in den Ausgleich einbezogen**« worden waren (§ 51 Abs. 1 VersAusglG). Darunter
fallen nur Anrechte, die auch schon Gegenstand der abzuändernden Entscheidung über den Wertausgleich waren, seien sie auch auf Seiten des gesamtausgleichsberechtigten Ehegatten verrechnet
worden. Anrechte, die vollständig dem schuldrechtlichen VA vorbehalten worden sind, fallen
nicht darunter; deren Ausgleich ist einem Abänderungsverfahren entzogen.[11] Außer Betracht bleiben auch Anrechte, die bei der Erstentscheidung übersehen worden sind; anders als nach früherem

---

  9 BGH FamRZ 1996, 282, 283; OLG Celle NJW 2011, 1888 = FamRZ 2011, 1656 (LS); AG Sinzig
     FamRZ 2010, 1906 mit Anm. Borth.
 10 MüKo/Dörr § 51 Rn. 10; Palandt/Brudermüller § 51 Rn. 4.
 11 BT-Drucks. 16/10144 S. 89; MüKo/Dörr § 51 Rn. 12; Hoppenz/Hoppenz § 51 Rn. 5; Bergner § 51 Anm.
     4; a.A. Johannsen/Henrich/Holzwarth § 51 Rn. 2.

Recht ist ein Abänderungsverfahren zu dem ausschließlichen Zweck, einen Fehler der Erstentscheidung zu korrigieren, nicht zulässig.[12] Zur Frage, ob vergessene oder verheimlichte Anrechte schuldrechtlich oder in einem ergänzenden Wertausgleich ausgeglichen werden können, vgl. § 20 Rdn. 4a. Auch Anrechte, deren Einbeziehung in den Wertausgleich erst das neue Recht ermöglicht hat, wie etwa betriebliche und private Anrechte, die i.S. des § 2 Abs. 2 Nr. 3 VersAusglG auf Kapitalleistungen gerichtet sind, müssen im Abänderungsverfahren außer Betracht bleiben.[13] Lässt sich bei einem Anrecht eine wesentliche Wertänderung feststellen, kann jedoch im Rahmen der Abänderungsentscheidung auch ein Fehler der früheren Berechnung mit korrigiert werden.[14]

2. Maßgebender Zeitpunkt für die Feststellung der Wertänderung

11 Gemäß § 51 Abs. 2 VersAusglG i.V.m. § 225 Abs. 2 FamFG kommt es für die Zulässigkeit der Abänderung darauf an, inwieweit sich der **Ausgleichswert eines** in der Erstentscheidung berücksichtigten **Anrechts** aufgrund von nach Ende der Ehezeit eingetretenen **rechtlichen oder tatsächlichen Veränderungen rückwirkend betrachtet verändert** hat. Dabei geht es um Änderungen der individuellen Verhältnisse und um Rechtsänderungen, die einen Bezug zur Ehezeit aufweisen und deshalb gemäß § 5 Abs. 1 Satz 2 VersAusglG bereits im Rahmen der Erstentscheidung zu berücksichtigen gewesen wären, wenn sie zum damaligen Zeitpunkt bereits bekannt gewesen wären (vgl. dazu § 5 Rdn. 8–12).

11a Für die Neubewertung wirken sich in Abänderungsverfahren insbesondere folgende Rechtsänderungen aus:

– in der gesetzlichen Rentenversicherung die (rückwirkende) Einführung von Kindererziehungszeiten im Jahr 1986 sowie deren verbesserte Bewertung ab 1992 und (mit Rückwirkung) ab 1998 (vgl. § 43 Rdn. 25 f.), die mehrfache Änderung der Anrechnung von Ausbildungszeiten, die 1992 geänderte Bewertung beitragsfreier Zeiten;
– in der Beamtenversorgung die Minderung des Ruhegehaltssatzes mit Wirkung ab 2002 (vgl. § 44 Rdn. 27) sowie die Kürzung bzw. der Wegfall der Sonderzahlung (vgl. § 44 Rdn. 30);[15] ferner die Erhöhung der Versorgung in den neuen Bundesländern durch Angleichung an das Westniveau;[16]
– in der Zusatzversorgung des öffentlichen Dienstes die ab 2002 wirksam gewordene Strukturreform, die eine Neufeststellung der bis 2001 erworbenen Anrechte zur Folge hatte (vgl. § 45 Rdn. 33 ff.).

12 **Zu vergleichen** sind der »bisherige« (§ 225 Abs. 3 FamFG), d.h. der **im Ursprungsverfahren festgestellte Ausgleichswert** (hälftiger Ehezeitanteil, § 1 Abs. 2 Satz 2 VersAusglG) und der **aktuelle Ausgleichswert** des Anrechts, der sich unter Berücksichtigung der nach Ende der Ehezeit eingetretenen, aber zurückwirkenden rechtlichen und tatsächlichen Veränderungen (§ 225 Abs. 2 FamFG) ergibt. Bei Anrechten, die im Ursprungsverfahren gem. § 1587a Abs. 3 BGB a.F. umgewertet worden sind, ist Vergleichsgrundlage der seinerzeit festgestellte Nominalwert des hälftigen Ehezeitanteils. Der im Ursprungsverfahren berücksichtigte Ausgleichswert war auf das Ehezeitende (§ 1587 Abs. 2 BGB a.F.) als den – auch nach früherem Recht – maßgeblichen Bewertungsstichtag bezogen.

13 Im **Abänderungsverfahren** muss der Ausgleichswert auf einer möglichst **aktuellen tatsächlichen und rechtlichen Grundlage** bestimmt werden, damit die nach Ehezeitende eingetretenen Verände-

---

12 BT-Drucks. 16/10144 S. 89; OLG München FamRZ 2012, 380; KG Beschluss vom 12.06.2012 – 13 UF 199/11 – (juris); Borth Rn. 1241 f.; Ruland Rn. 1056; MüKo/Dörr § 51 Rn. 12; Bergner § 51 Anm. 4; Weil FF 2010, 195, 196; Borth FamRZ 2012, 337, 338; Götsche FamRB 2012, 122.
13 BT-Drucks. 16/10144 S. 89; MüKo/Dörr § 51 Rn. 12; Erman/Norpoth § 51 Rn. 20; Johannsen/Henrich/Holzwarth § 51 Rn. 2.
14 Borth Rn. 1252; Ruland Rn. 1060.
15 BGH FamRZ 2006, 98; 2007, 994; OLG Hamm FamRZ 2012, 551, 553.
16 BGH FamRZ 2012, 941.

rungen, die auf den Ehezeitanteil zurückwirken, berücksichtigt werden können. Anders als § 10a Abs. 1 Nr. 1 VAHRG a.F., der den Erlass der Abänderungsentscheidung zum aktuellen Bewertungsstichtag bestimmte, enthält das neue Recht insoweit keine Festlegung. Gleichwohl ist daran festzuhalten, dass grundsätzlich alle bis zum Erlass der Abänderungsentscheidung eingetretenen Änderungen berücksichtigungsfähig sind. Aus § 226 Abs. 4 FamFG (i.V.m. § 52 Abs. 1 VersAusglG) lässt sich keine Beschränkung auf den Zeitpunkt der Antragstellung herleiten.[17] Diese Vorschrift soll lediglich Verfahrensverzögerungen entgegenwirken, zu denen ein Anreiz bestehen kann, wenn ein Ehegatte bereits Rente bezieht. Grundsätzlich hat das Gericht daher sämtliche bis zur Entscheidung eingetretenen Veränderungen zu berücksichtigen, wobei tatsächliche Veränderungen bis zum Schluss der letzten Tatsacheninstanz,[18] Rechtsänderungen auch noch im Rechtsbeschwerdeverfahren zu beachten sind.[19] Praktisch ist die Aktualisierung auf den Zeitpunkt der Entscheidung allerdings kaum möglich, da das Gericht auf die Auskünfte der Versorgungsträger angewiesen ist und sich zwischen Auskunftserteilung und Entscheidung neue Veränderungen ergeben können. Es kann daher nur angestrebt werden, dem aktuellen Stand möglichst nahe zu kommen. Deshalb muss das Gericht bei längerer Verfahrensdauer u.U. neue Auskünfte einholen. Bezieht ein Ehegatte bei Antragstellung bereits Rentenleistungen, so muss bei nach Antragstellung wirksam werdenden (weiteren) auf den Ehezeitanteil zurückwirkenden Veränderungen nach verschiedenen Zeiträumen gestaffelt entschieden werden.[20]

Außer Betracht bleiben auch bei der Bestimmung des aktuellen Ausgleichswerts Veränderungen   **14** der persönlichen Bemessungsgrundlagen, die keinen Bezug zur Ehezeit haben, die also etwa auf einem nachehezeitlichen beruflichen Aufstieg beruhen.[21] Der vorzunehmende Vergleich mit dem im Ursprungsverfahren zugrunde gelegten und auf das Ehezeitende bezogenen Ausgleichswert erfordert es außerdem, dass der **aktuell ermittelte Ausgleichswert** ebenfalls **auf das Ehezeitende zurückbezogen** wird.[22] Dies erfolgt bei einer gesetzlichen Rentenanwartschaft dergestalt, dass die Hälfte der nach aktuellem Stand auf die Ehezeit entfallenden Entgeltpunkte mit dem bei Ehezeitende maßgebenden aktuellen Rentenwert multipliziert wird. Auch im Abänderungsverfahren dürfen lediglich die rentenrechtlichen Zeiten bis zum Ende der Ehezeit berücksichtigt werden,[23] jedoch sind die persönlichen Entgeltpunkte für das Kalenderjahr der Zustellung des Scheidungsantrags und das davorliegende Kalenderjahr – anders als grundsätzlich im Erstverfahren – auf der Grundlage des endgültigen Durchschnittsentgelts (Anlage 1 SGB VI) zu ermitteln.[24] Bei anderen Versorgungssystemen kann die Rückrechnung erhebliche Probleme aufwerfen, vor allem wenn das Versorgungssystem grundlegend verändert wurde. Bei einem Anrecht der Beamtenversorgung müssen im Allgemeinen die Veränderung des Ruhegehaltssatzes durch das Versorgungsänderungsgesetz 2001 und der Wegfall oder die Kürzung der Sonderzahlung berücksichtigt werden, ferner kann sich auch noch das für die zeitratierliche Bewertung maßgebende Zeit/Zeit-Verhältnis verändert haben. Hier liegt eine Rückrechnung im Verhältnis der Erhöhungen der gesamten Beamtenversorgung in der Zeit zwischen Ehezeitende und Abänderungsentscheidung nahe.[25] Bei einem Anrecht aus einer endgehaltsbezogenen betrieblichen Versorgung ist im Abänderungsverfahren die Anwartschaftsdynamik zu berücksichtigen, die sich erst nach Ehezeitende (infolge des weiteren Verbleibs des Ausgleichspflichtigen im Betrieb) verwirklicht hat.[26]

---

17 Johannsen/Henrich/Holzwarth § 51 Rn. 11; a.A. Bergner § 51 Anm. 5.2.1.
18 BGH FamRZ 1982, 1195, 1196.
19 BGH FamRZ 1982, 1193, 1195.
20 OLG Celle FamRZ 2008, 900, 902; Johannsen/Henrich/Holzwarth § 51 Rn. 11.
21 BGH FamRZ 1987, 918; 1999, 157.
22 Bergner § 51 Anm. 5.2.2.
23 BGH FamRZ 2012, 509, 511; 2012, 847, 849.
24 BGH FamRZ 2012, 509, 512.
25 Bergner § 51 Anm. 5.2.2.
26 Borth FamRZ 2012, 601, 603.

3. Wesentlichkeit der Wertänderung

15   Die Wertänderung muss **wesentlich** sein (§ 51 Abs. 1 VersAusglG). Die Wesentlichkeitsgrenze bestimmt sich gemäß § 51 Abs. 2 VersAusglG nach § 225 Abs. 2 und 3 FamFG. Zur Bestimmung der konkreten Wesentlichkeitsgrenze verweist § 51 Abs. 2 VersAusglG auf § 225 Abs. 3 FamFG. Danach ist eine Wertänderung wesentlich, wenn der Ausgleichswert eines Anrechts (d.h. die Hälfte des Ehezeitanteils, § 1 Abs. 2 Satz 2 VersAusglG) im Zeitpunkt der Abänderungsentscheidung um mindestens 5 % von dem Ausgleichswert abweicht, der in der abzuändernden Entscheidung für dieses Anrecht zugrunde gelegt worden ist (**relative Wesentlichkeitsgrenze**; § 225 Abs. 3, 1. Alt. FamFG). Da nach früherem Recht alle Anrechte als Rentenbeträge berechnet (und saldiert) worden sind, erfordert der anzustellende Vergleich des der abzuändernden Entscheidung zugrunde gelegten Ausgleichswerts mit dem aktuellen Ausgleichswert, dass auch letzterer als Rentenbetrag berechnet wird. Deshalb verlangt § 52 Abs. 2 VersAusglG, dass der Versorgungsträger den Ehezeitanteil zusätzlich als Rentenbetrag zu berechnen hat, wenn das Versorgungssystem an sich eine andere Bezugsgröße verwendet.

16   Darüber hinaus muss die Veränderung des Ausgleichswerts auch eine **absolute Wesentlichkeitsgrenze** überschreiten. Diese beträgt bei einem in Form eines Rentenbetrags ausgedrückten Anrecht 1 % der am Ende der Ehezeit maßgeblichen monatlichen Bezugsgröße nach § 18 Abs. 1 SGB IV (§ 225 Abs. 3, 2. Alt. FamFG). Auf die in § 225 Abs. 3, 2. Alt. FamFG außerdem bestimmte Wesentlichkeitsgrenze für Anrechte, die in einer anderen Bezugsgröße (i.S. des § 5 Abs. 1 VersAusglG) ausgedrückt werden, kommt es im Rahmen des § 51 VersAusglG nicht an, weil der Ausgleichswert des Anrechts in der Erstentscheidung als Rentenbetrag berechnet worden ist und gemäß § 52 Abs. 2 VersAusglG auch der aktuelle Ausgleichswert als Rentenbetrag zu ermitteln ist (s. Rdn. 10).[27] Der Grenzwert von 1 % der monatlichen Bezugsgröße nach § 18 Abs. 1 SGB IV entspricht der Bagatellgrenze nach § 18 Abs. 3 VersAusglG. Es kann deshalb auf die Tabelle in Rdn. 14 zu § 18 verwiesen werden.[28]

17   ▶   **Beispiel:**

Ende der Ehezeit war der 31.10.1995. Im Erstverfahren sind auf Seiten des Ehemannes M eine Beamtenversorgungsanwartschaft von monatlich 600 € und eine gesetzliche Rentenanwartschaft von monatlich 100 € in den VA einbezogen worden, auf Seiten der Ehefrau F eine gesetzliche Rentenanwartschaft von monatlich 300 €. Der Wertausgleich erfolgte zugunsten von F durch Quasi-Splitting (§ 1587b Abs. 2 BGB a.F.) in Höhe von monatlich (700 € ./. 300 € = 400 € : 2 =) 200 €.

Im Abänderungsverfahren ergibt sich, dass die Beamtenversorgungsanwartschaft von M nur noch mit monatlich 560 €, die gesetzliche Rentenanwartschaft von F aber mit monatlich 310 € zu bewerten ist; die gesetzliche Rentenanwartschaft von M ist unverändert.

Der Ausgleichswert der gesetzlichen Rentenanwartschaft von F hat sich um 10 €, d.h. um weniger als 5 % (das wären 15 €), erhöht; auch die absolute Wesentlichkeitsgrenze von (bezogen auf das Ehezeitende) 40,60 DM = 20,76 € wird nicht überschritten.

Der Ausgleichswert der Beamtenversorgungsanwartschaft von M hat sich um 40 €, d.h. um mehr als 5 % (das sind 30 €), verringert; auch die absolute Wesentlichkeitsgrenze ist überschritten. Es liegt daher eine wesentliche Wertänderung i.S. des § 51 Abs. 2 VersAusglG vor.

---

27   BT-Drucks. 16/10144 S. 90; Bergner § 51 Anm. 5.3.
28   Grenzwerte für ein Ehezeitende vor 2002 finden sich in FamRZ 2010, 95.

II. Wesentliche Wertänderung dynamisierter Anrechte (Abs. 1, 3 und 4)

1. Allgemeines

§ 51 Abs. 3 VersAusglG ermöglicht die Abänderung einer Entscheidung über den Wertausgleich **18** zusätzlich für den Fall, dass ein Anrecht der berufsständischen, betrieblichen oder privaten Altersvorsorge in den VA nicht mit seinem (damaligen) Nominalwert, sondern mit einem nach § 1587a Abs. 3 oder 4 BGB a.F. **dynamisierten Wert** (also abgezinst) einbezogen worden war. Die Vorschrift verdrängt nicht die Abänderungsmöglichkeit nach Abs. 2, so dass für den Fall, dass auch eine wesentliche Wertveränderung i.S. des § 5 Abs. 2 S. 2 VersAusglG vorliegt, eine Abänderung selbst dann erfolgen kann, wenn die Abänderung nach Abs. 3 im konkreten Fall wegen Verfehlung der Wesentlichkeitsgrenze (Rdn. 20) oder wegen Abs. 4 (Rdn. 23) unzulässig ist.[29] Mit Hilfe des § 51 Abs. 3 VersAusglG sollen **Wertverzerrungen korrigiert** werden, die infolge der Dynamisierung nach altem Recht entstanden sind. Nach den genannten Vorschriften mussten Anrechte, deren Wertentwicklung nach der anzustellenden Prognose hinter der Wertentwicklung von Anrechten der gesetzlichen Rentenversicherung und der Beamtenversorgung zurückbleiben würden, auf der Grundlage einer fiktiven Einzahlung ihres Deckungskapitals oder – wenn es sich nicht um kapitalgedeckte Anrechte handelte – eines mit Hilfe der BarwertVO ermittelten Barwerts in die gesetzliche Rentenversicherung in ein volldynamisches Anrecht umgewertet werden. Insbesondere infolge der nicht realistischen Umrechnungsfaktoren der BarwertVO und der hohen (fiktiven) Kosten für den Einkauf in die gesetzliche Rentenversicherung führte die Dynamisierung zu einer Abwertung der nicht volldynamischen Anrechte, die der realen Wertentwicklung der Anrechte im Verhältnis zu Anrechten der gesetzlichen Rentenversicherung nicht entspricht. Im Ergebnis sind diese als nicht volldynamisch behandelten Anrechte im Verhältnis zu den volldynamischen, mit ihrem Nominalwert in den VA einbezogenen Anrechten – zum Teil erheblich – zu gering bewertet worden. Dies hat sich aufgrund der nach dem früheren Recht erforderlichen Gesamtsaldierung aller Anrechte zu Lasten des Ehegatten ausgewirkt, dessen Partner ein solches zu stark abgewertetes Anrecht erworben hatte.

§ 51 Abs. 3 VersAusglG betrifft insbesondere Anrechte der **betrieblichen** und der **privaten Alters-** **19** **vorsorge**. Anrechte aus privaten Rentenversicherungen waren stets umzuwerten, Anrechte der betrieblichen Altersversorgung nur dann nicht, wenn der Rentenfall bei Ehezeitende schon eingetreten war und das Anrecht in der Leistungsphase als volldynamisch anzusehen war. Eine etwa in der Anwartschaftsphase bestehende Volldynamik war vom weiteren Verbleib im Betrieb bis zum Erreichen der Altersgrenze abhängig, der aber nicht als gesichert gelten konnte; deshalb war die Dynamik als verfallbar anzusehen und im öffentlich-rechtlichen VA außer Betracht zu lassen.[30] Anrechte der **berufsständischen Versorgung** sind nur zum Teil als nicht volldynamisch angesehen und umgewertet worden.

2. Wesentlicher Wertunterschied (Abs. 3)

Die durch die Umwertung nach § 1587a Abs. 3 oder 4 BGB a.F. entstandenen Wertverzerrungen **20** ermöglichen allerdings nicht in jedem Fall eine Abänderung. § 51 Abs. 3 VersAusglG markiert auch insoweit eine **Wesentlichkeitsgrenze**, die überschritten sein muss, damit die frühere Entscheidung abgeändert werden kann. Die seit Ehezeitende tatsächlich eingetretene Wertsteigerung des Anrechts muss wesentlich höher sein als die Wertsteigerung, die bei der Erstentscheidung mit der vorgenommenen Umwertung prognostiziert worden ist. Zur Feststellung, ob die Wesentlichkeitsgrenze im konkreten Fall überschritten ist, müssen gemäß § 51 Abs. 3 Satz 1 VersAusglG **zwei Werte miteinander verglichen** werden:

---

29 Borth Rn. 1261; ders. FamRZ 2012, 601, 602 f.; Erman/Norpoth § 51 Rn. 18
30 Vgl. BGH FamRZ 1989, 844; 1994, 23; 1995, 88, 91; 2001, 477, 479.

- einerseits der Nominalwert des Ehezeitanteils, der in der Erstentscheidung zugrunde gelegt worden ist; dabei wird (nur zur Prüfung der Zulässigkeit des Antrags) fingiert, dass sich dieser Wert nicht verändert hat;
- andererseits der Wert, der sich ergibt, wenn der im Rahmen der Erstentscheidung dynamisierte Wert des Ehezeitanteils[31] aktualisiert wird; diese Aktualisierung ist gemäß § 51 Abs. 3 Satz 2 VersAusglG mithilfe der aktuellen Rentenwerte der gesetzlichen Rentenversicherung vorzunehmen, indem der dynamisierte Wert des Ehezeitanteils durch den bei Ehezeitende geltenden aktuellen Rentenwert dividiert und mit dem zum Zeitpunkt der Abänderungsentscheidung geltenden aktuellen Rentenwert multipliziert wird.[32]

Hat der Ausgleichspflichtige mehrere dynamisierte Anrechte erworben, sind die jeweiligen Summen zu bilden und an der Wesentlichkeitsgrenze zu messen.[33] Um die **Zulässigkeitsprüfung** vornehmen zu können, braucht das Familiengericht keine Auskünfte einzuholen. Es benötigt im Allgemeinen nur die abzuändernde Entscheidung, aus deren Gründen sich der Nominalwert und der dynamisierte Wert des Ehezeitanteils ergeben, sowie die zum Ehezeitende und zum Zeitpunkt der Zulässigkeitsprüfung maßgeblichen aktuellen Rentenwerte. Zu Letzteren s. § 43 Rdn. 21. Erst wenn das Gericht die Zulässigkeit des Abänderungsantrags festgestellt hat, ist eine aktuelle Auskunft des Versorgungsträgers über den Ehezeitanteil (sowie den Ausgleichswert und ggf. den korrespondierenden Kapitalwert) einzuholen, um festzustellen, ob sich nach § 5 Abs. 2 Satz 2 VersAusglG zu berücksichtigende nachehezeitliche Wertänderungen ergeben haben und in welcher Ausgleichsform der (gemäß § 51 Abs. 1 VersAusglG nach neuem Recht durchzuführende) Wertausgleich im Rahmen der Abänderungsentscheidung vorzunehmen ist.

21   Der Unterschied zwischen den beiden zu vergleichenden Werten ist **wesentlich**, wenn er mindestens 2 % der monatlichen Bezugsgröße nach § 18 Abs. 1 SGB IV beträgt (**§ 51 Abs. 3 Satz 3 VersAusglG**).[34] Anders als in den §§ 14 Abs. 2 Nr. 2, 18 Abs. 3 VersAusglG, 225 Abs. 3 FamFG kommt es hier nicht auf die bei Ehezeitende, sondern auf die **zum Zeitpunkt der Antragstellung** (d.h. der Stellung des nach § 51 Abs. 1 VersAusglG erforderlichen Verfahrensantrags, s. Rdn. 7) maßgebliche Bezugsgröße an.

Sachlich entspricht die Wesentlichkeitsgrenze der in § 225 Abs. 3 FamFG festgelegten Wertänderung um 1 % der maßgeblichen Bezugsgröße nach § 18 Abs. 1 SGB IV. Denn während § 51 Abs. 3 VersAusglG den Ehezeitanteil als Grundlage hat, knüpft § 225 Abs. 3 FamFG an den Ausgleichswert an, der gemäß § 1 Abs. 2 Satz 2 VersAusglG die Hälfte des Ehezeitanteils beträgt.

22   ▶ **Beispiel:**

Ehezeitende: 31.10.1995. Ein Ehegatte hat in der Ehezeit eine betriebliche Versorgungsanwartschaft erworben. Deren Ehezeitanteil (Nominalwert) betrug bei Ehezeitende monatlich 400 DM (= 204,52 €). Der Ehegatte war bei Ehezeitende 45 Jahre alt.
Im Erstverfahren ist das Anrecht als im Anwartschafts- und im Leistungsstadium statisch behandelt und wie folgt umgewertet worden: 400 DM × 12 × 3,0 (Faktor aus Tabelle 1 der seinerzeit geltenden BarwertVO) = 14.400 DM (Barwert) × 0,0001054764 (Faktor aus Tabelle 5 der Rechengrößen zum VA) = 1,5189 (Entgeltpunkte) × 46,23 (aktueller Rentenwert bei Ehezeitende, Tabelle 2 der Rechengrößen zum VA) = 70,22 DM (= 35,90 €).
Im 2. Halbjahr 2012 wird ein Abänderungsantrag gestellt.
Aktualisierung des früheren dynamisierten Werts des Ehezeitanteils mit Hilfe des bei Antragstellung maßgebenden aktuellen Rentenwerts: 35,90 € x 28,07 € (aktueller Rentenwert im

---

31 Insoweit kommt es auf den tatsächlich zugrunde gelegten Betrag an, OLG Saarbrücken FamRZ 2010, 1909.
32 BT-Drucks. 16/10144 S. 89.
33 OLG Saarbrücken FamRZ 2010, 1909; Erman/Norpoth § 51 Rn. 12.
34 Vgl. zu den maßgeblichen Werten die Tabelle § 14 Rdn. 16.

2. Halbjahr 2009) : [46,23 DM =] 23,64 € (aktueller Rentenwert bei Ehezeitende) = 42,63 €. [Das gleiche Ergebnis lässt sich auch durch folgende – vereinfachte – Berechnung erzielen: 1,5189 (Entgeltpunkte des Anrechts) x 28,07 € (aktueller Rentenwert im 2. Halbjahr 2009) = 42,64 €. (Die Abweichung um 0,01 € beruht auf den Rundungen bei den Umrechnungen von DM in € bei der ersten Berechnung)]

Differenz des damaligen Nominalwerts und des aktualisierten dynamisierten Werts: 204,52 € – 42,64 € = 161,88 €.

Ergebnis: Die Differenz übersteigt die im Jahr der Antragstellung (2012) maßgebende Wesentlichkeitsgrenze von 52,50 €. Der Abänderungsantrag ist zulässig.

3. Ausschluss der Abänderung bei Teilausgleich (Abs. 4)

Gemäß § 51 Abs. 4 VersAusglG ist eine **Abänderung nach Abs. 3 ausgeschlossen**, wenn das **23** Anrecht, das in der Erstentscheidung dynamisiert worden ist, nach § 3b Abs. 1 Nr. 1 VAHRG – d.h. durch erweitertes Splitting oder Quasi-Splitting – teilweise öffentlich-rechtlich ausgeglichen und der Rest (nicht aufgrund einer Beitragszahlungsanordnung nach § 3b Abs. 1 Nr. 2 VAHRG öffentlich-rechtlich ausgeglichen, sondern) einem späteren schuldrechtlichen VA vorbehalten worden ist (ohne dass dieser Vorbehalt ausdrücklich ausgesprochen worden sein muss). Insoweit bleibt der ausgleichsberechtigte Ehegatte auch nach neuem Recht darauf verwiesen, schuldrechtliche Ausgleichsansprüche nach den §§ 20–26 VersAusglG geltend zu machen. Damit soll der Aufwand vermieden werden, der dadurch entstünde, dass aufgrund der fehlerhaften Bewertung eines einzelnen Anrechts, von dem nur noch ein Rest auszugleichen ist, der gesamte bereits entschiedene öffentlich-rechtliche VA neu aufgerollt werden müsste.[35] Der Vorrang des schuldrechtlichen Restausgleichs[36] gilt jedoch nur, wenn der Ausgleichsberechtigte tatsächlich schuldrechtliche Ausgleichsansprüche »geltend machen« kann, d.h. wenn sie ihm im konkreten Fall zustehen. Daran fehlt es z.B., wenn nach dem Tod des Ausgleichspflichtigen keine Ansprüche auf Teilhabe an der Hinterbliebenenversorgung nach § 25 VersAusglG bestehen, weil das auszugleichende Anrecht keine Hinterbliebenenversorgung einschließt oder weil eine Hinterbliebenenversorgung aufgrund einer Wiederverheiratungsklausel ausgeschlossen ist. § 51 Abs. 4 VersAusglG schließt nur eine Abänderung nach Abs. 3 aus, nicht aber eine Abänderung nach Abs. 2, falls deren Voraussetzungen erfüllt sind (s. Rdn. 18).

§ 51 Abs. 4 VersAusglG erfasst nur **Anrechte bei privaten Versorgungsträgern**, also im Wesentli- **23a** chen Anrechte der betrieblichen und privaten Altersversorgung. Anrechte bei öffentlich-rechtlichen Versorgungsträgern, etwa bei Trägern der Zusatzversorgung des öffentlichen oder kirchlichen Dienstes und der berufsständischen Versorgung, konnten nach früherem Recht durch Quasi-Splitting nach § 1 Abs. 3 VAHRG ausgeglichen werden. Diese Anrechte sind daher uneingeschränkt einer Abänderung nach § 51 Abs. 3 VersAusglG zugänglich. Ein infolge der Höchstbetragsbegrenzung nach § 1587b Abs. 5 BGB nur teilweise öffentlich-rechtlich durchgeführter VA unterliegt ebenfalls in vollem Umfang der Korrektur nach § 51 VersAusglG.[37]

III. Erfüllung einer Wartezeit (Abs. 5)

Gemäß § 51 Abs. 5 VersAusglG i.V.m. § 225 Abs. 4 FamFG ist die Abänderung – unabhängig von **24** den Voraussetzungen der Abs. 2 bis 4 – auch zulässig, wenn durch sie eine für die Versorgung des Ausgleichsberechtigten maßgebende **Wartezeit** erfüllt wird. Konkret in Betracht kommen insoweit die Wartezeiten in der **gesetzlichen Rentenversicherung**, zu deren Zuwachs die mit dem VA übertragenen Anrechte (bzw. Entgeltpunkte) gemäß § 52 SGB VI beitragen (vgl. § 10 Rdn. 17). Von besonderer praktischer Bedeutung ist die Erfüllung der allgemeinen Wartezeit von fünf Jahren als

---

35 BT-Drucks. 16/10144 S. 90.
36 Vgl. BT-Drucks. 16/10144 S. 90.
37 BT-Drucks. 16/11903 S. 58.

grundsätzliche Voraussetzung dafür, dass überhaupt ein Rentenanspruch entstehen kann (§ 50 Abs. 1 Satz 1 SGB VI). Nur in besonderen Einzelfällen kann eine Abänderungsentscheidung dazu führen, dass der Ausgleichsberechtigte eine besondere Wartezeit nach § 50 Abs. 2–4 oder § 243b SGB VI erfüllt (15 Jahre für Altersrente wegen Arbeitslosigkeit oder nach Altersteilzeitarbeit sowie Altersrente für Frauen nach den Übergangsvorschriften der §§ 237, 237a SGB VI; 20 Jahre für Rente wegen Erwerbsminderung, wenn die allgemeine Wartezeit vor Eintritt der Erwerbsminderung nicht erfüllt war; 25 Jahre für vorzeitige Altersrente von Bergleuten; 35 Jahre für Altersrente für langjährig Versicherte und für Schwerbehinderte). Ermittlungen zur Klärung der Frage, inwieweit sich die Abänderung auf eine Wartezeit auswirken kann, hat das Familiengericht von Amts wegen anzustellen.

IV. Positive Auswirkungen der Abänderung für Ehegatten oder Hinterbliebene (Abs. 5)

25   Gemäß § 51 Abs. 5 VersAusglG i.V.m. § 225 Abs. 5 FamFG muss sich die **Abänderung zugunsten eines Ehegatten oder seiner Hinterbliebenen auswirken**. Damit soll verhindert werden, dass ein (gemäß § 52 Abs. 1 VersAusglG i.V.m. § 226 Abs. 1 FamFG antragsberechtigter) Versorgungsträger eine Abänderung erreicht, die sich ausschließlich zu seinem Vorteil auswirkt. So kann z.B. nicht nach dem Tod des Ausgleichsberechtigten der VA nur im Interesse einer größeren Kürzungsmöglichkeit für den beteiligten Versorgungsträger zum Nachteil des Verpflichteten abgeändert werden. Kann der Ausgleichsberechtigte auch im Fall einer Aufstockung seiner Anrechte durch eine Abänderungsentscheidung keinen Versorgungsanspruch erwerben, z.B. weil er trotz allem die erforderliche Wartezeit nicht erfüllt, so kann die frühere Entscheidung nicht abgeändert werden.

F. Verfahren

26   Der Antrag nach § 51 Abs. 1 VersAusglG leitet ein **selbständiges Verfahren** über den VA nach den §§ 111 Nr. 7, 217 FamFG ein. Die **örtliche Zuständigkeit** des Familiengerichts bestimmt sich nach § 218 Nr. 2–5 FamFG. Am Verfahren sind die Ehegatten und die Träger der auszugleichenden Versorgungen **beteiligt** (§ 219 Nr. 1 und 2 FamFG); falls für den vorzunehmenden Neu-Ausgleich eine externe Teilung gewählt wird, ist auch der Versorgungsträger, bei dem ein Anrecht begründet werden soll (Zielversorgung), beteiligt (§ 219 Nr. 3 FamFG). Des Weiteren sind die Versorgungsträger zu beteiligen, in deren Rechte durch die abzuändernde Entscheidung eingegriffen wurde und die durch die neue Entscheidung nicht mehr betroffen werden, weil insoweit kein Wertausgleich mehr stattfindet, etwa wegen Geringfügigkeit (§ 18 VersAusglG). Ist ein Ehegatte vor Einleitung des Verfahrens verstorben, sind seine Hinterbliebenen am Verfahren zu beteiligen (§ 219 Nr. 4 FamFG).[38] Hinterbliebene in diesem Sinne sind jedoch nur diejenigen Angehörigen eines Ehegatten, auf deren Witwen/Witwer- oder Waisenversorgung sich die Abänderungsentscheidung auswirken kann (vgl. § 52 Rdn. 2).[39] Erben der Ehegatten sind grundsätzlich nicht am Verfahren beteiligt. Etwas anderes gilt nur dann, wenn der Antragsgegner **während** des Abänderungsverfahrens verstirbt (§ 31 Abs. 1 VersAusglG; vgl. § 52 Rdn. 7).

27   Ist der Abänderungsantrag zulässig, hat das Familiengericht für alle in die abzuändernde Entscheidung einbezogenen Anrechte **neue Auskünfte** der Versorgungsträger einzuholen, bei denen auch die auf den Ehezeitanteil zurückwirkenden tatsächlichen und rechtlichen Änderungen (§ 5 Abs. 2 Satz 2 VersAusglG) zu berücksichtigen sind. Im Hinblick auf den nach neuem Recht durchzuführenden Wertausgleich (§ 51 Abs. 1 VersAusglG) haben die Versorgungsträger den Ehezeitanteil in der für ihr Versorgungssystem maßgeblichen Bezugsgröße sowie den Ausgleichswert und ggf. den

---

38   OLG Celle NJW 2011, 1888 = FamRZ 2011, 1656 (LS); a.A. BGH FamRZ 1996, 283, 284: Erben zu beteiligen.
39   OLG Celle NJW 2011, 1888 = FamRZ 2011, 1656 (LS); Keidel/Weber § 226 FamFG Rn. 2; MüKo-ZPO/Stein § 226 FamFG Rn. 2.

korrespondierenden Kapitalwert zu berechnen (§ 5 Abs. 1 und 3 VersAusglG). Für die nach § 51 Abs. 2 VersAusglG vorzunehmende Prüfung einer wesentlichen Wertänderung benötigt das Gericht außerdem noch die Berechnung des Ehezeitanteils als Rentenbetrag (§ 52 Abs. 2 VersAusglG). Die Ehegatten können auch im Abänderungsverfahren eine Vereinbarung nach § 6 VersAusglG schließen. Eine solche Vereinbarung bedarf nicht der Form des § 7 VersAusglG, weil sie nicht mehr im Zusammenhang mit der Scheidung geschlossen wird.[40]

G. Entscheidung

Liegen die Abänderungsvoraussetzungen nicht vor, ist der Abänderungsantrag zurückzuweisen. Ist **28** die Abänderung zulässig, so ist die frühere Entscheidung durch eine Entscheidung nach neuem Recht zu ersetzen. Der Ausgleich ist nunmehr in der Form durchzuführen, dass die in den Ausgleich einbezogenen Anrechte nach den §§ 9–19 VersAusglG (intern oder extern) geteilt werden (§ 51 Abs. 1 VersAusglG). Mit der Abänderungsentscheidung erfolgt eine »**Totalrevision**« der früheren Entscheidung über den Wertausgleich. Der im Ursprungsverfahren durchgeführte Einmalausgleich in Richtung auf den gesamtausgleichsberechtigten Ehegatten wird rückgängig gemacht und durch einen Hin- und Her-Ausgleich jedes einzelnen Anrechts in den Ausgleichsformen des neuen Rechts ersetzt. Dies erfordert eine vollständige Neufassung der abzuändernden Entscheidung. Welche Teilungsform für die einzelnen Anrechte zur Anwendung kommt, richtet sich nach den §§ 10, 14 und 16 VersAusglG. Da auch die §§ 18 und 19 in § 51 Abs. 1 VersAusglG genannt sind, ist nach neuem Recht auch zu entscheiden, ob einzelne Anrechte wegen Geringfügigkeit oder fehlender Ausgleichsreife vom Wertausgleich auszuschließen sind. Im Fall des § 18 VersAusglG ist dann eine entsprechende Feststellung in den Tenor aufzunehmen (§ 224 Abs. 3 FamFG), im Fall des § 19 VersAusglG ist das vom Wertausgleich ausgenommene Anrecht (z.B. ein ausländisches Anrecht) in den Entscheidungsgründen zu benennen (§ 224 Abs. 4 FamFG). Das Gericht kann den Ausgleich einzelner Anrechte auch in Anwendung der Härteklausel des § 27 VersAusglG – ganz oder teilweise – ausschließen (§ 52 Abs. 1 VersAusglG i.V.m. § 226 Abs. 3 FamFG). Auch in diesem Fall ist eine negative Feststellung in den Tenor aufzunehmen (§ 224 Abs. 3 FamFG). Ferner sollte der nach § 52 Abs. 1 VersAusglG i.V.m. § 226 Abs. 4 FamFG maßgebende Zeitpunkt, ab dem die Wirkungen der Entscheidung eintreten, im Tenor genannt werden. Die Endentscheidung ist mit einer Kostenentscheidung zu verbinden (§§ 81, 82 FamFG).

Da Bewertungsstichtag auch im Abänderungsverfahren das Ende der Ehezeit ist (§ 5 Abs. 2 S. 1 **29** VersAusglG), wären grundsätzlich auch in der Abänderungsentscheidung alle Ausgleichswerte auf das Ende der Ehezeit zu beziehen. Zweckmäßiger ist es jedoch, die Ausgleichswerte mit ihren **auf den Zeitpunkt des Wirksamwerdens der Abänderungsentscheidung bezogenen Werten** zu titulieren.[41] Da der ausgleichsberechtigte Ehegatte auch an der nachehezeitlichen Wertentwicklung des ausgeglichenen Anrechts teilhat, sollte gewährleistet werden, dass ihm der aktuelle Ausgleichswert zugute kommt und nicht dessen bei Ehezeitende maßgebend gewesener Wert. Dies gilt umso mehr, als sich die Abänderungsentscheidungen entweder sofort oder doch jedenfalls binnen kurzer Zeit auf bereits laufende Versorgungen auswirken (vgl. § 52 Abs. 1 VersAusglG i.V.m. § 226 Abs. 2 4 FamFG). Würde der Ausgleichswert im Entscheidungstenor auf das Ehezeitende rückbezogen, müssten die Versorgungsträger die Aktualisierung selbst vornehmen, um die konkreten Auswirkungen auf die laufende Versorgung feststellen zu können. Darin läge nicht nur eine Fehlerquelle zum Nachteil des Ausgleichsberechtigten, sondern es würden dadurch u.U. auch Folgestreitigkeiten zwischen Ehegatten und Versorgungsträgern über die konkrete Umsetzung der Entscheidung über den VA ausgelöst. Da nach neuem Recht beim Ausgleichsvorgang keine Saldierung von Anrechten mehr erforderlich ist, spricht nichts dagegen, jedes einzelne Anrecht mit seinem aktuel-

---

40 OLG Celle NJW 2011, 1888 = FamRZ 2011, 1656 (LS).
41 Ebenso Bergner § 51 Anm. 9.2; Palandt/Brudermüller § 51 Rn. 16; a.A. Borth Rn. 1259; Johannsen/Henrich/Holzwarth § 51 Rn. 15; NK-FamR/Hauß § 51 Rn. 24.

len Ausgleichswert auszugleichen. Es muss lediglich vermieden werden, dass Steigerungen der Versorgung, die auf nicht mehr ehebezogenen persönlichen Umständen beruhen (z.B. »Karrieresprung«), mit berücksichtigt werden (s.o. Rdn. 14).

30 Für eine **auf den aktuellen Ausgleichswert abzielende Teilung** spricht auch noch ein weiterer Gesichtspunkt: Bei der Begründung eines Anrechts für den Ausgleichsberechtigten im Wege externer Teilung nach § 14 VersAusglG hat das Gericht gemäß § 222 Abs. 3 FamFG i.V.m. § 14 Abs. 4 VersAusglG den vom Versorgungsträger des Ausgleichspflichtigen an den Träger der Zielversorgung zu zahlenden Kapitalbetrag festzusetzen. Dieser Kapitalbetrag entspricht dem Ausgleichswert. Im Abänderungsverfahren kann es dabei nur um den aktuellen Ausgleichswert gehen, damit der Träger der Zielversorgung den zur Deckung der künftigen Versorgungsleistungen an den Ausgleichsberechtigten erforderlichen Kapitalstock erhält. Dass bei Abänderungsentscheidungen nicht das Ehezeitende der maßgebende Bewertungsstichtag ist, ergibt sich außerdem aus mit dem VAStrReG in das SGB VI eingefügten Bestimmungen über die Auswirkungen des VA. Danach werden die Entgeltpunkte, die dem Ausgleichsberechtigten aufgrund externer Teilung gutgeschrieben werden, ermittelt, indem der nach § 222 Abs. 3 FamFG festgesetzte Kapitalbetrag (nicht, wie bei einer Entscheidung im Scheidungsverbund, mit dem bei Ende der Ehezeit maßgebenden, sondern) mit dem bei Eingang des Abänderungsantrags maßgebenden Umrechnungsfaktor multipliziert wird (§ 76 Abs. 4 Satz 3 i.V.m. Satz 2 SGB VI). Entsprechendes gilt auch bei externer Teilung einer Beamtenversorgung nach § 16 VersAusglG; hier wird der (in einem Rentenbetrag ausgedrückte) Ausgleichswert in Entgeltpunkte umgerechnet, indem er (nicht durch den bei Ehezeitende maßgebenden, sondern) durch den bei Eingang des Abänderungsantrags maßgebenden aktuellen Rentenwert geteilt wird (§ 76 Abs. 4 Satz 3 i.V.m. Satz 1 SGB VI).

30a Bei Anrechten, die nicht in einem €-Wert ausgedrückt und mit Hilfe eines Anpassungsfaktors regelmäßig an die Einkommensentwicklung angepasst werden, braucht in der Abänderungsentscheidung überhaupt kein Bezugszeitpunkt genannt zu werden. Dies gilt z.B. für die Entgeltpunkte der gesetzlichen Rentenversicherung und für die Versorgungspunkte in der Zusatzversorgung des öffentlichen Dienstes.[42]

31 Gemäß § 226 Abs. 4 FamFG i.V.m. § 52 Abs. 1 VersAusglG wirkt die Abänderungsentscheidung mit Eintritt ihrer Rechtskraft auf den ersten Tag des Monats zurück, der auf den Monat der Antragstellung folgt. § 76 Abs. 4 Satz 3 SGB VI stellt demgegenüber auf den Zeitpunkt des Eingangs des Antrags ab. Diese Diskrepanz ist – unter Berücksichtigung des den VA beherrschenden Prinzips der Berechnung in Monatszeiträumen (vgl. § 3 Abs. 1 VersAusglG) – dahin zu lösen, dass maßgebender Bewertungsstichtag im Abänderungsverfahren das Ende des Monats der Antragstellung ist.[43]

32 Beispiel für die **Tenorierung** einer Abänderungsentscheidung:

▶ Das Urteil des Amtsgerichts – Familiengericht – X vom … (Aktenzeichen …) wird im Ausspruch zum Versorgungsausgleich (Ziffer … des Tenors) gemäß § 51 VersAusglG abgeändert und wie folgt neu gefasst:
(es folgt die Tenorierung nach neuem Recht, s. dazu § 10 Rdn. 9; § 14 Rdn. 26, allerdings unter Berücksichtigung des nach vorstehenden Rdn. 29–31 maßgebenden Bewertungsstichtags).

---

42 Ruland Rn. 1073 f.; vgl. auch OLG Celle FamRZ 2010, 979.

43 Anders Bergner § 51 Anm. 9.2, der eine Abstimmung mit allen Verfahrensbeteiligten für erforderlich hält und im Ergebnis für ein Abstellen auf den Monat des Wirksamwerdens der Abänderungsentscheidung, also den Monat nach Antragstellung, eintritt.

§ 52 VersAusglG   Durchführung einer Abänderung des öffentlich-rechtlichen Versorgungsausgleichs

(1) Für die Durchführung des Abänderungsverfahrens nach § 51 ist § 226 des Gesetzes über das Verfahren in Familiensachen und in den Angelegenheiten der freiwilligen Gerichtsbarkeit anzuwenden.

(2) Der Versorgungsträger berechnet in den Fällen des § 51 Abs. 2 den Ehezeitanteil zusätzlich als Rentenbetrag.

(3) Beiträge zur Begründung von Anrechten zugunsten der ausgleichsberechtigten Person sind unter Anrechnung der gewährten Leistungen zurückzuzahlen.

A. Norminhalt

§ 52 VersAusglG regelt – in Ergänzung des § 51 – das Verfahren bei Abänderung einer nach früherem Recht ergangenen Entscheidung über den öffentlich-rechtlichen Wertausgleich. Abs. 1 verweist pauschal auf die Vorschriften über die Abänderung einer nach neuem Recht ergangenen Entscheidung nach § 226 FamFG. Abs. 2 bestimmt in Ergänzung des § 5 Abs. 1 VersAusglG, dass der Versorgungsträger in den Fällen des § 51 Abs. 2 VersAusglG den Ehezeitanteil (ggf.) zusätzlich als Rentenbetrag zu berechnen hat. Abs. 3 regelt die Rückzahlung von Beiträgen, die aufgrund der abgeänderten Entscheidung geleistet worden waren.   1

B. Verfahrensrecht (Abs. 1)

I. Antragsberechtigung

Zur Stellung des Antrags nach § 51 Abs. 1 VersAusglG sind (wie nach dem früheren § 10a Abs. 4 VAHRG) die Ehegatten, im Falle ihres Ablebens ihre Hinterbliebenen sowie die von der Abänderung betroffenen Versorgungsträger **berechtigt** (§ 52 Abs. 1 VersAusglG i.V.m. § 226 Abs. 1 FamFG). Hinterbliebene sind nur solche Angehörigen eines Ehegatten, auf deren (Witwen/Witwer- oder Waisen-) Versorgung sich die Abänderung des VA vorteilhaft oder nachteilig auswirken kann.[1] Da eine Abänderung erst zu einem relativ späten Zeitpunkt zulässig ist (s. Rdn. 4), soll den Hinterbliebenen durch das eigene Antragsrecht die Möglichkeit gegeben werden, eine für ihre Versorgung vorteilhafte Abänderung zu erreichen, wenn der unmittelbar begünstigte Ehegatte bereits verstorben ist.[2] Ein beim Tode des ausgleichsberechtigten Ehegatten bereits anhängiges Verfahren können die Hinterbliebenen durch fristgebundene Erklärung gegenüber dem Familiengericht fortsetzen (s. Rdn. 7).   2

Das **Antragsrecht der Versorgungsträger** ist geschaffen worden, um Manipulationen der Ehegatten zulasten der Versorgungsträger zu verhindern.[3] Versorgungsträger können eine Abänderung allerdings nicht ausschließlich zu ihrem eigenen wirtschaftlichen Vorteil erreichen, denn gemäß § 51 Abs. 5 VersAusglG findet die Abänderung nur statt, wenn sie sich zugunsten eines Ehegatten oder seiner Hinterbliebenen auswirkt. Antragsberechtigt sind nur »betroffene« Versorgungsträger, d.h. solche, die durch die Abänderungsentscheidung unmittelbar in ihrer Rechtsstellung betroffen werden können. Dies trifft auf Versorgungsträger zu, bei denen Anrechte bestehen, die durch die Abänderungsentscheidung unmittelbar gekürzt oder erhöht werden können. Ein Versorgungsträger hat kein Antragsrecht, wenn ein bei ihm bestehendes Anrecht in der abzuändernden Entscheidung dem schuldrechtlichen VA vorbehalten worden war und nunmehr intern oder extern geteilt   3

---

1 OLG Celle NJW 2011, 1888 = FamRZ 2011, 1656 (LS).
2 BT-Drucks. 10/6369 S. 22.
3 BT-Drucks. 10/5447 S. 19.

werden könnte. Denn gemäß § 51 Abs. 1 VersAusglG unterliegen der Abänderung nur im Ursprungsverfahren in den Wertausgleich einbezogene Anrechte (vgl. § 51 Rdn. 10). Der Abänderungsantrag ist auch dann nicht zulässig, wenn der Versorgungsträger auf Teilhabe an der Hinterbliebenenversorgung (§ 25 VersAusglG) in Anspruch genommen wird.

II. Antragszeitpunkt

4 Gemäß § 52 Abs. 1 VersAusglG i.V.m. § 226 Abs. 2 VersAusglG ist der Antrag erst zulässig, wenn ein Ehegatte entweder bereits Versorgungsleistungen bezieht, auf die sich die Abänderungsentscheidung auswirken kann, oder ein vom VA beeinflusster Versorgungsbezug unmittelbar bevorsteht, d.h. innerhalb der nächsten sechs Monate zu erwarten ist. Damit wird die Zulässigkeit des Abänderungsantrags gegenüber § 10a VAHRG a.F., wonach der Antrag von einem Ehegatten schon ab Vollendung des 55. Lebensjahres gestellt werden konnte, näher an den Eintritt des Versorgungsfalles herangeschoben. Hierdurch soll verhindert werden, dass bis zum Eintritt des Versorgungsfalles noch ein weiteres Abänderungsverfahren stattfinden kann.[4] Leistungsbeginn ist entweder der erstmalige Leistungsbezug eines Ehegatten aus dem Anrecht, dessen Ausgleichswert abgeändert werden soll, oder der Zeitpunkt, zu dem der Antragsteller durch die Abänderung voraussichtlich die Leistungsvoraussetzungen erfüllen wird.

III. Härtefälle

5 § 52 Abs. 1 VersAusglG i.V.m. § 27 VersAusglG ermöglicht es dem Gericht, die **Billigkeit** der Abänderungsentscheidung, die bei strikter Anwendung des § 51 VersAusglG zu treffen wäre, zu überprüfen und ggf. im Einzelfall korrigierend einzugreifen. Dabei sind alle Umstände zu berücksichtigen, die auch im Rahmen der Erstentscheidung von Bedeutung sein können, insbesondere die wirtschaftlichen Verhältnisse beider Ehegatten. In diesem Zusammenhang kann auch der nacheheliche Erwerb von Versorgungsanrechten oder sonstigem zur Alterssicherung geeignetem Vermögen in die Betrachtung einbezogen werden.[5]

IV. Wirkung der Abänderungsentscheidung

6 Grundsätzlich wird eine (End-)Entscheidung über den VA erst mit der Rechtskraft wirksam (§ 224 Abs. 1 FamFG). Abweichend hiervon bestimmt § 52 Abs. 1 VersAusglG i.V.m. § 226 Abs. 4 FamFG, dass die **Abänderungsentscheidung auf den Zeitpunkt des der Antragstellung folgenden Monatsersten zurückwirkt.** Ein Ausgleichsberechtigter, der bereits Versorgungsleistungen bezieht, erhält rückwirkend ab Antragstellung die zunächst einbehaltenen Kürzungsbeträge vom Versorgungsträger nachgezahlt. Daraus folgt, dass der Ausgleichsberechtigte einen Abänderungsantrag möglichst frühzeitig stellen sollte. Unter Antragstellung i.S. der Vorschrift ist der Eingang des Antrags beim Familiengericht zu verstehen; auf eine eventuelle Zustellung des Antrags an andere Beteiligte kommt es nicht an, da eine solche im nicht streitigen FamFG-Verfahren nicht vorgeschrieben ist.[6] Haben beide Ehegatten einen Antrag gestellt, so wirkt die Entscheidung auf den Zeitpunkt zurück, in dem der erste Antrag beim Gericht eingegangen ist. Das gilt auch dann, wenn dieser Antrag zurückgenommen worden ist, nachdem der zweite Antrag eingegangen war. Denn da der Antrag nach § 51 Abs. 1 VersAusglG nur verfahrensrechtliche Bedeutung hat (vgl. § 51 Rdn. 7), das Verfahren aber aufgrund eines weiteren anhängigen Antrags fortzusetzen ist, kann sich die Rücknahme auf den Zeitpunkt der Wirksamkeit der in dem fortzusetzenden Verfahren ergehenden Entscheidung nicht auswirken (vgl. auch zur Bestimmung des Ehezeitendes bei

---

4 BT-Drucks. 16/10144 S. 98.
5 BT-Drucks. 16/10144 S. 98.
6 Keidel/Sternal § 23 Rn. 11; Schulte-Bunert/Weinreich/Brinkmann § 23 Rn. 10; vgl. zum früheren Recht BGH FamRZ 1998, 1504, 1505.

beiderseitigen Scheidungsanträgen § 3 Rdn. 10). Anders liegt es hingegen, wenn der zweite Antrag erst gestellt wird, nachdem der erste wirksam zurückgenommen worden ist. In diesem Fall war das Verfahren mit der Rücknahme des ersten Antrags beendet, und der zweite Antrag leitet ein neues Verfahren ein, in dem auch der Zeitpunkt der Wirksamkeit der Entscheidung neu zu bestimmen ist. Bezieht mindestens einer der Ehegatten bereits eine der in den Ausgleich fallenden Versorgungen, empfiehlt es sich in jedem Fall, den Wirkungszeitpunkt in den Entscheidungstenor aufzunehmen, um späterem Streit darüber vorzubeugen.

V. Tod eines Ehegatten

Stirbt der antragstellende Ehegatte vor Rechtskraft der Endentscheidung, endet grundsätzlich   7
das Verfahren. Die übrigen gemäß § 52 Abs. 1 VersAusglG i.V.m. § 226 Abs. 2 FamFG antragsberechtigten Beteiligten haben jedoch die Möglichkeit, eine Fortsetzung des Verfahrens zu erreichen. Das Gericht hat sie darauf hinzuweisen, dass das Verfahren nur fortgesetzt wird, wenn sie dies innerhalb einer Frist von einem Monat durch Erklärung gegenüber dem Gericht verlangen (§ 52 Abs. 1 VersAusglG i.V.m. § 226 Abs. 5 Satz 1 FamFG). Die Frist beginnt erst zu laufen, wenn dem Beteiligten der gerichtliche Hinweis zugeht. Es handelt sich um eine Ausschlussfrist. Ist sie abgelaufen, ohne dass ein Beteiligter die Fortsetzung beantragt hat, gilt das Abänderungsverfahren als in der Hauptsache erledigt (§ 226 Abs. 5 Satz 2 FamFG). Die Versäumung der Ausschlussfrist steht allerdings der Einleitung eines anschließenden eigenständigen Abänderungsverfahrens aufgrund eines neuen Antrags nicht entgegen.[7] Nach dem **Tod des Antragsgegners** wird das Abänderungsverfahren von Amts wegen gegen dessen Erben – als Verfahrensstandschafter – fortgesetzt (§ 226 Abs. 5 Satz 3 FamFG), nicht gegen seine Hinterbliebenen.[8] War der Antragsgegner anwaltlich vertreten, kann das Verfahren entsprechend §§ 239, 246 ZPO ausgesetzt und wieder aufgenommen werden. § 226 Abs. 5 Satz 3 FamFG greift auch ein, wenn ein Versorgungsträger das Verfahren als Antragsteller eingeleitet hat; in diesem Fall sind beide Ehegatten bzw. deren Hinterbliebene Antragsgegner.[9] Ist der Abänderungsantrag von einem Ehegatten erst nach dem Tod des anderen Ehegatten gestellt worden, kommt § 226 Abs. 5 Satz 3 FamFG nicht zur Anwendung. In diesem Fall sind (nur) Hinterbliebene des verstorbenen Ehegatten am Verfahren zu beteiligen, auf deren Versorgung sich die Abänderungsentscheidung auswirken kann (vgl. § 51 Rdn. 26); § 31 Abs. 1 S. 1 VersAusglG ist auf diesen Fall nicht anzuwenden.[10]

C. Berechnung des Ehezeitanteils als Rentenbetrag (Abs. 2)

Nach § 52 Abs. 2 VersAusglG hat der Versorgungsträger in den Fällen des § 51 Abs. 2 VersAusglG   8
(wesentliche Wertänderung eines im Ursprungsverfahren nicht dynamisierten Anrechts) den **Ehezeitanteil** eines Anrechts, dessen Bezugsgröße (i.S. des § 5 Abs. 1 VersAusglG) nicht ohnehin ein Rentenbetrag ist, **auch als Rentenbetrag mitzuteilen.** Die Berechnung des Rentenbetrages ist zusätzlich zur Angabe des Ehezeitanteils in der für das Versorgungssystem maßgeblichen Bezugsgröße (§ 5 Abs. 1 VersAusglG) und ggf. in einem korrespondierenden Kapitalwert (§ 5 Abs. 3 VersAusglG) vorzunehmen. Die Angabe des Rentenbetrages ist erforderlich, um einen Vergleich des aktuellen Ausgleichswerts mit dem in der Ursprungsentscheidung zugrunde gelegten Ausgleichswert vornehmen zu können, denn in der Erstentscheidung wurde der Ehezeitanteil nur als Rentenbetrag ausgedrückt. Der Rentenbetrag ist auf das Ende der Ehezeit zu beziehen, jedoch unter Berücksichtigung auf das Ehezeitende zurückwirkender rechtlicher und tatsächlicher Veränderun-

---

7 BGH FamRZ 1998, 1504, 1505.
8 BT-Drucks. 10/6369 S. 23; OLG Braunschweig FamRZ 2001, 1153.
9 BGH FamRZ 1990, 1339, 1340.
10 OLG Celle NJW 2011, 1888; vgl. auch Borth FamRZ 2010, 1908; a.A. BGH FamRZ 1996, 282, 283, wonach das Abänderungsverfahren gegen die Erben betrieben werden soll.

gen (§ 5 Abs. 2 VersAusglG). In der für das Versorgungssystem maßgeblichen Bezugsgröße benötigt das Gericht den Ausgleichswert, um die Teilung nach neuem Recht vornehmen zu können. Dieser Ausgleichswert ist (auch) auf den Zeitpunkt des Wirksamwerdens der Abänderungsentscheidung, d.h. auf das Ende des Monats der Antragstellung zu beziehen, damit der Ausgleichsberechtigte an der Dynamik des Anrechts zwischen Ehezeitende und Wirksamwerden der Abänderungsentscheidung beteiligt wird (s. § 51 Rdn. 29 ff.).

9   In den Fällen des § 51 Abs. 3 VersAusglG (wesentliche Wertänderung bei dynamisierten Anrechten) ist keine zusätzliche Berechnung eines Rentenbetrages erforderlich, da es in diesen Fällen auf den Vergleich des ursprünglichen mit dem aktualisierten Ehezeitanteil ankommt.[11]

D. Rückzahlung von Beiträgen (Abs. 3)

10   § 52 Abs. 3 VersAusglG regelt den Fall, dass der ausgleichspflichtige Ehegatte aufgrund einer nach früherem Recht ergangenen Entscheidung über den VA oder aufgrund einer Vereinbarung **Beiträge zur Begründung von Anrechten** für den anderen Ehegatten **gezahlt** hat. In Betracht kommen etwa Beitragszahlungen in die gesetzliche Rentenversicherung aufgrund gerichtlicher Anordnung nach § 1587b Abs. 3 BGB a.F. oder nach § 3b Abs. 1 Nr. 2 VAHRG a.F. sowie Zahlungen in eine private Rentenversicherung aufgrund einer anderweitigen Regelung des Gerichts nach § 1587b Abs. 4 BGB a.F. Ergeht eine Abänderungsentscheidung nach den §§ 51, 52 VersAusglG, sind diese Beiträge an den Ausgleichspflichtigen zurückzuzahlen. Da das auszugleichende Anrecht mit der Abänderungsentscheidung (in vollem Umfang) intern oder extern geteilt wird, entfällt der Rechtsgrund für die erfolgte Beitragszahlung. Die aus dem begründeten Anrecht an den Ausgleichsberechtigten oder dessen Hinterbliebene gewährten Leistungen sind anzurechnen. Dazu gehören nicht nur Rentenbeträge, sondern auch sonstige Leistungen, die der Versorgungsträger aus dem begründeten Anrecht erbracht hat wie z.B. in der gesetzlichen Rentenversicherung Übergangsgeld oder Rehabilitationsleistungen.[12]

11   **Rückzahlungspflichtig** ist i.d.R. der Versorgungsträger, also z.B. der Träger der gesetzlichen Rentenversicherung, an den die Beiträge geleistet worden sind. Der Ausgleichsberechtigte ist rückzahlungspflichtig, wenn er selbst die Beitragszahlung erhalten hat, um sie in einer privaten Rentenversicherung oder anderweitig anzulegen. Eine Rückzahlungspflicht des Ausgleichsberechtigten kommt aber auch in Betracht, wenn der Ausgleichspflichtige die Zahlungen direkt an einen privaten Versorgungsträger geleistet hat, denn ohne dessen Einwilligung ist ein mit einer Rückzahlungsverpflichtung verbundener Eingriff in das private Vertragsverhältnis nicht möglich.[13] Eine Verzinsung des Rückzahlungsbetrages ist gesetzlich bewusst nicht vorgesehen.[14] Besteht der Anspruch gegen einen Rentenversicherungsträger, kommt aber ab Rechtskraft der Abänderungsentscheidung ein Zinsanspruch nach § 44 Abs. 1 SGB I in Betracht.[15]

12   Abweichend vom früheren Recht (§ 10a Abs. 8 VAHRG a.F.) muss die Rückzahlungsverpflichtung **nicht vom Familiengericht ausgesprochen** werden. Sie ergibt sich vielmehr als unmittelbare gesetzliche Rechtsfolge der Abänderung.[16] Kommt der Rückzahlungspflichtige der Verpflichtung nicht nach oder besteht Streit über die Höhe der Rückzahlungsverpflichtung, muss der Ehegatte, dem der Erstattungsanspruch zusteht, sein Recht notfalls gesondert gerichtlich geltend machen. Gegen einen Rentenversicherungsträger müsste ggf. der Sozialgerichtsweg beschritten werden. Ein gegen den anderen Ehegatten bestehender Anspruch müsste vor dem Familiengericht geltend

---

11 BT-Drucks. 16/10144 S. 90.
12 Ruland Rn. 1072.
13 BT-Drucks. 10/5447 S. 21; Johannsen/Henrich/Holzwarth § 52 Rn. 6.
14 BT-Drucks. 10/5447 S. 21.
15 Borth Rn. 1258; Ruland Rn. 1072.
16 BT-Drucks. 16/10144 S. 91.

gemacht werden, wobei offen ist, ob der Antrag den VA i.S. der §§ 111 Nr. 7, 217 FamFG oder eine sonstige Familiensache i.S. der §§ 111 Nr. 10, 266 Abs. 1 Nr. 2 FamFG betrifft.

Hat der Ausgleichspflichtige Zahlungen an seinen eigenen Versorgungsträger geleistet, um die 13 durch den VA eingetretene **Kürzung seiner Versorgung abzuwenden** (vgl. dazu § 10 Rdn. 21, 24), so erhält er nach Erlass einer Abänderungsentscheidung vom Träger der gesetzlichen Rentenversicherung oder der Beamtenversorgung den Betrag erstattet, der unter Berücksichtigung der Abänderung überzahlt ist (§ 187 Abs. 7 SGB VI, § 58 Abs. 4 BeamtVG).

§ 53 VersAusglG   Bewertung eines Teilausgleichs bei Ausgleichsansprüchen nach der Scheidung

Ist bei Ausgleichsansprüchen nach der Scheidung gemäß den §§ 20 bis 26 ein bereits erfolgter Teilausgleich anzurechnen, so ist dessen Wert mithilfe der aktuellen Rentenwerte der gesetzlichen Rentenversicherung zu bestimmen.

§ 53 VersAusglG regelt, in welcher Weise ein nach früherem Recht durchgeführter **öffentlich-** 1 **rechtlicher Teilausgleich** in einem ab dem 01.09.2009 anhängig gewordenen und deshalb gemäß § 48 Abs. 1 VersAusglG nach neuem Recht durchzuführenden **Verfahren über Ausgleichsansprüche nach der Scheidung** (§§ 20–26 VersAusglG) zu berücksichtigen ist. Während das neue Recht für ausgleichsreife Anrechte stets einen vollständigen Wertausgleich ermöglicht, enthielt das frühere Recht Vorschriften, die den öffentlich-rechtlichen VA auf bestimmte Höchstbeträge begrenzten. So sah § 1587b Abs. 5 BGB i.V.m. § 76 Abs. 2 Satz 3 SGB VI a.F. einen Höchstbetrag für die Begründung von Anrechten in der gesetzlichen Rentenversicherung vor, der dazu führte, dass hohe Anrechte des Ausgleichspflichtigen insbesondere in der Beamtenversorgung und der berufsständischen Versorgung nicht vollständig im Wertausgleich bei der Scheidung ausgeglichen werden konnten, sondern gemäß § 1587f Nr. 2 BGB a.F. dem schuldrechtlichen VA vorbehalten werden mussten. Anrechte des Ausgleichspflichtigen bei einem privaten Versorgungsträger, der keine Realteilung nach § 1 Abs. 2 VAHRG a.F. zuließ, konnten nur bis zu einem bestimmten Höchstbetrag durch erweitertes Splitting oder Quasi-Splitting nach § 3b Abs. 1 Nr. 1 VAHRG ausgeglichen werden. Der Rest blieb dem schuldrechtlichen VA vorbehalten, sofern insoweit nicht eine Beitragszahlungsanordnung nach § 3b Abs. 1 Nr. 2 VAHRG möglich war.

Im Verfahren über Ausgleichsansprüche nach der Scheidung ist der Ausgleichswert eines Anrechts 2 mit seinem Nominalwert unter Berücksichtigung der seit Ehezeitende erfolgten allgemeinen Wertanpassungen zugrunde zu legen (§ 5 Abs. 4 Satz 2 VersAusglG; vgl. § 20 Rdn. 25–27). Deshalb muss auch der auf die Ausgleichsrente nach § 20 VersAusglG oder den Kapital-Ausgleichswert nach § 22 VersAusglG **anzurechnende öffentlich-rechtliche Teilausgleich**, der gemäß § 5 Abs. 2 Satz 1 VersAusglG auf das Ehezeitende zu beziehen war, **aktualisiert** werden. Diese Aktualisierung hat nach § 53 VersAusglG mithilfe der aktuellen Rentenwerte der gesetzlichen Rentenversicherung zu erfolgen. Damit ist die frühere Rechtsprechung des BGH,[1] der grundsätzlich eine »Rückdynamisierung« von nach § 1587a Abs. 3 BGB a.F. umgewerteten Anrechten verlangt und eine Ausnahme nur für den Fall zugelassen hatte, dass die Dynamisierung mit den Umrechnungswerten einer nicht mehr geltenden Fassung der BarwertVO stattgefunden hatte, obsolet.[2]

Zum Zweck der **Aktualisierung** ist der im Ursprungsverfahren tatsächlich öffentlich-rechtlich aus- 3 geglichene (auf das Ehezeitende bezogene) Betrag mit dem aktuellen Rentenwert zum Zeitpunkt der Abänderungsentscheidung zu multiplizieren und durch den aktuellen Rentenwert bei Ehezeit-

---

1 BGH FamRZ 2000, 89, 92; 2005, 1464, 1465; 2007, 2055, 2056.
2 BT-Drucks. 16/10144 S. 91.

ende zu dividieren. Unerheblich ist dabei, ob der Ausgleichswert des Anrechts ohne oder mit vorangehender Dynamisierung ermittelt worden ist. Mit dem »aktuellen Rentenwert« ist der aktuelle Rentenwert i.S. des § 68 SGB VI gemeint (vgl. dazu die Tabelle § 43 Rdn. 21). Dieser (und nicht der aktuelle Rentenwert [Ost] i.S. des § 255a SGB VI) ist auch dann zur Aktualisierung des anzurechnenden Teilausgleichsbetrages heranzuziehen, wenn es sich bei dem ausgeglichenen Anrecht um ein (in den neuen Bundesländern erworbenes) angleichungsdynamisches Anrecht gehandelt hat.

▶ **Beispiel:**

Ende der Ehezeit: 30.11.1993. Bei der Scheidung im Jahre 1994 wurde eine betriebliche Versorgungsanwartschaft des ausgleichspflichtigen M berücksichtigt, deren Ehezeitanteil nach Umwertung gemäß § 1587a Abs. 3 Nr. 2 BGB a.F. i.V.m. der BarwertVO monatlich 250 DM betrug. Der hälftige Ausgleichswert von monatlich 125 DM wurde in Höhe des am Ende der Ehezeit maßgebenden Höchstbetrages von monatlich 74,20 DM (= 37,94 €) durch erweitertes Splitting nach § 3b Abs. 1 Nr. 1 VAHRG ausgeglichen, der Rest bliebt dem schuldrechtlichen VA vorbehalten.

Ab Oktober 2012 bezieht M die Betriebsrente, und die ausgleichsberechtigte F beantragt die schuldrechtliche (Rest-) Ausgleichsrente nach § 20 VersAusglG. Der Ehezeitanteil der laufenden Betriebsrente beträgt monatlich 200 €, die Ausgleichsrente nach § 20 VersAusglG (: 2 =) monatlich 100 €.

Der aktualisierte öffentlich-rechtliche Teilausgleich beträgt 37,94 € × 28,07 (aktueller Rentenwert im Oktober 2012) : 22,74738 (aktueller Rentenwert am 30.11.1993, umgerechnet von DM in € durch Division mit dem Umrechnungskurs von 1,95583) = 46,82 €. Die Ausgleichsrente von monatlich 100 € ist um monatlich 46,82 € auf monatlich 53,18 € zu kürzen.

§ 54 VersAusglG   Weiter anwendbare Übergangsvorschriften des Ersten Gesetzes zur Reform des Ehe- und Familienrechts und des Gesetzes über weitere Maßnahmen auf dem Gebiet des Versorgungsausgleichs für Sachverhalte vor dem 1. Juli 1977

Artikel 12 Nr. 3 Satz 1, 4 und 5 des Ersten Gesetzes zur Reform des Ehe- und Familienrechts vom 14. Juni 1976 (BGBl. I S. 1421), das zuletzt durch Artikel 142 des Gesetzes vom 19. April 2006 (BGBl. I S. 866) geändert worden ist, und Artikel 4 § 4 des Gesetzes über weitere Maßnahmen auf dem Gebiet des Versorgungsausgleichs vom 8. Dezember 1986 (BGBl. I S. 2317), das zuletzt durch Artikel 143 des Gesetzes vom 19. April 2006 (BGBl. I S. 866) geändert worden ist, sind in der bis zum 31. August 2009 geltenden Fassung weiterhin anzuwenden.

1   § 54 VersAusglG ordnet an, dass einige Bestimmungen des 1. EheRG[1] sowie des VersAusglMaßnG,[2] die zum Zweck der Rechtsbereinigung an sich gemäß Art. 21 und Art. 23 Nr. 3 VAStrReG aufgehoben werden, für Sachverhalte vor dem 01.07.1977 weiterhin anzuwenden sind. Mit dem 1. EheRG wurde das Scheidungs- und Scheidungsfolgenrecht neu geregelt und u.a. der VA als neues Rechtsinstitut eingeführt (vgl. vor § 1 Rdn. 1). Art. 12 Nr. 3 des 1. EheRG enthielt Übergangsvorschriften, die die Anwendung des (damals) neuen Rechts auf vor dem 01.07.1977 geschlossene Ehen regelten. Das VersAusglMaßnG, mit dem das VAHRG ergänzt und dessen Gel-

---

1   Erstes Gesetz zur Reform des Ehe- und Familienrechts vom 14.07.1976, BGBl. I S. 1421, in Kraft getreten am 01.07.1977.
2   Gesetz über weitere Maßnahmen auf dem Gebiet des Versorgungsausgleichs vom 08.12.1986, BGBl. I S. 2317.

tungsdauer verlängert wurde, enthielt in Art. 4 § 4 eine Vorschrift, die sich auf Fälle mit einem Ehezeitende vor dem 01.07.1977 bezog. Aufgrund Zeitablaufs werden die mit § 54 VersAusglG prolongierten Bestimmungen kaum noch praktische Bedeutung erlangen. Die aufrechterhaltenen Bestimmungen lauten:

Art. 12 Nr. 3 Satz 1 des 1. EheRG: 2

Für die Scheidung der Ehe und die Folgen der Scheidung gelten die Vorschriften dieses Gesetzes auch dann, wenn die Ehe vor seinem Inkrafttreten geschlossen worden ist.

Damit wird klargestellt, dass ein VA auch durchzuführen ist, wenn die Ehegatten vor dem 01.07.1977 geheiratet haben.

Art. 12 Nr. 3 Satz 4 und 5 des 1. EheRG: 3

Die §§ 1587 bis 1587p des Bürgerlichen Gesetzbuchs in der Fassung von Artikel 1 Nr. 20 sind auf Ehen, die nach den bisher geltenden Vorschriften geschieden worden sind, nicht anzuwenden.

Das Gleiche gilt für Ehen, die nach dem Inkrafttreten dieses Gesetzes geschieden werden, wenn der Ehegatte, der nach den Vorschriften dieses Gesetzes einen Ausgleichsanspruch hätte, von dem anderen vor Inkrafttreten dieses Gesetzes durch Übertragung von Vermögensgegenständen für künftige Unterhaltsansprüche endgültig abgefunden worden ist oder wenn die nach den Vorschriften dieses Gesetzes auszugleichenden Anwartschaften oder Aussichten auf eine Versorgung Gegenstand eines vor Inkrafttreten dieses Gesetzes abgeschlossenen Vertrages sind.

Die Vorschriften stellen klar, dass ein (auch nachträglicher) VA ausscheidet, wenn die Scheidung nach dem bis 30.06.1977 geltenden Recht ausgesprochen wurde oder wenn die Scheidung zwar nach dem ab dem 01.07.1977 geltenden Recht geschieden wurde, die Ehegatten sich aber vor dem 01.07.1977 auf eine umfassende Unterhaltsabfindung geeinigt oder einen Vertrag über die den Gegenstand des (künftigen) VA bildenden Anrechte geschlossen haben.

Die in Art. 21 VAStrReG weiter genannten Sätze 6 und 7 des Art. 12 Nr. 3, die eine besondere Härteregelung für Ehen enthielten, in denen die Ehegatten bereits vor dem 01.07.1977 getrennt gelebt hatten und eine Ehescheidung nach früherem Eherecht allein am Widerspruch des ausgleichsberechtigten Ehegatten gescheitert war, sind infolge Zeitablaufs gegenstandslos geworden.[3]

Art. 4 § 4 VersAusglMaßnG: 4

Liegt das Ende der Ehezeit vor dem 1. Juli 1977, so ist für die Anwendung des § 3b Abs. 1 Nr. 1, §§ 3c, 10a Abs. 2 Satz 2 und § 10b des Gesetzes zur Regelung von Härten im Versorgungsausgleich als monatliche Bezugsgröße der Wert von 1.850 Deutsche Mark zugrunde zu legen.

Die Vorschrift bestimmt die in einzelnen §§ des VAHRG in Bezug genommene monatliche Bezugsgröße nach § 18 Abs. 1 SGB VI für Fälle mit einem Ehezeitende vor dem 01.07.1977, weil eine Bezugsgröße für die Zeit vor Inkrafttreten des SGB IV noch nicht bestand.[4]

---

3 BT-Drucks. 16/10144 S. 91.
4 BT-Drucks. 10/6369 S. 29.

Bürgerliches Gesetzbuch – BGB (§§ 1588–1772)

Titel 8 Kirchliche Verpflichtungen

§ 1588 Kirchliche Verpflichtungen

Die kirchlichen Verpflichtungen in Ansehung der Ehe werden durch die Vorschriften dieses Abschnitts nicht berührt.

Die **bürgerlich-rechtliche** Ehe bestimmt sich nach den Vorschriften des BGB.[1] Die **kirchliche** Ehe 1
mit den Verpflichtungen ihrer Kirchenangehörigen regeln die innerkirchlichen Rechtsvorschriften und Ordnungen. Nach § 67 PstG a.F. durfte die kirchliche Trauung erst nach der bürgerlichen Eheschließung vor dem Standesbeamten vorgenommen werden. Seit 01.01.2009 können sich aufgrund der Abschaffung des Verbots der religiösen Voraustrauung die Beteiligten vor und unabhängig von einer standesamtlichen Trauung – vorbehaltlich der innerkirchlichen Bestimmungen – kirchlich trauen lassen.[2] Allerdings begründet nur die wirksame Trauung durch einen Standesbeamten die Ehe im rechtlichen Sinne mit ihren wechselseitigen Rechten und Pflichten: Wird lediglich die kirchliche Trauung vollzogen, entstehen diese Rechte und Pflichten nicht; bürgerlich-rechtlich lebt das Paar in nichtehelicher Lebensgemeinschaft.

Abschnitt 2 Verwandtschaft

Titel 1 Allgemeine Vorschriften

§ 1589 Verwandtschaft

(1) [1]Personen, deren eine von der anderen abstammt, sind in gerader Linie verwandt. Personen, die nicht in gerader Linie verwandt sind, aber von derselben dritten Person abstammen, sind in der Seitenlinie verwandt. Der Grad der Verwandtschaft bestimmt sich nach der Zahl der sie vermittelnden Geburten.

(2) *(weggefallen)*

Die Norm regelt den **Rechtsbegriff** »**Verwandtschaft**«. Dieser ist im Zivilrecht maßgeblich vor 1
allem als Voraussetzung von Unterhaltspflichten nach §§ 1601 ff., als Ehehindernis nach § 1307[1] und für das gesetzliche Erbrecht nach §§ 1924–1930, 2303 ff. Auch im Prozessrecht (z.B. § 6 Abs. 1 FamFG i.V.m. §§ 41 Nr. 3, 383 Abs. 1 Nr. 3 ZPO, §§ 22 Nr. 3, 52 Abs. 1 Nr. 3 StPO) sowie in anderen Rechtsbereichen (vgl. etwa §§ 3, 6, 7 BeurkG) ist bei Verwendung des Begriffs »Verwandte« die Definition des § 1589 heranzuziehen. Verwandtschaft in diesem rechtlichen Sinne ist dabei streng zu unterscheiden vom gleichlautenden, aber inhaltlich viel weiteren umgangssprachlichen Begriff. »Onkel«, »Tante«, »Cousine«, »Vetter« usw. sind der Rechtssprache unbekannt; in rechtlichen Zusammenhängen sind diese Personen ausschließlich in der Diktion des § 1589 benannt und dementsprechend auch nur so zu bezeichnen.

---

1 Alle §§ in den §§ 1588–1590 ohne nähere Bezeichnung beziehen sich auf das BGB.
2 Vgl PStV vom 22.11.2008 – BGBl I 2263, dazu BR-Drucks. 713/08.
1 Gleichartig in § 1 Abs. 2 LPartG.

2   Zentrales Tatbestandsmerkmal zur Begründung von Verwandtschaft ist die **Abstammung.** Dies ergibt sich für seit 01.07.1998[2] geborene Kinder hinsichtlich der Abstammung von der Mutter aus § 1591, hinsichtlich der Abstammung vom Vater aus §§ 1592 ff. Steht danach die Abstammung fest, ist es für die Verwandtschaft unerheblich, ob das Kind innerhalb oder außerhalb einer Ehe geboren ist. Für vor dem 01.07.1998 geborene Kinder richtet sich die Abstammung über Art. 224 § 1 EGBGB nach den bis dahin geltenden Vorschriften: Die Abstammung von der Mutter war gesetzlich nicht geregelt; gewohnheitsrechtlich galt jedoch derselbe Rechtssatz wie in § 1591 heutiger Fassung.[3] Die Abstammung vom Vater ergab sich bei ehelichen Kindern aus § 1593 (a.F.), bei nichtehelichen Kindern seit dem 01.07.1970 aus §§ 1600a (a.F.). Für vor dem 01.07.1970 geborene und nicht später nach §§ 1600a ff. anerkannte nichteheliche Kinder gilt darüber hinaus die Überleitungsregelung in Art. 12 §§ 1 und 3 NEhelG.

3   Der vorstehend dargestellten Abstammung mit der Rechtsfolge Verwandtschaft ist in bestimmtem Umfang gleichgestellt die durch **Adoption** (Annahme als Kind) begründete Rechtsbeziehung.[4] Hierbei gilt als Grundsatz die Regelung in § 1754 Abs. 1, 2, wonach das adoptierte Kind die rechtliche Stellung eines Kindes des/der Annehmenden erhält und damit im Rechtssinne mit diesen verwandt wird, was sich auf die Verwandten des/der Annehmenden sowie des Angenommenen erstreckt. Umgekehrt erlöschen grds. die Verwandtschaftsverhältnisse des angenommenen Kindes und seiner Abkömmlinge zu seinen bisherigen Verwandten (§ 1755). Allerdings gilt dies uneingeschränkt nur für seit 01.01.1977[5] minderjährig Adoptierte, die mit dem/den Annehmenden nicht bereits verwandt oder verschwägert sind. Ausnahmen gelten bei der Verwandten- und der Stiefkindadoption (§ 1756) sowie bei der Adoption Volljähriger (§ 1770). Besonderheiten gelten für vor dem 01.01.1977 Adoptierte (Art. 12 §§ 1–3 AdoptG).

4   Verwandtschaft im Rechtssinne gibt es in zwei Formen: In **gerader Linie** sind Personen miteinander verwandt, wenn die eine unmittelbar oder mittelbar von der anderen abstammt (§ 1589 S. 1). Dies trifft zu für Eltern und ihre Kinder, Großeltern und ihre Enkel, Urgroßeltern und ihre Urenkel usw. Verwandtschaft in der **Seitenlinie** liegt vor, wenn die betreffenden Personen zwar nicht voneinander abstammen, jedoch beide von derselben dritten Person (§ 1589 S. 2), also einen gemeinsamen Vorfahren haben. Dies gilt für voll- und halbbürtige Geschwister untereinander, für Kinder einerseits und die Geschwister ihrer Eltern sowie deren Abkömmlinge andererseits, für Enkel einerseits und die Geschwister ihrer Großeltern sowie deren Abkömmlinge andererseits usw.

5   Der **Grad** der Verwandtschaft in gerader Linie wie auch in der Seitenlinie wird durch die Zahl der die Verwandtschaft vermittelnden Geburten bestimmt (§ 1589 S. 3). Die Ermittlung des Verwandtschaftsgrads erfolgt danach in der Weise, dass die Anzahl der Personen festgestellt wird, welche im Abstammungsgefüge die Verbindung zwischen den beiden betroffenen Verwandten herstellen; hierbei ist von den beiden betroffenen Verwandten nur einer mitzuzählen. Die eigenen Kinder und Eltern sind Verwandte ersten Grades (eine vermittelnde Geburt), Großeltern, Enkelkinder und Geschwister solche zweiten Grades (zwei vermittelnde Geburten), Onkel, Tanten, Neffen und Nichten (drei vermittelnde Geburten) sind im dritten Grad verwandt usw.

▶ **Beispiele**

  Mutter und Tochter sind im ersten Grad miteinander verwandt, Großvater und Enkel im zweiten Grad in gerader Linie. In der Seitenlinie sind Bruder und Schwester im zweiten Grad miteinander verwandt,[6] das Kind und der Bruder des Vaters (»Onkel«) im dritten Grad.

---

2 Inkrafttreten der Kindschaftsrechtsreform.
3 Vgl etwa OLG Bremen FamRZ 1995, 1291.
4 Vgl die Formulierung in § 1308 BGB: »... Verwandtschaft ... durch Annahme als Kind begründet ...«.
5 *Inkrafttreten der Adoptionsrechtsreform durch das Adoptionsgesetz vom 02.07.1976 (BGBl I 1749 – AdoptG).*
6 Einen ersten Grad gibt es in der Seitenlinie nicht.

Bei **Auslandsbezug** bestimmt sich das auf die Abstammung – und damit die Verwandtschaft – anzuwendende Recht kollisionsrechtlich nach Art. 19 und Art. 20 EGBGB. Bei Statusfeststellungen, die in der ehemaligen **DDR** erfolgt sind, ist die Übergangsregelung in Art. 234 § 7 EGBGB zu beachten. **6**

§ 1590   Schwägerschaft

(1) ¹Die Verwandten eines Ehegatten sind mit dem anderen Ehegatten verschwägert. ²Die Linie und der Grad der Schwägerschaft bestimmen sich nach der Linie und dem Grad der sie vermittelnden Verwandtschaft.

(2) Die Schwägerschaft dauert fort, auch wenn die Ehe, durch die sie begründet wurde, aufgelöst ist.

Der **Rechtsbegriff** »Schwägerschaft« ist vor allem für den Ausschluss von Amtspersonen (vgl. § 6 Abs. 1 FamFG i.V.m. § 41 Nr. 3 ZPO, § 22 Nr. 3 StPO, § 7 Nr. 3 BeurkG) und für Zeugnisverweigerungsrechte (vgl. § 383 Abs. 1 Nr. 3 ZPO, § 52 Abs. 1 Nr. 3 StPO) von Bedeutung.[1] **1**

Verschwägert ist eine Person mit sämtlichen Verwandten ihres Ehegatten sowie den Ehegatten ihrer Verwandten (§ 1590 **Abs. 1 S. 1**). Hierunter fallen z.B. in gerader Linie Stiefelternteile und ihre Stiefkinder – nicht aber Stiefgeschwister untereinander –, ebenso Schwiegereltern und Schwiegersohn/Schwiegertochter. In der Seitenlinie sind mit einem Ehegatten verschwägert z.B. die Brüder und Schwestern des anderen Ehegatten, nicht aber auch die Ehegatten dieser Brüder und Schwestern. Der **Grad** der Schwägerschaft entspricht dem Grad der die Schwägerschaft vermittelnden Verwandtschaft (§ 1590 **Abs. 1 S. 2**). **2**

Einmal begründete **Schwägerschaft endet nicht** bei Auflösung der Ehe, welche die Schwägerschaft vermittelt hat (§ 1590 **Abs. 2**). Hingegen entsteht keine Schwägerschaft mit nach Auflösung der Ehe hinzu gekommenen Verwandten des früheren Ehegatten. **3**

Nach § 11 **Abs. 2 LPartG** führt die Begründung einer eingetragenen **Lebenspartnerschaft** in gleicher Weise wie eine Eheschließung zu Schwägerschaft zwischen den Verwandten eines Lebenspartners einerseits und dem anderen Lebenspartner andererseits. **4**

Vorbemerkung vor §§ 1591–1600d – Abstammung

A. Altes Recht

Abstammung | altes Recht **1**

Vor dem 01.07.1970 war das nichteheliche Kind nicht mit seinem Vater verwandt. Erst durch das NEhelG vom 19.08.1969 hat der Gesetzgeber einen wesentlichen Schritt getan zur Angleichung der Rechtsstellung nicht ehelicher und ehelicher Kinder. Die rechtliche Stellung der **vor** dem 01.07.1970 geborenen Kinder wurde in den Übergangsvorschriften des Art. 12 NEhelG geregelt. Nach wie vor wurden nicht eheliche Kinder aber in wesentlichen Bereichen rechtlich anders behandelt als eheliche Kinder.

---

1 Seit der Eheschließungsrechtsreform 1998 stellt Schwägerschaft kein Ehehindernis mehr dar.

B. Kindschaftsrechtsreformgesetz (KindRG)

2   Diese Unterschiede sind durch die Neuregelungen des Kindschaftsrechts weitgehend beseitigt worden. Damit ist auch das Bedürfnis entfallen, in getrennten Titeln zwischen ehelicher und nicht ehelicher Abstammung zu unterscheiden. Die Abstammung ist jetzt für eheliche und nicht eheliche Kinder in einem **einheitlichen** Abschnitt (§§ 1591–1600d) geregelt. Die Vorschriften zur **Legitimation**, d.h. zur Herbeiführung der Ehelichkeit nicht ehelicher Kinder sind **entfallen**, Art. 1 Nr. 48 KindRG.

3   Eheliche und nicht eheliche Kinder sind auf Grund des Erbrechtsgleichstellungsgesetzes (**Erb-GleichG**) auch erbrechtlich gleich gestellt.

Das **neue Erbrecht** gilt im Grundsatz **für alle** Kinder. Ausgenommen ist die Gruppe der vor dem 01.07.1949 geborenen Kinder (vgl. § 10 Abs. 2 Satz 1 NEhelG, die allerdings mit dem Vater für Erbfälle ab dem 01.04.1998 das volle Erbrecht vereinbaren können (§ 10a NEhelG, Art. 14 § 14 KindRG). Lebte der Vater des vor dem 01.07.1949 geborenen nichtehelichen Kindes allerdings im Beitrittszeitpunkt (03.10.1990) in der **DDR**, nach deren Recht Kinder mit ihren nichtehelichen Vätern stets verwandt waren, steht auch solchen Kindern ein Erbrecht zu (Art. 235 § 1 Abs. 2 EGBGB). Der EuGMR hat durch Entscheidung vom 28.05.2009 den ausnahmslosen erbrechtlichen Ausschluss der vor dem 01.07.1949 geborenen **westdeutschen** Kinder als Verstoß gegen Art. 14 und 8 der EMRK beanstandet, wenn ein Näheverhältnis zwischen Vater und Kind bestanden hat.[1] Unabhängig von der Frage, ob die deutschen Gerichte an die Entscheidung des EuGMR gebunden sind, ist der deutsche Gesetzgeber verpflichtet, rückwirkend zum 28.05.2009 die Rechtslage so abzuändern, dass ein Konventionsverstoß ausscheidet. Unter diesen Umständen dürfte auch den westdeutschen Kindern entgegen dem aktuellen Gesetzeswortlaut unter den vom EGMR aufgezeigten Umständen das Erbrecht zustehen.

Das alte Erbrecht ist weiterhin anzuwenden, wenn der Erblasser vor dem 01.04.1998 gestorben ist oder vor diesem Zeitpunkt ein Erbausgleich stattgefunden hat (Art. 227 EGBGB).

4   Gleichwohl bleiben Unterschiede zwischen Kindern, die von verheirateten oder nicht verheirateten Eltern abstammen. So wirkt sich die Abstammung des Kindes von verheirateten Eltern aus beim Abstammungsrecht (§§ 1592 Nr. 1, 1593, 1599 Abs. 2), beim Unterhalt (§§ 1615a ff.), beim Kindesnamen (§§ 1616 ff.), beim Sorgerecht (§§ 1626 ff.) und bei der Adoption (§§ 1741 Abs. 3, 1742, 1757).

C. Stärkung der Rechtsstellung des biologischen Vaters

5   § 1600 a.F. versperrte bisher dem leiblichen, aber nicht rechtlichen Vater (sog. biologischen Vater) jede Möglichkeit, die Scheinvaterschaft eines anderen Mannes anzufechten. Dieser Rechtszustand wurde insbes dann als unbefriedigend empfunden, wenn der Scheinvater (aufgrund Anerkennung) lediglich »Zahlvater« war und nicht mit der Mutter und dem Kind zusammenlebte.

Das BVerfG hat § 1600 BGB a.F. insoweit als unvereinbar mit Art. 6 Abs. 2 Satz 1 GG angesehen, als dem biologischen Vater auch dann **das Recht zur Anfechtung** der rechtlichen Vaterschaft verwehrt war, wenn die Mutter und der Scheinvater **keine** nach Art. 6 Abs. 1 GG schützenswerte **soziale Familie** bildeten.[2]

Nunmehr eröffnen die §§ 1600, 1600a, 1600b, 1600c u. § 182 Abs. 1 FamFG dem biologischen Vater die Möglichkeit, die rechtliche Vaterposition zu erlangen, wenn dem der Schutz der familiären Beziehung zwischen dem Kind und seinen rechtlichen Eltern nicht entgegensteht. Zu den Einzelheiten vgl. § 1600 Rdn. 3.

---

1   EGMR FamRZ 2009, 1293.
2   BVerfG FamRZ 2003, 816, 821.

D. Gesetzesänderungen 2008

1. Abstammungsantrag ohne Statuswirkung (§ 1598a)

Der Gesetzgeber hat nunmehr neben dem Anfechtungsverfahren in § 1598a ein separates Verfah-   6
ren zur Klärung der Abstammung **ohne Statuswirkung** zur Verfügung gestellt, um einen praktikablen Weg zur Abstammungsklärung zu ermöglichen.

2. Behördliches Anfechtungsrecht (§ 1600 Abs. 1 Nr. 5)

Zur Bekämpfung rechtswidrig erfolgter Vaterschaftsanerkennungen ist ein behördliches Anfech-   7
tungsrecht vorgesehen (vgl. § 1594 Rdn. 1, § 1600 Rdn. 6, § 1600b Rdn. 1 u. 11).

E. Anstehende Neuregelung des Rechts der elterlichen Sorge

Das Familienverfahrensgesetz (FamFG) ist am 01.09.2009 in Kraft getreten und führt zu einer   8
ganzen Reihe von Änderungen. Es widmet den Abstammungssachen einen eigenen Abschnitt
(§§ 169–185 FamFG). Aufgrund einer Entscheidung des EGMR vom 03.12.2009 (Beschwerde-
nummer 22028/04) verstößt die aktuelle Gesetzeslage gegen Art. 8, 14 EMRK. Das BVerfG hat
(BVerfGE 107, 150) die Regelung des Zugangs des nicht mit der Kindesmutter verheirateten
Vaters beanstandet. Die Übergangsregelung bis zur geforderten Neuregelung des Rechts der elterlichen Sorge ist in Art. 224 § 2 EGBGB festgeschrieben. Es liegt zurzeit ein Entwurf des Bundesministeriums der Justiz vor zur Reform des Sorgerechts nicht miteinander verheirateter Eltern
(Stand: 28.03.2012). Nach diesem Entwurf soll ein § 1626a BGB eingefügt werden. Neben der
einverständlichen Sorgerechtsübertragung und im Falle der Heirat soll auf Antrag auch das Familiengericht beiden Elternteilen die elterliche Sorge übertragen können, wenn die Übertragung nicht
dem Kindeswohl widerspricht. Nach dem Entwurf hat das Familiengericht davon auszugehen,
dass die Übertragung nicht dem Kindeswohl widerspricht, wenn der andere Elternteil keine
Gründe vorträgt, die der Übertragung entgegenstehen und auch solche Gründe nicht ersichtlich
sind.

F. IPR

Das **Internationale Privatrecht** ist in Art. 19 EGBGB (Abstammung), Art. 20 EGBGB (Anfech-   9
tung der Abstammung) und Art. 23 EGBGB (Zustimmung zur Vaterschaftsanerkennung) geregelt.

Die deutschen Gerichte sind zuständig, wenn einer der Beteiligten (Kind, Mutter, Vater oder der
Mann, der an Eides statt versichert, der Mutter in der Empfängniszeit beigewohnt zu haben)
Deutscher ist oder seinen gewöhnlichen Aufenthalt im Inland hat (§ 100 FamFG).

H. Prozessrecht

Seit dem 01.09.2009 werden die Verfahren in Abstammungssachen im 4. Abschnitt des 2. Buches   10
des FamFG (§§ 169 – 185 FamFG) geregelt. Diese Verfahren sind keine Familienstreitsachen mit
der Folge, dass nach Stellung eines Antrages von Amts wegen die Entscheidungsgrundlagen zu
ermitteln sind.[3]

---

3 Sehr anschaulich auch mit ausführlicher Darstellung medizinischer Abstammungsgutachten ist das
FamRZ-Buch Nr. 33: Helms/Kieninger/Rittner, Abstammungsrecht in der Praxis, 2010.

Titel 2   Abstammung

§ 1591   Mutterschaft

Mutter eines Kindes ist die Frau, die es geboren hat.

A. Das Problem

1 Das BGB regelte bisher nicht, wer als Mutter des Kindes anzusehen ist, weil es als selbstverständlich davon ausging, dass die gebärende Frau auch die genetische Mutter ist. Diese Identität ist jedoch in Frage gestellt, seitdem Manipulationen mit Eizelle und Embryo möglich sind. Der Streit zwischen genetischer und austragender Mutter entzündete sich vor allem bei folgenden Sachverhalten: 1. der Eispende (= der Ehefrau wird eine fremde unbefruchtete Eizelle eingepflanzt (die sodann durch den Ehemann befruchtet wird) oder eine fremde Eizelle, die zuvor mit dem Samen des Ehemannes künstlich befruchtet worden ist), 2. der Embryonenspende (= ein Embryo aus Eizelle und Samenzelle dritter Personen wird der Ehefrau eingepflanzt) und 3. der Ersatzmutter.

I. Begriff der Ersatzmutter

2 Der Begriff »Ersatzmutter« ist im Adoptionsvermittlungsgesetz definiert.

1. Leihmutter (»Ammenmutter« oder »Tragemutter«)

3 Von ihr spricht man, wenn der Ehefrau eine Eizelle entnommen, mit dem Samen ihres Ehemannes künstlich befruchtet und dann der Ersatzmutter eingepflanzt wird (§ 13a Nr. 2 AdVermiG).

2. Übernommene Mutterschaft

4 Diese liegt vor, wenn einer Frau ihre eigene Eizelle – künstlich befruchtet mit dem Samen des Ehemannes der Wunschmutter – wieder eingepflanzt wird (§ 13a Nr. 1 Alt. 1 AdVermiG) oder eine Frau sich – (z.B.) mit dem Ehemann der Wunschmutter – einer natürlichen Befruchtung unterzieht (§ 13a Nr. 1 Alt. 2 AdVermiG).

3. Fortpflanzung mit Stammzellen

5 Ein juristischer Abgrund tut sich auf, wenn es auch beim Menschen zur **Fortpflanzung mit Stammzellen** kommt. **Noch Zukunftsmusik,** aber nicht mehr unrealistisch soll folgendes Szenarium sein: Ein unfruchtbarer Mann lässt aus einer Hautzelle einen Embryo klonen. Die entnommen Stammzellen lassen sich zu Ei- wie zu Samenzellen züchten. Durch In-vitro-Befruchtung und

Verpflanzung in die Gebärmutter einer Frau können so Kinder mit Mutter und Vater, Kinder mit nur einem genetischen Elternteil oder mit zwei genetischen Vätern heranwachsen. Eine Frau könnte sogar mit sich selbst ein Mädchen zeugen.[1]

4. (Muster-)Richtlinie für ärztliche Produktionsmedizin

Die Bundesärztekammer hat eine neue Richtlinie zur Durchführung der assistierten Reproduktion **6** bekannt gemacht, die Begriffsbestimmungen und Voraussetzungen der zugelassenen medizinischen Assistenz regelt und kommentiert.[2]

5. Rechtsfolgen der Ersatzmutterschaft

Die Ersatzmutter gilt in allen Fällen als Kindesmutter gem. § 1591. Ist der Ehemann der Wunsch- **7** mutter Samenspender, kann er die Vaterschaft anerkennen oder seine Vaterschaft kann gerichtlich festgestellt werden, wenn die **Ersatzmutter unverheiratet** ist. Die Adoption eines im Ausland gezeugten Kindes unter Verstoß gegen die in Deutschland geltenden Grundsätze soll nach AG Hamm[3] einer Anerkennung nach dem AdWirkG entgegenstehen.

Ist die **Ersatzmutter verheiratet**, gilt ihr Ehemann als Kindesvater (§ 1592 Nr. 1). Mangels **8** Anfechtungsberechtigung (vgl. § 1600) können die Wuncheltern die Vaterschaft nicht anfechten und allenfalls durch Adoption gesetzliche Eltern werden. Die fehlenden Einwilligungen der Kindesmutter (Ersatzmutter) und deren Ehemannes in die Adoption können nur nach Maßgabe der §§ 1747 ff. – falls diese Voraussetzungen ausnahmsweise vorliegen sollten – ersetzt werden. Auf eine vertragliche Verpflichtung der Ersatzmutter und deren Ehemannes, der Adoption zuzustimmen, können sich die Wuncheltern nicht berufen, weil ein solcher Vertrag wegen Verstoßes gegen das Embryonenschutz-Gesetz (Rdn. 10) gem. § 134 nichtig ist.[4]

6. Ersatzmuttervermittlung

Die Ersatzmuttervermittlung ist verboten (§§ 13b, 13c AdVermiG) und für Dritte (nicht für die **9** Ersatzmutter und die Bestelleltern) unter Strafe gestellt (§ 14b AdVermiG). Ordnungswidrig handelt, wer Ersatzmütter oder Bestelleltern durch öffentliche Erklärungen, insb. durch Zeitungsanzeigen und Zeitungsberichte, sucht oder anbietet (§§ 13d, 14 I Nr. 2 AdVermiG).

II. Embryonenschutzgesetz

Der Gesetzgeber hat bereits durch das Embryonenschutzgesetz (ESchG) vom 13.12.1990 die **10** missbräuchliche Anwendung von Fortpflanzungstechniken (für die medizinische Assistenz, nicht für die Mutter) unter Strafe gestellt (§ 1 ESchG). Die zivilrechtlichen Folgen bei einem Verstoß gegen dieses Gesetz blieben ungeregelt.

B. Begriff der Mutter

Das Gesetz definiert jetzt als Mutter eines Kindes »**die Frau, die es geboren hat**«. Damit ist für das **11** Zivilrecht klargestellt, dass in allen Fällen »gespaltener Mutterschaft« stets die gebärende Frau rechtlich die Kindesmutter ist. Die Ersatzmutter ist also keine Scheinmutter, deren Mutterschaft durch Anfechtung beseitigt werden könnte. Es besteht ein Verwandtschaftsverhältnis des Kindes zu allen Verwandten der gebärenden Frau.

---

1 Vgl. Frankfurter Allgemeine Sonntagszeitung v. 19.09.2004, S. 73.
2 Vgl. Deutsches Ärzteblatt 2000, A1392 ff.
3 FamFR 2011, 551 m.Anm. Friederici S. 551.
4 Str.: vgl. Palandt/Diederichsen vor § 1591 Rn. 20 m.w.N.

C. Antrag auf Feststellung der genetischen Mutterschaft?

I. Statusantrag

12 Ein **Statusantrag** nach § 169 Nr. 1 FamFG auf Feststellung der genetischen Mutterschaft ist **grds. unzulässig**, weil zwischen Kind und genetischer Mutter kein Eltern-Kind-Verhältnis besteht. Das Fehlen dieser Antragsmöglichkeit ist allerdings unbefriedigend, wenn sich das Abstammungsstatut zunächst nach **ausländischem Recht** richtet (das eine Feststellung der genetischen Mutterschaft kennt) und durch den Umzug des Kindes nach Deutschland ändert.

§ 1598a erlaubt jetzt jedoch, die rechtliche Mutterschaft auf ihre genetische Richtigkeit zu überprüfen. Ein gerichtliches Verfahren ist bei Einwilligung aller Beteiligten nicht erforderlich. Die gesetzliche Anfechtungsfrist wird hierdurch nicht gehemmt, sondern nur durch eine gerichtliche Entscheidung, die eine Einwilligung ersetzt und die Duldung der Probeentnahme anordnet (vgl. § 1600b Abs. 5).

II. Feststellungsantrag

13 Der Gesetzgeber hält in Fällen der Ei- oder Embryonenspende einen Antrag auf Feststellung des Bestehens oder Nichtbestehens der genetischen Mutterschaft zu dem Kind (§ 256 ZPO) für zulässig, soweit es nach der Ratio der einschlägigen Vorschriften gerade auf die genetische Abstammung ankommt, wie z.B. beim Eheverbot der Blutsverwandtschaft (früher: § 4 EheG, jetzt: § 1307) oder beim Beischlaf unter Verwandten (§ 173 StGB).[5]

D. Antrag auf Feststellung der leiblichen Mutterschaft

14 Ein Antrag auf Feststellung der leiblichen Mutterschaft kommt ausnahmsweise in Betracht, wenn ein Kind vertauscht oder verwechselt worden ist.[6]

E. Anerkennung der Mutterschaft

15 Besitzen die Kindesmutter oder der Vater eine **fremde Staatsangehörigkeit** und sieht deren Heimatrecht die (dem deutschen Rechte fremde) Anerkennung der Mutterschaft vor, kann die Anerkennung der Mutter im Geburtsregister beurkundet werden (§ 27 Abs. 2 PStG).

F. Anspruch gegen die Mutter auf Nennung des Vaters?

16 Das BVerfG anerkennt das Recht des Kindes auf Kenntnis des leiblichen Vaters[7] und leitet den **Auskunftsanspruch** des Kindes gegen die Kindesmutter auf Benennung des Vaters oder der Männer, mit denen sie während der gesetzlichen Empfängniszeit Geschlechtsverkehr hatte, **aus § 1618a** her. **Bei der Abwägung** der Grundrechtspositionen von Mutter und Kind steht den Gerichten ein **weiter Spielraum** zur Verfügung.[8]

---

5 So der Regierungsentwurf, BT-Drucks. 13/4899 S. 83.
6 Bremen FamRZ 1995, 1291.
7 BVerfG FamRZ 1994, 881.
8 BVerfG FamRZ 1997, 870, 871.

Um dem minderjährigen Kind das Auskunftsverfahren zu ermöglichen, ist ggf. gem. § 1666 ein 17
Ergänzungspfleger zu bestellen.[9] Dagegen steht dem Jugendamt als Beistand ein eigener Auskunftsanspruch nicht zu.[10]

Der Auskunftsanspruch ist gem. § 120 FamFG i.V.m. § 888 Abs. 1 ZPO zu **vollstrecken**.[11] Der 18
Antragsteller trägt die **Beweislast** dafür, dass die Kindesmutter den Namen des Kindesvaters
kennt.[12] Der Auskunftsantrag des Kindes gegen die Mutter ist **sonstige Famliensache nach § 266
Abs. 1 Nr. 4 FamFG.**

G. Auskunftsanspruch des Scheinvaters

Es ist str., ob die Kindesmutter verpflichtet ist, dem Scheinvater den Namen des Erzeugers zu 19
nennen. Hat sie sich gegenüber dem Scheinvater gem. § 826 schadensersatzpflichtig gemacht (vgl.
§ 1599 Rdn. 15), hat dieser einen Auskunftsanspruch gegen die Mutter auf Bekanntgabe des
Namens des leiblichen Vaters, um diesen in Regress nehmen zu können.[13]

H. Auskunftsanspruch der Kindesmutter

Der **Auskunftsanspruch der Kindesmutter** gegen den Betreiber der Internetseite »anonyme Sex- 20
auktionen« auf Nennung der Männer, die die Beischlafmöglichkeit mit ihr ersteigert und praktiziert haben, ist zu bejahen, weil das Interesse des ungeborenen Kindes an der Feststellung der
Vaterschaft dem Interesse der Auktionsteilnehmer an der Geheimhaltung ihrer persönlichen
Daten vorgeht.[14]

I. Rechtsfolgen der Auskunftsverweigerung

Ist die Auskunftsverweigerung **dem Kind gegenüber** rechtsmissbräuchlich, kommen Sorgerechts- 21
einschränkungen nach § 1666 in Betracht, um die Vaterschaft klären zu können. Zur Schadensersatzpflicht der Mutter bei Falschauskünften gegenüber dem Scheinvater, s. § 1599 Rdn. 18.

§ 1592 Vaterschaft

Vater eines Kindes ist der Mann,

1. der zum Zeitpunkt der Geburt mit der Mutter des Kindes verheiratet ist,
2. der die Vaterschaft anerkannt hat oder
3. dessen Vaterschaft nach § 1600d oder § 182 Abs. 1 des Gesetzes über das Verfahren in Familiensachen und in den Angelegenheiten der freiwilligen Gerichtsbarkeit gerichtlich festgestellt
   ist.

---

9 Vgl. AG Fürth FamRZ 01, 1090; verneint für zwei 17 und 13 Jahre alte Geschwister.
10 OLG Hamm FamRZ 1991, 1229.
11 OLG Bremen NJW 2000, 963.
12 OLG Köln FamRZ 94, 1197, 1198.
13 Vgl. OLG Oldenburg FamRZ 1994, 651; OLG Bamberg FamRZ 2004, 562.
14 LG Stuttgart FamRZ 2008, 1648.

A. Allgemeines

1 Besteht die Vaterschaft nach einem der vier gesetzlichen Fälle, ist eine anderweitig anerkannte Vaterschaft nicht wirksam (§ 1594 Abs. 2). Ausnahme: § 1599 Abs. 2 Satz 1 Hs. 2. Der biologische Vater ist Vater im Rechtssinne, wenn er im maßgebenden Zeitraum mit der Mutter verheiratet war **oder** wenn er die Vaterschaft anerkannt hat **oder** wenn seine Vaterschaft nach § 1600d **oder** nach § 182 Abs. 1 FamFG (vgl. Einführung vor § 1591 Rdn. 4) gerichtlich festgestellt ist.

B. Vaterschaft auf Grund Ehe (Nr. 1)

I. Grundsatz

2 Vater eines Kindes ist der Mann, der im Zeitpunkt der Geburt mit der Mutter des Kindes verheiratet ist (§ 1592 Nr. 1), mag das Kind auch **vor** der Ehe gezeugt sein (**gesetzliche Vermutung**).

3 Daraus folgt, dass die Vaterschaft des geschiedenen Mannes der Mutter für das innerhalb der Empfängniszeit **nach der Ehe** geborene Kind entgegen § 1591 Abs. 1 Satz 1 a.F. grds. **nicht** mehr vermutet wird. Anfechtungsprozesse wegen nachehelich geborener Kinder entfallen deshalb.

II. Künstliche Befruchtung

4 Da es für die Vaterschaft nur noch auf die Kausalität des Verheiratetseins ankommt, ist der Ehemann gem. § 1592 Nr. 1 Vater des von seiner Frau geborenen Kindes in allen Fällen künstlicher Befruchtung.

5 Man unterscheidet die **homologe Befruchtung** (= künstliche Befruchtung der Eheleute unter Verwendung ihrer **eigenen** Keimzellen) und die **heterologe Befruchtung** (= künstliche Befruchtung mit dem Samen eines **anderen** als dem des Ehemannes), die **im** Mutterleib vorkommen können (**Insemination**) oder **außerhalb**, als sog. extra korporale Befruchtung (**In-vitro-Fertilisation**).

6 Wegen der **Anfechtungsmöglichkeit** der Vaterschaft bei heterologer Insemination vgl. § 1600b Rdn. 11, 18 und § 1600 Abs. 4 n.F. Rdn. 16. Unterzieht sich die Ehefrau einer homologen In-vitro-Fertilisation, obwohl der Ehemann sein **Einverständnis zurückgezogen** hat, rechtfertigt dies nicht die Herabsetzung des **Ehegattenunterhalts** wegen grober Unbilligkeit nach § 1579 Nr. 3 u. 4.[1]

7 Die **Kosten** einer wegen Unfruchtbarkeit des Mannes vorgenommenen homologen In-vitro-Fertilisation gehören zu den erstattungsfähigen Aufwendungen in der **privaten Krankenversicherung**,[2] nicht dagegen die Kosten weiterer Maßnahmen der künstlichen Befruchtung.[3] Die private Krankenversicherung muss ggf. auch die Kosten einer weiteren künstlichen Befruchtung übernehmen.[4] Auch die **gesetzliche Krankenversicherung** übernimmt die Kosten, jedoch beschränkt auf verhei-

---

1 BVerfG FamRZ 2001, 541.
2 BGH FamRZ 2004, 772.
3 OLG München FamRZ 2005, 106.
4 BGH FamRZ 2006, 1521.

ratete Personen (§ 27a Abs. 1 Nr. 3 SGB V), was nicht gegen den Gleichheitsgrundsatz verstößt.[5] Aufwendungen für die künstliche Befruchtung einer nicht verheirateten, empfängnisunfähigen Frau sind als außergewöhnliche Belastung anzuerkennen, wenn die Maßnahmen in Übereinstimmung mit den Richtlinien der ärztlichen Berufsordnungen vorgenommen werden.[6]

Aufwendungen für eine künstliche Befruchtung, die infolge veränderter Lebensplanung wegen einer   8 früher freiwillig zum Zwecke der Empfängnisverhütung vorgenommenen Sterilisation erforderlich werden, sind dagegen nicht als außergewöhnliche Belastung (§ 33 EStG) zu berücksichtigen.[7]

III. Abweichungen

Vom Grundsatz des § 1592 Nr. 1 gibt es eine Erweiterung und eine Ausn: 9

1. Nacheheliche Vaterschaftsvermutung

Die Vaterschaft aufgrund Ehe gilt auch für ein innerhalb von 300 Tagen **nach dem Tod** des Vaters   10 (also **außerhalb der Ehe**) geborenes Kind (§ 1593 Rdn. 2).

2. Drittanerkennung

Andererseits gilt die Vaterschaft aufgrund Ehe nicht, obwohl ein Kind **innerhalb der (gescheiter-**   11 **ten) Ehe** geboren wird, sofern ein Dritter die Vaterschaft nach Beginn des Scheidungsverfahrens anerkennt (§ 1599 Rdn. 17).

C. Vaterschaft auf Grund Anerkennung (Nr. 2)

Vgl. die Erläuterungen zu § 1594.   12

D. Die gerichtliche Feststellung der Vaterschaft (Nr. 3)

Das Gesetz begnügte sich bisher mit einer einzigen Vorschrift (§ 1600d). Nunmehr beinhaltet   13 eine vom biologischen Vater erstrittene Anfechtungsentscheidung die Feststellung seiner eigenen Vaterschaft (**§ 182 FamFG**, vgl. § 1600 Rdn. 4).

§ 1593   Vaterschaft bei Auflösung der Ehe durch Tod

[1]§ 1592 Nr. 1 gilt entsprechend, wenn die Ehe durch Tod aufgelöst wurde und innerhalb von 300 Tagen nach der Auflösung ein Kind geboren wird. [2]Steht fest, dass das Kind mehr als 300 Tage vor seiner Geburt empfangen wurde, so ist dieser Zeitraum maßgebend. [3]Wird von einer Frau, die eine weitere Ehe geschlossen hat, ein Kind geboren, das sowohl nach den Sätzen 1 und 2 Kind des früheren Ehemanns als auch nach § 1592 Nr. 1 Kind des neuen Ehemanns wäre, so ist es nur als Kind des neuen Ehemanns anzusehen. [4]Wird die Vaterschaft angefochten und wird rechtskräftig festgestellt, dass der neue Ehemann nicht Vater des Kindes ist, so ist es Kind des früheren Ehemanns.

5 BVerfG 2007, 529.
6 BFH FamRZ 2007, 1810.
7 BFH FamRZ 2005, 1245.

A. Allgemeines

1 Die Vorschrift ergänzt den § 1592 Nr. 1 (Vaterschaft aufgrund Ehe), wenn das Kind **nach** dem Tod des Vaters geboren wird, sofern die Empfängniszeit teilweise **in** der Ehe liegt (**nacheheliche Vaterschaftsvermutung**).

B. Geburt des Kindes nach dem Tod des Vaters

2 Wird das Kind innerhalb von 300 Tagen (§ 1600d Rdn. 2) **nach dem Tod** (gleichgestellt ist der Zeitpunkt der Todesvermutung nach §§ 9 u. 44 des Verschollenheitsgesetzes) des verheirateten Vaters – und damit **außerhalb der Ehe** – geboren, wird die Vaterschaft nach § 1592 Nr. 1 auf diesen Zeitraum ausgedehnt (**Satz 1**). Steht ausnahmsweise fest, dass das Kind **früher** als 300 Tage vor seiner Geburt empfangen wurde, erstreckt sich die Vaterschaft des Verstorbenen auf **diesen** Zeitraum (**Satz 2**).

C. Sonderfall: Wiederheirat der Mutter innerhalb von 300 Tagen

3 Für das innerhalb von 300 Tagen (oder ausnahmsweise früher = § 1593 Abs. 1 Satz 2) nach dem Tod des Vaters geborene Kind der wiederverheirateten Mutter bestünde sowohl die Vaterschaft des verstorbenen Mannes der Mutter (**Satz 1 u. 2**) als auch die Vaterschaft des zweiten Ehemannes (§ 1592 Nr. 1). Das Gesetz räumt der Vaterschaftsvermutung des lebenden Mannes den Vorrang ein (**Satz 3**).

Wird jedoch rechtskräftig festgestellt, dass der zweite Ehemann nicht der Kindesvater ist, gilt der Verstorbene als Vater des Kindes (**Satz 4**).

D. Drittanerkennung

4 § 1599 Abs. 2 (Drittanerkennung nach Beginn des Scheidungsverfahrens) hat als lex specialis Vorrang gegenüber §§ 1592 Nr. 1, 1593 (§ 1599 Rdn. 17 ff.).

§ 1594 Anerkennung der Vaterschaft

(1) Die Rechtswirkungen der Anerkennung können, soweit sich nicht aus dem Gesetz anderes ergibt, erst von dem Zeitpunkt an geltend gemacht werden, zu dem die Anerkennung wirksam wird.

(2) Eine Anerkennung der Vaterschaft ist nicht wirksam, solange die Vaterschaft eines anderen Mannes besteht.

(3) Eine Anerkennung unter einer Bedingung oder Zeitbestimmung ist unwirksam.

(4) Die Anerkennung ist schon vor der Geburt des Kindes zulässig.

A. Bedeutung der Norm

Das Gesetz verwendet für die Anerkenntniserklärung des Vaters einheitlich den Begriff »**Anerkennung**«. Die Anerkennung begründet – **selbst wenn sie wissentlich falsch ist**[1] – für und gegen alle den Rechtsschein der Vaterschaft. Das Gesetz trägt dieser weit reichenden Wirkung durch folgende Umstände Rechnung:

– **es fordert** die Zustimmung der Mutter und in bestimmten Fällen des Kindes und des Ehemannes der Mutter, um eventuellen Missbräuchen soweit wie möglich vorzubeugen;
– **es fordert** die öffentliche Beurkundung sowohl der Anerkennung als auch der Zustimmungen (§ 1597 Abs. 1).

Vermehrt sind Fälle aufgetreten, in denen deutsche Männer gegen Geld ausländische Kinder anerkannt haben, um diesen die deutsche Staatsangehörigkeit und Sozialhilfe zu verschaffen. Da die Anerkennenden regelmäßig leistungsunfähig sind, fallen die Kinder dem Staat zur Last. Dieser **Missbrauch** wurde möglich, weil das Kind bei seiner Zustimmung zur Anerkennung seit 1998 nicht mehr vom Jugendamt als Amtspfleger vertreten wird. Der Gesetzgeber hat diese Lücke geschlossen, indem nunmehr eine Behörde jedenfalls dann zur Anfechtung der Vaterschaft berechtigt ist, wenn zwischen den Kindern und dem Anerkennenden, der nicht der biologische Vater ist, keine »sozialfamiliäre Beziehung« (vgl. § 1600 Rdn. 4) besteht **und** durch die Anerkennung die rechtlichen Voraussetzungen für den unlauteren Aufenthalt des Kindes oder eines Elternteils ermöglicht werden sollen (vgl. § 1600 Abs. 1 Nr. 5 i.V.m. Abs. 3 BGB).

Anerkenntnis und Zustimmung können auch in der **mündlichen Verhandlung** zur Niederschrift des Gerichts erklärt werden (§ 180 FamFG). § 180 Satz 1 FamFG soll i.R.d. Feststellungsantrags die Abgabe eines Vaterschaftsanerkenntnisses erleichtern, während § 180 Satz 2 FamFG für den Sonderfall des § 1599 Abs. 2 klarstellt, dass i.R. eines Vaterschaftsverfahrens die Zustimmungserklärung des Ehemannes zur Anerkennung des verfahrensunabhängigen Erzeugers (§ 1599 Rdn. 17) zur Niederschrift genommen werden kann. Das Anerkenntnis ist außerdem wirksam, wenn es ausweislich des Protokolls nicht vorgespielt, vielmehr lediglich laut diktiert und genehmigt worden ist.[2]

Meist erfolgt das Anerkenntnis durch kostenfreie **Beurkundung** bei einem beliebigen **Jugendamt** (§ 59 Abs. 1 Satz 1 Nr. 1 SGB VIII i.V.m. § 87e SGB VIII) oder **Standesamt** 27 Abs. 2 PStG). Dieses ordnet an, dass die Anerkennung beim Geburtsregister von Amts wegen zu beurkunden ist (§§ 1597 Abs. 2; 27 Abs. 1 PStG). Anerkennung und Zustimmungen sind keine empfangsbedürftigen, sondern einseitige und zustimmungsbedürftige Willenserklärungen. Das Jugendamt kann die Beurkundung ablehnen, wenn die Anerkennung »rechtsmissbräuchlich« erfolgen soll, etwa um einem Ausländer ein Aufenthaltsrecht zu verschaffen.[3]

Bei **Willensmängeln** des Anerkennenden ist § 1596 zu beachten. Außerdem ist die Anerkennung **zustimmungsbedürftig** (§ 1595). Weiterhin bedürfen Anerkennung und Zustimmung **öffentlicher Beurkundung** und dürfen nicht widerrufen worden sein (§ 1597). Das Jugendamt kann die Beurteilung ablehnen, wenn die Anerkennung **rechtsmissbräuchlich** erfolgen soll.[4]

---

1 OLG Köln FamRZ 2002, 629, 630.
2 Brandenburg FamRZ 2000, 548.
3 Vgl. LG Wuppertal FamRZ 2005, 1844.
4 LG Wuppertal FamRZ 2005, 1844; zur Strafbarkeit der Kindesmutter im Falle der Herbeiführung einer unrichtigen Anerkennung vgl. LG Düsseldorf FamRZ 08, 1077.

B. Wirksamwerden der Anerkennung

6   Die Anerkennung ist schon **vor** der Geburt des Kindes zulässig (Abs. 4). In diesem Fall ist auch der mit der Mutter nicht verheiratete Kindesvater gem. § 21 PStG in das Geburtenbuch einzutragen 20 Frankf FamRZ 01, 1545). Ist die Mutter im Zeitpunkt der Geburt mit einem anderen Mann verheiratet, hat die Vaterschaft des Ehemannes (vgl. § 1592 Nr. 1) Vorrang vor Abs. 4.[5]

7   Die Anerkennung soll auch nach dem **Tod des Kindes** noch möglich sein.[6] Sie ist auch nach dem **Tod des Vaters** möglich, wenn das Anerkenntnis vor dem Tod abgegeben worden ist.[7]

8   Die Rechtswirkungen der Anerkennung können grds. aber erst geltend gemacht werden, wenn die Anerkennung wirksam wird (**Abs. 1**). Entspr gilt für die Vaterschaftsfeststellung (§ 1600d Rdn. 3).

9   Eine Anerkennung der Vaterschaft ist nicht wirksam, solange die Vaterschaft eines anderen Mannes nach § 1592 besteht (**Abs. 2**). Der Vorbehalt bezieht sich nur auf eine auf §§ 1592, 1593 beruhende Vaterschaft, nicht aber auf eine solche nach ausländischem Recht.[8] Dennoch ist die Anerkennung vor Rechtskraft der anderweitigen Anfechtung nicht ohne rechtliche Bedeutung. Sie wirkt sich allerdings erst mit der Rechtskraft der Anfechtung einer anderweitig bestehenden Vaterschaftsvermutung oder nach Rechtskraft der Scheidung aus und ist bis dahin **schwebend unwirksam**.[9] Dass die Anerkennung »für den Fall« des demnächstigen Wegfalls einer anderweitig bestehenden Vaterschaftsvermutung erklärt wird, stellt keine unzulässige Bedingung i.S.v. Abs. 3 dar.[10] Mit Wirksamwerden der Anerkennung wirkt der Vaterschaftstatbestand auf den Zeitpunkt der Geburt zurück. Der Anerkannte ist rechtlich so zu behandeln, als ob er ab seiner Geburt Abkömmling des Anerkennenden gewesen wäre.[11]

10   Im Falle der **Drittanerkennung** (Anerkennung durch den Erzeuger bei bestehender Ehe (vgl. § 1599 Abs. 2 Rdn. 17) ist Abs. 2 nicht anzuwenden. Zu den **Steuervorteilen** nach Anerkennung der Vaterschaft vgl. BFH FamRZ 2006, 266.

11   Die Anerkennung ist bedingungsfeindlich (Abs. 3).

§ 1595   Zustimmungsbedürftigkeit der Anerkennung

(1) Die Anerkennung bedarf der Zustimmung der Mutter.

(2) Die Anerkennung bedarf auch der Zustimmung des Kindes, wenn der Mutter insoweit die elterliche Sorge nicht zusteht.

(3) Für die Zustimmung gilt § 1594 Abs. 3 und 4 entsprechend.

---

5   Str., wie hier: Palandt/Diederichsen Rn. 9; a.A. Scholz/Stein/Eckebrecht Teil Q.
6   BayObLG FamRZ 2001, 1543, 1544.
7   Rauscher FFR 2002, 362.
8   Staudinger/Rauscher § 1594 Rn. 24 m.w.N.
9   *OLG Köln FamRZ 2006, 149.*
10   BGH FamRZ 1987, 375, 376 zu § 1600b Abs. 1 a.F.
11   *OLG Köln FamRZ 2006, 150.*

A. Zustimmung der Mutter

Die Vaterschaftsanerkennung bedarf der **Zustimmung der Mutter aus eigenem Recht** (Abs. 1). 1
Die Mutter muss sich also keine Vaterschaft aufdrängen lassen. Sie kann nicht gerichtlich ersetzt
werden. Fehlt sie, weil sie verweigert wird **oder** weil die Kindesmutter tot oder unbekannten Aufenthalts ist, kommt an Stelle der Anerkennung nur eine Vaterschaftsfeststellung in Betracht.

B. Zustimmung des Kindes

Immer notwendig ist die Zustimmung des **volljährigen** Kindes (Abs. 2). Die Notwendigkeit der 2
Zustimmung des **minderjährigen** Kindes richtet sich nach dem **Sorgerecht der Mutter**.

Bei **Alleinsorge** der Kindesmutter bedarf es **keiner** Zustimmung des minderjährigen Kindes (= 3
Umkehrschluss aus Abs. 2). Da die Mutter bereits aus eigenem Recht zustimmen muss (Abs. 1),
wäre ihre (zusätzliche) Zustimmung als gesetzliche Vertreterin für das Kind reiner Formalismus.

Auch wenn die Mutter nicht die Alleinsorge hat, sondern **Mitinhaberin** der **elterlichen Sorge** ist 4
(= gemeinsame Sorge zusammen mit ihrem gem. § 1592 Nr. 1 als Vater geltenden Ehemann),
muss das Kind **nicht** zustimmen (Umkehrschluss aus Abs. 2). Dadurch wird vermieden, dass der
Ehemann, wenn er bei der Zustimmungsvertretung mitberechtigt wäre, durch sein Veto als gesetzlicher Vertreter des Kindes die Anerkennung verhindern könnte.[1]

Die Zustimmung des **minderjährigen** Kindes ist nur noch erforderlich, wenn die Mutter **mangels** 5
Alleinsorge das Kind nicht allein gesetzlich vertreten könnte (Abs. 2), z.B. wenn das Kind von
einem Vormund oder Pfleger vertreten wird.[2]

Für das geschäftsunfähige oder unter 14 Jahre alte Kind kann nur dessen gesetzlicher Vertreter 6
zustimmen. I.Ü. bedarf es der eigenen Zustimmung des Kindes und außerdem der Zustimmung
seines gesetzlichen Vertreters (§ 1596 Abs. 2).

Mit der Zustimmungserklärung des gesetzlichen Vertreters tritt die Wirksamkeit der erklärten 7
Vaterschaftsanerkennung und damit deren Unwiderruflichkeit ein.[3]

C. Sonderfall: Zustimmung des in Scheidung lebenden Scheinvaters

Wenn ein Dritter nach Anhängigkeit des Scheidungsantrags die Vaterschaft eines innerhalb der 8
Ehe geborenen Kindes anerkennen will (§ 1599 Abs. 2 Satz 1 Rdn. 17), bedarf es der zusätzlichen
Zustimmung des Ehemannes der Kindesmutter zur Anerkennung (§ 1599 Abs. 2 Satz 2).

§ 1596 Anerkennung und Zustimmung bei fehlender oder beschränkter Geschäfts-
fähigkeit

(1) [1]Wer in der Geschäftsfähigkeit beschränkt ist, kann nur selbst anerkennen. [2]Die Zustimmung des gesetzlichen Vertreters ist erforderlich. [3]Für einen Geschäftsunfähigen kann der
gesetzliche Vertreter mit Genehmigung des Familiengerichts anerkennen; ist der gesetzliche Vertreter ein Betreuer, ist die Genehmigung des Betreuungsgerichts erforderlich. [4]Für die Zustimmung der Mutter gelten die Sätze 1 und 3 entsprechend.

---

1 BT-Drucks. 13/4899 S. 84.
2 §§ 1773, 1796, 1909; BayObLG FamRZ 2002, 1543, 1544.
3 OLG Brandenburg FamRZ 2000, 548.

(2) ¹Für ein Kind, das geschäftsunfähig oder noch nicht 14 Jahre alt ist, kann nur der gesetzliche Vertreter der Anerkennung zustimmen. ²Im Übrigen kann ein Kind, das in der Geschäftsfähigkeit beschränkt ist, nur selbst zustimmen; es bedarf hierzu der Zustimmung des gesetzlichen Vertreters.

(3) Ein geschäftsfähiger Betreuter kann nur selbst anerkennen oder zustimmen; § 1903 bleibt unberührt.

(4) Anerkennung und Zustimmung können nicht durch einen Bevollmächtigten erklärt werden.

A. Vorbemerkung

1   Die Vorschrift regelt die Wirksamkeit von Anerkennung und Zustimmung zur Anerkennung, wenn die gem. § 1595 Beteiligten (Mutter und Kind) nicht voll geschäftsfähig sind. Anerkennung und Zustimmung können nicht durch einen Bevollmächtigten erklärt werden, erfordern also höchstpersönliche Erklärungen (Abs. 4) ebenso wie die Vaterschaftsanfechtung (§ 1600a Abs. 1 Rdn. 1).

B. Betreuung

2   Ein voll geschäftsfähiger Betreuter (§ 1896) kann nur selbst anerkennen und zustimmen (**Abs. 3 Hs. 1**). Für einen geschäftsunfähigen Betreuten kann nur sein Betreuer handeln, sofern er für den Aufgabenkreis der Personen- und Vermögenssorge bestellt ist (§ 1902). Wurde ein Einwilligungsvorbehalt angeordnet (§ 1903), bedarf die (notwendige eigene) Erklärung des Betreuten der Zustimmung seines Betreuers (**Abs. 3 Hs. 2**).

C. Geschäftsunfähigkeit

3   Für einen Geschäftsunfähigen kann nur der gesetzliche Vertreter anerkennen mit Genehmigung des Vormundschaftsgerichts (**Abs. 1 Satz 3**). Abs. 1 Satz 4 für die Zustimmung der geschäftsfähigen Mutter auf die für die Vaterschaftsanerkennung durch den geschäftsunfähigen Mann geltende Vorschrift (**Abs. 1 Satz 3**).

4   Für das geschäftsunfähige Kind kann nur der gesetzliche Vertreter zustimmen, jedoch bedarf es **nicht** der gerichtlichen Genehmigung (**Abs. 2 Satz 1**).

D. Beschränkte Geschäftsfähigkeit

5   Das beschränkt geschäftsfähige Kind (§ 106) kann nur höchstpersönlich anerkennen mit Zustimmung seines gesetzlichen Vertreters (**Abs. 1 Satz 1 u. 2**).

6   Ist das minderjährige **Kind** über 14 Jahre alt, kann es nur selbst zustimmen und bedarf der Zustimmung seines gesetzlichen Vertreters (**Abs. 2 Satz 2**). Für die Zustimmung der beschränkt geschäftsfähigen **Mutter** gilt dasselbe (**Abs. 1 Satz 3** unter Bezug auf Abs. 1 Satz 1 u. 2).

7   Ist das Kind jünger als 14, kann nur der gesetzliche Vertreter (ggf. der Beistand) zustimmen (**Abs. 2 Satz 1**).

§ 1597   Formerfordernisse; Widerruf

(1) Anerkennung und Zustimmung müssen öffentlich beurkundet werden.

(2) Beglaubigte Abschriften der Anerkennung und aller Erklärungen, die für die Wirksamkeit der Anerkennung bedeutsam sind, sind dem Vater, der Mutter und dem Kind sowie dem Standesamt zu übersenden.

(3) ¹Der Mann kann die Anerkennung widerrufen, wenn sie ein Jahr nach der Beurkundung noch nicht wirksam geworden ist. ²Für den Widerruf gelten die Absätze 1 und 2 sowie § 1594 Abs. 3 und § 1596 Abs. 1, 3 und 4 entsprechend.

Die Erklärungen von Anerkennung und Zustimmung sind **bedingungsfeindlich** (§§ 1595 Abs. 3, 1594 Abs. 3) und müssen öffentlich beurkundet werden (**Abs. 1**), wozu neben dem Notar, dem Standesbeamten (§ 29a PStG), dem Rechtspfleger (§ 3 Nr. 1 f. RPflG) und dem Gericht des Vaterschaftsprozesses auch das Jugendamt ausdrücklich befugt ist (§ 59 Abs. 1 Satz 1 Nr. 1 SGB VIII; BGH FamRZ 1995, 1129 zu § 1600e Abs. 1 a.F.). Ein Anerkenntnis durch Anerkenntnisentscheidung ist unzulässig[1]   **1**

Hinsichtlich sämtlicher Erklärungen besteht Benachrichtigungspflicht zur Übersendung beglaubigter Abschriften an Vater, Mutter Kind und Standesbeamten (**Abs. 2**).   **2**

Der Mann kann seine Anerkennung widerrufen, wenn sie – mangels der erforderlichen Zustimmungen (§§ 1595, 1596) – nicht 1 Jahr nach der Beurkundung wirksam geworden ist (**Abs. 3**).   **3**

Ein Widerruf der Anerkennung **wegen Irrtums** ist grds. unzulässig. Anerkennung und Zustimmung – auch wenn sie bewusst falsch sind – können nur im Wege der Anfechtung beseitigt werden. Ausnahmsweise kommen als Widerrufsgründe in Betracht: das Vorliegen eines Restitutionsgrundes, die Missbräuchlichkeit der Berufung auf das Anerkenntnis z.B.: bei »gekaufter Vaterschaft«,[2] wenn die Anerkennung nicht schon deswegen sittenwidrig ist (Scholz/Stein/**Eckebrecht** Teil Q, Rn. 30) sowie das Vorliegen eines Abänderungsgrundes i.S.v. § 238 FamFG (BGHZ 80, 392). Diese besonderen Widerrufsgründe können auch noch in der Berufungsinstanz geltend gemacht werden.[3]   **4**

§ 1598   Unwirksamkeit von Anerkennung, Zustimmung und Widerruf

(1) Anerkennung, Zustimmung und Widerruf sind nur unwirksam, wenn sie den Erfordernissen der vorstehenden Vorschriften nicht genügen.

(2) Sind seit der Eintragung in ein deutsches Personenstandsregister fünf Jahre verstrichen, so ist die Anerkennung wirksam, auch wenn sie den Erfordernissen der vorstehenden Vorschriften nicht genügt.

Die Erklärungen von Anerkennung, Zustimmung und Widerruf sind unwirksam, wenn die Voraussetzungen der §§ 1594–1597 nicht vorliegen (**Abs. 1**).   **1**

Sind seit Eintragung der Anerkennung in das Personenstandsbuch 5 Jahre vergangen, ist die Anerkennung trotz Formmängeln wirksam (**Abs. 2**). Ausnahme: Anerkennung der Vaterschaft unter Verstoß gegen § 1594 Abs. 2.[1]   **2**

---

1 BGH FamRZ 1994, 694.
2 KG FamRZ 2002, 1725, LS.
3 OLG Brandenburg DA Vorm 2000, 58, 59.
1 OLG Rostock FamRZ 2008, 2226.

§ 1598a Anspruch auf Einwilligung in eine genetische Untersuchung zur Klärung der leiblichen Abstammung

(1) ¹Zur Klärung der leiblichen Abstammung des Kindes können

1. der Vater jeweils von Mutter und Kind,
2. die Mutter jeweils von Vater und Kind und
3. das Kind jeweils von beiden Elternteilen

verlangen, dass diese in eine genetische Abstammungsuntersuchung einwilligen und die Entnahme einer für die Untersuchung geeigneten genetischen Probe dulden. ²Die Probe muss nach den anerkannten Grundsätzen der Wissenschaft entnommen werden.

(2) Auf Antrag eines Klärungsberechtigten hat das Familiengericht eine nicht erteilte Einwilligung zu ersetzen und die Duldung einer Probeentnahme anzuordnen.

(3) Das Gericht setzt das Verfahren aus, wenn und solange die Klärung der leiblichen Abstammung eine erhebliche Beeinträchtigung des Wohls des minderjährigen Kindes begründen würde, die auch unter Berücksichtigung der Belange des Klärungsberechtigten für das Kind unzumutbar wäre.

(4) ¹Wer in eine genetische Abstammungsuntersuchung eingewilligt und eine genetische Probe abgegeben hat, kann von dem Klärungsberechtigten, der eine Abstammungsuntersuchung hat durchführen lassen, Einsicht in das Abstammungsgutachten oder Aushändigung einer Abschrift verlangen. ²Über Streitigkeiten aus dem Anspruch nach Satz 1 entscheidet das Familiengericht.

1 Der Gesetzgeber stellt als Konsequenz aus der Rechtsprechung des Bundesverfassungsgerichts[1] über die Rechtswidrigkeit heimlich eingeholter Vaterschaftsgutachten nunmehr neben dem bisherigen Anfechtungsverfahren ein eigenständiges **Verfahren auf (bloße) Klärung der Abstammung** (also ohne Statuswirkung) zur Verfügung. § 1598a BGB regelt, dass Vater, Mutter und Kind jeweils gegenüber den anderen beiden Familienmitgliedern einen Anspruch auf Klärung der Abstammung haben (Abs. 1). Nach Nr. 1 ist allein der rechtliche **Vater** anspruchsberechtigt. Umgekehrt kann das **Kind** nach Nr. 3 lediglich überprüfen lassen, ob sein rechtlicher Vater sein biologischer Vater ist. Soweit sich der Antrag in beiden Fällen (auch) gegen die Mutter richtet, ist nur die rechtliche Mutter gemeint (vgl. § 1591). Nach dem Wortlaut des § 1598a Abs. 1 kann auch die rechtliche **Mutterschaft** auf ihre genetische Richtigkeit überprüft werden.[2]

2 Der Anspruch ist an keine weiteren Voraussetzungen – auch keine Fristen – gebunden. Die Antragsgegner müssen grds. einwilligen und Blutproben entnehmen lassen. Willigen sie nicht ein, kann ihre Einwilligung vom Familienrichter ersetzt werden (Abs. 2). In diesem Verfahren können der Vater und die Mutter das Kind nicht vertreten (§ 1629 Abs. 2a). Für das Kind ist deshalb ein Ergänzungspfleger zu bestellen. Das Jugendamt ist zu beteiligen (§ 176 Abs. 1 Satz 2 FamFG und Eltern und Kinder nach Maßgabe des § 175 Abs. 2 FamRG anzuhören. Die Entscheidung nach § 1598a Abs. 2 wird erst mit Rechtskraft wirksam (§ 184 Abs. 1 FamFG). Sie kann nicht vollstreckt werden, wenn die Art der Probeentnahme der untersuchten Person nicht zugemutet werden kann (§ 96a Abs. 1 FamFG). Bei wiederholter unberechtigter Verweigerung der Untersuchung kann auch unmittelbarer Zwang angewendet, insb. die zwangsweise Vorführung zur Untersuchung angeordnet werden (§ 96a Abs. 2 FamFG). Über die Rechtmäßigkeit der Weigerung entscheidet erneut der Familienrichter ebenso wie über weitere Vollstreckungsmaßnahmen bei wiederholter unberechtigter Verweigerung der Untersuchung.

---

1 BVerfG FamRZ 2007, 441.
2 Helms FamRZ 2008, 1033 m.w.N.

Ausnahmen von der Ersetzungsmöglichkeit: Das **Kindeswohl** steht der Abstammungsklärung 3 entgegen (z.B. in besonderen Lebenslagen und Entwicklungsphasen des Kindes wie z.B. bei Magersucht oder Selbstmordgefahr). Das Familiengericht muss dann das Verfahren aussetzen (Abs. 3). Weiterhin kein Klärungsverfahren, wenn das Klärungsverlangen **missbräuchlich** gestellt ist (z.B. im Wiederholungsfall, zur Schikane von Familienmitgliedern oder aufgrund fixer Ideen).

Durch die Einleitung des Klärungsverfahrens wird die Frist für die Vaterschaftsanfechtung analog 4 § 204 Abs. 2 gehemmt (§ 1600b Abs. 5). Die Anfechtungsfrist läuft erst 6 Monate nach rechtskräftigem Abschluss des Klärungsverfahrens weiter.

Praktische Bedeutung erlangt das Klärungsverfahren vor allem, wenn die Frist für eine Statuskor- 5 rektur verstrichen ist. So besteht z.B. die Möglichkeit, auf diesem Wege den Härtegrund des § 1579 Nr. 7 zu beweisen. Auch kann das im Klärungsverfahren erstattete Gutachten als Restitutionsgrund i.S.v. § 185 FamFG herangezogen werden.

§ 1599 Nichtbestehen der Vaterschaft

(1) § 1592 Nr. 1 und 2 und § 1593 gelten nicht, wenn auf Grund einer Anfechtung rechtskräftig festgestellt ist, dass der Mann nicht der Vater des Kindes ist.

(2) [1]§ 1592 Nr. 1 und § 1593 gelten auch nicht, wenn das Kind nach Anhängigkeit eines Scheidungsantrags geboren wird und ein Dritter spätestens bis zum Ablauf eines Jahres nach Rechtskraft des dem Scheidungsantrag stattgebenden Urteils die Vaterschaft anerkennt; § 1594 Abs. 2 ist nicht anzuwenden. [2]Neben den nach den §§ 1595 und 1596 notwendigen Erklärungen bedarf die Anerkennung der Zustimmung des Mannes, der im Zeitpunkt der Geburt mit der Mutter des Kindes verheiratet ist; für diese Zustimmung gelten § 1594 Abs. 3 und 4, § 1596 Abs. 1 Satz 1 bis 3, Abs. 3 und 4, § 1597 Abs. 1 und 2 und § 1598 Abs. 1 entsprechend. [3]Die Anerkennung wird frühestens mit Rechtskraft des dem Scheidungsantrag stattgebenden Urteils wirksam.

A. Allgemeines

Die aufgrund Ehe (§ 1592 Nr. 1) oder Anerkennung (§ 1592 Nr. 2) bestehende Vaterschaft wird 1 durch rechtskräftige Anfechtungsentscheidung beseitigt (Abs. 1). Die Anfechtung führt zum **Verlust** der Deutschen **Staatsangehörigkeit**, wenn sich diese allein vom Anfechtenden herleitet. Die Anfechtung beseitigt die rechtlichen Voraussetzungen des Staatsangehörigkeitserwerbs mit Rückwirkung.[1] Darin liegt keine gegen Art. 16 Abs. 1 Satz 1 GG verstoßende Entziehung der Staatsangehörigkeit.[2] Zur Anfechtungsfrist § 1600b, zur Anfechtungsfrist § 1600b.

Die gerichtliche Anfechtung ist für **alle** Kinder (ob ehelich oder nicht ehelich) **einheitlich** geregelt. 2 Es bestehen keine gesonderten Vorschriften für die Anfechtung der Vaterschaftsanerkennung.

---

1 BGH FamRZ 2004, 802.
2 BVerfG FamRZ 2007, 21.

Angefochten wird also nicht mehr die Ehelichkeit eines Kindes, sondern die Vaterschaft des Ehemannes der Kindesmutter. Ebenso wird nicht die Anerkennung einer nicht ehelichen Vaterschaft angefochten, sondern die Vaterschaft des Anerkennenden.

3   Die Anfechtung der Vaterschaft eines **ausländischen** (hier: türkischen) Kindes mit gewöhnlichem Aufenthalt in Deutschland richtet sich nach deutschem Recht, Art. 20 Satz 2 EGBGB.[3] Ist ausländisches Recht anwendbar, liegt ein Verstoß gegen den deutschen ordre public vor, wenn das ausländische Recht keine Anfechtungsmöglichkeit vorsieht.[4]

B. Ersatzansprüche nach erfolgreicher Anfechtung

I. Scheinvater gegen Kind

4   Der Scheinvater hat gegen das Kind einen **Auskunftsanspruch**, wer der leibliche Vater ist.[5] Nach erfolgter Anfechtung steht fest, dass der Rechtsgrund für den vom Scheinvater geleisteten Kindesunterhalt nachträglich entfallen ist (§ 812 Abs. 1 Satz 2 Alt. 1). Die in § 1607 Abs. 3 Satz 2 angeordnete Legalzession (Rdn. 4) hindert nicht die Entstehung des Bereicherungsanspruchs. Jedoch scheitert der Scheinvater mit seiner Bereicherungsklage gegen das Kind regelmäßig am **Entreicherungseinwand** (§ 818 Abs. 3).[6]

II. Scheinvater gegen biologischen Vater

5   Nach erfolgter **Anfechtung** kann der Scheinvater beim biologischen Vater **Regress** nehmen, soweit der Erzeuger unterhaltspflichtig war (§ 1607 Abs. 3 Satz 2). Scheinvater ist der Ehemann der Kindesmutter (§ 1607 Abs. 3 Satz 1) bzw. ein mit der Kindesmutter nicht verheirateter Mann (§ 1607 Abs. 3 Satz 2).

6   Der Regressanspruch des Ehemannes ist nicht davon abhängig, dass er annimmt, er selbst sei der Vater.[7] Dagegen ist der Scheinvaterregress des »wissenden« mit der Kindesmutter nicht verheirateten Mannes (§ 1607 Abs. 3 Satz 2) ausgeschlossen.[8]

7   Der Regress umfasst neben dem laufenden Unterhalt auch einen etwaigen vom Ehemann der Kindesmutter geleisteten Prozesskostenvorschuss sowie die ihm entstandenen Kosten des Anfechtungsverfahrens.[9] Ist der Scheinvater durch Anerkennung Vater geworden, steht ihm gegen den Erzeuger kein Anspruch auf Ersatz der Kosten des Anfechtungsverfahrens zu.[10]

8   Das Verlangen rückständigen Unterhalts kann für den Erzeuger eine **unbillige Härte** sein (§ 1613 Abs. 3), es sei denn, der Erzeuger war unredlich, weil das Kind mit seinem Einverständnis dem Scheinvater untergeschoben worden ist.[11] Eine unbillige Härte liegt vor, wenn der Kindesvater deswegen nicht mit seiner Inanspruchnahme rechnen musste, weil selbst die Kindesmutter von

---

3   OLG Stuttgart FamRZ 1999, 610.
4   OLG Stuttgart FamRZ 2001, 246.
5   OLG Köln FamRZ 02, 1214.
6   BGH FamRZ 1981, 764, 765.
7   Henrich FamRZ 2001, 785; Palandt/Brudermüller § 1607 Rn. 16, a.A.: AG Wipperfürth FamRZ 2001, 738).
8   OLG Celle MDR 2005, 634.
9   BGH FamRZ 1988, 387.
10   OLG Celle FamRZ 2005, 1853.
11   OLG Karlsruhe FamRZ 2000, 1435, LS.

der Vaterschaft eines anderen Mannes ausgegangen ist.[12] Ggf. kommt eine **teilw.** Herabsetzung und Stundung des Unterhaltsanspruchs des Scheinvaters gegen den leiblichen Vater in Betracht.[13]

Allerdings hat der Scheinvater gegen den Erzeuger **keine** Regressmöglichkeit nach § 1607 **9** Abs. 3 Satz 2, **solange** dessen Vaterschaft **nicht festgestellt** oder **nicht anerkannt** ist.[14] Der Scheinvater ist insbes nicht gegen den Erzeuger antragsbefugt.[15] Die Feststellung der Vaterschaft des Erzeugers kann auch nicht als Vorfrage in einem Regressprozess geklärt werden.[16]

Selbst nach erfolgreicher Anfechtung der (Schein-)Vaterschaft durch den Scheinvater, die Mutter **10** oder durch das Kind können die Mutter und das Kind den Regress des vormaligen **Scheinvaters** verhindern, wenn sie sich dem Statuswechsel widersetzen; denn ohne ihre Mitwirkung kann es nicht zur gesetzlichen Vaterschaft des leiblichen Vaters durch Anerkennung kommen, da seine Anerkennung der Zustimmung von Mutter und Kind (§ 1595) bedarf (zu Ausnahmen vgl. Rdn. 12).

Zumal mit Blick auf den drohenden Unterhaltsregress dürfte nach erfolgreicher Anfechtung der **11** Scheinvaterschaft auch wenig Neigung auf Seiten des **biologischen Vaters** bestehen, **selbst** die Feststellung seiner Vaterschaft zu betreiben. In Betracht käme insoweit sein Antrag auf Feststellung seiner eigenen Vaterschaft.[17] Hat allerdings der biologische Vater selbst (vgl. Einführung vor § 1591 Rdn. 4) das Anfechtungsverfahren gegen das Kind und den Scheinvater betrieben, »beinhaltet« die Rechtskraft der erfolgreichen Anfechtung zugleich die Feststellung **seiner** Vaterschaft (§ 182 Abs. 1 FamFG, vgl. § 1600 Rdn. 4). Allerdings ist die Anfechtungsmöglichkeit des biologischen Vaters beschränkt. Sie ist ausgeschlossen, solange die Mutter mit dem Scheinvater verheiratet ist oder zwischen Scheinvater und Kind eine sozial-familiäre Beziehung besteht (§ 1600 Abs. 2 u. 3, vgl. § 1600 Rdn. 4).

In Ausnahmefällen kann die Berufung auf die Regresssperre (§§ 1600d Abs. 4, 1594) gegen Treu **12** und Glauben verstoßen (§ 242). Dabei ist eine umfassende Interessenabwägung vorzunehmen, wobei der Frage besonderes Gewicht zukommt, ob und in welcher Intensität die schutzwürdigen Interessen des Kindes und der Familienfriede durch eine **Durchbrechung der Regresssperre** berührt werden.[18] Eine solche Ausnahme ist insbes bei allseits »**unstreitiger Vaterschaft**« des außerehelichen Erzeugers anzunehmen. Bei dieser Sachlage kann gegen den biologischen Vater ohne Feststellung seiner rechtlichen Vaterschaft Regress genommen werden.[19] Regelmäßig ist dann auch im VA-Verfahren die Anwendung des § 27 VersAusglG in Betracht zu ziehen.[20] Zu weitgehend erscheint die Auffassung, die eine hinreichende Erfolgsaussicht für einen Regressunterhaltsantrag des Scheinvaters annimmt, wenn der vermutete biologische Vater sich grundlos weigert, auf Kosten des Scheinvaters einen außergerichtlichen DNA-Vaterschaftstest vornehmen zu lassen.[21]

III. Scheinvater gegen Sozialamt

Hat der Scheinvater an den Träger der Sozialhilfe, der dem Kind Hilfe gewährt hat, Unterhalts- **13** zahlungen geleistet, steht ihm gegen den Sozialhilfeträger ein Bereicherungsanspruch jedenfalls

---

12 OLG Oldenburg FamRZ 2006, 1661.
13 OLG Schleswigig MDR 2007, 1024.
14 OLG Celle NJW-RR 2000, 451.
15 BGH FamRZ 1999, 716.
16 BGH FamRZ 1993, 696 zu §§ 1600a, 1615b II a.F.; OLG Hamm FamRZ 2005, 475.
17 Palandt/Diederichsen § 1600e Rn. 4; Wieser NJW 1998, 2023.
18 BGH FamRZ 2008, 1836.
19 OLG Düsseldorf FamRZ 2000, 1032; BGH FamRZ 2008, 1424; vgl. § 1600d Rdn. 1.
20 BGH FamRZ 2008, 1836, 1840.
21 OLG Karlsruhe FamRZ 2005, 474.

dann zu, wenn er seinen nach § 1607 Abs. 3 Satz 2 auf ihn übergegangenen Anspruch gegen den Erzeuger – weil dieser z.B. untergetaucht ist – nicht realisieren kann.[22]

IV. Scheinvater gegen (geschiedene) Ehefrau

1. Grundsatz

14   Nach std. Rspr.[23] hält der BGH im Grundsatz daran fest, dass der Scheinvater von seiner (geschiedenen) Ehefrau **nicht** auf Grund eines von dieser begangenen Ehebruchs, aus dem ein Kind hervorgegangen ist, nach § 823 Ersatz des Vermögensschadens verlangen kann, der ihm durch Unterhaltszahlungen an das scheineheliche Kind entstanden ist.[24] Zuständig für den Auskunftsantrag des Scheinvaters gegen die Kindesmutter ist das Familiengericht.[25]

2. Ausnahme

15   Allerdings kann die Anwendung des § 826 in Betracht kommen, **wenn** zu dem Ehebruch eine **sittenwidrig schädigende Verletzungshandlung** der Ehefrau **hinzutritt**.[26] Erteilt z.B. die Kindesmutter grob fahrlässig in dem Bewusstsein der möglichen Schädigung auf die Frage, ob sie in der gesetzlichen Empfängniszeit auch mit einem anderen Mann verkehrt habe, eine unrichtige Auskunft, handelt sie sittenwidrig. Sie ist dem Zahlvater dann hinsichtlich der auf Grund der Falschauskunft zu Unrecht geleisteten Unterhaltszahlungen gem. § 826 zum Schadensersatz verpflichtet.[27]

16   Dagegen begründet allein die Tatsache, dass die Kindesmutter dem Mann den Mehrverkehr nicht mitgeteilt hat, keinen Schadensersatzanspruch aus § 826[28] und auch keinen Anspruch auf Eheanfechtung wegen arglistiger Täuschung gem. § 1314 Abs. 2 Nr. 3.[29] Eine Schadensersatzpflicht der Kindesmutter kann auch eintreten, wenn sie ihrem (späteren) Mann **vor** der Ehe vorgespiegelt hat, dass **nur er** als Vater des von ihr erwarteten Kindes in Frage komme.[30] In diesem Fall hat der Scheinvater gegen die Kindesmutter einen Anspruch auf **Bekanntgabe des Namens** des leiblichen Vaters, damit er gegen ihn Regress nehmen kann,[31] vgl. § 1591 Rdn. 18.

C. Drittanerkennung (Abs. 2)

17   Die §§ 1592 Nr. 1; 1593 gelten nicht, wenn das Kind nach der **Anhängigkeit** des Scheidungsantrags **innerhalb der Ehe** geboren wird, **sofern** ein Dritter spätestens innerhalb eines Jahres **nach** Rechtskraft der Scheidung die Vaterschaft **anerkennt** (**Abs. 2 Satz 1**), die zudem der zusätzlichen Zustimmung des Ehemannes der Kindesmutter bedarf (**Abs. 2 Satz 2**; § 1595 Rdn. 8).

18   Die Zustimmungen der Kindesmutter und deren Ehemannes sind ebenfalls an die Jahresfrist geknüpft.[32]

19   Eine evtl. **vor** der Scheidung der Mutter erklärte Anerkennung des Dritten ist zunächst schwebend unwirksam und wird erst mit Rechtskraft der Scheidung wirksam (**Abs. 2 Satz 3**). Dasselbe gilt für

---

22   BGH FamRZ 1981, 30, 32.
23   BGHZ 23, 215; 26, 217; 57, 229.
24   BGH FamRZ 1990, 367.
25   OLG Hamm FamRZ 2005, 1844.
26   BGH FamRZ 1990, 367.
27   OLG Hamm MDR 1999, 42.
28   OLG Köln NJW-Report 1999, 1673.
29   OLG Stuttgart FamRZ 2005, 2070.
30   BGH FamRZ 1981, 531.
31   OLG Bamberg FamRZ 2004, 562.
32   OLG Stuttgart FamRZ 2004, 1054 m.w.N.; a.A. OLG Zweibrücken FamRZ 2000, 546.

die vor Rechtskraft der Scheidung durch den Dritten abgegebene Sorgerechtserklärung nach § 1626a Abs. 1 Nr. 1.[33]

Durch diese Regelung wird ein teurer Abstammungsprozess in den Fällen, in denen sich alle 20 Beteiligten über die wahre Abstammung einig sind, vermieden. Bei nach Anhängigkeit des Scheidungsantrags geborenen Kindern muss vor Einreichung eines Vaterschaftsanfechtungsantrags daher **versucht werden**, über den einfachen Weg des § 1599 Abs. 2 eine **Vaterschaftsanerkennung** zu erreichen. Sonst besteht kein Rechtsschutzbedürfnis für die Durchführung eines Abstammungsprozesses.[34]

§ 1600 Anfechtungsberechtigte

(1) Berechtigt, die Vaterschaft anzufechten, sind:

1. der Mann, dessen Vaterschaft nach § 1592 Nr. 1 und 2, § 1593 besteht,
2. der Mann, der an Eides statt versichert, der Mutter des Kindes während der Empfängniszeit beigewohnt zu haben,
3. die Mutter,
4. das Kind und
5. die zuständige Behörde (anfechtungsberechtigte Behörde) in den Fällen des § 1592 Nr. 2.

(2) Die Anfechtung nach Absatz 1 Nr. 2 setzt voraus, dass zwischen dem Kind und seinem Vater im Sinne von Absatz 1 Nr. 1 keine sozial-familiäre Beziehung besteht oder im Zeitpunkt seines Todes bestanden hat und dass der Anfechtende leiblicher Vater des Kindes ist.

(3) Die Anfechtung nach Absatz 1 Nr. 5 setzt voraus, dass zwischen dem Kind und dem Anerkennenden keine sozial-familiäre Beziehung besteht oder im Zeitpunkt der Anerkennung oder seines Todes bestanden hat und durch die Anerkennung rechtliche Voraussetzungen für die erlaubte Einreise oder den erlaubten Aufenthalt des Kindes oder eines Elternteiles geschaffen werden.

(4) [1]Eine sozial-familiäre Beziehung nach Absatz 2 besteht, wenn der Vater im Sinne von Absatz 1 Nr. 1 für das Kind tatsächliche Verantwortung trägt oder im Zeitpunkt seines Todes getragen hat. [2]Eine Übernahme tatsächlicher Verantwortung liegt in der Regel vor, wenn der Vater im Sinne von Absatz 1 Nr. 1 mit der Mutter des Kindes verheiratet ist oder mit dem Kind längere Zeit in häuslicher Gemeinschaft zusammengelebt hat.

(5) Ist das Kind mit Einwilligung des Mannes und der Mutter durch künstliche Befruchtung mittels Samenspende eines Dritten gezeugt worden, so ist die Anfechtung der Vaterschaft durch den Mann oder die Mutter ausgeschlossen.

(6) [1]Die Landesregierungen werden ermächtigt, die Behörden nach Absatz 1 Nr. 5 durch Rechtsverordnung zu bestimmen. [2]Die Landesregierungen können diese Ermächtigung durch Rechtsverordnung auf die zuständigen obersten Landesbehörden übertragen. [3]Ist eine örtliche Zuständigkeit der Behörde nach diesen Vorschriften nicht begründet, so wird die Zuständigkeit durch den Sitz des Gerichts bestimmt, das für die Klage zuständig ist.

A. Allgemeines

Die aufgrund Ehe (§§ 1592 Nr. 1, 1593) oder Anerkennung (§ 1592 Nr. 2) bestehende Vaterschaft 1 kann angefochten werden. Die aufgrund gerichtlicher Entscheidung festgestellte Vaterschaft

---

33 BGH FamRZ 2004, 802.
34 Büttner FF 2000, 13, 14; str., a.A. OLG Brandenburg FamRZ 2008, 68.

(§§ 1600d, 182 FamFG) kann nur durch Restitution beseitigt werden (§§ 580 ZPO, 185 FamFG); vgl. Anhang zu § 1600e Rdn. 40).

B. Anfechtungsberechtigte

2 Der Kreis der Anfechtungsberechtigten ist durch das Gesetz v. 23.04.2004 (vgl. Einführung vor § 1591 Rdn. 4) um den biologischen Vater erweitert worden. Abs. 1 wurde geändert und Abs. 2 und Abs. 3 hinzugefügt. Der Abs. 2 a.F. ist jetzt Abs. 4. Neu eingeführt wurde die behördlichen Anfechtung (§ 1600 Abs. 1 Nr. 5, vgl. Rdn. 14).

I. Gesetzlicher Vater (Abs. 1 Nr. 1)

3 Anfechtungsberechtigt ist der Mann, dessen Vaterschaft nach §§ 1592 Nr. 1 u. 2, 1593 besteht, auch wenn er nicht Sorgerechtsinhaber ist. Der Scheinvater kann auch sein eigenes Vaterschaftsanerkenntnis anfechten[1] und dafür PKH beanspruchen.[2]

II. Biologischer Vater (Abs. 1 Nr. 2; Abs. 2 u. 3)

4 Der leibliche, aber nicht rechtliche („biologische") Vater war nach § 1600 Abs. 1 a.F. von jeder Anfechtungsmöglichkeit ausgeschlossen, solange die Vaterschaft eines anderen Mannes bestand.[3] Ihm konnte lediglich vom antragstellenden Kind oder der antragstellenden Mutter der Streit verkündet werden (§ 640e Abs. 2 ZPO a.F.; Anhang zu § 1600e Rdn. 18). Das BVerfG hat jedoch die alte Gesetzesfassung insoweit mit Art. 6 Abs. 2 Satz 1 GG für unvereinbar erklärt, soweit sie den biologischen Vater ausnahmslos von der Anfechtung der Vaterschaft eines anderen Mannes zur Erlangung der eigenen rechtlichen Vaterschaft ausgeschlossen hat.[4] Gedacht war dabei an die Fälle, in denen die rechtlichen Eltern mit dem Kind gar keine soziale Familie bildeten, wie etwa bei bloßer Zahlvaterschaft.

5 Durch das am 30.04.2004 in Kraft getretene Gesetz v. 23.04.2004 (vgl. Einführung vor § 1591 Rdn. 4) wurden die Vorgaben des BVerfG umgesetzt, insbes durch die Aufnahme einer **begrenzten Anfechtungsberechtigung** des leiblichen Vaters in § 1600 Abs. 1 Abs. 1–3 n.F. und durch die jetzt in § 182 Abs. 1 FamFG geregelte Beschlusswirkung, wonach die vom leiblichen Vater gem. § 1600 Abs. 1 Nr. 2 erstrittene rechtskräftige Anfechtungsentscheidung **zugleich die Feststellung seiner Vaterschaft beinhaltet.**

6 Die Anfechtungsmöglichkeit ist an **drei Voraussetzungen** geknüpft:

1. Abgabe einer eidesstattlichen Versicherung des leiblichen Vaters, der Kindesmutter in der Empfängniszeit beigewohnt zu haben (**Abs. 1 Nr. 2**),
2. zwischen Kind und gesetzlichem Vater darf keine sozial-familiäre Beziehung bestehen oder im Zeitpunkt des Todes bestanden haben (**Abs. 2 Alt. 1**),
3. Der Anfechtende muss leiblicher Kindesvater sein (**Abs. 2 Alt. 2**)

7 Der anfechtende Mann muss seine Beiwohnung in der Empfängniszeit **an Eides Statt** versichern (**Abs. 1 Nr. 2**). Diese Erklärung erhöht die Substantiierungspflicht des Anfechtenden, gehört also zur Schlüssigkeit des Anfechtungsantrags. Sie soll gleichzeitig wegen der strafrechtlichen Folgen bei Abgabe einer falschen eidesstattlichen Versicherung (vgl. §§ 156, 163 StGB) eine Anfechtung „ins Blaue hinein" vermeiden. Durch die Erstreckung der eidesstattlichen Versicherung auf die

---

1 OLG Köln FamRZ 2002, 629.
2 *OLG Naumburg FamRZ 2008, 2146.*
3 BGH FamRZ 1999, 716.
4 BVerfG FamRZ 2003, 816, 818.

Tatsache der Beiwohnung ist die Anfechtungsmöglichkeit für einen Dritten, der nur den Samen gespendet, aber der Mutter nicht beigewohnt hat, ausgeschlossen.[5]

Das **Nichtbestehen** einer **sozial-familiären Beziehung** zwischen gesetzlichem Vater und dem Kind **8**
ist Voraussetzung für den Erfolg der Anfechtung (**Abs. 2 Alt. 1**). Wird eine solche Beziehung dagegen **festgestellt**, ist die Anfechtung durch den leiblichen Vater endgültig nicht zugelassen und bleibt auch in der Zukunft verschlossen. Ein „Wiederaufleben" des Anfechtungsrechts ist nicht möglich[6] Das Nichtbestehen einer sozialfamiliären Beziehung ist eine Frage der Begründetheit des Antrags.[7] Die negative Tatbestandsvoraussetzung ist von dem Anfechtenden leiblichen Vater zu beweisen mit der Folge, dass sich eine non-liquet-Situation zu seinen Lasten auswirkt.[8]

Eine sozial-familiäre Beziehung besteht, wenn der gesetzliche Vater für das Kind **tatsächliche Ver-** **9**
antwortung trägt.[9] Von der Übernahme einer derartigen Verantwortung ist in der Regel auszugehen, wenn der gesetzliche Vater mit der Kindesmutter **verheiratet** ist **oder** mit dem Kind längere Zeit in häuslicher Gemeinschaft gelebt hat (**Abs. 3**). Allerdings reicht diese Regelannahme nach Auffassung des BGH nicht ohne Weiteres für das Bestehen einer sozial-familiären Beziehung aus, weil diese nach § 1600 Abs. 3 Satz 1 voraussetze, dass der rechtliche Vater die tatsächliche Verantwortung für das Kind (noch) trägt oder bis zu seinem Tod getragen hat.[10] Ist das nicht der Fall (Beispiele: Scheinehe; Getrenntleben der Mutter und des rechtlichen Vaters; nur kurze Zeit zurückliegende Eheschließung), ist die Regelannahme vom Einzelfall widerlegt.[11] Fehlen diese Ausnahmetatbestände, versteht i.d.R. ein Anfechtungsrecht erst **nach der Scheidung** des gesetzlichen Vaters von der Kindesmutter und im Übrigen nur dann, wenn der gesetzliche Vater nicht längere Zeit **in häuslicher Gemeinschaft** mit dem Kind gelebt hat. Der unbestimmte Rechtsbegriff „längere Zeit" ist wie in §§ 1630 Abs. 3, 1632 Abs. 4, 1682 sowie 1685 Abs. 2 auszulegen. Das bedeutet:

Dauert die häusliche Gemeinschaft **noch an**, besteht kein Anfechtungsrecht. Dasselbe gilt, wenn **10**
die häusliche Gemeinschaft zwar aufgehoben ist, das daraus entstandene Vertrauensverhältnis zu dem Kind aber noch besteht und die gegenwärtige Bezugswelt des Kindes prägt. Insoweit kann auf die Auslegung desselben Rechtsbegriffs in § 1685 Abs. 2[12] und § 1682 Satz 2[13] zurückgegriffen werden. Ist allerdings die häusliche Gemeinschaft schon längere Zeit **aufgehoben**, prägt sie nicht mehr die gegenwärtige Bezugswelt des Kindes, mag die häusliche Gemeinschaft ihrerseits auch längere Zeit angedauert haben. Dann ist der Weg zu Anfechtung frei.[14]

Der Anfechtende muss **leiblicher Vater** des Kindes sein (**Abs. 2 Alt. 2**). Für die Schlüssigkeit des **11**
Anfechtungsantrags reicht die Behauptung der leiblichen Vaterschaft aus. Dagegen hat der Anfechtungsantrag erst Erfolg, wenn die leibliche Vaterschaft des Anfechtenden gerichtlich festgestellt werden kann. Der erfolgreiche Anfechtungsbeschluss **beinhaltet** die Feststellung der leiblichen Vaterschaft. Diese Wirkung ist im Tenor der Anfechtungsentscheidung auszusprechen (**§ 182 Abs. 1 FamFG**). Durch die rechtliche Verknüpfung von Anfechtung und Feststellung der Vaterschaft ist gewährleistet, dass das Kind nicht vaterlos wird. Zur Anfechtungs **frist** vgl. § 1600b Rdn. 11.

---

5 BT-Drucks. 15/2492 S. 9.
6 BT-Drucks. 15/2253 S. 11.
7 BGH FamRZ 2008, 1821.
8 BGH FamRZ 2008, 1822.
9 Vgl. zu den Einzelheiten Stuttgart FamRZ 2008, 629.
10 BGH FamRZ 2007, 724.
11 Vgl. BT-Drucks. 15/2235 S. 11; BGH FamRZ 2007, 724.
12 Palandt/Diederichsen § 1685 Rn. 8.
13 Palandt/Diederichsen § 1682 Rn. 6.
14 Pieper FuR 2004, 385, 387.

III. Kindesmutter (Abs. 1 Nr. 3)

12 Die **Mutter** kann nicht nur die Anerkennung, sondern **alle Fälle der Vaterschaft** anfechten (§ 1600). Eine Kindeswohlprüfung findet (anders als bei einer Anfechtung des minderjährigen Kindes, vertreten durch die Mutter, vgl. § 1600a Rdn. 10) **nicht** statt. Diese unterschiedliche Behandlung leuchtet nicht ein.[15] Ficht die allein sorgeberechtigte Mutter die Vaterschaft an, ist für das gem. § 172 FamFG zu beteiligende Kind – schon für die Antragszustellung und die Ladung – ein Ergänzungspfleger zu bestellen.[16]

IV. Kinder (Abs. 1 Nr. 4)

13 Für minderjährige Kinder ist gesetzliche Vertretung notwendig (vgl. § 1600a Rdn. 3). Volljährige Kinder können die Anfechtung **unbeschränkt** geltend machen, also nicht begrenzt auf im Gesetz enumerativ aufgeführte Gründe.

V. Anfechtungsberechtigte Behörde

14 § 1600 Abs. 1 Nr. 5 sieht jetzt vor, dass eine von den Bundesländern jeweils zu bestimmende Behörde eine missbräuchliche Vaterschaftsanerkennung unter den Voraussetzungen des § 1600 Abs. 3 u. 4 (Fehlen einer sozial-familiären Beziehung und Legalisierung unlauterer Aufenthaltsverhältnisse durch Anerkennung der Vaterschaft) anfechten kann. Es besteht kein verwaltungsgerichtlicher Folgenbeseitigungsanspruch des Kindes auf Rücknahme eines behördlichen Vaterschaftsanfechtungsantrags.[17]

VI. Eltern des verstorbenen (Schein-)Vaters

15 Die **Eltern des verstorbenen (Schein-)Vaters** können **nicht** mehr anfechten.[18]

C. Anfechtung bei künstlicher Befruchtung (Abs. 5)

16 Der **Anfechtungsausschluss** für Vater und Mutter bei heterologer Insemination gilt auch im Falle der Selbstvornahme der künstlichen Befruchtung.[19] Das Anfechtungsrecht des Kindes ist vom Ausschluss nicht betroffen. Beim minderjährigen Kind gilt die Einschränkung, dass die durch den gesetzlichen Vertreter zu erklärende Anfechtung (§ 1600a Abs. 2) dem Kindeswohl dienen muss. Dies dürfte bei einer Vaterschaftsanfechtung nach heterologer Befruchtung i.d.R. nicht der Fall sein.[20]

---

15 Vgl. Gaul FamRZ 2000, 1461, 1470.
16 BGH FamRZ 2002, 880.
17 Hess. VGH FuR 2010, 119.
18 Umkehrschluss aus § 1600; BT-Drucks. 13/4899 S. 57.
19 OLG Hamm FamRZ 2008, 630.
20 Wanitzek FamRZ 2003, 734.

§ 1600a Persönliche Anfechtung; Anfechtung bei fehlender oder beschränkter Geschäftsfähigkeit

(1) Die Anfechtung kann nicht durch einen Bevollmächtigten erfolgen.

(2) ¹Die Anfechtungsberechtigten im Sinne von § 1600 Abs. 1 Nr. 1 bis 3 können die Vaterschaft nur selbst anfechten. ²Dies gilt auch, wenn sie in der Geschäftsfähigkeit beschränkt sind; sie bedürfen hierzu nicht der Zustimmung ihres gesetzlichen Vertreters. ³Sind sie geschäftsunfähig, so kann nur ihr gesetzlicher Vertreter anfechten.

(3) Für ein geschäftsunfähiges oder in der Geschäftsfähigkeit beschränktes Kind kann nur der gesetzliche Vertreter anfechten.

(4) Die Anfechtung durch den gesetzlichen Vertreter ist nur zulässig, wenn sie dem Wohl des Vertretenen dient.

(5) Ein geschäftsfähiger Betreuter kann die Vaterschaft nur selbst anfechten.

A. Allgemeines

Die Vorschrift regelt – ähnl wie § 1596 für die Anerkennung und Zustimmung dazu – die Stellvertretung bei Abgabe der Anfechtungserklärung. Die Anfechtungsberechtigten (§ 1600) müssen **höchstpersönlich** anfechten (**Abs. 1 Satz 1**), mögen sie auch unter Betreuung stehen (**Abs. 5**), es sei denn, sie sind geschäftsunfähig. 1

B. Willensmängel des Vaters oder der Mutter (Abs. 2)

Vater und Mutter müssen stets **selbst** die Anfechtung erklären (**Abs. 2 Satz 1**), auch wenn sie minderjährig sind (**Abs. 2 Satz 2**). Im Falle ihrer **Geschäftsunfähigkeit** (§ 104 Nr. 1 u. 2) kann nur der gesetzliche Vertreter anfechten. Das sind bei Minderjährigkeit des Kindesvaters oder der Kindesmutter deren Eltern bzw. ein Pfleger (§ 1630). Die Anfechtung muss dem Kindeswohl dienen (**Abs. 4**; Rdn. 10). Bei Geschäftsunfähigkeit eines Volljährigen kann nur der Betreuer anfechten, wenn er für diesen Aufgabenkreis bestellt ist (§ 1902). 2

C. Willensmängel des Kindes (Abs. 3)

Für **minderjährige** Kinder, die geschäftsunfähig (§ 104 Nr. 1 u. 2) oder nur beschränkt geschäftsfähig (§ 106) sind, kann **nur** der gesetzliche Vertreter anfechten, dessen Zustimmung **nicht** der gerichtlichen **Genehmigung** bedarf (Abs. 3). Allerdings muss die Zustimmung dem Kindeswohl dienen (Abs. 4). 3

Der **Vater** ist infolge seiner Stellung als Antragsteller oder Antragsgegner des Anfechtungsprozesses an der gesetzlichen Vertretung des Kindes gem. § 181 rechtlich gehindert.[1] 4

---

1 BGH FamRZ 2002, 880.

5   Einer Vertretung durch die **Mutter** (des ehelichen Kindes) stehen **bis zur Rechtskraft der Scheidung** §§ 1629 Abs. 2 Satz 1 i.V.m. 1795 Abs. 1 Nr. 3 entgegen,[2] so dass – unabhängig von Alleinsorge oder gemeinsamer Sorge – für das Kind ein Ergänzungspfleger bestellt werden muss (§ 1909 Abs. 1 Satz 1), notwendigenfalls vorab ein Prozesspfleger (§ 57 Abs. 1 ZPO).

6   Auch **nach der Scheidung** bleibt die Mutter von der gesetzlichen Vertretung ausgeschlossen,[3] und zwar so lange, bis sie das alleinige Sorgerecht erhält (vgl. §§ 1671 Abs. 2 oder 1626a Abs. 2 oder § 1680),[4] das dann nur noch wegen eines erheblichen Interessengegensatzes eingeschränkt werden kann, §§ 1629 Abs. 2 Satz 3 Hs. 1, 1796.[5]

7   Bei Anfechtung der anerkannten Vaterschaft des mit der Mutter nicht verheirateten Vaters wird das Kind von der Mutter vertreten, wenn dieser gem. § 1626a Abs. 2 die Alleinsorge zusteht.[6] Ist die Mutter nicht sorgeberechtigt (§ 1672 Abs. 1) oder nur zusammen mit dem Vater (§ 1626a Abs. 1 Nr. 1), erhält das Kind einen **Ergänzungspfleger**, §§ 1909 Abs. 1 Satz 1, 1629 Abs. 2.[7] In dessen Bestellung liegt keine stillschweigende Entziehung des Sorgerechts bezüglich der Entscheidung über das »Ob« der Anfechtung,[8] über das weiterhin die sorgeberechtigten Eltern zu entscheiden haben, im Streitfall gemäß § 1628 mit Hilfe des Gerichts.[9]

8   Mängel der gesetzlichen Vertretung machen eine gleichwohl erlassene Entscheidung anfechtbar.

9   Der Aufgabenkreis des Beistands umfasst nicht die Anfechtung eines Vaterschaftsanerkenntnisses.[10]

D. Kindeswohl (Abs. 4)

10   Die **Anfechtung** gem. Abs. 2 Satz 3 bzw. Abs. 3 **durch** den **gesetzlichen Vertreter** (Rdn. 4–7) ist nur zulässig, wenn sie dem Wohl des geschäftsunfähigen Elternteils oder des Kindes »dient« (Abs. 4). Bei den Erwägungen zum Kindeswohl sind ähnliche Überlegungen anzustellen wie zur vormundschaftsgerichtlichen Genehmigung. Danach muss die Anfechtung für das Kind rechtlich vorteilhaft sein. Wenngleich die Klärung der biologischen Abstammung Teil des allg Persönlichkeitsrechts ist,[11] genießt die Feststellung der Abstammung keinen selbstverständlichen Vorrang. Vielmehr sind die Vor- und Nachteile im konkreten Fall abzuwägen. Zweifel gehen zu Lasten des Anfechtenden.[12]

11   Zu berücksichtigen sind vor allem die möglichen Auswirkungen des Anfechtungsverfahrens auf den **Familienfrieden der Beteiligten**[13] und vermögensrechtliche Konsequenzen (Verlust von Unterhalts- und Erbansprüchen) bei drohender rechtlicher Vaterlosigkeit, wenn die Kindesmutter über den genetischen Vater keine Angaben macht oder machen kann.[14] Ist der Anfechtungsgegner von der Kindesmutter geschieden und sind keine persönlichen Bindungen des Kindes zum

---

2   OLG Bamberg FamRZ 1992, 220.
3   BGH FamRZ 1972, 498, 499.
4   OLG Köln FamRZ 2001, 245.
5   Vgl. BayObLG FamRZ 1999, 737, 739.
6   OLG Köln FamRZ 2005, 43.
7   OLG Köln FamRZ 2001, 245.
8   OLG Hamm FamRZ 2008, 1646, n rk.
9   OLG Brandenburg FamRZ 2008, 1270 (LS).
10   OLG Nürnberg FamRZ 2001, 705.
11   OLG Schleswig FamRZ 2003, 51.
12   OLG Köln FamRZ 2001, 245.
13   BT-Drucks. 13/4899 S. 87; OLG Schleswig FamRZ 2003, 51.
14   BayObLG FamRZ 1995, 185, 186.

(Schein-) Vater mehr vorhanden, dürfte die Anfechtung regelmäßig dem Kindeswohl dienen.[15] Die Anfechtung kann im Einzelfall auch dann dem Kindeswohl dienen, wenn nicht damit zu rechnen ist, dass der wahre Vater ermittelt, aber jedenfalls der Ausschluss des Scheinvaters als leiblicher Vater festgestellt werden kann.[16]

§ 1600b Anfechtungsfristen

(1) ¹Die Vaterschaft kann binnen zwei Jahren gerichtlich angefochten werden. ²Die Frist beginnt mit dem Zeitpunkt, in dem der Berechtigte von den Umständen erfährt, die gegen die Vaterschaft sprechen; das Vorliegen einer sozial-familiären Beziehung im Sinne des § 1600 Abs. 2 erste Alternative hindert den Lauf der Frist nicht.

(1a) ¹Im Fall des § 1600 Abs. 1 Nr. 5 kann die Vaterschaft binnen eines Jahres gerichtlich angefochten werden. ²Die Frist beginnt, wenn die anfechtungsberechtigte Behörde von den Tatsachen Kenntnis erlangt, die die Annahme rechtfertigen, dass die Voraussetzungen für ihr Anfechtungsrecht vorliegen. ²Die Anfechtung ist spätestens nach Ablauf von fünf Jahren seit der Wirksamkeit der Anerkennung der Vaterschaft für ein im Bundesgebiet geborenes Kind ausgeschlossen; ansonsten spätestens fünf Jahre nach der Einreise des Kindes.

(2) ¹Die Frist beginnt nicht vor der Geburt des Kindes und nicht, bevor die Anerkennung wirksam geworden ist. ²In den Fällen des § 1593 Satz 4 beginnt die Frist nicht vor der Rechtskraft der Entscheidung, durch die festgestellt wird, dass der neue Ehemann der Mutter nicht der Vater des Kindes ist.

(3) ¹Hat der gesetzliche Vertreter eines minderjährigen Kindes die Vaterschaft nicht rechtzeitig angefochten, so kann das Kind nach dem Eintritt der Volljährigkeit selbst anfechten. ²In diesem Fall beginnt die Frist nicht vor Eintritt der Volljährigkeit und nicht vor dem Zeitpunkt, in dem das Kind von den Umständen erfährt, die gegen die Vaterschaft sprechen.

(4) ¹Hat der gesetzliche Vertreter eines Geschäftsunfähigen die Vaterschaft nicht rechtzeitig angefochten, so kann der Anfechtungsberechtigte nach dem Wegfall der Geschäftsunfähigkeit selbst anfechten. ²Absatz 3 Satz 2 gilt entsprechend.

(5) ¹Die Frist wird durch die Einleitung eines Verfahrens nach § 1598a Abs. 2 gehemmt; § 204 Abs. 2 gilt entsprechend. ²Die Frist ist auch gehemmt, solange der Anfechtungsberechtigte widerrechtlich durch Drohung an der Anfechtung gehindert wird. ³Im Übrigen sind § 204 Absatz 1 Nummer 4, 8, 13, 14 und Absatz 2 sowie die §§ 206 und 210 entsprechend anzuwenden.

(6) Erlangt das Kind Kenntnis von Umständen, auf Grund derer die Folgen der Vaterschaft für es unzumutbar werden, so beginnt für das Kind mit diesem Zeitpunkt die Frist des Absatzes 1 Satz 1 erneut.

---

15 BGH FamRZ 1990, 507.
16 Nürnberg FamRZ 2005, 1697.

A. Die Frist

1 Für alle Anfechtungsberechtigen gilt unterschiedslos eine 2-jährige Anfechtungsfrist (Abs. 1). Die zeitliche Beschränkung der Anfechtung ist verfassungsgemäß.[1] Die 2-jährige Anfechtungsfrist gilt **auch** für die Anfechtung der **Anerkennung** der Vaterschaft[2] sowie für die Anfechtung durch den biologischen Vater (vgl. Rdn. 18).

B. 1-Jahresfrist

2 Gem. § 1600b Abs. 1 a kann die anfechtungsberechtigte Behörde (Rdn. 9) die Vaterschaft binnen eines Jahres anfechten. Auf eine Verletzung des § 1600b kann eine **Amtshaftungsklage** des leiblichen Vaters nicht gestützt werden, weil die Vorschrift nicht den Schutz des leiblichen Vaters an einer Verhinderung seiner Vaterschaftsfeststellung und vor einer Inanspruchnahme auf Zahlung von Unterhalt dient.[3] Ebensowenig kann der leibliche Vater nach Feststellung seiner Vaterschaft damit gehört werden, dem Anfechtungsantrag des Scheinvaters sei zu Unrecht stattgegeben worden, weil die Anfechtungsfrist versäumt worden sei und ihm deshalb Schadensersatzansprüche (§§ 826, 823 Abs. 2 i.V.m. § 263 StGB) gegen den Scheinvater zuständen.[4]

C. Fristbeginn

3 Die Frist beginnt nicht vor der Geburt des Kindes.[5] Die Frist beginnt ab Kenntnis der Umstände, die gegen die Vaterschaft sprechen (Abs. 1 Satz 2). Zur Auslegung dieser Vorschrift können die zum bisherigen Recht (§§ 1594 Abs. 2 Satz 1, 1600h Abs. 2 Satz 1 a.F.) entwickelten Grundsätze herangezogen werden.[6] Abw. Regelungen in Europa (z.B. in Italien, Belgien oder Bulgarien), in denen die Anfechtungsfrist – von zudem nur 1 Jahr – allein mit Kenntnis von der Geburt des Kindes beginnt, verstoßen gegen Art. 8 EMRK[7] und dürften deshalb auch dem deutschen ordre public widersprechen.

I. Anfechtung durch den (Schein-) Vater

4 Der Scheinvater muss den wahren Vater nicht kennen.[8] Die Anfechtungsfrist beginnt vielmehr, wenn der Scheinvater die sichere Kenntnis von Tatsachen erlangt, aus denen sich die **nicht ganz fern liegende Möglichkeit** einer Abstammung des Kindes von einem anderen Mann als ihm selbst ergibt.[9]

5 Das ist z.B. der Fall, wenn die Kindesmutter die Abstammung in Frage stellt[10] **oder** wenn der Mann erfährt, dass die Kindesmutter mit dem Dritten während der Empfängniszeit Urlaub gemacht hat[11] **oder** bei hinreichend begründeten Anhaltspunkten vom **Mehrverkehr** der Kindes-

---

1 BVerfG FamRZ 1991, 325 zu § 1594 Abs. 1 a.F.
2 OLG Köln FamRZ 1999, 800.
3 BGH FamRZ 2007, 36.
4 OLG Thüringen FamRZ 2006, 1602.
5 OLG Rostock MDR 2007, 839.
6 Vgl. BGH FamRZ 1988, 278 zu § 1594 Abs. 1 a.F.
7 EuGHMRK FamRZ 2006, 181.
8 BGH NJWE-FER 1998, 167.
9 *OLG Karlsruhe FamRZ 2001, 702.*
10 Hamm FamRZ 1994, 186.
11 OLG Hamm FamRZ 1992, 472.

mutter,[12] **es sei denn**, er erfährt, der andere Mann sei nach ärztlicher Feststellung zeugungsunfähig[13] **oder** wenn (hier: auf Grund des Reifegrads des Kindes) die Möglichkeit ganz fern liegt, dass der eheliche Verkehr zur Zeugung des Kindes geführt hat.[14] Die Berufung auf **anonyme Anrufe**, für die der Scheinvater nur durch seine eigene Parteivernehmung Beweis anbietet, ist ebenso wenig schlüssiges Vorbringen wie der Hinweis auf eine **mangelnde Ähnlichkeit** des Kindes, es sei denn, das Kind hat z.B. eine dunkle Hautfarbe, während Mutter und »Vater« rein weiß sind.[15]

Die Frist beginnt also nicht erst ab positiver Kenntnis der Nichtvaterschaft, sondern ab Kenntnis **6** der Umstände, die **objektiv** für die Nichtvaterschaft sprechen. Der Vater muss nicht davon überzeugt sein, dass die Vaterschaft ausgeschlossen ist.[16] Nur vage Zweifel an der Vaterschaft setzen die Anfechtungsfrist dagegen nicht in Lauf.[17] **Verbleibende Zweifel**, ob der Vater Umstände im Sinne von § 1600b gekannt hat (oder kennen musste) gehen zu Lasten des Kindes.[18] Das Kind oder sein Streithelfer müssen also nachweisen, dass der antragstellende Vater schon früher von Umständen Kenntnis erlangt hat, die gegen seine Vaterschaft sprechen.

Grds. ist nicht von naturwissenschaftlichen Spezialkenntnissen auszugehen, sondern vom **Erkenntnis- 7 stand** eines **verständigen Laien**.[19] Deshalb wird die Anfechtungsfrist erst dadurch in Gang gesetzt, dass durch den Ehebruch aus der Sicht eines naturwissenschaftlich nicht vorgebildeten Laien die Vaterschaft des Ehemannes ersichtlich in Frage gestellt ist. Das ist z.B. bei Verwendung von **Kondomen** während des Ehebruchs bei späterem ungeschützten Eheverkehr nicht anzunehmen.[20]

Hat z.B. der Vater (mit heller Hautfarbe) keine besondere Kenntnis der Vererbungslehre, so soll **8** allein die Kenntnis, dass das Kind bereits bei der Geburt dieselbe dunkle Hautfarbe wie die Mutter und keine Mischfarbe aufgewiesen hat, die Anfechtungsfrist nicht in Lauf setzen.[21]

Die Frist für die Anfechtung beginnt **auch** dann zu laufen, wenn der Ehemann der Kindesmutter **9** infolge **Rechtsirrtums** angenommen hat, das Kind gelte auch ohne Anfechtung als nicht ehelich, oder weil er auf die Angaben der Kindesmutter vertraut hat, er sei nicht als Vater in die Geburtsurkunde eingetragen.[22]

Die in Gang gesetzte Anfechtungsfrist beginnt grds. **neu zu laufen**, wenn der Anfechtungsberech- **10** tigte **weitere verdächtige Umstände** erfährt. Etwas anderes gilt nur, wenn ursprünglich bestehende und dem Anfechtungsberechtigten bekannte Verdachtsmomente durch gegenteilige Tatsachen widerlegt erscheinen oder wenn der bisherige Verdacht bei verständiger Würdigung aufgegeben werden durfte.[23]

Ist das von der Ehefrau geborene Kind auf Grund **künstlicher Befruchtung** mit dem Samen eines ande- **11** ren Mannes als dem des Ehemannes (**heterologe Befruchtung**, vgl. § 1592 Rdn. 6) entstanden, kann der Ehemann die Vaterschaft **nicht** anfechten (§ 1600 Abs. 4). Eine Anfechtung ist auch bei **bewusst falschem Anerkenntnis** möglich, soweit sie innerhalb der Anfechtungsfrist erhoben wird.[24]

---

12 BGH FamRZ 2006, 771: bei gewerbsmäßigem, wenn auch geschütztem Verkehr; OLG Frankfurt FamRZ 2000, 108 »Sextourismus«; Brandenburg FamRZ 2002, 1055 zweiwöchiges Wohnen der Mutter während der Empfängniszeit in der Wohnung eines anderen Mannes.
13 BGH FamRZ 1989, 169.
14 BGH FamRZ 1990, 507.
15 OLG Köln FamRZ 2004, 87.
16 OLG Rostock FamRZ 2004, 497; OLG Brandenburg FamRZ 2004, 480; OLG Köln FamRZ 2003, 781.
17 OLG Brandenburg FamRZ 2004, 480.
18 BGH FamRZ 1990, 507; OLG Rostock FamRZ 2003, 479.
19 BGH FamRZ 1990, 507.
20 OLG Hamm FamRZ 1999, 1363.
21 OLG Karlsruhe FamRZ 2000, 107, zw.
22 OLG Koblenz FamRZ 1997, 1171 LS.
23 OLG Köln FamRZ 2001, 703, 704.
24 OLG Köln FamRZ 2002, 629.

II. Anfechtung durch den biologischen Vater

12   Auch für den biologischen Vater gilt die Zweijahresfrist des Abs. 1 Satz 1. Die Frist beginnt regelmäßig zu laufen, sobald der biologische Vater von der Geburt des Kindes erfährt; denn aufgrund des ihm bekannten Beiwohnungszeitpunkts muss sich ihm die Möglichkeit seiner Vaterschaft aufdrängen. Die Anfechtungsfrist muss sowohl gegenüber dem Kind als auch gegenüber dem Putativvater gewahrt sein.[25]

13   Abs. 1 Satz 2 **Hs. 2** wurde durch Gesetz v. 23.04.2004 eingefügt (vgl. Einführung vor § 1591 Rdn. 4). Er stellt klar, dass die Anfechtungsfrist für den biologischen Vater auch während der Zeit läuft, in der die Vaterschaftsanfechtung für ihn deshalb ausgeschlossen ist, weil zwischen dem rechtlichen Vater und dem Kind eine sozial-familiäre Beziehung (§ 1600 Abs. 2 Alt. 1) besteht, vgl. § 1600 Rdn. 4. Läuft die Zweijahresfrist ab, ohne dass der leibliche Vater wegen der sozial-familiären Beziehung zwischen Kind und gesetzlichem Vater die Vaterschaft anfechten konnte, verliert er jede Anfechtungsmöglichkeit.[26]

III. Anfechtung durch das minderjährige Kind

14   Für den Beginn der Anfechtungsfrist kommt es auf die Kenntnis desjenigen gesetzlichen Vertreters an, der befugt ist, das Kind im Anfechtungsprozess wirksam zu vertreten (vgl. § 166 Abs. 1). Gesetzlicher Vertreter ist daher bei Alleinsorge der **alleinsorge** berechtigte Elternteil ab Rechtskraft der Sorgeregelung.[27] Bei **gemeinsamer Sorge** der Eltern beginnt die Frist erst mit der Bestellung des Ergänzungspflegers für den Anfechtungsantrag.[28] Ist die Frist versäumt, lebt sie durch einen Wechsel des gesetzlichen Vertreters nicht wieder auf.[29]

IV. Anfechtung durch das volljährige Kind

15   Für das volljährige Kind, dessen früherer gesetzlicher Vertreter während der Minderjährigkeit die Vaterschaft nicht angefochten hat, beginnt die Zweijahresfrist frühestens mit seiner Volljährigkeit (**Abs. 3 Satz 1**), jedoch **nicht vor Kenntnis** der gegen die Vaterschaft sprechenden Umstände (**Abs. 3 Satz 2**).

16   Das Gleiche gilt für das bisher geschäftsunfähige Kind bei Eintritt seiner Geschäftsfähigkeit, wenn die gesetzlichen Vertreter die Anfechtung der Vaterschaft während der Geschäftsunfähigkeit des Kindes versäumt haben (**Abs. 4**).

17   Werden die Folgen der Vaterschaft für das Kind **unzumutbar**, kommt es für den Beginn der 2-Jahresfrist auf die Kenntnis der Unzumutbarkeitstatsachen an, auch wenn das Kind bereits zu einem früheren Zeitpunkt die gegen die Vaterschaft sprechenden Umstände erfahren hat (**Abs. 6**). Anhaltspunkte für Unzumutbarkeitstatsachen sollen die in §§ 1596 Abs. 1, 1600i Abs. 2, Abs. 5 a.F. geregelten Gründe sein.[30] Unzumutbarkeitsgründe liegen z.B. vor, wenn die Ehe der Kindesmutter mit dem gesetzlichen Vater aufgelöst ist und die Mutter den biologischen Vater geheiratet hat.[31]

25 FamRZ 2008, 1921.
26 BT-Drucks. 15/2253 S. 15.
27 OLG Bamberg FamRZ 1992, 220.
28 OLG Köln FamRZ 2001, 245.
29 OLG Bamberg FamRZ 1992, 220.
30 BT-Drucks. 13/4899 S. 88.
31 Vgl. Palandt/Diederichsen § 1600b Rn. 26 m.w.N.

V. Anfechtung durch die Mutter

Die Anfechtungsfrist für die Mutter beginnt nicht erst mit dem In-Kraft-Treten des KindRG am **18**
01.07.1998 zu laufen. Die Mutter kann ihr Anfechtungsrecht deshalb nicht mehr ausüben, wenn
die Anknüpfungstatsachen i.S.v. § 1600b mehr als 2 Jahre zurückliegen.[32] Im Falle heterologer
Befruchtung ist das Anfechtungsrecht der Mutter ausgeschlossen (vgl. § 1600 Abs. 4).

VI. Anfechtungsberechtigte Behörde

Die Ein-Jahresfrist für die Behörde beginnt mit Kenntnis der Anfechtungstatsache. Die Anfech- **19**
tung ist spätestens nach Ablauf von fünf Jahren seit der Wirksamkeit der Anerkennung unzulässig,
falls das Kind in Deutschland geboren wurde, sonst fünf Jahre nach Einreise des Kindes.

D. Fristwahrung/Fristhemmung

Die Anfechtungsfrist wird durch **Rechtshängigkeit** des Antrags gewahrt.[33] Ausnahmsweise reicht **20**
auch die rechtzeitige Einreichung des Antrags (die Übersendung des Antragsentwurfs genügt
dagegen nicht), sofern die Zustellung »demnächst« erfolgt.[34]

Der Ablauf der 2-Jahresfrist kann gehemmt sein (**Abs. 5**), insb. durch Einleitung eines Verfahrens **21**
nach § 1598a Abs. 2 (**Abs. 5 Satz 1 Hs. 1**); § 204 Abs. 2 BGB gilt entsprechend: Die Anfechtungsfrist läuft erst 6 Monate nach rechtskräftigem. Abschluss des Klärungsverfahrens weiter. Die 2-Ja-
resfrist ist weiterhin gehemmt, wenn der Anfechtungsberechtigte durch **Drohung** von der Anfechtung abgehalten wird (**Abs. 5 Satz 2**) **oder** bei **Vertrauen** statbeständen analog §§ 206, 210 (**Abs. 5
Satz 3**). Letzteres ist etwa der Fall, wenn der Mann auf die Erklärung des Jugendamts vertraut hat,
es betreibe als Ergänzungspfleger des Kindes in dessen Namen die Anfechtung der Ehelichkeit[35]
oder wenn der Mann sich auf die falsche (nämlich in Widerspruch zu Art. 224 § 1 Abs. 1 EGBGB
stehende) Rechtsansicht des Familiengerichts verlässt, dass die Vaterschaft hinsichtlich eines vor
dem 01.07.1998 geborenen Kindes sich nur noch nach den neuen Vorschriften richte (OLG Düsseldorf Beschl. v. 02.01.2001 – 1 WF 234/00). Ein **Rechtsirrtum** kann nur bei Einhaltung der
äußersten, billigerweise zu erwartenden Sorgfalt als auf höherer Gewalt beruhend angesehen werden.[36] Wird der Vaterschaftsanfechtungsantrag einer **prozessunfähigen** Partei persönlich zugestellt,
so endet die zweijährige Anfechtungsfrist erst sechs Monate nach dem Zeitpunkt, in dem der
Mangel der Vertretungsmacht behoben worden ist, analog § 210.[37]

Dagegen sind **vom Gericht verschuldete Verzögerungen** regelmäßig als höhere Gewalt anzuse- **22**
hen.[38] Bei **Verfahrenskostenhilfe–Bedürftigkeit** besteht eine Fristhemmung grds. von der Einreichung eines ordnungsgemäßen VKH-Antrags bis zum Erhalt der VKH-Entscheidung.[39]

E. Fristversäumung

Wird die Anfechtungsfrist versäumt, gilt der Anfechtende aus Gründen der Rechtssicherheit selbst **23**
dann als der rechtliche Vater, wenn seine biologische Vaterschaft nachweislich ausgeschlossen ist.[40]

---

32 BGH FamRZ 2002, 880.
33 OLG Köln FamRZ 2001, 246.
34 BGH FamRZ 1995, 1484 zu § 270 Abs. 3 ZPO a.F.
35 BGH FamRZ 1994, 1313.
36 OLG Köln FamRZ 1997, 1171.
37 OLG Schleswig FamRZ 2007, 1902.
38 BGH FamRZ 1995, 1484.
39 BGH FamRZ 1991, 545.
40 OLG Brandenburg FamRZ 2001, 1630.

Der Scheinvater hat unter diesen Umständen auch keinen Anspruch gegen das volljährige Kind, dass es die Vaterschaft anficht.[41]

§ 1600c   Vaterschaftsvermutung im Anfechtungsverfahren

(1) In dem Verfahren auf Anfechtung der Vaterschaft wird vermutet, dass das Kind von dem Mann abstammt, dessen Vaterschaft nach § 1592 Nr. 1 und 2, § 1593 besteht.

(2) Die Vermutung nach Absatz 1 gilt nicht, wenn der Mann, der die Vaterschaft anerkannt hat, die Vaterschaft anficht und seine Anerkennung unter einem Willensmangel nach § 119 Abs. 1, § 123 leidet; in diesem Falle ist § 1600d Abs. 2 und 3 entsprechend anzuwenden.

A. Grundsatz

1   Im Anfechtungsverfahren wird widerleglich (§ 292 ZPO) vermutet, dass das Kind von dem Mann abstammt, dessen Vaterschaft nach §§ 1592, 1593 besteht (Abs. 1). Diese Vermutung kann nur durch den vollen Beweis des Gegenteils ausgeräumt werden.[1] Für das Anfechtungsverfahren gelten die normalen Beweislastregeln. Dies gilt auch im Fall der auf Grund Ehe bestehenden Vaterschaft (§ 1592 Nr. 1). Das Gesetz knüpft die Vaterschaft lediglich an die Kausalität des Verheiratetseins und nicht wie nach altem Recht (§ 1591 Abs. 2 Satz 1 a.F.) an die Vaterschaftsvermutung, die nur noch in Vaterschaftsfeststellungsanträgen Bedeutung haben kann.

B. Ausnahme bei Willensmängeln der Anerkennung

2   Stellt sich im Anfechtungsverfahren heraus, dass im Falle einer auf Anerkennung beruhenden Vaterschaft (§ 1592 Nr. 2) die Anerkennung des als Vater vermuteten Mannes, der den Anfechtungsantrag betreibt, auf Willensmängeln bei der Anerkennung beruht, gilt gem. Abs. 1 nicht die Vaterschaftsvermutung nach § 1592 Nr. 2, sondern gem. Abs. 2 in entsprechender Anwendung des § 1600d Abs. 2 u. 3 lediglich die **Vaterschaftsvermutung**, die unter erleichterten Beweisregeln ausgeräumt werden kann.

§ 1600d   Gerichtliche Feststellung der Vaterschaft

(1) Besteht keine Vaterschaft nach § 1592 Nr. 1 und 2, § 1593, so ist die Vaterschaft gerichtlich festzustellen.

(2) [1]Im Verfahren auf gerichtliche Feststellung der Vaterschaft wird als Vater vermutet, wer der Mutter während der Empfängniszeit beigewohnt hat. [2]Die Vermutung gilt nicht, wenn schwerwiegende Zweifel an der Vaterschaft bestehen.

(3) [1]Als Empfängniszeit gilt die Zeit von dem 300. bis zu dem 181. Tage vor der Geburt des Kindes, mit Einschluss sowohl des 300. als auch des 181. Tages. [2]Steht fest, dass das Kind außerhalb des Zeitraums des Satzes 1 empfangen worden ist, so gilt dieser abweichende Zeitraum als Empfängniszeit.

(4) Die Rechtswirkungen der Vaterschaft können, soweit sich nicht aus dem Gesetz anderes ergibt, erst vom Zeitpunkt ihrer Feststellung an geltend gemacht werden.

---

41   AG Duisburg-Hamborn FamRZ 2005, 291.
 1   Gaul FamRZ 2000, 1461, 1469.

A. Positive Feststellung der Vaterschaft

Die Vaterschaft ist gerichtlich festzustellen, wenn keine Vaterschaft nach § 1592 Nr. 1 oder Nr. 2 1
besteht (Abs. 1). Dass es um die Feststellung der Vaterschaft des Mannes geht, der das Kind
gezeugt hat, von dem es also abstammt (vgl. § 1589), wird nicht positiv ausgedrückt, aber als
selbstverständlich unterstellt. Zu beachten ist für die Geltendmachung von Unterhalt auch, dass
§ 1613 Abs. 2 Nr. 2a ohne Inverzugsetzung die Geltendmachung rückwirkend auf den Monat der
Geburt zulässt, da vor einer statusrechtlichen Feststellung der Vaterschaft eine Mahnung rechtlich
nicht möglich ist. Vor dieser Feststellung kann Unterhalt nur nach den §§ 247, 248 FamFG geltend gemacht werden.

B. Vaterschaftsvermutung

Es wird der Mann als Vater vermutet, der der Mutter in der Empfängniszeit beigewohnt hat 2
(Abs. 2 Satz 1). Die Empfängniszeit (= 300.–181. Tag vor der Geburt) ist jetzt der europaweit
überwiegend üblichen Frist angepasst (Abs. 3 Satz 1).[1]

C. Wirksamwerden der Vaterschaftsfeststellung

I. Grundsatz

Die Rechtswirkungen der Vaterschaft können erst **ab Rechtskraft** der Feststellung geltend gemacht 3
werden (Abs. 4) und wirken dann für und gegen alle (§ 184 FamFG). **Vor Rechtskraft** der Feststellung kann nicht geltend gemacht werden, dass der Erzeuger des Kindes und nicht der Scheinvater
rechtlicher Vater ist. Das gilt selbst dann, wenn offensichtlich ist, dass der (kraft Ehe oder Anerkennung) als Vater geltende Mann nicht der Erzeuger ist[2] oder (z.B. wegen Zeugungsunfähigkeit
oder langjähriger Abwesenheit) nicht der Erzeuger sein kann. Lebt also bspw. das Kind mit seiner
geschiedenen Mutter und seinem Erzeuger zusammen, ist der frühere Ehemann, der als Vater gilt,
bis zur Rechtskraft des von ihm betriebenen Anfechtungsverfahrens zur Zahlung von **Kindesunterhalt** verpflichtet. Entsprechendes gilt im Falle der Vaterschaftsanerkennung.

§ 1600e

(weggefallen)

Titel 3   Unterhaltspflicht

Untertitel 1   Allgemeine Vorschriften

§ 1601   Unterhaltsverpflichtete

Verwandte in gerader Linie sind verpflichtet, einander Unterhalt zu gewähren.

---

1 Wegen Tabellen zur Berechnung der Empfängniszeit vgl. Herlau FamRZ 1998, 1349 ff.
2 Seit RGZ 157, 346.

A. Strukturen

1 § 1601 normiert den **Unterhaltstatbestand** unter Verwandten: (Nur) **Verwandte** in **gerader auf-** und **absteigender Linie** sind verpflichtet, **einander Unterhalt** zu gewähren. Der **Grad** der Verwandtschaft ist nur für die **Rangfolge** der Unterhaltsrechte und der Unterhaltspflichten (in Mangellagen) von Bedeutung.

I. Anwendungsbereich der §§ 1601 ff.

2 §§ 1601–1615 regeln Unterhaltsrechte und -pflichten zwischen allen gem. § 1589 Satz 1 in **gerader Linie Verwandten, nicht** dagegen von **Verwandten** in der **Seitenlinie** (etwa von Geschwistern oder Verschwägerten). Die Vorschriften zum Verwandtenunterhalt umfassen damit den Kindesunterhalt (**Deszendentenunterhalt**) und den regelmäßig nachrangigen Elternunterhalt (**Aszendentenunterhalt**). Die von ihrem Wortlaut her nur die Unterhaltspflicht zwischen Verwandten in gerader Linie betreffenden Vorschriften gelten auch bei Adoption oder bloßer Scheinvaterschaft. Eine Unterhaltpflicht gegenüber Stiefkindern besteht indessen nicht.[1] §§ 1601 ff. enthalten im Übrigen **allgemeine Voraussetzungen** jeder **Unterhaltspflicht**, so dass ihre Rechtsgedanken (etwa die Erfordernisse von Bedürftigkeit und Leistungsfähigkeit, §§ 1602, 1603) nicht nur für alle Unterhaltsschuldverhältnisse gelten, sondern auch über das eigentliche Familienrecht hinaus im bürgerlichen Recht verankert sind.[2]

3 Auf dieser gesetzlichen Grundlage beruhen insb. (auch) die Unterhaltsansprüche minderjähriger und/oder volljähriger Kinder unabhängig von der Trennung ihrer Eltern und/oder von der Auflösung deren Ehe.[3] Der Unterhaltsanspruch eines Kindes ist im Geburtsmonat nach dem Verhältnis der Zeit zwischen Geburt und Monatsende zur gesamten Dauer des Monats zu berechnen. Es besteht keine Rechtsgrundlage dafür, dass unabhängig von der tatsächlichen Dauer des Geburtsmonats dieser stets mit 30 Tagen anzusetzen ist.[4] Die **Unterhaltspflicht** besteht dem Grunde nach **lebenslang**.[5] Für den Unterhaltstatbestand als solchen ist ohne Belang, ob Kinder nur bei einem Elternteil, bei beiden Eltern oder bei Dritten leben, und/oder ob sie einen eigenen Haushalt führen: Derartige Umstände sind nur im Rahmen der Bemessung des Unterhalts gem. § 1610 (**angemesse-**

---

1 BGH NJW 1969, 2007.
2 Vgl. etwa BGH FamRZ 2001, 21 = FuR 2001, 85 – zur Notbedarfseinrede des Beschenkten bezüglich der Bemessung des standesgemäßen Unterhalts.
3 Zu Vereinbarungen zum Kindesunterhalt s. Riemann FamRB 2002, 311.
4 OLG München JAmt 2003, 265.
5 BGH FamRZ 1984, 682.

ner Unterhalt),[6] bei der Art der Unterhaltsgewährung nach Ausübung des Unterhaltsbestimmungsrechts gem. § 1612, bei der Haftungsverteilung gem. §§ 1606 ff. u.a. zu berücksichtigen.

Mündliche Unterhaltsvereinbarungen zwischen **Verwandten** zur rechtsgeschäftlichen Ausgestaltung ihrer unterhaltsrechtlichen Beziehungen sind zulässig.[7] Allerdings berührt eine derartige Vereinbarung die Rechtsnatur des vertraglich geregelten Anspruchs als Unterhaltsanspruch nicht. Demzufolge unterliegt das Rechtsverhältnis auch nach Vertragsschluss weiterhin noch zusätzlich den gesetzlichen Vorschriften zum Unterhaltsrecht.[8] (zur Zeit nicht besetzt) 4

Zu steuerlichen Fragestellungen betreffend den Unterhaltsanspruch gem. §§ 1601 ff., vgl. Kommentierung zum EStG, S. 2587 ff. 5

(zur Zeit nicht besetzt) 6

II. Regelungsbereich der §§ 1601 ff

§§ 1601–1604 normieren die **Grundvoraussetzungen** für die Unterhaltspflicht zwischen Verwandten. § 1601 definiert das **Unterhaltsschuldverhältnis** – insb. seine Parteien – als solches, **§ 1602** den Kreis der Unterhaltsgläubiger (**Bedürftigkeit**) und **§§ 1603, 1604** den Kreis der Unterhaltsschuldner (**Leistungsfähigkeit**). Bei der **Unterhaltshöhe** sind neben der Bedarfsbemessung nach §§ 1610 Abs. 1 und 2, 1612a-c auch die Unterhaltsart nach § 1612 Abs. 1 (Bar- oder Naturalunterhalt), das Unterhaltsbestimmungsrecht (§ 1612 Abs. 2) und die Haftung jedes einzelnen Unterhaltsschuldners (**Anteilshaftung**, § 1606 Abs. 3) zu prüfen. 7

1. Unterhaltsansprüche minderjähriger und volljähriger Kinder

Der **Anspruch** eines **Kindes** auf Unterhalt (**Deszendentenunterhalt**) beruht auf dem **Unterhaltstatbestand** des § 1601. Der Anspruch richtet sich grundsätzlich gegen **beide Eltern** und beruht auf dem in § 1618a normierten Fürsorge- und Rücksichtnahmeprinzip. 8

Das **Eltern-Kind-Verhältnis** ergibt sich aus dem Abstammungsrecht (§ 1591 ff.). **Mutter** ist demnach die Frau, die das Kind zur Welt gebracht hat. **Vater** ist nach § 1592 entweder der (300 Tage vor der Geburt des Kindes verstorbene) **Ehemann der Mutter** oder der Mann, dessen **Vaterschaft anerkannt** oder **gerichtlich festgestellt** wurde.

Für die Barunterhaltspflicht ist es ohne Bedeutung, ob den Eltern das **Sorgerecht** zusteht oder nicht. Auch Namensfragen sind belanglos.[9] Allerdings ist – da das Gesetz den Unterhalt minderjähriger und volljähriger Kinder teilweise verschieden ausgestaltet hat – zwischen den Unterhaltsansprüchen **minderjähriger** und **volljähriger Kinder** zu unterscheiden (s. §§ 1602 Abs. 1 und 2, 1603 Abs. 1 und 2, 1606 Abs. 3, 1609 Abs. 1 und 2, 1611 Abs. 1 und 2, 1612 Abs. 2). Da sich die Unterhaltspflichten gem. Art. 3 HUntProt 2007 nach dem gewöhnlichen Aufenthalt des Unterhaltsgläubigers bestimmen, sind in Deutschland lebende, über 18 Jahre alte ausländische Kinder

6 BGH NJW-RR 2000, 3488 – im Rahmen der Regelung des § 529 Abs. 2 sind zur Bemessung des dem Beschenkten verbleibenden angemessenen (»standesgemäßen«) Unterhalts grundsätzlich die jeweils einschlägigen familienrechtlichen Bestimmungen und die von der Rechtsprechung hierzu entwickelten Grundsätze heranzuziehen.
7 S. etwa BGH FamRZ 2003, 741 = FuR 2003, 261 mit Anm. Kemper FuR 2003, 266; Weychardt FamRZ 2003, 1001; Gerken FamRZ 2003, 744 zur Auslegung einer Unterhaltsvereinbarung getrennt lebender Ehegatten über Trennungs- und Kindesunterhalt.
8 OLG Celle FuR 2002, 332.
9 OLG Koblenz DAVorm 1982, 591.

bei der Ermittlung ihrer Unterhaltsansprüche wie Volljährige zu behandeln, auch wenn sie nach ihrem Heimatrecht erst später volljährig werden.[10]

9   § 244 FamFG (als Nachfolgenorm zu § 798a ZPO – unzulässiger Einwand der Volljährigkeit) normiert den **Grundsatz** der **Identität** von **Minderjährigen-** und **Volljährigenunterhalt:**[11] Hat der Unterhaltsschuldner dem Kind auch noch nach Vollendung dessen 18. Lebensjahres Unterhalt zu gewähren, dann kann er gegen die Vollstreckung eines in einem Beschluss oder in einem sonstigen Titel nach § 244 FamFG festgestellten Anspruchs auf Unterhalt nach Maßgabe des § 1612a nicht einwenden, das Kind sei nicht mehr minderjährig. Unterhaltstitel, die aus der Zeit der Minderjährigkeit des Kindes stammen, gelten daher über den Zeitpunkt der Vollendung des 18. Lebensjahres des Kindes hinaus, wenn sie nicht zulässig befristet worden sind, und können nur im Wege des Abänderungsantrages nach §§ 238, 239 FamFG abgeändert werden. § 244 FamFG ändert hieran nichts.[12] Aus nicht bis zur Volljährigkeit befristeten Unterhaltstiteln kann daher über den Eintritt der Volljährigkeit hinaus weiter vollstreckt werden, bis der Unterhaltsschuldner eine Abänderung des Titels durchgesetzt hat.[13] Im Abänderungsverfahren muss der Unterhaltsberechtigte darlegen und beweisen, dass der Unterhaltsanspruch fortbesteht. Dazu gehört insbesondere der schlüssige Vortrag, welcher Haftungsanteil auf den antragsstelltenden Elternteil entfällt.[14] Der **einheitliche** Unterhaltstatbestand (**Gegensatz:** Ehegattenunterhalt: Grundsatz der Nichtidentität) bedeutet zugleich, dass es sich beim Verwandtenunterhalt immer um den gleichen Streitgegenstand handelt, gleichgültig, ob er Minderjährige oder Volljährige betrifft.[15]

10   Für einen Leistungsantrag besteht kein Rechtsschutzbedürfnis, wenn mit einer Jugendamtsurkunde bereits ein Unterhaltstitel vorliegt, aus dem vollstreckt werden kann, und kein höherer Unterhalt beansprucht wird.[16] Hat das Gericht einen Unterhaltsantrag für ein minderjähriges Kind wegen fehlender Schlüssigkeit zurückgewiesen, dann kann für den Zeitraum nach Rechtskraft der Entscheidung erneut ein Unterhaltsantrag gestellt werden.[17]

---

10 OLG Hamm FamRZ 1999, 888 – betr. einen 19-jährigen marokkanischen Staatsangehörigen – seinerzeit noch unter Berücksichtigung von Art. 18 Abs. 1 Satz 1 EGBGB, der zwischenzeitlich durch das Gesetz zur Durchführung der Verordnung (EG) Nr. 4/2009 und zur Neuordnung bestehender Aus- und Durchführungsbestimmungen auf dem Gebiet des internationalen Unterhaltsverfahrensrechts vom 23.05.2011 (BGBl. I S. 898) m.W.v. 18.06.2011 unter Verweis auf Art. 15 der Verordnung (EG) Nr. 4/2009 des Rates vom 18. Dezember 2008 über die Zuständigkeit, das anwendbare Recht, die Anerkennung und Vollstreckung von Entscheidungen und die Zusammenarbeit in Unterhaltssachen – EuUVO – (ABl. Nr. L 7 S. 1) und das danach nunmehr anwendbare Haager Protokoll für das auf Unterhaltspflichten anzuwendende Recht vom 23. November 2007 – HUntProt 2007 – Werden Unterhaltsansprüche für die Zeit nach dem 17. Juni 2011 geltend gemacht, bestimmt sich das anzuwendende Sachrecht ausschließlich nach dem Haager Protokoll über das auf Unterhaltspflichten anzuwendende Recht vom 23. November 2007 (Art. 22 HUntProt).2. Wird ein Verfahren über Unterhaltsansprüche – gleich für welchen Zeitraum – nach dem 17. Juni 2011 eingeleitet, bestimmt sich das anzuwendende Sachrecht ausschließlich nach dem Haager Protokoll über das auf Unterhaltspflichten anzuwendende Recht vom 23. November 2007 (Art. 5 Abs. 2 EU-Ratsbeschluß vom 30. November 2009 [ABl EU 2009 L 331/17]). 3. Soweit in einem vor dem 18. Juni 2011 eingeleiteten Verfahren Unterhaltsansprüche für die Zeit vor dem 18. Juni 2011 geltend gemacht werden, richtet sich das dafür anzuwendende Sachrecht weiterhin nach Art. 18 EGBGB a.F.aufgehoben wurde.
11 BGH FamRZ 1984, 682.
12 OLG Brandenburg FamRZ 2009, 886 (Ls).
13 OLG Köln FuR 2010, 112.
14 OLG Bremen FamRZ 2012, 383.
15 *BGH FamRZ 1984, 682.*
16 OLG Köln FuR 2010, 112.
17 OLG München FamRZ 2009, 1338 = FuR 2009, 640.

Der Unterhaltsanspruch eines **volljährigen geistig behinderten Kindes** gegen den **Elternteil**, der 11
Betreuer ist, ist nach § 1835a Abs. 3 Hs. 2 bei der Bestimmung des Einkommens nach § 1836c
Nr. 1 nicht zu berücksichtigen.

2. Elternunterhalt

Eltern, Großeltern oder Urgroßeltern werden – meist im Alter – vielfach dann bedürftig, wenn 12
sie über keine ausreichende Altersversorgung verfügen und/oder die Rente/Pension nicht für die
oftmals hohen Kosten eines Alters- oder Pflegeheims ausreicht.[18] Tritt ein solcher Fall ein, besteht
unter den Voraussetzungen der §§ 1601 ff. eine Unterhaltspflicht der Kinder bzw. Kindeskinder.

Tritt die öffentliche Hand im Wege der Leistung von Sozialhilfe für die nicht gedeckten Kosten
ein, geht der Unterhaltsanspruch gem. § 94 Abs. 1 Satz 1 SGB XII auf den Träger der Sozialhilfe
über. Nimmt dieser einen gegenüber seinen **betagten Eltern** unterhaltspflichtigen Abkömmling
wegen der Zahlung von Sozialhilfe aufgrund dieser Legalzession in Anspruch, dann haftet das
Kind zwar im Rahmen seiner Leistungsfähigkeit auf Unterhalt (**Aszendentenunterhalt**). Es gelten
jedoch andere Maßstäbe als im Rahmen der Unterhaltspflichten von Eltern gegenüber ihren Kindern (**Deszendentenunterhalt**).

Abkömmlinge haben, wenn sie bereits ihrerseits Familien gegründet haben, durch Aufwand für 13
die eigenen Kinder bereits ihren angemessenen Beitrag zur Generationensolidarität geleistet. Sie
erbringen, wenn sie selbst weiterhin erwerbstätig sind, durch ihre Sozialversicherungsabgaben laufende Beiträge zur Altersversorgung der Elterngeneration[19] und einen weiteren Solidarbeitrag im
Rahmen der ergänzenden Finanzierung von Altersbezügen über die allgemeinen Steuern. Der
Begriff »**Sandwichgeneration**«[20] – eine Generation, die sich in ökonomischer Hinsicht von zwei
Seiten Pressionen ausgesetzt sieht[21] – kennzeichnet die doppelte Belastung mit Aszendenten- wie
auch Deszendentenunterhalt.

Dieser **Doppelbelastung** wird beim Aszendentenunterhalt vor allem im zweifacher Hinsicht Rech- 14
nung getragen: Zum einen muss dem Unterhaltsschuldner ein **erhöhter Selbstbehalt** verbleiben.
Dieser eigene angemessene Unterhalt ist nach den seiner Lebensstellung entsprechenden angemes-
senen Bedürfnissen zu bestimmen, denn in den meisten Fällen hat sich der Abkömmling in seiner
Lebensplanung nicht auf eine Unterhaltsleistung an seine Eltern eingestellt, aber über Steuern und
Sozialabgaben bereits zum Einkommen der älteren Generation beigetragen. Zum anderen gehen
Ansprüche gegen einen nach bürgerlichem Recht Unterhaltspflichtigen dann nicht auf die öffent-
liche Hand über, wenn der Übergang des Anspruchs eine **unbillige Härte** bedeuten würde (§ 94
Abs. 3 Nr. 2 SGB XII). Bei der Auslegung des Begriffs »unbillige Härte« in diesem Sinne sind in
erster Linie die Zielsetzung der öffentlichen Hilfe und daneben die allgemeinen Grundsätze der
Sozialhilfe zu berücksichtigen: Würden mit der Heranziehung zum Elternunterhalt soziale
Belange vernachlässigt, liegt eine unbillige Härte i.S.d. § 94 Abs. 3 Nr. 2 SGB XII vor.[22] Erbringt
ein Kind erhebliche Leistungen zur häuslichen Pflege, stellt sich die Inanspruchnahme auf ergänzenden Barunterhalt zugleich als unzumutbare Härte i.S.v. § 94 Abs. 3 Nr. 2 SGB XII insb. dann

---

18 Ausführlich hierzu Hänlein, Heranziehung Unterhaltspflichtiger bei langwährender Pflegebedürftigkeit
  Volljähriger (1992); s. auch Renn/Niemann FamRZ 1994, 473 ff; Günther FuR 1995, 1; Menter FamRZ
  1997, 919; Reinecke ZAP 2002 Fach 11, 647; Koch JR 2003, 287; zu den aktuellen Entwicklungen
  beim Elternunterhalt Brudermüller NJW 2004, 633 ff; Viefhues ZAP 2003 Fach 11, 657; Born FamRB
  2003, 295 ff; 2004, 192; 2004, 226; Löhnig JA 2004, 450 ff. – Unterhaltsansprüche von Eltern gegen
  ihre Kinder im Spiegel der aktuellen BGH-Rechtsprechung.
19 BGHZ 152, 217 = BGH FamRZ 2002, 1698, 1701 = FuR 2003, 26.
20 Vgl. die gleichnamige Abhandlung von Diederichsen FF 2001 Sonderheft S. 7; FF 2003, 8; vgl. auch
  Brudermüller FamRZ 1996, 129.
21 Brudermüller NJW 2004, 633, 634.
22 OLG Hamm FamRZ 2010, 303.

dar, wenn der Leistungsträger durch die familiäre Pflege weitere Leistungen erspart, die das von ihm nach § 64 SGB XII zu zahlende Pflegegeld noch deutlich übersteigen.[23] Betreut ein Kind einen pflegebedürftigen Elternteil, dann erfüllt er seine Unterhaltspflicht durch die damit in Natur erbrachten Unterhaltsleistungen. Daneben besteht kein Anspruch auf eine Geldrente. Damit entfällt ein zivilrechtlicher Unterhaltsanspruch, der auf den Träger der Sozialhilfe übergehen könnte.[24]

15 In einer Vielzahl von Entscheidungen hat der BGH Strukturen zur Lösung dieses Generationenkonflikts geschaffen, die zum einen dieser doppelten Last im Rahmen der Generationensolidarität Rechnung tragen, zum anderen aber das Gegenseitigkeitsprinzip innerhalb dieser familiären Beziehungen nicht außer Acht lassen.[25]

III. Prüfungsschema für Unterhaltsansprüche

16 (1) **Unterhaltstatbestand** = Anspruchsgrundlage (§ 1601)
(2) **Bedarf** des Unterhaltsberechtigten (§§ 1610, 1612a-c, 1606)
(3) **Bedürftigkeit** des Unterhaltsberechtigten (§ 1602)
(4) **Leistungsfähigkeit** des Unterhaltspflichtigen (§§ 1603, 1604)
(5) **Begrenzungen des Anspruchs** (Begrenzung aus Gründen grober Unbilligkeit gem. § 1611, Rangfragen gem. §§ 1608, 1609, 1615l, Verzug gem. § 1613)
(6) **Sonstige Fragen** (z.B. Ersatzhaftung gem. § 1607)
(7) **Angemessenheitsprüfung**[26]

B. Unterhaltstatbestand (§ 1601)

17 § 1589 unterscheidet beim Begriff der Verwandtschaft nach Verwandtschaft in gerader Linie – Personen, deren eine von der anderen abstammt, also Großvater, Vater, Sohn, Enkel etc. –, und Verwandtschaft in der Seitenlinie – Personen, die zwar nicht in gerader Linie verwandt sind, aber von derselben dritten Person abstammen, also Geschwister, Vettern, Onkel, Neffe etc. Gem. § 1601 sind nur **Verwandte** in **gerader Linie** einander dem Grunde nach unterhaltspflichtig.[27] Da die Unterhaltspflicht grundsätzlich in gleicher Weise für Verwandte **absteigender Linie** (sog. **Deszendenten**) wie für Verwandte **aufsteigender Linie** (sog. **Aszendenten**) gilt, sind – wie Eltern ihren Kindern – auch Kinder ihren Eltern dem Grunde nach gem. §§ 1601 ff. unterhaltspflichtig. Vorrangig haftet allerdings stets der Ehegatte des bedürftigen Elternteils (§ 1608).

18 Allerdings verdeutlichen die **Rangregelungen** (etwa §§ 1609 Abs. 1 und 2, 1615 Abs. 3 Satz 3 Hs. 2, § 16 Abs. 3 LPartG), dass der Elternunterhalt im Vergleich zum Kindesunterhalt schwächer ausgestaltet ist: Vorrangig vor den Ansprüchen seiner Eltern hat der Unterhaltsschuldner seine unverheirateten minderjährigen bzw. privilegierten volljährigen Kinder (§ 1603 Abs. 2), seinen in Familiengemeinschaft (§§ 1360 ff.) bzw. getrennt lebenden (§ 1361) oder geschiedenen Ehegatten (§§ 1569 ff.) oder Lebenspartner (§ 16 Abs. 3 LPartG), die nach § 1615l unterhaltsberechtigte Mutter seines Kindes, seine volljährigen Kinder sowie seine Enkel und weiter entfernte Abkömmlinge (§§ 1601 ff. 1609) zu versorgen.[28] Diese **gesetzliche Rangfolge** wie auch die **Besonderheiten**

---

23 OLG Oldenburg NJW 2010, 1293.
24 OLG Oldenburg NJW 2010, 1293.
25 Hierzu auch Lüscher/Hoch FPR 2003, 648; s. auch FG München EFG 2003, 464 zu Unterhaltszahlungen an in Bosnien lebende und eine kleine Landwirtschaft betreibende Eltern als außergewöhnlichen Belastungen.
26 BGH FamRZ 2005, 1154; 2006, 26.
27 Andere Rechtsordnungen normieren auch Unterhaltspflichtigen unter Verwandten ungerader Linie (etwa Italien, Spanien, Polen).
28 BGHZ 152, 217 = BGH FamRZ 2002, 1698, 1701 = FuR 2003, 26.

für die **Bemessung** des **Selbstbehalts** rechtfertigen sich deshalb, weil zwar Eltern mit der Unterhaltspflicht gegenüber ihrem Kind – auch über die Vollendung des 18. Lebensjahres hinaus bis zum Abschluss einer Berufsausbildung und Erreichen eigener wirtschaftlicher Selbständigkeit – rechnen müssen, nicht aber umgekehrt erwachsene Kinder mit Ansprüchen der Eltern auf Unterhalt.

(zur Zeit nicht besetzt)   19

C. Unterhaltspflichten nach künstlicher Befruchtung

Ein Unterhaltspflichten auslösendes Eltern-Kind-Verhältnis kann auch im Falle einer **künstlichen**   20
Befruchtung, und zwar gleichermaßen bei der sog. **homologen** und der **heterologen Insemination** bestehen. Als homologe Insemination bezeichnet man die Befruchtung mit den Spermien des Ehepartners oder Partners einer festgefügten Partnerschaft. Ist der Samenspender hingegen nicht der Ehemann oder Partner einer festgefügten Partnerschaft, spricht man von heterologer (oder donogener) Insemination.

Die künstliche Befruchtung ist nicht mit der (verbotenen) **Leihmutterschaft** zu verwechseln, bei der die Frau, die das Ei gespendet hat, keine Mutter im Rechtssinne darstellt.

Mit den **Unterhaltspflichten** im Falle der **heterologen Insemination** hat sich der BGH[29] im Jahre 1995 grundlegend in zwei Entscheidungen befasst.[30]

I. (Unterhalts-) Vertrag zugunsten Dritter

Eine Vereinbarung zwischen Eheleuten, mit welcher der Ehemann sein Einverständnis zu einer   21
heterologen Insemination erteilt, enthält regelmäßig zugleich einen von familienrechtlichen Besonderheiten geprägten **berechtigenden Vertrag zu Gunsten** des aus der heterologen Insemination hervorgehenden **Kindes**, mit welchem sich der Ehemann verpflichtet, für den Unterhalt dieses Kindes aufzukommen. Der Ehemann kann, bis die zur Schwangerschaft führende Insemination durchgeführt worden ist, seine **Zustimmung** seiner Ehefrau gegenüber im Grundsatz **frei widerrufen** und auf diese Weise die mit der Zustimmung verbundene Vereinbarung kündigen. Danach kann er sich jedoch weder durch eine einseitige Erklärung noch durch eine Vereinbarung mit seiner Ehefrau von seinen dem Kinde gegenüber übernommenen vertraglichen Unterhaltsverpflichtungen lösen.[31]

II. Anpassung des Vertrages nach § 242 bei Statusänderung

Geschäftsgrundlage sind die bei Vertragsschluss bestehenden gemeinsamen Vorstellungen der Ver-   22
tragschließenden oder die dem Geschäftspartner erkennbaren und von ihm nicht beanstandeten Vorstellungen einer Vertragspartei vom Fortbestand oder dem künftigen Eintritt gewisser Umstände, sofern der Geschäftswille der Parteien auf dieser Vorstellung aufbaut.[32] Eheleute, die eine heterologe Insemination vereinbaren, lassen sich erkennbar von der Vorstellung leiten, die persönlichen und rechtlichen Beziehungen zwischen dem Ehemann und dem aus der heterologen Insemination hervorgehenden Kind würden sich so entwickeln, als sei der Ehemann der biologi-

---

29 BGHZ 129, 297 = BGH FamRZ 1995, 861; BGH FamRZ 1995, 865.

30 Zum Ausschluss des Rechts der Eltern zur Anfechtung der Vaterschaft für den Fall eines mit Einwilligung beider durch heterologe Insemination geborenen Kindes s. nunmehr § 1600 Abs. 5. Zum Kinderrechte-verbesserungsgesetz (KindRVerbG) auch v. Sachsen-Gessaphe NJW 2002, 1853 f.; Janzen FamRZ 2002, 785 ff.; Peschel-Gutzeit FPR 2002, 285; Knittel JAmt 2002, 50.

31 BGHZ 129, 297 = BGH FamRZ 1995, 861; 1995, 865; jedoch kein Vertrag zugunsten Dritter, wenn das Kind in Wahrheit aus einem Ehebruch stammt (Coester-Waltjen FamRZ 1987, 198).

32 BGHZ 121, 378, 391 = BGH NJW 1993, 1799 m.N.

sche Vater. Diese Vorstellung ist deshalb **Geschäftsgrundlage der Vereinbarung** über die Vornahme einer heterologen Insemination.

23 Diese vertraglich übernommene Unterhaltspflicht endet weder, wenn die Ehe scheitert und das Kind deshalb nicht in einer Hausgemeinschaft mit dem Ehemann aufwächst, noch – anders als die gesetzliche Unterhaltspflicht –, wenn in einem **Statusverfahren** die **Nichtehelichkeit** des Kindes rechtskräftig festgestellt worden ist. Allerdings beschränken sich die Beziehungen zwischen dem Ehemann und dem Kind dann allein auf die Unterhaltspflicht des Ehemannes, ohne jeden persönlichen Bezug. Der Ehemann scheidet als Sorgeberechtigter aus und hat kein Umgangsrecht. Das Kind ist ihm gegenüber, wenn er in Not geraten sollte, nicht mehr zum Unterhalt verpflichtet, und es besteht auch gegenseitig kein gesetzliches Erbrecht mehr.

24 **Ändert** sich die **Geschäftsgrundlage** derart, dass das Festhalten an der vereinbarten Regelung der betroffenen Partei nach den Grundsätzen von Treu und Glauben nicht zugemutet werden kann, so kommt – gerade auch bei Unterhaltsverträgen[33] – eine **Anpassung** der **Vereinbarung** an die **veränderten Verhältnisse** in Betracht[34], die auch darin bestehen kann, dass die Unterhaltsverpflichtung gänzlich entfällt.[35] Maßgebend ist, wer die Anfechtung der Ehelichkeit betreibt.

1. Anfechtung der Ehelichkeit durch den Vater

25 Der **Ehemann** kann eine solche Anpassung jedenfalls dann nicht verlangen, wenn er **selbst** ein Ehelichkeitsanfechtungsverfahren eingeleitet und auf diese Weise gezielt diejenigen Veränderungen herbeigeführt hat, aus denen er Rechte herleiten will: Wer die entscheidende Änderung der Verhältnisse bewirkt hat, kann aus dem dadurch herbeigeführten Wegfall der Geschäftsgrundlage keine Rechte herleiten.[36] Der Unterhaltsanspruch des Kindes besteht somit fort.

2. Anfechtung der Ehelichkeit durch das Kind

26 In dem der Entscheidung des BGH vom 03.05.1995[37] zugrunde liegenden Fall hatte sich der Vater hingegen auch nach dem Scheitern seiner Ehe bemüht, persönliche Beziehungen zu der Mutter der Kinder aufrecht zu erhalten. Er hatte weiterhin Unterhalt für sie gezahlt und versucht, eine Besuchsregelung durchzusetzen, wollte mithin die Geschäftsgrundlage der zu der heterologen Insemination führenden Vereinbarung gerade aufrecht erhalten. Die Kinder hatten hingegen – vertreten durch ihre Mutter und mit Zustimmung des Vormundschaftsgerichts – die Anfechtung der Ehelichkeit betrieben. Der BGH hat in diesem Fall **Wegfall** der **Geschäftsgrundlage** und damit **Fortfall** der **Unterhaltspflicht** angenommen: Dem Vater sei es nach Treu und Glauben nicht zuzumuten, dass er lediglich noch als anonymer Zahlvater in Anspruch genommen werden solle. Die erforderliche Anpassung an die veränderten Verhältnisse könne daher nur darin bestehen, dass die Unterhaltspflicht entfällt.

III. Unterhaltsvorschuss nach dem UVG

27 Einem aus einer anonymen künstlichen Befruchtung hervorgehenden Kind kann, sofern nicht die Voraussetzungen des § 1600 Abs. 5 vorliegen, keine Unterhaltsleistung nach dem Unterhaltsvorschussgesetz (UVG)[38] zustehen. Sinn und Zweck des Unterhaltsvorschussgesetzes verlangen, dass

---

33 S. etwa BGH FamRZ 1986, 790.
34 BGHZ 129, 297 = BGH FamRZ 1995, 861; 1995, 865.
35 BGHZ 129, 297 = BGH FamRZ 1995, 861; 1995, 865.
36 BGHZ 129, 297 = BGH FamRZ 1995, 861.
37 BGH FamRZ 1995, 865 (Berufungsurteil: OLG Hamm FamRZ 1994, 1340).
38 BGBl. I S. 1446/S. 3194 (2007).

der öffentlichen Hand jedenfalls die potentielle Möglichkeit eröffnet ist, ihre Aufwendungen für die Gewährung der Unterhaltsleistungen erstattet zu erhalten.[39]

§ 1602 Bedürftigkeit

(1) Unterhaltsberechtigt ist nur, wer außer Stande ist, sich selbst zu unterhalten.

(2) Ein minderjähriges unverheiratetes Kind kann von seinen Eltern, auch wenn es Vermögen hat, die Gewährung des Unterhalts insoweit verlangen, als die Einkünfte seines Vermögens und der Ertrag seiner Arbeit zum Unterhalt nicht ausreichen.

A. Strukturen

(zur Zeit nicht besetzt) 1

Gem. § 1602 ist nur derjenige unterhaltsberechtigt, der **außerstande ist, sich selbst zu unterhalten**, also **unterhaltsbedürftig** ist. 2

Kinder sind – unabhängig von ihrem Alter – regelmäßig unterhaltsbedürftig, solange und soweit sie noch **keine eigene Lebensstellung** erreicht haben. Dies ist regelmäßig bei nichterwerbspflichtigen und ausbildungsbedürftigen Kindern der Fall. **Ausnahmsweise** kann auch noch bei eigener Lebensstellung ein Unterhaltsbedarf bestehen, etwa wenn ein volljähriges Kind dauerhaft in einer Behinderteneinrichtung untergebracht ist.

Ein **Elternteil** ist (nur) dann unterhaltsbedürftig, wenn er seinen Lebensbedarf nicht oder nicht vollständig selbst zu decken vermag, und er hierzu auch nicht verpflichtet ist.[1]

§ 1602 Abs. 1 normiert das – gegenüber § 1569 verschärfte – **Eigenverantwortungsprinzip** im Verwandtenunterhalt: Das (nicht mehr betreuungsbedürftige) **volljährige** Kind ist **unterhaltsrechtlich grundsätzlich** als **Erwachsener** zu behandeln. Es ist regelmäßig für sich selbst verantwortlich und muss daher auch eigenständig für seinen Lebensunterhalt sorgen. Dabei ist das Kind grundsätzlich **verpflichtet**, seine Arbeitskraft zur Sicherstellung seines notwendigen Lebensbedarfs nach ähnlich strengen Maßstäben zu nutzen wie Eltern, die gegenüber minderjährigen Kindern 3

---

39 VGH Baden-Württemberg FF 2012, 375; BeckRS 2012, 52171.
1 Zur Bedürftigkeit beim Elternunterhalt eingehend Mleczko FPR 2003, 616; Klinkhammer FamRZ 2003, 866.

unterhaltspflichtig sind.[2]Dies gilt nur ausnahmsweise dann nicht, wenn das Kind entweder eine (staatlich anerkannte) **Berufsausbildung** (als Grundlage für ein eigenständiges Leben, s. § 1610 Abs. 2) absolviert, oder wenn es **unverschuldet in Not**[3] geraten **und deshalb** außerstande ist, seinen **eigenen angemessenen Lebensbedarf** (§ 1610) ganz oder teilweise aus eigenen Mitteln – Einkommen auch aus einfachsten Tätigkeiten sowie Vermögen – und Kräften (keine Möglichkeit zu einer zumutbaren Erwerbstätigkeit) zu decken.[4] Unterhalt kann daher mangels Bedürftigkeit nicht geltend gemacht werden, wenn der vermeintlich Unterhaltsberechtigte der ihm obliegenden Erwerbspflicht nicht nachkommt, und mithin seine vermeintliche Bedürftigkeit nur darauf zurückzuführen ist, dass er es unterlässt, Einkünfte aus einer ihm möglichen und zumutbaren Erwerbstätigkeit zu erzielen. Nach dieser zivilrechtlichen Beurteilung richtet sich auch die von § 33a Abs. 1 Satz 1 EStG verlangte gesetzliche Unterhaltsberechtigung.[5]

4   (zur Zeit nicht besetzt)

5   Der Anspruch eines Verwandten auf Unterhalt kann wegen der **Verletzung** von **Obliegenheiten** gemindert oder gar ausgeschlossen sein. Beispielsweise kann ein Student, der im Haushalt eines Elternteils lebt, im Verhältnis zu dem anderen, auf Unterhalt in Anspruch genommenen Elternteil darauf verwiesen werden, am Studienort zu wohnen (s. § 1612). Das kommt in Betracht, wenn hohe Fahrtkosten zum Studienort anfallen und dem Interesse des anderen Elternteils, die Unterhaltsbelastung in Grenzen zu halten, keine gewichtigen, gegen einen Umzug sprechenden Belange des Studenten gegenüberstehen. Im Grundsatz ist zwar davon auszugehen, dass auch einem volljährigen Kind, das noch keine eigenständige Lebensstellung erlangt hat, eine gewisse Autonomie in seiner Lebensgestaltung zusteht. Andererseits sind Eltern und Kinder einander zu Beistand und Rücksicht verpflichtet (§ 1618a). In dem sich daraus im Einzelfall ergebenden **Spannungsverhältnis** der **jeweiligen Positionen** kommt es entscheidend darauf an, wessen Interessen unter Würdigung der maßgebenden Umstände gewichtiger erscheinen: Je anerkennenswerter die Belange der einen Seite sind, umso eher wird es der anderen in der Regel zumutbar sein, sich hierauf einzulassen.[6]

6   Wenn und soweit die Bedürftigkeit ganz oder teilweise auf das Verhalten des Verwandten in der Vergangenheit zurückzuführen ist, ist die Sondervorschrift des § 1611 zu beachten, die in ihrem Geltungsbereich den Rückgriff auf die allgemeinen Grundsätze ausschließt.[7]

7   Ein bereits **erloschener Unterhaltsanspruch** kann unter gewissen Voraussetzungen **wieder aufleben**. So kann etwa ein zur Erwerbsunfähigkeit führender Unfall eine erneute Unterhaltsberechtigung auslösen.[8] Geschuldet wird dann jedoch nur der notwendige Eigenbedarf. Solange das volljährige Kind unterhaltsbedürftig ist, leitet es seine Lebensstellung weiterhin von derjenigen seiner Eltern ab, da es trotz Volljährigkeit noch von den Eltern wirtschaftlich abhängig ist.[9]

---

2   OLG Düsseldorf FamRZ 2004, 1890 (Ls).

3   BGHZ 93, 123 = BGH FamRZ 1985, 273 nennt etwa Arbeitslosigkeit, Krankheit oder auch eine nichteheliche Entbindung, allerdings vor der zeitlichen Ausweitung der Unterhaltspflicht nach § 1615l im Jahre 1998.

4   S. etwa OLG Stuttgart FamRZ 1981, 993; OLG Frankfurt FamRZ 1987, 408; OLG Hamm FamRZ 1990, 904; OLG Düsseldorf FamRZ 2001, 1724.

5   FG Köln EFG 2003, 1167 (die Revision wurde als unzulässig durch Beschluss verworfen – BFH/NV 2005, 1312).

6   BGH FamRZ 2009, 762 = FuR 2009, 409 – bei Abwägung der wechselseitigen Interessen überwogen die Interessen des Unterhaltsschuldners diejenigen der Studentin (seiner Tochter) deutlich.

7   BGHZ 93, 123 = BGH FamRZ 1985, 273 zu § 1611; BGH FamRZ 1986, 560 zu § 1579.

8   OLG Düsseldorf FamRZ 1995, 742.

9   BGH FamRZ 1987, 58, 59.

B. Deckung des eigenen Lebensbedarfs

Der Lebensbedarf des Unterhalt begehrenden Verwandten kann sowohl durch **eigene (fiktive)** 8
Einkünfte (§ 1602 Abs. 1) als auch durch **eigenes Vermögen** (§ 1602 Abs. 2) gedeckt sein.

§ 1602 Abs. 2 privilegiert **minderjährige unverheiratete Kinder**. Diese müssen sich zwar **eigenes
Einkommen bereinigt** bedarfsdeckend anrechnen lassen (§ 1602 Abs. 1, sog. **Anrechnungsmethode**), das **eigene Vermögen** (Vermögensstamm, wohl aber dessen Erträge!) hingegen nicht verwerten (§ 1602 Abs. 2), sofern die Eltern leistungsfähig sind (§ 1603 Abs. 2 Satz 2). Daher ist im
Rahmen der Bedürftigkeit nach § 1602 zwischen den Unterhaltsansprüchen **minderjähriger** bzw.
ihnen nach § 1603 Abs. 2 Satz 2 gleichgestellter **volljähriger** Kinder einerseits und den Unterhaltsansprüchen sonstiger volljähriger Kinder andererseits zu differenzieren.

I. Deckung des Lebensbedarfs durch eigenes Einkommen

Nach § 1602 Abs. 1 ist nur derjenige Verwandte unterhaltsberechtigt, der außerstande ist, seinen 9
Lebensbedarf aus eigenen Einkünften teilweise oder insgesamt zu decken, und der auch nicht verpflichtet ist, sich durch **zumutbare Arbeit** Einkünfte zur Bestreitung seines Lebensunterhalts zu
beschaffen.

Zur **Deckung des eigenen Lebensbedarfs** sind **alle Einkünfte** jeder Art (s. § 2 EStG) des Unterhalt begehrenden Verwandten steuerbereinigt zur Deckung seines **Lebensbedarfs** anzurechnen,
sofern er bereits volljährig ist, also insb. Einkünfte aus selbständiger wie aus nichtselbständiger
Tätigkeit (ggf. nach Abzug konkret vorzutragender[10] berufsbedingter Aufwendungen), Einkünfte
aus Vermietung und Verpachtung, Vermögenserträge (etwa aus Kapital), Bezüge aus der Altersversorgung (etwa Renten, Pensionen, betriebliche Unterstützungsleistungen) und Leistungen der
Pflegeversicherung,[11] nicht aber Sozialhilfe nach den öffentlich-rechtlichen Leistungsgesetzen
(SGB II bzw. SGB XII).

Leistungen betreffend die **bedarfsorientierte Grundsicherung** mindern die Bedürftigkeit ohne
Besonderheiten.[12] Grundsicherung im Alter und bei Erwerbsminderung ist seit 01.01.2003 eine
aus Steuergeldern finanzierte eigenständige Sozialleistung, die dem Sozialversicherungssystem (u.a.
Renten- und Arbeitslosenversicherung) gegenübersteht. Bis zum 31.12.2004 waren die gesetzlichen Regelungen im Grundsicherungsgesetz (GSiG)[13] enthalten; ab 01.01.2005 wurde das GSiG
inhaltlich weitgehend unverändert in das SGB übernommen. Im Sozialgesetzbuch besteht eine
Unterteilung in Sozialhilfeleistungen nach SGB XII und Arbeitslosenunterstützung bzw. -förderung nach SGB II. Dementsprechend gibt es die Grundsicherungsleistungen der Sozialhilfe als
Grundsicherung im Alter und bei Erwerbsminderung als Hilfe zum Lebensunterhalt, sowie die
SGB II-Leistungen als Grundsicherung für Arbeitssuchende in Deutschland (ALG II) sowie Sozialgeld für Angehörige von Arbeitslosen mit Anspruch auf ALG II.

Wohngeld ist als eine nicht subsidiäre staatliche Sozialleistung, die zur »Sicherung angemessenen
und familiengerechten Wohnens als Miet- oder Lastenzuschuss zu den Aufwendungen für den
Wohnraum geleistet« wird (§ 1 WohnGG), sowohl auf Seiten des Unterhaltsgläubigers als auch
auf Seiten des Unterhaltsschuldners zu berücksichtigen. Allerdings hat der BGH[14] diese Anrechnungsmöglichkeit begrenzt: Wohngeld ist nicht auf den Bedarf anzurechnen, wenn und soweit es

---

10 BGH FamRZ 2003, 860, 861 f. = FuR 2003, 275.
11 S. Büttner FamRZ 1995, 193; Klinkhammer FPR 2003, 640.
12 OLG Oldenburg FamRZ 2004, 295 – im Rahmen des Elternunterhalts sind diese Leistungen bedarfsdeckend; OLG Brandenburg FamRZ 2008, 174.
13 Gesetz über die bedarfsorientierte Grundsicherung (Grundsicherungsgesetz – BGBl. I 2001, 1310, 1355,
BGBl. II 2002, 1462); zum Verhältnis von Grundsicherung und Unterhalt s. ausführlich Klinkhammer
FamRZ 2002, 997; FPR 2003, 640, 644 ff; Günther FF 2003, 10.
14 BGH FamRZ 1982, 587, 589 = FuR 2003, 275.

dazu benötigt wird, einen **unvermeidbar** entstandenen **erhöhten Wohnkostenbedarf** zu decken Ein insoweit nicht verbrauchter (Teil-) Betrag ist als bedarfsminderndes Einkommen zu berücksichtigen. Entspricht also der Unterhaltsbedarfssatz nach den Unterhaltstabellen bezüglich der eingerechneten Warmmiete den tatsächlichen Verhältnissen nicht, dann ist zunächst die Differenz zwischen den tatsächlichen Wohnkosten (inkl. Heizung) und dem in den Unterhaltstabellensatz eingerechneten Warmmietsatz zu errechnen und dieser Betrag von dem gezahlten Wohngeld abzusetzen. Der verbleibende Wohngeldrest ist unterhaltsrelevantes Einkommen.

▶ **Beispiel:**[15]

Tatsächliche Wohnkosten	560 €
./. Tabellen-Warmmietsatz	360 €
=	200 €
Tatsächlich gezahltes Wohngeld	320 €
./. tatsächliche Mietmehrkosten	200 €
einsetzbares Wohngeld	120 €
Gesamtunterhaltsbedarf	730 €
./. Eigeneinkommen, z.B. Rente	410 €
./. anzurechnendes Wohngeld	120 €
Unterhaltsanspruch	**200 €**

10 Das Gesetz geht grundsätzlich von der **Erwerbsobliegenheit** eines jeden Verwandten aus und gewährt eine Unterstützung durch den Unterhaltsschuldner nur dort, wo für den Unterhaltsgläubiger keine Erwerbsobliegenheit (mehr) besteht.

Eine Erwerbsverpflichtung besteht demnach nicht für Kinder, die noch unter 15 Jahre alt sind und/oder der Vollzeitschulpflicht unterliegen (s. §§ 2 Abs. 3, 5 Abs. 1, 7 Abs. 1 JugArbSchG). Das gleiche gilt für Kinder, die sich noch in der ersten allgemeinen Schulausbildung befinden. Im Elternunterhalt besteht eine Erwerbsobliegenheit demgegenüber auch über die üblichen Altersgrenzen hinaus (s. hierzu etwa § 1571).

Im Rahmen der Minderung der Bedürftigkeit durch eigenes Einkommen ist demnach zwischen Einkommen aus **zumutbarer** und aus **unzumutbarer** Erwerbstätigkeit zu differenzieren.

1. Einkommen aus zumutbarer Erwerbstätigkeit

11 **Einkommen** aus **zumutbarer Erwerbstätigkeit** mindert den (Unterhalts-) Bedarf des Unterhalt begehrenden Verwandten nach Kürzung um Erwerbsaufwand und Mehrbedarf[16] in vollem Umfange. Im Rahmen von Ausbildungsvergütungen[17] wird der **Aufwand regelmäßig pauschaliert** (»ausbildungsbedingter Aufwand« als »**ausbildungsbedingter Mehrbedarf**«).[18] Werden über die Ausbildungsaufwandspauschale hinaus höhere Ausbildungskosten geltend gemacht, dann ist der Ausbildungsaufwand insgesamt konkret darzulegen. Auf die Pauschalen kann dann nicht mehr zurückgegriffen werden. In Mangellagen kann auch verlangt werden, dass die Ausbildungskosten konkret dargelegt werden.

12 Das um Erwerbs-/Ausbildungsaufwand bereinigte (Netto-) Einkommen eines **minderjährigen** Kindes wird wegen der Gleichwertigkeit von Bar- und Betreuungsunterhalt (§ 1606 Abs. 3 Satz 2, sog. **Gleichwertigkeitsregel**) regelmäßig **hälftig** (»gleichwertig«) auf den **Bar-** und **Naturalunter-**

---

15 Nach BGH FamRZ 2003, 860, 862 = FuR 2003, 275.
16 OLG Köln FamRZ 1995, 55 zu Einkünften eines volljährigen Kindes aus Schülerarbeit unter Beachtung der »vermehrten Bedürfnisse eines volljährigen Kindes«.
17 S. hierzu BGH FamRZ 1988, 159.
18 BUL Ziff. 10.2.

haltsanspruch des Kindes angerechnet,[19] ansonsten wegen der anteiligen Unterhaltspflicht beider Eltern auf den von jedem Elternteil zu leistenden Unterhalts**anteil** (etwa bei fremd untergebrachten Kindern).

Das um Erwerbs-/Ausbildungsaufwand bereinigte (Netto-) Einkommen eines **volljährigen** Kindes mindert hingegen – mangels Gleichrang von Bar- und Naturalunterhalt (§ 1606 Abs. 3 Satz 2) – den Unterhaltsbedarf **in voller Höhe**,[20] sofern das volljährige Kind nicht doch noch ausnahmsweise (z.B. wegen einer Behinderung) betreuungsbedürftig ist.[21] Dem Betreuungsunterhaltsanteil ist dann – ähnlich wie bei der Bemessung des Unterhalts eines minderjährigen Kindes – wertend Rechnung zu tragen. 13

▶ **Beispiel**

Der Unterhaltsbedarf eines volljährigen Kindes vermindert sich zunächst durch anrechenbares Einkommen bzw. monatliche Anteile aus dem Vermögensstamm, sodann werden die Haftungsanteile der Eltern (§ 1606 Abs. 3 Satz 1) für den nicht gedeckten Bedarf (= Restbedarf) ermittelt. Erbringt derjenige Elternteil, bei dem das **volljährige** Kind (weiterhin) lebt, nunmehr auch noch Betreuungsunterhalt als Naturalunterhalt, dann ist der Vorabzug entsprechend dem Verhältnis der **anteiligen Unterhaltsleistungen** zu **quotieren**.[22] Sind jedoch die beiderseitigen Leistungen gleichwertig, dann kommt die Entlastung durch den vollen Vorabzug wiederum hälftig beiden Elternteilen zugute.

2. Einkommen aus unzumutbarer Erwerbstätigkeit

Einkünfte aus **unzumutbarer (überobligatorischer) Erwerbstätigkeit** bleiben nicht – quasi automatisch – anrechnungsfrei, sondern sind nach **Billigkeitsgesichtspunkten** – entsprechend dem Rechtsgedanken[23] des § 1577 Abs. 2 entweder voll oder nur teilweise anzurechnen,[24] verbleiben dem Unterhaltsgläubiger demnach nur in seltenen Ausnahmefällen völlig anrechnungsfrei. Es ist zunächst nach allgemeinen Grundsätzen in einen **unterhaltsrelevanten (anrechnungspflichtigen)** und in einen **nicht unterhaltsrelevanten (nicht anrechnungspflichtigen)** Teil aufzuspalten. Wenn und soweit der Unterhaltsschuldner **nicht** den **vollen Unterhalt** leistet (§ 1577 Abs. 2 Satz 1), bleiben die Einkünfte anrechnungsfrei. Darüber hinaus werden sie nach der Differenz-/Additionsmethode angerechnet, wenn und soweit dies unter Berücksichtigung der beiderseitigen wirtschaftlichen Verhältnisse der **Billigkeit** entspricht (§ 1577 Abs. 2 Satz 2).[25] 14

Grundsätzlich trifft – auch im Interesse der/des Unterhaltsschuldner/s – **Schüler/Studenten** neben dem **Schulbesuch/Studium keine Erwerbsobliegenheit**.[26] Sie sollen sich, auch im Interesse des Unterhaltsschuldners, ihrer Ausbildung mit ganzer Kraft sowie dem gehörigen Fleiß und der gebotenen Zielstrebigkeit widmen, um den vorgesehenen Schul- bzw. Studienabschluss innerhalb 15

---

19 BGH FamRZ 1981, 541.
20 BGH FamRZ 1988, 1039; BGH FamRZ 2006, 99.
21 S. etwa BGH FamRZ 2010, 802.
22 OLG Düsseldorf FamRZ 1997, 1106 (zumindest mit 2/5 zu 3/5 zugunsten der Barunterhaltspflicht).
23 Es wird auch analoge Anwendung des § 1577 Abs. 2 vertreten.
24 BGH FamRZ 1995, 475; OLG Hamm FamRZ 1997, 231; OLG Köln FamRZ 1996, 1101; NJW-RR 1996, 707; OLG Hamm OLGR 2000, 176; OLG Karlsruhe OLGR 1999, 46 – Erwerbstätigkeit neben dem Studium; OLG Brandenburg FamRZ 2011, 1067.
25 BGH FamRZ 1987, 470; 1995, 475 zu Einkünften eines Studenten aus einer in den ersten Studiensemestern aufgenommen Nebenbeschäftigung, nachdem er seit längerer Zeit keinen Unterhalt von dem unterhaltsverpflichteten Elternteil erhalten hatte; OLG Köln FamRZ 1991, 856; OLG Koblenz FamRZ 1996, 382; grundlegend zu § 1577 Abs. 2 BGH FamRZ 1983, 146 ff; a.A. noch OLG Koblenz FamRZ 1989, 1219 – allgemeine Billigkeitsabwägungen; OLG Brandenburg FamRZ 2011, 1067.
26 OLG Brandenburg NJW-RR 2011, 725.

angemessener und üblicher Dauer erfolgreich zu erreichen.[27] Das gilt auch für die Zeit der Semesterferien, die neben der notwendigen Erholung der Wiederholung und Vertiefung des Stoffes dient, soweit sie nicht ohnehin durch studienbedingte Arbeiten (Hausarbeiten) bzw. Praktika ausgefüllt ist. Schulbesuch und Studium sind daher mit einer **Vollerwerbstätigkeit** vergleichbar, neben der dem Unterhaltsgläubiger nur in **Ausnahmefällen** Nebentätigkeiten obliegen.

16 Einkünfte eines Schülers/Studenten aus einer (Neben-) Erwerbstätigkeit werden daher **generell** als **Einkünfte** aus **unzumutbarer (überobligationsmäßiger) Tätigkeit** angesehen. Die Anrechnung solcher Einkünfte bestimmt sich auch im Verwandtenunterhaltsrecht nach dem Rechtsgedanken des § 1577 Abs. 2.[28] Verschweigt ein volljähriges Kind die Aufnahme einer Erwerbstätigkeit neben dem Studium, kann darin eine schwere Verfehlung liegen, die zur Beschränkung des Unterhaltsanspruchs nach § 1611 Abs. 1 führen kann.[29]

17 Selbst wenn sich die barunterhaltpflichtigen Eltern finanziell in besonders beengten Verhältnissen befinden, ist die Aufnahme einer **Nebentätigkeit** während der Ausbildung und/oder Ableistung von **Ferienarbeit** nur **in seltenen Ausnahmefällen** zumutbar. Ist dies der Fall, so kann vom Pflichtigen auch eine dadurch eintretende Verlängerung der Ausbildungszeit über die unterhaltsrechtlich beachtliche Dauer hinzunehmen sein.[30] Das OLG Hamm[31] hat bei einem Musikpädagogik-Studenten die Erteilung von vier Wochenstunden Musikunterricht für zumutbar gehalten. Es hat nicht nur auf die beengten finanziellen Verhältnisse der Eltern abgestellt, sondern auch darauf, dass diese Nebentätigkeit eine **sinnvolle Ergänzung** des **Studiums** darstellt und vom **Ausmaß** her gesehen den Studenten nicht übermäßig belastet.

18 Nach § 1577 **Abs. 2** Satz 1 bleiben Einkünfte **anrechnungsfrei**, wenn und soweit der eigene Lebensbedarf nicht in voller Höhe gedeckt ist, etwa wenn der/die Unterhaltsschuldner (Eltern) nicht den vollen Unterhalt – einschließlich des studienbedingten Mehrbedarfs (etwa Studiengebühren, Aufwand für Miete oberhalb des Anteils im BAföG-Satz) – leisten kann/können oder leistet/leisten, auch wenn der Unterhalt nicht freiwillig bezahlt wird, sondern im Wege der Zwangsvollstreckung beigetrieben werden muss. Hat etwa ein unterhaltsberechtigter Student tatsächlich keine Unterhaltszahlungen erhalten, so sind von ihm erzielte Nebeneinkünfte aus Billigkeitsgründen nur zu einem geringen Teil anzurechnen.[32]

19 Anrechnungsfrei bleiben auch Erträge aus einer nur **geringfügigen Erwerbstätigkeit** (etwa Verdienst eines Schülers aus einer Nebentätigkeit zur Aufbesserung des Taschengeldes, z.B. Zeitungsaustragen), aus gelegentlichen Nebentätigkeiten und/oder aus Ferienjobs, weil sie regelmäßig nur der Verbesserung des Taschengeldes dienen (Gedanke des § 1577 Abs. 2 Satz 1), insb. wenn die finanziellen Verhältnisse der Eltern nicht besonders beengt sind.[33] Der BGH[34] hat keine Veranlassung gesehen, sich mit der Frage auseinanderzusetzen, ob sich im Rahmen von § 1577 Abs. 2 Satz 2 allgemeine Kriterien darüber aufstellen lassen, unter welchen Umständen und bis zu welcher Höhe einem Studenten, der regelmäßig Unterhalt von monatlich 950 DM erhält, Einkom-

---

27 BGH FamRZ 1987, 470; OLG Hamburg FamRZ 1981, 1098; KG FamRZ 1982, 516 – Schüler; OLG Düsseldorf FamRZ 1983, 585; OLG Hamm FamRZ 1988, 425; OLG Köln FamRZ 1995, 55 – Schüler; OLG Koblenz FamRZ 1996, 382; vgl. auch BGH FamRZ 1983, 140; Oelkers/Kreutzfeldt FamRZ 1995, 136, 141 m.w.N.

28 BGH FamRZ 1995, 475; OLG Köln FamRZ 1996, 1101; OLG Hamm FamRZ 1997, 1496; OLGR 2000, 176 (Ls); OLG Zweibrücken NJWE-FER 2001, 4. OLG Thüringen FamRZ 2009, 1416 = FuR 2009, 647; OLG Brandenburg FamRZ 2011, 1067.

29 S. etwa OLG Thüringen FamRZ 2009, 1416 = FuR 2009, 647.

30 S. etwa OLG Hamm FamRZ 1988, 425 – zumutbar sei, neben einem musikpädagogischen Studium Musikstunden zu erteilen.

31 FamRZ 1988, 425.

32 OLG Celle FamRZ 2002, 1645.

33 OLG Hamm OLGR 2000, 176 (Ls); OLG Zweibrücken FamRZ 2002, 468.

34 BGH FamRZ 1995, 475.

men aus einer neben dem Studium ausgeübten Erwerbstätigkeit anrechnungsfrei zu belassen ist. Er hat jedenfalls Bedenken geäußert, dass generell ein Zusatzverdienst bis zu einer an das »Existenzminimum« jedes arbeitenden Menschen anlehnenden Höhe anrechnungsfrei verbleiben müsse.

Erzielt der Unterhaltsgläubiger **höhere Einkünfte** (»höher als ein großzügig bemessenes Taschengeld«), dann entspricht es regelmäßig der Billigkeit, dass nach Abzug studienbedingter Mehraufwendungen (etwa erhöhte Wohnkosten über dem BAföG-Satz)[35] zumindest ein Teil des Einkommens auf den Bedarf angerechnet wird.[36] Einen festen Betrag kann es jedoch angesichts der Tatsache, dass es sich hier um eine Billigkeitsentscheidung handelt, nicht geben. Vielmehr ist der anrechnungsfreie Betrag unter Berücksichtigung **aller Umstände** des **Einzelfalles** individuell festzulegen.[37]   **20**

Darüber hinaus sind Einkünfte aus Schüler-/Studentenarbeit (Nebentätigkeit, Ferienarbeit u.a.) auf den Unterhaltsanspruch entsprechend § 1577 Abs. 2 Satz 2 jedenfalls **teilweise anzurechnen**, wenn **schutzwürdige Belange** des **Unterhaltsschuldners** das rechtfertigen,[38] wenn und soweit dies unter Berücksichtigung der beiderseitigen wirtschaftlichen Verhältnisse der Billigkeit entspricht. Der Unterhaltsschuldner hat dann darzulegen und zu beweisen, dass ihn die Unterhaltpflicht hart trifft, ihm etwa unterhaltsbezogene Vorteile (z.B. Kindergeld, Kindergeldanteil mit Ortszuschlag) verloren gehen, oder dass sich der Unterhaltszeitraum deshalb verlängert, weil sich der Unterhaltsgläubiger seiner Ausbildung nicht hinreichend widmet.[39] Allein besondere Tüchtigkeit oder ungewöhnlicher Arbeitseifer des Schülers/Studenten rechtfertigen kein Absehen von der Anrechnung, wenn er sich mit den Einkünften »Luxuswünsche« erfüllt.[40]   **21**

3. Entgelt für Arbeit in einer Behindertenwerkstatt

Entgelt für **Arbeit in einer Behindertenwerkstatt** wird nicht bedarfsmindernd angerechnet. Es handelt sich dabei nicht um einen zur Deckung des Lebensbedarfs gezahlten Lohn, sondern dient als Anerkennung und als Versuch der Vorbereitung auf die Eingliederung in das Erwerbsleben.[41]   **22**

II. Fiktives Einkommen als Erwerbsersatzeinkommen

Nach dem – gegenüber § 1569 verschärften – **Eigenverantwortungsprinzip** des § 1602 obliegt demjenigen, der einen Verwandten auf Grund eines Unterhaltstatbestands berechtigt in Anspruch nimmt, zunächst seine **Arbeitskraft** zu verwerten sowie **zumutbare Hilfe Dritter** in Anspruch zu nehmen.[42] Verletzt der Unterhalt begehrende Verwandte eine solche Obliegenheit, wird – wie auch bei der Leistungsfähigkeit – auf **fiktive** und somit **anrechenbare Einkünfte** abgestellt. Auf die   **23**

---

35 BGH FamRZ 1995, 475; s. hierzu ausführlich Oelkers FuR 1997, 134 ff.
36 Vgl. dazu BGH FamRZ 1983, 152; OLG Koblenz FamRZ 1989, 1219; OLG Köln FamRZ 1995, 55; OLG Hamm FamRZ 1997, 231 – hälftige Anrechnung; 1997, 1497.
37 Unzutreffend daher OLG Schleswig OLGR 1995, 59 – aus einer regelmäßigen Erwerbstätigkeit neben der Ausbildung sollen grundsätzlich 600 DM anrechnungsfrei verbleiben.
38 OLG Köln FamRZ 1996, 1101.
39 OLG Zweibrücken NJWE-FER 2001, 4.
40 OLG Köln FamRZ 1996, 1101 – Auto, Motorrad; OLG Zweibrücken NJWE-FER 2001, 4.
41 So OLG Oldenburg FamRZ 1996, 625; für Ehegattenunterhalt s. OLG Celle FamRZ 1986, 910, und OLG Hamm FamRZ 1987, 1151 – Tätigkeit in einer Werkstatt für Behinderte sei keine Erwerbstätigkeit, sondern um es handele sich um den Versuch einer Vorbereitung auf eine Eingliederung in das Erwerbsleben; s. auch OLG Hamm FamRZ 1999, 126.
42 Geltendmachung bedingungsgünstiger BAföG-Darlehen, s. BGH FamRZ 1985, 916.

Ursache der Bedürftigkeit kommt es im Unterhaltsrecht unter Verwandten, vorbehaltlich der Regelung des § 1611 Abs. 1, nicht an.[43]

Fiktives Einkommen ist demnach zuzurechnen, wenn der Unterhalt Begehrende **unterhaltsrechtliche Obliegenheiten verletzt**, insb. wenn ihm – so er noch nicht in hohem Alter steht – bei noch bestehender Erwerbsfähigkeit noch eine Erwerbstätigkeit zugemutet werden kann (dies hängt von den Umständen des Einzelfalles ab), oder wenn er es unterlässt, zumutbar erzielbare Vermögenserträge zu ziehen.

1. Erwerbsobliegenheit im Allgemeinen

24   Sowohl **minderjährige** als auch **volljährige Kinder** sind vom Grundsatz her dazu verpflichtet, zur Deckung des eigenen Lebensbedarfs eine Erwerbstätigkeit aufzunehmen.

Ein **volljähriges** gesundes **Kind**, das sich weder in einer **Berufsausbildung** noch in einer **unverschuldeten Notlage** befindet, oder das eine Berufungsausbildung abgebrochen hat, muss für seinen Lebensunterhalt daher grds. selbst aufkommen. An die Möglichkeit, für sich selbst zu sorgen, sind **strenge Anforderungen** zu stellen: Im Rahmen des Verwandtenunterhalts gelten für die Obliegenheit des erwachsenen, Unterhalt begehrenden Verwandten zur Nutzung seiner Arbeitskraft ähnliche Maßstäbe wie für den barunterhaltspflichtigen Elternteil im Verhältnis zu dem minderjährigen Kind,[44] nicht jedoch die Maßstäbe für die Unterhaltspflicht geschiedener Ehegatten.[45] Vor einer unterhaltsrechtlichen Einstandspflicht seiner Eltern muss der gesunde Volljährige daher grundsätzlich – auch unter Ortswechsel – **jede Arbeitsmöglichkeit** ausnutzen und alle sich ihm bietenden, auch berufsfremde und einfachste Tätigkeiten bzw. Arbeiten unterhalb seiner gewohnten Lebensstellung bzw. ggf. unterhalb seines Ausbildungsniveaus annehmen,[46] auch wenn es ihm nicht gelingt, einen Arbeitsplatz in seinem erlernten Beruf zu finden,[47] wenn die Anforderungen des Arbeitsplatzes seine geistigen und körperlichen Fähigkeiten nicht übersteigen. Auf Arbeitslosigkeit kann er sich daher nicht berufen.[48] Ehe er von seinen Eltern Geldopfer verlangen kann, muss er zunächst selbst Opfer bis zur Zumutbarkeitsgrenze auf sich nehmen und in der näheren wie auch weiteren Umgebung nach einer Arbeitsstelle als ungelernter Arbeiter suchen. Kommt ein Volljähriger dieser seiner zumutbaren Erwerbsobliegenheit nicht nach, entfällt seine Bedürftigkeit in Höhe eines erzielbaren Erwerbseinkommens.[49]

25   Auch einem **minderjährigen** gesunden **Kind, das das 15. Lebensjahr vollendet hat und für das keine Vollzeitschulpflicht mehr besteht,** ist es in der Regel zumutbar, zur Deckung seines eigenen Lebensbedarfs eine Erwerbstätigkeit aufzunehmen (vgl. §§ 112, 113), wenn nicht wichtige

---

43 BGHZ 93, 123 = BGH FamRZ 1985, 273 betreffend eine nichteheliche Mutterschaft; OLG Hamburg FamRZ 1984, 607.

44 BGHZ 93, 123 = BGH FamRZ 1985, 273.

45 OLG Oldenburg FamRZ 1991, 1091 betreffend ein Unterhaltsverhältnis Eltern gegen Kinder.

46 BGHZ 93, 123 = BGH FamRZ 1985, 273; OLG Köln FamRZ 1983, 942; OLG Zweibrücken FamRZ 1984, 291; OLG Frankfurt FamRZ 1987, 188; OLG Hamm FamRZ 1990, 1385; OLG Karlsruhe NJWE-FER 1999, 54.

47 BGHZ 93, 123 = BGH FamRZ 1985, 273; 1987, 930; 1994, 696; OLG Hamm FamRZ 1999, 888; OLG Karlsruhe NJWE-FER 1999, 54.

48 Unzutreffend BSG FamRZ 1985, 1251 – auch der gesunde arbeitsfähige Volljährige, der keinen Ausbildungsunterhalt verlangen könne, könne bei Arbeitslosigkeit Unterhalt beanspruchen; angerissen aber auch in BGHZ 93, 123 = BGH FamRZ 1985, 273; s. auch OLG Schleswig OLGR 2008, 196 zum Unterhalt für volljährige Kinder während eines freiwilligen sozialen Jahres (der Vater hatte in der Vergangenheit keinen Unterhalt geleistet; das volljährige Kind hatte durch Ableistung des berufsvorbereitenden freiwilligen sozialen Jahres die begründete Aussicht auf einen Ausbildungsplatz, und sie erzielte während des freiwilligen sozialen Jahres teilweise Einkünfte).

49 OLG Düsseldorf FamRZ 2004, 1890 (Ls).

Gesichtspunkte dem entgegen stehen.[50] Die Erwerbsobliegenheit besteht jedoch nur dann, wenn das Kind keiner (Schul-) Ausbildung nachgeht. Ein Jugendlicher, der die Schule nicht mehr besucht und auch keine Ausbildung absolviert, ist daher nicht bedürftig.[51] Er ist vielmehr zur Aufnahme einer Erwerbstätigkeit verpflichtet. Kommt er dieser Erwerbsobliegenheit nicht nach, so muss er sich in erzielbarer Höhe fiktive Einkünfte, die er bedarfsdeckend einzusetzen hat, zurechnen lassen.[52]

Eine Obliegenheit zur Ausübung einer geringfügigen Erwerbstätigkeit besteht auch dann, wenn sich das Kind in einer **Teilzeitausbildung**, z.B. einer Volkshochschulausbildung zur Erlangung eines mittleren Schulabschlusses, befindet.[53]

Im Rahmen des **Elternunterhalts** gelten für die Erwerbspflicht des Unterhaltsberechtigten ähnlich strenge Maßstäbe wie für den baruntertaltspflichtigen Elternteil gegenüber einem bedürftigen minderjährigen oder privilegiert volljährigen Kind.[54] Der Berechtigte muss ggf. unter Inkaufnahme eines Ortswechsels selbst berufsfremde und unterhalb seiner Qualifikation liegende Tätigkeiten ausüben.[55]   **26**

2. Erwerbsobliegenheiten bei Betreuung eines Kindes

Grundsätzlich gilt der Grundsatz der Eigenverantwortung auch dann, wenn der **Volljährige** ein   **27**
eigenes minderjähriges Kind betreut. Der Umfang der Unterhaltspflicht von Verwandten ist der Mitverantwortung des anderen Ehegatten für das gemeinsame Kind nicht gleichzusetzen.[56] Sieht man dies allerdings – wie der BGH[57] – großzügiger, ist jedenfalls zu verlangen, dass die unterhaltspflichtigen Eltern des betreuenden Unterhaltsgläubigers soweit wie möglich durch die Aufnahme einer Teilzeittätigkeit zu entlasten sind.[58] Dies gilt insbesondere dann, wenn der andere Elternteil oder ein mit der Mutter zusammenlebender Dritter die Betreuung des Kindes übernehmen kann,[59] erst recht, wenn Fremdbetreuung möglich ist (s. hierzu §§ 1570, 1615l).

3. Erwerbsobliegenheiten von Kindern in Notlagen

Kranken und **behinderten Kindern**[60] gegenüber bleiben die Eltern – auch nach Eintritt der Voll-   **28**
jährigkeit – voll unterhaltspflichtig, wenn und soweit der Lebensbedarf nicht durch (anrechenbare) Leistungen Dritter gedeckt ist und/oder die betroffenen Kinder ihn nicht durch **zumutbare eigene Erwerbstätigkeit** teilweise oder insgesamt decken können. Insoweit kommt es auf die gesamten Umstände des jeweiligen Einzelfalles an, insb. auf die Möglichkeit der – auch teilwei-

---

50 OLG Nürnberg FamRZ 1981, 300.
51 OLG Karlsruhe FamRZ 1988, 758 für die Zeit nach Beendigung der Berufsausbildung; OLG Düsseldorf FamRZ 1990, 194 – vorübergehende Teilerwerbstätigkeit mit Abrechnung auf Stundenbasis bis zum Antritt einer Ausbildungsstelle durch eine $16^1/_2$-jährige; a.A. OLG Hamburg FamRZ 1995, 959 – wer den Schulbesuch abbreche und sich weigere, eine Berufsausbildung aufzunehmen, verwirke seinen Unterhaltsanspruch nicht; vielmehr gebiete »der – auch unterhaltsrechtlich – bedeutsame Minderjährigenschutz« Fortbestand der Unterhaltspflicht.
52 OLG Stuttgart OLGR 2009, 284; OLG Rostock FamRZ 2007, 1267; OLG Brandenburg FamRZ 2005, 2094; a.A. OLG Saaarbrücken FamRZ 2000, 40..
53 OLG Düsseldorf NJW-RR 2011, 221 = FamRZ 2011, 2010, 2082.
54 BGH FamRZ 1985, 273; OLG Frankfurt NJW 2009, 3105.
55 BGH FamRZ 1985, 273; FamRZ 1984, 372.
56 OLG Hamm FamRZ 1990, 1385; s. auch Derleder JZ 1985, 438; Ditzen FamRZ 1989, 240.
57 BGHZ 93, 123 = BGH FamRZ 1985, 273 – ein Unterhaltsanspruch könne aber bei Mutterschaft aus Arbeitsscheu und schrankenloser Selbstverwirklichung nach § 1611 entfallen.
58 BGH FamRZ 1985, 1245; OLG Karlsruhe FamRZ 1988, 200; OLG Hamm FamRZ 1990, 1385.
59 OLG Hamm FamRZ 1996, 1104.
60 Zum Umfang der Unterhaltspflicht für ein volljähriges behindertes Kind s. Klinkhammer FamRZ 2004, 266 ff.

sen – Wiedereingliederung des Unterhaltsgläubigers in das Erwerbsleben. **Fiktives Erwerbseinkommen** ist anrechenbar, wenn das Kind entweder mögliche und zumutbare Teilerwerbstätigkeit nicht leistet, oder wenn es gegen Obliegenheiten zur Wiedereingliederung verstößt. **Alkoholismus** begründet als Krankheit ebenso wie **Unterhaltsneurose** zunächst Unterhaltsbedürftigkeit,[61] zumal wenn das Kind im Rahmen einer psychotherapeutischen Behandlung in seiner Anspruchshaltung bestärkt worden ist.[62] Ein solcher Unterhaltsanspruch ist jedoch zum einen durch Verletzung der Obliegenheit begrenzt, alle zur Gesundung und Wiedereingliederung in das Erwerbsleben zumutbaren Maßnahmen einzuleiten, zum anderen durch § 1611.[63]

III. Einkommen aus Vermögen/Gebrauchsvorteile

29   **Vermögenserträge** mindern – ebenso wie **Gebrauchsvorteile** (etwa Wohnwert, § 100) – als Teile des Einkommens den Lebensbedarf ohne Besonderheiten. Auf die Herkunft des Vermögens wie auch seine Zweckbestimmung kommt es – ähnlich wie bei der Obliegenheit zum Einsatz des Vermögensstammes – nicht an. Leistungen aus einem von beiden Eltern angesparten oder finanzierten Ausbildungsfonds bzw. einer Ausbildungsversicherung sind daher unmittelbar auf den Barunterhaltsbedarf des Kindes anzurechnen. Auf die Höhe der Beitragsanteile der Eltern kommt es ebenso wenig an wie auf die konkrete rechtliche Konstruktion, d.h. ob dem Kind unmittelbar ein unmittelbares Forderungsrecht zusteht.[64]

30   Auch Gebrauchsvorteile (Wohnvorteile) mindern den Barbedarf des Kindes. Wird beispielsweise bei einem **minderjährigen Kind** dessen **Barbedarf** nach den **Tabellensätzen** der Düsseldorfer Tabelle bemessen, und lebt das Kind mit einem Elternteil in einer schuldenfreien Immobilie, die im Eigentum des Unterhaltsschuldners oder beider Elternteile steht, dann ist das Kind bezüglich der in den Tabellenbeträgen enthaltenen **Wohnkosten** nicht unterhaltsbedürftig. Der nach Tabelle zu zahlende Barunterhalt deckt den gesamten Lebensbedarf des Kindes (mit Ausnahme von Mehrbedarf und/oder Sonderbedarf). Dieser gesamte Lebensbedarf beinhaltet auch alle Aufwendungen für Wohnung, Verpflegung, Kleidung, sonstige Versorgung, Ausbildung, Erholung, Gesundheitsvorsorge u.a.). Gewährt ein barunterhaltspflichtiger Elternteil seinem Kind durch Wohnungsgewährung teilweise Unterhalt in Natur, so ist das Kind insoweit nicht mehr unterhaltsbedürftig. Der sich aus der Düsseldorfer Tabelle ergebende Richtsatz ist um den Wert des erbrachten Naturalunterhalts zu kürzen.[65] Die Höhe des Anteils ergibt sich aus den Unterhaltsrechtlichen Leitlinien der jeweiligen Oberandesgerichte und wird in der Regel mit pauschal 20% des Tabellenbedarfs bemessen.

31   Die (auch) vertretene Auffassung,[66] das mietfreie Wohnen des Kindes führe nicht zu einer Kürzung seines Barunterhalts, verstößt gegen den elementaren Grundsatz, dass Unterhalt ausschließlich der Bedarfsdeckung dient. Besteht kein Bedarf, dann ist insoweit keine Bedürftigkeit gegeben. Mangels Bedürftigkeit entsteht auch kein Unterhaltsanspruch. Um die unterhaltsrechtliche Schieflage zu vermeiden, korrigiert die gegenteilige Auffassung das gefundene Ergebnis daher auch dahin, dass (systemwidrig) die ersparten Mietanteile des Kinderunterhalts auf den Wohnwert des betreuenden Elternteils aufgeschlagen werden. Diese Krücke ist nicht in allen Fallgestaltungen hilfreich. Sie versagt etwa, wenn Ehegattenunterhalt nicht geschuldet ist.

---

61   A.A. OLG Düsseldorf FamRZ 1982, 518 zu einer Unterhaltsneurose.
62   OLG Frankfurt FamRZ 1987, 408 – Einräumung einer »gewissen Anpassungsfrist«.
63   Vgl. auch OLG Frankfurt FamRZ 2011, 1158; OLG Dresden FamRZ 2011, 1407.
64   OLG Frankfurt FamRZ 1993, 98.
65   OLG Düsseldorf FamRZ 1994, 1049; OLG Schleswig ZfJ 1998, 522.
66   OLG München FamRZ 1998, 824; OLG Koblenz OLGR 2002, 323.

IV. Leistungen Dritter

Erhält der Unterhaltsgläubiger **Leistungen Dritter**, dann ist zunächst zu differenzieren, ob es sich 32 um **freiwillige Leistungen** Dritter (ohne Synallagma) handelt, oder ob er auf diese Leistungen einen **Rechtsanspruch** (regelmäßig im Synallagma) hat.

1. Freiwillige Leistungen Dritter

Freiwillige Leistungen Dritter werden unterhaltsrechtlich **grundsätzlich nicht bedarfsmindernd** 33 angerechnet, sofern nicht folgende **Ausnahmesituationen** vorliegen:

– Der Dritte will – wenn auch neben anderen Motiven – den Unterhaltsschuldner entlasten,[67] auch wenn er einer eigenen, eventuell auch nur subjektiv empfundenen Verpflichtung nachkommen will. Im Rahmen einer auf Dauer angelegten **nichtehelichen Lebensgemeinschaft** mindern daher Zuwendungen des Lebenspartners die Bedürftigkeit auch dann, wenn das (volljährige) Kind diesem keine entsprechenden hauswirtschaftlichen Versorgungsleistungen erbringt;[68]

– Es liegen auf Seiten der/s Unterhaltsschuldner/s **äußerst beengte wirtschaftliche Verhältnisse** vor, wie es im Bereich von Mangellagen stets der Fall ist;

– **Stipendien** in Form laufender Leistungen mindern – ebenso wie mit ihnen verbundene zusätzliche Leistungen – den Unterhaltsbedarf eines Studenten, sofern dieser nicht nachweist, dass auf Grund der Zweckbestimmung des Stipendiums konkret dargelegte Mehraufwendungen gegenüber dem Durchschnitt der übrigen Studenten des gleichen Fachs erwachsen.[69]

Eine **Anrechnung öffentlicher Ausbildungshilfen** ist dann nicht gerechtfertigt, wenn sie zum 34 einen für Maßnahmen geleistet werden, deren Kosten die Eltern aufgrund ihrer bürgerlich-rechtlichen Unterhaltsverpflichtung gemäß § 1610 Abs. 1 und 2 nicht zu tragen hätten, denn in diesem Falle werden die Eltern nicht von ihrer Unterhaltspflicht entlastet. Zum anderen soll eine Anrechnung dann unterbleiben, wenn die Ausbildungshilfe eine besondere Leistung des Auszubildenden belohnen soll oder wenn die Anrechnung mit dem besonderen Förderungszweck – wie bei Auslandsstipendien – unvereinbar wäre.[70] Kosten für Fahrten zur und von der Ausbildungsstätte, Miete, Verpflegung und Reinigungskosten fallen unter die vom Ausbildungsfreibetrag in typischer Weise erfassten Aufwendungen.[71]

2. Nicht subsidiäre Sozialleistungen

Nicht subsidiäre Sozialleistungen mindern die Bedürftigkeit oder schließen sie aus (etwa Krank- 35 heitsvorsorge auf Grund des Mitversicherungsprinzips der gesetzlichen Krankenversicherung). **Subsidiäre Sozialleistungen** (s. etwa § 2 SGB XII: Nachrang der Sozialhilfe) decken zwar den Unterhaltsbedarf, berühren aber den bürgerlich-rechtlichen Unterhaltsanspruch nicht. Dieser geht vielmehr (in der Regel) auf den Leistungsträger über (s. § 94 SGB XII, § 7 UVG, § 37 BAföG für Leistungen im Form sog. Vorausdarlehen).

---

67 BGH FamRZ 1993, 417.
68 OLG Koblenz FamRZ 1991, 1469; a.A. OLG Celle FamRZ 1993, 352 zum Ausbildungsunterhaltsanspruch des volljährigen Kindes in nichtehelicher Lebensgemeinschaft.
69 OLG Bamberg FamRZ 1986, 1028 zu einem Stipendium der Studienstiftung des Deutschen Volkes; OLG Koblenz NJW-RR 1992, 389 – Büchergeld für einen höheren Aufwand bei der Beschaffung von Büchern und anderen Lernmitteln.
70 BFHE 198, 493 = NJW 2002, 2583.
71 BFHE 198, 493 = NJW 2002, 2583.

▶ **Beispiele**

- **BAföG-Leistungen** mindern die Bedürftigkeit eines volljährigen Studenten auch insoweit, als sie darlehensweise gewährt werden, wenn dem Studenten die Aufnahme eines solchen Kredits bei angemessener Berücksichtigung der Interessen des Studenten und seiner Eltern im Hinblick auf die außerordentlich günstigen Darlehensbedingungen zumutbar ist,[72] nicht aber, wenn sie nur als sog. Vorausdarlehen (§§ 36, 37 BAföG) erbracht worden sind.
- **Berufsausbildungsbeihilfen**: Nach § 97 Abs. 1 SGB III können Leistungen zur Förderung der beruflichen Eingliederung erbracht werden, die wegen Art oder Schwere der Behinderung erforderlich sind, um die Erwerbstätigkeit der Behinderten entsprechend ihrer Leistungsfähigkeit zu erhalten, zu bessern, herzustellen oder wiederherzustellen und ihre berufliche Eingliederung zu sichern. Das in diesem Rahmen gezahlte Ausbildungsgeld ist keine – gegenüber Unterhaltsansprüchen – subsidiäre Leistung, sondern mindert die Bedürftigkeit.[73] Die Berufsausbildungsbeihilfe gem. §§ 59 ff. SGB III hat hingegen Lohnersatzfunktion und stellt nur dann eine subsidiäre Geldleistung dar, wenn sie als Vorauszahlung geleistet wird.[74]
- **Grundsicherung**: Es entspricht in Anbetracht der Unterhaltsleistungen, die Eltern einem erwerbsunfähigen Kind bis zu dessen Volljährigkeit erbringen, der allgemeinen Pflicht zur Rücksichtnahme und Loyalität (Gegenseitigkeitsprinzip), wenn ein volljähriges Kind darauf verwiesen wird, vorrangig die Grundsicherung in Anspruch zu nehmen.[75] Es muss sich daher die – etwa nach §§ 41 ff. SGB XII – möglichen Leistungen auch dann fiktiv auf seinen Bedarf anrechnen lassen, wenn diese Leistungen noch nicht beantragt sind.[76]
- **Unterhaltsvorschussleistungen** sind im Verhältnis zu den Großeltern anzurechnendes Einkommen des Kindes und mindern dessen Bedürftigkeit; das gilt sowohl für bereits gezahlten als auch für noch zu gewährenden Vorschuss.[77]
- **Waisenrenten**: Nach dem Tode eines **Elternteils** richtet sich der Unterhaltsanspruch des Kindes in Höhe des vollen Bedarfs gegen den überlebenden Elternteil, so dass diesem auch die Minderung der Bedürftigkeit durch die Waisenrente in voller Höhe zugute kommt.[78] Eine dem Kind nach dem Tode eines Stiefelternteils gewährte Waisenrente entlastet die Eltern von ihrer Unterhaltspflicht im Verhältnis ihrer Haftungsanteile.[79] Die für ein minderjähriges Kind gezahlte Halbwaisenrente ist auf seinen Barunterhaltsanspruch gegen den Elternteil, bei dem es lebt, nur zur Hälfte anzurechnen.[80]
- **Wehrsold**: Leistet das Kind **Wehr-/Zivildienst**, besteht während dieser Zeit – auch wenn die Eltern in günstigen wirtschaftlichen Verhältnissen leben – **grundsätzlich kein** Unterhaltsbedarf, weil die staatlichen Leistungen den angemessenen Unterhalt des Dienstleistenden sicherstellen. Da es sich bei Wehr- und Zivildienst um keine Ausbildung handelt, hat der Volljährige eine eigene Lebensstellung, so dass für den angemessenen Unterhalt nicht auf die Lebensstellung der Eltern abzustellen ist.[81] **Ausnahmsweise** kann allerdings im Einzelfall ein **besonderer Unterhaltsbedarf** bestehen, den der Wehrpflichtige/Zivildienstleistende aus Mitteln, die ihm staatlicherseits zufließen, nicht zu befriedigen vermag (etwa Bedarf für die eigene Wohnung, wenn dem Zivildienstleistenden keine dienstliche Unterkunft gewährt

72 BGH FamRZ 1985, 916.
73 OLG München FamRZ 1992, 213 – entschieden zu der Vorgängervorschrift § 56 AFG.
74 OLG Oldenburg FamRZ 1989, 531 zu § 40 AFG.
75 OLG Naumburg FamRZ 2009, 701.
76 OLG Hamm NJW 2004, 1604 mit Anm. Bissmaier FamRB 2004, 179 – noch zu §§ 1 ff. GSiG.
77 OLG Dresden, Urteil vom 18.09.2009 – 20 UF 331/09 – juris.
78 OLG Stuttgart FamRZ 2001, 1241.
79 BGH FamRZ 1980, 1109; OLG Hamm FamRZ 1980, 479.
80 BGH FamRZ 2009, 762 = FuR 2009, 409 im Anschluss an BGH FamRZ 1980, 1109, 1111.
81 BGH FamRZ 1990, 394 – Wehrdienst; 1994, 303 – Zivildienst.

wird).[82] Ein derartiger konkret vorzutragender **Mehrbedarf** kann etwa in Betracht kommen, wenn die Eltern dem Sohn vor dem Dienst die Eingehung von nicht unbedeutenden, wiederkehrenden Verpflichtungen ermöglicht haben, z.B. Bezug periodisch erscheinender Veröffentlichungen, Mitgliedschaft in einem Sportverein, Musikunterricht oä, und wenn eine Beendigung der Verpflichtung nicht möglich, wirtschaftlich unvernünftig oder unzumutbar wäre, so dass der Wehrpflichtige/Zivildienstleistende die insoweit anfallenden, erheblichen Kosten weiter zu tragen hat. Soweit anschließend an den Dienst eine Ausbildung begonnen oder fortgesetzt wird, lebt der Unterhaltsanspruch wieder auf.

– **Wohngeld** ist zunächst auf die **Differenz** zwischen den Mietkosten, die in dem pauschalierten notwendigen Eigenbedarf enthalten sind (sog. erhöhte Wohnkosten), und der tatsächlich gezahlten (angemessenen) Miete anzurechnen. Ein etwa noch verbleibender Teil mindert das Einkommen.[83]

3. Kindergeld/sonst. kindbezogene Leistungen

Anders als andere regelmäßig wiederkehrende kindbezogene steuerliche Leistungen stellt das Kindergeld (ebenso wie ihm gemäß § 1612c gleichgestellte Leistungen, soweit sie den Anspruch auf Kindergeld ausschließen) seit der Neufassung des § 1612b durch das UÄndG 2007[84] keine steuerliche Leistung für die Eltern, sonder **Einkommen des Kindes** dar. Das staatliche Kindergeld ist daher **zweckgebunden** zur Deckung des Barbedarfs des Kindes einzusetzen.[85] Es mindert seine Bedürftigkeit. Erfüllt ein Elternteil seine Unterhaltspflicht durch Betreuung im Sine von § 1606 Abs. 3 S. 2, dann erfolgt der Ansatz des Kindergelds zur Hälfte. In allen anderen Fällen mindert das Kindergeld den Bedarf des Kindes in voller Höhe. Zwar kann das Kind nur in Ausnahmefällen Auszahlung des Kindergeldes ans ich selbst verlangen,[86] vor allem wenn der Kindergeldberechtigte ihm gegenüber seiner gesetzlichen Unterhaltspflicht nicht nachkommt, oder wenn er mangels Leistungsfähigkeit nicht unterhaltspflichtig ist oder nur Unterhalt in Höhe eines Betrages zu leisten braucht, der geringer ist als das für die Auszahlung in Betracht kommende Kindergeld, wobei die Auszahlung des Kindergeldes auch an diejenige Person oder Stelle erfolgen kann, die dem Kinde Unterhalt gewährt (§ 74 EStG). Bezieht ein (volljähriges) Kind das Kindergeld, dann ist es bedarfsdeckend einzusetzen. **36**

V. Einsatz des Vermögens

Nach § 1602 Abs. 2 müssen **minderjährige** Verwandte den **Stamm ihres Vermögens** grundsätzlich nicht verwerten, da dieses Vermögen dem späteren Aufbau einer eigenen Lebensstellung dienen soll. Dieser Grundsatz gilt nicht, wenn die Eltern den Unterhalt des Kindes nicht ohne Gefährdung des eigenen angemessenen Unterhalts leisten können (§ 1603 Abs. 2 Satz 3). **37**

Alle anderen (volljährigen) Verwandten, also auch privilegiert volljährige Kinder (da § 1602 nicht auf diese anwendbar ist), müssen in der Regel neben ihrem eigenen bereinigten Einkommen auch den (um den Schonbetrag – sog. »Notgroschen«) bereinigten **Stamm ihres Vermögens** für ihren Bedarf einsetzen, soweit dies nicht im Einzelfall **grob unbillig** ist (**Umkehrschluss** aus § 1602 Abs. 2).[87] Insbesondere kann von einem **Unterhalt begehrenden Elternteil**, der den Vermögens-

---

82 BGH FamRZ 1994, 303.
83 BGH FamRZ 1980, 771 = FuR 2003, 275.
84 BGBl. I S. 3189.
85 BT-Drucks. 16/1830 S. 28.
86 Siehe hierzu die Kommentierung zu § 1612b.
87 BGH FamRZ 1986, 48; 1998, 367 – nicht aber für Urlaubsreisen; s. auch OLG Hamburg FamRZ 1980, 912; OLG Hamm FamRZ 1982, 1099; OLG Frankfurt FamRZ 1987, 1179; OLG Düsseldorf FamRZ 1990, 1137 (bestätigt durch BGH FamRZ 1998, 367) – ererbtes Sparguthaben; OLG München FamRZ 1996, 1433; OLG Karlsruhe FamRZ 2012, 1573.

stamm nicht mehr zum Aufbau einer eigenen Lebensstellung benötigt, verlangt werden, dass er sein Vermögen für seinen Unterhalt aufzehrt, bevor er Unterhalt von seinen Kindern verlangen kann.

Der Tatrichter hat im Einzelfall im Rahmen einer umfassenden Zumutbarkeitsabwägung zu entscheiden, die alle bedeutsamen Umstände und insb. auch die Lage des Unterhaltsschuldners berücksichtigt.[88]

38   Verfügen volljährige Kinder über nicht unerhebliches Vermögen, dann haben sie dieses auch dann zur Deckung ihres Unterhaltsbedarfs einzusetzen, wenn die Eltern in guten wirtschaftlichen Verhältnissen leben.[89] Das OLG Bamberg[90] hat Bedürftigkeit verneint, wenn ein Volljähriger über beleihungsfähigen Grundbesitz verfügt, der ihm die **Aufnahme** eines **Kredits** ermöglicht, mit dem er seinen Unterhalt bis zum Eintritt in das Erwerbsleben decken kann, wobei es von der Möglichkeit einer Stundung entsprechender Ratenzahlungsverbindlichkeiten bis zu diesem Zeitpunkt ausgegangen ist. Andererseits darf ein **schwerbehindertes volljähriges Kind**, das seinen angemessenen Lebensbedarf nicht selbst decken kann, jedenfalls dann maßvoll Vermögen bilden bzw. behalten, wenn ungewiss ist, ob sein Unterhaltsbedarf im Alter durch Unterhaltsleistungen der Eltern gedeckt werden kann.[91]

39   Ein in Ausbildung befindliches volljähriges Kind ist jedoch nicht unter allen Umständen gehalten, zumutbar verwertbares Vermögen vollständig zu verbrauchen, ehe es von einem Elternteil Unterhalt in Anspruch nehmen kann. Vielmehr kann es unter Zumutbarkeitsgesichtspunkten naheliegen, die für den eigenen Unterhalt einzusetzenden Vermögensmittel auf die voraussichtliche – ordnungsgemäße – **Ausbildungsdauer umzulegen**, insb. wenn das Vermögen dem Zweck dient oder dienen soll, die Ausbildung zu sichern.[92]

40   Auf die Herkunft des Vermögens kommt es ebenso wenig an wie auf Unwirtschaftlichkeit und/ oder Unzumutbarkeit. Der **Vermögensstamm** ist daher auch dann einzusetzen, wenn er auf freiwilligen Zuwendungen Dritter beruht und dem Volljährigen zweckfrei zur eigenen Verfügung zugewendet wurde.[93]

41   Das Gesetz sieht im Bereich des Verwandtenunterhalts **keine allgemeine Billigkeitsgrenze** wie beim nachehelichen Unterhalt vor. Der Rahmen der **Vermögenseinsatzpflicht** nach § 1602 übersteigt den Maßstab des § 1577 Abs. 3 (Unwirtschaftlichkeit, Unbilligkeit). Der Stamm des Vermögens ist daher auch zur Finanzierung der eigenen Ausbildung einzusetzen.[94] Auch fehlt es an der Bedürftigkeit, wenn ein volljähriger Verwandter es unterlässt, eine Forderung einzuziehen, die er in zumutbarer Weise einziehen könnte.[95]

42   Erwirbt ein Kind einen Führerschein und einen gebrauchten Pkw, so kann ihm bei überdurchschnittlich guten Einkommensverhältnissen des Unterhaltsschuldners kein **Vermögensverbrauch** vorgeworfen werden.

43   Hat der **unterhaltsberechtigte Elternteil** seinen Kindern **verwertbares Vermögen** geschenkt, und ist er danach außerstande, seinen angemessenen Unterhalt zu bestreiten, entfällt seine Unterhalts-

---

88   BGH FamRZ 1986, 48.
89   OLG Köln NJWE-FER 1999, 176 – Vermögen zweier volljähriger Kinder mit rund 77.000 DM bzw. 100.000 DM, Jahres-Bruttoeinkommen ihrer Eltern rund 200.000 DM.
90   FamRZ 1999, 876.
91   OLG Karlsruhe FamRZ 2001, 47 = FuR 2000, 440; zum Umfang der Unterhaltspflicht für ein volljähriges behindertes Kind s. auch Klinkhammer FamRZ 2004, 266 ff.
92   BGH FamRZ 1998, 367; OLG Düsseldorf FamRZ 1985, 1281; OLG Köln NJWE-FER 1999, 176.
93   OLG München FamRZ 1996, 1433 – Vermächtnis der Großmutter: Zuwendung von Anteilen an einem Investmentfonds.
94   BGH FamRZ 1998, 367.
95   BGH FamRZ 1989, 499; BFH/NV 2009, 728.

bedürftigkeit durch vorhandenes verwertbares Vermögen in Form eines **Schenkungsrückgewähr-anspruchs gem.** § 528 Abs. 1 Satz 1. Die 10-Jahres-Frist gem. § 529 Abs. 1 enthält eine rechtshemmende Einrede, keine Einwendung, so dass es dem Beschenkten obliegt, diese geltend zu machen. Bis dahin ist die Anwendung des Rückgewähranspruchs nicht ausgeschlossen.[96]

Die Pflicht zum Einsatz des eigenen Vermögensstammes wird – ähnlich wie im Sozialhilferecht[97] – durch das sog. **Schonvermögen für besondere Notlagen** (»Notgroschen«) begrenzt, es sei denn, dass es sich im Rahmen des **Ausbildungsunterhalts** bei dem Vermögen um Leistungen aus einer Ausbildungsversicherung handelt.[98] Affektionsinteressen können nur unter sehr engen Voraussetzungen zu berücksichtigen sein. **44**

Beim **Elternunterhalt** ist ein Schonvermögen insbesondere dann zu berücksichtigen, wenn sich der Berechtigte bereits in fortgeschrittenem Alter befindet und es einer Rücklage für ungewöhnliche Ausgaben bedarf.[99] Ist der unterhaltsberechtigte Elternteil hingegen wegen Bettlägerigkeit und Heimpflege nicht darauf angewiesen, einen Notgroschen vorzuhalten, hat er jedenfalls teilweise auf sein Schonvermögen zurückzugreifen.[100]

Die Höhe der angemessenen Kapitalreserve kann sich bei **volljährigen Kindern** an dem in § 12 II Nr. 1 SGB normierten Schonvermögen in Höhe von jeweils 150,00 € pro vollendeten Lebensjahr, mindestens jedoch 3.100,00 € orientieren. Im **Elternunterhalt** erkennt der BGH[101] unter Bezugnahme auf § 90 Abs. 2 Nr. 9 SGB XII ein Schonvermögen in Höhe von derzeit 2.600,00 €[102] als angemessene Vermögensreserve an. **45**

C. Darlegungs- und Beweislast

Für die Bedürftigkeit ist der Unterhaltsberechtigte **darlegungs- und beweispflichtig.** Dies gilt ausnahmsweise nicht, wenn ein minderjähriges Kind, das seine Lebensstellung von dem barunterhaltspflichtigen Elternteil ableitet, Unterhalt lediglich bis zur Höhe des Existenzminimums geltend macht. In diesem Fall ist das Kind von der Darlegung hinreichender Einkünfte des Unterhaltsschuldners befreit.[103] **46**

§ 1603 Leistungsfähigkeit

(1) Unterhaltspflichtig ist nicht, wer bei Berücksichtigung seiner sonstigen Verpflichtungen außer Stande ist, ohne Gefährdung seines angemessenen Unterhalts den Unterhalt zu gewähren.

(2) [1]Befinden sich Eltern in dieser Lage, so sind sie ihren minderjährigen unverheirateten Kindern gegenüber verpflichtet, alle verfügbaren Mittel zu ihrem und der Kinder Unterhalt gleichmäßig zu verwenden. [2]Den minderjährigen unverheirateten Kindern stehen volljährige unverheiratete Kinder bis zur Vollendung des 21. Lebensjahrs gleich, solange sie im Haushalt der Eltern oder eines Elternteils leben und sich in der allgemeinen Schulausbildung befinden. [3]Diese Verpflichtung tritt nicht ein, wenn ein anderer unterhaltspflichtiger Verwandter vorhanden ist; sie tritt auch nicht ein gegenüber einem Kind, dessen Unterhalt aus dem Stamme seines Vermögens bestritten werden kann.

---

96 OLG Schleswig NJW-RR 2009, 1369.
97 Anders OLG Köln FamRZ 2001, 437 = FuR 2001, 80 – auch Einsatz von Schonvermögen.
98 OLG Frankfurt OLGR 2003, 304.
99 BGH FamRZ 2006, 935, 937.
100 OLG Köln FamRZ 2001, 437.
101 BGH FamRZ 2006, 935.
102 BGH FamRZ 2004, 370, 371 = FuR 2004, 419.
103 OLG Hamburg DAVorm 2000, 609; OLG Koblenz FamRZ 2009, 1075.

A. Strukturen

Unterhaltpflichtig ist nur, wer bei Berücksichtigung seiner sonstigen Verpflichtungen außer **1**
Stande ist, ohne Gefährdung seines angemessenen Unterhalts Unterhalt zu gewähren (§ 1603
Abs. 1):[1] Vorrangig verbleiben dem Unterhaltsschuldner alle seine zur angemessenen Deckung des
seiner Lebensstellung entsprechenden allgemeinen Bedarfs benötigten Mittel. Allerdings
beschreibt § 1603 Abs. 1 – bezogen auf den Unterhaltsschuldner (anders als – zumindest andeu-
tungsweise – § 1610, bezogen auf den Unterhaltsgläubiger) – den unbestimmten Rechtsbegriff des
»angemessenen Unterhalts« nicht.

Durch § 1603 wird die **Leistungspflicht** des **Unterhaltsschuldners** auf denjenigen Betrag begrenzt,
der seinen eigenen Lebensbedarf (Eigenbedarf = **Selbstbehalt**) übersteigt. Das Gesetz hat dabei für
bestimmte Fallkonstellationen die **Leistungspflichten** des Unterhaltsschuldners (**Leistungsfähigkeit**) eingeschränkt (§ 1603 Abs. 1), für andere Fallgruppen hingegen verschärft (§ 1603 Abs. 2):[2]

– **Eingeschränkte Leistungspflicht:** Unterhaltpflichtig ist nicht, wer bei Berücksichtigung seiner
  sonstigen Verpflichtungen außerstande ist, ohne Gefährdung seines eigenen **angemessenen
  Lebensbedarfs** (= sog. Eigenbedarf = **Selbstbehalt**) den vollen Unterhalt zu gewähren. Mittel
  (insb. unterhaltsbereinigte Nettoeinkommen), die den Selbstbehalt übersteigen, sind für Unterhaltszwecke verfügbar. Insoweit ist der Unterhaltsschuldner als leistungsfähig anzusehen.
– **Verschärfte Leistungspflicht:** Haften die Eltern nach § 1603 Abs. 2 Satz 1 und 2 **verschärft,**
  dann müssen sie **alle verfügbaren Mittel gleichmäßig** für den **eigenen Unterhalt und** den
  Unterhalt ihrer minderjährigen oder diesen gleichgestellten, **privilegiert volljährigen Kinder**
  verwenden. Verfügbar sind alle Mittel außerhalb des Existenzminimums. Bei **verschärfter Leistungspflicht** treten die beruflichen Dispositionsmöglichkeiten für den Unterhaltsschuldner
  weitgehend hinter seine Elternverantwortung zurück. Ihm obliegt eine **gesteigerte Ausnutzung
  seiner Arbeitskraft**, die es ihm ermöglicht, nicht nur den Mindestbedarf, sondern den **angemessenen Unterhalt** des minderjährigen bzw. des ihm nach § 1603 Abs. 2 Satz 2 gleichgestellten volljährigen Kindes sicherzustellen.[3]

Ist der Unterhaltsschuldner nach seinen Einkomens- und Vermögensverhältnissen unter Berück- **2**
sichtung seiner sonstigen Verpflichtungen außerstande, ohne Gefährdung seines eigenen angemessenen Lebensbedarfs den vollen geschuldeten Unterhalt zu gewähren, dann liegt eine Mangellage
(»**Mangelfall**«) vor.[4]

Überschreitet festgesetzter Unterhalt die Leistungsfähigkeit des auf Unterhalt in Anspruch **3**
Genommenen und damit die Grenze des Zumutbaren, dann kann die Beschränkung der grund-

---

1 Vgl. dazu auch BVerfG FamRZ 2001, 1685; zum Elternunterhalt s. Heinle FamRZ 1992, 1337; FuR
  1993, 331.
2 S. auch zur Verletzung der Unterhaltspflicht i.S.v. § 170 StGB sowie zur Ermittlung der Leistungsfähigkeit
  des Unterhaltsschuldners nach den Maßstäben des Bürgerlichen Rechts, jedoch ohne Bindung an etwaige
  zivilgerichtliche Erkenntnisse s. BayObLG BayObLGSt 2002, 71.
3 BGH FamRZ 2000, 1358; zur Beendigung der Verpflichtung zur Zahlung von Kindesunterhalt s. etwa
  OLG Düsseldorf ZFE 2003, 154 [Ls]; zur gesteigerten Erwerbsobliegenheit von Eltern minderjähriger
  Kinder s. Elden FamFR 2010, 241 ff.
4 BGHZ 109, 72 = BGH FamRZ 1990, 260 = FuR 1990, 161.

rechtlich geschützten Dispositionsfreiheit des zu Unterhalt Verpflichteten im finanziellen Bereich als Folge der Unterhaltsansprüche nicht vor Art. 2 Abs. 1 GG bestehen.[5]

4 Der Unterhaltsschuldner hat in Kenntnis seiner Unterhaltspflichten seine **Arbeitskraft** voll einzusetzen und wie ein guter Sachwalter Nutzungen aus seinem **Vermögen** zu ziehen. Tut er dies nicht, kann er sich nicht nur strafbar machen (§ 170b StGB), sondern er muss sich so behandeln lassen, als würde er entsprechende Einnahmen erzielen.[6] Es ist dem Unterhaltsschuldner daher grundsätzlich unterhaltsrechtlich verwehrt, sich ohne anerkennenswerten Grund eines Vermögenswertes zu begeben, dessen Nutzung ihm geldwerte Vorteile gebracht hat, und der deshalb zu seiner finanziellen Leistungsfähigkeit beigetragen hat.[7] Zwar sind nicht nur unverschuldete (etwa wegen Krankheit),[8] sondern auch **selbst verschuldete Beschränkungen** der **Leistungsfähigkeit** grundsätzlich **beachtlich**, wenn nicht im Einzelfall schwerwiegende Gründe vorliegen, die nach Treu und Glauben die Berufung auf eine eingeschränkte Leistungsfähigkeit verwehren.[9] Ein **Verstoß** gegen **Treu und Glauben** kommt im Allgemeinen jedoch bereits dann in Betracht, wenn der Unterhaltsschuldner verantwortungslos, zumindest **unterhaltsbezogen leichtfertig** (**vorwerfbar**) gehandelt hat, insb. wenn er keine objektiv erzielbaren und subjektiv zumutbaren Einkünfte erzielt[10], insb. eine ihm mögliche und zumutbare Erwerbstätigkeit unterlässt, obwohl er diese »bei gutem Willen« ausüben könnte.[11] **Schuldhaftes Handeln** ist bereits dann **unterhaltsbezogen vorwerfbar**, wenn die ihm zugrunde liegenden Motive sich zumindest auch auf die Verminderung der unterhaltsbezogenen Leistungsfähigkeit erstreckt haben.[12]

5 Leistungsfähigkeit muss – auch wie die Bedürftigkeit – in **zeitlicher Kongruenz** zum Unterhaltsanspruch bestehen. Maßgebend für die Feststellung der Leistungsfähigkeit ist daher stets der **Zeitpunkt**, in dem die **Unterhaltspflicht entsteht** (**Grundsatz der Gleichzeitigkeit** bzw. der **zeitlichen Kongruenz**). Später erhöhte Leistungsfähigkeit wirkt sich auf abgeschlossene Zeiträume der Vergangenheit nicht aus. Bessern sich die wirtschaftlichen Verhältnisse des Unterhaltsschuldners später, wird er also wieder **leistungsfähig**, wirkt dies für die Zukunft, aber nicht in die Vergangenheit zurück.

B. Normzweck

6 § 1603 schützt den Unterhaltsschuldner: Die Norm begrenzt seine Unterhaltspflicht. Ist der Unterhaltspflichtige nach seinen Erwerbs- und Vermögensverhältnissen unter Berücksichtigung

---

5   BVerfG, Beschlüsse v. 18.06.2012, Az.: 1 BvR 774/10, 1 BvR 1530/11, 1 BvR 2867/11; BVerfGE 57, 361, 378, 381, 388; BVerfG FamRZ 2003, 661 = FuR 2003, 533 zur Einschränkung der in Art. 2 Abs. 1 GG geschützten Handlungsfreiheit durch Auferlegung von Unterhaltsleistungen und zur Verletzung dieses Grundrechts durch Überschreitung der Grenze des Zumutbaren eines Unterhaltsanspruchs; 2008, 1403; 2010, 183; hierzu auch Christl FamRZ 2003, 1235; zur verfassungsrechtlichen Garantie des Selbstbehalts ausführlich Kommentierung zu § 1581.

6   OLG Bamberg FamRZ 1987, 1031.

7   BGH FamRZ 2005, 967.

8   S. etwa OLG Schleswig FamRZ 2003, 685 – Aufgabe der bisherigen Erwerbstätigkeit allein aus gesundheitlichen Gründen (Krebserkrankung und deren Folgen).

9   BGH FamRZ 2003, 1471 mit Anm. Luthin.

10 BVerfG, Beschlüsse v. 18.06.2012 1 BvR 774/10, 1 BvR 1530/11, 1 BvR 2867/11; Beschl. v. 15.02.2010 1 BvR 2236/09; BGH FamRZ 1985, 158 ff. mit Anm. Luthin; OLG Bamberg FamRZ 1987, 699 – verneint bei Verlust der Fahrererlaubnis wegen Trunkenheit und darauffolgender Kündigung des Arbeitsplatzes: Es lag zwar Leichtfertigkeit vor, jedoch kein unterhaltsrechtlicher Bezug zu der Straftat.

11 BVerfG, Beschlüsse v. 18.06.2012 1 BvR 774/10, 1 BvR 1530/11, 1 BvR 2867/11; Beschl. v. 15.02.2010 1 BvR 2236/09; Beschl. v. 14.11.1984 1 BvR 14/82.

12 S. BVerfG FuR 2004, 402 = FamRZ 2004, 1949 – Verfassungswidrigkeit fiktiv angenommener Leistungsfähigkeit durch Eingriff in den beruflichen Bereich (Zurechnung der halben Pfarrstelle) des Ehegatten.

seiner sonstigen Verpflichtungen außerstande, ohne **Gefährdung** des **eigenen angemessenen Unterhalts** Unterhalt zu gewähren, so braucht er nur insoweit Unterhalt zu leisten, als seine **eigene Existenz** gesichert ist.[13] Insbesondere darf der Unterhaltschuldner durch die Zahlung von Unterhalt nicht in soziale Not (Sozialhilfebedürftigkeit) getrieben werden. Sein Selbstbehalt kann daher maximal auf sein **eigenes Existenzminimum** zurückgeführt werden.

Jede Unterhaltspflicht ist demnach materiell-rechtlich durch **absolute Leistungsunfähigkeit** des in Anspruch Genommenen begrenzt. Das Tatbestandsmerkmal »außerstande« grenzt zwischen demjenigen Betrag des unterhaltsrelevant verfügbaren Einkommens des Unterhaltsschuldners, den er zur Deckung seines eigenen Bedarfs benötigt und den er deshalb behalten darf (der damit als unterhaltsrechtlich nicht mehr verfügbares Einkommen bei der Berechnung von Unterhalt seine Leistungsfähigkeit mindert), und den für Unterhaltszwecke verfügbaren Einkommensteilen ab.[14]

C. Einsatzpflichten

I. Einsatz eigener Einkünfte

Das **unterhaltsrechtlich relevante Einkommen** des Unterhaltsschuldners ist nach den **allgemeinen Grundsätzen** zu ermitteln, wie sie auch für den Ehegattenunterhalt gelten. **Fiktives Einkommen** ist nicht anzusetzen, wenn und soweit die Aufnahme einer Erwerbstätigkeit nicht zuzumuten ist.[15] Eine über die Vollzeiterwerbstätigkeit hinausgehende Obliegenheit des Unterhaltspflichtigen zur Einkommenserzielung kann nur angenommen werden, wenn und soweit ihm die Aufnahme einer weiteren Erwerbstätigkeit im Einzelfall zumutbar ist und ihn nicht unverhältnismäßig belastet.[16] Dabei kommt es darauf an, ob dem Unterhaltspflichtigen die zeitliche und physische Belastung durch die zusätzliche Arbeit abverlangt werden kann, wobei auch die Bestimmungen des ArbZG berücksichtigt werden müssen.[17] Ob **Überstunden** anzusetzen sind, ist im jeweiligen Einzelfall zu entscheiden. Je zumutbarer Überstunden in geringem Umfang geleistet werden können, und je mehr Not offensichtlich zutage tritt, um so eher sind Überstunden anzurechnen.[18] Berufstypische Überstunden sind in einem angemessenen Umfang zu berücksichtigen. Das ansatzfähige Bruttoeinkommen des Unterhaltsschuldners ist – wie üblich – um Steuern und Vorsorgeaufwendungen zu bereinigen, ferner um berufsbedingte Aufwendungen und Verbindlichkeiten (insb. Schulden und Unterhaltslasten). Folgende Besonderheiten sind zu beachten:

1. Wohnwert

Grundsätzlich erhöht sich die Leistungsfähigkeit eines gegenüber Ehegatten und Kindern unterhaltspflichtigen Schuldners auch um den **Vorteil des Wohnens in einer eigenen Immobilie**, weil dadurch Fremdmiete erspart wird, allerdings bereinigt um den damit verbundenen berücksichtigungsfähigen Schuldendienst, notwendige Instandhaltungskosten und die verbrauchsabhängigen Kosten, mit denen ein Mieter üblicherweise nicht belastet wird[19], so dass nur die **Differenz** zwi-

---

13 BVerfG FamRZ 2002, 1685 = FuR 2002, 175.
14 BGH FamRZ 1986, 153.
15 S. aber OLG Köln FamRZ 2001, 437.
16 BVerfG, Beschlüsse v. 18.06.2012, Az.: 1 BvR 774/10, 1 BvR 1530/11, 1 BvR 2867/11; Beschluss v. 14.11.1984, 1 BvR 14/82; Beschluss v. 05.03.2003, 1 BvR 752/02; BVerfGE 68, 256.
17 BVerfG, Beschlüsse v. 18.06.2012, Az.: 1 BvR 774/10, 1 BvR 1530/11, 1 BvR 2867/11; Beschluss v. 05.03.2003, 1 BvR 752/02.
18 S. auch BGH FamRZ 2004, 186 mit Anm. Ehinger FPR 2004, 148 – die Zahl der Überstunden war so gering, dass eine Anrechnung im Rahmen des Elternunterhalts nahe lag; zur Gleichbehandlung der Überstundenvergütung im Rahmen des Elternunterhalts mit den Fällen im Bereich des Ehegattenunterhalts krit. Schürmann FamRZ 2004, 189, 190.
19 So die meisten Unterhaltsrechtlichen Leitlinien.

schen **Gebrauchswert** einerseits und **Aufwand** andererseits den Einkünften des Unterhaltsschuldners zuzurechnen ist.[20] Von dem Vorteil mietfreien Wohnens sind demzufolge grundsätzlich die mit dem Eigentumserwerb verbundenen Kosten abzusetzen, weil der Eigentümer nur in Höhe der Differenz günstiger lebt als ein Mieter.[21] Vom Eigentümer zu tragende verbrauchsunabhängige Kosten können grundsätzlich nur dann von seinem Wohnvorteil abgezogen werden, wenn es sich um nicht umlagefähige Kosten i.S.v. § 556 Abs. 1, §§ 1, 2 BetrKV handelt.[22] Der Gebrauchsvorteil selbst bemisst sich grundsätzlich nach den tatsächlichen Verhältnissen, und zwar in der Regel nach dem objektiven Mietwert der eigenen Immobilie, der auf dem Markt erzielt werden könnte.[23]

9   In Abweichung zu diesen Grundsätzen hat der BGH im Rahmen des **Elternunterhalts** den Wert des mietfreien Wohnens nicht nach der bei einer Fremdvermietung erzielbaren objektiven Marktmiete (»**objektiver**« Mietwert), sondern auf der Grundlage der nach den individuellen Verhältnissen des Unterhaltsschuldners ersparten Mietaufwendungen (»**angemessener**« Mietwert), also nach einer im Verhältnis zum verfügbaren Einkommen angemessenen Höhe, bestimmt,[24] weil in der Regel vom Unterhaltsschuldner nicht verlangt werden kann, dass er den objektiven Mehrwert des Familienheims durch Veräußerung oder Vermietung realisiert, nachdem das Gesetz den Unterhaltsanspruch der Eltern vergleichsweise schwach ausgestaltet hat.[25] Auf eine solche Schmälerung des eigenen angemessenen Bedarfs liefe es allerdings hinaus, wenn bei der Bemessung der Leistungsfähigkeit des Unterhaltsschuldner im Rahmen des Elternunterhalts Mittel berücksichtigt würden, die ihm tatsächlich nicht zur Verfügung stehen, und die er – wie es bei der Differenz zwischen den für sich und seiner Familie angemessenen Wohnkosten und dem objektiven Mietwert seines Eigenheims der Fall ist – nur durch eine Verwertung der Immobilie erzielen könnte.[26] Zu einer solchen Verwertung wäre der Unterhaltsschuldner aber etwa dann gezwungen, wenn er durch Eigenleistungen kostengünstig ein Eigenheim erstellt hat, das einen höheren objektiven Mietwert hat, als es seinen tatsächlichen Einkommensverhältnissen und den danach für Wohnkosten einzusetzenden angemessenen Betrag entspricht, d.h. also einem Wert, dem er sich entsprechend seiner Einkommensverhältnisse eigentlich nicht leisten kann. Gegenüber dem Elternteil obliegt ihm dann eine Verwertung der eigenbewohnten Immobilie nicht, weil er nicht verpflichtet ist, eine spürbare und dauerhafte Senkung seiner Lebensstellung hinzunehmen, zu der auch das Wohnen im Eigentum gehört.

10   Der Wohnvorteil ist nicht nur um die **Zinsen** zu bereinigen, sondern auch um den in den Annuitäten enthaltenen **Tilgungsanteil**, sofern sich Schulden und Annuitäten in einem angemessenen Verhältnis zum Einkommen halten und zu einer Zeit eingegangen worden sind, als der Unterhaltsschuldner noch nicht mit der Inanspruchnahme auf Elternunterhalt rechnen musste.[27] Abzugsfähig sind auch Prämienzahlungen auf die zur Tilgung abgeschlossenen Lebensversicherungen.[28] Vermögensbildung dieser Art ist vorab vom Einkommen abzuziehen, muss also nicht aus dem erhöhten Selbstbehalt getragen werden. Die mit der Tilgung verbundene Vermögensbildung darf nicht unverhältnismäßig sein.

---

20 BGH FamRZ 1995, 869.
21 Zu allem ausführlich BGH FamRZ 2008, 963 = FuR 2008, 283.
22 BGH FamRZ 2009, 1300 = FuR 2009, 567 – Aufgabe der Rechtsprechung seit BGH FamRZ 2000, 351 = FuR 2000, 252.
23 BGH FamRZ 1995, 869; FamRZ 2000, 950 = FuR 2000, 469.
24 BGHZ 154, 247 = BGH FamRZ 2003, 1179 = FuR 2003, 456; so bereits OLG Oldenburg FamRZ 2000, 1174, 1175.
25 Vgl. bereits BGHZ 152, 217 = BGH FamRZ 2002, 1698, 1701 = FuR 2003, 26.
26 BGHZ 154, 247 = BGH FamRZ 2003, 1179 = FuR 2003, 456.
27 BGHZ 154, 247 = BGH FamRZ 2003, 1179 = FuR 2003, 456; s. auch Ehinger FPR 2003, 623, 630.
28 BGH FamRZ 2003, 445, 446 = FuR 2003, 269.

2. Abzug von Steuern

Steuerliche Erleichterungen sind in Anspruch zu nehmen.[29] Hat der seinem Elternteil unterhalts- **11** pflichtige Ehegatte im Innenverhältnis zu seinem Ehegatten eine ungünstigere Steuerklasse (V) gewählt, so ist die von dem Erwerbseinkommen tatsächlich einbehaltene Lohnsteuer durch einen Abschlag zu korrigieren, durch den die mit der Einstufung in diese Steuerklasse verbundene Verschiebung der Steuerbelastung auf den unterhaltpflichtigen Ehegatten möglichst behoben wird. Dabei kann sich das Gericht bei seiner tatrichterlichen Schätzung an den Abzügen der Lohnsteuerklasse I, die der Steuerklasse IV entspricht, soweit keine Kinderfreibeträge zu berücksichtigen sind, orientieren.[30]

3. Abzug von Vorsorgeaufwand

Zunächst sind die Beiträge zur **Kranken-** und **Pflegeversicherung**, sodann die Aufwendungen für **12** eine **angemessene Altersversorgung** zu berücksichtigen.

a) Sog. »primäre« Altersvorsorge

Ist der Unterhaltsschuldner sozialversicherungspflichtig, ergeben sich die Aufwendungen zwanglos **13** auf Grund der entsprechenden gesetzlichen Abzüge. Ist der Unterhaltsschuldner nicht sozialversicherungspflichtig, etwa weil er selbständig ist oder ein Gewerbe betreibt, oder weil sein Arbeitnehmergehalt über den jeweiligen Beitragsbemessungsgrenzen der Sozialversicherung liegt, dann kann er – bezogen auf die Altersvorsorge in Anlehnung an die Beitragssätze der gesetzlichen Rentenversicherung – grundsätzlich einen Anteil von rund 20 % seines Bruttoeinkommens (»Orientierungsmaßstab«[31]) für seine primäre Altersversorgung einsetzen; dabei steht ihm die Art und Weise der Altersvorsorge frei. Er kann diese Einkommensteile sowohl im Finanzdienstleistungsbereich ansparen als auch in eine Lebensversicherung einzahlen, als auch Vermögensbildung durch den Erwerb von Immobilien betreiben, um seinen Wohnbedarf im Alter zu decken oder aber durch Mieteinnahmen seinen späteren Lebensunterhalt zu sichern.[32]

b) Sog. »sekundäre« (zusätzliche) Altersvorsorge

Verfügt der Unterhaltsschuldner bereits über eine primäre gesetzliche Altersversorgung, dann darf **14** er grundsätzlich daneben eine zusätzliche Altersvorsorge betreiben, nachdem die primäre Versorgung nach der allgemeinen Entwicklung der Gehälter und Versorgungen künftig nicht mehr ausreichen dürfte. Dem Unterhaltsschuldner sind daher insoweit geeignete Vorkehrungen zuzubilligen, damit er nicht seinerseits später seine eigenen Kinder auf Unterhalt in Anspruch nehmen muss.[33] Dabei kommt es nicht darauf an, ob bereits vor Inanspruchnahme auf Unterhalt Beiträge für eine solche sekundäre Altersvorsorge gezahlt wurden.[34]

Welche Beträge für eine zusätzliche Vorsorge **angemessen** sind, richtet sich nach den wirtschaftli- **15** chen Verhältnissen im Einzelfall. Als **Untergrenze** wird zumindest ein Betrag in Höhe des steuerlich zulässigen Sonderausgabenabzugs (§ 10a Abs. 1 EStG, sog. Riester-Rente) anzusehen sein. Ob das in einem selbstgenutzten Hausgrundstück gebundene Vermögen als eine ausreichende ergän-

---

29 Etwa durch Geltendmachung außergewöhnlicher Belastungen i.S.v. § 33 EStG, s. etwa BFH FamRZ 2000, 1014 – schlaganfallbedingte Unterbringung der Eltern in einem Heim.
30 BGH FamRZ 1980, 984, 985.
31 Brudermüller NJW 2004, 635.
32 Zu allem s. BGH FamRZ 2003, 860, 862 f. = FuR 2003, 275; 2004, 792 ff.
33 BGHZ 154, 247 = BGH FamRZ 2003, 1179 = FuR 2003, 456; s. hierzu auch Art. 6 des AltersvermögensG vom 26. 6. 2001 (BGBl l I 1310, 1335).
34 BGH FamRZ 2009, 1207 = FuR 2009, 530 zur sekundären Altersvorsorge im Rahmen des Ehegattenunterhalts (mit einem Betrag bis zu 4 % des Jahresbruttoeinkommens).

zende Vorsorge zu betrachten ist,[35] kann zweifelhaft sein, zumal wenn dies zugleich die Vorsorge des nicht haftenden Schwiegerkindes berührt. In seiner Entscheidung vom 14.01.2004 hat der BGH[36] eine zusätzliche Altersvorsorge in Höhe von weiteren ca. 5% des Jahresbruttoeinkommens des Unterhaltsschuldners für angemessen erachtet. Kann der Unterhaltspflichtige allerdings den Mindestunterhalt (§ 1612a Abs. 1) nicht erfüllen, scheidet der Ansatz ergänzender Altersvorsorge aus.[37]

16 Diese vom BGH für die Altersvorsorge entwickelten Grundsätze gelten nicht unbesehen auch für Aufwendungen zur Absicherung für den Fall der Arbeitslosigkeit. Grundsätzlich ist dem **Freiberufler/Gewerbetreibenden** eine Absicherung für das Scheitern seiner Existenz durch geschäftlichen Risiken (etwa unvorhersehbare Marktentwicklungen, konjunkturelle Risiken bis hin zur Insolvenz von Kunden oder Geschäftspartnern) als angemessene Vorsorge zuzubilligen,[38] sofern nicht die Existenz als gesichert angesehen werden kann. Eine solche Fallgestaltung lag der Entscheidung des BGH[39] vom 14.01.2004 zugrunde. Der Unterhaltsschuldner hatte als nicht mehr sozialversicherungspflichtiger Gesellschafter/Geschäftsführer einer GmbH auf einem Sparkonto Rücklagen in Höhe der früheren Abzüge von 6,5 % für die Arbeitslosenversicherung gebildet. Der BGH sah unter diesen Umständen kein Risiko, dass der Unterhaltsschuldner seine Anstellung durch Kündigung verlieren könnte, weil er selbst maßgeblichen Einfluss auf die Entscheidung der Gesellschaft bezüglich der Fortdauer seiner Anstellung nehmen konnte.

4. Verbindlichkeiten

17 **Verbindlichkeiten** für **allgemeine Lebenshaltungskosten** (z.B. Beiträge für Hausrats-, Haftpflicht-, Unfallversicherung, Vereinsbeiträge usw.) sind üblicherweise bei der Höhe des Selbstbehalts berücksichtigt. Ansonsten sind **Schulden** grundsätzlich zu berücksichtigen, wenn und soweit dies nach Würdigung der Interessen der Beteiligten angemessen ist.

5. Anderweitige Unterhaltslasten

18 **Sonstige Verpflichtungen** i.S.d. § 1603 Abs. 1 sind auch die (vorrangigen) **Unterhaltslasten** des auf **Elternunterhalt** in Anspruch genommenen Kindes gegenüber seinen Kindern und seinem Ehegatten. Der Unterhaltsschuldner schuldet ihnen unverändert und uneingeschränkt (§ 1609) Unterhalt (§§ 1360, 1360a), wenn und soweit sie ihren Unterhaltsbedarf nicht selbst decken können.

a) Vorwegabzug von Kindesunterhalt

19 Beim Ansatz des **Kindesunterhalts** hat der BGH schematisch vereinfachend die **pauschalierenden Sätze** in **Unterhaltstabellen** übernommen.[40] Diese Sätze sind allerdings auf eine angemessene Verteilung des Einkommens innerhalb eines zerbrochenen Familienverbands zugeschnitten. Sie lassen sich daher nicht ohne weiteres auf den Bedarf von Kindern in einer intakten Familie übertragen. Dieser Bedarf von Kindern in intakter Familie, der allerdings niemals geringer als die Tabellensätze sein kann, hängt vielmehr von der tatsächlichen Lebensführung der Eltern ab, so dass insoweit nicht ohne weiteres auf Erfahrungswerte zurückgegriffen werden kann.[41]

---

35 So BGH FamRZ 2004, 370.
36 BGH FamRZ 2004, 792 ff.
37 OLG Saarbrücken FamRZ 2011, 1302.
38 So zutr. auch Brudermüller NJW 2004, 633, 635.
39 *BGH FamRZ 2003*, 860, 863 = FuR 2003, 275.
40 BGH FamRZ 2004, 370.
41 So zutreffend: Brudermüller NJW 2004, 633, 636.

b) Vorwegabzug von Ehegatten-/Elternunterhalt

Da der Ehegatte des Unterhaltsschuldners gegenüber dessen Elternteil nicht unterhaltspflichtig ist, **20** muss er keine Schmälerung seines den individuellen Lebens-, Einkommens- und Vermögensverhältnissen angemessenen Anteils am Familienunterhalt hinnehmen. Sein Unterhaltsanspruch ist daher der Höhe nach nicht von vornherein auf einen Mindestbetrag beschränkt, wie ihn die Düsseldorfer Tabelle bei gemeinsamer Haushaltsführung mit dem Unterhaltsschuldner vorsieht.[42] Der Unterhaltsbedarf des Ehegatten ist vielmehr – auch in Gestalt des Familienunterhalts[43] – entsprechend den zur Bemessung des Unterhaltsbedarfs eines getrennt lebenden oder geschiedenen Ehegatten entwickelten Grundsätzen nach den individuellen Lebens-, Einkommens- und Vermögensverhältnissen, die den ehelichen Lebensstandard bestimmen (vgl. § 1578 Abs. 1), ohne Berücksichtigung eines Erwerbstätigenbonus unter Wahrung des Halbteilungsgrundsatzes zu ermitteln. Einkünfte des Ehegatten aus überobligatorischer Tätigkeit sind nach Billigkeit anzusetzen (Rechtsgedanke des § 1577 Abs. 2).

Allerdings ist bei der Ermittlung der ehelichen Lebensverhältnisse zur Bestimmung des Vorabzugs **21** für den Ehegatten auch zu beachten, dass die ehelichen Lebensverhältnisse bereits durch eine bestehende Unterhaltspflicht und erbrachte Unterhaltsleistungen oder auch durch eine **latente Unterhaltslast** des Ehemannes gegenüber seinen Eltern geprägt waren/sind (»**Hypothekentheorie**«).[44] Brudermüller[45] hat bereits darauf hingewiesen, dass die Frage, wann die ehelichen Lebensverhältnisse hierdurch geprägt sind, im Einzelfall problematisch zu beurteilen sein kann:

> ►»Macht es einen Unterschied, ob zum Zeitpunkt der Eheschließung des später auf Elternunterhalt in Anspruch Genommenen sich die aus einer (potenziellen) Pflegebedürftigkeit der Eltern resultierende Unterhaltslast bereits konkret abgezeichnet hat, oder ob diese lediglich ‚latent' besteht? Wie weit muss sich eine mögliche Inanspruchnahme schon konkretisiert haben, um die ehelichen Lebensverhältnisse geprägt zu haben? Soll die Familie als ‚Schicksalsgemeinschaft', konsequenterweise auch die mit dem Elternunterhalt verbundene Einschränkung der eigenen Lebensführung tragen (so Klinkhammer FamRZ 2003, 866, 867 f.; zust. Ehinger FPR 2003, 623, 626; Schürmann FamRZ 2004, 189, 191), oder soll der Bedarf der Familienangehörigen, unabhängig von solchen Veränderungen, jeweils individuell bestimmt werden?«

In dem vom BGH[46] am 25.06.2003 entschiedenen Fall waren die ehelichen Lebensverhältnisse **22** der Ehegatten bereits durch die sich abzeichnende Heimunterbringung eines Elternteils geprägt, nachdem dieser zum Zeitpunkt der Eheschließung des Unterhaltsschuldners bereits halbseitig gelähmt war und von ihm bis dahin zeitweise gepflegt wurde.

Auch wenn der Bedarf des Ehegatten jeweils individuell zu bestimmen ist, darf die Verteilung der **23** zum Unterhalt zur Verfügung stehenden Mittel jedenfalls nicht zu einem Missverhältnis hinsichtlich des wechselseitigen Bedarfs der Beteiligten führen. Entsprechend den ehelichen Lebensverhältnissen beläuft sich der Familienunterhaltsanspruch des Ehegatten grundsätzlich auf die Hälfte der bereinigten beiderseitigen Einkommen der Ehegatten, soweit diese die ehelichen Lebensverhältnisse geprägt haben und nicht zur Vermögensbildung verwandt worden sind.[47] Allerdings ist die durch die gemeinsame Haushaltsführung mit dem Ehegatten eintretende Ersparnis zu berücksichtigen.[48]

---

42 BGH FamRZ 2003, 860, 865 = FuR 2003, 275; 2004, 186, 187; 2004, 792 ff.
43 BGH FamRZ 1995, 537 = FuR 2001, 225 = FuR 2002, 248.
44 BGH FamRZ 2003, 860, 865 f. = FuR 2003, 275; 2004, 792.
45 NJW 2004, 633, 636.
46 BGH FamRZ 2004, 186.
47 BGH FamRZ 2003, 860, 865 f. = FuR 2003, 275; 2002, 742 = FuR 2002, 248; ebenso bereits OLG Oldenburg FamRZ 2004, 295.
48 BGH FamRZ 2004, 792.

24   Diese Bemessung entzieht auch dem Argument, dass ein Ehegatte gegenüber seinen Schwiegereltern rechtlich nicht zum Unterhalt verpflichtet ist und sich daher in seiner Lebensführung zu Gunsten der Eltern des Unterhaltsschuldners nicht einschränken muss,[49] zumindest dann den Boden, wenn die Last des Elternunterhalts prägend auf den ehelichen Lebensverhältnissen selbst beruht. Ist dies der Fall, dann wird diese Last aus Mitteln getragen, die jedenfalls die **angemessene** Lebensführung des Schwiegerkindes nicht einschränken. Mit entsprechender Last war ja bereits bei Eheschließung zu rechnen.

Der BGH hat in seinen Urteilen vom 17.12.2003[50] und vom 14.01.2004[51] zur Leistungsfähigkeit eines verheirateten Unterhaltsschuldners eine (indirekte) Schwiegerkindhaftung zwar verneint, das Problem aber nicht vertieft.

25   Ausgangspunkt seiner Entscheidungen ist jeweils, dass die Leistungsfähigkeit des unterhaltspflichtigen Kindes davon abhängt, in welchem Umfang sein Einkommen zur Deckung des angemessenen Familienunterhalts benötigt wird. Soweit der BGH ausführt, bei der Bemessung des Familienunterhalts könne – auch im Bereich durchschnittlicher Einkünfte – nicht ohne weiteres vom Verbrauch des gesamten Familieneinkommens ausgegangen werden, vielmehr müssten auch die individuellen Konsum- und Spargewohnheiten der Familie berücksichtigt werden, wobei u.a. beachtet werden müsse, dass die Sparquote in Deutschland ca. 10 % des verfügbaren Einkommens betrifft, verlässt er einerseits die Ebene individueller Bemessung unter Hinweis auf eine insoweit unbrauchbare Statistik (richtig ist vielmehr: »arm, reich und ausblutende Mitte«), relativiert anderseits jedoch seinen – durchaus zutreffenden – Hinweis, dass das individuelle Konsum- und Sparverhalten der Ehegatten im Einzelfall geprüft werden muss.[52] Wenn auch einem Erfahrungssatz zufolge bei gehobenen Einkünften nicht stets angenommen werden kann, dass sie (vollständig) zur Finanzierung der Lebensführung dienen, so ist doch im Einzelfall zu prüfen, ob und gegebenenfalls inwieweit das Einkommen des auf Elternunterhalt in Anspruch genommenen Unterhaltsschuldners, der selbst nur über Einkünfte unterhalb des Selbstbehalts verfügt, zur Deckung des vorrangigen Familienunterhalts benötigt wird.[53]

26   Mit dieser Rechtsprechung greift der BGH zwar nicht (unmittelbar) auf das Erwerbseinkommen des Schwiegerkindes zu (so käme er zu einer mangels Rechtsgrundlage unzulässigen »Schwiegerkindhaftung«), aber mittelbar dadurch, dass der überschießende Teil des Einkommens für Zwecke des Elternunterhalts zur Verfügung gestellt werden muss. Somit haftet im Ergebnis – jedenfalls verdeckt – der angeheiratete Partner (Schwiegertochter/-sohn) für den Unterhalt eines Elternteils seines Ehegatten mit. Solange der angemessene Familienunterhalt des in Anspruch genommenen Ehegatten nicht beeinträchtigt wird, haftet demnach über den Familienunterhalt mittelbar ausschließlich das Schwiegerkind, wenn dieses über das höhere Einkommen verfügt. Ergibt die (den Tatsacheninstanzen übertragene) Prüfung, dass das Einkommen vollständig zur Deckung des eigenen angemessenen Unterhalts dient, bleiben für den Elternunterhalt keine ausreichenden Mittel verfügbar: Der Unterhaltsschuldner muss im Rahmen des Elternunterhalts keine wesentliche Einschränkung seines eigenen einkommenstypischen Lebensstandards hinnehmen.[54]

27   Einer der Kernbereiche künftiger Auseinandersetzungen ist die Frage, in welchem Umfang nicht laufend verbrauchtes Einkommen der Vermögensbildung dient[55] und damit für den laufenden

---

49   S. ausführlich hierzu Heinrichs FamRZ 1992, 590; Menter FamRZ 1997, 923 f. m.w.N.
50   FamRZ 2004, 370.
51   FamRZ 2004, 443.
52   So auch Brudermüller NJW 2004, 633, 636 Fn. 51.
53   Im entschiedenen Fall hatte die Tochter ein Erwerbseinkommen aus halbschichtiger Tätigkeit von monatlich netto ca. 1.130 DM, der Ehemann aus vollschichtiger Berufstätigkeit ca. 5.380 DM; das *gemeinsame Kind besuchte noch die Schule.*
54   BGHZ 152, 217 = BGH FamRZ 2002, 1698, 1701 = FuR 2003, 26.
55   S. etwa BGH FamRZ 1983, 678 – Sparleistungen seien Bestandteil der Lebenshaltungskosten.

Unterhalt verfügbar wird, und damit verbunden die weitere Frage, nach welchen Kriterien Konsumverhalten überhaupt zu beurteilen ist oder sein wird. Einer der entscheidenden Maßstäbe ist der jeweilige **Zweck** der einzelnen **vermögensbildenden Maßnahme**: Wird für einen nur zeitlich verschobenen notwendigen Einkommensverbrauch (»notwendiger Konsum« für absehbar notwendig anfallende größere Kosten, etwa Kur- bzw. Heilmaßnahme oder Hausrat/Pkw) oder für einen später verbesserten Lebensstandard (»nicht notwendiger Konsum«, etwa für die Anschaffung eines neuen luxuriöseren Pkw oder für eine lang ersehnte Weltreise) oder aber für die Altersvermögenssicherung gespart? Allein diese offenen Fragen fördern bereits »Strategien zur Vermeidung der Heranziehung zum Elternunterhalt«:[56] Genügt es, dass der Unterhaltsschuldner darlegt, dass er seine gesamten Einkünfte verbraucht, und sei es in Form eines »phasenverschobenen« Konsums, um sich so der Verpflichtung zur Zahlung von Elternunterhalt zu entledigen?

Der für seine eingeschränkte Leistungsfähigkeit darlegungs- und beweispflichtige Unterhalts-   **28**
schuldner muss dartun, was zum **Lebensunterhalt** der **Familie gewöhnlich verbraucht** wird, und ob und ggf. welche Beträge in die **reine Vermögensbildung** geflossen sind, weil sich dieser Teil des Einkommens – mit Ausnahme solcher Beträge, die der Finanzierung eines Eigenheims oder der zusätzlichen Altersvorsorge dienen – nicht zu Lasten des unterhaltsberechtigten Elternteils auswirkt.[57] Dem auf Elternunterhalt in Anspruch genommenen Kind ist daher in jedem Fall zu raten, die Verwendung seines Einkommens und – späteren Kosum betreffende und bestimmende – Motive der Vermögensbildung umfassend darzulegen.

II. Einsatz von Taschengeld

Einem nicht erwerbstätigen, haushaltsführenden Ehegatten steht gegen seinen Ehegatten ein ange-   **29**
messener Teil von dessen Gesamteinkommen als Taschengeld zu. Dieses ist Bestandteil des Familienunterhalts nach §§ 1360, 1360a und dient der Befriedigung der persönlichen Bedürfnisse unabhängig von der Mitsprache des anderen Ehegatten hinsichtlich des Verwendungszwecks. Der Höhe nach richtet es sich nach den individuellen Einkommens- und Vermögensverhältnissen der Ehegatten und wird üblicherweise mit einer Quote von 5–7 % des verfügbaren Nettoeinkommens bemessen.[58] Taschengeld ist nicht nur für den Unterhalt minderjähriger Kinder einzusetzen, sondern auch für den Volljährigenunterhalt,[59] weil es grundsätzlich unterhaltspflichtiges Einkommen darstellt. Gleiches gilt auch hinsichtlich des Unterhalts für betagte Eltern,[60] wenn und soweit der angemessene Selbstbehalt des Unterhaltsschuldners gewahrt bleibt. Ist dies der Fall, dann ist es nicht angemessen, noch einen Teil des Taschengeldes als sog. Schonvermögen zu werten.

III. Einsatz fremden (berücksichtigungsfähigen) Einkommens beim Elternunterhalt (verdeckte Schwiegerkindhaftung)

Unter dem Schlagwort »verschleierte Schwiegerkindhaftung« ist auch zu prüfen, ob und inwie-   **30**
weit im Rahmen der Leistungsfähigkeit für **Elternunterhalt** das Einkommen des Ehegatten des Unterhaltsschuldners (Schwiegerkind) herangezogen wird.

---

56 So und hierzu ausführlich Hauß FamRB 2003, 337.
57 BGH FamRZ 2004, 370.
58 BGH FamRZ 1998, 608, 609 = FuR 1998, 172.
59 BGH FamRZ 1987, 472, 473.
60 BGH FamRZ 2004, 366 mit Anm. Strohal FamRZ 2004, 441 mit Anm. Born FamRB 2004, 74 und BGHR 2004, 384, Battes LMK 2004, 84 – der BGH hat es gebilligt, dass das Berufungsgericht den hälftigen Einsatz des Taschengeldes einer Ehefrau für Zwecke des Elternunterhalts für angemessen gehalten hat, weil ihr allgemeiner Bedarf aufgrund der sehr guten wirtschaftlichen Verhältnisse ihres Ehemannes gedeckt war.

31 Wird ein geringfügig mitverdienender Ehegatte von seinen Eltern auf Unterhalt in Anspruch genommen, hängt seine Leistungsfähigkeit maßgeblich davon ab, ob und inwieweit sein Mitverdienst zur Bestreitung des vorrangigen angemessenen Familienunterhalts benötigt wird, weil er nur insoweit als leistungsfähig angesehen wird, als sein Einkommen denjenigen Anteil übersteigt, den er rechtlich zum Familienunterhalt beisteuern muss. Die Höhe dieses Anteils richtet sich – zunächst ohne Rücksicht auf seine Haushaltsführung – nach dem Verhältnis der beiderseitigen Einkommen der Ehegatten. Soweit das Einkommen des Ehegatten nicht zur Bestreitung des gemeinsamen angemessenen Familienunterhalts benötigt wird, ist es für ihn selbst und damit auch für Elternunterhalt verfügbar. Voraussetzung ist, dass sein eigener angemessener Selbstbehalt durch den Familienunterhalt gedeckt ist, was insb. dann der Fall ist, wenn der andere Ehegatte ein erheblich höheres Einkommen hat, und sich der seinen Eltern unterhaltspflichtige Ehegatte deshalb nur mit einem geringen Baranteil am Familienunterhalt beteiligen muss.[61] Dieser Baranteil zum Familienunterhalt ist im Übrigen auch dann um so geringer, je mehr der Ehegatte seinen Beitrag zum Familienunterhalt in Form der Haushaltsführung erbringt, denn in diesem Falle trägt er bereits hierdurch in ausreichender Weise zum Familienunterhalt bei und ist zu Mehraufwendungen in Form von Barmitteln nicht verpflichtet.

32 Das gilt allerdings nur, wenn die Doppelbelastung aus Haushaltsführung einerseits und zusätzlicher Erwerbstätigkeit andererseits die vollschichtige Erwerbstätigkeit des anderen Ehegatten erheblich überwiegt. Sind dagegen die Tätigkeiten beider Ehegatten aufgrund ihrer internen Arbeitsteilung in etwa gleichwertig, kann nicht davon ausgegangen werden, dass der haushaltsführende Ehegatte im Vergleich zum anderen weit überobligatorisch arbeite und daher sein Nebenerwerbseinkommen nicht zum Familienunterhalt einsetzen müsse. In diesem Fall wird sich ein freies, für den Elternunterhalt zur Verfügung stehendes Einkommen aus der Nebentätigkeit in der Regel nur dann ergeben, wenn bereits der andere Ehegatte überdurchschnittlich verdient und der angemessene eigene Unterhalt des Ehegatten durch den Familienunterhalt gedeckt ist.[62]

33 Zu einer – unzulässigen – verdeckten Mithaftung des Schwiegerkindes kommt es nicht, da der Familienunterhalt nicht generell mit den Mindest-Selbstbehaltssätzen der Ehegatten angesetzt werden kann, sondern sich nach den individuellen Lebens-, Einkommens- und Vermögensverhältnissen und der sozialen Lebensstellung der Ehegatten richtet. Ist danach der Familienunterhalt einerseits höher als die Mindest-Selbstbehaltssätze der Tabellen, andererseits niedriger als das beiderseitige unterhaltsrelevante Einkommen, steht dem Unterhaltsschuldner, der zum Familienunterhalt nur so viel beitragen muss, wie es dem Verhältnis der beiderseitigen Einkünfte entspricht, ein restlicher Teil seines Einkommens für den Elternunterhalt zur Verfügung. Ob sein eigenes Einkommen seinen Mindestselbstbehalt deckt, ist ohne Belang, weil ja der eigene angemessene Unterhalt durch den Familienunterhalt abgesichert ist.[63]

IV. Einsatz des Vermögens

34 Die **Leistungsfähigkeit** eines Unterhaltsschuldners wird auch durch Erträge und sonstige wirtschaftliche Nutzungen, die er aus seinem **Vermögen** zieht (etwa »angemessener« Wohnwert durch individuell ersparte Mietaufwendungen), bestimmt. Soweit der Unterhaltsbedarf eines Unterhaltsberechtigten nicht aus den gesamten laufenden Einkünften des Unterhaltsschuldners gedeckt werden kann, weil ansonsten sein angemessener Eigenbedarf tangiert würde, ist er grundsätzlich auch verpflichtet, neben den Erträgen seines **Vermögens** auch den **Vermögensstamm** selbst für Unter-

---

61 BGH FamRZ 2004, 366 mit Anm. Strohal FamRZ 2004, 441 mit Anm. Born FamRB 2004, 74 und BGHR 2004, 384, Battes LMK 2004, 84.
62 BGH FamRZ 2004, 795 mit Anm. Strohal; vgl. auch BGH FamRZ 2004, 366.
63 BGH FamRZ 2004, 443.

haltszwecke einzusetzen. Für den Kindesunterhalt und den Elternunterhalt gelten dabei die gleichen Grundsätze.[64]

Das Gesetz regelt nicht, bis zu welcher **Grenze** der **Einsatz** des **Vermögensstammes** verlangt wer- 35
den kann. Anders als beim Ehegattenunterhalt (s. § 1581 Satz 2) fehlt beim Verwandtenunterhalt
insoweit eine gesetzliche Billigkeitsschranke.[65] Aus dem dem gesamten Rechtssystem immanenten
Gedanken von Treu und Glauben folgt jedoch, dass auch die Pflicht zum Einsatz des Vermögensstammes nach Zumutbarkeitsgesichtspunkten eingeschränkt werden muss. Maßstab ist § 1603
Abs. 1: Danach ist nicht unterhaltspflichtig, wer bei Berücksichtigung seiner sonstigen Verpflichtungen außerstande ist, ohne Gefährdung seines angemessenen Unterhalts den Unterhalt zu
gewährleisten. Außerstande zur Unterhaltsgewährung ist jedoch nicht, wer über verwertbares Vermögen verfügt.[66]

Einschränkungen der Obliegenheit zum Einsatz auch des Vermögensstammes ergeben sich allein 36
daraus, dass nach dem Gesetz auch die sonstigen Verpflichtungen des Unterhaltsschuldners zu
berücksichtigen sind, und er seinen eigenen angemessenen Unterhalt nicht zu gefährden braucht.
Daraus folgt, dass eine Verwertung des Vermögensstammes nicht verlangt werden kann, wenn sie
den Unterhaltsschuldner von fortlaufenden Einkünften abschneiden würde, die er zur Erfüllung
weiterer Unterhaltsansprüche oder anderer berücksichtigungswürdiger Verbindlichkeiten[67] oder
zur Bestreitung seines eigenen Unterhalts benötigt.[68] Im übrigen muss der Unterhaltsschuldner
den Stamm seines Vermögens nicht verwerten, wenn dies für ihn mit einem wirtschaftlich nicht
mehr vertretbaren Nachteil (etwa Verkauf von Immobilien oder Wertpapieren zu Baisse-Zeiten)
verbunden wäre.[69] Für die wirtschaftliche Bewertung ist insoweit auf die Wertverhältnisse zu
Beginn des Unterhaltszeitraums abzustellen.[70]

Diese für Fallgestaltungen aus dem Bereich des Kindesunterhalts entwickelten Grundsätze müssen 37
auch dann herangezogen werden, wenn ein **Anspruch** auf **Zahlung** von **Elternunterhalt** zu beurteilen ist, denn in dem rechtlich schwächer ausgestalteten Unterhaltsrechtsverhältnis zwischen
unterhaltsberechtigten Eltern und ihren unterhaltspflichtigen Kindern können keine strengeren
Maßstäbe gelten; vielmehr ist insoweit eine **großzügigere Beurteilung** geboten.[71] Daher kann
regelmäßig die Verwertung eines angemessenen selbstgenutzten Immobilienbesitzes (Familienheim) nicht verlangt werden.[72] Ansonsten gelten die **allgemeinen Kriterien** für die **Zumutbarkeitsprüfung**, etwa Höhe der laufenden Einkünfte, Umfang der bisherigen Altersvorsorge, Immobilienbesitz mit absehbarem Reparaturaufwand, Aufwand für (Neu-) Anschaffungen, Kosten für
die Inanspruchnahme fremder Hilfe, Höhe und voraussichtliche Dauer der Unterhaltspflicht
gegenüber den Eltern u.a. Letztlich sind Grund und Umfang der Pflicht zur Verwertung des Vermögensstammes im Rahmen einer wertenden Gesamtbetrachtung entsprechend den individuellen

---

64 Vgl. BGHZ 75, 272, 278; 152, 217 = BGH FamRZ 2002, 1698 = FuR 2003, 26; BGH FamRZ 1986,
48, 50.
65 Vgl. BGH FamRZ 1986, 48, 50; OLG München FuR 2000, 350; OLG Koblenz FuR 2000, 132;
FamRZ 2002, 1212; OLG Hamm FamRZ 2002, 1212 (Ls); OLG Köln FuR 2003, 139 = FamRZ 2003,
470; OLG Karlsruhe FamRZ 2004, 292; s. auch Duderstadt FamRZ 1998, 273, 275 m.w.N.; Günther
NDV 2003, 85.
66 BGHZ 75, 272, 278; BGH FamRZ 1986, 58, 50.
67 BGHZ 152, 217 = BGH FamRZ 2002, 1698, 1701 = FuR 2003, 26; 2004, 1184 = FuR 2004, 510; zu
Fragen des Vermögenseinsatzes eingehend Ehinger FPR 2003, 623, 629 f.
68 OLG Hamm FamRZ 2006, 885 = FuR 2006, 135.
69 S. näher Schibel NJW 1998, 3449, 3452.
70 OLG Köln FamRZ 2003, 471 – kein erzielbarer Überschuss bei Verwertung einer Immobilie; OLG
Nürnberg FamFR 2011, 55 – zum Vermögenseinsatz beim Kindesunterhalt.
71 Vgl. hierzu Büttner NDV 1999, 292; Festschrift für Henrich S. 51, 56.
72 BGHZ 154, 247 = BGH FamRZ 2003, 1179 = FuR 2003, 456; BGH FamRZ 2001, 21, 23 = FuR
2001, 85.

wirtschaftlichen Umständen des Einzelfalles unter Zumutbarkeitsgesichtspunkten zu beurteilen.[73] Der Rückkaufswert einer angemessenen Lebensversicherung ist nicht einzusetzen.[74]

38 Der BGH hatte bislang nicht zu entscheiden, bis zu welcher Grenze Vermögen nicht einzusetzen ist, weil es sog. **Schonvermögen** (§ 90 Abs. 2 und 3 SGB XII) darstellt.[75] Jedenfalls hat er in einem Fall, in dem nur ein einmaliger Betrag zu zahlen war und keine weitere Inanspruchnahme anstand, keine Bedenken geäußert, dass ein verwertbares Vermögen von rund 300.000 DM neben dem Eigentum an einer Immobilie in Anspruch genommen werden muss.[76]

39 Entsprechend ist im Rahmen des Elternunterhalts auch eine **Obliegenheit** zur **Vermögensumschichtung** zur Stärkung der Leistungsfähigkeit **deutlich zurückhaltender** zu beurteilen als im Rahmen des Kindes- bzw. des Ehegattenunterhalts. Wird allerdings aus Vermögensteilen kein oder ein nur ein verhältnismäßig geringer Ertrag erwirtschaftet, und ist der Unterhaltsschuldner in seiner Existenz von diesem Vermögensteil unabhängig, kann eine Umschichtung dieses Vermögensteils durchaus zuzumuten sein.[77] Hat ein zur Zahlung von Elternunterhalt Verpflichteter seine Lebensstellung darauf eingerichtet, mit angelegtem Vermögen zu einem späteren Zeitpunkt Grundeigentum zu erwerben, das seiner Absicherung im Alter dienen soll, bleiben solche Vermögensdispositionen dem Zugriff des Unterhaltsgläubigers entzogen, sofern der Unterhaltsschuldner keinen unangemessenen Aufwand betreibt oder ein Leben in Luxus führt.[78] Ist der Unterhaltsschuldner die aus der Errichtung eines Eigenheims resultierenden Verbindlichkeiten im laufenden Rechtsstreit und damit zu einem Zeitpunkt eingegangen, in dem er mit seiner Inanspruchnahme auf Elternunterhalt rechnen musste, können Tilgungsleistungen nur eingeschränkt unter dem Gesichtspunkt der zusätzlichen Altersvorsorge im Umfang von 5 % seines Bruttoeinkommens berücksichtigt werden.[79]

D. Begrenzung der Leistungspflichten durch den Eigenbedarf (Selbstbehalt)

40 Jede Unterhaltpflicht ist materiell-rechtlich durch **absolute Leistungsunfähigkeit** des in Anspruch Genommenen begrenzt. Der Tatbestandsmerkmal »außerstande« grenzt zwischen demjenigen Betrag des unterhaltsrelevant verfügbaren Einkommens des Unterhaltsschuldners, den er zur Deckung seines eigenen Bedarfs benötigt, und den er deshalb behalten darf (der damit als unterhaltsrechtlich nicht mehr verfügbares Einkommen bei der Berechnung von Unterhalt seine Leistungsfähigkeit mindert), und den für Unterhaltszwecke verfügbaren Einkommensteilen ab.

Aufgrund des »Gegenseitigkeitsprinzips« gelten zwar grundsätzlich für den angemessenen Unterhaltsbedarf des Unterhaltsschuldners die gleichen Grundsätze wie für den Unterhaltsgläubiger, bereits de lege lata jedoch unterschiedlich je nachdem, wem gegenüber die Unterhaltspflicht zu erfüllen ist, ob also gegenüber Kindern oder Ehegatten oder aber gegenüber Eltern.[80] Schuldet der

---

73 So zutr. OLG Karlsruhe FamRZ 2004, 292.
74 Zutr. Zieroth FamRZ 1996, 753; krit. jedoch Meyer FamRZ 1997, 225.
75 S. zu Schonvermögen etwa OLG Köln FamRZ 2003, 470 = FuR 2003, 139 – rund 58.000 DM; OLG Koblenz FamRZ 2000, 1176 – rund 76.700 €.
76 BGHZ 152, 217 = BGH FamRZ 2002, 1698, 1701 = FuR 2003, 26 – Einmalzahlung: 22.400 DM.
77 S. etwa OLG Karlsruhe FamRZ 2004, 292 – Veräußerung von in ein finanzielles Gesamtkonzept eingebundenem landwirtschaftlichem Grundbesitz eines Arztes, der bereits bei einer Verzinsung von nur 4 % den doppelten Gewinn erzielen könnte; der Faktor wurde aus der Kapitalisierungstabelle des Bewertungsgesetzes (Anlage 9 zu § 14) entnommen (der umgekehrte Vorgang zur Kapitalisierung monatlichen Unterhalts in einen Abfindungsbetrag).
78 OLG Hamm FamRZ 2010, 303.
79 OLG Hamm FamRZ 2010, 303.
80 Hierzu ausführlich Ehinger FPR 2003, 623; Klinkhammer FamRZ 2003, 1182 – auch zur Einkommensermittlung im Rahmen des Elternunterhalts; Strohal FamRZ 2004, 798 – zur Leistungsfähigkeit der Ehefrau mit geringem Einkommen im Rahmen des Elternunterhalts.

Unterhaltsschuldner mehreren Unterhaltsgläubigern Unterhalt (etwa dem geschiedenen Ehegatten und minderjährigen Kindern), dann können die **Selbstbehalte** demnach in **unterschiedlicher Höhe** anzusetzen sein. Der jeweilige Selbstbehalt ist stets in dem **jeweiligen einzelnen** Unterhaltsschuldverhältnis zu bestimmen. Das Unterhaltsrecht unterscheidet daher zwischen verschiedenen Selbstbedarfssätzen. Diese stellen **Untergrenzen** für die Inanspruchnahme des Unterhaltspflichtigen dar, die **im Regelfall** nicht unterschritten werden sollen.[81]

I. Haftungsmaßstäbe im Verwandtenunterhalt

Der **angemessene Unterhalt** eines Unterhaltsschuldners bemisst sich – ebenso wie der Bedarf des   41
Unterhaltsgläubigers – nach seiner **individuell erreichten Lebensstellung**, d.h. nach derjenigen, die seinem Einkommen und Vermögen wie auch seinem beruflichen und sozialen Rang entspricht. Der angemessene Eigenbedarf darf daher **nicht pauschal** mit einer festen Größe und unabhängig vom jeweiligen Einkommen bemessen werden, sondern je nach den Umständen des Einzelfalles variabel, damit eine ungerechtfertigte Nivellierung unterschiedlicher Verhältnisse vermieden wird.

Das Gesetz berücksichtigt dabei im Hinblick auf den Verwandtenunterhalt unterschiedliche Haftungsmaßstäbe:

(1) § 1603 Abs. 1 gewährleistet jedem Unterhaltsschuldner vorrangig die Sicherung seines eigenen angemessenen Unterhalts. Ihm sollen grundsätzlich diejenigen Mittel belassen bleiben, die er zur Deckung eines seiner Lebensstellung entsprechenden allgemeinen Bedarfs benötigt. Dabei darf der angemessene Unterhalt der Eltern, der durch Unterhaltsansprüche volljähriger Kinder nicht gefährdet werden darf (§ 1603 Abs. 1), auch in der untersten Einkommensgruppe nicht mit dem gegenüber minderjährigen unverheirateten Kindern geltenden notwendigen Selbstbehalt (§ 1603 Abs. 2) gleichgesetzt werden.[82]

(2) § 1603 Abs. 2 begrenzt die Leistungspflichten des Unterhaltsschuldners demgegenüber auf diejenigen Mittel, die einer Person auch in **einfachsten Lebensverhältnissen** für den eigenen Unterhalt verbleiben müssen. Solche Mittel sind nicht »verfügbar« i.S.d. dieser Vorschrift. Der auf Unterhalt in Anspruch Genommene ist also als absolut leistungsunfähig anzusehen, wenn und soweit ihm bei **Erfüllung** aller ihm obliegenden Pflichten **keine ausreichenden Mittel** zur Bestreitung des **eigenen notwendigen Lebensbedarfs** (im Sinne einer »Fortexistenz«) verbleiben, und wenn und soweit er infolge der Unterhaltsleistungen selbst (auch in erhöhtem Maße) sozialhilfebedürftig würde.[83] Diese Opfergrenze wird als **notwendiger oder kleiner Selbstbehalt** bezeichnet. Er wird in den in der Praxis verwendeten Unterhaltstabellen und -leitlinien mit einem Betrag angesetzt, der etwas über den Sätzen der Sozialhilfe liegt.[84]

Gegenüber Minderjährigen und ihnen nach § 1603 Abs. 2 Satz 2 gleichgestellten (sog. »privilegierten«) volljährigen Kindern sieht das Gesetz damit in § 1603 Abs. 2 (sofern nicht die sog. Subsidiaritätsklausel des § 1603 Abs. 2 Satz 3 greift) eine **verschärfte Haftung** der **Eltern** vor. Auch wenn die Voraussetzungen des § 1603 Abs. 1 vorliegen – also Gefährdung des eigenen angemessenen Unterhalts – mutet das Gesetz den Eltern zu, alle verfügbaren Mittel zu ihrem und der Kinder Unterhalt gleichmäßig zu verwenden. **Keine verschärfte Haftung** der **Eltern** besteht gegenüber anderen volljährigen Kindern, auch wenn sich diese noch in der Ausbildung befinden und/oder schwerstbehindert sind. Eine verschärfte Haftung gilt erst recht nicht gegenüber sonstigen Unterhaltsgläubigern.

---

81 BGH FamRZ 2004, 370, 373.
82 BGH FamRZ 1989, 272.
83 BGH FamRZ 1984, 1000 m.w.N.; BGHZ 111, 194 = BGH FamRZ 1990, 849; BSG FamRZ 1985, 379.
84 BGH FamRZ 1984, 1000 m.w.N.; s. auch OLG Karlsruhe ZfJ 1999, 353.

42 (3) Das Gesetz hat die Unterhaltsansprüche von **Eltern oder (Ur-) Großeltern rechtlich** vergleichsweise **schwach** ausgestaltet. Nach den in § 1609 und § 1615l normierten Rangfolgeregelungen (Reihenfolge der Unterhaltsgläubiger) gehen den Eltern des Unterhaltsschuldners alle Verwandten der absteigenden Linie – also sowohl minderjährige als auch volljährige Kinder und Enkel –, Ehegatten und geschiedene Ehegatten sowie auch die nach § 1615l unterhaltsberechtigten Eltern nichtehelicher Kinder im Range vor. Ihre angemessenen Unterhaltsansprüche sind vorab zu befriedigen, wenn das Einkommen des Unterhaltsschuldners nicht ausreicht, alle Unterhaltsansprüche zu erfüllen.

Gegenüber den **Aszendenten** muss dem Unterhaltsschuldner grundsätzlich ein **höherer eigener Unterhalt** verbleiben als gegenüber Kindern (oder Ehegatten). Die Bemessung des angemessenen Eigenbedarfs richtet sich nach **Zumutbarkeitsgesichtspunkten.** Einerseits ist das Unterhaltsinteresse der Eltern zu berücksichtigen, andererseits der Umstand, dass sich der Unterhaltsschuldner bei Inanspruchnahme auf Elternunterhalt selbst bereits in einem Lebensabschnitt befindet, in dem er seine Lebensverhältnisse an ein höheres Niveau angepasst hat, eigene Altersvorsorge treffen muss, unter Umständen langfristige Verpflichtungen (etwa für Anschaffung einer Immobilie) eingegangen ist und sich dann unerwartet hohen und ungewiss lange andauernden Pflegekosten der Eltern ausgesetzt sieht.

Der **Nachrang unterhaltsbedürftiger Eltern** ist dadurch gerechtfertigt, dass der auf Unterhalt in Anspruch genommene Unterhaltsschuldner in aller Regel sowohl durch langjährige Erziehung und Ausbildung der eigenen Kinder als auch durch Leistung von Sozialabgaben einen Beitrag zur Erfüllung des Generationenvertrages geleistet hat. Der Staat hat den Nachrang unterhaltsbedürftiger Eltern bereits im Jahre 2003 durch das (nunmehr in das SGB integrierte) Grundsicherungsgesetz abgemildert, indem er alten und bedürftigen Personen eine sog. **Grundsicherung** gewährt, wenn sie sich aus eigenem Einkünften und aus eigenem Vermögen nicht unterhalten können. Bei der Ermittlung ihrer Einkünfte bleiben Unterhaltsansprüche gegen ihre Kinder oder Enkel außer Betracht, soweit deren jährliches Einkommen unter 100.000 € liegt. Insoweit schützt also ein relativ hoher Betrag. Damit werden alte Menschen, die oft aus Furcht vor dem Unterhaltsregress des Sozialhilfeträgers bei ihren Kindern staatliche Hilfen scheuen, unabhängig von der Sozialhilfe gesichert.

II. Bemessung des Selbstbehalts

43 Die **Bemessung des Selbstbehalts** ist Sache des Tatrichters. Das dabei gewonnene Ergebnis muss allein den anzuwendenden Rechtsgrundsätzen Rechnung tragen und im Einzelfall angemessen sein.[85]

Zwar hat die Unterhaltspraxis zwischenzeitlich eine Vielzahl von Unterhaltsrichtlinien, Tabellen und Verteilungsschlüsseln (wie z.B. die Düsseldorfer/Bremer Tabelle und die Unterhaltsrechtlichen Leitlinien der Oberlandesgerichte) entwickelt, denen für die sog. »Tabellenfamilie« (seit 01.01.2010: zwei Erwachsene, ein Kind) zwischenzeitlich die Rechtsqualität von »anerkannten Erfahrungssätzen«[86] zukommt. Diese Hilfsmittel zur Ausfüllung des unbestimmten Rechtsbegriffs »angemessener Unterhalt« sollen eine möglichst gleichmäßige Behandlung gleichartiger Lebenssachverhalte gewährleisten.[87] Der Tatrichter soll sich daher an solche Erfahrungs- und Richtwerte anlehnen, sofern nicht im **Einzelfall besondere Umstände** eine **Abweichung** verlangen. Eine solche abweichende Beurteilung ist insb. dann veranlasst, wenn andere Lebensverhältnisse zu beurteilen sind als diejenigen, auf die die Erfahrungs- und Richtwerte abgestellt sind, oder wenn bestimmte Kosten anders liegen als derjenige Betrag, der in dem herangezogenen Erfahrungswert

---

85 BGH FamRZ 2012, 530 = FuR 2012, 255; FamRZ 1992, 795 = FuR 2001, 85; FamRZ 1986, 151; FamRZ 1983, 678; s. auch Graba FamRZ 2001, 585.
86 BGH FamRZ 1992, 795.
87 BGH FamRZ 1984, 374.

oder Richtsatz hierfür veranschlagt ist.[88] Der tabellarisch ausgedrückte angemessene (Mindest-) Eigenbedarf stellt damit **keine feste Größe** dar, sondern ist nach den Umständen des jeweiligen Einzelfalles veränderlich,[89] weil die Lebensführung regelmäßig den verfügbaren Mitteln angepasst wird. Dabei muss sich der angemessene Eigenbedarf jeweils an der im Einzelfall gegebenen Lebensstellung des Unterhaltsschuldners, die seinem Einkommen und Vermögen, seiner Bildung und seinem sozialen Rang entspricht, ausrichten und darf nicht durchgehend mit einem festen Betrag pauschaliert werden, sondern muss im Einzelfall den Lebensbedarf hiervon abweichend konkret ermitteln, zumal im **unteren** und **mittleren Einkommensbereich** der **vollständige Verbrauch** des **Einkommens** eher die **Regel** als die Ausnahme sein dürfte.[90]

Kann etwa der Unterhaltsschuldner mit den tabellarischen (Mindest-) Selbstbehalten seinen 44 Lebensstandard nicht halten, dann muss er – jedenfalls im Rahmen des **Elternunterhalts** – regelmäßig keine spürbare und dauerhafte Senkung seines »berufs- und einkommensabhängigen Unterhaltsniveaus« hinnehmen, solange er keinen nach den Verhältnissen unangemessenen Aufwand betreibt und ein »Leben im Luxus« führt.[91] Der BGH hat die in den Unterhaltstabellen und Leitlinien enthaltenen Selbstbehaltsätze für den einem **Elternteil** zum Unterhalt Verpflichteten insoweit als Mindestbetrag gewertet, der, um eine Schmälerung des angemessenen Bedarfs des Kindes zu vermeiden, nach den Umständen des Einzelfalls zu erhöhen ist.[92]

Dabei ist ein angemessener Ausgleich zwischen dem Unterhaltsinteresse der Eltern einerseits und dem Interesse des Unterhaltsschuldners an der Wahrung seines angemessenen Selbstbehalts andererseits zu suchen. Regelmäßig ist daher der Mindestselbstbehalt noch weiter zu erhöhen. Dieser angemessene Selbstbehalt im Rahmen des Elternunterhalts[93] ist zwar grundsätzlich auf Grund der konkreten Umstände und unter Berücksichtigung der besonderen Lebensverhältnisse zu ermitteln, nicht aber abstrakt losgelöst vom Einkommen des Unterhaltsschuldners.

Nach welchen Grundsätzen der Selbstbehalt im Rahmen des Elternunterhalts zu erhöhen ist, unterliegt (wiederum) der tatrichterlichen Bewertung, die darauf zu überprüfen ist, ob das Ergebnis den anzuwendenden Rechtsgrundsätzen Rechnung trägt und angemessen ist. Der BGH[94] hat – vor allem aus Gründen der Vorhersehbarkeit und Praktikabilität – eine Pauschalierung entsprechend den vorstehend beschriebenen Grundsätzen dahingehend gebilligt, dass der dem Unterhaltsschuldner zu belassende angemessene Eigenbedarf in der Regel in der Weise bestimmt werden kann, dass der den Mindestselbstbehalt tabellarisch übersteigende Betrag des zu berücksichtigenden Einkommens **nur zur Hälfte** für den Elternunterhalt einzusetzen und das Einkommen im Übrigen dem Unterhaltsschuldner anrechnungsfrei zu belassen ist.[95]

---

88 BGH FamRZ 1982, 365.
89 So bereits BGH FamRZ 1989, 272.
90 Brudermüller NJW 2004, 633, 638; s. auch OLG Koblenz FamRZ 2004, 484 – wird ein unterhaltspflichtiger 80-jähriger Elternteil von seinem erwachsenen und bereits selbständig gewordenen Kind auf Unterhalt in Anspruch genommen, dann ist der ihm zustehende Selbstbehalt zu erhöhen und so zu bemessen wie der tabellarische Selbstbehalt eines volljährigen Kindes gegenüber einem Unterhaltsanspruch seiner Eltern.
91 BGHZ 152, 217 = BGH FamRZ 2002, 1698, 1701 = FuR 2003, 26 mit Anm. Klinkhammer FamRZ 2002, 1702 ff.
92 BGH NJW 2003, 128.
93 Brudermüller NJW 2004, 633, 638.
94 BGHZ 152, 217 = BGH FamRZ 2002, 1698, 1701 = FuR 2003, 26 = FamRZ 2003, 1179 = FuR 2003, 456.
95 Vgl. auch die Empfehlungen des Deutschen Familiengerichtstages (FamRZ 2000, 274 Ziff. I 4a) sowie des Deutschen Vereins für öffentliche und private Fürsorge für die Heranziehung Unterhaltspflichtiger in der Sozialhilfe (FamRZ 2000, 788 Nr. 121); ausführlich Hussmann FPR 2003, 153; Ehinger FPR 2004, 152.

▶ **Beispiel**

Berücksichtigungsfähiges Nettoeinkommen	*2.000 €*
./. Tabellen-Selbstbehalt	*1.600 €*
=	*400 €*
: 2 =	*200 €*
Tabellen-Selbstbehalt	*1.600 €*
+	*200 €*
= angemessener Eigenbedarf	*1.800 €*

Abzugsposten sind bereits vor der Bildung des 50%-Zuschlags zu berücksichtigen. In dem erhöhten Pauschbetrag sind zwar – ebenso wie beim notwendigen Eigenbedarf – die Kosten für Unterkunft und Heizung (**Warmmiete**) enthalten. Allerdings ist der Selbstbehalt dann (nochmals) anzuheben, wenn die in der Tabelle ausgewiesenen Beträge für Warmmiete tatsächlich unterhaltsbezogen nicht vorwerfbar deutlich überschritten sind.

45   Im Rahmen des **Volljährigenunterhalts** ist es nach der Auffassung des BGH nicht zu beanstanden, einem Elternteil gegenüber dem Unterhaltsanspruch seines erwachsenen Kindes, das seine bereits erlangte wirtschaftliche Selbständigkeit wieder verloren hat, einen ebenso erhöhten angemessenen Selbstbehalt zu belassen, wie ihn die unterhaltsrechtlichen Tabellen und Leitlinien für den Elternunterhalt vorsehen.[96]

46   Der **Selbstbehalt von Großeltern** gegenüber einem Unterhaltsanspruch ihrer minderjährigen Enkel ist dem angemessenen Selbstbehalt volljähriger Kinder gegenüber ihren unterhaltsbedürftigen Eltern gleichzusetzen.[97]

47   Entstehen einem barunterhaltspflichtigen Elternteil außergewöhnlich hohe Kosten aus der **Wahrnehmung seiner Umgangsbefugnis**, kann dies selbst zur Herabsetzung des notwendigen Selbstbehalts gegenüber einem **minderjährigen oder privilegiert volljährigen Kind** führen. Der Unterhaltspflichtige kann insoweit nicht auf die entlastende Wirkung des Kindergelds verwiesen werden.[98]

48   Zieht der Unterhaltsschuldner ohne Notwendigkeit aus einer preisgünstigen Unterkunft in eine wesentlich teurere Wohnung, dann kann er im Rahmen der Unterhaltspflicht für vier minderjährige Kinder keine Erhöhung des Selbstbehalts geltend machen.[99]

49   Da die **Staffelungen** innerhalb der verschiedenen Tabellen vor allem die Schärfe der Unterhaltspflicht und den Erwerbsaufwand des Unterhaltsschuldners,[100] aber auch Kriterien auf Seiten des Unterhaltsgläubigers (etwa das Alter bezüglich der Differenzierung zwischen § 1603 Abs. 1 und Abs. 2 oder seine Wohnverhältnisse) berücksichtigen, ist der **Selbstbehalt nicht erwerbstätiger Unterhaltsschuldner** gegenüber minderjährigen Kindern grundsätzlich nicht herabzusetzen, weil dieser Selbstbehalt ohnehin schon knapp bemessen ist, und keine Anhaltspunkte dafür bestehen, dass die Lebenshaltungskosten dieser Personengruppe geringer sind.[101]

50   Auch einem **Umschüler**, der einem Nebenerwerb nachgeht, kann nur der Selbstbehalt eines Nichterwerbstätigen zuzubilligen sein.[102]

---

96 BGH FamRZ 2012, 530 = FuR 2012, 255.
97 OLG Dresden FamRZ 2003, 1211.
98 BGH NJW 2005, 1493; OLG Jena FamRZ 2010 2079; OLG Braunschweig FamRZ 2012, 795.
99 OLG Hamburg FamRZ 2003, 1205 [Ls].
100 Pauschaliert mit 5 % oder konkret; nach OLG Hamm FamRZ 1984, 727 steht die Teilnahme an einer *Umschulungsmaßnahme* des Arbeitsamtes der Erwerbstätigkeit gleich.
101 OLG Celle JAmt 2003, 42.
102 OLG Dresden FamRZ 2003, 1206 = FPR 2003, 481.

III. Übersicht über die verschiedenen Selbstbehalte des Unterhaltspflichtigen

Das Unterhaltsrecht kennt (derzeit) die folgenden **Tabellenselbstbehalte** (DT 2013): 51

1. Notwendiger = kleiner Selbstbehalt (§ 1603 Abs. 2)

Haften Eltern gegenüber ihren minderjährigen und diesen nach § 1603 Abs. 2 Satz 2 gleichgestellten volljährigen und daher privilegierten Kindern, dann gilt der notwendige = kleine Selbstbehalt (§ 1603 Abs. 2) als unterste Grenze der Inanspruchnahme des Unterhaltsschuldners.[103]

Der notwendige Selbstbehalt beträgt derzeit beim erwerbstätigen Unterhaltspflichtigen monatlich 1.000,00 € (inkl. 360,00 € für Unterkunft, umlagefähige Nebenkosten und Heizung) und beim nicht erwerbstätigen Unterhaltspflichtigen monatlich 800,00 €.

2. Angemessener = großer Selbstbehalt (§ 1603 Abs. 1)

Für Unterhaltsansprüche volljähriger Kinder haftet der Unterhaltsschuldner bis zur Grenze des angemessenen = großen Selbstbehalts gem. § 1603 Abs. 1.[104]

Der angemessene Selbstbehalt beträgt derzeit beim erwerbstätigen ebenso wie beim nichterwerbstätigen Unterhaltspflichtigen monatlich 1.200,00 € (inkl. 450,00 € für Unterkunft, umlagefähige Nebenkosten und Heizung)

3. (Ehegatten-) Mindestselbstbehalt gegenüber dem getrennt lebenden oder geschiedenen Ehegatten bzw. der Mutter eines nichtehelichen Kindes (§ 1615l)

Gegenüber getrennt lebenden oder geschiedenen Ehegatten gilt ebenso wie gegenüber der ein gemeinsames nichteheliches Kind betreuenden Mutter unabhängig davon, ob der Pflichtige erwerbstätig ist oder nicht, der (Ehegatten-) Mindestselbstbehalt.

Der (Ehegatten-) Mindestselbstbehalt ist ein in etwa gemittelter Wert zwischen den Selbstbehalten des § 1603 Abs. 1 und des § 1603 Abs. 2[105] und beträgt derzeit monatlich 1.100,00 €. Hierin sind 400,00 € für Unterkunft einschließlich umlagefähiger Nebenkosten und Heizung (Warmmiete) enthalten.

4. Individueller (ehe-) angemessener Selbstbehalt gegenüber getrennt lebenden oder geschiedenen Ehegatten bzw. der Mutter eines nichtehelichen Kindes (§ 1615l)

Aufgrund der neuerlichen Entscheidung des BVerfG[106] zur Berücksichtigung eines neuen Ehegatten/Partners im Rahmen der Bedarfsbestimmung gibt es nunmehr gegenüber getrennt lebenden oder geschiedenen Ehegatten ebenso wie gegenüber der ein gemeinsames nichteheliches Kind betreuenden Mutter unabhängig davon, ob der Pflichtige erwerbstätig ist oder nicht, einen weiteren, den sog. individuellen (ehe-)angemessenen Selbstbehalt. Er ist jeweils individuell nach dem Grundsatz der Halbteilung zu bestimmen.

5. Erweiterter großer Selbstbehalt (»Super-Selbstbehalt«)

Haften Kinder für den Lebensbedarf ihrer Eltern (Elternunterhalt) oder Großeltern für den Lebensbedarf ihrer Enkel (Enkelunterhalt), dann können sie sich auf die Haftungsgrenze des sog. erweiterten großen Selbstbehalts (»Super-Selbstbehalt«) berufen.[107]

---

103 BGH FamRZ 2009, 314 = FuR 2009, 162 m.w.N.
104 BGH FamRZ 2009, 307 = FuR 2009, 97.
105 BGH FamRZ 2006, 683 = FuR 2006, 266, 2010, 111 = FuR 2010, 164, 2010, 802, jeweils zum Ehegattenselbstbehalt; s. auch BGHZ 177, 356 = BGH FamRZ 2008, 1911 = FuR 2008, 542.
106 BVerfG FamRZ 2011, 437.
107 BGHZ 152, 217 = BGH FamRZ 2002, 1698 = FuR 2003, 26; BGH FamRZ 2007, 375 = FuR 2007, 119 [Berufungsgericht: OLG Koblenz OLGR 2005, 22].

Der Super-Selbstbehalt beträgt derzeit monatlich 1.600,00 € zuzüglich 50 % des diesen Betrag übersteigenden Einkommens.[108] Dieser Selbstbehalt gilt auch gegenüber arbeitsunfähigen und volljährigen Kindern, die ihre bereits erlangte Selbständigkeit wieder verloren haben.[109]

IV. Konsumverzicht und Generalunkostenersparnis

1. Konsumverzicht

52 Es unterliegt grundsätzlich der freien Disposition des Unterhaltsschuldners, wie er die ihm zu belassenden, ohnehin knappen Mittel nutzt. Ihm ist es deshalb nicht verwehrt, seine Bedürfnisse, anders als in den Unterhaltstabellen vorgesehen, zu gewichten und sich z.B. mit einer preiswerteren Wohnung zu begnügen, um zusätzliche Mittel für andere Zwecke, etwa für Bekleidung, Urlaubsreisen oder kulturelle Interessen, einsetzen zu können (»**Konsumverzicht**«). Sein Selbstbehalt ist daher nicht deshalb herabzusetzen, wenn er tatsächlich preisgünstiger wohnt, als es der in dem Tabellen-Mindestselbstbehalt eingearbeiteten Warmmiete entspricht.[110] Diese **Autonomie** seiner **Lebensgestaltung** kann dem Unterhaltsschuldner nach der Rechtsprechung des BGH auch gegenüber Unterhaltsansprüchen für ein minderjähriges Kind nicht verwehrt werden.[111]

53 Kann der Unterhaltsschuldner allerdings minderjährigen Kindern, die sich selbst nicht um ihre Existenz kümmern können und dürfen, nicht einmal den Mindestunterhalt leisten, dann kann es in derartigen Konstellationen gesteigerter Unterhaltspflicht ausnahmsweise gerechtfertigt sein, den **Mindestselbstbehalt** gegenüber diesen minderjährigen Kindern herabzusetzen, falls der Unterhaltsschuldner eine deutlich geringere Miete als im Mindestselbstbehalt ausgewiesen zahlt.[112]

2. Generalunkostenersparnis in neuer Partnerschaft

54 Allerdings kann der einem Unterhaltsschuldner zu belassende Selbstbehalt – jedoch höchstens bis auf sein Existenzminimum nach sozialhilferechtlichen Grundsätzen – herabgesetzt werden, wenn er in einer **neuen Lebensgemeinschaft** mit einem neuen Ehegatten/Lebenspartner wohnt, dadurch Kosten für Wohnung oder die allgemeine Lebensführung in einem Doppelhaushalt gegenüber einen Einzelhaushalt infolge gemeinsamer Haushaltsführung spart und sich deswegen auch sozialhilferechtlich auf einen – im Rahmen seiner Bedarfsgemeinschaft – geringeren Bedarf verweisen lassen müsste.[113] Das gilt auch dann, wenn er nicht neu verheiratet ist und deswegen auch keine Ansprüche auf Familienunterhalt oder sonstige Versorgungsleistungen bestehen: Die Herabsetzung des ihm zu belassenden notwendigen Selbstbehalts beruht dann auf der Ersparnis durch die **gemeinsame Haushaltsführung**, die regelmäßig zu einer **Kostenersparnis** und zu **Synergieeffekten** führt, die jeden Lebenspartner **hälftig entlasten** (sog. »**Generalunkostenersparnis**«).

55 Die durch das Zusammenleben und gemeinsame Wirtschaften eintretende **Haushaltsersparnis** liegt regelmäßig bei maximal 20 % des Selbstbehalts (es ist Schätzung nach §§ 286, 287 ZPO ver-

---

108 BGH FamRZ 2010, 1535.
109 BGH FamRZ 2010, 1535; FamRZ 2012, 530; FamRZ 2012, 1553.
110 BGH FamRZ 2004, 186, 189 m.w.N. – zum Elternunterhalt.
111 BGH FamRZ 2006, 1664; OLG Hamm FamRZ 2006, 952; OLG Naumburg OLGR 2007, 585.
112 OLG Dresden FamRZ 1999, 1522; OLG Köln FamFR 2009, 115; s. auch OLG Hamm FamRZ 2007, 1039; OLG Koblenz FamRZ 2009, 891.
113 BGH FamRZ 2004, 24 = FuR 2004, 33; OLG Hamm Streit 2003, 119; FamRZ 2003, 1210 – um 27 %; 2003, 1214 – wenn dem Unterhaltsschuldner nach erneuter Heirat gegen den neuen Ehegatten ein Anspruch auf Wohnungsgewährung zusteht; OLG Nürnberg FamRZ 2004, 300; OLG München FamRZ 2004, 485 – um 25 %.

anlasst).[114] Sie kommt hälftig beiden Partnern zugute, so dass der Selbstbehalt des Unterhaltspflichtigen in Anlehnung an § 20 Abs. 3 SGB II um 10% herabgesetzt werden kann.[115]

Eine Herabsetzung des Selbstbehalts ist jedoch nur dann gerechtfertigt, wenn der Unterhalts-   56
schuldner mit einem **leistungsfähigen neuen Partner** in einer ehelichen oder nichtehelichen
Gemeinschaft lebt.[116] Soweit der Unterhaltsschuldner einen solchen Synergieeffekt durch das
Zusammenleben in neuer Partnerschaft unter Hinweis auf **mangelnde Leistungsfähigkeit** des
neuen Partners bestreitet, obliegt ihm dafür die volle Darlegungs- und Beweislast.[117]

E. Voraussetzungen beschränkter/fehlender Leistungsfähigkeit

Die Leistungsfähigkeit des Unterhaltsschuldners wird einerseits durch sein **tatsächlich vorhande-**   57
nes Einkommen und/oder **Vermögen** bestimmt, andererseits durch seine **Erwerbspflicht**. Er ist
unterhaltsrechtlich dazu verpflichtet, ihm mögliche und zumutbare Einkünfte zu erzielen, insb.
seine Arbeitsfähigkeit so gut wie möglich zur Einkommenserzielung einzusetzen.[118] Kommt er dieser Erwerbsverpflichtung nicht nach, ist **fiktives Einkommen** als sog. **Erwerbsersatzeinkommen**
anzusetzen.[119]

Insgesamt bzw. teilweise leistungsunfähig ist (nur), wer   58

(1) Unterhalt nicht oder nicht genügend gewähren kann, **und**
(2) hierzu auch nicht verpflichtet ist.

Schlagwort: »Wer nichts hat und (rechtlich) auch nichts haben muss«.

Wird einem unterhaltspflichtigen Elternteil im Rahmen der Prüfung der Leistungsfähigkeit gemäß
§ 1603 Abs. 1 und Abs. 2 ein fiktives Einkommen zugerechnet, erfordert dies zunächst die Feststellung, dass subjektive Erwerbsbemühungen nicht in hinreichenden Umfang erfolgt sind. Das
Gericht muss darüber hinaus prüfen, ob der Unterhaltspflichtige bei Erfüllung der subjektiven
Anforderungen objektiv die persönlichen Voraussetzungen zur Erfüllung seiner Erwerbsoblieген-
heit erfüllen kann. Insoweit sind vor allem seine berufliche Qualifikation, Gesundheitszustand
und Alter, Erwerbsbiografie sowie die Arbeitsmarktlage einzubeziehen.[120]

114 BGH FamRZ 2008, 593; OLG Hamm FamRZ 2006, 888; a.A. OLG Hamm FamRZ 2000, 311; s.
    auch OLG Düsseldorf OLGR 2006, 572 – Herabsetzung des Selbstbehalts um 150 €; OLG Dresden
    FamRZ 2007, 1477 – eine dem Einkommensniveau der Gemeinschaft angepasste pauschale Absenkung
    des Selbstbehalts.
115 BGH FamRZ 2010, 1535; BGH FamRZ 2010, 802 – Billigung der Bemessung des Synergieeffekts
    durch gemeinsames Zusammenleben des Unterhaltsschuldners mit seiner neuen Lebensgefährtin auf
    200 € durch das Berufungsgericht sowie hälftige Zurechnung, demzufolge Herabsetzung des Selbstbe-
    halts auf 900 €.
116 BGH FamRZ 1998, 286, 288 = FuR 2002, 248 mit Anm. Büttner FamRZ 2002, 743, und Luthin FF
    2002, 94 = FuR 2008, 203 Tz. 37 m.w.N.; 2010, 802 – gemeinsame Haushaltsführung des Unterhalts-
    schuldners mit seiner neuen Lebensgefährtin; so auch OLG Oldenburg FamRZ 2004, 1669; OLG
    Stuttgart FamRZ 2005, 54; KG FamRZ 2006, 1702; zweifelhaft OLG Nürnberg OLGR 2003, 407;
    OLG Köln OLGR 2004, 330; OLG Frankfurt FamRZ 2005, 2090 = FuR 2005, 459; KG JAmt 2006,
    419.
117 BGH FamRZ 2010, 802.
118 BVerfG, Beschlüsse v. 18.06.2012, Az.: 1 BvR 774/10, 1 BvR 1530/11, 1 BvR 2867/11; Beschluss v.
    15.02.2010, 1 BvR 2236/09; Beschluss v. 14.11.1984, 1 BvR 14/82; OLG Brandenburg EzFamR aktu-
    ell 2003, 299 [Ls].
119 BGH FamRZ 1981, 539; s. auch OLG Dresden OLGR 2003, 376 zum Einwand bereits bestehender
    Leistungsunfähigkeit nach Errichtung einer Jugendamtsurkunde im Wege der Abänderungsklage.
120 BVerG FamRZ 2012, 1283.

I. »Normale« Leistungspflichten (§ 1603 Abs. 1)

59 Auf eingeschränkte (mangelnde) Leistungsfähigkeit kann sich nur derjenige Unterhaltsschuldner berufen, der über kein Einkommen (gegebenenfalls auch kein Vermögen) verfügt **und** auch insoweit keine Obliegenheiten (»unterhaltsrechtlich gebotenes Verhalten«)[121] verletzt. Grundsätzlich bestimmt daher das **tatsächlich vorhandene Einkommen** des **Unterhaltsschuldners** – gegebenenfalls auch sein Vermögen – seine **Leistungsfähigkeit**. Der Unterhaltsschuldner ist verpflichtet, sich leistungsfähig zu halten, insb. **zumutbare Einkünfte** zu erzielen.[122] Verdient er unzureichend, dann muss er sich entweder eine neue Arbeitsstelle oder eine weitere Beschäftigung (etwa zusätzliche Gelegenheits- und Aushilfstätigkeiten) suchen, um zusätzliche Mittel zu erlangen.[123] Bei – auch unverschuldeter – Arbeitslosigkeit muss er alle zumutbaren Maßnahmen unternehmen, wieder eine Berufstätigkeit zu finden,[124] insb. durch intensive Suche, die dem Zeitaufwand eines vollschichtig Erwerbstätigen entspricht.[125] Ansonsten ist **fiktives Einkommen** anzusetzen[126], bei Bezug von Arbeitslosengeld II in Höhe des Freibetrages.[127] Für die Annahme verminderter Leistungsfähigkeit des Unterhaltsschuldners reicht der Umstand, dass ihn die zuständigen Stellen der Bundesagentur für Arbeit ohne Umschulung für nicht vermittelbar halten, nicht aus.[128]

60 Die »normale« Leistungspflicht (§ 1603 Abs. 1) verlangt im Gegensatz zur **gesteigerten** (§ 1603 Abs. 2) **keine deutlich überdurchschnittlichen Anstrengungen.** Unzumutbar ist der Verzicht auf den Jahresurlaub.[129] Eine ihren drei Kindern barunterhaltspflichtige geschiedene Mutter, die während und nach der Ehe (wieder) als Lehrerin halbdsdiatig tätig ist, kann sich gegenüber höheren Unterhaltsforderungen jedenfalls dann auf ihre eingeschränkte Leistungsfähigkeit berufen, wenn sie aus beachtlichen Gründen nicht in der Lage ist, eine Ganztagstätigkeit auszuüben. Solche gewichtigen Gründe gegen eine weitergehende Erwerbsobliegenheit liegen vor, wenn die Unterhaltsschuldnerin, die den Lehrerberuf wegen starker psychischer Belastung (wegen derer sie auch in therapeutischer Behandlung war) zunächst aufgegeben hatte, sich erst wieder in der Einarbeitungsphase vor der Verbeamtung befindet, und wenn sie auf Grund der Vorgeschichte und der (durch Arztattest gestützten) Überzeugung, organisch krank zu sein, berechtigte Angst vor der vollen Berufsbelastung hat.[130] Das OLG Frankfurt[131] hat einem in der ehemaligen DDR zum Diplom-Mathematiker ausgebildeten und vor der Wende in die Bundesrepublik Deutschland übergesiedelten Unterhaltsschuldner nicht verwehrt, nunmehr seinem ursprünglichen, in der ehemaligen DDR nicht zu verwirklichenden Berufswunsch, Mediziner zu werden, durch Aufnahme des Medizinstudiums bei gleichzeitiger Reduzierung seines Einkommens nachzukommen.

1. Selbst herbeigeführte Beschränkung der Leistungsfähigkeit

61 Im Gegensatz zur Bedürftigkeit trifft das Gesetz keine besonderen Bestimmungen für den Fall, dass der Unterhaltsschuldner seine **Leistungsunfähigkeit selbst herbeigeführt** hat. Minderungen der Leistungsfähigkeit sind daher grundsätzlich auch dann beachtlich, wenn der Unterhaltsschuld-

---

121 S. etwa OLG München FuR 2002, 283 betr. Einkommensminderungen.
122 BBVerfG, Beschlüsse v. 18.06.2012, Az.: 1 BvR 774/10, 1 BvR 1530/11, 1 BvR 2867/11; Beschluss v. 15.02.2010, 1 BvR 2236/09; Beschluss v. 14.11.1984, 1 BvR 14/82: zur weiterbestehenden Obliegenheit zu vollschichtiger Erwerbstätigkeit bei Obhutswechsel eines von mehreren minderjährigen Kindern s. OLG Hamm FuR 2004, 312 = FamRZ 2004, 217.
123 OLG Brandenburg FamRZ 2004, 483 [Ls].
124 BGH FamRZ 1994, 372.
125 OLG Brandenburg FamRZ 2004, 483 [Ls].
126 BGH FamRZ 1985, 158.
127 KG JAmt 2003, 103 noch zur Arbeitslosenhilfe; KG FamRZ 2012, 1302.
128 OLG Brandenburg FamRZ 2004, 483 [Ls]; s. auch OLG Naumburg NJ 2003, 317 [Ls].
129 OLG Köln FamRZ 1984, 1108; s. auch § 7 Abs. 3 S. 1 BurlG.
130 OLG Stuttgart FamRZ 1993, 992.
131 NJW-RR 1993, 905.

ner sie selbst – auch schuldhaft – herbeigeführt hat. Allerdings darf er sich auf selbstverschuldete Minderungen der Leistungsfähigkeit nicht berufen, wenn dies gegen **Treu und Glauben** (§ 242) verstößt, wobei nicht jeder Grad von Vorwerfbarkeit genügt. Der BGH hat unter Hinweis auf die Voraussetzungen, unter denen ein Unterhaltsgläubiger nach §§ 1579 Abs. 1 Nr. 3 oder § 1611 Abs. 1 bei selbstverschuldeter Herbeiführung seiner Bedürftigkeit den Unterhaltsanspruch verliert, auch dem Unterhaltsschuldner die Berufung auf seine Leistungsunfähigkeit versagt, wenn ihm **unterhaltsbezogen verantwortungsloses** oder **zumindest unterhaltsbezogen leichtfertiges Verhalten** vorzuwerfen ist, wenn also die zugrunde liegenden Vorstellungen und Antriebe sich **auch** auf die Verminderung der unterhaltsrechtlichen Leistungsfähigkeit als Folge des Verhaltens erstreckt haben. Eine solche Bewertung ergebe sich vielfach aus dem Bezug des Verhaltens des Unterhaltsschuldners zur Unterhaltspflicht.[132] Allerdings muss das Verschulden nicht gerade dem Unterhaltsgläubiger gegenüber bestehen.[133] Insoweit bedarf es einer auf den jeweiligen **Einzelfall** bezogenen Wertung aller gesamten Umstände.

2. Einkommensfiktionen

Einkommensfiktionen setzen voraus, dass der Unterhaltsschuldner die **Minderung** seiner **Leistungsfähigkeit** zu **vertreten** hat. Sein Handeln oder Unterlassen bezüglich der Erschließung von Einkommensquellen bzw. der Erzielung von Einkommen muss **unterhaltsbezogen vorwerfbar sein**. Legt der – für seine eingeschränkte Leistungsfähigkeit darlegungs- und beweisbelastete – Unterhaltsschuldner nicht dar, dass er diesen Obliegenheiten vollständig gerecht geworden ist, dann muss er sich so behandeln lassen, als ob er zumindest über ein Einkommen verfügt, welches ihm die Zahlung angemessenen Unterhalts – zumindest in Höhe der Regelbedarfssätze – ermöglicht. Verletzt er eine dieser Obliegenheiten, dann ist ihm unter Berücksichtigung seiner Vor- bzw. Ausbildung und seines beruflichen Werdegangs ein **fiktives Einkommen** zuzurechnen und auf dieser Grundlage der Unterhaltsanspruch zu ermitteln.[134] Unterhaltsrelevante Einkommensminderungen sind daher immer dahingehend zu prüfen, ob der Unterhaltsschuldner **unterhaltsbezogen verantwortungslos** oder unterhaltsbezogen **leichtfertig und vorwerfbar** gegen den **Unterhaltsgläubiger** entschieden hat, oder ob seine Motive auch in Anbetracht seiner Unterhaltspflichten zu billigen sind. 62

Das Grundrecht auf freie Wahl und Ausübung eines Berufs (Art. 12 GG) erlaubt dem Unterhaltsschuldner zwar grundsätzlich berufliche Veränderungen.[135] Tangieren diese allerdings den Schutzbereich des Art. 6 GG, insb. die **Verantwortung** des Unterhaltsschuldners für die **Familie**, ist innerhalb der **Wechselwirkung beider Grundrechte** grundsätzlich dem Schutz der Familie der Vorrang einzuräumen. Es ist daher im Hinblick auf die aus Art. 6 Abs. 2 GG folgende Verpflichtung der Eltern zum Einsatz der eigenen Arbeitskraft verfassungsrechtlich nicht zu beanstanden, dass nicht nur die tatsächlichen, sondern auch fiktiv erzielbare Einkünfte berücksichtigt werden, wenn der Unterhaltsschuldner eine ihm mögliche und zumutbare Erwerbstätigkeit unterlässt, obwohl er diese »bei gutem Willen« ausüben könnte. Allerdings darf der ausgeurteilte Unterhalt 63

---

132 Zu allem ausführlich BGH FamRZ 1982, 792, 794; OLG Köln FamRZ 1980, 362; OLG Düsseldorf FamRZ 1980, 718; OLG Hamm FamRZ 1997, 310: arg Art. 12 Abs. 1 GG; OLG Zweibrücken FamRZ 1999, 881; krit. Raiser FamRZ 1994, 817; Born FamRZ 1995, 523; s. auch Hoppenz NJW 1984, 2327.

133 BGH FamRZ 1981, 539, 540.

134 OLG Brandenburg FamRZ 2001, 37; FamRZ 2004, 483 [Ls]; OLG Hamm FamRZ 2001, 559; OLG Naumburg FamRZ 2004, 254.

135 BGH FamRZ 1988, 256.

nicht zu einer dem Grundrecht des Art. 2 Abs. 1 GG nicht in Einklang stehenden Beschränkung der Dispositionsfreiheit des Unterhaltsschuldners im finanziellen Bereich führen.[136]

64 Die **Zurechnung fiktiver Einkünfte**, die die Leistungsfähigkeit begründen sollen, setzt neben fehlenden **subjektiven** Erwerbsbemühungen des Unterhaltsschuldners **objektiv** voraus, dass die zur Erfüllung der Unterhaltspflichten erforderlichen Einkünfte für den Unterhaltsschuldner überhaupt **erzielbar** sind. Dies hängt neben den persönlichen Voraussetzungen des Unterhaltsschuldners u.a. auch vom Vorhandensein entsprechender Arbeitsstellen ab.[137] Dem Unterhaltsschuldner dürfen daher keine Einkünfte zugerechnet werden, die nach dem gewöhnlichen Lauf der Dinge für ihn nicht erzielbar sind. Auf Grund der derzeitigen, bundeseinheitlich völlig unterschiedlichen Arbeitsmarktsituation in Deutschland muss konkret für den Wohnsitz des Unterhaltsschuldners, sofern ihm nicht ein Ortswechsel zugemutet werden kann, festgestellt werden, dass er auf Dauer eine wesentlich besser bezahlte Arbeitsstelle als die innegehabte hätte finden können.[138] Zeigt allerdings bereits die geringe Anzahl von Bewerbungen, dass sich ein erwerbsloser Unterhaltsschuldner nicht mit der erforderlichen Intensität um eine Arbeitsstelle bemüht hat, dann ist ihm ein fiktives Einkommen zuzurechnen.[139]

65 Wird dem Unterhaltsschuldner fiktiv eine Erwerbstätigkeit zugerechnet, und erleidet er innerhalb der fiktiven Probezeit von sechs Monaten einen Unfall, der zu einer mehrmonatigen Arbeitsunfähigkeit führt, dann ist davon auszugehen, dass der fiktive Arbeitgeber das Arbeitsverhältnis ohne Angabe von Gründen mit einer Frist von zwei Wochen gemäß § 622 Abs. 3 gekündigt hätte, so dass die **Einkommensfiktion** ab diesem Zeitpunkt beendet ist.[140] Hat ein Unterhaltspflichtiger schuldlos seinen Arbeitsplatz verloren, ist ihm für eine erneute Arbeitssuche eine **Übergangszeit** von **drei Monaten** einzuräumen, so dass für diesen Zeitraum eine fiktive Einkommenszurechnung ausscheidet.[141]

66 Im Rahmen der Zurechnung fiktiver Einkünfte ist der **fiktive Arbeitslohn** zu ermitteln.[142] Hierbei kann zu berücksichtigen sein, dass ungelernte Hilfskräfte in der Regel nur für zeitlich befristete Arbeitsverhältnisse eingestellt werden. Sind sie mehrere Monate im Jahr arbeitslos, dann ist dem durch einen Abschlag vom fiktiven Einkommen Rechnung zu tragen.[143]

a) **Unterlassene zumutbare Erwerbstätigkeit**

67 Dem Unterhaltsschuldner obliegt im Interesse der/des Unterhaltsgläubiger/s grundsätzlich, seine **Arbeitskraft** so gut wie möglich einzusetzen. Tut er dies verantwortungslos, zumindest leichtfertig, nicht, so ist er – verfassungsrechtlich zulässig[144] – gleichwohl im Hinblick auf seine Arbeitskraft als leistungsfähig anzusehen und muss sich diejenigen **Einkünfte fiktiv** zurechnen lassen, die er durch eine zumutbare Erwerbstätigkeit erzielen könnte, muss sich unterhaltsrechtlich dann so behandeln

---

136 BVerfG, Beschlüsse v. 18.06.2012, Az.: 1 BvR 774/10, 1 BvR 1530/11, 1 BvR 2867/11; Beschluss v. 15.02.2010, 1 BvR 2236/09; Beschluss v. 14.11.1984, 1 BvR 14/82; BVerfG FamRZ 2007, 273 = FuR 2007, 76.
137 BVerfG Fundstelle FamRZ 2010, 183; BGH FamRZ 2008, 2104.
138 S. hierzu auch KG FamRZ 2003, 1208.
139 OLG Stuttgart FamRZ 2008, 1653.
140 OLG Hamm FamRZ 2006, 1758.
141 OLG Brandenburg ZFE 2007, 349 [Ls].
142 OLG Hamm FamRZ 2006, 952 – für einen als ungelernte Arbeitskraft tätigen Aussiedler ohne Berufserfahrung könne höchstens ein Stundenlohn von 9 € angesetzt werden; OLG Naumburg FamRZ 2007, 1118 – der Senat hatte eine Auskunft des Ministeriums für Wirtschaft und Arbeit zum Mindestlohn im Baugewerbe für ungelernte Arbeitnehmer eingeholt und den so ermittelten fiktiven Lohn um 150 € erhöht, da für den Unterhaltsschuldner eine gesteigerte Erwerbsobliegenheit bestand und er diesen Betrag durch Austragen von Zeitschriften, Zeitungen oder Prospekten erzielen konnte.
143 OLG Hamm FamRZ 2006, 726.
144 BVerfG NJW 1985, 1211.

lassen, als ob er diese Einnahmen tatsächlich erzielt hätte und erzielen würde.[145] Die Einkommensfiktion knüpft daher in erster Linie an **Arbeitslosigkeit** bzw. an **unterhaltsrelevant nicht angemessene Erwerbstätigkeit** des Unterhaltsschuldners an. Weder Art. 12 GG, noch der Kampf um die elterliche Sorge, noch die Übernahme der Haushaltsführung in einer neuen Ehe[146] schließen die Zurechnung fiktiver Einkünfte von vornherein aus.

Erzielt ein unterhaltspflichtiger Elternteil Einkünfte aus einer Erwerbstätigkeit, die seinem Ausbildungsniveau entspricht und die er auch während der bestehenden ehelichen Lebensgemeinschaft erzielt hat, besteht keine Obliegenheit, eine besser vergütete Arbeitsstelle im Ausland oder an einem entfernten Ort in Deutschland aufzunehmen. Dies gilt selbst dann, wenn der Unterhaltspflichtige während der Ehezeit für seinen Arbeitgeber im Ausland tätig war. Insbesondere spricht gegen diese Obliegenheit, dass der Umgang mit dem Kind sehr stark eingeschränkt würde.[147]

Selbst bei **unverschuldeter Arbeitslosigkeit** muss der Unterhaltsschuldner alles Zumutbare unternehmen, um durch Aufnahme einer Erwerbstätigkeit seine Leistungsfähigkeit wieder herzustellen. Die unternommenen Anstrengungen müssen im Unterhaltsprozess konkretisiert werden, und zwar durch eine nachprüfbare Aufstellung von monatlich durchschnittlich 20–30 Bewerbungen, die konkret auf die entsprechenden Stellenangebote zugeschnitten sein müssen; Blindbewerbungen reichen grundsätzlich nicht aus.[148] Ein arbeitsloser, noch nicht 50-jähriger, im Beitrittsgebiet lebender Unterhaltsschuldner, der den Bäckerberuf erlernt hat, darf sich nicht auf vereinzelte Bewerbungen im von besonderen Konzentrationstendenzen geprägten Bäckereigewerbe beschränken; er ist vielmehr gegenüber seinem minderjährigen Kind auch zu Bewerbungsaktivitäten außerhalb seiner bisherigen fachlichen Qualifikation verpflichtet, wenn er dessen Existenzminimum auch unter Zuhilfenahme der Kindergeldanteile nicht anders sicherstellen kann.[149] Bei der Suche nach einem entsprechenden Arbeitsplatz reicht es nicht aus, sich beim Arbeitsamt vergeblich um eine Arbeitsplatzvermittlung zu bemühen; es ist vielmehr eine intensive Eigeninitiative des Unterhaltsschuldners zu verlangen.[150] Ein Alkoholkranker hat sich im Grundsatz einer ärztlichen Behandlung zu unterziehen, um seine unterhaltsrechtliche Leistungsfähigkeit bestmöglich herzustellen.[151] **68**

Hat ein Unterhaltspflichtiger während einer mehrjährigen Haftzeit eine Ausbildung zum Elektroniker absolviert, war er jedoch nie in diesem Beruf tätig, muss er sich in erster Linie und umfassend auf angebotene Stellen für Aushilfskräfte und Hilfsarbeiter bewerben. Nimmt er Einrichtungen zur Wiedereingliederung ehemaliger Strafgefangener nicht in Anspruch, dann kann dies neben der unzulänglichen Art und Weise der Stellensuche den Eindruck vermitteln, dass er an einer Eingliederung in das Erwerbsleben nicht ernsthaft interessiert ist.[152] **69**

---

145 BGHZ 75, 272; BGH FamRZ 1980, 43 – geminderte Leistungsfähigkeit bei Arbeitsplatzverlust infolge Diebstahls beim Arbeitgeber; 1996, 345; OLG Hamm FamRZ 1997, 1405; OLG Karlsruhe FamRZ 1994; 755; OLG Düsseldorf NJW-RR 1994, 1097; OLG Nürnberg FamRZ 1995, 98; OLG Hamm FamRZ 1998, 1586; OLG Bamberg FuR 2000, 188 – keine Mutwilligkeit, wenn der Mindestbedarf des Unterhaltsgläubigers gesichert sei und der Unterhaltsschuldner einer zeitlich begrenzten Fortbildungsmaßnahme nachgehe; a.A. OLG Düsseldorf FamRZ 1998, 851 – Zurechnung fiktiven Einkommens bereits dann, wenn der Unterhaltsschuldner im Unterhaltszeitraum eine ihm mögliche und zumutbare Erwerbstätigkeit unterlasse; eine leichtfertige Verletzung der Erwerbsobliegenheit sei nicht erforderlich; s. im Einzelnen Pauling FPR 2000, 11; Reinicke FPR 2000, 25.
146 Vgl. BGH FamRZ 1986, 668 – vielmehr muss der neue Ehegatte durch Übernahme eines Teils der Haushaltsführung zumindest eine Teilerwerbstätigkeit des Unterhaltsschuldners ermöglichen.
147 OLG Brandenburg FamRZ 2011, 732.
148 OLG Naumburg NJ 2003, 317 [Ls].
149 KG FamRZ 2002, 1428.
150 OLG Hamm OLGR 2003, 173.
151 OLG Brandenburg FamRZ 2007, 72.
152 OLG Köln FamRZ 2009, 1920.

70   Als Arbeitsloser muss sich der Unterhaltsschuldner intensiv und ernsthaft um eine neue Arbeitsstelle bemühen. Hierzu reicht die Meldung bei den zuständigen Stellen der Bundesagentur für Arbeit nicht aus, um der Erwerbsobliegenheit zu genügen;[153] ebenso wenig genügt es, sich auf Vermittlungsbemühungen durch die zuständigen Stellen der Bundesagentur für Arbeit zu beschränken. Der Unterhaltsschuldner muss vielmehr selbständig Arbeitsuche betreiben, dementsprechend sich auf Stellengesuche schriftlich bewerben und ggf. sogar eigene Stellenanzeigen schalten.[154] Die nicht näher begründete Feststellung in den Gründen einer Entscheidung, der persönliche Eindruck des Unterhaltsschuldners und seine Anhörung im Termin hätten für das Gericht ausgereicht, um festzustellen, dass keine **Verletzung der Erwerbsobliegenheit** vorliegt, ist als Entscheidungsgrundlage nicht ausreichend, insb. dann, wenn der Unterhaltsschuldner für den Zeitraum zweier Kalenderjahre insgesamt nur zehn Bewerbungen nachweist, und das Gericht feststellt, dass damit eine greifbare Obliegenheitsverletzung gegeben ist.[155] Hat sich ein arbeitsloser Unterhaltsschuldner nicht ausreichend um ein Erwerbseinkommen bemüht, das es ihm erlaubt, seinen Unterhaltsverpflichtungen nachzukommen, hat er sich fiktive Einkünfte, orientiert an dem zuletzt erzielten Einkommen, anrechnen zu lassen.[156]

71   Auch in Zeiten hoher Arbeitslosigkeit sind **intensive Bemühungen** um einen **Arbeitsplatz** erforderlich (Meldung bei den zuständigen Stellen der Bundesagentur für Arbeit und zusätzlich laufende private Suche nach in Zeitungen veröffentlichten, in Betracht kommenden Stellenanzeigen). Um den Ansatz fiktiver Leistungsfähigkeit zu vermeiden, muss der Unterhaltsschuldner hinreichend dartun und gegebenenfalls beweisen, dass er trotz aller zumutbaren Anstrengungen keinen Arbeitsplatz gefunden hat.[157] Ein seinem Kind verschärft unterhaltspflichtiger geschiedener Elternteil genügt seiner Darlegungslast für ausreichende Bemühungen um einen Arbeitsplatz nur dann, wenn er in nachprüfbarer Weise vorträgt, welche Maßnahmen er im einzelnen ergriffen hat, um eine Arbeitsstelle zu finden.[158]

72   Das fehlende Erwerbseinkommen muss Folge eines »erwerbsplanerischen«[159] **unterhaltsrechtlichen Fehlverhaltens** des Unterhaltsschuldners sein. Objektive, von ihm nicht zu vertretende Umstände sind daher vornherein nicht zurechenbar (etwa nicht erkannter Währungsverfall bei einem Arbeitsverhältnis im Ausland[160] oder die Stagnation des Markts für Bausparkassen-Vertreter in den neuen Bundesländern).[161] Der BGH[162] hat den zwar selbst verschuldeten, aber doch ungewollten Verlust des Arbeitsplatzes unterhaltsrechtlich nicht den Fällen freiwilliger Aufgabe einer versicherungspflichtigen Tätigkeit gleichgestellt. Er hat die **unterhaltsrechtliche Vorwerfbarkeit** einer dadurch entstehenden Einkommensminderung auf schwerwiegende Fälle beschränkt, Fälle leichteren Verschuldens hingegen ausgenommen, zumal wenn sich das Fehlverhalten nicht gegen den Unterhaltsgläubiger gerichtet hat. Jedenfalls stellt der Abschluss eines Aufhebungsvertrages regelmäßig auch dann eine Verletzung der gesteigerten Erwerbsobliegenheit eines gegenüber

---

153 OLG Naumburg NJ 2003, 317 [Ls].
154 OLG Naumburg FamRZ 2003, 1022 mit kritischer Anm. Gottwald; vgl. auch OLG München FuR 2003, 22; vgl. zu weiteren Einzelheiten Kleffmann FuR 2000, 454.
155 OLG Naumburg FamRZ 2003, 175.
156 OLG Dresden OLGR 2003, 468.
157 BGH FamRZ 1996, 345; OLG Hamm FamRZ 1996, 1216; Born FamRZ 1995, 523 m.w.N.; s. hierzu näher Kommentierung vor § 1360 Rdn. 23 ff.
158 OLG München FuR 2003, 222 – zur Verpflichtung eines Gymnasiallehrers mit bayerischer Ausbildung zur Arbeitsplatzsuche bei staatlichen, kommunalen, privaten und kirchlichen Schulträgern in ganz Bayern wie auch – bezogen auf Realschulen – in angrenzenden Bundesländern.
159 Palandt/Diederichsen § 1603 Rn. 36.
160 BGHZ 104, 158.
161 OLG Hamm FamRZ 1999, 165.
162 FamRZ 1993, 1055 – »Schrottdiebstahl-Fall«.

einem minderjährigen Kind unterhaltspflichtigen Elternteils dar, wenn dieser hiermit nur einer arbeitgeberseitigen Kündigung zuvorkommen will.[163]

Bei **unzureichenden Einkommensverhältnissen** besteht eine Obliegenheit, einen **besser dotierten** **73** **Arbeitsplatz** zu suchen und anzunehmen. Einer ungelernten Hilfspflegekraft, die 35 Stunden wöchentlich im flexiblen Schichtsystem arbeitet und bestehende Unterhaltsverpflichtungen nicht erfüllen kann, ist unterhaltsrechtlich zuzumuten, ihre Arbeitskraft anders als im ausgeübten Beruf einzusetzen.[164] Erzielt der Unterhaltsschuldner mit seiner vollschichtigen Berufstätigkeit als Taxifahrer ein Einkommen unter dem notwendigen Selbstbehalt, ist er aufgrund seiner gesteigerten Erwerbsobliegenheit zur Sicherstellung des Existenzminimums seines Kindes gehalten, sich ausreichend um eine andere Erwerbstätigkeit zu bemühen; insb. ist er verpflichtet, sich auch anderweitig in anderen Berufen zu bewerben.[165]

Ist der Unterhaltsschuldner, bedingt durch eine betriebliche Umstrukturierung, gezwungen, das **74** bestehende befristete Probearbeitsverhältnis zu beenden und mit demselben Arbeitgeber einen neuen Arbeitsvertrag zu wesentlich ungünstigeren Bedingungen abzuschließen, ist er aufgrund seiner gesteigerten Erwerbsobliegenheit gehalten, sich unverzüglich um eine besser bezahlte Arbeitsstelle zu bemühen und daneben auch eine Nebentätigkeit in Betracht zu ziehen. Dem Unterhaltsschuldner ist hierfür jedoch ab der Kenntniserlangung von den geänderten Rahmenbedingungen bei seinem derzeitigen Arbeitgeber eine angemessene Orientierungs- und Bewerbungsfrist zuzubilligen, die mit bis zu 6 Monaten bemessen werden kann.[166]

Auch wenn der einem minderjährigen Kind aus erster Ehe gegenüber erweitert Unterhaltspflich- **75** tige aus einer neuen Ehe ein Kleinkind hat und seine zweite, dieses Kind betreuende Ehefrau seine häufigere Präsenz in der Familie einfordert, verbietet sich ein mit deutlichen Lohneinbußen verbundener Wechsel vom Fernverkehr in den Nahverkehr, wenn dadurch der Regelbedarf der Kinder nicht mehr zu decken ist.[167]

Unterhaltsansprüche eines Kindes, die auf der Zurechnung eines **fiktiven Erwerbseinkommens** **76** aus zumutbarer Erwerbstätigkeit beruhen, gehen beim Bezug von Sozialhilfe gem. § 94 SGB XII nicht auf den Träger der Sozialhilfe über. Sozialhilfeleistungen sind nicht als unterhaltsrechtlich bedarfsdeckende Leistung zu behandeln, durch welche die Bedürftigkeit des Unterhaltsgläubigers und zugleich sein Unterhaltsanspruch entfiele. An diesem Grundsatz ändert auch der in § 91 Abs. 3 SGB XII festgeschriebene Schuldnerschutz nichts.[168]

b) Umgestaltung des Arbeitsverhältnisses wegen Kinderbetreuung

Eine **Umgestaltung** des **Arbeitsverhältnisses** mit Rücksicht auf **Kinderbetreuung** sowie in Anse- **77** hung der Bedeutung und Tragweite des Elternrechts ist dem erwerbstätigen Elternteil nicht schon deshalb verwehrt, weil dies zu einer später nicht mehr rückgängig zu machenden Einkommensminderung führt; allerdings sind die jeweiligen Umstände des Einzelfalles und die divergierenden Interessen sorgfältig gegeneinander abzuwägen.[169]

---

163 OLG Dresden FPR 2004, 31.
164 OLG Brandenburg FamRZ 2007, 1336.
165 OLG Karlsruhe FamRZ 2006, 1295.
166 OLG Hamm FamRZ 2003, 177.
167 OLG Nürnberg FPR 2004, 224.
168 BGH FamRZ 2000, 1358 = FuR 2001, 220.
169 BVerfG FamRZ 1996, 343 mit Anm. Niemeyer FuR 1996, 150; s. auch BVerfGE 31, 194, 206; 64, 180, 187 f; 87, 1, 42 = BVerG FamRZ 1992, 1038.

c) Freiwilliger Wechsel des Arbeitsplatzes/Berufswechsel

78 Dem Unterhaltsschuldner ist **fiktives Einkommen** zuzurechnen, wenn sein **ohne vernünftigen Grund** in Kenntnis der Unterhaltspflichten – also unterhaltsbezogen vorwerfbar – vorgenommener Arbeitsplatz-/Berufswechsel zu einer **nicht unerheblichen Minderung** des zuvor unterhaltsrechtlich verfügbaren **Einkommens** führt.[170] Leichtfertigkeit ist um so eher anzunehmen, je weniger sachliche Gründe für einen Wechsel vorliegen, und je schärfer die Unterhaltspflicht ist, insb. wenn ein Arbeitsplatz ohne wichtigen Grund aufgegeben wird, obwohl keine hinreichend sichere Aussicht auf eine im Wesentlichen gleichwertige Arbeitsstelle besteht. Ist der Wechsel in eine weniger gut bezahlte Stellung nicht zwingend geboten, dann wird der höhere Verdienst beim früheren Arbeitgeber zugrunde gelegt,[171] erst recht bei Mithilfe im Geschäft des Ehegatten statt entlohnter anderweitiger Tätigkeit. Gleiches gilt bei Umsetzung innerhalb eines Dienstes/Betriebs mit verminderter Arbeitsleistung, verbunden mit geminderter Vergütung.[172] Auch wenn der einem minderjährigen Kind aus erster Ehe gegenüber erweitert unterhaltspflichtige Elternteil aus einer neuen Ehe ein Kleinkind hat, und seine zweite dieses Kind betreuende Ehefrau seine häufigere Präsenz in der Familie einfordert, verbietet sich ein mit deutlichen Lohneinbußen verbundener Wechsel vom Fernverkehr in den Nahverkehr, wenn dadurch der Regelbedarf der Kinder nicht mehr zu decken ist.[173]

79 Beruft sich der Unterhaltsschuldner auf einen **vernünftigen Grund**, dann ist eine **Rechtsgüterabwägung** im **Einzelfall** notwendig. Der Wechsel zu einer geringer entlohnten Tätigkeit kann etwa gerechtfertigt sein, wenn der neue Arbeitsplatz sicherer ist als der frühere,[174] jedenfalls wenn der Mindestunterhalt der Kinder gesichert bleibt,[175] oder bei Rückkehr des Unterhaltsschuldners in seinen Heimatort, wenn er nach dem Verlust einer besser bezahlten Arbeitsstelle in den alten Bundesländern eine neue, schlechter bezahlte Arbeit in seinem Heimatort (in den neuen Bundesländern) annimmt, sofern diese Arbeitsstelle in etwa seinem beruflichen Werdegang und seinen beruflichen Fähigkeiten entspricht, und wenn auch die Bezahlung als angemessen angesehen werden kann.[176]

d) Freiwillige Aufgabe nichtselbständiger Erwerbstätigkeit

80 Gibt der gegenüber einem minderjährigen Kind barunterhaltspflichtige Elternteil eine nichtselbständige Tätigkeit auf, um sich selbständig zu machen, dann führt dies jedenfalls nicht ohne weiteres zur Abänderung des Mindestunterhalts.[177]

81 Der Abschluss eines Aufhebungsvertrages stellt keine Verletzung der gesteigerten Erwerbsobliegenheit eines gegenüber einem minderjährigen Kind Unterhaltspflichtigen dar, wenn dieser hiermit nur einer arbeitgeberseitigen Kündigung zuvorkommen will.[178]

aa) »Verkappte« und eigene Kündigung des Arbeitnehmers

82 Der Unterhaltsschuldner ist grundsätzlich nicht berechtigt, eine objektiv und subjektiv zumutbare Erwerbstätigkeit aufzugeben mit der Folge, dass der/die Unterhaltsgläubiger auf Hilfen der

---

170 BGH FamRZ 1985, 158; OLG Hamm FamRZ 2001, 1476 zur verschärften Leistungspflicht; im Übrigen s. Kommentierung zu § 1581 Rdn. 14 ff. betr. Eintritt in den nicht vorzeitigen Ruhestand.
171 OLG Zweibrücken FamRZ 1983, 1039.
172 BGH FamRZ 1984, 374 – Herabsetzung der Stundenzahl eines Lehrers.
173 OLG Nürnberg FPR 2004, 224.
174 OLG Karlsruhe FamRZ 1993, 836.
175 OLG Zweibrücken NJW-RR 1995, 69.
176 OLG Brandenburg NJWE-FER 1997, 195.
177 OLG Koblenz OLGR 2003, 301 – noch zum Regelbetrag.
178 A.A. OLG Dresden FPR 2004, 31.

öffentlichen Hand oder auf die Hilfe Dritter angewiesen ist.[179] Daher legt eine einverständliche Auflösung des Arbeitsverhältnisses (oftmals »verkappte eigene **Kündigung**«) oder gar die eigene Kündigung des Arbeitnehmers, ohne dass ein Ersatzarbeitsplatz verfügbar ist, unterhaltsbezogene Leichtfertigkeit nahe, wenn Unterhaltslasten bekannt sind oder bekannt sein müssen.[180] Der Unterhaltsschuldner darf auch nicht ohne weiteres eine mit erheblichen Einbußen verbundene Änderungskündigung hinnehmen,[181] sofern sie nicht bei schwieriger Auftragslage – verbunden mit einer Lohnkürzung – hingenommen werden muss, um einer Entlassung zu entgehen.[182] Ein Verstoß gegen die Erwerbsobliegenheit durch die Vereinbarung von **Altersteilzeit** besteht nur dann nicht, wenn für eine derartige Vereinbarung Veranlassung bestand (etwa gesundheitliche Beeinträchtigungen des Unterhaltsschuldners[183] oder zwingende betriebliche Notwendigkeit mit der Folge einer absehbaren Kündigung[184]).

Beruft sich der Unterhaltsschuldner auf einen **vernünftigen Grund** für diese Maßnahme, dann ist **83** eine **Rechtsgüterabwägung** im **Einzelfall** notwendig. Die Zurechnung fiktiver Einkünfte wird etwa dann nicht in Betracht kommen, wenn Unterhaltsschuldner durch **eigene Kündigung** lediglich derjenigen seines Arbeitgebers zuvorkommt,[185] wenn die Aufgabe des Arbeitsplatzes wirtschaftlich vernünftig erscheint,[186] oder wenn sonst ein anerkennenswertes Motiv vorlag[187] (etwa gesundheitliche Gründe, nicht aber ohne weitere Umstände zur Verbesserung der eigenen »Chancen« im Sorgerechtsverfahren, weil es – jedenfalls in den »üblichen« Fällen – im Rahmen der Rechtsgüterabwägung zumutbar ist, die Entwicklung des Verfahrens abzuwarten).[188] Unterhaltsminderungen können hinzunehmen sein, wenn die zuständigen Stellen der Bundesagentur für Arbeit dem Unterhaltsschuldner eine sinnvolle **Umschulungsmaßnahme** finanzieren; solange sie andauert, kann der Unterhaltsgläubiger keine Bemühungen um eine neue Arbeitsstelle verlangen.[189] Der BGH hat eine Umschulungsmaßnahme eines in den neuen Bundesländern lebenden Unterhaltsschuldners gebilligt, wenn er dadurch erstmals eine Berufsausbildung erhält.[190]

Der Unterhaltsschuldner handelt grundsätzlich nicht leichtfertig, wenn er gegen eine nicht offen- **84** sichtlich unwirksame **betriebsbedingte** Kündigung keine **Kündigungsschutzklage** erhebt;[191] maßgebend ist vielmehr, ob sich ein abwägender durchschnittlicher Arbeitnehmer gegen die Kündigung gewehrt hätte.[192] Eine **Kündigungsschutzklage** gegen eine alkoholbedingte Kündigung ist daher aus unterhaltsrechtlichen Gesichtspunkten nur geboten, wenn sie erfolgversprechend ist.[193] Dem Unterhaltsschuldner, der einer vom Arbeitgeber gewünschten Beendigung des Arbeitsverhältnisses noch während der Probezeit zustimmt, kann nicht vorgeworfen werden, er habe kein Kündigungsschutzverfahren durchgeführt, da der Arbeitgeber während der Probezeit auch ohne Vorliegen eines Kündigungsgrundes zur Kündigung berechtigt ist.[194] Allerdings ist der Unterhalts-

---

179 BGH FamRZ 1981, 539 [Berufungsurteil: OLG Frankfurt FamRZ 1983, 392].
180 S. hierzu etwa BGH FamRZ 1985, 158.
181 OLG Hamm FamRZ 1997, 356.
182 OLG Celle FamRZ 1983, 704 – 10 %-ige Lohnkürzung.
183 OLG Hamm FamRZ 2001, 482, Abgrenzung zu OLG Hamm FamRZ 1999, 1078; OLG Köln FamRZ 2003, 602.
184 OLG Hamm NJW-RR 2001, 433.
185 OLG Schleswig FamRZ 1984, 1093.
186 OLG Zweibrücken FamRZ 1994, 1488.
187 OLG Celle FamRZ 1983, 717; OLG Hamburg DAVorm 1988, 718.
188 So aber OLG Frankfurt FamRZ 1987, 1144.
189 OLG Düsseldorf FamRZ 1984, 392; OLG Karlsruhe FamRZ 1989, 627 – Ausbildung eines arbeitslosen Lehrers zum Computerfachmann; OLG Dresden FamRZ 1997, 836.
190 BGH FamRZ 1994, 372, 374.
191 BGH FamRZ 1994, 372; OLG Dresden FamRZ 1997, 836 = FuR 2000, 283.
192 Offen geblieben in BGH FamRZ 1994, 372.
193 OLG Hamm FamRZ 1996, 1017.
194 OLG Hamm FamRZ 1995, 1203 [Ls].

schuldner im Falle der Kündigung bei vorliegender Berufsunfähigkeit unterhaltsrechtlich verpflichtet, Abfindungsansprüche gegenüber seinem Arbeitgeber geltend zu machen.[195] Für die Verwendung einer arbeitsrechtlichen **Abfindung** zur Aufstockung des für die Bemessung des Unterhaltsbedarfs minderjähriger Kinder maßgeblichen Einkommens des Unterhaltspflichtigen gelten dabei grundsätzlich die gleichen Anforderungen wie beim Ehegattenunterhalt.[196]

bb) Wechsel in die Selbständigkeit

85 Beabsichtigt der Unterhaltsschuldner – ohne dass es auf seine eventuelle Absicht ankommt, sich der Unterhaltspflicht zu entziehen –, seinen Arbeitsplatz aufzugeben, um eine **selbständige unternehmerische** oder **freiberufliche Tätigkeit** aufzunehmen, was zunächst mit (meist) erheblichen Einkommenseinbußen verbunden ist, dann ist ihm zuzumuten, den Schritt in die Selbständigkeit– insb. bei Aufgabe seines Arbeitsplatzes – erst dann zu verwirklichen, wenn er in geeigneter Weise (etwa durch Aufnahme von Krediten oder Bildung von Rücklagen oder Sicherung durch öffentliche Mittel) sichergestellt hat, dass er – jedenfalls in der Gründungsphase sowie für eine Übergangszeit bis zu Eintritt der erwarteten Gewinne – seine Unterhaltspflichten auch bei verringertem Einkommen erfüllen kann.[197] Gibt der gegenüber einem minderjährigen Kind barunterhaltspflichtige Elternteil eine nichtselbständige Tätigkeit auf, um sich selbständig zu machen, dann führt dies nicht zur Abänderung des in Höhe des Mindestunterhalts gezahlten jeweiligen Regelbetrages.[198]

86 Gibt der Unterhaltsschuldner eine feste Anstellung zugunsten einer risikobehafteten selbständigen Tätigkeit auf, ohne in geeigneter Weise den Kindesunterhalt zu sichern, dann ist ihm das zuvor erzielte Einkommen fiktiv zuzurechnen, auch wenn der **Schritt** in die **Selbständigkeit** (auch) von dem Gedanken mitgetragen wurde, er könne nach einer Übergangszeit einen höheren Verdienst erzielen.[199] Allerdings hat das OLG Frankfurt[200] keine Obliegenheitsverletzung angenommen, als sich ein angestellter Oberarzt, der wöchentlich u.a. 70 Stunden arbeitete, selbständig gemacht hatte: Führe dies zu einer Einschränkung der bisherigen Leistungsfähigkeit, so hätten dies auch seine Kinder hinzunehmen. Wirft eine – auch neu aufgenommene – selbständige Tätigkeit auch nach Jahren keinen Gewinn ab, dann obliegt es dem Unterhaltsschuldner, ein abhängiges Arbeitsverhältnis einzugehen.[201]

87 Gibt der Unterhaltsgläubiger eine **selbständige Tätigkeit** auf, weil sie seiner Meinung nach nicht genug einbringt, obliegt ihm, sich umgehend zielgerichtet und mit aller Intensität um eine andere Erwerbstätigkeit mit besseren Einkommensmöglichkeiten zu bemühen, und zwar auch dann, wenn ihm nach einem Urteil im Vorprozess noch eine längere Überlegungsfrist zur Fortführung des selbständigen Betriebs zuzubilligen war, und er diese Frist nicht ausschöpft.[202] Andererseits muss ein **selbständiger Unternehmer** gegebenenfalls eine besser bezahlte **abhängige Tätigkeit** annehmen,[203] insb., wenn der Rückgang seines Einkommens so einschneidend ist, dass er den

---

195 OLG Hamburg FamRZ 1998, 619.
196 BGH FamRZ 2012, 1048.
197 BGH FamRZ 1982, 365; s. auch OLG Hamm FamRZ 2000, 21; OLG Köln FamRZ 2002, 1627; OLG Hamm FamRZ 2003, 1213; OLG Koblenz OLGR 2003, 301.
198 OLG Koblenz OLGR 2003, 301.
199 S. etwa OLG Hamm FamRZ 1996, 959.
200 FamRZ 1990, 786.
201 OLG Düsseldorf FamRZ 1997, 1078 – zwei Jahre; OLG Koblenz FamRZ 2000, 288 – jedenfalls nach drei Jahren.
202 OLG Köln NJW-RR 2001, 1371; zum unterhaltsrechtlichen maßgebenden Einkommen eines selbständigen Unternehmers, der Alleingesellschafter und Geschäftsführer einer GmbH und Inhaber einer damit eng verknüpften OHG ist, vgl. OLG Celle FuR 2001, 509; vgl. im Übrigen zu Entnahmen als Hilfsmittel bei der Einkommensermittlung Selbständiger OLG Frankfurt FuR 2001, 370.
203 OLG Koblenz FamRZ 1984, 1225.

Müting

erreichten Lebensstandard grundlegend verändert.[204] Neben der Betreuung und Versorgung von zwei Kindern im Alter von 10 und 12 Jahren besteht gegenüber einem weiteren, im Haushalt des anderen Elternteils lebenden minderjährigen Kind jedoch – auch im Rahmen verschärfter Leistungspflicht – keine Obliegenheit, einen seit vielen Jahren geführten Handwerksbetrieb aufzugeben und eine vollschichtige Erwerbstätigkeit in abhängiger Stellung anzunehmen.[205]

In diesem Fall kann die Leistungsfähigkeit des Unterhaltsschuldners nach seinem letzten Brutto-   **88**
einkommen beurteilt werden, auch wenn er dies während einer laufenden Probezeit verdient hat. Auf die pauschale Behauptung, es bestehe keine reale Erwerbschance in abhängiger Beschäftigung kann sich der Unterhaltsschuldner nicht berufen, wenn mangels jedweder Bewerbung nicht ausgeschlossen werden kann, dass er bei gehörigen Bemühungen eine entsprechende Tätigkeit gefunden hätte.[206]

cc) Aufnahme einer Ausbildung/Fortbildung/Umschulung

Grundsätzlich berechtigt (auch) Art. 12 Abs. 1 GG nicht, unter Überantwortung der unterhaltsbe-   **89**
rechtigten Angehörigen an Dritte (insb. an die öffentliche Hand, etwa die Sozialhilfe) zugunsten beruflicher Veränderungen (etwa weitere **Ausbildung** bzw. **berufliche Weiterqualifizierung**) eine gesicherte Arbeitsstelle aufzugeben,[207] schon gar, wenn der Unterhaltsschuldner bereits über eine Berufsausbildung verfügt.[208] Zwar sind berufliche Entscheidungen des Unterhaltsschuldners grundsätzlich auch dann anzuerkennen, wenn sie zu einem vorübergehenden Rückgang[209] oder Wegfall des Erwerbseinkommens führen; wegen der engen Wechselbeziehung zwischen beruflicher Entscheidungsfreiheit einerseits und Unterhaltspflicht andererseits muss der Unterhaltsschuldner jedoch auf die Belange der Unterhaltsgläubiger Rücksicht nehmen. Er hat jedenfalls den Mindestbedarf der Unterhaltsberechtigten in geeigneter Weise (z.B. durch Bildung von Rücklagen, Aufnahme eines Kredits, Verwertung von Vermögensgegenständen)[210] sicherzustellen.

Scheiden im konkreten Fall solche **Überbrückungsmaßnahmen** aus, so ist er in der Regel gehal-   **90**
ten, seine Berufspläne zurückzustellen oder notfalls ganz aufzugeben und seine bisherige Erwerbstätigkeit fortzusetzen, wenn er nur hierdurch seine unterhaltsrechtliche Leistungsfähigkeit für die Zukunft sicherzustellen vermag, insb. wenn der Mindestunterhalt eines minderjährigen Kindes tangiert ist.[211] Dabei genügt es, wenn die Kinder während der Dauer der Ausbildung des unterhaltspflichtigen Elternteils – sei es von dem anderen Elternteil, sei es von dritter Seite – ausreichend versorgt werden.[212] Allerdings genießt das Recht des Kindes auf Unterhalt nicht uneingeschränkten Vorrang vor dem Recht eines Elternteils auf Ausbildung, auch wenn dadurch der Unterhaltsanspruch eingeschränkt oder zeitweilig ausgeschlossen wird. Anders kann es beispielsweise sein, wenn der Unterhaltspflichtige seine Erwerbstätigkeit zugunsten einer eigenen erstmaligen Berufsausbildung aufgegeben hat. Einer solchen **Erstausbildung** ist regelmäßig auch gegenüber der gesteigerten Unterhaltspflicht aus § 1603 Abs. 2 Satz 1 der Vorrang einzuräumen.[213] Denn die Erlangung einer angemessenen Vorbildung zu einem Beruf gehört zum eigenen Lebens-

---

204 BGH FamRZ 1993, 1304.
205 OLG Stuttgart Justiz 2002, 512.
206 OLG Köln NJW-RR 2006, 1664.
207 OLG Düsseldorf FamRZ 1995, 755.
208 BGH FamRZ 1987, 372.
209 S. etwa OLG Saarbrücken FamRZ 1990, 306 – infolge Aufwendungen für eine berufliche Weiterqualifizierung.
210 S. hierzu etwa OLG Naumburg OLGR 2001, 55 – Notwendigkeit der Bildung von Rücklagen, jedenfalls im Rahmen gesteigerter Unterhaltspflicht.
211 BGH FamRZ 1982, 365; OLG Bamberg FamRZ 1989, 93; OLG Hamm OLGR 2003, 173.
212 KG FamRZ 1981, 301.
213 BGH NJW 2011, 1874 mit Anm. Graba.

bedarf des Unterhaltpflichtigen, den dieser grundsätzlich vorrangig befriedigen darf.[214] Insoweit sind allerdings alle **Umstände des Einzelfalles** zu berücksichtigen, insbesondere die Tatsache, warum der Unterhaltspflichtige gerade jetzt seine Erstausbildung durchführt und wie sich dies langfristig auf seine Leistungsfähigkeit für den Kindesunterhalt auswirkt.[215] Hat sich der Unterhaltsschuldner in der Vergangenheit auf die Ausübung ungelernter Tätigkeiten beschränkt, können ihm daher auch für die Zeit der Berufsausbildung fiktive Arbeitseinkünfte anzurechnen sein.[216]

91 Nach Abschluss einer Berufsausbildung wird daher die Aufnahme eines mit erheblichen Auswirkungen auf das Einkommen verbundenen **Studiums** unterhaltsrechtlich kaum anzuerkennen sein.[217] **Ausnahmsweise** ist es für den Unterhaltsschuldner zumutbar, eine vorübergehende Reduzierung, u.U. sogar einen zeitweisen Wegfall der Unterhaltszahlungen hinzunehmen, wenn die Zweitausbildung des Unterhaltsschuldners bereits weit vorangeschritten ist und nur noch eine kurze Zeit in Anspruch nimmt, erhöhte Aufstiegschancen bietet und nicht gegen den Willen des Berechtigten aufgenommen wurde. Eine **Nebentätigkeit** ist daran regelmäßig nicht zumutbar, wenn dadurch der Abschluss der Ausbildung verzögert oder gefährdet würde. In jedem Fall ist eine Abwägung der gesamten Umstände des Einzelfalles notwendig,[218] und unterhaltsrechtlich darf die Regelstudienzeit nicht überschritten werden, es sei denn wegen eines Unfalls.[219] Vermindert sich das Einkommen eines Polizeibeamten vorübergehend dadurch, dass er das Studium an einer Beamtenfachhochschule wegen des von ihm betriebenen Aufstiegs in den gehobenen Polizeidienst aufgenommen hat, müssen seine von ihm getrennt lebende Ehefrau und sein minderjähriges Kind die damit verbundene Einkommensverminderung hinnehmen, soweit der Mindestunterhalt gewahrt und die Unterhaltsreduzierung bei Abwägung der gegenseitigen Interessen zumutbar ist.[220]

92 Der Unterhaltsschuldner kann sich jedoch nicht auf Leistungsunfähigkeit berufen, wenn er wegen einer **weiteren Ausbildung** eine gesicherte und einkömmliche Erwerbstätigkeit in einem erlernten Beruf aufgibt, die der Familie eine auskömmliche Lebensgrundlage geboten hat, ohne den Unterhalt seiner Angehörigen sicherzustellen, sofern der Unterhalt nicht anderweitig gesichert ist.[221]

93 Eine Umschulung, während der die Leistungsfähigkeit des Unterhaltsschuldners herabgesetzt ist, kann unterhaltsrechtlich dann anzuerkennen sein, wenn die Maßnahme arbeitsmarktpolitisch und individuell sinnvoll ist und die Vermittlungschancen nachhaltig verbessert. Davon ist in der Regel zwar auszugehen, wenn die Umschulungsmaßnahme vom Arbeitsamt bewilligt wurde; notwendig ist aber stets eine Einzelfallprüfung, bei der die beiderseitigen Interessen gegeneinander abzuwägen sind. Geht es bei einer vom Arbeitsamt bewilligten Umschulungsmaßnahme darum, dass der Unterhaltsschuldner erstmals eine abgeschlossene Berufsausbildung erlangt, kann einer solchen Erstausbildung ausnahmsweise Vorrang auch gegenüber der Obliegenheit zur Ausübung einer Erwerbstätigkeit zur Sicherstellung des Unterhalts minderjähriger Kinder eingeräumt werden.[222]

94 Geht es bei einer staatlich bewilligten Umschulungsmaßnahme darum, dass der Unterhaltsschuldner erstmals eine abgeschlossene Berufsausbildung erlangt, kann einer solchen Erstausbildung

---

214 BGH FamRZ 1994, 372.
215 BGH FamRZ 2011, 1874 mit Anm. Graba.
216 OLG Hamm FamRZ 1998, 979 mit Anm. Born und Anm. Struck FamRZ 1998, 1610 – Nachholung des Hauptschulabschlusses.
217 OLG Karlsruhe FamRZ 1981, 559; OLG Bamberg FamRZ 1989, 93.
218 BGH FamRZ 1983, 140.
219 BGH FamRZ 1987, 930.
220 OLG Bamberg FamRZ 2000, 307 = FuR 2000, 188.
221 BGH FamRZ 1981, 539; OLG Thüringen NJW-RR 2004, 76 – für die Dauer einer vom Arbeitsamt bewilligten Umschulung.
222 OLG Thüringen ZfJ 2004, 198.

Müting

unter Umständen Vorrang auch gegenüber der Obliegenheit zur Ausübung einer Erwerbstätigkeit zur Sicherstellung des Unterhalts minderjähriger Kinder eingeräumt werden.[223] Hat sich der Unterhaltsschuldner jedoch in der Vergangenheit stets auf die Ausübung von ungelernten Arbeiten beschränkt, und entschließt sich erst später zur Aufnahme einer Berufsausbildung, obwohl sich der Anlass, seine Arbeits- und Verdienstchancen durch eine Ausbildung zu verbessern, für ihn nicht verändert hat, so ist zu prüfen, ob es ihm zuzumuten ist, die nunmehr angestrebte Ausbildung zu verschieben und ihre Aufnahme so lange zurückzustellen, bis seine Kinder nicht mehr unterhaltsbedürftig sind oder mit einem etwaigen reduzierten Unterhalt, den der Unterhaltspflichtige auch während seiner Ausbildung zu leisten im Stande ist, ihr Auskommen finden.[224]

Die **Bewilligung** einer **Umschulung** ist lediglich ein **Indiz** dafür, dass der Unterhaltsschuldner von **95** der Bundesagentur für Arbeit nicht zu vermitteln ist bzw. dass die Umschulung arbeitsmarktpolitisch und individuell sinnvoll ist und bessere Beschäftigungsmöglichkeiten als die bisherige Ausbildung bieten wird. Der gesteigert Unterhaltspflichtige muss daher weiterhin konkret zu seinen Erwerbschancen, aber auch zum Umfang der Weiterbildungsmaßnahme substantiiert vortragen, um die Feststellung zu ermöglichen, ob ein den Mindestunterhalt deckender Verdienst nicht zu erwarten ist.[225] Absolviert der Unterhaltsschuldner eine von der Arbeitsverwaltung bewilligte Umschulungsmaßnahme, dann steht jedenfalls dann der notwendige Selbstbehalt eines Erwerbstätigen zu, wenn die Umschulung ihn nach dem mit ihr verbundenen Aufwand in wenigstens gleichem Maße zeitlich in Anspruch nimmt, wie wenn er vollschichtig erwerbstätig wäre.[226]

Regelmäßig wird es die gesteigerte Unterhaltspflicht gegenüber minderjährigen Kindern aber **96** erfordern, eine Umschulungsmaßnahme zurückzustellen und einer den Mindest-Kindesunterhalt sicherstellenden Erwerbstätigkeit nachzugehen.[227] Für die Dauer einer vom Arbeitsamt bewilligten Umschulung kann sich der Unterhaltsschuldner gegenüber minderjährigen Kindern daher nicht auf Leistungsunfähigkeit berufen, wenn er zuvor über einen Zeitraum von 20 Monaten ungelernte Tätigkeiten ausgeübt hat, obwohl er nicht über eine Berufsausbildung verfügt, die ihm eine ausreichende Lebensgrundlage bietet.[228] Nimmt ein Elternteil, der einem minderjährigen Kind gegenüber unterhaltspflichtig ist, an einer **Umschulung** teil, die den Umfang einer vollschichtigen Erwerbstätigkeit hat, kann gleichwohl die Ausübung einer Nebentätigkeit zumutbar sein.[229]

Ein Zeitsoldat hat die nach Beendigung seiner Bundeswehrzeit gewährte Übergangsbeihilfe im **97** Rahmen einer sparsamen Wirtschaftsführung auch zur Deckung des Unterhaltsbedarfs seines minderjährigen Kindes zu verwenden. Er kann sich nicht auf Leistungsunfähigkeit berufen, wenn er ein Studium bzw. eine Zweitausbildung eigennützig und ohne Rücksicht auf seine Unterhaltspflichten aufnimmt. Das ist jedoch dann nicht der Fall, wenn er nach einer 12-jährigen Dienstzeit bei der Bundeswehr als Zeitsoldat eine Ausbildung für einen Beruf im Zivilleben beginnen muss. Seine Unterhaltspflicht bemisst sich in diesem Fall nach seiner tatsächlichen Leistungsfähigkeit.[230]

Unterhaltsrechtliche Entlastungen gelten ferner für die **Examenszeit**. In der Endphase einer Aus- **98** bildung, also während des Examens und der Zeit der intensiven Vorbereitung hier auf, kann von dem Unterhaltsschuldner die Fortsetzung bisheriger Nebentätigkeiten nicht mehr verlangt werden. Der damit verbundene zeitweise Wegfall jeglicher Unterhaltszahlungen ist bei Abwägung der

---

223 OLG Thüringen ZfJ 2004, 198.
224 BGH FamRZ 1994, 372; OLG Thüringen ZfJ 2004, 198.
225 OLG Brandenburg FuR 2004, 38.
226 OLG Dresden FamRZ 2006, 1703.
227 OLG Hamm OLGR 2003, 173.
228 OLG Thüringen FuR 2004, 304 = NJW-RR 2004, 76 mit Anm. Wiedenlübbert NJ 2004, 131.
229 KG NJWE-FER 2001, 1179; vgl. auch OLG Hamm FamRZ 1995, 756 (nur Teilnahme an Umschulungsmaßnahmen genügt nicht), andererseits jedoch OLG Thüringen FamRZ 1999, 1523; OLG Dresden FamRZ 1997, 836.
230 BGH FamRZ 1987, 930.

Belange von Unterhaltsgläubiger und -schuldner hinzunehmen, wenn der erfolgreiche Abschluss des nicht gegen den Willen des Unterhaltsberechtigten aufgenommenen, die Einkommenschancen erhöhenden Studiums letztlich auch diesem zugute kommt; daher ist auch nicht unmittelbar vor dem Examen die Aufnahme eines Kredits zuzumuten.[231]

e) Freiwillige Aufgabe der Selbständigkeit

99   Auch der **unterlassene Berufswechsel** kann wegen Verletzung dieser Obliegenheit zur Anrechnung fiktiver Einkünfte führen. Ist ein Betrieb nicht nur vorübergehend unrentabel, oder gibt der Unterhaltsschuldner eine selbständige Tätigkeit auf, weil sie seiner Meinung nach nicht genug einbringt, dann muss er sich umgehend zielgerichtet und mit aller Intensität um eine besser bezahlte **abhängige Erwerbstätigkeit** mit besseren Einkommensmöglichkeiten bemühen.[232] Ist das **Unternehmen unverschuldet** in Not geraten,[233] muss sich der Unterhaltsschuldner nachhaltig um baldige Unternehmenssanierung kümmern. Sind die Prognosen insoweit nicht besonders gut, dann muss er sich sofort um eine nichtselbständige Tätigkeit – gegebenenfalls auch nach Umschulung – bemühen.[234]

100   Hat der Unterhaltsschuldner kurz vor der Trennung der Eheleute einen selbständigen Malerbetrieb übernommen, aus dessen Gewinn ihm weniger als das Einkommen eines Malergesellen verbleibt, besteht spätestens nach Ablauf von zwei Jahren Veranlassung, den Betrieb aufzugeben und die frühere Tätigkeit als angestellter Malermeister mit einem Gehalt in früherer Höhe wieder aufzunehmen.[235] Wird der Unterhaltsschuldner infolge Untersagung seines Gewerbes zur Aufgabe seines selbständigen Malerbetriebes gezwungen, dann kann ihm während der Übergangszeit bis zur Aufnahme einer nichtselbständigen Tätigkeit jedenfalls dann kein fiktives Einkommen zugerechnet werden, wenn er die Schließung seines Gewerbebetriebs nicht selbst bewusst herbeigeführt hat.[236]

101   Lässt es der Unterhaltsschuldner im Vertrauen darauf, dass er im Rechtsmittelzug ein ihm günstigeres Ergebnis erzielen könnte, auf Vollstreckungsmaßnahmen ankommen, ohne ihm zur Verfügung stehende Abwendungsmöglichkeiten zu ergreifen, und provoziert er damit die Kündigung eines Vertrages über freiberufliche Tätigkeit durch seinen Vertragspartner und macht sich dadurch leistungsunfähig, so ist er aus unterhaltsrechtlicher Sicht einkommensmäßig so zu behandeln, als bestünde der gekündigte Vertrag fort. Dieses Verhalten ist leichtfertig und rechtfertigt es, dem Unterhaltsschuldner weiterhin die bisher erzielten Einkünfte aus selbständiger Tätigkeit (fiktiv) zuzurechnen.[237]

f) Unfreiwilliger, auch selbst verschuldeter Verlust des Arbeitsplatzes

102   Ein **selbstverschuldeter,** aber doch **ungewollter Verlust** des **Arbeitsplatzes** kann unterhaltsrechtlich nicht ohne Weiteres den Fällen freiwilliger Aufgabe einer versicherungspflichtigen Tätigkeit gleichgestellt werden. Der Unterhaltsschuldner kann sich jedoch dann nicht auf begrenzte Leistungsfähigkeit infolge selbst verschuldeten **unfreiwilligen Verlusts** des **Arbeitsplatzes** berufen, wenn er den Verlust durch unterhaltsbezogene Mutwilligkeit selbst herbeigeführt, also die Möglichkeit des Eintritts der Leistungsunfähigkeit als Folge seines Verhaltens erkannt und im Bewusstsein dieser Möglichkeit, wenn auch im Vertrauen auf den Nichteintritt jener Folge, gehandelt hat

---

231 OLG Hamm FamRZ 1992, 469 – betreffend eine Zweitausbildung.
232 OLG Koblenz FamRZ 1984, 1225; OLG Dresden FamRZ 1999, 396; OLG Celle FuR 2004, 313.
233 OLG Hamburg DAVorm 2000, 609.
234 BGH FamRZ 1999, 843.
235 OLG Düsseldorf FamRZ 1997, 1078.
236 OLG Frankfurt FamRZ 1995, 98.
237 OLG Köln NJW-RR 2009, 370.

(»**unterhaltsbezogene Leichtfertigkeit**«),[238] etwa wenn ein Zeitsoldat fahnenflüchtig wird.[239] Auf eingeschränkte/fehlende Leistungsfähigkeit kann sich hingegen nicht berufen, wer eine ihm gebotene Möglichkeit, eine zumutbare andere versicherungspflichtige, auch schlechter bezahlte Tätigkeit aufzunehmen, ausgeschlagen hat.[240] Nach einem **selbstverschuldeten Arbeitsplatzverlust** muss sich der Unterhaltsschuldner nur für eine Übergangszeit verdienstmäßig so stellen lassen, wie er stünde, wenn er den Arbeitsplatz noch inne hätte.[241]

Auch bei einem unverschuldeten Arbeitsplatzverlust muss sich der Unterhaltsschuldner ausreichend um eine neue Arbeit bemühen und seine Arbeitskraft entsprechend seiner Vorbildung, seinen Fähigkeiten und der Arbeitsmarktlage bestmöglich einsetzen. Kann er in seinem Beruf keine neue Anstellung erlangen, hat dies zur Folge, dass er auf die Annahme von Aushilfstätigkeiten verwiesen werden kann.[242]   **103**

aa) Grundzüge

Verliert der Unterhaltsschuldner seinen Arbeitsplatz zwar selbst verschuldet, aber doch unfreiwillig, dann kann er sich auf eingeschränkte oder gar mangelnde Leistungsfähigkeit berufen, sofern der Verlust des Arbeitsplatzes nicht **unterhaltsrechtlich vorwerfbar** ist.[243] Die Kausalität zwischen Fehlverhalten und Arbeitsplatzverlust reicht dabei für sich allein nicht aus, um eine unterhaltsbezogene Leichtfertigkeit zu bejahen, zumal die Folgen einer auf diese Weise entstehenden Einkommensminderung die unterhaltsberechtigten Angehörigen auch in intakter Ehe treffen und als durch die Wechselfälle des Lebens bedingt hinzunehmen sind.[244] Es bedarf vielmehr neben der Bewertung der **Schwere** des **Verschuldens** an dem ungewollten Arbeitsplatzverlust noch der **weiteren** Feststellung, ob die dem **Fehlverhalten** zugrunde liegenden **Vorstellungen** und **Antriebe** sich auch auf die Verminderung der unterhaltsrechtlichen Leistungsfähigkeit als Folge des Verhaltens erstreckt haben.[245]   **104**

Diese Anforderungen führen dazu, dass die unterhaltsrechtliche Vorwerfbarkeit einer durch einen selbstverschuldeten Verlust des Arbeitsplatzes entstehenden Einkommensminderung auf schwerwiegende Gründe zu beschränken ist, und Fälle leichteren Verschuldens hinzunehmen sind, insb. wenn sich das Fehlverhalten nicht gegen den Unterhaltsgläubiger richtet.[246] Notwendig ist eine wertende Gesamtbetrachtung aller Umstände des jeweiligen Einzelfalles, um ein verantwortungsloses Verhalten festzustellen.[247]   **105**

Der Unterhaltsschuldner kann sich auf verminderte/fehlende Leistungsfähigkeit nicht berufen, wenn er in verantwortungsloser, zumindest unterhaltsbezogen leichtfertiger Weise die **Kündigung** seines bisherigen versicherungspflichtigen Arbeitsverhältnisses **verschuldet** hat[248] (etwa durch Bummeln oder bei Verlust des Arbeitsplatzes eines Berufskraftfahrers wegen alkoholbedingter Ver-   **106**

---

238 BGH FamRZ 1985, 158 = FuR 2000, 472 – Anrechnung fiktiver Einkünfte nach Kündigung des Arbeitsvertrages wegen Diebstahls am Arbeitsplatz; OLG Naumburg Blutalkohol 38 [2001], 64 = OLG Naumburg FamRZ 2001, 565 [Ls]: schuldhafter Verlust des Arbeitsplatzes in Kenntnis der Unterhaltspflichten aufgrund eines unter Alkoholeinfluss verursachten Verkehrsunfalls mit Führerscheinentzug.
239 OLG Bamberg FamRZ 1997, 1486.
240 BGH FamRZ 1988, 597.
241 OLG Schleswig FuR 2001, 570 – keine Fiktion des vormaligen Einkommens für alle Zukunft.
242 Vgl. BVerfG FamRZ 2010, 183; so auch BGH FamRZ 1994, 372.
243 OLG Schleswig NJW-RR 2007, 152.
244 BGH FamRZ 1993, 1055.
245 BGHZ 124, 210 = BGH FamRZ 1994, 242.
246 BGH FamRZ 1993, 1055.
247 OLG Hamm FamRZ 1999, 1528; OLG Karlsruhe NJWE-FER 2000, 73.
248 BGH FamRZ 1988, 597; OLG Frankfurt FamRZ 1993, 203 [Revisionsurteil: BGH FamRZ 1994, 240].

kehrsstraftaten,[249] Alkoholisierung am Arbeitsplatz trotz Abmahnung oder Diebstahl gegenüber Arbeitgeber,[250] bei Aufgabe des Arbeitsverhältnisses wegen Konflikten am Arbeitsplatz),[251] oder wenn er sich einfach in das soziale Netz fallen lässt.[252] Er handelt leichtfertig, wenn sich mehrfach, ohne krank zu sein, von einem Arzt hat »krankschreiben« lassen und so eine Kündigung seines Arbeitsverhältnisses provoziert,[253] aber auch, wenn er eine ihm gebotene Möglichkeit, eine zumutbare **andere versicherungspflichtige Arbeit** aufzunehmen, nicht wahrgenommen, sich statt dessen ohne Versicherungsschutz als freier Vertreter betätigt und dann durch einen Arbeitsunfall keine Einkünfte aus Lohnfortzahlung oder Krankengeld erzielt hat.[254]

107 Der für seine Leistungsunfähigkeit darlegungs- und beweisbelastete Unterhaltsschuldner kann sich nicht ohne weiteres darauf berufen, er habe seinen Arbeitsplatz wegen krankheitsbedingter Fehlzeiten verloren; vielmehr muss er auch vortragen, inwieweit die Erhebung einer Kündigungsschutzklage erfolgversprechend gewesen wäre.[255] Folgen die fehlende Leistungsfähigkeit bzw. Bedürftigkeit einer Erkrankung, dann besteht eine unterhaltsrechtliche Pflicht, sich einer **Behandlung** zu unterziehen, wenn Aussicht auf Heilung oder Besserung besteht. Der Kranke muss jedoch noch die Notwendigkeit der Behandlung erkennen und in der Lage sein entsprechend zu handeln.[256]

108 Verliert der Unterhaltsschuldner seinen Arbeitsplatz, ohne dass er verantwortungslos oder leichtfertig gehandelt hat, dann ist er im Rahmen seiner Erwerbsobliegenheit verpflichtet, alles zu unternehmen, um wieder zumutbare Einkünfte zu erzielen. Befindet er sich (lediglich) in einem **Probearbeitsverhältnis**, dann muss er sich schon während dieser Tätigkeit vorsorglich um eine adäquate anderweitige Beschäftigung bemühen.[257]

bb) Verlust des Arbeitsplatzes infolge alkoholisierten Verhaltens

109 Der Verlust des Arbeitsplatzes infolge **alkoholisierten** Verhaltens kann zur Anrechnung fiktiven Einkommens führen, wenn der Arbeitnehmer nach allgemeinen Grundsätzen die Kündigung unterhaltsbezogen leichtfertig verschuldet, also die mögliche Begrenzung seiner Leistungsfähigkeit als Folge seines Verhaltens erkannt und sie in Kauf genommen hat.[258] Der Verlust des Arbeitsplatzes infolge einer bereits vor der Ehe bestehenden Alkoholkrankheit ist unterhaltsrechtlich nicht vorwerfbar; vorwerfbar ist jedoch der Abbruch einer Entzugstherapie in voller Einsichtsfähigkeit in die Alkoholerkrankung und deren Folgen für die Unterhaltsansprüche der geschiedenen Ehefrau und des gemeinsamen Kindes.[259] Eine alkoholbedingte Kündigung kann trotz des Krankheitscharakters der Alkoholabhängigkeit dann unterhaltsrechtlich vorwerfbar sein, wenn der Arbeitnehmer seine Abhängigkeit leichtfertig und unentschuldbar herbeigeführt hat.[260] Der

---

249 OLG Bamberg FamRZ 1987, 699.
250 BGH FamRZ 2000, 815 = FuR 2000, 472 – Anrechnung fiktiver Einkünfte nach Kündigung des Arbeitsvertrages wegen Diebstahls am Arbeitsplatz.
251 OLG Hamm FamRZ 1997, 357.
252 OLG München FamRZ 1994, 1406.
253 OLG Hamm FamRZ 1998, 979 mit Anm. Born und Anm. Struck FamRZ 1998, 1610.
254 BGH FamRZ 1988, 597.
255 OLG Hamm FamRZ 2002, 1427.
256 OLG Hamm NJW-RR 2003, 510; s. auch BGH FamRZ 1996, 345 = FuR 2004, 30 zu der Frage, unter welchen Voraussetzungen einem Unterhaltsschuldner, der krankheitsbedingt seinen früheren Arbeitsplatz aufgegeben hat und nunmehr erheblich weniger verdient als zuvor, ein höheres fiktives Erwerbseinkommen zugerechnet werden kann.
257 OLG Hamm FamRZ 1999, 43.
258 BGH FamRZ 1993, 1055 – wegen wiederholten Arbeitsantritts in alkoholisiertem Zustand und daher »in grober Weise arbeitsvertragswidrig«; 2000, 2351 – Berufskraftfahrer; KG FamRZ 2001, 1617 – bereits länger andauernde Alkoholkrankheit; s. hierzu auch OLG Bamberg FamRZ 1987, 699 – Berufskraftfahrer.
259 KG FamRZ 2001, 1617 – bereits länger andauernde Alkoholkrankheit.
260 OLG Hamm FamRZ 1996, 1017 – keine Vorwerfbarkeit bei krebsbegründeter Alkoholabhängigkeit.

Unterhaltsgläubiger muss Einkommenseinbußen durch vorzeitige Verrentung hinnehmen,[261] auch bei Pensionierung infolge Alkoholabhängigkeit.[262] Krankheitsbedingte Erwerbsunfähigkeit ist nicht schon deshalb anzunehmen, weil der Unterhaltsschuldner einige Tage in einer psychiatrischen Fachklinik verbracht hat, in der ihm Alkoholismus attestiert wurde. Vereitelt er die von ihm selbst beantragte Begutachtung durch einen Sachverständigen dadurch, dass er mehrfach zu Untersuchungsterminen unentschuldigt nicht erscheint, so bleibt er für die behauptete Leistungsunfähigkeit beweisfällig.[263]

Allerdings muss der Unterhaltsschuldner Maßnahmen zur **Beseitigung** seiner **Alkoholabhängigkeit** treffen.[264] Ihm obliegt unterhaltsrechtlich deshalb von dem Zeitpunkt an, in dem die Einsichts- und Steuerungsfähigkeit vorhanden ist, eine Therapie durchzuführen und sich anschließend wieder in das Arbeitsleben einzugliedern. Kommt er dieser Verpflichtung nicht nach, ist ihm vorzuwerfen, dass er die Therapie abgebrochen hat, obwohl ihm die Folgen seines Handelns klar gewesen sind. In der Regel entlastet nur eine krankheits- oder suchtbedingte Beeinträchtigung der Einsicht- oder Willenskraft von der unterhaltsrechtlichen Vorwerfbarkeit.[265]   **110**

cc) Längere Strafhaft

Längere Strafhaft führt **regelmäßig** zur **Leistungsunfähigkeit.** Der Unterhaltsschuldner kann sich   **111** **ausnahmsweise** nach Treu und Glauben nur dann nicht auf seine durch eine Strafhaft bedingte Leistungsunfähigkeit berufen, wenn die Strafhaft auf einem Fehlverhalten beruht, das sich gerade auf die Unterhaltspflicht gegenüber dem Unterhaltsgläubiger bezieht;[266] sein für den Verlust des Arbeitsplatzes ursächliches Verhalten muss sich seinerseits als eine Verletzung seiner Unterhaltspflicht darstellen. Für diesen erforderlichen **unterhaltsrechtlichen Bezug** der Straftat genügt es daher nicht, dass diese für den Arbeitsplatzverlust kausal geworden ist; auch reicht es nicht aus, dass sich der Arbeitsplatzverlust auf den Lebensstandard nicht nur des Täters, sondern auch seiner unterhaltsberechtigten Angehörigen auswirkt, denn derartige Folgen treffen die Angehörigen auch in einer intakten Familie und werden in der Regel als durch die Wechselfälle des Lebens bedingt hingenommen:[267] Die Strafhaft muss auf einem Fehlverhalten beruhen, das sich gerade auf die Unterhaltspflicht bezieht;[268] die bloße Vorhersehbarkeit des Arbeitsplatzverlustes genügt nicht.[269] Eine Zurechnung fiktiven Einkommens auch bei nicht-unterhaltsbezogenem Fehlverhalten des Unterhaltsschuldners, mag es auch gegen den an sich Unterhaltsberechtigten oder ihm nahestehende Personen gerichtet sein, führt zu einer – im Falle der Strafhaft sogar erneuten – Sanktionierung dieses Verhaltens und gehört nicht zu den Aufgaben des Unterhaltsrechts.[270]

Insoweit bedarf es einer auf den Einzelfall bezogenen Wertung dahin, ob die der Tat zugrundeliegenden Vorstellungen und Antriebe sich auch auf die Verminderung der unterhaltsrechtlichen Leistungsfähigkeit als Folge des strafbaren Verhaltens erstreckt haben.   **112**

Fehlt es an einem solchen **objektiven Unterhaltsbezug** der der Strafhaft zugrunde liegenden **Tat,**   **113** kann sich das Fehlverhalten des Täters zwar – auch – als eine Verletzung seiner Unterhaltspflicht darstellen. Hierzu bedarf es jedoch einer auf den Einzelfall bezogenen Wertung dahin, ob die der Tat zugrundeliegenden Vorstellungen und Antriebe des Täters sich gerade auch auf die Verminde-

---

261 BGH FamRZ 1984, 662, 663.
262 OLG Frankfurt FamRZ 1985, 1043.
263 OLG Hamm NJW-RR 1994, 965.
264 OLG Düsseldorf FamRZ 1985, 310.
265 OLG Hamburg FamRZ 1998, 182; Finke, FPR 1998, 12; Förster FamRZ 1999, 1250.
266 BGH FamRZ 2002, 813 = FuR 2002, 236 [Berufungsurteil: OLG Stuttgart FamRZ 2000, 1247].
267 BGH FamRZ 1993, 1055.
268 BGH FamRZ 2002, 813 = FuR 2002, 236.
269 BGH FamRZ 1982, 792 = FuR 2000, 472.
270 BGH FamRZ 2002, 813 = FuR 2002, 236 [Berufungsurteil: OLG Stuttgart FamRZ 2000, 1247].

rung seiner unterhaltsrechtlichen Leistungsfähigkeit als Folge seines strafbaren Verhaltens erstreckt haben.[271] Dabei bietet die bloße Vorhersehbarkeit des Arbeitsplatzverlusts für sich genommen keinen geeigneten Anknüpfungspunkt, um den unterhaltsrechtlichen Bezug einer vom Unterhaltsschuldner begangenen Straftat zu begründen.[272] Die nachteiligen Folgen, die eine Straftat für den beruflichen Werdegang des Straftäters mit sich bringen kann, werden nämlich bei vernünftiger Betrachtung stets auf der Hand liegen; sie dürften sich zudem auch nicht ohne weiteres auf besonders schwerwiegende Straftaten beschränken lassen.

114 Dem Unterhaltsschuldner ist die Berufung auf die eigene Leistungsunfähigkeit nur dann versagt, wenn er seine Leistungsunfähigkeit durch **unterhaltsbezogene Mutwilligkeit** herbeigeführt hat. Dies hat der BGH für den von § 1579 Nr. 3 erfassten Fall einer vom Unterhaltsgläubiger selbst verursachten Bedürftigkeit wiederholt entschieden.[273] Für den umgekehrten, gesetzlich nicht besonders geregelten Fall der vom Unterhaltsschuldner selbst verursachten eigenen Leistungsunfähigkeit können – schon im Hinblick auf den nur von § 242 eingeschränkten Grundsatz des § 1603 Abs. 1 – keine geringeren Anforderungen gelten. Bei **Leichtfertigkeit**, die gewöhnlich bewusste Fahrlässigkeit sein wird, ergibt sich damit das Erfordernis, dass der Unterhaltsschuldner die Möglichkeit des Eintritts der Leistungsunfähigkeit als Folge seines Verhaltens erkennt und im Bewusstsein dieser Möglichkeit, wenn auch im Vertrauen auf den Nichteintritt jener Folge handelt, wobei er sich unter grober Missachtung dessen, was jedem einleuchten muss, oder in Verantwortungslosigkeit und Rücksichtslosigkeit gegen den Unterhaltsgläubiger über die erkannte Möglichkeit nachteiliger Folgen für seine Leistungsfähigkeit hinwegsetzt.[274]

115 Allerdings gibt es keinen Grundsatz des Inhalts, dass sich der eine **Freiheitsstrafe verbüßende** Straftäter gegenüber dem Opfer seiner Tat, dem er an sich Unterhalt schuldet, auf seine haftbedingte Leistungsunfähigkeit generell nicht berufen kann; vielmehr bedarf es auch insoweit besonderer Umstände, welche das strafbare Verhalten – zumindest auch – als eine Verletzung der dem Täter obliegenden Unterhaltspflicht erscheinen lassen. Insoweit ist – auf jeden Einzelfall bezogen – zu bewerten, ob die der Tat zugrundeliegenden Vorstellungen und Antriebe des Täters sich gerade auch auf die Verminderung seiner unterhaltsrechtlichen Leistungsfähigkeit als Folge seines strafbaren Verhaltens erstreckt haben; das erfordert eine nach Art, Schwere und Umstände der jeweiligen Straftat differenzierende Beurteilung.[275]

116 **Besondere schwerwiegende Gründe** können dem Unterhaltsschuldner im Einzelfall die Berufung auf eine Leistungsunfähigkeit nach den **Grundsätzen** von **Treu und Glauben** verwehren,[276] etwa wenn die Straftat verübt worden ist, um sich absichtlich einer Unterhaltspflicht zu entziehen: Niemand soll allein dadurch von seiner Unterhaltsschuld freikommen, dass er gerade diese Unterhaltspflicht verletzt. Leistungsunfähigkeit infolge längerer **Strafhaft** ist daher grundsätzlich unbeachtlich, wenn die Straftat in Zusammenhang mit der Unterhaltspflicht steht. Ein solcher **unterhaltsrechtlicher Bezug** zur Straftat ist dann zu bejahen, wenn der Unterhaltsschuldner sich gerade deshalb in Strafhaft befindet, weil er seine Unterhaltspflicht gegenüber dem **Berechtigten** verletzt hat (§ 170b StGB),[277] wenn gerade die bestrafte Tat dazu geführt hat, dass der **Unterhaltsgläubiger** (nicht jedoch Dritte)[278] – etwa durch Schädigung seines Vermögens, durch eine Körperverletzung oder durch die Tötung eines vorrangig Unterhaltspflichtigen – (vermehrt) unterhalts-

---

271 BGH FamRZ 1982, 913, 914 f; 1994, 240, 241; 2000, 815, 816 = FuR 2000, 472 = FuR 2002, 236.
272 BGH FamRZ 2000, 815, 816 = FuR 2000, 472.
273 BGH FamRZ 1981, 1042, 1044 f; 1984, 364, 367 f; 2002, 813 = FuR 2002, 236.
274 BGH FamRZ 2002, 813 = FuR 2002, 236 [Berufungsurteil: OLG Stuttgart FamRZ 2000, 1247].
275 OLG Karlsruhe NJW-RR 1997, 1165.
276 BGH FamRZ 1982, 792 – Schrottdiebstahls beim Arbeitgeber.
277 OLG Düsseldorf FamRZ 1980, 718.
278 OLG Köln FamRZ 2003, 1203 – Verbüßung einer mehrjährigen Freiheitsstrafe wegen Vergewaltigung der gesetzlichen Vertreterin des Unterhalt begehrenden Kindes.

bedürftig geworden ist,[279] oder wegen schwerer Verfehlungen gegen das Leben oder die Gesundheit des Unterhaltsgläubigers oder seiner Angehörigen. Unter Umständen kann in dem Fall, dass der Unterhaltsschuldner seine (zweite) Ehefrau tötet und anschließend einen erfolglosen Selbsttötungsversuch unternimmt, die unterhaltsrechtliche Vorwerfbarkeit der durch seine Straftat bedingten Leistungsunfähigkeit verneint werden.[280]

Darf sich der Unterhaltsschuldner auf Beschränkung seiner Leistungsfähigkeit berufen, dann ist die Unterhaltsverpflichtung während der voraussichtlichen Dauer der Strafhaft einzuschränken,[281] im Regelfall also nur bis zur voraussichtlichen Entlassung nach Verbüßung von 2/3 der Strafe.[282] **117**

Bezüge zu **Sexualstraftaten** sind schwierig zu beurteilen. Zutreffend geht der BGH[283] davon aus, dass sich der Täter einer Sexualstraftat regelmäßig keine Vorstellungen darüber macht, dass er auf Grund seiner Tat seinen Arbeitsplatz verlieren und als Folge auch seine unterhaltsrechtliche Leistungsfähigkeit einbüßen werde. Das gilt namentlich dort, wo Sexualdelikte des Vaters gegenüber seinen minderjährigen Kindern in Rede stehen. Gerade in diesem familiären Bereich wird, sofern überhaupt Überlegungen angestellt werden, damit gerechnet, dass die Taten nicht entdeckt oder jedenfalls nicht zur Anzeige gebracht werden. Der Umstand, dass sich letztlich jeder Straftäter der Gefahr der Entdeckung, der Bestrafung und des Arbeitsplatzverlusts bewusst sein müsste, reicht jedoch für den Unterhaltsbezug der Straftat aber nicht aus. **118**

Wird eine Einsatzpflicht bejaht und verfügt ein Inhaftierter neben dem Hausgeld über weitergehende Ansprüche, um seinen eigenen Bedarf zu befriedigen, ist auch das **Hausgeld** für seine Unterhaltsverpflichtungen zu verwenden. Nicht zu Unterhaltszwecken einzusetzen ist demgegenüber das erst am Ende der Haftzeit auszuzahlende **Überbrückungsgeld**.[284] **119**

Gegenüber einem minderjährigen Kind ist der notwendige Selbstbehalt eines Unterhaltsschuldners insoweit zu bereinigen, als er während seines Aufenthalts in der Justizvollzugsanstalt sowohl kostenfrei wohnt als auch kostenfrei verpflegt wird.[285] Der **Selbstbehalt eines inhaftierten Unterhaltsschuldners**, der im offenen Vollzug einer Erwerbstätigkeit nachgeht, beträgt in der Regel 280 €. Dieser Betrag ist um den von dem Strafgefangenen zu tragenden Haftkostenbeitrag zu erhöhen.[286]

dd) Altersteilzeit

Ein Verstoß gegen die Erwerbsobliegenheit durch die **Vereinbarung** von **Altersteilzeit** besteht nicht, wenn für eine derartige Vereinbarung Veranlassung bestand (etwa gesundheitliche Beeinträchtigungen des Unterhaltsschuldners). **120**

ee) Renteneintritt

Auch nach Vollendung des 65. Lebensjahrs (regelmäßiger Eintritt in das Renten-/Pensionsalter) ist dem Vater minderjähriger Kinder eine Erwerbstätigkeit im Rahmen einer geringfügigen Tätigkeit zumutbar, wenn dies erforderlich ist, um den Mindestunterhalt der Kinder sicherzustellen.[287] Der Unterhaltsschuldner darf daher auch seine selbständige Tätigkeit auch nach Eintritt in das **121**

279 BGH FamRZ 1982, 913, 914.
280 OLG Karlsruhe FamRZ 1998, 45.
281 BGH FamRZ 1982, 792.
282 OLG Koblenz FamRZ 1998, 44; NJWE-FER 1999, 296; OLG Zweibrücken FamRZ 1990, 553; OLG Stuttgart FamRZ 2000, 1247 – Berufungsurteil zu BGH FamRZ 2002, 813 = FuR 2002, 236.
283 BGH FamRZ 2002, 813 = FuR 2002, 236 unter Bezugnahme auf OLG Koblenz FamRZ 1998, 44; OLG Schleswig FuR 2006, 286 = OLGR 2006, 317.
284 OLG Hamm FamFR 2011, 32.
285 OLG Hamm FamFR 2011, 32.
286 OLG Hamm FamRZ 2004, 1743.
287 OLG Koblenz OLGR 2003, 193.

Rentenalter nur aus triftigem Grund aufgeben, wenn ansonsten der Regelbedarf seines minderjährigen Kindes gefährdet ist.[288]

g) Rechtsfolgen der Einkommensfiktionen

122 Das **fiktiv anzunehmende Einkommen** ist zunächst an dem **früheren Einkommen** des Unterhaltsschuldners zu orientieren, sofern dieser bei gehörigen Bemühungen wieder entsprechende Einkünfte erzielen könnte, insb. wenn er über längere Zeit hinweg Einkommen in entsprechender Höhe erzielt und davon den Lebensunterhalt der Familie bestritten hat.[289] Maßstab sind im Übrigen nicht die untersten beruflichen Möglichkeiten, sondern die bei **entsprechendem zumutbaren Einsatz erzielbaren Einkünfte**.[290] Genügt eine teilschichtige Erwerbstätigkeit der Erwerbsobliegenheit nicht, dann ist das fiktive Einkommen nach einer vollschichtigen Berufstätigkeit zu bemessen.[291] Beschäftigt sich der Unterhaltsschuldner in der Gastwirtschaft seines nichtehelichen Lebenspartners ohne ausreichende Bezüge, dann kann das Betriebsergebnis der Gastwirtschaft zugrundegelegt werden.[292]

123 Kann der Unterhaltsschuldner aus **persönlichen Gründen** (etwa Gesundheitszustand) seinen erlernten **Beruf** nicht mehr ausüben, muss er anderweitige Erwerbstätigkeit aufnehmen, erst recht, wenn er in der Vergangenheit berufsfördernde Maßnahmen in Anspruch genommen hat.[293] Unabhängig von der Erwerbsobliegenheit bzw. von ausreichenden Arbeitsbemühungen kann fiktives Einkommen allerdings nur begrenzt zugerechnet werden, wenn der Unterhaltsschuldner auf Grund seines Alters, seiner beruflichen Vorbildung und seiner gesundheitlich beeinträchtigten Arbeitsfähigkeit nur schwer vermittelbar und auf leichte oder zeitlich begrenzte mittelschwere Tätigkeiten beschränkt ist.[294] Unterlässt es der Unterhaltsschuldner, frühzeitig eine Erwerbsunfähigkeitsrente zu beantragen, so kommt die Unterstellung fiktiver Rentenbezüge dann nicht in Betracht, wenn Grund für die späte Antragstellung eine krankheitsbedingte Antriebsschwäche war.[295]

124 Die **Fähigkeiten** und die sich daraus ergebenden **beruflichen Möglichkeiten** sind in jedem Einzelfall unter **Gesamtabwägung aller Umstände konkret festzustellen**.[296] Diese Gesamtbetrachtung schließt auch eine Prognose der zukünftigen Leistungsfähigkeit im Wege einer hypothetischen Betrachtungsweise ein, die insb. die Beschäftigungschancen bei den derzeitigen Arbeitsmarktverhältnissen zu berücksichtigen hat.[297]

125 Die dergestalt ermittelten Einkünfte sind um den jeweiligen **Selbstbehalt** zu bereinigen,[298] sofern dieser nicht in neuer Partnerschaft bereits sichergestellt ist.[299] Lebt der Unterhaltsschuldner mit seinem neuen Ehegatten im gemeinsamen Haushalt, dann ist im Hinblick auf die infolge der gemeinsamen Haushaltsführung anzunehmenden Einsparungen bei den Lebenshaltungskosten

288 OLG Dresden NJW-RR 2003, 364; OLG Koblenz OLGR 2003, 193.
289 BGH FamRZ 2000, 1358 = FuR 2001, 220; NJWE-FER 2001, 7 = FuR 2001, 224; OLG Köln FamRZ 2000, 687; OLG Naumburg BAK 38 [2001], 64 = OLG Naumburg FamRZ 2001, 565 [Ls] – selbstverschuldeter Verlust des Arbeitsplatzes eines Kraftfahrers wegen Alkohol im Straßenverkehr.
290 OLG Düsseldorf FamRZ 1991, 220; OLG Bamberg FamRZ 1995, 436; OLG Frankfurt FamRZ 1995, 1217; OLG Hamm NJWE-FER 1997, 26 – Hilfsarbeiter: 2.000 DM.
291 OLG Hamm FamRZ 1998, 42; s. auch BGH NJWE-FER 2001, 7 = FuR 2001, 224 – teilschichtige Tätigkeit plus Zusatzarbeit.
292 OLG Hamm DAVorm 1984, 606.
293 OLG Hamm FamRZ 1995, 438.
294 OLG Schleswig OLGR 2000, 253 – Reinigungsarbeiten.
295 OLG Köln EzFamR aktuell 2001, 122 [Ls].
296 OLG Düsseldorf NJW 1994, 672; OLG Hamm FamRZ 1998, 979.
297 OLG Frankfurt ZfJ 1999, 190.
298 OLG Hamm FamRZ 1980, 73.
299 BGH FamRZ 1982, 590; OLG München FamRZ 1987, 93; a.A. OLG Frankfurt NJW 1987, 1560.

(»Generalunkostenersparnis«) der **notwendige Selbstbehalt** des Unterhaltsschuldners **abzusenken**.[300] Muss von diesen (fiktiven) Einkünften jedoch auch die neue Familie des Unterhaltsschuldners leben,[301] ist gegebenenfalls eine **Mangelfallrechnung** angezeigt.[302]

Die **Dauer der Fiktion** ist zu **begrenzen**: Tatsächlich nicht erzieltes Einkommen darf nur solange **126** zugerechnet werden, solange und soweit sich der Unterhaltsschuldner nicht hinreichend um einen neuen Arbeitsplatz bemüht.[303] Daher ist ein Unterhaltstitel, der (auch) auf der Zurechnung fiktiver Einkünfte beruht, nach angemessener Zeit abzuändern,[304] insb. bei Eintritt nachhaltiger Arbeitslosigkeit[305] bzw. auf Grund des Nachweises, dass der frühere gekündigte Arbeitsplatz auf Dauer aus gesundheitlichen Gründen nicht hätte gehalten werden können.[306]

II. »Gesteigerte« oder »verschärfte« Leistungspflicht (§ 1603 Abs. 2)

§ 1603 Abs. 2 **verschärft** die Leistungspflicht des Unterhaltsschuldners für **zwei Fallgruppen**. Der **127** Unterhaltsschuldner haftet verschärft für **Unterhaltsansprüche**

(1) **minderjähriger unverheirateter** Kinder (§ 1603 Abs. 2 Satz 1), **und**

(2) ihnen gleichgestellter **volljähriger unverheirateter Kinder** bis zur Vollendung des 21. Lebensjahres, solange sie im Haushalt der Eltern oder eines Elternteils oder auch der Großeltern[307] leben und sich in der allgemeinen Schulausbildung befinden (sog. »privilegierte Schülerkinder« bzw. »privilegierte Volljährige«, § 1603 Abs. 2 Satz 2).

Im Rahmen des § 1603 Abs. 2 trifft die Eltern die Pflicht, **alle verfügbaren Mittel** heranzuziehen **128** (auch das Elterngeld, s. § 11 BEEG)[308], sich mit dem **notwendigen** Selbstbehalt[309] zu bescheiden und – wenn der eigene Unterhalt ganz oder teilweise sichergestellt ist – auf ihn ganz oder teilweise zu verzichten, damit sie für den **angemessenen Unterhalt** ihrer minderjährigen und nach § 1603 Abs. 2 Satz 2 privilegierten volljährigen Kinder aufkommen können (»**gesteigerte**« oder »**verschärfte**« Leistungspflicht).[310] Die gesteigerte Leistungspflicht stellt eine Ausprägung des Verhältnismäßigkeitsgrundsatzes im Unterhaltsrecht dar.[311] Aus § 1603 Abs. 2 sowie aus Art. 6 Abs. 2 GG folgt insoweit die Verpflichtung der Eltern zum Einsatz der eigenen Arbeitskraft, um ihre Unterhaltspflicht ihren Kindern gegenüber gleichmäßig zu erfüllen. Daher ist nicht zu beanstanden,

---

300 BGH FamRZ 1998, 286; OLG Hamm EzFamR aktuell 2001, 50; FamRZ 2002, 982 [Ls].

301 S. BGH NJW 1985, 318.

302 BGH FamRZ 2003, 363 = FuR 2003, 75 (in Abweichung von BGHZ 104, 158 ff; BGH FamRZ 1995, 346 ff; 1996, 345 ff.; 1997, 806) mit Anm. Schöppe-Fredenburg FuR 2003, 49, Scholz FamRZ 2003, 514, Luthin FF 2003, 40, Finke FF 2003, 119, Wohlgemuth FPR 2003, 252; Knittel JAmt 2003, 165, Borth BGHR 2003, 380; s. auch OLG Hamm FamRZ 2003, 1962; OLG Dresden FuR 2004, 241 unter Hinweis auf seine damals geltenden Unterhaltsleitlinien [Stand: 01.07.2003].

303 OLG Schleswig FamRZ 1985, 69.

304 OLG Karlsruhe FamRZ 1983, 931; OLG Hamm NJW 1995, 1843 – nach knapp zwei Jahren; OLG Koblenz FamRZ 1986, 93 – nach sechs Jahren.

305 KG NJW 1985, 869.

306 OLG Hamm FamRZ 1990, 772.

307 OLG Dresden FamRZ 2002, 695 – analoge Anwendung des § 1603 Abs. 2 Satz 2.

308 OLG Bamberg FamRZ 2011, 1302.

309 Auch gegenüber nach § 1603 Abs. 2 S. 2 privilegierten volljährigen Kindern: OLG Koblenz FamRZ 2004, 829 = FuR 2004, 320.

310 Zu den allgemeinen Anforderungen an die Erfüllung der gesteigerten Erwerbsobliegenheit s. etwa BGH FamRZ 1996, 345; FamRZ 2003, 1471 = FuR 2004, 30; OLG Brandenburg FuR 2004, 38; s. auch OLG Naumburg FuR 2004, 310 – Ausländer ohne Arbeitserlaubnis bei kurz bevorstehender Ausreise; Wiedenlübbert NJ 2002, 337 ff.

311 BGH FamRZ 2011, 1041 = FuR 2011, 458.

hierbei im Einzelfall auch Einkünfte aus überobligatorischer Erwerbstätigkeit[312] und **fiktiv erziel-bare Einkünfte** zu berücksichtigen, wenn der Unterhaltsschuldner eine ihm mögliche und zumut-bare Erwerbstätigkeit unterlässt, obwohl er diese »bei gutem Willen« ausüben könnte.[313] Voraus-setzung einer Zurechnung fiktiver Einkünfte ist mithin, dass dem Unterhaltspflichtigen im Hin-blick auf seine Leistungsfähigkeit ein **unterhaltsbezogen leichtfertiges Verhalten** vorgeworfen wer-den kann, weil er die ihm zumutbaren Anstrengungen, eine angemessene Erwerbstätigkeit zu finden, nicht oder nicht ausreichend unternommen hat, obgleich bei genügenden Bemühungen eine **reale Beschäftigungschance** bestanden hätte.[314]

Ein unterhaltsbezogen leichtfertiges Verhalten kann dabei auch bei einer die Erwerbsfähigkeit aus-schließenden Suchterkrankung vorliegen, wenn der Unterhaltpflichtige keine therapeutischen Maßnahmen zur Suchtbekämpfung unternommen hat.[315]

129 Die Anforderungen an die Zumutbarkeit der Leistungspflichten ist umso höher, je mehr es um die Deckung des notwendigen Unterhalts der Kinder geht.[316] Die verschärfte Leistungspflicht bezieht sich dabei auch auf **Zusatzbedarf**.[317] Zur Sicherung des Unterhaltsbedarfs eines minderjährigen Kindes bis zur Höhe des jeweiligen Regelbedarfs ist der Unterhaltsschuldner verpflichtet, alle ver-fügbaren Mittel für den Unterhalt zu verwenden, alle Erwerbsmöglichkeiten auszuschöpfen und auch einschneidende Veränderungen in seiner eigenen Lebensgestaltung in Kauf zu nehmen.[318] Einem gegenüber minderjährigen Kindern Unterhaltsverpflichteten, der keine Berufsausbildung hat, ist zur Zahlung des Kindesunterhalts jede Art von Hilfstätigkeit zumutbar.[319] Der auf Zah-lung des Regelbetrages in Anspruch genommene Elternteil muss im Rahmen seiner gesteigerten Erwerbsobliegenheit seine tatsächliche Leistungsunfähigkeit substantiiert darlegen und beweisen; der bloße Hinweis auf den Bezug von Arbeitslosengeld II genügt nicht.[320]

130 Eine Mutter darf sich im Verhältnis zu ihrem minderjährigen Kind aus vorangegangener Ehe nicht auf die Betreuung eines weiteren nichtehelichen Kindes beschränken. Die Ansicht, dass die Betreuung zumindest eines Kleinkindes vorgehe und deshalb die Aufnahme einer Erwerbstätigkeit nicht verlangt werden könne, findet im Gesetz keine Stütze. Da die Unterhaltsansprüche minder-jähriger Kinder gleichrangig sind, ist es Aufgabe der Mutter, die Betreuung des Kleinkindes gege-benenfalls durch Dritte sicherzustellen, wobei die hierdurch entstehenden Kosten bei der Ermitt-lung ihres anrechenbaren Einkommens in Abzug zu bringen wären.[321]

131 Da das Gesetz in § 1603 auf die tatsächlichen Verhältnisse des Unterhaltsschuldners abstellt und seine Unterhaltspflicht danach bemisst, ob und inwieweit er imstande ist, den begehrten Unter-halt ohne Gefährdung seines eigenen angemessenen Unterhalts zu gewähren, ist auch die Sicher-stellung des eigenen Unterhalts des Unterhaltsschuldners in seiner neuen Ehe zu berücksichtigen. Bei der Beurteilung der Leistungsfähigkeit des Kindesvaters im Rahmen der Inanspruchnahme auf Kin-desunterhalt ist sein Unterhaltsanspruch gegen seine Ehefrau jedoch nicht erst im Rahmen einer

---

312 BGH FamRZ 2011, 454 = FuR 2011, 395 (Erwerbstätigkeit über die Regelaltersgrenze hinaus); BGH NJW 2011, 670.
313 Vgl. auch BVerfG FamRZ 2008, 1145.
314 BGH FamRZ 2011, 1041 = FuR 2011, 458.
315 OLG Saarbrücken FuR 2010, 356.
316 BGH FamRZ 1993, 1304.
317 OLG Düsseldorf FuR 2004, 307 – Sonderbedarf.
318 OLG Brandenburg NJW 2008, 3366.
319 OLG Stuttgart FamRZ 2008, 1653.
320 OLG Brandenburg FuR 2005, 455 = NJW-RR 2005, 949.
321 OLG Brandenburg JAmt 2004, 502; s. auch OLG Schleswig OLGR 2006, 363 zu den Erwerbsoblie-genheiten einer Mutter minderjähriger Kinder, die einer gesicherten Teilzeitbeschäftigung nachgeht.

erweiterten Leistungsfähigkeit nach § 1603 Abs. 2 zu berücksichtigen, sondern auch schon bei der Beurteilung der Leistungsfähigkeit im Rahmen des § 1603 Abs. 1.[322]

Gegenüber allen **anderen volljährigen Kindern** besteht **keine** erhöhte Leistungsverpflichtung, **132** jedoch die **allgemeine Obliegenheit**, zumutbare Einkünfte zu erzielen. Allerdings kann die verschärfte Leistungspflicht bei Betreuung gemeinsamer minderjähriger Kinder gegenüber einem weiteren, beim anderen Elternteil lebenden Kind eingeschränkt sein: Betreut der Unterhaltsschuldner zwei Kinder im Alter von 14 und 15 Jahren, ist er regelmäßig nur zu einer halbschichtigen Erwerbstätigkeit verpflichtet; auf Grund gesteigerter Unterhaltspflicht kann demnach nur eine Erwerbstätigkeit im Umfang von einer 2/3-Stelle verlangt werden.[323]

Schuldet einem minderjährigen Kind neben dem vorrangig Unterhaltspflichtigen ausnahmsweise **133** auch ein anderer leistungsfähiger Verwandter Barunterhalt, lässt dies nach § 1603 Abs. 2 Satz 3 lediglich die gesteigerte Unterhaltspflicht des vorrangig Unterhaltspflichtigen, nicht aber dessen allgemeine Unterhaltspflicht unter Wahrung seines angemessenen Selbstbehalts entfallen.[324]

1. Kreis der bevorzugten Unterhaltsgläubiger (§ 1603 Abs. 2 Satz 1 und 2)

Der Gesetzgeber hat mit dem KindUG vom 06.04.1998[325] – am 01.07.1998 in Kraft getreten – **134** die gesteigerte (verschärfte) Unterhaltspflicht der Eltern gegenüber ihren minderjährigen unverheirateten Kindern auf **volljährige unverheiratete Kinder** bis zur **Vollendung** des **21. Lebensjahres** erstreckt, wenn und solange diese im **Haushalt der Eltern** oder eines **Elternteils** – auch im Haushalt der Großeltern[326] – leben und sich in **allgemeiner Schulausbildung** befinden.[327] Liegen diese Voraussetzungen vor, dann ist die Lebensstellung der betreffenden Kinder ungeachtet der rechtlichen Beendigung der elterlichen Sorge mit der Lebensstellung minderjähriger Kinder vergleichbar; dementsprechend erscheint eine Gleichstellung im Rahmen des § 1603 Abs. 2 und des § 1609 Abs. 1 geboten.[328]

Die **Gleichstellung** erstreckt sich (nur) auf die **verschärfte Haftung** (nach § 1603 Abs. 2 Satz 2 ist **135** die Bedürftigkeit derart privilegierter Kinder ist nicht anders zu beurteilen ist als in der Zeit bis zum Eintritt der Volljährigkeit)[329] und auf den **Rang** (durch Verweisung auf § 1603 Abs. 2 Satz 2 in § 1609 Abs. 1 hat der Gesetzgeber die privilegierten volljährigen Kinder auch im Rang den minderjährigen unverheirateten gleichgestellt), **nicht** aber auf die **Bemessung des Unterhalts**. Volljährige unverheiratete Kinder bis zur Vollendung des 21. Lebensjahres, die im Haushalt der Eltern oder eines Elternteils leben und sich in der allgemeinen Schulausbildung befinden, sind trotz ihrer materiellen unterhaltsrechtlichen Gleichstellung mit minderjährigen unverheirateten Kindern mit ihren Ansprüchen nicht im Rang von § 850d Abs. 2a) ZPO zu berücksichtigen.[330]

---

322 BGH FamRZ 1980, 555 f; 1982, 590, 591; 2001, 1065, 1067 f; 2002, 742; OLG Thüringen OLG-NL 2006, 11.
323 OLG Hamm FamRZ 2003, 1961.
324 BGH FamRZ 2011, 1041 = FuR 2011, 458; FamRZ 2008, 137 = FuR 2008, 92 – zur Anwendbarkeit der Vorschrift des § 1603 Abs. 2 S. 3 im Rahmen der Unterhaltspflicht für ein privilegiertes volljähriges Kind sowie zur Bemessung des unterhaltsrelevanten Einkommens eines Selbstständigen nach Eröffnung der Verbraucherinsolvenz.
325 BGBl I 666.
326 OLG Dresden FamRZ 2002, 695 – Analogie im Rahmen des § 1603 Abs. 2 Satz 2.
327 Hierzu näher Häussermann FF 2002, 196 ff.
328 BGH FamRZ 2002, 815 = FuR 2002, 223 unter Hinweis auf BT-Drucks. 13/7338 S. 21; zur Gleichstellung in prozessualer Hinsicht s. van Els FamRZ 1999, 1212.
329 OLG Braunschweig FamRZ 1999, 1453; näher Schumacher/Grün FamRZ 1998, 786.
330 BGH FamRZ 2003, 1176.

a) Strikte Altersgrenze

136   Der Gesetzgeber hat die **Gleichstellung weiterer Fallgruppen**, insb. volljähriger Kinder, die wegen einer körperlichen oder geistigen **Behinderung** nicht erwerbsfähig sind,[331] sowie gemeinsamer Kinder betreuender Elternteile[332] (s. § 1609 Abs. 2 Satz 1), **abgelehnt**. § 1609 (Regelung der Rangfolge bei mehreren Unterhaltsgläubigern) unterscheidet nur zwischen volljährigen und minderjährigen, nicht aber zwischen gesunden und behinderten Kindern. Unverschuldet erwerbsunfähige volljährige Kinder können sich daher **nicht** auf eine **verschärfte Leistungspflicht** berufen,[333] auch wenn sie unverschuldet in Not sind; sie sind auch dann **nachrangig**, wenn sie sich noch in Berufsausbildung befinden oder infolge körperlicher bzw. geistiger Mängel nicht für sich selbst sorgen können: Das Gesetz knüpft die Rangfrage auf Gläubigerseite nicht an die Bedürftigkeit, sondern allein an das Alter.[334]

137   Die zeitliche Begrenzung (»bis zur **Vollendung des 21. Lebensjahres**«) soll Härten für die Eltern durch einen ungewöhnlich langen Schulbesuch der Kinder verhindern: Nach der Lebenserfahrung kann davon ausgegangen werden, dass Kinder bis auf wenige Ausnahmefälle mit 21 Jahren (wenigstens) ihre allgemeine Schulausbildung abgeschlossen haben. Diese Altersgrenze entspricht den Bestimmungen des Kinder- und Jugendhilferechts, wonach junge Volljährige bis zur Vollendung des 21. Lebensjahres Anspruch auf Beratung bei der Geltendmachung von Unterhaltsansprüchen haben, und für sie eine Verpflichtung zur Erfüllung von Unterhaltsansprüchen durch die Urkundsperson bei den Jugendämtern beurkundet werden kann (§ 18 Abs. 3 bzw. § 59 Abs. 1 Satz 1 Nr. 3 SGB VIII).

b) Begriff der »allgemeinen Schulausbildung«

138   Das Gesetz definiert den Begriff der »**allgemeinen Schulausbildung**« nicht. Im Hinblick auf andere Regelungen, die den Besuch von (weiterführenden) allgemeinbildenden Schulen betreffen (etwa § 2 Abs. 1 BAföG, § 26 Abs. 2 BSHG) hat es der BGH[335] »im Interesse einer einheitlichen Rechtsanwendung« für sachgerecht erachtet, den Begriff »allgemeine Schulausbildung« i.S.d. § 1603 Abs. 2 Satz 2 unter Heranziehung der zu § 2 Abs. 1 Nr. 1 BAföG entwickelten Grundsätze auszulegen. Danach hat eine Eingrenzung des Begriffs in **drei Richtungen** zu erfolgen: Nach dem Ausbildungsziel, nach der zeitlichen Beanspruchung des Schülers und nach der Organisationsstruktur der Schule.

aa) Ziel des Schulbesuchs

139   **Ziel** des **Schulbesuchs** muss der **Erwerb** eines **allgemeinen Schulabschlusses** als Zugangsvoraussetzung für die Aufnahme einer Berufsausbildung oder für den Besuch einer Hochschule oder Fachhochschule sein, also jedenfalls der Haupt- bzw. Gesamtschulabschluss, der Abschluss der Realschule bzw. die Vorbereitung auf die fachgebundene oder allgemeine Hochschulreife. Diese Voraussetzung ist beim Besuch der Hauptschule, der Gesamtschule, des Gymnasiums und der

---

331   BT-Drucks. 13/7338 S. 21; so bereits BGH FamRZ 1984, 683.

332   OLG Hamm FamRZ 1996, 1218 – gesteigerte Erwerbsobliegenheit wegen des unterhaltsrechtlichen Gleichrangs (§ 1609 Abs. 2 S. 1) auch im Verhältnis zur Kinder betreuenden Mutter.

333   BGH FamRZ 1987, 472.

334   BGH FamRZ 1987, 472.

335   FamRZ 2001, 1068 = FuR 2001, 355 – entschieden betreffend die Teilnahme an einem Lehrgang der Volkshochschule zum nachträglichen Erwerb des Realschulabschlusses; 2002, 815 = FuR 2002, 223 zum Besuch einer Höheren Handelsschule (höhere Berufsfachschule für Wirtschaft und Verwaltung) mit dem Ausbildungsziel Fachhochschulreife, also der Erwerb eines allgemeinen Schulabschlusses; so auch OLG Zweibrücken OLGR 2001, 15; OLG Hamm FamRZ 1999, 1528, 1529; a.A. für den Besuch einer höheren Berufsfachschule, Fachrichtung Betriebswirtschaft, nach dem bestandener Abschlussprüfung die Berufsbezeichnung »staatlich geprüfter kaufmännischer Assistent für Betriebswirtschaft« geführt werden kann: OLG Koblenz NJW-FER 2001, 176; OLGR 1999, 284.

Fachoberschule immer erfüllt.[336] Anders ist der Besuch einer Schule zu beurteilen, die neben allgemeinen Ausbildungsinhalten bereits eine auf ein konkretes Berufsbild bezogene Ausbildung vermittelt. Auf die Rechtsform der Schule kommt es dagegen nicht an. Einer Schulausbildung steht es daher gleich, wenn ein Kind, ohne einen Beruf auszuüben, allgemeinbildenden Schulunterricht in Form von Privat- und Abendkursen erhält, der dem Ziel dient, eine staatlich anerkannte allgemeine Schulabschlussprüfung abzulegen (etwa der Besuch der Volkshochschule zum nachträglichem Erwerb des Realschulabschlusses),[337] soweit auch die weiteren Voraussetzungen erfüllt sind.

bb) Zeitliche Voraussetzungen des Unterrichts

Die Schulausbildung muss die **Zeit** und die **Arbeitskraft** des **Kindes** voll oder zumindest überwiegend in Anspruch nehmen, so dass eine Erwerbstätigkeit, durch die der Schüler seinen Lebensunterhalt verdienen könnte, neben der Schulausbildung nicht möglich ist. Dieses Erfordernis ist jedenfalls dann erfüllt, wenn die Unterrichtszeit 20 Wochenstunden beträgt, weil sich unter Berücksichtigung der für die Vor- und Nacharbeit erforderlichen Zeiten sowie eventueller Fahrtzeiten eine Gesamtbelastung ergibt, die die Arbeitskraft im Wesentlichen ausfüllt. Hingegen ist nicht maßgebend, ob und dass der Schulbesuch über den Eintritt der Volljährigkeit des Kindes hinaus ununterbrochen andauert; das Gesetz stellt vielmehr ohne weitere Differenzierungen darauf ab, ob sich ein Kind in der allgemeinen Schulausbildung befindet, was auch nach einer Unterbrechung der früher begonnenen schulischen Ausbildung anzunehmen sein kann. **140**

cc) Organisationsstruktur der Schule

Die Annahme einer »allgemeinen Schulausbildung« i.S.d. § 1603 Abs. 2 Satz 2 setzt die **Teilnahme an einem kontrollierten Unterricht** voraus: Die Schule muss in einer Weise organisiert ist, dass eine Stetigkeit und Regelmäßigkeit der Ausbildung gewährleistet ist, wie sie dem herkömmlichen Schulbesuch entspricht, die Teilnahme also nicht etwa der Entscheidung des Schülers überlassen ist.[338] **141**

dd) Beispiele aus der Rechtsprechung

Nach diesen Maßstäben erfasst der Begriff der »**allgemeinen Schulausbildung**« nicht nur die gesetzliche Schulpflicht, sondern darüber hinaus (auch) den Besuch von **weiterführenden allgemeinbildenden Schulen** und **Berufsfachschulen**[339] einschließlich der Klassen aller Formen der beruflichen Grundbildung, ab Klasse 10 sowie von Fach- und Fachoberschulklassen,[340] deren Besuch eine abgeschlossene Berufsausbildung nicht voraussetzt.[341] **142**

---

336 BGH FamRZ 2001, 1068 = FuR 2001, 355 = FuR 2002, 223.
337 BGH FamRZ 2001, 1068 = FuR 2001, 355 – entschieden betreffend die Teilnahme an einem Lehrgang der Volkshochschule zum nachträglichen Erwerb des Realschulabschlusses; so auch OLG Zweibrücken OLGR 2001, 15.
338 BGH FamRZ 2001, 1068 = FuR 2001, 355 = FuR 2002, 223.
339 So OLG Dresden OLGR 2004, 17; OLG Naumburg NJW-RR 2009, 1155 – wenn das Kind nicht über einen Hauptschulabschluss verfügt, diesen aber durch den Besuch der Berufsfachschule erreichen kann; a.A. KG KGR 2002, 113 – die Ausbildung an einer Berufsfachschule zum staatlich geprüften Assistenten für medizinische Gerätetechnik selbst dann nicht, wenn der erfolgreiche Abschluss des Ausbildungsgangs als dem einer Fachoberschule entsprechend anerkannt wird.
340 OLG Bremen OLGR 1999, 48 – Fachoberschule (für Gestaltung) mit vorgesehenem allgemeinen Abschluss Fachhochschulreife.
341 OLG Zweibrücken OLGR 2001, 15.

143 Der Besuch einer (höheren) Berufsfachschule gehört zur allgemeinen Schulausbildung, soweit sie zu einer beruflichen Qualifikation führt,[342] ebenso die Teilnahme an einem Berufsfindungslehrgang nach Beendigung des Hauptschulbesuchs,[343] sogar der Besuch einer Volkshochschule, wenn er bei kontrolliertem Unterricht zum Erwerb des Realschulabschlusses führen soll.[344] Nimmt das unterhaltsberechtigte volljährige unverheiratete Kind an einem einjährigen Volkshochschulabendkurs zur Erlangung des Abschlusses des zehnten Hauptschuljahres teil, ist ihm jedoch zuzumuten, den Lebensunterhalt durch eine Geringverdienertätigkeit selbst sicherzustellen.[345]

144 Der Besuch des Berufsvorbereitungsjahres vermittelt keine auf ein bestimmtes Berufsbild bezogene Kenntnisse; diese Bildungsmaßnahme soll den Jugendlichen vielmehr den Erwerb eines dem Hauptschulabschluss gleichwertigen Abschlusses ermöglichen.[346]

145 Ein Kind, welches das **Berufsgrundbildungsjahr** (Berufsgrundschuljahr[347]) absolviert, befindet sich jedenfalls dann in der allgemeinen Schulausbildung, wenn es den bisher nicht erzielten Hauptschulabschluss erwerben kann.[348] Das gleiche gilt für das in NRW angebotene **Berufsorientierungsjahr**.[349]

146 Ein einjähriger Berufsorientierungslehrgang nach Abschluss der Schulausbildung und einer abgebrochenen Lehre ist nicht als Fortsetzung der allgemeinen Schulausbildung anzusehen, so dass ein Unterhaltsanspruch des Kindes nach § 1603 Abs. 2 nicht in Betracht kommt. Beide Elternteile sind jedoch während der Teilnahme an dem Lehrgang nach § 1610 Abs. 2 barunterhaltspflichtig, wenn diese es dem Kind ermöglicht, den Anschluss an den allgemeinen Ausbildungsmarkt zu finden, sie also sachgerecht und somit nicht zu beanstanden ist.[350] Besucht ein volljähriges Kind das Berufskolleg mit der Absicht, die Qualifikation für die Fachoberschule zu erreichen, um im Anschluss daran die höhere Handelsschule besuchen zu können, dann befindet es sich in einer allgemeinen Schulausbildung i.S.v. § 1603 Abs. 2 Satz 2.[351]

147 Der Besuch einer **Berufsschule** ist nicht Teil der allgemeinen Schulausbildung.

2. Subsidiaritätsklausel des § 1603 Abs. 2 Satz 3

148 Die gesteigerten Leistungspflichten entstehen nicht, der Unterhaltsschuldner haftet also **nicht verschärft**, wenn

– ein anderer unterhaltspflichtiger Verwandter vorhanden ist, **oder**
– das Kind seinen Unterhalt aus dem Stamme seines Vermögens bestreiten kann (Ausnahme zu § 1602 Abs. 2).

---

342 OLG Hamm FamRZ 1999, 1528 – Höhere Berufsfachschule; OLG Dresden OLGR 2004, 17; a.A. OLG Koblenz OLGR 1999, 284 – Höhere Berufsfachschule Wirtschaft nach Erwerb der mittleren Reife; NJWE-FER 2001, 176 – Höheren Berufsfachschule mit der Fachrichtung Betriebswirtschaft; KG BKGR 2002, 113 unter Hinweis auf BGH FamRZ 2001, 1068 – die Ausbildung an einer Berufsfachschule zum staatlich geprüften Assistenten für medizinische Gerätetechnik falle nicht unter § 1603 Abs. 2, selbst wenn der erfolgreiche Abschluss des Ausbildungsgangs als dem einer Fachoberschule entsprechend anerkannt wird.
343 OLG Hamm OLGR 2000, 253.
344 BGH FamRZ 2001, 1068 = FuR 2001, 355.
345 OLG Köln FamRZ 2006, 504.
346 OLG Thüringen OLG-NL 2005, 110.
347 OLG Koblenz OLGR 2000, 291; OLG Celle OLGR 1999, 175, und FuR 2004, 322 = FamRZ 2004, 301 – jeweils »Berufsgrundbildungsjahr« (jedenfalls wenn das Kind den – bisher nicht erzielten – Hauptschulabschluss erwerben kann).
348 OLG Celle OLGR 1999, 175 f; FamRZ 2004, 301 = FuR 2004, 322; OLG Koblenz MDR 2000, 1016.
349 OLG *Köln FamRZ 2012*, 1576.
350 OLG Hamm FamRZ 2003, 1025.
351 OLG Köln FamRZ 2003, 179 [Ls].

Die Prüfung dieser sog. **Subsidiaritätsklausel** setzt demzufolge Feststellungen zur Leistungsfähig- 149
keit **anderer** – auch **nachrangiger** – **Verwandter** voraus.[352] Die Darlegungs- und Beweislast des
Unterhaltsgläubigers für die Voraussetzungen der **gesteigerten Leistungspflicht** nach § 1603
Abs. 2 erstreckt sich auch auf die Tatsache, dass **keine anderen unterhaltspflichtigen Verwandten**
vorhanden sind.[353]

Als anderer unterhaltspflichtiger Verwandter kommt zunächst – im gleichen Rang – der andere 150
(betreuende) Elternteil in Betracht, wenn er neben der Betreuung des Kindes (s. § 1606 Abs. 3
Satz 2) auch dessen Barbedarf in vollem Umfang ohne Gefährdung seines eigenen angemessenen
(nicht notwendigen!) Unterhalts gewähren kann,[354] nicht aber, wenn er lediglich Sozialhilfe
bezieht.[355] Nachrangige andere leistungsfähige Verwandte können etwa die Großeltern sein.[356]
Allerdings bleibt es dem ersatzweise leistenden Elternteil bzw. dem nachrangig haftenden Verwandten unbenommen, den auf ihn übergegangenen Unterhaltsanspruch des Kindes gegen den
anderen Elternteil geltend zu machen, wenn und soweit er nicht als Primärschuldner im Rahmen
der Ausfallhaftung leistungsverpflichtet ist.[357]

3. Maß der Pflichten im Rahmen des § 1603 Abs. 2 Satz 1 und 2

Die **verschärfte Leistungspflicht erhöht** das in § 1603 Abs. 1 vorgegebene **Pflichtenmaß**: Nicht 151
allein das **tatsächliche Einkommen** bestimmt die tatsächliche Leistungsfähigkeit, sondern in
besonderem Maße auch die insoweit **erweiterte Erwerbspflicht**. Der verschärft haftende Unterhaltsschuldner hat sich intensiv, d.h. unter Anspannung aller Kräfte und Ausnutzung aller vorhandenen Möglichkeiten, um die Erlangung eines hinreichend entlohnten, vollschichtigen Arbeitsplatzes zu bemühen.[358] Er ist verpflichtet, die ihm möglichen und zumutbaren[359] Einkünfte zu
erzielen, insb. seine Arbeitsfähigkeit so gut wie möglich einzusetzen[360] und jede mögliche Erwerbstätigkeit, gleichgültig ob zumutbare oder – etwa neben einer Umschulungsmaßnahme[361] Nebenbeschäftigungen neben vollschichtiger Erwerbstätigkeit[362] – unzumutbare (etwa Tätigkeiten auch

---

352 OLG Düsseldorf NJW 1994, 672; OLG Celle FamRZ 2003, 1959; s. auch BayObLG FamRZ 1988,
215; BayObLGSt 2002, 71 zur Erforderlichkeit von Feststellungen hinsichtlich etwaiger vorrangig
unterhaltsverpflichteter Dritter (§ 1603 Abs. 2 S. 2), wenn der Angeklagte nach den Feststellungen zu
seiner Leistungsfähigkeit lediglich gem. § 1603 Abs. 2 S. 1, d.h. mit dem seinen notwendigen Selbstbehalt übersteigenden Teil seines unterhaltsrechtlich bereinigten Einkommens, unterhaltsverpflichtet ist;
OLG Karlsruhe FamRZ 2003, 1676 – hinreichende Erfolgsaussicht eines Leistungsunfähigkeit antra-
genden Elternteils i.S.d. § 114 ZPO, soweit eine Haftung des anderen Elternteils gem. § 1603 Abs. 2
S. 3 in Betracht kommt.
353 BGH FamRZ 1982, 590; NJW 1984, 1614.
354 BGH FamRZ 1980, 555 [Nr 340] – dem gut verdienenden Vater des minderjährigen unverheirateten
Kindes wurde nach der Scheidung die elterliche Sorge übertragen; die 50jährige Mutter des Kindes hatte
keinen Beruf erlernt und war während der 23jährigen Ehe nicht berufstätig; 1982, 590; 1991, 182;
1998, 286; OLG Schleswig FamRZ 1994, 1404 – »gute wirtschaftliche Verhältnisse«; OLG Hamm
FamRZ 1996, 629 [Nr 391 – Ls] – keine verschärfte Haftung: der betreuende Elternteil verfügte über
monatliche Einkünfte von rund 3 000 DM; OLG Braunschweig OLGR 1997, 156; OLG Celle OLGR
1998, 42 – keine verschärfte Haftung: der betreuende Elternteil verfügte über monatliche Einkünfte
von insgesamt 4 256 DM; allerdings Leistungspflicht des nicht betreuenden Elternteils aus dem Vermögensstamm.
355 OLG Hamm FamRZ 1996, 629.
356 OLG Oldenburg FamRZ 1080, 1148.
357 OLG Hamm OLGR 2000, 176 zu dem Anspruch eines volljährigen Kindes mit eigenem Hausstand.
358 OLG Stuttgart FamRZ 2012, 315; OLG Köln FamRZ 2012, 315; OLG Brandenburg FamRZ 2001,
37; OLG Hamm FamRZ 2001, 559.
359 OLG Nürnberg FuR 2002, 282 [Beschlüsse vom 12.12.2001 und vom 21.12.2001].
360 OLG Thüringen OLGR 2003, 421.
361 OLG Hamm EzFamR aktuell 2000, 201.
362 OLG Köln EzFamR aktuell 1997, 186.

unterhalb des Ausbildungsniveaus,[363] und Überstunden sowie Aushilfs- und Gelegenheitsarbeiten jedweder Art)[364] – auszuüben;[365] die Grundrechte auf freie Entfaltung der Persönlichkeit (Art. 2 GG) und der freien Berufswahl (Art. 12 GG) sind insoweit eingeschränkt.[366] Es reicht es nicht aus, wenn sich der Unterhaltsschuldner mit einem völlig unzureichenden monatlichen Nettolohn in einer (vollschichtigen) Anstellung begnügt, die weit unter seiner beruflichen Qualifikation liegt. Er ist vielmehr verpflichtet, seine Arbeitskraft entsprechend seiner Vorbildung, seinen Fähigkeiten und der Arbeitsmarktlage in zumutbarer Weise bestmöglich einzusetzen und sich gegebenenfalls auch in einem anderen Bundesland um eine ausreichend bezahlte Arbeit zu bemühen.[367]

152 Insb. im Rahmen der verschärften Leistungspflicht haben die Familiengerichte ferner zu prüfen, ob dem Unterhaltsschuldner auch trotz Ausübung einer seinen Fähigkeiten entsprechenden, vollschichtigen Erwerbstätigkeit nebst Überstunden eine **bundesweite oder gar europaweite Arbeitsaufnahme mit höherer Entlohnung** unter Berücksichtigung seiner persönlichen Umstände und Bindungen, insb. seines Umgangsrechts mit seinen Kindern, sowie der Kosten der Ausübung dieses Umgangsrechts und der Umzugskosten **zumutbar** ist.[368]

Im Rahmen verschärfter Leistungspflicht kann daher in zumutbaren Grenzen (eher) ein Wechsel des Arbeitsplatzes, ja sogar ein **Orts-** und/oder **Berufswechsel**[369] oder deren Unterlassung verlangt werden.[370] Erzielt ein Unterhaltsschuldner allerdings ein seinem Ausbildungsstand entsprechendes Einkommen aus einer vollschichtigen Erwerbstätigkeit, dann kann von ihm nicht erwartet werden, dass er sich eine besser bezahlte Tätigkeit an einem entfernteren Ort sucht, wenn dadurch das Umgangsrecht mit seinen Kindern eingeschränkt würde.[371] Dem zur Leistung von Volljährigenunterhalt verpflichteten Elternteil ist es zwar nicht verwehrt, aus anerkennenswerten persönlichen Gründen seinen bisherigen Lebensmittelpunkt nicht ganz an den Ort der Arbeitsstelle zu verlegen. Dann können sich Mehrkosten in der Lebenshaltung auch einkommensmindernd als berufsbedingte Mehrausgaben auswirken.[372] Der Schuldner ist jedoch zunächst gehalten, eine Wohnung am Arbeitsort zu nehmen.[373] Verfügt er über besondere Qualifikationen, dann muss er sich vorrangig dort bewerben, wo für diese Tätigkeiten auch ein Arbeitsmarkt besteht; die Beschränkung auf den wohnortnahen Bereich stellt in diesem Fall eine Obliegenheitsverletzung dar.[374] Darüber hinaus sind die Erwerbsbemühungen, sofern sie im näheren Wohnumfeld keinen Erfolg hatten, jedenfalls nach einiger Zeit auf das großräumige Umfeld, das gesamte Bundesland und schließlich auch auf erfolgversprechende Bereiche im Übrigen Bundesgebiet zu erstrecken.[375] Verdiensteinbußen werden ohne besondere Umstände nicht anerkannt, sofern und soweit sie auf einem Orts- und/oder Stellenwechsel lediglich zum Zwecke der Verfestigung einer neuen Partnerschaft beruhen;[376] dies jedenfalls dann, wenn der Unterhaltsschuldner trotz erhöhter Erwerbspflicht durch den Umzug zum neuen Lebenspartner nicht mehr zur Leistung des Mindestunter-

363 OLG Naumburg FamRZ 2003, 474.
364 BGH FamRZ 1987, 270; OLG Köln FamRZ 2002, 1426; OLG Thüringen OLGR 2003, 421.
365 OLG Hamm FamRZ 1998, 982.
366 BGH FamRZ 1981, 341; BVerfG NJW 2012, 2420 = FuR 2012, 536.
367 OLG Naumburg FamRZ 2003, 474 – auch zur Berücksichtigung der Leistungen nach dem SoldVG bei Verpflichtung zum Kindesunterhalt.
368 BVerfG FamRZ 2007, 273 = FuR 2007, 76.
369 S. etwa BGH NJW 1980, 2414.
370 BGH FamRZ 1980, 1113; OLG Köln FamRZ 2002, 1426; OLG Thüringen OLGR 2003, 421; OLG Frankfurt FamRZ 2003, 298.
371 OLG Brandenburg FamRZ 2011, 732; einschränkend: OLG Schleswig NJW-RR 2011, 7.
372 OLG Thüringen OLGR 2003, 353.
373 OLG Hamm FamRZ 1997, 1223.
374 OLG Naumburg FuR 2001, 38.
375 OLG NJWE-FER 1999, 84; OLG Brandenburg ZfJ 2001, 159.
376 KG FamRZ 1997, 627.

halts in der Lage ist.[377] Gleiches gilt für die Rückkehr des Unterhaltsschuldners aus den alten in die neuen Bundesländer[378] oder in sein Heimatland.[379]

Haben betriebliche Umstrukturierungen zum Abschluss eines neuen Arbeitsvertrages bei demselben Arbeitgeber und damit verbunden zu deutlichen Einkommensminderungen geführt, dann ist der Unterhaltsschuldner gehalten, sich unverzüglich um eine **besser bezahlte Arbeitsstelle** bzw. um eine **Nebentätigkeit**[380] zu bemühen, wobei ihm eine Orientierungs- und Bewerbungsfrist zuzubilligen ist, sobald er von den geänderten Rahmenbedingungen Kenntnis erlangt hat.[381] Allerdings kann auch im Mangelfall die Aufnahme einer zusätzlichen Tätigkeit über eine bereits ausgeübte **Nebentätigkeit** hinaus erwartet werden, wenn der Arbeitgeber die Nebentätigkeitsgenehmigung hierfür nicht erteilt.[382] **153**

Soweit der unterhaltspflichtige Elternteil überhaupt nichts verdient oder über ein unter dem Selbstbehalt liegendes Einkommen verfügt, ist bei Arbeitsfähigkeit ein **fiktives Einkommen** anzusetzen, durch das zumindest der **Regelunterhalt** der insoweit privilegierten Kinder gesichert ist.[383] Im Rahmen der verschärften Leistungspflichten sind auch Ausgaben (insb. der Erwerbsaufwand sowie Verbindlichkeiten) auf ein vertretbares Mindestmaß zu **senken**.[384] **154**

Allerdings darf eine über die tatsächliche, übliche Erwerbstätigkeit hinausgehende Obliegenheit des Unterhaltsschuldners zur Erzielung von Einkommen, das ihm insoweit bei der Unterhaltsbemessung fiktiv zugerechnet wird, nur dann angenommen werden, wenn und soweit dem Unterhaltsschuldner die Aufnahme einer weiteren oder anderen Erwerbstätigkeit unter Berücksichtigung der Umstände des Einzelfalles zumutbar ist und ihn nicht unverhältnismäßig belastet.[385] Dabei ist am Maßstab der Verhältnismäßigkeit zu prüfen, ob die zeitliche und physische Belastung durch die ausgeübte und die zusätzliche Arbeit dem Unterhaltsschuldner unter Berücksichtigung auch der Bestimmungen, die die Rechtsordnung zum Schutz der Arbeitskraft vorgibt (vgl. §§ 3, 6 ArbZG), abverlangt werden kann.[386] **155**

Das KG[387] hat daher eine reelle Chance, an den Arbeitstagen, an denen der Unterhaltsschuldner einer Vollzeitbeschäftigung nachgeht, zusätzlich eine seriöse, dauerhafte, geringfügige Beschäftigung zu finden, verneint, weil ihn kein Arbeitgeber mit Rücksicht auf § 3 ArbZG, wonach eine **werktägliche** Arbeitszeit von mehr als 8 Stunden grundsätzlich nicht zulässig sei, im Rahmen einer Nebenbeschäftigung zusätzlich beschäftigen dürfe. Im konkreten Einzelfall sind die Interessen der minderjährigen Kinder und die berechtigten Belange des Unterhaltsschuldners gegeneinander abzuwägen. So ist etwa die Aufnahme einer Nebentätigkeit unterhaltsrechtlich nicht zumutbar, wenn der Unterhaltsschuldner aufgrund der tatsächlichen beruflichen Beanspruchung **156**

377 OLG Saarbrücken FamRZ 2012, 797.
378 OLG Dresden FamRZ 1998, 979.
379 OLG Stuttgart NJWE-FER 1999, 322.
380 OLG Düsseldorf FuR 2004, 307 zur Zumutbarkeit einer Nebentätigkeit im Rahmen verschärfter Leistungspflicht anstelle unentgeltlich ausgeübter Nebentätigkeit als Fussballtrainer.
381 OLG Hamm FamRZ 2003, 177 – Bemessung der Orientierungs- und Bewerbungsfrist: sechs Monate.
382 OLG Hamburg FamRZ 2003, 1205 [Ls].
383 = Gruppe 1 der DT.
384 OLG Brandenburg FamRZ 1999, 1010 – jedenfalls im Mangelfall könne erwartet werden, dass der Unterhaltsschuldner öffentliche Verkehrsmittel benutzt, auch wenn der tägliche Zeitaufwand dafür zwischen zwei und drei Stunden liegt; OLG Hamm OLGR 2000, 276 – Kürzung der Kilometerpauschale von 0,42 DM auf 0,35 DM.
385 BVerfGE 68, 256, 267; BVerfG FamRZ 2003, 661 = FuR 2003, 533; hierzu auch Christl FamRZ 2003, 1235.
386 BVerfG FuR 2003, 533 = FamRZ 2003, 661 zur Verletzung von Art. 2 Abs. 1 GG durch Annahme einer Nebenerwerbsobliegenheit ohne Einbeziehung der vom Unterhaltsschuldner angeführten besonderen Arbeits- und Lebensumstände bei der Prüfung der Zumutbarkeit weiterer Beschäftigung.
387 FamRZ 2003, 1208.

während der Woche regelmäßig etwa 12 Stunden von zu Hause abwesend ist, und eine körperlich belastende Tätigkeit an den Wochenenden wegen einer eingeschränkten körperlichen Leistungsfähigkeit ausscheidet.[388] Ein Umschüler ist hingegen regelmäßig zum Nebenerwerb verpflichtet, um den Regelbedarf seines minderjährigen Kindes sicherzustellen, auch wenn der aus dem Nebenerwerb erzielte Nettoverdienst das Unterhaltsgeld schmälert.[389]

157 Das 3. Gesetz für moderne Dienstleistungen am Arbeitsmarkt[390] [im folgenden vereinfacht: »Hartz III«] hat vor dem Hintergrund der Rechtsprechung des EuGH[391] zum Bereitschaftsdienst in Art. 4b das Arbeitszeitgesetz [ArbzG] geändert. Die vorgeschriebene Ruhezeit in Krankenhäusern und Pflegeeinrichtungen darf nicht mehr bis zur Hälfte durch Inanspruchnahme während des Bereitschaftsdienstes und der Rufbereitschaft (§ 5 Abs. 3 ArbzG) gekürzt werden; damit ist der Bereitschaftsdienst als Arbeitszeit anerkannt. Weiter wurde das ArbzG dahingehend ergänzt, dass auch durch Dienstvereinbarungen abweichende Regelungen zur Arbeits- und Ruhezeit getroffen werden können; insoweit erfolgt eine Gleichstellung mit den Betriebsvereinbarungen. § 7 Abs. 2a ArbzG eröffnet jetzt die Möglichkeit, durch Tarifvertrag abweichende Bestimmungen über die werktägliche Verteilung der Arbeitszeit zu treffen und zwar über acht Stunden hinaus, wenn in die Arbeitszeit regelmäßig Bereitschaftsdienste oder Rufbereitschaften fallen. Damit wird den Tarifvertragsparteien der durch die Rechtsprechung des EuGH genommene Handlungsspielraum jedenfalls teilweise zurückgegeben. Nach § 25 ArbzG bleiben vor dem Hintergrund des neu eingeführten § 7 Abs. 2a ArbzG bereits bestehende Bestimmungen in einem Tarifvertrag, selbst wenn sie nur nachwirken, bis zum 31.12.2005 unberührt.

a) Gesteigerte Ausnutzung der Arbeitskraft

158 Da die Leistungsfähigkeit eines Unterhaltsschuldners nicht nur durch die tatsächlich vorhandenen, sondern **auch** durch solche Mittel bestimmt wird, die er bei gutem Willen durch zumutbare Erwerbstätigkeit erzielen könnte,[392] verlangt das gegenüber § 1603 Abs. 1 gesteigerte Pflichtenmaß des § 1602 Abs. 2 zunächst die **erhöhte Ausnutzung der Arbeitskraft**, also Zugeständnisse des gesteigert unterhaltspflichtigen Schuldners bereits bei den »**Arbeitsmodalitäten**«[393] (»er hat alle zumutbaren Erwerbsmöglichkeiten auszuschöpfen«).[394] Dieses Maß bestimmt sich entscheidend nach den Arbeitsmöglichkeiten trotz Kinderbetreuung: Betreut der Unterhaltsschuldner keine Kinder, dann verlangt die gesteigerte Erwerbspflicht eine Tätigkeit, deren Zeitaufwand denjenigen einer **Vollzeittätigkeit übersteigt. Betreut** der Unterhaltsschuldner **Kinder**, dann kommt es für die Beurteilung der Frage, ob und in welchem Umfang die Betreuung von Kindern der Annahme/ Ausweitung seiner Erwerbsobliegenheit entgegensteht, auf das **konkrete Ausmaß** der **Betreuungsbedürftigkeit** der Kinder und die **persönlichen** und **wirtschaftlichen Verhältnisse** in jedem Einzelfall an.[395]

159 Im Übrigen sind **hohe Anforderungen** an ausreichende Bemühungen um eine **Arbeitsstelle** zu stellen. Neben einer – meist vollschichtigen – Erwerbstätigkeit sind zusätzliche Verdienstmöglichkeiten wahrzunehmen, soweit dies objektiv (etwa im Arbeitsbereich) und subjektiv (etwa auf

---

388 OLG Oldenburg FamRZ 2003, 1207.

389 OLG Dresden FamRZ 2003, 1206 – auch wenn der Umschüler einer Nebentätigkeit nachgehe, könne er nur den Selbstbehalt eines Nichterwerbstätigen in Anspruch nehmen.

390 Vgl. BT-Drucks. 15/1515.

391 EuGH NZA 2003, 1019 ff.

392 BGH FamRZ 1998, 357 unter Hinweis auf BGH FamRZ 1993, 1304 – Obliegenheit zur Aufgabe einer hauptberuflichen Landwirtschaft und Aufnahme einer höhere Einkünfte versprechenden anderweitigen vollen Erwerbstätigkeit; OLG Hamm FamRZ 1998, 982.

393 Palandt/Diederichsen § 1603 Rn. 58 »ungünstige Zeiten wie nachts oder in den frühen Morgenstunden« oder »unterwertige Arbeit als Packer«.

394 OLG Karlsruhe FuR 2001, 76.

395 OLG Hamm FamRZ 1994, 1115 – trotz Kinderbetreuung vollschichtige Erwerbstätigkeit.

Grund des Gesundheitszustands) möglich ist, insb. regelmäßige Nebenbeschäftigungen, aber auch nebenberufliche Gelegenheitsarbeiten, auch wenn es sich um Arbeiten unterhalb der gewohnten Lebensstellung handelt. Übt etwa der verschärft haftende Unterhaltsschuldner eine Teilzeitbeschäftigung mit unregelmäßigen Arbeitszeiten aus, die in der Regel erst eine Woche im Voraus festgelegt werden, ist es ihm zwar nicht möglich, zusätzlich zu seiner Teilzeitarbeit eine reguläre geringfügige Beschäftigung mit gleichmäßigen Arbeitszeiten aufzunehmen;[396] ihm kann dann allerdings obliegen, einen anderen Arbeitsplatz zu finden.

Allerdings können einem **arbeitslosen Unterhaltsschuldner**, den die gesteigerte Erwerbsobliegenheit des § 1603 Abs. 2 trifft, nur dann fiktive Einkünfte zugerechnet werden, wenn feststeht bzw. nicht ausgeschlossen werden kann, dass bei genügenden Bemühungen um einen Arbeitsplatz eine **reale Beschäftigungschance** bestanden hätte:[397] Es muss ein entsprechender Arbeitsmarkt unter Berücksichtigung des Alters, der Fähigkeiten und des Gesundheitszustands des Unterhaltsschuldners vorhanden sein. Hieran sind in Zeiten der Vollbeschäftigung höhere Anforderungen zu stellen als in Zeiten hoher Arbeitslosigkeit.[398] Allerdings besteht kein Erfahrungssatz, wonach schlecht oder gar nicht qualifizierte Arbeitskräfte in Zeiten hoher Arbeitslosigkeit keinerlei wie auch immer geartete Beschäftigungschance haben; vielmehr ist im jeweiligen Einzelfall positiv festzustellen, dass jegliche Chance auf dem Arbeitsmarkt fehlt. An solche Feststellungen sind auch bei angespannter Lage auf dem Arbeitsmarkt hohe Anforderungen zu stellen, da andernfalls keine Möglichkeit besteht, zwischen vorgetäuschter und wirklicher Chancenlosigkeit zu unterscheiden.[399]

160

Eine **reale Beschäftigungschance** ist daher nur dann zu verneinen, wenn der Unterhaltsschuldner nachweist, dass über einen angemessenen Zeitraum durchgehaltene Bemühungen um einen neuen Arbeitsplatz – mindestens 20 gezielte und ernsthafte Bewerbungen pro Monat – erfolglos geblieben sind.[400] Im Rahmen verschärfter Leistungspflicht gegenüber Unterhaltsansprüchen minderjähriger Kinder genügt die Angabe von monatlich 15–20 Bewerbungen ohne nähere Angaben zu Form und Inhalt dieser Erwerbsbemühungen ebenso wenig wie die Vorlage von Kopien von Ausdrucken aus dem Stellen-Informations-Service (SIS) des Arbeitsamtes.[401] Die Anzahl der Bewerbungen ist allerdings letztlich nur ein Indiz für die Arbeitsbemühungen, nicht aber deren alleiniges Merkmal. Für ausreichende Erwerbsbemühungen kommt es letztlich ebenso wie für das Bestehen einer realistischen Erwerbschance maßgeblich auf die individuellen Verhältnisse und die persönliche Erwerbsbiografie des Arbeitssuchenden an. Diese sind vom Familiengericht aufgrund des Parteivortrags und der offenkundigen Umstände umfassend zu würdigen.[402]

161

In einer Entscheidung vom 17.05.2001 hat der 12. Senat des OLG Celle[403] einem Unterhaltsschuldner nicht zugemutet, neben vollschichtiger Erwerbstätigkeit noch eine bezahlte Nebentätigkeit aufzunehmen. Grundsätzlich genüge ein Unterhaltsschuldner, der gem. § 1603 Abs. 2 zur Zahlung von Unterhalt verpflichtet ist, seiner Erwerbsobliegenheit, wenn er eine Vollzeitbeschäftigung im Rahmen seiner Möglichkeiten und Fähigkeiten ausübe. Der Senat folge nicht der von verschiedenen Oberlandesgerichten vertretenen Ansicht, dass der Unterhaltsschuldner verpflichtet sei, auch im Falle verschärfter Leistungspflicht neben einer vollschichtigen Erwerbstätigkeit noch eine bezahlte Nebentätigkeit auszuüben. Eine solche Verpflichtung sei ihm nicht zuzumuten, weil er nicht verpflichtet werden könne, erhebliche gesundheitliche Risiken, die mit einer dauerhaften

162

---

396 KG NJWE-FER 2000, 7.
397 OLG Frankfurt DAVorm 1999, 898.
398 OLG Karlsruhe FuR 2001, 76.
399 OLG Brandenburg ZfJ 2001, 159.
400 OLG Hamm NJW-RR 2004, 149.
401 OLG Naumburg FuR 2004, 316.
402 Vgl. hierzu: BGH FamRZ 2011, 1851; BGH FamRZ 2008, 2104; FamRZ 1993, 789.
403 FamRZ 2002, 694 = EzFamR aktuell 2001, 274 – die Berufung des OLG auf das Arbeitszeitgesetz vom 06.06.1994 (l I 1170) verkennt die Priorität des Minderjährigenschutzes.

Mehrarbeit verbunden wären, auf sich zu nehmen. Diese Entscheidung verkennt die **verschärfte** Leistungspflicht bereits im Ansatz.

163 Ein Unterhaltsschuldner kann sich gegenüber seinem minderjährigen Kind nicht auf Leistungsunfähigkeit infolge unzureichender Sprachkenntnisse berufen, wenn er sich bereits seit 5 Jahren in Deutschland aufhält: Aufgrund der gesteigerten Erwerbsobliegenheit ist er verpflichtet, sich um eine **Verbesserung seiner Sprachkenntnisse** zu bemühen, wenn dadurch die Erfolgsaussichten für seine Bewerbungsbemühungen steigen.[404] Auch kann er darauf verwiesen werden, sich in verstärktem Maße bei Arbeitgebern aus seinem Heimatland zu bewerben.[405] Ein unterhaltspflichtiger Aussiedler kann auch nicht mit dem Argument gehört werden, er könne sich aufgrund seiner Sprachschwierigkeiten nicht angemessen bewerben: Im Hinblick auf Hilfsangebote, die insb. Aussiedlern zur Verfügung stehen, ist ihm zuzumuten, sich für die Bewerbungen fremder Hilfe zu bedienen und auch auf die Hilfe seiner Kinder zurückzugreifen.[406]

aa) Überstunden

164 In der Praxis bereitet vielfach bereits der **Maßstab** Schwierigkeiten, nach dem **Überstunden** zum **obligatorischen** bzw. zum **überobligatorischen Einkommen** gerechnet werden. In seiner Entscheidung vom 25.06.1980 hat der BGH[407] eine **Überstundenvergütung** jedenfalls dann in voller Höhe dem unterhaltspflichtigen Einkommen zugeordnet, wenn sie in **geringem Umfang** anfällt, oder wenn die abgeleisteten Überstunden das in dem vom Unterhaltsschuldner ausgeübten Beruf des Unterhaltsschuldners **übliche Maß** nicht überschreiten. Geht das Maß der Überstunden allerdings deutlich über den üblichen Rahmen hinaus, so ergeben sich in der Frage der Anrechnung der dafür anfallenden Vergütung gewisse Parallelen zu den Einkünften aus einer an sich nicht zuzumutenden Erwerbstätigkeit, deren Anrechenbarkeit unter Berücksichtigung der Umstände des Einzelfalles nach Treu und Glauben zu beurteilen ist. In Anlehnung hieran kann auch bei Überstundenvergütungen, die aus einer an sich nicht zuzumutbaren erheblichen unüblichen Mehrarbeit resultieren, im Einzelfall aus Gründen der Billigkeit von einer vollen Anrechnung dieser Einkünfte abzusehen sein. In dem entschiedenen Fall hatte der Unterhaltsschuldner insgesamt 81 Überstunden (je **Monat knapp 7 Stunden**) geleistet und dafür rund 1.271 DM erzielt.

165 Angesichts dieses relativ geringen Umfangs zumutbarer Überstunden kann im Rahmen verschärfter Leistungspflicht nach § 1603 Abs. 2 bei einem heute – gegenüber damals – deutlich verminderten Zeitmaß der Vollerwerbstätigkeit (regelmäßig zwischen 36 und 42 Wochenstunden) durchaus eine nicht unerhebliche Mehrleistung verlangt werden.[408] In einem Fall gesteigerter Erwerbsobliegenheit innerhalb einer Mangellage (neun Kinder!) hat das OLG Hamm[409] einem Rahmen bis zu 200 Arbeitsstunden monatlich als zumutbar angesehen: Der Unterhaltsschuldner dürfe sich nicht auf das Betreiben eines Kiosks zurückziehen, der keinerlei Gewinne oder sogar Verluste produziere. Vielmehr sei ihm ein Erwerbseinkommen aus Arbeitnehmertätigkeit zuzurechnen, bei dessen Bemessung auf Grund seiner Einsatzmöglichkeiten angesichts seiner Verpflichtungen auch die Ableistung von Überstunden und eine Nebenbeschäftigung gefordert werden könne, allenfalls jedoch in einem Ausmaß von 200 Arbeitsstunden monatlich.

bb) Nebentätigkeit

166 Der verschärft haftende Unterhaltsschuldner kann, wenn seine Einkünfte aus einer vollschichtigen Tätigkeit mit normalen Arbeitszeiten zur Deckung des Mindestbedarfs der/des Unterhalts-

---

404 OLG Celle FamRZ 1999, 1165.
405 OLG Hamm ZFE 2011, 233.
406 OLG Hamm FamRZ 2002, 1427.
407 FamRZ 1980, 984.
408 S. etwa OLG Nürnberg FuR 1997, 154 – Kellner mit 5-Tage-Woche.
409 FamRZ 2001, 565.

gläubiger/s nicht ausreichen, in zumutbarem Umfange[410] auch zu überobligationsmäßiger Arbeit – insb. im Wege einer Nebentätigkeit[411] – verpflichtet sein, wenn auch trotz gesteigerter Erwerbsobliegenheit lediglich eine geringfügige (stundenweise) Nebentätigkeit zumutbar sein dürfte,[412] die jedoch oftmals zur (restlichen) Bedarfsdeckung ausreicht. Nutzt der Unterhaltsschuldner solche Möglichkeiten nicht aus, so ist ihm ein **fiktives Einkommen** aus **Nebentätigkeit** zuzurechnen, auch wenn er sich gerade erst selbständig gemacht hat,[413] auch wenn er arbeitslos ist, und auch zusätzlich zur Umschulung.[414]

Die Zurechnung fiktiver Einkünfte setzt allerdings voraus, dass der Unterhaltsschuldner die ihm   167 zumutbaren Anstrengungen, eine angemessene Erwerbstätigkeit zu finden, nicht oder nicht ausreichend unternommen hat, und bei genügenden Bemühungen eine **reale Beschäftigungschance** bestanden hätte. Trotz der nach § 1603 Abs. 2 Satz 1 gesteigerten Unterhaltspflicht gegenüber minderjährigen Kindern können dem Unterhaltsschuldner daher fiktive Einkünfte aus einer Nebentätigkeit nur insoweit zugerechnet werden, als ihm eine solche Tätigkeit im Einzelfall **zumutbar** ist.[415]

Dabei sind insbesondere die objektiven Grenzen für eine Erwerbstätigkeit zu berücksichtigen. Übt der Unterhaltspflichtige eine Berufstätigkeit aus, die vierzig Stunden wöchentlich unterschreitet, kann zwar grundsätzlich eine Nebentätigkeit von ihm verlangt werden. Allerdings sind die Grenzen des Arbeitszeitgesetzes zu beachten. Danach ist die werktägige Arbeitszeit eines Arbeitnehmers auf acht Stunden beschränkt(§ 3 ArbZG). Nach § 9 Abs. 1 ArbZG darf ein Arbeitnehmer ferner an Sonn- und Feiertagen überhaupt nicht beschäftigt werden. Dies hat zur Folge, dass die **maximale Wochenarbeitszeit**, unabhängig davon, ob der Arbeitnehmer für nur einem oder bei verschiedenen Arbeitgeber tätig ist (§ 2 ArbZG), auf 6 Tage á 8 Stunden, also insgesamt 48 Stunden beschränkt und damit auch die Obergrenze der zumutbaren Erwerbstätigkeit im Rahmen der verschärften Leistungspflicht erreicht ist.[416]

Eine Zurechnung fiktiver Einkünfte des Unterhaltsschuldners aus einer Nebentätigkeit scheidet jedoch dann aus, wenn er im **Schichtbetrieb mit unregelmäßigen Arbeitszeiten** arbeitet, so dass er an einer regelmäßigen Nebentätigkeit unter der Woche gehindert ist.[417] Bei dem Überangebot an Arbeitssuchenden, das für geringfügige Beschäftigungen zur Verfügung steht, spricht die allgemeine Lebenserfahrung nicht dafür, dass derartige Stellen an Arbeitnehmer, die ihre Arbeitskraft schon für acht Stunden eingesetzt haben, vergeben werden.[418]

---

410 BGH FamRZ 2009, 314 = FuR 2009, 162 – Zurechnung fiktiver Einkünfte aus im Einzelfall zumutbarer Nebentätigkeit bei realer Beschäftigungschance und genügenden Bemühungen bei gesteigerten Unterhaltspflicht gegenüber minderjährigen Kindern.
411 S. etwa OLG München FamRZ 2002, 694 – im Rahmen gebotener Nebentätigkeit sei die Steuer- und Sozialleistungspflicht zu beachten; s. auch Melchers FamRZ 2003, 1033 zur Frage der Zumutbarkeit einer Nebenbeschäftigung des vollschichtig arbeitenden Unterhaltsschuldners; Heinle FamRB 2003, 260 zu Nebentätigkeitsverpflichtungen im Unterhaltsrecht.
412 KG FamRZ 2006, 1702; s. auch OLG Karlsruhe OLGR 2004, 476 unter Berufung auf BVerfG FamRZ 2003, 661 – auf Grund der vom Unterhaltsschuldner dargelegten, glaubhaften Beanspruchung durch seine Arbeitstätigkeit sah ihn der Senat nicht als verpflichtet an, sich neben seiner Vollzeitbeschäftigung als Koch noch eine Nebentätigkeit zu suchen.
413 OLG Hamm NJWE-FER 1997, 126.
414 KG NJWE-FER 2001, 119.
415 BGH FamRZ 2009, 314 = FuR 2009, 162; BVerfG FamRZ 2012, 2420.
416 BGH FamRZ 2011, 1041 = FuR 2011, 458.
417 OLG Hamm FamRZ 2006, 952; OLG Saarbrücken FamRZ 2011, 1302 [Ls].
418 OLG Brandenburg NJW-RR 2009, 871.

Eine grob pflichtwidrige Nichtaufnahme einer zusätzlichen Nebentätigkeit bei Ausübung einer wöchentlichen Erwerbstätigkeit von 40 Stunden liegt auch dann nicht vor, wenn der Arbeitgeber die Aufnahme der Nebentätigkeit nicht duldet.[419]

168   An die äußeren Umstände, die eine Unzumutbarkeit einer Nebentätigkeit begründen können, sind jedenfalls dann, wenn es um die Sicherstellung des Mindestunterhalts für ein minderjähriges Kind geht, hohe Anforderungen zu stellen.[420] Der Verweis auf eine Nebentätigkeit kommt dennoch nur dann in Betracht, wenn der Unterhaltsschuldner unter Berücksichtigung seiner regulären Arbeitszeiten, der Zeiten für die Wege von und zur Arbeit und seiner privaten Belange nicht übermäßig belastet und eine werktägliche Arbeitszeit von acht Stunden nicht überschritten wird.[421] Im Rahmen der Zurechnung fiktiver Nebenverdienste ist daher stets zu prüfen, ob und in welchem Umfang es dem Unterhaltspflichtigen unter Abwägung seiner von ihm darzulegenden besonderen lebens- und Arbeitssituation einerseits und der Bedarfslage des Unterhaltsberechtigten andererseits zugemutet werden kann, eine Nebentätigkeit auszuüben.[422]

169   Übt der Unterhaltsschuldner **keine vollschichtige Erwerbstätigkeit**, gar nur eine **geringfügige Beschäftigung** aus, dann ist ihm im Regelfall zuzumuten, in der restlichen Arbeitszeit gegebenenfalls eine umfangreiche Nebentätigkeit oder gar mehrere **Nebentätigkeiten** oder aber auch zusätzliche Aushilfstätigkeiten zu übernehmen, die jeweils zusammen mit der Haupttätigkeit bis zu maximal 48 Stunden wöchentlich ausmachen.[423] Dabei muss der Unterhaltsschuldner notfalls auch einschneidende Veränderungen in seiner eigenen Lebensgestaltung in Kauf nehmen.[424] Beträgt die reguläre Arbeitszeit eines 46-jährigen Unterhaltsschuldners lediglich 37,5 Stunden, und finden zudem keine regelmäßigen Umgangskontakte mit dem unterhaltsberechtigten Kind statt, ist es ihm trotz einer Tätigkeit im Schichtdienst zumutbar, zur Sicherung zumindest des Regelbetrages nach der Düsseldorfer Tabelle seine Einkünfte durch Aufnahme einer geringfügigen Nebenbeschäftigung aufzubessern.[425]

170   Die gesteigerte Erwerbsobliegenheit einer Frau, die ihren drei bei dem geschiedenen Ehemann lebenden Kindern unterhaltspflichtig ist, begründet für sie keine Verpflichtung, ihren krisensicheren Arbeitsplatz als Verwaltungsangestellte, den sie langjährig innehat, aufzugeben, auch wenn sie nur mit 25 Stunden bei einem Nettoeinkommen von rund 1.300 € beschäftigt ist. Das berufliche Risiko, bei einem anderen Arbeitgeber im Falle vollschichtiger Tätigkeit geringere Einkünfte zu erzielen überwiegt, so dass die Aufgabe des Arbeitsplatzes unzumutbar erscheint. Zu berücksichtigen ist aber, ob sie bei hinreichenden Bewerbungsbemühungen eine Nebentätigkeit finden kann.[426]

b) Obliegenheiten bei Arbeitslosigkeit

171   Ist/wird der Unterhaltsschuldner arbeitslos, dann muss er (auch) **einschneidende Veränderungen** in seiner **eigenen Lebensgestaltung** in Kauf nehmen. Arbeitslosigkeit zwingt zu besonders **intensiven Bemühungen** um einen **Arbeitsplatz**: Ein arbeitsloser Unterhaltsschuldner muss sich unter Anspannung aller Kräfte – d.h. mit einem der Ausübung einer vollschichtigen Erwerbsarbeit entsprechenden Zeitaufwand – und Ausnutzung aller vorhandenen Möglichkeiten um einen hinrei-

---

419   OLG Köln FamRZ 2012, 314.
420   OLG Brandenburg NJW 2008, 3366.
421   OLG Brandenburg FamRZ 2009, 1921 [Ls] unter Hinweis auf BVerfG FamRZ 2007, 273.
422   BVerfG FamRZ 2003, 661; BGH FamRZ 2008, 137 = FuR 2008, 92.
423   BGH FamRZ 2000, 1358 = FuR 2001, 220; 2001, 224.
424   OLG Brandenburg NJW-RR 2009, 941.
425   OLG Düsseldorf OLGR 2006, 572.
426   OLG Schleswig OLGR 2007, 325.

chend entlohnten Arbeitsplatz bemühen.[427] Dabei muss er alle Erwerbsmöglichkeiten ausschöpfen. Er darf die Bemühungen um Wiedererlangung einer Arbeit nicht auf den erlernten Beruf oder die zuletzt ausgeübte Tätigkeit beschränken; vielmehr ist ihm grundsätzlich anzusinnen, sich jedenfalls nach einiger Zeit um jede Art von Tätigkeit, auch solche unterhalb seines Ausbildungsniveaus, seines bisherigen beruflichen Werdegangs und/oder seiner sozialen Stellung zu bemühen. Hierzu zählen Arbeiten für ungelernte Kräfte ebenso wie Arbeiten zu ungünstigen Zeiten oder zu wenig attraktiven Arbeitsbedingungen.[428]

Legt der Unterhaltsschuldner nicht dar, dass er seiner Erwerbsobliegenheit vollständig gerecht geworden ist, muss er sich zumindest so behandeln lassen, als ob er über ein solch hohes Einkommen verfügt, welches ihm die Zahlung des Mindestunterhalts ermöglicht.[429]   **172**

Macht der Unterhaltspflichtige seine mangelnde Leistungsfähigkeit bei geschuldetem Kindesunterhalt geltend, so hat er diejenigen Umstände darzulegen und zu beweisen, aus denen sich die Einhaltung der Bemühungen zur Erlangung einer Erwerbstätigkeit ergibt. Insoweit reicht es nicht aus, auf den Bezug von Leistungen nach dem SGB II (Arbeitslosengeld II) hinzuweisen.[430]   **173**

Auch wenn der Unterhaltsschuldner nur Arbeitslosengeld bezieht oder sich in einer Ausbildungsmaßnahme der zuständigen Stellen der Bundesagentur für Arbeit befindet, hat er sein Einkommen durch äußerste Anstrengungen zu mehren, um soviel zu verdienen, dass er den Mindestunterhalt für sein Kind auch unter Wahrung seines eigenen Mindestselbstbehalts leisten kann. Insoweit sind an die **Zumutbarkeit äußerst strenge Maßstäbe** anzulegen; zu denken ist an Nebentätigkeiten[431] und an die Aufnahme sonst unzumutbarer Arbeit, sei es in Bezug auf deren Angemessenheit, auf die Entfernung zum Arbeitsplatz oder auf die Arbeitsbedingungen. Einem arbeitslosen Unterhaltsschuldner kann etwa angesonnen werden, einer geringfügigen Beschäftigung nachzugehen, wenn davon zwar ein Teil auf die Leistungen der Arbeitsverwaltung angerechnet würde, mit dem verbleibenden Lohn aber der Unterhalt wenigstens zum Teil aufgebracht werden kann.[432] Erzielt der Unterhaltsschuldner neben **Leistungen nach dem SGB II** Einkünfte aus einer geringfügigen Beschäftigung oder sind ihm solche fiktiv zuzurechnen, so ist er insoweit als leistungsfähig anzusehen, als sein Gesamteinkommen unter Einschluss der Leistungen nach dem SGB II über dem Selbstbehalt liegt.[433] Befindet sich der Unterhaltsschuldner in einer Ausbildungsmaßnahme der zuständigen Stellen der Bundesagentur für Arbeit, dann muss er sich um zusätzliche Gelegenheits- und Aushilfstätigkeiten – auch an Wochenenden – kümmern, um zusätzliche Mittel zu erlangen.[434]

Erzielt der Unterhaltsschuldner neben Leistungen nach dem SGB II Einkünfte aus geringfügiger Beschäftigung oder sind solche dem Unterhaltsschuldner fiktiv zuzurechnen, so ist er insoweit als leistungsfähig anzusehen, als sein Gesamteinkommen unter Einschluss der Leistungen nach dem

427 BGH FamRZ 2000, 1358 = FuR 2001, 220; OLG Hamburg FamRZ 1984, 924; OLG Düsseldorf FamRZ 1991, 220; OLG Hamm FamRZ 1994, 1115; OLG Hamburg DAVorm 2000, 609.
428 LG Stuttgart FamRZ 1995, 1029 – Verweis eines nicht mehr vermittelbaren Arztes (ggf.) sogar auf Hilfsarbeitertätigkeit mit schweren körperlichen Belastungen.
429 OLG Hamm FamRZ 1998, 979 mit Anm. Born und Anm. Struck FamRZ 1998, 1610 – Zurechnung fiktiver Einkünfte in Höhe von 2.000 DM monatlich bei einem 25jährigen, gesundheitlich nicht beeinträchtigten Unterhaltsschuldner ohne Hauptschulabschluss, aber mit vielfache Erwerbsmöglichkeiten auf Grund seiner Berufserfahrung auf verschiedenen Gebieten und seinen Kenntnissen; OLG Brandenburg ZfJ 2001, 159.
430 OLG Brandenburg FamRZ 2011, 1798.
431 Wobei jedoch im Rahmen gebotener Nebentätigkeit die Steuer- und Sozialleistungspflicht zu beachten ist (OLG München FamRZ 2002, 694).
432 OLG Zweibrücken FamRZ 2000, 308 mit Anm. Luthin.
433 KG FamRZ 2012, 1302.
434 OLG Köln NJW 1998, 3127 = FuR 1998, 185; a.A. OLG Schleswig FamRZ 1999, 1524 mit abl. Anm. Hauss FamRZ 1999, 1525, und Kleffmann MDR 1999, 1141.

SGB II über dem Selbstbehalt liegt. Die Leistungsfähigkeit des Unterhaltsschuldners bemisst sich danach, welches Einkommen ihm nach Anwendung der Anrechnungsvorschriften der §§ 11 Abs. 2 SGB II, 30 SGB II verbleibt. Als Freibetrag im Sinne von § 11 Abs. 2 SGB II aus einem erst zu schaffenden Titel kann nur ein Betrag eingesetzt werden, der der nach unterhaltsrechtlichen Kriterien zu ermittelnden Leistungsfähigkeit aus den zusammengerechneten Einkünften – unter Berücksichtigung der übrigen Freibeträge – entspricht.[435]

Im Rahmen der gesteigerten Erwerbsobliegenheit nach § 1603 II S. 1 BGB gegenüber einem minderjährigen Kind reicht es nicht aus, einer **Arbeitsgelegenheit gem. § 16d SGB II** gegen Entgelt nachzugehen, die dazu dient, an den Arbeitsmarkt herangeführt zu werden.[436]

174 Fiktives Einkommen kann jedoch nicht auf der Grundlage einer **unzumutbaren Tätigkeit** bemessen werden. **Zumutbarkeit begrenzt** diese **Obliegenheiten:** Der Unterhaltsschuldner ist auch im Rahmen des § 1603 Abs. 2 nur in zumutbaren Grenzen und unter Berücksichtigung seiner konkreten Fähigkeiten zur Erwerbstätigkeit verpflichtet.[437] Steht auf Grund eines Gutachtens und eigener Bemühungen des Unterhaltsschuldners fest, dass er den Anforderungen an eine vollschichtige Tätigkeit nicht gewachsen ist, dürfen keine fiktiven Einkünfte aus einer vollschichtigen Tätigkeit zugerechnet werden.[438] Einkommen aus fiktiver Tätigkeit kann nicht zugerechnet werden, wenn es nicht über den eigenen Selbstbehalt hinaus erzielt werden könnte.[439] Dagegen ist weder durch Alkoholismus[440] noch durch Beitritt zu einer Armutssekte die Erfüllung der gesteigerten Unterhaltspflicht als unzumutbar anzusehen;[441] auch die Unterbrechung eines Studiums zwecks Rückkehr in den früheren (Handwerker-) Beruf kann zumutbar sein.[442] Die Tatsache, dass der Unterhaltsschuldner zu einer späteren Zeit nur eine (krankheitsbedingt unzumutbare) Arbeit als Kraftfahrer gefunden hat, indiziert nicht, dass eine zumutbare Erwerbstätigkeit vorher nicht zu finden gewesen wäre.[443]

175 Im Rahmen der gesteigerten Unterhaltspflicht einer geschiedenen Mutter gegenüber ihrem minderjährigen Kind kommt unabhängig von ihrer Erwerbsobliegenheit bzw. von ausreichenden Arbeitsbemühungen die Zurechnung fiktiven Einkommens in einer die Leistungsfähigkeit begründenden Höhe allerdings nicht in Betracht, wenn die unterhaltspflichtige Mutter auf Grund ihres Alters, der beruflichen Vorbildung und der gesundheitlich beeinträchtigten Arbeitsfähigkeit nur schwer vermittelbar und auf leichte oder zeitlich begrenzte mittelschwere Tätigkeiten wie Reinigungsarbeiten beschränkt ist.[444]

c) Aus- oder Weiterbildung des Unterhaltspflichtigen

176 Das Interesse des unterhaltspflichtigen Elternteils, unter Zurückstellung bestehender Erwerbsmöglichkeiten eine **Aus- oder Weiterbildung** aufzunehmen, hat grundsätzlich hinter dem Unterhaltsinteresse minderjähriger Kinder zurückzutreten. Dies gilt allerdings nicht, wenn es sich nicht um eine Weiterbildung oder Zweitausbildung, sondern um eine **erstmalige Berufsausbildung** des Pflichtigen handelt. Einer solchen **Erstausbildung** ist regelmäßig gegenüber der gesteigerten Unterhaltspflicht aus § 1603 Abs. 2 Satz 1 der Vorrang einzuräumen, denn die Erlangung einer

---

435 KG FamRZ 2011, 1302.
436 oLG Brandenburg FamRZ 2011, 1302.
437 OLG Hamm FamRZ 1996, 957 – Umschulung; OLG Thüringen FamRZ 1999, 1523.
438 OLG Hamm FamRZ 1998, 984 – Unzumutbarkeit der Ausweitung einer Halbtagstätigkeit zu einer Vollzeitbeschäftigung.
439 S. etwa OLG Karlsruhe FamRZ 1984, 1251.
440 OLG Hamm NJW-RR 1994, 965.
441 OLG Hamm NJW 1991, 1961.
442 OLG Hamburg FamRZ 1991, 106.
443 OLG Zweibrücken EzFamR aktuell 2000, 317.
444 OLG Schleswig OLGR 2000, 253.

angemessenen Vorbildung zu einem Beruf gehört zum **eigenen Lebensbedarf des Unterhalts-pflichtigen**, den dieser grundsätzlich vorrangig befriedigen darf.[445] Ist eine Weiterbildung oder Umschulung daher in der Regel zurückzustellen, bis die minderjährigen Kinder nicht mehr bedürftig sind, kann nur **ausnahmsweise** etwas anderes gelten, wenn gerade diese Ausbildung dazu dient und es gewährleistet, dass künftig überhaupt angemessener Unterhalt gezahlt werden kann.[446]

d) Begrenzung abzugsfähiger Aufwendungen

Im Rahmen **gesteigerter Unterhaltspflicht** gegenüber minderjährigen Kindern können die zur Führung einer Wochenendehe notwendigen **Fahrtkosten** nicht berücksichtigt werden.[447] Aufwen-dungen für eine private Unfallversicherung können nicht als zusätzlicher Vorsorgeaufwand berücksichtigt werden, wenn der Mindestunterhalt andernfalls nicht gewahrt ist.[448]   **177**

e) Einsatz des Vermögensstammes für den Unterhalt

Reichen die Einkünfte des Unterhaltsschuldners einschließlich der Erträge seines Vermögens[449] zur Unterhaltsleistung i.S.d. § 1603 Abs. 2 nicht aus, dann kann der Unterhaltsschuldner im Rahmen der verschärften Unterhaltspflicht – jedenfalls zur Sicherung des Existenzminimums seines Kin-des – (auch) gehalten sein, den **Stamm** seines **Vermögens** einzusetzen,[450] auch wenn sich dadurch seine Leistungsfähigkeit nur vorübergehend erhöht.[451] Zumutbar einzusetzen sind etwa die Abfin-dung eines Arbeitnehmers,[452] der Einsatz von Grundvermögen[453] sowie die Rückforderung einer Schenkung. Der Unterhaltsschuldner braucht den Stamm seines Vermögens jedoch nicht anzu-greifen, wenn das Grundvermögen nicht nur der Erhaltung des eigenen Lebensstandards dient, sondern auch der Sicherung des Lebensbedarfs des pflegebedürftigen volljährigen behinderten Kindes.[454]   **178**

Der Unterhaltsschuldner muss seinen Vermögensstamm nicht verwerten, wenn er ihn zur Siche-rung eines Kredits verwenden kann und hierzu auch bereit ist.[455] Regelmäßig kann ihm die **Auf-nahme des Kredits** zur Erfüllung seiner Unterhaltspflicht auch zugemutet werden. Macht der Trä-ger der Sozialhilfe einen nach §§ 90, 91 BSHG übergegangenen Anspruch gegen ihn geltend, kann er den Unterhalt nicht aus seinem laufenden Einkommen aufzubringen, und ist er auch nicht verpflichtet, sein Vermögen durch Verwertung eines Grundstücksanteils einzusetzen, so kann er verpflichtet sein, ein vom Sozialhilfeträger angebotenes, erst nach seinem Tode zur Rückzahlung fälliges, zinsloses Darlehen anzunehmen und den Grundstücksanteil in der Weise einzusetzen, dass er die Eintragung einer zinslosen Grundschuld in Höhe des Darlehens auf dem Miteigentumsanteil bewilligt und beantragt.[456] Insoweit ist ihm auch zumutbar, eine ihm vom   **179**

---

445 BGH FamRZ 1994, 372 = BGHF 8, 1423; FamRZ 2011, 1041 = FuR 2011, 458.
446 BGH FamRZ 2011, 1041 = FuR 2011, 458.
447 OLG Saarbrücken FPR 2009, 133.
448 OLG Schleswig FamRZ 2012, 1573.
449 S. etwa OLG Nürnberg FamRZ 1996, 305.
450 BGHZ 75, 272 = BGH FamRZ 1980, 43; OLG Dresden ff. 2000, 31; OLG München OLGR 2000, 78 = EzFamR aktuell 2000, 56; OLG Koblenz FuR 2000, 132; FamRZ 2004, 1515; OLG Hamburg DAVorm 2000, 609; s. auch Duderstadt FamRZ 1998, 273.
451 BGH FamRZ 1986, 48 – Miteigentumsanteil an einem Ferienhaus.
452 BGH FamRZ 2012, 1048; OLG Hamm FamRZ 1997, 1169.
453 BGH FamRZ 1986, 48; OLG Hamburg FamRZ 2000, 1431 – sofern die Maßnahme nicht durch Kre-ditaufnahme abgemildert werden kann.
454 KG FamRZ 2003, 1864; s. auch OLG Oldenburg FamRZ 1996, 625; OLG Köln FamRZ 2000, 1242.
455 BGH FamRZ 1982, 678; OLG Dresden MDR 1998, 603 zur Besicherung eines für Unterhaltszwecke aufgenommenen Darlehens.
456 LG Duisburg NJW 1997, 530; s. auch BGH FamRZ 2001, 21 = FuR 2001, 85.

Bedürftigen geschenkte Immobilie zu beleihen, wenn an sich die Voraussetzungen der Rückgewähr der Schenkung nach § 528 wegen Notlage gegeben sind.[457] Gestaltet sich der Verkauf einer Eigentumswohnung schwierig, ist sie alsbald zu vermieten.[458]

180 Die **Pflicht** zur **Verwertung** des **Vermögensstammes** ist **begrenzt**. Entsprechend der Anerkennung von **Schonvermögen** im Sozialhilferecht (§ 90 SGB XII)[459] wird auch im Unterhaltsrecht bis zu einem gewissen Grad vorhandenes Vermögen nicht herangezogen, das zur Bildung von Rücklagen für unvorhergesehene Ausgaben bestimmt ist bzw. das aus Gründen der Unzumutbarkeit nicht berücksichtigt werden darf. »**Schonvermögen**« i.S.d. § 90 SGB XII sind unter anderem kleinere Barbeträge oder sonstige Geldwerte bis zu **2.301 €**[460] (Art. 17 Nr. 1a) bb) und Art. 68 Abs. 10 des 4. Euro-Einführungsgesetzes vom 21.12.2000).[461]

181 Verwertung des Vermögensstammes kann etwa dann nicht verlangt werden, wenn die in Betracht kommende Maßnahme von vornherein völlig unwirtschaftlich ist (etwa der verlustreiche Verkauf eines Betriebs), oder wenn die Verwertung für den Unterhaltsschuldner einen wirtschaftlich nicht mehr vertretbaren Nachteil brächte, wozu es allerdings nicht ausreicht, dass die jetzige Verwertung den Unterhaltsschuldner an der Ausnutzung künftiger Preissteigerungen hindern würde.[462] Der Unterhaltsschuldner muss den Stamm seines Vermögens auch dann nicht verwerten, wenn das Vermögen seinen **notwendigen** Eigenbedarf unter Berücksichtigung seiner voraussichtlichen Lebensdauer sowie unter Einbeziehung etwa zu erwartender künftiger Erwerbsmöglichkeiten bis an das Lebensende sichern soll.[463] Eine entsprechende Verfallklausel im Testament kann einer Obliegenheit zur Geltendmachung von Pflichtteilsansprüchen entgegenstehen.[464]

4. »Rollentausch« (sog. »Hausmann-Rechtsprechung«)

182 Übernimmt ein Barunterhaltspflichtiger in einer **neuen Partnerschaft** die Haushaltsführung und ggf. auch die **Kindesbetreuung**, dann kommt es typischerweise zum Konflikt zwischen den Unterhaltsinteressen der Angehörigen seiner alten und seiner neuen Familie bzw. Beziehung. Diese Konflikte sind mit Hilfe der sog. **Hausmann- Rechtsprechung** des BGH[465] zu lösen.

183 Die Hausmann-Rechtsprechung, die ursprünglich auf die Haushaltsführung in der zweiten Ehe zugeschnitten war, findet nach zwischenzeitlich geänderter bzw. ergänzter Rechtsprechung des BGH[466] nunmehr gleichermaßen auf **nichteheliche Lebensgemeinschaften** Anwendung.[467] Die Grundsätze der Hausmann-Rechtsprechung sind außerdem dann anzuwenden, wenn der Vater eines **nichtehelichen Kindes** die Haushaltsführung in einer neuen Partnerschaft (oder Ehe) übernommen hat.[468]

---

457 OLG München FuR 2000, 350.
458 OLG Karlsruhe NJWE-FER 1999, 33.
459 Vgl. hierzu BVerwG NJW 1998, 397; 1998, 1879; s. auch NJW 1993, 1024 – behindertengerechte Eigentumswohnung (Hinweis auf BVerwG FamRZ 1991, 697).
460 Zu DM-Beträgen noch BGH FuR 2002, 43 = FamRZ 2002, 157; BayObLGZ 2001, 158.
461 BGBl I 1983, 2008.
462 BGH FamRZ 1980, 43.
463 BGH FamRZ 1985, 691 – krankheitsbedingte Arbeitsunfähigkeit; 1989, 524; OLG Bamberg FamRZ 1999, 1019 – Sicherung des notwendigen Eigenbedarfs nur aus dem Vermögen möglich.
464 BGH FamRZ 1982, 996.
465 BGH FamRZ 1980, 43; FamRZ 1996, 796; FamRZ 2001, 614 m. Anm. Büttner; FamRZ 2006, 1827 m. Anm. Strohal; BGHZ 75, 272; BGH FamRZ 1982, 25 m.w.N.; 1996, 796; zur nichtehelichen Lebensgemeinschaft s. BGHZ 147, 19 = BGH FamRZ 2001, 614 = FuR 2001, 180; OLG Hamm NJW 1999, 3642; OLG Köln FamRZ 2000, 687; OLG Koblenz FuR 2000, 367 = NJW-RR 2001, 4.
466 BGH FamRZ 1995, 598; s. OLG Karlsruhe FamRZ 1996, 1238; OLG Köln NJW 1999, 725.
467 BGHZ 147, 19 = BGH FamRZ 2001, 614 = FuR 2001, 180; s. auch BVerfG FamRZ 1985, 143; OLG Köln NJW-RR 2007, 440.
468 BGH FamRZ 2001, 614.

Grundsätzlich darf der Unterhaltsschuldner seine Erwerbstätigkeit um einer neuen Verbindung **184** willen nur dann aufgeben und in der neuen Partnerschaft die Haushaltsführung übernehmen, wenn er auf bestehende Unterhaltslasten für seine minderjährigen und privilegiert volljährigen **Kinder aus der früheren Beziehung** Rücksicht nimmt. Das gleiche gilt gegenüber dem **unterhaltsberechtigten geschiedenen Ehegatten oder gegenüber der Mutter des nichtehelichen Kindes aus der früheren Beziehung** jedenfalls dann, wenn deren Unterhaltsanspruch aus § 1570 oder § 1615l folgt und im Interesse des Kindeswohls sicherstellen soll, dass das Kind nach der Trennung von dem einen Elternteil nicht auch noch weitgehend auf die persönliche Betreuung durch den anderen Elternteil verzichten muss, weil dieser sich seinen Lebensunterhalt durch eigene Erwerbstätigkeit verdienen muss.

Das **Rücksichtnahmegebot** erstreckt sich auch auf den neuen (Ehe-) Partner. Der neue (Ehe-) **185** Partner hat die Erfüllung der Obliegenheiten gem. § 1356 Abs. 2 (in anderen Partnerschaften nach diesem Rechtsgedanken) zu ermöglichen, zumal bei der Aufgabenverteilung in der neuen Partnerschaft die Unterhaltslast aus der früheren Beziehung bereits bekannt war.[469] Darf bereits die zwischen Ehegatten geltende Gestaltungsfreiheit grundsätzlich nicht zu Lasten von Kindern aus früheren Beziehungen gehen,[470] dann erst recht nicht in Partnerschaften außerhalb einer Ehe.

Ist die Übernahme der Haushaltsführung und Kinderbetreuung im Vergleich zur früheren Bezie- **186** hung mit keinem Rollenwechsel verbunden, sondern hält der Unterhaltsschuldner in der neuen Beziehung die bereits **eheprägende Rollenverteilung** aufrecht, liegt **kein Rollentausch** und damit kein Fall vor, auf den sich die Hausmann-Rechtsprechung des BGH erstreckt.

Hat der Barunterhaltspflichtige demgegenüber in der alten Beziehung den Familienunterhalt durch eigene Erwerbstätigkeit gesichert, dann kann die Haushaltsführung in der neuen Beziehung nach der Hausmann-Rechtsprechung des BGH nur unter engen Voraussetzungen anerkannt werden.

Für die Frage, ob die neue Rollenwahl des barunterhaltspflichtigen Elternteils gerechtfertigt ist, ist insoweit ein strenger, auf **enge Ausnahmefälle begrenzter Maßstab** anzulegen, der einen wesentlichen, den Verzicht auf die Aufgabenverteilung unzumutbar machenden Vorteil für die neue Familie voraussetzt.[471] Die Haushaltstätigkeit des unterhaltspflichtigen Elternteils ist in der neuen Beziehung daher nur dann hinzunehmen, wenn sich das Familieneinkommen in der neuen Beziehung dadurch, dass der andere Partner erwerbstätig ist, **wesentlich günstiger**[472] gestaltet, als dies der Fall wäre, wenn der neue Partner die Kinderbetreuung leisten und der Barunterhaltspflichtige einer vollschichtigen Erwerbstätigkeit nachgehen würde.

Fehlt es an einer entsprechenden Rechtfertigung für die neue Rollenverteilung, so findet die Hausmann-Rechtsprechung keine Anwendung. Dem haushaltsführenden Unterhaltspflichtigen sind vielmehr **fiktive Einkünfte** in Höhe der in der alten Beziehung erzielten Erwerbseinkünfte zuzurechnen, es sei denn, das nach dem Rollentausch erzielte Erwerbseinkommen aus einer zumutbaren Nebentätigkeit einschließlich des Taschengeldanspruchs aus der neuen Beziehung und ggf. erzielten Elterngelds[473] ergibt einen höheren Barunterhaltsanspruch des Berechtigten. Die Höhe des fiktiv anzusetzenden Einkommens richtet sich daher nur dann nach der früheren Erwerbstätigkeit, wenn sich daraus ein höherer Unterhaltsbedarf als der nach den tatsächlichen Verhältnissen in der neuen Beziehung ermittelte Bedarf errechnet, wobei im Übrigen auch neue gleichrangige Unterhaltspflichten zu berücksichtigen sind.[474]

---

469 BGH FamRZ 1996, 796 ff.
470 BVerfG NJW 1985, 1211.
471 BGHZ 147, 19 = BGH FamRZ 2001, 614 = FuR 2001, 180; OLG Schleswig, Urteil vom 23.03.2001 – 10 UF 143/00 – n.v.
472 BGH FamRZ 1996, 796.
473 OLG Bamberg FamRZ 2011, 1302.
474 BGH FamRZ 1996, 796.

187 Ist die Veränderung des Tätigkeitsbereichs und die damit verbundene Einkommensminderung demgegenüber **ausnahmsweise anzuerkennen (akzeptabler Rollenwechsel)**, etwa weil sich der Familienunterhalt in der neuen Ehe durch volle Erwerbstätigkeit des neuen Partners wesentlich günstiger gestaltet als es der Fall wäre, wenn dieser die Kinderbetreuung übernähme und der Unterhaltsschuldner voll erwerbstätig würde,[475] nicht aber wegen des Wunsches nach intensiven Beziehungen zu dem neuen Kind[476], darf sich der Unterhaltsschuldner gleichwohl nicht ohne weiteres auf die Sorge für seine neue Familie beschränken. Der Pflichtige muss vielmehr auch zum Unterhalt der aus der ersten Partnerschaft stammenden Berechtigten beitragen, indem er hierfür sein **Taschengeld aus der neuen Beziehung**[477] sowie **sonstige Einkünfte** wie etwa das (den bis zum 31.12.2010 geltenden Sockelbetrag von 300,00 € übersteigende) **Elterngeld nach dem BEEG**[478], nicht jedoch das zur Verwendung für den Lebensbedarf der neuen Familie überlassene **Haushaltsgeld**[479] oder das gem. § 1612b 1 bedarfsdeckenden **Kindergeld** für das aus der neuen Beziehung stammende Kind zur Bedarfsdeckung einsetzt.[480] Reichen diese Einkünfte nicht aus, um den Unterhaltsbedarf des Berechtigten zu decken, so besteht – abgesehen von den Fällen, in denen der Pflichtige Elterngeld bezieht -[481] die Obliegenheit, die Betreuung des Kindes aus der neuen Ehe und die Haushaltsführung auf das unbedingt notwendige Maß zu beschränken und im Übrigen eine **Nebentätigkeit** aufnehmen, um zum Barunterhalt des Berechtigten aus der früheren Beziehung beizutragen, soweit der Pflichtige dadurch nicht unverhältnismäßig belastet wird.[482]

Die **Erwerbsobliegenheit** des **Hausmannes** ergibt sich demnach nicht aus der erhöhten Leistungspflicht des § 1603 Abs. 2 Satz 1, sondern gem. § 1603 Abs. 1 aus dem **unterhaltsrechtlichen Gleichrang** der **minderjährigen Kinder** aus **allen Ehen/Beziehungen**.

188 Betreut der haushaltsführende Partner **kein Kind aus der neuen Beziehung**, so kann er sich in der Regel nicht auf die Ausübung der Haushaltstätigkeit beschränken. Er ist vielmehr dazu verpflichtet, zur Deckung des Barbedarfs des Unterhaltsberechtigten aus der früheren Beziehung einer (ggf. auch vollschichtigen) Erwerbstätigkeit nachzugehen.[483] Der Unterhaltspflichtige muss sich daher insoweit fiktive Einkünfte zurechnen lassen, als sie bei einem seinen unterhaltsrechtlichen Obliegenheiten entsprechenden Verhalten tatsächlich erzielen könnte. Er muss also nach seinem Gesundheitszustand und unter Berücksichtigung der Lage auf dem Arbeitsmarkt imstande sein, einer (Teil-) Erwerbstätigkeit nachzugehen und auch eine entsprechende Stellung zu finden.[484] Seine Leistungsfähigkeit bestimmt sich fiktiv nach dem zuletzt erzielten bzw. dem zumutbar erzielbaren angemessenen Erwerbseinkommen.[485]

Führt der Unterhaltsschuldner in neuer Partnerschaft **neben der Betreuung eines – aus dieser oder einer früheren Beziehung stammenden – Kindes** den **Haushalt**, dann obliegt ihm, die häusliche Tätigkeit nebst Kinderbetreuung auf ein Maß zu beschränken, welches ihm erlaubt, den Bar-

---

475 S. BGH FamRZ 1987, 252; OLG München FamRZ 1999, 1076 m.N.
476 BGH FamRZ 1996, 796.
477 BGH FamRZ 2006, 1827, 1830; BVerfG FamRZ 1985, 143, 145.
478 OLG Bamberg FamRZ 2011, 1302.
479 BGH FamRZ 1995, 537; FamRZ 1986, 668.
480 BGH FamRZ 2006, 1827 m. Anm. Strohal.
481 Wendl/Dose-Klinkhammer, § 2, Rn. 281 m. Verweis auf Scholz FamRZ 2007, 7, 9, unter Hinweis auf BGH FamRZ 2006, 1010, 1014 m. Anm. Borth.
482 BGH FamRZ 1996, 796 zum Hausmann; 1982, 25 zur Hausfrau; OLG Koblenz OLGR 2000, 335.
483 BGH FamRZ 2001, 1065 = FuR 2001, 225 – neue Ehe; BGHZ 147, 19 = BGH FamRZ 2001, 614 = FuR 2001, 180 mit Anm. Büttner FamRZ 2001, 617 – nichteheliche Lebensgemeinschaft.
484 BGH FamRZ 2001, 1065 = FuR 2001, 225 mN.
485 S. etwa OLG Köln NJW 2000, 2117.

unterhaltspflichten aus der früheren Ehe mittels Verdienstes (zumindest) aus einer Nebentätigkeit nachzukommen.[486]

Der **Umfang** der neben der Haushaltsführung bzw. Kinderbetreuung **zumutbaren Erwerbstätigkeit** richtet sich nach den konkreten Verhältnissen in der neuen Beziehung. Hier sind neben der beruflichen Inanspruchnahme des neuen (Ehe-) Partners insbesondere das Alter und die zur Verfügung stehenden Betreuungsmöglichkeiten für das Kind aus der neuen Beziehung zu berücksichtigen.[487]

Den haushaltsführenden Barunterhaltspflichtigen trifft aber jedenfalls die Obliegenheit, einer (Neben-) Erwerbstätigkeit nachzugehen, mit der zumindest der **Mindestunterhalt** für ein minderjähriges oder privilegiert volljähriges Kind aus der ersten Beziehung gedeckt werden kann.[488]

Liegt das tatsächlich erzielte oder fiktive Einkommen des Pflichtigen **unter seinem notwendigen** **Selbstbehalt**, so darf er seine Einkünfte zunächst zur Deckung seines eigenen notwendigen Selbstbedarfs verwenden, es sei denn, sein eigener notwendiger Selbstbedarf ist durch den Unterhalt gesichert, den sein Ehegatte[489] gem. §§ 1360, 1360a bzw. sein neuer Partner gem. § 1615l schuldet. **189**

Der Umfang der Erwerbsobliegenheit richtet sich demnach maßgeblich nach den bestehenden Unterhaltspflichten ohne Berücksichtigung des eigenen Unterhaltsbedarfs, da (und soweit) der Eigenbedarf des haushaltführenden Ehegatten durch den Unterhalt gesichert ist, den ihm sein Ehegatte bzw. sein neuer Partner gem. § 1615l nach Maßgabe der §§ 1360, 1360a schuldet.[490] Insoweit ist die Leistungsfähigkeit des Unterhaltsschuldners nicht erst im Rahmen einer erweiterten Leistungspflicht nach § 1603 Abs. 2 zu berücksichtigen,[491] sondern bereits im Rahmen des § 1603 Abs. 1.[492]

Allerdings ist der barunterhaltspflichtige Elternteil, der in seiner neuen Ehe/Partnerschaft die Rolle des Hausmanns übernommen hat, dann nicht als leistungsfähig anzusehen, wenn der neue Ehegatte nicht in der Lage ist, seinen notwendigen Unterhaltsbedarf zu decken, so dass der dem Kind zum Unterhalt verpflichtete Elternteil eigenes sowie fiktiv zuzurechnendes Einkommen in voller Höhe zur Deckung seines eigenen notwendigen Selbstbehalts benötigt.[493]

Der seinen minderjährigen Kindern aus erster Ehe barunterhaltspflichtige Elternteil, der aufgrund einer unterhaltsrechtlich zu akzeptierenden Rollenwahl in seiner neuen Ehe die Haushaltsführung und Kinderbetreuung übernommen hat, ist während des Bezugs von **Elterngeld** regelmäßig nicht zu einer Nebenerwerbstätigkeit verpflichtet.[494] Auch soweit Elterngeld unterhaltsrechtlich als Einkommen des Unterhaltsschuldners zu berücksichtigen ist, ist es unterhaltsrechtlich nur einzuset- **190**

---

486 BGH FamRZ 1996, 796 = FuR 2001, 225 – neue Ehe; BGHZ 147, 19 = BGH FamRZ 2001, 614 = FuR 2001, 180 mit Anm. Büttner FamRZ 2001, 617 – nichteheliche Lebensgemeinschaft; OLG München FamRZ 1987, 93; OLG Köln FamRZ 1999, 1011; bedenklich OLG Hamm FamRZ 2002, 981 – unzureichender Minderjährigenschutz.

487 BGH FamRZ 2006, 1827, 1830 m. Anm. Strohal.

488 Wendl/Dose-Klinkhammer, § 2, Rn. 284.

489 BGH FamRZ 2001, 1065, 1067; m. Anm. Büttner.

490 BGH FamRZ 2001, 1065 = FuR 2001, 225.

491 Vgl. dazu BGH FamRZ 1980, 555 f.

492 BGH FamRZ 1982, 590, 591; 2002, 742 = FuR 2002, 248 mit Anm. Büttner FamRZ 2002, 743 und Luthin FF 2002, 94 – Sicherung des Selbstbehalts durch hälftige Beteiligung der Ehefrau an dem von ihrem Ehemann und ihr erzielten Gesamteinkommen.

493 Zur Ermittlung des Selbstbehalts s. BGH FamRZ 2002, 742 = FuR 2002, 248 mit Anm. Büttner FamRZ 2002, 743 und Luthin FF 2002, 94; s. auch OLG Stuttgart FuR 2002, 540.

494 BGH FamRZ 2006, 1010 = FuR 2006, 367 – Fortführung von BGH FamRZ 2001, 1065 im Anschluss an BGHZ 166, 351 = BGH FamRZ 2006, 683 = FuR 2006, 266 (hier: akzeptabler Rollentausch gegenüber dem Unterhaltsanspruch minderjähriger Kinder).

zen, wenn und soweit dessen eigener (hier: notwendiger) Selbstbehalt sichergestellt ist.[495] Im Rahmen der gesteigerten Unterhaltspflicht gem. § 1603 Abs. 2 kann jedoch von der Wahlmöglichkeit des § 6 BEEG (Bezugsverlängerung um 12 Monate) kein Gebrauch gemacht werden, wenn dadurch die Leistungsfähigkeit unter den Mindestunterhalt absinkt.[496]

191 Reicht das tatsächlich erzielte oder fiktive Einkommen des haushaltsführenden Baruntertaltspflichtigen nicht aus, um seinen eigenen **angemessenen Bedarf**[497] zu decken, so ist stets auch zu prüfen, ob der betreuende Elternteil als anderer unterhaltspflichtiger Verwandter im Sinne von § 1603 Abs. 2 S. 3 gegebenenfalls in der Lage ist, ohne Beeinträchtigung seines eigenen angemessenen Bedarfs den Baruntertalt für den Berechtigten (teilweise) sicherzustellen.

192 Ist der Unterhaltsschuldner außerstande, mehreren bedürftigen Kindern Unterhalt zu gewähren, so gehen die minderjährigen unverheirateten Kinder und die nach § 1603 Abs. 2 Satz 2 privilegierten volljährigen Kinder den anderen Kindern vor. Die Grundsätze zur Erwerbsobliegenheit des Hausmannes,, die sich auf den Gleichrang minderjähriger Kinder stützen, sind damit auf Unterhaltsansprüche **volljähriger Kinder** nicht anzuwenden. Der Volljährige muss daher hinnehmen, dass sein wiederverheirateter Elternteil in der neuen Ehe die Haushaltsführung und Betreuung der aus der neuen Ehe hervorgegangenen minderjährigen Kinder übernimmt und dadurch kein über dem angemessenen Selbstbehalt liegendes Einkommen erzielt, und dass daher dessen Leistungsfähigkeit nach § 1603 Abs. 1 entfällt.[498] Einkünfte des Elternteils aus Nebentätigkeiten, Taschengeld usw. sind jedoch bedarfsdeckend heranzuziehen.

193 Betreut der Hausmann dagegen in der **neuen Ehe kein Kind**, gelten die allgemein zur Leistungsfähigkeit entwickelten Grundsätze: Dann ist zu prüfen, ob sich der Unterhaltsschuldner nach Treu und Glauben verantwortungslos oder zumindest leichtfertig verhält. Auch für Hausfrauen besteht nach einer Wiederverheiratung eine generelle Erwerbsobliegenheit, den **Ausbildungsunterhalt Volljähriger** mit zu finanzieren.[499] Allerdings ist die den Haushalt versorgende und das gemeinsame minderjährige Kind betreuende Ehefrau eines erwerbstätigen Mannes, der einem studierenden, volljährigen Kind aus früherer Ehe unterhaltsverpflichtet ist, nicht gehalten, eine (Teilzeit-)Erwerbstätigkeit aufzunehmen, um die Leistungsfähigkeit des Ehemannes zu erhöhen.[500]

III. Schulden als Abzugsposten

194 Inwieweit Schulden des Unterhaltspflichtigen sein unterhaltsrechtlich relevantes Einkommen mindern, bedarf einer differenzierten Beurteilung.

1. Kindesunterhalt

195 Vielfach werden gegen Unterhaltsansprüche von Kindern – gleich ob minderjährig oder (privilegiert) volljährig – finanzielle Belastungen als Abzugsposten eingewandt, oftmals noch als »eheprägend« bezeichnet. Auch im Rahmen des Verwandtenunterhalts genießt der **Unterhaltsanspruch keinen grundsätzlichen Vorrang** vor der **Schuldentilgung** durch den Unterhaltsschuldner, wobei allerdings zu beachten ist, dass Kinder kaum an der Begründung der Schulden beteiligt waren und in aller Regel auf ihre Entstehung auch keinen Einfluss hatten.[501] Sind die Verbindlichkeiten des Unterhaltsschuldners, die er in monatlichen Darlehensraten abträgt, allerdings Folge seines mehr-

495 BGH FamRZ 2006, 1010 = FuR 2006, 367 im Anschluss an BGHZ 166, 351 = BGH FamRZ 2006, 683 = FuR 2006, 266; s. auch OLG Köln NJW-RR 2007, 440.
496 OLG Bamberg FamRZ 2011, 1302.
497 OLG Zweibrücken FamRZ 2003, 1204.
498 BGH FamRZ 1987, 472; OLG Hamburg FamRZ 1998, 41.
499 OLG Düsseldorf FamRZ 1992, 1099.
500 OLG Bremen OLGR 2000, 30.
501 BGH FamRZ 1984, 657, 659.

jährigen Versuchs, seinen Unterhalt und denjenigen seiner Familie durch selbständige Erwerbstätigkeit sicherzustellen, können diese auch im Rahmen der verschärften Unterhaltspflicht nach § 1603 Abs. 2 berücksichtigt werden.[502]

Grundsätzlich ist bei der Prüfung der Berücksichtigungsfähigkeit von Verbindlichkeiten gegenüber **196** der Unterhaltspflicht für **minderjährige Kinder** insb. auf den Zweck der Verbindlichkeiten, den Zeitpunkt und die Art ihrer Entstehung, die Kenntnis des Unterhaltsschuldners von Grund und Höhe der Unterhaltsschuld und auf andere Umstände abzustellen. In die Abwägung mit einzubeziehen sind auch die Möglichkeiten des Unterhaltsschuldners, seine Leistungsfähigkeit ganz oder teilweise wiederherzustellen, sowie gegebenenfalls schutzwürdige Belange des Drittgläubigers. Auf Schulden, die der Unterhaltsschuldner leichtfertig und für luxuriöse Zwecke oder ohne verständigen Grund eingegangen ist, kann er sich grundsätzlich nicht berufen.[503]

a) Grundsatz

Kreditverbindlichkeiten, die bereits zur Zeit des **Zusammenlebens** der Eltern des Kindes entstan- **197** den sind und aus der **gemeinsamen Lebensführung** der Familie (also bis zur Trennung der Eltern) herrühren, haben die familiären Lebensverhältnisse und hätten sie auch bei Fortbestand der Ehe geprägt; sie müssen daher auch die von den Eltern abgeleitete Lebensstellung der Kinder beeinflussen und sind daher im Rahmen der Leistungsfähigkeit grundsätzlich beachtlich. Beruft sich der auf Kindesunterhalt in Anspruch genommene Unterhaltsschuldner wegen bestehender Kreditverbindlichkeiten auf verminderte Leistungsfähigkeit, muss er jedoch zumindest Zeitpunkt, Grund und Höhe der Kreditaufnahme darlegen, damit abgewogen werden kann, ob und ggf. in welcher Höhe der Schuldendienst dem minderjährigen Unterhaltsgläubiger entgegen gehalten werden darf. Angaben, die die Partei im Rahmen des VKH-Verfahrens in ihrer Erklärung über die persönlichen und wirtschaftlichen Verhältnisse gemacht hat, reichen hierzu nicht aus, wenn sie nicht in das Hauptverfahren eingeführt worden sind.[504]

Erst nach der Trennung der Eltern und in Kenntnis der Unterhaltspflichten vom Unterhalts- **198** schuldner eingegangene Verbindlichkeiten sind grundsätzlich nur dann **ausnahmsweise** zu berücksichtigen, wenn er sie »**unvermeidbar**«,[505] also »notwendig und unausweichlich«,[506] begründen musste: Bereits die Kenntnis von der Unterhaltspflicht verwehrt es ihm in der Regel, sich auf eine infolge von Schulden eingetretene Verminderung der Leistungsfähigkeit zu berufen.[507] Insoweit ist grundsätzlich ein **strenger Maßstab** anzulegen, insb. wenn Kosten des Lebensunterhalts finanziert worden sind.[508] Insgesamt ist eine **umfassende Interessenabwägung im jeweiligen Einzelfall** erforderlich.[509] **Nicht anzuerkennen** als Abzugspositionen sind Ansparbeträge auf Bausparverträge, auch wenn sie einer späteren Ablösung der Hausdarlehen dienen sollen, weil es sich dabei um Vermögensbildung handelt.[510]

---

502 OLG Frankfurt EzFamR aktuell 2001, 275 – im Rahmen eines vernünftigen Tilgungsplans.
503 BGH FamRZ 1982, 157; OLG Köln ZKJ 2006, 372.
504 OLG Brandenburg NJW-RR 2003, 1514.
505 BGH FamRZ 1982, 898.
506 BGH FamRZ 1990, 283.
507 BGH FamRZ 1990, 283.
508 BGH FamRZ 1998, 1501; OLG Hamm FuR 2000, 33 – Kreditaufwendungen für trennungsbedingte Möbelanschaffungen oder Mietmehrleistungen seien zwar nicht bedarfsprägend, gegebenenfalls aber bei der Leistungsfähigkeit abzugsfähig; s. auch Fischer-Winkelmann FamRZ 1998, 929 zum Schuldzinsenabzug.
509 Vgl. OLG Hamm FamRZ 1997, 821.
510 OLG Hamm OLGR 2000, 276.

b) Zentraler Maßstab: Kindeswohl und Schutz von Minderjährigen

199 **Zentraler Maßstab** für die Berücksichtigung von **Verbindlichkeiten** im Rahmen der **Bemessung** des **Kindesunterhalts** sind **Kindeswohl** und **Kinderschutz**, gleichgültig, ob es sich um Schulden handelt, welche die familiären Lebensverhältnisse geprägt haben, als auch um Schulden, die der Unterhaltsschuldner trotz Kenntnis von seinen Unterhaltpflichten unvermeidbar eingehen musste. Während minderjährige Kinder kaum etwas für die Sicherung ihrer eigenen Existenz unternehmen können, insb. keine Möglichkeit haben, durch eigene Anstrengungen zur Deckung ihres notwendigen Lebensbedarfs beizutragen, also besonders schutzbedürftig sind,[511] ist dies volljährigen – auch gem. § 1603 Abs. 2 Satz 2 privilegierten – eher möglich, schon gar aber dem erwachsenen Unterhaltsschuldner. Ist die Existenz eines minderjährigen Kindes nicht gesichert, lassen sich Einkommensminderungen durch Schuldbelastungen, wenn man den Schutz minderjähriger Kinder ernst nimmt,[512] kaum begründen;[513] vielmehr bezieht sich die verschärfte Leistungspflicht auch auf den Schuldenabtrag ohne Auswirkungen auf das Existenzminimum minderjähriger Kinder.

200 Grundsätzlich darf der Unterhaltsschuldner daher Mindestunterhalt des Kindes nicht mit Hinweis auf seine Aufwendungen zur Tilgung eines Kredits verweigern- Vielmehr ist ein Ausgleich der Belange von Unterhaltsgläubiger, Unterhaltsschuldner und Drittgläubiger vorzunehmen. Dabei haben die Interessen der Drittgläubiger in Fällen, in denen die Berücksichtigung ihrer Ansprüche den Mindestbedarf minderjähriger Kinder beeinträchtigen würde, regelmäßig zurückzustehen.[514] Kreditverbindlichkeiten sind nicht zu berücksichtigen, wenn und soweit sie unterhaltsrechtlich verantwortungslos eingegangen worden sind.[515] Ansonsten sind diese Verbindlichkeiten – auch wenn der Mindestunterhalt nicht geleistet werden kann – grundsätzlich zu berücksichtigen, wenn es nach Treu und Glauben unbillig wäre, vom Unterhaltsschuldner die vorrangige Erfüllung seiner Unterhaltsverpflichtung zu verlangen, wenn er den Unterhalt letztlich nur auf Kosten einer durch Zinsen ständig weiter wachsenden Verschuldung aufbringen kann.[516] Leistet der Unterhaltsschuldner auf sonstige Schulden keine Abträge, kann er diese Schulden dem Unterhaltsgläubiger nicht einkommensmindernd entgegen halten.[517]

201 Allerdings obliegt dem Unterhaltsschuldner auch insoweit, seine Leistungsfähigkeit durch **Verminderung** der **monatlichen Schuldenlasten** zu steigern. Zunächst ist er getreu dem Motto »Mit welchem Recht sind Banken zu Lasten der Existenz minderjähriger Kinder zum finanziellen Vorabgriff berechtigt?« zur Einleitung eines Insolvenzverfahrens mit Restschuldbefreiung

---

511 BGH FamRZ 1997, 806.
512 S. hierzu etwa Diederichsen FuR 2002, 289 ff.
513 BGH FamRZ 1984, 657, 659.
514 OLG Hamm FamRZ 2003, 1214 – Im Übrigen sollte die Wertung des Vollstreckungsrechts, das dem Schuldner die Möglichkeit einräumt, sich und seinen Unterhaltsberechtigten das Existenzminimum zu sichern, auch im Unterhaltsrecht Berücksichtigung finden.
515 OLG Düsseldorf FuR 2004, 308.
516 OLG Hamm OLGR 2003, 256; anders OLG Nürnberg FamRZ 2004, 300 – Zins- und Tilgungsraten für Schulden könnten in der Regel nur bis zur Höhe des pfändbaren Betrages (§ 850c Abs. 1 S. 2 ZPO) berücksichtigt werden, wenn der das Existenzminimum ohnehin nicht abdeckende niedrigste Unterhaltsbetrag nach der Düsseldorfer Tabelle für minderjährige Kinder nicht geleistet werden kann; zur Maximierung des pfändbaren Betrages durch Wegfall unterhaltsberechtigter Personen gem. § 850c Abs. 1 und 4 ZPO s. Sturm JurBüro 2002, 345 ff.
517 OLG Hamburg FamRZ 2003, 1102.

verpflichtet.[518] Haben weder Mutwillen noch Leichtfertigkeit des Unterhaltsschuldners zur Insolvenz geführt, dann führt die Einkommensminderung nach Eröffnung des Insolvenzverfahrens nach den Grundsätzen der Veränderung der Geschäftsgrundlage zur Unterhaltsabänderung.[519]

c) Kindeswohl und Kinderschutz von Volljährigen

Diese strengen Anforderungen an die Sicherung der Existenz Minderjähriger gelten in diesem **202** Maße nicht im Rahmen der Bemessung des Unterhalts **Volljähriger**, auch wenn der Gesetzgeber einen bestimmten Kreis volljähriger Kinder im Sinne einer Gleichstellung mit Minderjährigen privilegiert hat (§ 1603 Abs. 2 Satz 2). Zwar gilt auch insoweit ein **verschärftes Pflichtenmaß** zur Herstellung/Erhaltung der Leistungsfähigkeit, doch besteht ein Unterschied in der Möglichkeit der Sicherung der eigenen Existenz mit eigener Hilfe. Mag man das Pflichtenmaß im Rahmen der Erwerbsmöglichkeiten gleichsetzen (Zumutbarkeit!), so kann doch – wenigstens ausnahmsweise – eine unterschiedliche Behandlung angezeigt sein, wenn die noch aus den familiären Lebensverhältnissen stammende Schuldenlast als »erdrückend« bezeichnet werden muss und nicht durch Vermögenseinsatz vermindert werden kann: In solchen Fällen muss die Existenzsicherung eines – auch eines nach § 1603 Abs. 2 Satz 2 privilegierten – Volljährigen nicht unbedingte Priorität genießen.

d) Weitere Kriterien im Rahmen einer Gesamtabwägung

Neben der Hilfsbedürftigkeit von Kindern und der Frage nach der Sicherung ihres Existenzmini- **203** mums können folgende **Gesichtspunkte** bedeutsam sein: Anlass, Zeitpunkt und Art der Begründung von Kreditverbindlichkeiten,[520] insb. Kenntnis des Unterhaltsschuldners von der Unterhaltspflicht,[521] Kenntnis und Billigung des Unterhaltsgläubigers bei Aufnahme der Kredite, Vermeidung weiterer Verschuldung des Unterhaltsschuldners, vorübergehendes besonders Angewiesensein des Unterhaltsgläubigers auf Unterhaltszahlungen; Möglichkeit der zeitlichen Streckung durch den Unterhaltsschuldner im Rahmen eines angemessenen Tilgungsplans,[522] erwartete Einkommenssteigerung auf Seiten des Unterhaltsgläubigers sowie schutzwürdige Belange von Drittgläubigern.[523]

---

518 OLG Hamm FamRZ 2001, 441; OLG Dresden FamRZ 2003, 1028 mit zust. Anm. Schürmann FamRZ 2003, 1030, 1031, und Hauss MDR 2003, 575; OLG Stuttgart FamRZ 2003, 1216 (anders noch in FamRZ 2002, 982); OLG Nürnberg FamRZ 2004, 300; OLG Karlsruhe FamRZ 2004, 656; Melchers FamRZ 2002, 897; FamRB 2002, 180, 183 ff. (dort insb. zu den Zumutbarkeitskriterien); 2003, 144; ZVI 2002, 143 ff; FuR 2003, 145; ZFE 2004, 36; Hauss MDR 2002, 1163 ff; 2003, 576 (»all-winner-Situation«); Biehl NJ 2003, 269; a.A. OLG Düsseldorf FuR 2004, 308; OLG Naumburg FamRZ 2003, 1215 mit abl. Anm. Melchers FamRZ 2003, 1769 (hierzu krit. Wohlgemuth FamRZ 2004, 296); s. auch Weisbrodt, FamRZ 2003, 1240, 1244; Büttner/Niepmann, NJW 2003, 2498; Hoppenz, FF 2003, 158, 160; ausführlich zu allem Melchers/Hauss, Unterhalt und Verbraucherinsolvenz [2003]; Seier/Seier ZFE 2003, 260 ff. zur Verbraucherinsolvenz und Restschuldbefreiung im Unterhaltsrecht; zu den Auswirkungen der Insolvenz s. auch OLG Schleswig OLGR 2001, 422; OLG Koblenz FamRZ 2002, 31; OLG Celle FamRZ 2003, 1116; OLG Frankfurt FF 2003, 182.
519 OLG Stuttgart FuR 2004, 247.
520 BGH FamRZ 1985, 91; OLG Karlsruhe NJW-RR 1998, 578 – keine Berücksichtigung querulatorisch verursachter Prozesskosten.
521 BGH FamRZ 1990, 283.
522 S. OLG Düsseldorf FuR 2004, 308.
523 BGH FamRZ 1991, 1163.

e) Schuldenmoratorium

204   Der Unterhaltsschuldner muss sich zumindest intensiv um Umschuldung und Prolongation seiner Kreditverbindlichkeiten (sog. **Schuldenmoratorium**) bemühen.[524] Auch bei Erfolg kann er aus Billigkeitsgesichtspunkten und nach Treu und Glauben den Unterhaltsansprüchen minderjähriger und ihnen nach § 1603 Abs. 2 Satz 2 gleichgestellter volljähriger Kinder regelmäßig nur die **Zinsleistungen** entgegen halten, um so ein Anwachsen seiner Schulden zu vermeiden.[525] Soweit Kreditverbindlichkeiten im Rahmen der Leistungsfähigkeit überhaupt mindernd zu berücksichtigen sind, darf dies jedenfalls nur in angemessener Höhe (im Rahmen eines **angemessenen Tilgungsplans**)[526] geschehen; entsprechend der verschärften Leistungspflicht des § 1603 Abs. 2 gelten auch hier verschärfte Maßstäbe. Ein angemessener Tilgungsplan muss die Existenzfähigkeit minderjähriger Kinder beachten, weil auch das Vollstreckungsrecht insoweit weitreichende Grenzen zieht: Begrenzter Vorrang der Unterhaltspflichten vor den Interessen anderer Gläubiger. Dem Unterhaltsschuldner ist daher grundsätzlich zuzumuten, diese Grenzen im Rahmen seiner Schuldenregulierung zu beachten und den (zumindest den minderjährigen Kindern gebührenden) Vorrang auch durchzusetzen, auch wenn insoweit vielleicht kurzfristig ein weiteres Anwachsen der Verschuldung nicht vermieden werden kann.

205   **Unterhaltsmindernd** sind nur diejenigen (Raten-) Beträge zu berücksichtigen, die bei **verantwortlicher Abwägung** der **Belange minderjähriger Kinder** und der **Fremdgläubigerinteressen** für die Schuldentilgung verfügbar sind,[527] wobei im Einzelfall abzuwägen ist, wie stark der Unterhaltsgläubiger auf die Unterhaltszahlungen angewiesen ist, und inwieweit dem Unterhaltsschuldner eine finanzielle Streckung der Verschuldung über Jahre hinaus zumutbar ist.[528]

f) Minderung der Barunterhaltspflicht

206   Verbleibt nach einer Gesamtabwägung aller Umstände des jeweiligen Einzelfalles ein kaum auflösbarer **Konflikt** zwischen der **Existenzsicherung** einerseits und einer noch aus den familiären Lebensverhältnissen stammenden, erdrückenden und nicht durch Vermögenseinsatz verminderbaren **Schuldenlast** andererseits, dann kann dem betreuenden Elternteil abweichend von der Gleichwertigkeitsregel des § 1606 Abs. 3 Satz 2 ein Anteil am Barunterhalt für das Kind aufzuerlegen sein, insb. wenn dieser Elternteil während bestehender Ehe der Verschuldung zugestimmt hat und/oder an den Gegenwerten wirtschaftlich teilhat(te).[529]

2. Elternunterhalt

207   Beim Elternunterhalt sind grundsätzlich sämtliche im Zeitpunkt der Entstehung der Unterhaltspflicht vorhandenen Verbindlichkeiten des Pflichtigen zu berücksichtigen. Eine sorgfältige Prüfung ist jedoch dann geboten, wenn die Verbindlichkeiten erst nach Bekanntwerden der Unterhaltsbedürftigkeit des Elternteils entstanden sind. Im Übrigen ist bei der Interessenabwägung zu beachten, dass vorhandene Verbindlichkeiten Bestandteil der eigenverantwortlichen Lebensfüh-

---

524   BayObLGSt 2002, 71 – auch zur Behandlung von Ratenzahlungen auf Hausschulden, insb. wenn das betroffene Haus teils privat, teils erwerbswirtschaftlich genutzt wird, und wenn es eigens zur Erschliessung zusätzlicher Erwerbsquellen erworben wurde; OLG Düsseldorf FuR 2004, 308.

525   OLG Hamm NJWE-FER 1999, 180; FamRZ 2003, 1214; Streit 2003, 119; OLG Düsseldorf FuR 2004, 308; s. aber auch OLG Hamm OLGR 2000, 276 zu Belastungen des Unterhaltsschuldners infolge der (Kredit-) Kosten für ein ehemals von der Familie bewohntes Haus.

526   S. etwa OLG Düsseldorf FuR 2004, 308; OLG Frankfurt FamRZ 2005, 803.

527   BGH *FamRZ* 1982, 23.

528   Zu allem BGH FamRZ 1982, 678.

529   S. etwa BGH FamRZ 1986, 254, 256.

rung des Kindes sind. Eine Streckung von Verbindlichkeiten (sog. **Schuldenmoratorium**)[530] wird beim Elternunterhalt in aller Regel nicht zumutbar sein.[531]

F. Darlegungs- und Beweislast

Die Darlegungs- und Beweislast für eingeschränkte oder fehlende Leistungsfähigkeit trägt der **208** Unterhaltspflichtige.[532]

Verlangt der noch minderjährige Unterhaltsgläubiger die **Heraufsetzung** eines Unterhaltstitels auf den **Mindestunterhalt**, dann genügt die Darlegung von Verhältnissen, die eine fiktive Zurechnung von Einkünften auf Seiten des Unterhaltsschuldners erlauben. Nicht erforderlich ist dagegen die Darlegung, dass der Unterhaltsschuldner tatsächlich im Zeitpunkt des Erlasses der Ursprungsentscheidung ein höheres Einkommen erzielt hat.[533] Der Nachweis eingeschränkter Leistungsfähigkeit ist nicht erbracht, wenn der Unterhaltsschuldner einen kostspieligen Lebensstil pflegt, der mit seinem (dargestellten) Einkommen nicht zu vereinbaren ist.[534]

Verlangt der Unterhaltsschuldner **Herabsetzung** eines Unterhaltstitels aufgrund **verringerter Leis-** **209** **tungsfähigkeit** wegen Verminderung seines Einkommens aus Erwerbstätigkeit, und bestreitet der Unterhaltsgläubiger die Einkommensminderung, dann muss der Unterhaltsschuldner nicht nur diejenigen Gehaltsbescheinigungen vorlegen, aus denen sich das neue Gehalt ergibt, sondern er muss auch darlegen und beweisen, dass und mit welchem Inhalt sowie ab wann der Arbeitsvertrag geändert worden ist.[535] Darüber hinaus muss er auch seine Einkommensverhältnisse bei Errichtung des Titels darlegen und ausführen, warum er dieses Einkommen nicht mehr erzielt.[536]

Es ist ein **Erfahrungssatz** dahingehend anzunehmen, dass jeder Unterhaltsschuldner zur Zahlung **210** eines Mindestunterhalts für seine minderjährigen Kinder in der Lage ist.[537] Legt ein gesteigert Unterhaltspflichtiger seine tatsächlichen Einkünfte daher nicht dar, so muss er sich zur Zahlung des Mindestunterhalts als leistungsfähig behandeln lassen.[538]Beruft sich der Unterhaltsschuldner auf fehlende oder eingeschränkte Leistungsfähigkeit, dann trägt er (nur) bei einem Erstantrag auf Leistung des Mindestunterhalts – nicht aber bei einem sog. Titelergänzungsantrag[539] – sowohl im Rahmen des § 1603 Abs. 1 (normale Leistungspflicht) wie auch im Rahmen des § 1603 Abs. 2 (verschärfte Leistungspflicht) die volle **Darlegungs- und Beweislast** dafür, dass er in dieser Höhe nicht leistungsfähig ist.[540] Beruft sich der gesteigert Unterhaltspflichtige auf Leistungsunfähigkeit, obwohl der Mindestbedarf nicht gesichert ist, hat er trotz vollschichtiger Tätigkeit darzulegen, dass er mit dieser seine Erwerbsmöglichkeiten ausschöpft. Dazu können Darlegungen zur Unmöglichkeit einer Nebentätigkeit gehören.[541]

Der auf Unterhalt bis zur Höhe des Mindestunterhalts in Anspruch genommene Elternteil trägt **211** auch dann die Darlegungs- und Beweislast für seine verminderte Leistungsfähigkeit, wenn der

---

530 Dazu auch Schürmann FamRZ 2003, 1031.
531 Brudermüller NJW 2004, 633, 635 Fn. 38.
532 OLG Brandenburg FamRZ 2011, 733-
533 OLG Köln FamRZ 2003, 1960.
534 OLG Nürnberg FuR 1998, 368.
535 KG FPR 2002, 409.
536 OLG München FuR 2002, 283 = FamRZ 2002, 1271.
537 OLG Schleswig FamRZ 2005, 1109; s. auch OLG Naumburg FamRZ 2007, 1179 zur Anwendung der Beweislastregel im PKH-Prüfungsverfahren.
538 OLG Brandeburg FamRZ 2011, 731.
539 OLG Naumburg FamRZ 2003, 618.
540 BGHZ 94, 145; BGH FamRZ 1992, 797; OLG Zweibrücken EzFamR aktuell 2000, 317; s. zuletzt KG FamRZ 2003, 1208.
541 OLG Dresden FamRZ 2007, 1477.

Unterhalt nicht vom Kind, sondern aus übergegangenem Recht von öffentlichen Einrichtungen oder Verwandten geltend gemacht wird.[542]

212   Im Rahmen **verschärfter Leistungspflicht** gem. § 1603 Abs. 2 genügt der Unterhaltsschuldner der ihm obliegenden **Darlegungs-** und **Beweislast** bezüglich hinreichender Bemühungen um angemessene Erwerbstätigkeit nur dann, wenn er sich intensiv, also unter Anspannung aller Kräfte und Ausnutzung aller vorhandenen Möglichkeiten um die Erlangung eines hinreichend entlohnten Arbeitsplatzes bemüht hat und in nachprüfbarer Weise vorträgt, welche Schritte er im Einzelnen insoweit unternommen hat, um eine Arbeitsstelle zu finden.[543] Insoweit hat er auch nachzuweisen, dass er alle zumutbaren und angemessenen (im Rahmen des § 1603 Abs. 2: **alle**) Erwerbsmöglichkeiten ausgeschöpft (und im Rahmen des § 1603 Abs. 2 auch einschneidende **Veränderungen** in seiner **Lebensgestaltung** in Kauf genommen) hat. Er ist des weiteren für die Richtigkeit seiner Behauptung fehlender realer Beschäftigungschancen – insb. aufgrund individueller Beeinträchtigungen – in vollem Umfange **darlegungs-** und **beweisbelastet**: Hierzu genügt es nicht, sich abstrakt darauf zu berufen, angesichts der Arbeitsmarktsituation oder der Berufsbiografie sei man nur zur Erzielung von geringeren Einkünften in der Lage.[544]

213   Die nicht näher begründete Feststellung in den Beschlussgründen, der persönliche Eindruck des Antragsgegners und seine Anhörung im Termin hätten für das Gericht ausgereicht um festzustellen, dass keine Verletzung der Erwerbsobliegenheit vorliegt, ist als Entscheidungsgrundlage nicht ausreichend. Dies insb. dann, wenn der Antragsgegner während zwei Kalenderjahren insgesamt nur 10 Bewerbungen nachweist und das Gericht feststellt, dass damit eine greifbare Obliegenheitsverletzung gegeben ist.[545]

G. Rechtsprechung der Oberlandesgerichte zu § 1603 (nach Oberlandesgerichten geordnet)

214   **BayObLGSt 2002, 71**

1. Ob ein Unterhaltsschuldner leistungsfähig und damit (der Höhe nach) unterhaltspflichtig i.S.d. § 170 StGB ist, hat der Tatrichter nach den Maßstäben des Bürgerlichen Rechts festzustellen, aber eigenverantwortlich und ohne Bindung an etwaige zivilgerichtliche Erkenntnisse.
2. Zur Behandlung von Ratenzahlungen auf Hausschulden.
3. Zur Erforderlichkeit von Feststellungen hinsichtlich etwaiger vorrangig unterhaltsverpflichteter Dritter (§ 1603 Abs. 2 Satz 2), wenn der Angeklagte nach den Feststellungen zu seiner Leistungsfähigkeit lediglich gemäß § 1603 Abs. 2 Satz 1, d.h. mit dem seinen notwendigen Selbstbehalt übersteigenden Teil seines unterhaltsrechtlich bereinigten Einkommens, unterhaltsverpflichtet ist.

KG FamRZ 2002, 1428

Der arbeitslose, noch nicht 50-jährige im Beitrittsgebiet lebende Unterhaltsschuldner, der den Bäckerberuf erlernt hat, darf sich nicht auf vereinzelte Bewerbungen im von besonderen Konzentrationstendenzen geprägten Bäckereigewerbe beschränken und ist gegenüber seinem minderjährigen Kind auch zu Bewerbungsaktivitäten außerhalb seiner bisherigen fachlichen Qua-

---

542 BGH FuR 2003, 268 = FamRZ 2003, 444 im Anschluss an BGHZ 150, 12 = BGH FuR 2002, 228 = FamRZ 2002, 536, 540.
543 OLG München FuR 2003, 222 zu den Anforderungen an die Suche eines Gymnasiallehrers mit bayerischer Ausbildung nach einem Arbeitsplatz bei staatlichen, kommunalen privaten und kirchlichen Trägern in ganz Bayern wie auch in angrenzenden Bundesländern, auch bezogen auf Realschulen; OLG Brandenburg FamRZ 2006, 1297; vgl. im Übrigen Kleffmann FuR 2000, 454.
544 OLG Brandenburg JAmt 2004, 502.
545 OLG Naumburg FPR 2003, 30.

lifikation verpflichtet ist, wenn er dessen Existenzminimum auch unter Zuhilfenahme der Kindergeldanteile nicht anders sicherstellen kann.

KG FamRZ 2011, 2011, 1302

Erzielt der Unterhaltsschuldner neben Leistungen nach dem SGB II Einkünfte aus geringfügiger Beschäftigung oder sind solche dem Unterhaltsschuldner fiktiv zuzurechnen, so ist er insoweit als leistungsfähig anzusehen, als sein Gesamteinkommen unter Einschluss der Leistungen nach dem SGB II über dem Selbstbehalt liegt.

Die Leistungsfähigkeit des Unterhaltsschuldners bemisst sich danach, welches Einkommen ihm nach Anwendung der Anrechnungsvorschriften der §§ 11 Abs. 2 SGB II, 30 SGB II verbleibt. Als Freibetrag im Sinne von § 11 Abs. 2 SGB II aus einem erst zu schaffenden Titel kann nur ein Betrag eingesetzt werden, der der nach unterhaltsrechtlichen Kriterien zu ermittelnden Leistungsfähigkeit aus den zusammengerechneten Einkünften – unter Berücksichtigung der übrigen Freibeträge – entspricht.

KG FamRZ 2003, 1208

1. Zwar trägt der Unterhaltsschuldner, der sich auf fehlende oder eingeschränkte Leistungsfähigkeit beruft, die Beweislast hierfür; dies bedeutet aber nicht, dass ihm Einkünfte zugerechnet werden können, die nach dem gewöhnlichen Lauf der Dinge für ihn nicht erzielbar sind. Auf Grund der derzeitigen Arbeitsmarktsituation in Deutschland ist nicht festzustellen, dass der Unterhaltsschuldner auf Dauer eine wesentlich besser bezahlte Arbeitsstelle hätte finden können als die innegehabte.
2. Von einer reellen Chance, an den Arbeitstagen, an denen der Unterhaltsschuldner einer Vollzeitbeschäftigung nachgeht, zusätzlich eine seriöse, dauerhafte, geringfügige Beschäftigung zu finden, kann daher nicht ausgegangen werden, weil ihn kein Arbeitgeber mit Rücksicht auf § 3 Arbeitszeitgesetz, wonach eine werktägliche Arbeitszeit von mehr als 8 Stunden grundsätzlich nicht zulässig ist, im Rahmen einer Nebentätigkeit zusätzlich beschäftigen darf. (Red.)

KG FamRZ 2004, 1745

1. Trifft den Unterhaltsschuldner eine gesteigerte Unterhaltspflicht, dann hat er zur Befriedigung des Mindestbedarfs seiner minderjährigen Kinder den Stamm seines Vermögens einzusetzen (hier: Veräusserung des in seinem Alleineigentum stehenden Grundstücks).
2. Die Zins- und Tilgungsraten für Kredite sind nicht von dem Einkommen des Unterhaltsverpflichteten abzusetzen, wenn er nicht substantiiert darlegt, für welche Zwecke die Kredite verwandt worden sind. (Red.)

KG FamRZ 2005, 1868

1. Im Rahmen der Geltendmachung nach § 37 Abs. 1 BAföG auf den Träger der Ausbildungsförderung übergegangener (Ausbildungs-) Unterhaltsansprüche des volljährigen Kindes gegen seine Eltern ist der Haftungsanteil eines nicht erwerbstätigen Elternteils nicht zu berücksichtigen.
2. Es kann dahingestellt bleiben, ob eine Erwerbsobliegenheit dieses Elternteils besteht, denn das volljährige Kind muss sich auf fiktive Einkünfte eines Elternteils nicht verweisen lassen: Eine etwaige Verletzung der Erwerbsobliegenheit des einen Elternteils hat alleine dieser zu verantworten, nicht aber das volljährige Kind. (Red.)

KG FamRZ 2006, 1702

1. Trotz gesteigerter Erwerbsobliegenheit ist dem Unterhaltsschuldner bei einer vollschichtigen Tätigkeit lediglich eine geringfügige (stundenweise) Nebentätigkeit zumutbar.
2. Eine Herabsetzung des notwendigen Selbstbehalts ist nur dann gerechtfertigt, wenn der Unterhaltsschuldner mit einem leistungsfähigen neuen Partner in einer ehelichen oder nichtehelichen Gemeinschaft lebt, und es deshalb zu Ersparnissen durch eine gemeinsame Haushaltsführung kommt. (Red.)

KG FamRZ 2006, 1868

1. Ein den Kindesunterhalt betreffender Vergleich kann bei nachträglicher schwerwiegender Änderung der zugrunde liegenden Umstände auch dann abgeändert werden, wenn die Parteien bei Abschluss der Vereinbarung die Einkommensverhältnisse des Unterhaltspflichtigen nicht konkret festgestellt haben.
2. Hat der Unterhaltsschuldner zum Nachweis der Verminderung seiner Einkommensverhältnisse Gewinn- und Verlustrechnungen vorgelegt und diese nachfolgend erläutert, so kann der Unterhaltsgläubiger die Angabe zulässigerweise nicht mit Nichtwissen bestreiten, wenn aus seinem Bestreiten nicht zu entnehmen ist, ob etwa die Richtigkeit der Angaben in der Gewinn- und Verlustrechnung als solche oder die unterhaltsrechtliche Relevanz dieser Kosten bestritten werden soll. (Red.)

KG FamRZ 2011, 1798

LS

1. Zu den an einen Unterhaltspflichtigen zu stellenden Anforderungen, im Interesse des Unterhaltsberechtigten eine erste Berufsausbildung abzuschließen.(
2. Zur Frage der Zurechnung fiktiver Einkünfte, wenn der Unterhaltspflichtige seine erste Berufsausbildung wenige Wochen vor deren planmäßigem Ende und nach Scheitern im mündlichen Teil der Abschlussprüfung abbricht.

Orientierungssatz

1. Ein Unterhaltspflichtiger ist gehalten, seine Ausbildung planvoll, zielstrebig und mit dem notwendigen Ernst und Fleiß voranzutreiben, um unnötige Ausbildungsverzögerungen zu vermeiden.
2. Im Fall des Nichtbestehens der Abschlussprüfung kann eine weitere Privilegierung der Erstausbildung nur in Betracht kommen, wenn es hierfür zwingende, unabweisbare Gründe gibt, die auch vor dem Hintergrund der gesteigerten Unterhaltspflicht Bestand haben. Die Erklärung des Unterhaltspflichtigen, die mündliche Prüfung sei nicht bestanden worden, weil er »zu schusselig« gewesen sei und viele Sachen falsch gemacht habe, er habe es »einfach nicht auf die Reihe gekriegt«, reicht nicht aus.
3. Im Rahmen der Zurechnung eines fiktiven Einkommens kann es gerechtfertigt sein, den Unterhaltspflichtigen in die Tarifgruppe eines Tarifvertrages einzuordnen.

KG FamRZ 2007, 1121

1. Einer arbeitslosen Köchin, die ihren minderjährigen Kindern unterhaltspflichtig ist und keinen Nachweis über konkrete Stellenbewerbungen führen kann, ist ein fiktiver Brutto-Stundenlohn von 10 € zuzurechnen.
2. Unerheblich ist, dass im Einzelfall Unternehmer auch untertariflich bezahlen: Solange im Hinblick auf das Fehlen aussagekräftiger (abschlägiger) Bewerbungsunterlagen ernsthafte Zweifel daran bestehen, dass bei angemessenen Bemühungen eine Beschäftigungschance von vornherein auszuschließen ist, geht das zu Lasten des Unterhaltsschuldners. (Red.)

KG FuR 2005, 454

Sind dem Unterhaltsverpflichteten wegen Verstoßes gegen die Erwerbsobliegenheit fiktive Einkünfte zuzurechnen, ist auch bei der gesteigerten Erwerbsobliegenheit in jedem Einzelfall zu prüfen, welches Einkommen er bei optimaler zumutbarer Einsetzung seiner Arbeitskraft zu erzielen vermag.

KG JAmt 2003, 103

Kommt der Unterhaltsschuldner seiner Erwerbsobliegenheit nicht ausreichend nach, so sind ihm auch bei Bezug von Arbeitslosenhilfe fiktive Einkünfte in Höhe des Freibetrages von 165 € zuzurechnen.

Müting

KG JAmt 2005, 424

Hat ein Ausländer in Verkennung der Rechtslage, dass die Kinder Unterhalt nicht beanspruchen können, soweit er nicht leistungsfähig i.S.d. § 1603 ist, eine Verpflichtungserklärung zu Unterhaltszahlungen abgegeben, so resultiert daraus kein Anfechtungsrecht nach § 119 Abs. 1, auch nicht in Ansehung des Umstands, dass ihm die Mitarbeiterin beim Jugendamt nahegelegt haben soll, die Urkunden zu unterzeichnen, weil seine Kinder sonst zum Gericht gehen würden. (Red.)

KG JAmt 2006, 419

Der notwendige Selbstbehalt des Unterhaltsschuldners ist nicht allein schon im Hinblick auf dessen Zusammenleben mit seiner jetzigen Ehefrau zu verringern. Schließt sich der Unterhaltsschuldner mit einem neuen Partner zu einer Wohnbedarfsgemeinschaft zusammen, und erzielt er dadurch hinsichtlich der Wohnkosten Ersparnisse, dann kommen diese den anderen Bedarfspositionen und nicht dem Unterhaltsgläubiger zugute.

KG KGR 2004, 408

Zur Aufnahme einer Erstausbildung durch einen Elternteil, der gegenüber einem minderjährigen Kind barunterhaltspflichtig ist.

KG KGR 2009, 299

Auch wenn die Leistungsfähigkeit des Unterhaltsschuldners so weit eingeschränkt ist, dass er den Regelunterhalt für seine vier minderjährigen Kinder nicht sicherstellen kann, ist es ihm nicht zumutbar, auf den Aufbau einer zusätzlichen Altersvorsorge in Form einer betrieblichen Direktversicherung zu verzichten, solange der hierfür aufgewandte Betrag 4 % des Gesamtbruttoeinkommens nicht übersteigt. (Red.)

OLG Bamberg FamRZ 2005, 1114

Im Rahmen der gesteigerten Unterhaltspflicht gegenüber minderjährigen Kindern kann von einem Unterhaltsschuldner auch unter Berücksichtigung einer im Einzelfall zumutbaren Nebentätigkeit keine Erwerbstätigkeit von mehr als 200 Stunden im Monat verlangt werden.

OLG Bamberg FamRZ 2005, 2090 = FuR 2005, 520

1. Muss ein Unterhaltspflichtiger zur Durchführung der Umgangskontakte mit seinen drei Kindern im 2-Wochen-Turnus an den Wochenenden eine Fahrtstrecke von einfach 90 Kilometern zurücklegen, ist ihm im Rahmen des geschuldeten Kindesunterhalts keine Nebentätigkeit zumutbar.
2. Um die angemessenen Kosten des Umgangs mit den Kindern ist der Selbstbehalt beim Kindesunterhalt auch dann zu erhöhen, wenn der Unterhaltspflichtige weniger als 100 % des Regelbetrages bezahlen kann.

OLG Brandenburg EzFamR aktuell 2003, 299 [Ls]

Die Leistungsfähigkeit eines Unterhaltsverpflichteten bestimmt sich nicht nur nach seinem tatsächlich vorhandenen Einkommen, sondern auch nach seiner Erwerbsfähigkeit. Notfalls muss er eine entsprechende Tätigkeit ausüben, um den Unterhalt leisten zu können.

OLG Brandenburg FamRZ 2001, 372

Legt der – für seine den Mindestunterhalt betreffende Leistungsfähigkeit darlegungs- und beweisbelastete – Unterhaltsschuldner nicht dar, dass er seiner Erwerbsobliegenheit vollständig gerecht geworden ist, dann muss er sich so behandeln lassen, als ob er zumindest über ein solches Einkommen verfügt, welches ihm die Zahlung des Mindestunterhalts in Höhe der Regelbedarfssätze ermöglicht.

OLG Brandenburg FamRZ 2005, 2094

Die Frage, ob ein volljähriges Kind, das ein Internat besucht, noch als im Haushalt der Eltern lebend i.S.v. § 1603 Abs. 2 Satz 2 zu gelten hat mit der Folge, dass es zu den sog. privilegierten volljährigen Kindern gehört, ist streitig und darf im PKH-Verfahren nicht zu Lasten der bedürftigen Partei beantwortet werden.

OLG Brandenburg FamRZ 2006, 1297

1. Der einer gesteigerten Erwerbsobliegenheit unterliegende Unterhaltsverpflichtete muss seine tatsächliche und fiktive Leistungsunfähigkeit eingehend darlegen.
2. Das für den Unterhalt von minderjährigen (erstrangigen) Kindern eingesetzte Einkommen bleibt ohne Auswirkungen auf den Bezug von Leistungen auf Arbeitslosengeld II.

OLG Brandenburg FamRZ 2011, 1302

1. Im Rahmen der gesteigerten Erwerbsobliegenheit eines Unterhaltspflichtigen für Minderjährigenunterhalt geht eine vollschichtige Arbeit auf dem freien Arbeitsmarkt einer öffentlich geförderten und bezahlten Beschäftigung nach § 16d SGB II vor, so dass sich der Unterhaltspflichtige, der eine solche öffentlich geförderte Beschäftigung ausübt, ein fiktives Einkommen zurechnen lassen muss.
2. Bewerbungsbemühungen allein im verfahrensgegenständlichen Zeitraum sind nicht ausreichend, um der gesteigerten Erwerbsobliegenheit zu genügen. Vielmehr kommt es für die Frage der realen Beschäftigungschancen darauf an, ob eine solche bestand, wenn der Unterhaltspflichtige von Anfang an seiner bestehenden gesteigerten Erwerbsobliegenheit genügt hätte.

OLG Brandenburg FamRZ 2011, 1798

1. Für seine die Sicherung des Mindestunterhalts nach § 1612a BGB betreffende Leistungsunfähigkeit sowie für die Einhaltung der an die gesteigerte Erwerbsobliegenheit zu stellenden Anforderungen ist der Unterhaltspflichtige in vollem Umfang darlegungs- und beweisbelastet (Anschluss BGH, 6. Februar 2002, XII ZR 20/00, FamRZ 2002, 536) (Rn.30) (Rn.31).
2. Wegen der Unterschiedlichkeit der Bedürftigkeit von Leistungen nach dem SGB II und der Leistungsunfähigkeit im Rahmen des Unterhaltsrechts ist beim Unterhaltsrecht ein umfassender Vortrag erforderlich. Der bloße Hinweis auf den Bezug von Arbeitslosengeld II ist nicht ausreichend, um der Darlegungslast zu genügen (Fortführung OLG Brandenburg, 7. Februar 2008, 9 UF 157/07, FamRZ 2008, 2304)

OLG Brandenburg FamRZ 2006, 1701 [Ls]

Hat ein Unterhaltsschuldner seinen Arbeitsplatz unverschuldet verloren, kann ihm bei nicht ausreichenden Erwerbsbemühungen das früher erzielte Einkommen fiktiv weiter zugerechnet werden, wenn sich an den tatsächlichen Verhältnissen im Übrigen nichts Wesentliches geändert hat. In einem solchen Fall ist aber stets zu prüfen, ob aufgrund der tatsächlichen Umstände weiterhin davon ausgegangen werden kann, dass der Unterhaltsschuldner in einem neuen Arbeitsverhältnis ein ebenso hohes Einkommen wie zuvor zu erzielen vermag. Insb. dann, wenn der Unterhaltsschuldner nicht mehr arbeitslos ist, sondern einer Erwerbstätigkeit nachgeht, bedarf es der Feststellung besonderer Umstände, die es rechtfertigen, unter dem Gesichtspunkt des bestmöglichen Einsatzes der Arbeitskraft von einem höheren fiktiven Einkommen als tatsächlich erzielt auszugehen. (Red.)

OLG Brandenburg FamRZ 2006, 1780

1. Ist das Einkommen des betreuenden Elternteils mehr als doppelt so hoch wie das des an sich barunterhaltspflichtigen Elternteils, kann die Unterhaltsverpflichtung des letztgenannten im Hinblick auf § 1603 Abs. 2 Satz 3 ganz entfallen.
2. Besteht ein erhebliches finanzielles Ungleichgewicht zwischen den Einkünften der beiden Elternteile, ist das Einkommen des betreuenden Elternteils aber noch nicht doppelt so hoch wie dasjenige des an sich barunterhaltspflichtigen Elternteils, so ist von einer anteiligen Barunterhaltspflicht beider Elternteile auszugehen. Der Haftungsanteil jedes Elternteils errechnet sich nach Abzug des angemessenen Selbstbehalts.

OLG Brandenburg FamRZ 2007, 1336

1. Der Unterhaltsschuldner hat bei gesteigerter Erwerbsobliegenheit darzulegen, dass er dieser nachgekommen ist bzw. dass er seine Arbeitskraft im Rahmen des ihm Möglichen eingesetzt hat.
2. Einer ungelernten Hilfspflegekraft, die 35 Stunden wöchentlich im flexiblen Schichtsystem arbeitet und bestehende Unterhaltsverpflichtungen nicht erfüllen kann, ist unterhaltsrechtlich zuzumuten, ihre Arbeitskraft anders als im ausgeübten Beruf einzusetzen. (Red.)

OLG Brandenburg FamRZ 2007, 71 [Ls]

1. Geht der Unterhaltsverpflichtete einer vollschichtigen Erwerbstätigkeit nach, kann ihm ein fiktives Nebeneinkommen aus Nebenbeschäftigung nicht zugerechnet werden.
2. Lebt der Unterhaltsschuldner mit einem Ehegatten oder einem Lebensgefährten zusammen und hat aufgrund dessen eine Haushaltsersparnis, so ist diese bei ihm regelmäßig mit 12,5 % zu berücksichtigen.
3. Auch wenn dynamisierter Unterhalt nach § 1612a Abs. 1 geltend gemacht wird, ist der zu leistende Unterhalt so weit wie möglich zu beziffern, also für den zurückliegenden und laufenden Unterhalt bis zum Inkrafttreten der folgenden Regelbetrag-Anpassungsverordnung; erst von diesem Zeitpunkt an ist der Unterhalt in einem bestimmten Vomhundertsatz eines oder des jeweiligen Regelbetrages auszudrücken.

OLG Brandenburg FamRZ 2007, 72

1. Ein Alkoholkranker hat sich im Grundsatz einer ärztlichen Behandlung zu unterziehen, um seine unterhaltsrechtliche Leistungsfähigkeit bestmöglich herzustellen.
2. Die pauschale Behauptung mangelnder Erwerbsfähigkeit kann sich bei Bezug von Arbeitslosengeld II als widersprüchlich darstellen.

OLG Brandenburg FamRZ 2008, 170

Die Umschulung entbindet den Unterhaltspflichtigen nicht von seiner Obliegenheit, sich auf dem freien Arbeitsmarkt um eine Anstellung zu bemühen. In jedem Fall, in dem sich die Frage der Anerkennungsfähigkeit einer Umschulung stellt, ist eine Einzelfallprüfung geboten.

OLG Brandenburg FamRZ 2008, 177

1. Kommt das Kind auf Umwegen zum (Erst-) Abschluss der allgemeinen Schulausbildung, bleibt dies regelmäßig selbst bei schuldhaftem Verhalten des Kindes ohne Konsequenzen. Anderes kann gelten, wenn nach erfolgreichem Abschluss ein noch höherwertiger Abschluss der allgemeinen Schulausbildung angestrebt wird.
2. Der Besuch eines Volkshochschulkurses zwecks Erlangung des Realschulabschlusses, obgleich bereits ein Hauptschulabschluss vorliegt, zählt noch zur allgemeinen Schulausbildung. Dies gilt auch dann, wenn die Schule in der Tages- oder Abendform als Erwachsenenschule besucht wird.

OLG Brandenburg FamRZ 2008, 2304

1. Unterhaltspflichtige oder unterhaltsberechtigte Personen, die der deutschen Sprache nicht oder nur unvollständig mächtig sind, sind verpflichtet, zur Herstellung bzw. Verbesserung ihrer beruflichen Chancen die deutsche Sprache zu erlernen.
2. Legt der Unterhaltspflichtige seine Einkünfte oder sein Vermögen nicht offen, kann er sich nicht mit Erfolg auf seine Leistungsunfähigkeit zur Zahlung des Mindestunterhalts berufen. Auch der Hinweis auf den Bezug von Leistungen nach dem SGB II genügt den Anforderungen nicht.
3. Zahlungen auf titulierte Unterhaltsansprüche minderjähriger Kinder bleiben bei der Berechnung des Arbeitslosengeldes II nach dem SGB II anrechnungsfrei.

OLG Brandenburg FamRZ 2008, 434 [Ls]

Bei der Inanspruchnahme auf Volljährigenunterhalt kommt die Abzugsfähigkeit von Beiträgen für eine weitere zusätzliche Altersvorsorge in Betracht. Insoweit ist allein zweifelhaft, ob 4 % oder 5 % des jeweiligen Bruttoeinkommens berücksichtigungsfähig sind. (Red.)

OLG Brandenburg FamRZ 2009, 1228

Zu den schwierigen Rechtsfragen, die im PKH-Verfahren nicht zu Lasten der bedürftigen Partei entschieden werden dürfen, zählt auch die Frage, ob während des Auslandsaufenthalts eines minderjährigen Kindes bei gemeinsamer elterlicher Sorge der Elternteil, bei dem das Kind zuvor gelebt hat, Kindesunterhalt nach § 1629 Abs. 2 Satz 2 geltend machen kann, und die Frage, ob der Unterhaltspflichtige eine zusätzliche Altersversorgung bis zu 4 % des Bruttoeinkommens auch im Verhältnis zum minderjährigen Kind betreiben darf, wenn nicht einmal der Mindestunterhalt gesichert ist.

OLG Brandenburg FamRZ 2009, 1921 [Ls]

1. Aufwendungen eines Unterhaltsschuldners für die Finanzierung des mit seiner neuen Ehefrau erworbenen Einfamilienhauses in Kenntnis der Unterhaltsverpflichtung gegenüber einem Kind stellen keine den Selbstbehalt erhöhenden unvermeidbaren Wohnkosten dar.
2. Der Abzug zusätzlicher Altersvorsorge kommt im Rahmen der Einkommensermittlung auf Seiten des Unterhaltsschuldners nur dann in Betracht, wenn der notwendige Bedarf des Unterhaltsgläubigers gedeckt ist.
3. Der Unterhaltsschuldner kann nur dann auf eine Nebentätigkeit verwiesen werden, wenn er unter Berücksichtigung seiner regulären Arbeitszeiten, der Zeiten für die Wege von und zur Arbeit und seiner privaten Belange nicht übermäßig belastet und eine tägliche Arbeitszeit von acht Stunden nicht überschritten wird (im Anschluss an BVerfG FamRZ 2007, 273). (Red.)

OLG Brandenburg FuR 2004, 38

Die Bewilligung einer Weiterbildungsmaßnahme (hier: Umschulung) durch das Arbeitsamt ist lediglich ein Indiz dafür, dass der Unterhaltspflichtige vom Arbeitsamt nicht zu vermitteln ist bzw. die Umschulung arbeitsmarktpolitisch und individuell sinnvoll ist und bessere Beschäftigungsmöglichkeiten als die bisherige Ausbildung bieten wird. Der gesteigert Unterhaltspflichtige muss daher weiterhin konkret zu seinen Erwerbschancen, aber auch zum Umfang der Weiterbildungsmaßnahme substantiiert vortragen, um die Feststellung zu ermöglichen, ob ein den Mindestunterhalt deckender Verdienst nicht zu erwarten ist.

OLG Brandenburg FuR 2005, 455 = NJW-RR 2005, 949

1. Der auf Zahlung des Regelbetrages in Anspruch genommene Elternteil muss im Rahmen seiner gesteigerten Erwerbsobliegenheit seine tatsächliche Leistungsunfähigkeit substantiiert darlegen und beweisen; der bloße Hinweis auf den Bezug von Arbeitslosengeld II genügt nicht.
2. Eine Verwirkung von Unterhaltsansprüchen kommt in aller Regel frühestens nach einem Jahr, spätestens aber nach drei Jahren in Betracht.

3. In Gesamtbeträgen geleistete Zahlungen an mehrere Unterhaltsgläubiger sind nach dem Verhältnis der Unterhaltsansprüche quotenmäßig anzurechnen, wenn der Unterhaltspflichtige keine Aufteilung bestimmt hat.

4. In Unterhaltsurteilen ist nur hinsichtlich der zukünftigen Unterhaltszahlungen die Tenorierung eines Prozentsatzes zulässig.

OLG Brandenburg JAmt 2004, 502

1. Für die Erfüllung der gesteigerten Erwerbsobliegenheit aus § 1603 Abs. 2 Satz 1 sowie für die Richtigkeit der Behauptung fehlender realer Beschäftigungschancen – insb. aufgrund individueller Beeinträchtigungen – ist der Unterhaltsverpflichtete in vollem Umfange darlegungs- und beweisbelastet. Hierzu genügt es nicht, sich abstrakt darauf zu berufen, angesichts der Arbeitsmarktsituation oder der Berufsbiografie sei man nur zur Erzielung von geringeren Einkünften in der Lage.

2. Eine Mutter darf sich im Verhältnis zu ihrem minderjährigen Kind aus vorangegangener Ehe nicht auf die Betreuung eines weiteren nichtehelichen Kindes beschränken. Die Ansicht, dass die Betreuung zumindest eines Kleinkindes vorgehe und deshalb die Aufnahme einer Erwerbstätigkeit nicht verlangt werden könne, findet im Gesetz keine Stütze.

OLG Brandenburg JAmt 2009, 407

Im Mangelfall kann von dem Unterhaltsschuldner die Benutzung öffentlicher Verkehrsmittel auch dann verlangt werden, wenn dies umständlich ist; insoweit ist – in Anlehnung an die sozialrechtlichen Vorschriften – ein arbeitstäglicher Zeitaufwand von $2^1/_2$ bis 3 Stunden zumutbar. (Red.)

OLG Brandenburg NJW 2008, 3366

1. Zur Sicherung des Unterhaltsbedarfs eines minderjährigen Kindes bis zur Höhe des jeweiligen Regelbedarfs ist der Unterhaltsschuldner verpflichtet, alle verfügbaren Mittel für den Unterhalt zu verwenden, alle Erwerbsmöglichkeiten auszuschöpfen und auch einschneidende Veränderungen in seiner eigenen Lebensgestaltung in Kauf zu nehmen.

2. An die äußeren Umstände, die eine Unzumutbarkeit einer Nebentätigkeit begründen können, sind jedenfalls dann, wenn es um die Sicherstellung des Mindestunterhalts für ein minderjähriges Kind geht, hohe Anforderungen zu stellen.

OLG Brandenburg NJW-RR 2003, 1514

Beruft sich der auf Kindesunterhalt in Anspruch genommene Unterhaltsschuldner auf verminderte Leistungsfähigkeit wegen bestehender Kreditverbindlichkeiten, muss er zumindest Zeitpunkt, Grund und Höhe der Kreditaufnahme darlegen, damit abgewogen werden kann, ob der Schuldendienst dem minderjährigen Unterhaltsgläubiger entgegen gehalten werden darf. Angaben, die die Partei im Rahmen des PKH-Verfahrens in ihrer Erklärung über die persönlichen und wirtschaftlichen Verhältnisse gemacht hat, reichen hierzu nicht aus, da sie nicht in das Hauptverfahren eingeführt worden sind.

OLG Brandenburg NJW-RR 2007, 510

1. Lebt der Unterhaltspflichtige mit einem neuen Partner zusammen, ist sein Selbstbehalt wegen Haushaltsersparnis zu kürzen, wenn und soweit der neue Partner leistungsfähig ist.

2. Bezieht der neue Lebenspartner Leistungen nach ALG II, dann ist er eingeschränkt grundsätzlich in der Lage, sich an den gemeinsamen Lebenshaltungskosten zu beteiligen. Der notwendige Selbstbehalt ist um 5 % zu kürzen. (Red.)

OLG Brandenburg NJW-RR 2009, 150

1. Die Vorschrift des § 119 Abs. 1 Satz 2 ZPO findet dann keine Anwendung, wenn das Urteil offensichtlich falsch und die Rechtsverteidigung daher schlechthin aussichtslos ist.

2. Das zur Erfüllung der gesteigerten Erwerbsobliegenheit erzielte Einkommen eines ALG II-Empfängers bleibt gem. § 11 Abs. 2 Nr. 7 SGB II anrechnungsfrei.
3. Auch im Rahmen der gesteigerten Erwerbsobliegenheit ist unterhaltsrechtlich anzuerkennen, wenn der Unterhaltspflichtige seine Erstausbildung absolviert.

OLG Brandenburg NJW-RR 2009, 871

Die Zurechnung fiktiver Einkünfte, die die Leistungsfähigkeit begründen sollen, hat neben den fehlenden subjektiven Erwerbsbemühungen des Unterhaltsschuldners objektiv zur Voraussetzung, dass die zur Erfüllung der Unterhaltspflichten erforderlichen Einkünfte für den Verpflichteten überhaupt erzielbar sind, was von den persönlichen Voraussetzungen des Unterhaltsschuldners abhängt. Bei dem Überangebot an Arbeitssuchenden, das für geringfügige Beschäftigungen zur Verfügung steht, spricht die allgemeine Lebenserfahrung nicht dafür, dass solche Stellen an Arbeitnehmer, die ihre Arbeitskraft schon für acht Stunden eingesetzt haben, vergeben werden. (Red.)

OLG Brandenburg NJW-RR 2009, 941

Einem Unterhaltsverpflichteten, der lediglich eine geringfügige Beschäftigung ausübt, ist es grundsätzlich zumutbar, eine umfangreiche Nebentätigkeit oder gar mehrere Nebentätigkeiten auszuüben, die jeweils zusammen mit der Haupttätigkeit bis zu maximal 48 Stunden wöchentlich ausmachen, um so den Unterhaltsbedarf seines Kindes zu decken. Dabei muss der Unterhaltsverpflichtete notfalls auch einschneidende Veränderungen in seiner eigenen Lebensgestaltung in Kauf nehmen.

OLG Brandenburg OLGR 2006, 976

1. Der Arbeitsuchende muss praktisch die gesamte Zeit, die ein voll Erwerbstätiger berufstätig wäre, für die Arbeitssuche aufwenden. 20 bis 30 Bewerbungen im Monat sind daher grundsätzlich zumutbar. Allein der Umstand, dass Bewerbungskosten nur in Höhe von 260 € jährlich von der Arbeitsverwaltung übernommen werden (§ 46 Abs. 1 SGB III), hat nicht zur Folge, dass vom Unterhaltsschuldner nur vier bis fünf Bewerbungen monatlich verlangt werden könnten.
2. Die Höhe fiktiver Einkünfte im Falle nicht ausreichender Erwerbsbemühungen hängt von den Umständen des Einzelfalles, insb. von der Ausbildung und dem beruflichen Werdegang des Unterhaltsschuldners, ab.

OLG Brandenburg OLGR 2007, 132

1. Berufsbedingte Aufwendungen (hier: Fahrtkosten), die nahezu die Hälfte des Nettoeinkommens umfassen, sind unterhaltsrechtlich nicht hinnehmbar. Stehen die berufsbedingten Fahrtkosten in keinem Verhältnis zum Nettoeinkommen hat der Unterhaltsschuldner ggf. öffentliche Verkehrsmittel zu nutzen, den Wohnort zu wechseln oder eine neue, näher gelegene Arbeitsstelle zu suchen, soweit ihm dies jeweils zumutbar ist.
2. Bei Gefährdung von anerkannten Ortsbindungen ist ein Wohnortwechsel nicht zumutbar.
3. Bei einem Nettoeinkommen in Höhe von 1.004 € ist ein Arbeitsplatzwechsel in die Nähe des Wohnorts zumutbar und ein entsprechendes fiktives Einkommen anzusetzen.
4. Auch wenn die Wohnkosten geringer sind als in den Leitlinien angesetzt, ist der Selbstbehalt nicht herabzusetzen.
5. Bei Zusammenleben mit einem neuen Partner ist der Selbstbehalt um 12,5 % wegen Haushaltsersparnis herabzusetzen. Ist der neue Lebenspartner selbst nur eingeschränkt in der Lage, sich an den gemeinsamen Kosten zu beteiligen, ist die Höhe der Haushaltsersparnis zu schätzen. (Red.)

OLG Brandenburg OLGR 2009, 739

1. Einem verschärft auf Kindesunterhalt haftenden selbständigen Fliesenleger ist es zumutbar, bei schlechter Auftragslage die selbständige Tätigkeit wieder aufzugeben und in ein abhängiges Beschäftigungsverhältnis zu wechseln.
2. Es gibt keinen Erfahrungssatz dahingehend, dass in den neuen Bundesländern generell nur der Mindestlohn gezahlt wird.

OLG Brandenburg ZFE 2007, 192 [Ls]

1. Der minderjährigen Kindern gegenüber Unterhaltspflichtige hat sich bei Arbeitslosigkeit durch intensive Suche um eine Erwerbsstelle zu bemühen.
2. Bei Arbeitsstellen mit geringeren Einkommen ist entweder eine neue Arbeitsstelle oder eine weitere Beschäftigung – auch in Form von zusätzlichen Gelegenheits- und Aushilfsarbeiten – zu suchen. Dabei kommen für die Ausübung einer Nebentätigkeit auch Zeiten in Betracht, die üblicherweise dem Freizeitbereich zuzuordnen sind. Auch ist es dem Unterhaltsschuldner anzusinnen, sich jedenfalls nach einiger Zeit um jede Art von Tätigkeit auch unterhalb seines Ausbildungsniveaus zu bemühen und Arbeiten für ungelernte Kräfte ebenso wie Arbeiten zu ungünstigen Zeiten oder zu wenig attraktiven Arbeitsbedingungen anzunehmen.
3. Im Rahmen der Erwerbsbemühungen sind regelmäßige Meldungen beim Arbeitsamt und die Wahrnehmung sämtlicher dort angebotener Vermittlungen allein nicht ausreichend; vielmehr ist auch bei einfachen Arbeitsplätzen die regelmäßige und kontinuierliche Auswertung der gesamten, gegebenenfalls auch überörtlichen Presse erforderlich. Darüber hinaus sind eigene Annoncen ebenso zu erwarten wie schriftliche, und nicht nur telefonische »Blind-Bewerbungen« bei allen in Betracht kommenden Arbeitgebern.
4. Bestehen im Interesse der unterhaltsbedürftigen Kinder keine eindeutig überwiegenden Bindungen an den bisherigen Wohnort, muss gegebenenfalls ein Wohnortwechsel in Kauf genommen werden, und sind die Erwerbsbemühungen auf das großräumige Umfeld, nach einiger Zeit auf das gesamte Bundesland und schließlich auch auf erfolgversprechende Bereiche im Bundesgebiet zu erstrecken.
5. Die Darlegungs- und Beweislast für die Erfüllung der Pflicht zu hinreichenden Erwerbsbemühungen einschließlich der Behauptung fehlender realer Beschäftigungschancen trägt der Unterhaltsschuldner. Nicht ausreichend sind allgemeine Hinweise auf die schlechte Arbeitsmarktlage oder persönliche Umstände, da ein Erfahrungssatz, dass wegen des Vorliegens insoweit ungünstiger Bedingungen ein Arbeitsplatz nicht gefunden werden kann, nicht existiert.
6. Bei Annahme eines fiktiven Einkommens ist davon auszugehen, dass der Regelunterhalt geleistet werden kann, wenn lediglich zwei unterhaltsberechtigte Kinder vorhanden sind. Ausnahmefälle sind vom Unterhaltsschuldner mit substanziiertem Vorbringen bezüglich der Unmöglichkeit der Erzielung eines höheren Einkommens darzulegen. (Red.)

OLG Brandenburg ZFE 2007, 349 [Ls]

Hat der Unterhaltsschuldner schuldlos seinen Arbeitsplatz verloren, ist ihm für eine erneute Arbeitssuche eine Übergangszeit von drei Monaten einzuräumen, so dass für diesen Zeitraum kein fiktives Einkommen zugerechnet werden darf.

OLG Brandenburg ZFE 2007, 393 [Ls]

1. In einer Mangellage kann der verschärft Unterhaltsschuldner nicht ein mietfreies Wohnen im Haus seiner Eltern anrechnungsfrei für sich in Anspruch nehmen und zusätzlich seiner minderjährigen Tochter die daraus resultierenden hohen berufsbedingten Fahrtkosten entgegenhalten, die sich bei einem Wohnen nahe am Arbeitsplatz vermeiden liessen.
2. Bei gesteigerter Unterhaltpflicht ist es dem arbeitslosen Unterhaltsschuldner zumutbar, den zur Erfüllung insb. einer titulierten Unterhaltsverpflichtung benötigten Betrag durch eine stundenweise Tätigkeit anrechnungsfrei neben dem ALG II zu erwirtschaften, so dass er sich ggf. einen fiktiven Nebenverdienst zurechnen lassen muss. (Red.)

OLG Brandenburg ZFE 2007, 430 [Ls]

1. Die Leistungsfähigkeit eines (Kindes-) Unterhaltsverpflichteten wird nicht allein durch das tatsächlich vorhandene Einkommen, sondern auch durch solche Mittel bestimmt, die er bei gutem Willen durch eine zumutbare Erwerbstätigkeit erreichen würde.
2. Gegenüber minderjährigen Kindern besteht eine Verpflichtung zur gesteigerten Ausnutzung der Arbeitskraft, in deren Rahmen den Unterhaltsschuldner die Obliegenheit trifft, ggfs. auch im Wege eines Orts- oder Berufswechsels eine Erwerbstätigkeit zu finden, die so vergütet wird, dass wenigstens der Regelunterhalt geleistet werden kann.
3. Die Darlegung- und Beweislast dafür, dass alle zumutbaren Anstrengungen der Erlangung einer ausreichend vergüteten Erwerbstelle unternommen wurden, trifft den Unterhaltsschuldner. Der Umstand, dass eine ausgeübte Vollzeittätigkeit nicht genügend einbringt, stellt kein ausreichendes Indiz für ernsthafte Erwerbsbemühungen dar. (Red.)

OLG Brandenburg ZFE 2008, 191 [Ls]

1. Die Leistungsfähigkeit eines Unterhaltsschuldners wird auch durch seine Erwerbsfähigkeit und seine Erwerbsmöglichkeiten bestimmt. Kommt er einer gegenüber minderjährigen Kindern gesteigerten Erwerbsobliegenheit nicht nach, muss er sich so behandeln lassen, als ob er ein Einkommen, das er bei gutem Willen erzielen könnte, auch tatsächlich hätte.
2. Von einem Unterhaltsschuldner, der während des ehelichen Zusammenlebens rund acht Jahre lang nicht am Erwerbsleben teilgenommen hat, kann schon im Hinblick darauf nur eine Hilfstätigkeit erwartet werden.
3. Mit einer vollschichtigen Hilfstätigkeit auf dem Bau kann ein monatliches Nettoeinkommen von 900 € erzielt werden. (Red.)

OLG Brandenburg ZFE 2008, 193 [Ls]

1. Die Frage, ob ein volljähriges behindertes Kind, das eine Förderschule besucht, zum Kreis der sog. privilegierten Volljährigen gemäß § 1603 Abs. 2 gehört, ob sie sich also noch in der allgemeinen Schulausbildung befindet, ist nach der Art der besuchten Förderschule und der dort möglichen Schulabschlüsse zu beantworten.
2. Hinsichtlich der in eine Mangelverteilung einzustellenden weiteren Unterhaltsberechtigten ist grundsätzlich richtig zu rechnen, d.h. so, als ob über alle Ansprüche zugleich entschieden würde; auf die Höhe eines bereits titulierten Unterhaltsanspruchs (hier: für die erste Ehefrau) kommt es zunächst nicht an. (Red.)

OLG Brandenburg ZFE 2008, 231

Der (arbeitslose) Unterhaltsschuldner hat in vollem Umfange die Darlegungs- und Beweislast für seine Leistungsunfähigkeit gegenüber dem Anspruch des minderjährigen Kindes auf Sicherung seines Mindestbedarfs. (Red.)

OLG Brandenburg ZFE 2008, 386

1. Die gesteigerte Erwerbsobliegenheit gegenüber minderjährigen und privilegierten volljährigen Kindern verpflichtet den Unterhaltsschuldner dazu, seine Arbeitskraft entsprechend seiner Vorbildung, seinen Fähigkeiten und der Arbeitsmarktlage in zumutbarer Weise bestmöglich einzusetzen.
2. Der Unterhaltsschuldner kann sich nicht darauf zurückziehen, aus seiner selbständigen Tätigkeit lediglich geringfügig über dem Selbstbehalt liegende Einnahmen zu erzielen.
3. Einem Unterhaltsschuldner, der eine selbständige Tätigkeit als IT-Berater ausübt, ist die Aufnahme einer seine Einkünfte aufbessernden Nebentätigkeit zumutbar. (Red.)

OLG Brandenburg ZFE 2008, 69 [Ls]

1. Der einem minderjährigen Kind unterhaltsverpflichtete Elternteil ist für seine die Sicherung des Regelbetrages betreffende Leistungsunfähigkeit in vollem Umfange darlegungs- und beweispflichtig. Er hat einerseits darzulegen, dass seine tatsächlichen Mittel nicht ausreichen, um den eigenen Bedarf und denjenigen des Kindes zu decken, und andererseits auch, dass er alles Zumutbare unternommen hat, um seine Leistungsfähigkeit herzustellen.
2. Bezieht der Unterhaltsschuldner ALG II, ist von seiner Erwerbsfähigkeit auszugehen. Beruft er sich trotz des Bezugs dieser Leistungen auf Erwerbsunfähigkeit, kann dieses Vorbringen als widersprüchlich zurückgewiesen werden.
3. Ein verschärft haftender Unterhaltsschuldner hat sich durch intensive Suche um eine Erwerbsstelle zu bemühen; bei Arbeitsstellen mit geringeren Einkommen oder sonstigen Bezügen sind zusätzliche Gelegenheits- und Aushilfstätigkeiten zumutbar. Daher sind auch zumutbare und mögliche Nebentätigkeiten als fiktive Einkünfte zu berücksichtigen.
4. Ein zum Unterhalt verpflichteter Hartz-IV-Empfänger kann Erwerbseinkommen in Höhe der (titulierten) Unterhaltsbeträge beziehen, ohne dass er befürchten muss, dass das Erwerbseinkommen seine Bezüge nach dem SGB II mindert. (Red.)

OLG Brandenburg ZFE 2010, 154

1. Stehen allein die Mindestunterhaltsansprüche eines Kindes im Streit, ist der Unterhaltsschuldner für seine eingeschränkte Leistungsfähigkeit darlegungs- und beweisbelastet. Kommt er dieser Verpflichtung nicht ausreichend nach, dann kann er sich bei der Ermittlung des Unterhaltsanspruchs nicht auf mangelnde Leistungsfähigkeit berufen.
2. Zur Ermittlung der Unterhaltspflicht bei ungenügendem Vortrag zum tatsächlichen Einkommen des Unterhaltsschuldners. (Red.)

OLG Brandenburg ZfJ 2001, 159

Hat der Unterhaltsschuldner eine Arbeitsstelle mit nur geringerem Einkommen, dann hat er entweder eine neue Arbeitsstelle oder eine weitere Beschäftigung zu suchen, um zusätzliche Mittel zu erlangen, etwa durch zusätzliche Gelegenheits- oder Aushilfstätigkeiten.

OLG Brandenburg ZfJ 2004, 435

1. Verlangt ein minderjähriges Kind die Zahlung des Regelbetrages, so muss der unterhaltsverpflichtete Elternteil grundsätzlich auch eine Fremdbetreuung eines bei ihm lebenden Kindes gewährleisten, um damit sich selbst die Möglichkeit einer Erwerbstätigkeit zu eröffnen. Dies gilt selbst dann, wenn es sich um Geschwisterkinder handelt.
2. Ein minderjähriges Kind hat regelmäßig die Hälfte des Wohnbedarfs eines Erwachsenen.
3. Zur Reduzierung des im Selbstbehalt enthaltenen Wohnkostenanteils.

OLG Brandenburg ZfJ 2005, 125

1. Der Unterhaltsverpflichtete kann die Abänderung eines Urteils frühestens mit dem Tag der Klagezustellung begehren; eine Rückwirkung auf den Monatsersten kommt auf Grund des eindeutigen Wortlaut des § 323 Abs. 3 Satz 1 ZPO nicht in Betracht.
2. Für einen Titel, der aus der Zeit der Minderjährigkeit stammt, muss das nunmehr volljährige Kind dartun und beweisen, dass er fortbesteht. Dies gilt auch dann, wenn der Unterhaltsverpflichtete die Abänderungsklage erhebt (Fortführung von OLG Brandenburg FuR 2002, 554).
3. Das volljährige Kind muss sich angesichts des stetig sich verschlechternden Ausbildungsmarkts mit hohem Einsatz um potenzielle Ausbildungsstätten bemühen. Verstöße hiergegen lassen den Ausbildungsunterhaltsanspruch entfallen, selbst wenn das volljährige Kind bislang noch keine Berufsausbildung angetreten oder abgeschlossen hat.

OLG Brandenburg ZInsO 2009, 2019

1. Ist der Unterhaltsschuldner nur teilweise erwerbstätig, dann ist sein Selbstbehalt auf einen rechnerischen Zwischenbetrag zwischen dem Selbstbehalt für Erwerbstätige und dem für Nichterwerbstätige festzusetzen.

2. Die Kostenersparnis durch das Zusammenleben in einer Gemeinschaft setzt der Senat regelmäßig mit 25 % des Selbstbehalts an, die auf jeden Partner der Gemeinschaft anteilig zu verteilen sind.

3. Die Zurechnung fiktiven Einkommens ist wieder mehr auf diejenigen Fälle zu beschränken, in denen sich ein Unterhaltsschuldner willentlich seinen Verpflichtungen entzieht.

4. Ein 29-jähriger Unterhaltsschuldner, der keinen Schulabschluss und keine Berufsausbildung erworben hat, mehrfach über längere Zeit inhaftiert war und nicht über eine Fahrerlaubnis verfügt, muss hinsichtlich der Zahlung von Regelunterhalt nicht fiktiv als uneingeschränkt leistungsfähig anzusehen sein.

5. Wegen der gesteigerten Unterhaltspflicht gegenüber einem minderjährigen Kind kann ein Unterhaltsschuldner, der erhebliche Schulden hat, verpflichtet sein, einen Antrag auf Einleitung des Verbraucherinsolvenzverfahrens zu stellen. Folgt er dieser Obliegenheit nicht, dann führt dies dazu, dass seine Schulden unterhaltsrechtlich nicht zu berücksichtigen sind.

6. Kennt ein potentieller Vater seine mögliche Unterhaltspflicht, ist es nicht unzumutbar, sich während des schwebenden Vaterschaftsfeststellungsverfahrens nachhaltig um Einkünfte zu bemühen. (Red.)

OLG Brandenburg, Beschluss vom 04.06.2007 – 9 WF 111/07 – n.v.

1. Obliegt einem Unterhaltsschuldner eine gesteigerte Erwerbsobliegenheit, ist seine fiktive Leistungsfähigkeit nicht pauschal, sondern anhand der konkreten Umstände des Falles zu beurteilen.

2. Bei Berücksichtigung der Kreditbelastung für ein Hausgrundstück, die zur Finanzierung eines Familienheims während der Ehe entstand, kann trotz der Zurechnung eines fiktiven Einkommens Leistungsunfähigkeit des Unterhaltsschuldners bestehen.

3. Leistet der Unterhaltsschuldner einen Teil des geschuldeten Kindesunterhalts durch Zurverfügungstellung seines hälftigen Miteigentumsanteils an dem Familienheim, kommt eine Unterschreitung des Regelbedarfs in Betracht; dem Einkommen des Unterhaltsschuldners ist jedoch ein Betrag hinzuzurechnen, den er durch die Geltendmachung von Nutzungsersatz hätte erlangen können. (Red.)

OLG Brandenburg, Beschluss vom 07.02.2008 – 9 WF 27/08 – n.v.

1. Beruft sich der Unterhaltsschuldner auf Leistungsunfähigkeit zur Zahlung von Kindesunterhalt, dann muss er seine Einkommens- und Vermögensverhältnisse durch Vorlage der Verdienstbescheinigungen eines Jahreszeitraums sowie des Einkommensteuerbescheids dartun.

2. Reichen die Einkünfte zur Zahlung des Kindesunterhalts nicht aus, besteht die unterhaltsrechtliche Obliegenheit, die Arbeitsfähigkeit in bestmöglicher Weise einzusetzen und eine mögliche Erwerbstätigkeit auszuüben, so dass bei der fehlender Darlegung, er habe diesen Anforderungen genügt, fiktiv ein Einkommen anzunehmen ist, welches die Zahlung des Mindestunterhalts für das/die Kind/er ermöglicht. (Red.)

OLG Brandenburg, Beschluss vom 23.10.2007 – 10 WF 244/07 – n.v.

Eine Zeitaufwand von durchschnittlich gut 168 Arbeitsstunden monatlich hält sich im Rahmen der in der Branche Gartenbau zu tolerierenden Schwankungen bzw. Abweichungen und entspricht einer vollschichtigen Beschäftigung.

OLG Brandenburg, Beschluss vom 27.12.2007 – 9 WF 361/07 – n.v.

1. Großeltern sind gegenüber ihren Enkeln nicht gesteigert unterhaltspflichtig, so dass nicht der im Allgemeinen gegenüber minderjährigen Kindern anzusetzende notwendige Selbstbehalt zu Grunde gelegt werden kann; vielmehr ist es gerechtfertigt, ihnen generell die erhöhten Selbstbehaltbeträge zuzubilligen, wie sie auch im Rahmen des Elternunterhalts gelten.
2. Ein unterhaltspflichtiger Verwandter muss in Ermangelung sonstiger Mittel grundsätzlich auch den Stamm seines Vermögens zur Bestreitung des Unterhalts einsetzen. Die Grenze der Unzumutbarkeit der Vermögensverwertung, für die der Unterhaltsschuldner darlegungs- und beweisbelastet ist, ist bei der groben Unbilligkeit zu ziehen. (Red.)

OLG Brandenburg, Beschluss vom 29.03.2007 – 9 WF 33/07 – n.v.

1. Der Unterhaltsschuldner muss seine behauptete Leistungsunfähigkeit zur Zahlung des Regelbetrages darlegen und ggf. beweisen.
2. Er muss sich ein fiktives Einkommen zurechnen lassen, wenn er nicht darlegt, dass er seiner gesteigerten Erwerbsobliegenheit vollständig gerecht geworden ist. (Red.)

OLG Brandenburg, Beschluss vom 29.03.2007 – 9 WF 34/07 – n.v.

1. Ist der Sachvortrag eines darlegungs- und beweispflichtigen Unterhaltsschuldners hinsichtlich seiner behaupteten Leistungsunfähigkeit bzw. eingeschränkten Leistungsfähigkeit nicht ausreichend substanziiert, ist ihm keine PKH für die begehrte Abänderung eines Unterhaltstitels zu bewilligen.
2. Der einer gesteigerten Erwerbsobliegenheit unterliegende Unterhaltsschuldner muss sich fiktiv ein Einkommen zurechnen lassen, das ihm die Zahlung des Regelbetrages ermöglicht, wenn er nicht darlegt, dass er seiner gesteigerten Erwerbsobliegenheit vollständig gerecht geworden ist. (Red.)

OLG Brandenburg FamRZ 2011, 732

Erzielt ein unterhaltspflichtiger Elternteil Einkünfte aus einer Erwerbstätigkeit, die seinem Ausbildungsniveau entspricht und die er auch während der bestehenden ehelichen Lebensgemeinschaft erzielt hat, besteht keine Obliegenheit, eine besser vergütete Arbeitsstelle im Ausland oder an einem entfernten Ort in Deutschland aufzunehmen. Dies gilt selbst dann, wenn der Unterhaltspflichtige während der Ehezeit für seinen Arbeitgeber im Ausland tätig war. Insbesondere spricht gegen diese Obliegenheit, dass der Umgang mit dem Kind sehr stark eingeschränkt würde.

OLG Brandenburg, Beschluss vom 30.03.2007 – 10 WF 270/07 – n.v.

1. Der Einwand der Leistungsunfähigkeit kann im Rahmen der Vollstreckungsabwehrklage nicht berücksichtigt werden.
2. Die Wahl selbständiger Berufsausübung muss im Hinblick auf das Grundrecht freier Berufswahl nur respektiert werden, wenn eine dauerhafte Verschlechterung der Leistungsfähigkeit eines zur Zahlung von Kindesunterhalt Verpflichteten nicht zu erwarten ist. (Red.)

OLG Brandenburg, Urteil vom 03.06.2008 – 10 UF 207/07 – n.v.

1. Im Rahmen der gesteigerten Erwerbsobliegenheit gemäß § 1603 Abs. 2 kann von dem Unterhaltsschuldner insb. verlangt werden, dass er vollschichtig erwerbstätig ist.
2. Zu den Voraussetzungen einkommensmindernder Berücksichtigung von Kreditraten, die der Unterhaltsschuldner zu leisten hat.
3. Den Unterhaltsschuldner trifft grundsätzlich eine Obliegenheit zur Einleitung der Verbraucherinsolvenz, wenn dieses Verfahren zulässig und geeignet ist, den laufenden Unterhalt seiner minderjährigen Kinder dadurch sicherzustellen, dass ihm Vorrang vor sonstigen Verbindlichkeiten eingeräumt wird.

4. Zur Berechnung des über dem jeweiligen Selbstbehalt für Unterhaltszwecke zur Verfügung stehenden Einkommens des Unterhaltsschuldners während der Minderjährigkeit (Verteilungsmasse) bis zur Mangelverteilung.

OLG Brandenburg, Urteil vom 05.06.2007 – 10 UF 6/07

1. Eltern haften infolge beiderseitiger vollschichtiger Berufstätigkeit ggf. auch für die restliche Zeit der Minderjährigkeit ihres Kindes gem. § 1606 Abs. 3 anteilig nach ihren Einkommens- und Vermögensverhältnissen.
2. Bei bestehender Haushaltsgemeinschaft und gemeinsamem Wirtschaften der Eltern ist eine zu einer Kürzung des Selbstbehalts führende Haushaltsersparnis zu berücksichtigen, die entsprechend der konkreten Lebenssituation anzusetzen ist.
3. Der Verlust einer früheren Arbeitsstelle durch Eigenkündigung ist unterhaltsrechtlich nur beachtlich, wenn die Aufgabe des Arbeitsplatzes durch ein vorwerfbares Verhalten verursacht worden ist. (Red.)

OLG Brandenburg, Urteil vom 06.12.2007 – 9 UF 38/07 – n.v.

1. Hinsichtlich des Regelbetrages als Mindestunterhaltsanspruch eines Kindes trägt der Unterhaltsschuldner die vollständige Darlegungs- und Beweislast dafür, dass er weder in tatsächlicher noch in fiktiver Hinsicht leistungsfähig zur Zahlung dieses Anspruchs ist.
2. Legt der Unterhaltsschuldner nicht dar, dass er seiner Erwerbsobliegenheit vollständig gerecht geworden ist, muss er sich so behandeln lassen, als ob er – so dies seine individuellen Verhältnisse zulassen – über ein solch hohes Einkommen verfügt, das ihm die Zahlung des Regelbetrages ermöglicht.
3. Der Wechsel von einer nichtselbständigen Tätigkeit in die Selbständigkeit mit einhergehenden Einkommensminderungen ist unterhaltsrechtlich regelmäßig unbeachtlich.
4. Einem Übergang gem. § 7 Abs. 1 Satz 1 UVG steht die Zurechnung fiktiver Einkünfte auf Seiten des Unterhaltsschuldners nicht entgegen. (Red.)

OLG Brandenburg, Urteil vom 10.07.2007 – 10 UF 58/07 – n.v.

1. Die Darlegungs- und Beweislast dafür, dass ein Unterhaltsschuldner seine Tätigkeit ohne einen sachlichen Grund und vor allem leichtfertig und unterhaltsbezogen aufgegeben hat, trägt der Unterhaltsgläubiger.
2. Arbeiten beide Eltern vollschichtig, schulden sie beide im Rahmen des Familienunterhalts ungeachtet der Minderjährigkeit ihres gemeinsamen Kindes Barunterhalt.
3. Ist der gekürzte notwendige Selbstbehalt eines Unterhaltsschuldners durch seinen Anspruch auf Familienunterhalt vollständig bzw. überwiegend gedeckt, kann er Kindesunterhalt von dem an ihn ausgezahlten Erziehungsgeld bestreiten.
4. Im Zusammenhang mit der Bestimmung des Wohnwertes ist bei mehreren Bewohnern der unterschiedlich hohe Wohnbedarf von Erwachsenen und Kindern zu berücksichtigen.
5. Treffen Unterhaltsansprüche eines minderjährigen und eines privilegiert volljährigen Kindes zusammen, kann es im Einzelfall sachgerecht sein, den Unterhaltsbetrag für das minderjährige Kind vorweg vom Einkommen des Unterhaltsschuldners abzusetzen. (Red.)

OLG Brandenburg, Urteil vom 11.09.2007 – 10 UF 28/07 – n.v.

1. Kann von einem leistungsunfähigen Unterhaltsschuldner die Abwicklung seines Geschäftsbetriebes nicht vor einem bestimmten Zeitpunkt verlangt werden, ist ihm bis dahin kein fiktives Einkommen zuzurechnen.
2. Ein Unterhaltsgläubiger muss sich entsprechend dem Rechtsgedanken des § 1607 Abs. 2 nicht auf fiktive Einkünfte eines Elternteils verweisen lassen. (Red.)

OLG Brandenburg, Urteil vom 13.01.2009 – 10 UF 132/08 – n.v.

1. Hat ein seinem Kind auf Unterhalt haftender Elternteil über einen Zeitraum von rund zehn Jahren durch seine selbständige Tätigkeit keine bzw. nur geringfügige Einkünfte erzielt, muss er sich fiktives Einkommen aus abhängiger Tätigkeit zurechnen lassen.
2. Ein Betrag von maximal 4 % des Bruttoeinkommens für eine zusätzliche Altersversorgung muss im Verhältnis zum sonstigen Einkommen des Unterhaltsschuldners angemessen sein und kann nicht angesetzt werden, wenn der notwendige Bedarf des Unterhaltsgläubigers nicht gedeckt ist. (Red.)

OLG Brandenburg, Urteil vom 13.11.2007 – 10 UF 230/06 – n.v.

Zehren Fahrtkosten rund 2/5 bzw. die Hälfte des Nettoeinkommens eines Unterhaltsschuldners auf, ist er im Hinblick auf eine Unterhaltspflicht gegenüber einem minderjährigen Kind gehalten, diese Kosten zur Erhaltung seiner Leistungsfähigkeit zu senken. (Red.)

OLG Brandenburg, Urteil vom 17.11.2009 – 10 UF 49/09

1. Insb. dann, wenn der Unterhaltsschuldner nicht (mehr) arbeitslos ist, sondern einer Erwerbstätigkeit nachgeht, bedarf es der Feststellung besonderer Umstände, die es rechtfertigen, unter dem Gesichtspunkt des bestmöglichen Einsatzes der Arbeitskraft von einem höheren als dem tatsächlich erzielten Einkommen auszugehen.
2. Stehen berufsbedingte Fahrtkosten außer Verhältnis zu dem erzielten Nettoeinkommen des Unterhaltsschuldners, ist er insb. bei beengten wirtschaftlichen Verhältnissen zunächst auf die Inanspruchnahme öffentlicher Verkehrsmittel zu verweisen; bei weiten Entfernungen zwischen Wohn- und Arbeitsstelle ist auch zu prüfen, ob von dem Unterhaltsschuldner ein Wechsel des Wohnorts erwartet werden kann. (Red.)

OLG Brandenburg, Urteil vom 21.11.2006 – 10 UF 40/05 – n.v.

1. Der gesteigert Erwerbsverpflichtete hat sich intensiv um eine Arbeitsstelle zu bemühen und dabei auch Tätigkeiten anzunehmen, die unter seinem Ausbildungsniveau liegen oder schlechter bezahlt sind.
2. Kommt der Unterhaltsschuldner diesen Anforderungen nicht nach, ist ihm ein fiktives Einkommen zu unterstellen, das bei gesundheitlichen Einschränkungen ggf. geringer anzusetzen ist. (Red.)

OLG Brandenburg, Urteil vom 22.05.2007 – 10 UF 239/06 – n.v.

1. Die minderjährigen Kindern gegenüber Unterhaltsverpflichteten trifft eine erheblich gesteigerte Verpflichtung zur Ausnutzung ihrer Arbeitskraft.
2. Kann nicht an einen angemessenen früheren Verdienst angeknüpft werden, ist die Höhe der fiktiven Einkünfte zu schätzen.
3. Der Plan zur Selbständigkeit darf erst dann verwirklicht werden, wenn der Unterhaltsschuldner zuvor – etwa durch Rücklagenbildung oder Kreditaufnahme – den Regelunterhalt bis zur Erzielung ausreichender Einkünfte sichergestellt hat.
4. Das Zusammenleben eines Unterhaltsschuldners mit seiner Lebensgefährtin hat zur Folge, dass der Selbstbehalt um eine Haushaltsersparnis zu mindern ist.
5. Ein Anspruchsübergang nach § 7 Abs. 1 Satz 1 UVG findet auch dann statt, wenn die Leistungsfähigkeit des Unterhaltsschuldners nur auf der Grundlage eines fiktiven Einkommens bejaht wird.
6. Für die Behauptung der eingeschränkten Leistungsfähigkeit oder Leistungsunfähigkeit ist der verschärft haftende Unterhaltsschuldner im Bereich des Regelbedarfs darlegungs- und beweispflichtig. Fehlt es daran, dann muss er sich fiktiv erzielbare Einkünfte zurechnen lassen. (Red.)

OLG Brandenburg, Urteil vom 24.04.2008 – 9 UF 171/07 – n.v.

1. Hat der verschärft auf Kindesunterhalt haftende Elternteil einen Rollentausch von der Berufstätigkeit zur reinen Familienarbeit vorgenommen, so ist bei der Abwägung zu berücksichtigen,
   ob von ihm besondere Rücksichtnahme auf die Belange des von ihm abhängigen Kindes zu
   fordern ist.
2. Einen derartigen Rollenwechsel hat das minderjährige Kind nur hinzunehmen, wenn sich der
   Familienunterhalt in der neuen Ehe dadurch, dass der andere Ehegatte vollerwerbstätig ist,
   wesentlich günstiger gestaltet als es der Fall wäre, wenn die Rollenverteilung umgekehrt wäre.
3. Bei einem zu billigenden Rollenwechsel besteht regelmäßig keine weitere Erwerbsobliegenheit,
   solange Erziehungsgeld bezogen wird. (Red.)

OLG Brandenburg, Urteil vom 25.11.2008 – 10 UF 99/08 – n.v.

Zum Nachweis intensiver Bewerbungsbemühungen genügt die Vorlage von Bewerbungsschreiben
nicht, wenn sie so abgefasst sind, dass sie für den Adressaten Zweifel an der Ernsthaftigkeit der
Arbeitsplatzsuche aufkommen lassen. Davon ist bei ersten Bewerbungsschreiben mit Hinweisen
auf eine Schwerbehinderung sowie auf vorhandene, den Beruf des Bewerbers betreffende gesundheitliche Einschränkungen auszugehen. (Red.)

OLG Brandenburg, Urteil vom 27.11.2007 – 10 UF 137/07 – n.v.

1. Einem Unterhaltsschuldner kann ein angemessener Betrag von bis zu 4 % des jeweiligen
   Gesamtbruttoeinkommens für eine über die primäre Altersversorgung hinaus betriebene
   zusätzliche Altersversorgung zuzubilligen sein.
2. Wäre ein Darlehen des Unterhaltsschuldners bei rechtzeitiger Zahlung der vereinbarten
   Monatsraten bei Beginn des streitbefangenen Unterhaltszeitraums bereits vollständig getilgt
   gewesen, kann der Unterhaltsschuldner dieses Darlehen dem Kind unterhaltsrechtlich nicht
   entgegenhalten. (Red.)

OLG Brandenburg, Urteil vom 28.01.2009 – 13 UF 31/08 – n.v.

1. Kann der im Vorruhestand befindliche Unterhaltsschuldner den Mindestunterhalt für sein
   Kind nicht leisten, dann ist ihm im Rahmen der gesteigerten Unterhaltsverpflichtung zuzumuten, durch die Ausübung einer Nebentätigkeit hinzuzuverdienen.
2. Diese Verpflichtung zur Ausübung geringwertiger Nebentätigkeiten kann auch dann bestehen,
   wenn eine Sozialphobie vorliegt. (Red.)

OLG Brandenburg, Urteil vom 29.11.2007 – 9 UF 77/07 – n.v.

1. Ist der angemessene oder notwendige Selbstbehalt eines Unterhaltsschuldners gewahrt, hat er
   sämtliche tatsächlich bezogenen Einkünfte zu Unterhaltszwecken einzusetzen, wobei dies auch
   Nebeneinkünfte und Taschengeld betrifft.
2. Die rechtliche und sittliche Pflicht von Eltern, ihre Kinder am Leben zu erhalten, findet ihre
   Grenze allein in der Unmöglichkeit.
3. Kann weder die tatsächliche noch die fiktive Leistungsfähigkeit eines Unterhaltsschuldners
   abschließend beurteilt werden, geht dies im Rahmen seiner Abänderungsklage zu seinen Lasten
   und macht die Klage unschlüssig. (Red.)

OLG Brandenburg, Urteil vom 30.01.2007 – 10 UF 151/06 – n.v.

1. Im Rahmen der gesteigerten Erwerbsobliegenheit sind fiktiv erzielbare Einkünfte zu berücksichtigen, wenn der barunterhaltspflichtige Elternteil eine ihm mögliche und zumutbare
   Erwerbstätigkeit unterlässt, obwohl er diese bei gutem Willen ausüben könnte.
2. Ein zur Erfüllung titulierter Unterhaltsansprüche erzieltes Einkommen bleibt über die in § 30
   SGB II hinaus definierten Freibeträge anrechnungsfrei, wenn es auf Grund des Titels auch tatsächlich für Unterhalt geleistet wird. (Red.)

OLG Braunschweig FamRZ 2012, 795

1. Umgangskosten, die dem barunterhaltspflichtigen Elternteil durch die Wahrnehmung seines Umgangsrechts entstehen, können zur Reduzierung des Selbstbehalts herangezogen werden.
2. Die fiktive Berücksichtigung von Kindergeld zur Reduzierung der Umgangskosten, wie sie die Leitlinien des Oberlandesgerichts Braunschweig derzeit noch vorsehen, steht im Widerspruch zur gesetzgeberischen Festlegung, wonach Kindergeld grundsätzlich als Einkommen des Kindes zur Deckung des Barbedarfs des Kindes nicht der Eltern ist.

OLG Braunschweig FamRZ 2005, 643

1. Eine Unterhaltsverpflichtung der Großeltern kommt nur in Betracht, wenn die Eltern des Kindes nicht unterhaltspflichtig sind. Die Unterhaltspflicht der Eltern entfällt nach § 1603 nur bei fehlender Leistungsfähigkeit.
2. Auch § 1607 Abs. 1 bestimmt eindeutig, dass der nachrangig Haftende nur dann Unterhalt zu gewähren hat, wenn der vorrangig Haftende nicht leistungsfähig ist. (Red.)

OLG Braunschweig FamRZ 2006, 1759

1. Der Selbstbehalt des Unterhaltsschuldners beträgt gegenüber der getrennt lebenden Ehefrau wie gegenüber der geschiedenen Ehefrau 1.000 €.
2. Der betreuende Elternteil hat auch im Mangelfall Anspruch auf einen Betreuungsbonus.
3. Liegen die Wohnkosten des Unterhaltsschuldners unter dem Betrag, der nach den Unterhaltsrichtlinien im Selbstbehalt berücksichtigt ist, so sind die ersparten Wohnkosten, soweit es um den Mindestunterhalt minderjähriger Kinder geht, ebenfalls einzusetzen. (Red.)

OLG Braunschweig OLGR 2008, 3221

1. Betreuungsleistungen der Kindesmutter entfallen auch dann nicht vorübergehend, wenn sich das minderjährige unterhaltsberechtigte Kind für ein Jahr im Ausland aufhält, denn elterliche Betreuungsleistungen werden auch durch Kommunikation und Fürsorge erbracht.
2. Der nicht betreuende Elternteil ist bei erheblich schlechteren Einkommens- und Vermögensverhältnissen nicht verpflichtet, den Barunterhalt des minderjährigen Kindes in Höhe des Regelbetrages zu bezahlen; vielmehr ist in einem solchen Falle der Bedarf des Kindes zu ermitteln und nach dem Verhältnis der beiderseitigen Einkommen unter Einrechnung der Betreuungsleistungen zu verteilen. Dabei darf der Bedarf wie bei volljährigen Kindern aus dem zusammengerechneten Einkommen beider Eltern ermittelt werden, wobei der Anteil des nicht betreuenden Elternteils nicht höher sein darf als der Unterhalt, den er allein nach seinen Einkommen zu tragen hätte.
3. Auf Seiten des deutlich geringer verdienenden, die Kinder nicht betreuenden Elternteils kann dieser Betrag wegen der Betreuungsleistungen des deutlich besser verdienenden Elternteils um 50 % erhöht werden.
4. Der danach zu zahlende Unterhalt kann sich aber auch ermäßigen oder auch entfallen, wenn der nicht betreuende Elternteil zur Unterhaltszahlung nicht ohne Beeinträchtigung des eigenen angemessenen Unterhalts in der Lage wäre (im Anschluss an BGH FamRZ 1984, 39). (Red.)

OLG Bremen FamRZ 1999, 1529

Die wiederverheiratete, in der neuen Ehe den Haushalt führende Mutter trifft regelmäßig dem bei ihr lebenden volljährigen, die Schule besuchenden Kind gegenüber die Obliegenheit zur Aufnahme einer Nebentätigkeit.

OLG Bremen FamRZ 2005, 647

Eine Mutter, die einem beim Vater lebenden minderjährigen Kind unterhaltspflichtig ist, ist grundsätzlich nicht deshalb von ihrer Obliegenheit zur Ausnutzung ihrer Arbeitskraft durch Ausübung einer Vollzeiterwerbstätigkeit befreit, weil sie ihrerseits ein 12-jähriges (hier: Geschwister-) Kind betreut.

OLG Bremen FamRZ 2007, 1036

1. Das Unterhaltsrecht sieht eine Einkommensreduzierung aufgrund einer bedarfsgemeinschaftsinternen Umschichtung des Einkommens nach den Vorschriften des SGB II nicht vor.
2. Arbeitslosengeld II kann nicht als unterhaltsrechtlich relevantes Einkommen qualifiziert werden, wenn es dem Unterhaltspflichtigen nur deshalb gewährt wird, weil sein Einkommen innerhalb der Bedarfsgemeinschaft umverteilt worden ist, so dass er seinen sozialrechtlich bestehenden Bedarf nicht mehr selbst decken kann.

OLG Bremen FamRZ 2007, 74 = FuR 2008, 216

Der einem minderjährigen Kind gegenüber zum Unterhalt Verpflichtete, der über eine abgeschlossene Berufsausbildung verfügt, aber wegen eines Studiums nicht erwerbstätig ist, ist angesichts seiner gesteigerten Unterhaltsverpflichtung im Regelfall unterhaltsrechtlich gehalten, eine Erwerbstätigkeit aufzunehmen. Das gilt auch dann, wenn der – vom anderen Elternteil gebilligte – Lebensplan des Unterhaltsverpflichteten ursprünglich ein Studium vorsah.

OLG Bremen FamRZ 2008, 1274

Fahrtkosten, die dem in größerer Entfernung von seinen Kindern wohnenden Umgangsberechtigten anlässlich von einmal monatlich stattfindenden Umgangskontakten entstehen, sind – wenn sie weder aus Kindergeld noch aus anderen Mitteln getragen werden können – bei der Beurteilung der Leistungsfähigkeit für den Kindesunterhalt in vollem Umfange zu berücksichtigen.

OLG Bremen FamRZ 2009, 889

Zum Umfang einer fiktiv angenommenen wöchentlichen Arbeitszeit bei geschuldetem Kindesunterhalt unter Berücksichtigung der ausgeübten Umgangsbefugnis mit einem Kind sowie zur Berücksichtigung von fiktiven Fahrtkosten.

OLG Bremen OLGR 1996, 154

Von einem jungen, gesunden Unterhaltsschuldner kann unter Umständen über eine vollschichtige Erwerbstätigkeit hinaus die Ausübung von Nebentätigkeiten erwartet werden, wenn anders der Mindestunterhalt seiner minderjährigen Kinder nicht sichergestellt werden kann.

OLG Celle FamRZ 2000, 1430

Bestehen gleichrangige gesteigerte Unterhaltspflichten gegenüber einem Kind aus einer früheren Ehe und einem jüngeren außerehelichen Kind, dann ist der wiederverheiratete Unterhaltsschuldner zur Aufnahme einer Nebentätigkeit verpflichtet, selbst wenn er sein jüngeres Kind betreut und mangels Zahlungen des anderen Elternteils dessen Barunterhalt bestreitet.

OLG Celle FamRZ 2003, 1116

Der Unterhaltsschuldner ist nicht zu einer Nebentätigkeit verpflichtet, wenn ihm Einkünfte aus vollschichtiger Tätigkeit zugerechnet werden, und er daher seiner Erwerbsobliegenheit genügt.

OLG Celle FamRZ 2003, 1959

Die gesteigerte Unterhaltspflicht gemäß § 1603 Abs. 2 Satz 1 bleibt bestehen, wenn der Unterhaltsschuldner nicht dartun kann, dass ein anderer unterhaltspflichtiger Verwandter i.S.d. § 1603 Abs. 2 Satz 3 vorhanden ist. (Red.)

OLG Celle FamRZ 2004, 301 = FuR 2004, 322

Ein volljähriges Kind, das das schulische Berufsgrundbildungsjahr absolviert, befindet sich jedenfalls dann in der allgemeinen Schulausbildung i.S.v. § 1603 Abs. 2 Satz 2, wenn es den – bisher nicht erzielten – Hauptschulabschluss erwerben kann.

OLG Celle FamRZ 2005, 1504

Ist der Unterhaltsschuldner nicht imstande, neben der Zahlung ehebedingter Kreditraten Kindes-unterhalt in Höhe von 100 % des Regelbetrages aufzubringen, so ist er dennoch unterhaltsrecht-lich gehalten, vorrangig den Kindesunterhalt sicherzustellen, auch wenn durch die Reduzierung der Kreditraten das Risiko der Zwangsversteigerung des Hauses der Eltern des Kindes besteht. (Red.)

OLG Celle FamRZ 2005, 648

Einem seinen minderjährigen Kindern unterhaltspflichtigen, arbeitslosen Vater kann fiktives Ein-kommen nur dann zugerechnet werden, wenn positiv festgestellt werden kann, dass er bei ausrei-chenden Bemühungen eine Arbeitsstelle hätte finden können. (Red.)

OLG Celle FamRZ 2007, 1121

Macht sich der Unterhaltsschuldner, der einer gesteigerten Unterhaltspflicht unterliegt, nach dem Bezug von Arbeitslosenhilfe selbständig, dann muss er die bestehende Unterhaltsverpflichtung durch Bildung von Rücklagen oder durch Kreditaufnahme jedenfalls für eine Übergangszeit sicherstellen. Dies gilt bereits angesichts einer zumindest latent vorhandenen Unterhaltsverpflich-tung. (Red.)

OLG Celle FamRZ 2008, 2228

Hinsichtlich des notwendigen Selbstbehalts (§ 1603 Abs. 2) ist eine Differenzierung zwischen Erwerbslosen und Erwerbstätigen nicht gerechtfertigt. Der (21.) Senat geht künftig von einem einheitlichen notwendigen Selbstbehalt in Höhe von 900 € aus.

OLG Celle FamRZ 2010, 128

1. Den 44-jährigen Vater zweier minderjähriger Kinder trifft zwar nach § 1603 Abs. 2 Satz 2 eine gesteigerte Erwerbsobliegenheit mit der Pflicht, sich intensiv um eine angemessene Erwerbstä-tigkeit zu bemühen. Lebt er aber tatsächlich von SGB II-Leistungen (in Höhe von 382,95 € monatlich) und von einem 20 %-Gewinnanteil aus der Mitarbeit in einer gemeinsam als GbR mit seiner Lebensgefährtin auf deren Namen betriebenen Gaststätte (in Höhe von 160 € monatlich), dann können ihm aufgrund seiner Erwerbsbiografie und sonstigen persönlichen Verhältnisse nicht fiktiv höhere Einkünfte zugerechnet werden, wenn
   a) ihm im erlernten Beruf als Konditor seit 1986 jegliche Berufspraxis fehlt, er in der Folgezeit als selbständiger Kurierfahrer, als ungelernter Arbeiter im Messe- und Ladenbau und Servicekraft in der Gastronomie tätig war,
   b) er sich im laufenden Insolvenzverfahren befindet und
   c) gegen ihn ein umfangreiches Ermittlungsverfahren wegen Untreue und Schmiergeldzahlung anhängig ist.
2. Vor diesem Hintergrund scheidet eine selbständige Erwerbstätigkeit mangels Kreditwürdigkeit und der fehlenden Voraussetzung für eine etwa erforderliche Konzession aus. Entsprechendes gilt – abgesehen von der fehlenden Qualifikation durch entsprechend Berufsabschlüsse – für alle abhängigen Beschäftigungen im kaufmännischen Bereich.
3. Selbst bei allen ungelernten Beschäftigungen hat ein solcher Unterhaltsschuldner bei pflichtge-mäßer Offenbarung seiner Erwerbsbiografie gegenüber etwaigen Arbeitgebern auf dem freien Arbeitsmarkt keine reale Beschäftigungschance; dies gilt insb. mit Blick auf vielfach jüngere Konkurrenten. (Red.)

OLG Celle FuR 2004, 313

1. Ein Unterhaltsschuldner, der einer selbständigen Tätigkeit nachgeht und seine Leistungsunfä-higkeit behauptet, hat konkret darzulegen, welche Einkünfte er tatsächlich erzielt hat. Der Vor-trag, er habe maximal monatlich 700 € aus »unregelmäßiger« selbständiger Tätigkeit erwirt-schaftet, ist zu pauschal.

2. Im Rahmen der verschärften Leistungspflicht obliegt es dem Unterhaltsschuldner, der aus selbständiger Tätigkeit jahrelang Verluste erzielt hat, diese Tätigkeit aufzugeben und eine nichtselbständige Tätigkeit oder Nebentätigkeit zur Sicherstellung des Unterhalts eines minderjährigen Kindes aufzunehmen. (Red.)

OLG Celle JAmt 2003, 42

Der Selbstbehalt von nicht erwerbstätigen Unterhaltsschuldnern gegenüber minderjährigen Kindern ist nicht herabzusetzen, weil dieser ohnehin schon knapp bemessen ist, und keine Anhaltspunkte dafür bestehen, dass die Lebenshaltungskosten dieser Personengruppe geringer sind.

OLG Dresden FamRZ 1997, 836

Auch im Rahmen der gesteigerten Erwerbsobliegenheit besteht in der Regel keine Pflicht des arbeitslosen Unterhaltsschuldners, in die alten Bundesländer überzusiedeln. Dies ist jedoch anders, wenn dort ein Arbeitsplatz konkret in Aussicht steht. Während einer Umschulungsmaßnahme besteht regelmäßig keine Pflicht zur weiteren Erwerbstätigkeit.

OLG Dresden FamRZ 2003, 1206

1. Ein Umschüler ist zum Nebenerwerb verpflichtet, um den Regelbedarf eines minderjährigen Kindes sicherzustellen.
2. Der aus dem Nebenerwerb erzielte Nettoverdienst schmälert zwar das Unterhaltsgeld; dem Umschüler steht jedoch ein Freibetrag in Höhe von 20 % des Unterhaltsgeldes zu, mindestens aber 165 €.
3. Auch dann, wenn der Umschüler einer Nebentätigkeit nachgeht, kann er nur den Selbstbehalt eines Nichterwerbstätigen in Anspruch nehmen.

OLG Dresden FamRZ 2003, 1211

Der Selbstbehalt von Großeltern gegenüber einem Unterhaltsanspruch ihrer minderjährigen Enkel ist dem angemessenen Selbstbehalt volljähriger Kinder gegenüber ihren unterhaltsbedürftigen Eltern gleichzusetzen.

OLG Dresden FamRZ 2005, 1584

1. Bei gesteigerter Erwerbsobliegenheit kann selbst neben einer vollschichtigen Berufstätigkeit die Obliegenheit bestehen, an den Wochenenden etwas hinzuzuverdienen, wenn ansonsten der Regelbedarf minderjähriger Kinder nicht gesichert werden kann.
2. Der gesteigert Unterhaltspflichtige kann sich dieser Obliegenheit nicht durch Hinweis auf ein arbeitsvertragliches Nebentätigkeitsverbot entziehen, denn der Arbeitgeber ist gehalten, auf schutzwürdige familiäre Belange seines Arbeitnehmers Rücksicht zu nehmen.

OLG Dresden FamRZ 2006, 1703

Einem Unterhaltspflichtigem, der eine von der Arbeitsverwaltung bewilligte Umschulungsmaßnahme absolviert, steht jedenfalls dann der notwendige Selbstbehalt eines Erwerbstätigen zu, wenn die Umschulung ihn nach dem mit ihr verbundenen Aufwand in wenigstens gleichem Maße zeitlich in Anspruch nimmt, wie wenn er vollschichtig erwerbstätig wäre.

OLG Dresden FamRZ 2007, 1476

1. Die Aufnahme einer Nebentätigkeit neben einer vollschichtigen Wechselschichtarbeit erscheint – wenn überhaupt praktisch zu realisieren – nicht zumutbar, so dass ein fiktives Einkommen insoweit nicht zurechenbar ist.
2. Bei Zusammenleben mit einem Arbeitslosen kommt lediglich eine Kürzung des Selbstbehalts in Höhe von 10 % in Betracht. (Red.)

OLG Dresden FamRZ 2007, 1477

1. Beruft sich der gesteigert Unterhaltpflichtige auf Leistungsunfähigkeit, obwohl der Regelbedarf nicht gesichert ist, hat er trotz vollschichtiger Tätigkeit darzulegen, dass er mit dieser seine Erwerbsmöglichkeiten ausschöpft. Dazu können Darlegungen zur Unmöglichkeit einer Nebentätigkeit gehören.
2. Zur Absenkung des Selbstbehalts wegen Haushaltsersparnis auf Grund Zusammenlebens mit einem Dritten: Bei Leistungsfähigkeit des Dritten kommt eine dem Einkommensniveau der Gemeinschaft angepasste pauschale Absenkung des Selbstbehalts in Betracht.

OLG Dresden FamRZ 2008, 173

Ein gegenüber seinem minderjährigen Kind Unterhaltspflichtiger muss sich im gesamten deutschsprachlichen Bereich bewerben, also ggf. auch bei Zeitarbeitsfirmen in Österreich.

OLG Dresden FamRZ 2010, 575

1. Verlangt das minderjährige Kind den Mindestunterhalt, kann der barunterhaltspflichtige Vater nicht alle ehebedingten Schulden einkommensmindernd geltend machen, wohl aber, wenn das Kind mehr als den Mindestunterhalt verlangt.
2. Unterhaltsrechtlich ist es nicht vorwerfbar, wenn der Barunterhaltspflichtige einen ungekündigten Arbeitsplatz aufgibt, um eine interessantere, besser bezahlte Stelle anzutreten. Wenn der Unterhaltspflichtige nach Jahren und mehreren Fremdkündigungen weniger verdient als zuvor an dem Arbeitsplatz, den er freiwillig aufgegeben hatte, führt das nicht dazu, dass ihm jenes früher erzielte Einkommen fiktiv zuzurechnen ist.

OLG Dresden FuR 2004, 241 = OLGR 2003, 468

1. Zur Mangelfallberechnung nach der Entscheidung des Bundesgerichtshofes vom 22.01.2003 (FamRZ 2003, 363).

Der Einsatzbetrag für die nicht erwerbstätige Ehefrau beträgt 460 € (Unterhaltsleitlinien des OLG Dresden vom 01.07.2003 – Ziff. 23.2.3). Wohnt diese kostenfrei im Haus der Eltern, so reduziert sich der Einsatzbetrag auf 322 €.

Einsatzbetrag für minderjährige Kinder: 135 % des jeweiligen Regelbetrages. Das gilt auch, wenn der Pflichtige lediglich einen niedrigeren Titel bedient. Wohnen die Kinder zusammen mit den Eltern kostenfrei im Haus der Großeltern, so reduziert sich der Einsatzbetrag um 59 €.

2. In Höhe des erhaltenen Unterhaltsvorschusses sind Kinder für eine Abänderungsklage nicht passivlegitimiert.

OLG Dresden NJW-RR 2003, 364

Ein Unterhaltsschuldner darf eine ausgeübte selbständige Tätigkeit auch nach Eintritt in das Rentenalter nur aus triftigem Grund aufgeben, wenn ansonsten der Regelbedarf seines minderjährigen Kindes gefährdet ist.

OLG Dresden OLGR 2003, 376

1. Welche Bedeutung dem Anerkenntnis einer Unterhaltsverpflichtung in einer Jugendamtsurkunde zukommt, hängt entscheidend davon ab, wie der Gläubiger (oder dessen Vertreter) die Erklärung – auch unter Berücksichtigung ihm bekannter Begleitumstände – verstehen muss.
2. Da redlicherweise kein Unterhaltsgläubiger annehmen kann, der Unterhaltsschuldner wolle die Verpflichtung eingehen, unabhängig von künftigen Änderungen der für den Unterhaltsanspruch wesentlichen Umstände und unabhängig von der Richtigkeit der wesentlichen Vorstellungen, die er bei Eingehung der Verpflichtung hatte, sind die Regelungen des § 313 Abs. 1 und 2 zumindest entsprechend anwendbar.

3. Ist der Unterhaltsschuldner für den Gläubiger erkennbar der Auffassung, dass er den Einwand fehlender Leistungsfähigkeit noch nachträglich erheben könne, so kann der Unterhaltsschuldner diesen Einwand noch nach der Errichtung der Jugendamtsurkunde mit der Abänderungsklage geltend machen.

OLG Dresden OLGR 2004, 17

Der Besuch einer Berufsfachschule gehört zur allgemeinen Schulausbildung.

OLG Dresden OLGR 2005, 467

Die Ausbildung zum staatlich geprüften Wirtschaftsassistenten, Fachrichtung Umweltschutz, an einer Berufsfachschule ist, auch wenn damit zugleich die Fachhochschulreife vermittelt wird, nicht Teil der allgemeinen Schulbildung i.S.d. § 1603 Abs. 2 Satz 2.

OLG Dresden OLGR 2009, 464

Keine Absenkung des notwendigen Selbstbehalts wegen Ersparnissen durch Bestehen einer nichtehelichen Lebensgemeinschaft, wenn der Partner des Unterhaltspflichtigen ausschließlich über Erziehungsgeld in Höhe des Sockelbetrages verfügt.

OLG Dresden ZKJ 2010, 118

1. Auch derjenige, der seine gesteigerte Erwerbsobliegenheit gegenüber seinen minderjährigen Kindern verletzt und sich deswegen fiktives Einkommen zurechnen lassen muss, kann nicht einfach zur Zahlung des Mindestunterhalts verurteilt werden: Man kann ihm nur so viel fiktives Einkommen zurechnen, wie er wirklich erzielen könnte.
2. Ungelernte Hilfsarbeiter, die von Zeitarbeitsfirmen beschäftigt werden, können in Sachsen nicht mehr als 1.000 € netto verdienen.

OLG Dresden, Beschluss vom 16.02.2005 – 21 UF 0022/05 – n.v.

Ein im Arbeitsvertrag eines zum Kindesunterhalt verpflichteten Elternteil statuiertes generelles Nebentätigkeitsverbot ist mit Art. 12 GG nicht zu vereinbaren. Ist eine Beeinträchtigung der Arbeitsleistung nicht zu erwarten, besteht vielmehr ein Rechtsanspruch auf eine Nebentätigkeitsgenehmigung. (Red.)

OLG Düsseldorf FamRZ 2001, 1477

Auch der Bezieher einer Erwerbsunfähigkeitsrente hat gegenüber seinen minderjährigen Kindern eine gesteigerte Unterhaltspflicht. Seine Leistungsfähigkeit ist nicht lediglich nach dem Renteneinkommen zu beurteilen, denn der Bezug einer Erwerbsunfähigkeitsrente gebietet nicht zwingend den Schluss, dass der Rentenbezieher nicht in der Lage ist, leichte Tätigkeiten auszuführen.

OLG Düsseldorf FamRZ 2004, 1514

Dem seinem minderjährigen Kind unterhaltsverpflichtete Vater, der unter Ausschöpfung der arbeitszeitlichen Grenzen von durchschnittlich arbeitstäglich 8 Stunden Untertage- und Wechsel-Schichtarbeit verrichtet, ist die Ausübung einer Nebentätigkeit nicht zuzumuten. (Red.)

OLG Düsseldorf FamRZ 2005, 2016

In einem Mangelfall hat der seinen minderjährigen Kindern gegenüber barunterhaltspflichtige Elternteil seine monatlichen Ausgaben auf das Allernotwendigste zu beschränken. Er darf daher nicht auch Gewerkschaftsbeiträge als beruflich veranlasste Aufwendungen von seinem Einkommen abziehen. (Red.)

OLG Düsseldorf FamRZ 2006, 1685

Zur Berücksichtigungsfähigkeit der privaten Altersvorsorge beim Kindesunterhalt.

OLG Düsseldorf FamRZ 2006, 1871

1. Ein Barunterhaltpflichtiger hat seine Arbeitskraft grundsätzlich bestmöglich einzusetzen.
2. Er kann sich nicht auf die nächste angebotene Arbeitsstelle bewerben, wenn er damit deutlich hinter seinen Fähigkeiten verbleibt.
3. Lediglich wenn er trotz nachgewiesener intensiver Bemühungen eine seinem beruflichen Können entsprechende Arbeitsstelle nicht zu erhalten vermag, kann und muss er sich auch zunächst mit einem geringer dotierten, seinen beruflichen Fähigkeiten nicht entsprechenden Arbeitsplatz zufrieden geben und diesen annehmen.

OLG Düsseldorf FamRZ 2007, 1038

1. Ein Unterhaltsschuldner, der als Hausmann ein Kind aus zweiter Ehe betreut, ist zur Sicherung des Unterhalts seiner Kinder aus erster Ehe verpflichtet, eine Nebenerwerbstätigkeit aufzunehmen.
2. Steht dem Unterhaltsschuldner nach schweizerischem Recht ein Taschengeldanspruch zu, erhöht dies seine Leistungsfähigkeit. (Red.)

OLG Düsseldorf FamRZ 2007, 1039

1. Lebt das in der Berufsausbildung befindliche unterhaltsberechtigte volljährige Kind bei den (früheren) Pflegeeltern, so ist sein Unterhaltsbedarf nach den gleichen Grundsätzen zu bewerten wie bei einem auswärts studierenden Kind (hier: 640 € monatlich). Dies gilt auch dann, wenn die Pflegeeltern derzeit freiwillig auf ihren Kostgeldanspruch gegenüber dem Kind verzichten.
2. Bei der Beurteilung der Leistungsfähigkeit des verheirateten unterhaltsverpflichteten Elternteils ist die Hälfte des gemeinsamen Einkommens der Eheleute als sein angemessener Bedarf vorweg von der Summe des gemeinsamen Einkommens abzuziehen. Der dem Kind nicht unterhaltspflichtige Ehegatte muss sich insoweit nicht auf den notwendigen oder angemessenen Selbstbehalt verweisen lassen. (Red.)

OLG Düsseldorf FamRZ 2008, 438

Zur Frage, wie die Haushaltsersparnis durch das Zusammenwohnen mit einem Ehegatten im Rahmen des Elternunterhalts zu berücksichtigen ist.

OLG Düsseldorf FuR 2004, 308

1. Hohe Kreditverbindlichkeiten eines Unterhaltsschuldners sind (hier: bei der Bemessung des Unterhalts minderjähriger Kinder aus geschiedener Ehe) nur in eingeschränktem Umfange einkommensmindernd zu berücksichtigen, nämlich soweit sich die Kreditaufnahme nicht als unterhaltsrechtlich verantwortungslos darstellt. Dem Unterhaltsschuldner ist es zuzumuten, sich ggf. intensiv um Umschuldung und Prolongation seiner Kreditverbindlichkeiten zu bemühen.
2. Es besteht indes keine unterhaltsrechtliche Obliegenheit des Unterhaltsschuldners zur Stellung eines Verbraucherinsolvenzantrages.

OLG Düsseldorf OLGR 2006, 572

1. Beträgt die reguläre Arbeitszeit eines 46-jährigen Unterhaltsschuldners lediglich 37,5 Stunden, und finden zudem keine regelmäßigen Umgangskontakte mit dem unterhaltsberechtigten Kind statt, ist es ihm trotz einer Tätigkeit im Schichtdienst zumutbar, zur Sicherung zumindest des Regelbetrages nach der Düsseldorfer Tabelle seine Einkünfte durch Aufnahme einer geringfügigen Nebenbeschäftigung aufzubessern.
2. Lebt der Unterhaltsschuldner mit seiner neuen Partnerin zusammen, und führt er mit ihr einen gemeinsamen Haushalt, ist auf Grund der erfahrungsgemäß bestehenden Ersparnisse eine Herabsetzung des Selbstbehalts um 150 € angemessen.

OLG Düsseldorf OLGR 2006, 766

Zur Berechnung eines fiktiven Einkommens bei einem Unterhaltspflichtigen, der über keine qualifizierte Berufsausbildung verfügt.

OLG Frankfurt FamRZ 2003, 298

Gegenüber seinen minderjährigen Kindern ist der Vater, der Unterhalt zu leisten hat, verpflichtet, seine Arbeitskraft bestmöglich einzusetzen. Zur bestmöglichen Einsetzung der Arbeitskraft gehört unter Umständen auch ein Wechsel des Arbeitsplatzes.

OLG Frankfurt FamRZ 2005, 2090 = FuR 2005, 459

Nach der Neufassung der Unterhaltsgrundsätze mit Wirkung zum 01.07.2005 ist die Begründung einer Haushaltsgemeinschaft mit einem neuen leistungsfähigen Partner durch den Unterhaltspflichtigen allein kein Grund für eine Reduzierung des Selbstbehalts (Ziff. 21.5.3 der Unterhaltsgrundsätze in der Fassung zum 01.07.2005); s. auch BGH FamRZ 2004, 24.

OLG Frankfurt FamRZ 2005, 803

Ist der Unterhaltsschuldner selbständiger Unternehmer, können die in den letzten Jahren getätigten Privatentnahmen, von denen bislang der Unterhalt der gesamten Familie bestritten wurde, bei der Bemessung des Trennungs- und des Kindesunterhalts nicht berücksichtigt werden, sofern diese Entnahmen zu Lasten der Substanz des Betriebsvermögens getätigt wurden. Dem Unterhaltsschuldner ist auch nicht zumutbar, weiterhin nicht erwirtschaftete Entnahmen zu tätigen und dies durch zusätzliche Darlehensaufnahmen zu finanzieren, da dies zu einer Überschuldung des Betriebes und somit zu einem Verlust der Existenz führen würde. (Red.)

OLG Frankfurt FamRZ 2009, 888

Der unterhaltspflichtige Elternteil kann verpflichtet sein, seine berufsbedingten Fahrtkosten durch Verlegung seines Wohnsitzes zu mindern.

OLG Frankfurt NJW-RR 2006, 1663

Erhält der Unterhaltspflichtige für die berufliche Nutzung seines privateigenen Pkw Erstattung in einer Größenordnung, die den Höchstsatz nach Nr. 10.2.2 Abs. 4 Satz 2 der Unterhaltsgrundsätze des OLG Frankfurt erreicht oder übersteigt, kann er den für die Anschaffung dieses Pkw aufgenommenen Kredit nicht von seinem Einkommen in Abzug bringen.

OLG Frankfurt NJW-RR 2008, 888

Fiktives Einkommens kann nur solange zugerechnet werden, wie sich der Unterhaltsschuldner nicht hinreichend um einen neuen Arbeitsplatz bemüht. (Red.)

OLG Frankfurt OLGR 2005, 300

1. Ein Unterhaltsschuldner, der auf Grund fiktiver Einkünfte und nach Mangelfallberechnung zur Zahlung von Kindesunterhalt verurteilt worden ist, kann nicht zur Zahlung höherer Unterhaltsbeträge verpflichtet werden, wenn er später tatsächlich Einkünfte erzielt, die der Höhe nach den zu Grunde gelegten fiktiven Einkünften entsprechen. Dies gilt auch dann, wenn der ausgeurteilte Betrag nicht ausreicht, den Bedarf aller Unterhaltsgläubiger zu decken.
2. Dem Unterhaltsschuldner, der in den neuen Bundesländern über einen adäquaten Arbeitsplatz verfügt, kann nicht angesonnen werden, in die alten Bundesländer abzuwandern: Dies würde im Hinblick auf die anzustrebende Vereinheitlichung der wirtschaftlichen Verhältnisse zu einem unerträglichen Ergebnis führen. (Red.)

Müting

OLG Frankfurt OLGR 2008, 681

Der Vorwurf der Leichtfertigkeit bei der Herbeiführung der Leistungsunfähigkeit wird in Frage gestellt, wenn die Fähigkeit des Bedürftigen, entsprechend seiner Einsicht in die Notwendigkeit einer Therapie zu handeln, suchtbedingt wesentlich eingeschränkt ist.

OLG Frankfurt OLGR 2009, 484

1. Auch bei gesteigerter Unterhaltsverpflichtung gegenüber einem Minderjährigen ist bei der Prüfung der Leistungsfähigkeit im Einzelfall zu berücksichtigen, ob der Unterhaltsschuldner selbst bei entsprechenden Bemühungen auf dem heutigen Arbeitsmarkt eine Stelle hätte finden können, mit der ein ausreichendes Einkommen erzielbar wäre.
2. Zur Frage des Einsatzes des Vermögensstammes.

OLG Frankfurt, Beschluss vom 07.01.2009 – 5 WF 196/08 – n.v.

Im Rahmen der Prüfung der Erfolgsaussichten einer beabsichtigten Rechtsverfolgung sind keine überspannten Anforderungen zu stellen (vgl. BVerfG NJW-RR 2005, 500, 501; BGH NJW 1994, 1160, 1161). Die Anrechnung eines fiktiven Einkommens im Falle von Arbeitslosigkeit erfordert indes regelmäßig, dass das Fehlen von Einkünften auf ein unterhaltsrechtliches Fehlverhalten des Pflichtigen zurückzuführen ist. Im Falle einer Alkoholerkrankung ist dem Unterhaltspflichtigen ein unterhaltsbezogenes verantwortungsloses Verhalten etwa dann vorzuwerfen, wenn er die Notwendigkeit einer Therapie zwar erkennt, diese aber ablehnt.

OLG Hamburg FamRZ 1990, 784

Es obliegt einem jungen gesunden Unterhaltsschuldner, die Mittel zur Bestreitung wenigstens des Mindestunterhalts seiner minderjährigen Kinder notfalls durch die Aufnahme einer ihn in zeitlicher Hinsicht massvoll in Anspruch nehmenden Nebentätigkeit aufzubringen, wenn die Einkünfte aus einer vollschichtigen Tätigkeit hierzu nicht ausreichen (hier: zusätzliche Nebentätigkeit eines Kellners). Wenigstens dann, wenn die Aufnahme einer Nebentätigkeit besonders naheliegend und auch aussichtsreich erscheint, hat der Unterhaltspflichtige darzutun und notfalls zu beweisen, dass ihm ein Zuverdienst nicht möglich ist.

OLG Hamburg FamRZ 2003, 1205

1. Zieht der Unterhaltsschuldner ohne Notwendigkeit aus einer preisgünstigen Unterkunft in eine wesentlich teurere Wohnung um, kann er im Rahmen der Unterhaltspflicht für vier minderjährige Kinder keine Erhöhung des Selbstbehalts geltend machen.
2. Vom Unterhaltsschuldner kann auch in einem Mangelfall nicht die Aufnahme einer zusätzlichen Tätigkeit über eine bereits ausgeübte Nebentätigkeit hinaus erwartet werden, wenn sein Arbeitgeber die Nebentätigkeitsgenehmigung hierfür nicht erteilt.

OLG Hamburg FamRZ 2006, 503

Bei vollschichtiger Tätigkeit im erlernten Beruf erfüllt ein Unterhaltspflichtiger in der Regel seine Erwerbsobliegenheit. Auch wenn er aus seinem Einkommen seinen minderjährigen Kindern Unterhalt in Höhe des Regelbetrages nicht zahlen kann, ist er deshalb nicht verpflichtet, eine andere, besser bezahlte Arbeit zu suchen, insb. muss er sich nicht überörtlich um eine andere Arbeitsstelle bemühen.

OLG Hamburg FamRZ 2008, 1274

1. Es besteht keine Obliegenheit des einem minderjährigen Kind gegenüber unterhaltspflichtigen Elternteils, einen unbefristeten Arbeitsplatz als Kantinen- und Reinigungskraft mit einer Arbeitszeit von 35 Stunden und einem Nettoeinkommen von 920 € in der Erwartung aufzugeben, eine höher bezahlte Vollzeitstelle zu finden: Die Sicherung des Hauptarbeitsplatzes hat insoweit Vorrang vor einer Obliegenheit zur Aufnahme einer Nebentätigkeit.

2. Es kann aber in diesem Fall zur Sicherstellung des Mindestunterhalts eine ergänzende Nebentätigkeit in einem Umfang von sieben Stunden zugemutet werden, der an zwei Abenden in der Woche oder am Wochenende nachgegangen werden kann; auch längere Anfahrtswege sind dabei gegebenenfalls in Kauf zu nehmen.
3. Das Fehlen jeglicher Beschäftigungschance auf dem Arbeitsmarkt ist jeweils im Einzelfall positiv festzustellen. Erfahrungswerte, nach denen nicht ausreichend qualifizierte Kräfte keine Beschäftigungschance haben, bestehen nicht. Von einer fehlenden reellen Beschäftigungschance kann daher erst nach dem Nachweis der dem Unterhaltsschuldner obliegenden intensiven Bemühungen um eine Beschäftigung ausgegangen werden. (Red.)

OLG Hamm EzFamR aktuell 2001, 50

Ein verschärft haftender Elternteil ist zu erheblichen Anstrengungen, etwa zur Aufnahme von Gelegenheits- und Aushilfsarbeiten, verpflichtet (hier: zumutbarer Hinzuverdienst in den Morgenstunden oder durch Heimarbeit an freien Tagen), andernfalls sind ihm unterhaltsrechtlich entsprechende fiktive Einkünfte zuzurechnen. Dagegen ist ein Arbeitsplatzwechsel wegen zu geringen Verdienstes nicht zumutbar, wenn es an Anhaltspunkten dafür fehlt, dass er tatsächlich eine besser dotierte Tätigkeit finden könnte.

OLG Hamm Familienrecht kompakt 2007, 43 [Ls]

Begehrt eine wiederverheiratete Kindesmutter die Herabsetzung ihrer Unterhaltspflicht gegenüber minderjährigen Kindern aus erster Ehe auf Null, sind im Rahmen der Bemessung ihres unterhaltsrechtlichen Einkommens Kosten für den Umgang mit den Kindern (monatliche Fahrtkosten in Höhe von 200 €) nicht einkommensmindernd zu berücksichtigen: Diese Kosten sind aus dem Elternselbstbehalt der Unterhaltsschuldners zu bestreiten. (Red.)

OLG Hamm FamRZ 1995, 756

Ein seinem minderjährigen Kind unterhaltspflichtiger Elternteil kann sich nicht darauf beschränken, an Umschulungsmaßnahmen der zuständigen Stellen der Bundesagentur für Arbeit teilzunehmen, die ihm keine ausreichenden Einkünfte erbringen. Er muss sich um Aushilfstätigkeiten jedweder Art bemühen, solange er einem minderjährigen Kind zum Unterhalt verpflichtet ist.

OLG Hamm FamRZ 1996, 303 [Nr. 170]

Bei einer Wochenarbeitszeit von 38 Stunden kann einer 30-jährigen gesunden Frau an den freien Nachmittagen (Mittwoch und Samstag) eine Nebentätigkeit als Putzhilfe oder Serviererin angesonnen werden.

OLG Hamm FamRZ 1996, 890

Der Unterhaltsschuldner kann sich seiner Unterhaltspflicht nicht gänzlich dadurch entziehen, dass er eine Lebensplanung aufstellt, in der das unterhaltsberechtigte Kind keinen Platz hat. Er muss sich daher fingierte Einkünfte aus zumutbarer Nebentätigkeit in Höhe des Mindestunterhalts zurechnen lassen, auch wenn er im Ausland lebt.

OLG Hamm FamRZ 1997, 1223

Der seinem minderjährigen Kind unterhaltsverpflichtete Schuldner ist insb., wenn seine regelmäßigen Einkünfte zur Deckung des Mindestbedarfs des Kindes nicht ausreichen, auch in zumutbarem Umfange zu überobligationsmäßiger Arbeit verpflichtet. Nutzt er solche Möglichkeiten nicht aus, so ist ihm ein fiktives Einkommen aus Nebentätigkeit zuzurechnen. So kann er zur Sicherung des Mindestunterhalts gehalten sein, seine Wohnung am Arbeitsort zu nehmen und bei regelmäßigen Dienstzeiten eine Nebentätigkeit – z.B. als Aushilfstaxifahrer – aufzunehmen.

OLG Hamm FamRZ 1998, 1251

Einer 38 Jahre alten geschiedenen Ehefrau, die krankheitsbedingt in ihrem erlernten Beruf als Zahnarzthelferin nur noch sehr eingeschränkt einsatzfähig ist, können aus Hilfstätigkeiten keine höheren Einkünfte als monatlich netto 1.500 DM angerechnet werden.

OLG Hamm FamRZ 1999, 1011

Ein seinem minderjährigen Kind barunterhaltspflichtiger Elternteil muss sich intensiv um eine passende Arbeitsstelle bemühen und notfalls auch einen Umzug in Kauf nehmen. Bei einem gesunden Arbeitnehmer mittleren Alters (hier: 43 Jahre) lässt sich die Feststellung, er habe aufgrund der vorherrschenden Arbeitslosigkeit keine reale Beschäftigungschance, erst treffen, wenn er die Erwerbsmöglichkeiten durch Bewerbungen konkret ausgeschöpft hat.

OLG Hamm FamRZ 2001, 565

In einem Fall gesteigerter Erwerbsobliegenheit innerhalb einer Mangellage (neun Kinder!) sind Überstunden und Nebentätigkeit jedenfalls in einem Ausmass von 200 Arbeitsstunden monatlich zumutbar.

OLG Hamm FamRZ 2002, 1427

1. Der für seine Leistungsunfähigkeit darlegungs- und beweisbelastete Unterhaltsschuldner kann sich nicht darauf berufen, seinen Arbeitsplatz wegen krankheitsbedingter Fehlzeiten verloren zu haben; er muss auch zu der Frage vortragen, inwieweit die Erhebung einer Kündigungsschutzklage erfolgversprechend gewesen wäre.
2. Ein unterhaltspflichtiger Aussiedler kann nicht mit dem Argument gehört werden, er könne sich aufgrund seiner Sprachschwierigkeiten nicht angemessen bewerben. Im Hinblick auf Hilfsangebote, die insb. Aussiedlern zur Verfügung stehen, ist es ihm zumutbar, sich für die Bewerbungen fremder Hilfe zu bedienen und auch auf die Hilfe seiner Kinder zurückzugreifen.

OLG Hamm FamRZ 2003, 1204

Ein Kind aus einer neuen Beziehung muss von dem neuen Lebensgefährten betreut werden, wenn er selbst einer Erwerbstätigkeit nicht nachgeht. Dazu ist er rechtlich verpflichtet. Rechtlich nicht verpflichtet ist er, die Betreuung eines weiteren Kindes seiner Lebensgefährtin aus einer früheren Beziehung zu übernehmen. Er würde sich aber treuwidrig verhalten, würde er die Übernahme der Betreuung dieses Kindes ablehnen, solange die Lebensgefährtin durch ihre Erwerbstätigkeit den Unterhaltsbedarf seines Kindes sichert.

OLG Hamm FamRZ 2003, 1210

1. Da durch das Zusammenleben mit einem neuen Partner die Wohnkosten und auch die übrigen Lebenshaltungskosten verringert werden, hält es der (8.) Senat in derartigen Fällen für angemessen, den Selbstbehalt des Unterhaltsschuldners um 27 % auf rund 614 € abzusenken.
2. Der von einem ungelernten Arbeiter erzielbare Stundenlohn ist auf rund 9 € einzuschätzen, so dass sich bei einer vollschichtigen Tätigkeit und bei Steuerklasse I/0,5 ein Nettoeinkommen von 1.030 € erzielen lässt. (Red.)

OLG Hamm FamRZ 2003, 1213

Aus unterhaltsrechtlicher Sicht (§ 1603 Abs. 2) ist der Verpflichtete gehalten, seinen Schritt in die Selbständigkeit erst dann zu verwirklichen, nachdem er durch Bildung von Rücklagen oder Aufnahme von Krediten sichergestellt hat, dass er seine Unterhaltsverpflichtung den Kindern gegenüber auch in der Gründungsphase selbst bei verringertem Einkommen erfüllen kann.

OLG Hamm FamRZ 2003, 1214

Ist der Unterhaltsschuldner wieder verheiratet, steht ihm also gegen den neuen Ehegatten ein Anspruch auf Wohnungsgewährung zu, dann kommt eine Reduzierung des Selbstbehalts in Betracht. (Red.)

OLG Hamm FamRZ 2003, 177

Ist der Unterhaltsschuldner, bedingt durch eine betriebliche Umstrukturierung, gezwungen, das bestehende befristete Probearbeitsverhältnis zu beenden und mit demselben Arbeitgeber einen neuen Arbeitsvertrag zu wesentlich ungünstigeren Bedingungen abzuschließen, ist er aufgrund seiner gesteigerten Erwerbsobliegenheit gehalten, sich unverzüglich um eine besser bezahlte Arbeitsstelle zu bemühen und daneben auch eine Nebentätigkeit in Betracht zu ziehen. Dem Unterhaltsschuldner ist hierfür jedoch ab der Kenntniserlangung von den geänderten Rahmenbedingungen bei seinem derzeitigen Arbeitgeber eine angemessene Orientierungs- und Bewerbungsfrist zuzubilligen, die das Gericht mit bis zu 6 Monaten bemisst.

OLG Hamm FamRZ 2003, 179

1. Die Kindesbetreuung schmälert nicht die finanzielle Leistungsfähigkeit des unterhaltspflichtigen Elternteils. Bei der Ermittlung des anrechenbaren Einkommens, anhand dessen die anteilige Haftung für den Unterhaltsanspruch eines volljährigen privilegierten Kindes nach § 1606 Abs. 3 Satz 1 bestimmt wird, ist deshalb die gegenüber den minderjährigen Kindern erbrachte Betreuung nicht in einen Barunterhalt umzurechnen und in Abzug zu bringen.
2. Gegenüber seinem unterhaltsberechtigten volljährigen Kind ist ein Elternteil grundsätzlich zur Erwerbstätigkeit verpflichtet. Betreut der Elternteil auch noch minderjährige Kinder, ist jedoch zu prüfen, inwieweit ihm neben der Kindesbetreuung eine Erwerbstätigkeit zumutbar ist. Hat der Elternteil ohne Not eine Erwerbstätigkeit aufgenommen, wird ihre Zumutbarkeit vermutet. Gegenüber dem volljährigen Kind ist diese Erwerbstätigkeit daher nicht als überobligatorisch einzustufen. Der Haftungsverteilung nach § 1606 Abs. 3 Satz 1 ist deshalb das volle Erwerbseinkommen des Elternteils zugrunde zulegen.

OLG Hamm FamRZ 2003, 1961

1. Betreut der Unterhaltsschuldner zwei Kinder im Alter von 14 und 15 Jahren, ist er regelmäßig nur zu einer halbschichtigen Erwerbstätigkeit verpflichtet.
2. In diesem Falle kann von dem Unterhaltschuldner auf Grund seiner gesteigerten Unterhaltspflicht aus § 1603 Abs. 2 eine Erwerbstätigkeit im Umfang von einer 2/3-Stelle verlangt werden. (Red.)

OLG Hamm FamRZ 2003, 1964 = FuR 2003, 424

Auch der das minderjährige Kind betreuende Elternteil kann gem. §§ 1603 Abs. 2, 1606 Abs. 3 zum Barunterhalt herangezogen werden, wenn sein Einkommen das des anderen Elternteils nachhaltig und deutlich übersteigt. Ein solches erhebliches finanzielles Ungleichgewicht liegt noch nicht bei einem rund 20 % höheren Einkommen des betreuenden Elternteils vor.

OLG Hamm FamRZ 2004, 1514

Die ihrem minderjährigen Kind gegenüber barunterhaltspflichtige Mutter ist nicht grundsätzlich verpflichtet, ihre seinerzeit mit Einverständnis des Ehemannes aufgenommene, wenig Gewinn bringende selbständige Tätigkeit (hier: Führung eines Textilgeschäfts) wieder aufzugeben und eine abhängige Tätigkeit (hier: als Verkäuferin) aufzunehmen, namentlich dann, wenn sich die Chance abzeichnet, dass sie aus ihrer selbständigen Tätigkeit auf Dauer zu ausreichenden Einkünften kommt. (Red.)

OLG Hamm FamRZ 2004, 1575

Bei der Unterhaltsbemessung für den geschiedenen Ehegatten, nicht dagegen bei der Berechnung von Kindesunterhalt, ist grundsätzlich (fiktiv) ein Einkommen des Unterhaltspflichtigen nach Lohnsteuerklasse I zugrunde zu legen. Die durch eine etwaig neue Ehe eingeräumten Steuervorteile haben bei dieser zu verbleiben und sind nicht an den geschiedenen Ehegatten weiterzugeben. Damit ist der Splittingvorteil beim Ehegattenunterhalt des geschiedenen Ehegatten in voller Höhe dem unterhaltsrelevanten Einkommen entzogen (im Anschluss an BVerfG FamRZ 2003, 1821). (Red.)

OLG Hamm FamRZ 2004, 217 = FuR 2004, 312

Weiterbestehende Obliegenheit zu vollschichtiger Erwerbstätigkeit bei Obhutswechsel eines von mehreren minderjährigen Kindern.

OLG Hamm FamRZ 2004, 298

1. Ein arbeitsloser Unterhaltsschuldner muss für die Suche nach Arbeit etwa die Zeit aufwenden, die ein Erwerbstätiger für die Ausübung seines Berufs braucht. Wenn es um die Sicherstellung des Unterhalts für ein minderjähriges Kind geht, sind 20 bis 30 Bewerbungen pro Monat nicht unzumutbar.
2. Den Anforderungen an die Darlegung einer ernsthaften Arbeitsplatzsuche genügt der Unterhaltsschuldner nicht, wenn er für die Zeit von ca. $1/2$ Jahr zwar eine Vielzahl von Bewerbungen vorgelegt hat, es sich bei diesen jedoch ganz überwiegend um computermäßig gefertigte »Blindbewerbungen« handelt, die teilweise noch nicht einmal ein Datum aufweisen, und deren Erstellung offensichtlich nur einen minimalen zeitlichen Aufwand erforderte.
3. Der Unterhaltsschuldner darf sich nicht nur in der näheren Umgebung seines Wohnorts bewerben; auch ein Schuldner ohne eigenes Fahrzeug muss das breitere Stellenangebot einer Großstadt nutzen; ihm ist zuzumuten auch längere Anfahrtswege mit öffentlichen Verkehrsmitteln in Kauf zu nehmen.
4. Lässt sich feststellen, dass der Unterhaltsschuldner nur unzureichende Erwerbsbemühungen entfaltet hat, ist ihm fiktives Einkommen zuzurechnen. (Red.)

OLG Hamm FamRZ 2004, 299

Auch ein Unterhaltsschuldner, der bereits Schichtarbeit verrichtet und der damit rechnen muss, auch an Samstagen zum Dienst herangezogen zu werden, muss durch Aufnahme einer (hier in den Abendstunden und an den Wochenenden zumutbaren) Nebentätigkeit den Mindestunterhalt seiner minderjährigen Kinder sicherstellen. (Red.)

OLG Hamm FamRZ 2005, 1118

Ein türkischer Unterhaltsschuldner kann sich mit Erfolg darauf berufen, nach seiner Ausweisung aus der Bundesrepublik Deutschland und Rückkehr in die Türkei im Hinblick auf die dort bestehenden Erwerbsmöglichkeiten (hohe Arbeitslosenquote) nicht mehr in der Lage zu sein, ein Einkommen zu erzielen, das sein Existenzminimum übersteigt und den Unterhaltsbedarf seines Kindes deckt. Dies gilt jedenfalls dann, wenn er über keine Berufsausbildung verfügt. (Red.)

OLG Hamm FamRZ 2005, 1926 [Ls]

1. Die Ersatzhaftung nachrangiger Verwandter für den Kindesunterhalt nach § 1607 Abs. 2 greift auch dann ein, wenn absehbar ist, dass die Vollstreckung gegen den oder die vorrangig Verpflichteten erfolglos bleiben wird, weil deren Leistungsfähigkeit nur auf der Zurechnung fiktiver Einkünfte beruht.
2. Bei Geltendmachung von Kindesunterhalt nach § 1607 Abs. 2 wegen Ausfalls beider Elternteile trifft die Ersatzhaftung alle vier Großelternteile anteilig nach § 1606 Abs. 3. Nimmt das Kind einen Großvater auf Unterhalt in Anspruch, so gehört zur Schlüssigkeit der Klage neben der Darlegung der Leistungsunfähigkeit der erstrangig Verpflichteten bzw. der erheblichen

Erschwerung der Rechtsverfolgung gegen diese auch der Vortrag zum Haftungsanteil des allein in Anspruch Genommenen.

3. Das Kind kann insoweit von allen Großeltern Auskunft nach § 1605 verlangen, um den jeweiligen Haftungsanteil zu bestimmen. (Red.)

OLG Hamm FamRZ 2005, 2015

Der einem unterhaltpflichtigen Umschüler zu belassende Selbstbehalt ist nach den Umständen des Einzelfalles zu bestimmen. Nur wenn ausreichende Anhaltspunkte vorhanden sind, die eine Gleichstellung mit einem Erwerbstätigen rechtfertigen, kann von einem notwendigen Selbstbehalt von derzeit 840 € ausgegangen werden; andernfalls muss es bei dem für nicht Erwerbstätige angenommenen Selbstbehalt von derzeit 730 € verbleiben.

OLG Hamm FamRZ 2005, 279

1. Bei gesteigerter Unterhaltpflicht sind an die Bemühungen um eine Arbeitsplatzsuche hohe Anforderungen zu stellen; die bloße Meldung beim Arbeitsamt als arbeitsuchend reicht dafür nicht aus.
2. Bleiben die Erwerbsbemühungen des Unterhaltsschuldners hinter den zu stellenden Anforderungen zurück, sind ihm fiktive Einkünfte zuzurechnen. (Red.)

OLG Hamm FamRZ 2005, 297 [Ls]

Auch wenn es für einen mittlerweile 57-jährigen Unterhaltsschuldner, der zuletzt als Außendienstmitarbeiter tätig war und nun arbeitslos ist, angesichts seines Alters und der allgemeinen wirtschaftlichen Lage schwierig ist, einen neuen Arbeitsplatz zu finden, ist doch ausschlaggebend für die strengen Vorgaben an die Darlegung von Bemühungen des Arbeitssuchenden die absolute Priorität, die im Familienrecht der Sicherstellung des Minderjährigenunterhalts einzuräumen ist. Jeder ernsthafte Zweifel daran, dass bei angemessenen Bemühungen eine Beschäftigungschance von vornherein auszuschliessen ist, geht zu Lasten des Unterhaltsschuldners. (Red.)

OLG Hamm FamRZ 2005, 539

1. Muss ein Elternteil nach dem Tod des anderen allein für den Bar- und Betreuungsunterhalt eines minderjährigen (hier: bei den Großeltern lebenden) Kindes aufkommen, dann ist der Betreuungsbedarf nicht in gleicher Höhe wie der geschuldete Tabellenunterhalt zu monetarisieren, sondern grundsätzlich konkret darzulegen und zu beziffern. Für ein Kind im Alter zwischen 13 und 15 Jahren kann der Betreuungsaufwand auf 150 € geschätzt werden.
2. Das an die Betreuungsperson ausgezahlte Kindergeld ist auf den Gesamtbedarf aus Bar- und Betreuungsunterhalt in voller Höhe anzurechnen: § 1612b stellt eine abschließende Regelung der unterhaltsrechtlichen Auswirkungen der Kindergeldzahlung dar und regelt nicht nur die Aufteilung des Kindergeldes zwischen zwei unterhaltspflichtigen Eltern. Gleiches gilt für die Anrechnung von Halbwaisenrente. (Red.)

OLG Hamm FamRZ 2005, 649

1. Die Zurechnung fiktiver Einkünfte neben einer vollschichtigen Erwerbstätigkeit setzt auch im Falle einer gesteigerten Unterhaltsverpflichtung gem. § 1603 Abs. 2 Satz 1 eine Prüfung der Zumutbarkeit unter Berücksichtigung der Umstände des Einzelfalles voraus. Sie kommt nach Auffassung des Senats entgegen einer weit verbreiteten Praxis der Familiengerichte nicht in der Regel, sondern nur ausnahmsweise in Betracht. Ohne entsprechenden gegnerischen Vortrag besteht für den Unterhaltspflichtigen im Unterhaltsverfahren keine Veranlassung, sich hierzu zu erklären.
2. Im PKH-Verfahren muss dem Unterhaltspflichtigen Gelegenheit gegeben werden, zu der Möglichkeit und Zumutbarkeit einer Nebenbeschäftigung Stellung zu nehmen.

3. Soweit der Arbeitgeber eine für eine Nebenbeschäftigung erforderliche Genehmigung nicht erteilt, ist es dem Unterhaltspflichtigen in der Regel nicht zumutbar, hiergegen arbeitsgerichtlich vorzugehen.

OLG Hamm FamRZ 2005, 803

Einem ungelernten und seit längerem arbeitslosen Arbeiter kann realistischerweise nur ein erzielbarer Stundenlohn von 10 € zugerechnet werden. Ausgehend von 160 Arbeitsstunden im Monat ergibt dies ein monatliches Bruttoeinkommen von 1.600 €. (Red.)

OLG Hamm FamRZ 2006, 1299

1. Auch im Falle einer gesteigerten Erwerbsobliegenheit ist bei einer vollschichtigen Erwerbstätigkeit des Unterhaltsschuldners vor einer Zurechnung fiktiver Nebeneinkünfte unter Berücksichtigung der Umstände des Einzelfalles zu prüfen, ob ihm eine Nebentätigkeit zumutbar ist.
2. Unterstellt das Gericht im PKH-Bewilligungsverfahren dem Unterhaltsschuldner mögliche Nebeneinkünfte, trägt dies nicht die Annahme, seine Rechtsverteidigung habe keine Aussicht auf Erfolg. Die Frage, ob und in welchem Umfange dem Unterhaltsschuldner fiktive Nebeneinkünfte zuzurechnen sind, sprengt den Rahmen des PKH-Verfahrens und bleibt der Klärung im Hauptverfahren vorbehalten.
3. Soweit die unterhaltsrechtlichen Leitlinien eines Oberlandesgerichts tatsächliche Umstände wiedergeben wie Bedarfssätze und Selbstbehaltsbeträge und dafür massgebliche Einzelparameter, tragen die örtlichen Leitlinien die Vermutung in sich, dass sie die lokalen Verhältnisse am zutreffendsten wiedergeben. Insoweit sind die örtlichen Leitlinien der Ermittlung der Leistungsfähigkeit des Unterhaltsschuldners zugrunde zu legen.
4. Soweit in den Leitlinien Rechts- und Beweisfragen im Vordergrund stehen, können die örtlichen Leitlinien dem erkennenden Gericht die Entscheidung nicht abnehmen. Daher bleibt es dem Tatrichter unbenommen, von dem Unterhaltsschuldner einen konkreten Nachweis seiner notwendigen berufsbedingten Aufwendungen zu verlangen. (Red.)

OLG Hamm FamRZ 2006, 133

1. Bei Erhebung einer Stufenklage ist der bedürftigen Partei zwar von vornherein für sämtliche Stufen PKH zu bewilligen. Auf der Zahlungsstufe ist die Bewilligung dabei allerdings inhaltlich auf den Anspruch beschränkt, der sich aus der Auskunft ergibt.
2. Nach vorgenommener Bezifferung des Unterhaltsverlangens ist das Gericht auch ohne entsprechenden Vorbehalt im ursprünglichen Bewilligungsbeschluss befugt, durch gesonderten Beschluss klarzustellen, wie weit der neue Antrag nach seiner Auffassung von der erfolgten PKH-Bewilligung gedeckt ist.

OLG Hamm FamRZ 2006, 1479

Zwar trägt der nicht betreuende Elternteil, der sich bei Inanspruchnahme durch das Kind auf eine zusätzliche Barunterhaltspflicht des betreuenden Elternteils beruft, die Beweislast für die Einkommens- und Vermögensverhältnisse des anderen Elternteils. Er kann aber diese Einkünfte schätzen und ist nicht darauf zu verweisen, den anderen Elternteil in einem gesonderten Verfahren auf Auskunft in Anspruch zu nehmen.

OLG Hamm FamRZ 2006, 1628

Der barunterhaltspflichtige Elternteil ist gegenüber dem minderjährigen Kind nicht gesteigert unterhaltspflichtig in Form der Aufstockung seiner Berufstätigkeit oder der Aufnahme einer Nebentätigkeit, wenn mit dem betreuenden Elternteil ein weiterer unterhaltspflichtiger Verwandter vorhanden ist, der neben der Betreuung des Kindes auch den Barunterhalt leisten kann, ohne dass dadurch sein eigener angemessener Unterhalt gefährdet wäre, denn die Inanspruchnahme des nicht betreuenden Elternteils darf nicht zu einem erheblichen finanziellen Ungleichgewicht zwischen den Eltern führen. (Red.)

OLG Hamm FamRZ 2006, 1704

Die finanziellen Vorteile, die ein Unterhaltsschuldner aufgrund einer günstigen Situation auf dem Mietwohnungsmarkt – ohne Einschränkung seiner Wohnbedürfnisse – erzielt, muss dieser jedenfalls teilweise für den Unterhaltsbedarf seiner minderjährigen Kinder einsetzen.

OLG Hamm FamRZ 2006, 1758

Wird dem Unterhaltspflichtigen fiktiv eine Erwerbstätigkeit zugerechnet, und erleidet er innerhalb der fiktiven Probezeit von sechs Monaten einen Unfall, der zu einer mehrmonatigen Arbeitsunfähigkeit führt, dann ist davon auszugehen, dass der fiktive Arbeitgeber das Arbeitsverhältnis ohne Angabe von Gründen mit einer Frist von zwei Wochen gem. § 622 Abs. 3 gekündigt hätte, so dass die Einkommensfiktion ab diesem Zeitpunkt beendet ist.

OLG Hamm FamRZ 2006, 641 = FuR 2005, 568

Die erweiterte Unterhaltspflicht des § 1603 Abs. 2 Satz 2 erstreckt sich grundsätzlich nicht auf solche Kinder, die im Haushalt der Großeltern leben. Ob im Wege der Einzelanalogie (so OLG Dresden FamRZ 2002, 695) eine Ausnahme gemacht werden kann, bleibt offen.

OLG Hamm FamRZ 2006, 726

Ist im Rahmen einer Klage auf Kindesunterhalt das fiktive Einkommen des Unterhaltsschuldners als ungelernte Hilfskraft zu schätzen, so ist zu berücksichtigen, dass ungelernte Hilfskräfte in der Regel nur für zeitlich befristete Arbeitsverhältnisse eingestellt werden, was zur Folge hat, dass sie mindestens zwei Monate im Jahr arbeitslos sind. Dem ist durch einen Abschlag vom fiktiven Einkommen in Höhe von 10 % Rechnung zu tragen. (Red.)

OLG Hamm FamRZ 2006, 809 [Ls]

1. Zahlt der Unterhaltspflichtige tatsächlich weniger als die in den Leitlinien berücksichtigte Warmmiete in Höhe von 360 € (Nr. 21.2 Hammer Leitlinien 2003), so rechtfertigt dies keine Herabsetzung seines Selbstbehalts; vielmehr bleibt es dem Pflichtigen überlassen, wie er die Mittel des Selbstbehalts verwenden will.
2. Eine Reduzierung des Selbstbehalts wegen Zusammenlebens mit einem neuen Partner setzt voraus, dass dieser überhaupt leistungsfähig ist.

OLG Hamm FamRZ 2006, 811 = FuR 2006, 186

Bei privilegierten volljährigen Kindern, die im Haushalt des an sich barunterhaltspflichtigen, aber nicht leistungsfähigen und das volle Kindergeld beziehenden Elternteils leben, ist das Kindergeld nicht in voller Höhe, sondern nur hälftig auf den Bedarf des Kindes anzurechnen.

OLG Hamm FamRZ 2006, 888

Der dem Unterhaltsschuldner zustehende Selbstbehalt ist im Hinblick auf das Zusammenleben und Zusammenwirtschaften mit seiner Ehefrau angemessen zu reduzieren. Die durch das Zusammenleben und gemeinsame Wirtschaften eintretende Ersparnis liegt regelmäßig bei 10 % bis maximal 15 % des Selbstbehalts (gegen OLG Hamm FamRZ 2000, 311). (Red.)

OLG Hamm FamRZ 2006, 952

1. Für einen als ungelernte Arbeitskraft tätigen Aussiedler ohne Berufserfahrung kann höchstens ein Stundenlohn von 9 € angesetzt werden.
2. Dem Unterhaltsschuldner ist es nicht verwehrt, sich hinsichtlich einer möglichen Tätigkeit als Kraftfahrer auf den Verlust seiner Fahrerlaubnis zu berufen, wenn dieser nicht auf einem unterhaltsbezogenen leichtfertigen Verhalten beruht.
3. Eine Zurechnung fiktiver Einkünfte des Unterhaltsschuldners aus einer Nebentätigkeit scheidet aus, wenn dieser im Schichtbetrieb mit unregelmäßigen Arbeitszeiten arbeitet, so dass er an einer regelmäßigen Nebentätigkeit unter der Woche gehindert ist.

4. Verzichtet der Unterhaltsschuldner auf den ihm zustehenden Wohnkomfort und begnügt sich mit einer preisgünstigeren Wohnung, so sind ihm die dadurch ersparten Mittel zu belassen; eine Absenkung des Selbstbehalts kommt nicht in Betracht (im Anschluss an BGH NJW 2004, 677), (Red.)

OLG Hamm FamRZ 2007, 1039

1. Die Frage, ob und inwieweit der Selbstbehalt eines Unterhaltsschuldners aufgrund geringerer Wohnkosten als im Selbstbehalt von 360 € enthalten zu reduzieren ist, kann nicht im summarischen PKH-Verfahren entschieden werden.
2. Ist der Wohnanteil anderweitig gedeckt oder deutlich geringer, kann zwar eine Verringerung in Betracht kommen; allerdings unterliegt es grundsätzlich der freien Disposition des Unterhaltsschuldners, wie er die ihm zu belassenen Mittel nutzt, und er darf seine Bedürfnisse anders als in den Unterhaltabellen gewichten und sich zugunsten anderer Dinge mit einer preiswerteren Wohnung begnügen. Eine Verringerung des Selbstbehalts kommt dementsprechend nur in Betracht, wenn die billigere Wohnung nicht mit geringerem Komfort erkauft ist.
3. Auch ist zu beachten, dass bei einem in den Selbstbehalt eingearbeiteten Warmmietanteil von 360 € der übrige Teil, also (890 € ./. 360 € =) 530 €, unter dem entsprechenden sozialhilferechtlichen Grundbedarf nach SGB II liegt. Der Selbstbehalt darf aus verfassungsrechtlichen Gründen, dem bei der Auferlegung von Unterhaltspflichten zu beachtendem Verhältnismäßigkeitsgrundsatz des Art. 2 Abs. 1 GG, jedoch nicht so niedrig sein, dass der Unterhaltsschuldner infolge seiner Unterhaltspflicht selbst sozialhilfebedürftig wird. (Red.)

OLG Hamm FamRZ 2007, 1122

Die gesteigert unterhaltspflichtige Mutter muss ihr ohnedies außerordentlich spät begonnenes und im Alter von 37 Jahren immer noch nicht beendetes Studium unterbrechen und sich um eine Erwerbsstelle bemühen, um den Mindestunterhalt des minderjährigen unverheirateten Kindes sicherzustellen. (Red.)

OLG Hamm FamRZ 2007, 1124

1. Eine Kürzung des Selbstbehalts auf Grund des kurzzeitigen kostenfreien Wohnens des Unterhaltspflichtigen bei seinen Eltern kommt jedenfalls dann nicht in Betracht, wenn von einer nachhaltigen Senkung der Kosten des eigenen Lebensunterhalts nicht ausgegangen werden kann.
2. Deckt das Einkommen des – gut ausgebildeten – Unterhaltspflichtigen noch nicht einmal den Mindestunterhalt seiner minderjährigen Kinder, so ist ihm nach der Trennung eine sog. Orientierungsfrist zuzubilligen, um eine ausreichend dotierte Stelle zu erlangen.

OLG Hamm FamRZ 2007, 1480

Für einen Asylbewerber, der nur über mittelmäßige Deutschkenntnisse verfügt, ist ein Stundenlohn von mehr als etwa 7 € brutto – was einem bereinigten monatlichen Nettoeinkommen von rund 890 € entspricht – bei lebensnaher Bewertung nicht zu erzielen. (Red.)

OLG Hamm FamRZ 2007, 1908

Auch dem gesteigert Unterhaltspflichtigen ist eine Übergangszeit von sechs Monaten für die Suche nach einem neuen Arbeitsplatz zuzubilligen. (Red.)

OLG Hamm FamRZ 2007, 289

1. Betreut die geschiedene Ehefrau zwei Kleinkinder, so ist der bereits nach den ehelichen Lebensverhältnissen unter dem sog. Existenzminimum liegende Unterhaltsanspruch nicht nach § 1579 wegen Verfehlungen weiter zu kürzen, weil die Ehefrau dann gezwungen wäre, eine (zumindest) halbschichtige oder auch vollschichtige Erwerbstätigkeit aufzunehmen, um die Bedarfslücke zu füllen, was notwendigerweise zu Lasten der Betreuung der Kinder gehen würde.

2. Der Selbstbehalt des Unterhaltsschuldners gegenüber dem nachehelichen Unterhaltsanspruch des geschiedenen Ehegatten ist mit einem Betrag zu bemessen, der nicht unter dem notwendigen, aber auch nicht über dem angemessenen Selbstbehalt liegt, d.h. einem Betrag in Höhe von 1.000 € (im Anschluss an BGH FamRZ 2006, 683 = FuR 2006, 266). (Red.)

OLG Hamm FamRZ 2007, 73

1. Grundsätzlich ist jeder Elternteil verpflichtet, das Existenzminimum des bei dem anderen Elternteil lebenden Kindes sicherzustellen, auch wenn er selbst ein weiteres gemeinsames Kind betreut.
2. Haben zunächst nach der Trennung alle Kinder einverständlich bei der Mutter gelebt, so kann sich daraus eine Vereinbarung der Eltern herleiten, dass sich die Mutter vorrangig der Kinderbetreuung widmen soll. Eine solche Vereinbarung kann nicht ohne weiteres aufgekündigt werden, wenn ein Kind zum Vater wechselt.

OLG Hamm FamRZ 2008, 1271

1. Übt der einem minderjährigen Kind gegenüber Unterhaltpflichtige eine Teilzeitbeschäftigung auf einem sicheren Arbeitsplatz aus, kann es im Einzelfall ausreichend sein, wenn er sich zunächst lediglich um eine weitere Teilzeitbeschäftigung bewirbt und erst dann, wenn sich dies trotz ausreichender Bemühungen als erfolglos erweist, eine Vollzeitbeschäftigung anstrebt. Dies gilt namentlich dann, wenn der Unterhaltsschuldner durch zwei Teilzeitbeschäftigungen mindestens so viel verdienen kann wie durch eine Vollzeitstelle.
2. Zu den Anforderungen an die Erwerbsbemühungen des Unterhaltsschuldners und deren Nachweis durch geeignete Unterlagen bei der Suche nach einer (weiteren) Teilzeitbeschäftigung und sodann bei der parallelen Suche nach einer Vollzeitstelle.
3. Die subsidiäre Haftung des betreuenden Elternteils darf nicht dazu führen, dass dieser durch die zusätzliche Übernahme des Barunterhalts nur noch über ein nahezu gleiches Einkommen wie der barunterhaltspflichtige Elternteil verfügt; vielmehr ist zu fordern, dass dem subsidiär haftenden Elternteil mindestens ca. 300 € mehr verbleiben als dem barunterhaltspflichtigen Elternteil. (Red.)

OLG Hamm FamRZ 2008, 171 = FuR 2007, 583

1. Hat der nach § 1603 Abs. 2 gesteigert Unterhaltpflichtige keine hinreichenden Erwerbsbemühungen entfaltet, und ist ihm deshalb ein fiktives Einkommen zuzurechnen, dann führt eine vorübergehende Erkrankung, die geraume Zeit nach der fingierten Arbeitsaufnahme eintritt, zur Zurechnung fiktiver Lohnfortzahlung und anschließend fiktiven Krankengeldbezugs.
2. Soweit der Unterhaltpflichtige neben einem minderjährigen Kind, das von dessen Mutter betreut wird, ferner einem weiteren minderjährigen Kind zum Unterhalt verpflichtet ist, dessen Mutter verstorben ist, und das nicht bei dem Unterhaltpflichtigen lebt, ist dieses weitere Kind in eine Mangelberechnung mit dem doppelten, nach den Einkommensverhältnissen des Unterhaltpflichtigen maßgebenden Tabellensatz abzüglich der Halbwaisenrente und des anzurechnenden Kindergeldes in die Berechnung einzustellen; das Kindergeld ist auch dann zur Hälfte auf den monetarisierten Betreuungsbedarf anzurechnen, wenn im übrigen für den Barbedarf eine Anrechnung nach § 1612b Abs. 5 ausscheidet.

OLG Hamm FamRZ 2008, 2216

Zu den Voraussetzungen der Abänderung einer auf der Zurechnung fiktiven Einkommens beruhenden Unterhaltsverpflichtung.

OLG Hamm FamRZ 2009, 1919

Verfügt der betreuende Elternteil über ein wesentlich höheres Einkommen als der barunterhaltspflichtige, dessen angemessener Unterhalt i.S.d. § 1603 Abs. 1 durch die Leistung des Mindestunterhalts gefährdet wäre, schuldet der barunterhaltspflichtige Elternteil Kindesunterhalt, soweit er oberhalb des angemessenen Eigenbedarfs von 1.100 € dazu in der Lage ist. (Red.)

OLG Hamm FamRZ 2009, 2009

1. Überstunden eines Unterhaltsschuldners werden in vollem Umfange als unterhaltsrelevantes Einkommen berücksichtigt, da zur Ermittlung der Leistungsfähigkeit alle erzielten Einkünfte heranzuziehen sind, insb. wenn der Unterhaltsschuldner ursprünglich diesen Arbeitsplatz mitsamt der Überstunden gewählt hatte, damit es der Familie besser gehe.
2. Auf den Unterhaltsanspruch eines im Ausland lebenden deutschen Kindes ist deutsches Recht anwendbar. (Red.)

OLG Hamm FamRZ 2010, 570

1. Neben der Betreuung eines 11 Jahre alten Kindes mit erheblichen schulischen Defiziten nach dem Wechsel zu einer weiterführenden Schule ist auch unter Berücksichtigung einer möglichen Übermittagsbetreuung in der Schule bis um 15.45 Uhr eine Erwerbstätigkeit des einem anderen minderjährigen Kind gegenüber barunterhaltspflichtigen Elternteils von mehr als 30 Stunden wöchentlich nicht zumutbar.
2. § 11 Abs. 2 Satz 1 Nr. 7 SGB II eröffnet nicht die Möglichkeit eines anrechnungsfreien Hinzuverdienstes in Höhe einer bestehenden Unterhaltsverpflichtung neben dem Bezug von Arbeitslosengeld II, wenn der Unterhaltsanspruch nicht bereits bei Beginn des Bezugs von Arbeitslosengeld tituliert war (gegen OLG Brandenburg NJW 2008, 3366).

OLG Hamm FF 2007, 268

Betreut eine barunterhaltspflichtige Kindesmutter ein eheliches 16-jähriges und zudem ein 5-jähriges nichteheliches Kind, dann ist mit Rücksicht auf gegenüber einen beim Vater lebenden weiteren 16-jährigen (Zwillings-) Kind eine Pflicht zur vollschichtigen Erwerbstätigkeit in Betracht zu ziehen. (Red.)

OLG Hamm NJW-RR 2000, 1462

Der Unterhaltsschuldner ist während der Arbeitslosigkeit im Hinblick auf seine gesteigerte Erwerbsobliegenheit gegenüber minderjährigen Kindern verpflichtet, sich ernsthaft um eine vollschichtige Erwerbstätigkeit zu bemühen. Zusätzlich zur Meldung bei den zuständigen Stellen der Bundesagentur für Arbeit bedarf es persönlicher Bewerbungen durch Vorsprachen und schriftliche Bewerbungen, nötigenfalls auch über den örtlichen Bereich hinaus. Insgesamt ist eine bestmögliche Privatinitiative zu entfalten.

OLG Hamm NJW-RR 2007, 866

1. Die unterhaltsrechtliche Obliegenheit zur Einleitung der Verbraucherinsolvenz (BGHZ 162, 234 = FamRZ 2005, 608 = FuR 2005, 246) entfällt, wenn es dem Unterhaltsschuldner gelungen ist, sämtliche relevanten Schulden mit einem neuen, langfristig angelegten und in vertretbaren Raten abzutragenden Kredit abzulösen.
2. Die für diesen Kredit aufzubringenden Raten sind jedenfalls dann in voller Höhe vom Nettoeinkommen des Unterhaltsschuldners abzusetzen, wenn die berechtigten Unterhaltsgläubiger dadurch nicht schlechter stehen als im Falle der Verbraucherinsolvenz.

OLG Hamm OLGR 2000, 253

Zur Sicherstellung des Unterhalts minderjähriger unverheirateter Kinder in Höhe der 1. Einkommensgruppe der Düsseldorfer Tabelle kann der Unterhaltsschuldner verpflichtet sein, neben einer vollschichtigen Erwerbstätigkeit noch eine Nebentätigkeit im Rahmen des sog. Geringverdienerbereichs auszuüben. Die Eltern sind nicht verpflichtet, ihre Arbeitskraft in gesteigertem Umfange einzusetzen, damit das Kind Unterhalt aus einer (möglichst) hohen Einkommensgruppe erhält.

OLG Hamm OLGR 2003, 17311

1. Die gesteigerte Unterhaltpflicht gegenüber minderjährigen Kindern (§ 1603 Abs. 2 Satz 1) kann es erfordern, eine Umschulungsmaßnahme zurückzustellen und einer den Unterhalt sicherstellenden Erwerbstätigkeit nachzugehen.
2. Bei der Suche nach einem entsprechenden Arbeitsplatz reicht es nicht aus, sich beim Arbeitsamt vergeblich um eine Arbeitsplatzvermittlung bemüht zu haben; es ist vielmehr eine intensive Eigeninitiative vom Unterhaltspflichtigen zu verlangen.

OLG Hamm OLGR 2003, 256

Hält der Unterhaltsschuldner den Unterhaltsansprüchen seines minderjährigen Kindes von ihm zu tilgende Verbindlichkeiten entgegen, ist zwischen den Interessen des Unterhaltsgläubigers, des Drittgläubigers und des Unterhaltsschuldners abzuwägen. Würde die Berücksichtigung der Schulden zu einer Unterschreitung des Regelunterhalts führen, dürfen sie nur dann berücksichtigt werden, wenn es nach Treu und Glauben unbillig wäre, vom Unterhaltsschuldner die vorrangige Erfüllung seiner Unterhaltsverpflichtung, möglichst in Höhe des vollen Bedarfs, zu verlangen. Das ist der Fall, wenn der Unterhaltsschuldner den Unterhalt letztlich nur auf Kosten einer durch Zinsen ständig weiter wachsenden Verschuldung aufbringen kann. (Red.)

OLG Hamm OLGR 2005, 442

Auch wenn ein volljähriges Kind keine Kenntnis über die Leistungsfähigkeit des Unterhaltsschuldners hat, kann es sofort Leistungsklage erheben. Das Kind genügt seiner Darlegungs- und Beweislast, wenn es das Einkommen des Unterhaltsschuldners schätzt. Der Unterhaltsschuldner muss dann das geschätzte Einkommen substantiiert bestreiten, indem er sein Einkommen im einzelnen darlegt. (Red.)

OLG Hamm OLGR 2006, 790

Der Unterhaltsgläubiger ist im Unterhaltsabänderungsverfahren mit der Zurechnung fiktiver Pensionseinkünfte wegen vorzeitiger Pensionierung und einer zuletzt nur teilschichtigen Tätigkeit des Unterhaltsschuldners präkludiert, wenn er die Geltendmachung in vorangegangenen Verfahren unterlassen hat, obwohl ihm die Berufung auf diesen Gesichtspunkt ohne weiteres möglich gewesen wäre.

OLG Hamm Streit 2003, 119

1. Der Unterhaltsschuldner ist nicht berechtigt, die Zahlung des Mindest-Kindesunterhalts in Höhe des Regelbetrages nach der Regelbetrag-Verordnung mit dem Hinweis auf seine Aufwendungen zur Tilgung eines Kredits zu verweigern. Dagegen sind Zahlungen auf die Darlehenszinsen regelmäßig zu berücksichtigen.
2. Lebt der Unterhaltspflichtige mit seiner neuen Lebensgefährtin in häuslicher Gemeinschaft zusammen, ist der angemessene Selbstbehalt deutlich zu reduzieren.

OLG Hamm ZFE 2005, 409 [Ls]

Der haushaltsführende Ehegatte ist grundsätzlich nicht gehalten, eine Erwerbstätigkeit aufzunehmen, um die Leistungsfähigkeit seines unterhaltspflichtigen Ehegatten zugunsten des minderjährigen Kindes zu erhöhen.

OLG Hamm, Beschluss vom 09.10.2008 – 2 WF 202/08 – n.v.

Erstrebt der Unterhaltsschuldner die Reduzierung von Kindesunterhalt auf null Euro, dann muss er substantiiert darlegen, dass er infolge krankheitsbedingter Arbeitsunfähigkeit keine Erwerbstätigkeit ausüben kann. (Red.)

OLG Hamm, Beschluss vom 13.04.2005 – 11 WF 41/05 – n.v.

1. Die Unterhaltsansprüche gleichrangig Berechtigter sind grundsätzlich so zu berechnen, als ob über die Ansprüche gleichzeitig entschieden würde.
2. Besteht ein absoluter Mangelfall, ist mit Einsatzbeträgen zu rechnen.
3. Bei Zurechnung fiktiver Einkünfte aus vollschichtiger Erwerbstätigkeit ist der notwendige Selbstbehalt eines Erwerbstätigen anzusetzen. (Red.)

OLG Hamm, Beschluss vom 30.07.2007 – 8 UF 90/07 – n.v.

Ein einem Kind gegenüber Unterhaltsverpflichteter hat darzulegen und zu beweisen, warum er angeblich wegen unzumutbarer Bedingungen seinen Arbeitsplatz aufgegeben hat. Erläutert er dies nicht zureichend, dann ist ihm ein fiktives Einkommen zuzurechnen. (Red.)

OLG Hamm, Urteil vom 02.07.2004 – 12 UF 1/04 – n.v.

1. Erzielt ein Kindesvater ein bereinigtes Einkommen von rund 1.774 €, indem er in erheblichem Umfange Überstunden leistet, und hat er die beiden Kinder zu versorgen, käme es zu einem unerträglichen Ungleichgewicht zwischen den beiden Elternteilen, würde man dem Kindesvater noch zusätzlich den Barunterhalt aufbürden.
2. Der Unterhaltsschuldner, der gesteigert unterhalts- und erwerbspflichtig ist, hat ausreichend darzulegen und nachzuweisen, dass er trotz ausreichender Bemühungen nicht in der Lage ist, einen Arbeitsplatz zu finden, der ihn in die Lage versetzt, den Kindesunterhalt zu verdienen. (Red.)

OLG Hamm, Urteil vom 09.06.2004 – 11 UF 184/02 – n.v.

1. Bis zur Eröffnung des Insolvenzverfahrens fällig gewordene (rückständige) Ansprüche auf Kindesunterhalt sind normale Insolvenzforderungen, die dem Insolvenzverwalter zur Eintragung in die Tabelle anzumelden sind.
2. Ein auf künftigen Unterhalt bezogenes Verfahren betrifft nicht die Insolvenzmasse, weshalb ein zu Zeit der Insolvenzeröffnung bereits anhängiger Rechtsstreit auf Zahlung künftigen Unterhalts nicht nach § 240 ZPO unterbrochen wird.
3. Ein für eine behauptete gesundheitsbedingte Beeinträchtigung seiner Erwerbsfähigkeit und deren Reduzierung auf teilschichtige Tätigkeiten leichtester Art beweisfällig gebliebener Unterhaltsschuldner muss sich ein fiktives Einkommen zurechnen lassen, wenn von ihm vorgetragene und belegte Bemühungen um eine zumutbare Erwerbstätigkeit hinter den zu stellenden Anforderungen zurückbleiben. (Red.)

OLG Karlsruhe FamRZ 2003, 1672

Der nichteheliche Vater haftet seinem minderjährigen Kind nicht nach § 1603 Abs. 2 Satz 1 in gesteigertem Masse, wenn mit der Mutter des Kindes ein weiterer unterhaltspflichtiger Verwandter vorhanden ist, der, soweit der Vater als Unterhaltsschuldner ausfällt, bei Berücksichtigung seines angemessenen Unterhalts und des Barunterhalts für ein weiteres Kind zu ergänzenden Barunterhaltsleistungen an das Kind (§ 1603 Abs. 2 Satz 3) imstande ist.

OLG Karlsruhe FamRZ 2004, 656

Ist der (arbeitslose) Unterhaltsschuldner leistungsunfähig, muss er jedenfalls nach Ablauf des Trennungsjahres ein Insolvenzverfahren einleiten, damit alle Gläubiger gemeinschaftlich befriedigt werden können. (Red.)

OLG Karlsruhe FamRZ 2005, 1855

1. Zur Verwirkung rückständigen Unterhalts für ein minderjähriges Kind.
2. Ein Anspruch auf laufenden Unterhalt besteht nicht, wenn der Unterhaltsschuldner arbeitslos, ohne Berufsausbildung und zu 50 % schwerbehindert ist, und wenn er kein Erwerbseinkommen erzielen kann, das über dem notwendigen Selbstbehalt von 840 € liegt.

3. Die Zurechnung fiktiven Einkommens setzt voraus, dass dem Unterhaltsschuldner zusätzlich zu einer Vollzeittätigkeit eine Nebentätigkeit zugemutet werden kann. Dies ist nicht der Fall, wenn von einer eher unterdurchschnittlichen psychischen und physischen Leistungsfähigkeit des Unterhaltsschuldners auszugehen ist. (Red.)

OLG Karlsruhe FamRZ 2005, 2091

Der Selbstbehalt des einem minderjährigen Kind unterhaltspflichtigen Elternteils (ab 01.07.2005: 890 €)

– verringert sich nicht bei Zusammenleben mit einem neuen Partner
– erhöht sich nicht durch Umgangskosten von 15 € monatlich.

Hinweis:

Der BGH hat mit Urteil vom 09.01.2008[546] diese Entscheidung aufgehoben und die Sache zur erneuten Verhandlung und Entscheidung an das OLG zurückverwiesen: Der Selbstbehalt eines Unterhaltsschuldners könne um die durch eine gemeinsame Haushaltsführung eintretende Ersparnis, höchstens jedoch bis auf sein Existenzminimum nach sozialhilferechtlichen Grundsätzen, herabgesetzt werden.

OLG Karlsruhe FamRZ 2006, 1147 [Ls]

1. Die Abänderungsklage führt nicht zu einer freien, von den bisherigen Grundlagen unabhängigen Neufestsetzung des Unterhalts, sondern nur zu einer Anpassung der titulierten Unterhaltsrenten an die veränderten Verhältnisse. War Grundlage des ursprünglichen Prozessvergleichs, dass es dem Unterhaltspflichtigen als Fernfahrer gestattet sein soll, seine Arbeitsstätte mit dem Pkw anzufahren, können die Unterhaltsberechtigten ihn im Abänderungsverfahren nicht auf die beschwerliche Benutzung öffentlicher Verkehrsmittel verweisen.
2. Dem Unterhaltspflichtigen kann nicht aus unterhaltsrechtlichen Gesichtspunkten (§ 1603 Abs. 2) verwehrt werden, zu seiner Lebensgefährtin zu ziehen.
3. Eine Entfernung zwischen Wohnung und Arbeitsstätte von 23,4 km liegt noch im Rahmen dessen, was einem Unterhaltsberechtigten zumutbar ist.
4. Der Selbstbehalt ist jedenfalls dann nicht wegen des Zusammenlebens mit der neuen Partnerin zu reduzieren, wenn der Unterhaltspflichtige sich an den gemeinsamen Mietkosten in einem Umfange beteiligt, der die von ihm entrichtete Miete in seiner vorherigen Wohnung übersteigt.
5. Die anfallenden Fahrtkosten zur Arbeitsstätte sind bei der Berechnung des einzusetzenden Vermögens gemäß § 115 ZPO als Belastung zu berücksichtigen.

OLG Karlsruhe FamRZ 2006, 1295

Erzielt der Unterhaltsschuldner mit seiner vollschichtigen Berufstätigkeit als Taxifahrer ein Einkommen unter dem notwendigen Selbstbehalt, ist er aufgrund seiner gesteigerten Erwerbsobligenheit zur Sicherstellung des Existenzminimums seines Kindes gehalten, sich ausreichend um eine andere Erwerbstätigkeit zu bemühen, insb. ist er verpflichtet, sich auch anderweitig in anderen Berufen zu bewerben. (Red.)

OLG Karlsruhe FamRZ 2007, 1123

1. Der gesteigert Unterhaltspflichtige ist zu einer vollschichtigen Erwerbstätigkeit verpflichtet. Er hat auch steuerliche Gestaltungsmöglichkeiten so auszunutzen, dass ihm ein möglichst hohes Nettoeinkommen verbleibt.
2. Er ist darüber hinaus gehalten, eine zumutbare Nebentätigkeit aufzunehmen, um den Mindestunterhaltsbedarf seines minderjährigen Kindes sicherzustellen.

---

546 BGH FamRZ 2008, 594 = FuR 2008, 203.

3. Als zumutbar ist dabei nur eine solche Tätigkeit anzusehen, die sich im Rahmen der zeitlichen Belastung hält, den das Arbeitszeitgesetz für Arbeitnehmer zum Schutz der Gesundheit steckt; zudem ist bei der Frage der Zumutbarkeit einer Nebentätigkeit auf die individuelle Lebens- und Arbeitssituation des Unterhaltsschuldners abzustellen. (Red.)

OLG Karlsruhe FamRZ 2007, 413

1. Bei einem selbständig tätigen Unterhaltspflichtigen (hier: Betreiber eines Friseurgeschäfts), dessen Einkommen Schwankungen unterliegt, ist dieses grundsätzlich nach einem mehrjährigen Jahresdurchschnitt zu errechnen. In aller Regel wird der Durchschnitt der letzten drei Jahre vor dem zu entscheidenden Zeitraum heranzuziehen sein. Dies schliesst es nicht aus, im Einzelfall auch eine längere oder kürzere Zeitspanne zugrunde zu legen, wenn dies erforderlich oder ausreichend ist, um ein Bild von den durchschnittlich erzielten Gewinnen zu gewinnen.
2. Waren die ehelichen Lebensverhältnisse auch durch eine Erwerbstätigkeit der Kinder betreuenden Ehefrau geprägt, so ist dieser ein fiktives Einkommen aus halbschichtiger Tätigkeit anzurechnen, wenn sie nach der Trennung ihre Erwerbstätigkeit aufgegeben hat, obwohl sie angesichts des Alters des betreuten Kindes eine jedenfalls halbschichtige Erwerbsobliegenheit traf. (Red.)

OLG Karlsruhe FuR 2001, 76

Neben der erfolgten Meldung bei den zuständigen Stellen der Bundesagentur für Arbeit und der Aufgabe von eigenen Stellenanzeigen werden eine Vielzahl von Bewerbungen aus Eigeninitiative verlangt, wobei der Senat eine Anzahl von 20–30 Bewerbungen pro Monat für einen Arbeitslosen als zumutbar angesehen hat.

OLG Karlsruhe JAmt 2007, 323

1. Zur Begründung einer Abänderungsklage auf Herabsetzung des titulierten Kindesunterhalts reicht der Hinweis des Unterhaltsschuldners auf seine Einstufung als Schwerbeschädigter mit verschiedenen Zusatzmerkmalen nicht aus, da diese Einstufung keinerlei Aussagen zur individuellen Erwerbsfähigkeit enthält.
2. Die individuelle Erwerbsfähigkeit kann allein nach den im Einzelnen darzulegenden Beschwerden und Behinderungen beurteilt werden, die für jede einzelne Person zu individuell unterschiedlichen Beeinträchtigungen führen kann.
3. Da Schwerbeschädigung und Erwerbsunfähigkeit völlig unterschiedliche Tatsachen sind, muss der Unterhaltsschuldner zu seinen individuellen Fähigkeiten und dazu, wie er versucht hat, diese in eine Erwerbstätigkeit umzusetzen, vortragen. (Red.)

OLG Karlsruhe JAmt 2007, 615

Wer im Rahmen der gesteigerten Unterhaltsverpflichtung gemäß § 1603 Abs. 1 zur Aufnahme einer Erwerbstätigkeit verpflichtet ist, muss sich ernsthaft und intensiv um eine Arbeitsstelle bemühen. Die Meldung beim Arbeitsamt zum Zweck der Arbeitsvermittlung reicht hierzu nicht aus, weil erfahrungsgemäß nicht alle Arbeitsstellen über das Arbeitsamt vermittelt werden. (Red.)

OLG Karlsruhe JAmt 2008, 170

1. Ein arbeitsloser Unterhaltsschuldner hat sich um eine neue Erwerbstätigkeit zu bemühen. Zu den zu fordernden Bewerbungsbemühungen gehören auch rechtzeitige schriftliche oder persönliche und nicht nur telefonische Bewerbungen.
2. Den Unterhaltsschuldner trifft die Beweislast für seine Bewerbungsbemühungen, die er dokumentieren muss. Er kann sich dem nicht durch einen Hinweis auf die allgemein schlechte Arbeitsmarktlage entziehen. (Red.)

OLG Karlsruhe NJW 2008, 3290

1. Zur Ermittlung des Selbstbehalts bei Einkünften aus Rente und aus geringfügiger Erwerbstätigkeit.
2. Zur Herabsetzung des Selbstbehalts wegen Ersparnis durch gemeinsame Haushaltsführung.

OLG Karlsruhe ZKJ 2008, 82

Steht fest, dass der Unterhaltsschuldner seiner Erwerbsobliegenheit nicht nachgekommen ist, kann ohne Berücksichtigung der konkreten Umstände des Einzelfalles nicht davon ausgegangen werden, dass er genügend Einkommen erzielen könnte, um Kindesunterhalt in Höhe des Regelbetrages zu zahlen, insb. dann, wenn nach seiner Erwerbsbiografie (fehlende Ausbildung und Berufserfahrung) vielmehr davon auszugehen ist, dass er allenfalls eine Hilfstätigkeit erlangen kann. (Red.)

OLG Karlsruhe ZKJ 2010, 33

Hat ein Unterhaltsschuldner seinen Arbeitsplatz aufgrund einer Betriebseinstellung seitens seines Arbeitgebers verloren, sind ihm fiktive Einkünfte jedenfalls dann nicht zuzurechnen, wenn er in einem Bereich tätig ist, in dem der Wettbewerb auf dem Arbeitsmarkt besonders groß ist und die Verdienstmöglichkeiten entsprechend eingeschränkt sind (hier: als Fernfahrer), er aus diesen Gründen keine Rücklagen zur Überbrückung der Zeit einer Arbeitslosigkeit bilden konnte, und er im Hinblick auf eine ihm erteilte Arbeitsplatzzusage an einer von der Bundesanstalt für Arbeit geförderten Weiterbildungsmaßnahme teilnimmt und nach deren erfolgreichen Abschluss wieder eine Erwerbstätigkeit aufnehmen will. (Red.)

OLG Karlsruhe, Beschluss vom 31.08.2006 – 16 UF 129/06 – n.v.

1. Gegenüber minderjährigen Kindern besteht eine erhöhte Leistungsverpflichtung. Die für den Unterhaltsanspruch vorausgesetzte Leistungsfähigkeit des Unterhaltpflichtigen wird hierbei nicht allein durch das tatsächlich vorhandene Einkommen des Unterhaltsschuldners, sondern auch durch seine Erwerbsfähigkeit bestimmt.
2. Reichen seine tatsächlichen Einkünfte nicht aus, so trifft ihn unterhaltsrechtlich die Obliegenheit, seine Arbeitsfähigkeit in bestmöglicher Weise einzusetzen und eine mögliche Erwerbstätigkeit auszuüben.
3. Legt der – für seine den Mindestunterhalt betreffende Leistungsunfähigkeit darlegungs- und beweisbelastete – Unterhaltsschuldner nicht dar, dass er dieser Obliegenheit nicht vollständig gerecht geworden ist, dann muss er sich so behandeln lassen, als ob er über ein solch hohes Einkommen verfügt, welches ihm die Zahlung des Mindestunterhalts ermöglicht. (Red.)

OLG Karlsruhe, Urteil vom 06.03.2003 – 16 UF 145/02 – n.v.

1. Die für den Unterhaltsanspruch vorausgesetzte Leistungsfähigkeit des Unterhaltsschuldners nach § 1603 Abs. 2 Satz 1 wird nicht allein durch das tatsächlich vorhandene Einkommen, sondern auch durch seine Erwerbsfähigkeit bestimmt.
2. Weist der nach § 1603 Abs. 2 Unterhaltsverpflichtete keine ausreichenden Erwerbsbemühungen nach, ist ihm ein fiktives Einkommen, das die Leistung des Mindestunterhalts ermöglichen würde, zuzurechnen.
3. Von einem arbeitslosen Unterhaltsschuldner wird erwartet, dass er sich nachhaltig um einen Arbeitsplatz bemüht. Ein Erfahrungssatz des Inhalts, dass in Zeiten hoher Arbeitslosigkeit keine Beschäftigungschance existiert, besteht nicht.
4. Für die den Mindestunterhalt betreffende Leistungsfähigkeit ist der Unterhaltsschuldner darlegungs- und beweispflichtig. Kommt er dieser Verpflichtung nicht nach, ist er so zu behandeln, als könne er den Mindestunterhalt zahlen. (Red.)

OLG Karlsruhe, Urteil vom 14.04.2005 – 16 (2) UF 228/04 – n.v.

1. Reduziert sich das Einkommen eines Unterhaltsschuldners aufgrund einer ihm nicht vorwerfbaren Änderung seines Arbeitsvertrages, so ist für die Unterhaltsbemessung regelmäßig für einen Übergangszeitraum von sechs Monaten das geringere Einkommen zugrunde zu legen. Innerhalb dieser Frist ist er verpflichtet, sich um einen neuen Arbeitsplatz oder eine Nebentätigkeit zu bemühen.
2. Fahrtkosten sind als berufsbedingte Aufwendungen regelmäßig auch beim Vorliegen eines Mangelfalles absetzbar, wenn der Unterhaltsschuldner immer mit seinem eigenen Pkw zur Arbeitsstätte gefahren, und die Benutzung öffentlicher Verkehrsmittel mit einem hohen zeitlichen Aufwand verbunden ist.
3. Der Anspruch auf Betreuungsunterhalt ist regelmäßig auf drei Jahre zu befristen. Schwierigkeiten bei der Suche nach einem mit der Kinderbetreuung zu vereinbarenden Arbeitsplatz führen grundsätzlich nicht zur Annahme einer unbilligen Härte. Die Befristung verstößt nicht gegen das Grundgesetz. (Red.)

OLG Karlsruhe, Urteil vom 27.03.2003 – 16 UF 141/02 – n.v.

Zur Bemessung des Unterhaltsbedarfs eines minderjährigen Kindes bei mit Einkommensverlusten verbundenen Stellenwechseln und Zeiten der Arbeitslosigkeit auf Seiten des unterhaltsverpflichteten Vaters. (Red.)

OLG Koblenz FamRZ 1991, 1475

Der Unterhaltsschuldner mit einer 40-Stunden-Woche ist zu einer gesteigerten Ausnutzung seiner Arbeitskraft in Form von Aufnahme einer weiteren Erwerbstätigkeit verpflichtet, um der vollen Unterhaltsverpflichtung gegenüber seinen minderjährigen Kindern nachkommen zu können (zumutbar: monatlich 500 DM netto zusätzlich).

OLG Koblenz FamRZ 2000, 313

Von einem arbeitslosen Unterhaltsschuldner, den eine gesteigerte Erwerbsobliegenheit i.S.d. § 1603 Abs. 2 trifft, können intensive Bewerbungsbemühungen verlangt werden; monatlich sind 20 bis 30 konkrete Stellengesuche zumutbar.

OLG Koblenz FamRZ 2004, 1132

Beim Unterhaltsanspruch eines volljährigen behinderten Kindes, das eine Behindertenwerkstätte besucht, ist der angemessene und nicht der notwendige Selbstbehalt des Unterhaltspflichtigen zu berücksichtigen.

OLG Koblenz FamRZ 2004, 1313

Ein in Strafhaft befindlicher Unterhaltspflichtiger kann sich auf seine Leistungsunfähigkeit nach Treu und Glauben dann nicht berufen, wenn ein unterhaltsrechtlicher Bezug zwischen der Strafhaft und der Leistungsfähigkeit besteht.

OLG Koblenz FamRZ 2004, 1515

Verbleibt bei der Berechnung der Barunterhaltspflicht einer Kindesmutter gegenüber ihren minderjährigen, bei ihrem Vater lebenden Kindern auch nach Zurechnung eines fiktiven Erwerbseinkommens eine Differenz zum Unterhaltsregelbetrag, dann ist die Unterhaltsschuldnerin verpflichtet, zugeflossenes Barvermögen zur Erfüllung ihrer Unterhaltspflicht einzusetzen. (Red.)

OLG Koblenz FamRZ 2004, 300

1. Die wieder verheiratete Mutter eines minderjährigen Kindes muss Einkünfte aus einem möglichen Nebenverdienst in voller Höhe für den Mindestunterhalt ihres minderjährigen Kindes verwenden, weil ihr eigener Bedarf durch das von ihrem Ehemann erzielte Familieneinkommen gedeckt ist (im Anschluss an BGH FamRZ 1987, 472, und OLG Dresden FamRZ 2000, 1432).

2. Insoweit verbietet sich eine schematische Beurteilung anhand der in den unterhaltsrechtlichen Leitlinien festgelegten Mindestbedarfssätze und Selbstbehalte; entscheidend ist vielmehr, dass der Anspruch der Kindesmutter auf Familienunterhalt nach §§ 1360, 1360a sich nach den ehelichen Lebensverhältnissen bestimmt. (Red.)

OLG Koblenz FamRZ 2004, 704

Bezieht der den Barunterhalt der Kinder alleine sicherstellende naturalunterhaltspflichtige Elternteil ein wesentlich höheres Einkommen als der barunterhaltspflichtige, dann bemisst sich der zu leistende Barunterhalt nach dem Einkommen des betreuenden Elternteils. (Red.)

OLG Koblenz FamRZ 2004, 829 = FuR 2004, 320

1. Die Möglichkeit, nach § 1612a Unterhalt als Vomhundertsatz des jeweiligen Regelbetrages nach der Regelbetrag-Verordnung zu verlangen, steht nur minderjährigen Kindern offen. Privilegiert volljährige Kinder fallen nicht unter diese Regelung.
2. Bei der Ermittlung des für die Berechnung des Bedarfs eines privilegiert volljährigen Kindes maßgebenden Einkommens ist der an minderjährige Kinder zu zahlende Unterhalt nicht vorab abzusetzen.
3. Bei der Bestimmung des von den Eltern jeweils zu tragenden Anteils des auf diese Weise ermittelten Unterhalts des privilegiert volljährigen Kindes ist die Unterhaltszahlung an minderjährige Kinder jedoch in der Weise zu berücksichtigen, dass nur der Anteil des Einkommens des auf Zahlung in Anspruch genommenen Elternteils in die Anteilsberechnung eingestellt wird, der dem Verhältnis des Bedarfs des volljährigen Kindes zum Gesamtunterhaltsbedarf aller Kinder entspricht.
4. Überobligatorisches Einkommen der Mutter ist für die Berechnung des Bedarfs eines volljährigen Kindes in vollem Umfange zu berücksichtigen.
5. Gegenüber privilegiert volljährigen Kindern steht den Eltern nur der notwendige Selbstbehalt zu.

OLG Koblenz FamRZ 2005, 650

1. Der gegenüber seinen minderjährigen Kinder gesteigert unterhaltsverpflichtete Elternteil ist gehalten, alle zumutbaren Anstrengungen zu unternehmen, den Unterhalt der Kinder sicherzustellen. Er hat seine Arbeitskraft bestmöglich einzusetzen und hat auch berufsfremde Tätigkeiten und/oder einen Ortswechsel in Kauf zu nehmen sowie zusätzlich Überstunden oder Nebentätigkeiten auszuüben. Er ist ggf. auch verpflichtet, eine selbständige Tätigkeit zugunsten einer besser bezahlten Anstellung aufzugeben, wenn dadurch der Unterhalt sichergestellt werden kann.
2. Diese Grundsätze gelten auch dann, wenn gegen den Unterhaltsschuldner ein Verbraucherinsolvenzverfahren eröffnet ist, und deshalb (nach seiner Behauptung) jeder höhere Verdienst nur den Insolvenzgläubigern und nicht den unterhaltsberechtigten Kindern zu Verfügung stünde.
3. Der Beschlagnahme unterliegen nicht die gem. § 850c ZPO pfändungsfreien Beträge.
4. Diesen Nettoverdienst muss sich der Unterhaltsschuldner als erzielbares fiktives Einkommen zurechnen lassen. Die mit der Verbraucherinsolvenz gewollte Besserstellung des Schuldners erschöpft sich darin, ihn von alten Schulden zu befreien, nicht ihn wegen laufender Unterhaltsverpflichtungen noch besser zu stellen. (Red.)

OLG Koblenz FamRZ 2006, 501

1. Der seinem minderjährigen Kind aus erster Ehe barunterhaltspflichtige Elternteil kann nur dann seine Erwerbstätigkeit aufgeben und in der zweiten Ehe die Haushaltsführung übernehmen, wenn die Erwerbstätigkeit des neuen Ehegatten zu einer wesentlich günstigeren Einkommenssituation der neuen Familie führt.
2. Den Unterhalt für sein minderjähriges Kind aus erster Ehe kann er teilweise aus dem Unterhalt leisten, den ihm sein neuer Ehegatte nach §§ 1360, 1360a schuldet.

3. Kann der barunterhaltpflichtige Unterhaltsschuldner die notwendigen Kosten des Umgangs mit seinem Kind aus erster Ehe nicht aus den Mitteln bestreiten, die ihm über den notwendigen Selbstbehalt hinaus verbleiben, und kommt ihm das anteilige Kindergeld gem. § 1612b Abs. 5 ganz oder teilweise nicht zugute, ist der notwendige Selbstbehalt um die angemessenen Umgangskosten zu erhöhen. (Red.)

OLG Koblenz FamRZ 2008, 173

Die Verpflichtung zur Aufnahme einer Nebentätigkeit oder zum Wechsel des Arbeitsplatzes im Rahmen der gesteigerten Erwerbsobliegenheit gegenüber minderjährigen Kindern trifft den Unterhaltsschuldner nicht generell, sondern nur nach den besonderen Umständen des Einzelfalles. (Red.)

OLG Koblenz FamRZ 2008, 435

1. Haben die Parteien einen Vorrang des Kindesunterhalts vereinbart, und ist der Unterhaltsschuldner nicht ausreichend leistungsfähig, neben dem Kindesunterhalt auch den vollen Ehegattenunterhalt zu zahlen, ist eine mehrstufige Mangelfallberechnung erforderlich.
2. Hierbei ist zunächst der billige Selbstbehalt von 1.000 € einzustellen und auf diesem Wege der auf den Ehegatten entfallende Unterhalt zu ermitteln. Der Differenzbetrag zwischen dem billigen und dem notwendigen Selbstbehalt ist sodann anteilig auf die Kinder zu verteilen. Wenn hierdurch der für die Kinder vereinbarte Unterhaltsbetrag noch nicht erreicht wird, ist der Ehegattenunterhalt um den noch erforderlichen Differenzbetrag zu kürzen.

OLG Koblenz FamRZ 2009, 1921

Ein barunterhaltpflichtiger Elternteil kann sich gegenüber seinem minderjährigen Kind nicht darauf berufen, eine völlig unwirtschaftliche selbständige Tätigkeit fortsetzen zu wollen; er hat vielmehr die selbständige Tätigkeit aufzugeben und eine abhängige Beschäftigung aufzunehmen oder neben der selbständigen Tätigkeit eine zusätzliche (Neben-)Tätigkeit aufzunehmen, um den Mindestunterhalt sicherzustellen. (Red.)

OLG Koblenz NStZ 2005, 640

1. Eine Unterhaltspflicht besteht nach Bürgerlichem Recht grundsätzlich nur bei Leistungsfähigkeit des Unterhaltsschuldners. Diese ist daher kein ungeschriebenes Tatbestandsmerkmal des § 170 StGB, sondern – ebenso wie die Bedürftigkeit des Berechtigten – ein vom Strafrichter selbständig zu beurteilendes Element des gesetzlichen Merkmals der Unterhaltspflicht.
2. Bei wechselnden Einkommenshöhen kann die Leistungsfähigkeit regelmäßig nur auf der Grundlage des über einen größeren Zeitraum erzielten Durchschnittseinkommens beurteilt werden. Das gilt nicht nur für Unternehmer, sondern auch für abhängig Beschäftigte.

OLG Koblenz OLGR 2003, 193

Auch nach Vollendung des 65. Lebensjahres ist dem Vater minderjähriger Kinder eine Erwerbstätigkeit im Rahmen einer geringfügigen Tätigkeit zumutbar, wenn dies erforderlich ist, um den Mindestunterhalt der Kinder sicherzustellen.

OLG Koblenz OLGR 2004, 36

Befindet sich der Unterhaltspflichtige in Strafhaft, so kann er sich – wenn ein unterhaltsrechtlicher Bezug der Straftat nicht gegeben ist – nicht bis zum Ende der regulären Strafhaft, sondern nur bis zur Entlassung nach Verbüßung von 2/3 der Strafe auf Leistungsunfähigkeit berufen.

OLG Koblenz OLGR 2005, 403

1. Die gegenüber minderjährigen, nicht verheirateten Kindern bestehende erweiterte Unterhaltspflicht der Eltern beinhaltet auch die Obliegenheit zur gesteigerten Ausnutzung ihrer Arbeitskraft, die bei nicht hinreichendem Bemühen um Arbeit zum Ansatz eines fiktiven Einkommens führen kann.

2. Diese Verpflichtung kann grundsätzlich dazu führen, dass ein Elternteil trotz der ihm obliegenden Betreuung von Kindern aus einer neuen Ehe einer Erwerbstätigkeit nachgehen muss.
3. Dies ist ausnahmsweise nicht der Fall, wenn der Unterhaltsschuldner insgesamt drei Kinder (aus zweiter Ehe) betreut, von denen zwei aufgrund ihrer Behinderung einer psychisch und physisch außergewöhnlich belastenden Betreuung bedürfen. (Red.)

OLG Koblenz OLGR 2005, 870

Ob Schulden des Unterhaltsverpflichteten beim Kindesunterhalt bereits bei der Ermittlung des Unterhaltsbedarfs anzuerkennen sind, bedarf einer umfassenden Interessenabwägung, bei der ein angemessener Ausgleich zwischen den Belangen des Kindes, des Unterhaltsschuldners und des Drittgläubigers zu erfolgen hat. Auf Kreditverbindlichkeiten, die der Unterhaltsschuldner in Kenntnis seiner Barunterhaltspflicht eingegangen ist, kann er sich im Regelfall nicht berufen. (Red.)

OLG Köln FamRZ 2002, 1426

Die Leistungsfähigkeit des gegenüber seinen minderjährigen Kindern gemäß § 1603 Abs. 2 Satz 1 gesteigert unterhaltspflichtigen Unterhaltsschuldners bestimmt sich nicht allein nach seinem tatsächlichen Einkommen, sondern nach den zumutbarerweise erzielbaren Einkünften; ggf. muss er einen Wohnort- oder Arbeitsplatzwechsel vornehmen oder seine übliche Erwerbstätigkeit ausdehnen.

OLG Köln FamRZ 2003, 1203

1. Verbüßt der Unterhaltsschuldner eine mehrjährige Freiheitsstrafe wegen Vergewaltigung der gesetzlichen Vertreterin des Unterhaltsgläubigers, kann er sich dem Unterhaltsgläubiger gegenüber auf fehlende Leistungsfähigkeit berufen.
2. Ein Unterhaltsschuldner kann sich nur dann nicht auf eine durch eine Straftat und Inhaftierung eingetretene Leistungsunfähigkeit berufen, wenn die Straftat auf einem Fehlverhalten beruht, das sich gerade auf die Unterhaltspflicht gegenüber dem Unterhaltsgläubiger bezieht. (Red.)

OLG Köln FamRZ 2003, 1409

1. Zu den Voraussetzungen, unter denen Eltern zur Finanzierung eines Hochschulstudiums verpflichtet sind, wenn das Kind nach bestandener Hochschulreife und abgeschlossener Ausbildung zur Gestaltungstechnischen Assistentin für Grafik-Design ein Pädagogikstudium mit Schwerpunkt Kunst (Lehramtsstudium Primarstufe) aufnimmt.
2. Zwischen der Ausbildung zur Gestaltungstechnischen Assistentin für Grafik-Design und einem Pädagogikstudium mit Schwerpunkt Kunst (Lehramtsstudium Primarstufe) besteht ein sachlicher Zusammenhang, so dass unterhaltsrechtlich von einem einheitlichen Ausbildungsgang gesprochen werden kann.

OLG Köln FamRZ 2003, 1960

Begehrt ein minderjähriges Kind die Heraufsetzung eines Unterhaltstitels auf den Mindestunterhalt, dann reicht die Darlegung von Verhältnissen aus, die eine fiktive Zurechnung von Einkünften auf Seiten des Unterhaltsverpflichteten erlauben; nicht erforderlich ist dagegen die Darlegung, dass der Unterhaltsschuldner tatsächlich ein höheres Einkommen im Zeitpunkt des Erlasses der Ausgangsentscheidung erzielt hat. (Red.)

OLG Köln FamRZ 2004, 1744

Ein in einem freien Arbeitsverhältnis stehender Freigänger nach § 39 StVollzG hat nur einen Selbstbehalt in Höhe der Haftkosten und der für seine Lebensführung erforderlichen Kosten, nicht pauschal in Höhe von 840 € wie ein Erwerbstätiger. Insb. kann er keine (zusätzlichen) Kosten für die Vorhaltung einer Wohnung geltend machen.

OLG Köln FamRZ 2005, 1584

Bei einem gegenüber einem minderjährigen Kind zur Zahlung von Unterhalt verpflichten selbständig tätigen Schuldner liegt keine unverschuldete Leistungsunfähigkeit vor, wenn er es versäumt hat, sich im Hinblick auf die ihn treffende Unterhaltspflicht intensiv und nachhaltig um eine entsprechend vergütete Arbeit zu bemühen, obwohl sich frühzeitig abgezeichnet hatte, dass bei Fortführung seines Gewerbes kein ausreichendes Einkommen erzielt werden konnte, und die Gefahr übermäßiger Überschuldung mit der Folge der (später tatsächlich eingetreten) Insolvenz bestand. (Red.)

OLG Köln FamRZ 2005, 650

Ein Splittingvorteil aus der neuen Ehe muss auch für den Kindesunterhalt für Kinder aus der geschiedenen Ehe verwendet werden: Eine andere Bewertung würde zu einer unzulässigen Ungleichbehandlung gleichrangiger Kinder des unterhaltspflichtigen Elternteils aus alter und aus neuer Ehe führen (Abgrenzung zu BVerfG FamRZ 2003, 1821). (Red.)

OLG Köln FamRZ 2006, 1760

1. Der Unterhaltsschuldner kann erhöhte Fahrtkosten, die durch den Umzug zu seiner neuen Lebensgefährtin entstehen, nicht einkommensmindernd geltend machen.
2. Einkommenseinbußen, die durch die Aufgabe des bereits in der Ehezeit ausgeübten Schichtdienstes einschliesslich einer Nebentätigkeit entstehen, können nicht einkommensmindernd berücksichtigt werden. Etwas anderes kann nur bei einer konkret dargelegten Notlage gelten. (Red.)

OLG Köln FamRZ 2006, 504

Nimmt das unterhaltsberechtigte volljährige unverheiratete Kind an einem einjährigen Volkshochschulabendkurs zur Erlangung des Abschlusses des zehnten Hauptschuljahres teil, ist ihm zuzumuten, den Lebensunterhalt durch eine Geringverdienertätigkeit selbst sicherzustellen. (Red.)

OLG Köln FamRZ 2006, 809 [Ls]

1. Verbraucht der Unterhaltspflichtige in Ansehung einer drohenden krankheitsbedingten Erwerbsunfähigkeit und seiner hieraus resultierenden Leistungsunfähigkeit erhebliches Vermögen, so sind ihm, wenn der Verbrauch aus unterhaltsrechtlich nicht zu billigenden Umständen erfolgt ist, zumindest im Rahmen seiner Verpflichtung zur Zahlung von Unterhalt gegenüber minderjährigen Kindern fiktive Vermögenserträgnisse zuzurechnen, um zumindest deren Existenzminimum zu sichern. Den Unterhaltspflichtigen trifft nämlich die Obliegenheit, Vermögen in üblicher, sicherer Weise ertragsreich anzulegen, wenn sonst Unterhaltmittel fehlen (so Kalthoener/Büttner/Niepmann, Die Rechtsprechung zur Höhe des Unterhalts 9. Aufl. 2004 Rn. 681; vgl. hierzu auch BGH FamRZ 1998, 87, 89; OLG Hamm FamRZ 1999, 233, 235).
2. Musste der Unterhaltspflichtige im Zeitpunkt des Verbrauches des Vermögens damit rechnen, leistungsunfähig zu werden, war er gehalten, vorhandenes Vermögen entsprechend einzusetzen. Insoweit kann der Unterhaltsverpflichtete des Weiteren auch durchaus gehalten sein, zu Unterhaltszwecken den Vermögensstamm anzugreifen und bis auf ein ihm zu belassendes Schonvermögen zu verbrauchen.

OLG Köln FamRZ 2007, 1119 = FuR 2007, 88

1. Bei der Ermittlung des Bedarfs der neuen Familie des Unterhaltsschuldners ist nicht vom sozialhilferechtlichen Bedarf auszugehen, sondern es hat eine Bedarfsberechnung nach den unterhaltsrechtlichen Leitlinien zu erfolgen.
2. Der gesteigert Unterhaltspflichtige hat jede zumutbare Arbeit – auch Aushilfs- und Gelegenheitsarbeiten – anzunehmen. Ein Orts- oder Berufswechsel kann verlangt werden.
3. Zur Sicherung des Kindesunterhalts ist die Aufnahme einer Nebentätigkeit im Umfange von 400 € neben einer vollschichtigen Tätigkeit generell nicht unzumutbar.

4. Ob eine Nebentätigkeit zumutbar ist, ist eine Einzelfallentscheidung, wobei die Vorschriften des Arbeitszeitgesetzes und mögliche gesundheitliche Beeinträchtigungen zu beachten sind.
5. Bei der Berechnung des Kindesunterhalts ist der Steuervorteil aus neuer Ehe dem Einkommen des Unterhaltsschuldners hinzuzurechnen, da die Kinder ihren Bedarf von der Lebensstellung der Eltern ableiten. (Red.)

OLG Köln FamRZ 2007, 1475

Zu den Anforderungen an einen gesteigert barunterhaltpflichtigen ungelernten Elternteil, eine Arbeitsstelle zu finden, und zu den Voraussetzungen, unter denen diesem eine Nebentätigkeit zumutbar ist.

OLG Köln FamRZ 2007, 1904

1. Taschengeld sowie Nebeneinkünfte des zuverdienenden Unterhaltsschuldners sind unterhaltspflichtiges Einkommen und daher für Unterhaltszwecke zu verwenden, soweit sein notwendiger Selbstbehalt gewahrt bleibt.
2. Hat der Unterhaltsschuldner in der Ehe sein Auskommen, erhält er also Naturalunterhalt durch den erwerbstätigen Partner, hat er sein Taschengeld wie auch den Zuverdienst für Unterhaltszwecke zu verwenden. (Red.)

OLG Köln FamRZ 2008, 1657

1. Hat der Unterhaltspflichtige aus freien Stücken heraus seine Arbeitsbelastung so gewählt, dass er den von ihm gewünschten Lebensstandard decken kann, so kann er sich seinem unterhaltsberechtigten Kind gegenüber nicht darauf berufen, dass er ganz erhebliche, überobligationsmäßige Überstunden geleistet hat, die bei der Unterhaltsberechnung nicht zu berücksichtigen sind.
2. Nach Auffassung des (4.) Senats erscheint es dann aber auch gerechtfertigt, dass der Unterhaltspflichtige Schulden, die er zur Finanzierung seines erhöhten Bedarfs aufgenommen hat einkommensmindernd absetzen kann.

OLG Köln FamRZ 2009, 1920

1. Unterlässt der Unterhaltsschuldner eine ihm mögliche und zumutbare Erwerbstätigkeit, obwohl er diese bei gutem Willen ausüben könnte, können auch fiktiv erzielbare Einkünfte berücksichtigt werden.
2. Hat der Unterhaltsschuldner während einer mehrjährigen Haftzeit eine Ausbildung zum Elektroniker absolviert, war er jedoch nie in diesem Beruf tätig, dann muss er sich in erster Linie und umfassend auf angebotene Stellen für Aushilfskräfte und Hilfsarbeiter bewerben.
3. Nimmt der Unterhaltsschuldner Einrichtungen zur Wiedereingliederung ehemaliger Strafgefangener nicht in Anspruch, dann vermittelt dies zusammen mit unzulänglicher Art und Weise der Stellensuche den Eindruck, dass er an einer Eingliederung in das Erwerbsleben nicht ernsthaft interessiert ist. (Red.)

OLG Köln FamRZ 2009, 886

1. Der von seinem minderjährigen Kind auf Zahlung von Mindestunterhalt in Anspruch genommene Unterhaltspflichtige genügt seiner ihm für seine mangelnde Leistungsfähigkeit bestehenden Darlegungslast nicht mit dem Vortrag, dass er vollschichtig bei seiner jetzigen Lebensgefährtin arbeite, dort lediglich einen Nettoarbeitslohn von 493,02 € verdienen könne, und es ihm trotz intensiver Bemühungen nicht gelinge, in seinem Beruf als Kfz- Mechaniker oder in einer anderen Tätigkeit eine besser vergütete Arbeitsstelle zu finden.
2. Denn auch für die Behauptung einer trotz ausreichender Bemühungen erfolglosen Arbeitsplatzsuche trifft den Pflichtigen die Darlegungs- und Beweislast. Er muss vortragen und gegebenenfalls geeignet unter Beweis stellen, welche konkreten Bemühungen er entfaltet hat, Arbeit zu finden. Die unternommenen Schritte sind zu dokumentieren, z.B. durch eine nachprüfbare

Auflistung auch der telefonischen Bewerbungen. Nicht ausreichend sind allgemeine Hinweise auf die schlechte Arbeitsmarktlage oder sonstige Schwierigkeiten bei der Arbeitssuche.

OLG Köln FamRZ 2009, 887

1. Ein arbeitsunfähiger Unterhaltsschuldner darf infolge seiner Erkrankung seine Arbeitsstelle nicht ohne weiteres einfach aufgeben.
2. Unterlässt es der Unterhaltsschuldner bei hinreichender oder leichtfertig verdrängter Krankheitseinsicht, durch geeignete und zumutbare Maßnahmen seine Arbeitskraft wiederherzustellen, und hat er dadurch seine Erwerbsunfähigkeit leichtfertig aufrechterhalten, dann muss er sich das im Falle der Gesundung erzielbare Einkommen fiktiv anrechnen lassen. (Red.)

OLG Köln FamRZ 2009, 890

1. Der notwendige Selbstbehalt (vgl. Ziff. 21.2 der Unterhaltsleitlinien des Oberlandesgerichts Köln, Stand 01.01.2008) kann um eine Ersparnis bei den Lebenshaltungskosten durch das gemeinsame Wirtschaften mit einer Lebensgefährtin bei der Beurteilung der Leistungsfähigkeit des Unterhaltsschuldners aufgrund der ihn gemäß § 1603 Abs. 2 gegenüber seinen minderjährigen Kindern treffenden gesteigerten Unterhaltpflicht massvoll im Rahmen des Zumutbaren abgesenkt werden (vgl. dazu allgemein BGH FamRZ 2008, 594 ff. = FuR 2008, 203; ferner Wendl/Klinkhammer, Das Unterhaltsrecht in der familienrichterlichen Praxis 7. Aufl. § 2 Rn. 270).
2. Dem Unterhaltsschuldner ist aber in jedem Fall ein Selbstbehalt in Höhe des sozialhilferechtlichen Mindestbedarfs zu belassen (zur Zeit 595 € monatlich gemäß dem 6. Existenzminimumbericht der Bundesregierung, BT-Drucks. 16/3265; vgl. dazu Wendl/Scholz aaO § 8 Rn. 14).

OLG Köln FuR 1998, 357 = NJW 1998, 3127

Zur Leistung des Mindestunterhalts trifft den Unterhaltspflichtigen gegenüber seinem minderjährigen Kind eine verschärfte Unterhaltpflicht. Auch wenn er nur Arbeitslosengeld bezieht und sich in einer Ausbildungsmaßnahme der zuständigen Stellen der Bundesagentur für Arbeit befindet, hat er alle Anstrengungen zu unternehmen, um soviel zu verdienen, dass er den Mindestunterhalt für sein Kind auch unter Wahrung seines eigenen Mindestselbstbehalts leisten kann. Aufgrund der gesteigerten Unterhaltpflicht muss er sich gegebenenfalls eine Nebenbeschäftigung suchen, um zusätzliche Mittel zu erlangen, etwa zusätzliche Gelegenheits- und Aushilfstätigkeiten auch an Wochenenden.

OLG Köln FuR 1999, 32 = NJW 1999, 725

Eine Mutter, die ein aus einer nichtehelichen Lebensgemeinschaft stammendes Kleinkind versorgt, ist auch im Hinblick auf die Unterhaltsbedürftigkeit ihrer ehelichen minderjährigen Kinder zur Aufnahme einer Haupt- oder Nebentätigkeit nicht verpflichtet.

OLG Köln FuR 2010, 112 = FamRZ 2010, 821 [Ls]

1. Unterhaltslasten für zwei minderjährige Kinder sind bei der Ermittlung des unterhaltsrelevanten Einkommens eines Unterhaltsschuldners nur dann zu berücksichtigen, wenn sie tatsächlich geleistet werden.
2. Im Falle eines titulierten Unterhaltsanspruchs ist davon auszugehen, dass aus nicht befristeten Unterhaltstiteln über den Eintritt der Volljährigkeit hinaus weiter vollstreckt werden kann, bis eine Abänderung durch den Unterhaltsschuldner durchgesetzt worden ist.
3. Für eine Leistungsklage besteht dann kein Rechtsschutzbedürfnis, wenn mit einer Jugendamtsurkunde bereits ein Unterhaltstitel vorliegt, aus dem vollstreckt werden kann, und kein höherer Unterhalt beansprucht wird. (Red.)

OLG Köln JMBl NW 2009, 283

Auch Unterhaltsleistungen, die der Unterhaltspflichtige erhält, sind seinem Einkommen zuzurechnen und können bei der Ermittlung seiner Leistungsfähigkeit berücksichtigt werden (im Anschluss an BGH FamRZ 1986, 153). Dies setzt aber voraus, dass der zur Zahlung von Kindesunterhalt Verpflichtete über eigenes Erwerbseinkommen verfügt und jedenfalls mit den zusätzlichen Unterhaltsleistungen seinen Mindestbedarf – soweit es um den Barunterhalt minderjähriger Kinder geht – decken kann; also ein überschießender Anteil des Erwerbseinkommens für den Kindesunterhalt noch zur Verfügung steht.

OLG Köln NJW-RR 2006, 1664

1. Nimmt ein abhängig Beschäftigter eine selbständige Tätigkeit auf, ohne zuvor gesichert zu haben, den geschuldeten Unterhalt für die Ehefrau und die minderjährigen Kinder auch weiterhin zahlen zu können, kann er sich nicht auf seine mangelnde Leistungsfähigkeit berufen, wenn ihm für den Schritt in die Selbständigkeit erkennbar weder öffentliche Mittel, noch Kredite, noch eigene Rücklagen zur Verfügung standen, die es ihm ermöglichten, für eine gewisse Anlaufphase (bis zu Eintritt der erwarteten Gewinne) den Unterhalt weiter aufbringen zu können.
2. In diesem Falle kann die Leistungsfähigkeit des Unterhaltsverpflichteten nach seinem letzten Bruttoeinkommen beurteilt werden, auch wenn er dies während einer laufenden Probezeit verdient hat. Auf die pauschale Behauptung, es bestehe keine reale Erwerbschance in abhängiger Beschäftigung, kann sich der Unterhaltsverpflichtete nicht berufen, wenn mangels jedweder Bewerbung nicht ausgeschlossen werden kann, dass der Beklagte bei gehörigen Bemühungen eine entsprechende Tätigkeit gefunden hätte.

OLG Köln FamRZ 2012, 314

Zur Obliegenheit zur Ausweitung der ausgeübten beruflichen Tätigkeit bei Unterhaltspflicht gegenüber einem minderjährigen Kind, wenn der Unterhaltspflichtige eine wöchentliche Erwerbstätigkeit von 40 Stunden ausübt und der Arbeitgeber die Nebentätigkeit nicht genehmigt.

OLG Köln FamRZ 2012, 315

Beträgt die regelmäßige Arbeitszeit eines unterhaltspflichtigen Elternteil 35 Wochenstunden, so ist aufgrund der gesteigerten Erwerbsobliegenheit gegenüber einem minderjährigen Kind gem. § 1603 II S. 1 BGB zur Verbesserung der Leistungsfähigkeit eine Nebenerwerbstätigkeit im Umfang von jedenfalls fünf Stunden pro Woche geboten.

OLG Köln NJW-RR 2007, 440

1. Kann ein Elternteil neben der Betreuung des Kindes auch dessen Barbedarf ohne Gefährdung seines eigenen Unterhalts leisten, entfällt ausnahmsweise die Unterhaltspflicht des anderen Elternteils, der über wesentlich geringere Einkünfte verfügt.
2. Während des Bezugs von Erziehungsgeld ist die eigentlich barunterhaltspflichtige Kindesmutter nicht erwerbsverpflichtet. Das Erziehungsgeld ist vorrangig zur Deckung des eigenen notwendigen Selbstbehalts des Elternteils zu verwenden.
3. Eheliche und nichteheliche Mütter sind unterhaltsrechtlich weitgehend gleichzustellen mit der Folge, dass die Partner auch bei einer nichtehelichen Lebensgemeinschaft eine Rollenwahl treffen können.
4. Nur wenn das Interesse des Unterhaltsschuldners an der Aufgabenverteilung (Hausfrau und Mutter) in der neuen Beziehung ihr eigenes Interesse an der Unterhaltssicherung deutlich überwiegt, ist die Rollenwahl des Unterhaltsschuldners hinzunehmen.
5. Hält der Unterhaltsschuldner in der neuen Beziehung die eheprägende Rollenverteilung aufrecht, liegt kein echter Rollentausch vor, der zu einer Erwerbsobliegenheit führen könnte.
6. Ist die Rollenwahl unterhaltsrechtlich hinzunehmen, sind dem Unterhaltsschuldner keine fiktiven Einkünfte zuzurechnen. (Red.)

OLG Köln NJW-RR 2009, 370

Lässt es der Unterhaltsschuldner im Vertrauen darauf, dass er im Rechtsmittelzug ein ihm günstigeres Ergebnis erzielen könnte, auf Vollstreckungsmaßnahmen ankommen, ohne ihm zur Verfügung stehende Abwendungsmöglichkeiten zu ergreifen, und provoziert er damit die Kündigung eines Vertrages über freiberufliche Tätigkeit durch seinen Vertragspartner und macht sich dadurch leistungsunfähig, so ist er aus unterhaltsrechtlicher Sicht einkommensmäßig so zu behandeln, als bestünde der gekündigte Vertrag fort: Dieses Verhalten ist nämlich leichtfertig und rechtfertigt es, dem Unterhaltsschuldner weiterhin die bisher erzielten Einkünfte aus selbständiger Tätigkeit (fiktiv) zuzurechnen.

OLG Köln OLGR 2003, 340

1. Ein in erster Instanz abgegebenes prozessuales Anerkenntnis kann mit der Berufung unter den Voraussetzungen des § 323 ZPO widerrufen werden, wenn es auf einer Prognose (hier: Umzug und Antritt einer Vollzeitstelle) beruhte, und sich nach Schluss der mündlichen Verhandlung erster Instanz ergibt, dass die Prognosevoraussetzungen – endgültig – nicht eintreten (im Anschluss an BGHZ 80, 389, 397 f.).
2. Soweit es für die Anwendung von § 1603 Abs. 2 Satz 3 darauf ankommt, ob die Inanspruchnahme des barunterhaltspflichtigen Elternteils zu einem erheblichen finanziellen Ungleichgewicht zwischen den Eltern führen würde, ist im Rahmen des Einkommensvergleichs auf die Einkünfte abzustellen, die der Barunterhaltspflichtige bei ordnungsgemäßer Erfüllung seiner (gesteigerten) Erwerbsobliegenheit erzielen könnte, sofern diese über den tatsächlich erzielten Einkünften liegen.

OLG Köln OLGR 2005, 40

1. Grundsätzlich wird bis zum Abschluss der Regelschule Ausbildungsunterhalt geschuldet. Bei Verzögerungen und Unterbrechungen dieser Ausbildung ist entscheidend, in wessen Risikosphäre sie fallen. Bei Schulversagen ist auf den Einzelfall abzustellen. Auch bei mehrmaligem Sitzenbleiben kann nicht in jedem Fall davon ausgegangen werden, dass der Anspruch auf Zahlung von Ausbildungsunterhalt entfällt.
2. Bei der Einzelfallprüfung ist im Rahmen einer Interessenabwägung der beiderseitigen Interessen der Parteien zu prüfen, ob dem Unterhaltsverpflichteten unter Beachtung aller den Fall prägenden Umstände es noch zumutbar ist, trotz des wiederholten Schulversagens Ausbildungsunterhalt zu zahlen. Zu Gunsten der Unterhaltsberechtigten kann sprechen, dass die Schulausbildung im Ausland erfolgt und der Schulunterricht nicht in der Muttersprache gehalten wird.
3. Letztlich entscheidend ist, ob trotz der langen Schulzeit noch eine positive Erfolgsprognose gestellt werden kann.

OLG Köln ZFE 2008, 195 [Ls]

1. Eine ungelernte Arbeitskraft kann mit einer vollschichtigen Tätigkeit im Reinigungsgewerbe nach Abzug von Steuern, Sozialversicherungsabgaben und Fahrtkosten etwa 900 € monatlich netto verdienen.
2. Auf Grund der gesteigerten Erwerbsobliegenheit gegenüber einem minderjährigen unverheirateten Kind ist es dem unterhaltspflichtigen Elternteil zuzumuten, zur Sicherstellung des Mindestunterhalts für ein Kind neben einer Vollzeittätigkeit eine weitere Nebentätigkeit mit einem Umfang von etwa 20–25 Stunden monatlich auszuüben. Bei Zugrundelegung eines Nettolohns von etwa 5,50 € pro Stunde kann ein monatlicher Verdienst von etwa 115 € angenommen werden.
3. Einem Elternteil kann daher aufgrund seiner gesteigerten Unterhaltsverpflichtung ein fiktives Monatseinkommen in Höhe von insgesamt 1.005 € zugerechnet werden. (Red.)

OLG Köln ZFE 2010, 29

Verlangt ein minderjähriges Kind lediglich den Mindestunterhalt, dann kann der Mindestselbstbehalt des Unterhaltsschuldners herabgesetzt werden, wenn er eine deutlich geringere Miete zahlt als in seinem eigenen Mindestselbstbehalt vorgesehen. (Red.)

OLG Köln ZKJ 2006, 372

1. Bei der Prüfung der Berücksichtigungsfähigkeit von Verbindlichkeiten gegenüber der Unterhaltspflicht für minderjährige Kindern ist insb. auf den Zweck der Verbindlichkeiten, den Zeitpunkt und die Art ihrer Entstehung, die Kenntnis des Unterhaltsschuldners von Grund und Höhe der Unterhaltsschuld und auf andere Umstände abzustellen.
2. In die Abwägung mit einzubeziehen sind auch die Möglichkeiten des Unterhaltsschuldners, seine Leistungsfähigkeit ganz oder teilweise wiederherzustellen, sowie gegebenenfalls schutzwürdige Belange des Drittgläubigers.
3. Der Unterhaltsschuldner kann sich auf Schulden, die er leichtfertig und für luxuriöse Zwecke oder ohne verständigen Grund eingegangen ist, grundsätzlich nicht berufen. (Red.)

OLG Köln, Beschluss vom 11.04.2003 – 4 WF 31/03 – n.v.

1. Der gegenüber minderjährigen Kindern gesteigerte Unterhaltsverpflichtete hat eine sichere Teilzeitbeschäftigung zu Gunsten einer Vollzeittätigkeit aufzugeben; ihm ist ansonsten ein fiktives Einkommen zu unterstellen.
2. Auch bei einer ungelernten weiblichen Kraft kann ein Nettoeinkommen aus Vollzeittätigkeit in Höhe von mindestens 1.100 € unterstellt werden. Dass ein solches Einkommen nicht erzielbar ist, hat der Unterhaltsschuldner durch Nachweis entsprechender erfolgloser Erwerbsbemühungen darzulegen und zu beweisen. (Red.)

OLG Köln, Urteil vom 09.01.2003 – 10 UF 148/01 – n.v.

1. Kann ein gegenüber minderjährigen Kindern Unterhaltsverpflichteter ausweislich zweier Gutachten vollschichtig mittelschwere Arbeiten unter Berücksichtigung gewisser Einschränkungen verrichten, und hat er es an ernsthaften und intensiven Erwerbsanstrengungen fehlen lassen, ist die Möglichkeit nicht auszuschließen, dass er trotz der angespannten Lage auf dem ostdeutschen Arbeitsmarkt eine seinen Möglichkeiten entsprechende Beschäftigung hätte finden können. Vor diesem Hintergrund muss er sich fiktive Erwerbseinkünfte zurechnen lassen.
2. Der notwendige Selbstbehalt ist zu kürzen, wenn der Unterhaltsschuldner mit seiner zweiten Ehefrau in einer häuslichen Gemeinschaft lebt. (Red.)

OLG Köln, Urteil vom 15.12.2003 – 21 UF 152/03 – n.v.

Einem gegenüber minderjährigen Kindern Unterhaltsverpflichteten, der gesund und noch verhältnismäßig jung ist, ist neben einer vollschichtigen Tätigkeit von 38,5 Stunden eine Nebentätigkeit zumutbar. (Red.)

OLG München FamRZ 2012, 795

1. Der gegenüber seinem nichtehelichen Kind gesteigert unterhaltspflichtige Vater, der nach einer abgeschlossenen Lehre zum Netzwerktechniker ein Informatikstudium aufgenommen hat, ist für einen auf die Unterhaltsvorschusskasse übergegangenen Unterhaltsrückstand leistungsfähig, auch wenn er (nur) Leistungen nach dem BAföG in Höhe von 567 Euro sowie einen Nebenverdienst von 300 Euro erhält, denn er muss sich fiktive Erwerbseinkünfte zurechnen lassen. Zur Aufnahme eines Studiums war er nach abgeschlossener Ausbildung (und Zivildienst) in Ansehung der gesteigerten Erwerbsobliegenheit gegenüber seinem minderjährigen Kind nicht berechtigt. Er hätte sich vielmehr um eine Anstellung in seinem erlernten Beruf bemühen müssen. Er kann sich auch nicht mit Erfolg darauf berufen, dass im näheren Umkreis seines Wohnortes eine entsprechende Anstellung nicht gefunden werden konnte, denn er hätte seine Erwerbsbemühungen nicht auf diesen Raum begrenzen dürfen.

2. Ebensowenig kann er sich darauf berufen, dass er die Lehre nur zur Vorbereitung auf sein Studium absolviert hat und er wegen der Lehre das Studium verkürzen konnte. Denn das Interesse eines unterhaltspflichtigen Elternteils tritt, unter Zurückstellung bestehender Erwerbsmöglichkeiten eine Aus- oder Weiterbildung aufzunehmen, grundsätzlich hinter dem Unterhaltsinteresse seiner Kinder zurück.

OLG München FamRZ 2002, 1271 = FuR 2002, 283

Begehrt der Unterhaltsschuldner die Abänderung einer Jugendamtsurkunde, weil er zur Leistung des titulierten Unterhalts nicht mehr in der Lage sei, muss er nicht nur sein derzeitiges Einkommen darlegen und gegebenenfalls beweisen, sondern auch seine Einkommensverhältnisse bei Errichtung des Titels, und warum er diese Einkommen nicht mehr erzielt.

OLG München FamRZ 2002, 694

Werden vom Pflichtigen im Rahmen seiner erhöhten Erwerbsobliegenheit beim Unterhalt minderjähriger Kinder Zusatztätigkeiten verlangt, ist zu beachten, dass er seit der Änderung des sog. »630-DM-Gesetzes« neben seiner Erwerbstätigkeit nicht mehr steuerfrei hinzuverdienen kann.

OLG München FamRZ 2004, 1892

Die steuerlichen Vorteile aus dem Ehegattensplitting aus der zweiten Ehe müssen auch für den Unterhalt der Kinder aus der ersten Ehe eingesetzt werden (Abgrenzung zu BVerfG FamRZ 2003, 1821). (Red.)

OLG München FamRZ 2004, 485

Der notwendige Selbstbehalt eines Unterhaltsschuldners ist bei Zusammenleben mit einem neuen Lebenspartner auf Grund der Ersparnisse in der allgemeinen Lebenshaltung in einem Doppelhaushalt gegenüber einen Einzelhaushalt um 25 % zu senken. (Red.)

OLG München FamRZ 2005, 1112

Die Mutter der beiden nicht bei ihr lebenden Kinder kann sich deren Unterhaltsanspruch grundsätzlich nicht mit der Begründung entziehen, sie betreue ein weiteres aus der Ehe stammendes Kind: Im Rahmen der erhöhten Erwerbsobliegenheit des § 1603 Abs. 2 muss von ihr entsprechend der Grundsätze der gesetzlichen Regelung des § 1615l Abs. 2 spätestens ab dem dritten Lebensjahr des betreuten Kindes eine Ganztagstätigkeit verlangt werden. (Red.)

OLG München FamRZ 2010, 127

Ein Strafgefangener ist auf Grund des erzielten Hausgeldes und Eigengeldes ausreichend leistungsfähig, um seiner Unterhaltspflicht gegenüber seinem minderjährigen Kind nachzukommen. (Red.)

OLG München FuR 2003, 222

Ein seinem Kind verschärft unterhaltspflichtiger geschiedener Elternteil genügt seiner Darlegungslast für ausreichende Bemühungen um einen Arbeitsplatz nur dann, wenn er in nachprüfbarer Weise vorträgt, welche Maßnahmen er im einzelnen ergriffen hat, um eine Arbeitsstelle zu finden.

OLG München OLGR 2008, 281

1. Einen gegenüber seinen minderjährigen Kindern barunterhaltspflichtigen Elternteil trifft eine verschärfte Pflicht zur Ausnutzung seiner Arbeitsfähigkeit. Behauptet er in Bezug auf den Mindestunterhalt infolge Arbeitslosigkeit, er sei leistungsunfähig, dann ist er diesbezüglich in vollem Umfange darlegungs- und beweispflichtig und kann sich nicht darauf zurückziehen, er sei vom Familiengericht nicht auf eine bestimmte Anzahl notwendiger Bewerbungen hingewiesen worden.
2. Für die Arbeitssuche ist – ohne dass es auf eine bestimmte Anzahl von Bewerbungen ankommt – bei einem Arbeitslosen jedenfalls die Zeit aufzuwenden, die der Arbeitszeit eines vollschichtigen Erwerbstätigen entspricht. (Red.)

OLG München ZFE 2007, 356 [Ls]

1. Kann ein Unterhaltsschuldner auf Grund seines Gesundheitszustands eigentlich nicht als Busfahrer arbeiten, übt er diese Tätigkeit aber tatsächlich 30 Stunden pro Monat aus, ist ihm das daraus erzielte Einkommen zuzurechnen.
2. Ist der Unterhaltsschuldner ausgebildeter Fernsehtechniker, und hat er diese Tätigkeit seit vielen Jahren nicht ausgeübt, kann er wegen der raschen Entwicklung auf dem elektronischen Markt nicht auf eine andere fiktive Tätigkeit in diesem Bereich verwiesen werden. (Red.)

OLG München, Beschluss vom 22.08.2005 – 4 UF 232/05 – n.v.

1. Beträgt der Bedarf eines Kindes 100 % des Regelbedarfs, ist ein besonderer Nachweis der Bedürftigkeit in dieser Höhe nicht notwendig.
2. Dem Unterhaltsschuldner ist eine Verletzung der Erwerbsobliegenheit ggf. nicht vorzuwerfen, wenn sein Arbeitgeber ein befristetes Arbeitsverhältnis nicht verlängert hat. (Red.)

OLG München, Beschluss vom 24.08.2005 – 4 UF 282/05 – n.v.

1. Beträgt der Unterhaltsbedarf eines Kindes 100 % des Regelbetrages nach der Regelbetrag-Verordnung, dann ist ein besonderer Nachweis der Bedürftigkeit in dieser Höhe nicht notwendig.
2. Das Entstehen der Unterhaltsverpflichtung und die verschärfte Erwerbsobliegenheit gem. § 1603 Abs. 2 Satz 1 sind unabhängig von einer Inverzugsetzung nach § 1613.
3. Eine gleichrangige Unterhaltsverpflichtung gegenüber Kindern und der zweiten Ehefrau des Unterhaltsschuldners besteht nur, wenn der geschiedenen Ehefrau und Mutter der Kinder kein Unterhaltsanspruch zusteht. (Red.)

OLG Naumburg FamRZ 1997, 311

1. Hat der Unterhaltsschuldner eine tarifgerecht bezahlte und seiner Ausbildung oder Fähigkeiten entsprechende Arbeitsstelle, ist es ihm nicht zuzumuten, in näherer Umgebung eine besser bezahlte Arbeit zu suchen und dadurch seine jetzige Stelle zu gefährden. Schon gar nicht kann einem in den neuen Bundesländern erwerbstätigen Unterhaltsschuldner angesonnen werden, zugunsten der Unterhaltssicherung der Kinder in die alten Bundesländer umzuziehen.

2. Einem voll erwerbstätigen Schuldner ist nicht zuzumuten, neben seinem Beruf noch eine bezahlte Nebentätigkeit aufzunehmen.

OLG Naumburg FamRZ 2003, 1215

1. Zur Frage der unterhaltsrechtlichen Wirkungen der Verbraucherinsolvenz.
2. Die Leistungsfähigkeit des Unterhaltsschuldners richtet sich nicht nach den Regeln des Vollstreckungsrechts, sondern dem materiellen Recht, wobei Verbindlichkeiten die Leistungsfähigkeit grundsätzlich auch dann mindern können, wenn der Unterhaltsschuldner durch die Schuldentilgung außerstande ist, den Mindestunterhalt zu sichern.

OLG Naumburg FamRZ 2003, 474

Für die nach § 1603 Abs. 2 Satz 1 bestehende gesteigerte Erwerbspflicht gegenüber minderjährigen Kindern reicht es nicht aus, wenn sich der Verpflichtete mit einem völlig unzureichenden monatlichen Nettolohn in einer Anstellung begnügt, die weit unter seiner beruflichen Qualifikation liegt: Er ist vielmehr verpflichtet, seine Arbeitskraft entsprechend seiner Vorbildung, seinen Fähigkeiten und der Arbeitsmarktlage in zumutbarer Weise bestmöglich einzusetzen und sich gegebenenfalls auch in einem anderen Bundesland um eine ausreichend bezahlte Arbeit zu bemühen. Soweit sein Erwerbseinkommen zur Sicherung des Mindestunterhalts der Kinder nicht ausreicht, ist dem Verpflichteten neben seiner vollschichtigen Erwerbstätigkeit auch eine Nebenbeschäftigung zuzumuten.

OLG Naumburg FamRZ 2004, 1975

Der Unterhalt für den Monat, in dem Insolvenz eröffnet wird, zählt dann nicht zum Rückstand – und wird folgerichtig nicht von der Unterbrechung nach § 240 ZPO erfasst –, wenn der Unterhalt für diesen Monat erst für den 3. Werktag des Monats begehrt wird, dieser Tag aber erst nach der Eröffnung der Insolvenz liegt. Insoweit liegt eine zulässige Modifizierung der gesetzlichen Fälligkeitsregelung vor.

OLG Naumburg FamRZ 2005, 298

1. Zwar kann ein unterhaltsberechtigtes minderjähriges Kind, vertreten durch den sorgeberechtigten Elternteil (hier: Kindesvater), einen (im Innenverhältnis) nachrangigen Kindesunterhaltsanspruch gegen den unterhaltspflichtigen Elternteil (hier: Kindesmutter) grundsätzlich geltend machen. Vereitelt er dadurch aber die Aufrechnungsmöglichkeit des unterhaltspflichtigen Elternteils mit vorrangigen familienrechtlichen Ausgleichsansprüchen gegen den anderen Elternteil (hier: Kindesvater), der zugleich gesetzlicher Vertreter des klagenden Kindes ist, kann dem Kindesunterhaltsanspruch nach Treu und Glauben (dolo petit, qui petit, quod statim redditurus est) der Ausgleichsanspruch des unterhaltspflichtigen Elternteils entgegengehalten werden.
2. In derselben Konstellation kann der unterhaltspflichtige Elternteil, der Darlehensverbindlichkeiten des anderen Elternteils tilgt, diese Zahlungen einkommensmindernd dem Kindesunterhaltsanspruch entgegenhalten.
3. Ebenso kann der auf Kindesunterhalt in Anspruch genommene Elternteil gegen die Unterhaltsforderung mit Erfolg einwenden, der andere (vertretungsberechtigte) Elternteil habe ihm Freistellung zugesichert. (Red.)

OLG Naumburg FamRZ 2007, 1038

Eine Nebentätigkeit kann grundsätzlich vom Arbeitgeber nicht verboten werden, da dies gegen Art. 12 GG verstößt.

OLG Naumburg FamRZ 2007, 1118

1. Der Senat hat eine Auskunft des Ministeriums für Wirtschaft und Arbeit zum Mindestlohn im Baugewerbe für ungelernte Arbeitnehmer eingeholt.
2. Der so ermittelte fiktive Lohn wurde um 150 € erhöht, da für den Beklagten eine gesteigerte Erwerbsobliegenheit besteht, und er diesen Betrag durch Austragen von Zeitschriften, Zeitungen oder Prospekten erzielen kann.

OLG Naumburg FamRZ 2007, 1179

1. Nach Ansicht des (4.) Senats ist die Beweislastregel von 100 % des Regelbetrages nach der RegelbetragVO im PKH-Prüfungsverfahren grundsätzlich nicht anwendbar, wenn der Unterhaltsschuldner vier oder fünf Kindern zum Unterhalt verpflichtet ist, dies deshalb, weil alle bekannten Umstände zu beurteilen und einzubeziehen sind, und im gewissen Umfange auch eine Vorwegnahme der Beweisbarkeit zulässig ist.
2. Ob dies auch für das Hauptverfahren gilt, kann im konkreten Fall dahingestellt bleiben.

OLG Naumburg FamRZ 2007, 497

Bei der Schulausbildung mit Realschulabschluss handelt es sich um eine i.S.d. § 1603 geforderte allgemeine Schulausbildung. Hierzu gehört auch die Erwachsenenschule in der Tages- und Abendform.

OLG Naumburg FamRZ 2008, 1274 [Ls]

1. Werden steuerfreie Verpflegungszuschüsse gezahlt, ist hiervon ein Drittel als Einkommen zu behandeln.

2. Einem Unterhaltsschuldner ist bei erhöhter Erwerbsobliegenheit ein fiktives Zusatzeinkommen in Höhe von 200 € monatlich zuzurechnen, wenn sein Einkommen aus der Haupterwerbstätigkeit nicht ausreicht, den Mindestunterhalt zu zahlen.

OLG Naumburg FamRZ 2008, 1277

Der minderjährigen Kindern gegenüber Unterhaltspflichtige ist im Rahmen seiner gesteigerten Unterhaltspflicht gehalten, eine Tätigkeit entsprechend seiner beruflichen Qualifikation auszuüben, die ihn in die Lage versetzt, den Barunterhalt seiner Kinder in Höhe des Mindestunterhalts sicherzustellen. Erhält er in einem Beschäftigungsverhältnis (hier: in den neuen Bundesländern) in seinem erlernten Beruf eine unter dem Mindestlohn liegende Vergütung, ist ihm der erzielbare tarifliche Grundlohn als erzielbares Einkommen anzurechnen. (Red.)

OLG Naumburg FamRZ 2008, 177 [Ls]

Haben die Eltern vor ihrer Trennung den Reitsport ihres Kindes gefördert, sind auch nach der Trennung die hierdurch entstehenden Aufwendungen als Mehrbedarf erstattungsfähig. (Red.)

OLG Naumburg FamRZ 2008, 799

Hat ein Unterhaltsschuldner über den begehrten Unterhalt beim Jugendamt einen Titel errichtet, der niedriger ist als der begehrte Unterhalt, ist die Differenz vom Gläubiger durch eine Titelergänzungsklage geltend zu machen (im Anschluss an OLG Naumburg FamRZ 2003, 618).

OLG Naumburg FamRZ 2010, 572

Wer in Strafhaft einsitzt, kann sich grundsätzlich auf seine Leistungsunfähigkeit berufen.

OLG Naumburg FuR 2004, 254 = FamRZ 2004, 471 [Ls]

Im Falle einer Obliegenheitspflichtverletzung muss das anzusetzende fiktive Einkommen Berücksichtigung finden, das tatsächlich aufgrund Vor- und Ausbildung unter Berücksichtigung aller weiterer Umstände erzielbar ist.

OLG Naumburg JAmt 2008, 52

Treffen die Parteien eine Vereinbarung über die Stundung der titulierten Unterhaltsforderung, so scheidet jede Berufung auf Verwirkung ebenso aus wie auf Verjährung, denn die Stundung bewirkt einen Neubeginn der Frist (§ 212 Abs. 1 Nr. 1) und im Übrigen eine Hemmung der Verjährung (§ 205).

OLG Naumburg NJ 2003, 317 [Ls]

1. Die Leistungsfähigkeit nach § 1603 bestimmt sich nicht alleine nach dem tatsächlich erzielten Einkommen, weil zur Sicherstellung des Mindestunterhalts der Schuldner einer gesteigerten Erwerbsobliegenheit unterliegt. Selbst bei unverschuldeter Arbeitslosigkeit muss er alles Zumutbare unternehmen, um durch Aufnahme einer Erwerbstätigkeit seine Leistungsfähigkeit wieder herzustellen.
2. Die bloße Meldung beim Arbeitsamt oder Beschränkung auf die Vermittlungstätigkeit desselben sind nicht ausreichend. Die unternommenen Bemühungen müssen im Unterhaltsprozess konkretisiert werden, und zwar durch eine nachprüfbare Aufstellung von monatlich durchschnittlich 20 bis 30 Bewerbungen, die konkret auf die entsprechenden Stellenangebote zugeschnitten sein müssen; Blindbewerbungen reichen grundsätzlich nicht aus.

OLG Naumburg NJW-RR 2004, 153

Die Barunterhaltspflicht des nicht betreuenden Elternteils ist zwar nach seiner Leistungsfähigkeit zu beurteilen, jedoch ist neben der eigenen Erwerbstätigkeit auch die Sicherung des eigenen angemessenen Unterhalts in der neuen Ehe zu berücksichtigen (im Anschluss an BGH NJW 2002, 1646; NJW-RR 2001, 361).

OLG Naumburg NJW-RR 2008, 1389

1. Behauptet ein unterhaltspflichtiger Anwalt, zur Leistung des Kindesunterhalts nicht in der Lage zu sein, muss er als Selbständiger mindestens einen nachvollziehbaren Nachweis über Einkommen und Vermögen der letzten drei zusammenhängenden Jahre erbringen.
2. Ist nach dem nachgewiesenen Einkommen keine Unterhaltszahlung möglich, ist der Anwalt gegebenenfalls verpflichtet, seine freiberufliche Tätigkeit aufzugeben und im Anstellungsverhältnis zu arbeiten, und er muss auch den Nachweis durch Vorlage der Bewerbungsbelege erbringen, dass ihm eine andere oder ergänzende Tätigkeit nicht zur Verfügung steht.

OLG Naumburg NJW-RR 2009, 1155

Der Besuch einer einjährigen Berufsfachschule ist als allgemeiner Schulbesuch i.S.d. § 1603 Abs. 2 Satz 2 zu werten, wenn der Unterhaltsberechtigte nicht über einen Hauptschulabschluss verfügt und diesen durch den Besuch der Berufsfachschule erreichen kann.

OLG Naumburg NJW-RR 2009, 873

Die gesteigerte Erwerbsobliegenheit gegenüber einem minderjährigen Kind macht es erforderlich, dass der Unterhaltsverpflichtete, der den Mindestunterhalt nicht leisten kann, sich bundesweit um eine besser bezahlte Stelle bemüht, wenn er derzeit eine Tätigkeit ausübt, die seinem Ausbildungsstand nicht entspricht.

OLG Naumburg OLG-NL 2005, 138

Auch bei unverschuldeter Arbeitslosigkeit muss der Unterhaltpflichtige, der nach § 1603 alle verfügbaren Mittel zu seinem und der Kinder Unterhalt gleichmäßig zu verwenden hat, alle zumutbaren Anstrengungen unternehmen, um durch sofortige Wiederaufnahme einer Erwerbstätigkeit und notfalls ergänzende Nebenerwerbstätigkeit seine Leistungsfähigkeit zu erhalten bzw. so schnell wie möglich wieder herzustellen. Die unternommenen Anstrengungen müssen im Unterhaltsprozess detailliert und umfassend durch eine chronologisch geordnete und durchnummerierte Aufstellung der Bewerbungen nebst dazu gehörigen Unterlagen dokumentiert werden. Dem Umfang nach sind, entsprechend der Arbeitszeit eines Erwerbstätigen, von einem Arbeitslosen monatlich durchschnittlich 20 bis 30 Bewerbungen zu erwarten, die konkret auf die entsprechenden Stellenangebote – Blindbewerbungen reichen nicht aus – zugeschnitten sein müssen.

OLG Naumburg OLGR 2004, 405

1. Die Berufung eines Unterhaltsschuldners auf ein Verbot jeder Nebentätigkeit durch seinen Arbeitgeber berührt die Obliegenheitspflichten nicht.
2. Nebenerwerbstätigkeiten dürfen keinem generellen Verbot unterliegen, denn ein solches Verbot verstößt gegen Art. 12 GG (BAGE 98, 123 m.w.N.).

OLG Naumburg OLGR 2007, 585

Unter Beachtung der Entscheidung des BGH vom 23.08.2006 (FamRZ 2006, 1664) kommt eine Herabsetzung des Selbstbehalts nicht in Betracht, wenn der Unterhaltsschuldner besonders sparsam lebt, um auf diese Weise Geldbeträge für andere Bedürfnisse zu verwenden.

OLG Naumburg OLGR 2009, 534

Verfügt eine Unterhaltsschuldnerin über eine abgeschlossene Ausbildung als Elektromaschinenbauer in der DDR, und hat sie in diesem Beruf nur kurz gearbeitet, existiert kein Erfahrungssatz, demzufolge sie keine Chance am Arbeitsmarkt hat, eine ihrer Ausbildung entsprechende Arbeitsstelle zu finden.

OLG Naumburg OLGR 2009, 913

1. Einem Zerspaner, der maximal 48 Wochenstunden zu leisten hat, ist eine Nebentätigkeit zuzumuten, aus der er zwischen 100 bis 150 € erlösen kann.

2. Eine Berufung auf den Arbeitsvertrag, nach dem eine Nebentätigkeit nicht zulässig sei, ist nicht ausreichend, da der Arbeitgeber eine Nebentätigkeit nur verweigern darf, wenn Unternehmensinteressen entgegenstehen.

OLG Naumburg ZFE 2009, 477

Einem gegenüber einem minderjährigen Kind Unterhaltsverpflichteten kann es zuzumuten sein, zureichend die deutsche Sprache und einen Facharbeiterberuf zu erlernen, der es ihm ermöglicht hätte, einen Monatslohn von 1.200 € zu erzielen.

OLG Naumburg, Beschluss vom 14.02.2007 – 8 WF 43/07 – n.v.

Bei Titelabänderungsklagen trifft den jeweiligen Kläger ohne Einschränkung die Obliegenheit, Grund und Umfang der erstrebten Titelabänderung schlüssig darzulegen und ggf. unter Beweis zu stellen, so dass die im Rahmen gesteigerter Erwerbsobliegenheit vom Unterhaltsschuldner behaupteten Erwerbsbemühungen nachvollziehbar darzulegen sind. (Red.)

OLG Naumburg, Beschluss vom 21.02.2006 – 4 WF 3/06 – n.v.

Der 4. Familiensenat schließt sich (seit 01.01.2006) der Rechtsprechung der Familiensenate des OLG Naumburg an. Die unternommenen Anstrengungen müssen konkretisiert werden, und zwar durch nachprüfbare Aufstellung von konkret auf entsprechende Stellenangebote zugeschnittene Bewerbungen, wobei die Zahl von monatlich 20 bis 30 Bewerbungen zu fordern ist.

OLG Naumburg, Beschluss vom 21.12.2006 – 4 WF 45/06 – n.v.

Ergibt sich aus Einkommensbescheinigungen, dass ein Unterhaltsschuldner regelmäßig auch an Samstagen, Sonn- und Feiertagen arbeitet, ist er trotz Berücksichtigung einer erweiterten Unterhaltspflicht nicht zur Aufnahme einer Nebentätigkeit verpflichtet. (Red.)

OLG Naumburg, Urteil vom 15.02.2007 – 8 UF 137/06 – n.v.

Die gesteigerte Arbeitspflicht verlangt eine Tätigkeit, deren Zeitaufwand dem einer vollschichtigen Erwerbstätigkeit entspricht, sowie zudem Ableistung von Überstunden oder Ausübung einer Nebentätigkeit. (Red.)

OLG Naumburg, Urteil vom 20.02.2007 – 3 UF 103/06 – n.v.

1. Hat ein Unterhaltsschuldner, nachdem ein Unterhaltstitel ergangen ist, erfolgreich eine Ausbildung als Verkäufer abgeschlossen, und wurden die unterhaltsrechtlichen Leitlinien geändert, liegt eine wesentliche Änderung der maßgeblichen Verhältnisse vor.
2. Erfüllt ein Unterhaltsschuldner die ihm auf Grund gesteigerter Erwerbsobliegenheit obliegenden Pflichten nicht, ist er so zu behandeln, als sei er in der Lage, den Unterhalt in Höhe von 100 % des Regelbetrages zu zahlen. (Red.)

OLG Nürnberg EzFamR aktuell 2001, 216

Dem einem minderjährigen Kind gegenüber barunterhaltspflichtigen Elternteil ist es im Hinblick auf seine gesteigerte Leistungspflicht zumutbar, neben seinem Studium eine bislang ausgeübte Nebentätigkeit als Koch fortzusetzen. Eine andere Beurteilung ist auch dann nicht gerechtfertigt, wenn in Kürze ein Vordiplom (hier: im Studienfach Psychologie) ansteht.

OLG Nürnberg FamRZ 2004, 1312

Auch wenn der einem minderjährigen Kind aus erster Ehe gegenüber erweitert Unterhaltspflichtige aus einer neuen Ehe ein Kleinkind hat und seine zweite dieses Kind betreuende Ehefrau seine häufigere Präsenz in der Familie einfordert, verbietet sich ein mit deutlichen Lohneinbußen verbundener Wechsel vom Fernverkehr in den Nahverkehr, wenn dadurch der Regelbedarf der Kinder nicht mehr zu decken ist.

OLG Nürnberg FamRZ 2004, 300

1. Der Selbstbehalt des Unterhaltspflichtigen kann im Mangelfall herabgesetzt werden, wenn er mit einem Partner in einer Haushaltsgemeinschaft zusammenlebt und dadurch Wohn- und Haushaltskosten spart.
2. Zins- und Tilgungsraten für Schulden können in der Regel nur bis zur Höhe des pfändbaren Betrages (§ 850c Abs. 1 Satz 2 ZPO) berücksichtigt werden, wenn der das Existenzminimum ohnehin nicht abdeckende niedrigste Unterhaltsbetrag nach der Düsseldorfer Tabelle für minderjährige Kinder nicht geleistet werden kann.

OLG Nürnberg FamRZ 2005, 1502

1. Zur Sicherstellung des Regelbedarfs minderjähriger unverheirateter Kinder kann der Unterhaltsschuldner im Einzelfall auch verpflichtet sein, neben einer vollschichtigen Erwerbstätigkeit eine zumindest geringfügige Nebentätigkeit auszuüben.
2. Ein Schuldner, der minderjährigen Kindern Barunterhalt leisten muss, ist auch im Mangelfall nicht verpflichtet, ein Verbraucherinsolvenzverfahren einzuleiten, wenn der Betrag der Drittschulden relativ niedrig ist, und der betreuende Elternteil als Gesamtschuldner mithaftet.
3. Auch im Mangelfall kann nach Nr. 10.2.1 SüdL bei Vorliegen entsprechender Anhaltspunkte eine Pauschale von 5 % des Nettoeinkommens für berufsbedingte Aufwendungen angesetzt werden.
4. Eine Ermäßigung des notwendigen Selbstbehalts um ca. 25 % kommt im Mangelfall auch beim Zusammenleben des Unterhaltsschuldners in einer nichtehelichen Partnerschaft in Betracht. Dabei kann es erforderlich sein, zwischen den Wohnkosten und den sonstigen allgemeinen Lebenshaltungskosten zu differenzieren.

OLG Nürnberg FamRZ 2008, 436 = FuR 2007, 587

Zur Barunterhaltspflicht eines die Kinder betreuenden Ehegatten bei unterschiedlichem Einkommen der Eltern und beiderseits vorhandenem Vermögen; keine Verpflichtung zum Vermögenseinsatz bei Leistungsfähigkeit des betreuenden Elternteils aus laufendem Einkommen.

OLG Nürnberg FuR 1997, 154

Auf Grund seiner gesteigerten Erwerbsobliegenheit gegenüber seinen minderjährigen Kindern ist ein Unterhaltsschuldner zu erhöhten Anstrengungen verpflichtet, um ein Einkommen zu erreichen, das den Unterhaltsbedarf der Kinder deckt. In Betracht kommen dabei Überstunden und Nebentätigkeiten in einem massvollen Umfange jedenfalls in den Fällen, in denen dies aus tatsächlichen Gründen möglich und dem Unterhaltsschuldner zumutbar ist. Ein Kellner, der nur 5 Tage in der Woche arbeitet, hat hierzu besonders naheliegende und aussichtsreiche Möglichkeiten.

OLG Nürnberg FuR 1997, 351

Die Abänderungsklage des unterhaltspflichtigen Vaters wegen Verlusts von Einkünften aus Nebentätigkeit hat keine Aussicht auf Erfolg, wenn er nicht darlegt, warum er sich mit dem Wegfall der Bezahlung der Nebentätigkeit einverstanden erklärt und – unterstellt, er hätte den Wegfall der Bezahlung nicht verhindern können – sich nicht um eine erneute bezahlte Nebentätigkeit an anderer Stelle bemüht hat. Die Bemühungen des unterhaltspflichtigen Vaters um eine Ganztagstätigkeit sind allein nicht geeignet, die Bemühungen um eine Nebentätigkeit zu ersetzen, wenn er bei Nebentätigkeiten Qualifikationen anbietet, die ganz anders gelagert sind als in seinem Hauptberuf, und der Arbeitsmarkt zwischen beiden Tätigkeiten differenziert.

OLG Nürnberg FuR 2010, 50

Trotz gesteigerter Unterhaltspflicht gegenüber minderjährigen Kindern können dem Unterhaltsschuldner fiktive Einkünfte aus einer Nebentätigkeit nur insoweit zugerechnet werden, als ihm eine solche Tätigkeit im Einzelfall zumutbar ist. Danach ist im Einzelfall zu prüfen, ob und in welchem Umfange es dem Unterhaltsschuldner unter Abwägung seiner von ihm darzulegenden

Lebens- und Arbeitssituation einerseits und der Bedarfslage des Unterhaltsgläubigers andererseits zugemutet werden kann, eine Nebentätigkeit auszuüben. (Red.)

OLG Oldenburg FamRZ 2003, 1207

1. Im Rahmen der nach § 1603 Abs. 2 gesteigerten Unterhaltspflicht kann neben die Verpflichtung zur vollschichtigen Erwerbstätigkeit auch die Obliegenheit treten, noch eine zweite Arbeit anzunehmen, um das Existenzminimum der minderjährigen Kinder zu gewährleisten. Dies geht indes nicht soweit, eine solche Verpflichtung zum Regelfall zu erheben; vielmehr sind die Interessen der minderjährigen Kinder und die berechtigten Belange des Unterhaltspflichtigen jeweils im konkreten Einzelfall gegeneinander abzuwägen.
2. Die Aufnahme einer Nebentätigkeit ist unterhaltsrechtlich nicht zumutbar, wenn der Unterhaltspflichtige aufgrund der tatsächlichen beruflichen Beanspruchung während der Woche regelmäßig etwa 12 Stunden von zu Hause abwesend ist, und eine körperlich belastende Tätigkeit an den Wochenenden wegen einer eingeschränkten körperlichen Leistungsfähigkeit ausscheidet.

OLG Oldenburg FamRZ 2004, 1669

1. Der Unterhaltsschuldner, der nach längerer Zeit der Trennung von der Unterhaltsgläubigerin Scheidung der Ehe beantragt hat, kann nach diesem Zeitpunkt konkrete Fahrtkosten für Fahrten von seiner Wohnung zu seinem ca. 50 km entfernt gelegenen Arbeitsplatz, der in einer Stadt ist, nicht mehr als berufsbedingte Kosten absetzen.
2. Dem auf Ehegatten- und Kindesunterhalt in Anspruch genommenen Unterhaltsschuldner kann es unterhaltsrechtlich versagt sein, Zahlungen für ein Haus, welches ihm sowohl seiner von ihm schon länger als ein Jahr getrennt lebenden Ehefrau gehört, in vollem Umfange von seinem bereinigten Nettoeinkommen abzusetzen; andernfalls würde Vermögensbildung zu Lasten des Staates betrieben werden.
3. Sofern kein angemessener Unterhalt gezahlt werden kann, können Zahlungen für ein Haus unterhaltsrechtlich eventuell auch gar nicht hingenommen werden.

OLG Oldenburg FamRZ 2006, 1223 = FuR 2006, 281

1. Der Splittingvorteil eines wiederverheirateten Unterhaltsschuldners muss auch beim Unterhalt minderjähriger Kinder unberücksichtigt bleiben, wenn der Bedarf des neuen Ehegatten aufgrund vorrangiger Ansprüche des Ehegatten aus einer früheren Ehe bei der Bemessung des Unterhalts unberücksichtigt bleibt (Abweichung von BGH FamRZ 2005, 1817 = FuR 2005, 555).
2. Einem Unterhaltsschuldner obliegt es auch im Rahmen seiner gegenüber minderjährigen Kindern gesteigerten Unterhaltspflicht nicht, ein Insolvenzverfahren einzuleiten, wenn die damit verbundene Einschränkung seiner wirtschaftlichen Handlungsfreiheit den Erhalt seines Arbeitsplatzes gefährdet.

OLG Oldenburg NJW 2010, 1293

1. Betreut ein Kind einen pflegebedürftigen Elternteil kann er seine Unterhaltspflicht durch die damit in Natur erbrachten Unterhaltsleistungen erfüllen. Daneben besteht dann kein Anspruch auf eine Geldrente. Damit entfällt ein zivilrechtlicher Unterhaltsanspruch, der auf den Träger der Sozialhilfe übergehen könnte.
2. Erbringt ein Kind erhebliche Leistungen zur häuslichen Pflege, stellt sich die Inanspruchnahme auf ergänzenden Barunterhalt zugleich als unzumutbare Härte i.S.v. § 94 Abs. 3 Nr. 2 SGB XII dar. Dies gilt insb. dann, wenn der Leistungsträger durch die familiäre Pflege weitere Leistungen erspart, die das von ihm nach § 64 SGB XII zu zahlende Pflegegeld noch deutlich übersteigen.

OLG Rostock FamRZ 2005, 1004

Im Rahmen der gesteigerten Erwerbsobliegenheit kann ein Elternteil sich dem Unterhaltsanspruch des nicht bei ihm lebenden Kindes grundsätzlich nicht mit der Begründung entziehen, er betreue dessen Bruder oder Schwester.

OLG Rostock FamRZ 2005, 645

Bei der Berechnung von Kindesunterhalt ist der objektive Marktmietwert als Wohnvorteil anzurechnen.

OLG Rostock FamRZ 2006, 1394

Ein minderjähriges Kind kann wählen, ob es seinen Unterhalt mit einer Klage auf einen festen Betrag, mit einer Klage auf einen Prozentsatz des Regelbetrages oder mit einem Antrag im Vereinfachten Verfahren geltend macht. Ein Vorrang des Vereinfachten Verfahrens besteht nicht, wenn der Unterhaltsschuldner mangelnde Leistungsfähigkeit einwendet. (Red.)

OLG Rostock FamRZ 2009, 1922

Auch den einem volljährigen Kind verpflichteten Unterhaltsschuldner trifft die Obliegenheit, sich gegenüber einem Kreditinstitut um die zeitliche Streckung einer Darlehensverbindlichkeit zu bemühen, um seine Leistungsfähigkeit zur Sicherstellung des Ausbildungsunterhalts herzustellen.

OLG Saarbrücken FamRZ 2007, 1329

Die Selbstbehaltssätze gegenüber Ehegatten sind auch bei Betreuung eines gemeinsamen minderjährigen Kindes durch den Unterhaltsberechtigten grundsätzlich höher anzusetzen als gegenüber minderjährigen Kindern; dabei ist im Regelfall von dem Betrag auszugehen, der in der Mitte zwischen dem notwendigen und dem angemessenen Selbstbehalt liegt.

OLG Saarbrücken FamRZ 2007, 1763

Zur Ermittlung des Unterhaltsanspruchs eines privilegierten volljährigen Kindes, wenn der in Anspruch genommene Elternteil auch noch anderen minderjährigen Kindern unterhaltspflichtig ist, und der andere Elternteil dem volljährigen Kind ebenfalls Barunterhalt schuldet.

OLG Saarbrücken NJW-RR 2010, 219

Das Interesse des unterhaltspflichtigen Elternteils eine Aus- oder Weiterbildung aufzunehmen, hat grundsätzlich hinter dem Unterhaltsinteresse seiner Kinder zurückzutreten. Dies gilt insb. dann, wenn sich der Unterhaltsschuldner in der Vergangenheit auf die Ausübung ungelernter Tätigkeiten beschränkt hat, und kein Anlass besteht, eine Ausbildung zu beginnen, um die eigenen Arbeits- und Verdienstchancen zu verbessern.

OLG Saarbrücken OLGR 2009, 103

Einem arbeitslosen Unterhaltspflichtigen ist es anzusinnen, sich um jede Art von Tätigkeit zu bemühen und auch Arbeiten für ungelernte Kräfte, Arbeiten zu ungünstigen Zeiten oder zu wenig attraktiven Arbeitsbedingungen anzunehmen. Hierbei hat er für die Suche nach Arbeit selbst die Zeit aufzuwenden, die dem Zeitaufwand eines vollschichtigen Erwerbstätigen entspricht.

OLG Saarbrücken OLGR 2009, 16

Im Rahmen der gegenüber einem minderjährigen Kind bestehenden Erwerbsobliegenheit ist der Unterhaltspflichtige gehalten, alle Erwerbsobliegenheiten und auch einschneidende Veränderungen in seiner Lebensgestaltung in Kauf zu nehmen. Deshalb können zur Führung einer Wochenendehe bedingende Fahrtkosten bei der Bemessung des zur Verfügung stehenden Einkommens keine Berücksichtigung finden.

OLG Saarbrücken ZFE 2005, 100 [Ls]

Zur Erwerbsobliegenheit des Unterhaltsverpflichteten nach Vollendung des 63. Lebensjahres.

OLG Saarbrücken FamRZ 2012, 797

Verschlechtert ein Unterhaltspflichtiger seine Chancen zur Ausübung einer qualifizierten beruflichen Tätigkeit aufgrund eines Umzugs zu einem neuen Lebenspartner, der von dem bisherigen Erwerbsort sehr weit entfernt lebt, kann dies im Rahmen der gesteigerten Erwerbsobliegenheit nach § 1603 II S. 1 BGB jedenfalls dann nicht anerkannt werden, wenn er dadurch zur Leistung des Mindestunterhalts nicht mehr in der Lage ist.

OLG Saarbrücken FamRZ 2011, 1302

1. Die Ausübung einer Nebenerwerbstätigkeit des barunterhaltspflichtigen Elternteils kann nicht verlangt werden, wenn dieser einer Vollzeitbeschäftigung in Wechselschicht nachgeht.
2. Kann der Unterhaltspflichtige den Mindestunterhalt i. S. des § 1612a I BGB nicht erfüllen, scheidet die Anerkennung einer ergänzenden Altersversorgung aus.

OLG Saarbrücken, Beschluss vom 05.10.2009 – 9 WF 111/09 – n.v.

Gegenüber minderjährigen Kindern erfährt die Verpflichtung des Unterhaltsschuldners, seine Arbeitsfähigkeit in bestmöglicher Weise einzusetzen und eine mögliche Erwerbstätigkeit auszuüben, eine Verschärfung dahin, dass den Unterhaltsverpflichteten eine noch erheblich gesteigerte Verpflichtung zur Ausnutzung seiner Arbeitskraft trifft. Dies gilt insb., wenn die aus einer tatsächlichen Erwerbstätigkeit erzielten Einkünfte nicht ausreichen, den geschuldeten Unterhalt zu leisten.

OLG Saarbrücken, Beschluss vom 07.10.2009 – 9 WF 113/09 – n.v.

Für seine die Sicherung des Regelbetrages des minderjährigen Kindes beziehungsweise des Unterhaltsbedarfs des berechtigten Ehegatten betreffende Leistungsfähigkeit ist der Unterhaltsverpflichtete darlegungs- und beweisbelastet; d.h. er muss darlegen und gegebenenfalls nachweisen, dass er sich unter Anspannung aller Kräfte und insb. intensiver und ernstlicher Bemühungen um eine zumutbare (neue) Arbeitsstelle bemüht und sich bietende auf Erwerbsmöglichkeiten ausgenutzt hat.

OLG Schleswig FamRZ 1998, 1180

Auf eine im Rahmen des § 1603 Abs. 2 zumutbare Nebentätigkeit muss sich der selbständig tätige Unterhaltsschuldner nicht verweisen lassen, wenn (auch) insoweit Zweifel an einer realen Beschäftigungschance bestehen, und weiter das erzielbare Einkommen auch benötigt würde, um seinen eigenen kleinen Selbstbehalt zu decken. Angesichts der Veränderungen auf dem Arbeitsmarkt ist es erforderlich, die in Zeiten besserer Arbeitsmöglichkeiten aufgestellten Grundsätze (vgl. BGH FamRZ 1985, 273) über die Aufnahme von Nebentätigkeiten auf den Prüfstand zu stellen und den negativen Entwicklungen des Arbeitsmarkts anzupassen.

OLG Schleswig FamRZ 2004, 1058

1. Ist der angemessene Unterhalt einer Mutter, die minderjährige Kinder aus einer früheren Ehe betreut, durch ihren Ehemann sichergestellt, haftet sie grundsätzlich im Wege der Ausfallhaftung für den Barunterhalt ihrer Kinder. Bei der Beurteilung ihrer Leistungsfähigkeit, insb. des Umfangs ihrer gesteigerten Erwerbsobliegenheit, sind jedoch die Belange der Familie, insb. die Betreuungsbedürftigkeit eines weiteren Kindes, zu berücksichtigen.
2. Verbleibt einem Großelternteil nach Abzug des Unterhaltsanspruchs seines mit ihm zusammenlebenden Ehegatten in Höhe von 700 € ein erheblich über dem sog. »großen Selbstbehalt« von 920 € liegender Betrag (hier: 1.150 €), trifft ihn die Ersatzhaftung für den Unterhaltsspitzenbetrag, soweit die Haftung der Eltern erschöpft ist. (Red.)

OLG Schleswig FamRZ 2005, 1109

1. Soweit ein minderjähriges Kind gegen einen Elternteil den Mindestunterhalt, d.h. sein Existenzminimum geltend macht, trägt der Unterhaltsschuldner, der sich auf mangelnde Leistungsfähigkeit beruft, insofern die Darlegungs- und Beweislast: Es gilt nämlich der Erfahrungssatz, dass jeder Unterhaltsschuldner zur Zahlung eines Mindestunterhalts für sein minderjähriges Kind in der Lage ist.
2. Insb. können die vom Unterhaltsschuldner geltend gemachten Schuldverbindlichkeiten nicht in Abzug gebracht werden, wenn er im Einzelnen nicht dargelegt hat, dass es ihm nicht gelungen ist, die Schuldentilgung durch Verhandlungen mit den Kreditgebern so weit herabzusetzen, dass er wenigstens den Mindestunterhalt zahlen kann. (Red.)

OLG Schleswig FamRZ 2006, 1705

Im Rahmen des Kindesunterhalts kann im PKH-Verfahren der kleine Selbstbehalt (hier: aufgrund geringerer Mietzahlungen als in den Unterhaltsrechtlichen Leitlinien vorgesehen) nicht reduziert werden.

OLG Schleswig FamRZ 2007, 1474

Zur Darlegung ausreichender Bewerbungsbemühungen durch einen ungelernten, aus dem Ausland stammenden und nicht ausreichend Deutsch sprechenden Beklagten, der auf Kindesunterhalt in Anspruch genommen wird.

OLG Schleswig FamRZ 2007, 1904

Nach Erreichen des regulären Ruhestandsalters besteht zwar unterhaltsrechtlich regelmäßig keine Erwerbsobliegenheit mehr, so dass der Hinzuverdienst des Rentners diesem auch unterhaltsrechtlich zu belassen ist. Etwas anderes kann jedoch im Mangelfall gelten. (Red.)

OLG Schleswig FamRZ 2009, 1163

Zum Prüfungsumfang im PKH-Bewilligungsverfahren des Unterhaltspflichtigen in Bezug auf dessen Obliegenheit zur Ausübung einer beruflichen Tätigkeit, wenn er keine qualifizierte Berufsausbildung aufweist.

OLG Schleswig FF 2003, Sonderheft 1, 110

Es ist nicht davon auszugehen, dass eine selbständig tätige Rechtsanwältin trotz einer von ihr behaupteten psychischen Erkrankung (hier: Dysthymia nebst einer rezidivierenden depressiven Störung) in der Lage ist, im Rahmen ihrer gesteigerten Unterhaltspflicht gemäß § 1603 Abs. 2 ihrem minderjährigen (nach Trennung der Eltern in einem Internat untergebrachten) Kind Kindesunterhalt zu zahlen, wenn hinsichtlich der psychischen Erkrankung ein Sachverständigengutachten eingeholt worden ist, das in überzeugender Weise von einer krankheitsbedingt jedenfalls überwiegenden Arbeitsunfähigkeit ausgeht, d.h. das feststellt, dass die Unterhaltspflichtige nicht in der Lage ist, ihre Rechtsanwaltspraxis angemessen zu betreiben.

OLG Schleswig FuR 2006, 286 = OLGR 2006, 317

Ein Unterhaltsschuldner, der aufgrund einer Straftat seinen Arbeitsplatz verloren hat, kann sich auf seine Leistungsunfähigkeit nicht berufen, wenn sich seine Vorstellungen und Antriebe bei der Straftat gerade auf die Verminderung seiner unterhaltsrechtlichen Leistungsfähigkeit als Folge der Straftat erstreckt haben. Erforderlich ist eine unterhaltsbezogene Mutwilligkeit; dafür reicht nicht die bloße Vorhersehbarkeit des Arbeitsplatzverlustes. (Red.)

OLG Schleswig NJW-RR 2004, 1587

Im Rahmen der Ersatzhaftung der Großeltern gegenüber minderjährigen Kindern nach §§ 1601, 1603 Abs. 1, 1607 ist eine Erhöhung des Selbstbehalts gerechtfertigt. Dieser kann so bemessen werden, dass der den Eltern gegenüber volljährigen Kindern zustehende große Selbstbehalt um 25 %, derzeit 920 € + 25 % = 1.150 €, erhöht wird.

OLG Schleswig NJW-RR 2007, 152

Im Rahmen gesteigerter Unterhaltsverpflichtung gegenüber Kindern (§ 1603 Abs. 2) vermindert der Verlust des Arbeitsplatzes die Leistungsfähigkeit des Unterhaltsverpflichteten nicht, wenn der Arbeitsplatzverlust auf dessen leichtfertigem Verhalten beruht.

OLG Schleswig NJW-RR 2010, 221

Keine ausreichende Darlegung mangelnder Leistungsfähigkeit eines Empfängers von Leistungen nach SGB II bei gesteigerter Erwerbsobliegenheit nach § 1603 Abs. 2 und Berücksichtigung fiktiver Einkünfte aus einer Nebenbeschäftigung unter Heranziehung von § 11 Abs. 2 Satz 1 Nr. 7 SGB II.

OLG Schleswig OLGR 2006, 363

Zu den Erwerbsobliegenheiten einer Mutter minderjähriger Kinder, die einer gesicherten Teilzeitbeschäftigung nachgeht.

OLG Schleswig OLGR 2007, 325

Die gesteigerte Erwerbsobliegenheit einer Frau, die ihren drei bei dem geschiedenen Ehemann lebenden Kindern unterhaltspflichtig ist, begründet für sie keine Verpflichtung, ihren krisensicheren Arbeitsplatz als Verwaltungsangestellte, den sie seit 1982 innehat, aufzugeben, auch wenn sie nur mit 25 Stunden bei einem Nettoeinkommen von rund 1.300 € beschäftigt ist. Das berufliche Risiko, bei einem anderen Arbeitgeber im Falle vollschichtiger Tätigkeit geringere Einkünfte zu erzielen, überwiegt, so dass die Aufgabe des Arbeitsplatzes unzumutbar erscheint. Zu berücksichtigen ist aber, dass sie bei hinreichenden Bewerbungsbemühungen eine Nebentätigkeit hätte finden können.

OLG Schleswig OLGR 2008, 107

Im Rahmen der gesteigerten Erwerbsobliegenheit gegenüber unterhaltsberechtigten minderjährigen Kindern muss sich der unterhaltspflichtige Elternteil auch geringfügige Einkünfte aus Nebentätigkeit fiktiv anrechnen lassen. Insoweit kann er sich in aller Regel auch nicht darauf berufen, dass er wegen seiner Mitgliedschaft in der Freiwilligen Feuerwehr an einer geringfügigen Nebentätigkeit gehindert sei.

OLG Schleswig OLGR 2008, 15

1. Das mietfreie Wohnen eines Unterhaltspflichtigen bei seinen eigenen Eltern erhöht als freiwillige Leistung Dritter das anrechnungsfähige Einkommen gegenüber seinem Kind nicht.
2. Ein ausgebildeter Kfz-Mechaniker darf sich im Hinblick auf seine Unterhaltsverpflichtung und daraus resultierender Verpflichtung zu angemessenen Erwerbsbemühungen nicht mit der Beschäftigung bei einer Leiharbeitsfirma zufrieden geben.

OLG Schleswig, Urteil vom 12.05.2010 – 10 UF 243/09

Ein 40-jähriger gelernter Tischler, der aus selbständiger Tätigkeit (Hausmeisterservice) nicht den Mindestunterhalt für die Kinder aus seiner geschiedenen Ehe erwirtschaften kann, ist gehalten, sich nachhaltig um eine besser bezahlte Tätigkeit zu bemühen, oder aber unter Beibehaltung seiner derzeit ausgeübten selbständigen Tätigkeit die »Unterdeckung« aus dieser Tätigkeit durch eine Nebentätigkeit auf Mini-Job-Basis auszugleichen. Diese Bemühungen sind im Radius von jedenfalls 100 km um seinen jetzigen Wohnort in der Nähe der Kinder zumutbar, weil den 12- bzw. 14-jährigen Kindern zumutbar ist, zu den Umgangskontakten in diesem Bereich selbst anzureisen.

OLG Stuttgart FamRZ 2012, 315

Ein Unterhaltspflichtiger erfüllt die ihn treffende Erwerbsobliegenheit in Bezug auf minderjährige Kinder gem. § 1603 II S. 1 BGB, wenn er eine wöchentliche Arbeitszeit von 40 Stunden nachweist.

OLG Stuttgart FamRZ 2003, 1216

Zur Obliegenheit eines mit Drittschulden belasteten Unterhaltspflichtigen, zur Verbesserung seiner Leistungsfähigkeit ein Insolvenzverfahren mit Restschuldbefreiung einzuleiten (Änderung der bisherigen Rechtsprechung des Senats, vgl. FamRZ 2002, 982).

OLG Stuttgart FamRZ 2004, 297 = FuR 2004, 247

1. Stützt der Unterhaltsschuldner eine Unterhaltsabänderungsklage darauf, dass infolge der Insolvenzeröffnung des Fuhrunternehmens seiner Ehefrau eine Einkommensminderung eingetreten sei, weil er nicht mehr im Fuhrbetrieb habe weiterbeschäftigt werden können und nach kurzer Arbeitslosigkeit eine Stelle habe annehmen müssen, bei der er ein weit geringeres Einkommen erziele als im Unterhaltsvergleich zugrunde gelegt, bietet die Rechtsverfolgung hinreichende Aussicht auf Erfolg, so dass PKH zu bewilligen ist.
2. Eine Einkommensminderung nach Eröffnung des Insolvenzverfahrens führt, ungeachtet dessen, ob die Ehefrau des Unterhaltsschuldners oder dieser selbst als Betriebsinhaber des insolvent gewordenen Unternehmens anzusehen ist, nach den Grundsätzen über die Veränderung der Geschäftsgrundlage zu einer Unterhaltsabänderung. In beiden Fällen hat die Eröffnung eines Insolvenzverfahrens zur Folge, dass die Schuldnerin/der Schuldner die Befugnis verliert, über das Betriebsvermögen zu verfügen.
3. Die Folge der Unterhaltsabänderung tritt jedenfalls dann ein, wenn keine Anhaltspunkte dafür bestehen, dass Mutwilligkeit oder Leichtfertigkeit zur Insolvenz geführt haben. (Red.)

OLG Stuttgart FamRZ 2005, 54

1. Zur Bemessung des (angemessenen und notwendigen) Selbstbehalts, wenn der Unterhaltspflichtige mit einem leistungsfähigen Dritten in nichtehelicher Partnerschaft zusammenlebt.
2. Auch ohne erhebliches Einkommensgefälle zwischen den Eltern trifft den primär Barunterhaltspflichtigen keine verschärfte Haftung nach § 1603 Abs. 2, wenn der betreuende Elternteil den Restbedarf des Kindes, für den der andere Elternteil nicht uneingeschränkt leistungsfähig ist, ohne Gefährdung seines angemessenen Selbstbehalts aufbringen kann. Der Bedarf des Kindes ist in diesem Fall nach den zusammengerechneten Einkünften beider Eltern zu bemessen.

OLG Stuttgart FamRZ 2005, 646

1. Wechseln minderjährige Kinder in den Haushalt des bislang barunterhaltspflichtigen Vaters, ist die nun zum Barunterhalt verpflichtete Mutter im Rahmen ihrer gesteigerten Unterhaltspflicht/Erwerbsobliegenheit nicht verpflichtet, eine Umschulungsmaßnahme (hier: zur Industriekauffrau) abzubrechen, die ihre Vermittlungschancen auf dem Arbeitsmarkt entscheidend erhöht und sie in die Lage versetzen kann, den Barunterhaltsbedarf der Kinder, die absehbar noch auf Jahre hinaus unterhaltsbedürftig sein werden, nachhaltig zu sichern.
2. Der nun barunterhaltspflichtigen Mutter sind Investitionen in ein ererbtes Wohngrundstück unterhaltsrechtlich nicht vorzuwerfen, wenn diese eine sinnvolle Verwaltungsmaßnahme darstellen und zu einem Zeitpunkt erfolgt sind, als die Mutter noch nicht mit einem Wechsel der Kinder in den Haushalt des Vaters und ihrer damit verbundenen Barunterhaltspflicht rechnen musste. (Red.)

OLG Stuttgart FamRZ 2006, 1706

§ 1603 Abs. 2 Satz 2, wonach volljährige unverheiratete Kinder, die im Haushalt der Eltern leben und sich in der allgemeinen Schulausbildung befinden, den minderjährigen unverheirateten Kindern unterhaltsrechtlich gleich stehen, kann nicht analog auf volljährige Kinder angewendet werden, die nicht bei den Eltern, sondern bei nahen Verwandten wohnen (gegen OLG Dresden FamRZ 2002, 695). (Red.)

OLG Stuttgart FamRZ 2006, 1757

1. Die Erwerbsbemühungen eines Arbeitslosen erfordern einen Zeitaufwand, der einer beruflichen Tätigkeit entspricht, was monatlich durch mindestens 20 Bewerbungen zu belegen ist.
2. Fehlen konkrete Anhaltspunkte für die Bemessung des bei gutem Willen erzielbaren aktuellen Einkommens, kann dies bei Aufgabe eines Arbeitsverhältnisses am vormaligen Arbeitseinkommen orientiert werden.
3. Soweit wegen Ansatz eines fiktiven Einkommens beim Unterhaltspflichtigen Unterhaltsansprüche nach § 91 Abs. 2 Satz 1 BSHG (in der bis 31.12.2004 geltenden Fassung) nicht auf den Sozialhilfeträger übergehen, entfällt die Bedürftigkeit des Berechtigten nicht.
4. Ausnahmsweise kann bei Erbringung von Sozialleistungen im Einzelfall nach Treu und Glauben der Unterhaltsanspruch beschränkt oder ausgeschlossen sein, wenn andernfalls dem Schuldner künftig jede Chance der Entschuldung genommen wäre.

OLG Stuttgart FamRZ 2007, 1908

1. Im Hinblick auf die Unterhaltspflicht gegenüber zwei minderjährigen Kindern darf der Unterhaltsschuldner jedenfalls nicht ohne Not eine gut bezahlte Stellung aufgeben. Trägt er zu den Gründen der Aufgabe der Arbeitsstelle nichts vor, kann ihm daher ein fiktives Erwerbseinkommen in der Höhe zugerechnet werden, in der er Erwerbseinkünfte aus seiner letzten Arbeitsstelle hatte.
2. Auch wenn der Prozessbevollmächtigte den Unterhaltsschuldner bereits im Ehescheidungsverfahren vertreten hat, das mit der Scheidung rechtskräftig abgeschlossen worden ist, kann das unterhaltsberechtigte Kind nicht davon ausgehen, dass der Prozessbevollmächtigte einen Empfangsvollmacht für eine verzugsbegründende Mahnung auch für das Kindesunterhaltsverfahren hat, wenn eine außergerichtliche Korrespondenz betreffend den Kindesunterhalt nicht mit ihm geführt worden ist. (Red.)

OLG Stuttgart FamRZ 2007, 416

1. Ein ein Monat vor Haftantritt geschlossener außergerichtlicher Vergleich über Kindesunterhalt kann jedenfalls dann nicht abgeändert werden, wenn dem Unterhaltsschuldner bekannt war, dass ihm erst einige Monate später als Freigänger die Erzielung ausreichender Einkünfte möglich sein wird.
2. Das einem Strafgefangenen gezahlte unpfändbare Überbrückungsgeld kann für den laufenden Unterhaltsbedarf des unterhaltsberechtigten Kindes nicht herangezogen werden, weil der Unterhaltsschuldner während seiner Haftzeit darüber nicht verfügen kann. Unterhaltsrechtlich muss es daher als Einkommen zum Zeitpunkt der Auszahlung in angesammelter Höhe gewertet werden.
3. Der notwendige Selbstbehalt eines einem minderjährigen Kind gegenüber unterhaltspflichtigen Freigängers ist um die im Haftkostenbeitrag enthaltenen Unterkunftskosten (360 € monatlich) und sonstigen Verpflegungsaufwendungen zu kürzen, die auf rund 250 € monatlich geschätzt werden. (Red.)

OLG Stuttgart FamRZ 2007, 75

Berechnung der anteiligen Haftung bei Zusammentreffen eines privilegierten volljährigen und eines minderjährigen Kindes. und Kindergeldanrechnung beim privilegierten volljährigen Kind bei Leistungsfähigkeit beider Eltern.

OLG Stuttgart FamRZ 2008, 1273

Der einem minderjährigen Kind gegenüber gesteigert unterhaltspflichtige Elternteil, der nur den Mindestunterhalt nach der Regelbetragverordnung schuldet, hat seine berufsbedingten Fahrtkosten zum minimieren. Steht ein hinreichendes Nahverkehrsnetz nicht zur Verfügung, ist es einem verhältnismäßig jungen Vater zuzumuten, eine 8 km lange Fahrstrecke zum Arbeitsplatz mit dem Fahrrad zurückzulegen und seine dreistündige Mittagspause am Arbeitsplatz zuzubringen. Selbst dann, wenn die Benutzung eines Pkw – insb. bei schlechter Witterung – erforderlich ist, sind insoweit nur Kosten in einer Höhe anzunehmen, die durch den pauschalen Abzug berufsbedingter Aufwendungen in Höhe von 5 % gedeckt sind. (Red.)

OLG Stuttgart FPR 2008, 183 [Ls]

Einem noch jungen minderjährigen Kind gegenüber gesteigert unterhaltpflichtigen Vater, der nur den Mindestunterhalt nach der Regelbetragverordnung schuldet, ist es zuzumuten, die 8 km lange Strecke zum Arbeitsplatz mit dem Fahrrad zurückzulegen, gegebenenfalls die Mittagspause am Arbeitsplatz zuzubringen und somit insgesamt 16 km am Tag mit dem Fahrrad zu fahren. (Red.)

OLG Stuttgart JAmt 2001, 48

Im Rahmen der gesteigerten Unterhaltspflicht obliegt dem Unterhaltsschuldner eine gesteigerte Ausnutzung seiner Arbeitskraft, die es ihm ermöglicht, den Regelbetrag des titulierten Kindesunterhalts zu bezahlen. Der für seine Leistungsfähigkeit darlegungs- und beweispflichtige Unterhaltsschuldner hat seine Erwerbsbemühungen in nachprüfbarer Weise darzutun und zu belegen. Er muss sich um jede Arbeit bemühen, bis hin zu Aushilfs- und Gelegenheitsarbeiten. Von einem Arbeitslosen ist auch eine Nebentätigkeit bis zur Anrechnungsgrenze des § 141 SGB III zu verlangen.

OLG Stuttgart Justiz 2002, 512

1. Trotz gesteigerter Erwerbsobliegenheit gem. § 1603 Abs. 2 Satz 1 kann sich der Vater gegenüber einem bei der Mutter lebenden ehelichen Kind auf Leistungsunfähigkeit berufen, wenn er zwei weitere eheliche Kinder in seinem Haushalt betreut und deshalb in seinem Beruf als Handwerksmeister weniger Erträge erwirtschaftet als während des Zusammenlebens der Familie.
2. Neben der Betreuung und Versorgung von zwei Kindern im Alter von 10 und 12 Jahren besteht gegenüber einem weiteren, im Haushalt des anderen Elternteils lebenden minderjährigen Kind nicht die Obliegenheit zur Aufgabe eines viele Jahre geführten Handwerksbetriebs und zur Aufnahme einer vollschichtigen Erwerbstätigkeit in abhängiger Stellung.

OLG Stuttgart NJW-RR 2007, 946

1. Die Rechtswahrungsanzeige eines Trägers von Sozialleistungen, auf welchen ein bürgerlich rechtlicher Unterhaltsanspruch nicht übergegangen ist, begründet keine Verzugswirkungen zugunsten des Unterhaltsgläubigers.
2. Bei weiblichen ungelernten Arbeitssuchenden mit mangelhaften Kenntnissen der deutschen Sprache, die sich nicht ausreichend um die Erlangung einer Arbeitsstelle bemühen, kommt eine höhere Fingierung als mit einem Bruttoeinkommen von 7 €/Stunde in der Regel nicht in Betracht.

OLG Thüringen FamRZ 2005, 1110

1. Ein seinem minderjährigen nichtehelichen Kind gegenüber barunterhaltsverpflichteter Elternteil kann sich für die Dauer einer Qualifizierungsmaßnahme des Arbeitsamtes jedenfalls dann auf seine Leistungsunfähigkeit berufen, wenn er bislang über keine abgeschlossene Berufsausbildung verfügt und auch noch nie erwerbstätig war: Die Erlangung einer angemessenen Vorbildung zu einem Beruf gehört zum eigenen Lebensbedarf des Unterhaltsschuldners, die dieser vorrangig befriedigen darf.
2. Eine andere Beurteilung wäre allenfalls dann angezeigt, wenn der Unterhaltsschuldner sich in der Vergangenheit stets auf die Ausübung von ungelernten Tätigkeiten beschränkt und sich erst später zur Aufnahme einer Qualifizierungsmaßnahme entschlossen hat, obwohl sich der Anlass, seine Arbeits- und Verdienstmöglichkeiten durch eine Ausbildung zu verbessern, für ihn nicht verändert hat. (Red.)

OLG Thüringen FamRZ 2006, 1299 = FuR 2006, 233

1. Auch der Bezieher einer Berufsunfähigkeitsrente hat gegenüber seinen minderjährigen Kindern eine gesteigerte Unterhaltspflicht. Seine Leistungsfähigkeit ist nicht lediglich nach seinem Renteneinkommen zu beurteilen, denn der Bezug der Berufsunfähigkeitsrente gebietet nicht zwingend den Schluss, dass der Rentenbezieher nicht in der Lage ist, leichte Tätigkeiten auszuüben.
2. Eine Rente wegen Berufsunfähigkeit wird gezahlt, wenn die Erwerbsfähigkeit des Versicherten aufgrund einer Erkrankung oder Behinderung so sehr gemindert ist, dass er in seinem erlernten Beruf nur noch weniger als die Hälfte dessen verdienen kann, was ein vergleichbarer gesunder Mensch verdienen könnte. Die Hinzuverdienstgrenze beträgt derzeit in den neuen Bundesländern 602,96 €.

OLG Thüringen FuR 2004, 304 = NJW-RR 2004, 76

Für die Dauer einer vom Arbeitsamt bewilligten Umschulung kann sich der Unterhaltsschuldner gegenüber minderjährigen Kindern nicht auf Leistungsunfähigkeit berufen, wenn er zuvor über einen Zeitraum von 20 Monaten ungelernte Tätigkeiten ausgeübt hat, obwohl er nicht über eine Berufsausbildung verfügt, die ihm eine ausreichende Lebensgrundlage bietet.

OLG Thüringen FuR 2005, 335 = OLGR 2005, 584

Für die Dauer einer von Arbeitsamt bewilligten Umschulung kann sich der Unterhaltsschuldner gegenüber minderjährigen Kindern nicht auf Leistungsunfähigkeit berufen, wenn er zuvor in seinem erlernten Beruf eine Weiterbildung von 1 Jahr und 9 Monaten erhalten hat, da es sich nicht um eine Ausbildung mit dem Ziel, erstmals einen Berufsabschluss zu erlangen, sondern um eine Zweitausbildung handelt.

OLG Thüringen OLG-NL 2006, 11

Bei der Beurteilung der Leistungsfähigkeit des Kindesvaters im Rahmen der Inanspruchnahme auf Kindesunterhalt ist sein Unterhaltsanspruch gegen seine Ehefrau nicht erst im Rahmen einer erweiterten Leistungsfähigkeit nach § 1603 Abs. 2 zu berücksichtigen, sondern bereits bei der Beurteilung der Leistungsfähigkeit im Rahmen des § 1603 Abs. 1. (Red.)

OLG Thüringen OLGR 2003, 353

Dem zur Leistung von Volljährigenunterhalt verpflichteten Elternteil ist es nicht verwehrt, aus anerkennenswerten persönlichen Gründen seinen bisherigen Lebensmittelpunkt nicht ganz an den Ort der Arbeitsstelle zu verlegen. Mehrkosten in der Lebenshaltung können sich daher auch einkommensmindernd als berufsbedingte Mehrausgaben auswirken.

OLG Thüringen OLGR 2003, 421

Reichen die Einkünfte des Unterhaltsschuldners zur Deckung des Unterhaltsbedarfs seiner minderjährigen Kinder nicht aus, so trifft ihn unterhaltsrechtlich die Obliegenheit, die ihm zumutbaren Einkünfte zu erzielen, insb. seine Arbeitskraft so gut wie möglich einzusetzen und eine ihm mögliche Erwerbstätigkeit auszuüben. Er ist insoweit auch verpflichtet, in zumutbaren Grenzen Orts- oder Berufswechsel vorzunehmen, Gelegenheits- und Aushilfstätigkeiten zu suchen und bei unzureichendem Arbeitseinkommen gegebenenfalls eine besser bezahlte anderweitige Erwerbstätigkeit aufzunehmen. (Red.)

OLG Thüringen OLGR 2006, 218

1. Der (Wohn-) Vorteil (BGH FamRZ 2000, 950), der mit dem »mietfreien« Wohnen in einem eigenen Haus oder einer eigenen Wohnung verbunden ist, ist nach den tatsächlichen Verhältnissen und nicht nach einem pauschalen »Drittelwert« (-obergrenze) zu ermitteln.
2. Als Wohnvorteil, d.h. als Vorteil »mietfreien Wohnens im eigenen Haus«, wirkt sich für einen Ehegatten in einer Situation, wenn und soweit er das Haus nicht mehr in vollem Umfange *nutzt und bewohnt,* nur derjenige Vorteil aus, der dem Umfang seiner tatsächlichen Nutzung entspricht.

3. Der darüber hinausgehende Wert ist als allgemeiner Vermögenswert zu behandeln, hinsichtlich dessen den Ehegatten unterhaltsrechtlich die Obliegenheit zu möglichst ertragreicher Nutzung oder Verwertung trifft (Vermietung einzelner Teile oder des gesamten Hauses, im Einzelfall sogar Veräußerung).
4. Für die Berechnung des Unterhalts, wenn minderjährige und privilegiert volljährige Kinder zusammentreffen, gilt: Im Mangelfall folgt der Senat Borth (in Schwab, Handbuch des Familienrechts 5. Aufl. Kap. V Rn. 167; vgl. BGH FamRZ 2002, 815). Ein Vorwegabzug des Minderjährigenunterhalts beim Kindesvater hätte zur Folge, dass die Mutter, sofern sie hinreichend leistungsfähig ist, unangemessen am Volljährigenunterhalt beteiligt wird, während der Kindesvater zu Gunsten der weiteren Unterhaltsberechtigten entlastet wird. Zu einer angemessenen Bestimmung der Haftungsanteile führt es, wenn von dem nach Abzug des Selbstbehalts verbleibenden Einkommen des Kindesvaters der Betrag ermittelt wird, der dem Anteil des auf die Kinder entfallenden Bedarfs am Gesamtunterhaltsbedarfs entspricht, und sodann dieser Betrag mit dem verfügbaren Einkommen ins Verhältnis gesetzt wird.

OLG Zweibrücken FamRZ 2003, 1204

Ein Elternteil, der zwei Kinder aus zweiter Ehe betreut, muss zum Barunterhalt seines minderjährigen Kindes aus erster Ehe auch dann beitragen, wenn das Kind bei dem anderen angeblich gut verdienenden Elternteil lebt. Die Haftung für den Barunterhalt reicht nur bis zur Grenze des unter Hinzurechnung fiktiver Einkünfte angemessenen Selbstbehalts.

OLG Zweibrücken OLGR 2001, 133

Zur Darlegungs- und Beweislast, wenn der Unterhaltsschuldner in seiner Erwerbsfähigkeit beschränkt ist, und zur Zurechenbarkeit eines fiktiven Einkommens. Ein solches kann nicht auf der Grundlage einer unzumutbaren Tätigkeit bemessen werden. Die Tatsache, dass der Unterhaltsschuldner zu einer späteren Zeit nur eine (krankheitsbedingt unzumutbare) Arbeit als Kraftfahrer gefunden hat, indiziert nicht, dass eine zumutbare Erwerbstätigkeit vorher nicht zu finden gewesen wäre.

OLG Zweibrücken OLGR 2008, 505

Bei der Frage, inwieweit die Leistungsfähigkeit des gegenüber einem Elternteil unterhaltspflichtigen Kindes durch dessen Unterhaltspflicht gegenüber seiner Ehefrau gemindert wird, kann sich zwar die bei Eingehung der Ehe bereits bestehende oder latent vorhandene Unterhaltslast gegenüber dem Elternteil auf die Bemessung des Familienunterhalts des Ehegatten auswirken. Dies gilt aber nur insoweit, als eine Erhöhung des Mindestbedarfs des Ehegatten in Rede steht. Die Unterhaltslast gegenüber dem Elternteil rechtfertigt keine Herabsetzung dieses Mindestbedarfs.

§ 1604 Einfluss des Güterstands

[1]Lebt der Unterhaltspflichtige in Gütergemeinschaft, bestimmt sich seine Unterhaltspflicht Verwandten gegenüber so, als ob das Gesamtgut ihm gehörte. [2]Haben beide in Gütergemeinschaft lebende Personen bedürftige Verwandte, ist der Unterhalt aus dem Gesamtgut so zu gewähren, als ob die Bedürftigen zu beiden Unterhaltspflichtigen in dem Verwandtschaftsverhältnis stünden, auf dem die Unterhaltspflicht des Verpflichteten beruht.

Die Vorschrift regelt Besonderheiten für die Beurteilung der Leistungsfähigkeit, wenn der Unterhaltsschuldner in Gütergemeinschaft (§§ 1415 ff.) lebt. Das **UÄndG 2007** hat die Vorschrift neu gefasst, inhaltlich jedoch kaum verändert. Zum einen wurde lediglich das Unterhaltsrecht an das Lebenspartnerschaftsgesetz (LPartG) i.d.F. des Gesetzes zur Überarbeitung des Lebenspartner- 1 schaftsrechts vom 15.12.2004[1] angepasst: Die durch § 6 LPartG in der Fassung dieses Gesetzes geschaffene Möglichkeit, dass Lebenspartner durch Lebenspartnerschaftsvertrag Gütergemeinschaft vereinbaren können, wird auch im Unterhaltsrecht nachvollzogen. Zum anderen hat der Gesetzgeber die Änderung zum Anlass genommen, gleichzeitig den Text der Bestimmung redaktionell zu überarbeiten und verständlicher zu fassen. Da der gesetzlicher (Wahl-) Güterstand der Gütergemeinschaft kaum mehr vorkommt, hat § 1604 in der Praxis jedoch eine nur geringe Bedeutung.

2   Lebt ein unterhaltsverpflichtetes Kind in Gütergemeinschaft, ist im Rahmen des **Elternunterhalts** auch das Einkommen des Ehegatten bei der Beurteilung der Leistungsfähigkeit zu berücksichtigen.[2]

§ 1605   Auskunftspflicht

(1) [1]**Verwandte in gerader Linie sind einander verpflichtet, auf Verlangen über ihre Einkünfte und ihr Vermögen Auskunft zu erteilen, soweit dies zur Feststellung eines Unterhaltsanspruchs oder einer Unterhaltsverpflichtung erforderlich ist. [2]Über die Höhe der Einkünfte sind auf Verlangen Belege, insbesondere Bescheinigungen des Arbeitgebers, vorzulegen. [3]Die §§ 260, 261 sind entsprechend anzuwenden.**

(2) **Vor Ablauf von zwei Jahren kann Auskunft erneut nur verlangt werden, wenn glaubhaft gemacht wird, dass der zur Auskunft Verpflichtete später wesentlich höhere Einkünfte oder weiteres Vermögen erworben hat.**

---

1   BGBl. I 3396.
2   OLG Frankfurt OLGR 2002, 25.

A. Strukturen

Zur Feststellung von Unterhaltsbedarf, der Höhe des Unterhalts und der Bedürftigkeit wie auch **1** der Leistungsfähigkeit sind genaue Kenntnisse des Einkommens und Vermögens der Beteiligten erforderlich. § 1605 gewährt daher dem Unterhaltsgläubiger wie auch dem Unterhaltsschuldner (**»einander«**) – soweit innerhalb des Normzwecks veranlasst – einen Anspruch auf **Auskunft** »über ihre Einkünfte und ihr Vermögen«[1] zur Feststellung der gegenseitigen Pflichten (»eines Unterhaltsanspruchs oder einer Unterhaltsverpflichtung«) – insb. zur Vermeidung eines Rechtsstreits –,[2] des weiteren – jedoch nur im Rahmen des Auskunftsanspruchs betreffend Einkünfte[3] – einen Anspruch auf **Vorlage** von **Belegen** zu Kontrollzwecken.[4] § 1605 bezieht sich daher (nur) auf Unterhaltsansprüche gem. §§ 1601 ff.[5] **Vertragliche** Auskunftspflichten können die gesetzliche Regelung überlagern. Der Auskunftsschuldner muss die Auskunft nur nach seinem eigenen Kenntnisstand erteilen, also lediglich insoweit Angaben machen, als er dazu imstande ist.[6]

Die **zwei getrennten Ansprüche** des § 1605 Abs. 1 – Anspruch auf **Auskunft** (§ 1605 Abs. 1 **2** Satz 1) und Anspruch auf **Vorlage** von **Belegen** (§ 1605 Abs. 1 Satz 2) können jeweils **einzeln**,[7]

---

1 S. auch Völlings/Kania FamRZ 2007, 1215 zu den allgemeinen Voraussetzungen des Anspruchs auf Erteilung einer Auskunft über die Vermögensverhältnisse im Unterhaltsrecht.
2 BT-Drucks. 7/650 S. 172.
3 OLG Bamberg FamRZ 1994, 1048.
4 Zu dem Auskunfts- und Belegvorlagesystem im Unterhaltsrecht ausführlich Viefhues ZFE 2003, 203 mit Formulierungsvorschlägen.
5 Hierzu im Einzelnen Kleffmann FuR 1999, 403.
6 BGH FuR 2001, 234.
7 OLG Köln FamRZ 2003, 235.

aber auch **kumulativ** oder **alternativ** geltend gemacht werden.[8] Wer **beide** Ansprüche geltend machen will, muss dies auch klar und deutlich zum Ausdruck bringen.[9] Ein Antrag, Auskunft durch Vorlage von Belegen zu erteilen, statt Auskunft zu erteilen und Belege vorzulegen, kann regelmäßig nur als Antrag auf Vorlage von Belegen ausgelegt werden,[10] auch im Vollstreckungsverfahren.[11] Umgekehrt reicht es für eine ordnungsmäßige Erteilung einer Auskunft regelmäßig nicht aus, wenn lediglich Belege übersandt werden. Auskunftsverlangen nach § 1605 und Hauptsacheverfahren wegen Unterhalts sind verschiedene Streitgegenstände. Das Rechtsschutzbedürfnis für den vorbereitenden Auskunftsantrag hinsichtlich des Trennungsunterhalts ist daher nicht zu versagen, wenn bereits das Unterhaltsverfahren anhängig ist.[12]

3   Trotz **wechselseitiger Leistungspflicht** sind die jeweiligen Ansprüche weder Zug um Zug (§ 322) zu erfüllen, noch kann die eigene Pflicht bis zur Leistung durch den Gegner zurückbehalten (§ 273) werden. Ansonsten hätten es die Parteien in der Hand, unter jeweiliger Berufung auf Vorleistungspflichten das Verfahren auf unabsehbare Zeit zu verzögern, obwohl es sich bei diesen Ansprüchen lediglich um **akzessorische** handelt.[13]

4   Sowohl außergerichtlich als auch im Rahmen eines Rechtsstreits muss das **Begehren** – sowohl hinsichtlich des Anspruchs auf **Auskunft** wie auch hinsichtlich des Anspruchs auf **Vorlage** von **Belegen** – **genau bestimmt** sein (§ 113 Abs. 1 Satz 2 FamFG i.V.m. § 253 Abs. 2 Nr. 2 ZPO).[14] Insb. müssen die Auskunftszeiträume und diejenigen Gegenstände, auf die sich die Auskunft erstrecken soll, wie auch alle verlangten Belege **konkret** und **eindeutig** aufgeführt werden, weil das außergerichtliche Auskunftsverlangen sonst keine Leistungspflicht auslöst, und ein Antrag mangels vollstreckungsfähigen Inhalts **unzulässig** wäre.[15] Gleiches gilt, wenn der Antrag auf eine **unmögliche Leistung** (etwa auf Vorlage eines noch nicht erlassenen Einkommensteuerbescheids) gerichtet ist.[16] Der Anspruch auf Auskunft über unversteuerte Einkünfte ist nicht auf eine unmögliche Leistung gerichtet. Er ist jedoch erfüllt, wenn der Auskunftspflichtige ausführt, insoweit sei ihm nichts bekannt.

5   Die **Kosten** für die Auskunft, die Erstellung eines (Vermögens-) Verzeichnisses und die Ermittlung der Auskunftspositionen/Vermögenswerte (sowie erforderlichenfalls auch die Kosten der Übersetzung von fremdsprachigen Unterlagen/ Urkunden)[17] hat grundsätzlich der Auskunftsschuldner zu tragen.[18] Dabei können die Kosten der Zuziehung einer sachkundigen Hilfsperson (z.B. eines Steuerberaters) nur dann berücksichtigt werden, wenn sie zwangsläufig entstehen, weil der Auskunftspflichtige zu einer sachgerechten Auskunftserteilung nicht in der Lage ist.[19] Wird auf Ver-

---

8   OLG München FamRZ 1993, 202; OLG Köln FamRZ 2003, 235; s. auch Arens/Spiecker FamRB 2002, 375 ff. – Muster eines Antrages für einen unterhaltsrechtlichen Stufenantrag auf Auskunft, Belegvorlage und Unterhalt.
9   OLG Brandenburg NJW-RR 2009, 437.
10   OLG München FamRZ 1994, 1126.
11   OLG München FamRZ 1992, 1208.
12   OLG Köln FamRZ 2003, 544 – Zulässigkeit einer Auskunftsklage im Inland zur Vorbereitung eines Trennungsunterhaltsanspruchs trotz eines in der Türkei anhängigen Scheidungsverfahrens.
13   OLG Bamberg FamRZ 1985, 610; OLG Köln FamRZ 1987, 714 zu § 1580; s. auch Diederichsen FS Heinrichs (1998) S. 181 – § 273 gewähre ein Zurückbehaltungsrecht nur, soweit dies mit der Eigenart des familienrechtlichen Rechtsverhältnisses vereinbar sei; im Übrigen h.M. zu § 1379.
14   BGH FamRZ 2002, 666; FamRZ 1989, 731.
15   BGH FamRZ 1983, 454; OLG Bamberg FamRZ 1994, 1048; OLG München FamRZ 1992, 1207 zur Auslegung eines Antrages, Auskunft durch Vorlage von Belegen zu erteilen; 1996, 307 zu einem Antrag auf Vorlage von Belegen; OLG Düsseldorf FamRZ 2001, 836; s. auch Büttner FamRZ 1992, 629.
16   BGH FamRZ 1989, 731.
17   OLG Koblenz FamRZ 1990, 79.
18   Vgl. BGH FamRZ 1975, 405.
19   BGH FamRZ 2006, 33; 2002, 666.

langen des Auskunftsgläubigers ein Sachverständigengutachten eingeholt, dann hat dieser auch die hierfür anfallenden Kosten zu tragen.[20]

Jeder **Unterhaltsbeschluss** muss eine **Kostenentscheidung** enthalten. Die Kosten eines Unterhalts- 6 verfahrens sind gem. § 243 FamFG nach billigem Ermessen zu verteilen, wobei das Gericht »insbesondere« zu berücksichtigen hat, dass ein Beteiligter vor Beginn des Verfahrens einer **Aufforderung** des Gegners zur **Erteilung** der **Auskunft** und **Vorlage** von **Belegen** über das Einkommen nicht oder nicht vollständig nachgekommen ist, es sei denn, dass eine Verpflichtung hierzu nicht bestand, und/oder dass er einer Aufforderung des Gerichts nach § 235 Abs. 1 FamFG innerhalb der gesetzten Frist nicht oder nicht vollständig gefolgt hat. Im Hinblick auf § 243 FamFG ist daher stets darauf zu achten, dass das außergerichtliche Auskunfts- und Belegvorlageverlangen hinreichend bestimmt ist und damit eine vorgerichtliche Leistungspflicht auslöst.

Nach der Neufassung des § 1585b Abs. 2 durch das **UÄndG 2007** normiert § 1613 Abs. 1 nun- 7 mehr einheitlich entweder ein **Auskunftsverlangen** mit dem Ziel der **Herabsetzung** des Unterhalts gegenüber dem Unterhaltsgläubiger oder eine sog. »negative Mahnung«, also die Aufforderung an den Unterhaltsgläubiger, teilweise oder vollständig auf den titulierten Unterhalt zu verzichten.

Daher bestimmt auch § 238 Abs. 3 Satz 3 FamFG, dass im Wege der Abänderung gerichtlicher 8 Entscheidungen für die Zeit **vor Rechtshängigkeit** des **Abänderungsverfahrens** Unterhalt rückwirkend nicht mehr nur heraufgesetzt, sondern auch **herabgesetzt** werden kann. Anträge auf **Herabsetzung** des Unterhalts – also ein Recht, welches der Unterhaltsschuldner geltend macht – unterliegen nunmehr spiegelbildlich denjenigen Voraussetzungen, für die nach den Vorschriften des bürgerlichen Rechts Unterhalt für die Vergangenheit verlangt werden kann (sog. »negative Mahnung«), also (auch) für die Zeit ab dem Ersten des auf ein entsprechendes Auskunfts- oder Verzichtsverlangen des Antragstellers folgenden Monats, jedoch im Regelfall nach § 238 Abs. 3 Satz 4 FamFG maximal bis zu einem Jahr vor Rechtshängigkeit. Damit hat das Gesetz nunmehr **Gläubiger** und **Schuldner gleichgestellt**.

Bei dem Auskunfts- bzw. Belegvorlageanspruch handelt es sich im Verhältnis zum Unterhaltsan- 9 spruch um einen sog. **Hilfsanspruch** (**Akzessorietät** zur **Hauptsache**). Mit dem Begehren auf Auskunft- bzw. Belegvorlage ist nicht stets auch die Geltendmachung von Unterhalt verbunden. Vielmehr ist zwingend eine Prüfungsphase und damit eine eigenständige Bewertung des Bestehens eines Unterhaltsanspruchs zwischengeschaltet. Der **Auskunfts-** und **Belegvorlageanspruch** hat nach seinem Sinn und Zweck **vorbereitende Funktion**, nämlich zur Vermeidung eines Rechtsstreits rechtzeitig Gewissheit über die gegenseitigen Einkommens- und Vermögensverhältnisse zu verschaffen, soweit dies erforderlich ist. Erst auf Grund dieser Ansprüche erhält regelmäßig der Unterhalt Begehrende die notwendigen Informationen, um das Bestehen eines Unterhaltsanspruchs prüfen und sodann ggf. durchsetzen zu können.

Hat der Unterhaltsgläubiger den Unterhaltsschuldner zum Zwecke der Geltendmachung des 10 Unterhaltsanspruchs aufgefordert, über seine Einkünfte und sein Vermögen Auskunft zu erteilen, kann er, nachdem die Auskunft erteilt ist, die Wirkungen dieser Aufforderung nur dadurch aufrecht erhalten, dass er nunmehr den Unterhaltsschuldner zur **Zahlung** eines **bezifferten Unterhalts** auffordert. Eine Bezifferung nach zwei Jahren reicht nicht mehr aus.[21] Begehrt der Unterhaltsgläubiger Auskunft über bisher verschwiegene Einkünfte des Unterhaltsschuldners, kann er daneben im Wege der Teilantrages Unterhalt aus den Einkünften verlangen, über welche der

---

20 OLG Koblenz FamRZ 2002, 1051 = FuR 2002, 372; nach der neueren BGH-Rechtsprechung ist ein solches außerordentliches Rechtsmittel nach Inkrafttreten des ZPO-RG nicht mehr zulässig (s. BGHZ 150, 133 = BGH NJW 2002, 1577 = FuR 2002, 462; EzFamR aktuell 2002, 338 (Ls) – FG-Verfahren; BGH FamRZ 2003, 1550 = FuR 2004, 139 – PKH-Verfahren).
21 OLG Karlsruhe 2006, 1605 im Anschluss an BGH FamRZ 1988, 478, 480.

Unterhaltsschuldner schon Auskunft erteilt hat.[22] Auch nach den erleichterten Voraussetzungen für die Geltendmachung von rückständigem Unterhalt nach § 1613 Abs. 1 muss für den Unterhaltsschuldner **erkennbar** sein, dass der Unterhaltsgläubiger die **Auskunft** zum **Zwecke der Bezifferung eigener Unterhaltsansprüche** verlangt.[23]

11 Abweichend von der bisherigen Rechtslage dürfen in Unterhaltssachen nunmehr die **Erklärung** der **Gegenpartei** zu den persönlichen und wirtschaftlichen Verhältnissen mit den entsprechenden Belegen aus dem **VKH-Verfahren** zugänglich gemacht werden, wenn diese gegen den Antragsteller **materiell-rechtlich** einen **Anspruch** auf **Auskunft** über Einkünfte und Vermögen des Antragstellers hat. Dem Antragsteller ist vor der Übermittlung seiner Erklärung an den Gegner Gelegenheit zur Stellungnahme zu geben, und er ist über die Übermittlung seiner Erklärung zu unterrichten (§ 76 FamFG i.V.m. § 117 Abs. 2 ZPO). Mit dieser Neuregelung erhofft sich der Gesetzgeber durch die Information der Gegenseite eine größere Gewähr der Richtigkeit der Angaben zu den wirtschaftlichen Voraussetzungen (§ 76 FamFG i.V.m. §§ 115, 117 Abs. 2 ZPO), indem die andere Partei diese kontrolliert.

B. Normzweck

12 Der **wechselseitige Auskunfts-** und **Belegvorlageanspruch** des **§ 1605 Abs. 1** bezweckt die Vermeidung, jedenfalls die Vereinfachung von Streitigkeiten um Unterhalt. Unterhaltsgläubiger und Unterhaltsschuldner sollen in die Lage versetzt werden, sich rechtzeitig Gewissheit über die gegenseitigen Einkommens- und Vermögensverhältnisse zu verschaffen, soweit dies zur Feststellung eines Unterhaltsanspruchs oder einer Unterhaltspflicht erforderlich ist.[24] Wechselseitige Ansprüche auf **Vorlage** von **Belegen** (§ 1605 Abs. 1 Satz 2) zu **Kontrollzwecken** sollen die Erfüllung der jeweiligen Leistungspflichten sichern. Die Parteien können dadurch entweder einen Rechtsstreit vermeiden oder aber in einem Rechtsstreit ihre Forderungen richtig bemessen und begründete Einwendungen gegen sie vortragen. Die **Zeitsperre** des **§ 1605 Abs. 2** will eine unzumutbare Mehrbelastung des Auskunftspflichtigen wie auch eine unzulässige Verkürzung des Rechtsschutzes des Auskunftsberechtigten vermeiden. Ausgangspunkt ist, dass sich erfahrungsgemäß innerhalb von zwei Jahren die Lebenshaltungskosten sowie die Löhne und Gehälter nicht in dem nach §§ 238, 239 FamFG vorausgesetzten Umfange ändern.[25]

C. Anspruch auf Auskunft

13 Ein Auskunfts- und/oder Belegvorlageantrag ist nur dann **schlüssig** geltend gemacht, wenn der Anspruchsteller **gleichzeitig** die **Anspruchsvoraussetzungen** für einen **Unterhaltstatbestand** darlegt,[26] ebenso für seine **Bedürftigkeit** und für die **Leistungsfähigkeit** des Anspruchsschuldners.[27] Einem Auskunfts-/Belegvorlageantrag fehlt daher die für die Gewährung von VKH erforderliche Erfolgsaussicht, wenn der Antragsteller die Anspruchsvoraussetzungen für einen Unterhaltstatbestand nicht darlegt. Der Grundsatz von Treu und Glauben, auf dem die Auskunfts- und Belegvorlagepflicht beruht, verbietet es nämlich, jemanden auf Auskunft/Belegvorlage in Anspruch zu nehmen, wenn ein Unterhaltsanspruch gegen ihn nicht in Betracht kommt.[28] Eine Auskunfts- und

22 OLG Frankfurt FamRZ 2009, 526.
23 OLG Frankfurt FuR 2002, 534.
24 S. etwa BGH FamRZ 1979, 210.
25 BT-Drucks. 7/650 S. 172, noch zu § 323 ZPO; s. auch OLG München FamRZ 1993, 594.
26 OLG Stuttgart FamRZ 2005, 455; OLG Hamm FamRZ 2005, 1839.
27 OLG Frankfurt OLGR 2005, 496 – Bedürftigkeit im Rahmen des § 1615l Abs. 3 Satz 1.
28 OLG Hamm FamRZ 2005, 1839; OLG Naumburg, Beschluss vom 06.02.2008 – 3 WF 20/08 – juris: »wenn aufgrund der aus der Akte erkennbaren Fakten ein Unterhaltsanspruch nicht einmal wahrscheinlich erscheint«.

Belegvorlagepflicht scheidet demnach aus, wenn die begehrten Angaben den (vermeintlichen) Unterhaltsanspruch unter keinem Gesichtspunkt beeinflussen können.[29]

Besonderheiten gelten im Unterhaltsschuldverhältnis des § 1615l. Das Maß des zu gewährenden 14 Unterhalts bestimmt sich nach der Lebensstellung des Unterhaltsgläubigers (§§ 1615l Abs. 3 Satz 1, 1610 Abs. 1) und ist grundsätzlich von den Einkommens- und Vermögensverhältnissen des Antragsgegners unabhängig; insb. kann sich der Unterhaltsanspruch nach § 1615l Abs. 2 – anders als beim Trennungsunterhalt (§ 1361) oder beim nachehelichen Unterhalt (§§ 1569 ff.) – nicht nach den die Lebensverhältnisse prägenden Einkommens- und Vermögensverhältnissen des Unterhaltsschuldners richten, und er kann auch nicht aus einer Quote des (beiderseitigen) Einkommens bemessen werden. Ein Auskunfts- und/oder Belegvorlageanspruch kann daher im Rahmen eines solchen Unterhaltsschuldverhältnisses nur dann begründet sein, wenn der Unterhaltsgläubiger schlüssig und substantiiert darlegt, dass die begehrte **Auskunft/Belegvorlage** zur Feststellung des Anspruchs nach § 1615l **erforderlich** ist (§§ 1615l Abs. 3 Satz 1, 1605 Abs. 1). Ein Auskunfts-/ Belegvorlageanspruch der Mutter eines nichtehelichen Kindes gegen den Vater des Kindes setzt in der Regel voraus, dass sie zumindest ihren Bedarf konkret darlegt, sofern die Erforderlichkeit nicht ohne weiteres aus dem Zusammenhang entnommen werden kann.[30]

Allein die außergerichtliche wie auch die gerichtliche Geltendmachung eines Auskunfts-/Belegvor- 15 lageanspruchs nach § 1605 Abs. 1 stellt noch kein Sich-Berühmen eines Unterhaltsanspruchs dar, so dass einem **negativen Feststellungsantrag** dahin, ein Unterhaltsanspruch bestehe nicht, grundsätzlich das Feststellungsinteresse fehlt, wenn und soweit nicht ein Fall offensichtlicher Evidenz (mangels Hauptsache bestehen auch keine akzessorischen Nebenansprüche) vorliegt. Erst durch die Auskunft/Belege erhält der vermeintliche Unterhaltsgläubiger die notwendigen Informationen, um das Bestehen eines Unterhaltsanspruchs prüfen zu können.[31]

Grundsätzlich ist **Auskunft** nur auf **Verlangen** zu erteilen und sind Belege ebenfalls nur auf 16 Anforderung vorzulegen. Es ist in der Regel Sache des Unterhaltsgläubigers, sich durch Geltendmachung seines Auskunftsanspruchs des Fortbestands der Verhältnisse bzw. eventueller Veränderungen zu vergewissern.[32] **Ausnahmsweise** besteht jedoch in gewissem Umfang nach Treu und Glauben eine **Pflicht** zu **ungefragter Information** (etwa über die Aufnahme einer Erwerbstätigkeit oder den Abbruch einer Ausbildung).[33] Besteht bereits ein Unterhaltstitel, dessen Rechtskraft zu durchbrechen ist, kommt bei mangelnder Offenbarung aber nur in **Ausnahmefällen** ein **Schadensersatzanspruch** in Betracht, wenn das Verschweigen eines den Unterhaltsanspruch eindeutig beeinflussenden Umstands in hohem Maße unredlich ist,[34] etwa wenn ein Unterhaltsschuldner, der auf Grund eines Titels oder einer außergerichtlichen Vereinbarung Unterhalt zahlt, in evident unredlicher Weise eine **grundlegende Verbesserung** seiner **Leistungsfähigkeit** verschweigt.[35] Wird eine geschuldete Auskunft nach Verzugseintritt nicht erteilt, ist ein Anspruch auf **Schadensersatz** gegeben.[36] Die Auskunft ist eine »Wissenserklärung«, keine »Willenserklärung«, da allein Tatsachen mitgeteilt werden.[37] Unabhängig davon kann eine Auskunft auch ein Anerkenntnis i.S.v.

---

29 BGH NJW 1982, 2771; 1982, 1664; OLG Düsseldorf FamRZ 1998, 1191; OLG Hamburg FamRZ 1982, 628; OLG Düsseldorf NJW-RR 1986, 1453; OLG Schleswig FamRZ 1986, 1031; OLG Karlsruhe FamRZ 2000, 1024.

30 OLG Frankfurt OLGR 2005, 496.

31 BGH NJW 1992, 436; OLG Brandenburg FamRZ 2005, 117.

32 S. OLG Bremen FamRZ 2000, 256.

33 Vgl. eingehend Hoppenz FamRZ 1989, 337 ff.

34 BGH FamRZ 1988, 270, 271.

35 OLG Bremen FamRZ 2000, 256 – das OLG hat einen Anspruch des Unterhaltsgläubigers auf Schadensersatz gem. § 826 bejaht.

36 BGH FamRZ 1984, 163, 164.

37 BGHZ 69, 328; BSG MDR 1994, 493; OLG München FamRZ 1995, 737; OLG Hamm OLGR 1996, 260; a.A. OLG Köln FamRZ 2003, 235.

§ 208 darstellen. Allerdings muss das Bewusstsein des Schuldners vom Bestehen des Anspruchs unmissverständlich zu Tage treten. Eine Erklärung, die lediglich das Bewusstsein erkennen lässt, der Anspruch könne möglicherweise bestehen, reicht nicht aus. Überdies stellt das Anerkenntnisverhalten i.S.v. § 208 keine rechtsgeschäftliche Willenserklärung, sondern als rein tatsächliches Verhalten nur eine geschäftsähnliche Handlung dar.[38]

I. Anspruchssystem

17 Bezogen auf das Familienrecht **normiert** das Gesetz in **drei Tatbeständen** teils **wechselseitige** Auskunftsansprüche der Parteien untereinander, teils Auskunftspflichten **unmittelbar gegenüber** dem **Gericht**. Alle diese Vorschriften regeln jedoch nur lückenhaft Teilbereiche, in denen der Gesetzgeber entsprechende gegenseitige Rechte und Pflichten präzisiert hat. Eine sonstige Informationspflicht wird dadurch nicht ausgeschlossen. Wenn und soweit bezüglich anderer Sachverhalte Auskünfte notwendig sind, das Gesetz insoweit jedoch keine Auskunftstatbestände normiert, kann **mangels gesetzlich geregelter Auskunftsansprüche** in besonderen Fällen auch § 242 (Treu und Glauben) als **Anspruchsgrundlage** heranzuziehen sein.[39] Die Auskunftspflicht besteht nur unter **Verwandten** in gerader Linie. Nachrangig haftende Verwandte sind nur auskunftspflichtig, wenn alle vorrangig haftenden Verwandten (§ 1606) leistungsunfähig sind.[40] Wird Sozialhilfe geleistet, gehen bürgerlich-rechtliche Auskunftsansprüche nach § 94 SGB XII auf den Träger der Sozialhilfe über.[41]

1. Unterhaltsrechtliche Tatbestände des BGB

18 Das Gesetz normiert im BGB materiell-rechtlich **wechselseitige unterhaltsrechtliche Auskunfts-/ Belegvorlagepflichten** in **vier Tatbeständen**, und zwar für den

– Verwandtenunterhalt: § 1605
– Familienunterhalt: §§ 1360 Abs. 4 Satz 4 i.V.m. § 1605
– Trennungsunterhalt: §§ 1361 Abs. 4, 1360a Abs. 4 i.V.m. § 1605
– Unterhalt nach Rechtskraft der Scheidung: § 1580 i.V.m. § 1605

19 Diese Tatbestände umfassen nur Auskunfts-/Belegvorlagepflichten bezüglich der Einkünfte und des einkommens- bzw. unterhaltsbezogenen Vermögens, also derjenigen **materiellen Einkommensquellen**, die **Grundlage** für die **Unterhaltsbestimmung** sein können, **soweit** die Auskunft/ Belegvorlage zur Bestimmung notwendig ist. Dazu gehören auch die Abzüge und Belastungen, also **alle wirtschaftlichen Posten**, die die Bedürftigkeit des Unterhaltsgläubigers und/oder die Leistungsfähigkeit des Unterhaltsschuldners beeinträchtigen können.[42] Die **Auskunftspflicht** hinsichtlich **persönlicher Umstände**, die für die Bedürftigkeit und/oder Leistungsfähigkeit von Bedeutung sind (wie etwa Heirat, Scheidung oder Geburt eines Kindes) und/oder sonstiger Umstände (etwa die Bemühungen zur Erlangung eines Arbeitsplatzes), beruht auf § 242, weil angesichts dieses allgemeinen Auskunftsanspruchs eine Ausdehnung der gesetzlich angeordneten Auskunftspflichten nicht notwendig ist.[43]

---

38 BGH FamRZ 1990, 1107.
39 BGH FamRZ 1986, 450, 453 = FuR 2003, 573.
40 LG Osnabrück FamRZ 1984, 1032.
41 S. näher Schellhorn FuR 1997, 9; 1999, 4 – zu § 91 BSHG.
42 OLG Köln FamRZ 2000, 622 zu § 93d ZPO.
43 OLG Schleswig FamRZ 1982, 1018; OLG Bamberg FamRZ 1986, 492; OLG Braunschweig FamRZ 1987, 284; a.A. OLG Düsseldorf FamRZ 1997, 361 – weder beziehe sich § 1605 auf persönliche Umstände, noch geböten die Grundsätze von Treu und Glauben eine Ausweitung der Auskunftspflicht.

Müting

2. Unterhaltsrechtliche Tatbestände des FamFG

Das mit Wirkung zum 01.09.2009 in Kraft getretene FamFG hat die verfahrensrechtlichen Aus- **20** kunftspflichten der **Beteiligten** (in § 235) sowie **Dritter** (in § 236) neu geregelt. Schon bislang konnte ein Gericht in Unterhaltsstreitigkeiten von den Parteien Auskunft über ihr Einkommen sowie die Vorlage von Belegen verlangen und im Falle der Verweigerung entsprechende Auskünfte bei Arbeitgebern, Sozialleistungsträgern und – bei Streit um den Unterhalt minderjähriger Kinder – auch den Finanzämtern einholen (s. vormals § 643 ZPO). § 235 Abs. 1 Satz 1 hat diese Auskunftspflichten im laufenden Verfahren erweitert und ermächtigt nunmehr das Gericht darüber hinaus auch noch in § 235 Abs. 1 Satz 2, von den Parteien **persönlich** (!) eine **schriftliche Versicherung** zu verlangen, dass die von ihnen gemachten **Angaben wahrheitsgemäß** und **vollständig** sind.

Unverändert kann das Gericht in **Unterhaltsverfahren** den **Verfahrensbeteiligten** wie auch **Drit-** **21** **ten** zum Zwecke der **Feststellung aller unterhaltsrechtlich relevanten Einkünfte** wie auch der genauen **Überprüfung** der von den Parteien erklärten **Angaben** aufgeben, unter Vorlage entsprechender **Belege** über ihre Einkünfte und – soweit es für die Bemessung des Unterhalts von Bedeutung ist – über ihr Vermögen und ihre persönlichen und wirtschaftlichen Verhältnisse Auskunft zu erteilen und/oder Belege vorzulegen. In Erweiterung dieser Möglichkeit kann es auch selbst Einkünfte bzw. Belege einholen. Diese auf die Besonderheiten des Unterhaltsverfahrens zugeschnittenen Regelungen erlauben es dem Gericht, das Verfahren nach pflichtgemäßem Ermessen durch konkret erforderliche Maßnahmen zu fördern.[44]

§§ 235, 236 FamFG berühren die allgemeinen Vorschriften des Ersten und Zweiten Buchs der **22** ZPO nicht. Vielmehr klären diese Normen nur das Verhältnis zu den Maßnahmen, die das Gericht allgemein im Rahmen seiner Prozessleitungsbefugnis treffen kann. Es soll in Unterhaltsstreitverfahren zur Vorbereitung der Verhandlung nicht auf die ihm nach §§ 235, 236 FamFG ausdrücklich eröffneten Möglichkeiten beschränkt sein, sondern auch allgemein-prozessuale Maßnahmen treffen dürfen (etwa nach § 139 ZPO im Rahmen richterlicher Aufklärungspflicht, nach § 142 ZPO – Anordnung der Vorlage von Urkunden, § 143 ZPO – Anordnung der Vorlage von Akten, § 273 ZPO – vorbereitende Anordnungen, § 358a ZPO – vorbereitende Beweisbeschlüsse und § 377 Abs. 3 ZPO – Aufnahme von Beweisen).

a) Auskunfts-/Belegvorlage der Beteiligten gegenüber dem Gericht (§ 235 FamFG)

aa) § 235 Abs. 1 FamFG

§ 235 Abs. 1 **Satz** 1 FamFG entspricht inhaltlich im Wesentlichen dem bisherigen § 643 Abs. 1 **23** ZPO: Das Gericht kann anordnen, dass der Antragsteller und der Antragsgegner Auskunft über ihre Einkünfte, ihr Vermögen und ihre persönlichen und wirtschaftlichen Verhältnisse erteilen sowie bestimmte Belege vorzulegen haben. Dabei macht die Vorschrift gleichzeitig deutlich, dass **Auskunft/Belegvorlage** nur **insoweit angeordnet** werden dürfen, als sie für die **Bemessung** des **Unterhalts** von **Bedeutung** sind.

§ 235 Abs. 1 **Satz** 2 FamFG ermächtigt das Gericht, von jeder Verfahrenspartei eine **schriftliche** **24** **eigenhändige Versicherung** anzufordern, dass sie wahrheitsgemäß und vollständig Auskunft erteilt hat. Die Regelung erfüllt teilweise die Funktion der zweiten Stufe eines Stufenverfahrens (eidesstattliche Versicherung nach § 260 Abs. 2) und soll auf diese Weise zeitintensive Stufenverfahren in möglichst weitgehendem Umfange entbehrlich machen. Anders als innerhalb der bürgerlich-rechtlichen Auskunftsschuldverhältnisse muss der Beteiligte die **schriftliche Versicherung eigenhändig** abgeben. Er kann sich – wie bei der eidesstattlichen Versicherung – weder eines Vertreters noch seines Verfahrensbevollmächtigten bedienen (§ 235 Abs. 1 Satz 2 FamFG).

---

44 Ausführlich zu allem OLG Frankfurt FamRZ 2007, 404 – noch zu § 643 ZPO.

25   Seinem Wortlaut nach bezieht das Gesetz die Pflicht zur schriftlichen Versicherung in § 235 Abs. 1 Satz 2 FamFG nur auf die nach § 235 Abs. 1 Satz 1 FamFG zu erteilende Auskunft. Dafür spricht auch die Begründung. Bereits auf Grund der ratio legis muss allerdings die Pflicht zur Abgabe einer Versicherung auch für eine vorprozessual erteilte Auskunft gelten. Wenn der Gesetzgeber vor allem mit der Eindämmung von der Hauptsache vorgelagerten Annexstreitigkeiten (insb. Auskunft und Belegvorlage) eine beschleunigte Abwicklung von Unterhaltsstreitigkeiten vor Gericht erreichen will, müssen die entsprechenden Verfahrensregeln zwingend auch die beschleunigte Abwicklung vorgerichtlicher, vorbereitender Maßnahmen beinhalten.

26   Das Gericht soll nach § 235 Abs. 1 **Satz 3** FamFG Auskunft (Satz 1) und/oder Belegvorlage (Satz 2) wie auch schriftliche Versicherung regelmäßig mit **angemessener Fristsetzung** anordnen, um eine übermäßige Verzögerung des Verfahrens zu vermeiden, und zugleich auch auf die Informationspflicht nach § 235 Abs. 3 FamFG, auf die Möglichkeit einer Ersatzvornahme (s. § 236 FamFG) und auf Kostennachteile (§ 243 Satz 2 Nr. 3 FamFG) hinweisen. Auch diese Regelung soll die oft sehr schwerfälligen und langwierigen Stufenverfahren entbehrlich machen. Die Fristsetzung ist insb. für die Rechtsfolgen des § 236 FamFG für den Fall der Nichterfüllung der Auflagen von Bedeutung. Von der Fristsetzung kann ausnahmsweise abgesehen werden, etwa wenn feststeht, dass der Beteiligte, an den sich die Auflage richtet, bestimmte Informationen oder Belege ohne eigenes Verschulden nicht kurzfristig erlangen kann.

27   § 235 **Abs. 1 Satz 4** verpflichtet das Gericht, in der gerichtlichen Anordnung auf die

- Verpflichtung nach Abs. 3 (Pflicht zur ungefragten Information bei wesentlicher Veränderung der Umstände),
- Folgen nach § 236 FamFG (Auskunftseinholung bei Dritten durch das Gericht), **und**
- nachteilige Kostenentscheidung (243 Satz 2 Nr. 3 FamFG)

hinzuweisen.

bb)   § 235 Abs. 2

28   Im Verlaufe eines Unterhaltsverfahrens müssen die Parteien zunächst vorprozessual Auskunft und/oder Belege einholen.. Erst wenn ein solches vorgerichtliches Auskunfts-/Belegvorlageverlangen teilweise oder insgesamt erfolglos war, ist die gerichtliche Unterstützung nach § 235 Abs. 2 FamFG zu erreichen.

29   Stellt ein Beteiligter einen entsprechenden Antrag auf Erlass einer Anordnung gem. § 235 Abs. 1 FamFG, weil der andere Beteiligte vor Beginn des Verfahrens einer nach den Vorschriften des bürgerlichen Rechts bestehenden Auskunfts-/Belegvorlagepflicht entgegen einer Aufforderung innerhalb angemessener Frist nicht nachgekommen ist, dann ist das Gericht nunmehr nach § 235 Abs. 2 FamFG **verpflichtet**, entsprechende Anordnungen nach § 235 Abs. 1 FamFG zu erlassen. Es hat die andere Partei förmlich unter angemessener Fristsetzung zur Auskunft und/oder zur Vorlage von Belegen aufzufordern. Auf diese Weise wird für den Auskunftsgläubiger ein zusätzlicher Anreiz geschaffen, um die benötigten Informationen von der Gegenseite zunächst außergerichtlich zu erhalten.

30   Mit der Regelung nach § 235 Abs. 2 FamFG bestrebt das Gesetz, die in der Regel zeitaufwendigen Stufenverfahren weitgehend entbehrlich zu machen. Nicht zuletzt besteht angesichts der oftmals existenziellen Bedeutung von Unterhaltsleistungen für den Berechtigten und angesichts dessen, dass ungenügende Unterhaltszahlungen zu einem erhöhten Bedarf an öffentlichen Leistungen führen können, über das private Interesse des Unterhaltsgläubigers hinaus auch ein öffentliches Interesse an einer sachlich richtigen Entscheidung in Unterhaltsangelegenheiten.

31   Auf die gerichtliche Anforderung hin eingegangene **Informationen** sind vom Antragsteller zu prüfen. Etwaigen schlüssig und substantiiert vorgetragenen Einwänden hat das Gericht nachzugehen. Dies geschieht im Rahmen eines **schriftlichen Verfahrens**, in dem jeweils beiden Seiten rechtliches

Gehör zu gewähren ist. Dabei können sich dieselben Meinungsverschiedenheiten über den Umfang der Auskunftspflicht und die Vollständigkeit der Angaben ergeben wie bei einem Stufenverfahren.

cc) § 235 Abs. 3

§ 235 Abs. 3 FamFG verpflichtet den Adressaten einer Auflage nach § 235 Abs. 1 FamFG, während des laufenden Verfahrens das Gericht **ungefragt** und **unaufgefordert** über **wesentliche Veränderungen** derjenigen Umstände zu informieren, die **Gegenstand** der **Auflage** waren. Die Vorschrift beinhaltet damit eine ausdrückliche **Verpflichtung** zu **ungefragter Information**, die der Beschleunigung des Unterhaltsverfahrens dienen soll. Voraussetzung ist aber, dass das Gericht eine förmliche Anordnung nach § 235 Abs. 1 FamFG erlassen hat. Die inhaltliche Anknüpfung an eine dem Beteiligten bereits gerichtlich erteilte Auflage begrenzt den Umfang der Informationspflicht. Ansonsten begründet das FamFG keine eigenständige Offenbarungspflicht. Das Fehlen einer weitergehenden verfahrensrechtlichen Verpflichtung lässt die prozessuale Wahrheitspflicht nach § 138 Abs. 1 ZPO jedoch unberührt. Auch gelten weiterhin die auch ohne ausdrückliche Nachfrage bestehenden materiell-rechtlichen Informationspflichten. **32**

dd) § 235 Abs. 4

§ 235 Abs. 4 erklärt die Entscheidungen des Gerichts nach § 235 Abs. 2 FamFG für nicht selbständig anfechtbar. Sie können auch nicht mit Zwangsmitteln durchgesetzt werden (§ 235 Abs. 4 FamFG). Die mangelnde selbständige Anfechtbarkeit einer Anordnung nach § 235 Abs. 2 FamFG ergibt sich zwar bereits aus ihrem Charakter als Zwischenentscheidung. Gleichwohl hat der Gesetzgeber noch einmal ausdrücklich klargestellt, dass Anordnungen nach § 235 Abs. 2 FamFG weder selbständig anfechtbar noch mit Zwangsmitteln nach § 35 FamFG durchsetzbar sind. Die Nichtanwendbarkeit von Zwangsmitteln beruht auf der überwiegenden Anwendung der ZPO-Vorschriften nach § 113 Abs. 1 FamFG – die Anwendung des § 35 FamFG ist ausgeschlossen – aufgrund des kontradiktorischen Charakters des Unterhaltsverfahrens, ist jedoch kontraproduktiv zu dem bestehenden öffentlichen Interesse an einer sachlich richtigen Entscheidung. **33**

Auch wenn das Gesetz keine direkten Zwangsmittel vorsieht (§ 235 Abs. 4 FamFG), wird in der Praxis die mit den entsprechenden Hinweisen nach § 235 Abs. 1 Satz 3 FamFG verbundene Aufforderung des Gerichts mit einer Belehrung über die Folgen eines aus grober Nachlässigkeit verspäteten Vorbringens (§ 115 FamFG) regelmäßig genügen, um das Verfahren zu beschleunigen. Wird die gerichtliche Anordnung nach § 235 Abs. 2 FamFG nicht befolgt, ist das Gericht nämlich berechtigt, Auskünfte von Dritten einzuholen (§ 236 FamFG). Diese sind verpflichtet, dem Ersuchen Folge zu leisten. Während es bislang (nur) im Ermessen des Gerichts stand, ob es von den ihm nach § 643 ZPO eingeräumten Befugnissen Gebrauch machte, ist es künftig auf den Antrag einer Partei **verpflichtet**, förmliche Anordnungen nach §§ 235 Abs. 1, 236 Abs. 1 FamFG zu treffen, wenn eine Partei (außergerichtlich) keine oder eine nur unvollständige Auskunft erteilt bzw. Belege nicht oder nur unvollkommen vorgelegt hat. **34**

b) Auskunfts-/Belegvorlage Dritter gegenüber dem Gericht (§ 236 FamFG)

§ 236 FamFG regelt die Einzelheiten der verfahrensrechtlichen Auskunfts- und Belegvorlagepflicht der Parteien und bestimmter Dritter in den auf gesetzlicher Unterhaltspflicht beruhenden Unterhaltsverfahren, berührt jedoch die materiell-rechtlichen Grundlagen des Auskunfts- und Belegvorlageanspruchs nach bürgerlichem Recht (Trennungsunterhalt: §§ 1361 Abs. 4, 1360a Abs. 4, 1605, nacheheliche Unterhalt: §§ 1580, 1605, Verwandtenunterhalt: § 1605) nicht. Das Gericht hat der auskunftspflichtigen Partei bereits bei der Aufforderung nach § 236 FamFG mitzuteilen, dass bei ungenügender Mitwirkung an der Klärung des Sachverhalts Auskünfte bei Dritten eingeholt werden können. Die Norm soll die Bereitschaft derjenigen Parteien zur Erteilung von Auskünften **35** und Vorlage von Belegen erhöhen, die eine gerichtliche Anfrage bei Dritten – insb. bei ihrem Arbeitgeber – vermeiden wollen.

aa) Auskunfts- und Belegvorlagepflichten (§ 236 Abs. 1 FamFG)

36 Kommt ein Beteiligter innerhalb der hierfür gesetzten Frist einer Verpflichtung nach § 235 Abs. 1 nicht oder nicht vollständig nach, dann **kann** das Gericht in Unterhaltsstreitigkeiten des § 231 FamFG – wenn und soweit dies für die Bemessung des Unterhalts von Bedeutung ist – bei den in § 236 Abs. 1 aufgeführten Stellen, namentlich Arbeitgebern, Sozialleistungsträgern sowie der Künstlersozialkasse, sonstigen Personen oder Stellen, die Leistungen zur Versorgung im Alter und bei verminderter Erwerbsfähigkeit sowie Leistungen zur Entschädigung und zum Nachteilsausgleich zahlen, Versicherungsunternehmen oder Finanzämtern über die Höhe der Einkünfte eigenständig **Auskunft** einholen und die entsprechenden **Belege** anfordern (§ 236 Abs. 1 FamFG). Die Anordnung ist den Beteiligten mitzuteilen (§ 236 Abs. 3 FamFG). Auskünfte und Belege sollen nicht bei Dritten eingeholt werden, ohne dass die Beteiligten gleichzeitig Kenntnis erlangen.

bb) Ermittlungspflichten des Gerichts (§ 236 Abs. 2 FamFG)

37 Kommt ein Verfahrensbeteiligter der gerichtlichen Aufforderung nach § 235 Abs. 1 FamFG nicht oder nicht vollständig nach, dann ist das Gericht nach § 236 Abs. 2 FamFG dazu **verpflichtet**, entsprechende Auskünfte bei Dritten selbst einzuholen, sofern die Voraussetzungen des § 236 Abs. 1 FamFG erfüllt sind, **und** der andere Beteiligte des Unterhaltsverfahrens einen entsprechenden **Antrag** gestellt hat. Es handelt sich hierbei um eine Parallelregelung zu § 235 Abs. 2 FamFG.

38 Jeder Verfahrensbeteiligte hat daher sorgfältig darauf zu achten, dass er den gerichtlichen Aufforderungen pünktlich und vollständig nachkommt und sowohl die Auskünfte lückenlos erteilt als auch sämtliche verlangten Belege vorlegt. Unberührt bleiben die sonstigen Verfahrensrechte des Gerichts, insb. die Regelungen über vorbereitende Maßnahmen (§ 273 ZPO), die schriftliche Beantwortung von Beweisfragen (§ 377 Abs. 3 ZPO) und die Einholung amtlicher Auskünfte (§ 358a Satz 1 Nr. 2 ZPO). Mit diesen Maßnahmen können Unterhaltsverfahren besser gestrafft werden, weil die nach § 236 FamFG erzwungene Auskunft vielfach eine sonst erforderliche Beweiserhebung durch Zeugeneinvernahme zu ersetzen und damit alle Verfahrensbeteiligten wie auch die zeugnispflichtigen Personen (etwa die sachkundigen Beschäftigten der Arbeitgeber oder Versorgungsträger) zu entlasten vermag.

cc) Leistungspflichten Dritter und Sanktionsmöglichkeiten bei Pflichtverletzungen (§ 236 Abs. 4 FamFG)

39 § 236 Abs. 4 FamFG normiert die Leistungspflichten der in § 236 Abs. 1 FamFG bezeichneten natürlichen und/oder juristischen Personen und/oder Stellen/Amtsträger. Diese sind verpflichtet, der gerichtlichen Anordnung Folge zu leisten, ohne dass insb. sozial- bzw. arbeitsrechtliche Geheimhaltungsvorschriften, Verschwiegenheitspflichten, Aussage- bzw. Zeugnisverweigerungsrechte einer Auskunftserteilung entgegengehalten werden können. Über die Verweisungsnorm des § 236 Abs. 3 Satz 2 FamFG gilt § 390 ZPO (Folgen der Zeugnisverweigerung) entsprechend. Bei unberechtigter Verweigerung sind die für Zeugen geltenden Vorschriften über die Folgen einer unberechtigten Verweigerung des Zeugnisses – Kostenpflichten, Verhängung von Ordnungsgeld, ersatzweise Ordnungshaft, sowie Anordnung von Zwangshaft – entsprechend anzuwenden, wenn nicht eine Behörde betroffen ist.

40 Ist eine Behörde Adressat der richterlichen Begehrens, dann ist sie von dem Anwendungsbereich des § 390 ZPO ausgenommen. Im Hinblick auf die bei der Mitwirkung anderer staatlicher Stellen zu beachtende Zuständigkeitsordnung besteht keine Möglichkeit, Ordnungsgeld festzusetzen oder Ordnungshaft anzuordnen. Vielmehr muss bei einer Nichtbefolgung ggf. die jeweils **übergeordnete Behörde** eingeschaltet werden. Der Gesetzgeber erachtet die dort vorgesehenen Sanktionen und Zwangsmittel bei Behörden nicht für angebracht, da er für diese davon ausgegangen ist, dass sie ihrer gesetzlichen Auskunftspflicht, soweit rechtlich und tatsächlich möglich, pflichtgemäß nachkommen. Meinungsverschiedenheiten über Grund und/oder Umfang einer Auskunftspflicht im Einzelfall sollen über die vorgesetzte Behörde geklärt werden.

dd) Unanfechtbarkeit der richterlichen Anordnungen nach § 236 FamFG

§ 236 Abs. 5 FamFG bestimmt, dass die Anordnungen des Gerichts nach § 236 FamFG für die **Beteiligten nicht selbständig anfechtbar** sind. Die Norm entspricht hinsichtlich der Beteiligten § 235 Abs. 5 FamFG. Der Ausschluss der Anfechtbarkeit gilt ausdrücklich nicht für **nicht** am Verfahren beteiligte **Dritte**, da sie nicht die Möglichkeit haben, die Rechtmäßigkeit einer Anordnung nach § 236 Abs. 1 FamFG inzident im Rechtsmittelzug überprüfen zu lassen.   41

3. Auskunftsansprüche nach § 242 mit unterhaltsrechtlichen Bezügen

Das deutsche Recht kennt **keine allgemeine Auskunftspflicht**. Niemand ist rechtlich verpflichtet, bestimmte Tatsachen einem anderen schon deshalb zu offenbaren, weil dieser daran ein rechtliches Interesse hat.[45] Nach ständiger Rechtsprechung besteht aber nach **Treu und Glauben** (§ 242) dann ein (**allgemeiner**) **Auskunftsanspruch**, wenn zwischen den Beteiligten **besondere rechtliche Beziehungen** vertraglicher oder außervertraglicher Art bestehen, die es mit sich bringen, dass der Auskunft Begehrende entschuldbar über das Bestehen oder den Umfang seines Rechts im Unklaren und deshalb auf die Auskunft des Verpflichteten angewiesen ist, während dieser die Auskunft unschwer erteilen kann und dadurch nicht unbillig belastet wird.[46] Dieser Grundsatz gilt auch im Familienrecht.[47] Die **Grenzen der Auskunftspflicht** nach **allgemeinen Rechtsgrundsätzen** entsprechen den im Familienrecht gesetzlich geregelten Auskunftsansprüchen. Danach besteht eine Auskunftspflicht entsprechend § 1605 Abs. 1 Satz 1 nur, **soweit** dies zur Feststellung eines Unterhaltsanspruchs oder einer Unterhaltsverpflichtung **erforderlich** ist.[48]   42

Neben dem Anspruch auf **Auskunft** besteht gem. § 242 i.V.m. § 1605 Abs. 1 Satz 2 auch ein Anspruch auf **Vorlage** von **Belegen** sowie ggf. auf Abgabe einer **eidesstattlichen Versicherung** der Richtigkeit und Vollständigkeit der gemachten Angaben nach § 1605 Abs. 1 Satz 3.[49]   43

a) Auskunftsansprüche der Eltern eines Kindes untereinander

Wird ein **Elternteil** von einem **gemeinschaftlichen Kind** auf Barunterhalt in Anspruch genommen, dann stellt sich die Frage der Berechnung seines Haftungsanteils, wenn auch der andere Elternteil barunterhaltspflichtig ist (**Teilschuldnerhaftung**, § 1606 Abs. 3 Satz 1). Der in Anspruch genommene Elternteil ist zur Berechnung seines **Haftungsanteils** nur in der Lage, wenn ihm die Einkommens- und Vermögensverhältnisse des anderen Elternteils bekannt sind. Da eine unmittelbare gesetzliche Regelung fehlt, hat die Rechtsprechung auf der Grundlage von Treu und Glauben (§ 242) insoweit einen **Auskunftsanspruch** eines Elternteils gegen den anderen bejaht, wenn und soweit die Auskünfte notwendig sind, damit die **Haftungsanteile** der Eltern (§ 1606 Abs. 3 Satz 1) für den Unterhalt des Kindes ermittelt werden können, weil die Beteiligten schuldrechtlich miteinander verbunden sind (§ 1606 Abs. 3 Satz 1) und der Auskunft Begehrende entschuldbar über die Höhe seiner Verpflichtung im unklaren und deshalb auf die Auskunft des anderen Elternteils   44

---

45 BGH FamRZ 1983, 352, 354 – zu § 116 BSHG.
46 Zu allem ausführlich BGHZ 10, 385; 55, 201; 61, 180; FamRZ 1983, 352; NJW-RR 1987, 173.
47 BGH FamRZ 2003, 1836 = FuR 2003, 573 (Berufungsurteil: OLG München FamRZ 2002, 50); s. auch OLG München OLGR 2000, 123; BGH FamRZ 2001, 23 = FuR 2000, 491 (mit Anm. Kogel MDR 2000, 1435) zur Rechenschaftspflicht des Ehegatten, der während des Zusammenlebens der Ehegatten die Wirtschaftsführung übernommen hat.
48 BGH FamRZ 1982, 996 (573)) (Berufungsurteil: OLG Bamberg FamRZ 1981, 163); 1986, 450; 1988, 268, jeweils m.w.N.; KG FamRZ 2009, 702; s. auch OLG Köln FamRZ 1992, 469.
49 KG FamRZ 2009, 702.

angewiesen ist.[50] Der Auskunftsanspruch gegen den anderen Elternteil ist grundsätzlich unabhängig von den Einkommensverhältnissen des Elternteils, bei dem das Kind lebt.[51]

45   Die wechselseitige Auskunftsverpflichtung gilt auch für **nicht verheiratete Eltern** eines volljährigen Kindes. Auch zwischen ihnen besteht eine besondere Rechtsbeziehung, da sie auf Grund ihrer gleichrangigen Unterhaltpflicht gem. § 1606 Abs. 3 Satz 1 für die Unterhaltsansprüche ihres Kindes anteilig nach ihren Erwerbs- und Vermögensverhältnissen haften. Dieses besondere Rechtsverhältnis begründet daher nach den Grundsätzen von Treu und Glauben (§ 242) einen entsprechenden Auskunftsanspruch.

46   Dem Auskunftsanspruch steht nicht entgegen, dass dem Kind gem. § 1605 ein eigener Auskunftsanspruch gegen beide Elternteile zusteht[52] Unter Berücksichtigung von § 1618a, dem insoweit Leitbildfunktion zukommt, ist es einem Elternteil nicht zumutbar, die zur Berechnung seines Haftungsanteils notwendigen Informationen (auf dem Umweg) über das Kind einzuholen.[53] Allerdings muss das von beiden Eltern Unterhalt begehrende Kind **im Unterhaltsverfahren** als Teil eines **schlüssigen Sachvortrags** die Einkünfte **beider Elternteile** darlegen, da ansonsten der Haftungsanteil des in Anspruch genommenen Elternteils nicht berechnet werden kann. Das Kind hat daher die notwendigen Auskünfte zum Einkommen beider Elternteile rechtzeitig nach § 1605 einzuholen, notfalls für jeden Haftungsanteil in zwei getrennten Verfahren.[54]

47   Nach Ansicht des OLG Karlsruhe[55] besteht ein Auskunftsanspruch des von einem volljährigen gemeinschaftlichen Kind auf Unterhalt in Anspruch genommenen Elternteils gegen den anderen Elternteil jedenfalls dann nicht, wenn der im Rahmen eines laufenden Unterhaltsverfahrens auf Unterhalt in Anspruch genommene Elternteil auf die Auskunft gar nicht angewiesen ist, weil dem volljährigen Kindes die Darlegungs- und Beweislast für den Haftungsanteil nach § 1606 Abs. 3 Satz 1 und damit auch die Einkommens- und Vermögensverhältnisse des anderen Elternteils obliegt.

48   Ein Auskunfts- und Belegvorlageanspruch gegen den **Ehegatten** des von seinem volljährigen Kind auf Unterhalt in Anspruch genommenen **Elternteils** besteht nicht. Der auf Unterhalt in Anspruch genommene Elternteil hat daher auf Verlangen auch über die Einkommensverhältnisse seines **Ehegatten**, der nicht Elternteil des Auskunftsgläubigers ist, Auskunft zu erteilen, soweit dies erforderlich ist, damit dessen **Anteil am Familienunterhalt** bestimmt werden kann. Dieser Anspruch geht nicht weiter als der gegen ihn geltend gemachte Auskunftsanspruch, sondern bleibt dahinter zurück. Der Ehegatte schuldet lediglich Auskunft über Eckpunkte seiner Einkommensverhältnisse, ohne dass er detailliert die einzelnen Einnahmen und Ausgaben darstellen muss; darüber hinaus besteht kein Belegvorlageanspruch gegen den Ehegatten des Auskunftsschuldners.[56]

49   Behauptet der Unterhaltsschuldner allerdings Umstände, die die **Unterhaltsbedürftigkeit** seines **Ehegatten** begründen, und damit eine sein Einkommen mindernde Verbindlichkeit, dann trifft ihn insoweit die Darlegungs- und Beweislast, insb. zur Erwerbstätigkeit seines Ehegatten und das

50 BGH FamRZ 1988, 268; OLG Köln FamRZ 1992, 469; OLG Schleswig OLGR 2001, 373; a.A. OLG Karlsruhe FamRZ 2009, 1497 – vielfach sei der Anspruchsteller auf die Auskunft nicht angewiesen, weil im Unterhaltsverfahren des volljährigen Kindes diesem die Darlegungs- und Beweislast für den Haftungsanteil nach § 1606 Abs. 3 Satz 1 und damit die Einkommens- und Vermögensverhältnisse des anderen Elternteils obliege.
51 OLG Naumburg OLGR 1998, 46.
52 BGH FamRZ 1988, 268; OLG Köln FamRZ 1992, 469; OLG Hamburg FamRZ 1982, 627; OLG Frankfurt FamRZ 1987, 839; OLG Zweibrücken FamRZ 2001, 249; differenzierend: OLG Karlsruhe FamRZ 2009, 1497.
53 BGH FamRZ 1988, 268; OLG Zweibrücken FamRZ 2001, 249 (in einem Abänderungsverfahren).
54 Budde FuR 2000, 11.
55 OLG Karlsruhe FamRZ 2009, 1497.
56 OLG Thüringen OLGR 2008, 823.

von ihm erzielte Einkommen, ggf. auch zu seiner Erwerbsfähigkeit und das insoweit erzielbare Einkommen.[57]

b) Auskunftsansprüche der Kinder untereinander im Rahmen des Elternunterhalts

Eine besondere Rechtsbeziehung, die einen Auskunftsanspruch nach Treu und Glauben begründet, besteht auch zwischen **Geschwistern**, die als **gleich nahe Verwandte** gem. § 1606 Abs. 3 Satz 1 anteilig nach ihren Erwerbs- und Vermögensverhältnissen für den **Elternunterhalt** haften, damit die **Haftungsanteile** der **Kinder** untereinander (§ 1606 Abs. 3 Satz 1) für den Unterhalt des bedürftigen **Elternteils** festgestellt werden können.[58] **50**

Mangels einer besonderen Rechtsbeziehung besteht jedoch **kein Anspruch** auf **Auskunft** gegen den **Ehegatten** eines **Geschwisterteils**. Vorbereitende Auskunftsansprüche stehen nur den Beteiligten eines Schuldverhältnisses zu. Durch diese Einschränkung erfährt auch der auf § 242 gestützte Auskunftsanspruch die erforderliche tatbestandliche Begrenzung, um nicht zu einem – dem deutschen Recht fremden – allgemeinen Informationsanspruch auszuufern.[59] Behauptet allerdings ein Geschwisterteil Umstände, welche die Unterhaltsbedürftigkeit seines Ehegatten begründen, und damit eine sein Einkommen mindernde Verbindlichkeit, dann trifft ihn insoweit die Darlegungs- und Beweislast insb. zur Erwerbstätigkeit seines Ehegatten und das von ihm erzielte Einkommen, ggf. auch zu seiner Erwerbsfähigkeit und das insoweit erzielbare Einkommen. **51**

c) Auskunftsansprüche der Großeltern untereinander im Rahmen des Kindesunterhalts

Auch einem **teilschuldnerisch** haftenden **Großelternteil** steht ein Auskunftsanspruch gegenüber einem anderen Großelternteil zu.[60] **52**

d) Weitere Fallgruppen aus der Rechtsprechung

Auf der Grundlage von Treu und Glauben hat die Rechtsprechung **weitere unterhaltsrechtliche Auskunftsansprüche** bejaht, wenn und soweit Auskünfte notwendig sind, damit **53**

– ein **familienrechtlicher Ausgleichsanspruch** (z.B. **zur gerechten Verteilung der** Unterhaltslast anteilig haftender Eltern entsprechend ihrem Leistungsvermögen) vorbereitet bzw. geltend gemacht werden kann;[61]
– die **Bedürftigkeit** beurteilt werden kann. Ein Unterhalt Begehrender kann über den normierten Rahmen hinaus nach Treu und Glauben gehalten sein, Auskunft zu erteilen, wenn nur so die für die **Unterhaltsbemessung relevanten Tatsachen** zu erfahren sind, weil sie allein in der Kenntnissphäre des anderen liegen, und der andere die Tatsachen redlicherweise nicht zurückhalten darf (etwa Angaben über Bemühungen zur Erlangung eines Arbeitsplatzes, nichteheliche Partnerschaften wegen eventueller Versorgungsleistungen);[62]
– ein **Schadensersatzanspruch** nach § 826 oder ein **Bereicherungsanspruch** nach § 812 betreffend überzahlten Unterhalt vorbereitet werden kann.[63]

---

57 So zum Dreiteilungsgrundsatz zuletzt BGH FamRZ 2010, 111, und BGH, Urteil vom 14.04.2010 – XII ZR 89/08.
58 BGH FamRZ 2003, 1836.
59 BGH FamRZ 2003, 1836 = FuR 2003, 573 (Berufungsurteil: OLG München FamRZ 2002, 50) mit Anm. Strohal FamRZ 2003, 1838; Born FamRB 2004, 40; Rakete-Dombek LMK 2004, 4.
60 OLG Frankfurt FamRZ 2004, 1745; OLG Thüringen FamRZ 2006, 569 = FuR 2006, 95.
61 Hierzu insgesamt BGHZ 31, 329; 50, 266; BGH FamRZ 1981, 761; zum familienrechtlichen Ausgleichs- und Erstattungsanspruch bei rückständigem Kindesunterhalt s. Armasow MDR 2004, 307 ff.
62 OLG Braunschweig FamRZ 1987, 284 – Anspruch des geschiedenen Ehegatten nach § 242.
63 S. hierzu BGH FamRZ 1983, 352.

4. Pflicht zu ungefragter Information (§ 242)

54 **Grundsätzlich** ist Auskunft nur **auf Verlangen** zu erteilen. Verlangt eine Partei Unterhalt, dann hat sie gleichwohl die der Begründung des Anspruchs dienenden tatsächlichen Umstände wahrheitsgemäß mitzuteilen. Sie darf nichts verschweigen, was ihre Unterhaltsbedürftigkeit in Frage stellen könnte.[64] Diese **Informationspflicht** bezieht sich auf **alle unterhaltsrechtlich relevanten Umstände** (etwa mietfreies Wohnen, längeres Zusammenleben mit einem neuen Lebensgefährten u.a.).[65] Daher besteht auch im Rahmen des Dauerschuldverhältnisses »Unterhalt« in gewissem Umfang nach Treu und Glauben (§ 242) eine **Pflicht** zu **ungefragter Information**[66] insb. dann, wenn eine der Parteien des Unterhaltsrechtsverhältnisses einen Vertrauenstatbestand geschaffen hat, so dass das Schweigen über eine **grundlegende Veränderung** der **Verhältnisse** als **evident unredlich** erscheint.[67]

55 Besteht bereits ein Unterhaltstitel, dessen Rechtskraft zu durchbrechen ist, kommt bei mangelnder Offenbarung in **Ausnahmefällen** auch ein **Schadensersatzanspruch** in Betracht (§ 826), wenn das Verschweigen eines den Unterhaltsanspruchs eindeutig beeinflussenden Umstandes in hohem Maße unredlich ist.[68] Verschweigt etwa ein Unterhaltsschuldner, der auf Grund eines Titels oder einer außergerichtlichen Vereinbarung Unterhalt zahlt, in evident unredlicher Weise eine **grundlegende Verbesserung** seiner **Leistungsfähigkeit**, so kann er sich nach § 826 schadensersatzpflichtig machen.[69]

a) Informationspflichten des Unterhaltsgläubigers während eines Verfahrens

56 Die Wahrheitspflicht der Unterhalt begehrenden Partei gilt mit Rücksicht auf die nach § 138 Abs. 1 ZPO bestehende **prozessuale Wahrheitspflicht** erst recht während eines laufenden Rechtsstreits.[70] Ändern sich die maßgeblichen Verhältnisse während des Rechtsstreits, so sind Umstände, die sich auf den geltend gemachten Anspruch auswirken können, auch **ungefragt** anzuzeigen.[71] So hat etwa der Unterhaltsgläubiger auch freiwillige Zuwendungen Dritter anzuzeigen, auch wenn er – auch nach anwaltlicher Beratung – meint, diese Zuwendung sei ohne Einfluss auf den Unterhaltsanspruch.[72] Weitet ein Unterhaltsgläubiger seine Erwerbstätigkeit aus, und vereinbart er insoweit zunächst eine Probezeit, dann muss er den Unterhaltsschuldner hiervon bereits zu Beginn der Probezeit unterrichten.[73]

57 Lässt der Unterhalt begehrende Ehegatte wahrheitswidrig vortragen, er lebe nicht mit einem anderen Partner zusammen, dann greift der **Verwirkungseinwand** nach § 1579 Nr. 2 und 4 jedenfalls auch dann ein, wenn zum Zeitpunkt des Vortrags der Zeitraum zwar noch nicht abgelaufen ist, ab dem die Verfestigung einer ehegleichen Gemeinschaft angenommen werden kann (etwa zwei bis drei Jahre), dieser aber im Laufe des Verfahrens erreicht wird.[74]

---

64 Grundlegend BGH FamRZ 1986, 450, 453, und ständig, zuletzt BGH FamRZ 2008, 1325 = FuR 2008, 401; hierzu näher auch Hoppenz FamRZ 1989, 337; van Els FamRZ 1995, 650; Büttner, FF 2008, 15; Brudermüller FS Rolland 1999, 45, 57.
65 OLG Koblenz FamRZ 1987, 1156.
66 Vgl. eingehend Hoppenz FamRZ 1989, 337 ff.
67 BGH FamRZ 1986, 450.
68 BGH FamRZ 1988, 270.
69 OLG Bremen FamRZ 2000, 256.
70 BGH FamRZ 2000, 153 = FuR 1999, 377.
71 OLG Hamburg FamRZ 1987, 1044.
72 BGH FamRZ 2000, 153.
73 OLG Koblenz FamRZ 2002, 325.
74 OLG Koblenz FamRZ 2000, 605 = FuR 2000, 183.

b) Informationspflichten des Unterhaltsgläubigers nach einem Beschluss

Selbst wenn nachehelicher Unterhalt bereits durch **Urteil/Beschluss** zuerkannt wurde, kann sich **58** in der Folgezeit eine Verpflichtung des Unterhaltsgläubigers zur **ungefragten Offenbarung veränderter Verhältnisse** eines Unterhaltsrechtsverhältnisses ergeben, wenn das Schweigen über eine günstige, für den Unterhaltsanspruch ersichtlich grundlegende Änderung der wirtschaftlichen Verhältnisse **evident unredlich** erscheint.[75]

c) Informationspflichten des Unterhaltsgläubigers auf Grund eines Vertrages

Die Pflicht zur Rücksichtnahme einer Partei auf die Belange der anderen erhöht sich, wenn es um **59** eine **Unterhaltsvereinbarung** geht. Der Unterhaltsgläubiger ist im Hinblick auf seine **vertragliche Treuepflicht** gehalten, **jederzeit** und **unaufgefordert** dem anderen Teil Umstände zu offenbaren, die ersichtlich dessen Verpflichtungen aus dem Vertrag – insb. gegenüber den Vergleichsgrundlagen geänderte wirtschaftliche Verhältnisse – berühren.[76] So hat der BGH bereits im Jahre 1959[77] eine **vertragliche Pflicht** zur **ungefragten Information** über ein später erzieltes höheres Einkommen bejaht. Haben geschiedene Ehegatten in einem Unterhaltsvergleich vereinbart, dass ein bestimmter monatlicher Nettoverdienst des Berechtigten anrechnungsfrei bleiben soll, ist der Unterhaltsschuldner ungefragt zu informieren, wenn der Verdienst diese Grenze deutlich übersteigt.[78] § 1579 kann eingreifen, wenn der Unterhaltsgläubiger die sich aus einer Unterhaltsvereinbarung ergebende Informationspflicht gegenüber dem Unterhaltsschuldner über gegenüber den Vergleichsgrundlagen geänderte wirtschaftliche Verhältnisse verletzt.[79]

Im Rahmen dieser Offenbarungspflichten kommt es auf **rechtliche Wertungen** des Unterhalts- **60** gläubigers ebenso wenig an wie darauf, ob er davon ausgehen kann, dass sich die geänderten Umstände auf den Unterhaltsanspruch überhaupt nicht auswirken können. Die **Verhältnisse** sind **insgesamt wahrheitsgemäß** anzugeben. Dies kann mit der Darlegung der Rechtsauffassung verbunden werden, aus welchen Gründen die Veränderung unterhaltsrechtlich nicht von Bedeutung sei. Die Entscheidung darüber, ob und gegebenenfalls inwieweit diese Rechtsansicht berechtigt ist, muss letztlich dem Gericht überlassen bleiben.[80] Allerdings muss das **Verhalten** für den Unterhaltsschuldner **wirtschaftlich relevant** sein. Daran wird es fehlen, wenn etwa das erzielte Erwerbseinkommen des Unterhaltsgläubigers geringfügig ist und der Unterhaltsschuldner weit unter dem vollen Bedarf Unterhalt leistet, oder wenn sich eine nichteheliche Lebensgemeinschaft des Unterhaltsschuldners mit einem Dritten auf den Unterhalt nicht auswirkt.

d) Beispiele aus der Rechtsprechung zur Verletzung von Informationspflichten

– Verschweigen der Aufnahme, Ausübung oder nicht unwesentlichen Ausweitung einer Erwerbs- **61** tätigkeit,[81]
– Grob falsche Darstellung der Höhe der eigenen Einkünfte,[82]

---

75 BGH FamRZ 1986, 450 = FuR 1999, 377.
76 BGH FamRZ 1997, 483 bei deutlicher Überschreitung eines im Vergleich vereinbarten anrechnungsfreien Betrages; 1988, 270; 1997, 483; 2000, 153 = FuR 1999, 377; s. auch OLG Hamm FamRZ 1994, 1265; Hoppenz FamRZ 1989, 337, 339.
77 FamRZ 1959, 288.
78 BGH FamRZ 1997, 483.
79 OLG Bamberg FamRZ 2001, 834 – es wurde der Tatbestand des § 1579 Nr. 7 angenommen.
80 BGH FamRZ 1984, 32 – Mitteilung von Erwerbseinkünften bei behaupteter Unzumutbarkeit der Arbeitsaufnahme; 2000, 153 = FuR 1999, 377; OLG Zweibrücken NJW-RR 1996, 1219; OLG Bamberg FamRZ 2001, 834.
81 BGH FamRZ 1988, 270; OLG Hamburg FamRZ 1987, 1044; OLG Düsseldorf FamRZ 1991, 1313; OLG Hamm OLGR 2000, 374.
82 OLG Zweibrücken FamRZ 1996, 220.

- Verschweigen des Abbruchs einer Ausbildung,[83]
- Verschweigen des Beginns der Rentenzahlungen,[84]
- Verschweigen des Endes der Rückführung einkommensmindernder Darlehensverbindlichkeiten,[85]
- Bewusst falsche Angaben zum Zusammenleben mit einem neuen Partner.[86]

5. Auskunftsanspruch des Sozialhilfeträgers

62   Nach § 94 Abs. 1 Satz 1 SGB XII geht der Auskunftsanspruch nach § 1605 zusammen mit dem Unterhaltsanspruch auf den leistungserbringenden Sozialhilfeträger über. Eine zusätzliche Sondervorschrift für den Übergang des Auskunftsanspruches auf das Land als Unterhaltsvorschusskasse enthält § 7 Abs. 1 Satz 1 UVG.

Daneben normiert **§ 117 Abs. 1 SGB XII** einen öffentlich-rechtlichen Auskunftsanspruch des Sozialhilfeträgers gegenüber Angehörigen und sonstigen nach § 117 SGB XII Kostenersatzpflichtigen eines Sozialhilfeempfängers als (potentiell) Unterhaltspflichtigen über ihre Einkommens- und Vermögensverhältnisse gegenüber dem Träger der Sozialhilfe. Die hiernach bestehende Auskunftspflicht geht über die privatrechtliche Auskunftsverpflichtung weit hinaus. Dies gilt insbeondere für den Kreis der Auskunftspflichtigen.[87]

Ein (potentiell) Unterhaltspflichtiger hat dem Leistungserbringer Auskunft über seine (eigenen) Einkommens- und Vermögensverhältnisse zu erteilen. Der Sozialhilfeträger bedarf angesichts des Anspruchsübergangs nach § 94 SGB XII zeitnaher Kenntnis über Art und Umfang der ggf. übergegangenen Unterhaltsansprüche, weil er nur auf der **Grundlage** dieser Informationen prüfen kann, ob die beabsichtigte Anspruchsüberleitung die Überleitungsgrenze in § 94 Abs. 1 Satz 2 SGB XII einhalten würde. Daher setzt die Rechtmäßigkeit des Auskunftsverlangens nicht voraus, dass der zur Überleitung vorgesehene Unterhaltsanspruch besteht: Zur Auskunft verpflichtet ist, wer als Unterhaltsschuldner des Sozialhilfeempfängers in Betracht kommt.

63   Das Recht auf informationelle Selbstbestimmung nach Art. 2 Abs. 1 GG wird durch § 117 SGB XII insoweit in zulässiger Weise eingeschränkt, sofern die begehrten Auskünfte geeignet und erforderlich sind, den Leistungsanspruch zu klären. Eine sog. **Negativevidenz** liegt nur dann vor, wenn ein Unterhaltsanspruch des Sozialhilfeempfängers **offensichtlich**, d.h. ohne nähere Prüfung **ausgeschlossen** ist, insb. wenn offensichtlich kein überleitbarer Unterhaltsanspruch besteht.[88]

64   Allerdings legt § 117 SGB XII einem (potentiell) Unterhaltspflichtigen **nicht** die Rechtspflicht auf, dem Sozialhilfeträger Auskunft über die Einkommens- und Vermögensverhältnisse seines **Ehegatten** zu erteilen; dasselbe gilt für die geforderten Auskünfte über Beruf, Arbeitgeber und Nettoeinkommen von Angehörigen des Antragstellers innerhalb und außerhalb seines Haushalts. Der Sozialhilfeträger hat deshalb sicherzustellen, dass der Inhalt der einzelnen Fragen in einem von ihm — bei Überleitungen — verwendeten Fragebogen nicht weiter geht, als es die Zweckbindung der Auskunft und der Grundsatz der Verhältnismäßigkeit zulassen.[89]

---

83 BGH FamRZ 1990, 1095, 1096 – Abbruch des Studiums; OLG Koblenz NJW-RR 1987, 391 – Abbruch einer Berufsausbildung.
84 OLG Schleswig FamRZ 2000, 1367 – teilweise Verwirkung angenommen.
85 OLG Bamberg NJW-RR 1994, 454.
86 OLG Hamm FamRZ 1996, 1079; OLG Stuttgart FamRZ 1997, 1079; OLG Koblenz FamRZ 2000, 605.
87 Wendl/Klinkhammer, § 8 Rn. 66.
88 LSG Nordrhein-Westfalen SozSichplus 2009, 11 (Nr. 12).
89 Vgl. zu allem näher BVerwG FamRZ 1993, 1067 = FuR 1993, 282 – das Auskunftsverlangen sei verfassungskonform.

Der Übergang des Auskunftsanspruchs auf den Sozialhilfeträger führt nicht gleichzeitig dazu, dass **64a** der Leistungsberechtigte sein eigenes Auskunftsrecht verliert. Der Leistungsempfänger bleibt vielmehr Inhaber des Stammrechts auf Unterhalt[90], derweil der Leistungserbringer allein die Befugnis erhält, den Auskunftsanspruch des Unterhaltsgläubigers im eigenen Namen geltend zu machen.

Dem Leistungsempfänger bereits deshalb weiterhin ein Auskunftsrecht zu, weil er dieses benötigt, um die Höhe/Berechtigung von Anspruchsteilen zu überprüfen, die ihm über den auf den Leistungsträger übergegangenen Anspruch hinaus zustehen. Auch muss er die Möglichkeit haben, das Bestehen zukünftiger Ansprüche zu prüfen.[91]

II. Inhalt und Umfang des Auskunftsanspruchs

Die verlangte Auskunft muss sich auf alle **Einkommen** aus **allen Einkunftsarten** erstrecken. **65** Neben Einkünften aus hauptberuflicher Tätigkeit sind dies auch Bezüge aus jeglichem Nebenerwerb, gleichgültig, ob »angemeldet« oder nicht (s. im Übrigen hierzu die sonstigen Einkunftsarten nach § 2 EStG). Der Auskunftsanspruch nach § 1605 umfasst jedoch **nicht** sonstige Angaben über andere **unterhaltsrechtlich relevanten Umstände** (etwa mietfreies Wohnen, längeres Zusammenleben mit einem neuen Lebensgefährten, über Bemühungen zur Erlangung eines Arbeitsplatzes u.a.).[92] Unabhängig von der Pflicht zur ungefragten Information beruht ein solcher Auskunftsanspruch auf § 242.

Allein die **Vorlage** von **Belegen** genügt grundsätzlich nicht,[93] auch nicht die **Gewährung** von **Einsicht** in die maßgebenden Unterlagen.[94] Der Anspruch auf Auskunft ist nur dann ordnungsgemäß **66** erfüllt, wenn der Auskunftsschuldner dem Auskunftsgläubiger eine schriftliche, systematische, übersichtliche, geordnete und zeitlich **in sich geschlossene Aufstellung** der erforderlichen Angaben in der Form eines **Bestandsverzeichnisses** (§§ 259, 260) übermittelt hat, die eine **Zusammenstellung aller erforderlichen Angaben** enthält, die notwendig sind, um dem Auskunftsgläubiger **ohne übermäßigen Arbeitsaufwand** die **Berechnung** nicht nur des **unterhaltsrelevanten Einkommens**, sondern des Unterhaltsanspruchs insgesamt zu ermöglichen.[95] Daher ist nicht nur das Ergebnis anzugeben, sondern die **gesamten Einnahmen** und **alle** damit zusammenhängenden **Ausgaben** (Steuern, Vorsorgeaufwendungen, Werbungskosten bzw. berufsbedingte Aufwendungen u.a.).[96] Ausgabeposten sind so genau darzulegen, dass der Auskunftsgläubiger imstande ist, deren unterhaltsrechtliche Relevanz nachzuprüfen.[97] An einer solchen ordnungsmäßigen Aufstellung fehlt es, wenn der Auskunftsschuldner nur eine Reihe von Belegen vorlegt oder über mehrere Schriftsätze verteilt Einzelauskünfte gibt, ohne diese »zu einem geschlossenen Werk« zusammenzufügen.[98]

90 LSG Niedersachsen FamRZ 2000, 773.
91 KG FamRZ 1997, 1405; Wendl/Klinkhammer, § 8 Rn. 66.
92 S. etwa hierzu OLG Koblenz FamRZ 1987, 1156; OLG Düsseldorf FamRZ 1997, 361 zu §§ 1361 Abs. 4 S. 4, 1605; OLG Hamm FamRZ 1996, 1079; OLG Stuttgart FamRZ 1997, 1079; s. aber OLG Braunschweig FamRZ 1987, 284 – Anspruch nach § 242.
93 S. etwa OLG Köln FamRZ 2003, 235; OLG Hamm FuR 2004, 264; OLG Dresden FamRZ 2005, 1195.
94 OLG Stuttgart FamRZ 1991, 84.
95 BGH FamRZ 1983, 996; OLG München FamRZ 1996, 738; KG FamRZ 2000, 838 (Ls); OLG Köln FamRZ 2003, 235; OLG Hamm FuR 2004, 264; s. auch BayObLG NJWE-FER 2001, 99 zur ordnungsmäßigen Abrechnung eines Betreuers.
96 OLG München FamRZ 1996, 738; OLG Köln FamRZ 2003, 235.
97 OLG Köln FamRZ 2003, 235.
98 OLG Köln FamRZ 2003, 235; OLG Hamm FuR 2004, 264; OLGR 2004, 85; FamRZ 2005, 1194 – die relevanten Angaben waren vier Schriftsätze über einen Zeitraum von 12/2004 bis 09/2005 verteilt; OLG Dresden FamRZ 2005, 1195; OLG Hamm FamRZ 2005, 1194.

67 Allerdings kann – solange die Übersichtlichkeit noch gewahrt ist – die Auskunft auch aus mehreren **Teilverzeichnissen** bestehen.[99] Dies ist insb. dann hinzunehmen, wenn – neben anderen Einkunftsquellen – Einkünfte aus nichtselbständiger Tätigkeit zur Debatte stehen.

1. Inhalt des Auskunftsanspruchs

68 Der Auskunftsgläubiger muss **präzise anfragen**, welche Angaben er im Einzelnen benötigt.[100] Der Auskunftsschuldner hat dann seine **Einkünfte** und – soweit dies zur **Feststellung** eines **Unterhaltsanspruchs erforderlich** ist[101] – sein **Vermögen** systematisch in einem **Bestandsverzeichnis** (§ 259 Abs. 1) zusammenzustellen, nicht jedoch die Einkünfte und/oder das Vermögen seines Ehegatten.[102] Die Auskunftpflicht bezüglich der Einkünfte erstreckt sich – soweit das Auskunftsbegehren zulässig ist – auf das gesamte **abgefragte unterhaltsrelevante Einkommen** (etwa Steuerrückerstattungen,[103] Aufwandsentschädigung und Sitzungsgelder von Abgeordneten sowie – trotz §§ 1610a, 1578a – Sozialleistungen, z.B. BEG-Renten,[104] Pflegegelder[105]).[106]

69 Bei **nicht schwankenden Einkünften** reicht es regelmäßig aus, wenn der Auskunftsschuldner zusammen mit seiner Zusicherung, er verfüge über keine weiteren Einkünfte, seine **Jahreslohnsteuer-** bzw. eine **sonstige Jahresverdienstbescheinigung** vorlegt, die sich auf den Auskunftszeitraum bezieht und detailliert mitteilt, wie sich sein Brutto- und Nettoeinkommen zusammensetzt. Eine solche Bescheinigung genügt den gesetzlichen Anforderungen, da § 1605 (wie auch § 1580) unter einer Bescheinigung des Arbeitgebers eine Verdienstbescheinigung versteht.[107] Hingegen genügen weder die Übergabe der Einkommensteuererklärung/des Einkommensteuerbescheids[108] noch des Antrages auf staatliche Leistungen.[109]

70 Werden – wie in der **familienrechtlichen Praxis** vielfach üblich – zusammen mit der Erklärung, es gebe keine weiteren Einkünfte, die Verdienstbescheinigungen für den Auskunfts- und Belegvorlagezeitraum übersandt, dann kann auch auf die Gehaltsbescheinigung für den Monat Dezember verwiesen werden, sofern sie (auch) die aufgelaufenen Jahressummen für ein komplettes Kalenderjahr enthält. Es ist dann aber auch darauf zu achten, dass **keine Fehlzeiten** über den Zeitraum der Entgeltfortzahlung hinaus aufgelaufen, und dass **alle Bezüge** (etwa Weihnachts- und Urlaubsgeld, sonstige Sonderzahlungen, Spesen u.a.) in dieser Bescheinigung enthalten sind. Ansonsten ist bei Lohn- und Gehaltsempfängern das gesamte Bruttoeinkommen (alle Bezüge gleich welcher Art, auch Sachbezüge), nach Monaten getrennt, Art und Höhe aller Bezüge gesetzlicher Art und das sich daraus ergebende Nettoeinkommen (sog. Überschusseinkommen) anzugeben.[110]

71 Verfügt der Auskunftspflichtige über **schwankende Einnahmen** (etwa Unternehmer, Freiberufler oder GmbH-Geschäftsführer mit Gewinnbeteiligung),[111] dann erfüllt er die Auskunftspflicht nicht durch ziffernmäßige Aneinanderreihung von Einnahmen und Einzelkosten, sondern er muss

---

99 OLG Karlsruhe FamRZ 2004, 106 – betr. Auskunft zum Endvermögen gem. § 1379; a.A. OLG Köln FamRZ 2003, 235 – betr. Auskunft zum unterhaltsrelevanten Einkommen: Die Auskunft sei in »einer« und nicht in mehreren Erklärungen zu erteilen.
100 OLG Düsseldorf FamRZ 2001, 836.
101 BGH FamRZ 1982, 680.
102 OLG Karlsruhe FamRZ 1993, 1481.
103 OLG Düsseldorf FamRZ 1991, 1315.
104 BGH FamRZ 1983, 674.
105 Vgl. OLG Oldenburg FamRZ 1991, 827; aber auch § 13 Abs. 6 SGB XI.
106 OLG Bamberg FamRZ 1986, 1144.
107 OLG Zweibrücken FuR 2000, 290.
108 OLG Düsseldorf FamRZ 1981, 42; OLG Frankfurt FamRZ 1987, 1056.
109 OLG Frankfurt FamRZ 1987, 1056.
110 OLG Köln FamRZ 2003, 235.
111 S. hierzu BGH FamRZ 1982, 680; ausführlich zu den Informationspflichten und zum Informationsbedarf bei Selbständigen Fischer-Winckelmann/Maier FuR 1992, 14.

die Einkommens- und die für den **Unterhalt relevanten** Vermögensverhältnisse durch **Aufschlüsselung** der **Einnahmen** und der damit **zusammenhängenden Ausgaben** über einen **längeren Zeitraum** darlegen.[112]

Es genügt nicht, allein Bilanzen bzw. Einnahme-Überschussrechnungen zu übersenden.[113] Vielmehr sind die **Ausgaben** so darzulegen, dass die allein **steuerrechtlich beachtlichen** von den **unterhaltsrechtlich abzugsfähigen Aufwendungen abgegrenzt** werden können,[114] weil für das wirtschaftliche Ergebnis nicht das Steuerrecht maßgeblich ist, sondern die unterhaltsrechtliche Relevanz.[115] Die Darstellung des Endergebnisses entsprechend einem Steuerbescheid genügt daher generell nicht.[116] Der Auskunftsgläubiger hat einen Anspruch auf Mitteilung über Anschaffungen und Veräußerungen sämtlicher Wirtschaftsgüter nach dem Anschaffungszeitpunkt sowie über Aufwendungen und Nutzungsdauer, auch was die steuerrechtlich geringwertigen Anlagegüter anlangt, ebenso über private Nutzungsanteile.[117] **72**

Kleinlichkeit im Auskunftsverfahren ist zu **vermeiden**.[118] Bei den Ausgaben einer Bilanz/Überschussrechnung oder bei Werbungskosten (z.B. betreffend Einkünfte aus Vermietung und Verpachtung) können – wie im Rahmen einer steuerlichen Gewinnermittlung – **Sachgesamtheiten** (z.B. Personal-, Raum-, Instandhaltungskosten u.a.) zusammengefasst werden, wenn und soweit der Verzicht auf eine detaillierte Aufschlüsselung im Verkehr üblich ist, und der Auskunftsberechtigte sich trotzdem ausreichend orientieren kann (s. §§ 259, 260). Insoweit kann dann auf eine beigefügte Bilanz bzw. Einnahmen-/Überschussrechnung Bezug genommen werden, soweit sie die abgefragten Posten hinreichend deutlich ausweist.[119] Bei **Gewinneinkünften** (Selbständige, Gewerbetreibende) kann es daher genügen, nur das Ergebnis (Gewinn bzw. Überschuss) pauschal anzuführen und bezüglich aller Einzelposten auf eine beigefügte Überschussrechnung als **Anlage** oder auf die Aufstellung/en über alle Einnahmen und alle Werbungskosten Bezug zu nehmen.[120] **73**

Der Auskunftsanspruch erstreckt sich auch auf das Vermögen, bezogen auf einen **unterhaltsrelevanten Stichtag**, möglichst den **31. Dezember des Vorjahres**.[121] Es besteht jedoch **keine allgemeine Offenbarungspflicht** hinsichtlich der **Vermögensverhältnisse**, so dass weder eine Negativauskunft einer Bank hinsichtlich angeblicher weiterer Erträge geschuldet wird,[122] noch Rechenschaft über den Verbleib früherer Vermögensgegenstände verlangt werden kann.[123] Die Auskunftpflicht bezieht sich auf einen Zeitpunkt und nicht auf einen Zeitraum.[124] Allerdings kann insoweit ein Anspruch nach § 242 gegeben sein, etwa ein Auskunftsverlangen über den Verbleib eines dem Unterhaltsgläubiger im Rahmen der vermögens- oder güterrechtlichen Auseinandersetzung zugeflossenen Kapitals, wenn es darauf für die Begründung eines Abänderungsantrages ankommt.[125] Für die Auskunft genügt – soweit das Vermögen aus Bankguthaben besteht – die Angabe des jeweiligen Kontostands. Besteht das Vermögen im Wesentlichen aus Aktien, reicht als Auskunft die Bezeich- **74**

---

112 OLG Karlsruhe FamRZ 78, 779; OLG Stuttgart FamRZ 1991, 84; schwankender Provisions- und Kapitaleinkünfte s. OLG München FamRZ 1996, 738.
113 OLG München OLGR 1998, 82.
114 KG FamRZ 1997, 360; OLG Koblenz FamRZ 2000, 605.
115 OLG Hamm FamRZ 1983, 1232.
116 OLG München FamRZ 1996, 738.
117 KG FamRZ 1997, 360 – Fahrschule.
118 OLG München FamRZ 1996, 738.
119 OLG München FamRZ 1996, 307.
120 Eingehend OLG München FamRZ 1996, 738.
121 Wendl/Dose, § 1 Rn. 1155; OLG München FamRZ 1996, 738.
122 AmtsG Ludwigsburg FamRZ 2000, 1221.
123 OLG Düsseldorf FamRZ 1981, 893; OLG Hamburg FamRZ 1985, 394.
124 OLG Karlsruhe FamRZ 1986, 271.
125 S. etwa OLG Karlsruhe FamRZ 1986, 272.

nung der Art und Anzahl der Papiere aus, da der Auskunftsgläubiger deren aktuellen Kurswert den jeweiligen Kursveröffentlichungen selbst entnehmen kann.[126]

2. Auskunftszeitraum

75   Aus dem Normzweck des § 1605 folgt auch die **immanente Begrenzung** der **Leistungspflichten** auf das für die Unterhaltsberechung Erforderliche, also einen begrenzten »Auskunftszeitraum«. Die Auskunfts- bzw. Belegvorlagepflicht erstreckt sich daher (nur) auf einen für die Einkommensermittlung im jeweiligen Einzelfall **maßgebenden repräsentativen Zeitraum**. Dieser Zeitraum ist danach zu bestimmen, ob Unterhalt für die Vergangenheit oder laufender (künftiger) Unterhalt oder – wie regelmäßig – beides verlangt wird.

76   Für die **Bemessung** des **laufenden** (künftigen) **Unterhalts** sind die (künftigen) **wirtschaftlichen Verhältnisse** maßgebend. Das in der **Vergangenheit** erzielte Einkommen ist (nur) ein – wenn auch der wichtigste – **Anhaltspunkt** für eine zuverlässige **Prognose** des **künftig erzielbaren Einkommens**. Der Auskunftszeitraum deckt sich demnach regelmäßig nicht mit dem Zeitraum, für den Unterhalt begehrt wird. Benötigt der Auskunft Begehrende Angaben zu den Einkünften aus einer zurückliegenden Zeit, um seinen (gegenwärtigen) Anspruch dem Grunde und der Höhe nach berechnen zu können, können jedenfalls solche Angaben zurückliegender Zeit gefordert werden, die die Prognose für den Unterhaltszeitraum ermöglichen.[127]

77   Für die **Bestimmung rückständigen Unterhalts** sind die wirtschaftlichen Verhältnisse in demjenigen Zeitraum bedeutsam, der dem Zeitraum entspricht, in dem Unterhaltsrückstände entstanden sind oder aufgelaufen sein sollen. Die Rechtsprechung hat bestimmte **Fallgruppen** herausgebildet.

a) Nicht schwankende Einkünfte

78   Für die einigermaßen zuverlässige Feststellung der Einkünfte aus **nichtselbständiger Tätigkeit** bzw. der **Einkommen** von **Rentnern/Pensionären** genügt regelmäßig – sofern die Einkünfte nicht schwanken – das gesamte **Bruttoeinkommen eines Jahres** (meist die Feststellung der Einkommensverhältnisse für die Zeit der letzten 12 Monate vor der Geltendmachung des Anspruchs). Damit werden auch unregelmäßige Gehaltsbestandteile (etwa Urlaubs- und Weihnachtsgeld)[128] erfasst. Sind die wirtschaftlichen Verhältnisse für zwölf Monate zu offenbaren, reichen bereits vorliegende Angaben über einen Monat nicht aus, um den Auskunftsschuldner auf das Verfahren zur Abgabe einer eidesstattlichen Versicherung zu verweisen.[129] Anzugeben sind alle Bruttobezüge – gleich welcher Art, also auch Sachbezüge – nach Monaten getrennt, Art und Höhe aller Bezüge gesetzlicher Art und das sich daraus ergebende Nettoeinkommen (sog. Überschusseinkommen). Abzugs- (etwa Vorsorgeaufwand) und Ausgabeposten (etwa unterhaltsrelevante Verbindlichkeiten und/oder weitere Unterhaltspflichten) sind so genau darzulegen, dass der Auskunftsgläubiger imstande ist, deren unterhaltsrechtliche Relevanz nachzuprüfen.[130]

b) Schwankende Einkünfte

79   **Schwanken** Einkünfte nicht unbeträchtlich, dann ist derjenige Zeitraum zu wählen, der einigermaßen zuverlässig auf die künftigen Einkünfte schließen lässt (etwa bei Einkünften aus nichtselbständiger Tätigkeit auf Provisionsbasis oder bei Einkünften aus Vermietung und Verpachtung bzw. Kapitaleinkünften).[131] Dabei ist allerdings die vorrangige Bedeutsamkeit der Verhältnisse im

---

126 BGH NJWE-FER 2002, 161.
127 BGH FamRZ 1982, 680.
128 BGH FamRZ 1982, 680; OLG Oldenburg FamRZ 2000, 1016 – Ansatz des Urlaubsgeldes bei einem Kapitän.
129 BGH FamRZ 1983, 996.
130 OLG Köln FamRZ 2003, 235.
131 S. etwa OLG München FamRZ 1999, 453 zu sonstigen schwankenden Einkünften.

Unterhaltszeitraum zu berücksichtigen. Eine zeitliche Erweiterung des Auskunftsantrages auf diesen Bereich ist, soweit er sich mit dem Verfahren überschneidet, durch § 1605 Abs. 1 gedeckt. § 1605 Abs. 2 steht dem nicht entgegen.[132]

Einkünfte aus **selbständiger Tätigkeit/Gewerbebetrieb** schwanken zumeist beträchtlich. Die **80** durchschnittlichen Verhältnisse können daher nur mittels Angaben der Einnahmen und Ausgaben über einen **längeren Zeitraum** hinweg einigermaßen zuverlässig beurteilt werden. Für verlässliche Prognosen genügt regelmäßig ein zurückliegender Zeitraum von **drei Jahren**, um für die Durchschnittsberechnung des Einkommens eine ausreichend sichere Grundlage zu erlangen.[133] Eine weiter in die Vergangenheit zurückreichende Auskunftspflicht kommt jedoch dann in Betracht, wenn gerade diesem Zeitraum entscheidende Relevanz auch für die Verhältnisse im Unterhaltszeitraum zukommt.[134] Die Vorlage einer Bilanz bzw. Einnahmen-/Überschussrechnung für ein einzelnes Jahr reicht daher im Regelfall nicht aus.[135] Bei Einkünften von Selbständigen/Gewerbetreibenden sowie bei sonstigen schwankenden Einkünften hat die Auskunft (wegen § 243 HGB, §§ 4a Abs. 1 Nr. 3, 25 Abs. 1 EStG) nur volle Kalenderjahre zu umfassen;.[136] Sie kann für das **abgelaufene Jahr frühestens** nach **sechs Monaten**, d.h. ab 1. Juli eines jeden Jahres, verlangt werden.[137]

III. Form der Auskunft

Die Auskunft stellt eine **Wissenserklärung** dar. Sie muss nicht höchstpersönlich, jedoch **schriftlich 81** erteilt werden, weil nur ein Schriftstück zum Gegenstand einer eidesstattlichen Versicherung nach § 261 gemacht werden kann. Der Auskunftsschuldner muss die Auskunft an den Auskunftsgläubiger jedoch nicht persönlich unterschreiben.[138] Dem stehen bereits praktische Erwägungen entgegen. Es genügt, wenn ein insoweit bevollmächtigter Dritter (etwa Rechtsanwalt oder Steuerberater) das Bestandsverzeichnis erstellt und dem Auskunftsgläubiger übersendet, gegebenenfalls mit den notwendigen Belegen, wenn und soweit verlangt.[139] Dies gilt nur dann nicht, wenn gewichtige Gründe es rechtfertigen, eine von einem Dritten verfertigte Auskunft als unzureichend zurückzuweisen.[140]

Das Gericht kann nach **§ 235 Abs. 1 FamFG** anordnen, dass Antragsteller und Antragsgegner **82** eines Unterhaltsverfahrens Auskunft über ihre Einkünfte, ihr Vermögen und ihre persönlichen und wirtschaftlichen Verhältnisse erteilen sowie bestimmte Belege vorlegen, soweit dies für die Bemessung des Unterhalts von Bedeutung ist. Es kann gem. **§ 235 Abs. 2 FamFG** anordnen, dass

---

132 OLG Dresden FamRZ 2005, 1195.
133 BGH FamRZ 1982, 151 – zur Eingrenzung des Zeitraums, für den ein selbständig Erwerbstätiger Auskunft über seine Einkünfte zu erteilen hat; 1988, 268; 1988, 486; KG FamRZ 1997, 360 – Fahrschule; OLG Hamm FuR 1998, 263.
134 BGH FamRZ 1985, 357 – keine Bedenken gegen die Heranziehung eines Zeitraums von mehr als drei Jahren bei Betätigung eines Ehegatten als Bauträger.
135 OLG Stuttgart FamRZ 1983, 1267.
136 OLG München FamRZ 1992, 1207.
137 OLG Bamberg FamRZ 1989, 423 – Übermittlung des Jahresabschlusses (§§ 242 ff. HGB) innerhalb von sechs Monaten nach Ablauf des Geschäftsjahres, gegebenenfalls mit den notwendigen Erläuterungen; OLG München FamRZ 1992, 1207.
138 OLG Karlsruhe FamRZ 2004, 106 betr. Auskunft zum Endvermögen gem. § 1379; OLG Hamm FamRZ 2005, 1194; a.A. OLG München FamRZ 1995, 737 – der Auskunftsschuldner habe die Auskunft persönlich zu unterzeichnen; 1996, 307 – eine »pauschale anwaltliche Erklärung« genüge nicht; 1996, 738; KG FamRZ 1997, 503; OLG Köln FamRZ 2003, 235; OLG Dresden FamRZ 2005, 1195; s. auch Kleffmann FuR 1999, 403, 405.
139 OLG Zweibrücken FamRZ 2000, 1222 (Ls); OLG Zweibrücken FuR 2000, 290 – Übermittlung auch durch Hinzuziehung eines Dritten.
140 OLG Hamm FamRZ 2005, 1194.

Antragsteller und Antragsgegner schriftlich versichern, dass die Auskunft wahrheitsgemäß und vollständig ist. Diese Versicherung kann nicht durch einen Vertreter abgegeben werden.

IV. Schranken des Auskunfts-/Belegvorlageanspruchs

83   Ansprüche auf Auskunft und/oder Belegvorlage können **sachlich** (»Evidenz«) und/oder **zeitlich** (§ 1605 Abs. 2) ausgeschlossen sein.

1. Sachliche Schranken (»Evidenz«)

84   Bereits der **Normzweck** des § 1605 **begrenzt** immanent die darin normierten **Leistungspflichten**. Kommt es für die Klärung des Unterhaltsanspruchs nach Grund und Höhe auf die Auskunft/ Belegvorlage »**evident**« (Evidenztheorie) nicht an, können sie also unter keinem Gesichtspunkt weder den Unterhaltsanspruch dem Grunde nach – einschließlich Begrenzung des geschuldeten Unterhalts[141] – noch die Höhe der Unterhaltspflicht beeinflussen, oder kennt der Anspruchsteller bereits alle insoweit relevanten Daten, kann also der Unterhaltsanspruch auch ohne Auskunft/ Belegvorlage festgestellt werden, dann besteht **kein Auskunfts- und/oder Belegvorlageanspruch**.[142] Es muss sich demnach bereits bei der Prüfung des Auskunfts-/Belegvorlageanspruchs evident ergeben, dass dem gleichzeitig vorgetragenen Hauptanspruch die materiell-rechtliche Grundlage fehlt. Die Entscheidung über die Auskunft/Belegvorlage äußert allerdings keine rechtskräftige Feststellung über den Grund des nachfolgenden Leistungsanspruchs.

85   Insolvenz oder Gesamtvollstreckung stehen dem Auskunftsanspruch ebenso wenig entgegen[143] wie hohes Alter. Zur Auskunft ist trotz hohen Alters auch verpflichtet, wer regelmäßig neben seiner Rente Erwerbseinkünfte erzielt und diesen Arbeiten ohne Nachteile für seine Gesundheit aus Freude an der Beschäftigung nachgeht.[144]

86   Ist **nur zweifelhaft**, ob ein Unterhaltsanspruch besteht, bleibt es beim Grundsatz der **wechselseitigen Auskunfts-** bzw. **Belegvorlagepflicht**,[145] vor allem dann, wenn Billigkeitsprüfungen veranlasst sind (etwa im Rahmen des Einwands der Verwirkung/Teilverwirkung, der Höhe des Einkommens des Unterhaltsschuldners, seiner Leistungsfähigkeit und der Reichweite von Verzichtsvereinbarungen im Rahmen von Eheverträgen).[146]

87   Ein Anspruch auf **Auskunft/Belegvorlage** vermag die **Hauptpflichten** im Unterhaltsschuldverhältnis insb. dann **evident** nicht zu beeinflussen, wenn **eindeutig**

– ein Unterhaltsanspruch nicht besteht, etwa weil (nachehelicher) Unterhalt für die Zukunft abgefunden, oder weil auf ihn rechtswirksam verzichtet worden ist (s. § 1585c i.V.m. §§ 1580, 1605);[147]

– ein Unterhaltsanspruch ausscheidet, weil der Unterhalt Begehrende **nicht bedürftig** ist;[148]

---

141   OLG Rostock FamRZ 2009, 2014.
142   BGH FamRZ 1982, 996 (573) (Berufungsurteil: OLG Bamberg FamRZ 1981, 163); 1994, 558; OLG Düsseldorf FamRZ 1998, 1191; OLG Thüringen FamRZ 1997, 1280.
143   OLG Brandenburg FamRZ 1998, 178.
144   OLG Frankfurt FamRZ 1985, 481 zum Trennungsunterhalt.
145   BGH FamRZ 1983, 996; OLG München OLGR 1997, 295.
146   OLG Stuttgart FamRZ 2005, 455.
147   BGH FamRZ 1983, 996.
148   OLG Düsseldorf NJW-RR 1986, 1453.

- ein Unterhaltsanspruch nicht in Betracht kommt, weil der auf Unterhalt in Anspruch Genommene **evident nicht leistungsfähig** ist[149] (insb. wenn die schlechten wirtschaftlichen Verhältnisse des Unterhaltsschuldners bekannt sind);[150]
- der Unterhaltsanspruch in **voller Höhe** verwirkt ist, wenn also Umstände vorliegen, die auch ohne Einbeziehung der Einkommens- und Vermögensverhältnisse ihn zweifelsfrei ausschließen (äußerst selten, weil regelmäßig erst in der Hauptsache alle Umstände des Einzelfalles nach Billigkeitsgesichtspunkten geprüft werden und vielfach dann nur eine **Teilverwirkung** anzunehmen ist);[151]
- auf Grund des bekannten Einkommens der **gesamte Unterhaltsbedarf gedeckt** ist, oder weil dem Unterhaltsgläubiger kein höherer Unterhalt als derjenige zusteht, den er bereits erhält (vgl. etwa für einen volljährigen Studenten: 600 €);[152]
- bei sehr günstigen wirtschaftlichen Verhältnissen der Unterhalt allein nach dem **konkreten Bedarf** des Unterhaltsgläubigers zu errechnen ist, und die **Leistungsfähigkeit** des Unterhaltsschuldners **außer Streit** steht (vgl. § 1578 i.V.m. §§ 1580, 1605);[153]
- eine dem **Auskunftsanspruch akzessorische Obliegenheit** in der **Hauptsache verneint** wird;[154]
- im Rahmen des **Ehegattenunterhalts** (s. §§ 1361 Abs. 4, 1580) kein eheprägendes Einkommen des Unterhaltsschuldners erfragt wird (etwa Einkommen, das nur auf einen Karrieresprung zurückzuführen ist, etwa wenn der Unterhaltsschuldner nach der Scheidung eine nicht in der Ehe angelegte und damit auch die ehelichen Lebensverhältnisse nicht beeinflussende neue berufliche Laufbahn mit höherem Einkommen begonnen hat).[155]

2. Zeitliche Schranken

Neben den **sachlichen Schranken** des Auskunftsanspruchs normiert § 1605 Abs. 2 **zeitliche Schranken (Sperrfrist).** Macht der Auskunft Begehrende **keine wesentliche Änderung** der Einkünfte/des Vermögens glaubhaft, dann kann er eine neue Auskunft grundsätzlich **nur alle zwei Jahre** verlangen (§ 1605 Abs. 2). Vorher wird im Regelfall keine Unterhaltsabänderung in Betracht kommen.[156] Die erneute Heirat des geschiedenen Ehegatten kann auf Grund Veränderung in den Lebensverhältnissen des Unterhaltsschuldners hinreichende Grundlage für die Durchbrechung der Sperrfrist sein.[157] Legt der Unterhaltsschuldner nicht durch Vorlage seines Steuerbescheids oder einer nachvollziehbaren konkreten Steuerberechnung dar, dass für das maßgebliche Jahr keine dem Vorjahr entsprechende Steuererstattung anfallen wird, reicht für die Darlegung des Unterhaltsbedarfs der Hinweis auf die Höhe der Erstattung für das Vorjahr regelmäßig aus. Aufgrund der Begrenzung des Auskunftsrechts nach § 1605 Abs. 2 ist der Unterhaltsgläubiger zu einer konkreteren Darlegung vielfach nicht in der Lage, während der Unterhaltsschuldner jedenfalls im

88

---

149 BGH FamRZ 1983, 473 – die Leistungsfähigkeit war mit dem gezahlten Unterhalts bereits erschöpft; OLG Hamburg FamRZ 1982, 628; OLG Schleswig FamRZ 1986, 1031; OLG Naumburg FamRZ 2001, 1480.
150 OLG Naumburg FamRZ 2001, 1480 (Ls).
151 BGH FamRZ 1983, 996; 1994, 558; OLG München FamRZ 1989, 284; OLG Frankfurt FamRZ 1993, 1241; OLG Karlsruhe OLGR 2001, 327 = EzFamR aktuell 2001, 6; OLG Bamberg FamRZ 2006, 344 = FuR 2005, 519.
152 BGH FamRZ 1983, 473.
153 BGH FamRZ 1982, 151; FamRZ 1994, 1169; OLG Hamm FamRZ 1996, 736; OLG Zweibrücken FamRZ 1998, 490; OLG Karlsruhe NJW-RR 2000, 1024.
154 BGH FamRZ 1982, 996 (573)) (Berufungsurteil: OLG Bamberg FamRZ 1981, 163) – keine Auskunft über einen Pflichtteilsanspruch, wenn auf Grund einer testamentarischen Verfallklausel die Geltendmachung des Pflichtteils unzumutbar ist.
155 BGH FamRZ 1985, 791, 792.
156 BGH FamRZ 1997, 483.
157 OLG Brandenburg OLGR 2003, 188.

Besitz aller zu Berechnung erforderlichen Zahlen ist und es in der Hand hat, die Höhe des Erstattungsanspruchs zeitnah durch das Finanzamt feststellen zu lassen.[158]

89 Einer **Erweiterung des Auskunftszeitraums** im laufenden Verfahren steht § 1605 Abs. 2 nicht entgegen. Der Auskunftsschuldner kann sich daher während eines laufenden Verfahrens nicht auf die Zeitschranke des § 1602 Abs. 2 berufen. Der Schutzzweck dieser Vorschrift, die den Unterhaltsschuldner vor einer unzumutbaren Mehrbelastung bewahren soll, ist nicht berührt, wenn dieser den erforderlichen zusätzlichen Aufwand durch die eigene Säumigkeit verursacht hat.[159]

a) Regel: Zwei-Jahres-Frist

90 Wird **nicht glaubhaft** gemacht, dass der zur Auskunft Verpflichtete, nachdem er Auskunft erteilt hat, **wesentlich höhere Einkünfte** oder **weiteres Vermögen** erworben hat, kann eine neue Auskunft **nur alle zwei Jahre** verlangt werden (§ 1605 Abs. 2). Ergab die frühere Auskunft einen Mangelfall, so sind für das Auskunftsverlangen des Unterhaltsgläubigers **geringere Anforderungen** an die **Wesentlichkeit** der **Änderungen** i.S.d. § 1605 Abs. 2 zu stellen.[160] Hat der Unterhaltsschuldner (nur) über sein Einkommen Auskunft erteilt, und ist darauf ein rechtskräftiges Unterhaltsbeschluss ergangen, dann kann der Unterhaltsgläubiger vor Ablauf von zwei Jahren **Auskunft** über das **Vermögen** nur dann verlangen, wenn er glaubhaft macht, der Unterhaltsschuldner habe nach der letzten mündlichen Verhandlung im Vorprozess Vermögen erworben.[161] Wer rückwirkende Abänderung eines Unterhaltstitels begehrt und sich deshalb auf ein Auskunftsverlangen beruft, das innerhalb der zweijährigen Sperrfrist nach Erlass des Ursprungstitels gestellt wurde, hat glaubhaft zu machen, dass das Auskunftsverlangen zum damaligen Zeitpunkt ausnahmsweise etwa wegen des Erwerbs wesentlich höherer Einkünfte oder weiterer Vermögens durch den Verpflichteten berechtigt war.[162]

91 Der Auskunftsgläubiger kann im Verlaufe eines **Auskunftsverfahren** sein Auskunftsbegehren **zeitlich erweitern**, solange dieses prozessual noch nicht erledigt ist; insoweit hindert die Sperrfrist des § 1605 Abs. 2 nicht. In diese zeitliche Erweiterung des Auskunftsverlangens sind einem Verfahren vorausgegangene Verhandlungen über den Unterhalt und dabei eingeholte Auskünfte einzubeziehen, wenn sie für beide Parteien erkennbar nicht zu einer Erledigung geführt haben.[163] Hatte sich der Unterhaltsgläubiger in einem vor weniger als zwei Jahren geschlossenen Vergleich verpflichtet, die etwaige Aufnahme einer Erwerbstätigkeit von sich aus anzuzeigen, so kann der Unterhaltsschuldner Auskunft über die Einkommensverhältnisse nur verlangen, wenn er die Aufnahme einer solchen Erwerbstätigkeit glaubhaft macht.[164]

b) Beginn der Sperrfrist des § 1605 Abs. 2

92 Äußerst **streitig** ist der **Beginn** der Sperrfrist des § 1605 Abs. 2 (**Zwei-Jahresfrist**).[165] Sie beginnt regelmäßig mit Ablauf des Zeitraums, für den die Auskunft erteilt worden ist,[166] aber nur dann, wenn früher umfassend Auskunft erteilt oder die Bemessungsgrundlage in einem früheren Verfah-

---

158 OLG Köln FamRZ 2002, 1729.
159 OLG Düsseldorf FamRZ 1997, 1281; OLG Karlsruhe FamRZ 1987, 297; OLG Dresden FamRZ 2005, 1195.
160 OLG Karlsruhe NJWE-FER 2000, 143.
161 OLG Hamburg FamRZ 1984, 1142; a.A. OLG Schleswig SchlHA 1983, 136.
162 OLG Köln FamRZ 2003, 1960.
163 OLG Düsseldorf FamRZ 1997, 1281.
164 OLG Bamberg FamRZ 1990, 755.
165 S. etwa OLG Hamburg FamRZ 1984, 1142; OLG Düsseldorf FamRZ 1993, 591; OLG München FamRZ 1993, 594.
166 KGR 2004, 192; s. jedoch OLG Frankfurt EzFamR aktuell 2002, 268 (Ls) – bei streitiger Entscheidung über die Auskunftpflicht beginne die Zwei-Jahresfrist des § 1605 Abs. 2 jedenfalls nicht mit Ablauf des Zeitraums, für den die Auskunft erteilt worden ist.

ren umfassend festhalten worden ist.[167] Weder ein in einem einstweiligen Anordnungsverfahren geschlossener Unterhaltsvergleich, der den Unterhalt nur vorläufig regelt,[168] noch ein bis zum Eintritt der Volljährigkeit des Kindes befristeter Vergleich[169] setzen die Frist in Lauf. Wurde um das Auskunftsbegehren gestritten, dann **beginnt** die **Frist** mit dem Zeitpunkt des Zugangs der letzten Auskunft,[170] nicht mit dem Schluss der letzten mündlichen Tatsachenverhandlung im Vorverfahren oder aber der Rechtskraft eines (auch außergerichtlichen) Vergleichs (auch) über Unterhalt.[171]

Auf den Zeitpunkt der Erteilung der letzten Auskunft darf allerdings dann nicht abgestellt werden, wenn der Unterhaltsgläubiger dadurch seinen Unterhaltsanspruch über einen längeren Zeitraum als zwei Jahre nicht geltend machen könnte, insb. wenn zwar ein rechtskräftiger Unterhaltstitel vorliegt, im Rahmen des zugrunde liegenden Verfahrens aber keine Auskunft erteilt worden war;[172] dann ist auf den Schluss der letzten mündlichen Tatsachenverhandlung im Vorprozess oder aber auf die Rechtskraft eines (auch außergerichtlichen) Vergleichs (auch) über Unterhalt abzustellen. **93**

c) Durchbrechungen der Zeitschranke des § 1605 Abs. 2 (in Ausnahmefällen)

Ausnahmsweise kann auch **Auskunft vor Ablauf von zwei Jahren** verlangt werden, etwa wenn behauptet wird, das Einkommen des Unterhaltsschuldners habe durch den Wegfall hoher Schuldverpflichtungen eine atypische Entwicklung genommen, und der Auskunftsgläubiger nunmehr Auskunft über die tatsächliche oder vermeintliche Tilgung gemeinsamer Darlehensverpflichtungen verlangt,[173] oder auf Grund atypischer Einkommensentwicklung, wenn die frühere Auskunft nur den Zeitraum des Beginns einer selbständigen Erwerbstätigkeit umfasste.[174] Der Unterhaltsgläubiger kann Auskunft über die Anlage des Verkaufserlöses eines Hausgrundstücks und die dadurch erlangten Zinseinkünfte bereits vor Ablauf von zwei Jahren verlangen, wenn der Kaufpreis schon vor dem Schluss der mündlichen Verhandlung in dem vorangegangenen Verfahren vereinbart war, aber der zur Auskunft Verpflichtete zu diesem Zeitpunkt noch keine wesentlichen Zinseinnahmen aus dem Verkaufserlös erzielt hat.[175] **94**

V. Rechtsfolgen

Neben der Verletzung von Auskunfts- und Belegvorlagepflichten sanktioniert die Rechtsprechung zu Recht zunehmend die **Verletzung** von **Wahrheits-** und **Informationspflichten** innerhalb und außerhalb eines Unterhaltsverfahrens, insb. die **nicht vollständige** oder gar **wahrheitswidrige Offenbarung eigener Einkünfte**.[176] **95**

Kommt der Auskunftsschuldner einem Auskunftsverlangen nicht innerhalb der gesetzten Frist nach, erteilt er falsche Auskünfte, oder verletzt er ungefragte, nicht unerhebliche Informationspflichten, so kann er sich in Höhe des durch ihn verursachten Unterhaltsausfalls **schadensersatz-** **96**

---

167 OLG Hamm FamRZ 1990, 657; OLG Rostock OLG-NL 1994, 160.
168 OLG Karlsruhe FamRZ 1992, 684.
169 OLG Hamm FamRZ 1990, 657.
170 OLG Hamm FamRZ 2005, 1585 (Ls) – Beginn »mit der Erteilung der Auskunft«.
171 OLG Düsseldorf FamRZ 1993, 591; OLG Hamburg FamRZ 1984, 1142; OLG Karlsruhe FamRZ 1991, 1470 – jedenfalls dann, wenn beim Abschluss der Vereinbarung Rechtsanwälte mitgewirkt haben, und eine zuvor erteilte Auskunft des Unterhaltsverpflichteten nicht länger als zwei Jahre zurückliegt; OLG Bamberg, Beschluss vom 04.08.1993 – 2 WF 57/93 – juris.
172 OLG München FamRZ 1993, 594.
173 OLG Hamm FamRZ 1991, 594.
174 OLG Karlsruhe NJWE-FER 2000, 143.
175 OLG Nürnberg FamRZ 1994, 979.
176 S. etwa BGH FamRZ 1988, 270 = FuR 1999, 377 m.w.N.; vgl. auch OLG Frankfurt FamRZ 1990, 1363; OLG Celle FamRZ 1991, 1313; OLG Karlsruhe FamRZ 1995, 1488; OLG Koblenz FamRZ 1997, 371; Hoppenz FamRZ 1989, 337; Kleffmann FuR 1998, 105.

pflichtig machen.[177] (Schuldrechtliche) Ansprüche auf Schadensersatz können auf Unmöglichkeit, pVV oder Schuldnerverzug gegründet sein. Die vertragliche Übernahme einer Verpflichtung zur unaufgeforderten Erteilung einer Auskunft begründet keinen vertraglichen Auskunfts-, sondern allenfalls einen Schadensersatzanspruch.[178] Treten besondere Umstände hinzu, können – daneben – auch (deliktische) Ansprüche gem. § 826 begründet sein,[179] etwa bei Verschweigen des Zusammenlebens mit einem neuen Partner,[180] insb. wenn das Verschweigen der wirtschaftlichen Veränderung evident unredlich erscheint,[181] z.B. bei Ausnutzung fehlender persönlicher Kontakte.[182] Besondere Umstände liegen nicht ohne weiteres bei jeder Verbesserung der Einkommensverhältnisse des Unterhaltsschuldners vor.[183] Nimmt der Gläubiger eine rechtskräftig zuerkannte Unterhaltsrente weiter entgegen, ohne die Aufnahme einer Erwerbstätigkeit zu offenbaren, so liegt darin allein – wenn nicht besondere Umstände hinzutreten – keine sittenwidrige, vorsätzliche Schädigung, die nach § 826 zum Schadensersatz verpflichtet.[184]

97   Weitere Rechtsfolgen können sein: Rückforderungsansprüche überzahlten Unterhalts auf Grund § 812[185] sowie Sanktionen gem. § 1579 oder § 1611, auch im Abänderungsverfahren.[186] In Ausnahmefällen kann auch das behauptete Einkommen unterstellt werden.

D. Anspruch auf Belegvorlage

98   Das Gesetz billigt dem Auskunftsgläubiger im Wege einer weiteren Verpflichtung – jedoch nur, soweit es die Höhe der Einkünfte (**nicht** des **Vermögens!**) anlangt[187] – einen **Anspruch** auf **Vorlage** von **Belegen** zu (§ 1605 Abs. 1 Satz 2), damit er die erteilten Auskünfte überprüfen und/oder das Einkommen des Auskunftsschuldners **selbst** errechnen kann. Aus dieser Akzessorietät der Belegvorlagepflicht zur Auskunftspflicht folgt, dass sie nur besteht, wenn und soweit auch zeitlich **Auskunft** verlangt werden kann.[188]

99   Die Belegvorlagepflicht umfasst regelmäßig nicht die Verpflichtung zur Vorlage von Originalbelegen,[189] sondern nur von **Kopien**. Auf Anforderung sind Abschriften allerdings – auf Kosten des Auskunftsschuldners – zu beglaubigen. Sind Belege – etwa Gehaltsabrechnungen – in ausländischer Sprache abgefasst, dann umfasst der Belegvorlageanspruch auch die Übersetzung der Gehaltsabrechnungen.[190] Gibt es zu bestimmten Einkünften keine Belege (etwa Trinkgelder u.a.), dann besteht – wegen **tatsächlich unmöglicher Leistung** – auch **keine Belegvorlagepflicht**.

---

177   BGH FamRZ 1984, 163 – Anspruch auf Schadensersatz, wenn Unterhaltsansprüche wegen verspäteter Auskunft nicht rechtzeitig geltend gemacht werden können; OLG Düsseldorf DAVorm 1985, 505; vgl. aber OLG Köln FamRZ 1996, 50 – Abänderungsstufenklage.
178   OLG Bamberg FamRZ 1990, 755.
179   BGH FamRZ 1984, 163; 1985, 155; OLG Bamberg FamRZ 1990, 1235; OLG Bremen FamRZ 2000, 256.
180   OLG Koblenz NJW-RR 1987, 1033.
181   OLG Oldenburg FamRZ 1996, 804; OLG Bremen FamRZ 2000, 256.
182   OLG Hamm FamRZ 1996, 809.
183   OLG Düsseldorf FamRZ 1995, 741 – nur ausnahmsweise könne diesem das Risiko der grundsätzlich beim Unterhaltsgläubiger liegenden Aktualisierung des Auskunftsanspruchs aufgebürdet werden.
184   BGH FamRZ 1986, 794 (Berufungsurteil OLG Düsseldorf FamRZ 1985, 599) im Anschluss an BGH FamRZ 1986, 450; OLG Celle FamRZ 1992, 582.
185   Vgl. Tintelnot FamRZ 1988, 242.
186   BGH FamRZ 1997, 483.
187   OLG Bamberg FamRZ 1994, 1048.
188   OLG Dresden FamRZ 2005, 1195.
189   OLG Frankfurt FamRZ 1997, 1296; a.A. KG FamRZ 1982, 614.
190   OLG Koblenz FamRZ 1990, 79; OLG Brandenburg FamRZ 2009, 1085.

I. Art der geeigneten Belege

Geeignete Belege sind vor allem Lohn-/Gehaltsabrechnungen, Verdienstbescheinigungen des 100
Arbeitgebers, Lohnsteuerkarten, Einkommensteuererklärungen[191] mit sämtlichen Anlagen (insb.
Bilanzen nebst Gewinn- und Verlustrechnungen),[192] Einkommen- und Umsatzsteuerbescheide[193]
sowie eine geordnete Aufstellung von Gewinnbeteiligungen.

Arbeitsverträge enthalten regelmäßig nicht nur Bestimmungen zur Vergütung der Arbeitstätigkeit. 101
die Offenlegung darin enthaltener Regelungen individueller Verhältnisse kann mit dem Belegvorlageanspruch des Unterhaltsgläubigers daher im Widerstreit stehen. Die Verpflichtung zur Vorlage
von Belegen, deren Anspruch nicht über den Auskunftsanspruch hinausgehen kann, ist in der
Regel erfüllt, wenn eine Verdienstbescheinigung vorgelegt wird, die für den nachzuweisenden
Zeitraum lückenlos sämtliche Einkünfte aus dem Arbeitsverhältnis ausweist mit der Folge, dass
der Auskunftsgläubiger nicht die Vorlage weiterer Dokumente – etwa des Arbeitsvertrages – verlangen kann.[194] Eine Vorlagepflicht besteht danach nicht ohne weiteres allein aufgrund des
Umstands, dass der Auskunftspflichtige im Ausland arbeitet.[195]

Nur in **Einzelfällen** kann daher auch die **Vorlage** eines **Dienst-** oder **Arbeitsvertrages** verlangt 102
werden, etwa wenn Verdienstbescheinigungen fehlen, oder wenn sie bzw. eine Bescheinigung des
Arbeitgebers die tatsächliche Höhe der insgesamt bezogenen Einkünfte nicht ausreichend belegen.[196] Das trifft vor allem bei einer Tätigkeit im Ausland zu, wenn sich aus den vorgelegten
Dokumenten nicht ergibt, welcher Betrag für welchen Zeitraum konkret ausgezahlt wurde, und
ob daneben weitere Zahlungen erfolgen, weil sich das Gehaltsgefüge möglicherweise aus mehreren
im einzelnen nicht bekannten Elementen zusammensetzt, und auch Aufwands- oder andere Entschädigungen geleistet werden.[197] Dem steht nicht entgegen, dass ein Arbeitsvertrag regelmäßig
nicht nur Bestimmungen zur Vergütung der Arbeitstätigkeit enthält. Soweit der Gesetzeszweck des
§ 1605 Abs. 1 reicht, ist ihm Vorrang einzuräumen, hat also ein Interesse des Auskunfts- und
Belegvorlagepflichtigen an der Verdeckung individueller Verhältnisse zurückzutreten.[198]

Ein **Selbständiger/Gewerbetreibender** ist im Rahmen des § 1605 zur Vorlage von **Bilanzen/** 103
Gewinn- und Verlustrechnungen[199] sowie Steuererklärungen und Steuerbescheiden[200] verpflichtet,
im Einzelfall auch der Geschäftsbücher als Belege.[201] Am sichersten lassen sich die Einkünfte aus
einer Bilanz/Überschussrechnung entnehmen, die auf Grund der Buchführungspflicht jährlich
aufgestellt werden muss. Da in einer Bilanz nur die Bestandskonten, bezogen auf den Bilanzstichtag, zusammengestellt sind, kann es aus Gründen der Verständlichkeit geboten sein, zusätzlich die
Vorlage der Gewinn- und Verlustrechnung zu verlangen, die über den erfassten Zeitraum hinsichtlich Aufwendungen und Erträgen Aufschluss gibt. Ein entsprechendes Bedürfnis für die Vorlage
der Bilanzen nebst Gewinn- und Verlustrechnungen eines Unternehmens besteht auch dann,
wenn der Auskunftspflichtige nicht dessen Alleininhaber, aber daran beteiligt ist, und seine Einkünfte insoweit vom Gewinn des Unternehmens abhängen. Die Belege, die den Unternehmensge-

191 A.A. OLG Schleswig OLGR 2001, 373 – Steuererklärungen seien keine geeigneten Belege, weil sie auf
    eigenen Angaben beruhten.
192 BGH FamRZ 1982, 680; 1982, 151; 1994, 28.
193 OLG München FamRZ 1996, 738.
194 BGH FamRZ 1994, 28, 29.
195 OLG Stuttgart, Urteil vom 11.08.2009 – 17 UF 73/09 – juris, zu weit daher OLG München FamRZ
    1993, 2002.
196 BGH FamRZ 1994, 28, 29.
197 OLG München FamRZ 1993, 202.
198 BGH FamRZ 1994, 28; OLG München FamRZ 1993, 202; OLG Stuttgart, Urteil vom 11.08.2009 –
    17 UF 73/09 – juris.
199 OLG Schleswig NJWE-FER 1999, 209.
200 OLG München FamRZ 1996, 738.
201 OLG Schleswig FamRZ 1981, 53 – Einkünfte aus einem Gewerbebetrieb.

winn ergeben, sind in einem solchen Fall gleichzeitig Belege über die Höhe der von diesem Gewinn abhängigen Einkünfte des Auskunftspflichtigen. Die Vorlage dieser Unterlagen kann nicht mit dem (allgemeinen) Hinweis auf Belange Dritter – etwa eines anderen beteiligten oder früheren Gesellschafters – verweigert werden: Diese müssen regelmäßig hinter dem Interesse des Auskunftsberechtigten zurücktreten;[202] die Gefahr eines Missbrauchs kann über § 242 entschärft werden.[203]

II. Vorlage von Steuerunterlagen

104   Die Verpflichtung zur **Vorlage** von **Steuerunterlagen** ist auf diejenigen Dokumente beschränkt, die allein den Schuldner betreffen, nicht Unterlagen aus einer mit dem Auskunftsgläubiger gemeinsam durchgeführten steuerlichen Zusammenveranlagung. Diese Dokumente kennt der Auskunftsgläubiger selbst, oder kann sich zumutbar selbst davon Kenntnis verschaffen. Ist der Unterhaltsschuldner an einer Publikumsgesellschaft beteiligt, kann der Unterhaltsgläubiger als Beleg insoweit in der Regel nur die Vorlage des Bescheides über die gesonderte Feststellung des Gewinnes oder Verlustes durch das Betriebsfinanzamt verlangen.[204]

1. Pflicht zur Vorlage des Einkommensteuerbescheids

105   Ein **Einkommensteuerbescheid** ist ein Beleg i.S.d. § 1605 Abs. 1 Satz 2, da sich aus ihm jedenfalls die Höhe der zu versteuernden Einkünfte und des steuerlichen Nettoeinkommens entnehmen lässt. Er ist regelmäßig geeignet, wenigstens ein Mindesteinkommen als Grundlage der Unterhaltsbemessung zu belegen. Die Verpflichtung zur Vorlage von Belegen gem. § 1605 Abs. 1 Satz 2 erfasst in aller Regel auch die Vorlage von Steuerbescheiden,[205] sofern nicht beide Ehegatten (noch) gemeinsam veranlagt waren, und der Einkommensteuerbescheid daher an beide Parteien gerichtet ist.

106   Der Auskunftspflichtige muss den Steuerbescheid auch dann vorlegen, wenn er zusammen mit seinem neuen Ehegatten veranlagt worden ist. Er darf dabei jedoch solche Betragsangaben abdecken oder sonst unkenntlich machen, die ausschließlich seinen Ehegatten betreffen, oder in denen Werte für ihn und seinen Ehegatten zusammengefasst sind, ohne dass sein eigener Anteil daraus entnommen werden kann.[206]

2. Pflicht zur Vorlage der Einkommensteuererklärung

107   Der Auskunftspflichtige muss regelmäßig auf Verlangen außer dem **Einkommensteuerbescheid** auch eine Kopie der zugrunde liegenden **Einkommensteuererklärung** vorlegen.[207] Zum einen reicht oftmals der Steuerbescheid allein nicht aus, um die unterhaltsrechtlich wesentlichen Einkünfte verständlich zu belegen, zum anderen enthalten die entsprechenden Steuererklärungen vielfach unterhaltsrechtlich relevante Einzeltatsachen, die maschinell erstellten Einkommensteuerbescheiden nicht zu entnehmen sind, weil sie für die verschiedenen Einkunftsarten nur die jeweiligen Salden auflisten. Vielfach lässt sich erst im Zusammenhang mit der Steuererklärung hinreichend deutlich erkennen, welche Einkommensteile steuerrechtlich unberücksichtigt geblieben sind, und inwieweit steuerrechtlich anerkannte Absetzungen (etwa im Rahmen der Einkunftsart »Vermietung und Verpachtung«) vorliegen, die unterhaltsrechtlich möglicherweise nicht als ein-

---

202   BGH FamRZ 1982, 680 unter Hinweis auf die Empfehlungen des 3. DFGT FamRZ 1980, 1173, 1174 unter A II d Ziff. 1.
203   BGH FamRZ 1982, 680; OLG Bremen OLGR 1999, 152.
204   OLG Bamberg FamRZ 2006, 344 = FuR 2005, 519.
205   BGH FamRZ 1980, 770; OLG Düsseldorf FamRZ 1980, 260; OLG Schleswig FamRZ 1981, 53; KG FamRZ 1981, 1099; s. auch Griesche FamRZ 1981, 1025, 1036.
206   BGH FamRZ 1983, 680.
207   BGH FamRZ 1980, 770.

kommensmindernd hinzunehmen sind. Die Pflicht zur Vorlage der Einkommensteuererklärung gilt auch für Beamte, Soldaten und Richter, auch wenn sie keine selbständigen Nebeneinkünfte erzielen, wenn steuermindernde Ausgaben geltend gemacht werden.[208] Die Vorlage einer beim Finanzamt noch nicht eingereichten Einkommensteuererklärung kann nicht verlangt werden.[209]

Der Anspruch auf Vorlage der Einkommensteuererklärung als Beleg für die Höhe der Einkünfte unterliegt allerdings gewissen **Einschränkungen**. So braucht die Einkommensteuererklärung nicht mehr vorgelegt zu werden, wenn der Verpflichtete seine Einkünfte bereits in anderer Weise ausreichend belegt hat. Unabhängig davon kann der Verpflichtung zur Vorlage der (vollständigen) Steuererklärung ein schutzwürdiges Interesse des Auskunftspflichtigen an der Zurückhaltung bestimmter Angaben entgegenstehen, die sich aus der Steuererklärung ergeben, etwa wenn sich aus der Geltendmachung einzelner steuerrechtlich relevanter Ausgaben Rückschlüsse auf Lebenssachverhalte ziehen lassen, die für einen Unterhaltsanspruch ohne Bedeutung sind, und die der Unterhaltsschuldner dem Unterhaltsgläubiger daher nicht offenbaren muss. Im Übrigen kann die Vorlage der Steuererklärung – ebenso wie anderer Belege – verweigert werden, wenn auf Grund besonderer Umstände die Gefahr einer missbräuchlichen Verwendung besteht. Die konkreten Tatsachen, die im Einzelfall zum Ausschluss oder zur Einschränkung der Vorlagepflicht für Steuererklärungen als Beleg der Einkünfte führen sollen, muss der Auskunftsschuldner im Verfahren nach allgemeinen Verfahrensregeln geltend machen.[210] **108**

E. Anspruch auf Abgabe einer eidesstattlichen Versicherung

Wenn und soweit die Auskunft nicht mit der erforderlichen Sorgfalt erteilt wurde, hat der Auskunftsgläubiger einen **Anspruch** auf Abgabe der **eidesstattlichen Versicherung** gegen den Auskunftsschuldner (§ 1605 Abs. 1 Satz 3 i.V.m. § 261). Maßgebend ist dabei, dass auf Grund **fehlender Sorgfalt** die **Auskunft unvollständig** oder **unrichtig** ist. Der Anspruch scheidet aus, wenn die mangelhafte Auskunft auf unverschuldeter Unkenntnis oder einem entschuldbaren Irrtum beruht.[211] Die Abgabe einer **eidesstattlichen Versicherung** kann dann verlangt werden, wenn zu befürchten ist, dass die Auskunft nicht mit der erforderlichen Sorgfalt erteilt worden ist (§ 259 Abs. 2). Ist die Auskunft hingegen noch nicht vollständig erteilt, muss zunächst eine ergänzende Auskunft erzwungen werden (§ 95 Abs. 1 FamFG i.V.m. § 888 ZPO).[212] Erklärt der Auskunftsschuldner, seine Auskunft sei vollständig, bestehen daran aber Zweifel, steht dem Auskunftsgläubiger hinsichtlich dieser **beiden Möglichkeiten** ein **Wahlrecht** zu.[213] **109**

F. Verfahrensrechtliche Fragen

I. Scheidungsverbund

Im Scheidungsverbundverfahren kann Auskunft **nicht isoliert** verlangt werden.[214] Ein **Stufenantrag** ist hingegen (wegen der Leistungsstufe) als Folgesache zu behandeln. (Vorbereitende) **Auskunfts-** und **Belegvorlageansprüche** gem. § 1605 fallen daher nur dann in den **Scheidungsverbund**, wenn sie im Rahmen eines **Stufenantrages**, nicht aber isoliert geltend gemacht werden.[215] **110**

---

208 OLG Dresden FamRZ 2005, 1195.
209 OLG München FamRZ 1993, 202; 1996, 738.
210 BGH FamRZ 1982, 680.
211 BGHZ 89, 137 = BGH FamRZ 1984, 144.
212 OLG Köln FamRZ 2001, 425.
213 Vgl. BGH MDR 1983, 128.
214 BGH FamRZ 1997, 811 – gegebenenfalls Abtrennung.
215 BGH FamRZ 1997, 811; OLG Hamm FamRZ 1996, 736; a.A. noch OLG Frankfurt FamRZ 1987, 299.

Ist dies trotzdem geschehen, ist darüber nach Abtrennung in einem gesonderten Verfahren zu verhandeln und zu entscheiden Eine Abweisung als unzulässig ist nicht gerechtfertigt.[216]

II. Stufenverfahren

111 Die Ansprüche auf Auskunft und Belegvorlage dienen der Vorbereitung eines Unterhaltsverfahrens. Statt eines **isolierten Auskunfts-** und/oder **Belegvorlageantrages** kann zur Vermeidung eines weiteren Verfahrens auch ein **Stufenantrag** (§ 113 FamFG, § 254 ZPO)[217] erhoben werden, der dann regelmäßig **folgende Dreiteilung** hat:

1. **Stufe**: Auskunft und Belegvorlage (§ 1605 Abs. 1),

2. **Stufe**: Eidesstattliche Versicherung (§§ 259, 260, 261),

3. **Stufe**: unbezifferter Zahlungsantrag (§§ 1601 ff.).

Da es in der Praxis regelmäßig zu prozessual nur schwer handhabbaren Problemen kommt, wenn der Auskunftsschuldner zwar eine Reihe von (meist ungeordneten) Unterlagen, nicht jedoch ein den gesetzlichen Anforderungen entsprechendes Auskunftsverzeichnis vorlegt, anhand dessen überhaupt erst überprüft werden kann, ob der Belegvorlageanspruch erfüllt ist, bietet es sich an, das Stufenverfahren wie folgt auf vier Stufen auszuweiten:

1. **Stufe**: Auskunft (§ 1605 Abs. 1 Satz 1),

2. **Stufe**: Belegvorlage (§ 1605 Abs. 1 Satz 2),

3. **Stufe**: Eidesstattliche Versicherung (§§ 259, 260, 261),

4. **Stufe**: unbezifferter Zahlungsantrag (§§ 1601 ff.).

112 Der Stufenantrag ist ein **Sonderfall** der **objektiven Klagehäufung** (§ 260 ZPO). In Abweichung von § 113 FamFG i.V.m. § 253 Abs. 2 Nr. 2 ZPO kann zunächst in der Leistungsstufe ein unbezifferter Zahlungsantrag gestellt werden. Der **Leistungsantrag** kann aber auch **sofort** mit einem **Mindestbetrag versehen** werden. Über diesen darf aber erst nach Erledigung des Begehrens auf Auskunft und Abgabe der eidesstattlichen Versicherung entschieden werden. Die Bezifferung des Mindestbetrages kann rückgängig gemacht werden, solange die Auskunftsstufe noch nicht abgeschlossen ist.[218] Im Wege der objektiven Klagehäufung ist es auch möglich, **daneben** einen bezifferten Zahlungsantrag zu stellen (z.B. beim minderjährigen Kind auf den **Mindestunterhalt**), um sofort und nicht erst mit der Endstufe einen Zahlungstitel zu bekommen. Dies setzt aber voraus, dass ausgeschlossen werden kann, dass der Mindestunterhalt durch die Auskunft beeinflusst wird.[219] Der unbezifferte Antrag in der Leistungsstufe ist dann als **Abänderungsantrag** dieses **Zahlungsantrages** zu formulieren.

113 Mit **Zustellung** des **Stufenantrages** tritt **Rechtshängigkeit** für das **gesamte Verfahren** ein, auch wenn nur für die Auskunftsstufe VKH bewilligt wurde:[220] VKH kann für einen **Stufenantrag** nur **einheitlich** bewilligt werden[221] (einem Missbrauch durch überhöhte Anträge in der Leistungsstufe kann durch eine vorläufige Festsetzung des Verfahrenswerts vorgebeugt werden).[222] Der Stufenan-

---

216 BGH FamRZ 1997, 811.
217 S. BGH FamRZ 1982, 151.
218 Zu allem BGH FamRZ 1996, 1070, 1071.
219 OLG Nürnberg FamRZ 1994, 1594.
220 BGH FamRZ 1995, 797.
221 Str., so OLG München FamRZ 1993, 594; OLG Celle FamRZ 1994, 1043; a.A. OLG Koblenz FamRZ 1985, 416; OLG Bamberg FamRZ 1986, 371; OLG Naumburg FamRZ 1994, 1042.
222 OLG München FamRZ 1994, 1184.

trag hat neben den in § 261 ZPO angeführten Folgen vor allem Auswirkung auf Unterhaltsrückstände (§§ 1585b Abs. 2, 1613 Abs. 1).

Jede Stufe bildet einen **eigenen Anspruch**, über den **gesondert verhandelt** und **entschieden** wird. 114
In die **nächste Stufe** darf erst übergegangen werden, wenn die **vorangehende Stufe abgeschlossen**
ist.[223] Wird nach Vorlage der Einkommensbelege keine eidesstattliche Versicherung benötigt, ist
Stufe 2 zu überspringen. Wenn die **nächste Stufe erreicht** ist, kann **nicht** mehr in die **frühere
Stufe zurückgekehrt** werden, z.B. wenn übersehen wurde, dass die Auskunft über das Einkommen
unvollständig war, oder wenn nachträglich doch eine eidesstattliche Versicherung gewünscht wird.
Die beiden ersten Stufen werden, soweit der Antrag nicht zurückgenommen, die Hauptsache
nicht für erledigt erklärt oder ein Vergleich abgeschlossen wird, durch **Teilbeschluss** abgeschlossen,
die letzte Stufe durch **Schlussbeschluss** (§ 116 FamFG). Soweit **eindeutig kein Unterhaltsanspruch** besteht, kann bereits in der Auskunftsstufe der **gesamte Antrag** – nicht nur die Auskunft – **abgewiesen** werden.[224] Der Teilbeschluss enthält als Endbeschluss gem. § 113 FamFG,
§ 301 Abs. 1 ZPO einen Ausspruch über die vorläufige Vollstreckbarkeit (§ 113 FamFG, § 704
Abs. 1 ZPO), aber keine Kostenentscheidung; diese ergeht wegen der Einheitlichkeit der Kostenentscheidung erst im Endbeschluss.

Ergibt die Auskunft, dass **kein Anspruch** auf **Unterhalt** besteht, liegt **keine Erledigung** der 115
Hauptsache vor.[225] Soweit der **Schuldner** mit der Auskunft in **Verzug** war, kann der **Antrag**
jedoch nach § 263 ZPO geändert und **Feststellung der Kostenerstattung als Verzugsschaden**
beantragt werden. Ein (verfahrensfehlerhafter) Feststellungsantrag auf Erledigung der Hauptsache
ist in diesem Sinne auszulegen.[226] Bei der zu treffenden Billigkeitserwägung können nach dem
Regelungszweck des § 243 Satz 2 Nr. 2 FamFG die Verfahrenskosten dem Antragsgegner auferlegt
werden, wenn er wegen unzureichender vorgerichtlicher Auskunftserteilung **Anlass** zur **Antragserhebung** gegeben hat.[227]

Nach **§ 243 Satz 2 Nr. 2 FamFG** können der auf Auskunft betreffend die gesetzliche Unterhalts- 116
pflicht in Anspruch genommenen Partei die Kosten des Verfahrens nach billigem Ermessen ganz
oder teilweise auferlegt werden, wenn sie zum Verfahren dadurch Anlass gegeben hat, dass sie der
ihr obliegenden **Auskunftspflicht** nicht oder nicht vollständig nachgekommen ist.[228] Maßgebend
ist der Umstand, dass ein Beteiligter vor Beginn des Verfahrens einer Aufforderung des Gegners
zur Erteilung der Auskunft und Vorlage von Belegen über das Einkommen nicht oder nicht vollständig nachgekommen ist, sofern eine Verpflichtung hierzu nicht bestanden hat. Die **Auskunftspflicht** i.S.d. **§ 243 FamFG** umfasst nicht nur die Einkünfte, sondern auch die Abzüge und Belastungen, also alle Positionen, welche die Leistungsfähigkeit des Schuldners beeinträchtigen.[229]
§ 243 FamFG führt weder dazu, dass ein auf Auskunft gerichteter Stufenantrag unzulässig, noch,
dass die Erhebung eines solchen Antrages als mutwillig i.S.v. § 76 FamFG i.V.m. § 114 ZPO anzusehen ist.[230] Vielmehr normiert die Vorschrift insoweit eine »**Kostenstrafe**«.[231]

223 BGH FamRZ 1996, 1070, 1071.
224 BGH FamRZ 1990, 863, 864.
225 BGH FamRZ 1995, 348.
226 BGH FamRZ 1995, 348.
227 OLG Nürnberg FamRZ 2001, 1381; OLG Naumburg FamRZ 2001, 1719.
228 OLG Naumburg OLGR 2000, 231; OLG Köln FamRZ 2000, 622; s. hierzu auch BGH FamRZ 1995,
     348 – Möglichkeit der Klageänderung, auf die Kosten des Verfahrens gerichtet.
229 OLG Köln NJW-RR 2001, 265 – noch zu § 93d ZPO.
230 OLG Naumburg FamRZ 2000, 101 = EzFamR **aktuell** 1999, 235 – noch zu § 93d ZPO.
231 OLG Schleswig OLGR 2000, 41 – noch zu § 93d ZPO.

III. Einstweiliger Rechtschutz

116a **Einstweiliger Rechtsschutz** scheidet im Rahmen eines Auskunfts- und Belegvorlagebegehrens regelmäßig aus. Auskunft und Belegvorlage sind nicht so existenznotwendig, dass es eines summarischen Verfahrens bedürfte.[232] Hat das Gericht dennoch eine solche einstweilige Anordnung erlassen, begründet dies allerdings nicht die Zulässigkeit der sofortigen Beschwerde wegen »grober (greifbarer) Gesetzwidrigkeit«.[233]

IV. Antrag

117 Für die außergerichtliche Geltendmachung sowie für den Antrag gilt – sowohl hinsichtlich des **Anspruchs** auf **Auskunft** wie auch hinsichtlich des **Anspruchs** auf **Vorlage** von **Belegen** – § 113 FamFG i.V.m. § 253 Abs. 2 Nr. 2 ZPO (**genau bestimmtes Begehren**).Insb. diejenigen Zeiträume, für die Auskunft verlangt wird, als auch alle verlangten Belege müssen **konkret** aufgeführt werden. Der Antrag ist sonst unzulässig, da der Antrag keinen vollstreckungsfähigen Inhalt hat.[234] Gleiches gilt, wenn der Antrag auf eine **unmögliche Leistung**, z.B. auf Vorlage eines noch nicht erlassenen Einkommensteuerbescheides, gerichtet ist.[235]

V. Substantiiertes Bestreiten im Verfahren

118 Behauptet der Auskunft begehrende Teil (trotz des Auskunftsantrages nach § 1605) das Einkommen des anderen mit Nichtwissen, muss der andere Teil substantiiert bestreiten, indem er sein Einkommen und – soweit unterhaltsrelevant – auch seine Vermögensverhältnisse im Einzelnen konkret darlegt. Eine solche Pflicht besteht immer dann, wenn eine darlegungspflichtige Partei außerhalb des von ihr darzulegenden Geschehensablaufs steht und keine nähere Kenntnis der maßgebenden Tatsachen besitzt, während der Verfahrensgegner sie hat und ihm nähere Angaben zumutbar sind. Bestreiten von Sachvortrag ohne die nach den Umständen zumutbare Substantiierung ist nicht wirksam und zieht die Geständnisfiktion des § 138 Abs. 3 ZPO nach sich.[236]

VI. Verfahrenswert und Beschwer

119 Der **Verfahrenswert** wie auch die **Beschwer** eines **Auskunfts-/Belegvorlageverfahrens** ist je nach dem Interesse der jeweils beteiligten Parteien zu bemessen.

120 Die **Beschwer** für den **Auskunftsgläubiger** ist nach einem **Bruchteil des begehrten Leistungsanspruchs** (Unterhaltsanspruchs) zu bemessen (Interesse **des** Antragstellers an Auskunft bzw. Belegvorlage), regelmäßig 1/4 bis 1/10 unter Berücksichtigung von § 113 Abs. 1 Satz 2 FamFG i.V.m. § 9 ZPO.[237] Sie ist um so höher anzusetzen, je geringer die Kenntnisse des Auskunftsgläubigers und sein Wissen über die zur Begründung des Leistungsanspruchs maßgeblichen Tatsachen sind.[238]

121 Der Wert der **Beschwer** eines zur Erteilung einer Auskunft bzw. zur Vorlage von Belegen durch Beschluss verpflichteten **Schuldners** ist gemäß § 113 Abs. 1 Satz 2 FamFG i.V.m. § 3 ZPO nach

---

232 OLG Düsseldorf FamRZ 1983, 514; OLG Hamm FamRZ 1983, 515; a.A. van Els FamRZ 1995, 650.
233 OLG Hamm FamRZ 1983, 515; a.A. OLG Düsseldorf FamRZ 1983, 514 m.w.N.
234 BGH FamRZ 1983, 454, 455; OLG Bamberg FamRZ 1994, 1048; OLG München FamRZ 1992, 1207.
235 BGH FamRZ 1989, 731, 732.
236 BGHZ 98, 353 = BGH FamRZ 1987, 259 zu einer unterhaltsrechtlichen Auskunftspflicht nach § 242 unter Hinweis auf BGHZ 85, 16, 27 f. = BGH FamRZ 1982, 1189; OLG Hamburg FamRZ 1991, 1092: OLG Koblenz FuR 2000, 183.
237 BGH FamRZ 1993, 1189 (664); 1993, 1189 (665).
238 BGH FamRZ 1997, 546 = FuR 2006, 213.

billigem Ermessen zu bestimmen. Er richtet sich nicht nach dem beabsichtigten Zahlungsantrag, sondern maßgebend ist das **Interesse** des Auskunftsschuldners, die verlangte Auskunft nicht erteilen zu müssen. Dies ist – von dem Fall eines besonderen Geheimhaltungsinteresses abgesehen – regelmäßig der erforderliche **Aufwand an Zeit, Arbeit und Kosten** für die Erfüllung des geltend gemachten Anspruchs.[239] Im Einzelfall kann ein **Geheimhaltungsinteresse** einer zur Auskunft verurteilten Partei für die Bemessung des Rechtsmittelinteresses erheblich sein. Diese kann bei Zusammenveranlagung von Ehegatten dadurch gewahrt werden, dass der Auskunftspflichtige solche Betragsangaben unkenntlich macht, die ausschließlich seinen Ehegatten betreffen.[240] Der Pflichtige ist darüber hinaus nicht gehalten, im Rahmen seiner Pflicht zur Auskunftserteilung nach § 1605 Abs. 1 S. 1 eine (bereinigte) Einkommenssteuererklärung vorzulegen, aus der sich das ellein auf ihn entfallende Nettoeinkommen ergibt. Insoweit muss die verurteilte Partei dem Beschwerdegericht aber substantiiert darlegen und erforderlichenfalls glaubhaft machen, dass ihr durch die Erteilung der Auskunft ein konkreter Nachteil droht.[241] Der Aufwand an Zeit und Kosten wird regelmäßig mit weniger als 600 € bewertet.[242]

Die Kosten der **Zuziehung** einer **sachkundigen Hilfsperson** können nur berücksichtigt werden, **122** wenn sie zwangsläufig entstehen, weil der Auskunftspflichtige selbst zu einer sachgerechten Auskunftserteilung bzw. zur Belegvorlage nicht in der Lage ist, etwa wenn die benötigten Unterlagen erst vom Steuerberater zu erstellen sind, auch wenn dessen Kosten später ohnehin angefallen wären, oder wenn der Titel auf eine unmögliche oder nicht vollstreckbare Leistung gerichtet ist.[243] Das Abwehrinteresse liegt in diesen Fällen regelmäßig über 600 € (§ 511 Abs. 2 ZPO). Bei einer Verpflichtung zur Auskunft sind auch die Kosten zu berücksichtigen, die der Pflichtige aufwenden muss, um mit anwaltlicher Hilfe Vollstreckungsversuche abzuwehren, soweit er zu einer unmöglichen Leistung verurteilt worden ist.[244]

Das Rechtsbeschwerdegericht kann die Bemessung der Beschwer nur darauf überprüfen, ob das **123** Beschwerdegericht von dem ihm nach § 113 Abs. 1 Satz 2 FamFG i.V.m. § 3 ZPO eingeräumten Ermessen rechtsfehlerhaft Gebrauch gemacht hat, was insb. dann der Fall ist, wenn das Gericht bei der Bewertung des Beschwerdegegenstands maßgebliche Tatsachen verfahrensfehlerhaft nicht berücksichtigt oder etwa erhebliche Tatsachen unter Verstoß gegen seine Aufklärungspflicht (§ 139 ZPO) nicht festgestellt hat,[245] denn der Sinn des dem Beschwerdegericht eingeräumten Ermessens würde verfehlt, wenn das Rechtsbeschwerdegericht berechtigt und verpflichtet wäre, ein vom Beschwerdegericht fehlerfrei ausgeübtes Ermessen durch eine eigene Ermessensentscheidung zu ersetzen. Diese Beschränkung begrenzt zugleich die Möglichkeit des Rechtsbeschwerdegerichts, Tatsachen zu berücksichtigen, die erstmals im Verfahren der Rechtsbeschwerde geltend gemacht werden.[246]

---

239 Grundlegend BGHZ 128, 85, 87 f. = BGH FamRZ 1995, 349 = BGH FamRZ 1995, 349 = BGH FamRZ 2005, 1986 – die Beschwer durch eine Verurteilung zur Auskunft über die Höhe einer gewährten Arbeitnehmerabfindung erhöhe sich auch nicht dadurch, dass der Rechtsmittelführer ein Geheimhaltungsinteresse wegen einer mit dem Arbeitgeber vereinbarten Verschwiegenheitspflicht geltend macht; BGH FamRZ 1991, 315, 317 = FuR 2004, 35 = FuR 2003, 47 für den güterrechtlichen Auskunftsanspruch; 2005, 104 = FuR 2005, 186 = FuR 2007, 223; FuR 2009, 100 = FF 2009, 22.
240 BGH FamRZ 2012, 1555; FamRZ 2006, 1178.
241 BGH NJW-RR 1997, 1089; NJW 1999, 3049; FamRZ 2005, 1986; BGHZ 164, 63 = BGH FamRZ 2005, 1986 – angebliches Geheimhaltungsinteresse wegen einer mit dem Arbeitgeber vereinbarten Verschwiegenheitspflicht.
242 BGH FamRZ 1988, 156 (Nr. 64).
243 BGHZ 128, 85, 87 f. = BGH FamRZ 1995, 349; BGH FamRZ 1992, 425, 426 (Nr. 3); 1993, 306; 1993, 1423; 2002, 666, 667; 2005, 104; 2006, 33; 2007, 714 = FuR 2007, 223.
244 BGH FuR 2009, 203; zu den erweiterten Auskunftspflichten nach §§ 235, 236 FamFG vgl. Rossmann ZFE 2009, 444; Schürmann FuR 2009, 130.
245 BGH NJW-RR 1991, 509; NJW 1999, 3050 f; FamRZ 2007, 714 = FuR 2007, 223.
246 BGH NJW 2001, 1652 f; FamRZ 2007, 714 = FuR 2007, 223.

VII. Vollstreckbarkeit/sofortige Wirksamkeit

125 Ein Teilbeschluss ist als Endentscheidung der jeweiligen Stufe gesondert anfechtbar (§ 58 FamFG). Das Gericht kann die sofortige Wirksamkeit des Teilbeschluss anordnen (§ 116 Abs. 3 Satz 2 FamFG). Bei einer Beschwerde gegen einen Teilbeschluss auf Auskunft/Belegvorlage wird häufig die Beschwer nicht erreicht.

VIII. Zwangsvollstreckung

126 Die Auskunft ist gemäß § 95 Abs. 1 FamFG i.V.m. § 888 ZPO, die Belegvorlage gemäß § 95 Abs. 1 FamFG i.V.m. § 883 ZPO zu vollstrecken.

§ 1606   Rangverhältnisse mehrerer Pflichtiger

(1) Die Abkömmlinge sind vor den Verwandten der aufsteigenden Linie unterhaltspflichtig.

(2) Unter den Abkömmlingen und unter den Verwandten der aufsteigenden Linie haften die näheren vor den entfernteren.

(3) ¹Mehrere gleich nahe Verwandte haften anteilig nach ihren Erwerbs- und Vermögensverhältnissen. ²Der Elternteil, der ein minderjähriges unverheiratetes Kind betreut, erfüllt seine Verpflichtung, zum Unterhalt des Kindes beizutragen, in der Regel durch die Pflege und die Erziehung des Kindes.

A. Strukturen

1 Das Gesetz regelt die **Reihenfolge** von **Unterhaltsschuldnern** (mehrere Personen sind nebeneinander oder nacheinander zu Unterhaltszahlungen verpflichtet) betreffend den **Ehegattenunterhalt** in §§ **1584, 1608** und betreffend den **Verwandtenunterhalt** in §§ **1606, 1607**, entsprechend auch die **Ersatzhaftung** (§§ 1584, 1607, 1608).

I. Aufbau der Norm des § 1606

§ 1606 normiert in Abs. 1 und 2 die **Reihenfolge**, in der Verwandte untereinander unterhaltspflichtig sind,[1] und begründet in Abs. 3 zwei **Grundsätze** bei **Betreuung minderjähriger Kinder:** Das **Prinzip anteiliger Haftung** (»Anteilshaftung«) sowie das **Gleichwertigkeitsprinzip** (»Gleichwertigkeitsregel«).

– Abs. 1: Vorrang der Haftung von Abkömmlingen vor Verwandten der aufsteigenden Linie

Kinder, Enkel usw. haften dem Unterhaltsgläubiger vor dessen Eltern, Großeltern usw. Sind die vorhandenen Abkömmlinge nicht leistungsfähig, dann haften die Verwandten aufsteigender Linie, und zwar wiederum die näheren vor den entfernteren, also die Eltern vor den Großeltern usw..

– Abs. 2: Vorrang der Haftung jeweils der näheren vor den entfernteren Verwandten

Maßgebend für die Nähe der Verwandtschaft ist deren Grad nach der Gradesnähe, so dass unter den Abkömmlingen wiederum die näheren vor den entfernteren haften, also Kinder vor den Enkeln usw..

– Abs. 3 Satz 1: Prinzip anteiliger Haftung gleich naher Verwandter

Gleich nah verwandt sind auch bei Betreuung minderjähriger unverheirateter Kinder grundsätzlich beide Elternteile.[2] Ist der barunterhaltpflichtige Elternteil nur eingeschränkt oder überhaupt nicht leistungsfähig, haftet der betreuende vor weiteren Verwandten zusätzlich zur Betreuung – unter Wegfall des Privilegs aus § 1606 Abs. 3 Satz 2 – auch für den Barunterhalt, und zwar auch dann, wenn (umgekehrt) der betreuende Elternteil ausfällt. Dann haftet der barunterhaltpflichtige Elternteil für den gesamten Bedarf (Bar- und Betreuungsunterhalt) des Kindes.

– Abs. 3 Satz 2: Gleichwertigkeitsprinzip

Betreut ein Elternteil ein minderjähriges unverheiratetes Kind, dann fingiert die Vorschrift für den Regelfall, dass die **Betreuungsleistungen mit den Barunterhaltszahlungen gleichwertig** sind. Sie befreit damit den betreuenden Elternteil grundsätzlich von der Beteiligung am Barunterhalt.[3] Dieser Grundsatz gilt allerdings nicht für Zusatzbedarf (etwa Mehr- und/oder Sonderbedarf) des Kindes.[4] Der Gleichwertigkeitsgrundsatz befreit zwar den das Kind betreuenden Elternteil von der Beteiligung am Barunterhalt des Kindes, hat jedoch keine weitergehenden Auswirkungen auf mögliche Unterhaltsansprüche der Ehegatten untereinander, insb. bei der Bemessung des Aufstockungsunterhalts gem. § 1573 Abs. 2.[5]

II. Analoge Anwendung des Prinzips anteiliger Haftung

Der BGH wendet das **Prinzip anteiliger Haftung** (§ 1606 Abs. 3 Satz 1) auch **analog** an: Die Väter mehrerer – nicht aus einer Ehe hervorgegangener – Kinder haften für den Unterhaltsbedarf der Mutter gemäß § 1606 Abs. 3 Satz 1 **anteilig.** Betreut die Mutter eines nichtehelichen Kindes auch ein eheliches Kind, dann haften der Vater des nichtehelichen Kindes und der Vater des ehelichen Kindes **anteilig** entsprechend § 1606 Abs. 3 für den Betreuungsunterhaltsbedarf der Mutter.[6]

---

1 Hierzu ausführlich Martiny, Unterhaltsrang und Rückgriff (2000); Wohlgemuth FamRZ 2001, 321.
2 Die sprachliche Neufassung der Norm im Jahre 1998 erstreckt das Gleichwertigkeitsprinzip entsprechend der bisherigen gerichtlichen Praxis auf beide Elternteile.
3 Ausführlich zu den Ausnahmefallgestaltungen, bei denen ein Elternteil die doppelte Last von Bar- und Naturalunterhalt tragen muss, Duderstadt FamRZ 2003, 70 ff.
4 BGH FamRZ 1983, 689; OLG Dresden FamRZ 2002, 1412 = FuR 2002, 543.
5 OLG Schleswig OLGR 2003, 157.
6 BGH FamRZ 1998, 541 = FuR 1998, 131 (Haftung nach § 1361/§ 1615l); 2005, 357 = FuR 2005, 224 (Haftung nach § 1615l/§ 1615l); 2007, 1303 (Haftung nach § 1361/§ 1615l).

Mehrere nach § 1615l unterhaltspflichtige Väter haften für den Unterhalt der Mutter in unmittelbarer Anwendung der §§ 1615l Abs. 3 Satz 1, 1606 Abs. 3 Satz 1 **anteilig.**[7]

4   Bei der Bemessung der anteiligen Haftung verschiedener Väter in entsprechender Anwendung des § 1606 Abs. 3 Satz 1 führt der Maßstab der jeweiligen **Einkommens-** und **Vermögensverhältnisse** in einer Vielzahl von Fällen zu angemessenen Lösungen. Die Anknüpfung an diesen eher schematischen Maßstab ist allerdings nicht in allen Fällen der Betreuung von Kindern aus verschiedenen Verbindungen zwingend. Die entsprechende Anwendung des § 1606 Abs. 3 Satz 1 lässt auch Raum für eine Berücksichtigung anderer Umstände, insb. der Anzahl, des Alters, der Entwicklung und der Betreuungsbedürftigkeit der jeweiligen Kinder.[8]

5   So kann im Einzelfall von Bedeutung sein, dass die Mutter durch die vermehrte Betreuungsbedürftigkeit eines (meist jüngeren oder behinderten) Kindes von jeglicher Erwerbstätigkeit abgehalten wird, obwohl das fortgeschrittene Alter eines anderen Kindes an sich eine teilweise Erwerbstätigkeit erlauben würde. Eine schematische Aufteilung der Haftungsquote nach den jeweiligen Einkommens- und Vermögensverhältnissen des geschiedenen Ehemannes und des Vaters wäre dann unbefriedigend. Der Erzeuger des vermehrt betreuungsbedürftigen Kindes muss dann in entsprechend höherem Umfang, gegebenenfalls auch allein, zum Unterhalt für die Mutter herangezogen werden.[9]

6   Ist das nichteheliche Kind schwerbehindert, erscheint es daher angemessen, den nichtehelichen Vater zu mehr als hälftigem Betreuungsunterhalt für die Kindesmutter heranzuziehen.[10] Die Haftungsanteile mehrerer Väter sind auch dann individuell zu ermitteln, wenn die Kindesmutter ihre bislang trotz Betreuung eines Kindes ausgeübte Erwerbstätigkeit wegen der Betreuung des anderen Kindes aufgegeben hat.[11]

7   Für die Ermittlung der Haftungsquoten sind zunächst die Einkommens- und Vermögensverhältnisse beider anteilig haftenden Väter zu berücksichtigen. Im Anschluss daran kann der **jeweilige Haftungsanteil** nach den **Umständen** des **Einzelfalles** – etwa nach der Anzahl und dem Alter wie auch dem Betreuungsbedarf der jeweiligen Kinder – nach oben oder nach unten korrigiert werden.[12] Schwierigkeiten bereitet dabei die Berücksichtigung ggf. unterschiedlicher Bedarfe der Mutter gegenüber dem Vater des ehelichen bzw. nichtehelichen Kindes.

III. Haftung mehrerer unterhaltspflichtiger Kinder für Elternunterhalt

8   Geschwister sind als Verwandte in der Seitenlinie untereinander zwar nicht unterhaltsverpflichtet, weil Unterhaltsansprüche nur in gerader Linie bestehen. Sie sind jedoch als **gleich nahe Verwandte** für den **Elternunterhalt** mit einer Haftungsquote heranzuziehen, die ihren – nach obigen Grundsätzen bereinigten – Einkommens- und Vermögensverhältnissen entspricht (§§ 1601, 1606 Abs. 3 Satz 1).[13]

9   Die Haftungsquote des Unterhaltsschuldners errechnet sich – wie bei der Ermittlung des volljährigen Kindern von ihren Eltern anteilig geschuldeten Unterhalts – nach Abzug des für seinen eigenen Unterhalt und denjenigen der vorrangig Berechtigten verbleibenden Teils seines bereinigten

---

7   BGH FamRZ 2005, 357 = FuR 2005, 224 im Anschluss an BGH FamRZ 1998, 541 ff.
8   Wende/Bömelburg, § 7, Rn. 173.
9   BGH FamRZ 2007, 1303.
10 S. OLG Hamm NJW 2005, 297 (§ 1570/1615l) – schwere motorische Behinderung der 6-jährigen nichtehelichen Tochter infolge rheumatischer Polyarthritis.
11 S. hierzu etwa Bremen FamRZ 2006, 1207 (§ 1570/§ 1615l) – Aufgabe der Berufstätigkeit wegen Betreuung des nichtehelichen Kindes.
12 BGHZ 177, 272 = BGH FamRZ 2008, 1739 = FuR 2008, 485.
13 BGH FamRZ 2003, 860, 864 = FuR 2003, 275; s. auch OLG Karlsruhe FamRZ 2004, 292 mit beispielhafter Aufteilung der Haftungsanteile der Geschwister.

Nettoeinkommens.[14] Haften Kinder daneben auch aus Vermögen, so ist dieses in monatliches Einkommen umzurechnen, um die Vergleichbarkeit mit den anderen Kindern zu ermöglichen. Aus dem für den Unterhalt einzusetzenden Kapital ist die finanzierbare monatliche Unterhaltsrente anhand der allgemeinen Sterbetafeln zu berechnen.[15]

Die antragstellende Partei trägt die **Darlegungs-** und **Beweislast** (auch) für die **Höhe** der **anteiligen Haftung** der Gegenpartei. Ein Unterhaltsanspruch ist daher nur dann schlüssig begründet, wenn substantiiert dargelegt wird, in welchem Umfang die Geschwister Elternunterhalt leisten können.[16]   10

Auch für das auf Unterhalt in Anspruch genommene Kind kann es erforderlich werden, Informationen über die Einkommens- und Vermögensverhältnissen seiner Geschwister (einschließlich etwaiger Ansprüche auf Familienunterhalt) zu erlangen. Zwischen Geschwistern besteht deshalb aufgrund der in § 1606 Abs. 3 verankerten anteiligen Unterhaltspflicht ein besonderes Rechtsverhältnis, aus dem eine **gegenseitige Auskunftspflicht** über die jeweiligen Verhältnisse des anderen resultiert. Die Auskunftspflicht betrifft jedoch nur die Geschwister, nicht deren Ehegatten.[17]   11

Das Gesetz enthält weder einen Auskunftsanspruch gegenüber den Ehegatten der Geschwister, noch sieht es eine Unterhaltspflicht von Schwiegerkindern gegenüber Eltern eines Ehegatten vor. Der BGH[18] hatte sich mit der Frage zu befassen, ob ein Unterhaltsschuldner, der für seine Mutter Unterhalt leistet, von der Ehefrau seines Bruders, den er ebenfalls für unterhaltspflichtig hielt, **Auskunft** über deren Einkünfte verlangen kann. Er hat einen solchen Anspruch, der allenfalls aus dem Grundsatz von Treu und Glauben hergeleitet werden könnte, mangels eines besonderen Rechtsverhältnisses zwischen den Beteiligten, das einen Auskunftsanspruch rechtfertigen könnte, abgelehnt. Der Unterhaltsschuldner sei darauf beschränkt, die notwendigen Informationen über die Einkommensverhältnisse der Ehegatten mittelbar von seinen Geschwistern zu erlangen. Diese müssten jedenfalls insoweit Auskunft über ihre finanziellen Verhältnisse erteilen, als diese von Einkünften ihrer Ehegatten mitbestimmt werden.[19]   12

Werden mehrere Kinder mit verschieden Wohnsitzen auf Elternunterhalt in Anspruch genommen, dann sind die insoweit hinsichtlich der gerichtlichen Zuständigkeit auftretenden Probleme nur über § 36 Abs. 1 Nr. 3 ZPO (Gerichtsstandsbestimmung) zu lösen.[20]   13

B. Normzweck

§ 1606 regelt die Reihenfolge der **Haftung** auf **Schuldnerseite**. Soweit mehrere leistungsfähige Verwandte für Unterhalt haften, werden in § 1603 Abs. 1 und 2 die nachrangigen auf Kosten der vorrangigen von Unterhaltslasten freigestellt. Nachrangige Verwandte sind nur dann unterhaltspflichtig, wenn die Leistungsfähigkeit vorrangig haftender Verwandter begrenzt ist, oder wenn diese wegen Schwierigkeiten der Rechtsverfolgung ausfallen, nicht aber, wenn § 1611 den Unterhaltsanspruch begrenzt. Die Rangregelung gilt grundsätzlich nur innerhalb des jeweiligen Bar- bzw. Betreuungsunterhalts, so dass die Leistungsunfähigkeit eines vorrangig zur Betreuung verpflichteten Unterhaltsschuldners nicht schon als solche die Barunterhaltpflicht eines nachrangig haftenden Verwandten auslöst. Ist die Leistungsfähigkeit eines vorrangig haftenden Verwandten nur teilweise eingeschränkt, dann ist die Haftung des nachrangigen Verwandten (nur) auf den   14

---

14 S. ausführlich Soyka FPR 2003, 631.
15 OLG Karlsruhe FamRZ 2004, 292.
16 BGH FamRZ 2003, 1836, 1838 = FuR 2003, 573 mit krit. Anm. Strohal.
17 BGH FamRZ 2003, 1836.
18 BGH FamRZ 2003, 1836, 1837 f. = FuR 2003, 573.
19 BGH FamRZ 2003, 1836 = FuR 2003, 573 mit krit. Anm. Strohal.
20 S. Soyka FPR 2003, 631, 633 – Zuständigkeitsprobleme bei Inanspruchnahme mehrerer Kinder auf Elternunterhalt.

Restunterhalt begrenzt. Die Norm setzt dispositives Recht, aber zu Lasten eines nachrangig haftenden Verwandten nur mit dessen Zustimmung.

C. Prinzip anteiliger Haftung (§ 1606 Abs. 3 Satz 1)

15 § 1606 Abs. 3 Satz 1 begründet unter **mehreren Verwandten** der **gleichen Stufe** jeweils untereinander ein **Teilschuld**-, nicht aber ein Gesamtschuldverhältnis. Schulden sie Barunterhalt, dann haften sie dem Grunde und dem Umfang nach für den **Unterhalt anteilig** nach ihren **jeweiligen Erwerbs- und Vermögensverhältnissen**.[21] Die Haftungsanteile werden von der Unterhaltspraxis anhand des verteilungsfähigen Einkommens als Quote ermittelt. Das verteilungsfähige Einkommen entspricht dem Gesamteinkommen, das oberhalb des den Unterhaltspflichtigen zu belassenden Selbstbehalts (Sockelbetrag) verfügbar ist.[22] Der **Sockelbetrag** entspricht dem **angemessenen Selbstbehalt**, der nach den meisten Tabellen und Leitlinien der Oberlandesgerichte derzeit monatlich 1.200,00 € beträgt. Dies gilt sowohl für die anteilige Haftung gegenüber minderjährigen als auch gegenüber privilegiert volljährigen und volljährigen Kindern[23].

Zu Recht weist Klinkhammer[24] in diesem Zusammenhang darauf hin, dass es unter Berücksichtigung von § 1603 Abs. 1, 2 S. 3 zu unangemessenen Ergebnissen führt, den Sockelbetrag im Falle der Unterhaltspflicht gegenüber minderjährigen oder privilegiert volljährigen Kindern auf den notwendigen Selbstbehalt herabzusetzen.[25] Die verschärfte Unterhaltspflicht gegenüber minderjährigen und ihnen gemäß § 1603 Abs. 2 S. 2 gleichgestellten volljährigen Kindern besteht nämlich nur dann, wenn kein anderer unterhaltspflichtiger Verwandter iSv § 1603 Abs. 1, 2 S. 3 vorhanden ist, der unter Wahrung seines eigenen angemessenen Selbstbehalts den Bedarf des Kindes decken kann. Eine **Herabsetzung des Sockelbetrags** auf den **notwendigen Selbstbehalt** kommt daher nach § 1603 Abs. 2 Satz 1 allein im **Mangelfall**, also dann in Betracht, wenn **beide Eltern** nach dem Maßstab des § 1603 Abs. 1 **leistungsunfähig** sind.[26] Ist hingegen nur ein Elternteil leistungsunfähig, so hat dies zur Folge, dass beide Elternteile unverändert mit dem Einkommen haften, das ihren angemessenen Selbstbehalt übersteigt. Eine weitergehende Unterhaltspflicht besteht nicht.[27] Der leistungsfähige Elternteil trägt die Unterhaltslast in einem solchen Fall allein. Der leistungsunfähige Elternteil ist gemäß §§ 1603 Abs. 2 Satz 2, 1606 Abs. 3 Satz 1 nicht unterhaltspflichtig.[28]

16 Der **Grundsatz anteiliger Haftung** wird einerseits durch die **gesamtschuldnerische Haftung** gegenüber **Dritten**, andererseits durch die sog. **Ausfallhaftung** (s. § 1607) durchbrochen. Fällt ein gleichrangiger Verwandter (meist: der andere Elternteil) aus, verbleibt dem allein leistungsfähigen Verwandten auf Grund der Rangregelung des § 1606 Abs. 1 und 2 die gesamte Unterhaltslast (vgl. § 1607 Abs. 1). Der volle Unterhaltsbedarf des Unterhaltsgläubigers richtet sich zwar dann allein nach dem Einkommen dieses Verwandten (Elternteils). Er kann aber seinen vollen Bedarf von diesem verlangen, sofern und soweit dieser leistungsfähig ist.

---

21 BGH FamRZ 1994, 696; OLG Hamm FamRZ 1996, 1234; NJW 1999, 798; OLG Stuttgart FamRZ 2007, 75 – Berechnung der anteiligen Haftung bei Zusammentreffen eines privilegierten volljährigen und eines minderjährigen Kindes; s. im Einzelnen Wohlgemuth FamRZ 2001, 321.
22 BGH FamRZ 2011, 454 = FuR 2011, 395.
23 BGH FamRZ 2011, 1041; FamRZ 2011, 454 = FuR 2011, 395; FamRZ 2006, 1015 = FuR 2006, 420; FamRZ 2009, 962 = FuR 2009, 415.
24 Wendl/Klinkhammer, 8. Auflage, § 2 Rn. 595.
25 So 13.3. der Unterhaltsrechtlichen Leitlinien der Oberlandesgerichte Brandenburg, Düsseldorf, Hamm, Oldenburg und des Kammergerichts
26 So wohl auch BGH FamRZ 2002, 815.
27 BGH FamRZ 2011, 1041 = FuR 2011, 458; FamRZ 2011, 454 = FuR 2011; FamRZ 2008, 137; OLG Düsseldorf FamRZ 2001, 1242; OLG Hamm FamRZ 2000, 379; vgl. auch Götz in Schnitzler, Münchener Anwaltshandbuch Familienrecht, 3. Aufl. § 7 Rn. 131.
28 Siehe hierzu unter II.4.

Der Unterhaltsbedarf eines volljährigen Kindes, das bei einem Elternteil lebt, dessen Einkommen 17
den eigenen angemessenen Selbstbehalt nicht erreicht, ist grundsätzlich **allein** nach dem unterhaltsrechtlich relevanten Einkommen des **anderen Elternteils** zu ermitteln.[29] Erzielt eine zur Zahlung von Ausbildungsunterhalt verpflichtete Kindesmutter aus halbschichtiger Erwerbstätigkeit nur ein unterhalb des angemessenen Selbstbehalts liegendes Einkommen, ist sie grundsätzlich verpflichtet, eine vollschichtige Erwerbstätigkeit auszuüben. Eine etwaige Verletzung dieser Erwerbsobliegenheit hat allein dieser Elternteil zu vertreten, nicht aber das vom Kindesvater Ausbildungsunterhalt fordernde volljährige Kind.[30] Dem in Anspruch genommenen Kindesvater bleibt es daher unbenommen, gegen die Kindesmutter eine Regressforderung geltend zu machen.[31] Befindet sich die Mutter eines volljährigen unterhaltsberechtigten Kindes im Erziehungsurlaub, und erhält sie lediglich Erziehungsgeld in Höhe von 230 € monatlich, dann ist sie nicht leistungsfähig, aber auch nicht zu einer Nebenerwerbstätigkeit verpflichtet.[32]

Im Rahmen der Geltendmachung von nach § 37 Abs. 1 BAföG auf den Träger der Ausbildungs- 18
förderung übergegangenen (Ausbildungs-) Unterhaltsansprüchen des volljährigen Kindes gegen seine Eltern ist der Haftungsanteil eines nicht erwerbstätigen Elternteils nicht zu berücksichtigen. Es kann dahingestellt bleiben, ob eine Erwerbsobliegenheit dieses Elternteils besteht, denn das volljährige Kind muss sich auf fiktive Einkünfte eines Elternteils nicht verweisen lassen.

D. Gleichwertigkeitsprinzip (§ 1606 Abs. 3 Satz 2)

Nach der Trennung/Scheidung der Eltern leistet ein Elternteil dem minderjährigen unverheirate- 19
ten Kind in aller Regel durch Pflege, Betreuung und Versorgung **Naturalunterhalt**, der andere Elternteil **Barunterhalt**. Beide Unterhaltsteile sind nach der Wertung des Gesetzgebers **regelmäßig gleichwertig**. **Nur ausnahmsweise** kann das in § 1606 Abs. 3 Satz 2 normierte **Gleichwertigkeitsprinzip** durchbrochen und können beide Elternteile dem Kind barunterhaltspflichtig sein, wobei regelmäßig der nicht betreuende Elternteil nicht voll aus der Mithaftung entlassen werden soll. Die aus § 1606 Abs. 3 Satz 2 abgeleitete Regel der Gleichwertigkeit von Bar- und Betreuungsunterhalt gilt für jedes Kindesalter **bis** hin zum Erreichen der **Volljährigkeit**.[33] Sie gilt nur im Verhältnis der Eltern zueinander, nicht aber im Verhältnis zu den nachrangig haftenden Großeltern.[34]

I. Regel: Gleichwertigkeitsgrundsatz

Aufgrund der **Gleichwertigkeit** von **Bar-** und **Naturalunterhalt** (§ 1606 Abs. 3 Satz 2) richtet sich 20
die Höhe des Barunterhalts allein nach den **Einkommensverhältnissen** des **barunterhaltspflichtigen Elternteils**. Der andere Elternteil erfüllt seine Verpflichtung, zum Unterhalt des Kindes beizutragen, in der **Regel** auch bei eigener Erwerbstätigkeit durch Pflege, Erziehung und Betreuung des Kindes, also in Form von Naturalunterhalt.

Aufenthalte des Kindes beim barunterhaltspflichtigen Elternteil im Rahmen des **Umgangsrechts** am Wochenende oder im Urlaub beseitigen die volle Barunterhaltspflicht für diese Zeit nicht, denn die Geldrente stellt eine pauschalierte Summe dar, die sich durch **gleichmäßig** über das **Jahr verteilte Monatsbeträge** ausdrückt.[35] Unterhaltsansprüche des Kindes gegen den sorgeberechtigten Elternteil für die Zeit der Wahrnehmung des Umgangsrechts bei einem anderen Elternteil gehen auf den Grundsicherungsträger über und sind von diesem bei den Familiengerichten durchzusetzen.[36]

---

29 OLG Dresden NJW-RR 2009, 1661.
30 KG FamRZ 2005, 1868.
31 OLG Köln FamRZ 2010, 382.
32 OLG Brandenburg NJW-RR 2009, 941.
33 BGH FamRZ 2006, 1597 = FuR 2006, 510 (Berufungsurteil: OLG Hamm FamRZ 2005, 539).
34 OLG Thüringen FamRZ 2009, 1498.
35 BGH FamRZ 1984, 470.
36 BSG FamRZ 2009, 1997.

1. Betreuungsbedarf, Barbedarf und Betreuungskosten

21 Der **Betreuungsbedarf** umfasst die tatsächliche Betreuung, Pflege und Versorgung des Unterhaltsgläubigers: Demgegenüber werden als **Barbedarf** die für das tägliche Leben erforderlichen Geldmittel bezeichnet (vgl. §§ 1610, 1612). Die Regelung der elterlichen Sorge ist im Rahmen des § 1606 Abs. 3 Satz 2 ohne Belang: Die Gleichwertigkeitsregel gilt sowohl bei gemeinsamer elterlicher Sorge als auch bei Alleinsorge des betreuenden Elternteils, ja sogar dann, wenn der alleinige Sorgeberechtigte dem anderen Elternteil die Betreuung des Kindes überlässt.

22 Betreuungsunterhalt ist dem Barunterhalt auch dann **gleichwertig**, wenn der erwerbstätige sorgeberechtigte Elternteil sich bei der **Betreuung** des Kindes der **Hilfe Dritter** (das sind etwa Verwandte, Freunde, Nachbarn, Personal, Kindertagesstätte oder Tagesmutter) bedient:[37] Entscheidend ist nicht, wann der betreuende Elternteil seinen Betreuungspflichten nachkommt, sondern dass dem Kind ausreichende elterliche Zuwendung und Pflege zuteil wird.[38] Bedient sich der für den Betreuungsunterhalt verantwortliche Elternteil **zeitweise** der Hilfe Dritter, dann muss er zwar für die insoweit entstehenden (**Betreuungs-**) **Kosten** grundsätzlich alleine aufkommen.[39] Eine Beteiligung am Barunterhalt scheidet allerdings regelmäßig aus, da sich derartige Betreuungsaufwendungen auf die Unterhaltsbeziehung des Kindes zum barunterhaltspflichtigen Elternteil grundsätzlich nicht auswirken.[40] Ermöglicht (nur) entsprechender Aufwand die **überobligatorische Berufstätigkeit** des betreuenden Elternteils, dann kann dieser die Betreuungskosten jedoch im Rahmen der Bemessung des Ehegattenunterhalts als berufsbedingte Aufwendungen einkommensmindernd ansetzen.[41] Dies gilt indessen nicht für die Kosten der Betreuung des Kindes im **Kindergarten** oder einer vergleichbaren **kindgerechten Einrichtung**. Solche Kosten stellen nach der neueren Rechtsprechung des BGH regelmäßig Mehrbedarf des Kindes dar[42], für den auch der betreuende Elternteil anteilig gem. § 1606 Abs. 3 Satz 2 in bar mithaftet, sofern er über eigene Einkünfte verfügt oder zumutbar verfügen müsste.[43]

Zusätzlicher Unterhaltsbedarf des **Kindes** kann **ausnahmsweise** auch dann anzunehmen sein, wenn und soweit die Heranziehung eines Dritten – etwa wegen Krankheit des Sorgeberechtigten oder des Kindes und dadurch bedingter Überforderung des Sorgeberechtigten – geboten ist. Auch sonst kann in besonderen Fällen je nach den berechtigten Belangen der Beteiligten im Interesse einer ausgewogenen Lösung eine abweichende Einordnung vorzunehmen sein.[44]

22a Die Befreiung von der Barunterhaltpflicht des betreuenden Elternteils entfällt in der Regel dann, wenn das Kind **gänzlich fremdbetreut** wird.[45]Dies ist in der Regel nicht schon der Fall, wenn das Kind ein Internat besucht. Im Falle einer **Internatsbetreuung** verbleibt üblicherweise ein nicht unerheblicher Rest an persönlicher Betreuung des Kindes an den Wochenenden und in den Ferienzeiten.[46]

23a (zur Zeit nicht besetzt)

---

37 BGH FamRZ 1981, 543.
38 OLG Köln FamRZ 1979, 1053; s. auch Derleder/Derleder NJW 1978, 1133 zu eventuellen sorgerechtlichen, nicht aber unterhaltsrechtlichen Konsequenzen.
39 BGH FamRZ 1983, 689.
40 OLG Bamberg FamRZ 1981, 992.
41 BGH FamRZ 2001, 350 = FuR 2001, 262; OLG München FuR 2002, 329; vgl. auch Ziff. 10.3. der Unterhaltrechtlichen Leitlinien des OLG Hamm.
42 BGH FamRZ 2008, 133.
43 Wendl/Klinkhammer, § 2 Rn. 235; zur Frage des Selbstbehalts vgl. BGH FamRZ 2011, 1041..
44 BGH FamRZ 1983, 689.
45 KG FamRZ 1989, 778; OLG Hamm FamRZ 1991, 104.
46 OLG Brandenburg FamRZ 2005, 2094.

2. Keine Anwendung des Gleichwertigkeitsgrundsatzes auf Volljährige

Mit dem Eintritt der **Volljährigkeit endet** regelmäßig die **Naturalunterhaltspflicht** (zu der Pflicht 24 zur Pflege und Erziehung des Kindes umfassenden Personensorge s. §§ 1626, 1631). Ist – wie im Regelfall – ein **volljähriges Kind** nicht mehr betreuungsbedürftig, dann entfällt – da kein Betreuungsunterhalt mehr geschuldet wird – auch die Grundlage für eine Gleichbewertung von Betreuungs- und Barunterhalt ohne Rücksicht darauf, ob im Einzelfall etwa ein volljähriges Kind weiter im Haushalt eines Elternteils lebt und von diesem noch gewisse Betreuungsleistungen erhält. Der bislang betreuende Elternteil wird daher auch dann nicht von der Barunterhaltspflicht befreit, wenn er ein Kind über die Volljährigkeit hinaus weiter betreut. Dies gilt auch für den i.S.d. § 1603 Abs. 2 Satz 2 **privilegierten Volljährigen**. Auch auf ihn ist die sog. **Gleichwertigkeitsregel** des § 1603 Abs. 3 Satz 2 daher **nicht** – auch nicht analog – anzuwenden.[47]

Beide Eltern, also auch derjenige Elternteil, bei dem das volljährige Kind wohnt, haften im Rah- 25 men ihrer Leistungsfähigkeit **anteilig** nach § 1606 Abs. 3 Satz 1. Der Elternteil, bei dem das Kind lebt, muss seinen Haftungsanteil neben dem Naturalunterhalt gegebenenfalls durch eine Geldrente erbringen, da anstelle des Betreuungsbedarfs ein erhöhter Barunterhaltsbedarf getreten ist, und eine Unterhaltsbestimmung nach § 1612 Abs. 2 entfällt, weil sie nicht den gesamten Unterhalt des Kindes umfasst.[48] Der Elternteil, bei dem das Kind lebt, kann sich jedoch mit dem Kind dahingehend einigen, seinen Anteil am Unterhalt durch Betreuung zu leisten und entsprechende Leistungen mit dem Barunterhalt zu verrechnen. Erbringt allerdings ein Elternteil, in dessen Haushalt ein **volljähriges behindertes Kind** lebt, für dieses Betreuungsleistungen in erheblichem Umfang, dann ist der mit diesem erhöhten Einsatz verbundenen Belastung des betreuenden Elternteils bei der Bemessung der Haftungsquote nach § 1606 Abs. 3 Satz 1 durch eine Veränderung des Verteilungsschlüssels zu seinen Gunsten Rechnung zu tragen. Die Haftungsquote für den Unterhaltsanspruch kann sich zu Lasten des anderen Elternteils erhöhen.[49]

II. Ausnahmen: Barunterhaltspflicht beider Eltern oder anderer leistungsfähiger Verwandter für das minderjährige Kind

Der **Grundsatz** der **Gleichwertigkeit** von Bar- und **Betreuungsunterhalt** erfährt (für den Elemen- 26 tarunterhalt) bei einigen Fallgestaltungen **Ausnahmen**. In solchen Fällen kann sich die Barunterhaltspflicht des nicht betreuenden Elternteils ermäßigen, oder sie kann insgesamt entfallen. Sind in solchen Ausnahmefällen beide Eltern zum Barunterhalt verpflichtet, haften sie anteilig nach § 1606 Abs. 3 1 für den Gesamtbedarf, wobei der Verteilungsschlüssel unter Berücksichtigung des Betreuungsaufwands wertend verändert werden kann.

1. Betreuung je eines gemeinsamen Kindes

Betreut **jeder Elternteil** bei vergleichbaren wirtschaftlichen Verhältnissen ein oder mehrere 27 **gemeinsame/s** minderjährige/s Kind/er (»Geschwistertrennung«), dann verbleibt es zwar bei der Gleichwertigkeitsregel (§ 1603 Abs. 3 Satz 2). Gleichwohl muss jeder Elternteil für das nicht bei ihm lebende Kind Barunterhalt leisten. Die jeweils zu zahlenden Unterhaltsbeträge sind nach den allgemeinen Grundsätzen zu errechnen.[50] Die jeweiligen Unterhaltsansprüche der Kinder dürfen nur dann miteinander **saldiert** werden, wenn beide Elternteile – sei es auch **konkludent** – eine

---

47 BT-Drucks. 13/7338 S. 22 zu § 1609 Abs. 2; s. auch BGH FamRZ 1994, 696; OLG Oldenburg FamRZ 1996, 366; OLG Hamm NJW 1999, 3274; OLG Karlsruhe FamRZ 1999, 45; Schumacher/Grün FamRZ 1998, 786; Weber NJW 1998, 1997.
48 BGH FamRZ 1994, 696.
49 OLG Hamm FamRZ 1996, 303; OLG Oldenburg FamRZ 1996, 625; OLG Köln FamRZ 2000, 1242; KG FamRZ 2003, 1864.
50 S. im Einzelnen Horndasch ZFE 2007, 329, auch zu verschiedenen Fallgestaltungen der Aufteilung der Betreuung der Kinder; Spangenberg FamFR 2010, 125 ff.

Verrechnungsvereinbarung treffen: Auch eine wirtschaftlich möglicherweise sinnvolle »Verrechnung« kann nicht in eine rechtstechnische »Aufrechnung« umgesetzt werden, weil es neben dem das Unterhaltsrecht grundsätzlich beherrschenden Verbot der Aufrechnung darüber hinaus an der Gegenseitigkeit der Unterhaltsgläubiger mangelt. Es kann nicht als mutwillig i.S.d. § 76 FamFG i.V.m. § 114 ZPO angesehen werden, wenn ein Elternteil einer solchen Verrechnungsvereinbarung nicht zustimmt.[51]

2. »Wechselmodell«

28   Schwierigkeiten verursacht in der familiengerichtlichen Praxis immer wieder die Bemessung des Unterhalts, wenn sich getrennt lebende/geschiedene Eltern die Pflege, Erziehung und Betreuung gemeinsamer minderjähriger Kinder teilen (sog. »**Wechselmodell**«).[52] Behauptet einer der beiden Elternteile ein sog. Wechselmodell, dann sind bereits Vertretungsmacht und ggf. auch Prozessstandschaft (§ 1629 Abs. 2 und 3) zu prüfen.[53]

29   Leben die Eltern eines Kindes getrennt oder sind sie gar geschieden, dann kann bei **gemeinsamer elterlicher Sorge** nur derjenige Elternteil, in dessen **Obhut** sich das Kind befindet, dieses bei der Geltendmachung seiner Unterhaltsansprüche gesetzlich vertreten (§ 1629 Abs. 2 Satz 2). Der Begriff »**Obhut**« stellt auf die tatsächlichen Betreuungsverhältnisse ab. Ein Kind befindet sich in der Obhut desjenigen Elternteils, bei dem das **Schwergewicht** der **tatsächlichen Fürsorge** und **Betreuung** liegt, also die Befriedigung der elementaren Bedürfnisse des Kindes durch Pflege, Verköstigung, aber auch insb. Gestaltung des Tagesablaufs, Erreichbarkeit bei Problemen und dem Bedarf nach emotionaler Zuwendung, während der andere Elternteil nur Betreuungs- und Regelungslücken schließt, also Aufgaben wahrnimmt, wie sie auch bei ausschließlicher Wahrnehmung des Umgangsrechts erbracht werden.[54] Leben die Eltern in verschiedenen Wohnungen, und regeln sie den gewöhnlichen Aufenthalt des Kindes in der Weise, dass es vorwiegend in der Wohnung eines Elternteils – unterbrochen durch regelmäßige Besuche in der Wohnung des anderen Elternteils – lebt, so ist die Obhut i.S.d. § 1629 Abs. 2 Satz 2 deshalb dem erstgenannten Elternteil zuzuordnen.[55] Obhut ist nicht beschränkt auf eine von dem betreffenden Elternteil selbst unmittelbar geleistete Betreuung, sondern erstreckt sich auch auf eine Drittbetreuung, um die sich der Elternteil organisierend und überwachend kümmert, wobei teilweise für erforderlich gehalten wird, dass der Elternteil seinen Betreuungsobliegenheiten durch regelmäßige Kontakte mit dem Kind und der Betreuungsperson nachkommt.[56]

30   Liegt das **deutliche Schwergewicht** der **Betreuung** bei einem Elternteil, dann ist es auch gerechtfertigt, davon auszugehen, dass dieser Elternteil die Hauptverantwortung für das Kind trägt und dadurch den Betreuungsunterhalt leistet, während der andere Elternteil alleine zum Barunterhalt – auf der Grundlage nur seiner eigenen wirtschaftlichen Verhältnisse – verpflichtet ist.[57] Deshalb ändert sich an der aus dem Schwergewicht der Betreuung durch einen Elternteil folgenden Aufteilung zwischen Bar- und Betreuungsunterhalt nichts, wenn der barunterhaltspflichtige Elternteil seinerseits Betreuungs- und Versorgungsleistungen erbringt, sei es im Rahmen eines Aufenthalts des Kindes bei ihm entsprechend einem nach den weitgehend üblichen Maßstäben

---

51   OLG Zweibrücken FamRZ 1997, 178.
52   S. etwa OLG Bamberg FamRZ 2001, 1310 – »Nestwechselmodell«.
53   Zur gesetzlichen Vertretungsbefugnis des allein sorgeberechtigten Elternteils im Rahmen der Unterhaltsklage des in den Haushalt des nicht sorgeberechtigten Elternteils gewechselten minderjährigen Kindes s. etwa OLG Koblenz FamRZ 2007, 412.
54   Kammergericht FamRZ 2003, 53 = FuR 2002, 541 unter Hinweis auf OLG Frankfurt FamRZ 1992, 575; OLG Stuttgart NJW-RR 1996, 67.
55   BGH FamRZ 2006, 1015 = FuR 2006, 420 = FuR 2007, 213.
56   OLG Brandenburg FamRZ 2009, 1228.
57   OLG Brandenburg FamRZ 2007, 1354; OLG Schleswig NJW-RR 2008, 1322; OLG Köln FamRZ 2009, 619.

gestalteten Umgangsrecht (z.B. bei einem oder zwei Wochenendbesuchen im Monat), sei es aber auch im Rahmen eines Aufenthalts entsprechend einem großzügiger gehandhabten Umgangsrecht, dessen Ausgestaltung sich bereits einer Mitbetreuung annähert.[58] Wenn und soweit der andere Elternteil gleichwohl die Hauptverantwortung für ein Kind trägt, wofür der **zeitlichen Komponente** der Betreuung **indizielle Bedeutung** zukommen wird, ohne dass die Beurteilung sich allein hierauf zu beschränken braucht, muss es dabei bleiben, dass dieser Elternteil seine Unterhaltspflicht i.S.d. § 1603 Abs. 3 Satz 2 durch die Pflege und Erziehung des Kindes erfüllt.

Betreuen die Eltern ihr Kind dagegen in der Weise, dass es in etwa **gleichlangen Phasen abwechselnd** jeweils bei dem einen und dem anderen Elternteil lebt (sog. »Wechselmodell«), dann lässt sich ein Schwerpunkt der Betreuung nicht ermitteln mit der Folge, dass kein Elternteil die Obhut i.S.d. § 1629 Abs. 2 Satz 2 innehat: Dann muss derjenige Elternteil, der den anderen für barunterhaltspflichtig hält, entweder die Bestellung eines Pflegers für das Kind herbeiführen, der dieses bei der Geltendmachung seines Unterhaltsanspruchs vertritt, oder er muss beantragen, ihm gemäß § 1628 die Entscheidung zur Geltendmachung von Kindesunterhalt allein zu übertragen.[59] Für die Anwendung des § 1629 Abs. 2 Satz 2 genügt es dabei, dass der Anteil eines Elternteils an der Betreuung den Anteil des anderen geringfügig übersteigt.[60] **31**

§ 1610 Abs. 1 bestimmt das Maß des zu gewährenden Unterhalts nach der **Lebensstellung** des Bedürftigen. Wenn und soweit dieser – wie etwa ein unterhaltsbedürftiges minderjähriges Kind – noch keine eigenständige Lebensstellung erlangt hat, leitet sich seine Lebensstellung von derjenigen der unterhaltspflichtigen Eltern ab (sog. »**abgeleitete Lebensstellung**«). Wird das Kind von einem Elternteil versorgt und betreut, und leistet der andere Teil Barunterhalt, so bestimmt sich die Lebensstellung des Kindes grundsätzlich nach den Einkommens- und Vermögensverhältnissen des barunterhaltspflichtigen Elternteils.[61] **32**

(zur Zeit nicht besetzt) **33a**

Praktizieren die Eltern bezüglich der Betreuung eines minderjährigen Kindes demgegenüber ein (striktes) **Wechselmodell** mit im Wesentlichen gleichen Anteilen an der Betreuung des Kindes, dann besteht eine anteilige Barunterhaltspflicht beider Elternteile. Beim Wechselmodell entstehen dabei in der Regel **Mehrkosten** dadurch, dass das Kind nicht nur in einer Wohnung, sondern in getrennten Haushalten versorgt wird (z.B. doppelte Wohnkosten, Fahrtkosten, Kosten für Doppelanschaffungen). Ob die Richtsätze der Düsseldorfer Tabelle ausreichen, diesen durch das Wechselmodell bedingten **erhöhten Unterhaltsbedarf** des Kindes zu decken, oder ob ein Mehrbedarf, z.B. für Fahrtkosten zwischen den Wohnungen, anzusetzen ist, ist jeweils im konkreten Einzelfall zu beurteilen. In der Regel erhöhen die üblicherweise durch das Wechselmodell verursachten Kosten für **Doppelanschaffungen** den Unterhaltsbedarf allerdings nicht, da entsprechende Mehrkosten bereits dadurch abgegolten sind, dass sich der Bedarf des Kindes durch die Zusammenrechnung der Einkünfte beider Elternteile aus einer höheren Tabellenstufe ergibt. Lediglich außergewöhnlich hohe Zusatzkosten des Wechselmodells, also solche Bedarfskosten, die durch die **34**

---

58 S. etwa OLG Frankfurt FamRZ 2006, 439 – die konkrete Betreuungssituation gehe über einen erweiterten Umgang hinaus.

59 Zu allem ausführlich BGH FamRZ 2006, 1015 m.w.N., und mit Anm. Luthin FamRZ 2006, 1018; van Els FF 2006, 255 f; Viefhues FPR 2006, 287 ff; Soyka FuR 2006, 423 – die Betreuung lag etwa zu 2/3 bei der Mutter, unter Hinweis auf OLG Frankfurt FamRZ 1992, 575 f; OLG Stuttgart NJW-RR 1996, 67; BGH FamRZ 2007, 707 = FuR 2007, 213 – die Betreuung lag etwa zu 64% bei der Mutter; s. auch Büttner FamRZ 1998, 585, 593; Roth JZ 2002, 651, 655; a.A. KG FamRZ 2003, 53; vgl. auch BGH FamRZ 1985, 466 zur Aufteilung des Kindesunterhalts zwischen berufstätigen Eltern bei intakter Ehe und zur Berechnung des Unterhaltsschadens eines nach dem Unfalltod beider berufstätiger Eltern bei seinen Großeltern untergebrachten Kleinkindes.

60 OLG Düsseldorf FuR 2002, 78; s. ausführlich Rakete-Dombek ff. 2002, 16 – auch zu Fragen des § 1570: »Viel Spaß uns allen!«.

61 BGH FamRZ 2002, 536, 537.

Erhöhung (unter Berücksichtigung des dem Tabellenbedarf zugrundeliegenden gesamten Warenkorbs) erkennbar nicht kompensiert werden, wie z.B. regelmäßig anfallende Fahrtkosten zwischen den Wohnungen, stellen Mehrbedarf des Kindes dar.

Das gleiche gilt für die Kosten, die dadurch entstehen, dass das Kind in zwei Wohnungen lebt. Der **erhöhte Wohnbedarf** ist allerdings **nicht konkret** zu bestimmen. Dies würde im Hinblick auf eine einzelne Bedarfsposition einen systemwidrigen Eingriff in das Pauschalierungssystem der Düsseldorfer Tabelle darstellen. Außerdem sind die aufgrund des Wechselmodells konkret erhöhten Wohnkosten in der Praxis nur schwer ermittelbar. Auf wessen Wohnungsmehrkosten (beim Vater oder bei der Mutter) ist für den Erhöhungsbetrag abzustellen? In welcher Höhe sind Verbrauchskosten zu berücksichtigen, die zwar in verschiedenen Wohnungen und in unterschiedlicher Höhe, aber im Vergleich zu den Fällen, in denen kein Wechselmodell praktiziert wird, letztlich nicht doppelt anfallen?

Gegen den Ansatz von konkreten Wohnmehrkosten spricht schließlich auch der Umstand, dass ein Elternteil nicht für deutliche höhere oder gar überhöhte Wohnkosten des anderen Elternteils mithaften kann, ohne hierauf Einfluss nehmen zu können.

Der **erhöhte Wohnbedarf** kann daher nur **pauschal bedarfserhöhend** berücksichtigt werden. Über die Pauschale hinausgehende Wohnkosten sind jeweils von dem Elternteil allein zu tragen, bei dem sie anfallen. Geht man dabei davon aus, dass im Tabellenunterhalt ein Wohnkostenanteil in Höhe von rd. 20% (inkl. Verbrauchskostenanteil von geschätzt 20% der Wohnkosten) enthalten ist, dann kann im Wechselmodell ein pauschalierter Wohnmehrbedarf in Höhe desjenigen Betrags angesetzt werden, der sich aus der Differenz des Wohnkostenanteils, der sich aus der Summe der um die hälftigen Verbrauchskosten gekürzten pauschalierten Wohnkosten im Rahmen einer fiktiven Einzelbedarfsbemessung beider Elternhaushalte und dem Wohnkostenanteil ergibt, der sich im Falle der Zusammenrechnung der Einkünfte beider Elternteile errechnet.

▶ **Beispiel:**

Kind, 8 Jahre

Einkommen V:		3.500,00 €
Einkommen M:		1.400,00 €
Summe:		4.900,00 €

Wohnbedarf des Kindes bei V:

20% aus Tabellenbedarf nach alleinigem Einkommen von V	20% von 466,00 € =	93,20 €
abzgl. 1/2 Verbrauchskostenanteil wegen nur hälftiger Betreuung	geschätzt 10% des Wohnbedarfs	- 9,30 €
		83,90 €

Wohnbedarf des Kindes bei M:

20% aus Tabellenbedarf nach alleinigem Einkommen von M	20% von 364,00 € =	72,80 €
abzgl. 1/2 Verbrauchskostenanteil wegen nur hälftiger Betreuung	geschätzt 10% des Wohnbedarfs	- 7,30 €
		65,50 €

Gesamter Wohnbedarf im Wechselmodell	83,90 € + 65,50 € =	149,40 €
Wohnbedarf aus Tabellenbedarf nach den zusammengerechneten Einkünften beider Elternteile	20% von 583,00 € =	116,60 €
Erhöhter Wohnbedarf im Wechselmodell	149,40 € – 116,60 € =	**26,80 €**

Für den durch das Wechselmodell verursachten Mehrbedarf haften die Eltern anteilig nach ihren   34a
Einkommens- und Vermögensverhältnissen unter Berücksichtigung ihres jeweils hälftigen Anteils
an der Betreuung (§ 1603 Abs. 3 Satz 1).[62]

Das Kindergeld, das in der Regel von einem Elternteil in voller Höhe allein bezogen wird, ist
gemäß § 1612b Abs. 1 S. 1 Nr.1 nur **hälftig** auf den Barbedarf des Kindes anzurechnen, weil
ansonsten entgegen § 1606 Abs. 3 S. 2 BGB Betreuungsleistung und Barleistung nicht gleich
bewertet würden.[63]Dem Elternteil, der das Kindergeld nicht bezieht, steht allerdings ein Ausgleichsanspruch in Höhe eines Viertels des Kindergelds gegen den anderen Elternteil zu. Der Ausgleich erfolgt in der Regel dadurch, dass das Kindergeld im Rahmen der im Wechselmodell erforderlichen Ausgleichsberechnung zwischen den Eltern bei dem Elternteil, der es bezieht, in voller
Höhe bedarfsdeckend einzusetzen ist. Im Ergebnis kommt das Kindergeld damit beiden Elternteilen jeweils hälftig zugute.

▶ **Berechnungsbeispiel Wechselmodel (in Anlehnung an die Berechnungsbeispiele von Klinkhammer[64], Seiler[65] und Bausch//Gutdeutsch/Seiler[66]):**

Kind, 8 Jahre

Einkommen V:	3.500,00 €
Einkommen M:	1.400,00 €
Summe:	4.900,00 €

Erhöhter pauschaler Wohnbedarf (s. Berechnung oben)	26,80 €
Fahrtkosten zwischen den Wohnungen (davon trägt V 40,00 € und M 10,00 €):	50,00 €
Kosten für Doppelbeschaffungen aufgrund der Betreuung in zwei Haus-halten (tragen V und M in etwa hälftig)	50,00 €
Bekleidungskosten (davon trägt V 35,00 € und M 20,00 €)	55,00 €
Kindergartenkosten (trägt V),	250,00 €
davon Essensgeld:	70,00 €
Nicht erstattungsfähige, medizinisch notwendige Arzneimittelkosten (trägt M)	15,00 €

1.   Regelbedarf nach DT 2013/2. Altersstufe

Tabellenbedarf (aus 4.900,00 €)	583,00 €
Hälftiges Kindergeld (für ein erstes Kind)	92,00 €
Restbedarf	**491,00 €**

2.   Mehrbedarf

Zusatzkosten des Wechselmodells:

erhöhter Wohnbedarf (s. Berechnung oben)	26,80 €
Fahrtkosten	50,00 €

---

62 Zur Berechnung etwa OLG Düsseldorf NJW-RR 2000, 74; FuR 2002, 78.
63 Bausch/Gutdeutsch/Seiler in FamRZ 2012, 258, 261.
64 Wendl/Dose-Klinkhammer, § 2 Rz. 450.
65 Gerhardt/v. Heintschel-Heinegg/Klein-Seiler, Rz. 6/294, 295.
66 Bausch/Gutdeutsch/Seiler in FamRZ 2012, 258, 260.

Doppelanschaffungen		
(in der Regel im erhöhten Tabellenbedarf enthalten)	0,00 €	
Sonstiger Mehrbedarf:		
Kindergartenkosten (ohne Essensgeld)	180,00 €	
Arzneimittelkosten	15,00 €	
Bekleidungskosten		
(im Tabellenbedarf enthalten)	0,00 €	
Gesamter Mehrbedarf:	**271,80 €**	

3. **Gesamtbedarf** (491,00 € + 271,80 € =) ...... **762,80 €**

4. **Aufteilung (§ 1606 Abs. 3 S. 1)**

Anteil V am Gesamtbedarf: (3.500 € – 1.200 €)/(4.900 € – 2.400 €) x 762,80 € = 701,78 € (= 92%)

Anteil M am Gesamtbedarf: (1.400 € – 1.200 €)/(4.900 € – 2.400 €) x 762,80 € = 61,02 € (= 8%)

5. **Anrechnung einseitig erbrachter Leistungen sowie des Kindergeldes**

V:

Anteil		701,78 €
Fahrtkosten	40,00 €	
Kindergartenkosten (inkl. Essensgeld)	250,00 €	
Wohnkosten	0,00 €	
Kosten für Doppelanschaffungen	0,00 €	
Bekleidungskosten	<u>35,00 €</u>	
Gesamt:	325,00 €	– 325,00 €
Restanteil V:		<u>376,78 €</u>

M:

Anteil		61,02 €
Kindergeld		<u>184,00 €</u>
		245,02 €
Fahrtkosten	10,00 €	
Arzneimittelkosten	15,00 €	
Wohnkosten	0,00 €	
Kosten für Doppelanschaffungen	0,00 €	
Bekleidungskosten	<u>20,00 €</u>	
Gesamt	45,00 €	– 45,00 €
Restanteil M:		<u>200,02 €</u>

Müting

6. Ausgleich

Restanteil V	376,78 €
Restanteil M	- 202,02 €
	176,76 €
Hälfteanteil/Ausgleichsanspruch	88,38 €

Ergebnis: V hat an M eine Ausgleichszahlung in Höhe von **88,38 €** zu leisten.

Hält sich ein minderjähriges Kind während der Zeiten der Ausübung des **Umgangsrechts** bei einem Elternteil auf, mindert dies zunächst nicht seinen **Wohnbedarf**, denn in den Tabellensätzen sind nur die bei einem Elternteil anfallenden Wohnkosten enthalten. Die im Rahmen üblicher Umgangskontakte gewährte **Verpflegung** rechnet zu den üblichen Kosten, die bei der Ausübung des Umgangsrechts entstehen, und die der umgangsberechtigte Elternteil grundsätzlich selbst zu tragen hat,[67] und die **nicht zu nennenswerten Ersparnissen** beim anderen Elternteil führt. Dies gilt jedenfalls dann, wenn der Unterhaltsschuldner wirtschaftlich so gestellt ist, dass er aus dem ihm unter Berücksichtigung seines Selbstbehalts verbleibenden Einkommen neben dem Kindesunterhalt auch die durch den zeitweiligen Aufenthalt des Kindes bei ihm anfallenden Kosten bestreiten kann. 34b

3. Fremdbetreuung eines Kindes

Der **betreuende Elternteil** hat stets auch dann **Barunterhalt** zu leisten, wenn Pflege und Erziehung des Kindes nicht nur vorübergehend[68] **vollständig** auf **Dritte** übertragen werden, so dass kein nennenswerter Rest an eigenen Betreuungsleistungen verbleibt.[69] Dies kann auf dem Willen des/der Sorgeberechtigten (etwa Internat,[70] Heim[71] oder Unterbringung bei Groß- oder Pflegeeltern)[72] beruhen, aber auch auf Maßnahmen des Jugendamtes oder des Gerichts (etwa Heimerziehung). Ist die **Betreuung** daher einem Elternteil **nicht** mehr als **eigene Leistung** zuzurechnen, dann muss er – auch wenn er allein sorgeberechtigt ist – seiner Unterhaltspflicht gem. § 1603 Abs. 3 Satz 1 nachkommen.[73] Ob die Eltern zusammenleben oder nicht, ist insoweit ohne Belang. 35

Ob und in welchem Umfang der sorgeberechtigte Elternteil zu den mit einer Internatsunterbringung des Kindes verbundenen **Mehrkosten** beitragen muss, hängt davon ab, in welchem Umfang er seine Unterhaltspflicht noch durch Pflege und Erziehung erfüllt.[74] Verbleibt insoweit kein messbarer Aufwand, dann haften **beide Elternteile entsprechend** ihren **Einkommens- und Vermögensverhältnissen**,[75] auch wenn der andere Elternteil überdurchschnittliche Einkünfte erzielt.[76] Der 36

---

67 BGH FamRZ 2005, 706, 707 f. m.w.N.
68 OLG Hamm FamRZ 1999, 1449 – Schüleraustausch.
69 KG FamRZ 1989, 778; OLG Hamm FamRZ 1991, 104.
70 OLG Koblenz FamRZ 1981, 300; s. auch OLG Köln FamRZ 1998, 1461; OLG Hamburg JAmt 2001, 195.
71 OLG Bremen VersR 2001, 595 – betreffend ein wegen eines apallischen Syndroms in einem auswärtigen Pflegeheim stationär untergebrachtes minderjähriges Kind; s. auch OLG Koblenz FamRZ 2002, 843 – Deckung des Bedarfs durch Leistungen der Sozialhilfe.
72 KG FamRZ 1984, 1131; OLG Hamm FamRZ 1990, 307; OLG Brandenburg FamRZ 2004, 396 – jeweils Großeltern.
73 Vgl. BVerfG NJW 1969, 1617.
74 OLG Nürnberg FamRZ 1993, 837 – auch zur Ermittlung der Höhe der Ersparnis infolge Internatsunterbringung beim Regelbedarf unter Heranziehung der Sachbezugsverordnung.
75 OLG Düsseldorf DAVorm 1985, 706.
76 OLG Koblenz FamRZ 1981, 300.

durch einen von dritter Seite finanzierten Internatsaufenthalt des Kindes **verminderte Barunterhaltsbedarf** ist nach den Umständen des jeweiligen Einzelfalles zu beurteilen.[77]

37 Wohnt das Kind nicht im Haushalt eines Elternteils, sondern ist es anderweitig untergebracht, dann ist der neben dem Barunterhalt geschuldete Betreuungsunterhalt wegen der **Gleichwertigkeit** mit dem Barunterhalt **pauschal** in dessen **Höhe** zu bemessen. Mit der Gleichwertigkeitsregel wird das Gesetz der gerade für das Unterhaltsrecht unabweisbaren Notwendigkeit gerecht, die Bemessung der anteilig zu erbringenden Leistungen zu erleichtern, da gerade im Unterhaltsrecht eine **Pauschalierung** dringender erforderlich ist als im Schadensersatzrecht, weil es sich hier um ein Massenphänomen handelt und deswegen schon aus Gründen der Praktikabilität erleichterte Berechnungsregeln für die gerichtliche Praxis notwendig sind.[78]

38 Zwar sind auch in Fällen auswärtiger Unterbringung eines Kindes **Ausnahmen** von der Gleichwertigkeit des Barunterhalts und des Betreuungsunterhalts denkbar, etwa wenn **persönlichkeitsbedingt** ein **besonders hoher Betreuungsbedarf** besteht, oder wenn der Betreuungsbedarf im Einzelfall durch die Höhe der Betreuungskosten konkret feststeht. Für einen davon abweichenden Betreuungsbedarf trägt aber derjenige Elternteil die Darlegungs- und Beweislast, der sich auf einen solchen Ausnahmefall beruft.[79] Von dem dann insgesamt geschuldeten Bar- und Betreuungsunterhalt sind dann die Halbwaisenrente und das Kindergeld in voller Höhe als bedarfsdeckend abzuziehen.[80]

4. Deutlich ungleichgewichtige Einkommens- und Vermögensverhältnisse

39 Die Inanspruchnahme des nicht betreuenden Elternteils auf Barunterhalt für ein minderjähriges Kind darf nicht zu einem **erheblichen finanziellen Ungleichgewicht** zwischen den **Eltern** führen.[81] Der das Kind betreuende Elternteil kann vielmehr als **anderer leistungsfähiger Verwandter** i.S.d. § 1603 Abs. 2 S. 3 dazu verpflichtet sein, zusätzlich zu seiner Betreuungsleistung zum Barunterhalt des Kindes beizutragen, wenn seine Vermögens- und Einkommensverhältnisse deutlich günstiger sind als die des grundsätzlich barunterhaltspflichtigen anderen Elternteils und andernfalls ein erhebliches finanzielles nachhaltiges Ungleichgewicht zwischen den Einkünften der Eltern entstünde.[82] Dem barunterhaltspflichtigen Elternteil kann in einem solchen Ausnahmefall der angemessene Selbstbehalt belassen bleiben, wenn der Kindesunterhalt von dem betreuenden Elternteil ohne Beeinträchtigung seines eigenen angemessenen Selbstbehalts gezahlt werden kann.[83] Die Darlegungs- und Beweislast trägt insoweit der barunterhaltspflichtige Elternteil.[84]

---

77 OLG Frankfurt FamRZ 1993, 98 – Hälfte der Bedarfssätze.
78 BGH FamRZ 2006, 1597 = FuR 2006, 510 (Berufungsurteil: OLG Hamm FamRZ 2005, 539).
79 BGH FamRZ 2006, 1597 = FuR 2006, 510 (Berufungsurteil: OLG Hamm FamRZ 2005, 539) unter Hinweis auf OLG Hamm (8. FamS) FamRZ 1991, 107; (12. FamS) FamRZ 2001, 1023; OLG Köln FamRZ 1992, 1219, 1220 – das Kind lebte bei seinen Großeltern; s. auch Kuhnick, FamRZ 2002, 923, 927; a.A. OLG Hamm NJW-RR 2004, 152.
80 BGH FamRZ 2006, 1597 = FuR 2006, 510 (Berufungsurteil: OLG Hamm FamRZ 2005, 539).
81 BGH FamRZ 1980, 994 m.w.N.; 1998, 286; 2001, 1065 = FuR 2001, 225 mit Anm. Büttner FamRZ 2001, 1068 = FuR 2002, 248 mit Anm. Büttner FamRZ 2002, 743 – »deutlich übersteigt«; Luthin FF 2002, 94, und FamRB 2004, 39; OLG Hamm FuR 2003, 424 = NJW-RR 2003, 1161 – ein erhebliches finanzielles Ungleichgewicht liege bei einem rund 20% höheren Einkommen des betreuenden Elternteils noch nicht vor; zum Unterhaltsanspruch gegen den nicht betreuenden, wirtschaftlich gesicherten Elternteil s. auch Kühner FamRB 2002, 193.
82 OLG Brandenburg FamFR 2012, 344.
83 BGH FamRZ 2011, 1041 = FuR 2011, 458 im Anschluss an BGH FamRZ 2008, 137 = FuR 2008, 92; FamRZ 1991, 182, 183 = FuR 2002, 248:.
84 BGH FamRZ 1981, 347, 349 = FuR 2002, 248.

a) Grundzüge

Die Rechtsprechung des BGH zur Barunterhaltspflicht des betreuenden Elternteils korrigiert **40** Unbilligkeiten, die sich aus einer strikten Anwendung des Grundsatzes der Gleichwertigkeit von Barunterhalt und Betreuung ergeben. Dies ist immer dann der Fall, wenn die Einkommens- und Vermögensverhältnisse des betreuenden Elternteils **deutlich günstiger** sind als die des anderen Elternteils. Wann ein **erhebliches finanzielles Ungleichgewicht** zwischen den für Unterhalt verfügbaren Mitteln der **Eltern** anzunehmen ist, kann **nicht schematisch**, schon gar in Prozentzahlen, festgelegt werden, sondern ist im jeweiligen **Einzelfall** zu bestimmen. Es kann insb. dann vorliegen, wenn der nicht betreuende Elternteil zur Unterhaltszahlung nicht ohne Beeinträchtigung des eigenen angemessenen Unterhalts in der Lage wäre, während der andere Elternteil neben der Betreuung des Kindes auch den Barunterhalt leisten könnte, ohne dass dadurch sein eigener angemessener Unterhalt gefährdet wäre, aber auch dann, wenn die **Einkommens- und Vermögensverhältnisse** des **betreuenden Elternteils nachhaltig** deutlich günstiger sind als die des anderen. In diesen Fällen ist die **anteilige Haftung** jedes Elternteils sowohl hinsichtlich des Barunterhalts als auch hinsichtlich des Naturalunterhalts gem. § 1606 Abs. 3 Satz 1 zu bemessen.[85] Will sich ein Elternteil auf § 1603 Abs. 2 Satz 3 berufen, dann hat er die wirtschaftlichen Verhältnisse des anderen Elternteils erschöpfend darzustellen; ein Hinweis auf dessen »gute wirtschaftliche Verhältnisse« genügt nicht.[86]

Dabei dürfen allerdings **nicht** nur **schematisch** die **Nettoeinkünfte beider Eltern** einander gegen- **41** übergestellt werden,[87] sondern sind auch andere Kriterien, wie z.B. die Last der Betreuung[88] oder die Vermögensverhältnisse der Eltern[89] angemessen zu würdigen. Zur Feststellung des Ungleichgewichts können auch fiktive Einkünfte herangezogen werden,[90] insb. auch Unterhaltsansprüche aus neuen Lebensgemeinschaften. Eine solche Fiktion scheidet allerdings aus, wenn die Mutter in einer neuen Ehe Geschwister des unterhaltsberechtigten Kindes betreut, und dieses die gewählte Rollenverteilung hinnehmen muss,[91] oder wenn ein gegen diesen Elternteil bereits bestehender Unterhaltstitel nicht vollstreckbar ist.[92] Anteilige Haftung ist auch dann anzunehmen, wenn ein Elternteil Erwerbseinkommen und Aufstockungsunterhalt bezieht und beides zusammen den Selbstbehalt gegenüber Volljährigen übersteigt.[93] Die Einkommens- und Vermögensverhältnisse des betreuenden Elternteils sind jedenfalls dann nicht deutlich günstiger als die des anderen Elternteils, wenn das Einkommen des betreuenden Elternteils unter dem doppelten Einkommen des anderen liegt.[94] Ist der betreuende Elternteil verpflichtet, sich am Barunterhalt des Kindes zu beteiligen, so entfällt oder ermäßigt sich die Unterhaltspflicht des anderen Elternteils. Dabei entfällt jedoch allein die gesteigerte Unterhaltspflicht nach § 1603 Abs. 2 S. 1 und 2, also die Beschränkung auf den notwendigen Selbstbehalt. Die Unterhaltspflicht aus dem Einkommen, das den angemessenen Selbstbehalt übersteigt, wird davon nicht berührt.[95]

---

85 Zu allem s. BGH FamRZ 1980, 994; 1981, 543; 1984, 39; 1985, 466; 1991, 182, 183 m.w.N.; 1998, 286; 2001, 1065 = FuR 2001, 225 mit Anm. Büttner FamRZ 2001, 1068; OLG Hamm FamRZ 1998, 983.

86 OLG Karlsruhe FPR 2003, 28.

87 OLG Karlsruhe FamRZ 1993, 1116.

88 OLG Köln FamRZ 1993, 1115 – Teilanrechnung der Einkünfte wegen Vollerwerbstätigkeit neben der Betreuung von zwei Kindern.

89 BGH FamRZ 1981, 39.

90 OLG Düsseldorf FamRZ 1992, 92; OLG Bamberg FamRZ 1995, 566; OLG Köln OLGR 2003, 340.

91 BGHZ 75, 272 = BGH FamRZ 1980, 43; OLG Hamm FamRZ 1992, 467.

92 Vgl. OLG Karlsruhe FamRZ 1991, 971.

93 BGH FamRZ 1986, 153.

94 OLG Brandenburg FamFR 2011, 176; OLG Bamberg EzFamR aktuell 2000, 154 (Ls); OLG Nürnberg EzFamR aktuell 2000, 154 (Ls); vgl. auch Klein, ZKJ 2011, 356.

95 BGH FamRZ 2011, 1041 = FuR 2011, 458; FamRZ 1991, 182, 183 m.w.N.; 1998, 286.

b) Rechtsprechung des BGH

42   Mit dem Gleichwertigkeitsgrundsatz und seinen Ausnahmen hat sich der BGH ausführlich erstmals mit Urteil vom 02.07.1980[96] befasst. Mit der Regelung des § 1606 Abs. 3 Satz 2 werde das Gesetz nicht nur der gerade für das Unterhaltsrecht unabwendbaren Notwendigkeit gerecht, die Bemessung der anteilig zu erbringenden Leistungen zu erleichtern, sondern trage auch der Tatsache Rechnung, dass eine auf den Einzelfall abzustellende rechnerische Bewertung des Betreuungsaufwands zumeist unzulänglich bleibt. Vor allem erscheine es bedenklich, dem Geldwert der Betreuung, der im Einzelfall sehr unterschiedlich sein könne – ähnlich wie im Schadensersatzrecht beim Ausfall von Leistungen der Hausfrau und Mutter – durch den Ansatz der Aufwendungen, die für die Besorgung vergleichbarer Dienste durch Hilfskräfte erforderlich sind, oder durch ähnliche Schätzungen zu ermitteln. Unter diesen Umständen sei es notwendig, dem in § 1606 Abs. 3 Satz 2 vorgesehenen Regel-Ausnahme-Verhältnis auch bei praktischer Anwendung der Vorschrift Geltung zu verschaffen und Ausnahmen nur dort anzunehmen, wo die Bestimmung zu einem **erheblichen finanziellen Ungleichgewicht** zwischen den Eltern führe. Das aber sei nicht schon dann gegeben, wenn die Mutter des Kindes erwerbstätig sei und eigenes, ihren Lebensbedarf übersteigendes Einkommen erziele.

43   Mit Urteil vom 08.04.1981[97] hat der BGH ausgeführt, im Hinblick auf eigenes Einkommen des Naturalunterhalt leistenden Elternteils sei nur dort eine Ausnahme von der Gleichwertigkeitsregel anzunehmen, wo diese zu einem erheblichen finanziellen Ungleichgewicht zwischen den Eltern führen würde.

44   Sodann hatte der BGH erstmals mit Urteil vom 26.10.1983[98] zu der Fallgruppe zu entscheiden, dass beide Elternteile zwar über ausreichend eigene Einkommen verfügten, jedoch die Mutter Vermögenswerte besaß, die diejenigen des (barunterhaltpflichtigen) Vaters um mindestens 500.000 DM bis zu 1.000.000 DM überstiegen, und darüber hinaus ihre laufenden Einnahmen mehr als das dreifache derjenigen des Vaters als Antragsgegner ausmachten. Bei dieser Fallgestaltung könne von einem »derartigen Regelfall nicht mehr gesprochen werden, weil die Anwendung der Vorschrift zu einem erheblichen finanziellen Ungleichgewicht zwischen den Eltern führen würde«.

45   In dem mit Urteil vom 07.11.1990[99] entschiedenen Fall betreute der Vater minderjährige Kinder; die Mutter hatte wesentlich geringere Einkünfte. Somit war ein »erhebliches finanzielles Ungleichgewicht zwischen den Eltern« zu prüfen. Um ein solches im Rahmen der beiderseitigen Elternleistungen zu vermeiden (einseitige Betreuungs- und Barlast des betreuenden Vaters), hat der BGH »die Erwägung des Berufungsgerichts, dass das Einkommen des Vaters der Klägerinnen gem. § 242 nur zum Teil anzurechnen sei, weil ihm angesichts des Alters der Kinder an sich keine volle Erwerbsobliegenheit treffe«, im Ansatz rechtlich nicht beanstandet. Es sei jeweils nach den Grundsätzen von Treu und Glauben unter Berücksichtigung der konkreten Umstände des Einzelfalles zu entscheiden, in welchem Umfang das Mehreinkommen eines Elternteils aus einer Erwerbstätigkeit, die er neben der Betreuung ehelicher Kinder über das ihm obliegende Maß hinaus ausübt, bei der Bemessung der unterhaltsrechtlichen Leistungsfähigkeit zu berücksichtigen ist.

46   In dem mit Urteil vom 19.11.1997[100] entschiedenen Fall war die auf Unterhaltsleistung für das Kind in Anspruch genommene Mutter in Vollzeit berufstätig. Sie verdiente im Monatsdurchschnitt gerundet 1.586 DM (dieses Einkommen war dann noch zu bereinigen um Erwerbsaufwand und Beitrag zu einer Kindertagesstätte für das zweiteheliche Kind). Der betreuende Vater

96 FamRZ 1980, 994.
97 BGH FamRZ 1981, 543.
98 BGH FamRZ 1984, 39.
99 BGH FamRZ 1991, 182.
100 BGH FamRZ 1998, 286.

hatte hingegen 13 Monatsgehälter à 5.200 DM brutto verfügbar. Bei einer derartigen Fallkonstellation hat der BGH verlangt, dass eine Ausnahme von der Gleichwertigkeitsregel zu prüfen ist.

Mit Urteil vom 31.10.2007[101] hat sich der BGH mit dem Umfang der anteiligen Leistungspflicht 46a
bei zwei leistungsfähigen Unterhaltspflichtigen beschäftigt. Dies lasse nach § 1603 Abs. 2 Satz 3 lediglich die gesteigerte Unterhaltspflicht des vorrangig Unterhaltspflichtigen, nicht aber dessen allgemeine Unterhaltspflicht unter Wahrung seines angemessenen Selbstbehalts entfallen.

In seiner Entscheidung vom 04.05.2011[102] stellt der BGH dann noch einmal klar, dass auch der 46b
betreuende Elternteil im Sinne von § 1606 Abs. 3 Satz 2 ein leistungsfähiger Verwandter im Sinne von § 1603 Abs. 2 Satz 3 sein kann. Auch weist er darauf hin, dass im Falle eines erheblichen finanziellen Ungleichgewichts zwischen den Eltern dem barunterhaltspflichtigen Elternteil im Falle der Beteiligung des betreuenden Elternteils am Barunterhalt der angemessene Selbstbehalt zu belassen ist, wenn der andere Elternteil unter Wahrung seines eigenen angemessenen Selbstbehalts in der Lage ist, den Bedarf des Kindes zu decken.

c) Rechtsprechung der Oberlandesgerichte

Vielfach haben sich die Instanzgerichte mit dem **Begriff** des »**Ungleichgewichts**« befasst. Es 47
gibt – wie bei jedem unbestimmten Rechtsbegriff, zumal im Bereich der Billigkeit und Angemessenheit – hierzu keine klaren Maßstäbe. So finden sich auch zu dem Begriff »wesentlich geringere Einkünfte« keine Strukturen, sondern allenfalls mehr oder weniger ausgewogene Einzelfallentscheidungen.

(1) OLG Stuttgart FamRZ 1981, 993

Der Senat hat »kein erhebliches wirtschaftliches Ungleichgewicht zwischen den Eltern« angenommen (durchschnittliches monatliches Nettoeinkommen der barunterhaltspflichtigen Mutter annähernd 1.800 DM, des betreuenden Vaters etwa zwischen 3.100 und 3.500 DM). Der Senat hat bei der Prüfung, ob die Elternteile durch die Regel des § 1606 Abs. 3 Satz 2 in erheblichem Maße ungleich belastet werden, nicht außer Betracht gelassen, dass der Vater sein höheres Einkommen nur durch erheblich stärkeren Einsatz seiner Kräfte erzielen kann: Er war neben der Kindesversorgung ganztägig erwerbstätig und verdiente sich noch Sonderprämien durch Überstundenarbeit, während die beklagte Mutter nur eine $^3/_4$-Erwerbstätigkeit ausübte. Unter diesen Umständen »wäre eine Entlastung des Barunterhaltspflichtigen durch die Berufstätigkeit des Sorgeberechtigten nicht angemessen«.

(2) OLG Oldenburg FamRZ 1989, 423

Der Senat hat »ein erhebliches Ungleichgewicht zum Nachteil des nicht betreuenden Elternteils«, also eine anteilige Barunterhaltsverpflichtung, bejaht: Der betreuende Vater hatte netto etwa $2^1/_2$ mal soviel Einkommen verfügbar wie die Mutter. Für die Bestimmung der Haftungsquote hat der Senat sodann keine schematisierende Betrachtungsweise nach der Höhe der jeweiligen Einkommen als zutreffend erachtet, sondern eine wertende.

(3) OLG Düsseldorf FamRZ 1992, 92

Bei der Frage, ob der andere Elternteil auch zum Barunterhalt für das von ihm betreute Kind herangezogen werden könne, sei zu berücksichtigen, dass er durch die Pflege und Erziehung seine Unterhaltspflicht regelmäßig in vollem Umfang erfülle und daneben grundsätzlich nicht zum Barunterhalt verpflichtet sei. Nur dann, wenn der auf Barunterhalt in Anspruch genommene Ehegatte wesentlich geringere Einkünfte habe, und seine Inanspruchnahme zu einem erheblich finanziellen Ungleichgewicht zwischen Eltern führen würde, könne eine andere Regelung in Betracht

---

101 BGH FamRZ 2008, 137.
102 BGH FamRZ 2011, 1041, = FuR 2011, 458.

kommen. »… ein solches Ungleichgewicht ist nicht schon dann anzunehmen, wenn dem betreuenden Elternteil ein angemessener Eigenbedarf auch dann verbliebe, wenn er neben der Betreuung den gesamten Unterhalt aufbringen müsste, der andere Elternteil aber den Barunterhalt nur bei Gefährdung seines eigenen angemessenen Unterhalts leisten kann. Eine solche Auffassung würde dazu führen, dass der betreuenden Elternteil schon bei einem Einkommen von 1.760 DM den vollen Mindestunterhalt für ein Kind der dritten Altersstufe nach der DT (360 DM) zahlen müsste, da ihm mit 1.400 DM der eigene angemessene Unterhalt verbliebe, während der andere Elternteil bei einem Einkommen von 1.400 DM keinen Barunterhalt zu leisten hätte. Es liegt auf der Hand, dass dies mit § 1606 Abs. 3 Satz 2, der den betreuenden Elternteil grundsätzlich vom Barunterhalt freistellt, nicht zu vereinbaren ist. Vielmehr kommt auch im Falle der gesteigerten Unterhaltspflicht des barunterhaltspflichtigen Elternteils eine Beteiligung des betreuenden Vaters (oder der betreuenden Mutter) am Barunterhalt nur dann in Betracht, wenn ein erheblicher Unterschied zwischen Einkünften der Eltern besteht.« Der Begriff »Ungleichgewicht« könne nur relativ gewertet werden: Er könne bei beengten Einkommensverhältnissen eher anzunehmen sein als bei guten wirtschaftlichen Verhältnissen. Bei beengten wirtschaftlichen Verhältnissen hat der Senat sodann ein erhebliches Ungleichgewicht in diesem Sinne verneint (betreuender Vater: Monatliches Krankengeld 1.737 DM; der beklagten barunterhaltspflichtigen Mutter wurde fiktiv ein Einkommen von 1.500 DM zugerechnet). Es erscheine somit nicht unbillig, dass die Mutter den gesamten Barunterhalt aufbringt.

(4) OLG Hamburg FamRZ 1992, 591

Der Gleichwertigkeitsgrundsatz erfahre dann eine Einschränkung, wenn der andere – nicht betreuende – Elternteil über wesentlich geringere Einkünfte als der Sorgeberechtigte verfügt, und eine Inanspruchnahme auf Kindesunterhalt zu einem erheblichen finanziellen Ungleichgewicht zwischen den Eltern führen würde. Eine derartige Ausnahme hat er sodann bejaht: Die auf Unterhalt verklagte Mutter war halbtags als Krankenschwester berufstätig; ihre Einkünfte überstiegen monatlich niemals den (damals geltenden) Selbstbehalt von 1.300 DM. Der gesetzliche Vertreter der Kinder verfügte »als niedergelassener Arzt über ausreichend hohe Einkünfte«. Die beklagte Mutter war nicht gehalten, eine Erwerbstätigkeit aufzunehmen: Sie konnte aus medizinischen Gründen keine vollschichtige Erwerbstätigkeit ausüben; im Übrigen stand ihr entsprechend den ehelichen Lebensverhältnissen selbst ein Ausbildungsunterhaltsanspruch zu.

(5) OLG Köln FamRZ 1993, 1115

Der Vater – ein Familienrichter – hatte zwei (10 und 13 Jahre alte) Kinder zu betreuen. Der Senat hielt es für unangemessen, ihm »eine mehr als halbschichtige Erwerbstätigkeit neben der Kindesbetreuung zuzumuten«, so dass die zweite Hälfte der Erwerbseinkünfte als aus unzumutbarer Tätigkeit stammend allenfalls zur Hälfte als anrechenbar angesehen wurde.

(6) OLG Karlsruhe FamRZ 1993, 1116

Diese Entscheidung ist – zutreffend – von der Tendenz geprägt, es sei unzulässig, die rechnerisch ermittelten unterhaltsrelevanten Nettoeinkommen der Eltern »schematisch« einander gegenüberzustellen. Auch in dieser Entscheidung wurde ein Ungleichgewicht (und damit eine Ausnahme von der Regel) verneint, obwohl die – drei minderjährige Kinder betreuende – Mutter gegenüber dem barunterhaltspflichtigen Vater »monatsdurchschnittlich über ein etwa rund 3.000 DM höheres Einkommen« verfügte. Zutreffend hat der Senat dann festgestellt, dass ohne jeden Zweifel der Lebenszuschnitt von Mutter und Kindern nicht nur an den von Seiten des Vaters ausgezahlten Unterhaltsrenten, sondern auch an dem höheren Einkommen der Mutter ausgerichtet werde.

(7) OLG Bamberg FamRZ 1995, 566

Der Senat hat einen Ausnahmefall bejaht (allerdings den Kindesunterhalt auch dem addierten Elterneinkommen entnommen). In einem solchen Fall könne eine Ausnahme von der Gleichwertigkeitsregel leichter bejaht werden: Wird als Bemessungseinkommen das Einkommen beider

Eltern herangezogen, erhöht sich bereits der Kindesunterhalt deutlich. Das Regel-Ausnahme-Prinzip könne »nicht über ein Rechenschema« strukturiert werden, sondern die Ausnahme hänge jeweils »von einer wertenden Beurteilung der Umstände des Einzelfalles« ab. Jedenfalls in Fällen älterer minderjähriger Kinder (im entschiedenen Fall: 13- und 16-jährige Kinder) seien »als Ansatz für die gebotene Billigkeitsabwägung zunächst die Haftungsanteile gegenüberzustellen, die sich auf Grund der unterschiedlichen Einkünfte beider Eltern rechnerisch ergeben«.

Eine solche Lösung komme nur dann in Betracht, wenn das Alter noch minderjähriger Kinder beiderseits eine Vollerwerbstätigkeit erlaubt, und wenn der Kindesbedarf aus dem addierten Elterneinkommen bemessen wird.

(8) OLG Frankfurt FamRZ 1996, 888

Beim Vater lebten zum Zeitpunkt der Entscheidung zwei fast 13- bzw. 10-jährige Kinder. Der Senat hat zunächst für die Beurteilung der unterhaltsrechtlichen Leistungsfähigkeit der Mutter nicht auf die tatsächlichen Einkünfte abgestellt, sondern fiktiv auf die im Falle einer Ganztagserwerbstätigkeit erzielbaren Einkünfte (dort: als angestellte Landschaftsplanerin): »Die Höhe ihrer tatsächlichen Einkünfte aus selbständiger Erwerbstätigkeit steht nämlich in keinem angemessenen Verhältnis zu dem angeblichen zeitlichen Umfang ihres Arbeitseinsatzes«. Dabei habe sich die Höhe des der Mutter zuzurechnenden fiktiven Einkommens aus einer Ganztagserwerbstätigkeit nicht an den untersten Möglichkeiten zu orientieren (Hinweis auf OLG Düsseldorf FamRZ 1991, 220). Der Senat hat sodann ein Jahresnettoeinkommen von ca. 33.300 DM angenommen, sodann ein finanzielles Ungleichgewicht und damit auch eine anteilige Barunterhaltsverpflichtung des betreuenden Vaters: Dieser erzielte – auch 1994 – monatlich netto 7.414 DM. Die Relation der beiderseitigen Einkommen lag somit innerhalb der üblichen Faustregel-Grenze: Etwa »mindestens das 2,5 bis 3-fache«.

(9) OLG Nürnberg EzFamR aktuell 2000, 153

Der Grundsatz der Gleichwertigkeit von Bar- und Betreuungsunterhalt ist ausnahmsweise nicht anzuwenden, wenn ansonsten ein erhebliches finanzielles Ungleichgewicht zwischen den Eltern entstehen würde. In der Regel ist dies eher bei beengten finanziellen Verhältnissen der Eltern anzunehmen.

(10) OLG Bamberg EzFamR aktuell 2000, 154

Sind die Einkommens- und Vermögensverhältnisse des betreuenden Elternteils deutlich günstiger als die des anderen Elternteils, ist der Grundsatz von der Gleichwertigkeit von Bar- und Betreuungsunterhalt ausnahmsweise nicht anzuwenden. Ein solcher Fall liegt jedoch nicht vor, wenn das Einkommen des betreuenden Elternteils nicht das Doppelte des Einkommens des anderen Elternteils erreicht, und diesem zudem ein Unterhaltsanspruch gegen seinen neuen Ehegatten zusteht.

(11) OLG Hamm FuR 2003, 424 = FamRZ 2003, 1964

Ein erhebliches finanzielles Ungleichgewicht liegt bei einem rund 20 % höheren Einkommen des betreuenden Elternteils noch nicht vor.

(12) OLG Köln OLGR 2003, 340

Soweit es darauf ankommt, ob die Inanspruchnahme des barunterhaltspflichtigen Elternteils zu einem erheblichen finanziellen Ungleichgewicht zwischen den Eltern führen würde, ist im Rahmen des Einkommensvergleichs auf diejenigen Einkünfte abzustellen, die der barunterhaltspflichtige Elternteil bei ordnungsgemäßer Erfüllung seiner (gesteigerten) Erwerbsobliegenheit erzielen könnte, sofern diese über den tatsächlich erzielten Einkünften liegen.

(13) OLG Hamm FamRZ 2009, 1919

Verfügt der betreuende Elternteil über ein wesentlich höheres Einkommen als der barunterhaltspflichtige, dessen angemessener Unterhalt i.S.d. § 1603 Abs. 1 durch die Leistung des Mindestunterhalts gefährdet wäre, dann schuldet der barunterhaltspflichtige Elternteil Kindesunterhalt nur, soweit er oberhalb des angemessenen Eigenbedarfs von 1.100 € dazu in der Lage ist.

(14) OLG Brandenburg FamFR 2011, 176

Von einem erheblichen finanziellen Ungleichgewicht im Sinne von § 1603 Abs. 2 Satz 3 ist jedenfalls dann auszugehen, wenn das Einkommen des betreuenden Elternteils mindestens doppelt s o hoch ist wie das des an sich barunterhaltspflichtigen Elternteils. Dann entfällt dessen Barunterhaltspflicht vollständig, selbst wenn bei dem nicht betreuenden Elternteil (über die Grenze des angemessenen Selbstbehalts hinaus) noch eine eingeschränkte Leistungsfähigkeit besteht. Für die Zwischenbereiche, in denen zwar ein größeres Gefälle zwischen den Einkünften der Eltern gegeben ist (ohne dass ein mindestens zweifach höheres Einkommen des betreuenden Elternteils vorliegt), der nicht betreuende Elternteil aber über ein den angemessenen Selbstbehalt übersteigendes Einkommen verfügt, haben die Eltern für den geschuldeten Kindesunterhalt gemäß § 1606 Abs. 3 Satz 1 anteilig nach ihren Erwerbs- und Vermögensverhältnissen aufzukommen.

(15) OLG Brandenburg FamFR 2012, 344

Verfügt der Betreuende über ein bereinigtes Nettoeinkommen von 5.700,00 €, während der an sich barunterhaltspflichtige Elternteil (fiktiv) 1.500,00 € netto verdient, besteht ein so gravierendes Ungleichgewicht, dass der betreuende Elternteil insgesamt für den Barunterhalt aufzukommen hat.

5. Dramatische Schuldenlast aus der Zeit gemeinsamer Lebensführung der Eltern

48   Kann der barunterhaltspflichtige Elternteil nach Gesamtabwägung aller Umstände des jeweiligen Einzelfalles wegen einer noch aus den **familiären Lebensverhältnissen** stammenden, **erdrückenden** und nicht durch Vermögenseinsatz verminderbaren **Schuldenlast** die **Existenz** eines **minderjährigen Kindes** nicht sicherstellen, dann kann dem betreuenden Elternteil abweichend von der Gleichwertigkeitsregel ein Anteil am Barunterhalt für das Kind aufzuerlegen sein, insb. wenn dieser Elternteil während bestehender Ehe der **Verschuldung** zugestimmt hat und/oder an den Gegenwerten wirtschaftlich teilhatte.[103]

6. Anteilshaftung beim Zusammentreffen minderjähriger und priviliert volljähriger Kinder

48a Betreut ein Elternteil sowohl ein minderjähriges als auch ein volljähriges Kind, dann hat er sich unter Berücksichtigung von § 1606 Abs. 3 Satz 2 allein am Barunterhalt des privilegiert volljährigen Kindes zu beteiligen. In einem solchen Fall erfolgt die Ermittlung der Haftungsanteile mit Rücksicht auf die Gleichrangigkeit des Unterhaltsanspruchs des minderjährigen und privilegiert volljährigen Kindes **nicht** unter Vorwegabzug des Minderjährigenunterhalts. Der erhöhten Belastung des nicht betreuenden Elternteils durch die zusätzliche Unterhaltpflicht gegenüber dem minderjährigen Kind kann im Rahmen der stets erforderlichen Angemessenheitsprüfung durch die Eingruppierung in eine niedrigere Einkommensgruppe der DT Rechnung getragen werden.[104]

7. Anteilshaftung der Großeltern

49   Eine **Unterhaltpflicht** der **Großeltern** kommt nur dann in Betracht, wenn beide Eltern des Kindes keinen oder keinen ausreichenden Barunterhalt leisten können bzw. leisten.[105] Werden die Großeltern väterlicherseits für ihr Enkelkind auf Unterhalt in Anspruch genommen, dann ist in der Antragsbegründung sowohl zur eingeschränkten bzw. fehlenden Leistungsfähigkeit der vorran-

---

103   S. etwa BGH FamRZ 1986, 254, 256.
104   OLG Hamm FamRZ 2010, 1346; Wandl/Klinkhammer, 8. Auflage, § 2 Rn. 598 – unter Aufgabe der bislang vertretenen Meinung.
105   OLG Thüringen FamRZ 2009, 1498.

gig zum Unterhalt verpflichteten Eltern – auch der Kindesmutter, die Betreuungsunterhalt leistet – als auch zur Einkommenssituation der Großeltern mütterlicherseits schlüssig vorzutragen, da alle Großeltern nur teilschuldnerisch anteilig haften, so dass sich der Umfang des Anspruchs gegen jeden Großelternteil nur ermitteln lässt, wenn die gesamten Einkommens- und Vermögensverhältnisse aller vier Großeltern bekannt sind. Das Kind kann insoweit von allen Großeltern Auskunft nach § 1605 verlangen, um den jeweiligen Haftungsanteil zu bestimmen. Dieser Anspruch steht auch den Großeltern untereinander zu.[106]

Die Frage der Leistungsfähigkeit der Eltern ist von dem Einkommen der – nachrangig – verpflichteten Großeltern völlig unabhängig: Die Unterhaltsverpflichtung der Eltern hängt nicht von einem Einkommensvergleich mit den Großeltern ab, denn das Verhältnis zwischen den Eltern und den Großeltern eines Kindes ist, anders als das Verhältnis der Eltern untereinander, nicht von Gleichrang, sondern von Nachrang bestimmt. Es ist deshalb vor der Inanspruchnahme von Großeltern zunächst festzustellen, dass ein vorrangig verpflichteter Elternteil nicht leistungsfähig ist oder nicht leistet. Dies gilt auch dann, wenn der vorrangig verpflichtete Elternteil das unterhaltsbedürftige Kind betreut und damit seiner Unterhaltspflicht nachkommt. § 1606 Abs. 3 Satz 2 steht in Zusammenhang mit Satz 1 dieser Vorschrift und betrifft deshalb allein gleichrangige Unterhaltsschuldner. Nur bei gleichrangigen Unterhaltsschuldnern ist deshalb die Erfüllung der Unterhaltspflicht durch Betreuung des Kindes zu beachten. Insoweit bestimmt auch § 1607 eindeutig, dass der nachrangig Haftende nur dann Unterhalt zu gewähren hat, wenn der vorrangig Haftende nicht leistungsfähig ist oder nicht leistet.[107] **50**

III. Zusatzbedarf

Macht der Unterhaltsgläubiger nicht unerheblichen **Zusatzbedarf** (Mehr- oder Sonderbedarf) geltend (etwa ein behindertes Kind, das nur von einem Elternteil betreut wird), dann bietet § 1606 Abs. 3 Satz 2 keinen geeigneten Verteilungsmaßstab. Vielmehr ist auch der betreuende Elternteil, sofern er über Einkommen und/oder Vermögen verfügt, an dem finanziellen Zusatzbedarf zu beteiligen (§ 1606 Abs. 3 Satz 1).[108] Kann ein Elternteil nicht die gesamten Kosten für einen Kostenvorschuss auf einmal aufbringen, bleibt – nach unterhaltsrechtlichen Maßstäben – zu prüfen, ob er einen Vorschuss ratenweise ohne Gefährdung seines eigenen angemessenen Selbstbehalts leisten kann. Ist dies der Fall, so ist VKH nur mit entsprechenden Ratenzahlungsanordnungen zu gewähren. Durch den in Raten zu leistenden Kostenvorschuss darf der unterhaltspflichtige Elternteil nicht in größerem Umfang belastet werden, als er bei der Verfolgung eigener Rechte nach den Maßstäben des § 76 FamFG i.V.m. § 115 ZPO in Anspruch genommen werden könnte.[109] **51**

Der Unterhaltsanspruch eines **volljährigen geistig behinderten Kindes** gegen den **Elternteil**, der **Betreuer** ist, ist nach § 1835a Abs. 3 Hs. 2 bei der Bestimmung des Einkommens nach § 1836c Nr. 1 nicht zu berücksichtigen. Ist das betreute Kind mittellos i.S.d. §§ 1835a Abs. 1 und 3, 1908i Abs. 1 Satz 1, dann kann der zum Betreuer eingesetzte Elternteil Aufwandsentschädigung aus der Staatskasse verlangen.[110] Lebt das betreute Kind mit seinen verheirateten Eltern in einem Haushalt, dann kann es auch nicht auf einen Unterhaltsanspruch gegen den anderen Elternteil verwiesen werden. Es ist mit dem Unterhaltsrecht nicht zu vereinbaren, dass ein Elternteil, der (Natural-) Unterhalt schuldet, von dem unterhaltsberechtigten Kind eine Vergütung verlangt, die dieses gegen den anderen Elternteil als Barunterhalt geltend machen muss. Dieser Widerspruch zwischen **52**

---

106 OLG Frankfurt FamRZ 2004, 1745, 1746; OLG Hamm FamRZ 2005, 1926 (Ls); OLG Thüringen FamRZ 2006, 569 = FuR 2006, 95.
107 OLG Braunschweig FamRZ 2005, 643.
108 BGH FamRZ 1983, 689; 1998, 286; OLG Dresden FamRZ 2002, 1412 = FuR 2002, 543.
109 OLG Dresden FamRZ 2002, 1412 = FuR 2002, 543.
110 Zum Umfang der Unterhaltspflicht für ein volljähriges behindertes Kind s. Klinkhammer FamRZ 2004, 266 ff.

dem Unterhaltsrecht einerseits und der pauschalierten Aufwandsentschädigung des § 1835a Abs. 1 Satz 1 andererseits kann nur aufgelöst werden, wenn in entsprechender Anwendung des § 1835a Abs. 3 Hs. 2 auch Unterhaltsansprüche des unter Betreuung stehenden volljährigen Kindes gegen den anderen Elternteil, der mit dem zum Betreuer bestellten Elternteil und dem Kind in Hausgemeinschaft lebt, unberücksichtigt bleiben.[111]

53 Da § 1606 Abs. 3 Satz 1 jedoch den **gesamten Unterhalt** – also sowohl den Bar- als auch den Naturalunterhalt – betrifft, ist im Rahmen der Bemessung der Haftungsanteile zu berücksichtigen, dass einer der nach dieser Regelung heranzuziehenden Verwandten bereits **Naturalunterhalt** leistet. Erbringt etwa ein Elternteil – z.B. auf Grund einer Behinderung des Unterhaltsgläubigers – bereits erhöhte Betreuungsleistungen, dann ist zu vermeiden, dass derjenige Elternteil, der bereits an Betreuung erheblich mehr leisten muss als im Regelfall, durch die zusätzliche Heranziehung zu dem finanziellen Mehrbedarf im Verhältnis zu dem anderen Elternteil ungerecht belastet wird. In einem solchen Falle ist daher die **Verteilungsquote**, die sich bei einem Vergleich der – bereinigten – Einkommen der Eltern ergibt, unter Berücksichtigung der **erhöhten Betreuungsleistungen** des sorgeberechtigten Elternteils auf ihre Angemessenheit zu überprüfen und gegebenenfalls zu seinen Gunsten zu verändern. Allerdings ist diese Veränderung der Verteilungsquote nicht daran zu orientieren, was für gleichartige Betreuungsleistungen an einen Dritten gezahlt werden müsste, da es sonst zu einer unangebrachten »Monetarisierung« der elterlichen Fürsorge käme; vielmehr soll durch die Veränderung des Verteilungsschlüssels im Verhältnis der Eltern die mit dem erhöhten Einsatz des Sorgeberechtigten verbundene Belastung aufgefangen und ihm als Ausgleich hierfür im Vergleich zu dem anderen Teil ein größerer Spielraum zur Befriedigung persönlicher Bedürfnisse belassen werden.[112]

54 In welchem **Umfang** die **Verteilungsquote** mit Rücksicht auf die erhöhten Betreuungsleistungen des sorgeberechtigten Teils wertend zu verändern ist, ist im jeweiligen Einzelfall unter **Zumutbarkeitsgesichtspunkten** zu beurteilen.[113] Insb. kommt es darauf an, in welchem Umfang der sorgeberechtigte Elternteil **erhöhte Betreuungsleistungen** zu erbringen hat, und worin diese im Einzelnen bestehen. Daneben sind die Einkommensverhältnisse und der Lebenszuschnitt der Beteiligten von Bedeutung; ferner ist gegebenenfalls zu berücksichtigen, wieweit der eine oder andere Elternteil aus dem die erhöhten Betreuungsleistungen auslösenden Anlass bereits Leistungen von dritter Seite erhält.

IV. Anteilshaftung und Familienunterhalt

55 Schuldet ein anteilig haftender Elternteil seinem Ehegatten nach §§ 1360, 1360a **Familienunterhalt**, da dieser nicht über ausreichendes eigenes Einkommen verfügt, dann lässt sich dieser Unterhaltsanspruch zwar nicht ohne weiteres nach den zum Ehegattenunterhalt nach Trennung oder Scheidung entwickelten Grundsätzen bemessen, denn er ist nach seiner Ausgestaltung nicht auf die Gewährung einer – frei verfügbaren – laufenden Geldrente für den jeweils anderen Ehegatten, sondern vielmehr als **gegenseitiger Anspruch** der Ehegatten darauf gerichtet, dass jeder von ihnen seinen **Beitrag** zum Familienunterhalt entsprechend seiner nach dem individuellen Ehebild übernommenen Funktion leistet. Seinem Umfang nach umfasst der Anspruch auf Familienunterhalt gemäß § 1360a alles, was für die Haushaltsführung und die Deckung der persönlichen Bedürfnisse der Ehegatten und eventueller Kinder erforderlich ist. Sein Maß bestimmt sich gleichwohl nach den ehelichen Lebensverhältnissen, so dass § 1578 als **Orientierungshilfe** herangezogen und

---

111 OLG Düsseldorf FamRZ 2002, 1590.
112 BGH FamRZ 1983, 689.
113 BGH FamRZ 1983, 689 – die ein behindertes Kind betreuende Mutter erhielt eine monatliche Beihilfe ihres Dienstherrn.

der Anspruch auf Familienunterhalt im Falle der Konkurrenz mit anderen Unterhaltsansprüchen auf die einzelnen Familienmitglieder aufgeteilt und in Geldbeträgen veranschlagt werden kann.[114]

Die auch den Familienunterhalt bestimmenden ehelichen Lebensverhältnisse können auch durch anderweitige, auch nachrangige Unterhaltspflichten – insb. im Verhältnis zwischen Eltern und volljährigen Kindern – eingeschränkt sein. Nach diesem methodischen Ansatz ist bei der Bemessung des Unterhalts des Ehegatten grundsätzlich der auf den Unterhaltsschuldner entfallende Anteil des Unterhalts für sein volljähriges Kind vorweg von seinem Einkommen abzuziehen.[115] Das gilt auch dann, wenn die Unterhaltsverpflichtung für das volljährige Kind aus einer anderen Ehe stammt, es sein denn, es liegt ein Mangelfall vor. **56**

Bei der Anteilsberechnung nach § 1606 Abs. 3 Satz 1 besteht die Besonderheit, dass ein bestimmter, vorweg abzuziehender Kindesunterhalt noch nicht feststeht, sondern durch die Anteilsberechnung erst ermittelt werden muss. Insoweit hat der BGH[116] es für gerechtfertigt angesehen, zur Bestimmung des Anspruchs auf Familienunterhalt den bereits titulierten und auch gezahlten Kindesunterhalt heranzuziehen, zumal diese Mittel für den Lebensunterhalt im Rahmen des Familienunterhalts tatsächlich nicht zur Verfügung standen, ihre Verhältnisse also durch einen entsprechenden Mittelabfluss geprägt waren. Hinsichtlich anderer, tatrichterlich ebenfalls in Betracht kommender Berechnungsmöglichkeiten sei danach zu unterscheiden, ob sich der Bedarf des volljährigen Kindes abhängig oder unabhängig vom Einkommen der Eltern bemisst. Werde für ein volljähriges Kind der dem Einkommen entsprechende **Tabellenunterhalt** geschuldet, so sei dieser zunächst allein nach dem Einkommen desjenigen Elternteils zu bemessen, der zugleich Familienunterhalt aufzubringen hat. Der sich ergebende Tabellenbetrag sei – nach Abzug des vollen Kindergeldes – von dem Einkommen dieses Elternteils abzuziehen und sodann der Anspruch des Ehegatten auf Familienunterhalt zu ermitteln. Sei dagegen von einem **festen Bedarf** auszugehen, komme – jeweils wiederum nach Abzug des Kindergeldes – eine Berechnung mit dem hälftigen Anteil oder einem anderen Näherungswert in Betracht, der bei unterschiedlichen Einkommensverhältnissen der Eltern realistisch erscheint.[117] **57**

Das gewonnene Ergebnis sei darauf zu überprüfen, ob sich ein Missverhältnis hinsichtlich des wechselseitigen Bedarfs ergibt.[118] Das sei dann anzunehmen, wenn der der jeweiligen Lebenssituation entsprechende angemessene Eigenbedarf der Ehefrau – unter Berücksichtigung der durch das Zusammenleben der Ehegatten eintretenden häuslichen Ersparnis – durch die verbleibenden Mittel nicht gewährleistet werden kann. In diesem Falle hätten dem unterhaltspflichtigen Elternteil vorweg diejenigen Mittel zu verbleiben, die er zur Deckung des angemessenen Bedarfs seines Ehegatten benötigt. Deshalb sei insoweit – vor der Anteilsberechnung nach § 1606 Abs. 3 Satz 1 – der Fehlbetrag (d.h. der um die häusliche Ersparnis reduzierte angemessene Eigenbedarf abzüglich eines eventuellen eigenen Einkommens des Ehegatten) von dem Einkommen des unterhaltspflichtigen Elternteils in Abzug zu bringen.[119] **58**

---

114 BGH FamRZ 2009, 762 = FuR 2009, 409 unter Hinweis auf BGH FamRZ 2003, 860, 864 = FuR 2003, 275; BGHZ 177, 356 = BGH FamRZ 2008, 1911, 1914 = FuR 2008, 542.
115 BGH FamRZ 2003, 860, 865 = FuR 2003, 275; BGHZ 177, 356 = BGH FamRZ 2008, 1911, 1914 = FuR 2008, 542.
116 BGHZ 177, 356 = BGH FamRZ 2008, 1911, 1914 = FuR 2008, 542.
117 BGHZ 177, 356 = BGH FamRZ 2008, 1911, 1914 = FuR 2008, 542.
118 S. auch Gerhardt FamRZ 2006, 740 zur Kontrollberechnung beim Unterhalt Volljähriger.
119 BGHZ 177, 356 = BGH FamRZ 2008, 1911, 1914 = FuR 2008, 542 unter Hinweis auf BGH FamRZ 2003, 860, 865 = FuR 2003, 275; s. auch OLG Celle FamRZ 2005, 473 zur Berechnung der Haftungsanteile der Eltern im Rahmen des Volljährigenunterhalts im Mangelfall.

E. Darlegungs- und Beweislast

59 Im **Erstverfahren** muss das im Rahmen von § 1606 Abs. 3 Satz 1 Unterhalt begehrende Kind die **Erwerbs- und Vermögensverhältnisse beider Elternteile** beweisen, insb. die Leistungsunfähigkeit des am Verfahren nicht beteiligten Elternteils.[120] Das Kind genügt aber seiner Darlegungslast, wenn es das ihm Zumutbare getan hat, um den Haftungsanteil des anderen Elternteils zu ermitteln. Auch in einem gegen das Kind gerichteten Abänderungsverfahren trägt der Abänderungskläger zwar grundsätzlich die Darlegungs- und Beweislast für eine wesentliche Veränderung derjenigen Umstände, die für die Unterhaltsfestsetzung im vorausgegangenen Verfahren maßgeblich waren; das Kind muss jedoch dartun und beweisen, dass der Unterhaltsanspruch fortbesteht, insb. welche **Haftungsquote** auf den jeweiligen Elternteil entfällt.[121]

60 Im Rahmen des § 1606 Abs. 3 Satz 2 muss nur die Betreuung nachgewiesen werden. Beruft sich der auf Barunterhalt in Anspruch genommene Elternteil darauf, dass der andere, das Kind betreuende Elternteil im Hinblick auf seine deutlich günstigeren wirtschaftlichen Verhältnisse zum Barunterhalt beizutragen habe, so trägt er die Darlegungs- und Beweislast dafür, dass die Einkommensverhältnisse und Vermögensverhältnisse des anderen Elternteils dessen Heranziehung zum Barunterhalt rechtfertigen.[122]

61 Im **Abänderungsverfahren** gegen das volljährig gewordene Kind trägt der die Abänderung begehrende Unterhaltsverpflichtete die **Darlegungs- und Beweislast** für seine Behauptung, für den Unterhalt des Kindes seien gleichrangig haftende Verwandte vorhanden. Außerdem muss er den Haftungsanteil des anderen darlegen und beweisen. Ihm steht insoweit ein Auskunftsanspruch nach § 242 zu.[123]

§ 1607   Ersatzhaftung und gesetzlicher Forderungsübergang

(1) Soweit ein Verwandter auf Grund des § 1603 nicht unterhaltspflichtig ist, hat der nach ihm haftende Verwandte den Unterhalt zu gewähren.

(2) [1]Das Gleiche gilt, wenn die Rechtsverfolgung gegen einen Verwandten im Inland ausgeschlossen oder erheblich erschwert ist. [2]Der Anspruch gegen einen solchen Verwandten geht, soweit ein anderer nach Absatz 1 verpflichteter Verwandter den Unterhalt gewährt, auf diesen über.

(3) [1]Der Unterhaltsanspruch eines Kindes gegen einen Elternteil geht, soweit unter den Voraussetzungen des Absatzes 2 Satz 1 an Stelle des Elternteils ein anderer, nicht unterhaltspflichtiger Verwandter oder der Ehegatte des anderen Elternteils Unterhalt leistet, auf diesen über. [2]Satz 1 gilt entsprechend, wenn dem Kind ein Dritter als Vater Unterhalt gewährt.

(4) Der Übergang des Unterhaltsanspruchs kann nicht zum Nachteil des Unterhaltsberechtigten geltend gemacht werden.

---

120 OLG Karlsruhe FamRZ 2009, 1497; OLG Hamburg FamRZ 1982, 627 – Ausbildungsunterhalt; OLG Frankfurt FamRZ 1987, 839.
121 KG FamRZ 1994, 765.
122 BGH FamRZ 1980, 994.
123 BGH FamRZ 1988, 268; OLG Zweibrücken FamRZ 2001, 249; s. auch Budde, FuR 2000, 11.

A. Strukturen

Das Gesetz regelt die **Reihenfolge**, in der mehrere Personen nebeneinander oder nacheinander zu Unterhaltszahlungen **verpflichtet** sind, betreffend den **Ehegattenunterhalt** in §§ 1608, 1584, betreffend den **Verwandtenunterhalt** in §§ 1606, 1607, für den Verwandtenunterhalt entsprechend auch die **Ersatzhaftung** (§§ 1584, 1607, 1608, besser: Ausfall- und Ersatzhaftung sowie den gesetzlichen Forderungsübergang).   **1**

Während § 1606 das **Rangverhältnis** zwischen mehreren dem Grunde nach **unterhaltspflichtigen Verwandten** betrifft, regelt § 1607 die **Ersatzhaftung**: In **Absatz 1** die sog. **Ausfallhaftung** (auch: sog. **echte** Ausfallhaftung, Primärschuldnerschaft) bei begrenzter Leistungsfähigkeit des auf Grund der Rangregelungen an sich vorrangig leistungspflichtigen Unterhaltsschuldners gem. § 1603 (keine Legalzession!), in **Absatz 2 und 3** die sog. **Ersatzhaftung** (auch: sog. **unechte** Ausfallhaftung oder Sekundärschuldnerschaft) sowie in **Absatz 2 und 3** den **gesetzlichen Übergang** von **Ausgleichsansprüchen**, wenn ein vorrangig haftender Verwandter leistungspflichtig ist, aber nicht leistet, und andere Verwandte oder Dritte daraufhin Unterhalt geleistet haben, verbunden mit der **Begrenzung** der **Legalzession** in **Absatz 4**. Bezüglich der Rechtsfolgen ist – vor allem wegen der Legalzession nach § 1607 Abs. 2–4 scharf zwischen der sog. »**echten**« und der sog. »**unechten**« **Ausfallhaftung** zu unterscheiden. Zum besseren Verständnis der Norm sollten nur die Begriffe »Ausfallhaftung« für die sog. echte Ausfallhaftung und »Ersatzhaftung« für die sog. unechte Ausfallhaftung verwendet werden, nicht der Begriff »Ersatzhaftung« als Oberbegriff entsprechend der Überschrift der Norm (die besser mit »Ausfall- und Ersatzhaftung sowie gesetzlicher Forderungsübergang« formuliert worden wäre).   **2**

§ 1607 gilt für **sämtliche Unterhaltsansprüche außerhalb** des **Ehegattenunterhalts**. Kann etwa der Erzeuger eines Kindes auf Grund Leistungsunfähigkeit seiner nach § 1615l bestehenden Unterhaltsverpflichtung gegenüber der Mutter des Kindes nicht nachkommen, oder ist die   **3**

Rechtsverfolgung gegen den im Falle des § 1615l Abs. 1 vorrangig haftenden Vater im Inland erheblich erschwert oder ausgeschlossen (insb. wenn bisher nicht festgestellt ist, wer Vater des Kindes ist), dann müssen nachrangige Verwandte nach § 1607 Abs. 2 die Unterhaltslast für die Mutter übernehmen.[1] Die **Ersatzhaftung** der **Eltern** der nichtehelichen Mutter erstreckt sich nach Maßgabe des § 1615l Abs. 1 auf die Zeit von sechs Wochen vor bis acht Wochen nach der Geburt des Kindes, weil die Berechtigte wegen der Beschäftigungsverbote nach §§ 3 Abs. 2, 6 MuSchG in dieser Zeit keine Erwerbstätigkeit ausüben muss.[2] In der Regel ist die Ersatzhaftung in diesem Fall auf denjenigen Zeitraum begrenzt, in der nach § 1615l Abs. 2 der nichteheliche Vater auf Unterhaltszahlung in Anspruch genommen werden könnte.

4   Die subsidiäre Haftung greift nicht erst dann ein, wenn der sozialhilferechtliche Bedarf der Kinder nicht gedeckt ist. Der **familienrechtliche Bedarf** von **Kindern** richtet sich ausschließlich nach den zum Kindesunterhalt entwickelten bürgerlich-rechtlichen Grundsätzen, während dem sozialhilferechtlichen Bedarf eine andere Bedarfsbemessung zugrunde liegt.[3]

B. Normzweck

5   § 1607 verfolgt einen **doppelten Zweck:** Die Vorschrift will in **Absatz 1** den Unterhalt unter Verwandten (insb. denjenigen von Kindern, s. § 1607 Abs. 3) dadurch sichern, dass bei Ausfall eines vorrangigen Verwandten andere Verwandte zum Unterhalt herangezogen werden können. In **Absatz 2** will sie die Bereitschaft der Sekundärschuldner fördern, den vom Primärschuldner geschuldeten Unterhalt vorzuschießen,[4] vor allem, indem sie in Absatz 3 und 4 die Regressinteressen nachrangig haftender Verwandter normiert, und zwar auch die **Interessen Dritter**, die freiwillig Unterhalt geleistet haben.

C. Ausfallhaftung (§ 1607 Abs. 1 – sog. »echte« Ausfallhaftung)

6   Der Programmsatz des § 1607 Abs. 1 stellt (nur) klar, dass bei teilweiser oder fehlender Leistungsfähigkeit (§ 1603) des primär haftenden Verwandten der nach ihm haftende (s. § 1606) unterhaltspflichtig wird und demzufolge den geschuldeten Unterhalt zu gewähren hat. Im Wege (**echter**) **Ausfallhaftung** haftet somit ein gleichrangiger Verwandter (Elternteil) allein, wenn der andere **nicht** oder nur **beschränkt leistungsfähig** ist.

7   Die (echte) Ausfallhaftung des betreuenden Elternteils **beginnt** bereits bei **Gefährdung** des (jeweiligen) **Eigenbedarfs** des anderen Teilschuldners.[5] Nach dem Tode eines Elternteils haftet der andere allein für den gesamten Unterhalt des Kindes im Rahmen seiner Unterhaltpflicht und im Rahmen seiner Leistungsfähigkeit, und zwar auf **doppelten Barunterhalt**, wenn das minderjährige Kind nach dem Tode des anderen Elternteils anderweitig von Dritten betreut wird.[6] Eine minderjährige Kinder aus früherer Ehe betreuende Mutter, deren eigener angemessener Unterhalt in einer neuen Familie gesichert ist, hat ggf. im Wege der Ausfallhaftung für den Barunterhalt ihrer Kinder einzustehen. Bei der Beurteilung ihrer darauf beruhenden Erwerbsobliegenheit sind aber die Belange der Familie, insb. die eines weiteren betreuungsbedürftigen Kindes, mit zu berücksichtigen.[7]

8   Die Ausfallhaftung dauert (nur) an, **solange** und **soweit** der vorrangig haftende Verwandte (rechtlich) teilweise oder insgesamt leistungsunfähig ist. Sobald er wieder Unterhalt leisten kann, ist der

---

1   S. etwa OLG München FamRZ 1999, 1166 mit Anm. Finger; OLG Brandenburg FamRZ 2004, 560.
2   OLG Frankfurt NJW 2009, 3105 = FuR 2009, 695.
3   OLG Schleswig FamRZ 2004, 1058.
4   BGH FamRZ 2003, 444 = FuR 2003, 268.
5   OLG Hamm FamRZ 1990, 903.
6   OLG Hamm FamRZ 2001, 1023.
7   OLG Schleswig FamRZ 2004, 1058.

Ausfallschuldner (der nachrangig haftende Verwandte) wieder frei. Solange und soweit dieser bis zu diesem Zeitpunkt geleistet hat, verbleibt es hierbei **endgültig:** Ihm stehen keinerlei **Regressansprüche** zu (weder nach § 1607 Abs. 2 Satz 2, noch aus GoA, noch nach §§ 812 ff. oder auf Grund eines familienrechtlichen Ausgleichsanspruchs),[8] weil der dem Unterhaltsgläubiger näher stehende Verwandte auf Grund von § 1603 nicht unterhaltsverpflichtet war, der Ausfallschuldner somit (nur) seine **eigenen Verbindlichkeiten** erfüllt, nicht aber für einen **anderen** geleistet hat.[9] Der nachrangig haftende Verwandte erfüllt demnach seine **originäre Unterhaltspflicht** und kann **keinen Regress** gegen den mit seiner Haftung ausgefallenen Verwandten nehmen (sog. **Ausfallhaftung:** Der an sich zunächst haftende Verwandte fällt, solange und soweit er gem. § 1603 nicht leistungsfähig ist, endgültig aus).Dies gilt auch dann, wenn der in der Haftungskette ausgefallene Verwandte später auf Grund veränderter wirtschaftlicher Verhältnisse (ausreichendes Einkommen bzw. Vermögen) jetzt ohne weiteres auch den vom Ausfallschuldner geleisteten Unterhalt bezahlen könnte.

Der an sich zunächst nachrangig, aber nunmehr primär für den Unterhalt verantwortliche Verwandte (»**Ausfallschuldner**«) haftet in demjenigen (vollen) **Umfang,** in dem der an sich erstrangige Verwandte zum Unterhalt verpflichtet gewesen wäre, sofern er entsprechend leistungsfähig ist. Ausfallhaftung tritt daher **nicht** ein, wenn bzw. soweit der Unterhaltsanspruch **verwirkt** ist. Kann der Ausfallschuldner ebenfalls (auf Grund § 1603) nicht oder nur teilweise leisten, muss der nächstrangige Verwandte (s. § 1606) für den offenen, ggf. restlichen Unterhalt eintreten. Ist einer von **mehreren gleichrangig haftenden** Verwandten nur eingeschränkt leistungsfähig oder leistungsunfähig, dann greift die Ausfallhaftung nach § 1607 Abs. 1 nur für denjenigen Rest des Unterhalts, den die anderen – etwa auf Grund der sog. »**Subsidiaritätsklausel**« des § 1603 vorrangig verpflichteten – Anteilsschuldner (§ 1606 Abs. 3 Satz 1) nicht decken können.[10] § 1607 Abs. 1 setzt demnach zwingend voraus, dass der vorrangig haftende Verwandte nicht nur tatsächlich, sondern auch rechtlich wegen – voller oder teilweiser – **Leistungsunfähigkeit** – teilweise oder insgesamt – ausfällt, obwohl alle Erwerbsobliegenheiten voll ausgeschöpft sind.[11] 9

(zur Zeit nicht besetzt) 10

D. Ersatzhaftung (§ 1607 Abs. 2 – sog. »unechte« Ausfallhaftung)

§ 1607 Abs. 2 begründet eine **Unterhaltspflicht** des **nachrangig haftenden Verwandten,** wenn die Rechtsverfolgung gegen den vorrangig Haftenden im Inland ausgeschlossen oder erheblich erschwert ist. Beteiligt sich der gleichrangig haftende Verwandte **trotz entsprechender Rechtspflicht** nicht am Unterhalt, dann haftet der andere Verwandte (Elternteil) im Wege der sog. **unechten Ausfallhaftung** für den offenen Unterhaltsbedarf im Rahmen seiner Unterhaltspflicht und im Rahmen seiner Leistungsfähigkeit. Dies ist vielfach dann der Fall, wenn der Unterhaltsgläubiger auf Grund fiktiv zugerechneter Einkünfte als leistungsfähig angesehen wird, der Unterhaltsschuldner jedoch den Unterhalt nicht erlangen kann, weil der Anspruch – zumindest derzeit – nicht oder nicht vollständig durchsetzbar ist. Auf bloß fiktive Leistungsfähigkeit eines Elternteils muss sich jedenfalls ein Kind nicht verweisen lassen.[12] Dies gilt auch dann, wenn der Unterhaltsschuldner kein vollstreckungsfähiges Vermögen besitzt oder von dem Unterhaltsgläubi- 11

---

8 Zum familienrechtlichen Ausgleichs- und Erstattungsanspruch bei rückständigem Kindesunterhalt s. Armasow MDR 2004, 307 ff.

9 Zu Verbindlichkeiten im Unterhaltsrecht grundlegend BGH FamRZ 1984, 657.

10 RGZ 52, 193; BGH NJW 1971, 2069.

11 S. etwa BGHZ 93, 123 = BGH FamRZ 1985, 273; OLG Celle FamRZ 1984, 1254.

12 OLG Koblenz FamRZ 1989, 307; NJW-RR 2009, 1153; OLG Karlsruhe NJW-RR 1991, 903; OLG Nürnberg FamRZ 2000, 687; OLG Hamm FamRZ 2005, 1926 (Ls); OLG Thüringen FamRZ 2006, 569 = FuR 2006, 95.

ger nicht erwartet werden kann, die Zwangsvollstreckung in auch ihm dienende Vermögenswerte (etwa ein von ihm mitbewohntes Haus) zu betreiben.[13]

12 Bei der Anteilshaftung verbleibt es hingegen, wenn **beide** Unterhaltsschuldner nur auf Grund **fiktiver Einkünfte** als **leistungsfähig** anzusehen sind.[14] § 1607 Abs. 2 ist insb. auf die (Teil-) Unterhaltsschulden der Eltern gegenüber einem minderjährigen Kinde anwendbar.[15]

E. Forderungsübergang und Regress (§ 1607 Abs. 2 bis 4)

13 § 1607 Abs. 2 Satz 2 regelt den **gesetzlichen Forderungsübergang** zugunsten des Sekundärschuldners, wenn die Rechtsverfolgung gegen den primär leistungspflichtigen Unterhaltsschuldner (Primärschuldner) im Inland erheblich erschwert war/ist. Abs. 3 normiert den **gesetzlichen Forderungsübergang** betreffend den Unterhaltsanspruch eines Kindes, und Abs. 4 gewährleistet, dass der Übergang des Unterhaltsanspruchs **nicht** zum **Nachteil** des **Unterhaltsgläubigers** geltend gemacht werden kann.

I. Forderungsübergang nach § 1607 Abs. 2

14 Kann der Unterhaltsgläubiger seine Unterhaltsansprüche gegen den primär verpflichteten Unterhaltsschuldner, der anders als im Falle des § 1607 Abs. 1 nach wie vor materiell-rechtlich als leistungsfähig angesehen wird und damit unterhaltsverpflichtet bleibt – nicht bzw. derzeit nicht durchsetzen (etwa Nichtbeitreibbarkeit von Unterhalt bei Verurteilung des Unterhaltsschuldners auf Grund nur fiktiver Leistungsfähigkeit),[16] dann gehen diese im Wege der **Legalzession** (§ 1607 Abs. 2 Satz 2) auf den nachrangig haftenden Verwandten über, wenn und soweit dieser als **Sekundärschuldner** für den Primärschuldner geleistet hat (sog. **Sekundärhaftung**). Der **übergegangene Anspruch** ist mit dem ursprünglichen Unterhaltsanspruch – allerdings mit geringen Modifikationen[17] – identisch. Er kann daher abgetreten, verpfändet und ohne die Privilegien des § 850d ZPO gepfändet werden.[18] Alle im Zeitpunkt des Forderungsübergangs bestehenden Einwendungen (etwa gem. § 1611) bleiben grundsätzlich erhalten (§§ 404 analog, 412). Gegen den Anspruch ist die Aufrechnung zulässig. Ansprüche aus GOA und Bereicherungsrecht sind ausgeschlossen. Der Anspruch unterliegt der kurzen Verjährung nach § 197 Abs. 2. Bei der Gewährung von Sozialhilfe und Ausbildungsförderung ist der Rückgriff gegen Verwandte zweiten Grades allerdings ausgeschlossen (§ 94 SGB XII, § 37 BAföG).

1. Übergang des Unterhaltsanspruchs nach § 1607 Abs. 2 Satz 1

15 Die Unterhaltsleistungen des Ersatzschuldners müssen dadurch veranlasst sein, dass die Rechtsverfolgung – hierzu rechnet auch die Zwangsvollstreckung! – gegen den vorrangig haftenden Verwandten im **Inland ausgeschlossen** oder **erheblich erschwert** ist.[19] § 1607 Abs. 2 ist daher auch auf diejenigen Fallgestaltungen anzuwenden, in denen der (eigentliche) Unterhaltsschuldner zwar zur Zahlung von Unterhalt verurteilt worden ist (etwa auf Grund nur fiktiver Leistungsfähigkeit), die Unterhaltsleistungen bislang jedoch noch **nicht** oder noch **nicht insgesamt beigetrieben** wer-

---

13 BGH FamRZ 2006, 26, 30; OLG Hamm FamRZ 2005, 57; OLG Dresden NJW-RR 2006, 221.
14 OLG Bremen FamRZ 1999, 1529.
15 BGHZ 50, 266, 270 mit Anm. Johannsen LM § 1360b BGB Nr. 1; BGH NJW 1971, 2069; FamRZ 1989, 850 (Nr. 454).
16 OLG Karlsruhe FamRZ 1991, 971; OLG Koblenz FamRZ 1989, 309; OLG Dresden FamRZ 2003, 1211.
17 Hierzu näher Kropholler FamRZ 1965, 413.
18 Vgl. BGH FamRZ 1982, 50.
19 Vgl. hierzu BSG FamRZ 1981, 353; OLG Stuttgart DAVorm 1985, 414; OLG Koblenz FamRZ 1989, 307; OLG Karlsruhe FamRZ 1991, 971.

den konnten, etwa weil der Unterhaltsschuldner kein vollstreckungsfähiges Vermögen besitzt, oder von dem Unterhaltsgläubiger nicht erwartet werden kann, dass er die Zwangsvollstreckung betreibt.[20]

Die Rechtsverfolgung ist (etwa) **ausgeschlossen** bei Stillstand der Rechtspflege, vor allem aber **16** auch, wenn die Vaterschaft eines nichtehelich geborenen Kindes nicht durch Anerkenntnis oder Urteil festgestellt ist.[21] Sie ist (z.B.) erheblich **erschwert**, wenn der Aufenthaltsort des Erstschuldners unbekannt ist,[22] wenn er häufig seinen Wohnsitz wechselt, aber auch dann, wenn der primär Unterhaltspflichtige den Unterhaltsgläubiger auf Leistungen nach dem UVG verweist.[23] So ist etwa eine **Ersatzhaftung** der **Großeltern** nach § 1607 Abs. 2 in einem Fall bejaht worden, in dem der Unterhaltsschuldner den titulierten Unterhalt nur teilweise gezahlt und im Übrigen auf einen in der Vergangenheit gewährten Unterhaltsvorschuss nach dem UVG verwiesen hat: Der Anspruch beziehe sich dann auf zukünftigen Unterhalt, für den noch kein Unterhaltsvorschuss geleistet worden sei.[24]

2. Übergang des Unterhaltsanspruchs nach § 1607 Abs. 2 Satz 2

Ist der primär haftende Verwandte (nur) **tatsächlich, nicht** aber **rechtlich** (teilweise oder insge- **17** samt) **leistungsunfähig** (er bleibt primär haftender Unterhaltsschuldner!), oder ist der Unterhaltsanspruch aus den in § 1607 Abs. 2 Satz 1 geregelten Gründen nicht oder nur erschwert durchsetzbar, und leistet der nachrangige Verwandte für den (eigentlichen) Unterhaltsschuldner, dann geht der Unterhaltsanspruch, soweit Unterhalt gewährt wird, im Wege der cessio legis des § 1607 Abs. 2 Satz 2 auf ihn über.

Der Unterhaltsanspruch kann nach der Legalzession des § 1607 Abs. 2 Satz 2 nur auf solche Ver- **18** wandte übergehen, die auf Grund **nachrangiger Haftung** zur Unterhaltsleistung **verpflichtet** sind und den geschuldeten Unterhalt auch geleistet haben[25] (etwa Großeltern anstelle von Eltern, ein Elternteil anstelle des anderen, oder Kinder wegen Erfüllung von Unterhaltspflichten ihrer Geschwister gegenüber den Eltern).[26] Der Verweis in § 1607 Abs. 2 verdeutlicht, dass sich diese Legalzession nur auf **sekundäre eigene Unterhaltspflichten** erstreckt, nicht jedoch jedes Eintreten für einen Verwandten, bei dessen Inanspruchnahme es Schwierigkeiten in der Rechtsverfolgung gibt, begünstigt.

Ein Regressanspruch nach § 1607 Abs. 2 entsteht daher nicht, wenn ein Teilschuldner (etwa ein **19** Elternteil dem Kind) Unterhalt in der Absicht gewährt hat, von dem anderen dafür Ersatz zu fordern, **ohne** dass das Tatbestandselement »ausgeschlossene oder erheblich erschwerte **Rechtsverfolgung**« vorliegt. Insoweit ist auf den sog. **familienrechtlichen Ausgleichsanspruch** zurückzugreifen.[27]

II. Forderungsübergang nach § 1607 Abs. 3

§ 1607 Abs. 3 soll die **Bereitschaft nicht unterhaltspflichtiger Dritter** zur **Unterstützung** des **Kin-** **20** **des** fördern. Die Vorschrift gewährt daher auch bei **Zahlungen** auf **freiwilliger Basis** einen **Forderungsübergang.** Sie gilt – anders als die den allgemeinen Unterhaltsanspruch zwischen Verwandten betreffenden § 1607 Abs. 1 und 2 – nur für Unterhaltsansprüche von **Kindern** gegen einen

---

20 OLG Koblenz FamRZ 1989, 307; OLG Karlsruhe FamRZ 1991, 971, 973; OLG Hamm FamRZ 2005, 57; Knittel DAVorm 1998, 188.
21 BGHZ 121, 299 = BGH FamRZ 1993, 696; OLG Thüringen FamRZ 2010, 746.
22 BGH FamRZ 1989, 850 (Nr. 454).
23 OLG München NJW-RR 2000, 1248.
24 OLG München NJW-RR 2000, 1248.
25 BT-Drucks. 13/7338 S. 21.
26 BGHZ 50, 266, 270; OLG Celle NJW 1974, 504.
27 BGH FamRZ 1989, 850 (Nr. 454); OLG Düsseldorf FamRZ 1981, 77.

Elternteil, allerdings (nur) unter den Voraussetzungen des § 1607 Abs. 2 Satz 1 (Schwierigkeiten bei der Rechtsverfolgung im Inland als causa für die Unterhaltsleistung durch den Dritten).[28] Werden Leistungen nach dem SGB oder nach dem UVG gewährt, dann gehen die Unterhaltsansprüche nach § 33 SGB II, § 94 SGB XII bzw. § 7 UVG auf den öffentlichen Leistungsträger über. Die nach § 1607 Abs. 3 übergegangenen Unterhaltsansprüche können – soweit dort zulässig – auch im Vereinfachten Verfahren (§§ 249 ff. FamFG) geltend gemacht werden.[29]

1. Legalzessionare nach § 1607 Abs. 3 Satz 1

21   Legalzessionare können nach der Aufzählung in § 1607 Abs. 3 Satz 1 sein: **Nicht unterhaltspflichtige Verwandte** (Geschwister des Kindes wie auch Geschwister der Eltern, nach Adoption des Kindes hinzugewonnene Verwandte, aber auch Verwandte i.S.d. § 1607 Abs. 1, sofern und soweit sie in überobligationsmäßiger Weise für das Kind aufgekommen sind) sowie **Stiefeltern** des Kindes (also die jeweiligen Ehegatten des leiblichen Elternteils des Kindes).

2. Legalzessionare nach § 1607 Abs. 3 Satz 2

22   Legalzessionar ist nach § 1607 Abs. 3 Satz 2 auch ein **Dritter**, wenn er dem Kind als **Vater** Unterhalt geleistet hat (»**Scheinvater**«).

III. Benachteiligungsverbot (»Schutzklausel« des § 1607 Abs. 4)

23   Die sog. **Schutzklausel** des § 1607 Abs. 4 ordnet an, dass der Übergang des Unterhaltsanspruchs **nicht** zum **Nachteil** des **unterhaltsberechtigten Kindes** geltend gemacht werden kann, damit die zukünftigen Unterhaltsansprüche des Kindes nicht durch die Geltendmachung der auf der Legalzession beruhenden Ausgleichsansprüche gefährdet werden. Somit geht die Regressforderung des Legalzessionars dem Unterhaltsanspruch des Kindes im **Range nach** mit der Wirkung, dass bei Bemessung der Leistungsfähigkeit des Unterhalts- (und Ausgleichs-) schuldners für den künftigen Unterhalt die Verpflichtung bezüglich der übergegangenen Forderung nicht berücksichtigt wird.[30] Die Schutzklausel zu Gunsten des Unterhaltsgläubigers gilt auch gegenüber einem familienrechtlichen Ausgleichs- wie auch gegenüber einem etwaigen Bereicherungsanspruch. Sie ist jedenfalls dann bereits im Erkenntnisverfahren anzuwenden, wenn die eingeschränkte Leistungsfähigkeit des Unterhaltsschuldners deutlich zutage tritt.[31]

F. Bedeutsame Fallgruppen des § 1607

24   In der familienrechtlichen Praxis sind vor allem **zwei Fallgruppen** des § 1607 von Bedeutung:

– die sog. **Großelternhaftung**,[32] **und**
– der sog. **Scheinvaterregress.**

---

28   BT-Drucks. 13/7338 S. 21.

29   OLG Frankfurt OLGR 2006, 248 – zur Erfolgsaussicht einer Klage auf rückständigen Kindesunterhalt im Mangelfall unter Berücksichtigung von im Ergebnis zu hohen Zahlungen für eines der Kinder an die Unterhaltsvorschusskasse; OLG Brandenburg OLGR 2007, 132 – bei Zahlung von Leistungen nach dem UVG Auslegung eines Antrages des Berechtigten zur Leistung in Höhe des Anspruchsübergangs an den Leistungsträger.

30   RGZ 126, 181.

31   Zu allem KG FamRZ 2000, 441; s. auch Herpers AcP 166, 461.

32   Zu den Voraussetzungen der nach § 1607 Abs. 2 eintretenden Ersatzhaftung eines nachrangig haftenden Verwandten s. BGH FamRZ 2006, 26 = FuR 2006, 39 mit Anm. Duderstadt FamRZ 2006, 30 ff., und Luthin FF 2006, 54 f. (Berufungsgericht: OLG Dresden FamRZ 2003, 1211).

I. Großelternhaftung

Streitigkeiten wegen der **Haftung** von **Großeltern** für ihre Enkelkinder nach §1607 haben ange- 25
sichts veränderter wirtschaftlicher Rahmenbedingungen und dadurch bedingter geringerer Leistungsfähigkeit, aber auch Leistungswilligkeit,[33] erheblich zugenommen. Auf Grund der veränderten staatlichen Transferleistungen (»Agenda 2000«) erhalten zahlreiche Unterhaltsgläubiger immer
weniger Unterhalt, so dass zunehmend entferntere Verwandte zu Unterhaltszahlungen herangezogen werden.

1. Strukturen

Decken die Barleistungen des barunterhaltspflichtigen Elternteils den Kindesunterhalt nicht oder 26
nicht vollständig ab, und ist der das Kind betreuende Elternteil nicht verpflichtet, neben der
Betreuung des Kindes auch noch dessen restlichen Barunterhalt aufzubringen, dann kommt ein
ergänzender Unterhaltsanspruch des Kindes gegen seine Großeltern in Betracht (sog. **Großelternhaftung**).[34] §1606 Abs. 3 Satz 2 regelt das Rangverhältnis zwischen den Eltern minderjähriger
Kinder. Die Norm hat nur insoweit Einfluss auf die Ersatzhaftung dritter Personen gem. §1607,
als der Vorrang insgesamt ausfällt.[35]

Da die Unterhaltspflicht der Eltern nicht von einem Einkommensvergleich mit den Großeltern 27
abhängt, weil das Verhältnis zwischen Eltern und Großeltern von **Nachrang** bestimmt ist, muss
vor der Inanspruchnahme von Großeltern zunächst festgestellt werden, dass ein vorrangig verpflichteter Elternteil nicht leistungsfähig ist.[36]

2. Ausfallhaftung (§1607 Abs. 1)

Ist ein vorrangig zu Unterhaltszahlungen Verpflichteter (sog. **Primärschuldner**, beide Eltern) 28
schuldlos teilweise oder auch insgesamt nicht leistungsfähig und daher teilweise oder auch insgesamt nicht unterhaltspflichtig, dann werden nach §1607 Abs. 1 nachrangig haftende Verwandte
(sog. **Sekundärschuldner**, alle Großeltern) **originär** unterhaltspflichtig. Die Ausfallhaftung nach
§1607 Abs. 1 setzt somit zwingend voraus, dass vorrangig haftende Verwandte nach Ausschöpfung
aller unterhaltsrechtlichen Obliegenheiten wegen unverschuldeter teilweiser oder voller Leistungsunfähigkeit, also teilweise oder insgesamt, ausfallen.[37] Bei einer Unterhaltspflicht aufgrund fiktiver
Einkünfte greift §1607 Abs. 1 daher nicht.[38]

Fällt der **barunterhaltspflichtige Elternteil** eines **minderjährigen Kindes** als nur teilweise oder 29
überhaupt nicht leistungsfähig aus, dann haftet – trotz der Gleichwertigkeitsregel des §1606
Abs. 3 Satz 2 – zunächst der betreuende Elternteil als anderer unterhaltspflichtiger Verwandter im
gleichen Rang (§§ 1603 Abs. 2 Satz 3, 1606 Abs. 3 Satz 1), sofern er neben der Betreuung des Kindes auch dessen Barbedarf ohne Gefährdung seines eigenen angemessenen – nicht notwendigen –
Unterhalts teilweise oder gar in vollem Umfange sicherstellen kann.[39] Der betreuende Elternteil
muss daher, etwa wenn der andere Elternteil wegen Krankheit/Gebrechen nicht leistungsfähig ist,
trotz der Betreuung eines kleinen Kindes eine Erwerbstätigkeit aufnehmen oder ausweiten und für

---

33 Büte FuR 2005, 433.
34 BGH FamRZ 2004, 800 mit Anm. Luthin FamRZ 2004, 801 und FamRB 2004, 177; Leistungspflicht
   vor dem 01.07.1998 war noch offen gelassen von OLG Bremen FamRZ 2000, 256; OLG Köln FuR
   2004, 237; näher zu allem Henrich FamRZ 2003, 629; Büte FuR 2005, 433 mit Checkliste; 2006, 356;
   Ludyga JAmt 2007, 235.
35 OLG Bamberg OLGR 2007, 520.
36 OLG Frankfurt FamRZ 2004, 1745, 1746; OLG Braunschweig FamRZ 2005, 643; OLG Thüringen
   FamRZ 2006, 569 = FuR 2006, 95.
37 Zu allem s. etwa BGH FamRZ 1985, 273; OLG Celle FamRZ 1984, 1254.
38 OLG Hamm FamRZ 2005, 1926.
39 BGH FamRZ 1980, 555, 556.

den Barunterhalt des Kindes sorgen, wenn und soweit dies ohne Gefährdung seines Eigenbedarfs möglich ist. Erst wenn auch der betreuende Elternteil den Bedarf des Kindes nicht oder nicht in vollem Umfange decken kann, greift die (Ausfall-) Haftung der Großeltern nach § 1607 Abs. 1.

30 Ist der angemessene Unterhalt einer Mutter, die minderjährige Kinder aus einer früheren Ehe betreut, durch ihren Ehemann sichergestellt, haftet sie grundsätzlich auch für den Barunterhalt ihrer Kinder, wenn der barunterhaltspflichtige Elternteil ausfällt. Bei der Beurteilung ihrer Leistungsfähigkeit, insb. des Umfangs ihrer gesteigerten Erwerbsobliegenheit, sind jedoch die Belange der Familie, insb. die Betreuungsbedürftigkeit eines weiteren Kindes, zu berücksichtigen.[40]

3. Ersatzhaftung (§ 1607 Abs. 2)

31 Die Haftung nachrangiger Verwandter für Unterhalt gemäß § 1607 greift nicht nur dann ein, wenn beide Elternteile eines Kindes (als Primärschuldner erstrangig unterhaltsverpflichtet) unverschuldet nicht oder nur teilweise leistungsfähig sind (**Abs. 1, Ausfallhaftung**), sondern auch dann, wenn die Rechtsverfolgung im Inland gegen den Primärschuldner ausgeschlossen oder als erheblich erschwert anzunehmen ist, oder aber wenn absehbar ist, dass die Vollstreckung erfolglos bleiben wird, weil die Annahme der Leistungsfähigkeit nur aus der Zurechnung fiktiver Einkünfte resultiert (**Abs. 2, Ersatzhaftung**):[41] Dann müssen (ebenfalls) die Großeltern (als Sekundärschuldner) ersatzweise Unterhalt gewähren. Während die Großeltern im Rahmen der Ausfallhaftung nach § 1607 Abs. 1 originär haften und daher nicht im Regresswege auf den ausgefallenen Verwandten zurückgreifen können, können sie als **Sekundärschuldner** nach § 1607 Abs. 2 auf den **Primärschuldner zurückgreifen**, wobei die **Legalzession** dieser Norm diesen Regress erleichtert.

Sind daher nach Eintritt der **Volljährigkeit** des Kindes **beide Elternteile barunterhaltspflichtig**, dann kann das Kind entsprechend dem Rechtsgedanken des § 1607 Abs. 2 Satz 1 allein vom anderen Elternteil seinen nach dessen Einkommen berechneten Unterhalt fordern. Dabei muss sich das Kind auf etwaige fiktiv zuzurechnende Einkünfte des nicht leistungsfähigen Elternteils nicht verweisen lassen, weil es dem anderen Elternteil unbenommen bleibt, Regress zu nehmen.[42] Kann das Kind von beiden Eltern keinen Unterhalt erlangen, dann haften die Großeltern für den Unterhalt des Enkels **anteilig** entsprechend **ihrer** Leistungsfähigkeit nach ihren Erwerbs- und Vermögensverhältnissen.[43]

4. Leistungszeitraum

32 Ausfall- (§ 1607 Abs. 1) wie auch Ersatzhaftung (§ 1607 Abs. 2) greifen jedoch immer nur für den **Zeitraum** der **begrenzten Leistungsfähigkeit beider Eltern** als **Primärschuldner**. Der Anspruch aus § 1607 wird durch die Sondervorschrift des § 1613 begrenzt: Die Leistungspflichten nach § 1607 beginnen daher erst dann, wenn der angemessene Unterhaltsbedarf des barunterhaltspflichtigen Elternteils gefährdet ist,[44] umfassen daher – außerhalb des Verzugs – keine vorher entstandenen Rückstände, und enden mit der Wiederherstellung der Leistungsfähigkeit des Primärschuldners.

33 Der nach § 1607 Abs. 1 an die Stelle eines leistungsunfähigen oder nicht voll leistungsfähigen Unterhaltsschuldners tretende, nach ihm haftende Verwandte erfüllt nur eine eigene Verbindlichkeit (Primärschuldner), da ein Unterhaltsanspruch gegen den vor ihm zur Unterhaltsleistung berufenen Verwandten gar nicht entstanden ist. Daher und dabei fehlt jede Abhängigkeit von der

---

40 OLG Schleswig FamRZ 2004, 1058.
41 BGH FamRZ 2006, 26; OLG Hamm FamRZ 2005, 57; OLG Koblenz FamRZ 1989, 307; OLG Karlsruhe FamRZ 1991, 971; OLG Thüringen FamRZ 2006, 569 = FuR 2006, 95; OLG Saarbrücken OLGR 2007, 526.
42 OLG Hamm NJW-RR 2006, 509.
43 OLG Hamm NJW 2005, 1874 = FuR 2005, 427; OLG Saarbrücken OLGR 2007, 526.
44 OLG Braunschweig FamRZ 2005, 643; OLG Bamberg OLGR 2007, 520.

nicht eingetretenen Verpflichtung des Erstschuldners. Der **Primäranspruch** des § 1607 Abs. 1 setzt damit **Verzug** gemäß § 1613 voraus.[45]

Der Sekundärschuldner gemäß § 1607 Abs. 2 erfüllt nur eine fremde Schuld, wenn er für den Pri- 34 märschuldner, gegen den die Rechtsverfolgung erheblich erschwert ist, eintritt. Wenn und soweit der nachrangig haftende Verwandte leistet, geht der Anspruch auf ihn über. Auch der **übergegangene Anspruch** wird jedoch durch die Sondervorschrift des § **1613 begrenzt. Das KindUG** hat § 1613 zugunsten des Unterhaltsgläubigers nochmals erweitert und noch differenzierter gefasst. Tragender Gesichtspunkt des § 1613 ist der Schuldnerschutz.[46]

5. Mehrheit von Großeltern (Anteilshaftung)

Die Haftung der Großeltern nach § 1607 ist nicht auf den Stamm eines ausgefallenen Elternteils 35 beschränkt, sondern erfasst zwingend **sämtliche Großelternteile** als gemäß § 1606 Abs. 3 Satz 1 untereinander **gleichrangige (Teil-) Schuldner.**

6. Bedürftigkeit (Bedarf des Enkels)

(Auch) der **Unterhaltsbedarf** eines **Enkelkindes** richtet sich nach der von seinen **Eltern abgeleite-** 36 **ten Lebensstellung** des Kindes, nicht nach der Lebensstellung der Großeltern, deren günstige wirtschaftliche Verhältnisse den Unterhaltsbedarf des Enkels somit nicht erhöhen.[47] Sind die Eltern für den Unterhalt ihres Kindes nur begrenzt oder gar nicht leistungsfähig, kann der von ihrer Lebensstellung abgeleitete Bedarf immer nur der Mindestbedarf gem. § 1612a sein. Auf den Mindestbedarf des Enkels sind Leistungen nach dem UVG bedarfsdeckend anzurechnen,[48] weil der Wortlaut des § 7 Abs. 1 UVG einen Anspruchsübergang auf die Behörde nur vorsieht, wenn der Unterhaltsanspruch gegen einen Elternteil besteht.

Dieser Grundbedarf kann durch **Sonder-** bzw. **Mehrbedarf** des Enkels erhöht sein. An die Not- 37 wendigkeit sind allerdings nach dem Grundsatz der vorrangigen Elternhaftung, weil eben die Großeltern nur subsidiär haften, **strengere Maßstäbe** anzulegen als im Rahmen der Elternhaftung. Sonder- wie Mehrbedarf sind auf **absolut unabweisbare Bedürfnisse** zu begrenzen.

7. Leistungsfähigkeit

Den **Großeltern** hat regelmäßig ein **deutlich höherer Selbstbehalt** zu verbleiben. Die Leistungsfä- 38 higkeit der auf Enkelunterhalt in Anspruch genommenen Großeltern bemisst sich zwar nach ihren Einkommens- und Vermögensverhältnissen, wobei das unterhaltsrechtlich relevante Einkommen nach allgemeinen Grundsätzen zu ermitteln ist. Verbindlichkeiten der Großeltern, die diese vor Inanspruchnahme durch das Enkelkind eingegangen sind, mindern jedoch das unterhaltsrechtlich relevante Einkommen regelmäßig schärfer als nach allgemeinen Grundsätzen.[49] Der Umstand, dass der unterhaltsrechtlichen Verantwortung von Großeltern ein geringeres Gewicht zukommt, wird auch durch den ihnen sozialhilferechtlich zugebilligten Schutz deutlich: Ein gesetzlicher Forderungsübergang von Unterhaltsansprüchen gegen Großeltern findet nach § 91 Abs. 1 Satz 2 BSHG bzw. § 94 Abs. 1 Satz 3 SGB XII nicht statt.[50]

---

45 OLG Thüringen FamRZ 2006, 569 = FuR 2006, 95.
46 OLG Thüringen FamRZ 2006, 569 = FuR 2006, 95 unter Hinweis auf BGH FamRZ 1989, 850.
47 OLG Karlsruhe FamRZ 2001, 782; OLG Köln FamRZ 2005, 58 = FuR 2004, 332; Büte FuR 2005, 433.
48 OLG Dresden FamRZ 2006, 569.
49 OLG Dresden NJW-RR 2006, 221; vgl. dazu auch Reinken ZFE 2005, 183 ff.
50 Zu allem ausführlich BGH FamRZ 2006, 26, 28; OLG Schleswig NJW-RR 2004, 1587.

a) Keine verschärfte Leistungspflicht und »Super-Selbstbehalt«

39   Großeltern sind zwar (auch) als andere unterhaltspflichtige Verwandte i.S.d. § 1603 Abs. 2 Satz 3 anzusehen.[51] Allerdings unterliegen sie **nicht** der sog. **gesteigerten (verschärften) Leistungspflicht.** Sie haften allein unter Berücksichtigung ihres **angemessenen Selbstbehalts** (§ 1603 Abs. 1).

40   § 1603 Abs. 1 gewährleistet jedem Unterhaltsschuldner vorrangig die Sicherung seines eigenen angemessenen Unterhalts. Ihm sollen grundsätzlich die Mittel verbleiben, die er zur angemessenen Deckung des seiner Lebensstellung entsprechenden allgemeinen Bedarfs benötigt. In welcher Höhe dieser Bedarf zu bestimmen ist, obliegt in jedem Einzelfall unter Berücksichtigung aller Umstände der tatrichterlichen Beurteilung.[52]

41   Der BGH hat seine Erwägungen bezüglich der Bemessung des Selbstbehalts im Rahmen des Elternunterhalts auch auf das Unterhaltsrechtsverhältnis zwischen Großeltern und Enkeln übertragen.[53] Hier wie dort muss der Unterhaltsschuldner eine spürbare und dauerhafte Senkung seines berufs- und einkommenstypischen Lebensniveaus jedenfalls insoweit nicht hinnehmen, als er keinen nach den Verhältnissen unangemessenen Aufwand betreibt. Erhebliche Abstriche von dem derzeitigen Lebensstandard würden auf eine übermäßige Belastung des Unterhaltsschuldners hinauslaufen. Eltern müssen regelmäßig damit rechnen, dass ihre Kinder auch noch über das 18. Lebensjahr hinaus unterhaltsbedürftig sind, und haben sich darauf bei der Gestaltung ihrer Lebensverhältnisse einzustellen.

42   Dies gilt für Großeltern hingegen nicht. Sie müssen sich bei ihrer Lebensplanung auf eine solche der natürlichen Generationenfolge nicht entsprechende Inanspruchnahme auch nicht einstellen, zumal sie sich im Zeitpunkt der Inanspruchnahme regelmäßig in einer Situation befinden, die es ihnen nicht erlaubt, die durch etwaige Unterhaltszahlungen eintretenden finanziellen Ausfälle anderweitig zu kompensieren, um so für absehbare Lebensrisiken Vorsorge zu treffen.[54] Für den Großelternunterhalt gilt zudem, dass eine Inanspruchnahme in der Regel erst stattfindet, wenn der Unterhaltsschuldner sich selbst bereits in einem höheren Lebensalter befindet, seine Lebensverhältnisse demzufolge bereits längerfristig seinem Einkommensniveau angepasst hat, Vorsorge für seine weiteren Lebensjahre sowie sein eigenes Alter, auch unter Berücksichtigung möglicher Pflegebedürftigkeit, treffen möchte, oder sogar bereits Rente bezieht und sich dann einer Unterhaltsforderung ausgesetzt sieht, für die nach der natürlichen Generationenfolge die Eltern aufzukommen haben, und für die er deshalb nur nachrangig haftet. Das gilt insb., wenn er seinen Abkömmling im Fall der Bedürftigkeit nicht seinerseits auf Zahlung von Elternunterhalt wird in Anspruch nehmen können, weil dieser schon keinen Kindesunterhalt gezahlt hat.

43   Mit Rücksicht darauf ist es gerechtfertigt, Großeltern im Falle der Inanspruchnahme auf Unterhalt für ihre Enkel zumindest die **erhöhten Selbstbehaltsbeträge**, wie sie auch im Rahmen des **Elternunterhalts** gelten, zuzubilligen.[55] Der angemessene Selbstbehalt eines Großelternteils beträgt damit derzeit 1.600,00 € (DT 2013) zuzüglich 50 des diesen Betrag übersteigenden Einkommens.[56] Leben die Großeltern zusammen, so beträgt der Familienselbstbehalt unter Berücksichtigung der 10%igen Ersparnis durch die gemeinsame Haushaltsführung auf 2.880,00 €.[57]

---

51   FamRZ 2006, 26.

52   BGH FamRZ 1989, 272; s. auch OLG Oldenburg NJW 2000, 2516; abweichend OLG Dresden FamRZ 2003, 1211; zum Ganzen auch Lipp, NJW 2002, 2201, 2202.

53   So auch schon Büte FuR 2005, 433.

54   BGHZ 152, 217 = BGH FamRZ 2002, 1698 = FuR 2003, 26.

55   BGH FamRZ 2006, 26, 28 (Berufungsurteil: OLG Koblenz OLGR 2005, 22). so auch schon Büte FuR 2005, 433; so zum Elternunterhalt BGH FamRZ 2002, 1698, 1700 ff. = FuR 2006, 39; für eine großzügige Bemessung des Selbstbehalts bereits OLG Oldenburg NJW-RR 2000, 2516; s. auchh OLG Dresden NJW-RR 2006, 221.

56   BGH FamRZ 2010, 1535.

57   BGH FamRZ 2006, 26; 2006, 1099; BGH FamRZ 2012, 1553.

b) Berücksichtigung von Verbindlichkeiten nach einem großzügigen Maßstab

Verbindlichkeiten sind als **abzugsfähig** anzuerkennen, wenn und soweit sie sich in einer im Ver- 44
hältnis zu den vorhandenen Einkünften **angemessenen Höhe** halten, und wenn und soweit die
Verpflichtung bereits eingegangen wurde, als der Unterhaltsschuldner noch nicht damit rechnen
musste, dass er auf Unterhalt in Anspruch genommen wird. Großeltern brauchen – ebenso wenig
wie Kinder im Verhältnis zu ihren unterhaltsbedürftigen Eltern – eine spürbare und dauerhafte
Senkung ihres einkommenstypischen Unterhaltsniveaus hinzunehmen, wenn und soweit sie keinen unangemessenen Aufwand betreiben.[58]

aa) Vorrangige anderweitige Unterhaltslasten

Zu den nach § 1603 Abs. 1 zu berücksichtigenden sonstigen Verbindlichkeiten des Unterhalts- 45
schuldners gehören in erster Linie gem. § 1609 **vorrangige Unterhaltslasten**.[59]

Zunächst ist regelmäßig der **Unterhaltsanspruch** der **Ehefrau** des **Unterhaltsschuldners** gemäß 46
§§ 1360, 1360a auf **Familienunterhalt** zu ermitteln, wenn und soweit diese nicht selbst über ausreichendes eigenes Einkommen verfügt. Dieser Unterhaltsanspruch lässt sich zwar nicht ohne weiteres nach den zum Ehegattenunterhalt nach Trennung oder Scheidung entwickelten Grundsätzen
bemessen, da er nach seiner Ausgestaltung nicht auf die Gewährung einer – frei verfügbaren – laufenden Geldrente für den jeweils anderen Ehegatten, sondern vielmehr als gegenseitiger Anspruch
der Ehegatten darauf gerichtet ist, dass jeder von ihnen seinen Beitrag zum Familienunterhalt entsprechend seiner nach dem individuellen Ehebild übernommenen Funktion leistet. Seinem
Umfang nach umfasst der Anspruch auf Familienunterhalt gemäß § 1360a alles, was für die Haushaltsführung und die Deckung der persönlichen Bedürfnisse der Ehegatten und eventueller Kinder erforderlich ist. Sein Maß bestimmt sich aber nach den ehelichen Lebensverhältnissen, so dass
§ 1578 als **Orientierungshilfe** herangezogen werden kann.[60] Bedenkenfrei kann demnach der
Anspruch auf Familienunterhalt – ebenso wie auch andere vorrangige Unterhaltsansprüche – im
Falle der Konkurrenz mit anderen Unterhaltsansprüchen auf die einzelnen Familienmitglieder aufgeteilt und in Geldbeträgen veranschlagt werden.[61]

Im Rahmen der **Bemessung** des **Elternunterhalts** darf der Anspruch auf Familienunterhalt nicht 47
auf einen Mindestbetrag beschränkt werden, sondern ist nach den individuell ermittelten Lebens-,
Einkommens- und Vermögensverhältnissen, die den ehelichen Lebensstandard bestimmen (§ 1578
Abs. 1 Satz 1), zu bemessen. Da der Ehegatte im Rahmen des Elternunterhalts dem Schwiegerel-
ternteil gegenüber nicht unterhaltspflichtig ist, muss er mit Rücksicht auf dessen – gemäß § 1609
nachrangige – Unterhaltsansprüche keine Schmälerung seines angemessenen Anteils am Familienunterhalt hinnehmen.[62]

Anders als das Schwiegerkind beim Elternunterhalt besteht zwischen der Großmutter und dem 48
Enkel ein Verwandtschaftsverhältnis. Mit Rücksicht darauf kann für beide Großelternteile bei
absehbarem Ausfall eines vorrangig unterhaltspflichtigen Verwandten Anlass bestehen, sich darauf
einzustellen, für den Unterhalt eines Enkels in Anspruch genommen zu werden. Weiterhin können die **ehelichen Lebensverhältnisse** bereits durch **Unterhaltslasten** an **Dritte** – etwa für einen
Elternteil wie auch für einen Enkel – geprägt sein, da der Unterhaltsanspruch eines Ehegatten
auch durch Unterhaltsansprüche nachrangig Berechtigter eingeschränkt werden kann, wenn und
soweit die sich aus einem entsprechenden Vorwegabzug ergebende Verteilung der zum Unterhalt

---

58 BGH FamRZ 2007, 375 (Berufungsurteil: OLG Koblenz OLGR 2005, 22); s. auch OLG Dresden
    FamRZ 2006, 569.
59 S. etwa OLG Schleswig FamRZ 2004, 1058 – verbleibender Selbstbehalt: 1.200 € (DT 2013).
60 BGH FamRZ 1995, 537 mit Anm. Scholz FamRZ 2003, 514; BGH FamRZ 2006, 26 = FuR 2006, 39.
61 BGH FamRZ 2003, 860, 864 = FuR 2003, 275 m.w.N.; 2006, 26 = FuR 2006, 39.
62 BGH FamRZ 2006, 26 = FuR 2006, 39.

zur Verfügung stehenden Mittel nicht zu einem Missverhältnis hinsichtlich des wechselnden Bedarfs der Beteiligten führt. In einem solchen Fall kann der Anspruch der Ehefrau des Unterhaltsschuldners auf Familienunterhalt nicht als Quote von $^1/_2$ der Differenz der beiderseitigen Einkünfte, sondern nur mit einem Mindestbedarfssatz in Ansatz zu bringen sein, von dem sodann ihr Einkommen abzusetzen ist.[63]

49 Dieser Mindestbedarfssatz ist indessen nicht mit dem notwendigen Eigenbedarf anzusetzen, wie er in den Unterhaltstabellen für einen Ehegatten vorgesehen ist, der mit dem Unterhaltspflichtigen in einem gemeinsamen Haushalt lebt. Vielmehr kann die Ehefrau des Unterhaltsschuldners verlangen, dass auch für sie der angemessene Eigenbedarf veranschlagt wird, den die Düsseldorfer Tabelle – unter Berücksichtigung der durch das Zusammenleben mit dem Unterhaltspflichtigen eintretenden Haushaltsersparnis – im Rahmen des Elternunterhalts vorsieht.

50 (zur Zeit nicht besetzt)

bb) Sonstige anderweitige Verbindlichkeiten

51 Auch bezüglich **anderweitiger Verbindlichkeiten** hat der BGH[64] eine Parallele zu seiner Rechtsprechung zum Elternunterhalt gezogen: Die **vollständigen Darlehensraten** (also Zins- und Tilgungsanteil) sind – nicht nur im Rahmen des Wohnvorteils – jedenfalls dann zu berücksichtigen, wenn und soweit sie in einem angemessenen Verhältnis zu dem vorhandenen Einkommen stehen und zu einer Zeit begründet worden sind, als der Unterhaltsschuldner noch nicht mit einer Inanspruchnahme auf Unterhalt zu rechnen brauchte.[65] Maßgebend dafür ist die Erwägung, dass der Unterhaltsschuldner andernfalls gezwungen sein könnte, das Familienheim zu verwerten, was ihm im Verhältnis zu seinen Eltern nicht obliegt. Diese Bewertung gilt nach Ansicht des BGH für die Fallgestaltung »Großelternunterhalt« gleichermaßen, wie sich zum einen aus den in der Entscheidung zum Elternunterhalt[66] angeführten Gründen, und zum anderen aus den Erwägungen zum Selbstbehalt des unterhaltspflichtigen Großelternteils bei der Inanspruchnahme auf Zahlung von Unterhalt für einen Enkel ergibt. Auch **erhöhte Wohnkosten** sind als **konkrete Belastungen** großzügig zu beurteilen.[67]

8. Darlegungs- und Beweislast

52 Wer einen nachrangig zum Unterhalt verpflichteten Verwandten in Anspruch nimmt, muss darlegen und beweisen, dass der vorrangig Verpflichtete nicht leistungsfähig ist.[68] Bei gesteigerter Unterhaltspflicht gemäß § 1603 Abs. 2 ist deshalb nicht ausschließlich auf das aktuelle Einkommen abzustellen, sondern auch auf die Vermögensverhältnisse. Auch ein **möglicher Anspruch** auf **Familienunterhalt** nach § 1360 ist für die **Leistungsfähigkeit** von Bedeutung. Zu schlüssigem Verfahrensvortrag bei der Inanspruchnahme der Großeltern gehört auch Vorbringen zu den Einkommensverhältnissen, ggf. zur begrenzten Leistungsfähigkeit der vorrangig zum Unterhalt verpflichteten Kindesmutter, auch wenn diese ihre Verpflichtung zum Unterhalt des Kindes durch dessen Pflege und Erziehung (Betreuungsunterhalt) erfüllt.[69]

53 Nimmt das Kind einen Großelternteil auf Unterhalt in Anspruch, so gehört zum **schlüssigen Verfahrensvortrag** neben der Darlegung der begrenzten Leistungsfähigkeit der erstrangig Verpflich-

---

63 BGH FamRZ 2006, 26 = FuR 2006, 39 unter Hinweis auf BGH FamRZ 2003, 860, 855 = FuR 2003, 275.
64 BGH FamRZ 2003, 1179.
65 BGH FamRZ 2006, 26, 29 = FuR 2006, 39.
66 BGH FamRZ 2006, 26, 29 = FuR 2006, 39.
67 OLG Koblenz OLGR 2005, 22.
68 BGH FamRZ 1981, 347; OLG Thüringen FamRZ 2006, 569 = FuR 2006, 95; 2009, 1498; OLG Bamberg OLGR 2007, 520.
69 OLG Thüringen FamRZ 2006, 569 = FuR 2006, 95.

teten bzw. der erheblichen Erschwerung der Rechtsverfolgung gegen diese auch Vortrag zu den wirtschaftlichen Verhältnissen aller Großeltern, damit die **jeweiligen Haftungsanteile** aller **Sekundärschuldner** bestimmt werden können. Werden etwa die Großeltern väterlicherseits in Anspruch genommen, müssen auch die Einkommens- und Vermögensverhältnisse der Großeltern mütterlicherseits dargelegt werden, da alle Großelternteile gemäß § 1606 Abs. 3 Satz 1 (nur) in Form einer **Teilschuld anteilig** haften. Der Umfang des Anspruchs gegen einen Teilschuldner (»Teilmenge«) kann jedoch nur dann ermittelt werden, wenn sich auf Grund der Einkommens- und Vermögensverhältnisse aller Teilschuldner deren Haftungsanteile (»Gesamtmenge«) bestimmen lassen, da der Umfang der Ansprüche auf Grund der Teilschuld voneinander unabhängig ist.[70]

Das Kind kann insoweit von allen Großeltern Auskunft nach § 1605 verlangen, um den jeweiligen Haftungsanteil zu bestimmen.[71] 54

II. Checkliste[72]

1. Im Hinblick auf die unterschiedliche Regressmöglichkeit ist darzulegen, ob der Unterhaltsanspruch auf § 1607 Abs. 1 oder 2 gestützt wird. 55
2. Wird Unterhalt nach § 1607 Abs. 1 geltend gemacht, ist zur (eingeschränkten) Leistungsfähigkeit von Kindesvater und Kindesmutter vorzutragen.
3. Der angemessene Selbstbehalt der Eltern gegenüber ihren Kindern beläuft sich auf 1.150,00 €.
4. Die Großeltern väterlicher- und mütterlicherseits haften anteilig. Deshalb sind die Einkommensverhältnisse beider Großelternteile darzulegen. Zur Ermittlung des Haftungsanteils kann das Enkelkind gem. § 1605 Auskunft verlangen. Großeltern untereinander sind gemäß § 242 zur Auskunft verpflichtet.
5. Der Bedarf des Enkelkindes richtet sich nach den Einkommensverhältnissen der Eltern und nicht nach denen der Großeltern.
6. Bedarfsmindernd sind Leistungen nach dem UVG, ebenso wie (darlehensweise) empfangene BAföG-Leistungen und Grundsicherungsleistungen bei Erwerbsminderung. Keine bedarfsdeckende Wirkung haben demgegenüber (subsidiäre) Sozialleistungen.
7. Die Ermittlung des Einkommens der Großeltern erfolgt nach allgemeinen Grundsätzen. Insb. sind vor Kenntnis von der Unterhaltspflicht entstandene Verbindlichkeiten in der Regel anzuerkennen, so auch Zins- und Tilgungsleistungen (insb. auch beim Wohnvorteil). In den Vorabzug fällt auch der Anspruch der Großmutter auf Familienunterhalt, derzeit in Höhe von 1.100,00 € abzgl. des eigenen Einkommens der Großmutter.
8. Der Selbstbehalt eines Großelternteils beträgt derzeit 1.600,00 € (DT 2013) zuzüglich 50% des darüber hinausgehenden vorhandenen Einkommens. Ist der Unterhaltspflichtige verheiratet, erhöht sich der Selbstbehalt von 1.600,00 € unter Berücksichtigung von 10% Haushaltsersparnis auf 2.2800,00 € (Familienselbstbehalt).
9. Unterhaltsrückstände können sowohl bei Abs. 1 als auch bei Abs. 2 nur bei Verzug i.S.d. § 1613 verlangt werden.

III. Scheinvaterregress

Rechtliche Grundlage des Scheinvaterregresses ist § 1607 Abs. 3 Satz 2. Danach geht der Unterhaltsanspruch des Kindes gegen einen Elternteil auf den Dritten über, wenn dieser dem Kind als Vater Unterhalt gewährt hat. Der gesetzliche Forderungsübergang erhält die Unterhaltsverpflich- 56

---

70 OLG Hamm FamRZ 2005, 1926 (Ls); OLG Thüringen FamRZ 2006, 569 = FuR 2006, 95.
71 OLG Frankfurt, FamRZ 2004, 1745, 1746; OLG Hamm FamRZ 2005, 1926 (Ls); OLG Thüringen FamRZ 2006, 569 = FuR 2006, 95.
72 angelehnt an die Checkliste von Büte FuR 2007, 246 ff. (im Anschluss an die Beiträge in FuR 2005, 433 und FuR 2006, 356).

tung des biologischen Vaters aufrecht, indem der Scheinvater Gläubiger des Unterhaltsanspruchs des Kindes wird.[73]

Im Rahmen des § 1607 Abs. 3 gehen Unterhaltsansprüche des Kindes auch dann auf den Scheinvater über, wenn es keine Schwierigkeiten bei der Rechtsverfolgung gegen den wirklichen Vater gegeben hat. Der Gesetzestext ist insoweit missverständlich. Nach der ratio legis muss die Verweisung von § 1607 Abs. 3 Satz 2 auf § 1607 Abs. 2 Satz 1 den Satzteil »unter den Voraussetzungen des Abs. 2 Satz 1« ausklammern.[74]

57   Legalzessionar ist nach § 1607 Abs. 3 Satz 2 auch ein **Dritter**, wenn er dem Kind als **Vater** Unterhalt geleistet hat (»**Scheinvater**«), gleichgültig, ob die rechtliche Vaterschaft auf der Ehe mit der Mutter, auf Anerkenntnis oder auf gerichtlicher Feststellung beruht. Für den Regress ist es nach der ratio legis bedeutungslos, ob der Ehemann der Mutter sich fälschlich für den Vater hielt, oder ob er die Umstände kannte, die für die Vaterschaft eines anderen Mannes sprachen.[75] »Als Vater« leistet schließlich auch, wer ohne wirksames Anerkenntnis oder gerichtliche Feststellung der Vaterschaft auf Grund seiner Geschlechtsbeziehungen zur Kindsmutter irrtümlich annimmt, Vater des Kindes zu sein, und deshalb Unterhalt leistet, denn nach dem Normzweck des § 1607 Abs. 3 Satz 2 muss im Interesse des Kindes weniger der Schutz des Vertrauens in eine rechtlich festgestellte Vaterschaft als der von den tatsächlichen Umständen veranlasste **Glaube** an das **Bestehen** einer **verwandtschaftlichen Beziehung** maßgebend sein.[76]

58   Der Scheinvater kann wegen der **Rechtsausübungssperre** der §§ 1594 Abs. 1, 1600d Abs. 4 **ohne Anerkenntnis oder gerichtliche Feststellung der Vaterschaft im Statusverfahren** keinen Regress auf Grund Forderungsübergangs gem. § 1607 Abs. 3 gegen den vermutlichen biologischen Vater nehmen. Insb. schließt § 1600d Abs. 4 aus, dass die Frage der Vaterschaft durch **Inzidentprüfung** im Rahmen eines Unterhalts- oder Regressverfahrens geklärt werden kann.[77] Zur **positiven** Feststellung der Vaterschaft sind allein der wirkliche Vater, das Kind oder die Mutter (im Vaterschaftsfeststellungsverfahren) antragsberechtigt.[78] Der Scheinvater hat gegen das Kind, für das er Unterhalt gezahlt hat, lediglich einen Anspruch auf Auskunft, ob sein Vater die Vaterschaft anerkannt hat, oder ob diese gerichtlich festgestellt ist, und ggf., wer der Vater ist.[79]

59   Beruft sich in Verfahren zwischen den Eltern eines Kindes, die deren rechtliche Beziehungen untereinander betreffen, ein Elternteil auf die Nichtabstammung des Kindes vom rechtlichen Vater, so ist stets anhand einer **umfassenden Interessenabwägung** zu prüfen, ob eine **Ausnahme** von der **Rechtsausübungssperre** zuzulassen ist. Besonderes Gewicht hat im Rahmen dieser Abwägung der Frage zuzukommen, ob und in welcher Intensität die schutzwürdigen Interessen des Kindes und der Familienfriede durch eine solche Ausnahme berührt werden. Ist die Nichtabstammung des Kindes vom rechtlichen Vater zwischen den Parteien unstreitig, ist eine Durchbrechung der Rechtsausübungssperre regelmäßig in Betracht zu ziehen.[80]

---

73 Ausführlich zum Unterhaltsregress des Scheinvaters Huber FamRZ 2004, 145 ff; Schwonberg FuR 2006, 395 ff., 443 ff., 501 ff; FamRZ 2008, 449 ff; s. auch Löhnig FamRZ 2003, 1354 zum Unterhaltsrückgriff beim Betreuungsunterhalt nach § 1570 (Regressanspruch im Falle nicht miteinander verheirateter Eltern); Küppers, Der Regress des Ehemannes nach der außerehelichen Zeugung eines zeitweise ehelichen Kindes (1993).

74 Palandt/Diederichsen, § 1607 Rn. 17; a.A. offenbar Knittel DAVorm 1998, 188.

75 Henrich FamRZ 2001, 785 (Anm. zu AmtsG Wipperfürth FamRZ 2001, 783).

76 Palandt/Diederichsen § 1607 Rn. 16.

77 BGHZ 121, 299 = BGH FamRZ 1993, 696; OLG Celle NJW-RR 2000, 451; OLG Düsseldorf FamRZ 2000, 1032; OLG Hamm FamRZ 2003, 401; OLG Koblenz NJW-RR 2004, 146; OLG Celle FuR 2006, 574 = OLGR 2007, 138; s. auch s. auch OLG Brandenburg FamRZ 2007, 1994.

78 OLG Hamm FamRZ 2007, 1764.

79 OLG Köln FamRZ 2002, 1214 = FuR 2002, 539.

80 BGH FamRZ 2008, 1836 – im Rahmen der Prüfung nach § 1587c, Abgrenzung zu BGH FamRZ 1983, 267.

Die Rechtsausübungssperre des § 1600d Abs. 4 kann im Regressverfahren des Scheinvaters gegen   **60**
den mutmaßlichen Erzeuger des Kindes auch in **besonders gelagerten Einzelfällen** mit der Folge
durchbrochen werden, dass die **Vaterschaft inzident festgestellt** werden kann. Nach Abschaffung
der gesetzlichen Amtspflegschaft für nichteheliche Kinder zum 01.07.1998 kommt dies etwa dann
in Betracht, wenn der Scheinvater andernfalls rechtlos gestellt wäre, weil weder die Kindesmutter
noch der mutmaßliche Erzeuger bereit sind, dessen Vaterschaft gerichtlich feststellen zu lassen.[81]
Die Inzidentfeststellung der Vaterschaft im Regressverfahren zwischen dem Scheinvater und dem
von ihm vermuteten biologischen Vater ist ausnahmsweise auch dann zulässig, wenn davon auszugehen ist, dass ein Vaterschaftsfeststellungsverfahren auf längere Zeit nicht stattfinden wird, weil
die zur Einleitung eines solchen Verfahrens Befugten dies ausdrücklich ablehnen oder von einer
solchen Möglichkeit seit längerer Zeit keinen Gebrauch gemacht haben.[82]

Der auf Grund des Forderungsübergangs entstandene **Ausgleichsanspruch** gegen den **leiblichen**   **61**
Vater bemisst sich nach der **Höhe** der **Unterhaltsansprüche** des Kindes gegen diesen. Insoweit
sind die **Einkommens-** und **Vermögensverhältnisse** des **leiblichen Vaters** maßgebend, die der
Scheinvater darzulegen hat. Allerdings ist er von dieser Darlegungslast befreit, wenn lediglich
Regelunterhalt (Mindestunterhalt) verlangt worden ist.[83] Hat der Scheinvater dem Kind in einer
Doppelverdienerehe Unterhaltsleistungen erbracht, geht der Unterhaltsanspruch entsprechend
§ 1606 Abs. 3 Satz 1 nur anteilig auf ihn über.[84] **Neben** dem Elementar-Barunterhalt umfasst der
Rückgriffsanspruch des Scheinvaters auch die **besonderen Unterhaltsteile** – etwa dem zu diesem
Zweck an das Kind gezahlten Kostenvorschuss[85] –, aber auch Naturalleistungen (Betreuung und
Gewährung von Unterkunft), die in Geld zu schätzen sind.[86] Erstattungsfähig sind weiter – auch
nach Inkrafttreten des KindRG[87] – die Kosten des Scheinvaters für den von ihm geführten Vaterschaftsanfechtungsverfahren[88] einschließlich der ihm entstandenen Rechtsanwaltskosten.

G. Familienrechtlicher Ausgleichsanspruch

Über den unmittelbaren Anwendungsbereich des § 1607 Abs. 1 und 2 hinaus gibt es weitere Fall-   **61a**
konstellationen[89], in denen es um den berechtigten Ausgleich erbrachter Unterhaltsleistungen für
gemeinschaftliche Kinder bzw. des Bezugs von Kindergeld durch (nur) einen Elternteil geht:

– Wechselt ein minderjähriges Kind in den Haushalt des bis dahin barunterhaltpflichtigen
  Elternteils, muss dem bislang betreuenden Elternteil ein Ausgleichsanspruch für in der Vergangenheit nicht erbrachte Barunterhaltsleistungen in Form von bis zum Obhutswechsel aufgelaufenen Unterhaltsrückständen zugebilligt werden (Fallkonstellation: **Obhutswechsel**)[90].

81 BGHZ 176, 327 = BGH FamRZ 2008, 1424 in Abgrenzung zu BGHZ 121, 299.
82 BGH FamRZ 2009, 32 (hier: 1 3/4 Jahre) – im Anschluss an BGHZ 176, 327 = BGH FamRZ 2008,
    1424.
83 KG FamRZ 2000, 441.
84 OLG München FamRZ 2001, 251.
85 BGH FamRZ 1964, 558.
86 AmtsG Köln FamRZ 1991, 735.
87 LG Kempten NJWE-FER 2000, 32.
88 BGH FamRZ 1972, 37.
89 BGHZ 31, 329; 50, 266; FamRZ 1981, 761 (Nr. 454); 1994, 1102 = FuR 1994, 308; zur rechtlichen
    Grundlage des Anspruchs s. Derleder Anm. zu EzFamR BGB § 1606 Nr. 5; krit. A. Roth FamRZ 1994,
    793; zum familienrechtlichen Ausgleichs- und Erstattungsanspruch bei rückständigem Kindesunterhalt s.
    Armasow MDR 2004, 307 ff.
90 BGH FamRZ 1981, 761, 762 ff; 1994, 1102, 1103; eingehend Gießler FamRZ 1994, 800, 804; s. auch
    Strohal DAVorm 1997, 251.

– Wird ein Unterhaltsberechtigter während einer Auseinandersetzung über den Unterhalt volljährig, so muss dem bis zum Eintritt der Volljährigkeit betreuenden Elternteil die Möglichkeit eingeräumt werden, einen Ausgleich für rückständigen Unterhalt zu erhalten und zwar auch dann, wenn das volljährige Kind auf diesen Unterhalt verzichtet hat.[91] (Fallkonstellation: **Rückständiger Minderjährigenunterhalt**)[92]

– Trägt der ausgleichsberechtigte Elternteil den Volljährigenunterhalt auch in Höhe einer bestehenden (ggf. auch titulierten) Unterhaltspflicht des anderen, weil dieser etwa wegen fiktiver Einkünfte nicht zur Zahlung herangezogen werden kann, bedarf es einer Ausgleichsregelung auch dann, wenn das Kind einen Verzicht auf den rückständigen Unterhalt vereinbart hat. (Fallkonstellation: **Überzahlter Volljährigenunterhalt/Unechte Ausfallhaftung**).

– Bezieht ein Elternteil das staatliche Kindergeld, ohne dass der Kindergeldbezug über den Unterhalt des Kindes ausgeglichen wird, kann ein Ausgleichsanspruch begründet sein (Fallkonstellation: **Kindergeldausgleich**)[93].

62-64 (zur Zeit nicht besetzt)

I. Grundzüge

65 Der **familienrechtliche Ausgleichsanspruch** beruht auf der Unterhaltspflicht beider Eltern gegenüber ihrem Kinde und ergibt sich aus der Notwendigkeit, die **Unterhaltslast** im Verhältnis zwischen ihnen **entsprechend** ihrem **Leistungsvermögen gerecht** zu **verteilen**.[94] Er knüpft allein an das Bestehen der Unterhaltspflicht beider Elternteile an und kann daher auch bei volljährigen Kindern bestehen, denen beide Elternteile noch unterhaltspflichtig sind.[95] Er richtet sich auf eine von Monat zu Monat zu bewirkende Geldleistung und verjährt demzufolge gem. §§ 197 Abs. 2, 195 in drei Jahren.[96]

66 Der auf die familienrechtliche Ausgleichspflicht gegründete Ausgleichs- oder **Erstattungsanspruch** ist seiner Rechtsnatur nach kein Unterhaltsanspruch.[97] Wegen der anteiligen Haftung nach § 1606 Abs. 3 ergibt er sich auch nicht aus Geschäftsführung ohne Auftrag, sondern stellt eine **eigene**, sich **unmittelbar** aus der **gemeinsamen Unterhaltslast** ergebende **Verpflichtung** dar.[98] Ansprüche aus Geschäftsführung ohne Auftrag oder ungerechtfertigter Bereicherung bestehen daneben nicht, auch wenn ein familienrechtlicher Ausgleichsanspruch verneint wurde.[99]

Ansprüche aus GoA scheitern bereits am fehlenden Fremdgeschäftsführungswillen. Der leistende Elternteil zahlt auf eine ihn treffende Verpflichtung. Er beabsichtigt nicht, die fremde Unterhaltsverpflichtung des anderen schuldbefreiend zu übernehmen.

Ein bereicherungsrechtlicher Anspruch scheitert daran, dass der eigentlich Unterhaltsverpflichtete durch die Leistung des anderen gerade nicht bereichert wird. Der leistende Elternteil beabsichtigt nicht, die fremde Schuld des anderen zu tilgen. Der Anspruch des Kindes gegen diesen Elternteil erlischt daher wegen fehlenden Tilgungswillens des leistenden Elternteiles nicht.[100] Selbst dann, wenn man ausnahmsweise davon ausgeht, dass ein entsprechender Tilgungswille auf Seiten des leistenden Elternteils vorhanden war, führt dies im Ergebnis häufig nicht weiter. Es besteht dann

---

91 OLG München FamRZ 1996, 422; Gießler FamRZ 1994, 800, 805, BGH FamRZ 1989, 850ff.
92 OLG München FamRZ 1996, 422; Gießler FamRZ 1994, 800, 805.
93 BGH FamRZ 1988, 834; FamRZ 2002, 536.
94 BGHZ 31, 329; FamRZ 1981, 761, 762 ff; 1988, 607; 1988, 834 mit Anm. Derleder EzFamR BGB § 1606 Nr. 5; 1989, 850 (Nr. 454) m.w.N.; 1994, 1102.
95 OLG Köln NJWE-FER 1999, 176.
96 BGHZ 31, 329, 335 – vier Jahre nach § 197 a.F.
97 BGH FamRZ 1984, 775.
98 BGH FamRZ 1981, 761, 762.
99 BGH FamRZ 1994, 1102.
100 Wever, Vermögensauseinandersetzung, S. 404 Rn. 899; Roth, FamRZ 1994, 797.

zwar zunächst ein Anspruch aus § 812 Abs. 1. Der Anspruch wird jedoch wegen der Einrede der Entreicherung (818 Abs. 3) in der Regel scheitern.[101]

Auch Ansprüche aus § 426 Abs. 2 kommen nicht in Betracht. Die Vorschrift des § 426 Abs. 2 setzt das Bestehen einer Gesamtschuld voraus. Eltern sind jedoch in Bezug auf den Kindesunterhalt nicht Gesamt-, sondern Teilschuldner.

(zur Zeit nicht besetzt)   67

II. Anspruchsvoraussetzungen

Der **familienrechtliche Ausgleichsanspruch** hat **zwei Voraussetzungen:**[102]   68

– Der den **Unterhalt leistende Elternteil** hat mit seiner **Leistung** im **Innenverhältnis** eine auch dem **anderen Elternteil obliegende Verpflichtung** erfüllt, **und**
– **Unterhalt** wurde in der **Absicht** geleistet, von dem **anderen Elternteil Ersatz** zu verlangen (entsprechend § 1360b).

1. Fremde Unterhaltsschuld

(zur Zeit nicht besetzt)   69

Ein Ausgleichsanspruch auf (Teil-) Erstattung von Unterhaltsleistungen besteht **nicht**, wenn und   70
soweit ein Elternteil mit ihnen keine fremde, sondern lediglich eine **eigene** – wenn auch falsche, aber durch rechtskräftige gerichtliche Entscheidung auferlegte – **Unterhaltspflicht** erfüllt hat, selbst wenn das Gericht über die Unterhaltsquote fehlerhaft entschieden haben sollte:[103] Der familienrechtliche Ausgleichsanspruch ist nicht dazu bestimmt, gerichtlich festgesetzte Unterhaltsverpflichtungen, die auf einer Abwägung der Leistungsfähigkeit beider Elternteile beruhen, durch »Ausgleich« von Unterhaltsanteilen im Verhältnis der Eltern zueinander abzuändern; eine derartige Änderung ist dem Verfahren nach § 238 FamFG vorbehalten.[104] Regelt daher bereits ein **Vergleich/Urteil**, welcher der Elternteile zu Barunterhalt verpflichtet ist, und ist deshalb während des Bestands dieses Vergleichs/Urteils ein familienrechtlicher Ausgleichsanspruch des barunterhaltspflichtigen Elternteils auf Erstattung seiner Leistungen gegenüber dem anderen Elternteil ausgeschlossen, kann ein Erstattungsanspruch nicht auf andere Rechtsgrundlagen (etwa Aufwendungsersatz nach §§ 670, 677, 683 oder ungerechtfertigte Bereicherung nach §§ 812 ff.) gestützt werden: Das würde der Rechtswirkung, die dem Urteil des Vorprozesses zukommt, und auf der die Verneinung des familienrechtlichen Ausgleichsanspruchs beruht, widersprechen.[105]

Die Höhe des Anspruchs richtet sich nach den **neben** der **Betreuung** des Kindes erbrachten **Auf-**   71
wendungen. Anhaltspunkte für eine Schätzung nach § 287 ZPO bieten die Sätze der DT.[106]

Der familienrechtliche Ausgleichsanspruch **nach Obhutswechsel** des minderjährigen Kindes in den Haushalt des zuvor barunterhaltspflichtigen Elternteils ist im Innenverhältnis der Eltern der Höhe nach jeweils durch die Leistungsfähigkeit des in Anspruch genommenen Elternteils im verfahrensgegenständlichen Zeitraum begrenzt.

---

101 Wendl/Dose-Scholz, §2 Rn. 771.
102 BGH FamRZ 1984, 775, 776.
103 BGH FamRZ 1981, 761, 762.
104 FamRZ 1981, 761; 1988, 834; 1994, 1102 = FuR 1994, 308 zum familienrechtlichen Ausgleichsanspruch eines rechtskräftig zur Barunterhaltsleistung verurteilten Elternteils nach Übernahme auch der Betreuung des Kindes.
105 BGHZ 50, 266; BGH FamRZ 1981, 761 (Nr. 454); 1994, 1102 = FuR 1994, 308.
106 Vgl. OLG Hamm FamRZ 1994, 457, 459; OLG Frankfurt FamRZ 1999, 1450; aA Wever, Vermögensauseinandersetzung, Rn. 924.

Für die **Betreuung** des Kindes kann dagegen **keine Erstattung** verlangt werden.[107] Hat ein Elternteil dem gemeinsamen ehelichen Kind Betreuungs- und Barleistungen erbracht, dann kann er von dem anderen im Wege des familienrechtlichen Ausgleichsanspruchs grundsätzlich nur Erstattung geleisteten **Barunterhalts, nicht** dagegen **Ersatz** für geleistete Betreuung verlangen.[108] Die Aufwendungen müssen nicht im Einzelnen belegt werden.[109]

2. Absicht des Ersatzverlangens

72   Wenn und soweit ein Elternteil **freiwillig** oder auf Grund einer **Freistellungsvereinbarung** den gesamten Kindesunterhalt aufbringt, ist für einen **familienrechtlichen Ausgleichsanspruch kein Raum**. Aber auch, wenn es nicht feststeht, ob eine freiwillige Leistung vorliegt, ist gemäß § 1360b im Zweifel davon auszugehen, dass der Ehegatte, der für den Unterhalt eines gemeinschaftlichen Kindes aufgekommen ist, **nicht die Absicht** hat, **den gezahlten Unterhalt von dem anderen Ehegatten zurückzuverlangen**. Verlangt der Ehegatte dennoch einen Ausgleich, so muss er die gesetzliche Vermutung widerlegen. Insoweit reicht es allerdings aus darzulegen, dass der nach der Trennung Ausgleich verlangende Ehegatte bereits zuvor als gesetzlicher Vertreter des Kindes Unterhaltsansprüche gegen den anderen Elternteil geltend gemacht hat.[110]

Ob § 1360b BGB auch zwischen **geschiedenen Eheleuten** Anwendung findet, hat der BGH in seiner Entscheidung vom 26.04.1989[111] offen gelassen. Bei unverheirateten Eltern scheidet eine analoge Anwendung jedenfalls aus.[112]

72a   Ein familienrechtlicher Ausgleichsanspruch wegen bezogenen Kindergeldes kommt aufgrund der Anrechnung nach § 1612b nur noch in wenigen Fällen in Betracht.[113] So kann ein Ausgleich verlangt werden, wenn Kindergeld für ein volljähriges Kind bezogen wird, das wegen vorhandenen eigenen Vermögens nicht unterhaltsberechtigt ist.[114]

Das gleiche gilt unter Umständen für eine Übergangszeit beim Obhutswechsel. Hier sind allerdings öffentlich-rechtliche Erstattungsvorschriften zu beachten. Das staatliche Kindergeld steht gemäß § 64 Abs. 2 Satz 2 EStG vorrangig dem betreuenden Elternteil zu. Erhält nicht er, sondern der andere Elternteil das Kindergeld, ist das Kindergeld entweder an ihn weiterzuleiten oder gem. § 37 Abs. 2 AO der Kindergeldkasse zu erstatten. Auf eigenen Antrag erhält der betreuende Elternteil auch rückwirkend ab dem Obhutswechsel das Kindergeld ausbezahlt. Eines zusätzlichen zivilrechtlichen Ausgleichsanspruches bedarf es daher in diesen Fällen grundsätzlich nicht.

III. Rückwirkende Geltendmachung des Ausgleichsanspruchs/Verzinsung

73   Der familienrechtliche Ausgleichsanspruch unterliegt aus Gründen des Schuldnerschutzes den Schranken des § 1613 Abs. 1: Danach kann der Ausgleichsgläubiger für die Vergangenheit Erfüllung nur von der Zeit an fordern, zu welcher der Ausgleichsschuldner mit der Erfüllung des Ausgleichsanspruchs in **Verzug** gekommen oder dieser **Anspruch** selbst **rechtshängig** geworden ist.[115] **Rechtshängigkeit** des **Anspruchs** auf **Kindesunterhalt genügt**, wenn das Kind selbst als Inhaber

---

107   BGH FamRZ 1994, 1102, 1103 = FuR 1994, 308.
108   BGH FamRZ 1994, 1102 = FuR 1994, 308; 1994, 1102; OLG Koblenz DAVorm 1999, 137; a.A. Scholz FamRZ 1994, 1314.
109   OLG Koblenz FamRZ 1997, 368.
110   BGH FamRZ 1989, 850.
111   BGH FamRZ 1989, 850 (Nr. 454) – allerdings dahin tendierend, entsprechende Absicht sei kein Tatbestandselement.
112   Wendl/Scholz, 8. Auflage, § 2 Rn. 777.
113   Wendl/Scholz, 8. Auflage, § 2 Rn. 782.
114   Wever, Vermögensauseinandersetzung, Rn. 931.
115   BGH FamRZ 1984, 775, 776.

des Unterhaltsanspruchs den Unterhaltsschuldner gem. §§ 1613, 286 ordnungsgemäß in Verzug gesetzt hat:[116] Bereits von da an konnte und musste sich der andere Teil darauf einstellen, dass er auf Grund seiner Unterhaltspflicht von einem bestimmten Zeitpunkt an in bestimmter Höhe zu Zahlungen herangezogen wird.[117]

Der familienrechtliche Ausgleichsanspruch ist ab Verzug oder Rechtshängigkeit zu verzinsen (§§ 288, 291). Eine Verzinsung nach § 256 Satz 1 scheidet aus.[118]

IV. Konkurrenzen

Steht einem Elternteil ein familienrechtlicher Ausgleichsanspruch zu, dann führt das nicht dazu, dass der (titulierte) Unterhaltsanspruch des volljährig gewordenen Kindes erlischt. In diesem Fall besteht bezogen auf den familienrechtlichen Ausgleichsanspruch und den fortbestehenden Unterhaltsanspruch zwischen den Anspruchsinhabern Gesamtgläubigerschaft gemäß § 428.[119] Leistungen des unterhaltspflichtigen Elternteils an das Kind hat dieses gemäß §§ 242, 1618 an den anderen Elternteil auszukehren. Außerdem besteht eine Obliegenheit des Kindes, Unterhaltsansprüche für die Zeit vor Volljährigkeit an den betreuenden Elternteil abzutreten.[120] Das Abtretungsverbot gemäß §§ 400, 850b Abs. 1 Nr. 2 ZPO gilt in diesem Falle nicht.[121] **73a**

Wurde der Unterhaltsschuldner verurteilt, rückwirkend Unterhalt für das inzwischen bei ihm lebende Kind zu zahlen, und hat er an das Kind gezahlt, so hat er mit befreiender Wirkung auch gegenüber dem anderen Elternteil geleistet. Der familienrechtliche Ausgleichsanspruch erlischt und wird durch einen Bereicherungsanspruch (§ 812) gegen das Kind ersetzt.[122] **73b**

(zur Zeit nicht besetzt) **74-76**

H. Darlegungs- und Beweislast

Wer einen nachrangig verpflichteten Verwandten auf Unterhalt in Anspruch nimmt, muss darlegen und beweisen, dass der vorrangig Verpflichtete nicht leistungsfähig ist,[123] ebenso – sofern dies Tatbestandselement ist –, dass die Rechtsverfolgung im Inland ausgeschlossen oder wesentlich erschwert ist. **77**

Der auf Grund von Legalzessionen (s. etwa § 1607 Abs. 2, § 7 UVG, § 94 SGB XII) auf Unterhalt bis zur Höhe des Regelbetrages in Anspruch genommene Elternteil trägt auch dann die Darlegungs- und Beweislast für seine verminderte Leistungsfähigkeit, wenn der Unterhalt nicht vom Kind, sondern aus übergegangenem Recht geltend gemacht wird.[124] Entfielen infolge des Forderungsübergangs die dem Kind zugute kommenden Beweiserleichterungen, so minderte dies zum Nachteil des Kindes die Bereitschaft Verwandter oder öffentlicher Einrichtungen, solche Unterhaltsleistungen vorschüssig zu erbringen.[125] Unter diesem Gesichtspunkt dient die Beibehaltung der bisherigen Darlegungs- und Beweislast auch dann dem Schutze des unterhaltsberechtigten **78**

---

116 OLG Köln NJWE-FER 1999, 176.
117 BGH FamRZ 1984, 775 (Nr. 454).
118 BGH FamRZ 1989, 850 – mit wohl unzutreffender Begründung; vgl. hierzu auch Wendl/Scholz, 8. Auflage, § 2 Rn. 617.
119 So auch Wohlgemuth FamRZ 2009, 1873; Wendl/Scholz, 8. Auflage, § 2 Rn. 778; aA Gießler FamRZ 1994, 800.
120 Gießler FamRZ 1994, 800.
121 Gießler FamRZ 1994, 800, 805; OLG Brandenburg FamRZ 2012, 1223.
122 OLG Düsseldorf NJW-RR 1991, 1027.
123 BGH FamRZ 1981, 347.
124 BGH FamRZ 2003, 444 = FuR 2003, 268 im Anschluss an BGH FamRZ 2002, 536.
125 Vgl. BGH FamRZ 2002, 21, 22.

Kindes, wenn nicht dieses selbst, sondern öffentliche Einrichtungen oder Verwandte, die ihm Unterhalt vorgeschossen haben, diesen vom Unterhaltsschuldner einfordern.

§ 1608   Haftung des Ehegatten oder Lebenspartners

(1) [1]Der Ehegatte des Bedürftigen haftet vor dessen Verwandten. [2]Soweit jedoch der Ehegatte bei Berücksichtigung seiner sonstigen Verpflichtungen außer Stande ist, ohne Gefährdung seines angemessenen Unterhalts den Unterhalt zu gewähren, haften die Verwandten vor dem Ehegatten. [3]§ 1607 Abs. 2 und 4 gilt entsprechend. [4]Der Lebenspartner des Bedürftigen haftet in gleicher Weise wie ein Ehegatte.

(2) *(weggefallen)*

A. Strukturen

1   Das Gesetz regelt die **Reihenfolge**, in der mehrere Personen nebeneinander oder nacheinander zu Unterhaltszahlungen **verpflichtet** sind, betreffend den **Ehegattenunterhalt** in §§ 1608, 1584, betreffend die **eingetragene Lebenspartnerschaft** in §§ 1608, 1584 i.V.m. 16 LPartG und betreffend den **Verwandtenunterhalt** in §§ 1606, 1607, entsprechend auch die **Ersatzhaftung** (§§ 1608, 1584, 1607, 1608).

2   **§ 1608** normiert die Stellung des Unterhaltsschuldners im Verhältnis zu seinem Ehegatten bzw. eingetragenen Lebenspartner (§ 5 LPartG) sowie zu anderen unterhaltspflichtigen Verwandten (Eltern, Kinder u.a.) bei **bestehender Ehe/Lebenspartnerschaft.** Nach Aufhebung oder Scheidung der Ehe bzw. Aufhebung der Lebenspartnerschaft gelten § 1318 Abs. 2 Satz 1 bzw. § 1584 (ggf. i.V.m. § 5, 16 LPartG).

B. Reihenfolge der Unterhaltsschuldner

3   Grundsätzlich haftet für einen Unterhaltsanspruch nach §§ 1360 ff., 1361 bzw. §§ 1569 ff. an erster Stelle – **vor Eltern und Verwandten** (§ 1608 Satz 1 und 4) – der **Ehegatte** bzw. **eingetragene Lebenspartner** des Unterhaltsgläubigers, auch wenn die Ehe geschieden ist (§ 1584 Satz 1) oder aufgehoben wurde.

4   Heiratet ein volljähriges Kind oder begründet es eine eingetragene Lebenspartnerschaft i.S.d. LPartG, dann umfasst der Anspruch auf Ehegatten- bzw. Lebenspartnerschaftsunterhalt gegen den erwerbstätigen Ehegatten/Partner einen eventuellen Anspruch auf Finanzierung einer Ausbildung.[1] Die Unterhaltspflicht des Ehegatten/Lebenspartners geht nunmehr zwar gem. § 1608 der Unterhaltspflicht der Eltern (Anspruch auf Ausbildungsunterhalt nach § 1610) vor. Die vorrangigen Unterhaltspflichten nötigen den Ehegatten oder Lebenspartner gleichwohl nicht, eine eigene Ausbildung abzubrechen und Erwerbseinkommen zu erzielen, um die unterhaltspflichtigen Eltern des – ebenfalls in Ausbildung befindlichen – Unterhaltsgläubigers von ihrer Unterhaltspflicht zu entlasten.[2]

5   Ein verheiratetes oder in einer Lebenspartnerschaft lebendes Kind hat in der Regel keinen Anspruch auf Kindergeld, ausnahmsweise jedoch dann, wenn die Einkünfte des Ehe- oder Lebenspartners für den vollständigen Unterhalt des Kindes nicht ausreichen, das Kind ebenfalls nicht über ausreichende eigene Mittel für den Unterhalt verfügt, und die Eltern deshalb weiterhin für das Kind aufkommen

---

1   BGH FamRZ 1985, 353; FamRZ 2001, 350; OLG Stuttgart FamRZ 1983, 1030 – Studentenehe.
2   OLG Hamburg FamRZ 1989, 95.

müssen (sog. **Mangellage**).[3] Ein solcher Mangelfall ist anzunehmen, wenn die Einkünfte und Bezüge des Kindes einschließlich der Unterhaltsleistungen des Ehe- oder Lebenspartners niedriger sind als das steuerrechtliche – dem Jahresgrenzbetrag des § 32 Abs. 4 Satz 2 EStG entsprechende – Existenzminimum. Verfügt das Kind über eigene Mittel, ist zu unterstellen, dass sich die Eheleute/Lebenspartner ihr verfügbares Einkommen teilen. Unterhaltsleistungen sind daher in Höhe der Hälfte der Differenz zwischen den Einkünften des unterhaltsverpflichteten Ehe- bzw. Lebenspartners und den geringeren eigenen Mitteln des Kindes anzunehmen. Bei der Schätzung der Unterhaltsleistungen des Ehe- bzw. Lebenspartners sind Zuwendungen der Eltern an ihr Kind nicht als eigene, den Unterhaltsanspruch gegenüber dem Ehe- oder Lebenspartner mindernde Mittel des Kindes zu berücksichtigen (§ 1608 Satz 1).[4]

Im Rahmen der Berechnung des als Bezug anzusetzenden Unterhaltsanspruchs des Kindes gegen- 6
über seinem Ehe- oder Lebenspartner kann der **Selbstbehalt des Unterhaltpflichtigen** mit dem in § 32 Abs. 4 Satz 2 EStG festgelegten Existenzminimum angesetzt werden.[5] Eine dahingehende Vereinbarung zwischen dem Kind und seinem leistungsfähigen Ehe- oder Lebenspartner, dass lediglich ein geringerer Unterhalt gezahlt wird und der Vater des Kindes die übrigen Aufwendungen trägt, ist als Vertrag zu Lasten der Familienkasse unbeachtlich.[6]

Der Unterhaltpflichtige schuldet Unterhalt nur bis zur Grenze seines eigenen **angemessenen** 7
Selbstbehalts.[7] Ist er darüber hinaus nicht leistungsfähig (s. § 1581 analog mit verschärften Haftungsmaßstab für den Anspruch auf Trennungsunterhalt nach § 1361 bzw. § 1581 für Ansprüche auf nacheheliche Unterhalt gem. §§ 1570 ff., ggf. i.V.m. den Vorschriften des LPartG), dann haften die **Verwandten** des Unterhaltsgläubigers im Rahmen einer echten Ausfallhaftung, ohne dass sie – weil sie **Primärschuldner** sind – gegen dessen Ehe- oder Lebenspartner regressieren können (§ 1608 Satz 3 i.V.m. § 1607 Abs. 1). Ist der Ehe- oder Lebenspartner (z.B. infolge einer Erkrankung) **leistungsunfähig**, besteht die Unterhaltspflicht nach §§ 1601 ff. somit fort.[8] Die Eltern haften allerdings nur im **Umfang des Anspruchs auf Ehegatten- bzw. Lebenspartnerschaftsunterhalt**.[9]

Will der Unterhaltsbedürftige den Ehe- oder Lebenspartner bis zum notwendigen Selbstbehalt in 8
Anspruch nehmen, dann muss er darlegen und beweisen, dass keine unterhaltpflichtigen Verwandten i.S.d. § 1601 vorhanden sind, oder dass vorhandene Verwandte jedenfalls nicht ohne Gefährdung ihres eigenen angemessenen Selbstbehalts Unterhalt gewähren können.[10]

Müssen die Verwandten für den zunächst haftenden Ehe- oder Lebenspartner nur als **Sekundär-** 9
schuldner eintreten, etwa weil der Primärschuldner nur **tatsächlich, nicht** aber **rechtlich** – insgesamt oder teilweise – leistungsunfähig ist, oder auf Grund von **Schwierigkeiten** bei der **Rechtsverfolgung** (§ 1608 Satz 3 i.V.m. § 1607 Abs. 2), dann gehen die Unterhaltsansprüche gegen den Primärschuldner (Ehe- oder Lebenspartner) auf die Verwandten über, soweit sie Unterhalt leisten (§ 1608 Satz 3 i.V.m. § 1607).

C. Darlegungs- und Beweislast

Der Unterhaltsgläubiger trägt die **Darlegungs-** und **Beweislast** für die **teilweise** oder **vollständige** 10
Leistungsunfähigkeit des **primär haftenden Ehe- oder Lebenspartners**: Er muss im Einzelnen

---

3 BFHE 191, 69; BFH/NV 2002, 482; 2007, 1753.
4 BFH/NV 2007, 1753.
5 FG Münster EFG 2003, 1484.
6 HessFG EFG 1998, 107.
7 OLG Köln FamRZ 1990, 54.
8 OLG Hamm FamRZ 1998, 1612.
9 BGHZ 41, 104, 113.
10 OLG Köln FamRZ 1990, 54.

dartun und im Bestreitensfalle beweisen, dass der vorrangig verpflichtete Ehe- oder Lebenspartner aus rechtlich beachtenswerten Gründen außerstande ist, seiner Unterhaltsverpflichtung nachzukommen. Dies gilt auch dann, wenn ein Sozialhilfeträger aus übergegangenem Recht vorgeht.[11] Wird ein volljähriges Kind von einem Elternteil auf vollen Unterhalt in Anspruch genommen, muss der Unterhaltsgläubiger die **fehlende Unterhaltspflicht** des anderen Ehe- oder Lebenspartners ebenso darlegen und beweisen wie die eines gleichrangig haftenden Verwandten.[12]

§ 1609   Rangfolge mehrerer Unterhaltsberechtigter

Sind mehrere Unterhaltsberechtigte vorhanden und ist der Unterhaltspflichtige außerstande, allen Unterhalt zu gewähren, gilt folgende Rangfolge:

1. **minderjährige unverheiratete Kinder und Kinder im Sinne des § 1603 Abs. 2 Satz 2,**
2. **Elternteile, die wegen der Betreuung eines Kindes unterhaltsberechtigt sind oder im Fall einer Scheidung wären, sowie Ehegatten und geschiedene Ehegatten bei einer Ehe von langer Dauer; bei der Feststellung einer Ehe von langer Dauer sind auch Nachteile im Sinne des § 1578b Abs. 1 Satz 2 und 3 zu berücksichtigen,**
3. **Ehegatten und geschiedene Ehegatten, die nicht unter Nummer 2 fallen,**
4. **Kinder, die nicht unter Nummer 1 fallen,**
5. **Enkelkinder und weitere Abkömmlinge,**
6. **Eltern,**
7. **weitere Verwandte der aufsteigenden Linie; unter ihnen gehen die Näheren den Entfernteren vor.**

A. Strukturen

1   Das **UÄndG 2007**[1] hat § 1609 a.F. durch eine vollständige Neuregelung ersetzt. § 1609 regelt die politisch lang umstrittene **Reihenfolge**, wenn das für den Unterhalt verfügbare Einkommen des **Unterhaltsschuldners** nicht für alle Ansprüche **mehrerer Unterhaltsgläubiger** ausreicht (sog. »Gläubigerrang«). Es ist dann eine **Mangelfallberechnung** veranlasst. Beruft sich der Unterhaltsschuldner auf § 1609, dann muss er darlegen und beweisen, dass er an vorrangig berechtigte Unterhaltsgläubiger Unterhalt schuldet bzw. leistet.[2]

2   Die **vier bedeutsamsten Regelungen** der Gesetzesreform durch das **UÄndG 2007** sind wohl die Folgenden:

---

11 OLG Oldenburg FamRZ 1991, 1090.
12 OLG Hamm FamRZ 1996, 116.
 1 Vom 21.12.2007 (BGBl I 3189).
 2 RGZ 72, 199.

1. **Zentrale Regelung** der **Rangfolge** im **Gläubigerrang**: Durch die Neuregelung sind nunmehr alle unterhaltsrechtlichen Rangverhältnisse mehrerer Unterhaltsgläubiger zentral in § 1609 geregelt. Bislang waren die Vorschriften zum unterhaltsrechtlichen Gläubigerrang in mehreren Bestimmungen (§§ 1582 Abs. 1, 1609, 1615l Abs. 3, § 16 Abs. 2 LPartG a.F.) im Gesetz verteilt.
2. **Veränderung** der **Reihenfolge** im **Gläubigerrang**: Kernpunkt der Neuregelung ist der absolute Vorrang des Unterhalts minderjähriger unverheirateter Kinder und ihnen gem. § 1603 Abs. 2 Satz 2 gleichgestellter volljähriger Kinder,
3. **Aufgabe** der sog. »**Hypothekentheorie**« (Grundsatz des Vorrangs der Erstehe): Bis zum 31.12.2007 beherrschte die (zeitliche) Priorität der ersten Ehe das nacheheliche Unterhaltsrecht. Die zweite Ehe des Unterhaltsschuldners war regelmäßig mit einer »wirtschaftlichen Hypothek« belastet, die von der zweiten Ehefrau mitgetragen werden musste.[3] Meist bestand zwischen geschiedenem und neuem Ehegatten Vorrang des geschiedenen, selten Gleichrang, aber niemals Vorrang des zweiten Ehegatten.[4] Das UÄndG 2007 hat vom grundsätzlichen Vorrang der ersten Ehe Abstand genommen. Nunmehr zählt nicht mehr die zeitliche Priorität der Eheschließung, sondern allein die Schutzbedürftigkeit des Berechtigten. Der geschiedene Ehegatte muss sich bei Hinzutreten weiterer Unterhaltsgläubiger ggf. eine Schmälerung des auf ihn entfallenden Unterhaltsanteils gefallen lassen.
4. Der den einzelnen Unterhaltsansprüchen zukommende **Rang** ist nunmehr klar und übersichtlich **numerisch aufgereiht**. Die Änderung der Rangfolge durch das **UÄndG 2007** bezieht sich dabei nur auf die in § 1609 Nr. 1 bis 3 aufgeführten Unterhaltsgläubiger. Die in § 1609 Nr. 4 bis 7 geregelte weitere Rangfolge entspricht dem bisherigen Recht.

B. Normzweck

§ 1609 hat nur in **Mangellagen** Bedeutung. Die Norm sieht daher einen **gestaffelten Schutz** der   3
verschiedenen Unterhaltsgläubiger vor, bei dem der vorrangig berechtigte Verwandte die Unterhaltsansprüche eines nachrangig berechtigten Verwandten verdrängt. Die Neuregelung hat zu einer deutlichen Vereinfachung des Unterhaltsrechts geführt, insb. die Zahl der Fälle, in denen komplizierte, zeitaufwändige und fehleranfällige Mangelfallberechnungen anzustellen sind, wesentlich reduziert. Damit ist das Ziel erreicht, die Gerichte, aber auch die Jugendämter in ihrer Funktion als Unterhaltsbeistand (§ 1712 Abs. 1 Nr. 2) zu entlasten und gleichzeitig das Unterhaltsrecht für den rechtsuchenden Bürger transparenter zu machen. Dabei hat der Gesetzgeber die Erwartung gehegt, dass nunmehr an die Stelle undurchsichtiger, mehrstufiger Mangelfallberechnungen klare und besser nachvollziehbare Entscheidungen treten werden.

C. Neue Reihenfolge

Der Unterhaltsschuldner kann sich auf die Rangordnung des § 1609 nur dann berufen, wenn er   4
mehreren Unterhaltsgläubigern Unterhalt zu gewähren hat, und wenn die **vorhandenen Mittel nicht** ausreichen, um alle Unterhaltspflichten zu erfüllen. Treffen im Mangelfall im Rang bevorrechtigte Unterhaltsgläubiger mit Nachrangberechtigten zusammen, dann bleibt der nachrangige Unterhaltsanspruch auch dann nachrangig, wenn der im Rang bevorrechtigte Unterhaltsgläubiger seinen Unterhaltsanspruch nicht geltend macht.[5]

---

3 BT-Drucks. 7/650 S. 143.
4 Schon nach der Rechtsprechung des Reichsgerichts waren bei der Unterhaltsbemessung im Falle konkurrierender Ehegatten nach §§ 60 ff. EheG die Interessen der neuen Ehefrau mit denen der geschiedenen Ehefrau zumindest gleichwertig zu berücksichtigen (vgl. RGZ 48, 112, und RGZ 75, 433, 434).
5 BGHZ 162, 384 = BGH FamRZ 2005, 1154 = FuR 2005, 364 noch zu § 1603 Abs. 2 a.F. – Fortführung von BGHZ 104, 158 = BGH FamRZ 1988, 705.

I. Abänderungsantrag; Rangverschiebungen

5 Der **Anteil** jedes **Unterhaltsgläubigers** ist individuell so zu bestimmen, wie wenn bei gleichzeitiger Entscheidung über alle Ansprüche zu entscheiden wäre. Im **Verhältnis aller Unterhaltsgläubiger untereinander** ist somit ohne Belang, in welcher Höhe der Unterhalt eines von ihnen (auch rechtskräftig) gerichtlich festgesetzt worden ist.

1. Anpassung durch den Unterhaltsschuldner

6 Verfügt ein Unterhaltsgläubiger über einen Unterhaltstitel, der ihm mehr Unterhalt gewährt als ihm nunmehr nach der neu gefassten Vorschrift des § 1609 zusteht, dann muss der Unterhaltsschuldner notfalls gerichtlich nach § 238 FamFG (Urteil/Beschluss) bzw. § 239 FamFG (sonstiger Titel) gegen den betreffenden Unterhaltsgläubiger, dessen Unterhalt zu hoch tituliert ist, vorgehen.[6] Der Unterhaltsschuldner kann daher gegenüber einem durch die neu gefasste Vorschrift begünstigten Unterhaltsberechtigten nicht erfolgreich einwenden, es bestehe bereits zugunsten eines anderen Unterhaltsberechtigten eine (nach altem Recht) titulierte Unterhaltsverpflichtung, die bei der Unterhaltsfestsetzung in voller Höhe zu berücksichtigen sei.

2. Anpassung durch einen Unterhaltsgläubiger

7 Machen vor- oder mitberechtigte Unterhaltsgläubiger ihre Ansprüche teilweise oder auch insgesamt erst später oder erst auf Grund der Gesetzesänderung geltend, dann ist die (veränderte) Rangfolge im Wege eines Abänderungsantrages zu berücksichtigen.[7]

II. Rangordnung des § 1609

8 Die **gesetzliche Rangordnung** des § 1609 kann durch **entsprechende Vereinbarungen aller** berechtigten Unterhaltsgläubiger durchbrochen sein, wenn damit kein unwirksamer Unterhaltsverzicht verbunden ist (etwa Ausbildungsunterhalt des volljährigen Kindes, wenn die Finanzierung seines Studiums dem Willen beider Eltern entsprach).[8] Gibt es insoweit keine Vereinbarungen, dann gilt nunmehr Folgendes:

1. 1. Rang (§ 1609 Nr. 1)

9 Der Unterhalt **minderjähriger unverheirateter** und der nach § 1603 Abs. 2 Satz 2 **privilegierten volljährigen Kinder**, sowohl leiblicher als auch adoptierter (§ 1754 Abs. 1, 2), unabhängig von ihrer Herkunft und gleichgültig, aus welcher Ehe sie entstammen bzw. ob sie außerehelich geboren worden sind (§ 1609 Abs. 1), hat **Vorrang** vor allen anderen Unterhaltsansprüchen (**§ 1609 Nr. 1**). Dieser **absolute Vorrang** des **Kindesunterhalts** dient der Förderung des Kindeswohls, da damit die materiellen Grundlagen für Pflege und Erziehung von Kindern gesichert werden sollen. Der unterhaltsrechtliche Vorrang ist somit Komplementärstück zur gesteigerten Unterhaltspflicht der Eltern gegenüber ihren minderjährigen unverheirateten und diesen gleichgestellten volljährigen Kindern (§ 1603 Abs. 2). Mit der Einräumung des absoluten Vorrangs des Kindesunterhalts hat der Gesetzgeber nicht nur der Entschließung des Deutschen Bundestages vom 28.06.2000[9]

---

6 Zu dem Anpassungsgebot vor der Gesetzesänderung im Jahre 2007 s. auch BGH FamRZ 1980, 555 (Nr. 340); 1992, 797; OLG Stuttgart FamRZ 1991, 1092.
7 Zu den Anpassungsmöglichkeiten vor der Gesetzesänderung im Jahre 2007 s. auch BGH FamRZ 1980, 555.
8 BGH FamRZ 1986, 553 (Nr. 325); OLG Frankfurt FamRZ 1984, 176.
9 BT-Drucks. 14/3781, 3.

entsprochen, sondern ist auch den wiederholt vorgetragenen Empfehlungen des Deutschen Familiengerichtstages[10] und der unterhaltsrechtlichen Praxis[11] gefolgt.

Der Gesetzgeber hat den **absoluten Vorrang** mit dem Gedanken des **Kinderschutzes** begründet. **10** Danach sind minderjährige und privilegiert volljährige Kinder die wirtschaftlich schwächsten Mitglieder der Gesellschaft und können im Gegensatz zu anderen Unterhaltsgläubigern ihre wirtschaftliche Lage in der Regel nicht aus eigener Kraft verändern, während die nachrangigen erwachsenen Unterhaltsgläubiger im Notfall durchaus in der Lage sind, teilweise oder insgesamt für ihren Lebensunterhalt selbst zu sorgen. Zu Recht wurde das sog. »Gießkannenprinzip« aufgegeben, nach dem vormals in Mangelfällen durch verhältnismäßige Kürzung aller erstrangigen Unterhaltsansprüche – Ehegatte/n und minderjährige bzw. ihnen gem. § 1603 Abs. 2 gleichgestellte volljährige Kinder – die ausgeurteilten Unterhaltszahlbeträge vielfach so gering waren, dass sie weder für die Existenz der Kinder noch der (damals) gleichrangigen Ehegatten ausreichten.

Nachdem nunmehr der Unterhaltsanspruch minderjähriger und privilegiert volljähriger Kinder **11** nach § 1609 Nr. 1 allen anderen Unterhaltsansprüchen vorgeht, hat die **Höhe des Bedarfs nachrangiger Unterhaltsberechtigter keine Auswirkungen** mehr auf die **Leistungsfähigkeit** für den **Unterhalt minderjähriger** und gem. § 1603 Abs. 2 Satz 2 **privilegierter volljähriger Kinder.**[12]

2. 2. Rang (§ 1609 Nr. 2)

Aus Gründen des Kindeswohls sind nunmehr die Unterhaltsansprüche von **Eltern** wegen der **12** **Betreuung** von **Kindern** im Rang unmittelbar hinter denjenigen der Kinder und **neben** den Unterhaltsansprüchen von Ehegatten bei **Ehen** von **langer Dauer** eingestellt, sofern diese mit ehebedingten Nachteilen verbunden sind (**§ 1609 Nr. 2**). Die Neuregelung differenziert dabei nicht mehr danach, ob der betreuende, unterhaltsbedürftige Elternteil mit dem anderen, unterhaltspflichtigen Elternteil verheiratet ist oder nicht,[13] ob der Anspruch auf Betreuungsunterhalt also aus der Ehe der Kindeseltern hergeleitet wird, oder ob es sich um den Anspruch eines nicht verheirateten Elternteils gemäß § 1615l handelt. Der Personenstand ist nunmehr, soweit es lediglich um die rangmäßige Einordnung des Unterhaltsanspruchs nicht verheirateter Elternteile im Verhältnis zu anderen Unterhaltsansprüchen geht, kein taugliches Differenzierungskriterium (mehr). Sachliche Rechtfertigung für die Zuerkennung der **Rangposition** ist vielmehr allein die Tatsache der **Kindesbetreuung**, die es rechtfertigt, die entsprechenden Ansprüche auf Betreuungsunterhalt rangmäßig auch gleich zu behandeln.

Elternteile i.S.v. **§ 1609 Nr. 2**, die wegen der Betreuung eines Kindes unterhaltsberechtigt sind **13** oder im Fall einer Scheidung wären, sind neben in einer bestehenden Ehe lebenden und wegen der Betreuung von Kindern Familienunterhalt beziehenden Elternteilen auch getrennt lebende und geschiedene Eltern. Weiter erfasst § 1609 Nr. 2 auch die Ansprüche der nicht verheirateten Mutter nach § 1615l Abs. 1 und 2 bzw. des nicht verheirateten Vaters (§ 1615l Abs. 4). Mit der Einführung der Stiefkindadoption durch Lebenspartner (§ 9 Abs. 7 LPartG i.d.F. des Gesetzes zur Überarbeitung des Lebenspartnerschaftsrechts vom 15.12.2004)[14] gehören hierzu auch Unterhaltsansprüche von Lebenspartnern i.S.d. LPartG, die ein Adoptivkind betreuen. Der Familienun-

---

10 Vgl. zuletzt Arbeitskreis 1 u.a. des 15. DFGT 2003 (Brühler Schriften zum Familienrecht Bd. 13 (2004) S. 75).

11 Vgl. etwa Puls FamRZ 1998, 865, 875; Peschel-Gutzeit FPR 2002, 169 ff; Luthin FPR 2004, 567, 572; Scholz FamRZ 2004, 751, 761 f.

12 Zur Bedarfsbemessung s. BGHZ 178, 79, 83 f. = BGH FamRZ 2008, 2189, 2190 = FuR 2008, 593; BGH FamRZ 2010, 357 = FuR 2010, 217 (»Archäologin«).

13 Wenn der RegE davon ausgeht, hiermit werde »einem Gerechtigkeitsdefizit des geltenden Rechts begegnet«, dann verletzt dies den Schutz von Ehe und Familie i.S.d. Art. 6 GG.

14 BGBl I 3396.

terhalt fällt in den zweiten Rang, soweit dadurch ein aus Anlass der Betreuung von Kindern entstandener Unterhaltsbedarf gedeckt wird.

14   Die Unterhaltsansprüche von Ehegatten oder geschiedenen Ehegatten nach einer **Ehe von langer Dauer** stehen nicht zwangsläufig im zweiten Rang, sondern nach § 1609 Nr. 2 sind »bei der Feststellung einer Ehe von langer Dauer ... auch Nachteile i.S.d. § 1578b Abs. 1 Satz 2 und 3 zu berücksichtigen«. Auch im Rahmen der **Rangfolge** ist deswegen insb. zu berücksichtigen, inwieweit **durch die Ehe Nachteile** im Hinblick auf die Möglichkeit eingetreten sind, für den eigenen Unterhalt zu sorgen.[15] Solche ehebedingten Nachteile müssen **positiv festgestellt** werden. Sie können sich vor allem aus der Dauer der Pflege oder Erziehung eines gemeinschaftlichen Kindes, aus der Gestaltung von Haushaltsführung und Erwerbstätigkeit während der Ehe sowie aus der Dauer der Ehe ergeben.[16] Die **Darlegungs-** und **Beweislast** für Tatsachen, die über eine gleichrangige weitere Unterhaltspflicht zu einer Leistungsunfähigkeit führen können, trägt zwar der Unterhaltsschuldner. Hat dieser allerdings Tatsachen vorgetragen, die einen Wegfall ehebedingter Nachteile nahe legen, obliegt es dem Unterhaltsgläubiger, Umstände darzulegen und zu beweisen, die für fortdauernde ehebedingte Nachteile und somit für einen Rang des Unterhaltsanspruchs nach § 1609 Nr. 2 sprechen.[17] Somit wirken sich aus der Eheführung resultierende Nachteile, für den eigenen Unterhalt nicht ausreichend sorgen zu können, über das Merkmal der Dauer der Ehe auch auf die unterhaltsrechtliche Rangordnung aus.

15   Der Gesetzgeber des UÄndG 2007 hat durch die Einfügung eines weiteren Halbsatzes in § 1609 Nr. 2 den Begriff der »Ehe von langer Dauer« näher erläutert, jedoch auf **zeitliche** Vorgaben verzichtet, wann von einer langen Ehedauer i.S.v. § 1609 Nr. 2 auszugehen ist. Damit ist bereits im Wortlaut der Bestimmung – entsprechend der Rechtsprechung des BGH – klargestellt, dass für die Auslegung des Begriffs nicht nur auf die absolute zeitliche Dauer der Ehe abzustellen ist, die sowieso nicht absolut und für alle Fälle gleich gefasst werden kann, sondern dass vielmehr anhand aller Umstände des Einzelfalles, namentlich anhand einer wertenden Betrachtung der in § 1578b Abs. 1 aufgeführten Kriterien, eine **tatrichterliche Beurteilung** zu erfolgen hat.

16   Ausgangspunkt ist dabei der Gedanke des **Vertrauensschutzes**. Der Unterhaltsvorrang wegen langer Ehedauer soll insb. das Vertrauen desjenigen Ehegatten schützen, der sich für ein »traditionelles« Ehemodell entschieden und sich unter Verzicht auf eigene berufliche Entwicklung in der Ehe überwiegend der Pflege und Erziehung der gemeinsamen Kinder oder der Führung des Haushalts dauerhaft gewidmet hat. Weitere wichtige Kriterien, die neben der absoluten zeitlichen Dauer der Ehe herangezogen werden können, sind auch das Lebensalter der Parteien im Zeitpunkt der Scheidung, das Lebensalter, in dem geheiratet wurde, die Dauer der Pflege und Erziehung eines oder gar mehrerer gemeinschaftlicher Kinder sowie das Ausmaß gegenseitiger wirtschaftlicher Verflechtungen und Abhängigkeiten wegen der Ausrichtung auf ein gemeinsames Lebensziel.

17   Ist der Unterhaltsschuldner sowohl einem **geschiedenen** als auch einem **neuen** Ehegatten unterhaltspflichtig, dann ist der Rang dieser Ehegatten untereinander zunächst gleichgültig. Vielmehr ist vorab der Bedarf jedes Ehegatten festzustellen.

---

15   BGHZ 177, 356, 382 = BGH FamRZ 2008, 1911, 1918 = FuR 2008, 542 = BGH FamRZ 2008, 1911 = FuR 2008, 542.

16   BT-Drucks. 16/6980 S. 10.

17   BGHZ 177, 356 = BGH FamRZ 2008, 1911 = FuR 2008, 542; BGH FamRZ 2010, 111; zum ehebedingten Nachteil im Rahmen der Befristung des nachehelichen Unterhalts vgl. BGH FamRZ 2008, 134, 136.

Die erneute Eheschließung wirkt sich auf die Höhe des Unterhaltsbedarfs aus. Die ursprüngliche Rechtsprechung des BGH, die auf der Bedarfsebene bei gleichem Rang eine Dreiteilung des Bedarfes zwischen dem Unterhaltsverpflichteten und den Unterhaltsberechtigten vorsah, wurde wegen verfassungsrechtlicher Bedenken aufgegeben.[18]

Die Unterhaltsbedürftigkeit des neuen Ehegatten ist demzufolge nur noch auf der **Ebene der Leistungsfähigkeit** zu beachten. Hier kann es allerdings bei gleichem Rang durchaus zu einer Dreiteilung kommen (vgl. hierzu die ausführliche Kommentierung zu § 1578 Rdnr. 69, 70, 72 ff.).

Nur dann, wenn die Unterhaltsverpflichtung bis zur Ehescheidung bereits entstanden war (§ 1615l), kommt es bei gleichem Rang des geschiedenen Ehegatten und der ledigen Mutter zu einer Auswirkung auf der Bedarfsebene. Unter diesen Voraussetzungen kommen ausnahmsweise die von der mittlerweile aufgegebenen Rechtsprechung entwickelten Grundsätze zur Dreiteilung zur Anwendung. **18**

In der ersten Stufe ist dann der nach den ehelichen Lebensverhältnissen (§ 1578 Abs. 1) zu bemessende Unterhaltsbedarf jedes Berechtigten – unabhängig vom Rang in Mangellagen – im Wege der »**Dreiteilung**« des Gesamteinkommens des Unterhaltsschuldners und beider Unterhaltsgläubiger zu ermitteln[19] (sog. »Gleichteilung« als Fortführung des Halbteilungsprinzips).[20] Dabei darf der Unterhaltsbedarf eines Unterhaltsgläubigers denjenigen Betrag nicht überschreiten, der dem Unterhaltsschuldner verbleibt. Dieser Rechenweg gilt auch dann, wenn mindestens einer der Unterhaltsberechtigten eigene bedarfsdeckende Einkünfte erzielt: In diesem Fall bemisst sich der jeweilige Unterhaltsbedarf beider Unterhaltsberechtigten – und der dem Unterhaltsschuldner gebührende Anteil seines Einkommens – aus 1/3 der Summe aller drei Einkommen. Bei der Dreiteilung verbleibt dem Unterhaltspflichtigen stets ein Betrag, der dem Bedarf jedes der Unterhaltsberechtigten entspricht.[21]

Soweit es um den Bedarf eines neuen Ehegatten geht, gelten folgende Grundsätze: Lebt der Unterhaltsschuldner von seinem neuen Ehegatten nicht getrennt, dann kommt es auf Seiten des neuen Ehegatten bei der Unterhaltsbemessung nicht auf dessen Anspruch auf **Familienunterhalt**, sondern auf den **hypothetischen Unterhaltsanspruch** im **Falle** einer **Scheidung** an. Der Familienunterhalt der zweiten Ehefrau (§§ 1360, 1360a) ist zwar als gegenseitiger Anspruch der Ehegatten auf Leistung von Sach- und Geldbeiträgen zur Deckung der persönlichen Bedürfnisse der Ehegatten und der Kinder ausgestaltet. Das Maß des Familienunterhalts bestimmt sich jedoch nach den ehelichen Lebensverhältnissen der neuen Ehe, so dass § 1578 als **Orientierungshilfe** herangezogen und der Familienunterhalt zum Zwecke der rechnerischen Bedarfsermittlung in einem Geldbetrag veranschlagt werden kann.[22] **19**

Im Falle der unterhaltsrechtlichen Konkurrenz eines geschiedenen Ehegatten mit dem jetzigen Ehegatten ist allerdings zu berücksichtigen, dass durch die von den Ehegatten der neuen Ehe frei gewählte Rollenverteilung der bestehende Unterhaltsanspruch des geschiedenen Ehegatten nicht über Gebühr geschmälert werden darf. Zwar ist die den Anspruch auf Familienunterhalt (§ 1360) begründende Rollenverteilung gemäß § 1356 gesetzlich zulässig und kann regelmäßig nicht als **20**

---

18 BVerfG FamRZ 2011, 437; BGH FamRZ 2012, 281.
19 BGHZ 177, 356 = BGH FamRZ 2008, 1911 = FuR 2008, 542; BGH FamRZ 2009, 411.
20 S. Gerhardt/Gutdeutsch FamRZ 2007, 778, 779.
21 BGHZ 177, 356 = BGH FamRZ 2008, 1911 = FuR 2008, 542; 179, 196 = BGH FamRZ 2009, 411; BGH FamRZ 2009, 23 (Berufungsurteil: OLG Hamm FPR 2009, 374); ebenso OLG Düsseldorf FamRZ 2008, 1254; OLG Bremen NJW 2009, 925; OLG Celle NJW 2009, 1758; OLG Braunschweig FamRZ 2009, 977.
22 BGH FamRZ 2003, 860, 864 = FuR 2003, 275; BGHZ 177, 356 = BGH FamRZ 2008, 1911 = FuR 2008, 542.

rechtsmissbräuchlich bewertet werden.[23] Andererseits darf die das Innenverhältnis der Ehegatten betreffende Rollenverteilung die – dem neuen Ehegatten bekannte – Unterhaltspflicht gegenüber dem geschiedenen Ehegatten nicht übermäßig beeinträchtigen. Dieser Gedanke findet auch im Rahmen der sog. Hausmann-Rechtsprechung des BGH[24] seinen Ausdruck. Auch wenn in diesen Fällen die Wahl der Haushaltsführung durch den Unterhaltsschuldner in Rede steht, sind mit der durch diese Rechtsprechung nur einschränkend akzeptierten Rollenverteilung mittelbare Auswirkungen auf die Aufgabenverteilung innerhalb der bestehenden Ehe verbunden, die der neue Ehegatte nach § 1356 Abs. 2 Satz 2 mitzutragen hat. Die daraus entstehenden Einschränkungen der neuen Ehe sind verfassungsrechtlich nicht zu beanstanden.[25]

21   Im Rahmen der Unterhaltskonkurrenz von geschiedenem und neuem Ehegatten ist die **Rollenverteilung** der **zweiten Ehe nicht ausschlaggebend:** Es wäre unbillig, wenn allein der geschiedene Ehegatte auf eine Erwerbstätigkeit verwiesen würde. Vielmehr hat der neue Ehegatte des Unterhaltsschuldners seine Möglichkeiten in gleichem Maße auszuschöpfen, wie es dem geschiedenen Ehegatten obliegt. Daher ist **hypothetisch** zu prüfen, ob der **neue Ehegatte** im Falle einer **Scheidung unterhaltsberechtigt** wäre.

22   Kommt ein Anspruch wegen **Kinderbetreuung** in Frage, so haben **elternbezogene Gründe** nach § 1570 Abs. 2, die auf der **Rollenverteilung** in der **neuen Ehe** beruhen, grundsätzlich außer Betracht zu bleiben, denn eine mögliche Unterhaltsverlängerung wegen der Gestaltung von Kinderbetreuung und Erwerbstätigkeit in der Ehe würde ebenfalls maßgeblich von der Rollenverteilung in der neuen Ehe abhängen. Damit wäre den Ehegatten der neuen Ehe wiederum die Möglichkeit eröffnet, durch die interne Rollenverteilung den Unterhaltsanspruch des geschiedenen Ehepartners zu entwerten.[26]

3. 3. Rang (§ 1609 Nr. 3)

24   Das Gesetz stellt Ansprüche von Ehegatten bzw. geschiedenen Ehegatten, die von der vorangehenden Rangklasse nicht erfasst werden, in den 3. Rang (**§ 1609 Nr. 3**). Damit hat das Gesetz die bisherige Privilegierung des Unterhaltsanspruchs des ersten Ehegatten gegenüber demjenigen des zweiten Ehegatten modifiziert. Künftig zählt nicht mehr der zeitliche Vorrang der Eheschließung, sondern allein die **Schutzbedürftigkeit** des Unterhaltsgläubigers. Als insoweit besonders schutzbedürftig hat § 1609 Nr. 2 Unterhaltsgläubiger, die wegen der Betreuung eines Kindes unterhaltsbedürftig sind oder die wegen der langen Dauer der Ehe bzw. ehebedingt erlittener Nachteile einen besonderen (Vertrauens-) Schutz beanspruchen können, in denselben Rang gestellt, während ein Unterhaltsgläubiger, der auf Grund einer kürzeren Ehedauer sein Leben noch nicht in derselben Weise auf die Ehe eingestellt hat, zurücktreten muss.

25   Können sich sowohl der erste als auch der spätere Ehegatte auf Kindesbetreuung oder Vertrauensschutzgesichtspunkte berufen, dann besteht zwischen ihren jeweiligen Unterhaltsansprüchen – im Gegensatz zur früheren Rechtslage, die Kinder aus der »Zweitfamilie« belastet hat – **Gleichrang.** Nunmehr gilt damit auch im Falle der Konkurrenz zwischen mehreren Ehegatten das gleiche, was auch im Rahmen der Konkurrenz mehrerer Kinder gilt. Bei gleich bleibendem Einkommen des Unterhaltsschuldners müssen Kinder eine Schmälerung des auf sie entfallenden Unterhaltsanteils hinnehmen, sobald weitere unterhaltsberechtigte Kinder hinzukommen. Für den geschiedenen Ehegatten gilt nunmehr Entsprechendes. Auch er genießt keinen »Vertrauensschutz« dahingehend,

---

23 Vgl. BGH FamRZ 2009, 762 zum Verhältnis von Familien- und Volljährigenunterhalt, und – zur bis 2007 geltenden Rechtslage – BGH FamRZ 2007, 1081 zum Verhältnis von Familien- und Minderjährigenunterhalt.
24 BGHZ 169, 200, 205 f. = BGH FamRZ 2006, 1827, 1828 m.w.N.
25 BGH FamRZ 2010, 111 (Berufungsurteil: OLG Hamm FPR 2009, 374) unter Hinweis auf BVerfG FamRZ 1985, 143, 145.
26 BGH FamRZ 2010, 111 (Berufungsurteil: OLG Hamm FPR 2009, 374) mit ausführlicher Begründung.

dass sich durch Wiederheirat und Gründung einer Zweitfamilie der Kreis der unterhaltsberechtigten Personen nicht vergrößert und seine Unterhaltsquote nicht auf der Ebene der Leistungsfähigkeit gekürzt wird.

4. 4. Rang (§ 1609 Nr. 4)

§ 1609 Nr. 4 regelt den unterhaltsrechtlichen Rang von Kindern, die nicht unter § 1609 Nr. 1 fallen, also von **volljährigen, nicht gem. § 1603 Abs. 2 Satz 2 privilegierten Kindern.** In der Sache handelt es sich zumeist um volljährige Kinder, die sich in der Berufsausbildung befinden oder ein Studium absolvieren. Die Rangfolge nach § 1609 Nr. 4 entspricht derjenigen des bisherigen Rechts. Der Unterhaltsanspruch bleibt gegenüber demjenigen minderjähriger Kinder, privilegiert volljähriger Kinder sowie dem eines Ehegatten und eines unverheirateten Elternteils gemäß § 1615l nachrangig. Anders als etwa bei einem kinderbetreuenden Elternteil oder einem auf Grund Alters oder Krankheit unterhaltsbedürftigen Ehegatten ist es volljährigen, nicht privilegierten Kindern eher zuzumuten, für den eigenen Lebensbedarf zu sorgen, denn sie werden regelmäßig eine Ausbildungsvergütung beziehen oder Anspruch auf (staatliche) Ausbildungsförderung haben. Die Ausbildungsförderung wird dabei auch dann geleistet, wenn der Auszubildende glaubhaft macht, dass seine Eltern keinen oder einen zu geringen Unterhalt leisten und deshalb die Ausbildung unter Berücksichtigung des Einkommens eines eventuellen Ehegatten des Auszubildenden gefährdet ist (Vorausleistung von Ausbildungsförderung, § 36 BAföG). 26

Nach wie vor wird allerdings davon auszugehen sein, dass die Rangregelung des § 1609 Nr. 4 außerhalb von Mangellagen, also bei hinreichender Leistungsfähigkeit des Unterhaltsschuldners, für die Bemessung des Ehegattenunterhalts keine Bedeutung hat.[27] In guten wirtschaftlichen Verhältnissen ist vielmehr davon auszugehen, dass der Unterhaltsbedarf für die nach § 1609 Nr. 4 nachrangigen Kinder sogar **vor** der Ermittlung des Ehegattenunterhalts vom unterhaltsrelevanten Bemessungseinkommen des Unterhaltsschuldners abzuziehen ist, weil (auch) dieser **Unterhaltsaufwand** die **ehelichen Lebensverhältnisse belastend geprägt** hat und somit für Konsum nicht verfügbar war. Allerdings wirkt sich dieser unterhaltsrechtliche Vorrang des geschiedenen Ehegatten gegenüber volljährigen, nicht nach § 1603 Abs. 2 Satz 2 privilegierten Kindern nach § 1609 Nr. 4 dann nicht aus, wenn die verbleibenden Einkünfte des Unterhaltsschuldners nicht ausreichen, um den **angemessenen Unterhalt** des berechtigten getrennt lebenden/geschiedenen Ehegatten zu gewährleisten. Dann – und erst dann – unterbleibt ein Vorwegabzug des Kindesunterhalts.[28] 27

5. 5. Rang (§ 1609 Nr. 5)

Nach § 1609 Nr. 5 sind die Unterhaltsansprüche von **Enkelkindern** gleichrangig mit denen weiterer Abkömmlinge. 28

6. 6. Rang (§ 1609 Nr. 6)

Das Gesetz hat die Unterhaltsansprüche von **Eltern** auf Grund der praktischen Bedeutung unter einer eigenen Nummer (**§ 1609 Nr. 6**) aufgeführt und nicht zusammen mit den Ansprüchen weiterer Verwandter der aufsteigenden Linie genannt. 29

---

27 OLG Nürnberg FamRZ 1997, 445.
28 So BGH FamRZ 1985, 912 (Nr. 325), jeweils vor Änderung des § 1609 durch das UÄndG.

7. 7. Rang (§ 1609 Nr. 7)

30 Zwischen den Unterhaltsansprüchen von weiteren Verwandten der aufsteigenden Linie nach § 1609 Nr. 7 besteht kein Gleichrang, sondern es ist – wie früher (§ 1609 Abs. 1 a.F.) – ausdrücklich bestimmt, dass die Ansprüche der näheren Verwandten denjenigen von entfernteren Verwandten vorgehen.

III. Mangelfallberechnungen

31 **Verteilungsfähig** ist nur das gem. § 1603 für den Unterhalt verfügbare Einkommen (gegebenenfalls auch Vermögen) des Unterhaltsschuldners. Auf der Grundlage der bisherigen Rangfolge hat die Rechtsprechung **Methoden** zur **Berechnung** von **Unterhaltsansprüchen im Mangelfall** entwickelt. Auch auf der Basis der neuen Rangordnung gilt es, in besonderem Maße auf den Rechenweg Bedacht zu nehmen, um in Mangelfällen und hier insb. im Verhältnis vorrangiger Kinder zu nachrangigen Unterhaltsberechtigten, etwa dem betreuenden Elternteil, oder im Verhältnis von Erst- und Zweitfamilien zu gerechten Ergebnissen zu gelangen. Die unter der Geltung des alten Rechts entwickelten Methoden können hierbei, unter Berücksichtigung der Maßgaben und Ziele der Neuregelung, entsprechend genutzt und fortentwickelt werden. Danach kann, soweit es etwa um die Verteilung des Resteinkommens zwischen Erst- und Zweitfamilie geht, besonders geprüft werden, ob nicht die Selbstbehaltssätze des Pflichtigen zu reduzieren sind, um der Erstfamilie auch im Vergleich zur Zweitfamilie ein angemessenes Auskommen zu sichern. Weiter ist auch, wie schon bisher, das rechnerische Gesamtergebnis im Wege einer »Gesamtschau« daraufhin zu überprüfen, ob im konkreten Einzelfall die Aufteilung des verfügbaren Einkommens auf die minderjährigen Kinder und den oder die unterhaltsberechtigten Ehegatten insgesamt billig und angemessen ist.[29]

32 Nach früherem Recht konnten sich **verschiedene Verteilungsmassen** ergeben, wenn mehrere Unterhaltsgläubiger zwar innerhalb derselben Rangstufe gleichrangig waren, jedoch für die verschiedenen Unterhaltsansprüche **unterschiedliche Selbstbehalte** galten. In solchen Fallgestaltungen wurden sog. **mehrstufige Mangelfallberechnungen** durchgeführt.[30] Dies ist nunmehr nicht mehr notwendig, weil dem Unterhaltsschuldner nur in Ausnahmefällen und nur bei erstrangigen Unterhaltsgläubigern der notwendige Selbstbehalt gem. § 1603 Abs. 2 verbleibt.

32a Wie sich **gleichrangige neue Unterhaltsverpflichtungen** zwischen geschiedenem und neuem Ehepartner unter Berücksichtigung eines angemessenen Selbstbehalts auf die Berechnung des Unterhaltes auswirken, ist unter der Kommentierung zu § 1578 Rn. 69, 70 und 72 ff. dargestellt.

33 (zur Zeit nicht besetzt)

34 Auch im Rahmen von Mangelfallrechnungen ist das rechnerische Gesamtergebnis im Wege einer **Billigkeits-** und **Angemessenheitskontrolle** (»Gesamtschau«) daraufhin zu überprüfen, ob im konkreten Einzelfall die Aufteilung des verfügbaren Einkommens auf die minderjährigen Kinder und den oder die unterhaltsberechtigten Ehegatten insgesamt billig und angemessen ist.[31] Korrekturbedürftig kann eine Mangelfallberechnung insb. dann sein, wenn nach ihrem Gesamtergebnis die Erstfamilie (zusätzlich) auf Sozialleistungen angewiesen ist, während die nach der Scheidung gegründete zweite Familie auch unter Berücksichtigung des Selbstbehalts des Unterhaltsschuldners und des Vorteils aus einem eventuellem Ehegattensplitting einer neuen Ehe im konkreten Vergleich ein gutes Auskommen hat.

---

29 Vgl. BGH FamRZ 1997, 806, 811.
30 Vgl. etwa BGHZ 104, 158 = BGH FamRZ 1988, 705.
31 BGH FamRZ 1997, 806, 811.

§ 1610 Maß des Unterhalts

(1) Das Maß des zu gewährenden Unterhalts bestimmt sich nach der Lebensstellung des Bedürftigen (angemessener Unterhalt).

(2) Der Unterhalt umfasst den gesamten Lebensbedarf einschließlich der Kosten einer angemessenen Vorbildung zu einem Beruf, bei einer der Erziehung bedürftigen Person auch die Kosten der Erziehung.

A. Strukturen

1 Das Recht des Verwandtenunterhalts kennt keine Lebensstandardgarantie.[1] Der »angemessene Unterhalt« i.S.d. § 1610 ist demnach ein **Individualunterhalt**, der sich nach den spezifischen Verhältnissen auf Seiten des Bedürftigen richtet.

Gemäß § 1610 **Abs. 1** bestimmt sich der angemessene Unterhalt und damit das **Maß** des zu gewährenden Unterhalts nach der **Lebensstellung des Bedürftigen**. § 1610 **Abs. 2** stellt klar, dass der angemessene Unterhalt den **gesamten Lebensbedarf** einschließlich der **Kosten der Erziehung** (eines Minderjährigen) und der **Kosten einer angemessenen Berufsausbildung** umfasst.

2 Fehlt es an den tatbestandlichen Voraussetzungen für einen gesetzlichen oder vertraglichen Unterhaltsanspruch, so vermag die Berufung auf Treu und Glauben den fehlenden Tatbestand nicht zu ersetzen und gleichwohl eine gesetzliche Unterhaltsschuld zu begründen. Allerdings kann sich im Einzelfall aus der für Eltern und Kinder in § 1618a wechselseitig begründeten **Pflicht** zu **Beistand** und **Rücksichtnahme** ausnahmsweise (auch) eine Verpflichtung eines Elternteils ergeben, Zahlungen, die er in der Vergangenheit an das Kind ohne Rechtspflicht erbracht hat, für einen begrenzten Zeitraum fortzusetzen, wenn das Kind auf die Fortdauer dieser Zahlungen vertrauen durfte und in diesem berechtigten Vertrauen Dispositionen getroffen hat, die es nicht sofort und ohne erhebliche Nachteile rückgängig machen kann.

3 (zur Zeit nicht besetzt)

B. Maß des Unterhalts nach der Lebensstellung (§ 1610 Abs. 1)

4 In dem in der Praxis zumeist vorkommenden **Unterhaltsschuldverhältnis Kinder/Eltern** (Deszendentenunterhalt) prägen die wirtschaftlichen Verhältnisse der Eltern die Lebensstellung des Kindes und bestimmen damit das Maß des diesem zustehenden Unterhalts i.S.v. § 1610.[2] Im Rahmen des **Deszendentenunterhalts** richtet sich der Lebensbedarf damit regelmäßig nach einer **abgeleiteten Lebensstellung**, während er im Rahmen des **Aszendentenunterhalts** immer **eigenständig** zu bestimmen ist.[3]

Haften mehrere Unterhaltsschuldner für den Bedarf eines Unterhaltsberechtigten, dann bestimmt sich deren anteilige Haftung nach § 1606 Abs. 3 Satz 1.

I. Elternunterhalt

5 Im Rahmen des **Elternunterhalts** wird der Lebensbedarf – jedenfalls die Grundbedürfnisse wie Wohnung, Nahrung, Kleidung, Mittel für die Teilnahme am sozialen und kulturellen Leben,

---

1 OLG Zweibrücken NJW 1997, 2390.
2 BGH FamRZ 1988, 1039, 1040; 2002, 815 = FuR 2002, 223.
3 BGH FamRZ 2003, 860 = FuR 2003, 275.

Kranken-, Unfall- und Pflegevorsorge,[4] darüber hinaus auch Mittel für individuelle Bedürfnisse oder für einen Mehrbedarf bei Behinderung – durch die **individuellen Einkommens- und Vermögensverhältnisse des betreffenden Elternteils** (eigenständig) auf denjenigen Betrag bestimmt, der für die jeweilige Lebenssituation des unterhaltsberechtigten Elternteils aufgewendet werden muss.[5] Da das Gesetz auf die jeweilige Lebensstellung des bedürftigen Verwandten abstellt, kommt es grundsätzlich darauf an, ob und ggf. welche **eigenständige** soziale und berufliche Stellung dieser individuell erreicht hat.

Allerdings sind im Rahmen des **Elternunterhalts** als »angemessener Unterhalt« i.S.d. § 1610 auch   **6** bei bescheidenen wirtschaftlichen Verhältnissen zumindest diejenigen Mittel anzusehen, die das **sozialhilferechtliche Existenzminimum** sicherstellen. Diese bilden die **Untergrenze** des Bedarfs. Oftmals werden diese Mittel auf Grund der eigenverantwortlichen Lebensführung der Eltern mit all ihren Risiken zugleich aber auch die **Obergrenze** des Lebensbedarfs darstellen, wenn er der jeweiligen Lebenssituation des unterhaltsberechtigten Elternteils entspricht,[6] oder aber wenn der betreffende Elternteil nicht ausreichend für sein Altersauskommen vorgesorgt hat. Die zur Ermittlung des Mindestbedarfs in den Unterhaltstabellen vorgesehenen und am sozialhilferechtlichen Existenzminimum ausgerichteten Eigenbedarfssätze eines unterhaltsberechtigten Ehegatten dürfen als **Orientierungsgrößen** herangezogen werden.[7] Unzulässig sind jedoch pauschal-vereinfachende Vergleiche (»Schematismus«[8]): Die tabellarischen Selbstbehaltsätze wurden für die vereinfachte Handhabung einer Vielzahl von Fällen zur Bemessung des Unterhalts innerhalb eines zerbrochenen Familienverbands entwickelt, können jedoch in ihrer pauschalen Festlegung von dem nach sozialhilferechtlichen Grundsätzen individuell zu bemessenden Existenzminimum erheblich abweichen.[9]

Die **Wohnsituation** eines Unterhalt begehrenden Elternteils wie auch seine **Pflegebedürftigkeit**   **7** bestimmen entscheidend auch seinen **Lebensbedarf**. Der »Regelbedarf« ist anzusetzen, wenn der Elternteil allein im **eigenen Haushalt** lebt. Eine Wohngemeinschaft mit seinem Ehegatten oder Partner führt regelmäßig zu einer Ersparnis der Lebenshaltungskosten und damit zur Minderung des Lebensbedarfs. Lebt der Unterhalt begehrende Elternteil im Heim, dann erhöhen die entstehenden Heim- und ggf. auch Pflegekosten seinen Lebensbedarf,[10] und zwar auch dann, wenn der Elternteil zwar noch zu Hause wohnt, aber auch dort auf fremde Hilfe und Pflege angewiesen ist. Darüber hinaus müssen die in einem Heim lebenden Hilfeempfänger zusätzlich zu den entstehenden Heimkosten Aufwendungen für Zeitschriften, Schreibmaterial, Körper- und Kleiderpflege bestreiten und sonstige Kleinigkeiten des täglichen Lebens finanzieren.[11]

Wählt der Unterhalt begehrende Elternteil ein Heim aus, besteht keine Obliegenheit, sich an den   **8** vom Sozialhilfeträger übernommenen Kosten zu orientieren.[12] Zu berücksichtigen sind vielmehr einerseits die bisherige Lebensstellung des Unterhaltsgläubigers sowie der im Heim gebotene Standard, andererseits die wirtschaftliche Lage auf Seiten der/des Unterhaltsschuldner/s. Der unterhaltsberechtigte pflegebedürftige Elternteil bzw. sein Betreuer sind bei der Auswahl eines Heimes daher frei, solange nicht angemessene Kosten überschritten werden.[13] Hat der betreffende Elternteil zuvor in einfachen Verhältnissen gelebt, ist bei der Heimauswahl lediglich eine kostengünstige

---

4 BGH FamRZ 2003, 860, 861 = FuR 2003, 275.
5 BGH FamRZ 2003, 860, 861 = FuR 2003, 275; zur Bedarfsbemessung vgl. auch Müller FPR 2003, 611.
6 BGH FamRZ 2004, 1370 = FuR 2004, 566.
7 BGH FamRZ 2003, 860, 861 = FuR 2003, 275.
8 Brudermüller NJW 2004, 633, 634.
9 BGHZ 156, 30 = BGH FamRZ 2003, 1466 = FuR 2004, 78.
10 BGHZ 152, 217 = BGH FamRZ 2002, 1698, 1701 = FuR 2003, 26 mit Anm. Klinkhammer; s. auch BGH FamRZ 1986, 48, 49 = FuR 2004, 566.
11 Vgl. BGH FamRZ 2004, 366, 369 m.w.N.; 2004, 1370 = FuR 2004, 566.
12 Bedenklich daher Müller FPR 2003, 611, 614; s. hierzu Brudermüller NJW 2004, 633, 634.
13 OLG Schleswig NJW-RR 2009, 1369.

Unterbringung geschuldet, wohingegen bei gutem Lebensstandard eine gehobenere Preisklasse gewählt werden darf, wenn die wirtschaftlichen Verhältnisse der/des Unterhaltsschuldner/s dies zulassen.[14] Ein Umzug in ein anderes Heim, nur um mit Eintritt in die Pflegestufe III Kosten zu sparen, ist einem Demenzkranken in der Regel nicht zuzumuten.[15]

II. Kindesunterhalt

9   **Unverheiratete unterhaltsberechtigte** – auch volljährige – **Kinder** haben – solange sie noch nicht über zur wirtschaftlichen Selbständigkeit erforderliches Einkommen und/oder Vermögen verfügen – grundsätzlich (noch) **keine eigene Lebensstellung**, sondern leiten ihren Lebensbedarf von den wirtschaftlichen Verhältnissen ihrer Eltern ab (»**abgeleitete Lebensstellung**«).[16] Sie erreichen erst dann eine **eigene Lebensstellung**, wenn sie durch eigene Einkünfte und/oder eigenes Vermögen wirtschaftlich selbständig werden, regelmäßig also erst dann, wenn sie eine Berufsausbildung abgeschlossen haben. Das behinderte volljährige Kind hat regelmäßig die Wahl, seinen Bedarf entweder abstrakt unter Anwendung der Tabellensätze (ggf. zuzüglich eines Mehrbedarfs) oder konkret (tatsächlich bestehender Bedarf) zu berechnen. Hat das behinderte Kind eine verselbständigte Lebensstellung erreicht, kann es einen den Eigenbedarfssätzen eines Ehegatten gleichgestellten Mindestbedarf geltend machen.[17]

10   Das unterhaltsberechtigte Kind muss deshalb auf Grund seiner vom Unterhaltsschuldner **abgeleiteten Lebensstellung** in aller Regel Einkommensminderungen des Unterhaltsschuldners hinnehmen,[18] nimmt aber auch an Steigerungen seines Einkommens in **angemessenem** Umfang teil. Geht etwa der barunterhaltspflichtige Elternteil eine neue Ehe ein, muss ein Kind mangels eigener Lebensstellung eine Schmälerung seines Unterhaltsanspruchs hinnehmen: Auch wenn der neue Ehegatte nicht erwerbstätig ist, darf der unterhaltspflichtige Elternteil grundsätzlich nicht so behandelt werden, als würde sein neuer Ehepartner seinen Unterhaltsbedarf durch eigene Erwerbstätigkeit decken.[19]

11   Hat das **volljährige** Kind nach Abschluss seiner Ausbildung bereits eine **eigene Lebensstellung**[20] erreicht, und wird es dann – etwa auf Grund Behinderung nach einem Unfall – **unterhaltsbedürftig**, dann teilt es nicht mehr die Lebensstellung seiner Eltern, sondern das Maß des Unterhalts bestimmt sich konkret nach seiner eigenen Lebensstellung.[21] Zur Bestimmung des **angemessenen Lebensbedarfs** werden aber auch hier **Pauschalsätze** herangezogen, die sich aus dem am Existenzminimum eines Alleinstehenden orientierten Grundbedarf und dem zusätzlichen, behinderungsbedingten Mehrbedarf zusammensetzen.[22]

---

14   OLG Schleswig FF 2004, 90.
15   OLG Schleswig NJW-RR 2009, 1369.
16   BGH FamRZ 1986, 151; s. auch Slapnicar FuR 2002, 350 ff.
17   OLG Brandenburg FamRZ 2008, 174.
18   OLG Zweibrücken FamRZ 2000, 765.
19   OLG Stuttgart OLGR 1999, 127.
20   A.A. OLG Hamm FamRZ 2004, 1061 – der Bedarf eines 34-jährigen geistig behinderten Kindes richte sich allein nach dem unterhaltsrechtlichen Existenzminimum, nicht hingegen nach Tabellen und Leitlinien, die von ihrer Zielrichtung her auf Minderjährige und junge Erwachsene, die sich noch in der Ausbildung befinden, zugeschnitten seien; auf die Frage, ob das behinderte Kind eine selbständige Lebensstellung erlangt hat, komme es in diesem Zusammenhang nicht an.
21   OLG Karlsruhe FamRZ 1986, 496; OLG Bamberg FamRZ 1994, 255.
22   BFHE 189, 449 = FamRZ 2000, 665; BFH/NV 2009, 728 – Treppenlift wegen unfallbedingter Querschnittslähmung als sofort erforderlicher Sonderbedarf; s. auch OLG Karlsruhe FamRZ 1986, 496; OLG Bamberg FamRZ 1994, 255 – Orientierung am Mindestbedarf im Rahmen des Ehegattenunterhalts nach der DT.

In **intakter Familie** leisten **beide Eltern** ihren Kindern zumeist – vom Taschengeld abgesehen – 12
Naturalunterhalt. Nach **Trennung/Scheidung** ihrer Eltern spaltet sich der Anspruch minderjähriger unverheirateter Kinder auf Deckung ihres gesamten Lebensbedarfs zumeist in einen **Anspruch**
auf **Betreuungs-** und in einen grundsätzlich gleichwertigen (§ 1606 Abs. 3 Satz 2) Anspruch auf
Barunterhalt auf.

1. Pauschalierung des Barbedarfs durch Tabellen/Leitlinien als Orientierungshilfen

Im Rahmen des **Kindesunterhalts** ist der Lebensbedarf auf Grund der abgeleiteten Lebensstellung 13
in der Regel pauschaliert tabellarisch (s. **Düsseldorfer Tabelle** [DT]) zu bestimmen.

Da sich der Barunterhaltsbedarf von Kindern von der Lebensstellung des/der barunterhaltspflichtigen Elternteil/s/e ableitet, ist er – wie auch diese originäre Lebensstellung – zwar **grundsätzlichkon-**
kret zu ermitteln.[23] In dem Bestreben, in der täglichen Praxis Unterhalt in sog. Normalfällen einfach
und gerecht zu bemessen und eine möglichst einheitliche Rechtsprechung zu ermöglichen, wurden
allerdings frühzeitig (Bedarfs-) Tabellen und Leitlinien als Hilfen für die Bemessung des Unterhalts
von Kindern entwickelt. Eine Vielzahl von **Unterhaltstabellen** und -leitlinien der **Oberlandesge-**
richte pauschalieren auf der Grundlage der jeweils geltenden Düsseldorfer Tabelle [DT] das Maß
des Unterhalts nach § 1610 Abs. 1 anhand des Alters des Kindes (»**Altersstufen**«) sowie des unterhaltsrelevanten Einkommens ranggleicher Unterhaltsschuldner (»**Einkommensgruppen**«). Alle
Tabellen differenzieren nach Altersstufen: 1. Altersstufe (0–5 Jahre), 2. Altersstufe (6–11 Jahre), 3.
Altersstufe (12–17 Jahre), 4. Altersstufe (über 18 Jahre) (»**6/12/18-Prinzip**«). Bei der Bemessung des
»angemessenen Unterhalts« (§ 1610 Abs. 1) orientiert sich die Praxis an diesen Tabellenwerken, weil
sie die Bemessung des Kindesunterhalts vereinfachen, aber auch einige unbestimmte Rechtsbegriffe
des Unterhaltsrechts (auch im Bereich des Ehegattenunterhalts) konkretisieren.

Eine **konkrete Ermittlung des Lebensbedarfs** von Abkömmlingen hat daher nur ausnahmsweise
dann zu erfolgen, wenn seitens des oder der Unterhaltsschuldner außergewöhnlich günstige wirtschaftliche Verhältnisse vorhanden sind, die die Einkommensgruppen der Tabelle deutlich übersteigen. Vgl. hierzu ausführlich Rdn. 45 ff.

Viele Oberlandesgerichte und auch das Kammergericht ergänzen das (jeweilige) Tabellenwerk 14
durch – teilweise sehr umfangreiche und ausführliche – Leitlinien zum Unterhaltsrecht.[24] Sie sollen die Rechtsprechung im jeweiligen Oberlandesgerichtsbezirk bzw. in den einzelnen Bundesländern (s. etwa SüdL)[25] vereinheitlichen (zur Vereinheitlichung des inhaltlichen Aufbaus: s. die bun-
deseinheitlichen Leitlinien – BuL).

Die im Jahr 2003 von der Unterhaltskommission des Deutschen Familiengerichtstags (DFGT) 15
erstellte »Bundeseinheitliche Leitlinienstruktur« wurde zum 01.01.2011 geändert. Dabei wurden
als neue Regelungspunkte Umgangskosten (Nr. 10.7), Bedarf bei mehreren Berechtigten nach
§ 1615l (Nr. 15.5), Begrenzung nach § 1578b (Nr. 15.7) und Bedarf des getrennt lebenden/
geschiedenen Ehegatten (Nr. 23) aufgenommen.

---

23 OLG Düsseldorf FamRZ 1991, 973.
24 Alle unterhaltsrechtlichen Tabellen und Leitlinien sind in dem Standardwerk »Schürmann, Tabellen zum
   Familienrecht (TzFamR)« zusammengestellt (31. Aufl. Stand: 2010).
25 Der Anwendungsbereich der SüdL erstreckt sich über mehrere Bundesländer: Alle Oberlandesgerichte in
   den Bundesländern Baden Württemberg und Bayern sowie das OLG Zweibrücken, wobei diese Leitlinien jeweils teilweise mit Modifikationen angewendet werden.

16 Der BGH[26] hat in ständiger Rechtsprechung die Verwendung solcher **Tabellen/Leitlinien** gebilligt, weil sie auf langjähriger allgemeiner Erfahrung beruhen und eine gleichmäßige Rechtsanwendung ermöglichen, sofern sie den anzuwendenden Rechtsgrundsätzen entsprechen und die Ergebnisse im Einzelfall angemessen sind. Allerdings komme diesen Tabellen und Leitlinien für die Rechtsanwendung keine Rechtsnormen vergleichbare Verbindlichkeit zu, so dass keinerlei richterliche Bindung an solche **Unterhaltstabellen** und/oder -leitlinien bestehe, vielmehr Anwendbarkeit und Anwendung im **Einzelfall** sorgfältig zu prüfen seien: Sämtliche Unterhaltstabellen und -leitlinien sind nur Hilfsmittel (»**Orientierungshilfen**«), die regelmäßig zur Ausfüllung unbestimmter Rechtsbegriffe im Unterhaltsrecht – etwa »angemessener« oder »notwendiger« Unterhalt – verwendet werden, um eine möglichst gleichmäßige Behandlung gleichartiger Lebenssachverhalte zu erreichen.[27]

17 Da die Tabellenwerte nur **Hilfsmittel** für die **Unterhaltsbemessung** sind, muss das mit ihrer Hilfe gefundene **Ergebnis** nach den jeweiligen Umständen des **Einzelfalles** stets auf seine **Angemessenheit** und **Ausgewogenheit** hin überprüft werden, ob also die vorhandenen Mittel gerecht verteilt sind, und zwar gleichgültig, ob es sich um einen sog. Mangelfall handelt oder nicht.[28] Darauf wird in den Anmerkungen zur Düsseldorfer Tabelle hinsichtlich des angemessenen Eigenbedarfs ausdrücklich hingewiesen.

18 Die Bemessung des Unterhalts darf sich daher nur dann an Tabellen und Leitlinien orientieren, wenn und soweit nicht **besondere Umstände** des jeweiligen **Einzelfalles** eine **abweichende Festsetzung** des Unterhalts erfordern.[29] Die in diesen Orientierungshilfen ausgewiesenen Richtsätze sind daher als **Erfahrungswerte** zu verstehen, die den Lebensbedarf des Kindes – ausgerichtet an den wirtschaftlichen Verhältnissen der Eltern und seinem Alter – auf der Grundlage durchschnittlicher Lebenshaltungskosten typisieren, um so eine möglichst gleichmäßige Behandlung gleicher Lebenssachverhalte zu erreichen.[30] Dies gilt auch, soweit für den Bedarf von Schülern, Auszubildenden und Studenten – jedenfalls für den Regelfall – feste Bedarfssätze vorgesehen sind.[31]

2. Düsseldorfer Tabelle (DT)

19 Grundlage aller – heute (nur noch) gebräuchlichen – Tabellenwerke ist nunmehr auch im Beitrittsgebiet die **Düsseldorfer Tabelle** zum Kindesunterhalt.[32] Sie hat keine Gesetzeskraft, sondern stellt eine Richtlinie dar.[33]

Seit 2008 beruht die Düsseldorfer Tabelle auf dem gem. § 1612a Abs. 1 geltenden Mindestunterhalt eines minderjährigen Kindes, der sich an dem in § 32 Abs. 6 EStG normierten **einkommensteuerlichen Existenzminimum** und nicht mehr an der Regelbetragsverordnung orientiert. Grundlage des **einkommensteuerlichen** Existenzminimums bildet dabei das **sächliche Existenzminimum**, das von der Bundesregierung im Abstand von zwei Jahren im sog. **Existenzminimum-Bericht** ermittelt und ausgewiesen wird. Das einkommensteuerliche und das sächliche Existenzminimum sind jedoch keineswegs deckungsgleich. Der Steuergesetzgeber hat sich vielmehr unter

---

26 BGH FamRZ 1983, 678 = FuR 2000, 481.
27 BGH FamRZ 1984, 374. = FuR 2000, 216; OLG Saarbrücken JAmt 2005, 425.
28 BGH FamRZ 1983, 473 = FuR 2000, 481; OLG Düsseldorf FamRZ 2001, 1724.
29 BGH FamRZ 1982, 365; Klingelhöffer ZRP 1994, 383, 385 zum gebotenen kritischen Umgang mit Tabellenwerten.
30 BGH FamRZ 1983, 473 = FuR 2000, 216.
31 BGH FamRZ 1986, 151; vgl. auch KG FamRZ 1985, 419; OLG Hamburg FamRZ 1984, 190.
32 Zu allen Tabellen s. Schürmann Tabellen zum Familienrecht (TzFamR); zur Geschichte und zum Inhalt der Düsseldorfer Tabelle s. auch Scholz FamRZ 1993, 125.
33 DT (2011) A Anm. 1.

dem Einfluss des zum 01.01.2010 in Kraft getretenen Wachstumsbeschleunigungsgesetzes[34] dazu entschieden, das einkommensteuerliche Existenzminimum abweichend vom sächlichen Existenzminimum auf jährlich 4.368,00 € (= 364,00 € monatlich) festzusetzen, indem es den steuerpflichtigen Eltern in § 32 Abs. 6 EStG einen Kinderfreibetrag in Höhe von 2.184,00 € pro Kopf/Jahr zugebilligt hat. Gegenüber dem Jahr 2009 hat dies zu einer deutlichen Erhöhung der Tabellenbeträge der DT geführt.

Die Düsseldorfer Tabelle steigert die **Eingangsstufe** (= **Mindestunterhalt**) stufenweise entsprechend den höheren Einkünften des Unterhaltsgläubigers auf höhere Tabellenbeträge. Diese decken grundsätzlich den gesamten Lebensbedarf des Kindes (ohne Vorsorge für Krankheit/Pflegebedürftigkeit) ab. Hierzu gehören die folgenden Bedarfspositionen: 20

- Kosten der Unterkunft (Bruttokaltmiete oder vergleichbare Kosten bei Wohneigentum)
- Heizkosten
- Energiekosten (Haushalt)
- Kosten für Kleidung, Lebensmittel (Ernährung), Körperpflege, Bildung, Haushaltsgegenstände sowie sonstige persönliche Bedürfnisse in Höhe der jeweiligen sozialhilferechtlichen Regelsätze.

Der hierfür zur Verfügung stehende gesetzliche Mindestbedarf eines Kindes beträgt derzeit 317 € in der ersten, 364 € in der zweiten und 426 € in der dritten Altersgruppe. Die Einkommensgruppen wurden seit der letzten Änderung zum 06.01.2010 unverändert beibehalten, ebenso die Bemessung des Unterhalts ab 5.101 € nach den Umständen des Einzelfalles.

Der Mindestunterhalt stellt eine feststehende (Mindest-) Bedarfsgröße dar, die der Unterhaltsbedürftige nicht gesondert darzulegen hat. Es besteht vielmehr eine dahingehende Vermutung, dass der Barbedarf des Unterhaltsberechtigten mindestens in Höhe des Mindestunterhalts besteht. Umgekehrt kann VKH nur in Höhe des Mindestunterhalts bewilligt werden, wenn das Unterhalt begehrende Kind nicht zum Einkommen seines barunterhaltspflichtigen Elternteils vorträgt.[35] (zur Zeit nicht besetzt) 21

(zur Zeit nicht besetzt) 22

Die **deutliche Erhöhung** der Tabellenbeträge der DT 2010 wurde durch **zwei Veränderungen** wieder relativiert: 23

1. Basis der DT ist nunmehr eine bestehende Unterhaltpflicht gegenüber zwei (statt bisher drei) Unterhaltsberechtigten-Aufgrund dieser Umstufung ist nunmehr der Bedarf des Kindes ab Einkommensgruppe 2 der nächstniedrigeren Einkommensgruppe zu entnehmen (**veränderte »Tabellenfamilie«**).
2. Die höheren Bedarfssätze der DT werden aufgrund der ebenfalls mit dem Wachstumsbeschleunigungsgesetz beschlossenen **Kindergelderhöhung** leicht abgemildert, nachdem auch künftig regelmäßig das hälftige Kindergeld von dem tabellarischen Bedarf des Kindes abgezogen werden darf.

Zum 01.01.2011 und 01.01.2013 wurde die Düsseldorfer Tabelle sodann erneut geändert. Die wesentlichen Änderungen bestanden dabei in einer **Erhöhung der Selbstbehaltsbeträge.** 24

So wurde der notwendige Eigenbedarf (Selbstbehalt) für Erwerbstätige, die gegenüber minderjährigen oder privilegiert volljährigen Kindern unterhaltspflichtig sind, von 900,00 € auf 1.000,00 € erhöht.

Die übrigen Selbstbehalte wurden maßgeblich unter Berücksichtigung der nicht so engen familiären Bindungen und wegen des geringeren Schutzbedürfnisses der unterhaltsberechtigten Erwach-

34 Vom 22.12.2009 – BGBl. I 3950.
35 OLG München FamRZ 2005, 1859 (Ls).

senen erhöht. So wurde der notwendige Eigenbedarf (Selbstbehalt) für Erwerbstätige, die gegenüber nicht privilegierten volljährigen Kindern unterhaltspflichtig sind, von 1.100,00 € auf 1.200,00 € angehoben. Der notwendige Eigenbedarf (Selbstbehalt) für Erwerbstätige, die gegenüber dem (geschiedenen) Ehegatten oder einem Elternteil eines gemeinsamen nichtehelichen Kindes unterhaltspflichtig sind, wurde von 1.000,00 € auf 1.100,00 € angehoben und der notwendige Eigenbedarf (Selbstbehalt) für Erwerbstätige, die gegenüber einem Elternteil unterhaltspflichtig sind, wurde von 1.400,00 € auf 1.600,00 € angehoben.

Für nicht erwerbstätige Unterhaltsverpflichtete würde der **Selbstbehalt von 770,00 € auf 800,00 €** angehoben.

Auch die Bedarfskontrollbeträge wurden auf 800,00 €/1.000,00 € für die Einkommensgruppe 1 und um jeweils 50,00 € auf 1.100,00 € bis 1.900,00 € für die Einkommensgruppen 2-10 erhöht. Der Bedarfskontrollbetrag gewährleistet eine ausgewogene Verteilung des Einkommens zwischen dem Unterhaltspflichtigen und den unterhaltsberechtigten Kindern, Ehegatten und Eltern, indem dem Unterhaltspflichtigen mit steigendem Einkommen auch selbst ein höherer Betrag verbleibt.

Als weitere Änderung wurde der angemessene **Gesamtunterhaltsbedarf eines Studierenden**, der nicht bei seinen Eltern wohnt, von 640,00 € auf 670,00 € erhöht. Darin sind statt bislang 270,00 €, nunmehr 280,00 € für Unterkunft einschließlich umlagefähiger Nebenkosten und Heizung (Warmmiete) enthalten. Dieser Bedarfssatz kann auch für ein Kind mit eigenem Haushalt angesetzt werden. Durch die Erhöhung wurde der Unterhaltsbedarf an den zum 01.10.2010 erhöhten BAföG-Höchstsatz angepasst.

25   Die DT 2010, 2011 und 2013 nebst Anmerkungen beruhen auf Koordinierungsgesprächen, die unter Beteiligung der Oberlandesgerichte Düsseldorf, Köln und Hamm und der Unterhaltskommission des Deutschen Familiengerichtstages e.V. stattgefunden haben. Außerdem wurden die Ergebnisse einer bei den übrigen Oberlandesgerichten durchgeführten Umfrage einbezogen.

26   Lebt das Kind im Ausland, können die auf die deutschen Lebensverhältnisse abgestimmten Werte der Düsseldorfer Tabelle nicht immer unbesehen übernommen werden. Vielmehr sind für die Höhe des Unterhaltsanspruchs diejenigen Geldbeträge maßgebend, die der Unterhaltsgläubiger an seinem Aufenthaltsort aufwenden muss, um den ihm gebührenden Lebensstandard aufrechtzuerhalten. Als Orientierungshilfe können insoweit sowohl die Ländergruppeneinteilung des Bundesfinanzministeriums zu § 33a EStG als auch die vom Statistischen Bundesamt herausgegebenen Werte zur **Verbrauchergeldparität** als Anhaltspunkt herangezogen werden. Welcher Anpassungsmethode der Vorzug zu geben ist, oder ob im Einzelfall ein vermittelnder Wert anzusetzen ist, lässt sich nicht für alle Fälle einheitlich beantworten, sondern ist von den jeweiligen Umständen des Einzelfalles abhängig.[36] Die hiermit verbundene Pauschalierung ist im Interesse der Praktikabilität, auch in der außergerichtlichen Beratungspraxis, hinzunehmen.[37]

a) Aufbau der DT

27   Die DT ist in **zehn Einkommensgruppen** und **drei Altersstufen** für minderjährige Kinder (bis Vollendung des 6./12./18. Lebensjahres) sowie in eine **vierte Altersstufe** für volljährige Kinder, die noch im Haus eines Elternteils leben, unterteilt. Die Beträge für Mindestunterhalt haben zum einen die Bedeutung einer Bezugsgröße, auf Grund derer die Kinder den für ihren individuellen Unterhaltsanspruch maßgebenden Prozentsatz errechnen können, zum anderen trifft ein minderjähriges Kind nur dann die Darlegungs- und Beweislast, wenn es einen höheren Unterhalt als den Mindestunterhalt i.S.d. § 1612a Abs. 1 geltend macht.[38]

---

36   OLG Hamm FamRZ 2006, 124 = FuR 2008, 502.
37   OLG Koblenz FamRZ 2007, 1592 – der Unterhaltsbedarf in Ecuador entspreche dem nach deutschen Verhältnissen bemessenen Bedarf zu lediglich einem Viertel.
38   OLG Koblenz, Urteil vom FamRZ 2009, 1075.

Der in der 6. Spalte jeder Einkommensgruppe ausgewiesene »**Prozentsatz**« (s. § 1612a.) drückt die   **28**
Steigerung des Richtsatzes der jeweiligen Einkommensgruppe gegenüber dem Basisbetrag (100 %
= Mindestunterhalt, 1. Einkommensgruppe) aus. Die durch Multiplikation des Regelbetrages mit
dem Prozentsatz errechneten Richtsätze sind entsprechend § 1612a Abs. 2 aufgerundet.[39] Der
Regelbetrag kann in Mangelfällen – sowohl im Vereinfachten wie auch im ordentlichen Verfahren – auch bei Bemessung des Unterhalts in einem Prozentsatz des Mindestunterhalts unterschritten werden (z.B. Unterhaltsanspruch in Höhe von 90 % des Mindestunterhalts).

b) Bedarfskontrollbeträge

Die DT enthält sog. **Bedarfskontrollbeträge**, die ab Gruppe 2 nicht mit dem Eigenbedarf (=   **29**
Selbstbehalt) identisch sind. Sie sind jedoch ein wichtiges Hilfsmittel für die zutreffende Anwendung der Tabelle: Sie belassen dem Unterhaltsschuldner denjenigen Betrag, der in einem **angemessenen Verhältnis** zu seinem **Einkommen** steht (»**Angemessenheitskontrolle**«)[40] und sollen so
die ausgewogene Verteilung des Einkommens zwischen dem Unterhaltsschuldner und den Unterhaltsgläubigern gewährleisten. Wird der Bedarfskontrollbetrag der jeweiligen Einkommensgruppe
unter Berücksichtigung (auch) des Ehegattenunterhalts (s. hierzu DT B. V. und VI.) unterschritten, dann ist der Tabellenbetrag für den Kindesunterhalt derjenigen niedrigeren Gruppe anzusetzen, deren Bedarfskontrollbetrag gewahrt ist (DT A. Anm. 6).[41] Der Einsatzbetrag für den **Kindesunterhalt** entspricht in der Regel dem Regelbetrag (= 1. Einkommensgruppe), da der Bedarfskontrollbetrag einer höheren Gruppe nicht gewahrt ist.

c) Stufungen innerhalb der Tabelle (Höher- bzw. Herabgruppierung)

Die in allen Tabellen nach Einkommensgruppen und Altersstufen ausgewiesenen (Unterhalts-)   **30**
Richtsätze stellen auf den **Standardfall** (»**Tabellenfamilie**«) ab: Der Unterhaltsschuldner hat **einem
Ehegatten** und **einem Kind** Unterhalt zu gewähren (s. DT A. Anm. 1). Bei **Abweichungen** vom
Standard »**Tabellenfamilie**«[42] (»einer größeren/geringeren Anzahl Unterhaltsberechtigter«)[43] sind
unter Beachtung des Bedarfskontrollbetrages (DT A. Anm. 6) **Ab-** oder **Zuschläge** durch Einstufung in niedrigere/höhere Gruppen vorzunehmen (DT A. Anm. 1).[44] Die Zu- oder Abschläge zum
Tabellenunterhalt sind also nicht durch die Richtsätze der nächsthöheren oder nächstniedrigeren
Gruppe beschränkt. Vielmehr soll durch eine Höher- oder Herabgruppierung in den Gehaltsstufen oder durch Bildung von individuell geschätzten Zu- oder Abschlägen eine den Besonderheiten
des Falles angemessene Unterhaltsbemessung erreicht werden.[45] Zur Deckung des notwendigen
Mindestbedarfs aller Beteiligten – einschließlich des Ehegatten – ist gegebenenfalls eine Herabstufung bis in die unterste Tabellengruppe vorzunehmen. Reicht das verfügbare Einkommen auch
dann nicht aus, erfolgt eine Mangelberechnung nach Abschnitt C.[46]

Die Einstufung in eine höhere oder niedrigere Gehaltsgruppe bei Anwendung der DT zur Ermittlung des Kindesunterhalts nach Tabellenwerten ist keine Rechtsfrage, sondern unterliegt **tatrichterlichem Ermessen**[47] im Rahmen der **Angemessenheitskontrolle**. Der Tatrichter kann die Einstufung mit Hilfe eines Bedarfskontrollbetrages vornehmen, eine der denkbaren Kontrollen, die ihm   **31**

---

39 DT A. Anm. 2.
40 Zur Bedarfskontrolle Scholz FamRZ 1998, 798 ff. m.w.N.
41 BGH FamRZ 2000, 1492 = FuR 2000, 481; OLG Stuttgart OLGR 1999, 127.
42 BGH FamRZ 2000, 1492 = FuR 2000, 481 – »Durchschnittsfall«.
43 DT A. Anm. 1.
44 S. etwa BGH FamRZ 1986, 151 – keine Höhergruppierung wegen unterdurchschnittlicher Unterhaltslast bei kostenintensiver doppelter Haushaltsführung getrennt lebender oder geschiedener Eltern.
45 BGH FamRZ 2000, 1492 = FuR 2000, 481.
46 DT A. Anm. 1.
47 BGH FamRZ 2000, 1492 = FuR 2000, 481; KG FamRZ 2001, 1479; OLG Saarbrücken JAmt 2005, 425.

bei der Überprüfung einer Unterhaltsbemessung auf ihre Angemessenheit und Ausgewogenheit nach den Umständen des Einzelfalles stets obliegt. Er kann die Angemessenheitskontrolle aber auch im Rahmen einer Ergebnisprüfung erst in einer letzten Stufe und ohne die von der Tabelle vorgegebenen festen Kontrollbeträge vornehmen. Welche dieser Methoden er wählt, bleibt seinem Ermessen überlassen.[48]

32 In dem unteren Bereich der Tabelle wird eine Höherstufung nur in Ausnahmefällen angezeigt sein; sie kommt insb. dann nicht in Betracht, wenn das Einkommen an der unteren Grenze einer Einkommensgruppe liegt.[49]

Wegen weiterer Einzelheiten zur DT, s. die Kommentierung zu § 1612a.

III. Bestimmung des Barbedarfs

33 Bei der Bestimmung des **Bedarfs** von Kindern ist zwischen **minderjährigen** und **volljährigen** (auch gem. § 1603 Abs. 2 Satz 2 privilegierten) Kindern zu differenzieren.

1. Bedarf des minderjährigen Kindes

34 Für den Barunterhaltsanspruch minderjähriger Kinder aus gescheiterten Ehen, die bei dem sie betreuenden Elternteil leben, sind regelmäßig die Einkommens- und Vermögensverhältnisse des anderen – **barunterhaltspflichtigen** – Elternteils maßgebend,[50] auch wenn der betreuende Elternteil über eigenes Einkommen verfügt, aber wegen § 1606 Abs. 3 Satz 2 nicht barunterhaltspflichtig ist,[51] jedenfalls wenn sich beide Elterneinkommen in einem mittleren Bereich halten.[52] Dies gilt auch dann, wenn ein Unterhaltsanspruch infolge von § 1606 Abs. 3 Satz 1 gegen den barunterhaltspflichtigen Elternteil nur auf Grund fiktiven Einkommens besteht.[53] Die Bemessung des in diesem Sinne angemessenen Unterhalts ist an den vorgenannten Tabellenwerten zu orientieren.[54] Auch ein über den **Mindestbedarf** des Kindes hinausgehender Unterhalt kann aus einem **fiktiv zugerechneten Einkommen** hergeleitet werden, wenn der Unterhaltsschuldner über längere Zeit tatsächlich Einkommen in entsprechender Höhe erzielt hat und davon der Lebensunterhalt der Familie bestritten wurde.[55]

35 Sind beide Eltern erwerbstätig und schulden beide Barunterhalt, dann ist für den Tabellenrichtsatz auf die **Summe** der **Einkünfte beider Elternteile** abzustellen.[56] Tatsächlich erbrachte **Betreuungs- leistungen** können jedoch auf den Unterhaltsanteil des betreuenden Elternteils **angerechnet** werden.[57]

36 Im Rahmen der Bemessung des Kindesunterhalts sind **Schulden** des barunterhaltspflichtigen Elternteils bereits bei der Ermittlung des Unterhaltsbedarfs von Bedeutung. Dies ergibt sich daraus, dass sich der für die Unterhaltsbemessung maßgebliche Lebensstandard (§ 1610 Abs. 1) bei minderjährigen Kindern ohne Einkünfte von den tatsächlich verfügbaren Mitteln ihrer Eltern ableitet.[58] Ob die Verbindlichkeiten unterhaltsrechtlich anzuerkennen sind, ist unter umfassender

---

48 BGH FamRZ 2000, 1492 = FuR 2000, 481.
49 So zutr. OLG Koblenz FamRZ 2000, 440 für die ersten beiden Einkommensgruppen.
50 BGH FamRZ 1981, 543 = FuR 2000, 216; 2001, 1601 = FuR 2001, 326.
51 BGH FamRZ 1981, 543.
52 BGH FamRZ 1986, 151.
53 BGH FamRZ 1992, 797; OLG Nürnberg FamRZ 2000, 687; s. auch Mayer/Mayer FamRZ 1994, 616.
54 BGH FamRZ 2001, 1601 = FuR 2001, 326, und ständig.
55 BGH NJWE-FER 2001, 7 = FuR 2001, 224 im Anschluss an BGH FamRZ 2000, 1358 = FuR 2001, 220.
56 BGH FamRZ 1988, 1039; OLG Hamm FamRZ 1991, 104; OLG Bamberg FamRZ 1995, 566.
57 BGH FamRZ 1994, 696.
58 BGH FamRZ 2002, 536, 537.

Interessenabwägung zu beurteilen, wobei es insb. auf den Zweck der Verbindlichkeit, den Zeitpunkt und die Art ihrer Entstehung, die Kenntnis von der Unterhaltsschuld und auf andere Umstände ankommt.[59] Dabei hat ein angemessener Ausgleich zwischen den Belangen des Unterhaltsgläubigers, des Unterhaltsschuldners und des Drittgläubigers zu erfolgen.[60]

Hat der Unterhaltsschuldner aus freien Stücken heraus seine Arbeitsbelastung so gewählt, dass er den von ihm gewünschten Lebensstandard decken kann, so kann er sich seinem unterhaltsberechtigten Kind gegenüber nicht darauf berufen, dass er ganz erhebliche überobligationsmäßige Überstunden geleistet hat, die bei der Unterhaltsberechnung nicht zu berücksichtigen sind. Es ist dann aber auch gerechtfertigt, dass der Unterhaltsschuldner Schulden, die er zur Finanzierung seines erhöhten Bedarfs aufgenommen hat, einkommensmindernd absetzen kann.[61] **37**

2. Bedarf des volljährigen Kindes

Mit **Eintritt** der **Volljährigkeit** endet die elterliche Sorge im Rechtssinne und als Teil hiervon die Pflicht zur Pflege und Erziehung des Kindes (§§ 1626, 1631). Zugleich tritt an die Stelle des entfallenen Betreuungsbedarfs ein erhöhter Barunterhaltsbedarf. Nunmehr besteht nach dem Gesetz kein rechtfertigender Grund mehr, weiterhin nur den bisher **allein barunterhaltspflichtigen Elternteil** mit dem nunmehr insgesamt in Form einer **Geldrente** zu entrichtenden Unterhalt zu belasten, wenn auch der **andere Elternteil** über Einkünfte verfügt, die ihm die Zahlung von Unterhalt ermöglichen.[62] Die Grundlage für eine Gleichbewertung von Betreuungs- und Barunterhalt (§ 1606 Abs. 3 Satz 2) ist ohne Rücksicht darauf entfallen, ob im Einzelfall etwa ein volljähriges Kind weiter im Haushalt eines Elternteils lebt und von diesem noch gewisse Betreuungsleistungen erhält.[63] **38**

An dieser gesetzlichen Wertung hat sich durch die Neufassung der § 1603 Abs. 2 und § 1609 durch das KindUG[64] nichts geändert. Zwar erstreckt sich die **gesteigerte Unterhaltspflicht** von Eltern seit 01.07.1998 unter den in § 1603 Abs. 2 Satz 2 genannten Voraussetzungen auch auf volljährige Kinder, Diese stehen nach § 1609 auch im Rang den minderjährigen Kindern des Unterhaltsschuldners gleich. Die in § 1606 Abs. 3 Satz 2 geregelte Gleichstellung von Bar- und Betreuungsunterhalt gilt jedoch weiterhin nur für minderjährige Kinder. Nur diesen gegenüber erfüllt der betreuende Elternteil seine Unterhaltspflicht in der Regel durch Pflege- und Erziehungsleistungen. Auch gegenüber **privilegierten volljährigen Kindern** sind demzufolge **beide Elternteile** grundsätzlich barunterhaltspflichtig.[65] Der Bedarf des privilegiert volljährigen Kindes ergibt sich aus der 4. Altersstufe der DT.[66] **39**

---

59 BGH FamRZ 1991, 182, 184.
60 OLG Koblenz OLGR 2005, 870.
61 OLG Köln FamRZ 2008, 1657.
62 BGHZ 164, 375 = BGH FamRZ 2006, 99 = FuR 2006, 76; BGH FamRZ 1994, 696, 698 f; 2002, 815, 816 f. = FuR 2002, 223; OLG Oldenburg NJW-RR 2000, 1458; OLG Hamm FamRZ 2000, 379, 380; OLG Nürnberg FamRZ 2000, 687, 688; unzutr OLG Rostock FamRZ 2002, 696 – die Gleichstellung des § 1603 Abs. 2 Satz 2 betrifft Rang und Leistungspflicht, nicht aber die (in § 1606 Abs. 3 Satz 1 geregelte) Anteilshaftung; im Übrigen: arg. § 1606 Abs. 3 Satz 2.
63 BGH FamRZ 1981, 541.
64 Vom 06.04.1998 – BGBl. I 666.
65 BGH FamRZ 2002, 815 = FuR 2002, 223 m.w.N. unter Hinweis auf BT-Drucks. 13/7338 S. 22 mit Anm. Miesen FF 2002, 98; ebenso OLG Bremen OLGR 1999, 48; FamRZ 1999, 1529; OLG Dresden NJW 1999, 797, 798; OLG Düsseldorf FamRZ 1999, 1215, 1216; OLG Hamm NJW 1999, 798; FamRZ 1999, 1018; OLGR 2000, 159; OLG Karlsruhe FamRZ 1999, 45, 46; OLG Nürnberg MDR 2000, 34; Schumacher/Grün FamRZ 1998, 778, 786; Strauss FamRZ 1998, 993, 995; Krause FamRZ 2000, 660; Wohlgemuth FamRZ 2001, 321, 328; a.A. OLG Naumburg FamRZ 2001, 371.
66 OLG Hamm FamRZ 1999, 1018; vgl. auch alle unterhaltsrechtlichen Leitlinien der OLGe.

40 Dagegen kann auch nicht eingewandt werden, auch privilegierte volljährige Kinder bedürften nach ihrer Lebensstellung zwar nicht mehr der Erziehung, wohl aber noch der Pflege, etwa durch Zubereiten von Mahlzeiten, Instandhaltung der Wohnung und dergleichen.[67] Der BGH[68] hält es bereits für wenig überzeugend, für die Beurteilung solcher Betreuungsleistungen entscheidend darauf abzustellen, ob sie für ein privilegiertes volljähriges Kind oder für einen volljährigen Schüler erbracht werden, der etwa eine Schulausbildung zum Zwecke der beruflichen Qualifikation absolviert und deshalb die Voraussetzungen des § 1603 Abs. 2 Satz 2 nicht erfüllt, so dass die anteilige Haftung der Eltern für den Barunterhalt des letzteren nicht in Frage steht. Jedenfalls scheitere eine vom Wortlaut des § 1606 Abs. 3 Satz 2 abweichende Behandlung von Betreuungsleistungen für ein privilegiertes volljähriges Kind an dem eindeutigen Willen des Gesetzgebers.

41 Bezüglich des **Bedarfs** eines **volljährigen Kindes** ist zu unterscheiden, ob es noch im **Haushalt** seiner **Eltern**/eines **Elternteils** lebt oder ob es einen **eigenen Hausstand** hat.

a) Kind im Haushalt seiner Eltern/eines Elternteils

42 Für volljährige, auch gemäß § 1603 Abs. 2 Satz 2 privilegierte Kinder (bis max. 21 Jahre), die noch im Haushalt der Eltern oder eines Elternteils wohnen, gilt die Altersstufe 4 der Düsseldorfer Tabelle. Die Lebensstellung des Kindes, also sein angemessener Unterhaltsbedarf, bestimmt sich nunmehr nicht mehr allein nach dem Einkommen des früher allein barunterhaltpflichtigen Elternteils, sondern nach den **zusammengerechneten Einkünften beider Elternteile,**[69] die beide **anteilig** nach ihren Erwerbs- und Vermögensverhältnissen für den nunmehr erhöhten Barunterhalt des Kindes aufzukommen haben (§ 1606 Abs. 3 Satz 1), auch wenn dieses noch bei einem Elternteil lebt, da die Einkommen beider Eltern regelmäßig die Lebensstellung des Kindes beeinflussen.[70] Überobligatorisches Einkommen ist nicht heranzuziehen.[71] Die Sicherung des Existenzminimums ist für volljährige Kinder durch eine entsprechende Bemessung nach der ersten Einkommensgruppe in der 4. Altersstufe der Düsseldorfer Tabelle sicherzustellen.[72]

b) Volljähriges Kind mit eigenem Hausstand

43 Der Lebensbedarf volljähriger Schüler, Auszubildender und Studenten mit **eigenem Hausstand** ist nach **festen Regelbedarfssätzen** je nach den in den einzelnen OLG-Bezirken herangezogenen Tabellen/Leitlinien zu bemessen, jeweils zuzüglich der Beiträge zur (privaten) Kranken- und Pflegeversicherung.[73] Von diesem Betrag kann bei Besonderheiten, etwa bei erhöhtem Bedarf oder mit Rücksicht auf die Lebensstellung der Eltern, abgewichen werden. Dieser Festbetrag deckt den gesamten Bedarf des Kindes ab, insb. Verpflegung, Wohnung, Fachliteratur und Fahrten zum Studienort, nicht aber Studiengebühren.[74] Letztere stellen im Gegensatz zu den Semesterbeiträgen[75] unterhaltsrechtlich Mehrbedarf dar.[76]

---

67 So aber Johannsen/Henrich/Graba § 1606 Rn. 9.
68 FamRZ 2002, 815 = FuR 2002, 223.
69 S. etwa BGH FamRZ 2002, 815 = FuR 2002, 223.
70 S. etwa BGH FamRZ 1986, 151 zum Barunterhaltsanspruch eines volljährigen Kindes, das im Haushalt eines Elternteils lebte und Ausbildungsvergütung bezog; 1994, 696; BGHZ 163, 84 = BGH FamRZ 2005, 1817 = FuR 2005, 555.
71 A.A. OLG Koblenz FamRZ 2004, 829 = FuR 2004, 320.
72 BGH FamRZ 2007, 542 = FuR 2007, 163.
73 BGHZ 163, 84 = BGH FamRZ 2005, 1817 = FuR 2005, 555; s. hierzu auch schon KG FamRZ 1985, 419; OLG Hamburg FamRZ 1984, 190.
74 OLG Koblenz NJW-RR 2009, 1153; Studiengebühren für den Besuch einer (privaten) Hochschule sind weder nach § 33a Abs. 2 noch nach § 33 EStG als außergewöhnliche Belastung abziehbar, so BFH DStR 2010, 314.
75 OLG Düsseldorf FamFR 2012, 367.
76 DT 2011 Anm. A9.

Der Unterhaltsbedarf eines volljährigen **behinderten** Kindes mit eigenem Hausstand entspricht 44
dem notwendigen Selbstbehalt eines erwerbstätigen bzw. nichterwerbstätigen Unterhaltsschuldners, ist aber nicht mit dem Bedarf nach §§ 43 ff. SGB XII (Grundsicherungsleistungen) identisch.[77] Infolge **Behinderung verursachter Mehrbedarf** kann hinzukommen: So kann etwa ein
volljähriges querschnittsgelähmtes Kind den infolge der Behinderung verursachten Mehrbedarf als
besonderen Umstand bei der Unterhaltsbemessung geltend machen.[78] Macht das Kind Mehrbedarf geltend, muss es konkret darlegen und nachweisen, worin dieser Mehrbedarf besteht, und
warum er unterhaltsrechtlich berechtigt ist. Die zusätzlichen Aufwendungen sind für den in
Betracht kommenden Zeitraum detailliert und nachvollziehbar aufzuschlüsseln.

c) Überdurchschnittliche wirtschaftliche Verhältnisse der Eltern/Konkrete Bedarfsbemessung

Es gibt zwar grundsätzlich keine festgeschriebene Obergrenze für den Kindesunterhalt. Dennoch 45
sind die Einkommensgruppen der Tabellen nach oben begrenzt: Für ein 5.101 € übersteigendes
Nettoeinkommen verweist die DT (Stand 01.01.2011) auf die Bemessung »nach den Umständen
des Falles«. Eine solche **Pauschalierungsgrenze** ist sachgerecht und erlaubt.[79] Es handelt sich dabei
allerdings **nicht** um eine allgemeine **Sättigungsgrenze**, die den Unterhaltsanspruch pauschal nach
oben hin begrenzt. Es hat vielmehr eine Bedarfsbemessung anhand der jeweiligen Umstände des
Einzelfalls zu erfolgen.

Übersteigt das maßgebende Elterneinkommen den Höchstsatz der DT, dürfen die für die oberste 46
Einkommensgruppe geltenden **Bedarfssätze daher nicht schematisch fortgeschrieben** werden.[80]
Zutreffend rechtfertigt der BGH[81] die Notwendigkeit einer **konkreten Bedarfsermittlung** bei
hohen Einkommen nicht nur mit der Gefahr einer Zweckentfremdung des ausschließlich zur
Bedarfsdeckung des Kindes bestimmten Unterhalts, sondern auch mit der Schwierigkeit, bei
erheblich über dem Durchschnitt liegenden Lebensverhältnissen der Eltern einen diesen Verhältnissen angemessenen Lebenszuschnitt der Kinder zu ermitteln und – als Richtsatz – pauschalie-
rend zu verallgemeinern.

Übersteigen die monatlichen Nettoeinkünfte des Unterhaltsschuldners den Höchstsatz der Düsseldorfer Tabelle um fast **das Doppelte**, hat das OLG Hamm[82] einen erhöhten Bedarf für Freizeitgestaltung (Musikunterricht und Sportaktivitäten) anerkannt. Das OLG Brandenburg hat die
Eigenanteile für die Anschaffung von Brillengläsern bei starker Fehlsichtigkeit des Kindes als (konkreten) Mehrbedarf angesehen.[83]

Bei **überdurchschnittlich guten Einkommensverhältnissen** des **Unterhaltsschuldners** ist einerseits 47
zu berücksichtigen, dass sich Kinder und Heranwachsende auf dem Weg zur wirtschaftlichen
Selbständigkeit befinden. Der Kindesunterhalt hat hier die Aufgabe, den gesamten (ggf. auch
gehobenen) Lebensbedarf eines Kindes oder Heranwachsenden sicherzustellen.[84] Allerdings muss
auch bei höherem Elterneinkommen sichergestellt bleiben, dass Kinder in einer ihrem Alter entsprechenden Weise an einer Lebensführung teilhaben, die der besonders günstigen wirtschaftlichen Situation ihrer Eltern entspricht, an die sie sich vielfach im Zusammenleben mit ihren Eltern

---

77 OLG Brandenburg FPR 2004, 474 (Ls).
78 OLG Hamm FamRZ 2006, 640.
79 BGH FamRZ 2000, 358 = FuR 2000, 216; so auch OLG Frankfurt FamRZ 1993, 98; OLG Hamm
    FamRZ 1997, 310; OLG Düsseldorf FamRZ 1998, 1191; a.A. noch OLG Köln FamRZ 1992, 715; s.
    auch OLG Düsseldorf FamRZ 1994, 767; OLG Hamm FamRZ 1995, 1005.
80 BGH FamRZ 1969, 205 = FuR 2001, 326.
81 BGH FamRZ 2000, 358 = FuR 2000, 216.
82 OLG Hamm FamRZ 2010, 2080.
83 OLG Brandenburg FamRZ 2012, 1399.
84 OLG Nürnberg ZFE 2004, 217 (Ls) – Ausbildungsunterhalt für eine volljährige Tochter in Höhe von
    865 € bei Bruttoeinkommen des unterhaltspflichtigen Vaters von 15.000 €.

gewöhnt haben, und die ihnen auch nach der Trennung ihrer Eltern grundsätzlich erhalten bleiben soll. Wie dieser Lebensstil im einzelnen beschaffen ist, welche Bedürfnisse des Kindes auf seiner Grundlage zu befriedigen sind, und welche Wünsche des Kindes als bloße Teilhabe am Luxus nicht erfüllt werden müssen,[85] kann nur im **Einzelfall** unter **Würdigung** der **besonderen Verhältnisse** der **Betroffenen** festgestellt werden, wobei auch auf die Gewöhnung des Unterhaltsgläubigers an einen von seinen Eltern während des Zusammenlebens gepflogenen **aufwendigen Lebensstil** zu achten ist.[86] Der erhöhte Bedarf kann in der Regel unter Heranziehung des Mehrbetrags errechnet werden, der sich aus der Gegenüberstellung besonderer Bedürfnisse des Kindes mit bereits von den Richtwerten der DT erfassten Grundbedürfnissen ergibt und unter Zuhilfenahme allgemeinen Erfahrungswissens nach Maßgabe der §§ 113 FamFG, 287 ZPO geschätzt werden kann.[87]

48 Jenseits der allgemeinen richterlichen Erfahrungswerte, die in der DT zum Ausdruck kommen, muss der Unterhaltsgläubiger diese Gesamtumstände und Bedürfnisse, aus denen er seinen Bedarf ableitet, konkret (substantiiert) darlegen und im Falle des Bestreitens beweisen.[88] Dabei dürfen an die **Darlegungslast** keine übertriebenen Anforderungen gestellt werden, da sonst die Gefahr besteht, dass der Kindesunterhalt auch bei einem 5.101 € übersteigenden Elterneinkommen faktisch auf den für die höchste Einkommensgruppe der Düsseldorfer Tabelle geltenden Richtsatz **festgeschrieben** wird.

49 Dem höheren Unterhalt begehrenden Kind darf im Regelfall nicht angesonnen werden, seine gesamten – auch elementaren – Aufwendungen in allen Einzelheiten spezifiziert darzulegen.[89] Der Unterhaltsgläubiger darf sich daher regelmäßig darauf beschränken, besondere oder besonders kostenintensive Bedürfnisse zu belegen und darzutun, welche Mittel zu deren Deckung notwendig sind.[90] Im Übrigen kann der zur Deckung erforderliche Betrag unter Heranziehung des Mehrbetrages berechnet werden, der sich aus der Gegenüberstellung solcher besonderer Bedürfnisse mit bereits von den Richtwerten der DT erfassten Grundbedürfnissen ergibt, und unter Zuhilfenahme allgemeinen Erfahrungswissens nach Maßgabe des § 287 ZPO bestimmt werden.[91] Eine solche Schätzung ist jedoch verfahrensfehlerhaft, wenn sie auf grundsätzlich falschen oder offenbar unsachlichen Erwägungen beruht, oder wenn sie wesentliches tatsächliches Vorbringen außer Betracht gelassen hat.[92] Es obliegt dem Unterhaltsberechtigten, substantiiert eine zuverlässige Schätzgrundlage darzulegen.[93]

50 Lebt das volljährige Kind **vermögender** Eltern weiterhin im Haushalt eines Elternteils, dann können die bisherigen Grundsätze für die Bedarfsbemessung herangezogen werden, die in den Jahren unmittelbar vor Eintritt der Volljährigkeit einvernehmlich praktiziert worden sind. Hat der barunterhaltspflichtige Elternteil in diesem Zeitraum Barunterhalt geleistet, der bescheidener war als es seiner Einkommenslage entsprochen hätte, so muss der Unterhaltsgläubiger dartun, welche Änderung in seiner bisherigen Lebensstellung eingetreten ist, die einen nunmehr abweichenden und am Einkommen des Unterhaltsschuldners orientierten Unterhaltsanspruch rechtfertigt.[94]

---

85 Vgl. dazu etwa BGH FamRZ 1983, 473, 474 (Nr. 13) – kein Anspruch auf »Teilhabe am Luxus«.
86 BGH FamRZ 2001, 1603 = FuR 2001, 326.
87 OLG Schleswig FamRZ 2012, 990 – mit Einzelheiten zur Berechnung des konkr. Bedarfs.
88 BGH FamRZ 2000, 358 = FuR 2000, 216; 2001, 1603 = FuR 2001, 326.
89 BGH FamRZ 2001, 1603 = FuR 2001, 326.
90 S. etwa die Checkliste des OLG Köln FamRZ 1994, 1323 – betr. Ehegattenunterhalt.
91 BGH FamRZ 2000, 358 = FuR 2000, 216; 2001, 1603 = FuR 2001, 326 zu einer Schätzung der Mehrkosten einer Ausbildung als Konzertpianist.
92 BGH FamRZ 2001, 1603 = FuR 2001, 326.
93 OLG Brandenburg FamRZ 2012, 1399.
94 OLG Bamberg FamRZ 2000, 312.

d) Minderung des Unterhaltsbedarfs des Kindes

Von dem nach den jeweiligen Tabellen/Leitlinien tatrichterlich festzusetzenden Unterhaltsbedarf 51
des Kindes werden zunächst **bedürftigkeitsmindernd** das **staatliche Kindergeld** (§§ 62 ff., 32
EStG, § 1612b) abgesetzt, sodann alle **zumutbar** erzielten eigenen **Einkünfte des Kindes** (auch
BAföG-Darlehen, Ausbildungsbeihilfen, Waisenrente u.a.), gekürzt um ausbildungsbedingte Aufwendungen.[95] Außerdem ist das volljährige Kind verpflichtet, zur Minderung seines Unterhaltsbedarfs den **Stamm seines Vermögens** einzusetzen (s. § 1602).[96]

Der Abzug erfolgt während der Minderjährigkeit hälftig, nach Eintritt der Volljährigkeit in voller
Höhe. Das Erwerbseinkommen ist im Rahmen tatrichterlichen Ermessens um berufsbedingte
Aufwendungen zu bereinigen, wobei auch insoweit auf **pauschalierende Berechnungsmethoden**
zurückgegriffen werden darf.[97] Solche Aufwendungen werden vernünftigerweise in der Regel mit
5% des Nettoeinkommens angesetzt. Die (gesamten) Aufwendungen sind allerdings im Einzelnen
darzulegen, nachzuweisen und gegebenenfalls nach § 287 ZPO zu schätzen, wenn höhere Aufwendungen geltend gemacht werden, oder aber wenn ein Mangelfall vorliegt.[98]

Erzielt das Kind **Einkünfte aus unzumutbarer Erwerbstätigkeit**, so gilt § 1577 Abs. 2 entsprechend.

Bei **besonders hohen Fahrtkosten** kann die **Ausbildungsvergütung** um die zusätzlich gezahlten 52
Fahrtkosten erhöht und davon dann der höhere pauschale ausbildungsbedingte Mehrbedarf abgesetzt werden.[99] Wird ein minderjähriges Kind nach dem Tode seiner Mutter von seinen Großeltern oder von einem Großelternteil betreut und versorgt, so erhöht sich dadurch zwar grundsätzlich der Barunterhaltsbedarf des Kindes nicht. Die Eigeneinkünfte des Kindes sind allerdings –
wie bei persönlicher Betreuung durch einen Elternteil – nur teilweise auf den Barunterhaltsbedarf
anzurechnen.[100]

BAföG-Leistungen sind als **unterhaltsrechtliches Einkommen** anzurechnen und mindern die 53
Bedürftigkeit des Kindes, soweit sie als Regelleistungen bezogen werden, nicht jedoch, wenn sie
als Vorausleistung gewährt werden, weil ein Elternteil keinen oder unzureichenden Unterhalt
bezahlt.[101] Für einen Studierenden besteht die Obliegenheit, einen **BAföG-Antrag** zu stellen.[102]
Ändert sich die finanzielle Situation der Eltern, so kann das Kind auch verpflichtet sein, eine
Abänderung des zunächst ablehnenden BAföG-Bescheids nach § 53 BAföG zu beantragen.[103]

Hat das Kind auf bestimmte, ihm von Seiten Dritter gewährte **freiwillige Zuwendungen** keinen 54
Anspruch, dann hängt eine den Unterhaltsschuldner entlastende Wirkung von der Willensrichtung des Zuwendenden ab.[104] Will dieser mit seinen überobligationsmäßigen Leistungen den
anderen Teil nicht entlasten, dann ist nach der Lebenserfahrung anzunehmen, dass hiermit ausschließlich eine Unterstützung des Unterhaltsgläubigers beabsichtigt war.[105]

---

95 BGH FamRZ 1980, 1109, 1111 = FuR 2006, 510; a.A. noch OLG Stuttgart FamRZ 2006, 59.
96 BFH/NV 2009, 728 – die Verwertung oder Beleihung einer maßvollen (ca. 55.000 €) Unfallversicherung könne aber unzumutbar sein, wenn das ansonsten vermögenslose und einkommenslose Kind
darauf für seinen weiteren Unterhalt und seine Altersvorsorge angewiesen ist.
97 BGH FamRZ 2006, 108 = FuR 2006, 75 (Berufungsurteil: OLG Naumburg OLGR 2003, 297).
98 BGH FamRZ 2002, 536, 537 = FuR 2006, 75.
99 BGHZ 164, 375 = BGH FamRZ 2006, 99 = FuR 2006, 76; OLG Brandenburg NJW 2008, 84 – Ausbildungsvergütung sowie Erstattungen für ausbildungsbedingte Kosten (hier: Pendlerpauschale).
100 OLG Karlsruhe FamRZ 1993, 1353 – Anrechnung (nur) zur Hälfte.
101 OLG Brandenburg FuR 2007, 570.
102 OLG Thüringen FuR 2009, 647; grundlegend BGH FamRZ 1985, 916.
103 OLG Karlsruhe NJW-RR 2010, 8.
104 Hierzu BGH FamRZ 1985, 584, 585 m.w.N.
105 BGH FamRZ 1986, 151 m.w.N.

55 Die einem Studenten gezahlte **Eigenheimzulage** ist in vollem Umfange als bedarfsdeckendes Einkommen zu berücksichtigen, sofern der unterhaltsberechtigte Student die Kreditbelastung nicht selbst trägt.[106]

3. Darlegungs- und Beweislast für den Unterhaltsbedarf

56 Darlegungs- und beweispflichtig für die Höhe des Bedarfs, die sich bei **minderjährigen Kindern** nach den Einkommensverhältnissen des barunterhaltspflichtigen Elternteils richtet, von dem das Kind seine Lebensstellung ableitet, ist das minderjährige Kind. Eine Ausnahme hiervon besteht lediglich dann, wenn nur der **Mindestbedarf nach § 1612a** verlangt wird.[107] In diesem Fall hat der Unterhaltspflichtige seine behauptete Leistungsunfähigkeit nachzuweisen.[108]

Die Darlegungs- und Beweislast für den Bedarf eines (**privilegiert**) **volljährigen Kindes** trägt das unterhaltsberechtigte Kind. Im Falle eines Abänderungsverfahrens gilt dies auch für den Fortbestand des zur Zeit der Minderjährigkeit erstellten Unterhaltsanspruchs wie auch auf die Haftungsanteile des die Abänderung begehrenden Elternteils und des nach Eintritt der Volljährigkeit ebenfalls barunterhaltspflichtig gewordenen, bislang betreuenden Elternteils. Insoweit ist (auch) Vortrag zu halten zu den Einkommens- und Vermögensverhältnissen des nicht am Verfahren beteiligten Elternteils.[109]

IV. Ermittlung der (anteiligen) Haftungsquoten der Eltern

57 Für den **Bedarf** des **volljährigen Kindes** haften seine Eltern **anteilig** nach dem **Verhältnis** ihrer **verfügbaren Einkommen** (§ 1606).[110] Der BGH[111] geht davon aus, dass jedenfalls bei nicht unterdurchschnittlichen Einkünften keine schematische Quotierung proportional zur Höhe der beiderseitigen Einkommen vorzunehmen, sondern eine **wertende Betrachtung** geboten ist, die die unterschiedliche Belastung der Bezieher unterschiedlich hoher Einkünfte vermeidet.[112] In welcher Weise dies geschieht, unterliegt weitgehend der Beurteilung des Tatrichters. Eine billigenswerte Methode, um dem Rechnung zu tragen, bestehe – so der BGH – darin, die Haftungsquoten erst nach dem Abzug der für den eigenen Unterhalt erforderlichen Beträge nach dem Verhältnis der verbleibenden Mittel zu bestimmen, wie es einer verbreiteten Praxis entspricht.[113]

58 Will ein seinem volljährigen Kind barunterhaltspflichtiger Elternteil für dieses Ersparnisse bilden (etwa sog. Ausbildungsversicherungen), kann er dies zwar im Einverständnis des Kindes unter Anrechnung auf seinen ohne diese Leistungen zu ermittelnden Unterhaltsanteil tun bzw. diese aus dem ihm verbleibenden Teil des Einkommens erbringen. Keinesfalls dürfen entsprechende Leistungen – jedenfalls bei Einkünften verhältnismäßig geringfügiger Größenordnung – zu einer Verschiebung der Haftungsquote zu Lasten des anderen Unterhaltsschuldners führen.[114] Ist einem Elternteil die Veräußerung einer ererbten Immobilie nur deshalb möglich, weil das unterhaltsberechtigte volljährige Kind auf die insoweit angeordnete Nacherbschaft verzichtet hat, muss er den

106 OLG Hamm ZFE 2006, 276 (Ls).
107 OLG Koblenz FamRZ 2009, 1075.
108 BGH FamRZ 2002, 536, 538.
109 OLG Bremen NJW 2011, 2596.
110 BGH ständig, zuletzt FamRZ 2009, 762 = FuR 2009, 409 zur Berechnung der anteiligen Haftung von Eltern für den Unterhalt eines volljährigen Kindes, wenn ein Elternteil seinem Ehegatten Familienunterhalt schuldet.
111 FamRZ 1986, 151 = FuR 2002, 223.
112 Ausführlich zu den Haftungsanteilen der einem volljährigen Schüler unterhaltspflichtigen Eltern s. Hauß FamRB 2002, 195.
113 BGH FamRZ 1986, 151 m.w.N.
114 OLG Hamm FamRZ 1999, 43 – Vermögensbildung in Form von Lebensversicherungen und Bausparleistungen.

erzielten Übererlös zur Aufstockung seines geringen Einkommens verwenden, um sich in angemessenem Umfange gemäß § 1606 Abs. 3 Satz 1 am Unterhalt des Kindes zu beteiligen.[115]

Macht der Träger der Ausbildungsförderung auf ihn nach § 37 Abs. 1 BAföG übergegangene (Ausbildungs-) Unterhaltsansprüche des volljährigen Kindes gegen seine Eltern geltend, dann ist der Haftungsanteil eines nicht erwerbstätigen Elternteils nicht zu berücksichtigen.[116] 59

1. Volljähriges, gem. § 1603 Abs. 2 S. 2 privilegiertes Kind

Die **jeweiligen Haftungsanteile** gleichrangiger Unterhaltsschuldner sind vielfach **mehrstufig** zu ermitteln.[117] Der Steuervorteil aus einer neuen Ehe ist dem Einkommen des Unterhaltsschuldners hinzuzurechnen, da die Kinder ihren Bedarf von der Lebensstellung der Eltern ableiten.[118] Bei der Ermittlung des für die Berechnung des Bedarfs eines privilegiert volljährigen Kindes (s. § 1603 Abs. 2 Satz 2) maßgebenden Einkommens ist der an minderjährige Kinder zu zahlende Unterhalt **nicht vorab abzusetzen**.[119] Bei der Bestimmung des von den Eltern jeweils zu tragenden Anteils des auf diese Weise ermittelten Unterhalts des privilegiert volljährigen Kindes ist die Unterhaltszahlung an minderjährige Kinder jedoch in der Weise zu berücksichtigen, dass nur der Anteil des Einkommens des auf Zahlung in Anspruch genommenen Elternteils in die Anteilsberechnung eingestellt wird, der dem Verhältnis des Bedarfs des volljährigen Kindes zum Gesamtunterhaltsbedarf aller Kinder entspricht.[120] 60

a) Keine Mangellage

Liegt keine Mangellage vor, dann sind im Rahmen der Ermittlung des Unterhalts für ein privilegiertes volljähriges Kind (§ 1603 Abs. 2 Satz 2) die folgenden Prüfungsschritte erforderlich: 61

- **1. Berechnungsstufe:** Zunächst sind die Zahlbeträge für gleichrangige Unterhaltsgläubiger von dem unterhaltsrelevanten Einkommen abzuziehen. **Betreuung** minderjähriger Kinder (**Unterhaltsleistungen** in **natur**) schmälert das Einkommen des betreffenden Elternteils und damit seine finanzielle Leistungsfähigkeit nicht. Sie darf auch nicht in Barunterhalt umgerechnet und vom Einsatzeinkommen abgezogen werden. Allerdings ist zu prüfen, ob und ggf. inwieweit diesem Elternteil **neben** der **Kindesbetreuung** eine **Erwerbstätigkeit zumutbar** ist.
- **2. Berechnungsstufe:** Sodann ist der für den eigenen Unterhalt erforderliche Betrag (der **angemessene Selbstbehalt** = Eigenbedarf), den der Tatrichter in Anlehnung an die in seinem OLG-Bezirk verwendeten Tabellen/Leitlinien zu ermitteln hat,[121] abzusetzen.[122]
- **3. Berechnungsstufe:** Das verbleibende Resteinkommen der/des Unterhaltsschuldner/s ist sodann zum Unterhaltsbedarf des Unterhaltsgläubigers ins Verhältnis zu setzen;[123] entsprechend sind die **Haftungsquoten** für den Elementarunterhalt zu bestimmen, weil sonst der weniger verdienende Teil im Verhältnis zum anderen benachteiligt wäre.[124]

115 OLG Schleswig FamRZ 2003, 180.
116 KG FamRZ 2005, 1868.
117 Zur Berechnung der Haftungsquote beim Volljährigenunterhalt s. auch OLG Hamburg FamRZ 2003, 180.
118 OLG Köln FamRZ 2007, 1119 = FuR 2007, 88.
119 OLG Stuttgart FF 2012, 333; FamFR 2012, 225; FamRZ 2007, 75; OLG Hamm FamRZ 2010, 1346.
120 OLG Koblenz FamRZ 2004, 829 = FuR 2004, 320.
121 OLG Hamm FamRZ 1999, 1018; OLG Braunschweig FamRZ 1999, 1453; s. auch Krause FamRZ 2000, 660.
122 Vgl. hierzu ausführlich oben, § 1606 Rn. 15.
123 BGH FamRZ 1986, 153.
124 BGH FamRZ 1986, 151; 1986, 153; OLG Düsseldorf FamRZ 1984, 1134 mit Rechenbeispielen; s. auch OLG Koblenz FamRZ 1987, 190.

– **4. Berechnungsstufe**: Der so ermittelte Haftungsanteil ist auf Angemessenheit und Billigkeit zu überprüfen und kann, wenn besondere Umstände vorliegen, **wertend verändert** werden.[125]

62 (zur Zeit nicht besetzt)

b) Mangellage

63 In **Mangellagen** ist vor Bildung der Haftungsquote für ein **volljähriges, gem. § 1603 Abs. 2 privilegiertes Kind** bezüglich der Haftungsaufteilung eine andere Berechnungsweise veranlasst:

– **1. Berechnungsstufe**: Zunächst ist von dem unterhaltsrelevanten Einkommen beider Unterhaltsschuldner der für den eigenen Unterhalt erforderliche Betrag (der **notwendige**[126] **Selbstbehalt** = Eigenbedarf), den der Tatrichter in Anlehnung an die in seinem OLG-Bezirk verwendeten Tabellen/Leitlinien zu ermitteln hat,[127] abzusetzen.
– **2. Berechnungsstufe**: Nunmehr ist derjenige Teil des Einkommens, der den notwendigen Selbstbehalt übersteigt, auf alle minderjährigen bzw. nach § 1603 Abs. 2 Satz 2 privilegierten volljährigen Kinder und nach dem Verhältnis ihrer Bedarfsbeträge aufzuteilen.
– **3. Berechnungsstufe**: Verbleibt dann noch Einkommen verfügbar, ist der auf das volljährige Kind entfallende Betrag mit dem den notwendigen Selbstbehalt übersteigenden Einkommen des anderen Elternteils ins Verhältnis zu setzen; hiernach sind die jeweiligen Haftungsanteile der Eltern zu ermitteln.[128]
– **4. Berechnungsstufe**: Der so ermittelte Haftungsanteil ist auf Angemessenheit und Billigkeit zu überprüfen und – wenn besondere Umstände vorliegen – **wertend** zu **verändern**.

2. Volljähriges, nicht gem. § 1603 Abs. 2 S. 2 privilegiertes Kind

64 Die **jeweiligen Haftungsanteile** der Eltern gegenüber einem volljährigen, nicht privilegierten Kind sind ebenfalls in einer **mehrstufigen Berechnung** zu ermitteln.[129]

– **1. Berechnungsstufe**: Von dem unterhaltsrelevant bereinigten Nettoeinkommen beider Elternteile ist zunächst der für **vorrangige Unterhaltsgläubiger** zu zahlende Barunterhalt (Zahlbetrag) **abzuziehen**,[130]
– **2. Berechnungsstufe**: Vor der Berechnung der Haftungsanteile ist von dem unterhaltsrelevant bereinigten Nettoeinkommen beider Eltern jeweils der **angemessene Selbstbehalt** gegenüber volljährigen Kindern abzuziehen,[131] den der Tatrichter in Anlehnung an die in seinem OLG-Bezirk verwendeten Tabellen/Leitlinien zu ermitteln hat,
– **3. Berechnungsstufe**: Das verbleibende Resteinkommen der/des Unterhaltsschuldner/s ist sodann zum Unterhaltsbedarf des Unterhaltsgläubigers ins Verhältnis zu setzen;[132] daraus ermitteln sich die jeweiligen Haftungsanteile, **und**
– **4. Berechnungsstufe**: Der so ermittelte Haftungsanteil ist auf Angemessenheit und Billigkeit zu überprüfen und kann, wenn besondere Umstände vorliegen, **wertend verändert** werden.

---

125 BGH FamRZ 2000, 1492; FamRZ 2000, 358.
126 BGH FamRZ 2002, 815 = FuR 2002, 223.
127 OLG Hamm FamRZ 1999, 1018; OLG Braunschweig FamRZ 1999, 1453; s. auch Krause FamRZ 2000, 660.
128 OLG Celle FamRZ 2005, 473.
129 Zur Berechnung der Haftungsquote beim Volljährigenunterhalt s. auch OLG Hamburg FamRZ 2003, 180.
130 OLG Koblenz FamRZ 1989, 307.
131 *Vgl.* zur Berechnungsmethode BGH FamRZ 1986, 151.
132 BGH FamRZ 1986, 153.

3. Kontrollberechnung

Der Bedarf eines im Haushalt seiner Eltern bzw. eines Elternteils lebenden volljährigen Kindes 65
bemisst sich grundsätzlich nach den zusammengerechneten Einkünften beider Eltern, gleichgültig,
ob beide Eltern oder ob nur ein Elternteil **leistungsfähig** sind/ist.[133]

Fällt allerdings ein Elternteil mangels Leistungsfähigkeit im Rahmen der Anteilshaftung aus, dann 66
schuldet der andere höchstens denjenigen Unterhalt, der sich allein auf der Grundlage seines Einkommens aus der **vierten Altersstufe** der Düsseldorfer Tabelle unter **Anrechnung** des **vollen Kindergeldes** ergibt.[134] Der so ermittelte Haftungsanteil ist auf seine Angemessenheit zu überprüfen
und kann bei Vorliegen besonderer Umstände (z.B. behindertes Kind) wertend verändert werden.
Insoweit ist eine **Kontrollrechnung** zu Gunsten des Unterhaltsschuldners anzustellen, wenn sich
aus dem zusammengerechneten Einkommen der Eltern nach der Quotierung immer noch ein
höherer Richtsatz zu Lasten des Unterhaltsschuldners ergibt; dann wird entsprechend gedeckelt.
Im Rahmen der Kontrollberechnung sind eigene Einkünfte des volljährigen Kindes **anteilig** mit
der Quote zu berücksichtigen, die sich bei der Haftungsquotenermittlung zwischen den Eltern für
den Elternteil ergibt, zugunsten dessen die Kontrollberechnung durchgeführt wird.

Die in den Leitlinien einiger Oberlandesgerichte vorgesehene Kontrollberechnung dient der Ver- 67
meidung unbilliger Ergebnisse, wenn das Einkommen der **leistungsfähigen** Eltern erheblich diffe-
riert und die Zusammenrechnung der Einkommen dazu führt, dass der leistungsfähigere Elternteil
die Last der sich aus der Zusammenrechnung ergebenden Bedarfserhöhung des Volljährigen allein
oder praktisch allein tragen muss. Die Kontrollberechnung darf allerdings nicht dazu führen, dass
bei vergleichbaren Einkünften **leistungsfähiger** Eltern der Bedarf des volljährigen Kindes durch
die Leistungsfähigkeit nur eines Elternteils begrenzt wird. Die Kontrollberechnung scheidet in der
Regel auch dann aus, wenn das volljährige Kind eigene, seinen Unterhaltsbedarf mindernde Einkünfte hat.

Ist ein Elternteil nicht leistungsfähig oder verletzt er Erwerbsobliegenheiten, dann muss sich das 68
volljährige Kind nicht auf fiktive Einkünfte dieses Elternteils verweisen lassen.[135] Der leistungsfähige Elternteil haftet dem Kind dann vielmehr nach § 1607 Abs. 2 Satz 1 allein für den allein nach
seinem Einkommen bemessenen Unterhalt und kann bei dem anderen Elternteil insoweit Regress
nehmen (Legalzession des § 1607). Den Unterhaltsschuldner trifft die Obliegenheit, Vermögen in
üblicher, sicherer Weise ertragreich anzulegen, wenn sonst Unterhaltsmittel fehlen.[136]

Ob Schulden des Unterhaltsschuldners bereits bei der Ermittlung des Unterhaltsbedarfs anzuer- 69
kennen sind, bedarf einer umfassenden Interessenabwägung, bei der ein angemessener Ausgleich
zwischen den Belangen des Kindes, des Unterhaltsschuldners und des Drittgläubigers zu erfolgen
hat. Auf Kreditverbindlichkeiten, die der Unterhaltsschuldner in Kenntnis seiner Barunterhaltspflicht eingegangen ist, kann er sich im Regelfall nicht berufen.[137]

C. Leistungspflichten (Unterhaltsschuld und Lebensbedarf, § 1610 Abs. 2)

Der Unterhaltsanspruch gegen Verwandte umfasst den **gesamten eigenen Lebensbedarf** des 70
Unterhaltsgläubigers (§ 1610 Abs. 2), also neben den gesetzlich normierten Merkmalen »angemes-

---

133 OLG Hamm OLGR 2003, 98; a.A. OLG Celle FamRZ 2006, 643 – der Unterhaltsbedarf des Volljährigen bemesse sich allein nach dem Einkommen des leistungsfähigen Elternteils.

134 BGH FamRZ 1994, 696, 698; BGHZ 164, 375 = BGH FamRZ 2006, 99 = FuR 2006, 76; OLG Celle
FuR 2001, 568; OLG Brandenburg FamRZ 2002, 1216; a.A. OLG Braunschweig FamRZ 2000, 1246.

135 OLG Frankfurt FamRZ 1993, 231; OLG Brandenburg FamRZ 2004, 396; OLG Thüringen OLG-NL
2005, 110; KG FamRZ 2005, 1868; OLG Hamm NJW-RR 2006, 509.

136 BGH FamRZ 1998, 87, 89; OLG Hamm FamRZ 1999, 233, 235.

137 OLG Koblenz OLGR 2005, 870.

sene Berufsausbildung« und »Erziehung« auch alle Bedürfnisse für den **elementaren Lebensbedarf**. Zu erwartende Ausgabensteigerungen sind einzubeziehen.Im Übrigen ist Veränderungen des Lebensbedarfs durch Anpassung der Tabellen und/oder Unterhaltstitel Rechnung zu tragen. **Betreuungsbedarf** (= Betreuungsunterhalt) ist Teil des Lebensbedarfs, wenn und soweit der Unterhaltsgläubiger noch der Betreuung bedarf (§ 1606 Abs. 3 Satz 2).[138] Der Unterhalt zur Deckung des Lebensbedarfs des Kindes wird in Form von **Bar-** und/oder **Naturalunterhalt** erbracht (§ 1612 Abs. 1). **Barunterhalt** ist durch Zahlung einer Geldrente zu erfüllen, sofern keine wirksame Bestimmung nach § 1612 Abs. 1 Satz 1 getroffen worden ist.[139] **Naturalunterhalt** umfasst insb. Pflege und Erziehung (= Betreuungsunterhalt), aber auch Unterhaltsleistungen in natura (etwa freie Kost, Unterbringung, Kleidung u.a.).

I. Umfang des elementaren Lebensbedarfs

71   Der **elementare Lebensbedarf** i.S.d. § 1610 Abs. 2 umfasst den Bedarf des täglichen Lebens, nicht aber Schulden und auch keine eigenen Unterhaltslasten des Unterhaltsgläubigers.

1. Elementarbedarf einschließlich Taschengeld

72   Der **elementare Lebensbedarf** umfasst insb. die angemessenen, unentbehrlichen Aufwendungen für Unterkunft, Verpflegung, Reinigung, Kleidung, Ferien und Hausrat,[140] aber auch – in angemessenem Umfang – Aufwendungen u.a. für Spielzeug[141] sowie zur Pflege geistiger (z.B. Bücher, Musikunterricht, Theater u.ä.) und körperlicher Interessen (z.B. Sport).[142] Zur Befriedigung persönlicher, nicht lebensnotwendiger Interessen dient meist das **Taschengeld**, dessen Höhe – bei Minderjährigen – der Sorgeberechtigte bestimmt.[143]

2. Wohnbedarf

73   Die Unterhaltsbeträge nach der Düsseldorfer Tabelle enthalten auch den **Wohnbedarf** des Kindes.[144] Bei einem Erwachsenen und zwei Kindern können die Wohnkosten im Verhältnis 2 : 1 : 1 aufgeteilt werden[145] (s. auch Ziff. 21.5.2 SüdL: 20 % Wohnbedarfsanteil im Tabellenbedarf). Muss der Unterhaltsgläubiger anderweit (etwa in einem Heim oder in einer Pflegefamilie) untergebracht werden, dann richtet sich der Wohnbedarf nicht nach den Unterhaltstabellen. Der Kostenteil, der

---

138 BGH FamRZ 1988, 159; 1993, 417; 1994, 696; zum Betreuungsunterhalt vgl. auch Graba FamRZ 1990, 454 ff.
139 BGH FamRZ 1996, 798.
140 BGH FamRZ 1984, 769.
141 BVerwG NJW 1993, 1218.
142 BGH FamRZ 1983, 473.
143 OLG Schleswig NJW-RR 1998, 580 = FuR 1998, 178; FG Baden-Württemberg EFG 1998, 479, jeweils zum Anspruch auf Taschengeld als Teil des gesamten Lebensbedarfs; s. auch den Vorschlag von Kunz DAVorm 1989, 813: Höhe des Taschengeldes, gestaffelt nach den Altersstufen der DT, 1 %, 1–5 % und 5–10 % der jeweiligen Bedarfssätze; zur Unvereinbarkeit der Regelleistungen nach dem SGB II (»Hartz IV«) mit Art. 1 Abs. 1 i.V.m. Art. 20 Abs. 1 GG, zu den Anforderungen an die Ermittlung des Anspruchsumfangs zur Deckung des Existenzminimums – insb. Ermittlungsausfall bezüglich des kindesspezifischen Existenzminimums und Bedarfs – sowie zum Erfordernis eines Leistungsanspruch zur Deckung unabweisbaren, laufenden, nicht nur einmaligen, besonderen Bedarfs s. BVerfG FamRZ 2010, 429.
144 BGHZ 164, 375 = BGH FamRZ 2006, 99 = FuR 2006, 76; BGH FamRZ 1989, 1160, 1163 = FuR 2006, 76 m.w.N.; 2006, 1597 = FuR 2006, 510 (Berufungsgericht: OLG Hamm FamRZ 2005, 539); s. auch OLG Koblenz FamRZ 2009, 891 zur Berücksichtigung einer vom barunterhaltspflichtigen Elternteil kostenfrei zur Verfügung gestellten Wohnung sowie Übernahme von Nebenkosten bei der Bemessung des Kindesunterhalts, im Anschluss an BGH FamRZ 1989, 1160.
145 BGH FamRZ 1988, 921, 925; OLG Hamburg FamRZ 1991, 472.

den Wohnanteil im Tabellenbedarf übersteigt, stellt in diesem Fall Mehrbedarf dar.[146] Wird der Unterhaltsgläubiger in einer Heil- und Pflegeanstalt untergebracht, dann entspricht der Unterhaltsbedarf den dort anfallenden Kosten.[147]

3. Aufwendungen für Krankheits- und Pflegevorsorge

Notwendige **Krankheits-** und **Pflegevorsorge** ist Teil des elementaren Lebensbedarfs. Die Tabellen- 74
sätze der Düsseldorfer Tabelle enthalten **keine Kranken- und Pflegeversicherungsbeiträge**. Ist das Kind nicht selbst (etwa **Sozialversicherung** eines Elternteils oder **studentische Versicherung**) mit/versichert, dann hat der Unterhaltsschuldner die entsprechenden Beiträge – regelmäßig sind dies die Sätze der studentischen bzw. einer privaten Kranken-/Pflegeversicherung – neben dem Tabellen-Barunterhalt zu finanzieren (DT A. Anm. 9).[148] Die Kosten für die private Kranken-/Pflegeversicherung sind als angemessener Unterhalt des Kindes i.S.d. § 1610 anzusehen, wenn das Kind seit seiner Geburt – wie auch seine Eltern während des ehelichen Zusammenlebens – privat kranken-/pflegeversichert war, und der in guten wirtschaftlichen Verhältnissen lebende unterhaltspflichtige Elternteil auch nach der Trennung privat krankenversichert bleibt. Das Kind kann jedoch auf einen Wechsel in die gesetzliche Krankenversicherung mit privater Zusatzversicherung verwiesen werden, sofern dies die wirtschaftlich sinnvollere Alternative ist.[149] Übersteigen die monatlichen Nettoeinkünfte des Unterhaltsschuldners den Höchstsatz der Düsseldorfer Tabelle um fast das Doppelte, kann bei Darlegung eines konkreten Bedarfs des neun Jahre alten Kindes ein Unterhaltsanspruch einschließlich Beiträgen zur privaten Kranken-/Pflegeversicherung bestehen.[150]

Der **Kranken-** und **Pflegeversicherungsbedarf** des Kindes ist **gesondert** im **Unterhaltsantrag** gel- 75
tend zu machen und auch im **Beschluss/Vergleich gesondert** auszuweisen. Muss der Unterhaltsschuldner neben dem Elementar- auch noch Vorsorgeunterhalt bezahlen, dann wird dieser Vorsorgeaufwand zunächst von seinem Einkommen abgezogen. Erst dann wird der Barunterhalt aus dem noch verfügbaren Einkommen ermittelt. Beabsichtigt der Unterhaltsschuldner, die bislang von ihm finanzierte Kranken- und Pflegeversicherung für den Unterhaltsgläubiger zu kündigen, dann muss er diesen **rechtzeitig** hiervon in **Kenntnis setzen**, damit er insoweit anderweitig Vorsorge treffen kann. Insoweit besteht eine Nebenpflicht (Obliegenheit) aus dem Unterhaltsschuldverhältnis, deren Verletzung zu einer Schadensersatzverpflichtung führt, wenn dem Unterhaltsgläubiger hierdurch ein Schaden entsteht.[151]

Beiträge für Altersvorsorge werden nicht geschuldet; dies übersteige die (nur) auf Verwandtschaft 76
beruhende Solidarität.[152]

4. Zusatzbedarf

Den am Mindestunterhalt gem. § 1612a orientieren **Unterhaltssätzen** der **Tabellen/Leitlinien** 77
kommt letztlich die Funktion von (**pauschalierten**) **Bedarfssätzen** zur Deckung des Barbedarfs zu. Daher decken (jedenfalls) die Richtsätze der Tabellen grundsätzlich den gesamten materiellen Lebensbedarf ab.[153] Die für Studenten festgelegten Bedarfssätze umfassen den gesamten Ausbil-

---

146 OLG Frankfurt DAVorm 1983, 515; OLG Hamm DAVorm 1988, 913; s. auch OLG Koblenz FamRZ 2002, 843 – Deckung des Bedarfs durch Leistungen der Sozialhilfe.
147 BGH FamRZ 1986, 48; OLG Zweibrücken NJW-RR 2001, 436.
148 OLG Koblenz NJW-Spezial 2010, 134; S. auch KG FamRZ 1988, 760; OLG Hamm FamRZ 1995, 1219; OLG Karlsruhe OLGR 1999, 46; OLG Dresden NJW-RR 2003, 364; OLG Naumburg FamRZ 2007, 1116.
149 OLG Koblenz NJW-Spezial 2010, 134.
150 KG KGR 2002, 216.
151 OLG Köln FamRZ 1985, 926; OLG Koblenz FamRZ 1989, 1111.
152 OLG Karlsruhe OLGR 1999, 46.
153 S. etwa HessVGH FamRZ 1993, 489 – Kinderfahrrad (Ls); 1993, 489 – Kindergeburtstagsfeier.

dungsaufwand, auch wenn er im Verlauf des Studiums schwankt.[154] Die Sätze aller Tabellen/Leitlinien umfassen weder Sonder- noch Mehrbedarf (vgl. Ziff. 13.3 BuL). Zusatzbedarf kann **einmalig** (= Sonderbedarf, s. § 1613 Abs. 2), aber auch **laufend** (= Mehrbedarf) entstehen.[155]

a) Sonderbedarf

78 **(Laufender) Mehrbedarf** ist im Unterschied zu **(einmaligem) Sonderbedarf** ein unregelmäßiger, außergewöhnlich hoher Bedarf, der überraschend und der Höhe nach nicht abschätzbar auftritt (s. Legaldefinition des § 1613 Abs. 2). Unregelmäßig ist dabei ein Bedarf, der nicht mit Wahrscheinlichkeit vorauszusehen war und deshalb bei der Bedarfsplanung und der Bemessung der laufenden Unterhaltsrente nicht berücksichtigt werden konnte[156] (zum **Sonderbedarf** im Einzelnen s. Kommentierung zu § 1613).

b) Mehrbedarf

79 Als **Mehrbedarf** ist derjenige Teil des Lebensbedarfs anzusehen, der **regelmäßig** während eines längeren Zeitraums **anfällt** und das Übliche derart übersteigt, dass er mit den Regelsätzen nicht zu erfassen, andererseits aber kalkulierbar ist und deshalb bei der Bemessung des laufenden Unterhalts berücksichtigt werden kann.[157] Der (Mehr-) Bedarf des Unterhaltsgläubigers ist in der Regel auch dann zu befriedigen, wenn er höher ist als derjenige des Unterhaltsschuldners selbst. Beim Mehrbedarf muss jedoch zwischen notwendigem und nicht notwendigem Mehrbedarf unterschieden werden.

80 **Notwendiger Mehrbedarf**, etwa **krankheits- bzw. behinderungsbedingter Mehrbedarf** oder entsprechender Aufwand für Krankheits- und Pflegevorsorge, ist Teil des angemessenen Lebensbedarfs.[158] Für diesen Mehrbedarf haften beide Elternteile **anteilig** nach § 1606 Abs. 3 Satz 1, sofern die Mehraufwendungen nicht bereits durch die Krankenkasse oder durch nicht subsidiäre Sozialleistungen gedeckt werden.[159] Ist das Kind noch betreuungsbedürftig (etwa infolge einer Behinderung), ist auch die erhöhte Betreuungsleistung des betreuenden Elternteils bei der Verteilungsquote für den Mehrbedarf zu berücksichtigen.[160]

Auch **Nachhilfeunterricht**[161] sowie **Kindergartenkosten** und **vergleichbare Aufwendungen für die Betreuung eines Kindes in einer kindgerechten Einrichtung**[162] stellen (notwendigen) Mehrbedarf des Kindes dar. Nur mit dieser Beurteilung ist gewährleistet, dass der betreuende Elternteil für einen Mehrbedarf nicht allein aufzukommen hat, wenn er je nach Lage des Einzelfalles keinen eigenen Unterhaltsanspruch hat. Die Betreuung des Kindes erfolgt nicht in erster Linie zu dem Zweck, dem betreuenden Elternteil eine – eingeschränkte – Erwerbstätigkeit zu ermöglichen; vielmehr stehen **erzieherische Gesichtspunkte** im Vordergrund. Die in einer Kindereinrichtung anfallenden **Verpflegungskosten** sind hingegen (weiterhin) mit dem Tabellenunterhalt abgegolten.[163]

---

154 OLG Düsseldorf FamRZ 1986, 1242.
155 Zu Mehrbedarf und Sonderbedarf des Kindes s. auch Reinken FamFR 2010, 25 ff.
156 BGH FamRZ 2001, 1603 = FuR 2001, 326 zu Kosten für die Teilnahme an Musikwettbewerben und Meisterkursen.
157 Zur Abgrenzung von Mehrbedarf und Sonderbedarf vgl. BGH FamRZ 2006, 615 und zum Zusatzbedarf im Rahmen des Ausbildungsunterhalts Götz FF 2008, 852.
158 OLG Karlsruhe FamRZ 1998, 1435 – Mehrkosten wegen diätetischer Ernährung; OLG Schleswig DAVorm 1997, 130 – Lebensmittelallergie; OLG Düsseldorf FamRZ 2001, 444 – länger andauernde psychotherapeutische Behandlung.
159 BGH FamRZ 1983, 689.
160 BGH FamRZ 1983, 689.
161 OLG Düsseldorf NJW-RR 2005, 1529.
162 BGH FamRZ 2008, 133.
163 BGH FamRZ 2009, 962 = FuR 2009, 415 – Aufgabe von BGH FamRZ 2007, 882, 886, und FamRZ 2008, 1152, 1154.

Bei den Kosten für eine **Tagesmutter, Hausaufgabenbetreuung** oder sonstige **Nachmittagsbetreuung**, die letztlich dadurch entstehen, dass der betreuende Elternteil einer Erwerbstätigkeit nachgeht, handelt es sich demgegenüber um **berufsbedingte Aufwendungen** des betreuenden Elternteils und nicht um Mehrbedarf des Kindes.[164]

Kosten für **nicht notwendigen Mehrbedarf**, wie etwa Kosten für den Besuch einer Privatschule[165] **81** oder für Sport- oder Musikunterricht, können – auch bei höherem Einkommen der/des Unterhaltsschuldner/s – (nur) dann bedarfserhöhend angesetzt werden, wenn beide Elternteile mit den Mehrkosten einverstanden sind, die Kosten also auf einer im Elternhaus und gemeinsam mit den Eltern getroffenen Entscheidung beruhen oder von beiden Eltern gebilligt sind, sofern sich die für sie bestehenden Voraussetzungen nicht geändert haben,[166] oder wenn die kostenverursachende Maßnahme **sachlich begründet**, aber auch **wirtschaftlich tragbar** ist (z.B. Besuch einer Privatschule wegen zu schlechter Leistungen in der öffentlichen Schule).[167]

Hinsichtlich der Kosten einer **Privatschule**[168] oder eines **Internats**[169] kann Mehrbedarf daher nur **82** bei **sachlicher Begründung** der **kostenverursachenden Maßnahme** geltend gemacht werden. Entstehen durch den Besuch einer Privatschule ganz erhebliche Mehrkosten, dann ist der unterhaltspflichtige Elternteil daher nicht ohne weiteres und uneingeschränkt verpflichtet, diesen Mehrbedarf zu leisten. Bei den **Semesterbeiträgen**, die im Wesentlichen das Semesterticket, den ASta-Beitrag und den Sozialbeitrag umfassen, handelt es sich – anders als bei den Studiengebühren[170] – nicht um Mehrbedarf. Vielmehr sind die Semesterbeiträge aus dem Unterhaltsbedarf des studierenden Kindes zu zahlen.[171]

Es ist im Einzelfall sorgfältig zu prüfen, ob wichtige Gründe vorliegen, die es rechtfertigen, den **83** barunterhaltspflichtigen Elternteil mit den erheblichen Mehrkosten zu belasten. Entscheidend ist neben den Einkommens- und Vermögensverhältnissen des Barunterhaltspflichtigen, ob eine kostengünstigere Alternative zu der gewählten Schulform existiert, die einen vergleichbaren Erfolg verspricht. Die Schulkosten sind jedenfalls dann nicht Teil des geschuldeten Unterhalts, wenn nicht substantiiert dargelegt ist (etwa durch Beibringung schulpsychologischer Gutachten), weshalb für das Kind der Besuch einer allgemeinbildenden Schule in Deutschland ausgeschlossen ist. Allein der Umstand, dass das Kind in einem – auch ausländischen – Internat besser und umfänglicher betreut werden kann als im Haushalt des sorgeberechtigten Elternteils und in einer (staatlichen) Schule in Deutschland rechtfertigt den Internatsaufenthalt nicht.[172]

Leben die Eltern des Kindes getrennt oder sind sie geschieden, dann muss der barunterhaltspflichtige Elternteil die von dem Alleinsorgeberechtigten getroffene Entscheidung (zumal wenn sie sich **84** auf ein Gutachten stützt)[173] hinnehmen: Im Unterhaltsrechtsstreit ist deshalb grundsätzlich kein

---

164 Wendl/Dose-Klinkhammer, § 2 Rn. 400.
165 OLG München FF 2008, 509; OLG Karlsruhe FamRZ 2008, 1209; OLG Naumburg FamRZ 2009, 1074 – allgemein bessere Fördermöglichkeiten an einem Privatgymnasium gegenüber einem staatlichen Gymnasium seien kein gewichtiger Grund, einen Mehrbedarf zu rechtfertigen; vgl. jedoch auch OLG Karlsruhe FamRZ 2008, 1209, das die Kosten einer Privatschule als erstattungsfähigen Mehrbedarf ansieht.
166 OLG Düsseldorf FamRZ 1999, 1452.
167 BGH FamRZ 1983, 48.
168 OLG Hamm FamRZ 1997, 960.
169 Keine Internatsunterbringung des Kindes wegen des Widerstandes eines Elternteils: OLG Köln FamRZ 1998, 1461 (Ls); OLG Hamburg FamRZ 2001, 1088; s. auch Schwolow FuR 1997, 294.
170 DT 2011 Anm. A9.
171 OLG Düsseldorf NJW Spezial 2012, 484 = FamFR 2012, 367.
172 KG FuR 2003, 178 im Anschluss an BGH NJW 1983, 393.
173 OLG Koblenz FamRZ 2005, 1006 – Besuch einer Privatschule als Ersatz für eine staatliche Sonderschule durch ein an einer Behinderung/Lernstörung leidende Kind zwecks Erlangung des Hauptschulabschlusses.

Raum, die Maßnahmen des Sorgerechtsinhabers auf ihre Rechtmäßigkeit und Zweckmäßigkeit zu prüfen,[174] auch nicht bei der Wahl einer Mehrkosten verursachenden Privatschule.

85 Der Unterhaltsschuldner hat je nach den Gegebenheiten des Einzelfalles diese Kosten des Mehrbedarfs teilweise, möglicherweise auch insgesamt, (mit-) zufinanzieren,[175] wenn sie aus der Sicht eines **objektiven Betrachters** als **notwendig** erscheinen,[176] und wenn ihm die Finanzierung nach seinen Verhältnissen **wirtschaftlich zugemutet** werden kann. Dies gilt insb. für außergewöhnlich hohe Ausbildungskosten, vor allem Internats- und Auslandsaufenthalte von Schülern. Der durch einen von dritter Seite finanzierten Internatsaufenthalt des Kindes verminderte Barunterhaltsbedarf ist nach den Umständen des Falles zu beurteilen.[177] Werden die Kosten für die Internatsunterbringung vom Jugendamt getragen, ohne dass die Eltern einen oder nur einen geringen Beitrag zum Unterhalt des Kindes leisten, ist die Abzweigung des Kindergeldes an das Jugendamt gem. § 74 Abs. 1 Satz 4 EStG rechtmäßig.[178]

86 Schenkt ein Elternteil seinem unterhaltsberechtigten minderjährigen Kind nach der Trennung der Eltern ein Pferd, und verbindet er dies mit der Zusage, er werde für den Unterhalt des Tiers aufkommen, dann sind diese Unterhaltsaufwendungen unterhaltsrechtlich als **Mehrbedarf** zu behandeln. Mit Eintritt der Volljährigkeit des unterhaltsberechtigten Kindes entfällt allerdings dieser Mehrbedarf, da es sich bei einem Pferd um ein Luxusgut handelt.[179] Haben die Eltern vor ihrer Trennung den Reitsport ihres Kindes gefördert, sind auch nach der Trennung die hierdurch entstehenden Aufwendungen als Mehrbedarf erstattungsfähig, ggf. reduziert um den Mitbenutzungsanteil eines Elternteils für das Pferd.[180]

87 **Mehrbedarf** muss nach den **gleichen Grundsätzen** geltend gemacht werden wie der **laufende elementare Unterhaltsbedarf** (§ 1613 Abs. 1): Der Unterhaltsgläubiger muss den Unterhaltsschuldner zur Zahlung – gegebenenfalls auch zur Vorschusszahlung – auffordern, gegebenenfalls **in Verzug setzen** bzw. den Anspruch rechtshängig machen. Leistungspflichten vor Geltendmachung des Anspruchs scheiden aus.

88 Im Mangelfall ist ein Mehrbedarf gegenüber den Mindestbedarf subsidiär und findet daher zunächst keinen Eingang in die Mangelfallberechnung.[181]

II. Unterhaltsbedarf und Verbrauchergeldparität

89 Ist der angemessene Unterhaltsbedarf eines im **Ausland** lebenden **Kindes** gegen seinen in Deutschland lebenden Elternteil zu ermitteln, dann kann der Unterhalt nach deutschen Tabellen nicht ohne nähere Prüfung als angemessen angesehen werden. Manchmal liegen die Lebenshaltungskosten deutlich, manchmal nur geringfügig unter denen der Bundesrepublik Deutschland. Zunächst ist das Einkommen des in Deutschland lebenden Vaters zu ermitteln; hiernach ist der Unterhalt für ein in Deutschland lebendes gleichaltriges Kind aus der Unterhaltstabelle festzustellen und

---

174 BGH FamRZ 1983, 48.
175 BGH FamRZ 1983, 48 – Besuch einer Privatschule; OLG Nürnberg FamRZ 1993, 837 – Internat.
176 OLG Naumburg FamRZ 2000, 444 – keine Kostenpflicht für halbjährigen Auslandsaufenthalt eines Schülers in Kanada zwecks Verbesserung der englischen Sprachkenntnisse.
177 OLG Frankfurt FamRZ 1993, 98 – Hälfte der Bedarfssätze.
178 FG Nürnberg, Urteil vom 01.02.2001 – IV 134/00 – juris.
179 OLG Karlsruhe FamRZ 2005, 233.
180 OLG Naumburg FamRZ 2008, 177.
181 OLG Stuttgart FF 2012, 333.

hiervon ein prozentualer Abschlag vorzunehmen, dessen Höhe sich nach der **Verbrauchergeldparität** und dem **Devisenkurs** richtet.[182]

Für die Bemessung des Unterhalts eines in der Türkei lebenden minderjährigen Kindes können   90
die Sätze der DT mit einem 1/3-Abschlag herangezogen werden.[183] Der Unterhaltsbedarf eines in
Russland lebenden Kindes entspricht den Sätzen in Deutschland zu etwa 1/3,[184] ebenso die nach
deutschen Verhältnissen bemessene Unterhaltsleistung für ein in Tschechien lebendes Kind.[185]
Lebt das unterhaltsberechtigte Kind in den USA, kann im summarischen VKH-Verfahren angenommen werden, dass der deutsche Regelbetrag geschuldet ist. Im Hauptsacheverfahren ist dann
der Unterhaltsbedarf unter Berücksichtigung der Umstände am Aufenthaltsort des Kindes festzustellen.[186]

III. Betreuungs- und Erziehungsbedarf

In einigen Fallgestaltungen kann es notwendig sein, **Naturalunterhalt** (Betreuungs- und Erzie-   91
hungsbedarf) zu **monetarisieren.**

1. Betreuungsbedarf

Wohnt ein Kind nicht im Haushalt eines Elternteils, sondern ist es anderweitig untergebracht,   92
dann ist der neben dem Barunterhalt geschuldete **Betreuungsunterhalt pauschal** in Höhe des **Barunterhalts** zu **monetarisieren.** Der Gesamtunterhaltsbedarf ist dann nach dem **doppelten Tabellensatz** zu bemessen. Bereits die für jedes Kindesalter bis hin zum Erreichen der Volljährigkeit geltende Gleichwertigkeitsregel von Bar- und Betreuungsunterhalt (§ 1606 Abs. 3 Satz 2) stellt klar,
dass Betreuungs- und Barleistungen grundsätzlich gleichwertig sind. Eine auf den Einzelfall abstel-
lende rechnerische Bewertung des Betreuungsaufwands bliebe trotz enormen Aufwands zumindest
unzulänglich: Gerade im Unterhaltsrecht ist eine Pauschalierung dringender erforderlich als im
Schadensersatzrecht, weil es sich hier um ein Massenphänomen handelt, und deswegen schon aus
Gründen der Praktikabilität erleichterte Berechnungsregeln für die gerichtliche Praxis notwendig
sind.[187]

Allerdings sind auch in Fällen **auswärtiger Unterbringung Ausnahmen** von der **Gleichwertigkeit**   93
des Bar- und des Betreuungsunterhalts denkbar, etwa wenn persönlichkeitsbedingt ein besonders
hoher Betreuungsbedarf besteht oder wenn der Betreuungsbedarf im Einzelfall durch die Höhe
der Betreuungskosten konkret feststeht. Dafür trägt aber derjenige Elternteil die Darlegungs- und
Beweislast, der sich auf einen solchen Ausnahmefall beruft.[188]

---

182 OLG Schleswig FamRZ 1993, 14834; OLG Hamm FamRZ 1994, 774; OLG Koblenz FamRZ 1995,
    1439; OLG Nürnberg FamRZ 1997, 1355; KG FamRZ 2002, 1057; s. hierzu auch Schwolow FuR
    1997, 322.
183 OLG München FamRZ 2002, 55.
184 OLG Koblenz FamRZ 2002, 56 – Orientierung an der Ländergruppeneinteilung des Bundesfinanzmi-
    nisteriums; anders OLG Zweibrücken FamRZ 2004, 729 – neben der Ländergruppeneinteilung des
    Bundesfinanzministeriums sind auch die Lebenshaltungskosten zu vergleichen.
185 OLG München FamRZ 1998, 857.
186 OLG Brandenburg FamRZ 2004, 483 (Ls).
187 BGH FamRZ 2006, 1597 = FuR 2006, 510 (Berufungsgericht: OLG Hamm FamRZ 2005, 539); OLG
    Hamm FamRZ 1991, 107 (8. FamS); 2001, 1023 (12. FamS); OLG Köln FamRZ 1992, 1219, 1220;
    ähnlich Kuhnick, FamRZ 2002, 923, 927; a.A. OLG Stuttgart FamRZ 2001, 1241; OLG Hamm (11.
    FamS) JAmt 2004, 393; NJW-RR 2004, 152; FamRZ 2005, 535 (Berufungsurteil); Duderstadt FamRZ
    2003, 70, 73 f. – der Betreuungsunterhalt sei grundsätzlich konkret darzulegen und zu beziffern.
188 BGH FamRZ 2006, 1597 = FuR 2006, 510.

2. Erziehungsbedarf

94 Der Anspruch des minderjährigen Kindes bezüglich der **Kosten** seiner **Erziehung** besteht rechtlich bis zur Volljährigkeit (§ 2). Er schlägt – sofern die entsprechenden Voraussetzungen vorliegen – sodann in einen **Anspruch** auf **Ausbildungsunterhalt** um. Beide Eltern haben die auf Grund der Erziehung entstehenden Kosten im Rahmen ihrer Unterhaltspflicht zu tragen, auch wenn sie auf Grund staatlicher Maßnahmen (s. etwa § 1666) unfreiwillig mit Mehrkosten fremder Hilfe zur Erziehung belastet werden. Allerdings steht ihnen im Rahmen der elterlichen Sorge ein Bestimmungsrecht zu (vgl. § 1631), etwa hinsichtlich der Teilnahme an einer Klassenfahrt. Die Betreuungskosten für die Beaufsichtigung eines Kindes während der Erwerbstätigkeit des betreuenden Elternteils gehören jedoch nicht zum erstattungsfähigen Erziehungsbedarf.[189] Allerdings können diese Kosten vorabzugsfähige, berufsbedingte Aufwendungen im Rahmen der Bemessung des Ehegattenunterhalts darstellen.

95 (zur Zeit nicht besetzt)

IV. Ausbildungsbedarf/Ausbildungsunterhalt

96 Der Unterhaltsanspruch eines Kindes umfasst auch die **Kosten** einer **angemessenen Vorbildung zu einem Beruf** (§ 1610 Abs. 2).[190] **Eine Erwerbsobliegenheit besteht daher regelmäßig nicht, solange sich das Kind in der (ersten) allgemeinen Schulausbildung befindet.**[191]

Der Anspruch auf Ausbildungsunterhalt besteht bereits seiner Natur nach nur im Verhältnis der Kinder zu ihren Eltern, nicht dagegen umgekehrt. Für die privatrechtliche Unterhaltspflicht sind weder staatliche Förderrichtlinien maßgebend, noch kann ein Kind ohne Abitur/Studium quasi automatische Gleichstellung mit Geschwistern mit Abitur/Studium verlangen; vielmehr kommt es insoweit entscheidend auf die **Anlagen** und **Fähigkeiten** des Kindes und auf die **wirtschaftliche Leistungsfähigkeit** der Eltern an.[192] Ausbildungsunterhalt für eine andere, bessere Ausbildung kann aber nicht allein deshalb verlangt werden, weil die Eltern für die **Erstausbildung** ihres Kindes **keine** oder nur **geringe Kosten** aufwenden mussten.[193]

97 **Bemüht** sich der Jugendliche um einen **Ausbildungsplatz,** dann muss er diese Zeit und die Zeit bis zum Beginn einer Ausbildung mit einer Beschäftigung überbrücken,[194] weil es dem Kind zuzumuten ist, angesichts des absehbar endenden Schulbesuchs alsbald eine Ausbildungsstelle zu suchen und anzutreten.[195] Gegen die Zurechnung fiktiven Einkommens kann nicht eingewendet werden, gem. § 1611 Abs. 2 seien minderjährige unverheiratete Kinder selbst bei sittlich verschuldeter Bedürftigkeit vor einer Herabsetzung oder vor dem Wegfall ihres gegen die Eltern gerichteten Unterhaltsanspruchs geschützt, so dass auch eine Anrechnung fiktiver Einkünfte wegen eines Verstoßes gegen die Erwerbsobliegenheit nicht in Betracht komme:[196] (Auch) Minderjährige kurz vor ihrer Volljährigkeit sind vielmehr – bereits aus pädagogischen Gründen – in eine gewisse (Eigen-) Verantwortung einzubinden.

---

189 OLG Hamm FamRZ 1989, 534.
190 S. hierzu ausführlich Oelkers FuR 1997, 170.
191 OLG Brandenburg FamRZ 2011, 1067.
192 BGHZ 69, 190 = FamRZ 1977, 629.
193 BGH FamRZ 1981, 437.
194 OLG Koblenz JAmt 2004, 153 – über 16 Jahre alter Jugendlicher; OLG Köln FuR 2005, 570 – Zurechnung fiktiver Einkünfte bei Minderjährigen zwischen 16 und 18.
195 S. hierzu etwa OLG Düsseldorf FamRZ 2000, 442.
196 So aber OLG Saarbrücken FamRZ 2000, 40 unter Hinweis auf OLG Saarbrücken, Urteil vom 28.08.1991 – 9 UF 95/91, und Beschluss vom 11.10.1996 – 6 WF 11/95, jeweils n.v.; OLG Stuttgart FamRZ 1997, 447; OLG Hamburg FamRZ 1995, 959; a.A. (zutr.) OLG Düsseldorf FamRZ 1990, 194; OLG Karlsruhe FamRZ 1988, 758.

Hat ein volljähriges Kind seine allgemeine **Schulausbildung abgeschlossen**, dann trifft es bis zum   98
Beginn der Ausbildung/des Studiums eine **Erwerbsobliegenheit**.[197] Allerdings ist dem Kind nach
Abschluss der Schulzeit, nicht jedoch zwischen der Ableistung eines freiwilligen sozialen Jahres
und der Aufnahme der Berufsausbildung,[198] eine angemessene **Erholungspause** zuzubilligen.[199]
Die Dauer der Erholungspause richtet sich insb. nach dem Üblichen im Rahmen der wirtschaftlichen Verhältnisse der Eltern. Nimmt das Kind nach Abschluss der Schulausbildung weder eine
Berufsausbildung auf, noch weist es ausreichende Bemühungen um einen Ausbildungsplatz nach,
so verletzt es nachhaltig seine **Ausbildungsobliegenheit**.[200] Ist die **Ausbildung beendet**, endet –
gegebenenfalls nach angemessener Suche eines Arbeitsplatzes (s. § 1610) – auch das Recht auf
Unterhalt. Das Kind ist nunmehr nach dem **Grundsatz** der **wirtschaftlichen Eigenverantwortung**
(§ 1602 Abs. 1) gehalten, sich seinen Lebensunterhalt selbst zu verdienen.[201] Das in NRW angebotene Berufsorientierungsjahr stellt eine allgemeine Schulausbildung dar, weil es der Vorbereitung
für eine Berufsausbildung dient und bei Erfolg mit dem Hauptschulabschluss abgeschlossen
wird.[202]

a) Begriff »Berufsausbildung« i.S.v. § 32 Abs. 4 Satz 1 EStG

Der Begriff »**Berufsausbildung**« i.S.v. § **32 Abs. 4 Satz 1 EStG** ist nicht einheitlich zu verstehen,   99
sondern erfährt eine unterschiedliche Auslegung entsprechend dem gesetzlichen Zusammenhang,
in den er gestellt ist. In Berufsausbildung befindet sich, wer sein Berufsziel noch nicht erreicht hat,
sich aber ernstlich darauf vorbereitet. Der Vorbereitung auf ein Berufsziel dienen hierbei alle Maßnahmen, bei denen es sich um den Erwerb von Kenntnissen, Fähigkeiten und Erfahrungen handelt, die als Grundlage für die Ausübung des angestrebten Berufs geeignet sind. Die Ausbildungsmaßnahme muss nicht in einer Ausbildungsordnung oder Studienordnung vorgeschrieben sein.
Die steuerliche Leistungsfähigkeit der Eltern ist auch dann gemindert, wenn sich Kinder unabhängig von vorgeschriebenen Studiengängen in Ausbildung befinden und von ihren Eltern unterhalten werden.[203]

Die Ableistung eines **freiwilligen sozialen oder ökologischen Jahres** ist grundsätzlich **keine**   100
Berufsausbildung i.S.v. § 32 Abs. 4 Satz 1 Nr. 2 a EStG, wenn sie nicht der **Vorbereitung auf eine**
konkret angestrebte Berufausbildung dient, sondern der Erlangung sozialer Erfahrungen und der
Stärkung des Verantwortungsbewusstseins für das Gemeinwohl (§ 1 Nr. 2 des Gesetzes zur Förde-
rung eines freiwilligen sozialen Jahres vom 17. August 1964).[204] Daraus folgt in der Regel, dass das
Warten auf den Beginn des freiwilligen Dienstes regelmäßig nicht gemäß § 32 Abs. 4 Satz 1 Nr. 2 c
EStG kindergeldbegünstigt ist.[205] Auch der Gesetzgeber geht davon aus, dass die Ableistung eines
freiwilligen sozialen oder ökologischen Jahres grundsätzlich keine Berufsausbildung darstellt.[206]
Dies schließt allerdings nicht aus, dass ein solcher freiwilliger Dienst im Einzelfall auch der Vorbe-
reitung auf ein konkretes Berufsziel, z.B. den Beruf des Sozialarbeiters,[207] dient und auch einen

197 OLG Hamm OLGR 2000, 176 (Ls).
198 OLG Karlsruhe NJW 2012, 1599.
199 OLG Hamm NJW-RR 2006, 509.
200 OLG Düsseldorf FamRZ 2004, 1890 (Ls).
201 BGHZ 93, 123 = BGH FamRZ 1985, 273.
202 OLG Köln FamRZ 2012, 1576.
203 BFHE 189, 88; 189, 95; 189, 98; 189, 103; 189, 107; 189, 113; s. auch OLG Brandenburg FamRZ
     2009, 1226 zum Anspruch eines entlassenen Bundeswehroffiziers auf Ausbildungsunterhalt.
204 BGBl I 640; s. etwa OLG Naumburg FamRZ 2008, 86: a.A. OLG Celle FamRB 2011, 364, das das
     freiwillige Jahr als angemessene »Orientierungsphase« ansieht.
205 Zu allem BFHE 142, 140 m.w.N.; 189, 88, 92; 199, 111; 203, 106; BFH/NV 2004, 171.
206 BT-Drucks. IV/2138 S. 2.
207 BT-Drucks. IV/2138 S. 2.

Anspruch auf Ausbildungsunterhalt rechtfertigen kann.[208] Dies gilt jedenfalls dann, wenn das freiwillige Jahr als Voraussetzung für die nachfolgende Berufsausbildung gefordert wird.[209]

Die **Vorbereitung** auf die **Abiturprüfung** für Nichtschüler stellt hingegen grundsätzlich eine Berufsausbildung i.S.v. § 32 Abs. 4 Satz 1 Nr. 2a EStG dar.[210]

101 Eine Vollzeiterwerbstätigkeit steht der Annahme einer Berufsausbildung dann nicht entgegen, wenn das volljährige Kind die Berufsausbildung trotz der Erwerbstätigkeit ernsthaft und nachhaltig betreibt. Daher rechnet ein ernsthaft betriebenes Hochschulstudium auch während der Semesterferien zur Berufsausbildung, selbst wenn die Ausbildung in dieser Zeit weniger intensiv betrieben wird, jedenfalls dann, wenn das Studium danach mit der erforderlichen Nachhaltigkeit fortgesetzt werden soll.[211]

b) Gegenseitigkeitsprinzip

102 Das (unterhaltsrechtliche) **Gegenseitigkeitsprinzip**[212] prägt auch das ausbildungsunterhaltsrechtliche Schuldverhältnis: Auch hier stehen die beiderseitigen Leistungspflichten im Gegenseitigkeitsverhältnis. Die Verpflichtung der Eltern, eine **pflichtbewusst** und **zielstrebig betriebene Ausbildung**[213] ihres Kindes in angemessener und üblicher Zeit durch angemessene Unterhaltzahlungen zu finanzieren, korrespondiert mit dem **Pflichtenkreis** des Kindes, eine angemessene, seinen Fähigkeiten und seiner Begabung, seinen Neigungen und seinem Leistungswillen entsprechende ordnungsgemäße Ausbildung zügig zu beginnen und mit gehörigem Fleiss, gebotener Zielstrebigkeit und entsprechender Disziplin in angemessener und üblicher Zeit zu beenden,[214] und die Eltern entsprechend ausbildungsbezogen – insb. zu Umfang, Inhalt und Fortgang der Ausbildung – zu informieren (»**informative Kontrolle**« der Berufsausbildung).[215] Der auf Ausbildungsunterhalt in Anspruch genommene Elternteil darf also erwarten, dass er nicht zu einer bloßen Zahlstelle degradiert wird.[216] Kommt das Kind dieser Obliegenheit nicht nach, dann büßt es seinen Unterhaltsanspruch ein und muss sich darauf verweisen lassen, selbst für seinen Lebensunterhalt aufzukommen.[217]

c) Berufsziel und Berufswahl

103 Aus dem **Gegenseitigkeitsverhältnis** folgt auch die Obliegenheit des (auch minderjährigen, § 1618a)[218] Kindes, sich nach dem Abgang von der Schule innerhalb einer angemessenen **Orientierungsphase** für die Aufnahme einer seinen Fähigkeiten und Neigungen entsprechenden Ausbil-

---

208 OLG Celle FamRB 2011, 364; OLG Naumburg FamRZ 2008, 86; OLG Schleswig OLGR 2008, 196; OLG München FamRZ 2002, 1425; OLG Zweibrücken NJW-RR 1994, 1225 – Überbrückung der Wartezeit bis zur Erlangung eines Studienplatzes; Wendl/Klinkhammer, § 2 Rn. 489.

209 OLG Naumburg FamRZ 2008, 86; OLG Schleswig OLGR 2008, 196; OLG München FamRZ 2002, 1425.

210 FG Düsseldorf EFG 2006, 1073.

211 BFH/NV 2005, 860.

212 BGH FamRZ 1984, 470 (Nr. 221); KG FamRB 2011, 267; OLG Hamburg NJW-RR 2010, 1589; OLG Zweibrücken FamRZ 1995, 1006 m.w.N.; vgl. auch Miesen FamRZ 1991, 125 ff; Oelkers/Kreutzfeld FamRZ 1995, 136 ff.

213 OLG Naumburg FamRZ 2001, 440; OLG Schleswig OLGR 2008, 153 – kein Unterhalt für ein volljähriges Kind bei nicht planvoller und zielstrebiger Aufnahme einer Ausbildung.

214 BGH FamRZ 1984, 777 = FuR 2001, 322 m.w.N.

215 BGH FamRZ 1984, 777 (Berufungsurteil: OLG Köln FamRZ 1986, 382); 2000, 420 = FuR 2000, 92; OLG Hamm OLGR 1999, 174.

216 Schroers Rpfleger 1996, 271, 273.

217 OLG Schleswig 2008, 153 – kein Unterhalt für ein volljähriges Kind bei nicht planvoll und zielstrebiger Aufnahme einer Ausbildung; OLG Frankfurt NJW 2009, 235.

218 OLG Brandenburg JAmt 2004, 504; OLG Köln OLGR 2005, 40.

dung zu entscheiden und sich um einen geeigneten Studienplatz bzw. eine geeignete Ausbildungs-stelle zu bemühen.[219]

aa) Orientierungsphase

Jedem jungen Menschen ist grundsätzlich zuzubilligen, dass er sich über seine Fähigkeiten irrt 104 oder falsche Vorstellungen über den gewählten Beruf hat.[220] Die Rechtsprechung billigt daher Jugendlichen eine **Orientierungsphase** zu, in der sie (zunächst) auch Fehlentscheidungen bezüglich ihres Ausbildungsziels und/oder Ausbildungsortes treffen, um ihre endgültige Neigung und Begabung festzustellen. Die Orientierungsphase dient gerade dazu, einem in der Frage der Berufs-wahl unsicheren jungen Menschen die Entscheidung für einen Beruf zu erleichtern.[221] Je älter das Kind jedoch ist, und je eigenständiger es seine Lebensverhältnisse gestaltet, desto mehr tritt an die Stelle der Elternverantwortung die Eigenverantwortung für seinen Berufs- und Lebensweg. Damit kann eine zu lange Verzögerung der Berufsausbildung dazu führen, dass der Ausbildungsunter-haltsanspruch entfällt, und das Kind sich daher seinen Lebensunterhalt notfalls mit ungelernten Fähigkeiten verdienen muss, selbst wenn es bislang noch keine Berufsausbildung angetreten oder abgeschlossen hat. Der stetig sich verschlechternde Ausbildungsmarkt verlangt ein höheres Enga-gement.[222]

Grundsätzlich sind Orientierungsphasen nach **individuellen Gesichtspunkten** zu **bemessen**. Dies 105 gilt auch für die **Dauer** der **Orientierungsphase**. Diese richtet sich nach dem jeweiligen Einzelfall. Maßgebende Kriterien sind dabei Alter, Entwicklungsstand[223] und die gesamten Lebensumstände des auszubildenden Kindes.[224] Die Orientierungsphase soll dazu dienen, einem in der Frage der Berufswahl unsicheren jungen Menschen die Entscheidung für einen Beruf zu erleichtern. So hat das OLG Thüringen[225] eine einjährige Orientierungsphase nach dem Abitur, in der das unter-haltsberechtigte Kind in verschiedenen Bereichen arbeitete, um daraus Erkenntnisse für seine Berufswahl zu gewinnen, noch nicht als zu lang angesehen. Das OLG Karlsruhe billigt einem Kind auch nach Abbruch einer begonnenen Ausbildung eine **zweite Orientierungsphase** zu, wenn es alsbald eine neue angemessene Ausbildung beginnt.[226] Das OLG Celle vertritt die Rechtsauffas-sung, dass sich auch ein freiwilliges **soziales oder ökologisches Jahr** im Sinne des Jugendfreiwilli-gendienstes vom 16.05.2008 (JFDG) unabhängig von dem beabsichtigten weiteren Ausbildungs-weg als angemessene Orientierungsphase darstellt.[227]

Absolviert das Kind nach Abschluss der Schulausbildung ein **Berufsgrundbildungsjahr**, dann stellt dies Teil einer angemessenen Berufsausbildung dar. Anders als ein **Praktikum** oder eine (sonstige)

---

219 Grundlegend BGH FamRZ 2006, 1100; OLG Köln OLGR 2005, 40 – positive Erfolgsprognose trotz langer Schulzeit?; OLG Naumburg FamRZ 2008, 86.
220 BGH FamRZ 2001, 757 = FuR 2001, 322 zum Anspruch eines Kindes auf Ausbildungsunterhalt nach einem Wechsel der Ausbildung: abgebrochene Heilpraktiker-Ausbildung und Aufnahme des Medizin-studiums; OLG Stuttgart FamRZ 1996, 181.
221 BGH FamRZ 1987, 470; vgl. auch BGH FamRZ 1993, 1057; zum Wechsel des Ausbildungsziels s. BGH FamRZ 1993, 1057; OLG Hamburg FamRZ 1983, 523; OLG Frankfurt FamRZ 1984, 193; OLG Karlsruhe FamRZ 1990, 555; OLG Schleswig SchlHA 1996, 72; OLG Stuttgart FamRZ 1996, 181.
222 OLG Brandenburg ZfJ 2005, 125.
223 OLG Köln FamRZ 2005, 301 – Grenzfall einer »Ausbildungskarriere« auf Grund der schwierigen Per-sönlichkeitsstruktur des Kindes.
224 BGH FamRZ 1998, 671 = FuR 1998, 216 = FuR 2001, 322; OLG Frankfurt FuR 2002, 546.
225 FuR 2009, 233 = NJW-RR 2009, 651.
226 OLG Karlsruhe FamRZ 2012, 1573.
227 OLG Celle FamRB 2011, 364.

Berufsfindungsmaßnahme[228] führt das Berufsgrundbildungsjahr zu einer Verkürzung der Lehrzeit und erhöht gleichzeitig die Chancen auf die Erlangung eines Ausbildungsplatzes.[229]

106 Die Orientierungsphase nach Abschluss der Schule ist jedenfalls bei einem Abiturienten spätestens mit den Ablehnungsbescheiden der Zentralstelle für die Vergabe von Studienplätzen beendet.[230] Bei bereits begonnenen Studium sind Grenzbereich für eine angemessene Orientierungsphase die ersten drei Semester,[231] so dass ein Wechsel des Studienfachs ohne zwingenden Grund in der zweiten Hälfte des Studiums überhaupt ausgeschlossen ist.[232] Ein Anspruch auf Ausbildungsunterhalt besteht nicht mehr, wenn nach $2^1/_2$ Jahren das dritte Studium begonnen wird.[233] Es stellt eigenes Risiko des Kindes dar, wenn es notwendige Prüfungen endgültig nicht besteht: Ein anschließender Wechsel der Ausbildung kommt nicht (mehr) in Betracht.[234]

107 Wird die (Erst-)Ausbildung infolge **Schwangerschaft** und der sich daran **anschließenden Kindesbetreuung** verspätet begonnen, führt dies nicht zu einem Verlust des Anspruchs auf Ausbildungsunterhalt, solange die Ausbildung nach Vollendung des dritten Lebensjahres des Kindes – gegebenenfalls unter zusätzlicher Berücksichtigung einer angemessenen Übergangzeit – aufgenommen wird.[235]

108 Ein Anspruch auf Ausbildungsunterhalt kann auch bei Wechsel der Erstausbildung noch bestehen, wenn zwischen dem Nichtbestehen des Abiturs und der Aufnahme einer Ausbildung vier Jahre liegen, in denen der Unterhaltsberechtigte zunächst eine Ausbildung begonnen, dann aber längerfristig krank war, sodann seinen Realschulabschluss nachgeholt hat und nunmehr eine Fachschulausbildung als Logopäde beginnt.[236]

Gestattet ist es auch nach einer Lehre der Wechsel von einem ursprünglich geplanten, in fachlichem Zusammenhang stehenden Studium in ein anderes.[237] Allerdings gebieten es die schutzwürdigen Belange des Unterhaltsschuldners, dass er sich möglichst frühzeitig darauf einrichten kann, wie lange er die Unterhaltslast zu tragen hat. Ein Ausbildungswechsel ist um so eher zu akzeptieren, je früher er stattfindet. Dass das Kind erst mit 21 Jahren das Abitur absolviert, muss dem Ausbildungsunterhaltsanspruch jedenfalls dann nicht entgegenstehen, wenn die Schulausbildung auch noch von einem 1-jährigen Aufenthalt im Ausland begleitet war.

109 Kommt das Kind diesem Pflichtenkreis nicht nach, besteht bis zur Aufnahme einer ordnungsgemäßen Berufsausbildung kein Anspruch auf Unterhalt.[238] Anders das OLG Hamburg:[239] Auch wenn ein minderjähriges eheliches Kind den Schulbesuch abgebrochen hat und sich weigert, eine Berufsausbildung zu beginnen, führt dies nicht zum Verlust des Unterhaltsanspruchs, da es der – auch unterhaltsrechtlich bedeutsame – Minderjährigenschutz gebietet, auch in einem solchen Fall die Unterhaltspflicht des nichtsorgeberechtigten Elternteils fortbestehen zu lassen. Dem ist nur in krassen Ausnahmefällen beizutreten, etwa wenn das Kind die konkrete Situation nicht oder nur in geringem Maße verschuldet hat, insb. wenn es die Eltern selbst zu vertreten haben, dass sie jeden Einfluss auf ihr Kind verloren haben. Einem $16^1/_2$-jährigen Kind ist es daher zumutbar, zur Deckung eines monatlichen Unterhaltsbedarfs von 392 DM bis zum

---

228 OLG Braunschweig FamRZ 2011, 1067.
229 OLG Braunschweig FamRZ 2011, 119.
230 OLG Naumburg FuR 2009, 478 = OLGR 2009, 495; a.A. OLG Hamm FamFR 2012, 321.
231 BGH FamRZ 1987, 470.
232 OLG Schleswig OLGR 1995, 59 – Orientierungsphase: zwei Semester.
233 OLG Hamm NJW 1981, 767.
234 OVG Münster FamRZ 1976, 296.
235 BGH FamRZ 2011, 1560 = FuR 2011, 633 = FF 2011, 412 mit Anm. Viefhues.
236 OLG Thüringen FuR 2009, 233 = NJW-RR 2009, 651.
237 BGH FamRZ 1993, 1057.
238 OLG Düsseldorf FamRZ 1990, 194 m.w.N.
239 FamRZ 1995, 959.

Antritt einer Ausbildungsstelle vorübergehend einer Teilerwerbstätigkeit nachzugehen, die auf Stundenbasis abgerechnet wird.[240]

bb) Konkretes Berufsziel

Unterhalt für ein **Teilstudium** wird nicht geschuldet. Eltern schulden nicht schlechthin irgendeine 110
Ausbildung[241] – etwa das Studium nicht berufsqualifizierender Nebenfächer, die keinen berufsqualifizierenden Abschluss ermöglichen,[242] auch wenn ein späterer Quereinstieg in das gewünschte
Hauptfach erhofft wird –, sondern nur Unterhalt und Kosten für die Ausbildung zu einem **berufsqualifizierenden Abschluss** für einen **anerkannten Beruf**. Damit scheiden Berufsziele ohne gefestigten Ausbildungsgang (etwa Schriftsteller oder Funktionär) bzw. solche, die als sozial minderwer-
tig gelten, von vornherein aus. Abwegige Berufswünsche, die mit den Anlagen und Fähigkeiten
des Kindes nicht vereinbar sind und voraussehbar zu keinem vernünftigen Abschluss der Ausbildung führen, müssen nicht finanziert werden.[243] Die gewählte Ausbildung soll (nicht: muss!) hinsichtlich des konkreten Berufsziels Perspektiven eröffnen und tatsächlich dazu geeignet sein, dass
nach Abschluss dieser Ausbildung der Beruf auch auf Dauer den **eigenständigen Lebensunterhalt**
ermöglicht.[244] Wählt das Kind eine insoweit **nicht geeignete Ausbildung**, dann besteht kein
Anspruch auf Ausbildungsunterhalt.[245]

Der Besuch einer **Abendschule** begründet keinen Ausbildungsunterhaltsanspruch gegenüber den 111
Eltern, weil er weder eine allgemeine Ausbildung noch eine konkrete Berufsausbildung darstellt.
Ein ausbildungswilliges Kind muss ein konkretes Berufsziel anstreben. Ein Schulbesuch darf nicht
erfolgen, um die Zeit zu überbrücken, bis das Kind eine passende Arbeitsstelle gefunden oder weil
es mit seinen anderweitigen Bewerbungen keinen Erfolg gehabt hat.[246] Der Besuch eines Volkshochschulkurses zwecks Erlangung des **Realschulabschlusses**, obgleich bereits ein Hauptschulabschluss vorliegt, zählt hingegen auch dann noch zur allgemeinen Schulausbildung, wenn die
Schule in der Tages- oder Abendform als Erwachsenenschule besucht wird.[247]

Zum Zwecke der **Fortsetzung** der **Schulausbildung** kann Ausbildungsunterhalt über die Grenze der 112
gesetzlichen Schulpflicht hinaus nur verlangt werden, wenn dies insb. nach der Begabung, den
Fähigkeiten und dem Leistungswillen des Kindes angemessen erscheint und sich in den Grenzen der
wirtschaftlichen Leistungsfähigkeit der Eltern hält.[248] Allerdings können den Eltern eines minderjährigen Kindes eher besondere finanzielle Opfer zuzumuten sein, damit ihr Kind wenigstens den
Hauptschulabschluss erreicht, als wenn es um eine weiterführende Ausbildung geht.[249] Während
eines zwar berufswegbezogenen, aber die reguläre Wochenarbeitszeit nicht ausschöpfenden Praktikums besteht nur ein Anspruch auf **Teilunterhalt**.[250] In einem Falle objektiv unzulänglicher schuli-

---

240 OLG Düsseldorf FamRZ 2000, 442 – im entschiedenen Fall zehn Stunden wöchentlich.
241 OLG Hamm FamRZ 1989, 1219.
242 OLG Karlsruhe FamRZ 2001, 851; vgl. auch OLG Karlsruhe NJWE-FER 2001, 117.
243 BGHZ 107, 376 = BGH FamRZ 1977, 629.
244 OLG Stuttgart FamRZ 1988, 758 zum Unterhaltsanspruch wegen Ausbildung zu einem künstlerischen
    Beruf (hier: Komponist).
245 OLG Naumburg FamRZ 2001, 440; s. auch OVG NW NJW-RR 1999, 1235 – damit entfällt aus
    Gründen der Billigkeit auch ein Anspruch auf Prozesskostenvorschuss für im Zusammenhang mit einer
    solchen Ausbildung geführte Prozesse.
246 OLG Düsseldorf FamRZ 2004, 1890 (Ls).
247 OLG Brandenburg FamRZ 2008, 177.
248 OLG Hamburg FamRZ 1986, 382 zum Ausbildungsunterhalt für den Besuch einer weiterführenden (pri-
    vaten) Realschule nach vorangegangenem schulischen Versagen.
249 OLG Hamburg FamRZ 1986, 1033 – Besuch einer Privatschule.
250 OLG Frankfurt NJW 1990, 1798.

scher Leistungen kann nicht die Rede davon sein, dass etwa die Eltern die Begabung ihres Kindes unterschätzt und ihm deshalb den direkten Weg zur Hochschulreife verbaut hätten.[251]

113   Hat ein Jugendlicher auch nach Absolvierung eines **berufsvorbereitenden Lehrgangs** Schwierigkeiten, einen Ausbildungsplatz zu finden, und wird ihm daher eine weitere berufsvorbereitende Maßnahme angeboten, besteht der Anspruch auf Ausbildungsunterhalt fort.[252]

114   Eine **Promotion** zählt regelmäßig nicht zum Regelabschluss. Sie muss daher selbst dann nicht finanziert werden, wenn der Unterhaltsgläubiger eine akademische Laufbahn anstrebt. Eine Ausnahme kann dann gerechtfertigt sein, wenn ein Nichtpromovierter in einem bestimmten Beruf seinem promovierten Kollegen im Wettbewerb im Regelfall deutlich unterlegen ist, und wenn die Finanzierung der Promotionskosten den Eltern nicht besonders schwer fällt.[253] Allerdings ist während der Dauer der Promotion jedenfalls eine Teilzeittätigkeit zumutbar.[254]

115   Ein **Bachelor-Abschluss** stellt eine abgeschlossene berufsqualifizierende Ausbildung iSd § 1602 dar.

Für die Dauer eines (auf das Bachelor-Studium) anschließenden **Master-Studiums** kann jedenfalls noch ein Anspruch auf Ausbildungsunterhalt bestehen, wenn zwischen dem zuvor absolvierten Bachelor-Studium und dem Master-Studiengang ein **enger zeitlicher Zusammenhang** besteht und das Master-Studium eine **fachliche Ergänzung und Weiterführung oder Vertiefung des Bachelor-Abschlusses** ist (sog. konsekutives Master-Studium).[255] In diesem Fall handelt es sich nicht um die Aneinanderreihung zweier Einzelausbildungen (Doppelstudien), sondern um einen einheitlichen Ausbildungsgang. Nicht erforderlich ist es daher, dass das Kind bereits zu Beginn des Bachelor-Studiums vorhatte, später auch das Master-Studium zu absolvieren.

116   Ein zwischen Abitur und Lehre absolvierter zweijähriger Dienst als **Soldat auf Zeit** ist – auch wenn das Kind den Status eines Reserveoffiziers erreicht hat – keine eigene angemessene Vorbildung zu einem Beruf. Insoweit besteht noch immer ein Anspruch auf Ausbildungsunterhalt.[256]

cc) Eignung des Kindes

117   Der Anspruch auf Ausbildungsunterhalt setzt voraus, dass das Kind für den von ihm angestrebten Beruf auch geeignet ist,[257] dass also der **bisherige schulische Werdegang** einen **erfolgreichen Abschluss** der **angestrebten Ausbildung** erwarten lässt. Ob das geistige Leistungsvermögen des Kindes auch den Anforderungen einer höherqualifizierten Tätigkeit genügt, lässt sich nicht allein mit Rücksicht auf das Bestehen des Abiturs beurteilen. Das Abitur allein verpflichtet die Eltern daher nicht zwangsläufig dazu, (auch) ein Hochschulstudium zu finanzieren.[258] Andernfalls würde jede im ersten oder zweiten Bildungsweg erlangte formelle Berechtigung zum Studium die Verpflichtung zur Finanzierung dieser Ausbildung nach sich ziehen, ohne dass es – wie es § 1610 Abs. 2 verlangt – auf die **Angemessenheit** der Ausbildung im Einzelfall ankäme.[259] Ein Kind, das in der Schule immer nur unter strengster Aufsicht Leistungen erbracht hat, ist für ein Studium

251   OLG Brandenburg FamRZ 2009, 2014 (Ls).
252   OLG Hamm FuR 2004, 304.
253   OLG Karlsruhe FamRZ 1981, 72.
254   OLG Hamm FamRZ 1990, 904.
255   OLG Brandenburg FamRZ 2011, 1067; NJW-RR 2011, 725; allerdings umstritten, eingehend zur Problematik Liceni-Kirstein, FamRZ 2011, 526.
256   BGH FamRZ 1992, 170 (Nr. 75).
257   OLG Bamberg FamRZ 1988, 1087.
258   BGH FamRZ 2000, 420 = FuR 2000, 92 m.w.N.; OVG Bremen NJW-RR 1986, 430, 431; OLG Koblenz NJW 1991, 300; Oelkers/Kreutzfeldt FamRZ 1995, 136, 140 f.
259   BGH FamRZ 2000, 420 = FuR 2000, 92.

selbst dann ungeeignet, wenn seine intellektuellen Fähigkeiten ansonsten ausreichen würden.[260] Das OLG Koblenz[261] hat die Eignung zum Studium der Wirtschaftswissenschaften bei einem Kind verneint, das in der Schule bis zum Abitur durchgehend nur nicht ausreichende Leistungen erreicht hat. Soweit bei durchschnittlichen Leistungen mit der Abiturnote ein numerus clausus für ein Studienfach nicht erreicht wird, spricht dies **nicht** grundsätzlich gegen eine Eignung für ein Studium, da die Schulleistungen des Kindes oftmals keine verbindlichen Aussagen über die Begabung zu einem bestimmten Beruf treffen.[262]

Grundsätzlich ist die Frage der **beruflichen Eignung** eines Kindes aus der Sicht bei **Beginn der** **118** **Ausbildung** und den zu dieser Zeit zutage getretenen Anlagen zu beantworten.[263] **Ausnahmen** gelten für sog. **Spätentwickler**, bei denen auf das Ende der Erstausbildung oder (sogar) erst auf den Beginn der Zweitausbildung abgestellt werden soll, um eine unangemessene Benachteiligung zu vermeiden.[264]

Auch **während** der **Ausbildung** kann sich **mangelnde Eignung** herausstellen. Wird die Ausbildung **119** dennoch fortgesetzt, entfällt der Anspruch auf Ausbildungsunterhalt[265] (etwa wenn das Versagen im Physikum mit Konzentrationsschwächen infolge des Unterhaltsrechtsstreits begründet wird,[266] wenn zwei Ausbildungen ohne zureichenden Grund abgebrochen wurden,[267] oder wenn die Studienberechtigung an einer Universität wegen zweimaligen Nichtbestehens einer Zwischenprüfung erloschen ist).[268] Leichtere Verzögerungen oder ein **zeitweiliges Versagen** sind vor dem Hintergrund des Gegenseitigkeitsprinzips von den Eltern hinzunehmen, wenn das Kind ansonsten seine Ausbildung mit Fleiß und Zielstrebigkeit durchführt.[269]

Die Ausbildung eines **volljährigen Kindes** an einer **Privatschule** kann nur dann zu einer Anhebung seines Bedarfs führen, wenn es sich bundesweit erfolglos um einen Platz an einer staatlichen Schule beworben hat (arg: ein regelmäßiger Mehrbedarf darf dem Unterhaltsschuldner nur dann entgegen gehalten werden, wenn er unabweisbar oder jedenfalls unter Abwägung aller erkennbarer Gesamtumstände berechtigt ist).[270] Wer wegen unzulänglicher Leistungen das staatliche Gymnasium verlassen muss, kann grundsätzlich nicht von seinen Eltern die Kosten dafür beanspruchen, noch auf Umwegen, insb. durch den Besuch von Privatschulen, das Abitur und damit die Studienreife zu erlangen. Ist das erstrebte Ausbildungsziel zweimal verfehlt worden, ist im Allgemeinen von unzureichenden Fähigkeiten oder nicht hinreichendem Leistungswillen auszugehen.[271] Mit dem Verlust der Studienberechtigung an einer Universität wegen mehrfachen Nichtbestehens von Prüfungen büßt ein Student den Anspruch auf Ausbildungsunterhalt ein. Zur Finanzierung eines später aufgenommenen Weiterstudiums sind die Eltern nicht mehr verpflichtet.[272]

---

260 OLG Zweibrücken FamRZ 1985, 92.
261 OLG Koblenz FamRZ 1991, 108.
262 OVG Berlin NJW 1989, 541.
263 BGH FamRZ 2000, 420 = FuR 2000, 92.
264 BGH FamRZ 1991, 322 = FuR 1991, 45 = FuR 2000, 92; 2001, 1601 = FuR 2001, 529 – späte Herausbildung endgültiger Berufsvorstellungen durch Beeinträchtigung der Persönlichkeitsentwicklung.
265 OVG NW NJW-RR 1999, 1235 – und damit auch aus Gründen der Billigkeit ein Anspruch auf Prozesskostenvorschuss für im Zusammenhang mit einer solchen Ausbildung geführte Prozesse.
266 OLG Hamm NJW-RR 1998, 726.
267 OLG Hamm FamRZ 1989, 1219.
268 OLG Karlsruhe FamRZ 1994, 1342.
269 KG FamRB 2011, 267; OLG Hamburg NJW-RR 2010, 1589.
270 OLG Hamm FamRZ 1997, 960.
271 OLG Schleswig FamRZ 1986, 201.
272 OLG Karlsruhe FamRZ 1994, 1342 – Verlust der Studienberechtigung an einer Universität wegen zweimaligen Nichtbestehens einer Zwischenprüfung (Medizinstudent).

dd) Berufswahl

120 Ist das Kind zum Zeitpunkt der Auswahl seiner Ausbildung noch **minderjährig**, dann haben die Eltern – während intakter Ehe wie auch nach Trennung/Scheidung als gemeinsam **Sorgeberechtigte** (s. § 1687 – »gegenseitiges Einvernehmen«) – zusammen mit ihrem Kind in gemeinsamer verantwortlicher Entscheidung eine angemessene, optimale neigungs- und begabungsbezogene Berufsausbildung zu wählen,[273] wobei den individuellen Umständen, vor allem den bei dem Kind vorhandenen persönlichen Voraussetzungen, maßgebliche Bedeutung zukommt.[274] Ist ein Elternteil **alleinsorgeberechtigt**, dann wählt er gemeinsam mit dem Kind dessen **Berufsziel** in alleiniger Verantwortung (§ 1626 Abs. 1).[275]

121 Die Eltern dürfen ihr Kind nicht in eine Ausbildung ihrer Wahl drängen.[276] Sie müssen sich vielmehr bei der Berufswahl mit dem Kind auseinandersetzen, um ein Einvernehmen zu erreichen (§ 1626 Abs. 2). Dabei ist insb. auf **Eignung** und **Neigung** des Kindes Rücksicht zu nehmen (§ 1631a Abs. 1 Satz 1). Bestehen Zweifel, soll der Rat eines Lehrers oder einer anderen geeigneten Person eingeholt werden (§ 1631a Abs. 1 Satz 2). Entscheidend ist das Wohl des Kindes. Nimmt der sorgeberechtigte Elternteil offensichtlich keine Rücksicht auf Eignung und Neigungen seines Kindes, und wird dadurch die Besorgnis begründet, dass die Entscheidung des Kindes nachhaltig und schwer beeinträchtigt wird, hat insoweit das Gericht zu entscheiden (§ 1631a Abs. 2 Satz 1). Es kann zum einen die erforderliche Erklärung des Sorgeberechtigten (etwa zum Abschluss eines Ausbildungsvertrages) ersetzen (§ 1631a Abs. 2 Satz 2), zum anderen Maßnahmen wegen Missbrauchs der elterlichen Sorge gem. § 1666 einleiten.

122 Das **volljährige Kind** entscheidet über das Berufsziel und den Gang seiner Ausbildung in **eigener Verantwortung** (s. § 1618a).[277] Auf Wünsche seiner Eltern kommt es nicht an. Die Wahl des Ausbildungsziels kann auch dem Willen der Eltern zuwiderlaufen. Ob sie dann allerdings Ausbildungsunterhalt schulden, hängt vom jeweiligen Einzelfall ab: Sie müssen zwar nicht jedweden Neigungen und Wünschen nachgeben, sind aber leistungspflichtig, wenn die in dem bisherigen Ausbildungsweg dokumentierte Eignung des Kindes und seine Berufswahl einen erfolgreichen Abschluss der angestrebten Ausbildung nahe legen.[278]

d) Wirtschaftliche Verhältnisse der Beteiligten

123 Der Anspruch auf Ausbildungsunterhalt setzt auch voraus, dass den **Eltern** die mit der Ausbildung verbundene besondere **wirtschaftliche Belastung** zugemutet werden kann.[279] Verfügt ein Auszubildender aus Ausbildungsvergütung, **Halbwaisenrente**[280] und Kindergeld über ein Einkommen in Höhe des Regelsatzes der jeweiligen Unterhaltsleitlinie, dann steht ihm ein Unterhaltsanspruch (und damit auch ein Auskunftsanspruch) beispielsweise nur bei **guten wirtschaftlichen Verhältnissen** des auf Unterhalt in Anspruch genommenen Elternteils zu.[281] Der **Unterhaltsbedarf** einer

---

273 BGH FamRZ 2000, 420 = FuR 2000, 92; OVG Hamburg FamRZ 2006, 1615.
274 BGH FamRZ 2000, 420 = FuR 2000, 92 m.w.N.
275 OLG Nürnberg FamRZ 1993, 837.
276 Grundlegend auch heute noch BGH FamRZ 1976, 629; vgl. ferner BGH FamRZ 1991, 322 (Nr. 221); OLG Stuttgart FamRZ 1996, 181; OLG Hamm FamRZ 1995, 1007; OLG Schleswig FamRZ 1992, 593.
277 BGH FamRZ 1996, 798.
278 BGHZ 107, 376 = BGH FamRZ 1989, 853; OVG Berlin NJW 1989, 541.
279 BGHZ 107, 376 = BGH FamRZ 1989, 853 (Nr. 134); OLG Hamm FamRZ 1982, 1099 – betreffend geschiedene Eltern; 1990, 196; OLG Naumburg FuR 2001, 39.
280 BGH FamRZ 2009, 762 = FuR 2009, 409 – die für ein minderjähriges Kind gezahlte Halbwaisenrente ist auf seinen Barunterhaltsanspruch gegen den Elternteil, bei dem es lebt, nur zur Hälfte anzurechnen (so bereits BGH FamRZ 1980, 1109, 1111).
281 OLG Naumburg FamRZ 2001, 1480 (Ls) – damals nach den Richtlinien des OLG Naumburg: 1.020 DM.

Halbwaise bemisst sich insoweit mit dem doppelten Tabellensatz abzüglich Halbwaisenrente und Kindergeld.[282]

Im Rahmen sog. **mehrstufiger Ausbildungen** erlangt die Zumutbarkeitsprüfung insb. dann beson- 124 dere Bedeutung, wenn das Kind nach Beendigung der praktischen Ausbildung ein Alter erreicht hat, bei dem die Eltern nicht unbedingt mehr damit rechnen mussten, es werde seine Ausbildung mit einem Studium fortsetzen.[283] Je älter das Kind ist, um so mehr tritt an die Stelle der Verant- wortung der Eltern die **Eigenverantwortung** des (volljährigen) Kindes für seinen eigenen Unter- halt.[284] Eingeschränkte Leistungsfähigkeit vernichtet nicht den Ausbildungsunterhaltsanspruch dem Grunde nach, sondern **begrenzt** allenfalls die Höhe des Unterhalts.[285]

Lebt das Kind in einer **eheähnlichen festen Partnerschaft**, dann wirken sich die – tatsächlichen 125 und fiktiven – Leistungen des Partners auf die Bedürftigkeit des Ausbildungsunterhalt begehren- den Kindes aus. Das Kind ist jedenfalls dann nicht auf Ausbildungsunterhalt angewiesen, wenn es seinen Lebensbedarf durch Leistungen seines Lebensgefährten deckt oder zu decken vermag. Finanzielle Mittel, die der Unterhaltsgläubiger von dem Partner für die gemeinsame Lebensfüh- rung entgegennimmt, mindern seine Bedürftigkeit. Das gleiche gilt, wenn er seinem Lebensge- fährten durch **Haushaltsführung** oder **sonstige Versorgung Dienstleistungen** erbringt, für die ihm ein **Entgelt** zuzurechnen ist, sofern der Partner finanziell in der Lage ist, die ihm erbrachten Leistungen zu vergüten. Derartige **fiktive Einkommen** können freiwilligen Leistungen eines Drit- ten, die ohne jeden sozialen Zwang erfolgen und jederzeit beendet werden können, nicht gleichge- setzt werden.[286]

e) Leistungspflichten der Eltern

Eltern schulden ihrem Kind im Rahmen ihrer wirtschaftlichen Leistungsfähigkeit eine **Berufsaus-** 126 **bildung**, die der **Begabung** und den **Fähigkeiten**, dem **Leistungswillen** und den **beachtenswerten**, nicht nur vorübergehenden **Neigungen** des Kindes am besten entspricht, ohne dass es auf ihren Beruf und ihre gesellschaftliche Stellung ankommt (»eine den **Eltern wirtschaftlich zumutbare, optimale begabungs- und neigungsbezogene Berufsausbildung**«).[287] Haben Eltern die ihnen hier- nach obliegende Pflicht, ihrem Kind eine angemessene Ausbildung zu gewähren, in rechter Weise **erfüllt**, und hat das Kind einen Ausbildungsabschluss erlangt, dann sind sie ihrer Unterhaltspflicht aus § 1610 Abs. 2 in ausreichender Weise nachgekommen und grundsätzlich nicht verpflichtet, noch eine weitere zweite Ausbildung (»**Zweitausbildung**«) zu finanzieren, der sich das Kind nach- träglich nach Beendigung der ersten Ausbildung unterziehen will.[288] Das Kind trägt das Anstel- lungsrisiko hinsichtlich des erlernten Berufs alleine.[289] Kann es nach **Beendigung der Ausbildung** keine seinem Ausbildungsabschluss entsprechende Stelle finden, so sind seine Eltern nicht zur Finanzierung einer neuen, wenn auch sinnvollen Ausbildung/Zusatzausbildung verpflichtet, erst recht nicht, wenn diese in einem nicht unerheblichen zeitlichen Abstand zum Abschluss der bishe-

---

282 OLG Dresden NJW-RR 2003, 364.
283 Vgl. OLG Stuttgart FamRZ 1996, 181.
284 OLG Stuttgart FamRZ 1996, 181; OLG Hamm FamRZ 1989, 1219.
285 OLG Karlsruhe DAVorm 1999, 151.
286 OLG Thüringen OLGR 2005, 498 unter Hinweis auf BGH FamRZ 1989, 487, 488; OLG Koblenz FamRZ 1991, 1469.
287 BGHZ 69, 190 = BGH FamRZ 1977, 629 = FuR 2000, 92; 2001, 1601 = FuR 2001, 529; OLG Köln FamRZ 1990, 310; OVG Hamburg FamRZ 2006, 1615.
288 BGH FamRZ 1998, 671 = FuR 2000, 92; 2001, 1601 = FuR 2001, 529; FG Münster EFG 2002, 1306 – Berufspilotenausbildung eines 28-jährigen Kindes mit abgeschlossener Berufsausbildung und einem im fortgeschrittenem Stadium abgebrochenem Studium.
289 OLG Hamm FamRZ 1990, 904; OLG Dresden OLG-NL 1994, 247; s. auch BSG FamRZ 1985, 1251.

rigen Ausbildung beginnen soll.[290] In einem Fall objektiv unzulänglicher schulischer Leistungen kann nicht die Rede davon sein, dass etwa die Eltern die Begabung ihres Kindes unterschätzt und ihm deshalb den direkten Weg zur Hochschulreife verbaut hätten.[291]

127 **Ausnahmen** von diesem Grundsatz sind nur unter **besonderen Umständen** anzunehmen, etwa wenn dem Kind die angemessene Ausbildung versagt worden ist, weil die Eltern das Kind gegen seinen Willen in einen unbefriedigenden, seiner Begabung und Neigung nicht hinreichend Rechnung tragenden Beruf gedrängt haben, und es sich aus diesem Grund zunächst für einen Beruf entschieden hat, der seiner Begabung und seinen Neigungen nicht entspricht,[292] wenn sich nachträglich herausstellt, dass die erste Ausbildung auf einer deutlichen Fehleinschätzung der Begabung des Kindes beruhte, wenn während der ersten Ausbildung eine besondere, die Weiterbildung erfordernde Begabung des Kindes deutlich wurde, oder wenn die weitere Ausbildung zweifelsfrei als eine bloße Weiterbildung anzusehen ist, die von vornherein angestrebt war.[293] In diesen Fällen haben die Eltern ihre Verpflichtung zur Finanzierung einer angemessenen Ausbildung noch nicht in rechter Weise erfüllt.[294]

Der Anspruch auf Ausbildungsunterhalt umfasst eine nach Abschluss der Berufsausbildung durchgeführte **Weiterbildungsmaßnahme** nur, wenn diese vom ursprünglich geplanten Ausbildungsgang mit erfasst ist.[295]

f) Leistungspflichten des Kindes

aa) Auskunfts- und Belegvorlagepflichten

128 Das Gegenseitigkeitsprinzip vermittelt dem Unterhaltsschuldner auch gewisse **Auskunfts-** und **Kontrollrechte**: Er kann verlangen, dass er nicht nur bezüglich des Ausbildungsweges seines unterhaltsberechtigten Kindes, sondern auch über den Fortgang der Ausbildung und über die jeweils erbrachten Leistungen informiert wird (**Auskunftsanspruch**)[296] und dem Verlauf des bisherigen Studiums entsprechende Leistungsnachweise (etwa Studienbescheinigungen, (Zwischenprüfungs-) Zeugnisse, »Scheine« der Universität, Nachweis über den Besuch der lehrplanmäßigen Studienveranstaltungen u.a.) zur Einsicht erhält (**Belegvorlageanspruch**). Kommt das Kind dieser Verpflichtung trotz entsprechender Aufforderung nicht nach, können die Eltern hinsichtlich der Unterhaltszahlungen ein **Zurückbehaltungsrecht** geltend machen, bis die entsprechenden Informationen erteilt und/oder die verlangten Belege vorgelegt worden sind.[297] Bei **beharrlicher Pflichtverletzung** des Kindes kann der Anspruch auf Ausbildungsunterhalt erlöschen.[298] Das gleiche gilt, wenn das Leistungsbild den Anforderungen der betreffenden Ausbildungsordnung nicht entspricht oder wenn zwischen den einzelnen Ausbildungsabschnitten größere Lücken bestehen.

129 Verweigert das unterhaltsberechtigte volljährige Kind auf entsprechende Aufforderung des Unterhaltsschuldners die Auskunft über die Ordnungsmäßigkeit des Studiengangs, so ist der Unterhaltsschuldner berechtigt, **Abänderungsantrag** mit dem Ziel des Wegfalls seiner Unterhaltsverpflichtung zu erheben. Erklärt der Unterhaltsschuldner nach Erteilung der Auskunft die Hauptsache für

---

290 Vgl. OVG Münster FamRZ 1980, 515 – Zusatzausbildung Schulpsychologie; OLG Saarbrücken OLGR 1998, 164 – Qualifizierungsmaßnahme eines Diplomingenieurs nach erfolgloser Stellensuche.
291 OLG Brandenburg FamRZ 2009, 2014 (Ls).
292 BGH FamRZ 1991, 322 = FuR 2000, 92.
293 BGHZ 69, 190 = BGH FamRZ 1977, 629 = FamRZ 1989, 853 = FuR 2000, 92; 2001, 1601 = FuR 2001, 529.
294 BGH FamRZ 2000, 420 = FuR 2000, 92 m.w.N.; OLG Koblenz FamRZ 2001, 852.
295 OLG Rostock NJW-RR 2008, 1174.
296 Zum Kontrollrecht der Eltern: BGH FamRZ 1987, 470; OLG Celle FamRZ 1980, 914; vgl. auch OLG Hamm FamRZ 1995, 1007; NJW-RR 1996, 4.
297 OLG Hamm FamRZ 1996, 49; OLG Celle EzFamR aktuell 2001, 167.
298 OLG Hamm ZFE 2004, 378 (Ls).

erledigt, hat der Unterhaltsgläubiger mit Rücksicht auf den Rechtsgedanken des § 243 Satz 2 Nr. 2 FamFG die Kosten des Verfahrens zu tragen, da er durch die ungenügende Auskunft Veranlassung zur Einleitung des gerichtlichen Verfahrens gegeben hat.[299]

bb) Wechsel des Ausbildungsziels bzw. des Ausbildungsortes

Die Rücksichtnahme auf den/die Unterhaltsschuldner gebietet es aber auch, dass sich das Kind **130** über seine geänderten Ausbildungspläne mit dem/den Unterhaltsschuldner/n verständigt.[300] Es muss daher jegliche **Wechsel während** der **Ausbildung** mit seinen Eltern beraten (§ 1618a),[301] insb. die Gründe für den Abbruch der derzeitigen Ausbildung wie auch die Perspektiven der nachfolgenden Ausbildung schlüssig und nachvollziehbar darlegen, und versuchen, sich über die geänderten Ausbildungspläne mit den Eltern zu verständigen.[302] Geschieht dies nicht, kann weder eine Überlegungs- noch eine Erfahrungsphase zugebilligt werden.[303] Zwar hat das Kind auch nach mehrfachem Wechsel der Ausbildung seinen Anspruch auf Ausbildungsunterhalt nicht immer ohne weiteres verwirkt. Doch lässt ein Wechsel der Ausbildung und/oder des Studienorts ohne Einverständnis der Eltern und ohne die zuvor angeführten Gründe den Unterhaltsanspruch regelmäßig entfallen. Die Eltern haben dann – ebenso wie beim Abbruch eines Studiums – ihre Ausbildungsverpflichtung erfüllt.[304]

Ein Anspruch auf Ausbildungsunterhalt kann daher auch dann noch bestehen, wenn zwischen **131** Schulabbruch (Nichtbestehen des Abiturs) und der Aufnahme der Ausbildung (nach dem Ausbildungswechsel) vier Jahre liegen, wenn der Unterhaltsberechtigte zwischenzeitlich ein Jahr krank war und während eines weiteren Jahres seinen Realschulabschluss nachgeholt hat.[305]

Der Wechsel des **Ausbildungsziels** ist unbedenklich, wenn er einerseits auf **sachlichen Gründen** **132** beruht[306] und andererseits unter Berücksichtigung der gesamten Umstände den unterhaltspflichtigen Eltern **wirtschaftlich zumutbar** ist. Die schutzwürdigen Belange der Eltern gebieten es, dass sie sich möglichst frühzeitig darauf einrichten können, wie lange die Unterhaltslast andauern wird.[307] Für die Annahme eines hinreichenden Grundes kann etwa der Umstand sprechen, dass zwischen der abgebrochenen und der angestrebten Ausbildung ein **sachlicher Zusammenhang** besteht. **Wirtschaftlich zumutbar** ist der Wechsel des Ausbildungsziels aber auch dann, wenn sich dadurch aus der Sicht der Eltern die Ausbildungszeit nicht unzumutbar verlängert. Ein Wechsel der Ausbildung wird daher um so eher zu akzeptieren sein, je früher er stattfindet.

Auslandsstudium **133**

Auch der **Ausbildungsort** darf unabhängig davon, ob sich dadurch die Regelstudienzeit verlängert – vorübergehend – gewechselt werden, wenn dies die fachliche Qualifikation verbessert und dadurch die Berufsaussichten steigen. Ein **Auslandsstudium** kann für die Ausbildung förderlich sein, so dass damit verbundene Verzögerungen der Ausbildung ebenso hinzunehmen sind wie begründeter erhöhter Bedarf des Studenten, wenn und soweit sich der Mehrbedarf im Rahmen der finanziellen Leistungsfähigkeit und in den Grenzen der wirtschaftlichen Zumutbarkeit für die

---

299 OLG Hamm ZFE 2004, 378 (Ls).
300 BGH FamRZ 2001, 757 = FuR 2001, 322.
301 OLG Frankfurt FamRZ 1984, 193.
302 BGH FamRZ 1981, 344 = FuR 2001, 322.
303 OLG Zweibrücken FamRZ 1995, 1006 zu einem Studium: kein weiterer Anspruch auf Ausbildungsunterhalt auch für die Dauer des laufenden Semesters nach endgültigem Abbruch des Studiums.
304 Bedenklich OLG Celle FamRZ 2002, 1645 zu einem **Wechsel** des »artverwandten« **Studienfachs** von »Medieninformatik« zu »Kommunikationsdesign«).
305 OLG Thüringen NJW-RR 2009, 651.
306 OLG Zweibrücken FamRZ 1980, 1058 – Abbruch des Studiums aus gesundheitlichen Gründen.
307 BGH FamRZ 2001, 757 = FuR 2001, 322; zum Wechsel der Fachrichtung im Rahmen des § 7 BAföG s. BVerwGE 60, 361; BVerwG FamRZ 1980, 835.

Eltern hält.[308] Dies gilt auch für **Auslandssemester**,[309] die im Inland anerkannt werden[310], etwa bei einem Jurastudium im Hinblick auf das Recht der EG.[311] Ein im Haushalt eines Elternteils lebender Student kann im Verhältnis zu dem anderen, auf Unterhalt in Anspruch genommenen Elternteil jedoch darauf verwiesen werden, am Studienort zu wohnen, etwa wenn hohe Fahrtkosten zum Studienort anfallen und dem Interesse des anderen Elternteils, die Unterhaltsbelastung in Grenzen zu halten, keine gewichtigen, gegen einen Umzug sprechenden Belange des Studenten gegenüberstehen.[312]

g) Dauer des Ausbildungsunterhalts

134 Ausbildungsunterhalt kann **regelmäßig** nur für die **(Regel-)Dauer** einer **Ausbildung** verlangt werden.[313] Die **Unterhaltspflicht endet** daher, wenn

- die Ausbildung abgebrochen,[314] **oder**
- die Regelstudienzeit erheblich überschritten,[315] **oder**
- die Ausbildung ordnungsgemäß beendet wird (»**Regelabschluss**«), also bis zum Abschluss der Regelschule,[316] bis zur Gesellenprüfung, bis zum Diplom oder bis zum Ende der üblichen Studienzeit.[317]

135 Danach wird Ausbildungsunterhalt nicht mehr[318] oder allenfalls nur noch in eingeschränktem Umfang[319] geschuldet. Die Regeldauer einer Ausbildung umfasst regelmäßig auch die **Prüfungszeit**, sofern sie zeitnah an das Ende der die Abschlussprüfung/en vorzubereitenden Ausbildungszeit anschließt.[320] Es kommt auf die jeweiligen Umstände des Einzelfalles an, ob nach einem nur **vorübergehenden Abbruch** der **Ausbildung** für die weitere Dauer der Ausbildung Unterhalt geschuldet ist.[321] Hat sich das volljährige Kind in Abstimmung mit dem Eltern für einen Abschluss durch die Diplomprüfung II entschieden, so besteht die Unterhaltspflicht bis zum Regelabschluss fort.[322]

aa) Regelabschluss und Regelstudienzeit

136 Die **Regelstudienzeit** mit der Förderungshöchstdauer nach dem BAföG ist nur ein – wenn auch ein wichtiger – **Anhaltspunkt** für die **übliche Studiendauer**, die mit dem Regelabschluss endet. Sie begrenzt den Unterhaltsanspruch nicht ohne weiteres. Maßgebend sind die wirtschaftlichen Verhältnisse der Eltern. Sind sie knapp, dann ist die Unterhaltspflicht gegenüber dem studierenden Kind auf denjenigen Zeitraum begrenzt, in dem bei gebotener Leistungsbereitschaft der Regelab-

308 BGH FamRZ 1992, 1064.
309 BGH FamRZ 1992, 1064; OLG Karlsruhe FamRz 2011, 1303.
310 OLG Karlsruhe FamRZ 2011, 1303 – hier: Studiengang Sinologie bzw. Ostasienwissenschaften.
311 BGH FamRZ 1992, 1064 = FuR 2001, 322 zu einem »grundsätzlich sinnvollen Entschluss«, dem Kind ein Auslandsjahr zu ermöglichen.
312 BGH FamRZ 2009, 762 = FuR 2009, 409.
313 OLG Stuttgart FamRZ 1996, 1434.
314 OLG Hamm FamRZ 1997, 694 – aus einer »totalen Verweigerungshaltung« heraus; OLG Nürnberg NJWE-FER 2001, 177.
315 BGH FamRZ 1984, 777; OLG Hamm FamRZ 1994, 387; OLG Stuttgart FamRZ 1996, 1434.
316 OLG Köln OLGR 2005, 40.
317 OLG Stuttgart FamRZ 1996, 1434; OLG Hamm FamRZ 1994, 387.
318 OLG Hamm NJW 1982, 2325; OLG Köln FamRZ 1999, 1162.
319 OLG Hamm FamRZ 1981, 493.
320 OLG Celle EzFamR aktuell 2001, 167 – zuzüglich der »Dauer des Abschlussexamens«.
321 Hierzu etwa OLG Celle FuR 2002, 332 – Unterhaltsvereinbarung sowie schwangerschaftsbedingte Unterbrechung des Studiums.
322 OVG Hamburg FamRZ 2006, 1615 – betreffend »Sozialökonomischer Studiengang«.

schluss des Studiums erreicht werden kann bzw. in dem die Höchstförderungsdauer nach dem BAföG endet.[323]

Der Anspruch auf Ausbildungsunterhalt entfällt spätestens dann, wenn die **Regelstudienzeit** **137** **erheblich überschritten** wird, und die BAföG-Förderung deshalb entfallen ist. Ein (anschließender) Anspruch gegen die Eltern kommt nur in Ausnahmefällen in Betracht.[324] Bei guten wirtschaftlichen Verhältnissen der Eltern kann eine Überschreitung der Regelstudienzeit um bis zu zwei Semester noch als angemessen anzusehen sein,[325] im Einzelfall noch mehr, wenn die durchschnittliche Studienzeit des betreffenden Studiengangs erheblich über der Regelstudienzeit liegt.[326] Hinzuzurechnen ist außerdem die Zeit der Diplomprüfung bzw. des Staatsexamens. Diese Prüfungszeit ist von der Regelstudienzeit regelmäßig nicht erfasst. Bei einem Studium werden über die Regelstudienzeit hinaus noch ein bis zwei Examenssemester zugestanden.[327] Erst nach Abschluss der Prüfung/en gilt eine Berufsausbildung als abgeschlossen.[328]

bb) Verzögerungen und Unterbrechungen der Ausbildung

Auch wenn der Pflicht des Unterhaltsschuldners, dem Unterhaltsgläubiger eine angemessene **138** Berufsausbildung zu ermöglichen, die Obliegenheit gegenübersteht, die Ausbildung mit Fleiß und gebotener Zielstrebigkeit in angemessener und üblicher Zeit zu absolvieren, muss der Unterhaltsschuldner nach Treu und Glauben (§ 242) **ausnahmsweise Verzögerungen** und **Unterbrechungen der Ausbildung** und die damit verbundene zeitliche Verlängerung seiner Leistungszeit hinnehmen. Bei Verzögerungen und Unterbrechungen der Ausbildung ist entscheidend, in wessen Risikosphäre sie fallen, insb. ob besondere **anerkennenswerte Verzögerungsgründe** vorliegen,[329] etwa Krankheit des Kindes[330] oder sonstige unglückliche Umstände,[331] insb. auch (Mit-) Verantwortlichkeit von Unterhaltsgläubiger und/oder Unterhaltsschuldner an der Verzögerung/Unterbrechung, Insbesondere darf das Kind seine Ausbildung nicht vorwerfbar vernachlässigt haben.[332]

Die **Unterbrechung der Ausbildung durch Schwangerschaft** hat für sich allein keinen Verlust des Anspruchs auf Ausbildungsunterhalt zur Folge.[333]

Soweit ein **Auslandssemester** für die Berufsausbildung sinnvoll ist, ist dieses bei guten Einkom- **139** mensverhältnissen der Eltern auch bei Verlängerung der Studienzeit zu finanzieren.[334]

(1) (Mit-) Verantwortlichkeit der Eltern

Trifft den/die Unterhaltsschuldner eine erkennbare (Mit-) Verantwortung an der Verzögerung/ **140** Unterbrechung der Ausbildung, dann ist es ihm/ihnen nach Treu und Glauben verwehrt, diese dem Unterhaltsbegehren entgegen zu halten.[335] Dies gilt etwa für Erschwernisse während der Ausbildung durch Leistungen des Kindes im Rahmen von § 1619, aber auch für erzieherisches Fehl-

---

323 S. etwa OLG Hamm FamRZ 1994, 387.
324 OLG Hamm FamRZ 1981, 493.
325 OLG Hamm FamRZ 1999, 886 – Regelstudienzeit: neun Semester, jedoch durchschnittliche Studienzeit im betreffenden Studienfach: 13,8 Semester; OLG Celle EzFamR aktuell 2001, 167.
326 BGH FamRZ 1992, 1064.
327 BGH FamRZ 1992, 1064
328 OLG Celle EzFamR aktuell 2001, 167 (Ls).
329 BGH FamRZ 2000, 420 = FuR 2000, 92.
330 OLG Hamm FamRZ 1990, 904.
331 OLG Stuttgart FamRZ 1996, 181.
332 OLG Koblenz ZFE 2003, 28 (Ls).
333 BGH FamRZ 2011, 1560 = FuR 2011, 633 = FF 2011, 412 mit Anm. Viefhues; OLG Koblenz FuR 2004, 356; s. auch OLG Celle FuR 2002, 332.
334 BGH FamRZ 1992, 1064; OLG Karlsruhe FamRZ 2011, 1303.
335 BGH FamRZ 1998, 671 = FuR 2000, 92.

verhalten der Eltern und den daraus möglicherweise entstandenen psychischen Folgen für das Kind.[336] **Gestörte häusliche Verhältnisse** – z.B. infolge von Trennung/Scheidung der Eltern – wirken sich nach der **Lebenserfahrung** vielfach nachteilig auf die schulische Entwicklung eines Kindes aus und können im Einzelfall auch zu Verunsicherungen und mangelndem Selbstvertrauen führen.[337] Muss ein Student zur Deckung seines Lebensunterhalts neben dem Studium arbeiten, dann kann ihm eine geringe zeitliche Verzögerung seines Studiums und damit des Abschlusses der Ausbildung unterhaltsrechtlich nicht vorgeworfen werden. Auch ist eine auf unterlassene Unterhaltszahlung zurückzuführende Verzögerung der Ausbildung vom Unterhaltsschuldner hinzunehmen.[338]

(2) (Mit-) Verantwortlichkeit des Kindes

141   Verzögerungen/Unterbrechung der Ausbildung sind nach Treu und Glauben (§ 242) auch dann hinzunehmen, wenn die Verlängerung der Ausbildungszeit (alleine oder überwiegend) auf ein **vorübergehendes leichteres Versagen** des **Kindes** zurückzuführen ist.[339] Im Einzelfall kann der Unterhaltsschuldner auch eine **nicht unerhebliche Verzögerung** in der Ausbildung des Kindes hinnehmen müssen, wenn diese unter Berücksichtigung aller Umstände nur auf ein leichteres, vorübergehendes Versagen des Kindes zurückzuführen ist.[340]

Bei **Schulversagen** ist daher auf den Einzelfall abzustellen: Auch bei mehrmaligem Sitzenbleiben kann nicht in jedem Fall davon ausgegangen werden, dass der Anspruch auf Zahlung von Ausbildungsunterhalt entfällt.[341]

Verletzt das Kind jedoch nachhaltig seine Obliegenheit, seine Ausbildung planvoll und zielstrebig aufzunehmen und durchzuführen, so kann dies die Zurechnung fiktiver Einkünfte[342] oder gar den Verlust des Unterhaltsanspruch nach sich ziehen. indem sich das Kind darauf verweisen lassen muss, seinen Lebensunterhalt durch eigene Erwerbstätigkeit zu verdienen.[343]

142   Allerdings führt eine nicht rechtzeitig abgelegte oder nicht bestandene Zwischenprüfung regelmäßig noch nicht zum Verlust des Anspruchs auf Ausbildungsunterhalt.[344] Der insoweit anzuwendende Maßstab der nach § 1610 Abs. 2 gebotenen Zumutbarkeitsprüfung darf nicht zu eng gezogen werden, sondern hat in Rechnung zu stellen, dass bei intakten Verhältnissen Eltern häufig großzügige Anstrengungen unternehmen, um ihren Kindern eine qualifizierte Ausbildung zu verschaffen, und vielfach auch bereit sind, zwischenzeitliche Misserfolge und Irrtümer bei der Wahl des Ausbildungsweges hinzunehmen. Eine grundlose, durch den Unterhaltsgläubiger zu vertretende mehrjährige Unterbrechung der Ausbildung kann jedoch dazu führen, dass der Unterhaltsanspruch auf Dauer entfällt.[345]

---

336 BGH FamRZ 1990, 149, 150 = FuR 2000, 92.
337 Vgl. BGH FamRZ 1981, 437 – Ehestreitigkeiten der Eltern und nachfolgende Scheidung ihrer Ehe; 2000, 420 = FuR 2000, 92; 2001, 757 = FuR 2001, 322; OLG Hamm FamRZ 1986, 198.
338 OLG Zweibrücken FamRZ 2002, 468.
339 BGH FamRZ 1998, 671 = FuR 2000, 92; 2001, 757 = FuR 2001, 322; KG FamRB 2011, 267; OLG Hamburg NJW-RR 2010, 1589; OLG Düsseldorf FamRZ 1981, 298 zu einem einmaligen Prüfungsversagen; OLG Frankfurt FamRZ 1985, 1167; FuR 2002, 546; OLG Schleswig FamRZ 1986, 201; OLG Köln NJW-RR 1990, 714; OLG Stuttgart FamRZ 1996, 181; OLG Hamm FamRZ 2000, 904 – Vorbereitungslehrgang zur anschließenden Berufsausbildung; OLG Koblenz FamRZ 2005, 300.
340 BGH FamRZ 1993, 1057.
341 OLG Köln OLGR 2005, 40 – Schulkarriere eines weitgehend im Ausland in einer fremden Sprache aufgewachsenen Kindes.
342 KG FamRZ 2011, 1798.
343 BGH FamRZ 1987, 470, 471; 1984, 777; 1993, 1057, 1059; 1998, 671, 672.
344 BGH FamRZ 1984, 777; 1990, 149.
345 OLG Naumburg FamRZ 2001, 440.

So muss etwa ein **Bummelstudium** nicht finanziert werden.[346] Zu einem ordnungsmäßigen Studium gehört (auch), dass der Student den wesentlichen Teil der lehrplanmäßigen Studienveranstaltungen besucht und sich mit der Studienmaterie ernsthaft beschäftigt. Die für die Ausbildung maßgeblichen **Ausbildungspläne** sind grundsätzlich einzuhalten, wobei Studenten jedoch ein gewisser Spielraum für die selbständige Auswahl der angebotenen Lehrveranstaltungen und für einen eigenverantwortlichen Aufbau des Studiums zuzugestehen ist.[347] Tauchen Zweifel auf, dann muss der Student im Einzelnen darlegen und nachweisen, dass er sein Studium zielstrebig betreibt.[348] Einem Jurastudenten im 9. Fachsemester, der sein Studium für zwei Auslandssemester unterbrochen hat, kann noch nicht entgegen gehalten werden, er betreibe sein Studium nicht mit der gebotenen **Zielstrebigkeit**, wenn er alle Scheine gemacht und alle Praktika absolviert hat, und sich nach Ablauf des 10. Fachsemesters zum Examen melden will.[349]   143

cc) Abbruch der Ausbildung

Ob und inwieweit der **Abbruch** einer **Berufsausbildung** bereits zum endgültigen Erlöschen des Anspruchs auf Ausbildungsunterhalt führt, muss der Tatrichter in jedem Einzelfall unter Würdigung aller maßgeblichen Umstände dieses Einzelfalles entscheiden. Dabei ist zwischen Minder- und Volljährigkeit zu unterscheiden.   144

Der Abbruch einer Erstausbildung im Alter von 17 Jahren ist aus unterhaltsrechtlicher Sicht grundsätzlich nicht zu beanstanden. Jedem jungen Menschen ist zuzubilligen, dass er sich über seine Fähigkeiten irrt, falsche Vorstellungen über den gewählten Beruf hat oder mit der Ausbildung aus anderen Gründen nicht klar kommt. Dabei wird ein Ausbildungsabbruch mit sich anschließendem Ausbildungswechsel um so eher zu akzeptieren sein, je früher er stattfindet. Dies folgt aus dem Gedanken, dass die schutzwürdigen Belange der Eltern es gebieten, sich möglichst frühzeitig darauf einrichten zu können, wie lange die Unterhaltslast dauern wird.[350] Allerdings obliegt dem Kind, unverzüglich nach Abbruch der ersten Ausbildung zielstrebig eine neue Ausbildung zu beginnen, so dass es letztlich zu keiner wesentlichen Verzögerung kommt.   145

Wird allerdings auch die zweite Ausbildung ohne triftigen Grund abgebrochen, werden die Eltern regelmäßig – vorbehaltlich der Umstände des jeweiligen Einzelfalles – von der Verpflichtung zur Zahlung von Ausbildungsunterhalt frei.[351] Ein unterhaltsberechtigtes volljähriges Kind, das keine Mitwirkung bei seiner schulischen oder beruflichen Ausbildung zeigt, sondern ein begonnenes Ausbildungsverhältnis wieder kündigt und auch den angekündigten Schulbesuch nicht beginnt, verletzt nachhaltig seine Ausbildungsobliegenheit. Dies führt zum Wegfall des Unterhaltsanspruchs, so dass das Kind seinen Unterhalt durch eine eigene Erwerbstätigkeit selbst verdienen muss.[352]   146

---

346 BGH FamRZ 1987, 470; 1984, 777; OLG Stuttgart FamRZ 1996, 181; OLG Zweibrücken FamRZ 1995, 1006.
347 BGH FamRZ 1984, 777; 1992, 1064; OLG Hamm FamRZ 1988, 425; OLGR 1999, 174; OLG Köln FamRZ 1986, 382; OLG Zweibrücken FamRZ 1995, 1006; OLG Stuttgart FamRZ 1996, 181.
348 OLG Zweibrücken FamRZ 1995, 1006.
349 OLG Schleswig OLGR 2003, 13.
350 BGH FamRZ 1981, 344, 346.
351 OLG Hamm FamRZ 1989, 1219 – Hauptschulabschluss, danach zweimaliger Ausbildungsabbruch, danach Abbruch einer Maßnahme zur Berufsorientierung, dann Besuch eines Kollegs zur Erreichung der mittleren Reife; OLG Thüringen OLG-NL 2005, 110 – trotz Abbruch von zwei Berufsausbildungen wurde ein Anspruch auf weiteren Ausbildungsunterhalt bejaht.
352 OLG Celle OLGR 2004, 209.

dd) Ausbildungsunterhalt nach Abbruch/Beendigung der Ausbildung

147   Mit dem **Abbruch** bzw. der erfolgreichen **Beendigung** der **Ausbildung** erlischt auch die Unterhaltspflicht der Eltern gegenüber ihren Kindern. Die Eltern tragen demnach nicht das **Arbeitsplatzrisiko.**[353] Da das Ende einer ordnungsgemäßen Berufsausbildung fast immer zeitlich deutlich vor der/den Abschlussprüfung/en absehbar ist, kann dem Unterhaltsgläubiger zugemutet werden, sich rechtzeitig um einen Arbeitsplatz zu kümmern. Es ist daher nur in **Ausnahmefällen** gerechtfertigt, die Dauer des Ausbildungsunterhalts auf eine gewisse Zeit nach der Beendigung der Abschlussprüfung/en (sog. **Übergangszeit**), etwa wegen »**Arbeitsplatzsuche**«, auszudehnen.[354] Wird ein solcher Ausnahmefall bejaht, etwa weil aus Gründen des Arbeitsmarktes Bewerbungen erst mit dem Abschlussdokument (Diplom, Zeugnisse über Staatsprüfungen) möglich oder sinnvoll sind, dann kann im Anschluss an ein Studium oder an eine sonstige Berufsausbildung regelmäßig noch eine Bewerbungsfrist zugebilligt werden. Diese Zeitspanne lässt sich nicht abstrakt, sondern nur von Fall zu Fall bestimmen.[355] In der Regel endet der Anspruch auf Ausbildungsunterhalt nicht unmittelbar mit dem Tag der mündlichen Prüfung, sondern umfasst das gesamt Semester/Schuljahr, in das die Abschlussprüfung fällt.[356]

Ausbildungsunterhalt ist auch in dem Semester/Schuljahr geschuldet, in dem die Abschlussarbeit/ Diplomarbeit/Bachelorarbeit o.ä. angefertigt wird.

h) Wartezeiten/Parkstudium/Freiwilliges Soziales oder ökologisches Jahr/Berufsgrundbildungsjahr

148   **Wartezeiten** auf den gewünschten Studienplatz sind **grundsätzlich** mit einer auf Gelderwerb gerichteten **Tätigkeit** zu überbrücken.[357] Eltern sind grundsätzlich nicht verpflichtet, ein fachfremdes **Parkstudium** – das gewünschte Studienfach kann im Hinblick auf den numerus clausus nicht im Anschluss an die Schule belegt werden, sondern es wird auf ein dem Berufsziel nicht dienendes Studium ausgewichen, um die Zeit bis zur Zulassung zu überbrücken – zu finanzieren.[358] Absolviert das Kind (zur Überbrückung der Wartezeit auf einen Studienplatz) ein **freiwilliges soziales oder ökologisches Jahr**, kann es in dieser Zeit keinen Ausbildungsunterhalt verlangen, wenn das freiwillige Jahr keine notwendige Voraussetzung für eine beabsichtigte Ausbildung (zu einem sozialen oder ökologischen Beruf) oder ein beabsichtigtes Studium darstellt.[359] Absolviert das Kind nach Abschluss der Schulausbildung hingegen ein **Berufsgrundbildungsjahr**, dann stellt dies Teil einer angemessenen Berufsausbildung dar. Anders als ein **Praktikum** oder eine (sonstige) **Berufsfindungsmaßnahme**[360] führt das Berufsgrundbildungsjahr zu einer Verkürzung der Lehrzeit und erhöht gleichzeitig die Chancen auf die Erlangung eines Ausbildungsplatzes.[361]

---

353   OLG Nürnberg NJWE-FER 2001, 177.
354   OLG Hamm FamRZ 1990, 904.
355   Das OLG Frankfurt (FamRZ 1989, 83) hat zwei Monate, das OLG Hamm (FamRZ 1987, 411) drei Monate und das OLG Düsseldorf (FamRZ 1987, 709) drei bis sechs Monate für angemessen gehalten; s. auch OLG Hamm FamRZ 1990, 904.
356   OLG Karlsruhe FamRZ 2012, 1573.
357   OLG Frankfurt FamRZ 1990, 789; a.A. OLG Hamm NJW-RR 2006, 509 – das volljährige Kind treffe in der Regel in der Zeit zwischen Abitur und Studienbeginn keine Erwerbsobliegenheit; OLG Naumburg FamRZ 2008, 86.
358   Vgl. OLG Stuttgart FamRZ 1996, 181; OLG Koblenz FamRZ 1991, 108; OLG Frankfurt FamRZ 1990, 789; OLG Köln FamRZ 1981, 809.
359   OLG Naumburg FamRZ 2008, 86; OLG Schleswig OLGR 2008, 196; OLG München FamRZ 2002, 1425; OLG Zweibrücken NJW-RR 1994, 1225 – Überbrückung der Wartezeit bis zur Erlangung eines Studienplatzes; Wendl/Klinkhammer, § 2 Rn. 489; a.A. OLG Celle FamRB 2011, 364.
360   OLG Braunschweig FamRZ 2011, 1067.
361   OLG Braunschweig FamRZ 2011, 119.

Verletzt das Kind seine Obliegenheit, sich noch während des Schulbesuchs um einen Ausbildungs- 149
platz zu kümmern (»Berufsberatung in der Schule, Möglichkeit von Praktika während des Schulbesuchs«), dann sind die Eltern (auch) nicht verpflichtet, eine der beruflichen Orientierung und
der Suche nach einem Ausbildungsplatz dienende **Überbrückungszeit** zu finanzieren.[362] Vielmehr
ist das volljährige Kind in der Wartezeit bis zur Aufnahme in eine weiterführende Schule oder bis
zum Beginn einer Berufsausbildung verpflichtet, seinen notwendigen Lebensbedarf durch Aufnahme einer Erwerbstätigkeit selbst zu decken. Das gilt auch dann, wenn der Aufnahmeantrag
von der weiterführenden Schule abgelehnt, jedoch die Ablehnung im verwaltungsgerichtlichen
Verfahren mit Erfolg angefochten wird. Spätestens mit Erhalt des Ablehnungsbescheids beginnt
dann die Erwerbsobliegenheit, und endet der Anspruch auf Ausbildungsunterhalt.[363]

Eine Unterhaltsverpflichtung der Eltern während einer Wartezeit kann in **Ausnahmefällen** – 150
zumindest teilweise – dann zu bejahen sein, wenn sie sich in äußerst günstigen wirtschaftlichen
Verhältnissen befinden und das Parkstudium mit dem eigentlich beabsichtigten Studium verwandt
ist, so dass dem Studenten dadurch ein kürzeres Hauptstudium möglich ist (etwa bei einem Biolo-
giestudium, wenn an sich beabsichtigt ist, Medizin zu studieren).[364] Eine Ausnahme gilt auch
dann, wenn das Parkstudium zwar im Hinblick auf den Numerus clausus betrieben wird, aber der
Vorbildung für den Beruf dient. Haben sich die Eltern mit dem Parkstudium **einverstanden
erklärt**, dann müssen sie ihrer Unterhaltspflicht nachkommen. Dem studierenden Kind ist dann
aber in aller Regel zuzumuten, zu den Kosten durch **Werkarbeit** beizutragen[365] und/oder sich
bereits intensiv mit den geplanten Fächern und den dazugehörigen Nebengebieten des **Hauptstu-
diums** zu befassen, um das endgültige Studium intensiv und zügig zu betreiben und es alsbald zu
beenden.[366]

i) Mehrstufige Ausbildungen, insb. die sog. »Abitur-Lehre-Studium-Fälle«

Der BGH[367] hat für diejenigen Fälle, in denen das Kind nach der Hochschulreife zunächst eine 151
praktische Ausbildung durchlaufen hat, und die Eltern sodann ein sich hieran anschließendes
Hochschulstudium finanzieren sollen (sog. »**Abitur-Lehre-Studium-Fälle**«), in gefestigter Rechtsprechung Grundsätze entwickelt. Danach umfasst der Unterhalt für eine letztlich doch **einheitliche Berufsausbildung** auch die Kosten eines Hochschulstudiums, wenn schon zu Beginn der
praktischen Ausbildung erkennbar eine Weiterbildung im Wege eines Studiums angestrebt war,
wenn dieses mit den vorangegangenen Ausbildungsabschnitten in einem **engen zeitlichen** und
sachlichen Zusammenhang steht, und wenn die Finanzierung des Ausbildungsgangs den Eltern
wirtschaftlich zumutbar ist.

Diese Rechtsprechung zum Ausbildungsunterhalt in den sog. »Abitur-Lehre-Studium-Fällen« ist 152
allerdings **nicht** auf Ausbildungsabläufe übertragbar, in denen nach einem Realschulabschluss
zunächst eine **Lehre**, dann die **Fachoberschule** und später die **Fachhochschule** absolviert wird. In
solchen Fällen ist nur dann von einer einheitlichen, von den Eltern zu finanzierenden Berufsausbildung auszugehen, wenn schon bei Beginn der praktischen Ausbildung erkennbar eine Weiter-

---

362 Bedenklich daher KG FamRZ 1985, 419; OLG Saarbrücken NJW-RR 1986, 295.
363 OLG Düsseldorf FamRZ 2006, 59 (Ls).
364 Vgl. OLG Celle FamRZ 1983, 641.
365 Vgl. OLG Frankfurt FamRZ 1990, 789; OLG Köln FamRZ 1981, 809.
366 OLG Celle FamRZ 1983, 641.
367 Grundlegend BGHZ 69, 190, 194 = BGH FamRZ 1977, 629 = BGH FamRZ 1989, 853 (Nr. 134);
   1995, 416 f. m.w.N., seither st. Rechtsprechung. s. etwa auch BGH FamRZ 1993, 1057; zuletzt BGH
   FamRZ 2000, 420 = FuR 2000, 92; 2001, 1601 = FuR 2001, 529; s. auch OLG Koblenz FamRZ 2001,
   853; OLG Düsseldorf FamRZ 2001, 1723 zum Ausbildungsunterhalt eines Kindes, das nach erfolgloser
   Beendigung der Hauptschule an einer berufsvorbereitenden Maßnahme teilnimmt.

bildung einschließlich des späteren Studiums angestrebt wurde.[368] Der Unterschied zu den sog. »Abitur-Lehre-Studium-Fällen« besteht nach Auffassung des BGH dahin, dass die Eltern eines Kindes, das einen Real-Schulabschluss absolviert hat, anders als die Eltern eines Kindes, das mit dem Abitur von Anfang an die Zugangsberechtigung zum Studium oder einer vergleichbaren weiterführenden theoretischen Ausbildung angestrebt haben, nicht damit rechnen und sich insbesondere in ihrer eigenen Lebensplanung nicht (rechtzeitig) darauf einstellen konnten, dass eine weiterführende theoretische Ausbildung erfolgt.

aa) Einzelne mehrstufige Ausbildungsgänge

153 Der Anspruch auf Ausbildungsunterhalt erstreckt sich grundsätzlich nur auf **eine** Ausbildung. Da Ausbildungsunterhalt für die Dauer einer Ausbildung nur insgesamt bejaht oder verneint werden kann,[369] ist eine **einheitliche Ausbildung** – keine Zweitausbildung![370] – auf Grund geänderten Ausbildungsverhaltens[371] auch dann (noch) anzunehmen, wenn sie aus mehreren, an sich selbständigen Ausbildungsabschnitten besteht (sog. »**mehrstufige Ausbildung**«), sofern diese inhaltlich miteinander korrespondieren (**fachlicher Zusammenhang**) und in zeitlich enger Abfolge absolviert werden (**zeitlicher Zusammenhang**). Eine solche gestufte Ausbildung setzt eine erfolgreich abgeschlossene Berufsausbildung voraus.[372] Sie knüpft regelmäßig ein Hochschulstudium an eine andere Ausbildung an (Ausbildungswege: **Abitur-Lehre/Volontariat ua-/Studium** bzw. **Haupt- oder Realschule/Lehre/Abitur/Studium**),[373] kann aber auch die Weiterbildung eines Handwerkers zum Meister umfassen.[374]

154 Die Anforderungen hinsichtlich der **Angemessenheit** einer **weiteren Ausbildung** bedürfen mit zunehmendem Alter des Kindes der besonders sorgfältigen Prüfung.[375] Der weitere Abschnitt einer mehrstufigen Ausbildung setzt erst recht entsprechende **Begabung, Fähigkeiten, beachtenswerte Neigungen** und den **Leistungswillen** des Unterhalt begehrenden Kindes voraus:[376] Je älter ein Kind bei Aufnahme einer Ausbildung ist, und je eigenständiger es seine Lebensverhältnisse gestaltet, desto mehr tritt die Elternverantwortung für seinen Berufs- und Lebensweg zurück. Diese Voraussetzungen fehlen, wenn Ausbildungs-Teilziele[377] nicht, nur nach langer Zeit[378] oder nur durch Wiederholungen von Prüfungen erreicht wurden.[379] Andererseits verhindert das Nichtbestehen eines sprachlichen Tests im Rahmen einer betrieblichen Fortbildung während des ersten (praktischen) Ausbildungsabschnitts nicht die Aufnahme eines Sprachenstudiums.[380]

---

368 BGH FamRZ 2006, 1100 im Anschluss an BGH FamRZ 1991, 320, 321 f; a.A. OLG Karlsruhe FamRZ 2001, 852 – Ausbildung als Zimmerergeselle; geplantes Studium des Baubetriebs; vgl. auch OLG Brandenburg NJWE-FER 1997, 150.
369 BGH FamRZ 1990, 149.
370 S. etwa BGH FamRZ 1977, 629 zu einer Zweitausbildung.
371 BGHZ 107, 376 = BGH FamRZ 1989, 853 (Nr. 221); OLG Bremen FamRZ 1989, 892; OLG Stuttgart FamRZ 1996, 181; s. auch Biletzki FamRZ 1996, 777.
372 Vgl. BVerwG FamRZ 1978, 72.
373 KG FamRZ 1994, 1055; OLG Brandenburg FamRZ 1997, 1107 – diese Grundsätze galten auch für den in der DDR gängigen Ausbildungsweg Facharbeiter mit Abitur und anschließendem Studium.
374 OLG Stuttgart FamRZ 1996, 1435.
375 BGH FamRZ 1998, 671 = FuR 1998, 216 = FuR 2000, 92.
376 OLG Schleswig FamRZ 1992, 593.
377 Hierzu OLG Stuttgart NJW 1979, 1166.
378 OLG Köln NJWE-FER 1999, 178.
379 S. etwa OLG Karlsruhe FamRZ 1990, 1386 – mittlere Reife; OLG Oldenburg FamRZ 1985, 1282 – Abitur.
380 BGH NJW 1994, 2362.

(1) Mehrstufiger Ausbildungsweg »Abitur- Lehre/Volontariat- Studium«/»Bachelor-Master«

Für den mehrstufigen Ausbildungsweg »Abitur- Lehre/Volontariat- Studium« kommt es nicht   155
darauf an, dass die Entscheidung zur Weiterbildung schon von Anfang der Ausbildung an
bestand, oder dass besondere die Weiterbildung erfordernde Neigungen und Begabungen des Kindes bereits während der Erstausbildung deutlich wurden. Die **Einheitlichkeit** der **Ausbildung** ist
auch dann noch zu bejahen, wenn der Entschluss, zu studieren, erst nach Beginn der ersten Ausbildung (regelmäßig: Lehre) – sogar noch nach deren Beendigung[381] – gefasst worden ist: Das
Hochschulstudium muss nur mit den vorausgegangenen Ausbildungsabschnitten in einem **engen**
sachlichen und **zeitlichen Zusammenhang** stehen, und die Finanzierung dieses Ausbildungsgangs
muss den Eltern **wirtschaftlich zumutbar** sein.[382] Dies gilt auch in den Fällen, in denen nach
abgeschlossenem Bachelor-Studium ein Master-Studium aufgenommen wird. Besteht zwischen
dem Bachelor- und dem sich anschließenden Master-Studium ein enger zeitlicher und themati-
scher Zusammenhang (sog. **konsekutives Master-Studium**), dann handelt es sich insgesamt um
eine einheitliche Ausbildung.[383] Kommt das Kind auf Umwegen zum (Erst-) Abschluss der allgemeinen Schulausbildung, bleibt dies regelmäßig selbst bei schuldhaftem Verhalten des Kindes
ohne Konsequenzen. Anderes kann gelten, wenn nach erfolgreichem Abschluss ein noch höherwertiger Abschluss der allgemeinen Schulausbildung angestrebt wird.[384]

(2) Mehrstufiger Ausbildungsweg »Realschule- Lehre- Fachoberschule- Fachhochschul-
studium«

Der mehrstufige Ausbildungsweg »Realschule-Lehre-Fachoberschule-Fachhochschulstudium«[385]   156
stellt hingegen **keine** einheitliche Berufsausbildung dar, so dass nach Abschluss der Lehre grundsätzlich kein Unterhaltsanspruch (mehr) besteht,[386] wenn diese Entwicklung nicht von Beginn der
praktischen Ausbildung an erkennbar war.[387] Ein einheitlicher Ausbildungsgang liegt etwa dann
nicht vor, wenn das Kind nach dem Hauptschulabschluss eine Lehre absolviert, über die Berufs-
aufbauschule die mittlere Reife erzielt wird, dann das berufliche Gymnasium mit dem Ziel Wirt-
schaftsabitur besucht wird und sich sodann ein Studium anschließen soll.[388]

Ausnahmsweise wird jedoch eine **unterhaltspflichtige Gesamtausbildung** bejaht, wenn und   157
soweit der Entschluss zu studieren, bereits zu Beginn der Lehre gefasst und auch nach außen hin
erkennbar geworden ist,[389] dieser Weg also von Anfang der Ausbildung an geplant und zumindest
mit einem Elternteil besprochen wurde, und wenn die Ausbildungsabschnitte zeitlich ineinander
übergreifen.[390] Die Einheitlichkeit der Ausbildung bei der Abfolge »Mittlere Reife-Ausbildung

---

381 BGHZ 107, 376 = BGH FamRZ 1989, 853; OLG Bremen FamRZ 1989, 892.
382 BGHZ 107, 376 = BGH FamRZ 1989, 853; vgl. dazu auch OLG Karlsruhe FamRZ 1990, 1386; OLG
      Hamm FamRZ 1992, 592; OLG Schleswig FamRZ 1992, 593.
383 OLG Brandenburg FamRZ 2011, 1067.
384 OLG Brandenburg FamRZ 2008, 177.
385 Nach BAG NZA 2003, 1034 kann der Besuch einer Fachoberschule eines volljährigen ledigen Kindes,
      das mit dem Berechtigten in häuslicher Gemeinschaft lebt, ein Umzugshinderungsgrund nach § 12
      Abs. 3 Unterabs 1 Nr. 3 S. 1 BUKG sein.
386 BGH FamRZ 1995, 416 (Nr. 221).
387 OLG Brandenburg FamRZ 2009, 2014 (Ls).
388 OLG Frankfurt FamRZ 2001, 439 – Lehre zum Industriemechaniker.
389 BGH FamRZ 1991, 320 (Nr. 134); 1995, 416 (Nr. 221); ebenso OLG Hamm FamRZ 1992, 592;
      OLG Karlsruhe FamRZ 1990, 1386; OLG Bamberg NJW-RR 1998, 290 – Lehre als technischer
      Zeichner/Studium Innenarchitektur; OLG Koblenz FamRZ 2001, 852 – kein Ausbildungsunterhalt für
      den Bildungsgang mittlere Reife, Lehre als Zahnarzthelferin, berufliche Tätigkeit im erlernten Beruf,
      angestrebtes Abitur auf dem zweiten Bildungsweg, Studium der Medizin.
390 BGH FamRZ 1991, 320 (Nr. 134); 1995, 416 (Nr. 221).

Erzieherin-Fachabitur-Studium« kann noch als gewahrt angesehen werden, wenn der Entschluss zum Studium nach der Ausbildung zur Erzieherin gefasst wird.[391]

bb) Voraussetzungen einer mehrstufigen Ausbildung

158   Der Anspruch auf Ausbildungsunterhalt setzt – bezogen auf eine mehrstufige Ausbildung – neben den allgemeinen Voraussetzungen nach § 1610 Abs. 2 (etwa Eignung) voraus, dass der Ausbildungsabschnitt im Anschluss an die praktische Ausbildung mit dieser in einem **engen sachlichen** – praktische Ausbildung und Studium müssen derselben Berufssparte angehören oder sich fachlich ergänzen – und **zeitlichen** – das Studium muss nach Abschluss der Lehre zielstrebig aufgenommen werden – **Zusammenhang** steht, und dass die Finanzierung des Ausbildungsgangs den Eltern **wirtschaftlich zumutbar** ist.[392]

(1) Sachlicher (= fachlicher) Zusammenhang

159   **Mehrere Ausbildungsteile** können nicht nur dann zu einer **einheitlichen Gesamtausbildung verknüpft** werden, wenn von vornherein ein einheitlicher Berufsplan aufgestellt worden ist, sondern auch dann, wenn zwischen den verschiedenen Ausbildungsstufen ein **fachlicher (= sachlicher) Zusammenhang** besteht. Praktische Ausbildung und Studium müssen also entweder derselben Berufssparte angehören oder jedenfalls so aufeinander bezogen sein, dass das eine für das andere eine fachliche Ergänzung, Weiterführung oder Vertiefung bedeutet, oder dass die praktische Ausbildung eine sinnvolle Vorbereitung auf das Studium darstellt.[393] Fach- und berufsbezogene Ausbildungsgänge zur Erlangung der Hochschulreife stehen dabei einer schulischen Ausbildung gleich.[394] Das Tatbestandselement »sachlicher Zusammenhang« liegt daher nicht vor, wenn praktische Ausbildung und Studium eine inhaltlich völlig verschiedene Wissensvermittlung zum Gegenstand haben. Dies kann zumeist nur nach den jeweiligen Umständen des Einzelfalles entschieden werden.

160   Soweit in den Fällen Schule-Lehre-Studium eine Weiterbildung zu verneinen ist, weil zwischen Lehre und Studium kein enger fachlicher Zusammenhang besteht, ist zu prüfen, ob eine Zweitausbildung von den Eltern zu finanzieren ist, wenn und weil die Lehre keine angemessene Ausbildung darstellt.[395] Der Abschluss einer Lehre steht dem Anspruch eines Kindes gegen seine Eltern auf Finanzierung eines Studiums jedoch dann nicht entgegen, wenn erst der erfolgreiche Abschluss der Lehre in Verbindung mit dem zuvor erworbenen Abschlusszeugnis einer Zweijährigen Höheren Handelsschule zur Fachhochschulreife des Kindes führt. Eines engen sachlichen Zusammenhangs zwischen Lehre und Studium in dem Sinne, dass die Lehre eine sinnvolle fachliche Vorbereitung des Studiums darstellt, bedarf es unter diesen Voraussetzungen nicht.[396]

161   Die Rechtsprechung hat in folgenden Fällen einen **fachlichen Zusammenhang bejaht**:

– konsekutiver Master Technische Informatik-Bachelor Medieninformatik,[397]
– Banklehre-Jurastudium,[398]

---

391   OLG Frankfurt FamRZ 1995, 244.
392   BGHZ 107, 376 = BGH FamRZ 1989, 853; BGH FamRZ 1995, 416 (Nr. 221).
393   BGHZ 107, 376, 382 = BGH FamRZ 1989, 853; 1990, 149; 2001, 1601 = FuR 2001, 529 zum engen sachlichen und zeitlichen Zusammenhang zwischen einer Ausbildung zur Sekretärin und einem VWL-Studium; OLG Köln FamRZ 2003, 1409.
394   OLG Hamm FamRZ 1992, 592.
395   BGH FamRZ 1993, 1057.
396   OVG Bremen NVwZ-RR 2003, 758.
397   OLG Brandenburg FamRZ 2011, 1067.
398   BGH FamRZ 1992, 170 (Nr. 75) – Schulabgänger mit Hochschulreife: sukzessive Ausbildung als Zeitsoldat, Banklehre und Jurastudium; OLG Hamm NJW-RR 1991, 327.

– Banklehre-BWL-Studium,[399]
– Lehre als Industriekauffrau-Jurastudium,[400]
– kaufmännische Lehre-Wirtschaftsstudium,[401]
– Bauzeichnerlehre-Studium der Architektur,[402] Landwirtschaftslehre-Agrarwissenschaften,[403]
– Zimmererlehre-Fachhochschule Baubetrieb,[404]
– Ausbildung zur Gestaltungstechnischen Assistentin für Grafik-Design und einem Pädagogik-studium mit Schwerpunkt Kunst (Lehramtsstudium Primarstufe),[405]

und ihn in folgenden Fällen **verneint:**   162

– Lehre (Mechatroniker) – Fachhochschulreife,[406]
– Speditionskaufmann-Jurastudium,[407]
– »Europa-Sekretärin«-Studium mit Abschluss als Diplom-Volkswirtin,[408]
– Bankkaufmann-Wirtschaftsinformatik,[409]
– kaufmännische Lehre-Medizinstudium,[410]
– Industriekaufmann-Medizinstudium,[411]
– Finanzinspektor-Psychologiestudium,[412]
– Zahnarzthelferin-angestrebtes Abitur (zweiter Bildungsweg)-Medizinstudium,[413]
– Bürogehilfin-Informatikstudium,[414]
– Industriekaufmann-Maschinenbaustudium,[415]
– Industriemechaniker-Abitur-Studium an einer Fachhochschule für Bauingenieurwesen.[416]

(2) Zeitlicher Zusammenhang

Der Anspruch auf Unterhalt für die Dauer einer mehrstufigen Ausbildung setzt weiter voraus, dass   163
die einzelnen Ausbildungsabschnitte **zeitlich eng zusammenhängen**, dass also das Unterhalt
begehrende Kind den zweiten Ausbildungsabschnitt alsbald nach Abschluss des ersten Ausbildungsabschnitts mit der gebotenen Zielstrebigkeit aufnimmt. Übt es im Anschluss an eine Lehre
den erlernten Beruf aus, obwohl es mit dem Studium beginnen könnte, und wird der Entschluss
zum Studium auch sonst nicht erkennbar, wird dieser Zusammenhang und damit die Einheitlich-

---

399 OLG Bremen FamRZ 1989, 892; OVG Münster FamRZ 1991, 249.
400 OVG Lüneburg FamRZ 1994, 1622.
401 BGH FamRZ 1993, 1057.
402 BGHZ 107, 376 = BGH FamRZ 1989, 853; OLG Bamberg NJW-RR 1998, 290.
403 BGH FamRZ 1990, 149.
404 OLG Karlsruhe NJWE-FER 2001, 117.
405 OLG Köln FamRZ 2003, 1409.
406 OLG Hamm FamRZ 2012, 1401.
407 BGH FamRZ 1992, 1407.
408 BGH FamRZ 2001, 1601 = FuR 2001, 529.
409 AG Donaueschingen FamRZ 1995, 1006.
410 BGH FamRZ 1991, 1044.
411 BGH FamRZ 1991, 1044.
412 BGH FamRZ 1981, 344.
413 OLG Koblenz FamRZ 2001, 852.
414 OLG Koblenz NJW-RR 1995, 582.
415 BGH FamRZ 1993, 1057; OLG Frankfurt FamRZ 2001, 439.
416 OLG Brandenburg FamRZ 1997, 1107.

keit des Ausbildungsgangs aufgehoben,[417] insb. wenn zwischen Beendigung der Lehre und Aufnahme des Studiums mehr als mehr als 30 Monate,[418] ja sogar mehrere Jahre, liegen.[419]

164 Fehlender **zeitlicher Zusammenhang** kann nicht dadurch ausgeglichen werden, dass Unterhalt nur für einen Teil des Studiums zugesprochen wird, da ein solches Teilstudium wertlos wäre, die Finanzierung einer wertlosen Ausbildung jedoch nach § 1610 Abs. 2 nicht geschuldet wird. Die Unterhaltspflicht kann nur für eine Ausbildung insgesamt bejaht oder verneint werden.[420] Ein Anspruch auf Ausbildungsunterhalt besteht daher nicht, wenn nach der Ausbildung zur Bürogehilfin ein Jahr im erlernten Beruf gearbeitet und erst dann der Schulbesuch wieder aufgenommen wird.[421] Findet das volljährige Kind – gleich aus welchen Gründen – zunächst keine Arbeits- oder Lehrstelle, und nimmt es dann über ein Jahr später ein Studium auf, so fehlt es regelmäßig am notwendigen engen zeitlichen Zusammenhang der Ausbildungsabschnitte.[422]

165 Allerdings kann der zeitliche Zusammenhang auch dann gewahrt sein, wenn die zwischen der praktisch-beruflichen Ausbildung und dem Studienbeginn des Kindes vergangene Zeit auf **zwangsläufige, dem Kind nicht anzulastende Umstände** zurückzuführen ist (»Scheidungskinder«). Dabei kann beispielsweise von Bedeutung sein, ob familiäre Schwierigkeiten zu einer nachhaltigen Entwicklungsstörung bei dem Kind geführt haben und die Verzögerung bei der Aufnahme des Studiums als nicht vorwerfbar oder doch als nur leichteres Versagen erscheinen lassen.[423] Auch wird der zeitliche Zusammenhang durch eine Wartezeit bis zur Erlangung des Studienplatzes nicht aufgehoben, selbst wenn er im Einzelfall 3 Jahre beträgt, die erhebliche Verzögerung allerdings nicht vom Unterhaltsberechtigten zu vertreten ist.[424].

(3) Wirtschaftliche Zumutbarkeit

166 Der Unterhaltsanspruch des Kindes hängt zwar nicht davon ab, dass es seine Eltern zeitig von seinen Plänen in Kenntnis gesetzt hat.[425] Allerdings haben die Eltern (auch und erst recht) für eine mehrstufige Ausbildung nur in den Grenzen ihrer **wirtschaftlichen Leistungsfähigkeit und Zumutbarkeit** aufzukommen. Diese erhält im Rahmen mehrstufiger Ausbildung besonderes Gewicht, weil die Eltern durch die Dauer dieses Ausbildungsweges in ihren wirtschaftlichen Belangen stärker betroffen sein können als bei herkömmlichen Ausbildungswegen.[426]

k) Zweitausbildung

167 Ein Anspruch auf Finanzierung einer zweiten (weiteren) Ausbildung (sog. »Zweitausbildung«) setzt zunächst den erfolgreichen Abschluss einer sog. »Erstausbildung« voraus. Die beiden Begriffe werden vielfach verwechselt: Muss die erste Ausbildung – etwa aus gesundheitlichen Gründen – abgebrochen werden, ist die folgende (»zweite«) Ausbildung keine »Zweitausbildung« i.S.d. § 1610

---

417 BGHZ 107, 376 = BGH FamRZ 1989, 853; 1990, 149; 1991, 320 (Nr. 134) – hinnehmbare Verzögerung durch Warten auf die Zuweisung einer Zivildienststelle.
418 OLG Frankfurt FamRZ 1994, 1611.
419 BGH FamRZ 1998, 671 – 2 $^{1}/_{2}$-jährige Unterbrechung der weiteren Ausbildung nach dem Abitur; OLG Hamm FamRZ 1994, 259 – sechs Jahre; OLG Karlsruhe FamRZ 1994, 260 – zwei Jahre, davon allerdings zehnmonatige Krankheit; OLG Bamberg FamRZ 1994, 1054; OLG Naumburg FamRZ 2001, 440; s. aber auch den vom OLG Stuttgart (FamRZ 1996, 181) entschiedenen Sonderfall.
420 BGH FamRZ 1990, 149.
421 OLG Koblenz FamRZ 1995, 245 (Ls).
422 OLG Brandenburg FamRZ 2008, 87 = FuR 2007, 537.
423 BGH FamRZ 1989, 149 = FuR 2001, 529.
424 OLG Hamm FamFR 2012, 321.
425 BGH FamRZ 1992, 170 (Nr. 75).
426 BGHZ 107, 376 = BGH FamRZ 1989, 853; 2001, 1603 = FuR 2001, 326 – Aufwendungen für eine Ausbildung zum Konzertpianisten.

Abs. 2, sondern noch eine (rechtliche) Erstausbildung, weil ja die erste Ausbildung nicht erfolgreich abgeschlossen ist.

Hat das Kind erfolgreich eine erste Berufsausbildung abgeschlossen, besteht in der Regel keine **168** Verpflichtung der Eltern, eine weitere Ausbildung (Zweitausbildung) zu finanzieren.[427] Eine Zweitausbildung wird daher nur in **seltenen Ausnahmefällen** geschuldet.[428] Insbesondere bedürfen die hinsichtlich der Angemessenheit einer weiteren Ausbildung zu stellenden Anforderungen mit zunehmendem Alter des Kindes der besonders sorgfältigen Prüfung:[429]

Innerhalb **zweier Fallgruppen** ist ferner danach zu differenzieren, ob die Eltern ihre Leistungs- **169** schuld bereits im Rahmen der Finanzierung der Erstausbildung erfüllt haben oder nicht.

aa) Anspruch auf Erstausbildung ist erfüllt

Haben Eltern ihrem Kind eine optimale, begabungs- und neigungsbezogene – auch mehrstu- **170** fige – Ausbildung gewährt, und hat das Kind eine **Ausbildung abgeschlossen**, dann sind sie ohne Rücksicht auf die Kosten, die sie dafür aufwenden mussten, ihrer Unterhaltpflicht aus § 1610 Abs. 2 in rechter Weise nachgekommen und grundsätzlich nicht verpflichtet, noch eine weitere, zusätzliche Ausbildung zu finanzieren, der sich das Kind nach Beendigung der ersten Ausbildung unterziehen will.[430] Das Kind ist dann nicht mehr außerstande, sich selbst zu unterhalten (§ 1602 Abs. 1). Dies gilt bei mangelnder Neigung und Eignung ebenso wie bei fehlender angemessenen Verdienstmöglichkeiten in dem erlernten Beruf, und zwar auch dann, wenn sich beim Kind eine zunächst nicht erwartete Bildungsfähigkeit herausgestellt hat (»Spätentwickler«), weil die erste Ausbildung fremdfinanziert (etwa: BAföG) worden ist, oder weil die Leistungsanforderungen für bestimmte Berufe erheblich gesenkt worden sind. Danach kann etwa eine Apothekenhelferin nicht die Kosten für eine (weitere) Ausbildung zur Kosmetikerin verlangen,[431] eine Bürogehilfin nicht die Kosten eines Informatikstudiums,[432] und ein Bankkaufmann nicht die Aufwendungen für ein Sport- und Kunststudium.[433]

Ausnahmsweise kann jedoch eine weitere Ausbildung (als »Zweitausbildung«) zu finanzieren **171** sein,[434] etwa wenn sie einvernehmlich von vornherein geplant und angestrebt war, insb. wenn sie zweifelsfrei als eine in engem sachlichen und zeitlichen Zusammenhang stehende Weiterbildung zu dem bisherigen Ausbildungsweg anzusehen ist, ohne dass die Voraussetzungen einer mehrstufigen Gesamtausbildung vorliegen,[435] oder wenn sie sich als **notwendig** erweist, etwa weil der zunächst erlernte Beruf

– aus gesundheitlichen[436] (etwa unfallbedingte Behinderungen) oder sonstigen, bei Ausbildungsbeginn nicht vorhersehbaren Gründen (Berufswechsel aus Gewissensgründen[437]) nicht ausgeübt werden kann,[438] **oder**

---

427 BGH FamRZ 1993, 1057; 1991, 322; 1989, 853.
428 S. etwa OLG Karlsruhe FamRZ 2000, 975.
429 BGH FamRZ 1998, 671.
430 BGHZ 69, 190 = BGH FamRZ 1977, 629 (Nr. 221), und ständig, zuletzt BGH FamRZ 1998, 671 = FuR 2000, 92.
431 OLG Frankfurt FamRZ 1982, 1097.
432 OLG Koblenz NJW-RR 1995, 582.
433 OLG Frankfurt FamRZ 1984, 926.
434 Zu allem BGHZ 69, 190 = BGH FamRZ 1977, 629 = BGH FamRZ 1989, 853 m.w.N.; BGH FamRZ 1980, 1115; OLG Saarbrücken OLGR 1998, 164.
435 S. etwa BGH FamRZ 1995, 416 (Nr. 221); OLG Koblenz FamRZ 2001, 1164.
436 OLG Karlsruhe FamRZ 1990, 555 – Bäcker.
437 OVG Münster FamRZ 1994, 1215.
438 BGHZ 69, 190 = BGH FamRZ 1977, 629; BGH FamRZ 1993, 1057; OLG Zweibrücken FamRZ 1980, 1058; OLG Hamm FamRZ 1989, 1219.

– aus Gründen, die bei Beginn der Ausbildung nicht voraussehbar waren, keine ausreichende Lebensgrundlage bildet.[439]

172 In diesen Fällen sind bezüglich der Leistungsfähigkeit der Eltern **strenge Anforderungen** zu stellen: Wenn nicht vorrangig eine staatlich finanzierte Umschulung in einen wirtschaftlich gleichwertigem Beruf in Anspruch genommen werden kann,[440] müssen jedenfalls die wirtschaftlichen Verhältnisse der Eltern überdurchschnittlich gut sein, so dass ihnen die Finanzierung einer Zweitausbildung keine besonderen Opfer abverlangt. Letztlich ist über die **Zumutbarkeit** unter Berücksichtigung der **Umstände** des **jeweiligen konkreten Einzelfalles** zu entscheiden.[441]

bb) Anspruch auf Erstausbildung ist nicht erfüllt

173 Haben Eltern ihrem Kind eine zwar abgeschlossene, jedoch **weder optimale** noch **begabungs- und/oder neigungsbezogene** – auch mehrstufige – **Ausbildung** gewährt, dann schulden sie regelmäßig (noch) eine weitere Ausbildung als »Erstausbildung« (weil ja der Anspruch des Kindes auf – zielgerichteten – Ausbildungsunterhalt noch nicht erfüllt ist). Hier kommen insb. folgende **Fallgestaltungen** in Betracht:

– die erste Ausbildung beruhte auf einer deutlichen Fehleinschätzung der Begabung[442] bzw. Neigungen[443] des Kindes durch seine Eltern; sein Begabungspotential wurde also nicht hinreichend ausgeschöpft[444] (auch wenn die besondere, eine Weiterbildung fordernde Begabung erst während oder gar nach Beendigung[445] der ersten Ausbildung deutlich wurde),
– die Eltern haben dem Kind eine angemessene Ausbildung versagt und es in eine Ausbildung gedrängt, die seinen Begabungen und Neigungen nicht hinreichend Rechnung trägt, und Anhaltspunkte für eine wesentlich höhere Ausbildungsfähigkeit bestanden/bestehen, wenn das Kind sodann die erste Ausbildung nur auf Wunsch der Eltern beendet hat,[446]
– die Eltern haben darauf bestanden, dass die begonnene Ausbildung abgeschlossen wird, obwohl die falsche Berufswahl alsbald erkannt worden ist,[447]
– gestörte häusliche Verhältnisse (»Scheidungskinder«) haben sich nachteilig auf die schulische Entwicklung des Kindes ausgewirkt.[448]

174 Der BGH hat derjenigen Fallgruppe, in denen Eltern ihrem Kind ausnahmsweise auch eine **zweite Ausbildung** finanzieren müssen, wenn sie es in einen unbefriedigenden, seinen Begabungen nicht hinreichend Rechnung tragenden Beruf gedrängt haben, diejenige Fallgruppe gleichgestellt, in denen dem Kind eine **angemessene Ausbildung verweigert** worden ist und es sich aus diesem Grund zunächst für einen Beruf entschieden hat, der seiner Begabung und seinen Neigungen nicht entspricht. Dabei hat der BGH ausdrücklich ausgeführt, dass die in der bisherigen Rechtsprechung entwickelten Ausnahmen von dem Grundsatz der Verpflichtung zur Finanzierung nur einer Ausbildung keineswegs als abschließender, andere Fallgruppen ausschließender Katalog verstanden werden können. Eine fortdauernde Unterhaltspflicht der Eltern hat der BGH deswe-

---

439 BGH FamRZ 1977, 629 (Nr. 221).
440 OLG Frankfurt FamRZ 1994, 257.
441 Ähnlich auch OLG Karlsruhe FamRZ 2000, 975.
442 BGH FamRZ 2006, 1100.
443 Unzutreffend daher OLG Frankfurt FamRZ 1997, 694 – kein Anspruch gegen den leiblichen Vater auf Finanzierung einer Zweitausbildung, obwohl das Kind die fehlende Neigung zum Erstberuf bereits zu Beginn der Erstausbildung erkannt und diese nur deswegen zu Ende geführt hat, weil es den Stiefvater nicht enttäuschen und Ärger mit der Mutter vermeiden wollte.
444 BGH FamRZ 1991, 322; OLG Stuttgart FamRZ 1996, 1435; OLG Bamberg FamRZ 1990, 790.
445 BGH FamRZ 2000, 420 = FuR 2000, 92.
446 S. hierzu etwa BGH FamRZ 1980, 1115; BGHZ 107, 376 = BGH FamRZ 1989, 853; BGH FamRZ 1991, 322 (Nr. 221).
447 BGH FamRZ 1991, 931.
448 BGH FamRZ 1981, 437.

gen auch für diejenigen Fälle angenommen, in denen die erste Ausbildung auf einer **deutlichen Fehleinschätzung** der Begabung des Kindes beruht. Auch in solchen Fällen haben die Eltern ihre Verpflichtung zur Finanzierung einer angemessenen Berufsausbildung noch nicht in rechter Weise erfüllt und sind im Einzelfall verpflichtet, dem Kind ausnahmsweise eine angemessene zweite Ausbildung zu finanzieren.[449]

Es ist insoweit ohne Belang, wenn die Frage, ob der Erstausbildung des Kindes eine Fehleinschätzung seiner Begabung zugrunde lag, nach den Verhältnissen beurteilt wird, die sich erst nach Beendigung dieser Ausbildung ergeben haben. Zwar ist die Frage der beruflichen Eignung eines Kindes grundsätzlich aus der Sicht bei Beginn der Ausbildung und den zu dieser Zeit zutage getretenen persönlichen Anlagen und Neigungen zu beantworten. Um eine unangemessene Benachteiligung von sog. Spätentwicklern zu vermeiden, gilt dies aber schon dann nicht, wenn sich später herausgestellt hat, dass die zunächst getroffene Entscheidung auf einer deutlichen Fehleinschätzung der Begabung des Kindes beruht. Nur auf diese Weise lasse sich – so der BGH[450] – eine unangemessene Benachteiligung des im Rahmen der späteren Ausbildung besonders erfolgreichen Kindes vermeiden. **175**

l) Erlöschen und Verwirkung des Anspruchs auf Ausbildungsunterhalt

(Leistungs-)Störungen im Unterhaltsschuldverhältnis nach §§ 1601 ff., die auf der **Verletzung** des den §§ 1602, 1610 Abs. 2 innewohnenden **Gegenseitigkeitsprinzips** durch den Unterhaltsgläubiger beruhen[451] – etwa eine nicht oder nur erheblich verzögert aufgenommene Ausbildung, Verzögerungen des Ausbildungsgangs, Wechsel der Ausbildung, Verletzung von Informations- und Belegvorlagepflichten,[452] Verschweigen eigener Einkünfte u.a. –, können **verschiedene Rechtsfolgen** nach sich ziehen: **176**

- Ruhen des Anspruchs auf Ausbildungsunterhalt mit/oder ohne Zurückbehaltungsrechte, **und/oder**
- Verwirkung bzw. Teilverwirkung des Anspruchs auf Ausbildungsunterhalts

aa) Erlöschen des Anspruchs auf Ausbildungsunterhalt

Massive Verletzungen des **Gegenseitigkeitsverhältnisses** führen von selbst zum Wegfall des Unterhaltsanspruchs, ohne dass dies an die besonderen Verwirkungsvoraussetzungen des § 1611 Abs. 1 gebunden wäre.[453] Diese Rechtsfolge darf nicht mit den Rechtsfolgen gem. § 1611 Abs. 2 (Verwirkung eines Anspruchs) verwechselt werden:[454] § 1611 regelt Fallgestaltungen sittlichen Verschuldens und setzt systematisch bereits voraus, dass dem Kind ein Unterhaltsanspruch zwar grundsätzlich zusteht, dieser aber auf Grund eines bestimmten negativ zu bewertenden Verhaltens des Kindes ausgeschlossen ist. Die Zurechnung fiktiver Einkünfte[455] in bedarfsdeckender Höhe lässt vielmehr bereits die Bedürftigkeit und damit die Voraussetzungen für das Bestehen eines Unterhaltsanspruchs entfallen, den der Anwendungsbereich des § 1611 Abs. 1 aber gerade voraussetzt.[456] **177**

Verletzt ein unterhaltsberechtigtes (volljähriges) Kind **nachhaltig Ausbildungsobliegenheiten**, zeigt es insb. keine Mitwirkung bei seiner schulischen oder beruflichen Ausbildung,[457] oder ver- **178**

---

449 BGH FamRZ 2006, 1100.
450 BGH FamRZ 2006, 1100.
451 S. etwa BGH FamRZ 1987, 470; OLG Hamm FamRZ 1989, 1219; OLG Stuttgart FamRZ 1996, 181.
452 OLG Celle FamRZ 1980, 914.
453 BGH FamRZ 1998, 671, 672.
454 Bedenklich daher OLG Stuttgart, FamRZ 1997, 447; OLG Hamburg FamRZ 1995, 959.
455 OLG Brandenburg JAmt 2004, 504 zur Möglichkeit der Zurechnung fiktiver Einkünfte bei minderjährigen Kindern.
456 So zutr. OLG Brandenburg JAmt 2004, 504.
457 OLG Celle JAmt 2004, 265.

letzt es nachhaltig seine Obliegenheit, die Ausbildung planvoll und zielstrebig aufzunehmen und durchzuführen,[458] dann büßt es seinen Unterhaltsanspruch ein und muss sich darauf verweisen lassen, seinen Lebensbedarf durch eigene Erwerbstätigkeit selbst zu verdienen.[459] Dies gilt insb. dann, wenn das Kind den angekündigten Schulbesuch überhaupt nicht beginnt bzw. den Schulbesucht oder die Ausbildung abbricht bzw. ein begonnenes Ausbildungsverhältnis wieder kündigt,[460] oder wenn es nach erheblichen unentschuldigten Fehlzeiten in der Ausbildung und ungenügenden Leistungen die Schule abbricht und sodann ohne konkrete Angabe eines Ausbildungsziels die Ausbildung wechselt.[461] Je massiver und je beharrlicher der Unterhaltsschuldner gegen das gebotene Leistungsprofil verstößt, desto eher wird der Unterhaltsanspruch ruhen bzw. (insgesamt oder teilweise) erlöschen.

179   Je nach konkreter Situation kann eine grundlose und durch den Unterhaltsgläubiger zu vertretende mehrjährige Unterbrechung der Ausbildung[462] dazu führen, dass ein Unterhaltsanspruch auf Dauer entfällt,[463] sofern nicht ausnahmsweise den Eltern die Zahlung von Ausbildungsunterhalt nach ihren **wirtschaftlichen Verhältnissen** noch **zumutbar** ist.[464]

180   Allerdings kann ein **erloschener Unterhaltsanspruch** ausnahmsweise **wieder aufleben**, wenn die Ausbildung mit erhöhtem Leistungswillen nunmehr zielstrebig weitergeführt oder erneut aufgenommen wird, und wenn ein erfolgreicher Abschluss der Ausbildung zu erwarten ist.[465]

bb) Verwirkung des Anspruchs auf Ausbildungsunterhalt

181   Eine Verwirkung des Anspruchs auf Ausbildungsunterhalt kommt unter den Voraussetzungen des § 1611 in Betracht (vgl. auch dort). So macht sich der Unterhaltsgläubiger einer **schweren Verfehlung** i.S.v. § 1611 Abs. 1 schuldig, wenn er dem Unterhaltsschuldner einen nicht unerheblichen Schaden durch seine schuldhafte Pflichtverletzung zufügt, die darin besteht, dass er ihm den **Abbruch** seiner **Ausbildung** nicht mitteilt und ihn dadurch veranlasst, weiter Unterhalt zu zahlen, obwohl er hierzu nicht mehr verpflichtet ist und bei pflichtgemäßer Aufklärung die Unterhaltszahlungen auch eingestellt hätte. Eine solche schwere Verfehlung kann unter Gesamtabwägung aller den Fall prägenden Umstände sowohl zur teilweisen als auch zur vollständigen Verwirkung des Unterhaltsanspruchs führen.[466]

§ 1610a   Deckungsvermutung bei schadensbedingten Mehraufwendungen

Werden für Aufwendungen infolge eines Körper- oder Gesundheitsschadens Sozialleistungen in Anspruch genommen, wird bei der Feststellung eines Unterhaltsanspruchs vermutet, dass die Kosten der Aufwendungen nicht geringer sind als die Höhe dieser Sozialleistungen.

---

458   OLG Frankfurt FuR 2002, 546.
459   BGH FamRZ 1984, 777; 1993, 1057, 1059 m.w.N.; 1998, 621; 1998, 671 = FuR 1998, 216 = FuR 2001, 322; OLG Hamm FamRZ 1986, 198; OLG Frankfurt FamRZ 1986, 498; OLG Zweibrücken FamRZ 1985, 92; OLG Celle OLGR 2004, 209.
460   OLG Celle JAmt 2004, 265.
461   OLG Düsseldorf JAmt 2003, 104.
462   OLG Frankfurt FamRZ 1994, 1611 – größere Lücken zwischen den Ausbildungsabschnitten.
463   OLG Naumburg FamRZ 2001, 440.
464   OLG Stuttgart FamRZ 1996, 181 – zeitliche Verzögerung des Studienbeginns um fünf Jahre nach dem Abitur.
465   OLG Frankfurt FamRZ 1986, 498; zum Wiederaufleben eines Unterhaltsanspruchs bei Fortsetzung einer abgebrochenen Ausbildung s. OLG Stuttgart FamRZ 1996, 181; OLG Schleswig FamRZ 1986, 201; OLG Zweibrücken FamRZ 1980, 1058.
466   S. hierzu etwa OLG Köln FamRZ 2005, 301.

A. Strukturen

Auch **Sozialleistungen** – insb. Schadensrenten für Körper- und Gesundheitsschäden – sind grund- 1
sätzlich auf der Bedarfs- und der Bedürftigkeitsebene wie auch im Rahmen der Leistungsfähigkeit
unterhaltsrelevantes Einkommen,[1] sofern sie nicht durch Aufwendungen aufgezehrt werden.
§ 1610a gilt für den Unterhaltsgläubiger wie auch für den Unterhaltsschuldner; die Vorschrift
kann somit den Bedarf/die Bedürftigkeit erhöhen wie auch die Leistungsfähigkeit mindern. Sie
gilt jedoch dann nicht, wenn der Unterhaltsschuldner verschärft für den Unterhalt minderjähriger
unverheirateter und ihnen gem. § 1603 Abs. 2 Satz 2 privilegierter volljähriger Kindes nach § 1603
Abs. 2 Satz 1 haftet.[2]

Zwei Vermutungsvorschriften (§ 1610a für den Verwandtenunterhalt und § 1361 Abs. 1 Satz 1 2
Hs. 2 i.V.m. § 1610a sowie § 1578a i.V.m. § 1610a für den Ehegattenunterhalt, nicht aber für den
Familienunterhalt!)[3] normieren insoweit eine **Beweislastumkehr:**[4] Bezieht der Unterhaltsschuldner
für Aufwendungen infolge eines Körper- oder Gesundheitsschadens Sozialleistungen, dann wird
bei der Prüfung eines Unterhaltsanspruchs **vermutet,** dass die Aufwendungen nicht geringer sind
als die Höhe dieser Sozialleistungen. Der Gegner des Geschädigten kann nunmehr diese Vermutung **widerlegen:** Er muss darlegen und beweisen, dass die Sozialleistungen den tatsächlichen
schadensbedingten Mehraufwand übersteigen, dass mit ihnen also entweder allgemeiner Konsum
oder Vermögensbildung finanziert wird; das bloße Bestreiten genügt nicht.[5]

B. Normzweck

Die **Vermutung** des § 1610a mildert – wie auch die Vermutung des § 1578a – die Darlegungs- 3
und Beweisnot körper- und/oder gesundheitsbeschädigter Unterhaltsgläubiger bzw. Unterhaltsschuldner, wenn sie konkreten schädigungsbedingten Mehrbedarf darlegen und beweisen müssen:
Zu ihren Gunsten wird vermutet, dass die schädigungsbedingten Aufwendungen nicht geringer
sind als die entsprechenden Zuwendungen in Gestalt von Sozialleistungen, und dass diese tatsächlich zur Deckung des schadensbedingten konkreten Mehraufwands erforderlich sind und auch
dafür eingesetzt werden. Darüber hinaus soll die erleichterte Beweisführung im Streit um behinderungsbedingten Mehrbedarf einvernehmliche Lösungen zwischen den Beteiligten erleichtern.[6]

C. Anwendungsbereich der Normen

Die Vermutungen des § 1610a und des § 1578a gelten nur für **Sozialleistungen** betreffend Kör- 4
per- und/oder Gesundheitsschäden nach Grund und Höhe, die den **Ausgleich schädigungsbe-
dingter Mehraufwendungen** bezwecken, **auch** wenn sie daneben noch immaterielle Beeinträchtigungen ausgleichen sollen.[7] Sie begünstigen jedoch **keine Sozialleistungen** mit **Einkommenser-**

---

1 BGH FamRZ 1981, 338; BGHZ 84, 280 = BGH FamRZ 1982, 898; BGH FamRZ 1983, 670.
2 Diederichsen, FS Gernhuber (1993) S. 614.
3 Zur Geltung dieser Beweislastumkehr für die eingetragene Lebenspartnerschaft s. § 12 Abs. 3 Satz 2
LPartG.
4 BGH FamRZ 1994, 21; ausführlich Künkel FamRZ 1991, 1131 ff.
5 OLG Hamm FamRZ 1991, 1199; OLGR 1999, 313; OLG Koblenz FamRZ 2005, 1482.
6 BT-Drucks. 11/6153 S. 5 f; OLG Hamm FamRZ 1991, 1199.
7 Künkel FamRZ 1991, 1132 f.

satzfunktion[8] wie etwa BG-Renten[9] (auf Grund von Arbeitsunfällen) bzw. Erwerbsunfähigkeitsrenten.[10] Besondere Aufwendungen, die sich aus den der Verrentung zugrunde liegenden gesundheitlichen Beeinträchtigungen ergeben, sind nur zu berücksichtigen, wenn und soweit sie hinreichend dargetan und belegt sind.[11] § 1610a ist auf entsprechende **privatrechtliche** Entschädigungsleistungen (etwa Schmerzensgeld) **nicht analog** anzuwenden.[12]

5   Hauptanwendungsbereich beider Vermutungsregeln sind Pflegegelder sowie Leistungen nach dem Versorgungsrecht, insb. nach dem Bundesversorgungsgesetz (BVG), sowie das Blindengeld, auch nach den jeweiligen Landesgesetzen. Zu den Leistungen nach dem BVG zählen etwa die Grundrente[13] (§ 31 BVG), die Schwerstbeschädigtenzulage (§ 31 BVG), die Pflegezulage (§ 35 BVG), Kleiderzulagen und Wäschezuschuss (§§ 35, 15 BVG)[14] sowie sonstige Zulagen (§§ 14, 31 Abs. 5, 35 BVG) für orthopädische Mittel, Kranken- und Heilbehandlung, Badekuren (§§ 11, 13, 16 ff., 18 BVG), die Berufsschadensausgleichsrente (§ 30 BVG)[15] sowie die Ausgleichsrente nach § 32 BVG.[16] Für den Bereich des Versorgungsrechts ist darauf zu achten, dass das BVG andere Regelungen für entsprechend anwendbar erklärt hat.[17]

6   Pflegegeld gem. § 37 SGB XI bzw. (pauschaliert) nach § 69 BSHG[18] sowie Pflegegeld nach den Landespflegegesetzen[19] ist nach Abzug eines Betrages für tatsächliche Mehraufwendungen Einkommen, soweit es als Entgelt für die Pflege geleistet wird.[20] Das Gesetz bezweckt Sicherstellung der erforderlichen Grundpflege und hauswirtschaftlichen Versorgung durch eine Pflegeperson in geeigneter Weise: Es soll den Pflegebedürftigen in den Stand versetzen, Angehörigen und sonstigen Pflegepersonen eine materielle Anerkennung für die mit großem Einsatz und Opferbereitschaft im häuslichen Bereich sichergestellte Pflege zukommen zu lassen, und biete somit einen Anreiz zur Erhaltung der Pflegebereitschaft der Angehörigen, Freunde oder Nachbarn.[21] Damit soll auch das Unterhaltsverfahren vereinfacht und eine Besserstellung des Behinderten erreicht werden. Wer den Behinderten pflegt, ist ohne Belang.[22]

7   Das auf der Anwendung von § 1610a beruhende Freibleiben des Pflegegeldes gem. § 69 Abs. 3 und 4 BSHG von einer Anrechnung auf den Unterhaltsanspruch des Pflegebedürftigen ändert nichts daran, dass die nahe stehende Person, die den Pflegebedürftigen betreut, der bestimmungsgemäße Empfänger des Pflegegeldes oder doch seines überwiegenden Teils ist. Die Anwendung von § 1610a sichert ihr gerade den ungeschmälerten Empfang des Pflegegeldes, weil sie dem Pflegebedürftigen die – notgedrungene – Verwendung für den sonstigen Unterhaltsbedarf wie den allgemeinen Lebensunterhalt oder Vergütungen für besondere Pflegekräfte erspart. Unter diesen

---

8   BT-Drucks. 11/6153 S. 7; OLG Hamm FamRZ 1991, 1199; zur teilweisen Vermutung bei Doppelfunktion (etwa Verletztenrente) vgl. Brudermüller/Klattenhoff FuR 1993, 333.
9   OLG Schleswig SchlHA 1992, 216 zu einer Arbeitsunfall-Rente nach §§ 547, 580 RVO; OLG Hamm FamRZ 2001, 441 betreffend eine Arbeitsunfall-Rente für Bergleute.
10   OLG Köln FamRZ 2001, 1524.
11   OLG Köln FamRZ 2001, 1524.
12   BGH FamRZ 1995, 537; Künkel FamRZ 1991, 1132.
13   OLG Hamm FamRZ 1991, 1198; OLG München OLGR 1994, 126.
14   OLG Hamm FamRZ 1991, 1199 zum Kleider- und Wäschezuschuss gem. § 15 BVG; OLG München OLGR 1994, 126.
15   OLG Hamm NJW 1992, 515.
16   BT-Drucks. 11/6153 S. 7.
17   Vgl. die Zusammenstellung bei Künkel FamRZ 1991, 1132 Fn. 9.
18   OLG Hamburg FamRZ 1992, 444; OLG Hamm FamRZ 1995, 1193.
19   BGH FamRZ 1993, 417; Kalthoener/Büttner NJW 1993, 1827.
20   OLG Hamm FamRZ 1994, 895.
21   So BT-Drucks. 12/5262 S. 112.
22   Zu allem ausführlich OLG Koblenz FamRZ 2005, 1482.

Umständen steht § 1610a der Anrechnung des Pflegegeldes auf den Unterhaltsanspruch des betreuenden geschiedenen Ehegatten nicht entgegen.[23]

Bei der Prüfung der Leistungsfähigkeit eines schwerstbehinderten und pflegebedürftigen, unterhaltsverpflichteten Elternteils gegenüber seinem volljährigen Kind sind Mehraufwendungen für die Inanspruchnahme bzw. Vergütung von Pflegeleistungen mindernd zu berücksichtigen, die ein naher Angehöriger weit über seine gesetzliche Verpflichtung hinaus auf Grund einer sittlichen Verpflichtung unentgeltlich erbringt. Die für die Abgeltung dieser Pflegeleistungen erforderlichen Mittel sind dem Unterhaltsschuldner selbst dann zu belassen, wenn er sie nicht oder nicht in voller Höhe an den pflegenden Angehörigen ausgekehrt hat.[24] Erhält ein minderjähriges unterhaltsberechtigtes Kind, das seit seiner Geburt infolge eines ärztlichen Kunstfehlers dauerhaft schwerst pflegebedürftig ist, vom Haftpflichtversicherer des Schädigers ein Pflege- und Blindengeld sowie eine Mehrbedarfsrente, so sind diese Zahlungen als nicht auf den Unterhaltsbedarf anzurechnende soziale Leistungen i.S.d. § 1610a anzusehen.[25] **8**

D. Widerlegung der Vermutung

Der Gegner des Geschädigten kann diese **Vermutung widerlegen**: Er muss substantiiert darlegen und beweisen, dass und gegebenenfalls inwieweit die Sozialleistungen den tatsächlichen schadensbedingten Mehraufwand übersteigen.[26] Er kann sich allerdings dafür, dass die Sozialleistung über dem behinderungsbedingten Mehrbedarf liegt, im Rahmen des Negativbeweises auf **allgemeine Erfahrungswerte** berufen; Sache des Behinderten ist es dann, seine Mehraufwendungen konkret darzulegen, weil nur er dazu in der Lage ist.[27] Wird einem Unterhaltsschuldner das Bein amputiert, dann kann die Vermutung nur durch den Nachweis widerlegt werden, die Lebensführung des Unterhaltsschuldners unterscheide sich von derjenigen eines nicht Beinamputierten nicht, und er sei außerdem durch die Amputation körperlich nicht beeinträchtigt.[28] **9**

Der durch die Vergütung für Pflegeleistungen entstehende Mehrbedarf liegt außerhalb des Bereichs der Sozialhilfe regelmäßig über dem Pflegesatz des § 69 BSHG und bestimmt sich nach den Umständen des Einzelfalles.[29] Beim Pflegegeld (§ 13 SGB XI bzw. § 64 SGB XII) reicht der Nachweis, dass die Pflegeleistung unentgeltlich erbracht wurde, nicht aus; vielmehr muss konkret festgestellt werden, dass die Sozialleistung den objektiven pflegebedingten Mehrbedarf übersteigt.[30] Beim Tunnelblick (Einschränkung des Gesichtsfelds) genügt zur Widerlegung der Vermutung nicht der Nachweis, dass der Blinde nicht betreuungsbedürftig ist.[31] Wurde auf Grund unsubstantiierten Vortrags unzulässigerweise angeordnet, der Geschädigte habe sich medizinisch untersuchen zu lassen, und leistet er dem nicht Folge, dann kann die Vermutung nicht als widerlegt angesehen werden.[32] **10**

Gelingt es dem Verfahrensgegner, die Vermutung zu widerlegen, dann sind die Sozialleistungen grundsätzlich als unterhaltsrelevantes Einkommen anzusehen, soweit sie nicht auch durch krank- **11**

---

23 OLG Hamburg FamRZ 1992, 444 betr. ein wegen Schwerbehinderung des Kindes gezahltes Pflegegeld.
24 OLG Stuttgart FamRZ 1994, 1407 – Pflegeleistungen durch die zweite Ehefrau.
25 OLG Hamm FamRZ 2003, 1771.
26 OLG Hamm FamRZ 1991, 1199.
27 OLG Hamm FamRZ 1991, 1198; Kalthoener NJW 1991, 1037; Künkel FamRZ 1991, 1133; a.A. Drerup NJW 1991, 683; ZfSh/SGB 1991, 345.
28 OLG München OLGR 1994, 126 – die Unmöglichkeit dieser Beweisführung liege auf der Hand.
29 OLG Stuttgart FamRZ 1994, 1407.
30 Büttner FamRZ 2000, 597 – auch zur selbständigen Regelung der Anrechnung von Pflegegeld in § 13 Abs. 6 SGB XI; a.A. OLG Hamm FamRZ 1995, 1193 (Ls); s. auch OLG Brandenburg FamRZ 2008, 174.
31 OLG Schleswig FamRZ 1992, 471.
32 OLG Schleswig FamRZ 2000, 1367 betr. den Bezieher einer Kriegsbeschädigtenrente.

heitsbedingte Mehraufwendungen aufgezehrt werden.[33] Im Übrigen gelten zugunsten des Geschädigten (dann) immer noch die Erleichterungen vor Einführung der Vorschrift, vor allem also die Berücksichtigung des ideellen Ausgleichszwecks und das Gebot großzügiger Schätzung.[34] Trägt der Gegner des Geschädigten nichts oder nur unsubstantiiert vor, bleibt die Sozialleistung unberücksichtigt.

§ 1611   Beschränkung oder Wegfall der Verpflichtung

(1) ¹Ist der Unterhaltsberechtigte durch sein sittliches Verschulden bedürftig geworden, hat er seine eigene Unterhaltspflicht gegenüber dem Unterhaltspflichtigen gröblich vernachlässigt oder sich vorsätzlich einer schweren Verfehlung gegen den Unterhaltspflichtigen oder einen nahen Angehörigen des Unterhaltspflichtigen schuldig gemacht, so braucht der Verpflichtete nur einen Beitrag zum Unterhalt in der Höhe zu leisten, die der Billigkeit entspricht. ²Die Verpflichtung fällt ganz weg, wenn die Inanspruchnahme des Verpflichteten grob unbillig wäre.

(2) Die Vorschriften des Absatzes 1 sind auf die Unterhaltspflicht von Eltern gegenüber ihren minderjährigen unverheirateten Kindern nicht anzuwenden.

(3) Der Bedürftige kann wegen einer nach diesen Vorschriften eintretenden Beschränkung seines Anspruchs nicht andere Unterhaltspflichtige in Anspruch nehmen.

A. Strukturen

1   § 1611 **begrenzt** – vergleichbar wie §§ 1361 Abs. 3, 1579 im Rahmen des Trennungsunterhalts (§ 1361) und § 1579 im Rahmen des nachehelichen Unterhalts (§§ 1570 ff.) – die Unterhaltspflicht im Rahmen des Verwandtenunterhalts, vernichtet also unter bestimmten Voraussetzungen einen bestehenden **Unterhaltsanspruch** dem Grunde nach teilweise oder insgesamt. Die Vorschrift setzt voraus, dass ein Unterhaltsanspruch zwar grundsätzlich besteht, dieser aber auf Grund eines bestimmten, negativ zu bewertenden Verhaltens des Unterhaltsgläubigers ausgeschlossen ist.

---

33 OLG Hamm FamRZ 1990, 405.
34 BT-Drucks. 11/6153 S. 6; Hülsmann FuR 1991, 219 – auch zu indirekten staatlichen Hilfen wie Steuervergünstigungen (etwa Freibeträge für Schwerbehinderte und Steuerpauschalen für Behinderte gem. § 33b EStG).

§ 1611 Abs. 1 stellt eine von **Amts wegen** zu **beachtende Einwendung** dar.[1] Sie ist als **Ausnahme-** **2** **tatbestand sehr eng auszulegen.** Hat der Unterhaltsschuldner dem Unterhaltsgläubiger das Fehlverhalten **verziehen** (vgl. §§ 532, 2337), dann kann er sich später nicht mehr auf die ursprünglich einmal eingetretene Verwirkung des Unterhaltsanspruchs berufen. Eine Verwirkung von Unterhaltsansprüchen ist allerdings auch außerhalb des § 1611 grundsätzlich möglich.[2] **Obliegenheits-** **verletzungen** im Rahmen des Ausbildungsunterhalts (§ 1610 Abs. 2) können Ansprüche auf Ausbildungsunterhalt auf Grund des der Norm immanenten Gegenseitigkeitsverhältnisses begrenzen, ohne dass auf die besonderen Verwirkungsgründe des § 1611 Abs. 1 zurückgegriffen werden muss,[3] zumal § 1612 Abs. 2 den Eltern die Möglichkeit einräumt, mit Hilfe des Unterhaltsrechts auf das Verhalten ihres Kindes im Rahmen der Ausbildung Einfluss zu nehmen.

Ein **Verstoß** gegen eine **Erwerbsobliegenheit** betrifft **keinen** unter § 1611 zu subsumierenden Fall. **3** Die Fälle sittlichen Verschuldens, die § 1611 Abs. 1 regelt, setzen bereits systematisch voraus, dass dem Kind ein Unterhaltsanspruch zwar grundsätzlich zusteht. Ein Minderjähriger aber, dem fiktiv Einkünfte zugerechnet werden, erhält nicht etwa keinen oder weniger Unterhalt als Sanktion dafür, dass er sich nicht um eine Arbeit bemüht hat. Es fehlt vielmehr bereits an seiner Bedürftigkeit, weil ihm ein fiktives Einkommen unterstellt wird. Damit fehlt es bereits an den Voraussetzungen für das Bestehen eines Unterhaltsanspruchs, den der Anwendungsbereich des § 1611 gerade voraussetzt.[4]

B. Normzweck

§ 1611 stellt eine Begrenzungsnorm dar. Er gewährt **Einwendungen** gegen die Unterhaltspflicht, **4** wenn Unterhaltzahlungen teilweise oder insgesamt als grob unbillig anzusehen sind.

C. Ausschluss der Einwendung wegen Minderjährigkeit (§ 1611 Abs. 2)

Der Verwirkungstatbestand erstreckt sich nicht auf **minderjährige unverheiratete** Kinder: Sie kön- **5** nen Unterhaltsansprüche **nicht** wegen grober Unbilligkeit verwirken (§ 1611 Abs. 2), wohl aber die ihnen nach § 1603 Abs. 2 Satz 2 gleichgestellten privilegiert volljährigen Kinder. Etwaiges Fehlverhalten minderjähriger unverheirateter Kinder aus der Zeit ihrer Minderjährigkeit kann auch für die Zeit nach Volljährigkeit nicht herangezogen werden.[5] So führt etwa der Verlust des Ausbildungsplatzes während der Minderjährigkeit nicht zur Verwirkung weiteren Unterhalts.[6]

D. Begrenzung des Unterhalts nach dem Katalog des § 1611 Abs. 1 Satz 1

§ 1611 Abs. 1 Satz 1 katalogisiert **zwei Fallgruppen sowie** einen **Auffangtatbestand.** Die drei **6** jeweiligen Tatbestände des Katalogs sind eindeutig voneinander abzugrenzen.[7] Der Unterhaltsanspruch nach §§ 1601 ff. kann gem. § 1611 Abs. 1 Satz 1 auf einen **Billigkeitsbeitrag** zum Unterhalt herabgesetzt werden, wenn der Unterhaltsgläubiger

---

1 KG FamRZ 2002, 1357; s. auch BFHE 204, 113 = BFH NJW 2004, 1893 – steuermindernde Aufwendungen von Eltern für die Strafverteidigung ihres volljährigen Kindes.
2 S. etwa OLG Dresden JAmt 2004, 337.
3 BGH FamRZ 1998, 671 = FuR 1998, 216.
4 OLGR Brandenburg 2004, 425.
5 BGH FamRZ 1988, 159.
6 OLG Stuttgart FamRZ 2007, 1763.
7 OLG Bamberg FamRZ 1994, 459.

- durch sein **sittliches Verschulden bedürftig** geworden ist,[8] **oder**
- seine eigene **Unterhaltspflicht** gegenüber dem Unterhaltsschuldner **gröblich vernachlässigt** hat, **oder**
- sich **vorsätzlich** einer **schweren Verfehlung** gegen den Unterhaltsschuldner oder einen nahen Angehörigen des Unterhaltsschuldners schuldig gemacht hat.

7   Die Unterhaltspflicht entfällt in vollem Umfange, wenn die Inanspruchnahme des Verwandten **grob unbillig** wäre (§ 1611 Abs. 1 Satz 2). Die Frage der **groben Unbilligkeit** lässt sich regelmäßig ohne Kenntnis der **wirtschaftlichen Verhältnisse** des Unterhaltsschuldners nicht beurteilen.[9]

I. Bedürftigkeit infolge sittlichen Verschuldens

8   Zur Verwirkung des Unterhaltsanspruchs reicht die vorsätzliche oder fahrlässige Herbeiführung der Bedürftigkeit nicht aus. Unter sittlichem Verschulden sind vielmehr **vorwerfbare** Verstöße gegen die auf der Verwandtschaft beruhenden sittlichen Pflichten zu verstehen. Der Tatbestand »**Bedürftigkeit** durch **eigenes sittliches Verschulden**« setzt **sittliches Verschulden** von **erheblichem Gewicht** voraus. Das Verschulden muss für die Bedürftigkeit **ursächlich** sein, und die Folgen des sittlichen Verschuldens müssen noch andauern. Der Tatbestand entfällt daher bei Unterbrechung des Kausalzusammenhangs.[10] Es ist die Feststellung erforderlich, dass der Unterhalt begehrende Verwandte in besonderer Weise verantwortungslos gehandelt hat bzw. handelt. Andauernde Spiel-, Trunk- und/oder Drogensucht,[11] Straftat wegen Drogenschmuggel,[12] schwerwiegende Beleidigungen mit Straftaten gegen Eltern, Trunkenheitsfahrt[13] können den Tatbestand erfüllen,[14] nicht dagegen die Geburt eines nichtehelichen Kindes.[15]

Im Falle von Alkohol- und Rauschgiftsucht kommt eine Verwirkung aufgrund sittlichen Verschuldens eines volljährigen unterhaltsbedürftigen Kindes aber nur dann in Betracht, wenn die Alkohol- und Rauschgiftsucht nicht als Krankheit anzusehen ist, oder wenn sich das (noch) einsichtsfähige Kind weigert, sich einer erfolgversprechenden ärztlichen Behandlung zu unterziehen bzw. die ärztlichen Anweisungen nicht beachtet und deshalb wieder rückfällig wird.[16]

II. Gröbliche Vernachlässigung eigener Unterhaltspflichten

9   Gröbliche Vernachlässigung eigener Unterhaltspflichten des Unterhalt begehrenden Verwandten können dazu führen, dass ihm später bei eigener Bedürftigkeit Unterhalt versagt werden kann.

III. Vorsätzliche schwere Verfehlung (Auffangtatbestand)

10   Der **Auffangtatbestand** begrenzt bei bestimmten Fallgestaltungen – entsprechend dem Auffangtatbestand des § 1579 Nr. 8 – als negative Billigkeitsklausel einen bestehenden Unterhaltsanspruch.[17] Gemäß § 1611 Abs. 1 S. 1 Alt. 3 setzt die Verwirkung wegen einer schweren Verfehlung ein **Verschulden des Unterhaltsberechtigten** voraus. Es reicht nicht aus, wenn er in einem natürlichen

---

8   S. etwa OLG Hamm NJW-RR 2002, 650.
9   OLG Brandenburg FamRZ 2009, 1226.
10 OLG Köln FamRZ 1990, 310.
11 OLG Celle FamRZ 1990, 1142 – durch Rauschgiftkonsum herbeigeführte Unterhaltsbedürftigkeit; KG FamRZ 2002, 1357 – selbst herbeigeführte Drogenabhängigkeit mit der Folge einer HIV- und einer Hepatitisinfektion.
12 OLG Hamm FamRZ 2007, 165.
13 OLG Karlsruhe FamRZ 2001, 47 = FuR 2000, 440.
14 OLG Hamm FamRZ 1993, 468.
15 BGHZ 93, 123 = BGH FamRZ 1985, 273.
16 OLG Frankfurt FamRZ 2011, 1158; OLG Dresden FamRZ 2011, 1407.
17 OLG Frankfurt FamRZ 1993, 1241.

Sinn vorsätzlich gehandelt hat. [18]Über eine **schwere Verfehlung** des Unterhaltsgläubigers gegen den Unterhaltsschuldner oder einen seiner nahen Angehörigen hinaus ist daher eine umfassende **Abwägung aller maßgebenden Umstände** des jeweiligen **Einzelfalles** erforderlich, die auch das eigene Verhalten des Unterhaltsschuldners angemessen berücksichtigt.[19] Hat es der Verfahrensbevollmächtigte trotz entsprechender Unterrichtung durch den Unterhaltsgläubiger versäumt, dessen Erwerbseinkünfte mitzuteilen, kann dies dem Unterhaltsgläubiger nicht als vorsätzliche schwere Verfehlung i.S.v. § 1611 Abs. 1 zugerechnet werden.[20]

1. Verweigerung jeglichen Kontakts mit dem Unterhaltsschuldner

Ob und unter welchen Voraussetzungen die mangelnde Bereitschaft eines **volljährigen** Kindes **11** zum **persönlichen Umgangskontakt** mit dem auf Unterhalt in Anspruch genommenen Elternteil bzw. des Unterhalt begehrenden Elternteils mit dem auf Unterhalt in Anspruch genommenen Kind[21] als vorsätzliche schwere Verfehlung i.S.v. § 1611 Abs. 1 anzusehen sein kann, hängt von einer differenzierten Betrachtung und Bewertung der Entwicklung dieser Beziehung ab, wobei auch im Zusammenhang mit der Trennung und Scheidung der Eltern stehende Umstände zu berücksichtigen sind.[22] Insoweit wurden und werden sehr unterschiedliche Ansichten vertreten.[23]

Nach der Rechtsprechung des BGH erlaubt es der gesetzlich normierte Maßstab einer vorsätzlichen **12** schweren Verfehlung des Unterhaltsgläubigers als Ausnahmetatbestand nicht, schon die Ablehnung jeder persönlichen Kontaktaufnahme zu dem unterhaltsverpflichteten Elternteil allein[24] oder auch in Verbindung mit unhöflichen und unangemessenen Äußerungen (»Taktlosigkeit«) diesem gegenüber – etwa förmliche Anrede eines Elternteils mit »Sie«[25] – als Grund für eine Herabsetzung oder den Ausschluss des Unterhalts nach § 1611 Abs. 1 zu bewerten. Es müssen vielmehr **weitere Umstände** hinzukommen.

Noch weniger kann ein Fehlverhalten i.S.d. § 1611 darin gesehen werden, dass das unterhaltsbe- **13** rechtigte volljährige Kind (s. § 1611 Abs. 2) die Beziehungen zu dem unterhaltsverpflichteten Elternteil über Jahre hinweg einschlafen ließ. Vielmehr setzt eine vorsätzliche schwere Verfehlung des Unterhaltsgläubigers grundsätzlich eine umfassende Abwägung aller maßgeblichen Umstände voraus, die auch das eigene Verhalten des unterhaltsverpflichteten Elternteils[26] – und zwar sowohl gegenüber dem Kind als auch gegebenenfalls gegenüber dem geschiedenen Elternteil, der das Kind jahrelang versorgt und betreut, und bei dem dieses seit seiner Minderjährigkeit gelebt hat – angemessen zu berücksichtigen hat.[27] Haben jahrelang überhaupt keine persönlichen Begegnungen zwischen Unterhaltsgläubiger und Unterhaltsschuldner stattgefunden, kann der Unterhaltsschuldner »schwerlich erwarten, dass solche gerade in der besonderen Spannungssituation eines Rechtsstreits mit der soeben volljährig gewordenen Klägerin anzubahnen seien«.[28]

18 BGH FamRZ 2010, 1888.
19 BGH FamRZ 1995, 475; zu allem ausführlich Kotzur FS Gernhuber (1993) S. 690; Finger FamRZ 1995, 969.
20 OLG Schleswig OLGR 2000, 443.
21 OLG Karlsruhe FamRZ 2004, 971.
22 OLG Frankfurt FamRZ 1993, 1241.
23 S. etwa BGH FamRZ 1995, 475, 476; OLG Frankfurt FamRZ 1990, 789; OLG Bamberg FamRZ 1991, 1476; OLG München FamRZ 1992, 595; sowie Ewers FamRZ 1992, 719; Schütz FamRZ 1992, 1338; Breiholdt NJW 1993, 305 – sämtlich zu OLG Bamberg FamRZ 1992, 717.
24 OLG Karlsruhe FamRZ 2001, 47 = FuR 2000, 440; OLG Koblenz FamRZ 2001, 1164.
25 OLG Hamm FamRZ 1995, 1439.
26 S. hierzu etwa OLG München FamRZ 1992, 595; OLG Bamberg FamRZ 1994, 1054.
27 BGH FamRZ 1991, 322; OLG Köln FamRZ 2000, 1043.
28 Zitat aus BGH FamRZ 1998, 367 – keine Kontakte während eines Zeitraums von 10 Jahren (Berufungsgericht: OLG Düsseldorf FamRZ 1990, 1137).

14   Verweigert ein volljähriges Kind jedoch in der Folgezeit (weiterhin) bewusst und hartnäckig jeden Kontakt mit dem unterhaltspflichtigen Elternteil, dann kann dies als vorsätzlich schwere Verfehlung i.S.d. § 1611 Abs. 1 zu werten sein und – je nach den Umständen des Einzelfalles – zur teilweisen bzw. vollen Verwirkung des Unterhaltsanspruchs führen, wenn der Unterhaltsschuldner für den Bruch der Beziehung nicht die alleinige Verantwortung trägt und seinerseits in angemessener Weise bereit ist, die persönlichen Beziehungen wieder zu ordnen.[29] Dies gilt erst recht dann, wenn zu der Kontaktverweigerung als solcher noch weitere Gegebenheiten hinzukommen, die bei der vorzunehmenden Abwägung aller maßgeblichen Umstände unter Einbeziehung des Verhaltens des unterhaltspflichtigen Elternteils[30] die Annahme einer vorsätzlichen schweren Verfehlung des Unterhalt begehrenden Verwandten begründen.[31]

15   Die Kontaktverweigerung des Unterhalt fordernden volljährigen Kindes durch Nichterscheinen zum Gerichtstermin muss nicht zwingend eine schwere Verfehlung i.S.d. § 1611 Abs. 1 Satz 1 gegenüber dem unterhaltspflichtigen Elternteil darstellen, aus der auf die Absicht einer tiefen Verletzung und vorsätzlichen Kränkung geschlossen werden kann. Vielmehr kann sich darin auch lediglich die durch den elterlichen Streit und den Familienkonflikt hervorgerufene Entfremdung ausdrücken.[32]

2. Sonstige schwere Verfehlungen

16   **Schwere Verfehlungen** können sein:

– tiefe Kränkungen, die einen groben Mangel an verwandtschaftlicher Gesinnung und menschlichen Rücksichtnahme erkennen lassen, wie etwa tätliche Angriffe, Bedrohungen, auf berufliche oder wirtschaftliche Schädigung zielende Denunziationen[33]
– schwere Beleidigungen[34]
– Vorwurf sexuellen Missbrauchs und Prozessbetrugs[35]
– vorsätzlich falsche Anzeige[36]
– vermögensrechtliche Handlungen/Unterlassungen (etwa Verstöße gegen die Obliegenheit zur umgehenden Anzeige der Aufnahme einer Erwerbstätigkeit[37] sowie allgemein Verschweigen regelmäßiger eigener Einkünfte,[38] nicht aber – für sich allein – unterlassene Information über Studienabsichten)[39]
– Verschweigen der Aufnahme einer Erwerbstätigkeit neben dem Studium[40]
– Entgegennahme von Unterhalt trotz Abbruchs einer Berufsausbildung[41]
– verfestigte neue Lebenspartnerschaft[42]

29 OLG Frankfurt FamRZ 1990, 789; ähnlich OLG Bamberg FamRZ 1991, 1476; s. auch OLG Celle FuR 2002, 332 – Teilverwirkung.
30 Vgl. BGH FamRZ 1995, 475, 476.
31 OLG Celle FuR 2002, 332 – Teilverwirkung.
32 OLG Hamm OLGR 2000, 361.
33 OLG Celle FamRZ 1993, 1235; OLG Karlsruhe FamRZ 2004, 971 – Elternunterhalt.
34 OLG Hamm FamRZ 1993, 468; insb. auch der Ausdruck vollständiger Verachtung (Schütz FamRZ 1992, 1338 – Anm. zu OLG Bamberg FamRZ 1992, 717).
35 OLG Hamm FamRZ 1995, 958.
36 OLG Rostock OLGR 2007, 639 – nicht aber im entschiedenen Fall.
37 OLG Thüringen FamRZ 2009, 1416 = FuR 2009, 647.
38 OLG Koblenz FamRZ 1999, 402.
39 OLG Stuttgart NJWE-FER 2000, 80.
40 OLG Jena NJW-RR 2009, 1450.
41 OLG Köln FamRZ 2005, 301.
42 OLG Rostock OLGR 2007, 639 – Zusammenleben mit einem moslemischen Asylbewerber.

Nicht als **schwere Verfehlungen** wurden angesehen: 17

– durch Suizidversuch herbeigeführte Bedürftigkeit,[43]
– Gewaltschutzverfahren im Rahmen des § 1615l,[44]
– mangelnde Information über Ausbildungsgang und –stand,[45]
– Mehrfache Einbrüche des unterhaltsberechtigten Kindes in die Wohnung seiner Schwester, wenn die Taten strafrechtlich gesühnt sind und die Bedürftigkeit erst mehrere Jahre nach den Taten aufgetreten ist.[46]

3. § 1615l

§ 1611 ist auch im Unterhaltsschuldverhältnis des § 1615l anzuwenden. Nachdem das UÄndG 18 2007 und ihm folgend die Rechtsprechung des BGH[47] die beiden Tatbestände des Betreuungsunterhalts weitgehend einander angeglichen haben, muss auch im Rahmen des § 1611 über den Kinderschutz nachgedacht werden.

Gemäß § 1579 kommt betreffend § 1570 Verwirkung beim Ehegattenunterhalt nur in Betracht, 19 wenn die Belange des gemeinsamen Kindes gewahrt sind. Der Betreuungsunterhalt des Ehegatten gemäß § 1570 ist danach selbst bei Vorliegen der Härtegründe des § 1579 in dem Sinne privilegiert, dass er im Interesse des Kindes trotz eines Fehlverhalten des sorgeberechtigten Ehegatten diesem gleichwohl die Wahrnehmung seiner Elternverantwortung sichern und gewährleisten soll. Dem wird in der Regel dadurch Genüge getan, dass der Unterhaltsanspruch auf das zur Kindesbetreuung notwendige Mindestmaß herabgesetzt wird. Eine Beschränkung des Betreuungsunterhalts unter das Mindestmaß scheidet damit per se aus.[48]

Im Rahmen des § 1615l ist die analoge Anwendung der Kinderschutzklausel geboten, soweit die 20 Norm dem Kind eine umfassende Betreuung und Erziehung durch die Kindesmutter ermöglichen will, weil sowohl der Gesetzgeber als auch die Rechtsprechung des BGH die Gleichbehandlung von ehelichen und nichtehelichen Kindern vorschreiben. Musste jedoch der Kindesvater mit einer Inanspruchnahme auf Kindesunterhalt nicht rechnen, weil die Kindesmutter bis zum Abschluss des Vaterschaftsfeststellungsverfahrens von der Vaterschaft eines anderen Mannes ausgegangen ist, kann er wegen grober Unbilligkeit nicht auf Unterhalt für die Vergangenheit in Anspruch genommen werden.[49]

Der enge Anwendungsbereich des § 1611 Abs. 1 als Ausnahmetatbestand bezieht sich insb. auf die 21 Verwirkung eines Anspruchs gemäß § 1615l: Bei nicht verheirateten Eltern fehlt es spätestens nach dem Zerbrechen der Beziehung an einer Loyalitätspflicht, die verletzt werden kann. Anders als bei der Verwandtschaft handelt es sich nicht um eine lebenslange Bindung. Es mangelt an einer Vorschrift wie für das Eltern-Kind-Verhältnis in § 1618a, nach welcher Eltern und Kinder einander Beistand und Rücksicht schulden, und zwar ein Leben lang. Eltern, die unter § 1615l fallen, haben dagegen oftmals nur eine flüchtige Beziehung unterhalten.[50]

IV. Verwirkung von Ansprüchen auf Elternunterhalt (§ 1611)

Nach § 1611 Abs. 1 Satz 1 muss der Unterhaltsschuldner nur einen der Billigkeit entsprechenden 22 Beitrag zum Unterhalt des Berechtigten leisten, wenn dieser durch sittliches Verschulden bedürftig

---

43 OLG Brandenburg FamRZ 2008, 174.
44 OLG Rostock OLGR 2007, 639.
45 OLG Köln OLGR 2005, 40.
46 KG FamRZ 2002, 1357.
47 Zuletzt S. hierzu BGH FamRZ 2010, 357 m.w.N.
48 OLG Rostock OLGR 2007, 639.
49 OLG Oldenburg FamRZ 2006, 1561.
50 OLG Rostock OLGR 2007, 639 unter Hinweis auf Peschel-Gutzeit, FPR 2005, 344, 345.

geworden ist, seine eigene Unterhaltpflicht gegenüber dem Unterhaltsschuldner gröblich vernachlässigt oder sich vorsätzlich einer schweren Verfehlung gegen den Unterhaltsschuldner oder einen nahen Angehörigen desselben schuldig gemacht hat. Diese Verpflichtung entfällt ganz, wenn die Inanspruchnahme des Verpflichteten grob unbillig wäre (§ 1611 Abs. 1 Satz 2). Die 2. Alternative – Verletzung der Unterhaltpflicht – betrifft dabei nicht nur den Bar-, sondern auch den Naturalunterhalt, insb. also die Betreuungs-, Aufsichts- und Erziehungspflicht gegenüber Kindern, wobei sich der Unterhaltsschuldner aber auch der Hilfe Dritter (Internat, Kinderfrau, Verwandte o.ä.) bedienen kann. Eine schwere Verfehlung im Sinne der 3. Alternative liegt in der Regel nur bei tiefgreifenden Beeinträchtigungen schutzwürdiger wirtschaftlicher oder persönlicher Belange des Unterhaltsschuldners vor. Darunter kann auch die Verletzung elterlicher Betreuungs- und Erziehungspflichten in Form einer dauernden groben Vernachlässigung, Verletzung der Aufsichtspflicht oder der Pflicht zu Beistand und Rücksicht (vgl. § 1618a) fallen.

23   Im Rahmen des Elternunterhalts hat der BGH[51] als eine die Rechtsfolgen des § 1611 Abs. 1 Satz 1 und 2 auslösende Verfehlung das Verhalten einer Mutter angesehen, die ihre Tochter in Kleinkindalter den Großeltern überantwortet hat und in der Folge ohne deren Mitnahme zunächst zu ihrem ersten Ehemann gezogen, sodann nach Scheidung dieser Ehe mit ihrem zweiten Ehemann und Mitnahme nur der weiteren, zwischenzeitlich geborenen Kinder in die USA ausgewandert ist und weitgehend jeden persönlichen oder schriftlichen Kontakt mit ihrer bei den Großeltern verbliebenen Tochter unterlassen hat. In diesem Fall war es als grob unbillig anzusehen, s die Tochter von der Mutter im Alter auf Elternunterhalt in Anspruch genommen wurde.

24   Fehlender Kontakt sowie Kränkungen durch die Mutter, die sich zwar auf menschlich bedauerlichem, aber nicht völlig außergewöhnlichem Niveau bewegen, sind für sich allein nicht geeignet, den Unterhalt dieses Elternteils zu kürzen.[52] Der Anspruch auf Elternunterhalt kann allerdings teilweise verwirkt sein, wenn der Unterhaltsschuldner aufgrund entsprechender Mitteilungen der Unterhaltsgläubiger darauf vertrauen darf, der Unterhaltsgläubiger werde rückwirkend keinen höheren Unterhalt geltend machen.[53]

E.   Rechtsfolgen

25   Regelmäßig ist der angemessene Unterhalt, sofern einer der Tatbestände des § 1611 Abs. 1 Satz 1 vorliegt, auf einen Beitrag zum Unterhalt (»Billigkeitsunterhalt«) zu begrenzen. Ist im Einzelfall **ausnahmsweise aus besonderen Gründen** auch noch die Zahlung dieses begrenzten Unterhaltsbeitrages **grob unbillig**, kann die Unterhaltpflicht insgesamt entfallen (§ 1611 Abs. 1 Satz 2).

I.   Billigkeitsunterhalt (§ 1611 Abs. 1 Satz 1)

26   Liegt einer der Tatbestände des § 1611 Abs. 1 Satz 1 vor, dann muss der Unterhaltsschuldner nur einen **Beitrag** zum **Unterhalt** (»Billigkeitsunterhalt«) leisten, der nicht nur der Höhe nach, sondern auch **zeitlich begrenzt** werden kann.[54] Insoweit ist eine **wertende Gesamtschau** aller bedeutsamen Umstände des **jeweiligen Einzelfalles** veranlasst, insb. einerseits die Schwere der Verfehlung und des sittlichen Verschuldens sowie die wirtschaftliche Lage des Unterhaltsgläubigers, andererseits aber auch etwaiges Fehlverhalten (etwa Erziehungsfehler) des Unterhaltsschuldners, seine wirtschaftliche Belastung sowie die Dauer der Unterhaltlast.

---

51   FamRZ 2004, 1559 = FuR 2004, 564 – der Anspruch auf Elternunterhalt wurde insgesamt versagt.
52   OLG Karlsruhe FamRZ 2004, 971.
53   OLG Celle FamRZ 2009, 1076.
54   S. etwa OLG Hamburg FamRZ 1984, 610 – Beitrag in Höhe von 180 DM an den alkoholsüchtigen Sohn bei einer Rente von insgesamt 2.000 DM.

II. Entziehung des Unterhalts (§ 1611 Abs. 1 Satz 2)

Gemäß § 1611 Abs. 1 Satz 2 entfällt die Unterhaltspflicht insgesamt, wenn die Inanspruchnahme   27
des Unterhaltsschuldners **grob unbillig** wäre, etwa wenn ein Student beharrlich seine Einkünfte
aus überobligationsmäßiger Tätigkeit gegenüber dem barunterhaltspflichtigen Elternteil verschweigt.[55]

III. Ausschluss der Ersatzhaftung (§ 1611 Abs. 3)

Ist die Unterhaltspflicht gem. § 1611 Abs. 1 Satz 2 begrenzt, dann kann der Unterhaltsgläubiger   28
auf Grund dieser insoweit eingetretenen Beschränkung seines Unterhaltsanspruchs **nicht andere**
nachrangig haftende **Verwandte** (vgl. § 1606) in Anspruch nehmen (§ 1611 Abs. 3). Scheitern
Unterhaltsansprüche eines Ehegatten an §§ 1361 Abs. 3, 1579 Nr. 4, ist gegenüber der Inanspruchnahme von Kindern oder Verwandten § 1611 Abs. 3 analog anzuwenden.[56]

F. Darlegungs- und Beweislast

Der Unterhaltsschuldner trägt – wie auch im Rahmen des § 1579 – die **Darlegungs-** und **Beweis-**   29
last für die die Beschränkung oder den Wegfall der Unterhaltspflicht begründenden Umstände.
Im Rahmen der **Billigkeitsabwägung** ist jede Partei für die zu ihren Gunsten sprechenden Tatsachen darlegungs- und beweispflichtig. Beruft sich der Unterhaltsgläubiger auf **Verzeihung**, dann
muss er daher beweisen, dass der Unterhaltsschuldner nicht mehr beabsichtigt, aus dem Fehlverhalten Rechtsfolgen herzuleiten.[57]

§ 1612   Art der Unterhaltsgewährung

(1) [1]Der Unterhalt ist durch Entrichtung einer Geldrente zu gewähren. [2]Der Verpflichtete kann
verlangen, dass ihm die Gewährung des Unterhalts in anderer Art gestattet wird, wenn besondere Gründe es rechtfertigen.

(2) [1]Haben Eltern einem unverheirateten Kind Unterhalt zu gewähren, können sie bestimmen,
in welcher Art und für welche Zeit im Voraus der Unterhalt gewährt werden soll, sofern auf die
Belange des Kindes die gebotene Rücksicht genommen wird. [2]Ist das Kind minderjährig, kann
ein Elternteil, dem die Sorge für die Person des Kindes nicht zusteht, eine Bestimmung nur für
die Zeit treffen, in der das Kind in seinen Haushalt aufgenommen ist.

(3) [1]Eine Geldrente ist monatlich im Voraus zu zahlen. [2]Der Verpflichtete schuldet den vollen Monatsbetrag auch dann, wenn der Berechtigte im Laufe des Monats stirbt.

---

55 OLG Karlsruhe OLGR 1999, 46.
56 Beckmann FamRZ 1983, 863.
57 Zu allem etwa OLG Köln NJWE-FER 2000, 144; OLG Koblenz OLGR 2000, 254.

A. Strukturen

1 § 1612 geht missverständlich nicht von der auch § 1606 Abs. 3 Satz 2 zugrunde liegenden grundsätzlichen Unterscheidung zwischen Bar- und Betreuungsunterhalt aus, sondern behandelt in § 1612 Abs. 1 Satz 1 den Barunterhalt als unterhaltsrechtlich primäre Leistungsform und den Naturalunterhalt lediglich als dessen Surrogat (vgl. § 1612 Abs. 1 Satz 2 und Abs. 2).[1]

2 Die Norm regelt in den **Abs. 1 und 3** die **Art** der **Unterhaltsgewährung** (den **Anspruch** auf **Barunterhalt** und seine **Ausnahmen** sowie die **Modalitäten** der **Erfüllung** der Unterhaltsschuld), und in **Abs. 2** als **Sonderregel** in Bezug auf die Unterhaltspflicht von Eltern das Recht der Eltern zur Bestimmung des **Unterhalts**: Haben sie einem **unverheirateten Kinde** Unterhalt zu gewähren, so können sie **bestimmen**, in **welcher Art** und Weise und für **welche Zeit** im **Voraus** der **Unterhalt gewährt** werden soll,[2] wobei diese Bestimmung nur dann rechtswirksam ist, wenn auf die Belange des Kindes die gebotene Rücksicht genommen worden ist. Eine **wirksame** Bestimmung schließt den **Unterhaltsanspruch** des Kindes aus, wenn es den angebotenen Unterhalt nicht annimmt, **bindet** aber auch das **Gericht** im **Unterhaltsverfahren**.

3 Das **UÄndG 2007** hat § 1612 **Abs. 2** verändert: Satz 1 wurde sprachlich geschärft, **Satz 2** aufgehoben.

4 § 1612 Abs. 2 **Satz 1** wurde durch das Ersetzen des Wortes »wobei« durch das Wort »sofern« (Abs. 2. Satz 1) dahingehend verschärft, dass eine Unterhaltsbestimmung nur wirksam ist, **sofern** auf die Belange des Kindes die **gebotene Rücksicht** genommen wird. Damit haben die Eltern zwar weiterhin gegenüber einem nicht verheirateten Kind das Recht, die Art der Unterhaltsleistung (Natural- oder Barunterhalt) zu bestimmen. Während das Gesetz bislang jedoch nur verlangt hat, dabei auf die **Belange** des **Kindes** die **gebotene Rücksicht** zu nehmen, ist die Unterhaltsbestimmung jetzt nur noch wirksam, wenn das auch **tatsächlich geschehen** ist. Bei der Prüfung, ob

---

1 Palandt/Diederichsen § 1612 Rn. 1.
2 S. Strohmaier FuR 2003, 153 – Kindergeldverrechnung und Unterhaltsbestimmung bei zwei Barunterhaltspflichtigen, von denen einer nicht leistungsfähig ist.

in angemessenem Umfange Rücksicht genommen worden ist, müssen die **Interessen** der Eltern und des Kindes gegeneinander **abgewogen** werden.

§ 1612 Abs. 2 **Satz 2**, wonach die Wirksamkeit einer Unterhaltsbestimmung in einem gesonderten 5 familiengerichtlichen Verfahren zur Abänderung einer elterlichen Unterhaltsbestimmung zu prüfen war,[3] wurde aufgehoben. Das neue Recht stellt mit der **Abschaffung** des **Bestimmungsverfahrens** als gesondertes Verfahren klar, dass ein gesondertes Verfahren nicht mehr erforderlich ist. Nunmehr hat das Familiengericht über den Unterhalt wie auch die Art seiner Gewährung **einheitlich innerhalb** eines Unterhaltsverfahrens zu entscheiden.[4] Die Abänderung der elterlichen Unterhaltsbestimmung wird damit genauso behandelt wie die Einrede des Gestattungsanspruchs des Unterhaltsschuldners nach § 1612 Abs. 1 Satz 2. In beiden Fällen ist hierüber im Unterhaltsverfahren zu entscheiden. Will das Kind die elterliche Unterhaltsbestimmung nicht hinnehmen, dann kann es im Unterhaltsverfahren den entsprechenden Einwand geltend machen. Mit dieser Gesetzesänderung ist keine Korrektur des Änderungsmaßstabs verbunden: Die Erwägungen des bisherigen Satzes 2, also die »besonderen Gründe«, bei deren Vorliegen die elterliche Bestimmung geändert werden konnte, sind nunmehr im Rahmen der Prüfung anzustellen, ob auf die Belange des Kindes die gebotene Rücksicht genommen wurde.

Der Abänderung einer Unterhaltsbestimmung kommt innerhalb des nunmehr einheitlichen Ver- 6 fahrens kein eigener Verfahrenswert zu.[5]

B. Anspruch auf Barunterhalt (§ 1612 Abs. 1 und 3) und seine Ausnahmen

§ 1612 Abs. 1 Satz 1 bestimmt als **Grundregel**, dass Unterhalt – abgesehen von der Pflege und 7 Erziehung eines minderjährigen unverheirateten Kindes seitens der Eltern (§ 1606 Abs. 3 Satz 2) – in Form eines **Geldbetrages** zu leisten ist, und zwar nach § 1612 Abs. 3 Satz 1 monatlich im Voraus. **Ausnahmsweise** kann von dieser Grundregel abgewichen werden. Entweder durch **Vereinbarung** beider Parteien des Unterhaltsschuldverhältnisse oder auf Grund gerichtlicher **Entscheidung**, wenn der Schuldner aus besonderen Gründen verlangen kann, dass er Unterhalt in anderer Form leisten darf (§ 1612 Abs. 1 Satz 2, sog. »**Schuldnerprivileg**«).[6] **Abweichendes** wird vielfach bezüglich der Zahlungsweise vereinbart (etwa kürzere oder längere Zahlungsperioden als Monate, wobei die Grenzen zum unzulässigen Verzicht bei eventuellen Abfindungen zu beachten sind, s. § 1614, oder Zahlungen abweichend vom Monatsersten, s. § 1612 Abs. 3 Satz 1).

I. Art der geschuldeten Leistung: Geldrente (§ 1612 Abs. 1 Satz 1)

Der **Elementarunterhalt** ist – wie auch der **Mehrbedarf** – regelmäßig auf Zahlung eines bestimm- 8 ten monatlichen Geldbetrages gerichtet (sog. **Barunterhalt**). Die **Geldrente**[7] ist auf ein vom Unterhaltsgläubiger benanntes Konto zu leisten.[8] **Sonderbedarf** ist neben der Geldrente unregelmäßig – oftmals durch nur einmalige Zahlung – zu erfüllen. Der Unterhaltsbetrag ist entsprechend § 1612a Abs. 2 Satz 2 auch außerhalb des Dynamiksystems auf volle Euro-Beträge aufzurunden.[9] Cent-Angaben sind wertlose Scheingenauigkeit. Leben Eltern und Kinder zusammen in einer Familie, wird hingegen Unterhalt meist »in Natur« geleistet (sog. **Naturalunterhalt**). Soweit

---

3 Zu allem ausführlich 2. Aufl. § 1612 Rn. 41 ff.
4 So bereits OLG Köln FamRZ 2006, 867.
5 OLG Düsseldorf FamRZ 2001, 1306; KG NJW 2003, 977; OLG Dresden NJW-RR 2005, 735 (noch zu § 1612 Abs. 2 a.F.).
6 S. auch BFH/NV 2006, 1285; zu einer falschen Tenorierung s. etwa OLG Naumburg FuR 2005, 423.
7 Nicht als Darlehen (s. Graba FamRZ 1985, 118).
8 OLG Hamm NJW 1988, 2115; OLG Frankfurt FamRZ 1983, 1268 zur schuldbefreienden Zahlung bei Existenz mehrerer Konten; Bytomski FamRZ 1991, 783 – Unterhaltszahlungen nach Polen.
9 BGH NJW 90, 503.

die Eltern Geldbeträge (etwa als Taschengeld oder für Sachaufwendungen) zahlen, bleiben diese Teil des Naturalunterhalts und führen nicht dazu, dass in dieser Höhe ein Anspruch auf Barunterhalt besteht. Auch der Unterhaltsbedarf volljähriger Schüler oder Studenten kann somit durch Naturalunterhalt erbracht werden.[10]

9 Die Unterhaltsrente ist eine **Geldschuld**, die – vorbehaltlich anderweitiger Vereinbarung durch die Parteien – durch Barzahlung zu leisten ist. Die Begleichung einer Unterhalts(geld)schuld durch Überweisung auf ein Konto des Unterhaltsgläubigers ist lediglich eine Leistung an Erfüllungs statt (§ 364).[11]

10 Leistet ein Schuldner **unter Vorbehalt**, dann kann dieser Vorbehalt zwei **unterschiedliche Bedeutungen** haben. Im Allgemeinen will der Schuldner lediglich dem Verständnis seiner Leistung als Anerkenntnis (§ 208 a.F., § 212 Abs. 1 Nr. 1 n.F.) entgegentreten und die Wirkung des § 814 ausschließen, sich also die Möglichkeit offen halten, das Geleistete gem. § 812 zurückzufordern (Vorbehalt im üblichen Sinne).[12] Ein solcher Vorbehalt stellt die Ordnungsmäßigkeit der Erfüllung nicht in Frage.[13] Anders ist es ausnahmsweise dann, wenn der Schuldner in der Weise unter Vorbehalt leistet, dass dem Leistungsempfänger für einen späteren Rückforderungsstreit die Beweislast für das Bestehen des Anspruchs auferlegt werden soll. Ein Vorbehalt dieser Art lässt die Schuldtilgung in der Schwebe und stellt keine Erfüllung i.S.v. § 362 dar.[14]

11 **Mehrere Unterhaltsgläubiger** sind auch dann **keine Gesamtgläubiger**, wenn sie ihre Ansprüche in einem einheitlichen Rechtsstreit geltend machen. Sowohl der laufende Unterhalt als auch der jeweilige Rückstand müssen für jeden Gläubiger getrennt tenoriert werden.[15]

11a Ein Antrag auf »Leistungen nach den Unterhaltsleitlinien des OLG Naumburg« ist unschlüssig und damit mutwillig i.S.d. § 76 FamFG i.V.m. § 114 ZPO. Er entspricht nicht den §§ 1612, 1612a. Zu Leistungen nach Tabellen und/oder Leitlinien kann niemand verurteilt werden, da die gebräuchlichen Tabellen/Leitlinien kein Gesetz bzw. keine Rechtsverordnung sind.[16]

II. Leistungspflicht »monatlich im Voraus« (§ 1612 Abs. 3 Satz 1)

12 Der Unterhaltsgläubiger muss über seinen Unterhalt für den gesamten Monat bereits am Monatsersten verfügen können, weil Unterhalt der Existenzsicherung dient und auch der Unterhaltsgläubiger seinen – meist am Monatsanfang fälligen – laufenden Verpflichtungen (etwa Miete, Versicherungen u.a.) nachkommen muss. Soweit die Parteien nichts anderes vereinbart haben,[17] ist der (Bar-) Unterhalt daher **monatlich** im **Voraus** in **vollen Monatsbeträgen** als Geldrente zu entrichten (§ 1612 Abs. 3 Satz 1). »Monatlich im Voraus« bedeutet, dass der Unterhaltsschuldner jeweils bereits am ersten Tag eines jeden Monats über das Geld verfügen können muss.[18] Maßgebend für die Rechtzeitigkeit der Zahlung ist daher der Zugang/Zufluss des Geldes,[19] nicht dessen Absendung. Die Unterhaltszahlung stellt eine Bringschuld dar.[20] Der für den Monat, in dem ein Rechts-

---

10 BGH FamRZ 1983, 369.
11 BGH NJW 1953, 897.
12 BGH FamRZ 1988, 259.
13 BGHZ 83, 278, 282 = BGH FamRZ FamRZ 1982, 470; BGH NJW 1982, 2301; FamRZ 1984, 470 – auch zur Abwendung der Zwangsvollstreckung aus vorläufig vollstreckbaren Urteilen; 1988, 259.
14 BGHZ 86, 267, 269, 271 = BGH NJW 1983, 1111; BGH FamRZ 1984, 470.
15 OLG Naumburg FuR 2005, 423.
16 OLG Naumburg FamRZ 2005, 1913.
17 BGH FamRZ 1997, 484; OLG Köln FamRZ 1990, 1243 – in dem betreffenden Vergleich war vereinbart »bis zum 7. eines jeden Monats«.
18 AmtsG Überlingen FamRZ 1985, 1143; a.A. OLG Bamberg FamRZ 1980, 916 – der Ausdruck beschreibe den Fälligkeitszeitpunkt, die Leistungszeit sei gem. § 271 im Einzelfall zu entscheiden.
19 A.A. OLG Köln FamRZ 1990, 1243 – maßgebend sei das Absendedatum.
20 EuGH NJW 2008, 1935 Rn. 28.

streit anhängig gemacht wird, geltend gemachte Unterhalt ist regelmäßig wegen der gesetzlichen Vorauszahlungspflicht des Unterhalts nach § 1612 Abs. 3 Satz 1 den Rückständen zuzuordnen.[21] Der Unterhaltsanspruch eines Kindes ist im Geburtsmonat nach dem Verhältnis der Zeit zwischen Geburt und Monatsende zur gesamten Dauer des Monats zu berechnen. Es besteht keine Rechtsgrundlage dafür, dass unabhängig von der tatsächlichen Dauer des Geburtsmonats dieser stets mit 30 Tagen anzusetzen ist.[22]

Ein Unterhaltsschuldner gibt i.S.v. § 243 Satz 2 Nr. 4 FamFG, § 93 ZPO Anlass zur **Einleitung** **13** **eines Verfahrens**, wenn er die zur Erfüllung von freiwillig übernommenen Unterhaltsleistungen erforderlichen Handlungen (z.B. Einzahlung bei der Post, Überweisungsauftrag an die Bank oder Übersendung eines gedeckten Schecks) **nicht so rechtzeitig** vornimmt, dass die Unterhaltzahlung bis zum ersten eines jeden Monats beim Unterhaltsgläubiger eingehen.[23] Zahlungen werden zunächst auf den laufenden Unterhalt, sodann auf Rückstände verrechnet. Hat sich der Unterhaltsschuldner in einem Unterhaltstitel nur verpflichtet, laufenden Unterhalt im Laufe des Monats zu zahlen, kann der Gläubiger des Kindesunterhalts auch nur beantragen, den Schuldner zu verurteilen, den titulierten Unterhalt monatlich im Voraus zum Monatsanfang zu zahlen, sofern dem Titel neben dem Umfang der Zahlungspflicht eine Vereinbarung der Parteien über den Zeitpunkt der Fälligkeit der monatlichen Unterhaltsrenten zugrunde liegt. Dann unterliegt eine Nachforderung keinerlei Beschränkungen, insb. nicht durch §§ 238, 239 FamFG, wobei die Nachforderung, wenn die Zahlbeträge nicht streitig sind, auf den Fälligkeitszeitpunkt zu beschränken ist.[24]

III. Zahlungsdauer (§ 1612 Abs. 3 Satz 2)

Der Unterhaltspflichtige schuldet den vollen Monatsbetrag des Unterhalts auch dann, wenn der **14** Unterhaltsanspruch im Laufe des Monats durch den **Tod** des **Unterhaltsgläubigers** erlischt (§ 1612 Abs. 3 Satz 2). Der Unterhaltsgläubiger muss nur den Anfang des Monats erleben (§ 760 Abs. 3). Entsprechendes gilt auch bei Eintritt der Volljährigkeit bzw. Erreichen einer höheren Altersstufe beim dynamisierten Unterhalt (§ 1612a Abs. 3 Satz 2).

IV. Leistung des Unterhalts »in anderer Art« (§ 1612 Abs. 1 Satz 2)

Geldzahlungen können bei (auch konkludentem) Einverständnis beider Parteien durch entsprechende Naturalleistungen ersetzt werden. Nimmt der Unterhaltsgläubiger bedarfsdeckende Naturalleistungen entgegen, ohne gleichzeitig deutlich zu machen, dass er dennoch auf voller Barunterhaltszahlung besteht, dann handelt er gegen Treu und Glauben, wenn er später nicht geleisteten Barunterhalt (nach-) verlangt, obwohl dieser Teil seines Lebensbedarfs durch Naturalunterhalt gedeckt war. Einen gesondert geregelten Unterfall der **Leistung** des **Unterhalts** »in anderer Art« stellt die Unterhaltsbestimmung durch die Eltern dar, wenn besondere Gründe dies rechtfertigen (§ 1612 Abs. 2).

C. Unterhaltsbestimmung gegenüber (unverheirateten) Kindern (§ 1612 Abs. 2)

Haben Eltern einem unverheirateten Kind Unterhalt zu gewähren, so können sie bestimmen, in **16** welcher Art und für welche Zeit im Voraus der Unterhalt gewährt werden soll, wenn auf die Belange des Kindes die gebotene Rücksicht genommen wird (§ 1612 Abs. 2 Satz 1). Dieses elterliche **Unterhaltsbestimmungsrecht** ist praktisch hauptsächlich gegenüber dem volljährigen Kind

---

21 OLG Naumburg FamRZ 2003, 402 (Ls).
22 OLG München JAmt 2003, 265.
23 S. auch OLG Köln FamRZ 1990, 1243 – mit welcher Begründung erst am 3. bzw. am 3. Werktag eines Monats?
24 OLG Karlsruhe FamRZ 2005, 378 – Jugendamtsurkunde.

von Bedeutung. Die Bestimmung dient in Anbetracht längerer Ausbildungszeiten und zunehmender Ausbildungskosten in erster Linie dem Schutze der Eltern vor einer wirtschaftlichen Überforderung mit hohen Barunterhaltsleistungen. Steht das Sorgerecht einem Elternteil allein zu, kann grundsätzlich auch nur dieser allein die Entscheidung zum Unterhalt treffen. Der nicht sorgeberechtigten Elternteil hat gegenüber dem alleinberechtigten Elternteil kein Unterhaltsbestimmungsrecht.[25] Für ein minderjähriges Kind kann ein Elternteil, dem die Sorge für die Person des Kindes nicht zusteht, eine Bestimmung nur für die Zeit treffen, in der das Kind in seinen Haushalt aufgenommen ist (§ 1612 Abs. 2 Satz 3). Leisten die Eltern ihrem minderjährigen Kind Naturalunterhalt, so bedarf es nach Eintritt der Volljährigkeit des Kindes keiner erneuten ausdrücklichen Bestimmung.[26] Bei einem volljährigen Behinderten hat die Aufenthaltsbestimmung des Betreuers Vorrang.[27]

17   Bei der **Ausübung** des **Bestimmungsrechts** nach § 1612 Abs. 2 Satz 1 ist zu unterscheiden, ob die Eltern noch in **intakter Ehe** leben oder nicht, und **nach Trennung** oder **Scheidung**, ob die Art der Gewährung des Unterhalts für ein minderjähriges oder für ein volljähriges Kind bestimmt werden soll. Das Bestimmungsrecht besteht nur gegenüber **unverheirateten** Kindern, weil bei verheirateten minderjährigen Kindern mit der Eheschließung das Sorgerecht eingeschränkt wird (s. § 1633), und weil bei volljährigen verheirateten Kindern §§ 1360 ff. Vorrang haben. Demzufolge steht den Eltern das Bestimmungsrecht auch nicht gegenüber einem geschiedenen Kind zu.[28] Eine wirksame Unterhaltsbestimmung schließt Ansprüche Dritter aus GoA oder ungerechtfertigter Bereicherung aus.[29] Sie gilt auch gegenüber dem Träger der Ausbildungsförderung, der den Unterhaltsanspruch des Kindes nach § 37 BAföG auf sich übergeleitet hat.[30]

I. Unterhaltsbestimmung gegenüber einem minderjährigen Kind

18   Solange sich ein Kind im **Haushalt** seiner **Eltern** befindet, wird regelmäßig (**konkludent**) **Naturalunterhalt** – auch in der Form des Betreuungsunterhalts – geleistet. Der Anspruch auf Barunterhalt beschränkt sich auf ein Taschengeld. Insoweit bestimmen die gemeinsam sorgeberechtigten Eltern im Rahmen ihres Sorgerechts (meist konkludent) auch die Form, in der sie den geschuldeten Unterhalt gewähren wollen. Können sie sich insoweit nicht einigen (s. § 1627 Satz 2), ist eine gerichtliche Regelung zu treffen.[31]

19   Lebt das Kind **nicht** im **Haushalt** seiner **Eltern**, sondern etwa im Internat/Heim oder (berechtigt) im eigenen Haushalt oder in Familienpflege oder bei Dritten, dann verwandelt sich der Anspruch auf Naturalunterhalt in einen Anspruch auf **Barunterhalt**, wobei die Finanzierung von Maßnahmen der Kinder- und Jugendhilfe[32] zu beachten ist. Kann in diesen Fallgestaltungen der Unterhalt nicht in der von den Eltern bestimmten Form erbracht werden, entfällt der Barunterhaltsanspruch des Kindes nicht.[33]

20   Leben die Eltern trotz gemeinsamer Sorge getrennt oder sind sie geschieden, dann übt derjenige Elternteil das **Bestimmungsrecht** aus, der das Kind in Obhut hat und es somit nach § 1629 Abs. 2 vertritt. Ist – bei gemeinsamer Sorge – (lediglich) das **Aufenthaltsbestimmungsrecht** geregelt,

---

25 OLG Saarbrücken FamRZ 2010, 219.
26 KG FamRZ 1982, 423.
27 Vgl. BGH FamRZ 1985, 917.
28 OLG Köln FamRZ 1983, 643.
29 OLG Frankfurt FamRZ 1976, 705; OLG Hamm NJW 1983, 2203.
30 BGH FamRZ 1981, 250.
31 BGH FamRZ 1983, 892.
32 Hierzu näher Palandt/Diederichsen Einf. 31 und 32 vor § 1626; zu den rechtlichen Möglichkeiten des Jugendamtes auf Rückgriff bzw. Zugriff auf das Kindergeld bei Heimunterbringung des Kindes s. Wiesner FPR 2003, 69.
33 BGH FamRZ 1988, 386.

dann ist die Unterhaltsbestimmung eines (auch) sorgeberechtigten Elternteils unwirksam, wenn sie gegen die Aufenthaltsbestimmung durch denjenigen Elternteil verstößt, dem das vorrangige Aufenthaltsbestimmungsrecht zusteht.[34] Ist nur ein Elternteil sorgeberechtigt, kann auch nur er das Bestimmungsrecht als Teil der Personensorge nach § 1631 Abs. 1 für **minderjährige** Kinder wahrnehmen. Er trifft demnach alle den Unterhalt betreffenden Entscheidungen grundsätzlich alleine.[35]

§ 1612 Abs. 2 Satz 3 ermächtigt den nicht sorgeberechtigten Elternteil grundsätzlich im Verhältnis   **21**
zu dem alleinsorgeberechtigten anderen Elternteil nicht, das Bestimmungsrecht auszuüben.[36] Hat der nicht sorgeberechtigte Elternteil das Kind allerdings mit Zustimmung des sorgeberechtigten Elternteils dauerhaft in seinen Haushalt aufgenommen, dann kann er die Art der Gewährung des Unterhalts für diejenige Zeit bestimmen, in der er das Kind in seinen Haushalt aufgenommen hat (§ 1612 Abs. 2 Satz 3). Leben Eltern eines minderjährigen Kindes ohne Sorgerechtsregelung getrennt, und befindet sich das Kind in der Obhut eines Elternteils, so kann die Bestimmung, dass der Unterhalt dem Kinde als Naturalunterhalt gewährt werden soll, nur von demjenigen Elternteil wirksam getroffen werden, in dessen **Obhut** sich das Kind befindet.[37]

Leben die Eltern eines minderjährigen unterhaltsberechtigten Kindes voneinander getrennt, und   **22**
hält sich das Kind **nicht nur vorübergehend** bei dem anderen Ehegatten auf, dann kann sich der auf Barunterhalt in Anspruch genommene Elternteil nicht gegen den Willen des anderen Elternteils darauf berufen, das Kind möge zu ihm ziehen und Naturalunterhalt in Anspruch nehmen; er muss sich vielmehr darauf verweisen lassen, eine zumindest vorläufige gerichtliche Regelung über das Sorgerecht herbeizuführen. Solange ihm das Sorgerecht nicht zusteht, ist seine Bestimmung i.S.d. § 1612 Abs. 2 Satz 1 unwirksam.[38] § 1612 Abs. 2 Satz 3 ermächtigt auch denjenigen Elternteil, der das Kind entführt hat und es in seinem Hause verborgen hält, nicht zu einer wirksamen Unterhaltsbestimmung dahingehend, dass das Kind den Unterhalt in seinem Hause entgegen nehmen soll.[39]

II. Unterhaltsbestimmung gegenüber einem volljährigen Kind

Eltern sind nach § 1612 Abs. 2 berechtigt, auch **volljährigen Kindern** gegenüber die Art der   **23**
Gewährung des Unterhalts zu bestimmen, wenn und solange diese **nicht verheiratet** sind,[40] also auch gegenüber volljährigen Kindern mit eigenen Kindern. Das Bestimmungsrecht (auch) gegenüber volljährigen Kindern hat seine Grundlage darin, dass die enge verwandtschaftliche Beziehung und die Wahrung des Familienzusammenhalts eine Rücksichtnahme des trotz seiner Volljährigkeit noch unterhaltsbedürftigen, unverheirateten Kindes auf seine Eltern gebietet.[41] Allerdings sind bestimmte **Altersabstufungen** angezeigt.[42] Dementsprechend sind an die Abänderbarkeit der Unterhaltsbestimmung wegen des Rechts des Kindes auf Selbstbestimmung von Aufenthaltsort und Wohnsitz sowie freie Entfaltung der Persönlichkeit entsprechend seinem fortgeschrittenem Lebensalter geringere Anforderungen zu stellen.[43] Bei der gebotenen **Gesamtwürdigung** aller **Umstände** gewinnt die selbständige Entscheidung des volljährigen unverheirateten Kindes über

---

34 OLG Köln FamRZ 1998, 1194.
35 OLG Brandenburg FamRZ 2004, 900 = FuR 2004, 324.
36 OLG Brandenburg FamRZ 2004, 900 = FuR 2004, 324.
37 OLG Stuttgart FamRZ 1991, 595.
38 OLG Hamm FamRZ 1982, 837.
39 KG FamRZ 1985, 730.
40 BT-Drucks. 13/9596 S. 32; BGH FamRZ 1981, 250.
41 BayObLGZ 1977, 22; BayObLG FamRZ 2000, 976; KG FamRZ 2006, 60 = FuR 2006, 82.
42 Vgl. Buchholz FamRZ 1995, 705.
43 OLG Hamm NJW 1985, 1348; BayObLG FamRZ 1991, 597; KG FamRZ 2000, 979 betreffend ein 37-jähriges Kind.

die Art seiner Lebensführung nach seinem Willen mit dem Alter zunehmend an Bedeutung.[44] Auch der Gesichtspunkt der Einflussnahme auf das mit den Unterhaltsleistungen geförderte Berufs- und Ausbildungsziel kann innerhalb der Interessenabwägung bedeutsam sein. Allerdings kommt dem Willen des volljährigen Kindes über die Art seiner Lebensführung keinesfalls stärkere Bedeutung als dem Gebot der Rücksichtnahme gegenüber den wirtschaftlichen Interessen des unterhaltspflichtigen Elternteils.[45]

1. Normzweck des § 1612 Abs. 2

24   Die Möglichkeit der **Bestimmung** insb. von **Naturalunterhalt** im Haushalt der Eltern soll diese bei voller Sicherung des Unterhaltsbedarfs des Kindes **wirtschaftlich entlasten**.[46] Gleichzeitig soll sie den Eltern eine gewisse **Überwachung** der **Lebensführung** des **Kindes** und eine **steuernde Einflussnahme** auch auf das volljährige Kind ermöglichen.[47] Der Gesetzgeber hatte bei der Schaffung des Bestimmungsrechts gem. § 1612 Abs. 2 eine intakte Familie mit ihren wechselseitigen – erhaltenswerten – Bindungen im Auge.[48] Diesem Gesichtspunkt kommt indes keine maßgebliche Bedeutung zu, wenn es nicht darum geht, eine noch bestehende Gemeinschaft zwischen Eltern und Kind aufrechtzuerhalten oder wieder herzustellen, sondern die Lebenssituation des unterhaltsberechtigten Kindes einschneidend zu verändern.[49]

2. Ausübung des Unterhaltsbestimmungsrechts durch getrennt lebende/geschiedene Eltern

25   Leben die Eltern getrennt oder sind sie geschieden, dann kann jeder Elternteil, wenn er von einem volljährigen Kind in Anspruch genommen wird, unabhängig von dem anderen sein Bestimmungsrecht gem. § 1612 Abs. 2 Satz 1 hinsichtlich der Art der Unterhaltsgewährung ausüben, also **einseitig** und ohne dass der andere Elternteil mitwirken müsste. Der andere Elternteil muss diese (einseitige) Bestimmung hinnehmen, wenn entweder seine Interessen überhaupt nicht berührt sind[50] (etwa weil er mangels Leistungsfähigkeit nicht unterhaltspflichtig ist), oder wenn ihm diese Bestimmung im Rahmen der sonst erforderlichen Interessenabwägung zuzumuten ist, oder wenn die ganze Familie noch bis vor kurzem in einem Haushalt zusammengelebt hat.[51] In einem solchen Fall kann das Recht des Elternteils auf Fortführung der gefestigten Lebensverhältnisse ein schützenswerter Belang sein. Auch haben wirtschaftliche Gründe, wie insb. die mit der Gewährung von Naturalunterhalt verbundene finanzielle Entlastung, besonderes Gewicht.

26   Der bestimmende Elternteil muss im Rahmen der **einseitigen Unterhaltsbestimmung** stets den **gesamten Unterhalt anbieten**.[52] Er muss ferner zur Leistung des angebotenen Unterhalts auch in der Lage sein,[53] und die getroffene Bestimmung darf schutzwürdige berechtigte Belange des anderen Elternteils nicht beeinträchtigen.[54] Bei einer widerstreitenden, im Übrigen aber gleichgewichtigen Bestimmung der Eltern entscheidet das Kind.[55] Die einseitige Bestimmung durch einen Elternteil lässt etwaige Ansprüche gegen den anderen unberührt.[56] Auch die Absicht, gegen den

---

44   OLG Frankfurt FamRZ 2000, 1424.
45   OLG Brandenburg FamRZ 2009, 236.
46   BGHZ 104, 224 = BGH FamRZ 1988, 831 (Nr. 423).
47   BGH FamRZ 1981, 250; krit. Schroers Rpfleger 1996, 271; s. auch BayObLG FamRZ 2000, 976.
48   BayObLG FamRZ 2000, 976.
49   BayObLG FamRZ 2000, 976; KG FamRZ 2006, 60; OLG Celle FamRZ 2007, 762.
50   OLG Hamburg FamRZ 1982, 628; OLG Frankfurt NJW 1987, 2381; OLG Hamm FamRZ 1990, 1028.
51   OLG Hamm FamRZ 1990, 1028; OLG Brandenburg FamRZ 2008, 1558.
52   OLG Karlsruhe OLG 2006, 894.
53   BGHZ 104, 224 = BGH FamRZ 1988, 831 (Nr. 423); 1993, 417; 1994, 696.
54   BGHZ 104, 224 = BGH FamRZ 1988, 831 (Nr. 423); OLG Celle FamRZ 1997, 966.
55   LG Berlin FamRZ 1988, 977.
56   OLG Stuttgart FamRZ 1984, 308.

anderen Elternteil im Wege des familienrechtlichen (Lasten-) Ausgleichsanspruchs Rückgriff zu nehmen, steht der Wirksamkeit der Bestimmung nicht ohne weiteres entgegen.[57]

Haben die Eltern jedoch – auch konkludent – (etwa im Rahmen der Trennung/Scheidung) eine **Vereinbarung** über den Unterhalt des Kindes geschlossen, und hat sich hierbei ein Elternteil zum Barunterhalt gegenüber dem Kind verpflichtet, so kann sich ein Elternteil davon nicht ohne das Vorliegen besonderer Gründe durch eine andere Art der Unterhaltsgewährung lösen.[58] Eine solche Vereinbarung kann **nicht einseitig** in Naturalunterhalt **abgeändert** werden, weil sich kein Vertragspartner von einem Vertrag einfach durch einseitige Erklärung (»Bestimmung«) lösen kann, auch wenn sich die Vertragsgrundlage möglicherweise verändert hat, weil das Kind bei Abschluss noch minderjährig war und erst jetzt volljährig geworden ist.[59] **27**

D. Unwirksamkeit der Unterhaltsbestimmung

Die elterliche **Unterhaltsbestimmung** ist nach der Neufassung von § 1612 Abs. 2 Satz 1 nur **wirksam**, sofern die Eltern auf die Belange des Kindes die **gebotene Rücksicht** genommen haben. Kommt das Gericht zu dem Ergebnis, dass die Bestimmung nicht wirksam ist, verbleibt es bei dem Grundsatz der Barunterhaltspflicht gem. § 1612 Abs. 1 Satz 1. Damit stellt die Überprüfung einer dem Barunterhaltsanspruch ggf. entgegenstehenden Unterhaltsbestimmung lediglich eine »Vorfrage« dar, über die das Familiengericht im Rahmen des Unterhaltsverfahrens abschließend zu entscheiden hat. **28**

Eine **wirksame Unterhaltsbestimmung** setzt zunächst voraus, dass der Unterhaltsschuldner die eigene **Unterhaltspflicht** als **zutreffend anerkannt** hat.[60] Im Übrigen ist sie nur dann **wirksam getroffen** (mit der Folge, dass der **Anspruch** des Kindes auf Barunterhalt entfällt), wenn sie **29**

- nicht rechtsmissbräuchlich ist[61]
- den **gesamten Lebensbedarf** des Kindes **umfasst**
- aus **tatsächlichen** oder **rechtlichen Gründen** auch **erreichbar** bzw. **durchführbar** ist[62]

und

- für den anderen Elternteil und/oder das Kind **zumutbar** ist.

I. Rechtsmissbräuchliche Unterhaltsbestimmung

Die **Unterhaltsbestimmung** ist bereits per se unwirksam, wenn sie **rechtsmissbräuchlich** erfolgt. Dies kann etwa dann der Fall sein, wenn die Eltern zwei Jahre lang den Auszug des Kindes hingenommen und keine Gründe dafür dargelegt haben, warum sie nunmehr die Rückkehr des Kindes nach Hause verlangen.[63] **30**

II. Umfang des Angebots zur Leistung von Unterhalt

Eine wirksame Unterhaltsbestimmung muss **inhaltlich hinreichend bestimmt** sein, also im Rahmen eines »Gesamtkonzepts« alle notwendigen einzelnen unterschiedlichen Leistungen anbieten.[64] Sie muss daher grundsätzlich den **gesamten Lebensbedarf** des Kindes umfassen, insb. **31**

57 Zur Wirksamkeit einer Unterhaltsbestimmung s. etwa OLG Schleswig OLGR 2008, 196.
58 OLG Brandenburg FamRZ 2008, 1558.
59 BGH FamRZ 1983, 892.
60 OLG Hamm FamRZ 1984, 503; a.A. Berkenbroch FamRZ 1986, 1055.
61 OLG Frankfurt FamRZ 2001, 116.
62 BGH FamRZ 1985, 584; BayObLGZ 1958, 13; OLG Hamburg FamRZ 1987, 1183.
63 OLG Frankfurt FamRZ 2001, 116 – Auszug des Kindes zu seiner Großmutter.
64 OLG Frankfurt FamRZ 2001, 116.

Unterkunft, Verpflegung, Taschengeld und Geldleistungen für zweckgebundene Ausgaben.[65] Ein allgemeines Angebot von Kost und Logis genügt nicht.[66] Erbringt der Unterhaltsschuldner **teilweise Naturalunterhalt**, lässt er aber die Art der Erfüllung der Unterhaltspflicht im Übrigen offen, dann liegt darin keine wirksame Unterhaltsbestimmung.[67] Hat der unterhaltspflichtige Vater erklärt, das volljährige Kind könne bei ihm wohnen, liegt darin eine (nur) unvollständige Unterhaltsbestimmung (die ihn grundsätzlich auch nicht von seiner Auskunftspflicht befreit).[68]

32 **Ausnahmsweise** kann bestimmt werden, dass der Unterhalt zu einem **abgrenzbaren Teil** in **Natur** (z.B. durch Wohnungsgewährung, Verpflegung und/oder beitragsfreie Mitversicherung)[69] und im Übrigen durch die Überlassung von Geldbeträgen gewährt wird.[70] Bei der Prüfung, ob im Einzelfall eine den oben dargestellten Anforderungen gerecht werdende Bestimmung der Unterhaltsgewährung vorliegt, sind die allgemeinen Grundsätze zu berücksichtigen, die für die Ermittlung des Erklärungsinhalts empfangsbedürftiger Willenserklärungen gelten. Dabei sind nicht nur das wörtlich oder schriftlich Erklärte, sondern das Gesamtverhalten des Erklärenden und alle Begleitumstände zu berücksichtigen.[71]

III. Erreichbarkeit des Unterhalts

33 Eine Unterhaltsbestimmung der Eltern ist (auch) nur dann wirksam, wenn sie aus **tatsächlichen** und **rechtlichen Gründen erreichbar** und **durchführbar** ist. Dies ist etwa dann nicht der Fall, wenn Naturalunterhalt angeboten wird, obwohl sich der Ausbildungs- oder Studienplatz des Kindes in einer weit entfernten anderen Stadt befindet und tatsächlich täglich nur unzumutbar zu erreichen ist.[72]

34 Die Bestimmung ist (auch) dann nicht wirksam, wenn die Leistung des Unterhalts in der bestimmten Art unmöglich ist oder unmöglich geworden ist,[73] etwa wenn die von beiden Eltern vereinbarte Regelung durch einseitige Loslösung des mit dem Naturalunterhalt belasteten Elternteils praktisch nicht mehr verwirklicht werden kann.[74]

IV. Unzumutbarkeit der Unterhaltsbestimmung

35 Eine **einseitige Unterhaltsbestimmung** ist unter Zumutbarkeitsgesichtspunkten unwirksam, wenn sie **schutzwürdige Belange** des Kindes und/oder des anderen Elternteils berührt. Dies ist etwa dann der Fall, wenn das Kind schon während der Minderjährigkeit und auch nach Erreichen der Volljährigkeit beim andern Elternteil wohnte, und wenn die mit einem Wohnungswechsel des Kindes verbundene Bestimmung auch in die Lebensgestaltung des anderen Elternteils gravierend eingreifen würde,[75] oder wenn sie den wohlverstandenen Interessen des Kindes zuwiderläuft und

---

65 OLG Hamm FamRZ 1999, 404; OLG Karlsruhe OLG 2006, 894.
66 BGH FamRZ 1981, 250, 252; 1983, 369; OLG Hamm FamRZ 1989, 1331; OLG Brandenburg OLGR 2006, 533; OLG Celle FamRZ 2007, 762.
67 BGH FamRZ 1993, 417.
68 OLG Schleswig OLGR 2001, 373.
69 OLG Düsseldorf FamRZ 1994, 396 mit Anm. van Els FamRZ 1994, 926.
70 BGH FamRZ 1983, 369 m.w.N.; 1986, 151.
71 OLG Celle FamRZ 2007, 762 unter Hinweis auf BGH FamRZ 1983, 369.
72 BGH FamRZ 1996, 798 – Zuweisung eines entfernten Studienplatzes durch die Zentrale Vergabestelle von Studienplätzen; OLG Hamburg FamRZ 1987, 1183 – unzumutbarer Wechsel des Studienorts; BayObLG FamRZ 1989, 1222; OLG Celle FamRZ 2001, 116 – unzumutbare dreistündige Reisezeit zum Studienort.
73 BayObLG FamRZ 1990, 905.
74 BGH FamRZ 1985, 584.
75 BGHZ 104, 224 = BGH FamRZ 1988, 831 (Nr. 423).

die Menschenwürde oder das Recht des volljährigen Kindes auf freie Entfaltung seiner Persönlichkeit verletzt (etwa bei fehlender Akzeptanz des Freundes der erwachsenen Tochter).[76]

Insoweit ist eine **umfassende Abwägung aller Interessen** der Beteiligten im **Einzelfall** notwendig. **36** Bei dieser Gesamtwürdigung aller Umstände des Einzelfalles nimmt der Aspekt der selbständigen Entscheidung des Kindes über die Art seiner Lebensführung größeren Raum ein als das Gebot der Rücksichtnahme gegenüber dem unterhaltspflichtigen Elternteil. Für die Eltern sprechen im Rahmen der Gesamtabwägung aller Umstände des Einzelfalles allerdings Bemühungen um eine ordnungsgemäße Ausbildung des Kindes[77] oder um Drosselung dessen Alkoholkonsums.[78]

Ändern sich jedoch die **tatsächlichen Verhältnisse** dadurch, dass das unterhaltsberechtigte, nunmehr volljährige Kind in den Haushalt des anderen Elternteils wechselt, **endet** eine **frühere wirksame Unterhaltsbestimmung.** Will der bislang Naturalunterhalt gewährende Elternteil diese Art der Unterhaltsgewährung beibehalten, muss er nach der Übersiedlung des Kindes in den Haushalt des anderen Elternteils eine eindeutige Bestimmung dahin treffen, dass unterhaltsrechtlich alles beim alten bleiben soll, das Kind also seinen Unterhalt weiterhin im Hause des bislang Naturalunterhalt gewährenden Elternteils erhalten soll.[79] Da ein solcher Wechsel des Haushalts gegenüber der Begründung eines eigenen selbständigen Hausstands des Kindes zu einer gewissen Entlastung der Eltern in der Barunterhaltspflicht führt, nimmt das Element der selbständigen Entscheidung des volljährigen Kindes über die Art seiner Lebensführung bei der gebotenen Interessenabwägung größeren Raum ein.[80] **37**

Eine **Unterhaltsbestimmung** ist unter Zumutbarkeitsgesichtspunkten auch dann **unwirksam,** **38** wenn zwischen den Eltern bzw. einem Elternteil und dem Kind eine **tief greifende persönliche Entfremdung** eingetreten ist, wobei es nicht darauf ankommt, wer diese Zerrüttung verursacht hat, sofern sie nicht allein auf einem rücksichtslosen und/oder provozierenden Verhalten des Kindes beruht.[81] Für eine solche Ausnahme reichen allerdings einmalige oder gelegentliche Erziehungsfehler nicht aus,[82] erst recht, wenn gravierende Umstände zu einer Zerstörung des Vertrauensverhältnisses zwischen Kind und unterhaltsverpflichtetem Elternteil geführt haben und die eigentliche Ursache der Zerrüttung in der Sphäre des Unterhaltsschuldners liegt, nicht aber, wenn die Trennung von der Familie von dem Kind allein verschuldet oder eigenmächtig herbeigeführt worden ist.[83] Haben weder die Eltern noch das Kind die Entfremdung zwischen ihnen verschuldet, liegen also schicksalsmäßige Ereignisse oder Entwicklungen vor, so ist eine Änderungsentscheidung nur gerechtfertigt, wenn dem Kind die Entgegennahme von Naturalunterhalt im Haushalt der Eltern nicht mehr zugemutet werden kann.

Unzumutbar ist eine Unterhaltsbestimmung insb. dann, wenn die Eltern versuchen, dem in ihrem **39** Haushalt lebenden volljährigen Kind ihren Willen aufzuzwingen, und wenn sie insb. in mehr als nur einem einmaligen Ausnahmefall versuchen, Generationskonflikte mittels Gewalt zu lösen und dadurch zeigen, dass sie das Selbstbestimmungsrecht ihres erwachsenen Kindes nicht zu achten

---

76 OLG Hamburg FamRZ 1989, 309 – Hausverbot; OLG Brandenburg OLGR 2006, 533 – nicht nachvollziehbare Ablehnungshaltung der Eltern gegenüber dem Lebensgefährten des Kindes.
77 AG Schwetzingen Rpfleger 1982, 224.
78 OLG Hamm FamRZ 1986, 386.
79 OLG Schleswig FamRZ 1998, 1195.
80 OLG Köln FuR 2001, 415.
81 KG FamRZ 1990, 791; OLG Hamm FamRZ 2000, 978; OLG Dresden OLG NL 2003, 160; NJW-RR 2005, 735 – tief greifende Entfremdung zwischen Vater und volljährigem Gymnasiasten; vgl. auch OLG Celle FamRZ 1997, 966.
82 OLG Hamm FamRZ 1999, 404.
83 Zu allem OLG Celle FamRZ 1997, 966; OLG Hamm FamRZ 1999, 404; OLG Koblenz NJWE-FER 2000, 81 – Aufnahme der neuen Lebensgefährtin durch den Vater in seine Wohnung gegen den Willen des Kindes mit nachfolgender tief greifender Entfremdung zwischen dem volljährigen Kind und seinem Vater, die zum Kontaktabbruch und Umzug des Kindes in den Haushalt seiner Mutter geführt hat.

bereit sind,[84] wenn sie zu unangemessenen Überwachungsmaßnahmen greifen, und wenn dem Kind, das seit Jahren keinen engeren Kontakt mehr zu seinen Eltern hat, die Verlegung seines Wohnsitzes unter Aufgabe des Freundes- und Bekanntenkreises nicht zumutbar ist, weil es an Aids erkrankt ist. Gerade bei diesem Krankheitsbild kommt einer bewährten und beständigen, fachpflegerischen Betreuung und Versorgung und einem stimmigen sozialen Umfeld eine entscheidende stabilisierende Wirkung zu, so dass ein Verlust des gesamten sozialen Umfelds sich als eine ernsthafte gesundheitliche Bedrohung für das Kind darstellen kann.[85]

40   Die Bestimmung ist **nicht unzumutbar,** wenn sich das Kind allein auf die dominierende Art des Vaters,[86] auf persönliche Spannungen[87] und gelegentliche Wortentgleisungen der Eltern/eines Elternteils[88] beruft. Die Berufung auf den »Generationenkonflikt«[89] bzw. der Wille des Kindes, ohne eine Bevormundung durch die Eltern sein Leben frei und selbstbestimmend führen zu können,[90] genügt ebenso wenig wie der Wunsch des Kindes, nach Volljährigkeit einen eigenen Hausstand zu begründen, sofern nicht **tiefgreifende Zerwürfnisse** ein Zusammenleben mit den Eltern unerträglich machen.[91] Der **Anspruch** auf Barunterhalt **entfällt** daher, wenn das minderjährige Kind grundlos gegen den Willen der Eltern auszieht, oder wenn der volljährige Student, obwohl er einen Studienplatz am Ort hat, gegen den Willen der Eltern einen eigenen Hausstand gründet. Ernährungsfragen, Wohnverhältnisse und auch das Verhältnis des Kindes zu einem neuen Lebenspartner des Unterhaltsschuldners können bei der Interessenabwägung von Bedeutung sein.[92]

E.   Form, Zeitpunkt und Wirkung der Unterhaltsbestimmung

I.   Form der Unterhaltsbestimmung

41   Das Bestimmungsrecht des § 1612 Abs. 2 ist ein Gestaltungsrecht, welches durch einseitige empfangsbedürftige – somit rechtsgestaltende – **Willenserklärung** (§ 130) auszuüben ist. Die (Bestimmungs-) Erklärung ist nach § 133 so auszulegen, wie sie der Erklärungsempfänger bei unbefangener Würdigung nach Treu und Glauben unter Berücksichtigung der Verkehrssitte verstehen musste.[93] Da § 1612 Abs. 2 Satz 1 keine Form verlangt, kann die Bestimmung auch durch **schlüssiges Verhalten** erfolgen, soweit der Unterhaltsgläubiger damit die Art der Gewährung des Unterhalts bestimmen will.[94]

II.   Zeitpunkt der Unterhaltsbestimmung

42   Der Zeitpunkt der Bestimmung steht den Eltern frei. Sie kann auch noch im summarischen[95]

---

84 OLG Köln FamRZ 1996, 963; s. auch BayObLG NJW 1977, 680; KG NJW 1969, 2241.
85 KG FamRZ 2000, 979 – im Übrigen sei das Recht des 37-jährigen Kindes auf Selbstbestimmung von Aufenthaltsort und Wohnsitz und freie Entfaltung der Persönlichkeit weitaus höher zu gewichten als das eines minderjährigen oder gerade volljährig gewordenen Kindes.
86 BayObLG NJW-RR 1992, 1219.
87 OLG Karlsruhe NJW 1977, 681.
88 OLG Frankfurt FamRZ 1982, 1231.
89 BayObLG FamRZ 1985, 513.
90 OLG Brandenburg OLGR 2006, 533.
91 OLG Frankfurt FamRZ 1982, 1231; s. auch BSGE 93, 42 = EzFamR BGB § 1612 Nr. 14.
92 OLG Frankfurt FamRZ 2000, 1424; OLG Schleswig FamRZ 1998, 1195.
93 OLG Brandenburg FamRZ 2004, 900.
94 BGH FamRZ 1983, 369; OLG Köln FuR 2001, 415.
95 OLG Düsseldorf FamRZ 1981, 703 – im Rahmen eines Verfahrens wegen Erlass einer einstweiligen Verfügung.

bzw. im ordentlichen Verfahren bzw. im Rahmen der Zwangsvollstreckung, ja sogar noch in der Beschwerdeinstanz eines Abänderungsverfahrens[96] getroffen werden.

III. Wirkung der Unterhaltsbestimmung

Die Unterhaltsbestimmung wird dem volljährigen Kind gegenüber mit **Zugang** der **Erklärung**   43
wirksam (§ 130). Solange und soweit das Gericht die Bestimmung nicht abändert, besteht keine Verpflichtung, statt des bestimmten Naturalunterhalts Barunterhalt zu leisten.[97] Nimmt das Kind den Unterhalt in der in zulässiger Weise bestimmten Form nicht entgegen (z.B. weil es gegen den Willen des Bestimmenden bei diesem auszieht), wird der bestimmende Elternteil von seiner Unterhaltspflicht befreit.

F. Änderung der Unterhaltsbestimmung (§ 1612 Abs. 2)

Sowohl der Unterhaltsgläubiger als auch der Unterhaltsschuldner können – unter bestimmten   44
Voraussetzungen – die **Unterhaltsbestimmung verändern** bzw. **verändern lassen**. Streitigkeiten zwischen dem volljährigen Kind und seinen Eltern über die Abänderung einer nach § 1612 getroffenen Bestimmung der Unterhaltsgewährung betreffen (anders als bei minderjährigen Kindern) nicht zugleich das Sorgerecht und sind daher **reine Unterhaltsverfahren**, die am Ort des Wohnsitzes der Eltern auszutragen sind.[98]

I. Änderung durch den Unterhaltsschuldner

Der **Unterhaltsschuldner** kann die von ihm getroffene **Unterhaltsbestimmung** im Rahmen von   45
Treu und Glauben jederzeit **einseitig ändern**,[99] sofern er sich nicht selbst rechtswirksam gebunden hat (etwa im Rahmen einer zwischen den Eltern getroffenen, auf Geldzahlung gerichteten Vereinbarung).[100]

II. Änderung auf Antrag des Unterhaltsgläubigers (§ 1612 Abs. 2 Satz 2)

Der **Unterhaltsgläubiger** kann eine rechtswirksame Unterhaltsbestimmung **nicht einseitig** verän-   45a
dern.[101] Will das Kind die Unterhaltsbestimmung, die zumeist in dem elterlichen Angebot auf Leistung von Naturalunterhalt besteht, nicht hinnehmen, dann muss es den Bestimmenden vielmehr im Wege eines **Leistungsantrags auf Zahlung des begehrten Barunterhalts** in Anspruch nehmen. Dabei hat das Gericht vorab die Wirksamkeit und Angemessenheit der Unterhaltsbestimmung als Vorfrage zu klären.[102]

Dabei hat das Gericht gem. § 1612 Abs. 2 Satz 1 insb. zu prüfen, ob die Unterhaltsbestimmung in dem gebotenen Umfang die Belange des Kindes berücksichtigt. Dabei sind die Maßstäbe anzulegen, die nach der bisherigen Fassung des § 1612 als »besondere Gründe« für eine Änderung der Unterhaltsbestimmung beachtlich waren.

§ 1612 Abs. 2 ist nur für die Unterhaltsbestimmung gegenüber volljährigen Kindern von Bedeutung. **Änderungen** der **Unterhaltsbestimmung** gegenüber dem minderjährigen Kind richten sich nicht nach § 1612 Abs. 2, sondern nach §§ 1626 ff.

---

96 OLG Hamburg FamRZ 1982, 1112.
97 OLG Hamburg FamRZ 2000, 246.
98 OLG Hamm FamRZ 2005, 1259.
99 OLG Zweibrücken FamRZ 1988, 204.
100 BGH FamRZ 1983, 892; OLG Hamburg FamRZ 1984, 505.
101 KG FamRZ 1990, 791.
102 OLG Köln FamRZ 1985, 829 – Unwirksamkeit der Bestimmung wegen offenbarem Rechtsmissbrauch.

46 (zur Zeit nicht besetzt)

1. Wirksam getroffene Unterhaltsbestimmung

47 Das Familiengericht kann auf Antrag des Unterhaltsgläubiges (nur) eine vom Unterhaltsschuldner **wirksam** getroffeneUnterhaltsbestimmung ändern.[103] Das Gericht hat daher einen Antrag auf Änderung der Bestimmung über die Art der Unterhaltsgewährung wegen Unwirksamkeit der Unterhaltsbestimmung ohne Prüfung der besonderen Gründe für eine Änderung zurückzuweisen, wenn die Unterhaltsbestimmung offensichtlich unwirksam und die Unwirksamkeit ohne weitere Ermittlungen zweifelsfrei erkennbar ist.[104]

2. Abänderungsvoraussetzungen

48 Die Abänderung der Unterhaltsbestimmung erfordert eine **wertende Gesamtschau** aller **Umstände** des **jeweiligen Einzelfalles** im Rahmen des § 1618a, insb. Zumutbarkeitsgründe auf Seiten des Kindes und wirtschaftliche Interessen auf Seiten der Eltern.[105] Danach ist die Änderung der Unterhaltsbestimmung stets dann gerechtfertigt, wenn im Einzelfall die Interessen des Unterhaltsgläubigers als schwerer wiegend erscheinen als die Gründe, derentwegen das Gesetz den Eltern das Bestimmungsrecht über die Art der Unterhaltsgewährung eingeräumt hat.[106] Nicht nur das unterhaltsbedürftige Kind hat nach § 1618a auf die wirtschaftlichen Interessen der Eltern angemessene Rücksicht zu nehmen, indem es den leichter aufzubringenden Naturalunterhalt entgegennimmt. Auch die Eltern haben auf die Belange des Kindes die gebotene Rücksicht zu nehmen, was in § 1612 Abs. 2 Satz 1 ausdrücklich hervorgehoben wird. Die sich aus § 1618a ergebenden gegenseitigen Verpflichtungen sind daher nicht einheitlich zu bestimmen, sondern richten sich nach den jeweiligen konkreten Umständen. Insb. muss für die anzulegenden Maßstäbe zwischen minderjährigen und volljährigen Kindern unterschieden werden.[107] Das Kind trägt die Darlegungs- und Beweislast dafür, dass die die Abänderung rechtfertigenden Umstände vorliegen.

3. Rückwirkung des Abänderungsbegehrens

49 Hat das Gericht gem. § 1612 Abs. 2 Satz 2 die Art des zu gewährenden Unterhalts abgeändert, dann wirkt diese Bestimmung auf den Zeitpunkt der **Zustellung** der **Antragsschrift** zurück.[108]

G. Entsprechende Anwendung des § 1612 Abs. 2 im Sozialrecht

50 Wohnt ein Auszubildender nicht bei seinen Eltern, dann müssen die Arbeitsagenturen auch dann Berufsausbildungsbeihilfe zahlen, wenn »schwerwiegende soziale Gründe« dagegen sprechen, dass das Kind bei seinen Eltern lebt. Dabei kommt es nicht nur auf die Sicht des Kindes, sondern auch auf die der Eltern an. In teilweiser Anlehnung an die familienrechtliche Rechtsprechung zu § 1612 Abs. 2 ist eine Verweisung eines minderjährigen Kindes auf die Wohnung seiner Eltern oder eines Elternteils erst dann i.S.v. § 40 Abs. 1 Satz 3 AFG aus schwerwiegenden sozialen Gründen als unzumutbar einzustufen, wenn z.B. Anhaltspunkte für eine unangemessene körperliche Züchtigung oder familiäre Gewalt, fehlende Toleranz im Elternhaus oder unangemessene Überwa-

---

103 OLG Köln FamRZ 1985, 829 – Unwirksamkeit der Bestimmung wegen offenbarem Rechtsmissbrauch.
104 BayObLG FamRZ 1989, 1222.
105 BayObLG FamRZ 2000, 976.
106 KG FamRZ 2006, 60 = FuR 2006, 82.
107 KG FamRZ 2006, 60 = FuR 2006, 82 unter Hinweis auf BayObLG FamRZ 1987, 1298.
108 OLG Düsseldorf FamRZ 1994, 460; OLG Hamm OLGR 2000, 176 (Ls); BayObLG FamRZ 2000, 976; OLG Dresden FamRZ 2004, 209.

chungsmaßnahmen der Eltern festzustellen sind, nicht jedoch schon bei gelegentlichen Wortent-gleisungen, Entfremdung oder rücksichtslosem Verhalten eines Kindes.[109]

§ 1612a Mindestunterhalt minderjähriger Kinder

(1) [1]Ein minderjähriges Kind kann von einem Elternteil, mit dem es nicht in einem Haushalt lebt, den Unterhalt als Prozentsatz des jeweiligen Mindestunterhalts verlangen. [2]Der Mindest-unterhalt richtet sich nach dem doppelten Freibetrag für das sächliche Existenzminimum eines Kindes (Kinderfreibetrag) nach § 32 Abs. 6 Satz 1 des Einkommensteuergesetzes. [2]Er beträgt monatlich entsprechend dem Alter des Kindes

1. für die Zeit bis zur Vollendung des sechsten Lebensjahrs (erste Altersstufe) 87 Prozent,
2. für die Zeit vom siebten bis zur Vollendung des zwölften Lebensjahrs (zweite Altersstufe) 100 Prozent und
3. für die Zeit vom 13. Lebensjahr an (dritte Altersstufe) 117 Prozent

eines Zwölftels des doppelten Kinderfreibetrags.

(2) [1]Der Prozentsatz ist auf eine Dezimalstelle zu begrenzen; jede weitere sich ergebende Dezi-malstelle wird nicht berücksichtigt. [2]Der sich bei der Berechnung des Unterhalts ergebende Betrag ist auf volle Euro aufzurunden.

(3) Der Unterhalt einer höheren Altersstufe ist ab dem Beginn des Monats maßgebend, in dem das Kind das betreffende Lebensjahr vollendet.

A. Strukturen

Das **UÄndG 2007** hat § 1612a völlig neu gefasst und den Regelungsgehalt der Norm deutlich ver-einfacht: 1

– In § 1612a Abs. 1 und 2 wurde der veraltete Ausdruck »Vomhundertsatz« durch die moderne Formulierung »**Prozentsatz**« ersetzt.
– Es wurde wieder[1] ein Existenzminimum (»**Mindestunterhalt**«) für minderjährige Kinder, und zwar (nunmehr) als **Bezugsgröße** für den Unterhalt, definiert.

---

109 LSG Neubrandenburg, Urteil vom 28. Mai 2002 – L 2 AL 31/00 – n.v. (bestätigt durch BSGE 93, 42).
  1 S. die 1998 aufgehobene Norm des § 1610 Abs. 3.

- Die Bezugsgröße zur Bemessung des Unterhalts knüpft an den **steuerlichen Kinderfreibetrag** gemäß § 32 Abs. 6 Satz 1 EStG an, so dass mit dieser Bezugnahme auf den Kinderfreibetrag des § 32 EStG die Regelbetrag-Verordnung entbehrlich wurde und daher zusammen mit der Ermächtigungsgrundlage und den weiteren Regelungen in § 1612a Abs. 3 Satz 1, Abs. 4 und 5 a.F. aufgehoben worden ist.
- Die bisherige Differenzierung in der Unterhaltshöhe zwischen Ost- und Westdeutschland wurde aufgegeben.

2 Das OLG Düsseldorf hat am 06.01.2010 die Neufassung der Düsseldorfer Tabelle (DT), gültig ab 01.01.2010, bekanntgegeben. Die DT, die der Bemessung des Kindesunterhalts als Orientierungshilfe dient, musste aufgrund des am 01.01.2010 in Kraft getretenen Wachstumsbeschleunigungsgesetzes[2], das Familien mit Kindern, Unternehmen und Erben entlasten soll, überarbeitet werden. Das Gesetz hatte einen deutlichen Anstieg des Freibetrags für das sächliche Existenzminimum nebst Betreuungs-, Erziehungs- und Ausbildungsbedarf eines Kindes auf 7.008,00 € zur Folge. Da der Mindestunterhalt minderjähriger Kinder, der den Beträgen der ersten Einkommensgruppe der DT entspricht, sich nach diesem Freibetrag richtet (§ 1612a), und die Unterhaltsbeträge für höhere Einkommensgruppen wiederum auf den Mindestunterhaltsbeträgen (100%) aufbauen, haben sich die Tabellenbeträge gegenüber 2009 deutlich erhöht. Der gesetzliche Mindestbedarf eines Kindes beträgt seither 317,00 € in der ersten, 364,00 € in der zweiten und 426,00 € in der dritten Altersgruppe. Die Einkommensgruppen wurden unverändert beibehalten, ebenso die Bemessung des Unterhalts ab 5.101,00 € nach den Umständen des Falles.

Die **deutliche Erhöhung** der **Tabellenbeträge** zum **01.01.2010** wird jedoch durch **zwei Veränderungen** relativiert:

1. Basis der DT ist seither eine bestehende Unterhaltspflicht gegenüber **zwei** (statt bisher drei) **Unterhaltsberechtigten.** Aufgrund dieser Umstufung ist nunmehr der Bedarf des Kindes ab Einkommensgruppe 2 der nächstniedrigeren Einkommensgruppe zu entnehmen.
2. Die höheren Bedarfssätze der ab 01.01.2010 geltenden DT werden aufgrund der ebenfalls mit dem Wachstumsbeschleunigungsgesetz beschlossenen **Kindergelderhöhung** leicht abgemildert, nachdem numehr auch das hälftige Kindergeld von dem tabellarischen Bedarf des Kindes abgezogen werden darf: Durch das Wachstumsbeschleunigungsgesetz wurde das Kindergeld ab 01.01.2010 für jedes zu berücksichtigende Kind um 20 € erhöht. Es beträgt seither für das erste und zweite Kind 184,00 €, für das dritte Kind 190,00 € und ab dem vierten Kind 215,00 €.

3 Zum 01.01.2011 und zum 01.01.2013 wurde die Düsseldorfer Tabelle sodann erneut geändert. Dies hatte allerdings keine Auswirkungen auf die Höhe der Tabellenbedarfs-, Kindergeldabzugs- und Unterhaltszahlbeträge, die mit der DT 2010 identisch sind. Die wesentlichen Änderungen bestanden dabei in einer **Erhöhung der Selbstbehaltsbeträge.**

So wurde der notwendige Eigenbedarf (Selbstbehalt) für Erwerbstätige, die gegenüber minderjährigen oder privilegiert volljährigen Kindern unterhaltspflichtig sind, von 900,00 € auf 1.000,00 € erhöht.

Die übrigen Selbstbehalte wurden maßgeblich unter Berücksichtigung der nicht so engen familiären Bindungen und wegen des geringeren Schutzbedürfnisses der unterhaltsberechtigten Erwachsenen erhöht. So wurde der notwendige Eigenbedarf (Selbstbehalt) für Erwerbstätige, die gegenüber nicht privilegierten volljährigen Kindern unterhaltspflichtig sind, von 1.100,00 € auf **1.200,00 €** angehoben. Der notwendige Eigenbedarf (Selbstbehalt) für Erwerbstätige, die gegen-

---

2 BGBl. I 2009, 3950; 8. Bericht über die Höhe des Existenzminimums, BT-Dr. 17/5550.

über dem (geschiedenen) Ehegatten oder einem Elternteil eines gemeinsamen nichtehelichen Kindes unterhaltspflichtig sind, wurde von 1.000,00 € auf **1.100,00 €** angehoben und der notwendige Eigenbedarf (Selbstbehalt) für Erwerbstätige, die gegenüber einem Elternteil unterhaltspflichtig sind, wurde von 1.400,00 € auf **1.600,00 €** angehoben.

Für nicht erwerbstätige Unterhaltsverpflichtete wurde der Selbstbehalt von 770,00 € auf 800,00 € angehoben.

Auch die Bedarfskontrollbeträge wurden auf 800,00 €/1.000,00 € für die Einkommensgruppe 1 und um jeweils 50,00 € auf 1.100,00 € bis 1.900,00 € für die Einkommensgruppen 2-10 erhöht. Der Bedarfskontrollbetrag gewährleistet eine ausgewogene Verteilung des Einkommens zwischen dem Unterhaltspflichtigen und den unterhaltsberechtigten Kindern, Ehegatten und Eltern, indem dem Unterhaltspflichtigen mit steigendem Einkommen auch selbst ein höherer Betrag verbleibt.

Als weitere Änderung wurde der angemessene **Gesamtunterhaltsbedarf eines Studierenden**, der nicht bei seinen Eltern wohnt, von 640,00 € auf **670,00 €** erhöht. Darin sind statt bislang 270,00 €, nunmehr 280,00 € für Unterkunft einschließlich umlagefähiger Nebenkosten und Heizung (Warmmiete) enthalten. Dieser Bedarfssatz kann auch für ein Kind mit eigenem Haushalt angesetzt werden. Durch die Erhöhung wurde der Unterhaltsbedarf an den zum 01.10.2010 erhöhten BAföG-Höchstsatz angepasst.

Für die Bemessung des Barunterhalts im Rahmen des **Deliktrechts** ist ebenfalls § 1612a Abs. 1 **4** heranzuziehen, wobei das Kindergeld bei der Bemessung der Geldrente nicht abzuziehen ist.[3]

B. Normzweck

Bis zum 30.06.1998 hatte das Gesetz den **Regelbedarf** minderjähriger Kinder in den §§ 1610 Abs. 3, **5** 1615f normiert. Diese beiden Vorschriften wurden durch das KindUG[4] zum 01.07.1998 aufgehoben. Von da an definierte das Gesetz weder den Begriff »**Regelbetrag**« näher, noch bestimmte es eine feste Bedarfsuntergrenze (»**Existenzminimum**«). Allerdings hat der Gesetzgeber mit Wirkung ab 01.07.1998 das **Dynamiksystem** für die Bemessung des Unterhalts (auch) für eheliche minderjährige Kinder geschaffen, um wenigstens in den meisten Fällen – insb. durch die Möglichkeit der dynamischen Titulierung (§ 1612a Abs. 1) – die Anpassung des Kindesunterhalts an veränderte Verhältnisse zu vereinfachen sowie Abänderungsverfahren weitgehend auszuschließen.[5]

Die Neufassung der Vorschrift durch das UÄndG 2007 hat nunmehr eine noch deutlich einfa- **6** chere Handhabung des Unterhalts eines minderjährigen Kindes erreicht: Dieses kann nunmehr gem. § 1612a **Abs. 1** von einem Elternteil, mit dem es nicht in einem Haushalt lebt, den Unterhalt als **Prozentsatz** des **Mindestunterhalts** anknüpfend an einen festen Mindestbetrag und gestaffelt entsprechend den bewährten **drei Altersstufen verlangen** (»**Mindestbetragssystem**« statt vormals »**Regelbetragssystem**« als »**Dynamiksystem**«). Das UÄndG 2007 lässt den **Grundsatz** unberührt, dass sich der Kindesunterhalt nach der individuellen Leistungsfähigkeit des Barunterhaltspflichtigen bemisst (§ 1603), schreibt nunmehr jedoch den unterhaltsrechtlichen Mindest-(Bar-) bedarf eines minderjährigen Kindes ausdrücklich fest. Unverändert wird daher unzureichende Leistungsfähigkeit des Unterhaltsschuldners bereits bei der Höhe des Unterhaltsanspruchs berücksichtigt. Denn über den Selbstbehalt (§ 1603) ist stets gewährleistet, dass dem Unterhaltsschuldner das eigene Existenzminimum verbleibt, so dass der Mindestunterhalt von vornherein unter dem Vorbehalt der Leistungsfähigkeit steht. Verfügen die Eltern des Kindes über ein höheres Einkommen, das nicht nur die Zahlung von Mindestunterhalt rechtfertigt (»von dem Lebensstandard der Eltern abgeleitete Lebensstellung des Kindes«), wird höherer Unterhalt als der Mindestunterhalt zuzumessen sein.

---

3 OLG München OLGR 2009, 354.
4 Vom 06.04.1998 – BGBl. I 666.
5 BT-Drucks. 13/7338 S. 26.

C. Unterhalt im Dynamiksystem (§ 1612a Abs. 1)

7 Nach § 1612 Abs. 1 Satz 1 kann ein **minderjähriges Kind** von demjenigen Elternteil, mit dem es **nicht** in einem **Haushalt** lebt, den **Unterhalt** als **Prozentsatz** des **Mindestunterhalts** verlangen. Der Mindestunterhalt richtet sich nach dem doppelten Freibetrag für das sächliche Existenzminimum eines Kindes (Kinderfreibetrag) nach § 32 Abs. 6 Satz 1 EStG und ist entsprechend dem Alter des Kindes in **drei Zeiträume (Altersstufen)** gestaffelt.

I. Mindestunterhalt (§ 1612a Abs. 1 Satz 2 und 3)

8 § 1612a Abs. 1 Satz 2 und 3 definieren nunmehr den **gesetzlichen Mindestunterhalt** als denjenigen Barunterhaltsbetrag, auf den das minderjährige Kind grundsätzlich Anspruch hat, und den der Unterhaltsschuldner grundsätzlich zu leisten verpflichtet ist (s. hierzu seine verschärfte Leistungspflicht, § 1603 Abs. 2 Satz 1). Die Definition des Mindestunterhalts beruht auf der Vermutung, dass das Kind zumindest in Höhe des Mindestunterhalts bedürftig und der barunterhaltspflichtige Elternteil in der Regel in der Lage ist, seinem nicht mit ihm in einem Haushalt lebenden Kind wenigstens diesen Mindestunterhalt zu zahlen. Dieser Mindestunterhalt soll auch den **Basiswert** der gebräuchlichen **Unterhaltstabellen** darstellen. Er umfasst grundsätzlich den **gesamten Lebensbedarf des Kindes** (ohne Vorsorge für Krankheit/Pflegebedürftigkeit). Hierzu gehören die folgenden Bedarfspositionen:

- Kosten der Unterkunft (Bruttokaltmiete oder vergleichbare Kosten bei Wohneigentum)
- Heizkosten
- Energiekosten (Haushalt)
- Kosten für Kleidung, Lebensmittel (Ernährung), Körperpflege, Bildung, Haushaltsgegenstände sowie sonstige persönliche Bedürfnisse in Höhe der jeweiligen sozialhilferechtlichen Regelsätze.

Kindergartenbeiträge bzw. vergleichbare Aufwendungen für die Betreuung eines Kindes in einer kindgerechten Einrichtung sind in den Unterhaltsbeträgen, die in den Unterhaltstabellen ausgewiesen sind, unabhängig von der sich im Einzelfall ergebenden Höhe des Unterhalts, nicht enthalten. Das gilt sowohl für die Zeit vor dem 31.12.2007 als auch für die Zeit nach dem Inkrafttreten des UÄndG 2007 am 01.01.2008. Die in einer Kindereinrichtung anfallenden **Verpflegungskosten** sind dagegen mit dem Tabellenunterhalt abgegolten.[6]

9 Bezugspunkt für die Definition des Mindestunterhalts ist der einkommensteuerrechtliche Kinderfreibetrag nach § 32 Abs. 6 Satz 1 EStG, der gewährleistet, dass derjenige Betrag, der zur Sicherung des existenznotwendigen Bedarfs eines minderjährigen Kindes aufzubringen ist, von der Besteuerung verschont wird. Der Kinderfreibetrag kommt steuerrechtlich jedem einzelnen einkommensteuerpflichtigen Elternteil zu. Deshalb hat der Steuergesetzgeber den Betrag, der im Existenzminimumbericht als sächliches Existenzminimum von Kindern ausgewiesen ist, halbiert. Erst die Summe der beiden Elternteilen gewährten Kinderfreibeträge stellt das volle sächliche Existenzminimum eines Kindes dar (§ 32 Abs. 6 Satz 2 EStG). § 1612a Abs. 1 Satz 2 definiert den Mindestunterhalt daher als den **doppelten Freibetrag**. Auf diese Weise wird der volle Betrag des sächlichen Existenzminimums nach dem Bericht der Bundesregierung über die Höhe des Existenzminimums von Erwachsenen und Kindern[7] erreicht. Da der Kinderfreibetrag im Einkommensteuerrecht als Jahresbetrag ausgewiesen ist, das Unterhaltsrecht aber auf den Monat als Bezugsgröße abstellt (§ 1612 Abs. 3 Satz 1), wird der Mindestunterhalt in § 1612a Abs. 1 Satz 3 als der zwölfte Teil des doppelten Kinderfreibetrages festgelegt.

10 Entscheidende Neuerung des **UÄndG 2007** zu § 1612a ist, dass die Bestimmung des Mindestunterhalts von der Anknüpfung an die Regelbetrag-Verordnung abgekoppelt ist. **Anknüpfungspunkt**

---

6 BGH FamRZ 2009, 962 = FuR 2009, 415 – Aufgabe von BGH FamRZ 2007, 882, und FamRZ 2008, 1152.
7 Für das Jahr 2012, s. BT-Drucks. 17/5550.

ist nunmehr das Steuerrecht und die dort enthaltene Bezugnahme auf den existenznotwendigen Bedarf von Kindern, der nach der Entscheidung des Bundesverfassungsgerichts vom 10.11.1998[8] von der Einkommensteuer verschont bleiben muss. Dieses Existenzminimum wird von der Bundesregierung alle zwei Jahre in einem Existenzminimumbericht auf der Grundlage der durchschnittlichen sozialhilferechtlichen Regelsätze der Bundesländer und statistischer Berechnungen der durchschnittlichen Aufwendungen für Wohn- und Heizkosten in den alten Bundesländern ermittelt[9] und bildet die Orientierungsgröße für die Höhe des einkommensteuerlichen sächlichen Existenzminimums. Auf dieser Grundlage gewährt das Steuerrecht in § 32 Abs. 6 Satz 1 EStG den steuerpflichtigen Eltern einen entsprechenden Kinderfreibetrag (derzeit je 2.184 €). Dieser Kinderfreibetrag stellt sicher, dass einkommensteuerpflichtigen Eltern der zur Sicherung des sächlichen Existenzminimums eines Kindes erforderliche Teil ihres Einkommens steuerfrei verbleibt. Mit der Bezugnahme auf den einkommensteuerlichen Kinderfreibetrag hat der Gesetzgeber zugleich der Entschließung des Deutschen Bundestages vom 06.07.2000[10] wie auch der Forderung des Bundesverfassungsgerichts[11] Rechnung getragen, das Unterhaltsrecht mit dem Steuerrecht und dem Sozialrecht besser abzustimmen.

Bei der Veranlagung zur Einkommensteuer steht dem Steuerpflichtigen seit dem Jahre 2010 nach § 32 Abs. 6 EStG für jedes zu berücksichtigende Kind pro Jahr ein Freibetrag von 2.184 € für das sächliche Existenzminimum des Kindes (**Kinderfreibetrag**) zu. Die Bundesregierung bezifferte das sächliche Existenzminimum für Kinder im Achten Existenzminimumbericht[12] auf 4.368 € pro Jahr. Daneben wird für jedes Kind pro Jahr ein Freibetrag von 2.640 € für den **Betreuungs-** und **Erziehungs-** oder **Ausbildungsbedarf** des Kindes bei der Berechnung des zu versteuernden Einkommens abgezogen.   11

Mit der Anknüpfung an den Kinderfreibetrag des EStG ist zugleich die Differenzierung bei der Höhe des Unterhalts danach, ob das unterhaltsbedürftige Kind in West- oder Ostdeutschland bzw. den östlichen Bezirken von Berlin lebt, entfallen.   12

(zur Zeit nicht besetzt)   13

Für das Unterhaltsrecht bietet die Bezugnahme auf das Steuerrecht erhebliche Vorteile, denn der steuerrechtliche Kinderfreibetrag basiert unmittelbar auf dem Existenzminimumbericht. Er gilt – anders als etwa die sozialhilferechtlichen Regelsätze – **bundeseinheitlich**, wird der Entwicklung der tatsächlichen Verhältnisse angepasst und nennt konkrete Zahlen, so dass die Berechnung für den Unterhaltsschuldner und den -gläubiger unmittelbar einsichtig und nachvollziehbar ist. Über eine Anpassung des steuerlichen Kinderfreibetrages wird es auch künftig zu Anpassungen des Mindestunterhalts an geänderte Lebenshaltungskosten kommen.   14

II. Alterssprünge (§ 1612a Abs. 1 Satz 3)

§ 1612a hat auch in der Fassung durch das UÄndG 2007 an dem bewähren dreistufigen »**Altersstufenmodell**« festgehalten (»**Alterssprung = 6/12/18**«). Unverändert enthält § 1612a Abs. 1 Satz 3 die drei Altersstufen, die auch allen Tabellen/Leitlinien zugrunde lagen und liegen. Der   15

---

8 BVerfGE 99, 216 ff.
9 Dem UÄndG 2007 lag der Fünfte Existenzminimumbericht der Bundesregierung (BT-Drucks. 15/2462) zugrunde.
10 BT-Drucks. 14/3781.
11 BVerfGE 108, 52.
12 BT-Drucks. 17/5550: Unterrichtung durch die Bundesregierung – Bericht über die Höhe des Existenzminimums von Erwachsenen und Kindern für das Jahr 2012 vom 30.05.2011; im Siebten Existenzminimumbericht (BT-Drucks. 16/111065) war für das Berichtsjahr 2010 und im Sechsten Existenzminimumbericht (BT-Drucks. 16/3265) war für das Berichtsjahr 2008 ein jährlicher Betrag in Höhe von 3.648 € als sächliches Existenzminimum für Kinder ausgewiesen.

Gesetzgeber hat – anders als im Steuerrecht, bei dem er nach der Rechtsprechung des BVerfG[13] berechtigt ist, die Höhe des Existenzminimums von Kindern für alle Altersstufen und im ganzen Bundesgebiet einheitlich festzulegen – eine solche Pauschalierung im stets einzelfallbezogenen Unterhaltsrecht als nicht sinnvoll erachtet. Es entspricht der **Lebenserfahrung**, dass ältere Kinder höhere Kosten verursachen als jüngere Kinder.

16 Bei der Höhe des prozentualen Ab- bzw. Aufschlags hat sich der Gesetzgeber an der prozentualen Aufspreizung der Unterhaltsbeträge in der früheren Regelbetrag-Verordnung orientiert. Erreicht ein Kind (an seinem 6. bzw. 12. Geburtstag die jeweils höhere Altersstufe, dann ist der angepasste Unterhalt zur Vermeidung sonst erforderlichen Berechnungsaufwands ab Beginn desjenigen Monats zu bezahlen, in dem das Kind die neue Altersstufe erreicht (§ 1612a Abs. 3). Vollendet ein Kind etwa am 17.07. eines bestimmten Jahres das 12. Lebensjahr (12. Geburtstag), dann erreicht es somit die 3. Altersstufe unterhaltsrechnerisch bereits am 01.07. des betreffenden Jahres.

III. Dynamiksystem

1. Keine Änderungen durch das UÄndG

17 Es ist auch nach der Neufassung des § 1612a durch das **UÄndG 2007** bei dem bewährten Dynamiksystem verblieben: Nach § 1612a Abs. 1 Satz 1 kann ein minderjähriges Kind von demjenigen Elternteil, mit dem es nicht in einem Haushalt lebt, den Unterhalt als **Prozentsatz** des nunmehr in Abs. 1 Satz 2 **gesetzlich definierten Mindestunterhalts** verlangen (»**Dynamiksystem**«),[14] und zwar gemäß Abs. 1 Satz 3 gestaffelt nach **drei Altersstufen**. § 1612a Abs. 1 Satz 1 erfüllt die gleiche Funktion wie schon bisher. Der Mindestunterhalt bleibt auch weiterhin Rechengröße, der die Dynamisierung des Individualunterhalts minderjähriger Kinder ermöglicht und Anknüpfungspunkt für die Statthaftigkeit des Vereinfachten Verfahrens zur Festsetzung des Unterhalts minderjähriger Kinder (§§ 249–260 FamFG) ist. An die Stelle des Regelbetrages (nach der Regelbetrag-Verordnung) ist als neue Bezugsgröße der **Mindestunterhalt** getreten.

18 Die Höhe des zu zahlenden Kindesunterhalts wird – wenn dies beantragt ist (s. § 1612a Abs. 1) – als Prozentsatz des Mindestunterhalts ausgedrückt, regelmäßig auf der Grundlage der Tabellen nach den individuell maßgeblichen Daten (Einkommensgruppe und persönliche Daten bezüglich sonstiger Unterhaltslasten auf Seiten des Unterhaltsschuldners sowie Altersstufe auf Seiten des Kindes) sofort in einem individuellen **Prozentsatz** des **Mindestunterhalts** bestimmt (und gegebenenfalls tituliert). Tenorierung eines Prozentsatzes ist nur hinsichtlich zukünftiger Unterhaltszahlungen zulässig.[15] Verfügt das Kind über einen sog. dynamisierten, zeitlich nicht begrenzten Unterhaltstitel (der Unterhaltsbedarf ist nicht in einer Währung, sondern in Prozentzahlen festgesetzt), dann passt sich der Unterhalt automatisch der Entwicklung der wirtschaftlichen Verhältnisse (Anpassung der Sätze des § 32 EStG) wie auch den jeweiligen altersbedingten Veränderungen (»**Alterssprung**«) an. Es wird in künftigen Tabellen nurmehr der dem persönliche Prozentsatz des Unterhaltstitels entsprechende Währungsbetrag abgelesen.

19 Auch im **Mangelfall** kann das minderjährige Kind verlangen, dass sein Unterhalt gem. § 1612a Abs. 1 auf einen **Prozentsatz** des **Mindestunterhalts** der **jeweiligen Altersstufe** festgesetzt wird. Ein nicht in den Unterhaltstabellen vorgesehener persönlicher Prozentsatz ist zu berechnen, indem der Kindesunterhalt (insb., aber nicht nur im Mangelfall[16] oder bei gehobenen wirtschaftlichen Verhältnissen des Barunterhaltspflichtigen) konkret ermittelt und sodann in einen Prozentsatz

---

13 BVerfGE 91, 93, 111 f.
14 Auch zugunsten der Unterhaltsvorschusskasse kann der Unterhalt minderjähriger Kinder nach § 1612a Abs. 1 S. 2 und 3 in dynamischer Form tituliert werden – s. OLG Celle OLGR 2009, 470.
15 OLG Brandenburg NJW-RR 2005, 949 = FuR 2005, 455.
16 S. etwa OLG Karlsruhe OLGR 2004, 476; OLG Hamm FamRZ 2004, 1587 mit Hinweis auf die Korrekturklage nach § 654 ZPO.

umgerechnet wird: Der konkret errechnete Unterhaltsbedarf wird durch den für die Altersstufe des Kindes maßgeblichen Mindestunterhalt dividiert und sodann mit 100 zu multipliziert. Der Prozentsatz ist auf eine Dezimalstelle zu begrenzen (§ 1612a Abs. 2 Satz 1). Jede weitere Dezimalstelle wird – im Gegensatz zur Aufrundung nach § 1612 Abs. 2 Satz 2 – nicht berücksichtigt. Der sich bei der Berechnung des Unterhalts ergebende Betrag ist auf volle Euro aufzurunden (§ 1612a Abs. 2 Satz 2).

Bei einem Unterhaltstitel aus der Zeit vor dem 01.01.2008 ist der Prozentsatz des Regelbetrags nach der Regelbetrag-VO in den Prozentsatz des Mindestunterhalts nach § 1612a umzurechnen.[17] Die Umrechnung (bereits) dynamisierter Titel über den Kindesunterhalt zum 01.01.2008 nach § 36 Nr. 3 Satz 4a EGZPO in einen Prozentsatz des Mindestunterhalts nach § 1612a BGB hat für jedes Kind gesondert zu erfolgen. Sie ergibt bezogen auf den 01.01.2008 nur einen einheitlichen Prozentsatz, der sodann auch Anwendung findet, wenn das Kind in eine höhere Altersstufe wechselt.[18] **19a**

2. Statischer oder dynamisierter Unterhalt

Nachdem das KindUG[19] mit Wirkung zum 01.07.1998 die unterschiedliche Rechtslage für eheliche und nichteheliche Kinder (nunmehr auch) im Unterhaltsrecht weitgehend[20] beseitigt hat, können sowohl eheliche als auch nichteheliche Kinder nunmehr nach den gleichen Vorschriften den Individualunterhalt geltend machen, und zwar wahlweise[21] entweder in Form eines **festen Betrages** oder eines **Prozentsatzes** des **Mindestunterhalts** (»Dynamikunterhalt«): **20**

- **Unterhalt** als **Festbetrag** (»Statischer Festbetragstitel«): Alle Kinder, egal ob minderjährig oder (privilegiert) volljährig, können ihren angemessenen Unterhalt i.S.v. § 1610 – gestützt auf die einschlägigen Bedarfstabellen und Unterhaltsrichtlinien – als Festbetrag geltend machen, **21**
- **Unterhalt** als **Prozentsatz** des **Mindestunterhalts** (»Dynamisierter Unterhaltstitel für die jeweilige Altersstufe«, sog. **Dynamikunterhalt**): Alle **minderjährigen** Kinder können ihren Unterhalt (auch) als Prozentsatz des jeweiligen **Mindestunterhalts** geltend verlangen.

Es obliegt der Entscheidung des Unterhaltsberechtigten, ob der Unterhalt in statischer oder in dynamisierter Form tituliert werden soll. Daher ist ein Abänderungsantrag zulässig, wenn ein Unterhaltstitel unter Missachtung des vom Berechtigten ausgeübten Wahlrechts gem. § 1612a BGB entstanden ist, weil sonst das Wahlrecht des Berechtigten gegenstandslos würde.[22]

Besteht bereits ein Titel nach § 1612a und wendet sich der **Abänderungsantrag** hiergegen mit einem konkreten, auf Euro lautenden Herabsetzungsantrag, hat das FamG allerdings darauf hinzuweisen, dass dies unzulässig ist. Die Beschränkung auf eine bestimmte Altersgruppe ist – sofern es sich nicht um die 3. Altersgruppe handelt – unzulässig.[23]

Wird Unterhalt als Prozentsatz begehrt, und erkennt der Schuldner konkret den Betrag an, der sich aus der Umrechnung ergibt, liegt **kein Anerkenntnis** im Sinne des § 243 Satz 2 Nr. 4 FamFG, § 93 ZPO vor, denn statischer und dynamischer Unterhalt sind nicht identisch.[24]

---

17 Umrechnungsbeispiel, s. Düsseldorfer Tabelle 2011 (Anm. E).
18 BGH FamRZ 2012, 1048.
19 Gesetz zur Vereinheitlichung des Unterhaltsrechts minderjähriger Kinder (KindUG) vom 06.04.1998 (BGBl I 666); s. auch die Übersicht von Schumacher/Grün FamRZ 1998, 778.
20 S. etwa die verfassungswidrige Ungleichbehandlung der Möglichkeiten umfassender Kinderbetreuung in § 1570 für eheliche Kinder und in § 1615l für Kinder nicht miteinander verheirateter Eltern.
21 BT-Drucks. 13/9596 S. 32 f; Berechnungsbeispiele und Titulierungsvorschläge bei Weber NJW 1998, 1995.
22 OLG Dresden FamRZ 2011, 1407.
23 OLG Naumburg FamRZ 2006, 1403.
24 OLG Naumburg FamRZ 2007, 738.

22   Bei der dynamischen Titulierung kann der Unterhalt ebenso wie bei der Titulierung eines Festbe-trags sowohl für einen bestimmten (abgeschlossenen) Zeitraum (= sog. **geschlossene Titulierung**) als auch für einen nicht abgeschlossenen Zeitraum (= sog. **offene Titulierung**) verlangt werden. Wird offen tituliert, bleibt der Anspruch trotz eintretender Volljährigkeit des Kindes in der bishe-rigen Höhe tituliert (**Grundsatz** der **Identität** im Verwandtenunterhaltsrecht, s. § 244 FamFG). Ist eine Urkunde errichtet worden, und enthält sie die Klausel, dass sie nur bis zum Eintritt der Voll-jährigkeit gilt, kann eine Verlängerung der Geltung nicht durch Feststellungs-, sondern nur mit einem Leistungsantrag geltend gemacht werden.[25]

Auch wenn eine Dynamisierung des Unterhalts gem. § 1612a I nur bei einem minderjährigen Kind erfolgen kann, ist eine zeitliche Befristung bis zur Volljährigkeit des Kindes gesetzlich nicht vorgesehen. Hat der Unterhaltspflichtige ohne oder gegen den Willen des Unterhaltsberechtigten einen auf die Zeit der Minderjährigkeit befristeten Titel geschaffen, so hat der Minderjährige daher einen Anspruch auf die unbefristete Festsetzung des Unterhaltsanspruchs in Form eines dynamisierten Titels über einen bestimmten Prozentsatz des Mindestunterhalts.[26]

23   (zur Zeit nicht besetzt)

24   § 244 FamFG ist jedoch nur auf **dynamisierte Vollstreckungstitel** anwendbar, also solche Titel, die Unterhaltsansprüche i.S.v. § 1612a in der seit 01.07.1998 geltenden Fassung feststellen, oder die gemäß Art. 5 § 3 KindUG auf das seit 01.07.1998 geltende Recht umgestellt worden sind.[27] Der Unterhaltsschuldner kann sich zur Abwehr der Zwangsvollstreckung aus einem unbefristeten **statischen Unterhaltstitel** (bezifferte Beträge) auf die eingetretene Volljährigkeit des Unterhalts-gläubigers berufen. Eine analoge Anwendung der Vorschrift des § 244 FamFG, die nur für einen nach § 1612a auf die betragsunabhängige Leistung des Regelunterhalts gefassten Anspruch gilt, kommt nicht in Betracht. Das volljährig gewordene Kind muss sich für die Leistungen nach Ein-tritt der Volljährigkeit einen neuen Titel verschaffen.[28]

24a   Heiratet das Kind, dann erlischt sein Unterhaltsanspruch nicht, sondern der bisherige Unterhalts-schuldner tritt lediglich im Rang hinter den Ehegatten zurück (§ 1608). Die Tatsache, dass das Kind volljährig geworden ist und/oder geheiratet hat, kann daher nicht mit einem Vollstreckungs-gegenantrag geltend gemacht werden. Dem Unterhaltsschuldner bleibt es aber unbenommen, die durch die Volljährigkeit des Kindes eintretenden Änderungen der Verhältnisse im Wege eines Abänderungsantrages geltend zu machen. Im Hinblick auf die seit Volljährigkeit erhöhte Erwerbs-obliegenheit des Kindes und die seither bestehende Mithaftung des anderen Elternteils für den Barunterhalt ist das volljährig gewordene Kind in diesem Verfahren darlegungs- und beweispflich-tig sowohl dafür, dass der Unterhaltsanspruch fortbesteht, als auch für den Umfang der Mithaf-tung des anderen Elternteils. Gleiches gilt für die durch die Eheschließung des Kindes eintreten-den Änderungen.[29]

a) Statischer Festbetragstitel

25   Der dem Kind nach §§ 1601 ff., 1610 zustehende Barunterhalt kann individuell mit einem **Fest-betrag** (**statische Unterhaltsrente**, angelehnt etwa an die Richtsätze der DT) geltend gemacht werden. Diese Titel schließen automatische Anpassungen des auf einen festen Monatsbetrag lau-tenden Unterhaltstitels (etwa an Anpassungen der Unterhaltstabellen auf Grund Steigerung des

---

25   OLG Naumburg FamRZ 2007, 1474; vgl. auch BGHZ 1, 181, 183; 17, 252, 256.

26   OLG Hamm FamRZ 2011, 1407.

27   BGH FamRZ 2005, 2066; s. auch OLG Hamm FamRZ 2006, 48; a.A. noch OLG Koblenz FamRZ 2007, 653 = FuR 2007, 42; OLG Hamm FamRZ 2007, 654 = FuR 2007, 182; OLG Saarbrücken OLGR 2007, 619.

28   OLG Hamm FamRZ 2006, 48 mit Anm. Otten FamRZ 2006, 48 f., und Stollenwerk FamRZ 2006, 873 f.

29   OLG Koblenz FamRZ 2007, 653 = FuR 2007, 42.

Mindestunterhalts und/oder an höheren Bedarf bei Erreichen der nächsten Altersstufe) aus. Die Anpassung an veränderte Umstände kann jeweils (nur) mit einem **Abänderungsantrag** nach §§ 238, 239 FamFG[30] geltend gemacht werden. Die Errichtung statischer Unterhaltstitel ist daher nur dann sinnvoll, wenn im Rahmen einer Vereinbarung relativ großzügige und eventuell den Ehegatten (-unterhalt) mit einbeziehende Regelungen getroffen werden sollen, oder wenn ein **Mangelfall** vorliegt, und Aussicht besteht, die Leistungsfähigkeit des Unterhaltsschuldners werde sich in absehbarer Zeit verbessern, insb. wenn der Unterhalt für mehrere Kinder festgesetzt wird.[31] Ein Vergleich über die Zahlung von Unterhalt für minderjährige Kinder, in dem die Zahlung eines Pauschalbetrages festgelegt wurde, ist jedenfalls dann wegen Veränderung der wirtschaftlichen Verhältnisse des Unterhaltsschuldners abänderbar, wenn nicht nachgewiesen wird, dass der Unterhalt in der Weise festgeschrieben werden sollte, dass die Zahlung eines Festbetrages und zugleich die Unabänderlichkeit der Zahlungspflicht bis zur Selbstständigkeit der Kinder vereinbart werden sollte.[32]

b) Dynamisierter Unterhaltstitel

Im **Regelfall** ist der Unterhalt des Kindes als **Mindestbetrag** bzw. **Prozentsatz** des **Mindestbetrages** für **alle Altersstufen** bis zum 18. Lebensjahr zu titulieren (§ 1612a). Auf diesem Wege wird der Unterhalt dynamisiert **und** erhöht sich automatisch ab dem Ersten des Monats, in dem die nächste Altersstufe erreicht wird (§ 1612a Abs. 3 Satz 2). Ein derartiger Titel vermeidet eine Vielzahl sonst notwendiger Abänderungsverfahren, da die **Automatik** der **Dynamisierung** sowohl die maßgebenden Anpassungen an veränderte wirtschaftliche Verhältnisse (Veränderung der Sätze des § 32 EStG) als auch den Sprung in die nächste Altersgruppe (mit-) erfasst. In manchen Fällen wird ein nach dem »jeweiligen« Mindestbetrag festgesetzter Unterhalt während der gesamten Zeit der Minderjährigkeit des Kindes auch durch Umstände beeinflusst, die – wie etwa die Veränderung der Anzahl von Unterhaltsberechtigten – außerhalb der allgemeinen Einkommensentwicklung liegen. Derartigen veränderten Umständen außerhalb der allgemeinen Einkommensentwicklung ist dann im Wege eines Abänderungsantrages (§§ 238, 239 FamFG) Rechnung zu tragen. **26**

(zur Zeit nicht besetzt) **27**

Für einen Leistungsantrag, mit welchem ein volljähriges Kind Unterhalt verlangt, besteht kein Rechtsschutzbedürfnis, wenn ein zeitlich unbegrenzter dynamischer Titel auf **Unterhalt nach der RegelbetragVO** vorliegt.[33] **28**

Ein auf »**Regelunterhalt**« **nach altem Recht** (§§ 1615f, 1615g a.F.) lautender Titel konnte (nach Maßgabe des Art. 5 § 3 KindUG) (nur) bis zum 30.06.2003 in einen dynamischen Titel nach § 1612a umgewandelt werden. Wurde diese Frist versäumt, kann der Alttitel mit einem Abänderungsantrag an den nunmehr geltenden § 1612a angepasst werden.[34]

Ein dynamischer Titel kann im Wege eines Abänderungsantrages weder auf einen statischen Titel abgeändert, noch – mit Ausnahme der 3. Altersgruppe – auf eine bestimmte Altersgruppe beschränkt werden.[35]

---

30 Vgl. insoweit Gerhardt FuR 1998, 145 ff.
31 BT-Drucks. 13/7338 S. 57; Schumacher/Grün FamRZ 1998, 781.
32 OLG Koblenz FamRZ 2006, 1147.
33 OLG Brandenburg FamRZ 2009, 1692.
34 S. auch OLG Naumburg FamRZ 2005, 1756 zu §§ 1612a, 1612b a.F.
35 OLG Naumburg OLGR 2006, 580.

3. Voraussetzungen eines Anspruchs auf dynamisierten Unterhalt

29 Ein Kind kann (nur) unter folgenden Voraussetzungen verlangen, dass sein Unterhalt dynamisch festgesetzt (und **regelmäßig** tituliert) wird:

1. Das Kind muss (noch) minderjährig sein.
2. Das Kind darf mit dem barunterhaltspflichtigen Elternteil nicht in einem Haushalt leben.

a) Antrag des Kindes

30 Individueller Unterhalt in Form einer **dynamisierten Unterhaltsrente** kann nur dann festgesetzt werden, wenn das Kind einen entsprechenden **Antrag** (auf **Dynamisierung**) stellt. Ansonsten kann eine Anpassung der Unterhaltsrenten an die Entwicklung der wirtschaftlichen Verhältnisse nur noch über den zeitraubenden und kostspieligen Weg des – zudem auf wesentliche Änderungen beschränkten – Abänderungsantrages erreicht werden. Das Recht beider Parteien, bei einer späteren wesentlichen Änderung der Verhältnisse auf Grund der §§ 238, 239 FamFG eine Änderung des Unterhalts zu verlangen, bleibt allerdings auch bei einem dynamisierten Unterhaltstitel unberührt.

30a Der **Antrag auf dynamisierten Unterhalt** hat zu lauten:

> ▶ Der Antragsgegner wird verpflicht, mit Wirkung ab … an den am … geborenen Antragsteller (im Falle von Prozessstandschaft: »für den am … geborenen Antragsteller zu Händen seiner Mutter«) Kindesunterhalt in Höhe von … (Prozentsatz) des jeweiligen Mindestunterhalts der jeweiligen Altersstufe nach § 1612a Abs. 1 BGB abzüglich der nach §§ 1612b, 1612c anrechenbaren kindbezogenen Leistungen, derzeit also … (Zahlbetrag) zu bezahlen.

b) Keine Gleichstellung eines minderjährigen mit einem privilegierten volljährigen Kind

31 Nach dem Wortlaut des Gesetzes kann nur ein minderjähriges Kind Dynamisierung seines Unterhalts wählen. Dies hat zur Folge, dass sich ein dynamischer Titel mit dem Erreichen der Volljährigkeit des Kindes **nicht automatisch** auf die 4. Altersstufe der DT umstellt.[36] Der Titel wird zwar nicht unwirksam (§ 244 FamFG), muss aber in der Regel im Wege des Abänderungsverfahrens gemäß §§ 238, 239 FamFG an die neue Situation nach Volljährigkeit, insbesondere unter Berücksichtigung der anteiligen Haftung der Eltern für den Barunterhalt, angepasst werden. Bis dahin gewährt der aus der Zeit der Minderjährigkeit stammende Titel dem (privilegiert) volljährigen Kind nur einen Anspruch nach der 3. Altersstufe der DT, weil § 1612a Abs. 1 S. 3 nur die Altersstufen kennt.[37]

c) Keine Zugehörigkeit zum Haushalt des barunterhaltspflichtigen Elternteils

32 Das Kind kann den Unterhalt als Prozentsatz des Mindestbetrages nur dann verlangen, wenn es mit dem auf Unterhalt in Anspruch genommenen Elternteil nicht in einem Haushalt lebt. Wo es tatsächlich lebt (ob etwa beim betreuenden Elternteil, bei seinen Großeltern oder in einem Internat), ist ebenso bedeutungslos wie der Umstand, dass es sich im Rahmen des Umgangsrechts (womöglich sogar für längere Zeit) bei dem barunterhaltspflichtigen Elternteil aufhält.

4. Bestimmtheit eines Unterhaltstitels

33 Ein Unterhaltstitel, der die Leistungspflicht auf Zahlung des Unterhalts nicht (mehr) numerisch beschreibt, sondern in einem individuellen Prozentsatz bezogen auf den Mindestunterhalt einer bestimmten Altersgruppe (§ 1612a), ist **hinreichend bestimmt**.

---

36 OLG Karlsruhe FamRZ 2011, 1303.
37 Klinkhammer FamRZ 2008, 193.

5. Darlegungs- und Beweislast

Der Mindestunterhalt, der nun in gleicher Höhe in ganz Deutschland gilt, kann verlangt werden, **33a** ohne dass zum Einkommen des Schuldners etwas vorgetragen oder bewiesen werden muss.[38] Mindestunterhalt bedeutet gleichwohl nicht, dass stets jedenfalls dieser Betrag gezahlt werden müsste. Es bleibt vielmehr dabei, dass sich die Unterhaltshöhe gemäß § 1603 nach der Leistungsfähigkeit des Schuldners richtet. Führt zu geringes Einkommen des Schuldners zu einer Reduzierung unter den Mindestunterhalt, dann ist es Sache des Unterhaltsschuldners, seine schlechten wirtschaftlichen Verhältnisse einzuwenden und zu beweisen. Wird Unterhalt oberhalb des Mindestunterhalts gefordert, muss der Unterhaltsgläubiger die Voraussetzungen darlegen und gegebenenfalls auch beweisen.

Im Abänderungsverfahren muss der volljährig gewordene Unterhaltsberechtigte darlegen und **33b** beweisen, dass der Unterhaltsanspruch fortbesteht. Hierzu gehört auch der schlüssige Vortrag, welcher Haftungsanteil auf den (antragstellenden) Elternteil entfällt, der die Abänderung des aus der Minderjährigkeit stammenden Unterhaltstitels verlangt.[39]

6. Verfahrenswert

Für die Bemessung des Verfahrenswerts sind beim dynamisierten Kindesunterhalt die gesetzlich **34** nach § 1612b in Anrechnung zu bringenden Kindergeldbeträge von den Tabellenbeträgen abzuziehen. Der **Verfahrenswert** richtet sich also nach den sog. **Zahlbeträgen**.[40]

Ist ein Unterhaltsschuldner zur Zahlung eines bestimmten Prozentsatzes des Mindestunterhalts verpflichtet, und beantragt er mit seinem **Abänderungsantrag**, mit Wirkung ab dem laufenden Monat den Unterhaltstitel auf den Mindestbetrag der jeweiligen Altersstufe herabzusetzen, ist der Verfahrenswert nach der Differenz der sich jeweils nach Abzug des anzurechnenden Kindergeldes ergebenden **Zahlbeträge** zu bemessen.[41]

§ 1612b Deckung des Barbedarfs durch Kindergeld

(1) [1]Das auf das Kind entfallende Kindergeld ist zur Deckung seines Barbedarfs zu verwenden:
1. zur Hälfte, wenn ein Elternteil seine Unterhaltspflicht durch Betreuung des Kindes erfüllt (§ 1606 Abs. 3 Satz 2);
2. in allen anderen Fällen in voller Höhe.

[2]In diesem Umfang mindert es den Barbedarf des Kindes.

(2) Ist das Kindergeld wegen der Berücksichtigung eines nicht gemeinschaftlichen Kindes erhöht, ist es im Umfang der Erhöhung nicht bedarfsmindernd zu berücksichtigen.

---

38 Zur Darlegungs- und Beweislast des minderjährigen Kindes, das einen höheren Unterhalt als den Mindestunterhalt i.S.d. § 1612a Abs. 1 geltend macht s. OLG Koblenz FamRZ 2009, 1075.
39 OLG Bremen FamRZ 2012, 383.
40 OLG Köln FamRZ 2008, 1645.
41 OLG München FamRZ 2005, 1766 noch zu § 1612a a.F.; s. auch OLGR Naumburg 2006, 613 zur Abänderung eines Titels von § 2 auf § 1 RegelbetragVO: Differenz der unterschiedlichen Regelbeträge.

A. Strukturen

1 Der Gesetzgeber hat mit dem **UÄndG 2007**[1] die bislang geltende Vorschrift des § 1612b durch eine völlige Neukonzeption ersetzt und die Verrechnung des staatlichen Kindergeldes (als steuerliche Leistung) mit dem (bürgerlich-rechtlichen) Unterhaltsanspruch eines Kindes deutlich vereinfacht. Fortan wird das Kindergeld **mindernd** auf den **Unterhaltsbedarf** des **Kindes angerechnet**. Die Eltern haben das Kindergeld als **Einkommen des Kindes** zu verwenden und entsprechend bedarfsdeckend einzusetzen. Die neue Regelung greift damit nicht nur Gedanken aus der Rechtsprechung des BGH im Urteil vom 26.10.2005[2] auf, sondern knüpft auch an Grundprinzipien an, die für die frühere, vor der Neufassung von § 1612b im Jahre 1998 geltende Rechtsprechung kennzeichnend waren.[3] Zudem hat der Gesetzgeber der diesbezüglichen Kritik in der Literatur[4] Rechnung getragen.[5]

2 Das staatliche Kindergeld wird nunmehr ebenso wie seine um eine Ausbildungspauschale verminderte Ausbildungsvergütung in **voller Höhe bedarfsmindernd** auf den Unterhaltsanspruch des (privilegiert) **volljährigen** Kindes angerechnet, und zwar auch dann, wenn das Kind noch im Haushalt eines Elternteils lebt, der mangels Leistungsfähigkeit nicht unterhaltspflichtig ist.[6]

---

1 BGBl. I S. 3189.
2 FamRZ 2006, 99, 102 f.
3 Vgl. BGH FamRZ 1981, 347, 349; OLG Hamm FamRZ 1997, 960.
4 Vgl. Schürmann FamRZ 2005, 407, 410; Becker FamRZ 1999, 65, 66; Weychardt FamRZ 1999, 828 f; Duderstadt FamRZ 2003, 1058 ff.
5 Zur verfassungsrechtlich gebotenen steuerlichen Verschonung des Existenzminimums des Steuerpflichtigen und seiner unterhaltsberechtigten Familie s. BVerfGE 120, 125, 154 f. unter Hinweis auf BVerfG FamRZ 2009, 2065 = FuR 2010, 106.
6 BGHZ 164, 375 = BGH FamRZ 2006, 99 = FuR 2006, 76; so auch OLG Brandenburg FamRZ 2003, 553; OLG Braunschweig FamRZ 2000, 1246; OLG Celle (15. ZS) FamRZ 2004, 218; OLG Koblenz FamRZ 2004, 562; NJW-RR 2005, 586; OLG Naumburg FamRZ 2009, 1849; OLG Nürnberg (9. ZS) FamRZ 2009, 1423; OLG Stuttgart FamRZ 2004, 219; a.A. noch OLG Celle FamRZ 2001, 47; OLG Düsseldorf FamRZ 1997, 1106; OLG Nürnberg FamRZ 2000, 687.

Das BVerfG hat die Neufassung des § 1612b für verfassungskonform erklärt.[7] Insbesondere werde **2a** durch die Zuweisung des Kindergeldes zum Einkommen des Kindes und die damit verbundene Einbeziehung lediglich des Zahlbetrags des Kindesunterhalts bei der Ermittlung gemäß § 1609 Nr. 2 nachrangig geschuldeten Unterhalts nicht das aus Art. 3 Abs. 1 GG folgende, in § 1606 Abs. 3 S. 2 zum Ausdruck kommende Gebot der Gleichbehandlung von Bar- und Betreuungsunterhalt verletzt.

Beim **minderjährigen** Kind wird das staatliche Kindergeld wegen der anteiligen Unterhaltspflicht **3** beider Eltern (nur) hälftig berücksichtigt, also die Barunterhaltspflicht entlastend abgezogen. Daraus folgt zwingend, dass im Rahmen der Bedarfsermittlung beim Ehegattenunterhalt gemäß § 1578 Abs. 1 Satz 1 nach der seit 01.01.2008 geltenden Rechtslage auch ein vom Unterhaltsschuldner geschuldeter Minderjährigenunterhalt nicht mehr mit dem sog. Tabellenbetrag, sondern mit dem sich nach Abzug des (hälftigen) Kindergeldes gemäß § 1612b Abs. 1 ergebenden **Zahlbetrag** zu berücksichtigen ist.[8] Dies gilt auch bei der Beurteilung der Leistungsfähigkeit des Unterhaltsschuldners für den Ehegattenunterhalt. § 1612b Abs. 1 verstößt dabei nicht gegen Art. 3 Abs. 1 GG.[9] Im Rahmen sozialstaatlicher Leistungen darf das Kindergeld als Einkommen eines minderjährigen Kindes berücksichtigt werden, wenn der Kindergeldberechtigte selbst Mitglied der temporären Bedarfsgemeinschaft ist.[10] Besonderheiten gelten auch beim Einsatz des Kindergeldes im Rahmen der VKH.[11]

Durch das **Familienleistungsgesetz**[12] wurden § 6 Abs. 1 BKGG und § 66 Abs. 1 EStG dahin geän- **4** dert, dass das monatliche **Kindergeld** ab 01.01.2009 für das erste und zweite Kind jeweils 164 € (zuvor 154 €), für dritte Kinder 170 € (zuvor 154 €) und für das vierte und jedes weitere Kind jeweils 195 € (zuvor 179 €) beträgt. Der **Kinderfreibetrag** stieg um 216 € auf 3.864 €. Zusammen mit dem Betreuungs- und Erziehungsfreibetrag galten sodann Freiträge für jedes Kind von insgesamt 6.024 € (zuvor 5.808 €).

Mit dem noch im Dezember 2009 verkündeten **Wachstumsbeschleunigungsgesetz**[13] wurde das **5** **Kindergeld** ab dem **01.01.2010** für das erste und zweite Kind auf 184 €, für das dritte Kind auf 190 € und ab dem vierten Kind auf 215 € erhöht. Der Freibetrag für das sächliche Existenzminimum nach § 32 Abs. 6 Satz 1 EStG wurde auf 4.368,00 € angehoben. Beide Änderungen haben zum 01.01.2010 zu einer erheblichen Änderung der DT, deren Sätze in der untersten Einkommensstufe nach § 1612a auf dem sächlichen Existenzminimum aufbauen, geführt. Der volle Freibetrag für das sächliche Existenzminimum und den Betreuungs-, Erziehungs- und Ausbildungsbedarf von Kindern wurde ab 2010 von 6.024 € auf 7.008 € angehoben.

B. Staatliches Kindergeld als Steuervergütung (§§ 31, 62 ff. EStG)

Das **Sozialstaatsprinzip** des Art. 20 GG in seiner Ausgestaltung durch die Rechtsprechung des **6** Bundesverfassungsgerichts verlangt **wirtschaftliche Vergünstigungen** für Eltern, die **Kinder erzie-**

---

7 BVerfG FamRZ 2011, 1490.
8 BGH FamRZ FamRZ 2008, 963; Urteil vom 14.04.2010 – XII ZR 89/08 – juris.
9 BGH FamRZ 2009, 1300 = FuR 2009, 567 = FuR 2009, 572.
10 BVerfG, Beschluss vom 11.03.2010 – 1 BvR 3163/09 – juris; BSG FamRZ 2009, 1997; LSG Nordrhein-Westfalen, Beschluss vom 23.03.2010 – L 19 B 327/09 – juris.
11 S. etwa OLG Nürnberg (9. ZS) FamRZ 2009, 1423.
12 BGBl I 2008, 2955.
13 BT-Drucks. 17/15.

hen, um ihnen die Unterhaltslasten zu erleichtern[14] (sog. **Familienleistungsausgleich**).[15] Der Gesetzgeber hat diesen **Familienleistungsausgleich** unter Aufgabe des früheren dualen Systems in **zwei Formen** verwirklicht: Vergünstigungen durch **Geldleistungen** (monatliche Leistung von Kindergeld), aber auch durch **steuerliche Erleichterungen** (etwa Freistellung eines Einkommens in Höhe des Existenzminimums des Kindes). Grundnorm für den näher in §§ 31, 62 ff.. EStG geregelten **Familienleistungsausgleich** ist § 31 EStG:[16] Sie sichert die steuerliche Freistellung eines Einkommensbetrages in Höhe des Existenzminimums eines Kindes einschließlich des Bedarfs für Betreuung und Erziehung oder Ausbildung durch die Freibeträge nach § 32 Abs. 6 EStG oder durch Kindergeld nach §§ 62 f. EStG.[17]

7   § 62 EStG[18] bestimmt den Kreis der **Kindergeldberechtigten**. Als Kinder im Sinne des Einkommensteuerrechts werden nach § 63 Abs. 1 i.V.m. §§ 62 Abs. 1, 32 Abs. 1 Nr. 1 und 2 EStG leibliche Kinder, Adoptivkinder, Pflegekinder und in den Haushalt des Berechtigten aufgenommene Stiefkinder und Enkel berücksichtigt. Das Kindergeld wird festgesetzt und ausgezahlt durch die Familienkassen (bei den Arbeitsämtern – § 70 EStG), an Angehörige des öffentlichen Dienstes durch den jeweiligen Dienstherrn (§ 72 EStG).[19] Werden Anträge auf Kindergeld abgelehnt, dürfen keine sog. **Nullfestsetzungen** mehr vorgenommen werden, sondern es sind seit 14.09.2001 Ablehnungsbescheide zu erlassen, denen keine Dauerwirkung zukommt.[20]

8   Leistet der das Kindergeld beziehende Unterhaltsschuldner keinen Unterhalt, liegt es im pflichtgemäßen Ermessen der Familienkasse, das Kindergeld an das Kind auszuzahlen (§ 74 EStG). Das Ermessen wird nicht dadurch eingeschränkt, dass der Unterhaltsschuldner anstelle des bürgerlich-rechtlich geschuldeten Barunterhalts Naturalleistungen anbietet.[21]

9   Das Kindergeld kann auch im Vereinfachten Verfahren verrechnet werden. Für die Anpassung ist es unerheblich, ob der ursprüngliche Anrechnungsbetrag in dem abzuändernden Titel richtig berechnet war, wenn die gesetzliche Grundlage für die Kindergeldanrechnung und die Höhe des Kindergeldes sich geändert haben.[22]

---

14   BVerfG NJW 1992, 3153 zum Existenzminimum des Steuerpflichtigen und seiner Familie; 1999, 561 zur partiellen Verfassungswidrigkeit des Kinderfreibetrages nach § 32 Abs. 6 EStG für den Veranlagungszeitraum 1987; 1999, 565 zur partiellen Verfassungswidrigkeit des Kinderfreibetrages nach § 54 Abs. 1 EStG für den Veranlagungszeitraum 1985; s. auch Schreiben des BMF vom 14.03.2000 – NJW 2000, 1926; zur Funktion des Kindergeldes s. auch Kaiser-Plessow FPR 2003, 39.

15   Vgl. BT-Drucks. 13/1558 S. 165; zu den neuesten Veränderungen zugunsten Alleinerziehender s. Heuermann NJW 2002, 1929 ff.

16   In der Neufassung des EStG vom 16.04.1997 – BGBl. I 821, geändert durch das Gesetz zur Familienförderung vom 22.12.1999 (BGBl I 2552), das zweite Gesetz zur Familienförderung vom 16.08.2001 (BGBl. I 2074) und das Gesetz zur Reform der gesetzlichen Rentenversicherung und zur Förderung eines kapitalgedeckten Altersvorsorgevermögens (Altersvermögensgesetz – AVmG) vom 26.06.2001 (BGBl. I 1310; s. auch Felix NJW 2001, 3073 ff.).

17   Zur Frage der Erhöhung des Kindergeldes und des Wegfalls des Kinderfreibetrages als Abänderungsgrund OLG Koblenz FuR 2002, 131; zum Kindergeld im Steuerrecht s. näher Tischler FPR 2002, 36 ff.; Bergkemper FPR 2003, 44; zur Frage des Bezugs der Steuerleistungen »Kindergeld« und »Kinderfreibetrag« während einer Au-pair-Tätigkeit s. App JAmt 2001, 218; allgemein zu den Änderungen im Steuerrecht des Jahres 2001 Stuhrmann NJW 2002, 638; zur Formulierung von Klageanträgen und Urteilstenorierung in Unterhaltsprozessen bei Kindergeldverrechnung s. Schael FPR 2002, 40.

18   IdF des Zweiten Gesetzes zur Familienförderung vom 16.08.2001 – BGBl. I 2074; s. auch Wohlgemuth FPR 2003, 60 – prozessuale und materiell-rechtliche Fragen im Zusammenhang mit dem Kindergeld.

19   Zum Kindergeldverfahren im öffentlichen Dienst ausführlich Novak FPR 2003, 72.

20   S. hierzu Schreiben des Bundesamtes für Finanzen vom 14.09.2001 – BStBl. I 2001, 615 (abgedruckt in FPR 2002, 81).

21   BFH/NV 2006, 1285 (das BverfG hat die Verfassungsbeschwerde nicht zur Entscheidung angenommen, s. Beschluss vom 04.07.2006 – 2 BvR 1265/06 – n.v.).

22   OLG Naumburg FamRZ 2006, 960 – noch zu § 1612b a.F.

I. Abschied vom dualen System

Während bis zum 31.12.1995 das **staatliche Kindergeld** (als Sozialleistung, §§ 1 ff. BKGG) und   10
der **Kinderfreibetrag** (als Steuervergünstigung, § 32 EStG) nebeneinander gewährt wurden (sog.
duales System), wurde das Kindergeldrecht mit der Neukonzeption des Familienleistungsausgleichs durch das Jahressteuergesetz 1996[23] mit Wirkung ab 01.01.1996 in das Steuerrecht überführt. Seitdem ist das Kindergeld keine Sozialleistung mehr, sondern eine Steuervergünstigung,
stellt aber bei einem mangels Einkommen überhaupt nicht Einkommensteuerpflichtigen eine
echte Sozialleistung in Form einer Steuervergünstigung dar (vgl. § 31 Satz 2 EStG).[24]

Die Eltern erhalten nunmehr in der Regel zwar weiter den **Kinderfreibetrag** (§ 32 EStG) und das   11
Kindergeld (§§ 62 ff. EStG). **Beide Steuervergünstigungen** stehen allerdings **alternativ** nebeneinander[25] und schließen sich im Ergebnis dadurch aus, dass das gewährte Kindergeld auf die Steuerbegünstigung angerechnet wird.[26]

Dem Steuerpflichtigen steht ein Kinderfreibetrag für ein bei dem anderen Elternteil **im Ausland
lebendes Kind** zu, wenn er zivilrechtlich nicht entlastet wird, weil die ausländische Rechtsordnung
keine Bestimmungen zur Anrechnung der mit dem Kindergeld vergleichbaren Leistung auf den
Unterhaltsbedarf kennt. Besteht die Ehe, der das Kind entstammt, nicht mehr, dann ist der Kinderfreibetrag nur in einfacher Höhe zu berücksichtigen.[27] Dem Kindergeldanspruch eines behinderten volljährigen Kindes steht ein von den Eltern überlassenes Vermögen nicht entgegen, da
§ 32 Abs. 4 Nr. 3 EStG abweichend von § 1602 Abs. 1 auszulegen ist. Der sozialrechtliche Grundsatz des Nachrangs der Sozialhilfe (§ 2 SGB XII) ist auf den Kindergeldanspruch nicht anwendbar.[28]

II. Regel: Ausgestaltung der Steuerleistung »Kindergeld« im X. Abschnitt des EStG

§§ 62 ff. (X. Abschnitt) EStG regeln die **Ausgestaltung** der **Steuerleistung »Kindergeld«**. Das   12
Gesetz geht zunächst von der grundlegenden Überlegung aus, dass eine Anrechnung kindbezogener Leistungen im Verhältnis der Eltern des Kindes von vornherein nur dann gerechtfertigt ist,
wenn beide Eltern grundsätzlich Anspruch auf eine solche Leistung haben. Vorrang hatte jedoch
dann der Gedanke der Verwaltungsvereinfachung: Auch bei Anspruchsberechtigung beider Eltern
wird das Kindergeld nur an einen Elternteil ausbezahlt (sog. »**Vorrangprinzip**«).

Da der andere Elternteil jedoch an der hälftigen Steuerleistung berechtigt ist, normiert § 1612b   13
nunmehr die Anrechnung des Kindergeldes auf den Unterhaltsbedarf des Kindes, und zwar auch
dann, wenn nicht Eltern (gemeinsam) kindergeldberechtigt sind, sondern nur ein Elternteil oder
gar Dritte (s. etwa § 64 Abs. 2 i.V.m. § 63 Abs. 1 EStG). § 1612c regelt sodann das Anrechnungsprinzip für andere, »regelmäßig wiederkehrende kindbezogene Leistungen, soweit sie den
Anspruch auf Kindergeld ausschließen« (etwa Kinderzuschläge aus der gesetzlichen Unfallversicherung oder Kinderzuschüsse aus der gesetzlichen Rentenversicherung, s. § 65 Abs. 1 EStG). Bei
§ 1612c handelt es sich um eine bloße Verweisungsnorm.

---

23 Vom 11.10.1995 – BGBl. I 1250; zur Gleichbehandlung unterschiedlicher Familienformen im Kinder-
    geldrecht s. BVerfGE 106, 166 = FamRZ 2003, 151 ff.
24 Zu allem näher Künkel FPR 1998, 167; Schumacher FamRZ 1998, 699; Weychardt FamRZ 1998, 828;
    Becker FamRZ 1999, 65; Benkelberg FuR 1999, 457; Scheiwe ZfJ 1999, 423.
25 Eingehend Wichmann FamRZ 1995, 124 ff; Scholz FamRZ 1996, 65 ff.
26 S. hierzu ausführlich unter Rn. 16.
27 FG München EFG 2003, 231 (Urteil BFH vom 25.03.2003).
28 FG Münster EFG 2002, 1396 (der BFH hat diese Entscheidung auf die Revision des Klägers aufgehoben
    und die Sache zur anderweitigen Verhandlung und Entscheidung zurückverwiesen, soweit die Klage abge-
    wiesen wurde – BFH/NV 2005, 1090).

III. Ausnahme: Vergünstigungen nach dem BKGG

14   Kindergeld nach den weiter geltenden – und großenteils mit §§ 62 ff. EStG übereinstimmenden – Vorschriften des BKGG[29] erhalten nur noch diejenigen Eltern, die in Deutschland nicht unbeschränkt steuerpflichtig sind, aber wegen ihrer Bindung an die innerstaatliche Rechtsordnung Kindergeld erhalten sollen (§ 1 BKGG, etwa Entwicklungshelfer während ihrer Tätigkeit im Ausland, Personen, die für sich selbst Kindergeld erhalten, und Ausländer).[30] Mit dieser Änderung folgte der Gesetzgeber der Auflage des BVerfG[31] zur steuerlichen Freistellung des Existenzminimums eines Kindes. Kindergeld i.S.d. § 33a Abs. 1 Satz 3 EStG umfasst auch nach ausländischem Recht gezahlte kindergeldähnliche Leistungen.[32]

IV. Ausgestaltung der Steuerleistung »Kinderfreibetrag« (§ 32 Abs. 6 EStG)

15   Der **Kinderfreibetrag** gemäß § 32 Abs. 6 EStG führt beim barunterhaltspflichtigen Elternteil nicht mehr – wie früher – zu einer Herabsetzung der Lohnsteuer. Erst bei der Veranlagung zur Einkommensteuer wird – unabhängig von den tatsächlich entstandenen Aufwendungen – für jedes zu berücksichtigende Kind des Steuerpflichtigen und einheitlich auch für Kinder über das 16. Lebensjahr hinaus ein Steuerfreibetrag für das sächliche Existenzminimum und ein weiterer Betrag für den Betreuungs- und Erziehungs- oder Ausbildungsbedarf des Kindes vom Einkommen abgezogen. Werden die Eltern zusammen veranlagt, dann verdoppeln sich die Beträge. Besteht **getrennte Veranlagung**, dann kann der Kinderfreibetrag für das sächliche Existenzminimum (stets zusammen mit dem Freibetrag für den Betreuungs-, Erziehungs- oder Ausbildungsbedarfs) auf Antrag auf den Elternteil **allein übertragen** werden, der der Unterhaltspflicht gegenüber dem Kind im Wesentlichen, also zu mindestens 75%, nachkommt (§ 32 Abs. 6 Satz 4 EStG).

V. Verrechnung des Kindergeldes mit der Einkommensteuer: Vergleichsberechnung

16   Im laufenden Kalenderjahr wird das Kindergeld als (monatliche) Steuervergütung gezahlt (§§ 31, 62 ff. EStG).[33] Der Kinderfreibetrag wird im Lohnsteuerabzugsverfahren nicht berücksichtigt (§ 38c EStG).[34] Die auf der Lohnsteuerkarte eingetragenen Zähler für Kinder[35] betreffen ausschließlich die Zuschlagsteuern (Kirchensteuer und Solidaritätszuschlag, § 51a Abs. 2 EStG). (Erst) bei der Veranlagung zur Einkommensteuer hat das Finanzamt von Amts wegen zu prüfen, ob auf Grund des Erfordernisses der verfassungsgemäßen Besteuerung der Kinderfreibetrag unter Anrechnung des gezahlten oder des im Wege des unterhaltsrechtlichen Ausgleichs berücksichtigten Kindergeldes vom steuerpflichtigen Einkommen abzuziehen ist (sog. amtswegige »**Günstigerprüfung**«).[36] Bei der Günstigerprüfung sind die nach § 10a Abs. 1 EStG zu berücksichtigenden Beiträge einschließlich der dafür nach Abschnitt XI des EStG zustehenden Zulage immer als Sonderausgaben abzuziehen. Hat der zum Barunterhalt verpflichtete Elternteil durch gerichtlichen oder außergerichtlichen Vergleich auf die Anrechnung des hälftigen Kindergeldes auf den Kindes-

---

29   Seine Regelungen entsprechen den Vorschriften des Einkommensteuerrechts.
30   S. hierzu näher Scholz FamRZ 1996, 65 ff; für Fälle vorrangiger kindbezogener Leistungen aus der gesetzlichen Unfall- oder Rentenversicherung s. § 65 Abs. 2 EStG.
31   BVerfGE 87, 153 = FamRZ 1993, 285 = FuR 1992, 356.
32   BFHE 204, 200.
33   Ausgenommen Fälle der Kindergeldleistung nach dem BKGG.
34   Bei sog. Annexsteuern wie Kirchensteuer oder Solidaritätszuschlag wird der Kinderfreibetrag dagegen noch berücksichtigt.
35   Beispiel Steuerklasse III/2.
36   Zur Günstigerprüfung nach § 31 S. 4 EStG in einem sog. Mangelfall s. BFH BFH/NV 2005, 1029; zur »Günstigerprüfung« bei unterhaltsrechtlich unterbliebener voller Anrechnung des hälftigen Kindergeldes (§ 1612b Abs. 5 a.F.) gem. § 31 S. 4 und 5 EStG hat der BFH (BFHE 207, 471 = FamRZ 2005, 451 – Vorverfahren: FG Münster EFG 2003, 1249) eine Entscheidung des BVerfG erbeten.

unterhalt verzichtet, dann ist sein zivilrechtlicher Ausgleichsanspruch gleichwohl in die Vergleichs-rechnung des § 31 Satz 4 und 5 EStG einzubeziehen.[37]

In den Fällen des § 31 Satz 4 EStG sind das Kindergeld oder vergleichbare Leistungen nach § 36 **17** Abs. 2 EStG – nicht aber Zählkindvorteile auf Grund nicht gemeinschaftlicher Kinder[38] – zu ver-rechnen, auch soweit sie dem Steuerpflichtigen im Wege eines zivilrechtlichen Ausgleichs gem. §§ 1612b, 1612c zugute gekommen sind,[39] auch wenn lediglich ein abstrakter zivilrechtlicher Aus-gleichsanspruch von Unterhaltspflicht und Anspruch auf Kindergeld i.S.d. § 31 Satz 5 EStG besteht.[40] Wird die gebotene steuerliche Freistellung durch das Kindergeld nicht in vollem Umfange erreicht, dann sind bei der Veranlagung zur Einkommensteuer die Kinderfreibeträge nach § 32 Abs. 6 EStG anzusetzen und die bereits ausbezahlten Kindergeldbeträge als Steuervergü-tung zu verrechnen (§ 31 EStG). Bei getrennter Veranlagung wird davon ausgegangen, dass das nach § 64 Abs. 2 EStG an den das Kind betreuenden Elternteil als Bezugsberechtigten ausbezahlte Kindergeld hälftig mit dem Kindesunterhalt verrechnet wurde (§ 31 EStG).[41]

In den meisten Fällen (niedriger oder mittlerer Einkommen) stellt der Kindergeldbezug die **18** höhere Steuervergünstigung dar. Insb. bei der Veranlagung höherer Einkommen wird die verfas-sungsrechtlich gebotene steuerliche Freistellung nicht allein durch Zahlung des Kindergeldes erreicht. Sind höhere Einkommen zu versteuern, greift die von Amts wegen anzustellende Ver-gleichsberechnung. Ist die **steuerliche Entlastung aus dem Kinderfreibetrag niedriger**, dann wird der Kinderfreibetrag für die Festsetzung der Einkommensteuer[42] endgültig nicht berücksichtigt. Es bleibt dann beim geleisteten Kindergeld, von dem nichts zurückgezahlt werden muss. Ist die **steu-erliche Entlastung höher** als das Kindergeld, kommt der Kinderfreibetrag zum Tragen: Er vermin-dert die tarifliche Einkommensteuer. In diesem Fall ist das geleistete Kindergeld[43] nach § 36 Abs. 2 EStG zu verrechnen. Die Verrechnung erfolgt auch, wenn dem Steuerpflichtigen das Kindergeld nicht direkt, sondern nur in Form eines zivilrechtlichen Ausgleichs zustand. Die Verrechnung erfolgt nach § 36 Abs. 2 EStG auf der Ebene der Erhebung der Einkommensteuer. Im entspre-chenden[44] Umfang, in dem der Kinderfreibetrag das Einkommen im Sinne des EStG vermindert hat, wird das gezahlte Kindergeld der Einkommensteuer hinzugesetzt.

C. Anspruch auf Bezug des staatlichen Kindergeldes

§ 66 EStG, § 6 BErzGG regeln die Höhe des staatlichen Kindergeldes, §§ 64, 74 EStG, § 3 **19** BErzGG die Bezugsberechtigung und § 32 EStG die Dauer der Bezugsberechtigung. Ein volljähri-ges Kind ist nicht arbeitslos im Sinne des Kindergeldrechts, wenn es weder eine versicherungs-pflichtige Arbeit sucht noch seine Ausbildungsdefizite (hier: mangelhafte deutsche Sprachkennt-nisse), die einer Vermittlung auf einen Arbeitsplatz entgegen stehen, zielstrebig behebt und damit aufgrund seines eigenen passiven Verhaltens nicht alle Möglichkeiten nutzt, um seine Beschäfti-gungslosigkeit zu beenden.[45]

---

37 BFHE 205, 461.
38 FG Brandenburg EFG 2003, 105.
39 Im Einzelnen hierzu Felix NJW 2001, 3074, auch zum Haushalts- und Ausbildungsfreibetrag gem. § 32 Abs. 7 und § 33a Abs. 2 EStG n.F., sowie zur Umwandlung des Freibetrages für behinderte Kinder im Rahmen der als außergewöhnliche Belastungen abziehbaren Kinderbetreuungskosten (33c EStG).
40 FG München EFG 2003, 1318 (Az. des BFH im Revisionsverfahren: VIII R 39/03); FG München EFG 2004, 207 (der BFH hat die Revision gegen dieses Urteil zurückgewiesen – BFH/NV 2004, 1243).
41 Scholz FamRZ 1996, 65 ff.
42 Anders bei den Annex- oder Zuschlagsteuern.
43 Oder auch vergleichbare Leistungen (s. § 1612c n.F.).
44 Kommt nur ein halber Kinderfreibetrag zum Tragen, z.B. bei einem geschiedenen Elternteil, wird nur das halbe Kindergeld der Einkommensteuer hinzugerechnet.
45 HessFG EFG 2003, 1393 – sei ein grundsätzlich bestehender Anspruch auf Kindergeld für ein volljähri-ges Kind im Einzelfall aufgrund des § 32 Abs. 4 EStG zu versagen, dann seien die gleichwohl geleisteten Unterhaltszahlungen nicht zwangsläufig i.S.d. § 33a EStG.

I. Höhe des staatlichen Kindergeldes

20   Für die **Höhe** des staatlichen Kindergeldes ist die Reihenfolge der Geburten maßgebend. Dabei werden auch diejenigen Kinder mitgezählt, für die der Berechtigte nur deshalb keinen Anspruch auf Kindergeld hat, weil der Anspruch vorrangig einem anderen Elternteil zusteht, oder weil wegen eines Ausnahmetatbestands (s. § 65 EStG, kindergeldersetzende Leistungen) der Anspruch auf Kindergeld ausgeschlossen ist.

21   Kindergeld (Monatliche Beträge in €/DM)

Zeitraum	1. Kind	2. Kind	3. Kind	4. und jedes weitere Kind
Euro/Monat				
ab 01.01.2002	154	154	154	179
ab 01.01.2009	164	164	170	195
ab 01.01.2010	**184**	**184**	**190**	**215**
DM/Monat				
01.01.1975 – 31.12.1977	50	70	120	120
01.01.1978 – 31.12.1978	50	80	150	150
01.01.1979 – 30.06.1979	50	80	200	200
01.07.1979 – 31.01.1981	50	100	200	200
01.02.1981 – 31.12.1981	50	120	240	240
01.01.1982 – 31.12.1982	50	100	220	240
01.01.1983 – 30.06.1990	50	100	220	240
*	50	70	140	140
01.07.1990 – 31.12.1991	50	130	220	240
*	50	70	140	140
01.01.1992 – 31.12.1995	70	130	220	240
*	70	70	140	140
01.01.1996 – 31.12.1996	200	200	300	350
01.01.1997 – 31.12.1998	220	220	300	350
01.01.1999 – 31.12.1999	250	250	300	350
01.01.2000 – 31.12.2001	270	270	300	350

* Einkommensabhängiger Sockelbetrag: Familien, die aufgrund ihres geringen Einkommens den steuerlichen Kinderfreibetrag nicht oder nicht vollständig nutzen konnten, erhielten seit 1986 einen Zuschlag zum Kindergeld. Der Höchstbetrag belief sich 1986 auf 46 DM/Monat; er wurde 1990 auf 48 DM/Monat angehoben und stieg mit dem Steueränderungsgesetz 1992 auf 65 DM/Monat je Kind

II. Bezugsberechtigung für das Kindergeld

22   § 64 EStG, § 3 BErzGG regeln, wer berechtigt ist, das Kindergeld zu **beziehen**. Demgegenüber bestimmen § 1612b und § 1612c abschließend die **unterhaltsrechtlichen Auswirkungen** der Leistung von Kindergeld (§ 1612b) und anderen kindergeldersetzenden kindergeldbezogenen Leistungen (§ 1612c).[46] Kindbezogene Besoldungs- und Entgeltbestandteile, die dem Berechtigten nicht als Brutto-, sondern – bereits gemindert um Steuern, gegebenenfalls auch um Sozialversicherungs-beiträge – als Nettobeträge zufließen, sind weder nach § 1612b noch nach § 1612c zu verrechnen, auch wenn beide Eltern im öffentlichen Dienst sind.[47] Haben die Eltern einvernehmlich einen Elternteil als Berechtigten dergestalt bestimmt, dass das Kindergeld für das Kind an diesen einen Elternteil ausgezahlt wird, so bleibt eine derartige Bestimmung grundsätzlich wirksam, solange sie nicht von einem oder beiden Berechtigten widerrufen wird.[48] Auch eine vor der Trennung der Eltern des Kindes getroffene Bestimmung des Berechtigten bleibt wirksam, bis sie von einem Berechtigten widerrufen wird.

1. Strukturen zum »Vorrangprinzip«, »Obhutprinzip« und »Unterhaltsprinzip«

Für **jedes Kind** wird Kindergeld – unabhängig von einer etwaigen Steuerschuld – aus Gründen   23
der Verwaltungsvereinfachung nur an **einen Berechtigten** gezahlt, auch wenn mehrere Personen berechtigt sind (§ 64 Abs. 1 EStG, § 3 Abs. 1 BKGG – sog. »**Vorrangprinzip**«, Ausnahme: § 74 Abs. 1 EStG). Sind **mehrere** Personen bezugsberechtigt (etwa Eltern), dann wird das Kindergeld demjenigen gezahlt, der das Kind in seinen Haushalt – in die Familiengemeinschaft mit einem dort begründeten Betreuungs- und evtl. Erziehungsverhältnis[49] – aufgenommen hat (§ 64 Abs. 2 Satz 1 EStG, § 3 Abs. 2 Satz 1 BKGG – sog. »**Obhutprinzip**«).[50] Aus welchen Gründen das Kind in den jeweiligen Haushalt aufgenommen worden ist, ob die das Kind betreffenden Sorgerechts-entscheidungen rechtmäßig sind, und/oder ob dem anderen Elternteil Aufwendungen für das Kind entstehen, ist unerheblich.[51]

2. »Obhutprinzip«

Ist ein Kind in den gemeinsamen Haushalt von Eltern, eines Elternteils und dessen Ehegatten,   24
von Pflegeeltern oder von Großeltern aufgenommen, so bestimmen diese untereinander den Berechtigten (§ 64 Abs. 2 Satz 2 EStG, § 3 Abs. 2 Satz 2 BKGG).[52] Wird keine Bestimmung getroffen, dann bestimmt das Familiengericht auf Antrag den Berechtigten (§ 64 Abs. 2 Satz 3 EStG). Diesen Antrag kann stellen, wer ein berechtigtes Interesse an der Zahlung des Kindesgel-des hat (§ 64 Abs. 2 Satz 4 EStG).[53] Lebt das Kind im gemeinsamen Haushalt von Eltern und Großeltern, so wird das Kindergeld vorrangig an einen **Elternteil** gezahlt; es wird an einen Groß-elternteil gezahlt, wenn der Elternteil gegenüber der zuständigen Stelle auf seinen **Vorrang schrift-lich verzichtet** hat (§ 64 Abs. 2 Satz 5 EStG). Ein Kind getrennt lebender Eltern ist in den Haus-halt beider Elternteile aufgenommen, wenn es sich bei beiden in annähernd gleichem zeitlichen Umfang aufhält.[54] In diesem Falle ist das Kindergeld demjenigen zu zahlen, den die Eltern unter-einander bestimmt haben.

---

46 Gressmann/Rühl DAVorm 1997, 172; unzutr. OLG München FamRZ 2006, 1567 (das Zivilgericht habe in seiner Entscheidung zur Bezugsberechtigung des Kindergeldes nach pflichtgemäßem Ermessen ent-scheidend das Kindeswohl zu berücksichtigen): Diese Rechtsfrage betrifft unabhängig vom Kindeswohl nur eine Steuerleistung.

47 OLG Karlsruhe DAVorm 2000, 168.

48 BFH/NV 2002, 484.

49 BFH/NV 2007, 238; 2007, 1505.

50 »Vorrangprinzip« und »Obhutprinzip« verstoßen nicht gegen gegen Verfassungsrecht oder gegen europäi-sches Gemeinschaftsrecht, s. BFHE 208, 220 = FamRZ 2005, 618; BFH/NV 2004, 320; 2005, 337; 2005, 346.

51 BFH/NV 2008, 369.

52 § 64 Abs. 1 EStG i.V.m. § 64 Abs. 2 S. 1 EStG ist mit höherrangigem Recht vereinbar ist (so etwa BFH/ NV 2008, 777 m.w.N.).

53 Hierzu BFH/NV 2001, 896.

54 BFHE 209, 338 = FamRZ 2005, 1173; BFH/NV 2007, 238; 2007, 1310.

25 Der Begriff der **Haushaltsaufnahme** i.S.d. § 64 Abs. 2 Satz 1 EStG ist unter Berücksichtigung seines Zwecks dahin auszulegen, dass ein Kind, welches sich in den Haushalten beider Elternteile in einer den Besuchscharakter überschreitenden Weise aufhält, demjenigen Elternteil zuzuordnen ist, in dessen Haushalt es sich überwiegend aufhält und seinen Lebensmittelpunkt hat.[55] Er ist im Wesentlichen deckungsgleich mit dem Begriff der Haushaltszugehörigkeit i.S.d. § 34f Abs. 3 Satz 2 EStG oder des § 9 Abs. 5 EigZulG. Er setzt sich aus örtlichen, materiellen und immateriellen Merkmalen zusammen, welche je nach Fallgruppe unterschiedlich ausgeprägt sein können. Ein Kind gehört dann zum Haushalt eines Elternteils, wenn es dort wohnt (örtlich gebundenes Zusammenleben) sowie materielle (Bar- und Natural-) Unterhaltsleistungen und immaterielle Leistungen (Fürsorge, Betreuung) erhält, so dass es sich in der **Obhut** dieses Elternteils befindet. Formale Gesichtspunkte, z.B. die Sorgerechtsregelung oder die Eintragung in ein Melderegister, können bei der Beurteilung, in welchen Haushalt das Kind aufgenommen ist, allenfalls unterstützend herangezogen werden.[56] Auch volljährige (gesunde) Kinder können in den Haushalt eines Kindergeldberechtigten aufgenommen sein. Dabei schadet eine gewisse räumliche Trennung einer bestehenden Haushaltsaufnahme nicht, solange keine besonderen Umstände hinzukommen, die auf eine dauerhafte Trennung vom elterlichen Haushalt schließen lassen.[57] Das immaterielle Merkmal der Haushaltsaufnahme tritt bei älteren, insb. volljährigen Kindern, in den Hintergrund und ist erfüllt, wenn sich die Zuwendungen immaterieller Art als Ausdruck des familiären Bandes darstellen.[58]

26 Das örtliche Merkmal der Haushaltsaufnahme bezieht sich nicht auf eine Gemeinde oder Region, sondern auf eine **bestimmte Familienwohnung**.[59] Ein eine eigene Wohnung bewohnendes Kind kann neben seinem in dieser Wohnung bestehenden Lebensmittelpunkt einen weiteren Lebensmittelpunkt in der elterlichen Wohnung unterhalten, wenn dort entsprechender Wohnraum vorgehalten wird, und die Aufenthalte dort nicht nur als bloße Besuche zu werten sind.[60] Bei volljährigen Studenten, die zu Studienzwecken auswärts untergebracht sind, kann eine dauerhafte Trennung vom elterlichen Haushalt nur aufgrund besonderer Umstände angenommen werden.[61] Ein wegen der Art seiner Behinderung dauerhaft und nicht nur vorübergehend vollstationär in einem Heim untergebrachtes Kind ist daneben nur dann i.S.d. § 64 Abs. 2 Satz 1 EStG in den Haushalt eines Berechtigten aufgenommen, wenn die Betreuung des Kindes in dem Haushalt des Berechtigten einen zeitlich bedeutsamen Umfang hat und über Besuche in den Ferien oder im Urlaub hinausgeht.[62] Eine den Besuchscharakter überschreitende Dauer liegt auf jeden Fall bei einem Aufenthalt von insgesamt mehr als drei Monaten pro Jahr vor.[63]

27 Das Vorhalten eines Zimmers für ein entgegen dem Willen der Mutter aufgrund eigenen Wunsches bei Dritten wohnendes Kind durch die Mutter begründet keine Haushaltsaufnahme i.S.d. § 64 Abs. 3 Satz 1 EStG.[64] Die **Aufnahme** des Enkels durch die Großmutter in ihren **Haushalt** ist auch gegen den Willen der sorgeberechtigten Tochter steuerrechtlich möglich, da es allein auf die **tatsächliche Betreuungssituation** ankommt.[65] Ein für die Haushaltsaufnahme i.S.d. § 64 EStG erforderliches **Obhutsverhältnis** besteht jedoch nicht, wenn sich das Kind nur für einen von vorn-

---

55 BFHE 208, 220 = FamRZ 2005, 618; BFH/NV 2004, 934; 2008, 777.
56 BFHE 195, 564; BFH/NV 2001, 441.
57 BFH/NV 2001, 1253 – die Mutter hatte mit dem Kind die bisherige Familienwohnung noch nicht endgültig verlassen, sondern war vorübergehend zu den Großeltern gezogen, ohne eine eigene Wohnung anzumieten.
58 BFH FamRZ 2008, 1071.
59 BFH FamRZ 2008, 1439.
60 BFH FamRZ 2008, 1439.
61 BFH FamRZ 2008, 1439.
62 BFHE 195, 564.
63 BFH/NV 2004, 324.
64 FG Düsseldorf EFG 2004, 502.
65 Nds FG NJWE-FER 2001, 247.

herein begrenzten, kurzfristigen Zeitraum im Haushalt eines Berechtigten aufhält, etwa zu Besuchszwecken oder in den Ferien.[66] Ist ein Kind getrennt lebender Eltern auf eigenen Entschluss von dem Haushalt eines Elternteils in den Haushalt des anderen Elternteils umgezogen, kann in der Regel davon ausgegangen werden, dass der andere Elternteil – auch wenn er nicht sorgeberechtigt ist – das Kind i.S.d. § 64 Abs. 2 Satz 1 EStG in seinen Haushalt aufgenommen hat und damit Auszahlung des Kindergeldes beanspruchen kann, wenn das Kind seit mehr als drei Monaten dort lebt und eine Rückkehr in den Haushalt des sorgeberechtigten Elternteils nicht von vornherein feststeht.[67]

Für die Bejahung der Haushaltsaufnahme i.S.v. § 64 Abs. 2 EStG ist unerheblich, ob der vorrangig Kindergeldberechtigte nur Naturalunterhalt erbringt und andere Berechtigte, z.B. durch Geldzahlungen, zum Kindesunterhalt beitragen.[68] **28**

Beim Wechsel eines Kindes von einem Elternteil zum anderen kann das Kind auch dann in den neuen Haushalt aufgenommen sein (§ 64 Abs. 2 Satz 1 EStG), wenn der Wechsel zwar noch nicht endgültig ist, das Kind aber für einen längeren Zeitraum von dem aufnehmenden Elternteil betreut und unterhalten wird. Wechselt die Haushaltszugehörigkeit eines Kindes während eines laufenden Monats, kann dieser Wechsel bei der Zahlung des Kindergeldes erst ab dem **Folgemonat** berücksichtigt werden.[69] Trennen sich die Eltern, dann verliert derjenige Elternteil, der den Haushalt verlassen hat, die Kindergeldbezugsberechtigung. Erhält er dennoch weiterhin Kindergeldzahlungen, fordert die Familienkasse/der Dienstherr das überzahlte Kindergeld zurück.[70] Wer jedoch über den Kindesunterhalt den ihm zustehenden Anteil am Kindergeld bereits erhalten hat, muss familienrechtlich nach Treu und Glauben daran mitwirken, dass die Familienkasse die Bezugsberechtigung nicht rückwirkend ändert.[71] Hat die Behörde aufgrund einer Anweisung des (vermeintlich) Erstattungsberechtigten bzw. Vergütungsberechtigten an einen Dritten gezahlt, so ist nicht der tatsächliche Empfänger der Zahlung, sondern der Anweisende als Leistungsempfänger i.S.d. § 37 Abs. 2 AO 1977 anzusehen. **29**

Nach einem **Haushaltswechsel** des **Kindes** ist die Festsetzung des Kindergeldes vom Zeitpunkt der Änderung der Verhältnisse an aufzuheben. Da hierdurch der rechtliche Grund für die Zahlung des Kindergeldes an den bisherigen Berechtigten wegfällt, kann das gezahlte Kindergeld von diesem zurückgefordert werden. Der **Erstattungsanspruch der Familienkasse** wird nicht durch eine zivilrechtliche Unterhaltsregelung zwischen den Eltern berührt.[72] **30**

3. Unterhaltsprinzip

Ist das Kind nicht in den Haushalt eines Berechtigten aufgenommen, so erhält derjenige das Kindergeld, der dem Kind eine **Unterhaltsrente** zahlt (§ 64 Abs. 3 Satz 1 EStG, § 3 Abs. 3 Satz 1 BKGG). Zahlen mehrere Berechtigte dem Kind Unterhalt, so erhält das Kindergeld derjenige, der dem Kind die höchste Unterhaltsrente zahlt (§ 64 Abs. 3 Satz 2 EStG, § 3 Abs. 3 Satz 2 BKGG). Werden gleich hohe Unterhaltsrenten gezahlt, oder zahlt keiner der Berechtigten dem Kind Unterhalt, so bestimmen die Berechtigten untereinander, wer das Kindergeld erhalten soll (§ 64 Abs. 3 Satz 3 EStG, § 3 Abs. 3 Satz 3 BKGG). Kommt der das Kindergeld beziehende Elternteil seiner Unterhaltspflicht nicht nach, kann die bisherige Kindergeldregelung für die Zukunft abge- **31**

---

66 BFH/NV 2009, 912.
67 BFHE 225, 438 = NJW 2009, 3472.
68 BFH FamRZ 2008, 1071.
69 BFH/NV 2004, 933.
70 S. etwa hessFG FamRZ 1999, 1547 mit Anm. Ebeling; ausführlich zur Rückforderung von Kindergeld Hussmann FPR 2003, 65.
71 EzFamR aktuell 2002, 154 (Ls).
72 BFH/NV 2001, 33.

ändert werden (§ 64 Abs. 2 bzw. § 74 Abs. 1 Satz 1 EStG).[73] Wird keine Bestimmung getroffen, bestimmt das Familiengericht den Bezugsberechtigten (§ 64 Abs. 3 Satz 4 i.V.m. Abs. 2 Satz 3 und 4 EStG).

32 Der Begriff der **Unterhaltsrente** i.S.d. § 64 Abs. 3 Satz 1 EStG umfasst lediglich Geldleistungen im Sinne einer Geldrente nach § 1612 Abs. 1 Satz 1, die mit einer gewissen Regelmäßigkeit laufend wiederkehrend und gleichmäßig gezahlt werden; Sachleistungen sowie einmalige oder gelegentliche Geldzuwendungen bleiben außer Betracht.[74] Nachträglich erbrachte Unterhaltsleistungen, zu denen ein Elternteil auf Antrag des Kindes rückwirkend verurteilt worden ist, wirken sich auf die Bestimmung des Kindergeldberechtigten nicht aus.[75] Als Kindergeldberechtigter gem. § 64 EStG ist, solange die getrennt lebenden Ehegatten noch gemeinsam mit den Kindern in der Ehewohnung gelebt haben, derjenige Elternteil zu bestimmen, der mit seinem höheren Einkommen überwiegend für den Familienunterhalt aufgekommen ist.[76] Hat derjenige, der das Kindergeld bisher erhalten hat, den Betrag an das Kind als Unterhalt weitergeleitet, so bleibt das Kindergeld für die Feststellung der höheren Unterhaltsrente außer Betracht.[77] Eine einvernehmliche Bestimmung, an wen das Kindergeld gezahlt werden soll, ist bei fehlender Aufnahme in den Haushalt eines Berechtigten in § 64 Abs. 3 Satz 3 EStG nur für den Fall vorgesehen, dass von den Berechtigten gleich hohe Unterhaltsrenten gezahlt werden.[78]

4. Bezugsberechtigung des Kindes (§ 74 EStG)

33 Das Kind hat nur in Fällen der **Verletzung** der **Unterhaltspflicht** i.S.d. § 74 EStG einen **eigenen Anspruch** auf **Kindergeld**. Es ist damit auf seine bürgerlich-rechtlichen Unterhaltsansprüche verwiesen.[79] Es hat auch keinen privatrechtlichen Anspruch gegen seine Eltern darauf, dass ihm das Kindergeld überlassen wird, auch nicht im Mangelfall.[80]

34 Kommt jedoch der kindergeldberechtigte Unterhaltsschuldner seiner gesetzlichen Unterhaltspflicht dem Kind gegenüber nicht nach, dann kann die Familienkasse gem. § 74 Abs. 1 Satz 1 und 3 EStG nach pflichtgemäßem Ermessen (»kann«) das Kindergeld **unmittelbar** an das **Kind** auszahlen, und zwar bis zur Höhe desjenigen Betrages, der sich bei entsprechender Anwendung des § 76 EStG ergibt. Abzweigungsberechtigter kann nach § 74 Abs. 1 Satz 1 EStG auch ein Kind sein.[81]

35 Ob eine gesetzliche Unterhaltspflicht besteht, richtet sich nach den Vorschriften des bürgerlichen Rechts.[82] Das Ermessen wird nicht dadurch eingeschränkt, dass der Unterhaltspflichtige anstelle des zivilrechtlich geschuldeten Barunterhalts Naturalleistungen anbietet.[83] Dies gilt auch dann, wenn der Kindergeldberechtigte mangels Leistungsfähigkeit nicht unterhaltspflichtig ist oder aber nur Unterhalt in Höhe eines Betrages leisten muss, der geringer ist als das für die Auszahlung in

---

73 BFH/NV 2002, 484.
74 BFH/NV 2004, 934; 2005, 346; OLG Frankfurt OLGR 2003, 398; unscharf daher OLG Schleswig OLGR 2004, 62 – »die höheren wirtschaftlichen Leistungen«.
75 BFH/NV 2006, 549.
76 OLG Stuttgart FamRZ 2009, 155.
77 BFHE 210, 265 = NJW 2005, 3742.
78 BFHE 210, 265 = NJW 2005, 3742 unter Bezugnahme auf BFH/NV 2004, 934.
79 BSGE 29, 1; BSG SozR 4–7833 § 6 Nr. 1: Es mag dann von den Erziehungspersonen erwartet werden können, diese Leistung den Kindern zugute kommen zu lassen.
80 BGH FamRZ 1985, 1243; BGHZ 103, 267 = BGH FamRZ 1988, 604.
81 BFH/NV 2001, 896.
82 BFHE 199, 105; s. auch BFH/NV 2002, 1566 – es sei nicht klärungsbedürftig, ob bei der Auslegung des Tatbestandsmerkmals des § 32 Abs. 6 S. 5 EStG, dass ein Elternteil seiner Unterhaltspflicht im Wesentlichen nicht nachkommt, § 1606 Abs. 3 S. 2 zu berücksichtigen ist.
83 BFH/NV 2006, 1285 – die Verfassungsbeschwerde wurde nicht zur Entscheidung angenommen (BVerfG, Beschluss vom 04.07.2006 – 2 BvR 1265/06 – n.v.).

Betracht kommende Kindergeld (§ 74 Abs. 1 Satz 1 bis 3 EStG). Das Angebot des Elternteils eines auswärts wohnenden Kindes, Naturalunterhalt durch Kost und Logis zu erbringen, ersetzt nicht die zivilrechtlich geschuldete tatsächliche Leistung von Unterhalt gegenüber dem Kind.[84] Bezieht das Kind das staatliche Kindergeld ausnahmsweise selbst, ist es ebenfalls in voller Höhe bedarfsdeckend einzusetzen.[85] Die Voraussetzungen des § 74 Abs. 1 Satz 4 i.V.m. Satz 1 und 3 EStG für eine Abzweigung des Kindergeldes an den Sozialleistungsträger sind dem Grunde nach auch dann erfüllt, wenn der Kindergeldberechtigte nicht zum Unterhalt seines volljährigen, behinderten Kindes verpflichtet ist, weil es Grundsicherungsleistungen nach §§ 41 ff. SGB XII erhält. Bei der Ermessensentscheidung, in welcher Höhe das Kindergeld an den – dem Kind anstelle des Kindergeldberechtigten Unterhalt gewährenden – Sozialleistungsträger abzuzweigen ist, sind Betreuungsleistungen nur insoweit zu berücksichtigen, als dem Kindergeldberechtigten Aufwendungen entstanden sind.[86]

Kommt das Finanzgericht aufgrund einer Würdigung der tatsächlichen Umstände zu dem Ergebnis, die Familienkasse habe zu Recht das Kindergeld nach § 74 Abs. 1 Satz 1 EStG an das Kind abgezweigt, weil die Gewährung von Naturalunterhalt durch die Eltern nicht in Betracht gekommen sei und deshalb eine Verletzung der Unterhaltspflicht vorgelegen habe, so kann dies im Verfahren über die Nichtzulassung der Revision nicht mit Erfolg gerügt werden.[87] **36**

Die Auszahlung des Kindergeldes kann auch an diejenige Person oder Stelle erfolgen, die dem Kind Unterhalt gewährt (§ 74 Abs. 1 Satz 4 EStG). Trägt ein Landkreis bei Unterbringung von Mutter und Kind in einem Mutter-Kind-Heim sämtliche Kosten der Unterbringung und Versorgung und zusätzlich die Kosten der sozialpädagogischen Betreuung, ist das Kindergeld gem. § 74 Abs. 1 Satz 4 EStG zwingend an ihn auszuzahlen. Eine solche **Abzweigung** des Kindergeldes setzt nicht zusätzlich voraus, dass der Kindergeldberechtigte seiner gesetzlichen Unterhaltspflicht nicht nachkommt.[88] Es ist daher bei Unterbringung von Mutter und Kind in einer gemeinsamen Wohnform (§ 19 SGB VIII) auf Kosten des Sozialleistungsträgers ohne Belang, dass die Mutter (teilweise) immateriellen Unterhalt durch Betreuung des Kindes erbringt (§ 1606 Abs. 3 Satz 2). **37**

Übernimmt der **Sozialleistungsträger** sämtliche Kosten der Unterbringung von Mutter und Kind in einer gemeinsamen Wohnform, so ist nur die Entscheidung, das Kindergeld in voller Höhe nach § 74 Abs. 1 Satz 4 EStG an ihn abzuzweigen, ermessensgerecht (Ermessensreduzierung auf Null).[89] Das volljährige Kind hat dann keinen Anspruch auf Auskehrung des den Eltern zustehenden Kindergeldes, wenn der/die unterhaltspflichtige/n Elternteil/e den pauschal bemessenen Bedarf des volljährigen Kindes mit eigenem Hausstand nicht in voller Höhe sicherstellen kann/können.[90] Das Kindergeld, das zugunsten des Vaters einer Tochter, die eine Zweitausbildung absolviert, festgesetzt ist, kann in analoger Anwendung des § 74 Abs. 1 Satz 1 und 3 EStG an die Tochter ausgezahlt werden, wenn der Vater tatsächlich keinen Unterhalt leistet und zivilrechtlich auch nicht dazu verpflichtet ist.[91] **38**

Die Abzweigung nach § 74 Abs. 1 Satz 4 EStG unterscheidet sich in Voraussetzungen und Rechtsfolgen von dem **Erstattungsanspruch**, der in § 74 Abs. 3 EStG 2000 i.V.m. §§ 102 ff. SGB X geregelt ist. Insb. setzt ein Erstattungsanspruch nach § 104 Abs. 2 i.V.m. Abs. 1 Satz 4 SGB X – im Gegensatz zur Abzweigung – voraus, dass eine Entscheidung des Jugendhilfeträgers hinsichtlich **39**

---

84 BFH FamRZ 2006, 622.
85 OLG Brandenburg FamRZ 2003, 553.
86 BFHE 224, 228.
87 BFH FamRZ 2009, 883.
88 FG München EFG 2003, 1025; EFG 2003, 1715 (Ls) (der BFH hat die Revision des Beklagten als teilweise begründet erachtet – BFH/NV 2005, 171).
89 FG München EFG 2003, 1025.
90 S. etwa OLG Hamm OLGR 2000, 176.
91 BFHE 199, 105.

der Heranziehung zu den Kosten der Jugendhilfe vorliegt. Deshalb kam schon vor dem Systemwechsel im Jahr 1996 eine Abzweigung des sozialrechtlichen Kindergeldes nach § 48 Abs. 1 SGB I in Betracht, auch wenn dem von der Abzweigung Begünstigten mangels einer Kostenfeststellungsentscheidung kein Erstattungsanspruch zustand. Daran hat sich durch den Systemwechsel nichts geändert.[92]

40   § 74 Abs. 1 EStG wird ergänzt durch § 48 SGB I.[93] Bezieht der nicht (mehr) Bezugsberechtigte weiterhin das Kindergeld, müssen er bzw. der dann (allein) Berechtigte zur Vermeidung finanzieller Nachteile sofort eine **Änderung** der **Auszahlung** bei der zuständigen **Familienkasse/dem Dienstherrn schriftlich** beantragen (§ 67 Satz 1 EStG). Die Behörde kann zu Unrecht ausbezahltes Kindergeld **zurückfordern**, wenn nicht beide Elternteile erklären, dass das Kindergeld an den vorrangig berechtigten Elternteil weitergeleitet wurde.[94] Den Antrag auf Umstellung der Zahlung kann auch stellen, wer ein berechtigtes Interesse an der Leistung des Kindergeldes hat (§ 67 Satz 2 EStG). Ein Dritter ist als tatsächlicher Empfänger einer Zahlung dann nicht Leistungsempfänger i.S.d. § 37 Abs. 2 AO 1977, wenn die Behörde u.a. aufgrund einer Zahlungsanweisung des Erstattungsberechtigten bzw. Vergütungsberechtigten an den Dritten zahlt; als Leistungsempfänger ist der nach materiellem Steuerrecht Erstattungsberechtigte bzw. Vergütungsberechtigte anzusehen. Diese Grundsätze gelten auch im steuerlichen Kindergeldrecht.[95]

41   Weist der ursprünglich kindergeldberechtigte Kindesvater die Familienkasse an, das Kindergeld auf ein anderes als das bisherige Konto zu überweisen, ohne dabei mitzuteilen, dass nicht er, sondern die Kindesmutter Inhaberin des neu benannten Kontos sei, kann die Familienkasse mit befreiender Wirkung gegenüber dem Kindesvater auf das neue benannte Konto zahlen. Verletzt ein ursprünglich Kindergeldberechtigter seine im Rahmen des Kindergeldrechtsverhältnisses bestehende Mitwirkungspflicht, kann er sich gegenüber der Aufhebung der Kindergeldfestsetzung nicht auf den Gesichtspunkt des Vertrauensschutzes berufen.[96]

5. Festsetzung, Auszahlung und Weiterleitung des Kindergeldes

42   Unbeschadet der Befugnis der Familienkasse, verschiedene Verwaltungsakte äußerlich zusammenzufassen, ist auch im steuerlichen Kindergeldrecht zwischen den Regelungen im **Festsetzungsverfahren**, im **Erhebungsverfahren** bzw. **Auszahlungsverfahren** und im Billigkeitsverfahren zu unterscheiden.[97] Das Kindergeld wird durch die Familienkassen bei den Arbeitsämtern festgesetzt und ausbezahlt, bei Angehörigen des öffentlichen Dienstes durch den Dienstherrn (§§ 70, 72 EStG), der jedoch insoweit Finanzbehörde ist.

43   Haben sich die für die Zahlung des Kindergeldes maßgebenden Verhältnisse durch einen Haushaltswechsel des Kindes geändert, so ist die – nicht mehr der Rechtslage entsprechende – Festsetzung des Kindergeldes vom Zeitpunkt der Veränderung der Verhältnisse an aufzuheben und das Kindergeld zurückzufordern.[98] In einem solchen Fall kann sich die Rückforderung wegen Fehlens eines Zählkindes auch auf den sog. Zählkindervorteil erstrecken.[99]

44   Der **kindergeldrechtliche Rückforderungsanspruch** richtet sich grundsätzlich gegen den Leistungsempfänger i.S.d. § 37 Abs. 2 AO 1977. Bei einer Leistung des Kindergeldes durch Scheck ist derjenige Leistungsempfänger, dem die Familienkasse den Scheck aushändigt, auch wenn er diesen

92 BFH/NV 2001, 898.
93 BGH FamRZ 1984, 1000.
94 BFH/NV 2003, 606.
95 BFH/NV 2003, 905; 2003, 1404.
96 BFH/NV 2002, 1425; 2003, 905; 2003, 1154; 2003, 1404; BFH/NV 2004, 16.
97 BFH/NV BFH/NV 2001, 423; 2001, 896.
98 BFH/NV 2001, 444.
99 BFH/NV 2001, 1117.

an Dritte weitergibt.[100] Ein Dritter ist nicht als Leistungsempfänger anzusehen, wenn das Arbeitsamt das Kindergeld aufgrund einer Zahlungsanweisung des ursprünglich Kindergeldberechtigten an den Dritten ausbezahlt. § 818 Abs. 3 ist im Rahmen des öffentlich-rechtlichen Rückforderungsanspruchs nach § 37 Abs. 2 AO 1977 nicht anwendbar und enthält auch keinen allgemeinen Rechtsgedanken, der bei einer Rückforderung des Kindergeldes zu berücksichtigen ist.[101]

Der **Verzicht** auf **Rückforderung** von Kindergeld im Rahmen einer **Billigkeitsmaßnahme** kommt   45
grundsätzlich nur dann in Betracht, wenn der nunmehr **vorrangig Berechtigte bestätigt**, dass an ihn das Kindergeld in voller Höhe von dem nicht mehr Berechtigten weitergeleitet wurde. Der Einwand, der Berechtigte habe die Kindergeldzahlung tatsächlich erhalten, ist unbeachtlich, solange jener den Erhalt nicht ausdrücklich in der in 64.4. Abs. 4-8 DA-FamEStG[102] vorgesehenen Form bestätigt.[103] Die Rückforderung des Kindergeldes vom Ehemann kann ermessenswidrig sein, wenn die Familienkasse bereits Kenntnis davon hat, dass das Kindergeld auf ein Konto der nach materiellem Recht kindergeldberechtigten Ehefrau überwiesen wurde und gleichwohl ein zweites Mal an diese zahlt.[104]

Die Berücksichtigung des Kindergeldes im Rahmen zivilrechtlicher Unterhaltsvereinbarungen ist   46
keine **Weiterleitung** in diesem Sinne.[105] Eine Weiterleitung von Kindergeld liegt auch dann nicht vor, wenn die Kindesmutter eigenmächtig Geld vom Konto des kindergeldberechtigten Ehemannes abhebt, auf das die Familienkasse das Kindergeld gezahlt hat.[106] Im sog. **Weiterleitungsverfahren** ist es nicht Aufgabe der Familienkasse, Unterhaltsvereinbarungen bzw. Unterhaltszahlungen zwischen verschiedenen Kindergeldberechtigten (Ehegatten) zu berücksichtigen und zivilrechtlich zu überprüfen. Der Rückforderungsanspruch der Familienkasse gilt nur dann als erloschen, wenn der vorrangig Kindergeldberechtigte bescheinigt, das Kindergeld durch Weiterleitung erhalten zu haben, und gleichzeitig anerkennt, seinen Anspruch auf Auszahlung von Kindergeld insoweit als erfüllt anzusehen.[107] Keine Weiterleitung liegt vor, wenn die Familienkasse lediglich Kindergeld in Höhe des sog. Zählkindervorteils auf Anweisung des kindergeldberechtigten Elternteils auf ein Konto des anderen Elternteils zahlt.[108]

Die Behörde hat den Bescheid über Kindergeld rückwirkend aufzuheben, sobald das Kind nicht   47
mehr zum Haushalt des betreffenden Elternteil gehört. Der andere Elternteil ist nicht schon deswegen Leistungsempfänger des danach ohne rechtlichen Grund gezahlten Kindergeldes, weil er für das Kind Barunterhalt gezahlt bekommen hat. Die Familienkasse handelt bei mittelbarer Weiterleitung von Kindergeld im Rahmen laufender Unterhaltsgewährung regelmäßig nicht ermessensfehlerhaft, wenn sie eine Erklärung des vorrangig Berechtigten nach Maßgabe von 64.4 Abs. 4 DAFamEStG verlangt, bevor sie gegenüber dem nachrangig Berechtigten auf Rückforderungsansprüche verzichtet.[109]

III. Dauer der Bezugsberechtigung

Der **Anspruch** auf Bezug **staatlichen Kindergeldes** besteht (unbeschränkt) bis zur Vollendung des   48
18. Lebensjahres (§ 32 Abs. 3 EStG), in bestimmten Fallgestaltungen auch länger (s. § 32 Abs. 4–5

---

100 BFH/NV 2001, 1363.
101 BFH/NV 2001, 1117.
102 Dienstanweisung zur Durchführung des Familienausgleichs nach dem X. Abschnitt des Einkommensteuergesetzes.
103 BFH/NV 2002, 1425; 2004, 1218.
104 BFH/NV 2001, 423.
105 BFH/NV 2002, 184.
106 BFH/NV 2001, 1387.
107 BFH/NV 2003, 306; 2003, 1154; 2004, 16.
108 BFH/NV 2001, 1385.
109 BFH/NV 2001, 1254.

EStG).[110] Der Anspruch auf Kindergeld endet, wenn das monatliche Einkommen des Kindes einen bestimmten **Grenzbetrag** (als Jahresbetrag) übersteigt (§ 32 Abs. 4 Satz 2 EStG).[111]

D. Neukonzeption des § 1612b durch das UÄndG 2007

I. Wegweisendes Grundsatzurteil des BGH

49 Mit Urteil vom 26.10.2005[112] hat der BGH entschieden, das staatliche Kindergeld sei in voller Höhe auf den **Unterhaltsbedarf** des **volljährigen** – auch des nach § 1603 Abs. 2 Satz 2 privilegierten – **Kindes** anzurechnen, und zwar auch dann, wenn das Kind noch im Haushalt eines Elternteils lebt, der mangels Leistungsfähigkeit nicht unterhaltspflichtig ist. Seien die Eltern nach ihren Einkommens- und Vermögensverhältnissen in unterschiedlichem Umfange leistungsfähig, ergebe sich daraus eine Entlastung, die dem Verhältnis der Unterhaltsleistungen beider Eltern entspricht.[113]

II. Konsequenz des Gesetzgebers des UÄndG 2007

50 Der Gesetzgeber des UÄndG 2007 hat die bisherige gesetzliche Regelung der Verrechnung des Kindergeldes aufgegeben und die Rechtsprechung des BGH in vollem Umfange, sogar erweiternd auf betreuungsbedürftige Kinder, in die neue Norm übernommen. An die Stelle der bisherigen Anrechnung des Kindergeldes auf den Barunterhaltsanspruch des Kindes ist nunmehr der **bedarfsmindernde Vorwegabzug** des **Kindergeldes** getreten. Bereits der Bedarf des Kindes wird um das Kindergeld gekürzt, zur Hälfte bei alleiniger Barunterhaltspflicht eines Elternteils, und ansonsten (z.B. bei beiderseitiger Betreuung eines minderjährigen Kindes nach dem **Wechselmodell**, bei **Fremdunterbringung** des minderjährigen Kindes oder beim volljährigen Kind) in voller Höhe.

51 Die **hälftige Kürzung** des Bedarfs des Kindes, das durch einen Elternteil allein oder weit überwiegend betreut wird, entspricht der bisherigen Berechnungsweise für den Fall, dass das minderjährige Kind eigenes Einkommen hat, z.B. eine Ausbildungsvergütung bezieht. Auch dieses Eigeneinkommen wurde und wird weiterhin wegen der Gleichwertigkeit von Betreuungs- und Barunterhalt **hälftig** vom Bedarf abgezogen. Wenn beide Eltern Barunterhalt schulden, wird das Kindergeld, weil es vorweg vom Bedarf abgezogen wird, im Ergebnis entsprechend der Quote aufgeteilt, mit der jeder Elternteil zum Barunterhalt beiträgt. Mit der Formulierung, das Kindergeld sei zur Deckung des Lebensbedarfs zu verwenden, will der Gesetzgeber zum Ausdruck bringen, dass das Kind einen Anspruch darauf hat, dass ihm das Kindergeld – wie Unterhalt – überlassen wird.

52 Der zu berücksichtigende Teil des Kindergeldes wird damit als **Einkommen** des **Kindes** behandelt. Auch insoweit wird eine Anpassung an das Sozialrecht vorgenommen (§ 11 Abs. 1 Satz 3 SGB II und § 82 Abs. 1 Satz 2 SGB XII). Die Änderung führt unter anderem dazu, dass jetzt bei der Berechnung des Ehegattenunterhalts nicht mehr der volle Kindesunterhaltsbetrag vor Kindergeldanrechnung (meist Tabellenunterhalt), sondern nur noch der schon um das Kindergeld gekürzte, tatsächlich zu zahlende Kindesunterhalt vom Einkommen des Unterhaltsschuldners abgezogen wird, wie das auch bisher schon geschehen ist, wenn das Kind sonstiges Einkommen hatte (z.B. Ausbildungsvergütung).

53 (zur Zeit nicht besetzt)

---

110 Zur Berücksichtigung von Ausbildungskosten und von Waisenrenten sowie sonst bezugsschädlicher Einkünfte des Kindes im Rahmen von § 32 Abs. 4 S. 2 und 3 EStG vgl. BFH NJW 2001, 1301, 1304; Felix NJW 2001, 3075.
111 Zu den Einkommensgrenzen ausführlich Wernitznig/v. Luxburg FPR 2003, 50.
112 BGHZ 164, 375 = BGH FamRZ 2006, 99.
113 So bereits OLG München FamRZ 2006, 643.

1. Grundgedanken der Regelung

Das Einkommensteuergesetz und das Bundeskindergeldgesetz gewähren zwar beiden Elternteilen 54
einen eigenen Anspruch auf Kindergeld (§§ 32 Abs. 4, 62 Abs. 1 EStG bzw. § 1 BKGG), legen
aber gleichzeitig fest, dass das Kindergeld stets nur von einem Anspruchsberechtigten (im Regelfall
einem Elternteil) bezogen werden kann (§ 64 EStG bzw. § 3 BKGG, Konzentration der Bezugsberechtigung bei einem Anspruchsberechtigten aus Gründen der Verwaltungsvereinfachung nach
dem sog. **Obhutsprinzip**). Schwierigkeiten in der praktischen Handhabung können sich jedoch
ergeben, wenn die Eltern getrennt leben: Wird die Unterhaltspflicht gegenüber dem Kind von
einem Elternteil durch dessen Pflege und Erziehung und von dem anderen Elternteil durch die
Leistung von Barunterhalt erfüllt, oder sind beide Elternteile barunterhaltspflichtig, bedarf es
eines internen Ausgleichs des Kindergeldes zwischen dem bezugsberechtigten und dem anderen
Elternteil. Der hierfür erforderliche Ausgleichsmechanismus findet sich nicht in den einschlägigen
öffentlich-rechtlichen Leistungsgesetzen. Vielmehr wird das Kindergeld zwischen den beiden
Elternteilen nach Maßgabe des § 1612b traditionell im Wege der Verrechnung mit dem Barunterhalt und damit unter Einbeziehung des Unterhaltsrechts ausgeglichen.

Die Neuregelung hat diesen Missstand beseitigt. Davon ausgehend, dass das Kindergeld zwar den 55
Eltern ausbezahlt wird, es sich dabei aber um eine zweckgebundene, der Familie für das Kind
zustehende Leistung handelt, wird nunmehr das jeweilige, auf das unterhaltsberechtigte Kind entfallende Kindergeld von dessen Unterhaltsbedarf **vorweg** abgesetzt. Die unterhaltsrechtliche Funktion des Kindergeldes, den Bedarf des Kindes zu decken, kommt auf diese Weise klar zum
Ausdruck. Gleichzeitig werden damit die zivilrechtlichen Bestimmungen in Einklang mit den
sozialrechtlichen Grundentscheidungen gebracht. Der steuer- bzw. kindergeldrechtliche Grundsatz, dass es sich beim Kindergeld um eine staatliche Leistung für das Kind an die Eltern handelt
(§ 62 Abs. 1 EStG, § 1 BKGG), bleibt unverändert. § 1612b trifft nur eine Entscheidung darüber,
wie sich das Kindergeld unter Berücksichtigung seiner Zweckbestimmung unterhaltsrechtlich auswirkt.

Die Neuregelung bietet erhebliche Vorteile und hat die unterhaltsrechtliche Behandlung des Kin- 56
dergeldes ganz entscheidend vereinfacht. Nunmehr ist zumeist der Mindestunterhalt jedenfalls
teilweise sichergestellt. Gleichzeitig wurde damit einer Empfehlung des Vorstands des 16. Deutschen Familiengerichtstages entsprochen.[114]

Die Neuregelung hat weiterhin zu einer deutlichen Vereinfachung des Kindergeldausgleichs 57
geführt. Auch gestaltet sich der Kindergeldausgleich in Fällen, in denen beide Eltern barunterhaltspflichtig sind, gerechter, denn der Abzug des Kindergeldes vom Unterhaltsbedarf zusammen
mit dem anteiligen Ausgleich des verbleibenden Restbedarfs entsprechend der jeweiligen Leistungsfähigkeit des betreffenden Elternteils (§ 1606 Abs. 3 Satz 1) führt dazu, dass auch das Kindergeld zwischen den Eltern entsprechend dem Verhältnis ihrer Unterhaltsbeiträge ausgeglichen
wird. Die bisherige, streng an der hälftigen Aufteilung des Kindergeldes orientierte Regelung führt
demgegenüber zu einer bedenklichen, in der Rechtsprechung bisweilen kritisierten[115] Benachteiligung des Elternteils, der die größere Barunterhaltslast trägt.

Schließlich hat die Neuregelung zu gerechteren Ergebnissen in denjenigen Fällen geführt, in 58
denen es um das Verhältnis vorrangiger Kinder zu nachrangigen Unterhaltsberechtigten, insb. zu
dem unterhaltsberechtigten, betreuenden Elternteil, oder im Verhältnis von Erst- zu Zweitfamilie
geht. Der bedarfsmindernde Vorwegabzug des Kindergeldes beim Barunterhalt des Kindes
bewirkt, dass im **Mangelfall** von der für eine Verteilung zur Verfügung stehenden Masse ein geringerer Anteil für den Kindesunterhalt erforderlich ist und ein entsprechend größerer Anteil für die
Verteilung unter nachrangig Unterhaltsberechtigten, etwa dem betreuenden Elternteil, zur Verfü-

---

114 Vgl. die Empfehlungen des Vorstands des DFGT an die Gesetzgebung, u.a. FamRZ 2005, 1962, 1963.
115 Vgl. OLG Hamburg FamRZ 2003, 180, 183.

gung steht. Soweit es sich bei dem nachrangig Unterhaltsberechtigten um den geschiedenen oder dauernd getrennt lebenden Ehegatten handelt, greift – aufgrund des auf diese Weise erhöhten Unterhaltszahlbetrages – die Entlastung durch die Möglichkeit des einkommensteuerlichen Sonderausgabenabzugs von tatsächlich geleistetem Ehegattenunterhalt (Realsplitting, § 10 Abs. 1 Nr. 1 EStG) in stärkerem Maße.

2. Anrechnungsprinzip des § 1612b

59 Leistungen, die der Staat wegen der Erziehung von Kindern unabhängig von der Bedürftigkeit des Empfängers gewährt, und die dazu bestimmt sind, seine unterhaltsrechtliche Leistungsfähigkeit zu stärken, fließen üblicherweise in die gemeinsame Kasse der Eltern, die daraus auch die finanziellen Aufwendungen für die Familie bestreiten. Zerfällt die Familie, regelt § 1612b für das Kindergeld (und § 1612c für sog. »Kindergeldersatzleistungen«), dass auch in diesen Fällen das Kindergeld beiden Eltern zugute kommt (»**Anrechnungsprinzip**«). Das Anrechnungsprinzip basiert auf dem **Halbteilungsgrundsatz**: Das Kindergeld kommt beiden Eltern hälftig zugute, sei es, dass beide Barunterhalt leisten, sei es, dass einer Bar- und der andere Betreuungsunterhalt gewährt. Dem nicht bezugsberechtigten Elternteil kommt sein Anteil am Kindergeld dann dadurch zugute, dass sich seine Unterhaltspflicht dem Kinde gegenüber entsprechend verringert, und zwar »nach einem leicht überschaubaren neuen Grundkonzept«.[116] Das im Geburtsmonat ausbezahlte Kindergeld ist voll auf den Barunterhaltsanspruch anzurechnen, weil sonst der den Betreuungsunterhalt leistende Elternteil grundlos besser gestellt würde.[117]

3. Grundsatz der Halbanrechnung

60 Das nach §§ 62 ff. EStG gewährte staatliche Kindergeld beeinflusst nunmehr den Unterhaltsbedarf eines Kindes und entlastet dadurch beide Eltern bei der Erfüllung ihrer jeweiligen Unterhaltspflicht gegenüber den Kindern. Grundsätzlich werden das Kindergeld (§ 1612b) oder andere kindbezogene Leistungen (§ 1612c) auf beide Eltern zur Hälfte aufgeteilt (§ 1612 Abs. 1 – Grundsatz der **Halbanrechnung**).

61 Für die Anrechnung ist ohne Belang, wer der Auszahlungsberechtigte ist, und auf welcher Grundlage (Gesetz, Vertrag oder gerichtliche Entscheidung) das Kindergeld nicht an den barunterhaltspflichtigen Elternteil ausbezahlt wird. Die gesetzliche Regelung ändert nichts daran, dass es um ein eigenes Recht des jeweiligen Elternteils geht, der den anderen daher auch unmittelbar im Wege des familienrechtlichen Ausgleichsanspruchs auf Auszahlung des anteiligen Kindergeldes in Anspruch nehmen kann,[118] wenn der in §§ 1612b, 1612c vorgesehene Ausgleich nicht möglich ist. Einem Elternteil, dem Kindergeld nicht ausbezahlt wird, steht auch dann ein zivilrechtlicher Ausgleichsanspruch nach § 1612b zu, wenn sich beide Elternteile Betreuungsleistungen und Barunterhaltsleistungen für das Kind teilen.[119]

62 Das einem Elternteil nach deutschem Recht gewährte Kindergeld wird auf die Unterhaltsschuld eines im Ausland lebenden barunterhaltspflichtigen Elternteils zur Hälfte angerechnet, wenn der barunterhaltspflichtige Elternteil in einem ausländischen Staat kindergeldberechtigt wäre, sein dort begründeter Kindergeldanspruch aber wegen der sich aus dem deutschen Recht ergebenden Kindergeldberechtigung des anderen Elternteils ruht.[120]

---

116 S. BT-DR 13/7338, 2.
117 OLG München JAmt 2003, 265.
118 So – vor Inkrafttreten des KindUG – BGH FamRZ 1988, 607 m.w.N.; 1997, 806.
119 FG Hamburg EFG 2002, 992.
120 BGHZ 160, 159 = BGH FamRZ 2004, 1639 = FuR 2004, 560.

4. Die Neuregelungen im Einzelnen

Mit der Neufassung der amtlichen **Überschrift** hat der Gesetzgeber des **UÄndG 2007** die geän- 63
derte Zielrichtung der Vorschrift zum Ausdruck gebracht: Auf Grund der Umstellung der Ver-
rechnungsmethode hat er auf das Wort »Anrechnung« verzichtet und spricht von einer »Deckung«
des Barbedarfs durch das Kindergeld.

§ 1612b Abs. 1 hebt die Grundprinzipien des Kindergeldausgleichs hervor: Das individuelle, auf das 64
jeweilige unterhaltsbedürftige Kind entfallende Kindergeld ist als zweckgebundene, existenzsi-
chernde Leistung für dieses zu verwenden und mindert damit dessen individuellen Unterhaltsbedarf.
Das Wort »verwenden« bringt dabei zum Ausdruck, dass das Kind Anspruch auf die Auszahlung des
Kindergeldes oder die Erbringung entsprechender Naturalleistungen gegenüber demjenigen hat, der
das Kindergeld ausgezahlt erhält. Insoweit zeichnet die Neuregelung die Rechtsprechung des Bundesgerichtshofes im Urteil vom 26.10.2005[121] nach, der zufolge dem Kind ein entsprechender unterhaltsrechtlicher Anspruch auf Auskehr des Kindergeldes oder Verrechnung mit erbrachten Naturalleistungen zusteht. In welchem Umfang das Kindergeld für das Kind zu verwenden ist und dessen
Barbedarf mindert, wird durch § 1612b Abs. 1 Satz 1 Nr. 1 und 2 entsprechend der jeweiligen Fallgestaltung unterschiedlich festgelegt. Der Wortlaut der Bestimmung bringt zugleich zum Ausdruck,
dass die Zuweisung des Kindergeldes an das Kind familienrechtlich bindend ist. Das Außenverhältnis zwischen den Anspruchsberechtigten und der Familienkasse bleibt unberührt.

§ 1612b Abs. 1 Satz 1 Nr. 1 bezieht sich auf die Situation minderjähriger, unverheirateter Kinder 65
i.S.v. § 1606 Abs. 3 Satz 2, die von einem Elternteil betreut werden. In diesem Fall ist regelmäßig
der betreuende Elternteil kindergeldbezugsberechtigt (Obhutsprinzip, § 64 Abs. 2 Satz 1 EStG, § 3
Abs. 2 Satz 1 BKGG). Seine Unterhaltspflicht gegenüber dem Kind erfüllt der betreuende Elternteil durch die Pflege und Erziehung des Kindes. Da nach dem Gesetz (§ 1606 Abs. 3 Satz 2)
Betreuungs- und Barunterhalt grundsätzlich gleichwertig sind, ist es gerechtfertigt, wenn jedem
Elternteil die Hälfte des Kindergeldes zu gute kommt.[122] Für den barunterhaltspflichtigen Eltern-
teil bedeutet dies, dass der Unterhaltsbedarf des Kindes nur um das halbe Kindergeld gemindert
ist. Nur in diesem Umfang hat der andere Elternteil das an ihn ausgezahlte Kindergeld für den
Barunterhalt zu verwenden. Die andere Hälfte des Kindergeldes unterstützt den betreuenden
Elternteil bei der Erbringung der Betreuungsleistung.

§ 1612b Abs. 1 Satz 1 Nr. 2 erfasst die Fälle, in denen das Kind einer Betreuung nicht mehr 66
bedarf (§ 1606 Abs. 3 Satz 2) bzw. kein Elternteil betreut, und deshalb nur Barunterhalt zu leisten
ist. In diesem Fall ist das auf das Kind entfallende Kindergeld **voll** auf dessen Bedarf anzurechnen;
von den Eltern ist nur noch der verbleibende Barbedarf zu decken. Daneben kann das Kind Auszahlung des vollen Kindergeldes oder entsprechende Naturalleistungen von demjenigen verlangen,
der das Kindergeld ausgezahlt bekommt.

Bei einem volljährigen, noch **im elterlichen Haushalt** lebenden Kind, für das noch ein Kinder- 67
geldanspruch besteht, sind damit die Haftungsanteile der Eltern auf der Grundlage des nach
Abzug des vollen Kindergeldes verbleibenden Restbedarfs zu ermitteln. Dies ist angemessen, weil
kein Elternteil mehr dem Kind zum Betreuungsunterhalt verpflichtet ist.

Bei einem volljährigen, **außerhalb des elterlichen Haushalts** lebenden Kind gelten im Prinzip die 68
gleichen Grundsätze. Auch hier ist das Kindergeld voll auf den Unterhaltsbedarf anzurechnen.
Der verbleibende Bedarf ist von den Eltern entsprechend ihrer Leistungsfähigkeit anteilig zu
decken (§ 1606 Abs. 3 Satz 1). Soweit in diesem Fall das Kindergeld nicht direkt an das Kind ausbezahlt wird, hat das Kind schon nach der bisherigen Rechtsprechung des BGH[123] gegen den
Elternteil, der das Kindergeld bezieht, einen Anspruch auf Auskehrung. Dieser Anspruch kommt

---

121 FamRZ 2006, 99, 102.
122 Vgl. BGH FamRZ 2006, 99, 101 f., sowie bereits BGH FamRZ 1997, 806, 809.
123 FamRZ 2006, 99, 102.

im Wortlaut der Bestimmung dadurch zum Ausdruck, dass das Kindergeld zur Deckung des Barbedarfs des Kindes »zu verwenden« ist. Der Anspruch besteht unabhängig von der unterhaltsrechtlichen Leistungsfähigkeit des kindergeldbeziehenden Elternteils. Im Einklang mit der in der Literatur vertretenen Auffassung[124] kann das Kind also auch von einem Elternteil, der leistungsunfähig ist, Zahlung des diesem zugeflossenen Kindergeldes verlangen, denn beim Kindergeld handelt es sich um eine zweckgebundene öffentliche Leistung, die unterhaltsrechtlich nicht als Einkommen der Eltern angesehen wird. Neben dem unterhaltsrechtlichen Anspruch auf Auskehrung besteht im Übrigen noch die Möglichkeit, das Kindergeld nach öffentlichem Recht abzuzweigen und direkt an das Kind auszuzahlen (§ 74 EStG).

69   § 1612b Abs. 1 Satz 1 Nr. 2 erfasst schließlich auch die Fälle, in denen kein Elternteil seine Unterhaltspflicht gegenüber einem minderjährigen Kind durch die Betreuung des Kindes erfüllt, etwa bei einer **Fremdunterbringung** des Kindes. Auch in diesen Fällen mindert das Kindergeld den Kindesunterhalt nach § 1612b Abs. 1 Satz 1 Nr. 2 in voller Höhe.

70   § 1612b Abs. 2 entspricht dem bisherigen § 1612b Abs. 4. Zwischen den beiden Elternteilen soll nur derjenige Kindergeldbetrag ausgeglichen werden, der für ein gemeinschaftliches Kind anfallen würde und nicht der sog. »Zählkindvorteil«. Dieser wird vielmehr in der Regel dem bezugsberechtigten Elternteil als Einkommen verbleiben.

71   § 1612b Abs. 1 führt insoweit zu einem ähnlichen Ergebnis, wie es seinerzeit aus § 1612b Abs. 5 folgte: Der Schuldner hat auch nach dem **UÄndG 2007** seinen Kindergeldanteil ganz oder teilweise für den Unterhalt des minderjährigen Kindes einzusetzen, wenn er dessen Existenzminimum nicht sicherstellen kann.

a) Volljährige Kinder

72   Das Kindergeld mindert entsprechend den vom BGH[125] aufgestellten Grundsätzen den Barbedarf des Kindes in voller Höhe (§ 1612b Abs. 1 Satz 1 Nr. 2). Dies gilt auch bei der Bemessung des Unterhalts für das privilegiert volljährige Kind. Für den Restbedarf haften die Eltern anteilig nach Maßgabe ihrer Einkommens- und Vermögensverhältnisse (§ 1606 Abs. 3 Satz 1). Das Kindergeld kommt jetzt nicht mehr jedem Elternteil zur Hälfte zugute, sondern nur zu dem Anteil, der seiner individuellen Leistungsfähigkeit entspricht. Dies begünstigt den Elternteil, der über ein höheres Einkommen als der andere verfügt. Ist nur ein Elternteil leistungsfähig, mindert das Kindergeld in voller Höhe den von ihm allein zu zahlenden Kindesunterhalt. Sind **vier oder mehr Kinder** vorhanden, dann ist nicht auf das durchschnittliche Kindergeld abzustellen, sondern – wie auch bisher – auf das Kindergeld, das auf das jeweilige Kind entfällt.

b) Auswirkungen auf den Ehegattenunterhalt

73   Die Minderung des Barbedarfs des Kindes um das Kindergeld hat auch Auswirkungen auf den Ehegattenunterhalt. Der Kindesunterhalt ist nicht mehr in Höhe des Tabellen-, sondern des Zahlbetrages von dem Einkommen des barunterhaltspflichtigen Ehegatten abzusetzen.[126]

5. Ausgleich von Zählkindvorteilen (§ 1612b Abs. 2)

74   Ein sog. **Zählkindvorteil** erwächst einem Ehegatten dann, wenn ein weiteres, nicht gemeinsames Kind vorhanden ist, und daher ein erhöhtes Kindergeld für die gemeinsamen Kinder bezogen wird. Nach § 1612b Abs. 2 sind erhöhte Kindergeldbeträge durch Zählkindvorteile grundsätzlich nicht auf den Unterhalt anzurechnen. Das erhöhte Kindergeld dient vielmehr dem Zweck, die

---

124   Vgl. Scholz FamRZ 2006, 106, 107.
125   FamRZ 2006, 99 mit Anm. Viefhues und Anm. Scholz.
126   BR-Drucks. 253/06 S. 55; so nunmehr auch BGH FamRZ 2009, 1300 = FuR 2009, 567 = FuR 2009, 572; vgl. auch BGH FamRZ 2008, 963 = FuR 2008, 283.

Mehrbelastung aufzufangen, die dem unterhaltspflichtigen Elternteil dadurch entsteht, dass er nicht nur die gemeinsamen, sondern noch ein oder mehrere weitere Kinder zu unterhalten hat.[127] Aus diesem Grunde muss der Zählkindvorteil im Innenverhältnis der Eltern demjenigen Elternteil allein zugute kommen, der eine zusätzliche Unterhaltslast für ein nicht gemeinschaftliches Kind zu tragen hat, und dessen Leistungsfähigkeit wegen der höheren Kinderzahl durch das Kindergeld verstärkt werden soll.[128] Die Unterhaltslast, die den Eltern gegenüber den gemeinsamen ehelichen Kindern obliegt, wird nicht dadurch erhöht, dass einer von ihnen mit einer (weiteren) Unterhaltspflicht belastet ist. Ist der das erhöhte Kindergeld beziehende Ehegatte seinem anderweit betreuten **Zählkind** gegenüber **nicht unterhaltspflichtig**, rechnet dieser Teil des erhöhten Kindergeldes nach der Rechtsprechung des BGH[129] zu seinem Einkommen, unterfällt damit ebenfalls nicht dem Ausgleich nach § 1612b.

(zur Zeit nicht besetzt)   75

Die **Anrechnung** eines **Zählkindvorteils** als **unterhaltsrelevantes Einkommen** ist nur **ausnahms-**   76
weise dann gerechtfertigt, wenn der das erhöhte Kindergeld beziehende Ehegatte nur den bei ihm lebenden Kindern, nicht dagegen seinem anderweit betreuten (Zähl-) Kind Unterhalt gewährt. Da er in diesem Fall eine Entlastung nur hinsichtlich der bei ihm lebenden Kinder beanspruchen kann, ist der ihm zusätzlich zukommende Zählkindvorteil ein Vermögensvorteil, der außerhalb jener Zweckbestimmung liegt, und den er daher nicht für sich allein beanspruchen kann, sondern sich als verfügbares Einkommen zurechnen lassen muss.[130] Der beim unterhaltspflichtigen geschiedenen Ehegatten für ein weiteres nicht gemeinsames Kind anfallende Zählkindvorteil beim Kindergeld ist auch dann nicht als unterhaltsrelevantes Einkommen in die Bedarfsberechnung für den anderen Ehegatten einzubeziehen, wenn das Kind noch vor Rechtskraft der Scheidung geboren wurde.[131]

E. Verfahrenskostenhilfe und Kindergeld

Äußerst umstritten ist die Anrechnung des Kindergeldes im VKH-Verfahren.   77

Teils wird vertreten, ausgezahltes Kindergeld sei im Rahmen der VKH bei der Ermittlung des ein-   78
zusetzenden Einkommens **nicht** zu berücksichtigen. Das staatliche Kindergeld stelle kein Einkommen des Elternteils, der es bezieht, dar, sondern es handele sich um eine zweckbestimmte Sozialleistung, bei der die Vermutung der Vorteilszuwendung zugunsten des Kindes spricht.[132]

Nach anderer Ansicht ist das staatliche Kindergeld im Rahmen der Bedürftigkeitsprüfung nach   79
§ 76 FamFG i.V.m. § 115 ZPO **hälftig** dem Einkommen der VKH begehrenden Partei, die das volle Kindergeld erhält, hinzuzurechnen,[133] wenn der andere Elternteil Barunterhalt leistet. Die andere Hälfte sei wirtschaftlich dem anderen, barunterhaltspflichtigen Elternteil zuzurechnen, und

---

127 BGH FamRZ 1981, 26.
128 BT-Drucks 13/7338, 30; Gressmann/Rühl DAVorm 1997, 161, 171; Schumacher/Grün FamRZ 1998,
       778, 785; Weber NJW 1998, 1992, 1997.
129 BGH FamRZ 1997, 806.
130 BGH FamRZ 1987, 270.
131 BGH FamRZ 2000, 1492 = FuR 2000, 481.
132 LAG Rheinland-Pfalz Rpfleger 1998, 164; OLG Hamm FamRZ 2000, 1093 mit Anm. Atzler FamRZ
       2001, 630; OLG Brandenburg FamRZ 2001, 1085; OLG Koblenz FamRZ 2001, 1153.
133 OLG Stuttgart FamRZ 2000, 1586; OLG Frankfurt OLGR 2002, 222; 2002, 298; FamRZ 2002, 402
       (Aufgabe OLG Frankfurt FamRZ 1998, 1603); OLG Köln FamRZ 2003, 103; s. auch OLG Stuttgart
       FamRZ 2005, 1183.

zwar auch dann, wenn eine Anrechnung des Kindergeldes auf den Barunterhalt nicht erfolgt,[134] weil der betreuende Elternteil auch den Freibetrag ungeschmälert erhalte.[135]

80   Überwiegend wird das staatliche Kindergeld im Rahmen der VKH als Einkommen desjenigen Elternteils angesehen, der es bezieht,[136] und zwar auch dann, wenn der andere Elternteil überhaupt keinen Beitrag zum Unterhalt des Kindes leiste und deshalb keinen Anspruch auf Teilhabe an dem Kindergeld hat.[137]

81   Weiter wird vertreten, das staatliche Kindergeld sei jedenfalls in dem Umfang als Einkommen i.S.d. § 76 FamFG i.V.m. § 115 ZPO zu berücksichtigen, in dem es zusammen mit anderen Einkünften des Kindes (z.B. Kindesunterhalt) die abzugsfähigen Freibeträge nicht übersteigt,[138] bzw. solange die Summe des **hälftigen** Kindergeldes und des gezahlten Kindesunterhalts höher liegt als der abzugsfähige Freibetrag.[139]

§ 1612c   Anrechnung anderer kindbezogener Leistungen

§ 1612b gilt entsprechend für regelmäßig wiederkehrende kindbezogene Leistungen, soweit sie den Anspruch auf Kindergeld ausschließen.

A. Strukturen

1   Nach der Verweisungsnorm des § 1612c gilt die Kindergeldvorschrift des § 1612b entsprechend für **regelmäßig wiederkehrende kindbezogene Leistungen**, soweit sie den Anspruch auf Kindergeld ausschließen (vgl. § 65 EStG, § 4 Abs. 1 BKGG). Die Anrechnung rechtfertigt sich aus der Tatsache, dass derartige Leistungen das Kindergeld, das seinerseits nach dem Gedanken der vorrangigen Anspruchsberechtigung anzurechnen ist, verdrängen.

2   Während nach § 1612b das staatliche Kindergeld zur Deckung des Barbedarfs des Kindes zu verwenden ist, regelt § 1612c die bedarfsdeckende Verrechnung anderer regelmäßig wiederkehrender kindbezogener (**Sozial-**) **Leistungen**, wenn und soweit sie den Anspruch auf Kindergeld ausschließen (»sog. **Kindergeld ersetzende Leistungen**«). Der Gesetzgeber musste die Verweisungsnorm des § 1612c schaffen, weil es sich im Rahmen des § 1612c – im Gegensatz zu § 1612b – um Leistungen handelt, auf die nur ein Elternteil Anspruch hat.[1]

B. Kindergeld ersetzende Leistungen

3   Die das Kindergeld ersetzenden Leistungen sind **in § 65 EStG, § 4 Abs. 1 BKGG abschließend geregelt**: Danach wird Kindergeld nicht bezahlt, wenn für das Kind eine der in diesen Bestimmungen aufgezählten Leistungen zu gewähren ist oder bei entsprechender Antragstellung zu gewähren wäre. Der jeweilige gesetzliche Ausschluss des Kindergeldes soll öffentlich rechtliche

---

134 OLG Frankfurt OLGR 2002, 298.
135 OLG Frankfurt EzFamR **aktuell** 2002, 379 (Ls).
136 OLG Naumburg FamRZ 1998, 488; OLGR 2003, 441 (Ls); LAG Brandenburg JurBüro 1999, 143; OLG München FuR 1999, 494 = FamRZ 1999, 598; OLG Nürnberg FuR 2000, 388 = FamRZ 2000, 102; OLG Nürnberg EzFamR **aktuell** 2002, 92 (Ls); OLG Schleswig OLGR 2000, 112; NJWE-FER 2000, 298; OLG Bremen MDR 2001, 355; OLG Oldenburg EzFamR **aktuell** 2002, 222 (Ls); OLG Dresden FamRZ 2002, 1413 = FuR 2003, 123; OLGR Frankfurt 2003, 63.
137 OLG Frankfurt OLGR 2002, 298.
138 OLG Frankfurt FamRZ 1998, 1603.
139 OLG Koblenz FamRZ 2000, 1585 (Ls); 2001, 1713 (Ls).
  1 Schumacher/Grün FamRZ 1998, 785.

Doppelleistungen vermeiden, darf allerdings unterhaltsrechtlich keinem Elternteil zum Nachteil gereichen.[2] Derartige Kindergeld ersetzende Leistungen sind insb. **Kinderzuschüsse** in der gesetzlichen Rentenversicherung (§ 270 SGB VI, § 60 RKnG), Kinderzulagen für Schwerverletzte (§ 583 RVO; s. auch § 217 SGB VII) oder nach § 9 V Eigenheimzulagegesetz, **im Ausland oder von zwischen- bzw. überstaatlichen Einrichtungen gewährte Leistungen für Kinder** (etwa Art. 67 Abs. 1 des Statuts der EG-Beamten).

C. Anrechnung der das Kindergeld ersetzenden Leistungen

Kindergeld ersetzende Leistungen sind auf den Bedarf des Kindes nur anzurechnen, wenn und soweit sie den Anspruch auf Kindergeld ausschließen. Die Anrechnung ist daher der Höhe nach beschränkt auf ein **fiktives Kindergeld** (»soweit«). Eine darüber hinausgehende Leistung ist als Bestandteil des unterhaltspflichtigen Einkommens des Unterhaltsschuldners zu berücksichtigen.[3] Erreicht das Einkommen des Unterhaltsschuldners zusammen mit einer der anzurechnenden Leistungen noch nicht einmal seinen eigenen Lebensbedarf, dann kann das Kind (wie beim Kindergeld, s. § 74 EStG) eine Auszahlung der Leistung nach Maßgabe des § 48 SGB I erreichen.[4]   4

Kindbezogene Leistungen, für die das Vorrangprinzip nicht gilt, sind dagegen nicht anzurechnen, also etwa Leistungen, die zwei Personen anteilig (ohne vorrangige Berechtigung) zustehen. Dies gilt insb. beim kindbezogenen Anteil des **Orts- oder Sozialzuschlags (Familienzuschlag**[5]**)**, wenn sowohl der barunterhaltspflichtige als auch der das Kind betreuende Elternteil im öffentlichen Dienst solche Leistungen beziehen,[6] auch der einem betreuenden Elternteil gewährte kinderbezogene **Steigerungsbetrag im Ortszuschlag**.[7] Allerdings kann der erhöhte Ortszuschlag als Bestandteil des unterhaltsrelevanten Einkommens des Unterhaltsschuldners zu einer höheren Bemessung des Kinderunterhalts führen.[8]   5

D. Anspruch auf Teilkindergeld

Ist eine Kindergeld ersetzende Leistung niedriger als das volle Kindergeld nach § 66 EStG, dann wird Kindergeld in Höhe des Unterschiedsbetrages gezahlt, wenn er mindestens 5 € beträgt (§ 65 Abs. 2 EStG, § 4 Abs. 2 BKGG). Dem Berechtigten fließt also immer ein Betrag in Höhe des vollen Kindergeldes zu, so dass (höchstens) bis zu diesem Betrag die Kindergeld ersetzenden Leistungen auf den Unterhaltsbedarf des Kindes anzurechnen sind (»**fiktives Kindergeld**«).[9]   6

§ 1613   Unterhalt für die Vergangenheit

(1) [1]Für die Vergangenheit kann der Berechtigte Erfüllung oder Schadensersatz wegen Nichterfüllung nur von dem Zeitpunkt an fordern, zu welchem der Verpflichtete zum Zwecke der Geltendmachung des Unterhaltsanspruchs aufgefordert worden ist, über seine Einkünfte und sein Vermögen Auskunft zu erteilen, zu welchem der Verpflichtete in Verzug gekommen oder der Unterhaltsanspruch rechtshängig geworden ist. [2]Der Unterhalt wird ab dem Ersten des Monats,

---

2 BT-DR 13/7338, 31.
3 BT-Drucks. 13/7338 S. 48; BGH FamRZ 1980, 1112; Gressmann/Rühl DAVorm 1997, 161, 172.
4 So BGH NJW 1984, 1614 zum Kindergeldrecht nach dem dualen System.
5 Zur fiktiven Anrechnung bei der Geltendmachung von Kindesunterhalt s. OLG Koblenz FamRZ 2002, 481.
6 OLG Karlsruhe DAVorm 2000, 168.
7 OLG Düsseldorf FamRZ 1982, 1108.
8 BGH FamRZ 1983, 49.
9 Schumacher/Grün FamRZ 1998, 778, 785 f.

in den die bezeichneten Ereignisse fallen, geschuldet, wenn der Unterhaltsanspruch dem Grunde nach zu diesem Zeitpunkt bestanden hat.

(2) Der Berechtigte kann für die Vergangenheit ohne die Einschränkung des Absatzes 1 Erfüllung verlangen

1. wegen eines unregelmäßigen außergewöhnlich hohen Bedarfs (Sonderbedarf); nach Ablauf eines Jahres seit seiner Entstehung kann dieser Anspruch nur geltend gemacht werden, wenn vorher der Verpflichtete in Verzug gekommen oder der Anspruch rechtshängig geworden ist;
2. für den Zeitraum, in dem er
    a) aus rechtlichen Gründen oder
    b) aus tatsächlichen Gründen, die in den Verantwortungsbereich des Unterhaltspflichtigen fallen,

an der Geltendmachung des Unterhaltsanspruchs gehindert war.

(3) ¹In den Fällen des Absatzes 2 Nr. 2 kann Erfüllung nicht, nur in Teilbeträgen oder erst zu einem späteren Zeitpunkt verlangt werden, soweit die volle oder die sofortige Erfüllung für den Verpflichteten eine unbillige Härte bedeuten würde. ²Dies gilt auch, soweit ein Dritter vom Verpflichteten Ersatz verlangt, weil er an Stelle des Verpflichteten Unterhalt gewährt hat.

A. Strukturen

Das Unterhaltsrecht wird von dem **Grundsatz** beherrscht, dass **Unterhalt** für die **Vergangenheit** 1
nicht verlangt werden kann. Unterhalt soll und darf dem Unterhaltsgläubiger (nur) ermöglichen,
seine **laufenden Kosten der Lebenshaltung** zu bestreiten. Er dient seinem Wesen nach nicht dazu,
Bedürfnisse einer zurückliegenden Zeit zu befriedigen (»**praeteritum non vivitur**«). Auf Unterhaltsansprüche für die **Vergangenheit** kann im Unterschied zu Ansprüchen auf laufenden (künftigen) Unterhalt daher gemäß § 1614 **verzichtet** werden.[1]

§ 1613 beschränkt sich auf die **Regelung der Ausnahmen** von dem Grundsatz, dass Unterhalt 2
nicht für die Vergangenheit beansprucht werden kann. Die Vorschrift gilt nicht nur für den Verwandtenunterhalt,, sondern findet über die jeweiligen Verweisungsnormen auch für den Familienunterhalt (§ 1360a Abs. 3), für den Trennungsunterhalt (§§ 1361 Abs. 4 Satz 4, 1360a Abs. 3) und
für den nachehelichen Unterhalt (§ 1585b Abs. 2) Anwendung.[2] § 1613 gilt außerdem im Vereinfachten Verfahren[3] sowie nach gesetzlichem Forderungsübergang, etwa gem. § 1607 Abs. 2 Satz 2
bzw. § 94 Abs. 1 Satz 1 SGB XII. Sie wird auch im Rahmen des familienrechtlichen Ausgleichsanspruchs angewendet, entsprechend auch bei Ansprüchen aus GoA oder §§ 812 ff.[4] Nach § 528
Abs. 1 Satz 3 ist sie im Schenkungsrecht entsprechend anwendbar, soweit sich die Zahlungspflicht
aus § 528 Abs. 1 Satz 2 und nicht bereits aus § 528 Abs. 1 Satz 1 ergibt.[5] Keine Anwendung findet
§ 1613 demgegenüber auf Schadensersatzansprüche aus unerlaubter Handlung wegen Minderung
der Erwerbsfähigkeit oder Vermehrung der Bedürfnisse nach § 843 Abs. 1 oder wegen Entziehung
des Unterhaltsrechts nach § 844 Abs. 2.[6] Auch gilt die Vorschrift nicht für vertragliche Unterhaltsansprüche.[7]

Aus dem Regel-Ausnahme-Prinzip ergibt sich zwingend, dass der Gesetzgeber dem Interesse des
Unterhaltsgläubigers an der Bedarfsdeckung Vorrang vor dem Vertrauen des Unterhaltsschuldners,
nicht mehr in Anspruch genommen zu werden, eingeräumt hat.

Der Gesetzgeber hat nach der seit längerem kritisierten[8] Neufassung des § 1613 durch das Kin- 2a
dUG 1998 über die Neufassung des § 1585b Abs. 2 durch das UÄndG 2007 die Regelung des
nachehelichen Unterhalts für die Vergangenheit vereinheitlicht. Ehegattenunterhalt konnte nach
§ 1585b Abs. 2 a.F. erst ab Zugang einer Mahnung, nicht bereits ab dem Anfang des Monats, in
dem die Mahnung zuging, gefordert werden, weil § 1613 Abs. 1 Satz 2 für den nachehelichen
Unterhalt nicht für entsprechend anwendbar erklärt war.[9] Dies hat der Gesetzgeber nunmehr mit
dem UÄndG 2007 geändert, um einen Gleichlauf der Systematik im Unterhaltsrecht herbeizuführen: Nach § 1585b Abs. 2 n.F. kann der Unterhaltsgläubiger nach Rechtskraft der Scheidung nunmehr Erfüllung oder Schadensersatz wegen Nichterfüllung für die Vergangenheit (auch) entsprechend § 1613 Absatz 1 fordern.

---

1 BGH FamRZ 1987, 40; zur Frage der Verwirkung von rückständigem Minderjährigenunterhalt nach dem
  Eintritt der Volljährigkeit des Kindes s. OLG Celle FamRZ 2008, 2230.
2 Hierzu OLG München OLGR 2008, 133.
3 OLG Brandenburg FamRZ 2001, 1078.
4 BGH FamRZ 1994, 775.
5 BGHZ 94, 141, 144 = BGH FamRZ 1985, 778 = BGH NJW 1986, 1606; BGH EzFamR BGB § 1613
  Nr. 8; s. auch Franzen FamRZ 1997, 528 m.w.N.
6 BGH FamRZ 2004, 526.
7 BGH FamRZ 2009, 2075; so bereits OLG Brandenburg FamRZ 2004, 210.
8 S. etwa Schumacher/Grün FamRZ 1998, 786; Gerhardt FuR 2005, 529, 537 – misslich war insb. die fehlende Anknüpfung des Verzuges an das Auskunftsbegehren als »fiktive Mahnung« im nachehelichen
  Unterhaltsrecht; hierzu zuletzt noch ausführlich OLG Saarbrücken FamRZ 2008, 791 = FuR 2008, 253.
9 S. etwa OLG Koblenz FuR 2006, 45 = NJW-RR 2006, 151.

2b   Unterhalt für die Vergangenheit kann der Unterhaltsberechtigte unter den Voraussetzungen des § 1613 Abs. 2 Nr. 2a nunmehr auch von ersatzweise haftenden Verwandten verlangen.[10] Dies gilt allerdings nicht für Zeiträume vor Inkrafttreten der geänderten Vorschrift am 01.07.1998.

3-4   (zur Zeit nicht besetzt)

5   Dritte können, wenn sie Unterhaltsansprüche rechtswirksam auf sich **übergeleitet** haben oder diese **gesetzlich übergegangen** sind (etwa nach § 93 f. SGB XII, § 7 UVG, § 37 BAföG oder nach § 1607 Abs. 2 Satz 2), rückständigen Unterhalt erst ab Rechtswahrungsanzeige (schriftliche Mitteilung der Hilfeleistung an den Unterhaltsschuldner, vgl. z.B. § 94 SGB XII) verlangen. Eine Rechtswahrungsanzeige eines Trägers von Sozialleistungen, auf welchen ein bürgerlich-rechtlicher Unterhaltsanspruch nicht übergegangen ist, begründet keine Verzugswirkungen zugunsten des Unterhaltsgläubigers.[11] Die Übersendung einer Rechtswahrungsanzeige mit anschließender Mitteilung über die Fortdauer der Hilfegewährung ist ausreichend, damit ein Anspruch auf Elternunterhalt aus übergegangenem Rechts gegenüber dem leistungsverpflichteten Kind uneingeschränkt geltend gemacht werden kann.[12] Ein Land, das ehelichen Kindern Unterhaltsleistungen nach dem Unterhaltsvorschussgesetz gewährt hat, kann den unterhaltspflichtigen Elternteil nicht auch für Unterhaltsrückstände aus der Zeit vor Erlass des Bewilligungsbescheids in Anspruch nehmen.[13]

6   Auch ein **familienrechtlicher Ausgleichsanspruch**, etwa Erstattung der von dem betreuenden Elternteil vorgestreckten Kosten einer kieferorthopädischen Behandlung des gemeinsamen Kindes, die von der Krankenversicherung des anderen Ehegatten, bei dem das Kind mitversichert ist, rückerstattet wurden, muss innerhalb der Jahresfrist des § 1613 Abs. 2 Nr. 1 geltend gemacht werden.[14] Der Rechtsgedanke des § 1613 ist demzufolge auch auf den familienrechtlichen Ausgleichsanspruch wie auch auf Ansprüche aus GoA oder ungerechtfertigter Bereicherung anzuwenden.[15]

7   Als **Sonderform** berechtigten Unterhalts für die Vergangenheit normiert das Gesetz den »**Sonderbedarf**« für den Verwandtenunterhalt in § 1613 Abs. 2 Nr. 1, für den Ehegattenunterhalt teils über Verweisungsnormen (§ 1360a Abs. 3 für den Familienunterhalt, §§ 1361 Abs. 4 Satz 4, 1360a Abs. 3 für den Trennungsunterhalt), teils originär (s. § 1585b[16] für den nachehelichen Unterhalt, jedoch wegen der »Definitionsverweisung« auf § 1613 Abs. 2 auch mit dem materiellen Gehalt dieser Norm).

7a   Wird einem Unterhaltsbegehren für zurückliegende Zeiträume stattgegeben, dann müssen bereits freiwillig geleistete Unterhaltszahlungen des Schuldners im Beschlusstenor berücksichtigt und exakt angerechnet werden.[17] Ein Titel mit einer »**unbezifferten Anrechnungsklausel**« (etwa »unter Anrechnung bereits gezahlter Beträge«) widerspricht dem Bestimmtheitserfordernis eines Vollstreckungstitels mit der Folge, dass der Beschluss für die Vergangenheit nicht als vollstreckungsfähig anzusehen ist.[18] Die **Vollstreckungsfähigkeit** des **Titels** ist nur gewährleistet, wenn er den Anspruch des Gläubigers ausweist, Inhalt und Umfang der Leistungspflicht bezeichnet, sich klar ergibt, dass der Schuldner sich ohne Einschränkung in Höhe des bezifferten Betrags der sofortigen

---

10 BGH FamRZ 2004, 800.
11 OLG Stuttgart NJW-RR 2007, 946.
12 OLG Karlsruhe NJW-RR 2006, 361.
13 OLG Schleswig FuR 2002, 46.
14 OLG Köln FamRZ 2003, 251 – kieferorthopädische Behandlung; zum familienrechtlichen Ausgleichs- und Erstattungsanspruch bei rückständigem Kindesunterhalt s. Armasow MDR 2004, 307 ff.
15 BGH FamRZ 1984, 775.
16 Im Anwendungsbereich dieser Norm ist eine weitere Schranke des Anspruchs zu beachten: für eine mehr als ein Jahr vor der Rechtshängigkeit liegende Zeit kann Erfüllung oder Schadensersatz wegen Nichterfüllung nur dann verlangt werden kann, wenn sich der Unterhaltsschuldner der Leistung absichtlich entzogen hat (§ 1585b Abs. 3).
17 BGH FamRZ 1998, 1165 = FuR 1998, 418.
18 BGH FamRZ 2006, 261 = FuR 2006, 125.

Zwangsvollstreckung unterwirft und die Anrechnungsklausel nur einen deklaratorischen Vorbehalt bedeutet, in dem jeder Bezug zur Zahlungspflicht vermieden wird.[19]

Altersvorsorgeunterhalt kann für die Vergangenheit nicht erst von dem Zeitpunkt an verlangt **8** werden, in dem er ausdrücklich als »Altersvorsorgeunterhalt« geltend gemacht worden ist Es reicht für die Inanspruchnahme des Unterhaltsschuldners vielmehr aus, dass der Unterhaltsgläubiger Auskunft mit dem Ziel der Geltendmachung von Unterhalt eingefordert hat.[20]

B. Normzweck

Von einem Unterhaltsgläubiger, der auf laufende Unterhaltszahlungen angewiesen ist, muss eher **9** als von einem Gläubiger anderer Forderungen erwartet werden, dass er sich zeitnah um die Durchsetzung seines Anspruchs bemüht. Da Unterhalt deshalb grundsätzlich nur laufend, also für die Folgemonate zu bezahlen ist, muss sich der Unterhaltsschuldner regelmäßig auch nur auf derzeitige sowie künftig auf ihn zukommende Belastungen einstellen.[21] Er soll ansonsten davor geschützt werden, dass Verpflichtungen anwachsen, mit denen er nicht zu rechnen braucht, und dass Unterhaltsrückstände zu einer erdrückenden Schuldenlast anwachsen.[22] Wird der Unterhaltsschuldner jedoch auf eine Ausnahme hiervon hingewiesen, dann muss er ab dem Zeitpunkt der Aufforderung damit rechnen, dass er auf rückständigen Unterhalt in Anspruch genommen wird, so dass er erst dann überblicken und kalkulieren kann, aber auch muss, wieviel Geld er für seinen eigenen Lebensbedarf ausgeben darf, und welche Rücklagen er bilden muss.[23]

Im Unterhaltsrechtsstreit sind die für die Bemessung des Unterhalts maßgeblichen Einkommens- **10** verhältnisse der Parteien nach längerer Zeit oft nur schwer aufklärbar. Dieser Umstand, der eine möglichst **zeitnahe Geltendmachung** des Unterhalts nahe legt, führt dazu, dass das **Zeitmoment der Verwirkung** auch schon dann erfüllt sein kann, wenn die Rückstände Zeitabschnitte betreffen, die ein Jahr oder länger zurückliegen. Nach den gesetzlichen Bestimmungen des § 1613 Abs. 2 Nr. 1 i.V.m. §§ 1361 Abs. 4 Satz 4, 1360a Abs. 3, 1585b Abs. 2 verdient der Gesichtspunkt des Schuldnerschutzes daher bereits bei mindestens einem Jahr zurückliegenden Unterhaltsrückständen besondere Beachtung. Diesem Rechtsgedanken kann im Rahmen der Bemessung des Zeitmoments in der Weise Rechnung getragen werden, dass das Verstreichenlassen einer Frist von mehr als einem Jahr für die Verwirkung früherer Unterhaltsansprüche ausreichen kann, sofern nicht das **Umstandsmoment** der Verwirkung entgegensteht.[24]

C. Regel des § 1613 Abs. 1

Der Unterhaltsgläubiger kann für die Vergangenheit **ausnahmsweise** Erfüllung oder Schadenser- **11** satz wegen Nichterfüllung (nur) von dem Zeitpunkt an fordern, an dem er den Unterhaltsschuldner zum Zwecke der Geltendmachung seines Unterhaltsanspruchs aufgefordert hat, über seine

---

19 Vgl. im Einzelnen BGHZ 165, 223 = BGH FamRZ 2006, 261, 262 f. = FuR 2006, 125 (Berufungsgericht: OLG Zweibrücken FamRZ 2003, 692).
20 BGH FamRZ 2007, 193 = FuR 2007, 79.
21 BGH FamRZ 1992, 920.
22 Zu dem hinter der Regelung des § 1613 stehenden Gedanken des Vertrauensschutzes s. BGH FamRZ 2009, 1402 = FuR 2009, 575.
23 OLG Hamburg FamRZ 1991, 109 mit Anm. Henrich zu den Kosten einer Klassenreise; zu allem auch BT-Drucks. 13/7338 S. 31.
24 OLG Naumburg FamRZ 2008, 1546 unter Hinweis auf die Rechtsprechung des BGH zur Verwirkung rückständigen Unterhalts.

Einkünfte und über sein Vermögen **Auskunft** zu erteilen, oder wenn der Unterhaltsschuldner in **Verzug** gekommen[25] bzw. der Unterhaltsanspruch **rechtshängig** geworden ist (§ 1613 Abs. 1).

12   Der Unterhaltsgläubiger hat – kumulativ oder alternativ – somit **vier Möglichkeiten, Ansprüche auf rückständigen Unterhalt** zu begründen:

   – Fiktion einer Mahnung durch Auskunftsbegehren (§ 1613 Abs. 1 Satz 1)
   – Stufenmahnung[26]
   – Verzug (§ 1613 Abs. 1 Satz 1)
   – Rechtshängigkeit (§ 1613 Abs. 1 Satz 1)

Der Unterhalt wird zwar ab dem Ersten des Monats, in den die bezeichneten Ereignisse fallen, geschuldet, aber nur dann, wenn der Unterhaltsanspruch dem Grunde nach zu diesem Zeitpunkt bereits bestanden hat (§ 1613 Abs. 2 Satz 2).

13   Eine Mahnung oder eine dieser gleichstehende erstmalige Unterhaltsforderung durch einen **Bevollmächtigten** kann vom Schuldner in entsprechender Anwendung des § 174 Satz 1 zurückgewiesen werden, wenn eine **Vollmachturkunde** nicht vorgelegt wird, und zwar auch dann, wenn neben dem formellen Einwand der fehlenden Vollmacht zugleich materiell-rechtliche Gesichtspunkte gegen die Unterhaltsforderung vorgebracht werden.[27] Die einseitige Rücknahme der Mahnung lässt die durch diese ausgelösten Verzugsfolgen nicht rückwirkend entfallen. Sie beendet lediglich den Verzug, d.h., es entstehen keine weiteren Verzugsfolgen. Eingetretene Verzugsfolgen können nur durch Verzicht (Erlass), also durch Vertrag (§ 397 Abs. 1) beseitigt werden.[28] Der Unterhaltsschuldner kommt durch eine Leistungsaufforderung nicht in Verzug, so lange er die Bedürftigkeit des Unterhaltsgläubigers nicht kennt und auch bei Anwendung der erforderlichen Sorgfalt nicht kennen kann.[29] Verzug bei Gläubigermehrheit tritt nur dann ein, wenn die Mahnung den für den jeweiligen Unterhaltsgläubiger geforderten Unterhaltsbetrag konkret beziffert.[30]

14   Haben sich die Eltern eines Kindes außergerichtlich über die Höhe und die Fälligkeit der Unterhaltszahlung geeinigt und erfüllt der Schuldner diese Vereinbarung dauerhaft korrekt, muss der Gläubiger zunächst die Errichtung eines Vollstreckungstitels anmahnen, bevor er einen Antrag auf die – vereinbarte – Leistung stellt. Wird ein Antrag ohne Anmahnung erhoben, und errichtet der Schuldner unverzüglich eine Urkunde über den Unterhalt, hat er keinen Anlass zur Einleitung des Unterhaltsverfahrens gegeben.[31] Erbringt der Schuldner demgegenüber nur **Teilleistungen** auf den geschuldeten Unterhalt, dann gibt er auch dann Veranlassung für einen gerichtlichen Antrag auf den vollen Unterhalt, wenn er zuvor nicht zur Titulierung des freiwillig gezahlten Teils aufgefordert wurde.[32]

15   Eine **vor Fälligkeit** der **Forderung erklärte Mahnung** ist **wirkungslos**. Eine für den Trennungsunterhalt erklärte Mahnung begründet keinen Verzug betreffend den nachehelichen Unterhalt, da es sich hierbei um verschiedene Ansprüche und Streitgegenstände handelt,[33] ebenso wenig eine vor Eintritt der Rechtskraft des Scheidungsausspruchs ausgesprochene Mahnung zur Zahlung von nachehelichem Unterhalt, weil der nacheheliche Unterhaltsanspruch erst mit Rechtskraft der Scheidung entsteht.[34] Weiter liegt keine wirksame **Mahnung** zur Zahlung von nachehelichem

---

25 S. auch Viefhues Fallstricke beim Verzug des Unterhaltsschuldners ZFE 2004, 145 ff.
26 BGH FamRZ 1990, 283; OLG Schleswig OLGR 2002, 257.
27 OLG Bamberg FamRZ 1990, 1235.
28 BGH FamRZ 1987, 40 (Berufungsurteil OLG Köln FamRZ 1985, 931).
29 OLG Hamburg FamRZ 1997, 621.
30 OLG Hamm FamRZ 1997, 1102.
31 OLG Naumburg FamRZ 2006, 1052.
32 BGH FamRZ 2010, 195.
33 BGHZ 103, 62 = BGH FamRZ 1988, 370.
34 BGH FamRZ 1992, 920 f; OLG Koblenz FamRZ 2005, 1997.

Unterhalt vor, wenn der Anspruch bei Zugang des ersten Aufforderungsschreibens wegen fehlender Rechtskraft der Scheidung noch nicht entstanden ist, und ein weiteres, nach Rechtskraft zugehendes Aufforderungsschreiben keine konkrete Zahlungsaufforderung enthält.[35]

Eine vor Feststellung der Vaterschaft ausgesprochene **Mahnung** vermag auch für die Zeit nach **16** rechtskräftiger Feststellung der Vaterschaft keinen Verzug herbeizuführen (s. auch § 1600a a.F.).[36] Allerdings kann das Kind Unterhalt für die Vergangenheit vor Anerkenntnis oder Feststellung der Vaterschaft gem. § 1613 Abs. 2 Nr. 2a – auch von ersatzweise haftenden Verwandten des nicht mit der Mutter verheirateten leistungsunfähigen Vaters – verlangen, nicht jedoch für Zeiträume vor Inkrafttreten dieser Vorschrift am 01.07.1998.[37] Allerdings kann der Anspruch eines nichtehelichen Kindes, das gem. § 1613 Abs. 2 Nr. 2a für die Zeit der Vergangenheit, in der es aus rechtlichen Gründen an der Geltendmachung des Unterhaltsanspruchs gehindert war, Unterhalt verlangen kann, gemäß den allgemeinen Grundsätzen verwirken.[38]

(zur Zeit nicht besetzt) **17**

I. Fiktion einer Mahnung durch Auskunftsbegehren (§ 1613 Abs. 1 Satz 1)

Nach § 1613 Abs. 1 Satz 1 kann rückständiger Unterhalt geltend gemacht werden, wenn der **18** Unterhaltsschuldner oder ein aktuell von ihm bevollmächtigter Vertreter[39] – auf einen bestimmten Unterhaltstatbestand bezogen und damit hinreichend bestimmt – zur **Auskunft aufgefordert** worden ist (vgl. § 1605, § 113 FamFG, § 253 Abs. 2 Nr. 2 ZPO): Die Inverzugsetzung nach bürgerlich-rechtlichen Bestimmungen **fingiert** eine **Mahnung**. Der Unterhaltsschuldner ist ab dem Zeitpunkt der Aufforderung nicht (mehr) schutzwürdig, weil er fortan damit rechnen muss, dass er auf Unterhalt in Anspruch genommen wird, und gegebenenfalls entsprechende Rücklagen bilden kann und muss. Es ist nun nicht mehr notwendig, das Auskunftsbegehren mit einem (unbezifferten) Leistungsverlangen zu verbinden (sog. **Stufenmahnung**) und/oder vorab »ins Blaue hinein« zu hohe Unterhaltsbeträge einzufordern, um später nicht an der rückwirkenden Geltendmachung des vollen Unterhalts gehindert zu sein. Das Auskunftsverlangen ermöglicht selbst dann Nachforderungen, wenn der Unterhaltsschuldner auf Grund einer falschen Unterhaltsberechnung des Unterhaltsgläubigers bereits Unterhalt bezahlt hat.[40]

Allerdings genügt es nicht, das Auskunftsverlangen allgemein auf Unterhalt – ohne **Hinweis** auf **19** eine **bestimmte Unterhaltslage** – zu stützen. Da nach allgemeinen bürgerlich-rechtlichen Regeln eine Mahnung hinreichend bestimmt sein muss, und das Auskunftsverlangen der Inverzugsetzung gleichgestellt werden soll, muss es sich auf einen **bestimmten Anspruch** beziehen, um die ihm beigelegte Warnfunktion für den Unterhaltsschuldner zu entfalten. In der Auskunft ist daher anzugeben, dass Auskunft zum Zwecke der Geltendmachung von Trennungsunterhalt (§ 1361) bzw. nachehelichem Unterhalt (§§ 1570 ff.) und/oder Verwandtenunterhalt (§§ 1601 ff.) bzw. Unterhalt nach § 1615l verlangt wird.[41]

II. Schuldner-»Verzug« (§ 1613 Abs. 1 Satz 1)

Wenn auch infolge Fiktion der Mahnung durch ein Auskunftsbegehren in § 1613 Satz 1 der Ver- **20** zugsmechanismus nach §§ 286 f. im Unterhaltsrecht weitgehend an Bedeutung verloren hat (ver-

---

35 OLG Hamm FamRZ 2001, 482.
36 BGHZ 103, 160, 167 = BGH FamRZ 1988, 387 mN; BGH FamRZ 2004, 800.
37 BGH FamRZ 2004, 800 = FuR 2004, 231 mit Anm. Luthin FamRZ 2004, 801; BGHZ 158, 231 = BGH FamRZ 2004, 800 = FuR 2004, 231.
38 S. etwa OLG Thüringen FuR 2003, 135 mit Anm. Grandke NJ 2002, 488.
39 AG Nordhorn FamRZ 2012, 879.
40 Frerix FamRZ 2000, 1046 (Anm. zu AmtsG Wesel FamRZ 2000, 1045).
41 OLG Frankfurt FuR 2002, 534 – Auskunft zum Zwecke der Bezifferung eigener Unterhaltsansprüche.

blieben ist allerdings die Problematik rechtzeitiger Inverzugsetzung beim nachehelichen Unterhalt!), sollte doch zur Sicherheit (zusätzlich) Verzug nach §§ 286 f. begründet bzw. Auskunft im Wege der Stufenmahnung verlangt werden.

21   Nach §§ 286 f. gerät der Schuldner mit der geschuldeten Leistung in **Verzug**, wenn er nicht rechtzeitig leistet, obwohl die Leistung möglich ist und er nicht durch einen Umstand, den er nicht zu vertreten hat, an der Leistung gehindert ist. Die **Voraussetzungen** des Schuldnerverzuges nach **§§ 286, 287 sind demnach:**

– Nichtleistung trotz Möglichkeit der Leistung,
– Durchsetzbarkeit der Forderung,
– Fälligkeit der Forderung,
– Mahnung des Gläubigers, soweit sie nicht entbehrlich ist, **und**
– Vertretenmüssen der Verspätung

Einer Inverzugsetzung bedarf es auch dann, wenn der Unterhaltsschuldner gleichzeitig Betreuer des Unterhaltsgläubigers ist.[42]

22   Ein Antrag auf Zahlung rückständigen Unterhalts hat keine hinreichende Erfolgsaussicht, wenn der Zugangsnachweis für eine Mahnung mit Einschreiben/Rückschein nicht geführt werden kann, weil dann der Nachweis des Verzugseintritts nicht geführt ist. In einem solchen Fall ist bereits die Bewilligung von VKH zu versagen.[43]

23   Ist ein Unterhaltsschuldner mit Rechtsanwaltsschreiben zur Unterhaltszahlung aufgefordert worden, entfällt die Verzugswirkung nicht deshalb, weil der Unterhaltsgläubiger zunächst nur einen Teil des angemahnten Betrags rechtshängig gemacht hat. Dies gilt auch dann, wenn anschließend (nach Rechtshängigkeit) die Forderung in Ansehung einer Änderung der Verhältnisse und der rechtlichen Beurteilung wieder erhöht wird. Der Unterhaltsschuldner kann sich insoweit nicht mit Erfolg auf die Verwirkung rückständigen Unterhalts berufen.[44]

1. Nichtleistung trotz Möglichkeit der Leistung

24   Der Schuldner kann nur dann in Verzug geraten, wenn er eine – vertraglich oder gesetzlich – geschuldete Leistung, die von ihm (noch) erbracht werden kann, nicht erbracht hat. Die Leistung muss ihm daher (noch) **möglich** sein.

2. Durchsetzbarkeit der Forderung

25   Der Schuldner kann nur dann in Verzug geraten, wenn die Forderung noch **durchsetzbar** ist. Dies ist nicht der Fall, wenn ihr eine **Einrede** entgegensteht. Solange sich der Schuldner auf eine Einrede berufen kann, kommt er nicht in Verzug, weil ihn die Einrede dazu berechtigt, die Leistung zu verweigern.[45]

3. Fälligkeit der Leistung

26   Eine **Leistung** wird in dem Zeitpunkt **fällig**, in dem der Gläubiger berechtigt ist, sie zu fordern, und der Schuldner (damit) verpflichtet ist, sie zu erbringen. Der Zeitpunkt der Fälligkeit ergibt sich folglich aus einer **vertraglichen Vereinbarung** (etwa der Vereinbarung, den Unterhalt entsprechend der Gehaltszahlung erst zur Monatsmitte zu leisten), mangels Vereinbarung auch aus den

---

42   OLG Hamm FamRZ 1996, 1218.
43   OLG Brandenburg NJW 2005, 1585.
44   KG FamRZ 2005, 1854.
45   So die h.M., s. etwa Medicus, Schuldrecht AT Rn. 395 ff. m.w.N. – nicht bereits das Bestehen einer Einrede schließt den Eintritt des Verzuges aus, sondern erst die Berufung des Schuldners auf die Einrede (zum Meinungsstreit s. Brehm, JuS 1989, 113 f; offen gelassen in BGH ZIP 1991, 320).

Umständen des **Einzelfalles**, ansonsten aus dem **Gesetz** (z.B. §§ 1612 Abs. 3 Satz 1, 271 Abs. 1 »sofort«). »Sofort« i.S.d. § 271 Abs. 1 bedeutet Leistungspflicht innerhalb einer **angemessenen Zeitspanne**, deren Umfang sich nach objektiven, an der Verkehrsanschauung orientierten Kriterien bemisst.[46] Die Fälligkeit kann – entweder durch Parteivereinbarung oder durch Gesetz (z.B. § 1613 Abs. 3) hinausgeschoben sein (= **Stundung** der Forderung).

4. Mahnung des Gläubigers (§ 286 Abs. 1)

Da die Folgen des Verzugs den Schuldner schwer treffen können, muss ihn der Gläubiger im **Regelfall** durch **Mahnung nach Fälligkeit** der **Leistung** besonders warnen (§ 286 Abs. 1). Unter den Voraussetzungen des § 286 Abs. 2 ist eine Mahnung jedoch **ausnahmsweise** entbehrlich. Befindet sich der Auskunftsschuldner mit der Auskunft in Verzug, und wurde das Auskunftsverlangen nicht – wie bei einem Stufenantrag – mit einem unbezifferten Zahlungsantrag verbunden (»Stufenmahnung«), macht er sich nach § 286 **schadensersatzpflichtig**.[47] Während das volljährige Kind selbst mahnen muss,[48] mahnt für das minderjährige Kind entweder sein gesetzlicher Vertreter[49] (und damit auch das Jugendamt als Beistand)[50] oder aber der Inhaber der Obhut (§ 1629 Abs. 2 Satz 2). Ein Rechtsanwalt, der im Scheidungsverfahren bevollmächtigt ist, hat regelmäßig auch Vollmacht für Mahnungen bezüglich des Kindesunterhalts.[51] **27**

Die Mahnung ist eine **einseitige empfangsbedürftige Aufforderung** des Gläubigers an den Schuldner, die geschuldete und fällige Leistung zu erbringen. Sie kann auch mit der die Fälligkeit des Unterhalts begründenden Erklärung verbunden werden. Sie ist nicht formbedürftig, kann also auch mündlich[52] oder unter Umständen auch schlüssig erklärt werden (etwa durch Aufrechnung des Unterhaltsgläubigers mit Unterhalt).[53] Die Mahnung muss jedoch zwingend den Zeitpunkt erkennen lassen, von dem an Unterhalt verlangt wird.[54] Weder der bloße Hinweis auf die Pflicht zur Zahlung von Unterhalt oder das Bestehen einer Erwerbsobliegenheit gegenüber einem minderjährigen Kind[55] noch die Aufforderung an den Unterhaltsschuldner, sich über seine Leistungsbereitschaft zu erklären,[56] noch die Anfrage, ob er bereit sei, den Unterhaltsanspruch anzuerkennen und Zahlungen vorzunehmen, stellen eine Verzug begründende **Mahnung** dar.[57] Das gleiche gilt für die Aufforderung, den Unterhaltsanspruch titulieren zu lassen. Der Unterhaltsgläubiger trägt die Beweislast für den Zugang der Mahnung; im Vereinfachten Verfahren hilft § 252 Abs. 1 FamFG (vormals § 648 Abs. 1 Satz 3 Hs. 2 ZPO).[58] Ist Unterhalt für den gesamten Monat geschuldet, wirkt die Mahnung auf den Ersten des Monats zurück, in dem sie dem Unterhaltsschuldner zugegangen ist.[59] Verzug tritt damit regelmäßig **nicht erst ab Zugang** der Mahnung beim Unterhaltsschuldner oder (erst) ab dem ersten Tag des Folgemonats[60], sondern bereits **rückwirkend** ab dem Monatsersten ein. **28**

---

46 OLG München NJW-RR 1982, 818.
47 FamRZ 1984, 163.
48 OLG München FamRZ 1995, 1293; a.A. Krause FamRZ 1996, 307.
49 OLG Düsseldorf FamRZ 2000, 442.
50 KG NJW-RR 2005, 155.
51 OLG Brandenburg FamRZ 2004, 483.
52 BGH FamRZ 1993, 1055.
53 BGH FamRZ 1996, 1067.
54 OLG Karlsruhe FamRZ 1998, 742.
55 OLG Hamm FamRZ 2010, 383.
56 OLG Brandenburg FamRZ 2004, 560.
57 BGH FamRZ 2004, 800; vgl. auch OLG Düsseldorf, NJW-RR 1998, 1749.
58 BT-Drucks. 13/7338 S. 58.
59 Palandt/Brudermüller, § 1613, Rn. 4.
60 So BGHZ 109, 211 = BGH FamRZ 1990, 283.

29 Eine **Mahnung** muss **bestimmt**, also klar (»genau bezeichnet, eindeutig«) und unmissverständlich (»genau konkretisiert«) zum Ausdruck bringen, dass und welche geschuldete Leistung **ab wann** verlangt wird (»bestimmte und eindeutige Zahlungsaufforderung).[61] Die Unterhaltsforderung muss daher dem Unterhaltsschuldner nicht nur in ihrer Existenz, sondern auch nach ihrem Umfang (= Höhe des geschuldeten Betrages) bekannt sein.[62] Er muss aus der Mahnung eindeutig erkennen können, welchen Unterhaltsbetrag der Unterhaltsgläubiger von ihm verlangt. Das **Mahnschreiben** muss daher **genaue Angaben** enthalten, **warum** (Unterhaltslage!), **ab wann**[63] (genauer Zeitpunkt!) und **in welcher Höhe** Unterhalt zu zahlen ist. Im Falle von Gläubigermehrheiten (etwa Mahnung von Unterhaltsansprüchen für mehrere Kinder) muss (auch) die Mahnung bereits den für den **jeweiligen** Unterhaltsgläubiger geforderten Unterhaltsbetrag konkret angeben.[64] Keine verzugsbegründende Mahnung liegt daher vor, wenn etwa »Kindesunterhalt entsprechend der DT« oder nur allgemein »Auskunft über Einkommen und/oder Vermögen« begehrt wird.[65]

30 Die Forderung einer geringeren Unterhaltssumme begründet keinen Verzug hinsichtlich eines höheren als des geforderten Betrages.[66] Auch ein VKH-Gesuch, das einer Mahnung gleichsteht, begründet mit seinem Zugang an den Unterhaltsschuldner dessen Verzug nur hinsichtlich der jeweils geforderten Beträge.

31 **Unschädlich** ist jedoch die **Anmahnung** eines **höheren** als des **geschuldeten** Betrages, wenn sich aus der Aufforderung durch Auslegung ergibt, dass die Erfüllung der tatsächlich geschuldeten Leistung verlangt wird. Die Rechtsprechung trägt hier den Schwierigkeiten bei der Berechnung einer Unterhaltsforderung ohne genaue Kenntnis der Bemessungsgrundlagen Rechnung; Verzug tritt dann in Höhe der tatsächlich geschuldeten Leistung ein.[67] Die Bezifferung eines zu **niedrigen** Betrages begründet Verzug nur in dieser Höhe, auch wenn dem Unterhaltsgläubiger tatsächlich ein höherer Unterhalt zustand.[68] Soweit der Unterhaltsschuldner bei einer erneuten Mahnung seine Unterhaltsforderung **ermäßigt** oder einen bereits eingereichten **Unterhaltsantrag** – auch teilweise – **zurücknimmt**, besteht ab diesem Zeitpunkt Verzug nur mehr für den reduzierten Unterhalt.[69]

32 Die Unterhaltspflicht ist keine einheitliche, einmal entstandene und bis zum Wegfall einer ihrer Voraussetzungen fortdauernde Leistungspflicht, sondern der Anspruch entsteht in jedem **Zeitpunkt**, in dem seine Voraussetzungen vorliegen, für jede Zeiteinheit, in der ihre Voraussetzungen vorliegen, neu, erneuert sich also fort und fort.[70] Dennoch muss die Mahnung **nicht laufend wiederholt** werden;[71] es ist jedoch darauf abzustellen, welche angemessene Überlegungsfrist dem

---

61 OLG Schleswig FamRZ 2003, 603.
62 BGH FamRZ 1984, 163.
63 OLG Karlsruhe FamRZ 1998, 742.
64 OLG Hamm FamRZ 1995, 106.
65 BGH FamRZ 1984, 163.
66 BGH FamRZ 1990, 283; 1982, 887, 890 = FuR 2004, 507.
67 BGH FamRZ 1982, 887.
68 BGHZ 109, 211 = BGH FamRZ 1990, 283.
69 OLG Hamm FamRZ 1989, 1303.
70 BGHZ 82, 246, 250 = BGH FamRZ 1982, 259 = FamRZ 1982, 1189, 156, 105 = FamRZ 2003, 1544 = FuR 2004, 85, jeweils m.w.N.; a.A. Wax FamRZ 1993, 22 – eine Unterhaltspflicht entstehe als einheitliche Verpflichtung, wenn alle Voraussetzungen gegeben sind, und ende, wenn eine sachliche Voraussetzung entfällt oder das Schuldverhältnis erlischt; zur steuerlichen Berücksichtigung von Unterhaltsaufwendungen gem. §§ 33, 33a EStG s. BMF NJW 1998, 584; BFH FamRZ 1996, 1005.
71 BGHZ 103, 62 = BGH FamRZ 1988, 370; bedenklich aber OLG Celle FamRZ 2002, 1645 – der unterhaltsberechtigte Student hatte, nachdem er seinen Vater nach Einstellung von Unterhaltszahlungen wirksam in Verzug gesetzt hatte, den Unterhaltsanspruch mehr als zwei Jahre nach einem Wechsel des Studienfachs nicht geltend gemacht; das OLG hat eine erneute Mahnung für entbehrlich gehalten.

Unterhaltsgläubiger vor Erhebung des Unterhaltsantrages zuzubilligen ist. Der BGH[72] hat wegen der Dauer dieser Frist an die gesetzgeberische Wertung angeknüpft, die der Vorschrift des § 212 Abs. 2 a.F. zugrunde lag.[73]

Der Mahnung stehen, weil diese Anträge konkludent eine Zahlungsaufforderung an den Unterhaltsschuldner ab Zugang bei ihm enthalten, **gleich:**   33

– Zugang eines **VKH-Antrages** (auch vor förmlicher Zustellung des Unterhaltsantrages), auch bei einem noch nicht bezifferten Stufenantrag (Verzug tritt spätestens mit der Zustellung eines Stufenzwischenantrages ein[74]

– Zugang eines **Antrages** auf Erlass einer **summarischen Maßnahme** (einstweilige Anordnung gem. § 246 FamFG)[75]

– Zugang eines **Antrages** nach § 1612 Abs. 2 Satz 2,[76] jedoch nicht die Einleitung eines Strafverfahrens wegen Verletzung der Unterhaltspflicht (§ 170 StGB)

– Erhebung eines **Leistungsantrages** und Zustellung eines **Mahnbescheids** (§ 286 Abs. 1 Satz 2)

– **Selbstmahnung:** In dem **Versprechen der Zahlung** eines bestimmten Unterhaltsbetrages liegt regelmäßig eine Selbstmahnung, die Verzug begründet, ohne dass der Unterhaltsgläubiger die Verzugsvoraussetzungen nach § 1613 Abs. 1 schaffen müsste.[77] Die alsbaldige Einstellung bzw. Kürzung der Unterhaltszahlungen macht die Selbstmahnung nicht rückgängig.[78] Die Erklärung hingegen, zur Zahlung von Unterhalt bereit zu sein, begründet keine Selbstmahnung[79]

– **Konkludente Geltendmachung** von nachehelichem Unterhalt in einem anderen Unterhaltsverfahren: Stellt der Unterhaltsgläubiger in der mündlichen Verhandlung im anhängigen Trennungsunterhaltsverfahren, das knapp einen Monat nach Rechtskraft des Scheidungsausspruchs stattfindet, Zahlungsantrag, dann liegt darin die konkludente Geltendmachung von nachehelichem Unterhalt. Auch wenn der Unterhaltsgläubiger nicht ausdrücklich darauf hingewiesen hat, nunmehr nachehelichen Unterhalt geltend zu machen, müssen alle Beteiligten den gestellten Antrag in diesem Sinne auslegen.[80]

Die Sonderregelung des § 252 Abs. 1 FamFG (vormals § 648 Abs. 1 Satz 3 ZPO), wonach geringere Anforderungen an die Feststellung des Verzugs im Vereinfachten Verfahren zur Festsetzung des Kindesunterhalts zu stellen sind, gelten weder unmittelbar noch entsprechend im Vereinfachten Anpassungsverfahren nach § 655 ZPO.[81]   34

5. Ausnahmen: Verzug nach § 284 Abs. 2 und in anderen Fällen

In folgenden Fällen ist abweichend von dem Grundsatz, dass nur eine (wirksame) Mahnung Verzug auslöst, eine **Mahnung entbehrlich:**   35

– Für die Leistung ist – auf Grund Vertrages oder Gesetzes – eine Zeit nach dem Kalender bestimmt (§ 286 Abs. 2 Satz 1, »**sofortige Kalenderfälligkeit**«).

---

72 FamRZ 1983, 352.
73 Danach blieb die Unterbrechung der Verjährung durch Erhebung der Klage wirksam, wenn nach einer Prozessabweisung binnen **sechs Monaten** erneut Klage erhoben wurde.
74 BGHZ 109, 211 = BGH FamRZ 1990, 283; OLG Brandenburg FamRZ 2004, 560; OLG Schleswig FamRZ 2003, 603.
75 BGH FamRZ 1983, 352.
76 OLG Hamburg FamRZ 1993, 102.
77 OLG Zweibrücken FamRZ 1987, 1301.
78 OLG Köln FamRZ 2000, 443 = FuR 2000, 342; OLG Brandenburg FamRZ 2002, 960 (Ls).
79 OLG Frankfurt FamRZ 2000, 113.
80 OLG Hamm FamRZ 1995, 1276 – konkludente Geltendmachung von nachehelichem Unterhalt in der mündlichen Verhandlung im anhängigen Trennungsunterhaltsprozess knapp einen Monat nach Rechtskraft des Scheidungsausspruchs.
81 OLG Hamm FamRZ 2002, 1048 = FuR 2002, 558.

- Die Leistungszeit ist auf Grund einer der Leistung vorausgehenden Kündigung zu bestimmen (§ 286 Abs. 2 Satz 2, »spätere **Kalenderfälligkeit**«).
- Die Mahnung ist offensichtlich zwecklos (**Leistungsverweigerung** bzw. **Vertragsaufkündigung**, Treu und Glauben).
- Der Schuldner hat den Gläubiger selbst von einer Mahnung abgehalten (**Leistungsversprechen**, Treu und Glauben), etwa durch einseitige Zusage der Leistung zu einem bestimmten Termin (insb. bei vereinbarten oder freiwillig bezahlten Unterhaltsleistungen, wenn der Schuldner diese plötzlich einstellt).[82]
- Der Schuldner hat sich der **Mahnung entzogen**, etwa Verlassen der Ehewohnung durch den Unterhaltsschuldner mit unbekanntem Ziel.
- Evident besondere Dringlichkeit der Leistung als Vertragselement.

36 Verweigert der Unterhaltsschuldner – etwa bereits im Auskunfts- und/oder Belegvorlageverfahren – die **Unterhaltsleistung eindeutig** und **endgültig**, dann tritt Verzug ab dem **Zeitpunkt** der **Erfüllungsverweigerung** – jedoch nur für die **Zukunft!** – ein.[83] »Im Umfange des grundsätzlich zu erbringenden Mindestunterhalts« kommt der Unterhaltsschuldner auch ohne Mahnung in Verzug, wenn er seine Familie verlässt und seine Unterhaltszahlungen einstellt, sofern sein Verhalten den Umständen nach dahingehend zu verstehen ist, dass er die Erfüllung seiner laufenden Unterhaltsverbindlichkeit ernsthaft und endgültig verweigert.[84] Eine endgültige Erfüllungsverweigerung ist auch dann anzunehmen, wenn der Unterhaltsschuldner eine Unterhaltserhöhung ablehnt. Reagiert er allerdings lediglich nicht auf eine Zahlungsaufforderung hin, liegt darin allein noch keine Erfüllungsverweigerung.[85]

37 Auch **Verzug ohne Mahnung** nach § 286 Abs. 2 setzt voraus, dass dem Unterhaltspflichtigen die Unterhaltsschuld sowohl dem Grunde als auch der Höhe nach bekannt ist, wie etwa bei vertraglich vereinbarten Unterhaltsleistungen oder auch nach gerichtlicher Verurteilung.[86]

6. Vertretenmüssen (§ 287)

38 Verzug tritt nur ein, wenn der Schuldner die **Verspätung der Leistung zu vertreten** hat (§ 287). Maßstab ist grundsätzlich § 276: Der Unterhaltsschuldner haftet für vorsätzliche oder fahrlässige Verspätung der Leistung, wobei seine **Haftung gemildert**, aber auch **verschärft** sein kann. Er hat (auch) sein finanzielles Leistungsunvermögen zu vertreten. Entlastungsgründe (etwa fehlendes Verschulden) hat er darzulegen und zu beweisen (§ 287). Er kann sich nur **ausnahmsweise** auf einen **Rechtsirrtum** berufen, da er verpflichtet ist, die Rechtslage sorgfältig zu prüfen und gegebenenfalls Rechtsrat einzuholen. Unrichtigen Rat eines Rechtsanwalts muss er sich über § 278 zurechnen lassen. Er kann auch nicht damit gehört werden, ihm seien die für die Höhe des Unterhalts maßgebenden Umstände zum Zeitpunkt der Mahnung noch nicht bekannt gewesen.[87]

7. Beseitigung der Verzugsfolgen

39 **Verzugsfolgen** können durch **Parteivereinbarungen beseitigt** werden. Der **Verzug endet** spätestens mit **Verwirkung** der Ansprüche in der **Hauptsache**.

---

82 BGH FamRZ 1983, 352, 354; BGHZ 105, 250 = BGH FamRZ 1989, 150, 152.
83 BGH FamRZ 1983, 352.
84 OLG Schleswig FamRZ 1985, 734; OLG Köln NJW-RR 1999, 4 = FuR 1998, 358; a.A. OLG München FamRZ 1997, 313.
85 BGH FamRZ 1983, 352, 354; 1985, 155, 158.
86 BGH FamRZ 1981, 866.
87 OLG Stuttgart FamRZ 1984, 1234.

a) Parteivereinbarungen

Verzugsfolgen können grundsätzlich nur durch **Parteivereinbarung beseitigt** werden (etwa durch 40 einen Erlassvertrag nach § 397, der mit eindeutig erkennbaren Rechtsbildungswillen auch durch schlüssiges Verhalten der Parteien zustande kommen kann). Allerdings sind an einen **formfrei wirksamen Erlassvertrag strenge Anforderungen** zu stellen, weil der Verzicht auf ein Recht niemals zu vermuten, vielmehr an die Feststellung eines Verzichtswillens strenge Anforderungen zu stellen sind.[88] Es empfiehlt sich daher, bei Unterhaltsvergleichen einen derartigen **Passus** in die Vereinbarung aufzunehmen, wenn Rückstände in Betracht kommen und hierüber eine abschließende Regelung getroffen werden soll. Die Ablehnung des Antrages auf Erlass einer einstweiligen Anordnung »Unterhalt« beseitigt die Verzugsfolgen für einen Unterhaltsantrag nicht, auch wenn der (Hauptsache-) Antrag erst später erhoben wird.[89] Eine einseitige Rücknahme der Mahnung ist nicht möglich. Allerdings kann auf diese Weise ein Erlassvertrag zustande kommen.[90] **Rücknahme** oder **Zurückweisung** von Anträgen auf Erlass **gerichtlicher Maßnahmen** beseitigen die Wirkungen der (inzidenten) Mahnung (also die Verzugsfolgen, damit aber auch die Wirkungen des § 1613 Abs. 1) deshalb nur für die **Zukunft**, nicht aber für die Vergangenheit.[91]

b) Verwirkung

Da der Unterhalt nur der Deckung des Lebensbedarfs, **nicht** aber der **Vermögensbildung** dient, ist 41 per se davon auszugehen, dass ein Unterhaltsgläubiger lebensnotwendig auf den Unterhalt angewiesen ist. Der Unterhaltsschuldner muss daher eine **zeitnahe Durchsetzung** der Unterhaltsansprüche erwarten. Geschieht dies nicht, kann **ausnahmsweise** auch **Verwirkung** (§ 242) die Verzugsfolgen beseitigen.[92] Dies gilt selbst hinsichtlich titulierter Ansprüche.[93] Allerdings genügt es nicht, dass der Unterhaltsgläubiger seine Ansprüche über einen längeren Zeitraum hinweg nicht geltend gemacht hat. Vielmehr muss der **Unterhaltsschuldner besonders schutzwürdig** sein, damit er nicht mehr in Anspruch genommen werden kann. Daher erfordert der Tatbestand der Verwirkung unter dem Gesichtspunkt illoyal verspäteter Rechtsausübung sowohl ein **Zeit-** als auch ein **Umstandsmoment**, auf Grund dessen der Unterhaltsschuldner sich nach Treu und Glauben im konkreten Einzelfall darauf einrichten kann, der Unterhaltsgläubiger werde sein Recht nicht mehr geltend machen.[94]

Die in einer Jugendamtsurkunde titulierten Mindestunterhaltsansprüche können unter dem Gesichtspunkt des Schuldnerschutzes bereits nach etwas mehr als einem Jahr verwirkt sein, wenn der titulierte Unterhalt 13 Jahre lang nicht geltend gemacht wurde und die Angaben des Schuldners, er sei leistungsunfähig, über Jahre hinweg folgenlos hingenommen wurden.[95]

---

88 BGHZ 105, 250 = BGH FamRZ 1989, 150; BGH WM 1982, 671, 673; FamRZ 1987, 40; NJW-RR 1999, 593; BFH/NV 2007, 1283.
89 BGH FamRZ 1995, 725.
90 BGH FamRZ 1987, 40; OLG Hamm FamRZ 1990, 520.
91 BGH FamRZ 1983, 352; BGHZ 103, 62 = BGH FamRZ 1988, 370; 1988, 478; zur Verwirkung titulierter Ansprüche s. BGH FamRZ 1999, 1422 = FuR 2000, 91.
92 BGHZ 103, 62 = BGH FamRZ 1988, 370; OLG Hamm FamRZ 2000, 1173 – ein Jahr; mit dieser Frist ist allerdings die äußerste Grenze erreicht; s. auch OLG Brandenburg FamRZ 2002, 960 (Ls); 2004, 558 zur Verwirkung von Ansprüchen auf Kindesunterhalt.
93 BGH FamRZ 1999, 1422 = FuR 2000, 91; s. auch KG FamRZ 1994, 771; OLG Karlsruhe FamRZ 1993, 1456, 1457 – Kindesunterhalt; OLG Hamm FamRZ 2002, 230 – titulierter nachehelicher Unterhalt; OLG Hamburg FamRZ 2002, 327 – an die Verwirkung titulierter Unterhaltsansprüche sei ein strengerer Maßstab anzulegen als nicht titulierte.
94 OLG Schleswig NJW-RR 1994, 582; OLG Brandenburg FamRZ 2012, 1223.
95 OLG Brandenburg FamRZ 2012, 993 = FF 2012, 333.

8. Rechtsfolgen des Verzugs

42 (Erst) Verzug begründet nach § 286 Abs. 1 die **tatbestandsmäßige Möglichkeit**, den Unterhaltsschuldner auf Unterhalt für die Vergangenheit in Anspruch zu nehmen (**Primäranspruch**). Die **Sekundäransprüche** als Rechtsfolgen des Schuldnerverzuges gelten auch im Unterhaltsrecht. Unterhaltsrückstände sind daher – auch im Rahmen des nachehelichen Unterhalts[96] – nach § 288 zu **verzinsen**.[97] Die entsprechenden Verzugszinsen unterliegen dem Aufrechnungsverbot des § 394.[98]

43 Allerdings kann der Unterhaltsgläubiger dann, wenn der Unterhaltsschuldner mit der von ihm geforderten und geschuldeten Auskunft in Verzug geraten ist, höheren als den titulierten Unterhalt für die Zeit vor der Rechtshängigkeit des Abänderungsantrages nicht unter dem rechtlichen Gesichtspunkt des Verzugsschadens verlangen, soweit dieser Schaden darauf beruht, dass der Unterhaltsgläubiger zunächst Auskunftsantrag und nicht sofort (Abänderungs-) Stufenantrag (auf Auskunft und Leistung) erhoben hat.[99] Anwaltskosten zwecks Durchsetzung eines Unterhaltsanspruchs fallen, wenn sie als Verzugsschaden eingefordert werden, kraft Sachzusammenhangs in die Zuständigkeit des Familiengerichts.[100]

9. Zinssätze für die Verzinsung von Rechtsansprüchen

44 Für die Berechnung von Zinsen auf Unterhaltsforderungen ist für die jeweiligen Zeiträume der jeweils gültige Basiszinssatz als Berechnungsgrundlage anzusetzen.[101] Ändert sich der Basiszinssatz im Berechnungszeitraum, dann ist für den betreffenden Zeitraum der geänderte Basiszinssatz als Berechnungsgrundlage heranzuziehen.

Verzugszinssätze ab 01.01.2002

	Basiszinssatz § 247	Verzugszinssatz § 288 Abs. 1	Verzugszinssatz § 288 Abs. 2
	jährlich	Verbraucher 5 % über Basiszins	Nichtverbraucher 8 % über Basiszins
01.01.2002 – 30.06.2002	2,57 %	7,57 %	10,57 %
01.07.2002 – 31.12.2002	2,47 %	7,47 %	10,47 %
01.01.2003 – 30.06.2003	1,97 %	6,97 %	9,97 %
01.07.2003 – 31.12.2003	1,22 %	6,22 %	9,22 %
01.01.2004 – 30.06.2004	1,14 %	6,14 %	9,14 %
01.07.2004 – 31.12.2004	1,13 %	6,13 %	9,13 %
01.01.2005 – 30.06.2005	1,21 %	6,21 %	9,21 %
01.07.2005 – 31.12.2005	1,17 %	6,17 %	9,17 %
01.01.2006 – 30.06.2006	1,37 %	6,37 %	9,37 %

---

96 OLG Hamm FamRZ 1995, 613.
97 OLG Hamburg FamRZ 1984, 87; OLG München FamRZ 1984, 310; OLG Hamm FamRZ 1984, 478, 1985, 604; OLG Frankfurt FamRZ 1985, 704; a.A. OLG Celle FamRZ 1983, 525.
98 OLG Hamm FamRZ 1988, 952.
99 OLG Köln FamRZ 1996, 50.
100 OLG Dresden FamRZ 2006, 1128.
101 S. auch Runge JAmt 2002, 110 zur Geltendmachung von Verzugszinsen betreffend Ersatz von Leistungen nach dem UVG; Sickfeld JAmt 2002, 166 – (auch) der (Unterhalts-) Beistand solle Verzugszinsen einfordern.

	Basiszinssatz § 247	Verzugszinssatz § 288 Abs. 1	Verzugszinssatz § 288 Abs. 2
	jährlich	Verbraucher 5 % über Basiszins	Nichtverbraucher 8 % über Basiszins
01.07.2006 – 31.12.2006	1,95 %	6,95 %	9,95 %
01.01.2007 – 30.06.2007	2,70 %	7,70 %	10,70 %
01.07.2007 – 31.12.2007	3,19 %	8,19 %	11,19 %
01.01.2008 – 30.06.2008	3,32 %	8,32 %	11,32 %
01.07.2008 – 31.12.2008	3,19 %	8,19 %	11,19 %
01.01.2009 – 30.06.2009	1,62 %	6,62 %	9,62 %
01.07.2009 – 31.12.2009	0,12 %	5,12 %	8,12 %
01.01.2010 – 30.06.2010	0,12 %	5,12 %	8,12 %
01.07.2010 – 31.12.2010	0,12 %	5,12 %	8,12 %
01.01.2011 – 30.06.2011	0,12 %	5,12 %	8,12 %
01.07.2011 – 31.12.2011	0,37 %	5,32 %	8,32 %
01.01.2012 – 30.06.2012	0,12 %	5,12 %	8,12 %

Der **Basiszinssatz** (§ 247) wird jeweils zum 01.01. und zum 01.07. eines Kalenderjahres verändert, somit wieder ab 01.07.2012.

III. Stufenmahnung (BGH FamRZ 1990, 283)

Eine Mahnung wegen Unterhalts ist auch ohne genaue Bezifferung des Unterhaltsanspruchs wirk- 45 sam, wenn – wie mit einem Stufenantrag – **Auskunft** über die wirtschaftlichen Verhältnisse des Unterhaltsschuldners und **gleichzeitig Zahlung** des sich daraus ergebenden Unterhalts verlangt wird (sog. **Stufenmahnung**).[102] Bei einer Stufenmahnung ist folgendes zu beachten:

(1) **Frist des § 1605 Abs. 2:** Wird der Unterhaltsschuldner vor Ablauf der Zwei-Jahresfrist auf 46 (erhöhten) Unterhalt in Anspruch genommen, löst eine Stufenmahnung keine Verzugswirkungen für das noch unbezifferte, mit dem noch nicht fälligen Auskunftsanspruch verbundene Leistungs-begehren aus.[103]

(2) **Auskunftsfremde Berechnungselemente:** Die Stufenmahnung setzt den Unterhaltsschuldner 47 auch dann nicht wirksam in Verzug, wenn er die Höhe des geschuldeten Unterhalts wegen ihm selbst nicht bekannt gegebener Berechnungselemente – etwa Eigeneinkommen des Unterhalts-gläubigers – nicht bestimmen kann.[104] Dieses Problem stellt sich nicht bei einer Stufenmahnung, die nur den **Unterhalt** des **minderjährigen Kindes** betrifft (sofern dessen Höhe allein von der Höhe des Einkommens des Unterhaltsschuldners abhängt). Wird dagegen **Ehegattenunterhalt** geltend gemacht, und verfügt der unterhaltsbedürftige Ehegatte über eigenes Einkommen, gerät der Unterhaltsschuldner auf eine Stufenmahnung hin erst ab dem Zeitpunkt in Verzug, zu dem ihm Auskunft über das Einkommen des Unterhaltsgläubigers erteilt wird.[105]

---

102 BGHZ 109, 211 = BGH FamRZ 1990, 283.
103 OLG Düsseldorf FamRZ 1993, 591.
104 KG FamRZ 1994, 1344.
105 Sofern die Tabellen/Leitlinien des jeweiligen OLG-Bezirks nicht (nur) den Abzug konkret nachgewiese-nen Erwerbsaufwands zulassen (s. hierzu Büttner FamRZ 2002, 542).

48 ▶ **Beispiel für ein Stufen-Mahnschreiben**

   S. Arens/Spiecker FamRB 2002, 375 ff.

IV. »Rechtshängigkeit« (§ 1613 Abs. 1 Satz 1)

49 Der Unterhaltsgläubiger kann (auch) **Erfüllung** oder **Schadensersatz** wegen **Nichterfüllung** für die Vergangenheit von demjenigen Zeitpunkt an fordern, zu welchem der Unterhaltsanspruch rechtshängig geworden ist. **Rechtshängigkeit** tritt erst ab förmlicher Zustellung des Antrages (§ 113 FamFG i.V.m. §§ 253 Abs. 1, 261 Abs. 1 ZPO), auch des Stufenantrages gem. § 113 FamFG i.V.m. § 256 ZPO, bei Antragserhöhung ab Zustellung des entsprechenden Schriftsatzes oder Antragstellung in der Hauptverhandlung (§ 113 FamFG i.V.m. § 261 Abs. 2 ZPO), nicht jedoch durch formlose Übersendung eines VKH-Antrage, ein.[106]

V. Rückwirkung auf den Monatsersten (»einheitliche Monatsberechnung«, § 1613 Abs. 1 Satz 2)

50 § 1613 Abs. 1 Satz 2 lässt die Leistungspflicht des Unterhaltsschuldners auf den **Ersten** des **Monats,** »in den die bezeichneten Ereignisse fallen« (qualifiziertes Auskunftsbegehren, Mahnung und Rechtshängigkeit), zurückwirken. Diese Berechnungsweise gilt sowohl für den Beginn der materiellen Unterhalts- bzw. Schadensersatzpflicht als auch für die gerichtlichen Abänderungs-möglichkeiten gem. §§ 238, 239 FamFG. Sie setzt allerdings immer voraus, dass der **Unterhalts-anspruch materiell-rechtlich** dem **Grunde nach** zu diesem Zeitpunkt bereits **bestanden** hat (s. auch § 1612a Abs. 3 Satz 2 zur einheitlichen Monatsabrechnung beim »Alterssprung« eines min-derjährigen Kindes).

51 War etwa das unterhaltsberechtigte Kind zu diesem Zeitpunkt noch gar nicht geboren, ist der Unterhalt für den betreffenden Monat erst tageweise von seiner Geburt an zu berechnen. Tren-nungsunterhalt kann daher erst ab demjenigen Zeitpunkt verlangt werden, an welchem sich die Eheleute getrennt haben (§§ 1361, 1567 Abs. 1), nachehelicher Unterhalt erst ab rechtskräftiger Auflösung der Ehe.

D. Verhinderung an der Geltendmachung von Unterhalt (§ 1613 Abs. 2 Nr. 2 und Abs. 3)

52 Der Unterhaltsgläubiger kann für die Vergangenheit Unterhalt auch für denjenigen Zeitraum ver-langen, in dem er aus **rechtlichen** oder aus **tatsächlichen Gründen,** die in den Verantwortungsbe-reich des Unterhaltsschuldners fallen, an der **Geltendmachung** des **Unterhaltsanspruchs gehin-dert** war (§ 1613 Abs. 2 Nr. 2). Dabei ist jedoch stets auch die Schuldnerschutzvorschrift des § 1613 Abs. 3 zu beachten.

I. § 1613 Abs. 2 Nr. 2a – Verhinderung aus rechtlichen Gründen

53 Der Gesetzgeber hat sich bei der Neufassung des § 1613 im Jahre 1998 an den bislang von § 1615d a.F.[107] erfassten Sachverhalten orientiert. Die Rechtswirkungen der Vaterschaft (ein-schließlich der Unterhaltspflicht) können im ordentlichen Verfahren in der Regel nicht geltend gemacht werden, bevor die Vaterschaft anerkannt oder rechtskräftig festgestellt ist (s. §§ 1594 Abs. 1, 1600d).[108]

---

106   BGHZ 109, 211 = BGH FamRZ 1990, 283.
107   Diese Vorschrift ist nunmehr aufgehoben, s. Art. 1 Nr. 16 KindUG.
108   BGH FamRZ 2004, 800.

Die **rechtliche Verhinderung** ist praktisch nur für nichteheliche Kinder von Bedeutung, wenn ihr **54** Vater erst nach ihrer Geburt festgestellt werden kann. Gleichwohl entsteht der Unterhaltsanspruch **mit der Geburt** des **Kindes.** Der Anspruch wird auch **sogleich fällig,**[109] auch wenn die Abstammung erst Jahre nach der Geburt festgestellt wird. Zur (rückwirkenden) Durchsetzung des Unterhaltsanspruchs bedarf es weder des Verzugs noch der Rechtshängigkeit. Der Nachzahlung des bereits früher fällig gewordenen Unterhalts stehen auch weder Verjährung[110] noch Verwirkung[111] entgegen. Für Unterhaltsansprüche, die erst nach Anerkennung oder rechtskräftiger Feststellung der Vaterschaft entstehen, gilt § 1613 Abs. 1. Hat anstelle des eigentlichen Unterhaltsschuldners ein anderer unterhaltpflichtiger Verwandter oder der Ehegatte der Mutter ihr oder dem Kinde Unterhalt gewährt, gehen die Unterhaltsansprüche im Wege der Legalzession über (§§ 1607 Abs. 3, 1615l Abs. 3). Für übergegangene Unterhaltsansprüche gilt § 1613 Abs. 2 unmittelbar bzw. entsprechend (§ 1615l Abs. 3 Satz 4). Der Anspruch eines nicht ehelichen Kindes, das gem. § 1613 Abs. 2 Nr. 2a für die Zeit der Vergangenheit, in der es aus rechtlichen Gründen an der Geltendmachung des Unterhaltsanspruchs gehindert war, Unterhalt verlangen kann, kann gemäß den allgemeinen Grundsätzen verwirken. Soweit der Unterhaltsanspruch nicht verwirkt ist, ist der zu leistende Barunterhalt um anteilig erbrachte Naturalleistungen zu kürzen.[112]

II. § 1613 Abs. 2 Nr. 2b – Verhinderung aus tatsächlichen Gründen

§ 1613 Abs. 2 Nr. 2b erweitert die Ausnahmen des Absatzes 1 um die (weitere) **Ausnahme,** dass **55** der Unterhaltsgläubiger aus **tatsächlichen Gründen** verhindert war, seinen Unterhaltsanspruch geltend zu machen. Auf Verzug des Unterhaltsschuldners und/oder Rechtshängigkeit des Unterhaltsanspruchs kommt es dann nicht mehr an. Der Ausnahmetatbestand des § 1613 Abs. 2 Nr. 2b setzt allerdings voraus, dass die Gründe für die tatsächliche Verhinderung in den **Verantwortungsbereich** des **Unterhaltsschuldners** fallen, also diesem zuzurechnen sind (etwa wenn auf Grund seines Auslandsaufenthalts Unterhalt überhaupt nicht oder nur erschwert, z.B. mit deutlicher zeitlicher Verzögerung, geltend gemacht werden konnte). Weder kommt es auf Verschulden des Unterhaltsschuldners an, noch müssen die Gründe für die Erschwernis der Rechtsverfolgung einen Bezug zur Unterhaltspflicht aufweisen. §§ 1607 Abs. 2, 1615l Abs. 3 gelten auch hier.

§ 1613 Abs. 2 Nr. 2b ist auch dann entsprechend anzuwenden, wenn der **Aufenthalt** des Unter- **56** haltsschuldners im **Ausland** zwar bekannt ist, jedoch Formalitäten, das ausländische Rechtswesen als solches u.ä. zu erheblichem Zeitverzug und/oder zu Ungewissheit über den Erfolg eingeleiteter Maßnahmen führen.

III. Schutz des Unterhaltsschuldners (§ 1613 Abs. 3)

Das KindUG vom 06.04.1998[113] hat in § 1613 Abs. 3 die Regelungen des § 1615i a.F.[114] über- **57** nommen, jedoch vereinfacht und verallgemeinert. Der Unterhaltsschuldner kann in den Fällen des § 1613 Abs. 2 Nr. 2 Erfüllung nicht, nur in Teilbeträgen oder erst zu einem späteren Zeitpunkt verlangen, sofern und soweit die **volle** oder **sofortige Erfüllung** für ihn eine **unbillige Härte** bedeuten würde Dies gilt nach dem ausdrücklichen Wortlaut der Vorschrift auch dann, wenn und soweit ein Dritter von dem Unterhaltsschuldner Ersatz verlangt, weil er an seiner Stelle Unterhalt geleistet hat. Außerhalb des Regelungsbereichs von § 1613 Abs. 3 bleibt es bei den allgemeinen Regelungen (Verjährung, Verwirkung).

---

109 BT-Drucks. 13/7338 S. 31.
110 BGHZ 76, 293 = BGH FamRZ 1980, 560; zu (auch) familienrechtlich bedeutsamen Veränderungen im Verjährungsrecht ab 01.01.2002 s. Knittel JAmt 2001, 568 ff. (s. auch 2002, 49 ff.); Mansel NJW 2002, 89.
111 OLG München FamRZ 1986, 504.
112 OLG Thüringen FuR 2003, 135 = NJW-RR 2002, 1154 mit Anm. Grandke NJ 2002, 488.
113 BGBl I 666.
114 Aufgehoben durch Art. 1 Nr. 16 KindUG.

1. Erlass bzw. Stundung der Schuld (§ 1613 Abs. 3 Satz 1)

58   § 1613 Abs. 3 korrigiert unbillige Härten. Die Korrektur zugunsten des Unterhaltsschuldners ist das Spiegelbild zu § 1613 Abs. 2 Nr. 2, wonach Unterhaltsansprüche für die Vergangenheit unter erleichterten Voraussetzungen geltend gemacht werden können.[115] Ein Erlass von Unterhaltsforderungen kommt im Rahmen von § 1613 Abs. 3 Satz 1 **nur ausnahmsweise** und als letztes Mittel in Betracht, wenn die Tilgung der Rückstände den Schuldner sonst auf Jahre hinaus auf ein Existenzminimum verweisen würde, und die Chancen des Gläubigers, den vollen Unterhalt zu vollstrecken, ohnehin gering sind. Bevor ein Erlass in Betracht gezogen wird, ist daher zu prüfen, ob andere Zahlungserleichterungen der wirtschaftlichen Lage des Verpflichteten in angemessener Weise Rechnung tragen können.[116]

59   Für die Prüfung des **unbestimmten Rechtsbegriffs** »**unbillige Härte**« ist in diesem Rahmen insb. von Bedeutung, von wann ab der Unterhaltsschuldner mit seiner Inanspruchnahme rechnen musste.[117] Eine unbillige Härte kann daher nicht angenommen werden, wenn der leibliche Vater damit einverstanden war, dass das Kind dem Scheinvater untergeschoben wurde.[118] Der Unterhaltsschuldner trägt die Darlegungs- und Beweislast für **alle** Tatsachen, welche für eine **Billigkeitsabwägung** von Bedeutung sind.

60   Die **Unterhaltsschuld** kann – mit oder ohne Bewilligung von Ratenzahlungen – **gestundet**, aber auch insgesamt erlassen werden. Im Rahmen einer **Stufenprüfung** ist zunächst festzustellen, ob Stundung mit Anordnung von Ratenzahlungen angemessen ist, sodann Stundung (zunächst) ohne Ratenzahlungen, letztlich – jedoch nur in eng begrenzten Ausnahmefällen – Erlass oder Teilerlass der Unterhaltsschuld für die Vergangenheit. Lang andauernde Stundung ist aber unzulässig, wenn absehbar ist, dass der Unterhaltsschuldner die Schuld kaum jemals mehr wird erfüllen können. Er hat insoweit ein Recht auf Rechtssicherheit für die Zukunft.

2. Ersatzansprüche Dritter (§ 1613 Abs. 3 Satz 2)

61   Der Einwand unbilliger Härte kann auch gegenüber den **Ersatzansprüchen Dritter** erhoben werden, soweit diese anstelle des Unterhaltsschuldners Unterhalt geleistet haben, unabhängig davon, ob ihr Ersatzanspruch auf der Legalzession des § 1607 Abs. 3 oder auf GoA oder auf ungerechtfertigter Bereicherung beruht. Obwohl eine entsprechende Verweisung in § 1615l Abs. 3 Satz fehlt, ist die Vorschrift auch auf den Unterhaltsanspruch nach § 1615l anzuwenden. Im Rahmen der Billigkeitsabwägung sind die **wirtschaftlichen** wie auch die **sonstigen Verhältnisse** des **Unterhaltsschuldners** wie auch des **Dritten** zu berücksichtigen.[119]

E.   Sonderbedarf (§ 1613 Abs. 2)

62   **Zusatzbedarf** ist in **zwei Formen** möglich: **Mehrbedarf** als regelmäßig anfallender Zusatzbedarf zum Elementarunterhalt **und Sonderbedarf** als nicht regelmäßig anfallender, sog. außerordentlicher Bedarf (s. **Legaldefinition** des § 1613 Abs. 2). Beide Arten des Zusatzbedarfs können nur beinhalten, was nicht bereits zum allgemeinen Lebensbedarf (Elementarbedarf) zählt.

I.   Abgrenzung Mehrbedarf/Sonderbedarf

63   **Mehrbedarf** und **Sonderbedarf** sind wegen ihrer unterschiedlichen Rechtsfolgen deutlich voneinander zu unterschieden. Eine eindeutige Abgrenzung zwischen laufendem Bedarf (Elementar- und Mehrbe-

---

115   BT-Drucks. 13/7338 S. 32.
116   OLG Dresden JAmt 2004, 337.
117   S. etwa LG Ulm FamRZ 1995, 633.
118   OLG Karlsruhe NJWE-FER 2001, 147.
119   BT-Drucks. 13/7338 S. 32.

darf) und einmaligen Zusatzbedarf (Sonderbedarf) ist zwar für den Vewandtenunterhalt in den §§ 1610, 1613 ausdrücklich gesetzlich geregelt, aber vielfach nur schwer möglich, obgleich er für alle Unterhaltsrechtsverhältnisse von nicht unerheblicher Bedeutung ist. Immerhin verweisen §§ 1360a Abs. 3, 1361 Abs. 4, 1585b Abs. 1 auf die Vorschriften im Verwandtenunterhalt und hat die Rechtsprechung hieraus einen allgemeinen Rechtsgedanken des Unterhaltsrechts abgeleitet:[120]

Laufender Bedarf kann für zurückliegende Zeiträume nur ab **Inverzugsetzung** geltend gemacht werden; Sonderbedarf innerhalb eines Jahres nach Entstehen, jedoch nur nach **sofortiger Anmeldung.**

– **Mehrbedarf** entsteht durch **regelmäßig anfallende außergewöhnlich erhöhte Kosten.** Grund- 64
sätzlich umfasst der nach Einkommensgruppen gestaffelte oder – bei volljährigen, nicht mehr im Haushalt eines Elternteils lebenden volljährigen Kindern – pauschalierte monatliche Tabellenunterhalt den **gesamten absehbaren Lebensbedarf** (§ 1610 Abs. 2). Hat das unterhaltsbedürftige Kind neben dem allgemeinen Lebensbedarf **über einen längeren Zeitraum hinweg** einen zusätzlichen Bedarf, dann ist dieser Mehrbedarf als **regelmäßiger zusätzlicher Unterhaltsbedarf** bereits bei der Bemessung des laufenden Elementarunterhalts zu berücksichtigen, ggf. als Zuschlag zu dem meist quotal bestimmten Unterhaltsbedarf, wenn und soweit die entsprechenden Voraussetzungen (insb. Bedürftigkeit, Leistungsfähigkeit und Verzug) vorliegen.[121] Ändert sich der regelmäßig auftretende Mehrbedarf, ist dieser wie die laufende Unterhaltsrente rückwirkend nur ab Verzug des Unterhaltsschuldners und ggf. mit einem Abänderungsantrag nach § 238 oder § 239 FamFG geltend zu machen.

– **Sonderbedarf** als »**unregelmäßiger außergewöhnlich hoher Bedarf**« liegt bereits nach der 65
Legaldefinition des § 1613 Abs. 2 Nr. 1 (**nur**) dann vor, wenn der zusätzliche Bedarf als **überraschend (unregelmäßig)** und der Höhe nach nicht abschätzbar und nicht mit einiger Wahrscheinlichkeit vorauszusehen war, und deshalb bei der Bedarfsplanung und bei der Bemessung der laufenden Unterhaltsrente – ggf. als Mehrbedarf – nicht berücksichtigt werden konnte.[122]

II. Sonderbedarf als Ausnahme

Der Anspruch auf **Sonderbedarf**, zu dem auch der Anspruch auf **Kostenvorschuss** zählt (s. § 1613 66
Abs. 2 Nr. 1 i.V.m. § 246 FamFG), kann als **eigenständiger Bestandteil** des gesamten **Unterhaltsanspruchs** nur **ausnahmsweise neben** laufendem Bar- und/oder Naturalunterhalt verlangt werden. Bereits in der Wortwahl des Gesetzes, das nur einen »**außergewöhnlich**« hohen Bedarf als Sonderbedarf gelten lässt, kommt zum Ausdruck, dass es im Zweifel bei der laufenden Unterhaltsrente sein Bewenden haben, und dass nur in **Ausnahmefällen** zusätzliche unvorhergesehene Ausgaben gesondert ausgeglichen werden sollen. Dies liegt auch im Interesse einer Befriedung und Beruhigung des Verhältnisses von Unterhaltsgläubiger und Unterhaltsschuldner, das durch häufige Einzelanforderungen nicht in unerwünschter Weise ständig belastet werden soll.[123]

Dieser gesetzlich nur unter engen Voraussetzungen geschuldete Zusatzbedarf darf nicht von den 67
Einkommensverhältnissen im Einzelfall abhängig gemacht werden.[124] Es dürfen auch **nicht generell bestimmte Ereignisse** (wie Klassenfahrten, Konfirmations- und Kommunionskosten) als laufender Zusatzbedarf eingeordnet werden. Vielmehr muss in jedem Einzelfall neben der Notwen-

---

120 BGH FamRZ 1983, 29.
121 BGH FamRZ 2001, 1603, 1604 f.
122 BGH FamRZ 1982, 145 = FuR 2001, 326 – betr. Kosten für die Teilnahme an Musikwettbewerben und Meisterkursen; 2006, 612 = FuR 2006, 210; s. auch OLG Stuttgart FamRZ 1982, 1114; KG FamRZ 1987, 306; OLG Hamburg FamRZ 1991, 109 mit Anm. Henrich zu den Kosten einer Klassenreise; OLG Karlsruhe FamRZ 1997, 967.
123 BGH FamRZ 1982, 145.
124 BGH FamRZ 2006, 612 = FuR 2006, 210.

digkeit der Aufwendung deren Unregelmäßigkeit sowie **die außergewöhnliche Höhe des Bedarfs** festgestellt und danach das Kriterium des Sonderbedarfs festgestellt werden.[125]

68 Ist Sonderbedarf festgestellt, dann bezieht sich die **verschärfte Leistungspflicht** des § 1603 Abs. 2 Satz 2 auch auf den **Sonderbedarf** der minderjährigen bzw. gem. § 1603 Abs. 2 Satz 2 privilegierten volljährigen Kinder,[126] wobei bei eingeschränkter Leistungsfähigkeit des Unterhaltsschuldners auch ein Anspruch auf Zahlung des Sonderbedarfs in **Raten** in Betracht kommen kann.[127]

III. Voraussetzungen für die Geltendmachung von Sonderbedarf

69 Beim Sonderbedarf muss es sich um **notwendigen**[128] Lebensbedarf handeln. Sonderbedarf ist **Teil des Lebensbedarfs** i.S.v. § 1610 Abs. 2 BGB und dient daher nicht der Finanzierung unnötiger Aufwendungen. Es muss sich um die Deckung notwendiger Lebensbedürfnisse handeln, wobei auf die Sicht eines objektiven Betrachters unter Berücksichtigung der konkreten Lebensumstände abzustellen ist. Die Teilnahme an einem deutlich über eine Schulveranstaltung hinausgehenden Angebot eines Schüleraustauschs mit China kann daher nicht als notwendig angesehen werden.[129]

70 Neben[130] den jedem Unterhaltsanspruch zweckimmanenten Tatbestandselementen »**Bedürftigkeit**« einerseits und »**Leistungsfähigkeit**« andererseits kann Sonderbedarf (nur) verlangt werden, wenn er im Verhältnis zum laufenden Unterhalt »**unregelmäßig**« und »**außergewöhnlich hoch**«.

Unregelmäßig i.S.v. § 1613 Abs. 2 Nr. 1 ist nur der Bedarf, der nicht mit Wahrscheinlichkeit vorauszusehen war und deswegen bei der Bemessung der laufenden Unterhaltsrente im Wege vorausschauender Bedarfsplanung nicht durch **Bildung** von **Rücklagen** aus dem laufenden Unterhalt berücksichtigt werden konnte.[131] Wann ein unregelmäßiger Bedarf zugleich **außergewöhnlich hoch** ist, lässt sich nicht nach allgemein gültigen Maßstäben festlegen. Vielmehr kommt es insoweit auf die Umstände des Einzelfalles an, insb. auf die Höhe der laufenden Unterhaltsrente und die sonstigen Einkünfte des Berechtigten, auf den Lebenszuschnitt der Beteiligten sowie auf den Anlass und den Umfang der besonderen Aufwendungen. Letztlich richtet sich die Frage, ob ein Bedarf außergewöhnlich hoch ist, danach, ob und inwieweit dem Unterhaltsgläubiger, wenn der Unterhaltsschuldner an sich leistungsfähig ist, bei einer Gesamtbetrachtung zugemutet werden kann, den Bedarf selbst zu bestreiten.[132] Nicht vorhersehbare Kosten dürfen nicht im Wege nachträglicher Verteilung auf einen längeren Zeitraum zum laufenden Unterhalt fingiert werden. Erst recht kann nicht Leistung einer dem Sonderbedarf entsprechenden Zahlung **nachträglich** in einer

---

125 OLG Karlsruhe FamRZ 2000, 1046 (Ls).
126 OLG Düsseldorf FuR 2004, 307.
127 OLG Düsseldorf ZFE 2003, 348 (Ls).
128 Zu allem OLG Naumburg FamRZ 2000, 444 = FuR 1999, 476 zu Kosten für Nachhilfeunterricht: Sei auf Grund besonderer Defizite das Bestehen der Abiturprüfung ohne Förderungsmaßnahmen erheblich gefährdet, könne zwar zu deren Beseitigung in angemessenem Umfang und zeitlich begrenzt die Finanzierung von Nachhilfeunterricht verlangt werden; bei erheblichen Begabungsdefiziten und erst recht dann, wenn Rückstände auf mangelnden Fleiß zurückzuführen seien, müsse die Förderung aber nicht weit über das übliche Maß so lange finanziert werden, bis die Defizite soweit ausgeglichen seien, dass das Bestehen der Abschlussprüfungen gewährleistet ist (»Entsprechen Begabung oder Fleiß nicht den schulischen Anforderungen, so muss vielmehr gegebenenfalls auch in Kauf genommen werden, dass der angestrebte Schulabschluss nicht erreicht wird«).
129 OLG Hamm NJW 2011, 1087.
130 KG FamRZ 1993, 561.
131 So auch OLG Köln FamRZ 1986, 593; ähnlich BGH FamRZ 1982, 145; OLG Düsseldorf FamRZ 1990, 1144; OLG Celle NJW 1991, 201; Puls DAVorm 1975, 574; Vogel FamRZ 1991, 1134; vgl. auch BT-Drucks. V/2370 S. 42..
132 BGH FamRZ 1982, 145, 146 f; 1983, 29, 30; 1984, 470, 472; 2001, 1603, 1605 = FuR 2001, 326 = FuR 2006, 210.

Summe verlangt werden, wenn der Unterhaltsschuldner zu dieser Zahlung im Zeitpunkt des Entstehens des Sonderbedarfs nicht imstande gewesen war (Gleichzeitigkeitsprinzip).[133]

Konnten mangels Vorhersehbarkeit aus dem verfügbaren Einkommen keine Rücklagen gebildet **71** werden, kann durchaus Sonderbedarf des Kindes zu zahlen sein, bei eingeschränkter Leistungsfähigkeit des Unterhaltsschuldners auch ratenweise.[134] Insoweit sind auch die Einkommens- und Vermögensverhältnisse beider Parteien von Bedeutung: Bei **beengten wirtschaftlichen Verhältnissen** kommt eine unvorhergesehene Ausgabe eher als Sonderbedarf in Betracht als bei gehobenem Lebenszuschnitt,[135] während bei **günstigen wirtschaftlichen Verhältnissen** eher Leistungspflicht für Sonderbedarf bejaht werden kann. Wird Sonderbedarf **nachträglich** geltend gemacht, ist immer zu prüfen, ob der Sonderbedarf begehrende Verwandte die Aufwendungen hierfür nicht aus dem laufenden Unterhalt hätte ansparen können.[136] Die **Eltern** haften für den Sonderbedarf des – auch minderjährigen! – Kindes **anteilig** (§ 1606 Abs. 3 Satz 1).[137] Neben dem Barunterhaltspflichtigen haftet daher auch der betreuende Elternteil,[138] weil Mehrkosten abweichend vom Regelfall des § 1606 Abs. 3 Satz 2 entstehen.[139]

Handelt es sich nicht um außergewöhnlich hohe Kosten, scheidet ein zusätzlich geschuldeter Son- **72** derbedarf schon deswegen aus. Übersteigt der zusätzliche Bedarf hingegen diese Grenze, ist der Unterhaltsgläubiger zunächst gehalten, diesen durch Bildung von Rücklagen aus seinem laufenden Unterhalt zu decken. Selbst wenn die laufenden Unterhaltsleistungen eine solche Rücklage ausnahmsweise nicht ermöglichen, etwa weil sie nur den notwendigen Lebensbedarf abdecken, kann dieses den Charakter des zusätzlich aufgetretenen Bedarfs als langfristig absehbarer Unterhaltsbedarf nicht ändern. Auch in solchen Fällen kann der mit Wahrscheinlichkeit voraussehbare zusätzliche Bedarf also nicht als Sonderbedarf verlangt werden.[140]

Trotz der Jahresfrist des § 1613 Abs. 2 Nr. 1 kann auch die Erstattung in der Vergangenheit ent- **73** standenen bzw. Leistung künftig entstehenden Sonderbedarfs nur dann verlangt werden, wenn der Unterhaltsgläubiger den Unterhaltsschuldner **rechtzeitig** zur Bezahlung seines Sonderbedarfs **aufgefordert** hat. § 1613 Abs. 2 bewertet grundsätzlich das Interesse des Unterhaltsgläubigers, seinen Sonderbedarf erstattet zu erhalten, höher als das Interesse des Unterhaltsschuldners an der Übersicht über die Höhe seiner Unterhaltsschulden. Diese Bewertung ist aber nur dann gerechtfertigt, wenn der Unterhaltsgläubiger den Unterhaltsschuldner nicht rechtzeitig zur Bezahlung der unregelmäßigen außergewöhnlich hohen Kosten auffordern konnte. Ließen sich die Kosten im Voraus erkennen, so besteht kein Anlass, von dem Prinzip des § 1613 Abs. 1 abzuweichen, dass der Unterhaltsschuldner Unterhalt – auch in Form von **Sonderbedarf** – nur vom **Tage** des **Verzugs** an schuldet.[141]

Konnte der Unterhaltsschuldner nicht mehr rechtzeitig aufgefordert werden, Sonderbedarf vorab **74** zu bezahlen, dann kann dieser – ohne dass die Voraussetzungen des § 1613 Abs. 1 (Verzug oder

---

133 A.A. OLG Köln FamRZ 1986, 593.
134 OLG Düsseldorf ZFE 2003, 348.
135 So etwa OLG Zweibrücken OLGR 2001, 58 = EzFamR aktuell 2000, 316 zu den Kosten einer Klassenfahrt.
136 OLG Hamm FamRZ 2004, 830 = FuR 2004, 328 – Computer als Sonderbedarf eines Kindes mit Lernschwäche.
137 BGH NJWE-FER 2001, 57; OLG Köln FamRZ 1986, 1031.
138 OLG Koblenz NJWE-FER 2000, 173 m.N.
139 OLG München FamRZ 1991, 347.
140 2001, 1603, 1604 = FuR 2001, 326 = FuR 2006, 210.
141 So zutr. OLG Hamburg FamRZ 1991, 109 mit Anm. Henrich – Kosten einer absehbaren Klassenreise.

Rechtshängigkeit) vorliegen – auch in einer Summe – bis zu einem Jahr rückwirkend seit Entstehen des Anspruchs verlangt werden (§§ 1585b Abs. 1, 1613 Abs. 2), darüber hinaus jedoch nur nach den allgemeinen Grundsätzen, die für die Geltendmachung des laufenden Unterhalts bzw. des Mehrbedarfs gelten.

75 Für beide Arten von Zusatzbedarf haften grundsätzlich beide Eltern anteilig nach § 1606 Abs. 3 Satz 1. Ob und gegebenenfalls in welchem Verhältnis diese Kosten unter beiden unterhaltspflichtigen Eltern aufzuteilen sind, hängt von den Umständen des Einzelfalles ab, insb. davon, über welches Einkommen und Vermögen die Eltern jeweils verfügen, und inwieweit die aufgewandten bzw. aufzuwendenden Kosten angemessen waren bzw. sind.[142] Die verschärfte Leistungspflicht gegenüber minderjährigen Kindern bezieht sich auch auf den Sonderbedarf.[143]

IV. Abgrenzung Sonderbedarf/Mehrbedarf im Einzelnen

76 Bestimmte Fallgruppen zum Anspruch auf Sonderbedarf haben in der Rechtsprechung der Instanzgerichte breiten Raum eingenommen. Die Kasuistik der Rechtsprechung zu den einzelnen Fragen ist kaum mehr überschaubar. Teils wurde – mit den unterschiedlichsten Begründungen – Sonderbedarf bejaht, teils verneint. Seit der BGH mit Urteil vom 15.02.2006[144] darauf hingewiesen hat, **Sonderbedarf** dürfe nur in seltenen **Ausnahmefällen** zugesprochen werden, und seit den Änderungen der §§ 1612, 1612a, 1612b durch das UÄndG 2007 dürften gleichwohl die meisten der bislang ergangenen Entscheidungen der Instanzgerichte, soweit sie Sonderbedarf bejaht haben, obsolet sein.[145]

1. Kindergartenbeiträge

77 Kindergartenbeiträge stellen **keinen Sonderbedarf**, sondern (regelmäßig anfallenden) Mehrbedarf des Kindes dar. Da der Besuch eines Kindergartens ferner unabhängig davon, ob die Einrichtung halb- oder ganztags besucht wird, in erster Linie erzieherischen Zwecken dient, rechnen die Aufwendungen hierfür zum **Lebensbedarf** eines Kindes, der auch die Kosten der Erziehung umfasst, und stellen daher grundsätzlich **keine berufsbedingten Aufwendungen** des **betreuenden Elternteils** dar. Kindergartenbeiträge bzw. vergleichbare Aufwendungen für die Betreuung eines Kindes in einer kindgerechten Einrichtung wie etwa einem **Kinderhort** oder einer **Kindertagesstätte**[146] sind in den Unterhaltsbeträgen, die in den **Unterhaltstabellen** ausgewiesen sind, unabhängig von der sich im Einzelfall ergebenden Höhe des Unterhalts **nicht enthalten**. Das gilt sowohl für die Zeit vor dem 31.12.2007 als auch für die Zeit nach dem Inkrafttreten des UÄndG 2007 am 01.01.2008. Für diesen Anspruch des Kindes haben beide Eltern anteilig nach ihren Einkommensverhältnissen aufzukommen. Die in einer Kindereinrichtung anfallenden Verpflegungskosten sind dagegen mit dem Tabellenunterhalt abgegolten.[147]

---

142 OLG Köln FF 2002, 170 – Aufteilung von Kommunionskosten.
143 OLG Düsseldorf FuR 2004, 307.
144 BGH FamRZ 2006, 612 = FuR 2006, 210 – Kommunion und Konfirmation seien spätestens mit Beginn des Kommunion-/Konfirmandenunterrichts absehbar und deswegen nicht überraschend.
145 Und werden daher nachstehend nur mehr der Vollständigkeit halber aufgeführt.
146 OLG Stuttgart FamRZ 1999, 884; OLG Karlsruhe NJW-RR 1999, 4; OLG Celle FamRZ 2003, 323.
147 BGH FamRZ 2009, 962 = FuR 2009, 415 – Aufgabe von BGH FamRZ 2007, 882, und FamRZ 2008, 1152.

2. Nachhilfe

Nachhilfekosten sind jedenfalls dann, wenn sie nicht nur einmalig, sondern regelmäßig[148] anfal-   77a
len,[149] als Mehrbedarf im Wege einer Erhöhung des laufenden Barunterhalts[150] zu übernehmen.
Auch wenn die monatlichen Kosten nicht unerheblich sind, stehen sie nicht außer Verhältnis zum
Nutzen der Maßnahme, und zwar erst recht dann, wenn der barunterhaltspflichtige Elternteil
nicht für die gesamten Kosten aufzukommen hat, sondern ein Teil dem regelmäßigen Kindesunterhalt entnommen, und ein weiterer Teil von dem betreuenden Elternteil getragen wird, Der barunterhaltspflichtige Elternteil kann demgegenüber nicht mit Erfolg einwenden, er (oder seine jetzige Lebensgefährtin) hätte auf Grund entsprechender Vorbildung die Nachhilfe selbst ebenso gut
wie ein professioneller Nachhilfelehrer und kostenlos erledigen können, schon weil professionelle
Nachhilfe erfahrungsgemäß effektiver ist.[151] Allerdings sind die entsprechenden Kosten als Mehrbedarf nur dann geschuldet, wenn und soweit sie nicht aus dem regelmäßigen Kindesunterhalt
gedeckt werden können, was bei Nachhilfekosten in den unteren Einkommensgruppen der Düsseldorfer Tabelle fraglich ist.[152]

(zur Zeit nicht besetzt)   78-79

3. Kommunion/Konfirmation/kirchliche Feiern

Nach der Rechtsprechung des BGH kann Sonderbedarf als unregelmäßiger außergewöhnlich   80
hoher Bedarf für Kommunion/Konfirmation und sonstige kirchliche Feiern nur dann bejaht werden, wenn der Bedarf nicht mit Wahrscheinlichkeit vorauszusehen war und deshalb bei der
Bemessung der laufenden Unterhaltsrente nicht berücksichtigt werden konnte. Die Kosten für
eine Konfirmation sind spätestens mit Beginn des Konfirmandenunterrichts absehbar und deswegen nicht überraschend i.S.v. § 1613 Abs. 2 Nr. 1.[153]

4. Klassenfahrten/Austauschprogramme

Kosten für Klassenfahrten und Austauschprogramme mit ausländischen Schulen sind regelmäßig   80a
vorhersehbar, so dass eine Geltendmachung als Sonderbedarf gem. § 1613 Abs. 2 Nr. 1 ausscheidet.

5. Krankheitskosten

Unvorhergesehene Krankheitskosten für eine medizinisch indizierte (zahn-) ärztliche oder kiefer-   80b
orthopädische Behandlung[154] oder eine Operation sind regelmäßig Sonderbedarf, soweit sie nicht
von der Krankenkasse getragen werden.[155]

---

148 Vgl. OLG OLG Hamm FamRZ 1991, 857; OLG Zweibrücken FamRZ 1994, 770; OLG Düsseldorf
     FuR 2005, 565 = NJW-RR 2005, 1529.
149 Kein Sonderbedarf: OLG Frankfurt FamRZ 1983, 941; OLG Hamm FamRZ 1991, 857 – dem erzie-
     hungsberechtigten Elternteil waren die Schwierigkeiten in der Schule bereits längere Zeit vor dem
     Beginn des Nachhilfeunterrichts bekannt; OLG Zweibrücken FamRZ 1994, 770 – immer Mehrbedarf;
     a.A. OLG Köln NJW 1999, 295 – Teilnahme an einem schulbegleitenden Studienkreis; unzutr. OLG
     Koblenz OLGR 2003, 32 – Nachhilfeunterricht sei vorhersehbar und kalkulierbar; s. auch ausführlich
     OLG Düsseldorf FuR 2005, 565 = NJW-RR 2005, 1529.
150 OLG Hamm FamRZ 2007, 77.
151 OLG Düsseldorf FuR 2005, 565 = NJW-RR 2005, 1529.
152 OLG Köln NJW 1999, 295; s. insoweit auch OLG Düsseldorf FuR 2005, 565 = NJW-RR 2005, 1529.
153 BGH FamRZ 2006, 612 = FuR 2006, 210, Fortführung von BGH FamRZ 1982, 145, und 2001, 1603
     = FuR 2001, 326.
154 OLG Frankfurt a. M. FamRZ 2011, 570; OLG Celle NJW-RR 2008, 378.
155 BGH FamRZ 1983, 29.

6. Übersicht über die Rechtsprechung zum Sonderbedarf

81   Beruflicher Bereich: Ausbildung

Klassenfahrten[156]/Studienfahrten

OLG Hamm NJW 2011, 1087

OLG Brandenburg NJ 2006, 514 (Ls); OLGR 2009, 427

OLG Braunschweig FamRZ 1995, 1010

OLG Bremen OLGR 2003, 61

OLG Dresden FuR 2000, 122

OLG Hamburg FamRZ 1991, 109

OLG Hamm FamRZ 1992, 346; NJW-RR 2004, 1446; FamRZ 2007, 77

OLG Karlsruhe FamRZ 1988, 1091

OLG Koblenz OLGR 2003, 32

OLG Köln NJW 1999, 295

OLG Stuttgart DAVorm 1984, 485 (Schullandheim)

OLG Thüringen FamRZ 1997, 448

OLG Zweibrücken OLGR 2001, 58 = EzFamR **aktuell** 2000, 316

82   Lern- und Arbeitsmittel sowie Nachhilfe

BGH FamRZ 2001, 1603 (Musikunterricht zur Förderung des künstlerischen Talents)

KG ZFE 2004, 184 (Ls) (Kosten Führerschein)

OLG Braunschweig FamRZ 1995, 1010 (Lern- und Arbeitsmittel; Teilnahme an der Schülerhilfe)

OLG Düsseldorf FuR 2005, 565 = NJW-RR 2005, 1529 (Nachhilfe)

OLG Frankfurt FamRZ 1995, 631 (Musikinstrument für die Berufsausbildung)

OLG Hamm FamRZ 1991, 857 (jeweils Nachhilfe)

OLG Karlsruhe FamRZ 1997, 967 (Musikinstrument)

OLG Koblenz OLGR 1997, 169 (Nachhilfe und Sprachferienkurs); NJW-RR 2009, 1153 (Studiengebühren)

OLG Köln FamRZ 1999, 531; OLGR 2001, 80 (jeweils Nachhilfe)

OLG Zweibrücken FamRZ 1994, 770 (Nachhilfe)

83   Schul- und Internatskosten, Schüleraustausch und Auslandsaufenthalte

OLG Schleswig-Holstein FamRZ 2012, 990 (Schülersprachweise)

KG FuR 2003, 178 (Kosten eines Internats in Schottland)

OLG Dresden OLGR 2006, 357 (einjähriger Studienaufenthalt eines Gymnasiasten im Ausland)

OLG Hamm FamRZ 1994, 1281 (Auslandsstudium)

---

156   S. hierzu auch § 31 SGB XII.

OLG Karlsruhe FamRZ 1988, 1091 (Reisekosten – Schüleraustausch mit Kanada); OLGR 1998, 350 (Privatschule); FamRZ 2008, 1209 (Kosten für Privatschule und Transportkosten dorthin)

OLG Koblenz OLGR 1997, 169 (Realschulinternat)

OLG Naumburg FamRZ 2000, 444 (Auslandsaufenthalt eines Schülers in Kanada); OLGR 2004, 78 [Ls] (Kosten eines Auslandsstudiums)

OLG Schleswig FamRZ 2006, 888; NJW 2006, 1601 (Schuljahr in den USA – Schülerin bzw. Schüler)

Wohnbereich im weiteren Sinne   84

BGH FamRZ 1983, 29 (Umzugskosten); 2001, 1603 (klaviergerechte Wohnung)

OLG Hamm FamRZ 1994, 1253 (Kreditraten als Folge trennungsbedingter Neuanschaffungen)

OLG Karlsruhe FamRZ 1992, 850 (Beschaffung Bettersatz Staubmilbenallergie)

OLG Karlsruhe NJW-RR 1998, 1226 (Umzugskosten)

OLG Koblenz FamRZ 1982, 424 (Zimmereinrichtung für das heranwachsende Kind)

OLG Köln FamRZ 1986, 163 (Umzugskosten zum Zwecke des Getrenntlebens)

OLG München OLGR 1999, 239 (Mietkaution für neue Wohnung); FamRZ 1996, 1411 (Umzugskosten nach Kolumbien)

Gesundheitsbereich im weitesten Sinne   85

OLG Schleswig-Holstein FamRZ 2012, 990 (Kieferorth. Behandlung)

OLG Frankfurt FamRZ 2011, 570; und OLG Köln ZFE 2011, 31 und OLG Celle ZFE 2008, 112 (kieferorthopädische Behandlung)

BVerfG FamRZ 1999, 1342 = FuR 2000, 25 (Erstausstattung für einen Säugling)

BGH FamRZ 1983, 29 (kieferorthopädische Behandlung)

KG KGR 1993, 129, und FamRZ 1993, 561 (jeweils Zahnbehandlung); 2001, 1479 (kieferorthopädische Behandlung); 2007, 77 (Anschaffungen wegen Schwangerschaft/Geburt eines Kindes)

OLG Braunschweig FamRZ 1996, 288 (Zahnbehandlung)

OLG Celle FamRZ 2008, 1884 (kieferorthopädische Behandlungskosten)

OLG Düsseldorf OLGR 1994, 42 (Privatbehandlungskosten eines Kassenpatienten); FamRZ 2001, 444 (LS) (Kosten psychotherapeutischer Behandlung über einen längeren Zeitraum hinweg); FuR 2004, 307 (kieferorthopädische Behandlungskosten)

OLG Hamm DAVorm 1978, 746 (medizinische und heilpädagogische Behandlung); FamRZ 1993, 996 (Brille); 1996, 1218 (Altenpflegekosten); 2004, 830 = FuR 2004, 328 (Computer für Kind mit Lernschwäche)

OLG Karlsruhe FamRZ 1990, 88 (Anschaffung eines Behindertenfahrzeugs); 1992, 850 (Beschaffung von Ersatzbetten wegen Allergie); 1992, 1317 (kieferorthopädische Behandlung); 2000, 1046 (Arzt- und Krankenhauskosten); 2000, 1166 (Zahnbehandlung)

OLG Koblenz FamRZ 1989, 311[157] (Erstausstattung für einen Säugling)

---

157 Soweit nicht überdurchschnittliche Verhältnisse vorliegen, kann als erforderlicher Aufwand für die Säuglingserstausstattung im Wege der Schätzung von einem Pauschalbetrag von 1.000 € ausgegangen werden.

OLG Köln FamRZ 1986, 593 (medizinisch verordneter Kuraufenthalt); 1990, 310 (behinderungsbedingte Anschaffung einer Schreibmaschine); 2003, 251 (kieferorthopädische Behandlung)

OLG Nürnberg FamRZ 1993, 995 (Erstausstattung für einen Säugling); 1999, 1684 (Vergütung für Betreuung eines volljährigen Kindes)

OLG Oldenburg FamRZ 1999, 1685 = FuR 1999, 477 (Erstausstattung für einen Säugling)

OLG Saarbrücken FamRZ 1989, 1224 (Privatbehandlungskosten eines Kassenpatienten); OLGR 2000, 377 (privatärztliche Heilbehandlung)

OLG Zweibrücken FamRZ 1984, 169 (Zahnbehandlung)

86   Familienfeiern sowie Kommunion/Konfirmation

BGH FamRZ 2006, 612 = FuR 2006, 210

KG FamRZ 1987, 306

OLG Brandenburg FamRZ 2006, 644 (Feier der Jugendweihe)

OLG Bremen OLGR 2003, 61

OLG Dresden FuR 2000, 122

OLG Düsseldorf FamRZ 1990, 1144

OLG Frankfurt FamRZ 1988, 100

OLG Hamm FamRZ 1989, 311

OLG Karlsruhe FamRZ 1991, 1349

OLG Köln FamRZ 1990, 89; FF 2002, 170

OLG München OLGR 1992, 59

OLG Naumburg FamRZ 2006, 1281

OLG Schleswig FamRZ 2005, 1277 (Ls); OLG Schleswig KirchE 46, 84

87   Kosten im Rechtsbereich

BGHZ 103, 160 = FamRZ 1988, 387 (Vaterschaftsanfechtungsverfahren)

BFHE 204, 113 = NJW 2004, 1893[158] (zusätzliche Kosten für einen Wahlverteidiger)

BayVGH, Be. vom 27.03.2007 – 5 C 06.2392 (Verwaltungsverfahren wegen Namensänderung)

OLG Bremen OLGR 1996, 106 (Titulierungskosten)

OLG Dresden OLGR 1999, 34 (Ehelichkeitsanfechtungsverfahren); FamRZ 2002, 1412 (Kostenvorschuss)

OLG Düsseldorf FamRZ 1994, 117 (Titulierungskosten)

OLG Hamburg FamRZ 1992, 212 (Namensänderung)

OLG Hamm FamRZ 1996, 1021 (Kostenvorschuss)

OLG Koblenz FamRZ 1999, 658 (Ehelichkeitsanfechtungsverfahren)

OLG Koblenz FamRZ 2001, 632 (Kostenvorschuss)

---

158   Auch zu den Voraussetzungen der Anerkennung von Aufwendungen von Eltern für die Strafverteidigung ihres volljährigen Kindes als steuermindernde außergewöhnliche Belastung.

OLG Köln FamRZ 2003, 102 (Kostenvorschuss)

OLG München FamRZ 1990, 312 (außergerichtliche Geltendmachung von Kindesunterhalt); OLGR 1994, 9 (Kostenvorschuss); FamRZ 1996, 1426 (Ehelichkeitsanfechtungsverfahren); OLGR 1998, 36 (Kostenvorschuss)

OLG Stuttgart FamRZ 1988, 207 (Kostenvorschuss)

OLG Zweibrücken FamRZ 2001, 1149 (Kostenvorschuss)

Sport und Urlaub 88

KG FamRZ 2003, 1584 (Reisen)

OLG Braunschweig FamRZ 1995, 1010 (sportliche Aktivitäten)

OLG Bremen OLGR 2003, 61 (Sportveranstaltungen im üblichen Rahmen)

OLG Frankfurt FamRZ 1990, 436 (Urlaub)

V. Kostenvorschuss als häufigster Fall des Sonderbedarfs

Der Kostenvorschuss ist unterhaltsrechtlich zu beurteilen und stellt eine Form des Sonderbedarfs 89 dar.[159] Das Gesetz regelt jedoch die Verpflichtung zur Zahlung eines Kostenvorschusses **ausdrücklich** nur im Rahmen des Familienunterhalts (§ 1360a Abs. 4) sowie für getrennt lebende Ehegatten (§§ 1361 Abs. 4 Satz 3, 1360a Abs. 4). § 246 FamFG normiert lediglich die verfahrensrechtlichen Möglichkeiten zur Durchsetzung des Anspruchs auf einen Kostenvorschuss. Diese Vorschrift kann daher nicht als Anspruchsgrundlage für den materiell-rechtlichen Anspruch selbst dienen.

Allerdings enthalten die Vorschriften des **Verwandtenunterhalts** (§§ 1601 ff.) eine Norm zum 90 **Sonderbedarf.** Somit ist als Anspruchsgrundlage im Rahmen des Verwandtenunterhalts § 1613 Abs. 2 Nr. 1 heranzuziehen. Auf Grund ausdrücklicher Regelung kann eine andere Vorschrift (etwa § 1610 Abs. 2 oder § 1360a Abs. 4)[160] – nicht (auch nicht **analog**) angewendet werden.[161] Die Ansprüche auf Kostenvorschüsse unter Eheleuten sowie unter Verwandten unterscheiden sich allerdings materiell-rechtlich erheblich.

Minderjährige bzw. nach § 1603 Abs. 2 Satz 2 **privilegierte volljährige Kinder** sind auf Grund der 91 Verantwortung des Unterhaltsschuldners für ihren gesamten Lebensbedarf – wenn die Voraussetzungen im Übrigen vorliegen – kostenvorschussberechtigt.[162] Die unterhaltsrechtliche Beziehung ist beim Ausdruck einer besonderen Verantwortung beim volljährigen, noch in Ausbildung befindlichen Kind **mangels eigener Lebensstellung** nicht anders ausgestaltet als beim minderjährigen Kind und beim Ehegattenunterhalt vor Rechtskraft der Scheidung.[163] Gleiches gilt auch für **voll-**

---

159 So zutr BGH FamRZ 2004, 1633 = FuR 2004, 557.
160 Etwa OLG Köln FamRZ 1986, 1031; OVG NW NJW-RR 1999, 1235; OLG Hamm FamRZ 2000, 255; a.A. etwa OLG Stuttgart FamRZ 1988, 758 – mit der allerdings unzutreffenden Begründung, eine analoge Anwendung des § 1360a Abs. 4 sei wegen der grundsätzlichen Eigenverantwortung des Volljährigen abzulehnen; s. auch Schwolow FuR 1998, 297.
161 So aber BGH FamRZ 2005, 883 = FuR 2005, 327 – die unvollständige Regelung des § 1610 enthalte eine unbewusste Regelungslücke; s. auch OLG Zweibrücken NJW-RR 2005, 306.
162 Grundlegend zum Prozesskostenvorschuss BGHZ 89, 33 = BGH FamRZ 1984, 148 – betreffend Ehegatten; 1989, 847.
163 OLG Hamm FamRZ 2000, 255.

jährige unverheiratete Kinder, solange sie – etwa weil sie sich noch in Ausbildung befinden – noch keine von den Eltern unabhängige Lebensstellung[164] erreicht haben und die sonstigen Voraussetzungen für persönliche lebenswichtige Angelegenheiten – wie etwa einen Unterhaltsverfahren – vorliegen.[165] Entfällt der Anspruch auf Ausbildungsunterhalt gegen die unterhaltsverpflichteten Eltern, dann entfällt auch der Anspruch auf Kostenvorschuss für im Zusammenhang mit einer Ausbildung geführte Verfahren.[166] Eine Vorschusspflicht für weiter entfernte Verwandte als die Eltern (etwa die Großeltern) kommt nur unter besonderen Voraussetzungen in Betracht.[167] Ein Anspruch auf Kostenvorschuss der Eltern gegen ihr Kind scheidet aus.[168]

92 Für die Berechnung von Trennungs- und Kindesunterhalt ist ein durch den Unterhaltsschuldner gezahlter Kostenvorschuss anteilig (auf ein Jahr umgelegt) von dessen maßgeblichen Nettoeinkommen abzuziehen, d.h. der Unterhaltsanspruch ist nach dem insoweit korrigierten Einkommen zu bemessen.[169]

93 Neben den jedem Unterhaltsanspruch immanenten Tatbestandselementen »**Bedürftigkeit**« und »**Leistungsfähigkeit**«[170] setzt der Anspruch auf Kostenvorschuss zusätzlich voraus, dass es sich um eine **wichtige persönliche Angelegenheit** des Unterhaltsgläubigers handelt, die beabsichtigte **Rechtsverfolgung** – nach dem Maßstab des § 76 FamFG i.V.m. § 114 ZPO – **nicht mutwillig** ist und, **hinreichende Erfolgsaussicht** bietet, und für den Unterhaltsschuldner letztlich auch **zumutbar** ist (s. hierzu im Einzelnen die Kommentierung zu § 1360a).

94 Ein Anspruch auf Kostenvorschuss besteht auch dann, wenn er nicht in einer Summe, sondern nur in **Raten** befriedigt werden kann.[171] Besteht der Anspruch zweifelsfrei, und kann er problemlos und zeitnah durchgesetzt werden, dann stellt er einen einzusetzenden Vermögenswert i.S.d. § 76 FamFG i.V.m. § 115 Abs. 2 ZPO dar, so dass dann deshalb VKH zu versagen ist.[172] In einem ordnungsgemäßen Antrag auf Bewilligung von VKH ist demnach darzulegen, dass der Antragsteller außerstande ist, die Verfahrenskosten im Wege eines durchsetzbaren Kostenvorschussanspruchs zu realisieren.[173] Statt der Darlegung, dass ein durchsetzbarer Kostenvorschussanspruch nicht besteht, kann auch in der Hauptsache VKH beantragt und im Wege der einstweiligen Anordnung die Zahlung eines Kostenvorschusses verlangt werden: Dann ist VKH zu bewilligen mit der Maßgabe, dass die vom vorschusspflichtigen gezahlten Vorauszahlungen an die Staatskasse abzuführen sind.[174] Auch einem volljährigen Kind, das keine Einkünfte hat, ist VKH nur mit Ratenzahlung zu bewilligen, wenn das Kind von dem Elternteil, bei dem es lebt, einen Kostenvorschuss in Raten verlangen kann.[175]

---

164 OLG Hamm FamRZ 1996, 1433 – zu Recht Anspruch des verheirateten Kindes auf Prozesskostenvorschuss für seine eigene Scheidung wegen eigener Lebensstellung verneint; OLG Zweibrücken NJW-RR 2005, 306.

165 OLG Karlsruhe FamRZ 1989, 534; OLG Düsseldorf FamRZ 1992, 1320; OLG Frankfurt FamRZ 1993, 1241; OLG Köln FamRZ 1994, 1409 = FuR 2000, 281; OLG Nürnberg FamRZ 1996, 814; OLG Zweibrücken FamRZ 1996, 891; OLG Hamm FamRZ 1996, 1433; NJW-RR 1998, 1376; a.A. OLG Hamm FamRZ 1995, 1008; KG 1997, 694.

166 OVG NW NJW-RR 1999, 1235.

167 OLG Koblenz FamRZ 1997, 681 = FuR 1998, 360.

168 OLG München FamRZ 1993, 821.

169 OLG Düsseldorf FamRZ 1999, 44 (Ls).

170 S. hierzu etwa OLG Schleswig FamRZ 1991, 855.

171 BGH FamRZ 2004, 1633; OLG Naumburg FamRZ 2005, 2001.

172 BGH FamRZ 2004, 1633; ausführlich Büte FF 2004, 272; FuR 2005, 59 f; 2006, 9 ff.

173 OLG Köln, FamRZ 1994, 1409; Klein FuR 1996, 69.

174 OLG Dresden FamRZ 2002, 1412; OLG Celle FamRZ 2007, 762; ausführlich Büte FF 2004, 272; FuR 2005, 59 f; 2006, 9, 11.

175 OLG Naumburg FamRZ 2005, 2001.

§ 1614 Verzicht auf den Unterhaltsanspruch; Vorausleistung

(1) Für die Zukunft kann auf den Unterhalt nicht verzichtet werden.

(2) Durch eine Vorausleistung wird der Verpflichtete bei erneuter Bedürftigkeit des Berechtigten nur für den im § 760 Abs. 2 bestimmten Zeitabschnitt oder, wenn er selbst den Zeitabschnitt zu bestimmen hatte, für einen den Umständen nach angemessenen Zeitabschnitt befreit.

A. Strukturen

§ 1614 **Abs. 1** normiert ein **gesetzliches Verbot** (§ 134): Für die **Zukunft** kann auf Unterhalt **nicht** 1 **verzichtet** werden,[1] auch nicht innerhalb eines »pactum de non petendo«.[2] Zulässig sind jedoch Vereinbarungen, die eine **Konkretisierung** des **gesetzlichen Unterhalts** darstellen,[3] und/oder Vereinbarungen über die **Freistellung** eines **Elternteils** von **Unterhaltsansprüchen** des **Kindes** durch den anderen (sog. **Freistellungsvereinbarungen**).[4] Die Annahme eines **Erlassvertrages** setzt den rechtsgeschäftlichen Willen des »Verzichtenden« zum Erlass der Forderung voraus. An die Feststellung eines solchen Willens sind strenge Anforderungen zu stellen, wobei ein allgemeiner **Erfahrungssatz** dahin geht, dass der **Verzicht** auf ein **Recht** niemals zu vermuten, vielmehr an die Feststellung eines Verzichtswillens strenge Anforderungen zu stellen sind.[5] (Auch) im Unterhaltsrecht wird erfahrungsgemäß – ohne Gegenleistung – nur in seltenen Fällen und auch dann nur aus besonderen Gründen auf eine einmal begründete Forderung verzichtet.[6]

§ 1614 **Abs. 2** begrenzt die **zeitliche Erfüllungswirkung** von **Vorausleistungen** auf den Unterhalts- 2 anspruch.

B. Normzweck

§ 1614 schützt einerseits mit Rücksicht auf die sittlichen Grundlagen der Unterhaltspflicht die 3 Existenz des vom Unterhalt Abhängigen, andererseits das öffentliche Interesse. Die Vorschrift ist daher zwingendes Recht.[7]

---

1 Zur Frage der Wirksamkeit eines Unterhaltsverzichts durch einen Anwalt s. OLG Frankfurt FamRZ 2009, 357.
2 A.A. OLG Köln FamRZ 2000, 609 mit krit. Anm. Bergschneider FamRZ 2000, 1368 f., und Deisenhofer FamRZ 2000, 1368; vgl. auch Bäumel FPR 2001, 132; s. auch OLG Hamburg OLGR 1998, 19 zur Notarhaftung für Beratungsfehler im Zusammenhang mit dem Ausschluss eines Anspruchs auf Trennungsunterhalt in einem vor der Eheschließung geschlossenen Ehevertrag.
3 OLG Brandenburg FamRZ 2004, 558.
4 S. auch Bergschneider FamRZ 2003, 1966 zur Auslegung einer zwischen den Eltern über den Kindesunterhalt getroffenen Vereinbarung als sog. Freistellungsvereinbarung.
5 BGHZ 105, 250 = BGH FamRZ 1989, 150; BGH WM 1982, 671, 673; FamRZ 1987, 40; NJW-RR 1999, 593; BFH/NV 2007, 1283.
6 BGH NJW 1984, 1346, 1347; FamRZ 1988, 478.
7 RGZ 86, 286.

C. Nichtigkeit des Verzichts auf künftigen Unterhalt (§ 1614 Abs. 1)

4   Auf (Ehegatten- und Verwandten-) **Unterhalt** kann – mit **Ausnahme** des **nachehelichen** Unterhalts (§ 1585c) – für die **Zukunft nicht** – auch **nicht teilweise** – **verzichtet** werden (§ 1614 Abs. 1 sowie §§ 1361 Abs. 4 Satz 3, 1360a Abs. 3, 1614 Abs. 1), wohl aber für die **Vergangenheit** (auch formlos).[8]

I. Anwendungsbereich der Norm

5   Ein **vereinbarter Unterhaltsverzicht** ist – unabhängig von der Form des Verzichts – nach § 134 unwirksam, selbst wenn der entsprechende Vertrag gerichtlich genehmigt worden ist.[9] Ohne Belang ist, ob die Parteien einen Unterhaltsverzicht gewollt haben. Maßgebend ist allein, ob der nach der Rechtslage geschuldete **künftige Unterhalt objektiv verkürzt** wird. Es kommt auch nicht darauf an, ob der Verzicht entgeltlich (etwa im Rahmen einer sog. Abfindungsregelung) oder **unentgeltlich** erklärt worden ist, und ob der Unterhaltsgläubiger bei Abgabe der Verzichtserklärung bedürftig war oder nicht. Wird Unterhalt längere Zeit nicht geltend gemacht, kann daraus grundsätzlich kein Unterhaltsverzicht hergeleitet werden. Vielmehr ist zu prüfen, ob der Unterhaltsgläubiger Grund für einen Verzicht hatte, oder ob nicht eine andere Erklärung für die Unterlassung der Rechtsausübung näher liegt.[10]

6   An einer früheren Unterhaltsvereinbarung kann der Unterhaltsgläubiger gem. § 1614 Abs. 1 nur dann festgehalten werden, wenn sie noch bis in die Gegenwart im Rahmen eines engen Beurteilungsspielraums den dem Unterhaltsgläubiger zustehenden Unterhaltsanspruch zutreffend festlegt. Der Unterhaltsgläubiger kann sich darauf beschränken, seinen gegenwärtigen Anspruch schlüssig zu begründen. Ihm daneben den Vortrag aufzuerlegen, dass zugleich die Voraussetzungen des § 1614 Abs. 1 vorlägen, wenn man ihn an der Unterhaltsvereinbarung festhielte, widerspräche dem Schutzcharakter dieser Bestimmung.[11]

II. Wirksamer Verzicht auf Unterhaltsrückstände

7   Auf **Unterhaltsrückstände** kann **rechtswirksam verzichtet** werden (Umkehrschluss aus dem Wortlaut der Formulierung »Zukunft«). Der Verzicht eines Kindes auf alle Rechte aus einem Unterhaltsvergleich stellt keinen Verzicht auf Unterhalt für die Zukunft i.S.v. § 1614 Abs. 1 dar.[12] Vereinbaren Vater und Tochter, den Unterhaltsanspruch der Tochter für die Vergangenheit und für die Zukunft durch eine **einmalige Zahlung** abzugelten, so kann der die Vergangenheit betreffende Teil der Vereinbarung wirksam sein, wenn es nach dem Willen der Parteien zum Zeitpunkt des Vergleichsabschlusses praktisch nur um die hohen Rückstände ging, die der Vater nachzuzahlen hatte.[13] Verzichtet ein unterhaltsberechtigtes minderjähriges Kind zum Zwecke der Vermeidung eines Abänderungsantrages für einen bestimmten Zeitraum auf die Geltendmachung seiner Rechte aus einem Unterhaltsurteil, so liegt hierin zumindest dann kein unzulässiger Verzicht gem. § 1614, wenn wegen Leistungsunfähigkeit des Unterhaltsschuldners ohnehin kein Anspruch bestanden hätte.[14]

---

8   Zur Möglichkeit von Vereinbarungen s. BGH FamRZ 1997, 487; zum zulässigen Inhalt von Vereinbarungen s. Schwackenberg FPR 2001, 107.

9   RGZ 50, 96.

10   BGH FamRZ 1981, 763; OLG München FamRZ 1982, 90 zu den Fragen des Verzichts oder der Verwirkung betreffend den Unterhaltsanspruch eines minderjährigen Kindes im Hinblick auf das Verhalten des gesetzlichen Vertreters.

11   OLG Karlsruhe NJW-RR 2006, 1586.

12   OLG Oldenburg FamRZ 1992, 844.

13   OLG Koblenz MDR 1987, 497.

14   OLG Karlsruhe FamRZ 2002, 845 (Ls).

Fordert der Unterhaltsgläubiger vom Unterhaltsschuldner einen geringeren Unterhaltsbetrag, als **8** in einer rechtskräftigen Entscheidung tituliert wurde, und werden die Unterhaltszahlungen über mehrere Jahre entsprechend gehandhabt, liegt ein wirksamer Vergleich über den veränderten Unterhaltsbedarf vor, von dem sich der Unterhaltsgläubiger nur mit Wirkung für die Zukunft lösen kann. Beantragt er auf Grund des vorliegenden Unterhaltstitels nunmehr die Pfändung höherer Unterhaltszahlungen, verliert der Unterhaltsvergleich seine Wirksamkeit, denn der Unterhaltsgläubiger bringt damit zum Ausdruck, dass er sich nicht mehr an die bisherige Vereinbarung gebunden fühlt.[15] Kein Verzicht auf zukünftigen Unterhalt liegt auch in der Erklärung der unterhaltsberechtigten Frau dem Unterhaltsschuldner gegenüber, sie werde im Hinblick auf das Zusammenziehen mit ihrem Partner »das Unterhaltsgeld … ruhen lassen«. Sie ist daher nicht gehindert, nach der Trennung von ihrem Partner wieder aus dem Unterhaltstitel zu vollstrecken.[16]

Hat der Unterhaltsschuldner titulierten (Kindes-) Unterhalt zunächst weitergezahlt, obwohl der **9** Unterhaltsgläubiger zwischenzeitlich nicht mehr unterhaltsbedürftig ist, und betreibt dieser nunmehr nach Einstellung der Unterhaltszahlungen die Zwangsvollstreckung, dann muss der Unterhaltsschuldner den Unterhaltsgläubiger vor Erhebung eines Unterhaltsabänderungsantrages zunächst zum **Titelverzicht** auffordern. Leitet er ohne Vorankündigung ein Abänderungsverfahren ein, dann sind ihm im Falle eines sofortigen Anerkenntnisses des Abänderungsanspruchs die Kosten des Rechtsstreits nach § 243 Abs. 2 Nr. 4 FamFG aufzuerlegen.[17]

III. Ermessensrahmen und Teilverzicht

Ein Unterhaltsvergleich, der einen (auch nur teilweisen) Verzicht auf Unterhalt für die Zukunft **10** beinhaltet oder auf einen solchen Verzicht hinausläuft, ist unwirksam und kann abgeändert werden.[18] Eine Unterhaltsvereinbarung zwischen Eltern, nach der der barunterhaltspflichtige Elternteil unabhängig von seinen Einkommensverhältnissen Kindesunterhalt lediglich in Höhe von bestimmten Mindestunterhalts-Tabellensätzen zu leisten hat, ist daher als Teilverzicht unwirksam und entfaltet für ein Abänderungsverfahren keine Bindungswirkung, wenn und soweit nicht eine Freistellungsvereinbarung anzunehmen ist.[19]

Bei der Bestimmung des **angemessenen Unterhalts** durch die Parteien besteht gleichwohl ein gewisser **Ermessensrahmen**, innerhalb dessen Unterhaltsschuldner und Unterhaltsgläubiger wirksam einen den Tabellensatz unterschreitenden Barunterhalt für das Kind (§ 1610) – bzw. einen angemessenen Satz für den getrennt lebenden Ehegatten (§ 1361) – vereinbaren können.[20] Eine **Unterhaltsvereinbarung** ist daher nur insoweit für die **Zukunft unwirksam**, als sie die dem **Maßstab** der **Angemessenheit** innewohnende **Toleranzgrenze** überschreitet.[21]

---

15 OLG Schleswig OLGR 1997, 91.
16 OLG Köln JMBl NW 2001, 91.
17 OLG Oldenburg FamRZ 2000, 1514 – Ausbildungsunterhalt.
18 OLG Hamm FamRZ 2001, 1023.
19 OLG Celle FamRZ 1994, 1131.
20 OLG Celle FamRZ 1992, 94 – zu einem einen den Tabellensatz unterschreitenden Barunterhaltsanspruch eines Kindes.
21 OLG Celle FamRZ 1992, 94; OLG Hamm NJWE-FER 2000, 227; FamRZ 2001, 1024, und grundlegend BGH FamRZ 1984, 997; zur Nichtigkeit eines Unterhaltsverzichts, wenn er für die Vertragsparteien erkennbar zur Sozialhilfebedürftigkeit des Verzichtenden führt, s. OLG Schleswig FuR 2001, 553; OLG Koblenz FuR 2001, 379.

1. Kindesunterhalt

11   Bei den Sätzen der DT bezüglich des **angemessenen Unterhaltsbedarfs** eines unterhaltsberechtigten **Kindes** handelt es sich **nicht** um abschließende **verbindliche Größen**;[22] innerhalb eines
bestimmten **Toleranzrahmens** können durchaus von den Tabellensätzen abweichende Beträge vereinbart werden, ohne dass ein Verstoß gegen § 1614 anzunehmen ist. Vereinbarungen über die
Zweckbindung von **Teilbeträgen** der **Unterhaltszahlung** können trotz § 1614 wirksam sein (etwa
eine Zahlung für eine Ausbildungsversicherung anstelle eines Teils des geschuldeten Unterhalts).[23]
Auf eine mit der Kindesmutter als gesetzliche Vertreterin getroffene Vereinbarung zur Zahlung
eines Unterhaltsbetrages kann sich der Unterhaltsschuldner nicht berufen, wenn die vereinbarte
Leistung weit hinter den gesetzlichen Ansprüchen zurückbleibt. Eine solche Vereinbarung ist deshalb als nichtig zu behandeln.[24]

12   Unterschreiten allerdings die in einer Vereinbarung zum Kindesunterhalt geregelten Beträge die
gebräuchlichen Tabellensätze **nicht** nur **unwesentlich**,[25] dann ist im **Einzelfall** zu prüfen, ob nicht
etwa ein (Teil-) Verzicht vorliegt, der gegen § 1614 verstößt. Die Toleranzgrenze ist jedenfalls im
Regelfall nicht mehr gewahrt, wenn die **gebräuchlichen Sätze** der **Unterhaltstabellen** um ein
Drittel und mehr unterschritten werden.[26] In diesem Fall ist grundsätzlich ein **unzulässiger Teilverzicht** anzunehmen,[27] und zwar erst recht dann, wenn eine Erhöhung gem. § 239 FamFG ausgeschlossen wird. Eine Unterhaltsvereinbarung, wonach sich der barunterhaltspflichtige Elternteil
zur Zahlung von Unterhalt für das Kind unter Unterschreitung seines Selbstbehalts verpflichtet
hat, entfaltet keine Bindungswirkung gegenüber den Verschlechterungen durch die Neufassung
einer Kindergeldanrechnung bzw. -Kindergeldverrechnung; der Unterhaltsschuldner kann sich
insoweit auf mangelnde Leistungsfähigkeit berufen.[28]

2. Ausländische Unterhaltstitel

13   Ein nach ausländischem Recht wirksam vereinbarter (auch teilweiser) Unterhaltsverzicht für die
Zukunft kann sowohl wegen Verstoßes gegen den deutschen ordre public[29] als auch auf Grund der
unmittelbaren Anwendung deutschen Rechts unbeachtlich sein, solange der Unterhaltsgläubiger
seinen gewöhnlichen Aufenthalt in Deutschland hat (sog. **Wandelbarkeit** des **Unterhaltsstatuts**).[30]

IV. (Unterhalts-) Freistellungsvereinbarungen

14   Eltern haften für den Unterhalt ihrer Kinder, der deren gesamten Lebensbedarf umfasst (§ 1610
Abs. 2), **anteilig** nach ihren Erwerbs- und Vermögensverhältnissen (§ 1606 Abs. 3 Satz 1). Sie können sich allerdings im Verhältnis zueinander über die von ihnen zu leistenden Unterhaltsbeträge
verständigen. Im Rahmen einer solchen **Vereinbarung** darf ein Elternteil den anderen auch von

---

22   OLG Celle FamRZ 1992, 94 – zu einem einen den Tabellensatz unterschreitenden Barunterhaltsan-
     spruch eines Kindes.
23   OLG Köln FamRZ 1983, 750; OLG Celle NdsRpfl 1991, 244 – Ausbildungsversicherung.
24   OLG Naumburg NJW-RR 2003, 1089.
25   OLG Köln FamRZ 1983, 750; OLG Celle FamRZ 1992, 94.
26   OLG Köln FamRZ 1983, 750.
27   OLG Celle FamRZ 1992, 94; OLG Hamm FamRZ 2001, 1023.
28   OLG Frankfurt FuR 2002, 550 zu § 1612b Abs. 5 i.d.F. des KindUG.
29   OLG Nürnberg FamRZ 1996, 353 zu einem rumänischen Unterhaltstitel betreffend Kindesunterhalt.
30   OLG Karlsruhe FamRZ 1992, 316 zu einem nach türkischem Recht wirksamen Verzicht auf Trennungs-
     unterhalt; s. auch OLG Hamm FamRZ 1998, 1532 zur Wirksamkeit einer in Tadschikistan abgegeben
     Unterhaltsverzichtserklärung nach Wechsel des gewöhnlichen Aufenthalts.

dessen Verpflichtung, an das Kind anteilig oder insgesamt Unterhalt zu leisten, teilweise oder insgesamt freistellen (»**Freistellungsvereinbarung**«).[31]

Eine derartige Freistellungsvereinbarung stellt eine Erfüllungsübernahme (vgl. §§ 329, 415 Abs. 3) **15** dar und entfaltet Rechtswirkung nur zwischen den Eltern (**Wirkung** im **Innenverhältnis** der **Eltern** untereinander),[32] nicht aber für und gegen das Kind. Daher ist dieses an eine solche (vertragliche) Verpflichtung eines Elternteils gegenüber dem anderen nicht gebunden. Der von Unterhalt insgesamt oder teilweise – auch durch notarielle Vereinbarung – freigestellte Elternteil bleibt im **Außenverhältnis**, also gegenüber dem Kind, weiterhin unterhaltspflichtig. Erst durch die Unterhaltszahlung des zahlungspflichtigen Elternteils erlischt die Unterhaltsverpflichtung des anderen Elternteils gegenüber dem Kind (§§ 267, 1612 Abs. 2 Satz 1).[33] Im Innenverhältnis besteht ein vertraglicher Anspruch darauf, dass die zahlungspflichtige Vertragspartei den Unterhaltsanspruch des Kindes befriedigt.[34]

Ein gerichtlicher Antrag des zur Freistellung verpflichteten Ehegatten in gesetzlicher Prozessstand- **16** schaft für die Kinder gegen den anderen Ehegatten auf Zahlung des Kinderunterhalts ist daher nicht ausgeschlossen.[35]

Wurde der Kindesunterhalt aufgrund einer Freistellungsvereinbarung der Eltern von dem betreu- **17** enden Elternteil gezahlt, und wird diese Vereinbarung später aufgehoben, steht dem Kind mangels Erfüllung (§ 362) kein Unterhaltsanspruch gegen den anderen Elternteil zu. Da der Unterhalt auch mit Rechtsgrund gezahlt wurde, entfällt auch ein Bereicherungsanspruch des betreuenden Elternteils gegen das Kind.[36]

Aus einer von den Eltern vereinbarten Begrenzung des Kindesunterhalts, die schon mangels Betei- **18** ligung der betroffenen Kinder für diese keine Wirkung entfaltet, kann auf ein – konkludentes – **Freistellungsversprechen** des die Kinder betreuenden Elternteils zugunsten des anderen (über die Differenz zum gesetzlichen Unterhalt) nicht allein deswegen geschlossen werden, weil es dem betreuenden Elternteil bewusst war, dass der gesetzliche Unterhalt durch die Vereinbarung nicht ausgeschöpft wird.[37]

Eine **Freistellungsvereinbarung** ist im Zweifel **entgeltlich**.[38] Allerdings hängt die Gewährung von **19** Kinderfreibeträgen nicht stets von einer Minderung der Leistungsfähigkeit der Eltern durch Unterhaltszahlungen ab. Auch Eltern, die beide nicht unterhaltspflichtig sind oder zwar unterhaltspflichtig sind, aber keinen Unterhalt leisten, erhalten die Kinderfreibeträge.[39] Daher kommt auch derjenige Elternteil, der entgeltlich von der Unterhaltspflicht für seine Kinder freigestellt ist, seiner Unterhaltspflicht i.S.d. § 32 Abs. 6 Satz 5 EStG gegenüber seinen Kindern nach.[40]

Ein Freistellungsanspruch ist nach § 95 Abs. 1 FamFG i.V.m. § 887 ZPO zu **vollstrecken**.[41] Frei- **20** stellungsvereinbarungen können nach den Grundsätzen der **Veränderung** der **Geschäftsgrundlage anzupassen** sein.[42] Ist eine Freistellungsvereinbarung Teil eines Trennungs- und Scheidungsfolgen-

---

31 Hierzu näher Wilhelm FuR 2000, 353; s. auch OLG Hamm FamRZ 1980, 724; s. auch KG FamRZ 1997, 627.
32 BGH FamRZ 1986, 254 zu einem in einem Vergleich zwischen Eltern enthaltenen Verzicht eines Elternteils auf Kindesunterhalt; Schubert FamRZ 2001, 733.
33 BFHE 179, 409; OLG Stuttgart FamRZ 2006, 866.
34 BGH FamRZ 1986, 444.
35 OLG Stuttgart FamRZ 2006, 866.
36 OLG Naumburg OLGR 2007, 686.
37 BGH FamRZ 2009, 768 = FuR 2009, 400.
38 BFH/NV 2005, 343 = NJW 2005, 1391 (Bestätigung von FG Hamburg DStRE 2004, 691).
39 BFHE 184, 60.
40 FG Köln EFG 2004, 1846.
41 OLG Hamburg FamRZ 1983, 212.
42 OLG Braunschweig FamRZ 1982, 91; OLG Köln NJW-RR 1995, 1474.

vertrages, kommt eine Abänderung nach Treu und Glauben allerdings nur bei ganz unerwarteten und außergewöhnlichen Entwicklungen in Betracht.[43]

21   Freistellungsvereinbarungen sind grundsätzlich weder gem. § 134 nichtig (noch nach § 138 sittenwidrig), auch wenn sie äußerlich mit einem Vorschlag zur **Regelung** der **elterlichen Sorge** verbunden werden,[44] wohl aber dann, wenn dadurch die **Zustimmung** des anderen Elternteils zur **Übertragung** der **elterlichen Sorge**[45] und/oder ein **Verzicht** auf das **Umgangsrecht**[46] bzw. ein Verzicht auf dessen Ausübung[47] erreicht werden soll. Eine Freistellung ist zudem nur dann wirksam, wenn der Freistellende über die finanziellen Mittel verfügt, den Kindesunterhalt in der von dem freigestellten Elternteil geschuldeten Höhe zu bezahlen.[48]

22   Freistellungsvereinbarungen der Eltern untereinander verstoßen grundsätzlich nicht gegen § 1614 Abs. 1 (i.V.m. § 134),[49] da sie den Unterhaltsanspruch als solchen nicht tangieren. Sie entfalten Rechtswirkungen nur zwischen den Eltern und wirken nicht im Außenverhältnis zwischen dem Kind und dem freigestellten Elternteil mit der Folge, dass das Kind seine gesetzlichen Unterhaltsansprüche gegenüber jedem Elternteil ungeachtet der Vereinbarung der Parteien behält[50] und (auch) der freigestellte Elternteil ohne weiteres aus §§ 1601 ff. zu Unterhaltszahlungen verurteilt werden kann.[51] Der trotz Vereinbarung auf Unterhalt in Anspruch genommene Elternteil hat aus der Vereinbarung lediglich einen Anspruch auf Erstattung und im Übrigen auf die – vereinbarte – Freistellung. Leistet der Versprechende Unterhalt für den anderen Elternteil an das Kind, so gilt § 267.[52]

23   Allerdings werden im Hinblick auf die Entscheidung des BVerfG vom 06.02.2001[53] solche Verträge künftig wesentlich kritischer am Kindeswohl zu prüfen sein, wenn sie das Einkommen des betreuenden Elternteils und damit auch den für das Kind verfügbaren Betrag unangemessen schmälern.[54] Vereinbaren die Kindeseltern, dass der **Kindesunterhalt** vom barunterhaltspflichtigen Vater **nicht** in **voller Höhe** zu zahlen sei, ist diese Vereinbarung, weil die Kindesmutter wegen § 1614 ohnehin nicht wirksam auf Unterhalt verzichten kann, nur in der Weise auszulegen, dass sie den Vater von den Unterhaltsansprüchen der Kinder insoweit freistellen will, als von diesen weitergehende Kindesunterhaltsansprüche geltend gemacht würden, als in der Vereinbarung festgelegt.[55]

24   Enthält ein solcher Vertrag neben der Freistellungsvereinbarung auch einen unwirksamen wechselseitigen Verzicht auf Trennungsunterhalt, so führt die **Teilnichtigkeit** nicht auch zur Nichtigkeit der Freistellungsabrede, wenn die Parteien diese bei Kenntnis der Nichtigkeit des Teilgeschäfts

---

43   OLG Hamm FamRZ 1999, 163.
44   BGH FamRZ 1986, 444.
45   OLG Hamburg FamRZ 1984, 1223.
46   OLG Karlsruhe FamRZ 1983, 417.
47   BGH FamRZ 1984, 778.
48   Vgl. BVerfG FamRZ 2001, 343, 348.
49   OLG Düsseldorf FamRZ 1999, 1665.
50   BGH FamRZ 1987, 934; OLG Stuttgart FamRZ 1992, 716 zu einer Freistellungsvereinbarung im Rahmen eines Ehevertrages (aufgehoben durch BVerfG FuR 2001, 163 = FamRZ 2001, 343 mit Anm. Büttner ff. 2001, 65; Rauscher FuR 2001, 155; Bäumel FPR 2001, 111; Dauner-Lieb AcP 201, 295 (2001); Schwab FamRZ 2001, 349; Schubert FamRZ 2001, 733; Bergschneider FamRZ 2001, 1337; Grziwotz MDR 2001, 393; Röthel NJW 2001, 1334; Schervier MittBayNot 2001, 213; Armasow RNotZ 2001, 196; Langenfeld DNotZ 2001, 272; Nachreiner MittBayNot 2001, 356); s. auch Büttner FamRZ 1998, 1; Gerber Sonderheft DNotZ 1998, 296.
51   BGH FamRZ 1986, 444; OLG Stuttgart FamRZ 1992, 716; OLG Hamm FamRZ 1999, 163.
52   OLG Düsseldorf FamRZ 82, 1108.
53   BVerfGE 103, 89 = FamRZ 2001, 343 = FuR 2001, 163.
54   S. Papier NJW 2002, 2129, 2132 f.
55   OLG Brandenburg FamRZ 2003, 1965 mit Anm. Bergschneider.

gleichwohl getroffen hätten.[56] Haben die Eltern in einem Scheidungsfolgenvergleich eine Vereinbarung getroffen, wonach ein Elternteil bis zum 18. Lebensjahr des Kindes von seiner Unterhaltspflicht freigestellt und verpflichtet sein soll, den nach der Düsseldorfer Tabelle geschuldeten Kindesunterhalt bis zu diesem Zeitpunkt auf ein Sperrkonto einzuzahlen, so stellt dies keine unwirksame Stundung der Unterhaltspflicht – bzw. einen Verzicht –, sondern eine unwirksame Freistellungsvereinbarung dar.[57]

Der auf Kindesunterhalt in Anspruch genommene Elternteil kann gegen die Unterhaltsforderung   **25** des Kindes mit Erfolg einwenden, der andere (vertretungsberechtigte) Elternteil habe ihm Freistellung zugesichert, und sich insoweit auf treuwidriges Verhalten berufen. Zwar kann ein unterhaltsberechtigtes minderjähriges Kind, vertreten durch den insoweit berechtigten Elternteil, grundsätzlich einen (im Innenverhältnis) nachrangigen Kindesunterhaltsanspruch gegen den unterhaltspflichtigen Elternteil geltend machen. Vereitelt es dadurch aber die Aufrechnungsmöglichkeit des unterhaltspflichtigen Elternteils mit vorrangigen familienrechtlichen Ausgleichsansprüchen gegen den anderen Elternteil, der zugleich gesetzlicher Vertreter des Kindes für Unterhaltssachen ist, kann dem Anspruch des Kindes auf Unterhalt nach **Treu und Glauben** (dolo petit, qui petit, quod statim redditurus est) der **Ausgleichsanspruch** des unterhaltspflichtigen Elternteils entgegen gehalten werden. Dies gilt in derselben Konstellation auch für Darlehensverbindlichkeiten, die ein Elternteil für den anderen tilgt: Auch er kann diese Zahlungen dann einkommensmindernd dem Kindesunterhaltsanspruch entgegen halten.[58]

D. Vorausleistungen (§ 1614 Abs. 2)

§ 1614 Abs. 2 beschränkt die Erfüllungswirkung für Unterhaltsvorauszahlungen. Nach §§ 1614   **26** Abs. 2, 760 Abs. 2 befreien Vorausleistungen – mit Ausnahme des nachehelichen Unterhalts – nur für **drei Monate** (»den im § 760 Abs. 2 bestimmten Zeitabschnitt«) oder aber nur für einen den Umständen nach angemessenen Zeitabschnitt, wenn der Unterhaltsschuldner den Zeitabschnitt selbst zu bestimmen hatte. **Angemessener Zeitabschnitt** ist regelmäßig ein Rahmen zwischen **drei** und **sechs Monaten.** Eine hinterlegte Sicherheit befreit nur, wenn der Unterhaltsgläubiger die hinterlegten Beträge erlangt.[59]

Leistet der Unterhaltsschuldner also für mehr als drei Monate (§§ 1614 Abs. 2, 760 Abs. 2, 1361   **27** Abs. 4, 1360a Abs. 3) Unterhalt im Voraus, dann handelt er auf eigene Gefahr, weil er durch diese Vorausleistung nur begrenzt von seiner Leistungspflicht frei wird. Trotz dieser Vorausleistung haftet er erneut auf Unterhalt, wenn der Unterhaltsgläubiger – nach Verbrauch der Vorausleistung – nach Ablauf von drei Monaten erneut Mittel für seinen Lebensunterhalt benötigt, etwa weil er sich die Vorauszahlungen nicht richtig eingeteilt bzw. sie verschwendet hat, oder weil ihm das Geld abhanden gekommen ist.[60] Auf den Grund der erneuten Bedürftigkeit kommt es nicht an. Allerdings kann die Unterhaltspflicht nach § 1611 teilweise oder insgesamt zu begrenzen sein, wenn der Unterhaltsgläubiger infolge sittlichen Verschuldens erneut bedürftig geworden ist.

§ 1614 gilt nach der Systematik des Gesetzes nicht für Ansprüche auf **nachehelichen Unterhalt.**   **28** Der BGH[61] hat angesichts der Unterschiede in der Ausgestaltung der ehelichen und der nachehelichen Unterhaltspflicht auch eine analoge Anwendung der Norm auf Unterhaltsansprüche nach

---

56 OLG Hamm FamRZ 1999, 163.
57 OLG Frankfurt FamRZ 1994, 1131.
58 OLG Naumburg FamRZ 2005, 298.
59 OLG Koblenz NJW-RR 1990, 264.
60 BGHZ 123, 49 = BGH FamRZ 1993, 1186 = FuR 1993, 226 (Berufungsurteil: OLG Hamburg FamRZ 1992, 328); s. auch OLG Braunschweig FamRZ 1996, 965 – Unterhaltsvorauszahlung an ein Kind anlässlich der Ausreise seines Vaters aus der ehemaligen UdSSR.
61 BGHZ 123, 49 = BGH FamRZ 1993, 1186 = FuR 1993, 226.

§§ 1570 ff. abgelehnt und es für angemessen erachtet, den Zeitraum, für den nachehelicher Unterhalt im Voraus geleistet werden kann, auf **sechs Monate** anzusetzen.

§ 1615   Erlöschen des Unterhaltsanspruchs

(1) Der Unterhaltsanspruch erlischt mit dem Tod des Berechtigten oder des Verpflichteten, soweit er nicht auf Erfüllung oder Schadensersatz wegen Nichterfüllung für die Vergangenheit oder auf solche im Voraus zu bewirkende Leistungen gerichtet ist, die zur Zeit des Todes des Berechtigten oder des Verpflichteten fällig sind.

(2) Im Falle des Todes des Berechtigten hat der Verpflichtete die Kosten der Beerdigung zu tragen, soweit ihre Bezahlung nicht von dem Erben zu erlangen ist.

A. Strukturen

1   Nach § 1615 Abs. 1 erlischt – von bestimmten Ausnahmen abgesehen – der Unterhaltsanspruch mit dem Tode des Unterhaltsgläubigers oder des Unterhaltsschuldners. Stirbt der **Unterhaltsgläubiger,** dann hat der Unterhaltsschuldner die Beerdigungskosten zu tragen, wenn sie nicht von den Erben erlangt werden können (§ 1615 Abs. 2). Diese für das **Verwandtschaftsverhältnis** konzipierte Norm gilt auch für den **Familienunterhalt** und für den **Trennungsunterhalt** entsprechend (s. die Verweisungsnormen §§ 1360a Abs. 3, 1361 Abs. 4 Satz 4). Sie gelten ferner entsprechend für den Unterhaltsanspruch des verarmten Schenkers gegen den Beschenkten im Falle des Todes des Schenkers (§ 528 Abs. 1 Satz 3) sowie für den Unterhaltsanspruch der Mutter eines nichtehelichen Kindes gegen den Vater im Falle des Todes der Mutter (§ 1615l Abs. 3 Satz 1 und 5, s. auch § 1615m). Der Anspruch erlischt nur im **jeweiligen unterhaltsrechtlichen Schuldverhältnis:** Verstirbt etwa ein Elternteil, dann tritt gegebenenfalls die Ausfallhaftung des anderen ein.

2   Im Rahmen des **nachehelichen Unterhalts** (§§ 1569 ff.) gilt § 1586: Verstirbt der **Unterhaltsgläubiger,** gilt die gleiche Regelung wie in § 1615 Abs. 1. Stirbt der **Unterhaltsschuldner,** geht die Unterhaltspflicht nach § 1586b Abs. 1 auf den **Erben** über. Im Rahmen des nachehelichen Unterhalts sieht das Gesetz eine Pflicht des Unterhaltsschuldners, die Kosten der Beerdigung zu tragen, nicht vor. Nachdem § 69 Abs. 2 EheG insoweit vormals eine Regelung kannte, darf § 1615 Abs. 2 nicht entsprechend angewendet werden.

B. Erlöschen des Unterhaltsanspruchs (§ 1615 Abs. 1)

I. Grundsatz

3   Mit dem Tode des Unterhaltsgläubigers erlischt der (höchstpersönliche) Unterhaltsanspruch, weil der Gläubiger nicht mehr bedürftig ist, mit dem Tode des Unterhaltsschuldners, weil dieser nicht mehr leisten kann (Erlöschen des Unterhaltsanspruchs infolge Wegfalls von Anspruchsvoraussetzungen).

II. Ausnahmen

Unterhaltsansprüche für die Zeit **bis zum Tode** einer der Parteien des Unterhaltsschuldverhältnis- 4
ses bleiben bestehen, soweit sie nicht nach § 1613 erloschen sind (etwa laufende Unterhaltsrenten,
Schadensersatzansprüche wegen Nichterfüllung, wenn der Unterhaltsschuldner in Verzug gekommen oder der Anspruch rechtshängig geworden ist, § 1613 Abs. 1, oder Ansprüche wegen Sonderbedarfs, § 1613 Abs. 2 Nr. 1).

Unterhaltsansprüche bleiben ausnahmsweise für die Zeit **nach dem Tode** bestehen, wenn sie im 5
Todeszeitpunkt fällig waren, also Ansprüche für die restlichen Tage des Monats, für den der
Unterhalt nach § 1612 Abs. 3 vorauszuleisten war. Für den Fall des Todes des Unterhaltsgläubigers
regelt dies § 1612 Abs. 3 Satz 2, für den Fall des Todes des Unterhaltsschuldners gilt § 1615 Abs. 1.
Soweit Ansprüche bestehen bleiben, ist zu differenzieren:

1. Tod des Unterhaltsgläubigers

Stirbt der **Unterhaltsgläubiger**, dann gehen fortbestehende Ansprüche gemäß § 1922 auf den/die 6
Erben über, die sie im eigenen Namen gegen den Unterhaltsschuldner geltend machen können.
Die Ansprüche verlieren damit ihren Charakter als Unterhaltsansprüche nicht. Der Erbe darf
daher nicht besser gestellt werden als der nachrangig Verpflichtete im Rahmen des Anspruchsübergangs gem. § 1607 Abs. 2 Satz 2.

2. Tod des Unterhaltsschuldners

Stirbt der **Unterhaltsschuldner**, haftet dessen Erbe nach § 1967 für die noch bestehenden Unter- 7
haltsschulden. Die Haftung ist grundsätzlich unbeschränkt. Der Erbe kann sie allerdings auf den
Nachlass beschränken. Nach dem Tode des Unterhaltsschuldners können **neue Unterhaltsansprüche** des Unterhaltsgläubigers **entstehen**. Da der Anspruch nur in dem jeweiligen unterhaltsrechtlichen Verhältnis erlischt, kann sich der Unterhaltsanspruch nunmehr gegen den nächstrangigen
leistungsfähigen Verwandten richten (»Ausfallhaftung«, etwa gegen den betreuenden Elternteil).
Hat der Unterhaltsgläubiger zum Haushalt des Unterhaltsschuldners gehört, muss ihm der Erbe
in den ersten 30 Tagen nach Eintritt des Erbfalles in demselben Umfang, wie es der Erblasser
getan hat, Unterhalt gewähren (sog. **Dreissigster«**, § 1969 Abs. 1).

C. Beerdigungskosten (§ 1615 Abs. 2)

Vorrangig hat der **Erbe** die Beerdigungskosten zu tragen (§ 1968). Kann dieser die Beerdigungs- 8
kosten nicht zahlen, oder ist kein Vermögen vorhanden, dann haftet insoweit im Rahmen von
§ 1610 der Unterhaltsschuldner (§ 1615 Abs. 2).[1] Ist der Unterhaltsschuldner zugleich der Erbe,
kann er sich auf diese Beschränkung nicht berufen. Die Kosten sind dann nicht zu erlangen, wenn
der Erbe seine Haftung auf den Nachlass beschränkt hat und dieser nicht ausreicht, oder wenn er
aus anderen Gründen außerstande ist, die Kosten der Beerdigung zu zahlen; der erfolglose Versuch
der Zwangsvollstreckung ist nicht erforderlich. Zahlt der Unterhaltsschuldner die Kosten, obwohl
sie vom Erben zu erlangen sind, kann er von ihm wegen Geschäftsführung ohne Auftrag (§§ 677,
683) oder wegen ungerechtfertigter Bereicherung (§ 812) Ersatz verlangen. Da die Kostenpflicht
des § 1615 Abs. 2 aus der Unterhaltspflicht abgeleitet ist, gelten die unterhaltsrechtlichen Bestimmungen auch für den Anspruch auf Übernahme der Bestattungskosten. Der Unterhaltsschuldner
muss daher die Kosten nur insoweit tragen, als er ohne Gefährdung seines eigenen angemessenen
Unterhalts dazu imstande ist (§ 1603 Abs. 1).[2]

---

1 S. etwa RGZ 139, 393 zur Ausstattung des Grabes.
2 S. auch Staudinger/Engler, Rn. 10 zur Totensorge, Rn. 14 zur Bestattungsart und Rn. 16 f. zu den angemessenen Bestattungskosten.

9 Die Kosten einer Bestattung können vom **Sozialhilfeträger** übernommen werden, sofern diese dem hierzu Verpflichteten nicht zugemutet werden können. Ein Antrag auf Kostenübernahme eines nicht Verpflichteten ist mangels Aktivlegitimation unbegründet; insb. ist es nicht ausreichend, dass der Betroffene bloß aus sittlicher Verpflichtung oder sonst »freiwillig« gehandelt hat und in diesem Rahmen Kostenverpflichtungen eingegangen ist. Die Verpflichtung, Bestattungskosten zu tragen, kann erbrechtlich (§ 1968) oder unterhaltsrechtlich (§ 1615 Abs. 2) begründet sein, aber auch aus landesrechtlichen Bestattungspflichten hergeleitet werden.[3] § 18 SGB XII ist im Rahmen des § 74 SGB XII nicht anzuwenden, wenn und soweit hiermit die Forderung verbunden wird, dass Leistungen für die Vergangenheit bei fehlender Kenntnis des Sozialhilfeträgers nicht erbracht werden.

10 Der Anspruch auf »Übernahme« der Bestattungskosten i.S.v. § 74 SGB XII richtet sich auf Zahlung der erforderlichen Bestattungskosten an den Leistungsempfänger, gleich, ob die Forderung des Bestattungsunternehmens bereits beglichen oder aber nur fällig sein sollte. Der Begriff der Übernahme des § 74 SGB XII ist nicht im Sinne eines Schuldbeitritts zur Zahlungsverpflichtung gegenüber dem Bestattungsunternehmen zu verstehen.[4]

11 Der Begriff der Zumutbarkeit i.S.d. § 74 SGB XII ist nach Maßgabe der Umstände des Einzelfalles auszulegen. Dies entspricht § 9 Abs. 1 SGB XII, wonach sich die Leistungen nach den Besonderheiten des Einzelfalles richten. Je enger das Verwandtschaftsverhältnis oder die rechtliche Beziehung war, desto geringer sind die Anforderungen an die Zumutbarkeit des Einkommens- und Vermögenseinsatzes. Umgekehrt können zerrüttete Verwandtschaftsverhältnisse höhere Anforderungen an die Zumutbarkeit begründen.[5] Im Rahmen der Prüfung der Zumutbarkeit kommt den wirtschaftlichen Verhältnissen des Verpflichteten eine besondere Bedeutung zu. Ist der Bestattungspflichtige bedürftig i.S.d. § 19 Abs. 3 SGB XII, kann ihm die Übernahme der Bestattungskosten nicht zugemutet werden. Nur bei fehlender Bedürftigkeit kommen sonstige Zumutbarkeitsgesichtspunkte zum Tragen. Überschreitet das zu berücksichtigende Einkommen nicht die Einkommensgrenze des § 85 SGB XII, ist dem Bestattungsverpflichteten die Aufbringung der Mittel (aus Einkommen) für die Bestattungskosten nicht zuzumuten. Gleiches muss auch gelten, wenn unter Berücksichtigung der jeweiligen Absetz- und Freibeträge Hilfebedürftigkeit i.S.d. SGB II vorliegt.[6]

12 Der Sozialhilfeträger darf einem bedürftigen Bestattungspflichtigen, der die Übernahme von Bestattungskosten beantragt hat, nicht Ausgleichsansprüche gegenüber Dritten entgegenhalten, wenn deren Durchsetzung ein gerichtliches Vorgehen mit unsicherem Ausgang erfordert.[7]

13 Im Falle der Tötung des Unterhaltsgläubigers hat der ersatzpflichtige Schädiger die Kosten der Beerdigung demjenigen zu ersetzen, dem die Verpflichtung obliegt, diese Kosten zu tragen, also auch dem Unterhaltsschuldner (§ 844 Abs. 1, § 5 Abs. 1 Satz 2 HaftpflG, § 10 Abs. 1 Satz 2 StVG, § 35 Abs. 1 S. LuftVG, § 28 Abs. 1 Satz 2 AtomG, § 86 Abs. 1 Satz 2 ArzneimG).

---

3 BSG FamRZ 2010, 292 im Anschluss an BVerwGE 114, 57, und BVerwG Buchholz 436.0 § 15 BSHG Nr. 5); LSG Baden-Württemberg, Urteil vom 25.03.2010 – L 7 SO 4476/08 – juris; zum Rechtsanspruch auf Kostenübernahme s. § 8 SGB XII.
4 BSG FamRZ 2010, 292; vgl. dazu aber BSGE 102, 1.
5 BSG FamRZ 2010, 292 im Anschluss an BVerwGE 120, 111; VGH Mannheim FEVS 42, 380.
6 BSG FamRZ 2010, 292.
7 BSG FamRZ 2010, 292.

Untertitel 2   Besondere Vorschriften für das Kind und seine nicht miteinander verheirateten Eltern

§ 1615a   Anwendbare Vorschriften

Besteht für ein Kind keine Vaterschaft nach § 1592 Nr. 1, § 1593 und haben die Eltern das Kind auch nicht während ihrer Ehe gezeugt oder nach seiner Geburt die Ehe miteinander geschlossen, gelten die allgemeinen Vorschriften, soweit sich nichts anderes aus den folgenden Vorschriften ergibt.

Die praktische Bedeutung dieser Vorschrift für das Kind erschöpft sich in ihrem Hinweis auf   1
§ 1615o Abs. 1.

§§ 1615b–1615k

(aufgehoben)

§ 1615l   Unterhaltsanspruch von Mutter und Vater aus Anlass der Geburt

(1) [1]Der Vater hat der Mutter für die Dauer von sechs Wochen vor und acht Wochen nach der Geburt des Kindes Unterhalt zu gewähren. [2]Dies gilt auch hinsichtlich der Kosten, die infolge der Schwangerschaft oder der Entbindung außerhalb dieses Zeitraums entstehen.

(2) [1]Soweit die Mutter einer Erwerbstätigkeit nicht nachgeht, weil sie infolge der Schwangerschaft oder einer durch die Schwangerschaft oder die Entbindung verursachten Krankheit dazu außer Stande ist, ist der Vater verpflichtet, ihr über die in Absatz 1 Satz 1 bezeichnete Zeit hinaus Unterhalt zu gewähren. [2]Das Gleiche gilt, soweit von der Mutter wegen der Pflege oder Erziehung des Kindes eine Erwerbstätigkeit nicht erwartet werden kann. [3]Die Unterhaltspflicht beginnt frühestens vier Monate vor der Geburt und besteht für mindestens drei Jahre nach der Geburt. [4]Sie verlängert sich, solange und soweit dies der Billigkeit entspricht. [5]Dabei sind insbesondere die Belange des Kindes und die bestehenden Möglichkeiten der Kinderbetreuung zu berücksichtigen.

(3) [1]Die Vorschriften über die Unterhaltspflicht zwischen Verwandten sind entsprechend anzuwenden. [2]Die Verpflichtung des Vaters geht der Verpflichtung der Verwandten der Mutter vor. [3]§ 1613 Abs. 2 gilt entsprechend. [4]Der Anspruch erlischt nicht mit dem Tode des Vaters.

(4) [1]Wenn der Vater das Kind betreut, steht ihm der Anspruch nach Absatz 2 Satz 2 gegen die Mutter zu. [2]In diesem Falle gilt Absatz 3 entsprechend.

Vorbemerkung

Mit der Unterhaltsreform zum 01.01.2008 wurde die vom Bundesverfassungsgericht[1] geforderte einheitliche Neuregelung des Unterhalts für eheliche und nichteheliche Kinder durch Neufassung der §§ 1615l BGB und 1570 BGB verwirklicht.[2]

A. Ansprüche der Mutter

I. Unterhalt

1. Allgemeine Voraussetzungen

1   Die Eltern des Kindes dürfen nicht miteinander verheiratet sein oder miteinander verheiratet gewesen sein (Überschrift vor § 1615a). Die Vaterschaft muss gem. § 1592 Nr. 2 anerkannt oder gem. § 1600d Abs. 1 u. 2 rechtskräftig festgestellt sein.[3] Ob es genügt, dass die als Vater in Betracht kommende Person die Vaterschaft nicht bestreitet, ist streitig.[4] § 1615l gilt auch dann, wenn das Kind nachehelich außerhalb der Zeitspanne des § 1593 Satz 1 gezeugt ist.[5] Die Mutter muss bedürftig im Sinne des § 1602 sein.[6] Ist sie überobligatorisch erwerbstätig (was in den drei ersten Lebensjahren des Kindes immer der Fall ist[7]), ist in entsprechender Anwendung von § 1577 Abs. 2 S. 2 nach Billigkeitsgesichtspunkten über den Umfang der Anrechnung ihres Einkommens auf den Bedarf zu entscheiden.

2   Der Vater muss leistungsfähig sein. Es fehlt an der Bedürftigkeit, soweit der Mutter gem. § 11 MuSchG Arbeitsentgelt vom Arbeitgeber weiter gewährt wird[8] oder sie Mutterschaftsgeld nach § 200

---

1 BVerfG FamRZ 2007, 965; 2007, 1531.
2 Siehe hierzu Wever, FamRZ 2008, 553 ff.; Wendl/Paulig, § 7 Rn. 1 ff.; Brudermüller, ZKJ 11, 325
3 So z.B. OLG Celle FamRZ 2005, 747.
4 Bejahend: Palandt/Diederichsen § 1615l Rn. 2; OLG Zweibrücken FamRZ 1998, 554 = FuR 1998, 30; Verneinend: FA-FamR/Gerhardt Kap. 6 Rn. 392; Schilling FamRZ 2006, 1.
5 Palandt/Brudermüller § 1615l Rn. 2.
6 BGH NJW 1998, 1309.
7 BGH FamRZ 2010, 444.
8 Palandt/Brudermüller § 1615l Rn. 3.

Abs. 1 RVO bezieht.[9] Elterngeld wird grds.einkommensabhängig gezahlt, so dass es Lohnersatzfunktion hat und deswegen als Einkommen des bezugsberechtigten Elternteils zu berücksichtigen ist. Lediglich in Höhe von 300 € monatlich bleibt es nach § 11 Satz 1 BEEG unberücksichtigt.[10]

Der Betreuungsunterhaltsanspruch der Mutter nach § 1615l Abs. 2 Satz 2, der voraussetzt, dass bei gegebener Erwerbsfähigkeit von der Mutter wegen der Pflege oder Erziehung des Kindes eine Erwerbstätigkeit nicht erwartet werden kann, und der Anspruch auf Arbeitslosengeld II, der voraussetzt, dass die Mutter einer Erwerbstätigkeit nachgehen möchte, schließen sich gegenseitig aus. Wird der Mutter Arbeitslosengeld II gewährt, kann demnach kein Betreuungsunterhaltsanspruch nach § 1615l Abs. 2 Satz 2 auf den Sozialleistungsträger übergehen.[11]

Die Rechtsprechung ist bezüglich Vermögenseinkünften und Verwertung von Vermögen uneinheitlich. Teilweise wird die Meinung vertreten, Vermögen sei wie beim Verwandtenunterhalt zu behandeln, Vermögen wäre also hinsichtlich seiner Erträge einzusetzen und auch der ratenweise Einsatz des Vermögens könne zumutbar sein.[12] Dagegen wird in jüngerer Zeit auch die Meinung vertreten, dass die Mutter eines nichtehelichen Kindes, die Betreuungsunterhalt während der ersten drei Lebensjahre des Kindes geltend macht, sich nicht darauf verweisen lassen muss, sie habe ihren Vermögensstamm (hier: Verbrauch von Sparguthaben und/oder Verwertung eines Aktiendepots) einzusetzen, um ihren Bedarf zu decken. Denn sie benötigt das Vermögen zum Ausgleich der Einbußen, die sie in ihrer Altersversorgung dadurch erleidet, dass sie das gemeinsame Kind betreut und ihre Erwerbstätigkeit zu diesem Zweck für drei Jahre unterbrochen und danach reduziert hat. Es würde im Übrigen dem Gerechtigkeitsgefühl in unerträglicher Weise widersprechen, wenn die Kindesmutter ihr Vermögen aufzehren müsste, um ihren angemessenen Lebensbedarf zu bestreiten, während der Kindesvater, wenn er in guten Verhältnissen lebt, sein Vermögen dadurch vermehren könnte, dass er keinen Unterhalt an die Kindesmutter zu zahlen hätte.[13]

Mittlerweile hat auch der BGH in diesem Sinn entschieden, indem er die Verwertung eines Vermögens der Kindesmutter von ca. 10.000 € abgelehnt hat, weil sie dieses Vermögen für ihre eigene Alterssicherung einsetzen darf, nachdem der Kindesvater in guten Verhältnissen lebt und seine Altersversorgung hinreichend gesichert ist.[14] Entscheidend bleibt der Einzelfall, größeres Vermögen ist anders zu behandeln, wird zumindest hinsichtlich seiner Erträge berücksichtigt werden.[15]

Die Vertretungsmacht des Jugendamts erstreckt sich nicht auf Ansprüche aus § 1615l.[16]

2. Unterhalt gem. § 1615l Abs. 1 Satz 1 (für die Dauer von sechs Wochen vor und acht Wochen nach der Geburt des Kindes)

Kausalität zwischen der Geburt und Bedürftigkeit ist nicht erforderlich.[17]

Der Unterhaltsanspruch gem. § 1615l Abs. 1 Satz 1 besteht unabhängig davon, ob die Mutter das Kind betreut[18] und unabhängig davon, ob die Mutter vor der Geburt des Kindes erwerbstätig war.[19]

3

4

---

9 FA-FamR/Gerhardt Kap. 6 Rn. 404.
10 BGH FamRZ 2011, 97-99.
11 AG Königstein FamRZ 2011, 1599-1600.
12 BGH FamRZ 1989, 170 = NJW 1989, 524; LG Würzburg FF 2001, 98-100.
13 KG Berlin FuR 2003, 671-673 = JurBüro 2005, 164.
14 BGH FamRZ 2006, 1368.
15 Dies ist in dem vom BGH entschiedenen Fall (siehe vorherige Fn.) bezüglich des Veräußerungserlös eines Hauses auch geschehen, die daraus erzielten Zinseinkünfte wurden angerechnet.
16 Palandt/Brudermüller § 1615l Rn. 2.
17 BGH FamRZ 1998, 541.
18 Büttner FamRZ 2000, 781.
19 Palandt/Brudermüller § 1615l Rn. 4.

3. Unterhalt gem. § 1615l Abs. 2 Satz 1 (soweit die Mutter einer Erwerbstätigkeit nicht nachgeht, weil sie infolge der Schwangerschaft oder einer durch die Schwangerschaft oder die Entbindung verursachten Krankheit dazu außerstande ist)

5 (zur Zeit nicht besetzt)

7 Die Mutter muss entweder infolge der Schwangerschaft oder infolge der Entbindung oder infolge einer dadurch verursachten Krankheit ganz oder teilweise an der Ausübung einer Erwerbstätigkeit gehindert sein, Mitursächlichkeit reicht aber aus.[20]

Wurde eine Erwerbstätigkeit aus anderen Gründen aufgegeben, fehlt es an dieser Anspruchsvoraussetzung. Dies gilt auch im Falle der Aufgabe einer Erwerbstätigkeit infolge einer Erkrankung, die nicht auf die Schwangerschaft oder Entbindung zurückzuführen ist.[21] Ebenso fehlt diese Anspruchsvoraussetzung, wenn die Mutter schon vor Eintritt der Schwangerschaft keiner Erwerbstätigkeit nachging und die Aufnahme einer Erwerbstätigkeit deshalb unterlassen hat (aber s. u. Rdn. 13). Ging die Mutter vor der Geburt des Kindes keiner Erwerbstätigkeit nach, weil sie keine Stelle finden konnte, ist sie beweispflichtig dafür, dass sie sich angemessen um eine Arbeit bemüht hat und dass gerade die Schwangerschaft für die Nichterlangung einer Stelle ursächlich war.[22] Jedoch genügt es, dass die Schwangerschaft, die Entbindung oder eine daraus resultierende Krankheit zumindest mitursächlich für die Nichtaufnahme einer Erwerbstätigkeit ist.[23]

4. Unterhalt gem. § 1615l Abs. 2 Satz 2 (soweit eine Erwerbstätigkeit infolge der Pflege oder Erziehung des Kindes gem. § 1615l Abs. 2 Satz 2 nicht erwartet werden kann)

8 Das UÄndG aus dem Jahr 2008 hat den nachehelichen Betreuungsunterhalt der geschiedenen Mutter dem Betreuungsunterhalt der nichtverheirateten Mutter weitgehend angeglichen. Der nichtverheiratete Elternteil darf wie die geschiedene Mutter ohne Einschränkung mindestens bis zur Vollendung des dritten Lebensjahres des Kindes dieses selbst betreuen und muss sich nicht auf eine Drittbetreuung verweisen lassen,[24] selbst wenn eine solche möglich sein sollte.[25] Das Wort »erwartet« in Abs. 2 S. 2 lässt keinen gegenteiligen Schluss zu.[26] Mindestens während dieses Dreijahres-Zeitraums besteht bei Bedürftigkeit Anspruch auf Unterhalt gegen den anderen Elternteil. Es gibt also einen auf drei Jahre befristeten Basisunterhalt, während der ersten drei Lebensjahre eines Kindes erzieltes Einkommen ist damit stets überobligatorisch. Der betreuende Elternteil kann deswegen in dieser Zeit eine schon bestehende Erwerbstätigkeit jederzeit aufgeben und sich voll der Erziehung und Betreuung des Kindes widmen. Erzielt er allerdings eigene Einkünfte, weil das Kind auf andere Weise betreut wird, ist das überobligatorisch erzielte Einkommen nicht völlig unberücksichtigt zu lassen, sondern nach den Umständen des Einzelfalls anteilig zu berücksichtigen.[27]

9 Die Betreuung des Kindes muss nicht die alleinige Ursache für die Nichtaufnahme einer Erwerbstätigkeit der Mutter sein. Mitursächlichkeit genügt. Dies ist insbesondere von Bedeutung für den Fall, dass die Mutter bereits wegen der Betreuung eines ehelichen Kindes an der Aufnahme einer Erwerbstätigkeit verhindert ist.[28] Es kann aber anteilige Haftung der Väter eintreten (s. u. Rdn. 29)

---

20 Palandt/Brudermüller § 1615l Rn. 8.
21 Palandt/Brudermüller § 1615l Rn. 9.
22 OLG Koblenz NJW-RR 2000, 1531.
23 Palandt/Brudermüller § 1615l Rn. 9.
24 BT-Drucks. 16/6980 S. 22.
25 BGH FamRZ 2006, 1362; 2005, 347.
26 Wever FamRZ 2008, 554.
27 BGH FamRZ 2009, 770.
28 In diesem Falle haften der Vater des Kindes des nichtehelichen Kindes und der Ehemann für den Betreuungsunterhalt analog § 1606 Abs. 3 BGB anteilig, – BGH NJW 1998, 1309 – wobei die Haftungsanteile sich nach der Anzahl, dem Alter und der Betreuungsbedürftigkeit der Kinder richten.

5. Höhe der Ansprüche

a) Grundsätzlicher Maßstab

Die Vorschriften zum Unterhalt zwischen Verwandten sind anzuwenden, da es sich bei den **10** Ansprüchen gem. § 1615l Abs. 1 u. 2 um echte Unterhaltsansprüche handelt. Die Höhe des Unterhalts richtet sich gem. § 1610 Abs. 1 Satz 2 nach der Lebensstellung der Mutter vor der Geburt des Kindes gem. §§ 1615l Abs. 3 Satz 1, 1610 Abs. 1. Es besteht kein Anspruch darauf, an der Lebensstellung des Unterhaltsverpflichteten teilzunehmen.[29] § 1578 findet keine Anwendung! Dies gilt auch dann, wenn die Eltern des Kindes früher in nichtehelicher Lebensgemeinschaft gelebt haben.[30] Die Mutter muss ihren Unterhaltsbedarf konkret darlegen.[31] Grundsätzlich ist der Verdienstausfall der Mutter der Maßstab für die Ermittlung des Bedarfs. Hat sie vor der Geburt Erwerbseinkommen erzielt, richtet sich ihr Bedarf nach ihrem damaligen Einkommen.[32] Ihr Unterhaltsanspruch kann den Betreuungsunterhaltsanspruch der verheirateten Mutter übersteigen.[33] Die Anpassung des die Lebensstellung der Mutter bestimmenden Erwerbseinkommens vor Geburt des Kindes bis zur Entscheidung über den Unterhalt erfolgt auf der Grundlage des allgemeinen Verbraucher-Jahresindex.[34]

War die Mutter erst zu Beginn der Schwangerschaft arbeitslos, kann auch früheres Erwerbsein- **11** kommen maßgebend sein, wenn mit hoher Wahrscheinlichkeit davon ausgegangen werden kann, dass sie diese Einkünfte ohne die Schwangerschaft auch im Unterhaltszeitraum erzielt hätte.[35]

War sie während der Schwangerschaft erwerbstätig und hat sie nach der Geburt des Kindes eine **12** besser bezahlte Tätigkeit aufgenommen, richtet sich ihre Lebensstellung nach den Einkünften bei Aufgabe dieser Tätigkeit.[36]

Beim Unterhaltsanspruch der Mutter ist eine anlässlich der Kündigung bezahlte Abfindung nicht **13** zu berücksichtigen, falls diese einen Ausgleich für Lohnzahlungen darstellt, die einen Zeitraum betreffen, der sich erst an den anschließt, für den Unterhalt geltend gemacht wird.[37] Zum Bedarf der Mutter zählen die Kosten der Kranken- und Pflegeversicherung.[38] Altersvorsorgeunterhalt ist dagegen nach h. M. nicht geschuldet,[39] wohl aber Taschengeld.[40]

Als Maßstab für die Höhe des Unterhalts für eine nichteheliche Mutter ohne vorausgegangene **14** Erwerbstätigkeit kann der notwendige Eigenbedarf eines nicht Erwerbstätigen in Höhe von derzeit monatlich 800 Euro herangezogen werden.[41] Der BGH hat einen Mindestbedarf in Höhe von 1.050 € abgelehnt,[42] was ich für richtig halte, weil die eheliche Solidarität, die auch nach einer Trennung oder Scheidung ihre Nachwirkungen entfaltet, nicht für unverheiratete Eltern gelten kann. Hier gibt es meist keine nennenswerten finanziellen Verflechtungen und selbst wenn das Paar lange zusammengelebt hat, mag der Unterhaltsanspruch der betreuenden Mutter (oder ggf. des Vaters) ab dem vollendeten dritten Lebensjahr des Kindes weitreichender zugesprochen wer-

---

29 OLG Koblenz NJW 2000, 669.
30 BGH FamRZ 2008, 1739.
31 OLG Zweibrücken FamRZ 2001, 444.
32 OLG Bremen FamRZ 2000, 636; OLG Koblenz FamRZ 2000, 637.
33 OLG Koblenz NJW 2009, 1974.
34 OLG München, FamRZ 2012, 558 ff.
35 NJW-RR 2000, 1531.
36 OLG Celle FamRZ 2002, 1220 (Abgrenzung OLG Köln FamRZ 2001, 1322).
37 AG Euskirchen FamRZ 2002, 191.
38 OLG Bremen FamRZ 2000, 636, Büttner FamRZ 2000, 781; Puls FamRZ 1998, 865/873; a.A. OLG Hamm, FamRZ 2005, 1276.
39 OLG München FamRZ 2006, 812; Wendl/Pauling § 7 Rn. 28.
40 LG Tübingen FamRZ 2002, 556.
41 BGH NJW 2008, 3125, Tz. 25; zum Mindestbedarf siehe auch Rn. 13.
42 BGH FamRZ 2101, 357; a.A. Gerhardt, FamRZ 2009, 1144.

den, jedoch nur der Dauer nach, nicht dagegen der Höhe nach, denn die Eltern haben bewusst die nichteheliche Lebensgemeinschaft als Form des Zusammenlebens gewählt und damit in Kauf genommen, dass es nach einer Trennung keine Fortschreibung der bisherigen Verhältnisse gibt, dass der Unterhalt nicht am Einkommen des Partners orientiert wird und dass insgesamt weniger Sicherheiten bestehen als bei verheirateten Paaren. Damit scheidet auch bezüglich der Höhe des Mindestunterhalts eine Gleichstellung mit dem verheirateten betreuenden Elternteil aus.

15 Die Einkommensverhältnisse des Kindesvaters sind nicht maßgeblich.[43] Der Vater muss aber leistungsfähig im Sinne des § 1603 sein.[44] Bei der Beurteilung der Leistungsfähigkeit des Vaters ist der Kindesunterhalt für das gemeinsame Kind mit dem Zahlbetrag vom verfügbaren Einkommen abzuziehen, was sich aus § 1612b Abs. 1 ergibt.

16 Bei der Ermittlung des unterhaltsrechtlich relevanten Einkommens des Unterhaltsschuldners sind von dessen Nettoeinkommen die vermögenswirksamen Leistungen, sofern sie den Umständen nach angemessenen sind, und angemessene Aufwendungen für die private Kranken- und Altersvorsorge abzuziehen.[45]

17 Der Splittingvorteil muss zwar grundsätzlich der neuen Ehe des Unterhaltspflichtigen verbleiben und kann deswegen nicht zugleich bei der Bemessung seiner Leistungsfähigkeit gegenüber der Mutter eines nichtehelich geborenen Kindes berücksichtigt werden.[46] Der BGH hat mit Urteil vom 30. 07. 2008 seine bisherige Rechtsprechung zum Splittingvorteil geändert. Da mehrere Ehegatten die Ermittlung ihres Bedarfs gegenseitig beeinflussen, ist der Unterhalt durch Dreiteilung zu ermitteln und zu den Einsatzbeträgen gehört auf der Seite der neuen Ehefrau auch ihr Splittingvorteil.[47] Das Gleiche gilt auch für Ansprüche nach § 1615l, da es auch hier wie bei Ehegatten nur um die Verteilung des Gesamteinkommens geht.[48]

18 Ein Erwerbstätigenbonus ist nicht zu berücksichtigen.[49]

19 Der Bedarf der Mutter wird durch den Halbteilungsgrundsatz begrenzt.[50]

20 Die sog. Hausmann-Rechtsprechung des BGH findet entsprechende Anwendung, wenn der Unterhaltspflichtige in nichtehelicher Lebensgemeinschaft mit einem anderen Partner lebt und ein aus dieser Beziehung stammendes Kind betreut.[51]

21 Aufwendungen des Vaters in Erfüllung des gesetzlichen Unterhaltsanspruchs aus Anlass der Geburt können als außergewöhnliche Belastung nach § 33a Abs. 1 EStG berücksichtigt werden, sofern für die Mutter kein Anspruch auf einen Kinderfreibetrag oder auf Kindergeld besteht.[52] § 10 Abs. 1 Nr. 1 EStG (begrenztes Realsplitting) ist nicht, auch nicht analog, anwendbar.[53] Es besteht auch keine Gestaltungsmöglichkeit durch Vereinbarung zwischen den nicht verheirateten Eltern. Der Unterhaltspflichtige kann daher den von ihm nach § 1615l bezahlten Unterhalt nur

---

43 OLG München FamRZ 2005, 1859.
44 Der Vater muss bei Leistungsunfähigkeit wegen Studiums ein solches nicht aufgeben – OLG Frankfurt a.M. FamRZ 1982, 732.
45 AG Bayreuth FamRZ 2005, 747-748.
46 BGH FamRZ 2008, 1739.
47 BGH FamRZ 2008, 1911.
48 FA-FamR/Gerhardt Kap. 6 Rn. 143.
49 FA-FamR/Gerhardt Kap. 6 Rn. 396.
50 BGH NJW 2008, 3125 Tz. 25.
51 BGHZ 147, 19–28; FamRZ 2001, 180.
52 BFH FamRZ 2004, 1643.
53 BFH Neue Zeitschrift für Verwaltungsrecht 1995, 7772; Kirchhof/Söhn EStG § 10 Anm. C 34; Benkelberg FuR 1999, 301, 30.

im Rahmen des § 33a EStG geltend machen.[54] Es können insoweit jährliche Aufwendungen bis zu 7.680,00 € angesetzt werden, eigene Einkünfte der unterhaltsberechtigten Person, die 624,00 € übersteigen, sind allerdings abzuziehen.[55]

b) Besonderer Maßstab

War die Mutter vor der Geburt des Kindes Schülerin oder Studentin, ist ihr Bedarf derselbe, wie bei Ansprüchen von Eltern gegen Kinder.[56]   **22**

Lebt die Mutter mit einem anderen Partner (nicht dem Kindsvater) in eheähnlicher Lebensgemeinschaft, kann Maßstab für ihren Bedarf die dadurch geprägte Lebensgemeinschaft sein.[57]   **23**

Ist die Mutter (gilt ggf. für den betreuenden Vater) verheiratet oder war sie verheiratet, sind für ihren Bedarf die bisherigen ehelichen Lebensverhältnisse maßgeblich, auch wenn diese unter dem Mindestbedarf liegen.[58] Dieser Maßstab gilt selbst dann, wenn die Mutter für ein Kind aus geschiedener Ehe Betreuungsunterhalt bezieht und jetzt zusätzlich für die Betreuung des nichtehelichen Kindes Unterhalt fordert.[59]   **24**

Heiratet die Mutter, entfällt in der Regel der Unterhaltsanspruch gegen den Erzeuger des Kindes, weil ihr Bedarf durch den Familienunterhalt gedeckt ist. Die Vorschrift des § 1586 Abs. 1 BGB, nach der ein Anspruch auf nachehelichen Ehegattenunterhalt bei Wiederheirat des Unterhaltsberechtigten entfällt, ist auf den Unterhaltsanspruch aus Anlass der Geburt nach § 1615l Abs. 1 S. 1 und Abs. 2 S. 1 und 2 entsprechend anwendbar.[60] Trennt sie sich von ihrem Ehegatten, lebt der Anspruch wieder auf.[61]   **25**

Macht die nicht verheiratete Kindesmutter wegen der Kindesbetreuung gem. § 1615l Abs. 2 erweiterte Unterhaltsansprüche geltend, dann ist gleichwohl erzieltes Einkommen analog § 1577 Abs. 2 als überobligatorisch anzusehen und nicht auf ihren Unterhaltsbedarf anzurechnen.[62] Dies gilt auch, wenn eine vor der Geburt des Kindes ausgeübte Tätigkeit nach der Geburt des Kindes fortgesetzt wird, da zum einen die vor der Geburt gegebene Zumutbarkeit der Erwerbstätigkeit mit der Geburt des Kindes objektiv entfällt und es sich zum anderen grundsätzlich nur um Fälle handeln kann, in denen ein Teil des Bedarfs der Mutter durch eigenes Erwerbseinkommen gedeckt wird, so dass der Vater ohnehin finanziell entlastet wird.[63] Konkrete Betreuungskosten können vorweg vom Einkommen abgezogen werden, ebenso ein Betreuungsbonus.[64] Sowohl die Mutter[65] als auch der Vater[66] können Rücklagen für eine jeweils angemessene Altersvorsorge bilden, die das Einkommen mindern. Vom Einkommen des Unterhaltspflichtigen ist der Kinderunterhalt mit dem vollen Tabellenbetrag abzuziehen und ihm das Kindergeld gem. § 1612b Abs. 5 ungekürzt zu lassen.[67]   **26**

---

54 Oberlandesgericht des Landes Sachsen-Anhalt 2. Senat für Familiensachen, Urteil vom 04.08.2005 Az.: 8 UF 635; Kirchhof/Mellinghoff, ESt-Kompakt-Kommentar 2. Aufl. § 33a Rn. 7 ff.
55 Benkelberg FuR 1999, 301, 302.
56 Palandt/Brudermüller § 1615l Rn. 23.
57 Büttner (Fn. 10).
58 BGH FamRZ 2007, 1303.
59 FamRZ 2008, 1739.
60 BGH FamRZ 2005, 347-353 = FuR 2005, 165-170.
61 OLGR München 2002, 144; a.A. OLG Stuttgart FamRZ 2003, 701.
62 OLGR München 2006, 258-259; OLG Hamburg FamRZ 2005, 927-930; Büttner (Fn. 10).
63 So auch im Ergebnis Büttner (Fn. 10); a.A. Heiß/Born/Heiß I 14 Rn. 48 unter Bezugnahme auf BGH FamRZ 1990, 492.
64 FA-FamR/Gerhardt Kap. 6 Rn. 389.
65 KG FÜR 2003, 672.
66 AG Bayreuth FamRZ 2005, 747.
67 BGH NJW 2005, 503.

27 Die freiberuflich oder selbständig tätige Mutter hat Anspruch auf die für ihren angemessenen Lebensbedarf erforderlichen Kosten, nicht dagegen auf Mittel für die Weiterführung ihres Betriebs oder ihrer Praxis.[68]

28 Besteht ein Unterhaltsanspruch gegen den getrenntlebenden Ehemann und gegen den Erzeuger des Kindes, so haften beide anteilig gem. § 1606 Abs. 3 Satz 1.[69] In diesem Fall ist die Mutter verpflichtet, dem Ehemann das Einkommen des Vaters des nichtehelichen Kindes bekannt zu geben.[70] Entstünde aber ein Anspruch auf Trennungsunterhalt dadurch, dass die Ehefrau die bisher ausgeübte Tätigkeit wegen der Geburt eines Kindes, das nicht von ihrem Ehemann abstammt, aufgibt, so tritt der Anspruch auf Trennungsunterhalt hinter einem gleichzeitig bestehenden Anspruch aus § 1616l BGB zurück.[71]

Betreut die Mutter des nichtehelichen Kindes auch ein eheliches Kind, haften der Vater des nichtehelichen Kindes und der geschiedene Ehemann anteilig entsprechend § 1606 Abs. 3 BGB. Für die Bestimmung der Haftungsquoten ist indes nicht schematisch auf die beiderseitigen Erwerbsverhältnisse abzustellen. Ausschlaggebend der individuelle Betreuungsbedarf des jeweiligen Kindes. Ist das nichteheliche Kind schwerbehindert (hier: schwere motorische Behinderung der sechsjährigen Tochter infolge rheumatischer Polyarthritis), erscheint es angemessen, den nichtehelichen Vater zu 70% des Unterhalts für die Kindesmutter heranzuziehen.[72]

Betreut eine getrennt lebende Ehefrau ein eheliches und ein in der Trennungszeit geborenes außereheliches Kind, ist der Ehemann, wenn der von der Frau als Erzeuger Benannte seine Vaterschaft bestreitet und eine Unterhaltszahlung verweigert, zur Zahlung von Trennungsunterhalt nur insoweit verpflichtet, als er ohne Hinzutreten des weiteren Kindes für den Unterhalt der Frau aufkommen müsste. Hat das gemeinsame Kind bereits ein Alter erreicht, das der Ehefrau die Ausübung einer (Teil-)Erwerbstätigkeit ermöglichen würde, ist dieser ein Einkommen aus einer solchen Tätigkeit fiktiv zuzurechnen.[73]

29 Hat der Ehemann für die Zeit bis zur Scheidung ein Anerkenntnis über die Zahlung von Trennungsunterhalt abgegeben, kann die Ehefrau die Rechte aus dem Anerkenntnis ab dem Zeitpunkt nicht mehr geltend machen, ab dem ihr Unterhaltsbedarf auf andere Weise gedeckt ist (hier: Unterhaltspflicht des Vaters ihres nichtehelichen Kindes gemäß § 1651l BGB).[74]

Nimmt die Mutter den nicht mit ihr verheirateten Vater eines Kindes nach § 1615l Abs. 1 oder 2 auf Unterhalt in Anspruch und kann sie die Einkommens- und Vermögensverhältnisse des anteilig mithaftenden Vaters eines anderen Kindes nicht darlegen, kann ihr ein Unterhaltsanspruch nicht zuerkannt werden, weil die von den verschiedenen Vätern zu tragenden Haftungsanteile nicht bestimmbar sind.[75]

30 Die Väter mehrerer – nicht aus einer Ehe hervorgegangener – Kinder haften für den Unterhaltsbedarf der nicht verheirateten Mutter gemäß § 1606 Abs. 3 Satz 1 BGB anteilig nach ihren Erwerbs- und Vermögensverhältnissen.[76]

31 Besteht trotz Betreuung eines ehelichen Kindes für die Mutter gegenüber dem Ehemann eine Erwerbsverpflichtung, muss sie sich ihm gegenüber das hieraus erzielbare Einkommen als fiktives Einkommen anrechnen lassen. In Bezug auf den Vater des nichtehelichen Kindes ist dieses fiktive

---

68 Palandt/Brudermüller § 1615l Rn. 7.
69 BGH FamRZ 2007, 1303 ff; 1998, 541 = DAVorm 1998, 390.
70 BGH FamRZ 1998, 541 = DAVorm 1998, 390.
71 OLG Bremen NJW 2004, 1601.
72 OLG Hamm FamRZ 2005, 1276.
73 OLG Koblenz FamRZ 2005, 804-805.
74 OLG Oldenburg FamRZ 2004, 705-706.
75 OLG Koblenz FamRZ 2006, 440 = FuR 2005, 463-465.
76 BGH FamRZ 2005, 357-358 = FuR 2005, 224-225.

Einkommen der zu deckende Unterhaltsbedarf,[77] der gegebenenfalls bis zum Mindestbedarf aufzufüllen ist. Wird fiktives Erwerbseinkommen als ein Teil des Bedarfs der Mutter angesetzt wird, erscheint es allerdings angemessen, als Mindestbedarf den einer nicht erwerbstätigen Mutter anzusetzen, da sie tatsächlich keiner Erwerbstätigkeit nachgeht und ihr Bedarf damit entsprechend niedriger liegt.

6. Bedarf bei konkurrierenden Unterhaltsansprüchen der Mutter und eines Ehegatten

Der Bedarf der Mutter darf nicht höher sein als der einer getrenntlebenden oder geschiedenen Ehefrau.[78] Das Bundesverfassungsgericht hat mit Beschluss vom 25.01.2011[79] die Rechtsprechung des BGH zu den »wandelbaren ehelichen Lebensverhältnissen mit Anwendung der Dreiteilungsmethode bei der Unterhaltsberechnung für verfassungswidrig erklärt. Der BGH hat daraufhin mit Urteil vom 7.12.2011[80] entschieden, dass die ehelichen Lebensverhältnisse im Sinne von § 1578 Abs. 1 Satz 1 grundsätzlich durch die Umstände bestimmt werden, die bis zur Rechtskraft der Ehescheidung eingetreten sind. Nacheheliche Entwicklungen wirken sich auf die Bedarfsbemessung nach den ehelichen Lebensverhältnissen aus, wenn sie auch bei fortbestehender Ehe eingetreten wären oder in anderer Weise in der Ehe angelegt und mit hoher Wahrscheinlichkeit zu erwarten waren. Die Unterhaltspflichten für neue Ehegatten sowie für nachehelich geborene Kinder und den dadurch bedingten Betreuungsunterhalt nach § 1615l sind nicht bei der Bemessung des Unterhaltsbedarfs eines geschiedenen Ehegatten nach § 1578 Abs. 1 Satz 1 zu berücksichtigen. Im Rahmen der Leistungsfähigkeit des Unterhaltspflichtigen nach § 1581 ist der Halbteilungsgrundsatz zu beachten, was zu einem relativen Mangelfall führen kann, wenn dem Unterhaltspflichtigen für den eigenen Unterhalt weniger verbleibt, als der Unterhaltsberechtigte mit dem Unterhalt zur Verfügung hat. Sonstige Verpflichtungen gegenüber anderen Unterhaltsberechtigten, die nicht bereits den Bedarf des Unterhaltsberechtigten beeinflusst haben, sind entsprechend ihrem Rang zu berücksichtigen. Sind ein geschiedener und ein neuer Ehegatte nach § 1609 gleichrangig, ist im Rahmen der Leistungsfähigkeit des Unterhaltspflichtigen eine Billigkeitsabwägung in Form einer Dreiteilung des gesamten unterhaltsrelevanten Einkommens revisionsrechtlich nicht zu beanstanden. Das schließt eine Berücksichtigung weiterer individueller Billigkeitserwägungen nicht aus. Der Betreuungsunterhaltsanspruch einer Ehefrau ist gleichrangig mit dem der mit dem Unterhaltpflichtigen nicht verheirateten Mutter eines gemeinsamen Kindes, jedoch richtet sich der Unterhaltsanspruch der verheirateten Mutter nach dem gemeinsamen Einkommen der Ehegatten, wohingegen sich der Unterhaltsanspruch der Mutter eines nichtehelichen Kindes nur nach deren Lebensstellung vor der Geburt des Kindes richtet. Übersteigt der Anspruch der Mutter eines nichtehelichen Kindes auf Grund ihrer Lebensstellung vor der Geburt des Kindes den auf sie nach Dreiteilung des zur Verfügung stehenden Einkommens entfallenden Anteil, hat sie nur Anspruch auf die nach der Dreiteilung auf sie entfallende Quote. Liegt ihr Anspruch dagegen unter dieser Quote, ist der Betrag zwischen ihrem Anspruch und der auf sie entfallenden Quote auf die geschiedenen Ehegatten zu verteilen.[81] Liegt das Einkommen der Mutter des nichtehelichen Kindes unter dem Existenzminimum, muss ihr Bedarf zum Schutze des Kindes, der Bedarf bei Leistungsfähigkeit des Unterhaltspflichtigen jedenfalls in Höhe ihres Existenzminimums gedeckt werden.[82]

7. Mangelfall

Verbleibt dem Unterhaltsschuldner nur sein eigener Selbstbehalt von 1.100,00 €, ist der Unterhaltsanspruch nach § 1615l BGB auf 1.050 € begrenzt, wenn ihr Einkommen vor der Geburt des

32

33

---

77 FA-FamR/Gerhardt Kap. 6 Rn. 210a.
78 BGH FamRZ 2008, 1639.
79 BVerfG FamRZ 2011, 437.
80 BGH FamRZ FamRZ 2012, 281-288.
81 So zum Urteil des BGH vom 7.12.2012 Borth, FamRZ 2012, 257f.
82 So zum Urteil des BGH vom 7.12.2012 Borth, FamRZ 2012, 257f.

Kindes 1.050 € betragen hatte. Lag es darunter, ist dieses ihr Bedarf, der Mindestbedarf beträgt 770 € (siehe Rdn. 14). Anders als gegenüber minderjährigen unverheirateten und diesen gleichgestellten Kindern (vgl. BGH FamRZ 2005, 608) besteht gegenüber dem Anspruch aus § 1615l Abs. 1 und 2 keine Obliegenheit zur Einleitung eines Insolvenzverfahrens mit Restschuldbefreiung. Auch die Obliegenheit, sich auf den Pfändungsschutz der §§ 850 Abs. 2, 850c, 850i ZPO zu berufen, besteht nicht, wenn die Schuldverpflichtungen bei einer Aussetzung oder Verringerung der Zahlungen weiter anwachsen würden.[83]

8. Angemessener Selbstbehalt

34 Der Selbstbehalt gegenüber dem Anspruch aus § 1615l liegt nach der Rechtsprechung des BGH im Regelfall zwischen dem angemessenen Selbstbehalt nach § 1603 Abs. 1 BGB und dem notwendigen Selbstbehalt nach § 1603 Abs. 2 BGB.[84] Nach der Düsseldorfer Tabelle gilt derzeit unabhängig davon, ob der Unterhaltpflichtige erwerbstätig ist oder nicht, ein Betrag von 1 050 Euro. Aus dem generellen Grundsatz der Halbteilung muss dem Pflichtigen unter Berücksichtigung der Krankenvorsorgeaufwendungen aber mindestens die Hälfte seines Einkommens verbleiben.[85]

Es besteht keine gesteigerte Unterhaltspflicht, vielmehr gelten für die Erwerbsobliegenheit des Vaters die gleichen Grundsätze wie beim Unterhaltsanspruch volljähriger Kinder.[86]

Soweit vom Unterhaltsschuldner geleistete Mehr- und Nachtarbeit das in seinem Beruf übliche Maß nicht überschreitet und die hierfür gezahlten Mehrarbeits- und Nachtarbeitszuschläge berufstypisch sind, sind diese Zuschläge seinem Einkommen zuzuschlagen.[87]

9. Zeitlicher Umfang der Ansprüche

35 a) Unterhalt für die Dauer von sechs Wochen vor und acht Wochen nach der Geburt des Kindes gem. § 1615l Abs. 1 Satz 1.

b) Unterhalt wegen Nichtaufnahme einer Erwerbstätigkeit infolge Schwangerschaft, Entbindung, einer daraus resultierenden Krankheit, Pflege oder Erziehung des Kindes beginnen gem. § 1615l Abs. 2 Satz 3 frühestens vier Monate vor der Geburt des Kindes und für mindestens drei Jahre nach der Geburt.

10. Billigkeitsunterhalt

36 Solange und soweit dies der Billigkeit entspricht, verlängert sich die Unterhaltspflicht. Hierbei sind insbesondere die Belange des Kindes und die bestehenden Möglichkeiten der Kinderbetreuung zu berücksichtigen. Hintergrund dieser Formulierung ist der Beschluss des BVerfG vom 28.02.2007, in dem dieses die unterschiedliche Regelung der Unterhaltsansprüche wegen der Pflege und Erziehung von Kindern in § 1570 a.F. einerseits und § 1615l Abs. 2 Satz 3 a.F. andererseits für verfassungswidrig erklärt hat, da diese Regelung gegen Art. 6 Abs. 5 GG verstoße.[88] Das Wort »insbesondere« in § 1615l Abs. 2 Satz 3 2. Hs. macht deutlich, dass zwar vornehmlich kindesbezogene Belange zu berücksichtigen sind, dass aber daneben durchaus auch sonstige und auch elternbezogen Umstände berücksichtigt werden können.

Kindbezogene Gründe können vor allem das Alter des Kindes, die Anzahl der zu betreuenden gemeinsamen Kinder, die besondere Betreuungsbedürftigkeit eines oder mehrerer gemeinsamer

83 OLG Koblenz FamRZ 2006, 440 = FuR 2005, 463-465.
84 BGH FamRZ 2009, 307; 2005, 357-358 = FuR 2005, 224-225.
85 BGH FamRZ 2010, 357 = FuR 2010, 217.
86 FA-FamR/Gerhardt Kap. 6 Rn. 398.
87 OLG Nürnberg EzFamR aktuell 2000, 292.
88 BVerfG FamRZ 2007, 965 ff.

Kinder sein, der BGH berücksichtigt auch, dass gerade kleinere Kinder nach einer ganztägigen Drittbetreuung besonderer Zuneigung des betreuenden Elternteils bedürfen.[89] Betreuungsunterhalt aus kindbezogenen Gründen ist aber nach vollendetem dritten Lebensjahr bei einer ärztlich attestierten Erkrankung des Kindes nicht gerechtfertigt, wenn das Kind in der Lage ist, täglich eine Betreuungseinrichtung zu besuchen, die der Kindesmutter eine Vollzeitbeschäftigung ermöglicht.[90]

Elternbezogene Gründe kommen insbesondere dann in Betracht, wenn die Eltern mit ihrem gemeinsamen Kind zusammengelebt haben und deswegen ein eventueller Vertrauenstatbestand als Nachwirkung dieser Familie zu berücksichtigen ist.[91]

Siehe im Einzelnen zu kind- und elternbezogenen Gründen die Kommentierung von Ücker zu § 1570.

Die Mutter eines nichtehelichen Kindes, die einen Billigkeitsbetreuungsunterhalt gem. § 1615l Abs. 2 Satz 2 und 4 nicht verlangen kann, weil das Kind in einer Tageseinrichtung betreut wird und sie ihren Bedarf im Prinzip durch eigene Erwerbstätigkeit decken könnte, hat einen Anspruch auf Unterhalt wegen Krankheit nur unter den Voraussetzungen des § 1615l Abs. 2 Satz 1, d.h. wenn die Krankheit schwangerschafts- oder entbindungsbedingt ist.[92]

Der Anspruch muss nicht in den ersten drei Lebensjahren eines Kindes entstehen, es kann ein solcher Anspruch vielmehr jederzeit entstehen, so auch wenn erstmals oder erneut die Voraussetzungen dafür zu einem späteren Zeitpunkt entstehen, z. B. wenn das Kind 10 Jahre alt geworden ist.[93]

Zur Unbilligkeit im Sinne der Neufassung dieser Vorschrift wird die Rechtsprechung zur »groben Unbilligkeit« nach altem Recht auch nach der Neufassung dieser Vorschrift von den Gerichten berücksichtigt werden, deshalb im Folgenden die wesentlichsten Entscheidungen hierzu:

Ist ein Kind erhöht betreuungsbedürftig, ist es grob unbillig, die Mutter nach Ablauf der dreijährigen Frist auf die Ausübung einer vollschichtigen Erwerbstätigkeit zu verweisen.[94] Eine verlängerte Unterhaltsverpflichtung kann auch schon dann in Betracht kommen, wenn der Aufschub der Aufnahme einer Erwerbstätigkeit durch die Mutter aus objektiver Sicht wegen der besonderen Bedürfnisse des Kindes als vernünftig und dem Kindeswohl förderlich erscheint.[95] Sofern nach dem Wortlaut des § 1615l Abs. 2 auch auf die Belange der Mutter abzustellen ist, sollte die Versagung des Unterhaltsanspruchs nicht als grob unbillig gewertet werden, wenn ein gemeinsamer Lebensplan mit dem Kindesvater nicht existiert hatte, eine Eheschließung zunächst nicht beabsichtigt und von der Kindesmutter auch nicht versprochen war und ihr die elterliche Sorge für das Kind lediglich allein zustand und sie sich daher nicht darauf verlassen durfte, dass der Kindesvater bei der Trennung die von ihr ins Auge gefasste schulische Weiterbildung unterstützen würde.[96] War das Versprechen des nichtehelichen Vaters von 2 Kindern, für die gesamte Familie zu sorgen, mitbestimmend für den Entschluss der Mutter, auch das zweite Kind auszutragen, und haben die Kindeseltern viele Jahre zusammengelebt, ist die Unterhaltsverpflichtung des nichtehelichen Vaters gegenüber der nicht verheirateten Mutter zu verlängern.[97] Eine Verlängerung des Bertreuungsunterhalts kommt ferner in Betracht, wenn das Kind behindert oder krank oder schwer in seiner

---

89 BGH FamRZ 2008, 1739.
90 OLG Karlsruhe FamRZ 2011, 1601-1603.
91 BGH FamRZ 2008, 1739 Tz. 94.
92 Hanseatisches Oberlandesgericht in Bremen FamRZ 2010, 1917-1918.
93 Palandt/Brudermüller, § 1615l BGB Rn. 14.
94 OLG Düsseldorf FamRZ 2003, 184.
95 OLG Celle EzFamR aktuell 2002, 173 = FamRZ 2002, 636.
96 FamRZ 2004 = FuR 2004, 358-362.
97 OLG Düsseldorf FamRZ 2005, 1772-1776 = FuR 2006, 84-88.

Entwicklung gestört ist,[98] der Vater ein besonderes Vertrauensverhältnis beispielsweise durch lang-jähriges Zusammenleben mit der Mutter geschaffen hat[99] unter Vereinbarung einer Freistellung der Mutter für die Kindererziehung; ebenso durch freiwillige Unterhaltszahlung über die Vollen-dung des dritten Lebensjahres des Kindes hinaus, wenn eine besondere Verpflichtung gegenüber der Mutter besteht, beispielsweise weil sie die Ausbildung des Vaters finanziert hat[100] oder das Kind aus einer Vergewaltigung hervorgegangen ist,[101] wenn die Mutter psychisch krank ist und dies zu Folge hat, dass sie nur eine Halbtagstätigkeit ausüben kann und sich bei Ganztagstätigkeit ihr Gesundheitszustand zwangsläufig verschlechtern würde.[102]

Liegen solche oder ähnliche Gründe nicht vor, gilt grundsätzlich, dass bei Existenz öffentlicher Betreuungseinrichtungen wie Kindergärten, Kindertagesstätten und Kinderhorte, in denen das Kind betreut werden kann, die persönliche Betreuung durch einen Elternteil grundsätzlich nicht mehr Vorrang haben kann. Allerdings schränkt der BGH ein, dass selbst wenn die Betreuung des Kindes auf andere Weise sichergestellt werden kann oder in einer kindgerechten Einrichtung mög-lich ist, einer Erwerbsobliegenheit des betreuenden Elternteils entgegenstehen kann, dass der ihm daneben verbleibende Anteil an der Betreuung und Erziehung des Kindes zu einer überobligati-onsmäßigen Belastung führen kann.[103] Auch eine qualitativ nicht empfehlenswerte Fremdbetreu-ung muss nicht in Anspruch genommen werden.[104] Ist ein Umzug erforderlich, um solche Betreu-ungsmöglichkeiten überhaupt in Anspruch nehmen zu können, ist das für den betreuenden Elternteil möglicherweise unzumutbar.[105] Ferner verlangt die Neuregelung keinen abrupten Wech-sel von der elterlichen Betreuung zu einer Vollzeiterwerbstätigkeit. Nach Maßgabe der im Gesetz genannten kinderbezogenen und elternbezogenen Gründe ist auch nach dem neuen Unterhalts-recht ein gestufter Übergang bis hin zu einer Vollzeiterwerbstätigkeit möglich.[106]

Wer einen über die Vollendung des dritten Lebensjahres des Kindes hinausgehenden Unterhalts-anspruch geltend macht, trägt dafür die Beweislast.[107]

II. Ersatz von Schwangerschafts- und Entbindungskosten gem. § 1615l Abs. 1 Satz 2

1. Allgemein

37   Es gelten die unter Rdn. 1 genannten Voraussetzungen. Die hier angesprochenen Kosten, die auch über den vierzehnwöchigen Zeitraum des § 1615l Abs. 1 hinaus entstanden sein können, müssen aber ihre Ursache in der Schwangerschaft oder Entbindung haben.

Der Anspruch aus § 1615l ist übertragbar, vererblich und bedingt pfändbar.[108]

2. Versicherungs-/Beihilfeleistungen

38   Die geltend gemachten Ansprüche dürfen nicht durch Versicherungsleistungen oder Beihilfean-sprüche abgedeckt oder abzudecken sein.

---

 98   BGH FamRZ 2006, 1367.
 99   BGH FamRZ 2008, 1739; 2006, 1562.
100   Schwab Familienrecht, Rn. 773.
101   Puls FamRZ 1998, 865.
102   Schleswig-Holsteinisches Oberlandesgericht FamRZ 2004, 975-976; BGH FamRZ 2006, 1362 ff.
103   BGH FamRZ 2009, 770; 2008, 1739 Tz. 100.
104   Zimmermann FuR 2009, 312.
105   Palandt/Brudermüller § 1615l Rn. 20.
106   Palandt/Brudermüller § 1615l Rn. 20.
107   OLG Nürnberg NJW 2003, 3065.
108   BGH FamRZ 2009, 770.

3. Erstattungsfähige Kosten

Dieser Anspruch umfasst insbesondere die Kosten für ärztliche Behandlung vor, bei und nach der **39** Geburt, Arzneimittel, Kosten für den Klinikaufenthalt, Hebamme,[109] Schwangerschaftsgymnastik und Kosten für Umstandskleidung,[110] im Falle einer Problemschwangerschaft auch die Kosten einer Haushaltshilfe.[111] Dagegen fällt der Anspruch auf Erstattung der Kosten für die Säuglingserstausstattung nicht unter diese Bestimmung.[112]

4. Angemessenheit

Die Angemessenheit der Aufwendungen bestimmt sich nach der Lebensstellung der Mutter. Leis **40** tungen, welche die Mutter von der Sozialversicherung, einer Privatversicherung, durch Hilfeleistungen im öffentlichen Dienst oder auf Grund von Tarifverträgen erhält, sind anzurechnen, soweit keine Überleitung[113] erfolgt.

III. Auskunftsanspruch

Da das allgemeine Unterhaltsrecht anzuwenden ist, somit die Unterhaltsvorschriften zum Ver **41** wandtenunterhalt zu Anwendung kommen, besteht grundsätzlich auch der Auskunftsanspruch gem. § 1605 Abs. 1.

Bei den Unterhaltsansprüchen gem. § 1615l Abs. 1 u. 2 besteht aber die Besonderheit, dass sich die Höhe des Unterhaltsanspruchs der Mutter ausschließlich nach ihrer Lebensstellung richtet (s.o. Rdn. 10).

Ein Auskunftsanspruch gegen den Vater kann deshalb erst dann entstehen, wenn die Mutter ihren Bedarf dargelegt hat und der Vater gegen den Anspruch ganz oder teilweise Leistungsunfähigkeit einwendet. Allerdings wird dieses Problem in sofern geringe Bedeutung haben, als wegen des gleichzeitig (außer bei Tot- oder Fehlgeburt) zu beanspruchenden Kindesunterhalts ein Auskunftsanspruch besteht, da für dessen Höhe das Einkommen des Vaters maßgeblich ist.

IV. Verfahrenskostenvorschuss

Zwar handelt es sich bei den Ansprüchen aus § 1615l Abs. 1 und 2 BGB um echte Unterhaltsan **42** sprüche,[114] ein Anspruch auf Verfahrenskostenvorschuss ist nach diesen Bestimmungen aber nicht gegeben. Der Gesetzgeber billigt lediglich dem getrenntlebenden Ehegatten, dagegen nicht dem geschiedenen Ehegatten[115] Anspruch auf Prozesskostenvorschuss zu. Der Anspruch des getrenntlebenden Ehegatten gem. §§ 1360, 1360a, 1361 Abs. 4 Satz 4 wird als Ausfluss der Unterhaltspflicht und damit als Ausdruck der ehelichen Solidaritätspflicht angesehen.[116] Die Regelung in § 1360a Abs. 4 ist abschließend.[117]

---

109 Hebammenkosten sind auch dann erstattungsfähig als Teil des Unterhalts, wenn sie nicht innerhalb der Zeitgrenze des § 1651l Abs. 1 Satz 1 angefallen sind – OLG Naumburg Urteil vom 01.02.2006 Az. 3 UF 26/06.
110 AG Krefeld FamRZ 1985, 1181, LG Hamburg FamRZ 1983, 301.
111 MüKo/Köhler Rn. 2 zu § 1615k.
112 Dieser ist gegebenenfalls ein Anspruch des Kindes auf Sonderbedarf, was allerdings streitig ist. Sonderbedarf bejaht: BVerfG NJW 1999, 3112; OLG Oldenburg FuR 1999, 477 = FamRZ 1999, 1685 = NJW-RR 1999, 1163; OLG Nürnberg FamRZ 1993, 995; Sonderbedarf verneint: z.B. LG Hanau DAVorm 1995, 1080; LG Bochum FamRZ 1991, 1477.
113 Siehe hierzu Palandt/Diederichsen Einf. 41 vor § 1601.
114 Palandt/Brudermüller § 1615l Rn. 13.
115 Palandt/Brudermüller § 1578 Rn. 45.
116 BGHZ 110, 247.
117 BGHZ 41, 110.

Gemäß § 1615l Abs. 3 Satz 1 sind die Vorschriften über den Verwandtenunterhalt entsprechend anzuwenden. In den gesetzlichen Bestimmungen zum Verwandtenunterhalt ist aber ebenfalls keine Regelung über eine Prozesskostenvorschusspflicht enthalten. Rechtsprechung und Praxis billigen trotzdem minderjährigen Kindern einen Anspruch auf Prozesskostenvorschuss zu, der damit begründet wird, dass das minderjährige Kind noch keine wirtschaftlich selbständige Stellung erlangt hat.[118] Die rechtliche Stellung des minderjährigen Kindes ist jedoch ebenso wenig wie die des Ehegatten mit der der nicht verheirateten Mutter vergleichbar. Zwischen den Partnern einer nichtehelichen Lebensgemeinschaft bestehen grundsätzlich keinerlei Unterhaltspflichten.[119] Nur wenn aus einer solchen Beziehung ein Kind hervorgeht, hat der Elternteil, der das Kind betreut – in zeitlich begrenztem Rahmen – einen Unterhaltsanspruch gegen den anderen. Ein Anspruch der Mutter auf Prozesskostenvorschuss gegen den Vater ergibt sich weder aus dem Gesetz, noch kann ein solcher durch analoge Anwendung der §§ 1360, 1360a Abs. 4, 1361 Abs. 4 Satz 4 begründet werden,[120] besteht also nicht.[121] Trotzdem wird ein solcher von der neueren Rechtsprechung teilweise bejaht mit der Begründung, die Mutter stehe im Rang einem volljährigen Kind gleich, § 1615l Abs. 3 Satz 3 und es erscheine daher und aufgrund des Verweises des § 1615l Abs. 3 Satz 1 auf die Vorschriften über den Verwandtenunterhalt eine Prozesskostenvorschusspflicht des Vaters billig.[122]

V. Rangfolge der Unterhaltsansprüche

43 Siehe hierzu § 1609 Rdn. 1 ff.

VI. Unterhalt für die Vergangenheit

44 Für die Vergangenheit kann Unterhalt und Sonderbedarf nach Feststellung der Vaterschaft gem. §§ 1615l Abs. 3 Satz 4, 1613 Abs. 2 Nr. 2a geltend gemacht werden. Verzug ist insoweit nicht erforderlich, als die Voraussetzung des § 1613 Abs. 2 Nr. 2a dadurch erfüllt ist, dass die Vaterschaft weder anerkannt noch rechtskräftig festgestellt war. Allerdings müssen solche Ansprüche gem. § 1613 Abs. 2 Satz 1 2. Hs. innerhalb eines Jahres geltend gemacht werden.[123] Ansprüche aus § 1615l Abs. 1 u. II, die vor gerichtlicher Feststellung oder Anerkennung der Vaterschaft entstanden sind, kann die Mutter gem. § 1613 Abs. 2 Nr. 2a auch nachträglich geltend machen.

VII. Abänderung

45 § 323 Abs. 1 ZPO bezieht sich allgemein auf Verurteilungen zu künftig fällig werdenden wiederkehrenden Leistungen und gilt damit auch für den Unterhaltsanspruch der Mutter aus § 1615l Abs. 2.

Abänderung kann vom Unterhaltsverpflichteten schon ab Zugang einer Aufforderung, Auskunft über Einkommen und Vermögen zum Zwecke der Geltendmachung eines (höheren) Unterhaltsanspruchs zu erteilen, gefordert werden. Dies ergibt sich aus dem Hinweis in § 323 Abs. 3 Satz 3 ZPO auf § 1613 Abs. 1, der gem. § 1615l Abs. 3 Satz 1 entsprechend anzuwenden ist.

---

118 Palandt/ Brudermüller § 1610 Rn. 13; Schwolow FuR 1998, 297.
119 BSG NJW 1993, 3346.
120 OLG Hamm FamRZ 1983, 273.
121 FA-FamR/Gerhardt Kap. 6 Rn. 399.
122 OLG München FamRZ 2002, 1219.
123 AG Krefeld FamRZ 1985, 1181.

VIII. Verwirkung

Die Verwirkung des Anspruchs richtet sich nur nach § 1611, nicht nach § 1579.[124] Ein Unter- **46** haltsanspruch nach § 1615l Abs. 2 BGB ist nicht deshalb verwirkt, weil die Mutter in einer verfestigten Lebensgemeinschaft mit einem neuen Partner lebt;

§ 1579 Nr. 2 BGB ist auf den Unterhaltsanspruch der Mutter nicht entsprechend anwendbar.[125]

IX. Verjährung

Sämtliche Ansprüche aus § 1615l verjähren gem. § 195 in drei Jahren.[126] Verjährungsbeginn tritt **47** nicht vor Anerkenntnis oder rechtskräftiger Feststellung der Vaterschaft ein.

X. Verzicht

Da die Vorschriften über den Verwandtenunterhalt entsprechend anzuwenden sind, kann für die **48** Zukunft gem. § 1614 auch auf den Unterhaltsanspruch der Mutter nicht verzichtet werden.[127]

B. Unterhaltsanspruch des Vaters

I. Allgemeine Voraussetzungen

Die Eltern des Kindes dürfen nicht miteinander verheiratet sein (Überschrift vor § 1615a). **49**

Die Vaterschaft muss gem. § 1592 Nr. 2 anerkannt oder gem. § 1600d Abs. 1 u. Abs. 2 rechtskräftig festgestellt sein. Ob es genügt, dass die als Vater in Betracht kommende Person die Vaterschaft nicht bestreitet, ist streitig.[128] Der Vater muss bedürftig i.S.d. § 1602 sein.[129] Die Mutter muss leistungsfähig i.S.d. § 1603 sein.

II. Besondere Voraussetzungen

Der Vater muss das Kind betreuen. Entscheidend ist insoweit die tatsächliche Handhabung.[130] **50** Nicht entscheidend ist dagegen die Sorgerechtsregelung.[131]

Der Unterhaltsanspruch des Vaters ist beschränkt auf den laufenden Unterhalt, da § 1615l Abs. 5 nur auf Abs. 2 Satz 2 verweist, jedoch beginnt die Unterhaltsverpflichtung der Kindsmutter in einem solchen Fall unmittelbar nach der Geburt des Kindes,[132] wenn der Vater das Kind bereits ab diesem Zeitraum betreut.

---

124 FA-FamR/Gerhardt Kap. 6 Rn. 399 mit Hinweis auf die Entscheidung des BGH vom 16.07.2008, in der offengelassen wurde, ob sich die Verwirkung nur nach den Vorschriften des Verwandtenunterhalts richtet oder wegen der großen Nähe zum nachehelichen Betreuungsunterhalt das nacheheliche Verwirkungsrecht anzuwenden ist.
125 OLG Nürnberg FamRZ 2011, 735.
126 Die frühere verjährungsrechtliche Sonderregelung des § 1615l Abs. 4 a.F. wurde durch das Gesetz zur Modernisierung des Schuldrechts vom 26.11.2001 zu Gunsten der Vereinheitlichung des Verjährungsrechts aufgehoben.
127 FA-FamR/Gerhardt Kap. 6 Rn. 211a.
128 Bejahend: Palandt/Brudermüller § 1615l Rn. 2; OLG Zweibrücken FamRZ 1998, 554 = FuR 1998, 30; Verneinend: FA-FamR/Gerhardt Kap. 6 Rn. 387; Schilling FamRZ 2006, 1.
129 BGH NJW 1998, 1309.
130 Palandt/Brudermüller § 1615l Rn. 19.
131 Büdenbender FamRZ 1998, 134.
132 Palandt/Brudermüller § 1615l Rn. 19.

Im Übrigen gelten sinngemäß die obigen Ausführungen soweit der Betreuungsunterhalt betroffen ist.

§ 1615m   Beerdigungskosten für die Mutter

Stirbt die Mutter infolge der Schwangerschaft oder der Entbindung, so hat der Vater die Kosten der Beerdigung zu tragen, soweit ihre Bezahlung nicht von dem Erben der Mutter zu erlangen ist.

A. Voraussetzungen

1   Die Mutter muss infolge der Schwangerschaft oder Entbindung verstorben sein.

Der Vater haftet für die Beerdigungskosten subsidiär, falls diese nicht von dem oder den Erben der Mutter zu erlangen sind.

B. Höhe des Anspruchs

2   Die Höhe der von ihm ggf. zu tragenden Kosten richtet sich nach der Lebensstellung der Mutter.[1]

§ 1615n   Kein Erlöschen bei Tod des Vaters oder Totgeburt

[1]**Die Ansprüche nach den §§ 1615l, 1615m bestehen auch dann, wenn der Vater vor der Geburt des Kindes gestorben oder wenn das Kind tot geboren ist. [2]Bei einer Fehlgeburt gelten die Vorschriften der §§ 1615l, 1615m sinngemäß.**

A. Ansprüche der Mutter bei Tod des Vaters vor der Geburt des Kindes

1   Die Ansprüche von Mutter und Kind aus den § 1615l und die Ansprüche aus § 1615m, wenn die Mutter infolge der Schwangerschaft oder Entbindung stirbt, richten sich gegen die Erben des Vaters.

B. Ansprüche der Mutter bei Tot- oder Fehlgeburt

I. Allgemein

2   Die Mutter hat gem. § 1615l Abs. 1 Satz 2 Anspruch auf Erstattung der Kosten, die infolge Schwangerschaft und Entbindung entstanden sind, sowie auf Unterhalt gem. § 1615l Abs. 1 Satz 1 u. Abs. 2 Satz 1 gegen den Vater oder dessen Erben. Er trägt bzw. seine Erben tragen die Beerdigungskosten der Mutter, wenn sie infolge der Schwangerschaft oder Entbindung gestorben ist.

II. Tod der Mutter infolge Schwangerschaftsabbruchs

3   Stirbt die Mutter infolge Schwangerschaftsabbruchs, trägt der Vater die Kosten der Beerdigung, es sei denn, er hat den Abbruch in verantwortungsvoller Weise zu verhindern versucht.[1]

---

1   Palandt/Brudermüller § 1615m Rn. 1; Palandt/Diederichsen § 1615n Rn. 2.
1   Palandt/Brudermüller § 1615n Rn. 2.

§ 1615o

(aufgehoben, nunmehr § 247 FamFG)

Vorbemerkung vor §§ 1616 ff.

A. Bedeutung der Normen

Durch das KindR wurde ab 01.07.1998 das Namensrecht von ehelichen und nichtehelichen Kin- **1**
dern vereinheitlicht. Seither knüpft das Namensrecht an das Sorgerecht an. Sind die Eltern verheiratet, üben sie die elterliche Sorge gemeinsam aus und führen sie einen gemeinsamen Familiennamen, ist § 1616 anwendbar. Fehlt es an einem Ehenamen, gilt § 1617. Sind die Eltern nicht
verheiratet, führen keinen Ehenamen und sind gemeinsam Inhaber der elterlichen Sorge, gilt
ebenfalls § 1617. § 1617a Abs. 1 greift ein, wenn die Eltern weder verheiratet sind noch die elterliche Sorge gemeinsam ausüben und auch keinen gemeinsamen Ehenamen führen.

B. Vorname

Das Bestimmungsrecht ist Ausfluss der elterlichen Sorge (§§ 1626 Abs. 1 Satz. 2 BGB, Art. 6 **2**
Abs. 2 GG).[1] Diese steht bei verheirateten Eltern beiden Elternteilen gemeinsam zu, bei nicht mit-
einander verheirateten Eltern aber nur, wenn sie zum Zeitpunkt der Namensgebung nach § 1626a
Abs. 1 BGB oder aufgrund gerichtlicher Übertragung – entsprechend den Grundsätzen der Über-
gangsregelung des BVerfG[2] bis zu einer gesetzlichen Neuregelung der §§ 1626a, 1671 BGB – die
gemeinsame elterliche Sorge innehaben. Deshalb hat ein nicht sorgeberechtigter Elternteil kein
Recht zur Bestimmung des Vornamens.[3] Die Bestimmung erfolgt durch formlose Einigung der
Eltern.[4] Die Vornamenswahl ist gem. §§ 19 Abs. 1 Satz 1, 22 Abs. 1 Satz 1 PStG innerhalb eines
Monats nach der Geburt dem Standesamt anzuzeigen. Sie hat jedoch nur deklaratorische Bedeutung.[5] Bei Nichteinigung der Eltern über den Vornamen gilt § 1628. Das FamG überträgt auf
Antrag dann die Entscheidungszuständigkeit auf einen Elternteil.[6] Mit Anzeige der Geburt nach
§ 21 Abs. 1 Nr. 4 PStG wird die Namenserteilung nach außen verbindlich und damit grds. und
ungeachtet einer etwaigen Änderung des Sorgerechts unabänderlich. Möglich ist aber eine Berichtigung des Eintrages, wenn diese von Anfang an nachweislich[7] unrichtig ist,[8] so bei der Eintragung
eines anderen Namens als dem, der wirksam erteilt worden ist, bei einem Schreibfehler der
Eltern,[9] i.d.R. jedoch nicht bei einer Übereinstimmung von Eintragung und Geburtsanzeige.[10]
Antragsberechtigt (§ 48 Abs. 2 PStG) sind die Standesamtsaufsichtsbehörde, die Eltern und das
Kind als Beteiligter (§ 7 FamFG). Dieses Recht wird grds. nicht durch Zeitablauf ausgeschlossen.[11]

---

1 BVerfG FamRZ 2005, 2049; NJW 2009, 663.
2 FamRZ 2010, 1403.
3 OVG Brandenburg FamRZ 2005, 1119.
4 OLG Köln StAZ 2010, 244.
5 OLG Köln StAZ 2010, 244, 245.
6 OLG Dresden OLG-NL 2004, 164; Staudinger/Coester § 1616 Rn. 26.
7 OLG Köln StAZ 2012, 244, 245.
8 BGH NJW 1988, 1469.
9 OLG Köln StAZ 2010, 244.
10 OLG Köln StAZ 2010, 50; OLG München StAZ 2006, 295.
11 BayObLG StAZ 1995, 105; OLG Köln StAZ 2010, 244, 245.

Eine Anfechtung wegen Irrtums ist nicht möglich.[12] Durch eine Anfechtung kann auch keine eine für eine Berichtigung erforderliche Unrichtigkeit herbeigeführt werden.[13]

3 Eine gesetzliche Regelung der Bestimmung des Vornamens besteht nicht. Die Eltern haben die Vornamenswahl in Ausübung der Verantwortung für das Kind zu treffen, sind in ihrer Wahl aber grds. frei. Eine Grenze ist nur dort zu setzen, wo die Ausübung des Bestimmungsrechts das Kindeswohl zu gefährden droht.[14] Dies beruht darauf, dass der Staat in Wahrnehmung seines Wächteramtes berechtigt und auch verpflichtet ist, das Kind vor einer verantwortungslosen Namenswahl zu schützen.[15] Es ist eine Abwägung vorzunehmen zwischen den Elterninteressen an der Wahl des konkreten Vornamens und einer möglichen Gefährdung des Kindeswohls.[16] Für die Frage einer Gefährdung des Kindeswohls ist auf das allgemeine Verständnis im sozialen Umfeld des Kindes abzustellen.[17] Bei der Wahl des Vornamens ist grds. nicht mehr – wie früher[18] – eine Geschlechteroffenkundigkeit notwendig, sondern nur noch dann, wenn durch die Namenswahl die spätere Identifikation des Kindes mit seinem Geschlecht gefährdet ist,[19] so wenn dem Kind ein Name gegeben wird, der dem Geschlecht des Kindes eindeutig widerspricht. Vornamensgeeignet sind auch als Familiennamen gebräuchliche Bezeichnungen[20] und grds. auch Sachbegriffe. Die Anzahl der Vornamen ist allerdings auf vier bis fünf beschränkt.[21]

4 Änderungen des Vornamens sind möglich nach dem Transsexuellengesetz (TSG) vom 10.09.1980,[22] bei einer Adoption nach § 1757 Abs. 2 Satz 1 sowie im Falle der Namensänderung nach § 3 NÄG.[23] Insoweit muss eine Änderung des Vornamens dem Wohl des Kindes förderlich sein.[24] Nachdem das BVerfG[25] die Verfassungswidrigkeit gerügt hatte, wonach die Ehelosigkeit Voraussetzung für die Feststellung der Zugehörigkeit zum anderen Geschlecht war, ist durch das TSGÄndG vom 17.07.2009[26] § 8 Abs. 1 Nr. 2 TSG aufgehoben worden. Antragsberechtigt ist der Minderjährige[27] gem. § 2 Abs. 1 Satz 1, Hs. 1 NÄG. Den Antrag stellt der gesetzliche Vertreter. Nach Änderung des Vornamens sind auch evtl. Adelsbezeichnungen anzupassen.[28] Ist die Eintragung des Namens im Geburtenbuch erfolgt, sind Zusätze oder weitere Vornamen nur noch durch eine behördliche Namensänderung möglich.[29]

---

12 OLG Zweibrücken FamRZ 2000, 1361; BayObLG NJW-RR 1998, 1013; Palandt/Diederichsen Einf. v § 1616 Rn. 5; a.A. OLG Naumburg FamRZ 1988, 496; AG Bremen FamRZ 2003, 1687.

13 OLG Zweibrücken StAZ 2011, 341

14 BVerfG FamRZ 2002, 306; NJW 2006, 1414; NJW 2009, 663; BGH FamRZ 2008, 1331.

15 BVerfG FamRZ 2005, 2049; NJW 2009, 663.

16 BVerfG FamRZ 2005, 2049, 2050.

17 BVerfG FamRZ 2004, 522.

18 BVerfG StAZ 1983, 70; BGH FamRZ 1979, 466.

19 BVerfG NJW 2009, 663; anders jetzt aber noch OLG Düsseldorf StAZ 2010, 11, 12; OLG Schleswig StAZ 2009, 81.

20 BGH FamRZ 2008, 2500; OLG Frankfurt StAZ 2012, 19: »Bock«.

21 BVerfG FamRZ 2004, 522.

22 BGBl I 1990 S. 1654; zur Verfassungswidrigkeit der Altersgrenze von 25 Jahren vgl. BVerfG StAZ 1997, 270; zur Verfassungswidrigkeit von § 7 Abs. 1 Nr. 3 vgl. BVerfG FamRZ 2006, 182: Verfassungswidrigkeit des durch Heirat eintretenden Verlustes des vorher geänderten Vornamens, mit dem ein Transsexueller das Geschlecht zum Ausdruck gebracht hat, dem er sich zugehörig empfindet; BVerfG NJW 2007, 900: auch für Ausländer.

23 Vgl dazu Beck FPR 2002, 133.

24 BVerwG FamRZ 2002, 1104 = NJW 2002, 2406; OLG Brandenburg FamRZ 2004, 1399: Vorrang der Namenskontinuität.

25 FamRZ 2006, 182.

26 BGBl 2009 I, 1978.

27 BVerwG NJW 1988, 2400.

28 BayObLG FamRZ 2003, 1016.

29 BayObLG FamRZ 2000, 55; PWW-Pieper Vorb. § 1616 ff. Rn. 8.

C. Das Personenstandsverfahren[30]

Durch das Gesetz zur Reform des Personenstandsrechts (PStRG) vom 19.02.2007,[31] das mit Aus- **5** nahme der §§ 67 Abs. 4, 73, 74, 77 Abs. 1 – insoweit in Kraft getreten am Tag nach der Verkündung (23.02.2007) – am 01.01.2009 in Kraft getreten ist, wurde das PStG reformiert. Durch Art. 12 des am 01.09.2009 in Kraft getretenen Gesetzes zur Reform des Verfahrens in Familiensachen und der freiwilligen Gerichtsbarkeit (FGG-RG) vom 17.12.2008[32] wurde § 51 Abs. 1 S. 1 PStG geändert. Auf das gerichtliche Verfahren in Personenstandssachen bleiben weiterhin die §§ 48 ff. PStG über das Berichtigungs- (§ 48 PStG) und Anweisungsverfahren (§ 49 Abs. 1 PStG) sowie die Zweifelsvorlagen (§ 49 Abs. 2 PStG) anwendbar. Soweit das PStG keine spezialgesetzliche Regelung enthält, sind die Vorschriften durch einen Rückgriff auf das FamFG zu ergänzen. Die allgemeinen Vorschriften des ersten Buchs des FamFG finden Anwendung. Das gerichtliche Verfahren nach §§ 48 ff. PStG zählt zu den sonstigen Angelegenheiten der freiwilligen Gerichtsbarkeit nach § 23 a Abs. 2 Nr. 11 GVG n.F. Die örtliche Zuständigkeit des Amtsgerichts ist in § 50 Abs. 2 PStG geregelt mit einer Spezialregelung in § 50 Abs. 1 PStG.

Nach § 48 Abs. 2 PStG können alle Beteiligten, die Aufsichtsbehörde und auch das Standesamt **6** einen Antrag auf gerichtliche Anordnung einer Registerberichtigung stellen. § 49 Abs. 2 PStG gibt dem Standesamt beim Vorliegen von Zweifelsfällen ein weiteres Antragsrecht. Nach § 7 Abs. 1 FamFG wird damit das Standesamt kraft Gesetzes Beteiligter mit allen daraus sich ergebenden Rechten und Pflichten, die sich aus §§ 10 Abs. 1, 13, 27, 30 Abs. 4, 33, 34, 37 Abs. 2 FamFG ergeben. Das Standesamt erlangt eine Beteiligtenstellung auch in Verfahren, die auf Antrag eines anderen Beteiligten eingeleitet worden sind, soweit das Standesamt durch Erklärung gegenüber dem Gericht seinen Verfahrensbeitritt erklärt.[33] Der Beitritt kann nach § 25 Abs. 1 FamFG schriftlich oder zur Niederschrift der Geschäftsstelle oder nach § 51 Abs. 2, 2. Hs. PStG auch durch Einlegung eines Rechtsmittels erklärt werden.[34]

Gemäß §§ 18, 19 PStG sind die Eltern verpflichtet, die Geburt eines Kindes anzuzeigen. Die Ein- **7** tragung – gem. § 21 Abs. 2 PStG auch bei Totgeburten – in das Geburtenregister (§ 21 Abs. 1 Nr. 1, 4 PStG) muss Ort und Zeitpunkt der Geburt, das Geschlecht des Kindes und außerdem den Vor- und Geburtsnamen (§ 59 Abs. 1 Nr. 1 PStG) enthalten.[35]

Bei Ablehnung der Eintragung des Vornamens kann gem. § 49 Abs. 1 PStG das Amtsgericht ange- **8** gangen werden. Auf dieses Verfahren finden die FamFG-Vorschriften Anwendung (§ 51 Abs. 1 PStG; Art. 12 Nr. 2 FGG-RG), so dass gegen eine ablehnende Entscheidung die befristete Beschwerde nach §§ 58 Abs. 1, 63 Abs. 1 FamFG zum OLG (§ 119 Abs. 1 Nr. 1 b GVG) – einzulegen gemäß § 64 Abs. 1 FamFG beim Familiengericht – und unter den Voraussetzungen des § 70 FamFG die Rechtsbeschwerde möglich ist. Die Beschwerde – auch durch die Standesamtsaufsichtsbehörde (§ 53 Abs. 2 PStG) – ist zulässig, wenn der Standesbeamte angewiesen wird, den gewünschten Vornamen einzutragen. Die Kostenentscheidung – Gerichtskosten und außergerichtliche Kosten – ergeht nach § 81 FamFG nach billigem Ermessen. Allerdings ist eine Kostenentscheidung nicht zwingend erforderlich. Erfolgt keine Kostenentscheidung, ergeht die Kostenverteilung weiterhin nach der KostO.

---

30 Vgl. dazu ausführlich: Jennissen, StAZ 2012, 8 ff.
31 BGBl 2007 I 122.
32 BGBl 2008 I 2586.
33 Gaaz/Bornhofen PStG (2008) § 51 Rn. 7.
34 Gaaz/Bornhofen PStG (2008) § 51 Rn. 11 ff.
35 Zur Möglichkeit der Berichtigung einer falschen Geburtsanzeige: BayObLG FamRZ 1995, 685, 686.

D. Auslandsbezug

9   Für das Recht des **Familiennamens** gilt Art. 10 EGBGB. Der Name des Kindes beurteilt sich nach der Grundregel des Art. 10 Abs. 1 EGBGB nach dessen Heimatrecht, selbst wenn sich der Namenserwerb als unmittelbare Folge einer früheren Ehe der Eltern darstellt.[36] Abs. 3 Satz 1 gibt dem Sorgerechtsinhaber die Möglichkeit der Rechtswahl.[37] Müssen das Kind oder bei Einbenennung der nicht sorgeberechtigte Elternteil zustimmen, gilt zusätzlich gem. Art. 23 Satz 1 EGBGB das Heimatrecht des Kindes. Sofern es das Kindeswohl erfordert, kann gem. Art. 23 Satz 2 EGBGB deutsches Recht angewendet werden.

10   Das Recht des **Vornamens** richtet sich nach Art. 10 Abs. 1 EGBGB.[38] Besitzt das Kind neben der deutschen noch eine weitere Staatsangehörigkeit, ist auch ohne gültige Rechtswahl das deutsche Recht anwendbar (Art. 10 Abs. 1 i.V.m. Art. 5 Abs. 1 Satz 2 EGBGB).[39] Im Ausland erworbene Namen können unter Beachtung des ordere public weitergeführt werden.[40] Dieser ist nicht verletzt, soweit das ausländische Recht eine Geschlechtszuordnung des Vornamens nicht kennt.[41]

11   Das Übergangsrecht für die frühere DDR ist in Art. 234 § 10 EGBGB geregelt, das zum KindRG in Art. 224 § 3 EGBGB.

Titel 4   Rechtsverhältnis zwischen den Eltern und dem Kind im Allgemeinen

§ 1616   Geburtsname bei Eltern mit Ehenamen

Das Kind erhält den Ehenamen seiner Eltern als Geburtsnamen.

A. Allgemeines

1   Die Vorschrift folgt dem – durch § 1355 BGB[1]– erheblich aufgeweichten Grundsatz der Namensgleichheit in der Familie.[2] Sie stellt das Leitbild des Kindesnamensrechts dar.[3]

B. Ehename

2   Das Kind erwirbt mit der Geburt – sofern die Eltern miteinander verheiratet sind und einen gemeinsamen Ehenamen führen (§ 1355 Abs. 1 S. 1) – den gemeinsamen **Familiennamen** Kraft Gesetzes. Auf die Frage des elterlichen Sorgerechts kommt es nicht an. Die Eintragung nach § 21 Abs. 1 Nr. 1 PStG ist lediglich deklaratorischer Natur. Die Elternschaft muss feststehen, bei bestehender Ehe gem. den §§ 1591, 1592 Nr. 1, bei inzwischen aufgelöster Ehe gem. § 1593 oder

---

36   Palandt/Thorn Art. 10 EGBGB Rn. 9.
37   Vgl. dazu eingehend: Staudinger/Hepting Art. 10 EGBGB Rn. 199; vgl. auch: OLG Frankfurt StAZ 2004, 198: Erteilung des Familiennamens eines in Deutschland geborenen Kindes mit ghanaischer Staatsangehörigkeit.
38   BayObLG FamRZ 2000, 235; OLG Stuttgart FamRZ 2003, 82 und 141; OLG Frankfurt FamRZ 2005, 14; OLG Köln StAZ 2005, 202.
39   OLG München StAZ 2009, 11; OLG Hamm NJWE-FER 2001, 229.
40   Hoppenz/Burandt Vorb. zu §§ 1616 ff. Rn. 11; Staudinger/Coester § 1616 Rn. 9; OLG Bremen StAZ 1996, 86.
41   OLG Düsseldorf NJW-RR 1989, 1033; OLG Frankfurt StAZ 2000, 238.
 1   Vgl. dazu Bamberger/Roth/Enders § 1616 Rn. 18 ff.
 2   BVerfG FamRZ 1991, 1161.
 3   Staudinger/Coester § 1616 Rn. 1.

§§ 1592 Nr. 2 und 3, 1594 Abs. 4. Bei einer Anerkennung oder Feststellung der Vaterschaft nach der Geburt des Kindes wird der zuerst erworbene Name (i.d.R. nach § 1617a Abs. 1) rückwirkend verdrängt durch den Namen nach § 1616.

Erwerb und Verlust des Ehenamens richten sich nach § 1355. Führen die Ehegatten einen echten   **3**
Doppelnamen als Ehenamen, wird dieser – anders als ein unechter Doppelname (Begleitname) –
i.S. des § 1355 Abs. 4 Satz 1 an das Kind weitergegeben.[4] Adelsnamen sind Bestandteile des Familiennamens,[5] wobei die konkrete Bezeichnung vom Geschlecht des Kindes abhängt.[6] Auch Zwischennamen und Vatersnamen nach ausländischem Recht können echte Namensbestandteile
sein.[7] Die Vorschrift greift selbst dann ein, wenn die Eltern für andere gemeinsame Kinder bereits
nach § 1617 Abs. 1 Satz 1 eine – an sich bindende (§ 1617 Abs. 1 Satz 3) – Namenswahl vorgenommen haben, zumal, wenn der Vater vor der Geburt des Kindes verstorben ist, die Mutter den
Ehenamen aber fortführt.[8]

Bei der Bestimmung eines Ehenamens erst nach der Geburt des Kindes richtet sich der Geburts-   **4**
name nach §§ 1617, 1617a. Maßgeblich für den Erwerb des Geburtsnamens des Kindes ist der
Zeitpunkt der ersten Beurkundung der Geburt.[9] Der Kindesname ändert sich mit Wirkung für
die Zukunft gem. § 1617c erst ab Bestimmung eines Ehenamens. Bei Änderung des Ehenamens
nach der Eheschließung aber vor der Geburt des Kindes (z.B. nach §§ 1617c Abs. 3, 1757 Abs. 3)
erhält das Kind unmittelbar den geänderten Namen.[10]

Das Kind erwirbt den Ehenamen auch dann, wenn im Zeitpunkt der Geburt bereits ein Scheidungs-   **5**
verfahren anhängig ist und die weiteren Voraussetzungen des § 1599 Abs. 2 vorliegen.[11] Hat aber ein
Elternteil den Ehenamen abgelegt, entscheidet die sorgerechtliche Situation nach §§ 1617, 1617a
BGB über den Namen des Kindes.[12] Möglich ist aber nach Rechtskraft des Scheidungsurteils eine
Namensänderung in analoger Anwendung des § 1617b Abs. 2.[13] Nimmt ein sorgeberechtigter
Elternteil nach der Scheidung seinen Geburtsnamen wieder an oder stellt er ihn dem früheren Ehe-
namen voran, so kann sich das Kind dieser Namensänderung nicht anschließen.[14]

Die Vorschrift gilt auch bei Auflösung oder Aufhebung einer Ehe, wenn die Eltern den Ehenamen   **6**
beibehalten haben.[15] Hat ein Elternteil den Ehenamen abgelegt, entscheidet allein die sorgerechtliche Situation i.S.d. §§ 1617, 1617a über den Namen des Kindes,[16] weil eine Namenseinheit durch
den Erwerb des Ehenamens nicht mehr erreicht werden kann.

§ 1617   Geburtsname bei Eltern ohne Ehenamen und gemeinsamer Sorge

(1) ¹Führen die Eltern keinen Ehenamen und steht ihnen die Sorge gemeinsam zu, so bestimmen sie durch Erklärung gegenüber dem Standesamt den Namen, den der Vater oder die Mutter zur Zeit der Erklärung führt, zum Geburtsnamen des Kindes. ²Eine nach der Beurkundung

---

4   PWW/Pieper § 1616 Rn. 1; a.A. Gaaz StAZ 2000, 357, 362.
5   Vgl. eingehend Staudinger/Coester § 1616 Rn. 8.
6   OLG Düsseldorf FamRZ 1997, 1554.
7   Staudinger/Coester § 1616 Rn. 8; PWW/Pieper § 1616 Rn. 2; LG Tübingen FamRZ 2004, 730.
8   Wagenitz FamRZ 1998, 1546; Palandt/Diederichsen § 1616 Rn. 1.
9   BayObLG StAZ 1992, 241.
10   Palandt/Diederichsen § 1616 Rn. 1.
11   Hoppenz/Burandt § 1616 Rn. 3; Staudinger/Coester § 1616 Rn. 2, 12 f.
12   Staudinger/Coester § 1616 Rn. 16.
13   Bamberger/Roth/Enders § 1616 Rn. 21.
14   OLG Karlsruhe FamRZ 2007, 2005.
15   MüKo/von Sachsen Gessaphe § 1616 Rn. 8; Bamberger/Roth/Enders § 1616 Rn. 22; a.A. Lipp/Wagenitz
     § 1616 Rn. 2: unabhängig von der Namensführung.
16   Staudinger/Coester § 1616 Rn. 16.

der Geburt abgegebene Erklärung muss öffentlich beglaubigt werden. [3]Die Bestimmung der Eltern gilt auch für ihre weiteren Kinder.

(2) [1]Treffen die Eltern binnen eines Monats nach der Geburt des Kindes keine Bestimmung, überträgt das Familiengericht das Bestimmungsrecht einem Elternteil. [2]Absatz 1 gilt entsprechend. [3]Das Gericht kann dem Elternteil für die Ausübung des Bestimmungsrechts eine Frist setzen. [4]Ist nach Ablauf der Frist das Bestimmungsrecht nicht ausgeübt worden, so erhält das Kind den Namen des Elternteils, dem das Bestimmungsrecht übertragen ist.

(3) Ist ein Kind nicht im Inland geboren, so überträgt das Gericht einem Elternteil das Bestimmungsrecht nach Absatz 2 nur dann, wenn ein Elternteil oder das Kind dies beantragt oder die Eintragung des Namens des Kindes in ein deutsches Personenstandsregister oder in ein amtliches deutsches Identitätspapier erforderlich wird.

A. Allgemeines

1 Eltern, die keinen gemeinsamen Ehenamen führen, weil sie von der Bestimmungsmöglichkeit des § 1355 keinen Gebrauch gemacht haben oder nicht miteinander verheiratet sind, können, sofern sie bei der Geburt beide die elterliche Sorge innehaben, entweder den Familiennamen der Mutter oder den des Vaters als Geburtsnamen bestimmen. Fehlt eine gemeinsame elterliche Sorge und wird auch kein gemeinsamer Ehename geführt, gilt § 1617a. Die Vorschrift ist auch anwendbar, wenn die elterliche Sorge eines Elternteils ruht (z.B. nach § 1673). In diesem Fall kann das Bestimmungsrecht aber nur der Elternteil ausüben, dessen Sorgerecht nicht ruht.[1]

B. Namensbestimmung

2 Maßgeblich ist die gemeinsame elterliche Sorge bei der Geburt. Ausreichend ist die tatsächliche Personensorge.[2] Nicht verheiratete Eltern sind Inhaber der gemeinsamen elterlichen Sorge, wenn der Vater das Kind bereits vor der Geburt anerkannt hat (§§ 1592 Nr. 2, 1594 Abs. 4),die Eltern gemeinsame Sorgerechtserklärungen abgegeben haben (§§ 1626a Abs. 1 Nr. 1, 1626b Abs. 2) oder die gemeinsame Sorge nach Maßgabe der Übergangsregelung des BVerfG[3] begründet worden ist. Wird die gemeinsame elterliche Sorge erst nach der Geburt begründet, die Erklärung zur Namenserteilung aber noch vor der Erstbeurkundung abgegeben, kann der erteilte Name unmittelbar eingetragen werden.[4] Wird die gemeinsame elterliche Sorge erst nach der Geburt begründet, gilt § 1617a. § 1617 b Abs. 1 gilt, wenn die gemeinsame elterliche Sorge erst nach der Geburt und nach dem anderweitigen Erwerb eines Geburtsnamens begründet wird.[5]

3 Die Bildung eines echten Doppelnamens – aus Mutter- und Vaternamen zusammengesetzt – ist unzulässig.[6] Zum Namen eines Kindes kann nur der Familienname eines Elternteils bestimmt

---

1 Wagenitz FamRZ 1998, 1545, 1546; Bamberger/Roth/Enders § 1617 Rn. 2.
2 Bei verheirateten Eltern gem. §§ 1592 Nr. 1, 1626 Abs. 1 Satz 1.
3 FamRZ 2010, 1403.
4 OLG Frankfurt FGPrax 2005, 122; Bamberger/Roth/Enders § 1617 Rn. 2.
5 OLG Karlsruhe NJW-RR 2006, 441.
6 BayObLG FamRZ 2000, 56, 57; zur Verfassungsgemäßheit vgl. BVerfG FamRZ 2002, 307 = NJW 2002, 1256; FamRZ 2008, 496.

werden,[7] auch wenn es sich dabei um einen einseitigen mehrgliedrigen Familiennamen handelt.[8] Zulässig ist die Weitergabe eines aus den Namen der Eltern gebildeten und im Ausland wirksam erworbenen Doppelnamens des Kindes.[9]

Eine einmal getroffene Namenswahl der Eltern ist auch für weitere Kinder bindend,[10] um eine **4** Namensverschiedenheit zwischen den Geschwistern zu vermeiden, außer das erste Kind verstirbt vor der Geburt des zweiten.[11] Eine erneute Namenserklärung der Eltern ist wirkungslos.[12] Die Vorschrift gilt nicht, wenn die Eltern bei der Geburt eines weiteren Kindes keine Sorgerechtserklärungen abgegeben haben (§ 1626a). Das Kind erhält dann als Geburtsnamen den Familiennamen der Mutter, falls diese nicht gem. § 1617a Abs. 2 mit Zustimmung des Kindesvaters dem Kind dessen Namen erteilt hat.[13] Für vor der Ehe geborene Vollgeschwister, deren Namen nach § 1617a Abs. 2 bestimmt worden war, gilt das Prinzip der Namenseinheitlichkeit nicht.[14]

Veränderungen der Sorgerechtslage nach der Bestimmung des Namens gem. § 1617 sind ohne **5** Auswirkung. Tritt die Veränderung der Sorgerechtslage ein im Zeitraum zwischen der Geburt des Kindes und der Namensbestimmung durch die Erklärung gegenüber dem Standesamt, z.B. durch den Tod eines Elternteils (§ 1680 Abs. 1), durch Ruhen der elterlichen Sorge (§ 1674), durch Entziehung der elterlichen Sorge nach § 1666 Abs. 1 oder durch die Übertragung auf einen Elternteil nach § 1671, verbleibt es nach herrschender Meinung[15] bei der Anwendung des § 1617, wobei zur Bestimmung des Namens nur der alleinige sorgeberechtigte Elternteil berechtigt ist.

C. Bindungswirkung

In analoger Anwendung des Abs. 1 Satz 3 bleibt es bei der Bindungswirkung auch in den Über- **6** gangsfällen des Art. 7 § 1 Abs. 1 FamNamRG vom 16.12.1993.[16] Hat ein Ehegatte seinen Geburtsnamen wieder angenommen, erhält auch das später geborene Kind den Familiennamen des zuerst geborenen Kindes.[17] Die Bindungswirkung greift für nachgeborene Kinder nur im Rahmen gemeinsamer elterlicher Sorge, so dass nach § 1617a Abs. 2 einem nachgeborenen Kind der Name des Vaters erteilt werden kann.[18] Keine Verpflichtung zur Namenseinheit besteht bei vorehelich geborenen Vollgeschwistern, wenn deren Name nach § 1617a Abs. 2 bestimmt worden ist.[19]

D. Form und Frist

Die Erklärungen und die Bestimmung des Namens sind gegenüber dem nach § 45 Abs. 2 PStG **7** zuständigen Standesamt abzugeben, § 1617 Abs. 1 Satz 2.[20] Die Erklärung selbst ist grds. formfrei möglich, die Eintragung hat nur deklaratorische Bedeutung. Bestimmen aber die Eltern den

7 OLG Karlsruhe NJW-RR 1990, 773.
8 BVerfG FamRZ 2002, 306.
9 EuGH FamRZ 2008, 2089; OLG München NJW-RR 2010, 660; Koritz FPR 2008, 2089.
10 PWW/Pieper § 1616 Rn. 4; Palandt/Diederichsen § 1617 Rn. 7; zur Verfassungsgemäßheit vgl. BVerfG NJW 2002, 2861.
11 Palandt/Diederichsen § 1617 Rn. 7; Michalski FamRZ 1997, 977, 981.
12 BayObLG StAZ 1997, 10.
13 OLG Hamm FamRZ 2005, 1009.
14 OLG Karlsruhe NJW-RR 2006, 441.
15 Gernhuber/Coester-Waltjen § 54 Abs. 1 Satz 4 Rn. 6; Bamberger/Roth/Enders § 1617 Rn. 2.
16 BGBl I S. 2054; vgl. aber auch OLG Düsseldorf StAZ 2006, 74.
17 OLG Stuttgart StAZ 1998, 81.
18 OLG Hamm FamRZ 2005, 1009.
19 OLG Karlsruhe NJW-RR 2006, 441; Palandt/Diederichsen § 1617 Rn. 7.
20 OLG Naumburg FamRZ 1997, 1235: Die Erklärung gegenüber dem Standesbeamten ist Formvorschrift.

Geburtsnamen erst nach der Beurkundung der Geburt, ist eine öffentliche Beglaubigung der Erklärung notwendig, § 1617 Abs. 1 Satz 2, die das Standesamt gem. § 45 Abs. 1 PStG vorzunehmen hat.[21]

8 Ein Widerruf nach Wirksamwerden der Erklärung ist unzulässig,[22] eine Anfechtung nach herrschender Meinung aus Gründen der Rechtssicherheit ebenfalls ausgeschlossen.[23]

E. Übertragung des Bestimmungsrechts durch das Familiengericht Abs. 2 und 3

9 Abs. 2 Satz 1 verpflichtet die Eltern dazu, binnen Monatsfrist nach der Geburt den Geburtsnamen zu bestimmen.[24] Liegt innerhalb der Frist – sei es aus Unwissenheit, Nachlässigkeit oder Uneinigkeit – keine wirksame Erklärung vor, teilt dies das Standesamt nach § 68 Abs. 1 PStG dem gem. § 14 Abs. 1 Nr. 5 RpflG zuständigen Richter[25] mit. Dieser überträgt dann gem. § 1617 Abs. 2 Satz 1 das Bestimmungsrecht einem Elternteil. Ein Antrag des Kindes oder eines Elternteils ist nur erforderlich, wenn das Kind im Ausland geboren ist (Abs. 3) oder wenn der Name des Kindes in das Personenstandsbuch oder deutsche Ausweispapiere übertragen werden soll. Voraussetzung dafür ist, dass das Kind weiterhin dem deutschen Namensrecht unterliegt.[26] Gibt der vom Familiengericht bestimmte Elternteil binnen der ihm gesetzten Ausschlussfrist[27] keine oder eine unwirksame Erklärung ab – eine Wiedereinsetzung ist nicht möglich[28] –, erhält das Kind den Namen des Elternteils, dem das Bestimmungsrecht übertragen worden ist, § 1617 Abs. 2 Satz 3, 4.

10 Das Gesetz enthält keine inhaltlichen Vorgaben für die Entscheidungskriterien. Heranzuziehen sind die Grundsätze des § 1628.[29] Das Gericht entscheidet nach den Maßstäben des Kindeswohls (§ 1697a). Vor der Entscheidung, die mit der befristeten Beschwerde nach §§ 58, 63 Abs. 1 FamFG angefochten werden kann, hat das Familiengericht auf eine einvernehmliche Lösung hinzuwirken und die Eltern nach § 160 FamFG anzuhören.

§ 1617a   Geburtsname bei Eltern ohne Ehenamen und Alleinsorge

(1) Führen die Eltern keinen Ehenamen und steht die elterliche Sorge nur einem Elternteil zu, so erhält das Kind den Namen, den dieser Elternteil im Zeitpunkt der Geburt des Kindes führt.

(2) [1]Der Elternteil, dem die elterliche Sorge für ein unverheiratetes Kind allein zusteht, kann dem Kind durch Erklärung gegenüber dem Standesamt den Namen des anderen Elternteils erteilen. [2]Die Erteilung des Namens bedarf der Einwilligung des anderen Elternteils und, wenn das Kind das fünfte Lebensjahr vollendet hat, auch der Einwilligung des Kindes. [3]Die Erklärungen müssen öffentlich beglaubigt werden. [4]Für die Einwilligung des Kindes gilt § 1617c Abs. 1 entsprechend.

---

21 BayObLG StAZ 1997, 10.
22 Bamberger/Roth/Enders § 1617 Rn. 12.
23 BayObLG NJW-RR 1998, 1015, 1016; OLG Naumburg FamRZ 1997, 1235, 1236; OLG Zweibrücken NJWE-FER 2000, 4: für Ehenamen; a.A. Staudinger/Coester § 1617 Rn. 33.
24 Zur Verfassungsgemäßheit der Norm vgl. OLG Hamm StAZ 1997, 133.
25 OLG Frankfurt FamRZ 1996, 819; PWW/Pieper § 1617 Rn. 7; Coester FuR 1994, 1, 5.
26 Staudinger/Coester § 1617 Rn. 36 f.
27 OLG Hamm FamRZ 2004, 731.
28 OLG Hamm FamRZ 2004, 731.
29 PWW/Pieper § 1617 Rn. 7; Hoppenz/Burandt § 1617 Rn. 7; krit. Coester StAZ 1990, 287, 289.

A. Allgemeines

Die Vorschrift regelt in Abs. 1 die Namensführung, wenn Eltern keinen gemeinsamen Ehenamen 1
führen und im Zeitpunkt der Geburt nur ein Elternteil sorgeberechtigt ist. Das Kind erhält dann
automatisch den Namen des sorgeberechtigten Elternteils.[1] Damit wird die vom Gesetz bezweckte
Namensgleichheit zwischen sorgeberechtigtem Elternteil und Kind deutlich. Abs. 2 ermöglicht die
Erteilung des Namens des nicht sorgeberechtigten Elternteils. Die Vorschrift gilt gem. Art. 224 § 3
Abs. 1 Satz 2 EGBGB auch für Kinder, die vor Inkrafttreten des KindRG am 01.07.1998 geboren
wurden.[2] Der Fall, dass kein Elternteil Inhaber der elterlichen Sorge ist, wird von der Vorschrift
nicht erfasst. Hier dürfte analog § 1617 eine Namensbestimmung durch einen Vormund oder
Pfleger möglich sein.[3] Ein minderjähriger Elternteil bedarf für die Erklärung nach Abs. 2 Satz 1
und 2 nicht der Zustimmung seines gesetzlichen Vertreters.[4]

B. Anwendungsbereich des Abs. 1

Sind die Eltern nicht miteinander verheiratet oder zwar verheiratet, haben aber keinen Ehenamen 2
bestimmt, so führen sie keinen gemeinsamen Ehenamen. Bei einem späteren Erwerb eines Ehenamens gilt § 1617c Abs. 1.

Es muss ein Elternteil sorgeberechtigt sein, wobei die tatsächliche Personensorge ausreichend ist. 3
Typischer Fall ist die Geburt eines Kindes einer Mutter, die mit dem Kindesvater nicht verheiratet
ist und wegen fehlender Übereinstimmung der Sorgeerklärungen die Alleinsorge nach § 1626a
innehat. Eine Änderung des Sorgeverhältnisses nach der Geburt lässt das Sorgerechtsverhältnis
unverändert. Hier greift § 1617b.

Das Kind erhält mit der Geburt Kraft Gesetzes den Familiennamen des sorgeberechtigten Eltern- 4
teils, also dessen Geburtsnamen oder einen Namen aus einer früheren Ehe (§ 1355 Abs. 5 Satz 1)
oder einen durch Adoption oder nach § 1617b oder § 1617c erworbenen Namen sowie einen
durch behördliche Namensänderung erworbenen Namen. Leitet ein Kind seinen Familiennamen
von seiner nicht verheiraten, allein sorgeberechtigten Mutter ab, welche einen ausländischen,
geschlechtsspezifisch abgewandelten Familiennamen führt, so erwirbt das Kind den Familiennamen in der von der Mutter geführten Form, wenn nicht die nun durch Art. 47 Abs. 2 i.V. m.
Abs. 1 Nr. 4 EGBGB eröffnete Option einer Angleichung ausgeübt wird.[5]

C. Anwendungsbereich des Abs. 2[6]

Der allein sorgeberechtigte Elternteil kann – bis zur Volljährigkeit des Kindes[7] – dem Kind den 5
Namen des anderen Elternteils erteilen. Die Namenserteilung, die Zustimmung des anderen
Elternteils und des Kindes – soweit es das 5. Lebensjahr vollendet hat – sind gegenüber dem Stan-
desamt, das die Geburt beurkundet hat zu erklären und bedürfen der öffentlichen Beglaubigung,
die auch durch das Standesamt erfolgen kann, § 41 Abs. 1 Satz 1 Nr. 7 PStG. Den formellen
Anforderungen ist auch genügt, wenn der nicht sorgeberechtigte Elternteil dem Kind seinen
Namen erteilt und der sorgeberechtigte Elternteil zustimmt.[8] Eine analoge Anwendung des

1 Zur Ausübung des Wahlrechts nach Art. 10 Abs. 3 EGBGB vgl. OLG München FamRZ 2009, 1597.
2 OLG Zweibrücken ZfJ 2000, 434.
3 Staudinger/Coester § 1617a Rn. 12 ff; MüKo/von Sachsen-Gessaphe § 1617 Rn. 7; a.A. Bamberger/Roth/ Enders § 1617 Rn. 6.
4 OLG Frankfurt StAZ 2008, 265.
5 OLG München FamRZ 2009, 437.
6 Vgl. Hepting StAZ 2002, 140.
7 BayObLG FamRZ 2002, 1729.
8 BayObLG StAZ 2000, 235.

§ 1617a Abs. 2 entfällt, wenn nach dem Tod der nach § 1626a Abs. 2 allein sorgeberechtigten Mutter der dann sorgeberechtigte Vater dem Kind seinen Namen erteilen will.[9] Eine Rückänderung in den Namen der Kindesmutter ist nur nach § 3 NÄG möglich.[10] Haben die Eltern bereits vor der Geburt des Kindes Erklärungen nach Abs. 2 abgegeben, erwirbt das Kind den Namen des (i.d.R.) Vaters bereits mit der Geburt.[11] Trägt der andere Elternteil einen unechten Doppelnamen, kann dieser nur insgesamt als Kindesname bestimmt werden. Ein Doppelname aus den Namen beider Elternteile ist unzulässig.[12]

6   Wird dem nicht sorgeberechtigten Elternteil gem. § 1672 Abs. 1 die elterliche Sorge übertragen, kann er mit Zustimmung der Mutter in analoger Anwendung des Abs. 2 dem Kind seinen Namen erteilen.[13] Stirbt die sorgeberechtigte Mutter, deren Namen das Kind trägt und erhält der Kindesvater die elterliche Sorge, kann er dem Kind seinen Namen nicht erteilen. Eine analoge Anwendung des Abs. 2 ist nicht möglich.[14]

§ 1617b   Name bei nachträglicher gemeinsamer Sorge oder Scheinvaterschaft

(1) [1]Wird eine gemeinsame Sorge der Eltern erst begründet, wenn das Kind bereits einen Namen führt, so kann der Name des Kindes binnen drei Monaten nach der Begründung der gemeinsamen Sorge neu bestimmt werden. [2]Die Frist endet, wenn ein Elternteil bei Begründung der gemeinsamen Sorge seinen gewöhnlichen Aufenthalt nicht im Inland hat, nicht vor Ablauf eines Monats nach Rückkehr in das Inland. [3]Hat das Kind das fünfte Lebensjahr vollendet, so ist die Bestimmung nur wirksam, wenn es sich der Bestimmung anschließt. [4]§ 1617 Abs. 1 und § 1617c Abs. 1 Satz 2 und 3 und Abs. 3 gelten entsprechend.

(2) [1]Wird rechtskräftig festgestellt, dass ein Mann, dessen Familienname Geburtsname des Kindes geworden ist, nicht der Vater des Kindes ist, so erhält das Kind auf seinen Antrag oder, wenn das Kind das fünfte Lebensjahr noch nicht vollendet hat, auch auf Antrag des Mannes den Namen, den die Mutter im Zeitpunkt der Geburt des Kindes führt, als Geburtsnamen. [2]Der Antrag erfolgt durch Erklärung gegenüber dem Standesamt, die öffentlich beglaubigt werden muss. [3]Für den Antrag des Kindes gilt § 1617c Abs. 1 Satz 2 und 3 entsprechend.

A. Allgemeines

1   Die Vorschrift regelt die Namensänderungstatbestände aufgrund sorgerechtlicher Veränderungen. Abs. 1 erfasst Kinder nicht verheirateter Eltern ohne gemeinsames Sorgerecht, die durch Abgabe von Sorgeerklärungen (§ 1626a Abs. 1 Nr. 1) oder aufgrund gerichtlicher Entscheidung nach der Übergangsregelung des BVerfG[1],oder durch Heirat (§ 1626a Abs. 1 Nr. 2) die gemeinsame elterliche Sorge begründen,[2] hier allerdings nur, wenn die Eltern keinen gemeinsamen Ehenamen (§ 1355 Abs. 1, 2) führen. Sie gilt auch, wenn ein Kind zwischendurch nach § 1618 einbenannt worden ist und die leiblichen Eltern erst nach der Scheidung der Mutter die gemeinsame elterliche Sorge begründet haben.[3] Nicht erfasst werden die Fälle der Änderung des Sorgerechts nach §§ 1671, 1672, 1680, 1681. In diesen Fällen ist nur eine Namensänderung nach § 3 NÄG mög-

---

9 BGH FamRZ 2005, 1984.
10 OVG Bremen FamRZ 2005, 1927.
11 Bamberger/Roth/Enders § 1617a Rn. 3.
12 OLG Celle StAZ 2002, 11.
13 BayObLG FamRZ 2000, 1435; OLG Celle StAZ 2002, 11; PWW/Pieper § 1617a Rn. 7.
14 BGH FamRZ 2005, 1984; OLG Celle StAZ 2002, 366.
 1 FamRZ 2010, 1403.
 2 Vgl. dazu auch OLG Frankfurt StAZ 2005, 180, 181.
 3 OLG Brandenburg StAZ 2007, 206.

lich. Abs. 2 betrifft Kinder, die nach Anfechtung der Vaterschaft den Familiennamen des Scheinvaters tragen.

B. Namensänderung bei Begründung gemeinsamer elterlicher Sorge, Abs. 1 Nr. 1

Geändert werden kann nur ein nach § 1617a Abs. 1 oder durch Einbenennung nach § 1618 2
erworbener Name des Kindes. Andere Geburtsnamen sind sorgerechtsunabhängig, z.B. nach
§ 1616 oder 1617c Abs. 1.

Bei der gemeinsamen elterlichen Sorge durch Erklärung nach § 1626a Abs. 1 Nr. 1 ist die Zustim 3
mung des Kindes notwendig, sofern es das 5. Lebensjahr vollendet hat. Zur Abgabe der Erklärung
bedarf es keines Ergänzungspflegers nach § 1908 Abs. 1.[4]

Die Erklärungen der Eltern müssen gegenüber dem Standesamt abgegeben und öffentlich beglau 4
bigt werden, § 1617b Abs. 1 Satz 4 i.V.m. § 1617c Abs. 1 Satz 3, § 45 Abs. 2 Satz 1 PStG. Für die
Neubestimmung des Familiennamens besteht eine Ausschlussfrist[5] von drei Monaten, die gem.
§ 187 mit Begründung der gemeinsamen elterlichen Sorge zu laufen beginnt, außer ein Elternteil
hat bei Fristbeginn seinen gewöhnlichen Aufenthalt nicht im Inland. Dann endet die Frist erst
einen Monat nach der Rückkehr, Abs. 1 Satz 1 und 2.

Es gilt der Grundsatz der Namenseinheit von Geschwistern, so dass die Neubestimmung des 5
Namens des Kindes i.d.R. Bindungswirkung auf die Namen weiterer eigener Kinder hat. Sofern
die Eltern von der Änderungsmöglichkeit keinen Gebrauch machen, bleibt es bei dem Namen.
Dieser ist dann auch für später geborene Geschwister verbindlich.[6] Auch die Eltern sind in ihrer
Namenswahl beschränkt, so wenn sie z.B. früher einmal verheiratet waren und bei der Geburt
älterer Geschwister einen Ehenamen führen oder wenn sie sich bei verschiedenen Nachnamen auf
einen Namen für das Kind festgelegt haben. Bei Trennung der Eltern und Übertragung der
Alleinsorge auf die Mutter, nachdem das Kind bereits einen Geburtsnamen nach Abs. 1 Satz 1
erhalten hat, kann die Mutter beim Kind keine erneute Namensänderung vornehmen.[7]

Nehmen die Eltern nach der Geburt des Kindes bei der Heirat einen Ehenamen an, erhält das 6
Kind diesen automatisch als Geburtsnamen.

C. Voraussetzungen des Abs. 2

Hat das Kind als Geburtsnamen den Familiennamen des Vaters erhalten und besteht die Vater 7
schaft im Rechtssinne – infolge Anfechtung – nicht mehr, so können der Scheinvater oder das
Kind – vor Vollendung des 5. Lebensjahres – beantragen, dass das Kind den Namen der Mutter
erhält, den diese im Zeitpunkt der Geburt geführt hat. Nach Vollendung des 5. Lebensjahres kann
nur das Kind den Antrag stellen.[8] Ein Antragsrecht der Mutter besteht nicht. Ist das Kind verheiratet, ist die Namensänderung von der Zustimmung des Ehepartners abhängig.

---

4 OLG Karlsruhe FamRZ 2000, 1437; OLG Köln FamRZ 2000, 735; a.A. OLG Zweibrücken NJWE-FER
   2000, 113; OLG Frankfurt FGPrax 2001, 203.
5 OLG Düsseldorf FamRZ 2004, 1134, StAZ 2006, 74; OLG Frankfurt StAZ 2004, 272.
6 BayObLG FamRZ 2001, 856; vgl. aber auch OLG Düsseldorf StAZ 2006, 74; OLG Karlsruhe StAZ
   2006, 211.
7 OLG Bremen FamRZ 2003, 1687.
8 PWW/Pieper § 1617b Rn. 7.

§ 1617c Name bei Namensänderung der Eltern

(1) [1]Bestimmen die Eltern einen Ehenamen, nachdem das Kind das fünfte Lebensjahr vollendet hat, so erstreckt sich der Ehename auf den Geburtsnamen des Kindes nur dann, wenn es sich der Namensgebung anschließt. [2]Ein in der Geschäftsfähigkeit beschränktes Kind, welches das 14. Lebensjahr vollendet hat, kann die Erklärung nur selbst abgeben; es bedarf hierzu der Zustimmung seines gesetzlichen Vertreters. [3]Die Erklärung ist gegenüber dem Standesamt abzugeben; sie muss öffentlich beglaubigt werden.

(2) Absatz 1 gilt entsprechend,

1. wenn sich der Ehename, der Geburtsname eines Kindes geworden ist, ändert oder
2. wenn sich in den Fällen der §§ 1617, 1617a und 1617b der Familienname eines Elternteils, der Geburtsname eines Kindes geworden ist, auf andere Weise als durch Eheschließung oder Begründung einer Lebenspartnerschaft ändert.

(3) Eine Änderung des Geburtsnamens erstreckt sich auf den Ehenamen oder den Lebenspartnerschaftsnamen des Kindes nur dann, wenn sich auch der Ehegatte oder der Lebenspartner der Namensänderung anschließt; Absatz 1 Satz 3 gilt entsprechend.

A. Allgemeines

1 Die Vorschrift regelt drei Fälle der Auswirkungen, die eine spätere Änderung des elterlichen Bezugsnamens auf den Kindesnamen hat,

– in Abs. 1 durch die Bestimmung eines gemeinsamen Ehenamens (§ 1355),
– in Abs. 2 durch Änderung des Ehenamens, Nr. 1 oder Nr. 2, wenn sich der Familienname eines Elternteils, der gem. §§ 1617, 1617b, 1617c Abs. 1 oder Abs. 2 oder durch Adoption Geburtsname des Kindes geworden ist, sich auf andere Weise als durch Eheschließung ändert,
– in Abs. 3 die Auswirkung einer Kindesnamensänderung auf den Ehenamen eines schon verheirateten Kindes, der sich vom bisherigen Kindesnamen ableitet.

2 In allen Fällen erstreckt sich die Namensänderung auch auf den Namen des Kindes. Das Kind erwirbt den Ehenamen mit Wirkung für die Zukunft.[1] Die Voraussetzungen aber sind unterschiedlich geregelt je nach dem Alter des Kindes.

B. Nachträgliche Bestimmung des Ehenamens, Abs. 1

3 Heiraten die Eltern erst nach der Geburt des Kindes und bestimmen einen Ehenamen oder sind sie bei der Geburt zwar verheiratet, bestimmen aber erst später einen Ehenamen, geht der Familienname automatisch auf das Kind über, sofern es bei der Bestimmung des Ehenamens noch keine fünf Jahre alt ist. Hat das Kind das 5., aber noch nicht das 14. Lebensjahr vollendet, kann es sich der Namensgebung der Eltern durch Erklärung der sorgeberechtigten Eltern[2] anschließen. Ist das Kind 14 Jahre aber noch nicht volljährig, kann nur das Kind die Zustimmung erklären, bedarf dazu aber der Zustimmung der Eltern.[3] Alle Erklärungen sind als empfangsbedürftige Willenser-

---

1 Staudinger/Coester § 1617c Rn. 7.
2 OLG Köln FamRZ 1999, 735.
3 Bamberger/Roth/Enders § 1617c Rn. 5; zu Meinungsverschiedenheiten zwischen Eltern und Kind vgl. Coester FuR 1994, 1, 4.

klärungen gegenüber dem Standesamt abzugeben und müssen beglaubigt werden (§ 45 Abs. 1 Satz 1 Nr. 2 PStG).[4] Die Vorschrift gilt auch für volljährige Kinder.[5]

C. Änderung des Ehe- oder Familiennamens, Abs. 2

Die Vorschrift regelt abschließend zwei Fälle, in denen sich der Ehename oder der Name eines   4
Elternteils, der Geburtsname des Kindes geworden ist, ändert. Zur Durchsetzung der Namenseinheit bei Änderung des Ehenamens, der gem. §§ 1616 oder 1617c Abs. 1 Satz 2 Geburtsname des Kindes geworden ist, ermöglicht Nr. 1 eine Änderung des Kindesnamens. Die Änderung des Ehenamens kann durch Adoption erfolgen oder nach § 3 NÄG.[6] Die Vorschrift gilt auch für volljährige Kinder,[7] eine analoge Anwendung auf Scheidungshalbwaisen, wenn der sorgeberechtigte Elternteil den Ehenamen gem. § 1355 Abs. 5 Satz 2 abgelegt hat, ist nicht möglich.[8] Eine Änderung ist dann nur nach § 3 NÄG herbeizuführen.[9] Die Vorschrift gilt nicht mehr bei einer Änderung des Familiennamens der Eltern, der infolge Eheschließung Kindesname geworden ist. Die Vorschrift gilt weiter nicht nach dem Tod eines Elternteils oder einer Scheidung, wenn der andere Ehegatte den Ehenamen nicht fortführen will.[10] Sie erfasst jedoch den Fall eines von einem Ehegatten in einer Ehe mit einem Dritten geführten Ehenamens, sofern dieser dem Kind nicht durch Einbenennung (§ 1618) erteilt worden ist.[11]

Nr. 2 ermöglicht eine Fortdauer der Namenseinheit des Kindes mit dem Elternteil, dessen Namen   5
den Kindesnamen bestimmt hat. Der Grund der Änderung des Namens ist ohne Belang. Die Vorschrift gilt nicht für die Änderung des Namens einer eingetragenen Lebenspartnerschaft.[12] Bei dieser wird der Name des anderen Teils gem. § 3 Abs. 1 LPartG Lebenspartnerschaftsname.

D. Anschließung des Ehegatten

Abs. 3 trifft ergänzende Regelungen. Die Zustimmung des Ehepartners des Kindes ist erforderlich,   6
sofern der Ehename von der Namensänderung betroffen ist. Nicht geregelt ist in der Norm der Fall, dass der Geburtsname eines verheirateten Kindes von der Änderung des Namens der Eltern betroffen ist, ohne dass dieser Elternname geworden ist. Ein minderjähriger Ehepartner bedarf zur Zustimmung nicht der Zustimmung seines gesetzlichen Vertreters.[13]

Die Anschließung des Ehegatten ist öffentlich zu beglaubigen und gegenüber dem Standesbeam-   7
ten zu erklären. Schließt sich der Ehegatte nicht an, behält das Kind seinen bisherigen Ehenamen trotz Änderung des Geburtsnamens durch die Namensänderung der Eltern.[14] Der geänderte Geburtsname kann dann als Begleitname des Ehenamens angefügt werden.

---

4 OLG Zweibrücken FamRZ 1996, 430; BayObLG FamRZ 1996, 431, 432: Zugang ist Wirksamkeitsvoraussetzung.
5 OLG Frankfurt BeckRS 2007, 2910; Bamberger/Roth/Enders § 1617c Rn. 5.
6 KG StAZ 2002, 79; Palandt/Diederichsen § 1617c Rn. 7; a.A. Bamberger/Roth/Enders § 1617c Rn. 7: § 4 NÄG sieht eine Sonderregelung vor.
7 KG StAZ 2002, 79.
8 Bamberger/Roth/Enders § 1617c Rn. 8.
9 Zu den Voraussetzungen vgl. BVerwG FamRZ 2002, 1104.
10 OLG Düsseldorf FamRZ 2000, 1181; OLG Hamm FamRZ 2002, 2048; Palandt/Diederichsen § 1617c Rn. 7; a.A. OLG Dresden StAZ 2000, 341.
11 BGH NJW 2004, 1108.
12 Bamberger/Roth/Enders § 1617c Rn. 11; BT-Drucks. 14/3751 S. 45.
13 Staudinger/Coester § 1617c Rn. 81.
14 Gaaz StAZ 2000, 357, 358.

§ 1618   Einbenennung

[1]Der Elternteil, dem die elterliche Sorge für ein unverheiratetes Kind allein oder gemeinsam mit dem anderen Elternteil zusteht, und sein Ehegatte, der nicht Elternteil des Kindes ist, können dem Kind, das sie in ihren gemeinsamen Haushalt aufgenommen haben, durch Erklärung gegenüber dem Standesamt ihren Ehenamen erteilen. [2]Sie können diesen Namen auch dem von dem Kind zur Zeit der Erklärung geführten Namen voranstellen oder anfügen; ein bereits zuvor nach Halbsatz 1 vorangestellter oder angefügter Ehename entfällt. [3]Die Erteilung, Voranstellung oder Anfügung des Namens bedarf der Einwilligung des anderen Elternteils, wenn ihm die elterliche Sorge gemeinsam mit dem den Namen erteilenden Elternteil zusteht oder das Kind seinen Namen führt, und, wenn das Kind das fünfte Lebensjahr vollendet hat, auch der Einwilligung des Kindes. [4]Das Familiengericht kann die Einwilligung des anderen Elternteils ersetzen, wenn die Erteilung, Voranstellung oder Anfügung des Namens zum Wohl des Kindes erforderlich ist. [5]Die Erklärungen müssen öffentlich beglaubigt werden. [6]§ 1617c gilt entsprechend.

A. Einverständliche Einbenennung

1   Ausgangspunkt der Regelung ist das Bedürfnis zur **Herstellung von Namensgleichheit**[1] zwischen Kind und Familie, wenn der Name des Kindes nicht identisch ist mit dem Ehenamen, den Elternteil und Stiefelternteil, bei welchen das Kind aufwächst, gemeinsam führen. Seit der Kindschaftsrechtsreform 1998 ist es hierfür ohne Belang, ob das Kind in oder außerhalb einer Ehe geboren ist. Es ist auch ohne Bedeutung, woher der vom Ehenamen der Stiefelternfamilie abweichende Name des Kindes stammt. Demnach steht z.B. nicht entgegen, dass die Mutter, bei welcher das Kind mit deren Ehemann lebt, in der Vergangenheit dem Kind den Namen des nichtehelichen Vaters gem. § 1617a Abs. 2 BGB erteilt hatte.

2   Die Vorschrift ermöglicht die **Erteilung des Ehenamens**, den Elternteil und Stiefelternteil gemeinsam führen, als künftigen Namen des Kindes Dies kann durch vollständige Ersetzung des bisherigen Kindesnamens erfolgen (substituierende Einbenennung), alternativ dazu aber auch in der Weise, dass dem Kindesnamen der Ehename gem. § 1618 Satz 2 BGB vorangestellt oder angefügt wird (additive Einbenennung). Dabei stellt sich die additive Einbenennung als der weniger schwerwiegende Eingriff dar.[2] Wird ein Antrag auf substituierende Einbenennung gestellt, ist darin nicht das Begehren auf eine (hilfsweise) substituierende Einbenennung enthalten. Es handelt sich um ein aliud, so dass das FamG die fehlende Zustimmung nicht ersetzen kann.[3] Allerdings dürfte eine Hinweispflicht des FamG bestehen.

Neben der bisherigen Namensverschiedenheit ist Voraussetzung, dass das **Kind** noch **minderjährig**[4] und **unverheiratet** ist. War das Kind bereits verheiratet, scheidet eine Einbenennung aus.[5] Weiterhin ist Voraussetzung, dass das Kind tatsächlich **im gemeinsamen Haushalt** der Stiefelternfamilie lebt.[6] Deshalb scheidet eine Einbenennung trotz Zustimmung aus, wenn das Kind nur mit einem Elternteil zusammenlebt, dieser aber getrennt vom neuen Ehegatten lebt,[7] da der Zweck des § 1618, die namensmäßige Integration des Kindes in seine neue soziale Familie, verfehlt würde.

---

1   Vgl. zur Vielfalt der Möglichkeiten BVerfG FamRZ 2004, 515.
2   BGH FamRZ 2002, 94, 95; 2002, 13430; OLG Bremen FamRZ 2010, 1816.
3   BGH FamRZ 2002, 1330; 2005, 890, 891.
4   Bamberger/Roth/Enders § 1618 Rn. 2.
5   Bamberger/Roth/Enders § 1618 Rn. 2; Staudinger/Coester § 1618 Rn. 6.
6   Die Aufnahme in den gemeinsamen Haushalt als weitere Voraussetzung ist mit Wirkung vom 12.04.2002 eingeführt worden durch das »Gesetz zur weiteren Verbesserung von Kinderrechten« (Kinderrechteverbesserungsgesetz – KindRVerbG) vom 09.04.2002 (BGBl I S. 1239).
7   OLG Zweibrücken NJW 2011, 3728.

Nach dem bis zum 11.04.2002 geltenden gesetzlichen Wortlaut war weitere Voraussetzung, dass **3** das Kind unter Alleinsorge des den Namen erteilenden Elternteils steht. Eine Zulassung der Einbenennung auch bei gemeinsamer Sorge der Eltern in analoger Anwendung oder berichtigender Auslegung der Vorschrift wurde jedoch schon damals überwiegend befürwortet,[8] jedenfalls für die einverständliche Namenserteilung.[9] Seit der Neufassung der Vorschrift durch das KindRVerbG[10] ist Voraussetzung nur noch, dass **der den Namen erteilende Elternteil**, bei dem das Kind zusammen mit dem neuen Ehegatten lebt, entweder **alleiniger oder Mitinhaber der elterlichen Sorge** ist, wobei unerheblich ist, worauf dies zurückgeht. Die Erteilung des Ehenamens setzt voraus, dass die Ehe mit einem Dritten, von dem das Kind nicht abstammt, zum Zeitpunkt des Wirksamwerdens der Einbenennung noch besteht.[11]

Die Einbenennung erfordert dahingehende **Erklärungen** des allein- oder mitsorgeberechtigten **4** Elternteils, der den neuen Ehenamen führt, und des Ehegatten dieses Elternteils, sowie grds. auch des Kindes und des anderen Elternteils. Für diese Erklärungen gilt im Einzelnen:

– Der **den Namen erteilende Elternteil** muss mit der Erklärung der Namenserteilung, wenn dies beabsichtigt ist, zugleich erklären, ob der Ehename dem Kindesnamen statt vollständiger Ersetzung vorangestellt oder angefügt wird.

– Der **Ehegatte** des sorgeberechtigten Elternteils muss eine übereinstimmende Erklärung abgeben.

– Eine Zustimmungserklärung des **Kindes** ist nicht erforderlich, wenn es noch nicht 5 Jahre alt **5** ist.

Hat das Kind das 5. Lebensjahr vollendet, ist nach § 1618 Satz **3 aE** BGB seine **Einwilligung zur Namenserteilung erforderlich**. Ein Kind, welches das 5., jedoch noch nicht das 14. Lebensjahr vollendet hat, muss dabei durch den gesetzlichen Vertreter handeln. Der die Namenserteilung betreibende Sorgeinhaber ist nicht nach §§ 1629 Abs. 2 Satz 1, 1795 Abs. 2, 181 BGB von der Vertretung ausgeschlossen.[12] Hat das Kind das 14. Lebensjahr vollendet, ist nach § 1618 S. 6 i.V.m. § 1617c Abs. 1 Satz 2 BGB seine persönliche Einwilligung notwendig. Dieser muss der gesetzliche Vertreter zustimmen.

– Der **andere Elternteil** muss ebenfalls seine **Einwilligung** erklären, wenn **6**
  – entweder das Kind bisher seinen Namen führt, unabhängig von der Sorgerechtssituation
  – oder wenn ihm die elterliche Sorge gemeinsam mit dem den Namen erteilenden Elternteil zusteht (§ 1618 Satz **3 1. Hs.** BGB).

Die Namensidentität muss zum Zeitpunkt der Einbenennung bestehen.[13] Die Einwilligungserklärung muss hinsichtlich der Art der Einbenennung (substituierend oder additiv)[14] deckungsgleich mit den Erklärungen der übrigen Beteiligten sein.

---

8 BayObLG FamRZ 2001, 857; OLG Hamm FamRZ 2001, 568; OLG Düsseldorf StAZ 2000, 21; OLG Karlsruhe StAZ 2001, 272; Palandt/Diederichsen § 1618 Rn. 10.
9 OLG Hamm FamRZ 2001, 568; Klüsener RPfl 2002, 233/234.
10 BGH FamRZ 2002, 94, 95; 2002, 13430; OLG Bremen FamRZ 2010, 1816.
11 OLG Karlsruhe FamRZ 2000, 1437; OLG Zweibrücken FamRZ 2004, 1747.
12 BayObLG FamRZ 2001, 857; Klüsener RPfl 2002, 233 (234) – a.A. OLG Zweibrücken FamRZ 2000, 696 (697); OLG Frankfurt a.M. StAZ 2001, 270 (272). Bei erheblichem Interessenkonflikt kommt ein gerichtlicher Entzug der Vertretungsmacht nach §§ 1629 Abs. 2 Satz 3, 1796 BGB in Betracht.
13 AG Lübeck StAZ 2003, 143.
14 S.o. Rn. 2.

Das Zustimmungserfordernis entfällt, mit dem Tode des betreffenden Elternteils, so dass eine Ersetzung der Zustimmung nicht mehr notwendig ist.[15] Da das Einwilligungserfordernis des anderen Elternteils nicht nur dessen Interessen, sondern vor allem auch der Aufrechterhaltung der Bindungen – und damit dem Interesse des Kindes (vgl. § 1626 Abs. 3 BGB) – dient, verliert es mit dem Wegfall des Elternteils seine wesentliche Grundlage. Die Ersetzung ist dann leere Förmelei.

Ist der andere Elternteil unbekannten Aufenthalts, muss in jedem Falle ein Ersetzungsverfahren nach § 1618 Satz 4 BGB durchgeführt werden.[16] Auf die ansonsten notwendige Anhörung kann allerdings verzichtet werden, wenn die Ermittlungen zum Aufenthalt – Nachfrage bei den Meldebehörden, Verwandten und ggf. den Sozialversicherungsbehörden – erfolglos geblieben sind.[17] Bei Uneinigkeit noch gemeinsam sorgeberechtigter Eltern erfolgt die Ersetzung nach § 1618 Satz 4. Diese Vorschrift hat Vorrang vor § 1628.[18]

7   Alle erforderlichen Erklärungen bedürfen nach § 1618 Satz 5 BGB der **Form** der öffentlichen Beglaubigung durch einen Notar. Eine Mitteilung der Zustimmung durch das Jugendamt genügt nicht.[19] Sie können gem. § 45 Abs. 1 Nr. 6 PStG aber auch von jedem Standesamt beurkundet werden. Möglich ist auch eine Erklärung in Form eines gerichtlichen Vergleichs nach § 127a.[20] **Adressat** sämtlicher Erklärungen ist nach § 45 Abs. 2 PStG das Standesamt, das die Geburt des Kindes beurkundet hat. Erst mit Eingang aller notwendigen Erklärungen bei diesem wird die Einbenennung wirksam. Bis zum Eingang ist ein Widerruf der Erklärung möglich. Unzulässig ist es, die Beurkundung der Erklärungen davon abhängig zu machen, dass zuvor die fehlende Einwilligung des anderen Elternteils vom FamG ersetzt wird.[21]

8   Durch die wirksame Einbenennung wird der neue Geburtsname des Kindes grds. unwandelbar fixiert: Lässt sich der sorgeberechtigte Elternteil scheiden und nimmt wieder seinen Geburtsnamen an, kann sich das Kind dieser Namensänderung nicht anschließen.[22]

9   Einer analogen Anwendung der Vorschrift steht die Rechtsprechung skeptisch gegenüber. So lässt das OLG Saarbrücken die Ersetzung der nach § 1618 Satz 1 BGB erforderlichen Einbenennungserklärung des Stiefvaters mit Recht für nicht zulässig.[23] Auch der BGH lehnt Abhilfe durch Analogieschlüsse ab und erklärt die Namenserteilung durch den nichtehelichen Vater des Kindes auch dann für unzulässig, wenn dieser nach dem Tod der Mutter die Alleinsorge erlangt hat.[24]

B. Ersetzung der Einwilligung des anderen Elternteils

10   Verweigert der Elternteil, dessen Name das Kind führt oder dem die elterliche Sorge gemeinsam mit dem den Namen erteilenden Elternteil zusteht, die Einwilligung zur Einbenennung, kann diese ersetzt werden (§ 1618 Satz 4 BGB). Das **Ersetzungsverfahren** ist Familiensache nach §§ 111 Nr. 2, 151 Nr. 1 FamFG.[25] Zuständig ist das Familiengericht am gewöhnlichen Aufenthaltsort des Kindes (§ 152 Abs. 2 FamFG), dort der Rechtspfleger, wenn der den Namen erteilende Elternteil

---

15 OLG Hamm StAZ 2008, 76; BayObLG FamRZ 2003, 26; 2005 388; OLG Zweibrücken FamRZ 2000, 692; OLG Stuttgart FamRZ 2001, 566; OLG Frankfurt StAZ 2001, 270. 272; Staudinger/Coester § 1618 Rn. 24; a.A. OLG Hamm StAZ 2000, 213, 215; OLG Zweibrücken FamRZ 1999, 1372.
16 OLG Hamm FamRZ 2000, 695; Staudinger/Coester § 1618 Rn. 24; Klüsener RPfl 2002, 233 (235).
17 OLG Naumburg FPR 2003, 92.
18 OLG Rostock MDR 2007, 592, 593.
19 OLG Köln FamRZ 1999, 735.
20 OLG Hamm StAZ 2011, 181, 182.
21 OLG Hamm FamRZ 2000, 1182.
22 BGH NJW 2004, 1108.
23 OLG Zweibrücken StAZ 2004, 231.
24 BGH FamRZ 2005, 1984 gegen BayObLG StAZ 2004, 229.
25 BGH FamRZ 1999, 1648.

alleiniger Inhaber der elterlichen Sorge ist (§ 3 Nr. 2a RPflG, insoweit kein Richtervorbehalt nach § 14 RPflG). Bei gemeinsamer Sorge ist der Richter zuständig (§ 14 Abs. 1 Nr. 5 RPflG). Antragsberechtigt sind jeder sorgeberechtigte Elternteil und das Kind. Notwendig ist die persönliche Anhörung der Beteiligten (§§ 159, 160 FamFG)[26] unter Einbeziehung des Jugendamtes (§ 162 FamFG).[27] Ggf. ist ein Verfahrensbeistand (§ 158 FamFG) zu bestellen. Die Entscheidung kann nach § 58 FamFG mit der Beschwerde angefochten werden. Ein eigenes Beschwerderecht des Kindes (§ 59 FamFG) gegen eine ablehnende Entscheidung besteht nicht.[28]

Voraussetzung für die Ersetzung ist, dass die Einbenennung »**zum Wohl des Kindes erforderlich**   11 ist« (§ 1618 Satz 4 BGB). Diese Formulierung unterscheidet sich von an anderen Stellen im Gesetz anzutreffenden schwächeren Formulierungen wie »dem Wohl des Kindes dient« (z.B. §§ 1672 Abs. 1 Satz 2, 1678 Abs. 2, 1680 Abs. 2 Satz 2, 1685 BGB) oder »dem Kindeswohl nicht widerspricht« (z.B. §§ 1672 Abs. 1 Satz 2, 1680 Abs. 2 Satz 1 BGB). Angesichts dieser gesetzlichen Voraussetzungseinengung und der Bedeutung des Elternrechts des anderen Elternteils, insb. seines Interesses an der Aufrechterhaltung des namensrechtlichen Bandes zum Kind, ist die Vorschrift **eng auszulegen**: Er hat den Eingriff in seine Mitwirkungsbefugnis bei der Entscheidung über eine Einbenennung und damit in sein Elternrecht nur dann hinzunehmen, wenn die Interessen des Kindes an der Einbenennung überwiegen und diese zum Schutz des Kindeswohls unabdingbar notwendig ist,[29] d.h. anderenfalls schwerwiegende Nachteile für das Kind zu erwarten wären oder die Einbenennung zumindest einen so erheblichen Vorteil für das Kind darstellen würde, dass ein sich verständig um das Kind sorgender Elternteil auf der Erhaltung des Namensbandes nicht bestehen würde.[30] Diese Regelung ist verfassungsrechtlich nicht zu beanstanden[31] und mit der Europäischen Menschenrechtskonvention vereinbar.[32]

Nicht entscheidend und daher **nicht ausreichend** zur Ersetzung ist das Interesse des die Einbenennung betreibenden Elternteils, das Kind und/oder sich vom bisherigen Leben abzugrenzen, die mit dem anderen Elternteil gemeinsame Vergangenheit zu tilgen.[33] Auch reicht nicht aus, dass die Einbindung in die neue Familie erleichtert werde.[34] Ebensowenig ist es ausreichend, dass der Namensunterschied lästig ist und zu gelegentlichen Nachfragen führt.[35] Der nachvollziehbare Wunsch des Kindes, den Namen seiner »Restfamilie« zu tragen, reicht nicht aus.[36] Die Einbenennung darf insb. nicht zu einer Abschwächung noch bestehender letzter Kontakte zum anderen Elternteil führen.[37]

---

26 OLG Hamm FamRZ 2004, 174; OLG Saarbrücken FamRZ 2009, 1334.
27 BGH ZfJ 2000, 476; OLG Saarbrücken FamRZ 2009, 1334.
28 OLG Brandenburg BeckRS 2009, 18751; OLG Nürnberg FamRZ 2001, 49.
29 BGH FamRZ 2002, 94 = FuR 2002, 35; OLG Stuttgart FamRZ 1999, 1375 sowie NJW-RR 2000, 124; OLG München FF 1999, 153; OLG Naumburg FamRZ 2000, 569; OLG Köln FamRZ 1999, 736 sowie FamRZ 2000, 690; OLG Koblenz FuR 2000, 170; OLG Oldenburg NJW 2000, 367; OLG Düsseldorf FamRZ 2000, 691; OLG Rostock MDR 2007, 592, OLG Hamm FamRZ 2008, 2148; OLG Koblenz FamRZ 2009, 439; OLG Bamberg FamRZ 2008, 2148: geringere Anforderungen, wenn zwischen dem Kind und dem die Zustimmung verweigernden Elternteil kein Namensband besteht.
30 OLG Hamm FamRZ 2011, 1658.
31 BGH FamRZ 2002, 1331 = FuR 2002, 257 (258).
32 EuGHMR FamRZ 2002, 1017.
33 OLG Stuttgart FamRZ 1999, 1375; OLG Oldenburg NJW 2000, 367.
34 BGH FamRZ 2002, 1330; OLG Nürnberg FamRZ 1999, 1379; OLG Naumburg FamRZ 2000, 569.
35 BGH FamRZ 2002, 94 = FuR 2002, 35 sowie FamRZ 2002, 1330 = FuR 2002, 255 (256); OLG Oldenburg FamRZ 1999, 1381; OLG Nürnberg FamRZ 1999, 1374; OLG Hamm FamRZ 1999, 736; OLG Köln FuR 2000, 274.
36 OLG Celle FamRZ 2011, 1658.
37 BGH FamRZ 2002, 94; 2002, 1330; 2005, 889.

12 Gesichtspunkte für eine Einbenennung sind

-   Bindungen des Kindes an Geschwister (auch Halb- und Stiefgeschwister) in der neuen Familie;[38]
-   Interesselosigkeit des widersprechenden Elternteils – z.B. keine Wahrnehmung des Umgangs-rechts aus Gleichgültigkeit[39] – mit der Folge fehlender Bindungen des Kindes an ihn;
-   Unregelmäßige Unterhaltzahlungen,[40] soweit diese nicht auf fehlende Leistungsfähigkeit zurückzuführen ist;[41]
-   Anfechtung der Vaterschaft seitens des widersprechenden Elternteils;[42]
-   Freigabe zur Adoption.[43]

Jedoch reichen diese Gesichtspunkte für sich alleine für eine Ersetzung nicht aus. Vielmehr **muss die Interessenabwägung alle konkreten Umstände einbeziehen.** Bei Bewertung des Verhaltens des widersprechenden Elternteils muss festzustellen sein, **dass er tatsächlich kein Interesse an einer Beziehung zum Kind hat.**[44] Einer solchen Feststellung können andere Gesichtspunkte entgegen-stehen. So kann ein Verzicht auf die Wahrnehmung des Umgangsrechts auf der gut gemeinten Absicht beruhen, das Kind aus Konflikten mit dem betreuenden Elternteil herauszuhalten, was dem widersprechenden Elternteil nicht zum Nachteil gereichen kann.[45] Entsprechendes gilt für z.B. krankheitsbedingte Unfähigkeit zur Leistung von Unterhalt.

13 Fraglich ist, welche Bedeutung dem **vom Kind geäußerten Willen** für die Ersetzung der Einwilli-gung des anderen Elternteils beizumessen ist. Hierfür sind Alter und Reife des Kindes von erhebli-chem Gewicht, d.h. ob und inwieweit das Kind die Tragweite der Namensänderung überblickt,[46] ebenso die Qualität der Beziehung zum Stiefelternteil. Zu prüfen ist eine eventuelle Beeinflussung durch den betreuenden Elternteil. Für sich alleine jedenfalls ist der Wille des Kindes nicht ausschlag-gebend; wie stets sind alle Umstände des Einzelfalles in die Interessenabwägung einzubeziehen.[47]

14 Wird lediglich die **additive Einbenennung** – also nur Voranstellung oder Anfügung des neuen Namens unter Beibehaltung des bisherigen Namens des Kindes (§ 1618 Satz 2 BGB) – begehrt, sind **geringere Anforderungen** an die Erforderlichkeit zu stellen, da hierbei ein milderer Eingriff in das Elternrecht erfolgt.[48] Bei Kindern im Kleinkindalter, für die der Familienname kaum eine Bedeutung hat, ist eine additive Einbenennung in der Regel zum Wohle des Kindes nicht erfor-derlich.[49] Ernstliches Interesse des Kindes an Namensgleichheit mit anderen Mitgliedern der neuen Familie, insb. weiteren Kindern, dürfte bei älteren Kindern dann ausreichend sein. Ist eine ersetzende Namenserteilung beantragt, kann das FamG nicht durch teilweise Stattgabe die Einwil-ligung in eine lediglich additive Namenserteilung ersetzen.[50]

---

38 OLG Oldenburg FamRZ 1999, 1378; OLG Dresden FamRZ 1999, 1379.
39 OLG Hamm FamRZ 1999, 736 und FamRZ 1999, 1380; OLG Oldenburg FamRZ 2000, 694.
40 OLG Hamm FamRZ 1999, 736; OLG Köln FamRZ 1999, 374; OLG Oldenburg FamRZ 2000, 694.
41 OLG Köln FamRZ 2006, 1872.
42 OLG Köln FamRZ 1999, 734.
43 OLG Bremen FamRZ 2001, 858; OLG Oldenburg FamRZ 2000, 694.
44 OLG Hamm FamRZ 1999, 736; OLG Köln FuR 2000, 274; OLG Bremen FamRZ 2001, 858; OLG Oldenburg FamRZ 2000, 694.
45 Klüsener RPfl 2002, 233 (236).
46 OLG Stuttgart NJW-RR 2004, 1447; OLG Köln FamRZ 2002, 637.
47 Vgl. BGH FamRZ 2002, 94 = FuR 2002, 35 sowie FamRZ 2002, 1330 = FuR 2002, 255; OLG Oldenburg NJW 2000, 367; OLG Brandenburg FamRZ 2002, 1059 (1060); OLG Köln FamRZ 2002, 637; OLG Hamm FamRZ 2004, 1749; OLG Koblenz FamRZ 2009, 439: Kontinuität der Namensführung als weit über das Kindesalter hinausreichender Kindesbelang.
48 BGH FamRZ 2002, 94 = FuR 2002, 255; StAZ 2005, 295; OLG Köln FamRZ 2003, 630; OLG Bran-denburg FamRZ 2002, 1058 (1059); OLG Stuttgart FamRZ 2004, 1990.
49 OLG Bremen FamRZ 2010, 1816.
50 BGH StAZ 2005, 295; OLG Stuttgart StAZ 2005, 76.

§ 1618a Pflicht zu Beistand und Rücksicht

Eltern und Kinder sind einander Beistand und Rücksicht schuldig.

A. Allgemeines

§ 1618a ist durch das SorgerechtsreformG von 1979 eingefügt worden. Mit der Norm sollte auf **1** die Gegenseitigkeit von Rechten und Pflichten und auf den Gemeinschaftsbezug des Eltern-Kind-Verhältnisses hingewiesen werden.[1] Durch die Betonung **wechselseitiger Rechte und Pflichten** sowie der füreinander bestehenden **Verantwortung** sollte klargestellt werden, dass das Kind den Eltern als grds. gleichberechtigte und gleich zu achtende Persönlichkeit gegenüber tritt, wobei das Kind naturgemäß erst mit zunehmendem Alter in seine Pflichtenrolle hinein wächst.[2]

Die Norm bringt den Grundgedanken lediglich generalklauselhaft zum Ausdruck. Dieser **2** Gedanke wird in einer Reihe von Einzelvorschriften konkretisiert, etwa auch dem Unterhalts- oder Umgangsrecht. Als **Generalklausel des Kindschaftsrechts** findet sie im Verhältnis der Eheleute zueinander eine Parallele in § 1353.[3]

B. Inhalt der Norm

Durch § 1618a werden gegenseitige Pflichten zu **Beistandsleistungen** und zur **Rücksichtnahme** **3** begründet, wobei deren **Umfang** nicht einheitlich zu bestimmen ist, sondern von dem **Alter**, dem **Gesundheitszustand** und den **sonstigen Verhältnissen** der Betroffenen abhängig sind.[4]

I. Pflicht zu Beistandsleistung

Als Parallele zu § 1353 begründet § 1618a die **Verpflichtung zu wechselseitiger Unterstützung** **4** **und Hilfeleistung in allen Lebenslagen.** Obwohl in der Begründung zum Gesetz nur ausgeführt wird, die Norm enthalte nur Leitlinien und begründe keine unmittelbaren Rechtsfolgen,[5] geht die heute herrschende Meinung vom Gegenteil aus. Danach statuiert § 1618a ebenso wie § 1353 unmittelbar auch **durchsetzbare Rechtspflichten.**[6]

Der Beistand kann in jeder denkbaren und benötigten Weise sowohl **materiell** als auch **psychisch** **5** oder durch **Dienstleistungen** oder **Auskünfte** geschuldet sein. Die materiellen Beistandspflichten sind in Form der **Unterhaltspflicht** gesondert kodifiziert. In tatsächlicher Hinsicht kann die Verpflichtung zur **Nothilfe** bestehen.[7] Die Verpflichtung zur Aufnahme des Kindes in die Hausgemeinschaft ist bei minderjährigen Kindern als Ausfluss des **Rechts der elterlichen Sorge** wiederum kodifiziert.

---

1 BT-Drucks. 8/2788, S. 36.
2 Staudinger/Coester, § 1618a, Rn. 3.
3 BT-Drucks. 8/2788, S. 43.
4 Palandt/Diederichsen, § 1618a Rn. 5.
5 BT-Drucks. 8/2788, S. 36, 43.
6 LG Münster NJW 1998, 726; LG Passau NJW 1988, 144, 145; Staudinger/Coester § 1618a, Rn. 10 m.w.N.; Palandt/Diederichsen § 1618a Rn. 2.
7 BGHZ 38, 302.

6   Zu den im Eltern-Kind-Verhältnis bestehenden Verpflichtungen rechnet auch diejenige der nicht verheirateten Mutter, **dem Kind den Namen seines leiblichen Vaters zu benennen.**[8] Weiter schulden Eltern und Kinder einander die **Pflege persönlichen oder zumindest telefonischen Kontakts** zueinander.[9] Unter Umständen kann es Folge der Beistandspflicht sein, dass die Eltern dem Kind **Kontakt** zu anderen als den in § 1655 genannten Personen ermöglichen.[10] Im Übrigen ist die Pflicht zum Kontakt miteinander für minderjährige Kinder im **Umgangsrecht** (§ 1684) kodifiziert. Kinder haben ihren **Geschwistern** Zugang zu der gemeinsamen gebrechlichen Mutter zu ermöglichen.[11] Auch das im Haushalt lebende volljährige und voll erwerbstätige Kind kann im Einzelfall **notwendige Hilfsdienste** im Haushalt schulden.[12] Auf diese Weise kann eine Hilfeleistung trotz erheblichen Zeitaufwandes – im konkreten Fall zwischen 250 und 395 Stunden Arbeiten an einem Bauvorhaben von so enger familiärer Beziehung geprägt sein, dass die Tätigkeit nicht mit der eines Arbeitnehmers vergleichbar ist, weshalb kein Versicherungsschutz als sogenannter »Wie Beschäftigter« besteht.[13]

7   Im **Strafrecht** besteht zwischen Eltern und Kindern zwar eine wechselseitige **Garantenpflicht** im Sinne des § 13 StGB, doch wird diese im Allgemeinen nicht aus § 1618a, sondern pauschal aus familienrechtlichen Fürsorgepflichten abgeleitet.[14]

8   Die Norm begründet auch **Beistandspflichten der Geschwister untereinander.** So sind beispielsweise ältere Geschwister gegebenenfalls verpflichtet, den jüngeren Nachhilfeunterricht zu erteilen.[15]

II. Pflicht zur Rücksichtnahme

9   Die Pflicht zur Rücksichtnahme bezieht sich nicht auf positives Tun, sondern beinhaltet das **Zurückstellen eigener Wünsche und Belange** hinter diejenigen der Familie oder einzelner Familienmitglieder.[16] Wie auch die Beistandspflichten ist sie in ihrem **Umfang** vom **Alter**, der **Gesundheit** und den **übrigen Verhältnissen** der Beteiligten abhängig.

10 Im Einzelnen verletzen Eltern ihre familienrechtliche Pflicht zur Rücksichtnahme, wenn sie ihre finanziell noch unselbständigen Kinder auch ohne Ausübung besonderen Drucks veranlassen, eine ihre **Leistungsfähigkeit übersteigende Bürgschaft** zu übernehmen. Dieser Verstoß kann im konkreten Fall zur Annahme der **Sittenwidrigkeit** und damit Nichtigkeit gem. § 138 führen.[17] Wenn ein Elternteil sein zwar volljähriges aber wirtschaftlich noch abhängiges Kind nach der Selbsttötung des anderen Elternteils unter Ausnutzung seiner elterlichen Autorität und Vorspiegelung elterlicher Fürsorge dazu veranlasst, seinen Erbteil gegen eine völlig unzureichende Gegenleistung auf ihn, den überlebenden Ehegatten, zu übertragen, so liegt darin ein Verstoß gegen die aus § 1618a folgende Pflicht zur Rücksichtnahme, die **Schadensersatzansprüche wegen Störung der Geschäftsgrundlage** (§ 313) auslösen können.[18]

11 Aus der Pflicht zur Rücksichtnahme folgt weiter, dass die eigene **Freiheitsentfaltung** und **Rechtsdurchsetzung** gegebenenfalls in Abhängigkeit von der Enge der persönlichen und sozialen Beziehungen zueinander zu beschränken ist. So ist im Falle der Erkrankung eines Familienmitgliedes

---

8 BVerfG NJW 1997, 1769.
9 KG FamRZ 1988, 1044.
10 OLG Bamberg FamRZ 1999, 810.
11 AG Arnsberg FamRZ 1996, 1435.
12 BGH FamRZ 1998, 307, 309.
13 BayLandesVersG, KV-Recht 2007, 605.
14 Schönke/Schröder/Stree § 13 StGB, Rn. 18; Tröndle/Fischer § 13 StGB Rn. 6.
15 Palandt/Diederichsen § 1618a, Rn. 3.
16 BGH FamRZ 1994, 167; FamRZ 1997, 153.
17 BGH FamRZ 1994, 167; FamRZ 1997, 153.
18 OLG Düsseldorf FamRZ 2000, 1594 (LS).

der **Radio- oder Fernsehkonsum** einzuschränken oder auf eine **selbständige Urlaubsreise** zu Gunsten derjenigen der Familie zu verzichten.[19] In internen und persönlichen Angelegenheiten ist **Diskretion** und auch **Zurückhaltung bei Strafanzeigen** zu wahren.[20] Zurückhaltung ist auch bei der **Durchsetzung von Rechten gegen Familienmitglieder** zu wahren. Unter Umständen folgt aus der Pflicht zur Rücksichtnahme gar das Gebot zum (vorübergehenden) Verzicht auf Rechtspositionen. Für die **Vollstreckung umgangsrechtlicher Entscheidungen** ist dies in § 33a FGG kodifiziert. Verzicht kann auch bei der **Geltendmachung von Schmerzensgeldansprüchen** geboten sein, soweit das Gebot zur Rücksichtnahme nicht schon die Frage der Billigkeit im Rahmen des § 847 berührt.[21] Sind Eltern und Kinder in einer **Wohnungseigentümergemeinschaft** miteinander verbunden, so kann aus § 1618a eine gegenüber den sonstigen Miteigentümern gesteigerte Pflicht zur Rücksichtnahme gefolgert werden.[22]

Im **Unterhaltsrecht** ist die Pflicht zur Rücksichtnahme in den §§ 1611[23] und 1612 Abs. 2 wiederum kodifiziert.   **12**

§ 1619   Dienstleistungen in Haus und Geschäft

Das Kind ist, solange es dem elterlichen Hausstand angehört und von den Eltern erzogen oder unterhalten wird, verpflichtet, in einer seinen Kräften und seiner Lebensstellung entsprechenden Weise den Eltern in ihrem Hauswesen und Geschäft Dienste zu leisten.

A. Allgemeines

Die Vorschrift normiert eine Dienstleistungspflicht eines Hauskindes unter bestimmten Umständen gegenüber den Eltern, nicht jedoch auch gegenüber den Großeltern.[1] Familienrechtlich, d.h. für die unmittelbaren Leistungsbeziehungen zwischen Eltern und Kind, ist die Vorschrift eher von untergeordneter praktischer Bedeutung. § 1600a gibt insoweit hinreichende Konkretisierungen. Die wesentliche Bedeutung liegt im Schadensersatzrecht, wenn das Kind von einem Dritten getötet oder verletzt worden ist, § 845.[2] Die Dienste des Kindes sind dann materialisiert und Schadensersatzposten. Bei Tötung oder Verletzung eines Elternteils können nach § 1619 geschuldete Dienste den Ersatzanspruch der übrigen Familienmitglieder mindern.[3] Darüber hinaus greift bei Dienstleistungen in beachtlichem Umfang § 2057a ein.   **1**

19 Palandt/Diederichsen § 1618a Rn. 4.
20 Staudinger/Coester § 1618a Rn. 63.
21 BGH NJW 1973, 1654; OLG Karlsruhe VersR 1977, 232.
22 BayObLG NJW-RR 1993, 336.
23 vgl. dazu BGH NJW 2004, 3109; 2010, 3714.
 1 Bamberger/Roth/Enders § 1619 Rn. 2.
 2 BGH FamRZ 1966, 347.
 3 Staudinger/Coester § 1619 Rn. 7 und 58.

B. Tatbestandsvoraussetzungen

2 1. Dienstleistungspflichtig sind grds. gemeinschaftliche minderjährige und volljährige Kinder, auch Stiefkinder[4] und Adoptivkinder, wobei unerheblich ist, ob sie verheiratet sind oder nicht.[5]

3 Das Kind muss sich im Haushalt eines Elternteils aufhalten, d.h. dort den Mittelpunkt seiner Lebensbezüge haben.[6] Sofern das Kind nicht ausdrücklich selbständig werden wollte,[7] ändert eine eigene Wohnung daran nicht zwingend etwas.[8] Auch bei einem Auswärtsstudium kann von einer Selbständigkeit nicht ohne weiteres ausgegangen werden, ebenso wenig beim Zivil- oder Wehrdienst.[9]

4 Das Kind muss von den Eltern erzogen oder unterhalten werden. Sofern den Eltern das Personensorgerecht zusteht, fallen minderjährige Kinder zweifelsohne unter die Vorschrift, volljährige nur, wenn die Eltern den Kindesunterhalt im Wesentlichen sicherstellen.[10] Maßgeblich dafür sind die tatsächlichen Verhältnisse, eine bloße Unterhaltsverpflichtung ist ohne Bedeutung. Deshalb kann § 1619 selbst dann greifen, wenn ein Kind faktisch – z.B. durch **Mithilfe im landwirtschaftlichen Betrieb** der Eltern – Haupternährer der Familie ist und die Dienstleistung von allen Beteiligten erwartet wird.[11] Einzelfallbezogen ist zu prüfen, ob ein **Arbeitsvertrag** abgeschlossen worden ist.[12] Eine Vermutung, dass Dienstleistungen auf der Grundlage des § 1619 BGB erbracht werden, gibt es nicht mehr.[13] Für einen Arbeitsvertrag spricht die Vereinbarung und Bezahlung eines periodischen Entgelts.[14] Ohne Bedeutung sind die Anmeldung zur Sozialversicherung sowie die Geltendmachung der Aufwendungen als Betriebsausgaben.[15]

5 Eine Dienstleistungspflicht entfällt, wenn das Kind seine Arbeitskraft in vollem Umfang außerhalb des Hauses für eine entgeltliche Erwerbstätigkeit einsetzt.[16]

6 Der Umfang der Dienstleistungspflicht bestimmt sich nach dem Alter, der Gesundheit, den körperlichen und geistigen Tätigkeiten des Kindes sowie nach seiner Lebensstellung. Eine erhebliche Mithilfeverpflichtung besteht bei der Berufsausübung beider Eltern.[17] Die Dienstleistungspflicht besteht auch im Rahmen einer selbständigen Tätigkeit der Eltern.[18]

7 Die Verpflichtung besteht nur, soweit sie für die Eltern selbst notwendig ist. Im Rahmen der Abwägung ist bei minderjährigen Kindern das Kindeswohl zu beachten sowie das Recht des Kindes, eigene berufliche Entscheidungen zu verfolgen. Schulbesuch, Ausbildung oder Studium des Kindes haben Vorrang. Die Eltern sind verpflichtet, dem volljährigen Kind eine angemessene Ausbildung zu finanzieren, § 1610 Abs. 2. Bei Missbrauch gilt § 1666.[19]

---

4 OLG Nürnberg FamRZ 1960, 119.
5 BGHZ 69, 315.
6 MüKo/von Sachsen-Gessaphe § 1619 Rn. 5; Bamberger/Roth/Enders § 1619 Rn. 3.
7 Vgl. dazu OLG Nürnberg VersR 1992, 188.
8 OLG Stuttgart VersR 1990, 902.
9 OLG Saarbrücken VersR 1981, 542; vgl. auch OLG Celle NJW-RR 1990, 1478.
10 OLG München OLGR 1994, 122; OLG Nürnberg VersR 1992, 188, 189; OLG Stuttgart VersR 1990, 902, 903.
11 BGH NJW 1991, 1226.
12 BFH NJW 1994, 3374.
13 BGH NJW 1998, 307.
14 BSG NDV 1987, 422, 424.
15 Bamberger/Roth/Enders § 1619 Rn. 8.1.
16 BGHZ 137, 1 = NJW 1998, 307; krit.: Gernhuber JZ 1998, 365; Bamberger/Roth/Enders § 1619 Rn. 4: die Vorschrift setzt kein Abhängigkeitsverhältnis voraus, während der Freizeit ist eine ökonomische Einbindung in die Familie nicht ausgeschlossen.
17 BGH NJW 1972, 1718.
18 BGHZ 137, 1 = NJW 1998, 101.
19 Palandt/Diederichsen § 1619 Rn. 2.

C. Rechtsfolgen

Die Dienstleistungen erfolgen grds. unentgeltlich, da sich Hilfe und Unterhalt i.d.R. ausglei- **8** chen.[20] Ein Ausgleich im Verhältnis zu anderen Kindern kann dann im Rahmen der gesetzlichen Erbfolge stattfinden, § 2057a. Nicht erforderlich ist eine Gleichwertigkeit von Hilfeleistung und Unterhalt, ein Bereicherungsanspruch nach § 812 ist ausgeschlossen.[21]

Die Vorschrift lässt vertragliche Vereinbarungen zwischen Eltern und Kind zu,[22] so z.B. ausdrück- **9** lich oder konkludent geschlossene Dienst-, Gesellschafts- oder Arbeitsverträge. Vertragliche Vereinbarungen sind auch bei nicht voll die Arbeitskraft des Kindes ausschöpfender Tätigkeit möglich,[23] dann aber entfallen im Fall einer Tötung des Kindes Ansprüche aus § 845.[24] Es besteht keine Vermutung für ein Arbeitsverhältnis. Maßgeblich ist allein der Wille der Beteiligten.[25]

D. Sonstiges

Den Eltern steht gegenüber volljährigen Kindern ein klagbarer Anspruch vor den ordentlichen **10** Gerichten zu, der aber wegen § 888 Abs. 3 ZPO nicht vollstreckbar ist.[26] Gegenüber minderjährigen Kindern kann der Anspruch nach § 1631 durchgesetzt werden. Bei nicht erbrachten Dienstleistungen sind die Eltern nicht zur Zurückhaltung des Unterhalts berechtigt.[27] Unterhaltsrechtliche Sanktionen sind nur über § 1611 möglich.

§ 1620 Aufwendungen des Kindes für den elterlichen Haushalt

Macht ein dem elterlichen Hausstand angehöriges volljähriges Kind zur Bestreitung der Kosten des Haushalts aus seinem Vermögen eine Aufwendung oder überlässt es den Eltern zu diesem Zwecke etwas aus seinem Vermögen, so ist im Zweifel anzunehmen, dass die Absicht fehlt, Ersatz zu verlangen.

Die Vorschrift enthält eine Auslegungsregel, wenn ein hausangehöriges volljähriges Kind zuguns- **1** ten des elterlichen Haushalts Mittel verbraucht oder den Eltern zur Verfügung stellt. Erstrebt wird eine Bereicherung der Eltern ohne Ausgleich, weil das Kind in seinen Leistungen häufig nur ein Äquivalent für die Vorteile sehen wird, die ihm durch die Eingliederung in den elterlichen Haushalt zufließen.[1] Damit soll Rechtsstreitigkeiten zwischen Eltern und Kind vorgebeugt werden. Aus der Vorschrift lässt sich keine allgemeine Vermutung für den Schenkungscharakter von Leistungen unter nahen Angehörigen ableiten.[2]

Voraussetzung ist die Volljährigkeit des Kindes sowie dessen Zugehörigkeit zum Haushalt der **2** Eltern. Insoweit geltend die Grundsätze wie bei § 1619. Das Vermögen eines minderjährigen Kindes wird i.d.R. von den Eltern verwaltet (§§ 1638 ff.). Nur im Rahmen des § 1649 Abs. 2 sowie zur Erfüllung von Unterhaltspflichten kann es herangezogen werden.

---

20 OLG Karlsruhe FamRZ 1988, 1050.
21 Palandt/Diederichsen § 1619 Rn. 4.
22 BFH NJW 2004, 3374.
23 BGH FamRZ 1973, 298.
24 BGHZ 69, 380.
25 BGH FamRZ 1991, 298.
26 Bamberger/Roth/Enders § 1619 Rn. 9.
27 Bamberger/Roth/Enders § 1619 Rn. 9; a.A. Staudinger/Coester § 1619 Rn. 42.
 1 Gernhuber/Coester-Waltjen § 55 Abs. 2 Satz 2.
 2 BGH NJW 1995, 1349; OLG Koblenz NJOZ 2005, 935, 938.

3   Die Zuwendung bzw. Aufwendung – auch durch Eingehung einer Verbindlichkeit (z.B. Bürg-schaft) gegenüber Dritten oder den Eltern (z.B. Verpflichtung zur Zahlung eines Kostgeldes) – muss aus dem Vermögen des Kindes stammen. Dazu zählen der Vermögensstamm, Erträgnisse aus dem Vermögen sowie laufende Einkünfte aus dem Erwerbseinkommen,[3] nicht jedoch Aufwen-dungen zur Deckung von Schulden der Eltern, die mit diesen nichts zu tun haben.[4] Die Zuwen-dungen können freiwillig, aber auch auf der Grundlage vertraglicher Vereinbarungen erfolgt sein,[5] wobei die vertragliche Vereinbarung ohne Rechtsgrund erfolgt sein muss. Wird mit den Leistun-gen der Unterhalt der Eltern gedeckt, gilt als Sonderregelung § 1685 Abs. 2. Dienste mit Vermö-genswert werden von § 1619 erfasst.

4   Die Vorschrift findet keine Anwendung bei Unverhältnismäßigkeit der Aufwendungen,[6] oder wenn das Kind irrtümlich annimmt, zur Leistung verpflichtet zu sein.[7] Der Ausschluss der Rück-forderung kann sich auch auf Teilbereiche der Begünstigung beziehen, so z.B. bei einem Darlehen, bei dem zwar eine Rückzahlungspflicht besteht, der Anspruch auf Verzinsung aber entfällt.[8]

§ 1624   Ausstattung aus dem Elternvermögen

(1) **Was einem Kind mit Rücksicht auf seine Verheiratung oder auf die Erlangung einer selbst-ständigen Lebensstellung zur Begründung oder zur Erhaltung der Wirtschaft oder der Lebens-stellung von dem Vater oder der Mutter zugewendet wird (Ausstattung), gilt, auch wenn eine Verpflichtung nicht besteht, nur insoweit als Schenkung, als die Ausstattung das den Umstän-den, insbesondere den Vermögensverhältnissen des Vaters oder der Mutter, entsprechende Maß übersteigt.**

(2) **Die Verpflichtung des Ausstattenden zur Gewährleistung wegen eines Mangels im Recht oder wegen eines Fehlers der Sache bestimmt sich, auch soweit die Ausstattung nicht als Schen-kung gilt, nach den für die Gewährleistungspflicht des Schenkers geltenden Vorschriften.**

A. Allgemeines

1   Die Vorschrift stellt eine Privilegierung für bestimmte Zuwendungen der Eltern an ihre Kinder mit Rücksicht auf die Verheiratung oder Erlangung einer selbständigen Lebensstellung dar. Dritte Personen können weder als Ausstattungsempfänger noch als Ausstattungsgeber beteiligt sein.[1] Der Zweck der Ausstattung wird durch die Absicht des Leistenden bestimmt. Es ist unerheblich, ob die Leistung zur Erreichung des Zwecks objektiv erforderlich ist.[2] Ein gesetzlicher Anspruch auf Ausstattung besteht nicht und kann auch nicht aus § 1618a hergeleitet werden. Die praktische Bedeutung ist angesichts der Gewährung von Ausbildungsunterhalt nach § 1610 Abs. 2 eher gering.

---

3 Hoppenz/Burandt § 1620 Rn. 1; Staudinger/Coester § 1620 Rn. 3.
4 Palandt/Diederichsen § 1620 Rn. 1.
5 Bamberger/Roth/Enders § 1620 Rn. 3; MüKo/von Sachsen-Gessaphe § 1620 Rn. 3; a.A. Staudinger/Coes-ter § 1620 Rn. 1.
6 Palandt/Diederichsen § 1620 Rn. 1.
7 Gernhuber/Coester-Waltjen § 55 Abs. 2 Satz 2.
8 Staudinger/Coester § 1620 Rn. 7.
1 Zur Rechtsstellung des Schwiegerkindes als Drittempfänger vgl. Staudinger/Coester § 1624 Rn. 8.
2 OLG Düsseldorf NJW-RR 2004, 1082.

B. Begriff und Inhalt der Ausstattung

Gegenstand der Ausstattung kann jeder denkbare Vermögenswert sein, der vom Vermögen der **2** Eltern in das des Kindes fließt.[3] Dazu zählen die Mitgift oder Aussteuer,[4] die Einräumung von Mitbenutzungsrechten an einer Wohnung,[5] die Übernahme von Schulden,[6] der Verzicht auf Forderungen, die Gewährung eines (zinslosen oder verzinslichen) Darlehens oder die Eröffnung eines Bankkontos,[7] Zahlungen aus dem Kindergeld für eine Ausbildungsversicherung,[8] die Einrichtung eines Betriebes,[9] die Bestellung von Grundpfandrechten,[10] die Zuwendung einer Wohnungseinrichtung,[11] der Abschluss einer Lebensversicherung[12] sowie die Leistung von beweglichen oder unbeweglichen Sachen oder die Übertragung von Sachgesamtheiten (z.B. Bauernhof).[13] Als Ausstattung gilt die Zuwendung aber nur, wenn sie den Umständen nach angemessen ist. Maßgeblich für die Angemessenheit ist die Sichtweise des Gebers im Zeitpunkt des Versprechens bzw. der Hingabe, weiter dessen Vermögenssituation. Bei Unaufklärbarkeit des Zwecks einer größeren elterlichen Zuwendung liegt die Deutung einer Ausstattung nahe.[14]

Keine Ausstattung liegt in der unentgeltlichen Arbeitsleistung eines Elternteils für ein Kind, weil **3** diese nicht die Substanz des Elternvermögens verringern[15] sowie in Zuwendungen Dritter[16] und Zuwendungen an den Verlobten.[17]

C. Rechtsfolgen

Das Ausstattungsversprechen unterliegt nicht der Formvorschrift des § 518.[18] Die §§ 519, 528, **4** 530 ff. 814 finden keine Anwendung.[19] Das Mängelgewährleistungsrecht bestimmt sich nach §§ 523, 524. Eine Formbedürftigkeit besteht aber gem. § 311b sowie bei Leibrentenversprechen gem. § 761.

Güterrechtlich erhöht die einem Ehegatten gemachte Ausstattung dessen Anfangsvermögen **5** (§ 1374 Abs. 2), auf Seiten der die Ausstattung gewährenden Eltern greift ggf. § 1375 Abs. 2 Satz 1. Im Rahmen der Gütergemeinschaft sind auf Seiten des Leistungsempfängers die §§ 1418 Abs. 2 Satz 2 (Vorbehaltsgut), 1477 Abs. 2 S. 2, 1502 Abs. 2 Satz 2 (Auseinandersetzung) zu beachten, auf Seiten der ausstattenden Eltern die §§ 1444, 1466, 1499 Nr. 3.

Erbrechtlich kann die Ausstattung der Ausgleichung nach § 2050 Abs. 1 unterliegen,[20] bei der **6** Berechnung des Pflichtteils kann sie als Zuwendung nach §§ 2315, 2316 Berücksichtigung finden.[21]

---

3 BGH NJW 1987, 2816.
4 BGHZ 11, 206; 14, 205.
5 Bamberger/Roth/Enders § 1624 Rn. 3.
6 MüKo/von Sachsen Gessaphe § 1624 Rn. 4.
7 Staudinger/Coester § 1624 Rn. 9.
8 OLG Düsseldorf NJW-RR 2004, 1082.
9 PWW/Pieper § 1624 Rn. 2.
10 Gernhuber/Coester-Waltjen § 56 Abs. 1 Satz 5.
11 OLG Köln FamRZ 1986, 702.
12 OLG Koblenz, Beschl. v. 28.12.07 – 2 U 1557/06 – juris.
13 OLG Stuttgart NJW 2005, 62.
14 OLG Karlsruhe BeckRS 2011, 10421; MüKo/v. Sachsen Gessaphe § 1624 Rn. 5.
15 BGH NJW 1987, 2816.
16 RGZ 62, 275.
17 Palandt/Diederichsen § 1624 Rn. 1.
18 BGH DB 1967, 1258; OLG Düsseldorf OLGR 2004, 356.
19 PWW/Pieper § 1624 Rn. 3.
20 BGHZ 44, 91.
21 Staudinger/Coester § 1624 Rn. 6.

7   Steuerrechtlich gilt die Ausstattung nicht als außergewöhnliche Belastung i.S.d. § 33 EStG, selbst wenn die Eltern ihrem Kind noch keine Berufsausbildung gewährt haben.[22]

§ 1625   Ausstattung aus dem Kindesvermögen

[1]Gewährt der Vater einem Kind, dessen Vermögen kraft elterlicher Sorge, Vormundschaft oder Betreuung seiner Verwaltung unterliegt, eine Ausstattung, so ist im Zweifel anzunehmen, dass er sie aus diesem Vermögen gewährt. [2]Diese Vorschrift findet auf die Mutter entsprechende Anwendung.

1   Ruht die elterliche Sorge oder endet sie, kann eine dem Kind in Form der Ausstattung[1] gemachte Zuwendung bei der Herausgabe des Kindesvermögens gem. § 1698 darauf angerechnet werden, sofern eine Vermögensverwaltung durch einen Elternteil (§§ 1626 Abs. 2, 1638, 1793, 1896, 1915) erfolgt ist. Bleibt unklar, aus wessen Vermögen eine dem Kind früher gewährte Ausstattung herrührt, greift die Auslegungsregel mit der Folge, dass die Ausstattung vom Kindesvermögen abzuziehen ist.[2] Die Auslegungsregel mit dem Ziel der Entlastung der Eltern gilt nicht, wenn die Vermögensverwaltung nur auf einer Vereinbarung beruht.[3]

Titel 5   Elterliche Sorge

§ 1626   Elterliche Sorge, Grundsätze

(1) [1]Die Eltern haben die Pflicht und das Recht, für das minderjährige Kind zu sorgen (elterliche Sorge). [2]Die elterliche Sorge umfasst die Sorge für die Person des Kindes (Personensorge) und das Vermögen des Kindes (Vermögenssorge).

(2) [1]Bei der Pflege und Erziehung berücksichtigen die Eltern die wachsende Fähigkeit und das wachsende Bedürfnis des Kindes zu selbstständigem verantwortungsbewusstem Handeln. [2]Sie besprechen mit dem Kind, soweit es nach dessen Entwicklungsstand angezeigt ist, Fragen der elterlichen Sorge und streben Einvernehmen an.

(3) [1]Zum Wohl des Kindes gehört in der Regel der Umgang mit beiden Elternteilen. [2]Gleiches gilt für den Umgang mit anderen Personen, zu denen das Kind Bindungen besitzt, wenn ihre Aufrechterhaltung für seine Entwicklung förderlich ist.

---

22 BFH BB 1987, 2081.
1 Begriff wie in § 1624.
2 PWW/Pieper § 1625 Rn. 1.
3 Bamberger/Roth/Enders § 1625 Rn. 1.

A. Allgemeines

Abs. 1 Satz 1 enthält die Legaldefinition der elterlichen Sorge.   1

I. Verfassungsrechtliche Verankerung

Das Recht und die Pflicht zur elterlichen Sorge sind in **Art. 6 Abs. 2 Satz 1 GG** verfassungsrecht-   2
lich verankert. Demnach sind Pflege und Erziehung der Kinder das natürliche Recht der Eltern.
Dieses Individualgrundrecht, das jedem Elternteil einzeln zusteht, garantiert den Vorrang der
Eltern, ihre Eigenständigkeit und Selbstverantwortlichkeit bei der Pflege und Erziehung der Kinder gegenüber staatlichen Eingriffen.[1] Zugleich normiert Art. 6 Abs. 2 Satz 1 GG die Pflicht der
Eltern zur Pflege und Erziehung der Kinder als wesensbestimmender Bestandteil des Elternrechts,
das deshalb treffender als **Elternverantwortung** bezeichnet werden kann.[2] Diese Pflichtenbindung
ist mehr als eine bloße Schranke und unterscheidet das Elternrecht von allen anderen Grundrechten.[3] Wegen des besonderen Gewichts des Elternrechts aus Art. 6 Abs. 2 GG ist die Kontrollbefug-
nis des BVerfG umfassend und erstreckt sich auch auf einzelne Auslegungsfehler der Instanzgerichte.[4]

Dem Elternrecht steht das **staatliche Wächteramt** gegenüber, das in **Art. 6 Abs. 2 Satz 2 GG** sei-   3
nen Ausdruck gefunden hat. Bei Versagen der Eltern ist der Staat nicht nur berechtigt, sondern
auch verpflichtet die Pflege und Erziehung des Kindes sicherzustellen.[5] Diese staatliche Verpflichtung ist Ausfluss der Grundrechte des Kindes auf Wahrung seiner Menschenwürde (Art. 1 Abs. 1
GG) und freie Entfaltung seiner Persönlichkeit (Art. 2 Abs. 1 GG).[6] Dabei bestimmt das Wohl des
Kindes und der Grundsatz der Verhältnismäßigkeit Art und Ausmaß der staatlichen Maßnahmen.
Für den Fall der Trennung des Kindes von seinen Eltern ist dies in Art. 6 Abs. 3 GG besonders
geregelt, der wiederum in § 1666a seinen Niederschlag gefunden hat.

Grundrechtsträger des durch Art. 6 Abs. 2 Satz 1 GG geschützten Elternrechts sind die leiblichen   4
Eltern des Kindes und im Falle der Adoption die Adoptiveltern. Durch Entscheidung vom
07.03.1995 hat das BVerfG klargestellt, dass auch die Väter nichtehelicher Kinder unabhängig
davon, ob sie mit der Mutter des Kindes zusammenleben oder mit dieser gemeinsam Erziehungsaufgaben wahrnehmen, Träger des Elternrechts aus Art. 6 Abs. 2 Satz 1 GG sind.[7] Doch ist der
Gesetzgeber befugt, bei der Ausgestaltung der konkreten Rechte beider Elternteile die unterschiedlichen tatsächlichen Verhältnisse zu berücksichtigen.[8] Mit Entscheidung vom 09.04.2003 hat sich
das BVerfG[9] mit der Rechtsstellung des zwar leiblichen aber nicht rechtlichen Vaters, dem sogenannten **biologischen Vater** befasst. Demnach ist zwar Träger des Elternrechts nach Art. 6 Abs. 2

---

1 BVerfGE 24, 119, 138 = FamRZ 1968, 578; FamRZ 2009, 1897; 2010, 713.
2 BVerfGE 24, 119, 143 = FamRZ 1968, 578; BVerfGE 56, 363, 381 = FamRZ 1981, 429.
3 BVerfGE 24, 119, 143 = FamRZ 1968, 578; BVerfGE 56, 363, 381 = FamRZ 1981, 429.
4 Vgl. Zuck FamRZ 2010, 1946, zur Kammerrechtsprechung des BVerfG zum Sorge- und Umgangsrecht.
5 BVerfGE 24, 119, 144 = FamRZ 1968, 578.
6 BVerfGE 24, 119, 144 = FamRZ 1968, 578.
7 BVerfGE 92, 158 = FamRZ 1995, 789.
8 BVerfGE 92, 158 = FamRZ 1995, 789; vgl. auch BVerfG FamRZ 2003, 285 zur Verfassungsmäßigkeit des
  § 1626a Abs. 2 und Rn. 1 dort.
9 FamRZ 2003, 816.

Satz 1 GG nur der (eine) rechtliche Vater,[10] doch schützt Art. 6 Abs. 2 Satz 1 GG auch den biolo-gischen Vater in seinem Interesse, die rechtliche Stellung als Vater einzunehmen, weshalb § 1600 a.F. insoweit verfassungswidrig war. Ferner hat das BVerfG ausgeführt: »Auch der biologische Vater bildet mit seinem Kind eine von Art. 6 Abs. 1 GG geschützte Familie, wenn zwischen ihm und dem Kind eine sozial-familiäre Beziehung besteht. Dies setzt allerdings voraus, dass der leibli-che Vater zumindest eine Zeit lang tatsächlich Verantwortung für sein Kind getragen hat.[11] Der Grundrechtsschutz umfasst auch das Interesse am Erhalt dieser Beziehung. Es verstößt gegen Art. 6 Abs. 1 GG, den so mit seinem Kind verbundenen biologischen Vater auch dann vom Umgang mit dem Kind auszuschließen, wenn dieser dem Wohl des Kindes dient.« Daher hat das BVerfG auch § 1685 a.F. für verfassungswidrig erklärt, soweit dieser dem biologischen Vater keine Umgangsmöglichkeit eingeräumt hatte. Dementsprechend hat der Gesetzgeber die §§ 1600, 1685 abgeändert; die Neufassung ist am 30.04.2004 in Kraft getreten.[12]

II. Deliktsrechtlicher Schutz

5   Das elterliche Sorgerecht ist ein **absolutes Recht** im Sinne des § 823 Abs. 1.[13] Daher macht sich schadensersatzpflichtig, wer dieses Recht schuldhaft verletzt.[14] Im Falle einer Kindesentführung können Reisekosten des betroffenen Elternteils und einer Begleitperson,[15] aber auch Detektivkos-ten ersatzfähig sein.[16] In Verbindung mit § 1004 ist der Sorgerechtsinhaber auch vor Eingriffen Dritter geschützt.

III. Deliktsrechtliche Ansprüche Dritter

6   Die Eltern sind andererseits verpflichtet ihr Kind zu beaufsichtigen. Die **Verletzung der Aufsichts-pflicht** löst regelmäßig Schadensersatzansprüche des geschädigten Dritten gem. § 832 Abs. 1 Satz 1 aus. Dabei sind die Eltern gem. § 832 Abs. 1 Satz 2 dafür beweispflichtig, dass sie ihrer Auf-sichtspflicht nachgekommen sind. Welche Anforderungen an die elterliche Aufsichtspflicht zu stellen ist nicht immer leicht zu beantworten und kann nur im Einzelfall entschieden werden. Grundsätzlich gilt, dass sich die gebotene Aufsicht nach Alter, Eigenart und Charakter des Kindes, nach der Vorhersehbarkeit des schädigenden Verhaltens sowie danach bemisst, was dem Aufsichts-pflichtigen in seinen jeweiligen Verhältnissen zugemutet werden kann, wobei Aufsicht und Über-wachung um so intensiver sein müssen, je geringer der Erziehungserfolg ist.[17] Deshalb sind an die Aufsichtspflicht über ein geistig retardiertes, verhaltensgestörtes und aggressives Kind höhere Anforderungen zu stellen.[18] Ebenso bei einem Kind, das zum Zündeln neigt.[19] Die Aufsichts-pflicht ist aber auch bei einem normal entwickelten Kind erhöht, wenn es Gegenstände benutzt, die die Gefahr eines Schadens erhöhen, so zum Beispiel ein Fahrrad, vor allem aber Spielzeugwaf-fen[20] und Zündmittel. Dabei haben die Eltern das Kind altersentsprechend über die Gefahren zu belehren und den möglichen Umgang mit diesen Gegenständen zu überwachen, ggf. zu unterbin-

---

10   BVerfG FamRZ 1968, 578; 2008, 960; vgl. auch BVerfG NJW 2009, 425 = FamRZ 2009, 189 (L).

11   BVerfG FamRZ 2004, 1705.

12   BGBl I 2004, 598.

13   BGHZ 111, 168, 172 = FamRZ 1990, 966, 967.

14   LG Aachen FamRZ 1986, 713.

15   OLG Koblenz FamRZ 1995, 36, 37: Reisekosten der Mutter und einer männlichen Begleitperson bei Reise nach Südamerika.

16   BGHZ 111, 168, 174 = FamRZ 1990, 966, 968, dort auch umfassend zum Umfang der Schadensersatz-pflicht.

17   BGH FamRZ 1996, 600, 601; OLG München FamRZ 1990, 159; OLG Nürnberg FamRZ 1992, 549.

18   BGH FamRZ 1996, 29, 30.

19   BGH FamRZ 1996, 600, 601.

20   OLG Düsseldorf NJW-RR 1998, 98.

den. Hierauf hat der BGH im Zusammenhang mit der Gefährlichkeit von Feuer und Zündmittel wiederholt hingewiesen.[21]

Andererseits dürfen die Anforderungen an die Erfüllung der Aufsichtspflicht nicht überspannt   7 werden. Eine ständige Überwachung auf »Schritt und Tritt« ist weder bei Kindern im Kindergartenalter[22] noch bei milieugeschädigten Kindern[23] erforderlich. Entscheidend ist vielmehr, was ein verständiger Aufsichtspflichtiger nach vernünftigen Anforderungen im konkreten Einzelfall unternehmen muss, um die Schädigung durch das Kind zu verhindern.[24] Deshalb stellt es keine Verletzung der Aufsichtspflicht dar, wenn die Eltern ihren 17-jährigen Sohn, der in der Vergangenheit keinen Anlass zu der Befürchtung gegeben hat, dass er gegenüber Dritten in massiver Weise gewalttätig werden würde, während eines Urlaubs in der Familienwohnung zurücklassen, damit er von dort aus zur Arbeit geht und die Berufsschule besuchen kann.[25] Das OLG Hamm hat in zwei Entscheidungen, die sich mit Fahrrad fahrenden Kindern befassten, betont, dass für die Frage, ob und inwieweit eine Aufsichtspflichtverletzung der Eltern gegeben ist, auf die konkret festzustellenden, individuellen Eigenschaften und Fähigkeiten des Kindes in Verbindung mit den objektiven Umständen und nicht auf eine bestimmte Altersgrenze, abzustellen ist.[26]

Die Aufsichtspflicht ist Teil der Personensorge und kann – wie die elterliche Sorge überhaupt – an   8 Dritte zur Ausübung übertragen werden. Regelmäßig geschieht dies gegenüber Erzieherinnen und Lehrern, aber auch in der Einladung zu einem Kindergeburtstag kann ein Angebot zur Übernahme der Aufsicht liegen.[27] Im Rahmen der übernommenen Aufsicht haftet der Übernehmer dann gem. § 832 Abs. 2 grds. wie die Eltern.

IV. Rechtsnatur

Die elterliche Sorge ist als höchstpersönliches Recht **unvererblich** und nur zur Ausübung,[28] aber   9 **nicht an sich übertragbar.** Wegen der bestehenden Pflichtenbindung ist die elterliche Sorge grds. auch **unverzichtbar.**[29]

V. Beginn und Ende

Das Sorgerecht **beginnt** mit der Geburt des Kindes und **endet** regelmäßig mit dessen Volljährig- 10 keit. Vorher endet die elterliche Sorge – außer durch Tod des Kindes oder eines Elternteils[30] – nur auf Grund eines staatlichen Eingriffs: Sorgerechtsentzug gem. § 1666, Sorgerechtsübertragung gem. §§ 1671, 1672 oder Adoption gem. § 1755.

VI. Internationales Privatrecht[31]

Bei Fällen mit **Auslandsberührung** ist Art. 21 EGBGB zu beachten, der jedoch durch das 11 HKiEntÜ, das MSA und vor allem das am 01.01.2011 in Deutschland in Kraft getretene KSÜ in

---

21 Vgl. nur BGH FamRZ 1996, 29; 1996, 600; 1997, 799, 800.
22 OLG Düsseldorf FamRZ 1996, 803.
23 BGH FamRZ 1997, 799, 800.
24 OLG München FamRZ 1990, 159; OLG Hamm, OLGZ 1992, 95.
25 OLG Hamm OLGZ 1992, 95 ff., das mit diesen Gründen eine Haftung der Eltern für einen versuchten Raubmord ihres 17-jährigen Sohnes abgelehnt hat.
26 OLG Hamm NZV 2001, 42 und MDR 2000, 1373 = NJW-RR 2002, 236.
27 OLG Celle FamRZ 1988, 58.
28 Palandt/Diederichsen § 1626 Rn. 2; eingehend zur Sorgerechtsvollmacht Hoffmann FamRZ 2011, 1544.
29 Ausnahme aber beispielsweise § 1672.
30 Vgl. §§ 1680, 1681.
31 S. dazu die ausführliche Kommentierung zu Art. 21 EGBGB einschließlich Anh.

deren Anwendungsbereich verdrängt wird. Ausgenommen die Entführungsfälle, gilt für alle in Deutschland lebenden ausländischen Kinder[32] daher folgendes:

Bestehen und Umfang der elterlichen Sorge bestimmen sich gem. Art. 21 EGBGB nach deutschem materiellem Recht, insb. also nach §§ 1626, 1629.[33]

Sobald aber Schutzmaßnahmen für das Kind zu treffen sind, und das sind fast alle gerichtlichen Maßnahmen, insb. Sorgerechts- und Umgangsentscheidungen, wird Art. 21 EGBGB durch das MSA und seit 01.01.2011 weitgehend durch das KSÜ verdrängt.

VII. Europarecht

12 Der Rechtsprechung des EGMR kommt grds. Bindungswirkung für die Entscheidung der nationalen Gerichte zu.[34] Das betrifft vor allem auch die Beachtung und Auslegung des Art. 8 EMRK. Diese Vorschrift schützt das Recht von Eltern und Kindern auf Achtung ihres Familienlebens und stellt hohe Anforderungen an staatliche Eingriffe, die das Umgangsrecht der Eltern einschränken oder die Trennung von Eltern und Kinder bewirken (vgl. § 1666 Rdn. 4). So hat der EGMR in der Vergangenheit in mehreren Verfahren Entscheidungen deutscher Gerichte beanstandet und einen Verstoß gegen Art. 8 EMRK festgestellt.[35]

B. Abs. 1 Satz 2: Inhalt der elterlichen Sorge

13 Die elterliche Sorge umfasst sowohl die **Personen- als auch die Vermögenssorge,** wobei diese Teilbereiche im Einzelfall nicht immer scharf voneinander abzugrenzen sind.[36] Daneben kann die elterliche Sorge noch in viele weitere Teilbereiche zerlegt werden. Dies wird wegen des Grundsatzes der Verhältnismäßigkeit bei der Auswahl von Maßnahmen gem. § 1666 aber auch bei der Übertragung von Teilbereichen der elterlichen Sorge gem. § 1671 praktisch relevant.

14 Daneben lässt sich für die elterliche Sorge noch eine andere Unterscheidung treffen, die alle Teilbereiche betrifft: die **tatsächliche Sorge** einerseits und die **Vertretung des Kindes** andererseits, vgl. §§ 1629 Abs. 1, 1633.

I. Personensorge

15 Die **Personensorge** umfasst insb. folgende Bereiche:

- Aufenthaltsbestimmung (insb. Wohnung, Internat, Kurklinik), vgl. § 1631 Abs. 1
- Aufsicht, vgl. § 1631 Abs. 1 und § 832 Abs. 1 (s.o. Rdn. 6 ff.)
- Ausbildung (insb. Schulwahl und schulische Angelegenheiten), aber auch das Erlernen außerschulischer Fertigkeiten), vgl. auch § 1631 a
- Berufsangelegenheiten (insb. Berufswahl), vgl. auch § 1631 a
- Erziehung i.e.S. (einschließlich religiöser Erziehung[37]), vgl. § 1631 Abs. 1

---

32 Ausnahme: Kind und beide Eltern sind iranische Staatsangehörige: es gilt das Deutsch-iranische Niederlassungsabkommen vom 17.02.1929.
33 Art. 21 EGBGB Rdn. 4; Palandt/Thorn Anh. zu Art. 24 EGBGB Rn. 20, 21; Art. 21 EGBGB Rn. 5.
34 BVerfG FamRZ 2004, 1857; 1233 = FuR 2005, 373; Löhnig/Preisner, FamRZ 2012, 489, zur Reichweite des Einflusses der Rspr. des EGMR auf das deutsche Kindschaftsrecht.
35 Vgl. EGMR FamRZ 2002, 1393; 2004, 1456; 2005, 585; EGMR, Urteil vom 03.12.2009, Az. 22028/04, BeckRS 2009, 89338.
36 Nach OVG Münster v. 08.09.2000, Az 22 E 524/99, soll die erstmalige Beantragung von Sozialhilfe eine *persönliche Angelegenheit* des Betreuten, die Einlegung von Rechtsmitteln gegen einen Sozialhilfebescheid aber eine *vermögensrechtliche Angelegenheit* sein.
37 Vgl. Gesetz über die religiöse Kindererziehung.

- Gesundheitsfürsorge (insb. Veranlassung ärztlicher Maßnahmen einschließlich Impfungen, geschlossene Unterbringung,[38] Zuführung zur Drogentherapie, aber auch Beendigung lebenserhaltender Maßnahmen[39])
- Namensgebung und -änderung
- Pflege, vgl. § 1631 Abs. 1
- Umgangsbestimmung mit Eltern oder Dritten
- Vaterschaftsanfechtung.

Dabei berechtigt und verpflichtet die Personensorge die Eltern (oder die sonstigen Sorgeberechtigten) in Wahrnehmung der tatsächlichen Sorge zu Handlungen in eigenem Namen für das Kind, aber **auch zur Vertretung des Kindes in diesen Angelegenheiten.** Deshalb erscheint es zweckmäßig bei der Übertragung von Teilbereichen der elterlichen Sorge auf einen Pfleger klarstellend die Vertretung des Kindes in den Tenor mit aufzunehmen: 16

Beschluss:

Die Aufenthaltsbestimmung und die Gesundheitsfürsorge für das Kind … einschließlich der Vertretung des Kindes in diesen Bereichen wird dem … übertragen.

Sonderfälle: 17

- **Schwangerschaftsabbruch:**[40] Es gibt zwei Problemkreise: Kann die Einwilligung der schwangeren Minderjährigen allein ausreichen und wann ist dies der Fall?[41] Hier streiten elterliche Sorge und Selbstbestimmungsrecht der Minderjährigen gegeneinander. Ferner ist problematisch, ob die Versagung oder Erteilung der Einwilligung durch die Eltern einen Missbrauch des Sorgerechts darstellt. In der Regel liegt keine Kindeswohlgefährdung und auch weder ein Missbrauch des Sorgerechts noch ein unverschuldetes Elternversagen vor, wenn die Zustimmung zu einem Schwangerschaftsabbruch verweigert wird. Denn die staatliche Rechtsordnung verlangt grds. von der Schwangeren ihr Kind auszutragen.[42]
- **Organspende:** Eine Einwilligung vor dem Tod des Kindes ist unzulässig, da gem. § 7 Abs. 1 Nr. 1 Transplantationsgesetz der Lebend-Organspender volljährig sein muss.[43] Nach dem Tod soll die Entscheidung hierüber ggf. den nächsten Angehörigen zustehen und nicht unbedingt den Personensorgeberechtigten.[44]
- **Bestattungsart und Ort** sowie Gestaltung der Grabstätte: Die Auffassung, dies werde noch von der Personensorge umfasst,[45] ist jedenfalls im Ergebnis regelmäßig gerechtfertigt. Denn die Totenfürsorge steht nach Gewohnheitsrecht den nächsten Angehörigen zu, das ist bei einem Kind aber regelmäßig der Inhaber des Personensorgerechts.[46]

Die Personensorge umfasst zwar die Pflicht zur Aufsicht über minderjährige Kinder, doch bedeutet dies **nicht,** dass die Eltern rechtlich in der Lage sind auf ihre Kinder in absoluter Form, gleichsam wie auf eine Sache, einzuwirken. Deshalb ist eine Klage gegen Eltern auf Verhinderung eines bestimmten Tuns ihrer Kinder unschlüssig.[47] Ein Ordnungsmittelbeschluss gegen eine Mutter   18

---

38 Nur mit familiengerichtlicher Genehmigung gem. § 1631b.
39 OLG Brandenburg FamRZ 2000, 2361.
40 Eingehend Scherer FamRZ 1997, 589 mit krit. Anm. Siedhoff FamRZ 1998, 8.
41 So AG Schlüchtern FamRZ 1998, 968 für 16-jährige Schwangere entgegen OLG Hamm NJW 1998, 3424; AG Celle FamRZ 1987, 738; LG Köln FamRZ 1987, 207.
42 OLG Naumburg FamRZ 2004, 1806.
43 Vgl. auch Walter FamRZ 1998, 201, 203.
44 AG Berlin-Schöneberg FamRZ 1979, 633.
45 So AG Biedenkopf FamRZ 99, 736 und Palandt/Diederichsen § 1626 Rn. 15.
46 Vgl. OLG Paderborn FamRZ 1981, 700.
47 OLG Düsseldorf NJW 1986, 2512.

wegen Nichterscheinens ihres ordnungsgemäß zu ihren Händen geladenen minderjährigen Kindes ist mangels gesetzlicher Grundlage unzulässig.[48]

19 Das Innehaben der Personensorge ist Voraussetzung für einen Anspruch auf **Erziehungsgeld** gem. § 1 Abs. 1 Nr. 2 BErzGG. Dem Sorgerecht steht weder die tatsächlich dauerhaft ausgeübte Sorge noch die dem Pflegeberechtigten nach § 38 SGB XVIII übertragene Ausübung der Personsorge gleich.[49]

II. Vermögenssorge

20 Die Vermögenssorge umfasst das Recht und die Pflicht der Eltern das vorhandene Vermögen des Kindes **wirtschaftlich sinnvoll** in dessen Interesse zu verwalten, in erster Linie also zu erhalten und zu mehren. Deshalb sind Schulden möglichst zu vermeiden, Geld nach den Grundsätzen einer wirtschaftlichen Vermögensverwaltung anzulegen (vgl. § 1642) und Ansprüche gegen Dritte geltend zu machen.

21 Neben der tatsächlichen Sorge steht auch hier die **Vertretung des Kindes** in allen vermögensrechtlichen Angelegenheiten. Letztere hat im Bereich der Vermögenssorge besondere Bedeutung, etwa bei dem Abschluss von Rechtsgeschäften oder der (auch gerichtlichen) Geltendmachung von Ansprüchen.

22 Nähere Regelungen zur Vermögenssorge enthalten die §§ 1638–1649.

C. Erziehungsgrundsätze

23 Die in § 1626 Abs. 2 angesprochenen Grundsätze der Erziehung, insb. das Verhältnis von Elternrecht und Kindespersönlichkeit hat das OLG Karlsruhe[50] treffend so beschrieben: »Mit wachsender Einsichtsfähigkeit und Reife des Kindes wird das elterliche Erziehungsrecht durch das Kindesgrundrecht auf freie Entfaltung der Persönlichkeit (Art. 2 Abs. 1 GG) begrenzt, und zwar in dem Maße, wie die Fremderziehung der Eltern durch Selbsterziehung und Eigenlenkung des Kindes mehr und mehr abgelöst wird. Dabei stehen sich zwar die Eltern- und Kindesgrundrechte nicht im Sinne von Recht und Gegenrecht gegenüber, vielmehr begegnen sie sich als teils ergänzende, teils überschneidende und teilweise **sich gegenseitig begrenzende Grundrechtsnormen**. Je mehr aber das Kind in seiner körperlichen, geistigen und seelischen Entwicklung zu einer eigenständigen Persönlichkeit reift, hat das Elterngrundrecht auf Erziehung (verbunden mit Anleitung, Überwachung, Lenkung und Formung) zurückzutreten, ohne dass damit eine Grundrechtsverletzung zulasten der erziehenden Eltern einherginge. (...) § 1626 Abs. 2 schreibt im Sinne einer **partnerschaftlichen Erziehung** den Eltern vor, bei der Pflege und Erziehung des Kindes dessen fortschreitende Fähigkeit und sein wachsendes Bedürfnis zu selbständigem, verantwortungsbewusstem Handeln zu berücksichtigen, Fragen der elterlichen Sorge, je nach Entwicklungsstand, mit dem Kind zu besprechen und Einvernehmen, damit eine auf Ausgleich bedachte Kind-Eltern-Beziehung, anzustreben. Mit diesem gesetzlichen Leitbild[51] einer Pflichtentrias ist ein rein auf Gehorsam ausgerichteter und auf Unterwerfung unter den Willen der Eltern abzielender autoritärer Erziehungsstil, wie er Jahrzehnte hindurch gang und gäbe war, gesetzlich untersagt und kann zu Maßnahmen nach § 1666 führen. Dabei bedeutet die Berücksichtigung des Kindes in seinen Bedürfnissen, steigenden Ansprüchen und seinem wachsenden Willen nicht, ... dass die Eltern dem Kindeswillen zu folgen haben, sondern nur, dass sie das Kind an der Suche nach geeigneten Pflege- und Erzie-

---

48 KG Berlin JR 1998, 127.
49 BSG NJWE-FER 1997, 24.
50 OLG Karlsruhe FamRZ 1989, 1322.
51 BT-Drucks. 7/2060 S. 16.

hungsmaßnahmen entsprechend seinem Verständnis und Entwicklungsprozess beteiligen dürfen und müssen.«

D. Abs. 3: Umgang des Kindes

Abs. 3 hebt die **Bedeutung des Umgangs für das Wohl des Kindes** hervor. Dass der Umgang mit beiden Eltern grds. erwünscht ist, wird durch **Satz 1** betont. Das Umgangsrecht der Eltern, Groß-eltern, Geschwister, Stiefeltern und Pflegeeltern ist in den §§ 1684, 1685 näher und abschließend ausgestaltet (s. § 1685 Rdn. 4). Darüber hinaus enthält **Satz 2** die allgemeine Verpflichtung der Eltern im Rahmen ihres Umgangsbestimmungsrechts auch den Umgang mit anderen Personen zuzulassen, sofern dies für das Kind förderlich ist.[52]   **24**

E. Verfahrensrecht für die Angelegenheiten der elterlichen Sorge, des Umgangs und der Kindesherausgabe

Am 01.09.2009 ist das FamFG (Gesetz über das Verfahren in Familiensachen und in den Angele-genheiten der freiwilligen Gerichtsbarkeit) in Kraft getreten und hat insb. das 6. Buch der ZPO (§§ 606–661) und das gesamte FGG abgelöst. Gem. Art. 111 des Reformgesetzes bleibt das alte Recht aber anwendbar für alle am 01.09.2009 bereits bei Gericht anhängigen Verfahren.   **25**

Der 5. Titel des 4. Buches des BGB (§§ 1626–1698 b) beinhaltet die materiellrechtlichen Rege-lungen zu den Kindschaftssachen nach § 151 Nr. 1, 2, 3 und 6 FamFG: **26**

– Verfahren betreffend die elterliche Sorge für ein Kind (§ 151 Nr. 1 FamFG) gem. §§ 1628, 1629, 1666, 1667, 1671, 1672, 1678, 1681, 1696;
– Verfahren über die Regelung des Umgangs mit einem Kind (§ 151 Nr. 2 FamFG) gem. §§ 1684, 1685, 1632 Abs. 2;
– Verfahren über die Herausgabe eines Kindes (§ 151 Nr. 3 FamFG) gem. § 1632 Abs. 4;
– Verfahren betreffend die Genehmigung der freiheitsentziehenden Unterbringung eines Kindes (§ 151 Nr. 6 FamFG) gem. § 1631b.

Für alle gelten dieselben verfahrensrechtlichen Grundzüge:

I. Gerichtliche Zuständigkeit

Die **sachliche** Zuständigkeit des Amtsgerichts folgt aus § 23a Abs. 1 Nr. 1 GVG. § 23 b Abs. 1 GVG i.V.m. § 111 Nr. 2 FamFG bestimmt als Fall der **gesetzlichen Geschäftsverteilung** lediglich das nach der internen Organisation des Amtsgerichts die Abteilung für Familiensachen – kurz das Familiengericht – zuständig ist.[53]   **27**

Ob der Richter oder der Rechtspfleger **funktionell** zuständig ist, bestimmt sich nach §§ 3 Nr. 2a), 14 Abs. 1 Nr. 1–8, 12 RPflG. Demnach entscheidet überwiegend der Richter, in folgenden Fällen aber der Rechtspfleger: Anordnungen und Maßnahmen gem. §§ 1640 Abs. 3, 1667, 1674, 1697; Genehmigungen gem. §§ 1643, 1644, 1645; Entscheidungen gem. § 1686.   **28**

Die **örtliche** Zuständigkeit bestimmt sich nach § 152 FamFG. Demnach ist regelmäßig das für den gewöhnlichen Aufenthalt des Kindes zuständige Amtsgericht berufen, während der **Anhän-gigkeit einer Ehesache** aber das Amtsgericht der Ehesache.   **29**

Die **internationale** Zuständigkeit bestimmt sich nur dann nach § 99 FamFG, wenn weder das HKiEntÜ noch die VO (EG) Nr. 2201/2003 [»Brüssel IIa«] noch das MSA (in dieser Reihen-   **30**

---

52 Vgl. Palandt/Diederichsen § 1626 Rn. 24.
53 Vgl. BGHZ 71, 264, 266 = FamRZ 1978, 582 f.

folge) anwendbar sind (s. dazu ausführlich Art. 21 EGBGB Rdn. 7 ff.). In aller Regel sind die deutschen Gerichte aber zuständig, wenn das Kind in Deutschland seinen gewöhnlichen Aufenthalt hat.

II. Verfahrensregeln

31 Das Verfahren richtet sich ausschließlich nach dem FamFG. Für die Sachverhaltsfeststellung gilt gem. § 26 FamFG der **Untersuchungsgrundsatz**. Das Kind ist formell Beteiligter.[54] Ihm kann gem. § 158 FamFG ein **Verfahrensbeistand** bestellt werden; in bestimmten Angelegenheiten gem. § 158 Abs. 2 FamFG ist dies regelmäßig erforderlich.[55] Folgende **Anhörungspflichten** sind vor jeder Entscheidung zu beachten: Kind, § 159 FamFG;[56] Eltern, § 160 FamFG; Jugendamt, § 162 FamFG; in Personensorgeangelegenheiten: Pflegeperson, § 161 FamFG.[57] Das Gericht muss sich eine zuverlässige Grundlage für eine am Kindeswohl orientierte Entscheidung verschaffen; hierzu ist erforderlichenfalls ein psychologisches Sachverständigengutachten zu erholen. Dies ist umso notwendiger je schwerer der Grundrechtseingriff wiegt.[58]

32 In einem Verfahren betreffend die elterliche Sorge, den Umgang oder die Kindesherausgabe ist mit dem Eintritt der Volljährigkeit des Kindes die Hauptsache erledigt.[59]

III. Vorläufiger Rechtsschutz

33 Mittel des vorläufigen Rechtsschutzes ist die **einstweilige Anordnung** gem. § 49 FamFG. Es handelt sich um ein selbständiges Verfahren, das vom Hauptsacheverfahren unabhängig ist. Das Nähere regeln die §§ 50–57 FamFG.

34 Voraussetzung für den Erlass einer einstweiligen Anordnung ist gem. § 49 Abs. 1 FamFG, dass ein dringendes Bedürfnis für ein unverzügliches Einschreiten besteht, welches ein Abwarten bis zur endgültigen Entscheidung nicht gestattet, weil diese zu spät kommen, die Interessen nicht mehr genügend wahren würde und eine Entscheidung im Sinne der zunächst vorläufigen Maßregel wahrscheinlich ist. Dabei genügt es im einstweiligen Anordnungsverfahren, dass die der Anordnung zugrunde liegenden Tatsachen glaubhaft gemacht werden, § 51 Abs. 1 Satz 2 FamFG. Die Anhörungen sind ebenso wie im Hauptsacheverfahren erforderlich, können aber bei Gefahr in Verzug nachgeholt werden.

35 Grundsätzlich können durch einstweilige Anordnungen dieselben Maßnahmen wie in der Hauptsache getroffen werden. Wegen des summarischen Charakters des Verfahrens werden aber schwerwiegende Eingriffe nur in seltenen Ausnahmefällen in Betracht kommen. So wird statt des Entzugs der gesamten Personen- oder Vermögenssorge regelmäßig nur der **Entzug des Aufenthaltsbestimmungsrechts** – etwa zum Zwecke der Herausnahme des Kindes aus der Familie, insb. bei körperlicher und seelischer Misshandlung oder erheblicher psychischer Erkrankung des Sorgeberechtigten – veranlasst sein.[60]

---

54 Vgl. Schael FamRZ 2009, 265.
55 Vgl. Schulte-Bunert/Weinreich/Tschichoflos § 158 Rn. 5 ff.
56 Zur Kindesanhörung s. § 1671 Rdn. 72 und 86.
57 Vgl. Schulte-Bunert/Weinreich/Ziegler zu §§ 159 ff.
58 BVerfG FamRZ 2004, 1166; 2009, 1389; OLG Bamberg FamRZ 2010, 741.
59 BayObLG FamRZ 2000, 971.
60 Vgl. OLG Köln FuR 2000, 296; BayObLG FamRZ 1999, 318; FamRZ 1999, 178; FamRZ 1997, 387; OLG Nürnberg NJW-Spezial 2011, 70; OLG Brandenburg FamRZ 2012, 236; anders ausnahmsweise aus Kindeswohlgründen OLG Hamm FamRZ 2012, 236: Übertragung der gesamten elterlichen Sorge auf die Mutter.

IV. Rechtsmittel

Alle Endentscheidungen ergehen durch Beschluss, § 38 FamFG. Dagegen ist immer die **befristete** **36** **Beschwerde** statthaft, § 58 Abs. 1 FamFG. Die Beschwerdefrist beträgt einen Monat, im Falle einer einstweiligen Anordnung zwei Wochen, § 63 FamFG. Die **Rechtsbeschwerde** findet nur eingeschränkt nach Maßgabe des § 70 FamFG statt.

V. Kosten

Für die Verfahren fallen außerhalb des Verbunds gem. Nr. 1310 KV Teil 1 der Anlage 1 zu § 3 **37** Abs. 2 FamGKG **Gerichtskosten** in Höhe einer halben **Gebühr** an; für Verfahren nach § 1631b entfällt die Gebühr, vor Nr. 1310 KV FamGKG. Die gerichtlichen Auslagen bestimmen sich nach Teil 2 der Anlage 1 zu § 3 Abs. 2 FamGKG. Der Regelverfahrenswert beträgt gem. § 45 FamGKG 3.000 €. Handelt es sich bei der Kindschaftssache um eine Folgesache erhöht sich der Verfahrenswert der Ehesache gem. § 44 Abs. 2 FamGKG um 20 %, höchstens um 3.000 €.

Gem. § 81 Abs. 1 Satz 1 FamFG muss jede gerichtliche Entscheidung in Familiensachen auch **38** einen Kostenausspruch enthalten. Kosten sind gem. § 80 FamFG sowohl Gerichtskosten (Gebühren und gerichtliche Auslagen) als auch außergerichtliche Kosten (Anwaltskosten, Reisekosten, etc.). Das Gericht kann die Kosten des Verfahrens gem. § 81 Abs. 1 FamFG nach billigem Ermessen ganz oder teilweise einem Beteiligten auferlegen oder von der Erhebung von (gerichtlichen) Kosten absehen. § 81 Abs. 2 FamFG nennt Regelbeispiele für die einseitige Auferlegung der Kosten, deren hohe Anforderungen aber selten erfüllt sein werden. In der Praxis wird sich aber auch in weniger gravierenden Fällen eine ungleiche Verteilung der Kosten empfehlen.[61] Einem Minderjährigen können gem. § 81 Abs. 3 FamFG die Kosten nicht auferlegt werden, wenn das Verfahren seine Person betrifft. Im Falle eines Umgangsvergleichs gilt § 83 Abs. 1 FamFG; bei Rücknahme oder Erledigung kann das Gericht gem. § 83 Abs. 2 FamFG ebenfalls eine Kostenentscheidung nach § 81 FamFG treffen. Im Übrigen regeln die §§ 21 ff. FamGKG wer Kostenschuldner der Verfahrensgebühr und der gerichtlichen Auslagen ist.

§ 1626a   Elterliche Sorge nicht miteinander verheirateter Eltern; Sorgeerklärungen[1]

(1) Sind die Eltern bei der Geburt des Kindes nicht miteinander verheiratet, so steht ihnen die elterliche Sorge dann gemeinsam zu, wenn sie

---

61   Vgl. Zimmermann FamRZ 2009, 377, 381; zu den Kriterien der Kostenverteilung vgl. Büte FuR 2009, 649, 652.

1   **Entscheidung des Bundesverfassungsgerichts**
Vom 11. Februar 2003 (BGBl. I S. 274)
Aus dem Urteil des Bundesverfassungsgerichts vom 29. Januar 2003 – 1 BvL 20/99, 1 BvR 933/01 –
wird folgende Entscheidungsformel veröffentlicht:
1.   § 1626a des Bürgerlichen Gesetzbuches in der Fassung des Gesetzes zur Reform des Kindschaftsrechts (Kindschaftsrechtsreformgesetz) vom 16. Dezember 1997 (Bundesgesetzblatt I Seite 2942) ist mit Artikel 6 Absatz 2 und 5 des Grundgesetzes insoweit nicht vereinbar, als eine Übergangsregelung für Eltern fehlt, die sich noch vor In-Kraft-Treten des Kindschaftsrechtsreformgesetzes am 1. Juli 1998 getrennt haben.
2.   Dem Gesetzgeber wird aufgegeben, bis zum 31. Dezember 2003 eine verfassungsgemäße Übergangsregelung zu treffen. Bis zur gesetzlichen Neuregelung sind gerichtliche Verfahren auszusetzen, soweit die Entscheidung nach Maßgabe der Gründe von der Verfassungsmäßigkeit des § 1626a des Bürgerlichen Gesetzbuches abhängt.

Die vorstehende Entscheidungsformel hat gemäß § 31 Abs. 2 des Bundesverfassungsgerichtsgesetzes Gesetzeskraft.

1. **erklären, dass sie die Sorge gemeinsam übernehmen wollen (Sorgeerklärungen), oder**[2]
2. **einander heiraten.**

(2) Im Übrigen hat die Mutter die elterliche Sorge.

1   Sind die Eltern bei der Geburt des Kindes miteinander verheiratet, steht ihnen (unausgesprochen) die elterliche Sorge gemeinsam zu. Für unverheiratete Eltern gilt § 1626a. Nach Abs. 2 ist die Mutter grds. alleinsorgeberechtigt. Der Vater kann durch Sorgeerklärung oder Heirat die gemeinsame Sorge nur insoweit erlangen als sie der Mutter zu diesem Zeitpunkt noch zustand.[3] Wurde der Mutter die elterliche Sorge, die ihr gem. Abs. 2 allein zustand, ganz oder teilweise gem. § 1666 entzogen und nicht gem. § 1680 Abs. 2, 3 in diesem Umfang zugleich dem Vater übertragen, kann dieser nur gem. § 1696 das Sorgerecht später (insoweit) erhalten.[4] Im Falle der Heirat gilt § 1626b Abs. 3 nicht, weshalb der Vater das gemeiname Sorgerecht auch dann erlangt, wenn es zuvor gem. § 1671 der Mutter übertragen worden war.[5] Der Umfang der Begründung der gemeinsamen Sorge steht aber nicht zur Disposition der Eltern. Sie können keine auf Teilbereiche beschränkte Sorgeerklärungen abgeben, sondern die gemeinsame Sorge nur umfassend begründen, soweit sie der Mutter bislang allein zustand.[6]

2   Es ist mit dem Grundgesetz vereinbar, dass das gemeinsame Sorgerecht nicht miteinander verheirateter Eltern die Abgabe übereinstimmender Sorgeerklärungen voraussetzt und andernfalls die Mutter alleinsorgeberechtigt ist.[7] »Das Kindeswohl verlangt, dass das Kind ab seiner Geburt eine Person hat, die für das Kind rechtsverbindlich handeln kann. Angesichts der Unterschiedlichkeit der Lebensverhältnisse, in die die Kinder hineingeboren werden, ist es verfassungsgemäß, das nichteheliche Kind bei seiner Geburt sorgerechtlich grds. der Mutter zuzuordnen.«[8] Dies steht

---

2   **Entscheidung des Bundesverfassungsgerichts**
    Vom 9. August 2010 (BGBl. I S. 1173)
    Aus dem Beschluss des Bundesverfassungsgerichts vom 21. Juli 2010 – 1 BvR 420/09 – wird folgende Entscheidungsformel veröffentlicht:
    1. § 1626a Absatz 1 Nummer 1 und § 1672 Absatz 1 des Bürgerlichen Gesetzbuches in der Fassung des Gesetzes zur Reform des Kindschaftsrechts (Kindschaftsrechtsreformgesetz) vom 16. Dezember 1997 (Bundesgesetzblatt Teil I Seite 2942) sind mit Artikel 6 Absatz 2 des Grundgesetzes unvereinbar.
    2. Bis zum Inkrafttreten einer gesetzlichen Neuregelung ist § 1626a des Bürgerlichen Gesetzbuches mit der Maßgabe anzuwenden, dass das Familiengericht den Eltern auf Antrag eines Elternteils die elterliche Sorge oder einen Teil der elterlichen Sorge gemeinsam überträgt, soweit zu erwarten ist, dass dies dem Kindeswohl entspricht.
    3. Bis zum Inkrafttreten einer gesetzlichen Neuregelung ist § 1672 des Bürgerlichen Gesetzbuches mit der Maßgabe anzuwenden, dass das Familiengericht dem Vater auf Antrag eines Elternteils die elterliche Sorge oder einen Teil der elterlichen Sorge überträgt, soweit eine gemeinsame elterliche Sorge nicht in Betracht kommt und zu erwarten ist, dass dies dem Kindeswohl am besten entspricht.
    Die vorstehende Entscheidungsformel hat gemäß § 31 Absatz 2 des Bundesverfassungsgerichtsgesetzes Gesetzeskraft.
3   BGH FamRZ 2005, 1469, 1470 unter Hinweis auf § 1626b Abs. 3.
4   BGH FamRZ 2005, 1469, 1470; Palandt/Diederichsen § 1626a Rn. 12; Johannsen/Henrich/Jaeger § 1626a Rn. 7; Müko/Huber § 1626a Rn. 22; Staudinger/Coester § 1626a Rn. 26 mit der Einschränkung, dass dem Vater, das restliche Sorgerecht von Amts wegen durch Gerichtsentscheidung zu übertragen ist, wenn dies dem Kindeswohl nicht widerspricht.
5   OLG Düsseldorf FamRZ 2010, 385; Müko/Huber § 1626a Rn. 23; Staudinger/Coester § 1626a Rn. 19; a.A. Palandt/Diederichsen § 1626a Rn. 5.
6   BGH FamRZ 2008, 251, 255; Palandt/Diederichsen § 1626a Rn. 12.
7   BVerfG FamRZ 2003, 285; BGH FamRZ 2001, 907 = FuR 2001, 357; ebenso OLG Frankfurt FamRZ 2003, 1314; OLG Naumburg EzFamR aktuell 2003, 153; siehe aber bereits Coester FamRZ 2007, 1137 ff. grundlegend zur Notwendigkeit einer weiteren Sorgerechtsreform.
8   BVerfG FamRZ 2003, 285.

auch nicht im Widerspruch zu dem Urteil des EGMR vom 03.12.2009[9], wonach der Ausschluss einer gerichtlichen Einzelfallprüfung der Alleinsorge der Mutter nach § 1626a Abs. 2 den Vater eines nichtehelichen Kindes in seinen Menschenrechten verletzt, weil die Vorschrift gegen das Diskriminierungsverbot nach Art. 14 EMRK i.V.m. Art. 8 EMRK verstößt.[10] Das BVerfG hat anlässlich dieser Entscheidung mit Beschluss vom 21.07.2010[11] festgestellt, dass diese fehlende gerichtliche Überprüfungsmöglichkeit das Elternrecht des Vaters verletzt und § 1626a Abs. 1 Nr. 1 – wie auch § 1672 Abs. 1 (s. dort Rdn. 1) – deshalb mit Art. 6 Abs. 2 GG unvereinbar sind. Es hat die Vorschriften aber nicht für nichtig erklärt, sondern bis zum Inkrafttreten einer gesetzlichen Neuregelung folgende Übergangsregelung getroffen: § 1626a ist mit der Maßgabe anzuwenden, dass das Familiengericht den Eltern auf Antrag eines Elternteils, die elterliche Sorge oder einen Teil davon gemeinsam überträgt, soweit zu erwarten ist, dass dies dem Kindeswohl entspricht.[12] Bereits bisher galt, dass das Sorgerecht gem. §§ 1666, 1680 Abs. 2 und 3 ausnahmsweise auf den Vater übertragen werden kann, wenn die Mutter als alleinige Inhaberin der elterlichen Sorge das Elternrecht des anderen Elternteils nicht angemessen zur Geltung bringt und das Wohl des Kindes durch ihr Verhalten gefährdet wird.[13]

Für nicht miteinander verheiratete Eltern, die sich bereits vor dem 01.07.1998 getrennt haben **3** sieht Art. 224 § 2 EGBGB ohnehin eine Übergangsregelung vor. Diese ist verfassungsrechtlich bereits deshalb notwendig, weil Eltern nichtehelicher Kinder vor Einfügung des § 1626a durch das Kindschaftsrechtsreformgesetz am 01.07.1998 keine Möglichkeit der gemeinsamen Sorgeerklärung hatten.[14] Nach Art. 224 § 2 Abs. 3 EGBGB kann ein Elternteil – regelmäßig der nichteheliche Vater – die verweigerte Sorgeerklärung des anderen Elternteils durch das Familiengericht ersetzen lassen, wenn die Eltern längere Zeit in häuslicher Gemeinschaft gemeinsam für das Kind Verantwortung getragen haben und die gemeinsame Sorge dem Kindeswohl dient. Letzteres muss positiv festgestellt werden können.[15] Denn die Übergangsvorschrift soll keinen erleichterten Zugang zur gemeinsamen Sorge schaffen, sondern nur den Mangel ausgleichen, dass vor dem 01.07.1998 die Möglichkeit eines gemeinsamen Sorgerechts nach § 1626a Abs. 1 Nr. 1 noch nicht bestand.[16] Daneben lässt sich eine gemeinsame elterliche Sorge weder durch Anwendung des § 1666 noch des § 1672 begründen.[17] Eine gerichtliche Ersetzung der Sorgeerklärung kann auch in Betracht kommen, wenn sie dazu dient, die tatsächliche Obhut des Vaters für das Kind auch rechtlich abzusichern, um den Rahmen zu stabilisieren, in dem das Kind sich entwickeln kann.[18]

§ 1626b Besondere Wirksamkeitsvoraussetzungen der Sorgeerklärung

(1) Eine Sorgeerklärung unter einer Bedingung oder einer Zeitbestimmung ist unwirksam.

(2) Die Sorgeerklärung kann schon vor der Geburt des Kindes abgegeben werden.

---

9 FamRZ 2010, 103.
10 Vgl. Anm. Henrich FamRZ 2010, 107; Huber/Möll FamRZ 2011, 765, 766 zur nachfolgenden Rspr.; OLG Brandenburg FamRZ 2011, 305; dasselbe gilt nach EGMR, FamRZ 2012, 357, für das österreichische Kindschaftsrecht.
11 FamRZ 2010, 1403 mit Anm. Luthin.
12 Nachfolgend KG FamRZ 2011, 1659; 1661; 1663; OLG Rostock FamRZ 2011, 1660: Kriterien zu § 1671 Abs. 2 Nr. 2 gelten spiegelbildlich; OLG Brandenburg FamRZ 2011, 1662; OLG Celle FamRZ 2011, 1876; OLG Hamm FamRZ 2012, 560; AG Freiburg FamRZ 2011, 1658.
13 BGH FamRZ 2001, 907; OLG Jena FuR 2009, 706 = FamRZ 2010, 384 mit Anm. Hammer FamRZ 2010, 623.
14 BVerfG FamRZ 2003, 285.
15 BGH FamRZ 2008, 251, 253; OLG Koblenz FamRZ 2006, 56.
16 OLG Karlsruhe FamRZ 2005, 831.
17 OLG Karlsruhe FamRZ 2005, 831.
18 AG Frankfurt FamRZ 2005, 387.

(3) Eine Sorgeerklärung ist unwirksam, soweit eine gerichtliche Entscheidung über die elterliche Sorge nach den §§ 1671, 1672 getroffen oder eine solche Entscheidung nach § 1696 Abs. 1 geändert wurde.

1 Gem **Abs. 1** sind Bedingungen und Befristungen (vgl. §§ 158–163) unzulässig. Die Koppelung an das Bestehen einer nichtehelichen Lebensgemeinschaft ist daher ebenso wenig möglich wie die Vereinbarung einer »Probezeit«.

2 **Abs. 2** ergänzt die §§ 1592 Nr. 2, 1594 Abs. 4, 1595 Abs. 3. Da Sorgeerklärungen nur die Eltern abgeben können (s. § 1626a Rdn. 1), ist eine vorgeburtliche Erklärung nur möglich, wenn auch die Vaterschaft wirksam anerkannt worden ist. Rechtliche Wirkung erlangen die Sorgerechtserklärungen aber erst mit der Geburt des Kindes.[1]

3 Nach **Abs. 3** haben gerichtliche Sorgerechtsentscheidungen gem. §§ 1671, 1672 (auch i.V.m. § 1696) Vorrang, mit der Folge, dass Sorgeerklärungen fortan unwirksam sind. Erfasst die gerichtliche Entscheidung nur Teilbereiche der elterlichen Sorge, bleiben Sorgerklärungen hinsichtlich des Restes wirksam.[2] Gerichtliche Entscheidungen nach anderen Vorschriften – insb. § 1666 – werden nicht erfasst, doch hindern sie ebenso für die Zeit ihres Bestehens eine Sorgeerklärung für den betroffenen Sorgebereich (s. § 1626a Rdn. 1).

§ 1626c   Persönliche Abgabe; beschränkt geschäftsfähiger Elternteil

(1) Die Eltern können die Sorgeerklärungen nur selbst abgeben.

(2) [1]Die Sorgeerklärung eines beschränkt geschäftsfähigen Elternteils bedarf der Zustimmung seines gesetzlichen Vertreters. [2]Die Zustimmung kann nur von diesem selbst abgegeben werden; § 1626b Abs. 1 und 2 gilt entsprechend. [3]Das Familiengericht hat die Zustimmung auf Antrag des beschränkt geschäftsfähigen Elternteils zu ersetzen, wenn die Sorgeerklärung dem Wohl dieses Elternteils nicht widerspricht.

1 Nur die **Eltern** können Sorgeerklärungen abgeben. Daher muss die Abstammung des Kindes im Rechtssinne gem. §§ 1591 ff. feststehen. Die Sorgeerklärung des biologischen Vaters, der (noch) nicht rechtlicher Vater ist, entfaltet keine Wirkung. Ausnahmsweise ist die Sorgeerklärung eines unter den Voraussetzungen des § 1599 Abs. 2 Anerkennenden schwebend unwirksam und wird mit wirksamer Vaterschaftsanerkennung wirksam.[1]

2 Die in **Abs. 1** normierte Höchstpersönlichkeit schließt Stellvertretung und Botenschaft aus.[2] Die Eltern müssen selbst vor der beurkundenden Stelle erscheinen.[3]

3 Für die notwendige Zustimmung des gesetzlichen Vertreters[4] gelten gem. **Abs. 2 Satz 2** dieselben Wirksamkeitsvoraussetzungen wie für die Sorgeerklärung. Ob eine **Ersetzung** der Zustimmung erfolgen kann beurteilt sich nach denselben Kriterien wie bei § 1303.[5] Den dahingehenden Antrag muss der minderjährige Elternteil selbst stellen. Bei wirksamer Sorgeerklärung ist § 1673 Abs. 2 zu

---

1 KG FamRZ 2011, 1516.
2 Johannsen/Henrich/Jaeger § 1626b Rn. 4.
1 BGH FamRZ 2004, 802; vgl. auch Stuttgart FamRZ 2008, 539, 540.
2 Vgl. BGH FamRZ 2001, 907, 908.
3 Johannsen/Henrich/Jaeger § 1626c Rn. 2.
4 Bei gemeinsamer Sorge sind das beide Eltern.
5 BT-Drucks. 13/4899, 95.

beachten. Abs. 2 gilt für vollständig **geschäftsunfähige Elternteile** entsprechend, da die insoweit bestehende Gesetzeslücke unter Berücksichtigung der berechtigten Interessen geistig behinderter Menschen geschlossen werden muss.[6]

§ 1626d   Form; Mitteilungspflicht

(1) Sorgeerklärungen und Zustimmungen müssen öffentlich beurkundet werden.

(2) Die beurkundende Stelle teilt die Abgabe von Sorgeerklärungen und Zustimmungen unter Angabe des Geburtsdatums und des Geburtsorts des Kindes sowie des Namens, den das Kind zur Zeit der Beurkundung seiner Geburt geführt hat, dem nach § 87c Abs. 6 Satz 2 des Achten Buches Sozialgesetzbuch zuständigen Jugendamt zum Zwecke der Auskunftserteilung nach § 58a des Achten Buches Sozialgesetzbuch unverzüglich mit.

Die öffentliche Beurkundung ist Wirksamkeitserfordernis der Sorgeerklärung. Beurkundende [1] Stelle kann nur ein Notar[1] oder (jedes) Jugendamt[2] sein. Doch kann die Beurkundung gem § 127a auch durch eine gerichtlich gebilligte Elternvereinbarung ersetzt werden.[3]

Die Mitteilungen müssen gem. § 87c Abs. 6 Satz 2 SGB VIII an das Jugendamt des Geburtsorts [2] des Kindes erfolgen. So ist gewährleistet, dass die alleinsorgeberechtigte Mutter Negativauskunft gem. § 58a SGB VIII von diesem Jugendamt erhalten kann. Abs. 2 ist bloße Ordnungsvorschrift, deren Nichterfüllung die Wirksamkeit der Sorgeerklärung unberührt lässt.[4]

§ 1626e   Unwirksamkeit

Sorgeerklärungen und Zustimmungen sind nur unwirksam, wenn sie den Erfordernissen der vorstehenden Vorschriften nicht genügen.

Die Vorschrift schließt alle anderen Unwirksamkeitsgründe aus. Insb. können sonstige Willens- [1] mängel nach §§ 116–123 nicht geltend gemacht werden.[1] Die §§ 134–139 sind ebenfalls ausge- schlossen, weshalb auch die Beurkundung zusätzlicher unwirksamer Vereinbarungen in einem notariellen Vertrag die Wirksamkeit der Sorgeerklärung unberührt lässt.[2] Eine Ausnahme vom Grundsatz der Exklusivität der Unwirksamkeitsgründe gilt für die Geschäftsunfähigkeit eines Elternteils (s. § 1626c Rdn. 3).[3]

Die Unwirksamkeit der Sorgeerklärung wirkt ex tunc. [2]

§ 1627   Ausübung der elterlichen Sorge

[1]Die Eltern haben die elterliche Sorge in eigener Verantwortung und in gegenseitigem Einver- nehmen zum Wohl des Kindes auszuüben. [2]Bei Meinungsverschiedenheiten müssen sie versu- chen, sich zu einigen.

---

6 Staudinger/Coester § 1626c Rn. 14; Johannsen/Henrich/Jaeger § 1626c Rn. 5; a.A. MüKo/Huber § 1626e Rn. 7; Palandt/Diederichsen § 1626c Rn. 1: nichtig gem. § 105 trotz § 1626e; wiederum anders: Erman/ Michalski § 1626e Rn. 2: wirksam ohne Zustimmung wegen § 1626e.

1 Vgl. § 20 Abs. 1 BNotO.

2 Vgl. §§ 59 Abs. 1 Satz 1 Nr. 8, 87e SGB VIII.

3 BGH FamRZ 2011, 796, 798.

4 Johannsen/Henrich/Jaeger § 1626d Rn. 3; Palandt/Diederichsen § 1626d Rn. 3.

1 OLG Köln FamRZ 2011, 906 f.; Johannsen/Henrich/Jaeger § 1626e Rn. 2.

2 Düsseldorf FamRZ 2008, 1552, 1553.

3 Ähnlich Palandt/Diederichsen § 1626e Rn. 1.

1 **Satz 1** will zweierlei deutlich machen: Jeder Elternteil trägt für sich **allein** die **volle Verantwortung** für das Wohl des Kindes; dass daneben auch der andere Elternteil vollverantwortlich ist, entlastet ihn nicht.[1] Jeder Elternteil ist aber auch verpflichtet die elterliche Sorge **im Einvernehmen** mit dem anderen Elternteil auszuüben. Diese Pflicht zur gegenseitigen Abstimmung besteht insb. in Angelegenheiten, die von erheblicher Bedeutung (s. § 1687 Rn. 3, 6 ff.) für das Kind sind. Leben Eltern getrennt, gilt § 1687. Eine Verpflichtung zur gemeinsamen Sorge besteht auf Grund § 1627 nicht.[2]

2 Haben die Eltern verschiedene Ansichten über eine das Kind betreffende Angelegenheit sind sie gem. Satz 2 verpflichtet, den Versuch zu unternehmen, sich zu einigen. Gelingt dies nicht, kann jeder Elternteil nach § 1628 vorgehen.

§ 1628   Gerichtliche Entscheidung bei Meinungsverschiedenheiten der Eltern

[1]**Können sich die Eltern in einer einzelnen Angelegenheit oder in einer bestimmten Art von Angelegenheiten der elterlichen Sorge, deren Regelung für das Kind von erheblicher Bedeutung ist, nicht einigen, so kann das Familiengericht auf Antrag eines Elternteils die Entscheidung einem Elternteil übertragen. [2]Die Übertragung kann mit Beschränkungen oder mit Auflagen verbunden werden.**

1 **1. Voraussetzung** für die Übertragung des Entscheidungsrechts ist, dass die Eltern, denen zumindest in dem streitigen Teilbereich die elterliche Sorge **gemeinsam** zustehen muss, sich in einer **bestimmten Art von Angelegenheit** nicht einigen können. Dem steht gleich, wenn sich ein Elternteil nicht zu einer Stellungnahme durchringen kann.[1] Das Sorgerecht als Ganzes kann nicht übertragen werden.

2 Schwierigkeiten bereitet die **Abgrenzung zu § 1671**, weil der Anwendungsbereich des § 1628 nicht auf Eltern beschränkt ist, die zusammenleben, sondern auch bei Getrenntleben gilt.[2] Die Unterscheidung ist aber wichtig, weil § 1671 höhere Anforderungen an die Übertragung des Sorgerechts stellt. Daher ist der Anwendungsbereich des § 1628 eng zu fassen.[3] Nach dem Willen des Gesetzgebers geht es bei § 1628 um die auf eine konkrete Situation bezogene Zuteilung der Entscheidungsbefugnis.[4] Dagegen betrifft § 1671 eine teilweise Übertragung des Sorgerechts für alle

1 Staudinger/Peschel-Gutzeit § 1627 Rn. 6.
2 Palandt/Diederichsen § 1627 Rn. 1.
1 AG Pankow/Weißensee FamRZ 2009, 1843.
2 Vgl. hierzu Schwab FamRZ 1998, 457, 468 f.; Schilling NJW 2007, 3233, 3235; OLG Hamm 2011, 821.
3 OLG München FamRZ 2008, 1103: Bestimmung des Erstwohnsitzes des Kindes nach MeldeG ist in Wirklichkeit Streit um Aufenthaltsbestimmungsrecht nach § 1671; OLG Köln FamRZ 2012, 563.
4 BT-Drucks 13/4899 S. 99; vgl. auch OLG Köln FamRZ 2005, 644, 645: Ermächtigung Kinderpässe zum Besuch der Großmutter in Katar zu beantragen; OLG Karlsruhe FamRZ 2008, 1368: Urlaubsreise; OLG Hamburg FamRZ 2012, 562: Verwandtenbesuch in Kasachstan; OLG Köln FamRZ 2012, 563: Großmutterbesuch in Russland, aber a.A. insoweit als keine Angelegenheit von besonderer Bedeutung; OLG Frankfurt FamRZ 2009, 894: Kindergartenwahl; OLG Thüringen FamRZ 2009, 894: Umgang mit Dritten; OLG Dresden FamRZ 2009, 1330, 1331: Vaterschaftsanfechtung; OLG Stuttgart FamRZ 2011, 305: Namenswahl; OLG Hamm FamRZ 2011, 821: Sozialgeldantrag; dagegen wenig überzeugend BGH FamRZ 2005, 1167 sowie die Anm. von Luthin FamRZ 2005, 1168 hierzu: Übertragung der Entscheidung über christliche Taufe des Kindes geschiedener Eltern christlichen bzw. islamischen Glaubens. Dagegen spricht, dass die Frage der Taufe nicht isoliert von der religiösen Erziehung des Kindes gesehen werden kann, die zwischen den Eltern offensichtlich streitig war. Denn die Taufe ist kein punktuelles Ereignis, sondern stellt den Eintritt des Kindes in die christliche Gemeinschaft dar, mit der das christliche Leben gerade beginnt. Vgl auch die krit. Anm. von Weychardt (FamRZ 2005, 1533, 1534); wie BGH aber auch OLG Düsseldorf FamRZ 2010, 1255; OLG Oldenburg FamRZ 2010, 1256.

in diesem Teilbereich denkbaren Entscheidungen bis zum Eintritt der Volljährigkeit des Kindes.[5] Im einen Fall steht demnach der situative Bezug im Vordergrund, während im anderen Fall eher eine grundsätzliche Entscheidung zu treffen ist.[6] Deshalb ist die Entscheidung über die Wahl der Schule dem § 1628 zuzuordnen, während die Entscheidung über alle schulischen Angelegenheiten nur gem. § 1671 auf einen Elternteil übertragen werden kann.[7] Das Aufenthaltsbestimmungsrecht kann nur gem. § 1671 übertragen werden;[8] anders nur wenn die Eltern noch zusammenleben und sich etwa über den Aufenthalt des Kindes anlässlich einer beabsichtigten Trennung streiten.[9] Leben die Eltern zusammen, kommt generell nur § 1628 in Betracht; leben sie getrennt, ist zunächst der ausdrückliche Wille des Antragstellers entscheidend. Dass im Übrigen ein Vorrang des § 1628 bestehen soll,[10] kann nur gelten, wenn eine Entscheidung nach dieser Norm auch geeignet ist den Konflikt dauerhaft zu lösen.

Es muss sich um eine Angelegenheit handeln, die für das Kind **von erheblicher Bedeutung** ist.[11]   **3**
Der Begriff ist derselbe wie in § 1687 (dort Rn. 3, 6 ff.). Bei einem Streit um alltägliche Angelegenheiten können die Eltern das Gericht nicht anrufen. Tun sie es dennoch, stellt das Gericht mit einer sogenannten **Negativentscheidung** fest, dass es sich um keine Angelegenheit von erheblicher Bedeutung handelt. Im Falle des Getrenntlebens der Eltern gilt § 1687.

2. Das Gericht kann die notwendige Entscheidung in der Sache nicht selbst treffen, sondern über-   **4**
trägt einem Elternteil die **Befugnis allein zu entscheiden**. Maßstab ist dabei das **Wohl des Kindes**, das gem. § 1697a stets zu beachten ist.[12] Regelmäßig entspricht es dem Kindeswohl, demjenigen Elternteil die alleinige Entscheidungskompetenz für die Frage des Schulbesuches zu übertragen, bei dem das Kind seinen dauernden Aufenthalt hat.[13] Stellt das Gericht fest, dass weder der eine noch der andere Elternteil eine sinnvolle Entscheidung treffen wird und ist das Wohl des Kindes dadurch gefährdet, kommen Maßnahmen nach §§ 1666 ff. in Betracht. Das Gleiche gilt, wenn sich eine Kindeswohlgefährdung auf Grund der Streitigkeiten der Eltern ergibt.

In dem Umfang, in dem das Gericht einem Elternteil das Entscheidungsrecht überträgt, steht die-   **5**
sem auch die **alleinige Vertretung des Kindes** gem. § 1629 Abs. 1 Satz 3 zu.

3. Gem. Satz 2 kann das Gericht die Übertragung mit **Beschränkungen** oder **Auflagen** verbinden.   **6**
Diese dienen insb. dazu, sicherzustellen, dass der Elternteil, dem die Alleinentscheidungsbefugnis übertragen wurde, auch in dem von ihm angekündigten Sinne handelt.

4. Das Verfahren wird nur auf **Antrag** eines Elternteils eingeleitet. Das Kind hat kein Antrags-   **7**
recht.

Vgl. zum Verfahrensrecht im Übrigen § 1626 Rn. 25 ff.   **8**

---

5 BT-Drucks. 13/4899 S. 99; vgl. auch OLG Hamm FamRZ 2006, 1058, 1059 hinsichtlich Staatsangehörigkeit des Kindes.
6 OLG Köln FamRZ 2012, 563; krit. zu dieser Abgrenzungsformel Schwab FamRZ 1998, 457, 467 f.: »wenig dienlich«.
7 Vgl. OLG Rostock FamRZ 2007, 1835; OLG Schleswig FamRZ 2011, 1304; Palandt/Diederichsen § 1628 Rn. 3; Schwab FamRZ 1998, 457, 467.
8 OLG Köln FamRZ 2012, 563; anders in einem Einzelfall OLG Celle FamRZ 2011, 488 mit zu Recht krit. Anm.
9 BT-Drucks. 13/4899 S. 95.
10 So Staudinger/Coester § 1671 Rn. 58.
11 OLG Köln FamRZ 2012, 563.
12 BT-Drucks. 13/4899 S. 95.
13 OLG Schleswig FamRZ 2011, 1304.

§ 1629 Vertretung des Kindes

(1) ¹Die elterliche Sorge umfasst die Vertretung des Kindes. ²Die Eltern vertreten das Kind gemeinschaftlich; ist eine Willenserklärung gegenüber dem Kind abzugeben, so genügt die Abgabe gegenüber einem Elternteil. ³Ein Elternteil vertritt das Kind allein, soweit er die elterliche Sorge allein ausübt oder ihm die Entscheidung nach § 1628 übertragen ist. ⁴Bei Gefahr im Verzug ist jeder Elternteil dazu berechtigt, alle Rechtshandlungen vorzunehmen, die zum Wohl des Kindes notwendig sind; der andere Elternteil ist unverzüglich zu unterrichten.

(2) ¹Der Vater und die Mutter können das Kind insoweit nicht vertreten, als nach § 1795 ein Vormund von der Vertretung des Kindes ausgeschlossen ist. ²Steht die elterliche Sorge für ein Kind den Eltern gemeinsam zu, so kann der Elternteil, in dessen Obhut sich das Kind befindet, Unterhaltsansprüche des Kindes gegen den anderen Elternteil geltend machen. ³Das Familiengericht kann dem Vater und der Mutter nach § 1796 die Vertretung entziehen; dies gilt nicht für die Feststellung der Vaterschaft.

(2a) Der Vater und die Mutter können das Kind in einem gerichtlichen Verfahren nach § 1598a Abs. 2 nicht vertreten.

(3) ¹Sind die Eltern des Kindes miteinander verheiratet, so kann ein Elternteil, solange die Eltern getrennt leben oder eine Ehesache zwischen ihnen anhängig ist, Unterhaltsansprüche des Kindes gegen den anderen Elternteil nur im eigenen Namen geltend machen. ²Eine von einem Elternteil erwirkte gerichtliche Entscheidung und ein zwischen den Eltern geschlossener gerichtlicher Vergleich wirken auch für und gegen das Kind.

A. Abs. 1: Umfang der gesetzlichen Vertretungsmacht

1 Die elterliche Sorge enthält neben der Pflicht und dem Recht zur tatsächlichen Betreuung und Erziehung des Kindes, die rechtliche Befugnis das Kind nach außen hin zu vertreten. Diese in **Satz 1** normierte **gesetzliche Vertretung** des Kindes im Außenverhältnis korrespondiert immer mit der Berechtigung zur tatsächlichen Sorge im Innenverhältnis. Da die gesetzliche Vertretungsmacht aus der elterlichen Sorge erwächst, besteht sie nur in dem Umfang, in dem der Elternteil auch Inhaber der elterlichen Sorge ist.

2 Die **Vertretungsmacht** der Eltern **umfasst** das Recht im Namen des Kindes alle Rechtshandlungen, insb. Rechtsgeschäfte und Einwilligungen (in medizinische Maßnahmen) mit Wirkung für und gegen das Kind vorzunehmen. Es besteht aber keine Vermutung, dass die Eltern in Angelegenheiten, die das Kind betreffen, auch das Kind verpflichten wollen. Im Zweifel ist unter Beachtung des § 164 und der hierzu entwickelten Rechtsfiguren durch Auslegung zu ermitteln, ob die Eltern im Namen des Kindes oder im eigenen Namen gehandelt haben.[1]

---

1 Palandt/Diederichsen § 1629 Rn. 6.

Die Vertretungsmacht der Eltern ist verschiedentlich durch Gesetz beschränkt (vgl. etwa § 1629   3
Abs. 2 Satz 1 und § 1631 c); auch die **Beschränkung** durch gerichtliche Anordnung (vgl. etwa
§ 1629 Abs. 2 Satz 3 und §§ 1666 ff.) oder bei Zuwendung Dritter (§§ 1638 f.) ist möglich. Bei
der Einwilligung in einen ärztlichen Heileingriff ist zu beachten, dass diese nicht mehr wirksam
von den Eltern als gesetzliche Vertreter erklärt werden kann, wenn das Kind aufgrund seiner **Verstandesreife** die Tragweite des Eingriffs und der erteilten Einwilligung selbst erfassen kann.[2] Dies
dürfte regelmäßig bei einem normal entwickelten Kind etwa ab dem 16. Lebensjahr der Fall sein.

Im Rahmen ihrer Vertretungsmacht können die Eltern auch Dritten eine **rechtsgeschäftliche Voll-**   4
macht zur Vertretung des Kindes erteilen. Dies ist sowohl in Bezug auf einzelne Angelegenheiten
als auch in Form einer generellen Vollmacht möglich, soweit die Widerruflichkeit gewahrt ist und
keine versteckte Sorge rechtsübertragung vorliegt. Dritter kann auch der andere Elternteil sein,
unabhängig davon, ob er sorgeberechtigt ist oder nicht. So steht es auch dauerhaft getrennt lebenden Eltern frei, durch widerrufliche Bevollmächtigung des anderen Elternteils die Sorgerechtsausübung untereinander zu regeln, wodurch im Einzelfall eine bessere praktische Handhabbarkeit
und eine größere beiderseitige Akzeptanz erreicht werden kann als dies durch § 1687 der Fall
wäre.[3]

Sofern und soweit beide Eltern Inhaber der gesetzlichen Vertretungsmacht sind, können sie gem.   5
Satz 2 1. Alt. das Kind nur gemeinsam aktiv vertreten. Deshalb ist eine Rechtshandlung nur dann
wirksam, wenn sie beide Eltern vornehmen. Eine Bevollmächtigung, die im Einzelfall auch still-
schweigend erfolgen kann, ist aber zulässig; ebenso gelten die Grundsätze der Duldungs- und
Anscheinsvollmacht.[4] Handelt ein Elternteil ohne die erforderliche Mitwirkung des anderen
Elternteils, kommt eine Haftung gem. §§ 177 ff. in Betracht. Dieses Prinzip der **Gesamtvertretung**
gilt aber nicht bei passiver Stellvertretung. Insoweit genügt gem. **Satz 2 2. Alt.** die Abgabe der
Willenserklärung gegenüber einem Elternteil.

Die **Einwilligung der Eltern in einen ärztlichen Eingriff** bei ihrem Kind ist zwar kein Rechtsge-   6
schäft, sondern Gestattung oder Ermächtigung zur Vornahme tatsächlicher Handlungen, die in
den Rechtskreis des Gestattenden eingreifen, doch ist auch diese Einwilligung Ausübung der elterlichen Personensorge mit der Folge, dass sie wirksam nur im Einvernehmen beider Eltern erteilt
werden kann.[5] Typischerweise wird aber davon ausgegangen werden können, dass der mit dem
Kind beim Arzt oder im Krankenhaus vorsprechende Elternteil aufgrund einer allgemeinen Funk-
tionsaufteilung zwischen den Eltern auf diesem Teilgebiet der Personensorge oder einer konkreten
Absprache ermächtigt ist, für den Abwesenden die erforderliche Einwilligung in ärztliche Heilein-
griffe nach Beratung durch den Arzt mit zu erteilen.[6] Der Arzt wird in Grenzen auf eine solche
Ermächtigung vertrauen dürfen, solange ihm keine entgegenstehenden Umstände bekannt sind.
Denn es widerspräche dem besonderen Vertrauensverhältnis zwischen dem Arzt und den Sorgeberechtigten eines behandlungsbedürftigen Kindes, stets den Nachweis einer irgendwie gearteten
Ermächtigung oder Einverständniserklärung des nicht anwesenden Elternteiles beim Arzt zu verlangen. Dementsprechend wird in »Routinefällen«, wenn es etwa um die Behandlung leichterer
Erkrankungen und Verletzungen geht, der Arzt sich im Allgemeinen ungefragt auf die Ermächtigung des erschienenen Elternteiles zum Handeln für den anderen verlassen dürfen.[7] Ist der ärztliche Eingriff schwererer Art und mit nicht unbedeutenden Risiken verbunden, wird sich der Arzt
hingegen vergewissern müssen, ob der erschienene Elternteil die beschriebene Ermächtigung des

---

2 Palandt/Diederichsen § 1629 Rn. 8.
3 So Geiger/Kirsch FamRZ 2009, 1879, die über den praktischen Erfolg einer solchen Bevollmächtigung im
   Bezirk des AG Garmisch-Partenkirchen berichten.
4 BGHZ 105, 45, 48 = FamRZ 1988, 1142, 1143.
5 BGHZ 105, 45, 47 f. = FamRZ 1988, 1142, 1143.
6 BGHZ 105, 45, 49 = FamRZ 1988, 1142, 1143.
7 BGHZ 105, 45, 49 = FamRZ 1988, 1142, 1143.

anderen hat und wie weit diese reicht; er wird aber, solange dem nichts entgegensteht, auf eine wahrheitsgemäße Auskunft des erschienenen Elternteils vertrauen dürfen.[8]

7   Dass ein Elternteil das Kind **allein vertritt**, wenn er auch alleiniger Inhaber der elterlichen Sorge ist, ergibt sich bereits aus S. 1. Dabei ist es gleichgültig worauf die **Alleinsorge** beruht. In Betracht kommt neben der Sorgerechtsübertragung gem. §§ 1671, 1672 auch der Entzug des Sorgerechts des anderen Elternteils gem. § 1666. Dagegen entsteht bei einer Interessenkollision gem. Abs. 2 Satz 1 kein Alleinsorgerecht des anderen Elternteils. Vielmehr ist ein Ergänzungspfleger gem. § 1909 Abs. 1 zu bestellen (s.u. Rdn. 16).

8   Satz 3 erweitert das **Recht zur Alleinvertretung** und erstreckt es auch auf den Elternteil, der ohne alleinsorgeberechtigt zu sein, in berechtigter Weise die elterliche Sorge **allein ausübt**. Dies betrifft die Fälle der tatsächlichem Verhinderung oder des Ruhens der elterlichen Sorge eines Elternteils gem. § 1678 i.V.m. §§ 1673, 1674 sowie der Alleinentscheidungsbefugnis des betreuenden Elternteils in Alltagsangelegenheiten bei gemeinsamer Sorge gem. § 1687 Abs. 1 Satz 2 und des vorübergehend betreuenden Elternteils in Angelegenheiten der tatsächlichen Betreuung bei gemeinsamer Sorge und ohne Sorgeberechtigung gem. §§ 1687 Abs. 1 Satz 4, 1687 a. Darüber hinaus ist nach **Satz 3** auch der Elternteil alleinvertretungsberechtigt, dem gem. **§ 1628** das Entscheidungsrecht übertragen wurde. Schließlich besteht gem. Abs. 2 Satz 2 eine Sonderregelung für die Geltendmachung von Unterhaltsansprüchen (s.u. Rdn. 18 ff.).

9   In **Satz 4 1. Hs.** ist nunmehr das **Notvertretungsrecht** normiert, dass jeden Elternteil bei Gefahr im Verzug berechtigt, das Kind allein zu vertreten. Das Alleinvertretungsrecht ist aber beschränkt auf die Rechtshandlungen, die zum Wohl des Kindes notwendig sind. Die Annahme von **Gefahr im Verzug** setzt voraus, dass die Zustimmung des anderen Elternteils für die erforderliche Rechtshandlung nicht mehr eingeholt werden kann, ohne dass dem Kind erhebliche nicht wieder gutzumachende, insb. gesundheitliche oder finanzielle, Nachteile entstehen.[9] Obwohl der Begriff »Gefahr im Verzug« dem Strafverfahrensrecht entnommen ist, können die dort entwickelten Grundsätze nur eingeschränkt übernommen werden. So ist in entsprechender Anwendung der Rechtsprechung des BVerfG zu § 102 StPO[10] von dem betreffenden Elternteil zwar zu fordern, dass er rechtzeitig Vorbereitungen trifft, die das Entstehen von Gefahr im Verzug verhindern (etwa Impfungen bei bevorstehender Auslandsreise), doch kann man nicht soweit gehen »Gefahr im Verzug« aus Rechtgründen abzulehnen, weil der Elternteil durch seine Nachlässigkeit die Voraussetzungen hierfür erst selbst geschaffen hat. Jedoch kann ein solches schuldhaftes Verhalten Schadensersatzansprüche des Kindes auslösen. Bejaht der Elternteil **irrtümlich** die Voraussetzungen für das Notvertretungsrecht wird man die Notwendigkeit der Vornahme der Rechtshandlung ex ante aus der Sicht eines vernünftig denkender Dritten zu beurteilen haben.[11]

10 Nach Vornahme der Eilmaßnahme ist der andere Elternteil unverzüglich hiervon zu unterrichten, **Satz 4 2. Hs.**

B. Abs. 2 Satz 1, 3 und Abs. 2a: Ausschluss und Entziehung des Vertretungsrechts

11 Gem. **Satz 1** ist das Vertretungsrecht der Eltern ausgeschlossen, wenn auch ein Vormund gem. § 1795 das Kind nicht vertreten könnte. Im Vaterschaftsanfechtungsverfahren sind beide Eltern verhindert das Kind zu vertreten.[12] Über § 1795 Abs. 2 findet § 181 Anwendung. Im Übrigen

8 BGHZ 105, 45, 49 = FamRZ 1988, 1142, 1143.
9 Vgl. Palandt/Diederichsen § 1629 Rn. 17.
10 BVerfG NJW 2001, 1121.
11 Vgl. auch Johannsen/Henrich/Jaeger § 1629 Rn. 4, der keinen strengen Maßstab anwenden will und erwägt das Alleinvertretungsrecht in Analogie zu § 680 nur im Falle einer grob fahrlässigen Fehleinschätzung nicht zu bejahen.
12 OLG Brandenburg FamRZ 2010, 472.

betrifft § 1795 Abs. 1 ausschließlich Rechtsgeschäfte, so dass für alle anderen Rechtshandlungen mit Interessenkonflikt nur die Anwendung von Satz 3 i.V.m. § 1796 in Betracht kommt. Eine Sonderregelung des gesetzlichen Ausschlusses des Vertretungsrechts beider Eltern findet sich in § 52 Abs. 2 Satz 2 StPO für die Entscheidung über das Zeugnisverweigerungsrecht des Kindes im Falle eines Strafverfahrens gegen einen Elternteil, etwa wegen sexuellen Missbrauchs des Kindes. Für die Entscheidung über den Nebenklageanschluss des Kindes im Strafverfahren gegen einen Elternteil ist das Vertretungsrecht des anderen Elternteils nicht gem. § 1795 ausgeschlossen; in der Regel liegt auch kein Interessenkonflikt i.S.d. § 1796 vor.[13]

Liegen die Voraussetzungen des Satz 1 vor, ist die Vertretung des Kindes **kraft Gesetzes** ausge- 12 schlossen, ohne dass es darauf ankommt, ob im konkreten Fall ein Interessenkonflikt vorliegt oder das Wohl oder das Vermögen des Kindes gefährdet ist.

Einen Spezialfall des Ausschlusses des Vertretungsrechts regelt der mit dem Gesetz zur Klärung der 13 Vaterschaft unabhängig vom Anfechtungsverfahren vom 28.02.2008 eingefügte **Abs. 2a**. Demnach können Vater und Mutter das Kind im **gerichtlichen** Verfahren nach dem ebenfalls mit diesem Gesetz neu eingefügten § 1598a nicht vertreten, wodurch Interessenkollisionen verhindert werden sollen. Außerhalb dieses Verfahrens gilt der Ausschluss nicht, weshalb die Eltern eine außergerichtliche Vereinbarung über die Klärung der Abstammung treffen können. Regelmäßig werden dadurch die Kindesinteressen gewahrt sein, andernfalls kommt eine Entziehung des Vertretungsrechts gem. Abs. 2 Satz 3 in Betracht.[14]

Im Übrigen kann das Familiengericht gem. Satz 3 1. Hs einem Elternteil die Vertretung für ein- 14 zelne Angelegenheiten oder einen bestimmten Kreis von Angelegenheiten entziehen, wenn dies gem. § 1796 bei einem Vormund veranlasst wäre. Voraussetzung dafür ist, dass die konkrete Gefahr einer **Interessenkollision** besteht, die den Elternteil objektiv hindert zugleich die Interessen des Kindes wahrzunehmen. Dabei ist auch zu berücksichtigen, welche Auswirkungen der Interessengegensatz auf den Familienfrieden hat.[15] Eine Entziehung kommt nicht in Betracht, wenn zu erwarten ist, dass der betreffende Elternteil trotz des Interessengegensatzes im Interesse des Kindes handelt.[16] Die Entziehung des Vertretungsrechts ist stets nur insoweit zulässig, wie ein erheblicher Interessengegensatz besteht.[17] Der erhebliche Interessengegensatz kann sich bei dem anderen Elternteil, der nicht unmittelbar betroffen ist, aus einem gleichgelagerten eigenen Interesse ergeben.[18] Da es sich um einen Eingriff in das Elternrecht handelt, ist der Grundsatz der Verhältnismäßigkeit zu beachten. Daher hat das Gericht vor Entziehung der Vertretungsbefugnis in jedem Fall zu prüfen, ob dem Interessengegensatz nicht durch mildere Maßnahmen begegnet werden kann. In Betracht kommt etwa die Bestellung eines Verfahrensbeistands, wenn dadurch die Kindesinteressen wirksam vertreten werden können.[19]

Gem Satz 3 2. Hs kann das Vertretungsrecht für die Vaterschaftsfeststellung der Mutter nicht ent- 15 zogen werden. Ohne diese Regelung käme gegenüber einer Mutter, die die Vaterschaftsfeststellung unterlässt, insoweit der Entzug des Sorgerechts in Betracht mit der Folge der Antragstellung durch den Ergänzungspfleger. Dies stünde aber im Gegensatz zu der Absicht des Gesetzgebers, die er mit der Abschaffung der Amtspflegschaft verfolgt hat.[20] Nunmehr kann der Mutter das Sorgerecht im Hinblick auf die unterlassene Vaterschaftsfeststellung nur dann entzogen werden, wenn die Voraussetzungen des § 1666 erfüllt sind. Dies bedarf einer sorgfältigen Prüfung. Zwar ist im Nor-

---

13 OLG Frankfurt FamRZ 2009, 1227.
14 BT-Drucks. 16/6561 S. 15.
15 Palandt/Diederichsen § 1629 Rn. 24 und Rn. 26 mit zahlreichen Beispielen.
16 OLG Brandenburg FamRZ 2011, 1305.
17 OLG Brandenburg FamRZ 2011, 1305.
18 OLG Köln NJWE-FER 2000, 231; vgl auch Rechtsgedanke des § 52 Abs. 2 Satz 2 Hs. 2 StPO.
19 BGH FamRZ 2011, 1788, 1790; 2012, 436.
20 Vgl Palandt/Diederichsen § 1629 Rn. 28.

mal fall von einem natürlichen Interesse des Kindes an der Feststellung seiner wirklichen Abstammung auszugehen.[21] Doch war bereits nach altem Recht anerkannt, dass der Mutter nur dann das Sorgerecht teilweise entzogen werden darf, wenn im konkreten Einzelfall Umstände festgestellt werden, aus denen sich ein erheblicher Interessengegensatz zwischen Mutter und Kind ergibt.[22] Umso mehr muss dies für die Annahme der Voraussetzungen des § 1666 gelten. Gegen die Feststellung der Vaterschaft könnten die Umstände der Zeugung (Vergewaltigung, Inzest) oder die günstigere unterhalts- oder erbrechtliche Situation sprechen.[23]

16 **Rechtsfolge** des Ausschlusses oder der Entziehung des Vertretungsrechts ist, dass ein **Ergänzungspfleger gem. § 1909 Abs. 1** zu bestellen ist. Dies gilt auch, wenn nur bei einem Elternteil ein Interessenwiderstreit konkret festgestellt wird, weil immer auch die Gefahr der Beeinflussung des anderen Elternteils besteht.[24] Im Übrigen folgt dies aus den Grundsätzen der Gesamtvertretung, wonach bei rechtlicher Verhinderung eines Gesamtvertreters auch der andere infolge der Begrenzung seiner Vertretungsmacht auf die Gesamtvertretung nicht wirksam handeln kann.[25] Nach § 52 Abs. 2 StPO kann eine Ergänzungspflegschaft gem. § 1909 erst angeordnet werden, wenn die Aussagebereitschaft des Minderjährigen feststeht, da es nur dann auf die Entscheidung des Ergänzungspflegers ankommt.[26]

C. Abs. 2 Satz 2 und Abs. 3: Sonderfall: Geltendmachung von Unterhaltsansprüchen

I. Abs. 2 Satz 2: Alleinvertretung in Unterhaltssachen

17 Die Vorschrift normiert sowohl eine Ausnahme vom Grundsatz der Gesamtvertretung bei gemeinsamer elterlicher Sorge (Abs. 1 Satz 2 1. Hs.) als auch vom Ausschluss der Vertretungsmacht bei Rechtsgeschäften zwischen dem anderen Elternteil und dem Kind (Abs. 2 Satz 1).

18 Unabhängig davon, ob die Eltern verheiratet sind oder nicht, ist bei gemeinsamer elterlicher Sorge der Elternteil zur Geltendmachung von Unterhaltsansprüchen berechtigt, in dessen alleiniger **Obhut** sich das Kind befindet. Entscheidend sind die tatsächlichen Betreuungsverhältnisse.[27] (Alleinige) Obhut hat der Elternteil bei dem der Schwerpunkt tatsächlicher Fürsorge liegt, das ist derjenige, der sich vor dem anderen des Wohls des Kindes annimmt und sich um die Befriedigung der elementaren Bedürfnisse des Kindes kümmert.[28] Dies kann auch bei Getrenntleben der Eltern innerhalb einer Wohnung der Fall sein, insb. wenn ein Elternteil voll und der andere nicht oder nur teilweise erwerbstätig ist.[29] Auch wenn das Kind in einem Heim oder bei einer Pflegefamilie untergebracht ist, kann derjenige Elternteil, der sich um das Wohl des Kindes kümmert, regelmäßig Kontakte zu ihm hält und für seinen Unterhalt aufkommt, also die Drittbetreuung organisiert und überwacht, Inhaber der Obhut im Sinne des Abs. 2 Satz 2 sein.[30] Ein längerer Ferienaufenthalt bei dem ansonsten nicht betreuenden Elternteil begründet noch kein Obhutsverhältnis.[31] Lässt sich nicht feststellen, bei welchem Elternteil der Schwerpunkt der Fürsorge liegt, kommt nur ein Antrag gem. § 1628 oder die Bestellung eines Unterhaltspflegers gem. §§ 1666, 1693, 1697 in

21 BGH NJW 1972, 1708; OLG Stuttgart FamRZ 1983, 831.
22 OLG Stuttgart FamRZ 1983, 831; BayObLG FamRZ 1994, 1196; FamRZ 1999, 737 f.
23 Palandt/Diederichsen § 1629 Rn. 28.
24 Vgl. BGH NJW 1972, 1708; Palandt/Diederichsen § 1629 Rn. 21.
25 Staudinger/Peschel-Gutzeit § 1629 Rn. 315.
26 OLG Saarbrücken FamRZ 2011, 1304.
27 OLG Bamberg FamRZ 1985, 632.
28 OLG Brandenburg FamRZ 2009, 1228; OLG Stuttgart FamRZ 1995, 1168; OLG Düsseldorf FamRZ 1992, 575; BGH FamRZ 2006, 1015, 1016.
29 OLG Düsseldorf FamRZ 1988, 1092.
30 OLG Brandenburg FamRZ 2009, 1228.
31 OLG Köln FamRZ 2005, 1852.

Betracht.[32] Dies ist insb. beim sogenannten »Wechselmodell« der Fall, bei dem sich die Eltern darauf geeinigt haben, dass das Kind einen Teil der Woche beim Vater, den anderen bei der Mutter verbringt.[33]

Die **Vertretungsmacht** ist auf die Geltendmachung von Unterhaltsansprüchen des Kindes gegen   19
den anderen Ehegatten beschränkt. Sie umfasst die gerichtliche und außergerichtliche Vertretung.
Bei der außergerichtlichen Vertretung muss der Elternteil im Namen des Kindes handeln; für die
gerichtliche Vertretung gilt dasselbe, wenn nicht Abs. 3 eingreift. Über den Wortlaut des Abs. 2
Satz 2 hinaus, vertritt der Elternteil das Kind gerichtlich und außergerichtlich auch dann, wenn
der andere Elternteil **Ansprüche gegen das Kind** im Zusammenhang mit der bestehenden Kindes-
unterhaltpflicht geltend macht, insb. die Abänderung eines Titels verlangt.[34]

II. Abs. 3: Gesetzliche Verfahrensstandschaft und Wirkungen

Um dem ehelichen Kind Konflikte zu ersparen und es nicht am Scheidungsverbundverfahren sei-   20
ner Eltern beteiligen zu müssen, trifft **Abs. 3 Satz 1** für verheiratete Eltern, die getrennt leben
(oder zwischen denen eine Ehesache anhängig ist) eine **Sonderregelung** für die gerichtliche Geltendmachung von Unterhaltsansprüchen des Kindes gegen einen Elternteil: Der Elternteil muss
den Kindesunterhalt zwingend im eigenen Namen für das Kind geltend machen.

Diese Form der gesetzlichen Verfahrensstandschaft setzt notwendigerweise voraus, dass der antrag-   21
stellende Elternteil die **alleinige Vertretungsmacht** für die Geltendmachung von Unterhaltsansprüchen des Kindes gegen den anderen Elternteil hat, weil ihm andernfalls die Aktivlegitimation
fehlt. Die Vertretungsmacht kann auf (zumindest insoweit) bestehender Alleinsorge oder auf Kin-
derobhut bei gemeinsamer Sorge gem. Abs. 2 Satz 2 beruhen.

Die Eltern müssen im Sinne des § 1567 Abs. 1 **getrennt leben, aber noch verheiratet** sein. Die   22
Regelung gilt nicht für geschiedene oder unverheiratete Eltern.

Die Verfahrensstandschaft ist nicht auf das Scheidungsverbundverfahren beschränkt, sondern gilt   23
für alle Kindesunterhaltsverfahren[35] einschließlich einstweiliger Anordnungen und über den Wortlaut des Satz 1 hinaus auch für Passivverfahren betreffend den Kindesunterhalt (etwa Abände-
rungsanträge, negative Feststellungsanträge), aber nicht für das vereinfachte Unterhaltsverfahren.[36]

Die Verfahrensstandschaft endet mit Rechtskraft der Scheidung, mit Volljährigkeit des Kindes,   24
mit Übergang des Kindesunterhaltsanspruchs auf das Land gem. § 7 UVG und mit Übergang der
Sorge oder der Obhut[37] auf den anderen Elternteil. Während in den letzten beiden Fällen die Verfahrensstandschaft übergangslos endet, gilt im Übrigen folgendes: Macht ein Elternteil Unterhaltsansprüche eines gemeinschaftlichen Kindes gegen den anderen Elternteil gem. § 1629 Abs. 3
Satz 1 zulässigerweise im eigenen Namen geltend, so dauert seine Verfahrensstandschaft **über die
Scheidung der Ehe hinaus** jedenfalls dann bis zum Abschluss des Unterhaltsverfahrens fort, wenn
die elterliche Sorge für das minderjährige Kind keinem anderen als ihm übertragen worden ist.[38]
Hat ein Ehegatte im Verbundverfahren rechtzeitig die Regelung der gesetzlichen Unterhaltspflicht
gegenüber einem minderjährigen ehelichen Kind begehrt, dann tritt das Kind selbst als Partei in
das Verfahren ein, wenn es **volljährig** geworden ist.[39] Es handelt sich um einen gesetzlichen Partei-

---

32 Johannsen/Henrich/Jaeger § 1629 Rn. 6.
33 OLG München FamRZ 2003, 248.
34 Vgl. Johannsen/Henrich/Jaeger § 1629 Rn. 6.
35 BGH FamRZ 1983, 474.
36 Palandt/Diederichsen § 1629 Rn. 38.
37 OLG Hamm FamRZ 1990, 890.
38 BGH FamRZ 1990, 283.
39 BGH FamRZ 1985, 471.

wechsel, der keiner Zustimmung des Gegners bedarf.[40] Dies gilt auch für die Geltendmachung von Unterhaltsrückständen.[41]

25 Da Abs. 3 Satz 1 voraussetzt, dass es sich um ein gemeinschaftliches Kind handelt, endet die Verfahrensstandschaft auch übergangslos mit rechtskräftigem Feststellungsbeschluss bei erfolgreicher Vaterschaftsanfechtung.[42]

26 Die gesetzliche Verfahrensstandschaft gem. Abs. 3 Satz 1 wirkt auch noch im **Zwangsvollstreckungsverfahren**. Deshalb kann solange die Verfahrensstandschaft besteht nur der Elternteil, der Titelgläubiger ist, die Vollstreckung im eigenen Namen betreiben. Selbst **nach Rechtskraft der Scheidung** ist der betreffende Elternteil – solange das Kind noch minderjährig ist – berechtigt im eigenen Namen gegen den anderen Elternteil aus dem Kindesunterhaltstitel zu vollstrecken.[43] Daneben kann jetzt aber nach Umschreibung des Titels auch das Kind selbst vollstrecken, da mit Rechtskraft der Scheidung die Verfahrensstandschaft entfallen ist.

27 Anders ist es, wenn die Verfahrensstandschaft auf Grund **Volljährigkeit** des Kindes endet. Dann kann nur mehr das Kind selbst vollstrecken, muss jedoch zuvor den Unterhaltstitel auf sich umschreiben lassen. Vollstreckt der Elternteil, der Titelgläubiger ist, dennoch weiter, kann der Schuldner-Elternteil dagegen mit dem **Vollstreckungsgegenantrag** vorgehen.[44] Dieselben Grundsätze gelten, wenn die Verfahrensstandschaft auf Grund Obhutswechsel auf den anderen Elternteil übergegangen ist.[45]

28 Ist die Verfahrensstandschaft beendet, ist ein Abänderungsantrag vom Kind bzw. gegen das Kind zu erheben, auch wenn Titelgläubiger der Elternteil ist.[46] Vor Beendigung der Verfahrensstandschaft ist der Abänderungsantrag gegen den Gläubiger-Elternteil zu stellen.

29 Abs. 3 Satz 2 knüpft an Satz 1 an. Eine im Rahmen der Verfahrensstandschaft erstrittene gerichtliche Entscheidung oder geschlossener gerichtlicher Vergleich wirken für und gegen das Kind. Ein Beitritt des Kindes ist daher nicht erforderlich.[47]

§ 1629a   Beschränkung der Minderjährigenhaftung

(1) [1]**Die Haftung für Verbindlichkeiten, die die Eltern im Rahmen ihrer gesetzlichen Vertretungsmacht oder sonstige vertretungsberechtigte Personen im Rahmen ihrer Vertretungsmacht durch Rechtsgeschäft oder eine sonstige Handlung mit Wirkung für das Kind begründet haben, oder die auf Grund eines während der Minderjährigkeit erfolgten Erwerbs von Todes wegen entstanden sind, beschränkt sich auf den Bestand des bei Eintritt der Volljährigkeit vorhandenen Vermögens des Kindes; dasselbe gilt für Verbindlichkeiten aus Rechtsgeschäften, die der Minderjährige gemäß §§ 107, 108 oder § 111 mit Zustimmung seiner Eltern vorgenommen hat oder für Verbindlichkeiten aus Rechtsgeschäften, zu denen die Eltern die Genehmigung des Familiengerichts erhalten haben.** [2]**Beruft sich der volljährig Gewordene auf die Beschränkung der Haftung, so finden die für die Haftung des Erben geltenden Vorschriften der §§ 1990, 1991 entsprechende Anwendung.**

---

40 OLG München FamRZ 1996, 422.
41 OLG München FamRZ 1996, 422.
42 OLG Düsseldorf FamRZ 1987, 1162.
43 OLG Hamm FamRZ 1984, 927; OLG Nürnberg FamRZ 1987, 1172; vgl. auch BGH FamRZ 1991, 295 f.
44 OLG Hamm FamRZ 2000, 365; OLG Brandenburg FamRZ 1997, 509; OLG Köln FamRZ 1995, 308; OLG Hamm FamRZ 1992, 843; OLG Oldenburg FamRZ 1992, 844.
45 OLG München FamRZ 1997, 1493 f.
46 OLG Karlsruhe FamRZ 1980, 1059; FamRZ 1980, 1149; OLG Hamm FamRZ 1990, 1375.
47 Palandt/Diederichsen § 1629 Rn. 40.

(2) Absatz 1 gilt nicht für Verbindlichkeiten aus dem selbstständigen Betrieb eines Erwerbsgeschäfts, soweit der Minderjährige hierzu nach § 112 ermächtigt war, und für Verbindlichkeiten aus Rechtsgeschäften, die allein der Befriedigung seiner persönlichen Bedürfnisse dienten.

(3) Die Rechte der Gläubiger gegen Mitschuldner und Mithaftende sowie deren Rechte aus einer für die Forderung bestellten Sicherheit oder aus einer deren Bestellung sichernden Vormerkung werden von Absatz 1 nicht berührt.

(4) [1]Hat das volljährig gewordene Mitglied einer Erbengemeinschaft oder Gesellschaft nicht binnen drei Monaten nach Eintritt der Volljährigkeit die Auseinandersetzung des Nachlasses verlangt oder die Kündigung der Gesellschaft erklärt, ist im Zweifel anzunehmen, dass die aus einem solchen Verhältnis herrührende Verbindlichkeit nach dem Eintritt der Volljährigkeit entstanden ist; Entsprechendes gilt für den volljährig gewordenen Inhaber eines Handelsgeschäfts, der dieses nicht binnen drei Monaten nach Eintritt der Volljährigkeit einstellt. [2]Unter den in Satz 1 bezeichneten Voraussetzungen wird ferner vermutet, dass das gegenwärtige Vermögen des volljährig Gewordenen bereits bei Eintritt der Volljährigkeit vorhanden war.

A. Allgemeines

Die Vorschrift wurde ins BGB mit Wirkung vom 01.01.1999 eingefügt durch das Gesetz zur   1
Beschränkung der Haftung Minderjähriger (Minderjährigenhaftungsbeschränkungsgesetz – MHbeG) vom 25.08.1998.[1] Dem zu Grunde liegt eine Entscheidung des **BVerfG** vom 13.05.1986.[2] In dieser wurde die umfassende Vertretungsmacht der Eltern mit der Möglichkeit, ein Kind auch über seine Volljährigkeit hinaus unbegrenzt zu verpflichten, als mit der Verfassung nicht vereinbar angesehen. Das allgemeine Persönlichkeitsrecht Minderjähriger (Art. 2 Abs. 1 i.V.m. 1 Abs. 1 GG) verbietet es, dass sie als Folge der elterlichen Vertretungsmacht mit erheblichen Schulden in die Volljährigkeit entlassen werden.[3] Da das BGB letzteres mit seinen bisherigen Regelungen zur Vertretungsmacht der Eltern und zur gerichtlichen Genehmigung von Elterngeschäften (§§ 1629, 1643 BGB) nicht verhindern konnte, musste der Gesetzgeber tätig werden, was dann – immerhin mehr als 12 Jahre nach der Entscheidung des BVerfG – mit der Verabschiedung des MHbeG erfolgt ist.

Zweck der Norm ist zu verhindern, dass der Minderjährige mit fremdverursachten Schulden in   2
die Volljährigkeit eintritt, von denen er sich dann nicht mehr befreien kann. Die gesetzgeberische Lösung hierzu besteht darin, dem jungen Volljährigen die Rechtsmacht zu geben, sich von der Haftung mit seinem künftigen Vermögen für von gesetzlichen oder sonstigen Vertretern verursachten, aber auch von ererbten Verbindlichkeiten zu lösen. Ohne Ausübung dieses **Lösungsrechts** haftet er allerdings auch mit seinem künftigen Vermögen weiter, ein gesetzlicher Schuldenerlass findet nicht statt; die Verpflichtung von Mitschuldnern und Mithaftenden sowie Gläubigerrechte aus Sicherheiten bleiben bestehen (Abs. 3).[4] Instrumente zur Gewährleistung dieses Überschuldungsschutzes sind das Recht zur Haftungsbegrenzung (Abs. 1 bis 3) und das Sonderkündigungsrecht (Abs. 4 i.V.m. § 723 Abs. 1 Satz 3 Nr. 2 BGB).

---

1 BGBl I S. 2487.
2 BVerfG FamRZ 1986, 769.
3 BVerfG FamRZ 1986, 769.
4 Vgl. BFH FamRZ 2004, 195.

B. Abs. 1 und 2: Haftungsbeschränkung

I. Voraussetzungen

3   Entsprechend dem Schutzzweck der Norm werden alle Verbindlichkeiten erfasst, die Eltern, Vormund, Pfleger oder andere Vertretungsberechtigte durch Rechtsgeschäft oder sonstige Handlungen mit Wirkung für den Minderjährigen begründen (Abs. 1 Satz 1 Hs. 1) oder die der Minderjährige selbst aufgrund der ihm erteilten Einwilligung bzw. Genehmigung dieser Personen gem. §§ 107, 108, 111 eingeht (Abs. 1 Satz 1 Hs. 2). Daran ändert auch die gerichtlichen Genehmigung nichts (Abs. 1 Satz 1 Hs. 2). Ebenso fallen ererbte Schulden in den Anwendungsbereich (Abs. 1 Satz 1 Hs. 1).

4   Gem. **Abs. 2** besteht die Möglichkeit der Haftungsbeschränkung aber nicht für Verbindlichkeiten, die der Minderjährige i.R. seines **Erwerbsgeschäfts** nach § 112 oder ausschl zur **persönlichen Bedürfnisbefriedigung** begründet. Zu letzteren zählen insb. Kleingeschäfte des täglichen Lebens, wie der Kauf von Lebensmitteln und Schulutensilien, aber auch von Konsum- und Freizeitartikeln.[5] Auch Kosten medizinischer Behandlung dienen grds. der persönlichen Bedürfnisbefriedigung;[6] anders aber – mit der Folge des Haftungsprivileg nach Abs. 1 – bei aufwendiger und kostspieliger ärztlicher Behandlung, deren Kosten von der Krankenversicherung nicht vollständig übernommen werden und die den medizinischen Mindestschutz übersteigen.[7]

5   Für ausschließlich **selbst verursachte Verbindlichkeiten** scheidet eine Haftungsbegrenzung gem. Abs. 1 aus. Dies gilt für Ansprüche gegen den Minderjährigen aus unerlaubter Handlung gem. §§ 823 ff. (einschließlich der Billigkeitshaftung nach § 829), Gefährdungshaftung (Straßenverkehr), Eigentumsrecht gem. § 985, ungerechtfertigter Bereicherung gem. §§ 812 ff. sowie Unterhaltsverpflichtungen gem. §§ 1601 ff.[8]

II. Wirkungen

6   Der volljährig Gewordene kann seine Haftung hinsichtlich der in der Minderjährigkeit entstandenen beschränkungsfähigen Verbindlichkeiten auf sein Aktivvermögen begrenzen. Der Volljährige haftet nur noch mit seinem bisherigen Vermögen; Neuerwerb ist haftungsfrei. Um diese Wirkungen auszulösen, muss sich der junge Erwachsene aber auf seine beschränkte Haftung berufen und gem. Abs. 1 S. 2 i.V.m. § 1990 die Erschöpfungseinrede erheben. Zum Schutz in der Zwangsvollstreckung muss er die Aufnahme des Vorbehalts der beschränkten Haftung im Urteil gem. §§ 780 Abs. 1, 786 ZPO beantragen;[9] dies ist wegen der Möglichkeit der Vollstreckungsgegenklage nach §§ 781, 785, 767, 786 ZPO nur dann entbehrlich, wenn der Titel noch aus der Zeit der Minderjährigkeit stammt.[10] Die weiteren Wirkungen der Geltendmachung der Einrede regeln die entsprechend anwendbaren §§ 1990, 1991.

7   Nach § 723 Abs. 1 Satz 3 Nr. 2, Satz 4 bis 6 BGB hat der volljährig Gewordene ein **Sonderkündigungsrecht**, wenn er aus der Zeit seiner Minderjährigkeit Gesellschafter einer auf unbestimmte Zeit eingegangenen **Gesellschaft** (auch OHG – § 105 Abs. 1 HGB – und KG – § 161 Abs. 2 HGB –) ist. Dieses Recht zur – an sich fristlosen – Kündigung ist allerdings an die Einhaltung

---

5   AG Leipzig FamRZ 2008, 84; Palandt/Diederichsen § 1629a Rn. 11; vgl. auch Klüsener Rpfleger 1999, 55 ff.

6   AG Norderstedt MDR 2001, 513 bei Röntgenuntersuchung.

7   AG Leipzig FamRZ 2008, 84 bei besonderer kieferorthopädischer Behandlung mit zust. Anm. Bischof/Löscher.

8   Palandt/Diederichsen § 1629a Rn. 12.

9   OLG Köln FamRZ 2010, 1927; AG Siegburg FamRZ 2010, 1928.

10 G Siegburg FamRZ 2010, 1928; MüKo/Huber § 1629a Rn. 34; a.A. OLG Köln FamRZ 2010, 1927 mit zu Recht abl. Anm. Melchers FamRZ 2011, 1169.

einer Frist von drei Monaten ab Kenntnis des volljährig Gewordenen von seiner Gesellschafterstellung gebunden.[11]

Ist der Volljährige Mitglied einer bereits in der Zeit seiner Minderjährigkeit bestehenden **Erbengemeinschaft**, kann er auch dann, wenn der Erblasser die Auseinandersetzung ausgeschlossen hat, deren Durchführung verlangen (§§ 2044 Abs. 1 Satz 2, 749 Abs. 2 i.V.m. § 1629a Abs. 4 BGB).

C. Abs. 3: Keine Auswirkung auf Mithaftende

Die Haftungsbeschränkung gilt nicht für Dritte, die an Stelle oder neben dem Minderjährigen 8 verpflichtet sind, wie Gesamtschuldner, Bürgen, Schuldübernehmer und Sicherungsgeber.

D. Abs. 4: Vermutungen zum Gläubigerschutz

Abs. 4 enthält zwei Vermutungen zum Schutz der Gläubiger des volljährig gewordenen Mitglieds 9 einer Erbengemeinschaft/Gesellschaft oder Inhabers eines Handelsgeschäfts, die zur Beweislastumkehr führen. Gem. **Abs. 4 Satz 1** wird vermutet, dass die Verbindlichkeiten erst nach Eintritt der Volljährigkeit entstanden sind; gem. **Abs. 4 Satz 2** wird vermutet, dass das gesamte Vermögen bereits bei Eintritt der Volljährigkeit vorhanden war. Beide Vermutungen führen dazu, dass die Haftungsbeschränkung zunächst nicht eingreift. Allerdings steht dem volljährig Gewordenen der Gegenbeweis offen.

Beide nebeneinander stehenden Vermutungen setzen voraus, dass der Schuldner nicht binnen 10 einer Frist von **drei Monaten** nach Erlangung der Volljährigkeit die Auseinandersetzung der Erbengemeinschaft verlangt, die Gesellschaft gekündigt oder das Handelsgeschäft eingestellt hat. Doch kann der volljährig Gewordene auch bei einem Verbleiben in der Gesellschaft/Erbengemeinschaft/Einzelunternehmen die Haftungsbegrenzung nach Abs. 1 geltend machen, da für diese keine zeitliche Zäsur besteht. Es gilt lediglich die Beweislastumkehr.

§ 1630 Elterliche Sorge bei Pflegerbestellung oder Familienpflege

(1) Die elterliche Sorge erstreckt sich nicht auf Angelegenheiten des Kindes, für die ein Pfleger bestellt ist.

(2) Steht die Personensorge oder die Vermögenssorge einem Pfleger zu, so entscheidet das Familiengericht, falls sich die Eltern und der Pfleger in einer Angelegenheit nicht einigen können, die sowohl die Person als auch das Vermögen des Kindes betrifft.

(3) ¹Geben die Eltern das Kind für längere Zeit in Familienpflege, so kann das Familiengericht auf Antrag der Eltern oder der Pflegeperson Angelegenheiten der elterlichen Sorge auf die Pflegeperson übertragen. ²Für die Übertragung auf Antrag der Pflegeperson ist die Zustimmung der Eltern erforderlich. ³Im Umfang der Übertragung hat die Pflegeperson die Rechte und Pflichten eines Pflegers.

A. Abs. 1: Beschränkung der elterlichen Sorge durch Pflegerbestellung

Ist dem Kind ein Pfleger bestellt, so wird die elterliche Sorge in dem Umfang der Bestellung verdrängt. Die Pflegerbestellung wirkt deshalb wie ein teilweiser Sorgerechtsentzug. Es handelt sich um eine Ergänzungspflegschaft gem. § 1909 Abs. 1. Wann ein Ergänzungspfleger zu bestellen ist, 1

---

11 Zu näheren Einzelheiten s. Klüsener Rpfleger 1999, 55 f.

wird in verschiedenen Vorschriften geregelt. Hauptanwendungsfälle sind § 1666 sowie die rechtliche Verhinderung der Eltern auf Grund Interessenkonflikts gem. § 1629 Abs. 2 Satz 1 und 3.

B. Abs. 2: Konflikt zwischen Eltern und Pfleger

2   Ein rechtlich relevanter Konflikt tritt auf, wenn in einer Angelegenheit, die **Personen- und Vermögenssorge** betrifft, Pfleger und Eltern, die jeweils für den einen oder anderen Teilbereich das Sorgerecht innehaben, unterschiedlicher Meinung sind. Für diesen Fall bestimmt Abs. 2, dass das Familiengericht den Streit zu entscheiden hat. Dabei **ersetzt** es die Zustimmung des oder der Sorgeberechtigten, dessen Meinung es nicht folgen will. Sind sich aber der Pfleger und ein Elternteil einig, so verfährt das Familiengericht gem. § 1628; einer Entscheidung gem. § 1630 Abs. 2 bedarf es dann nicht.[1]

3   **Analog** gilt Abs. 2 in allen Fällen, in denen Personen- und Vermögenssorge verschiedenen Personen zustehen und auch, wenn nur für einen Teilbereich der Personen- oder Vermögenssorge eine andere Person sorgeberechtigt ist. Voraussetzung ist aber, dass der Konflikt Personen- und Vermögenssorge betrifft. Deshalb soll keine analoge Anwendung in Betracht kommen, wenn der Konflikt innerhalb eines Teilbereichs besteht.[2]

4   Ein **Anwendungsbeispiel** ist der Konflikt über die Berufswahl – die ja grds. der Personensorge unterliegt – wenn für die Ausbildung das Kindesvermögen herangezogen werden soll.[3] Dagegen ist die Verwendung des Kindesunterhalts ausschließlich eine Angelegenheit der Personensorge, weshalb Abs. 2 nicht eingreift.

C. Abs. 3: Sorgerechtsübertragung bei Familienpflege

5   Befindet sich das Kind mit Zustimmung der Eltern für längere Zeit in Familienpflege, wozu auch die Vollzeitpflege gem. § 33 SGB VIII gehört, so kann das Familiengericht auf Antrag der Eltern oder der Pflegeperson Angelegenheiten der elterlichen Sorge auf die Pflegeperson übertragen.[4] Voraussetzung ist aber die **Zustimmung der Eltern**. Es können einzelne Angelegenheiten, aber auch die gesamte elterliche Sorge übertragen werden.[5] Maßgeblich ist, in welchem Umfang die Übertragung zur ordnungsgemäßen Kindesbetreuung unter Berücksichtigung des Kindswohls erforderlich ist.[6] Nehmen die Eltern oder der alleinsorgeberechtigte Elternteil den Antrag oder die Zustimmung zurück, ist die elterliche Sorge ohne weiteres zurückzuübertragen.[7]

6   Gemäß **Satz 3** hat die Pflegeperson durch die Übertragung die Rechte und Pflichten eines Ergänzungspflegers, wodurch die ordnungsgemäße Betreuung des Kindes erheblich vereinfacht wird. Daneben gilt § 1688, der jedoch im Bereich der Sorgerechtübertragung nach Abs. 3 subsidiär ist.[8]

D. Verfahrensrecht

7   Vgl. dazu § 1626 Rdn. 25 ff.

---

1   Palandt/Diederichsen § 1630 Rn. 6.
2   RGZ 129, 18; Palandt/Diederichsen § 1630 Rn. 7; a.A. Staudinger/Peschel-Gutzeit § 1630 Rn. 22.
3   Vgl. RGZ 129, 18; Palandt/Diederichsen § 1630 Rn. 7.
4   Nach AG Ibbenbüren FamRZ 2009, 1331, ist auch die Übertragung auf mehrere Pflegepersonen zulässig.
5   KG FamRZ 2006, 1291, 1292; Baer FamRZ 1982, 221, 229; MüKo/Huber § 1630 Rn. 26; a.A. OLG Jena FamRZ 2009, 992, 993.
6   OLG Stuttgart FamRZ 2006, 1291, 1292.
7   OLG Celle FamRZ 2011, 1664.
8   Zum Verhältnis der Vorschriften vgl. Staudinger/Salgo § 1688 Rn. 10.

§ 1631 Inhalt und Grenzen der Personensorge

(1) Die Personensorge umfasst insbesondere die Pflicht und das Recht, das Kind zu pflegen, zu erziehen, zu beaufsichtigen und seinen Aufenthalt zu bestimmen.

(2) [1]Kinder haben ein Recht auf gewaltfreie Erziehung. [2]Körperliche Bestrafungen, seelische Verletzungen und andere entwürdigende Maßnahmen sind unzulässig.

(3) Das Familiengericht hat die Eltern auf Antrag bei der Ausübung der Personensorge in geeigneten Fällen zu unterstützen.

A. Abs. 1: Personensorge

Abs. 1 benennt wichtige Teilbereiche der Personensorge; vollständig ist die Aufzählung nicht. Hinsichtlich der einzelnen Bestandteile der Personensorge und ihrer Bedeutung s. § 1626 Rdn. 15 ff.   1

B. Abs. 2: Gewaltfreie Erziehung

Der Absatz wurde durch das Gesetz zur Ächtung der Gewalt in der Erziehung vom 02.11.2000   2 neu gefasst. Es handelt sich um eine Verbotsnorm, der vor allem Apellcharakter zukommt mit dem Ziel einer Bewusstseinsänderung der Bevölkerung.[1] Satz 1 beinhaltet nicht nur ein Verbot von Gewalt, sondern gibt dem Kind ein Recht auf gewaltfreie Erziehung. Darin soll zum Ausdruck kommen, dass das Kind als Person mit eigener Würde und als Träger von Rechten und Pflichten die Achtung seiner Persönlichkeit auch von den Eltern verlangen kann.[2] Ergänzt wird die Vorschrift durch § 1626 Abs. 2, der die Erziehungsgrundsätze positiv beschreibt.

Satz 2 konkretisiert das Gewaltverbot, wobei die »entwürdigenden Maßnahmen« Oberbegriff und   3 Auffangtatbestand bilden.[3] Verboten sind demnach körperliche Bestrafungen, vor allem Schläge, aber auch Ohrfeigen, Schütteln, Ohrenziehen, kräftiges Zupacken oder auch nur ein »Klaps«. Denn als Sanktion eingesetzt, stellt auch eine nur geringfügige körperliche Einwirkung, wenn schon keine körperliche Bestrafung i.e.S., so jedenfalls eine entwürdigende Maßnahme dar.[4] Seelische Verletzungen werden vor allem durch beleidigende, missachtende oder gefühlskalte Äußerungen oder Verhaltensweisen herbeigeführt.

Abs. 2 steht einer körperlichen Einwirkung auf das Kind zu dessen Schutz (Wegreißen) oder zur   4 Durchsetzung berechtigter Verbote (Entwinden gefährlicher Gegenstände) mangels Strafcharakter nicht entgegen.[5]

Eine Sanktion wegen eines Verstoßes gegen Abs. 2, sieht die Vorschrift nicht vor. Doch können im   5 Übertretungsfall sowohl eine strafrechtliche Verfolgung insb. wegen Körperverletzungsdelikten oder Maßnahmen nach § 1666 in Betracht kommen.

C. Abs. 3: Familiengerichtliche Unterstützung

Auf jederzeit widerruflichen Antrag beider personensorgeberechtigter Eltern oder eines allein per-   6 sonensorgeberechtigten Elternteils muss das Familiengericht – in Gestalt des Rechtspflegers[6] –

---

1 Heger/Schomburg KindPrax 2000, 172.
2 Staudinger/Salgo § 1631 Rn. 83.
3 Staudinger/Salgo § 1631 Rn. 89.
4 Vgl. Staudinger/Salgo § 1631 Rn. 86.
5 Palandt/Diederichsen § 1631 Rn. 11, 15; Staudinger/Salgo § 1631 Rn. 85.
6 § 3 Nr. 2 a) RPflG.

diese unterstützen. Allerdings nur in geeigneten Fällen, weshalb das Familiengericht ein Tätigwerden auch ablehnen kann; entscheidend hierfür ist das Kindeswohl. Das Gericht kann hinter dem Antrag zurückbleiben, darf aber nicht über ihn hinausgehen. Der Antrag ist auch jederzeit widerruflich. Denn das Familiengericht wird nicht in Wahrnehmung seines staatlichen Wächteramtes, sondern als »Organ staatlicher Familienhilfe« tätig.[7] Unberührt bleibt freilich das Recht und die Pflicht des Familiengerichts Maßnahmen gem. § 1666 – durch den Richter – zu ergreifen, falls im Rahmen der Unterstützungstätigkeit Umstände bekannt werden, die dies erfordern.

7   Bei den konkreten Unterstützungsmaßnahmen wird das Familiengericht vielfach auf die Hilfe des Jugendamts zurückgreifen. Doch kann es im Einzelfall sinnvoll sein, dass der Rechtspfleger selbst mit dem Kind spricht oder versucht in einem gemeinsamen Gespräch zwischen Eltern und Kindern zu vermitteln.

§ 1631a   Ausbildung und Beruf

[1]In Angelegenheiten der Ausbildung und des Berufs nehmen die Eltern insbesondere auf Eignung und Neigung des Kindes Rücksicht. [2]Bestehen Zweifel, so soll der Rat eines Lehrers oder einer anderen geeigneten Person eingeholt werden.

1   Die Vorschrift ist eine Ausprägung des Grundsatzes der partnerschaftlichen Erziehung (vgl. § 1626 Rdn. 23).

§ 1631b   Mit Freiheitsentziehung verbundene Unterbringung

[1]Eine Unterbringung des Kindes, die mit Freiheitsentziehung verbunden ist, bedarf der Genehmigung des Familiengerichts. [2]Die Unterbringung ist zulässig, wenn sie zum Wohl des Kindes, insbesondere zur Abwendung einer erheblichen Selbst- oder Fremdgefährdung, erforderlich ist und der Gefahr nicht auf andere Weise, auch nicht durch andere öffentliche Hilfen, begegnet werden kann. [3]Ohne die Genehmigung ist die Unterbringung nur zulässig, wenn mit dem Aufschub Gefahr verbunden ist; die Genehmigung ist unverzüglich nachzuholen.

1   1. Ähnlich wie § 1906 für Erwachsene, die unter Betreuung stehen, verlangt § 1631b **Satz 1** auch für die Unterbringung des Kindes eine gerichtliche Genehmigung. Das gilt aber nur für die Unterbringung, mit der eine **Freiheitsentziehung** verbunden ist. Damit ist vor allem die Unterbringung in einer geschlossenen Anstalt, einem Heim oder einem Krankenhaus bzw. einer geschlossenen Abteilung innerhalb dieser Einrichtungen gemeint. Ob darunter auch die halboffene Unterbringung fällt, wenn der Betroffene seinen Willen, sich frei zu bewegen, wann und wohin er will, nicht durchsetzen kann, ist streitig.[1] Es wird im Einzelfall auch auf das äußere Erscheinungsbild der Einrichtung (Mauern, Stacheldraht, elektronische Überwachung) und auf die konkrete Möglichkeit des Betroffenen ankommen, die Sicherungsvorkehrungen zu überwinden. Nicht genehmigungspflichtig sind in jedem Fall bloße **Freiheitsbeschränkungen** (begrenzte Ausgangszeiten, Stubenarrest) wie sie in einem streng geführten Erziehungsinternat bestehen.[2]

2   Unter Freiheitsentziehung und damit unter die Genehmigungspflicht fallen auch die sog. **unterbringungsähnlichen Maßnahmen**, wie die Fixierung der Extremitäten oder des Körpers durch

---

7 Staudinger/Salgo § 1631 Rn. 94.
1 Bejahend AG Kamen FamRZ 1983, 299.
2 Palandt/Diederichsen § 1631b Rn. 2.

Fesselung.[3] Insoweit ist **§ 1906 Abs. 4 analog** anzuwenden, denn der Minderjährigenschutz kann nicht hinter dem im Betreuungsrecht für Erwachsene bestehenden Erfordernissen zurückbleiben.[4] Das bedeutet auch, dass solche unterbringungsähnlichen Maßnahmen auch dann noch genehmigungspflichtig sind, wenn bereits die Unterbringung als solche genehmigt wurde.

2. Prüfungsmaßstab für die Erteilung der Genehmigung ist das **Wohl des Kindes**. Satz 2 wurde **3** durch das Gesetz zur Erleichterung familiengerichtlicher Maßnahmen bei Gefährdung des Kindswohls vom 04.07.2008[5] eingefügt. Er stellt klar, dass die Unterbringung aus Gründen des Kindeswohls erforderlich und verhältnismäßig sein muss. Die daran zu stellenden Anforderungen erhöhen sich mit der Dauer der Unterbringung.[6] Insbesondere ist der Vorrang anderer öffentlicher Hilfen zu beachten.[7] Nur wenn das Wohl des Kindes seine geschlossene Unterbringung erfordert, genehmigt das Gericht die Entscheidung der Eltern, denen dabei ein gewisser Spielraum zukommt. Da es sich um einen besonders einschneidenden Eingriff in das Selbstbestimmungsrecht und die persönliche Freiheit des Kindes handelt, darf die Genehmigung nur erfolgen, wenn sie unerlässlich ist, weil mildere Maßnahmen nicht ausreichen.[8] Im Falle der Fremdgefährdung kann die Unterbringung nur geboten sein, wenn sie mit einer gewissen Selbstgefährdung einhergeht, etwa weil das Kind sich sonst dem Risiko von Notwehrmaßnahmen, Ersatzansprüchen oder Prozessen aussetzt.[9] Eine geschlossene Unterbringung allein zu Zwecken einer Sanktionierung ist (selbstverständlich) unzulässig.[10] Da es sich um einen besonders einschneidenden Eingriff in das Selbstbestimmungsrecht und die persönliche Freiheit des Kindes handelt, darf die Genehmigung nur erfolgen, wenn sie unerlässlich ist, weil mildere Maßnahmen nicht ausreichen.

3. Das Familiengericht genehmigt lediglich die Unterbringung des Kindes. Die Unterbringung **4** selbst kann nur durch den **Inhaber des Aufenthaltsbestimmungsrechts** erfolgen. Regelmäßig werden das die Eltern sein. Wegen des Grundsatzes der Gesamtvertretung gem. § 1629 Abs. 1 Satz 2 1. Hs. müssen beide Eltern die Unterbringung wollen und die Genehmigung hierfür beantragen. Sind sie sich uneins hat das Familiengericht auf Antrag gem. § 1628 einem Elternteil das Entscheidungsrecht zu übertragen. Dies kann mit der Genehmigungsentscheidung verbunden werden. Verweigern beide Eltern die Unterbringung des Kindes und wird dadurch das Wohl des Kindes gefährdet, kann ihnen gem. § 1666 das Aufenthaltsbestimmungsrecht entzogen werden. Der Ergänzungspfleger kann dann die Unterbringung des Kindes nach Einholung der familiengerichtlichen Genehmigung veranlassen.

4. Satz 3 erlaubt in besonders eiligen Fällen die Unterbringung ohne Genehmigung, die jedoch **5** unverzüglich nachzuholen ist.

6. Für das **Verfahren** gelten die §§ 167, 313 ff. FamFG. Funktionell zuständig ist gem. § 3 Nr. 2a **6** RPflG der Richter. Die örtliche Zuständigkeit folgt aus §§ 167 Abs. 1, 313 Abs. 1 FamFG. Demnach ist grds. das Familiengericht zuständig, in dessen Bezirk das Kind seinen gewöhnlichen Aufenthalt hat. Am Sitz der Anstalt wird ein gewöhnlicher Aufenthalt des Kindes nur begründet, wenn die Unterbringung auf eine längere Zeitdauer angelegt ist und der Unterbringsort an die Stelle des bisherigen Daseinsmittelpunkts treten soll, was regelmäßig nicht der Fall ist.[11] Eine einstweilige Anordnung ist gem. §§ 167 Abs. 1, 333 FamFG höchstens für die Dauer von

3 A.A. OLG Oldenburg FamRZ 2012, 39; LG Essen FamRZ 1993, 1347 mit krit. Anm. Dodegge; AG Hamburg-Barmbek FamRZ 2009, 792.
4 Staudinger/Salgo § 1631b Rn. 15; MüKo/Huber § 1631b Rn. 8; Palandt/Diederichsen § 1631b Rn. 2.
5 BGBl. I 1188.
6 OLG Saarbrücken FamRZ 2010, 1920.
7 Amtl. Begr. BT-Drucks. 16/6815, 14.
8 Vgl. Staudinger/Salgo § 1631b Rn. 23.
9 Amtl. Begr. BT-Drucks. 16/6815, 14; Meysen NJW 2008, 2673, 2675.
10 Amtl. Begr. BT-Drucks. 16/6815, 14.
11 Vgl. Keidel/Budde § 272 Rn. 3.

6 Wochen zulässig. Für Verfahren, die am 01.09.2009 bereits anhängig waren, gelten weiterhin die §§ 70 ff. FGG.

Vgl. zum Verfahrensrecht im Übrigen § 1626 Rdn. 25 ff.

§ 1631c   Verbot der Sterilisation

[1]Die Eltern können nicht in eine Sterilisation des Kindes einwilligen. [2]Auch das Kind selbst kann nicht in die Sterilisation einwilligen. [3]§ 1909 findet keine Anwendung.

1 Die Vorschrift enthält das ausnahmslose Verbot der Sterilisation Minderjähriger.

§ 1632   Herausgabe des Kindes; Bestimmung des Umgangs; Verbleibensanordnung bei Familienpflege

(1) Die Personensorge umfasst das Recht, die Herausgabe des Kindes von jedem zu verlangen, der es den Eltern oder einem Elternteil widerrechtlich vorenthält.

(2) Die Personensorge umfasst ferner das Recht, den Umgang des Kindes auch mit Wirkung für und gegen Dritte zu bestimmen.

(3) Über Streitigkeiten, die eine Angelegenheit nach Absatz 1 oder 2 betreffen, entscheidet das Familiengericht auf Antrag eines Elternteils.

(4) Lebt das Kind seit längerer Zeit in Familienpflege und wollen die Eltern das Kind von der Pflegeperson wegnehmen, so kann das Familiengericht von Amts wegen oder auf Antrag der Pflegeperson anordnen, dass das Kind bei der Pflegeperson verbleibt, wenn und solange das Kindeswohl durch die Wegnahme gefährdet würde.

A. Abs. 1: Anspruch auf Herausgabe des Kindes

1 **Anspruchsberechtigt** ist nur, wer Inhaber des Aufenthaltsbestimmungsrechts ist.[1] Sind dies beide Eltern können sie den Anspruch nur gemeinsam oder ein Elternteil mit Zustimmung des anderen gegenüber Dritten geltend machen. Ein Elternteil kann vom anderen grds. nur dann die Herausgabe des Kindes verlangen, wenn ihm das Aufenthaltsbestimmungsrecht allein zusteht. Etwas anderes muss aber gelten, wenn der andere Eltern von einer stillschweigend getroffenen gegenteiligen Vereinbarung während der Trennungszeit einseitig abrückt und das Kind zu sich nimmt.[2] Allerdings wird in diesem Fall besonders sorgfältig zu prüfen sein, ob das Herausgabeverlangen dem Wohl des Kindes entspricht (s.u. Rdn. 3). Daneben steht der Herausgabeanspruch gem. § 1800 auch dem Vormund und dem Ergänzungspfleger zu.[3]

2 **Anspruchsverpflichtet** ist derjenige, der das Kind in seiner Gewalt hat und die Herausgabe verweigert oder den Berechtigten auf andere Weise daran hindert das Kind wieder an sich zu bringen.[4]

3 Weitere Voraussetzung für den Herausgabeanspruch ist, dass das Kind dem Berechtigten **widerrechtlich** vorenthalten wird. Widerrechtlichkeit ist ausgeschlossen, wenn das Herausgabeverlangen

---

1 OLG Nürnberg FamRZ 2000, 369; BayObLG FamRZ 1990, 1379.
2 AG Bad Iburg FamRZ 2000, 1036.
3 OLG Brandenburg FamRZ 2000, 1038; AG Siegen FamRZ 2009, 1501.
4 Palandt/Diederichsen § 1632 Rn. 4.

einen Missbrauch der elterlichen Sorge darstellt, der unter § 1666 fällt.[5] Darüber hinaus ist wie bei jeder Entscheidung in diesem Bereich stets das **Wohl des Kindes** zu beachten, § 1697a.[6]

B. Abs. 2: Bestimmung des Umgangs des Kindes

Die Eltern üben das **Umgangsbestimmungsrecht** gemeinsam aus, wenn ihnen das Sorgerecht gemeinsam zusteht. Bei Uneinigkeit können sie gem. § 1628 vorgehen. Neben der **Umgangsgestattung**, die meist stillschweigend erfolgt, wird der Umgang des Kindes in negativer Form durch **Umgangsverbote** bestimmt.[7] Dabei stellt sich die Frage nach den **Grenzen des Bestimmungsrechts**. Soweit der Person, mit der dem Kind der Umgang verboten werden soll, ein Umgangsrecht gem. §§ 1684, 1685 zusteht, kann ein Verbot nur nach Maßgabe dieser Vorschriften erfolgen. Im Übrigen darf das Bestimmungsrecht nicht missbräuchlich ausgeübt werden, wobei die Grenze in jedem Fall die Kindeswohlgefährdung nach § 1666 bildet. Darüber hinaus wird man bei älteren Kindern die Missbrauchsschranke niedriger setzen und triftige und sachliche Gründe für das Umgangsverbot verlangen müssen, weil mit zunehmendem Alter das Selbstbestimmungsrecht des Kindes stärker zu beachten ist.[8]   4

C. Abs. 4: Verbleibensanordnung

Durch diese besondere Schutznorm wird der Herausgabeanspruch gem. § 1632 Abs. 1 dahin abgewandelt, dass die **Herausnahme eines Kindes** aus der Pflegefamilie **zur Unzeit** vermieden werden soll, um insb. sein seelisches Wohl nicht zu gefährden.[9]   5

I. Formelle Voraussetzungen

Das Kind muss sich in **Familienpflege** befinden. Damit sind nicht nur die Vollzeitpflege und sonstige Pflegeformen gem. §§ 33 ff. SGB VIII gemeint, sondern jedes tatsächliche Pflegeverhältnis familienähnlicher Art, das seit längerer Zeit besteht; auch eine Pflegeerlaubnis nach §§ 44 ff. SGB VIII ist nicht Voraussetzung.[10] In »Familienpflege« im Sinne dieser Vorschrift kann sich ein Kind auch bei Verwandten, insb. bei Großeltern, befinden.[11]   6

»Gem. § 1632 Abs. 4 muss die Familienpflege **seit längerer Zeit** bestehen. Hierbei ist der Zeitbegriff nach dem Zweck der Vorschrift, Pflegekinder vor einer ihr Wohl gefährdenden Herausnahme aus der Pflegefamilie zu schützen, nicht absolut im Sinn einer bestimmten Zeitspanne zu verstehen. Auszugehen ist vielmehr vom engeren kindlichen Zeitbegriff und den kindlichen Zeitvorstellungen, die wiederum in Beziehung zum Kindesalter stehen.[12] Je jünger das Kind ist, umso länger wird ihm eine Zeitspanne erscheinen, und umso länger ist auch die Zeit in Beziehung zur Dauer seines bisherigen Lebens, so dass es schon einen recht langen Zeitraum darstellt, wenn ein einjähriges Kind seit einem halben Jahr in einer Pflegefamilie gelebt hat. Entscheidend ist vor allem, welche Bindungen sich in diesem Zeitraum zwischen Kind und Pflegeperson entwickelt haben,   7

---

5 BayObLG FamRZ 1990, 1379, 1381.
6 Vgl. BayObLG FamRZ 1990, 1379, 1381.
7 Vgl. AG Flensburg FamRZ 2012, 563: Umgangsverbot für nahe wohnenden Dritten, der sich als Ersatzvater geriert.
8 Vgl. Palandt/Diederichsen § 1632 Rn. 24 f. mit Beispielen aus der älteren Rspr.
9 BayObLG FamRZ 1991, 1080.
10 BayObLG FamRZ 1984, 817.
11 BayObLG FamRZ 1991, 1080.
12 Vgl. OLG Köln FamRZ 2007, 658.

wobei auch das Verhältnis zu anderen Personen in der Pflegefamilie, wie etwa Pflegegeschwister, von Bedeutung sein kann.«[13]

8   Die Vorschrift setzt voraus, dass die **Eltern sorgeberechtigt**, zumindest aber Inhaber des Aufenthaltsbestimmungsrechts, sind. Andernfalls stünde ihnen bereits kein Herausgabeanspruch gem. Abs. 1 zu, der abgewehrt werden müsste. Über den Wortlaut hinaus gilt die Vorschrift im Grundsatz auch dann, wenn ein Vormund das Kind von der Pflegeperson wegnehmen will.[14] Der Sorgeberechtigte muss die Wegnahme des Kindes von der Pflegefamilie beabsichtigen. Dabei genügt es aber, dass er zwar gegenwärtig das Kind nicht aus der Pflegefamilie herausnehmen will, jedoch bei Umgangskontakten immer wieder den Verbleib des Kindes in der Pflegefamilie in Frage stellt und nicht zu einer verbindlichen schriftlichen Erklärung über den Verbleib des Kindes bereit ist.[15]

II. Materielle Voraussetzungen

9   In materieller Hinsicht setzt eine Verbleibensanordnung gem. Abs. 4 voraus, dass durch das Herausgabeverlangen das **Wohl des Kindes** im Sinne von § 1666 Abs. 1 **gefährdet** wird.[16] Ob dies der Fall ist, hängt von den Umständen des Einzelfalls ab und muss in der Regel mit Hilfe eines kinderpsychologischen Gutachtens geklärt werden.[17] Entscheidend ist dabei insb., wie starke Bindungen des Kindes zur Pflegeperson bestehen. Es kann aus kinderpsychologischer Sicht als gesichert angesehen werden, dass die Trennung eines Kleinkinds von einer Bezugsperson eine erhebliche psychische Belastung für das Kind darstellt und mit einem schwer bestimmbaren Zukunftsrisiko verbunden ist.[18] Dabei ist nicht notwendigerweise allein auf die Pflegeperson abzustellen. Die Bezugswelt des Kindes wird auch durch die Beziehung zu Geschwistern oder Spielkameraden bestimmt.[19] Zum andern entspricht es aber auch dem Kindeswohl, eine Verfestigung des Pflegeverhältnisses zu vermeiden, wenn dies zu einer Entfremdung des Kindes zu seiner Herkunftsfamilie führt und eine Rückführung dadurch erheblich erschwert wird.[20] Denn die Inpflegenahme hat grds. vorübergehenden Charakter, weshalb eine unumkehrbare Entwicklung zu einem endgültigen Verbleib des Kindes in der Pflegefamilie vermieden werden muss.[21] In erster Linie ist die (Wieder-) Zusammenführung des Kindes mit seinen Eltern anzustreben.[22] Dennoch kann bei starken Bindungen des Kindes an die Pflegeeltern im Einzelfall auch eine unbefristete Verbleibensanordnung geboten sein.[23]

10   Befindet sich ein Kind seit längerer Zeit in Pflegefamilie und ist als Folge hiervon eine gewachsene Bindung zu den Pflegeeltern entstanden, dann steht auch die Pflegefamilie unter dem vom Grundgesetz garantierten Schutz der Familie.[24] Grundsätzlich hat demgegenüber aber das **Erziehungsrecht der Eltern den Vorrang**.[25] Deshalb führt allein der Umstand, dass es dem Kind bei

---

13 BayObLG FamRZ 1991, 1080; vgl. auch OLG Celle FamRZ 1990, 191; OLG Karlsruhe FamRZ 2006, 1501, 1502.
14 BayObLG FamRZ 1991, 1080.
15 OLG Celle FamRZ 2007, 659; a.A. AG Ludwigslust FamRZ 2010, 2084.
16 BayObLG FamRZ 1991, 1080; OLG Frankfurt FamRZ 2009, 1499, 1500; 2011, 382; KG FamRZ 2011, 1667.
17 BayObLG FamRZ 1991, 1080; vgl. auch OLG Köln FamRZ 2009, 989.
18 BayObLG FamRZ 1991, 1080; BVefG FamRZ 1987, 786; OLG Köln FamRZ 2007, 558, 559; vgl. auch § 1671 Rn. 70.
19 BayObLG FamRZ 1991, 1080; OLG Celle FamRZ 1990, 191.
20 OLG Karlsruhe FamRZ 2006, 1501, 1502.
21 EGMR FamRZ 2002, 1393, 1397; OLG Karlsruhe FamRZ 2006, 1501, 1502; OLG Köln FamRZ 2008, 808; OLG Hamm FamRZ 2011, 826.
22 OLG Köln FamRZ 2008, 808.
23 OLG Brandenburg FamRZ 2009, 61, 62.
24 BayObLG NJW 1988, 2381.
25 BayObLG NJW 1988, 2381.

den Pflegeeltern gut geht, noch nicht zu einer Verbleibensanordnung,[26] selbst wenn dies dem Willen des 15-Jährigen entspräche.[27] Nur wenn durch die Herausgabe an die Eltern eine schwere und nachhaltige Schädigung des körperlichen und seelischen Wohlbefindens des Kindes zu erwarten ist, tritt das Elternrecht zurück, so dass eine Verbleibensanordnung ergehen kann.[28] Letztlich entscheidend ist das Wohl des Kindes. Für die Entscheidung kommt es vor allem auf die Tragweite der Trennung des Kindes von der Pflegefamilie und auf die Erziehungsfähigkeit der leiblichen Eltern im Hinblick auf ihre Eignung an, die negativen Folgen einer möglichen Traumatisierung des Kindes gering zu halten.[29] Derselbe Maßstab gilt, wenn die Eltern die Herausgabe des Kindes an die Großeltern verlangen, weil dem Aufwachsen in der Herkunftsfamilie besondere Bedeutung zukommt.[30] Anders aber, wenn das Jugendamt die Herausnahme des Kindes mit dem Ziel der Unterbringung in einer anderen Pflegefamilie beabsichtigt: Dann muss mit hinreichender Sicherheit ausgeschlossen werden können, dass die Trennung des Kindes von der bisherigen Pflegeperson mit psychischen oder physischen Schäden verbunden ist; andernfalls kann eine Verbleibensanordnung ergehen.[31] Bei aller Betonung des Elternrechts darf freilich nicht außer Acht gelassen werden, dass letztlich dem Kindeswohl die entscheidende Bedeutung zukommt.[32] Eine Verbleibensanordnung ist gerechtfertigt, wenn die Eltern die übergangslose Herausgabe des Kindes von den Pflegeeltern verlangen, zu denen es einer gute Beziehung hat, ohne selbst durch Wahrnehmung des Umgangsrechts ausreichende Bindungen zu ihrem Kind aufgebaut zu haben,[33]

Im **Verhältnis zu § 1666** ist die Verbleibensanordnung als milderes Mittel vorrangig. Das Gericht   11
muss daher im Einzelnen erwägen und darlegen, aus welchen Gründen es die angenommene Gefahr für die Entwicklung des Kindes nur durch den Entzug des Sorgerechts für abwendbar gehalten hat.[34] Das dem Kindeswohl zuwider laufende Herausgabeverlangen der Eltern in Verbindung mit ständigen Beunruhigungen des Kindes und Störungen des intakten Pflegeverhältnisses kann aber die Entziehung der elterlichen Sorge rechtfertigen, wenn dies als das einzige Mittel erscheint, um das Kind vor erheblichen Beeinträchtigungen seines Wohls zu bewahren.[35] Der Vorrang der Verbleibensanordnung gilt nur im Anwendungsbereich des § 1632, nicht wenn es um die generelle Erziehungsfähigkeit eines Elternteils geht.[36]

Auch innerhalb des Abs. 4 gilt der **Grundsatz der Verhältnismäßigkeit.** Als milderes Mittel   12
kommt insb. eine Besuchsregelung zwischen dem Sorgeberechtigten und der Pflegeperson zum Wohle des Kindes in Betracht.[37] Die Verbleibensanordnung darf nur solange wie nötig aufrechterhalten werden. Kann die Gefährdung des Kindes auf Dauer nur dadurch abgewendet werden, dass es nicht bei seinen Eltern wohnt, so muss ein Sorgerechtsentzugsverfahren gem. § 1666 durchgeführt werden.

---

26 Vgl BayObLG FamRZ 1978, 135.

27 OLG Zweibrücken FamRZ 2011, 571.

28 BVerfG FamRZ 1985, 39, 42; KG FamRZ 2011, 1667.

29 BVerfG FamRZ 2005, 783; OLG Hamm FamRZ 2007, 659.

30 BVerfG FamRZ 2004, 771, 772; OLG Karlsruhe FamRZ 2006, 1501, 1502.

31 BVerfG FamRZ 1987, 786, 790; OLG Bremen FamRZ 2003, 54; OLG Karlsruhe FamRZ 2006, 1501, 1502.

32 Vgl. BVerfG FamRZ 2010, 865; Heilmann FamRZ 2010, 41 zu Fehltendenzen infolge einseitiger Deutung der verfassungsgerichtlichen Entscheidungen; OLG Hamm NJW-RR 2010, 1375 = FamRZ 2010, 1747 (nur Ls); AG Wuppertal FamRZ 2011, 1665.

33 OLG Frankfurt FamRZ 2011, 382.

34 BVerfG FamRZ 1989, 145; vgl. OLG Köln FamRZ 2009, 989: Verbleibensanordnung genügt; ebenso OLG Hamm FamRZ 2010, 2083; OLG Frankfurt FamRZ 2009, 990, 991 f.: Sorgerechtsentzug notwendig.

35 OLG Bamberg DAVorm 1987, 664.

36 OLG Koblenz FamRZ 2005, 1923.

37 BayObLG FamRZ 1984, 817.

D. Verfahrensrecht

13 Über Angelegenheiten des Abs. 1 und des Abs. 2 entscheidet das Familiengericht nur auf Antrag, was durch Abs. 3 ausdrücklich bestimmt wird. Die Antragsberechtigung folgt aus der Anspruchsberechtigung, weshalb bei gemeinsamer Sorge nur beide Eltern einen wirksamen Antrag auf Kindesherausgabe gegen einen Dritten stellen können (s.o. Rdn. 1). Herausgabeverfahren müssen gem. § 155 FamFG vorrangig und beschleunigt betrieben werden. Die Vollstreckung richtet sich nach §§ 88 ff. FamFG. Aufwendungen, die durch die Rückholung eines entführten Kindes entstehen, sind nicht als notwendige Kosten der Vollstreckung aus dem Herausgabebeschluss prozessual erstattungsfähig.[38] Der Adressat eines Kontaktverbots nach Abs. 2 ist beschwerdeberechtigt.[39]

Vgl. zum Verfahrensrecht im Übrigen § 1626 Rdn. 25 ff.

§ 1633   Personensorge für verheirateten Minderjährigen

Die Personensorge für einen Minderjährigen, der verheiratet ist oder war, beschränkt sich auf die Vertretung in den persönlichen Angelegenheiten.

1 Die Personensorge für einen Minderjährigen, der – nach Befreiung durch das Familiengericht gem. § 1303 –, die Ehe eingeht, entfällt – mit Ausnahme der rechtlichen Vertretung in diesem Bereich. Demgegenüber steht die Vermögenssorge uneingeschränkt weiterhin den Eltern bzw. dem bisherigen Inhaber zu. Betrifft eine Angelegenheit sowohl den Bereich der Personen- als auch der Vermögenssorge, gilt § 1630 analog. Auch nach Scheidung der Ehe lebt die elterliche Sorge nicht wieder auf.

§§ 1634–1637

(aufgehoben)

§ 1638   Beschränkung der Vermögenssorge

(1) Die Vermögenssorge erstreckt sich nicht auf das Vermögen, welches das Kind von Todes wegen erwirbt oder welches ihm unter Lebenden unentgeltlich zugewendet wird, wenn der Erblasser durch letztwillige Verfügung, der Zuwendende bei der Zuwendung bestimmt hat, dass die Eltern das Vermögen nicht verwalten sollen.

(2) Was das Kind auf Grund eines zu einem solchen Vermögen gehörenden Rechts oder als Ersatz für die Zerstörung, Beschädigung oder Entziehung eines zu dem Vermögen gehörenden Gegenstands oder durch ein Rechtsgeschäft erwirbt, das sich auf das Vermögen bezieht, können die Eltern gleichfalls nicht verwalten.

(3) ¹Ist durch letztwillige Verfügung oder bei der Zuwendung bestimmt, dass ein Elternteil das Vermögen nicht verwalten soll, so verwaltet es der andere Elternteil. ²Insoweit vertritt dieser das Kind.

---

38 OLG Bremen FamRZ 2002, 1720.
39 BGH FamRZ 2010, 1975.

A. Abs. 1: Beschränkung durch Erblasser oder Schenker

Die Ausschließung von der Vermögenssorge kann ein Dritter lediglich hinsichtlich des zugewen- 1
deten Vermögens vornehmen. Sie betrifft nur die Verwaltung dieses Vermögens, nicht die Entscheidung darüber, ob die Erbschaft oder die Zuwendung überhaupt angenommen oder ausgeschlagen wird.[1] Auch ein Elternteil selbst kann den Ausschluss anordnen mit der Folge, dass er
gem. Abs. 3 seine Zuwendung alleine verwaltet.

I. Erwerb von Todes wegen

Von Todes wegen erwirbt das Kind nicht nur durch **Erbfolge** oder **Vermächtnis**, sondern – nach 2
dem klaren Wortlaut der Vorschrift – auch, wenn ihm ein **Pflichtteil** zufällt.[2]

Die **Ausschließung** muss durch letztwillige Verfügung – Testament oder einseitige Verfügung im 3
Erbvertrag – erfolgen. Sie braucht nicht ausdrücklich erklärt zu werden, sondern kann auch **kon-
kludent** zum Ausdruck kommen. Insb. genügt die Bitte um Pflegerbestellung oder Anordnung der
Verwaltung durch einen Miterben.[3] Aber auch die Enterbung eines Kindes mit der Folge, dass das
Enkelkind gesetzlicher Erbe wird, kann als Ausschließung angesehen werden. Dagegen beinhaltet
die Anordnung der Testamentsvollstreckung[4] oder der Ausschluss des überlebenden Elternteils von
der Nutznießung keinen Ausschluss von der Vermögensverwaltung, regelmäßig aber eine
Beschränkung gem. § 1639.[5]

II. Unentgeltliche Zuwendung unter Lebenden

Als **unentgeltliche Zuwendung** kommt insb. die Schenkung gem. § 516 in Betracht. Aber auch in 4
der ohne Verpflichtung versprochenen und gewährten Ausstattung gem. § 1624 kann eine unentgeltliche Zuwendung i.S.d § 1638 zu sehen sein.[6]

Voraussetzung für die **Ausschließung** der Eltern von der Verwaltung des zugewendeten Vermögens 5
ist, dass die Zuwendung unentgeltlich erfolgt. Das ist nicht der Fall, wenn das Kind einen Rechtsanspruch auf die Zuwendung hat. Die Ausschließung ist an keine Form gebunden. Sie muss aber
zusammen mit der Zuwendung erfolgen. Eine vorher oder nachher erklärte Ausschließung ist
unwirksam.[7]

III. Rechtsfolgen der Ausschließung

Die wirksame Ausschließung der Eltern von der Verwaltung des erworbenen oder zugewendeten 6
Vermögens lässt das Recht der Eltern unberührt im Namen des Kindes die **Annahme oder Ausschlagung** des Erwerbs oder der Zuwendung zu erklären.

Wird nur **ein Elternteil** von der Vermögensverwaltung ausgeschlossen, so verwaltet der andere 7
Elternteil das erworbene oder zugewendete Vermögen gem. **Abs. 3** allein. Auch wenn dieser
zugleich **Testamentsvollstrecker** ist, liegen die Voraussetzungen einer Ergänzungspflegschaft grds.
nicht vor.[8] Bezieht sich die Ausschließung auf **beide Elternteile**, so müssen sie dies dem Familiengericht unverzüglich anzeigen, damit der gem. § 1909 Abs. 1 Satz 2 erforderliche Ergänzungspfleger bestellt werden kann. Der Erblasser oder Zuwendende kann gem. § 1917 Abs. 1 einen Pfleger

---

1 OLG Karlsruhe FamRZ 1965, 573, 574.
2 Staudinger/Engler § 1638 Rn. 7.
3 Staudinger/Engler § 1638 Rn. 11.
4 BayObLG FamRZ 1989, 1342, 1343.
5 BayObLGZ 1982, 86.
6 Staudinger/Engler § 1638 Rn. 15.
7 BayObLGZ 6, 553, 558; KG FamRZ 1962, 432, 435.
8 BGH FamRZ 2008, 1156, 1157 mit abl. Anm. Zimmermann.

benennen. Dies kann auch ein Elternteil sein, der dann den Beschränkungen eines Pflegers gem. §§ 1814 ff. i.V.m. § 1915 Abs. 1 mit Befreiungsmöglichkeit gem. § 1917 Abs. 2 Satz 2 unterliegt.

8   Die von der Vermögensverwaltung ausgeschlossenen Eltern können die Entlassung des für das zugewendete Vermögen zuständigen **Testamentsvollstreckers** ebenso wenig beantragen[9] wie einen **Erbschein** für das Kind.[10] Über Art und Bestand der Zuwendung können sie zumindest dann keine **Auskunft** verlangen, wenn der Erblasser oder Zuwendende verfügt hat, dass die Eltern von der Zuwendung nichts erfahren sollen.[11] Der Ausschluss von der Vermögensverwaltung bezieht sich auch auf die **Verwendungsbefugnis** für die Überschusseinkünfte gem. § 1649 Abs. 2.

9   Die Ausschließung kann **bedingt oder befristet** erklärt werden und kann vom Familiengericht weder aufgehoben noch beschränkt werden. Eine Anordnung, dass Verwaltungsmaßnahmen der gerichtlichen Genehmigung bedürfen, ist nicht wirksam.

B. Abs. 2: Surrogatsgrundsatz

10   **Abs. 2** erstreckt den Ausschluss von der Verwaltung auch auf solches Vermögen, das in den drei genannten Fällen von dem erworbenen oder zugewendeten Vermögen herrührt.

C. Abs. 3:

11   Vgl. o. Rdn. 7

§ 1639   Anordnungen des Erblassers oder Zuwendenden

(1) Was das Kind von Todes wegen erwirbt oder was ihm unter Lebenden unentgeltlich zugewendet wird, haben die Eltern nach den Anordnungen zu verwalten, die durch letztwillige Verfügung oder bei der Zuwendung getroffen worden sind.

(2) Die Eltern dürfen von den Anordnungen insoweit abweichen, als es nach § 1803 Abs. 2, 3 einem Vormund gestattet ist.

1   Die Vorschrift ergänzt § 1638[1] und gibt in **Abs. 1** dem Zuwendenden die Möglichkeit auf die **Vermögensverwaltung** Einfluss zu nehmen, ohne die Eltern sogleich davon auszuschließen. Diese können das Kind weiterhin vertreten, so dass die Bestellung eines Ergänzungspflegers gem. § 1909 Abs. 1 nicht erforderlich ist.[2] Wie bei § 1638 muss die Anordnung bei einer unentgeltlichen Zuwendung unter Lebenden auch hier zugleich mit der Verfügung erfolgen. Der Surrogationsgrundsatz des § 1638 Abs. 2 findet entsprechende Anwendung. Die Anordnung ist an keine Form gebunden, muss aber Verbindlichkeit zum Ausdruck bringen und darf nicht als Bedingung oder Auflage zu verstehen sein. Als Anordnung kommt insb. der Ausschluss der Befugnis zur Überschussverwendung gem. § 1649 Abs. 2 in Betracht. Dagegen kann die Notwendigkeit einer familiengerichtlichen Genehmigung für bestimmte Verwaltungsmaßnahmen nicht angeordnet werden.

2   Die **Einhaltung der Anordnungen** kann nur durch Maßnahmen des Familiengerichts gem. §§ 1666, 1667 erzwungen werden. Die frühere eigenständige Eingriffsnorm wurde durch das

---

9   BGHZ 106, 96 = FamRZ 1989, 269.
10   OLG Frankfurt FamRZ 1997, 1115.
11   LG Bonn FamRZ 1995, 1433.
1   Vgl. deshalb auch die Kommentierung zu § 1638, die entsprechend herangezogen werden kann.
2   BayObLGZ 1982, 86 = FamRZ 1982, 737 (Ls).

Kindschaftsrechtsreformgesetz aufgehoben.[3] Demnach ist nunmehr – entgegen dem früheren Recht – eine Gefährdung des Kindesvermögens erforderlich.[4] Daneben können sich die Eltern bei Nichtbefolgung der Anordnungen gem. § 1664 schadensersatzpflichtig machen.

Gem. **Abs. 2** können die Eltern unter den Voraussetzungen des § 1803 Abs. 2 und 3 von den **3** Anordnungen **abweichen.** Dies erfordert bei einem Erwerb von Todes wegen die Genehmigung des Familiengerichts und bei einer unentgeltlichen Zuwendung unter Lebenden die Zustimmung des Zuwendenden, die wiederum durch das Familiengericht ersetzt werden kann.

§ 1640   Vermögensverzeichnis

(1) [1]Die Eltern haben das ihrer Verwaltung unterliegende Vermögen, welches das Kind von Todes wegen erwirbt, zu verzeichnen, das Verzeichnis mit der Versicherung der Richtigkeit und Vollständigkeit zu versehen und dem Familiengericht einzureichen. [2]Gleiches gilt für Vermögen, welches das Kind sonst anlässlich eines Sterbefalls erwirbt, sowie für Abfindungen, die an Stelle von Unterhalt gewährt werden, und unentgeltliche Zuwendungen. [3]Bei Haushaltsgegenständen genügt die Angabe des Gesamtwerts.

(2) Absatz 1 gilt nicht,

1. wenn der Wert eines Vermögenserwerbs 15.000 Euro nicht übersteigt oder
2. soweit der Erblasser durch letztwillige Verfügung oder der Zuwendende bei der Zuwendung eine abweichende Anordnung getroffen hat.

(3) Reichen die Eltern entgegen Absatz 1, 2 ein Verzeichnis nicht ein oder ist das eingereichte Verzeichnis ungenügend, so kann das Familiengericht anordnen, dass das Verzeichnis durch eine zuständige Behörde oder einen zuständigen Beamten oder Notar aufgenommen wird.

A. Abs. 1: Erwerbstatbestände und Inhalt des Vermögensverzeichnisses

Die Pflicht zur Erstellung eines Verzeichnisses über das zugewendete Vermögen besteht für die **1** Eltern in folgenden Fällen:

- Vermögenserwerb durch **Verfügung von Todes wegen** (Erbfolge, Vermächtnis und Pflichtteil)
- Vermögenserwerb **anlässlich eines Sterbefalles** (Schadensersatzrente gem. § 844 Abs. 2, § 10 Abs. 2 StVG, Leistungen aus einer Lebensversicherung)
- **Unterhaltsabfindung** (nicht aber Kapitalabfindung gem. § 843 Abs. 3, da diese Schadensersatzcharakter haben[1])
- **Unentgeltliche Zuwendung** (Schenkung und Ausstattung)

In dem Vermögensverzeichnis sind **alle erworbenen oder zugewendeten Gegenstände** einzeln auf- **2** zuführen, genau zu kennzeichnen, die wertbildenden Faktoren anzugeben und der Wert zu schätzen, wobei die Zuziehung eines Sachverständigen nicht verlangt werden kann. Eine Ausnahme besteht gem. Satz 3 lediglich für Haushaltsgegenstände, sofern sie nicht besonders wertvoll sind.[2] Zwingend sind nur die Aktiva aufzuzählen, weil sich die Verzeichnispflicht auf das zugewendete Vermögen beschränkt. Bei einem erworbenen **Pflichtteil** sind die Grundlagen der Berechnung des Anspruchs (Reinbestandteil des Nachlasses und Anteil des Kindes) anzugeben.[3] Bei einer Erbenge-

---

3 Vgl. auch BT-Drucks. 13/4899 S. 65 und 115.
4 So Palandt/Diederichsen § 1639 Rn. 2; a.A. Staudinger/Engler § 1639 Rn. 4, 11.
1 Palandt/Diederichsen § 1640 Rn. 3; Staudinger/Engler Rn. 9.
2 Diese Einschränkung folgt aus dem Sinn und Zweck der Vorschrift, vgl. Staudinger/Engler § 1640 Rn. 18.
3 BayObLG FamRZ 1963, 578.

meinschaft zwischen einem Elternteil und dem Kind oder, wenn das Kind Nacherbe und ein

Elternteil Vorerbe ist, müssen alle Nachlassbestandteile und der Wert des Pflichtteils angegeben werden.[4] Der Eintritt der **fortgesetzten Gütergemeinschaft** ist lediglich anzuzeigen.

Das Verzeichnis ist **schriftlich oder zu Protokoll** des Familiengerichts zu erstellen. Eine Pflicht zur Vorlage von Belegen besteht nicht.

B. Abs. 2: Unanwendbarkeit des Abs. 1

3   Abs. 1 kommt gem. **Nr. 1** nicht zur Anwendung wenn der Wert des Vermögenserwerbs 15.000 € nicht übersteigt. Dabei sind die Zuwendungen, die getrennt aber anlässlich desselben Anlasses erfolgen, zusammenzurechnen. Im Übrigen ist für die Wertgrenze nur das zugewendete Vermögen, nicht das Gesamtvermögen des Kindes maßgebend. Bei der Wertberechnung ist vom Verkehrswert auszugehen. Maßgeblich ist das Nettovermögen, das nach Abzug der Verbindlichkeiten verbleibt.[5]

4   Ferner besteht gem. **Nr. 2** keine Pflicht zur Erstellung eines Verzeichnisses, wenn der Zuwendende die Eltern hiervon befreit hat.

C. Abs. 3: Rechtsfolgen bei Verstoß gegen die Verzeichnispflicht

5   Kommen die Eltern ihrer Pflicht zur Erstellung eines Vermögensverzeichnisses nicht nach oder ist das eingereichte Verzeichnis mangelhaft, so setzt das Familiengericht zunächst eine Frist. Nach fruchtlosem Ablauf der Frist kann das Familiengericht gem. § 35 FamFG ein **Zwangsgeld** androhen und festsetzen.[6] Ferner kann es die Aufnahme eines **öffentlichen Inventars** durch einen Notar[7] oder die zuständige Landesbehörde[8] verlangen.

6   Erst wenn diese milderen Maßnahmen nicht zum Erfolg führen oder von vornherein nicht geeignet sind, insb. weil dem Notar keine Gelegenheit zur Inventarisierung gegeben wird, kommt die **Entziehung der Vermögenssorge** in Betracht, die regelmäßig vorher angedroht werden muss.[9] Da § 1640 keine eigene Eingriffsnorm mehr enthält, kann der Entzug der Vermögenssorge nur über die Generalklausel des § 1666 Abs. 1 erfolgen. Voraussetzung ist daher die Gefährdung des Kindesvermögens.[10] Diese ist aber hier gem. § 1666 Abs. 2 in der Regel anzunehmen. Möglicherweise genügt es aber auch einen Teil der Vermögenssorge zu entziehen. Die Folge des Entzugs ist die Bestellung eines Ergänzungspflegers sowie die Herausgabe des Vermögens und Rechenschaftslegung gem. § 1698.

D. Verfahrensrecht

7   **Funktionell** ist – mangels Richtervorbehalt – der Rechtspfleger zuständig, §§ 3 Nr. 2 a), 14 RPflG. Dies gilt aber nicht für den Entzug der Vermögenssorge, da dieser unmittelbar auf § 1666 beruht. Gegen die Entscheidung des Rechtspflegers ist die **befristete Beschwerde** zum OLG gem. § 58 Abs. 1 FamFG i.V.m. § 11 Abs. 1 RPflG statthaft. Die **Kosten**, die durch die **Errichtung des Vermögensverzeichnisses** entstehen, hat das Kind zu tragen.[11]

Vgl. zum Verfahrensrecht im Übrigen § 1626 Rdn. 25 ff.

---

4 Staudinger/Engler § 1640 Rn. 24.
5 Staudinger/Engler § 1640 Rn. 15.
6 Vgl. BayObLGZ 1994, 147 = FamRZ 1994, 1191.
7 Vgl. § 20 Abs. 1 BNotO.
8 Vgl. § 486 Abs. 2 FamFG.
9 Staudinger/Engler § 1640 Rn. 34.
10 A.A. Staudinger/Engler § 1640 Rn. 34.
11 Staudinger/Engler § 1640 Rn. 38; Palandt/Diederichsen § 1640 Rn. 9.

§ 1641   Schenkungsverbot

[1]Die Eltern können nicht in Vertretung des Kindes Schenkungen machen. [2]Ausgenommen sind Schenkungen, durch die einer sittlichen Pflicht oder einer auf den Anstand zu nehmenden Rücksicht entsprochen wird.

Satz 1 verbietet sowohl Schenkungen der Eltern aus dem Kindesvermögen als auch die Zustim- 1 mung der Eltern zu Schenkungen des Kindes. Auf die Ausschlagung einer Erbschaft oder eines Vermächtnisses sowie für den Verzicht auf einen Pflichtteil zu Gunsten eines Dritten ist die Vorschrift nicht anwendbar; insoweit besteht aber Genehmigungspflicht gem. § 1643 Abs. 2. Dagegen fällt auch das »Taschengeldvermögen« des § 110 unter das Schenkungsverbot des Satz 1.

Eine **entgegen Satz 1** vorgenommene Schenkung ist **nichtig** und kann auch nicht durch das 2 Familiengericht genehmigt werden. Die Eltern haften dem Kind gegebenenfalls gem. §§ 1664, 823 ff. Bei einer Schenkung in Vertretung des Kindes steht diesem ein Herausgabeanspruch gegen den Beschenkten gem. § 985 zu, weil § 932 den guten Glauben an die Verfügungsberechtigung i.S.d. § 1641 nicht schützt. Bei Schenkung der Eltern im eigenen Namen erwirbt der gutgläubige Beschenkte zwar Eigentum, das Kind kann aber Herausgabe des Erlangten gem. § 816 Abs. 1 Satz 2 verlangen.[1]

Das Schenkungsverbot gem. Satz **2** gilt nicht für **Pflicht- und Anstandsschenkungen**. Dazu zäh- 3 len aber nicht bloße Wohltätigkeiten. Liegt die Zuwendung unter Berücksichtigung der materiellen und immateriellen Belange des Kindes letztlich in seinem Interesse, kann unter Umständen eine erlaubte Schenkung angenommen werden.[2] In jedem Fall ist eine eventuelle Genehmigungspflichtigkeit gem. § 1643 zu beachten.

§ 1642   Anlegung von Geld

Die Eltern haben das ihrer Verwaltung unterliegende Geld des Kindes nach den Grundsätzen einer wirtschaftlichen Vermögensverwaltung anzulegen, soweit es nicht zur Bestreitung von Ausgaben bereitzuhalten ist.

Die Vorschrift verpflichtet die Eltern dazu das Bargeld des Kindes **gewinnbringend** anzulegen. 1 Dabei sind sie nicht mehr auf mündelsichere Anlagen (§§ 1806, 1807) beschränkt.[1] Vielmehr dürfen und müssen sie sich so verhalten wie es ein wirtschaftlich denkender Privatmann täte, der eher die konservative Anlage bevorzugt.[2] Die Anlage in Sparguthaben mit Mindestrendite genügt bei nennenswertem Barvermögen nicht.[3] In Betracht kommen neben festverzinslichen Wertpapieren und Sparkonten – die vor allem für kleinere Vermögen geeignet sind – auch Immobilien, Bausparverträge, Lebensversicherungen, aber auch Aktien, Immobilienfonds, Unternehmensbeteiligungen und Investmentanteile. Die Anlage in Sammelobjekte, wie Antiquitäten, Kunstwerke oder Briefmarken, kann zumindest als Teilanlage auch geeignet sein. Die Anlageform steht in engem Verhältnis zum Umfang des Vermögens. Bei größeren Vermögen ist fast immer auf eine ausgewogene Streuung zu achten. Die Anlage muss einerseits sicher sein, andererseits dürfen sich die Eltern nicht mit der sichersten Anlage zufrieden geben, wenn diese keine ausreichende Rendite erbringt.

---

1 Vgl. Staudinger/Engler § 1641 Rn. 17 ff.
2 Vgl. OLG Hamm FamRZ 1987, 751 zum inhaltsgleichen § 1804.
1 Wie dies vor dem Inkrafttreten des Sorgerechtsgesetzes am 01.01.1980 der Fall war.
2 Vgl. LG Kassel FamRZ 2003, 626.
3 LG Kassel FamRZ 2003, 626.
Unter Umständen müssen sich die Eltern fachkundig beraten lassen.

2 Eine **Einschränkung der Anlagepflicht** besteht für Gelder, die für anstehende Ausgaben, wie etwa Krankheitskosten, bereitgehalten werden müssen. Dies gilt auch für Unterhaltsbeteiligungen gem. § 1649 Abs. 1.

3 Bei **Verstoß gegen die Anlagepflicht** kann das Familiengericht insb. gem. § 1667 Abs. 2 Satz 1 eine bestimmte Anlage anordnen. Im Übrigen machen sich die Eltern bei pflichtwidriger Vermögensverwaltung gem. § 1664 schadensersatzpflichtig.

§ 1643   Genehmigungspflichtige Rechtsgeschäfte

(1) Zu Rechtsgeschäften für das Kind bedürfen die Eltern der Genehmigung des Familiengerichts in den Fällen, in denen nach § 1821 und nach § 1822 Nr. 1, 3, 5, 8 bis 11 ein Vormund der Genehmigung bedarf.

(2) [1]Das Gleiche gilt für die Ausschlagung einer Erbschaft oder eines Vermächtnisses sowie für den Verzicht auf einen Pflichtteil. [2]Tritt der Anfall an das Kind erst infolge der Ausschlagung eines Elternteils ein, der das Kind allein oder gemeinsam mit dem anderen Elternteil vertrat, so ist die Genehmigung nur erforderlich, wenn dieser neben dem Kind berufen war.

(3) Die Vorschriften der §§ 1825, 1828 bis 1831 sind entsprechend anzuwenden.

A. Abs. 1: Genehmigungspflicht nach Vormundschaftsrecht

1 Durch Verweisung auf das Vormundschaftsrecht sind folgende Rechtsgeschäfte der Eltern genehmigungspflichtig:

- § 1821: Grundstücksgeschäfte einschließlich Geschäfte über eingetragene Schiffe, außer Grundpfandrechte, vgl. § 1821 Abs. 2[1]
- § 1822 Nr. 1: Rechtsgeschäfte über das Vermögen im Ganzen sowie über Erbschaft, künftigen Erbteil, künftigen Pflichtteil
- § 1822 Nr. 3: Entgeltlicher Erwerb oder Veräußerung eines Erwerbsgeschäfts oder Eingehen eines Gesellschaftsvertrages zum Betrieb eines Erwerbsgeschäfts[2]
- § 1822 Nr. 5: Eingehen eines Miet- oder Pachtvertrags mit Verpflichtung zu wiederkehrenden Leistungen und Laufzeit über ein Jahr nach Eintritt der Volljährigkeit[3]
- § 1822 Nr. 8: Aufnahme von Geld auf den Kredit des Mündels
- § 1822 Nr. 9: Ausstellen einer Inhaberschuldverschreibung, Eingehen einer Verbindlichkeit aus Wechsel oder sonstigem Orderpapier
- § 1822 Nr. 10: Übernahme einer fremden Verbindlichkeit, insb. zur Eingehung einer Bürgschaft
- § 1822 Nr. 11: Erteilung einer Prokura

---

1 Keiner Genehmigung bedarf nach std. Rspr. die Verfügung über ein Grundstück, das im Eigentum einer Personenhandelsgesellschaft steht, an der ein Minderjähriger beteiligt ist, s. nur BGH NJW 1971, 375, 376; das OLG Schleswig, FamRZ 2003, 55, hält diese Rspr. für eine GbR, zumindest wenn sie als Erwerbsgesellschaft betrieben wird, für entsprechend anwendbar, da auch die GbR – nach BGH v. 29.01.2001, WM 2001, 134 ff. – Rechtsfähigkeit besitzt; nach OLG Koblenz, FamRZ 2003, 249, verbleibt es aber bei der Genehmigungspflicht, wenn die GbR keine Erwerbstätigkeit, sondern eine rein verwaltende Tätigkeit bezweckt.

2 Vgl. OLG Naumburg FamRZ 2003, 57 zur Genehmigungspflichtigkeit eines Gesellschaftsvertrages; vgl. OLG Frankfurt FamRZ 2009, 620: Genehmigungspflicht bei unentgeltlicher Übertragung eines Kommanditanteils; a.A. OLG Bremen FamRZ 2009, 621; differenzierend OLG München FamRZ 2009, 623.

3 Vgl. OLG Naumburg FamRZ 2003, 57 zur Genehmigungspflichtigkeit einer Darlehensaufnahme.

B. Abs. 2: Genehmigungspflicht bei Ausschlagung eines Erwerbs von Todes wegen

Genehmigungspflichtig ist nach Satz 1 die **Ausschlagung** einer **Erbschaft**, eines **Erbteils**, eines **Vermächtnisses** sowie der Verzicht auf den **Pflichtteil**; dagegen nicht die Annahme einer Erbschaft oder eines Vermächtnisses und deren Anfechtung.[4] **2**

Gem. Satz 2 ist eine Genehmigung aber dann nicht erforderlich, wenn ein sorgeberechtigter **3** Elternteil das ihm zugewendete Erbe, Vermächtnis oder Pflichtteil für seine Person ausschlägt und es deswegen an das Kind fällt. Denn in diesem Fall ist nach der Lebenserfahrung eine Genehmigung des Vormundschaftsgerichts entbehrlich, weil die Ausschlagung durch den Elternteil zeigt, dass dies zumindest eine vertretbare Entscheidung ist. Eine Ausnahme von dieser Ausnahme besteht aber dann, wenn der ausschlagende Elternteil neben dem Kind berufen ist. Denn die vorgenannte Überlegung ist dann nicht mehr zwingend, vgl. etwa § 1951 BGB.

C. Abs. 3: Genehmigung

I. Maßstab

Die Entscheidung darüber, ob die Genehmigung zu erteilen oder zu versagen ist, hat sich unter **4** Beachtung des Elternrechts am **Wohl des Kindes** zu orientieren. Sie ist eine **Ermessensentscheidung**.[5] Dabei ist das Gesamtinteresse maßgebend, das im Wesentlichen – aber nicht ausschließlich – durch die materiellen Interessen des Kindes bestimmt wird. Treffend hat das OLG Zweibrücken formuliert:[6] »Der familiengerichtliche Genehmigungsvorbehalt ist eine Ausnahme vom Grundsatz der elterlichen Autonomie, welche die ungeschmälerte Vertretungsmacht beinhaltet. Die Genehmigung darf daher nur versagt werden, wenn das in Aussicht genommene Geschäft nach den im Zeitpunkt der Entscheidung zu beurteilenden Gesamtumständen, das sind alle möglichen Vor- und Nachteile, nicht dem Interesse des Kindes entspricht. Vorteile, Risiken, Erträge und Aufwendungen sind abzuwägen. Den Eltern verbleibt dabei eine Dispositionsbefugnis, die nur beschränkt zur Überprüfung des Familiengerichts steht. Nicht jedes Risiko soll von dem unter elterlicher Sorge stehenden Kind ferngehalten werden.«

II. Ausgestaltung

Zur näheren Ausgestaltung der Genehmigung verweist Abs. 3 auf das **Vormundschaftsrecht**. Dem- **5** nach kann eine allgemeine Ermächtigung gem. § 1825 erteilt werden. Die Genehmigung ist gem. § 1828 gegenüber den Inhabern der Vermögenssorge – regelmäßig also den Eltern – zu erklären. Die Regelungen der §§ 1829 bis 1831 entsprechen denjenigen der §§ 108, 109 und 111, die für Rechtsgeschäfte Minderjähriger gelten.

D. Verfahrensrecht

Funktionell ist – mangels Richtervorbehalt – der Rechtspfleger zuständig, §§ 3 Nr. 2 a), 14 RPflG. **6** In einem Verfahren, das auf Erteilung einer familiengerichtlichen Genehmigung gerichtet ist, ist grds. der Erlass eines Vorbescheides erforderlich. Eine persönliche Anhörung des Kindes kann unter den Voraussetzungen des § 159 Abs. 1–3 FamFG unterbleiben.

---

4 Palandt/Diederichsen § 1643 Rn. 3.
5 BGH FamRZ 1986, 970; BayObLG FamRZ 1990, 208, 209.
6 OLG Zweibrücken FamRZ 2001, 1236.

Gegen die Versagung der gerichtlichen Genehmigung durch den Rechtspfleger ist die befristete Beschwerde zum OLG gem. § 58 Abs. 1 FamFG i.V.m. § 11 Abs. 1 RPflG statthaft; eine Abänderungsbefugnis des Rechtspflegers besteht nicht.[7]

Vgl. zum Verfahrensrecht im Übrigen § 1626 Rdn. 25 ff.

§ 1644   Überlassung von Vermögensgegenständen an das Kind

Die Eltern können Gegenstände, die sie nur mit Genehmigung des Familiengerichts veräußern dürfen, dem Kind nicht ohne diese Genehmigung zur Erfüllung eines von dem Kind geschlossenen Vertrags oder zu freier Verfügung überlassen.

1   Die Vorschrift verhindert eine **Umgehung** des § 1643. Denn andernfalls könnte ein Vertrag, den der Minderjährige selbst abschließt, durch Überlassung der erforderlichen Mittel an ihn gem. § 110 wirksam werden, obwohl er nach § 1643 genehmigungspflichtig wäre, wenn ihn die Eltern abgeschlossen hätten.

2   **Funktionell** ist – mangels Richtervorbehalt – der Rechtspfleger zuständig, §§ 3 Nr. 2 a), 14 RPflG.

Vgl. zum Verfahrensrecht im Übrigen § 1626 Rdn. 25 ff.

§ 1645   Neues Erwerbsgeschäft

Die Eltern sollen nicht ohne Genehmigung des Familiengerichts ein neues Erwerbsgeschäft im Namen des Kindes beginnen.

1   Die Entscheidung hat sich am Wohl des Kindes zu orientieren. Die Genehmigung beinhaltet nicht bereits eine gem. §§ 1643 Abs. 1, 1822 Nr. 3 erforderliche Genehmigung; umgekehrt dagegen schon.[1] Ein Verstoß gegen § 1645 macht die Geschäftsgründung nicht unwirksam, kann aber eine Schadensersatzpflicht der Eltern gem. § 1664 auslösen. Auch sind Maßnahmen des Familiengerichts gem. §§ 1666, 1667 möglich, wenn deren Voraussetzungen vorliegen.

2   **Funktionell** ist – mangels Richtervorbehalt – der Rechtspfleger zuständig, §§ 3 Nr. 2 a), 14 RPflG.

Vgl. zum Verfahrensrecht im Übrigen § 1626 Rdn. 25 ff.

§ 1646   Erwerb mit Mitteln des Kindes

(1) [1]Erwerben die Eltern mit Mitteln des Kindes bewegliche Sachen, so geht mit dem Erwerb das Eigentum auf das Kind über, es sei denn, dass die Eltern nicht für Rechnung des Kindes erwerben wollen. [2]Dies gilt insbesondere auch von Inhaberpapieren und von Orderpapieren, die mit Blankoindossament versehen sind.

(2) Die Vorschriften des Absatzes 1 sind entsprechend anzuwenden, wenn die Eltern mit Mitteln des Kindes ein Recht an Sachen der bezeichneten Art oder ein anderes Recht erwerben, zu dessen Übertragung der Abtretungsvertrag genügt.

---

7   OLG Dresden FamRZ 2001, 1307.
1   Vgl. Staudinger/Engler § 1645 Rn. 4.

Handeln die Eltern im Namen des Kindes so erwirbt dieses bereits gem. §§ 164 Abs. 1, 1629 **1** Eigentum. Dies gilt wegen § 164 Abs. 2 aber nicht, wenn die Eltern **im eigenen Namen für Rechnung des Kindes** handeln. In diesem Fall wird das Kind aber gem. § 1646 kraft Gesetzes ohne Zwischenerwerb Eigentümer. Dagegen greift § 1646 nicht ein, wenn die Eltern für eigene Rechnung oder für Rechnung Dritter handeln. In diesem Fall steht dem Kind aber ein Herausgabe- oder Schadensersatzanspruch gem. §§ 667, 678, 681 Satz 2, 687 Abs. 2 gegen seine Eltern zu.[1]

Wird der Erwerb nur teilweise mit Mitteln des Kindes bestritten, so erlangt es **anteiliges Miteigentum**. Dies muss auch für einen Kredit gelten, der nur teilweise mit Mitteln des Kindes zurückgeführt wird.[2] **2**

Handelt nur **einer der beiden Elternteile** – der nicht sorgeberechtigt zu sein braucht –, so hat das **3** Kind unter Umständen einen Anspruch auf Genehmigung durch den anderen mit- oder alleinsorgeberechtigten Elternteil zur Herbeiführung des Eigentumserwerbs gem. § 1646.[3]

Die Vorschrift gilt gem. Abs. 1 und 2 gleichermaßen für bewegliche Sachen wie für Rechte. Wird **4** eine **Forderung** mit Mitteln des Kindes erworben, so sind über § 412 die §§ 406 ff. anwendbar.

§ 1647

(aufgehoben)

§ 1648 Ersatz von Aufwendungen

Machen die Eltern bei der Ausübung der Personensorge oder der Vermögenssorge Aufwendungen, die sie den Umständen nach für erforderlich halten dürfen, so können sie von dem Kind Ersatz verlangen, sofern nicht die Aufwendungen ihnen selbst zur Last fallen.

Bei der Prüfung der Ersatzfähigkeit ist nicht auf die objektive Notwendigkeit abzustellen, sondern **1** darauf, was nach dem **Sorgfaltsmaßstab des § 1664** subjektiv für erforderlich gehalten werden durfte, auch und gerade im Hinblick auf die Vermögensverhältnisse des Kindes.[1] Ersatzberechtigt ist auch der nichtsorgeberechtigte Elternteil, wenn ihm wenigstens die **tatsächliche Sorge** für die Person oder das Vermögen des Kindes zusteht; sonst verbleibt nur der Rückgriff auf die allgemeinen Ansprüche gem. §§ 667 ff., 812.

Ein Ersatzanspruch besteht nicht, wenn die Aufwendungen von den Eltern selbst zu tragen sind, **2** weil sie als **Unterhaltsleistungen gem. §§ 1601 ff.** geschuldet werden. Darunter fallen insb. auch das gezahlte Taschengeld und die Aufwendungen für Bekleidung, ärztliche Behandlung sowie sportliche und musikalische Ausbildung. Soweit über das geschuldete Maß hinausgehende Unterhaltsleistungen erbracht werden, greift die Vermutung des § 685 Abs. 2 ein, wonach regelmäßig die Absicht fehlt, vom Empfänger Ersatz zu verlangen. Soweit es sich um Gelegenheitsgeschenke handelt gilt das gleiche nach dem Rechtsgedanken des § 534.[2] Ein Ersatzanspruch entfällt ganz generell, wenn im Zeitpunkt der Aufwendung keine Absicht bestand dafür Ersatz zu verlangen (Erlassvertrag),[3] wofür allerdings keine tatsächliche Vermutung spricht.[4]

---

1 Vgl. Palandt/Diederichsen § 1646 Rn. 1.
2 So jetzt Staudinger/Engler § 1646 Rn. 14 (str.).
3 Staudinger/Engler § 1646 Rn. 16.
1 BGH FamRZ 1998, 367, 368.
2 BGH FamRZ 1998, 367, 368.
3 Vgl. Staudinger/Engler § 1648 Rn. 8.
4 BGH FamRZ 1998, 367, 368.

3   Demnach sind die Fälle eher selten, bei denen tatsächlich ein Ersatzanspruch besteht. In Betracht kommen insb. Auslagen im Zusammenhang mit Vermögenswerten des Kindes.

4   Der Anspruch auf Ersatz von Aufwendungen umfasst auch die Verzinsung gem. § 256 und die Freistellung von einer Verbindlichkeit gem. § 257. Der Betrag kann von den verfügungsberechtigten Eltern dem Kindesvermögen **selbst entnommen werden**, weil dadurch lediglich eine Verbindlichkeit erfüllt wird, vgl. §§ 1629 Abs. 2 Satz 1, 1795 Abs. 2, 181.[5] Der Anspruch ist vor den **allgemeinen Zivilgerichten** geltend zu machen. Die **Verjährung** ist gem. § 207 Abs. 1 Satz 2 Nr. 2 bis zur Volljährigkeit des Kindes gehemmt.

§ 1649   Verwendung der Einkünfte des Kindesvermögens

(1) ¹Die Einkünfte des Kindesvermögens, die zur ordnungsmäßigen Verwaltung des Vermögens nicht benötigt werden, sind für den Unterhalt des Kindes zu verwenden. ²Soweit die Vermögenseinkünfte nicht ausreichen, können die Einkünfte verwendet werden, die das Kind durch seine Arbeit oder durch den ihm nach § 112 gestatteten selbstständigen Betrieb eines Erwerbsgeschäfts erwirbt.

(2) ¹Die Eltern können die Einkünfte des Vermögens, die zur ordnungsmäßigen Verwaltung des Vermögens und für den Unterhalt des Kindes nicht benötigt werden, für ihren eigenen Unterhalt und für den Unterhalt der minderjährigen unverheirateten Geschwister des Kindes verwenden, soweit dies unter Berücksichtigung der Vermögens- und Erwerbsverhältnisse der Beteiligten der Billigkeit entspricht. ²Diese Befugnis erlischt mit der Eheschließung des Kindes.

A. Bedeutung der Vorschrift

1   Die Vorschrift regelt für welche Zwecke und in welcher Reihenfolge die Eltern Einkünfte aus dem Kindesvermögen abweichend von der Anlagepflicht des § 1642 verwenden dürfen. Die **Verwendungsregeln** sind aber nur insoweit bindend als sie dem Schutz des Kindesvermögens dienen; den Eltern steht es deshalb frei den Kindesunterhalt aus eigenen Mitteln zu bestreiten. Dabei korrespondiert Abs. 1 mit § 1602 Abs. 2, wonach die Eltern keinen Unterhalt schulden, soweit ihn das Kind aus seinen Vermögenseinkünften und dem Ertrag seiner Arbeit bestreiten kann. Der **Sinn des § 1649** erschließt sich erst aus Abs. 2. Zum einen wird dadurch sichergestellt, dass nur Einkünfte aus dem Vermögen des Kindes und keine anderen von den Eltern und Geschwistern für deren Unterhalt verwendet werden dürfen. Zum anderen dient die Vorschrift dazu, ein unverhältnismäßiges wirtschaftliches Gefälle innerhalb der Familie zu vermeiden.

B. Abs. 1: Verwendung der Vermögenseinkünfte des Kindes zur Deckung seines eigenen Unterhalts

2   Unter Einkünften aus dem Vermögen sind hier anderes als in § 1602 Abs. 2 die Bruttoeinkünfte zu verstehen. Deshalb bestimmt Satz 1, dass **zunächst** mit den Einkünften die **notwendigen Verwaltungsausgaben** zu decken sind. Dazu gehören nicht nur die laufenden oder außerordentlichen Kosten, wie Steuern, Versicherungen und Reparaturen, sondern auch Investitionen und Rücklagen, die wirtschaftlich sinnvoll sind. Nur für die so festgestellten verbleibenden **Nettoeinkünfte** gilt die normierte Verwendungsreihenfolge.

3   Die Nettoeinkünfte aus dem Kindesvermögen sind dann wiederum vorrangig für den Unterhalt des Kindes zu verwenden. Dabei kann für die **Bemessung des Unterhalts** nicht ohne weiteres

---

5 Staudinger/Engler § 1648 Rn. 8; Palandt/Diederichsen § 1648 Rn. 3.

§ 1610 herangezogen werden. Vielmehr ist mit Blickrichtung auf Abs. 2 unter Berücksichtigung der Vermögens- und Erwerbsverhältnisse innerhalb der gesamten Familie zu bestimmen, welchen Teil der Nettoeinkünfte das Kind verständlicherweise für seinen Unterhalt verwenden würde.[1] Keinesfalls kann der Lebensstandard der Eltern, finanziert durch die Vermögenseinkünfte des Kindes, höher sein als der des Kindes.

Nur soweit die Vermögenseinkünfte des Kindes zur ordnungsgemäßen Verwaltung des Vermögens 4 und zur Bestreitung seines Unterhalts nicht ausreichen, können gem. Satz 2 die **Einkünfte des Kindes aus eigener Arbeit oder Erwerbsgeschäft (§ 112)** verwendet werden. Dies soll verhindern, dass die Eltern Verwaltungskosten und Unterhalt mit dem Erwerbseinkommen des Kindes decken und so die Überschusseinkünfte aus dem Vermögen gem. Abs. 2 für sich verwenden können.[2]

Reichen die Einkünfte des Kindes aus Erwerbstätigkeit nicht zur Deckung der Verwaltungskosten 5 und des Unterhalts aus, so haben die Eltern die Wahl, wofür sie die Einkünfte verwenden wollen.

C. Abs. 2: Verwendung der Vermögenseinkünfte des Kindes zur Deckung des Unterhalts seiner Eltern und Geschwister

Die unter Beachtung des in Abs. 1 bestimmten Verwendungsvorrangs verbleibenden **überschüssi-** 6 **gen Einkünfte** aus dem Kindesvermögen dürfen gem. Satz 1 von den Eltern für ihren eigenen Unterhalt und denjenigen der minderjährigen unverheirateten Geschwister des Kindes verwendet werden. Ob die Eltern von dieser Befugnis Gebrauch machen steht in ihrem **Ermessen**. Deshalb handelt es sich um kein übertragbares Recht der Eltern, auf das Dritte zugreifen könnten. Auch die Geschwister haben keinen Anspruch auf Ausübung.[3] Ob man aus der Befugnis des geschiedenen Ehegatten, seinen durch eigene Einkünfte erreichten Lebensstandard unter Zugriff auf das Kindesvermögen zu verbessern, eine Unterhaltsobliegenheit gegenüber dem Unterhaltsverpflichteten herleiten kann, diesen auf Kosten des Vermögens des Kindes zu entlasten, erscheint im Hinblick auf die gesetzliche Rangvorschrift des § 1609 Abs. 1 sehr zweifelhaft.[4]

Voraussetzung für die Ausübung der Verwendungsbefugnis ist, dass den Eltern die **Vermögens-** 7 **sorge** zusteht. Von einem **Vermögenspfleger** können sie nicht die Herausgabe der Überschusseinkünfte verlangen.[5]

Die Verwendung der Überschusseinkünfte für den eigenen Unterhalt und denjenigen der 8 Geschwister muss der **Billigkeit** entsprechen. Dies gilt insb. auch für den Umfang der Inanspruchnahme. Dabei ist wie beim Unterhalt des Kindes nach Abs. 1 (s.o. Rdn. 2) nicht der Maßstab des gesetzlichen Verwandtenunterhalts der §§ 1601 ff. heranzuziehen, sondern unter Berücksichtigung der Vermögens- und Erwerbsverhältnisse aller Beteiligter von einem **angemessenen Unterhaltsbedarf** auszugehen, der einen gleichmäßigen Lebensstandard innerhalb der Familie sichert und von einem vernünftig denkenden Dritten weder als zu bescheiden noch als zu verschwenderisch angesehen würde.

Die Überschusseinkünfte dürfen nur für den Unterhalt der Eltern und der minderjährigen unver- 9 heirateten Geschwister verwendet werden. Damit sind – mit Ausnahme von Adoptiveltern – nur die **leiblichen Eltern und Geschwister** gemeint. Dazu gehören auch halbbürtige Geschwister, nicht jedoch Stiefeltern und Stiefgeschwister, weil diese keine Blutsverwandten sind.[6]

---

1 Vgl. Staudinger/Engler § 1649 Rn. 20.
2 Staudinger/Engler § 1649 Rn. 21.
3 Staudinger/Engler § 1649 Rn. 25.
4 So OLG Celle FamRZ 1987, 1038.
5 BayObLG FamRZ 1975, 219, 220.
6 Staudinger/Engler § 1649 Rn. 21.

10   Die Befugnis zur Verwendung der Überschusseinkünfte **endet** gem. Satz 2 spätestens mit der Heirat des Kindes.

D. Rechtsfolgen bei Verstoß gegen die Verwendungsregeln

11   Verwenden die Eltern die Einkünfte des Kindes pflichtwidrig unter Verstoß gegen § 1649, so kann dies Maßnahmen des Familiengerichts gem. §§ 1666, 1667 nach sich ziehen. Die **Haftung der Eltern** bestimmt sich nach § 1664. Daneben steht dem Kind ein **Bereicherungsanspruch** gem. §§ 812 ff. gegen seine Eltern und Geschwister zu, wenn die Einkünfte nicht in Einklang mit § 1649 verwendet wurden; andererseits stellt § 1649 Abs. 2 einen Rechtsgrund zum Behalten i.S.d. § 812 dar, wenn seine Voraussetzungen erfüllt sind.[7]

§§ 1650–1663

(aufgehoben)

§ 1664   Beschränkte Haftung der Eltern

(1) **Die Eltern haben bei der Ausübung der elterlichen Sorge dem Kind gegenüber nur für die Sorgfalt einzustehen, die sie in eigenen Angelegenheiten anzuwenden pflegen.**

(2) **Sind für einen Schaden beide Eltern verantwortlich, so haften sie als Gesamtschuldner.**

A. Abs. 1: Haftung der Eltern bei sorgfaltswidriger Ausübung der elterlichen Sorge

1   Nach überwiegender Meinung in Literatur und Rechtsprechung bestimmt die Vorschrift nicht nur den Haftungsmaßstab, sondern ist zugleich **Anspruchsgrundlage** für Schadensersatzansprüche des Kindes gegen seine Eltern, die in einer Pflichtverletzung bei der Ausübung der elterlichen Sorge begründet sind.[1] Ihr Anwendungsbereich erstreckt sich demnach auf alle Schäden, die auf der Verletzung der Elternpflichten zur rechtlichen und tatsächlichen Wahrnehmung der Kindesinteressen auf dem Gebiet der Personen- und Vermögenssorge beruhen.[2]

2   In dem vorgenannten Anwendungsbereich bestimmt Abs. 1 den **Haftungsmaßstab** der Eltern für Schadensersatzansprüche des Kindes. Demnach müssen die Eltern bei der Ausübung der Sorge nur für die Einhaltung derjenigen Sorgfalt einstehen, die sie auch in eigenen Angelegenheiten walten lassen. Dieses »Haftungsprivileg« gründet in der familienrechtlichen Verbundenheit zu dem Geschädigten.[3] Denn Familiengemeinschaft ist Haftungsgemeinschaft. Dies führt dazu, dass der gewissenhafte Elternteil im Verhältnis zum leichtfertigen strenger haftet. Die Grenze bildet aber der objektiv zu bestimmende Maßstab des § 277: **Vorsatz** und **grobe Fahrlässigkeit** haben die Eltern immer zu vertreten.

3   **Voraussetzung** für die Anwendbarkeit des § 1664 ist, dass den Eltern die Sorge auch zusteht, insb. darf das **Sorgerecht** weder ruhen noch entzogen sein. Dagegen ist § 1664 entsprechend anzuwen-

---

7   Staudinger/Engler § 1649 Rn. 41.
1   BGHF 6, 55, 57; OLG Köln FamRZ 1997, 1351; OLG Düsseldorf FamRZ 1992, 1097; OLG Saarbrücken FamRZ 2012, 235; LG Ellwangen FamRZ 2011, 739; Palandt/Diederichsen § 1664 Rn. 1; a.A. Staudinger/Engler m.w.N. unter Hinweis auf den Wortlaut der Vorschrift.
2   OLG Köln FamRZ 1997, 1351.
3   BGHZ 103, 338, 345 = FamRZ 1988, 810, 812.

den, wenn ein nichtsorgeberechtigter Elternteil die Sorge tatsächlich ausübt, wie es etwa bei der Ausübung des Umgangsrechts der Fall ist.[4]

Eine analoge Anwendung des § 1664 auf andere Personen als die Eltern kommt dagegen wegen des familienrechtlich geprägten Ausnahmecharakters dieser Vorschrift nicht in Betracht.[5] Etwas anderes gilt kraft Gesetzes nur für den Vormund: § 1793 Abs. 1 Satz 3 verweist auf § 1664, wenn der Mündel auf längere Zeit im Haushalt des Vormundes aufgenommen ist. Auch ist § 1664 in umgekehrter Weise für die Haftung des Kindes gegenüber den Eltern entsprechend anwendbar, da es ungerechtfertigt wäre insoweit einen anderen Haftungsmaßstab anzulegen.[6]

Grundsätzlich haftet jeder Elternteil nur für sein eigenes Verschulden. Doch ist auch nach diesem **Prinzip der individuellen Elternverantwortung** jeder Elternteil gehalten, in zumutbaren Grenzen den anderen Elternteil zu überwachen.[7] Daher werden – abgesehen von Augenblicksversagen – regelmäßig beide Eltern sich einer Pflichtverletzung schuldig gemacht haben. **4**

Bedienen sich die Eltern der Hilfe eines Dritten (Hauspersonal, Kindermädchen, Babysitter) zur Erfüllung ihrer Pflichten gegenüber dem Kind, so haften sie für dessen Auswahl und Überwachung gem. § 1664 Abs. 1. Für ein Verschulden dieses **Erfüllungsgehilfen** müssen sie gem. § 278 einstehen. Aber auch hier gilt für die Eltern das Haftungsprivileg des § 1664 Abs. 1 mit der möglichen Folge, dass nur der Erfüllungsgehilfe haftet. **5**

Etwas anderes muss gelten, wenn die Eltern für ihr Kind die Hilfe eines **Arztes oder Rechtsanwalts** in Anspruch nehmen. Zwar sind sie dann im Rahmen des § 1664 Abs. 1 ebenfalls für die Auswahl und in eingeschränkter Weise auch für die Überwachung verantwortlich, doch kann darüber hinaus eine Haftung der Eltern nicht angenommen werden, weil sie zur eigenen Pflichtenwahrnehmung (schuldlos) nicht in der Lage sind.[8] **6**

6. Ausschluss der Anwendbarkeit

Die Haftungsbeschränkung des § 1664 Abs. 1 gilt nicht für Schadenersatzansprüche aus der **Verletzung der elterlichen Aufsichtspflicht**.[9] Denn die Fürsorgepflicht der Eltern gegenüber dem Kind als Kernstück der elterlichen Sorge verlangt es, dass die Aufsichtspflicht objektiv und nicht nach dem subjektiven Sorgfaltsmaßstab eines Elternteils bestimmt wird.[10] Hinsichtlich der Ansprüche Dritter gem. § 832 ist bereits der Anwendungsbereich des § 1664 nicht eröffnet. **7**

Keine Anwendung findet Abs. 1 auf Schadensersatzansprüche aus **unerlaubter Handlung gem. §§ 823 ff.**[11] Dies gilt insb. auch für Ansprüche wegen eines Verkehrsunfalls den ein Elternteil ver- **8**

---

4 Vgl. BGHZ 103, 338, 345 = FamRZ 1988, 810, 812.
5 BGH FamRZ 1996, 155: Anwendbarkeit bei Haushaltspraktikantin abgelehnt.
6 Staudinger/Engler § 1664 Rn. 13.
7 OLG Köln FamRZ 1997, 1351.
8 Vgl. Staudinger/Engler § 1664 Rn. 28 f.
9 Sehr str.; ebenso: OLG Stuttgart VersR 1980, 952; OLG Karlsruhe VersR 1977, 232; Staudinger/Engler § 1664 Rn. 33; offen gelassen von BGHZ 103, 338, 345 = FamRZ 1988, 810, 812; a.A. OLG Hamm NZV 1994, 68; OLG Düsseldorf FamRZ 2000, 438; OLG Karlsruhe FamRZ 2009, 707, 708; MüKo/Huber § 1664 Rn. 11 f.; Palandt/Diederichsen § 1664 Rn. 4.
10 Vgl Staudinger/Engler § 1664 Rn. 33.
11 Sehr str.; ebenso: Staudinger/Engler § 1664 Rn. 33; a.A. für den Fall, dass ein innerer Zusammenhang zwischen dem deliktischem Verhalten und der Ausübung der elterlichen Sorge besteht: MüKo/Huber § 1664 Rn. 9; Palandt/Diederichsen § 1664 Rn. 3; Schwab FamR Rn. 620; nach BGHZ 103, 338 = FamRZ 1988, 810 Durchgreifen der Haftungsmilderung auf deliktische Ansprüche, wenn die verletzten Schutzpflichten ganz in der Sorge für die Person des Kindes aufgehen.

ursacht hat, einschließlich der Ansprüche aus Gefährdungshaftung gem. § 7 Abs. 2 StVG.[12] Insoweit kann auch die Rechtsprechung des BGH zu § 1359 herangezogen werden, wonach der Schutzfunktion des Haftungsrechts im Straßenverkehr besondere Bedeutung zukommt.[13]

9   Schließlich greift das Haftungsprivileg des Abs. 1 nicht ein, wenn es um **Ansprüche aus einem Vertrag** zwischen Eltern und Kind geht. Jedoch kann vertraglich ein Haftungsmaßstab vereinbart werden.

B. Abs. 2: Haftung der Eltern als Gesamtschuldner

10   Die Eltern haften dem Kind als **Gesamtschuldner** gem. § 421. Dies gilt aber nur, wenn sie auch beide für den Schaden verantwortlich sind, das heißt beiden eine schuldhafte Verletzung ihrer Pflichten vorzuwerfen ist. Im Anwendungsbereich des Abs. 1 bestimmt sich die Schuld nach der Sorgfalt in eigenen Angelegenheiten, weshalb dem Kind trotz Pflichtverletzung beider Eltern möglicherweise nur ein Elternteil schadensersatzpflichtig ist. In diesem Fall ist dem haftenden Elternteil ein Rückgriff nach §§ 426 Abs. 1 oder 2 verwehrt.

11   **Haftet neben den Eltern ein Dritter**[14] für die Verletzung des Kindes, so wird seine Ersatzpflicht nicht dadurch berührt, dass die Eltern des Kindes an der Schädigung mitbeteiligt waren, aber wegen des milderen Sorgfaltsmaßstabes des § 1664 Abs. 1 dem Kind nicht haften. Dem Dritten steht in diesem Fall auch kein (fingierter) Ausgleichsanspruch gegen die Eltern zu.[15]

§ 1665

(weggefallen)

§ 1666   Gerichtliche Maßnahmen bei Gefährdung des Kindeswohls

(1) Wird das körperliche, geistige oder seelische Wohl des Kindes oder sein Vermögen gefährdet und sind die Eltern nicht gewillt oder nicht in der Lage, die Gefahr abzuwenden, so hat das Familiengericht die Maßnahmen zu treffen, die zur Abwendung der Gefahr erforderlich sind.

(2) In der Regel ist anzunehmen, dass das Vermögen des Kindes gefährdet ist, wenn der Inhaber der Vermögenssorge seine Unterhaltspflicht gegenüber dem Kind oder seine mit der Vermögenssorge verbundenen Pflichten verletzt oder Anordnungen des Gerichts, die sich auf die Vermögenssorge beziehen, nicht befolgt.

(3) Zu den gerichtlichen Maßnahmen nach Absatz 1 gehören insbesondere

1. Gebote, öffentliche Hilfen wie zum Beispiel Leistungen der Kinder- und Jugendhilfe und der Gesundheitsfürsorge in Anspruch zu nehmen,
2. Gebote, für die Einhaltung der Schulpflicht zu sorgen,
3. Verbote, vorübergehend oder auf unbestimmte Zeit die Familienwohnung oder eine andere Wohnung zu nutzen, sich in einem bestimmten Umkreis der Wohnung aufzuhalten oder zu bestimmende andere Orte aufzusuchen, an denen sich das Kind regelmäßig aufhält,

---

12 Insoweit einhellige Meinung: OLG Hamm NJW 1993, 542; NZV 1994, 68; LG Tübingen NJW-RR 1990, 346; Staudinger/Engler § 1664 Rn. 36; MüKo/Huber § 1664 Rn. 10; Palandt/Diederichsen § 1664 Rn. 4.
13 BGHZ 53, 352, 355 = BGH FamRZ 1970, 386.
14 Eingehend dazu Staudinger/Engler § 1664 Rn. 48 ff; Medicus BürgR Rn. 928 ff.
15 BGHZ 103, 338 = FamRZ 1988, 810 unter Aufgabe BGHZ 35, 317 = FamRZ 1962, 60.

4. Verbote, Verbindung zum Kind aufzunehmen oder ein Zusammentreffen mit dem Kind herbeizuführen,

5. die Ersetzung von Erklärungen des Inhabers der elterlichen Sorge,

6. die teilweise oder vollständige Entziehung der elterlichen Sorge.

(4) In Angelegenheiten der Personensorge kann das Gericht auch Maßnahmen mit Wirkung gegen einen Dritten treffen.

A. Verfassungsrechtliche Vorgaben

Art. 6 Abs. 2 Satz 1 GG garantiert den Eltern das Recht auf Pflege und Erziehung ihrer Kinder. 1
Die Erziehung des Kindes ist damit primär in die Verantwortung der Eltern gelegt, wobei dieses »natürliche Recht« den Eltern nicht vom Staate verliehen worden ist, sondern von diesem als vorgegebenes Recht anerkannt wird. Die Eltern können grds. frei von staatlichen Einflüssen und Eingriffen nach eigenen Vorstellungen darüber entscheiden, wie sie die Pflege und Erziehung ihrer Kinder gestalten und damit ihrer Elternverantwortung gerecht werden wollen. In der Beziehung zum Kind muss aber das **Kindeswohl die oberste Richtschnur** der elterlichen Pflege und Erziehung sein. Wenn Eltern ihrer Verantwortung nicht gerecht werden, greift das **Wächteramt** des Staates nach **Art. 6 Abs. 2 Satz 2 GG** ein; der Staat ist nicht nur berechtigt, sondern auch verpflichtet, die Pflege und Erziehung des Kindes sicherzustellen. Diese Verpflichtung des Staates ergibt sich in erster Linie daraus, dass das Kind als Grundrechtsträger Anspruch auf den Schutz des Staates hat.«[1] Im Einklang und in Umsetzung dieser verfassungsrechtlichen Vorgaben ermächtigt und verpflichtet §1666 das Familiengericht Schutzmaßnahmen zu Gunsten des Kindes zu ergreifen, wenn einer Gefährdung des Kindeswohls nicht auf andere Weise begegnet werden kann.

---

1 BVerfGE 60, 79, 88 = FamRZ 1982, 567, 569; ebenso bereits: BVerfGE 59, 360, 376; FamRZ 1989, 145, 146; vgl. auch BVerfGE 24, 119, 144 = FamRZ 1968, 578, 584.

B. Abs. 1: Eingriffsvoraussetzungen bei Gefährdung des persönlichen Kindeswohls

I. Kindeswohl- und Gefährdungsbegriff

2   Das körperliche, geistige oder seelische Wohl des Kindes muss gefährdet sein. Der **Begriff des Kindeswohls** ist das Herzstück der Generalklausel des § 1666, die das Familiengericht im Einzelfall auf der Grundlage eines individuell herausgearbeiteten Sachverhalts auszufüllen hat.[2] Dabei kann es auch auf die Kindeswohlkriterien zurückgreifen, die für die Sorgerechtsentscheidung gem. § 1671 Abs. 2 Nr. 2 entwickelt wurden (s. § 1671 Rdn. 41 ff.). Die Gefährdung des Kindeswohls ist Eingriffsschwelle und Legitimation für staatliche Schutzmaßnahmen.[3] Das Kindeswohl bildet den Richtpunkt für das Wächteramt des Staates.[4] Es hat Vorrang vor den Interessen der Eltern, erst recht vor denjenigen anderer Beteiligter.

3   Die **Gefahr** muss **gegenwärtig oder nahe bevorstehend** sein und so ernst zu nehmen, dass sich bei einer Fortdauer eine erhebliche Schädigung des körperlichen, geistigen oder seelischen Wohls des Kindes mit ziemlicher Sicherheit voraussehen lässt.[5] Eine bloß künftige Gefahr genügt nicht. Andererseits setzt die Annahme einer gegenwärtigen Gefahr nicht voraus, dass sie sich bereits auf das augenblickliche oder vorübergehende Befinden des Kindes ausgewirkt hat.[6] Vielmehr genügt es, dass der Schaden für eine gedeihliche altersgemäße Entwicklung des Kindes bereits in den gegenwärtigen Verhältnissen angelegt ist.[7] An den Grad der Wahrscheinlichkeit der Gefährdung sind umso geringere Anforderungen zu stellen, je größer und gewichtiger der drohende Schaden ist. Bei schwerwiegenden Schäden genügen daher bereits geringe Anzeichen. Ein völliger Verzicht auf konkrete Verdachtsmomente ist aber auch dann nicht möglich.[8]

4   Es muss sich um eine **schwerwiegende Gefährdung** des Kindes in körperlicher, seelischer oder geistiger Beziehung handeln. Denn grds. genießt die Pflege und Erziehung der Kinder durch die Eltern gem. Art. 6 Abs. 2 Satz 1 GG den Vorrang vor staatlichem Handeln.[9] »Zwar stellt das Kindeswohl in der Beziehung zum Kind die oberste Richtschnur der elterlichen Pflege und Erziehung dar. Das bedeutet aber nicht, dass es zur Ausübung des Wächteramtes des Staates nach Art. 6 Abs. 2 Satz 2 GG gehörte, gegen den Willen der Eltern für eine den Fähigkeiten des Kindes bestmögliche Förderung zu sorgen. Die primäre Entscheidungszuständigkeit der Eltern beruht auf der Erwägung, dass die Interessen des Kindes in aller Regel am besten von den Eltern wahrgenommen werden. Dabei wird die Möglichkeit in Kauf genommen, dass das Kind durch den Entschluss der Eltern wirkliche oder vermeintliche Nachteile erleidet, die im Rahmen einer nach objektiven Maßstäben betriebenen Begabtenauslese vielleicht vermieden werden könnten.«[10] Gelegentliche Erziehungsfehler, wie sie jedem Personensorgeberechtigten unterlaufen können, können nicht als Gefährdung des Kindeswohls im Sinn von § 1666 Abs. 1 gewertet werden.[11] Selbst einer nicht

---

2   Staudinger/Coester § 1666 Rn. 64.

3   Staudinger/Coester § 1666 Rn. 63.

4   BVerfGE 24, 119, 144 = FamRZ 1968, 578, 584; BVerfG FamRZ 1999, 85, 86; OLG Frankfurt FamRZ 2009, 990.

5   OLG Zweibrücken FamRZ 1984, 931; BGH FamRZ 1956, 350; OLG Celle FamRZ 2003, 1490; OLG Hamm FamRZ 2006, 359; vgl. auch BayObLG FamRZ 1977, 473.

6   BayObLG DAVorm 1981, 901, 903; OLG Brandenburg FamRZ 2008, 1557.

7   Vgl. Staudinger/Coester § 1666 Rn. 79.

8   OLG Karlsruhe FamRZ 2009, 130 ff.: Kein Entzug des Sorgerechts für ein Mädchen bei Reise nach Äthiopien im Hinblick auf die dort weit verbreitete Beschneidungspraxis wegen Fehlens auch nur geringer Anzeichen für eine konkrete Gefahr der Beschneidung.

9   Vgl. BVerfGE 24, 119, 135 = FamRZ 1968, 578, 582; BVerfG FamRZ 2008, 492.

10   BVerfGE 60, 79, 94 = FamRZ 1982, 567; 570; vgl. auch BVerfGE 34, 165, 184; BVerfG FamRZ 2008, 492; 2010, 528; 2012, 433; BayObLG FamRZ 1993, 1350: zum Passivrauchen; OLG Köln FamRZ 1996, 1027, 1028 hinsichtlich § 1666a; OLG Celle FamRZ 2003, 549.

11   BayObLG FamRZ 1993, 843, 845; OLG Karlsruhe FamRZ 2007, 576: Kein Sorgerechtsentzug trotz Verletzungen des Kindes bei Eltern, die bereit sind sich beraten und kontrollieren zu lassen.

optimalen Elternbetreuung ist grds. der Vorrang vor einer – auch qualifizierten – Fremdbetreuung zu geben.[12] »Die sozialen Verhältnisse der Eltern, in die ein Kind hineingeboren wird, müssen als schicksalhaft hingenommen werden. Es dürfen damit nicht Maßnahmen gerechtfertigt werden, die es ermöglichen sollen, das Kind in einer besseren sozialen Umgebung aufwachsen zu lassen.«[13] Das Kind hat keinen Anspruch auf »Idealeltern« und optimale Förderung und Erziehung. Daher ist das staatliche Wächteramt auf die Abwehr von Gefahren beschränkt.[14] Dabei ist zu beachten, dass Art. 8 EMRK Abs. 1 und 2 das Recht auf Achtung des Familienlebens garantiert und Eingriffe des Staates nur unter engen Voraussetzungen zulässt.[15] Die Eingriffe müssen die Fortentwicklung der familiären Beziehungen ermöglichen mit dem Ziel, Eltern und Kinder wieder zusammenzuführen.[16]

II. Typische Gefährdungsursachen

§ 1666 Abs. 1 wurde durch das Gesetz zur Erleichterung familiengerichtlicher Maßnahmen bei Gefährdung des Kindswohls vom 04.07.2008 neu gefasst.[17] Im Gegensatz zur h.M. zum altem Recht, wonach die Gefährdung des Kindeswohls einer der in § 1666 Abs. 1 a.F. aufgezählten Ursachen zuzuordnen war, muss nun die Ursache der Gefährdung des Kindeswohls nicht mehr festgestellt und einer bestimmten Fallgruppe zugeordnet werden. Entscheidend ist allein, ob und in welchem Ausmaß eine Gefährdung des Kindeswohls vorliegt; auf ein elterliches Erziehungsversagen kommt es (richtigerweise) nicht mehr an. Dies erspart unergiebige, teils aufwändige, vergangenheitsorientierte Ermittlungen und vermeidet dadurch hervorgerufene Beeinträchtigungen der elterlichen Kooperationsbereitschaft.[18] Der Wegfall der Voraussetzung elterlichen Erziehungsversagens lässt die Eingriffsschwelle für Maßnahmen gem. § 1666 im Übrigen unangetastet.[19] Die vier unterschiedlichen Gefährdungsursachen nach alter Rechtslage und die hierzu ergangene Rechtsprechung behalten aber weiterhin Bedeutung als typische Fallgruppen, weshalb sie nachfolgend dargestellt werden. 5

1. Missbräuchliche Ausübung der elterlichen Sorge

Eine **missbräuchliche Ausübung der elterlichen Sorge** liegt vor, wenn von dem Sorgerecht durch aktives Tun falsch, rechtswidrig und zweckwidrig Gebrauch gemacht wird in einer dem Wohl des Kindes und dem Erziehungsziel objektiv zuwiderlaufenden, jedem besonnen denkenden Elternteil erkennbaren Weise; eine lediglich unzweckmäßige, unpraktische oder ungeschickte Verhaltensweise oder Maßnahme ist noch nicht rechtsmissbräuchlich.[20] Klassische Fälle des Missbrauchs der elterlichen Sorge sind die körperliche und seelische Misshandlung, insb. der sexuelle Missbrauch, aber auch die aktive Verweigerung notwendiger medizinischer Behandlung. Der Missbrauch des 6

---

12 OLG Brandenburg FamRZ 2009, 994, 995; vgl. auch OLG Celle FamRZ 2003, 549, 550; OLG Hamburg FamRZ 2001, 1008.
13 BayObLG NJW-RR 1990, 70 = FamRZ 1990, 304 (Ls); ebenso OLG Hamm FamRZ 2004, 1664, 1665; 2010, 1742; 2012, 462; OLG Köln FamRZ 2008, 1553, 1554 (Ls); FamRZ 2011, 1307; OLG Brandenburg FamRZ 2008, 1556; OLG Saarbrücken FamRZ 2010, 1746; vgl. auch EGMR FamRZ 2002, 1393, 1396.
14 OLG Hamm FamRZ 2004, 1664, 1665; 2010, 1091; vgl. auch OLG Stuttgart FamRZ 2010, 1090.
15 Vgl. EGMR 2008, 1319, 1320.
16 OLG Hamm FamRZ 2004, 1664; EGMR FamRZ 2002, 1393; vgl. auch § 1626 Rn. 12.
17 BGBl I 1188.
18 Amtl. Begr. BT-Drucks. 16/6815, 10; Meysen NJW 2008, 2673; vgl. auch schon zum früheren Recht Staud/Coester § 1666 Rn. 58, 59, 87.
19 Amtl. Begr. BT-Drucks. 16/6815, 14; Meysen NJW 2008, 2673.
20 BayObLG FamRZ 1981, 999.

Sorgerechts ist ein unbestimmter Rechtbegriff, der im Einzelfall aufgrund des individuellen Sachverhalts und der daraus folgenden Wertungen konkretisiert werden muss.[21]

7   **Ausbildungskonflikt.** BayObLG:[22] Fehlende Rücksichtnahme auf Eignung und Neigung des Kindes kann einen Sorgerechtsmissbrauch darstellen, der Maßnahmen gem. § 1666 Abs. 1 rechtfertigt.

8   **Auswanderung.** OLG Karlsruhe:[23] Eine Auswanderung ihres Kindes mit der Pflegefamilie müssen leibliche Eltern grds. nicht hinnehmen. Daher kein Sorgerechtsmissbrauch des Vaters, wenn er Auswanderung des Kindes mit Großmutter nach Kanada nicht zustimmt, auch wenn das kranke und besonders betreuungsbedürftige Kind, bei dieser sehr gut gepflegt wird. AG Saarbrücken:[24] Ausreisesperre im Wege der einstweiligen Anordnung bei Notwendigkeit der Erstellung eines Gutachtens über die Erziehungsfähigkeit der ausreisewilligen Mutter bei dringendem Verdacht der Kindeswohlgefährdung

9   **Gesundheitsgefährdung durch Rauchen.** BayObLG:[25] »Die durch das Rauchen der Eltern bedingten Auswirkungen auf das Kind können ... vormundschaftsgerichtliche Maßnahmen gem. § 1666 nur dann rechtfertigen, wenn das Passivrauchen für das Kind etwa wegen außergewöhnlicher Veranlagungen oder wegen Krankheiten eine konkrete besondere Gefährdung darstellt, die über die für das Passivrauchen allgemein angenommene Gefahr erheblich hinausgeht. In diesem Zusammenhang wird auch zu berücksichtigen sein, ob sich das Rauchen der Eltern als Ausdruck einer generellen und rücksichtslosen Missachtung der Kindesinteressen darstellt. [Denn § 1666 rechtfertigt] ein gerichtliches Einschreiten nur, wenn es im Hinblick auf eine schwerwiegende Gefährdung des Kindes unerlässlich erscheint; staatliche Maßnahmen kommen dagegen bei bloßen Pflichtwidrigkeiten nicht in Betracht.«

10   **Gewalttaten.** OLG Hamm:[26] Hat der Kindesvater einen Raubüberfall gegen seine Familie vorgetäuscht, ist dabei gegen die Kindesmutter tätlich geworden und hat deren Tod verursacht, so ist ihm unabhängig davon, ob und wegen welchen Tötungsdelikts er strafrechtlich belangt werden kann wegen mangelnder Eignung das Sorgerecht zu entziehen. Die Anordnung des Ruhens der elterlichen Sorge bis zum rechtskräftigen Abschluss des Strafverfahrens kommt in einem solchen Fall nicht in Betracht. OLG Hamm:[27] Massive Gewaltanwendung unter Einsatz eines Messers gegen das Kind. OLG Köln:[28] Schwere »häusliche Gewalt«, die zur Traumatisierung der Kinder geführt hat.

11   **Herausgabeverlangen und Aufenthaltswechsel des Kindes zur Unzeit.** BayObLG:[29] »Missbräuchliche Ausübung der elterlichen Sorge, wenn das Kind einem Umgebungswechsel ausgesetzt und damit sein Wohl beeinträchtigt wird.« (Ls) (hier: Herausgabeverlangen des Vaters, dem nach Tod der Mutter elterliche Sorge allein zustand, hinsichtlich dem bei der Großmutter lebenden Kind); AG München:[30] Abrupte Herausnahme aus väterlichem Haushalt ohne Absprache und Kontaktabbruch zum Vater durch alleinsorgeberechtigte Mutter; BayObLG:[31] »Macht der Vater von der durch Ehelicherklärung seines Kindes erworbenen elterlichen Sorge in der Weise Gebrauch, dass er das Kind ohne Absprache mit der Mutter, bei der es seit der Geburt gelebt hat, und ohne deren

---

21   BayObLG FamRZ 1981, 814.
22   BayObLG FamRZ 1982, 634, 636: dort noch zum Vorrang des § 1631a Abs. 2 a.F., der nunmehr entfallen ist; vgl. auch § 1631a und Palandt/Diederichsen § 1666 Rn. 19.
23   OLG Karlsruhe FamRZ 1994, 1544.
24   AG Saarbrücken FamRZ 2003, 1859.
25   BayObLG FamRZ 1993, 1350, 1351.
26   OLG Hamm FamRZ 1996, 1029.
27   OLG Hamm FamRZ 2005, 1274.
28   OLG Köln FamRZ 2011, 571.
29   BayObLGR 1994, 21 = FamRZ 1994, 781 (Ls).
30   AG München DAVorm 1995, 1004.
31   BayObLGR 1992, 28 = FamRZ 1992, 1221 (Ls).

Wissen zu sich nimmt, so kann in diesem Verhalten eine missbräuchliche Ausübung der elterlichen Sorge liegen, die deren vorläufige Entziehung und deren Rückübertragung auf die Mutter rechtfertigen kann.« (Ls) BayObLG:[32] Herausnahme des Kindes aus seinem bisherigen Lebenskreis bei den Pflegeeltern, wo es sich zu Hause und geborgen fühlt, um es in der eigenen Familie unterzubringen; BayObLG:[33] Sorgerechtsmissbrauch durch das Verlangen, ein Kind aus einem Pflegeverhältnis bei den Großeltern herauszunehmen; OLG Celle:[34] Entzug des Aufenthaltsbestimmungsrechts, falls beabsichtigte Ausreise nach Pakistan körperliches und seelisches Wohl des Kindes gefährdet; BayObLG:[35] Bei Missbrauch des Sorgerechts allein durch Verlangen der Herausgabe von den Pflegeeltern genügt regelmäßig Verbleibensanordnung gem. § 1632 Abs. 4.

Kindesentziehung (-entführung). OLG Bamberg:[36] »Ein erschreckenderer Verlust als derjenige sämtlicher Bezugspersonen, verbunden mit einem Wechsel in einen fremden Sprach- und Kulturkreis, ist für ein fünfjähriges Kind kaum denkbar.«   **12**

Körperliche und seelische Misshandlungen. BayObLG:[37] »Entziehung des Rechts der Aufenthaltsbestimmung durch vorläufige Anordnung, wenn bei zwei Kleinkindern in kurzen Abständen schwerwiegende, misshandlungstypische Verletzungen festgestellt werden.« (Ls) BayObLG:[38] »Entziehung des Aufenthaltsbestimmungsrechts durch vorläufige Anordnung wegen körperlicher und seelischer Misshandlung (Schläge mit nicht unerheblichen Verletzungen) eines 5-jährigen Kindes durch die Mutter.« (Ls) BayObLG:[39] Unverhältnismäßige Züchtigung eines 13-jährigen Kindes; BayObLG:[40] »Entziehung der gesamten Personensorge bei Sorgerechtsmissbrauch durch übermäßige körperliche Züchtigung eines 15-jährigen türkischen Mädchens und nachfolgendem Erziehungsunvermögen des Vaters, der die im Heim untergebrachte Jugendliche psychisch unter Druck setzt, um sie zur Rückkehr ins Elternhaus zu veranlassen.« OLG Koblenz:[41] Entziehung des Aufenthaltsbestimmungsrechts und des Rechts zur Gesundheitsfürsorge im Eilverfahren bei sehr hoher Wahrscheinlichkeit der massiven körperlichen Misshandlung; OLG Hamm:[42] Entziehung des Aufenthaltsbestimmungsrechts und des Rechts der Gesundheitsfürsorge bei akuter Gefahr erneuter erheblicher körperlicher Misshandlungen; (Ls) BayObLG:[43] Grobe Misshandlungen und entwürdigendes und verständnisloses Verhalten; BayObLG:[44] Kein Sorgerechtsmissbrauch bei einmaliger, maßvoller Züchtigung einer 16-jährigen Tochter; OLG Thüringen:[45] Entwürdigende Misshandlung der Kinder durch Bestrafung mittels »Pobisse« lösen in einem Grenzfall noch keine familiengerichtlichen Maßnahmen aus, da der Vater irrig von einem geeigneten Erziehungsmittel ausging und bei ihm nunmehr ein Umdenken stattgefunden hat, so dass er hiervon Abstand genommen hat.[46] AG Korbach:[47] »Kommt es aufgrund unterschiedlicher Wertvorstellungen zwischen den nach islamischer Moral und Sitte lebenden Eltern und ihrer sich verstärkt der westli-   **13**

---

32 BayObLG DAVorm 1985, 335 = FamRZ 1985, 312 (Ls); vgl. auch BayObLG FamRZ 1982, 1118.
33 BayObLG FamRZ 1984, 932; ebenso OLG Frankfurt FamRZ 2009, 990.
34 OLG Celle FamRZ 1984, 931.
35 BayObLG DAVorm 1983, 78 = FamRZ 1982, 1239 (Ls).
36 OLG Bamberg FamRZ 1987, 185, 187.
37 BayObLG FamRZ 1999, 178.
38 BayObLGR 1995, 3.
39 BayObLG FamRZ 1994, 975.
40 BayObLG FamRZ 1993, 229; vgl. auch AG Westerstede FamRZ 2009, 1755.
41 OLG Koblenz FamRZ 2009, 987, 988.
42 OLG Hamm FamRZ 2009, 1752, 1753.
43 BayObLG DAVorm 1983, 78 = FamRZ 1982, 1239 (Ls).
44 DAVorm 1981, 897.
45 BayObLG FamRZ 2003, 1319.
46 Die Entscheidung mag als Einzelfall durchaus akzeptabel sein, doch begegnet es Bedenken, dass sich der Senat hinsichtlich der tatsächlichen Umstände einschließlich des im Raum stehenden sexuellen Missbrauchs auf die Nichtfeststellbarkeit zurückgezogen hat, s. dazu auch § 1671 Rn. 50.
47 AG Korbach FamRZ 2003, 1497: hier 16-jährige Tochter.

chen Lebensweise zuwendenden Tochter zu schweren innerfamiliären Konflikten, die nicht mehr einvernehmlich gelöst werden können, muss zum Schutz des Kindes ein Eingriff in die elterliche Sorge gem. § 1666 erfolgen.« (Ls) OLG Dresden:[48] Entzug des Aufenthaltsbestimmungsrechts hinsichtlich der Entscheidung über die vorübergehende Verbringung eines 15-jährigen Mädchens nach Gambia zur Abwendung einer dort geplanten Beschneidung; AG Tempelhof-Kreuzberg:[49] Auflagen genügen zur Absicherung der Willensfreiheit eines Kindes, das wegen drohender Unterrichtung in Scientology-Einrichtungen Angstzustände hat und bereits weggelaufen ist. OLG Düsseldorf:[50] Fehlende Sensibilität und Einfühlungsvermögen der Eltern rechtfertigt Entzug des Sorgerechts für ein seit der Geburt in einer Pflegefamilie lebendes Kind. OLG Köln:[51] Einbeziehung der Kinder in Elternkonflikte ohne zu erkennen, dass sie dadurch in ihrer seelischen Entwicklung geschädigt werden, kann Sorgerechtsentzug rechtfertigen.

14 **Schulpflicht:** BayObLG:[52] »Die beharrliche Weigerung der Eltern schulpflichtiger Kinder, diese in die Schule zu schicken, stellt einen Missbrauch des Sorgerechts dar, durch welchen das Kindeswohl gefährdet wird. Ein derartiges Verhalten rechtfertigt den Entzug des Aufenthaltsbestimmungsrechts für das Kind, wenn mildere Maßnahmen nicht ausreichen.« (Ls) AG Saarbrücken:[53] Entzug des Aufenthaltsbestimmungsrechts im Wege der einstweiligen Anordnung, wenn dringend anzunehmen ist, dass der unregelmäßige Schulbesuch auf einer depressiven Symptomatik der Mutter beruht. BGH:[54] Die beharrliche Weigerung der Eltern, ihre Kinder der öffentlichen Grundschule oder anderen anerkannten Ersatzschulen zuzuführen und stattdessen selbst »Hausunterricht« zu erteilen, stellt einen Sorgerechtsmissbrauch dar, der die Entziehung des Rechts zur Bestimmung des Aufenthalts und zur Regelung von Schulangelegenheiten rechtfertigt.

15 **Schwangerschaftsabbruch.** Ob die Erteilung oder die Versagung der Einwilligung[55] zum Abbruch der Schwangerschaft einen Missbrauch der elterlichen Sorge darstellt, kann nur im Einzelfall entschieden werden.[56]

16 **Sexueller Missbrauch.** Dass der sexuelle Missbrauch des Kindes einen Entzug des Sorgerechts rechtfertigt, versteht sich von selbst. Neben den Problemen der Sachverhaltsfeststellung und der Anforderungen an den Nachweis eines Missbrauchs (vgl. dazu § 1671 Rdn. 51 ff.) beschäftigen die Rechtsprechung daher insb. die weiteren Maßnahmen, die gegenüber dem Täter getroffen werden können (s. dazu u. Rdn. 67).

17 **Sterbehilfe.** OLG Hamm:[57] Ein Sorgerechtsmissbrauch kann nicht darin gesehen werden, dass die Eltern auf der Grundlage zutreffender Tatsachen sich dafür entscheiden, die künstliche Ernährung ihrer irreversibel im Koma liegenden Tochter abzubrechen, was deren Tod zur Folge haben wird. Denn diese Entscheidung kommt nach dem GG zuvörderst den Eltern zu. Für die Bestellung eines Ergänzungspflegers ist daher kein Raum. Etwas anderes gilt nur, wenn durch die Entscheidung das wohlverstandene Kindeswohl nicht gewahrt würde. Dabei steht den Eltern aber ein Ermessen zu, das nicht durch andere Entscheidungsträger ausgeübt werden kann.

---

48 OLG Dresden FamRZ 2003, 1862.
49 AG Tempelhof-Kreuzberg FamRZ 2009, 987.
50 OLG Düsseldorf FamRZ 2009, 1756.
51 OLG Köln FamRZ 2011, 1307; 2012, 726.
52 BayObLG NJW 1984, 928; ebenso OLG Brandenburg FamRZ 2006, 358; OLG Hamm FamRZ 2006, 358.
53 AG Saarbrücken FamRZ 2003, 1859; vgl. auch OLG Koblenz FamRZ 2006, 57 bei Unfähigkeit regelmäßigen Schulbesuch sicherzustellen.
54 BGH FamRZ 2008, 45.
55 AG Helmstedt ZfJ 1987, 85 = FamRZ 1987, 621 (Ls): kein Missbrauch bei Versagung der Einwilligung unter Abwägung vernünftiger Gründe.
56 Dazu eingehend Staudinger/Coester § 1666 Rn. 101 ff.
57 NJW 2007, 2704, 2705 mit krit. Anm. Ballof.

Überbehütung. AG Moers:[58] Sorgerechtmissbrauch liegt vor, wenn die Persönlichkeitsentwicklung 18
des Kindes durch die überfürsorgliche und erstickende Erziehungshaltung der Mutter (overprotection) erheblich gefährdet ist.

Umgangsverhinderung. BayObLG:[59] Kein Missbrauch des Sorgerechts, wenn alleinsorgeberech- 19
tigte Mutter den Umgang mit der Großmutter unterbindet, weil zwischen dieser und ihr Spannungen bestehen, die sich andernfalls nachteilig auf das Kind auswirken würden.[60] Auch eine
besonders stark ausgeprägte Bindungsintoleranz kann nur nach den Umständen des Einzelfalls
unter Berücksichtigung aller Auswirkungen auf das Kindeswohl zu einem völligen oder teilweisen
Sorgerechtsentzug führen.[61] Vor Entziehung des (gesamten) Aufenthaltsbestimmungsrechts wegen
Umgangsvereitelung ist eine Umgangspflegschaft einzurichten.[62]

Verhinderung notwendiger medizinischer Behandlung. OLG Celle:[63] Die Voraussetzungen des 20
§ 1666 sind gegeben, wenn ein Kind lebensnotwendig auf die Verabreichung von Blut und Blut-
produkten angewiesen ist, die Eltern aber die Zustimmung zu dieser Behandlung aus religiösen
Gründen verweigern. Bei besonderer Eilbedürftigkeit ist eine vorläufige Anordnung auf Verabreichung einer erforderlichen Bluttransfusion auch ohne vorherige Anhörung der Eltern und sogar
ohne vorherige Gewährung rechtlichen Gehörs möglich. BayObLG:[64] Entziehung des Aufenthaltsbestimmungsrecht und des Rechts der Zuführung zur ärztlichen Behandlung im Wege der
vorläufigen Anordnung, wenn die Eltern das 2 1/2-jährige Kleinkind, das von Geburt an in seiner
Gesundheit und Entwicklung beeinträchtigt ist und nach einer Operation und einem Aufenthalt
in einer Kinderklinik besonders zuverlässiger Betreuung bedarf, weder der gebotenen ärztlichen
Behandlung noch einer durch die festgestellten Entwicklungsrückstände angezeigten pädagogischen Frühförderung zuführen. OLG Hamm:[65] Die Beendigung lebenserhaltender Maßnahmen
und das Zulassen des Sterbens des Kindes ist aber dann kein Sorgerechtsmissbrauch, wenn die
Entscheidung der Eltern einfühlbar ist und das Kindeswohl wahrt. Dies ist etwa der Fall, wenn
nach medizinischem Ermessen keine greifbare Wahrscheinlichkeit mehr besteht, dass das Kind
sein Bewusstsein wieder erlangt. Auch diese Entscheidung kommt vorrangig den Eltern zu.

2. Vernachlässigung des Kindes

Von einer **Vernachlässigung des Kindes** ist auszugehen, wenn die Eltern (oder ein Elternteil) in 21
schuldhafter Weise untätig bleiben. Zu denken ist an Verwahrlosung, mangelhafte Ernährung und
fehlende medizinische (Vor-) Sorge sowie mangelnde Zuwendung. Gerade in dieser Fallgruppe
wird man aber regelmäßig von einem unverschuldeten Erziehungsversagen der Eltern ausgehen
müssen, da die Ursache für die Vernachlässigung fast immer in psychischer Erkrankung, geistiger
Behinderung oder Alkohol- und Drogenabhängigkeit liegt. Folgerichtig lassen sich für diesen Tatbestand in der veröffentlichten Rechtsprechung kaum Beispiele finden.[66] Auch im Falle des Bay-
ObLG, bei dem eine gesundheitsgefährdende Vernachlässigung eines Kleinkindes durch Unterernährung und fehlenden Impfschutz vorlag und den vorläufigen Entzug des Aufenthaltsbestim-

---

58 AG Moers ZfJ 1986, 113 = FamRZ 1986, 715 (Ls).
59 BayObLG DAVorm 1983, 377; vgl. auch BayObLG ZfJ 1984, 361.
60 Eine nachhaltige Beeinträchtigung oder Vereitelung des Umgangsrechts kann unter Umständen aber auch
   zum Entzug des Sorgerechts führen, vgl. § 1684 Rn. 36 f.
61 OLG Hamm FamRZ 2007, 1677.
62 BGH FamRZ 2012, 99, 101 mit Anm. Luthin.
63 OLG Celle NJW 1995, 792.
64 BayObLG EzFamR aktuell 1995, 222 = FamRZ 1995, 1437 (Ls).
65 OLG Hamm NJW 2007, 2704.
66 Umso mehr jedoch in der unter Rdn. 22 ff. dargestellten Fallgruppe; vgl. aber OLG Koblenz FamRZ
   2005, 1923.

mungsrechts rechtfertigte, war das Versagen der Eltern alkoholbedingt, so dass die Annahme eines Verschuldens zumindest problematisch ist und vom BayObLG auch nicht thematisiert wurde.[67]

3. Unverschuldetes Versagen

22 Von großer praktischer Bedeutung ist die Kindeswohlgefährdung durch **unverschuldetes Versagen** der Eltern. Diese Variante elterlichen Unvermögens diente nach altem Recht als Auffangtatbestand für alle Fälle, in denen die Eltern ihren Pflichten gegenüber dem Kind nicht nachkommen, ohne dass es darauf ankam, ob ihnen dies subjektiv im Sinne eines Verschuldens vorgeworfen werden konnte. Die vorgenannten Fälle der missbräuchlichen Ausübung der elterlichen Sorge und der Vernachlässigung des Kindes werden daher mit umfasst. Eigenständige Hauptanwendungsfälle dieser Fallgruppe sind psychische Erkrankung sowie Alkohol- und Drogenabhängigkeit eines Elternteils, daneben aber auch unbelehrbare Starrsinnigkeit. Dass Kinder auch bei unverschuldetem Elternversagen von der Familie getrennt werden können, wenn einer Gefährdung des Kindeswohls nicht auf andere Weise begegnet werden kann, steht mit der Verfassung, insb. mit Art. 6 Abs. 3 GG, in Einklang.[68]

23 **Adoption.** BayObLG:[69] »Ein unverschuldetes Versagen der nichtehelichen Mutter liegt nicht darin, dass sie für einige Zeit nach der Geburt den Entschluss aufrechterhalten hat, ihren Säugling einem ungeeigneten Adoptionsbewerber zu übergeben, wenn sie diese Einstellung seit längerer Zeit aufgegeben und sich entschlossen hat, das Kind selbst großzuziehen.« (Ls).

24 **Alkoholabhängigkeit.** BayObLG:[70] Entzug der gesamten Personensorge bei festgestellten nicht behandelten Erkrankungen der Kinder, die zu Hause erheblich vernachlässigt wurden und auch erhebliche Entwicklungsrückstände zeigen, wobei Ursache der Gefährdung die häuslichen Verhältnisse und Alkoholprobleme der Mutter sind; OLG Hamm:[71] Fortdauernde Alkoholprobleme der Mutter mit Rückfallgefahr kann vor Klärung des in Betracht kommenden endgültigen Entzuges des Aufenthaltsbestimmungsrechts einer kurzfristigen Rückführung des im Heim lebenden Kindes entgegenstehen; BayObLG:[72] Nach erfolgreicher Entziehungskur kann ein Erziehungsunvermögen der Mutter, das den Entzug des Aufenthaltsbestimmungsrechts rechtfertigt, nicht mehr mit dem bloßen Hinweis auf die »Alkoholproblematik« begründet werden. BayObLG:[73] Gesundheitsgefährdende Vernachlässigung eines Kleinkindes durch Unterernährung infolge alkoholbedingten Versagens der Eltern rechtfertigt hier vorläufigen Entzug des Aufenthaltsbestimmungsrechts. BayObLG:[74] Entziehung der Personensorge der Mutter, die an Hebephrenie leidet und alkoholabhängig ist und deshalb das Wohl des Kindes gefährdet; BayObLG:[75] Entzug des Aufenthaltsbestimmungsrechts möglich, wenn erhebliche Spannungen im Zusammenleben der dem Alkohol verfallenen Eltern sich ungewöhnlich stark und negativ auf das Kind auswirken. OLG Frankfurt:[76] Entzug des gesamten Sorgerechts bei Traumatisierung des Kindes aufgrund jahrelanger schwerer Erkrankung und Alkoholerkrankung der Mutter; OLG Köln:[77] Entzug des Aufenthaltsbestimmungsrechts, des Rechts der Gesundheitsfürsorge sowie des Rechts zur Regelung schulischer Angelegenheiten im Wege einstweiliger Anordnung bei alkoholkranker Mutter.

---

67 BayObLG FamRZ 1988, 748; vgl. auch BayObLG EzFamR aktuell 2001, 58: Vernachlässigung infolge mangelnder Erziehungs- und Förderungskompetenz der sorgeberechtigten Mutter.
68 BVerfGE 60, 79, 88 = FamRZ 1982, 567, 569.
69 BayObLG NJW-RR 1990, 70 = FamRZ 1990, 304 (Ls).
70 BayObLG FamRZ 1997, 1553, 1554.
71 OLG Hamm FamRZ 1995, 1209.
72 BayObLG FamRZ 1994, 913, 915.
73 BayObLG FamRZ 1988, 748.
74 BayObLG ZblJugR 1983, 302.
75 BayObLG DAVorm 1982, 901 = FamRZ 1982, 192 (Ls).
76 OLG Frankfurt FamRZ 2003, 1317.
77 OLG Köln FamRZ 2009, 1756, 1757.

Drogenabhängigkeit. OLG Frankfurt:[78] Langjährige Heroinsucht rechtfertigt die Annahme elter- 25 lichen Erziehungsunvermögens durch unverschuldetes Versagen und der mangelnden Fähigkeit zur Gefahrabwendung von dem Kind. OLG Bremen:[79] Nachweis von Betäubungsmitteln in den Haaren der Kinder rechtfertigt teilweisen Sorgerechtsentzug, auch durch einstweilige Anordnung.

Duldung des Fehlverhaltens des Ehepartners. LG Bamberg:[80] Beiden Elternteilen kann die Perso- 26 nensorge entzogen werden, wenn ein Elternteil die Sorge missbräuchlich ausübt und der andere dies duldet, da in letzterem Verhalten ein unverschuldetes Versagen liegen kann. OLG Frankfurt:[81] »Bei wegen Körperverletzung erfolgter Verurteilung des Stiefvaters kann der Mutter das Sorgerecht nur belassen oder wieder eingeräumt werden, wenn eine Wiederholungsgefahr zu verneinen ist.« (Ls) BayObLG:[82] »Ist die nichteheliche Mutter nicht in der Lage, die Anwendung entwürdigender und übermäßiger Erziehungsmaßnahmen ihres Ehemanns gegenüber seinem Stiefkind zu verhin- dern, und führen diese Maßnahmen zu erheblichen Störungen im Sozialverhalten des Kindes, so rechtfertigt dies ein Einschreiten des Vormundschaftsgerichts. Der Mutter kann die gesamte Per- sonensorge für ihr nichteheliches Kind entzogen werden, wenn das Kind aus den genannten Gründen von der Familie getrennt werden muss und im Hinblick auf seine gedeihliche weitere Entwicklung im Rahmen der Personensorge Maßnahmen getroffen werden müssen, über die nur im Zusammenwirken zwischen Personensorgeberechtigtem und Betreuungsperson sachgerecht entschieden werden kann, die Mutter und der Stiefvater eine solche Zusammenarbeit jedoch ablehnen.« (Ls).

Freispruch. OLG Frankfurt:[83] »Wenn der Freispruch vom Vorwurf der Kindesmisshandlung aus 27 subjektiven Gründen erfolgt ist, kann ein Eingriff in das Sorgerecht wegen unverschuldeten Versa- gens gerechtfertigt sein.« (Ls).

Mangelnde Förderung. BayObLG:[84] »Entziehung des Aufenthaltsbestimmungsrechts und der 28 Befugnis zur Regelung der schulischen Angelegenheiten, wenn die zur Wahrnehmung der Perso- nensorge als Pfleger bestellten Großeltern keine Einsicht in die erforderliche Unterbringung des Kindes in einer heilpädagogischen Einrichtung zeigen.« (Ls) BayObLG:[85] Entzug des Aufenthalts- bestimmungsrechts, wenn Eltern das Kind weder intellektuell noch sozial fördern, es deshalb bereits Defizite hat und deswegen Heimunterbringung erforderlich ist; BayObLG:[86] Entzug der gesamten Personensorge, wenn die Mutter die Entwicklungsdefizite des Kindes sowie deren Ursa- chen (massive emotionale und soziale Störung der Beziehung zur Mutter) nicht erkennt, die not- wendigen Behandlungs- und Fördermaßnahmen nicht gewährleistet und ein Ausgleich dieser Mängel vom Kindsvater nicht erwartet werden kann; auf ein Verschulden kommt es nicht an. OLG Koblenz:[87] Verfehltes Erziehungsmodell, dass jegliche Rücksichtnahme auf Eignung und Neiung des Kindes vermissen lässt; OLG Hamm:[88] Fehlendes »Fremdeln« als Folge der Unfähig- keit der Eltern, dem 15 Monate altem Kind die für seine seelische Entwicklung unverzichtbare Bindung zu geben.

---

78 FamRZ 1983, 530.
79 OLG Bremen FamRZ 2011, 1306 f.
80 LG Bamberg DAVorm 1984, 196.
81 OLG Frankfurt FamRZ 1981, 308.
82 BayObLG FamRZ 1994, 1413.
83 OLG Frankfurt FamRZ 1981, 308.
84 BayObLG FamRZ 1999, 1154.
85 BayObLG FamRZ 1995, 1437.
86 BayObLG FamRZ 1999, 179, 180.
87 OLG Koblenz FamRZ 2007, 1680.
88 OLG Hamm FamRZ 2009, 1753, 1754.

29   Psychische Erkrankung. BayObLG:[89] Körperlicher und seelischer Ausnahmezustand der Mutter (Neigung zu Überreaktionen in Belastungssituationen, Drohung das Kind beim nächsten Selbstmordversuch »mitzunehmen«) führt zu einem unverschuldeten Erziehungsunvermögen; BayObLG:[90] Entziehung der elterlichen Sorge wegen unverschuldeten Versagens einer an Schizophrenie leidenden Mutter, die ihr verhaltensgestörtes Kind einer »sexualisierten« Atmosphäre in der Familie aussetzt, möglich, auch wenn kein sexueller Missbrauch vorliegt; BayObLG:[91] Entzug des Aufenthaltsbestimmungsrechts wegen psychischer Erkrankung der Mutter, die deshalb mit der Kindeserziehung überfordert und nicht in der Lage ist ordnungsgemäß für das Kind zu sorgen; BayObLG:[92] Dringlichkeit für einstweilige Anordnung verneint bei Mutter, deren Verhalten zwar von wahnhaften Vorstellungen und Beeinträchtigungsideen beeinflusst ist, die längerfristig zu befürchtenden Schäden aber für die überschaubare Zeit bis zur endgültigen Klärung im Hauptsacheverfahren hingenommen werden können. OLG Dresden:[93] Sorgerechtsentzug bei Vorliegen eines »Münchhausen-by-proxy«-Syndroms oder jedenfalls einem solchen entsprechenden Verhalten.

30   Starrsinnigkeit. BGH:[94] »Der Umstand allein, dass eine uneheliche Mutter sich weigert, ihr Kind den Pflegeeltern fortzunehmen, denen die Pflegeerlaubnis versagt worden ist, rechtfertigt es nicht, ihr das Recht zu entziehen, den Aufenthalt des Kindes zu bestimmen.«

4. Verhalten Dritter

31   Auch das **Verhalten eines Dritten**, durch das das Wohl des Kindes gefährdet wird, kommt als weitere Fallgruppe in Betracht. Der Vorrang der elterlichen Gefahrabwehr ist dabei besonders zu beachten (s.u. Rdn. 32 ff.). Deshalb sind Maßnahmen in erster Linie gegen den Dritten zu richten. Nur wenn diese nicht ausreichen, sind Eingriffe in die Personensorge zulässig. So wenn das unverschuldetes Versagen der Mutter darin besteht, dass sie wegen ihres psychischen Zustands nicht in der Lage ist, die erhebliche Gefährdung ihrer 10-jährigen Tochter durch den von ihrer weiteren 16-jährigen Tochter ausgehenden schlechten Einfluss entgegenzutreten.[95] In diesen Fällen liegt regelmäßig aber auch ein eigenes Erziehungsversagen des Elternteils vor.[96]

III. Vorrang der Gefahrabwehr durch die Eltern

32   Neben der Gefährdung des Kindeswohls ist weitere Voraussetzung für ein staatliches Eingreifen gem. § 1666 Abs. 1, dass **die Eltern entweder nicht in der Lage oder nicht gewillt sind, die Gefahr abzuwenden.** Dieses Gefahrabwendungsprimat folgt unmittelbar aus dem in Art. 6 Abs. 2 Satz 1 GG verfassungsrechtlich verankerten Sorgevorrang der Eltern.

33   Während dieses negative Tatbestandsmerkmal bei fehlendem Willen der Eltern leicht festzustellen ist, muss das Familiengericht im Falle der **Bereitschaft der Eltern zur Gefahrabwehr** sorgfältig prüfen, ob sie dazu nicht doch in der Lage sind. Bloße Lippenbekenntnisse genügen aber nicht; auch muss die Bereitschaft der Eltern zur Gefahrabwehr auf Einsicht beruhen und nicht bloß unter dem Druck des Verfahrens entstanden sein. Das Gericht muss den Eindruck gewonnen haben, dass die Eltern hinreichende Gewähr dafür bieten, dass die Gefahr abgewendet werden

---

89   BayObLG FamRZ 1999, 318, 319.
90   BayObLG FamRZ 1996, 1031: hier aber Voraussetzungen des § 1666 verneint, weil Annahme, dass die Mutter unter dem Eindruck des vormundschaftsgerichtlichen Verfahrens ihr Verhalten gegenüber dem Kind ändern, insb. ihre »sexuelle Freizügigkeit« im Umgang mit dem Kind einschränken werde, nicht zu beanstanden ist.
91   BayObLG FamRZ 1995, 502.
92   BayObLG FamRZ 1997, 387, 388.
93   OLG Dresden FamRZ 2008, 712.
94   BGH NJW 1956 1434.
95   So BayObLG FamRZ 1995, 948, 950.
96   Vgl. BayObLG FamRZ 1994, 1413.

wird.[97] Daran kann es insb. bei fortbestehender Drogenabhängigkeit der Eltern fehlen.[98] Ebenso wenn mit dem Widerruf der Zustimmung der Eltern zur Fremdunterbringung zu rechnen ist.[99]

Bei der Prüfung der Frage, ob die Eltern fähig sind die Gefahr abzuwenden, sind insb. auch **34** **öffentliche Hilfen gem. §§ 27 ff. SGB VIII** (Kinder- und Jugendhilfe) in Betracht zu ziehen, sofern sie von den Eltern akzeptiert werden.[100] Dazu zählen neben Beratung und Erziehungsbeistandschaft auch so einschneidende Maßnahmen wie Vollzeitpflege und Heimerziehung. Bevollmächtigt oder ermächtigt der Inhaber des Sorgerechts das Jugendamt zur Ausübung der elterlichen Gewalt oder Teilen hiervon, so kann dies allein die Gefährdung oder die Erforderlichkeit gerichtlicher Maßnahmen allenfalls dann entfallen lassen, wenn das Jugendamt mit der Bevollmächtigung oder der Ermächtigung einverstanden ist.[101] Ist das Kindeswohl bei der Mutter gefährdet, weil sie das neun Monate alte Kind misshandelt hat, kann der Vater die Gefahr dadurch abwenden, dass er das Kind bei der betreuungsgeeigneten Großmutter unterbringen will.[102]

Beruht die Gefährdung des Kindes auf einem Verhalten eines Dritten, ist besonders sorgfältig zu **35** prüfen, ob die Eltern nicht selbst in der Lage sind gegen den Dritten vorzugehen und geeignete Schutzmaßnahmen zu ergreifen.[103]

C. Abs. 1 und 2: Eingriffsvoraussetzungen bei Gefährdung des Kindesvermögens

Auch bei konkreter Gefährdung des Kindesvermögens ist das Familiengericht befugt einzugrei- **36** fen.[104] Durch das Kindschaftsrechtsreformgesetz vom 16.12.1997 wurden die Voraussetzungen für die Eingriffe in die elterliche Sorge zum Schutze des Kindes neu geordnet und übersichtlicher gestaltet; so umfasst die **Generalklausel des § 1666 Abs. 1** nunmehr auch den Schutz des Kindesvermögens.[105] Die wichtigsten Fälle der Gefährdung des Kindesvermögens durch Pflichtverletzungen der Eltern sind in Abs. 2 als Regelbeispiele genannt. Eine Abschließende Definition der Vermögensgefährdung und damit eine zusätzliche Voraussetzung für staatliche Eingriffe stellt dies aber nicht dar.[106]

I. Abs. 1: Gefährdung des Kindesvermögens im Allgemeinen

Eine Gefährdung des Kindesvermögens setzt eine **gegenwärtige Gefahr** voraus, also eine Situation, **37** in der nach den Umständen der Eintritt eines Schadens wahrscheinlich ist oder zumindest als naheliegende Möglichkeit erscheint. Dies hängt von den jeweiligen Umständen des Einzelfalls ab.[107] Dabei reicht es aus, dass eine derartige Pflichtverletzung nach den Umständen des Falles nicht ganz fern liegt. Gibt etwa der keinen Unterhalt leistende Vater im Rentenantrag für die dem Kind zustehende Waisenrente seine eigene Kontonummer an und macht nicht einmal den Versuch eine Weiterleitung der Rentenzahlungen mit der für den Unterhalt des Kindes sorgenden Großmutter zu erörtern, so ist darin ein Anzeichen für einen ordnungswidrigen Verbrauch der

---

97 Staudinger/Coester § 1666 Rn. 151.
98 Vgl. OLG Frankfurt FamRZ 1983, 530, 531.
99 OLG Hamm FamRZ 2011, 1603.
100 Vgl. auch § 1666a Abs. 1.
101 KG FamRZ 1979, 1060, 1061 auch dazu, dass es grds. zulässig ist die Ausübung der elterlichen Gewalt oder der Personensorge widerruflich auf einen Dritten zu übertragen.
102 BayObLG FamRZ 1985, 522.
103 Staudinger/Coester § 1666 Rn. 152.
104 Vgl. auch BVerfGE 72, 155, 174 = FamRZ 1986, 769, 773.
105 Vgl. BT-Drucks 13/4899 S. 97.
106 Staudinger/Coester § 1666 Rn. 164; BT-Drucks. 13/4899 S. 97; Palandt/Diederichsen § 1666 Rn. 23.
107 BayObLG FamRZ 1994, 1191.

Rente zu sehen.[108] Der Entzug der Vermögenssorge kommt auch in Betracht, wenn die Mutter insolvent ist und das ungeklärt hohe Kindesvermögen in Haftung genommen werden soll.[109]

38 **Gefährdung** kann nicht nur bei einer Verminderung oder einem ordnungswidrigen Verbrauch des Kindesvermögens, sondern grds. auch dann anzunehmen sein, wenn durch Verletzung der mit der Vermögenssorge verbundenen Pflichten übliche Möglichkeiten der Vermögensmehrung nicht genutzt werden, so beim Unterlassen der in § 1642 vorgeschriebenen Geldanlage.[110]

39 Es muss das **Vermögen des Kindes in seiner Gesamtheit** gefährdet sein. Die Verletzung einzelner Vermögensinteressen genügt nicht, es sei denn die Vermögenslage des Kindes wird dadurch insgesamt beeinträchtigt. Dabei muss eine erhebliche Schädigung drohen, da geringere Beeinträchtigungen keine staatlichen Eingriffe rechtfertigen können.[111]

40 Ein **schuldhaftes Verhalten** des Sorgeberechtigten ist war bereits nach altem Recht **nicht erforderlich**.[112] Gerade bei der Verletzung der Vermögenssorge muss der Schutz auch objektive Gefährdungen umfassen, da die mangelnde Fähigkeit der Eltern im ökonomischen Bereich richtig zu handeln regelmäßig unverschuldet ist.[113] Nach der Neufassung des Abs. 1 versteht sich dies von selbst.

41 Neben den Regelbeispielen des Abs. 2 hat der allgemeine Tatbestand des Abs. 1 kaum noch eigenständige Bedeutung. Doch muss bei **Vermögensgefährdungen** durch **Vermögensverfall der Eltern**[114] oder Handlungen Dritter auf die Generalklausel zurückgegriffen werden.[115]

II. Abs. 2: Regelbeispiele für eine Gefährdung des Kindesvermögens

1. Verletzung der Unterhaltspflicht

42 Die Verletzung der Unterhaltspflicht setzt einen **Unterhaltsanspruch gem. §§ 1601 ff** voraus, also insb. Bedürftigkeit des Kindes und Leistungsfähigkeit der Eltern. Erfasst wird sowohl der Bar- als auch der Naturalunterhalt. Bei einem i.S.d. § 1602 Abs. 2 vermögenden Kind müssen die Eltern diesem das Vermögen zur Verfügung stellen und ihm seinen Arbeitsverdienst in angemessenem Umfang belassen.[116] Zur Feststellung der Unterhaltspflichtverletzung kann auch auf die strafrechtlichen Grundsätze für die Verwirklichung des § 170 StGB zurückgegriffen werden. Deshalb ist ein **Rechtsirrtum** der Eltern über ihre Unterhaltspflicht nur beachtlich, wenn er unvermeidbar war.[117] Auch entlasten die gesetzlichen oder **freiwilligen Versorgungsleistungen Dritter**, insb. öffentliche Hilfen, die Eltern grds. nicht. Anders ist es aber, wenn die Zahlungen Dritter unabhängig von der Nichtzahlung durch den Sorgerechtsinhaber erfolgen oder wenn dieser seinen Beitrag zur Unterhaltssicherung gerade dadurch leistet, dass er dafür Sorge trägt, dass das Kind von Dritten – etwa den Großeltern – versorgt wird und dies auf einer Vereinbarung zwischen allen Beteiligten beruht.[118]

---

108 Vgl. BayObLG FamRZ 1991, 1339.
109 Vgl. KG FamRZ 2009, 2102.
110 BayObLG FamRZ 1994, 1191.
111 Staudinger/Coester § 1666 Rn. 163.
112 BayObLG FamRZ 1994, 1191.
113 Palandt/Diederichsen § 1666 Rn. 29.
114 Der in § 1667 Abs. 1 a.F. noch tatbestandlich aufgeführt war.
115 Staudinger/Coester § 1666 Rn. 174, 175.
116 Staudinger/Coester § 1666 Rn. 167.
117 Vgl. auch Staudinger/Coester § 1666 Rn. 26: Rechtsirrtum stets unbeachtlich; Palandt/Diederichsen § 1666 Rn. 41: Tatbestand nicht erfüllt bei entschuldbarem Irrtum.
118 BayObLG FamRZ 1989, 652.

Die **Gesamtvermögenslage** des Kindes muss gefährdet sein und nicht nur der Unterhalt. Deshalb 43
kommt bei kleineren Verletzungen der Unterhaltspflicht eine Gefährdung des Kindesvermögens
nicht in Betracht. Dies wird durch die neue Gesetzesfassung auch deutlich. Bereits zum alten
Recht hat das BayObLG festgestellt, dass es vornehmlich um den Schutz des leiblichen Kindeswohls gegen eine aus der Verletzung des Rechts auf Unterhaltsgewährung erwachsende Gefährdung gehe.[119]

2. Verletzung der Vermögenssorgepflicht

Das Regelbeispiel entspricht dem § 1667 Abs. 1 a.F. Ganz allgemein sind die Eltern verpflichtet 44
das Kindesvermögen zu erhalten, zu verwerten und zu vermehren, also nach den Grundsätzen
einer wirtschaftlichen Vermögensverwaltung anzulegen, soweit es nicht zur Bestreitung von Ausgaben, insb. für den Kindesunterhalt, bereitzuhalten ist, vgl. §§ 1626 Abs. 1 Satz 2, 1642, 1649
Abs. 1 Satz 1.

Als Verletzungshandlungen kommen demnach insb. in Betracht: Eine **nachlässige Vermögensver-** 45
waltung, etwa durch Unterlassen der durch § 1642 vorgeschriebenen Geldanlage,[120] und ein **ord-**
nungswidriger Verbrauch des dem Kind zustehenden Sparguthabens,[121] der bereits in der Abhebung des Sparguthabens zum Zwecke der eigenen Verwendung, insb. bei überschuldetem Elternteil, gesehen werden kann.[122]

Zu beachten ist, dass auch hier nicht jede Verletzung einer Vermögenssorgepflicht genügt. Für 46
eine staatliche Schutzmaßnahme gem. Abs. 1 ist vielmehr die **Gefährdung des Kindesvermögens**
insgesamt und nicht nur einzelner Positionen erforderlich.[123]

3. Verstoß gegen gerichtliche Anordnungen zur Vermögenssorge

Das Gericht kann insb. gem. § 1640 Abs. 3 und § 1667 Anordnungen zur Vermögensverwaltung 47
und Rechnungslegung treffen. Solche gehen den Maßnahmen gem. § 1666 Abs. 1 vor, soweit sie
zur Abwendung einer Vermögensgefährdung geeignet sind. Verstoßen die Eltern dann aber gegen
ihre so konkretisierten Verhaltenspflichten, wird zumindest ein teilweiser Entzug der Vermögenssorge auch unter Beachtung des Verhältnismäßigkeitsprinzips fast immer unumgänglich sein.[124]

III. Vorrang der Gefahrabwehr durch die Eltern

Ebenso wie für die Personensorge gilt auch für die Vermögenssorge, dass ein staatliches Eingreifen 48
nur dann zulässig ist, wenn die Eltern die Gefährdung des Kindes nicht abwenden wollen oder
können.[125] Sind die Eltern zwar bereit die Vermögensgefährdung abzuwenden, dazu aber nicht in
der Lage, so ist insb. zu prüfen, ob nicht geeignete gerichtliche Anordnungen gem. § 1667 ausreichen, um sie dazu zu befähigen. Geht die Gefährdung von Dritten aus, so kommt dem Gefahrab-
wendungsvorrang der Eltern besonderes Gewicht zu.

---

119 BayObLG FamRZ 1989, 652.
120 BayObLG FamRZ 1994, 1191.
121 BayObLG FamRZ 1991, 1339, 1340: dort auch pflichtwidriger Verbrauch der Waisenrente des Kindes.
122 BayObLG FamRZ 1989, 1215, 1216.
123 Staudinger/Coester § 1666 Rn. 170: insoweit ist teleologische Reduktion der Vorschrift notwendig; vgl.
     auch Palandt § 1666 Rn. 47: ursächlicher Zusammenhang zwischen Verstoß gegen vermögensrelevante
     Schutzpflicht und der Gefährdung des Kindesvermögens erforderlich; vgl. auch o. Rn. 38.
124 Staudinger/Coester § 1666 Rn. 173; vgl. Palandt/Diederichsen § 1666 Rn. 28.
125 S. o. Rn. 31 ff.

D. Abs. 1, 3 und 4: Maßnahmen des Familiengerichts

I. Grundsatz der Verhältnismäßigkeit

49   Liegen die Voraussetzungen für einen Eingriff in die Personen- oder Vermögenssorge gem. Abs. 1 vor, so hat das Familiengericht **die zur Abwendung der Gefahr erforderlichen und geeigneten Maßnahmen** zu treffen. Dabei ist der **Grundsatz der Verhältnismäßigkeit** strikt zu beachten. Dieser gebietet es, dass sich Art. und Ausmaß des staatlichen Eingriffs nach dem Grad des Versagens der Eltern und danach bestimmen müssen, was im Interesse des Kindes geboten ist. Der Staat muss daher nach Möglichkeiten suchen, durch helfende, unterstützende, auf Herstellung oder Wiederherstellung eines verantwortungsgerechten Verhaltens der leiblichen Eltern gerichtete Maßnahmen sein Ziel zu erreichen.[126] Eine besondere Ausprägung hat der Verhältnismäßigkeitsgrundsatz in § 1666a Abs. 1 und 2 für die stärksten Eingriffe in das Elternrecht gefunden.

50   Aus den Erfordernissen der Verhältnismäßigkeit und der Geeignetheit folgt das **Gebot des geringstmöglichen Eingriffs.** Deshalb darf ein schwerer Eingriff in die elterliche Sorge erst erfolgen, wenn mildere Maßnahmen keinen Erfolg versprechen. Auch mildere Mittel dürfen aber nicht angewandt werden, wenn sie mit anderweitigen Beeinträchtigungen des Kindeswohls einhergehen und bei einer Gesamtbetrachtung zu keiner Verbesserung des gefährdeten Kindes führen.[127]

51   Eine Maßnahme gem. § 1666 muss von vornherein ausscheiden, wenn die Gefahr, die von ihr für das Kindeswohl ausgeht, größer ist als der Schaden, der abgewendet werden soll.[128]

52   Maßnahmen mit endgültigem Charakter dürfen nur ausnahmsweise angeordnet werden.[129] Grundsätzlich dürfen Sorgerechtsmaßnahmen nur so lange aufrechterhalten bleiben, wie dies erforderlich ist. Jedoch ist eine zeitliche Begrenzung gerichtlicher Maßnahmen in der Regel nicht möglich, weil nur in Ausnahmefällen abzusehen ist, wie lange die Gefährdung dauert.[130] Stattdessen sieht § 166 Abs. 2 FamFG bei länger andauernden Maßnahmen eine regelmäßige Überprüfung in angemessenen Zeitabschnitten vor. Nur ganz ausnahmsweise kommt eine Entziehung der elterlichen Sorge durch einstweilige Anordnung in Betracht.[131]

53   Die elterliche Sorge umfasst gem. § 1626 Abs. 1 Satz 2 sowohl die Personensorge als auch die Vermögenssorge. Die Entziehung der elterlichen Sorge insgesamt sieht das Gesetz nicht vor. Dies kann praktisch nur durch Entziehung sämtlicher Teilbereiche erreicht werden, sofern die Voraussetzungen hierfür vorliegen.[132]

II. Maßnahmen bei Gefährdung der Personensorge

54   Als mildeste Maßnahmen kommen **Ermahnungen, Auflagen, Gebote und Verbote** in Betracht. So können die Eltern insb. angewiesen werden öffentliche Hilfe nach dem SGB VIII (Kinder- und Jugendhilfe) anzunehmen.[133] Solche Jugendhilfemaßnahmen kann das Gericht auch mit Bindungswirkung für das Jugendamt anordnen.[134] In der gerichtlichen Praxis wird davon aber eher selten Gebrauch gemacht, weil dies voraussetzt, dass die Eltern bereit und in der Lage sind mit dem Jugendamt zusammenzuarbeiten. Ist dies der Fall, wird sich ein Verfahren gem. § 1666 aber

---

126   BVerfGE 24, 119, 145 = FamRZ 1968, 578, 584; FamRZ 1989, 145, 146; 2010, 528.
127   BGH FamRZ 2012, 99, 102 mit Anm. Luthin
128   BayObLG FamRZ 1998, 1044, 1045.
129   BayObLG NJW-RR 1990, 70, 71; OLG Oldenburg FamRZ 1981, 811, 813.
130   OLG Karlsruhe FamRZ 2005, 1272.
131   OLG Köln FamRZ 2007, 1682: Gewalttätige Auseinandersetzung zwischen Eltern und Hintertreiben der Sachaufklärungsbemühungen des Jugendamts.
132   BayObLG FamRZ 1999, 179, 181.
133   Vgl. Staudinger/Coester § 1666 Rn. 186.
134   OLGR Frankfurt 1994, 3, 4 = FamRZ 1994, 392 (Ls); DAVorm 1993, 943.

meist erübrigen. Ein Elternteil kann aber nicht angewiesen werden, sich zur Gefahrabwehr einer psychotherapeutischen Behandlung zu unterziehen.[135] In der Regel ist es erforderlich den Eltern einen Teil oder sogar die gesamte Personensorge zu entziehen. Als mildere Maßnahmen kann es aber auch ausreichend sein gem. Abs. 3 Erklärungen des Sorgerechtsinhabers zu ersetzen. Eine **Trennung** des Kindes von dem sorgeberechtigten Elternteil darf nur dann erfolgen, wenn das Fehlverhalten ein solches Ausmaß erreicht, dass das Kind in seinem körperlichen, geistigen und seelischen Wohl nachhaltig gefährdet ist und dieser Gefahr nicht auf andere Weise, auch nicht durch öffentliche Hilfen, begegnet werden kann.[136] In § 1666a ist dieser Grundsatz eigens gesetzlich normiert, vgl. auch Art. 6 Abs. 3 GG. Im Einzelfall kann das Sorgerecht auch für ein Kind entzogen und hinsichtlich eines anderen Kindes unter Auflagen belassen werden.[137]

Das Gebot des geringstmöglichen Eingriffs bedeutet aber nicht, dass im Zweifel eine unsichere 55
aber mildere Maßnahme gewählt werden muss. Vielmehr gilt, dass je schwerwiegender die drohende Gefährdung ist, desto sicherer der Schutz des Kindes sein muss. BayObLG:[138] »[Der fortbestehenden Gefahr eines unkontrollierten Verhaltens des Vaters, das zu erheblichen, teilweise sogar lebensbedrohlichen Verletzungen der Kinder führt,] kann mit hinreichender Sicherheit nur durch eine Trennung der Kinder von den Eltern begegnet werden. Hierfür ist die **Entziehung des Aufenthaltsbestimmungsrechts** die geeignete Maßnahme. Familiäre Hilfen ohne Trennung von Eltern und Kindern, wie sie in § 1666a Abs. 1 in erster Linie angesprochen und in §§ 27 ff. SGB VIII vorgesehen sind, sind nicht geeignet, der Gefährdung mit der gebotenen Beschleunigung und Verlässlichkeit zu begegnen. Eine ständige Überwachung der Familie, wie sie die Eltern vorschlagen, ist mit zumutbarem Aufwand nicht zu verwirklichen. Der Grundsatz der Verhältnismäßigkeit ist schon wegen der Schwere der körperlichen Beeinträchtigungen, um die es hier geht, nicht verletzt.«

Die **Entziehung des Aufenthaltsbestimmungsrechts** wegen Erziehungsversagens der alleinsorgeberechtigten Mutter setzt voraus, dass diese Maßnahme **geeignet** ist einer Gefährdung des Kindeswohls entgegenzuwirken. Daran kann es fehlen, wenn eine 16-jährige Jugendliche sich nachhaltig weigert Erziehungshilfen in Anspruch zu nehmen und das mit der Aufenthaltsbestimmung betraute Jugendamt deswegen keine Möglichkeit sieht durch eine auswärtige Unterbringung eine positive Persönlichkeitsentwicklung zu fördern.[139] 56

Die **gesamte Personensorge** für ein Kind darf in Anwendung des Verhältnismäßigkeitsgrundsatzes 57
nur dann entzogen werden, wenn andere Maßnahmen erfolglos geblieben sind oder wenn anzunehmen ist, dass sie zur Abwendung der Gefahren nicht ausreichen, vgl. § 1666a Abs. 2. Deshalb ist regelmäßig auch zu prüfen, ob die Gefährdung des Kindes nicht schon dadurch beseitigt werden kann, dass dem Sorgeberechtigten das **Aufenthaltsbestimmungsrecht** statt der gesamten Personensorge entzogen wird.[140]

»Die **Entziehung der gesamten Personensorge** setzt voraus, dass allein diese Maßnahme geeignet 58
erscheint, um eine auf dem Fehlverhalten oder dem Erziehungsunvermögen des Inhabers der Personensorge beruhende schwerwiegende Gefahr für das körperliche, geistige oder seelische Wohl

---

135 BVerfG FamRZ 2011, 179 mit Anm. Menz FamRZ 2011, 452; OLG Saarbrücken FamRZ 2010, 310; OLG Nürnberg FamRZ 2011, 1306; vgl. auch OLG Bremen FamRZ 2010, 821 zur Teilnahme an videogestützter Interaktionsdiagnostik.

136 BVerfG FamRZ 1982, 567; 2009, 1897; 2010, 528; 713; 2012, 433; OLG Saarbrücken FamRZ 2008, 711; 2010, 1092, 1093; vgl. auch OLG Brandenburg FamRZ 2009, 994; OLG Hamm FamRZ 2011, 1603; 2012, 462, 463.

137 OLG Frankfurt FamRZ 2011, 489.

138 BayObLG FamRZ 1999, 178, 179; vgl. auch BayObLGR 1995, 3, 4 bei körperlicher und seelischer Misshandlung.

139 BayObLG FamRZ 1995, 948.

140 BayObLG FamRZ 1990, 780; OLG Brandenburg FamRZ 2009, 2100.

des Kindes abzuwenden, die der Inhaber der Personensorge nicht abwenden kann oder will.«[141] BayObLG:[142] Der Entzug der gesamten Personensorge kann erforderlich sein, wenn der Entzug lediglich des Aufenthaltsbestimmungsrechts nicht ausreicht, weil die Mutter unter dem Einfluss des Stiefvaters eine Kooperation mit dem Pfleger ablehnen wird. Der Pfleger muss daher in der Lage sein, sich um alle persönlichen Angelegenheiten des Kindes in eigener Verantwortung zu kümmern. Bei einem 12-jährigen Kind, dessen bisherige Entwicklung erhebliche Störungen aufweist, sind immer wieder Entscheidungen (etwa zu therapeutischen Maßnahmen) zu treffen, die eine genaue persönliche Kenntnis der Entwicklung des Kindes voraussetzen. Gleiches gilt für die anstehenden Entscheidungen zur weiteren Gestaltung der schulischen und gegebenenfalls beruflichen Ausbildung. Die erforderlichen Kenntnisse kann die Mutter nicht erlangen, solange sie jede Zusammenarbeit mit den Personen und Behörden, die als Pfleger bzw. Pflegeperson in Betracht kommen, von vornherein ablehnt. Auch unter dem Gesichtspunkt der Verhältnismäßigkeit begegnet die getroffene Maßnahme keinen Bedenken. Im Fall des BayObLG hat der Stiefvater auf tatsächliches oder vermeintliches Fehlverhalten des Kindes mit übermäßigen und entwürdigenden Erziehungsmaßnahmen reagiert, die das Kind in seiner körperlichen Integrität verletzt und in seiner Entwicklung schwerwiegend beeinträchtigt haben; die Mutter hat sich von diesem Verhalten des Stiefvaters nicht distanziert oder jedenfalls ist sie nicht in der Lage, eigene Erziehungsvorstellungen zu entwickeln und durchzusetzen. OLG Koblenz:[143] Der vollständige Entzug der elterlichen Sorge ist veranlasst, wenn bereits gravierende Verhaltensstörungen der Kinder eingetreten sind, eine weitere Verschlimmerung zu befürchten ist und Unterstüzungs- und Hilfsangebote erfolglos blieben.

59 Jeder staatliche Eingriff in das Erziehungsrecht der Eltern muss so gering, zurückhaltend und behutsam, wie im Einzelfall nur möglich gehalten sein. »Bevor wegen erzieherischen Fehlverhaltens der Eltern die endgültige Trennung eines Kindes von seinen Eltern als der denkbar stärkste Eingriff angeordnet wird, ist eine **zeitweise Entziehung** der Personensorge mit zeitweiliger Trennung zu prüfen, um in Konfliktsituationen die Chance zu eröffnen, dass die Spannungen – gegebenenfalls auch durch Inanspruchnahme von Erziehungshilfe – sich beruhigen.«[144]

60 »Besteht der Missbrauch des Sorgerechts bzw. das unverschuldete Elternversagen nur in einem dem Kindeswohl zuwiderlaufenden Rückführungsverlangen, reicht in der Regel die **Anordnung des Verbleibs** in der Pflegefamilie gem. § 1632 Abs. 4 aus, so dass im Rahmen des Verhältnismäßigkeitsgrundsatzes eine familiengerichtliche Maßnahme darauf zu beschränken ist.«[145] (Zum Verhältnis zu § 1632 vgl. dort Rn. 11.)

61 »Liegt eine Gefährdung des Kindeswohles darin, dass der Sorgeberechtigte für das Kind schädliche Besuchskontakte zu den Großeltern zulassen will, reicht als mildere Maßnahme aus, dass ihm das Recht **entzogen** wird, den **Umgang** des Kindes mit den Großeltern **zu bestimmen**.«[146]

62 Bei einer Gefährdung des Kindeswohls durch die Vereitelung des Umgangs muss als milderes Mittel grds. die **Androhung und Verhängung von Ordnungsgeld** gem. § 89 FamFG in Betracht gezogen werden.[147] Missbraucht der Personensorgeberechtigte sein Recht, den Umgang des Kindes zu bestimmen, indem er den persönlichen Umgang mit den Großeltern ohne verständigen Grund

141 BayObLG FamRZ 1999, 316, 317; vgl. auch OLG Hamm FamRZ 2010, 1742, 1743.
142 BayObLG v. 09.02.1994, Az: 1Z BR 93/93 = FamRZ 1994, 1413 (Ls).
143 OLG Koblenz FamRZ 2007, 1680.
144 OLG Köln FamRZ 1996, 1027.
145 OLG Hamm FamRZ 1998, 447, 448; 2010, 2083; st. Rspr., vgl. nur BayObLG FamRZ 1984, 932 und NJW-FER 2000, 231.
146 BayObLG FamRZ 1997, 1550.
147 BayObLG FamRZ 1998, 1044, 1045.

völlig unterbindet, kann das Familiengericht zunächst das **Gebot** aussprechen, den Umgang – nach näherer Bestimmung im Einzelnen – zu gestatten.[148]

Der Grundsatz der Verhältnismäßigkeit und des geringstmöglichen Eingriffs kann es erforderlich 63 machen, dass einem Elternteil auch gegen seinen Willen die **elterliche Sorge allein übertragen** wird, wenn als Alternative nur die Anordnung einer Pflegschaft in Betracht kommt. Insoweit unschädlich ist die Äußerung des Antragstellers im Beschwerdeverfahren, nicht mehr zur Übernahme der elterlichen Sorge bereit zu sein, da die Eltern sich nicht durch einseitige bloße Erklärung, die Sorge nicht mehr ausüben zu wollen, entziehen können.[149]

Ist zur Abklärung einer gravierenden Angstsymptomatik die Herauslösung des Kindes aus seinem 64 häuslichen Umfeld zur **stationären Beobachtung** erforderlich, so rechtfertigt dies bei Weigerung der Mutter die Einschränkung des Personensorgerechts durch Bestellung eines Pflegers zur Durchführung einer Begutachtung und der hierfür erforderlichen stationären Beobachtung, Diagnose und Behandlung sowie die damit verbundene Trennung des Kindes von der Mutter für den erforderlichen Zeitraum von längstens sechs Wochen.[150]

Abs. 3 wurde durch das am 12.07.08 in Kraft getretene Gesetz zur Erleichterung familiengerichtli- 65 cher Maßnahmen bei Gefährdung des Kindswohls vom 04.07.2008 (BGBl I 1188) neu gefasst. Er zählt mögliche familiengerichtliche Maßnahmen bei Gefährdung des persönlichen Kindeswohls beispielhaft – nicht abschließend – auf und will die Bandbreite der Gestaltungsmöglichkeiten verdeutlichen, die unterhalb der Schwelle des Sorgerechtsentzugs bestehen.[151] **Nr. 1** ermöglicht es dem Familiengericht bspw. die Eltern anzuweisen, ihr Kind einen sozialen Trainingskurs besuchen zu lassen, einen Kindertagesbetreuungsplatz anzunehmen oder Früherkennungsuntersuchungen wahrzunehmen.[152] Dagegen kann das Gericht einen Elternteil nicht verbindlich anweisen, selbst eine Psychotherapie durchzuführen.[153] Nach **Nr. 2** kann das Familiengericht den Eltern gebieten, für die Einhaltung der Schulpflicht zu sorgen. **Nr. 3 und 4** übernimmt Regelungen des GewSchG, das gem § 3 GewSchG keine Anwendung findet.[154] Schließlich ermöglicht es **Nr. 5** dem Familiengericht Erklärungen des Sorgerechtsinhabers direkt zu ersetzen. Der Umweg über eine Pflegerbestellung ist daher nicht mehr erforderlich. Mit Wirksamkeit des Beschlusses gilt die Erklärung als abgegeben. In Betracht kommen im Bereich der Personensorge vor allem Zustimmungen zu ärztlichen Behandlungen, Heileingriffen und zu Begutachtungen durch Sachverständige im familiengerichtlichen Verfahrens[155] sowie Entbindungen von der Schweigepflicht.[156] Ebenso fallen Anträge auf Sozialleistungen und auf Jugendhilfemaßnahmen gem. §§ 27 ff. SGB VIII in den Anwendungsbereich der Vorschrift.

Das Familiengericht kann in Angelegenheiten der Personensorge gem. **Abs. 4** auch **Maßnahmen** 66 **mit unmittelbarer Wirkung gegen Dritte** treffen. Als Dritter kommt jede nichtsorgeberechtigte Person in Betracht, also auch der Stiefvater oder die Geschwister.[157] Die Eltern sind daher nicht mehr gezwungen, die Rechte des Kindes vor einem Zivilgericht wahrzunehmen, andererseits bleibt ihnen dies unbenommen. Das Familiengericht kann und muss aber beim Vorliegen der Ein-

---

148 BayObLG ZblJugR 1981, 272 = FamRZ 1981, 707 (Ls).
149 OLG Karlsruhe FamRZ 1999, 801, 802.
150 BayObLG ZfJ 1996, 106, 107.
151 BT-Drucks. 16/6815, 15; Meysen NJW 2008, 2673 f.; zum Bestimmtheitserfordernis OLG Nürnberg FamRZ 2011, 1306.
152 BT-Drucks. 16/6815, 15.
153 BVerfG FamRZ 2011, 179, 180 mit Anm. Menz, wonach die Therapieweisung entgegen dem Verständnis des BVerfG das Kind betraf.
154 BT-Drucks. 16/6815, 15.
155 Vgl OLG Brandenburg FamRZ 2008, 2147; OLG Rostock FamRZ 2006, 1623; OLG Zweibrücken FamRZ 1999, 521.
156 OLG München FamRZ 2009, 2101.
157 Staudinger/Coester § 1666 Rn. 191.

griffsvoraussetzungen ungeachtet dessen tätig werden, ob die Eltern auch im Wege des Zivilprozesses Schutzmaßnahmen zugunsten des Kindes erreichen könnten.[158]

67   Als Maßnahme gegenüber Dritten kommt insb. auch die **Auferlegung von Verhaltenspflichten gegen den Täter eines sexuellen Kindesmissbrauchs** in Betracht.[159] Im Fall des OLG Zweibrücken[160] wurde der strafrechtlich verurteilte Täter verpflichtet, es ab einem bestimmten Datum zu unterlassen,

– das Haus ... in ... in Person zu nutzen, sich darin aufzuhalten oder sonst dort zu erscheinen,
– den Zugang zum Hause ... in ... zu betreten,
– in einem Radius von 500 m von den Häusern, in denen die Antragsteller leben, Wohnung zu nehmen,
– Umgang mit einem der Antragsteller zu suchen oder zu pflegen.

Hinsichtlich des Verbots, im ganzen Ort, in dem die missbrauchten Kinder leben, Wohnung zu nehmen hat das OLG die Erforderlichkeit verneint. Das Verbot, sich einem der Kinder auf eine geringere Entfernung als 100 m zu nähern, erachtete das OLG als nicht vollzugsfähig. Der Anordnung lag zu Grunde, dass die betroffenen Kinder durch den sexuellen Missbrauch bereits massiv geschädigt waren (Schuldgefühle, Mangel an Selbstvertrauen und Sicherheit, Belastung mit unbewältigten Konflikten) und laut Gutachten infolge der ständigen Re-Traumatisierung durch die andauernde Konfrontation mit dem Antragsgegner eine Perpetuierung der Persönlichkeitsbeeinträchtigungen zu befürchten oder bereits eingetreten war.

III. Maßnahmen bei Gefährdung der Vermögenssorge

68   Bei Gefährdung des Kindesvermögens kommt als schwerster Eingriff der teilweise oder völlige **Entzug der Vermögenssorge** in Betracht. Mildere und deshalb grds. vorrangige Maßnahmen sind insb. die in § 1667 Abs. 1 bis 3 aufgezählten **Anordnungen**. Daneben rechtfertigt die Generalklausel des § 1666 Abs. 1 noch andere Anordnungen, aber auch **Gebote** und **Auflagen**.

69   **Abs. 3** ermöglicht es dem Gericht Erklärungen der Eltern zu ersetzen. Im Bereich der Vermögenssorge kommen dabei vor allem rechtsgeschäftliche Erklärungen, insb. auch die Zustimmung zu Rechtsgeschäften oder deren Versagung in Betracht.

70   Der Gesetzgeber hat es nicht für erforderlich gehalten das Familiengericht zu ermächtigen in Angelegenheiten der Vermögenssorge **Maßnahmen mit Wirkung gegen Dritte** zu ergreifen, wie sich im Umkehrschluss aus **Abs. 4** ergibt. Die Eltern haben aber die Möglichkeit bei einer Gefährdung des Kindesvermögens durch Dritte die allgemeinen Zivilgerichte anzurufen.[161] Demgegenüber befürworten Teile der Literatur eine »vorsichtige Analogie« zu Abs. 4, wenn beispielsweise zur Fristwahrung ein unmittelbares Einschreiten des Gerichts notwendig ist.[162]

IV. Folgen des Sorgerechtsentzugs

71   Wird das Sorgerecht dem bisherigen Inhaber ganz oder teilweise entzogen, so muss das Familiengericht zugleich bestimmen, wer stattdessen die elterliche Sorge innehat. Dabei sind folgende Konstellationen zu unterscheiden:

---

158 OLG Zweibrücken FamRZ 1994, 976, 977.
159 Vgl. nunmehr auch § 1 Abs. 1 GewSchG, s. dazu OLG Koblenz v. 03.02.2003 EzFamR aktuell 2003, 151.
160 OLG Zweibrücken FamRZ 1994, 976 ff; ähnlich OLG Köln Kind-Prax 1999, 95, 96; vgl. auch AG Osnabrück Streit 1993, 113; OLG Koblenz EzFamR aktuell 2003, 151 f. auf der Grundlage des GewSchG.
161 Vgl. BT-Drucks. 13/4899 S. 97.
162 Staudinger/Coester § 1666 Rn. 200.

Wird nur **einem Elternteil** die Sorge ganz oder teilweise entzogen und stand die **elterliche Sorge** 72 beiden **gemeinsam** zu, so gilt § 1680 Abs. 3 i.V.m. Abs. 1: die elterliche Sorge steht allein dem anderen Elternteil zu. Dies hat das Familiengericht durch Beschluss auszusprechen.[163]

Wird nur **einem Elternteil** die Sorge ganz oder teilweise entzogen und stand diesem die **elterliche** 73 **Sorge** bisher **allein** zu, so hat das Familiengericht zunächst zu prüfen, ob sie nunmehr dem anderen Elternteil übertragen werden kann. Prüfungsmaßstab ist – je nach dem worauf die Alleinsorge beruhte – entweder § 1680 Abs. 3 i.V.m. Abs. 2 Satz 2 (Alleinsorge gem. § 1626a Abs. 2) oder § 1696 Abs. 1 (Alleinsorge gem. §§ 1671, 1672). Deshalb kann in beiden Fällen eine Übertragung auf den anderen Elternteil bereits abgelehnt werden, wenn dies dem Wohl des Kindes nicht entspricht, ohne dass eine Kindeswohlgefährdung i.S.d. § 1666 Abs. 1 vorliegen muss.[164] Nach richtiger Ansicht muss es in verfassungskonformer Auslegung des § 1680 Abs. 2 und 3 für die Übertragung des Sorgerechts auf den anderen Elternteil aber ausreichen, wenn dies dem Wohl des Kindes nicht widerspricht.[165]

Erst wenn auch der andere Elternteil dafür nicht in Betracht kommt, ist die elterliche Sorge – 74 soweit sie entzogen wurde – einem Ergänzungspfleger gem. § 1909 Abs. 1 Satz 1 zu übertragen. Ein Vormund ist gem. § 1773 Abs. 1 nur zu bestellen, wenn sowohl die Personensorge als auch die Vermögenssorge und somit die gesamte elterliche Sorge entzogen wird.[166] Gem. § 1697 kann das Familiengericht nunmehr auch den Vormund oder Pfleger auswählen und sogleich im Anordnungsbeschluss benennen. Von dieser Möglichkeit sollte das Familiengericht wegen seiner größeren Sachnähe auch Gebrauch machen.

Wird **beiden Elternteilen** die Sorge ganz oder teilweise entzogen, so ist sie auf einen Vormund 75 oder Ergänzungspfleger zu übertragen, wie in dem unter Rn. 73 beschriebenen Fall.

E. Verfahrensrecht

Das Verfahren wird von Amts wegen eingeleitet. Es muss gem. § 155 FamFG vorrangig und 76 beschleunigt betrieben werden. Für die Sachverhaltsermittlung gilt gem. § 26 FamFG der Untersuchungsgrundsatz. Angesichts der in Frage stehenden zumeist erheblichen Eingriffe in das grundgesetzlich geschützte Elternrecht einerseits und die Bedeutung des Verfahrens für das Kind andererseits sind die Ermittlungen besonders sorgfältig zu führen. Die Anhörung der Beteiligten, insb. der betroffenen Eltern, ist auch im Eilverfahren in der Regel unerlässlich.[167] Andererseits sind die Anforderungen nicht zu überspannen. Das BayObLG hat hierzu ausgeführt:[168] »Art und Umfang der Ermittlungen richten sich nach der Lage des Einzelfalls. Der Tatrichter entscheidet hierüber nach pflichtgemäßem Ermessen, ohne an Beweisanträge gebunden zu sein. Er muss nicht allen denkbaren Möglichkeiten zur Erforschung des Sachverhalts nachgehen. Eine Aufklärungspflicht besteht vielmehr nur insoweit, als das Vorbringen der Beteiligten und der festgestellte Sachverhalt bei sorgfältiger Überlegung hierzu Anlass geben. Die Ermittlungen sind soweit auszudehnen, bis der entscheidungserhebliche Sachverhalt aufgeklärt ist, und abzuschließen, wenn von weiteren Ermittlungen ein sachdienliches, die Entscheidung beeinflussendes Ergebnis nicht mehr zu erwarten ist. Dies gilt auch, soweit die Beteiligten Beweismittel angeboten haben.« Auch der nichtsorgeberechtigte Vater ist im Verfahren nach § 1666 gegen die Mutter Beteiligter gem. § 7 Abs. 2 Nr. 1

---

163 Vgl. KG FamRZ 1971, 267, 269.
164 BayObLG FamRZ 1999, 178, 181; vgl. auch Staudinger/Coester § 1666 Rn. 201.
165 S. dazu § 1680 Rdn. 3, 5; krit. zu den gesetzlichen Wertungswidersprüchen auch Staudinger/Coester § 1666 Rn. 201, § 1678 Rn. 14 ff. und § 1680 Rn. 19.
166 Vgl. BayObLG FamRZ 1999, 316, 318.
167 Vgl. EGMR FamRZ 2005, 585.
168 BayObLG vom 09.02.1994 1 Z BR 93/93 = FamRZ 1994, 1413 (Ls); ebenso BGHZ 40, 54, 75.

FamFG.[169] Wird der Mutter das Sorgerecht entzogen, kann er die Übertragung auf sich beantragen und ist gegen eine ablehnende Entscheidung beschwerdeberechtigt.[170]

Vgl. zum Verfahrensrecht im Übrigen § 1626 Rdn. 25 ff.

§ 1666a   Grundsatz der Verhältnismäßigkeit; Vorrang öffentlicher Hilfen

(1) [1]Maßnahmen, mit denen eine Trennung des Kindes von der elterlichen Familie verbunden ist, sind nur zulässig, wenn der Gefahr nicht auf andere Weise, auch nicht durch öffentliche Hilfen, begegnet werden kann. [2]Dies gilt auch, wenn einem Elternteil vorübergehend oder auf unbestimmte Zeit die Nutzung der Familienwohnung untersagt werden soll. [3]Wird einem Elternteil oder einem Dritten die Nutzung der vom Kind mitbewohnten oder einer anderen Wohnung untersagt, ist bei der Bemessung der Dauer der Maßnahme auch zu berücksichtigen, ob diesem das Eigentum, das Erbbaurecht oder der Nießbrauch an dem Grundstück zusteht, auf dem sich die Wohnung befindet; Entsprechendes gilt für das Wohnungseigentum, das Dauerwohnrecht, das dingliche Wohnrecht oder wenn der Elternteil oder Dritte Mieter der Wohnung ist.

(2) Die gesamte Personensorge darf nur entzogen werden, wenn andere Maßnahmen erfolglos geblieben sind oder wenn anzunehmen ist, dass sie zur Abwendung der Gefahr nicht ausreichen.

A. Allgemeines

1   Die Vorschrift normiert ausdrücklich das **Verhältnismäßigkeitsprinzips** für besonders schwere Eingriffe in die elterliche Sorge gem. § 1666, auf den sie sich bezieht.[1] Eine eigenständige Eingriffsermächtigung enthält sie nicht. Da der Grundsatz der Verhältnismäßigkeit und der Subsidiarität staatlichen Handelns bereits unmittelbar aus dem Grundgesetz, insb. Art. 6 Abs. 2 und 3 GG folgt, kommt der Vorschrift nur deklaratorische Bedeutung zu.

B. Abs. 1: Trennung des Kindes von der elterlichen Familie

2   Maßgeblich ist die **faktische Trennung** des Kindes von den Eltern oder einem alleinsorgeberechtigten Elternteil.[2] Da dies eine besonders einschneidende Maßnahme ist, setzt sie voraus, dass alle milderen Mittel nicht ausreichen, um die Gefährdung des Kindes abzuwenden. Dabei weist Abs. 1 besonders daraufhin zu prüfen, ob der Gefahr nicht durch öffentliche Hilfen begegnet werden kann. Damit sind die **Leistungen der Jugendhilfe** gem. §§ 11 bis 40 SGB VIII (Kinder- und Jugendhilfe) gemeint.

---

169 OLG Schlewig FamRZ 2012, 725.
170 BGH FamRZ 2010, 1242 mit Anm. Motzer FamRZ 2010, 1324 zur Problematik bei hier erfolgtem Teilentzug der Sorge.
  1 Vgl. § 1666 Rdn. 49 ff.
  2 Staudinger/Coester § 1666a Rn. 7.

C. Abs. 2: Entzug der gesamten Personensorge

Vgl. dazu § 1666 Rdn. 57 ff.

3

§ 1667 Gerichtliche Maßnahmen bei Gefährdung des Kindesvermögens

(1) ¹Das Familiengericht kann anordnen, dass die Eltern ein Verzeichnis des Vermögens des Kindes einreichen und über die Verwaltung Rechnung legen. ²Die Eltern haben das Verzeichnis mit der Versicherung der Richtigkeit und Vollständigkeit zu versehen. ³Ist das eingereichte Verzeichnis ungenügend, so kann das Familiengericht anordnen, dass das Verzeichnis durch eine zuständige Behörde oder durch einen zuständigen Beamten oder Notar aufgenommen wird.

(2) ¹Das Familiengericht kann anordnen, dass das Geld des Kindes in bestimmter Weise anzulegen und dass zur Abhebung seine Genehmigung erforderlich ist. ²Gehören Wertpapiere, Kostbarkeiten oder Schuldbuchforderungen gegen den Bund oder ein Land zum Vermögen des Kindes, so kann das Familiengericht dem Elternteil, der das Kind vertritt, die gleichen Verpflichtungen auferlegen, die nach §§ 1814 bis 1816, 1818 einem Vormund obliegen; die §§ 1819, 1820 sind entsprechend anzuwenden.

(3) ¹Das Familiengericht kann dem Elternteil, der das Vermögen des Kindes gefährdet, Sicherheitsleistung für das seiner Verwaltung unterliegende Vermögen auferlegen. ²Die Art und den Umfang der Sicherheitsleistung bestimmt das Familiengericht nach seinem Ermessen. ³Bei der Bestellung und Aufhebung der Sicherheit wird die Mitwirkung des Kindes durch die Anordnung des Familiengerichts ersetzt. ⁴Die Sicherheitsleistung darf nur dadurch erzwungen werden, dass die Vermögenssorge gemäß § 1666 Abs. 1 ganz oder teilweise entzogen wird.

(4) Die Kosten der angeordneten Maßnahmen trägt der Elternteil, der sie veranlasst hat.

A. Allgemeines

Die Vorschrift ergänzt § 1666 Abs. 1 auf der **Rechtsfolgenseite**, indem sie drei mögliche Maßnahmen benennt und ausgestaltet, die das Familiengericht bei Gefährdung des Kindesvermögens ergreifen kann. Sie gibt selbst **keine Ermächtigung** zum Eingriff in die Vermögenssorge und zur Anordnung der beschriebenen Maßnahmen. Voraussetzung dafür ist vielmehr, dass der Eingriffstatbestand des § 1666 Abs. 1 im Hinblick auf das Kindesvermögen erfüllt ist.[1] Die Aufzählung der möglichen Maßnahmen bei Gefährdung des Kindesvermögens ist nicht abschließend. Die Generalklausel des § 1666 Abs. 1 ermöglicht darüber hinaus noch weitere Anordnungen. Gegenüber dem ganz oder teilweisen Entzug der Vermögenssorge sind die Maßnahmen gem. § 1667 wegen des Grundsatzes der Verhältnismäßigkeit jedoch vorrangig, sofern sie zur Gefahrenabwehr geeignet sind.

1

---

1 Vgl. Staudinger/Coester § 1667 Rn. 2 f; Palandt/Diederichsen § 1667 Rn. 7.

B. Abs. 1: Vermögensverzeichnis und Rechnungslegung

2 Das Familiengericht kann von den Eltern die **Vorlage eines Vermögensverzeichnisses** verlangen und dessen Umfang bestimmen. Die Anordnung kann auch dann ergehen, wenn nur ein Elternteil seine Vermögenssorgepflicht verletzt hat. Über das eigene Vermögen müssen die Eltern keine Auskunft geben.

3 Ebenso kann das Familiengericht verlangen, dass die Eltern über die Verwaltung des Kindesvermögens – einmalig oder regelmäßig – **Rechnung legen**. Die für die Rechnungslegung des Vormunds geltenden Vorschriften der §§ 1840 ff. sind entsprechend anzuwenden.[2]

4 Bei einem ungenügenden Verzeichnis gilt Abs. 1 Satz 3. Bei begründetem Anlass zu Zweifeln an der Richtigkeit der gemachten Angaben kann gem. § 31 Abs. 1 FamFG auch die Vorlage einer **eidesstattlichen Versicherung** zur Glaubhaftmachung verlangt werden.[3] Als Beugemittel bei Nichtbefolgung der Anordnungen sind Zwangsmaßnahmen gem. § 35 FamFG möglich, um für die Zukunft die Befolgung zu erzwingen.[4]

C. Abs. 2: Geldanlage und Sicherungsmaßnahmen

5 Verletzen die Eltern ihre Pflicht zur wirtschaftlichen Vermögensverwaltung gem. § 1642, so kann das Familiengericht die Art und Weise der **Geldanlage** bestimmen.

6 Bei unberechtigtem Eigenverbrauch, insb. von Spargeldern des Kindes, kann die Anordnung einer Genehmigungspflicht in Form eines **Sperrvermerks** erfolgen. Noch nicht geklärt ist, ob dieser mit unmittelbarer Wirkung gegenüber dem Geldinstitut angeordnet werden kann[5] oder ob das Gericht darauf beschränkt ist, die Einhaltung des Genehmigungsvorbehalts zu überwachen und mittels Zwangsmaßnahmen nach § 95 Abs. 1 Nr. 4 FamFG i.V.m. § 890 ZPO durchzusetzen.[6]

7 **Abs. 2 Satz 2** verweist für die Verwaltung von Wertpapieren, Kostbarkeiten oder Buchforderungen gegen den Bund oder ein Land auf das Vormundschaftsrecht.

D. Abs. 3: Sicherheitsleistung

8 Das Familiengericht kann gem. **Abs. 3 Satz 1** auch die Leistung einer Sicherheit anordnen. Dadurch bleiben die Eltern verfügungsbefugt, tragen aber das Schadensrisiko. Die Sicherheitsleistung ist als milderes Mittel vorrangig gegenüber dem Entzug der Vermögenssorge. Voraussetzung für die Anordnung ist aber, dass sie geeignet ist die Gefahr abzuwenden. Das ist nicht der Fall, wenn die Eltern die Sicherheitsleistung nicht erbringen können oder wollen. Denn die Leistung einer Sicherheit, die ja aus dem Elternvermögen zu erfolgen hat, kann nicht erzwungen werden.[7] Dies kann nur mittelbar durch die Androhung des Entzugs der Vermögenssorge erfolgen, vgl. **Abs. 3 Satz 4**.

9 Gem. **Abs. 3 Satz 2** bestimmt das Familiengericht Art und Umfang der Sicherheitsleistung ohne an die §§ 232 ff. gebunden zu sein.[8] **Abs. 3 Satz 3** macht die Bestellung eines Ergänzungspflegers überflüssig. Das Familiengericht kann unmittelbar an Stelle des Kindes die erforderlichen Erklärungen – beispielsweise gegenüber dem Grundbuchamt – abgeben.

---

2 BayObLG FamRZ 1994, 1191, 1192.
3 Vgl. BayObLG FamRZ 1994, 1191, 1192.
4 Vgl. BayObLG FamRZ 1994, 1191, 1192.
5 So Staudinger/Coester § 1667 Rn. 11.
6 So zum alten Recht BayObLG FamRZ 1977, 144.
7 Vgl. BayObLG FamRZ 1977, 144, 146.
8 Vgl. Palandt/Diederichsen § 1667 Rn. 7.

E. Abs. 4: Kosten

Die Kosten der angeordneten Maßnahme trägt gem. **Abs. 4** der Elternteil, der sie verursacht hat. **10**
Eine Kostenerstattung vom Kind gem. § 1648 kann nicht verlangt werden.[9] Für die Verfahrenskosten gilt aber § 24 FamGKG.[10]

F. Verfahrensrecht

Funktionell ist – mangels Richtervorbehalt – der Rechtspfleger zuständig, §§ 3 Nr. 2 a), 14 RPflG. **11**
Gegen dessen Entscheidung ist die befristete Beschwerde gem. § 58 Abs. 1 FamFG i.V.m. § 11
Abs. 1 RPflG statthaft. Das Verfahren wird von Amts wegen eingeleitet.

Vgl. zum Verfahrensrecht im Übrigen § 1626 Rdn. 25 ff.

§§ 1668–1670

(aufgehoben)

§ 1671 Getrenntleben bei gemeinsamer elterlicher Sorge

(1) Leben Eltern, denen die elterliche Sorge gemeinsam zusteht, nicht nur vorübergehend
getrennt, so kann jeder Elternteil beantragen, dass ihm das Familiengericht die elterliche Sorge
oder einen Teil der elterlichen Sorge allein überträgt.

(2) Dem Antrag ist stattzugeben, soweit

1. der andere Elternteil zustimmt, es sei denn, dass das Kind das 14. Lebensjahr vollendet hat
   und der Übertragung widerspricht, oder
2. zu erwarten ist, dass die Aufhebung der gemeinsamen Sorge und die Übertragung auf den
   Antragsteller dem Wohl des Kindes am besten entspricht.

(3) Dem Antrag ist nicht stattzugeben, soweit die elterliche Sorge auf Grund anderer Vorschriften abweichend geregelt werden muss.

---

9 Staudinger/Coester § 1667 Rn. 19.
10 Vgl. auch § 1626 Rn. 35 ff.

A. Abs. 1: Regelungsvoraussetzungen und -möglichkeiten

1   Das Kindschaftsrechtsreformgesetz vom 16.12.1997,[1] das mit Wirkung zum 01.07.1998 in Kraft trat, hat die §§ 1671, 1672 völlig umgestaltet und die zwangsweise Regelung der elterlichen Sorge bei der Scheidung abgeschafft. Im Gegensatz zur früheren Gesetzeslage wird nunmehr ausschließlich auf das Getrenntleben der Eltern abgestellt, die nicht miteinander verheiratet sein müssen. Die Scheidung selbst ist für die Regelung der elterlichen Sorge ohne Bedeutung. Eine Regelung erfolgt auch nur noch, wenn ein Elternteil dies beantragt. Im Scheidungsverfahren ist die elterliche Sorge zwar grds. noch Folgesache, doch kann von einer Einbeziehung abgesehen werden, § 137 Abs. 3 FamFG.

I. Regelungsvoraussetzungen

2   Es muss sich um ein **gemeinschaftliches Kind** der Eltern im Rechtssinne gem. §§ 1591 ff. handeln.

3   Den Eltern muss die **elterliche Sorge** für das Kind **gemeinsam** zustehen. Dies ist originär der Fall, wenn die Eltern bei der Geburt des Kindes miteinander verheiratet waren. Sie können die gemeinsame Sorge aber auch erst später durch Heirat (§ 1626a Abs. 1 Nr. 2) oder durch gemeinsame Sorgeerklärung (§ 1626a Abs. 1 Nr. 1) erlangt haben. Unerheblich ist, ob das Kind ehelich oder nichtehelich ist.

Ausreichend ist auch, wenn den Eltern die Sorge nur für einen Teilbereich gemeinsam zusteht, im Übrigen aber einem Elternteil allein oder einem Pfleger. Jedoch gilt § 1671 dann eben nur für den Teilbereich der Sorge, für den die Eltern gemeinsam sorgeberechtigt sind. Dies bedeutet andererseits, dass im Falle der teilweisen oder völligen Alleinsorge eines Elternteils eine andere Sorgerechtsregelung nur auf der Grundlage des § 1696 erfolgen kann, selbst wenn die Eltern sich einig sind.[2]

4   Die Eltern müssen **nicht nur vorübergehend getrennt leben**. Dabei ist Getrenntleben i.S.d. § 1567 Abs. 1 zu verstehen, weshalb auch ein Getrenntleben innerhalb der gemeinsamen Wohnung ausreicht.[3] Die Trennungsabsicht muss aber nach außen sichtbar werden.[4] Dies gilt – wie in Scheidungssachen – insb. auch dann, wenn die Eltern umständehalber zuvor nicht zusammengelebt haben. Regelmäßig wird der Trennungswille dann aber durch Stellung des Sorgerechtsantrags dokumentiert. Sollte den Eltern, die bereits zuvor räumlich getrennt gelebt haben, trotz Stellung eines Sorgerechtsantrags ausnahmsweise der Wille zur Trennung fehlen, ist der Antrag zurückzuweisen. Denn auf die elterliche Sorge kann grds. nicht verzichtet werden, weshalb für Praktikabilitätsüberlegungen kein Raum ist. Für Eltern, die nicht miteinander verheiratet sind, gilt dies entsprechend.

---

1   BGBl I 2942.
2   Krit. zur gesetzlichen Neuregelung deshalb Schwab FamRZ 1998, 457, 461.
3   Schwab FamRZ 1998, 457, 461.
4   FA-FamR/Maier Kap. 4 Rn. 160.

Schließlich muss ein Elternteil **beantragen**, dass ihm die elterliche Sorge ganz oder teilweise allein   5
übertragen wird. Das Antragsrecht steht ausschließlich den Eltern nicht dem Kind und auch nicht
dem Jugendamt zu. Diese haben nur die Möglichkeit über eine Anregung gem. § 1666 oder
§ 1696 eine andere Regelung des Sorgerechts zu erreichen.

Der beantragende Elternteil muss die Alleinsorge für sich, nicht für den anderen Elternteil begehren. Der anderslautende Antrag ist aber als Zustimmung zum noch erforderlichen Sorgerechtsantrag des anderen Elternteils zu werten.[5]

Selbstverständlich können beide Eltern aber widersprechende Sorgerechtsanträge stellen.

Außerhalb des Scheidungsverbundes kann der Antrag durch einen Elternteil selbst schriftlich oder   6
zu Protokoll der Geschäftsstelle gestellt werden. Im Folgesacheverfahren ist auch insoweit die **Vertretung durch einen Rechtsanwalt** gem. § 114 Abs. 1 FamFG erforderlich.[6] Dies kann dazu führen, dass – obwohl die Parteien des Scheidungsverfahrens sich über alle Fragen einig sind und deshalb nur eine Partei anwaltlich vertreten ist – der Antragsgegner ausschließlich für den Sorgerechtsantrag einen Rechtsanwalt beauftragen muss. Die Zustimmung zum Sorgerechtsantrag der
Gegenseite bedarf dagegen auch im Scheidungsverfahren keiner anwaltlichen Vertretung.[7]

II. Regelungsmöglichkeiten

Das in Abs. 1 beschriebene Antragsrecht bestimmt auch die Regelungsmöglichkeiten und die   7
Regelungsbefugnisse des Gerichts. Demnach kann die elterliche Sorge ganz oder nur hinsichtlich
einzelner frei bestimmbarer Teilbereiche auf einen Elternteil übertragen werden. In letzterem Fall,
der sogenannten **partiellen Alleinsorge**, verbleibt es dann im Übrigen bei der gemeinsamen Sorge.
Es können aber auch weitere Teilbereiche an den anderen Elternteil übertragen werden. Werden
alle Teilbereiche aufgeteilt, besteht keine gemeinsame Sorge mehr.

B. Abs. 2: Voraussetzungen für die Übertragung der Alleinsorge

Abs. 2 regelt unter welchen Voraussetzungen dem Antrag auf Übertragung der Alleinsorge oder   8
der partiellen Alleinsorge stattzugeben ist. Dabei sind die Fallgruppen der Nr. 1 und der Nr. 2 zu
unterscheiden.

I. Abs. 2 Nr. 1: Übertragung auf Grund Zustimmung des anderen Elternteils

Die **Zustimmung** ist **formfrei**. Dass sie sogar außergerichtlich erklärt werden kann, wenn sie sich   9
auf einen konkreten Antrag bezieht und dem Gericht mitgeteilt wird,[8] ist praktisch ohne Belang.
Denn das Gericht muss sich stets auf Grund seiner Amtsermittlungspficht (§ 26 FamFG) im Rahmen der persönlichen Anhörung gem. § 160 FamFG von der Wirksamkeit, Reichweite, Ernsthaftigkeit und Freiwilligkeit der Zustimmung überzeugen.[9] Maßgebend ist dann die dabei abgegebene Erklärung.

Die Zustimmung ist eine **höchstpersönliche** Willenserklärung, weshalb ein minderjähriger Elternteil der Einwilligung seines gesetzlichen Vertreters nicht bedarf.[10]

---

5   Schwab FamRZ 1998, 457, 461, Palandt/Diederichsen § 1671 Rn. 9.
6   Staudinger/Coester § 1671 Rn. 46; Palandt/Diederichsen § 1671 Rn. 9.
7   OLG Bamberg FamRZ 2000, 763; Staudinger/Coester § 1671 Rn. 77.
8   Johannsen/Henrich/Jaeger § 1671 Rn. 23.
9   OLG Saarbrücken FamRZ 2010, 1680.
10   Staudinger/Coester § 1671 Rn. 79.

Da auf die elterliche Sorge nicht durch Willenserklärung verzichtet werden kann, ist die Zustimmung bis zur Entscheidung in der letzten Tatsacheninstanz ohne Begründung formlos **widerruflich**.[11]

Die Zustimmung kann auf die Übertragung eines Teilbereichs der elterlichen Sorge **beschränkt** werden. Der Erfolg des Antrags im Übrigen richtet sich dann nach § 1671 Abs. 2 Nr. 2.[12]

10 Eine **Kindeswohlprüfung** findet im Rahmen des § 1671 Abs. 2 Nr. 1 grds. nicht statt.[13] Stimmt der andere Elternteil dem Antrag auf Übertragung der Alleinsorge zu, **muss** das Gericht dem Antrag ohne Sachprüfung stattgeben. Eine Begründung des Antrags oder der Zustimmung ist nicht erforderlich und kann vom Gericht auch nicht verlangt werden. Auch eine Motivforschung ist dem Gericht verwehrt.[14] Damit stärkt die neue Gesetzesfassung das Elternrecht des Art. 6 Abs. 2 Satz 1 GG zu Lasten des ebenfalls grundgesetzlich verankerten[15] Wächteramts des Staates.

11 Von diesem Grundsatz gibt es allerdings eine **Ausnahme**: Ergeben sich konkrete Anhaltspunkte dafür, dass die von den Eltern begehrte Sorgerechtsregelung das Wohl des Kindes gefährden könnte, ist das Gericht berechtigt und verpflichtet dies im Rahmen eines Verfahrens gem. §§ 1666, 1671 Abs. 3 von Amts wegen aufzuklären. Wird dabei eine **Kindeswohlgefährdung** i.S.d. § 1666 festgestellt, kann und muss das Gericht die elterliche Sorge abweichend von dem über einstimmenden Vorschlag der Eltern regeln. Hierfür genügt es jedoch nicht, wenn der Elternvorschlag dem Wohl des Kindes nur widerspricht, ohne dass die Eingriffsschwelle des § 1666 bereits erreicht ist. Etwas anderes ergibt sich auch nicht aus § 1697a,[16] da der Wortlaut des § 1671 Abs. 2 Nr. 1 und die Systematik des § 1671 eine solche Auslegung nicht zulassen.

12 Anhaltspunkte für eine Kindeswohlgefährdung können sich für das Gericht insb. auf Grund der **Anhörung** des Jugendamts (§ 162 FamFG), der Eltern (§ 160 FamFG) und des Kindes (§ 159 FamFG) ergeben, die auch im Falle des § 1671 Abs. 2 Nr. 1 obligatorisch sind.

13 Der **Widerspruch** des mindestens 14 Jahre alten Kindes beseitigt die Möglichkeit der Sorgerechtsübertragung gem. § 1671 Abs. 2 Nr. 1. Das bedeutet aber noch nicht, dass die Sorge zwingend anders geregelt werden muss als die Eltern dies einvernehmlich wollen. Das Kind hat kein Vetorecht. Doch muss der Sorgerechtsantrag nunmehr die Voraussetzungen des § 1671 Abs. 2 Nr. 2 erfüllen, insb. unterliegt er der vollen Kindeswohlprüfung. Dabei ist der entgegenstehende Wille des Kindes ein beachtlicher Umstand (s.u. Rdn. 81 ff.).

14 Der Widerspruch bedarf **keiner Form**. Er muss aber eindeutig als solcher erkennbar sein. Äußert das Kind lediglich seine Wünsche oder seine Unzufriedenheit über die Trennungssituation, kann darin noch kein Widerspruch gesehen werden.[17] Das Gericht hat dies aber bei der Kindesanhörung gem. § 159 FamFG näher aufzuklären.

Wie die Zustimmung ist der Widerspruch bis zur Entscheidung in der letzten Tatsachendistanz **widerruflich**. Das Kind kann auf sein Widerspruchsrecht auch nicht verzichten.

---

11 Staudinger/Coester § 1671 Rn. 82; Schwab FamRZ 1998, 457, 461; FA-FamR/Maier Kap. 4 Rn. 165; AG Hannover FamRZ 2001, 846, 848.
12 Vgl. OLG Nürnberg FamRZ 1999, 673.
13 Johannsen/Henrich/Jaeger § 1671 Rn. 30.
14 Schwab FamRZ 1998, 457, 461.
15 In Art. 6 Abs. 2 Satz 2 GG, vgl. auch § 1626 Rn. 3.
16 So aber Schwab FamRZ 1998, 457, 461 unter Hinweis auf § 1671 Abs. 3 Satz 1 a.F.; wie hier dagegen Johannsen/Henrich/Jaeger § 1671 Rn. 30.
17 Johannsen/Henrich/Jaeger § 1671 Rn. 27.

II. Abs. 2 Nr. 2: Übertragung aus Gründen des Kindeswohls

Auch ohne Zustimmung des anderen Elternteils kann die elterliche Sorge auf Antrag gem. § 1671   **15**
Abs. 2 Nr. 2 ganz oder teilweise auf einen Elternteil allein übertragen werden. Voraussetzung ist,
dass dies dem Wohl des Kindes am besten entspricht. Damit ist das Kindeswohl das **zentrale Ent-
scheidungskriterium**. Dies ergibt sich bereits aus dem Wortlaut der Vorschrift, im Übrigen aber
auch aus der allgemeinen Regel des § 1697a.[18]

Das **Kindeswohl hat Vorrang** vor den Interessen der Eltern.[19] Bei einer Interessenkollision zwi-   **16**
schen Eltern und Kind ist das Kindeswohl der bestimmende Maßstab.[20] Denn das verfassungsrechtlich verankerte Elternrecht findet seine Rechtfertigung letztlich allein im Bedürfnis des Kindes nach Schutz und Hilfe.[21] Eltern haben keinen Machtanspruch gegenüber ihren Kindern, die
als Wesen mit eigener Menschenwürde und eigenem Recht auf Persönlichkeitsentfaltung selbst
Träger der Grundrechte der Art. 1 Abs. 1 GG und Art. 2 Abs. 2 GG sind.[22] Dies darf auch im Sorgerechtsverfahren gem. § 1671 Abs. 2 Nr. 2 nicht außer Acht gelassen werden, das allzu leicht von
den Eltern als Kampf um ihr Recht am Kind statt als Ringen um die beste Lösung für das Kind
missverstanden wird.

Sicherlich entspräche es dem Wohl des Kindes regelmäßig am besten, wenn die Eltern wieder   **17**
glücklich zusammenleben würden. Dies kann aber nicht erzwungen werden. Die **entscheidende
Frage** lautet daher: Ist zu erwarten, dass die Aufhebung der gemeinsamen Sorge und Übertragung
auf den Antragsteller unter den gegebenen Umständen dem Wohl des Kindes am besten entspricht? Dabei macht der Gesetzeswortlaut deutlich, dass die Prüfung des Kindeswohls in **zweierlei Blickrichtung** zu erfolgen hat:

– Entspricht die Aufhebung der gemeinsamen Sorge dem Kindeswohl am besten?
– Entspricht die Übertragung (gerade) auf den Antragsteller dem Kindeswohl am besten?

Während die letztere Frage nach den bereits zu § 1671 Abs. 2 a.F. entwickelten Grundsätzen
beantwortet werden kann, wird die Frage, wann die Aufhebung der gemeinsamen Sorge dem Kindeswohl am besten entspricht, in Rechtsrechung und Literatur noch kontrovers diskutiert. Die
Entscheidung des BGH vom 29.09.1999[23] hat nunmehr aber einen richtungsweisenden Beitrag
zur Klärung der Streitfragen geleistet (s.u. Rdn. 20).

Üblicherweise erfolgt die Prüfung der beiden Fragen in zwei getrennten Schritten, wobei zunächst   **18**
untersucht wird, ob die Aufhebung der gemeinsamen Sorge dem Wohl des Kindes am besten entspricht. Nach ganz überwiegender Meinung ist diese **Prüfungsreihenfolge** zwingend, mit der
Folge, dass erst bei Bejahung der ersten Frage in die Prüfung der zweiten eingetreten werden
darf.[24] Demgegenüber hält Coester diese Auffassung für verfehlt, weil die beste Kindeswohlent-
sprechung nur durch Vergleich aller Sorgerechtsmodelle beurteilt werden könne und im Übrigen
der Wortlaut des Gesetzes – »entspricht« statt »entsprechen« – die Untrennbarkeit der beiden
Aspekte zeige.[25] Nach der hier vertretenen Auffassung ist die Prüfungsreihenfolge der wohl herrschenden Meinung zumeist sinnvoll, aber nicht zwingend. Sinnvoll ist sie, weil sie regelmäßig eine

---

18 Johannsen/Henrich/Jaeger § 1671 Rn. 41.
19 BVerfG FamRZ 1989, 143; OLG Hamm 1996, 361.
20 BVerfG FamRZ 1999, 85, 86.
21 BVerfG FamRZ 1986, 769, 772.
22 BVerfG FamRZ 1986, 769, 772.
23 FamRZ 1999, 1646 = FuR 2000, 88.
24 OLG Hamm FamRZ 1999, 38, 39; OLG Nürnberg 1999, 673, 674; OLG Köln EzFamR aktuell 2001,
    196; Johannsen/Henrich/Jaeger § 1671 Rn. 32; Oelkers FamRZ 2000, 32, der dies mit dem Wortlaut des
    Gesetzes begründet; diese Auffassung kann sich auch auf die amtliche Begründung zum Regierungsent-
    wurf des Kindschaftsrechtsreformgesetzes, BT-Drucks. 13/4899 S. 99 stützen.
25 Staudinger/Coester § 1671 Rn. 104 ff. mit weiteren Argumenten.

geordnete Durchdringung der komplexen Fragestellung und eine umfassende Kindeswohlprüfung ermöglicht. Zwingend ist die Prüfungsreihenfolge aber nicht, weil sich dies weder dem Gesetz entnehmen lässt noch inhaltlich geboten erscheint.[26] Entscheidend ist, dass die im konkreten Einzelfall dem Kindeswohl am besten entsprechende Sorgerechtsform gefunden wird. Auf welche Weise dies geschieht ist unerheblich, ein starrer Schematismus hinderlich. Sollte man allein auf Grund unterschiedlicher Prüfungsmethoden zu unterschiedlichen Ergebnissen gelangen, wäre dies in jedem Fall Anlass die zu treffende Entscheidung nochmals sorgfältig zu überdenken.

19 Die getrennte Prüfung darf auch nicht darüber hinwegtäuschen, dass viele Umstände doppelt relevant sind und **beide Fragen** wechselbezüglich **zusammenhängen**. So wird die Aufhebung der gemeinsamen Sorge eher dem Wohl des Kindes entsprechen, wenn der antragstellende Elternteil deutlich erziehungsgeeigneter ist als der Elternteil, der die gemeinsame Sorge beibehalten möchte. Ebenso wird die Aufhebung der gemeinsamen Sorge nahe liegen, wenn beide Elternteile einen Antrag auf Übertragung der Alleinsorge gestellt haben. In geeigneten Fällen kann daher auch eine Abweichung vom üblichen Prüfungsschema angezeigt sein. So bedarf die Frage nach der Aufhebung der gemeinsamen Sorge dann keiner weiteren Erörterung, wenn nur der weniger geeignete Elternteil einen Antrag auf Übertragung der Alleinsorge gestellt hat, da der Antrag dann bereits deshalb zurückzuweisen ist.[27]

Regelmäßig wird sich aber die übliche Prüfungsreihenfolge empfehlen:

1. Erster Prüfungsschritt: Entspricht die Aufhebung der gemeinsamen Sorge dem Wohl des Kindes am besten?

20 Es besteht **kein Regel-Ausnahme-Verhältnis** zugunsten der gemeinsamen Sorge. Dies hat der **BGH** mit **Beschluss vom 29.09.1999** klargestellt:[28]

»Die Neuregelung des Rechts der elterlichen Sorge durch das Kindschaftsrechtsreformgesetz enthält kein Regel-Ausnahme-Verhältnis in dem Sinn, dass eine Priorität zugunsten der gemeinsamen elterlichen Sorge bestehen und die Alleinsorge eines Elternteils nur in Ausnahmefällen als ultima ratio in Betracht kommen sollte. (. . .) Es soll danach zwar in erster Linie Sache der Eltern sein zu entscheiden, ob sie die gemeinsame Sorge nach ihrer Scheidung beibehalten wollen oder nicht. Daraus ist jedoch nicht der Schluss zu ziehen, dass der gemeinsamen Sorge künftig ein Vorrang vor der Alleinsorge eines Elternteils eingeräumt werden sollte. Ebenso wenig besteht eine gesetzliche Vermutung dafür, dass die gemeinsame elterliche Sorge im Zweifel die für das Kind beste Form der Wahrnehmung elterlicher Verantwortung sei. Einer solchen Regelung stände bereits entgegen, dass sich elterliche Gemeinsamkeit in der Realität nicht verordnen lässt.«

Damit wiederholt der BGH wesentliche Passagen der amtlichen Begründung zum Regierungsentwurf des Kindschaftsrechtsreformgesetzes und legt sie seiner Entscheidung zu Grunde.[29]

21 Die Frage des **Verhältnisses** der gemeinsamen Sorge zur Alleinsorge war seit Inkrafttreten des Kindschaftsrechtsreformgesetzes am 01.07.1998 **heftig umstritten**.[30] Während Teile in Rechtsprechung und Literatur – wie nunmehr der BGH – den Vorrang der gemeinsamen Sorge ablehn-

---

26 Entgegen OLG Köln EzFamR aktuell 2001, 196 lässt sich dies auch nicht der Entscheidung des BGH vom 29.09.1999, vgl. Rdn. 20, entnehmen.
27 Vgl. Johannsen/Henrich/Jaeger § 1671 Rn. 42, 43, der die dadurch für einen Elternteil zwangsweise Belassung der gemeinsamen Sorge kritisiert und aufgrund der Weigerung des geeigneteren Elternteils einen Antrag zu stellen – worauf das Gericht hinwirken soll – doch die beantragte Übertragung der Alleinsorge auf den Antragsteller in Betracht zieht.
28 BGH FamRZ 1999, 1646, 1647 = FuR 2000, 88, 89 f.; erneut BGH FamRZ 2005, 1167.
29 Vgl. BT-Drucks. 13/4899 S. 63.
30 Einen guten Überblick über die Rspr. vor der Entscheidung des BGH vom 29.09.1999 gibt Born FamRZ 2000, 396, 397.

ten,[31] vertraten andere die Auffassung, dass die gemeinsame Sorge der gesetzliche Regelfall sei.[32] Zumindest für den Bereich der Rechtsprechung sollte die erste höchstrichterliche Entscheidung seit Inkrafttreten des Kindschaftsrechtsreformgesetzes Klarheit gebracht haben. Die meisten der seither veröffentlichten Entscheidungen der Obergerichte tragen dem auch Rechnung.[33] Wenige Obergerichte beharren dagegen weiterhin auf dem Vorrang der gemeinsamen Sorge.[34] Daneben ist bei einigen obergerichtlichen Entscheidungen die Tendenz zu beobachten, über eine normative Beurteilung der Kooperationsbereitschaft der Eltern – losgelöst von dem erklärten Willen zumindest eines Elternteils – im Ergebnis zu einem Vorrang der gemeinsamen Sorge zu gelangen.[35]

In der Literatur hat die Auffassung des BGH Zustimmung erfahren;[36] teilweise wird sie jedoch kritisiert und am Vorrang der gemeinsamen Sorge als gesetzlichem Regelfall festgehalten.[37]

Der Auffassung des BGH ist zuzustimmen. Zwar ist der Gegenmeinung Recht zu geben, dass der **22** Wortlaut des § 1671 Abs. 2 Nr. 2 dafür spricht, dass die gemeinsame Sorge die gesetzliche Regel ist, doch darf man bei dieser normtechnischen Betrachtungsweise nicht stehen bleiben.[38] Denn wenn das Kindeswohl der bestimmende Maßstab sein soll,[39] darf dessen Prüfung nicht durch die

---

31 KG FamRZ 2000, 502 = FuR 2000, 269; Rostock FamRZ 1999, 1599; OLG Dresden FamRZ 1999, 1156; OLG Frankfurt FamRZ 1999, 392; Johannsen/Henrich/Jaeger § 1671 Rn. 34; Staudinger/Coester § 1671 Rn. 118, 120; FA-FamR/Oelkers 2. Auflage Kap. 4 Rn. 136.

32 OLG Köln FamRZ 2000, 1041 (Ls) = FuR 2000, 268; OLG Dresden FamRZ 2000, 109, 110; OLG Hamm FamRZ 1999, 1597; OLG Nürnberg FamRZ 1999, 1160; OLG Stuttgart FamRZ 1999, 39; OLG Hamm FamRZ 1999, 38; Schwab FamRZ 1998, 457, 462, der jedoch hauptsächlich die Normtechnik hervorhebt, daraus aber inhaltlich keine weitergehenden Schlüsse zieht; Palandt/Diederichsen § 1671 Rn. 16, der sich dem BGH nunmehr aber anschließt nicht ohne den hohen Stellenwert der bestehenden gemeinsamen Sorge hervorzuheben.

33 OLG Zweibrücken FamRZ 2001, 182 (Ls); OLG Köln FamRZ 2001, 183 (Ls); OLG Hamm FamRZ 2000, 1039, FamRZ 2001, 183 Nr. 154 (Ls), FamRZ 2001, 183 Nr. 155 (Ls) und FamRZ 2001, 183 Nr. 156; OLG Schleswig OLGR 2000, 357; OLG Köln FamRZ 2002, 111 (Ls) = EzFamR aktuell 2001, 196; OLG Brandenburg FamRZ 2001, 1021 und FamRZ 2002, 120; OLG München FamRZ 2002, 189; OLG Dresden FamRZ 2002, 973 f; 2010, 1992, 1993; OLG Köln FamRZ 2003, 1036; KG FamRZ 2005, 1768; OLG Frankfurt FamRZ 2008, 1470; OLG Brandenburg FamRZ 2008, 1474, 1475; vgl. auch OLG München v. 08.02.2000, Az: 26 UF 1389/99; OLG Hamm FamRZ 2004, 1668; OLG Rostock FamRZ 2007, 1352.

34 OLG Frankfurt FamRZ 2002, 187 = FuR 2002, 85; OLG Frankfurt FamRZ 2002, 1727 unter ausdrücklichem Festhalten am Regel-Ausnahme-Verhältnis trotz der Rspr. des BGH und unter Hinweis auf Unumgänglichkeit von Einzelfallentscheidungen in Sorgerechtsverfahren; wohl auch OLG Köln FamRZ 2003, 1492, das – ohne sich mit der Entscheidung des BGH v. 29.09.1999 auseinander zu setzen – die Übertragung der Alleinsorge nur unter der Voraussetzung zulassen will, dass sie das Bessere für das Kind sei; dagegen betont derselbe Senat des OLG Köln FamRZ 2003, 1036, seine Übereinstimmung mit der Entscheidung des BGH und der Ablehnung eines Regel-Ausnahme-Verhältnisses, wobei er gleichwohl im entschiedenen Fall aufgrund normativer Beurteilung der Kooperationsbereitschaft eine Aufhebung der elterlichen Sorge ablehnt; problematisch auch OLG Hamm FamRZ 2005, 537, das die Feststellungslast einseitig demjenigen Elternteil auferlegt, der die Alleinsorge begehrt und trotz unterstellter tiefgreifender Spannungen und Differenzen die Aufhebung der gemeinsamen Sorge unter Hinweis auf fehlenden substantiierten Vortrag zu einem konkreten Dissens ablehnt, obwohl aufgrund der abl. Haltung des Sohnes derzeit keine Umgangskontakte stattfinden.

35 OLG Karlsruhe FamRZ 2000, 1041; OLG Hamm FamRZ 2002, 565; OLG Köln FamRZ 2003, 1036; s. dazu u. Rdn. 28.

36 Oelkers MDR 2000, 32; Born FamRZ 2000, 396; Staudinger/Coester § 1671 Rn. 120; jetzt auch Palandt/Diederichsen § 1671 Rn. 16 aber unter Hinweis, dass die normtechnische Gestaltung den hohen sozialpolitischen Wert der bestehenden gemeinsamen Sorge widerspiegele.

37 Haase/Kloster-Harz FamRZ 2000, 1003; Bode FamRZ 2000, 478.

38 Die Normtechnik erklärt sich im Übrigen zwanglos dadurch, dass der Antragsteller eine Abänderung der zunächst bestehenden Sorgeform anstrebt.

39 BVerfGE 99, 145, 156 = FamRZ 1999, 85, 86.

Vorgabe eines normativen Stufenverhältnisses eingeengt werden. Wenn man den Vorrang der gemeinsamen Sorge bejaht, führt dies aber zwangsläufig dazu, dass eine ausschließlich im Elternrecht begründete Hürde für die Übertragung der Alleinsorge errichtet wird, die geeignet ist eine aus Gründen des Kindeswohls angezeigte Sorgeentscheidung zu verhindern. Dies ist aber mit dem Vorrang des Kindeswohls nicht vereinbar.

23 Zu einem anderen Ergebnis würde man nur gelangen, wenn die gemeinsame Sorge generell als die bessere Sorgeform anzusehen wäre. Dies ist jedoch nicht vertretbar.[40] Vielmehr ist die gemeinsame elterliche Sorge **nur in den dafür geeigneten Fällen** die beste Lösung für das Kind.[41] Etwas anderes lässt sich auch nicht aus der Entscheidung des BVerfG vom 03.11.1982 zur Verfassungswidrigkeit des § 1671 Abs. 4 Satz 1 a.F. herleiten. Denn danach liegt eine Verletzung des durch Art. 6 Abs. 2 Satz 1 GG geschützten Elternrechts nur dann vor, wenn der Staat den Eltern die Beibehaltung der gemeinsamen Sorge auch dann verwehrt, wenn beide dies möchten, voll erziehungsfähig sind und das Kindeswohl die Übertragung des Sorgerechts auf einen Elternteil allein nicht angezeigt erscheinen lässt.[42]

24 Der Gesetzgebers hat durch die Neufassung des § 1671 Abs. 2 Nr. 2 hervorgehoben, dass die Übertragung der Alleinsorge auf einen Elternteil immer auch mit der Aufhebung der gemeinsamen Sorge verbunden ist und dass dies eine eigene am Kindeswohl orientierte Sachprüfung erfordert. Dadurch und durch die Abschaffung der zwangsweisen Regelung der elterlichen Sorge bei der Scheidung hat die **gemeinsame elterliche Sorge** ihren früheren Ausnahmestatus verloren und ist heute auch nach Trennung der Eltern eine weit **verbreitete Sorgeform**. Diese Entwicklung ist zu begrüßen. Man darf daraus aber nicht den Schluss ziehen, dass nunmehr die Alleinsorge ihrerseits als Ausnahmefall oder ultima ratio anzusehen sei.

25 Mit der Ablehnung eines Regel-Ausnahme-Verhältnisses sollen die **Vorteile der gemeinsamen elterlichen Sorge** nicht geleugnet werden. Grundsätzlich ist sie die erstrebenswerteste Sorgeform.[43] Denn niemand wird ernsthaft bestreiten, dass es für die Entwicklung eines Kindes und damit für sein Wohl am besten ist, wenn die (erziehungsgeeigneten) Eltern glücklich zusammenleben.[44] Dann ist es aber selbstverständlich, dass es nach der Trennung das Beste für das Kind ist, wenn die

---

40 Soweit die von der Bundesregierung in Auftrag gegebene Implementationsstudie zum Kindschaftsrechtsreformgesetz von Proksch (Tatsächliche Untersuchung zur Reform des Kindschaftsrechts. Begleitforschung zur Umsetzung des Kindschaftsrechtsreformgesetzes, 2002, S. 38) zum Ergebnis gelangt, dass die gemeinsame elterliche Sorge besser geeignet sei die Kommunikation und Kooperation zwischen den Eltern positiv zu beeinflussen, das Konfliktniveau und die gerichtlichen Auseinandersetzungen zu reduzieren und die Beeinträchtigung der Kinder durch die Trennung zu mindern, hat insb. Kostka (FamRZ 2004, 1924) eindrucksvoll und überzeugend belegt, dass die Studie diese Schlüsse gerade nicht zulässt (vgl. auch die Kritik von Schwab/Gathen KindPrax 2003, 170 ff. und Finger FuR 2004, 47 f.). Die Studie leidet vor allem darunter, dass sie die Kausalität der gemeinsamen elterlichen Sorge für die positivere Bewertung des Miteinanders durch die befragten Eltern nicht nachweist, sondern hiervon stillschweigend ausgeht und dabei die nahe liegende Möglichkeit außer Acht lässt, dass die vermehrte Konflikthaftigkeit der Beziehung der Eltern mit Alleinsorge nicht auf der Sorgeform, sondern auf ihrer Ausgangssituation beruht (vgl. Kostka FamRZ 2004, 1924, 1934).
41 Johannsen/Henrich/Jaeger § 1671 Rn. 34; vgl. auch Staudinger/Coester § 1671 Rn. 118.
42 BVerfG FamRZ 1982, 1179, 1182.
43 Vgl. auch Staudinger/Coester § 1671 Rn. 118; OLG Köln FamRZ 2012, 235.
44 Vgl. auch BVerfGE 24, 119, 144 = FamRZ 1968, 578, 584; BVerfGE 56, 363 = FamRZ 1981, 429.

Eltern auf der Elternebene weiterhin einvernehmlich und harmonisch zusammenwirken.[45] Jedoch bleibt dies in der Praxis oftmals Utopie. Elterliche Gemeinsamkeit lässt sich eben nicht verordnen.[46] Der Streit auf der Paarebene erfasst regelmäßig auch die Elternebene und damit das Kind.[47] Für dieses Problem kann aber nicht allein der Elternteil verantwortlich gemacht werden, der die gemeinsame Sorge ablehnt.[48] Vielmehr ist grds. davon auszugehen, dass keinen Elternteil eine Schuld daran trifft, dass die Zerrüttung der Paarebene die Elternebene erfasst. Ist die Elternebene aber dergestalt gestört, dass ein oder beide Elternteile nicht mehr kooperieren wollen oder können, so ist unter diesen Umständen die Aufhebung der gemeinsamen Sorge regelmäßig das Beste für das Kind, weil es durch den Konflikt der Eltern belastet wird.[49]

Nach richtiger und auch herrschender Ansicht sind **subjektive Kooperationsbereitschaft und objektive Kooperationsfähigkeit** der Eltern notwendige Voraussetzungen für die gemeinsame Sorge.[50] Die Eltern müssen gewillt und in der Lage sein auch künftig gemeinsam die Erziehungsverantwortung zu tragen und ihre persönlichen Interessen und Differenzen zurückzustellen.[51] Zwischen ihnen muss eine tragfähige soziale Beziehung und ein Mindestmaß an Übereinstimmung bestehen.[52] Hieran fehlt es auch, wenn aufgrund Desinteresses eines Elternteils am Umgang mit dem Kind und an der Mitwirkung in Erziehungsfragen keinerlei Kommunikation stattfindet.[53] Dasselbe gilt, wenn ein Elternteil jegliche direkte Kommunikation mit dem anderen Elternteil verweigert und einseitig Entscheidungen trifft.[54]

26

Demgegenüber halten die Kritiker der BGH-Entscheidung und Befürworter des Vorrangs der gemeinsamen Sorge die subjektive Kooperationsbereitschaft unter bestimmten Umständen für entbehrlich und betonen die Pflicht beider Elternteile sich zu Gunsten des Kindes zu einigen.[55]

---

45 Im Ergebnis ebenso Johannsen/Henrich/Jaeger § 1671 Rn. 34, der ausführt, dass die Vorzüge der gemeinsamen elterlichen Sorge gegenüber der Alleinsorge gerade darin zu sehen sind, dass die Bindungen des Kindes zu beiden Elternteilen besser aufrecht erhalten und gepflegt werden und dass das Verantwortungsgefühl und damit die Verantwortungsbereitschaft beider Elternteile gegenüber dem Kind erhalten bleiben und gestärkt werden können, wodurch sich die Chancen vergrößern, dass das Kind trotz der Trennung zwei in jeder Hinsicht vollwertige Elternteile behält; vgl. auch OLG München v. 15.03.1999 FamRZ 1999, 1006, 1007.

46 BGH FamRZ 2008, 592, 593; OLG Dresden FamRZ 2010, 1992, 1993.

47 Ebenso Oelkers MDR 2000, 32, 33, der zutreffend darauf hinweist, dass es lebensfremd ist zu meinen, das Kind bleibe von Streitigkeiten auf der Paarebene verschont.

48 Vgl. auch Johannsen/Henrich/Jaeger § 1671 Rn. 39; Staudinger/Coester § 1671 Rn. 122.

49 BGH FamRZ 1999, 1646, 1647 = FuR 2000, 88, 90; KG FamRZ 2000, 502 = FuR 2000, 269; OLG Brandenburg FamRZ 2010, 1257; vgl. auch: OLG Köln EzFamR aktuell 2001, 196 ff; OLG Nürnberg EzFamR aktuell 2001, 59, 61; OLG Frankfurt FamRZ 2008, 1470; amtliche Begründung BT-Drucks. 13/4899 S. 63.

50 KG NJW-FER 2000, 175; FamRZ 2000, 502 = FuR 2000, 269; FamRZ 2000, 504; FamRZ 2005, 1768; OLG München FamRZ 2002, 189; OLG Dresden FamRZ 2000, 109; OLG Stuttgart FamRZ 1999, 1596; OLG Oldenburg FamRZ 1998, 1464; OLG Karlsruhe FamRZ 2000, 1041; OLG Hamm FamRZ 2002, 565; FamRZ 2002, 1208; OLG Köln FamRZ 2005, 1275; OLG Brandenburg FamRZ 2009, 709; 1758; 2011, 1739: auch wenn es nur um Teilbereiche geht; Johannsen/Henrich/Jaeger § 1671 Rn. 36; FA-FamR/Maier Kap. 4 Rn. 171 ff.

51 Johannsen/Henrich/Jaeger § 1671 Rn. 36; FA-FamR/Maier Kap. 4 Rn. 172.

52 BVerfG FamRZ 2003, 285, 289; BGH FamRZ 2008, 251, 254; OLG Saarbrücken FamRZ 2010, 385, 386.

53 OLG Dresden FamRZ 2002, 973.

54 OLG Celle FamRZ 2004, 1667.

55 Palandt/Diederichsen § 1671 Rn. 17; Haase/Kloster-Harz FamRZ 2000, 1003, 1005; in diesem Sinne auch OLG Nürnberg v. 10.10.2000 EzFamR aktuell 2001, 59 f., das im entschiedenen Fall aber gleichwohl zur Aufhebung der gemeinsamen Sorge gelangt.

Gemeinsamkeit lässt sich jedoch nicht verordnen.[56] So käme auch niemand auf die Idee, von den Eltern zu verlangen, dass sie wieder glücklich zusammenleben sollen, obwohl dies sicherlich für das Kind am besten wäre. Ebenso verhält es sich mit der Pflicht zum einvernehmlichen Zusammenwirken und zur Beibehaltung der gemeinsamen Sorge. Zwar ist es richtig, dass die Eltern grds. verpflichtet sind zum Wohle des Kindes zusammenzuwirken, doch kann dies nicht bedeuten, dass die fehlende Kooperationsbereitschaft eines Elternteils unbeachtlich und von vornherein mit einem Makel behaftet ist.[57] Denn dies liefe »im Egebnis darauf hinaus, das pflichtwidrige Verhalten des nicht kooperierenden Elternteils mit einer ihm aufgezwungenen gemeinsamen elterlichen Sorge sanktionieren zu wollen, um auf diese Weise den Elternrechten des anderen, kooperationsfähigen und -willigen Elternteils Geltung zu verschaffen. Die am Kindeswohl auszurichtende Organisationsform der Elternsorge ist dafür jedoch grds. kein geeignetes Instrument. Dem steht schon die verfassungsrechtliche Wertung entgegen, dass sich die Elterninteressen in jedem Falle dem Kindeswohl unterzuordnen haben.[58] Wenn angesichts der Entwicklung in der Vergangenheit die begründete Besorgnis besteht, dass die Eltern auch in Zukunft nicht in der Lage sein werden, ihre Streitigkeiten in wesentlichen Bereichen der elterlichen Sorge konstruktiv und ohne gerichtliche Auseinandersetzung beizulegen, ist die erzwungene Aufrechterhaltung der gemeinsamen elterlichen Sorge dem Kindeswohl aber nicht zuträglich. Denn ein fortgesetzter destruktiver Elternstreit führt für ein Kind zwangsläufig zu erheblichen Belastungen, und zwar unbhängig davon, welcher Elternteil die Verantwortung für die fehlende Verständigungsmöglichkeit trägt.«[59] Diese Ausführungen des BGH überzeugen vollständig. Einfach gesagt: So verständlich der Wunsch sein mag, den »schuldigen« Elterteil mit der gemeinsamen Sorge »zu bestrafen«, so vorrangig ist es, die Auswirkungen auf das Kindeswohl zu beachten.

27   Schwierigkeiten bereitet aber die Frage, **wann vom Fehlen der für die gemeinsame Sorge erforderlichen Kooperationsbereitschaft und -fähigkeit auszugehen ist**. Der BGH hat in seiner Entscheidung vom 29.09.1999[60] hierzu ausgeführt, dass maßgeblich ist, welche Auswirkungen die mangelnde Einigungsfähigkeit der Eltern bei einer Gesamtbeurteilung der Verhältnisse auf die Entwicklung und das Wohl des Kindes haben wird.[61] Das bedeutet einerseits, dass nicht jede Spannung oder Streitigkeit zwischen getrenntlebenden Eltern das gemeinsame Sorgerecht ausschließt, andererseits aber auch, dass nicht zwingend ein Streit über Angelegenheiten von erheblicher Bedeutung i.S.d. § 1687 Abs. 1 Satz 1 vorliegen muss, um von einer fehlenden Kooperationsbereitschaft auszugehen.[62] Vielmehr genügen zumindest Streitigkeiten in wesentlichen Bereichen der elterlichen Sorge.[63] Dazu gehören insb. Wahl des Lebensmittelpunktes für das Kind, Umgangsregelung, Auslandsaufenthalte, Gesunheitsfürsorge, religiöse Erziehung sowie Schul- und

---

56   So treffend die amtliche Begründung zum Regierungsentwurf BT-Drucks. 13/4899 S. 63; BGH FamRZ 2008, 592, 593.

57   Vgl. auch Johannsen/Henrich/Jaeger § 1671 Rn. 39; Staudinger/Coester § 1671 Rn. 122.

58   BVerfG FamRZ 1989, 143.

59   BGH FamRZ 2008, 592, 593 mit Anm. Luthin, der sich dem BGH – wenn auch zögerlich – angesichts der außergewöhnlichen Fallkonstellation anschließt.

60   FamRZ 1999, 1646, 1648 = FuR 2000, 88, 91.

61   So auch OLG Karlsruhe FamRZ 2000, 111, allerdings mit anderer Zielrichtung der Argumentation s.u. Rdn. 28.

62   OLG Stuttgart v. 01.12.1998 FamRZ 1999, 1596; OLG Celle FamRZ 2003, 1488, das die fehlende Gesprächsgrundlage der Eltern einhergehend mit Uneinigkeit in – nicht aktuellen – schulischen Angelegenheiten zu Recht als ausreichende Rechtfertigung für die Aufhebung der gemeinsamen Sorge angesehen hat, obwohl die Eltern sich in der Vergangenheit über wesentliche Belange verständigt hatten.

63   BGH v. 29.09.1999 FamRZ 1999, 1646, 1647 = FuR 2000, 88, 90; vgl. auch OLG Hamm FamRZ 2004, 1668; AG Pankow/Weißensee FamRZ 2005, 538; nach OLG Schleswig FamRZ 2003, 1948 soll es sich bei dem Streit der evangelischen Mutter und des moslemischen Vaters eines 3-jährigen Kindes über die Vornahme der christlichen Taufe um keine erhebliche Angelegenheit handeln, die die Übertragung des Alleinsorgerechts auf die Mutter rechtfertigen könne, zumal das Kind bis zur Religionsmündigkeit auch so im kirchlichen Leben integriert sei (zweifelhaft, s. dazu § 1628 Rdn. 2).

Kindergartenwahl.[64] Nach richtiger Ansicht kann es auf die Bedeutung der Sache, hinsichtlich derer die Parteien streiten, überhaupt nicht ankommen, sondern ausschließlich auf die Auswirkungen für das Kind.[65] Streitigkeiten über Nichtigkeiten können das Kind genauso – unter Umständen sogar stärker – belasten als solche über sogenannte Angelegenheiten von erheblicher Bedeutung. Demzufolge kann es auch keine Rolle spielen, ob Entscheidungen von grundsätzlicher Bedeutung erst in ein paar Jahren anstehen,[66] zumal sich dies nur schwer vorhersagen lässt und angesichts der Dauer streitiger Verfahren eine Sorgerechtsentscheidung im Bedarfsfall nicht immer zeitnah möglich sein wird. Dem Kindswohl dient aber eine verlässliche und vorhersehbare Entscheidungssituation auch bei künftigen Angelegenheiten von erheblicher Bedeutung.

Eine weitere berechtigte Frage ist, ob die (subjektive) Kooperationsbereitschaft bereits dann fehlt, 28 wenn ein Elternteil die gemeinsame Sorge ablehnt, mit der Folge, dass die bloße Weigerung zur Übertragung der Alleinsorge führt.[67] Auch die Befürworter der Notwendigkeit der subjektiven Kooperationsbereitschaft fordern, dass die **Weigerungshaltung** des Elternteils nachvollziehbar sein müsse, nicht willkürlich sein dürfe und einen differenzierten Tatsachenvortrag erfordere, der die Schwierigkeiten zwischen den Eltern anhand konkreter Vorfälle dezidiert schildere.[68] Der Antrag auf Übertragung der Alleinsorge sei zwar bereits ein Indiz für das Fehlen der Kooperationsbereitschaft, doch dürfe daraus nicht unbesehen auf die Aussichtslosigkeit des Fortbestehens der gemeinsamen Sorge geschlossen werden.[69] Teilweise wird auch gefordert, die Kooperationsbereitschaft im Wege einer **Prognose** festzustellen, die auf der Grundlage der Einigungsfähigkeit der Eltern bei Angelegenheiten von erheblicher Bedeutung in der Vergangenheit zu treffen sei. Könne das wiederholte Fehlen einer Einigung danach nicht festgestellt werden, verbleibe es bei der gemeinsamen Sorge.[70] Diese Auffassung begegnet Bedenken, weil sie über den Umweg einer vermeintlichen Feststellungslast im Ergebnis doch zu einem Vorrang der gemeinsamen Sorge führt. Auch der BGH hat mit Beschluss vom 11.05.2005[71] für die Übertragung der Alleinsorge konkrete tatrichterliche Feststellungen zum Fehlen der Kontakt- und Kooperationsbereitschaft gefordert und die pauschale Feststellung einer tiefen Zerstrittenheit der Eltern nicht genügen lassen. Damit hat sich der BGH in Widerspruch zu seiner auch in diesem Beschluss wiederholten Auffassung

---

64 OLG Karlsruhe FamRZ 2010, 391.
65 Vgl. auch Oelkers MDR 2000, 32, 33; Born FamRZ 2000, 396, 399; Johannsen/Henrich/Jaeger § 1671 Rn. 36 b; OLG Köln FamRZ 2009, 62; 2011, 490 f.; OLG Hamm FamRZ 2000, 1039: Im dort entschiedenen Fall stritten die Eltern einer allergiegefährdeten Tochter über die Unterwäsche und das zu benutzende Waschmittel. Richtigerweise sah das Gericht dies und die Differenzen der Eltern bezüglich Kindergarten und Arztwahl als ausreichenden Grund an, wegen mangelnder Einigungsfähigkeit der Eltern die gemeinsame Sorge aufzuheben und einem Elternteil allein zu übertragen; a.A. OLG Dresden FamRZ 2007, 923.
66 OLG Stuttgart FamRZ 1999, 1596; OLG Karlsruhe FamRZ 2000, 1041, 1042, das jedoch auf die Möglichkeit des § 1628 hinweist; Johannsen/Henrich/Jaeger § 1671 Rn. 36 c; a.A. OLG Hamm FamRZ 1999, 1159; OLG Nürnberg FamRZ 1999, 1160; nach der Entscheidung des BGH v. 29.09.1999 noch ansatzweise OLG Brandenburg FamRZ 2002, 567, wobei im Vordergrund stand, durch die teilweise Aufrechterhaltung der gemeinsamen Sorge die Mutter nicht noch mehr aus ihrer Erziehungsverantwortung herauszudrängen; OLG Brandenburg FamRZ 2003, 1952.
67 Krit. deshalb Haase/Kloster-Harz FamRZ 2000, 1003, 1005, die beklagen, dass demjenigen, der Streit provoziert und seine Zustimmung zur gemeinsamen elterlichen Sorge verweigert, ohne weiteres die Alleinsorge zugesprochen wird, wodurch Kindeswohlprüfung durch Kopfschütteln ersetzt werde.
68 OLG Dresden FamRZ 2000, 109; FA-FamR/Maier Kap. 4 Rn. 173; in diesem Sinne wohl auch OLG Köln FamRZ 2002, 1492, das es bei der gemeinsamen Sorge belassen will, wenn sich aus dem Akteninhalt ergibt, dass die Eltern in wesentlichen Fragen konsensfähig und -bereit sind, obwohl sie sich dies wechselseitig absprechen; vgl. auch AG Lahr FamRZ 2003, 1862; OLG Hamm FamRZ 2005, 537.
69 Johannsen/Henrich/Jaeger § 1671 Rn. 37.
70 OLG Karlsruhe FamRZ 2000, 1041 mit krit. Anm. von Luthin; OLG KölnFamRZ 2003, 1037; OLG Hamm FamRZ 2002, 565.
71 BGH FamRZ 2005, 1167.

gesetzt, dass sich Gemeinsamkeit nicht verordnen lasse.[72] Allerdings muss die Entscheidung vor dem Hintergrund des offensichtlich ungenauen und vom BGH gerügten Umgangs der Vorinstanz mit den Tatsachenfeststellungen gesehen werden.[73] In jedem Fall ist die Sorgerechtsentscheidung nur am Kindeswohl auszurichten und darf nicht dazu dienen das pflichtwidrige Verhalten des nicht kooperierenden Elternteils zu sanktionieren.[74]

29   Die Prognose der Kooperationsbereitschaft auf der Basis der Vergangenheit wird den tatsächlichen Verhältnissen auch nicht gerecht. Es ist bereits unklar, von welchem zurückliegenden Zeitraum ausgegangen werden soll. Sinnvollerweise wird man vom Zeitpunkt der elterlichen Trennung aus rechnen müssen, da die Kooperationsbereitschaft während intakter Ehe kein Indiz für die Entwicklung nach Scheitern der Ehe ist und der Zeitpunkt des Beginns der Ehekrise angesichts der Vielzahl der Möglichkeiten, die die Lebenswirklichkeit hierfür bietet, nicht mit der erforderlichen Sicherheit festzumachen sein wird. Legt man demnach für die Beurteilung künftiger Einigungsbereitschaft den Zeitraum seit Trennung zu Grunde, so ist dieser regelmäßig so kurz, dass es dem Zufall überlassen bleibt, ob in dieser Zeit Angelegenheiten von erheblicher Bedeutung zur Entscheidung anstanden. Daher kann das bloße Fehlen von Uneinigkeit der Eltern in der Vergangenheit kein maßgebliches Kriterium für die Aufrechterhaltung der elterlichen Sorge sein. Etwas anders liegt der Fall, wenn sich positiv feststellen lässt, dass die Eltern auch noch in der Trennungszeit das Kind betreffende Angelegenheiten einvernehmlich geregelt haben. Dies kann dann tatsächlich ein erhebliches Indiz für eine ausreichende Kooperationsbereitschaft und -fähigkeit der Eltern sein, die einer Aufhebung der gemeinsamen Sorge entgegensteht.[75] Jedoch lässt sich dasselbe Ergebnis besser dadurch begründen, dass man – der erklärten Konsensunwilligkeit des einen Elternteils folgend – zwar von fehlender Kooperationsbereitschaft ausgeht, die Übertragung der Alleinsorge auf den sich verweigernden Elternteil aber an dessen mangelnder Bindungstoleranz scheitern lässt. Denn wenn die Eltern in der Vergangenheit tatsächlich so gut harmoniert haben, erscheint die ablehnende Haltung eines Elternteils gegenüber der Beibehaltung der gemeinsamen Sorge willkürlich und missbräuchlich (s.u. Rdn. 30).

30   Es erscheint deshalb richtiger, das Problem der Weigerungshaltung eines Elternteils auf der zweiten Prüfungsstufe, bei der **Frage der Erziehungsgeeignetheit** des antragstellenden Elternteils zu lösen. Lehnt ein Elternteil die gemeinsame Sorge nachhaltig[76] ab, so fehlt ihm schlicht die subjektive Kooperationsbereitschaft. Eine Prognose seiner Bereitschaft zur Zusammenarbeit kann deshalb nur negativ ausfallen, unabhängig davon, ob es in der Vergangenheit zu einer Einigung der Eltern in Kindesangelegenheiten gekommen ist. Denn spätestens durch das Sorgerechtsverfahren wird der Konflikt auf der Paarebene manifest. Deshalb lautet das Ergebnis der ersten Prüfungsstufe konsequenterweise, dass es dem Wohl des Kindes am besten entspricht die elterliche Sorge aufzuheben. Damit steht aber noch nicht fest, ob dem Antrag auf Übertragung der Alleinsorge tatsächlich stattzugeben ist. Denn im Rahmen der zweiten Prüfungsstufe ist nunmehr zu untersuchen, ob die Weigerungshaltung des antragstellenden Elternteils nachvollziehbar erscheint oder ob sie willkürlich und missbräuchlich ist. In letzterem Fall kommt eine Übertragung der Alleinsorge auf den antragstellenden Elternteil regelmäßig nicht in Betracht, weil er nicht ausreichend erziehungsgeeignet ist. Insb. dürfte es dem Antragsteller in diesen Fällen an der notwendigen Bin-

---

72   Vgl. auch die krit. Anm. hierzu von Luthin FamRZ 2005, 1168 und Weychardt FamRZ 2005, 1533, 1534.
73   So beanstandete der BGH, dass das OLG Umstände als unstreitig behandelt, die nach den amtsgerichtlichen Feststellungen streitig sind.
74   OLG Brandenburg FamRZ 2010, 1257
75   Vgl. hierzu den Fall des OLG Köln FamRZ 2003, 1492.
76   Das heißt auch nach eingehender Erörterung im gerichtlichen Verfahren, s. dazu u. Rdn. 31 ff.

dungstoleranz mangeln.[77] Doch kann auch in diesem Fall dennoch die Übertragung auf den bindungsintoleranten Antragsteller erfolgen, wenn es das Kindeswohl erfordret, weil die sonstigen Kritreien hierfür sprechen.[78]

Für die richterliche Praxis bedeutet dies Folgendes: Will ein Elternteil die gemeinsame Sorge beibehalten und beantragt der andere Elternteil die Alleinsorge auf ihn zu übertragen sollte das Gericht zunächst durch möglichst frühzeitige Anhörung beider Parteien – in der Regel zusammen – versuchen darauf hinzuwirken, dass die Eltern in der Elternebene einvernehmlich zusammenwirken und die gemeinsame Sorge beibehalten.[79] Dabei muss sich der Richter jedoch davor hüten in irgendeiner Art Druck auf den antragstellenden Elternteil auszuüben. Vielmehr sollte er durch Aufzeigen der Vorteile der gemeinsamen Sorge, insb. der noch weithin unbekannten Regelung des § 1687, versuchen den Antragsteller dazu zu bringen, über seinen Antrag auf Grund zutreffender Entscheidungsgrundlagen nochmals nachzudenken.[80] **31**

Bleibt der antragstellende Elternteil gleichwohl bei seinem Antrag auf Übertragung der Alleinsorge, so darf ihm dies nicht zum Nachteil gereichen.[81] Vielmehr ist nunmehr grds. wegen der fehlenden Kooperationsbereitschaft eines Elternteils davon auszugehen, dass die Übertragung der Alleinsorge dem Kindeswohl am besten entspricht.

Dieses Ergebnis ist dann jedoch noch darauf zu überprüfen, ob nicht die Weigerungshaltung des antragstellenden Elternteils mit dem anderen Elternteil zu kooperieren ein Ausdruck mangelnder Bindungstoleranz ist. In diesem Fall kann die Übertragung der Alleinsorge in der zweiten Prüfungsstufe scheitern, weil der Elternteil nicht ausreichend erziehungsgeeignet erscheint (vgl. zur Bindungstoleranz u. Rdn. 60 ff.). Dabei kann es dann zwar auch zu einer zwangsweise verordneten gemeinsamen Sorge kommen, doch muss dies zum Wohl des Kindes hingenommen werden.

Auch wenn **beide Elternteile** einen **Antrag auf Übertragung der Alleinsorge** gestellt haben, sollte der Richter im Rahmen der persönlichen Anhörung zunächst versuchen eine Einigung über die Streitpunkte zu erzielen und die Eltern für die Beibehaltung der gemeinsamen Sorge zu gewinnen. Erst wenn dieser Versuch gescheitert ist, erfordert es das Wohl des Kindes, die gemeinsame Sorge aufzuheben. Welchem Elternteil sie dann zu übertragen ist, muss im zweiten Prüfungsschritt geklärt werden. Dabei kommt der Prüfung, ob die Weigerungshaltung Ausdruck mangelnder Bindungstoleranz ist, allerdings kaum Gewicht zu, da ja beide Elternteile die gemeinsame Sorge ablehnen. **32**

In geeigneten Fällen sollte sich der Richter nicht scheuen auch den anderen Elternteil, der die gemeinsame elterliche Sorge beibehalten möchte, darauf hinzuweisen, dass die **praktische Bedeutung** derselben im Vergleich zur Alleinsorge des anderen Elternteils für ihn doch eher gering ist. Denn die Belassung der gemeinsamen elterlichen Sorge gibt noch lange keine Garantie dafür, dass die Beziehung des Elternteils, bei dem das Kind nicht regelmäßig wohnt, stark und vertrauensvoll **33**

---

77 So liegt es in dem von Bode, FamRZ 2000, 478 geschilderten Fallbeispiel, in dem die Mutter nicht nur das Sorgerecht, sondern auch das Umgangsrecht des Vaters mit der Begründung ausschließen will, dass das Kind keinen Vater bräuchte und sie selbst auch ohne Vater aufgewachsen sei, was ihr nicht geschadet habe; auch im Fall des OLG Hamm, FamRZ 2005, 537, ließe sich das Ergebnis möglicherweise so begründen; vgl. auch OLG Düsseldorf FamRZ 2005, 2087; zur Bindungstoleranz s. u. Rdn. 60 ff.
78 Vgl. BGH FamRZ 2008, 592, 593 und oben Rdn. 26.
79 Dies folgt auch aus § 156 FamFG; vgl. Staudinger/Coester § 1671 Rn. 125.
80 Treffend zur emotionalen und psychologischen Situation im Sorgeverfahren Staudinger/Coester § 1671 Rn. 100.
81 Johannsen/Henrich/Jaeger § 1671 Rn. 39, der zu Recht darauf hinweist, dass für den antragstellenden Elternteil kein Rechtfertigungsdruck entstehen darf und allein die Verweigerung der gemeinsamen Sorge noch keinen Makel für die Erziehungseignung darstellt; ebenso Staudinger/Coester § 1671 Rn. 122.

bleibt oder wieder wird.[82] Dies wird vielmehr allein durch den persönlichen Umgang erreicht, weshalb einem spannungsfrei gelebten, funktionierenden und in ausreichendem Umfang ausgeübten Umgangsrecht die entscheidende Bedeutung zukommt. Beim Umgang kann der andere Elternteil auf die Entwicklung seines Kindes Einfluss nehmen, es faktisch miterziehen, das heißt ihm Werte vermitteln, ihn in seiner Entwicklung zu einem sozial kompetenten Menschen fördern und seine Persönlichkeit stärken. Dagegen birgt eine erzwungene gemeinsame Sorge gegen den Willen des Elternteils, bei dem das Kind wohnt, die Gefahr, dass der notwendige spannungsfreie Umgang erschwert oder verhindert wird.[83]

34   e) Die Aufhebung der gemeinsamen Sorge entspricht in jedem Fall dem Kindeswohl am besten, wenn hinsichtlich eines Elternteils die Voraussetzungen des § 1666 gegeben sind. Das Gericht überträgt dann dem anderen erziehungsgeeigneten Elternteil die Alleinsorge auf Antrag, andernfalls gem. §§ 1671 Abs. 3, 1666.[84]

35   Ist der Grad der Kindeswohlgefährdung i.S.d. § 1666 noch nicht erreicht, so ist die Aufhebung der gemeinsamen elterlichen Sorge nicht zwingend. Allerdings wird man in den Fällen, in denen **ein Elternteil deutlich weniger erziehungsgeeignet** ist, eher zur Aufhebung der gemeinsamen Sorge und Übertragung der Alleinsorge auf den anderen Elternteil kommen.[85] Die beiden Prüfungsschritte können nicht völlig losgelöst voneinander gesehen werden (s.o. Rdn. 19). Die Frage der Erziehungsgeeignetheit der Elternteile ist grds. aber erst im zweiten Prüfungsschritt zu untersuchen. Dabei erscheint der Antrag eines Elternteils auf Übertragung der Alleinsorge umso weniger missbräuchlich und willkürlich je geringer die Erziehungseignung des anderen Elternteils ist.

36   f) Schließlich ist immer zu prüfen, ob die Aufhebung der gemeinsamen Sorge nicht auf **Teilbereiche** beschränkt werden kann. Das ist dann der Fall, wenn im Übrigen eine ausreichende Kooperationsfähigkeit und -bereitschaft der Eltern besteht. Vor der Entscheidung des BGH vom 29.09.1999[86] war es eine weit verbreitete Praxis der Gerichte, im Zweifel nur Teilbereiche der elterlichen Sorge einem Elternteil allein zu übertragen.[87] Auch in dieser Frage hat der BGH in der vorgenannten Entscheidung erfreulicherweise klargestellt, dass die Ablehnung einer Aufteilung der elterlichen Sorge in verschiedene Teilbereiche zumindest dann nicht zu beanstanden ist, wenn zwischen den Eltern unabhängig von einzelnen Erziehungsfragen vielfältige Konflikte bestehen, die negative Auswirkungen auf das Kind erwarten lassen.[88] Es erscheint in der Tat lebensfremd anzunehmen, dass sich fehlende Kooperationsbereitschaft und -fähigkeit auf Teilbereiche beschränken würde.[89] Am ehesten ist dies noch für die Bereiche Personen- und Vermögenssorge denkbar.

37   Die häufig praktizierte **Übertragung des Aufenthaltsbestimmungsrechts** auf einen Elternteil erscheint bei genauerer Betrachtung problematisch.[90] Wenn die Eltern so zerstritten sind, dass sie sich nicht einmal darüber einig werden, wo die Kinder wohnen sollen, so fällt es schwer anzunehmen, dass sie im Übrigen einverständlich zusammen wirken können und wollen. Sind sich die Eltern aber einig, wo die Kinder wohnen sollen, bedarf es der Übertragung des Aufenthaltsbestimmungsrechts gerade nicht, weil dann insoweit das für die gemeinsame Sorge erforderliche Einver-

---

82   Vgl. KG FamRZ 2000, 502 = FuR 2000, 269; zu Recht krit. zum »Wechselmodell« OLG München FamRZ 2007, 753.

83   Ebenso Born FamRZ 2000, 396, 399, der völlig zu Recht vor einem Pyrrhus-Sieg des Vaters warnt.

84   Vgl. AG Rheinbach FamRZ 2000, 511; OLG BrandenburgEzFamR aktuell 2001, 306.

85   Vgl. auch FA-FamR/Maier Kap. 4 Rn. 170 und Schwab FamRZ 1998, 457, 463 f.

86   BGH FamRZ 1999, 1646, 1647 = FuR 2000, 88, 90.

87   Vgl. nur OLG Nürnberg FamRZ 1999, 673 = FuR 1999, 332.

88   Vgl. nunmehr auch BGH FamRZ 2008, 592, 593; OLG Nürnberg v. 20.07.2001, Az: 7 UF 684/01 = EzFamR aktuell 2002, 54 (Ls); OLG Saarbrücken FamRZ 2010, 385, 386.

89   Ebenso Born FamRZ 2000, 396, 399.

90   Vgl. etwa OLG BrandenburgEzFamR aktuell 2002, 166; OLG Köln FamRZ 2000, 1041.

nehmen herrscht.[91] Die Übertragung des Aufenthaltsbestimmungsrechts erweist sich daher oftmals als psychologischer Schachzug mit dem das Einverständnis zur gemeinsamen Sorge im Übrigen erkauft wird.

Diejenigen, die trotz der Entscheidung des BGH vom 29.09.1999 noch daran festhalten, dass ein **38** Regel-Ausnahme-Verhältnis zu Gunsten der gemeinsamen elterlichen Sorge besteht, prüfen aber bei festgestellter Notwendigkeit der Aufhebung der gemeinsamen Sorge konsequenterweise, ob nicht durch **Aufspaltung der elterlichen Sorge**, insb. durch Übertragung des Aufenthaltsbestimmungsrechts auf den antragstellenden Elternteil, die gemeinsame Verantwortung teilweise erhalten und dem Verhältnismäßigkeitsgrundsatz und somit dem Grundrechtsschutz des anderen Elternteils Genüge getan werden kann.[92] Darin offenbart sich aber die Schwäche dieser Auffassung, die allzu sehr das Elternrecht betont und das Wohl des Kindes mehr an rechtlichen und theoretischen Maßstäben als an den tatsächlichen Auswirkungen misst.

2. Zweiter Prüfungsschritt: Entspricht die Übertragung (gerade) auf den Antragsteller dem Wohl des Kindes am besten?

Der Antrag auf Übertragung der Alleinsorge gem. § 1671 Abs. 2 Nr. 2 hat auch bei Fehlen der **39** Kooperationsbereitschaft und -fähigkeit der Eltern nur Erfolg, wenn die Übertragung gerade auf den Antragsteller dem Wohl des Kindes am besten entspricht. Bei der Prüfung dieser Frage ist nicht auf ein theoretisches Ideal abzustellen, sondern darauf, welche Sorgeentscheidung unter den gegebenen Umständen für das Kind am besten ist. Anders gefragt: Ist die Übertragung der Alleinsorge auf den Antragsteller für das Kind weniger schädlich als es die Übertragung auf den Antragsgegner wäre?[93]

Der Inhalt des zentralen Begriffs des Kindeswohls ist im Gesetz nicht näher definiert. Lediglich **40** in § 1 Abs. 1 des SGB VIII, das sich mit der Kinder- und Jugendhilfe befasst, findet sich die Formulierung, dass jeder junge Mensch ein Recht auf Förderung seiner Entwicklung und auf Erziehung zu einer eigenverantwortlichen und gemeinschaftsfähigen Persönlichkeit hat. Damit wird aber eher das Ziel der Erziehung beschrieben als die Lebensumstände des Kindes, die Voraussetzung für das Erreichen dieses Ziels sind.[94] Neben der Fähigkeit der Eltern eine solche Erziehung zu leisten wird das Wohl des Kindes maßgeblich durch Umstände bestimmt wie etwa: eine angst- und spannungsfreie Beziehung zu beiden Eltern und der Eltern untereinander, das Erleben einer bedingungslosen Liebe der Eltern, die dem Kind die Sicherheit des Angenommenseins vermittelt, der Kontakt zu weiteren Bezugspersonen, insb. zu gleichaltrigen Kindern, günstige äußere Wohn- und Lebensverhältnisse, zu denen auch die wirtschaftlichen Verhältnisse zählen, sowie die entsprechende Schul- und Berufsausbildung.

Für die Beurteilung der Frage, ob das Sorgerecht besser dem einen oder dem anderen Elternteil zu **41** übertragen ist, haben Rechtsprechung und Literatur bereits zu § 1671 Abs. 2 a.F. **Kriterien** herausgearbeitet, die auch nach der Kindschaftsrechtsreform noch Gültigkeit besitzen, weil im Hinblick auf diese Fragestellung die Prüfung inhaltlich dieselbe geblieben ist. Diese Kriterien sind: **Förderungsgrundsatz, Kontinuitätsgrundsatz, Bindungen des Kindes und Kindeswille.**[95] Dabei gibt es für diese Kriterien weder eine Reihenfolge noch eine allgemeingültige Gewichtung.[96] Der Prüfung

---

91 Vgl. auch OLG Stuttgart FamRZ 1999, 39, 40; OLG Zweibrücken FamRZ 2000, 1042; anders wohl KG FamRZ 2008, 634.

92 Haase/Kloster-Harz FamRZ 2000, 1003, 1006.

93 Vgl. auch BGH FamRZ 1985, 169.

94 Ähnlich Johannsen/Henrich/Jaeger § 1671 Rn. 48.

95 Johannsen/Henrich/Jaeger § 1671 Rn. 52, 64, 68, 78; Palandt/Diederichsen § 1671 21-24; Staudinger/ Coester § 1671 Rn. 177; FA-FamR/Maier Kap. 4 Rn. 181.

96 Staudinger/Coester § 1671 Rn. 175; Johannsen/Henrich/Jaeger § 1671 Rn. 52; FA-FamR/Maier Kap. 4 Rn. 182.

des Kindeswohls ist jeder Schematismus fremd. Deshalb muss in jedem Einzelfall nach umfassender Sachverhaltsermittlung durch das Gericht geprüft werden, welche Sorgeentscheidung gerade für dieses Kind mit seiner Persönlichkeit und seiner Vergangenheit im Hinblick auf seine Zukunft am besten ist.[97] Dabei sind die genannten Kriterien lediglich hilfreich die vielfältigen Aspekte des Kindeswohls zu erfassen und zu ordnen. Im Einzelfall kann jedem Kriterium die entscheidende Bedeutung zukommen; jedes kann mehr oder weniger bedeutsam sein.[98] So kann einem Elternteil, der nach dem Förderungsprinzip weniger als der andere zur Erziehung des Kindes geeignet ist, trotzdem das Sorgerecht übertragen werden, wenn das Kind zu ihm die stärkeren Bindungen entwickelt hat.[99] Lediglich, wenn sich im Rahmen der Prüfung des Förderungsgrundsatzes die völlige Erziehungsunfähigkeit eines Elternteils herausstellt, kann dies durch ein anderes positiv zu beurteilendes Kriterium nicht mehr kompensiert werden.[100]

a) Förderungsgrundsatz

42   Der Förderungsgrundsatz stellt darauf ab, bei welchem Elternteil das Kind die meiste **Unterstützung für den Aufbau seiner Persönlichkeit** erfahren kann.[101] Das ist der Elternteil, der nach seiner eigenen Persönlichkeit, seiner Beziehung zum Kind und nach den äußeren Verhältnissen eher in der Lage zu sein scheint, das Kind zu betreuen und seine seelische und geistige Entfaltung zu begünstigen.[102] Es ist daher eine Prognose abzugeben, bei welchem Elternteil das Kind eher zu einer körperlich und psychisch gesunden, eigenverantwortlichen und gemeinschaftsfähigen Persönlichkeit mit einer seinen Möglichkeiten und Bedürfnissen entsprechenden Ausbildung heranwachsen wird. Schlicht ausgedrückt: Es ist zu fragen, bei wem das Kind aller Voraussicht nach besser »geraten« wird. Dabei richtet der Förderungsgrundsatz das Augenmerk auf die Fähigkeiten und Möglichkeiten des jeweiligen Elternteils. Ohne Anspruch auf Vollständigkeit lassen sich diese unter folgenden Aspekten betrachten:

aa) Erziehungseignung im engeren Sinn und Erziehungsstil

43   Welcher Elternteil besser geeignet ist das Kind zu erziehen und welcher Elternteil das bessere Erziehungskonzept und den besseren Erziehungsstil hat, lässt sich anhand von positiven Merkmalen nur schwer feststellen, zumal man innerhalb einer gewissen Bandbreite mit Wertungen zurückhaltend sein muss. Es ist nicht Aufgabe des Familienrichters darüber zu befinden, welcher Erziehungsauffassung generell der Vorzug zu geben ist, solange die in Betracht kommenden innerhalb bestimmter Grenzen liegen.[103] Deshalb beschränkt sich die Prüfung im Allgemeinen darauf, ob bei einem Elternteil **objektive Umstände** festzustellen sind, die seine Erziehungseignung mindern oder ganz aufheben. Solche sind insb.:

- psychische Erkrankungen[104]
- deutlich verminderte Intelligenz
- negative Charaktereigenschaften, insb. erhöhte Aggressions- und Gewaltbereitschaft

---

97   Staudinger/Coester § 1671 Rn. 173 und Johannsen/Henrich/Jaeger § 1671 Rn. 46 sprechen von Individualgerechtigkeit für das Kind.
98   BGH FamRZ 1990, 392, 393.
99   KG FamRZ 1983, 1159.
100 Johannsen/Henrich/Jaeger § 1671 Rn. 83.
101 BVerfGE 55, 171 = FamRZ 1981, 124.
102 KG FamRZ 1990, 1383; OLG Brandenburg FamRZ 1996, 1095.
103 OLG Hamm FamRZ 1989, 654; vgl. auch Johannsen/Henrich/Jaeger § 1671 Rn. 60; FA-FamR/Maier Kap. 4 Rn. 195.
104 Vgl. OLG Brandenburg FamRZ 2012, 235.

- Alkohol-, Drogen- oder Tablettenabhängigkeit[105]
- körperliche Erkrankungen, sofern sie sich auf die Erziehungsfähigkeit auswirken, was bei Infizierung mit dem HIV-Virus grds. nicht der Fall ist[106]
- kriminelle Verhaltensweisen, insb. Gewalttaten, sexueller Missbrauch (s.u. Rdn. 49 ff.) und Kindesentführung, sowie strafrechtliche Verurteilungen, soweit diese noch in die Gegenwart hineinwirken;[107] jedoch rechtfertigt allein der Umstand, dass die Verbüßung von Strafhaft zu tatsächlichen Behinderungen bei der Ausübung des Sorgerechts führt, keine Entziehung der elterlichen Sorge, vielmehr ist in diesem Fall die Feststellung ihres Ruhens vorrangig[108]
- schlechte Kenntnisse der deutschen Sprache und Kultur, falls das Kind weiterhin in Deutschland leben soll[109]
- Pflege eines entwürdigenden Erziehungsstils, insb. mittels körperlicher oder seelischer Misshandlungen, vgl. § 1631 Abs. 2
- Defizite bei der tatsächlichen Betreuung des Kindes[110]
- mangelnde Bereitschaft die elterliche Verantwortung wahrzunehmen

Ein solcher negativer Umstand wiegt umso schwerer, je stärker er ausgeprägt ist und je mehr er sich gegenüber dem Kind auswirkt. Dabei ist noch einmal darauf hinzuweisen, dass auch wenn einer oder mehrere dieser Umstände bei einem Elternteil vorliegen, diesem die elterliche Sorge dennoch übertragen werden kann. Denn es ist stets eine **Gesamtabwägung aller Kriterien** vorzunehmen. Ist allerdings ein Umstand von solchem Gewicht, dass der Elternteil als erziehungsungeeignet angesehen werden muss, so kann ihm die elterliche Sorge auch dann nicht übertragen werden, wenn alle anderen Kriterien für ihn sprechen. 44

Problematisch ist, ob die Zugehörigkeit zur Religionsgemeinschaft der **Zeugen Jehovas** oder der **Scientology-Organisation** die Erziehungseignung eines Elternteils mindert oder ausschließt. Die bloße Zugehörigkeit allein genügt hierfür sicher nicht.[111] Doch wird man dies nach einer sorgfältigen Prüfung im Einzelfall dann annehmen müssen, wenn der betreffende Elternteil den repressiven Erziehungsstil, den diese Sekten lehren,[112] kritiklos auf das Kind anwendet und es auch im 45

---

105 OLG Brandenburg FamRZ 2002, 120: Erhebliche alkoholische Probleme eines Elternteils bis hin zur Sucht lassen den Elternteil regelmäßig als ungeeignet zur Pflege und Erziehung des Kindes erscheinen. (Ls).

106 OLG Stuttgart NJW 1988, 2620 = FamRZ 1989, 89 (Ls).

107 Vgl. OLG Bamberg FamRZ 1991, 1341, das einen wiederholt vorbestraften Elternteil, der unter Bewährungsaufsicht steht, zu Recht für kaum noch erziehungsgeeignet hielt.

108 OLG Naumburg OLG-NL 2003, 254; OLG Dresden FamRZ 2003, 1038.

109 Vgl. OLG Hamm FamRZ 2000, 501, das zu Recht eine größere Erziehungskompetenz des Vaters dann annimmt, wenn er besser als die aus Kenia stammende Mutter, die im hiesigen Sprach- und Kulturbereich nicht heimisch ist, geeignet ist, die Kinder auf die schulischen Anforderungen vorzubereiten; vgl. aber andererseits KG FamRZ 2009, 1762.

110 Vgl. OLG Koblenz OLGR 1997, 93: häufige Fehlzeiten im Kindergarten, wiederholtes Nichtabholen des Kindes am Kindergartenbus, verfaulte Schneidezähne des Kindes; OLG Brandenburg FamRZ 2003, 1949: keine saubere Umgebung und mangelnde Beaufsichtigung.

111 Zeugen Jehovas: OLG Oldenburg v. 22.01.1999, Az: 4 UF 135/98; NJW 1997, 2962; OLG Oldenburg v. 03.07.1996 11 UF 23/96; OLG Hamm FuR 1997, 56; NJW-FER 1997, 54; FamRZ 2011, 1306; OLG Celle v. 22.10.1996, Az: 17 UF 177/95; OLG Düsseldorf v. 31.01.1996, Az: 4UF 163/95; FamRZ 1995, 1511; OLG Hamburg FamRZ 1996, 684; OLG Thüringen v. 07.12.1994, Az: 7 UF 44/94; OLG Stuttgart FamRZ 1995, 1290; AG Helmstedt FamRZ 2007, 1837 mit Anm. Hessler; krit. hierzu Weychardt FamRZ 2008, 632; dagegen Pikl FamRZ 2008, 1468; Replik Weychardt FamRZ 2008, 2228; Scientology: OLG Frankfurt FamRZ 1997, 573; AG Tempelhof-Kreuzberg FamRZ 2009, 987 (bedenklich, da bereits Angstzustände des Kindes mit Weglaufen ausgelöst wurden); s. auch § 1684 Rdn. 113.

112 Dazu hinsichtlich der Zeugen Jehovas eingehend Oelkers/Kraft FuR 1997, 161; zu Scientology vgl. AG Tempelhof-Kreuzberg FamRZ 2009, 987: Angstzustände des Kindes mit Weglaufen aufgrund drohender Unterrichtung in Scientology-Einrichtungen.

Sinne dieser »Heilslehren« zu beeinflussen sucht.[113] Davon wird man aber bei einem praktizierenden Anhänger einer Sekte regelmäßig ausgehen müssen. Auch eine Erziehung in fundamentalistischer Interpretation einer Religion kann das Kindeswohl im Einzelfall beeinträchtigen.[114] Die Glaubens- und Bekenntnisfreiheit der Eltern steht einer solchen Wertung nach Prüfung der konkreten Auswirkungen auf das Kindeswohl nicht entgegen, da diesem der Vorrang gegenüber den Elternrechten zukommt.[115]

Sind dagegen Gefahren für das Wohl des Kindes nicht zu befürchten und befindet sich das Kind auf Grund der Zugehörigkeit des Elternteils zu den Zeugen Jehovas auch nicht in einer »Außenseiterrolle«, so kann diesem Elternteil durchaus die Alleinsorge übertragen werden, insb. wenn gute Beziehungen zu ihm bestehen und auch die bisherige Persönlichkeitsentwicklung des Kindes positiv verlaufen ist.[116] Dabei stellt die Tatsache, dass die Zeugen Jehovas eine Bluttransfusion strikt ablehnen, noch keine solche Gefahr dar, weil sie nur Abstrakt besteht und es hypothetisch ist, wie sich der Elternteil tatsächlich verhalten würde.[117] Im Ernstfall könnte dem Elternteil dann immer noch die Sorge ganz oder teilweise entzogen und auf den anderen Elternteil übertragen werden. Wäre hierfür keine Zeit mehr käme die Übertragung auf einen Ergänzungspfleger oder ärztliches Handeln auf der Grundlage rechtfertigenden Notstandes in Betracht.

46 Das Zusammenleben mit oder die bloße Beziehung zu einem **neuen Lebenspartner** begründet für sich genommen keinen Mangel der Erziehungsfähigkeit, auch wenn der neue Partner der Grund für das Scheitern der Ehe war. Auch hier gilt, dass es ausschließlich auf das Wohl des Kindes ankommt und moralisierende Erwägungen fehl am Platz sind.[118] Dies erfordert eine eingehende Prüfung.[119] Nicht selten wird es dem Wohl des Kindes auf Dauer sogar eher förderlich sein, wenn der sorgeberechtigte Elternteil in einer neuen – möglichst glücklichen – Partnerschaft lebt. Freilich muss der Elternteil den neuen Partner dem Kind behutsam nahe bringen und darf ihn nicht an Stelle des leiblichen Vaters oder der leiblichen Mutter setzen. Ist er hierzu nicht gewillt oder nicht in der Lage, so kann dies einen erheblichen Erziehungsmangel darstellen. Auch ist es dem Wohl des Kindes nicht förderlich, wenn die neue Lebenspartnerschaft sich dahingehend auswirkt, dass das Kind, das gerade in der Trennungszeit besonders viel Liebe und Aufmerksamkeit braucht, vernachlässigt wird. Schließlich kann die Erziehungseignung des Elternteils eingeschränkt sein, wenn sein neuer Lebenspartner seinerseits eines der oben in Rdn. 43 genannten Defizite aufweist.

47 Nichts anderes gilt grds. bei einer **gleichgeschlechtlichen Beziehung** zu einem neuen Partner, doch wird man hier wegen der immer noch bestehenden »Außenseiterrolle« eines solchen Paares besonders eingehend prüfen müssen, ob die Persönlichkeitsentwicklung und die Sozialisation des Kindes nicht Schaden nehmen.[120]

---

113 OLG Frankfurt FamRZ 1994, 920: bei repressivem Erziehungsstil, der bereits zur Außenseiter-Stigmatisierung und aggressivem Verhalten der Kinder untereinander geführt hat; ebenso Johannsen/Henrich/Jaeger § 1671 Rn. 59 und FA-FamR/Maier Kap. 4 Rn. 196.

114 FA-FamR/Maier Kap. 4 Rn. 196; Staudinger/Coester § 1671 Rn. 192 f.

115 Johannsen/Henrich/Jaeger § 1671 Rn. 59.

116 So zu Recht OLG Düsseldorf FamRZ 1995, 1511.

117 Im Ergebnis ebenso OLG Jena OLG Jena Beschl. v. 07.12.1994, Az: 7 UF 44/94, das aufgrund der Überzeugung der Mutter, dass es auch die Möglichkeit einer blutlosen Operation gebe, davon ausging, dass diese das Leben ihrer Kinder unter keinen Umständen gefährden würde; vgl. auch OLG München FamRZ 2000, 1042.

118 So zu Recht Johannsen/Henrich/Jaeger § 1671 Rn. 62 gegen Teile der früheren Rspr., wie OLG Bamberg, FamRZ 1980, 620, wonach die Wahrnehmung der Erziehungsaufgabe die Fähigkeit zur Vermittlung eines am Sittengesetz orientierten Wertbildes und Ordnungsbildes an den jungen Menschen erfordert.

119 OLG Köln FamRZ 1980, 1153.

120 Vgl. AG Mettmann FamRZ 1985, 529: Sorgerechtsübertragung auf lesbische Mutter, die mit ihrer Freundin zusammenlebt.

Ebenso mindert die **Homosexualität** allein die Erziehungseignung eines Elternteils nicht, sondern nur dann, wenn sie sich in irgendeiner Form negativ auf das Kind auswirkt.

Auch eine Geschlechtsumwandlung steht der Übertragung der elterlichen Sorge nicht grds. entgegen.[121]

Das Geschlecht des Elternteils und des Kindes sind für die Erziehungseignung ohne Bedeutung. **48** Ein sogenannter **Muttervorrang**, insb. bei Kleinkindern, wird heute nicht mehr vertreten.[122] Wenn dennoch in den überwiegenden Fällen die Alleinsorge der Mutter übertragen wird, so deshalb, weil auch heute noch in den meisten Familien die tatsächliche Betreuung von der Mutter geleistet wird und zu ihr deshalb häufig die engere Beziehung besteht.

Eine Sonderstellung innerhalb der kriminellen Verhaltensweisen nimmt der **sexuelle Missbrauch** **49** **von Kindern** ein, insb. des Kindes, für das das Sorgerecht beantragt wird. Es versteht sich von selbst, dass der Elternteil, der sein Kind nachweislich missbraucht hat, die elterliche Sorge nicht erhalten kann. Regelmäßig wird dies auch dann der Fall sein, wenn der sexuelle Missbrauch an einem fremden Kind begangen wurde, da diese Verhaltensweise auf eine generelle Erziehungsunfähigkeit schließen lässt.[123]

In der Praxis wird aber – zumindest zum Zeitpunkt der Anhängigkeit des Sorgeverfahrens – der **50** sexuelle Missbrauch in den seltensten Fällen feststehen. In aller Regel ist es so, dass der Vorwurf des sexuellen Missbrauchs erst im Sorgeverfahren durch den anderen Elternteil erhoben wird. Das Familiengericht kann dann nicht den Ausgang eines Strafverfahrens abwarten, zumal dessen Ergebnis im Falle einer Einstellung oder eines Freispruchs nicht bedenkenlos für das familiengerichtliche Verfahren übernommen werden könnte. Das Gericht muss vielmehr im Rahmen seiner **Amtsermittlungspflicht gem.** § 26 FamFG den Sachverhalt selbst aufklären. Hierzu wird es regelmäßig einer sorgfältigen Anhörung der Eltern und der Einvernahme sachdienlicher Zeugen sowie fast immer der Erholung eines Sachverständigengutachtens zur Frage der Glaubwürdigkeit des Kindes bedürfen.[124] Dagegen sollte das Familiengericht davon Absehen, das Kind selbst anzuhören bevor dies im Rahmen der Exploration durch den Sachverständigen geschehen ist, weil dadurch der Beweiswert des Glaubwürdigkeitsgutachtens erheblich leiden könnte. Als Sofortmaßnahme wird der Familienrichter je nach Stärke des Tatverdachts und des Tatvorwurfs den Umgang des tatverdächtigen Elternteils mit dem Kind ganz ausschließen oder nur noch begleitet zulassen. Daneben sollte der Familienrichter sich in geeigneten Fällen nicht scheuen den Tatverdacht der Staatsanwaltschaft mitzuteilen, falls nicht ein anderer Beteiligter bereits Strafanzeige erstattet hat.

Häufig wird aber das Ergebnis der Ermittlungen auch unter Einbeziehung des Glaubwürdigkeits- **51** gutachtens nicht eindeutig sein. Liegt aber zumindest ein **hinreichender Tatverdacht** i.S.d. § 170 Abs. 1 StPO vor, so kommt eine Übertragung des Sorgerechts auf den tatverdächtigen Elternteil nicht in Betracht. Gleiches muss gelten, wenn ein hinreichender Tatverdacht durch die Staatsanwaltschaft zwar nicht bejaht werden könnte, aber immer noch eine gewisse Wahrscheinlichkeit dafür besteht, dass der Elternteil das Kind missbraucht hat. Anders als im Strafprozess kann hier nicht nach dem Grundsatz in dubio pro reo verfahren werden, vielmehr ist **im Zweifel für den**

---

121 Vgl. OLG Schleswig FamRZ 1990, 433: Übertragung des Sorgerechts auf ausdrücklichen Wunsch des 11-jährigen Kindes auf den Vater, der seit einer nach der Scheidung durchgeführten operativen Geschlechtsumwandlung als »dem weiblichen Geschlecht zugehörig« anzusehen ist.

122 OLG Frankfurt FamRZ 1990, 550; OLG Celle FamRZ 1984, 1035.

123 Vgl. OLG Brandenburg EzFamR 2001, 306, 307: sexueller Missbrauch an Stiefkindern; OLG Brandenburg FamRZ 2010, 221; anders ggfs., wenn sexueller Missbrauch als Jugendlicher begangen wurde und daher schon lange zurückliegt, vgl. OLG Hamm FamRZ 2012, 235.

124 Das Glaubwürdigkeitsgutachten muss gesondert in Auftrag gegeben werden und darf nicht mit dem kinderpsychologischen Gutachten vermengt werden, vgl. Kölch/Fegert FamRZ 2008, 1573, 1578.

Schutz des Kindes zu entscheiden.[125] Nur wenn mit der **im Strafrecht für eine Verurteilung erforderlichen Sicherheit** feststeht, dass der Elternteil das Kind nicht sexuell missbraucht hat, ist der Tatvorwurf bei der Sorgeentscheidung außer Acht zu lassen. Hieran dürfen aber keine überspannten Anforderungen gestellt werden. Wie im Strafrecht genügt ein nach der Lebenserfahrung ausreichendes Maß an Sicherheit, demgegenüber vernünftige Zweifel nicht mehr aufkommen können und die persönliche Gewissheit des Richters in diesem Sinne. Ein bloß theoretischer Zweifel an der Unschuld bleibt unberücksichtigt, weil eine mathematische Gewissheit nicht verlangt werden kann.[126] Auf ein non-liquet darf sich der Richter nicht zurückziehen. Es ist vielmehr seine vornehmste Aufgabe den Sachverhalt umfassend zu ermitteln und anschließend eine Entscheidung zu treffen, für die er die volle Verantwortung zu tragen hat.

52   Da der Beweis der Unschuld mit der erforderlichen Sicherheit nur schwer zu führen ist, sollte unter Umständen auch an den Einsatz eines sogenannten **Polygraphen**, umgangsprachlich Lügendetektor, gedacht werden.[127] Die Untersuchung mit einem Polygraphen ist im Sorge- und Umgangsrechtverfahren ein geeignetes Mittel einen Unschuldigen zu entlasten.[128] Dabei müssen jedoch einige Regeln beachtet werden: Grundsätzlich kann ein solches physio-psychologisches Gutachten nur als Indiz für die Unschuld, niemals dagegen für die Schuld des Probanden gewertet werden. Das Ergebnis der Untersuchung ist immer nur ein Indiz, das niemals allein ausschlaggebend für die Ausgangsfrage sein kann.[129] Dies folgt bereits daraus, dass die Wissenschaftler, die sich mit dieser Untersuchungsmethode befassen, selbst einräumen, dass lediglich eine Sicherheit von etwa 95 Prozent erzielt werden kann.[130] Selbstverständlich muss die Untersuchung mittels eines Polygraphen in wissenschaftlich einwandfreier Weise durch einen erfahrenen Sachverständigen durchgeführt werden. Schließlich darf ein Elternteil zu einer solchen Untersuchung nicht gezwungen werden, da die Testergebnisse nur verwertbar sind, wenn der Proband mit der Untersuchung einverstanden ist.[131]

53   Ein weiteres Problem im Zusammenhang mit dem sexuellen Missbrauch besteht darin, dass nicht ganz selten ein Elternteil diesen Vorwurf bewusst wahrheitswidrig gegen den anderen Elternteil erhebt. Dieser sogenannte **Missbrauch mit dem Missbrauch** ist deshalb so problematisch, weil – wie unter Rn. 51 dargelegt – bereits der nicht ausgeräumte Verdacht ausreicht, um schwerste negative Auswirkungen in der Beziehung des betroffenen Elternteils zu seinem Kind auszulösen. Deshalb ist der Elternteil, der im Kampf um das Sorge- oder Umgangsrecht zum Mittel des Missbrauchs mit dem Missbrauch greift, in seiner Erziehungseignung zumindest stark eingeschränkt. Davon kann jedoch nur dann ausgegangen werden, wenn feststeht, dass die Anschuldigungen bewusst wahrheitswidrig vorgebracht wurden. Dies setzt aber voraus, dass die Unschuld des verdächtigten Elternteils mit der im Strafrecht für eine Verurteilung erforderlichen Sicherheit feststeht und dass der andere Elternteil dies von Anfang an wusste. Dies ist nicht der Fall, wenn er zunächst in nachvollziehbarer Weise den Verdacht des sexuellen Missbrauchs hegen durfte. Denn es ist nicht nur das Recht, sondern sogar die Pflicht jeden Elternteils einen so gravierenden Verdacht, wie den des sexuellen Missbrauchs, im familiengerichtlichen Verfahren zur Sprache zu brin-

---

125 Ebenso Johannsen/Henrich/Jaeger § 1671 Rn. 58 gegen teilweise andere Stimmen in der Literatur; ähnlich auch Kölch/Fegert FamRZ 2008, 1573, 1578.

126 Vgl. zur Überzeugung des Strafrichters BGH NStZ 1988, 236, 237; NJW 1988, 3273, 3274; OLG Celle FamRZ 1976, 2030, 2031.

127 Allgemein zur Untersuchung mit dem Polygraphen: Undeutsch FamRZ 1996, 329.

128 OLG München FamRZ 1999, 674; OLG Bamberg NJW 1995, 1684; a.A. für den Beweis der Unschuld im Strafverfahren: BGH 1. Strafsenat NJW 1999, 657 und BGH 3. Strafsenat NJW 1999, 662; demgegenüber hat das BVerfG mit Beschl. v. 26.05.1997, 2 BvR 1211/97, die Einbeziehung eines polygraphischen Gutachtens in eine Gesamtwürdigung nicht generell für unzulässig erklärt.

129 Nicht unproblematisch daher die Auffassung des OLG München FamRZ 1999, 674, wonach dem Ergebnis der Unschuld des Verdächtigen ein sehr hoher Wahrscheinlichkeitsbeweis zukommen soll.

130 Undeutsch FamRZ 1996, 329, 331.

131 Undeutsch FamRZ 1996, 329, 331.

gen. Stellt sich im Laufe der Ermittlungen des Gerichts dann jedoch die Unschuld des verdächtigten Elternteils mit der genannten Sicherheit heraus, so ist die Erziehungseignung des anderen Elternteils auch dann stark eingeschränkt, wenn er die Augen vor den gewonnenen Erkenntnissen verschließt und weiterhin am Verdacht des sexuellen Missbrauchs festhält.[132] Boykottiert er dann als Folge dieser Haltung jeglichen Kontakt des Kindes mit dem von ihm weiterhin verdächtigten Elternteil, so wird ihm nur in Ausnahmefällen dennoch die elterliche Sorge übertragen werden können.

bb) Betreuungsmöglichkeit und -bereitschaft

Auch ein erziehungsgeeigneter Elternteil kann sein Kind nur dann entsprechend fördern, wenn er bereit und in der Lage ist es über einen ausreichenden Zeitraum selbst persönlich zu betreuen. Diesem **Zeitmoment** kommt ein nicht unbedeutendes Gewicht zu. Denn oftmals lassen sich bei der Erziehungseignung der Eltern keine wesentlichen Unterschiede feststellen, so dass die persönliche Betreuungsmöglichkeit den Ausschlag dafür gibt, welcher Elternteil das Kind besser fördern kann.   54

Aus der Notwendigkeit des Zusammenspiels von Erziehungseignung und tatsächlicher Erziehung folgt zwangsläufig, dass es darauf ankommt, in welchem Umfang ein Elternteil zur **persönlichen Betreuung** in der Lage ist.[133] Dafür genügt nicht, dass der betreffende Elternteil die Betreuung durch Dritte organisiert, selbst wenn er ihnen Verhaltensanweisungen gibt und deren Einhaltung überprüft. Daneben ist in der Rechtsprechung anerkannt, dass die Betreuung durch einen Elternteil dem Wohl des Kindes eher entspricht als eine Betreuung durch Dritte, egal ob es sich dabei um die Großeltern[134] oder »fremde« Personen, wie Tagesmütter oder Betreuerinnen in Kindergärten und Kinderhorten handelt.[135] Denn nach gesicherten psychologischen Erkenntnissen ist eine stabile und kontinuierliche Beziehung des Kindes zu einer bestimmten Person für eine gesunde Entwicklung notwendig und der häufige Wechsel der Bezugsperson dem Kindeswohl abträglich.[136] Dies gilt in erster Linie für **Kleinkinder.** Je jünger ein Kind ist, umso wichtiger ist es für seine Entwicklung, dass es sich in der Obhut eines Menschen weiß, der Zeit hat auf seine Fragen, Wünsche und Nöte einzugehen.[137] Doch gebietet es das Kindswohl nach OLG Köln[138] auch nicht zwangsläufig das Aufenthaltsbestimmungsrecht der derzeit nicht berufstätigen Mutter zu übertragen, wenn der Vater, bei dem das fast 5-jährige Kind seit zwei Jahren lebt, aufgrund seiner Berufstätigkeit bei der Betreuung auf die Mithilfe seiner Eltern angewiesen ist.   55

Aber auch bei **größeren Kindern** kann es wichtig sein, dass es eine Person – vornehmlich einen Elternteil – gibt, der auch zeitlich in der Lage ist die Entwicklung des Kindes, seine Verhaltensweisen und seine Befindlichkeit, zu verfolgen, um im Bedarfsfall dann erzieherisch eingreifen zu können. Daneben bedarf auch ein größeres Kind noch der tatsächlichen Betreuung, etwa im schulischen Bereich. Nicht umsonst ist es unterhaltsrechtlich anerkannt, dass bis zum Alter von 15 Jahren der betreuende Elternteil regelmäßig Anspruch auf Betreuungsunterhalt hat und nur zu einer Teilerwerbstätigkeit verpflichtet ist.   56

---

132 Vgl. OLG Celle FamRZ 1998, 1045.
133 Zum Gewicht der persönlichen Betreuungsmöglichkeit vgl. auch OLG Düsseldorf FamRZ 1995, 1511.
134 Eine Ausnahme besteht dann, wenn nicht die Eltern, sondern die Großmutter die Hauptbezugsperson des Kindes ist und beide Elternteile wollen, dass das Kind weiterhin bei der Großmutter aufwächst wie im Fall des OLG Nürnberg Beschl. v. 04.08.1980, Az: 10 UF 969/80.
135 Vgl. aber OLG Brandenburg FamRZ 2009, 1759: Fremdbetreuung bei weiterem Aufenthalt des Kindes bei der nunmehr berufstätigen Mutter ist aus Kontinuitätsgründen der Betreuung durch den Vater vorzuziehen, zumal wenn es ungewiss erscheint, ob dieser hierfür ausreichend Zeit aufbringen könnte.
136 Vgl. auch OLG Frankfurt FamRZ 1994, 920; OLG Köln FamRZ 2010, 139; BVerfG FamRZ 2010, 353, 354.
137 BVerfGE 55, 171, 184 = FamRZ 1981, 124, 127.
138 FamRZ 2003, 1950; vgl. auch OLG Brandenburg.

57   Neben der objektiven Möglichkeit der Betreuung ist die **subjektive Bereitschaft** hierzu von Bedeutung.[139] Dabei handelt es sich um ein weiteres der bereits unter Rdn. 43 ff. behandelten Kriterien der Erziehungseignung im engeren Sinn. Es liegt auf der Hand, dass zur Betreuungsmöglichkeit auch die Betreuungsbereitschaft hinzukommen muss, um das Kind bestmöglichst zu fördern. Deshalb kann eine zeitlich geringere Betreuungsmöglichkeit dadurch wettgemacht werden, dass die persönliche Betreuung umso aufmerksamer und verantwortungsvoller wahrgenommen wird. Die Betreuung durch dritte Personen kann dabei eine wertvolle Ergänzung sein. Insgesamt muss deshalb die Betreuungssituation nicht schlechter sein als bei einem Elternteil, der in der Lage ist das Kind in vollem Umfang allein zu betreuen. Zumeist wird auch dem Elternteil eine intensivere und bessere Betreuung des Kindes möglich sein, zu dem das Kind die stärkere Bindung hat.

cc) Wirtschaftliche Verhältnisse

58   Unbestreitbar nehmen auch die wirtschaftlichen Verhältnisse auf die Entwicklung des Kindes Einfluss. Dabei versteht es sich von selbst, dass nicht grds. eine Präferenz für den reicheren Elternteil besteht. Doch wird man zugeben müssen, dass der reiche Elternteil dem Kind mehr **Entwicklungsmöglichkeiten** anbieten kann als der arme. Da dies jedoch nicht unbedingt und vor allem nicht allein zu einer dem Kindeswohl entsprechenden Persönlichkeitsentwicklung führt, wird dieses Kriterium nur selten zum Tragen kommen, zumal das Kind über den Unterhalt regelmäßig am Wohlstand des anderen Elternteils teilnimmt. Doch wirkt es sich negativ auf die Beurteilung der Förderungsfähigkeit eines Elternteils aus, wenn er nicht in der Lage ist die elementaren Grundbedürfnisse des Kindes, wozu auch eine angemessene Ausbildung gehört, ausreichend zu befriedigen. Dabei darf aber wiederum nicht übersehen werden, dass dies regelmäßig durch Unterhaltszahlungen oder staatliche Hilfen gewährleistet sein wird.

59   Zu den wirtschaftlichen Verhältnissen zählen auch die **Wohnverhältnisse**. Schlechte Wohnverhältnisse sind sicher nicht geeignet die Entwicklung des Kindes bestmöglichst zu fördern. Dabei kommt es nicht nur auf die Größe und Einteilung der Wohnung an, sondern auch darauf, wie und von wem sie genutzt wird. So ist ein eigenes Zimmer, das das Kind allein bewohnt, nicht in jedem Fall seiner Entwicklung förderlicher, doch sicher dann, wenn es ansonsten gezwungen ist es mit Erwachsenen oder wesentlich älteren Kindern zu teilen. In jedem Fall sollte das Kind einen Raum haben, in den es sich zurückziehen kann und der ihm – nicht notwendig allein – »gehört«.

dd) Bindungstoleranz

60   Unter Bindungstoleranz versteht man die Fähigkeit des alleinsorgeberechtigten Elternteils **zuzulassen**, dass das Kind einen **regelmäßigen Kontakt** mit dem anderen Elternteil pflegt und auch zu diesem eine liebe- und vertrauensvolle Beziehung unterhält. Dies bedeutet in erster Linie, dass ein persönlicher Umgang nicht nur ermöglicht, sondern auch positiv gefördert wird.[140] Im Sorgerechtsverfahren ist deshalb zu prüfen, welcher Elternteil hierfür eher die Gewähr bietet, wenn ihm die elterliche Sorge allein übertragen werden würde.

61   Die Bindungstoleranz ist **wesentliche Voraussetzung für die Übertragung des alleinigen Sorgerechts**. Daher kann entscheidend gegen die Übertragung der elterlichen Sorge auf einen Elternteil sprechen, dass dieser nicht bereit oder fähig ist, die Bindungen des Kindes zu dem anderen Elternteil zu respektieren und zu fördern, insb. durch Mitwirkung an der Realisierung des Umgangs-

---

139   Vgl. OLG Frankfurt FamRZ 1994, 920.
140   Vgl. OLG Zweibrücken FamRZ 2005, 745.

rechts.[141] Dabei ist das Verhalten des sorgeberechtigten Elternteils anlässlich des Umgangs des Kindes mit dem anderen Elternteil ein maßgebliches Kriterium.[142] Zu Recht weist das OLG Celle[143] darauf hin, dass dies im besonderen Fall dazu führen kann, dass einem Elternteil, der ansonsten ungünstigere Rahmenbedingungen aufzuweisen hat, das Sorgerecht übertragen wird, wenn dadurch gewährleistet erscheint, dass das Kind die Bindungen zum anderen Elternteil bewahren und fortentwickeln kann, während andererseits einem Elternteil das Sorgerecht auch entzogen werden kann, wenn ungeachtet sonst günstiger Umstände das Kindeswohl dadurch Schaden nimmt, dass er die natürlichen Bindungen des Kindes zum anderen Elternteil behindert oder sogar zu zerstören droht. Notwendig ist aber auch bei einer besonders stark ausgeprägten Bindungsintoleranz stets eine umfassende am Kindswohl orientierte Abwägung aller Umstände.[144] Ob eine (beabsichtigte) **Auswanderung** die Übertragung des Sorgerechts (Aufenthaltsbestimmungsrechts) auf den andern Elternteil rechtfertigt, entscheidet das Kindeswohl.[145]

Dabei darf die Bindungstoleranz des sorgeberechtigten Elternteils nicht losgelöst vom Verhalten   62 und der Erziehungseignung des anderen Elternteils beurteilt werden. Je weniger dieser selbst bindungstolerant ist und etwa das Kind für seine Zwecke in der Sorgerechtsauseinandersetzung instrumentalisiert oder je erziehungsungeeigneter er ist, desto weniger kann vom anderen Elternteil Bindungstoleranz erwartet werden.

Nach der hier vertretenen Auffassung ist auch **die Ablehnung der gemeinsamen elterlichen Sorge**   63 **durch einen Elternteil unter dem Aspekt der Bindungstoleranz zu prüfen**.[146] Die Ablehnung ist dann Ausdruck mangelnder Bindungstoleranz, wenn sie willkürlich oder missbräuchlich erfolgt. Bei der Prüfung dieser Frage ist darauf abzustellen, ob der andere Elternteil begründeten Anlass zu einer solchen Ablehnungshaltung gibt. Dies ist nicht nur dann der Fall, wenn die Eltern über wichtige das Kind betreffende Fragen uneins sind oder waren. Vielmehr ist es ausreichend aber auch erforderlich, wenn die Beziehung der Eltern auf der Paarebene gestört ist und sowohl Grund wie Ausmaß der Störung als auch die darauf beruhende Ablehnung der gemeinsamen Sorge von einem vernünftig denkenden Menschen nachvollzogen werden können. Dies ist aber nicht nur bei erheblichen Gewalttätigkeiten[147] der Fall.

So ist es **nachvollziehbar**, wenn eine Mutter die Alleinsorge vor dem Hintergrund anstrebt, dass   64 der Vater während des Zusammenlebens alkoholabhängig war und sie auch geschlagen hat, selbst wenn die Alkoholabhängigkeit heute nicht mehr besteht. Daneben kann es nicht mehr darauf ankommen, ob die Mutter in der Lage ist konkrete Vorfälle zu benennen, bei denen sie sich über Erziehungsfragen mit dem Vater nicht einigen konnte. Denn es liegt auf der Hand, dass das Verhältnis der Eltern auf der Paarebene so stark belastet ist, dass dies zwangsläufig – ohne dass der Mutter deswegen ein Vorwurf zu machen wäre – auf die Elternebene durchschlägt. Aber auch in einem solchen Fall muss die Mutter bereit sein dem Vater einen angemessenen Umgang mit den

---

141 So zu Recht OLG Frankfurt ZfJ 1998, 343; ebenso OLG Brandenburg FamRZ 2001, 1021; vgl. auch OLG Hamm FamRZ 2000, 1039; OLG Dresden FamRZ 2003, 397; vgl. auch OLG München FamRZ 2003, 1957; OLG Celle FamRZ 2004, 1667: Massive Verweigerung jeglicher Kontaktaufnahme mit dem anderen Elternteil und unmotivierter Wegzug mit den Kindern; OLG Düsseldorf FuR 2005, 563; KG FamRZ 2008, 2054; OLG Köln FamRZ 2009, 1762.
142 Vgl. BVerfG FamRZ 2009, 1389, 1390, das im entschiedenen Fall aber den Sorgerechtsentzug nicht als gerechtfertigt angesehen hat.
143 FamRZ 1994, 924; Gegenbeispiel aber BGH FamRZ 1985, 169, wo trotz hasserfüllter Einstellung der Mutter gegen den Vater die elterliche Sorge auf die Mutter als »weniger schädliche Alternative« übertragen werden musste, wobei allerdings die Kinder den Vater völlig ablehnten.
144 OLG Hamm FamRZ 2007, 1677; OLG Koblenz FamRZ 2008, 1973, 1974 f.; BVerfG FamRZ 2009, 189; OLG Köln NJW-RR 2010, 1375 = FamRZ 2010, 1747 (nur Ls).
145 BGH FamRZ 2010, 1060, 1062; vgl. zur Auswanderungsproblematik § 1684 Rdn. 31 f.
146 S.o. Rdn. 30 f.
147 Vgl. OLG Saarbrücken FamRZ 2011, 120.

Kindern zu ermöglichen. Andernfalls mangelt es ihr in erheblichem Maße an der erforderlichen Bindungstoleranz, was einer Alleinsorgeübertragung im Wege stehen könnte.

65   **Nicht mehr nachvollziehbar**, sondern missbräuchlich ist die Ablehnung der gemeinsamen Sorge beispielsweise dann, wenn sie – wie in dem von Bode geschilderten Fall[148] – von der Mutter damit begründet wird, dass das Kind keinen Vater bräuchte und sie selbst auch ohne Vater aufgewachsen sei, was ihr nicht geschadet habe. Aber auch die grundlose oder nur pauschal begründete Ablehnungshaltung eines Elternteils führt zur Annahme fehlender Bindungstoleranz. Jedoch muss das Familiengericht gem. § 26 FamFG versuchen, insb. durch ausführliche Anhörung beider Elternteile, den Grund zu ermitteln.

66   Im Übrigen wird die Ablehnung der gemeinsamen elterlichen Sorge umso eher nachvollziehbar sein, je weniger erziehungsgeeignet der andere Elternteil ist.

Haben beide Elternteile den Antrag auf Übertragung der Alleinsorge gestellt, so erübrigt sich regelmäßig die Prüfung, ob darin eine mangelnde Bindungstoleranz zum Ausdruck kommt, da sie dann offensichtlich bei beiden Elternteilen gleichermaßen vorliegen würde. Doch bleibt die Bindungstoleranz hinsichtlich des sonstigen Verhaltens der Elternteile vollumfänglich zu prüfen.

b) Bindungen des Kindes

67   Ein weiteres wichtiges Kriterium bei der Prüfung des Kindeswohls sind die Bindungen des Kindes. Damit sind die **gefühlsmäßigen Neigungen** gemeint, die das Kind zu seinen Eltern und Geschwistern, aber auch zu anderen nahestehenden Personen hat.[149] Das Entstehen und Erhalten stabiler emotionaler Beziehungen ist für eine gesunde Entwicklung des Kindes unerlässlich.[150] Durch die Trennung der Eltern wird aber fast zwangsläufig die kindliche Beziehungswelt verändert. Deshalb ist es besonders wichtig, dass das Kind seine emotionalen Bindungen möglichst unverändert beibehalten kann. Unter diesem Gesichtspunkt ist derjenigen Sorgeentscheidung der Vorzug zu geben, die die Bindungen des Kindes am wenigsten beeinträchtigt.

68   Es ist oft schwierig die Stärke der emotionalen Bindungen des Kindes zu den verschiedenen Personen zu ermitteln. Aus der zeitlichen und qualitativen Intensität des Zusammenlebens wird man aber Rückschlüsse auf die Bindungsstärke ziehen können. So wird vielfach eine stärkere Bindung des Kindes zu dem Elternteil bestehen, der sich hauptsächlich um die Betreuung und Versorgung kümmert als zu dem berufstätigen Elternteil, der vergleichsweise wenig Zeit mit dem Kind verbringt. Zu Recht warnt Jaeger aber davor, den zeitlichen Faktor überzubetonen. Vielmehr ist die **Qualität der Bindung** entscheidend.[151] Tatsächlich können bei einem kurzen aber regelmäßigen und intensiven Kontakt ebenso starke Bindungen entstehen. Dies wird oftmals erst mit Hilfe eines kinderpsychologischen Sachverständigengutachtens zu klären sein.

69   Eine wichtige Erkenntnisquelle für die Beurteilung der Stärke der Bindungen ist das Verhalten des Kindes gegenüber den verschiedenen Personen. Im gerichtlichen Verfahren kann dies jedoch nur eingeschränkt beobachtet werden. Im Rahmen der **Anhörung** durch das Familiengericht ist es einem psychologisch geschickten Richter aber durchaus möglich herauszuhören, zu wem das Kind besonders starke oder schwache Bindungen hat. Direkte Fragen sollten dabei aber vermieden werden. Sie kommen allenfalls bei älteren Kindern in Betracht. Der Richter kann sich aber soziometrischer Testverfahren bedienen, sofern er sich damit vertraut gemacht hat. So liefert nach Auffassung des OLG Karlsruhe[152] das von J.L. Moreno entwickelte »soziale Atom«, bei dem das Kind mittels Gegenständen oder mittels Figuren das Beziehungsgefüge darstellt, in dem es sich zur Zeit

---

148 Bode FamRZ 2000, 478; vgl. auch o. Rdn. 30.
149 Johannsen/Henrich/Jaeger § 1671 Rn. 68; vgl. OLG Zweibrücken FamRZ 2010, 138.
150 Johannsen/Henrich/Jaeger § 1671 Rn. 69.
151 Johannsen/Henrich/Jaeger § 1671 Rn. 72.
152 Jaeger FamRZ 1995, 1001.

befindet, bei Kindern ab etwa sieben Jahren objektive und verlässlichere Ergebnisse als das Interview oder die (teilnehmende) Beobachtung bzw. Befragung. Im Zweifel sollte sich das Familiengericht aber der Hilfe eines **kinderpsychologischen Sachverständigen** bedienen, der das Verhalten des Kindes im Rahmen der Exploration im Hinblick auf seine Bindungen am ehesten richtig bewerten kann.

Steht die Stärke der Bindungen des Kindes zu seinen verschiedenen Bezugspersonen fest, so kann 70 dennoch problematisch sein, welche Sorgeentscheidung diese Bindungen am besten beachtet. Denn oft bedeutet der Erhalt der stärksten emotionalen Bindung, die Beeinträchtigung oder gar den Verlust anderer ebenfalls wichtiger Beziehungen. Bei der dann erforderlichen Abwägung ist zu prüfen, ob die **Trennung des Kindes von seiner Hauptbezugsperson** verantwortet werden kann. Für ein Kind zwischen sechs Monaten und drei Jahren soll dies nach überwiegender Meinung grds. nicht in Frage kommen, weil dieser Lebensabschnitt als besonders trennungsempfindlich angesehen wird.[153] Später kommt eine Trennung des Kindes von seiner Hauptbezugsperson in Betracht, wenn dieser Verlust durch den Erhalt anderer Bindungen aufgefangen werden kann. Es gibt keinen Erfahrungssatz, dass die Auswechslung der Hauptbezugsperson in der Regel mit negativen Langzeitfolgen für die Entwicklung des Kindes verbunden ist, so dass ein solches Risiko nur bei ganz gewichtigen Gegengründen (völlige Erziehungsungeeignetheit) eingegangen werden dürfte.[154] Im Einzelnen ist dies umstritten. Einigkeit besteht darin, dass die Voraussetzungen unter denen eine solche Trennung in Betracht kommt mit zunehmendem Alter des Kindes geringer sind. Nach gesicherter kinderpsychologischer Erkenntnis wird in den ersten achtzehn Lebensmonaten eine für die spätere gesunde Entwicklung wesentliche Bindung zu den Personen aufgebaut, die die tatsächliche Betreuung des Kindes leisten.[155] Die zunächst elementare Bindungsfrage verliert aber an Gewicht, wenn die ersten Lebensjahre befriedigend verlaufen sind. Jedenfalls sollen nach Ablauf von vier bis fünf Lebensjahren keine wesentlichen Gefahren mit der Trennung von der Hauptbezugsperson mehr verbunden sein, wenn wenigstens ein haltgebendes Vertrauensverhältnis zu der neuen Bezugsperson besteht.[156] Ferner ist in Betracht zu ziehen, dass ältere Kinder über den persönlichen Umgang oder andere Kommunikationsmittel leichter in der Lage sein werden den Kontakt zur ehemaligen Hauptbezugsperson weiter aufrechtzuerhalten.

Eher wird man auch zur Trennung des Kindes von der Hauptbezugsperson kommen, wenn deren 71 Erziehungseignung gemindert ist. Insb. ist an eine **Überidentifizierung** eines Elternteils mit dem Kind zu denken, die zu einer symbiotischen Bindung führt und sich regelmäßig durch fehlende Bindungstoleranz und Überbehütung (overprotection) auszeichnet, wodurch die Entwicklung des Kindes zu einer eigenständigen und selbstbewussten Persönlichkeit erheblich gefährdet wird.

Bei der Bewertung der Bindungen des Kindes und der Abschätzung der Folgen für diese im Falle 72 der einen oder anderen Sorgeentscheidung muss auch berücksichtigt werden, welche **Entwicklung** diese Bindungen im Hinblick auf die durch die Trennung der Eltern veränderte Situation voraussichtlich nehmen werden. So kann bei gleich starken Bindungen zu erwarten sein, dass die Bindung des Kindes zu einem Elternteil künftig weniger stark sein wird, etwa weil dieser seine Aufmerksamkeit auch noch einem neuen Lebenspartner und einem weiteren Kind schenken muss.[157] Zwingend ist dies freilich nicht. Beabsichtigt der andere Elternteil ins (entfernte) Ausland zu ziehen, müssen beachtenswerte Gründe vorliegen, die es rechtfertigen, das aus Art. 6 GG folgende Elternrecht auf möglichst freien Umgang mit den Kindern zu beeinträchtigen. Anderseits darf das Freizügigkeitsrecht des anderen Elternteils aus Art. 2 GG nicht unangemessen berührt werden.

---

153 Johannsen/Henrich/Jaeger § 1671 Rn. 71 m.w.N.
154 Fthenakis FamRZ 1985, 662, 667; OLG München FamRZ 1991, 1343, 1345; vgl. zum Streitstand Johannsen/Henrich/Jaeger § 1671 Rn. 71.
155 OLG Celle FamRZ 1990, 191, 192.
156 OLG Hamm FamRZ 1994, 918, 919.
157 So OLG Düsseldorf FamRZ 1995, 1511, 1513.

Zu prüfen sind insb. die bereits bestehenden sozialen Bindungen des wegzugswilligen Elternteils im Ausland und die sonstigen Kindeswohlkriterien, insb. der Förderungsgrundsatz.[158]

73   Die stärkere Bindung des Kindes an einen Elternteil ist auch dann zu beachten, wenn dieser das Kind dem anderen Elternteil abwendig gemacht hat, vorausgesetzt die Bindung besitzt unabhängig von der Einstellung zum anderen Elternteil ihren Wert. Andernfalls wäre dies eine Sanktion gegen das Kind, dessen Bindung an eine Bezugsperson damit übergangen würde. Die unlautere **Beeinflussung des Kindes** ist jedoch als Umstand zu berücksichtigen, der die erzieherische Eignung des betreuenden Elternteils in Frage stellt und unter diesem Gesichtspunkt der Übertragung des Sorgerechts auf ihn entgegenstehen kann.[159]

74   Durch die Trennung der Eltern verliert das Kind den ständigen Kontakt zu einem Elternteil. Desto wichtiger ist es, dass ihm die anderen Bezugspersonen nach Möglichkeit erhalten bleiben. Dazu zählen vor allem die Geschwister des Kindes, selbstverständlich auch die Halbgeschwister.[160] Denn nicht der Grad der Verwandtschaft, sondern der Erhalt gewachsener sozialer Beziehungen steht im Vordergrund. **Eine Geschwistertrennung ist grds. zu vermeiden**, weil das Zusammenbleiben der Kinder nach Trennung der Eltern das Gefühl einer fortbestehenden Gemeinschaft vermittelt und den Eindruck des Zerbrechens der Familie abdämpft.[161] Es dient regelmäßig dem Wohl des Kindes, wenn es zusammen mit Geschwistern aufwächst.[162] Dies gilt grds. auch, wenn die enge Bindung der Geschwister durch Rivalitäten überlagert ist.[163] Nur wenn zwischen den Kindern Aggressionen vorherrschen, die das übliche Maß an Konflikten übersteigen, kann die Trennung der Geschwister dem Wohl beider Kinder entsprechen.[164] Ebenso kann es zum Schutz eines Kindes erforderlich sein ihn von dem schädlichen Einfluss des anderen künftig fern zu halten. Ausnahmsweise kann eine Geschwistertrennung auch dann gerechtfertigt sein, wenn die einzelnen Kinder deutlich stärkere Bindungen an den jeweiligen Elternteil haben.[165]

75   Problematisch sind die Fälle, bei denen die Kinder nicht zum gleichen Elternteil die stärksten Bindungen haben. Es bedarf dann einer sorgfältigen **Abwägung**, ob der **Geschwisterbindung** oder der **Elternbindung** der Vorzug gegeben werden soll. Letztere ist für sich genommen sicher die wichtigere, doch muss das gesamte Beziehungsgefüge, das für das Kind neu entsteht, berücksichtigt werden. Die Intensität der einzelnen Bindungen spielt eine Rolle. Auch die künftige Entwicklung sollte beachtet werden. So besteht im Falle, dass der Geschwisterbindung der Vorzug gegeben wird, die Möglichkeit, dass die Beziehung zu dem anderen, dem Kind weniger nahen Elternteil noch wächst, während im Falle der Geschwistertrennung die Beziehung zu dem anderen Kind diese Chance kaum hat. Ein genereller Vorrang für die eine oder andere Lösung besteht aber nicht.

76   Einer festen Geschwisterbindung kann unter Umständen ein so starkes Gewicht zukommen, dass die elterliche Sorge für alle Kinder dem weniger erziehungsgeeigneten Elternteil zu übertragen ist, wenn eine Aufteilung der elterlichen Sorge eine größere Beeinträchtigung des Kindeswohls mit

---

158 OLG München FamRZ 2008, 1774 f.: Übertragung der Alleinsorge. auf die Mutter, die mit den Kindern in ihr Heimatland Peru auswandern will; OLG München FamRZ 2009, 1600, 1601: Auswanderung nach Mexiko; vgl. auch AG Offenburg zum (gebilligten) Wegzug nach Paris.
159 BGH FamRZ 1985, 169, 170.
160 OLG Hamm FamRZ 1996, 562, 563.
161 OLG Hamm FamRZ 2000, 1039; vgl. auch OLG Celle FamRZ 1992, 465; OLG Koblenz FamRZ 2003, 397; OLG Dresden FamRZ 2003, 1489; OLG Brandenburg FamRZ 2003, 1953; EGMR 2010, 1046.
162 BayObLG FamRZ 1985, 522; OLG Hamm 1985, 1078; OLG Celle 1992, 465; vgl. auch OLG Brandenburg FuR 2009, 624: Geschwisterbindung gibt Ausschlag bei gleichermaßen erziehungsgeeigneten Eltern.
163 OLG Celle FamRZ 1992, 465, 466.
164 OLG Frankfurt FamRZ 1994, 920, 921.
165 OLG Celle FamRZ 2007, 1838.

sich brächte und wegen des Widerstands der älteren Kinder die elterliche Sorge nicht für alle auf den besser geeigneten Elternteil übertragen werden kann.[166] Andererseits muss die Trennung von Geschwistern unter Umständen hingenommen werden, wenn nur auf diese Weise erreicht werden kann, dass das einzelne Kind den noch wichtigeren Dauerkontakt zu einem Elternteil behält.[167]

Auch die **Bindungen des Kindes zu anderen Personen** sind zu berücksichtigen. Vor allem zu den 77 Großeltern bestehen oft enge Beziehungen. Diese beizubehalten muss aber im Normalfall möglich sein, unabhängig davon, wem die elterliche Sorge übertragen wird. Anders ist es, wenn das Kind bisher zusammen mit den Großeltern gelebt hat und von diesen auch mitbetreut wurde. Dann kann die Übertragung auf den Elternteil, der nicht das Kind der Großeltern ist, eine erhebliche Veränderung in der Qualität der Bindung und dadurch eine Beeinträchtigung des Kindeswohls bedeuten. Dennoch wird nur selten dieser Bindung der Vorrang vor der Bindung zu einem Elternteil zukommen. Ist aber beispielsweise nach der Trennung der Eltern das beim Vater verbliebene Kind weitgehend von der Großmutter (Mutter des Vaters) betreut worden, so können die infolgedessen gewachsenen Bindungen an diese es gebieten, die elterliche Sorge dem Vater zu übertragen, selbst wenn die emotionalen Beziehungen des Kindes zu diesem nicht so stark wie zur Mutter sind.[168]

c) Kontinuitätsgrundsatz

Der Kontinuitätsgrundsatz wird in der Praxis häufig zur Begründung von Sorgeentscheidungen 78 herangezogen. Der Grund dürfte darin liegen, dass sich dieses Kriterium vermeintlich am leichtesten beurteilen lässt.[169] Doch erschöpft sich die Anwendung des Kontinuitätsprinzips nicht darin, möglichst die zum Zeitpunkt der Sorgeentscheidung bestehende Betreuungssituation beizubehalten. Vielmehr ist die sorgerechtliche Lösung anzustreben, die **für die Zukunft** eine möglichst einheitliche, stetige und gleichmäßige Betreuung und Erziehung des Kindes nach der Trennung der Eltern gewährleistet.[170] Dies ist letztlich aber wiederum nach dem Förderungsgrundsatz und den Bindungen des Kindes zu beurteilen.[171] Der Kontinuitätsgrundsatz vereinigt dabei lediglich diese Kriterien unter dem besonderen Blickwinkel der Stetigkeit.

Deshalb darf die Anwendung des Kontinuitätsgrundsatzes nicht dazu führen, dass zwar eine 79 gleichmäßige aber schädliche Entwicklung unter Vernachlässigung anderer, insb. zukunftsorientierter Aspekte des Kindeswohls fortgeführt wird.[172] Ein Elternteil, der das Kind entführt hat, kann sich im Sorgerechtsverfahren nicht auf den Kontinuitätsgrundsatz berufen,[173] da in der Kindesentführung seine eingeschränkte Erziehungsfähigkeit zum Ausdruck kommt. Gleiches gilt, wenn ein Elternteil das Kind über längere Zeit (zwei Jahre) von dem anderen fernhält und jeglichen Kontakt unterbindet.[174]

Der Kontinuitätsgrundsatz wird aber regelmäßig dann den Ausschlag für eine Sorgeentscheidung 80 im Sinne der **gegenwärtigen Betreuungssituation** geben, wenn die Eltern in gleichem Maße erziehungsgeeignet sind und auch hinsichtlich der Bindungen des Kindes kaum Unterschiede festge-

---

166 OLG Bamberg FamRZ 1998, 498.
167 OLG Karlsruhe FamRZ 1984, 311: Fünf Jahre altes Kind zur Mutter.
168 OLG Hamm FamRZ 1980, 485.
169 Ebenso Johannsen/Henrich/Jaeger § 1671 Rn. 66.
170 BVerfG FamRZ 1982, 1179, 1183; BGH FamRZ 1990, 392, 393; OLG Celle FamRZ 1992, 465; OLG Brandenburg FamRZ 2003, 1949.
171 Vgl. etwa OLG Köln FamRZ 2009, 1762.
172 OLG München FamRZ 1991, 1343, 1345.
173 OLG Zweibrücken v. 19.02.1998, Az: 5 UF 170/95.
174 OLG München FamRZ 1991, 1343, 1345.

stellt werden können.[175] Ansonsten hat der Kontinuitätsgrundsatz kaum eigenständige Bedeutung, hilft aber einen Aspekt des Förderungsgrundsatzes oder der Beachtung der Kindesbindungen griffiger zu beschreiben. Entspricht es beispielsweise dem Wohl eines entwicklungsgestörten Kindes am besten in vertrauter Umgebung bei Betreuung und Versorgung durch einen Elternteil zu verbleiben, so ist dieser folgerichtig auch besser geeignet die künftige Entwicklung des Kindes zu fördern. Ausschlaggebend ist somit der Förderungsgrundsatz, der in diesen Fällen aber gemeinhin als Kontinuitätsgrundsatz bezeichnet wird.[176]

d) Wille des Kindes

81   Der Wille des Kindes ist bereits deshalb beachtlich, weil es die Person ist, um die es bei der Sorgeentscheidung geht und die von ihr am stärksten betroffen wird. Das Kind ist **nicht Objekt des Sorgeverfahrens**. Es ist vielmehr ein Individuum mit eigenen Grundrechten, das keinen Machtansprüchen seiner Eltern unterliegt[177] und das mit zunehmendem Alter ein immer stärkeres Recht auf Selbstbestimmung und freie Entfaltung seiner Persönlichkeit hat.[178] Daneben ist der Kindeswille ein wichtiges Indiz für die Bindungen und Neigungen des Kindes.[179]

82   Zunächst muss freilich der **Wille des Kindes zuverlässig festgestellt werden**. Im Allgemeinen erfolgt dies im Wege der richterlichen **Kindesanhörung gem.** § 159 FamFG. Das Ergebnis der Anhörung ist aber nicht immer aussagekräftig. Insb. bei kleinen Kindern ist es bereits schwierig überhaupt einen irgendwie geäußerten Willen sicher zu erkennen. Weiter taucht das Problem auf, dass der geäußerte Wille nicht zwingend mit dem tatsächlichen Willen des Kindes übereinstimmen muss. Auch hier besteht gerade bei kleinen Kindern – neben der Möglichkeit der bewussten Manipulation – die Gefahr, dass sich das Kind aus Verlustängsten heraus mit dem Elternteil überidentifiziert, bei dem es seit der Trennung der Eltern wohnt. Dennoch sollte das Familiengericht auch bei Kleinkindern nicht leichtfertig darauf verzichten durch Anhörung des Kindes den Sachverhalt bestmöglichst aufzuklären. Aus der Tatsache, dass der Gesetzgeber erst einem Kind ab vierzehn Jahren in § 1671 Abs. 2 Nr. 1 ein Widerspruchsrecht eingeräumt hat, folgt jedenfalls nicht, dass der Kindeswille eines jüngeren Kindes unbeachtlich wäre.[180] Nach Auffassung des BGH[181] liefert der stets zu beachtende Kindeswille auch bei kleineren Kindern unter zehn Jahren ein ernst zu nehmendes Indiz für die zu berücksichtigenden persönlichen Bindungen. Nach gefestigter Meinung in Literatur und Rechtsprechung ist eine Anhörung im Allgemeinen vom dritten Lebensjahr an veranlasst.[182] Daneben spricht viel dafür, das Kind bereits deshalb anzuhören, damit es nicht zum Verfahrensobjekt verkommt und der Richter sich buchstäblich vor Augen führt, über welchen Menschen er entscheidet.

83   Von der Anhörung sollte aber dann gem. § 159 Abs. 3 Satz 1 FamFG abgesehen werden, wenn deren Erkenntniswert außer Verhältnis zur Belastung für das Kind steht. Doch zeigt die Erfahrung, dass die Belastung gerade bei Kleinkindern eher von den Eltern als von den Kindern selbst empfunden wird, vorausgesetzt der Familienrichter führt die **Anhörung** kindgerecht und in einer

---

175   OLG Köln OLGR Köln 2000, 53; OLG Köln FamRZ 2000, 1041; 2011, 1151; 1153; AG Hamburg FamRZ 2000, 499; OLGR Hamm 1997, 315; OLG Hamn FamRZ 2009, 1757; OLG Brandenburg FamRZ 2001, 1021; 2002, 404; 2009, 1759; 2011, 120.

176   Vgl. OLG Oldenburg v. 22.01.1999, Az: 4 UF 135/98.

177   BVerfGE 72, 155, 172 = BVerfG FamRZ 1986, 769, 772.

178   Vgl. auch BVerfGE 55, 171, 179 = BVerfG FamRZ 1981, 124, 126; FamRZ 2008, 1737, 1738; OLG Bamberg ZfJ 1996, 194; OLG Schleswig FamRZ 2003, 1494; OLG Frankfurt FamRZ 2009, 990.

179   BGH FamRZ 1990, 392, 393; BVerfG FamRZ 2008, 1737, 1738; OLG Hamm FamRZ 2010, 1745.

180   Vgl. BGH FamRZ 1985, 169.

181   FamRZ 1990, 392, 393.

182   Vgl. BayObLG FamRZ 1983, 948; KG FamRZ 1983, 1159; OLG Frankfurt FamRZ 1997, 571; OLG Hamm FamRZ 2009, 996: Anhörung eines 4-Jährigen bei Umgangsfrage Johannsen/Henrich/Büte § 159 FamFG Rn. 6.

angstfreien und entspannten Atmosphäre durch. Dazu gehört insb., dass das Kind nicht durch direkte Fragen, die unmittelbar ergebnisorientiert sind, in die Enge getrieben wird. Im Allgemeinen sollten Kleinkinder, die sich etwa im Kindergartenalter befinden, nicht direkt gefragt werden, ob sie lieber beim Vater oder der Mutter leben möchten. Dagegen ist es grds. geboten zu Beginn der Anhörung dem Kind in verständlichen Sprache zu erklären, warum die Anhörung stattfindet und dass der Anhörende (nicht das Kind!) darüber zu entscheiden hat, ob es künftig beim Vater oder der Mutter wohnt. Am wertvollsten sind die Äußerungen des Kindes, die nicht auf eine direkte Frage hin erfolgen, sondern die es von sich aus macht, sofern nicht nur Angelerntes heruntergespult wird. Das Kind zum ungezwungen Plaudern zu bringen ist deshalb die wichtigste Aufgabe des Anhörenden. Dazu trägt auch der äußere Rahmen der Anhörung einen wesentlichen Teil bei. Kleinkinder sollten mit einer Aufgabe (Bild malen, Puzzle) beschäftigt werden, um die Situation aufzulockern und den bekannten Effekt des »Kaninchens vor der Schlange« zu vermeiden. Aber auch bei größeren Kindern, zumindest bis 14 Jahren, ist es empfehlenswert die Situation äußerlich entspannt zu gestalten. Ein Spaziergang durch einen nahegelegenen Park oder an einen anderen ruhigen Ort kann dabei sehr förderlich sein. Dagegen muss sorgfältig geprüft werden, ob eine Anhörung in vertrauter Umgebung für das Kind tatsächlich weniger belastend ist oder ob nicht – wofür vieles spricht – zumindest ein Kleinkind das Eindringen eines Fremden in seine Intimsphäre bedrohlicher empfindet als das Aufsuchen eines fremden Gebäudes mit einer vertrauten Begleitperson.[183] Der Familienrichter muss sich auch damit zufrieden geben, wenn die Anhörung kein für ihn verwertbares Ergebnis bringt. Gerade jüngere Kinder sind oft nicht in der Lage ihre persönlichen Bindungen zu den Eltern dem Gericht präzise mitzuteilen. Das Kind befindet sich auch in dem Konflikt, dass es sich mit der Entscheidung für einen Elternteil notwendig gegen den anderen Elternteil aussprechen muss; etwas, was es nicht leisten kann.[184] Zu Recht warnt das KG[185] davor in den innersten Bereich eines Kindes einzudringen, um etwas zu erfahren, was das Kind erkennbar nicht offenbaren will.

Lässt sich der Wille des Kindes im Wege der Anhörung nicht sicher feststellen, so muss er durch **84** Erholung eines **kinderpsychologischen Gutachtens** genauer erforscht werden. Dazu besteht aber kein Anlass, wenn es lediglich um graduelle Unterschiede im Hinblick auf die Neigung des Kindes zum einen oder anderen Elternteil geht, die sich mit Sicherheit auf die Sorgentscheidung nicht auswirken werden.

Der zuverlässig festgestellte **wahre Kindeswille** ist für die Sorgentscheidung von erheblicher **85** Bedeutung.[186] Er ist insb. streitscheidend, wenn sich weder nach dem Förderungs- noch nach dem Kontinuitätsgrundsatz eine bessere Erziehungseignung eines Elternteils feststellen lässt.[187] Generell ist der Kindeswille aber nur beachtlich, wenn er nicht auf Selbstschädigung gerichtet ist, da sich auch der Kindeswille dem Kindeswohl zu beugen hat.[188] Auch ist der Wille unbeachtlich, wenn er von unrealistischen Vorstellungen getragen wird, wie etwa, dass der »gewünschte« Elternteil die im Rahmen des Umgangsrechts gegebenen »Sonntagsbedingungen« auf den Alltag übertragen werde.[189] Will das Gericht dem geäußerten Kindeswillen wegen eines angenommenen Loyalitätskonflikts kein maßgebliches Gewicht beimessen, ist die Einholung eines kinderpsychologischen Sachverständigengutachtens zur Sachaufklärung in der Regel geboten.[190]

---

183 Vgl. KG FamRZ 1983, 1159; BayObLG FamRZ 1983, 948.

184 BVerfGE 55, 171, 183 f. = FamRZ 1981, 124, 127.

185 KG FamRZ 1990, 1383.

186 BVerfG FamRZ 2009, 1389; OLG Celle FamRZ 1992, 465.

187 Vgl. KG FamRZ 1990, 1383; 2010, 135, 137; OLG Düsseldorf FamRZ 1988, 1193.

188 OLG Bamberg ZfJ 1996, 194; OLG Fankfurt FamRZ 2005, 1700; vgl. auch OLG Zweibrücken FamRZ 2005, 745; BVerfG FamRZ 2005, 1057 = FuR 2005, 421; FamRZ 2007, 335.

189 OLG Hamm FamRZ 1988, 1313; OLG Bamberg FamRZ 1988, 750.

190 BVerfG FamRZ 2007, 1797.

86 Der **Kindeswille allein** ist zwar für die Sorgerechtsentscheidung nicht ausschlaggebend, er verdient jedoch mit zunehmendem **Alter** und dem damit verbundenen Reifeprozess stärkere Beachtung.[191] Während der geäußerte Wille unabhängig vom Alter des Kindes stets von erheblicher Bedeutung für die Bindungen und Neigungen des Kindes ist, gilt dies hinsichtlich des Selbstbestimmungsrechts nur, soweit verstandesmäßige und seelische Reife entwickelt sind.[192] Dies hängt maßgeblich vom Alter des Kindes ab. Von dem geäußerten Willen eines 16-Jährigen kann man sicher nur aus schwerwiegenden Gründen abweichen.[193] Ob und unter welchen Voraussetzungen man auch vom Willen eines 14-Jährigen oder 12-Jährigen abweichen kann, hängt von der Reife des Kindes im Einzelfall ab.[194] Ganz allgemein gilt, dass der Wille eines 12-jährigen Kindes bereits eine zuverlässige Entscheidungsgrundlage sein kann.[195] Dabei kann das Selbstbestimmungsrecht bei ausreichender Verstandesreife bereits so im Vordergrund stehen, dass es auf die Mitteilung vernünftiger und einleuchtender Gründe für die Willensäußerung nicht mehr ankommt.[196] Regelmäßig bildet der Kindeswille vor Vollendung des 12. Lebensjahres noch keine relativ zuverlässige Entscheidungsgrundlage hinsichtlich der Übertragung des Aufenthaltsbestimmungsrechts, weil er noch nicht Ausdruck einer autonomen Selbstbestimmung ist.[197] Jedenfalls kommt dem Willen eines knapp 8-Jährigen bei der Entscheidung über das Aufenthaltsbestimmungsrecht regelmäßig noch keine ausschlaggebende Bedeutung zu.[198]

87 Der Kindeswille ist grds. auch dann beachtlich, wenn ein Elternteil das Kind gegen den anderen aufgehetzt hat.[199] Etwas anderes gilt aber dann, wenn der Wille maßgeblich auf dieser **unlauteren Beeinflussung** beruht. Denn (nur) dann ist das Kind fremdbestimmt und seine Willensäußerung nicht als Akt der Selbstbestimmung zu werten.[200] Eine darin zum Ausdruck kommende tatsächlich bestehende Bindung des Kindes, die einen eigenen Wert hat, ist aber stets zu beachten.[201] Bei der Gesamtabwägung der Kindeswohlkriterien ist jedoch zu berücksichtigen, dass die Erziehungseignung dieses Elternteils auf Grund seines missbräuchlichen Verhaltens erheblich gemindert ist.[202]

---

191 BVerfG FamRZ 2008, 1737, 1738;; OLG Frankfurt FamRZ 2009, 990; Brandenburg 2010, 911, 912; 2010, 1993, 1994; OLG Thüringen FamRZ 2011, 1070, 1071; OLG Oldenburg v. 03.07.1996 11 UF 23/96; vgl. auch OLG Karlsruhe FamRZ 2005, 1698.

192 Johannsen/Henrich/Jaeger § 1671 Rn. 81; etwas pauschal OLG Brandenburg, FamRZ 2003, 1953, das dem Willen eines 8-jährigen Kinds regelmäßig keine ausschlaggebende Bedeutung beimessen will.

193 OLG Frankfurt FamRZ 1997, 573, 574; OLG Brandenburg FamRZ 2008, 1471, 1472 bei 17-Jähriger; anders aber falls der Mutter das Sorgerecht gem. § 1626 a Abs. 2 zusteht, da dann eine Sorgerechtübertragung nur unter den engen Voraussetzungen des § 1666 möglich ist, die nicht durch den Kindeswillen allein als erfüllt angesehen werden können, s. OLG Frankfurt FamRZ 2003, 1314.

194 Das OLG Braunschweig, FamRZ 2001, 1637, hat den Willen zweier Kinder im Alter von 13 und 9 Jahren nicht für ausschlaggebend erachtet, zumal diese aufgrund der schwerwiegenden Auseinandersetzung der Eltern, in die einbezogen seien, keine klare unverfälschte Aussage treffen könnten. Dagegen hat das OLG Hamm (FamRZ 2005, 746) den Willen eines 13 $1/_2$-jährigen Kindes für beachtlich gehalten, obwohl sich dieser in der Vergangenheit bereits mehrfach gewandelt hatte.

195 Johannsen/Henrich/Jaeger § 1671 Rn. 81.

196 Johannsen/Henrich/Jaeger § 1671 Rn. 82.

197 OLG Brandenburg FamRZ 2008, 1474, 1476.

198 OLG Brandenburg FamRZ 2008, 1472, 1473; 2011, 121.

199 Vgl. OLG Brandenburg FamRZ 2002, 567.

200 Johannsen/Henrich/Jaeger § 1671 Rn. 82; vgl. auch BGH FamRZ 1985, 169, 170.

201 So auch BVerfG FuR 2001, 332 = FuR 2003, 180, das in dem entschiedenen Fall aber eine Verletzung der Grundrechte des Kindes durch die dessen erklärtem Willen widersprechende amtsgerichtliche Entscheidung ablehnt, weil der Kindeswille auf Beeinflussung beruhe und den tatsächlichen Bindungsverhältnissen nicht entspreche.

202 S.o. Rdn. 73 und BGH FamRZ 1985, 169, 170.

Ziegler

e) Gesamtabwägung der Kindeswohlkriterien

Eine Rangordnung der Kindeswohlkriterien besteht nicht. »Alle Kriterien stehen über den 88
Begriff des Kindeswohls in innerer Beziehung zueinander und können sich gegenseitig verstärken
oder aufheben. Letzten Endes ist es der tatrichterlichen Verantwortung anheim gegeben, zwischen
den verschiedenen Beachtung erheischenden Gesichtspunkten je nach Lage des Falles die dem
Kindeswohl zuträglichste Lösung zu finden.«[203] Wenn man den Kontinuitätsgrundsatz als Unterfall des Förderungsgrundsatzes begreift und sich vor Augen hält, dass die Bindungen des Kindes
regelmäßig in dem von ihm geäußerten Willen zum Ausdruck kommen, so reduziert sich die
Abwägung der Kindeswohlkriterien im Falle widersprüchlicher Einzelergebnisse auf die Frage, ob
mehr dem verstandesmäßigen oder dem emotionalen Gesichtspunkt im Einzelfall der Vorzug zu
geben ist. Hierzu lassen sich wiederum zwei Kernaussagen treffen: Ein Kind in seiner Entwicklung
fördern kann nur ein Elternteil, der auch eine ausreichende emotionale Bindung zu dem Kind
hat. Eine starke emotionale Bindung zum Kind kann die Fähigkeit es zu fördern nicht ersetzen.
Zwischen diesen beiden widerstreitenden Thesen muss im Einzelfall die dem Wohl des Kindes am
besten entsprechende Lösung gefunden werden. Dabei wird es entscheidend darauf ankommen,
wie stark die Bindungen einerseits und wie schwach die Förderungsgeeignetheit andererseits und
umgekehrt bei einem Elternteil vorhanden sind.

Ein **Beispiel** für das Überwiegen der Bindungen des Kindes, das nochmals deren Wichtigkeit auch 89
für dessen Förderung unterstreicht gibt eine Entscheidung des OLG Bamberg:[204] »Bei der wegen
der mangelnden Fähigkeit und Bereitschaft der Parteien zur Zusammenarbeit in erzieherischen
Belangen ihrer Kinder gebotenen Abwägung zwischen dem durch die Mutter zu erfüllenden emotionalen Bedürfnissen der betroffenen Kinder einerseits und der in größerem Umfang vom Vater
zu erwartenden schulischen und beruflichen Förderung andererseits ist dem eindeutig zur
Antragsgegnerin tendierenden Wunsch der Kinder der Vorzug zu geben, weil im gegenwärtigen
Entwicklungsstadium und gerade bei der Zerstrittenheit der Eltern für die Kinder eine stabile
innere emotionale Entwicklung im Gefühl der Geborgenheit bei der Mutter für die künftige
Lebenstüchtigkeit wichtiger erscheint als gegen den Willen der Kinder erzwungener schulischer
Mehrerfolg bei gleichzeitig fortwährender und schwerwiegender Beeinträchtigung der seelischen
Entwicklung.«

Dem Förderungsgrundsatz kommt anerkanntermaßen jedoch dann der Vorrang zu, wenn ein 90
Elternteil vollkommen erziehungsunfähig ist. **Erzieherisches Versagen in Teilbereichen** muss
dagegen ebenso wie in intakten Familien als vielfach unvermeidlich notfalls in Kauf genommen
werden, wenn die Sorgerechtsregelung nur so die am wenigsten schädliche Alternative ist.[205]

C. Abs. 3: Sorgerechtsregelung auf Grund vorrangiger anderer Vorschriften

Mit den in § 1671 Abs. 3 genannten »anderen Vorschriften« sind die §§ 1666, 1666a und 1667 91
gemeint. Der Hinweis auf deren Vorrang hat lediglich klarstellende Funktion. Denn das Familiengericht muss gem. § 1666 einem oder beiden Elternteilen das Sorgerecht von Amts wegen entziehen, wenn anders der Kindeswohlgefährdung nicht entgegengewirkt werden kann. Ist die hohe
Eingriffsschwelle des § 1666 erreicht, kommt es auf einen entgegenstehenden Willen der Eltern
naturgemäß nicht an. Deshalb versteht es sich von selbst, dass ein Antrag gem. § 1671 Abs. 2 –
auch wenn der andere Elternteil zustimmt – unbeachtlich ist, soweit er im Widerspruch zu einer
gem. § 1666 notwendigen Sorgerechtsregelung steht. Entspricht dagegen der Antrag auf Übertragung der Alleinsorge der gem. § 1666 erforderlichen Sorgerechtsregelung, etwa weil nur der
Antragsgegner erziehungsungeeignet ist, so hat die Sorgerechtsübertragung gem. § 1671 Abs. 2 zu

---

203 BGH FamRZ 1985, 169; 2010, 1060, 1061; OLG Saarbrücken FamRZ 2011, 1153, 1154.
204 OLG Bamberg FamRZ 1998, 1462 betreffend zwei 14 und 9 Jahre alte Kinder.
205 BGH FamRZ 1985, 169, 171.

erfolgen. Dies folgt aus § 1666a Abs. 2, der Ausdruck des in Art. 6 Abs. 2 GG geschützten Eltern-rechts ist, das einen Eingriff des Staates im Rahmen seines Wächteramtes nur als ultima ratio zulässt.

92   Ein Verfahren gem. §§ 1666 ff. hat das Familiengericht von Amts wegen einzuleiten, wenn hinrei-chende Anhaltspunkte für eine Kindeswohlgefährdung vorhanden sind. Außer durch Mitteilung des Jugendamts ergeben sich solche Anhaltspunkte insb. im Rahmen eines Sorgerechtsverfahrens gem. § 1671 Abs. 2 Nr. 2, bei dem das Kindeswohl umfassend geprüft wird.[206] Voraussetzung ist ein solches Antragsverfahren aber nicht.

D. Verfahrensrecht

93   Vgl. dazu § 1626 Rdn. 25 ff.

§ 1672   Getrenntleben bei elterlicher Sorge der Mutter

(1) [1]Leben die Eltern nicht nur vorübergehend getrennt und steht die elterliche Sorge nach § 1626a Abs. 2 der Mutter zu, so kann der Vater mit Zustimmung der Mutter beantragen, dass ihm das Familiengericht die elterliche Sorge oder einen Teil der elterlichen Sorge allein über-trägt. [2]Dem Antrag ist stattzugeben, wenn die Übertragung dem Wohl des Kindes dient. [1]

(2) [1]Soweit eine Übertragung nach Absatz 1 stattgefunden hat, kann das Familiengericht auf Antrag eines Elternteils mit Zustimmung des anderen Elternteils entscheiden, dass die elterliche Sorge den Eltern gemeinsam zusteht, wenn dies dem Wohl des Kindes nicht widerspricht. [2]Das gilt auch, soweit die Übertragung nach Absatz 1 wieder aufgehoben wurde.

---

206   Vgl. auch AG Rheinach FamRZ 2000, 511.
  1   **Entscheidung des Bundesverfassungsgerichts**
      Vom 9. August 2010 (BGBl. I S. 1173)
      Aus dem Beschluss des Bundesverfassungsgerichts vom 21. Juli 2010 – 1 BvR 420/09 – wird folgende Entscheidungsformel veröffentlicht:
      1. § 1626a Absatz 1 Nummer 1 und § 1672 Absatz 1 des Bürgerlichen Gesetzbuches in der Fassung des Gesetzes zur Reform des Kindschaftsrechts (Kindschaftsrechtsreformgesetz) vom 16. Dezember 1997 (Bundesgesetzblatt Teil I Seite 2942) sind mit Artikel 6 Absatz 2 des Grundgesetzes unvereinbar.
      2. Bis zum Inkrafttreten einer gesetzlichen Neuregelung ist § 1626a des Bürgerlichen Gesetzbuches mit der Maßgabe anzuwenden, dass das Familiengericht den Eltern auf Antrag eines Elternteils die elter-liche Sorge oder einen Teil der elterlichen Sorge gemeinsam überträgt, soweit zu erwarten ist, dass dies dem Kindeswohl entspricht.
      3. Bis zum Inkrafttreten einer gesetzlichen Neuregelung ist § 1672 des Bürgerlichen Gesetzbuches mit der Maßgabe anzuwenden, dass das Familiengericht dem Vater auf Antrag eines Elternteils die elter-liche Sorge oder einen Teil der elterlichen Sorge überträgt, soweit eine gemeinsame elterliche Sorge nicht in Betracht kommt und zu erwarten ist, dass dies dem Kindeswohl am besten entspricht.

      Die vorstehende Entscheidungsformel hat gemäß § 31 Absatz 2 des Bundesverfassungsgerichtsgesetzes Gesetzeskraft.

A. Abs. 1: Übertragung der Alleinsorge von der Mutter auf den Vater

Das Verfahren erfordert einen Antrag des Vaters, ihm die elterliche Sorge ganz oder teilweise zu   1
übertragen. Anlässlich des Urteils des EGMR vom 03.12.2009[2] hat das BVerfG mit Beschl vom
21.07.2010[3] festgestellt, dass die fehlende gerichtliche Überprüfungsmöglichkeit der verweigerten
Zustimmung der Mutter das Elternrecht des Vaters verletzt und § 1672 Abs. 1 – wie auch § 1626a
Nr. 1 – deshalb mit Art 6 Abs. 2 GG unvereinbar sind. Es hat die Vorschriften aber nicht für nichtig erklärt, sondern bis zum Inkrafttreten einer gesetzlichen Neuregelung folgende Übergangsregelung getroffen: § 1672 ist mit der Maßgabe anzuwenden, dass das Familiengericht dem Vater auf
Antrag eines Elternteils die elterliche Sorge oder einen Teil davon überträgt, soweit eine gemeinsame elterliche Sorge nicht in Betracht kommt und zu erwarten ist, dass dies dem Kindeswohl am
besten entspricht.

I. Abs. 1 Satz 1: Zulässigkeit des Antrags des Vaters

1. Alleinsorge der Mutter

Die elterliche Sorge für das Kind muss der Mutter gem. § 1626a Abs. 2 allein zustehen. Dies   2
bedeutet, dass die Eltern weder miteinander verheiratet sein noch eine Sorgeerklärung gem.
§ 1626a Abs. 1 Nr. 1 abgegeben haben dürfen. Der Anwendungsbereich der Vorschrift ist nicht
eröffnet, wenn der Mutter zwar ursprünglich die Alleinsorge gem. § 1626a Abs. 2 zustand, sie
diese dann aber aufgegeben hatte bevor sie ihr wieder gem. § 1671 Abs. 1, Abs. 2, § 1696 oder
§ 1666 übertragen wurde. Die deshalb bestehende Möglichkeit der Umgehung der Vorschrift
durch gemeinsame Sorgeerklärung und anschließender Übertragung der Alleinsorge auf den Vater
gem. § 1671 Abs. 2 Nr. 1 ohne Kindeswohlprüfung hat der Gesetzgeber als fernliegend bewusst in
Kauf genommen.[4]

2. Getrenntleben

Die Eltern müssen **getrennt leben** i.S.d. § 1567. Leben die Eltern zusammen bringt es keinen Vor-   3
teil für das Kind, wenn die Mutter die elterliche Sorge vollständig auf den Vater überträgt, da sie
regelmäßig die tatsächliche Sorge in nicht unerheblichem Umfang ausüben wird. Soll der Vater in
die elterliche Sorge eingebunden werden, kann dies durch Begründung der gemeinsamen Sorge
im Wege der Sorgeerklärung gem. § 1626a Abs. 1 Nr. 1 geschehen.[5]

Das Getrenntleben der Eltern erfordert nicht, dass sie schon einmal zusammengelebt haben. Auch
wenn dies nie der Fall war, findet § 1672 Anwendung.[6]

3. Teilweise Zustimmung

Auch die **teilweise Zustimmung** der Mutter ist möglich, weil der Vater seinen Antrag auf Übertra-   4
gung der Alleinsorge ebenfalls auf Teilbereiche beschränken kann. Die Zustimmung ist bis zur
gerichtlichen Entscheidung frei widerruflich.[7] Jedoch ist der Antrag des Vaters auf Übertragung

---

2 FamRZ 2010, 103; vgl. § 1626a Rdn 2.
3 FamRZ 2010, 1403 mit Anm. Luthin.
4 BT-Drucks. 13/4899 S. 101.
5 BT-Drucks. 13/4899 S. 100.
6 Palandt/Diederichsen § 1672 Rn. 6.
7 OLG Brandenburg FamRZ 2010, 906.

der Alleinsorge (ganz oder teilweise) nach der Entscheidung des BVerfG (s.o. Rdn. 1) – abweichend von Abs. 1 Satz 2 – auch dann zulässig, wenn die Mutter dem Antrag nicht zustimmt.[8]

5   Der Zustimmung der Mutter bedurfte es auch nach früherer Rechtsauffassung nicht, wenn deren Sorge gem. § 1751 Abs. 1 ruhte.[9]

6   Durch die Entscheidung des BVerfG vom 21.07.2010 (s.o. Rdn. 1) sind die bisherigen (gegenteiligen) Rechtsauffassungen[10] überholt.[11] Gegen den Willen der Mutter ist eine Übertragung der Alleinsorge auf den Vater deshalb nicht nur – wie schon bisher[12] – gem. § 1666 möglich..

II. Abs. 1 Satz 2: Begründetheit des Antrags

7   Dem zulässigen Antrag ist nur stattzugeben, wenn die Übertragung der Alleinsorge auf den Vater **dem Wohl des Kindes dient**.[13] Anders als im Falle des § 1671 Abs. 2 Nr. 1 macht die Zustimmung des anderen Elternteils die Kindeswohlprüfung nicht entbehrlich. Diese ist vielmehr nach den zu § 1671 Abs. 2 Nr. 2 entwickelten Kriterien durchzuführen (vgl. § 1671 Rdn. 41 ff.). Dabei ist nach der Übergangsregelung des BVerfG (s.o. Rdn 1) auch zu prüfen, ob eine gemeinsame Sorge für das Kind am besten ist.[14]

8   Der Gesetzgeber wollte ausweislich der amtlichen Begründung zum Gesetzentwurf durch die Formulierung »dem Wohl des Kindes dient« sicherstellen, dass es zu einem Wechsel der Alleinsorge nur kommt, wenn die Vorteile für das Kind zweifelsfrei überwiegen.[15] Ein gradueller Unterschied zwischen dem »dient« hier und dem »am besten entspricht« bei § 1671 Abs. 2 Nr. 2 besteht nicht.[16] Die Bereitschaft der Mutter, auf die elterliche Sorge zu verzichten, ist ein Indiz dafür, dass der Sorgewechsel dem Wohl des Kindes dient.[17] Ruht die Sorge der Mutter gem. § 1751 Abs. 1, ist dem Antrag des Vaters bereits dann stattzugeben, wenn die Übertragung auf ihn dem Kindeswohl nicht widerspricht.[18]

9   Dient die Übertragung der Alleinsorge auf den Vater nur **in Teilbereichen** dem Wohl des Kindes, im Übrigen aber nicht, so ist dem Antrag auch nur teilweise stattzugeben. Zwar findet sich in Satz 2 anders als in § 1671 Abs. 2 das Wort »soweit« nicht, doch ergibt sich die Zulässigkeit einer teilweisen Stattgabe bereits aus dem Gebot der bestmöglichen Beachtung des Kindeswohls und entspricht im Übrigen auch einem praktischen Bedürfnis.

B. Abs. 2: Begründung der gemeinsamen Sorge

10   **Abs. 2 Satz 1:** Hat eine **Übertragung der Alleinsorge gem. Abs. 1** stattgefunden, haben die Eltern wegen der Regelung in § 1626b Abs. 3 nicht die Möglichkeit eine Sorgeerklärung abzugeben. Auch kann eine gemeinsame Sorge nicht im Wege der Abänderung gem. § 1696 Abs. 1 begründet werden, weil das Gericht auch ursprünglich keine solche anordnen konnte. Um den Eltern die

---

8   OLG Brandenburg NJW 2010, 3245.
9   BGH FamRZ 2007, 1969.
10   Vgl. OLG Brandenburg FamRZ 2008, 1102; AG Pankow FamRZ 00, 1241; BT-Drucks. 13/4899 S. 100.
11   Jetzt OLG Brandenburg NJW 2010, 3245; OLG Hamm FamRZ 2011, 822; vgl. zur nachfolgenden Rspr. Huber/Möll FamRZ 2011, 765, 769 f.
12   Vgl OLG Hamm FamRZ 2000, 1239; OLG Naumburg EzFamR aktuell 2003, 153.
13   S.o. Rdn. 1; OLG Brandenburg NJW 2010, 3245.
14   Vgl OLG Naumburg FamRZ 2010, 1918.
15   BT-Drucks. 13/4899 S. 101.
16   Vgl. BVerfG FamRZ 2010, 1403; 2006, 385, 386.
17   So ausdrücklich zur Indizwirkung BT-Drucks. 13/4899 S. 101.
18   BGH FamRZ 2007, 1969.

Möglichkeit der Herstellung der gemeinsamen Sorge zu geben, bedurfte es daher der Regelung des Abs. 2 Satz 1.

Formale Voraussetzungen für einen erfolgreichen Antrag nach Satz 1 sind: Eine Übertragung der 11 elterlichen Sorge nach Abs. 1 auf den Vater, der Antrag eines Elternteils (Vater oder Mutter) auf Begründung der gemeinsamen Sorge und die Zustimmung des anderen Elternteils hierzu.

Die gemeinsame Sorge darf aber nur vom Gericht hergestellt werden, wenn dies **dem Wohl des** 12 **Kindes nicht widerspricht.** Der Gesetzgeber wollte durch diese Formulierung zum Ausdruck bringen, dass der Prüfungsmaßstab weniger streng ist als bei der Sorgerechtsübertragung gem. Abs. 1.[19] Da die Kooperationsbereitschaft und -fähigkeit der Eltern bei der Herstellung und Belassung der gemeinsamen elterlichen Sorge die größte Hürde ist, wird das Familiengericht dem übereinstimmenden Willen der Eltern tatsächlich nur dann nicht folgen dürfen, wenn dies zu einer Kindeswohlgefährdung i.S.d. § 1666 führen würde. Im Übrigen ist darauf hinzuweisen, dass es gesetzgeberisch zumindest nicht zwingend war hier überhaupt eine Kindeswohlprüfung festzuschreiben, während bei originärer Alleinsorge der Mutter die gemeinsame Sorge gem. § 1626a Abs. 2 durch einfache Sorgeerklärung ohne Kindeswohlprüfung und ohne gerichtliche Beteiligung gem. § 1626a Abs. 1 Nr. 1 begründet werden kann.[20]

Abs. 2 Satz 2: Wurde die Übertragung der Alleinsorge auf den Vater gem. Abs. 1 im Wege der 13 Abänderung gem. **§ 1696 Abs. 1 aufgehoben** und die Sorge wieder auf die Mutter rückübertragen, so haben die Eltern, die jetzt die gemeinsame Sorge herbeiführen möchten, ebenfalls weder die Möglichkeit eine Sorgeerklärung abzugeben – wegen § 1626b Abs. 3 – noch dies durch Abänderung gem. § 1696 Abs. 1 zu erreichen (s.o. Rdn. 10). Auch für diese Fälle ist unter den Voraussetzungen des Satz 1 die Herstellung der gemeinsamen elterlichen Sorge möglich. Hinsichtlich des Erfordernisses der Kindeswohlprüfung wird die Diskrepanz zu § 1626a noch deutlicher (s.o. Rdn. 12).

C. Verfahrensrecht

Vgl. dazu § 1626 Rdn. 25 ff.   14

§ 1673 Ruhen der elterlichen Sorge bei rechtlichem Hindernis

(1) **Die elterliche Sorge eines Elternteils ruht, wenn er geschäftsunfähig ist.**

(2) [1]**Das Gleiche gilt, wenn er in der Geschäftsfähigkeit beschränkt ist.** [2]**Die Personensorge für das Kind steht ihm neben dem gesetzlichen Vertreter des Kindes zu; zur Vertretung des Kindes ist er nicht berechtigt.** [3]**Bei einer Meinungsverschiedenheit geht die Meinung des minderjährigen Elternteils vor, wenn der gesetzliche Vertreter des Kindes ein Vormund oder Pfleger ist; andernfalls gelten § 1627 Satz 2 und § 1628.**

---

19 BT-Drucks. 13/4899 S. 101.
20 Staudinger/Coester § 1672 Rn. 16 ff. spricht von konzeptionswidrigem gesetzgeberischen Fehlgriff.

A. Allgemeines

1   Die Vorschrift benennt die Voraussetzungen unter denen die elterliche Sorge aus rechtlichen Gründen ruht. Zu den Wirkungen und Rechtsfolgen des Ruhens der elterlichen Sorge vgl. §§ 1675, 1678.

B. Abs. 1: Geschäftsunfähigkeit eines Elternteils

2   Ist ein Elternteil gem. **§ 104 Nr. 2 geschäftsunfähig,** so ruht seine elterliche Sorge. Dabei reicht eine partielle Geschäftsunfähigkeit aus, wenn sich diese ganz oder teilweise auf den Bereich der elterlichen Sorge erstreckt.[1] Nur vorübergehende Störungen der Geistestätigkeit i.S.d. § 105 Abs. 2 genügen dagegen nicht. Sie stellen vielmehr ein tatsächliches Hindernis für die Ausübung der elterlichen Sorge dar, das wegen seiner kurzen Dauer zwar keine Feststellung des Familiengerichts gem. § 1674 Abs. 1 zulässt, doch unmittelbar die Rechtsfolge des § 1678 Abs. 1 auslöst oder Maßnahmen des Familiengerichts gem. § 1693 ermöglicht.

3   **Die elterliche Sorge lebt automatisch wieder auf,** wenn der Elternteil seine Geschäftsfähigkeit wiedererlangt – und zwar in vollem Umfang.[2] Anders als bei einem tatsächlichen Hindernis bedarf es dafür keines feststellenden Beschlusses des Familiengerichts entsprechend § 1674 Abs. 2.[3]

C. Abs. 2: Beschränkte Geschäftsfähigkeit eines Elternteils

4   Nach **Abs. 2 Satz 1** ruht auch die elterliche Sorge eines beschränkt geschäftsfähigen Elternteils. Dabei kann es sich nur um einen **minderjährigen Elternteil** gem. § 106 handeln. Mit Eintritt der Volljährigkeit kann dieser automatisch die elterliche Sorge in vollem Umfang ausüben.[4] Die Anordnung einer Betreuung gem. § 1896 ff. ist für die Geschäftsfähigkeit ohne Bedeutung und wirkt sich deshalb auf die elterliche Sorge zumindest nicht direkt aus.[5] Die Einrichtung einer Betreuung mit dem Aufgabenkreis der Vertretung des Betreuten in allen dessen Kind betreffenden Angelegenheiten ist wegen der Höchstpersönlichkeit der elterlichen Sorge und der Abschließenden Regelung ihrer Übertragbarkeit unzulässig.[6]

5   Jedoch steht dem minderjährigen Elternteil gem. **Abs. 2 Satz 2** ein beschränktes Sorgerecht zu, das die Personensorge mit Ausnahme der gesetzlichen Vertretung umfasst. Zur Ausübung dieser **tatsächlichen Personensorge** ist der minderjährige Elternteil neben dem gesetzlichen Vertreter des Kindes (anderer Elternteil oder Vormund gem. § 1678) berechtigt und verpflichtet. Diese Befugnis darf ihm auch nicht durch seine Eltern genommen werden.[7]

6   **Abs. 2 Satz 3** behandelt die Rechte des minderjährigen Elternteils bei **Meinungsverschiedenheiten** mit dem gesetzlichen Vertreter des Kindes. Ist dies ein Vormund oder Pfleger, so kommt der Meinung des Minderjährigen der Vorrang zu. Ist dagegen der andere Elternteil der gesetzliche Vertreter des Kindes, so folgt aus der Verweisung auf §§ 1627 Satz 2, 1628, dass die Meinung des Minderjährigen gleichrangig ist und dass die Eltern sich einigen und notfalls das Gericht anrufen müssen.

---

1   Palandt/Diederichsen § 1673 Rn. 2; Staudinger/Coester § 1673 Rn. 11.
2   Vgl. OLG Karlsruhe FamRZ 2005, 1272.
3   BayObLG RPfl 1968, 22.
4   Vgl. OLG Karlsruhe FamRZ 2005, 1272.
5   Vgl. Bienwald FamRZ 1994, 484 zu den deshalb auftretenden Problemen.
6   Palandt/Diederichsen § 1673 Rn. 5.
7   LG Hamburg FamRZ 1981, 309.

D. Verfahrensrecht:

Der minderjährige Elternteil ist hinsichtlich der von ihm ausgeübten tatsächlichen Personensorge 7
gem. § 9 Abs. 1 Nr. 3 FamFG beschwerdeberechtigt und auch verfahrensfähig.

Vgl. zum Verfahrensrecht im Übrigen § 1626 Rdn. 25 ff.

§ 1674 Ruhen der elterlichen Sorge bei tatsächlichem Hindernis

(1) Die elterliche Sorge eines Elternteils ruht, wenn das Familiengericht feststellt, dass er auf längere Zeit die elterliche Sorge tatsächlich nicht ausüben kann.

(2) Die elterliche Sorge lebt wieder auf, wenn das Familiengericht feststellt, dass der Grund des Ruhens nicht mehr besteht.

A. Abs. 1: Ruhen der elterlichen Sorge

Die elterliche Sorge ruht, wenn dies durch das Familiengericht festgestellt wird. Die Feststellung 1
hat **gestaltungsähnliche Wirkung**, die unabhängig von ihrer sachlichen Richtigkeit eintritt.[1] Deshalb handelt es sich um einen Fall der rechtlichen Verhinderung auf Grund richterlichen Feststellungsbeschlusses.[2]

Voraussetzung für die Feststellung des Ruhens ist, dass der betreffende Elternteil die elterliche 2
Sorge tatsächlich längere Zeit nicht ausüben kann. Entscheidend ist die Prognose für die Zukunft.
Die bislang verstriche Zeit kann lediglich ein Indiz dafür sein. Ist die Ausübung voraussichtlich
nur über einen kurzen Zeitraum nicht möglich, liegt eine tatsächliche Verhinderung vor, die der
Feststellung des Ruhens nicht zugänglich ist, jedoch ebenfalls die Rechtsfolge des § 1678 Abs. 1
auslöst. Da nur die Ausübung der elterlichen Sorge ruht, sie selbst aber fortbesteht, richtet sich ein
Sorgerechtsentzug nicht nach § 1696, sondern direkt nach § 1666.[3]

Die Feststellung des Ruhens der elterlichen Sorge kommt aber nur in Betracht, wenn die Aussicht
besteht, dass sie nach Wegfall des tatsächlichen Hindernisses wieder ausgeübt werden kann.[4]

Die **längere körperliche Abwesenheit** eines oder beider Elternteile, insb. bei **Auslandsaufenthalt**,[5] 3
führt nicht automatisch zu einem tatsächlichen Ausübungshindernis i.S.d. § 1674 Abs. 1. Vielmehr ist stets im Einzelfall zu prüfen, ob dem abwesenden Elternteil nicht ausreichende Möglichkeiten der Einflussnahme und Steuerung verblieben sind.[6] Dies ist anzunehmen, wenn telefonisch,
brieflich oder mit anderen modernen Kommunikationsmitteln Kontakt gehalten wird und auf

---

1 BayObLG FamRZ 1988, 867, 868.
2 So zutreffend Staudinger/Coester § 1674 Rn. 2.
3 OLG Karlsruhe FamRZ 2011, 1514.
4 OLG Hamm FamRZ 1996, 1029, 1030; Palandt/Diederichsen § 1674 Rn. 1; a.A. Staudinger/Coester § 1674 Rn. 8: auch bleibende Verhinderungen.
5 Praktisch relevant bei sogenannten »unbegleiteten Minderjährigen«, die ohne Eltern nach Deutschland einreisen.
6 Die Voraussetzungen des Ruhens liegen bei zeitlich befristetem Auslandseinsatz eines US-Soldaten im Irak nicht vor, da ausreichende Kommunikationsmittel bestehen (OLG Nürnberg FamRZ 2006, 878).

Grund des Alters des Kindes oder der Einschaltung eines Bevollmächtigten[7] vor Ort eine ausreichende Einwirkungsmöglichkeit besteht.[8] Der abwesende Elternteil muss entweder im Wege der Aufsicht oder durch jederzeitige Übernahme der Personen- und Vermögenssorge zur eigenverantwortlichen Ausübung zurückzukehren. Von entscheidender Bedeutung ist dabei welche andere Person mit der Ausübung seines Teils der elterlichen Sorge betraut ist.[9] Insb. wenn dem anderen Elternteil durch gemeinsame Absprache die Ausübung der elterlichen Sorge überlassen wird, ist für die Feststellung des Ruhens kein Raum.[10] Dagegen fehlt es an einer ausreichenden Einwirkungsmöglichkeit etwa bei einem albanischen Minderjährigen, der bei seinem Onkel in Deutschland wohnt, während die Eltern in Albanien leben und wegen bestehender Ausreiseschwierigkeiten für längere Zeit keine Möglichkeit haben mit dem Kind direkten Kontakt aufzunehmen und in Ausübung ihrer elterlichen Sorge auf die Erziehung und Entwicklung des Kindes Einfluss zu nehmen.[11] Eine theoretische Kommunikationsmöglichkeit reicht nicht aus, ebenso wenig die tatsächliche Obhut eines Dritten, der nicht zur gesetzlichen Vertretung des Kindes befugt ist.[12]

4   Wegen fehlender Einwirkungsmöglichkeit ist auch der Elternteil, der sich noch längere Zeit in **Strafhaft** befindet, nicht in der Lage seine elterliche Sorge verantwortlich auszuüben.[13] Bei **Untersuchungshaft** gilt dies nur, wenn eine sich anschließende längere Strafhaft wahrscheinlich ist.[14] Dagegen ist ein **Krankenhausaufenthalt** wegen seiner vorübergehenden Natur und der bestehenden Einflussmöglichkeiten regelmäßig kein – zumindest aber kein längere Zeit – bestehendes Hindernis für die Ausübung der elterlichen Sorge.

5   Ein tatsächliches Ausübungshindernis, das zur Feststellung des Ruhens der elterlichen Sorge führt, kann auch dann vorliegen, wenn ein Elternteil **geistig oder psychisch behindert** ist, ohne dass bereits die Schwelle der Geschäftsunfähigkeit erreicht ist. Insoweit ist § 1674 Abs. 1 Auffangtatbestand zu § 1673. Ein Elternteil kann auch dann an der Ausübung der elterlichen Sorge tatsächlich verhindert sein, wenn er von dem anderen – geistesgestörten – Elternteil, dessen elterliche Sorge ruht, psychisch derart abhängig und ihm in einem Maße hörig ist, dass er die elterliche Sorge tatsächlich nicht mehr in eigener Verantwortung ausüben kann.[15]

6   Gem § 1751 Abs. 1 Satz 1 ruht auch die elterliche Sorge des Elternteils, der in die Annahme zur Adoption wirksam eingewilligt hat oder dessen Einwilligung ersetzt wurde. Dies wirkt sich jedoch auch im Falle des sogenannten **Inkognito-Adoptionsverfahrens** auf den anderen Elternteil nicht aus. Die faktischen Durchsetzungshindernisse können nicht zur Annahme der Voraussetzungen

---

7   Die Bevollmächtigung eines Dritten mit der Ausübung der elterlichen Sorge ist zulässig, soweit darin keine unwirksame Übertragung der elterlichen Sorge liegt.
8   Vgl. im umgekehrten Fall LG Duisburg DAVorm 1989, 719.
9   BGH FamRZ 2005, 29 = FuR 2005, 82 = NJW 2005, 221; OLG Saarbrücken FamRZ 2010, 2084, 2085.
10 BGH FamRZ 2005, 29 = FuR 2005, 82 = NJW 2005, 221; Staudinger/Coester § 1674 Rn. 11.
11 LG Frankenthal RPfl 1994, 251.
12 OLG Köln FamRZ 1992, 1093: Türkischer Minderjähriger in Obhut des älteren Bruders; andererseits LG Hamburg DAVorm 1991, 876: Sind Kontakte des (hier türkischen) Minderjährigen mit seinen im Ausland lebenden Eltern nicht ausgeschlossen, so ist die Einrichtung einer Amtspflegschaft unzulässig.
13 BayObLG NJW 1975, 1082; OLG Dresden FamRZ 2003, 1038 als minderschwerer Eingriff ist das Ruhen der elterlichen Sorge gegenüber dem Entzug des Sorgerechts vorrangig; OLG Brandenburg FamRZ 2009, 237: Haft in Ukraine; FamRZ 2009, 1683; a.A. OLG Koblenz FamRZ 2012, 726: Entzug des Sorgerechts bei andauernder Strafhaft kein unverhältnismäßiger Eingriff in Elternrecht; a.A. zum Ruhen OLG Frankfurt FamRZ 2007, 753: Bei Strafhaft kommt es wie bei Auslandsaufenthalt auf die Möglichkeit der Einflussnahme an, die auch in der JVA gegeben sei, (zweifelhaft, da besonderes Gewaltverhältnis in Strafhaft).
14 BayObLG NJW 1975, 1082.
15 BayObLG FamRZ 1981, 595 bei zusätzlicher intellektueller Minderbegabung des »hörigen« Elternteils.

des § 1674 führen.[16] Eine Beschränkung des Sorgerechts ist deshalb nur unter den Voraussetzungen des § 1666 möglich.[17]

Es darf nicht übersehen werden, dass durch die Feststellung des Ruhens gem. § 1674 Abs. 1 in   7
erheblicher Weise in das Sorgerecht eingegriffen wird. Im sich teilweise deckenden **Anwendungsbereich des § 1666** – also bei konkreter Gefährdung des Kindeswohls – muss deshalb dieser Bestimmung der Vorrang zukommen. Nur so ist sichergestellt, dass die hohe Eingriffsschwelle und das nach dem Verhältnismäßigkeitsgrundsatz abgestufte Maßnahmesystem der §§ 1666 ff. beachtet werden.[18]

Ein **Vorrang** kommt § 1666 aber auch dann zu, wenn der Schutz des betroffenen Kindes es erfor-   8
dert, dass gewährleistet ist, dass bei Wegfall des tatsächlichen Hindernisses die elterliche Sorge nicht wieder auflebt, obwohl über die tatsächlichen Gegebenheiten hinaus die Voraussetzungen des § 1666 weiterhin gegeben sind. Deshalb können die wegen mangelnder Eignung des Sorgerechtsinhabers gebotenen Maßnahmen gem. § 1666 nicht bis zum rechtskräftigen Abschluss eines Strafverfahrens, weswegen dieser sich in Untersuchungshaft befindet, durch die Anordnung des Ruhens der elterlichen Sorge ersetzt werden. Hat etwa der Vater einen Raubüberfall gegen seine Familie vorgetäuscht, ist dabei gegen die Mutter tätlich geworden und hat deren Tod verursacht, kann die gegen den inhaftierten Kindesvater betriebene Entziehung der elterlichen Sorge nicht deshalb abgelehnt werden, weil das Strafverfahren noch nicht rechtskräftig abgeschlossen ist.[19]

B. Abs. 2: Wiederaufleben der elterlichen Sorge

Ist das Ruhen der elterlichen Sorge gem. § 1674 Abs. 1 einmal festgestellt, so lebt sie – im Gegen-   9
satz zum Ruhen gem. § 1673 – erst wieder auf, wenn das Familiengericht wiederum festgestellt hat, dass der Grund des Ruhens nicht mehr besteht. Diese Feststellung hat **konstitutive Wirkung** und ist von Amts wegen zu treffen.[20]

Der Beschluss wird gem. § 40 Abs. 1 FamFG erst wirksam, wenn er dem Elternteil bekannt gege-   10
ben wird, dessen elterliche Sorge bislang geruht hat. Dem anderen Elternteil muss der Beschluss ebenfalls **bekannt gegeben** werden. Bis dahin kann er die elterliche Sorge gem. § 1698a Abs. 1, Abs. 2 noch ausüben.

Wurde dem anderen Elternteil die elterliche Sorge gem. § 1678 Abs. 2 übertragen, so kann der   11
Beschluss gem. § 1674 Abs. 2 diese Wirkung nicht beseitigen. Vielmehr ist dafür eine Abänderungsentscheidung gem. § 1696 Abs. 1 erforderlich. Dagegen erlischt eine Vormundschaft gem. §§ 1882, 1773; eine Pflegschaft ist gem. § 1919 aufzuheben.[21]

C. Verfahrensrecht

Funktionell ist – mangels Richtervorbehalt – der Rechtspfleger zuständig, §§ 3 Nr. 2 a), 14 RPflG.   12
Vgl. zum Verfahrensrecht im Übrigen § 1626 Rdn. 25 ff.

---

16 BayObLG FamRZ 1988, 867.
17 Staudinger/Coester § 1674 Rn. 15.
18 Eingehend zum Konkurrenzverhältnis Staudinger/Coester § 1674 Rn. 11, der auch zum Vorrang des § 1666 in diesen Fällen tendiert.
19 OLG Hamm 1996, 1029.
20 BayObLGZ 1967, 269, 271.
21 Staudinger/Coester § 1674 Rn. 23.

§ 1675   Wirkung des Ruhens

Solange die elterliche Sorge ruht, ist ein Elternteil nicht berechtigt, sie auszuüben.

1 Der Elternteil, dessen Sorge gem. §§ 1673 Abs. 1, Abs. 2, 1674, 1751 Abs. 1 Satz 1 ruht, kann sie rechtlich nicht ausüben; dies betrifft sowohl die elterlichen Rechte als auch die Pflichten. Durch das Ruhen endet die elterliche Sorge aber nicht, vielmehr ist lediglich ihre **Ausübung gehemmt.** Mit Eintritt des Ruhens der Vermögenssorge ist der betroffene Elternteil gem. § 1698 Abs. 1 zur Vermögensherausgabe und zur Rechnungslegung verpflichtet; hinsichtlich der Fortführung der Geschäfte bis zur Kenntnismöglichkeit gilt § 1698a Abs. 2. Stirbt der sorgeberechtigte Elternteil, endet das Ruhen der Sorge nicht, vielmehr ist ein Vormund zu bestellen, falls nicht § 1680 Abs. 1 zur Anwendung kommt.

§ 1676

(weggefallen)

§ 1677   Beendigung der Sorge durch Todeserklärung

Die elterliche Sorge eines Elternteils endet, wenn er für tot erklärt oder seine Todeszeit nach den Vorschriften des Verschollenheitsgesetzes festgestellt wird, mit dem Zeitpunkt, der als Zeitpunkt des Todes gilt.

1 Die elterliche Sorge endet mit der Wirksamkeit des gerichtlichen Beschlusses im **Verschollenheitsverfahren gem.** §§ 29, 40 VerschG mit dem der Tod oder die Todeszeit festgestellt wird. Im Interesse der Rechtsklarheit handelt es sich nicht um eine bloße Vermutung wie in § 44 Abs. 2 VerschG. Stellt sich später heraus, dass der für tot Erklärte lebt, gilt § 1681 Abs. 2.

§ 1678   Folgen der tatsächlichen Verhinderung oder des Ruhens für den anderen Elternteil

(1) Ist ein Elternteil tatsächlich verhindert, die elterliche Sorge auszuüben, oder ruht seine elterliche Sorge, so übt der andere Teil die elterliche Sorge allein aus; dies gilt nicht, wenn die elterliche Sorge dem Elternteil nach § 1626a Abs. 2, § 1671 oder § 1672 Abs. 1 allein zustand.

(2) Ruht die elterliche Sorge des Elternteils, dem sie nach § 1626a Abs. 2 allein zustand, und besteht keine Aussicht, dass der Grund des Ruhens wegfallen werde, so hat das Familiengericht die elterliche Sorge dem anderen Elternteil zu übertragen, wenn dies dem Wohl des Kindes dient.

A.   Abs. 1: Rechtsfolge bei ursprünglich gemeinsamer Sorge

1 **Abs. 1 1. Hs.** setzt voraus, dass zunächst beiden Elternteilen die **Sorge gemeinsam** zustand. In diesem Fall wächst einem Elternteil die Alleinsorge automatisch ohne Sachprüfung kraft Gesetzes zu, wenn der andere entweder rechtlich gem. § 1673 oder tatsächlich an der Ausübung verhindert ist. Bei tatsächlicher Verhinderung spielt es keine Rolle, ob das Ruhen gem. § 1674 festgestellt wurde oder nicht; die Rechtsfolge gilt deshalb auch bei nur vorübergehendem tatsächlichem Ausübungshindernis.

Die Voraussetzung der ursprünglich gemeinsamen Sorge folgt aus **Abs. 1 2. Hs.**, der die Rechts- 2
folge des Abs. 1 1. Hs. für die Fälle der Alleinsorge gem. §§ 1626a Abs. 2, 1671 und 1672 Abs. 1
ausschließt. Aber auch demjenigen Elternteil, dem das Sorgerecht gem. § 1666 entzogen worden
ist, kann die Alleinsorge nicht zuwachsen. § 1678 findet in entsprechend eingeschränkter Form
auch Anwendung, wenn sich die Verhinderung oder die gemeinsame Sorge nur auf Teilbereiche
der elterlichen Sorge erstreckt.

B. Abs. 2: Rechtsfolge bei ursprünglicher Alleinsorge

Stand die elterliche Sorge dem nunmehr verhinderten Elternteil bislang allein zu, so richtet sich 3
die weitere Verfahrensweise nach dem Rechtgrund für die Alleinsorge:

I. Alleinsorge der Mutter gem. § 1626a Abs. 2

Dem Vater, der bisher nicht sorgeberechtigt war, weil er weder mit der Mutter verheiratet noch im 4
Besitz einer gemeinsamen Sorgeerklärung ist (§ 1626a Abs. 1), kann bei dauernder Verhinderung
der Mutter die elterliche Sorge nur übertragen werden, wenn dies dem Wohl des Kindes dient.
Der Gesetzgeber hat diesen **Maßstab für die Kindeswohlprüfung** gewählt, weil gerade in Fällen,
in denen die Eltern keine Sorgeerklärungen abgegeben haben, diese vielfach nicht etwa in einer
intakten nichtehelichen Gemeinschaft leben werden, sondern der Vater häufig wenig oder gar keinen Kontakt zu dem Kind gehabt haben wird.[1] Für die Kindeswohlprüfung sind die zu § 1671
Abs. 2 Nr. 2 entwickelten Kriterien heranzuziehen (s. § 1671 Rdn. 41 ff.). Dabei erfordert eine verfassungskonforme Auslegung, dass grds. davon auszugehen ist, dass die Übertragung der Sorge auf
den Vater dem Wohl des Kindes dient, wenn nicht Umstände festgestellt werden können, die
dagegen sprechen.[2] Bei einer Sorgerechtsübertragung auf den Vater kann auch eine Verbleibensanordnung gem. § 1632 Abs. 4 oder § 1682 in Betracht kommen.

In Abweichung zu Abs. 1 **setzt Abs. 2 voraus**, dass das Sorgerecht der Mutter **ruht** und **keine Aus-** 5
sicht besteht, dass der **Grund des Ruhens wegfallen wird**. Die elterliche Sorge ruht aus Rechtsgründen gem. § 1673; aus tatsächlichen Gründen nur, wenn dies gem. § 1674 festgestellt ist. Eine
rein tatsächliche Verhinderung genügt daher als Voraussetzung der Anwendbarkeit des § 1678
Abs. 2 nicht. Das zusätzliche Erfordernis des voraussichtlich endgültigen Ruhens der elterlichen
Sorge folgt aus dem Bedürfnis die Erziehungskontinuität zu wahren und dem Kind einen häufigen Sorgerechtswechsel zu ersparen.[3]

Ist die gem. § 1626a Abs. 2 alleinsorgeberechtigte Mutter verhindert die elterliche Sorge auszu- 6
üben, ohne dass die Voraussetzungen des Abs. 2 gegeben sind, was stets vorrangig zu prüfen ist,[4]
– sei es dass die Verhinderung nur vorübergehend ist oder eine Übertragung auf den Vater dem
Wohl des Kindes nicht dient – so ist durch das gem. § 1693 zum Eingreifen verpflichtete Familiengericht dem Kind gem. § 1773 Abs. 1 ein **Vormund** oder bei nur partieller Verhinderung der
Mutter gem. § 1909 Abs. 1 ein **Pfleger** zu bestellen.

II. Alleinsorge gem. §§ 1671, 1672

Beruhte die Alleinsorge des nunmehr verhinderten Elternteils auf einer gerichtlichen Übertra- 7
gungsentscheidung gem. § 1671 oder § 1672, so kann dem anderen Elternteil die Sorge unter den
Voraussetzungen des § 1696 übertragen werden. Da es sich dabei um eine **Änderungsentschei-**

---

1 BT-Drucks. 13/4899 S. 102.
2 OLG Bamberg FamRZ 2011, 1072 f.; Staudinger/Coester § 1678 Rn. 29; Kritik an Wertungswidersprüchen bei Staudinger/Coester § 1678 Rn. 15 ff.
3 Staudinger/Coester § 1678 Rn. 27.
4 OLG Bamberg FamRZ 2011, 1072.

dung handelt, die sich nach § 1696 richtet, hat es der Gesetzgeber nicht für notwendig erachtet in § 1678 Abs. 2 eine besondere Regelung zu treffen.[5] Demnach sind für eine Sorgerechtsabänderung triftige, das Wohl des Kindes nachhaltig berührende Gründe erforderlich. Andererseits reichen diese aber auch aus; die Voraussetzungen des Abs. 2 müssen nicht vorliegen. Eine Abänderung nach § 1996 wird aber nur bei einer Verhinderung in gewissem Umfang, insb. in zeitlicher Hinsicht, in Betracht kommen.

8   Der Wertungswiderspruch zu dem Fall, dass die elterliche Sorge bei Tod des Elternteils auf den anderen gem. § 1680 Abs. 2 Satz 2 bereits dann zu übertragen ist, wenn dies dem Wohl des Kindes nicht widerspricht, ist auf berechtigte Kritik gestoßen.[6]

III. Alleinsorge wegen Sorgerechtsentzugs des anderen Elternteils gem. § 1666

9   Hatte der nunmehr verhinderten Elternteil die Sorge nur deshalb alleine inne, weil dem anderen Elternteil das Sorgerecht gem. § 1666 entzogen worden war, ist dem Kind ein Vormund (§ 1773 Abs. 1), bei Teilentzug der Sorge ein Pfleger, zu bestellen. Nur wenn der Sorgerechtsentzug gem. § 1696 Abs. 2 aufgehoben wird, kann der andere Elternteil die Sorge erwerben.

C. Verfahrensrecht

10   Vgl. dazu § 1626 Rdn. 25 ff.

§ 1679

(weggefallen)

§ 1680   Tod eines Elternteils oder Entziehung des Sorgerechts

(1) Stand die elterliche Sorge den Eltern gemeinsam zu und ist ein Elternteil gestorben, so steht die elterliche Sorge dem überlebenden Elternteil zu.

(2) Ist ein Elternteil, dem die elterliche Sorge gemäß § 1671 oder 1672 Abs. 1 allein zustand, gestorben, so hat das Familiengericht die elterliche Sorge dem überlebenden Elternteil zu übertragen, wenn dies dem Wohl des Kindes nicht widerspricht. Stand die elterliche Sorge der Mutter gemäß § 1626a Abs. 2 allein zu, so hat das Familiengericht die elterliche Sorge dem Vater zu übertragen, wenn dies dem Wohl des Kindes dient.

(3) Absatz 1 und Absatz 2 Satz 2 gelten entsprechend, soweit einem Elternteil, dem die elterliche Sorge gemeinsam mit dem anderen Elternteil oder gemäß § 1626a Abs. 2 allein zustand, die elterliche Sorge entzogen wird.

A. Abs. 1: Rechtsfolge bei Tod eines gemeinsam sorgeberechtigten Elternteils

1   Stand beiden Eltern die Sorge gemeinsam zu und stirbt ein Elternteil, so erwirbt der andere automatisch ohne Sachprüfung kraft Gesetzes die Alleinsorge. Diese Regelung entspricht § 1678 Abs. 1 1. Hs.

---

5   Vgl. BT-Drucks. 13/4899 S. 102.
6   Vgl. eingehend Staudinger/Coester § 1678 Rn. 15 ff.

B. Abs. 2: Rechtsfolge bei Tod des alleinsorgeberechtigten Elternteils

War der verstorbene Elternteil bislang alleiniger Inhaber der elterlichen Sorge, so richtet sich die 2
weitere Verfahrensweise nach dem Rechtsgrund für die Alleinsorge:

Satz 1.: Beruhte die Alleinsorge des verstorbenen Elternteils auf einer gerichtlichen **Übertragungs-** 3
entscheidung gem. § 1671 oder § 1672 so ist dem anderen Elternteil die Sorge zu übertragen,
wenn dies dem Wohl des Kindes nicht widerspricht. Andernfalls ist ein Vormund zu bestellen.[1]
Für die Kindeswohlprüfung sind die zu § 1671 Abs. 2 Nr. 2 entwickelten Kriterien heranzuziehen
(s. § 1671 Rdn. 41 ff.).

Satz 2.: Stand der verstorbenen Mutter die Alleinsorge gem. **§ 1626a Abs. 2** zu, weil sie mit dem 4
Vater weder verheiratet war noch eine gemeinsame Sorgeerklärung abgegeben hatte, so ist dem
Vater die elterliche Sorge zu übertragen, wenn dies dem Wohl des Kindes dient. Hat der Vater
aber über einen längeren Zeitraum die elterliche Sorge in tatsächlicher Hinsicht ausgeübt, ist der
Wortlaut der Vorschrift verfassungskonform dahingehend auszulegen, dass eine Sorgerechtsübertragung gem. Abs. 2 Satz 2 auf den Vater regelmäßig dem Kindeswohl dient, solange nicht fest-
stellbare Kindesinteressen der Übertragung widersprechen.[2] Die Kindeswohlprüfung ist anhand
der üblichen Kriterien durchzuführen (s. § 1671 Rdn. 41 ff.). Entsprechend soll diese Bestimmung
anwendbar sein, wenn erst nach dem Tod der Mutter die Ehelichkeit des Kindes erfolgreich angefochten wurde.[3]

C. Abs. 3: Entsprechende Anwendung bei Sorgerechtsentzug

Durch Abs. 3 wird in den Fällen des Abs. 1 (gemeinsame Sorge) und des Abs. 2 Satz 2 (Alleinsorge 5
gem. § 1626a Abs. 2) der Entzug der elterlichen Sorge gegenüber einem Elternteil, dem Tod dieses
Elternteils gleichgestellt. Es besteht lediglich die Besonderheit, dass der Sorgerechtsentzug auch
teilweise erfolgen kann, so dass die Regelungen dann nur für den entzogenen Teilbereich gelten.

Eine entsprechende Anwendung des **Abs. 2 Satz 1** wird nicht angeordnet. Der Gesetzgeber hielt 6
im Falle der Alleinsorge auf Grund gerichtlicher Übertragungsentscheidung die Anwendung des
§ 1696 für geboten, wenn dem bisherigen Sorgerechtsinhaber das Sorgerecht entzogen wird.[4] Hinsichtlich der materiellen Voraussetzungen gilt die verfassungskonforme Auslegung des Abs. 2
Satz 2 entsprechend (oben Rdn. 4).

D. Verfahrensrecht

Vgl. dazu § 1626 Rdn. 25 ff.   7

---

1 Vgl. BayObLG FamRZ 2000, 972 = FuR 2000, 19: Schwester als Vormund, weil Vater keine Gewähr bietet Kindesbelange ernsthaft wahrzunehmen.
2 BVerfG FamRZ 2006, 385, 386; 2008, 2185, 2186; bereits früher in diesem Sinne: Staudinger/Coester
   § 1680 Rn. 14; Palandt/Diederichsen § 1680 Rn. 3; vgl. auch allgemein zur Kritik an den gesetzesimma-
   nenten Wertungswidersprüchen der unterschiedlichen Kindeswohlmaßstäbe Staudinger/Coester § 1678
   Rn. 15 ff.; vgl. auch van Els FamRZ 2005, 231 mit abl. Haltung zur Möglichkeit der korrigierenden Auslegung und für eine gesetzliche Neuregelung unter Angleichung von Abs. 2 S. 1 an den Prüfungsmaßstab des
   Abs. 2 S. 2.
3 So AG Leverkusen FamRZ 2006, 878.
4 BT-Drucks. 13/4899 S. 103.

§ 1681 Todeserklärung eines Elternteils

(1) § 1680 Abs. 1 und 2 gilt entsprechend, wenn die elterliche Sorge eines Elternteils endet, weil er für tot erklärt oder seine Todeszeit nach den Vorschriften des Verschollenheitsgesetzes festgestellt worden ist.

(2) Lebt dieser Elternteil noch, so hat ihm das Familiengericht auf Antrag die elterliche Sorge in dem Umfang zu übertragen, in dem sie ihm vor dem nach § 1677 maßgebenden Zeitpunkt zustand, wenn dies dem Wohl des Kindes nicht widerspricht.

1 **Abs. 1:**gem. § 1677 endet die elterliche Sorge auch dann, wenn ein Elternteil für tot erklärt oder seine Todeszeit nach den Vorschriften des Verschollenheitsgesetzes festgestellt wird. Im Anschluss daran bestimmt § 1681 Abs. 1, dass der andere Elternteil die Sorge unter den gleichen Voraussetzungen (§ 1680) erwirbt, die beim (feststehenden) Tod des Elternteils erforderlich wären.

2 **Abs. 2:** Stellt sich später heraus, dass der für tot erklärte Elternteil noch lebt, ist ihm auf Antrag die elterliche Sorge im ursprünglichen Umfang zurück zu übertragen, wenn dies dem Wohl des Kindes nicht widerspricht. Diese Einschränkung der Kindeswohlprüfung sah der Reformgesetzgeber als notwendig an, weil häufig eine erhebliche Entfremdung zwischen dem Kind und dem vermeintlich toten Elternteil eingetreten und das Kind sich an neuen Bezugspersonen orientiert haben wird.[1]

3 **Verfahrensrecht:** Vgl. dazu § 1626 Rdn. 25 ff.

§ 1682 Verbleibensanordnung zugunsten von Bezugspersonen

(1) Hat das Kind seit längerer Zeit in einem Haushalt mit einem Elternteil und dessen Ehegatten gelebt und will der andere Elternteil, der nach §§ 1678, 1680, 1681 den Aufenthalt des Kindes nunmehr alleine bestimmen kann, das Kind von dem Ehegatten wegnehmen so kann das Familiengericht von Amts wegen oder auf Antrag des Ehegatten anordnen, daß das Kind bei dem Ehegatten verbleibt, wenn und solange das Kindeswohl durch die Wegnahme gefährdet würde. Satz 1 gilt entsprechend, wenn das Kind seit längerer Zeit in einem Haushalt mit einem Elternteil und dessen Lebenspartner oder einer nach § 1685 Abs. 1 umgangsberechtigten volljährigen Person gelebt hat.

A. Allgemeines

1 Die Vorschrift wurde durch das Kindschaftsrechtsreformgesetz neu geschaffen. Sie dient dem Schutz des Kindes, das bislang mit dem Elternteil, der Inhaber der Sorge war, sowie einer dritten, ihm nahestehenden Person in einem **familiären Verband** gelebt und in diesem Verhältnis seine Bezugswelt gefunden hat. Ist das Kind dem nunmehr alleinigen Inhaber der Sorge entfremdet und würde durch die Herausnahme zur Unzeit sein persönliches, insb. sein seelisches Wohl, gefährdet, so kann dem durch eine Verbleibensanordnung begegnet werden. Dabei war in erster Linie an **klassische Stiefelternsituationen** gedacht.[1]

---

1 BT-Drucks. 13/4899 S. 104.
1 BT-Drucks. 13/4899 S. 104.

B. Voraussetzungen der Verbleibensanordnung

Grundvoraussetzung für den Erlass einer Verbleibsanordnung ist, dass der Elternteil, gegen den 2 sich die Anordnung richtet, das alleinige Aufenthaltsbestimmungsrecht **auf Grund der §§ 1678, 1680 oder 1681 erworben** hat.

Die Schutzfunktion des § 1682 betrifft nur das Zusammenleben mit einem bestimmten Personen- 3 kreis. Nach Satz 1 ist das der sogenannte **Stiefelternteil**; nach **Satz 2** der eingetragene Lebenspart- ner i.S.d. LPartG oder i.V.m. § 1685 Abs. 1 die **Großeltern** und **volljährigen Geschwister** sowie der **Lebensgefährte** einer nichtehelichen Lebensgemeinschaft. Ob diese Personen tatsächlich ein Umgangsrecht hätten, spielt keine Rolle.[2]

Das Kind muss mit einer der bezeichneten Personen und dem verhinderten oder sonst weggefalle- 4 nen Elternteil **in einem Haushalt** gelebt haben. Der Begriff entspricht dem der häuslichen Gemeinschaft des § 1685 Abs. 2 und meint eine Lebensgemeinschaft mit festen und regelmäßigen Kontakten.[3]

Das Zusammenleben muss **längere Zeit** angedauert haben. Dabei kann keine bestimmte Zeit- 5 dauer als Maßstab genannt werden. Vielmehr ist das subjektive Zeitempfinden des Kindes im Ein- zelfall maßgeblich.[4]

Eine Verbleibensanordnung kann nur ergehen, wenn der Elternteil, der das Aufenthaltsbestim- 6 mungsrecht nunmehr alleine ausübt, den Willen hat das Kind von der bezeichneten Bezugsperson wegzunehmen. Dies folgt bereits aus dem Wortlaut der Vorschrift selbst; im Übrigen ist es ein Gebot der Verhältnismäßigkeit. Dabei ist nicht erforderlich, dass der Elternteil bereits die Heraus- gabe verlangt hat. Vielmehr besteht bereits dann ein **Rechtsschutzbedürfnis**, wenn ein Herausga- bekonflikt zu erwarten ist, etwa weil der Elternteil das Herausgabeverlangen oder die Wegnahme des Kindes ernsthaft angekündigt hat.[5]

Schließlich müsste das **Wohl des Kindes** durch die Wegnahme **gefährdet** sein. Der Begriff der 7 Kindeswohlgefährdung entspricht dem des § 1666. Regelmäßig ist bei einem Herausgabeverlan- gen zur Unzeit, das sich über die Bedürfnisse des Kindes hinwegsetzt, diese Voraussetzung erfüllt.[6]

Die Verbleibensanordnung setzt voraus, dass die Gefährdung des Kindeswohls **nur vorübergehend** 8 ist und durch vermehrte Kontakte zu dem sorgeberechtigten Elternteil beendet werden kann und soll. Lediglich ein abrupter Wechsel der Betreuungssituation soll vermieden werden. Ist dieses Ziel in absehbarer Zeit nicht erreichbar, kommt nur der ganz oder teilweise Entzug der elterlichen Sorge unter den erhöhten Voraussetzungen der §§ 1666, 1666a in Betracht.[7]

C. Rechtsfolge der Verbleibensanordnung

Die Verbleibensanordnung entzieht die elterliche Sorge nicht, schränkt sie jedoch, insb. im Hin- 9 blick auf das Aufenthaltsbestimmungsrecht, ein.

Den Bezugspersonen stehen die in § 1688 genannten Entscheidungsrechte zu.

---

2 BT-Drucks. 13/4899 S. 104.
3 Vgl. Palandt/Diederichsen § 1682 Rn. 2.
4 S. § 1632 Rdn. 7; eingehend dazu Staudinger/Coester § 1682 Rn. 13 ff.
5 Staudinger/Coester § 1682 Rn. 20.
6 Vgl. BT-Drucks. 13/4899 S. 104.
7 Palandt/Diederichsen § 1682 Rn. 3.

D. Verfahrensrecht

10   Die Verbleibensanordnung kann von Amts wegen oder auf Antrag der bezeichneten Bezugsperson ergehen. Die Bezugsperson ist gem. § 161 Abs. 1 Satz 2, Abs. 2 FamFG anzuhören.

Vgl. zum Verfahrensrecht im Übrigen § 1626 Rdn. 25 ff.

§ 1683

(aufgehoben)

§ 1684   Umgang des Kindes mit den Eltern

(1) Das Kind hat das Recht auf Umgang mit jedem Elternteil; jeder Elternteil ist zum Umgang mit dem Kind verpflichtet und berechtigt.

(2) [1]Die Eltern haben alles zu unterlassen, was das Verhältnis des Kindes zum jeweils anderen Elternteil beeinträchtigt oder die Erziehung erschwert. [2]Entsprechendes gilt, wenn sich das Kind in der Obhut einer anderen Person befindet.

(3) [1]Das Familiengericht kann über den Umfang des Umgangsrechts entscheiden und seine Ausübung, auch gegenüber Dritten, näher regeln. [2]Es kann die Beteiligten durch Anordnungen zur Erfüllung der in Absatz 2 geregelten Pflicht anhalten. [3]Wird die Pflicht nach Absatz 2 dauerhaft oder wiederholt erheblich verletzt, kann das Familiengericht auch eine Pflegschaft für die Durchführung des Umgangs anordnen (Umgangspflegschaft). [4]Die Umgangspflegschaft umfasst das Recht, die Herausgabe des Kindes zur Durchführung des Umgangs zu verlangen und für die Dauer des Umgangs dessen Aufenthalt zu bestimmen. [5]Die Anordnung ist zu befristen. [6]Für den Ersatz von Aufwendungen und die Vergütung des Umgangspflegers gilt § 277 des Gesetzes über das Verfahren in Familiensachen und in den Angelegenheiten der freiwilligen Gerichtsbarkeit entsprechend.

(4) [1]Das Familiengericht kann das Umgangsrecht oder den Vollzug früherer Entscheidungen über das Umgangsrecht einschränken oder ausschließen, soweit dies zum Wohl des Kindes erforderlich ist. [2]Eine Entscheidung, die das Umgangsrecht oder seinen Vollzug für längere Zeit oder auf Dauer einschränkt oder ausschließt, kann nur ergehen, wenn andernfalls das Wohl des Kindes gefährdet wäre. [3]Das Familiengericht kann insbesondere anordnen, dass der Umgang nur stattfinden darf, wenn ein mitwirkungsbereiter Dritter anwesend ist. [4]Dritter kann auch ein Träger der Jugendhilfe oder ein Verein sein; dieser bestimmt dann jeweils, welche Einzelperson die Aufgabe wahrnimmt.

A. Abs. 1: Umgangsrecht und Umgangspflicht

I. Umgangsrecht des Kindes und Umgangspflicht der Eltern

Die Neuregelung des Umgangsrechts durch das Kindschaftsrechtsreformgesetz vom 16.11.1997 **1** stellt bewusst das Recht des Kindes auf Umgang mit jedem Elternteil an den Anfang. Hierzu korrespondiert die im zweiten Halbsatz normierte Pflicht eines jeden Elternteils zum Umgang mit dem Kind. Damit kommt stärker als bisher zum Ausdruck, dass das **Wohl des Kindes** auch bei der Ausübung und Ausgestaltung des Umgangsrechts **zentraler Maßstab und oberste Richtschnur** ist, dem im Konfliktfall der Vorrang vor den Elterninteressen zukommt.[1]

Diese am Kindeswohl orientierte Sichtweise hat auch in § 1626 Abs. 3 Satz 1 ihren Niederschlag **2** gefunden, wonach **zum Wohl des Kindes in der Regel der Umgang mit beiden Elternteilen gehört**. Denn für die Entwicklung des Kindes ist es von besonderer Wichtigkeit, dass es durch ungestörten persönlichen Umgang mit dem Elternteil, bei dem es nicht in Obhut ist, Gelegenheit erhält, sich ein eigenständiges, auf persönlichen Erfahrungen beruhendes Bild von diesem und dessen Ansichten zu machen.[2] Ebenso ist anerkannt, dass es für eine gedeihliche seelische Entwicklung eines Kindes und die psychische Verarbeitung einer Familienauflösung in aller Regel bedeutsam ist, nicht nur einen sorgenden (und sorgeberechtigten) Elternteil als Bindungspartner zu haben, sondern auch den anderen Elternteil nicht faktisch zu verlieren, vielmehr die Beziehung zu ihm so gut wie möglich aufrechtzuerhalten.[3] Dies gilt selbst dann, wenn das Kind wegen seines geringen Alters die Trennung gar nicht bewusst miterlebt und vielleicht in dem neuen Partner des Elternteils, bei dem es lebt, einen Ersatz gefunden hat oder finden könnte, weil die Erfahrung in den Adoptionsfällen lehrt, dass spätestens im jugendlichen Alter die Frage nach der Herkunft und nach der Person des leiblichen Elternteils große Bedeutung für die Identifikation und Selbstfindung des Kindes erlangt. Unabhängig davon, wie sich das Verhältnis zwischen dem Kind und dem Elternteil, bei dem es sich nicht (mehr) aufhält, entwickeln wird sind beide für immer schicksalhaft miteinander verbunden, so dass dem Kind Gelegenheit gegeben werden muss auch diesen Elternteil kennen zu lernen, um zu begreifen, wo seine Wurzeln sind.[4]

Daneben – und unabhängig von der subjektiven Einstellung des Kindes zu dem Elternteil, mit dem **3** es nicht mehr in häuslicher Gemeinschaft lebt, – ergibt sich die Bedeutung eines fortbestehenden Kontakts aus der Überlegung, dass die aktuelle Sorgerechts- und Betreuungssituation nicht unbedingt endgültig zu sein braucht. Abgesehen davon, dass dem nicht sorgeberechtigte Elternteil unter Umständen im Wege der Abänderungsentscheidung gem. § 1696 Abs. 1 das Sorgerecht übertragen werden kann, sind auch andere **Entwicklungen** denkbar, die es notwendig machen, dass der bisher nicht sorgeberechtigte Elternteil zur Übernahme der elterlichen Sorge oder Obhut verpflichtet ist, sei es dass der andere Elternteil stirbt (§ 1680 Abs. 1 und 2) oder dass er aus anderen Gründen an

---

1 BVerfGE 99, 145, 156 = FamRZ 1999, 85, 86; vgl. auch BVerfGE 79, 203, 210 f. = FamRZ 1989, 143; BVerfG FamRZ 1996, 1267; OLG Hamm FamRZ 1996, 361; ebenso bereits BVerfGE 37, 217, 252; 56, 363, 383; 68, 176, 188; 75, 201, 208.
2 OLG Köln FamRZ 1998, 1463.
3 OLG Celle FamRZ 1998, 1458, 1459; OLG Hamm FamRZ 2000, 45; OLG Bamberg FamRZ 2000, 46, 47.
4 So KG FamRZ 2003, 948, 949, wobei es betont, dass dies gerade im Hinblick auf das orientalische Aussehen des Vaters, das er an das Kind weitervererbt hat, gelten muss.

einer weiteren Ausübung der elterlichen Sorge gehindert ist (§§ 1678 Abs. 2, 1696 Abs. 1).[5] In einem solchen Fall wird ein in der Vergangenheit wahrgenommenes Umgangsrecht die Umstellung des Kindes auf die veränderten Verhältnisse in der Regel erleichtern.[6]

4   Das Kind hat einen **klagbaren Anspruch auf Umgang, der aber nur ganz** ausnahmsweise **vollstreckbar ist**.[7] Der Regierungsentwurf zum Kindschaftsrechtsreformgesetz sah ursprünglich ein für das Kind gerichtlich durchsetzbares Recht nicht vor. Zum einen sei eine nicht wünschenswerte Verlagerung der Elternkonflikte auf das Kind zu befürchten, zum andern sei ein erzwungener Umgang problematisch, weil er nur formal ausgeübt würde und nicht geeignet wäre dem Kindeswohl zu dienen.[8] Dem ist zuzustimmen. Deshalb sollte eine freiwillige Ausübung des Umgangsrechts angestrebt werden. Die praktische Bedeutung des klagbaren Anspruchs des Kindes ist demnach auch gering. Hinzu kommt, dass das Kind durch den alleinsorgeberechtigten Elternteil oder durch einen Verfahrensbeistand vertreten werden muss. Dem normierten Recht des Kindes auf Umgang kommt daher in erster Linie Appellcharakter zu.[9] Nunmehr hat auch das BVerfG[10] klargestellt, dass ein Umgang, der nur mit Zwangsmitteln gegen den umgangsunwilligen Elternteil durchgesetzt werden kann, in der Regel nicht dem Kindeswohl dient und daher bereits die Androhung von Ordnungsmitteln gegenüber dem Elternteil einen verfassungswidrigen Eingriff in dessen Grundrecht auf Schutz der Persönlichkeit nach Art. 2 Abs. 1 GG darstellt. Etwas anderes gilt nur, wenn im Einzelfall hinreichende Anhaltspunkte darauf schließen lassen, dass ein erzwungener Umgang dem Kindeswohl dient.[11] Die Umgangspflicht ist ein höchstpersönliches Recht des Kindes, das gegen einen umgangsunwilligen Elternteils nur durch das Kind – vertreten durch den anderen Elterteil oder im Falle eines Interessenkonflikts durch einen Ergänzungspfleger – geltend gemacht werden kann.[12] Einem Antrag, den anderen zum Umgang mit dem Kind zu verpflichten, kann PKH wegen Mutwilligkeit versagt werden, wenn sich nicht zuvor um Unterstützung und Vermittlung des Jugendamts bemüht wurde.[13]

II. Umgangsrecht der Eltern

5   Neben dem Umgangsrecht des Kindes hat auch jeder Elternteil Anspruch auf Umgang mit seinem Kind. Das **BVerfG** hat zur **Rechtsnatur des Umgangsrechts**, zum **Verhältnis zur elterlichen Sorge** sowie zum **Zweck des Umgangsrechts** wiederholt grundlegend ausgeführt:[14]

---

5   Vgl. auch OLG Frankfurt FamRZ 1988, 754, 755.
6   BVerfGE 64, 180, 189 = FamRZ 1983, 872, 874; BGH FamRZ 1984, 778, 779.
7   Vgl. OLG Köln FamRZ 2001, 1023; OLG München FamRZ 2005, 2010; BVerfG FamRZ 2008, 1287; AG Celle FamRZ 2010, 1681.
8   BT-Drucks. 13/4899 S. 68.
9   Staudinger/Rauscher § 1684 Rn. 59; im Ergebnis ebenso OLG Nürnberg FamRZ 2007, 925; vgl. aber OLG Brandenburg FamRZ 2005, 293 das sachverständig beraten im entschiedenen Fall einen erzwungenen Umgang als förderlich für das Wohl des fünfjährigen Kindes ansah, die Weigerung des Vaters mit der Möglichkeit fachkundiger Begleitung begegnete und dem Vater im Falle der Zuwiderhandlung ein Zwangsgeld androhte; vgl. auch AG Bochum FamRZ 2007, 494.
10 BVerfG FamRZ 2008, 845, 850 ff. mit Anm. Luthin = FuR 2008, 334 = NJW 2008, 1287, 1288.
11 BVerfG FamRZ 2008, 1287 = FuR 2008, 334.
12 BGH FamRZ 2008, 1334 mit Anm. Luthin und weiterer Anm. Bienwald, FamRZ 2008, 2020, der zu Recht darauf hinweist, dass ein Ergänzungspfleger und nicht – was der BGH-Entscheidung entnommen werden könnte – ein Verfahrenspfleger (nach neuen Recht: Verfahrensbeistand) bestellt werden müsste.
13 OLG Brandenburg FamRZ 2005, 1914; a.A. OLG Hamm FamRZ 2004, 1116; OLG Stuttgart FamRZ 2006, 1060.
14 BVerfG FamRZ 1995, 86, 87; BVerfGE 31, 194, 205 f. = FamRZ 1971, 412, 424; ebenso: BVerfG FamRZ 2005, 1057; BGHZ 42, 364, 371= FamRZ 1965, 130; BGHZ 51, 219, 222; BGH FamRZ 1984, 778, 779; BGH FamRZ 1987, 356, 358; BVerfG FamRZ 2010, 1622.

»Das Umgangsrecht des nichtsorgeberechtigten Elternteils steht ebenso wie die elterliche Sorge des anderen Elternteils unter dem Schutz des Art. 6 Abs. 2 Satz 1 GG. Beide Rechtspositionen erwachsen aus dem natürlichen Elternrecht und der damit verbundenen Elternverantwortung[15] und müssen von den Eltern im Verhältnis zueinander respektiert werden. Der sorgeberechtigte Elternteil muss demgemäß grds. den persönlichen Umgang des Kindes mit dem anderen Elternteil ermöglichen. …. Das Umgangsrecht ermöglicht dem nichtsorgeberechtigten Elternteil, sich von dem körperlichen und geistigen Befinden des Kindes und seiner Entwicklung durch Augenschein und gegenseitige Absprache fortlaufend zu überzeugen, die verwandtschaftlichen Beziehungen zu ihm aufrechtzuerhalten und einer Entfremdung vorzubeugen sowie dem Liebesbedürfnis beider Teile Rechnung zu tragen.«

Der Staat muss das Umgangsrecht fördern und ihm auch zur Durchsetzung verhelfen, soweit dies mit den Rechten anderer, insb. dem Kindeswohl noch in Einklang zu bringen ist.[16] Das Umgangsrecht ist kein Teil der elterlichen Sorge und besteht unabhängig von ihr.[17]

Diese Ausführungen haben durch die Neuregelung des Umgangsrechts durch das Kindschaftsrechtsreformgesetz nichts an ihrer Gültigkeit verloren. Sie gelten nunmehr aber auch **entsprechend** für Elternteile, die nicht miteinander verheiratet sind und solche, die zwar Inhaber der Personensorge, aber nicht der Obhut für das Kind sind.[18] Hinzuzufügen ist noch, dass der **Grund**, weshalb die verwandtschaftlichen Beziehungen aufrechterhalten, einer Entfremdung vorgebeugt und dem gegenseitigen Liebesbedürfnis Rechnung getragen werden soll, darin liegt, dass dies dem Wohl des Kindes dient, weil der Kontakt zu beiden Eltern seine Sozialisation fördert und es für seine Identifikation und Selbstfindung nicht nur einen Elternteil als ständigen Bindungspartner braucht, sondern auch den anderen faktisch nicht verlieren darf.[19]   6

Nach wohl überwiegender Meinung hat der umgangsberechtigte Elternteil, der nicht Inhaber oder Mitinhaber der elterlichen Sorge ist, **kein Erziehungsrecht**.[20] Dies mag formal-juristisch zutreffen, wird jedoch den tatsächlichen Gegebenheiten, dem Zweck des Umgangsrechts und dem in Art. 6 Abs. 2 Satz 1 GG verankerten weiterhin bestehenden natürlichen Elternrecht nicht gerecht. Beim Umgang mit dem anderen Elternteil soll das Kind ja gerade dessen Persönlichkeit, seine Wertvorstellungen, Charakterzüge und auch Eigenheiten kennen und erfahren lernen. Dadurch findet eine Prägung des Kindes statt, die seiner Selbstfindung dient und seine Sozialisation fördert. Nichts anderes aber ist Erziehung.[21] Dies dem anderen Elternteil zu verbieten ist weder sinnvoll noch überhaupt möglich. Wenn das Umgangsrecht nicht zu einer Begegnung mit geistiger und emotionaler Trennscheibe verkommen, sondern zu einem für das Kindeswohl förderlichen Zusammensein führen soll, muss dem anderen Elternteil ein **Miterziehungsrecht**[22] in diesem Sinne, das man auch als Mitprägungsrecht bezeichnen könnte, eingeräumt werden.   7

Dieses **Mitprägungsrecht** des anderen Elternteils findet im Kindeswohl aber nicht nur sein Ziel, sondern auch seine Grenze. Deshalb muss der umgangsberechtigte Elternteil alles vermeiden, was   8

---

15 Die früher vertretene andere Ansicht (vgl. etwa KG 1989, 656), wonach das Umgangsrecht als Restbestandteil der Personensorge anzusehen ist, spielt heute keine Rolle mehr, vgl. Staudinger/Rauscher § 1684 Rn. 21.

16 EGMR FamRZ 2008, 1059 mit Anm. Rixe.

17 OLG München FamRZ 11, 823.

18 AG Saarbrücken FamRZ 2003, 1200, 1201 will die Mitsorgeberechtigung als weiteren Abwägungsbelang bei der Ausgestaltung des Umgangsrechts zugunsten des Umgangsberechtigten berücksichtigen, was in Anbetracht des Nebeneinanders von Sorge- und Umgangsrecht nicht gerechtfertigt erscheint und indirekt die selbständige Bedeutung des Umgangsrechts herabsetzt; vgl. zum Anwendungsbereich im Übrigen Rdn. 12 ff.

19 Vgl. Staudinger/Rauscher § 1684 Rn. 32; Johannsen/Henrich/Jaeger § 1684 Rn. 3.

20 Soergel/Straetz § 1634 a.F. Rn. 11; Johannsen/Henrich/Jaeger § 1684 Rn. 4.

21 Staudinger/Rauscher § 1684 Rn. 41.

22 So zu Recht Staudinger/Rauscher § 1684 Rn. 41; FA-FamR/Büte Kap. 4 Rn. 432.

das Kind in einen **Loyalitätskonflikt** zwischen ihm und dem Sorgerechtsinhaber bringen könnte.[23] Dies folgt auch aus der Wohlverhaltensklausel des Abs. 2. Das Sorgerecht wird nur – aber eben auch – insoweit eingeschränkt, als das zur Erreichung des Zwecks des Umgangsrechts erforderlich ist.[24] Im Zweifel gebührt dem Sorgerecht der Vorrang. Dies ist aber nicht schon dann der Fall, wenn der umgangsberechtigte Elternteil sich nicht so verhält, wie es ein »Idealelternteil« im objektiven Sinn oder in der Vorstellung des Sorgerechtsinhabers tun würde. Auch im Falle des Zusammenlebens der Eltern ist dies häufig nicht so. Dennoch kann das Kind davon profitieren, dass es unterschiedliche Lebensweisen und Überzeugungen kennen lernt. Es ist eben das Kind seiner Eltern, deren unterschiedliche Lebensweisen und Überzeugungen ein Spiegelbild der Gesellschaft sind. Grundsätzlich ist es aber für die **Sozialisation** des Kindes förderlich, wenn es altersangemessene Erfahrungen machen kann. Die oftmals schwierige Abwägung, ob der Sorgerechtsinhaber die vom umgangsberechtigten Elternteil vertretene Auffassung noch tolerieren muss oder ob diese bereits einen unzulässigen Eingriff in das Sorgerecht darstellt, soll anhand eines Beispiels aus der Rechtsprechung verdeutlicht werden:

9   In einem Fall des OLG München[25] hat die alleinsorgeberechtigte Mutter es dem Vater untersagt, das Kind während der Ausübung des Umgangs auf seinem Motorrad mitzunehmen. Das OLG hat der Mutter Recht gegeben und deren Sicherheitsbedenken den Vorrang eingeräumt. Dem ist zuzustimmen. Insb. zeigt die Entscheidung exemplarisch, dass eine Abwägung zwischen Personensorgerecht und Umgangszweck im Einzelfall stattzufinden hat und sich am Kindeswohl orientieren muss. Ihr ist gerade nicht zu entnehmen, dass dem Sorgerecht generell der Vorrang zukommen soll. So hat das OLG Düsseldorf[26] – ebenso zu Recht – keine konkrete Kindeswohlgefährdung darin gesehen, dass der nichtsorgeberechtigte Vater seine Kinder zum Sammeln und Essen von Pflanzen in der Natur fachkundig anleitet und eine Beschränkung seines Umgangsrechts abgelehnt. In einem anderen Fall hat das KG[27] die Entscheidung einer alleinsorgeberechtigten Mutter als maßgeblich gebilligt, die dem Vater den Umgang mit seinem 7-jährigen Sohn in Gegenwart eines von ihr als gefährlich angesehenen Hundes untersagt hat, da diese Entscheidung am Kindeswohl orientiert und nicht rechtsmissbräuchlich sei.

10   Das so verstandene Miterziehungsrecht des nichtsorgeberechtigten Elternteils gibt ihm aber nicht das Recht die Personensorge gegenüber **Dritten** auszuüben. Deshalb ist der umgangsberechtigte Elternteil nicht befugt, an den Kindergarten, die Schule oder Ärzte heranzutreten, um Informationen über sein Kind zu erhalten. Hierzu muss er vielmehr gem. § 1686 Auskunft vom anderen Elternteil verlangen.[28]

11   Auch die häufig vertretene Annahme, das Umgangsrecht gebe keine Befugnis zur **Überwachung des anderen Elternteils,**[29] kann keine uneingeschränkte Zustimmung finden. Richtig ist, dass es der umgangsberechtigte Elternteil unter dem Gesichtspunkt des Wohlverhaltens gem. Abs. 2 zu unterlassen hat, den sorgeberechtigten Elternteil hinsichtlich der Erfüllung der Erziehungsaufgaben in kleinlicher Weise zu kontrollieren und durch Besserwisserei Konflikte zu schüren. Doch ist es nicht nur das Recht, sondern auch die Pflicht des nichtsorgeberechtigten Elternteils, dem weiterhin das natürliche Elternrecht und die damit einerhergehende Elternverantwortung zukommt, die Entwicklung des Kindes aufmerksam zu beobachten und im Bedarfsfall die angemessenen und

---

23 Vgl. Staudinger/Rauscher § 1684 Rn. 41.
24 BGHZ 51, 219, 223, 225 = FamRZ 1969, 148; OLG München FamRZ 1998, 974.
25 OLG München FamRZ 1998, 974.
26 OLG Düsseldorf FamRZ 2002, 1582.
27 KG FamRZ 2003, 112.
28 Vgl. FA-FamR/Büte Kap. 4 Rn. 611.
29 So Johannsen/Henrich/Jaeger § 1684 Rn. 4; Palandt/Diederichsen § 1684 Rn. 3; Soergel/Straetz § 1634 a.F. Rn. 11.

gebotenen Maßnahmen zu ergreifen.[30] Diese Auffassung deckt sich auch mit dem vom BVerfG beschriebenen Zweck des Umgangsrechts (vgl. Rdn. 5).

Das Umgangsrecht steht jedem Elternteil zu, auch dem **nichtehelichen Vater**. Nach der gesetzlichen Neuregelung spielt es keine Rolle mehr, ob die Eltern miteinander verheiratet sind bzw. waren oder nicht. Die durch § 1711 a.F. bestehende Diskriminierung ist damit beseitigt.   12

Der sog. **biologische Vater**, der zwar leiblicher, aber nicht rechtlicher Vater ist, hat ein Umgangsrecht nach Maßgabe des § 1685 (s. § 1685 Rdn. 1).

Im Gegensatz zum alten Recht ist auch die fehlende Personensorge nicht mehr Voraussetzung für den Anspruch auf Umgang. Ausreichend ist vielmehr, dass das Kind sich **nicht in der Obhut des umgangsberechtigten Elternteils** befindet. Dies ist insb. bei gemeinsamer elterlicher Sorge denkbar. Aber auch dem alleinsorgeberechtigten Elternteil steht ein Umgangsrecht zu, wenn sich das Kind mit seiner Zustimmung bei dem anderen Elternteil oder bei Pflegeeltern aufhält. Der Reformgesetzgeber wollte vermeiden, dass der Inhaber der elterlichen Sorge vor die Alternative gestellt wird, entweder das Kind herauszuverlangen oder auf Kontakte zum Kind zu verzichten.[31]   13

Die Befugnis des Vaters zum persönlichen Umgang mit seinem Kind ist nicht schon deshalb ausgeschlossen, weil er die **Vaterschaft angefochten** hat solange der Klage noch nicht rechtkräftig stattgegeben wurde. Denn die Erhebung der Anfechtungsklage dient allein der Klärung der Abstammung. Daraus kann kein zwingender Rückschluss auf das persönliche Verhältnis zwischen dem Vater und dem Kind gezogen werden.[32]   14

Ebenfalls rechtfertigt die Tatsache, dass ein Kind durch **Fremdbefruchtung** (heterologe Insemination in utero) gezeugt worden ist, nicht den Ausschluss der Umgangsbefugnis des später geschiedenen Ehemannes und Gilt-Vaters, dessen Vaterschaftsanfechtungsklage rechtkräftig abgewiesen wurde; ihm steht vielmehr grds. die Umgangsbefugnis mit »seinem« Kinde zu.[33]

Das Umgangsrecht steht grds. auch demjenigen Elternteil zu, dem die elterliche **Sorge gem. § 1666 entzogen** wurde oder der aus anderen Gründen nicht erziehungsgeeignet ist. Es kann jedoch dann beschränkt oder ausgeschlossen werden, wenn die Gründe, die den Elternteil als erziehungsungeeignet erscheinen lassen, dies notwendig machen.   15

Das Umgangsrecht **beinhaltet** nicht nur den persönlichen Umgang mit dem Kind, sondern auch den brieflichen und telefonischen Kontakt zu ihm. Um dies klarzustellen, spricht § 1684 nur noch von »Umgang« statt von »persönlichem Umgang« wie noch § 1634 a.F.[34] Gerade wenn der persönliche Kontakt aufgrund der weiten Entfernung zwischen Kind und Umgangsberechtigten notgedrungen eingeschränkt ist, sind wenigstens Telefonate zuzulassen.[35]   16

Das Umgangsrecht besteht uneingeschränkt auch gegenüber einem **Säugling**,[36] erst recht gegenüber einem **Kleinkind**,[37] denn nur so kann der Gefahr einer dauerhaften Entfremdung vorgebeugt werden.   17

---

30 Vgl. überzeugend und eingehend Staudinger/Rauscher § 1684 Rn. 42.
31 BT-Drucks. 13/4899 S. 105.
32 BGH FamRZ 1988, 711.
33 OLG Frankfurt 1988, 754.
34 BT-Drucks. 13/4899 S. 103, 104.
35 KG FamRZ 2006, 878, 880.
36 OLG Celle FamRZ 1990, 1026, 1027.
37 OLG Stuttgart NJW 1981, 404.

18   Das Umgangsrecht ist ein **absolutes Recht** i.S.d. § 823 Abs. 1.[38] Es wirkt gegenüber jedermann, auch gegenüber dem anderen sorgeberechtigten Elternteil.[39] Dieser macht sich auch gem. § 235 StGB strafbar, wenn er dem umgangsberechtigten Elternteils das Kind entzieht.[40] Die Umgangsvereitelung kann Schadensersatzpflichten wegen nutzloser Aufwendungen auslösen.[41] Das Umgangsrecht gibt dem Elternteil aber keine Ansprüche gegen das Kind selbst, weshalb es nicht verpflichtet werden kann, den Umgang wahrzunehmen.[42]

19   Ebenso wie die elterliche Sorge ist das Umgangsrecht ein **höchstpersönliches Recht**, das **nicht übertragen** werden kann.

20   Als Bestandteil des natürlichen Elternrechts ist das Umgangsrecht als solches **unverzichtbar**. Eine Verzichtserklärung ist daher unzulässig und rechtlich nicht verbindlich.[43] Dies folgt auch daraus, dass dem Umgangsrecht der Eltern die Umgangspflicht und das eigene Umgangsrecht des Kindes gegenüberstehen. Jedoch kann sich der umgangsberechtigte Elternteil für eine gewisse Zeit verpflichten, das Umgangsrecht nicht auszuüben, wenn dies dem Kindeswohl dient.[44] Dies muss erst recht gelten, wenn die Voraussetzungen für einen Ausschluss des Umgangsrechts gem. § 1684 Abs. 4 Satz 1 vorliegen. Dagegen ist der Verzicht auf das Umgangsrecht gegen Freistellung von der Unterhaltspflicht regelmäßig sittenwidrig und damit nichtig gem. § 138 Abs. 1, weil dadurch das Kind zum Gegenstand eines Handels gemacht und das Umgangsrecht »kommerzialisiert« wird. Davon ist in der Regel auszugehen, wenn die beiderseitigen Verpflichtungen als gegenseitige, in ihrer Wirksamkeit voneinander abhängige Vereinbarungen getroffen worden sind.[45]

21   Aus denselben Erwägungen, die die Unverzichtbarkeit des Umgangsrechts begründen, folgt auch, dass es **nicht verwirkt werden kann**.[46] Deshalb kann das Umgangsrecht auch nicht gänzlich mit der Begründung versagt werden, der Elternteil habe sich längere Zeit nicht um sein Kind gekümmert und keinen Umgang mit ihm gepflegt.[47]

B. Abs. 2, Abs. 3 Satz 2–6: Wohlverhaltenspflicht, Anordnungen und Sanktionen

I. Abs. 2 Satz 1: Wechselseitige Loyalitätspflicht der Eltern

22   Die mit dem natürlichen Elternrecht verbundene Elternverantwortung begründet die Pflicht der Eltern das Wohl des Kindes bestmöglichst zu fördern und nicht zu beeinträchtigen. Dem Kindeswohl entspricht es aber am besten, wenn die Eltern auch noch nach der Trennung auf der Elternebene einvernehmlich zusammenarbeiten und die Konflikte, die zur Trennung geführt haben, weder vor dem Kind noch auf dem Rücken des Kindes austragen. Dazu gehört insb. auch, dass die Eltern wechselseitig das Recht des anderen zum Umgang mit dem Kind akzeptieren, unterstützen und fördern. Diese Selbstverständlichkeit wird durch Abs. 2 ausdrücklich hervorgehoben.

---

38 Staudinger/Rauscher § 1684 Rn. 25; Johannsen/Henrich/Jaeger § 1684 Rn. 7.
39 Umgekehrt gilt dies aber auch für das absolute Recht der elterliche Sorge gegenüber dem umgangsberechtigten Elternteil, vgl. BGHZ 111, 168, 172 = FamRZ 1990, 966, 968.
40 BGHSt 44, 355 = FamRZ 1999, 651.
41 AG Essen FamRZ 2008, 717; AG Bremen FamRZ 2008, 1369.
42 OLG Hamburg FamRZ 2008, 1372, 1374.
43 BGH FamRZ 1984, 778, 779.
44 So BGH FamRZ 1984, 778, 779 zu § 1634 a.F.
45 BGH FamRZ 1984, 778, 779; nicht unproblematisch deshalb OLG Frankfurt FamRZ 1986, 596 nach dessen Auffassung die »Koppelung« einer Freistellungsvereinbarung betreffend Kindesunterhalt mit dem Verzicht auf Ausübung des Umgangsrechts jedenfalls so lange unbedenklich sein soll, als die Nichtausübung des Umgangsrechts auch dem Kindeswohl dienen kann.
46 Vgl. KG FamRZ 1985, 639, 640.
47 OLG Hamm FamRZ 1996, 424.

Über seinen Wortlaut hinaus verlangt das Wohlverhaltensgebot des Abs. 2 von jedem Elternteil **23**
auch eine **aktive Förderung** des Verhältnisses des jeweils anderen Elternteils zum Kind.[48] Sinnvollerweise lässt sich das Gebot zu loyalem Verhalten nicht auf Unterlassungspflichten reduzieren.
Denn es macht keinen Unterschied, ob ein Elternteil durch Handlungen das Verhältnis des Kindes zum anderen Elternteil stört oder ob er dies dadurch tut, dass er gebotene Handlungen unterlässt.

In der gerichtlichen Praxis spielt vor allem die **Beeinträchtigung des Umgangsrechts** durch den **24**
sorgeberechtigten Elternteil eine Rolle. Denn während der Sorgerechtsinhaber wegen seiner rechtlichen und tatsächlichen Machtposition zur Durchsetzung seiner Interessen die Gerichte kaum
bemühen muss, ist dies für den umgangsberechtigten Elternteil oft der letzte Ausweg.

Häufig wird vom sorgeberechtigten Elternteil der Umgang mit der Begründung verweigert oder **25**
eingeschränkt, dass das Kind in zeitlicher Nähe zum Umgangskontakt verstört sei, einnässe, unter
Krankheiten (beispielsweise Neurodermitis) verstärkt leide oder andere **Verhaltensauffälligkeiten**
zeige.[49] Dagegen ist zu sagen, dass es grds. Aufgabe des sorgeberechtigten Elternteils ist, das Kind
behutsam und positiv auf den Kontakt mit dem anderen Elternteil vorzubereiten.[50] Sollte er
hierzu nicht in der Lage sein, kann dies Anlass zur Überprüfung seiner Erziehungsfähigkeit gem.
§ 1696 Abs. 1 geben.[51] Von dem Personensorgeberechtigten wird auch eine aktive Förderung des
Umgangskontaktes dergestalt verlangt, dass er im Rahmen der Erfüllung seiner Erziehungsaufgabe
auf das Kind mit dem Ziel einwirkt, psychische Widerstände gegen den Umgang mit dem anderen Elternteil abzubauen und eine positive Einstellung zu gewinnen.[52] In diesem Zusammenhang
hat das KG[53] festgestellt: »Wenn ein an Neurodermitis leidendes Kind nach den Besuchstagen heftige Hautreaktionen zeigt, so muss die Ursache dafür nicht in den Besuchen selbst liegen; sie kann
auch darin liegen, dass das Kind bei der Rückkehr zum sorgeberechtigten Elternteil angesichts
dessen kategorischer Ablehnung und Missbilligung solcher Besuche und der hasserfüllten Einstellung gegenüber dem anderen Elternteil in einen schweren Konflikt gerät, der dann erst die Hautreaktionen auslöst.«

Wohlverhalten des sorgeberechtigten Elternteils bedeutet auch, dass er die **Übergabe** des Kindes so **26**
gestaltet, dass es nicht in einen Loyalitätskonflikt gestürzt wird. Dazu gehört insbes., dass der
Elternteil durch aktive Handlungen und ermunternde Worte dem Kind zu verstehen gibt, dass es
den Besuchskontakt mit dem anderen Elternteil nicht missbilligt, sondern ebenfalls wünscht. Diesem Erfordernis wird der sorgeberechtigte Elternteil nicht gerecht, wenn er bei der versuchten
Anbahnung eines ersten Umgangskontakts das Kind zwar vor die Wohnung des Umgangsberechtigten fährt, dann aber demonstrativ im Auto sitzen bleibt und es dem Kind überlässt auszusteigen
und den anderen Elternteils aufzusuchen.[54]

Der sorgeberechtigte Elternteil wird im schlimmsten Fall versuchen, das Kind dahingehend zu **27**
beeinflussen, dass es den **anderen Elternteil ablehnt** und sich weigert den Umgangskontakt mit
diesem wahrzunehmen. Häufig geschieht es aber gar nicht in böser Absicht, wenn der Sorgeberechtigte versucht den Umgang mit dem anderen Elternteil zu verhindern oder einzuschränken,
sondern im guten Glauben, dass der Umgang dem Kind schadet und es darunter leidet. Als
Beweis dafür dienen ihm die Verhaltensauffälligkeiten, die das Kind vor und nach dem Umgang

48 OLG Jena FamRZ 2000, 47; OLG Saarbrücken FamRZ 2007, 927; 2009, 1409; OLG Naumburg
    FamRZ 2009, 792, 793; Staudinger/Rauscher § 1684 Rn. 93; Johannsen/Henrich/Jaeger § 1684 Rn. 14.
49 Vgl. Kölch/Fegert FamRZ 2008, 1573, 1575 zur psychischen Auffälligkeiten bei »Scheidungskindern«,
    die in der Regel mittelfristig nicht (mehr) auftreten.
50 OLG Bamberg FamRZ 1995, 428; OLG Frankfurt FamRZ 1988, 754, 755.
51 OLG Frankfurt FamRZ 1988, 754, 755.
52 OLG Jena FamRZ 2000, 47.
53 FamRZ 1989, 656.
54 Vgl. OLG Brandenburg FamRZ 1996, 1092, 1093.

zeigt. Diese haben aber regelmäßig ihre Ursache nicht im Zusammensein des Kindes mit dem anderen Elternteil an sich, sondern im Verhalten der Eltern anlässlich der Umgangskontakte, insb. der Übergabesituationen, oder in dem Loyalitätskonflikt, in dem sich das Kind befindet. Letzterer kann auch ganz ohne Zutun eines Elternteils dem Kind zu schaffen machen. Um dies zu verstehen ist es erforderlich sich die psychische Situation des Kindes klar zu machen, wie sie nach gefestigten psychologischen Erkenntnissen oftmals besteht: Durch die Trennung der Eltern wird das Kind zutiefst verunsichert, insb. fühlt es sich an der Trennung mitschuldig, empfindet Verlustängste und glaubt, nicht mehr geliebt zu werden. Um sich aus dieser beunruhigenden Gefühlslage zu befreien, wendet es sich ganz dem Elternteil zu, bei dem allein es jetzt lebt und lehnt den anderen Elternteil vehement ab. Dadurch will es einerseits den Elternteil, der ihm aus seiner Sicht noch verblieben ist und von dem es sich abhängig fühlt, ganz stark an sich binden, um ihn nicht auch noch zu verlieren, und andererseits Klarheit in sein Gefühlsleben bringen.[55] Diese Ablehnung des anderen Elternteils ist aber nur vordergründig und entspricht nicht der tatsächlich bestehenden Bindung, weshalb es keinen Grund gibt die Umgangskontakte zu beschränken. Vielmehr ist insb. vom sorgeberechtigten Elternteil alles daran zu setzen im Interesse des Kindes und zu dessen Wohl die Ablehnung zu überwinden und dahin zu kommen, dass das Kind die Trennung der Eltern als einen Vorgang begreift, der nur die Eltern betrifft und sein Verhältnis zu ihnen nicht berührt.[56]

28   Eine besondere Form der Umgangsvereitelung durch den betreuenden Elternteil hat unter dem Namen **PAS**, abgekürzt für **Parental Alienation Syndrome** (elterliche Entfremdungserscheinung), Eingang in Literatur und Rechtsprechung[57] gefunden. In den USA bereits 1984 von Gardner beschrieben, wurde dieses Phänomen namentlich erstmals durch den Aufsatz von Kodjoe/Koeppel[58] im Januar 1998 in Deutschland breiteren juristischen Fachkreisen bekannt. Damit wird ein Phänomen umschrieben, das im Kontext von Sorgerechts- und Umgangskonflikten auftritt und dadurch gekennzeichnet ist, dass das Kind sich einem – dem »guten, geliebten« – Elternteil kompromisslos zuwendet, während es sich ebenso kompromisslos vom anderen – dem »bösen, gehassten« – Elternteil abwendet. Die Ursache für diese aggressive Ablehnung und Zurückweisung eines Elternteils liegt in der teils bewussten, teils unbewussten Manipulation des Kindes durch den betreuenden Elternteil im Rahmen einer sehr konfliktreichen Trennungs- und Scheidungsgeschichte. Dabei beansprucht der betreuende Elternteil die Zuneigung und Zuwendung des Kindes ausschließlich für sich selbst und beabsichtigt deshalb die Liebe des Kindes zum anderen Elternteil zu zerstören und diesen aus seinem Leben zu eliminieren. Vor diesem Hintergrund entwickelt das Kind dann eigene Geschichten und Szenarien, die häufig über das Ziel der Manipulationen hinaus schießen. Schließlich treiben äußere situative Veränderungen der Lebensbedingungen des Kindes, wie etwa ein Umzug, den Entfremdungsprozess weiter voran.[59]

29   Die **Theorie vom PAS** wurde einerseits überraschend schnell von der Rechtsprechung aufgegriffen (vgl. OLG Zweibrücken FamRZ 2006, 144), hat andererseits aber heftige **Diskussionen** ausgelöst.[60] In der Tat muss dringend davor gewarnt werden, das PAS unkritisch als Erklärung für jedes ablehnende Verhalten des Kindes gegenüber dem umgangsberechtigten Elternteil heranzuziehen. Die Überidentifizierung des Kindes mit einem darüber hinaus noch programmierenden Elternteil ist vielmehr nur eine von mehreren Ursachen, die bei solchen Umgangsproblemen in Betracht

---

55   Vgl. KG FamRZ 2005, 1768, 1769.
56   Vgl. auch OLG Düsseldorf FamRZ 1988, 1196.
57   Vgl. OLG Koblenz FamRZ 2008, 1973, das allerdings die Frage offen lassen konnte, ob PAS vorliegt.
58   DAVorm 1998, 9 ff.
59   Kodjoe/Koeppel KindPrax 1998, 138, 139.
60   Eingehend m.w.N. der Rspr. Staudinger/Rauscher § 1684 Rn. 38 ff.

kommen.[61] Bereits oben unter Rdn. 27 wurde dargestellt auf welchen weniger dramatischen seelischen Prozessen Verhaltensauffälligkeiten des Kindes und die Ablehnung eines Elternteils auch beruhen können. Dabei soll nicht geleugnet werden, dass es das als PAS beschriebene Phänomen tatsächlich gibt. Diese Symptome sind in der familiengerichtlichen Praxis seit längerem bekannt. Neu ist allerdings die schlagwortartige Benennung und die griffige Begründung, die von den Anhängern der PAS-Theorie gegeben wird. Die Begründung ist deshalb so eingängig, weil sie eindeutig den schuldigen Elternteil benennt und so die Richtung der zu ergreifenden Maßnahmen klar vorgibt. Gerade in dieser Simplifizierung liegt aber die **Gefahr** dieser Theorie.[62] Wenn man sich dessen bewusst ist, kann die PAS-Theorie aber im Einzelfall helfen, diese schlimmste Form des Verstoßes gegen das Wohlverhaltensgebot zu erkennen und ihr mit entsprechenden Maßnahmen wirksam zu begegnen. Gerade wegen der Möglichkeit anderer Ursachen und der erheblichen Konsequenzen für den betreuenden Elternteil, dem eine Programmierung des Kindes i.S.d. PAS vorgeworfen wird, sollte sich das Gericht dafür aber immer der Hilfe eines psychologischen Sachverständigen bedienen.[63]

Bei aller Kritik an der PAS-Theorie ist es ihr **Verdienst** mit zu der Erkenntnis beigetragen zu   30
haben, dass die Familiengerichte und Jugendämter sich mit der Ablehnung eines Elternteils durch das Kind – abgesehen von den Fällen der Kindeswohlgefährdung durch den umgangsberechtigten Elternteil – nicht zufrieden geben dürfen, sondern stets versuchen müssen einen Umgangskontakt wieder anzubahnen und regelmäßig fortzusetzen, da dies für die Sozialisation des Kindes von großer Bedeutung ist.[64]

Grundsätzlich steht die Wohlverhaltensklausel des Abs. 2 einer **Auswanderung** des Sorgeberechtig-   31
ten mit dem Kind ebensowenig entgegen wie § 1626 Abs. 3.[65] Dies gilt erst recht für einen **Umzug** innerhalb Deutschlands, der die Entfernung zum umgangsberechtigten Elternteil erheblich vergrößert. Zwar wird die Ausübung des Umgangsrechts, insb. durch eine Auswanderung erheblich beeinträchtigt, wenn nicht sogar praktisch verhindert, doch genießt nach ganz herrschender Meinung das Sorgerecht im Konfliktfall als das stärke Recht den Vorzug.[66] Dabei ist Ausgangspunkt bei der Beurteilung des nicht befriedigend zu lösenden Konflikts zwischen der grds. gegebenen Freizügigkeit des Personensorgeberechtigten und dem Umgangsrecht die Befugnis des Inhabers des Personensorgerechts, den Aufenthaltsort des Kindes gem. § 1631 Abs. 1 zu bestimmen. Deshalb hat sich der Umgangsberechtigte bei der Ausübung seiner Befugnis grds. nach dieser Vorgabe des Personensorgeberechtigten zu richten und den persönlichen Umgang dementsprechend auszugestalten.[67]

Die Auswanderung kann aber unter Umständen Veranlassung zu einer **Änderung der Sorgerechts-   32
regelung** gem. § 1696 Abs. 1 im Interesse des Kindes geben. Dabei ist eine umfassende Abwägung

---

61 So Salzgeber/Stadler/Schmidt/Partale KindPrax 1999, 107 ff., diese auch eingehend zu den sonstigen Ursachen; vgl. auch Kölch/Fegert FamRZ 2008, 1573, 1577 zu ablehnden Willensäußerungen der Kinder.
62 PAS mit heftiger Kritik abl. daher Gerth KindPrax 1998, 171; abl. auch KG 2005, 1768, 1769 unter Hinweis auf fehlende statistische Erhebungen.
63 Staudinger/Rauscher § 1684 Rn. 39.
64 Vgl. Staudinger/Rauscher § 1684 Rn. 39.
65 BGH FamRZ 2010, 1060, 1062; a.A. OLG Oldenburg FamRZ 2080, 78.
66 BGH FamRZ 1987, 356, 358: trotz praktischer Verhinderung bei Auswanderung nach Übersee; BGH FamRZ 1990, 392, 393: keine größeren Behinderungen als bei ähnlichen Entfernungen innerhalb Deutschlands bei Auswanderung nach Oberitalien; OLG Karlsruhe FamRZ 1990, 1094; vgl. auch OLG Hamburg FamRZ 2003, 946; OLG Frankfurt FamRZ 2007, 759; triftige Gründe verlangt OLG Nürnbg FamRZ 10, 135.
67 OLG Karlsruhe FamRZ 1996, 1094; ebenso Johannsen/Henrich/Jaeger § 1684 Rn. 17.

aller im Einzelfall betroffenen Kindeswohlgesichtspunkte vorzunehmen.[68] Auf die Motive des Elternteils für seinen Auswanderungsentschluss kommt es grds. nicht an; auch nicht darauf, ob er triftige Gründe hat.[69] Erfolgt die Auswanderung, um das Umgangsrecht zu vereiteln, steht aber die Bindungstoleranz und damit die Erziehungseignung des Sorgeberechtigten in Frage.[70] Eine Sorgerechtsänderung liegt dann nahe.[71] In jedem Fall schließt die allgemeine Handlungsfreiheit es aus, dass auch der Verbleib des betreuenden Elternteils im Inland als tatsächliche Alternative in Betracht kommt.[72] Vielmehr muss für die Kindeswohlüberlegungen die Auswanderung zugrunde gelegt werden.[73]

II. Abs. 2 Satz 2: Loyalitätspflicht zwischen Eltern und Obhutspersonen

33   Befindet sich das Kind in der Obhut anderer Personen, wie etwa der Großeltern, Pflegeeltern, des Vormunds oder Pflegers, so haben die Eltern in gleicher Weise die Pflicht zum Wohlverhalten gegenüber diesen. Aber auch die Obhutspersonen trifft diese Pflicht gegenüber den Eltern. Wie in § 1629 Abs. 2 Satz 2 ist unter Obhut die tatsächliche Betreuung zu verstehen.[74]

III. Abs. 3 Satz 2–6: Anordnungen und Sanktionen

34   Der Verletzung oder drohenden Verletzung der Wohlverhaltenspflicht gem. Abs. 2 kann das Familiengericht durch **Anordnungen gem. Abs. 3 Satz 2** begegnen. Diese durch das Kindschaftsrechtsreformgesetz neu geschaffene Bestimmung soll es dem Gericht insb. ermöglichen gegenüber dem sorgeberechtigten Elternteil, der das Umgangsrecht beeinträchtigt, Maßnahmen zu ergreifen, ohne dass die Eingriffsvoraussetzungen des § 1666 bereits erfüllt sein müssen.[75] Aber auch der umgangsberechtigte Elternteil kann mittels solcher Anordnungen zu einem bestimmten wünschenswerten Verhalten angewiesen werden, wenn die Voraussetzungen für einen Umgangsrechtsausschluss gem. Abs. 4 noch nicht vorliegen oder ein solcher dadurch gerade verhindert werden kann. Eine hinreichend bestimmte Anordnung kann auch Grundlage für Ordnungsmittel gem. § 89 FamFG sein.[76]

35   Welchen **Inhalt** solche Anordnungen im Einzelnen haben können, ist nicht abschließend geregelt. Es erscheint fraglich, ob es wirklich Sinn macht, etwa der Mutter aufzugeben, das Kind vor dem Umgangstermin zu einem bestimmten Zeitpunkt ins Bett zu schicken.[77] Ganz abgesehen von der fehlenden Kontrollmöglichkeit ist es entscheidend, die Einstellung des blockierenden Elternteils zu ändern. Gelingt dies nicht, wird das Gebot oder Verbot bestimmter Verhaltensweisen lediglich zur Folge haben, dass der Elternteil eine andere Methode anwendet, um das Umgangsrecht zu beeinträchtigen. Erfolgversprechender mag es sein anzuordnen, dass beide Eltern an einer Familienberatung teilnehmen, wie es nunmehr § 156 Abs. 1 Satz 4 FamFG ermöglicht.

---

68   BGH FamRZ 2010, 1060, 1062; 1987, 356, 358; OLG Köln FamRZ 2011, 490; OLG Hamm FamRZ 2011, 1151.
69   BGH FamRZ 2010, 1060, 1062; 2011, 796, 799; Johannsen/Henrich/Jaeger § 1684 Rn. 18; a.A. OLG Oldenburg FamRZ 1980, 78, 79; OLG Nürnberg FamRZ 2000, 1603, 1604; OLG Zweibrücken NJW-RR 2004, 1588; OLG Köln FamRZ 2006, 1625; OLG München FamRZ 2009, 794 mit Anm. Dollinger m.w.N.; OLG München FamRZ 2009, 1600, 1601; OLG Koblenz FamRZ 2010, 1572.
70   BGH FamRZ 2010, 1060, 1062; 2011 796, 799.
71   Staudinger/Rauscher § 1684 Rn. 73: regelmäßig unausweichlich; a.A. OLG Karlsruhe FamRZ 1978, 201; Johannsen/Henrich/Jaeger § 1684 Rn. 19: nicht zwingend.
72   BGH FamRZ 2010, 1060, 1062.
73   BGH FamRZ 2010, 1060, 1062.
74   BT-Drucks. 13/4899 S. 105.
75   BT-Drucks. 13/4899 S. 105.
76   Vgl. OLG Brandenburg FamRZ 2005, 2011.
77   So das Beispiel der amtlichen Begründung des Gesetzentwurfs BT-Drucks. 13/4899 S. 105 f.

Wird das Umgangsrecht vom sorgeberechtigten Elternteil nachhaltig beeinträchtigt oder sogar **36** ganz vereitelt, kommt der **Entzug des Sorgerechts** und die Übertragung auf den anderen Elternteil gem. § 1696 Abs. 1 in Betracht.[78] Die fehlende Bindungstoleranz des Sorgerechtsinhabers führt aber nur dann zur Abänderung der Sorgerechtsregelung, wenn die vorzunehmende Gesamtabwägung aller Kindeswohlkriterien ergibt, dass dies die bessere Lösung für das Kind ist. Denn vorrangig haben sich die Sanktionen für elterliches Fehlverhalten am Wohl des Kindes zu orientieren.[79] Gegen eine Sorgerechtsänderung wird oftmals sprechen, dass die Bindungen des Kindes zum betreuenden Elternteil stärker sind und das Kind bei einer Abänderung seine vertraute Umgebung und sein soziales Umfeld verlieren würde. Auch ist zu prüfen, ob der umgangsberechtigte Elternteil nicht noch weniger erziehungsgeeignet ist (s. § 1671 Rdn. 62 ff.).

Verstößt der umgangsberechtigte Elternteil gegen seine Wohlverhaltenspflicht gem. Abs. 2 kommt **37** neben der zeitlichen **Beschränkung des Umgangsrechts** im äußersten Fall der gänzliche **Ausschluss gem. Abs. 4** in Betracht. Zu dessen Voraussetzungen s.u. Rdn. 92 ff.

Mit Inkrafttreten des FGG-RG am 01.09.2009 wurden die **Satz 3 bis 6** in Abs. 3 eingefügt und **38** dadurch die bisherige gerichtliche Praxis gesetzlich geregelt, wonach bei Gefährdung des Kindeswohls ein Ergänzungspfleger (»**Umgangspflegers**«) mit dem Wirkungskreis »Regelung des Umgangs und Bestimmung des Aufenthalts für den Zeitraum der Durchführung des Umgangs« gem. §§ 1696 Abs. 1, 1666 bestellt wurde.[80] Die hohe Schwelle der Kindeswohlgefährdung des § 1666 muss nach der neuen Gesetzeslage nicht mehr überwunden werden, doch macht Satz 3 deutlich, dass das Umgangsrecht in erheblicher Weise vereitelt worden sein muss.[81] Die Anordnung der Umgangspflegschaft ist kein Eingriff in das Sorgerecht, da sie nur der Durchsetzung des Umgangsrechts dient.[82] Satz 4 gibt dem Umgangspfleger eigene Rechte (Gestaltung des Umgangs, der Übergabe, der Rückgabe sowie Herausgabeverlangen), von denen er Gebrauch machen kann, falls es ihm nicht gelingt zwischen den Eltern zu vermitteln. Die Kindesherausgabe kann er aber ohne gerichtliche Anordnung gem. § 90 Abs. 1 FamFG nicht durch unmittelbaren Zwang durchsetzen. Wegen § 90 Abs. 2 Satz 1 FamFG ist eine solche Anordnung gegenüber dem betreuenden Elternteil nicht zulässig. Auch ist der Umgangspfleger nicht befugt über die Häufigkeit und Dauer des Umgangs zu entscheiden; hierzu kann er vom Gericht auch nicht ermächtigt werden.[83] Auch über § 1666 kann dies einem Ergänzungspfleger nicht übertragen werden, da das Gericht selbst Umfang und Ausübung des Umgangsrechts regeln muss, falls sich die Eltern nicht einigen.[84] Da die Umgangspflegschaft nicht über einen längeren Zeitraum sinnvoll ist, schreibt Satz 5 eine Befristung vor.[85] Die Verweisung in Satz 6 bewirkt, dass Aufwendungsersatz und Vergütung des Umgangspflegers zunächst aus der Staatskasse zu bezahlen sind;[86] da es sich dabei um Verfahrens-

---

78 Vgl. OLG Koblenz FamRZ 2003, 397; OLG Frankfurt FamRZ 2005, 1700; OLG Hamm FamRZ 2007, 1677: aber nicht zwangsläufig, sondern nur nach Abwägung im Einzelfall.

79 BVerfG FamRZ 2008, 1626.; vgl. OLG Koblenz FamRZ 1973: trotz PAS keine Trennung vom boykottierenden Elternteil, weil der andere erziehungsungeeignet ist.

80 OLG Frankfurt FamRZ 2000, 1240; OLG Bamberg FamRZ 1985, 1175; OLG Brandenburg FamRZ 2007, 577; OLG Celle FamRZ 2007, 1265; OLG Zweibrücken FamRZ 2007, 1678; OLG Saarbrücken FamRZ 08, 86; OLG Naumburg FamRZ 2009, 792, 793 zusätzlich mit Aufgabenkreisen Aufenthaltsbbestimmungsrecht und Gesundheitsfürsorge, um das Kind in eine ambulante oder stationäre Therapie zu geben zum Abbau seiner psychischen Barrieren gegen Kontakte mit dem Vater; OLG Köln NJW-RR 2010, 1375 = FamRZ 2010, 1747 (nur Ls); BGH FamRZ 2012, 99, 101 mit Anm. Luthin.

81 Amtl. Begr. BT-Drucks. 16/6308 S. 345; vgl. § 1685 Abs. 3 Satz 2; KG FamRZ 2010, 1749; OLG Düsseldorf FamRZ 2011, 822; vgl. zur alten Gesetzeslage OLG Frankfurt FamRZ 2009, 354.

82 OLG Celle FamRZ 2011, 574, 575.

83 OLG Hamm FuR 2010, 703, 704 = FamRZ 2010, 1926; OLG München FamRZ 2011, 823, 824.

84 OLG München FamRZ 2011, 823, 824.

85 Amtl. Begr. BT-Drucks. 16/6308 S. 346.

86 Vgl. § 277 Abs. 5 FamFG.

auslagen handelt, trägt diese letztlich der Kostenschuldner. Im Übrigen sind auf die Umgangspflegschaft die Vorschriften über die Pflegschaft gem. §§ 1909 ff. anwendbar.[87]

39   Der **Umgangspfleger** sollte eine neutrale Person sein, die die notwendige Sachkunde besitzt und
zur Übernahme des Amtes auch bereit sein muss. Häufig wird deshalb nur das Jugendamt in
Frage kommen. Die Bestellung eines Umgangspflegers ist jedoch bei genauerer Betrachtung nur in
wenigen Fallkonstellation geeignet die Probleme im Zusammenhang mit dem Umgangsrecht zu
lösen;[88] so beispielsweise, wenn zu erwarten ist, dass dadurch Spannungen unter den Beteiligten
abgebaut und Umgangskontakte angebahnt werden können.[89] Dagegen hilft die Bestellung eines
Aufenthaltspflegers nicht weiter bei einem Elternteil, der sich bislang bereits – trotz Androhung
und Verhängung von Ordungsgeldern – nachhaltig und erfolgreich geweigert hat einen Umgang
zuzulassen. Denn der Umgangspfleger – auch wenn es das Jugendamt ist – kann zwar kraft seines
Aufenthaltsbestimmungsrechts das Kind von dem im Übrigen Sorgeberechtigten herausverlangen,
um es zu den festgesetzten Besuchszeiten dem Umgangsberechtigten zuzuführen, doch ist er im
Weigerungsfall ebenso auf gerichtliche Hilfe angewiesen wie der umgangsberechtigte Elternteil
auch. Ist aber nicht erkennbar, dass die Übertragung des Aufenthaltsbestimmungsrechts auf einen
Pfleger das Umgangsrecht seiner Verwirklichung näher bringt, so ist die Maßnahme nicht geeignet
und darf deshalb auch nicht angeordnet werden.[90]

40   Ein weiteres Mittel die Eltern zur Erfüllung ihrer Wohlverhaltenspflichten anzuhalten, ist die
Androhung und Verhängung von Ordnungsgeld oder Ordnungshaft gem. § 89 FamFG. Solche
Vollstreckungsmaßnahmen setzen aber die schuldhafte Zuwiderhandlung gegen eine gerichtliche
Regelung des Umgangs oder eine gerichtlich bestätigte Umgangsvereinbarung voraus. Deren
Inhalt muss vollstreckungsfähig sein und deshalb ein genau bestimmtes Gebot oder Verbot enthal-
ten. Dies kann auch die Verpflichtung zu einer konkreten aktiven Förderung des Umgangs sein.[91]

41   Anordnungen und Sanktionen sind aber nur bedingt geeignet die Verwirklichung des Umgangsrechts auf Dauer tatsächlich zu verbessern. Im Einzelnen wurden die Probleme bereits aufgezeigt.
Insb. liegt dies aber daran, dass ein **funktionierendes Umgangsrecht nicht durch staatlichen
Zwang** erreicht werden kann. Denn die Erkenntnis, dass das Kind für seine gedeihliche Entwicklung auch den anderen Elternteil braucht, lässt sich nicht erzwingen. Eine schlichte Rechtsanwendung führt nicht zum Ziel. Mehr als in jedem anderen Bereich gerichtlicher Auseinandersetzung
ist es bei Streitigkeiten über die Ausübung des Umgangsrechts für eine befriedigende Lösung notwendig, dass die Eltern sich einigen. Dies kommt auch in § 156 FamFG zum Ausdruck. Es gibt
weder einen nur »guten« noch einen nur »bösen« Elternteil. Auch die Begriffe »Sieger« und »Ver-
lierer« passen nicht. Abgesehen von Einzelfragen lässt sich juristisch oft nicht exakt feststellen,
»wer Recht hat«.

42   Für die **gerichtliche Praxis** empfiehlt sich daher ein möglichst abgestufter und zurückhaltender
Gebrauch gerichtlicher Anordnungen und Sanktionen. Im Vordergrund sollte das Gespräch mit
den Eltern, insb. aber mit dem boykottierenden Elternteil stehen. Dafür muss sich der Familienrichter ausreichend Zeit nehmen. Dabei ist es wichtig, dass er dem Elternteil zunächst Gelegenheit
gibt ausführlich zu erklären, welche Bedenken er gegen die Ausübung des Umgangsrechts hat.
Diese haben häufig einen realen Hintergrund, den es herauszuarbeiten und gegebenenfalls näher

---

87   Amtl. Begr. BT-Drucks. 16/6308 S. 346.
88   Vgl. auch BVerfG FamRZ 2009, 1472, 1474, das mit Recht darauf hinweist, dass es Aufgabe der Famili-
     engerichte ist, eine Entscheidung über den Umgang unter Berücksichtigung der Grundrechtspositionen
     der Beteiligten zu treffen; Anm. Luthin FamRZ 2012, 103, 104.
89   So im Fall OLG Frankfurt FamRZ 2000, 1240; vgl. auch OLG Nürnberg v. 25.01.2002, EzFamR aktuell
     2002, 210 und OLG Dresden JAmt 2002, 310 = FamRZ 2002, 1588 (dort nur Ls); vgl. auch OLG
     Nürnberg v. 07.03.2003 EzFamR aktuell 2003, 284 zur näheren Ausgestaltung der Umgangspflegschaft.
90   BGH NJW-RR 1986, 1264, 1265.
91   Vgl. Staudinger/Rauscher § 1684 Rn. 108.

aufzuklären gilt. Der boykottierende Elternteil, der oftmals auch gegenüber dem Gericht eine opponierende Haltung einnehmen wird, muss spüren, dass seine Bedenken und Sorgen ernst genommen werden.

Anschließend ist es Sache des Richters dem boykottierenden Elternteil klar zu machen, dass das **gemeinsame Ziel aller Beteiligter** ein problemloser Umgang von angemessener Dauer und Häufigkeit sein muss und dass nur über den Weg dorthin, nicht aber über das Ziel verhandelt werden kann. Dabei hängt es auch von dem argumentativen Geschick des Richters ab, ob es ihm gelingt, den Elternteil davon zu überzeugen, dass das Erreichen dieses Ziels für das Wohl des Kindes am besten ist. Häufig wird der Elternteil jedoch den psychologischen Argumenten, wie Förderung der Sozialisation und Selbstfindung und damit der Persönlichkeitsentwicklung des Kindes – auch wenn sie in einer einfachen Sprache verpackt sind – skeptisch bis ablehnend gegenüberstehen. Dann ist es an der Zeit dem boykottierenden Elternteil vor Augen zu führen, welche Belastungen die streitige Durchführung eines Umgangsverfahrens für alle Beteiligten (auch für das Kind!) mit sich bringt und welche gerichtlichen Maßnahmen er zu erwarten hat. Wenn ihm dann noch Zugeständnisse bei der näheren Ausgestaltung des Umgangs gemacht werden, lässt sich möglicherweise auf diesem kleinsten gemeinsamen Nenner eine funktionierende Umgangsvereinbarung treffen. In jedem Fall ist eine freiwillige bindende Vereinbarung der hoheitlichen Maßnahme einer gerichtlichen Entscheidung vorzuziehen.[92] Wichtig ist, dass der Richter dem Elternteil stets in aller Deutlichkeit und Entschiedenheit klarmacht, dass er nicht bereit ist vor dessen Verweigerungshaltung zu kapitulieren, sondern nicht aufhören wird durch verschiedene Anordnungen und Maßnahmen, gegebenenfalls auch Zwangsmaßnahmen, dem Umgangsrecht zu seiner Verwirklichung zu verhelfen. Dabei zeigt die Erfahrung, dass der Elternteil oft mehr durch immer neue Anhörungen, die ihn zeitlich beanspruchen und in Rechtfertigungszwang bringen, zu beeindrucken ist als durch die Festsetzung eines Zwangsgeldes, das ihn oft erst recht unzugänglich macht und ihm erlaubt sich als Märtyrer zum Wohle des Kindes zu fühlen. **43**

Als Alternative oder begleitend zu der beschriebenen Vorgehensweise kann der Familienrichter gem. § 156 Abs. 1 Satz 4 FamFG anordnen, dass die Eltern an einer **familientherapeutischen Beratung teilnehmen.** Abgesehen davon, dass die Befolgung dieser Anordnung nicht erzwungen werden kann, ist es für deren Erfolg auch sicher besser, wenn die Eltern freiwillig eine Beratungsstelle aufsuchen. Um ihnen die Schwellenangst zu nehmen und die »Gunst der Stunde« zu nutzen hat sich das sogenannte **Regensburger Modell** bewährt. Dabei befindet sich die Beratungsstelle direkt in den Räumen des Gerichts und der Richter kann die Eltern nach Ende der Anhörung quasi »bei der Hand nehmen« und dorthin begleiten. Die Erfahrung hat gezeigt, dass die dann vereinbarten Folgetermine von den Eltern fast immer wahrgenommen werden.[93] **44**

Weigert sich der Elternteil trotz solch ausführlicher Erörterung immer noch einer Vereinbarung über den Umgang zuzustimmen, muss er gerichtlich angeordnet und geregelt werden. Beugt sich der Elternteil dieser gerichtlichen Entscheidung nicht, werden die förmliche Androhung und Festsetzung von Ordnungsmitteln gem. § 89 FamFG in Betracht kommen. Vorher sollte der Elternteil jeweils erneut persönlich angehört und versucht werden doch noch eine einvernehmliche Lösung zu erreichen. In geeigneten Fällen ist es sinnvoll flankierend zu den Vollstreckungsmaßnahmen erneut, aber nunmehr konkret und nachdrücklich anzudrohen, das Sorgerecht dem anderen Elternteil zu übertragen[94] oder einen Umgangspfleger zu bestellen. Weigert sich der Elternteil weiterhin vehement das Umgangsrecht zu gewähren und sich an die gerichtliche Anordnung zu halten, bleibt als letztes Mittel nur noch ihm tatsächlich das Sorgerecht zumindest teilweise zu entziehen.[95] **45**

---

92 OLG Köln FamRZ 1998, 961, 963.
93 Ein ähnliches Konzept liegt dem sogenannten Cochemer Modell zugrunde.
94 Vgl. Staudinger/Rauscher § 1684 Rn. 111.
95 OLG Frankfurt v. 21.06.2002, EzFamR aktuell 2002, 376; OLG Düsseldorf FuR 2005, 563; vgl. auch § 1671 Rdn. 62 ff.

46   Eine fortgesetzte massive und schuldhafte Vereitelung des Umgangsrechts kann in schwerwiegenden Fällen zu einer Verwirkung oder teilweisen **Verwirkung des Ehegattenunterhalts** gem. § 1579 Nr. 7 führen.[96] Für den umgangsberechtigten Unterhaltsschuldner kann dies ein sehr wirksames Druckmittel gegen den sorgeberechtigten Unterhaltsgläubiger sein.

C. Abs. 3 Satz 1: Regelungsbefugnis des Familiengerichts

I. Vorrang der Elternvereinbarung

47   Die Eltern können die **Ausgestaltung** des persönlichen Umgangs grds. selbst bestimmen.[97] Das Familiengericht darf den Umfang und die Ausübung des Umgangsrechts nur dann regeln, wenn die Eltern nicht in der Lage sind eine wirksame und erforderliche Vereinbarung darüber zu treffen.[98] Die **vorrangige Zuständigkeit der Eltern** für die Ausgestaltung des Umgangsrechts folgt aus dem natürlichen Elternrecht, das in Art. 6 Abs. 2 Satz 1 GG verankert ist. Demnach können die Eltern grds. frei von staatlichen Einflüssen und Eingriffen nach eigenen Vorstellungen darüber entscheiden, wie sie die Pflege und Erziehung ihrer Kinder gestalten und damit ihrer **Elternverantwortung** gerecht werden wollen.[99] Sogar die elterliche Sorge können sie weitgehend in eigener Verantwortung regeln.[100] Umso mehr muss dies für die nähere Ausgestaltung des Umgangsrechts gelten.[101] Auch § 156 FamFG betont die Förderung einer eigenverantwortlichen Konfliktlösung durch die Eltern.[102]

48   Die Eltern sind grds. in der Ausgestaltung des Umgangsrechts frei. Eine von einer elterlichen Vereinbarung **abweichende gerichtliche Umgangsregelung** ist nur zulässig, wenn erhebliche Gründe des Kindeswohles dies erfordern. Es reicht nicht aus, dass dem Gericht eine bessere als die elterliche Regelung möglich erscheint.[103] Die Elternvereinbarung darf nicht sittenwidrig sein. Insb. ist es unzulässig die Nichtausübung des Umgangsrechts mit einer Freistellung von der Unterhaltspflicht zu koppeln (s.o. Rdn. 20).

49   Solange die Eltern noch keine Vereinbarung über die Ausübung des Umgangsrechts getroffen haben ist streitig, ob dem Inhaber der Personensorge das formale **Bestimmungsrecht gem.** § 1632 Abs. 2 in den Grenzen des § 1684 zusteht oder nicht.[104] Dafür spricht, dass er jedenfalls das Aufenthaltsbestimmungsrecht innehat; dagegen, dass das Umgangsrecht als selbstständiges Recht neben dem Sorgerecht steht. Praktisch ist dies ohne Bedeutung, da der umgangsberechtigte Elternteil dann, wenn ihm der Sorgerechtsinhaber das Umgangsrecht nicht in dem gewünschten Umfang gewährt, in jedem Fall das Familiengericht anrufen muss.

50   Streitig ist auch, ob die Eltern eine getroffene Umgangsvereinbarung **einseitig widerrufen** können[105] oder ob diese **bindend** ist, bis sie einvernehmlich oder durch das Familiengericht abgeän-

---

96   OLG München FamRZ 1998, 750; 1997, 1160; OLG Nürnberg FamRZ 1997, 614, 615, auch zum Ende der Verwirkung; 1994, 1393; OLG Celle FamRZ 1989, 1194; vgl. auch BGH FamRZ 1987, 356 zu abgelehnter Verwirkung; s. auch § 1579 Rdn. 126.

97   Dagegen steht das Umgangsrecht selbst nicht zur (vertraglichen) Disposition der Eltern (BGH FamRZ 2005, 1471, 1473 mit Anm. Hammer FamRZ 2005, 1471, 1474).

98   BVerfG FamRZ 1995, 86, 87.

99   BVerfGE 60, 79, 88 = BVerfG FamRZ 1982, 567, 570.

100   Vgl. BVerfGE 61, 358, 374 = FamRZ 1982, 1179, 1180.

101   Johannsen/Henrich/Jaeger § 1684 Rn. 10.

102   Vgl. BT-Drucks. 13/4899 S. 75 zu §§ 52, 52a FGG; OLG Köln FamRZ 1998, 961, 962.

103   OLG Köln FamRZ 1982, 1237; vgl. auch Staudinger/Rauscher § 1684 Rn. 158.

104   Im letzteren Sinne Staudinger/Rauscher § 1684 Rn. 117 m.w.N.

105   So Johannsen/Henrich/Jaeger § 1684 Rn. 10.

dert wird.[106] Letztere herrschende Ansicht überzeugt eher, weil sie dem rechtsgeschäftlichen Charakter der Umgangsvereinbarung gerecht wird und das Kindeswohl ebenso beachtet werden kann.[107] Die praktische Bedeutung dieses Meinungsstreits ist aber gering. In jedem Fall wird der Elternteil, der eine Abänderung begehrt dem Familiengericht die Gründe hierfür erläutern müssen. Ob ihn dann formal eine Feststellungslast trifft oder nicht dürfte in der Praxis kaum eine Rolle spielen.

Im Unterschied zu einer gerichtlichen Regelung kann die Umgangsvereinbarung der Eltern nicht sogleich **Grundlage für Vollstreckungsmaßnahmen** gem. § 89 FamFG sein. Dazu ist vielmehr zuerst die gerichtliche Billigung der Vereinbarung erforderlich.[108] Diese liegt nicht bereits in der Protokollierung der Umgangsvereinbarung. Auch reicht der schlichte Satz, die Parteivereinbarung werde genehmigt, nicht aus.[109] Vielmehr muss das Gericht in geeigneter Form zum Ausdruck bringen, dass es sich die Umgangsvereinbarung zu Eigen macht, damit von einer gerichtlichen Billigung i.S.d. § 156 Abs. 2 Satz 2 FamFG gesprochen werden kann.[110]   51

Die Vereinbarung einer **Vertragsstrafe** ist sittenwidrig und daher nichtig, weil dadurch die Voraussetzungen des § 89 FamFG umgangen würden, die unter anderem sicherstellen, dass vor der Verhängung von Sanktionen geprüft wird, ob die Vereinbarung mit dem Wohl des Kindes in Einklang gebracht werden kann.[111]   52

II. Regelungsbedürfnis und -anlass

Unter Beachtung des Vorrangs der Elternvereinbarungen kann und soll das Familiengericht **von Amts wegen** den Umgang regeln, soweit dies zum Wohl des Kindes erforderlich ist. Regelmäßig wird das Gericht aber auf **Antrag** des umgangsberechtigten Elternteils oder auf Anregung des Jugendamts tätig werden. Auch das Kind kann einen Antrag stellen oder eine Anregung aussprechen. Der Antrag unterliegt keinen formalen Anforderungen. Liegt bereits eine gerichtliche Umgangsregelung vor, kann diese unter den Voraussetzungen des § 1696 Abs. 1 ebenfalls auf Antrag oder von Amts wegen geändert werden.   53

Ein **Regelungsbedürfnis** besteht auch, wenn die Eltern lediglich über Einzelheiten der Ausgestaltung des Umgangs streiten oder wenn sie sich zwar einig sind aber zur Sicherung der Vollstreckungsmöglichkeit eine gerichtliche Anordnung oder gerichtlich gebilligte Vereinbarung wollen.[112] Ein Konflikt, der ein Eingreifen des Familiengerichts erforderlich macht liegt auch vor, wenn der sorgeberechtigte Elternteil das Umgangsrecht nur in einem größeren Umfang gewähren will als es der andere Elternteil wünscht.[113] Nach neuer Gesetzeslage gilt dies erst recht, weil dem Kind ein eigenes Umgangsrecht zusteht.   54

Abs. 3 findet auch im Verhältnis der umgangsberechtigten Eltern zu einem Vormund oder Pfleger, der Inhaber der Personensorge ist, **Anwendung**. Dabei ist ein Eingreifen des Familiengerichts aber ebenso nur erforderlich, wenn die Beteiligten keine Einigung erzielen können oder das Kindeswohl gefährdet ist.[114]   55

---

106 So KG FamRZ 1980, 1156, 1157; Staudinger/Rauscher § 1684 Rn. 128; OLG Köln FamRZ 1982, 1237 mit der Einschränkung der Widerrufsmöglichkeit bei Kindeswohlgefährdung.
107 Eingehend und überzeugend hierzu Staudinger/Rauscher § 1684 Rn. 128.
108 Vgl. BGH FamRZ 2005, 1471, 1473.
109 OLG Karlsruhe FamRZ 1999, 325.
110 BGH FamRZ 1988, 277; OLG Frankfurt FamRZ 1988, 1315; OLG Bamberg 1995, 428 auch zum vollstreckungsfähigen Inhalt.
111 Staudinger/Rauscher § 1684 Rn. 125; Johannsen/Henrich/Jaeger § 1684 Rn. 11.
112 Vgl. OLG Köln FamRZ 2002, 979.
113 OLG Düsseldorf FamRZ 1986, 202, 203.
114 Staudinger/Rauscher § 1684 Rn. 161.

III. Regelungsgrundsätze

56 Das Familiengericht soll die Ausgestaltung des Umgangs **konkret und umfassend** regeln.[115] Dazu gehört insb. die Bestimmung von Art, Ort, Zeit, Dauer, Häufigkeit, Übergabemodalitäten (Holen und Bringen des Kindes), Ferien- und Feiertagsumgang, Ausfall- und Nachholungsregeln[116] und eventuell Überwachungsmaßnahmen.[117] Das Gericht kann sich nicht darauf beschränken, das Umgangsrecht lediglich dem Grunde nach einzuräumen und die Ausgestaltung der Kontakte im Einzelnen einem Dritten überlassen.[118] Vielmehr ist es gehalten, eine Umgangsregelung mit durchsetzbarem Inhalt zu treffen, die **vollständig, vollziehbar und vollstreckbar** sein muss.[119] Vollstreckbar ist eine Umgangsregelung nur, wenn sie ausdrückliche hinreichend präzise Ge- und Verbote enthält.[120] Dies gilt aber nur für eine gerichtliche Entscheidung.[121] Kommt dagegen unter maßgeblicher Mitwirkung des Gerichts eine Umgangsvereinbarung zu Stande, brauchen die Einzelheiten der Ausübung des Umgangsrechts nur insoweit geregelt zu werden, als dies zur Beilegung des Streits der Beteiligten erforderlich ist. Das Gericht sollte aber darauf achten, dass mögliche künftige Streitpunkte in die Vereinbarung mit aufgenommen werden und auch, dass deren Vollstreckbarkeit gesichert ist.

57 Bei der Regelung des Umgangs ist das Familiengericht weder an Anträge gebunden noch wird es durch diese in seinen Gestaltungsmöglichkeiten begrenzt.[122] Es darf einen Antrag – von Ausnahmen abgesehen[123] – auch nicht einfach ablehnen, sondern **muss** eine **konkrete abweichende Regelung** treffen, notfalls den Umgang konkret einschränken oder ausschließen.[124] Denn durch eine Entscheidung, die das Umgangsrecht weder versagt noch in irgendeiner Weise einschränkt, die aber eine gerichtliche Hilfe zur tatsächlichen Ausgestaltung verweigert, bleibt das Umgangsrecht nur scheinbar unberührt. Der umgangsberechtigte Elternteil weiß nämlich nicht, in welcher Weise er das Recht tatsächlich wahrnehmen und in welchem zeitlichen Abstand er einen neuen Antrag auf gerichtliche Regelung stellen darf. Ohne gerichtliche Entscheidung ist er auf die willkürliche Gewährung des Umgangs durch den Inhaber der elterlichen Sorge angewiesen. Dies wird dem besonderen verfassungsrechtlichen Schutz nicht gerecht, unter dem das Umgangsrecht steht.[125] Auch die ausländerrechtliche Abschiebung des nicht sorgeberechtigten Vaters in sein Heimatland macht eine von diesem zuvor beantragte Entscheidung zum Umgangsrecht mit seinem in Deutschland bei der Mutter lebenden Kind nicht entbehrlich.[126]

58 Können sich die Eltern über die Ausübung des Umgangsrechts nicht einigen, haben die Gerichte eine Entscheidung zu treffen, die sowohl die beiderseitigen Grundrechtspositionen der Eltern als

---

115 OLG Saarbrücken FamRZ 2010, 1922; OLG Hamm FuR 2010, 703.
116 OLG Brandenburg FamRZ 2010, 1925; OLG Saarbr FamRZ 2012, 646 auch noch im Beschwerdeverfahren möglich.
117 Vgl. auch OLG München FamRZ 2003, 1955; OLG Stuttgart FamRZ 2007, 1682.
118 OLG Frankfurt FamRZ 2008, 1372.
119 OLG Frankfurt FamRZ 1999, 617, 618; OLG Koblenz FamRZ 2007, 1682; OLG Oldenburg FuR 2009, 645 = FamRZ 2010, 44; OLG Saarbrücken FamRZ 2010, 1922; 2011, 826; OLG Köln FamRZ 2011, 827; Ausnahme nach KG FamRZ 2011, 122, wenn 16-Jähriger Umgang von seinen Vorstellungen abhängig machen will.
120 OLG Oldenburg FuR 2009, 645 = FamRZ 2010, 44; OLG Frankfurt FamRZ 2010, 740; OLG Saarbrücken FamRZ 2011, 826; 12, 646.
121 Zur Anfechtbarkeit einer gerichtlich gebilligten nicht vollstreckungsfähigen Umgangsvereinbarung vgl. OLG Brandenburg FamRZ 2009, 131, 132.
122 Vgl. auch BGHZ 51, 219: keine Bindung an Bestimmungen des personenberechtigten Elternteils.
123 Dazu eingehend Staudinger/Rauscher § 1684 Rn. 165 ff.
124 BGH FamRZ 1994, 158, 160; BVerfG FamRZ 2005, 1815 f.; OLG Naumburg FamRZ 2009, 1417, 1418.
125 BGH FamRZ 1994, 158, 159.
126 BVerfG FuR 2003, 455.

auch das Wohl des Kindes und dessen Individualität als Grundrechtsträger berücksichtigt.[127] Das Familiengericht muss sich deshalb bei der Ausgestaltung des Umgangsrechts mit den **Besonderheiten des Einzelfalles** auseinandersetzen, die Interessen der Eltern sowie deren Einstellung und Persönlichkeit würdigen und auf die Belange des Kindes eingehen.[128]

Ungeachtet der Berücksichtigung der Interessen der Eltern ist aber das **Wohl des Kindes die** 59 **oberste Richtschnur** (s.o. Rdn. 1). Dabei können die Kriterien der Kindeswohlprüfung, die bei der Sorgerechtsentscheidung heranzuziehen sind (s. § 1671 Rdn. 41 ff.), in modifizierter Form angewandt werden. So wird der Gedanke **des Förderungsgrundsatzes** für die Bestimmung von Dauer und Häufigkeit des Umgangs eine Rolle spielen. Gleiches gilt für die **Bindungen des Kindes**, wobei zu beachten ist, dass das Umgangsrecht auch dazu dienen soll Bindungen erst wachsen zu lassen. Geschwisterbindungen sollte grds. dadurch Rechnung getragen werden, dass insb. die Kinder, die sonst nicht zusammen leben, den Umgang gemeinsam verbringen.[129] Der **Kindeswille** steht beim Umgangsrecht besonders im Vordergrund, weil das Kind hinsichtlich der konkreten Ausgestaltung des Umgangs mehr Wünsche und Vorstellungen hat und auch äußert als dies beim Sorgerecht der Fall ist. Zum Verhältnis des Kindeswohls zum Kindeswillen gilt das Gleiche wie bei der Sorgerechtsentscheidung (s. § 1671 Rdn. 81 ff.): Der Wille des Kindes ist ein wichtiges Kriterium für das Wohl des Kindes, kann mit diesem aber nicht gleich gesetzt werden.[130] Er ist nur zu berücksichtigen, soweit das mit dem Kindeswohl vereinbar ist.[131] Bei der **Ermittlung** der Bindungen des Kindes und seines Willens kommt der obligatorischen Kindesanhörung (§ 159 FamFG) besondere Bedeutung zu (s. dazu § 1671 Rdn. 69 und 82 f.). Wie im Sorgerechtsverfahren kann das Gericht im Rahmen seiner Amtsermittlungspflicht (§ 26 FamFG) erforderlichenfalls auch ein psychologisches Sachverständigengutachten einholen. Dabei wird das minderjährige Kind einer psychologischen Begutachtung unterzogen. Das Gericht ist jedoch nicht befugt, den Sachverständigen »therapeutisch« einzusetzen und zu versuchen, mit seiner Hilfe auf die Beteiligten einzuwirken und diese zu einer bestimmten einvernehmlichen Handhabung des Umgangs mit dem Kind zu bewegen.[132] Freilich wird dies oftmals ein wünschenswerter Nebeneffekt der Begutachtung sein. Daneben ist das Gericht auch nicht berechtigt, gegen den Willen eines Elternteils dessen Umgang mit seinem Kind unter Beobachtung eines Sachverständigen zum Zwecke der Begutachtung anzuordnen.[133]

Soweit als möglich muss auch auf die **Interessen der Eltern** Rücksicht genommen werden, zumal 60 dadurch mittelbar auch das Kindeswohl beeinflusst wird. Eine gegen den Willen eines Elternteils angeordnete Umgangsregelung birgt die Gefahr, dass sich die ablehnende Haltung auch auf das Kind überträgt oder sein Befinden beeinflusst.[134] Deshalb sollte das Gericht um Ausgleich bemüht sein, soweit dies mit dem Kindeswohl noch vereinbar ist und zur konfliktfreieren Ausübung des Umgangsrechts beiträgt.

---

127 BVerfG FamRZ 1993, 662, 663; BVerfGE 64, 180, 188 = FamRZ 1983, 872, 873.
128 BVerfG FamRZ 1993, 662, 663; vgl. auch BVerfG FamRZ 1995, 86, 87.
129 Vgl. Staudinger/Rauscher § 1684 Rn. 181.
130 Vgl. Staudinger/Rauscher § 1684 Rn. 176.
131 BVerfG FamRZ 1993, 662, 663; 2005, 1057 = FuR 2005, 421; vgl. OLG Brandenburg FamRZ 2010, 1923.
132 BGH FamRZ 1994, 158, 160.
133 BVerfG FuR 2003, 408.
134 Vgl. Staudinger/Rauscher § 1684 Rn. 163.

IV. Regelungsinhalt

61 Die Ausgestaltung der Umgangsbefugnis ist in erster Linie daran auszurichten, welche Regelung dem Wohl des Kindes in seiner konkreten Situation gerecht wird.[135]

62 Der richtige **Ort** für die Wahrnehmung des Umgangsrechts ist grds. die **Wohnung des Berechtigten**[136] und nicht ein neutraler Ort oder gar die Wohnung des betreuenden Elternteils. Das Kind soll den umgangsberechtigten Elternteil möglichst unverfälscht und unbefangen in dessen normaler Umgebung und üblichem sozialen Umfeld erleben. Dies bedeutet aber nicht, dass der Umgangsberechtigte immer zu Hause bleiben muss. Selbstverständlich darf er mit dem Kind – auch während der gesamten Dauer des Umgangskontakts – Ausflüge unternehmen oder Freunde und Verwandte besuchen.[137] Auch Reisen ins Ausland sind grds. erlaubt.[138]

63 Das Wohl des Kindes kann aber auch einen **neutralen Ort** erfordern. Die Räume des Jugendamts, einer Beratungsstelle, des Kindergartens oder ähnlicher öffentlicher Einrichtungen können insb. in Betracht kommen, wenn die Anwesenheit neutraler Dritter notwendig ist, Entführungsgefahr besteht, der Umgang erst wieder angebahnt werden muss oder die Lebensumstände des Umgangsberechtigten dies erfordern (große Entfernung zum Wohnort, Haft). Daneben kann auch die Wohnung eines Dritten, insb. der Verwandten oder Großeltern des Kindes, als Umgangsort dienen. Obwohl dies regelmäßig die vergleichsweise bessere Lösung wäre, können sich die Eltern oft nicht auf einen solchen Ort einigen. Da die Bestimmung eines neutralen Ortes eine Einschränkung des grds. räumlich unbeschränkten Umgangsrechts darstellt, darf sie nur erfolgen, wenn das Kindeswohl dies erfordert. Eine Kindeswohlgefährdung muss aber noch nicht vorliegen, da die Einschränkung nicht einem Ausschluss gem. Abs. 4 gleichzusetzen ist.[139]

64 In Ausnahmefällen kann auch auf die Wohnung des betreuenden Elternteils zurückgegriffen werden, so wenn für eine Übergangszeit – nachdem länger kein Umgang stattgefunden hat – erst wieder eine behutsame Gewöhnung an den Umgangsberechtigten stattfinden muss.[140] Zumindest wenn das Kind an einer Erkrankung leidet, die es transportunfähig macht, verletzt die Anordnung des Umgangs in der Wohnung des betreuenden Elternteils nicht dessen Grundrecht aus Art. 13 Abs. 1 GG.[141] Unproblematisch ist dies aber nur in den seltenen Fällen, dass die Eltern sich gegenseitig respektieren und das Verhältnis zueinander unbelastet ist. Regelmäßig wird der Konflikt zwischen den Eltern aber entweder offen zu Tage treten oder latent vorhanden sein, was dem Wohl des Kindes nicht dienen kann.

65 **Dauer und Häufigkeit** des Umgangs lassen sich nicht aus allgemeinen Erfahrungssätzen ermitteln, sondern nur aus den Umständen des Einzelfalls. Dabei ist das Elternrecht beider Elternteile, das Persönlichkeitsrecht des Kindes und insb. dessen Wohl zu beachten.[142] Jegliche Schematisierung verbietet sich.[143]

66 Dennoch hat sich in der gerichtlichen Praxis, die auch durch die neuere veröffentlichte Rechtsprechung dokumentiert ist,[144] eine verfestigte Tendenz zu einem 14-tägigen Umgangsrecht für ältere

---

135 BVerfG FamRZ 1993, 662, 663; Beispiel für die Tenorierung einer Umgangsrechtsentscheidung: OLG Dresden JAmt 2002, 310 = FamRZ 2002, 1588 (dort nur Ls).
136 OLG Düsseldorf FamRZ 1988, 1196; BGH FamRZ 1969, 148, 149: »Häuslichkeit« des Berechtigten.
137 Staudinger/Rauscher § 1684 Rn. 183.
138 Staudinger/Rauscher § 1684 Rn. 184; s.u. Rdn. 80.
139 Ebenso Johannsen/Henrich/Jaeger § 1684 Rn. 24; a.A. Staudinger/Rauscher § 1684 Rn. 186.
140 Vgl. OLG Bamberg FamRZ 1984, 507.
141 BVerfG FamRZ 2005, 429.
142 BVerfG FamRZ 1993, 662, 663; 1995, 86, 87.
143 OLG Hamm FamRZ 1990, 654, 655.
144 Vgl. Zusammenstellung bei Staudinger/Rauscher § 1684 Rn. 202.

Kinder herausgebildet.[145] Dies ist nicht zu beanstanden. In den ganz überwiegenden Fällen, etwa ab dem Kindergartenalter, wird sich ein **Umgang an jedem zweiten Wochenende** empfehlen, der nach Möglichkeit zumindest **eine Übernachtung** mit einschließen sollte. Trotz dem Verbot der Schematisierung und der Notwendigkeit der Einzelfallentscheidung sollte man sich nicht scheuen, eine solche Umgangsregelung als Normalfall zu bezeichnen, der – wenn er nicht sofort verwirklicht werden kann – zumindest stufenweise angestrebt werden sollte. Ausgehend von diesem »**Normalumgang**« kann dann – falls nötig – eine Anpassung des Umgangsrechts im Einzelfall erfolgen. Diese als Normalfall vorgeschlagene Umgangsregelung wird den wichtigsten Anforderungen an die Ausgestaltung des Umgangs gerecht:

(1) Der Umgang sollte **regelmäßig und periodisch** stattfinden, so dass das Kind und auch die **67** Eltern sich darauf einstellen können und er zu einem festen und selbstverständlichen Bestandteil in ihrem Lebensplan wird.[146] Dies gilt umso mehr je jünger das Kind ist. Denn gerade bei kleineren Kindern kommt der Regelmäßigkeit des Umgangs noch größeres Gewicht zu, als dessen Dauer.[147]

(2) Die Zeit zwischen den Umgangskontakten darf nicht zu lange sein, um der Gefahr der **Ent-** **68** **fremdung** vorzubeugen. Andererseits ist ein zu kurzer Rhythmus, nicht zu empfehlen, insb. wenn dann ein Elternteil stets die Wochenenden und der andere die Werktage mit dem Kind zusammen wäre. Dies könnte dazu führen, dass es im Bewusstsein des Kindes einen »**Sonntagselternteil**« und einen »**Wochentagselternteil**« gibt, was für eine gedeihliche Entwicklung des Kindes nicht förderlich sein kann. Auch sollte im Interesse einer kontinuierliche Entwicklung vermieden werden, dass das Kind in eine »Pendelsituation« gerät.[148] Deshalb empfiehlt sich regelmäßig ein zweiwöchiger Umgangsrhythmus. Ein »**Betreuungs-Wechselmodell**« setzt zunächst die Bereitschaft und Fähigkeit der Eltern voraus, miteinander zu kooperieren.[149] Doch ist auch ein einvernehmlich praktiziertes »Wechselmodell« mit dem Kindeswohl nicht vereinbar, wenn das Kind durch den ständigen Wechsel belastet wird und keine Stabilität erfahren kann.[150]

Eine **Ausnahme** besteht aber für **Kleinkinder bis etwa 3 Jahre**. Hier sollte der Umgang in der **69** Regel einmal in der Woche, bei Säuglingen sogar noch häufiger stattfinden, um dem eingeschränkten Erinnerungsvermögen und dem besonderen Zeitgefühl dieser Altersgruppe Rechnung zu tragen.[151]

(3) Ein Umgangskontakt **unter der Woche** entspricht bereits regelmäßig deshalb nicht dem Wohl **70** des Kindes, weil es da Kindergarten oder Schule besuchen wird, so dass die Zeit des Zusammenseins stark verkürzt wäre; häufig wird auch der umgangsberechtigte Elternteil berufstätig sein.[152] Im Übrigen entspricht selbst dann, wenn die äußeren Verhältnissen dies zuließen und das Kind etwa gleich starke Bindungen zu beiden Elternteilen hat, ein blockweiser Aufenthalt zuerst beim einen und dann beim anderen Elternteil regelmäßig nicht dem Kindeswohl. Denn es ist erforder-

---

145 Vgl. OLG Köln FamRZ 2010, 998.
146 Staudinger/Rauscher § 1684 Rn. 191.
147 OLG Köln FamRZ 2010, 998.
148 OLG Zweibrücken FamRZ 1997, 45, 46..
149 OLG Koblenz FamRZ 2010, 738; OLG Brandenburg FamRZ 2011, 120; OLG Saarbrücken FamRZ 2011, 824; OLG Düsseldorf FamRZ 2011, 1154 mit Anm. Horndasch FuR 2012, 593; OLG Dresden FamRZ 2011, 1741; OLG Nürnberg FamRZ 2011, 1803; OLG Hamm FamRZ 2012, 646.
150 OLG Koblenz FamRZ 2010, 738; zu den Vor- und Nachteilen des sog. »Wechselmodells« vgl. auch OLG Dresden FamRZ 2005, 125; OLG München FamRZ 2007, 753; OLG Celle FamRZ 2008, 2053.
151 OLG Brandenburg FamRZ 2010, 1352, 1354; Staudinger/Rauscher § 1684 Rn. 191; Johannsen/Henrich/Jaeger § 1684 Rn. 26; vgl. auch AG Kerpen FamRZ 1994, 1486, 1487; zur Dauer des Umgangs s.u. Rdn. 72.
152 Vgl. aber AG Saarbrücken FamRZ 2003, 1200, das sich in seiner sehr deduktiven Entscheidung bei einem 2-jährigen Kind für einen »Spielplatz- oder Spaziergang« einmal unter der Woche neben den etwa 2-wöchigen Tagesumgängen am Wochenende ausspricht.

lich dem Kind insoweit Sicherheit zu geben, dass es wissen und erfahren kann, wo sich sein Lebensmittelpunkt befindet.[153] Dies ist auch Ausdruck der zu wahrenden Erziehungskontinuität.[154] Das Kind darf in seiner prinzipiellen Zuordnung zum Sorgeberechtigten nicht irritiert und keinen Spannungen und Widersprüchen ausgesetzt werden, die in der Reifeentwicklung schädlich sind.[155]

71 (4) Die **Dauer des einzelnen Umgangs** sollte so bemessen sein, dass sich eine oft vorhandene Anfangsscheu legen und eine wirkliche Vertrautheit bilden kann. Kind und umgangsberechtigter Elternteil müssen etwas wirklich Sinnvolles miteinander unternehmen können. Der Umgang sollte nicht den Charakter eines Pflichtbesuchs bei einem entfernten Verwandten haben, sondern zu einer Begegnung mit gegenseitigem Gefühlsaustausch werden. Dies wird zwar ganz entscheidend vom Geschick des Umgangsberechtigten abhängen, Voraussetzung ist aber, dass dafür ausreichend Zeit zur Verfügung steht. Besteht bereits eine solch wünschenswerte vertrauensvolle Beziehung, versteht es sich von selbst, dass ein länger andauernder Umgang dem Wohl des Kindes entspricht. Andererseits muss die Dauer des Umgangs insb. bei kleineren Kindern so bemessen sein, dass die Trennung vom betreuenden Elternteil, der regelmäßig die Hauptbezugsperson sein wird, zu keiner Belastung für das Kind wird.[156] Muss erst eine Annäherung herbeigeführt werden, kann zunächst ein nur monatlicher Umgang sachgerecht sein.[157]

72 Wie lange genau ein Umgangskontakt dauern sollte, kann nur im **Einzelfall** entschieden werden. Dies hängt vor allem vom Alter des Kindes, der Intensität seiner bisherigen Beziehungen zum Umgangsberechtigten, von der Entfernung der Wohnorte der Eltern, aber auch von den sonstigen Interessenbindungen des Kindes und der Eltern ab.[158] Geht man von einem Umgang an jedem zweiten Wochenende aus, sollte aber eine Dauer von 2 Tagen mit Übernachtung, also von Samstag Vormittag bis Sonntag Nachmittag, als Anhaltspunkt für eine **angemessene Umgangsdauer** angesehen werden, die – wenn sie nicht sogleich verwirklicht werden kann – zumindest angestrebt werden sollte.[159] Noch mehr als sonst gilt aber bei der Bestimmung der Dauer des Umgangs, insb. aber bei der Frage der Übernachtung, dass dies einer sorgfältigen Abwägung aller Interessen, vor allem aber des Kindeswohls, im Einzelfall bedarf.[160] Kommt eine Übernachtung danach nicht in Frage sollte wenigstens ein mehrstündiger Ganztagesumgang, etwa von 10.00 Uhr bis 18.00 Uhr, stattfinden. Bei **Kleinkindern im Vorschulalter** kommt auch eine kürzere Umgangsdauer in Betracht, wobei die Begrenzung auf wenige Stunden nicht als Regel angesehen werden sollte, allenfalls als Beginn einer Gewöhnungsphase, an deren Ende ein längerer Umgang steht.[161] Allerdings kann der bei Kleinkindern bis zu einem Alter von etwa drei Jahren wünschenswerte wochenweise Umgang (s.o. Rdn. 69) eine kürzere Dauer nach sich ziehen.

73 **Übernachtungen** können die Beziehungen zum umgangsberechtigten Elternteil ganz wesentlich intensivieren und zum Wohl des Kindes verbessern und erhalten. Einem Übernachtungsumgang stehen schlechte häusliche Verhältnisse beim Umgangsberechtigten wie beengte Wohnverhältnisse,

---

153 So OLG Karlsruhe FuR 1998, 270, 272: elterliche Sorge bei der Mutter; Vater dominant; Kindeswunsch eine Woche bei Mama und eine Woche bei Papa nicht ausschlaggebend, da nur Ausdruck der gleich starken Bindung, aber Kinder (6-8 Jahre) überfordert selbst beste Lösung für ihr Wohl zu bestimmen.
154 Staudinger/Rauscher § 1684 Rn. 189.
155 OLG Hamm FamRZ 1990, 654, 655.
156 Johannsen/Henrich/Jaeger § 1684 Rn. 26.
157 OLG Hamm FamRZ 2011, 1668.
158 OLG Hamm FamRZ 1990, 654, 655.
159 Vgl. auch Johannsen/Henrich/Jaeger § 1684 Rn. 27.
160 Selbstverständlich muss das Gericht auch die Frage der Übernachtung regeln, da dies zum Umfang und zur Ausübung des Umgangsrechts gehört, vgl. dazu auch AG Holzminden FamRZ 1997, 47 gegen AG Groß-Gerau FamRZ 1995, 313.
161 AG Holzminden FamRZ 1997, 47, 48; ebenso Staudinger/Rauscher § 1684 Rn. 194.

fehlendes Kinderbett und kalter Zigarettenrauch grds. nicht entgegen.[162] Andererseits ist die Einwilligung hierzu für den sorgeberechtigten Elternteil oftmals eine nur schwer zu überwindende Hürde auf dem Weg zu einer Umgangsvereinbarung. Es ist deshalb zu bedenken, ob die Anordnung eines Übernachtungsumgangs gegen den Willen des sorgeberechtigten Elternteils das Kind nicht in einen Loyalitätskonflikt stürzt, so dass möglicherweise im Einzelfall darauf verzichtet werden sollte, wenn im Übrigen ein noch ausreichender Umgang gewährleistet ist.[163]

Bestehen gute Bindungen zum umgangsberechtigten Elternteil, dessen Erziehungseignung außer **74** Frage stehen muss, so kommt ein **Übernachtungsumgang bereits im Kleinkindalter** in Betracht.[164] Die ältere obergerichtliche Rechtsprechung stand dem eher ablehnend gegenüber.[165] Doch mag dies auch daran gelegen haben, dass die von den Oberlandesgerichten entschiedenen Fälle naturgemäß ein erhöhtes Konfliktpotenzial besitzen. Nach OLG Zweibrücken wird eine generelle Altersgrenze für Übernachtungen in der Rechtsprechung heute nicht mehr vertreten.[166] Dies entspricht dem Wandel in der Gesellschaft, wonach heute vielfach beide Eltern die Pflege und Betreuung von Kleinkindern gleichermaßen übernehmen. Waren es früher fast ausschließlich die Mütter, die die Kinder gefüttert, angezogen und gewickelt haben, so tun dies in zunehmendem Maße auch die Väter. Die Sorge, dass das Kleinkind durch Trennung von seiner Hauptbezugsperson Schaden nimmt, wird sich bei genauerer Prüfung in vielen Fällen als unberechtigt erweisen. Denn regelmäßig wird sich ein umgangsberechtigter Elternteil um einen längeren Umgang mit Übernachtung nur bemühen, wenn er zu dem Kleinkind bereits eine vertrauensvolle Beziehung hat und er auch in der Lage ist es zu betreuen und zu versorgen. Gerade bei kleinen Kindern ist die Fähigkeit sich kindgerecht zu verhalten für einen positiven Verlauf des Umgangs besonders wichtig. Bei Kindern unter drei Jahren könnte einer Übernachtung aber entgegenstehen, dass möglichst ein wochenweiser Umgang erfolgen sollte, dem sorgeberechtigten Elternteil aber auch ein umgangsfreies Wochenende verbleiben muss (s.o. Rdn. 68). Hier kann im Einzelfall eine spezielle Regelung erfolgen, beispielsweise dass nur an jedem vierten Wochenende eine Übernachtung stattfindet, das Wochenende danach umgangsfrei ist und im Übrigen ein stundenweiser Umgang am Samstag oder Sonntag erfolgt.

(5) Neben dem periodischen Umgang muss auch eine Regelung für die **großen christlichen Feier-** **75** **tage** (Weihnachten, Ostern und Pfingsten) getroffen werden. Denn nicht nur der sorgeberechtigte Elternteil, sondern auch der andere, auf den zeitlich begrenzten Umgang angewiesene Elternteil, muss – nicht zuletzt im Kindesinteresse – die Gelegenheit haben, im Rahmen seines Umgangsrechts aus dem normalen Ablauf des Jahres herausragende Tage gemeinsam mit dem Kind zu verbringen. Unabhängig von der religiösen Bedeutung, die der betreffende Elternteil den kirchlichen Feiertagen beimisst, haben sie ihre besondere Stellung im Lauf des Jahres; insb. für ein kleines Kind ist es nicht gleichgültig und bedeutungslos, ob es solche Tage ausschließlich im Kreis der neuen Familie verbringt oder daneben unmittelbaren Kontakt auch mit dem anderen Elternteil hat. Dazu gehört zwar nicht in erster Linie, aber auch, das persönliche Beschenken als Ausdruck der gegenseitigen Zuneigung und der Zusammengehörigkeit. Der nicht sorgeberechtigte Elternteil

162 KG FamRZ 2011, 825 mit zu Unrecht abl. Anm. Ritter FamRZ 2011, 1408.
163 OLG Hamm FamRZ 1990, 654, 655; vgl. auch Staudinger/Rauscher § 1684 Rn. 198.
164 OLG Zweibrücken FamRZ 2009, 134; OLG Nürnberg FamRZ 2010, 741; OLG Brandenburg FamRZ 2010, 1352, 1353: bejaht für zweijähriges noch gestilltes Kind; Johannsen/Henrich/Jaeger § 1684 Rn. 26; Staudinger/Rauscher § 1684 Rn. 198; Palandt/Diederichsen § 1684 Rn. 18 unter Aufgabe der früheren Auffassung; vgl. auch BVerfG FamRZ 2007, 1078, 1079.
165 KG 1989 FamRZ 656, 660: übliche Besuchsdauer von zweimal im Monat jeweils 4 Stunden bei 3 1/4-jährigem Kind; Düsseldorf FamRZ 1988, 1196: bei 6-jährigem Kind genügt Besuch von 5 Stunden alle 14 Tage; OLG Zweibrücken FamRZ 1997, 45, 46: Übernachtung bei 3 1/2-jährigem Kind nicht selbstverständlich; OLG Hamm FamRZ 1990, 654: regelmäßig keine Übernachtung gegen den Willen des Sorgeberechtigten bei 4-jährigem Kind; vgl. auch eingehend dazu AG Holzminden FamRZ 1997, 47.
166 OLG Zweibrücken FamRZ 2009, 134, 135 unter Hinweis auf OLG Frankfurt FamRZ 2002, 978; vgl. auch KG FamRZ 2009, 2302, 2303.

wird deshalb unangemessen benachteiligt, wenn ihm von vornherein die Möglichkeit genommen wird, gerade an den für die emotionale Seite der Eltern-Kind-Beziehung wichtigen Feiertagen wie Weihnachten und Ostern den persönlichen Umgang mit dem Kind zu pflegen.[167]

76 Da **Weihnachten, Ostern und Pfingsten** Doppelfeiertage sind, wird sich anbieten, dass der Umgang jeweils am zweiten Feiertag ausgeübt wird. Dies entspricht auch einer weit verbreiteten gerichtlichen Praxis bei der Ausgestaltung des Umgangsrechts.[168] Dabei wird das periodische Umgangsrecht von dem Feiertagsumgang überlagert.[169] Da Weihnachten und Ostern in allen und Pfingsten in den meisten Bundesländern innerhalb der Schulferien liegen, kann es aber auch sinnvoll sein zur Vermeidung zu zahlreicher Aufenthaltswechsel des Kindes, den Ferienumgang noch auf den ersten Feiertag auszudehnen, so dass das Kind erst am zweiten Feiertag wieder zum sorgeberechtigten Elternteil zurückkehrt. Bei den gesellschaftlich etwas weniger bedeutsamen aber zeitlich nah beieinanderliegenden Festen Ostern und Pfingsten ist auch denkbar – wenn auch meistens nicht wünschenswert – dass das Kind ein Fest ganz bei einem Elternteil verbringt. Dies wird besonders dann in Betracht kommen, wenn ein Elternteil die Feiertage für einen Kurzurlaub mit dem Kind nützen möchte.[170] Der Wunsch des sorgeberechtigten Elternteils an den Feiertagen ab und zu Urlaub zu machen, ist aber kein Grund von einem Feiertagsumgang abzusehen. Die bestehenden Einschränkungen in der freien Gestaltung der Urlaubspläne muss der Sorgeberechtigte vielmehr als notwendige Folge des Scheiterns der Ehe zum Wohl des Kindes in Kauf nehmen.[171]

77 (6) Eine Regelung für die **persönlichen Festtage**, insb. den **Geburtstag des Kindes**, ist nicht zwingend erforderlich und sollte nur auf Anregung der Eltern geschehen. Denkbar wäre, dass das Kind wechselweise seinen Geburtstag bei einem Elternteil verbringt oder dass zeitnah zum Geburtstag ein außerturnusmäßiger Umgang stattfindet.

78 (7) Zur Regelung des Umgangs gehört grds. auch die Bestimmung eines **Ferienumgangs**.[172] Dieser ist besonders geeignet das Zusammensein des Kindes mit dem Umgangsberechtigten zu normalisieren und eine tiefe vertrauensvolle Beziehung zu schaffen.[173] Voraussetzung ist aber, dass die Bindung bereits von guter Qualität ist und keine konkrete Gefahr besteht, dass das Kind unter Verlustängsten leiden wird. Dem Kindeswillen wird dabei besonderes Gewicht zukommen.[174] Je nach Qualität der Bindung kann die Dauer des Ferienumgangs auch bis zu 4 Wochen betragen.[175] Eine so lange Umgangsdauer wird aber wegen der Gefahr der Verstärkung eines Elternkonflikts nur mit Billigung des Sorgeberechtigten in Betracht kommen, die ansonsten nicht zwingend erforderlich ist. Gegen den Willen des betreuenden Elternteils sollte ein Ferienumgang in der Regel nicht vor der ersten Schulklassenreise angeordnet werden.[176] Der Ferienumgang findet zusätzlich zum periodischen Umgang statt und kommt nicht nur als Ersatz für einen solchen in Betracht.[177]

79 Dass der periodische Umgang für die Dauer des Ferienumgangs ersatzlos überlagert wird, versteht sich von selbst.[178] Andererseits sollte in einer **Ferienregelung** auch klargestellt werden, dass und wann der periodische Umgang nicht stattfinden kann, weil der sorgeberechtigte Elternteil mit

---

167 So ausdrücklich OLG Bamberg FamRZ 1990, 193.
168 Staudinger/Rauscher § 1684 Rn. 204.
169 OLG Frankfurt FamRZ 1996, 362.
170 Krit. zu dieser Tendenz Staudinger/Rauscher § 1684 Rn. 204.
171 OLG Bamberg FamRZ 1990, 193.
172 Vgl. OLG Frankfurt FamRZ 2007, 664.
173 BVerfG FamRZ 2005, 871; 2007, 1078, 1079; OLG Brandenburg FamRZ 2010, 1923, 1924.
174 Vgl. KG FamRZ 1978, 728.
175 Johannsen/Henrich/Jaeger § 1684 Rn. 28; nach KG FamRZ 2009, 2302, 2303: In der Regel keine 3 Wochen am Stück und keine hälftige Teilung sämtlicher Ferien.
176 KG FamRZ 2009, 2302, 2303.
177 Vgl. OLG Köln FamRZ 1982, 1237; inzident auch OLG Frankfurt FamRZ 1996, 362; ebenso Johannsen/Henrich/Jaeger § 1684 Rn. 28 und Staudinger/Rauscher § 1684 Rn. 208; a.A. KG FamRZ 1979, 70.
178 Vgl. OLG Saarbrücken FamRZ 2011, 824, 825.

dem Kind eine Urlaubsreise unternimmt oder das Kind aus anderen Gründen (Ferienfreizeit, längerer Verwandtenbesuch) ortsabwesend ist.[179] Ohne ausdrückliche Regelung muss dies auch dann gelten, wenn dem Umgangsberechtigten kein Ferienumgang eingeräumt wird. Es würde dem Kindeswohl erheblich widersprechen, wenn allein wegen des periodischen Umgangsrechts übliche Familienurlaube während der Schulferien unterbleiben müssten.[180]

Während der Zeit des Umgangs bestimmt der Umgangsberechtigte den **Aufenthalt des Kindes**. **80** Dies gilt grds. auch für den Ferienumgang. Allerdings ist für **Auslandsreisen**, insb. Flugreisen, die Zustimmung des Sorgeberechtigten erforderlich.[181]

Nach ganz herrschender Meinung ist das **Abholen und Zurückbringen** des Kindes Aufgabe des **81** Umgangsberechtigten.[182] Bei weiten Entfernungen können auch (begleitete) Flugreisen zu gestatten sein.[183] Einem 11-jährigen Kind kann unter Umständen eine längere Bahnfahrt ohne Begleitung zugemutet werden.[184] Den sorgeberechtigten Elternteil trifft über selbstverständliche Vorbereitungshandlungen in der eigenen häuslichen Sphäre hinaus grds. keine Verpflichtung an der Verwirklichung des Umgangsrechtes aktiv mitzuwirken.[185] Auch trifft den sorgeberechtigten Elternteil, der durch seinen Wegzug eine erhebliche räumliche Distanz zum Umgangsberechtigten geschaffen hat, die Pflicht, sich an dem dadurch erhöhten zeitlichen und organisatorischen Aufwand zu beteiligen.[186] Auch unabhängig davon kann es Pflicht des sorgeberechtigten Elternteils sein, das Kind vom Bahnhof abzuholen.[187] Um Streitigkeiten zu vermeiden und um eine vollständige Umgangsregelung zu treffen, sollte das Gericht die Frage des Holens und Bringens in der Anordnung regeln. Ebenso sollte zur Sicherstellung der Vollstreckbarkeit die Verpflichtung des Sorgeberechtigten, das Kind zur Abholung bereit zu halten, in die gerichtliche Anordnung oder in eine gerichtlich gebilligte Vereinbarung aufgenommen werden.[188] Auch kann eine gerichtliche Umgangsregelung mit der Verpflichtung zur Kindesherausgabe verbunden werden, um notfalls Ordnungshaft oder die Anwendung von Gewalt gegen den sich weigernden Elternteil gem. § 90 FamFG anordnen zu können.[189]

Grundsätzlich folgt auch aus der Wohlverhaltenspflicht nichts anderes. Doch sollte dem Sorgebe- **82** rechtigten im Interesse eines möglichst entspannten Umgangs und somit zum Wohl des Kindes zuzumuten sein zumindest geringfügige Mitwirkungshandlungen vorzunehmen, wenn dies eine maßgebliche Erleichterung der Ausübung des Umgangs für den Berechtigten darstellt.[190] Hat der sorgeberechtigten Elternteil aber durch seinen Wegzug eine erhebliche räumliche Distanz zum Umgangsberechtigten geschaffen, kann er verpflichtet sein, sich an dem dadurch erhöhten zeitlichen und organisatorischen Aufwand zu beteiligen.[191]

Hat sich der sorgeberechtigte Elternteil in einer **Vereinbarung** verpflichtet, das Kind zur Aus- **83** übung des Umgangs zum Berechtigten zu bringen, so ist er auch dann an diese Vereinbarung

---

179 Vgl. OLG Saarbrücken FamRZ 2011, 824, 825.
180 OLG Frankfurt FamRZ 1996, 362.
181 OLG Frankfurt FamRZ 1999, 1008.
182 OLG Nürnberg FamRZ 1999, 1008; OLG Zweibrücken FamRZ 1982, 531; OLG Zweibrücken FamRZ 1998, 1465; OLG Frankfurt FamRZ 1988, 866; Johannsen/Henrich/Jaeger § 1684 Rn. 30; Staudinger/Rauscher § 1684 Rn. 214; Palandt/Diederichsen § 1684 Rn. 20.
183 KG FamRZ 2006, 878, 879.
184 So AG Detmold FamRZ 2006, 880 im konkreten Fall.
185 OLG Nürnberg FamRZ 1999, 1008; OLG Zweibrücken FamRZ 1982, 531.
186 OLG Schleswig FamRZ 2006, 881.
187 AG Detmold FamRZ 2006, 880, 881.
188 Vgl. Staudinger/Rauscher § 1684 Rn. 216; Beispiel für die Tenorierung einer Umgangsrechtsentscheidung: OLG Dresden JAmt 2002, 310 = FamRZ 2002, 1588 (dort nur Ls).
189 OLG Frankfurt FamRZ 2002, 1585.
190 Ebenso Staudinger/Rauscher § 1684 Rn. 215 und krit. zu OLG Nürnberg FamRZ 1999, 1008.
191 KG FamRZ 2006, 881; OLG Brandenburg FamRZ 2009, 131, 132 f.

gebunden, wenn die Umgangsbefugnis des Berechtigten zeitlich ausgeweitet wird, sofern ihn dies nicht unzumutbar belastet.[192]

84   Für den Fall, dass Umgangstermine ausfallen, weil das Kind erkrankt ist oder andere Gründe in der Person des Kindes bestehen, sollte grds. eine **Nachholung** am nächsten freien regelmäßigen Umgangswochentag stattfinden.[193] Davon kann aber aus Gründen des Kindeswohls abgesehen werden, wenn es dadurch zu stark belastet wird. Liegt der Grund des Ausfalls beim umgangsberechtigten Elternteil, scheidet eine Nachholung regelmäßig aus.

85   Während die **Anwesenheit dritter Personen** unter den Voraussetzungen des Abs. 4 Satz 3 im Rahmen des beschützten Umgangs angeordnet werden kann (vgl. Rdn. 114 ff.), ist nicht normiert, ob und unter welchen Voraussetzungen die **Abwesenheit Dritter** bestimmt werden kann. Es besteht jedoch Einigkeit, dass wie in § 1634 Abs. 2. Satz 1 2. Hs. a.F. formuliert war, grds. der Umgangsberechtigte während des Umgangs das Recht ausübt den Umgang des Kindes mit Wirkung für und gegen Dritte zu bestimmen und dass diese Befugnis nur eingeschränkt oder ausgeschlossen werden kann, wenn es zum Wohle des Kindes erforderlich ist. Dies lässt sich nun aus §§ 1687a, 1687 Abs. 1 Satz 4, Abs. 2 ableiten und ergibt sich zudem aus Sinn und Zweck des Umgangsrechts. Denn das Kind soll den anderen Elternteil während der Dauer des Umgangs unverfälscht in seinem üblichen sozialen Umfeld erleben (vgl. zur Untersagung der Anwesenheit eines Hundes o. Rdn. 9).

86   Deshalb kommt in der Regel auch eine Anordnung, dass das Umgangsrecht nicht in **Anwesenheit des neuen Lebenspartners** des Umgangsberechtigten durchgeführt werden darf, nicht in Betracht.[194] Das heißt aber nicht, dass der neue Lebenspartner in jedem Fall beim Umgang dabei sein sollte. Gerade zu Beginn der Trennung der Eltern, in der sich das Kind noch in einer Phase der Verunsicherung – gerade in seiner Beziehung zum Umgangsberechtigten – befindet, kann es für den Umgangsberechtigten ratsam sein, zunächst allein mit dem Kind die Zeit zu verbringen. Deswegen muss der neue Lebenspartner nicht verschwiegen werden. Das Alter des Kindes spielt für diese Überlegung keine Rolle. Zwar mag für kleinere Kinder die Situation schwerer verständlich sein, doch ist ebenso vorstellbar, dass gerade Jugendliche einen neuen Partner eines Elternteils strikt ablehnen. Deren Willen kommt aber eine erhebliche Bedeutung zu.

87   Die Anordnung des **Ausschlusses des neuen Partners** vom Umgang kann und muss aber dann erfolgen, wenn es das Kindeswohl erfordert. Dies ist einmal dann der Fall, wenn in der Person des Dritten Umstände vorliegen, die ihn ungeeignet erscheinen lassen, mit dem Kind zusammen zu sein, etwa weil er sich in den Streit der Eltern einmischt, im unausgeräumten Verdacht steht das Kind sexuell missbraucht zu haben[195] oder sonst Charaktereigenschaften aufweist, die ihn als erziehungsungeeignet erscheinen ließen.[196] Zum anderen kommt der Ausschluss des Lebenspartners in Betracht, wenn das Kind dessen Anwesenheit nachhaltig ablehnt.[197] Dem Willen des Kindes kommt

---

192   OLG Frankfurt 1988, 866.
193   OLG Saarbrücken FamRZ 2012, 646: Regelung insb. geboten, falls es bereits deswegen Streit gab; vgl. dazu auch FA-FamR/Büte Kap. 4 Rn. 509.
194   OLG Hamm FamRZ 1982, 93; Staudinger/Rauscher § 1684 Rn. 221; Johannsen/Henrich/Jaeger § 1684 Rn. 31; a.A. OLG Köln FamRZ 1982, 1236 vor Rechtskraft der Scheidung, jedenfalls vor Ablauf des Trennungsjahres, wenn der sorgeberechtigte Elternteil an der Ehe festhält und es sich um jüngere Kinder (hier: 6 und 8 Jahre) handelt; vgl. auch OLG Nürnberg FamRZ 1998, 976.
195   S. § 1671 Rdn. 51.
196   Homosexualität zählt hierzu aber für sich betrachtet nicht, s. § 1671 Rdn. 47; vgl. auch AG Mettmann FamRZ 1985, 529; krit.: Staudinger/Rauscher § 1684 Rn. 222.
197   Vgl. OLG Nürnberg FamRZ 1998, 976: Solange die Eltern eines jüngeren Kindes (unter 12 Jahren) noch verheiratet sind und noch nicht ein Jahr lang getrennt leben, kann es zum Wohl des Kindes – zur Vermeidung erheblicher seelischer Belastungen – erforderlich sein, eine neue Partnerin des Vaters von einem (längeren Ferien-) Umgang mit dem Kind auszuschließen, wenn das Einverständnis des Kindes und der Mutter hierzu fehlen; Johannsen/Henrich/Jaeger § 1684 Rn. 30.

bei der Ausgestaltung des Umgangsrechts eine erhöhte Bedeutung zu.[198] Andererseits muss darauf geachtet werden, dass das Kind nicht vom betreuenden Elternteil instrumentalisiert wird, um das Umgangsrecht zu boykottieren oder das »neue Glück« des Umgangsberechtigten zu stören.

Über die **Kosten des Umgangs** ist nicht im Umgangs- sondern allenfalls im Unterhaltsverfahren zu entscheiden.[199]   **88**

Die Entscheidung des BGH betrifft sowohl die **eigenen Kosten** des Umgangsberechtigten als auch   **89**
die **zusätzlichen Kindeskosten**, die anlässlich des Umgangs entstehen. Davon zu unterscheiden sind die **stets anfallenden Kindeskosten.** Wenn der nicht sorgeberechtigte Elternteil das Kind in Ausübung seines Umgangsrechts während der Ferien für einige Wochen bei sich hat und versorgt, so berechtigt ihn das im Regelfall nicht zu einer Kürzung des von ihm zu zahlenden Barunterhalts.[200] Nach Auffassung des OLG Hamm sind aber bei einer längeren Dauer des Aufenthaltes des Kindes bei dem nicht sorgeberechtigten Elternteil die dabei von ihm erbrachten Naturalleistungen auf die Unterhaltszahlungsansprüche anzurechnen, weil er ansonsten doppelt belastet wäre und der Sorgeberechtigte mangels Bedarfs des Kindes nicht die Aufwendungen hat, die bestehen, solange das Kind bei ihm lebt. Dabei sei jedoch zu beachten, dass dem Sorgeberechtigten ein Teil der Kosten auch in Zeiten verbleibe, zu denen sich das Kind bei dem anderen Elternteil aufhalte; diese Kosten seien mit etwa 1/3 der Lebenshaltungskosten anzusetzen.[201]

Der BGH hält nach einer Entscheidung vom 23.02.2005[202] an seiner oben unter Rn. 87 zitierten   **90**
Auffassung nicht mehr uneingeschränkt fest: In den Fällen, in denen das hälftige Kindergeld dem barunterhaltspflichtigen und umgangsberechtigten Elternteil aufgrund der Neuregelung der § 1612b Abs. 5 nicht mehr in voller Höhe zusteht, ist eine maßvolle Erhöhung seines notwendigen Selbstbehalts vorzunehmen, soweit er die Kosten des Umgangs nur unter Gefährdung seines Unterhalts aufbringen könnte. Das Unterhaltsrecht darf dem Unterhaltsverpflichteten nicht die Möglichkeit nehmen, sein Umgangsrecht zur Erhaltung der Eltern-Kind-Beziehung auszuüben.

D. Abs. 3 Satz 2: Anordnungen zur Erfüllung der Wohlverhaltenspflicht

S.o. Rdn. 34 ff.   **91**

E. Abs. 4: Einschränkung und Ausschluss des Umgangsrechts

I. Abs. 4 Satz 1 und 2: Eingriffsvoraussetzungen

Eine Einschränkung oder ein Ausschluss des Umgangsrechts setzt gem. Abs. 4 Satz 1 immer   **92**
voraus, dass dies **zum Wohl des Kindes erforderlich** ist. Soll dies für längere Zeit oder auf Dauer geschehen so ist gem. Abs. 4 Satz 2 erforderlich, dass andernfalls **das Wohl des Kindes gefährdet** wäre.[203] Der Gesetzgeber hat sich dabei bewusst von der Formulierung des BGH[204] leiten lassen:[205] »Der völlige oder zeitweilige Ausschluss des Umgangs, der in das grundgesetzlich geschützte per-

---

198 Zum Kindeswillen vgl. auch o. Rdn. 59 und § 1671 Rdn. 81 ff.
199 S. § 1581 Rdn. 56.
200 BGH FamRZ FamRZ 1984, 470: eingehend auch zur unterhaltsrechtlichen Gesamtproblematik.
201 OLG Hamm FamRZ 1994, 529; vgl. auch OLG Köln FamRZ 2005, 1852.
202 BGH FamRZ 2005, 706.
203 Demgegenüber interpretiert Rauscher in Staudinger/Rauscher § 1684 Rn. 265 unter Hinweis auf die Begründung des Gesetzentwurfs die Bestimmung so, dass für einen Ausschluss stets die höhere Eingriffsschwelle des Satz 2 gelte. Dies widerspricht aber dem objektiven Wortsinn, wenn man Satz 1 mit heranzieht. Wie hier: OLG Jena FamRZ 2000, 47; OLG Schleswig FamRZ 2000, 48, 49; Johannsen/Henrich/Jaeger § 1684 Rn. 34. Der Streit dürfte aber kaum praktische Bedeutung haben, da man wegen der Schwere des Eingriffs beim Ausschluss schnell zur Bejahung der längeren Dauer i.S.d. Satz 2 kommen wird, s.u. Rdn. 94.
204 BGH FamRZ 1988, 711; ebenso bereits: BGH FamRZ 1984, 1084.
205 Vgl. BT-Drucks. 13/8511 S. 74.

sönliche Verhältnis des Kindes zu dem vom Ausschluss betroffenen Elternteil tief eingreift, darf daher nur angeordnet werden, wenn dies nach den Umständen des Falles unumgänglich ist, um eine Gefährdung der körperlichen oder seelischen Entwicklung des Kindes abzuwenden, und wenn diese Gefahr nicht auf andere Weise ausreichend sicher abgewehrt werden kann.« Diese Rechtsprechung geht wiederum auf Entscheidungen des BVerfG zurück, die dem Umgangsrecht einen hohen Stellenwert einräumen.[206]

93 Die für einen Eingriff gem. Abs. 4 Satz 2 erforderliche Kindeswohlgefährdung entspricht derjenigen des § 1666.[207] Für die **Eingriffsschwelle** des Abs. 4 Satz 1 gilt dagegen der Maßstab des § 1696. Demnach sind für eine Einschränkung oder einen Ausschluss des Umgangsrechts von kürzerer Dauer triftige, das Wohl des Kindes nachhaltig berührende Gründe erforderlich aber auch ausreichend.[208] Dabei weist das Wort »soweit« in Abs. 4 Satz 1 auf den stets zu beachtenden Grundsatz der Verhältnismäßigkeit hin, weshalb ebenso wie bei Abs. 4 Satz 2 ein bestimmter Eingriff immer nur erfolgen darf, wenn keine weniger einschneidenden Maßnahmen für das zu erreichende Ziel zur Verfügung stehen.[209]

94 Wegen der unterschiedlich hohen Eingriffsschwelle ist von Bedeutung, welche Zeiträume als »**längere Zeit**« i.S.d. Abs. 4 Satz 2 anzusehen sind. Dabei wird zum einen auf das altersgemäße Zeitempfinden des Kindes[210] und zum anderen auf die Häufigkeit des bisherigen Umgangs[211] abzustellen sein. Insb. aber erfordert es Sinn und Zweck der unterschiedlichen Eingriffsschwellen bei der zeitlichen Einordnung auch die Schwere des Eingriffs heranzuziehen.[212] Wird das bisher 14-tägig ausgeübte Umgangsrecht ausgeschlossen, so wird man auch bei einem älteren Kind bereits dann von einer längeren Zeit sprechen müssen, wenn der Umgang mehr als zweimal entfallen soll, was etwa einem Monat entspricht; bei einem jüngeren Kind kommt auch ein kürzerer Zeitraum in Betracht. Dagegen kann bei einer weniger einschneidenden Maßnahme, wie etwa dem Verbot mit dem Kind ins Ausland zu fahren (wegen Entführungsgefahr), ein Zeitraum von einem halben Jahr noch als kurz angesehen werden. Ein Zeitraum über einem halben Jahr dürfte aber in jedem Fall eine »längere Zeit« sein.[213]

95 Eine weitere – wenn auch weniger stark diskutierte – wichtige Frage ist, wann eine Regelung bereits eine **Einschränkung** des Umgangsrechts i.S.d. Abs. 4 darstellt oder noch eine auf Abs. 3 beruhende nähere **konkrete Ausgestaltung** des Umgangs ist. Eine genaue Abgrenzung ist dabei nicht möglich, der Übergang vielmehr fließend. Doch zeigt dies wiederum, dass man für die praktische Handhabung nicht umhin kommen wird, für eine gewisse Altersgruppe eine Vorstellung von einem »Normalumgang« zu entwickeln (s.o. Rdn. 66).

96 Durch das Kindschaftsrechtsreformgesetz wurde die zusätzliche – zumindest rechtlich weniger einschneidende – Möglichkeit geschaffen lediglich den **Vollzug** von Entscheidungen über das Umgangsrecht – und nicht gleich das Umgangsrecht selbst – einzuschränken oder auszuschließen. Dabei dachte der Gesetzgeber vor allem an die Fälle der Umgangsvereitelung durch den Sorgeberechtigten, bei denen der Umgangsberechtigte die Vollstreckung aus einer gerichtlichen Entschei-

---

206 BVerfG FamRZ 2007, 1625; BVerfGE 31, 194, 205 = BVerfG FamRZ 1971, 412, 424; vgl. auch BVerfG FamRZ 2006, 1005; EGMR NJW 2004, 3397 und o. Rdn. 5.
207 Johannsen/Henrich/Jaeger § 1684 Rn. 34; Staudinger/Rauscher § 1684 Rn. 268.
208 Johannsen/Henrich/Jaeger § 1684 Rn. 34; Staudinger/Rauscher § 1684 Rn. 269 für den Satz 1 allerdings bei Ausschluss des Umgangsrechts immer durch Satz 2 verdrängt wird.
209 Staudinger/Rauscher § 1684 Rn. 272.
210 Ebenso Johannsen/Henrich/Jaeger § 1684 Rn. 34; s.auch § 1632 Rdn. 7.
211 Palandt/Diederichsen § 1684 Rn. 35.
212 Ebenso Staudinger/Rauscher § 1684 Rn. 267.
213 A.A. Johannsen/Henrich/Jaeger § 1684 Rn. 34, der als Anhaltspunkte für den Begriff »längere Zeit« bei 7-12-Jährigen ein halbes, bei über 12-Jährigen ein ganzes Jahr und bei unter 7-Jährigen deutlich weniger als ein halbes Jahr vorschlägt.

dung betreibt und das Gericht die Überprüfung des Sachverhalts zum Anlass nimmt, das Umgangsrecht für eine bestimmte Zeit auszuschließen. Der Umgangsberechtigte werde nicht verstehen, warum das Verhalten des anderen Elternteils zum Anlass genommen wird, ihm das Umgangsrecht zu nehmen. Dass lediglich die Vollstreckung im Interesse des Kindes zeitweilig unterbleibt, werde ihm leichter verständlich zu machen sein. So werde auch kein falsches Signal für den boykottierenden Elternteil dadurch gesetzt, dass das Umgangsrecht als solches ausgeschlossen werde und er für sein Verhalten noch mit dem Wegfall des Umgangsrechts »belohnt« werde. Vielmehr wäre ihm klar, dass er ausschließlich im Interesse des Kindes geschont werde und das Umgangsrecht des anderen Elternteils nicht weggefallen sei.[214] Auch wenn zweifelhaft ist, ob die Elternteile diesen juristischen Unterschied jeweils so wahrnehmen wie die amtliche Begründung des Gesetzentwurfs glaubt, so ist doch zu begrüßen, dass dem Familiengericht eine weitere abgestufte Entscheidungsmöglichkeit zur Verfügung gestellt wird.

Sowohl der Ausschluss des Umgangsrechts als auch des Vollzugs einer diesbezüglichen Entscheidung müssen eine bestimmte **zeitliche Festlegungen** enthalten, aus der sich ergibt, ob und inwieweit das Umgangsrecht zeitweilig oder dauernd ausgeschlossen werden soll.[215] Ein unbefristeter völliger Ausschluss des Umgangsrechts kommt allenfalls in Betracht, wenn eine sehr hohe Prognosewahrscheinlichkeit besteht, dass ein Umgang ohne Kindeswohlgefährdung nicht stattfinden kann, was wohl nur bei fortgeschrittenem Alter des Kindes denkbar ist.[216]   97

Die Einschränkung und der Ausschluss des Umgangsrechts setzen stets eine **sorgfältige Prüfung des Kindeswohls** voraus, egal, ob der Maßstab des Abs. 4 Satz 1 oder des Abs. 4 Satz 2 heranzuziehen ist, zumal der Übergang fließend ist und durch die Schwere des Eingriffs im Einzelfall bestimmt wird. Dabei ist Ausgangspunkt aller Überlegungen zur Beschränkung des Umgangsrechts, dass dieses als Ausfluss des natürlichen Elternrechts durch Art. 6 Abs. 2 GG verfassungsrechtlich geschützt ist (s.o. Rdn. 5) und dass nach gesicherten wissenschaftlichen Erkenntnissen, die in § 1626 Abs. 3 Satz 1 ihren Niederschlag gefunden haben, zum Wohl des Kindes in der Regel der Umgang mit beiden Elternteilen gehört.[217] Gleichwohl werden gerade die Belange des Kindes durch die Möglichkeit gewahrt, den Umgang auszuschließen, wenn der Schutz des Kindes dies nach den Umständen des Einzelfalls erfordert, um eine Gefährdung seiner körperlichen oder seelischen Entwicklung abzuwehren.[218] Der völlige Ausschluss des Umgangsrechts als besonders einschneidender Eingriff darf dabei nur angeordnet werden, wenn der Gefährdung des Kindes durch eine bloße Beschränkung des Umgangsrechts und dessen sachgerechte Ausgestaltung nicht ausreichend vorgebeugt werden kann.[219] Bei staatlicher Inobhutnahme sind an jegliche weiteren Beschränkungen, insb. des Sorge- oder Umgangsrechts, strenge Anforderungen zustellen.[220] Aus Art 8 Abs. 1 EMRK folgt, dass Beschränkung und Ausschluss des Umgangsrechts mindestens einmal jährlich überprüft werden müssen.[221] Allein dass sich nicht absehen lässt, ob der Umgangsberechtigte in der Lage sein wird, sein Umgangsrecht auszuüben, rechtfertigt noch nicht die Ablehnung dessen Umgangsrechtsantrages.[222]   98

---

214 So die amtl. Begr., BT-Drucks. 13/4899 S. 106.
215 OLG Celle FamRZ 1990, 1026; OLG Brandenburg FamRZ 2010, 1357.
216 Vgl. OLG Köln FamRZ 2009, 1422; OLG Hamm FamRZ 2009, 1423.
217 Vgl. auch BGH FamRZ 1988, 711: »Generell liegt es aber im Interesse des Kindes, die Beziehungen zu dem nicht sorgeberechtigten Elternteil durch persönlichen Umgang zu pflegen.«
218 OLG Naumburg v. 16.02.2000, Az: 14 WF 15/2000; OLG Köln FamRZ 2003, 952.
219 OLG Naumburg v. 16.02.2000, Az: 14 WF 15/2000; vgl. auch BGH FamRZ 1984, 1084; OLG Naumburg FamRZ 2007, 667; BVerfG FamRZ 2009, 399, 400.
220 OLG Karlsruhe FamRZ 2008, 1554.
221 EGMR FamRZ 2011, 1484 mit Anm. Wendenburg.
222 OLG Bremen FamRZ 2011, 1514 im Falle eines nach Nigeria abgeschobenen Elternteils.

Rechtsprechungsübersicht

99   Allgemeine Regeln, wann die Einschränkung oder der Ausschluss des Umgangsrechts zum Wohle des Kindes oder gar zur Abwendung seiner Gefährdung erforderlich ist, lassen sich nicht aufstellen. Auch bei der nachfolgenden Betrachtung der veröffentlichten **obergerichtlichen Rechtsprechung** darf nicht übersehen werden, dass es sich um Einzelfallentscheidungen handelt, die nur bedingt auf andere Fälle übertragen werden können. Doch lässt sich fast allen Entscheidungen entnehmen, dass nie ein Umstand allein den Ausschluss des Umgangsrechts rechtfertigt und das Gebot der Verhältnismäßigkeit stets zu beachten ist.

Angstreaktionen

100   OLG Köln:[223] Der Umstand, dass die Eltern bei früheren Besuchen – vor über drei Jahren – dem in einem Heim lebenden Kind ihre Zuwendung aufgezwungen und damit Angstreaktionen ausgelöst haben, reicht für die Annahme einer Gefährdung des Kindeswohls nicht aus, da dieses Verhalten lange Zeit zurückliegt und nicht ohne weiteres darauf schließen lässt, dass das Wohl des Kindes konkret und gegenwärtig gefährdet ist. OLG Celle:[224] Eine (offen oder durch verdeckte Erziehungsmethoden) anerzogene Angst oder grundlose Furcht des Kindes stellt keinen Grund dar, das Verkehrsrecht auszuschließen. BayObLG:[225] Hat sich die Begegnung des Kindes mit der Mutter negativ ausgewirkt (Sozialverhalten, Schulleistungen, motorische Unruhe) und ist daher zu befürchten, dass ein regelmäßiger Umgang zu einem schweren Schock für das 14-jährige – den Umgang ablehnende – Kind führen würde, ist der Ausschluss des Umgangsrechts erforderlich. OLG Frankfurt:[226] Neben dem Entzug des gesamten Sorgerechts kann auch der völlige Ausschluss des Umgangsrechts für die Dauer von zwei Jahren in Betracht kommen, wenn das Kind aufgrund jahrelanger schwerer Erkrankung und Alkoholerkrankung der Mutter traumatisiert ist und seine Bedürfnisse nach einer gesicherten Bindung und emotionaler Geborgenheit immer wieder verletzt werden und das Kind bei jedem Umgangskontakt erneut Gefühlen innerer Zerrissenheit und damit verbundenen schädlichen Loyalitätskonflikten ausgesetzt wird. AG Westerstede:[227] Panische Angstreaktionen des Kindes aufgrund rücksichtsloser Kontaktaufnahmeversuche des Vaters nach siebenjähriger Karenz erfordern befristeten Ausschluss des Umgangsrechts um dem Kind Klarheit und Sicherheit zu geben. OLG Hamburg:[228] Befristeter Ausschluss bei schwerer emotionaler Entwicklungsstörung infolge übergriffigem Verhaltens des umgangsbegehreden Vaters.

Entgegenstehender Kindeswille

101   Die Ablehnung des Umgangs durch das Kind ist vielfach Gegenstand obergerichtlicher Entscheidungen. Dabei sind die Probleme grds. dieselben wie bei der Berücksichtigung des Kindeswillen anlässlich der Sorgerechtsentscheidung (s. § 1671 Rdn. 81 ff.) oder der Umgangsregelung (s.o. Rdn. 59). Verschärft wird die Problematik nur dadurch, dass ein gegen den Willen des Kindes angeordnetes Umgangsrecht nur schwer durchsetzbar ist. Einerseits ist der Wille des Kindes immer ein beachtlicher Umstand, andererseits entspricht der geäußerte oder auch der tatsächliche Wille des Kindes oft zumindest mittelfristig nicht seinem Wohl.

Der BGH hat hierzu grundlegend ausgeführt:[229] »Das Persönlichkeitsrecht des Kindes erfordert jedoch, bei der gerichtlichen Regelung des Verkehrsrechts den Willen des Kindes im Rahmen seines wohlverstandenen Interesses und das Interesse des um die Regelung nachsuchenden Elternteils

---

223   OLG Köln FamRZ 1997, 1097.
224   DAVorm 1996, 278.
225   BayObLG FamRZ 1992, 97, 98.
226   OLG Frankfurt FamRZ 2003, 1317.
227   AG Westerstede FamRZ 2010, 44.
228   OLG Hamburg FamRZ 2011, 822.
229   BGH FamRZ 1980, 131: Kinder im Alter von 13, 14, 16 und 17 Jahren.

gegeneinander abzuwägen. Bedeutsam für einen Ausschluss des Verkehrsrechts eines Elternteils ist stets, ob die Einstellung des Kindes auf subjektiv beachtlichen oder verständlichen Beweggründen beruht. In solchen Fällen wird eine gewaltsame Durchsetzung des Verkehrsrechts mit seinem Zweck im allgemeinen ebenso unvereinbar sein wie mit dem Persönlichkeitsrecht des Kindes. Soll ein der Ausübung des Verkehrsrechts entgegenstehender Wille des Kindes Beachtung finden, muss daher in jedem Einzelfall zunächst geprüft werden, ob die Entwicklung seiner Persönlichkeit bereits so weit fortgeschritten ist, dass eine dem Willen des Kindes zuwiderlaufende Ausübung des Verkehrsrechts eine Gefährdung seiner Entwicklung bedeuten könnte. Danach sind die Gründe zu prüfen, die das Kind zu seiner Haltung veranlassen. Diese Gründe müssen aus der Sicht des Kindes berechtigt erscheinen. Sind diese Kriterien erfüllt, ist es grds. Aufgabe des Gerichts, dem Kind die Bedeutung des Verkehrsrechts für den durch den Ausschluss betroffenen Elternteil und für das Kind selbst vor Augen zu führen und das Kind zu einer eigenständigen Prüfung seiner ablehnenden Haltung zu veranlassen.« Die Entscheidung ist weitgehend in Rechtsprechung und Literatur[230] anerkannt. Daneben ist lediglich problematisch inwieweit der sorgeberechtigte Elternteil verpflichtet ist auf das Kind einzuwirken, um dessen Widerstand gegen den Umgang zu beseitigen. Dies wird überwiegend bis zu einem Alter von zwölf Jahren angenommen. Danach erlangt der aus subjektiv verständlichen Gründen ablehnende Kindeswille in der Regel eine solche Beachtlichkeit, dass ein Umgang nicht mehr erzwungen werden kann.[231] BVerfG:[232] »Die gesetzliche Regelung ermöglicht gerichtliche Entscheidungen, welche die Umgangsbefugnis einschränken oder ausschließen, wenn das Kind dies aus ernsthaften Gründen wünscht und ein erzwungenes Umgangsrecht das Kindeswohl beeinträchtigen würde.« OLG Düsseldorf:[233] »Im vorliegenden Fall kann bereits nicht festgestellt werden, dass die Entwicklung der Persönlichkeit der beiden jetzt 11 und 14 Jahre alten Kinder A. und S. so weit fortgeschritten ist, dass die Ausübung des Verkehrsrechts eine Gefährdung ihrer Entwicklung bedeuten könnte. Denn die Vorfälle, wegen derer sie die Ausübung des Verkehrsrechts ablehnen, beruhen auf der Zeit des Zusammenlebens der Eltern, also bis Februar 1987. Zum damaligen Zeitpunkt war A. erst vier Jahre und sieben Jahre alt. Es liegt auf der Hand, dass das Alter der Kinder und ihre Vorwürfe gegen die Mutter, diese habe sie geschlagen und zu früh ins Bett geschickt, nicht so gravierend gewesen sind, dass die Persönlichkeit der Kinder durch Besuche der Mutter beeinträchtigt würden. Darüber hinaus ist es auch in der Zeit der Besuchskontakte bis Januar 1989 nicht zu nennenswerten Schwierigkeiten zwischen der Mutter und den Kindern gekommen. Der Senat hat die Kinder zu einer eigenständigen Prüfung ihrer ablehnenden Haltung veranlasst. Wenn sie auch im Termin bei ihrer Meinung verblieben, so ist es dennoch in ihrem wohlverstandenen Interesse und zu ihrer seelischen Entwicklung notwendig, den Umgang mit ihrer Mutter zu pflegen, zumal sie dann deren Verhalten in der Vergangenheit besser verstehen können. Hierzu sind die Besuchskontakte notwendig.« OLG Brandenburg:[234] »Bedeutsam für einen Ausschluss des Umgangsrechts eines Elternteils ist stets, ob die ablehnende Einstellung des Kindes auf subjektiv beachtlichen oder verständlichen Beweggründen beruht.« (Ls) OLG Hamm:[235] »Ein Ausschluss des Umgangsrechts ist dann geboten, wenn ein Kind Kontakte mit dem nichtsorgeberechtigten Elternteil [hier: der Vater] ablehnt und aufgrund seiner derzeitigen Verfassung und Einstellung nicht in der Lage ist, die Konfliktsituation, der es bei Besuchskontakten ausgesetzt wäre, zu bewältigen. Die Ablehnung von Kontakten muss dabei auf einer inneren Ablehnung oder Abneigung beruhen, der tatsächliche oder auch eingebildete, nicht sachgerecht verarbeitete Ereignisse zugrunde liegen [hier: Angst der Kinder infolge früherer Gewalttätigkeiten des Vaters gegenüber der Mutter]. Die gewaltsame Durchsetzung des Umgangs-

---

230 Johannsen/Henrich/Jaeger § 1684 Rn. 39; Staudinger/Rauscher § 1684 Rn. 295 ff.
231 OLG Brandenburg FamRZ 2010, 741; OLG Köln FamRZ 2010, 998; KG FamRZ 2011, 122; OLG Saarbrücken FamRZ 2011, 1409.
232 BVerfGE 64, 180, 191= FamRZ 1983, 872, 874.
233 BGH FamRZ 1994, 1277, 1278.
234 OLG Brandenburg FamRZ 2000, 1106; 2010, 741; ebenso OLG Hamm FamRZ 1994, 57.
235 OLG Hamm FamRZ 2000, 45; ebenso OLG Celle FamRZ 1998, 1458.

rechts ist in einem solchen Fall mit dem Persönlichkeitsrecht des Kindes nicht vereinbar.[236] OLG Nürnberg:[237] Massive und beachtenswerte Ablehnungshaltung des Kindes rechtfertigt Umgangsrechtsausschluss. OLG Thüringen:[238] Bei einem 9-jährigen Kind kann nicht davon ausgegangen werden, dass die verbale Ablehnung des Umgangs mit dem Vater auf einer unerschütterlichen und begründeten Selbstentscheidung beruht. Die Wohlverhaltensklausel des § 1684 Abs. 2, wonach der Personensorgeberechtigte alles zu unterlassen hat, was das Verhältnis des Kindes zum jeweils anderen Elternteil beeinträchtigt, verlangt über seinen Wortlaut hinausgehend auch eine aktive Förderung des Umgangskontaktes dergestalt, dass der Personensorgeberechtigte im Rahmen der Erfüllung seiner Erziehungsaufgabe auf das Kind mit dem Ziel einwirkt, psychische Widerstände gegen den Umgang mit dem anderen Elternteil abzubauen und eine positive Einstellung zu gewinnen. OLG Hamm:[239] »[Bei der Kindesanhörung ist] noch einmal deutlich geworden, dass die Kinder ihre negative Haltung gegenüber dem Vater nicht begründen können, sondern einfach gebetsmühlenhaft ständig von neuem wiederholen, ihren Vater nie mehr wiedersehen zu wollen. Sie haben ausdrücklich verneint, irgendeinen Grund für ihre Umgangsweigerung zu haben; die 11-jährige Tochter hat angeführt, »der« habe ihr zwar nichts getan, sie hasse ihn aber. Unter diesen Umständen kann nicht davon ausgegangen werden, dass ihre Einstellung auf subjektiv beachtlichen und verständlichen Beweggründen beruht und dass die dem Willen der Kinder zuwiderlaufende Ausübung des Umgangsrechts zu einer Gefährdung der Entwicklung der erst elf und acht Jahre alten Kinder führt. Ohne jeden nachvollziehbaren Grund der Kinder für ihre ablehnende Haltung gegenüber dem Vater darf das Umgangsrecht aber nicht ausgeschlossen werden, weil es grds. im Interesse des Kindes liegt und seinem Wohl dient, auch die Beziehungen zu dem anderen Elternteil durch den persönlichen Umgang zu pflegen.« OLG Schleswig:[240] Das Umgangsrecht der Mutter mit ihrem knapp elf Jahre alten Sohn kann nach mehr als fünf Jahre langem Aufenthalt in einer Pflegefamilie aus Gründen des Kindeswohls für längere Zeit (hier: zwei Jahre) ausgeschlossen werden, wenn die nachhaltige Verweigerung des Besuchskontakts durch das Kind auf unüberwindlichen Beweggründen und der tief verwurzelten Angst beruht aus der Pflegefamilie herausgerissen zu werden und die Wiederaufnahme des Besuchskontakts mit der Mutter gegen den Willen des Kindes eine Gefährdung seiner Persönlichkeitsentwicklung bewirken würde. OLG Hamm:[241] Lehnt ein Kind, das über 14 Jahre ist, ausdrücklich und eindeutig den Umgang mit seinem Vater ab, gefährdet eine Erzwingung des Umgangs das Kindeswohl. Dies gilt insb. dann, wenn es in der Vergangenheit bei einem sog. geschützten Besuchskontakt zu einer Entführung durch den Vater kam. Das Umgangsrecht des Vaters ist in diesem Fall auszuschließen. OLG Thüringen:[242] Ist die Ablehnung des Vaters durch die 16-jährige Tochter von subjektiver Ernsthaftigkeit und innerlicher Betroffenheit getragen, muss unter Berücksichtigung des Alters des Kindes und seiner Persönlichkeitsentwicklung die Umgangsbefugnis des Vaters gegenüber der Bewahrung des Kindes vor seelischer Gefährdung zurücktreten. »Mögen die von der Tochter dargelegten Gründe für die Ablehnung des Vaters auch lediglich subjektiv von ihr so empfunden werden und aus Sicht und Handlungsweise des Vaters oder gar objektiv nicht zutreffen, so sind sie doch schwerwiegend, ernst zu nehmen und zu respektieren, um das Mädchen vor nachhaltigen Entwicklungsschäden zu bewahren.« OLG Celle:[243] Beruht die Ablehnung auf einem eigenständigen und verinnerlichten Kindeswillen, kann auch bei einem 7-jährigen Kind ein (zunächst) auf zwei

---

236 OLG Nürnberg OLGR 1999, 279.
237 OLG Nürnberg FamRZ 2009, 1687, 1688.
238 OLG Thüringen FamRZ 2000, 47; ebenso OLG Karlsruhe FamRZ 2005, 259: Anhaltung hierzu auch durch Zwang möglich.
239 OLG Hamm FamRZ 1994, 57, 58.
240 OLG Schleswig FamRZ 2000, 48.
241 OLG Hamm EzFamR aktuell 1998, 327.
242 OLG Thüringen FamRZ 1996, 359, 360.
243 OLG Celle FamRZ 2008, 1369, 1370.

Ziegler

Jahre befristeter Umgangsrechtsausschluss angezeigt sein. OLG Thüringen:[244] Leben die 13- und 16-jährigen Töchter seit Trennung der Eltern bereits seit etwa vier Jahren bei der Mutter und lehnen sie den Vater und den persönlichen Umgang mit diesem entschieden ab, so kann auch bei einer sachwidrigen Beeinflussung der Kinder durch die Mutter aufgrund ihrer feindseligen Haltung gegenüber dem Vater dessen Umgangsrecht befristet (hier: für ein Jahr) ausgeschlossen werden. OLG Hamm:[245] »Ist nicht zu erwarten, dass der erkennbare Widerstand des Kindes gegen Kontakte zu seinem Vater, auch wenn er auf einer massiven Beeinflussung durch die Mutter beruht, überwunden werden kann, und besteht die Gefahr, dass das Kind durch Besuchskontakte dauerhaft einer Konfliktsituation ausgesetzt würde, die es nicht bewältigen könnte, so ist die Umgangsbefugnis befristet [hier: für die Dauer von zwei Jahren] auszuschließen.« (Ls) OLG Brandenburg:[246] »Ein entgegenstehender Wille des Kinds kann nur dann ausnahmsweise den Ausschluss des Umgangsrechts rechtfertigen, wenn nicht zu erwarten ist, dass der Widerstand des Kindes überwunden werden kann.« (Ls) OLG Hamm:[247] In der Regel kann der Widerstand kleinerer Kinder mit erzieherischen Mitteln überwunden werden. Bei größeren Kindern – etwa ab neun bis elf Jahre – gilt diese Regel mangels derartiger Einwirkungsmöglichkeiten nicht mehr.

Eigensinnige Motive

OLG Hamm:[248] »Ein Ausschluss des Umganges kann auch dann geboten sein, wenn der Vater mit   102
seinem Antrag nur (noch) eigensinnige Motive verfolgt und ihm in Wahrheit gar nicht (mehr) an einer Aufrechterhaltung oder Wiederherstellung der familiären Bande zu seinem Kinde gelegen ist.« (Ls)

Eingliederung in neue Familie

OLG Brandenburg:[249] »Die Ausübung des Umgangsrechts durch den leiblichen Vater hat Vorrang   103
vor einer von der Mutter beabsichtigten »störungsfreien« Eingliederung des Kindes in eine neue Familiengemeinschaft.« (Ls) OLG Karlsruhe:[250] Auch eine Verunsicherung des Kindes beim Aufbau einer Vater-Sohn-Beziehung zum neuen Lebensgefährten der Mutter ist kein Ausschließungsgrund. OLG Köln:[251] Der Ausschluss des Umgangsrechts kann nicht damit gerechtfertigt werden, dass das fünf Jahre alte Kind in die neue Lebenspartnerschaft der Mutter sehr gut integriert ist und durch den Kontakt mit dem leiblichen Vater stark belastet wird. OLG Köln:[252] »Die immer wieder anzutreffende Unwilligkeit des sorgeberechtigten Elternteils zum Kontakt und dessen Wunsch, das Kind möge seinen jetzigen Lebenspartner als Ersatz des fehlenden anderen Elternteils annehmen, sowie (Rück-) Gewöhnungsschwierigkeiten des Kindes bei den ersten Kontakten bzw. nach längerer Trennung genügen demnach nicht, einen Elternteil vom Umgang auszuschließen.« (Ls)

Entfremdung/lange Nichtausübung

KG:[253] War der Umgangskontakt zum Vater fast zwei Jahre unterbrochen, so kann, um der Gefahr   104
der völligen Entfremdung zwischen Vater und Kind entgegenzuwirken, eine Umgangsregelung im Wege der vorläufigen Anordnung getroffen werden (hier: zweimal monatlich fünf Stunden). OLG

---

244   OLG Thüringen v. 27.05.1997, Az: UF 172/96.
245   OLG Hamm FamRZ 1996, 361.
246   OLG Brandenburg FamRZ 2003, 1405.
247   OLG Hamm FamRZ 2008, 1371.
248   OLG Hamm FamRZ 1997, 693.
249   OLG Brandenburg FamRZ 2000, 1106; ebenso OLG Karlsruhe FamRZ 1999, 184.
250   OLG Karlsruhe FamRZ 1999, 184.
251   OLG Köln OLGR 1999, 178.
252   OLG Köln FamRZ 2003, 952.
253   KG FamRZ 2000, 49, 50.

Karlsruhe:[254] Als Ausschließungsgrund ist weder das geringe Alter des Kindes beachtlich, noch die Belastung des Kindes durch die Ausübung des Umgangsrechts nach einer längeren Unterbrechung. OLG Hamm:[255] Dem nicht sorgeberechtigten Elternteil kann das Umgangsrecht auch nicht gänzlich mit der Begründung versagt werden, er habe sich längere Zeit nicht um sein Kind gekümmert, wenn dies auf verständlichen (hier trennungsbedingten) Umständen und den hierdurch ausgelösten unruhigen Verhältnissen beruht, die sich jetzt stabilisiert haben. In solchen Fällen kann es aber erforderlich sein das Umgangsrecht unter der Beschränkung der Anwesenheit eines Mitarbeiters einer Erziehungsberatungsstelle behutsam anzubahnen. OLG Düsseldorf:[256] Hat ein geschiedener Vater nach seiner Entlassung aus längerer Strafhaft sein eheliches Kind nur ein einziges Mal kurz gesehen und danach über ein Jahr lang keinen Versuch gemacht, das ihm – gerichtlich – eingeräumte Besuchsrecht auszuüben, kann ein Ausschluss des Umgangsrechts aus Gründen des Kindeswohls erfolgen, wenn die Mutter andernfalls nicht in der Lage wäre, völlig unkontrollierte Versuche des Vaters nun doch wieder Kontakt zu seinem inzwischen 9jährigen Sohn aufzunehmen, erfolgreich abzuwehren. OLG Hamm:[257] »Das Recht zum Umgang besteht auch dann, wenn sich die Eltern bereits vor der Geburt des Kindes getrennt haben und der Vater das Kind noch nie gesehen hat. In einem solchen Fall müssen die Kontakte aber erst behutsam aufgebaut werden.« OLG Hamm:[258] Zunächst eingeschränkter Umgang ist dringend erforderlich um der bestehenden Entfrendung des seit Geburt bei Pfegeeltern aufgewachsenen vierjährigen Kindes zur Mutter entgegenzuwirken und den Kontakt langfristig aufzubauen.

HIV

105   OLG Hamm:[259] »Ein Ausschluss des Umgangsrechts ist gem. § 1634 Abs. 2 Satz 2 [a.F.] nur zulässig, wenn dies für das körperliche oder seelische Wohl des Kindes erforderlich ist und der Gefährdung des Kindeswohls auch durch eine sachgerechte Regelung des Umgangs nicht vorgebeugt werden kann. Im vorliegenden Fall ist es nicht ersichtlich, dass die vom AG angeordnete, ohnehin erheblich einschränkende Umgangsregelung das körperliche Wohl des Kindes gefährdet. Nach dem derzeitigen Stand der medizinischen Erkenntnisse ist eine Ansteckung mit HIV unter normalen sozialen Kontakten zwischen Vater und Kind nicht möglich; dies gilt erst recht, wenn das Umgangsrecht unter den vom AG angeordneten strengen Auflagen – insb. Umgang unter Aufsicht einer fachkundigen Ärztin – stattfindet.« OLG Frankfurt:[260] Bei einer HIV-Infizierung der Mutter kommt eine Einschränkung des Personensorgerechts nicht in Betracht, umso weniger ein Ausschluss der Umgangsbefugnis. »Nach dem derzeitigen Stand der medizinischen Erkenntnisse ist nämlich eine Ansteckung mit dem Aids-Virus bei normalen sozialen Kontakten zwischen Eltern und Kind nicht möglich.«

Inhaftierung

106   BGH:[261] »Die Tatsache, dass der Vater Gewaltverbrechen begangen hat und deswegen zweimal zu längeren Freiheitsstrafen verurteilt worden ist, rechtfertigt für sich allein nicht den Schluss, dass das Kindeswohl durch Beziehungen zu ihm gefährdet ist, solange der Strafvollzug nicht beendet und eine Resozialisierung des Vaters nicht erweislich ist. [. . .] Wenn [. . .] Möglichkeiten bestehen, durch eine entsprechende Ausgestaltung des Umgangsrechts außerhalb der Strafanstalt, etwa

---

254 OLG Karlsruhe FamRZ 1999, 184.
255 OLG Hamm FamRZ 1996, 424.
256 OLG Düsseldorf FamRZ 1994, 1276; vgl. BVerfG FamRZ 2010, 109: abstrakte Möglichkeit genügt nicht.
257 OLG Hamm FamRZ 1994, 58.
258 OLG Hamm FamRZ 2011, 826.
259 OLG Hamm NJW 1989, 2336.
260 OLG Frankfurt NJW 1991, 1554 m.w.N.
261 BGH FamRZ 1984, 1084.

im Zusammenhang mit Hafturlaub des Umgangsberechtigten, die Gefahr einer Beeinträchtigung des Kindeswohls ausreichend zu beheben, verliert der Umstand, dass der Berechtigte Strafhaft verbüßt, zudem erheblich an Bedeutung.« OLG Brandenburg:[262] »Die Tatsache, dass ein Vater zeitweise unter anderem wegen Körperverletzung inhaftiert gewesen und gegenüber der Mutter in der Vergangenheit handgreiflich geworden war, rechtfertigt für sich allein nicht die Feststellung, dass dadurch das Kindswohl konkret und in der Gegenwart gefährdet und daher der Umgang mit dm Vater auszuschließen ist.« OLG Hamm:[263] Dass der Elternteil Strafhaft verbüßt steht auch bei erstmaliger Kontaktaufnahme mit dem Kind einem Umgangsrecht nicht von vornherein entgegen, insb. ist auch in Betracht zu ziehen, den Umgang in neutraler Umgebung durchzuführen.

Kindesentziehung

OLG Köln:[264] »Ein völliger Ausschluss des Besuchsrechts eines Elternteils kommt nur dann in Betracht, wenn andernfalls das Wohl des Kindes gefährdet wäre. Dies kann dann angenommen werden, wenn begründete Gefahr zu der Annahme besteht, der das Besuchsrecht beanspruchende Elternteil werde dieses dazu missbrauchen, das betroffene Kind dem Zugriff des anderen Elternteils zu entziehen. Für die Annahme einer solchen Gefahr müssen sich aus dem Verhalten des Elternteils genügend konkrete Tatsachen ergeben, die einen hinreichenden Verdacht für eine Kindesentziehung erhärten. Die bloße – nicht näher belegte – Vermutung des anderen Elternteils ist für die Begründung eines solchen hinreichenden Verdachts nicht ausreichend. Es obliegt der freien Beweiswürdigung des Gerichts, den ermittelten Sachverhalt entsprechend zu beurteilen.« (Lse) AG Kerpen:[265] Die von der Mutter befürchtete Gefahr einer Kindesentführung ins Heimatland des marokkanischen Vaters rechtfertigt nicht die Einschränkung des Umgangskontakts in der Weise, dass er nur in Anwesenheit einer Begleitperson stattfinden darf, wenn die konkrete, durch Tatsachen verifizierbare gegenwärtige und nicht anders abwendbare Gefahr der Kindesentführung nicht dargetan ist. Die Ausübung des Umgangsrechts kann allerdings in einem solchen Fall räumlich auf das Inland beschränkt werden. Anders wird dies zu beurteilen sein, wenn bereits einmal eine Kindesentführung erfolgte.[266] OLG Brandenburg:[267] »Der bloße Umstand, dass der Umgangselternteil aus einem moslemischen Land stammt und enge Beziehungen zu seinem Heimatland unterhält, genügt für sich genommen nicht, von einer konkreten Entführungsgefahr für das Kind auszugehen und deshalb das Umgangsrecht einzuschränken oder gar auszuschließen.« (Ls) OLG München:[268] »Einer Entführungsgefahr [geschiedener Vater hatte das Kind im Alter von 11 Monaten entführt und der sorgeberechtigten Mutter 15 Monate vorenthalten] kann durch die vom Amtsgericht im angefochtenen Beschluss angeordneten Maßnahmen (Überwachung des 5-stündigen, alle zwei Wochen stattfindenden Umgangs durch einen Detektiv, den die Antragsgegnerin ausgewählt hat und den der Antragsteller bezahlt, Herausgabe der beiden Reisepässe des Antragsteller und des in seinem Besitz befindlichen bulgarischen Kinderpasses für das Kind bei Abholung) weitgehend vorgebeugt werden. Diese Vorsichtsmaßnahmen mögen ungewöhnlich und im Hinblick auf N., die mit zunehmendem Alter die Umstände des Umgangs mit dem Vater ohne weiteres registriert, in psychologischer und pädagogischer Sicht nicht unbedenklich sein; sie sind aber einem Ausschluss des Umgangsrechts vorzuziehen. Im Hinblick auf das seinerzeitige Verhalten des Antragstellers und angesichts der Möglichkeit, motorisiert rasch von Ort zu Ort zu gelangen, hält es der Senat jedoch – auch im Hinblick auf die von der Antragsgegnerin im Termin vor dem beauftragten Richter geäußerten Bedenken – für angebracht, dem Antragsteller zusätzlich zu untersagen, bei Ausübung des Umgangsrechts das Kind in ein Kraftfahrzeug zu verbringen.« Gegen Passhe-

107

---

262 OLG Köln FamRZ 2003, 1405.
263 OLG Hamm FamRZ 2003, 951.
264 OLG Köln FuR 2000, 238; ebenso OLG Köln FuR 2000, 239; OLG Koblenz FamRZ 2009, 133.
265 AG Kerpen FamRZ 2000, 50.
266 Vgl. OLG Hamm FamRZ 2010, 1574.
267 OLG Brandenburg FamRZ 2003, 947.
268 OLG München FamRZ 1998, 976, 977.

rausgabe aber zu Recht: OLG Karlsruhe:[269] »Mit Blick auf die Passhoheit des ausländischen Staates sowie die Ausweispflicht des Ausländers im Inland ist es unzulässig, die Ausübung des Umgangsrechts von der Hinterlegung des Passes oder Personalausweises des Umgangsberechtigten abhängig zu machen, um eine Kindesentführung ins Ausland zu verhindern. Hingegen kann die Ausübung des Umgangsrechts in räumlicher Hinsicht beschränkt werden.« (Ls) OLG Hamm:[270] »Der Umstand allein, dass der Vater die Mutter entführt hat, um das Umgangsrecht mit dem Kinde zu erzwingen, rechtfertigt nicht in jedem Falle den Ausschluss des Umganges gem. § 1634 [a.F.].« (Ls) OLG Nürnberg:[271] Das Risiko einer (möglicherweise drohenden) Kindesentführung bzw. zu erwartender gewalttätiger Handlungen des zu chaotischen Spontanreaktionen neigenden Vaters ist gegen den Folgeschaden, den ein langfristiger Kontaktabbruch für die kindliche Entwicklung hätte, abzuwägen. Die Gefährdung erscheint jedenfalls beherrschbar, wenn der Umgangskontakt unter Kontrolle eines Dritten in einer Familienberatungsstelle stattfindet. OLG Celle:[272] Die auf Grund einer versuchten Entführung durch den nichtsorgeberechtigten Elternteil drohende Gefahr einer Entführung der Kinder macht eine Einschränkung des Umgangsrechts erforderlich (hier: Kontakte nur in der Wohnung des Sorgeberechtigten). Ein völliger Ausschluss der Umgangsbefugnis käme zwar grds. in Betracht, entspricht aber nicht dem Kindeswohl, wenn unzweifelhaft eine enge Bindung zum Umgangsberechtigten besteht, die zu schützen und zu erhalten ist.

Misshandlung

108   OLG Oldenburg:[273] Auch wenn der Vater das nunmehr fünfjährige Kind im Kleinkindalter misshandelt hat, so dass es dauerhaft schwerst körperlich pflegebedürftig ist, erfordert die Einschränkung des Umgangsrechts eine Gefährdung des Kindeswohls, die anhand konkreter Tatsachen festgestellt werden muss. OLG Karlsruhe:[274] Begleiteter Umgang bei drohender Verstümmelung des weiblichen Genitals.

Sexueller Missbrauch

109   Ähnlich wie im Sorgerechtsverfahren (s. § 1671 Rdn. 49 ff.) spielt der Vorwurf des sexuellen Missbrauchs, der im Umgangsverfahren vom Sorgeberechtigten gegenüber dem Umgangsberechtigten erhoben wird, eine besondere Rolle. Trifft der Vorwurf zu, so kommt grds. der völlige Ausschluss des Umgangsrechts auch für längere Zeit in Betracht. Soweit in Literatur und Rechtsprechung darauf hingewiesen wird, dass der Ausschluss durch die Anordnung eines behüteten Umgangs vermieden werden kann und wegen des Grundsatzes der Verhältnismäßigkeit und des verfassungsrechtlichen geschützten Umgangsrechts auch muss, ist dies zwar richtig, doch bedarf es einer besonderen sachverständigen Prüfung, ob nicht das Zusammensein mit dem Täter an sich das Wohl des Kindes gefährdet. Trifft der Vorwurf nicht zu, muss so schnell wie möglich wieder ein normaler und funktionierender Umgang angestrebt werden, der auf Grund des Schwere des Vorwurfs und der dadurch ausgelösten Konfliktsituation regelmäßig gestört sein wird. Zu entscheiden, ob der Vorwurf zutrifft oder nicht, ist die alleinige Aufgabe des Familiengerichts. Die Entscheidungen der Staatsanwaltschaften und der Strafgerichte können dabei nur Indizien mit im Einzelfall sehr unterschiedlichem Gewicht sein. Häufig wird sich der Verdacht des sexuellen Missbrauchs nicht völlig ausräumen lassen. Dann wird man zum Schutz des Kindes von einer bestehenden Gefahr für das Kindeswohl ausgehen und grds. den Ausschluss des Umgangsrechts – mög-

---

269   OLG Karlsruhe FamRZ 1996, 424, 425; ebenso hinsichtlich Passhoheit OLG Brandenburg FamRZ 2003, 947 entgegen (insoweit missverständlichem) Ls.
270   OLG Hamm FamRZ 1997, 1095.
271   OLG Nürnberg EzFamR aktuell 1996, 112.
272   OLG Celle FamRZ 1996, 364.
273   OLG Oldenburg FamRZ 2005, 925.
274   OLG Karlsruhe FamRZ 2009, 130.

licherweise auch nur seine Beschränkung in Form der Begleitung – anordnen müssen. Nur wenn mit der im Strafverfahren für die Verurteilung eines Angeklagten erforderlichen Sicherheit fest-steht, dass ein sexueller Missbrauch nicht stattgefunden hat, sind solche Maßnahmen nicht ange-zeigt. Wie im Strafrecht genügt aber auch hierfür ein nach der Lebenserfahrung ausreichendes Maß an Sicherheit, demgegenüber vernünftige Zweifel nicht mehr aufkommen können und die persönliche Gewissheit des Richters in diesem Sinne.[275] Diese so beschriebene Sicherheit ist daher nicht unerreichbar, sondern kann – eingedenk aller menschlichen Fehlbarkeit – nach sorgfältigen Ermittlungen im Rahmen der Amtsaufklärungspflicht positiv oder negativ festgestellt werden. Dieser Entscheidung darf der Familienrichter nicht ausweichen. Er muss vielmehr Farbe beken-nen, ob er den Verdacht für ausgeräumt hält oder nicht. Bequeme Zwischenlösungen werden der Sache nicht gerecht. Deshalb ist es bedenklich, vom bloßen Verdacht des sexuellen Missbrauchs zu sprechen, der den Ausschluss des Umgangsrechts regelmäßig nicht erforderlich mache.[276]

OLG Brandenburg:[277] Im Einzelfall kann bei unbewiesenem, aber nicht völlig fernliegendem Ver-dacht des sexuellen Missbrauchs des Kindes durch den Umgangsberechtigten das Umgangsrecht dahingehend eingeschränkt werden, dass es nur in Anwesenheit eines mitwirkungsbereiten Dritten stattfinden darf. Dabei sind aber unabhängig von einem etwaigen Ermittlungsverfahren das Gewicht des Verdachts des sexuellen Missbrauchs des Kindes durch den Umgangsberechtigten und die möglichen Gefahren für das Kindeswohl durch die Gewährung oder durch den Aus-schluss bzw. die Einschränkung des Umgangs selbständig zu prüfen und abzuwägen. OLG Olden-burg:[278] »Ob der Verdacht des sexuellen Missbrauchs einen völligen Abbruch des Umgangsrechts rechtfertigt, hängt von der Intensität des Tatverdachts ab.« Erscheint der Missbrauch durchaus möglich, ist eine Einschränkung des Umgangsrechts bis hin zum Ausschluss geboten. OLG Celle:[279] Ein völliger Ausschluss des Umgangsrecht wegen des Verdachts des sexuellen Missbrauchs kommt auch dann nicht in Betracht, wenn der umgangsausübende Vater erstinstanzlich und noch nicht rechtskräftig wegen sexuellen Missbrauchs zu einer Freiheitsstrafe von drei Monaten auf Bewährung verurteilt worden ist und nach Erstattung des Sachverständigengutachtens ein erhöh-ter Grad an Wahrscheinlichkeit dafür besteht, dass der Vorwurf des sexuellen Missbrauchs zutref-fen könnte. Denn der Wiederholungsgefahr kann durch ein begleitetes Umgangsrecht begegnet werden. Der gänzliche Ausschluss des Umgangsrechts ist aber dennoch geboten, wenn das etwa 6-jährige Kind auf Grund seiner derzeitigen Verfassung und Einstellung gegenüber dem Vater nicht in der Lage ist, die Konfliktsituation, der es durch Besuchskontakte ausgesetzt wäre, zu bewälti-gen. OLG Celle:[280] Der bloße Verdacht, der Vater habe das Kind sexuell missbraucht, rechtfertigt keinen Ausschluss des Umgangsrechts. Ein zeitweiliger Ausschluss des Umgangsrechts ist jedoch dann geboten, wenn gegenwärtig eine Lösung für die krisenhafte Situation nicht in Sicht ist und die Kinder hartnäckig jeglichen Umgang mit dem Vater verweigern. AG Kerpen:[281] »Bei nachge-wiesenem sexuellen Missbrauch ist ein Umgangsausschluss immer angezeigt, insb. wenn das betroffene Kind Kontakte verweigert. Allenfalls in Ausnahmefällen kann erwogen werden, ob nicht ein begleiteter Umgang dem Kindeswohl dient und gestattet werden kann. Begleiteter Umgang ist eine sachgerechte und verhältnismäßige Möglichkeit, Umgangskontakte wiederaufzu-nehmen, wenn sich ein zunächst substantieller Missbrauchsverdacht nach einer längeren Sachver-ständigenbegutachtung nicht mehr beibehalten lässt.« (Lse) OLG Hamburg:[282] Hat die geschie-dene Mutter Besuche des Kindes bei dem Vater abgelehnt, weil sie den begründeten Verdacht gewonnen hat, der Vater habe sich gegenüber dem Kind sexuell auffällig verhalten, kann eine

275 BGH NStZ 1988, 236, 237; NJW 1988, 3273, 3274; OLG Celle FamRZ 1976, 2030, 2031.
276 So aber ein Großteil der Rspr., s.u.; vgl. auch Staudinger/Rauscher § 1684 Rn. 337.
277 OLG Brandenburg v. 21.12.1998, Az: 10 UF 162/98.
278 OLG Oldenburg FamRZ 2006, 882.
279 OLG Celle FamRZ 1998, 973.
280 OLG Celle FamRZ 1998, 971, 972.
281 AG Kerpen FamRZ 1998, 254.
282 OLG Hamburg FamRZ 1996, 422.

Pflegschaft zur Durchsetzung eines »behüteten« Umgangs angeordnet werden. OLG Frankfurt:[283] Die Tatsache, dass gegen den Vater ein staatsanwaltliches Ermittlungsverfahren wegen des Verdachts des sexuellen Kindesmissbrauchs läuft, führt als solche weder zum Ausschluss noch zur Einschränkung der Umgangsbefugnis des Beschuldigten. Das Familiengericht muss vielmehr in jedem Einzelfall das Gewicht des Tatverdachts und der möglichen Gefahren für das Kindeswohl selbständig prüfen und abwägen. OLG Bamberg:[284] »Die Tatsache, dass gegen einen Elternteil ein Ermittlungsverfahren wegen sexuellen Missbrauchs anhängig ist, schließt die Gewährung eines Umgangsrechts zwischen ihm und dem Kind nicht zwingend aus.« (Ls) OLG Bamberg:[285] »Der Ausschluss des persönlichen Umgangs zwischen dem Vater und dem in einer Pflegefamilie untergebrachten Kind kann schon bei bestehender Gefahr des sexuellen Missbrauchs erforderlich sein. [...] Die Einstellung des gegen den Vater geführten Ermittlungsverfahrens steht dem nicht entgegen, da sie nur besagt, dass die polizeilichen Ermittlungen keinen zur Anklageerhebung hinreichenden Tatverdacht des sexuellen Missbrauchs eines Kindes erbracht haben. Weniger einschneidende Maßnahmen wie etwa das Zusammensein mit dem Kind in Anwesenheit Dritter reichen dann nicht aus um eine mögliche Gefährdung auszuschließen, wenn nach dem polizeilichen Ermittlungsergebnis es durchaus möglich erscheint, dass sich der Vater auch durch die Anwesenheit anderer Personen von sexuellen Handlungen nicht abhalten lässt.« (Lse) OLG Stuttgart:[286] »Der bloße Verdacht sexuellen Missbrauchs der Kinder durch den nicht sorgeberechtigten Elternteil rechtfertigt nicht regelmäßig den Ausschluss seines Umgangsrechts. Abzuwägen ist das Risiko des sexuellen Missbrauchs auch gegen den Folgeschaden eines Kontaktabbruchs für die Entwicklung des Kindes. Je geringer das Gericht das Risiko eines sexuellen Missbrauchs veranschlagt, um so schützenswerter sind die Belange des Umgangsberechtigten und das Interesse des Kindes an der Aufrechterhaltung und Pflege der Beziehung zu ihm.« (Lse) OLG Hamm:[287] Das Recht eines (geschiedenen) Vaters zum persönlichen Umgang mit seinem (6-jährigen) Sohn ist auch dann nicht gänzlich auszuschließen, wenn gegen den Vater der Verdacht auf pädophile Neigungen bestand bzw. noch besteht, wenn durch die inhaltlichen Beschränkungen des Umgangsrechts gewährleistet ist, dass eine denkbare Gefährdung des Kindes nach menschlichem Ermessen ausgeschlossen ist (Recht des Vaters, das Kind zwei Mal monatlich für höchstens zwei Stunden in einem reglementierten Umfeld, das mit fachkundigem Personal ausgestattet ist, zu sehen), und wenn es das Kindeswohl erfordert, die wenn auch nach Art und Umfang stark eingeschränkten Kontakte mit seinem Vater störungsfrei zu gewährleisten, um eine restlose und irreversible Entfremdung zwischen Vater und Sohn möglichst zu vermeiden. In einem solchen Fall ist die Mutter des Kindes, die den Ausschluss des Umgangsrechts anstrebt, dazu anzuhalten, an der Verwirklichung des Besuchsrechts konstruktiv mitzuwirken und etwaige Widerstände des Kindes durch geeignete erzieherische Maßnahmen positiv zu beeinflussen. OLG Düsseldorf:[288] »Ist das Umgangsrecht zwischen Mutter und minderjährigen Töchtern deshalb eingeschränkt worden, weil gegen den jetzigen (zweiten) Ehemann der Mutter wegen des Verdachts sexuellen Missbrauchs zu Lasten der betroffenen Kinder ermittelt worden ist, so gibt die Einstellung des Ermittlungsverfahrens gem. § 170 Abs. 2 StPO dann keinen Anlass zur Abänderung der Umgangsregelung, wenn die zugrundeliegende, das kindliche Wohl gefährdende, im persönlichen Bereich der Beteiligten wurzelnde Konfliktlage selbst (hier allseitig) nicht bewältigt worden ist.« (Ls) BVerfG:[289] Pädophile Neigungen allein rechtfertigen ohne weitere Feststellung einer Gefährdungslage keine Umgangseinschränkung. OLG Düsseldorf:[290] Pädophile Neigungen in Verbindung mit einer Persönlichkeitsstörung

283   OLG Frankfurt FamRZ 1995, 1432.
284   OLG Bamberg FamRZ 1995, 181.
285   OLG Bamberg FamRZ 1994, 719.
286   OLG Stuttgart FamRZ 1994, 718.
287   OLG Hamm FamRZ 1993, 1233.
288   OLG Düsseldorf FamRZ 1992, 205.
289   BVerfG FamRZ 2005, 1816; vgl. auch OLG Zweibrücken FamRZ 2009, 1758.
290   OLG Düsseldorf FamRZ 2009, 1685, 1686.

rechtfertigen bei konkreter Gefahr pädophiler Handlungen einen Umgangsrechtsausschluss für die Dauer von drei Jahren; auch ein streng begleiteter Umgang kommt im Hinblick auf die hohen manipulativen Fähigkeiten des Vaters nicht in Betracht. OLG Hamm:[291] Ausschluss des Umgangsrechts bei uneinsichtigem objektiv sexuell übergriffigem Vater.

Spannungen und Streit

OLG Hamm:[292] Bestehen zwischen den leiblichen Eltern und den Pflegeeltern eines Kindes starke Spannungen, kann es geboten sein, das Umgangsrecht der Eltern zeitlich befristet auszuschließen, um die Entwicklung einer Vertrauensbeziehung des Kindes zu seinen Pflegeeltern nicht zu gefährden. OLG Hamm:[293] Auffälligkeiten des Kindes anlässlich heftiger Auseinandersetzungen der zerstrittenen geschiedenen Eheleuten sind nicht untypisch und rechtfertigen allein nicht den vollständigen Ausschluss des Umgangsrechts des nicht sorgeberechtigten Elternteils. OLG Bamberg:[294] Bestehen zwischen den Eltern noch immer aggressive Spannungen von weit überdurchschnittlicher Intensität und die Unfähigkeit oder mangelnde Bereitschaft das Kind von diesem nachehelichen Krieg fernzuhalten und missbraucht der Vater Umgangskontakte zu massiven Vorstößen gegen die Mutter und deren Inhaberschaft der elterlichen Sorge, rechtfertigt dies ausnahmsweise einen Umgangsausschluss befristet auf ein Jahr. OLG Hamm:[295] Entsteht bei dem Kind ein Trauma, weil es vor und nach den Besuchskontakten mit dem nichtsorgeberechtigten Elternteil ständig zu Konflikten zwischen den Eltern kommt, und kann es dieses Trauma nicht überwinden, ist es gerechtfertigt, das Umgangsrecht im Interesse des Kindeswohles einstweilen auszusetzen, auch wenn die Besuchskontakte selbst zufriedenstellend verlaufen. OLG Frankfurt:[296] Das Recht des Vaters zum persönlichen Umgang mit seinem Kind aus geschiedener Ehe kann für eine längere Frist ausgeschlossen werden, wenn zur Überzeugung des Gerichts feststeht, dass der Umgang des Vaters mit dem Kind weitere dem Kindeswohl abträgliche Streitigkeiten zwischen den Kindeseltern eröffnen würde. Das gilt auch, wenn das Kind dem Vater noch versteckte Sympathien entgegenbringt. OLG Nürnberg:[297] Bestehen zwischen den Eltern erhebliche Spannungen, die drohen, das Kindeswohl zu gefährden, reicht es aus, dem nichtsorgeberechtigten Elternteil ein einmaliges Besuchsrecht im Monat einzuräumen. OLG Nürnberg:[298] Spannungen zwischen den Eltern können nur in Ausnahmefällen zu einem Ausschluss des Besuchsrechts führen. OLG Nürnberg:[299] Das Umgangsrecht des nicht sorgeberechtigten Elternteils kann nicht schon deshalb ganz ausgeschlossen werden, weil die Eltern auf Grund des vorangegangenen Scheidungsverfahrens zerstritten sind. OLG Hamm:[300] »Allein die Verfeindung der Eltern rechtfertigt den völligen Ausschluss des Umgangsrechts nicht.« (Ls) OLG Saarbrücken:[301] Seelische Belastungen des Kindes aufgrund eines massiven Konfliktpotenzials zwischen den Eltern, kann einen Umgangsrechtsausschluss rechtfertigen. OLG Oldenburg:[302] Umgangsrechtsausschluss, wenn Vater eine feindliche Einstellung gegenüber der Mutter hegt und diese auch gegenüber dem Kind zum Ausdruck bringt. OLG Nürnberg:[303] Umgangsrechtsausschluss für ein Jahr, weil der Vater das Kind dauerhaft in Loyalitätskonflikte bringt und dessen Lebensmittelpunkt bei der Mutter nicht akzeptiert;

110

---

291 OLG Hamm FamRZ 2011, 1802.
292 OLG Hamm FamRZ 2000, 1108 f; vgl. auch OLG Rostock FamRZ 2010, 997, 998.
293 OLG Hamm FamRZ 1999, 326.
294 OLG Bamberg FamRZ 1998, 969.
295 OLG Hamm FamRZ 1995, 314.
296 OLG Frankfurt v. 28.08.1997, Az: 3 UF 98/87 = ZfJ 1988, 153.
297 OLG Nürnberg v. 29.07.1981, Az: 10 UF 1766/81.
298 OLG Nürnberg v. 30.06.1981, Az: 11 UF 943/81.
299 OLG Nürnberg v. 14.05.1981, Az: 10 UF 759/81.
300 OLG Hamm FamRZ 1994, 58.
301 OLG Saarbrücken FamRZ 2007, 495.
302 OLG Oldenburg FamRZ 2008, 86.
303 OLG Nürnberg FamRZ 2008, 715.

der Vater hatte das Kind zudem im Anhörungstermin amokartig an sich gerissen, wodurch dessen Traumatisierung zu besorgen war. OLG Köln:[304] Traumatisierung der Kinder durch miterlebte »häusliche Gewalt«.

Unbekannter Aufenthalt

111   OLG Karlsruhe:[305] »Soll das Umgangsrecht eines Vaters, der inzwischen unbekannten Aufenthalts ist, ausgeschlossen werden, kommt wegen der unbestimmten Dauer seiner mangelnden Erreichbarkeit nur ein zeitlich unbefristeter Ausschluss in Betracht mit der Folge, dass er nach seinem Wiederauftauchen auf die Abänderungsmöglichkeit des § 1696 in Verbindung mit § 1634 [a.F.] beschränkt ist.« (Ls).

Vaterschaft

112   BGH:[306] »Die Befugnis des Vaters zum persönlichen Umgang mit seinem drei Jahre alten ehelichen Kinde darf nicht schon deshalb ausgeschlossen werden, weil der Vater die Ehelichkeit des Kindes angefochten hat.« (Ls) OLG Frankfurt:[307] »Die Tatsache, dass ein Kind durch Fremdbefruchtung (heterologe Insemination in utero) gezeugt worden ist, rechtfertigt nicht den Ausschluss der Umgangsbefugnis des später geschiedenen Ehemannes und Gilt-Vaters; ihm steht vielmehr grds. die Umgangsbefugnis mit »seinem« Kinde zu.« (Ls) OLG Frankfurt:[308] »Wer zwar formal als Vater eines Kindes gilt, nach Lage der Dinge aber nicht der Vater sein kann, selbst nicht einmal behauptet, der Vater zu sein, kann allein wegen seines Gefühls emotionaler Zuwendung nicht ein Umgangsrecht in Anspruch nehmen.« (Ls).

Zeugen Jehovas

113   OLG Nürnberg:[309] »In der Zugehörigkeit des Vaters zu der Glaubensgemeinschaft Zeugen Jehovas sieht der Senat bei dem dargestellten Umgangsrecht keine Belastung für das Kind. Im Hinblick auf das Elternrecht des Vaters und fehlende massive Beeinflussungen des Kindes durch den Vater in der Vergangenheit sowie auf seine Erklärung für die Zukunft besteht auch kein Anlass, dem Vater eine Auflage zu erteilen, jegliche religiöse Erziehung des Kindes zu unterlassen.« (Ls).[310]

II. Abs. 4 Satz 3 und 4: Begleiteter Umgang

114   Die bereits früher bekannte und praktizierte Anordnung des Umgangs in Anwesenheit einer dritten Person hat durch die Neuregelung des Kindschaftsrechtsreformgesetzes in Abs. 4 Satz 3 und 4 eine ausdrückliche Normierung erfahren. Dadurch wird nochmals besonders deutlich, dass ein völliger Ausschluss des Umgangsrechts nicht in Betracht kommt, wenn auch ein **begleiteter Umgang** genügt, um die Gefährdung des Kindeswohls abzuwenden.[311] Dabei darf nicht übersehen werden, dass die Anordnung eines solchen begleiteten Umgangs, der auch als **behüteter oder beschützter Umgang** bezeichnet wird,[312] ebenfalls nur angeordnet werden darf, wenn die Voraussetzungen des Abs. 4 Satz 1 oder 2 vorliegen. Wegen der Schwere des Eingriffs und der üblichen Dauer der Anord-

---

304   OLG Köln FamRZ 2011, 571.
305   OLG Karlsruhe OLGR 1998, 143.
306   BGH FamRZ 1988, 711; a.A. vorausgehend OLG Nürnberg FamRZ 1987, 1178, 1179.
307   OLG Frankfurt FamRZ 1988, 754.
308   OLG Frankfurt FamRZ 1990, 655.
309   OLG Nürnberg v. 12.06.1995, Az: 7 UF 1680/95.
310   Ähnlich AG Göttingen FamRZ 2003, 112; s. auch § 1671 Rdn. 45.
311   Vgl. BVerfG FamRZ 2009, 399, 400; OLG Köln FamRZ 2005, 295; OLG Hamburg FamRZ 2011, 822, 823; OLG Saarbrücken FamRZ 2011, 1409.
312   Daneben wird der Umgang in einer bestimmten Erziehungs- und Familienberatung mit Verlaufsberichten auch als unterstützter Umgang bezeichnet, vgl. AG Tempelhof-Kreuzberg FamRZ 2003, 948.

nung darf sie nur ergehen, um eine Gefährdung der seelischen und körperlichen Entwicklung des Kindes abzuwehren.[313] Der begleitete Umgang ist deshalb keinesfalls ein Allheilmittel zur Lösung von Umgangskonflikten zerstrittener Eltern. Denn es ist zu bedenken, dass sowohl für den Umgangsberechtigten als auch für das Kind die Anwesenheit einer dritten Person unnatürlich und damit belastend ist.[314] Hinzu kommt, dass zumindest im häufigsten Fall – der Begleitung durch einen Mitarbeiter des Jugendamts oder eines Trägers der Jugendhilfe – der Umgang räumlich beschränkt ist und in einer unpersönlichen und fremden Umgebung stattfindet.

Hauptanwendungsfälle[315] für die Anordnung eines begleiteten Umgangs sind der erwiesene oder **115** nicht ausgeräumte **Verdacht des sexuellen Missbrauchs**[316] und die drohende **Gefahr einer Kindesentziehung.**[317] Auch bei drohender Verstümmelung des weiblichen Genitals kommt die Beschränkung auf den begleiteten Umgang in Betracht[318] oder nicht ausgeräumten Verdacht des Drogenkonsums des Vaters.[319] Wertvolle Dienste kann der begleitete Umgang aber insb. auch zur Anbahnung von Umgangskontakten nach längerer Unterbrechung leisten, um Ängste beim Sorgeberechtigten oder beim Kind abzubauen.[320] In diesem Fall muss aber noch mehr als sonst das Ziel im Vordergrund stehen, so schnell wie möglich einen »normalen« Umgang zu erreichen. Dabei ist es hilfreich, wenn der begleitende Dritte eine psychologisch geschulte Person, beispielsweise ein Mitarbeiter einer Erziehungsberatungsstelle, ist. Lehnt das Kind aber Umgangskontakte nachdrücklich in beachtenswerter Weise ab, scheidet auch die Anordnung eines begleiteten Umgangs aus.[321] Auch bei psychischer Erkrankung oder Drogenabhängigkeit des Umgangsberechtigter kann die Anordnung eines begleiteten Umgangs in Betracht kommen;[322] ebenso bei drohenden Loyalitätskonflikten infolge fehlender Akzeptanz der Fremdunterbringung.[323] Lehnt der umgangsberechtigte Elternteil einen begleiteten Umgang ausdrücklich ab, hat der Umgang überhaupt zu unterbleiben.[324]

Im Falle der Anordnung eines beschützten Umgangs muss das Gericht sich vor seiner Entscheidung **116** davon überzeugen, dass ein **zur Mitwirkung bereiter Dritter** vorhanden ist.[325] In erster Linie kommt dafür das Jugendamt, ein anderer Träger der Jugendhilfe, Erziehungsberatungsstellen oder ein entsprechender Verein in Betracht, vgl. **Abs. 4 Satz 4.** Die Mitarbeiter dieser Stellen sind psychologisch geschult und deshalb insb. bei der Anbahnung von Umgangskontakten besonders geeignet. Wenn auch das Jugendamt ebenso wenig wie jede andere Person zur Umgangsbegleitung gezwungen werden kann, so gehört dies doch zu seinen Aufgaben, die es regelmäßig im Rahmen seiner personellen Kapazitäten wahrnehmen wird. Dies folgt auch aus § 18 Abs. 3 SGB VIII, der die außergerichtliche Umgangsvermittlung im Rahmen eines einverständlich begleiteten Umgangs betrifft und dem Kind einen verwaltungsgerichtlichen Anspruch auf Mitwirkung des Jugendamts gibt.[326]

Daneben können auch Privatpersonen, insb. Freunde oder Verwandte, den Umgang begleiten. Es **117** ist zwar nicht Voraussetzung, dass die Person von den Eltern und dem Kind akzeptiert wird, doch

---

313 OLG Brandenburg FamRZ 2008, 1374.
314 Vgl. auch OLG München FamRZ 2003, 551.
315 Vgl. BT-Drucks. 13/4899 S. 106.
316 OLG Hamburg FamRZ 1996, 422; AG Kerpen FamRZ 1998, 254, 255; OLG München FamRZ 1999, 674, 675.
317 OLG Celle FamRZ 1996, 364; OLG München FamRZ 1998, 976, 977: Überwachung durch Detektiv; OLG Köln FamRZ 2005, 1770.
318 OLG Karlsruhe FamRZ 2009, 130.
319 AG Ansbach FamRZ 2011, 1802.
320 Vgl. OLG Hamm FamRZ 1996, 424; OLG Koblenz FamRZ 2007, 926.
321 OLG Düsseldorf FamRZ 1998, 1460, 1461.
322 Staudinger/Rauscher § 1684 Rn. 316.
323 OLG Brandenburg FamRZ 2010, 1925
324 OLG Brandenburg FamRZ 2010, 740.
325 OLG Frankfurt FamRZ 1999, 617.
326 Staudinger/Rauscher § 1684 Rn. 309, 321; vgl. auch BT-Drucks. 13/4899 S. 106.

liegt es auf der Hand, dass dies, zumindest was den Umgangsberechtigten und das Kind betrifft, äußerst wünschenswert ist.[327] Einen Vergütungsanspruch gegen die Staatskasse hat der mitwirkungsbereite Dritte mangels gesetzlicher Regelung nicht.[328] Das Gericht muss den begleiteten Umgang präzise und erschöpfend regeln und darf die Regelung nicht in die Hände eines nicht sorgeberechtigten Dritten legen.[329]

F. Verfahrensrecht

118 Die Gerichte müssen das Verfahren so ausgestalten, dass sie möglichst zuverlässig die Grundlage einer am Kindeswohl orientierten Entscheidung erkennen können.[330] Umgangsverfahren müssen gem. § 155 FamFG vorrangig und beschleunigt betrieben werden. Größtmöglicher Beschleunigung bedürfen die Verfahren, wenn sie kleine Kinder betreffen, da jede Verzögerung zu einer Präjudizierung der Angelegenheit führen kann.[331] Nach Maßgabe des § 159 FamFG hat das Gericht das Kind persönlich anzuhören.[332]

Vgl. dazu § 1626 Rdn. 25 ff.

§ 1685   Umgang des Kindes mit anderen Bezugspersonen

(1) Großeltern und Geschwister haben ein Recht auf Umgang mit dem Kind, wenn dieser dem Wohl des Kindes dient.

(2) ¹Gleiches gilt für enge Bezugspersonen des Kindes, wenn diese für das Kind tatsächliche Verantwortung tragen oder getragen haben (sozial-familiäre Beziehung). ²Eine Übernahme tatsächlicher Verantwortung ist in der Regel anzunehmen, wenn die Person mit dem Kind längere Zeit in häuslicher Gemeinschaft zusammengelebt hat.

(3) ¹§ 1684 Abs. 2 bis 4 gilt entsprechend. ²Eine Umgangspflegschaft nach § 1684 Abs. 3 Satz 3 bis 5 kann das Familiengericht nur anordnen, wenn die Voraussetzungen des § 1666 Abs. 1 erfüllt sind.

A. Umgangsberechtigter Personenkreis

1 Das Kindschaftsrechtsreformgesetz vom 16.12.1997 hat durch die Neufassung der Vorschrift erstmals nichtelterlichen Personen ein Umgangsrecht eingeräumt. Dabei hat der Gesetzgeber das Umgangsrecht auf **Bezugspersonen**, die dem Kind üblicherweise besonders nahe stehen, begrenzt, um zu verhindern, dass es zu einer starken Ausweitung von Umgangsstreitigkeiten kommt.[1] Anders als bei § 1684 steht dem Umgangsrecht aber keine Umgangspflicht ggü.

---

327   Staudinger/Rauscher § 1684 Rn. 320.
328   OLG Hamm FamRZ 2008, 1374.
329   OLG Saarbrücken FamRZ 2010, 2085, 2086; OLG Köln FamRZ 2011, 827.
330   BVerfG FamRZ 2007, 1625.
331   EGMR FamRZ 2009, 1037.
332   BVerfG FamRZ 2008, 246.
  1   Vgl. BT-Drucks. 13/4899 S. 107.

Nachdem das BVerfG[2] die Vorschrift mit Entscheidung vom 09.04.2003 wegen Verstoßes gegen Art. 6 Abs. 1 GG für verfassungswidrig erklärt hatte, soweit dem sogenannten **biologischen Vater**, der zwar leiblicher, aber nicht rechtlicher Vater des Kindes ist, auch dann kein Umgangsrecht eingeräumt wurde, wenn zwischen ihm und dem Kind eine sozial-familiäre Beziehung bestand, hat der Gesetzgeber in Abs. 2 eine verfassungsgemäße Neuregelung geschaffen,[3] die seit 30.04.2004 in Kraft ist. Fehlt eine sozial-familiäre Beziehung hat der (nur) biologische Vater aber auch weiterhin kein Umgangsrecht.[4] Dies gilt nach der neueren Rechtsprechung des EGMR für den »biologischen« Vater aber nicht uneingeschränkt.[5]

Abs. 1 erstreckt das Umgangsrecht auf **Großeltern und Geschwister** des Kindes. Dabei ist der Verwandtenbegriff des § 1589 zu Grunde zu legen, so dass zwar Halb-, aber keine Stiefgeschwister nach Abs. 1 umgangsberechtigt sind. Auch der neue Ehegatte eines Großelternteils hat gem. Abs. 1 ebenso wenig ein Umgangsrecht nach Abs. 1 wie Tanten und Onkel[6] oder Cousins und Cousinen oder die Urgroßeltern des Kindes. Doch steht diesem Personenkreis nach der Gesetzesänderung nunmehr ein Umgangsrecht nach Abs. 2 unter den dort genannten Voraussetzungen zu. Dagegen sind die Großeltern und Geschwister, die sich auf Abs. 1 berufen können, unabhängig davon umgangsberechtigt, ob sie mit dem Kind in häuslicher Gemeinschaft gelebt haben oder nicht. 2

Gem. **Abs. 2 Satz 1** sind nunmehr **alle engen Bezugspersonen** des Kindes umgangsberechtigt, vorausgesetzt sie tragen für das Kind tatsächlich Verantwortung oder haben dies getan.[7] Dabei bedarf es keiner aktuellen persönlich vertrauten Beziehung zum Kind, vielmehr genügt es, wenn die umgangsbegehrende Person für das Kind in der Vergangenheit eine enge Bezugsperson war.[8] Diese Konstellation bezeichnet der Gesetzgeber als sozial-familiäre Beziehung. Als Umgangsberechtigte kommen daher nicht nur – wie nach der alten Gesetzesfassung – Stiefeltern einschließlich der Lebenspartner i.S.d. LPartG sowie die Pflegeeltern[9] in Betracht, sondern **gerade auch der Lebensgefährte** einer nichtehelichen Gemeinschaft[10] und der »biologische Vater«. Gem. **Abs. 2 Satz 2** ist in der Regel von der Übernahme der tatsächlichen Verantwortung und damit von einer sozial-familiären Beziehung auszugehen, wenn jemand längere Zeit mit dem Kind in häuslicher Gemeinschaft gelebt haben.[11] Entscheidend ist aber, dass das so begründete Vertrauensverhältnis noch besteht oder zumindest daran angeknüpft werden kann.[12] Ob das Zusammenleben über eine **längere Zeit** stattgefunden hat, ist nach dem subjektiven Empfinden des Kindes zu beurteilen. Entscheidend ist dabei weniger eine bestimmte zeitliche Dauer als vielmehr, dass das Kind zu der Person eine nachhaltige Beziehung aufgebaut hat.[13] Die häusliche Gemeinschaft muss nicht während der gesamten Zeit bestanden haben.[14] Nötig ist eine Lebensgemeinschaft mit festen und regelmäßigen Kontakten. Unter Umständen kann auch eine regelmäßige Betreuung über das verlängerte Wochenende und in den Ferien über einen Zeitraum von fast 2 Jahren genügen.[15] Bloße 3

---

2 FamRZ 2003, 816; s. dazu auch § 1626 Rdn. 4.
3 BGBl I 2004, 598.
4 OLG Karlsruhe FamRZ 2007, 924.
5 S.u. Rdn. 3.
6 OLG Zweibrücken FamRZ 1999, 1161.
7 KG FamRZ 2012, 647.
8 BGH FamRZ 2005, 705 = FuR 2005, 262.
9 Vgl. EGMR FamRZ 2012, 429.
10 Vgl. OLG Karlsruhe FamRZ 2011, 1155, 1156; AG Essen FamRZ 2011, 1803: Umgangsrecht des »sozialen Vaters«.
11 KG FamRZ 2012, 647; vgl. auch BVerfG FamRZ 2004, 1705; BGH FamRZ 2005, 705 = FuR 2005, 262: Einjähriges Zusammenleben genügt jedenfalls, wenn keine gegenteiligen Umstände ersichtlich sind.
12 OLG Koblenz FamRZ 2009, 1229, 1230, das nach mehr als 3 Jahren Kontaktunterbrechung von Entfremdung ausgegangen ist.
13 S. § 1632 Rdn. 7.
14 Staudinger/Rauscher § 1685 Rn. 10.
15 OLG Koblenz FamRZ 2009, 1229, 1230.

Wochenendkontakte genügen hingegen nicht.[16] Auch die Funktion als Haushaltshilfe, Kinder-mädchen und Freundin begründet nicht ohne Weiteres die Stellung einer Bezugsperson.[17] Dage-gen hat der EGMR mit Urteil vom 21.12.2010[18] und vom 15.09.2011[19] entschieden, dass Art. 8 EMRK dem nur »biologischen« Vater ein Umgangsrecht auch dann gewährleistet, wenn er noch keine sozial-familiäre Beziehung zu seinem Kind aufbauen konnte, hieran aber ein Interesse hat und der Umgang auch im Interesse des Kindes liegt.[20] Die Regelung des § 1685 ist daher insoweit konventionswidrig.

4   Die Personen, denen ein eigenes Umgangsrecht mit einem minderjährigen Kind eingeräumt ist, werden durch § 1685 **abschließend** bestimmt.[21] Der Kreis der Umgangsberechtigten wird auch nicht durch § 1626 Abs. 3 erweitert, der lediglich festschreibt, welcher Umgang dem Wohl des Kindes dient.[22] Die Problematik ist durch die Gesetzesänderung aber weitgehend entschärft, da nunmehr insb. auch der aktuelle oder frühere Lebensgefährte eines Elternteils einen Anspruch auf Umgang mit dem Kind hat.[23] Der »biologischen« Großmutter ohne sozial-familiäre Beziehung steht aber auch weiterhin kein Umgangsrecht zu.[24]

5   Ein Umgang des Kindes mit Personen ohne eigenes Umgangsrecht kann aber beim Vorliegen einer Gefährdung des Kindeswohls durch Maßnahmen nach § 1666 ermöglicht werden.[25] Nicht ausreichend ist, dass der Umgang für das Kindeswohl nur förderlich wäre.[26]

B. Kindeswohldienlichkeit

6   Unabhängig davon, ob die Umgangsberechtigung auf Abs. 1 oder Abs. 2 beruht, ist stets erforder-lich, dass der Umgang dem **Wohl des Kindes dient**. Der Reformgesetzgeber hat für die Kindes-wohlprüfung bewusst diesen erhöhten Maßstab gewählt, um das Umgangsrechts einzugrenzen. Grundlegend ist, dass § 1685 dem berechtigten Personenkreis zwar eigene subjektive Rechte gibt, jedoch nicht in erster Linie um derentwillen, sondern um des Kindes willen.[27]

7   Ob der Umgang dem Kindeswohl dient, ist nach den üblichen Kriterien zu beurteilen,[28] insb. ist danach zu fragen, ob das Kind durch den Umgang gefördert wird. Dem Willen des Kindes kommt entscheidende Bedeutung zu.[29] Auch zu Gunsten von Großeltern und Geschwistern besteht **keine Vermutung**, dass der Umgang mit diesen dem Wohl des Kindes dient.[30] Gleichwohl

---

16 OLG Hamm FamRZ 11, 1154.
17 OLG Brandenburg FamRZ 11, 1154 f.
18 EGMR FamRZ 2011, 269.
19 EGMR FamRZ 2011, 1715.
20 Nachfolgend KG FamRZ 2012, 467, vorausgesetzt biologische Vaterschaft ist unstreitig.
21 OLG Zweibrücken FamRZ 1999, 1161; BVerfG FamRZ 2003, 816, 825.
22 OLG Bamberg FamRZ 1999, 810; vgl. Staudinger/Rauscher § 1685 Rn. 15; a.A. OLG Rostock FamRZ 2005, 744, das ein Umgangsrecht des »biologischen« Großvaters nach Erlöschen des Verwandtschaftsver-hältnisses infolge Adoption aus § 1626 Abs. 3 herleitet.
23 Überholt daher die Rspr. zur alten Gesetzeslage: OLG Oldenburg FamRZ 2003, 1582; OLG Hamm NJW 2000, 2684; OLG Dresden DAVorm 2000, 176; OLG Bamberg FamRZ 1999, 810.
24 OLG Köln FamRZ 2005, 126; vgl. auch OLG Rostock FamRZ 2005, 744.
25 OLG Zweibrücken FamRZ 1999, 1161; Palandt/Diederichsen § 1685 Rn. 1; Johannsen/Henrich/Jaeger § 1685 Rn. 2; Staudinger/Rauscher § 1685 Rn. 17.
26 OLG Oldenburg FamRZ 2003, 1582.
27 OLG Koblenz JurBüro 2000, 221.
28 S. § 1684 Rdn. 59 und § 1671 Rdn. 41 ff.
29 OLG Hamm FamRZ 2009, 996: Keine Entscheidung ohne Anhörung des 4-jährigen Kindes; OLG Brandenburg FamRZ 2009, 2303, Johannsen/Henrich/Jaeger § 1685 Rn. 6.
30 Vgl. OLG Koblenz JurBüro 2000, 221; OLG Köln FamRZ 2008, 2147: Vermutung setzt bestehende Bindungen voraus, die für das Kind förderlich sind.

spricht hierfür, dass diese Kontakte üblich und im Allgemeinen dem Kindeswohl auch dienlich sind. Bei diesem Personenkreis müssen die Bindungen nicht zwangsläufig bereits existieren, da es auf lange Sicht dem Wohl des Kindes dient, wenn es Beziehungen zu engsten Verwandten aufbauen kann.[31] Die Feststellungslast der Kindeswohldienlichkeit trägt der Umgangsberechtigte.[32]

Der Umgang mit den Großeltern oder den Geschwistern **dient dem Kindeswohl nicht**, wenn ihn 8 der sorgeberechtigte Elternteil – selbst gegen den ausdrücklichen Wunsch des Kindes – ablehnt, sofern dies aus verständlichen Gründen geschieht[33] Das Umgangsrecht der Großeltern mit ihren Enkelkindern ist trotz bestehender Bindung und unbegründeter Einwendungen des sorgeberechtigten Elternteils zeitweilig auszuschließen, wenn es dem Kindeswohl aus anderen Gründen nicht förderlich ist.[34] Dies kann der Fall sein, wenn das Verhältnis der Großeltern zu einem Elternteil des Enkelkindes so stark zerrüttet ist, dass kein normaler Kontakt mehr möglich ist, oder auch nur von Streit geprägte Spannungen herrschen und deshalb eine Beeinträchtigung des Kindeswohls durch den Umgang zu befürchten ist, weil es seelisch belastet oder Loyalitätskonflikten ausgesetzt wird..[35] Das Umgangsrecht der Großeltern hängt davon ab, dass sie den grundsätzlichen Erziehungsvorrang des sorgeberechtigten Elternteils akzeptieren, selbst dann wenn diesem das Sorgerecht ganz oder teilweise entzogen ist.[36] Grundsätzlich ist aber die Dienlichkeit des Umgangs für das Kindeswohl entscheidend, nicht die Akzeptanz des betreuenden Elterteils.[37] Das Umgangsrecht nach § 1684 ist grds. vorrangig, weshalb bei Dauer und Häufigkeit des Umgangs nach § 1685 eher Zurückhaltung geboten ist.[38] Ein zusätzlicher Umgang mit den Großeltern kann ein vierjähriges Kind überfordern.[39]

Sind sich die Eltern, die beide personensorgeberechtigt sind, **untereinander uneins**, ob ein 9 Umgang mit den in § 1685 genannten Personen stattfinden soll, so müssen sie sich gem. § 1627 Satz 2 versuchen zu einigen; notfalls hat das Familiengericht gem. § 1628 zu bestimmen, wer die Entscheidung zu treffen hat.

C. Abs. 3: Entsprechende Anwendung

Gem. der Verweisung in Abs. 3 gilt insb. die Wohlverhaltensklausel und die Anordnungskompe- 10 tenz des Familiengerichts entsprechend (s. dazu § 1684 Rdn. 22 ff.). Die Anordnung einer Umgangspflegschaft setzt gem. Satz 2 aber – anders als bei § 1684 – eine Kindeswohlgefährdung nach § 1666 voraus.

D. Verfahrensrecht

Das Verfahren ist keine Folgesache, vgl. § 137 Abs. 3 FamFG. Die Umgangsberechtigten sind als 11 Beteiligte gem. § 34 FamFG regelmäßig persönlich anzuhören.[40] Ein förmliches Vermittlungsverfahren gem. § 165 FamFG ist nicht vorgesehen.

Vgl. zum Verfahrensrecht im Übrigen § 1626 Rdn. 25 ff.

---

31 Johannsen/Henrich/Jaeger § 1685 Rn. 5; Staudinger/Rauscher § 1685 Rn. 19.
32 Staudinger/Rauscher § 1685 Rn. 19.
33 OLG Koblenz FamRZ 2000, 1111.
34 OLG Koblenz NJW-RR 2000, 883.
35 OLG Hamm FamRZ 2000, 1110; 2005, 2012; 2010, 909; OLG Brandenburg FamRZ 2010, 1991, 1992; OLG München FamRZ 2011, 1804; vgl. auch OLG Karlsruhe FamRZ 2008, 915; OLG Naumburg FamRZ 2008, 915; AG Kulmbach FamRZ 2007, 850.
36 OLG Brandenburg FamRZ 2010, 1991.
37 KG FamRZ 2009, 1229.
38 OLG Brandenburg FamRZ 2009, 2303.
39 OLG Hamm FamRZ 2011, 1154.
40 So schon nach altem Recht: OLG Hamm FamRZ 2009, 996: ohne Anhörung des 4-Jährigen keine Entscheidung; Staudinger/Rauscher § 1685 Rn. 29.

§ 1686   Auskunft über die persönlichen Verhältnisse des Kindes

[1]Jeder Elternteil kann vom anderen Elternteil bei berechtigtem Interesse Auskunft über die persönlichen Verhältnisse des Kindes verlangen, soweit dies dem Wohl des Kindes nicht widerspricht. [2]Über Streitigkeiten entscheidet das Familiengericht.

A. Voraussetzungen

I. Auskunftsberechtigter

1   Grundsätzlich kann nach dem Wortlaut der Vorschrift jeder Elternteil vom anderen Elternteil Auskunft verlangen. Mit der Neufassung des § 1686 durch das Kindschaftsrechtsreformgesetz[1] vom 16.12.1997 ist der Auskunftsanspruch nicht mehr davon abhängig, dass der auskunftsbegehrende Elternteil nicht Inhaber des Personensorgerechts ist. Deshalb kann nunmehr insb. bei gemeinsamer elterlicher Sorge der Elternteil, bei dem sich das Kind nicht in Obhut befindet, vom anderen Auskunft verlangen.[2] **Hauptanwendungsfall** der Vorschrift ist aber, dass der nichtsorgeberechtigte Elternteil Auskunft begehrt. Für diesen ist der Auskunftsanspruch insb. von Bedeutung, wenn sein Umgangsrecht ausgeschlossen oder beschränkt ist.[3] Notwendige Voraussetzung ist dies aber nicht. Unter Umständen kann auch ein Auskunftsanspruch des alleinsorgeberechtigten Elternteils in Betracht kommen. Die Frage, ob ein Elternteil tatsächlich vom anderen Auskunft verlangen kann, ist bei der Prüfung des berechtigten Interesses zu entscheiden.

2   Eine **entsprechende Anwendung** auf umgangsberechtigte Personen, die nicht Eltern des Kindes sind, mag sinnvoll sein, muss aber **abgelehnt** werden.[4] Es ist bereits problematisch eine Gesetzeslücke anzunehmen. Denn es kann kaum angenommen werden, dass der Reformgesetzgeber, der zugleich mit § 1686 auch § 1685 neu geschaffen hat, es übersehen haben soll auch diesen umgangsberechtigten Personen ein Auskunftsrecht zuzubilligen. Hinzu kommt, dass das Auskunftsrecht sich aus dem Elternrecht ableitet, das den gem. § 1685 umgangsberechtigten Personen gerade nicht zusteht.[5] Nach dem Urteil des EGMR vom 15.09.2011[6] steht aber dem »biologischen« Vater, der nicht rechtlicher Vater ist, gem. Art. 8 EGMR ein Auskunftsrecht zu, selbst wenn er noch keine sozial-familiäre Beziehung zu seinem Kind aufbauen konnte.[7]

II. Auskunftsverpflichteter

3   Auskunftsverpflichtet ist jeder Elternteil, regelmäßig derjenige, in dessen Obhut sich das Kind befindet. Daneben erscheint es aber notwendig auch den gem. § 1685 umgangsberechtigten Personen eine Auskunftspflicht aufzuerlegen.[8] Sie sind zwar nicht Eltern, doch unterscheidet sich ihre Rechtsposition tatsächlich nicht so wesentlich von derjenigen des nur umgangsberechtigten Elternteils. Anders als bei der Frage der Berechtigung folgt die Verpflichtung auch nicht aus dem Elternrecht, sondern kann aus der Umgangsberechtigung abgeleitet werden. Eine entsprechende Anwendung des § 1686 ist daher zu befürworten.[9]

4   Nur der Elternteil, nicht das Kind und auch nicht sonstige Dritte (Lehrer, Ärzte) sind auskunftspflichtig. Der verpflichtete Elternteil muss auch nicht seine Zustimmung zur Auskunfts-

---

1   Die Neufassung entspricht weitgehend dem § 1634 Abs. 3 a.F.
2   Vgl. BT-Drucks. 13/4899 S. 107.
3   Vgl. OLG Brandenburg FamRZ 2000, 1106.
4   Ebenso Staudinger/Rauscher § 1686 Rn. 4.
5   Staudinger/Rauscher § 1686 Rn. 4.
6   EGMR FamRZ 11, 1715.
7   Vgl. auch § 1685 Rdn. 3.
8   Ebenso Staudinger/Rauscher § 1686 Rn. 5.
9   Staudinger/Rauscher § 1686 Rn. 5.

erteilung durch Dritte geben, insb. muss er die behandelnden Ärzte nicht von ihrer Schweigepflicht entbinden.[10]

III. Berechtigtes Interesse

Ein Auskunftsanspruch besteht nur dann, wenn der begehrende Elternteil ein berechtigtes Interesse an der Auskunft hat. Dies ist umso eher anzunehmen je weniger der Elternteil die **Möglichkeit** hat die **Informationen zu erlangen**. Deshalb hat regelmäßig der Elternteil, dem die Sorge nicht zusteht und dessen Umgangsrecht eingeschränkt oder ausgeschlossen ist ein berechtigtes Interesse daran über die Entwicklung des Kindes Auskunft zu erhalten.[11] Das gilt gerade dann, wenn das Kind den persönlichen oder brieflichen Kontakt zu dem Elternteil ablehnt oder ein solcher wegen des geringen Alters des Kindes oder der zu großen räumlichen Entfernung nicht durchführbar ist.[12] Die Berechtigung Auskunft zu verlangen ist aber immer im Hinblick auf den begehrten Inhalt zu prüfen. Ein berechtigtes Interesse kann nicht verneint werden, weil sich der auskunftsbegehrende Elternteil längere Zeit nicht um das Kind gekümmert hat.[13] 5

Aber auch der Elternteil, der sein **Umgangsrecht** angemessen und vollumfänglich wahrnimmt und sogar der **sorgeberechtigte Elternteil**, in dessen Obhut sich das Kind befindet, kann gegen den anderen Elternteil einen Auskunftsanspruch haben, wenn dieser Informationen besitzt, die ihm nicht oder nicht sofort zugänglich sind, die aber für das Wohl des Kindes Bedeutung haben.[14] Dabei ist etwa an eine akute Erkrankung oder sonstige wichtige Veränderungen zu denken. Ebenso wenig steht eine erkennbare Feindseligkeit zwischen den Elternteilen oder die Tatsache, dass der geschuldete Kindesunterhalt nicht freiwillig bezahlt wird, einem Auskunftsverlangen entgegen.[15] Ein berechtigtes Interesse ist auch nicht schon dann zu verneinen, wenn der Elternteil sich vorher nicht um das Kind gekümmert hat.[16] Dagegen fehlt ein berechtigtes Interesse, wenn sich der Elternteil die erforderlichen Informationen anderweitig verschaffen kann und das Auskunftsverlangen deshalb rechtsmissbräuchlich erscheint; so etwa, wenn er sein Umgangsrecht nicht wahrnimmt, gleichwohl aber einen regelmäßigen Bericht über die Lebensführung des Kindes verlangt.[17] 6

Ob das Kind seinerseits ein berechtigtes Interesse an der **Verweigerung der Auskunft** hat, ist bei der Prüfung der Kindeswohlverträglichkeit zu entscheiden. Dass der verpflichtete Elternteil jeglichen Kontakt mit dem anderen Elternteil ablehnt, ist unerheblich, da er die Auskünfte **nicht persönlich** erteilen muss, sondern auch Dritte – etwa einen Rechtsanwalt – als Mittelsperson einschalten kann.[18] Auch die Übermittlung durch das Jugendamt ist möglich. 7

IV. Kindeswohl

In engem Zusammenhang mit dem Erfordernis des berechtigten Interesses steht die Prüfung, ob die im Einzelfall begehrte **Auskunft dem Wohl des Kindes widerspricht**. Dies ist nur in Ausnahmefällen zu bejahen. Es bedarf keiner positiven Feststellung, dass das Auskunftsverlangen dem 8

---

10 OLG Hamm FamRZ 1995, 1288, 1290; OLG Bremen OLGR 1999, 86.
11 BayObLG FamRZ 1996, 813; OLG Schleswig FamRZ 1996, 1355; vgl. auch OLG Brandenburg FamRZ 2000, 1106; OLG Köln FamRZ 2005, 1276.
12 OLG Schleswig FamRZ 1996, 1355; BayObLG FamRZ 1993, 1487.
13 OLG Köln FamRZ 2005, 1276.
14 OLG Zweibrücken FamRZ 1990, 779; Staudinger/Rauscher § 1686 Rn. 7 f; Johannsen/Henrich/Jaeger § 1686 Rn. 2.
15 BayObLG FamRZ 1996, 813.
16 OLG Schleswig FamRZ 1996, 1355; BayObLG FamRZ 1993, 1487.
17 OLG Brandenburg FamRZ 2008, 638.
18 OLG Köln FamRZ 1997, 111.

Wohl des Kindes dienlich ist, es darf ihm nur nicht widersprechen.[19] Das Wohl des Kindes ist nicht Maßstab, sondern lediglich Grenze des Auskunftsrechts. Nur wenn und soweit konkrete Umstände dafür sprechen, dass durch die Erfüllung des Auskunftsverlangens das Kindeswohl beeinträchtigt werden kann, darf die Auskunft verweigert werden.[20] Für das Kindeswohl sind die Ziele, die der Elternteil mit dem Auskunftsbegehren verfolgt, jedoch nur dann von Belang, wenn ihre Verwirklichung konkret in den Lebenskreis des Kindes eingreift. Die Auskunft kann deshalb auch dann verlangt werden, wenn sie lediglich zur eigenen Unterrichtung begehrt wird. Unerheblich ist es auch, ob der Elternteil mit seinem Auskunftsbegehren möglicherweise die Absicht verfolgt, Umstände zu erfahren, die die Höhe des von ihm geschuldeten Unterhalts berühren, da insoweit auch eine Auskunftspflicht gem. § 1605 Abs. 1 Satz 1 bestünde.[21]

9   Der regelmäßige Auskunftsanspruch über die Entwicklung des Kindes kann nur untersagt werden, wenn damit dem Wohl des Kindes **abträgliche Ziele** verfolgt würden.[22] Dies wäre etwa der Fall, wenn das Lichtbild des Kindes öffentlich zur Schau gestellt oder den Medien zur Veröffentlichung überlassen würde; desgleichen wenn die von der personensorgeberechtigten Mutter erteilten Auskünfte der Öffentlichkeit zugänglich gemacht würden;[23] ebenso, wenn das Auskunftsrecht nur zur Überwachung des Personensorgeberechtigten missbraucht werden soll.[24]

10 Das **Einverständnis des Kindes** ist grds. für die Auskunftserteilung nicht erforderlich, jedoch bei der Prüfung des Kindeswohls zu berücksichtigen, insb. wenn die Auskunft die Intimsphäre betrifft und das Kind bereits im jugendlichen Alter ist.[25] Eine Auskunft der personensorgeberechtigten Mutter an den nichtehelichen Vater über die persönlichen Verhältnisse des Kindes ist nicht deshalb mit dem Wohl des Kindes unvereinbar, weil das 17-jährige Kind jeden Kontakt mit dem Vater ablehnt.[26] Der Personensorgeberechtigte kann aber nicht verpflichtet werden, über die höchstpersönlichen Verhältnisse eines fast volljährigen Kindes (z.B. Arztbesuche, Entbindung der Ärzte von der Schweigepflicht, gesellschaftliches und politisches Engagement, freundschaftliche und verwandtschaftliche Kontakte) gegen den Willen des Kindes Auskunft zu erteilen.[27] Die Ablehnung durch das Kind ist nur beachtlich, wenn seiner Haltung ein selbständiges Urteil zugrundeliegt, das vernünftig und gewichtet ist,[28] woran aber mit zunehmendem Alter des Kindes in Anbetracht seines wachsenden Selbstbestimmungsrechts immer weniger Anforderungen zu stellen sind.

B. Inhalt der Auskunft

11 Bereits nach dem Wortlaut der Vorschrift ist das Auskunftsverlangen auf die **persönlichen Verhältnisse des Kindes** beschränkt. Diese umfassen im Grundsatz alle für das Befinden und die Ent-

---

19 OLG Schleswig FamRZ 1996, 1355; vgl. auch LG Koblenz DAVorm 1988, 308.
20 BayObLG FamRZ 1993, 1487; OLG Hamm FamRZ 2010, 909, 910.
21 BayObLG FamRZ 1993, 1487.
22 OLG Köln FamRZ 1997, 111 im Falle des Vaters eines nichtehelichen Kindes.
23 BayObLG FamRZ 1996, 813.
24 BayObLG FamRZ 1993, 1487; OLG Zweibrücken FamRZ 1990, 779; OLG Frankfurt v. 15.11.2001, Az: 3 UF 194/01, EzFamR aktuell 2002, 166 (red. Ls.) hält daher generell Einzelfragen zur Ausübung der elterlichen Sorge für unzulässig und erkennt nur eine Auskunftspflicht über die Gesamtverhältnisse an.
25 OLG Hamm FamRZ 2003, 1583: Anspruch auf Zeugniskopie auch gegen den Willen der 15-jährigen Tochter.
26 BayObLG FamRZ 1993, 1487.
27 AG Hamburg FamRZ 1990, 1382; KG FamRZ 2011, 827, 828: entgegenstehender Wille eine 16-Jährigen.
28 KG FamRZ 2011, 827, 828.

wicklung des Kindes wesentlichen Umstände.[29] Der Umfang des Auskunftsanspruchs im Einzelnen hängt aber von den jeweiligen Gegebenheiten ab.[30] Als Faustregel gilt, dass der Auskunftsanspruch nur die Informationen umfasst, die der nicht personensorgeberechtigte Elternteil über die persönlichen Verhältnisse des Kindes erhalten könnte, wenn er Umgang hätte.[31] Die laufende Führung eines Tagebuchs durch den anderen Elternteil kann nicht verlangt werden.[32]

Zu den persönlichen Verhältnissen, über die Auskunft verlangt werden kann, gehört insb. der   **12** Gesundheitszustand des Kindes und seine **allgemeine, schulische und berufliche Entwicklung** sowie seine besonderen persönlichen Interessen.[33] Deshalb kann grds. auch die Übermittlung von **Schul- und Ausbildungszeugnissen** verlangt werden.[34] Regelmäßig beinhaltet die Auskunftspflicht aber nicht die **Überlassung von Belegen**, außer wenn die Auskunft sinnvoll und zweckentsprechend die Beifügung schriftlicher Unterlagen erfordert.[35]

Auch besteht grds. Anspruch auf die Übermittlung eines Lichtbildes des Kindes. Denn ein Bild   **13** kann auf einfache, dennoch aussagekräftige und die Persönlichkeitssphäre des Kindes schonende Weise einen Eindruck von dem Kind vermitteln.[36] Bei einem fast volljährigen Jugendlichen besteht keine Verpflichtung der Mutter gegen seinen Willen neue Lichtbilder herstellen zu lassen.[37]

Regelmäßig sollte etwa **halbjährlich** über die persönlichen Verhältnisse berichtet werden.[38] Bestehen   **14** jedoch tiefgreifenden Spannungen zwischen den Eltern, die die Auskunftserteilung jeweils zur Ursache neuer Auseinandersetzungen werden lassen, die dem Kindeswohl abträglich wären, kann es notwendig sein, den Berichtszeitraum auf ein Jahr auszudehnen.[39]

Hinsichtlich der Einwilligung des Kindes und der Auskunft über höchstpersönliche Verhältnisse   **15** s.o. Rn. 10.

C. Verfahrensrecht

Die Zuständigkeit des **Familiengerichts** innerhalb des Amtsgerichts folgt aus § 1686 Satz 2. **Funk-**   **16** **tionell** ist – mangels Richtervorbehalt – der Rechtspfleger zuständig, §§ 3 Nr. 2 a), 14 RPflG. Gegen dessen Entscheidung ist die befristete Beschwerde gem. § 58 Abs. 1 i.V.m. § 11 Abs. 1 RPflG statthaft. Die Anhörung des Jugendamts ist gem. § 162 FamFG erforderlich.

Vgl. zum Verfahrensrecht im Übrigen § 1626 Rdn. 25 ff.

§ 1687   Ausübung der gemeinsamen Sorge bei Getrenntleben

(1) [1]**Leben Eltern, denen die elterliche Sorge gemeinsam zusteht, nicht nur vorübergehend getrennt, so ist bei Entscheidungen in Angelegenheiten, deren Regelung für das Kind von erheblicher Bedeutung ist, ihr gegenseitiges Einvernehmen erforderlich.** [2]**Der Elternteil, bei dem sich das Kind mit Einwilligung des anderen Elternteils oder auf Grund einer gerichtlichen Ent-**

---

29 BayObLG FamRZ 1993, 1487; Johannsen/Henrich/Jaeger § 1686 Rn. 4.
30 BayObLG FamRZ 1993, 1487.
31 AG Hamburg FamRZ 1990, 1382.
32 OLG Koblenz FamRZ 2002, 980.
33 FA-FamR/Büte Kap. 4 Rn. 618 ff.
34 BayObLG FamRZ 1993, 1487; 1983, 1169; OLG Hamm FamRZ 2003, 1583.
35 OLG Zweibrücken FamRZ 1990, 779: Impfbuch: ja, Vorsorgeuntersuchungsheft: nein.
36 BayObLG FamRZ 1993, 1487; vgl. auch Kasenbacher NJW-Spezial 2012, 4.
37 BayObLG FamRZ 1993, 1487.
38 BayObLG FamRZ 1996, 813; FA-FamR/Büte Kap. 4 Rn. 619.
39 BayObLG FamRZ 1996, 813.

scheidung gewöhnlich aufhält, hat die Befugnis zur alleinigen Entscheidung in Angelegenheiten des täglichen Lebens. [3]Entscheidungen in Angelegenheiten des täglichen Lebens sind in der Regel solche, die häufig vorkommen und die keine schwer abzuändernden Auswirkungen auf die Entwicklung des Kindes haben. [4]Solange sich das Kind mit Einwilligung dieses Elternteils oder auf Grund einer gerichtlichen Entscheidung bei dem anderen Elternteil aufhält, hat dieser die Befugnis zur alleinigen Entscheidung in Angelegenheiten der tatsächlichen Betreuung. [5]§ 1629 Abs. 1 Satz 4 und § 1684 Abs. 2 Satz 1 gelten entsprechend.

(2) Das Familiengericht kann die Befugnisse nach Absatz 1 Satz 2 und 4 einschränken oder ausschließen, wenn dies zum Wohl des Kindes erforderlich ist.

A. Anwendungsbereich und Gesetzeszweck

1   Die Vorschrift gilt ausschließlich für Eltern, denen die **elterliche Sorge gemeinsam** zusteht und die **im Sinne von § 1567 getrennt voneinander** leben. Soweit die gemeinsame elterliche Sorge nur für einen Teilbereich besteht, ist § 1687 insoweit beschränkt anwendbar. Unerheblich ist, ob die Eltern miteinander verheiratet sind oder waren.

2   Grundsätzlich gilt auch bei getrennt lebenden Eltern § 1627, wonach sie ihre elterliche Sorge **im gegenseitigen Einvernehmen** zum Wohl des Kindes auszuüben haben und bei Meinungsverschiedenheiten versuchen müssen, sich zu einigen. Da dies aber für untergeordnete Angelegenheiten des täglichen Lebens unnötige Reibungspunkte schaffen würde, gibt § 1687 Abs. 1 Satz 2 einem Elternteil insoweit die alleinige Entscheidungsbefugnis. Dies ist eine wichtige Ergänzung und Hilfe zu einer erfolgreichen und praktikablen Handhabung der gemeinsamen Sorge bei getrennt lebenden Eltern.[1]

B. Abs. 1: Stufensystem der Befugnisse

I. Abs. 1 Satz 1: Gegenseitiges Einvernehmen bei Entscheidungen von erheblicher Bedeutung

3   Abs. 1 Satz 1 stellt klar, dass für **Entscheidungen in Angelegenheiten von erheblicher Bedeutung** für das Kind, weiterhin das gegenseitige Einvernehmen der Eltern erforderlich ist.[2] Eine definitive Beschreibung, welche Angelegenheiten das sind, ist nicht möglich.[3] Eine Eingrenzung ergibt sich aber aus Abs. 1 Satz 2 und 3 insoweit, als Angelegenheiten des täglichen Lebens, die regelmäßig solche sind, die häufig vorkommen und keine schwer abzuändernden Auswirkungen auf die Entwicklung des Kindes haben, nicht darunter fallen. Dabei stehen Abs. 1 Satz 1 und Satz 2 in einem »Entweder-Oder-Verhältnis«, das keine Zwischenbereiche zulässt.[4] Der Regierungsentwurf zu § 1687, der noch griffiger von »**grundsätzlichen Entscheidungen**« gesprochen hat, nennt als **Beispiele** hierfür: Grundsatzentscheidungen auf den Gebieten der tatsächlichen Betreuung, der Bestimmung des Aufenthalts, der schulischen und religiösen Erziehung, der beruflichen Ausbildung sowie der medizinischen Versorgung des Kindes.[5] Dieser nicht abschließenden Aufzählung sind insb. noch die Angelegenheiten des Umgangs, der Status- und Namensfragen sowie der Vermögenssorge einschließlich der Geltendmachung von Unterhalt hinzuzufügen, sofern grundsätzliche Fragen betroffen sind (vgl. im Übrigen die Beispiele unten Rdn. 7).

---

1   Vgl. BT-Drucks. 13/4899 S. 107; vgl. auch Geiger/Kirsch, FamRZ 2009, 1879, zu den Vorzügen der Gestaltung der Sorgerechtsausübung durch widerrufliche Bevollmächtigung des anderen Elternteils im Einzelfall.
2   Vgl. § 1627.
3   Palandt/Diederichsen § 1687 Rn. 6.
4   Schwab FamRZ 1998, 457, 468.
5   BT-Drucks. 13/4899 S. 107.

Das **Einvernehmen** der Eltern kann für den konkreten Einzelfall, aber auch vorweg für ein 4
bestimmtes Bündel von Angelegenheiten erklärt werden. Im letzteren Fall sind aber Entscheidungen auf Grund sich neu ergebender Umstände nicht mehr vom ursprünglichen Einvernehmen
gedeckt. Das Einvernehmen kann auch stillschweigend erteilt werden. Im Umfang des Einverneh-
mens erhält ein Elternteil auch die Ermächtigung zur Alleinentscheidung einschließlich der alleinigen Vertretungsmacht (§ 1629 Abs. 1 Satz 3), sofern dies im Hinblick auf die zu regelnde Angelegenheit notwendig ist.[6] Wenn kein Einvernehmen hergestellt werden kann, ist nach h.M. gem.
§ 1628 zu verfahren. Demnach kann jeder Elternteil das Familiengericht anrufen, das dann einem
die Entscheidungsbefugnis überträgt. Daneben kann ein Elternteil die fehlende Übereinstimmung
zum Anlass nehmen, gem. § 1671 Abs. 2 Nr. 2 einen Antrag auf Übertragung der Alleinsorge für
den betreffenden Teilbereich zu stellen.

II. Abs. 1 Satz 2 und 3: Alleinentscheidungsbefugnis in Alltagsangelegenheiten

Alleinentscheidungsbefugt nach Abs. 1 Satz 2 kann nur der Elternteil sein, bei dem sich das Kind 5
mit Einwilligung des anderen Elternteils oder auf Grund einer gerichtlichen Entscheidung
gewöhnlich aufhält. Dem Gesetz liegt der Regelfall des **Residenzmodells** zu Grunde, bei dem das
Kind überwiegend bei dem betreuenden Elternteil lebt und zu dem anderen Elternteil Umgangskontakte mit mehr oder weniger langen Aufenthalten unterhält. Beim »Wechsel-« oder »Pendel-
modell«, bei dem das Kind mal beim einen, mal beim anderen Elternteil seinen Lebensmittelpunkt und damit seinen gewöhnlichen Aufenthalt hat, wechselt mit diesem auch die Befugnis zur
Entscheidung in Alltagsangelegenheiten.[7]

Was Entscheidungen in Angelegenheiten des täglichen Lebens sind, versucht **Abs. 1 Satz 3** näher 6
zu beschreiben. Demnach weisen diese regelmäßig zwei Merkmale auf: die Entscheidungen müssen **häufig vorkommen** und **keine schwer abzuändernden Auswirkungen** auf die Entwicklung des
Kindes haben. Dabei ist das Merkmal der Häufigkeit nicht ganz unproblematisch, weil der
Gesetzgeber sicherlich auch einmalige oder seltene Entscheidungen von untergeordneter Bedeutung erfassen wollte. Andererseits können gerade alltägliche häufig vorkommende Entscheidungen
die Entwicklung des Kindes ganz entscheidend prägen; dazu zählen etwa die Fragen, wann das
Kind ins Bett gehen oder abends nach Hause kommen soll oder in welchem Umfang es fernsehen
darf.[8]

Beispiele für das Vorliegen (ja) oder Nichtvorliegen (nein) von Angelegenheiten des täglichen 7
Lebens i.S.d. Abs. 1 Satz 2:[9]

– **Schule/Ausbildung**: nein: Wahl der Schulart und der Schule/Ausbildungsstätte,[10] der Fächer
und Fachrichtungen, Besprechung mit Lehrern wegen gefährdeter Versetzung, Entscheidung
über Internatserziehung, Wahl der Lehre und der Lehrstelle; Wahl des Kindergartens; ja: Ent-
schuldigung im Krankheitsfall, Teilnahme an Sonderveranstaltungen, Notwendigkeit von
Nachhilfe,[11] unbedeutendere Wahlmöglichkeiten im Rahmen des gewählten Ausbildungsgangs
(z.B. Wahlfächer, Schulchor),[12] Auswahl der Begleitperson zu Schule, Kindergarten oder Hort[13]

---

6 Palandt/Diederichsen § 1687 Rn. 8.
7 Staudinger/Salgo § 1687 Rn. 15.
8 Daher teilweise nicht ganz unproblematisch die Beispiele bei Palandt/Diederichsen § 1687 Rn. 11.
9 Vgl. KG FamRZ 2011, 1659, 1660; Schwab FamRZ 1998, 457, 469; Staudinger/Salgo § 1687 Rn. 36 ff.;
   Schilling NJW 2007, 3233, 3234.
10 OLG Rostock FamRZ 2007, 1835; OLG Schleswig FamRZ 2011, 1304; vgl. auch OLG München
   FamRZ 1999, 111 = FuR 1998, 269: Schulwechsel keine Alltagsfrage; ebenso OLG Dresden FamRZ
   2003, 1489; OLG Naumburg FamRZ 2011, 308: auch wenn umzugsbedingt.
11 OLG Naumburg FamRZ 2006, 1058.
12 Ebenso Staudinger/Salgo § 1687 Rn. 43.
13 OLG Bremen FamRZ 2009, 355.

- **Gesundheit**: nein: Grundlegende Entscheidungen der Gesundheitsvorsorge, Operationen und andere medizinische Behandlungen mit erheblichen Risiken,[14] Impfungen,[15] anders aber bei üblichen, turnusmäßigen Schutzimpfungen;[16] ja: Behandlung leichterer Erkrankungen üblicher Art (z.B. Erkältungen), alltägliche Gesundheitsvorsorge
- **Aufenthalt**: nein: Grundentscheidung, bei welchem Elternteil das Kind lebt, freiheitsentziehende Unterbringung; ja: Aufenthaltsbestimmung im Einzelnen (z.B. Wahl des Wohnsitzes, Teilnahme am Ferienlager,[17] Besuch bei Großeltern)
- **Umgang**: nein: Grundentscheidung des Umgangs gem. §§ 1632 Abs. 2, 1684, 1685 (Ob und Dimension);[18] ja: Einzelentscheidungen im täglichen Vollzug (z.B. Kontakte des Kindes zu den Nachbarn, Fernhalten eines unerwünschten Freundes), Begleitperson zu Schule, Kindergarten oder Hort[19]
- **Status- und Namensfragen**: Stets nein;[20] beachte § 1617 Abs. 2
- **Fragen der Religion**: Grundsätzlich nein; vgl. dazu aber Gesetz über die religiöse Kindererziehung, das vorrangig ist
- **Geltendmachung von Unterhalt**: Grundsätzlich nein; beachte § 1629 Abs. 2 Satz 2, Abs. 3 Satz 1
- **Vermögenssorge**: nein: Grundlegende Fragen der Anlage und der Verwendung des Kindesvermögens; ja: vergleichsweise unbedeutende Angelegenheiten wie die Verwaltung von Geldgeschenken; Taschengeld und Verwendung desselben im Rahmen von § 110[21]

8   Bei der Entscheidung, ob ein Kleinkind mit einem Elternteil einen **Ferienaufenthalt im Ausland** verbringen kann, handelt es sich um keine Angelegenheit des täglichen Lebens, sondern um eine solche von erheblicher Bedeutung, zumal bei derartigen Reisen typischerweise Gesundheitsgefahren für ein kleines Kind bestehen.[22] Dasselbe gilt für ältere Kinder, wenn eine besondere Gefahrenlage besteht;[23] aber auch bei Fernreisen in einen zumindest nicht umfassend vertrauten Kulturkreis.[24] Andererseits kann nach den persönlichen Verhältnissen der Familie auch eine Reise nach China eine Angelegenheit des täglichen Lebens sein.[25] Die Beantragung eines Kinderausweises ist für sich genommen eine bloße Formalie und daher keine Angelegenheit von erheblicher Bedeutung.[26]

---

14 Vgl. OLG Bamberg FamRZ 2003, 1403, das zu Recht die Frage der Behandlung eines hyperkinetischen Syndroms wegen der unter Umständen hervorgerufenen Nebenwirkungen als Angelegenheit von erheblicher Bedeutung ansieht.
15 KG FamRZ 2006, 142.
16 OLG Dresden FamRZ 2011, 48; OLG Frankfurt FamRZ 2011, 47.
17 Vgl. aber unten Rdn. 8 bei Auslandsaufenthalten.
18 OLG Dresden FamRZ 2005, 1275; OLG Jena FamRZ 2009, 894.
19 OLG Bremen FamRZ 2009, 355.
20 Ebenso Staudinger/Salgo § 1687 Rn. 47; OLG Dresden FamRZ 2009, 1330, 1331: Entscheidung, ob Vaterschaft angefochten werden soll; OLG Stuttgart FamRZ 2011, 305: Familienname.
21 Staudinger/Salgo § 1687 Rn. 48.
22 OLG Naumburg FamRZ 2000, 1241 = FuR 2000, 235: Kind von zwei Jahren, mehrstündiger Flug nach Vancouver/Kanada; OLG Köln FamRZ 1999, 249: Kind von drei Jahre, Flugreise nach Sharam el Sheikh/Ägypten.
23 AG Heidelberg FamRZ 2003, 1404: Sprachreise zweier Kinder im Alter von zwölf und dreizehn Jahren nach Großbritannien während des Irak-Kriegs.
24 OLG Köln FamRZ 2005, 644: Besuch der Großmutter in Katar durch Kinder von fünf und sieben Jahren, obwohl beide Eltern arabischer Herkunft sind; ebenso OLG Hamburg FamRZ 2012, 562: Verwandtenbesuch in Kasachstan; anders OLG Köln FamRZ 2012, 562: Großmutterbesuch in Russland; OLG Karlsruhe FamRZ 2008, 1368: Einzelfallentscheidung;.
25 OLG Karlsruhe FamRZ 2005, 1004.
26 OLG Bremen FamRZ 2008, 810; Palandt § 1687 Rn. 11; a.A. OLG Karlsruhe FamRZ 05, 1187.

Obwohl dies nicht ausdrücklich geregelt ist, umfasst nach dem Sinn des Gesetzes die alleinige   9
Entscheidungsbefugnis in alltäglichen Angelegenheiten auch die **alleinige gesetzliche Vertretungsmacht** des Kindes hierfür.[27]

III. Abs. 1 Satz 4: Alleinentscheidungsbefugnis bei tatsächlicher Betreuung

Die in Abs. 1 Satz 4 normierte Alleinentscheidungsbefugnis desjenigen Elternteils, bei dem sich   10
das Kind berechtigterweise vorübergehend aufhält, folgt aus der rein praktischen Notwendigkeit,
dass dieser Elternteil nur so seiner Betreuungs- und Aufsichtspflicht nachkommen kann.[28] Folge-
richtig ist die **Alleinentscheidungsbefugnis beschränkt** auf die Dauer des Aufenthalts bei dem
Elternteil und auf Angelegenheiten der tatsächlichen Betreuung. Ebenso folgerichtig findet Abs. 1
Satz 4 gem. § 1687a entsprechend auch für den nichtsorgeberechtigten Elternteil Anwendung.
Hauptanwendungsfall ist das einvernehmlich oder in Übereinstimmung mit einer gerichtlichen
Entscheidung ausgeübte Umgangsrecht, insb. auch beim Ferienumgang. Maßgeblich ist der
Besuchscharakter.[29] Hat das Kind seinen Lebensmittelpunkt – sei es auch nur für einen kurzen
Zeitraum, etwa in Durchführung des »Wechselmodells« – bei einem Elternteil, folgt dessen Befug-
nis zur alleinigen Entscheidung bereits aus Abs. 1 Satz 2.[30]

Angelegenheiten der tatsächlichen Betreuung sind entsprechend dem Sinn und Zweck der Vor-   11
schrift solche, die zwangsläufig ständig zur Entscheidung anstehen, wenn man ein Kind in seiner
Obhut hat. Dazu zählen insb. die Fragen, was das Kind essen, wann es ins Bett gehen[31] und welche Kleidung es tragen soll, aber auch welche Spiele es machen und in welchem Umfang es fernsehen darf. Die Befugnis zur tatsächlichen Betreuung umfasst aber nicht das Recht, das Kind zu vertreten. Insoweit besteht nur ein Notvertretungsrecht gem. Abs. 1 Satz 5 i.V.m. § 1629 Abs. 1
Satz 4.[32]

IV. Satz 5: Notvertretungsrecht und Wohlverhaltenspflicht

Durch die Verweisung auf § 1629 Abs. 1 Satz 4 ist klargestellt, dass das **Notvertretungsrecht**, das   12
auch die Befugnis zu tatsächlichem Handeln in der Notlage umfasst, im Anwendungsbereich des
§ 1687 ebenfalls gilt.[33] Hinsichtlich der Voraussetzungen des Notvertretungsrechts vgl. § 1629
Rdn. 9.

Die Pflicht zu gegenseitigem **Wohlverhalten**, die in § 1684 Abs. 2 Satz 1 normiert ist, gilt entspre-   13
chend auch im Anwendungsbereich des § 1687 und erlangt insb. bei der Ausübung des Alleinent-
scheidungsrechts Bedeutung.[34]

C. Abs. 2: Einschränkung und Ausschluss der Befugnisse durch das Familiengericht

Abs. 2 gibt dem Familiengericht das Recht in die Befugnis zur Alleinentscheidung gem. Abs. 1   14
Satz 2 oder 4 einzugreifen, wenn dies zum Wohl des Kindes erforderlich ist. Diese Eingriffsschwelle ist niedriger als bei § 1666, verlangt aber in Anlehnung an § 1671 Abs. 3 Satz 1 a.F.,[35]
dass triftige, das Kindeswohl nachhaltig berührende Gründe vorhanden sind, die darauf hinwei-

---

27 Schwab FamRZ 1998, 457, 470; Palandt/Diederichsen § 1687 Rn. 9: § 1629 Abs. 1 Satz 3 anwendbar.
28 Vgl. Palandt/Diederichsen § 1687 Rn. 12.
29 Vgl. Johannsen/Henrich/Jaeger § 1687 Rn. 8.
30 S.o. Rdn. 5.
31 Vgl. Beispiele im Regierungsentwurf BT-Drucks. 13/4899 S. 108.
32 Palandt/Diederichsen § 1687 Rn. 13.
33 Vgl. BT-Drucks. 13/4899 S. 108.
34 Vgl. Palandt/Diederichsen § 1687 Rn. 15.
35 Vgl. Johannsen/Henrich/Jaeger § 1687 Rn. 12.

sen, dass ohne die Maßnahme eine ungünstige Entwicklung des Kindes eintreten könnte.[36] Das Familiengericht sollte von der Eingriffsmöglichkeit regelmäßig nur auf – grds. nicht erforderlichen – Antrag eines Elternteils Gebrauch machen.[37]

D. Verfahrensrecht

15 Können die Eltern sich in einer **Angelegenheit von erheblicher Bedeutung** nicht einigen, so kann jeder von ihnen das Familiengericht gem. § 1628 anrufen mit dem Ziel, das Alleinentscheidungsrecht übertragen zu erhalten.

16 Besteht hingegen Streit darüber, ob es sich um eine Angelegenheit von erheblicher Bedeutung oder um eine solche des täglichen Lebens handelt, so kann jeder Elternteil beim Familiengericht beantragen, **festzustellen, um welche Art von Angelegenheit** es sich handelt (Qualifizierung). Dies folgt als minus aus der Kompetenz des Familiengerichts gem. § 1687 Abs. 2 in die Alleinentscheidungsbefugnis auch in Alltagsangelegenheiten einzugreifen.[38] Kommt das Familiengericht zu dem Ergebnis, dass eine Alltagsangelegenheit vorliegt, ist der Streit zu Gunsten des ständig betreuenden Elternteils entschieden. Stellt es hingegen fest, dass es sich um eine Angelegenheit von erheblicher Bedeutung handelt, liegt darin noch keine Zuweisung der Alleinentscheidungsbefugnis. Dies kann erst ist in einem gesonderten Verfahren gem. § 1628 erfolgen. Bis dahin ist der betreuende Elternteil in seiner Entscheidungsbefugnis blockiert.[39] Beabsichtigt er trotzdem in der Angelegenheit in seinem Sinne zu verfahren, so kann der andere Elternteil die Unterlassung dieser Handlung gerichtlich durchsetzen.[40]

17 Hat ein Elternteil in einer Angelegenheit von erheblicher Bedeutung seine **Befugnis** zur Alleinentscheidung **überschritten** so kann der andere Elternteil, sofern die Entscheidung rückgängig gemacht werden kann, gem. § 1628 beantragen ihm diesbezüglich die Entscheidungskompetenz zu übertragen.[41] Kann die Entscheidung nicht rückgängig gemacht werden, so kann der Elternteil, sofern Wiederholungsgefahr besteht, zugleich mit dem Antrag festzustellen, dass es sich um eine Angelegenheit von erheblicher Bedeutung gehandelt hat, ebenfalls beantragen festzustellen, dass der andere Elternteil seine Befugnis gem. § 1687 Abs. 1 Satz 2 (oder 4) überschritten hat.[42]

18 Vgl. zum Verfahrensrecht im Übrigen § 1626 Rdn. 25 ff.

§ 1687a   Entscheidungsbefugnisse des nicht sorgeberechtigten Elternteils

Für jeden Elternteil, der nicht Inhaber der elterlichen Sorge ist und bei dem sich das Kind mit Einwilligung des anderen Elternteils oder eines sonstigen Inhabers der Sorge oder auf Grund einer gerichtlichen Entscheidung aufhält, gilt § 1687 Abs. 1 Satz 4 und 5 und Abs. 2 entsprechend.

1 Die Vorschrift erklärt für den nicht sorgeberechtigten Elternteil als entsprechend anwendbar: die Alleinentscheidungsbefugnis nach § 1687 Abs. 1 S. 4, das Notvertretungsrecht nach § 1687 Abs. 1 Satz 5, die wechselseitige Wohlverhaltenspflicht gem. § 1687 Abs. 1 Satz 5 und die Eingriffsbefugnis des Familiengerichts nach § 1687 Abs. 2.

---

36 BGH FamRZ 1979, 113; Palandt/Diederichsen § 1687 Rn. 16.
37 Vgl. Staudinger/Salgo § 1687 Rn. 55.
38 Vgl. Johannsen/Henrich/Jaeger § 1687 Rn. 6; Staudinger/Salgo § 1687 Rn. 20.
39 Staudinger/Salgo § 1687 Rn. 20.
40 Staudinger/Salgo § 1687 Rn. 21.
41 Vgl. Johannsen/Henrich/Jaeger § 1687 Rn. 6.
42 Johannsen/Henrich/Jaeger § 1687 Rn. 6; Palandt/Diederichsen § 1687 Rn. 16.

§ 1687b   Sorgerechtliche Befugnisse des Ehegatten

(1) [1]Der Ehegatte eines allein sorgeberechtigten Elternteils, der nicht Elternteil des Kindes ist, hat im Einvernehmen mit dem sorgeberechtigten Elternteil die Befugnis zur Mitentscheidung in Angelegenheiten des täglichen Lebens des Kindes. [2]§ 1629 Abs. 2 Satz 1 gilt entsprechend.

(2) Bei Gefahr im Verzug ist der Ehegatte dazu berechtigt, alle Rechtshandlungen vorzunehmen, die zum Wohl des Kindes notwendig sind; der sorgeberechtigte Elternteil ist unverzüglich zu unterrichten.

(3) Das Familiengericht kann die Befugnisse nach Absatz 1 einschränken oder ausschließen, wenn dies zum Wohl des Kindes erforderlich ist.

(4) Die Befugnisse nach Absatz 1 bestehen nicht, wenn die Ehegatten nicht nur vorübergehend getrennt leben.

Die Vorschrift wurde durch das am 01.08.2001 in Kraft getretene Gesetz zur Beendigung der Diskriminierung gleichgeschlechtlicher Gemeinschaften (LPartG) eingeführt. Sie verleiht dem **Stiefelternteil**, der mit dem alleinsorgeberechtigten Elternteil zusammenlebt, ein gesetzliches Mitentscheidungsrecht. Dasselbe Recht steht dem eingetragenen Lebenspartner nach dem inhaltsgleichen § 9 LPartG zu.[1]   1

§ 1688   Entscheidungsbefugnisse der Pflegeperson

(1) [1]Lebt ein Kind für längere Zeit in Familienpflege, so ist die Pflegeperson berechtigt, in Angelegenheiten des täglichen Lebens zu entscheiden sowie den Inhaber der elterlichen Sorge in solchen Angelegenheiten zu vertreten. [2]Sie ist befugt, den Arbeitsverdienst des Kindes zu verwalten sowie Unterhalts-, Versicherungs-, Versorgungs- und sonstige Sozialleistungen für das Kind geltend zu machen und zu verwalten. [3]§ 1629 Abs. 1 Satz 4 gilt entsprechend.

(2) Der Pflegeperson steht eine Person gleich, die im Rahmen der Hilfe nach den §§ 34, 35 und 35a Abs. 1 Satz 2 Nr. 3 und 4 des Achten Buches Sozialgesetzbuch[1] die Erziehung und Betreuung eines Kindes übernommen hat.

(3) [1]Die Absätze 1 und 2 gelten nicht, wenn der Inhaber der elterlichen Sorge etwas anderes erklärt. [2]Das Familiengericht kann die Befugnisse nach den Absätzen 1 und 2 einschränken oder ausschließen, wenn dies zum Wohl des Kindes erforderlich ist.

(4) Für eine Person, bei der sich das Kind auf Grund einer gerichtlichen Entscheidung nach § 1632 Abs. 4 oder § 1682 aufhält, gelten die Absätze 1 und 3 mit der Maßgabe, dass die genannten Befugnisse nur das Familiengericht einschränken oder ausschließen kann.

A. Abs. 1: Alleinentscheidungsbefugnis von Pflegepersonen

I. Anwendungsbereich

Der **Anwendungsbereich** der Vorschrift ist eröffnet, wenn ein Kind für längere Zeit in Familienpflege lebt. Damit ist die Vollzeitpflege gem. § 33 SGB VIII sowie die auf Grund einer Pflegeerlaubnis gem. § 44 Abs. 1 SGB VIII gewährte regelmäßige Betreuung und Unterbringung des Kindes außerhalb der Familie gemeint. Vor Neufassung der Vorschrift durch das Kindschaftsrechtsreformgesetz vom 16.12.1997 waren die Befugnisse der Pflegeperson (Abs. 1 Satz 1 und 2) in § 38 Abs. 1 Nr. 1 bis 3 SGB VIII geregelt.   1

---

1 Vgl. dazu Palandt/Brudermüller § 9 LPartG und Schwab FamRZ 2001, 385, 394 f.
1 Müsste lauten: 35a Abs. 2 Nr. 3 und 4 des Achten Buches Sozialgesetzbuch

II. Umfang der Befugnis

2   Gem. **Satz 1** ist die Pflegeperson befugt in **Angelegenheiten des täglichen Lebens** allein zu entscheiden.[2] Dies entspricht der Regelung der Alleinentscheidungsbefugnis des betreuenden Elternteils bei gemeinsamer Sorge gem. § 1687 Abs. 1 Satz 2 (s. dazu § 1687 Rdn. 5 ff.). Anders geregelt ist aber das Recht das Kind in diesen Angelegenheiten nach außen zu vertreten. Die Pflegeperson hat keine direkte **Vertretungsmacht** für das Kind, sondern nur mittelbar, indem es den Inhaber der elterlichen Sorge vertreten kann.

3   Darüber hinaus ist die Pflegeperson gem. **Satz 2** befugt, den Arbeitsverdienst des Kindes zu verwalten sowie die genannten Leistungen geltend zu machen und zu verwalten. Unterhaltsansprüche kann die Pflegeperson aber nicht gegen die Eltern geltend machen, wenn diese sorgeberechtigt sind, weil sie nur ein vom Inhaber der elterlichen Sorge abgeleitetes Vertretungsrecht hat.[3]

4   Im Übrigen steht der Pflegeperson auch das Notvertretungsrecht gem. § 1629 Abs. 1 Satz 4 zu (s. § 1629 Rdn. 9).

5   Unabhängig von § 1688 kann der Sorgerechtsinhaber Teile der elterlichen Sorge und der gesetzlichen Vertretung **zur Ausübung** auf die Pflegeperson **übertragen**, sofern sich dies noch im Rahmen des Zulässigen hält (s. § 1626 Rdn. 9).

B. Abs. 2: Erweiterter Anwendungsbereich

6   **Abs. 2** erweitert den Anwendungsbereich von Abs. 1 auf Personen, die zwar keine Pflegepersonen i.S.d. SGB VIII sind, aber das Kind im Rahmen einer Heimerziehung oder einer sonstigen betreuten Wohnform gem. § 34 SGB VIII, einer intensiven sozialpädagogischen Einzelbetreuung gem. § 35 SGB VIII oder der Eingliederungshilfe für seelisch behinderte Kinder und Jugendliche gem. § 35a SGB VIII **erziehen und betreuen.**

C. Abs. 3: Vorrang des Sorgerechtsinhabers und Eingriffsbefugnis des Familiengerichts

7   **Abs. 3 Satz 1** stellt die Befugnisse der Pflegeperson und des ihr gleichgestellten Erziehers und Betreuers uneingeschränkt zur Disposition des Inhabers der elterlichen Sorge. In dem Umfang, in dem dieser etwas anderes erklärt, entfällt deren Alleinentscheidungsbefugnis. Diese Beschränkung stellt jedoch eine Ausnahme dar, so dass der Sorgerechtsinhaber hierfür die Feststellungslast trägt.

8   **Abs. 3 Satz 2** gibt dem Familiengericht die Ermächtigung in die Alleinentscheidungsbefugnis der Pflegepersonen und der diesen gleichgestellten Personen einzugreifen, wenn das Wohl des Kindes dies erfordert. Die Regelung entspricht § 1687 Abs. 2 (s. § 1687 Rdn. 14).

D. Abs. 4: Befugnisse bei Verbleibensanordnung

9   **Abs. 4** erweitert den Anwendungsbereich der Abs. 1 bis 3 auf Personen, bei denen sich das Kind auf Grund einer **Verbleibensanordnung gem.** § 1632 Abs. 4 oder § 1682 aufhält. Da in diesem Fall zwischen der Bezugsperson, bei dem sich das Kind aufhält, und dem Inhaber der elterlichen Sorge Streit besteht, ist die Anwendbarkeit des Abs. 3 Satz 1 ausgeschlossen. Abs. 4 will sicherstellen, dass derjenige, der das Kind zu dessen Wohle noch eine gewisse Zeit betreuen soll, hierfür auch mit den notwendigen Befugnissen ausgestattet ist.

---

2   Hierzu gehört nach OVG Thüringen, FamRZ 2002, 1725, nicht das Recht Eingliederungshilfe zu beantragen, wenn dadurch in erheblicher Weise die persönliche Entwicklung des Kindes bestimmt wird.
3   Vgl. Palandt/Diederichsen § 1688 Rn. 8.

E. Verfahrensrecht

Vgl. dazu § 1626 Rdn. 25 ff.   10

§§ 1689–1692

(aufgehoben)

§ 1693 Gerichtliche Maßnahmen bei Verhinderung der Eltern

Sind die Eltern verhindert, die elterliche Sorge auszuüben, so hat das Familiengericht die im Interesse des Kindes erforderlichen Maßregeln zu treffen.

Voraussetzung für das Eingreifen des Familiengerichts ist, dass **beide Eltern** an der Ausübung der   1
elterlichen Sorge ganz oder teilweise verhindert sind. Die Verhinderung kann auf tatsächlichen
(§ 1678 Abs. 1) oder rechtlichen Gründen (§§ 1673, 1674, 1629 Abs. 2 Satz 1) beruhen. Die
Dauer der Verhinderung ist unerheblich.

Es muss jedoch stets ein **dringendes, anders nicht regelbares Bedürfnis** bestehen.[1] Das Gericht   2
darf immer nur das unbedingt Notwendige tun.[2] Es kann die erforderlichen Maßnahmen (z.B.
vorläufige Unterbringung, Einwilligung in eine Operation) zwar selbst vornehmen, doch ist die
Bestellung eines Ergänzungspflegers oder Vormunds vorrangig, wenn hierfür noch Zeit verbleibt.
Ist ein Elternteil bereits von Gesetzes wegen an der Vertretung verhindert, ist nur ein Ergänzungspfleger zu bestellen; ein teilweiser Sorgerechtsentzug kommt nicht in Betracht.[3]

Das Familiengericht ist gem. § 151 Nr. 4 und Nr. 5 FamFG für die **Anordnung** einer Vormund-   3
schaft (§§ 1773 ff.) oder Ergänzungspflegschaft (§§ 1909 ff.) zuständig. Die Zuständigkeit umfasst
auch die **Auswahl** des Vormunds oder Pflegers gem. §§ 1779, 1915 Abs. 1 sowie deren förmliche
Bestellung gem. §§ 1789, 1915 Abs. 1 (Schulte-Bunert/Weinreich/Tschichoflos § 151 FamFG
Rn. 11, 13).

§§ 1694, 1695

(aufgehoben)

§ 1696 Abänderung gerichtlicher Entscheidungen und gerichtlich gebilligter Vergleiche

**(1) [1]Eine Entscheidung zum Sorge- oder Umgangsrecht oder ein gerichtlich gebilligter Vergleich
ist zu ändern, wenn dies aus triftigen, das Wohl des Kindes nachhaltig berührenden Gründen
angezeigt ist. [2]§ 1672 Abs. 2, § 1680 Abs. 2 Satz 1 sowie § 1681 Abs. 1 und 2 bleiben unberührt.**

**(2) Eine Maßnahme nach den §§ 1666 bis 1667 oder einer anderen Vorschrift des Bürgerlichen
Gesetzbuchs, die nur ergriffen werden darf, wenn dies zur Abwendung einer Kindeswohlgefähr-**

---

1 Staudinger/Coester § 1693 Rn. 3; OLG Karlsruhe FamRZ 2000, 568.
2 Palandt/Diederichsen § 1693 Rn. 2.
3 OLG Naumburg FamRZ 2008, 639.

dung oder zum Wohl des Kindes erforderlich ist (kindesschutzrechtliche Maßnahme), ist aufzuheben, wenn eine Gefahr für das Wohl des Kindes nicht mehr besteht oder die Erforderlichkeit
der Maßnahme entfallen ist.

A. Abs. 1 Satz 1: Generalnorm zur Abänderung

I. Formelle Voraussetzungen – Anwendungsbereich

1   Der mit Inkrafttreten des FGG-RG am 01.09.2009 neu gestaltete § 1696 enthält die materiell-
rechtliche Eingriffsbefugnis zur Änderung von sorge- und umgangsrechtlichen Entscheidungen
sowie von gerichtlich gebilligten Vergleichen i.S.d. § 156 Abs. 2 FamFG. Die verfahrensrechtlichen
Regelungen wurden in § 166 FamFG übernommen. Inhaltlich neu ist lediglich, dass nunmehr
auch gerichtlich gebilligte Vergleiche der Abänderung nach § 1696 unterliegen. Die Generalnorm
des Abs. 1 Satz 1 tritt gegenüber den Spezialvorschriften des Abs. 1 Satz 2 und Abs. 2 zurück. Die
Anwendung des Abs. 1 Satz 1 setzt voraus, dass eine **Entscheidung** des Familiengerichts oder ein
von diesem gerichtlich gebilligter Vergleich auf dem Gebiet der elterlichen Sorge oder des
Umgangsrechts bereits vorliegt. Ohne einen solchen Titel kann eine Abänderung gem. § 1696
Abs. 1 Satz 1 nicht erfolgen. Deshalb findet die Vorschrift keine Anwendung, wenn eine privatrechtliche Vereinbarung der Eltern oder ein kraft Gesetzes bestehendes Sorgerechtsverhältnis abgeändert werden soll.[1] **Hauptanwendungsfälle** sind die Abänderung von gerichtlichen Umgangsan-
ordnungen oder -vergleichen sowie von Sorgeentscheidungen gem. § 1671 und gem. §§ 1671,
1672 a.F., wozu auch die gerichtliche Anordnung der gemeinsamen Sorge in diesen Altfällen
zählt.[2] Dagegen unterliegt die auf Grund gemeinsamer Sorgeerklärung gem. § 1626a Abs. 1 Nr. 1[3]
oder Heirat gem. § 1626a Abs. 1 Nr. 2 bestehende gemeinsame elterliche Sorge ebenso wenig der
Abänderung gem. § 1696 wie die gem. § 1626a Abs. 2 bestehende Alleinsorge der unverheirateten
Mutter.[4]

2   Hinsichtlich **§ 1672 a.F.** ist die Anwendbarkeit des § 1696 Abs. 1 Satz 1 aber nur insoweit gegeben
als während der Dauer des weiteren Getrenntlebens vor der Scheidung eine Abänderung erfolgen
soll. Denn einer Entscheidung gem. § 1672 a.F. kommt auch nach Inkrafttreten des Kindschaftsrechtsreformgesetzes am 01.07.1998 **keine Bestandskraft über die Scheidung hinaus** zu. Dies
folgt aus der Systematik der Neuregelung, deren Zweck es war, die Elternautonomie zu stärken.
Dem würde es widersprechen, wenn in einem zu diesem Zeitpunkt noch nicht abgeschlossenen
Scheidungsverfahren einem Elternteil, der an der gemeinsamen elterlichen Sorge festhalten will,
die Wirkungen des neuen Rechts wegen einer Norm vorenthalten würden, deren Zweck es nicht

---

1 Staudinger/Coester § 1696 Rn. 31.
2 Schwab FamRZ 1998, 457, 471; hinsichtlich § 1672 a.F. vgl. auch OLG Braunschweig FamRZ 1999,
   1006; OLGR Zweibrücken 2000, 144; OLGR Schleswig 1999, 341; OLG Dresden FamRZ 2010, 1992,
   1993.
3 Schwab FamRZ 1998, 457, 471.
4 Vgl. auch § 1672 Abs. 1.

war, die Verhältnisse nach der Scheidung zu regeln.[5] Für die Zeit nach der Scheidung richtet sich die Regelung der elterlichen Sorge allein nach § 1671 mit der Folge, dass der Elternteil, der an der Alleinsorge – die ihm während des Getrenntlebens gem. § 1672 a.F. übertragen worden war – festhalten will, einen Antrag gem. § 1671 Abs. 2 stellen muss; andernfalls tritt mit Rechtskraft des Scheidung gemeinsame Sorge ein.

Dass die gemeinsame Sorge, die nach neuem Recht trotz Trennung und Scheidung fortbesteht, keiner Abänderung nach § 1696 Abs. 1 zugänglich ist, versteht sich von selbst, da eine gerichtliche Entscheidung gerade fehlt. Aber auch wenn ein Antrag eines Elternteils gem. **§ 1671 Abs. 2 zurückgewiesen** wurde, kann nichts anderes gelten,[6] weil auch hier die gemeinsame Sorge nicht durch die gerichtliche Entscheidung begründet wurde, sondern lediglich fortbesteht. Auch ergäben sich dadurch unnötige Probleme bei der Frage, nach welchem Maßstab der nunmehrige Antrag des damaligen Antragsgegners zu beurteilen wäre. Würde man für diesen auch § 1696 heranziehen, wäre er durch den ursprünglich unbegründeten Antrag des anderen Elternteils benachteiligt; würde man aber § 1671 nur auf diesen Elternteil anwenden ergäben sich unterschiedliche Beurteilungsmaßstäbe für das gleiche Sorgerechtsverhältnis. 3

Die Abänderung einer gerichtlichen Entscheidung gem. § 1696 kommt erst in Betracht, wenn sie **rechtskräftig** ist. Solange die Möglichkeit besteht dagegen mit Rechtsmitteln vorzugehen, scheidet die Anwendung von § 1696 aus. Doch steht den Beteiligten die uneingeschränkte Dispositionsbefugnis darüber zu, ob sie gegen eine Entscheidung des Familiengerichts ein Rechtsmittel einlegen und ob sie ein bereits eingelegtes Rechtsmittel durchführen; diese Entschließungsfreiheit wird auch durch § 1696 Abs. 1 nicht beeinträchtigt.[7] Deshalb können die Parteien auch außergerichtlich durch Vertrag den Verzicht auf ein bereits eingelegtes Rechtsmittel vereinbaren.[8] 4

Ein Vergleich (vgl. § 156 Abs. 2 FamFG) kann nur auf Antrag eines Elternteils oder unter den Voraussetzungen des § 1666 abgeändert werden. Denn er beruht auf einer einverständlichen Entscheidung der Eltern.[9] 5

Gegenüber Maßnahmen gem. **§ 1666** ist wegen des Grundsatzes der Verhältnismäßigkeit die Abänderung gem. § 1696 vorrangig, wenn die Gefahr auch dadurch abgewendet werden kann. Wegen des höheren Prüfungsmaßstabes hat aber § 1666 in den Fällen Vorrang, in denen es nicht darum geht, die getroffene Sorgeregelung wegen veränderter Umstände abzuändern, sondern bei Gefährdung des Kindeswohls gerichtlich einzuschreiten.[10] Im Übrigen gehen Sonderregelungen, die einer Veränderung der Umstände bereits Rechnung tragen, der Anwendung des § 1696 vor, was durch Abs. 1 Satz 2 ausdrücklich klargestellt wird.[11] 6

II. Inhaltliche Voraussetzungen

In allen Sorge- und Umgangsrechtssachen ist für den Einwand der rechtskräftig entschiedenen Sache kein Raum. Die Fürsorge gegenüber dem Minderjährigen hat stets Vorrang vor der Endgül- 7

---

5 OLG Zweibrücken FamRZ 2000, 506; OLG Hamm FamRZ 1998, 1315; OLGR Schleswig 1999, 341; OLG Stuttgart FamRZ 2001, 435; OLGR Stuttgart 2000, 212; OLG FamRZ Bamberg 1999, 805; OLG Nürnberg FamRZ 1999, 614; OLG Köln FamRZ 1999, 613; a.A. OLG Frankfurt FamRZ 1999, 612; OLG Stuttgart FamRZ 1999, 804; OLG Zweibrücken FamRZ 1999, 807; AG Freyung FamRZ 1999, 806; OLG Jena FamRZ 2001, 436.

6 Ähnlich bei Ablehnung des Umgangsrechtsantrages OLG Hamm EzFamR aktuell 1997, 197; im Ergebnis ebenso Staudinger/Coester § 1696 Rn. 47, der § 1671 Abs. 2 Nr. 2 – wie alle strengeren Maßstäbe – als lex specials ansieht; a.A. KG FamRZ 2011, 122, 123: Maßstab ist zunächst § 1696.

7 BGH FamRZ 1999, 1585, 1586 = FuR 2000, 232, 233.

8 BGH FamRZ 1999, 1585, 1586 = FuR 2000, 232, 233.

9 Amtl. Begr. BT-Drucks. 16/6308, S. 346.

10 BVerfG FamRZ 2009, 1472, 1474.

11 Amtl. Begr. BT-Drucks. 16/6308, S. 346; eingehend Staudinger/Coester § 1696 Rn. 8 ff.

tigkeit einer einmal getroffenen Entscheidung. Sorge- und Umgangsrechtsentscheidungen sind daher der **materiellen Rechtskraft nicht fähig.**[12] Sie können lediglich in formelle Rechtskraft erwachsen.

8   Folgerichtig schafft § 1696 Abs. 1 Satz 1 die Möglichkeit der Abänderung einer gerichtlichen Entscheidung oder eines gem § 156 Abs. 2 FamFG gerichtlich gebilligten Vergleichs,[13] die für das Gericht zu einer von Amts wegen wahrzunehmenden Pflicht wird,[14] falls eine abweichende Regelung **aus triftigen, das Wohl des Kindes nachhaltig berührenden Gründen angezeigt ist.** Diese in ständiger Rechtsprechung[15] entwickelte und vertretene Formel ist mit Neufassung der Vorschrift Gesetz geworden. Damit soll insb. gegenüber den Betroffenen zum Ausdruck kommen, dass nicht jede Änderung ausreicht, um das Verfahren neu aufzurollen.[16]

9   Sinn und Zweck des Abänderungsverfahrens ist nicht die nochmalige Überprüfung einer früheren Sorgerechtsentscheidung nach Ausschöpfung des Rechtsweges, sondern die **Anpassung** an inzwischen eingetretene oder bekannt gewordene, nachhaltige und gewichtige Änderungen tatsächlicher oder rechtlicher Art unter dem Gesichtspunkt des Kindeswohls. Die Abänderung einer formell rechtskräftigen Regelung kommt deshalb nur in Betracht, wenn Tatsachen geltend gemacht werden, die nach Erlass der abzuändernden Entscheidung eingetreten oder bekannt geworden sind.[17] Sie dient nicht dazu, eine nachträglich als unrichtig erkannte Entscheidung bei unverändertem Sach-, Rechts- und Erkenntnisstand zu korrigieren, etwa weil der Richter die Dinge nunmehr anders sieht.[18] Andererseits ist im Interesse des Kindeswohls an das **Erfordernis neuer Umstände** kein strenger Maßstab anzulegen.[19] So ist nicht erforderlich, dass Änderungen der äußeren Lebensumstände eingetreten sind. Vielmehr kann auch die veränderte innere Einstellung eines Elternteils oder des Kindes genügen, wenn sie sich äußerlich bemerkbar macht.[20] Auch müssen nicht neue tatsächliche Umstände eingetreten sein;[21] die Änderung der Gesetzgebung oder der höchstrichterlichen Rechtsprechung kann ebenso Anlass zu einer Abänderung geben (s. aber Rdn. 16). Neu ist ein Umstand auch, wenn er zwar bei der Erstentscheidung bereits vorhanden, aber nicht bekannt war.

10   Liegen veränderte Umstände vor, so ist zu prüfen, ob deswegen eine Änderung der Erstentscheidung notwendig ist. Maßstab ist ausschließlich das **Kindeswohl.** Das Interesse der übrigen Beteiligten ist nur von Bedeutung, sofern es sich auf das Kindeswohl auswirkt.[22] Es ist nicht losgelöst von der Erstentscheidung nach der für das Kind besten Lösung zu suchen, sondern ein Vergleich zwischen der bestehenden Regelung und einer möglichen neuen Regelung anzustellen. Die Vorteile der Neuregelung müssen bei fehlendem Einvernehmen der Eltern die mit der Änderung verbundenen Nachteile unter dem Gesichtspunkt der Erziehungskontinuität deutlich überwiegen.[23] Für die Beurteilung der Alternativen sind jeweils alle üblichen Kindeswohlkriterien (s. § 1671 Rdn. 41 ff.) heranziehen. Beim anschließenden Vergleich der Regelungen ist danach zu fragen, ob das **Änderungsinteresse** das **Bestandsinteresse** deutlich überwiegt.

---

12 NJW-RR 1986, 1130; BGHZ 64, 19, 29; KG FamRZ 1977, 65.
13 Vgl. OLG Naumbg FamRZ 2011, 308.
14 Dies wird mit der Neuregelung klargestellt, vgl. BT-Drucks. 13/4899 S. 109.
15 NJW-RR 1986, 1130; BGH FamRZ 1993, 314; BGHZ 64, 19, 29; BayObLG FamRZ 1964, 640 f. und 41, 42; KG FamRZ 1959, 253, 254.
16 BT-Drucks. 13/4899 S. 109; vgl. OLG Koblenz FamRZ 2009, 2301.
17 OLG Bamberg FamRZ 1990, 1135.
18 OLG Bamberg v. 21.01.1987, Az: 2 UF 354/86.
19 Staudinger/Coester § 1696 Rn. 51; vgl. auch OLG Rostock FamRZ 2007, 1352.
20 BGH FamRZ 1993, 314, 315; vgl. auch KG FamRZ 2011, 122, 123.
21 BGH NJW-RR 1986, 1130.
22 Staudinger/Coester § 1696 Rn. 53.
23 OLG Karlsruhe OLGR 2000, 383; OLG Nürnberg v. 21.08.2002, Az: 11 UF 1044/01, EzFamR aktuell 2002, 83 (red. Ls.); OLG Köln FamRZ 2005, 1276.

Dieser strenge Maßstab gilt jedoch nicht, wenn die **Eltern** einen **übereinstimmenden Vorschlag** 11
machen, insb. zur Neuregelung der Sorge. Dann dreht sich das Regel-Ausnahme-Verhältnis um:
Die triftigen Gründe müssen nicht für die erstrebte Änderung sprechen, es genügt wenn sie ihr
nicht im Wege stehen.[24] Erst recht gilt dies, wenn beide Eltern einen gerichtlich gebilligten Vergleich einvernehmlich abändern wollen. Dies ist bereits möglich, wenn der neue Vergleich wiederum die gerichtliche Billigung findet.

Die **Änderungsbefugnis** ist insoweit **beschränkt** als es dem Gericht verwehrt ist ein anderes 12
Rechtsverhältnis zu regeln als Gegenstand der Erstentscheidung war. So kann es bei Abänderung
einer Umgangsanordnung nicht das Sorgerecht regeln und bei einer Entscheidung nach § 1628
nicht die Sachentscheidung treffen. Innerhalb des Verfahrensgegenstands steht ihm jedoch jede
zum Zeitpunkt der Abänderungsentscheidung bestehende Gestaltungsmöglichkeit zu. Deshalb
kann das Gericht nach Übertragung der elterlichen Sorge gem. § 1672 Abs. 1 auf den Vater durch
Änderungsentscheidung nach § 1696 Abs. 1 wiederum der Mutter das Alleinsorgerecht übertragen. Auch kann bei gerichtlicher Übertragung der Alleinsorge auf einen Elternteil gem. § 1696
wieder die gemeinsame Sorge hergestellt werden.[25]

Die Abänderungsentscheidung muss wie jeder Eingriff in das elterliche Sorgerecht den **Grundsatz** 13
der Verhältnismäßigkeit sowie das allgemein verbindliche Prinzip des mildesten Mittels beachten.
Angesichts der Bedeutung des Elternrechts und des Grundrechtsschutzes, unter dem es steht, ist
jeder Eingriff in dieses Recht auf das unumgänglich notwendige Maß zu beschränken. Das
gewählte Mittel muss zur Beseitigung der aufgetretenen Gefahr geeignet sein und darf über das
zur Gefahrbeseitigung Erforderliche – nach dem Grundsatz der Verhältnismäßigkeit – nicht
hinausgehen.[26]

III. Anwendungsbeispiele

Gemeinsame Sorge. OLG Karlsruhe:[27] »Die Änderung ist weder mit dem Interesse eines beteilig- 14
ten Elternteils noch ausschließlich mit einem entsprechenden Wunsch des Kindes zu begründen.
Daher ist der inzwischen nicht mehr bestehende Wille eines Elternteils, das Sorgerecht gemeinsam
auszüüben, für sich allein unbeachtlich. Einer solchen Erklärung kommt nur dann entscheidungserhebliche Bedeutung zu, wenn sie Ausdruck einer inzwischen eingetretenen Entwicklung ist, die
nach einer Änderung der gemeinsamen Sorge durch gerichtliche Entscheidung im Interesse des
Kindes dringend verlangt.« (Ls) OLG Frankfurt:[28] Allein die Tatsache, dass der Vater bei gemeinsamer Sorge der Eltern sich nicht in ausreichendem Maß um das Wohl der Kinder aktiv bemüht
und nicht weitergehend Verantwortung übernimmt, rechtfertigt noch nicht die Abänderung und
Übertragung der Alleinsorge auf die Mutter, wenn nicht ersichtlich ist, dass sich durch die beantragte Sorgerechtsänderung die Situation für die Kinder verbessern würde. Ob bei entsprechender
Konstellation bei einer Erstentscheidung die Beibehaltung der gemeinsamen elterlichen Sorge in
Betracht käme, ist unerheblich.

Kindeswille. OLG Schleswig:[29] Der ausgeprägte Wunsch eines 11-jährigen Kindes, der keine 15
momentane Einstellung, sondern eine zeitlich überdauernde Wunschbekundung darstellt, kann

---

24 Schwab FamRZ 1998, 457, 471; Staudinger/Coester § 1696 Rn. 61; OLG Dresden FamRZ 2002, 632
   sieht in dem übereinstimmenden Elternvorschlag bereits einen triftigen Grund und hält das Gericht für
   daran gebunden, falls nicht das mindestens 14 Jahre alte Kind widerspricht oder konkrete Anzeichen für
   eine Kindeswohlgefährdung vorliegen; Gegenbeispiel: OLG Dresden FamRZ 2010, 1992, 1993.
25 Staudinger/Coester § 1696 Rn. 34; Schwab FamRZ 1998, 457, 471; a.A. wohl BT-Drucks. 13/4899
   S. 101.
26 NJW-RR 1986, 1264, 1265.
27 OLG Karlsruhe FamRZ 1998, 1046.
28 OLG Frankfurt FamRZ 1996, 889.
29 OLG Schleswig FamRZ 1990, 433, 434.

entscheidender Grund für eine Sorgerechtsänderung sein. Diese ist nicht deshalb ausgeschlossen, weil die elterliche Sorge dabei von der Mutter auf einen heute gleichfalls dem weiblichen Geschlecht zugehörigen früheren Vater übertragen werden muss. OLG Hamm:[30] Der Wunsch eines 13 $^{1}/_{2}$-jährigen Kindes kann ausreichend zur Abänderung des Sorgerechts sein, selbst wenn sich der Kindeswille in der Vergangenheit mehrfach gewandelt hat. OLG Hamm:[31] Die Entscheidung nach § 1696 ist allein am Kindeswohl auszurichten, nicht an den Interessen der Eltern, auch nicht an einem entsprechenden Wunsch des Kindes. Dieser kann insb. nicht ausschlaggebend sein, wenn sich die Kinder augenscheinlich in den Wunsch, von ihrer Mutter zu ihrem Vater überzuwechseln, regelrecht »verrannt« haben und auch zu der Mutter eine gefestigte Bindung besteht. OLG Brandenburg: Der Kindswille ist nicht nur Ausdruck der stärksten Personenbindung, sondern mit zunehmendem Alter auch ein immer mehr zu beachtender Akt der Selbstbestimmung.[32]

16 **Neue Rechtslage durch Kindschaftsrechtreformgesetz.** OLG Karlsruhe:[33] Der Prüfungsmaßstab ist bei der Abänderungsentscheidung nach § 1696 streng: Die Vorteile der Neuregelung müssen bei fehlendem Einvernehmen der Eltern die mit der Änderung verbundenen Nachteile unter dem Gesichtspunkt der Erziehungskontinuität deutlich überwiegen. Geänderte Gesetze – hier die Neuregelung des Bereichs der elterlichen Sorge durch das Kindschaftsrechtsreformgesetz – rechtfertigen für sich allein keine Abänderung. OLG Braunschweig:[34] »Ein Abänderungsgrund ist nicht allein in dem Inkrafttreten des Kindschaftsrechtsreformgesetz zu sehen, sondern die gemeinsame Sorge muss bei Ablehnung durch einen Elternteil zu einer tatsächlichen Verbesserung der Situation des Kindes führen. Das Bestehen eines Konsenses der Eltern über Entscheidungen von erheblicher Bedeutung reicht dazu nicht aus.« (Ls).

17 **Sexueller Missbrauch.** OLG Düsseldorf:[35] Ist das Umgangsrecht zwischen der Mutter und ihren minderjährigen Töchtern deshalb eingeschränkt worden, weil gegen den jetzigen (zweiten) Ehemann der Mutter wegen des Verdachts des sexuellen Missbrauchs zu Lasten der betroffenen Kinder ermittelt worden ist, so gibt die Einstellung des Ermittlungsverfahrens gem. § 170 Abs. 2 StPO dann keinen Anlass zur Abänderung der Umgangsregelung, wenn die zugrundeliegende, das kindliche Wohl gefährdende, im persönlichen Bereich der Beteiligten wurzelnde Konfliktlage selbst (hier allseitig) nicht bewältigt worden ist.

18 **Versorgung.** KG:[36] Eine Abänderung kann in Betracht kommen, wenn der sorgeberechtigte Elternteil in Fragen der Ernährung und der Befolgung ärztlicher Anordnungen betreffend das Kind uneinsichtig ist.

B. Abs. 1 Satz 2: Vorrang spezialgesetzlicher Regelungen

19 Der mit Inkrafttreten des FGG-RG am 01.09.2009 neu eingefügte Abs. 1 Satz 2 dient lediglich der Klarstellung, dass die genannten Spezialregelungen zur Abänderung gerichtlicher Entscheidungen der Generalnorm des Abs. 1 Satz 1 vorgehen.[37]

---

30 OLG Hamm FamRZ 2005, 746.
31 OLG Hamm FamRZ 1988, 1313, 1314.
32 OLG Brandenburg FamRZ 2010, 1993, 1994.
33 OLG Karlsruhe OLGR 2000, 383.
34 OLG Braunschweig FamRZ 2002, 121.
35 OLG Düsseldorf FamRZ 1992, 205.
36 KG NJW-RR 1990, 716.
37 Amtl. Begr. BT-Drucks. 16/6308, S. 346.

C. Abs. 2: Aufhebung von Maßnahmen

Abs. 2 enthält die Legaldefinition kindeschutzrechtlicher Maßnahmen. Er soll verdeutlichen, dass   20
der Grundsatz der Erforderlichkeit und Verhältnismäßigkeit für alle kindesschutzrechtlichen Maßnahmen zugleich Eingriffs- und Bestandsvoraussetzung ist. Dies betrifft Maßnahmen nach
§§ 1631b, 1632 Abs. 4, 1666, 1666a, 1667, 1682, 1684 Abs. 4 (auch i.V.m. § 1685 Abs. 3), 1687
Abs. 3 (auch i.V.m. § 1687a) und 1688 Abs. 3 Satz 2, Abs. 4. Sind solche Maßnahmen nicht mehr
erforderlich, weil keine Gefahr für das Wohl des Kindes oder dessen Vermögen[38] mehr besteht
oder ist die Erforderlichkeit aus sonstigen Gründen entfallen, muss sie das Gericht aufheben.
Dabei sind im Hauptanwendungsfall des § 1666 insb. die Tragweite der Trennung von der Pflegefamilie, die Intensität der zu ihr entstandenen Bindungen und die Erziehungsfähigkeit der Herkunftsfamilie zu berücksichtigen.[39] Eine **Aufhebung** ist insb. geboten, wenn seit der früheren Entscheidung entweder eine Änderung in den tatsächlichen Verhältnissen eingetreten ist oder doch
Umstände zutage getreten sind, die zu einer anderen Beurteilung des der früheren Regelung
zugrunde gelegten Sachverhalts nötigen, und sich hierbei ergibt, dass die Gefährdungsvorausset-
zungen des § 1666 Abs. 1 nicht mehr vorliegen.[40] Das gleiche gilt, wenn die Maßnahme von
Anfang an unzulässig war oder sich als ungeeignet erwiesen hat.[41] Auch kann es trotz wiederer-
langter Erziehungsfähigkeit der Mutter erforderlich sein, die derzeit stabile Entwicklung des Kindes bei den Pflegeeltern aufrechtzuerhalten, insb. wenn auch das Kind dies wünscht.[42]

Die **Gefahr** muss aber **völlig weggefallen** sein und darf nicht in anderer Form weiter bestehen. Ist   21
etwa der Mutter wegen einer psychischen Erkrankung, die in Schüben auftritt, die Personensorge
entzogen worden, zwingt die Tatsache, dass mehr als 1 Jahr lang keine Krankheitsschübe mehr
aufgetreten sind, nicht zur Abänderung oder Aufhebung, wenn die Gefahr weiterer Krankheitsschübe besteht.[43]

In Betracht kommt nicht nur die völlige Aufhebung einer Maßnahme, sondern auch deren   22
Abmilderung durch **teilweise Aufhebung**. Ist eine Ersetzung oder Verschärfung der Maßnahme
erforderlich, hat dies gem. §§ 1696, 1666 zu erfolgen.

D. Verfahrensrecht

Die Überprüfung und Abänderung einer Sorgerechtsentscheidung gem. § 1696 ist ein gegenüber   23
der Erstentscheidung **selbständiges Verfahren**, das in § 166 FamFG geregelt ist. Die Zuständigkeit
ist unabhängig vom Erstverfahren zu bestimmen.[44] Dies gilt auch, wenn die Maßnahme durch
eine höhere Instanz angeordnet wurde.[45] Die **örtliche, sachliche und funktionelle Zuständigkeit**
richtet sich nach den zum Zeitpunkt der Einleitung des Abänderungsverfahrens für die in
Betracht kommende Maßnahme geltenden Vorschriften.[46]

Vgl. zum Verfahrensrecht im Übrigen § 1626 Rdn. 25 ff.

---

38 Die entfallene Gefährdung des Vermögens des Kindes ist zweifelsfrei auch erfasst.
39 OLG Stuttgart FamRZ 2005, 1273.
40 BayObLG FamRZ 1997, 956, 957; vgl. auch OLG Celle FamRZ 2003, 549, das den früheren Entzug
    der elterlichen Sorge aufgrund wiederholter Misshandlungen des Kindes nicht weiter für gerechtfertigt
    hielt, weil sich die Einstellung der Eltern positiv verändert hat.
41 Staudinger/Coester § 1696 Rn. 101.
42 OLG Frankfurt v. 28.02.2002, EzFamR aktuell 2002, 269.
43 BayObLG FamRZ 1997, 956.
44 BayObLG FamRZ 2000, 1233.
45 BayObLG FamRZ 1980, 284.
46 BGH FamRZ 1990, 1101: die örtliche Zuständigkeit kann deshalb eine andere als bei der Erstentschei-
    dung sein.

§ 1697

(aufgehoben)

§ 1697a   Kindeswohlprinzip

Soweit nichts anderes bestimmt ist, trifft das Gericht in Verfahren über die in diesem Titel geregelten Angelegenheiten diejenige Entscheidung, die unter Berücksichtigung der tatsächlichen Gegebenheiten und Möglichkeiten sowie der berechtigten Interessen der Beteiligten dem Wohl des Kindes am besten entspricht.

1   § 1697a will ausdrücklich vor Augen führen, dass das **Kindeswohl der zentrale und beherrschende Maßstab** für alle gerichtlichen Entscheidungen ist. Das Kindeswohl wird zum allgemeinen Rechtsprinzip erhoben.[1] Die praktische Bedeutung der subsidiären Vorschrift ist jedoch gering, weil die meisten Eingriffsnormen den Begriff des Kindeswohls bereits enthalten. Soweit dies nicht der Fall ist – etwa bei §§ 1628, 1684 Abs. 1, 1632 Abs. 1 bis 3 –, kommt § 1697a aber Auffangfunktion zu, so dass die vor Einführung der Vorschrift notwendige Analogie nicht mehr erforderlich ist. Hinsichtlich des Inhalts des Kindeswohlbegriffs wird auf § 1671 Rn. 39 ff. verwiesen.

§ 1698   Herausgabe des Kindesvermögens; Rechnungslegung

(1) Endet oder ruht die elterliche Sorge der Eltern oder hört aus einem anderen Grunde ihre Vermögenssorge auf, so haben sie dem Kind das Vermögen herauszugeben und auf Verlangen über die Verwaltung Rechenschaft abzulegen.

(2) Über die Nutzungen des Kindesvermögens brauchen die Eltern nur insoweit Rechenschaft abzulegen, als Grund zu der Annahme besteht, dass sie die Nutzungen entgegen der Vorschrift des § 1649 verwendet haben.

1   Voraussetzung der Vermögensherausgabe und Rechnungslegung ist, dass die Vermögenssorge **endet oder ruht**. Die Sorge endet insb. bei Eintritt der Volljährigkeit, im Übrigen durch Übertragung oder Entzug; ein Ruhen tritt gem. §§ 1673, 1674 Abs. 1, 1751 Abs. 1 Satz 1 ein.

2   Die **Vermögensherausgabe** verpflichtet gem. §§ 260, 261 auch zur Vorlage eines Bestandsverzeichnisses. Für die **Rechnungslegung** gelten §§ 259, 261. **Abs. 2** gibt keinen eigenen Anspruch, sondern erweitert bei Vorliegen der Voraussetzungen des Abs. 1 die Rechenschaftspflicht auf Nutzungen bei Verdacht eines Verstoßes gegen § 1649.[1]

3   Endet die Vermögenssorge der Eltern oder eines Elternteils vor Eintritt der Volljährigkeit des Kindes, dann steht der **Anspruch** nach § 1698 dem neuen Sorgerechtsinhaber, nicht dem minderjährigen Kind selbst, zu.[2] Als neuer Sorgerechtsinhaber kommt auch der Elternteil in Betracht, der jetzt allein Inhaber der Vermögenssorge ist, die zuvor beiden Eltern gemeinsam zustand. Sind beide Eltern verpflichtet, haften sie als Gesamtschuldner. Der Anspruch ist vor den **allgemeinen Zivilgerichten** geltend zu machen.

---

1   Palandt/Diederichsen § 1697a Rn. 1.
1   Staudinger/Coester Rn. 11 (str.).
2   BGHF 6, 55, 57.

§ 1698a   Fortführung der Geschäfte in Unkenntnis der Beendigung der elterlichen Sorge

(1) [1]Die Eltern dürfen die mit der Personensorge und mit der Vermögenssorge für das Kind verbundenen Geschäfte fortführen, bis sie von der Beendigung der elterlichen Sorge Kenntnis erlangen oder sie kennen müssen. [2]Ein Dritter kann sich auf diese Befugnis nicht berufen, wenn er bei der Vornahme eines Rechtsgeschäfts die Beendigung kennt oder kennen muss.

(2) Diese Vorschriften sind entsprechend anzuwenden, wenn die elterliche Sorge ruht.

Sind die Eltern im Hinblick auf den Fortbestand der elterlichen Sorge **gutgläubig**, so kommt dies   1
im Außenverhältnis auch einem Dritten zugute, sofern er ebenfalls gutgläubig ist; im Innenverhältnis zum Kind sind die Eltern zur Geschäftsführung als berechtigt anzusehen.

Kennen die Eltern den Wegfall ihrer Sorgeberechtigung oder hätten sie ihn kennen müssen, so   2
wird auch der gute Glaube des Dritten nicht geschützt. Dieser kann lediglich gem. § 179 Abs. 1
Regress nehmen. Das Kind kann die Ansprüche gem. §§ 687 Abs. 2, 677 ff. geltend machen.

Für die Beurteilung der Fahrlässigkeit im Hinblick auf das Kennenmüssen des Wegfalls der elterli-   3
chen Sorge gilt der allgemeine Maßstab des § 276 Abs. 2 und nicht der des § 1664.[1]

§ 1698b   Fortführung dringender Geschäfte nach Tod des Kindes

Endet die elterliche Sorge durch den Tod des Kindes, so haben die Eltern die Geschäfte, die nicht ohne Gefahr aufgeschoben werden können, zu besorgen, bis der Erbe anderweit Fürsorge treffen kann.

Die Vorschrift begründet das Recht und die Pflicht der Eltern zur **einstweiligen Fürsorge** für das   1
bisherige Kindesvermögen. Dem Tod des Kindes steht die Todeserklärung gleich. Die Eltern müssen zum Zeitpunkt des Todes sorgeberechtigt gewesen sein.

Die Eltern haften gegenüber den Erben gem. § 1664; Aufwendungsersatz steht ihnen analog   2
§ 1648 zu.

Titel 6   Beistandschaft

§ 1712   Beistandschaft des Jugendamts; Aufgaben

(1) Auf schriftlichen Antrag eines Elternteils wird das Jugendamt Beistand des Kindes für folgende Aufgaben:

1. die Feststellung der Vaterschaft,
2. die Geltendmachung von Unterhaltsansprüchen sowie die Verfügung über diese Ansprüche; ist das Kind bei einem Dritten entgeltlich in Pflege, so ist der Beistand berechtigt, aus dem vom Unterhaltspflichtigen Geleisteten den Dritten zu befriedigen.

(2) Der Antrag kann auf einzelne der in Absatz 1 bezeichneten Aufgaben beschränkt werden.

---

1   Staudinger/Coester § 1698a Rn. 5.

A. Einführung

1   Durch das Gesetz über die freiwillige Beistandschaft (BGBl I 97, 2846) wurde die gesetzliche Amtspflegschaft durch die freiwillige Beistandschaft abgelöst. Sie ist ein freiwilliges und dienstorientiertes Angebot der Jugendhilfe. Orientierungspunkt für die Handlungsweise des Beistandes ist das Wohl des Kindes und dessen Interessenlage (*Rüting* Kind-Prax 05, 168, 169). Aufgrund von § 114 IV FamFG genügt auch im Anwaltsprozess die Vertretung durch den Beistand in Verfahren mit Anwaltszwang. Da Kindschaftsverfahren keine Familienstreitsachen sind, wird die Vertretung durch einen Beistand vorrangig sein (Brandenburg FamRZ 11, 1311; Saarbrücken FamRZ 11, 1609). Die sogen. Waffengleichheit bei Vertretung einer Partei durch einen Anwalt ist nach § 78 II FamFG abw zu § 121 II ZPO nicht zu beachten (AG Ludwiglust FamRZ 10, 1691).

2   Ist nach § 18 SGB 8 das Jugendamt nur zur Beratung und Unterstützung berechtigt (Naumbg FF 05, 63 m Anm *Lindemann-Hinz*), wird die über die Beratung hinausgehende Tätigkeit durch die Vorschriften der Beistandschaft nicht erweitert. Keine Beistandschaft kann beantragt werden iRd Verfahrens zur Klärung der Abstammung unabhängig vom Anfechtungsverfahren nach § 1598a (*Borth* FuR 07, 381, 384).

3   Wird dem Jugendamt die Geburt eines Kindes gemeldet, dessen Eltern nicht miteinander verheiratet sind, besteht eine durch § 52a SGB VIII detailliert geregelte Informationspflicht. Ua ist der nichtehelichen Mutter Beistand für die Feststellung der Vaterschaft und Geltendmachung von Unterhalt anzubieten.

4   Beistand wird nicht das Jugendamt als Behörde, vielmehr ist ein Beamter oder Angestellter nach § 55 II SGB VIII zu bestimmen, der iRd durch Übertragung Vertreter des Kindes wird; die elterliche Sorge wird hierdurch nicht eingeschränkt. Durch Landesrecht kann aufgrund der Gesetzgebungszuständigkeit nach Art 144 EGBGB bestimmt werden, dass auch ein Verein mit der Beistandschaft beauftragt werden kann. Ist dies durch Landesgesetz geregelt, ist grds die Zustimmung des beantragenden Elternteils zur Übertragung an den Verein erforderlich (vgl ua § 30 KJHG-LSA).

5   Ergänzt wird diese Regelung durch die Vertretungsregelung in Unterhaltsverfahren durch §§ 114 IV Nr 2, 234 FamFG. Im Falle der Vertretung durch den Beistand getrennt lebender Ehegatten endet die Beistandschaft mit dem Ende der Prozessstandschaft nach § 1629 III (Berlin DAVorm 98, 242).

B. Voraussetzungen

6   Ein schriftlicher Antrag eines Elternteils ist Voraussetzung für ein Tätigwerden ggü Dritten. Aus der Aufgabenstellung ergibt sich, dass die Elternschaft feststehen muss. Dies ist bezüglich der Mutter stets der Fall (§ 1591). Der nichteheliche Vater ist – da seine Vaterschaft nicht feststeht – deshalb nicht berechtigt, das Jugendamt als Beistand zu beauftragen, seine Vaterschaft gerichtlich feststellen zu lassen. Auch für eine Vaterschaftsanfechtungsklage kann der anfechtende Vater keine Beistandschaft begründen.

7   Wird die Beistandschaft ohne jede Konkretisierung beantragt, erfasst sie die Bereiche der Feststellung der Vaterschaft und die Geltendmachung von Unterhaltsansprüchen. Hiervon erfasst werden auch die Geltendmachung von Unterhaltsansprüchen gegen den Pflichtigen, wenn das Kind sich in entgeltlicher Pflege bei einem Dritten befindet, da die Pflegeperson selbst nicht berechtigt ist, Unterhalt ggü dem Unterhaltspflichtigen geltend zu machen. Grds wird das Jugendamt ebenso wie der Beantragende ein tatsächliches und auch rechtliches Interesse daran haben, den Auftrag zu konkretisieren und auch inhaltlich oder zeitlich zu beschränken.

8   Da der Antrag auf einzelne der Aufgaben beschränkt werden kann, ist umstr, ob auch eine Einschränkung der gesetzlich definierten Aufgaben zulässig ist, zB also bei der Vaterschaftsfeststellung

die Beschränkung auf Klagen gegen einen bestimmten Mann (jurisPK/*Hoffmann* § 1712 Rz 3). Eine umfassende Auskunftspflicht und Rechnungslegung nach Beendigung der Beistandschaft verneint Celle (EzFamR aktuell 01, 173). Das JA kann aber für eine nicht ordnungsgemäße Erledigung seines Auftrages nach den Grundsätzen der Amtshaftung in Anspruch genommen werden (BGHZ 100, 313).

Überwiegend wird die Rechtsansicht vertreten, dass die Beistandschaft trotz des Gesetzeswortlauts **9** sowohl für die Geltendmachung als auch zur Verteidigung von Rechtspositionen zulässig ist (Naumbg FamRZ 06, 1223). Einigkeit besteht in der Rspr, dass eine im vereinfachten Verfahren bestehende Beistandschaft im Falle der Unterhaltsherabsetzungsklage nach § 654 ZPO fortbesteht (Hamm JAmt 04, 144). Nicht zum Aufgabenkreis des Beistandes gehört die Anfechtung eines Vaterschaftsanerkenntnisses (Nürnbg FamRZ 01, 48). Erfolgt eine Klageverbindung für einerseits eine Anfechtungs- und gleichzeitig auch eine Feststellungsklage (AG Schwerin FamRZ 05, 381), wird für beide Anträge die Zulässigkeit einer Beistandschaft zu bejahen sein, da in einem Rechtsstreit nicht unterschiedliche Bevollmächtigungen wirksam sein können.

Die Bestellung des Beistands bedeutet, dass dieser das Kind auch gerichtlich vertreten darf und **10** insoweit die einschränkende Vorschrift des § 1629 III 1 verdrängt wird (Stuttg JAmt 07, 40; MüKo/*Huber*, 4. Auflage 02, § 1629 Rn. 97u DIJuF- Rechtsgutachten v 10.05.02, JAmt 02, 243).

Eine verständliche und sehr ausführliche Broschüre ist als Download verfügbar unter **11** www.bmfsfj.de; im Postversand kostenfrei anzufordern unter »Publikation der Bundesregierung, Postfach 481009, 18132 Rostock« (Tel 01805 778090).

§ 1713 Antragsberechtigte

(1) ¹Den Antrag kann ein Elternteil stellen, dem für den Aufgabenkreis der beantragten Beistandschaft die alleinige elterliche Sorge zusteht oder zustünde, wenn das Kind bereits geboren wäre. ²Steht die elterliche Sorge für das Kind den Eltern gemeinsam zu, kann der Antrag von dem Elternteil gestellt werden, in dessen Obhut sich das Kind befindet. ³Der Antrag kann auch von einem nach § 1776 berufenen Vormund gestellt werden. ⁴Er kann nicht durch einen Vertreter gestellt werden.

(2) ¹Vor der Geburt des Kindes kann die werdende Mutter den Antrag auch dann stellen, wenn das Kind, sofern es bereits geboren wäre, unter Vormundschaft stünde. ²Ist die werdende Mutter in der Geschäftsfähigkeit beschränkt, so kann sie den Antrag nur selbst stellen; sie bedarf hierzu nicht der Zustimmung ihres gesetzlichen Vertreters. ³Für eine geschäftsunfähige werdende Mutter kann nur ihr gesetzlicher Vertreter den Antrag stellen.

A. Grundlagen

Besteht nach § 1712 das Erfordernis eines schriftlichen Antrages, regelt Abs. 1 die Berechtigung **1** zur Stellung desselben. Auch nach der Kindschaftsreform im Jahr 1998 setzte die Antragsberechtigung alleinige elterliche Sorge voraus. Eine Anpassung an die in § 1629 II geregelte Vertretungsbefugnis erfolgte erst zum 12.04.02.

Die Regelung umfasst insgesamt den Antrag sowohl für die Zeit nach als auch vor der Geburt des **2** Kindes. Grds besteht ein Vertretungsverbot des Elternteils, sobald die Beistandschaft wirksam beantragt ist (vgl. auch § 234 FamFG). Die Beschränkung wirkt aber nur in dem Umfang der begründeten Beistandschaft. Durch die ausdrücklich geregelte Antragsberechtigung soll sichergestellt werden, dass die Wirksamkeit der Beistandschaft nicht von Fragen einer wirksamen Bevollmächtigung abhängig ist.

B. Antragsberechtigung

3 Die Vertretungs- und damit Antragsberechtigung regelt sich nach der Geburt entspr den Vorschriften des bürgerlichen Rechts. Wird das Kind nichtehelich geboren, wird es allein durch die Mutter nach § 1625a Abs. 2 Satz 2 vertreten. Wird eine Sorgerechtserklärung beurkundet, gelten ab diesem Zeitpunkt dieselben Regelungen für die Vertretung wie für das ehelich geborene Kind. Solange und soweit keine Sorgerechtsentscheidung ergangen ist, erfolgt die Vertretung durch den Elternteil, der tatsächlich das Kind betreut (Naumbg FamRZ 05, 1275). Wird eine Unterhaltsbeistandschaft nach §§ 1685, 1690 begründet, geht diese der allgemeinen Vertretungsregel des § 1629 vor (DAVorm 98, 242).

4 Da auch schon vor der Geburt eines Kindes Unterhaltsansprüche geltend gemacht werden können (§ 1615o), wird die Antragsberechtigung fingiert nach den Rechtstatsachen, die ab Geburt des Kindes Geltung beanspruchen können. Das Antragsrecht steht der beschränkt geschäftsfähigen Mutter (§ 106) auch dann alleine zu, wenn nach der Geburt eine Vormundschaft nach §§ 1673, 1675, 1791c eintreten würde. Nur die nach § 104 geschäftsunfähige Mutter kann den Antrag nicht stellen, und aufgrund des in Abs. 1 normierten Vertretungsverbotes bedurfte es der ausdrücklichen Regelung, dass nur in diesem Fall der gesetzliche Vertreter zur Antragstellung berechtigt ist.

§ 1714 Eintritt der Beistandschaft

¹Die Beistandschaft tritt ein, sobald der Antrag dem Jugendamt zugeht. ²Dies gilt auch, wenn der Antrag vor der Geburt des Kindes gestellt wird.

1 Die Beistandschaft tritt nicht erst mit der Bestimmung des Jugendamtsmitarbeiters nach § 55 SGB VIII ein, sondern schon mit Eingang des schriftlichen Antrages beim Jugendamt. Grds ist nach § 87c SGB VIII das Jugendamt am Wohnsitz des Elternteils zuständig, der den Antrag zu stellen berechtigt ist. Dies ergibt sich auch aus der Privilegierung des Gerichtsstandes (§ 232 Abs. 1 Nr. 2 FamFG).

§ 1715 Beendigung der Beistandschaft

(1) ¹Die Beistandschaft endet, wenn der Antragsteller dies schriftlich verlangt. ²§ 1712 Abs. 2 und § 1714 gelten entsprechend.

(2) Die Beistandschaft endet auch, sobald der Antragsteller keine der in § 1713 genannten Voraussetzungen mehr erfüllt.

1 Ebenso wie die Beistandschaft nur aufgrund freiwilligen und schriftlichen Antrages eingerichtet wird, tritt sie außer Kraft, wenn das schriftliche Verlangen beim Jugendamt eingeht. Es bedarf keiner Begründung und ist aus diesem Grund auch nicht nachprüfbar, kann daher jederzeit und damit auch zur Unzeit erfolgen. Aus der Möglichkeit, den Widerruf auf bestimmte Tätigkeiten zu beschränken, folgt, dass die Beistandschaft von Beginn an nicht nur generell erteilt, sondern auch selektiv auf bestimmte Aufgaben beschränkt eingerichtet werden kann. Ist dies erfolgt, endet die Beistandschaft ohne schriftliches Verlangen mit Erfüllung des Auftrages.

2 Die Beistandschaft endet, wenn in der Person des Antragstellers die Voraussetzungen nach § 1712 nicht mehr vorliegen. Kraft Gesetzes endet die Beistandschaft deshalb mit Eintritt der Volljährigkeit des Kindes, da mit diesem Zeitpunkt die Vertretungsbefugnis der Eltern erlischt. Der dadurch

eintretende Mangel der Aktivlegitimation des Jugendamtes ist nach § 234 FamFG v.A.w. im Prozess bis zum Abschluss des Verfahrens zu berücksichtigen (Karlsruhe JAmt 01, 15). Ebenso endet die Beistandschaft, wenn eine der in § 1713 normierten Voraussetzungen entfällt, so der Tod des Elternteils, Adoption des Kindes (§ 1754; DIJuF Rechtsgutachten JAmt 06, 343), und bei der vor der Geburt eingerichteten Beistandschaft dadurch, dass die Schwangerschaft nicht mit der Geburt eines lebenden Kindes beendet wird.

Im Falle der Vaterschaftsfeststellung endet aufgrund der Verweisung auf § 1918 die Beistandschaft **3**
mit Rechtskraft des Feststellungsurteils. Ist mit der Vaterschaftsfeststellung auch der Unterhalt nach §§ 179 Abs. 1, 237 FamFG Gegenstand des Verfahrens, endet die Beistandschaft insoweit erst mit Abschluss des Unterhaltsverfahrens (Hamm JAmt 04, 144 Erstreckung auf das vereinfachte Verfahren), erstreckt sich daher nicht auf die evtl notwendige Zwangsvollstreckung. Eine weitere Beendigung ergibt sich aus bei Begründung eines gewöhnlichen Aufenthaltes im Ausland (§ 1717), nicht jedoch bei einem längeren Schulaufenthalt im Ausland, denn der Jugendliche behält auch während dieser Zeit seinen gewöhnlichen Aufenthalt in Deutschland (DIJuF-Rechtsgutachten v. 20.03.06, JAmt 06, 193–195).Die Beistandschaft endet auch mit dem Tod des Kindes (Rostock FamRZ 07, 1683).

§ 1716 Wirkungen der Beistandschaft

[1]**Durch die Beistandschaft wird die elterliche Sorge nicht eingeschränkt.** [2]**Im Übrigen gelten die Vorschriften über die Pflegschaft mit Ausnahme derjenigen über die Aufsicht des Familiengerichts und die Rechnungslegung sinngemäß; die §§ 1791, 1791c Abs. 3 sind nicht anzuwenden.**

A. Einführung

Das Besondere ist, dass die elterliche Sorge durch die Beistandschaft nicht eingeschränkt wird, es **1**
also zu Konflikten zwischen den Rechten des Beistandes und des Inhabers der elterlichen Sorge kommen kann.

B. Konfliktfälle Sorgerecht – Beistandschaft

Da durch die Beistandschaft die elterliche Sorge nicht eingeschränkt wird, besteht das Vertre- **2**
tungsrecht des Sorgeberechtigten neben dem Vertretungsrecht des Beistandes fort. Im Falle eines Rechtsstreits hat der Gesetzgeber mit § 234 FamFG den Vorrang der Vertretung durch den Beistand ausdrücklich geregelt. Für sonstige Rechtsgeschäfte fehlt hingegen jede Regelung. Der Sorgeberechtigte kann deshalb auch im Falle eines anhängigen Rechtsstreits außergerichtlich eine Vereinbarung schließen oder Verzicht auf Ansprüche, soweit dies gesetzlich zulässig ist, wirksam erklären.

Mit dem Postulat der Weisungsfreiheit des Beistandes durch eine Bindung an das Kindeswohl ist **3**
der Konflikt ebenfalls nicht lösbar (aA Erman/*Roth,* 10. Aufl. 2000, § 1716 Rn. 2), denn das in § 1697a statuierte Kindeswohl hat auf die Feststellung der Vaterschaft oder die Geltendmachung von Unterhaltsansprüchen unmittelbar keinen Einfluss. Handlungen des sorgeberechtigten Elternteils, die nicht die Eingriffsschwelle des § 1666 überschreiten, werden von der Rechtsordnung hingenommen.

C. Vorschriften der Pflegschaft

Durch die Verweisung auf die Vorschriften der Pflegschaft und deren grds sinngemäßen Anwen- **4**
dung ergibt sich zunächst, dass im Gegensatz zur Pflegschaft keine Aufsicht des Familiengerichtes

(§ 151 Nr. 4 FamFG) nach § 1837 II besteht und deshalb die Rechnungslegung nach §§ 1840, 1890 entfällt. Auch besteht kein einklagbarer Anspruch auf laufende Information (Celle JAmt 01, 310).

5 Von besonderer Bedeutung ist die Haftung nach § 1833 und aufgrund der Vorschriften des SGB VIII kommen die Amtshaftungsvorschriften zur Anwendung. Weiterhin erhält der Beistand keine Vergütung (§ 1836 Abs. 4) oder Aufwandsentschädigung (§ 1835a Abs. 5). Aufwendungsersatz ist jedoch denkbar, wenn nach § 1835 Abs. 5 Vermögen oder gutes Einkommen des Kindes vorhanden ist.

§ 1717 Erfordernis des gewöhnlichen Aufenthalts im Inland

[1]**Die Beistandschaft tritt nur ein, wenn das Kind seinen gewöhnlichen Aufenthalt im Inland hat; sie endet, wenn das Kind seinen gewöhnlichen Aufenthalt im Ausland begründet.** [2]**Dies gilt für die Beistandschaft vor der Geburt des Kindes entsprechend.**

1 Als Sonderregelung im Verhältnis zu Art. 24 EGBGB wird eine Beistandschaft nur wirksam, wenn das minderjährige Kind seinen gewöhnlichen Aufenthalt im Inland hat. Wird der Aufenthalt ins Ausland verlegt endet kraft Gesetzes die Beistandschaft. Der gewöhnliche Aufenthalt im Inland entfällt nicht durch einen längeren Auslandsschulaufenthalt (DIJuF-Rechtsgutachten in JAmt 06, 193). Da die Beistandschaft auch vor der Geburt beantragt werden kann, stellt das Gesetz in diesem Fall auf den Aufenthalt der Mutter ab, und erst ab Geburt des Kindes ist dessen Aufenthalt ausschlaggebend.

2 Da die Vorschriften des Art. 8 Abs. 2 EGFGB/DDR noch § 56 Abs. 2 FGB/DDR fortgeltendes Recht sind unterfällt eine rechtskräftige frühere Klageabweisung nicht Art 234 § 7 Abs. 1, 4 EGBGB.

§§ 1718–1740

– weggefallen –

Vorbemerkung vor §§ 1741–1772

1 Für alle ab dem 01.09.2009 beantragten Verfahren handelt es sich um eine Familiensache[1]. Adoption ist die Annahme eines fremden Kindes als eigenes. Mit der Wirksamkeit der Adoption erlöschen alle Rechte der leiblichen Eltern, es entfällt jedes Recht auch auf persönlichen Umgang und natürlich entfällt auch die erbrechtliche Stellung. Das Gesetz unterscheidet zwischen der Adoption Minderjähriger[2] und der von Volljährigen[3]. Schwerpunkt der gesetzlichen Regelungen ist die Minderjährigenadoption.

2 Neben den sehr ins Einzelne gehenden Vorschriften des bürgerlichen Rechts sind bei Auslandsberührung die Vorschriften der Art. 22, 23 EGBGB zu beachten. Grds. sind die jeweiligen Jugend- oder Landesjugendämter berechtigt, Adoptionen zu vermitteln. Erfolgt die Vermittlung zum Zwe-

---

1 § 186 FamFG.
2 §§ 1741–1766.
3 §§ 1767–1772.

cke der Adoption durch eine andere Organisation, ist das AdoptionsvermittlungsG[4] zu beachten. Für die Annahme eines Minderjährigen, die aufgrund einer ausländischen Entscheidung erfolgt oder die auf der Anwendung ausländische Sachvorschriften beruht, ist das Gesetz über Wirkung der Annahme als Kind[5] einschlägig[6]. Die örtliche Zuständigkeit regelt § 187 FamFG, die internantionale Zuständigkeit § 101 FamFG. Ausführliche Informationen zu internationalen Adoptionen sind erhältlich auch über die Homepage des Bundesjustizministeriums[7] und einschließlich der Rechtsgrundlagen bei der Bundeszentralstelle für Auslandsadoption, Adenaueralle 99-103, 53113 Bonn, Postanschrift: 53094 Bonn, und im Internet unter http://www.bundesjustizamt.de.

Ebenfalls bei internationalem Bezug ist das Haager Übereinkommen über den Schutz von Kin- **3** dern und die Zusammenarbeit auf dem Gebiet internationaler Adoption vom 29.05.1993[8] zu beachten. Dies bindet jedoch nur die Vertragsstaaten, so dass die Adoption aus einem anderen als einem Vertragsstaat nicht nach diesem Gesetz, sondern nach den Vorschriften des EGBGB zu beurteilen ist.

Für alle Fälle des internationalen Bezuges und der Ein- und Auswirkungen auf deutsches Recht, **4** auf die bei den nachfolgenden Erläuterungen nicht eingegangen werden kann, wird verwiesen auf die ausf. Kommentierung in AnwK/Benicke Art. 22 EGBGB. Nach EuGHGMR[9] kann eine Nichtanerkennung einer Auslandsadoption nicht damit gerechtfertigt werden, dass sie »in einer demokratischen Gesellschaft notwendig« sei, um die dort genannten Ziele zu erreichen.

In einer eingetragenen Lebenspartnerschaft enthält § 9 Abs. 6, 7 LebenspartnerschaftsG i.d.F. v. **5** 15.12.2004 mit Wirkung vom 01.01.2005 Sonderbestimmungen, die neben den allgemeinen Vorschriften des BGB zu beachten sind[10]. Das beim BVerfG angestrengte Verfahen gegen die Stiefkindadoption wurde durch Rücknahme des Antrages beendet[11].

Verfahrensrechtlich handelt es sich bei der Adoption um ein Verfahren nach dem FamFG. Sobald **6** ein Antrag gestellt wird, muss das Familiengericht von Amts wegen nach § 26 FamFG die notwendigen Voraussetzungen ermitteln. Das Verfahren ist im Abschnitt 5 des FamFG geregelt.

Titel 7 Annahme als Kind

Untertitel 1: Annahme Minderjähriger

§ 1741 Zulässigkeit der Annahme

(1) [1]Die Annahme als Kind ist zulässig, wenn sie dem Wohl des Kindes dient und zu erwarten ist, dass zwischen dem Annehmenden und dem Kind ein Eltern-Kind-Verhältnis entsteht. [2]Wer an einer gesetzes- oder sittenwidrigen Vermittlung oder Verbringung eines Kindes zum Zwecke der Annahme mitgewirkt oder einen Dritten hiermit beauftragt oder hierfür belohnt hat, soll ein Kind nur dann annehmen, wenn dies zum Wohl des Kindes erforderlich ist.

(2) [1]Wer nicht verheiratet ist, kann ein Kind nur allein annehmen. [2]Ein Ehepaar kann ein Kind nur gemeinschaftlich annehmen. [3]Ein Ehegatte kann ein Kind seines Ehegatten allein anneh-

---

4 BGBl. I 2002, 354.
5 AdWirkG, i.d.F. v. 05.11.2001 BGBl. I 2950.
6 Reinhardt JAmt 2006, 325.
7 www.bmj.de/enid/0,0/Familienrecht/Internationale Adoption.
8 BGBl. II 1035.
9 FamRZ 2007, 1529 mit zust. Anm. v. Henrich S. 1531.
10 Vgl. Schlütter FF 2005, 234.
11 BVerfG 1 BvF 3/05.

men. ⁴Er kann ein Kind auch dann allein annehmen, wenn der andere Ehegatte das Kind nicht annehmen kann, weil er geschäftsunfähig ist oder das 21. Lebensjahr noch nicht vollendet hat.

A. Regelungsziel

1   Vorrang hat auch hier ebenso wie im Regelungsbereich der elterlichen Sorge[1] das Kindeswohl. Aus der Zielvorgabe, ein Eltern-Kind-Verhältnis entstehen zu lassen, ergibt sich, dass auch bei ehelichen Kindern eine Adoption durch Dritte nicht ausgeschlossen ist, wenn in der Familie kein ausreichender Schutz gewährleistet ist und mit einer Adoption dem Kind eine bessere Entwicklung gewährt werden kann[2]. Andere Beweggründe als das Wohl des Kindes können nicht Grundlage für eine Adoption sein, nicht also z.B. der Erhalt eines speziellen Namens[3]. Das Kindeswohl kann erst beurteilt werden, wenn das Kind geboren ist. Deshalb ist eine Annahme vor Geburt des Kindes unzulässig. Die Frage, ob das anzunehmende Kind bereits volljährig ist, ist nach seinem – gem. Art. 7 Abs. 1 EGBGB zur Anwendung gelangenden – Heimatrecht zu beantworten[4].

2   Das grds. Adoptionsverbot in Abs. 1 Satz 2 soll vorrangig den Kinderhandel unterbinden. In einem solchen Fall trifft denjenigen, der an einer solchen Handlung beteiligt war, die Beweislast dafür, dass trotz des Gesetzesverstoßes die Annahme im Interesse des Kindes erforderlich ist. Die Anforderungen sind in diesem Fall hoch angesetzt und entsprechen denen der Einbenennung[5].

3   Durch das Gesetz zur Überarbeitung des Lebenspartnerschaftsrechts vom 15.12.2004[6] ist auch für die Lebenspartnerschaft die rechtliche Möglichkeit einer Adoption eröffnet. Zulässig ist seit dem 01.01.2005 die Stiefkindadoption[7]. Das gegen diese Adoption angestrengte Verfahren vor dem BVerfG wurde durch Rücknahme beendet[8]. Die Adoption eines fremden Kindes ist weder einem Partner alleine noch beiden gemeinsam gestattet.

B. Regelungsumfang

4   Der in Abs. 2 Satz 1 statuierte Grundsatz, dass ein Nichtverheirateter ein Kind nur allein annehmen kann, wird schon im Satz 2 erweitert dahingehend, dass eine Annahme durch Eheleute nur gemeinsam erfolgen kann und Satz 3, dass der Ehegatte auch das Kind des anderen Ehegatten alleine annehmen kann, wodurch das Kind dann die rechtliche Stellung eines gemeinsamen Kindes erhält. Letztlich bestimmt Satz 4, dass die Annahme durch einen Ehegatten auch dann zulässig ist, wenn der andere Ehegatte noch nicht das 21. Lebensjahr vollendet hat oder geschäftsunfähig ist. Ein Verstoß gegen Abs. 2 macht jedoch eine erfolgte Adoption nicht unwirksam[9].

5   Neben diesen formalen Voraussetzungen ist zu beachten, dass die Voraussetzungen nach Abs. 1 erfüllt sein müssen und durch die Adoption ein Eltern-Kind-Verhältnis entsteht. Insbes. sind für die Gesamtbeurteilung alle Erkenntnisse heranzuziehen, die einer positiven Prognose zu Grunde zu legen sind. Die Anforderungen in der Praxis der Jugendämter und Anspruchsvoraussetzungen nach der Kommentarliteratur sind oft als überhöht zu bewerten und spiegeln ein Idealbild des Annehmenden wider, dem leibliche Eltern meist nicht entsprechen können.

---

1   § 1697a.
2   Vgl. LG Saarbrücken Beschl. 26.09.2008 – Az. 5 T 187/08.
3   Adelsname.
4   OLG Bremen OLGR 2006, 510–512.
5   § 1618.
6   BGBl. 3396.
7   § 9 Abs. 6, 7 LPartG.
8   BVerfG 1 BvF 3/05.
9   OLG Düsseldorf Beschl. v. 11.10.2007 Az. I-3 Wx 179/07, 3 Wx 179/07.

Das Wohl des Kindes und die für eine Adoption zu beachtenden Grundsätze stehen einer Inko- 6
gnito-Adoption nicht entgegen, wenn dadurch Streit und Auseinandersetzungen zu Lasten des
Kindes vermieden werden können.

Lebt das anzunehmende Kind in einer Pflegefamilie, wird die Annahme durch einen Dritten stets 7
dann auszuschließen sein, wenn durch die Herausnahme für das Kind keine nachhaltige Verbesserung zu erwarten ist. Wenn zur Begründung auf die Verbleibensanordnung nach § 1632 Abs. 4
verwiesen wird[10] wird übersehen, dass die von Amts wegen oder auf Antrag zu treffende Verbleibensanordnung nur für das Herausverlangen durch die Eltern eine Regelung enthält. Trotz des
Elternrechts auf Herausgabe des Kindes ggü. den Pflegeeltern gebietet das Wohl des Kindes das
Anordnen des Verbleibens bei den Pflegeeltern, wenn und solange das Kindeswohl durch die
Wegnahme gefährdet würde.

C. Verfahrensrechtliche Hinweise

Ein Adoptionsverfahren wird ausschließlich durch einen Antrag eingeleitet, der von demjenigen 8
gestellt wird, der ein Kind annehmen möchte. Das weitere Verfahren richtet sich nach den Regeln
des FamFG[11]. Das Familiengericht ermittelt von Amts wegen, was jedoch den oder die Antragsteller nicht von einer Mitwirkungspflicht befreit. Auch das Jugendamt ist in die Amtsermittlung eingebunden, denn es ist nach § 194 FamFG zu allen wesentlichen Vorgängen anzuhören. Das
Jugendamt kann nach § 188 Abs. 2 FamFG auch auf Antrag am Verfahren beteiligt werden.
Soweit dies zur Wahrung der Interessen eines Minderjährigen erforderlich ist hat das FamG ihm
einen Verfahrensbeistand zu bestellen[12].

Die Beteiligten werden für die verschiedenen Verfahren in § 188 FamFG enumerativ aufgelistet. 9
Das FamG kann von Amts wegen keine einstweilige Anordnung erlassen, da die Adoption nur auf
Antrag durchgeführt wird[13].

Die Pflichten des Jugendamtes im Rahmen eines Adoptionsverfahrens ergeben sich auch aus § 189 10
FamFG und den §§ 50, 51 SGB VIII. Neben der Mitwirkung im Adoptionsverfahren wird auch
die Unterstützung des Adoptionswilligen geregelt. Die Tätigkeit des Jugendamtes, ob aufgrund
der Vorschriften des FamFG oder des SGB VIII, ist kosten- und gebührenfrei.

§ 1742 Annahme nur als gemeinschaftliches Kind

**Ein angenommenes Kind kann, solange das Annahmeverhältnis besteht, bei Lebzeiten eines
Annehmenden nur von dessen Ehegatten angenommen werden.**

Die Vorschrift verbietet die Kettenadoption, d.h. die Weitergabe des angenommenen Kindes an 1
andere Adoptionsbewerber. Wird das Annahmeverhältnis aufgelöst, steht einer erneuten Adoption
nichts im Wege. Das Rechtsverhältnis endet zweifelsfrei durch Aufhebung der Adoption[1]. Es endet
nicht, wenn der allein adoptierende Ehegatte verstirbt, da der Überlebende nach wie vor Eltern-
rechte besitzt, denn Eheleute können nur gemeinsam ein Kind adoptieren bzw. nur das Kind des
anderen Ehegatten[2]. Heiratet der Überlebende wieder, kann jedoch der neue Ehegatte das Kind

---

10 AnwK/Finger § 1741 Rn. 11 mit umfangreichen Literaturnachweisen.
11 §§ 186 ff.
12 § 191 FamFG.
13 § 51 Abs. 1 FamFG.
 1 § 1759.
 2 §§ 1677, 1680 Abs. 1.

adoptieren mit der Rechtsfolge, dass das Kind jetzt zu beiden Ehegatten die Rechtsbeziehung eines leiblichen Kindes hat.

2   Das Bestehen eines Annahmeverhältnisses steht auch einer Eheschließung entgegen[3].

§ 1743   Mindestalter

[1]Der Annehmende muss das 25., in den Fällen des § 1741 Abs. 2 Satz 3 das 21. Lebensjahr vollendet haben. [2]In den Fällen des § 1741 Abs. 2 Satz 2 muss ein Ehegatte das 25. Lebensjahr, der andere Ehegatte das 21. Lebensjahr vollendet haben.

1   Um eine Eltern-Kind-Bindung nach der Vorgabe des § 1741 I 1 feststellen zu können erlaubt das Gesetz den Ausspruch der Adoption erst mit der Vollendung des 25. Lebensjahres des Annehmenden. Die Vollendung des 21. Lebensjahres ist jedoch dann ausreichend, wenn das leibliche Kind des anderen Ehegatten angenommen werden soll. Wollen Eheleute gemeinsam ein Kind annehmen, muss einer von Ihnen mindestens das 25, der andere das 21. Lebensjahr vollendet haben. Mit diesen Altersgrenzen hat der Gesetzgeber auch zum Ausdruck bringen wollen, dass nicht nur das Alter der Annehmenden als solches ausschlaggebend ist, sondern auch, dass eine gewisse Reife, ein abgerundetes Persönlichkeitsbild gefordert wird. Einem iS dieser Vorschriften Eltern-Kind-Bindung steht grds auch ein großer Altersunterschied zum Kind ebenso entgegen wie aus sonstigen Tatsachen abzuleitende Unreife. Auch persönliche oder wirtschaftliche Probleme in der Ehe können Anlass sein, die Annahme nicht zu genehmigen.

§ 1744   Probezeit

Die Annahme soll in der Regel erst ausgesprochen werden, wenn der Annehmende das Kind eine angemessene Zeit in Pflege gehabt hat.

A. Grundlagen

1   Um die Voraussetzungen einer Adoption zu prüfen, insb. die Eignung zur Adoption und das Entstehen einer Eltern-Kind-Bindung, soll das Kind zunächst eine angemessene Zeit zur Pflege desjenigen gegeben werden, der die Adoption anstrebt. Diese Probezeit ist nicht zwingend notwendig, kann jedoch nur dann entfallen, wenn auf andere Weise eine korrekte Prüfung der Adoptionsvoraussetzungen möglich ist. Grds. wird eine Probezeit entfallen, wenn die Adoption des Kindes des Ehepartners beabsichtigt ist. Die Dauer der Probezeit ist nicht bestimmt. Im Falle einer Annahme unmittelbar oder zeitlich nah zur Geburt des Kindes wird auf sie ganz verzichtet werden können, nach Vollendung des dritten Lebensjahres ist sie jedoch unverzichtbar.

B. Regelungsumfang

2   Die Adoptionspflege ist in den §§ 44–49 SGB VIII geregelt[1]; eine Pflegeerlaubnis ist in diesem Fall nicht erforderlich[2]. Wurde die Zustimmung der Eltern zur Adoption erteilt, rechtskräftig ersetzt oder bei alleiniger elterlicher Sorge die Zustimmung zur Adoption erteilt, wird das Jugend-

---

3 § 1307.

1 DIJuF-Rechtsgutachten JAmt 2006, 339.

2 § 49 Abs. 1 SGB IX.

amt zum Amtsvormund des Kindes. Mit Aufnahme des Kindes in den Haushalt der Pflegeeltern haften diese vorrangig hinsichtlich des Unterhaltes[3]. Die Pflegeperson hat in Angelegenheiten des täglichen Lebens das Vertretungsrecht, hat den Arbeitsverdienst des Kindes zu verwalten sowie Unterhalts-, Versicherungs-, Versorgungs- und sonstige Sozialleistungen für das Kind geltend zu machen[4]. Dieses Recht kann durch das Jugendamt als Amtsvormund oder durch gerichtliche Entscheidung eingeschränkt werden[5].

§ 1745 Verbot der Annahme

[1]Die Annahme darf nicht ausgesprochen werden, wenn ihr überwiegende Interessen der Kinder des Annehmenden oder des Anzunehmenden entgegenstehen oder wenn zu befürchten ist, dass Interessen des Anzunehmenden durch Kinder des Annehmenden gefährdet werden. [2]Vermögensrechtliche Interessen sollen nicht ausschlaggebend sein.

A. Grundlagen

Eine Adoption erfordert nach § 1741 die besondere Berücksichtigung des Kindeswohls. § 1745 **1** verlangt im Rahmen der Gesamtprüfung auch die Einbeziehung wichtiger Interessen sonstiger Beteiligter. Im Vordergrund stehen immaterielle Interessen, was sich aus Satz 2 ableitet. Dies bedeutet jedoch nicht, dass vermögensrechtliche Interessen keine Auswirkungen haben, denn eine Adoption hat schon aufgrund des Rechtsaktes erhebliche wirtschaftliche Auswirkungen, so des Erbrechtes und auch hinsichtlich der Unterhaltspflichten. Aufgrund der Gesetzessystematik soll aber eine Adoption nicht alleine an wirtschaftlichen Interessen scheitern.

B. Anhörung des Kindes

Sowohl aus dem ausdrücklich erwähnten Interesse des Kindes als auch aus dem Grundsatz, dass **2** die Adoption dem Wohl des Kindes dienen muss[1], folgt, dass das anzunehmende Kind Subjekt und nicht Objekt des Verfahrens ist. Dies hat zur Folge, dass die jeweiligen Interessenlagen und Absichten, so gut sie auch gemeint sein mögen, zurückstehen müssen, wenn und soweit das Kindeswohl entgegensteht. Das Familiengericht hat sich deshalb zunächst mit dem Kind zu beschäftigen und ist grds. gezwungen, das Kind persönlich anzuhören, denn § 192 FamFG erfordert die Anhörungspflicht für alle Verfahren, die die Personen- oder Vermögensinteressen des Kindes betreffen.

Die Anhörung hat persönlich zu erfolgen und ist eine besondere Form der Sachaufklärung[2]. **3**

Der Richter hat die Anhörung persönlich durchzuführen als Ausfluss von Art. 6 GG[3], sollte **4** jedoch bei Unklarheiten oder aufgrund besonderer Umstände auch einen Sachverständigen zuziehen oder nach einer Anhörung ein Gutachten in Auftrag geben, denn gerade im Adoptionsverfahren ist es von besonderer Wichtigkeit, dass Neigungen ebenso wie Aversionen klar und nachvollziehbar festgestellt werden. Diese Feststellung entscheidet im Einzelfall letztlich darüber, ob eine Adoption überhaupt stattfindet oder zu unterbleiben hat. Je älter ein Kind ist, desto größere Bedeutung hat die Anhörung. Von einer Anhörung eins minderjährigen Beteiligten kann das

---

3 § 1751 Abs. 4.
4 § 1688.
5 § 1688 Abs. 3.
1 § 1741 Abs. 1 Satz 1.
2 Keidel/Kuntze/Winkler/Engelhardt FGG § 50b Rn. 3.
3 BVerfG FamRZ 2007, 1078.

FamG absehen, wenn Nachteile für seine Entwicklung, Erziehung oder Gesundheit zu befürchten

sind. Auch kann die Anhörung unterbleiben, wenn wegen des geringen Alters eine Aufklärung nicht zu erwarten ist. Die Rechtsprechung geht grundsätzlich von einer Anhörungspflicht ab Vollendung des 3. Lebensjahres aus[4].

5   Auch hat das Kind ab Vollendung des 14. Lebensjahres ein eigenes Beschwerderecht[5]. Das eigene Beschwerderecht verlangt auch, dass alle Verfügungen und Entscheidungen, gegen die Rechtsmittel oder Rechtsbehelfe gegeben sind, auch dem Kind zuzustellen sind. Vollendet das Kind erst nach der Verkündung der Entscheidung das 14. Lebensjahr, steht ihm ein eigenes Rechtsmittel nicht zu; erfolgt die Mitteilung der Entscheidung durch Zustellung, kommt es auf diesen Stichtag an.

6   Das das Adoptionsverfahren nur auf Antrag durchgeführt wird entfällt die Berechtigung des Gerichtes, von Amts wegen Eilmaßnahmen zu verfügen. Hier für ist grundsätzlich auch keine Notwendigkeit erkennbar.

7   Der Verstoß gegen die Anhörungspflicht macht eine Verfügung oder Entscheidung nur anfechtbar, da es sich um einen Verfahrensfehler und nicht um eine konstitutive Genehmigung handelt. Der Verfahrensfehler ist mit einem Rechtsmittel anfechtbar und stellt keinen Aufhebungsgrund i.S.v. § 1760 dar.

§ 1746   Einwilligung des Kindes

(1) [1]Zur Annahme ist die Einwilligung des Kindes erforderlich. [2]Für ein Kind, das geschäftsunfähig oder noch nicht 14 Jahre alt ist, kann nur sein gesetzlicher Vertreter die Einwilligung erteilen. [3]Im Übrigen kann das Kind die Einwilligung nur selbst erteilen; es bedarf hierzu der Zustimmung seines gesetzlichen Vertreters. [4]Die Einwilligung bedarf bei unterschiedlicher Staatsangehörigkeit des Annehmenden und des Kindes der Genehmigung des Familiengerichts; dies gilt nicht, wenn die Annahme deutschem Recht unterliegt.

(2) [1]Hat das Kind das 14. Lebensjahr vollendet und ist es nicht geschäftsunfähig, so kann es die Einwilligung bis zum Wirksamwerden des Ausspruchs der Annahme gegenüber dem Familiengericht widerrufen. [2]Der Widerruf bedarf der öffentlichen Beurkundung. [3]Eine Zustimmung des gesetzlichen Vertreters ist nicht erforderlich.

(3) Verweigert der Vormund oder Pfleger die Einwilligung oder Zustimmung ohne triftigen Grund, so kann das Familiengericht sie ersetzen; einer Erklärung nach Absatz 1 durch die Eltern bedarf es nicht, soweit diese nach den §§ 1747, 1750 unwiderruflich in die Annahme eingewilligt haben oder ihre Einwilligung nach § 1748 durch das Familiengericht ersetzt worden ist.

A. Grundlagen

1   Da das Kind und sein Wohlergehen zentral im Fokus des Verfahrens zu stehen haben, ist grds. die Zustimmung des Kindes erforderlich[1]. Erst ab einem Alter von 14 geht das Gesetz davon aus, dass Reife und Verständnis des Kindes so ausgeprägt sind, dass seiner Entscheidung grds. Bedeutung zukommt. Einwilligung und Zustimmung bedürfen der Beurkundung. Insoweit und hinsichtlich der weiteren Voraussetzungen für die Wirksamkeit bzw. Unwirksamkeit wird auf § 1750 und die Erläuterungen verwiesen.

---

4   Völker in jurisPR-FamR 14/2009 Anm. 2 m.N.
5   § 60 FamFG.
1   Abs. 1 Satz 1.

B. Einzelregelung

I. Einwilligung des Kindes

Unabhängig vom Alter des Kindes verlangt Abs. 1 Satz 1 die Einwilligung des Kindes. Hat es das 14. Lebensjahr noch nicht vollendet, erteilt die Einwilligung ausschließlich der gesetzliche Vertreter. Bei nichtehelicher Geburt muss das Familiengericht prüfen, ob eine Sorgerechtserklärung nach § 1626a erfolgt ist. Aufgrund der Mitteilungspflicht nach § 1626d darf sich das Familiengericht im Rahmen seiner Amtsermittlung nicht auf die Erklärung der Mutter verlassen, sondern wird entweder eine Bescheinigung nach § 58a SGB VIII verlangen oder aber vom zuständigen Jugendamt nach § 87c SGB VIII eine Auskunft einholen. **2**

Nach Vollendung des 14. Lebensjahres gelten diese Voraussetzungen weiter, wenn das Kind geschäftsunfähig ist. Ansonsten kann es ab diesem Alter die Einwilligung nur selbst erteilen, die jedoch zur Wirksamkeit der Zustimmung des gesetzlichen Vertreters bedarf. Fehlt die Einwilligung, führt dies nur unter der Voraussetzung des § 1760 und nur auf Antrag zur Aufhebung der Adoption. **3**

Keiner Einwilligung oder Zustimmung bedarf es, wenn die Eltern nach §§ 1747, 1750 unwiderruflich in die Annahme eingewilligt haben oder eine Ersetzung nach § 1748 erfolgt ist. **4**

II. Genehmigung des Familiengerichts

In den Fällen des Abs. 1 bedürfen weder die Einwilligung noch die Zustimmung einer gerichtlichen Bestätigung oder Genehmigung. Nur wenn die Annehmenden und das Kind unterschiedlicher Staatsangehörigkeit sind, bedarf es der Genehmigung durch das Familiengericht. Es prüft von Amts wegen insbes unter Beachtung der Art. 22, 23 EGBGB, welches Recht zu beachten ist. Stellt es fest, dass die Annahme nach deutschem Recht erfolgt, bedarf es keiner Genehmigung. Eine diesbezügliche Feststellung, die den Beteiligten zugänglich gemacht wird, ist empfehlenswert. **5**

III. Widerruf

Bis zur Wirksamkeit der Adoption kann das Kind mit Vollendung des 14. Lebensjahres – sofern es nicht geschäftsunfähig ist – die Einwilligung widerrufen. Dieses Recht ist an keine Bedingung oder Begründung gebunden. Der Widerruf hat gegenüber dem Familiengericht zu erfolgen. Im Gegensatz zur Einwilligung bedarf der Widerruf der öffentlichen Beurkundung. Die Form soll sicherstellen, dass der Minderjährige durch den Notar oder sonstige Urkundsperson über die Rechtswirkung belehrt wird, der Widerruf nicht leichtfertig erfolgt. Der Widerruf ist unabhängig davon, wer die nach Abs. 1 geforderte Einwilligung erklärt hat, zulässig. Eine Zustimmung des gesetzlichen Vertreters bedarf es nicht. **6**

IV. Ersetzung der Einwilligung oder Zustimmung

Steht die gesetzliche Vertretung einem Vormund oder Pfleger zu und verweigert dieser die Einwilligung oder Zustimmung, kann diese Erklärung durch das Familiengericht ersetzt werden. Die Ersetzung ist unzulässig, wenn ein triftiger Grund für die Verweigerung vorliegt. Einer Ersetzung bedarf es nicht in den Fällen der §§ 1747, 1750, wenn also in die Annahme unwiderruflich eingewilligt worden war. **7**

Verweigern die Eltern eine notwendige Zustimmung oder Einwilligung, erfolgt die Ersetzung nur nach § 1747. **8**

C. Verfahrensrechtliche Hinweise

9   Zur Beurkundung des Widerrufs nach Abs. 2 sind neben den Notaren auch die Jugendämter nach § 59 Abs. 1 Nr. 6 SGB VIII berufen; diese ist kostenfrei.

10   Die Ersetzung der Einwilligung oder Zustimmung durch das Familiengericht erfolgt von Amts wegen, also ohne Antrag in Abweichung von der Ersetzung der Einwilligung der Eltern nach § 1747.

11   Beschwerdebefugt sind der jeweilige Antragsteller, das Kind ab Vollendung des 14. Lebensjahres und jeder Beteiligte, der von der gerichtlichen Verfügung betroffen ist[2].

§ 1747   Einwilligung der Eltern des Kindes

(1) ¹Zur Annahme eines Kindes ist die Einwilligung der Eltern erforderlich. ²Sofern kein anderer Mann nach § 1592 als Vater anzusehen ist, gilt im Sinne des Satzes 1 und des § 1748 Abs. 4 als Vater, wer die Voraussetzung des § 1600d Abs. 2 Satz 1 glaubhaft macht.

(2) ¹Die Einwilligung kann erst erteilt werden, wenn das Kind acht Wochen alt ist. ³Sie ist auch dann wirksam, wenn der Einwilligende die schon feststehenden Annehmenden nicht kennt.

(3) ¹Sind die Eltern nicht miteinander verheiratet und haben sie keine Sorgeerklärungen abgegeben,

1.   kann die Einwilligung des Vaters bereits vor der Geburt erteilt werden;
2.   darf, wenn der Vater die Übertragung der Sorge nach § 1672 Abs. 1 beantragt hat, eine Annahme erst ausgesprochen werden, nachdem über den Antrag des Vaters entschieden worden ist;
3.   kann der Vater darauf verzichten, die Übertragung der Sorge nach § 1672 Abs. 1 zu beantragen. ²Die Verzichtserklärung muss öffentlich beurkundet werden. ³§ 1750 gilt sinngemäß mit Ausnahme von Absatz 4 Satz 1.

(4) Die Einwilligung eines Elternteils ist nicht erforderlich, wenn er zur Abgabe einer Erklärung dauernd außer Stande oder sein Aufenthalt dauernd unbekannt ist.

A. Grundlagen

1   »Die Pflege und Erziehung der Kinder ist das natürliche Recht der Eltern und die zuvörderst ihnen obliegende Pflicht. Über ihre Betätigung wacht die staatliche Gemeinschaft.« Aufgrund dieser Bestimmung des Grundgesetzes in Art. 6 Abs. 2 und der Gleichstellung des ehelichen mit dem nichtehelichen Kind in Abs. 4 folgt, dass die Eltern eines Kindes einer Adoption zustimmen müssen, denn mit deren Wirksamkeit verlieren sie ihre grundrechtlich geschützten Rechte. Die Ersetzung der Zustimmung ist auf Ausnahmen beschränkt[1]. Aus der Gesamtregelung ergibt sich auch, dass sonstige Personen, gleich wie nah sie verwandtschaftlich zu dem Kind stehen, nicht in die Einwilligung einbezogen sind, auch wenn durch die Annahme Rechte – z.B. Erbrecht – davon unmittelbar oder mittelbar berührt und verändert werden.

---

2   §§ 59, 60 FamFG.
1   § 1748.

B. Einzelregelungen

I. Grundsatz und Vaterschaft (Abs. 1)

Ausgehend von dem Grundsatz, dass die Eltern – also Vater und Mutter – der Annahme zustim- 2
men müssen-, stellt die Vorschrift zunächst auf diese Elternschaft ab. Da die Kindesmutter immer
feststeht[2], wird hinsichtlich der Vaterschaft auf die gesetzliche Regel des § 1592 Bezug genommen.
Der Mann, der im Zeitpunkt der Geburt mit der Mutter verheiratet ist, ebenso der Mann, der
wirksam die Vaterschaft anerkannt hat, und auch derjenige, dessen Vaterschaft rechtskräftig festgestellt wurde, muss grds. der Annahme zustimmen. Entscheidend ist der rechtliche Status als Vater,
weitere Wirkungen, z.B. gemeinsame elterliche Sorge[3], sind hingegen ohne Bedeutung.

Steht ein Mann als Vater nach diesen gesetzlichen Regeln nicht fest, ist auch derjenige im Adopti- 3
onsverfahren zu beteiligen, der glaubhaft macht, dass er der Kindesmutter während der Empfängniszeit beigewohnt hat. Die Rechte des biologischen Vaters wurden aufgrund der Entscheidung
des BVerfG v. 09.04.2003 – Az. 1 BvR 1493/96 und 1 BvR 1724/01 durch das Gesetz v.
23.04.2005[4] wesentlich verändert und die Vorschriften über die Vaterschaftsanfechtung und -fest-
stellung grdl verändert. Vorrang hat jede Vaterschaft, die nach § 1592 vermutet wird. Wenn hiernach keine Vaterschaft festgestellt ist, kommt derjenige in Betracht, der seine Vaterschaft glaubhaft macht.

Diese gesetzliche Änderung bedingt es, dass im Zweifel das Familiengericht durch Beweisauf- 4
nahme zu klären hat, ob ein Mann als Vater in Betracht kommt oder nicht. Ein Verweisen auf das
Anfechtungs- oder Feststellungsverfahren ist nicht möglich. Wenn jedoch auch das Anfechtungs-
und Feststellungsverfahren anhängig ist kann es im Einzelfall wegen der statusrechtlichen Wirkungen gegenüber jedermann zweckmäßig sein, die Rechtskraft der Anfechtung und Feststellung
abzuwarten, insb., wenn dadurch keine Verzögerungen zu erwarten sind. Unerheblich ist, ob die
Mutter die Behauptung des Mannes stützt oder ihr entgegentritt, denn nur im Vaterschaftsfestel-
lungsverfahren hat ihre Einwilligung rechtliche Bedeutung.

Ist der Vater unbekannt, weil die Mutter seinen Namen nicht preisgibt oder ihn nicht kennt, wird 5
das Vormundschaftsgericht die angemessen erscheinenden Nachfragen tätigen. Kann auch hierdurch ein Mann nicht als Vater ermittelt werden oder bestreitet ein Mann die Vaterschaft, entfällt
seine Mitwirkung. Zwangsmittel gegen die Mutter, den vermutlichen Vater zu benennen, sieht das
Gesetz nicht vor, ebenso wenig Zwangsmittel gegen denjenigen, der als Vater in Betracht kommen
könnte (Stuttg FamRZ 92, 1469).

II. Fristablauf

Um Übereilung möglichst zu vermeiden, verlangt das Gesetz, dass die Geburt des Kindes mindes- 6
tens acht Wochen zurückliegt. Eine zeitlich davor erteilte Einwilligung ist nichtig, da sie gegen ein
gesetzliches Verbot verstößt[5], und muss deshalb nach Fristablauf erneut erteilt werden. Aufgrund
der Regelung in Satz 2 ist unerheblich, ob die Einwilligung der Mutter vor Stellung eines Adoptionsantrages erteilt wird oder erst danach.

III. Ausnahmebestimmungen des Abs. 3

Bei nichtehelicher Geburt kann die Mutter auch den Vater als Sorgeberechtigten bestimmen nach 7
§ 1626a. Ist dies nicht erfolgt, bestimmt Nr. 1, dass die Einwilligung in eine Adoption durch den

---

2 § 1591.
3 § 1626a.
4 BGBl. I 598.
5 § 138.

Vater schon vor der Geburt des Kindes erteilt werden kann. Da noch kein Vater feststeht, gelten insoweit die Regelungen des Abs. 1 für die Vermutung der Vaterschaft entsprechend.

8   Hat der nichteheliche Vater die Sorgerechtsübertragung auf sich beantragt, muss ein laufendes Adoptionsverfahren nach Nr 2 bis zum rechtskräftigen Abschluss ausgesetzt werden. Vorrang hat in diesem Fall stets das Sorgerechtsverfahren nach § 1672 I. Der Zustimmung der Mutter bedarf es in diesem Fall nicht, denn § 1751 I 6 bestimmt für diesen Fall, dass alleine der Antrag des Vaters auf Sorgerechtsübertragung ausreicht. Das Gesetz betont durch diese Regelung das grundrechtlich geschützte Elternrecht und erst, wenn dies nicht greift, kommt eine Annahme durch Dritte in Betracht. Die Rechtskraft des Sorgerechtsverfahrens ist abzuwarten.

9   Auch eine Beschwerde beim Europäischen Gerichtshof für Menschenrechte gegen eine negative Sorgerechtsentscheidung ist von den Instanzgerichten zu beachten. Nach der Entscheidung des BVerfG[6] erstreckt sich die Bindungswirkung einer solchen Entscheidung auf alle staatlichen Organe und verpflichtet diese grds., im Rahmen ihrer Zuständigkeit und ohne Verstoß gegen die Bindung an Gesetz und Recht[7] einen fortdauernden Konventionsverstoß zu beenden und einen konventionsgemäßen Zustand herzustellen[8].

10   Auf sein Recht, die Übertragung der elterlichen Sorge auf sich zu beantragen und mit diesem das Annahmeverfahren zu blockieren, kann der Vater auch durch ausdrückliche Erklärung verzichten. Damit entfällt zwar die Sperrwirkung nach Nr. 2, die Einwilligung ist jedoch weiterhin notwendig und ggf. nach § 1748 zu ersetzen. Notwendig ist die Beurkundung des Verzichts und Zugang beim Familiengericht. Durch die Verweisung auf § 1750 und die ausdrückliche Ausnahme von Abs. 4 Satz 1 ist der Verzicht nicht an ein spezielles Adoptionsverfahren gebunden, gilt vielmehr generell.

11   Bei Rücknahme oder Abweisung eines Adoptionsantrages gilt der Verzicht weiter und erfasst auch ein neues Annahmeverfahren, wenn z.B. andere Pflegeeltern einen Antrag stellen. Zu beachten ist aber, dass der Verzicht nach drei Jahren wirkungslos wird.

§ 1748   Ersetzung der Einwilligung eines Elternteils

(1) [1]Das Familiengericht hat auf Antrag des Kindes die Einwilligung eines Elternteils zu ersetzen, wenn dieser seine Pflichten gegenüber dem Kind anhaltend gröblich verletzt hat oder durch sein Verhalten gezeigt hat, dass ihm das Kind gleichgültig ist, und wenn das Unterbleiben der Annahme dem Kind zu unverhältnismäßigem Nachteil gereichen würde. [2]Die Einwilligung kann auch ersetzt werden, wenn die Pflichtverletzung zwar nicht anhaltend, aber besonders schwer ist und das Kind voraussichtlich dauernd nicht mehr der Obhut des Elternteils anvertraut werden kann.

(2) [1]Wegen Gleichgültigkeit, die nicht zugleich eine anhaltende gröbliche Pflichtverletzung ist, darf die Einwilligung nicht ersetzt werden, bevor der Elternteil vom Jugendamt über die Möglichkeit ihrer Ersetzung belehrt und nach Maßgabe des § 51 Abs. 2 des Achten Buches Sozialgesetzbuch beraten worden ist und seit der Belehrung wenigstens drei Monate verstrichen sind; in der Belehrung ist auf die Frist hinzuweisen. [2]Der Belehrung bedarf es nicht, wenn der Elternteil seinen Aufenthaltsort ohne Hinterlassung seiner neuen Anschrift gewechselt hat und der Aufenthaltsort vom Jugendamt während eines Zeitraums von drei Monaten trotz angemessener Nachforschungen nicht ermittelt werden konnte; in diesem Falle beginnt die Frist mit der ersten auf die Belehrung und Beratung oder auf die Ermittlung des Aufenthaltsorts gerichteten

---

6 *FamRZ* 2004, 1857 Görgülü.
7 Art. 20 Abs. 3 GG.
8 JurisPR-FamR 22/04 Anm. 1 Pilati; Völker Kind-Prax 2004, 215.

Handlung des Jugendamts. [3]Die Fristen laufen frühestens fünf Monate nach der Geburt des Kindes ab.

(3) Die Einwilligung eines Elternteils kann ferner ersetzt werden, wenn er wegen einer besonders schweren psychischen Krankheit oder einer besonders schweren geistigen oder seelischen Behinderung zur Pflege und Erziehung des Kindes dauernd unfähig ist und wenn das Kind bei Unterbleiben der Annahme nicht in einer Familie aufwachsen könnte und dadurch in seiner Entwicklung schwer gefährdet wäre.

(4) In den Fällen des § 1626a Abs. 2 hat das Familiengericht die Einwilligung des Vaters zu ersetzen, wenn das Unterbleiben der Annahme dem Kind zu unverhältnismäßigem Nachteil gereichen würde.

A. Grundlagen

Für die Annahme eines Kindes ist die Einwilligung der Eltern nach § 1747 erforderlich. Im Hinblick auf das verfassungsrechtlich geschützte Elternrecht kann nur in Ausnahmefällen die Zustimmung ersetzt werden. In der Praxis wird häufig das Verfahren nach § 1666 überhaupt erst der Anstoß für die Herausnahme des Kindes aus dem Elternhaushalt sein und als Folge hiervon die Einleitung eines Annahmeverfahrens. **1**

Die Ersetzung ist immer dann nicht zulässig, wenn das Kind auch ohne Adoption nicht in einem Heim untergebracht werden muss, vielmehr in einer Familie – auch Pflegefamilie, die es ggf. adoptieren will – aufwachsen kann[1]. **2**

B. Regelungsumfang

I. Antragsverfahren

Das Ersetzungsverfahren setzt stets einen Antrag des Kindes voraus. Die Regelungen des § 1746 gelten entsprechend. Dies bedeutet, dass mit Vollendung des 14. Lebensjahres das Kind selbst entscheidet, der gesetzliche Vertreter jedoch zustimmen muss. Da gerade in Fällen der Ersetzung häufig ein Interessenkonflikt bestehen wird, muss in diesen Fällen ein Verfahrensbeistand[2] für das Kind bestellt werden. Die Bestellung muss speziell für diesen Fall erfolgen, denn Pflegschaften allgemein erstrecken sich auf diese Fallgestaltung nicht[3]. Die Ersetzung der Zustimmung strahlt zwar in das Adoptionsverfahren aus und ist eine der vielen Voraussetzungen für eine wirksame Annahme, jedoch ist das Ersetzungsverfahren ein eigenständiges Verfahren[4]. Dies erschließt sich aus der Wortwahl in § 187 Abs. 1 FamFG, wonach die örtliche Zuständigkeit für die Verfahren nach § 186 Nr. 1 bis 3 FamFG geregelt wird. Die Zuständigkeit kann daher mit der des Annahmegerichtes auseinander fallen. Der Beschluss muss begründet werden, da er rechtsmittelfähig ist und erst mit Rechtskraft Wirkung entfalten kann. Erst mit Eintritt der Unanfechtbarkeit ersetzt der Beschluss die Willenserklärung des Elternteils, dessen Zustimmung oder Einwilligung erforderlich ist[5]. **3**

---

1 NJW 1997, 585.
2 § 191 FamFG.
3 OLG Stuttgart FamRZ 2004, 542.
4 §§ 186 Nr. 2, 198 Abs. 1 FamFG.
5 § 198 Abs. 1 FamFG.

II. Anhaltende gröbliche Pflichtverletzung (Abs. 1)

4   Eine Ersetzung ist nur dann zulässig, wenn der Elternteil seine gegenüber dem Kind bestehenden Pflichten gröblich und anhaltend verletzt. Liegen die Voraussetzungen nach § 1666 vor, werden diese grds. auch für die Ersetzung anzunehmen sein. Gröblich ist eine Pflichtverletzung stets dann, wenn Grundbedürfnisse eines Kindes gefährdet werden. Neben der objektiven Pflichtverletzung bedarf es auch der Feststellung, dass subjektiv ein Mindestmaß an Einsichtsfähigkeit besteht, denn der Elternteil muss das Unrecht seiner Handlungsweise erkennen können[6]. Im Einzelfall genügt auch ein einmaliger Vorgang, jedoch muss er so schwerwiegend sein, dass es nicht mehr verantwortet werden kann, das Kind wieder seiner Obhut anzuvertrauen. Eine besonders schwere Pflichtverletzung ist anzunehmen, wenn der Vater die Kindesmutter getötet hat[7].

III. Gleichgültigkeit (Abs. 1, 2)

5   Neben der gröblichen Pflichtverletzung erwähnt das Gesetz ausdrücklich als eigenständigen Ersetzungstatbestand die Gleichgültigkeit des Elternteils gegenüber dem Kind. Keine Gleichgültigkeit ist gegeben, wenn der Elternteil Handlungen unterlässt in der eigenen Überzeugung, damit den Interessen des Kindes zu entsprechen. Auch setzt ein Unterlassen oder Tun stets voraus, dass dieses Verhalten nicht aufgrund objektiver Umstände letztlich notwendig oder unausweichlich ist. Stets ist die Feststellung erforderlich, dass das Verhalten auf Gleichgültigkeit beruht. Im Hinblick auf die Regelungen im SGB VIII, insb. der §§ 16 bis 21, wird immer erst das Angebot der Beratung und Hilfestellung erforderlich sein. Das ernsthafte und nachhaltige Ablehnen solcher Angebote, die Verweigerung der Mitarbeit bei einem Hilfeplan und die Fortsetzung des bisherigen, dem Kindeswohl schädigenden Verhaltens wird erst die Feststellung der Gleichgültigkeit ermöglichen.

6   Eine Ersetzung bedarf weiterhin noch die Feststellung, dass das Unterbleiben der Annahme dem Kind unverhältnismäßige Nachteile gereichen würde. Kann diese Feststellung nicht erfolgen, sind andere Maßnahmen im Interesse des Kindes zu ergreifen, eine Ersetzung kommt dann jedoch nicht in Betracht. Das Jugendamt muss den Elternteil nicht nur über die Hilfemöglichkeiten des SGB VIII belehren, sondern auch darüber, unter welchen Voraussetzungen eine Ersetzung der Einwilligung möglich ist. Damit soll erreicht werden, dass dem Elternteil bewusst wird, dass er objektiv gegen grds. Kindesinteressen verstößt. In der Belehrung ist auch darauf hinzuweisen, dass erst nach Ablauf von drei Monaten eine Ersetzung zulässig ist. Damit wird dem Elternteil Gelegenheit gegeben, sein Verhalten zu überdenken und zu ändern.

7   Von einer nachhaltigen, das Kindeswohl schädigenden Gleichgültigkeit geht das Gesetz in den Fällen aus, in denen der Elternteil ohne Hinterlassen einer Anschrift seinen Aufenthaltsort wechselt. Auch hier geht das Gesetz von einer Frist von drei Monaten aus, knüpft den Beginn der Frist jedoch an den Tag, an dem angemessene Nachforschungen zur Feststellung des Aufenthaltes eingeleitet wurden. Die Einleitung der Aufenthaltsermittlung ist für den Fristbeginn jedoch nur dann ausreichend, wenn diese Tätigkeit – zumindest auch – dem Zweck dient, den Elternteil zu beraten und zu belehren i.S.d. Adoptionsrechts. Fehlt diese Zweckbestimmung bei einer Aufenthaltsermittlung, beginnt die Frist nicht zu laufen. Zu beachten ist ergänzend, dass der Fristablauf frühestens fünf Monate nach Geburt des Kindes eintreten kann.[8] Da erst bei einer Abwesenheit von mehr als drei Monaten eine Ersetzung zulässig ist, bedeutet diese ergänzende Fristregelung, dass zwar die angemessene Nachforschung zwecks Feststellung des Aufenthaltsortes des Elternteils schon unmittelbar nach der Geburt eines Kindes eingeleitet werden darf, die Ersetzung dann aber bis zum fünften Monat abgewartet werden muss.

---

6   BayObLG FamRZ 1999, 1688.
7   OLG Brandenburg Beschl. v. 15.03.2007 Az. 11 Wx 43/06.
8   S. 3.

IV. Sonstige Ersetzungsgründe (Abs. 3)

In Fällen einer besonders schweren psychischen Krankheit oder besonders schweren geistigen oder **8** seelischen Behinderungen eines Elternteils bedarf es der ergänzenden Feststellung, dass der Elternteil zur Pflege und Erziehung des Kindes dauernd unfähig ist. Insoweit fehlt es an einem vorwerfbaren Verhaltens des Elternteils, wie es in den Fallgestaltungen des Abs. 1 oder Abs. 2 gefordert wird.

V. Ersetzung bei nichtehelicher Vaterschaft

Ist ein Kind nichtehelich geboren und wurde keine gemeinsame elterliche Sorge begründet, kann **9** die Zustimmung des Vaters ersetzt werden. Ein nachteiliges Verhalten des Vaters gegenüber dem Kind i.S.v. Abs. 1 oder Abs. 2 ist nicht erforderlich. Ausreichend ist die Feststellung, dass das Unterbleiben der Annahme dem Kind unverhältnismäßige Nachteile bereiten würde[9]. Verfassungsrechtlichen Bedenken ist der BGH[10] durch eine verfassungskonforme Auslegung entgegengetreten. Das Unterbleiben der Adoption gereicht dem Kind nur dann zu unverhältnismäßigem Nachteil, wenn die Adoption einen so erheblichen Vorteil für das Kind bieten würde, dass ein sich verständig um sein Kind sorgender Elternteil auf der Erhaltung des Verwandtschafsbandes nicht bestehen würde[11].

Das BVerfG[12] hat diese Rspr. des BGH ausdrücklich als zutreffend bestätigt und dahingehend **10** ergänzt, dass nicht generell von einer sozialen Beziehung auszugehen ist. Auf Seiten des Vaters ist nach dieser bestätigten Rspr. u.a. zu erwägen, ob und inwieweit ein gelebtes Vater-Kind-Verhältnis bestehe oder bestanden habe oder welche Gründe den Vater an dem Aufbau oder an der Aufrechterhaltung eines solchen Verhältnisses gehindert hätten.

§ 1749   Einwilligung des Ehegatten

(1) [1]Zur Annahme eines Kindes durch einen Ehegatten allein ist die Einwilligung des anderen Ehegatten erforderlich. [2]Das Familiengericht kann auf Antrag des Annehmenden die Einwilligung ersetzen. [3]Die Einwilligung darf nicht ersetzt werden, wenn berechtigte Interessen des anderen Ehegatten und der Familie der Annahme entgegenstehen.

(2) Zur Annahme eines Verheirateten ist die Einwilligung seines Ehegatten erforderlich.

(3) Die Einwilligung des Ehegatten ist nicht erforderlich, wenn er zur Abgabe der Erklärung dauernd außer Stande oder sein Aufenthalt dauernd unbekannt ist.

A. Grundlagen

Da die Annahme auch die Interessen des Ehegatten betreffen kann, ist grds. auch seine Einwilli- **1** gung erforderlich. Aber auch beim Annehmenden entstehen neue Pflichten, die in ihren Auswirkungen auch den Ehepartner betreffen können. Zu denken ist besonders an Unterhaltspflichten oder aber die Erbrechtsfolge.

---

9 S.o.
10 FamRZ 2005, 1781.
11 Krit. Lipp JZ 2006, 96.
12 FamRZ 2006, 1355 mit Anm. Rösler/Reimann.

B. Regelungsumfang

I. Alleinige Annahme (Abs. 1)

2 Ausgehend von dem Grundsatz, dass ein Ehepaar nur gemeinsam ein Kind annehmen kann, § 1741 Abs. 2 Satz 1, bestimmt Abs. 1, dass bei Annahme nur durch einen Ehegatten die Zustimmung des anderen erforderlich ist. Betroffen ist von dieser Regelung nur die Stiefkindadoption, die nach § 1741 Abs. 2 Satz 3 erlaubt ist.

3 Aber auch eine Annahme eines fremden Kindes ist zulässig, setzt aber voraus, dass der Ehegatte das Kind nicht annehmen kann, weil er geschäftsunfähig ist oder das 21. Lebensjahr noch nicht vollendet hat[1]. Es bedarf jedoch nach Abs. 3 keiner Einwilligung, wenn der andere Ehegatte zur Abgabe der Erklärung dauernd außerstande oder sein Aufenthalt dauernd unbekannt ist[2].

II. Annahme eines Verheirateten (Abs. 2)

4 Der seltene Fall der Annahme eines verheirateten Kindes regelt Abs. 2. Mangels einer Verweisung in § 1768 bedarf es auch bei der Volljährigenannahme der Einwilligung des Ehepartners. Eine Ersetzung der Einwilligung ist nicht vorgesehen, denn der Bestand der Ehe und deren Erhalt werden als vorrangig erachtet und sollen nicht durch eine Adoption beeinträchtigt werden.

III. Ersetzung der Einwilligung

5 Nach Abs. 1 Satz 2 und 3 kann durch das Familiengericht die Einwilligung des anderen Ehegatten ersetzt werden. Diese Möglichkeit ist beschränkt auf die Anwendungsfälle des Abs. 1, kommt also nicht bei Abs. 2 in Betracht. Erforderlich ist ein Antrag. Fehlt dieser, scheitert die Adoption wegen der fehlenden Einwilligung, die dann auch nicht ersetzt werden darf.

6 Liegen die Voraussetzungen nach Abs. 3 nicht vor, kann eine Ersetzung nur erfolgen, wenn berechtigte Interessen des anderen Ehegatten und der Familie der Annahme nicht entgegenstehen. Im Gegensatz zur Ersetzung anderer Einwilligungen stellt das Gesetz an die Interessen des anderen Ehegatten keine besonders hohen Anforderungen. Dies hat zur Folge, dass die Ersetzung nur ausnahmsweise erfolgen darf, insbes wenn also die Verweigerung der Zustimmung schikanös oder willkürlich ist. Es sind alle Umstände aufgrund der Amtsermittlung in die Beurteilung einzubeziehen. Der schon erfolgte Wechsel des Kindes in eine Pflegefamilie, die das Kind mit dem Ziel der Adoption aufgenommen hat, wird ebenso zu berücksichtigen sein wie auch die häuslichen Verhältnisse des verweigernden Ehegatten. Da die Einwilligung nicht am Beginn des Adoptionsverfahrens stehen muss, sollte zunächst die Eingliederung in die Pflegefamilie erfolgen, um nach einer gewissen Dauer auch die gewachsenen Bindungen des Kindes berücksichtigen zu können, die dann gegen die berechtigten Interesse des anderen Ehegatten abzuwägen sind.

C. Verfahrensrechtliche Hinweise

7 Nach dem Gesetzeswortlaut ist alleine der Annehmende zur Stellung des Ersetzungsantrages berechtigt. Dem Kind oder anderen Ehegatten steht deshalb weder ein Antrags- noch Beschwerderecht zu. Das Verfahren der Ersetzung ist ebenso wie das nach § 1748 ein besonderes Verfahren, nicht also Teil des Adoptionsverfahrens.

---

1 § 1741 Abs. 2 Satz 3.
2 Abs. 3.

§ 1750 Einwilligungserklärung

(1) [1]Die Einwilligung nach §§ 1746, 1747 und 1749 ist dem Familiengericht gegenüber zu erklären. [2]Die Erklärung bedarf der notariellen Beurkundung. [3]Die Einwilligung wird in dem Zeitpunkt wirksam, in dem sie dem Familiengericht zugeht.

(2) [1]Die Einwilligung kann nicht unter einer Bedingung oder einer Zeitbestimmung erteilt werden. [2]Sie ist unwiderruflich; die Vorschrift des § 1746 Abs. 2 bleibt unberührt.

(3) [1]Die Einwilligung kann nicht durch einen Vertreter erteilt werden. [2]Ist der Einwilligende in der Geschäftsfähigkeit beschränkt, so bedarf seine Einwilligung nicht der Zustimmung seines gesetzlichen Vertreters. [3]Die Vorschrift des § 1746 Abs. 1 Satz 2, 3 bleibt unberührt.

(4) [1]Die Einwilligung verliert ihre Kraft, wenn der Antrag zurückgenommen oder die Annahme versagt wird. [2]Die Einwilligung eines Elternteils verliert ferner ihre Kraft, wenn das Kind nicht innerhalb von drei Jahren seit dem Wirksamwerden der Einwilligung angenommen wird.

A. Grundlagen

Notwendig für eine Adoption sind die Einwilligung des Kindes, der leiblichen Eltern und, falls das Kind verheiratet ist, seines Ehegatten. Die Vorschrift regelt nur die Form und den Zeitpunkt und die Zeitdauer der Wirksamkeit und setzt die besonderen Regeln für die Einwilligung der vorhergehenden Vorschriften voraus. **1**

B. Zugang (Abs. 1 Satz 1, 3)

Die Einwilligungen nach den Vorschriften der §§ 1746, 1747 und 1749 sind gegenüber dem Familiengericht abzugeben. Aus dieser besonderen Regelung ergibt sich, dass es sich um vom Adoptionsverfahren getrennte Verfahren handelt. Entscheidend ist der Zugang der Erklärung. Unerheblich ist, wer die Erklärung in den Verfügungsbereich des Familiengerichts verbringt. Wirksamkeitsvoraussetzung ist auch, dass das Familiengericht zuständig ist. Dies bestimmt sich nach § 187 FamFG. Keine Schwierigkeiten für die Zuständigkeitsbestimmung ergeben sich, wenn ein Adoptionsantrag schon vorliegt. Ist dies nicht der Fall oder handelt es sich um eine Inkognito-Adoption, muss das Gericht, bei dem die Einwilligungserklärung eingeht, von Amts wegen prüfen, ob es der richtige Empfänger ist[1]. Ist das Gericht örtlich unzuständig, hat es die Erklärung an das zuständige Gericht weiterzuleiten. Da die Wirksamkeit voraussetzt, dass die Erklärung beim zuständigen Gericht eingeht, wird bei Abgabe oder Weiterleitung die Einwilligung erst mit Zugang beim zuständigen Familiengericht wirksam. **2**

Liegt beim Gericht noch kein Antrag auf Adoption vor, ist dies unschädlich, denn eine bestimmte Reihenfolge ist gesetzlich nicht vorgeschrieben. Nur im Falle der Einwilligung eines Elternteils verliert diese ihre Kraft, wenn nicht binnen drei Jahren seit dem Wirksamwerden der Einwilligung – also Zugang beim Familiengericht – die Adoption erfolgt ist. Die Einwilligung kann jedoch mehrfach wiederholt werden und ein eingeleitetes, aber noch nicht abgeschlossenes Adoptionsverfahren muss nicht neu eingeleitet werden bei Ablauf der Kraft der Einwilligung, denn entscheidend kommt es darauf an, dass im Zeitpunkt der Adoption alle Wirksamkeitsvoraussetzungen vorliegen. Zu beachten ist auch, dass die elterliche Sorge nicht automatisch an den Elternteil zurückfällt, vielmehr muss das Familiengericht über eine Rückübertragung oder anderweitigen Regelung entscheiden[2]. **3**

---

1 OLG Hamm DNotZ 1987, 308.
2 § 1751 Abs. 3.

C. Formerfordernis

4 Nur die Einwilligungserklärungen der §§ 1746, 1747, 1749 bedürfen der notariellen Beurkundung. Diese richtet sich nach den §§ 8 ff. BeurkG, kann aber kraft ausdrücklicher gesetzlicher Regelung ersetzt werden durch eine Beurkundung beim Jugendamt nach § 59 SGB VIII. Wohl seltener wird die Einwilligung auch in einem gerichtlichen Protokoll erklärt werden[3], wobei insb. die §§ 160 Abs. 3 Satz 1, 162 Abs. 1 ZPO beachtet werden müssen.

5 Das Formerfordernis erfasst nicht nur den Beurkundungsvorgang selbst, sondern verlangt auch, dass die Urschrift oder eine Ausfertigung derselben dem Familiengericht zugeht. Die Ausfertigung ersetzt im Rechtsverkehr die Urschrift[4].

6 Für eine Vielzahl von Erklärungen sind im Adoptionsverfahren andere Formerfordernisse aufgestellt sind. Wenn keine besondere Form für eine Erklärung verlangt wird, ist Schriftform erforderlich[5], denn nur so kann die Tatsache der Abgabe der Erklärung dokumentiert werden, sofern die Erklärung nicht in einem Verfahrensprotokoll enthalten ist; in diesem Fall sind die entsprechend Protokollierungsregeln zu beachten.

D. Sonstige Voraussetzungen (Abs. 2, 3)

7 Rein formal bestimmt Abs. 2 Satz 1, dass die Einwilligung nicht unter einer Bedingung oder Zeitbestimmung erteilt werden kann. Enthält die Urkunde eine unzulässige Einschränkung, entfaltet sie nicht die nach dem Gesetz erforderliche Wirkung und ist zurückzuweisen bzw. durch eine inhaltlich gültige Erklärung zu ersetzen. Ist die Zustimmung wirksam erteilt, ist sie unwiderruflich. Da die Wirksamkeit erst mit Zugang beim Familiengericht gegeben ist, kann bis dahin noch ein Widerruf Erfolg haben.

8 Von der Unwiderruflichkeit gibt es nur in den Fällen des § 1746 Abs. 2 eine Ausnahme: das minderjährige über 14 Jahre alte Kind darf die Einwilligung widerrufen ohne Angabe von Gründen. Sein Widerrufsrecht erlischt mit dem Ausspruch der Annahme.

9 Nach Abs. 3 ist eine Abgabe mittels Vertreter untersagt. Auch der beschränkt Geschäftsfähige kann die Einwilligung alleine erteilen und es bedarf nicht der Zustimmung des gesetzlichen Vertreters. Dies gilt nicht für die Einwilligung durch den gesetzlichen Vertreter, wenn das Kind noch nicht 14 ist und für die Zustimmung des gesetzlichen Vertreters nach dieser Altersgrenze.

E. Rücknahme und Fristen

10 Einwilligungen sind, da sie ohne Bedingung oder Zeitbestimmung erteilt werden müssen, unbegrenzt wirksam. Da sie jedoch nicht für jeden Fall der Annahme, sondern nur für ein konkretes Verfahren erteilt werden dürfen, entfällt die Wirkung der Einwilligung, wenn der Adoptionsantrag zurückgenommen oder rechtskräftig abgewiesen wird. Entscheidend ist nicht der Erlass einer ablehnenden Entscheidung, sondern deren Rechtskraft. Eine Besonderheit besteht für die Einwilligung des Elternteils, die ihre Kraft verliert, wenn nicht innerhalb von 3 Jahren seit Wirksamwerden die Adoption erfolgt ist, jedoch kann diese Einwilligung mehrfach erneuert werden.

---

3 § 127a.
4 § 43 BeurkG.
5 § 126.

§ 1751 Wirkung der elterlichen Einwilligung, Verpflichtung zum Unterhalt

(1) [1]Mit der Einwilligung eines Elternteils in die Annahme ruht die elterliche Sorge dieses Elternteils; die Befugnis zum persönlichen Umgang mit dem Kind darf nicht ausgeübt werden. [2]Das Jugendamt wird Vormund; dies gilt nicht, wenn der andere Elternteil die elterliche Sorge allein ausübt oder wenn bereits ein Vormund bestellt ist. [3]Eine bestehende Pflegschaft bleibt unberührt. [4]Für den Annehmenden gilt während der Zeit der Adoptionspflege § 1688 Abs. 1 und 3 entsprechend. [5]Hat die Mutter in die Annahme eingewilligt, so bedarf ein Antrag des Vaters nach § 1672 Abs. 1 nicht ihrer Zustimmung.

(2) Absatz 1 ist nicht anzuwenden auf einen Ehegatten, dessen Kind vom anderen Ehegatten angenommen wird.

(3) Hat die Einwilligung eines Elternteils ihre Kraft verloren, so hat das Vormundschaftsgericht[1] die elterliche Sorge dem Elternteil zu übertragen, wenn und soweit dies dem Wohl des Kindes nicht widerspricht.

(4) [1]Der Annehmende ist dem Kind vor den Verwandten des Kindes zur Gewährung des Unterhalts verpflichtet, sobald die Eltern des Kindes die erforderliche Einwilligung erteilt haben und das Kind in die Obhut des Annehmenden mit dem Ziel der Annahme aufgenommen ist. [2]Will ein Ehegatte ein Kind seines Ehegatten annehmen, so sind die Ehegatten dem Kind vor den anderen Verwandten des Kindes zur Gewährung des Unterhalts verpflichtet, sobald die erforderliche Einwilligung der Eltern des Kindes erteilt und das Kind in die Obhut der Ehegatten aufgenommen ist.

A. Grundlagen

Die Einwilligung in die Adoption durch einen Elternteil oder beide Eltern zerschneidet begrifflich   1
das enge Band, das zum Kind besteht. Um das weitere Verfahren nicht zu stören, muss der Einwilligung schon eine klar umrissene Wirkung zugeordnet werden.

B. Regelungsumfang

I. Sorgerecht (Abs. 1)

Die elterliche Sorge oder elterliche Verantwortung[2] ist eine grundrechtlich geschützte Rechtsstel-   2
lung. Wenn und soweit ein Elternteil oder beide Eltern durch freiwillige Erklärung bereit sind, dieses Recht an Dritte abzugeben, trifft das Gesetz die Regelung dahingehend, dass die Rechtsstellung des Elternteils ruht[3]. Die elterliche Sorge geht auf das Jugendamt als Vormund über. Dies gilt nur dann nicht, wenn schon ein Vormund bestellt ist.

Steht die elterliche Sorge beiden Eltern zu und hat nur ein Elternteil seine Einwilligung erteilt,   3
übt der andere Elternteil das Sorgerecht alleine aus. Dies entspricht den Regeln über das Ruhen bei rechtlichem Hindernis[4] und Ruhen bei tatsächlichem Hindernis[5]. Nicht erforderlich ist, dass die elterliche Sorge uneingeschränkt bestand, denn eine Einschränkung durch Pflegschaft[6] ist ohne Relevanz, wie sich aus der ausdrücklichen Regelung, dass eine Pflegschaft bestehen bleibt, ergibt.

---

1 Müsste lauten: Familiengericht (Anm. Autor).
2 EU-VO Nr. 2201/03 Einleitung Nr. 6.
3 Satz 1.
4 § 1673.
5 § 1674.
6 § 1630.

4   Die Amtsvormundschaft tritt als Rechtsfolge der wirksamen Einwilligung ein. Die Stellung als Amtsvormund weist das Jugendamt ausschließlich dadurch nach, dass es die Bestätigung des Familiengericht besitzt. In allen sonstigen Fällen der Errichtung einer Vormundschaft bedarf es noch der förmlichen Bestallung nach § 1791. Das Jugendamt übt die Amtsvormundschaft nicht als Behörde aus, sondern hat einem Beamten oder Angestellten der Dienststelle die Ausübung der Aufgaben zu übertragen[7].

5   Sind die Eltern nicht miteinander verheiratet und wurde keine gemeinsame elterliche Sorge nach § 1626a begründet, kann der Kindesvater auch ohne Zustimmung der Mutter die Übertragung der elterlichen Sorge auf sich beantragen[8]; dieser Antrag verhindert bis zu seinem rechtskräftigen Abschluss eine Adoption[9]. Ruht die elterliche Sorge der Mutter, weil diese der Adoption zugestimmt hat, bedarf ein Antrag des Vaters auf Übertragung der alleinigen elterlichen Sorge nicht mehr ihrer Zustimmung. In einem solchen Fall ist dem Antrag des Vaters unter Beachtung der Europäischen Menschenrechtskonvention schon dann stattzugeben, die die Übertragung der elterlichen Sorge auf den Vater dem Wohl des Kindes »entspricht«[10].

II. Adoptionspflege

6   Befindet sich das Kind bei Pflegeeltern, die es mit dem Ziel der Adoption in ihren Haushalt aufgenommen haben[11], entscheiden sie über Angelegenheiten des täglichen Lebens. Diese Vorschrift ist weitgehend inhaltsgleich mit § 1687, die die Vertretung bei getrennt lebenden Eltern bei bestehender gemeinsamer elterlicher Sorge regelt. Die Rspr. ist teilweise sehr eng und betrachtet als erheblich schon einen Auslandsurlaub von durchschnittlicher Dauer[12]. Die Abgrenzung wird im Einzelfall problematisch sein, ist aber für die Pflegefamilie deshalb geringfügig einfacher in der Handhabung, da dem Amtsvormund als Inhaber der elterlichen Sorge ein vorrangiges Bestimmungsrecht zukommt[13].

III. Stiefkindadoption (Abs. 2)

7   Will ein Ehegatte das Kind des anderen Ehegatten annehmen, sind die in Abs. 1 bestimmten Einschränkungen nicht erforderlich, weshalb Abs. 2 sie ausdrücklich für nicht anwendbar erklärt. Zu beachten sind verfassungsrechtliche Voraussetzungen der Ersetzung der Einwilligung des nichtehelichen Vaters bei Stiefkindadoptionen[14].

IV. Sorgerechtsentscheidung (Abs. 3)

8   Die Einwilligung eines Elternteils verliert nach § 1750 Abs. 4 ihre Wirkung, wenn entweder der Antrag zurückgenommen, rechtskräftig abgewiesen wird oder bei alleiniger elterlicher Sorge die Adoption nicht innerhalb von drei Jahren erfolgt ist. Bedingt dadurch, dass nicht die Unwirksamkeit der Einwilligung eintritt, sondern die Einwilligung nur ihre Kraft verliert, verbleibt es zunächst hinsichtlich der elterlichen Sorge dabei, dass die Amtsvormundschaft weiter bestehen bleibt. Jedoch hat das Familiengericht dem anderen Elternteil die elterliche Sorge zu übertragen, wenn und soweit dies dem Kindeswohl entspricht.

---

7   § 55 Abs. 2 SGB VIII.
8   § 1672.
9   § 1747 Abs. 3 Nr. 2.
10   Fall Görgülü – BGH Beschl. v. 26.09.2007 – Az. XII ZHB 229/06.
11   § 1744.
12   OLG Naumburg FamRZ 2000, 1241.
13   § 1688 Abs. 3.
14   Heitmann jurisPR-FamR 1/06 Anm. 2.

Aufgrund der Eingliederung der Adoption in das Familienrecht ist für die Einwilligung als auch   9
Änderung der elterlichen Sorge ausschließlich das Familiengericht zuständig.

C. Unterhaltspflicht

Die wirtschaftlich wohl stärkste Auswirkung hat die Einwilligung auf die Unterhaltspflicht. Das   10
Gesetz stellt auf die Einwilligung als solche und die Eingliederung des Kindes beim Annehmenden ab. Sind beide Voraussetzungen erfüllt, ist der Annehmende vorrangig vor den Eltern zur
Unterhaltsgewährung verpflichtet. Voraussetzung ist aber, dass es sich um eine Adoptionspflege
handelt, denn § 1688 Abs. 1 bestimmt für die Pflegeeltern generell, dass sie u.a. auch Unterhaltsleistungen für das Kind geltend zu machen berechtigt und verpflichtet sind. Im Falle der Adoptionspflege kommt im Einzelfall auch die Geltendmachung von Unterhalt gegenüber den Eltern in
Betracht, jedoch nur dann, wenn die Leistungsfähigkeit der Pflegeeltern erschöpft ist. Diese
Grundsätze gelten auch im Falle der Stiefkindadoption[15].

Mit Aufnahme des Kindes in die Obhut des Annehmenden erhält dieser auch die Berechtigung   11
auf Geltendmachung aller Sozialleistungen oder sonstigen staatlichen Leistungen. Dies ergibt sich
aus der Bezugnahme in Abs. 1 Satz 5 auf die Regelungen in § 1688 Abs. 1 und 3. Erziehungs- und
Kindergeld gehören hierzu ebenso und das Kind wird in die Familienversicherung des SGB V einbezogen.

§ 1752   Beschluss des Familiengerichts, Antrag

(1) Die Annahme als Kind wird auf Antrag des Annehmenden vom Familiengericht ausgesprochen.

(2) [1]Der Antrag kann nicht unter einer Bedingung oder einer Zeitbestimmung oder durch einen
Vertreter gestellt werden. [2]Er bedarf der notariellen Beurkundung.

A. Antragserfordernis

Eingeleitet wird das Verfahren auf Annahme eines Kindes durch einen förmlichen Antrag des   1
Annehmenden. Der Antrag darf nicht unter einer Bedingung gestellt werden. Die Hinzufügung
jeder Bedingungen oder Zeitbestimmungen ist unzulässig. Die Vorschrift selbst enthält keine
Bestimmung darüber, welcher konkrete Inhalt erforderlich ist. Aus § 1753 Abs. 1 folgt aber, dass
der Antrag auf ein bestimmtes Kind bezogen sein muss. Auch sollte der Annehmende eindeutig
zum Ausdruck bringen, dass er in einem Eltern-Kind-Verhältnis leben möchte, da dies Voraussetzung für eine Adoption ist. Die Beurkundung durch einen Notar ist vorgeschrieben. Aufgrund der
Enumeration in § 95 SGB VIII darf das Jugendamt diesen Antrag nicht beurkunden. Ob auch
eine gerichtliche Protokollierung ausreicht[1], wird wohl zu verneinen sein.

B. Entscheidung

Liegen alle Voraussetzungen für eine Annahme vor, entscheidet das Familiengericht durch Beschluss.   2
Nach Beschluss über die Annahme als Kind[2] muss die Entscheidung die Rechtsgrundlage der
Annahme enthalten. Wurde die Zustimmung eines Elternteils nach § 1747 Abs. 4 für nicht erforder-

---

15   S. 2.
 1   § 127a.
 2   § 197 FamFG.

lich gehalten, muss dies aus den Gründen ausdrücklich hervorgehen. Er ist erst mit Zustellung an den Annehmenden wirksam, dann aber auch unanfechtbar[3]. Ist der Annehmende verstorben wird die Annahme mit Zustellung an das Kind wirksam und unanfechtbar. Da der Beschluss unanfechtbar ist entfällt eine Belehrung über ein Rechtsmittel[4].

C. Verfahrensrechtliche Hinweise

3   Rechtsmittel oder Rechtsbehelfe sind aufgrund der Unabänderbarkeit durch das Gericht nur denkbar für den Fall, dass der Antrag zurückgewiesen wird. In diesem Fall ist beschwerdeberechtigt nach § 59 FamFG, wer durch den Beschluss in seinen Rechten beeinträchtigt wird. Im Gegensatz hierzu steht das Verfahren auf Aufhebung der Adoption[5], bei dem erst mit Rechtskraft des Beschlusses die Wirkungen entfallen.

§ 1753   Annahme nach dem Tod

(1) Der Ausspruch der Annahme kann nicht nach dem Tode des Kindes erfolgen.

(2) Nach dem Tode des Annehmenden ist der Ausspruch nur zulässig, wenn der Annehmende den Antrag beim Familiengericht eingereicht oder bei oder nach der notariellen Beurkundung des Antrags den Notar damit betraut hat, den Antrag einzureichen.

(3) Wird die Annahme nach dem Tode des Annehmenden ausgesprochen, so hat sie die gleiche Wirkung, wie wenn sie vor dem Tode erfolgt wäre.

1   Ist das Kind verstorben, bevor die Annahme wirksam geworden ist, ist die Annahme rechtlich ausgeschlossen, da das Ziel der Förderung des Kindeswohls nicht mehr erreicht werden kann.

2   Verstirbt der Annehmende, bevor die Wirksamkeit eingetreten ist, geht die Regelung grds. davon aus, dass die Annahme wirksam erfolgt ist[1]. Das Kind erhält damit den Status, den es durch die Adoption auch erhalten sollte, insb. auch das Erbrecht. Voraussetzung für die Wirksamkeit nach dem Versterben des Annehmenden ist, dass sein Antrag im Zeitpunkt des Todes schon beim Gericht vorliegt. Ausreichend ist auch, dass der beurkundende Notar schon in dem Antrag oder aber auch danach damit betraut wurde, den Antrag beim Familiengericht einzureichen. Wird erst nach dem Tode des Erblassers die Adoption ausgesprochen, so wird das bisher als gesetzlicher Alleinerbe geltende nichteheliche Kind des Erblassers nur zum Erbersatzanspruchsberechtigten gegenüber der adoptierten Alleinerbin. Dies gilt auch im Erbschaftssteuergesetz[2].

§ 1754   Wirkung der Annahme

(1) Nimmt ein Ehepaar ein Kind an oder nimmt ein Ehegatte ein Kind des anderen Ehegatten an, so erlangt das Kind die rechtliche Stellung eines gemeinschaftlichen Kindes der Ehegatten.

(2) In den anderen Fällen erlangt das Kind die rechtliche Stellung eines Kindes des Annehmenden.

---

3   § 197 Abs. 2 FamFG.
4   § 58 FamFG; jurisPR-FamR 22/2009 Anm. 4 Friederici.
5   § 198 Abs. 2 FamFG.
1   Abs. 3.
2   FG München EFG 2006, 1337.

(3) Die elterliche Sorge steht in den Fällen des Absatzes 1 den Ehegatten gemeinsam, in den Fällen des Absatzes 2 dem Annehmenden zu.

Die Wirkung der Annahme wird differenziert geregelt für den Fall der gemeinsamen Annahme **1** durch Eheleute einerseits und die Annahme durch eine Einzelperson. Im Falle der gemeinsamen Annahme erhält das Kind die rechtliche Stellung eines gemeinsamen Kindes[1]. Die elterliche Sorge steht, wie bei ehelicher Geburt eines Kindes, beiden Eltern gemeinsam zu[2].

Nimmt eine Einzelperson ein Kind an, so erhält das Kind die rechtliche Stellung eines Kindes des **2** Annehmenden. Im Falle der Stiefkindadoption ist damit dieselbe Rechtssituation geschaffen wie bei einer gemeinsamen Annahme durch Eheleute.

Die Wirkungen werden nur in Bezug auf den oder die Annehmenden erwähnt, die Folge der grds. **3** Änderung der Rechtsstellung ist aber, dass hinsichtlich der leiblichen Eltern alle rechtlichen Verbindungen in demselben Umfang beendet, wie sie für die Annehmenden begründet werden. Insoweit werden die weiteren Wirkungen in den §§ 1755 ff. im Einzelnen einer besonderen Regelung unterworfen.

Die erbrechtliche Stellung eines Kindes nach Adoption in einer registrierten gleichgeschlechtlichen **4** Partnerschaft aufgrund von § 9 Abs. 7 LPartG wirft auch verfassungsrechtliche Probleme auf[3]. Mit Wirksamkeit der Annahme erlischt eine Vormundschaft, weil die Voraussetzungen entfallen[4]. Auswirkungen können auch im Recht der Staatsangehörigkeit feststellbar sein, und im Eheschließungsrecht besteht jetzt ein Eheschließungsverbot[5], von dem Befreiung erteilt werden kann. Im letzteren Fall erlischt die Annahmewirkung mit der Eheschließung[6]. Das Namensrecht ist in § 1757 ausdrücklich und abschließend geregelt.

§ 1755 Erlöschen von Verwandtschaftsverhältnissen

(1) [1]Mit der Annahme erlöschen das Verwandtschaftsverhältnis des Kindes und seiner Abkömmlinge zu den bisherigen Verwandten und die sich aus ihm ergebenden Rechte und Pflichten. [2]Ansprüche des Kindes, die bis zur Annahme entstanden sind, insbesondere auf Renten, Waisengeld und andere entsprechende wiederkehrende Leistungen, werden durch die Annahme nicht berührt; dies gilt nicht für Unterhaltsansprüche.

(2) Nimmt ein Ehegatte das Kind seines Ehegatten an, so tritt das Erlöschen nur im Verhältnis zu dem anderen Elternteil und dessen Verwandten ein.

Grundsatz ist, dass mit dem Entstehen der neuen Verwandtschaftsverhältnisse auch die korrespon- **1** dierenden aus der bisherigen Rechtsebene erlöschen. Schon mit der Einwilligung der Eltern wird deren Rechtssituation beschränkt[1], jedoch erlöschen alle Rechte erst mit der wirksamen Annahme. Da mit der Adoption das Kind die rechtliche Stellung erhält, die es mit der Geburt in diesem sozialen Umfeld erworben hätte, erlöschen jedoch nur die Rechtsbeziehungen, die in einem Verhältnis zur Adoption stehen. Erhalten bleiben hingegen diejenigen Rechtsbeziehungen, die zur

1 Abs. 1.
2 Abs. 3.
3 Ausf. Schlütter FF 2005, 234.
4 §§ 1773, 1882.
5 § 1308.
6 § 1766.
1 § 1751.

Annahme in keinem inhaltlichen Verhältnis stehen. Hierzu gehört insbes das Verhältnis zu

Geschwistern, aber auch des Angenommenen zu seinen eigenen Kindern, die ihrerseits trotz Annahme des Elternteils Geschwister bleiben.

2   Das Umgangsrecht der leiblichen Eltern mit dem adoptierten Kind, das schon nach Einwilligung nach § 1751 Abs. 1 Satz 1 ruht, erlischt. Es besteht auch kein Auskunftsanspruch nach § 1686[2] und ebenso kein Umgangsrecht nach § 1686 Abs. 2. Bestehen bleiben aber sonstige Umgangsrechte anderer Bezugspersonen.

3   Ausdrücklich geregelt ist unabhängig hiervon, dass erworbene Ansprüche des Kindes auf Rente, Waisengeld und andere wiederkehrende Ansprüche erhalten bleiben, nicht jedoch Unterhaltsansprüche. Sinn der Regelung ist, dass durch die Adoption das Wohl des Kindes gefördert werden soll, was mit Anspruchsverlust nicht zu vereinbaren wäre. Insbes verliert das Kind keine Rechte, soweit es diese schon vor der Annahme erworben hat, behält also eine angefallene Erbschaft.

§ 1756   Bestehenbleiben von Verwandtschaftsverhältnissen

(1) Sind die Annehmenden mit dem Kind im zweiten oder dritten Grad verwandt oder verschwägert, so erlöschen nur das Verwandtschaftsverhältnis des Kindes und seiner Abkömmlinge zu den Eltern des Kindes und die sich aus ihm ergebenden Rechte und Pflichten.

(2) Nimmt ein Ehegatte das Kind seines Ehegatten an, so erlischt das Verwandtschaftsverhältnis nicht im Verhältnis zu den Verwandten des anderen Elternteils, wenn dieser die elterliche Sorge hatte und verstorben ist.

1   Ausdrücklich bestimmt diese Vorschrift neben den grds. Wirkungen der Adoption gem. den vorstehenden Vorschriften, dass bestimmte Verwandtschaftsverhältnisse durch die Adoption nicht berührt werden. Mit der Annahme erlöschen nach Abs. 1 nur die Rechtsbeziehungen des Kindes, ggf. auch seiner Abkömmlinge, zu den leiblichen Eltern. Zu sonstigen Verwandten bleiben die bisherigen Rechtsbeziehungen erhalten. Erhalten bleiben also die Beziehungen zu eigenen Geschwistern, Onkel und Tanten, ebenso wie zu Großeltern.

2   Bei der Stiefkindadoption nach Versterben des anderen Elternteils erlöschen die verwandtschaftlichen Beziehungen nicht, wenn der verstorbene Elternteil die elterliche Sorge im Zeitpunkt seines Versterbens innehatte. Nicht erforderlich ist die alleinige elterliche Sorge, es genügt auch gemeinsame elterliche Sorge.

§ 1757   Name des Kindes

(1) [1]Das Kind erhält als Geburtsnamen den Familiennamen des Annehmenden. [2]Als Familienname gilt nicht der dem Ehenamen oder dem Lebenspartnerschaftsnamen hinzugefügte Name (§ 1355 Abs. 4; § 3 Abs. 2 des Lebenspartnerschaftsgesetzes).

(2) [1]Nimmt ein Ehepaar ein Kind an oder nimmt ein Ehegatte ein Kind des anderen Ehegatten an und führen die Ehegatten keinen Ehenamen, so bestimmen sie den Geburtsnamen des Kindes vor dem Ausspruch der Annahme durch Erklärung gegenüber dem Familiengericht; § 1617 Abs. 1 gilt entsprechend. [2]Hat das Kind das fünfte Lebensjahr vollendet, so ist die Bestimmung nur wirksam, wenn es sich der Bestimmung vor dem Ausspruch der Annahme durch Erklärung gegenüber dem Familiengericht anschließt; § 1617c Abs. 1 Satz 2 gilt entsprechend.

---

2   OLG Stuttgart OLGR Stuttgart 2006, 788.

(3) Die Änderung des Geburtsnamens erstreckt sich auf den Ehenamen des Kindes nur dann, wenn sich auch der Ehegatte der Namensänderung vor dem Ausspruch der Annahme durch Erklärung gegenüber dem Familiengericht anschließt; die Erklärung muss öffentlich beglaubigt werden.

(4) [1]Das Familiengericht kann auf Antrag des Annehmenden mit Einwilligung des Kindes mit dem Ausspruch der Annahme

1. Vornamen des Kindes ändern oder ihm einen oder mehrere neue Vornamen beigeben, wenn dies dem Wohl des Kindes entspricht;
2. dem neuen Familiennamen des Kindes den bisherigen Familiennamen voranstellen oder anfügen, wenn dies aus schwerwiegenden Gründen zum Wohl des Kindes erforderlich ist.

[2]§ 1746 Abs. 1 Satz 2, 3, Abs. 3 erster Halbsatz ist entsprechend anzuwenden.

A. Grundlagen

Die Rechtsfolgen der Adoption bedürfen einer sehr detaillierten Regelung, und dazu gehört auch das Namensrecht. Als Rechtsfolge der Adoption bestimmt Abs. 1 die Übernahme des neuen Familiennamens, lässt aber in den weiteren Absätzen Gestaltungen zu. Die Gestaltungsmöglichkeiten sind abschließend geregelt. Wird in einem Annahmeantrag eine Gestaltung begehrt, die gesetzlich nicht zugelassen ist, muss das gesamte Verfahren an diesem Mangel scheitern, sofern nicht eine Nachbesserung erfolgt. 1

B. Regelungsumfang

I. Einzel- und gemeinsame Adoption

Im Falle der Einzeladoption erhält das Kind den Namen des Annehmenden. Führt der Annehmende mehrere Namen in zeitlicher Reihenfolge, ist derjenige bestimmend, den er im Zeitpunkt der Wirksamkeit der Annahme führt[1]. Fehlerhafte Bezeichnungen berühren jedoch nicht die Wirksamkeit der Annahme. Es handelt sich beim Namen um eine Rechtsfolge der Adoption mit der Folge, dass z.B. auch der Standesbeamte die fehlerhafte Namensregelung einzutragen verweigern kann[2]. Das Gesetz schließt in Abs. 1 Satz 2 den hinzugefügten Namen als Familiennamen aus. 2

II. Gemeinsame Adoption (Abs. 2)

Nehmen Eheleute ein Kind gemeinsam an und führen sie einen gemeinsamen Ehenamen, erhält auch das Kind diesen. Führen die Ehegatten keinen gemeinsamen Namen, müssen sie den Namen des Kindes[3] vor dem Ausspruch der Annahme gegenüber dem Familiengericht bestimmen. Zu beachten ist, dass ein Kind nach Vollendung des 5. Lebensjahres sich der Namenswahl vor dem Ausspruch der Annahme anschließen muss, damit die Namensgebung wirksam ist. Wird dies übersehen, hat dies auf die Wirksamkeit der Annahme keinen Einfluss, jedoch behält das Kind seinen bisherigen Namen. 3

Erfolgt die Namensgebung bzw. Namenswahl nicht schon in dem zu beurkundenden Annahmeantrag, bedarf die Wahl der öffentlichen Beglaubigung[4]. Die nach Abs. 3 erforderliche Anschluss- 4

---

1 OLG Köln FamRZ 2004, 399; BayObLG FamRZ 2003, 1869.
2 BayObLG FamRZ 1994, 775 Adelsprädikat.
3 Geburtsnamen.
4 § 1617.

erklärung wiederholt inhaltlich die Regelung in § 1617c und verlangt öffentliche Beglaubigung. Mit Zugang beim Familiengericht wird diese Erklärung bindend[5].

III. Namensänderungen (Abs. 4)

5 Wünschen die Adoptierenden eine Namensänderung, kommt sowohl eine Änderung des Vornamens als auch des Familiennamens in Betracht. Erforderlich ist ein vor der Adoption gestellter Antrag, der der Einwilligung des Kindes bedarf. Die Änderung muss im Adoptionsbeschluß enthalten sein, da eine spätere Abänderung unzulässig ist[6]. Ob die Änderung oder Hinzufügung dem Wohl des Kindes widerspricht, kann nicht allgemein zutreffend beantwortet werden. Ein Kind unter 3 Jahren wird von einer Namensänderung oder Ergänzung praktisch nicht betroffen sein. Ebenso wird wohl die Änderung oder Ergänzung zu sehen sein, wenn ein seit längerer Zeit schon geführter weiterer Name rechtlich dem bestehenden Namen hinzugefügt wird.

6 Im Einzelfall kann die Änderung eines Vornamens angezeigt sein, wenn der bisherige negativ belastet ist oder geeignet ist, dass das Kind durch Dritte gehänselt oder aufgezogen wird. Dies gilt auch dann, wenn ein für ein Kleinkind aus der Situation heraus niedlicher Name später nur noch Anlass zu Verwunderung oder Spott geben kann[7].

7 Das Familiengericht kann auf Antrag mit der Annahme gestatten, dass dem neuen Familiennamen der bisherige Familienname vorangestellt oder angefügt wird. Zulässig ist dies jedoch nur, wenn schwer wiegende Gründe dies zum Wohl des Kindes erfordern. Ein Interesse an der Beibehaltung genügt daher nicht. Die Einwilligung des Kindes ist erforderlich, und insoweit verweist die Vorschrift auf § 1746 Abs. 1 Satz 2 und 3 und Abs. 3 Hs. 1 in entsprechender Anwendung.

IV. Form und Verfahren

8 Alle Erklärungen im Rahmen der Namenswahl und Namensänderung bedürfen der öffentlichen Beglaubigung. Diese ist nur dann nicht erforderlich, wenn die Erklärung schon in dem beurkundeten Adoptionsantrag enthalten ist. Eine Änderung nach erfolgter Annahme ist gesetzlich nicht vorgesehen[8]. Unzulässig ist, im Annahmebeschluss auszusprechen, dass das Kind seinen bisherigen Namen weiterführt[9]; der Beschluss ist insoweit wegen Gesetzesverstoßes nichtig, berührt aber die Wirksamkeit der Adoption insgesamt nicht[10].

§ 1758   Offenbarungs- und Ausforschungsverbot

(1) Tatsachen, die geeignet sind, die Annahme und ihre Umstände aufzudecken, dürfen ohne Zustimmung des Annehmenden und des Kindes nicht offenbart oder ausgeforscht werden, es sei denn, dass besondere Gründe des öffentlichen Interesses dies erfordern.

(2) [1]Absatz 1 gilt sinngemäß, wenn die nach § 1747 erforderliche Einwilligung erteilt ist. [2]Das Familiengericht kann anordnen, dass die Wirkungen des Absatzes 1 eintreten, wenn ein Antrag auf Ersetzung der Einwilligung eines Elternteils gestellt worden ist.

---

5 § 1757.
6 AG Nürnberg StAZ 2009, 82.
7 AG Coburg StAZ 1990, 37: lächerlich: »Stompie«; LG Bremen StAZ 1996, 46: unzulässiger Vorname »Frieden mit Gott Allein durch Jesus Christus«.
8 AG Nürnberg StAZ 2009, 82.
9 BayObLG FamRZ 2003, 1869.
10 JurisPraxK/Heiderhoff § 1757 Rn. 11.

A. Grundlagen

Wird durch die Annahme eines Kindes im Verhältnis zum Annehmenden ein Rechtszustand 1
geschaffen, der – wenigstens weitgehend – demjenigen gleicht, der durch Geburt erworben wird,
andererseits die Rechtsbindungen zu den leiblichen Eltern im gleichen Umfang beendet werden,
so ergibt sich aus diesen Veränderungen auch ein Anspruch auf Vertraulichkeit der Vorgänge. Alle
Betroffenen haben einen Anspruch auf Wahrung ihrer Privatheit, und aus diesem Grund besteht
grds. ein Offenbarungs- und Ausforschungsverbot. Aufgrund der gesetzlichen Regelung ergibt sich
hieraus die Zulässigkeit der Inkognito-Adoption.

B. Regelungsumfang

I. Voraussetzungen

Grds. hat niemand ein Recht oder einen Anspruch auf Offenbarung von Tatsachen, die für eine 2
Annahme grdl waren, noch über die Umstände im Einzelfall. Aufgrund der Ausnahmeregelung,
dass ohne Zustimmung des Annehmenden und des Kindes keinerlei Auskünfte erteilt werden dürfen, folgt, dass sich der Anspruch zunächst gegen Dritte richtet, nicht also das Innenverhältnis
Annehmender zum Kind betrifft. Im letztgenannten Verhältnis bestimmt der Annehmende, ob,
wann und in welchem Umfang das Kind von der Tatsache und den Umständen der Adoption
Kenntnis erhält.

Im Außenverhältnis erfolgt eine Offenbarung nur, wenn beide, also Annehmender und das Kind, 3
zustimmen. Diese Wirkungen treten schon ein, sobald die Einwilligung nach § 1747 erteilt ist[1].
Das Familiengericht kann die Wirkungen des Abs. 1 auch schon anordnen, wenn ein Antrag auf
Ersetzung der Einwilligung eines Elternteils gestellt ist.

Das Schweigegebot betrifft alle Personen und Stellen, die im Adoptionsverfahren mitwirken oder 4
sonst auf irgendeine Weise beteiligt sind. Die leiblichen Eltern sind hiervon nicht betroffen, da sie
im Verfahren beteiligt waren bzw. sind und ihnen aufgrund des zu gewährenden rechtlichen
Gehörs alle Tatsachen und Umstände bekannt sind oder bekannt sein können.

II. Besondere öffentliche Interesse

Besondere Gründe des öffentlichen Interesses erlauben die Offenbarung von Tatsachen der Adop- 5
tion auch ohne Zustimmung des Annehmenden und des Kindes. Im Einzelfall wird dies in Strafverfahren zum Tragen kommen. Fraglich ist, ob auch der Umstand, dass ein Elternteil übergangen
wurde, überhaupt unter diese Norm fällt. Während das Adoptionsverfahren noch nicht abgelaufen ist, kann jeder, dessen Mitwirkung in irgendeiner Form erforderlich ist, diese Mitwirkung
anmahnen mit der Folge, dass aufgrund des Amtsermittlungsverfahrens seine Beteiligung und
damit auch Einbeziehung in die Umstände der Adoption erfolgen muss[2]. Besteht keine Bindung
zwischen dem Kind und dem Übergangenen, ist ein Aufhebungsantrag kaum denkbar. In allen
anderen Fällen erfährt der Nichtbeteiligte von der Tatsache der Adoption und kann dann den
Aufhebungsantrag stellen mit der Folge, dass er in diesem Verfahren beteiligt ist.

III. Besondere Auswirkungen

Die Adoption bewirkt auch Eintragungen nach dem Personenstandsgesetz. Grds. ist die Einsicht 6
in die Personenstandsbücher nur bei berechtigtem Interesse zulässig[3]. Das Kind hat nach § 61

---

1 Abs. 2 Satz 1.
2 § 188 FamFG.
3 § 61 Abs. 1 PStG.

Abs. 2 Satz 1 PStG das Recht auf Einsicht, wenn es das 16. Lebensjahr vollendet hat[4], da es ein rechtliches Interesse bezüglich seiner leiblichen Vorfahren hat.

C. Verfahrensrechtliche Hinweise

7   Das Verbot der Ausforschung und Bekanntgabe an Nichtberechtigte ist ein Schutzgesetz i.S.d. zivilrechtlichen Deliktsrechts[5]. Schadensersatzansprüche wegen Verletzung des allg Persönlichkeitsrechts sind vor den Zivilgerichten auszutragen. Soweit Akteneinsicht und/oder Offenbarung von Tatsachen oder Umständen gegenüber der Vermittlungsstelle oder dem Jugendamt begehrt wird, ist bei Verweigerung grds. nur der Verwaltungsrechtsweg gegeben, ebenso bei Einsichtersuchen gegenüber dem Standesamt.

§ 1759   Aufhebung des Annahmeverhältnisses

Das Annahmeverhältnis kann nur in den Fällen der §§ 1760, 1763 aufgehoben werden.

1   Aufgrund der Wirkungen einer Adoption im rechtlichen wie auch sozialen Umfeld ist die Annahme nicht anfechtbar. Sie unterliegt jedoch der Aufhebung, dies jedoch nur in den ausdrücklich normierten Fällen des § 1760[1] und § 1763[2].

2   Aufgrund dieser eindeutigen Regelungen entfallen alle anderen, dem Privatrecht sonst zugehörigen Regeln, wie z.B. Anfechtung einer Willenserklärung, Wegfall oder Störung der Geschäftsgrundlage, um nur einige zu nennen. Diese Einengung ist aber auch erforderlich, denn letztlich bewirkt die Adoption eine Statusänderung, auf die sich jedermann berufen kann. Die Konzentration auf wenige Aufhebungstatbestände wird allgemein bei Statusverfahren beachtet, so bei der Vaterschaftsfeststellung oder -anfechtung oder auch der Scheidung.

3   Auf die Nichtigkeit kann sich hingegen jeder berufen. Um möglichst wenige Fälle der Nichtigkeit zu schaffen, sind die Wirkungen einzelner Rechtsakte innerhalb des Adoptionsverfahrens sehr konkret geregelt und einer Anfechtung entzogen. Fälle von Nichtigkeit sind in der Rspr. nicht bekannt. Das BVerfG[3] hat bei einem Verstoß gegen das rechtliche Gehör ausgeführt, dass der Rechtsfolgeanspruch auf die Verfassungswidrigkeit der angegriffenen Norm oder die Rechtswirkung beschränkt werden kann, wenn die Nichtigkeitserklärung zu schwer erträglichen Folgen führen würde. In einem Adoptionsverfahren wurde nach dieser Entscheidung bei Verstoß gegen das rechtliche Gehör nur die Rechtskraft in Bezug auf den Verletzten beschränkt, damit die versäumte Rechtshandlung nachgeholt werden kann; die Adoptionswirkungen wurden aber ausdrücklich als i.Ü. wirksam belassen. Diese Entscheidung ist zwar zur Volljährigenadoption ergangen, zeigt aber vom Grundsatz her, dass aufgrund der besonderen Wirkungen und unter Abwägung der Interessen aller Beteiligten möglichst auf die Feststellung einer Nichtigkeit verzichtet werden sollte.

---

4   OLG München FamRZ 2006, 61.
5   § 823 Abs. 2.
1   Fehlende Erklärungen.
2   Schwer wiegende Gründe.
3   FamRZ 1994, 493.

§ 1760   Aufhebung wegen fehlender Erklärungen

(1) Das Annahmeverhältnis kann auf Antrag vom Familiengericht aufgehoben werden, wenn es ohne Antrag des Annehmenden, ohne die Einwilligung des Kindes oder ohne die erforderliche Einwilligung eines Elternteils begründet worden ist.

(2) Der Antrag oder eine Einwilligung ist nur dann unwirksam, wenn der Erklärende

a) zur Zeit der Erklärung sich im Zustand der Bewusstlosigkeit oder vorübergehenden Störung der Geistestätigkeit befand, wenn der Antragsteller geschäftsunfähig war oder das geschäftsunfähige oder noch nicht 14 Jahre alte Kind die Einwilligung selbst erteilt hat,

b) nicht gewusst hat, dass es sich um eine Annahme als Kind handelt, oder wenn er dies zwar gewusst hat, aber einen Annahmeantrag nicht hat stellen oder eine Einwilligung zur Annahme nicht hat abgeben wollen oder wenn sich der Annehmende in der Person des anzunehmenden Kindes oder wenn sich das anzunehmende Kind in der Person des Annehmenden geirrt hat,

c) durch arglistige Täuschung über wesentliche Umstände zur Erklärung bestimmt worden ist,

d) widerrechtlich durch Drohung zur Erklärung bestimmt worden ist,

e) die Einwilligung vor Ablauf der in § 1747 Abs. 2 Satz 1 bestimmten Frist erteilt hat.

(3) [1]Die Aufhebung ist ausgeschlossen, wenn der Erklärende nach Wegfall der Geschäftsunfähigkeit, der Bewusstlosigkeit, der Störung der Geistestätigkeit, der durch die Drohung bestimmten Zwangslage, nach der Entdeckung des Irrtums oder nach Ablauf der in § 1747 Abs. 2 Satz 1 bestimmten Frist den Antrag oder die Einwilligung nachgeholt oder sonst zu erkennen gegeben hat, dass das Annahmeverhältnis aufrechterhalten werden soll. [2]Die Vorschriften des § 1746 Abs. 1 Satz 2, 3 und des § 1750 Abs. 3 Satz 1, 2 sind entsprechend anzuwenden.

(4) Die Aufhebung wegen arglistiger Täuschung über wesentliche Umstände ist ferner ausgeschlossen, wenn über Vermögensverhältnisse des Annehmenden oder des Kindes getäuscht worden ist oder wenn die Täuschung ohne Wissen eines Antrags- oder Einwilligungsberechtigten von jemand verübt worden ist, der weder antrags- noch einwilligungsberechtigt noch zur Vermittlung der Annahme befugt war.

(5) [1]Ist beim Ausspruch der Annahme zu Unrecht angenommen worden, dass ein Elternteil zur Abgabe der Erklärung dauernd außer Stande oder sein Aufenthalt dauernd unbekannt sei, so ist die Aufhebung ausgeschlossen, wenn der Elternteil die Einwilligung nachgeholt oder sonst zu erkennen gegeben hat, dass das Annahmeverhältnis aufrechterhalten werden soll. [2]Die Vorschrift des § 1750 Abs. 3 Satz 1, 2 ist entsprechend anzuwenden.

A. Grundlagen

Aufgrund der ins Detail gehenden Regelung werden die allgemeinen Regeln über Willensmängel   1
für nicht anwendbar erklärt, soweit hier eine konkrete, auf das Adoptionsverfahren zugeschnittene Regelung erfolgt ist. Zu beachten ist stets, dass auch bei Feststehen eines Erklärungsmangels dieser nur dann zur Aufhebung führen kann, wenn der Antragsberechtigte innerhalb konkret bestimmter Fristen einen Antrag stellt[1]. Mängel der aufgeführten Art haben nicht die Nichtigkeit zur Folge, sondern nur die Aufhebbarkeit. Grds. will das Gesetz die Annahme bestehen lassen und die Aufhebung auf besonders wichtige Fälle, insbes aus Gründen des Kindeswohls, beschränken.

---

1 § 1762.

B. Regelungsumfang

2   Nach Abs. 1 kann das Familiengericht bei Vorliegen von Mängeln die Annahme aufheben, wenn ein entsprechender Antrag gestellt wird. Auch ohne Antrag ist zum Wohle des Kindes nach § 1763 die Aufhebung von Amts wegen möglich. Zu beachten ist hierbei, dass die bloße Feststellung eines Mangels, gleich welcher Art, grds. nicht ausreicht, die Aufhebung zu begründen. Vielmehr muss das Familiengericht i.d.R. von Amts wegen[2] durchzuführenden Ermessensprüfung feststellen, dass es dem Wohl des Kindes dient, wenn die Annahme aufgehoben wird. Ist dies nicht der Fall, ist die Aufhebung trotz Vorliegens eines Grundes abzulehnen.

I. Erklärungsmängel (Abs. 1)

3   Ein Aufhebungsgrund liegt vor, wenn kein Annahmeantrag vorgelegen hat oder die Annahme ohne die – notwendige – Einwilligung des Kindes oder eines Elternteils erfolgte, ohne dass eine wirksame Ersetzung erfolgte. Die Aufhebung ist nicht zwingend. Wird die fehlende Erklärung oder der Antrag wirksam nachgeholt, entfällt die Aufhebung. Auch wenn in den vorherigen Vorschriften weitere Zustimmungen oder Einwilligungen gefordert werden, ist die Aufhebung auf das Fehlen der ausdrücklich genannten Erklärungen beschränkt. Alle anderen Mängel sind nicht ausreichend, ein Aufhebungsverfahren einzuleiten oder die Aufhebung zu begründen. Insbes. ist also weder die fehlende Zustimmung des Ehegatten noch die Zustimmung zur Einwilligung des Kindes durch den gesetzlichen Vertreter genügend. Auch eine fehlende notarielle Beurkundung oder ein Verstoß gegen sonstige Formvorschriften reichen nicht aus. Unzulässige Bedingungen oder Zeitbefristungen nach § 1752 Abs. 2 sind deshalb für die Wirksamkeit des Beschlusses nach § 1752 Abs. 1 im Ergebnis unschädlich. Ein Adoptionsbeschluss ohne dass die Zustimmung des Ehegatten vorliegt ist zwar fehlerhaft, grundsätzlich aber wirksam und unanfechtbar[3].

II. Willensmängel (Abs. 2)

4   Im Unterschied zu Abs. 1 fehlen nicht die entsprechenden Erklärungen, diese sind jedoch anfechtbar wegen Mängel in der Geschäftsfähigkeit oder auch Täuschung oder Drohung. Alle Anfechtungsgründe des bürgerlichen Rechts werden durch diese besondere Regelung nicht generell, sondern nur dann anerkannt, wenn die zusätzlichen Bedingungen dieses Absatzes vorliegen. Eine weitere Einschränkung der Anfechtbarkeit bestimmt sich aus Abs. 4.

III. Heilung (Abs. 3)

5   Ist ein Mangel nach Abs. 1 oder Abs. 2 gegeben, kommt eine Aufhebung nicht in Betracht, wenn eine Heilung eingetreten ist. Wird die Willenserklärung nachgeholt oder gibt derjenige, dessen Erklärung fehlte oder anfechtbar war, zu erkennen, dass trotzdem das Annahmeverhältnis aufrechterhalten bleiben soll[4], entfällt der Aufhebungsgrund. Nicht erforderlich ist also, dass eine Erklärung gegenüber dem Familiengericht zu erfolgen hat, da auch ein nicht rechtsgeschäftliches Verhalten ausreichend ist. In diesen Fällen wird das Familiengericht von dem Mangel meist nichts erfahren, denn auch die Tatsache, dass ein Aufhebungsantrag nicht gestellt wird, ist als eine faktische Bestätigung der Annahme zu werten.

IV. Einschränkung bei Täuschung (Abs. 4)

6   Ausgeschlossen ist eine Aufhebung immer dann, wenn über Vermögensverhältnisse des Annehmenden oder des Kindes getäuscht wurde. Wer die Täuschungshandlung vorgenommen hat und wer

---

2   § 12 FGG; § 26 FamFG.
3   OLG Düsseldorf Beschl. v. 11.10.2007 Az. I-3 Wx 179/07, 3 Wx 179/07.
4   Bestätigung.

letztlich getäuscht wurde, ist unbeachtlich. Die Vorschrift betont hiermit nochmals ausdrücklich, dass Vorrang im Annahmeverfahren das Wohl des Kindes hat, vermögensrechtliche Interessen auf keinen Fall im Vordergrund stehen sollen und dürfen. In der zweiten Alternative ist die Aufhebung auch dann ausgeschlossen, wenn die Täuschung ohne Wissen eines Antrags- oder Einwilligungsberechtigten erfolgt ist, wenn im Verfahren Beteiligte durch einen Dritten hinters Licht geführt wurden.

V. Nachträgliche Bestätigung

Wurde die Zustimmung eines Elternteils deshalb nicht eingeholt, weil man davon ausging, dass er 7
dauerhaft nicht imstande sei, die Erklärung abzugeben oder ging man irrtümlich davon aus, dass sein Aufenthalt unbekannt ist, wird sich der Betreffende beim Familiengericht oder einem Beteiligten melden. Wird die notwendige Erklärung nachgeholt, entfällt der Aufhebungsgrund. Dieselbe Wirkung tritt ein, wenn der Elternteil durch sein Verhalten ganz allgemein zu erkennen gibt, dass trotz Fehlens seiner Erklärung die Annahme bestehen bleiben soll. Auch hier ist keine Erklärung gegenüber dem Familiengericht notwendig, denn es genügt das tatsächliche Verhalten trotz Kenntnis des Mangels. Eine formlose Erklärung gegenüber dem Familiengericht beseitigt aber auch jeden Zweifel.

C. Verfahrensrechtliche Hinweise

Das Verfahren richtet sich nach §§ 23 ff., 186 ff. FamFG. Grds. soll das Gericht, wenn ein Aufhe- 8
bungsmangel geltend gemacht wird, in einem Termin die Sache erörtern, zu dem der Antragsteller ebenso zu laden ist wie der Annehmende, das Kind und bei Minderjährigkeit desselben auch das Jugendamt. Eine Beistandsbestellung wegen widerstreitender Interessen ist nach § 191 FamFG immer dann notwendig, wenn bei einem minderjährigen Kind der Annehmende der gesetzliche Vertreter ist.

Im Gegensatz zum Annahmebeschluss, der mit Verkündung/Zustellung wirksam wird und unan- 9
fechtbar ist, wird ein Aufhebungsbeschluss erst mit Rechtskraft wirksam § 198 Abs. 2 FamFG. Dies bedeutet auch, dass auch nach einem Aufhebungsbeschluss noch die tatsächliche und rechtliche Möglichkeit besteht, bestehende Mängel zu beseitigen und damit der Adoption doch zur Wirkung zu verhelfen. Im Rechtsmittelverfahren werden auch alle Rechtsgründe, insbes aber auch die Ermessensentscheidungen einer Überprüfung unterworfen immer auch mit dem gesetzlich vorgegebenen Ziel, zum Wohl des Kindes die Aufhebung nur ausnahmsweise zuzulassen. Schon das Familiengericht muss auch prüfen, ob nicht nach § 1761 ein Aufhebungshindernis vorliegt.

§ 1761 Aufhebungshindernisse

(1) Das Annahmeverhältnis kann nicht aufgehoben werden, weil eine erforderliche Einwilligung nicht eingeholt worden oder nach § 1760 Abs. 2 unwirksam ist, wenn die Voraussetzungen für die Ersetzung der Einwilligung beim Ausspruch der Annahme vorgelegen haben oder wenn sie zum Zeitpunkt der Entscheidung über den Aufhebungsantrag vorliegen; dabei ist es unschädlich, wenn eine Belehrung oder Beratung nach § 1748 Abs. 2 nicht erfolgt ist.

(2) Das Annahmeverhältnis darf nicht aufgehoben werden, wenn dadurch das Wohl des Kindes erheblich gefährdet würde, es sei denn, dass überwiegende Interessen des Annehmenden die Aufhebung erfordern.

Ausgehend von dem Grundsatz, dass eine erfolgte Adoption im wohlverstandenen Interesse des 1
Annehmenden und des Kindes auch unter Berücksichtigung der Auswirkungen insgesamt mög-

lichst nicht aufgehoben werden sollte, bestimmt die Vorschrift, dass im Falle des Fehlens einer Einwilligung eine Aufhebung nur dann erfolgen darf, wenn im Zeitpunkt des Annahmebeschlusses – §§ 1752, 56e FGG – die Voraussetzungen für eine Ersetzung schon vorgelegen haben. War dies nicht der Fall, ist auch ausreichend, wenn inzwischen die Ersetzungsvoraussetzungen gegeben sind. Unerheblich ist, dass gegen bestehende Belehrungs- oder Beratungspflichten verstoßen wurde. Es bedarf also nicht einer nachträglichen Ersetzung, vielmehr genügt die Feststellung durch das Familiengericht, dass die Voraussetzungen für eine Ersetzung im Zeitpunkt der Annahme vorgelegen haben oder derzeit noch vorliegen.

2   Erfasst von der Regelung sind nur notwendige Einwilligungen. Es muss stets also geprüft werden, ob die Einwilligung notwendig war oder nicht. Dies bedeutet z.B., dass die fehlende Einwilligung des Ehegatten nach § 1749 Abs. 1 kein Aufhebungsgrund ist, da die Einwilligung nur als erforderlich, nicht aber als notwendig bezeichnet wird. Unabhängig von den verschiedenen Gründen einer Aufhebung bestimmt Abs. 2, dass eine Aufhebung zu unterbleiben hat, wenn dadurch das Wohl des Kindes erheblich gefährdet würde. Es bedarf in diesem Fall einer Abwägung auch zu den Interessen des Annehmenden. Im Falle der Aufhebung kommt auch nicht ein Belassen des Kindes beim Annehmenden in Betracht unter dem Gesichtspunkt der Familienpflege[1].

3   Die Besonderheiten einer Adoption nach dem Übergangsrecht nach der deutschen Wiedervereinigung regelt Art. 234 § 13 EGBGB. Besonderheiten der Aufhebung an der Schnittstelle zu § 51 FamGB/DDR behandelt BezG Meiningen NJ 1993, 272.

§ 1762 Antragsberechtigung; Antragsfrist, Form

(1) [1]Antragsberechtigt ist nur derjenige, ohne dessen Antrag oder Einwilligung das Kind angenommen worden ist. [2]Für ein Kind, das geschäftsunfähig oder noch nicht 14 Jahre alt ist, und für den Annehmenden, der geschäftsunfähig ist, können die gesetzlichen Vertreter den Antrag stellen. [3]Im Übrigen kann der Antrag nicht durch einen Vertreter gestellt werden. [4]Ist der Antragsberechtigte in der Geschäftsfähigkeit beschränkt, so ist die Zustimmung des gesetzlichen Vertreters nicht erforderlich.

(2) [1]Der Antrag kann nur innerhalb eines Jahres gestellt werden, wenn seit der Annahme noch keine drei Jahre verstrichen sind. [2]Die Frist beginnt

a)   in den Fällen des § 1760 Abs. 2 Buchstabe a mit dem Zeitpunkt, in dem der Erklärende zumindest die beschränkte Geschäftsfähigkeit erlangt hat oder in dem dem gesetzlichen Vertreter des geschäftsunfähigen Annehmenden oder des noch nicht 14 Jahre alten oder geschäftsunfähigen Kindes die Erklärung bekannt wird;

b)   in den Fällen des § 1760 Abs. 2 Buchstabe b, c mit dem Zeitpunkt, in dem der Erklärende den Irrtum oder die Täuschung entdeckt;

c)   in dem Falle des § 1760 Abs. 2 Buchstabe d mit dem Zeitpunkt, in dem die Zwangslage aufhört;

d)   in dem Falle des § 1760 Abs. 2 Buchstabe e nach Ablauf der in § 1747 Abs. 2 Satz 1 bestimmten Frist;

e)   in den Fällen des § 1760 Abs. 5 mit dem Zeitpunkt, indem dem Elternteil bekannt wird, dass die Annahme ohne seine Einwilligung erfolgt ist.

[3]Die für die Verjährung geltenden Vorschriften der §§ 206, 210 sind entsprechend anzuwenden.

(3) Der Antrag bedarf der notariellen Beurkundung.

---

1 OLG Karlsruhe DAVorm 1996, 390.

Die Aufhebung setzt grds. einen Antrag voraus. Daneben kommt auch eine Aufhebung von Amts 1
wegen nach § 1763 in Betracht. Den Antrag zu stellen ist nur derjenige berechtigt, dem im
Annahmeverfahren ein Mitwirkungsrecht zusteht. Das Kind kann den Antrag nur selbst stellen,
wenn es das 14. Lebensjahr vollendet hat und nicht geschäftsunfähig ist. Davor muss für das Kind
der gesetzliche Vertreter tätig werden. Kinder des Annehmenden sind nicht berechtigt, die Aufhebung zu beantragen, denn ihre Zustimmung ist nicht notwendig für die Annahme[1]. Auch der
Erbe des Antragstellers noch ein Nachlasspfleger sind nicht beschwerdebefugt[2].

Ist die Adoption vor mehr als drei Jahren erfolgt, ist ein Aufhebungsantrag nicht statthaft. Vor 2
Ablauf dieser Frist kann der Antrag nur wirksam gestellt werden innerhalb einer Frist von einem
Jahr. Für die einzelnen Gründe, die eine Aufhebung tragen können, bestimmt das Gesetz exakt
den jeweiligen Zeitpunkt für den Fristlauf, und die Berechnungsvorschriften der §§ 206, 210 der
Verjährung sind anzuwenden.

Der Antrag bedarf nach Abs. 3 der notariellen Beurkundung. Mit derselben ist der Antrag aber 3
nicht gestellt, sondern es kommt auf den Zeitpunkt des Zuganges beim Familiengericht an, da das
Gesetz einen Antrag voraussetzt. Fehlte die Einwilligung des Elternteils im Falle des § 1760 Abs. 5,
ist ausdrücklich bestimmt, dass die Antragsfrist beginnt mit dem Zeitpunkt, zu dem ihm bekannt
wird, dass die Annahme oder seine Einwilligung erfolgt ist.

§ 1763   Aufhebung von Amts wegen

**(1) Während der Minderjährigkeit des Kindes kann das Familiengericht das Annahmeverhältnis
von Amts wegen aufheben, wenn dies aus schwerwiegenden Gründen zum Wohl des Kindes
erforderlich ist.**

**(2) Ist das Kind von einem Ehepaar angenommen, so kann auch das zwischen dem Kind und
einem Ehegatten bestehende Annahmeverhältnis aufgehoben werden.**

(3) Das Annahmeverhältnis darf nur aufgehoben werden,

a) **wenn in dem Falle des Absatzes 2 der andere Ehegatte oder wenn ein leiblicher Elternteil
bereit ist, die Pflege und Erziehung des Kindes zu übernehmen, und wenn die Ausübung der
elterlichen Sorge durch ihn dem Wohl des Kindes nicht widersprechen würde oder**
b) **wenn die Aufhebung eine erneute Annahme des Kindes ermöglichen soll.**

Neben den Aufhebungsmöglichkeiten auf Antrag eines Beteiligten sieht das Gesetz auch eine Aufhe- 1
bung von Amts wegen vor. Zulässig ist dies jedoch nur, solange des Kind noch minderjährig ist[1]. Wird
es im Verlauf des Verfahrens volljährig, darf das Familiengericht die Aufhebung nicht mehr anordnen;
die Möglichkeiten nach § 1771 kommen dann zur Anwendung. Erforderlich sind schwer wiegende
Gründe. Auch muss die Aufhebung zum Wohl des Kindes erforderlich sein. Die Voraussetzungen
müssen daher von besonderem Gewicht und auch Dauer sein. Kurzfristige Probleme in der Familie,
Streit oder auch Scheidung sind für sich alleine nicht ausreichend. Es ist praktisch als letzter Ausweg
gestaltet mit der Folge, dass vorab Sorgerechtsentscheidungen nach § 1671 ebenso vorrangig sind wie
Einschränkungs- und Entzugsverfahren nach § 1666. Der Erörterungstermin[2] kann entfallen, wenn es
von vornherein an konkreten Anhaltspunkten dafür fehlt, dass die Aufhebung zum Wohl des Kindes
erforderlich ist[3].

---

1 BayObLG FamRZ 1986, 719.
2 OLGR München 2007, 6559.
1 Abs. 1.
2 § 32 FamFG.
3 OLG Oldenburg FamRZ 2004, 399.

2   Haben Eheleute ein Kind gemeinsam angenommen, kann die Rücknahme der Adoption auch nur gegenüber einem Ehegatten erfolgen. Auch in dieser Fallgestaltung ist Voraussetzung, dass alle anderen gesetzlichen Möglichkeiten der Gefahrenbeseitigung versagt haben oder von vornherein als nicht geeignet erscheinen. In Betracht kommen alle Maßnahmen der Einschränkung oder Versagung des Umgangsrechts, aber auch solche nach §§ 1666, 1666a. Ist ein Ehegatte oder der leibliche Elternteil bereit, die Pflege und Erziehung allein zu übernehmen, darf die Aufhebung des Adoptionsrechtsverhältnisses in Bezug auf den anderen Elternteil erfolgen. Aber auch in diesem Fall ist eine Kindeswohlprüfung notwendig.

3   Eine Aufhebung nur gegenüber einem Elternteil kommt auch dann in Betracht, wenn dadurch eine erneute Annahme des Kindes ermöglicht werden soll. Denkbar ist dies im Falle einer Ehescheidung und unter den Voraussetzungen, dass ein Elternteil sowohl im Umgang als auch Sorgerecht vom Kind ferngehalten werden muss, der betreuende Elternteil wieder heiratet und der neue Partner das Kind annehmen will.

§ 1764   Wirkung der Aufhebung

(1) [1]Die Aufhebung wirkt nur für die Zukunft. [2]Hebt das Familiengericht das Annahmeverhältnis nach dem Tode des Annehmenden auf dessen Antrag oder nach dem Tode des Kindes auf dessen Antrag auf, so hat dies die gleiche Wirkung, wie wenn das Annahmeverhältnis vor dem Tode aufgehoben worden wäre.

(2) Mit der Aufhebung der Annahme als Kind erlöschen das durch die Annahme begründete Verwandtschaftsverhältnis des Kindes und seiner Abkömmlinge zu den bisherigen Verwandten und die sich aus ihm ergebenden Rechte und Pflichten.

(3) Gleichzeitig leben das Verwandtschaftsverhältnis des Kindes und seiner Abkömmlinge zu den leiblichen Verwandten des Kindes und die sich aus ihm ergebenden Rechte und Pflichten, mit Ausnahme der elterlichen Sorge, wieder auf.

(4) Das Familiengericht hat den leiblichen Eltern die elterliche Sorge zurückzuübertragen, wenn und soweit dies dem Wohl des Kindes nicht widerspricht; andernfalls bestellt es einen Vormund oder Pfleger.

(5) Besteht das Annahmeverhältnis zu einem Ehepaar und erfolgt die Aufhebung nur im Verhältnis zu einem Ehegatten, so treten die Wirkungen des Absatzes 2 nur zwischen dem Kind und seinen Abkömmlingen und diesem Ehegatten und dessen Verwandten ein; die Wirkungen des Absatzes 3 treten nicht ein.

A.   Grundlagen

1   Bewirkt die Adoption, dass grds. mit Wirkung der Annahme das Kind in dem neuen Lebenskreis auch diejenige rechtliche Stellung erhält, die es mit der Geburt hätte erlangen können, muss die Aufhebung diese Beziehungen wieder aufheben. Unterschiedliche Regelungen sind jedoch notwendig in verschiedener Hinsicht, da die vorausgegangene Zeit gelebt wurde und darauf resultierende Rechtsbeziehungen auch fortwirken können. Die Gesamtregelung hat zur Folge, dass ein Kind nach Aufhebung der Adoption nicht ein Kind ohne Verwandtschaft wird, vielmehr kehrt es grds. in die gesellschaftliche und rechtliche Position zurück, die es vor der Adoption innehatte. Wird ein Kind von einer Person angenommen, die nicht die deutsche Staatsangehörigkeit besitzt, verliert das Kind mit der Annahme die deutsche Staatsangehörigkeit nur dann, wenn es gleichzei-

tig die des Annehmenden erwirbt[1]. Dies gilt nur dann nicht, wenn das Kind auch nach der Adoption mit einem deutschen Elternteil verwandt bleibt. Ein Verlust der hiernach erworbenen Staatsangehörigkeit im Falle der Rückgängigmachung der Adoption sieht das Staatsangehörigkeitsrecht nicht vor.

B. Regelungsumfang

I. Erlöschen und Wiederaufleben von Rechtsbeziehungen

Grds wirkt die Aufhebung nur für die Zukunft[2]. Bis zu diesem Zeitpunkt erworbene Ansprüche bleiben bis zu diesem Zeitpunkt erhalten. Dies wird deutlich bei Unterhaltsansprüchen, die für die Zukunft wegfallen, nicht aber für die Vergangenheit.   2

Mit der Aufhebung erlöschen alle verwandtschaftlichen Beziehungen aufgrund der durch Adoption erlangten Stellung als leibliches Kind des Annehmenden[3]. Davon erfasst sind auch die verwandtschaftlichen Verhältnisse der Abkömmlinge des Kindes. Im Gegenzug leben die durch die Adoption erloschenen verwandtschaftlichen Rechtsbeziehungen wieder auf[4].   3

II. Aufhebung nach Tod des Annehmenden

Eine Sonderregelung enthält Abs. 1 Satz 2. Stellt der Annehmende oder das Kind den Antrag auf Aufhebung und liegen die Voraussetzungen hierfür vor, wirkt die Aufhebung auch für die Vergangenheit. Es treten also nicht die erbrechtlichen Folgen ein, da das Annahmeverhältnis vor dem Tod als beendet betrachtet wird.   4

III. Elterliche Sorge

Die elterliche Sorge, die mit der Zustimmung zur Adoption ebenso ruht wie das Umgangsrecht[5], bedurfte einer besonderen Regelung. Nach Abs. 4 fällt sie nicht an die leiblichen Eltern zurück, sondern es bedarf einer Entscheidung des Familiengerichts, ob dies dem Wohl des Kindes widerspricht. Von besonderer Bedeutung wird sein, ob noch eine Eltern-Kind-Beziehung besteht oder aber aufgrund des Alters des Kindes wieder aufbaubar ist. Vor Vollendung des 3. Lebensjahres wird eine Rückgabe an die leiblichen Eltern noch in Betracht kommen. In dieser Fallgestaltung wird aber auch von Bedeutung sein, wie es zur Adoptionsfreigabe gekommen ist und ob die leiblichen Eltern überhaupt das Kind wieder betreuen wollen. Nach dem dritten Lebensjahr muss im Hinblick auf den Aufenthalt in der Pflege- und später Adoptionsfamilie und auch des gesamten sozialen Umfeldes eine Rückübertragung wohl eher unwahrscheinlich werden. Die Interessenlage ist nicht vergleichbar mit der eines Kindes in einer Pflegefamilie, da in diesem Fall die elterliche Sorge noch bei den leiblichen Eltern vorhanden ist und ein Anspruch auf Umgang besteht[6]. Im Zweifel ist ein Pfleger zu bestellen.   5

IV. Teilaufhebung (Abs. 5)

Haben Eheleute ein Kind gemeinsam angenommen, kann die Wirkung der Aufhebung beschränkt werden auf einen Ehegatten. Da das Adoptionsrechtsverhältnis zu einem Ehegatten   6

---

1 §§ 17, 27 RuStAG.
2 Abs. 1.
3 Abs. 2.
4 Abs. 3.
5 § 1751 Abs. 1.
6 § 1632 Abs. 4: Verbleibensanordnung.

bestehen bleibt, ist es folgerichtig, dass die Rechtsbeziehungen des Kindes zu seinen leiblichen Verwandten nicht aufleben. Anders ist die Rechtslage bei einer Stiefkindadoption. Hinsichtlich der elterlichen Sorge des leiblichen Elternteils ist aber Abs. 4 zu beachten, da das durch die Adoption erlöschende Mitsorgerecht nicht automatisch zur Alleinsorge des leiblichen Elternteils führt.

§ 1765   Name des Kindes nach der Aufhebung

(1) [1]Mit der Aufhebung der Annahme als Kind verliert das Kind das Recht, den Familiennamen des Annehmenden als Geburtsnamen zu führen. [2]Satz 1 ist in den Fällen des § 1754 Abs. 1 nicht anzuwenden, wenn das Kind einen Geburtsnamen nach § 1757 Abs. 1 führt und das Annahmeverhältnis zu einem Ehegatten allein aufgehoben wird. [3]Ist der Geburtsname zum Ehenamen oder Lebenspartnerschaftsnamen des Kindes geworden, so bleibt dieser unberührt.

(2) [1]Auf Antrag des Kindes kann das Familiengericht mit der Aufhebung anordnen, dass das Kind den Familiennamen behält, den es durch die Annahme erworben hat, wenn das Kind ein berechtigtes Interesse an der Führung dieses Namens hat. [2]§ 1746 Abs. 1 Satz 2, 3 ist entsprechend anzuwenden.

(3) Ist der durch die Annahme erworbene Name zum Ehenamen oder Lebenspartnerschaftsnamen geworden, so hat das Familiengericht auf gemeinsamen Antrag der Ehegatten oder Lebenspartner mit der Aufhebung anzuordnen, dass die Ehegatten oder Lebenspartner als Ehenamen oder Lebenspartnerschaftsnamen den Geburtsnamen führen, den das Kind vor der Annahme geführt hat.

1   Das Namensrecht richtet sich nicht nach den allgemeinen Regeln, sondern wird gesonderten Rechtsfolgen unterworfen. Grds. verliert das Kind mit Wegfall der Adoptionswirkungen das Recht, den Namen des Annehmenden zu führen. Ausnahmen gelten für den Fall, dass der Adoptivname der Ehename geworden ist, das Annahmeverhältnis nur zu einem Ehegatten aufgehoben oder auf Antrag durch das Familiengericht die Fortführung in der Aufhebungsentscheidung genehmigt wird. Erforderlich ist im letztgenannten Fall, dass ein berechtigtes Interesse des Kindes an der Fortführung des Namens besteht.

2   Ist der durch die Annahme erworbene Name zum Ehenamen oder Lebenspartnerschaftsnamen geworden, können die Ehegatten oder Labenspartner nur gemeinsam beantragen, dass die Ehegatten – oder Lebenspartner – wieder den Geburtsnamen führen, den das Kind vor der Annahme geführt hat.

3   Das Familiengericht hat in allen Fallgestaltungen nur die formellen Voraussetzungen des Antrages zu prüfen und mit der Aufhebungsentscheidung ihm zu entsprechen. Ein Auswahl- oder Prüfungsermessen steht ihm nicht zu. Das Gesetz kennt, anders im Falle der Annahme des Kindes[1], keine Änderung des Vornamens des Kindes. Erfolgt die Namensänderung nicht auf Antrag in dem Aufhebungsbeschluss, kann eine Änderung nur noch nach öffentlich-rechtlichen Vorschriften erfolgen[2].

---

1   § 1757.
2   NamÄndG.

§ 1766 Ehe zwischen Annehmendem und Kind

[1]Schließt ein Annehmender mit dem Angenommenen oder einem seiner Abkömmlinge den eherechtlichen Vorschriften zuwider die Ehe, so wird mit der Eheschließung das durch die Annahme zwischen ihnen begründete Rechtsverhältnis aufgehoben. [2]§§ 1764, 1765 sind nicht anzuwenden.

Die Annahme als Kind ist ein Ehehindernis, jedoch bewirkt ein Verstoß hiergegen nur, dass die Aufhebung beantragt werden kann[1]. Mit der Eheschließung erlischt im Verhältnis der dann Eheleute das durch die Annahme begründete Rechtsverhältnis. Da die Regelung ausschl den Annehmenden und den Angenommenen bezeichnet, sind andere Eheschließungen, z.B. des Annehmenden mit einem Kind des Angenommenen, nicht erfasst. Die Rangfolgen in der Verwandtschaft, insbes im Erbrecht, sind in diesem Fall relativ und kaum durchschaubar.   1

Untertitel 2 Annahme Volljähriger

§ 1767 Zulässigkeit der Annahme, anzuwendende Vorschriften

(1) Ein Volljähriger kann als Kind angenommen werden, wenn die Annahme sittlich gerechtfertigt ist; dies ist insbesondere anzunehmen, wenn zwischen dem Annehmenden und dem Anzunehmenden ein Eltern-Kind-Verhältnis bereits entstanden ist.

(2) [1]Für die Annahme Volljähriger gelten die Vorschriften über die Annahme Minderjähriger sinngemäß, soweit sich aus den folgenden Vorschriften nichts anderes ergibt. [2]§ 1757 Abs. 3 ist entsprechend anzuwenden, wenn der Angenommene eine Lebenspartnerschaft begründet hat und sein Geburtsname zum Lebenspartnerschaftsnamen bestimmt worden ist. [3]Zur Annahme einer Person, die eine Lebenspartnerschaft führt, ist die Einwilligung des Lebenspartners erforderlich.

A. Grundlagen

Grds ist auch die Annahme eines Volljährigen zulässig. Die Frage, ob das anzunehmende Kind bereits volljährig ist, ist nach seinem – gem. **Art. 7 Abs. 1 EGBGB** zur Anwendung gelangenden – Heimatrecht zu beantworten[1]. Da in diesem Fall aufgrund der Volljährigkeit nicht mehr das Wohl des Kindes i.S.d. Familienrechts im Vordergrund stehen kann, tritt an die Stelle des Kindeswohls die sittliche Rechtfertigung[2]. Die formellen Voraussetzungen sind grds. vergleichbar mit der Minderjährigenadoption, jedoch entfallen die Beschränkungen aufgrund der Minderjährigkeit.   1

Die Regeln geltend entsprechend für die eingetragene Lebenspartnerschaft.   2

B. Regelungsumfang

Grds. ist eine Annahme eines Volljährigen dann zulässig, wenn dies sittlich gerechtfertigt ist. Das Gesetz gibt hierzu als Beispiel den Umstand, dass eine Eltern-Kind-Bindung entstanden ist und diese auch in eine Rechtsposition umgewandelt werden soll[3]. Ein von einem sexuellen in ein   3

---

1 § 1314.
1 OLG Bremen OLGR 2006, 510.
2 Liermann FamRZ 1993, 1263.
3 LG Saarbrücken Beschl 26.09.2008 – Az. 5 T 187/08.
freundschaftliches gewandeltes Verhältnis zwischen zwei Erwachsenen schließt das gleichzeitige

Bestehen eines Eltern-Kind-Verhältnisses zwischen ihnen aus, selbst wenn umfangreiche freundschaftliche Unterstützungshandlungen erbracht wurden[4]. Eine Probezeit, wie § 1744 es verlangt, wird daher nicht mehr gefordert, kann aber auf freiwilliger Basis die Grundlage für eine Eltern-Kind-Beziehung erst schaffen. Wann eine sittliche Rechtfertigung anzunehmen ist, bedarf einer umfassenden Betrachtung aufgrund Amtsermittlung und ist letztlich stets eine Frage des Einzelfalles[5]. Einer Annahme kann entgegenstehen, dass sie nur erfolgen soll, um etwaige Unterhaltsansprüche der leiblichen Mutter auszuschließen[6]. Die Ersparnis von Erbschaftssteuer steht aber einer Adoption nicht entgegen, wenn sie nicht Hauptmotiv ist[7]. Zweifel an dem Vorliegen des Eltern-Kind-Verhältnisses gehen zu Lasten des Antragstellers mit der Folge, dass der Antrag abzulehnen ist[8]. Orientierend an der Vorgabe des Gesetzgebers wird eine Adoption letztlich nur dann scheitern, wenn keine nachvollziehbaren Gründe erkennbar sind. Damit sind auch wirtschaftliche Gründe, z.B. einer Firmennachfolge, nicht ausgeschlossen, wenn im Zusammenhang damit auch eine über das rein geschäftliche Interesse hinausgehende Bindung feststellbar ist. Erst der erkennbare Missbrauch kann zu einer Verweigerung führen.

4 Die Vorschriften der Minderjährigenannahme gelten in entsprechender Anwendung. Damit entfallen alle Einschränkungen, die sich aus der Minderjährigkeit ergeben, und ergänzt werden die Voraussetzungen durch die besonderen Vorschriften der §§ 1768–1772.

C. Verfahrensrechtliche Hinweise

5 Das Verfahren richtet sich wie im Falle der Minderjährigkeit nach den §§ 186 ff. FamFG und unterliegt der Amtsermittlung. Zuständig ist das Familiengericht. Der Annahmebeschluss ist mit Zustellung an den Annehmenden, nach seinem Tod an das Kind, wirksam und unanfechtbar, der Aufhebungsbeschluss hingegen ist erst mit Rechtskraft wirksam[9].

§ 1768   Antrag

(1) [1]Die Annahme eines Volljährigen wird auf Antrag des Annehmenden und des Anzunehmenden vom Familiengericht ausgesprochen. [2]§§ 1742, 1744, 1745, 1746 Abs. 1, 2, § 1747 sind nicht anzuwenden.

(2) Für einen Anzunehmenden, der geschäftsunfähig ist, kann der Antrag nur von seinem gesetzlichen Vertreter gestellt werden.

1 Anders als bei der Annahme eines Minderjährigen ist Voraussetzung der gemeinsame Antrag des Annehmenden und des Anzunehmenden. Die Anträge können in verschiedenen Urkunden gestellt werden. Das Annahmeverfahren und die notwendige Amtsermittlung beginnen jedoch erst nach Vorliegen beider Anträge. Die Einschränkungen, denen eine Annahme bei Minderjährigen unterliegt, werden ausgeschlossen, die Adoption damit formell stark erleichtert.

2 Ist der Anzunehmende geschäftsunfähig, kann nur sein gesetzlicher Vertreter den Antrag stellen. Bei nur eingeschränkter Geschäftsfähigkeit kann damit der Anzunehmende den Antrag wirksam

---

4 OLG München FamRZ 2006, 574.
5 Von Els DAVorm 1993, 328.
6 AG Solingen DAVorm 1993, 328.
7 OLG Karlsruhe FamRZ 2006, 142.
8 OLG München OLGR München 2009, 700; jurisPR-FamR 17/2009 Anm. 5 Niels Becker.
9 § 198 FamFG.

selbst stellen. Das Bestehen einer Betreuung[1] bedarf einer konkreten Prüfung, ob noch eine einge-schränkte Geschäftsfähigkeit besteht oder nicht, denn die Betreuung als solche lässt nicht zwingend auf das Fehlen der Geschäftsfähigkeit schließen. Der Beschluss über die Anordnung der Betreuung wird meist Aufschluss geben können.

§ 1769 Verbot der Annahme

Die Annahme eines Volljährigen darf nicht ausgesprochen werden, wenn ihr überwiegende Interessen der Kinder des Annehmenden oder des Anzunehmenden entgegenstehen.

Wie auch bei der Annahme eines Minderjährigen muss das Familiengericht ermitteln und prüfen, ob überwiegende Interessen der Kinder des Annehmenden oder des Anzunehmenden einer Adoption entgegenstehen[1]. Der im Falle der Adoption verringerte Pflichtteilsanspruch kann jedoch das Interesse an der rechtlichen Verankerung einer jahrzehntelang tatsächlich gelebten familiären Beziehung in der Regel nicht überwiesen[2]. Vorrangig wird es sich um erbrechtliche, aber auch unterhaltsrechtliche Folgen handeln. Da die Kindesinteressen berücksichtigt werden müssen, bedarf es der Anhörung, denn nur auf diesem Weg wird das Familiengericht Kenntnis von entgegenstehenden Interessen erlangen. Sind die anzuhörenden Kinder noch minderjährig, muss das Familiengericht alle Umstände von Amts wegen ermitteln. Sind die Kinder hingegen volljährig, darf das Familiengericht trotz auch in diesem Fall bestehender Amtsermittlung darauf vertrauen, dass Tatsachen und Umstände geltend gemacht werden. Dies beruht auf dem Grundsatz der freiwilligen Gerichtsbarkeit, dass alle Beteiligten auch eine Mitwirkungspflicht haben[3] und die Amtsermittlung sich nur auf solche Umstände erstreckt, für die das Gericht Anhaltspunkte hat, nicht also allen nur theoretisch denkbaren Ansätzen nachgegangen werden muss. **1**

Das BVerfG[4] hat bei einem Verstoß gegen das rechtliche Gehör ausgeführt, dass der Rechtsfolge-anspruch auf die Verfassungswidrigkeit der angegriffenen Norm oder die Rechtswirkung des Rechtsaktes beschränkt werden kann, wenn die Nichtigkeitserklärung zu schwer erträglichen Folgen führen würde. In einem Adoptionsverfahren eines Volljährigen wurde nach dieser Entscheidung bei Verstoß gegen das rechtliche Gehör nur die Rechtskraft in Bezug auf den Verletzten eingeschränkt, damit die versäumte Rechtshandlung nachgeholt werden kann; die Adoptionswirkungen wurden aber ausdrücklich als im Übrigen wirksam belassen. **2**

§ 1770 Wirkung der Annahme

(1) [1]Die Wirkungen der Annahme eines Volljährigen erstrecken sich nicht auf die Verwandten des Annehmenden. [2]Der Ehegatte oder Lebenspartner des Annehmenden wird nicht mit dem Angenommenen, dessen Ehegatte oder Lebenspartner wird nicht mit dem Annehmenden ver-schwägert.

(2) Die Rechte und Pflichten aus dem Verwandtschaftsverhältnis des Angenommenen und seiner Abkömmlinge zu ihren Verwandten werden durch die Annahme nicht berührt, soweit das Gesetz nichts anderes vorschreibt.

---

1 §§ 1896 ff.
1 OLG München FGPrax 2005, 261.
2 AG Bremen Beschl. 07.07.2009 Az. 46 XVI 46/09.
3 § 27 FamFG.
4 FamRZ 1994, 493.

(3) Der Annehmende ist dem Angenommenen und dessen Abkömmlingen vor den leiblichen Verwandten des Angenommenen zur Gewährung des Unterhalts verpflichtet.

1   Der Angenommene wird mit Wirkung der Annahme Kind des Annehmenden[1]. Es entstehen bzw. erlöschen die erb- und unterhaltsrechtlichen Folgen wie im Fall der Annahme eines Minderjährigen, denn § 1767 Abs. 2 verweist insoweit auf die entsprechenden Rechtsfolgen ohne Vorbehalt. Die rechtlichen Wirkungen sind aber beschränkt auf den Annehmenden, erstrecken sich also nicht auf seinen Ehepartner. Dies hat auch zur Folge, dass mehrere volljährige Kinder durch die Adoption nur mit dem Annehmenden verwandt sind, nicht aber untereinander.

2   In unterhaltsrechtlicher Sicht bestimmt Abs. 3 ausdrücklich den Vorrang des Annehmenden vor den leiblichen Verwandten des Angenommenen.

§ 1771   Aufhebung des Annahmeverhältnisses

[1]Das Familiengericht kann das Annahmeverhältnis, das zu einem Volljährigen begründet worden ist, auf Antrag des Annehmenden und des Angenommenen aufheben, wenn ein wichtiger Grund vorliegt. [2]Im Übrigen kann das Annahmeverhältnis nur in sinngemäßer Anwendung der Vorschrift des § 1760 Abs. 1 bis 5 aufgehoben werden. [3]An die Stelle der Einwilligung des Kindes tritt der Antrag des Anzunehmenden.

1   In Abweichung von der Minderjährigenadoption bedarf die Aufhebung bei Volljährigen eines Antrags sowohl des Annehmenden als auch des Angenommenen. Da bei der Minderjährigenadoption auch der Mangel der Einwilligung des Kindes ein Aufhebungsgrund sein kann[1], folgt hieraus, dass die Aufhebung nach § 1771 voraussetzt, dass es sich um eine Volljährigenadoption gehandelt hat, das Kind also nicht nach der Adoption erst volljährig geworden ist[2], jedoch kommt in diesem Fall eine Aufhebung von Amts wegen nicht mehr in Betracht.

2   Als weitere Aufhebungsgründe sind die Erklärungsmängel des § 1760 Abs. 2 entsprechend auf die Aufhebung anzuwenden. Statt der Einwilligung des Kindes tritt an diese Stelle der Antrag des Anzunehmenden.

3   Zwar bestimmt die Vorschrift insgesamt keine eigenen Fristen, jedoch ist aufgrund der Verweisung auf § 1760 auch die Frist nach § 1762 Abs. 2 zu beachten. Ab Kenntnis des wichtigen Grundes oder der Mängel nach § 1760 muss der Antrag binnen Jahresfrist wirksam gestellt werden und ist unzulässig, wenn die Annahme länger als drei Jahre zurückliegt.

§ 1772   Annahme mit den Wirkungen der Minderjährigenannahme

(1) [1]Das Familiengericht kann beim Ausspruch der Annahme eines Volljährigen auf Antrag des Annehmenden und des Anzunehmenden bestimmen, dass sich die Wirkungen der Annahme nach den Vorschriften über die Annahme eines Minderjährigen oder eines verwandten Minderjährigen richten (§§ 1754 bis 1756), wenn

a) ein minderjähriger Bruder oder eine minderjährige Schwester des Anzunehmenden von dem Annehmenden als Kind angenommen worden ist oder gleichzeitig angenommen wird oder

---

1   § 1754.
1   § 1760 Abs. 1.
2   OLG Karlsruhe FamRZ 1996, 4343.

b) der Anzunehmende bereits als Minderjähriger in die Familie des Annehmenden aufgenommen worden ist oder

c) der Annehmende das Kind seines Ehegatten annimmt oder

d) der Anzunehmende in dem Zeitpunkt, in dem der Antrag auf Annahme bei dem Familiengericht eingereicht wird, noch nicht volljährig ist.

[2]Eine solche Bestimmung darf nicht getroffen werden, wenn ihr überwiegende Interessen der Eltern des Anzunehmenden entgegenstehen.

(2) [1]Das Annahmeverhältnis kann in den Fällen des Absatzes 1 nur in sinngemäßer Anwendung der Vorschrift des § 1760 Abs. 1 bis 5 aufgehoben werden. [2]An die Stelle der Einwilligung des Kindes tritt der Antrag des Anzunehmenden.

Die Rechtswirkungen einer Adoption bei Volljährigkeit sind gegenüber der Minderjährigenadoption eingeschränkt. Man bezeichnet deshalb auch die Adoption bei Volljährigen als schwache, bei Minderjährigen als starke Adoption. Die Vorschrift gibt dem Familiengericht die Möglichkeit, auch im Falle der Adoption eines Volljährigen die vergleichbaren Wirkungen einer Minderjährigenadoption anzuordnen[1]. Voraussetzung ist, dass sowohl Annehmender als auch Anzunehmender dies beantragen. Auch muss diese Wirkung im Annahmebeschluss ausdrücklich bestimmt werden, eine nachträgliche Anordnung ist unzulässig. Es ist ausreichend, wenn der Beschluss ausdrücklich feststellt, dass der Beschluss die »Wirkungen der Annahme nach den Vorschriften über die Annahme eines Minderjährigen oder eines verwandten Minderjährigen« richtet oder aber die Rechtsgrundlage ausdrücklich in den Beschlusswortlaut einbezogen wird. Zu beachten sind verfassungsrechtliche Voraussetzungen der Ersetzung de Einwilligung des nichtehelichen Vaters bei Stiefkindadoptionen[2]. 1

Einer starken Annahme können Interessen der Eltern des Anzunehmenden entgegenstehen. Diese sind deshalb zu hören und das Familiengericht wird ihnen den Inhalt der gesetzlichen Regelung zur Kenntnis geben. Es wird dann an den Eltern liegen, ob sie Tatsachen vortragen oder auf solche hinweisen, die in der Abwägung ein überwiegendes Interesse an der Versagung begründen können. Eine Amtspflicht, nach denkbaren Einwänden ohne Anhaltspunkte zu forschen, besteht nach allgemeiner Ansicht nicht[3]. 2

Ist die Adoption mit den Wirkungen dieser Vorschrift durchgeführt worden, unterliegt die Aufhebung den Grundsätzen des § 1760; an die Stelle der Einwilligung des Kindes tritt der Antrag des Anzunehmenden; die Antragsfrist von einem Jahr und die Ausschlussfrist von drei Jahren nach § 17. 3

---

1 OLG München FamRZ 2009, 1337.
2 Heitmann jurisPR-FamR 1/06 Anm. 2.
3 Keidel/Kuntze/Winkler/Schmidt FGG § 12 Rn. 5; auch nicht über die Regelung der Beteiligung nach § 7 FamFG ab 01.09.2009.

Einführungsgesetz zum Bürgerlichen Gesetzbuche (EGBGB)[1]

Erster Teil   Allgemeine Vorschriften

Erstes Kapitel   Inkrafttreten, Vorbehalt für Landesrecht. Gesetzesbegriff

Erster Abschnitt   Allgemeine Vorschriften

Art. 1 EGBGB   Inkrafttreten des BGB

(1) Das Bürgerliche Gesetzbuch tritt am 1. Januar 1900 gleichzeitig mit einem Gesetz, betreffend Änderungen des Gerichtsverfassungsgesetzes, der Zivilprozessordnung und der Konkursordnung [jetzt Insolvenzordnung], einem Gesetz über die Zwangsversteigerung und die Zwangsverwaltung, einer Grundbuchordnung und einem Gesetz über die Angelegenheiten der freiwilligen Gerichtsbarkeit in Kraft.

(2) Soweit in dem Bürgerlichen Gesetzbuch oder in diesem Gesetz die Regelung den Landesgesetzen vorbehalten oder bestimmt ist, dass landesgesetzliche Vorschriften unberührt bleiben oder erlassen werden können, bleiben die bestehenden landesgesetzlichen Vorschriften in Kraft und können neue landesgesetzliche Vorschriften erlassen werden.

Vorbemerkung vor Art. 3 EGBGB

A. Begriff des Internationalen Privatrechts

Die Art. 3 ff. EGBGB regeln das anwendbare Recht und betreffen das Internationale Privatrecht (IPR). Das IPR i.e.S. umfasst Kollisionsrecht auf dem Gebiet des Privatrechts, s. Art. 3 Hs. 2 EGBGB. Der Begriff des Internationalen Privatrechts i.w.S. umfasst alle Normen, die privatrechtliche Sachverhalte mit Außenbezug regeln. Das deutsche Allgemeine Internationale Privatrecht findet sich in den Art. 3 – 6 EGBGB, der Besondere Teil findet sich in den Art. 7 ff. EGBGB. **Sachrecht** ist materielles Recht im Gegensatz zu Kollisionsrecht, s. Art. 3a Abs. 1 EGBGB. **1**

Einen eigentlichen **Allgemeinen Teil des Europäischen Kollisionsrechts** gibt es noch nicht.[2] Allerdings enthalten die einzelnen Verordnungen Regelungen zu Einzelfragen wie zu Rück- und Weiterverweisung sowie zum ordre public.

---

1 Bis zur 3. Auflage kommentiert von Prof. Dr. Hans Rausch.
2 Dazu *Heinze*, FS Kropholler 2008, 105 ff.; *Sonnenberger*, FS Kropholler 2008, 227 ff.

2 **Kollisionsrecht** wird meist als Synonym für Internationales Privatrecht verwendet. Der Begriff ist aber weiter, weil es auch interlokales, personales und zeitliches Kollisionsrecht (z.B. Übergangsbe-stimmungen nach Inkrafttreten eines neuen Gesetzes) gibt. **Kollisionsnormen** sind Rechtsnorm, die bei Sachverhalten mit Auslandsberührung bestimmen, welche Rechtsordnung anwendbar ist (vgl. Art. 3a Abs. 1 EGBGB). Während die **allseitige Kollisionsnorm** sowohl zu inländischen als auch zum ausländischen Recht führen kann, regelt die **einseitige Kollisionsnorm** lediglich, wann inländisches Recht Anwendung findet.[3] **Sachnorm** ist eine materiellrechtliche Vorschrift, die eine Regelung in der Sache selbst trifft (vgl. Art. 3 Abs. 1 EGBGB). Das ist z.B. bei Art. 47 EGBGB der Fall.

3 **Einheitsrecht** ist international vereinheitlichtes (Sach-) Recht, z.B. UN-Kaufrecht. Die Schaffung von materiellem Einheitsrecht ist eine Alternative zum IPR. Es beruht regelmäßig auf internatio-nalen Staatsverträgen und hat grds. Vorrang vor dem IPR.[4] International vereinheitlichtes Famili-enrecht besteht regelmäßig nicht. Häufig ist lediglich das Kollisionsrecht durch Staatsverträge oder Verordnungen vereinheitlicht.

B. Quellen des Internationalen Privatrechts

3a **Rechtsquellen des Internationalen Familienrechts**

Materie	Unionsrecht, Staatsverträge, nationales Kollisionsrecht	Internationale Zuständigkeit
Eheschließung	Art. 13 EGBGB	Brüssel IIa-VO, § 98 FamFG
Ehewirkungen	Art. 14 EGBGB	§ 105 FamFG
Ehegüterrecht	Güterrechts-VO-Entwurf 2011, Art. 15, 220 EGBGB	§ 105 FamFG
Drittwirkungen	Art. 16 EGBGB	
Ehescheidung	Art. 17 EGBGB (durch Rom III-VO teilw. ersetzt)	Brüssel IIa-VO, IntFamRVG, § 98 FamFG
Scheidungsfolgen, Versorgungsaus-gleich	Art. 17 EGBGB	§§ 98 Abs. 2, 102 FamFG
Hausrat, Ehe-wohnung	Art. 17a EGBGB	§§ 98 Abs. 2, 105 FamFG
Lebenspartner-schaft	VO-Entwurf für Güterrecht 2011, Art. 17b EGBGB	§ 103 FamFG
Unterhalt	EU-Unterhaltsverordnung, Haager Unterhaltsprotokoll 2007, Art. 18 EGBGB (aufgehoben)	Unterhaltsverord-nung, AUG, §§ 98 Abs. 2, 102 FamFG
Abstammung	Art. 19 EGBGB	§ 100 FamFG
Anfechtung der Abstammung	Art. 20 EGBGB	§ 100 FamFG

---

3 von Bar/Mankowski IPR I § 1 Rn. 17; PWW/Mörsdorf-Schulte Art. 3 EGBGB Rn. 30, 31.
4 PWW/Mörsdorf-Schulte Art. 3 EGBGB Rn. 7 m.w.N.

Materie	Unionsrecht, Staatsverträge, nationales Kollisionsrecht	Internationale Zuständigkeit
Eltern-Kind-Ver-hältnis	Haager Kinderschutzübereinkommen, (KSÜ), Haager Kindesentführungs-übereinkommen, Haager Minderjährigenschutzübereinkommen (ersetzt), Art. 21 EGBGB	Brüssel IIa-VO, IntFamRVG, § 99 FamFG
Adoption	Haager Adoptionsübereinkommen, Art. 22 EGBGB	§ 101 FamFG
Zustimmung	Art. 23 EGBGB	
Vormundschaft, Betreuung, Kin-derschutz	Haager Kinderschutzübereinkommen (KSÜ), Haager Minderjährigenschutzübereinkommen (ersetzt), Art. 24 EGBGB	Brüssel IIa-VO, IntFamRVG, § 99 FamFG
Pflegschaft, Erwachsenen-schutz	Haager Erwachsenenschutzübereinkommen, Art. 24 EGBGB	§ 104 FamFG
Namensanglei-chung	Art. 47 EGBGB	

Spezielle europäische **Verordnungen** regeln einzelne Bereiche des IPR und des Internationalen 4
Zivilprozessrechts (IZPR), s. Art. 3 Nr. 1 EGBGB, § 97 Abs. 1 FamFG. In anderen Verordnungen und Richtlinien finden sich – neben einer Vereinheitlichung oder bloßen Angleichung des Sachrechts – darüber hinaus auch vereinzelte Kollisionsnormen. Art. 81 AEUV (ex-Art. 65b EGV) begründet die Zuständigkeit der Union zur Förderung der Vereinbarkeit der in den Mitgliedstaaten geltenden Kollisionsnormen. Geplant ist dabei die stufenweise Gesamtvereinheitlichung des IPR auf europäischer Ebene (s. Art. 3 Rdn. 4).[5] Europarechtliche Verordnungen haben – im Gegensatz zu Richtlinien – Anwendungsvorrang, sind also ebenso wie kollisionsrechtliche Regelungen in Staatsverträgen vorrangig zu prüfen (Art. 288 Abs. 2 AEUV, ex-Art. 249 Abs. 2 EGV). Erlassen wurde bereits die EuUntVO (s. Art. 18 a.F. Anh. 1) sowie die Rom III (Ehescheidung: s. Art. 17 Anh.) sowie die VO zum Erbschaftsrecht.[6] EU-Verordnungen über das Güterrecht von Ehegatten und registrierten Partnerschaften sind in Vorbereitung.[7]

Zusätzlich existieren kollisionsrechtliche Regelungen in **Staatsverträgen** (weitgehend abgedruckt 5
in Jayme/Hausmann). Dazu gehören vor allem **multilaterale Übereinkommen** wie die sog. Haager Übereinkommen, die zahlreiche Aspekte direkt regeln: das Haager Eheschließungsübereinkommen vom 12.06.1902, das Vormundschaftsübereinkommen vom 12.06.1902, das Übereinkommen über das auf die Unterhaltspflichten gegenüber Kindern anwendbare Recht vom 24.10.1956, das Übereinkommen über das auf die Form letztwilliger Verfügungen anzuwendende Recht vom 05.10.1961, das Übereinkommen über die Zuständigkeit und das anzuwendende Recht auf dem Gebiet des Schutzes von Minderjährigen vom 05.10.1961, das Übereinkommen über das auf Unterhaltspflichten anwendbare Recht vom 02.10.1973, das Übereinkommen über die zivilrechtlichen Aspekte von internationalen Kindesentführungen vom 25.10.1980, das Übereinkommen über den Schutz von Kindern und die Zusammenarbeit auf dem Gebiet der internati-

---

5 Näher zu den unionsrechtlichen Grundlagen *Martiny* FPR 2008, 187 ff.; *Kohler/Pintens* FamRZ 2009, 1529 ff.; *Wagner* FamRZ 2009, 269 (278).
6 Dazu *Janzen*, DNotZ 2012, 484 ff.; *Kohler/Pintens* FamRZ 2012, 1425 (1426 ff.); *Simon/Buschbaum* NJW 2012, 2393 ff. – Zum Entwurf *Buschbaum/Kohler* GPR 2010, 106 ff., 162 ff.; *Wagner* DNotZ 2010, 506 ff.; *Lange* ZvglRWiss 110 (2011) 426 ff.; *Lorenz* ErbR 2012, 39 ff.; *Remde* RNotZ 2012, 65 ff.; *Lange* DNotZ 2012, 168 ff.; *ders.* ZErb 2012, 160 ff.
7 Dazu *Buschbaum/Simon* GPR 2011, 262 ff., 305 ff.; *Finger* FuR 2012, 10; *Kohler/Pintens* FamRZ 2011, 1433 (1435 ff.); *Martiny* IPRax 2011, 437 ff.

onalen Adoption vom 29.05.1993, das Übereinkommen über die Zuständigkeit, das anzuwendende Recht, die Anerkennung, Vollstreckung und Zusammenarbeit auf dem Gebiet der elterlichen Verantwortung und der Maßnahmen zum Schutz von Kindern vom 19.10.1996, das Übereinkommen über den internationalen Schutz von Erwachsenen vom 13.01.2000 sowie das Protokoll über das auf Unterhaltspflichten anwendbare Recht vom 23.11.2007.

6 **Bilaterale (zweiseitige) Staatsverträge** sind nur ausnahmsweise einschlägig, so im Verhältnis zum Iran das Niederlassungsabkommen zwischen dem Deutschen Reich und dem Kaiserreich Persien vom 17.02.1929[8]. Nach ihrer **Transformation** in innerstaatliches Recht haben völkerrechtliche Vereinbarungen Vorrang vor dem EGBGB, vgl. Art. 3 Nr. 2 EGBGB.

7 Das **nationale deutsche Kollisionsrecht** findet sich vorwiegend in den Art. 3–46c EGBGB, wobei die Art. 3–12 die allgemeinen Vorschriften enthalten, Art. 13–24 das Familienrecht betreffen. Die Vorschrift des Art. 47 EGBGB ist eine besondere Sachnorm, welche die Angleichung von Vor- und Familiennamen regelt. Die Regeln des Allgemeinen Teils des IPR können zu erheblichen Modifikationen der Anknüpfungen und der Ergebnisse führen.

C. Anknüpfung und Statut

8 Zum anwendbaren Sachrecht gelangt man durch eine **Anknüpfung**, d.h. die Verbindung eines Sachverhalts (Verweisungsgegenstands) mit der für die Beurteilung des Sachverhalts maßgeblichen Rechtsordnung. **Lex causae** ist das anwendbare (inländische oder ausländische) Sachrecht.

9 Das IPR benutzt bestimmte **Anknüpfungspunkte** (Anknüpfungsmomente). Es handelt sich um die Tatbestandsmerkmale von Kollisionsnormen, welche Elemente eines Sachverhalts bezeichnen, aus denen sich die maßgebliche Verbindung mit dem anwendbaren Recht ergibt, z.B. Staatsangehörigkeit, gewöhnlicher Aufenthalt, Wohnsitz,[9] s.u. Rdn. 14. Manchmal stehen mehrere Anknüpfungspunkte alternativ nebeneinander (z.B. in Art. 19 EGBGB). Eine solche **alternative Anknüpfung** will regelmäßig ein bestimmtes Ergebnis begünstigen (Günstigkeitsprinzip).[10]

10 Das **Statut** ist das für eine bestimmte Rechtsfrage maßgebliche Recht.[11] Bsp.: Scheidungs- oder Erbstatut. Personalstatut ist das für die persönlichen Verhältnisse und Fähigkeiten einer Person maßgebliche Recht.

11 Des Öfteren kommt es auf die Rechtsordnung an, die für einen einzelnen Vermögensgegenstand (z.B. ein Grundstück) maßgeblich ist, insb. die lex rei sitae als Sachstatut. Nach Art. 3a Abs. 2 EGBGB geht das **Einzelstatut** dem für die gesamte Vermögensmasse an sich geltenden **Gesamtstatut** vor, wenn es für den in Frage stehenden Einzelgegenstand besondere Vorschriften enthält. Dies ist insb. für das Ehegüterrecht von praktischer Bedeutung, s. Art. 15 Rdn. 22.

12 **Eingriffsnorm** ist eine Vorschrift, die ohne Rücksicht auf das kollisionsrechtlich maßgebende Recht zwingend anwendbar ist (vgl. Art. 20 ErwSÜ, Art. 9 Rom I-VO). Solche international zwingenden Normen sind von den national zwingenden Normen (als Gegensatz zu dispositiven Normen) zu unterscheiden, von denen z.B. in Art. 3 Rom I-VO die Rede ist.

13 Es kann zu einer Veränderung der maßgeblichen Anknüpfungstatsachen kommen, z.B. einem Wechsel der Staatsangehörigkeit. Eine solche Veränderung der Anknüpfungstatsachen ist nur dann relevant, wenn die Anknüpfung **wandelbar** ist, d.h. es auf den Zustand im jeweiligen Betrachtungszeitpunkt ankommt (wie das Ehewirkungsstatut nach Art. 14 Abs. 1 EGBGB). Das

---

8 RGBl. II 1930, S. 1006; die Weitergeltung des Abkommens ist nach dem 2. Weltkrieg mit Wirkung vom 04.11.1954 bestätigt worden (Bek. v. 15.08.1955, BGBl. II, S. 829).
9 MüKoBGB/*Sonnenberger* Einl. IPR Rn. 657.
10 Palandt/*Thorn* vor Art. 3 EGBGB Rn. 21.
11 *von Bar/Mankowski* IPR I § 1 Rn. 18.

anwendbare Recht kann sich ändern. In einem solchen Fall spricht man von **Statutenwechsel**.[12] Nach dem früheren Recht (Ausgangsstatut) entstandene Rechtsverhältnisse werden vielfach von der neuen Rechtsordnung (Eingangsstatut) übernommen (wohlerworbene Rechte).[13] Soweit die Rechtsfolge dem neuen Recht als solche unbekannt ist, stellt sich die Frage nach einer **Transposition** (Übersetzung) in das neue Recht.[14] Die Anknüpfungsmomente/-punkte können aber auch **unwandelbar** sein, wenn es ein für alle mal auf einen bestimmten Zeitpunkt ankommt (siehe der eheliche Güterstand nach Art. 15 Abs. 1 EGBGB). Einzelne Anknüpfungsmomente/-punkte werden bei den jeweiligen Bestimmungen erläutert.

D. Anknüpfungsmomente bzw. -punkte

Im Familienrecht finden sich unterschiedliche Anknüpfungen. Die **Rechtswahlfreiheit** (Parteiautonomie) bedeutet eine subjektive Anknüpfung. Die Rechtswahl war früher nur ausnahmsweise von Bedeutung, s. Art. 14, 15 EGBGB, Art. 7, 8 HaagUntProt, dringt aber im europäischen Kollisionsrecht immer mehr vor, s. Art. 8 Rom III-VO. Die **Staatsangehörigkeit** hat ihren Kernanwendungsbereich im Personen-, Familien- und Erbrecht. Ihre Bedeutung übersteigt in diesen Bereichen damit die des **gewöhnlichen Aufenthalts** (zu den Merkmalen: Art. 5 EGBGB Rdn. 5), der aber im Falle von Staatenlosen oder Personen mit nicht feststellbarer Staatsangehörigkeit wieder entscheidend ist. Mit Ausnahme des Art. 26 Abs. 1 Nr. 3 EGBGB ist der **Wohnsitz** im deutschen Kollisionsrecht bedeutungslos geworden. Zum gewöhnlichen Aufenthalt subsidiär (s. Art. 5 Abs. 2, Art. 24 Abs. 1) ist der einfache Aufenthalt, der häufig in Flüchtlingskonventionen als Anknüpfungsmoment genannt wird. Zu erwähnen sind noch der **Ort der Vornahme einer bestimmten Handlung** (vgl. Art. 11 Abs. 1 EGBGB) und der **Erfolgsort**, der insb. im Deliktsrecht von Bedeutung ist (s. Art. 40 Abs. 1 Satz 2 EGBGB). Vor allem im Sachenrecht von Bedeutung ist der **Ort der Belegenheit** der Sache (s. Art. 43 Abs. 1 EGBGB). Die **lex rei sitae** ist auch für Ehewohnung und Haushaltsgegenstände maßgeblich ist (Art. 17a EGBGB). Das Recht des Register führenden Staates (**Eintragungsort**) entscheidet über die eingetragene Lebenspartnerschaft (Art. 17b EGBGB). Im Allgemeinen nur subsidiär kommen die engste Verbindung bzw. die **engere Verbindung** zur Anwendung (s. Art. 14 EGBGB Rdn. 15) und Art. 5 HaagUntProt. (8)

Die **lex fori** ist das Recht am Ort des Gerichts (im Allgemeinen inländisches Recht). In einigen Fällen wendet das zuständige Gericht stets sein eigenes Recht an (**Gleichlaufgrundsatz**), so Art. 13 ErwSÜ, Art. 15 Abs. 1 KSÜ. 15

Eine **akzessorische Anknüpfung** bedeutet die Verbindung eines Verweisungsgegenstands mit der für einen anderen Verweisungsgegenstand maßgeblichen Rechtsordnung.[15] Damit soll eine einheitliche Rechtsanwendung erreicht werden, z.B. eine akzessorische Anknüpfung des Deliktstatuts an das Vertragsstatut. 16

Die **Ausweichklausel** ist eine kollisionsrechtliche Bestimmung, wonach von einer Regelanknüpfung abzuweichen ist, wenn der Sachverhalt zu einer anderen Rechtsordnung engere bzw. wesentlich engere Verbindungen aufweist (z.B. Art. 4 Abs. 3 Rom I-VO, Art. 41, 46 EGBGB, Art. 15 Abs. 2 KSÜ). Der Sache nach handelt es sich um kodifizierte Anwendungsfälle einer teleologischen Reduktion der Grundregel. 17

Ist ausnahmsweise eine **Anknüpfung nicht möglich**, sind die Sachnormen des deutschen Rechts anzuwenden.[16] 18

---

12 MüKoBGB/*Sonnenberger* Einl. IPR Rn. 665.
13 Palandt/*Thorn* vor Art. 3 EGBGB Rn. 23.
14 PWW/*Mörsdorf-Schulte* Art. 3 EGBGB Rn. 39 f.
15 MüKoBGB/*Sonnenberger* Einl. IPR Rn. 664.
16 KG FamRZ 2002, 840 m.w.N.

E. Verweisung

19 Zum anwendbaren Recht gelangt man durch eine Verweisung in einer Kollisionsnorm. Die Verweisung auf eine bestimmte Rechtsordnung ist das Ergebnis jeder Anknüpfung. Der Verweisungsbegriff umschreibt das Tatbestandsmerkmal einer Kollisionsnorm, welches den Sachverhalt (mit den daraus folgenden Rechtsfragen) umschreibt, für dessen Beurteilung die maßgebliche Rechtsordnung bestimmt werden soll (**Anknüpfungs-** oder **Verweisungsgegenstand**), z.B. Rechtsfähigkeit und Geschäftsfähigkeit einer Person (Art. 7 EGBGB), Voraussetzungen der Eheschließung (Art. 13 EGBGB). Der Anknüpfungsgegenstand umschreibt gleichzeitig den Ausschnitt der aus der anwendbaren Rechtsordnung, der für die Beurteilung des Sachverhalts maßgeblich sein soll, z.B. alle Vorschriften, die sich auf die Rechtsfähigkeit oder Geschäftsfähigkeit einer Person, die (materiellen) Voraussetzungen der Eheschließung etc. beziehen. Der Verweisungsumfang ist durch Auslegung der Kollisionsnorm zu ermitteln.

20 Grundsätzlich erfolgt eine **Verweisung des IPR der lex fori auf das gesamte Recht** eines anderen Staates unter Einschluss von dessen Kollisionsrecht. Das ausländische Kollisionsrecht kann die Verweisung annehmen oder eine Rückverweisung auf die fori bzw. eine Weiterverweisung auf ein drittes Recht aussprechen. Nach Art. 4 Abs. 1 Satz 1 EGBGB sind die Verweisungen des deutschen IPR grds. als Gesamtverweisungen zu verstehen.

Eine **Rückverweisung** liegt vor, wenn das Kollisionsrecht eines ausländischen Staates im Fall der Gesamtverweisung auf das deutsche Recht verweist. Das deutsche Recht nimmt die Rückverweisung nach Art. 4 Abs. 1 Satz 2 EGBGB an. Möglich ist auch eine versteckte Rückverweisung, s. Art. 4 EGBGB Rdn. 5. **Renvoi** ist der Oberbegriff für Rückverweisung und Weiterverweisung.[17]

21 **Sachnormverweisung** ist eine kollisionsrechtliche Verweisung, die sich allein auf die Sachnormen des bezeichneten Rechts bezieht (und nicht auch auf dessen Kollisionsnormen). Gegensatz ist die Gesamtverweisung. Kollisionsnormen in Staatsverträgen und unionsrechtlichen Instrumenten sind i.d.R. Sachnormverweisungen, vgl. Art. Rom III-VO, Art. 21 KSÜ.

21a Nachdem der Europäische Gerichtshof eine grundsätzliche Anerkennung der Namensführung nach den Regeln eines Mitgliedstaats auch in den anderen Mitgliedstaaten verlangt hat (s. Art. 10 EGBGB Rdn. 3),[18] ist eine ausgedehnte Debatte über die Grundlagen, die Berechtigung sowie die Tragweite und Nützlichkeit, aber auch die Gefahren eines solchen Ansatzes entbrannt.[19] Bei einer solchen **Anerkennung von Rechtslagen** (auch »inhaltliche Anerkennungsmethode« genannt[20]) ist eine in einem Mitgliedstaat geschaffene Rechtslage (zB bezüglich der Namensführung) auch in den anderen Mitgliedstaaten anzuerkennen. Diese Anerkennung wird auf das Unionsrecht gestützt und setzt sich gegen das nationale Kollisionsrecht durch. Eine solche Anerkennung würde sich gerade für die Begründung von Rechtsbeziehungen wie der Eheschließung und der Registrierung

---

17 MüKoBGB/*Sonnenberger* Art. 4 EGBGB Rn. 4.
18 Siehe EuGH, Urt. v. 02.10. 2003 – Rs. C-148/02 – Garcia Avello, Slg. 2003, I-11613 = IPRax 2004, 339 m. Aufs. *Mörsdorf-Schulte*, 315; EuGH, Urt. v. 14.10.2008 – Rs. C-353/06 – Grunkin Paul, Slg. 2008 I-7639 = EuZW 2008, 694 = FamRZ 2008, 2089 Anm. *Funken*, 2091 = DNotZ 2009, 449 Anm. *Martiny* = JZ 2009, 151 Anm. *Kroll-Ludwigs* = StAZ 2009, 9 m. Aufsatz *Lipp*, 1. Vgl. auch *Mansel/Thorn/Wagner* IPRax 2011, 1 (5 f.).
19 Siehe *Coester-Waltjen*, FS Jayme I 2004, 121 ff.; *dies.* IPRax 2006, 392 ff.; *Mansel*, RabelsZ 70 (2006) 651 ff.; *Baratta* IPRax 2007, 4 ff.; *Mansel/Thorn/Wagner* IPRax 2011, 1 (2 ff.); *Wagner* StAZ 2012, 133 ff.; Spellenberg FS Pintens II, 2012, 1349 ff.; *Funken*, Das Anerkennungsprinzip im internationalen Privatrecht, 2009; Leifeld, Das Anerkennungsprinzip im Kollisionsrechtssystem des internationalen Privatrechts, 2010; NK/*Freitag* Art. 3 EGBGB Rn. 54 ff.
20 *Wagner* StAZ 2012, 133 ff.

einer Partnerschaft eignen.[21] Denkbar wäre sie auch für Statusentscheidungen.[22] Der Sache nach käme es dann zu einer Wirkungserstreckung und einer Art Anknüpfung nach dem Herkunftslandprinzip.

F. Gesetzesumgehung

Die Anknüpfung erfolgt aufgrund bestimmter Tatsachen. Von **Gesetzesumgehung** (fraus legis) spricht man bei einer gezielten Schaffung bzw. Veränderung der maßgeblichen Anknüpfungstatsachen mit dem Ziel, das an sich anwendbare Sachrecht zu umgehen und zur Anwendbarkeit eines anderen (günstigeren) Sachrechts zu gelangen. Die Gesetzesumgehung ist gesetzlich nicht geregelt. Nach h.M. bleibt aber eine bestimmte Sachlage im Allgemeinen nicht wegen Gesetzesumgehung unbeachtlich.[23] Eine Korrektur der gesetzlich vorgesehen Anknüpfung kommt regelmäßig nicht in Betracht.   **22**

Zu unterschieden hiervon ist die bloße **Simulation**. Hier wird der betreffende Sachverhalt nur vorgetäuscht. Es kommt auf die wirkliche Sachlage an.[24]   **23**

G. Qualifikation

Im Rahmen der Anknüpfung tauchen häufig folgende Fragestellungen auf: **24**

– Welcher Kollisionsnorm ist ein bestimmter Anknüpfungsgegenstand zuzuordnen, wenn eine genau auf ihn zugeschnittene Kollisionsnorm nicht zu finden ist – Beispiel: Ist die Aufhebung einer Ehe (§§ 1313 ff. BGB) unter Art. 17 EGBGB oder unter Art. 13 EGBGB einzuordnen?[25]
– Wie ist ein angetroffener Anknüpfungspunkt zu verstehen und zu interpretieren – Beispiel: Welchen rechtlichen Inhalt hat der Begriff »domicile« oder »Wohnsitz«? Ist er zu definieren nach §§ 7 ff. BGB oder nach Rechtssätzen des z.B. englischen Rechts, d.h. nach welchem nationalen Recht erfolgt diese rechtliche Charakterisierung?

In der IPR-Terminologie ist dies die Frage der Qualifikation. Es handelt sich um eine Methode zur Einordnung der Sachverhalte und der für diese Sachverhalte maßgeblichen Sachnormen in die durch den Verweisungsbegriff einer Kollisionsnorm umschriebenen Kategorien. Die Qualifikation eines deutschen Rechtsbegriffs richtet sich nach deutschem Recht als der lex fori.[26] Dabei ist entscheidend »die rechtliche Natur des betroffenen Rechtsverhältnisses ... Maßgebend ist der Schwerpunkt, das Gepräge, welches das Rechtsverhältnis durch seine Ausgestaltung erfährt hat«.[27] Insoweit hat sich die Methode der **funktionellen Qualifikation** durchgesetzt.[28] Eine Funktionsanalyse ist insb. dort notwendig, wo es sich um dem deutschen Recht unbekannte Rechtsinstitute handelt (z.B. die Brautgabe).[29]

Findet sich der zu qualifizierende Begriff in einer Norm ausländischen Kollisions- oder Sachrechts vorgefunden, richtet sich die rechtliche Qualifikation nicht mehr nach deutschem Recht, sondern   **25**

---

21 Zu Urkunden *Mansel* IPRax 2011, 341 ff. – Zu Personenstandsurkunden *Wagner* FamRZ 2011, 609.
22 Siehe KG StAZ 2011, 148 (Vaterschaftsanerkenntnis).– Dazu *Mansel/Thorn/Wagner* IPRax 2011, 1 (7 ff.); *Nordmeier* StAZ 2011, 129 ff. Allgemein dazu *Wagner* StAZ 2012, 133 ff.
23 BGH NJW 1971, 2124 (Staatsangehörigkeitswechsel); MüKoBGB/*Sonnenberger* Einl. IPR Rn. 749; PWW/*Mörsdorf-Schulte* Art. 3 EGBGB Rn. 42.
24 MüKoBGB/*Sonnenberger* Einl. IPR Rn. 750.
25 S. dazu näher Art. 17 EGBGB Rdn. 3.
26 BGH NJW 1967, 2109 sowie FamRZ 1993, 1051.
27 BGH FamRZ 1980, 29.
28 MüKoBGB/*Sonnenberger* Einl. IPR Rn. 501.
29 PWW/*Mörsdorf-Schulte* Art. 3 EGBGB Rn. 33.

als Bestandteil der angetroffenen Norm nach dem anzuwendenden ausländischen Recht. **Rück- und Weiterverweisung durch eine ausländische Kollisionsnorm** werden nach der ausländischen Rechtsordnung beurteilt, s. Art. 4 Rdn. 3 ff. Von einer Qualifikationsverweisung spricht man dann, wenn das ausländische (Kollisions-) Recht die rechtliche Einordnung einer Rechtsfrage einer anderen Rechtsordnung überlässt. So wird etwa die Ausfüllung des Begriffs des unbeweglichen Vermögens dem Recht des Lageortes überlassen.[30]

H. Erst- und Vorfragen

26 Nach der Verweisung in das Sachrecht eines bestimmten Staats können sich bei Anwendung der nunmehr maßgeblichen Sachnormen Vorfragen stellen, welche begrifflich vom eigentlichen Anknüpfungsgegenstand nicht abgedeckt werden. So umfasst z.B. das Scheidungsstatut nicht die Frage, ob überhaupt eine wirksame Ehe zwischen den Parteien vorliegt, das Sorgestatut nicht die Frage, ob das Kind von dem in Betracht kommenden Elternteil auch abstammt. Solche Vorfragen sind bei gegebenem Auslandsbezug nach h.M. grds. **selbständig anzuknüpfen**, was bedeutet, dass insoweit, ausgehend von dem in der Vorfrage enthaltenen Anknüpfungsgegenstand, eine eigenständige kollisionsrechtliche Prüfung stattfinden muss.[31] Dies gewährleistet eine einheitliche Beurteilung aller im Inland zu beurteilenden Fälle (interner Entscheidungseinklang).[32]

Vom Grundsatz der selbständigen Anknüpfung von Vorfragen gibt es allerdings **Ausnahmen**, bei denen die Beurteilung der Vorfrage nach demselben Statut erfolgt, welches für den eigentlichen Anknüpfungsgegenstand maßgeblich ist (**unselbständige Anknüpfung** der Vorfrage). Dies fördert den sog. externen Entscheidungseinklang. Solche Ausnahmen sind abzuleiten aus dem Sinn bestimmter Kollisionsnormen. Eine solche Ausnahme gilt vor allem für das Unterhaltsstatut.[33] Viele wollen die Anknüpfung vom Einzelfall, insb. einer Auslegung der jeweiligen Norm zur Hauptfrage abhängig machen.[34] Eine einheitliche Haltung zur Vorfragenproblematik im europäischen Kollisionsrecht gibt es noch nicht.[35]

27 Ein Sonderfall der Vorfrage ist die **Erstfrage.** Hier geht es um die Anknüpfung eines präjudiziellen Rechtsverhältnisses, welches bereits im Tatbestand einer inländischen Kollisionsnorm vorausgesetzt wird, z.B. Wirksamkeit der Ehe in Art. 14 EGBGB. Die Erstfrage wird grds. selbständig angeknüpft.[36]

28 Von **Substitution** spricht man dann, wenn ein Begriff im Tatbestand einer inländischen Sachnorm verwendet wird. Er kann auch durch Anwendung ausländischen Rechts ausgefüllt werden. Grundsätzlich kommt es auf die Gleichwertigkeit des ausländischen Vorgangs an.[37]

J. Angleichung (Anpassung)

29 In einigen Fällen, in denen es bei der Rechtsanwendung zu widersprüchlichen Ergebnissen oder Lücken kommt, kann man nicht bei dem Ergebnis der Anknüpfung stehen bleiben, sondern nimmt eine Angleichung (Anpassung) vor. Dies ist eine Methode zur Auflösung von Widersprü-

---

30 Palandt/*Thorn* vor Art. 3 EGBGB Rn. 28.
31 Für eine unselbständige Anknüpfung häufig die Lehre, so z.B. *von Hoffmann/Thorn* § 6 Rn. 71. – Dazu krit. MüKoBGB/*Sonnenberger* Einl. IPR Rn. 546 ff.
32 Dazu NK/*Freitag* Art. 3 EGBGB Rn. 19.
33 S. dazu Art. 18 EGBGB Anh. II Rdn. 4.
34 So etwa PWW/*Mörsdorf-Schulte* Art. 3 EGBGB Rn. 46.
35 *Solomon,* FS Spellenberg 2010, 355 ff.; *Gössl* ZfRV 2011, 65 ff.; *Bernitt,* Die Anknüpfung von Vorfragen im europäischen Kollisionsrecht, 2010.
36 NK/*Freitag* Art. 3 EGBGB Rn. 28. – Krit. zum Begriff MüKoBGB/*Sonnenberger* Einl. IPR Rn. 537 f.
37 MüKoBGB/*Sonnenberger* Einl. IPR Rn. 602; PWW/*Mörsdorf-Schulte* Art. 3 EGBGB Rn. 50.

chen (Normenhäufung, Normenmangel, Normenwiderspruch) zwischen den Sachnormen mehrerer Rechtsordnungen, die nacheinander oder nebeneinander auf ein einheitliches Lebensverhältnis anzuwenden sind.[38] Die Lösung kann bestehen in der Abwandlung der anwendbaren Sachnormen (**materiellrechtliche Anpassung**), der Abwandlung der einschlägigen Kollisionsnormen (**kollisionsrechtliche Anpassung**) und der Bildung von eigenen Sachnormen im IPR. Bei der kollisionsrechtlichen Anpassung wird der Verweisungsumfang einer der Kollisionsnormen zu Gunsten der anderen eingeschränkt. Ob einer der Methoden generell der Vorrang zu geben ist, ist str. Es kommt auf den Einzelfall an.[39]

K. Anwendung ausländischen Rechts

Ausländisches Recht ist einschließlich dessen inhaltlichen Änderungen anzuwenden (Intertemporales Privatrecht).[40] Auslandsrecht muss der inländische Richter nicht kennen, es ist aber von Amts wegen zu ermitteln und anzuwenden (vgl. § 293 ZPO).[41] Im familiengerichtlichen Verfahren gilt der Grundsatz des Freibeweises (§ 29 FamFG).[42] Das gilt sowohl für das ausländische Kollisionsrecht, soweit dieses relevant ist, aber auch für ausländische Sachnormen.[43] Für den Zugang zum ausländischen Recht steht eine Reihe von Hilfsmitteln mit Länderberichten, aber auch ausländischen Gesetzestexten zur Verfügung.[44] Informationen zum Recht der EU-Staaten findet man auch auf den Webseiten des Europäischen Justiziellen Netzes für Zivil- und Handelssachen.[45]   30

L. Ordre public

Der ordre public (öffentliche Ordnung) umfasst nach Art. 6 EGBGB die wesentlichen Grundsätze   31
des inländischen Rechts, insb. die Grundrechte, s. Art. 6 EGBGB Rdn. 2. Staatsverträge und EU-Verordnungen enthalten eigene ordre public-Klauseln, vgl. Art. 12 Rom III-VO.

M. Internationales Verfahrensrecht

Die **internationale Zuständigkeit** betrifft die Zuständigkeit der Gerichte oder Behörden eines   32
bestimmten Staates. Sie muss in Fällen mit Auslandsberührung neben der örtlichen und sachlichen Zuständigkeit geprüft werden. Die internationale Zuständigkeit ist insb. in europäischen Verordnungen geregelt, Brüssel I-VO (s. Art. 3 EGBGB Rdn. 5), Brüssel IIa-VO (s. Art. 3 EGBGB Rdn. 5), Art. 3 ff. EuUntVO (s. nach Art. 18 EGBGB Anh. 1 Rdn. 1 ff.). Ferner finden sich Regeln über die internationale Zuständigkeit in Staatsverträgen wie in Art. 2 ff. Luganer Übereinkommen (s. Art. 3 EGBGB Rdn. 6) sowie in einschlägigen familienrechtlichen Staatsverträgen wie dem (inzwischen abgelösten) MSA (s. Anh. 1 nach Art. 21 EGBGB Rdn. 1 ff.), Art. 5 ff. KSÜ (s. Anh. 2 nach Art. 21 EGBGB Rdn. 1 ff.) sowie Art. 5 ff. ErwSÜ (s. nach Art. 24 EGBGB Rdn. 1 ff.). Im

---

38 MüKoBGB/*Sonnenberger* Einl. IPR Rn. 581 ff.
39 PWW/*Mörsdorf-Schulte* Art. 3 EGBGB Rn. 59 m.w.N.
40 Palandt/*Thorn* vor Art. 3 EGBGB Rn. 24.
41 Zu Erkenntnisquellen näher PWW/*Mörsdorf-Schulte* Art. 3 EGBGB Rn. 53.
42 NK/*Freitag* Art. 3 EGBGB Rn. 43.
43 MüKoBGB/*Sonnenberger* Einl. IPR Rn. 624.
44 Siehe *Bergmann/Ferid/Henrich*, Internationales Ehe- und Kindschaftsrecht, 6. Aufl. 2006 (Loseblatt); *Breuer*, Ehe- und Familiensachen in Europa, 2008; *Rieck*, Ausländisches Familienrecht, 2009 (Loseblatt); *Süß/Ring* (Hrsg.), Eherecht in Europa, 2. Aufl. 2012 (29 Länderberichte). – Länderberichte auch in NK-BGB, Bd 4, 2. Aufl. 2010 (England und Wales, Frankreich, Griechenland, Iran, Niederlande, Österreich, Polen, Portugal, Russland, Schweiz, Skandinavien, Spanien, Türkei).
45 http://ec.europa.eu/civiljustice/index_de.htm.– Siehe zur Bundeskontaktstelle im Europäischen Justiziellen Netz für Zivil- und Handelssachen, http://www.bundesjustizamt.de

nationalen Recht sind insb. die §§ 98 ff. FamFG einschlägig. Die europäischen und internationalen Regeln haben grds. Vorrang (§ 97 FamFG).[46]

33 Von einer **Rest- oder Auffangzuständigkeit** spricht man dann, wenn sich keine Zuständigkeit aus den gewöhnlichen Zuständigkeitsregeln ergibt, so z.B. Art. 7 Brüssel IIa-VO, Art. 6 EuUntVO. Das **forum non conveniens** meint die Ablehnung der internationalen Zuständigkeit aufgrund der Erwägung, der Fall weise so enge Verbindungen mit einer anderen Rechtsordnung auf, dass er besser von den Gerichten des betreffenden anderen Staates entschieden werden sollte. Dieser Gesichtspunkt darf nur ausnahmsweise berücksichtigt werden, z.B. Art. 8 KSÜ, Art. 8 ErwSÜ. Fehlt es überhaupt an einer Zuständigkeit, so kann eine **Notzuständigkeit (forum necessitatis)** in Betracht kommen, so Art. 7 EuUntVO.

34 Von **Forum shopping** spricht man bei der Einleitung eines Verfahrens in einem Staat, dessen IPR auf das für den Kläger günstigste Sachrecht verweist. Im Familienrecht geht es dabei meist um die Ausnutzung der Zuständigkeitsregeln im Hinblick auf die Scheidungsfolgen.[47]

35 Deutsche Gerichte haben grds. nur ihr **eigenes Verfahrensrecht (lex fori)** anzuwenden.[48] Dazu gehört etwa die verfahrensrechtliche Auskunftpflicht der Beteiligten eines Unterhaltsverfahrens.[49] Auch die Ermittlung des Inhalts des ausländischen Rechts richtet sich nach deutschem Verfahrensrecht, s. Rdn. 30.

36 Die **Anerkennung ausländischer Entscheidungen** erstreckt die Wirkungen ausländischer Akte auf das Inland. Die Anerkennung ist in europäischen Verordnungen, insb. Brüssel I-VO (s. Art. 3 EGBGB Rdn. 5), Brüssel IIa-VO (s. Art. 3 EGBGB Rdn. 5), EuUntVO (s. nach Art. 18 EGBGB Anh. 1 Rdn. 1 ff.), aber auch in einzelnen Staatsverträgen geregelt, z.B. Art. 23 ff. KSÜ. Im nationalen Recht sind insb. die §§ 107 ff. FamFG einschlägig. Allgemeine Norm für Zivilsachen ist § 328 ZPO.

Art. 3 EGBGB   Anwendungsbereich; Verhältnis zu Regelungen der Europäischen Gemeinschaft und zu völkerrechtlichen Vereinbarungen

Soweit nicht

1. unmittelbar anwendbare Regelungen der Europäischen Gemeinschaft in ihrer jeweils geltenden Fassung, insbesondere
    a) die Verordnung (EG) Nr. 864/2007 des Europäischen Parlaments und des Rates vom 11. Juli 2007 über das auf außervertragliche Schuldverhältnisse anzuwendende Recht (Rom II) (ABl. L 199 vom 31.7.2007, S. 40),
    b) die Verordnung (EG) Nr. 593/2008 des Europäischen Parlaments und des Rates vom 17. Juni 2008 über das auf vertragliche Schuldverhältnisse anzuwendende Recht (Rom I) (ABl. L 177 vom 4.7.2008, S. 6) sowie
    c) der Beschluss des Rates vom 30. November 2009 über den Abschluss des Haager Protokolls vom 23. November 2007 über das auf Unterhaltspflichten anzuwendende Recht durch die Europäische Gemeinschaft (ABl. L 331 vom 16.12.2009, S. 17) oder
2. Regelungen in völkerrechtlichen Vereinbarungen, soweit sie unmittelbar anwendbares innerstaatliches Recht geworden sind, maßgeblich sind,

bestimmt sich das anzuwendende Recht bei Sachverhalten mit einer Verbindung zu einem ausländischen Staat nach den Vorschriften dieses Kapitels (Internationales Privatrecht).

---

46 Dazu SBW/*A. Baetge* vor § 97 FamFG Rn. 1 ff.
47 Näher *Völker* FF 2009, 443 ff.
48 *Schack* § 2 Rn. 40 ff. m.w.N.
49 Rauscher/*Andrae* HUntStProt Art. 11 Rn. 4.

A. Regelungsbereich des IPR

Die am 11.01.2009 in Kraft getretene Definitionsnorm des Art. 3 n.F. EGBGB ist durch die Aufspaltung des alten Art. 3 EGBGB in die neuen Art. 3 und 3a entstanden.[1] Art. 3 EGBGB definiert das IPR, nennt seine Quellen und regelt ihr Rangverhältnis. **1**

Internationales Privatrecht, zu welchem als Spezialgebiet das Internationale Familienrecht gehört, muss immer dann herangezogen werden, wenn ein rechtlich zu beurteilender Sachverhalt **Auslandsberührung** aufweist. Dies ist der Fall, wenn Berührungspunkte mit dem Ausland vorliegen, die nicht ganz offensichtlich rechtlich völlig unerheblich sind (Auslandselemente). Beispiele sind ausländische Staatsangehörigkeit, Wohnsitz oder Aufenthalt einer Person im Ausland, Belegenheit einer Sache oder eines Rechts im Ausland, Ort der Vornahme eines Rechtsgeschäfts oder sonstigen Rechtsakts – etwa einer Eheschließung – im Ausland. Entsprechendes gilt, wenn ein gerichtliches Verfahren Auslandselemente aufweist; dann stellen sich Fragen des Internationalen Verfahrensrechts, s. insb. §§ 97 ff. FamFG. **2**

Bei Vorliegen einer Auslandsberührung stellt sich die Frage nach der in der Sache anzuwendenden Rechtsordnung. Die Prüfung dieser Frage ist, wie sich aus Art. 3 EGBGB ergibt, stets **von Amts wegen** durchzuführen und unterliegt nicht der Disposition der Beteiligten.[2] Dies gilt auch für die Frage der internationalen Zuständigkeit in einem Gerichtsverfahren mit Auslandsbezug, die in jeder Lage des Verfahrens zu beachten ist.[3] Gerade in Familiensachen kann die Nichtbeachtung dieser Notwendigkeit für die Beteiligten fatale Folgen haben, wenn z.B. eine Scheidung fälschlich nach deutschem Recht durchgeführt wird, diese dann aber im Heimatstaat beider Parteien oder einer Partei keine Anerkennung findet.

Die Antwort auf die Frage nach der anzuwendenden Rechtsordnung ergibt sich – je nach Rechtsbereich – aus dem Internationalen Privatrecht (IPR) oder dem Internationalen Verfahrensrecht (IntVerfR). Das IPR und vielfach auch das IntVerfR werden wegen der zu lösenden Kollision verschiedener nationaler Rechtsordnungen auch **Kollisionsrecht** genannt. Kollisionsrecht ist im Ausgangspunkt – trotz der irreführenden, jedoch traditionellen Bezeichnung »Internationales« Privatrecht (Familienrecht) bzw. Verfahrensrecht – stets **nationales Recht**, welches in den einzelnen Rechtsordnungen in weitem Umfang unterschiedlichen Inhalt aufweist. Für einen von einem deutschen Gericht zu entscheidenden Rechtsfall bedeutet dies ausnahmslos, dass die kollisionsrechtliche Prüfung immer anhand des deutschen Kollisionsrechts beginnt. **3**

Die Rechtssätze des Kollisionsrechts (Kollisionsnormen) stehen im begrifflichen Gegensatz zu den Sachnormen – also den Rechtssätzen des Sachrechts, welche nach Abschluss der kollisionsrechtlichen Prüfung innerhalb der danach berufenen Rechtsordnung zur Regelung der eigentlichen Rechtsfragen des Falles heranzuziehen sind (vgl. Art. 3a **Abs. 1** EGBGB).

---

1 Gesetz zur Anpassung der Vorschriften des IPR an die VO (EG) Nr. 864/2007 vom 10.12.2008 (BGBl. I, S. 2401). Neugefasst durch Gesetz zur Anpassung der Vorschriften des (EG) Nr. 593/2008 vom 25.06.2009 (BGBl. I, S. 1574).
2 BGH FamRZ 1993, 1051; NJW 1996, 54; NJW 2003, 2605.
3 BGH NJW 1999, 1395 (1396) sowie NJW 2003, 2916.

B. Rechtsquellen des Kollisionsrechts

I. Unionsrechtliche Regelungen

4 Kollisionsnormen finden sich in vereinheitlichtem Recht, innerstaatlich kodifiziertem Recht sowie gewohnheitsrechtlichen Rechtssätzen. **Vereinheitlichtes Recht** ist, wenn es für die Bundesrepublik Deutschland in Kraft getreten ist und soweit sich sein Anwendungsbereich erstreckt, stets als erstes zu prüfen; bei Anwendbarkeit **verdrängt** es rein **innerstaatliches Recht**. Hierbei handelt es sich um **Rechtsakte der Europäischen Union** (Art. 3 Nr. 1 EGBGB), die in Ausübung der unionsrechtlichen Kompetenz erlassen wurden (Art. 81 AEUV,[4] ex-Art. 65 EGV).[5] Die »**Verordnung (EG)**« wird im Amtsblatt der EG/EU verkündet und ist damit gem. Art. 288 Abs. 2 AEUV (ex-Art. 249 EG-Vertrag), Art. 23 Abs. 1 GG in der Bundesrepublik Deutschland unmittelbar anwendbares Recht. Sie bedarf keiner Transformation in das innerstaatliche Recht oder einer irgendwie gearteten Vollzugsanweisung durch innerstaatliche Organe, sondern ist ohne Weiteres im Inland geltendes Recht.[6]

Verordnungen sind verordnungsautonom auszulegen, d.h. nach für alle Mitgliedstaaten einheitlichen, am Verordnungszweck orientierten und nicht rein innerstaatlichen Maßstäben. Zur verbindlichen Entscheidung von Auslegungsfragen ist der EuGH berufen. Um dies sicherzustellen normiert Art. 267 AEUV (ex-Art. 234 EGV) die Pflicht der letztinstanzlich entscheidenden nationalen Gerichte, Fragen zur Auslegung einer VO (EU) dem EuGH zur **Vorabentscheidung** vorzulegen. Für die unteren Fachgerichte gilt das im Bereich der »justiziellen Zusammenarbeit in Zivilsachen« allerdings nicht. Die unteren Gerichte müssen die Auslegungsfrage – soweit noch keine Entscheidung des EuGH vorliegt – selbst entscheiden und den Verfahrensbeteiligten eine weitere Abklärung im Rechtsmittelverfahren überlassen.

4a Für das **materielle Recht** sind einschlägig für die **Ehescheidung und Ehetrennung** die Verordnung Nr. 1259/2010, die sog. Rom III-VO[7] (künftig Art. 3 Nr. 1 Buchst. d EGBGB; s. dazu Art. 17 EGBGB Anh.) sowie für **Unterhaltsansprüche** die VO (EG) Nr. 4/2009 – EuUntVO –[8], die auf das Haager Unterhaltsprotokoll verweist (Art. 3 Nr. 1 Buchst. c; s. dazu Art. 18 a.F. EGBGB Anh. 1, 2). Das **internationale Erbrecht** wird von der ab August 2015 eingreifenden Erbrechts-VO geregelt.[9] In Vorbereitung sind ferner Verordnungen zum **Ehegüterrecht**[10] sowie zu den registrierten Lebenspartnerschaften.[11]

---

4 Dazu *Mansel/Thorn/Wagner* IPRax 2010, 1, 25.

5 Näher *Martiny* FPR 2008, 187 ff. – Überblick bei Helms FS Pintens I, 2012, 681 ff.; PWW/*Mörsdorf-Schulte* Art. 3 EGBGB Rn. 18 m.w.N.

6 *Geiger*, EUV/EGV Kommentar, 3. Aufl. 2000, Art. 249 Rn. 6.

7 Verordnung (EU) Nr. 1259/2010 des Rates vom 20. Dezember 2010 zur Durchführung einer Verstärkten Zusammenarbeit im Bereich des auf die Ehescheidung und Trennung ohne Auflösung des Ehebandes anzuwendenden Rechts, ABl. EU 2010 L 343/10.

8 Verordnung (EG) Nr. 4/2009 des Rates vom 18.12.2008 über die Zuständigkeit, das anwendbare Recht, die Anerkennung und Vollstreckung von Entscheidungen und die Zusammenarbeit in Unterhaltssachen, ABl. EU 2009 L 7/1.

9 Verordnung (EU) Nr. 650/2012 des Europäischen Parlaments und des Rates vom 4. Juli 2012 über die Zuständigkeit, das anzuwendende Recht, die Anerkennung und Vollstreckung von Entscheidungen und die Annahme und Vollstreckung öffentlicher Urkunden in Erbsachen sowie zur Einführung eines Europäischen Nachlasszeugnisses, ABl. EU 2012 L 201/107.

10 Vorschlag für eine Verordnung des Rates über die Zuständigkeit, das anzuwendende Recht, die Anerkennung und die Vollstreckung von Entscheidungen im Bereich des Ehegüterrechts (KOM (2011) 126 endg.).

11 Vorschlag für eine Verordnung des Rates über die Zuständigkeit, das anzuwendende Recht, die Anerkennung und die Vollstreckung von Entscheidungen im Bereich des Güterrechts eingetragener Partnerschaften (KOM (2011) 127 endg.).

Vom materiellen Kollisionsrecht ist das **internationale Verfahrensrecht** zu unterscheiden. Teilweise 5 finden sich sowohl verfahrensrechtliche als auch materiellrechtliche Regelungen in einem einzigen Rechtsinstrument. So ist seit dem 30.01.2009 die VO (EG) Nr. 4/2009 – **EuUntVO** – anzuwenden, s. dazu Art. 18 a.F. EGBGB Anh. 1. Auch die EuErbRVO ist eine gemischte VO.

Für den familienrechtlichen Bereich existieren inzwischen mehrere verfahrensrechtliche Rechtsakte: seit dem 01.03.2005 gilt die VO (EG) Nr. 2201/2003 [»**Brüssel IIa**«] –) für die internationale Zuständigkeit und Anerkennung.[12] Sie hat die VO (EG) Nr. 1347/2000 – »Brüssel II« –[13] mit Wirkung vom 01.03.2005 ersetzt. Seit dem 01.03.2002 gilt die VO (EG) Nr. 44/2001 – »**Brüssel I**« –.[14] Diese findet auch im Verhältnis zu Dänemark Anwendung.[15] Ferner gilt seit dem 21.10.2005 die VO (EG) Nr. 805/2004 zur Einführung eines **Europäischen Vollstreckungstitels** für unbestrittene Forderungen – (EuVTVO).[16] Überdies gilt die Verordnung (EG) Nr. 1896/2006 zur Einführung eines **Europäischen Mahnverfahrens** (EuMVVO).[17] Schließlich kann in bestimmten Verfahren (allerdings nicht für Güterrecht und Unterhaltsrecht) auch die Verordnung (EG) Nr. 861/2007 zur Einführung eines europäischen **Verfahrens für geringfügige Forderungen** (EuGFVO) genutzt werden.[18]

II. Staatsverträge

Ferner geht es um Staatsverträge (**völkerrechtliche Vereinbarungen**), soweit sie in der Bundesrepu- 6 blik Deutschland unmittelbar anwendbares innerstaatliches Recht geworden sind (Art. 3 Nr. 2 EGBGB). Solche Staatsverträge sind grds. einheitlich und staatsvertragsautonom auszulegen.[19] Sie spielen vor allem für den **Erwachsenen- und den Kinderschutz** eine Rolle. Siehe zum (inzwischen abgelösten) MSA Art. 21 EGBGB Anh. 1, zum KSÜ Art. 21 EGBGB Anh. 2, zum ErwSÜ Anh. zu Art. 24 EGBGB. Als bilateraler Staatsvertrag ist im Verhältnis zum **Iran** vor allem das Niederlassungsabkommen zwischen dem Deutschen Reich und dem Kaiserreich Persien vom 17.02.1929[20] zu beachten.

---

12 Verordnung (EG) Nr. 2201/2003 des Rates vom 27. November 2003 über die Zuständigkeit und die Anerkennung und Vollstreckung von Entscheidungen in Ehesachen und in Verfahren betreffend die elterliche Verantwortung und zur Aufhebung der Verordnung (EG) Nr. 1347/2000, ABl. EU 2003 L 338/1.

13 Verordnung (EG) Nr. 1347/2000 des Rates über die Zuständigkeit und die Anerkennung und Vollstreckung von Entscheidungen in Ehesachen und in Verfahren betreffend die elterliche Verantwortung für die gemeinsamen Kinder der Ehegatten vom 29. Mai 2000, ABl. EU. 2000 L 160/19.

14 Verordnung (EG) Nr. 44/2001 des Rates vom 22. Dezember 2000 über die gerichtliche Zuständigkeit und die Anerkennung und Vollstreckung von Entscheidungen in Zivil- und Handelssachen, ABl. EG 2001 L 12/1.

15 Abkommen zwischen der Europäischen Gemeinschaft und dem Königreich Dänemark über die gerichtliche Zuständigkeit und die Anerkennung und Vollstreckung von Entscheidungen in Zivil- und Handelssachen vom 19.10.2005, ABl. EU 2005 L 299/62.

16 Verordnung (EG) Nr. 805/2004 des Europäischen Parlaments und des Rates vom 21. April 2004 zur Einführung eines Europäischen Vollstreckungstitels für unbestrittene Forderungen, ABl. EU 2004 L 143/15; Berichtigung ABl. EU 2005 L 97/64.

17 Verordnung (EG) Nr. 1896/2006 des Europäischen Parlaments und des Rates vom 12. Dezember 2006 zur Einführung eines Europäischen Mahnverfahrens, ABl. EU 2006 L 399/1.

18 Verordnung (EG) Nr. 861/2007 des Europäischen Parlaments und des Rates vom 11. Juli 2007 zur Einführung eines europäischen Verfahrens für geringfügige Forderungen, ABl. EU 2007 L 199/1.

19 PWW/*Mörsdorf-Schulte* Art. 3 EGBGB Rn. 21 m.w.N.

20 RGBl. II 1930 1006; die Weitergeltung des Abkommens ist nach dem 2. Weltkrieg mit Wirkung vom 04.11.1954 bestätigt worden (Bek. v. 15.08.1955, BGBl. II, S. 829). Abgedruckt bei *Finger* IntFamR 5.4.

Im internationalen Verfahrensrecht ist vor allem das am 01.01.2010 in Kraft getretene **Luganer Übereinkommen** von 2007 von Bedeutung.[21] Dieses gilt auch im Verhältnis zu Dänemark.[22]

7   Kein vereinheitlichtes Recht im vorgenannten Sinne enthält die Europäische Konvention zum Schutz der Menschenrechte und Grundfreiheiten (– **Europäische Menschenrechtskonvention** – vom 03.01.1953 [EMRK]).[23] Inhaltlich steht die EMRK nebst ihren Zusatzprotokollen im Rang den Bundesgesetzen gleich.[24] Diese Rangzuweisung führt dazu, dass deutsche Gerichte die Konvention wie anderes Gesetzesrecht des Bundes im Rahmen methodisch vertretbarer Auslegung zu beachten und anzuwenden haben[25] – bei kollisionsrechtlichen Fragen ggf. zu Wertungen nach Art. 6 EGBGB.[26]

III. Nationales Kollisionsrecht

8   Soweit Staatsverträge und Rechtsakte der Europäischen Union nicht zur Anwendung kommen, ist das **nationale** (innerstaatliche) **Kollisionsrecht** heranzuziehen, und zwar, soweit für die in Betracht kommende Materie vorhanden, kodifiziertes Recht. Dies ist für das Internationale Familienrecht in erster Linie zu finden in Art. 3 bis 24 EGBGB in der seit dem 01.09.1986 geltenden Fassung des IPR-Gesetzes vom 25.07.1986. Die Übergangsregelungen zum vor dem 01.09.1986 bestehenden Rechtszustand (intertemporale Frage) finden sich in Art. 220 EGBGB, zum Recht der ehemaligen DDR in Art. 230 EGBGB.

9   Zum **Internationalen Verfahrensrecht** gab es bislang keine geschlossene kodifizierte Regelung, sondern nur punktuell Vorschriften innerhalb einzelner Gesetze wie der ZPO, z.B. § 328 ZPO zur Urteilsanerkennung. Im neuen FamFG finden sich entsprechende Regelungen in §§ 98, 99, 100, 101, 103, 104; 105, 107; 108 Abs. 1, 109, 170.

10 Soweit eine bestimmte kollisionsrechtliche Fragestellung weder in Unionsrecht, internationalem Recht noch im kodifizierten Recht geregelt ist, gilt **Gewohnheitsrecht** (Richterrecht).

Art. 3a EGBGB   Sachnormverweisung; Einzelstatut

(1) Verweisungen auf Sachvorschriften beziehen sich auf die Rechtsnormen der maßgebenden Rechtsordnung unter Ausschluss derjenigen des Internationalen Privatrechts.

(2) Soweit Verweisungen im Dritten und Vierten Abschnitt das Vermögen einer Person dem Recht eines Staates unterstellen, beziehen sie sich nicht auf Gegenstände, die sich nicht in diesem Staat befinden und nach dem Recht des Staates, in dem sie sich befinden, besonderen Vorschriften unterliegen.

---

21 Übereinkommen über die gerichtliche Zuständigkeit und die Anerkennung und Vollstreckung von Entscheidungen in Zivil- und Handelssachen vom 30.10.2007, ABl. EU 2007 L 339/3.
22 Abkommen zwischen der Europäischen Gemeinschaft und dem Königreich Dänemark über die gerichtliche Zuständigkeit und die Anerkennung und Vollstreckung von Entscheidungen in Zivil- und Handelssachen, ABl. EU 2005 L 299/62.
23 Für die Bundesrepublik Deutschland gem. Bekanntmachung vom 15.12.1953 (BGBl. II 1954, S. 14) in Kraft getreten.
24 BVerfG NJW 1987, 2427 und NJW 1990, 2741.
25 BVerfG NJW 2004, 3407.
26 Vgl. *Henrich* FamRZ 2005, 1971.

A. Verweisung

Die inländische Kollisionsnorm spricht eine Verweisung auf eine bestimme Rechtsordnung aus. **1** Dabei kann es sich – wie regelmäßig – um eine Gesamtverweisung handeln, welche das Internationale Privatrecht des Auslands einschließt, s. Art. 4 Abs. 1 EGBGB. Handelt es sich lediglich um eine Verweisung auf das Sachrecht, so liegt – wie Art. 3a Abs. 1 EGBGB klarstellt – nur eine Sachnormverweisung vor.

B. Sachnormverweisung (Abs. 1)

Der Grundsatz der Gesamtverweisung hat auch gewisse Ausnahmen (»Sachnormverweisung«). **2** Dies ist immer dann der Fall, wenn die konkrete Anknüpfung zur Verweisung ins deutsche Recht führt – dann sind unmittelbar die deutschen Sachnormen berufen. Eine weitere Ausnahme normiert Art. 4 Abs. 2 EGBGB: Soweit eine zulässige Rechtswahl getroffen wird, führt diese unmittelbar in die Sachnormen des gewählten Rechts. Des Weiteren stellen Kollisionsnormen, die auf internationalem Recht beruhen (vgl. Art. 3 EGBGB), regelmäßig Sachnormverweisungen dar.[1] Weiterhin ergibt sich aus Art. 4 Abs. 1 a.E. EGBGB, dass keine Gesamtverweisung vorliegt, wenn die Verweisung in fremdes Recht ihrem Sinn nach eine direkte Anwendung der Sachvorschriften der verwiesenen Rechtsordnung erfordert. Dies ist beispielsweise der Fall bei der Anknüpfung der allgemeinen Ehewirkungen an die gemeinsame engste Verbindung in Art. 14 Abs. 1 Nr. 3 EGBGB sowie beim Abstammungsstatut (Art. 19 EGBGB) hinsichtlich der nach dem Günstigkeitsprinzip normierten Alternativen.[2] Schließlich kann eine Kollisionsnorm ausdrücklich die unmittelbare Anwendung der Sachvorschriften des verwiesenen Rechts bestimmen – so Art. 17b Abs. 1 Satz 1 EGBGB. Diese Fälle hat Art. 3a Abs. 1 im Auge.

Sachvorschriften sind Rechtsnormen der maßgebenden Rechtsordnung unter Ausschluss derjenigen des Internationalen Privatrechts. Das EGBGB spricht regelmäßig ausdrücklich aus, wenn es **3** sich nur um eine Sachnormverweisung handelt, vgl. Art. 17a EGBGB. Verweisungen in Staatsverträgen sind regelmäßig bloße Sachnormverweisungen, vgl. etwa Art. 21 Abs. 1 KSÜ.

C. Einzelstatut (Abs. 2)

Nach abschließender Anwendung der einschlägigen Kollisionsnormen (»Anknüpfung«) steht für **4** den Einzelfall fest, welche Rechtsordnung zur Regelung der Sachfragen berufen ist. Diese Rechtsordnung ist dann grds. umfassend für den Rechtsbereich, um dessen Lösung es konkret geht, maßgeblich (Gesamtstatut). Auf diese Weise werden bestimmte Vermögensmassen einheitlich einem einzigen Recht unterstellt, z.B. das Vermögen der Ehegatten. Art. 3a Abs. 2 EGBGB macht hiervon jedoch unter bestimmten Voraussetzungen eine Ausnahme für von der kollisionsrechtlichen Problematik betroffenes Vermögen: Die Norm respektiert Regelungen **ausländischen Kollisionsrechts**, welche bestimmte Gegenstände, die sich im dortigen Hoheitsgebiet befinden, zwingend den Sachnormen des eigenen Rechts unterwerfen und bezüglich dieser Gegenstände die Anwendung fremden Rechts nicht zulassen.[3] Dies gilt für eine nicht geringe Zahl von Ländern bezüglich auf ihrem Territorium belegener Immobilien: so die Länder des anglo-amerikanischen Rechtskreises sowie Frankreich, Belgien, Luxemburg; auch die DDR verfügte über eine solche Regelung (§ 25 Abs. 2 RAG). Art. 3a Abs. 2 EGBGB schreibt in diesem Fall für den betroffenen Vermögensgegenstand die vom Belegenheitsstaat beanspruchte ausschließliche Anwendbarkeit des dortigen Sachrechts vor (Einzelstatut). Für die sonstigen Bestandteile des Gesamtvermögens verbleibt es bei der zuvor ermittelten Rechtsordnung – sog. Rechtsspaltung.

---

1 Palandt/*Thorn* Art. 4 EGBGB Rn. 13 m.w.N.
2 S. Art. 19 EGBGB Rdn. 7.
3 Palandt/*Thorn* Art. 3a EGBGB Rn. 6; PWW/*Mörsdorf-Schulte* Art. 3a EGBGB Rn. 10.

▶ **Beispiel:**

Deutsch-belgisches Ehepaar, für welches angenommenerweise im Übrigen nach Art. 15 Abs. 1, 14 Abs. 1 Nr. 2 EGBGB deutsches Güterrecht gilt, hat Immobiliarvermögen in England. Hier unterfällt der Grundbesitz in England den Regeln des englischen Rechts für eheliches Vermögen und nicht dem Zugewinnausgleich nach deutschem Recht.

Bedeutung hat das Einzelstatut für die Ehewirkungen (Art. 14 EGBGB), das Ehegüterrecht (Art. 15 EGBGB), das Scheidungsstatut (für Haushaltsgegenstände) (Art. 17 EGBGB), das Kindschaftsrecht (Art. 21 EGBGB), und die Vormundschaft (Art. 24 EGBGB).

5 Abs. 2 erfasst auch **sachrechtliche Vorschriften**, welche einzelne Vermögensgegenstände dem allgemeinen privaten Vermögensrecht entziehen und einer besonderen Regelung unterstellen.[4] Welche Vermögensgegenstände in den Anwendungsbereich der ausländischen Sonderregelung fallen, bestimmt diese selbst.[5]

Art. 4 EGBGB Rück- und Weiterverweisung; Rechtsspaltung

(1) [1]Wird auf das Recht eines anderen Staates verwiesen, so ist auch dessen Internationales Privatrecht anzuwenden, sofern dies nicht dem Sinn der Verweisung widerspricht. [2]Verweist das Recht des anderen Staates auf deutsches Recht zurück, so sind die deutschen Sachvorschriften anzuwenden.

(2) Soweit die Parteien das Recht eines Staates wählen können, können sie nur auf die Sachvorschriften verweisen.

(3) [1]Wird auf das Recht eines Staates mit mehreren Teilrechtsordnungen verwiesen, ohne die maßgebende zu bezeichnen, so bestimmt das Recht dieses Staates, welche Teilrechtsordnung anzuwenden ist. [2]Fehlt eine solche Regelung, so ist die Teilrechtsordnung anzuwenden, mit welcher der Sachverhalt am engsten verbunden ist.

A. Anknüpfung

1 Art. 4 EGBGB geht in Abs. 1 davon aus, dass nach Anwendung der maßgeblichen Kollisionsnormen eine Verweisung in das Recht eines anderen Staates erfolgt ist. Die zur vorausgehenden Anwendung von Kollisionsnormen erforderliche Technik (Anknüpfung) ist gesetzlich nicht geregelt. Sie erfordert zunächst die **Feststellung des Anknüpfungsgegenstandes**, also desjenigen Rechtsbereiches, um dessen Lösung es im Einzelfall geht, z.B. die Voraussetzungen der Scheidung, Feststellung des ehelichen Güterstands usw. (s. vor Art. 3 EGBGB Rdn. 8 ff.). Der so geklärte Anknüpfungsgegenstand wird auch als »Statut« bezeichnet (Scheidungsstatut, Güterrechtsstatut usw.). Mit der Abklärung des konkret relevanten Statuts ist der Weg zum Auffinden der in Betracht kommenden Kollisionsnorm aufgezeigt, sie muss den Anknüpfungsgegenstand regeln. Die Kollisionsnorm selbst enthält dann das Tatbestandsmerkmal zum Auffinden der gesuchten nationalen Rechtsordnung, den sog. Anknüpfungspunkt. In den verschiedenen Kollisionsnormen gibt es eine Vielzahl von Anknüpfungspunkten, z.B. Staatsangehörigkeit, gewöhnlicher Aufenthalt einer Person, Belegenheit einer Sache (»lex rei sitae«), Ort der Vornahme eines Rechtsgeschäfts, Gleichlauf zur gerichtlichen Zuständigkeit (»lex fori«). Nicht selten ergibt sich der Anknüpfungspunkt auf dem Wege der Verweisung in eine andere Kollisionsnorm (vgl. etwa Art. 17 Abs. 1 EGBGB).

[4] PWW/*Mörsdorf-Schulte* Art. 3a EGBGB Rn. 8.
[5] NK/*Freitag* Art. 3a EGBGB Rn. 6.

Die Frage, welcher Kollisionsnorm ein bestimmter Anknüpfungsgegenstand (Sachverhalt) zuzu- 2
ordnen ist, ist betrifft das Problem der **Qualifikation**, s. vor Art. 3 EGBGB Rdn. 24.

B. Verweisung

Nach Art. 4 Abs. 1 Satz 1 EGBGB führt eine Verweisung in fremdes Recht grds. nicht zu den 3
Sachnormen der ermittelten Rechtsordnung, sondern in deren Kollisionsrecht (**Gesamtverweisung**). Es ist also in der gefundenen Rechtsordnung zunächst zu ermitteln, wie diese Rechtsordnung zu dem betreffenden Gegenstand anknüpft, wobei sich häufig herausstellt, dass der Anknüpfungspunkt des ausländischen Kollisionsrechts ein anderer ist als derjenige im deutschen IPR (z.B.
gewöhnlicher Aufenthalt statt Staatsangehörigkeit).

Wenn die Subsumtion unter den Anknüpfungspunkt des ausländischen Kollisionsrechts im konkreten Fall dazu führt, dass eine Verweisung in dieselbe Rechtsordnung erfolgt, wird die Verweisung »angenommen«. Die Auslegung (Qualifikation) der ausländischen Kollisionsnorm richtet
sich nach der jeweiligen ausländischen Rechtsordnung.[1] Bei Annahme richtet sich die eigentliche
Lösung dann nach den Sachnormen der verwiesenen Rechtsordnung – diese Rechtsordnung ist
das Statut, welches auf den konkreten Fall anzuwenden ist. Das somit berufene **ausländische
Sachrecht**, und zwar seine konkrete Ausgestaltung in der ausländischen Rechtspraxis, insb. unter
Berücksichtigung der ausländischen Rechtsprechung, ist gem. § 293 ZPO unter Ausschöpfung
aller Erkenntnismöglichkeiten **zu ermitteln**.[2] Nur wenn dies nicht oder nur mit unverhältnismäßigem Aufwand und erheblicher Verfahrensverzögerung festzustellen ist, können bei starken
Inlandsbeziehungen und mangelndem Widerspruch der Beteiligten ausnahmsweise die Sachnormen des deutschen Rechts angewendet werden.[3]

Nimmt hingegen die durch die deutsche Gesamtverweisung zunächst berufene Rechtsordnung die 4
Verweisung wegen anders gelagerter Anknüpfung nicht an, so kommt es, soweit die betreffende
Rechtsordnung eine generelle Regelung zur Verweisung enthält, unter deren Anwendung entweder zur **Weiterverweisung** in eine dritte Rechtsordnung oder zur Rückverweisung ins deutsche
Recht. Auch die Weiterverweisung ist aus deutscher Sicht verbindlich; ob die Weiterverweisung
ihrerseits Gesamt- oder Sachnormverweisung ist, hängt vom weiterverweisenden Recht ab.[4] Nach
a.A. ist die Weiterverweisung stets nur Sachnormverweisung.[5]

Eine Rückverweisung kann nur einen Teil der Frage, etwa bezüglich beweglichen Vermögens
betreffen (**Teilrückverweisung**).[6] Möglich ist auch eine **Rückverweisung kraft abweichender Qualifikation**, wenn das fremde Kollisionsrecht ein Rechtsinstitut anders einordnet und anknüpft.[7]
Dies wurde etwa für die Namensführung der türkischen Ehefrau nach Ehescheidung als Scheidungsfolge angenommen.[8]

Eine **Rückverweisung auf das deutsche Recht** wird stets angenommen und führt unmittelbar in
die deutschen Sachnormen (Art. 4 Abs. 1 Satz 2 EGBGB).[9]

Des Öfteren wendet die zunächst berufene Rechtsordnung bei Bejahung der eigenen internationa- 5
len Zuständigkeit (jurisdiction) zwar das eigene Sachrecht als lex fori an, regelt jedoch nicht, wel-

---

1 Palandt/ *Thorn* Art. 4 EGBGB Rn. 1.
2 BGH FamRZ 2003, 1549.
3 BGH FamRZ 1978, 771 sowie FamRZ 1982, 263; KG FamRZ 2002, 166.
4 *von Hoffmann/Thorn* § 6 Rn. 10; PWW/*Mörsdorf-Schulte* Art. 4 EGBGB Rn. 4.
5 *Kropholler* § 24 II 4.
6 MüKoBGB/*Sonnenberger* Art. 4 EGBGB Rn. 65.
7 PWW/*Mörsdorf-Schulte* Art. 4 EGBGB Rn. 5.
8 BGH IPRax 2008, 137 (121) mit Aufs. *Henrich* = FamRZ 2007, 1540.
9 OLG Frankfurt NJW-RR 2008, 386.

ches Recht bei anderweitiger jurisdiction berufen sein soll – so der anglo-amerikanische Rechtskreis. Das daraus folgende Problem der sog. »versteckten Rückverweisung« ist in den Einzelheiten umstritten.[10] Überwiegend wird angenommen, dass bei aus Sicht des anglo-amerikanischen Rechts fremder jurisdiction auch die Anwendung der fremden lex fori hingenommen wird, bei jurisdiction in Deutschland also eine Rückverweisung ins deutsche Recht erfolgt.[11] Teils wird noch zusätzlich auf die Anerkennungsregeln abgestellt[12] und die Annahme einer stillschweigenden Rückverweisung bei nur konkurrierender inländischer Zuständigkeit abgelehnt.[13]

6 Rück- und Weiterverweisung sind ausgeschlossen, sofern dies dem **Sinn der Verweisung widerspricht** (Abs. 1 Satz 1 Hs. 2). Ob diese Ausnahme eingreift, ist durch Auslegung der jeweiligen Kollisionsnorm des Besonderen Teils des IPR zu ermitteln.[14] Es kommt darauf an, ob die Kollisionsnorm bestimmte rechtliche Ergebnisse erreichen will, die nicht gefährdet werden sollen. Dies kommt etwa bei einer dem Günstigkeitsprinzip dienenden alternativen Anknüpfung in Betracht.[15]

C. Rechtswahl

7 Wie sich aus Art. 4 **Abs. 2** EGBGB ergibt, können die Beteiligten eines Rechtsverhältnisses ggf. selbst rechtsgeschäftlich bestimmen, welcher Rechtsordnung das zwischen ihnen bestehende oder zu begründende Rechtsverhältnis unterliegen soll (Rechtswahl). Aus der gesetzlichen Formulierung »Soweit … wählen können«, ergibt sich aber auch, dass eine solche Rechtswahl nicht unbeschränkt zulässig ist, sondern **nur, wenn sie vom Gesetz zugelassen wird**. Im familienrechtlichen Bereich ist dies – lediglich – möglich zum Namensstatut (Art. 10 Abs. 2 und 3 EGBGB), zum Statut der allgemeinen Ehewirkungen (Art. 14 Abs. 2–4 EGBGB) und zum Güterrechtsstatut (Art. 15 Abs. 2, 3, Art. 220 Abs. 3 Satz 1 Nr. 2 EGBGB). Eine evtl. zu anderen Anknüpfungsgegenständen des Internationalen Familienrechts vorgenommene Rechtswahl ist nichtig (§ 134 BGB). Die wirksam gewählte staatliche Rechtsordnung muss entscheiden, ob sie eine Wahl religiösen Rechts zulässt.[16]

D. Interlokale und interpersonelle Kollision – Art. 4 Abs. 3 EGBGB –

I. Mehrrechtsstaaten

8 Die sich aus dem IPR ergebende Verweisung kann zum Recht eines Staates führen, der seinerseits keine einheitliche Rechtsordnung hat, vielmehr in **Teilrechtsordnungen** gespalten ist. Es kann sich dabei um lokale (regionale, territoriale) Teilrechtsordnungen handeln, aber auch um personenbezogene (personale) Teilrechtsordnungen. Staaten mit lokaler Rechtsspaltung sind zum Beispiel das Vereinigte Königreich, die USA und Spanien. Bei Staaten mit personalen Teilrechtsordnungen gilt unterschiedliches Recht je nach Religionszugehörigkeit oder nach Zugehörigkeit zu einer bestimmten ethnischen Gruppe; solche Länder sind zum Beispiel Israel und etliche islamisch geprägte Staaten mit religiös bedingter Rechtsspaltung sowie etliche afrikanische und asiatische Staaten mit ethnisch bedingter Rechtsspaltung. Das zur Lösung des daraus resultierenden interlokalen/interpersonalen Konflikts heranzuziehende Kollisionsrecht (**Interlokales Privatrecht**/Inter-

---

10 Vgl. zum Streitstand MüKoBGB/*Sonnenberger* Art. 4 EGBGB Rn. 40 ff. m.w.N.
11 OLG Stuttgart FamRZ 2003, 1669; Palandt/*Thorn* Art. 4 EGBGB Rn. 2 sowie MüKoBGB/*Winkler v. Mohrenfels* Art. 17 EGBGB Rn. 40 ff., 194; jeweils m.w.N., insb. auch aus der Rspr.
12 Vgl. *Andrae* IntFamR § 4 Rn. 41.
13 *Andrae* IntFamR § 4 Rn. 52; NK/*Gruber* Art. 17 EGBGB Rn. 27.
14 PWW/*Mörsdorf-Schulte* Art. 4 EGBGB Rn. 12.
15 OLG Nürnberg FamRZ 2005, 1697; OLG Hamburg FamRZ 2012, 568; Palandt/*Thorn* Art. 4 EGBGB Rn. 6.
16 *Coester-Waltjen,* FS Kühne 2009, 669 (670 f.).

personales Privatrecht) ergibt sich aus der Regelung in Art. 4 Abs. 3 EGBGB. Im Bereich der **Haager Konventionen** sind eigene und vorrangige Regelungen für Mehrrechtsstaaten anzuwenden (z.B. Art. 16 HaagUntProt, Art. 47 KSÜ, Art. 46, 47 ErwSÜ). Gleiches gilt für interpersonelles Kollisionsrecht (z.B. Art. 49 KSÜ, Art. 47 ErwSÜ).

Nach Art. 4 **Abs. 3 Satz 1** EGBGB entscheidet bei einer Verweisung in das Recht eines Staates mit 9 Teilrechtsordnungen das **ausländische interlokale/interpersonale Recht** darüber, welche der jeweiligen Teilrechtsordnungen maßgebend ist. Da es keinen Sinn macht, lokale Rechtszuordnungen anders vorzunehmen als der Staat, um dessen Recht es geht, kann es nur richtig sein, in jedem Falle das interlokale/interpersonale Recht des betreffenden Staates entscheiden zu lassen. Streitig ist allerdings, ob dies dann nicht gilt, wenn die Verweisung anhand eines bereits lokal bezogenen Anknüpfungspunkts des deutschen Kollisionsrechts (z.B. gewöhnlicher Aufenthalt, Lageort) erfolgt.[17]

Die Anwendung des in Betracht kommenden interlokalen/interpersonalen Rechts (sog. »**Unteranknüpfung**«) führt zu der berufenen Teilrechtsordnung. War allerdings die Verweisung in das Recht des Mehrrechtsstaates eine **Gesamtverweisung** nach Art. 4 Abs. 1 EGBGB, ist vorrangig vor der Unteranknüpfung das internationale Kollisionsrecht des Mehrrechtsstaates daraufhin zu prüfen, ob die Verweisung überhaupt angenommen wird. Verfügt der Mehrrechtsstaat über ein einheitliches internationales Privatrecht – bei hinsichtlich des Sachrechts lokaler oder personaler Rechtsspaltung –, wird eine Unteranknüpfung erst bei Annahme der internationalen Verweisung notwendig, um interlokal das berufene Sachrecht zu ermitteln. Kennt hingegen der Mehrrechtsstaat auch kein einheitliches internationales Privatrecht (z.B. USA, Vereinigtes Königreich), muss bereits zur Prüfung der Annahme unterangeknüpft werden, um die Teilrechtsordnung zu ermitteln, welche die internationale Kollision löst.[18]

Bei Verweisung in das Recht eines Staates mit interlokaler oder interpersonaler Rechtsspaltung 10 kann es sich ergeben, dass dieser Staat selbst keine interlokalen bzw. interpersonalen Regelungen kennt (so die USA) oder solche nicht zu ermitteln sind. Nach Art. 4 **Abs. 3 Satz 2** EGBGB ist dann die Teilrechtsordnung anzuwenden, mit welcher der Sachverhalt **am engsten verbunden** ist. Im familienrechtlichen Bereich dürfte hierfür i.d.R. der gewöhnliche Aufenthalt maßgeblich sein.

Soweit frühere Mehrrechtsstaaten inzwischen zerfallen sind (UdSSR, Jugoslawien), entfällt mit 11 dem Zerfall auch die Suche nach einer Teilrechtsordnung und damit die Prüfung interlokalen Rechts. Es ist nunmehr lediglich nach den allgemeinen Regeln des internationalen Privatrechts zu prüfen, welche nationale Rechtsordnung – also welchen nunmehr souveränen ehemaligen Teilstaats – berufen ist.[19]

II. Innerdeutsches Kollisionsrecht

Bis zum Zeitpunkt der Wiedervereinigung (**03.10.1990**) waren in der Bundesrepublik Deutsch- 12 land (alte Bundesländer) und der **DDR** unterschiedliche Teilrechtsordnungen entstanden. Für den familienrechtlichen Bereich waren einschneidend der 01.04.1966 mit dem Inkrafttreten des Familiengesetzbuchs (FGB) der DDR, welches das 4. Buch des BGB völlig ablöste, und der 01.01.1976 mit dem Inkrafttreten des Zivilgesetzbuchs (ZGB) der DDR, mit welchem das BGB im Übrigen völlig abgelöst wurde. Hinzu kam das staats- und völkerrechtlich unterschiedliche Verständnis der beiden Staaten in Bezug auf den jeweils anderen Staat: Während die DDR schließlich die Bundesrepublik Deutschland als Ausland betrachtete, war die DDR für die Bundesrepublik gerade nicht Ausland, sondern ein Teil eines noch immer existierenden, wenn auch

---

17 Für einen Ausschluss von Rück- und Weiterverweisung *von Bar/Mankowski*, IPR I § 4 Rn. 155; Palandt/ *Thorn* Art. 4 EGBGB Rn. 14; anders *Rauscher* IPRax 1987, 206; *Jayme* IPRax 1989, 288.
18 Palandt/*Thorn* Art. 4 EGBGB Rn. 13.
19 OLG Düsseldorf FamRZ 1995, 932.

handlungsunfähigen Staates Gesamtdeutschland mit einem einheitlichen Staatsvolk.[20] Bei Sachverhalten mit Bezug zum jeweils anderen deutschen Staat stellte sich demzufolge für die DDR die kollisionsrechtliche Frage als ein Problem des internationalen Privatrechts, für die Bundesrepublik Deutschland hingegen als ein Problem des interlokalen Privatrechts. Die DDR verfügte seit dem 01.01.1976 mit dem Rechtsanwendungsgesetz (RAG) über eine eigene Kodifikation des internationalen Privatrechts, welche sie auf Sachverhalte mit Bezug zur Bundesrepublik Deutschland anwandte. In der Bundesrepublik Deutschland (Teilrechtsordnung West) gab es kein kodifiziertes interlokales Privatrecht; bei Sachverhalten mit Bezug zur DDR (Teilrechtsordnung Ost) wurden die **Regeln des internationalen Privatrechts entsprechend** als interlokales Privatrecht **angewandt**; für den dabei nicht tauglichen Anknüpfungspunkt Staatsangehörigkeit galt nach gefestigter Rechtsprechung als Ersatzanknüpfungspunkt der gewöhnliche Aufenthalt.[21]

13   Mit dem Beitritt der DDR zur Bundesrepublik Deutschland, also **seit dem 03.10.1990**, ist dort grds. das bisherige Recht außer Kraft getreten und das Recht der Bundesrepublik Deutschland in Kraft gesetzt worden (Art. 8 Einigungsvertrag, Art. 230 EGBGB). Diese Übernahme des Bundesrechts für das Gebiet der ehemaligen DDR gilt allerdings nicht ausnahmslos, wie sich aus einigen Vorbehalten im Einigungsvertrag und besonders aus den intertemporalen Übergangsregelungen – für den Bereich des Familienrechts Art. 234 EGBGB – ergibt. Im Hinblick auf diese noch bestehenden Unterschiede zwischen den beiden Teilrechtsordnungen bedarf es bei Sachverhalten mit Bezug zur DDR, wenn dieser nicht offensichtlich unerheblich ist, nach wie vor der interlokalrechtlichen Prüfung, ob die Teilrechtsordnung West oder die Teilrechtsordnung Ost maßgebend ist. Die dafür erforderlichen interlokalen Kollisionsregeln ergeben sich aus entsprechender Anwendung der Regeln des internationalen Privatrechts mit der Besonderheit, dass anstatt an die Staatsangehörigkeit an den gewöhnlichen Aufenthalt anzuknüpfen ist. Hingegen sind die Regeln des Kollisionsrechts der DDR in deutsch-deutschen Fällen nicht mehr anzuwenden.[22]

Art. 5 EGBGB   Personalstatut

(1) [1]Wird auf das Recht des Staates verwiesen, dem eine Person angehört, und gehört sie mehreren Staaten an, so ist das Recht desjenigen dieser Staaten anzuwenden, mit dem die Person am engsten verbunden ist, insbesondere durch ihren gewöhnlichen Aufenthalt oder durch den Verlauf ihres Lebens. [2]Ist die Person auch Deutscher, so geht diese Rechtsstellung vor.

(2) Ist eine Person staatenlos oder kann ihre Staatsangehörigkeit nicht festgestellt werden, so ist das Recht des Staates anzuwenden, in dem sie ihren gewöhnlichen Aufenthalt oder, mangels eines solchen, ihren Aufenthalt hat.

(3) Wird auf das Recht des Staates verwiesen, in dem eine Person ihren Aufenthalt oder ihren gewöhnlichen Aufenthalt hat, und ändert eine nicht voll geschäftsfähige Person den Aufenthalt ohne den Willen des gesetzlichen Vertreters, so führt diese Änderung allein nicht zur Anwendung eines anderen Rechts.

A. Staatsangehörigkeit

1   Da das deutsche IPR noch weitgehend dem **Staatsangehörigkeitsprinzip** folgt, ist die Staatsangehörigkeit auch im Internationalen Familienrecht häufiger Anknüpfungspunkt. Die Frage, welche Staatsangehörigkeit/en eine Person besitzt, **richtet sich nach der nationalen Rechtsordnung, um**

---

20 BVerfG NJW 1973, 1539 (1542).
21 BGH NJW 1963, 1975; OLG Zweibrücken FamRZ 2001, 33; Palandt/*Thorn* Anh. zu EGBGB Art. 3 Rn. 4 m.w.N.
22 BGH FamRZ 1994, 304.

deren Staatsangehörigkeit es geht und deren einschlägiges Sachrecht hierfür allein maßgebend ist. Ob also jemand italienischer Staatsangehöriger ist, ergibt sich nur aus dem italienischen Staatsangehörigkeitsrecht, ob er Türke ist, aus dem türkischen Recht usw. Stellen sich im ausländischen Recht Vorfragen für den Staatsangehörigkeitserwerb (z.B. Eheschließung, Abstammung), so sind sie aus der Sicht des IPR desjenigen Staates zu beantworten, um dessen Staatsangehörigkeit es geht.[1]

Den Besitz der **deutschen Staatsangehörigkeit** regelt das Staatsangehörigkeitsgesetz (StAG), seit dem 01.01.2000 in der Fassung des Gesetzes zur Reform des Staatsangehörigkeitsrechts vom 15.07.1999.[2] Durch das Reformgesetz hat sich vor Allem die Zahl der Deutschen i.S.d. Art. 116 Abs. 1 GG, die nicht die deutsche Staatsangehörigkeit besitzen, erheblich verringert: Nach § 7 StAG – in der Fassung des Reformgesetzes, insoweit in Kraft getreten am 01.08.1999 – erwirbt ein Spätaussiedler mit der Ausstellung der Bescheinigung nach § 15 Abs. 1 oder 2 des Bundesvertriebenengesetzes (Nachweis der **Spätaussiedlereigenschaft**) kraft Gesetzes die deutsche Staatsangehörigkeit. Dies gilt auch für seine Kinder, die von ihm ihre Deutscheneigenschaft ableiten. Nach § 40a StAG trat ein solcher ex-lege-Erwerb der deutschen Staatsangehörigkeit am 01.08.1999 für alle deutschen Flüchtlinge, Vertriebene und Aussiedler ein, die zu diesem Zeitpunkt bereits unter Art. 116 Abs. 1 GG fielen; das Gleiche gilt für deren Ehegatten und Abkömmlinge. Bei Spätaussiedlern und deren Angehörigen trat dieser automatische Erwerb der deutschen Staatsangehörigkeit nur ein, wenn ihnen vor dem 01.08.1999 die Bescheinigung nach § 15 Abs. 1 oder 2 des Bundesvertriebenengesetzes erteilt worden war. Ist letzteres nicht der Fall, kommt – wie zuvor dargestellt – § 7 StAG zur Anwendung. Der ex-lege-Erwerb der deutschen Staatsangehörigkeit nach §§ 7, 40a StAG erfolgt unabhängig davon, ob eine ausländische Staatsangehörigkeit besteht.[3] Soweit der Erwerb der deutschen Staatsangehörigkeit von familienrechtlichen Vorfragen abhängt, werden sie nach deutschem Kollisionsrecht beantwortet.[4]

Die Anknüpfung an die Staatsangehörigkeit ist problematisch, wenn die in Betracht kommende **2** Person **Staatenloser** ist oder ihre Staatsangehörigkeit nicht festgestellt werden kann. Für diesen Personenkreis gilt ergänzend das New-Yorker UN-Übereinkommen über die Rechtsstellung der Staatenlosen vom 28.09.1954.[5] Danach ist Ersatzanknüpfungspunkt der gewöhnliche Aufenthalt.[6]

Für **Flüchtlinge**, die unter das Genfer UN-Abkommen über die Rechtsstellung der Flüchtlinge **3** vom 28.07.1951 in Verbindung mit dem New Yorker Protokoll vom 31.01.1967[7] fallen, ist anstelle der Staatsangehörigkeit der gewöhnliche Aufenthalt maßgeblich.[8] Gleiches gilt nach § 2 Abs. 1 AsylVG für **anerkannte Asylberechtigte**,[9] und zwar rückwirkend für die Zeit vor der stattgebenden Asylentscheidung ab Aufenthaltsbegründung im Inland[10]. Auf den gewöhnlichen Aufenthalt kommt es auch an für Personen, die unter das Gesetz über Maßnahmen für im Rahmen humanitärer Hilfsaktionen aufgenommene Flüchtlinge vom 22.07.1980[11] – »**Kontingentflüchtlinge**« – fallen. Der spätere Wegfall dieser Regelung hat die erworbene Rechtsstellung nicht berührt.[12]

---

1 Palandt/ *Thorn* vor Art. 3 EGBGB Rn. 30.
2 BGBl. I, S. 1618. Abgedruckt bei *Finger* Nr. 3.2; vgl. dazu näher *Fuchs* NJW 2000, 489.
3 *Fuchs* NJW 2000, 489.
4 OLG Stuttgart NJW-RR 2012, 389 (Abstammung).
5 Abgedruckt bei *Finger* IntFamR 4.2.
6 Palandt/ *Thorn* Anh. zu Art. 5 EGBGB Rn. 2.
7 BGBl. 1953 II, S. 560 sowie BGBl. 1969 II 1294. – Abgedruckt bei *Finger* IntFamR 4.5 und 4.5.1.
8 Palandt/ *Thorn* Anh. Art. 5 EGBGB Rn. 30.
9 BGH FamRZ 1993, 48; Palandt/ *Thorn* Anh. Art. 5 EGBGB Rn. 28.
10 BGH FF 2003, 247.
11 BGBl. I, S. 1057. – Abgedruckt bei *Finger* IntFamR 4.5.2.
12 OLG Celle StAZ 2012, 81.

Für **Volksdeutsche** (Vertriebene, Flüchtlinge, Aussiedler) gilt die Sonderregelung in Art. 9 Abs. 2. Nr. 5 FamRÄndG. Danach werden Deutsche im Sinne des Art. 116 Abs. 1 GG, die nicht die deutsche Staatsangehörigkeit besitzen, kollisionsrechtlich deutschen Staatsangehörigen gleichgestellt, und zwar von dem Zeitpunkt an, in welchem sie im Bundesgebiet bzw. im Gebiet der früheren DDR Aufnahme gefunden haben.[13] Umgekehrt verbleibt es für in ihrem Heimatland verbliebene Volksdeutsche bei der Maßgeblichkeit ihrer dortigen Staatsangehörigkeit. Zur besonderen Rechtslage für Spätaussiedler s.o. Rdn. 1.

4   Art. 5 Abs. 1 EGBGB regelt die Frage, welche Staatsangehörigkeit für die Anknüpfung im internationalen Privatrecht maßgeblich ist, wenn eine Person zwei oder mehrere Staatsangehörigkeiten besitzt (**Doppelstaater/Mehrstaater**). Nach Abs. 1 Satz 1 kommt es grds. auf die sog. **effektive Staatsangehörigkeit** an, also darauf, zu welchem Staat die engste persönliche Beziehung besteht. Dabei ist in erster Linie auf den gewöhnlichen Aufenthalt in einem der Heimatstaaten abzustellen.[14] Aber auch andere Umstände können die engste Beziehung prägen, wie etwa Sprache, kulturelle Verbundenheit, Übernahme öffentlicher Ämter, Engagement für die Belange eines der Staaten. Die Abwägung ist individuell und auf die konkreten Umstände bezogen vorzunehmen.

4a   Besitzt der Doppelstaater/Mehrstaater jedoch **auch die deutsche Staatsangehörigkeit**, darf nicht auf die effektive Staatsangehörigkeit abgestellt werden. Nach Art. 5 Abs. 1 Satz 2 ist dann ausnahmslos allein die deutsche Staatsangehörigkeit maßgeblich, völlig unabhängig davon, ob sie für den Betroffenen auch tatsächlich die effektive Staatsangehörigkeit darstellt. Dies gilt in Abkehr von der bis dahin geltenden Rechtsprechung des BGH[15] auf Grund gesetzgeberischer Entscheidung seit dem 01.09.1986, nicht aber für vor dem 01.09.1986 abgeschlossene Sachverhalte.[16] Eine verbotene Diskriminierung aufgrund der Staatsangehörigkeit (Art. 18 AEUV, ex-Art. 12 EGV) wird (bisher) verneint.[17] Die Regel des Art. 5 Abs. 1 Satz 2 EGBGB gilt jedoch nicht im Rahmen des europäischen Kollisionsrechts[18] und auch nicht der Haager Konventionen.

B. Gewöhnlicher Aufenthalt

5   Neben der Staatsangehörigkeit ist häufiger subsidiärer und in neueren Kodifizierungen des Internationalen Privat- und Verfahrensrechts zunehmend auch primärer Anknüpfungspunkt der gewöhnliche Aufenthalt einer Person. Eine gesetzliche Definition gibt es nicht. Es kommt darauf an, ob der »Schwerpunkt der Bindungen «einer Person dort liegt und sie ihren »Daseinsmittelpunkt «dort hat.[19] Der gewöhnliche Aufenthalt ist primär aufgrund von objektiven Merkmalen zu bestimmen. Als derartige Anhaltspunkte werden die Dauer, die Eingliederung in die soziale Umwelt (Privatleben, berufliche Tätigkeit usw.) und die Beständigkeit des Aufenthalts herangezogen. Dabei lässt sich keine Mindestdauer des Aufenthalts festsetzen.[20] Zwangsweises Verbringen und Verbleiben an einem Ort (Gefangenschaft) begründen grds. keinen gewöhnlichen Aufenthalt.[21] Teilweise wird im Interesse einer eindeutigen Anknüpfung die Möglichkeit eines **mehrfachen gewöhnlichen Aufenthalts** abgelehnt.[22] Andere halten ihn jedenfalls in Ausnahmefällen – je

---

13   BGH FamRZ 1993, 935; Palandt/*Thorn* Anh. Art. 5 EGBGB Rn. 11.
14   BGH FamRZ 1980, 673.
15   So FamRZ 1980, 673.
16   Vgl. Art. 220 Abs. 1 EGBGB.
17   Palandt/*Thorn* Art. 5 EGBGB Rn. 3.
18   Vgl. aber ErwGrd. 22 zur Rom III-VO.
19   BGH NJW 1975, 1068.
20   *Baetge,* FS Kropholler 2008, 77 (81).
21   Palandt/*Thorn* Art. 5 EGBGB Rn. 10.
22   Bamberger/Roth/*Lorenz* Art. 5 EGBGB Rn. 13; Palandt/*Thorn* Art. 5 EGBGB Rn. 10 m.w.N. – Offen gelassen OLG Nürnberg FamRZ 2007, 1588 (1590 f.).

nach Sach- und Normzusammenhang – für möglich.[23] Fehlt ein gewöhnlicher Aufenthalt oder ist er nicht feststellbar, so kommt es auf den **schlichten Aufenthalt** an.[24]

Der gewöhnliche Aufenthalt eines **Minderjährigen** leitet sich nicht automatisch vom Wohnsitz 6 oder Aufenthalt des Sorgeinhabers ab; er ist vielmehr selbstständig zu ermitteln.[25] Auszugehen ist dabei zunächst vom Willen des Sorgeinhabers, denn dieser bestimmt grds. den Aufenthalt des Minderjährigen (Art. 5 Abs. 3). Nach der Rspr. des EuGH kommt es auf die tatsächlichen Umstände des Einzelfalles an.[26] Der Aufenthalt muss Ausdruck einer gewissen Integration in das soziale und familiäre Umfeld sein.[27]

Art. 5 Abs. 3 EGBGB regelt den **Aufenthaltswechsel eines nicht voll Geschäftsfähigen ohne den** 7 **Willen des gesetzlichen Vertreters.** Danach führt ein solcher Aufenthaltswechsel grds. nicht zu einem Statutenwechsel. Wie sich jedoch aus der Formulierung »allein nicht« a.E. der Vorschrift ergibt, wird ein anknüpfungsändernder Aufenthaltswechsel aus anderen Gründen dadurch nicht ausgeschlossen. Für Minderjährige gilt, dass ihr gewöhnlicher Aufenthalt sich nicht automatisch vom Wohnsitz oder Aufenthalt des Sorgeinhabers ableitet; er ist vielmehr selbständig zu ermitteln.[28] Auszugehen ist dabei zunächst vom Willen des Sorgeinhabers, wie aus der Norm abzuleiten ist. Tritt allerdings in anderen den Aufenthalt bestimmenden Umständen ein Wechsel ein, führt dies zum Aufenthalts- und Statutenwechsel.

Die Problematik ergibt sich besonders dann, wenn ein Minderjähriger ohne oder gegen den Willen des Allein- oder Mitinhabers der Sorge ins Ausland verbracht wird (**Kindesentführung**). Der neue Aufenthalt kann dann zwar nicht von vornherein als auf Dauer angelegt angesehen werden, so dass ein Wechsel des gewöhnlichen Aufenthalts nicht sofort eintritt. Dies gilt auf jeden Fall, solange die Möglichkeit besteht, dass der (Mit-) Sorgeinhaber die Rückführung des Minderjährigen durchsetzt. Kommt es allerdings zu einer gefestigten sozialen Einbindung in die Lebensverhältnisse am neuen Aufenthaltsort, ist von nun an dort der gewöhnliche Aufenthalt gegeben.[29] Die Regeln über die internationale Zuständigkeit versuchen den unterschiedlichen Fallgestaltungen Rechnung zu tragen, siehe Art. 10, 11 Brüssel IIa-VO, Art. 7 KSÜ.

C. Verfahrensfragen

Für die internationale Zuständigkeit gelten Sonderregeln. Hier besteht sowohl für die europäi- 8 schen Verordnungen,[30] als auch für internationale Übereinkommen sowie Vorschriften des nationalen Rechts die Tendenz, beim Mehrstaater nicht auf die effektive Staatsangehörigkeit abzustellen, sondern eine der Staatsangehörigkeiten genügen zu lassen.[31] Für Flüchtlinge finden sich Sonderregeln in Art. 6 KSÜ und Art. 6 ErwSÜ.

23 *Baetge,* FS Kropholler 2008, 77 (87); *Kropholler* § 39 II 6 a; Erman/*Hohloch* Art. 5 EGBGB Rn. 55.
24 Palandt/*Thorn* Art. 5 EGBGB Rn. 6.
25 BGH FamRZ 1997, 1070.
26 EuGH FamRZ 2009, 843 – C-523/07 – »A« –. Dazu *Pirrung,* FS Kühne 2009, 843 (851 ff.).
27 EuGH 22. 12. 2010 – C-497/10 PPU – Mercredi/Chaffe, FamRZ 2011, 617 Anm. *Henrich* = IPRax 2012, 340 m. Aufs. Siehr, 316 m. Aufs. *Mankowski* GPR 2011, 209; *Mansel/Thorn/Wagner* IPRax 2012, 1 (20 f.).
28 BGH FamRZ 1997, 1070.
29 Vgl. BGH FamRZ 1981, 135; OLG Hamm NJW-RR 1997, 5; OLG Düsseldorf FamRZ 1999, 112; OLG Karlsruhe NJW-RR 1999, 1383.
30 EuGH Rs. C-168/08 – Hadadi ./. Mesko, Slg. 2009, I-6871 = FamRZ 2009, 1571 Anm. *Kohler,* 1574 = IPRax 2010, 66 m. Aufs. *Hau* (50) u. *Dilger* (54).
31 Vgl. BGHZ 118, 312 (328) = NJW 1992, 3096.

Art. 6 EGBGB   Öffentliche Ordnung (ordre public)

[1]Eine Rechtsnorm eines anderen Staates ist nicht anzuwenden, wenn ihre Anwendung zu einem Ergebnis führt, das mit wesentlichen Grundsätzen des deutschen Rechts offensichtlich unvereinbar ist. [2]Sie ist insbesondere nicht anzuwenden, wenn die Anwendung mit den Grundrechten unvereinbar ist.

A. Zweck der Norm

1   Für besonders gelagerte Einzelfälle lässt die Vorschrift in engen Grenzen die Anwendung deutschen Rechts zu, obwohl an sich nach den einschlägigen Regeln des Kollisionsrechts ausländisches Recht berufen ist. Sie gibt die Möglichkeit zur **Ergebniskorrektur** bei Anwendung fremden Rechts, wenn dies mit wesentlichen Grundsätzen des deutschen Rechts offensichtlich unvereinbar ist. Der ordre public kann sowohl gegen Sach- als auch gegen Kollisionsnormen ins Feld geführt werden.[1] Die Vorbehaltsklausel kommt lediglich in seiner negativen Funktion zur Anwendung.[2] Es handelt sich um eine eng auszulegende Ausnahmevorschrift.[3] Vorbehaltsklauseln in europäischen Verordnungen (Art. 12 Rom III-VO) und in internationalen Staatsverträgen (z.B. Art. 21 ErwSÜ, Art. 13 Haager Protokoll 2007, Art. 22 KSÜ) haben Vorrang.[4]

B. Voraussetzungen

2   Die Ergebniskorrektur nach Art. 6 EGBGB setzt zunächst voraus, dass der Einzelfall eine **ausreichende Inlandsbeziehung** aufweist.[5] Entsprechendes gilt für den europäischen ordre public. So kann beiderseits ausländischen geschiedenen Ehegatten, von denen der auf nachehelichen Unterhalt in Anspruch Genommene seinen Aufenthalt in Deutschland hat, der Anspruchsteller jedoch nie gehabt hat, nicht ohne weiteres das deutsche Unterhaltsrecht aufoktroyiert werden;[6] dass die internationale Zuständigkeit möglicherweise im Inland gegeben ist,[7] steht dem nicht entgegen. Hat eine der Parteien eines Rechtsverhältnisses die deutsche Staatsangehörigkeit oder haben beide ihren gewöhnlichen Aufenthalt im Inland, ist der hinreichende Inlandsbezug i.d.R. gegeben.

3   Weitere Voraussetzung ist die **offensichtliche Unvereinbarkeit mit wesentlichen Grundsätzen des deutschen Rechts**. Dies ist nur dann der Fall, wenn das Ergebnis der Anwendung der ausländischen Rechtsnorm zu den Grundgedanken der deutschen Regelung und der in ihr liegenden Gerechtigkeitsvorstellungen in einem so schwerwiegenden Widerspruch steht, dass die Anwendung unerträglich wäre.[8] Nach Art. 6 Satz 2 EGBGB ist dies gegeben, wenn das Ergebnis **mit den Grundrechten unvereinbar** wäre. Bei Beurteilung dessen kommt es aber – wegen der Notwendigkeit ausreichenden Inlandsbezugs – auch darauf an, ob und inwieweit das fragliche Grundrecht in Bezug auf den konkreten Sachverhalt überhaupt Geltung beansprucht, wobei der Grundsatz der völkerrechtlichen Gleichstellung anderer Staaten und der Eigenständigkeit ihrer Rechtsordnungen zu berücksichtigen ist. Unter Umständen ist eine den Besonderheiten des Falles, insb. dem Grad der Inlandsbeziehung angepasste Auslegung der Grundrechte angezeigt.[9] Nicht zulässig ist eine abstrakte Kontrolle ausländischer Normen auf ihre Vereinbarkeit mit dem Grundgesetz; die Erklä-

---

1 Palandt/*Thorn* Art. 6 EGBGB Rn. 9.
2 MüKoBGB/*Sonnenberger* Art. 6 EGBGB Rn. 3.
3 MüKoBGB/*Sonnenberger* Art. 6 EGBGB Rn. 14.
4 Erman/*Hohloch* Art. 6 EGBGB Rn. 6.
5 BGH FamRZ 1993, 316.
6 Vgl. Eschenbruch/Klinkhammer/*Dörner* § 7 Rn. 125.
7 S. dazu Art. 18 a.F. EGBGB Rdn. 4.
8 BGH FamRZ 1991, 300.
9 BVerfG NJW 1971, 1509 (1511 f.); BGH FamRZ 1993, 316.

rung der »Verfassungswidrigkeit« ausländischen Rechts wäre als Eingriff in fremde Hoheitsrechte völkerrechtswidrig. Menschenrechtsverstöße nach der **EMRK** können ebenfalls die Anwendung des ordre public rechtfertigen.[10]

Die ordre public-Prüfung ist **fallbezogen** und nur im Hinblick auf das bei konsequenter Anwen-   4
dung des berufenen fremden Rechts gefundene **konkrete Ergebnis** statthaft.[11] Die Notwendigkeit der **Ergebniskontrolle** erfordert bei in Betracht kommender Korrektur nach Art. 6 EGBGB den folgenden Prüfungsvorgang:

Nach der kollisionsrechtlichen Prüfung und bei Verweisung in fremdes Sachrecht ist der Einzelfall zunächst in konsequenter Anwendung des ausländischen Rechts zu lösen. Danach ist vergleichend die bei – fiktiver – Anwendung des deutschen Rechts sich ergebende Lösung festzustellen. Führen beide Lösungswege zum selben Ergebnis, ist kein Raum für Art. 6 EGBGB; es bleibt bei der Anwendbarkeit des berufenen fremden Rechts. Fallen hingegen die Ergebnisse der beiden Lösungswege auseinander, kann Art. 6 EGBGB herangezogen werden. In diesem Fall stellt sich die Frage, ob und inwieweit die in Anwendung des berufenen ausländischen Rechts gefundene Lösung in diametralem Gegensatz zu den wesentlichen Grundsätzen des deutschen Rechts steht. Hierfür sind dann die vorstehend dargestellten Prüfungsmaßstäbe heranzuziehen.

C. Rechtsfolgen

Häufig genügt es, den beanstandeten ausländischen Rechtssatz nicht anzuwenden. Die Lücke   5
kann durch die Anwendung des ausländischen Rechts geschlossen werden.[12] Im Übrigen wird z.T. für die Lückenfüllung vorgeschlagen, in ähnlichen Rechtsordnungen Umschau zu halten. Andere wollen sogleich die lex fori, also deutsches Recht anwenden.

D. Einzelfälle

Wichtige Problemkreise, die Anlass zur Einzelfallprüfung nach Art. 6 geben, sind insbes. Ehe-   6
schließung, Ehescheidung und Kindschaft.

Ein niedrigeres **Ehefähigkeitsalter** als nach deutschem Recht verstößt nicht ohne weiteres gegen den deutschen ordre public. Auch die Auslandseheschließung einer 14-Jährigen kann hinzunehmen sein.[13]

Der **Eheschließungsfreiheit entgegenstehende Regelungen ausländischen Rechts** (Hauptfälle: Absolute Unauflöslichkeit einer früheren Ehe, Verbot der Eheschließung bei unterschiedlicher Religionszugehörigkeit) ist Anlass zur Prüfung von Art. 6 EGBGB, wenn eine (neue) Ehe im Inland geschlossen worden ist oder werden soll. Soweit die Unauflöslichkeit einer früheren Ehe entgegensteht, ist für Eheschließungen seit dem 01.09.1986 Art. 13 Abs. 2 Nr. 3 EGBGB als konkrete Ausprägung des deutschen ordre public heranzuziehen. Soweit die Ehe vor diesem Zeitpunkt geschlossen worden ist, kommt Art. 6 EGBGB direkt zur Anwendung.[14] Danach ist ordre-public-Widrigkeit des Festhaltens an der Unauflösbarkeit als weiterwirkendem Eheverbot immer gegeben, wenn die Scheidung der früheren Ehe im Inland rechtskräftig geworden oder anzuerkennen ist.

---

10 Palandt/*Thorn* Art. 6 EGBGB Rn. 7 m.w.N.
11 MüKoBGB/*Sonnenberger* Art. 6 EGBGB Rn. 44.
12 OLG Hamm FamRZ 2005, 1705 (1710) (Erbrecht); Erman/*Hohloch* Art. 6 EGBGB Rn. 26.
13 Enger KG FamRZ 2012, 1495 = StAZ 2012, 142 m. abl. Aufs. *Frank,* 129 (libanesische Schiitin).
14 BGH FamRZ 1997, 542.

Das in manchen religiös geprägten Rechten anzutreffende **Eheverbot wegen Religionsverschiedenheit** steht bei hinreichendem Inlandsbezug der Möglichkeit einer Eheschließung und deren Bestand im Inland nicht entgegen, da es mit der grundrechtlich gewährleisteten Eheschließungsfreiheit in keiner Weise zu vereinbaren ist.[15] Diese Frage ist spezialgesetzlich geregelt in Art. 13 Abs. 2 Nr. 1–3 EGBGB. Die Eingehung einer **Doppel- bzw. Mehrehe** im Inland verstößt gegen den deutsche ordre public,[16] dagegen grds. nicht die Eingehung einer solchen Ehe im Ausland.[17]

Zu weiteren Einzelheiten s. Art. 13 EGBGB Rdn. 7–9.

7   Eine **Ehescheidung** kann nach manchen ausländischen Rechtsordnungen **durch Rechtsgeschäft** (Vertrag, Verstoßung) erfolgen. Dies widerspricht als solches nicht dem deutschen ordre public. Im Ergebnis wird eine solche Scheidung regelmäßig hingenommen, wenn sie dem Heimatrecht beider Ehegatten entspricht und beide einverstanden sind.[18]

Die Vereinbarkeit der sog. **Talaq-Scheidung** islamischen Rechts (Verstoßung der Frau durch den Mann) mit den wesentlichen Grundsätzen des deutschen Rechts ist umstritten.[19] Die Anerkennung wird des Öfteren wegen Nichtbeteiligung der Ehefrau abgelehnt.[20] Soweit das Einverständnis der Frau vorliegt[21] oder die Ehe gescheitert ist, d.h. nach deutschem Recht ebenfalls geschieden werden könnte,[22] wird eine solche Scheidung, wenn sie **im Ausland** erfolgt ist, hinzunehmen sein.

Problematisch ist, ob ein **deutsches Gericht** den notwendigen Verstoßungsakt entgegen nehmen und protokollieren kann. Teilweise wird angenommen, eine Verstoßung sei grds. vor einem inländischen Gericht nicht durchführbar (Art. 6 EGBGB).[23] Andere argumentieren, das Gericht spreche keinen Talaq, sondern eine Scheidung nach deutschem Verfahrensrecht aus. Der Talaq bildet in diesem Zusammenhang lediglich den Scheidungsgrund.[24] Im übrigen wird auch hier eingeräumt, dass dann, wenn ein Einverständnis der Ehefrau vorliegt,[25] die Ehe im konkreten Fall auch bei Anwendung des deutschen Rechts hätte geschieden werden können, verstößt ihre Auflösung im Wege der Talaq-Scheidung nicht gegen den ordre public.[26]

Soweit islamisch geprägtes Recht dem Mann die grundlose Verstoßung der Frau ermöglicht, der **Frau hingegen nur sehr eingeschränkt Scheidungsgründe** zur Verfügung stellt, kann diese Ungleichbehandlung gegen den deutschen ordre public verstoßen. Dies kommt bei hinreichendem Inlandsbezug dann in Betracht, wenn die Frau die Scheidung begehrt und nach deutschem Recht ein solcher Antrag auch begründet wäre, das ausländische Recht ihr jedoch die Scheidung versperrt.[27] Besonderheiten bestehen auch bei der Scheidung durch Scheidebrief – den sog. »Get« – nach jüdischem Recht.[28]

---

15   OLG Koblenz FamRZ 1994, 1262.
16   Erman/*Hohloch* Art. 6 EGBGB Rn. 34.
17   MüKoBGB/*Coester* Art. 13 EGBGB Rn. 69.
18   BayObLGZ 1998, 103 (108) (syrische Privatscheidung).
19   Näher *Unberath* IPRax 2004, 515 ff.; *Andrae* NJW 2007, 1733 ff.; Palandt/*Thorn* Art. 6 EGBGB Rn. 21 mit zahlreichen Nachw.
20   Z.B. OLG Stuttgart FamRZ 2000, 171 (Verstoßung in Jordanien).
21   Vgl. BayObLG FamRZ 1998, 1594 (1596).
22   OLG Köln FamRZ 1993, 563 (Verstoßung in Jordanien); OLG Zweibrücken NJW-RR 2002, 581.
23   *von Bar*, Internationales Privatrecht 2. Bd. Rn. 265.
24   OLG Frankfurt FamRZ 2009, 1504 (pakistanisches Recht).
25   BGH FamRZ 2004, 1952; OLG Frankfurt FamRZ 2009, 1504.
26   AG Kulmbach FamRZ 2004, 631.
27   OLG Köln FamRZ 2002, 166; OLG Zweibrücken NJW-RR 2002, 581; OLG Rostock FamRZ 2006, 947 (Algerien). – Anders OLG Hamm FamRZ 2012, 1498 abl. Anm. Henrich (Iran).
28   Dazu BGH FamRZ 2008, 1409 Anm. *Henrich*; OLG Oldenburg FamRZ 2006, 950; *Coester-Waltjen*, FS Kühne 2009, 669 (684 ff.).

Bei völliger **Unscheidbarkeit der Ehe** kann ein Verstoß gegen den deutschen ordre public in **8** Betracht kommen.[29]

Sieht fremdes Recht einen **Stichentscheid des Vaters** vor, ist dieser als Verstoß gegen den deut- **9** schen ordre-public unbeachtlich.[30] Wenn seine Anwendbarkeit auf Grund rein materiell-rechtlicher Verweisung in Betracht kommt, ist die konkrete Prüfung nach den oben dargestellten Grundsätzen erforderlich. Soweit hierbei eine Beachtung des Kindeswohls durch das Heimatrecht ausgeschlossen wird, liegt eine Verletzung des Grundrechts des Kindes (Art. 2 Abs. 1, 6 Abs. 2 Satz 2 GG) vor, so dass auf das deutsche Recht zurückzugreifen ist.[31]

Unterschiedliche Regelungen zur elterlichen Sorge über Mädchen und Jungen unter Bevorzugung des Vaters in islamisch geprägten Rechtsordnungen sind Anlass zur Prüfung eines ordre-public-Verstoßes. Die Entscheidung dazu kann – wie stets bei Art. 6 – nur fallbezogen ergehen und ist weniger auf Art. 3 Abs. 2 GG als vielmehr auf das Grundrecht der Kinder (Art. 2 Abs. 1, 6 Abs. 2 Satz 2 GG) zu stützen. Dies bedarf sorgfältiger Wertungsentscheidungen im Einzelfall, konkret vor allem zur Frage, ob es für das Kindeswohl unerträglich ist, dass dem Vater die Sorge zusteht.[32] Eine verallgemeinernde Ablehnung des aus deutscher Sicht gleichheitswidrigen Rechts ist nicht zulässig.[33]

Eine ausländische Entscheidung, die die **Abstammung** vom Vater großzügiger als nach deutschem Recht zulässt, verstößt nicht gegen den deutschen ordre public und ist daher hier anzuerkennen.[34]

Schließt fremdes Recht die Möglichkeit zur Anfechtung rechtlich bestehender Vaterschaft völlig **10** aus oder knüpft sie an starre Ausschlussfristen, so dass **das Kind keine Möglichkeit hat, seine Abstammung überprüfen zu lassen**, ist dies mit dem aus Art. 2 Abs. 1 in Verbindung mit Art. 1 Abs. 1 GG abzuleitenden Grundrecht des Kindes auf Kenntnis der eigenen Abstammung[35] nicht vereinbar. Ist die Vaterschaft nicht anderweitig zu klären, liegt ein ordre-public-Verstoß vor[36]. Gem. Art. 6 EGBGB besteht sodann die Möglichkeit der Ergebniskorrektur durch hilfsweise Anwendung deutschen Rechts (hier § 1600b Abs. 3–5 BGB).

Kürzere oder längere Ausschlussfristen für die **Anfechtung der Vaterschaft** durch den Vater oder **11** sonst Anfechtungsberechtigte als im deutschen Recht sind für sich alleine kein Anlass zur Feststellung von ordre-public-Widrigkeit.[37] Ist die Frist jedoch so extrem kurz, dass praktisch keine Überlegungs- und Beratungsmöglichkeit besteht – was bei einem Zeitraum von weniger als einem Monat anzunehmen ist –, sind wesentliche Grundsätze des deutschen Rechts verletzt;[38] bei dieser Sachlage ist auf § 1600b BGB zurückzugreifen.

Sieht ein anzuwendendes Statut keine Anfechtungsmöglichkeit für ein ohne Willensmängel abgegebenes Vaterschaftsanerkenntnis vor, ohne dass der Anerkennende eine ausreichende Bedenkzeit vor Abgabe des Anerkenntnisses hatte, kommt ein ordre-public-Verstoß (Art. 6 EGBGB) und

---

29 BGHZ 169, 240 = FamRZ 2007, 109 Anm. *Henrich* = StAZ 2007, 337 m. Aufs. *Elwan/Menhofer* StAZ 2007, 325 ff. (syrisch-katholisches Ostkirchenrecht); *Scholz/Krause* FuR 2009, 1 ff., 67 ff.
30 Noch zum MSA BGH FamRZ 1992, 794, FamRZ 1997, 1070; OLG Hamm NJW-RR 1997, 5.
31 Vgl. BGH FamRZ 1993, 316 sowie FamRZ 1997, 1070.
32 Vgl. dazu BGH FamRZ 1993, 316; OLG Bremen NJW-RR 1992, 1288 und NJW-RR 2000, 3; OLG Celle FamRZ 1990, 656; s. auch *Finger* FuR 1999, 219 m.w.N.
33 AG Korbach FamRZ 2002, 633.
34 OLG Stuttgart FamRZ 2005, 636.
35 BVerfG NJW 1989, 891 sowie NJW 1994, 2475 und NJW 1997, 1769.
36 Vgl. MüKo BGB/*Klinkhardt* Art. 19 EGBGB Rn. 46; Staudinger/*Henrich* (2002) Art. 19 EGBGB Rn. 110.
37 BGH FamRZ 1979, 696.
38 Staudinger/*Henrich* (2002) Art. 20 EGBGB Rn. 56 m.w.N.; MüKo – BGB/*Klinkhardt* Art. 20 EGBGB Rn. 13.

damit Anwendbarkeit deutschen Rechts in Betracht, wenn keine der sonstigen Alternativen des Art. 19 Abs. 1 EGBGB die Anfechtung ermöglicht.[39]

12 Führt die Anknüpfung des Adoptionsstatuts (Art. 22 EGBGB) zur Berufenheit ausländischen Rechts, kann bei hinreichendem Inlandsbezug ein ordre-public-Verstoß in Betracht kommen, wenn das berufene Recht ein nicht am Kindeswohl orientiertes **Adoptionsverbot** vorsieht, z.B. wegen eigener ehelicher Abkömmlinge des Annehmenden.[40]

13 Abweichungen im **Unterhaltsrecht** verstoßen grds. nicht gegen den ordre public.[41] Es kommt jedoch auch hier auf den Einzelfall an.[42] Kennt das maßgebliche ausländische Recht **keinen Geschiedenenunterhalt** (vgl. Art. 18 Anh. 2 Rdn. 23), kann dies bei Vorliegen einer besonderen Härte im Einzelfall über den ordre public korrigiert werden. Dazu reicht allerdings nicht, dass das nach dem Scheidungsstatut maßgebliche Recht einem geschiedenen Ehegatten Unterhalt in weiteren Fällen versagt oder in geringerem Ausmaß zubilligt, als dies nach deutschem Recht der Fall ist. Vielmehr muss das an sich anzuwendende Recht auch für besondere Härtefälle keine dem deutschen Recht vergleichbare Anspruchsgrundlage bereit halten.[43] Dies kommt vor allem dann in Betracht, wenn der anspruchstellende Ehegatte gemeinsame minderjährige Kinder betreut oder wegen schwerer Erkrankung nicht mehr in der Lage ist, selbst seinen Lebensunterhalt sicher zu stellen.[44] Ob allerdings, wie angenommen wurde,[45] auch das ausländerrechtliche Verbot einer Erwerbstätigkeit in Deutschland zur Annahme eines solchen besonderen Härtefalls führen kann, ist zumindest dann fraglich, wenn der geschiedene Ehegatte durch Ausreise seine Erwerbsverhinderung beenden kann.

E. Verfahrensrecht

14 Art. 6 ist nach seiner Stellung im EGBGB Rechtsnorm für die Ergebniskorrektur bei materiell-rechtlichen Anknüpfungen. Im **internationalen Verfahrensrecht** gelten für die Anerkennung von im Ausland ergangenen Entscheidungen Normen unterschiedlicher Herkunft. In erster Linie kommen die Regelungen der Art. 22 Buchst. a Brüssel IIa-VO, Art. 24 Buchst. a EuUntVO (Sonderregelung in Art. 19 EuUntVO) in Betracht. Auch internationale Übereinkommen enthalten Vorbehaltsklauseln, z.B. Art. 34 Nr. 1 LugÜ. Auf nationaler Ebene kommen § 109 Abs. 1 Nr. 4 FamFG sowie u.U. § 328 Abs. 1 Nr. 4 ZPO in Betracht. Abzustellen ist dabei auf den großzügigeren anerkennungsrechtlichen ordre public international. Mit diesem ist ein ausländisches Urteil nicht schon dann unvereinbar, wenn der deutsche Richter – hätte er den Prozess entschieden – aufgrund zwingenden deutschen Rechts zu einem anderen Ergebnis gekommen wäre. Maßgeblich ist vielmehr, ob das Ergebnis der Anwendung ausländischen Rechts im konkreten Fall zu den Grundgedanken der deutschen Regelungen und den in ihnen enthaltenen Gerechtigkeitsvorstellungen in so starkem Widerspruch steht, dass es nach deutscher Vorstellung untragbar erscheint.[46] Beim **verfahrensrechtlichen ordre public** ist Schwerpunkt die Prüfung, ob die ausländische Entscheidung auf einem Verfahren beruht, das von den Grundprinzipien des deutschen Verfahrensrechts in einem Maße abweicht, dass sie nach der deutschen Rechtsordnung nicht als in einer

---

39 OLG Stuttgart FamRZ 2001, 246.
40 OLG Schleswig NJW-RR 2001, 1372 (zum alten türkischen Recht). – Unentschieden Erman/*Hohloch* Art. 6 EGBGB Rn. 38.
41 Erman/*Hohloch* Art. 6 EGBGB Rn. 43.
42 Nachw. bei Palandt/*Thorn* Art. 6 EGBGB Rn. 28.
43 BGH FamRZ 1991, 925.
44 BGH FamRZ 1991, 925; OLG Hamm FamRZ 1999, 1162; OLG Zweibrücken NJW-RR 1997, 1367 und FamRZ 2000, 32.
45 So OLG Zweibrücken FamRZ 2000, 32.
46 BGH NJW 1998, 2358.

geordneten, rechtsstaatlichen Weise ergangen angesehen werden kann.[47] Eine bestimmte verfahrensrechtliche Ausgestaltung des der ausländischen Entscheidung vorausgegangenen Verfahrens kann dabei allerdings nicht verlangt werden.[48] So reicht der Umstand, dass zur Vaterschaftsfeststellung kein Blutgruppengutachten eingeholt worden ist, als solcher für einen ordre-public-Verstoß nicht aus.[49]

Zweiter Abschnitt Recht der natürlichen Personen und der Rechtsgeschäfte

Art. 7 EGBGB Rechtsfähigkeit und Geschäftsfähigkeit

(1) ¹Die Rechtsfähigkeit und die Geschäftsfähigkeit einer Person unterliegen dem Recht des Staates, dem die Person angehört. ²Dies gilt auch, soweit die Geschäftsfähigkeit durch Eheschließung erweitert wird.

(2) Eine einmal erlangte Rechtsfähigkeit oder Geschäftsfähigkeit wird durch Erwerb oder Verlust der Rechtsstellung als Deutscher nicht beeinträchtigt.

Art. 8 EGBGB Entmündigung

(weggefallen)

Art. 9 EGBGB Todeserklärung

¹Die Todeserklärung, die Feststellung des Todes und des Todeszeitpunkts sowie Lebens- und Todesvermutungen unterliegen dem Recht des Staates, dem der Verschollene in dem letzten Zeitpunkt angehörte, in dem er nach den vorhandenen Nachrichten noch gelebt hat. ²War der Verschollene in diesem Zeitpunkt Angehöriger eines fremden Staates, so kann er nach deutschem Recht für tot erklärt werden, wenn hierfür ein berechtigtes Interesse besteht.

Art. 10 EGBGB Name

(1) Der Name einer Person unterliegt dem Recht des Staates, dem die Person angehört.

(2) ¹Ehegatten können bei oder nach der Eheschließung gegenüber dem Standesamt ihren künftig zu führenden Namen wählen

1. nach dem Recht eines Staates, dem einer der Ehegatten angehört, ungeachtet des Artikels 5 Abs. 1, oder
2. nach deutschem Recht, wenn einer von ihnen seinen gewöhnlichen Aufenthalt im Inland hat.

²Nach der Eheschließung abgegebene Erklärungen müssen öffentlich beglaubigt werden. ³Für die Auswirkungen der Wahl auf den Namen eines Kindes ist § 1617c des Bürgerlichen Gesetzbuchs sinngemäß anzuwenden.

---

47 BGH NJW 1992, 3096 (3098).
48 Vgl. BGH NJW 1999, 3198.
49 OLG München FamRZ 2003, 462.

(3) ¹Der Inhaber der Sorge kann gegenüber dem Standesamt bestimmen, dass ein Kind den Familiennamen erhalten soll

1. nach dem Recht eines Staates, dem ein Elternteil angehört, ungeachtet des Artikels 5 Abs. 1,
2. nach deutschem Recht, wenn ein Elternteil seinen gewöhnlichen Aufenthalt im Inland hat, oder
3. nach dem Recht des Staates, dem ein den Namen Erteilender angehört.

²Nach der Beurkundung der Geburt abgegebene Erklärungen müssen öffentlich beglaubigt werden.

A. Geltungsbereich

1 Die Norm regelt die kollisionsrechtliche Bestimmung der für die Namensführung maßgeblichen Rechtsordnung[1]. Sie gilt sowohl für den **Vornamen** als auch für den **Familiennamen** (Geburtsnamen,[2] Ehenamen) einschließlich etwaiger Beinamen, Namenszusätze[3] und Doppelnamen. Hierzu gehören auch Adelsbezeichnungen.[4] Die Vorschrift umfasst den im Zusammenhang mit der Geburt stattfindenden **originären Namenserwerb** wie auch spätere **Namensänderungen**, etwa bei Eheschließung, Auflösung der Ehe, Adoption[5] und **öffentlich-rechtlicher Namensänderung**[6]. In ihren Anwendungsbereich fällt des Weiteren die **Namenserteilung** (Einbenennung) einschließlich der etwaigen Ersetzung der Einwilligung des anderen Elternteils (im deutschen Sachrecht § 1618 Satz 4 BGB);[7] für die Erforderlichkeit und Erteilung von Zustimmungserklärungen zur Namenserteilung gilt ergänzend Art. 23 EGBGB.

2 Zum Namensstatut gibt es gegenüber Art. 10 EGBGB keine vorrangigen multilateralen Übereinkommen. Lediglich im Verhältnis zum **Iran** geht bilateral das Niederlassungsabkommen zwischen dem Deutschen Reich und dem Kaiserreich Persien vom 17.02.1929[8] vor, nach dessen Art. 8 Abs. 3 für iranische Staatsangehörige an deren Staatsangehörigkeit anzuknüpfen ist. Dies gilt allerdings nicht für Personen, die außer der iranischen Staatsangehörigkeit auch die deutsche (oder eine andere) besitzen; hier gilt Art. 5 Abs. 1 EGBGB.

3 Auch im Namensrecht sind die **Grundfreiheiten des Unionsrechts** zu beachten. Der EuGH hat unter Berufung auf die Freizügigkeit in der Gemeinschaft (Art. 21 AEUV = ex-Art. 18 EGV) die Anerkennung eines in Dänemark eingetragenen und geführten Doppelnamens eines deutschen Kindes verlangt, obwohl die Namensbildung nicht im Einklang mit dem anzuwendenden deutschen Namensrecht stand.[9] Ein aus den Namen der Eltern im Wohnsitzmitgliedstaat Vereinigtes Königreich bestimmter Doppelname wurde trotz Abweichung vom deutschen Recht ebenfalls anerkannt.[10] Die behördliche Namensänderung eines auch deutschen Staatsangehörigen in einem

---

1 Art. 10 Abs. 2 Satz 1 Eingangssatz: I.d.F. d. Art. 2 Abs. 15 Buchst. a Gesetz v. 19.02.2007, BGBl. I, S. 122 mWv 01.01.2009.
2 OLG München StAZ 2009, 108 = FamRZ 2009, 1581 (England).
3 Zum Vatersnamen OLG Frankfurt a.M. StAZ 2012, 50.
4 MüKoBGB/*Birk* Art. 10 EGBGB Rn. 34.
5 S. dazu Art. 22 EGBGB Rdn. 2.
6 OLG München NJW-RR 2012, 454 = StAZ 2012, 181; Staudinger/*Hepting* (2007) Art. 10 EGBGB Rn. 72.
7 OLG Stuttgart FamRZ 2004, 1990.
8 RGBl. II 1930, S. 1006; die Weitergeltung des Abkommens ist nach dem 2. Weltkrieg mit Wirkung vom 04.11.1954 bestätigt worden (Bek. v. 15.08.1955, BGBl. II, S. 829).
9 EuGHE 2008 I-07639 – Grunkin Paul = FamRZ 2008, 2089 Anm. *Funken* = NJW 2009, 135 mit Aufsatz *Rieck*, 125 = DNotZ 2009, 450 Anm. *Martiny* = StAZ 2009, 9 mit Aufsatz *Lipp*, 1.– Siehe auch *Wall* StAZ 2010, 225 ff.; Spellenberg FS Pintens II, 2012, 1349 (1356 ff.).
10 OLG München StAZ 2010, 76.

anderen EU-Staat ist jedoch nicht unmittelbar vom Standesamt zu beachten; es ist zunächst ein Verfahren nach dem NÄndG durchzuführen.[11]

Art. 21 AEUV lässt jedoch **Beschränkungen aus Gründen der öffentlichen Ordnung** zu, insbes.   **3a** durch die Verfassung. Die österreichischen Behörden dürfen daher die Anerkennung des Nachnamens eines Österreichers, wie er im Wohnsitzstaat Deutschland bei seiner Adoption als Erwachsener durch einen Deutschen (rechtlich fälschlich) festgestellt wurde, ablehnen, wenn dieser Nachname einen Adelstitel enthält, der in Österreich aus verfassungsrechtlichen Gründen unzulässig ist.[12] Die Maßnahmen des Zweitstaats müssen allerdings aus Gründen der öffentlichen Ordnung gerechtfertigt sein, d. h. zum Schutz der Belange, die sie gewährleisten sollen, erforderlich sein und in einem angemessenen Verhältnis zu dem legitimerweise verfolgten Zweck stehen.

B. Grundsatzanknüpfung (Art. 10 Abs. 1 EGBGB)

Ohne Vorliegen einer wirksamen Rechtswahl für den Ehenamen (Art. 10 Abs. 2 EGBGB) oder für   **4** den Kindesnamen (Art. 10 Abs. 3 EGBGB) ist nach Art. 10 **Abs. 1** EGBGB einziger Anknüpfungspunkt für das Namensstatut die **Staatsangehörigkeit** der in Betracht kommenden Person (»Personalstatut«).[13]

Bei einem Wechsel der Staatsangehörigkeit und damit des Personalstatuts ändert sich auch das   **5** Namensstatut.[14] Der bisherige Name bleibt allerdings aus Gründen der Namensklarheit und -kontinuität so bestehen, wie er vor dem Statutenwechsel war (Grundsatz der Namenskontinuität).[15] Allerdings bestimmen sich Namensänderungen auf Grund familienrechtlicher Vorgänge oder behördlicher Regelungen, welche während der Zugehörigkeit zum neuen Heimatstaat erfolgen, wegen der **Wandelbarkeit des Namensstatuts** nach dem neuen Personalstatut.[16] Nach deutschem Sachrecht besteht die Möglichkeit einer sprachlichen Anpassung des Namens nach Art. 47 EGBGB sowie speziell für Spätaussiedler nach § 94 BVFG.

In **gemischt-nationalen Ehen** richtet sich die Namensführung – wenn keine Rechtswahl nach   **6** Art. 10 Abs. 2 EGBGB erfolgt ist – nach dem jeweiligen Personalstatut des einzelnen Ehegatten. Dies erfordert eine **isolierte Betrachtung der beiderseitigen Namen**.[17] Die Wahl eines gemeinsamen Ehenamens ist nur dann möglich, wenn beide Heimatrechte in ihrem jeweiligen Sachrecht eine solche Wahlmöglichkeit vorsehen. Ist dies nicht der Fall, haben die Eheleute – jedenfalls für den deutschen Rechtskreis – unterschiedliche Namen. Bestimmt das Heimatrecht eines Ehegatten zwingend den Mannesnamen zum Ehenamen, führt die deutsche Ehefrau zwar aus der Sicht dieser Rechtsordnung den Mannesnamen, jedoch aus Sicht des deutschen Rechts weiter ihren bisherigen Namen (»hinkende« Namensführung). Diesen Unzuträglichkeiten will die Eröffnung einer Rechtswahl in Art. 10 Abs. 2 EGBGB abhelfen – soweit allerdings die Eheleute davon keinen Gebrauch machen, bleibt es bei der isolierten Namensführung.

Bestimmen Ehegatten, von denen einer Deutscher ist, der andere jedoch Angehöriger eines Staa-   **7** tes, der als starre Regelung nur den Mannesnamen als Ehenamen kennt, gem. § 1355 Abs. 2, 3 BGB den Namen des Mannes zum Ehenamen, ist dies nicht unwirksam: Der Mannesname ist

---

11 OLG München NJW-RR 2012, 454 = StAZ 2012, 181.
12 EuGH 22.12.2010, Rs. C-208/09 – Sayn-Wittgenstein, FamRZ 2011, 1486 = Anm. *Kroll-Ludwigs* GPR 2011, 242. Dazu *Mansel/Thorn/Wagner* IPRax 2010, 1 (4 ff.); *Kohler/Pintens* FamRZ 2011, 1439; *Wall* StAZ 2011, 203 ff.
13 OLG Frankfurt a.M. StAZ 2012, 50.
14 OLG Nürnberg StAZ 2012, 182.
15 OLG Nürnberg StAZ 2012, 182 (Beibehalten bulgar. Vatersnamens); PWW/*Mörsdorf-Schulte* Art. 10 EGBGB Rn. 11.
16 BGH FamRZ 1983, 878 (881).
17 *Diederichsen* NJW 1994, 1089 (1095) m.w.N.

Ehename geworden, keine isolierte Namensführung.[18] Eine Rechtswahl nach Art. 10 Abs. 2 EGBGB wäre gegenstandslos.

C. Rechtswahl für den Ehenamen (Art. 10 Abs. 2 EGBGB)

8   Wird eine Ehe im Inland oder im Ausland geschlossen, können die Eheschließenden unter Beachtung der Voraussetzungen und in den Grenzen des Art. 10 **Abs. 2** EGBGB das künftig **für beide Partner einheitlich geltende Recht zum Namensstatut wählen** und damit die aus Art. 10 Abs. 1 EGBGB folgende – ggf. isolierte – Namensführung beseitigen. Dies gilt sowohl für gemischt-nationale Ehen als auch für Ehen zwischen Ausländern derselben Staatsangehörigkeit. Die Rechtswahl kann **nur von beiden Ehegatten gemeinschaftlich** getroffen werden;[19] eine einseitige Erklärung reicht nicht. Eine konkludente Rechtswahl ist möglich.[20] Als kollisionsrechtlicher Akt bezieht sich die Wahl entgegen der missverständlichen Formulierung des Gesetzes (»künftig zu führenden Namen wählen«) nur auf die künftig berufene Rechtsordnung. Die Wirksamkeit der Rechtswahl richtet sich nach deutschem Sachrecht.[21] Ist ein konkret bestimmter Name nicht mit dem gewählten Recht zu vereinbaren, so kann die Rechtswahlerklärung – auch gegen ihren Wortlaut – so ausgelegt werden, dass sie den gewünschten Namen trägt.[22] Die **Namensbestimmung selbst** ergibt sich als materiell-rechtliche Frage aus dem nunmehr berufenen Sachrecht. Soweit dieses eine Namenswahl zulässt, muss sie – ggf. gleichzeitig mit der Rechtswahl – gesondert vorgenommen werden. Ansonsten bestimmt das berufene Recht, ob und in welcher Weise die Eheleute kraft Gesetzes einen gemeinsamen Ehenamen oder unterschiedliche Namen führen. Haben sie nach einem früher berufenen ausländischen Recht bereits einen Ehenamen bestimmt, können sie nach Statutenwechsel ins deutsche Recht ihren Ehenamen gem. § 1355 BGB mit Wirkung für die Zukunft neu bestimmen.[23] Eine Namensangleichung nach § 94 BVFG steht einer späteren Rechtswahl mit allen sich daraus ergebenden Wahlmöglichkeiten nicht entgegen.[24]

8a   Nach Art. 10 Abs. 2 EGBGB kann nicht jedes beliebige Recht, sondern nur eine der in Satz 1 Ziff. 1 oder 2 genannten Rechtsordnungen gewählt werden. Wählbar ist danach zunächst das **Heimatrecht** eines der Ehegatten (Ziff. 1); im Rahmen dessen ist bei Mehrstaatern/Doppelstaatern Art. 5 Abs. 1 EGBGB nicht anzuwenden, so dass die Wahl jedes der mehrfachen Heimatrechte in Betracht kommt.[25] Daneben kann **deutsches Recht** immer dann gewählt werden, wenn einer der Ehegatten seinen gewöhnlichen Aufenthalt im Inland hat (Ziff. 2).

9   Die **Reichweite der Rechtswahl umfasst alle mit der Namensführung auf Grund der Ehe zusammenhängenden Fragen**, insb. die Möglichkeit, einen Beinamen (Begleitnamen) zu bilden. Das gewählte Recht ist auch maßgeblich für die Namensführung nach Scheidung.[26] Dagegen richten sich die Namensführung nach Auflösung der Ehe durch Tod eines Ehegatten sowie die öffentlich-rechtliche Namensänderung nach dem Personalstatut (Art. 10 Abs. 1 EGBGB).

---

18 OLG Stuttgart FamRZ 2007, 149 = IPRax 2007, 52.
19 *Diederichsen* NJW 1994, 1089 (1095); *Henrich* IPRax 1994, 174.
20 OLG Düsseldorf StAZ 2010, 110.
21 Palandt/*Thorn* Art. 10 EGBGB Rn. 22; PWW/*Mörsdorf-Schulte* Art. 10 EGBGB Rn. 10.
22 LG Düsseldorf StAZ 2012, 146; Staudinger/*Hepting* (2007) Art. 10 EGBGB, Rn. 317.
23 BGH FamRZ 2001, 903.
24 OLG München FamRZ 2011, 1507 = StAZ 2012, 21.
25 OLG Düsseldorf StAZ 2010, 110; Palandt/*Thorn* Art. 10 EGBGB Rn. 15.
26 *Hepting* StAZ 2008, 161 (165).

Die gemeinschaftliche Vornahme der Rechtswahl ist **amtsempfangsbedürftiges** Rechtsgeschäft. **10** **Adressat** im Inland ist der Standesbeamte. Bei **Eheschließung im Ausland** reicht Erklärung gegenüber einer äquivalenten Stelle, insb. dem ausländischen Trauungsorgan.[27] Vgl. § 41 Abs. 2 PStG.

Soweit die Rechtswahl bei der Eheschließung erklärt wird, bedarf sie keiner **Form.** Erfolgt sie später, ist im Inland öffentliche Beglaubigung erforderlich (Art. 10 Abs. 2 Satz 2 EGBGB). Bei nachträglicher Erklärung im Ausland reicht entweder öffentliche Beglaubigung als Form des deutschen Geschäftsstatuts (Art. 11 Abs. 1 Alt. 1 EGBGB) oder die Einhaltung der Ortsform (Art. 11 Abs. 1 Alt. 2 EGBGB).

Nach **Auflösung der Ehe** kann durch einseitige Erklärung eines Ehegatten eine Rückkehr zum **11** Namensrecht des eigenen Personalstatuts erklärt werden.[28] Die Wirksamkeit (Willensmängel, Widerruf) richtet sich nach deutschem Sachrecht.[29]

D. Bestimmung des Kindesnamens (Art. 10 Abs. 3 EGBGB)

Beim Kindesnamen ist zu unterscheiden zwischen einerseits der – weitgehend gesetzlich nicht **12** geregelten – Bestimmung des Vornamens durch den/die dazu Berechtigten und andererseits der grds. aus dem Gesetz abzuleitenden Feststellung des Familiennamens.

Das kollisionsrechtliche Statut des **Vornamens** ergibt sich ausschließlich aus Art. 10 **Abs. 1** EGBGB, was ausnahmslos zur Anknüpfung an die **Staatsangehörigkeit des Kindes** führt.[30] Hat das Kind mehrere Staatsangehörigkeiten, ist Art. 5 Abs. 1 EGBGB zu beachten; dies bedeutet für Kinder, die auch die deutsche Staatsangehörigkeit besitzen, die alleinige Maßgeblichkeit des deutschen Sachrechts (Art. 5 Abs. 1 Satz 2 EGBGB). Art. 10 Abs. 3 EGBGB gilt nur für den Familiennamen, eine **Rechtswahl für den Vornamen ist nicht möglich.**[31]

In Deutschland ist das **Recht zur Bestimmung des Vornamens** gewohnheitsrechtlich Ausfluss der **13** elterlichen Sorge.[32] Die Vorfrage der Inhaberschaft der elterlichen Sorge ist bei Auslandsbezug selbständig anzuknüpfen; Kollisionsnorm ist Art. 21 EGBGB.[33]

Der **Familienname** bestimmt sich, soweit keine Rechtswahl nach Art. 10 Abs. 3 EGBGB vorliegt, **14** ebenfalls nach Art. 10 Abs. 1 EGBGB mit ausnahmsloser Anknüpfung an die Staatsangehörigkeit des Kindes unter Beachtung von Art. 5 Abs. 1 EGBGB.[34] Eine von den Eltern vorgenommene Rechtswahl zu ihrem Ehenamen ist kollisionsrechtlich für den Kindesnamen ohne Bedeutung;[35] allerdings kann der Name des Kindes sich sachrechtlich nach Art. 10 Abs. 2 Satz 3 EGBGB i.V.m. § 1617c BGB unter den besonderen Voraussetzungen der letztgenannten Vorschrift ändern.

Haben Eltern und Kind nicht sämtlich dieselbe Staatsangehörigkeit, kann unter den Vorausset- **15** zungen und in den Grenzen von Art. 10 **Abs. 3** EGBGB eine **Rechtswahl** zum Statut für den Familiennamen des Kindes erfolgen.[36] Die Norm eröffnet dabei kein materielles Namensbestim-

27 OLG Düsseldorf StAZ 2010, 110; *Henrich* IPRax 1994, 175; Bamberger/Roth/*Mäsch* Art. 10 EGBGB Rn. 46.
28 OLG Hamm StAZ 1999, 370; OLG Dresden StAZ 2004, 170; OLG Frankfurt StAZ 2005, 47.
29 PWW/*Mörsdorf-Schulte* Art. 10 EGBGB Rn. 10 m.w.N.
30 S. o. Rdn. 4, 5.
31 KG StAZ 1990, 165.
32 Palandt/*Diederichsen* Einf. v. § 1616 BGB Rn. 13.
33 Für Art. 21 EGBGB OLG Düsseldorf FamRZ 1999, 329; MüKoBGB/*Klinkhardt* Art. 21 EGBGB Rn. 19. – Für Art. 10 dagegen Bamberger/Roth/*Heiderhoff* Rn. 10; Staudinger/*Henrich* Rn. 98.
34 S.o. Rdn. 4, 5.
35 OLG Frankfurt StAZ 1990, 165.
36 Vgl. BayObLG FamRZ 2000, 56 (57).

mungsrecht, sondern lediglich die Wahl der Rechtsordnung, die für den künftig zu führenden Kindesnamen maßgeblich ist.[37] Die Regelung ist europarechtskonform.[38]

Berechtigt zur Vornahme der Rechtswahl ist der **Inhaber der elterlichen Sorge**, wobei die Vorfrage der Sorgeinhaberschaft selbständig anzuknüpfen ist; Kollisionsnorm ist Art. 21 EGBGB.[39] **Adressat** der amtsempfangsbedürftigen Erklärung der Rechtswahl ist der **deutsche Standesbeamte**. Zur **Form** schreibt Art. 10 Abs. 3 Satz 2 EGBGB die öffentliche Beglaubigung vor, wenn die Erklärung nach der Beurkundung der Geburt abgegeben wird. Bei gleichzeitiger Beurkundung ist keine besondere Form vorgeschrieben. Bei Beurkundung im Ausland greift § 45 Abs. 2 PStG ein.

16 Nach Art. 10 Abs. 3 EGBGB kann nicht jedes beliebige Recht, sondern nur eine der in Satz 1 Ziff. 1 bis 3 genannten Rechtsordnungen gewählt werden. Möglich ist danach das **Heimatrecht eines der Elternteile** (Ziff. 1); im Rahmen dessen ist bei Mehrstaatern/Doppelstaatern Art. 5 Abs. 1 EGBGB nicht anzuwenden, so dass die Wahl jedes der mehrfachen Heimatrechte in Betracht kommt. Daneben kann **deutsches Recht** immer dann gewählt werde, wenn einer der Elternteile – Inlandsaufenthalt des Kindes reicht nicht – seinen gewöhnlichen Aufenthalt im Inland hat (Ziff. 2). Schließlich kann bei einer Namenserteilung (Einbenennung) das **Heimatrecht des Namenserteilenden** gewählt werden (Ziff. 3).

Ist eine solche Rechtswahl wirksam erfolgt und der Name des Kindes auf dieser Grundlage bestimmt und ins Geburtenbuch eingetragen worden, so gilt dies für die spätere Namensführung des Kindes.[40] Im Nachhinein ist kein Raum für eine Änderung der eingetragenen Schreibweise, wenn die Eltern später eine andere Schreibweise des Namens begehren.[41] Siehe aber Art. 47 EGBGB.

E. Allgemeine Fragen

17 Soweit es um den Namen geht, beruht er häufig auf einem familienrechtlichen Status. **Vorfragen** bezüglich familienrechtlicher Vorgänge sind unselbständig anzuknüpfen.[42] Dies gilt seit der Kindschaftsrechtsreform 1998 auch für die Ehelichkeit eines Kindes, wenn dessen Heimatrecht für die Namensbestimmung hierauf nach wie vor abstellt.[43] Zur Vorfrage der Inhaberschaft der elterlichen Sorge s.o. Rdn. 10 a.E.

17a Hierbei sind die Besonderheiten zu beachten, welche sich für Staatenlose, Flüchtlinge, anerkannte Asylberechtigte, Volksdeutsche, Aussiedler und Spätaussiedler ergeben;[44] bei Doppelstaatern/ Mehrstaatern ist Art. 5 Abs. 1 Satz 1 und insb. Satz 2 EGBGB anzuwenden.[45] Kommt es zur Verweisung auf das Heimatrecht, ist dies bei objektiver Anknüpfung **Gesamtverweisung** i.S.v. Art. 4 Abs. 1 EGBGB.[46]

---

37 BayObLG FamRZ 2000, 55 (56).
38 *Henrich* FamRZ 2004, 173.
39 OLG Düsseldorf FamRZ 1999, 329; zur Anknüpfung s. Art. 21 EGBGB Rdn. 5, 6.
40 *Hepting* StAZ 2008, 161 (165).
41 LG Rostock FamRZ 2002, 637.
42 BGH FamRZ 1984, 576; MüKoBGB/*Birk* Art. 10 EGBGB Rn. 26; dagegen für selbständige Anknüpfung AG Gießen StAZ 2005, 362; *Heldrich,* FS BGH Bd. II 2000, 746 (747).
43 BayObLG NJW-RR 2002, 1009.
44 *Hepting* StAZ 2008, 161 (163). – S. dazu Art. 5 EGBGB Rdn. 2–4.
45 OLG München NJW-RR 2012, 454 = StAZ 2012, 181.
46 OLG München StAZ 2009, 108 = FamRZ 2009, 1581. – S. dazu Art. 4 EGBGB Rdn. 3.

F. Verfahrensfragen

Die **internationale Zuständigkeit** für Verfahren zur Ersetzung der Einwilligung des anderen 18
Elternteils zur Namenserteilung ergibt sich aus § 99 Abs. 1 FamFG i.V.m. §§ 113 Abs. 1, 111, 38
FamFG. Nach § 99 Abs. 1 FamFG ist Anknüpfungspunkt die Staatsangehörigkeit oder der
gewöhnliche Aufenthalt des Kindes. Die deutschen Gerichte sind danach zuständig, wenn das
Kind seinen gewöhnlichen Aufenthalt im Inland hat (Abs. 1 Nr. 2) oder wenn es deutscher Staatsangehöriger ist (Abs. 1 Nr. 1). Bei Mehrstaatern reicht die deutsche Staatsangehörigkeit aus, auf
die effektive kommt es nicht an.[47]

Darüber hinaus, wenn also das Kind weder Deutscher ist noch seinen gewöhnlichen Aufenthalt
im Inland hat, sind die deutschen Gerichte nach Abs. 1 Nr. 3 zuständig, soweit das Kind der dahin
gehenden Fürsorge durch ein deutsches Gericht bedarf.

Die Eintragung das **Personenstandsregister** richtet sich nach der lex fori, in Deutschland nach 19
dem PStG, insb. den §§ 34 ff., 41 ff.[48]

Ausländische Namensänderungen können nach dem CIEC-Übereinkommen vom 04.09.1958
anerkannt werden.[49] Im Übrigen können aber behördliche Namensänderungen für deutsche
Staatsangehörige nur durch eine Entscheidung deutscher Behörden erfolgen.[50]

Art. 11 EGBGB Form von Rechtsgeschäften

(1) Ein Rechtsgeschäft ist formgültig, wenn es die Formerfordernisse des Rechts, das auf das seinen Gegenstand bildende Rechtsverhältnis anzuwenden ist, oder des Rechts des Staates erfüllt,
in dem es vorgenommen wird.

Wird ein Vertrag zwischen Personen geschlossen, die sich in verschiedenen Staaten befinden, so
ist er formgültig, wenn er die Formerfordernisse des Rechts, das auf das seinen Gegenstand bildende Rechtsverhältnis anzuwenden ist, oder des Rechts eines dieser Staaten erfüllt.

Wird der Vertrag durch einen Vertreter geschlossen, so ist bei Anwendung der Absätze 1 und 2
der Staat maßgebend, in dem sich der Vertreter befindet.

Ein Rechtsgeschäft, durch das ein Recht an einer Sache begründet oder über ein solches Recht
verfügt wird, ist nur formgültig, wenn es die Formerfordernisse des Rechts erfüllt, das auf das
seinen Gegenstand bildende Rechtsverhältnis anzuwenden ist.

Art. 12 EGBGB Schutz des anderen Vertragsteils

[1]Wird ein Vertrag zwischen Personen geschlossen, die sich in demselben Staat befinden, so kann
sich eine natürliche Person, die nach den Sachvorschriften des Rechts dieses Staates rechts-,
geschäfts- und handlungsfähig wäre, nur dann auf ihre aus den Sachvorschriften des Rechts
eines anderen Staates abgeleitete Rechts-, Geschäfts- und Handlungsunfähigkeit berufen, wenn
der andere Vertragsteil bei Vertragsabschluss diese Rechts-, Geschäfts- und Handlungsunfähigkeit kannte oder kennen musste. [2]Dies gilt nicht für familienrechtliche und erbrechtliche
Rechtsgeschäfte sowie für Verfügungen über ein in einem anderen Staat belegenes Grundstück.

---

47 Vgl. BGH FamRZ 1997, 1070 (1071).
48 Zur Eheschließung im Ausland *Sturm* StAZ 2010, 1 (7 ff.). – Zum Geburtsnamen OLG München StAZ
    2009, 108 = FamRZ 2009, 1581.
49 Übereinkommen über die Änderung von Namen und Vornamen vom 4.9.1958, BGBl. 1961 II, S. 1055,
    1076.
50 OLG München NJW-RR 2012, 454 = StAZ 2012, 181.

Art. 13 EGBGB Eheschließung

(1) Die Voraussetzungen der Eheschließung unterliegen für jeden Verlobten dem Recht des Staates, dem er angehört.

(2) Fehlt danach eine Voraussetzung, so ist insoweit deutsches Recht anzuwenden, wenn

1. ein Verlobter seinen gewöhnlichen Aufenthalt im Inland hat oder Deutscher ist,
2. die Verlobten die zumutbaren Schritte zur Erfüllung der Voraussetzung unternommen haben und
3. es mit der Eheschließungsfreiheit unvereinbar ist, die Eheschließung zu versagen; insbesondere steht die frühere Ehe eines Verlobten nicht entgegen, wenn ihr Bestand durch eine hier erlassene oder anerkannte Entscheidung beseitigt oder der Ehegatte des Verlobten für tot erklärt ist.

(3) ¹Eine Ehe kann im Inland nur in der hier vorgeschriebenen Form geschlossen werden. ²Eine Ehe zwischen Verlobten, von denen keiner Deutscher ist, kann jedoch vor einer von der Regierung des Staates, dem einer der Verlobten angehört, ordnungsgemäß ermächtigten Person in der nach dem Recht dieses Staates vorgeschriebenen Form geschlossen werden; eine beglaubigte Abschrift der Eintragung der so geschlossenen Ehe in das Standesregister, das von der dazu ordnungsgemäß ermächtigten Person geführt wird, erbringt vollen Beweis der Eheschließung.

A. Geltungsbereich

1   Die Vorschrift umfasst zwei Regelungsbereiche. Einmal handelt es sich um die **materiell-rechtlichen Voraussetzungen** der Eheschließung unter Einschluss der Wirksamkeitsfrage bei materiell-rechtlich fehlerhafter Eheschließung. Die Regelung dazu findet sich in Art. 13 Abs. 1 und 2 EGBGB. Davon zu unterscheiden ist das Statut zur **Form** für die Eingehung der Ehe, welches selbständig anzuknüpfen ist; das Formstatut umfasst auch die Anknüpfung zur Wirksamkeitsfrage bei Verletzung von Formvorschriften. Seine Regelung findet sich in Art. 13 **Abs. 3** EGBGB, allerdings nur für den Fall der Eheschließung im Inland. Bei Eheschließung im Ausland ergibt sich das Formstatut aus Art. **11 Abs. 1** EGBGB.

2   Gegenüber Art. 13 EGBGB existiert als vorrangiges internationales Übereinkommen das Haager Abkommen zur Regelung des Geltungsbereichs der Gesetze auf dem Gebiete der Eheschließung vom 12.06.1902.¹ Dieses Übereinkommen gilt aber nur noch im Verhältnis zu **Italien**.² Sein Anwendungsbereich ist gem. Art. 8 Abs. 1 des Abkommens beschränkt auf Ehen zwischen Deutschen und/oder Italienern, wenn sie in Deutschland oder Italien geschlossen werden oder worden sind. Für in Drittstaaten oder unter Beteiligung anderer Staatsangehöriger geschlossene Ehen ist es nicht einschlägig.³ Auch im engen Anwendungsbereich des Abkommens ist seine praktische Bedeutung gering, da seine Regelungen zum Statut der materiell-rechtlichen Voraussetzungen (Art. 1) und zum Formstatut (Art. 5 Abs. 1) inhaltlich deckungsgleich sind mit denjenigen in Art. 13 und 11 Abs. 1 EGBGB.

2a   Im Verhältnis zum **Iran** ist vorrangig das Niederlassungsabk. vom 17.02.1929.⁴ Es ist jedoch nur anwendbar, wenn beide Ehegatten ausschl. iranische Staatsangehörige sind; Art. 8 Abs. 3 des Abk. verweist dann auf iranisches Recht. Eheschließungen in Drittstaaten erfasst es nicht.⁵

---

1 RGBl. 1904 221; abgedruckt bei *Finger* IntFamR 6.2.
2 MüKoBGB/*Coester* Anh. Art. 13 EGBGB Rn. 1.
3 BGH FamRZ 1997, 542.
4 RGBl 1930 II 1006; BGBl 55 II S 829.
5 OLG München FamRZ 2010, 1280.

Da Art. 13 EGBGB in seiner heutigen Fassung erst mit dem am 01.09.1986 in Kraft getretenen **3**
Gesetz zur Neuregelung des internationalen Privatrechts eingeführt worden ist, die Eheschließung
jedoch als einaktiger, sogleich Rechtsfolgen auslösender Vorgang grds. unwandelbar angeknüpft
wird, gilt die Vorschrift gem. Art. 220 Abs. 1 EGBGB nur für ab dem 01.09.1986 geschlossene
Ehen.[6] Das davor geltende Recht ist für vor dem 01.09.1986 eingegangene Ehen (»**Altehen**«) nach
wie vor maßgeblich. Inhaltlich[7] ist es jedoch mit den Regelungen in Art. 13 EGBGB heutiger Fassung deckungsgleich,[8] so dass es insoweit einer näheren Darstellung nicht bedarf.

B. Materielle Eheschließungsvoraussetzungen

I. Eheschließung

Art. 13 Abs. 1 EGBGB umfasst in seinem Anwendungsbereich **alle Eheschließungsvoraussetzungen und Ehehindernisse**. Dazu gehört insb. die Ehemündigkeit.[9] Das Erfordernis einer Brautgabe **4**
wird, wenn es Voraussetzung der Wirksamkeit ist, ebenfalls erfasst.[10]

Zu nennen ist ferner das **Ehehindernis der Doppelehe**. Die für letzteres relevante Vorfrage, ob
zum Zeitpunkt der Eheschließung einer der Verlobten mit einem Dritten in gültiger Ehe lebte, ist
ebenfalls über Art. 13 Abs. 1 EGBGB anzuknüpfen.[11] Bei der weiteren Vorfrage, ob eine frühere
Ehe durch Scheidung aufgelöst ist, muss unterschieden werden zwischen im Inland erfolgter und
im Ausland ergangener Scheidung. Eine Inlandsscheidung ist bei Rechtskraft ausnahmslos zu
beachten (Art. 13 Abs. 2 Nr. 3 2. Hs. 1. Alt. EGBGB), eine Auslandsscheidung, wenn sie im
Inland anerkannt ist (Art. 13 Abs. 2 Nr. 3 2. Hs. Alt. 2). Zur Anerkennung einer Auslandsscheidung s. Art. 17 EGBGB Rdn. 18.

Art. 13 Abs. 1 EGBGB ist entsprechend anzuwenden auf das gesetzlich nicht geregelte **Verlöbnis**.[12] **5**

Bei der Anknüpfung nach Art. 13 Abs. 1 EGBGB ergeben sich die materiellen Voraussetzungen **6**
der Eheschließung – unabhängig vom Ort der Eheschließung – für jeden Verlobten aus dem
Recht des Staates, dem er unmittelbar vor der Eheschließung angehörte.[13] Anknüpfungspunkt ist
daher die **jeweilige Staatsangehörigkeit**. Da auf das jeweilige Heimatrecht beider Verlobter verwiesen wird, darf die Ehe nur dann geschlossen werden, wenn alle Voraussetzungen nach den auf
Grund der gekoppelten Verweisung berufenen Rechtsordnungen vorliegen.[14] Liegt nach nur einer
Rechtsordnung ein Ehehindernis vor, nach der anderen jedoch nicht (z.B. unterschiedliche Regelungen zur Ehemündigkeit), steht dies der Eheschließung entgegen. Gleiches gilt für sog. zweiseitige Ehehindernisse, bei welchen das Heimatrecht eines Verlobten nicht nur ihn selbst betreffende
Ehehindernisse aufstellt, sondern auch in der Person des anderen liegende Gründe – die möglicherweise nach dessen Heimatrecht unschädlich sind – als Ehehindernis ansieht –

---

6 BGH FamRZ 1997, 542.
7 Vgl. BGH NJW 1966, 1811 und NJW 1976, 1590.
8 BGH FamRZ 1991, 300.
9 Palandt/*Thorn* Art. 13 EGBGB Rn. 6.; s. dazu *Finger* FuR 1999, 161 m.w.N.
10 OLG Düsseldorf FamRZ 1993, 187; AG Würzburg FamRZ 1998, 1591.
11 BGH NJW 1976, 1590 und FamRZ 1997, 542.
12 BGH FamRZ 1959, 105; NJW 2005, 1089.
13 BGH NJW 1966, 1811 (1813).
14 *Hohloch* FPR 2011, 422 (423 f.).

▶ **Beispiel:**

Eine deutsche unverheiratete Frau will einen Marokkaner heiraten, der in Übereinstimmung mit dem marokkanischen Recht bereits zwei Ehefrauen hat und nach diesem Recht noch zweimal heiraten dürfte. Hier untersagt das Verbot der Doppelehe nach deutschem Recht (§ 1306 BGB) als zweiseitiges Ehehindernis die Eingehung der beabsichtigten Ehe.[15]

II. Eheschließungsfreiheit

7   Die Anwendung von Art. 13 Abs. 1 EGBGB kann zu einem Ehehindernis führen, wenn bei einer im Inland beabsichtigten Eheschließung in der Person des ausländischen Verlobten eine der **Eheschließungsfreiheit entgegenstehende Regelung ausländischen Rechts** (Hauptfälle: Absolute Unauflöslichkeit einer früheren Ehe, Verbot der Eheschließung bei unterschiedlicher Religionszugehörigkeit) vorliegt. Da die Eheschließungsfreiheit grundrechtlich gewährleistet ist (Art. 6 Abs. 1 GG),[16] kommt ein Verstoß gegen den inländischen ordre public in Betracht. Die deshalb an sich nach Art. 6 EGBGB gebotene Prüfung zur Ergebniskorrektur ist für ab dem 01.09.1986 geschlossene Ehen spezialgesetzlich in Art. 13 **Abs. 2** EGBGB geregelt. Soweit die Ehe vor diesem Zeitpunkt geschlossen worden ist, kommt Art. 6 EGBGB direkt zur Anwendung.[17]

8   Nach Art. 13 Abs. 2 EGBGB sind die materiellen Wirksamkeitsvoraussetzungen entgegen Art. 13 Abs. 1 EGBGB allein nach deutschem Recht zu beurteilen, wenn drei Voraussetzungen kumulativ erfüllt sind.[18] Einer der Verlobten ist Deutscher oder hat seinen gewöhnlichen Aufenthalt in Deutschland, ein mit der Eheschließungsfreiheit nicht zu vereinbarendes Ehehindernis liegt vor und die Verlobten haben alle zumutbaren Schritte zur Beseitigung dieses Hindernisses unternommen. Dies gilt auch bei Nachbeurkundung einer schon im Ausland geschlossenen Ehe.[19] Mit der Eheschließungsfreiheit unvereinbare Hindernisse sind vor allem die **Eheverbote** der **Religionsverschiedenheit** und der **Unauflöslichkeit einer früheren – geschiedenen – Ehe**. Welche Schritte zu deren Beseitigung zumutbar sind, ist in gleicher Weise an den Grundrechtsgarantien zu messen. Ein Religionswechsel kann daher auf keinen Fall verlangt werden. Versuche zur Aufhebung der Unauflöslichkeit der früheren Ehe sind nicht zumutbar, wenn sie von vorneherein aussichtslos sind.[20] Zu verlangen ist allerdings das Betreiben der Anerkennung einer Auslandsscheidung, soweit diese ein Verfahren nach § 107 FamFG voraussetzt. Nach der in Art. 13 Abs. 2 Nr. 3 2. Hs. EGBGB normierten unwiderleglichen Vermutung ihrer ordre-public-Widrigkeit ist die Unauflöslichkeit einer früheren Ehe dann stets unbeachtlich, wenn diese im Inland rechtskräftig geschieden worden ist oder ihre im Ausland erfolgte Scheidung hier anerkannt wird oder der frühere Ehegatte des Verlobten für tot erklärt worden ist.

9   **Weitere mit der Eheschließungsfreiheit nicht zu vereinbarende Ehehindernisse** i.S.v. Art. 13 Abs. 2 EGBGB sind Eheverbote wegen fremder Staatsangehörigkeit, aus rassischen Gründen oder bei zwingend vorgeschriebenen Genehmigungen der Eheschließung von Volljährigen. Das in Deutschland abgeschaffte **Eheverbot der Schwägerschaft** in gerader Linie soll nach Ansicht des OLG Stuttgart mit der Eheschließungsfreiheit noch vereinbar sein.[21] Im Hinblick auf die EMRK[22]

---

15 Vgl. OLG Zweibrücken FamRZ 2004, 950.
16 BVerfG E 31, 58 = NJW 1971, 1509; FamRZ 2004, 765.
17 BGH FamRZ 1997, 542.
18 Palandt/*Thorn* Art. 13 EGBGB Rn. 16.
19 OLG München FamRZ 2011, 1506.
20 Vgl. BGH FamRZ 1997, 542 (544).
21 OLG Stuttgart FamRZ 2000, 821.
22 EuGHMR FamRZ 2005, 1971.

wird dies jedoch bezweifelt.[23] Von in den Niederlanden registrierten Partnern ist verlangt worden, ihre Partnerschaft in den Niederlanden in eine Ehe umzusetzen.[24]

III. Wirksamkeit der Ehe

Der Verstoß gegen materiell-rechtliche Eheschließungsvoraussetzungen (**fehlerhafte Eheschließung**) 10 führt nicht zwingend zur Unwirksamkeit der dennoch geschlossenen Ehe. Die Folgen für den rechtlichen Bestand der Ehe sind je nach Art. des Verstoßes und in verschiedenen Rechtsordnungen unterschiedlich geregelt. Sie reichen von absoluter Nichtigkeit (Nichtehe) über gerichtliche Vernichtbarkeit (Nichtigerklärung) mit Rückwirkung sowie Aufhebbarkeit mit Wirkung für die Zukunft bis zur Folgenlosigkeit. insb. kann Heilung eintreten (vgl. im deutschen Sachrecht § 1315 BGB).[25] Das **Statut zur Wirksamkeit der Ehe** bei materiell-rechtlich fehlerhafter Eheschließung **bestimmt sich** ebenfalls **nach Art. 13 Abs. 1 EGBGB**, d.h. nach dem Heimatrecht beider Ehegatten. Divergieren diese in der Rechtsfolge, kommt für die Folgen des Fehlers bei der Eheschließung das »ärgere« Recht zum Zuge.[26] Ist beispielsweise einer der in Betracht kommenden Ehegatten Deutscher, der andere Engländer, so wäre bei bigamischer Eheschließung nach dem Heimatrecht des deutschen Partners an sich lediglich Aufhebbarkeit und damit Wirksamkeit der Ehe die Folge (§§ 1306, 1313, 1314 Abs. 1 BGB[27]). Nach dem englischen Heimatrecht des anderen Partners ist die Doppelehe jedoch absolut nichtig (void), was als **ärgeres Recht** durchschlägt und die Ehe auch für den deutschen Partner unwirksam sein lässt.

Die Anwendung des ärgeren Rechts kann allerdings u.U. gegen den deutschen ordre public (Art. 6 EGBGB) verstoßen und damit der Wirksamkeit der Ehe doch nicht entgegenstehen. Auch hierfür gilt die spezialgesetzliche Regelung in Art. **13 Abs. 2 EGBGB**. Dies kommt insb. dann in Betracht, wenn die in Deutschland erfolgte Scheidung einer früheren Ehe des ausländischen Partners in dessen Heimatland nicht anerkannt wird oder das dortige Recht die Unwirksamkeitsfolge wegen eines sonstigen mit der Eheschließungsfreiheit unvereinbaren Eheverbots statuiert.[28]

C. Form der Eheschließung

I. Formstatut

Bei **Eheschließung im Inland** richtet sich die Form kollisionsrechtlich nach Art. **13 Abs. 3** 11 EGBGB. Satz 1 enthält als Grundsatz die direkte Verweisung ins deutsche Sachrecht, d.h. zwingend die persönlich und gleichzeitig vor dem Standesbeamten abgegebene Erklärung, die Ehe miteinander eingehen zu wollen (§§ 1310, 1311 BGB).[29] Hierbei sind die Heilungsmöglichkeiten nach § 1311 Abs. 3 BGB zu beachten.[30]

Einzige Ausnahme für den Fall einer Eheschließung im Inland ist die Regelung in Art. 13 Abs. 3 Satz 2 EGBGB. Danach kann eine Ehe zwischen zwei Verlobten, von denen keiner deutscher

---

23 *Henrich* FamRZ 2005, 1971.

24 KG StAZ 2012, 107.

25 Zum vietnamesischen Recht AG Hannover FamRZ 2002, 1116.

26 BGH FamRZ 1991, 300 (303); OLG Frankfurt FamRZ 2002, 705; OLG Zweibrücken FamRZ 2004, 950; Palandt/*Thorn* Art. 13 EGBGB Rn. 14.– Dagegen für engste Verbindung lex fori OLG Stuttgart FamRZ 2011, 217.

27 Rechtszustand seit dem 01.07.1998 auf Grund des EheschlRG; bis zum 30.06.1998 galt Nichtigkeit nach §§ 5, 20, 23 EheG und damit auch zunächst Wirksamkeit.

28 S. o. Rdn. 6–8 sowie BGH FamRZ 1997, 542.

29 Für den 01.07.1998 geschlossene Ehen folgt dies aus §§ 11, 13 EheG, für vor dem 01.09.1986 i.V.m. Art. 13 Abs. 3 EGBGB a.F. (Art. 220 Abs. 1 EGBGB).

30 Vor dem 01.07.1998 § 17 Abs. 2 EheG.

Staatsangehöriger ist, mit Inlandswirksamkeit unter bestimmten Voraussetzungen von einem **anderen Trauungsorgan** geschlossen werden. Hierbei muss es sich um eine Person handeln, welche von der Regierung des Staates, dem einer der Verlobten angehört, ordnungsgemäß ermächtigt worden ist. Da diese Ermächtigung durch die Regierung des Heimatstaats erfolgt sein muss, ist es zumindest bei nichtstaatlichen (religiösen) Funktionsträgern erforderlich, dass die Ermächtigung durch Verbalnote gegenüber dem Auswärtigen Amt mitgeteilt worden ist.[31] Eine Liste der ermächtigten Trauungspersonen wird beim Bundesverwaltungsamt geführt. Liegen diese Voraussetzungen vor, verweist Art. 13 Abs. 3 Satz 2 EGBGB auf das Recht desjenigen Staates, von dem das Trauungsorgan ermächtigt worden ist.

12   Bei **Eheschließung im Ausland** ergibt sich die Form aus **Art. 11 Abs. 1 EGBGB**. Danach ist für das Formstatut alternativ an das Geschäftsstatut – hier: das Eheschließungsstatut nach Art. 13 Abs. 1 EGBGB – anzuknüpfen oder an den Ort der Eheschließung (Ortsform). Hierbei gilt das Günstigkeitsprinzip, d.h. für die Formwirksamkeit der Ehe reicht die Einhaltung der Formvorschriften einer derjenigen Rechtsordnungen, die sich aus den Alternativen in Art. 11 Abs. 1 EGBGB ableiten.[32] In der Praxis ist durchweg auf die **Ortsform** abzustellen. Deutsche Staatsangehörige können daher im Ausland die Ehe formwirksam schließen, wenn sie dabei die dort geltenden Formvorschriften (z.B. religiöse Trauung, notarielle Beurkundung, behördliche Registrierung) einhalten.[33] Dass hierbei kein Standesbeamter mitwirkt, ist unschädlich, wenn das Ortsrecht dies nicht vorschreibt.[34] Die durch Vertretung in der Erklärung erfolgende Handschuhehe ist als Form zu qualifizieren.[35] Sie kann zu einer wirksamen Eheschließung führen.[36] Eine in Dänemark geschlossene Ehe ist wirksam, auch wenn sich ein Eheschließender dort zur Zeit der Trauung nicht rechtmäßig aufgehalten hat.[37] Die im Ausland vor dem deutschen Konsularbeamten vorgenommene Eheschließung fiel ebenfalls unter Art. 11 Abs. 1 EGBGB (vgl. 8 Abs. 1 KonsG, aufgehoben zum 01.01.2009). Eheschließungen im Ausland oder vor ermächtigten Personen im Inland werden im deutschen Eheregister nach § 34 PStG beurkundet.[38]

II. Formwirksamkeit der Ehe

13   Die Verletzung von Formvorschriften hat nicht zwingend zur Folge, dass die dennoch geschlossene Ehe unwirksam wäre. So sind die im deutschen Sachrecht normierten Sollvorschriften (§ 1312 BGB) keine essenzielle Voraussetzung für das Zustandekommen der Ehe; ihre Verletzung steht der Wirksamkeit der Ehe nicht entgegen. Werden bei einer Eheschließung im Ausland sowohl Vorschriften der Ortsform als auch des nach dem Geschäftsstatut berufenen Rechts verletzt, gilt auch hier das **Günstigkeitsprinzip**: Die Frage der Formwirksamkeit richtet sich nach dem **milderen** Recht – im Gegensatz zur materiell-rechtlichen Wirksamkeit, für welche das ärgere Recht maßgebend ist.[39]

---

31 BGH FamRZ 1965, 311; AG Hamburg FamRZ 2000, 821.
32 *Mörsdorf-Schulte* NJW 2007, 1331.
33 *Sturm* StAZ 2010, 1, 2 ff.; MüKoBGB/*Coester* Art. 13 EGBGB Rn. 122.
34 OLG München FamRZ 2010, 725.– Zur »Imam-Ehe« nach türkischem Recht: OLG Zweibrücken NJW-RR 1997, 1227.
35 BGH NJW 1962, 1152; KG FamRBint 2005, 1; MüKoBGB/*Coester* Art. 13 EGBGB Rn. 148 m.w.N.
36 OLG Zweibrücken StAZ 2011, 725.– S. aber *Bock* NJW 2012, 122 (123 f.).
37 VGH Mannheim FamRZ 2008, 61; *Klein* StAZ 2008, 33; anders OVG Münster NJW 2007, 314.
38 Dazu *Sturm* StAZ 2010, 1 ff.; NK/*Andrae* Rn. 155 ff.
39 BGH NJW 2002, 1268.– S.o. Rdn. 10.

D. Eheaufhebung, Nichtigerklärung, Feststellung des Nichtbestehens

Das auf die Voraussetzungen der Eheaufhebung, Nichtigerklärung oder Feststellung des Nichtbe- **14** stehens der Ehe anzuwendende **Statut** ist ausdrücklich nicht normiert. Als nahe liegende Kollisionsnormen kommen in Betracht das Scheidungsstatut nach Art. 17 Abs. 1 EGBGB sowie das Eheschließungsstatut nach Art. 13 Abs. 1 EGBGB. Das dahingehende Qualifikationsproblem ist nach ganz herrschender Meinung dahin zu lösen, dass auch für die Rechtsfolgen einer materiell-rechtlich fehlerhaften Eheschließung und damit für die **Aufhebung, Nichtigerklärung** und das **Feststellen des Nichtbestehens** der Ehe **Art. 13 Abs. 1 EGBGB** maßgebliche Kollisionsnorm ist.[40] Hiernach ist für die Frage, ob ein Mangel bei der Eheschließung die Wirksamkeit berührt und ob Aufhebbarkeit (Anfechtbarkeit), Vernichtbarkeit oder absolute Nichtigkeit Folge des Mangels ist, für jeden Ehegatten das Recht des Staates maßgeblich, dem er unmittelbar vor der Eheschließung angehörte; divergieren diese Rechte, kommt für die Folgen des Fehlers das »ärgere« Recht zum Zuge.[41] Auch die **vermögensrechtlichen Folgen** einer Nichtehe oder nichtigen Ehe richten sich nach dem für die (Un-)Wirksamkeit maßgeblichen Recht.[42]

Soll die Feststellung des Nichtbestehens oder die Auflösung der Ehe auf die Verletzung der **Eheschließungsform** gegründet werden, ist das besonders geregelte **Formstatut** maßgebend. Hierfür ist zu unterscheiden danach, ob die Eheschließung in Deutschland oder im Ausland stattgefunden hat. Bei Eheschließung im Inland richtet sich die Anknüpfung nach Art. 13 Abs. 3 EGBGB; diese verweist – soweit nicht die Besonderheiten von Satz 2 vorliegen – auf das deutsche Recht. Bei Eheschließung im Ausland ist maßgebend die allgemeine Norm zum Formstatut in Art. 11 Abs. 1 EGBGB – s. dazu Rdn. 10–12.

Grundsätzlich ist das Eheschließungsstatut **unwandelbar**.[43] Haben die Eheschließenden jedoch **15** nach der Eheschließung ein anderes Personalstatut erworben (insbes. durch Staatsangehörigkeitswechsel) und ist die Eheschließung nach dem neuen Heimatrecht trotz des Mangels zur **Zeit der Eheschließung wirksam, so wird ausnahmsweise eine** Heilung durch Statutenwechsel zugelassen.[44] Die Einzelheiten sind umstritten.[45]

E. Nichteheliche Lebensgemeinschaft

Die nicht eingetragene nichteheliche Lebensgemeinschaft ist auch kollisionsrechtlich nicht gesetz- **16** lich geregelt. Die Qualifikation der unterschiedlichen Formen ist umstritten. Vertreten wird die Einordnung daraus folgender Ansprüche als rein **schuldrechtlich** mit der Anwendung der entsprechenden Kollisionsnormen (Rechtswahl und objektive Anknüpfung ggf. nach der engeren Verbindung).[46] Nach wohl h.M kommt wegen des personalen Bezuges jedoch eine Einordnung als **familienrechtlich** in Betracht.[47] Über die weitere Behandlung besteht allerdings auch keine Einigkeit. Zunehmend wird von einer grundsätzlichen Anknüpfung an den gemeinsamen gewöhnlichen Aufenthalt ausgegangen.[48] Andere treten für eine grundsätzliche Analogie zu den Art. 14 ff.

---

40 Vgl. BGH FamRZ 1997, 542; OLG Zweibrücken FamRZ 2004, 950; Palandt/*Thorn* Art. 17 EGBGB Rn. 11, 13. – Verkannt von OLG Schleswig FamRZ 2007, 470.
41 S. näher o. Rdn. 10.
42 Palandt/*Thorn* Art. 13 EGBGB Rn. 12.
43 Palandt/*Thorn* Art. 13 EGBGB Rn. 4.
44 KG FamRZ 1986, 680; OLG München StAZ 1993, 151; SozG Hamburg IPRax 2007, 47 m. zust. Aufs. *Siehr*, 30; Palandt/*Thorn* Art. 13 EGBGB Rn. 4; einschränkend MüKoBGB/*Coester* Art. 13 EGBGB Rn. 19 f.
45 Näher MüKoBGB/*Coester* Art. 13 EGBGB Rn. 18 ff. m.w.N.
46 BGH NJW-RR 2005, 1089 im Ergebnis ebenso *Spickhoff*, FS Schurig, 2012, 285 ff.; Palandt/*Thorn* Art. 13 EGBB Rn. 3 m.w.N.
47 OLG Zweibrücken NJW-RR 1993, 1478; *Andrae* IntFamR § 9 Rn. 30.
48 *Henrich*, FS Kropholler 2008, 305 (311 ff); Bamberger/Roth/*Mörsdorf-Schulte* Rn. 19 m.w.N.

EGBGB ein.[49] Sie führt bei unterschiedlicher Staatsangehörigkeit zum (letzten) gemeinsamen Heimatrecht, ersatzweise zum (letzten) gemeinsamen gewöhnlichen Aufenthalt.[50]

F. Allgemeine Fragen

16a **Vorfragen** sind selbständig anzuknüpfen, s. vor Art. 3 Rdn. 26 f. Deutsche Scheidungsurteile und anerkannte ausl. Urteile setzen sich gg. scheidungsfeindliches Heimatrecht durch.[51] – Soweit es nach Abs. 1 auf die **Staatsangehörigkeit** ankommt, gelten für deren Besitz die allgemeinen Regeln. Zu den Besonderheiten bei Staatenlosen, Flüchtlingen, Asylberechtigten, Volksdeutschen sowie Doppelstaatern/Mehrstaatern s. Art. 5 Rdn. 1 4 ff. Die Verweisung auf das Heimatrecht der Verlobten ist **Gesamtverweisung** iSv. Art. 4 Abs. 1 (s. dazu Art. 4 Rdn. 3).[52]

G. Verfahrensfragen

17 Die **internationale Zuständigkeit** deutscher Gerichte für Verfahren zur Aufhebung, Nichtigerklärung oder Feststellung des Nichtbestehens der Ehe mit Auslandsberührung ist in gleicher Weise wie die Zuständigkeit für Scheidungsverfahren geregelt. Hier gilt vorrangig Art. 3 Brüssel IIa VO (VO (EG) Nr. 2201/2003). Soweit Art. 6, 7 Brüssel IIa VO dies zulassen, ist nachrangig § 98 Abs. 1 FamFG maßgebend; die Anwendbarkeit von § 98 Abs. 1, 2 FamFG für die hier behandelten Verfahren ergibt sich dann aus der auch diese Verfahren umfassenden Definition der »Ehesachen« in § 121 FamFG.[53] Zur **Urteilsanerkennung** s. Art. 17 Rdn. 18.

Art. 14 EGBGB   Allgemeine Ehewirkungen

(1) Die allgemeinen Wirkungen der Ehe unterliegen

1. dem Recht des Staates, dem beide Ehegatten angehören oder während der Ehe zuletzt angehörten, wenn einer von ihnen diesem Staat noch angehört, sonst
2. dem Recht des Staates, in dem beide Ehegatten ihren gewöhnlichen Aufenthalt haben oder während der Ehe zuletzt hatten, wenn einer von ihnen dort noch seinen gewöhnlichen Aufenthalt hat, hilfsweise
3. dem Recht des Staates, mit dem die Ehegatten auf andere Weise gemeinsam am engsten verbunden sind.

(2) Gehört ein Ehegatte mehreren Staaten an, so können die Ehegatten ungeachtet des Artikels 5 Abs. 1 das Recht eines dieser Staaten wählen, falls ihm auch der andere Ehegatte angehört.

(3) [1]Ehegatten können das Recht des Staates wählen, dem ein Ehegatte angehört, wenn die Voraussetzungen des Absatzes 1 Nr. 1 nicht vorliegen und

1. kein Ehegatte dem Staat angehört, in dem beide Ehegatten ihren gewöhnlichen Aufenthalt haben, oder
2. die Ehegatten ihren gewöhnlichen Aufenthalt nicht in demselben Staat haben.

---

49 *Schaal* ZNotP 2009, 290 (295) m.w.N.
50 *Kropholler* § 46 V.
51 *Rauscher/Pabst* NJW 2011, 3547 (3549) gg OLG München FamRZ 2011, 1506.
52 BGH NJW 1966, 1811 (1813); OLG Frankfurt IPRax 2010, 175 (LS) zust. Anm. *Jayme*; MüKo/*Coester* Rn. 14.
53 SBW/*A. Baetge* § 98 FamFG Rn. 4.

²Die Wirkungen der Rechtswahl enden, wenn die Ehegatten eine gemeinsame Staatsangehörigkeit erlangen.

(4) ¹Die Rechtswahl muss notariell beurkundet werden. ²Wird sie nicht im Inland vorgenommen, so genügt es, wenn sie den Formerfordernissen für einen Ehevertrag nach dem gewählten Recht oder am Ort der Rechtswahl entspricht.

A. Geltungsbereich

Im Gegensatz zu den in Art. 13 EGBGB kollisionsrechtlich geregelten Voraussetzungen für die Eingehung einer Ehe und ihrer Wirksamkeit (Eheschließungs- und Ehewirksamkeitsstatut) behandelt **Art. 14** die kollisionsrechtlichen Fragen zur Anknüpfung der rechtlichen **Wirkungen** einer wirksam zustande gekommenen Ehe (Ehewirkungsstatut). Anknüpfungsgegenstand sind die **persönlichen Rechtsbeziehungen der Ehegatten zueinander.** | 1

Einzige gegenüber Art. 14 EGBGB vorrangige Norm internationalen Rechts ist Art. 8 Abs. 3 des Niederlassungsabkommens zwischen dem Deutschen Reich und dem Kaiserreich Persien vom 17.02.1929,[1] welches nur im Verhältnis zum **Iran** gilt. Danach ist alleiniger Anknüpfungspunkt die Staatsangehörigkeit der Ehegatten. Beim Ehewirkungsstatut ist dies allerdings nur umsetzbar, wenn beide Ehegatten dieselbe Staatsangehörigkeit besitzen. Für Ehegatten, von denen nur einer Iraner ist, stellt das Abkommen daher keine taugliche Anknüpfung zur Verfügung, so dass in einem solchen Fall auf Art. 14 EGBGB zurückzugreifen ist.

Fraglich ist, ob Art. 14 EGBGB auch auf **die nichteheliche Lebensgemeinschaft** anwendbar ist. | 2 Für die eingetragene Lebenspartnerschaft enthält Art. 17b EGBGB in seinem Abs. 1 Satz 1 eine gegenüber Art. 14 EGBGB spezielle Regelung zu den allgemeinen Wirkungen der Lebenspartnerschaft. Die Qualifikation der nicht eingetragenen nichtehelichen Lebensgemeinschaft ist umstritten. Wegen ihres personalen Bezuges ist eine familienrechtliche Einordnung geboten (oben Art. 13 EGBGB Rdn. 16). Nach a.A. unterfällt sie nicht Art. 14 EGBGB, da diese Norm speziell auf die Ehe als gesetzlich geregelte Lebensgemeinschaft mit konkret normierten Rechten und Pflichten abgestellt ist. Sie soll am ehesten dem an der Vertragsfreiheit orientierten Vertragsstatut zuzuordnen sein.[2]

Der **unmittelbare Anwendungsbereich** des Art. 14 wird allerdings durch spezielle Regelungen für | 3 besondere Ehewirkungen erheblich eingeengt. Spezialnormen gibt es für das Namensstatut (Art. 10 Abs. 1 und 2), das Güterrechtsstatut (Art. 15, 220 Abs. 3), das Scheidungsstatut (Rom III-VO sowie Art. 17 Abs. 1 und 2), das Unterhaltsstatut (EuUnthVO) sowie das Statut zur Zuweisung von im Inland befindlichen Haushaltsgegenständen und hier belegener Ehewohnung (Art. 17a). Angesichts dieser die wichtigsten Ehewirkungen erfassenden Sonderstatute verbleibt für die direkte Anwendbarkeit von Art. 14 **nur** der Bereich der **Rechtsbeziehungen**, die im deutschen Sachrecht in §§ 1353, 1356–1359, 1362 BGB geregelt sind. Die Vorschrift ist auch anwendbar, wenn es um ähnliche Rechtsinstitute ausländischen Rechts oder um die entsprechenden Nachwirkungen der Ehe geht.[3] Erfasst sind u.a. die Schlüsselgewalt (§ 1357 BGB) und sie betreffende Beschränkungen[4]. Soweit Art. 17a nicht greift, wenn es also um die Zuweisung von im Ausland befindlichen **Haushaltsgegenständen** oder dort belegener **Ehewohnung** geht, ist str., ob die Rechtsverhältnisse an Ehewohnung und Hausrat als allgemeine Ehewirkungen i.S. des Art. 14 EGBGB zu qualifizieren sind. Richtigerweise ist insoweit bei Güterstandsunabhängigkeit für die

---

1 RGBl. II 1930 1006; die Weitergeltung des Abkommens ist nach dem 2. Weltkrieg mit Wirkung vom 04.11.1954 bestätigt worden (Bek. v. 15.08.1955, BGBl. II, S. 829).
2 BGH NJW-RR 2005, 1089. Im Ergebnis ebenso Palandt/*Thorn* Art. 14 EGBGB Rn. 1 m.w.N.
3 BGH FamRZ 1984, 465.
4 Reithmann/Martiny/*Hausmann* Rn. 5873; MüKoBGB/*Sieher* Rn. 101, 115.

Zuweisung von Wohnung und Hausrat während des Getrenntlebens Art. 14 maßgebend[5], bei Scheidung Art. 17 Abs. 1.

Erfasst werden auch aus der Ehe folgende **Verpflichtungsbeschränkungen**. Dazu gehört das **Erfordernis der Zustimmung des anderen Ehegatten** zu Schenkungen.[6] Gleiches gilt für Beschränkungen bezüglich Bürgschaft[7] und Abzahlungsgeschäften.[8] Soweit das ausländische Recht ein **Verbot von Schenkungen** (Zuwendungen) unter Ehegatten kennt, werden diese entweder nach Art. 14 oder 15 angeknüpft. Doch ist die Anknüpfung streitig. Nach einer Auffassung können die ausländischen Verbotsnormen ehepersonen- oder ehegüterrechtlichen Zwecken dienen. Dementsprechend sind sie ehewirkungs- oder güterrechtlich zu beurteilen.[9] Teilweise stellt man lediglich auf das Güterrechtsstatut ab.[10] Nach a.A. gilt generell das Ehewirkungsstatut.[11]

4   Die Qualifikation der **Braut- bzw. Morgengabe islamischen Rechts** (mahr), bei der i.d.R. ein Teilbetrag bei Eheschließung, ein weiterer bei Eheauflösung zu leisten ist, ist außerordentlich umstritten. Eine **Einheitsqualifikation** will eine einheitliche Qualifikation vornehmen. Dafür wird z.T. eine Einordnung als **Ehewirkung** befürwortet[12]. Aber auch eine unwandelbare Anknüpfung als ehegüterrechtlich wurde vorgeschlagen.[13] Teilweise wird auch eine **Mehrfachqualifikation** vorgenommen, wofür ihre Rechtsnatur während der Ehe – überwiegend als Ehewirkung eingeordnet[14] – und nach Eheauflösung – überwiegend als Unterhalt eingeordnet[15] – unterschieden wird. Keine Morgengabe im Rechtssinne ist die türkische »Mehir«, die nicht familienrechtlich einzuordnen sein dürfte, sondern lediglich zu schuldvertraglich zu qualifizieren ist.[16]

5   In der Praxis von größerer Bedeutung ist die Vorschrift in ihrer Funktion als **Anknüpfungsinstrument** für bestimmte andere Kollisionsnormen (sog. Familienstatut). Im Wege gesetzestechnischer Verweisung ist sie **mittelbar anwendbar** beim Güterrechtsstatut (Art. 15 EGBGB), Scheidungsstatut (Art. 17 Abs. 1 Satz 1 EGBGB), Abstammungsstatut (Art. 19 Abs. 1 Satz 3 EGBGB) und Adoptionsstatut (Art. 22 Satz 2 EGBGB). Nach Maßgabe der in diesen Spezialtatbeständen vorgeschriebenen Besonderheiten ist Art. 14 EGBGB **Grundnorm** zur Anknüpfung der Ehewirkungen.

Bei der mittelbaren Anwendung der Vorschrift als Anknüpfungsinstrument ist besonders darauf zu achten, inwieweit die verweisende Spezialnorm die Anknüpfungspunkte in Art. 14 generell übernimmt oder in Einzelheiten veränderter Handhabung unterwirft. Dies gilt für zwei Fragenkreise: Zum Einen betrifft es die Frage des für die Anknüpfung maßgeblichen **Zeitpunkts**. Während das wandelbare allgemeine Ehewirkungsstatut in Art. 14 auf den für die jeweilige Rechtsfrage relevanten Zeitpunkt abstellt, knüpfen Art. 15, 19 Abs. 1 Satz 3 und 22 Satz 2 EGBGB unwandelbar an den Zeitpunkt der Eheschließung/Zeitpunkt der Rechtshängigkeit des Scheidungsantrags/ Zeitpunkt der Geburt des Kindes/Zeitpunkt der Vornahme der Adoption an. Zum Anderen ist der **Umfang** der Verweisung in den Sondertatbeständen unterschiedlich geregelt; verwiesen wird entweder nur auf Abs. 1 von Art. 14, also auf das gesetzliche Ehewirkungsstatut, oder auch auf Abs. 2–4 (Rechtswahl). In Art. 19 Abs. 1 Satz 3 und 22 Satz 2 EGBGB wird nur auf Art. 14 Abs. 1

---

5   Reithmann/Martiny/*Hausmann* Rn. 5870 f.

6   Reithmann/Martiny/*Hausmann* Rn. 5865; MüKoBGB/*Siehr* Rn. 92.

7   Reithmann/Martiny/*Hausmann* Rn. 5866.

8   Reithmann/Martiny/*Hausmann* Rn. 5867.

9   *Kühne* FamRZ 1969, 371, 376 f.

10 BGH NJW 1993, 385.

11 Reithmann/Martiny/*Hausmann* Rn. 5876; Staudinger/*Mankowski* Art. 15 Rn. 416 und Art. 14 Rn. 310 f.; Palandt/*Thorn* Art. 14 Rn. 18; Soergel/*Schurig* Art. 14 Rn. 63.

12 BGH FamRZ 2010, 533 (535) zust. Anm. *Henrich* = IPRax 2011, 85 m. Aufs. *Yassari*, 63; OLG Zweibrücken FamRZ 2007, 1555; *Henrich*, FS Sonnenberger 2004, 389 (395 ff.).

13 *Wurmnest* RabelsZ 71 (2007), 527 (553); *Yassari* StAZ 2009, 366 (369); NK/*Andrae* Rn. 87.

14 Z.B. Palandt/*Thorn* Rn. 18.

15 So etwa KG FamRZ 1988, 296. – Anders OLG Stuttgart FamRZ 2009, 1580: Ehewirkung.

16 OLG Nürnberg FamRZ 2001, 1613; NK/*Andrae* Rn. 90.

verwiesen, während Art. 15 EGBGB umfassend verweist. Art. 14 EGBGB ist mithin im Rahmen der genannten Sonderstatute **modifiziert** anzuwenden.

B. Anknüpfung

I. Rechtswahl (Abs. 2–4)

Die Vorschrift gestattet den Ehegatten **in engen Grenzen**, durch Vertrag zu bestimmen, welcher 6
Rechtsordnung die allgemeinen Wirkungen ihrer Ehe unterliegen (Rechtswahl). Für deren Wirksamkeit normiert die Vorschrift besondere Voraussetzungen; liegen diese nicht vor, ist eine dennoch vorgenommene Rechtswahl nichtig (§ 134 BGB). Voraussetzung ist stets, wie sich aus Art. 14 Abs. 3 Satz 1 EGBGB ergibt, dass **keine gemeinsame Staatsangehörigkeit** vorliegt; ist letzteres der Fall, richtet sich die Anknüpfung zwingend nach Art. 14 Abs. 1 Nr. 1 EGBGB. Dem Verbot der Rechtswahl bei gemeinsamer Staatsangehörigkeit entspricht die Regelung in Art. 14 Abs. 3 Satz 2, wonach eine zunächst wirksam vorgenommene Rechtswahl ihre Wirkung verliert, wenn die Ehegatten eine gemeinsame Staatsangehörigkeit erwerben.

Das gemeinsame Heimatrecht kann allerdings gem. Art. 14 Abs. 2 dann gewählt werden, wenn an sich gemeinsame Staatsangehörigkeit vorliegt, diese aber wegen Doppelstaatigkeit/Mehrstaatigkeit in der Person eines oder beider Ehegatten nach Art. 5 Abs. 1 EGBGB unbeachtlich ist und der Anknüpfung nach Art. 14 Abs. 1 Nr. 1 entgegensteht.

Steht Art. 14 Abs. 1 Nr. 1 EGBGB nicht entgegen, kann bei Vorliegen der weiteren in **Abs. 3** vorgeschriebenen Voraussetzungen – nur – **eines der unterschiedlichen Heimatrechte** der Ehegatten gewählt werden (Art. 14 Abs. 3 Satz 1 Hs. 1 EGBGB). Dabei kann ungeachtet der Vorrangregelung in Art. 5 Abs. 1 EGBGB jedes der beteiligten Heimatrechte bestimmt werden, falls ein Ehegatte (oder beide) Doppelstaater/Mehrstaater ist, jedoch beide keine gemeinsame Staatsangehörigkeit haben.[17] Beim Vorliegen einer gemeinsamen Staatsangehörigkeit ergibt sich dies bereits aus Art. 14 Abs. 2 EGBGB.

Abs. **3 Satz 1 Nr. 1** und 2 normieren darüber hinaus **weitere Voraussetzungen**, wobei Nr. 1 und 7
Nr. 2 als echte **Alternativen** zu verstehen sind.

Abs. 3 Satz 1 **Nr. 1** ist einschlägig, wenn die Ehegatten **beide ihren gewöhnlichen Aufenthalt** in einem Staat haben, dem keiner von ihnen angehört.

▶ **Beispiel 1:**

  Spanisch-italienisches Ehepaar mit gemeinsamen gewöhnlichen Aufenthalt in Deutschland: Rechtswahl ist möglich ins spanische oder italienische Recht, aber nicht in eine andere Rechtsordnung; bei gesetzlicher Anknüpfung ist nach Art. 14 Abs. 1 Nr. 2 EGBGB deutsches Recht berufen.
  Abs. 3 Satz 1 **Nr. 2** setzt voraus, dass die Ehegatten keinen gemeinsamen gewöhnlichen Aufenthalt in einem Staat haben.

▶ **Beispiel 2:**

  Deutsch-französisches Ehepaar, der Mann wohnt in Deutschland, die Frau in Frankreich: Rechtswahl ist möglich ins deutsche oder französische Recht, aber nicht in eine andere Rechtsordnung; bei gesetzlicher Anknüpfung ist nach Art. 14 Abs. 1 Nr. 2 – falls dessen 2. Alternative greift – das Recht des **letzten gemeinsamen gewöhnlichen Aufenthalts** berufen, sonst dasjenige, mit dem die Ehegatten gemeinsam am engsten verbunden sind (Art. 14 Abs. 1 Nr. 3).

---

17 Str. – wie hier Palandt/*Thorn* Art. 14 EGBGB Rn. 13 m.w.N. zum Streitstand.

8 Als zwar formgebundenes (s. nachfolgend Rdn. 10), ansonsten jedoch §§ 133, 157 BGB unterliegendes Rechtsgeschäft erfordert die Vereinbarung des allgemeinen Ehewirkungsstatuts nicht zwingend eine ausdrückliche Erklärung; **konkludente Rechtswahl** ist – bei Einhaltung der Form – möglich. In diesem Zusammenhang stellt sich nicht selten eine besondere Problematik, wenn die Eheschließung in Staaten mit islamisch geprägter Rechtsordnung vorgenommen wurde. Bei Anwendung islamischen Rechts werden durchweg in einer Heiratsurkunde besondere Vereinbarungen zur Morgengabe und/oder zum künftigen Aufenthaltsort der Frau oder ähnlichem getroffen. Ob dies eine stillschweigende Rechtswahl für die Ehewirkungen nach dem entsprechenden Recht bedeutet, kann als Auslegungsfrage nur einzelfallbezogen entschieden werden.[18]

9 Rechtswahl ist **jederzeit möglich**, also auch während der Ehe und bei Getrenntleben. Wird die Rchtswahl für die Zukunft getroffen, so wird sie erst dann wirksam, wenn die Voraussetzungen dafür eintreten.[19] Nicht möglich ist eine rückwirkende Rechtswahl.[20] Das allgemeine Wirksamkeitsstatut nach Art. 14 EGBGB ist wandelbar.

10 Eine wirksame Rechtswahl setzt die Einhaltung der in Art. 14 **Abs. 4** EGBGB vorgeschriebenen **Form** voraus. Bei Vornahme der Rechtswahl im **Inland** ist nach Abs. 4 Satz 1 **notarielle Beurkundung** erforderlich.

Bei im **Ausland** vorgenommener Rechtswahl **reicht** – neben notarieller Beurkundung – auch die Einhaltung der **für einen Ehevertrag vorgeschriebenen Form** aus (Abs. 4 Satz 2). Dafür stehen alternativ die nach dem gewählten Recht wie auch die nach dem Recht des Vornahmeorts für den Abschluss eines Ehevertrages normierte Form zur Verfügung. Es handelt sich um eine Sachnormverweisung.[21] Der Begriff »Ehevertrag« ist hier nicht zwingend i.S.d. deutschen Sachrechts (§ 1408 BGB) zu qualifizieren. Vielmehr ist entscheidend, ob die in Betracht kommende Vereinbarung ausländischen Rechts dem Verweisungsbegriff in Art. 14 Abs. 4 Satz 2 EGBGB funktionell adäquat ist. Deshalb kann z.B. ein im syrischen Recht vorgesehener Heiratsvertrag, der eine Regelung zur Morgengabe enthalten muss und strenge Formalitäten für sein Zustandekommen vorsieht, als »Ehevertrag« im hier relevanten Sinne qualifiziert werden, so dass die Einhaltung der dort vorgeschriebenen Förmlichkeiten ausreicht.[22]

II. Gesetzliches Ehewirkungsstatut (Abs. 1)

11 Wenn keine wirksame Rechtswahl vorliegt, ergibt sich das allgemeine Wirkungsstatut aus Art. 14 Abs. 1 EGBGB. Dieses Statut ist **wandelbar**. Zur Anknüpfung der einzelnen Tatbestandsmerkmale von Art. 14 Abs. 1 ist daher jeweils auf den Zeitpunkt abzustellen, der für die im Einzelfall konkrete Rechtsfrage (Anknüpfungsgegenstand) relevant ist.

▶ **Beispiel:**

Geht es um die Wirksamkeit eines im Rahmen fraglicher Schlüsselgewalt vorgenommenen Rechtsgeschäfts, sind die zum Zeitpunkt der Vornahme dieses Rechtsgeschäfts gegebenen tatsächlichen Verhältnisse zur Anknüpfung heranzuziehen.

12 Die Ermittlung des gesetzlichen Wirkungsstatuts erfolgt über die Anknüpfungsleiter des Art. 14 **Abs. 1** EGBGB: Die dort unter Nummern 1–3 genannten Anknüpfungspunkte sind nicht alternativ anwendbar, sondern nur in der sich aus der Ziffernfolge ergebenden Rangfolge (**Stufenleiter**).

---

18 Vgl. etwa BayObLG FamRZ 1998, 1594: Rechtswahl ja; OLG Frankfurt FamRZ 1996, 1478: keine Rechtswahl; Justizministerium Baden-Württemberg FamRZ 2001, 1018: keine Rechtswahl; OLG Karlsruhe NJW-RR 2006, 369: keine Rechtswahl.
19 Palandt/*Thorn* Rn. 11.
20 Erman/*Hohloch* Rn. 25 (soweit Güterstatut mit erfasst); jurisPK/*Ludwig* Rn. 65.
21 MüKoBGB/*Siehr* Art. 14 EGBGB Rn. 61; Palandt/*Thorn* Art. 14 EGBGB Rn. 3.
22 BayObLG FamRZ 1998, 1594 (1596).

Abs. 1 **Nr. 1** enthält als Alternativen einerseits die aktuelle **gemeinsame Staatsangehörigkeit** und 13
andererseits die **letzte gemeinsame Staatsangehörigkeit**, falls einer der Ehegatten diese noch
besitzt (auch bei zusätzlichem Erwerb der deutschen Staatsangehörigkeit).[23] Die beiden Alternativen stehen zueinander im Verhältnis der Subsidiarität. Primär ist an eine bestehende gemeinsame
Staatsangehörigkeit anzuknüpfen; nur wenn eine solche fehlt, ist zu prüfen, ob ein Ehegatte noch
eine frühere gemeinsame Staatsangehörigkeit besitzt.[24]

Bei Anknüpfung an die Staatsangehörigkeit[25] sind die Besonderheiten zu beachten, welche sich für
Staatenlose, Flüchtlinge, anerkannte Asylberechtigte, Volksdeutsche, Aussiedler und Spätaussiedler
ergeben.[26] Sind beide Eheleute anerkannte Asylberechtigte, hat sich jedoch einer von ihnen wieder
zu seiner Heimatstaatsangehörigkeit bekannt, fehlt es an einem aktuellen gemeinsamen Personalstatut i.S.v. Art. 14 Abs. 1 Nr. 1 1. Alt. EGBGB, so dass nach der 2. Alternative auf die letzte
gemeinsame Staatsangehörigkeit abzustellen ist.[27]

Haben die Ehegatten eine gemeinsame Staatsangehörigkeit, besitzt jedoch einer von ihnen (oder
beide) eine weitere Staatsangehörigkeit, ist die **Vorrangregelung des Art. 5 Abs. 1 Satz 1 und 2
EGBGB zu beachten.** Das bedeutet, dass in diesem Fall nicht an die gemeinsame – in der Person
eines Ehegatten verdrängte – ausländische Staatsangehörigkeit angeknüpft werden kann.[28]

Abs. 1 **Nr. 2** enthält als Anknüpfungspunkt den **gemeinsamen gewöhnlichen Aufenthalt** der Ehe- 14
gatten in einem Staat. Alternativen dabei sind vorrangig der noch aktuelle gemeinsame gewöhnliche Aufenthalt und nachrangig der letzte gemeinsame gewöhnliche Aufenthalt. »Gemeinsamer«
gewöhnlicher Aufenthalt in einem Staat ist auch dann gegeben, wenn die Ehegatten an verschiedenen Orten, jedoch im selben Staat getrennt leben. Zum Begriff des gewöhnlichen Aufenthalts s.
Art. 5 EGBGB Rdn. 5. Zum Vorliegen der zweiten Alternative ist zusätzlich erforderlich, dass
einer der Ehegatten im Staat des letzten gewöhnlichen Aufenthalts noch immer seinen gewöhnlichen Aufenthalt hat. Hat er ihn zwischenzeitlich aufgegeben und erst später wieder dort begründet, kann nach Nr. 2 nicht angeknüpft werden. Vielmehr ist Voraussetzung, dass der Ehegatte
seinen gewöhnlichen Aufenthalt im Staat des beiderseits letzten gemeinsamen gewöhnlichen Aufenthalts ununterbrochen beibehalten hat.[29]

Abs. 1 **Nr. 3** ist heranzuziehen, wenn weder eine gemeinsame Staatsangehörigkeit (Nr. 1) noch ein 15
gemeinsamer gewöhnlicher Aufenthalt (i.S.d. Nr. 2) vorliegt. Dann ist das Recht des Staates berufen, mit dem die Ehegatten auf andere Weise **am engsten verbunden** sind. Diese Feststellung ist
individuell und auf die konkreten Umstände bezogen zu treffen. Die engste Verbundenheit nur
eines der Ehegatten reicht nicht, die Beziehung muss **für beide Ehegatten** aus dem Verlauf ihrer
Ehe zu entnehmen sein. Anhaltspunkte sind Ort der Eheschließung, früherer gemeinsamer
gewöhnlicher Aufenthalt, gemeinsame soziale Bindung an einen Staat durch berufliche Tätigkeit,
Geburtsort der Kinder, gemeinsamer Vermögenserwerb in einem Staat, gemeinsam benutzte Sprache, gemeinsame kulturelle Verbundenheit.[30]

Da Art. 14 keine weitere Ersatzanknüpfung zur Verfügung stellt, muss in jedem Falle beim Versagen von Abs. 1 Nr. 1 und 2 die engste Verbundenheit festgestellt werden; Nr. 3 ist insofern auch
Auffangtatbestand.

---

23 OLG Hamm FamRZ 2011, 220; OLG Düsseldorf NJW-RR 2012, 521.
24 BGH FamRZ 1994, 435.
25 Zum Begriff Art. 5 EGBGB Rdn. 1.
26 S. dazu Art. 5 EGBGB Rdn. 2–4.
27 OLG Karlsruhe FamRZ 1996, 1146 (1147).
28 BGH FamRZ 1994; OLG Hamm FamRZ 1990, 54 (55).
29 BGH FamRZ 1993, 798.
30 Vgl. BGH FamRZ 1993, 788.

C. Allgemeine Fragen

15a **Vorfragen** sind selbständig anzuknüpfen, s. vor Art. 3 Rdn. 26 f. – Bei Anknüpfung an die **Staats-angehörigkeit** (zum Begriff Art. 5 Rdn. 1) sind die Besonderheiten zu beachten, welche sich für Staatenlose, Flüchtlinge, anerkannte Asylberechtigte, Volksdeutsche, Aussiedler und Spätaussiedler ergeben (s. dazu Art. 5 Rdn. 2 ff.).

16 Die Anknüpfungen in Abs. 1 **Nr. 1 und 2** sind **Gesamtverweisungen** i.S.v. Art. 4 Abs. 1 EGBGB.[31] **Nr. 3** (engste Verbundenheit) ist zwar nur subsidiär maßgeblich, aber nach wohl h.M wegen der Gesamtabwägung **Sachnormverweisung** und führt daher unmittelbar zum Sachrecht der verwiesenen Rechtsordnung.[32]

Art. 15 EGBGB   Güterstand

(1) Die güterrechtlichen Wirkungen der Ehe unterliegen dem bei der Eheschließung für die allgemeinen Wirkungen der Ehe maßgebenden Recht.

(2) Die Ehegatten können für die güterrechtlichen Wirkungen ihrer Ehe wählen

1. das Recht des Staates, dem einer von ihnen angehört,
2. das Recht des Staates, in dem einer von ihnen seinen gewöhnlichen Aufenthalt hat, oder
3. für unbewegliches Vermögen das Recht des Lageorts.

(3) Artikel 14 Abs. 4 gilt entsprechend.

(4) Die Vorschriften des Gesetzes über den ehelichen Güterstand von Vertriebenen und Flüchtlingen bleiben unberührt.

A. Geltungsbereich

1 Gegenüber Art. 15 EGBGB vorrangige völkerrechtliche Vereinbarung ist das Niederlassungsabkommen zwischen dem Deutschen Reich und dem Kaiserreich Persien vom 17.02.1929[1] – Art. 8 Abs. 3 –, welches im Verhältnis zum **Iran** zu beachten ist. Danach erfolgt die Anknüpfung des Güterrechtsstatuts, soweit beide Eheleute iranische Staatsangehörige sind, an die gemeinsame iranische Staatsangehörigkeit. Weitere internationale Regelungen, die die Vorschrift verdrängen würden, gibt es nicht. Das Haager Übereinkommen über das auf Ehegüterstände anzuwendende Recht vom 14.03.1978 ist für Deutschland nicht in Kraft getreten. Das Haager Abkommen vom

---

31 Z.B. OLG Düsseldorf NJW-RR 2012, 521.– S. dazu Art. 4 EGBGB Rdn. 3.
32 NK/*Andrae* Art. 14 EGBGB Rn. 53.– A.A. wegen der Schwäche der Beziehung KG FamRZ 2007, 1561; Palandt/*Thorn* Art. 4 EGBGB Rn. 7, Art. 14 EGBGB Rn. 3.
 1 RGBl. II 1930, S. 1006; die Weitergeltung des Abkommens ist nach dem 2. Weltkrieg mit Wirkung vom 04.11.1954 bestätigt worden (Bek. v. 15.08.1955, BGBl. II, S. 829).

17.07.1905 betreffend das Vermögen der Ehegatten[2] ist für die Bundesrepublik Deutschland am 23.08.1987 außer Kraft getreten.[3] Soweit es für vor diesem Zeitpunkt geschlossene Ehen in Betracht käme, kann es wegen seiner grundgesetzwidrigen Anknüpfung an die Staatsangehörigkeit des Mannes nicht mehr angewandt werden; für Übergangsfragen gilt Art. 220 Abs. 3 EGBGB entsprechend.[4]

Zur Vorbereitung einer **europäischen Verordnung** zum internationalen Güterrecht ist zunächst ein Grünbuch[5] und sodann im März 2011 von der EU-Kommission ein Vorschlag vorgelegt worden.[6] **1a**

Der **deutsch-französische Güterstand der Wahl-Zugewinngemeinschaft** aufgrund des Abk. vom 04.02.2010[7] kommt nur zum Zuge, wenn deutsches oder französisches Sachrecht anwendbar ist (vgl. § 1519 BGB).[8] Daher ist eine kollisionsrechtliche Prüfung vorgeschaltet.[9] **1b**

Gegenständlich betrifft Art. 15 EGBGB die **güterrechtlichen Wirkungen** der Ehe. Der Begriff »güterrechtlich« ist i.S. des deutschen Rechts zu qualifizieren. Es geht um Regeln, die eine Sonderordnung für das Vermögen während der Ehe enthalten, von ihr absehen (Gütertrennung) oder nach Beendigung der Ehe für die Abwicklung und/oder einen Ausgleich sorgen.[10] Bei nicht deckungsgleichen Anknüpfungsgegenständen ausländischen Rechts ist darauf abzustellen, ob das fremde Rechtsinstitut dem inländischen, die Vermögensbeziehungen der Ehegatten erfassenden Güterrechtsstatut funktionsadäquat ist.[11] – Zur **Morgengabe** des islamischen Rechts s. Art. 14 EGBGB Rdn. 4. **2**

Das Güterrechtsstatut gilt gleichermaßen für den **gesetzlichen Güterstand wie auch für vertragliche Güterstände** und Güterrechtsverträge.[12] Nach Art. 15 EGBGB ist zu beurteilen, welcher von mehreren Güterständen einer Rechtsordnung maßgeblich ist. Die Vorschrift gilt auch für die Zulässigkeit von Eheverträgen, deren Form sich allerdings nach Art. 11 EGBGB richtet. Dies kann auch durch eine Erklärung bei Eheschließung erfolgen.[13]

Dem Güterrechtsstatut unterliegt, **welche Wirkungen der einzelne Güterstand hat**. Es entscheidet darüber, ob es mehrere Vermögensmassen gibt, ferner über die Unterscheidung und Zuordnung von Vermögensmassen. Die Vorschrift des Art. 15 EGBGB gilt daher für alle Fragen des alleinigen oder gemeinsamen Vermögenserwerbs. Art. 15 EGBGB bestimmt daher, ob ein Erwerb unter Lebenden in das Gesamtgut fällt.[14] Das Güterrechtsstatut entscheidet, ob ein Erwerb von Todes wegen in das Vorbehaltsgut fällt.

---

2 RGBl. 1912, S. 453.
3 BGBl. II 1986, S. 505.
4 BGH FamRZ 1986, 1200.
5 *Mansel/Thorn/Wagner* IPRax 2010, 1 (10); näher *Martiny* FPR 2008, 206 ff.; *Wagner* FamRZ 2009, 269 ff.
6 Dazu *Buschbaum/Simon* GPR 2011, 262, 305; *Finger* FuR 2012, 10; *Kohler/Pintens* FamRZ 2011, 1433 (1435 ff.); *Martiny* IPRax 2011, 437; *Mansel/Thorn/Wagner* IPRax 2012, 1 (6 f.).
7 Gesetz zu dem Abkommen vom 4.2. 2010 zwischen der Bundesrepublik Deutschland und der Französischen Republik über den Güterstand der Wahl-Zugewinngemeinschaft vom 22.03.2012, BGBl. 2012 II S. 178, 180.– Denkschrift in BRDrs 67/11.
8 Dazu *Becker* ERA Forum 12 (2011) 103; *Braeuer* FF 2010, 113; *Delerue* FamRBInt 2010, 70; *Finger* FuR 2010, 481; *Jäger* DNotZ 2010, 804; *Klippstein* FPR 2010, 510; *Martiny* ZEuP 2011, 577; *Meyer* FamRZ 2010, 612; *Schaal* ZNotP 2010, 162; *Stürner* JZ 2011, 545; *Süß* ZErb 2010, 281.
9 *Süß* ZNotP 2011, 282 (290 f.).
10 BT-Drucks. 10/504 S. 57; Palandt/*Thorn* Rn. 25.
11 Reithmann/Martiny/*Hausmann* Rn. 5853.
12 juris-PK/*Ludwig* Rn. 49.
13 BGH FamRZ 2011, 1495 Anm. *Wachter* u. *Henrich* = IPRax 2012, 356 zust. Aufs. *Helms*, 324 (Erklärung vor dem Standesbeamten auf Mauritius).
14 OLG Oldenburg Rpfleger 1991, 412; BayObLGZ 1992, 85.

3 Die **Verwaltung und Nutznießung** bezüglich aller oder einzelner Vermögensgegenstände wird ebenfalls erfasst.[15] Das gleiche gilt für **Erwerbsbeschränkungen**, so im Zusammenhang mit einer Auflassungsvormerkung.[16]

Güterrechtliche Verfügungsbeschränkungen über Vermögen und Haushaltsgegenstände (vgl. §§ 1365, 1369 BGB) werden ebenfalls erfasst.[17] Solche Beschränkungen sind auch im inländischen Grundbuchverkehr zu beachten.[18] Für eingetragene Rechtsinhaber spricht die Vermutung des § 891 BGB.[19] Das Grundbuchamt trifft eine Prüfungspflicht, ob ausländisches Güterrecht anwendbar ist.[20] Dies gilt gleichermaßen für alleiniges wie für gemeinschaftliches Eigentum.[21] Güterstandsunabhängige Beschränkungen gehören hingegen zu den Ehewirkungen des Art. 14 EGBGB.[22]

Das Güterrechtsstatut gilt auch für die vom Güterstand abhängige **Haftung des einen Ehegatten** für vermögensrechtliche Maßnahmen und Verbindlichkeiten des anderen.[23] Dies muss auch für etwaige Ausgleichsansprüche unter den Ehegatten gelten.[24]

4 Erfasst werden gleichfalls **Auseinandersetzung und Ausgleich**, insb. bei Trennung und Scheidung.[25] Dazu gehört auch ein Anspruch auf Rückzahlung einer Mitgift.[26] Dagegen unterliegt ein Anspruch auf Herausgabe des persönlichen Eigentums eines Ehegatten gegen den anderen Ehegatten im Scheidungsfall grds. allein den sachenrechtlichen Regeln.[27]

5 Das Güterrechtsstatut gilt insb. für den **Zugewinnausgleich des deutschen Rechts**.[28] Dies gilt auch für die Verjährung des Ausgleichsanspruchs.[29] Art. 15 EGBGB kommt ebenfalls dann zur Anwendung, soweit es um die Ausgleichsforderung im Zusammenhang mit dem Tod des anderen Ehegatten geht wie nach § 1371 Abs. 2 BGB.[30] Nach ganz h.M. wird auch der durch eine Erhöhung des gesetzlichen Erbteils erfolgende **pauschalierte Zugewinnausgleich nach § 1371 Abs. 1 BGB** güterrechtlich eingeordnet.[31] Eine »Doppelqualifikation« erfolgt nicht.[32] Bei der Erhöhung des gesetzlichen Erbteils wird vorausgesetzt, dass dieser eine echte Erbquote ist, die nicht selbst bereits einen güterrechtlichen Ausgleich bewirken soll.[33]

6 Nach h.M. können **unterschiedliche Erb- und Güterrechte** zusammenwirken. Dies kann zu unbilligen Ergebnissen führen, wenn die einzelnen Rechtsordnungen jeweils verschiedene erb-

---

15 OLG Köln NJW-RR 1998, 865; OLG Celle IPRax 1999, 113 für die Mitberechtigung an einem Bankkonto.
16 Dazu BayObLG DNotZ 1986, 487; *Rauscher* Rpfleger 1986, 119. – Anders *Amann* Rpfleger 1986, 117.
17 BayObLG JZ 1954, 441; *Jayme* FS Henrich 2000, 335.
18 Vgl. dazu *Lichtenberger* MittBayNot 1986, 111.
19 KG NJW 1973, 428. – Anders OLG Köln OLGZ 1972, 171.
20 BayObLGZ 1992, 85; BayObLG NJW-RR 2001, 879; OLG Hamm NJW-EE 1996, 530; *Riering* MittBayNot 2001, 222.
21 juris-PK/*Ludwig* Rn. 54.
22 juris-PK/*Ludwig* Rn. 54.
23 BGH FamRZ 1998, 905; OLG Düsseldorf FamRZ 1995, 1587; MüKo/BGB *Siehr* Rn. 77.
24 LG Hamburg IPRspr 1977 Nr. 65; Palandt/*Thorn* Rn. 25.
25 jurisPK/*Ludwig* Rn. 63 f.
26 Palandt/*Thorn* Rn. 25; vgl. OLG Karlsruhe IPRax 1988, 294.
27 OLG Köln NJW-RR 1994, 200. Vgl. auch OLG Hamm FamRZ 1993, 211.
28 OLG Düsseldorf FamRZ 1995, 1203; Palandt/*Thorn* Rn. 26.
29 BGH NJW-RR 2002, 937.
30 BayObLGZ 1980, 276.
31 OLG Karlsruhe NJW 1990, 1420; OLG Hamm IPRspr 1995 Nr. 119; OLG Stuttgart NJW 2005, 740; OLG München ZErb 2012, 220; *Dörner* IPRax 1994, 34; *Ludwig* DNotZ 2005, 558; Palandt/*Thorn* Rn. 26; Staudinger/*Mankowski* Rn. 346.
32 OLG Köln ZEV 2012, 205 abl. Anm. *Lange*.
33 *Dörner* IPRax 1994, 34; Palandt/*Thorn* Rn. 26.

oder güterrechtliche Wege gehen. Dann kann es entweder zu einer ungerechtfertigten Besserstellung (Normenhäufung) oder Schlechterstellung (Normenmangel) kommen, als wenn allein eine der Rechtsordnungen vollständig angewendet würde. Die h.M. löst solche Widersprüche durch Angleichung. Der überlebende Ehegatte erhält mindestens bzw. höchstens das, was ihm nach jeder der beiden beteiligten Rechtsordnungen für sich betrachtet zustünde.[34] Nach a.A. erfolgt eine Erhöhung des gesetzlichen Erbteils nach § 1371 Abs. 1 BGB nur dann, wenn deutsches Recht auch Erbstatut ist.[35] Bei Zusammentreffen deutschen Güterrechts mit einem ausländischen Erbstatut soll lediglich der Zugewinnausgleich nach § 1371 Abs. 2 BGB vorzunehmen sein.[36]

Das Güterrechtsstatut umfasst auch Ansprüche auf **Auskunft und Rechnungslegung**.[37] Kennt das ausländische Güterrecht keinen eigenen Auskunftsanspruch, weil es im Gegensatz zum deutschen Recht dem Amtsermittlungsgrundsatz folgt, so ist der Anspruch durch Anpassung (vgl. dazu vor Art. 3 Rdn. 29) zu ergänzen.[38] – Nicht unter Art. 15 fällt die Zuweisung von Ehewohnung und Haushaltsgegenständen, dazu Art. 17a Rdn. 1 ff. **7**

Die Voraussetzungen und Wirkungen **sachenrechtlicher Geschäfte** unterliegen grds. der lex rei sitae (Art. 43 EGBGB). Dies gilt etwa für den Erwerb von Allein- oder Miteigentum durch einen Ehegatten.[39] Das Güterrechtsstatut bestimmt jedoch, ob der einzelne Gegenstand einer besonderen güterrechtlichen Regelung unterliegt, z.B. in einer Errungenschaftsgemeinschaft.[40] **8**

Gesellschaftsverträge unter Ehegatten richten sich grds. nach dem Gesellschaftsstatut. Fehlt es an einer körperschaftlichen Organisation, so gelten die Regeln des Schuldrechts.[41] Allerdings unterliegen güterrechtliche Beschränkungen wie das Verbot von Ehegattengesellschaften dem Güterrechtsstatut.[42] Das Güterrechtsstatut gilt auch für die dingliche Berechtigung an Gesellschaftsanteilen bei in Gütergemeinschaft lebenden Ehegatten[43] **9**

Die **Einordnung der nichteheliche Lebensgemeinschaft** ist auch hier umstritten. Z.T. wird eine analoge Anwendung des Art. 15 befürwortet;[44] vgl. oben Art. 13 Rdn. 16. Andere wollen es bei dem maßgeblichen Vertrags- und Gesellschaftsrecht bzw. Sachenrecht für die dingliche Rechtslage belassen.[45] **10**

Wie sich aus der Bezugnahme auf den Zeitpunkt der Eheschließung in Art. 15 Abs. 1 EGBGB ergibt, gilt für das Güterrechtsstatut der **Grundsatz der Unwandelbarkeit**. Später eintretende Änderungen in den persönlichen Verhältnissen der Ehegatten berühren das mit der Eheschließung begründete Güterrechtsstatut grds. nicht, die einmal berufene Rechtsordnung bleibt maßgebend. **11**

---

34 OLG Düsseldorf FamRZ 2009, 1013 = IPRax 2009, 520 m. Aufs. *Looschelders*, 505 = ZEV 2009, 190 Anm. *Schotten/Schmellenkamp* (Iran); LG Mosbach ZEV 1998, 489; *Schurig* IPRax 1990, 391; *Dörner* ZEV 2005, 445; Staudinger/*Mankowski* Rn. 379. – Anders OLG Stuttgart NJW 2005, 740 (österr. Recht); OLG Frankfurt FamRZ 2010, 767 (schwed. Recht; keine Anpassung im Erbscheinsverfahren); *Ludwig* DNotZ 2005, 590.
35 OLG Köln ZEV 2012, 205 abl. Anm. *Lange* (Türkei).
36 MüKoBGB/*Siehr* Rn. 117; MüKoBGB/*Birk* Art. 25 EGBGB Rn. 158.
37 BGH FamRZ 1986, 1200; KG FamRZ 2007, 1564; OLG Hamburg FamRZ 2001, 916; OLG Köln NJW-RR 2001, 865; OLG Stuttgart FamRZ 2005, 1676.
38 OLG Frankfurt NJW-RR 1991, 583; OLG Karlsruhe FamRZ 1995, 738; OLG Stuttgart FamRZ 2003, 1749; jurisPK/*Ludwig* Rn. 65.
39 OLG Köln NJW-RR 1994, 200; Palandt/*Thorn* Rn. 25. – Anders für Hochzeitsgeschenke LG Berlin FamRZ 1993, 198.
40 OLG Hamm FamRZ 1999, 299.
41 Palandt/*Thorn* Rn. 25. – Anders OLG Stuttgart NJW 1958, 1972.
42 RGZ 163, 367; Reithmann/Martiny/*Hausmann* Rn. 5877.
43 *Riering* IPRax 1998, 322; juris-PK/*Ludwig* Rn. 53; Palandt/*Thorn* Rn. 25.
44 Jedenfalls für Abs. 2 *Andrae* IntFamR § 9 Rn. 34.
45 So Palandt/*Thorn* Rn. 24.

Gegenüber diesem Grundsatz gibt es allerdings bestimmte Ausnahmen. Die in Art. 15 Abs. 1 i.V.m. Art. 14 Abs. 2, 3 EGBGB vorgesehene Möglichkeit zur Rechtswahl der allgemeinen Ehewirkungen mit Folge für das Güterrechtsstatut steht ebenso wie die durch Art. 15 Abs. 2 ermöglichte Rechtswahl des Güterrechtsstatuts auch nach Eheschließung zur Verfügung; sie führt bei wirksamer Vornahme zum Statutenwechsel. Ein solcher trat kraft Gesetzes ein in den Fällen des Art. 15 Abs. 4 EGBGB (Vertriebene und »Sowjetzonenflüchtlinge«), des Art. 220 Abs. 3 Satz 2, 3 EGBGB (»Altehen«) und des Art. 234 Abs. 4 EGBGB (DDR-Ehen; s. dazu u. Rdn. 19, 20 sowie Art. 220 EGBGB Rdn. 1 ff.).

12 Das unwandelbar auf den Zeitpunkt der Eheschließung bezogene Güterrechtsstatut bestimmt den konkreten materiell-rechtlichen Güterstand so, wie er sich zu diesem Zeitpunkt aus der verwiesenen Rechtsordnung ergibt. Im Zusammenhang damit stellt sich die Frage, ob **später eintretende Rechtsänderungen**, welche der ausländische Staat vornimmt und die den Güterstand betreffen, auch den bei Eheschließung bestimmten Güterstand beeinflussen. Solange in den persönlichen Verhältnissen, welche für die Anknüpfung des Güterrechtsstatuts maßgeblich waren, keine Änderungen eintreten, unterliegt der konkrete Güterstand unzweifelhaft auch den Rechtsänderungen des berufenen Sachrechts. Beim Wechsel der Staatsangehörigkeit oder sonstigem Abbruch der Beziehungen zum Staat der bisher maßgeblichen Rechtsordnung (Auswanderung, Flucht, Vertreibung) wird die Hinnahme späterer Rechtsänderungen des Herkunftsstaats fraglich. Nach bisher h.M. findet in diesen Fällen eine Änderung des Güterstands nicht mehr statt, maßgebend ist das berufene Recht in der Form, in welcher es zur Zeit des Staatsangehörigkeitswechsels oder eines ähnlichen Tatbestands bestand. Etwaige Gesetzesänderungen nach diesem Zeitpunkt bleiben unberücksichtigt – sog. »**Versteinerung**« des Güterstands.[46] Trotz dazu geäußerter Kritik[47] ist an dieser Meinung festzuhalten: Wohlerworbene und mitgenommene Rechtsverhältnisse können beim Abbruch der Beziehungen zum Herkunftsstaat billigerweise von dort aus keine Änderung mehr erfahren; von nachträglichen Rechtsänderungen im Herkunftsstaat haben die Eheleute i.d.R. keine Kenntnis und können diese nur schwer oder gar nicht erlangen. Die Ehegatten haben unbeschadet dessen die Möglichkeit, durch Rechtswahl (Art. 15 Abs. 2 Nr. 1 oder 2 EGBGB) eine Änderung herbeizuführen.

B. Anknüpfung

I. Rechtswahl

13 Das Gesetz gibt den Ehegatten **in bestimmten Grenzen** die Möglichkeit, durch Vertrag die für ihre güterrechtlichen Verhältnisse maßgebende Rechtsordnung zu bestimmen. Dies ist **zum Einen** möglich durch Vornahme einer Rechtswahl zum allgemeinen Ehewirkungsstatut nach Art. 14 **Abs. 2–4 EGBGB** unter Beachtung der dort vorgeschriebenen Voraussetzungen. Eine solche Rechtswahl hat nach Art. 15 **Abs. 1** wegen dessen umfassender Bezugnahme auf Art. 14 zwangsläufig zur Folge, dass das gewählte Ehewirkungsstatut zugleich das Güterrechtsstatut bestimmt.

Zum Anderen besteht die Möglichkeit der unmittelbaren Rechtswahl des Güterrechtsstatuts nach Art. 15 **Abs. 2, 3 EGBGB.**

14 Die **Voraussetzungen** für die direkte Wahl des Güterrechtsstatuts sind nicht deckungsgleich mit denjenigen zur Wahl des allgemeinen Wirkungsstatuts und weniger eng als diese.[48] Sie ergeben sich aus **Art. 15 Abs. 2 Nr. 1–3**, wobei die Nr. 1–3 als echte **Alternativen** zu verstehen sind.

---

46 BGH FamRZ 1963, 512 (513); OLG Hamm NJW 1977, 1590, 1591); *von Bar*, Internationales Privatrecht 2. Bd. (1991) Rn. 216.

47 Palandt/*Thorn* Art. 15 EGBGB Rn. 3 m.w.N.

48 S. dazu Art. 14 EGBGB Rdn. 6–8.

Abs. 2 **Nr. 1** lässt ohne weitere Begrenzungen die Wahl eines der ggf. unterschiedlichen Heimat-rechte der Ehegatten zu. Hier ist bei Doppelstaatigkeit/Mehrstaatigkeit irrelevant, ob das gewählte Recht für den betreffenden Ehegatten seiner effektiven Staatsangehörigkeit entspricht, wenn er auch Deutscher ist; im Hinblick auf die Formulierung in Abs. 2 Nr. 1 ist Art. 5 Abs. 1 hier zu beachten.[49]

Abs. 2 **Nr. 2** lässt uneingeschränkt die Wahl des Rechts des Staates zu, in welchem einer der Ehe-gatten seinen gewöhnlichen Aufenthalt hat. Haben die Eheleute ihren gewöhnlichen Aufenthalt nicht im selben Staat, kann jedes der Aufenthaltsrechte gewählt werden.

Abs. 2 **Nr. 3** ermöglicht eine gewillkürte Spaltung des Güterrechtsstatuts. Abweichend von dem für die güterrechtlichen Verhältnisse der Ehegatten ansonsten maßgeblichen Statut kann für unbe-wegliches Vermögen das Recht des Lageorts gewählt werden. Bei wirksamer Vornahme einer sol-chen gegenständlich beschränkten Rechtswahl verbleibt es für das übrige Vermögen bei dem bisherigen, i.d.R. aus Art. 15 Abs. 1, 14 EGBGB abzuleitenden Statut. Fraglich ist, ob die Rechts-wahl auf einzelne Grundstücke beschränkt werden kann, so dass hinsichtlich des übrigen Grund-besitzes das für die Ehegatten sonst geltende Statut maßgeblich bleibt. Die Frage ist umstritten.[50] Im Hinblick auf die in Art. 15 Abs. 2 Nr. 3 EGBGB für Immobiliarvermögen unter Inkaufnahme gespaltener Anknüpfung gewährte Privatautonomie ist die Möglichkeit der auf einzelne Grund-stücke beschränkten Rechtswahl zu bejahen.[51]

Rechtswahl ist **jederzeit möglich**, also auch nach der Eheschließung, während der Ehe und bei Getrenntleben. Sie ist Ausnahme vom Grundsatz der Unwandelbarkeit des Güterrechtsstatuts und führt, wenn sie nicht schon bei der Eheschließung vorgenommen wird, zum Statutenwechsel.   15

Eine wirksame Rechtswahl setzt nach Art. 15 **Abs. 3** die Einhaltung der in Art. 14 **Abs. 4** vorge-schriebenen **Form** voraus – dazu näher Art. 14 Rdn. 10.   16

II. Gesetzliches Güterrechtsstatut

Wenn keine wirksame Rechtswahl gem. Art. 15 Abs. 2, 3 EGBGB vorliegt, ergibt sich das Güter-rechtsstatut aus Art. **15 Abs. 1 i.V.m. Art. 14 EGBGB**. Wegen der umfassenden Verweisung auf Art. 14 ist zunächst das Vorliegen einer Rechtswahl zu den allgemeinen Ehewirkungen (Art. 14 Abs. 2–4 EGBGB) zu prüfen; liegt eine solche vor, bestimmt diese zugleich das Güterrechtsstatut. Ist keinerlei Rechtswahl gegeben, erfolgt die Ermittlung des gesetzlichen Güterrechtsstatuts **über Art. 14 Abs. 1 EGBGB** als Anknüpfungsinstrument. Diese Vorschrift ist dabei **modifiziert zu lesen**, da sie unwandelbar auf den **Zeitpunkt der Eheschließung** zu beziehen ist. Für die in der Stufenleiter des Art. 14 Abs. 1 Nr. 1–3 bereit gestellten Anknüpfungspunkte bedeutet das eine teil-weise eingeschränkte Anwendbarkeit. So ist Nr. 1 nur dann maßgebend, wenn bei Eingehung der Ehe beide Verlobte dieselbe Staatsangehörigkeit besitzen. Hierbei sind die Besonderheiten zu beachten, welche sich für Staatenlose, Flüchtlinge, anerkannte Asylberechtigte, Volksdeutsche, Aussiedler und Spätaussiedler ergeben.[52] Eine erst durch die Eheschließung erworbene Staatsange-hörigkeit ist nicht relevant.[53] Haben die Ehegatten eine gemeinsame Staatsangehörigkeit, besitzt jedoch einer von ihnen (oder beide) eine weitere Staatsangehörigkeit, ist die Vorrangregelung des **Art. 5 Abs. 1 Satz 1 und 2 EGBGB zu beachten**.   17

---

49 Str. – wie hier Palandt/*Thorn* Art. 15 EGBGB Rn. 22; Staudinger/*Mankowski* (2011) Art. 15 EGBGB Rn. 133 ff. – Anders Bamberger/Roth/*Mörsdorf-Schulte* Art. 15 EGBGB Rn. 65; NK/*Sieghörtner* Art. 15 EGBGB Rn. 36 m.w.N.
50 S. Palandt/*Thorn* Art. 15 EGBGB Rn. 22 m.w.N.
51 LG Mainz FamRZ 1994, 1457 zust. Anm. *Mankowski*; Bamberger/Roth/*Mörsdorf-Schulte* Art. 15 EGBGB Rn. 68.
52 S. dazu Art. 5 EGBGB Rdn. 2–4.
53 Palandt/*Thorn* Art. 15 EGBGB Rn. 17.

Bei Nr. 2 kann deren zweite Alternative nicht herangezogen werden, maßgebend ist alleine – wenn gegeben – der gemeinsame gewöhnliche Aufenthalt zum Zeitpunkt der Eheschließung. Ansonsten ist nach Nr. 3 unter Würdigung der bei Eingehung der Ehe gegebenen Umstände auf die engste Verbindung beider Verlobter zu einem Staat abzustellen.

18   Die über Art. 15 Abs. 1 EGBGB heranzuziehenden Anknüpfungen in Art. 14 Abs. 1 **Nr. 1 und 2** sind **Gesamtverweisung** i.S.v. Art. 4 Abs. 1 EGBGB.[54] **Nr. 3** (engste Verbundenheit) führt unmittelbar in das Sachrecht der verwiesenen Rechtsordnung (**Sachnormverweisung**).[55]

III. Altehen

19   Art. 15 EGBGB gilt in seiner heutigen Fassung erst seit dem 01.09.1986 und somit unmittelbar nur für seitdem geschlossene Ehen. Im Hinblick auf den Grundsatz der Unwandelbarkeit des Güterrechtsstatuts und die in Art. 220 Abs. 1 EGBGB für unwandelbare Statute festgeschriebene grundsätzliche Anwendbarkeit des bis dahin geltenden Rechts müsste für **vor dem 01.09.1986 geschlossene Ehen** (»Altehen«) auf das alte Recht zurückgegriffen werden. Dies ist problematisch, denn Art. 15 EGBGB a.F. hatte für das Güterrecht lediglich an die Staatsangehörigkeit des Ehemannes angeknüpft. Das BVerfG[56] hat diese Anknüpfung in Art. 15 EGBGB a.F. für verfassungswidrig erklärt. Nach Art. 117 Abs. 1 GG ist gleichheitswidriges vorkonstitutionelles Recht mit dem 01.03.1953 außer Kraft getreten. Daraus haben sich in der Vergangenheit erhebliche Meinungsverschiedenheiten und Unklarheiten ergeben, die Rechtsprechung war uneinheitlich. Mit der am 01.09.1986 in Kraft getretenen IPR-Reform[57] hat der Gesetzgeber zur Beseitigung dieser Rechtsunsicherheit für vor dem 01.09.1986 geschlossene Ehen eine mit Rückwirkung anzuwendende Kollisionsnorm für nunmehr vorzunehmende Anknüpfungen zum Güterrechtsstatut geschaffen. Diese Regelung findet sich in Art. 220 Abs. 3 EGBGB.[58]

IV. Gesetz über den ehelichen Güterstand von Vertriebenen und Flüchtlingen (Art. 15 Abs. 4 EGBGB)

20   Bei volksdeutschen Eheleuten, die die deutsche Staatsangehörigkeit erst nach der Eheschließung erworben haben (z.B. Volksdeutsche, welche bereits vor der Übersiedlung etwa von Rumänien, Jugoslawien, der Sowjetunion oder einer der Nachfolgestaaten nach Deutschland im Herkunftsstaat geheiratet hatten), sowie für »Sowjetzonenflüchtlinge« (die aus der DDR, wo sie geheiratet hatten, vor der Wiedervereinigung nach Westdeutschland zugezogen sind) müsste nach dem Grundsatz der Unwandelbarkeit das aus Art. 220 Abs. 3 oder 15 EGBGB folgende, auf den Zeitpunkt der Eheschließung bezogene Güterrechtsstatut auch nach dem Zuzug in die Bundesrepublik Deutschland weiter maßgebend sein. Die daraus resultierende – unerwünschte – Weitergeltung fremden Güterstands ist in Durchbrechung des Unwandelbarkeitsgrundsatzes durch das Gesetz über den ehelichen Güterstand von Vertriebenen und Flüchtlingen[59] anderweitig wie folgt geregelt worden:

Erfolgte der Zuzug in die Bundesrepublik Deutschland vor dem 01.10.1969, hat sich mit diesem Tag der fremde gesetzliche Güterstand **kraft Gesetzes** in den gesetzlichen Güterstand des BGB **umgewandelt** (§ 1 VFGüterstandsG). Das führt insb. zu § 1371 BGB.[60] Erfolgt der Zuzug später,

---

54 KG FamRZ 2007, 1564. – S. dazu Art. 4 EGBGB Rdn. 3.
55 Palandt/*Thorn* Art. 14 EGBGB Rn. 3; a.A. KG FamRZ 2007, 1561.
56 Beschluss v. 22.02.1983 (FamRZ 1983, 562), bekanntgemacht am 08.04.1983 (BGBl. I 1983, S. 525).
57 Gesetz zur Neuregelung des internationalen Privatrechts vom 25.07.1986 (BGBl. I, S. 1142).
58 Erläuterungen dazu Art. 220 EGBGB Rdn. 2 ff.
59 Vom 04.08.1969 (BGBl. I, S. 1067); abgedruckt bei *Finger* IntFamR 6.9 und bei Palandt/*Thorn* Art. 15 EGBGB Anh. 2.
60 *Hohloch* FamRZ 2010, 1226 ff.

tritt die gleiche Umwandlung vier Monate nach dem Zuzug ein (§ 3 Satz 1 VFGüterstandsG).[61] Doch fallen auch Spätaussiedler, die ihre Heimat erst nach dem 31.12.1992 verlassen haben, in analoger Anwendung unter das Gesetz.[62] Die Umwandlung entfällt rückwirkend, falls zumindest einer der Ehegatten in notarieller Urkunde ggü. einem AG das Fortgelten des bisherigen gesetzlichen Güterstandes erklärt hat; diese Erklärung muss binnen Jahresfrist nach dem Zeitpunkt der Überleitung erfolgen.

16 Für **Sudetendeutsche** gilt nach der Rechtsprechung des BGH[63] die Besonderheit, dass deren ursprünglicher gesetzlicher Güterstand des österreichischen ABGB durch Art. 3 Abs. 2, 117 Abs. 1 GG vom 01.04.1953 an in den Güterstand der Gütertrennung **umgewandelt** wurde.

Diese **kraft Gesetzes** eingetretenen Umwandlungen haben jeweils einen **Statutenwechsel ins deutsche Sachrecht** bewirkt. Mit Art. 15 Abs. 4 EGBGB ist dessen Fortgeltung festgestellt worden.

V. Übergangsregelung zum gesetzlichen Güterstand der DDR

In der **DDR** war am 01.04.1966 das Familiengesetzbuch (FGB) der DDR in Kraft getreten, wel-   21
ches das 4. Buch des BGB völlig abgelöst und als **gesetzlichen Güterstand die Eigentums- und Vermögensgemeinschaft** eingeführt hat. Gem. dem aus bundesdeutscher Sicht an das internationale Privatrecht angelehnten interlokalen Privatrecht[64] und dem dabei anstelle der Staatsangehörigkeit als Ersatzanknüpfungspunkt maßgebenden gewöhnlichen Aufenthalt[65] war entsprechend Art. 220 Abs. 3 Satz 1 Nr. 1 EGBGB/Art. 15 Abs. 1, 14 Abs. 1 Nr. 1 EGBGB für in der DDR lebende Deutsche das DDR-Recht als Güterrechtsstatut berufen. Nach dem Grundsatz der Unwandelbarkeit müsste dies den Beitritt der DDR zur Bundesrepublik Deutschland, also den 03.10.1990, überdauert haben. In Durchbrechung dessen hat der Gesetzgeber mit der Übergangsregelung des **Art. 234 § 4 EGBGB** für im gesetzlichen Güterstand lebende Eheleute einen Statutenwechsel ins bundesdeutsche Recht normiert. Dieser führte zugleich mit Wirkung vom 03.10.1990 zur sachrechtlichen **Überleitung in den Güterstand der Zugewinngemeinschaft** (Art. 234 § 4 **Abs. 1** EGBGB). Dies gilt rückwirkend nicht, falls zumindest einer der Ehegatten in notarieller Urkunde gegenüber dem Kreisgericht das Fortgelten des bisherigen gesetzlichen Güterstands erklärt hat; diese Erklärung musste bis zum 02.10.1992 erfolgt sein (Art. 234 § 4 **Abs. 2 und 3** EGBGB).

VI. Güterrechtsspaltung

Bestimmte Kollisionsnormen ausländischen, aber auch des deutschen Rechts knüpfen zur Ermitt-   22
lung des Güterrechtsstatuts nicht für das gesamte Vermögen der Eheleute einheitlich an, sondern für einzelne Vermögensgegenstände anhand unterschiedlicher Anknüpfungspunkte. Dies geschieht zumeist für Grundbesitz einerseits und bewegliches Vermögen andererseits, kann aber auch für vor und nach bestimmten Zeitpunkten (etwa Aufenthaltswechsel) erworbene Vermögensteile gelten. Dies hat für die Rück- und Weiterverweisung (Art. 4 EGBGB), aber auch für die Anwendung von Art. 3a Abs. 2 EGBGB Bedeutung. Die Folge einer solchen **gespaltenen Anknüpfung** ist, dass einzelne Teile des Vermögens der Ehegatten (etwa der Grundbesitz in einem anderen Staat) einem anderen Güterrechtsstatut unterfallen als das sonstige Vermögen. Für die Auseinandersetzung

---

61 OLG Düsseldorf FamRZ 2011, 1510.
62 *Scheuenpflug* MittRhNotK 1999, 372; *Hohloch* FamRZ 2010, 1216 (1219); Staudinger/*Mankowski* (2011) Rn 438 ff; aA Palandt/*Thorn* Anh zu Art. 15 Rn 2. – Krit auch OLG Hamm FamRZ 2010, 975 m Anm. *Süß* MittBayNot 2010, 225 ff.
63 BGH FamRZ 1976, 612.
64 Dieses gilt seit der Wiedervereinigung für alle deutsch-deutschen Kollisionsfälle; das Kollisionsrecht der DDR ist nicht mehr anzuwenden (BGH FamRZ 1994, 304).
65 BGH NJW 1963, 1975 (1976).

gemeinschaftlichen Vermögens wie auch für Ausgleichsansprüche bedeutet das die **getrennte Abwicklung an Hand unterschiedlicher Rechtsordnungen.**

▶ **Beispiel:**

Deutsch-belgisches Ehepaar, für welches wegen des gemeinsamen gewöhnlichen Aufenthalts bei Eingehung der Ehe in Deutschland nach Art. 15 Abs. 1, 14 Abs. 1 Nr. 2 EGBGB generell deutsches Güterrecht gilt, dessen Grundbesitz in England jedoch dem englischen Güterrecht unterliegt (s. Rdn. 23) und deshalb nicht dem Zugewinnausgleich unterfällt. Hier darf zur Berechnung des Zugewinnausgleichs (§§ 1372 ff. BGB) der Grundbesitz in England nicht in die Ausgleichsbilanz – weder beim Anfangs- noch beim Endvermögen – eingestellt werden. Die Auseinandersetzung hat insoweit nach englischem Sachrecht zu erfolgen.

23 Zu Güterrechtsspaltung kommt es, wenn eine **Rechtswahl nach Art. 15 Abs. 2 Nr. 3 EGBGB** getroffen wird. Dann gilt für das Immobiliarvermögen der Ehegatten das Recht des Lageorts, für das sonstige Vermögen das nach der allgemeinen Anknüpfung berufene Recht.

Zum Anderen ergibt sich Güterrechtsspaltung bei **Gesamtverweisung** (Art. 15 Abs. 1, 14 Abs. 1 Nr. 1 oder 2, 4 Abs. 1 EGBGB) **in eine Rechtsordnung mit gespaltener Anknüpfung** zum Güterrechtsstatut. Dabei kann die Sonderanknüpfung Grundbesitz betreffen (so z.B. im französischen und englischen Recht) oder vor und nach zeitlichen Einschnitten erworbene Vermögensteile (so z.B. im argentinischen Recht).

Ein weiterer Fall ist gegeben beim Vorliegen der Voraussetzungen des **Art. 3a Abs. 2 EGBGB** (sog. **Einzelstatut**). Hier respektiert das deutsche Kollisionsrecht Regelungen ausländischen Kollisionsrechts, welche bestimmte Gegenstände, die in dem betreffenden Staat sich befinden, zwingend den Sachnormen des eigenen Rechts unterwerfen – s. dazu Art. 3a EGBGB Rdn. 4.

C. Allgemeine Fragen

23a Die **Vorfrage**, ob eine wirksame Ehe besteht, ist nach Art. 13 (ggf. i.V.m. Art. 11 Abs. 1; s. dazu Art. 13 Rdn. 10) selbständig anzuknüpfen.[66] Auf ausl. Entscheidungen über die Auflösung solcher Ehen sind die Regeln über die Anerkennung ausl. Entscheidungen anzuwenden.

23b Für die **maßgebliche Staatsangehörigkeit** gelten die allgemeinen Regeln des Art. 5, s. Art. 5 Rdn. 2 ff. Der Vorrang des Einzelstatuts nach Art. 3a kann zur Güterstandsspaltung führen, s. oben Rdn. 22.

23c Eine Rechtswahl nach Abs. 2 führt gem. Art. 4 Abs. 2 unmittelbar zum gewählten Sachrecht.[67] Die über Art. 15 Abs. 1 heranzuziehenden Anknüpfungen in Art. 14 Abs. 1 Nr. 1 und 2 sind **Gesamtverweisungen** iSv. Art. 4 Abs. 1, auch wenn das ausl. Kollisionsrecht von Wandelbarkeit ausgeht.[68] (vgl. dazu Art. 4 Rdn. 3 ff.). Auch eine versteckte Rückverweisung ist möglich.[69] Dabei kann es zu einer bloßen Teilrückverweisung und damit zu einer Güterrechtsspaltung kommen (s. Rdn. 22). Intertemporale Normen des ausl. Kollisionsrechts sind zu beachten.[70] Art. 14 Abs. 1 Nr. 3 (engste

---

66 Bamberger/Roth/*Mörsdorf-Schulte* Art. 15 EGBGB Rn. 87.

67 *Süß/Ring* § 2 Rn. 222.

68 OLG Hamm NJW-RR 2010, 1091; OLG Düsseldorf FamRZ 2011, 1510; OLG München NJW-RR 2011, 299; OLG München NJW-RR 2011, 663; *Schmellenkamp* RNotZ 2011, 530. – Anders für Fall des Art. 220 EGBGB OLG Nürnberg FamRZ 2011, 1509 Anm. *Henrich*.

69 KG FamRZ 2007, 1564.

70 OLG Hamm FamRZ 2010, 975 zust. Anm. *Süß* MittBayNot 2010, 225 (226); *Hohloch* FamRZ 2010, 1216 (1218); *Schmellenkamp* RNotZ 2011, 530.

Verbundenheit) führt unmittelbar in das Sachrecht der verwiesenen Rechtsordnung (Sachnorm-verweisung).[71]

D. Internationale Zuständigkeit

Zur internationalen Zuständigkeit für Güterrechtsverfahren gibt es keine unionsrechtlichen oder 24
staatsvertraglichen Regelungen. Die Brüssel IIa VO (VO (EG) Nr. 2201/2003) hat nur Ehesachen
zum Gegenstand, alle anderen Familiensachen – insb. auch Güterrechtsverfahren – werden von
ihr nicht erfasst. Die EuGVO und das LugÜ nehmen im jeweiligen Art. 1 Abs. 2 Nr. 1 die »ehelichen Güterstände« ausdrücklich von ihrer Anwendbarkeit aus. Nach dem somit **anwendbaren
nationalen deutschen Recht** folgt die internationale Zuständigkeit den Regeln über die örtliche
Zuständigkeit (§ 105 i.V.m. § 262 FamFG).[72]

E. Anerkennung ausländischer Urteile zum Güterrecht

Für die Anerkennung ausländischer güterrechtlicher Entscheidungen gibt es keine multilateralen 25
Regelungen. Mit etlichen Staaten bestehen bilaterale Abkommen.[73] Diese enthalten übereinstim-
mend die grundsätzliche Anerkennungspflicht mit jeweils unterschiedlichen Einschränkungen.
Soweit solche Einschränkungen weiter gehen als das autonome Anerkennungsrecht, kann auf
Letzteres zurückgegriffen werden, wenn dieses sich im Vergleich zum Abk. nach Lage des Falles als
anerkennungsfreudiger erweist.[74] Innerstaatliche Normen zur Anerkennung sind §§ 108, 109
FamFG.

Art. 16 EGBGB   Schutz Dritter

**(1) Unterliegen die güterrechtlichen Wirkungen einer Ehe dem Recht eines anderen Staates und
hat einer der Ehegatten seinen gewöhnlichen Aufenthalt im Inland oder betreibt er hier ein
Gewerbe, so ist § 1412 des Bürgerlichen Gesetzbuchs entsprechend anzuwenden; der fremde
gesetzliche Güterstand steht einem vertragsmäßigen gleich.**

**(2) Auf im Inland vorgenommene Rechtsgeschäfte ist § 1357, auf hier befindliche bewegliche
Sachen § 1362, auf ein hier betriebenes Erwerbsgeschäft sind die §§ 1431 und 1456 des Bürgerlichen Gesetzbuchs sinngemäß anzuwenden, soweit diese Vorschriften für gutgläubige Dritte
günstiger sind als das fremde Recht.**

Das deutsche Sachrecht kennt Vorschriften, welche den **Schutz gutgläubiger Dritter vor güter-** 1
rechtlichen Haftungsbegrenzungen bei rechtsgeschäftlichem Handeln eines Ehegatten ohne Mitwirkung des anderen oder bei Zwangsvollstreckung in sein Vermögen zum Gegenstand haben.
Leben die Eheleute in einem Güterstand fremden Rechts, kann sich aus diesem ein solcher Schutz
ggf. gar nicht oder in nur geringerem Umfang ergeben. Dies ist z.B. der Fall, wenn der fremde
Güterstand keine »Schlüsselgewalt« kennt oder Rechtsgeschäfte eines Ehegatten von der Zustimmung des anderen abhängig macht oder der Vollstreckung in das eheliche Vermögen entgegensteht.

---

71 Palandt/*Thorn* Art. 14 Rn. 3 – AA KG FamRZ 2007, 1561
72 *Althammer* IPRax 2009, 381 (385 f.); SBW/*A.Baetge* § 105 FamFG Rn. 9.
73 Auflistung in Thomas/Putzo/*Hüßtege* ZPO § 328 Rn. 38 ff.
74 BGH FamRZ 1987, 580.

Art. 16 EGBGB erstreckt die Wirkung bestimmter drittschützender Vorschriften des deutschen Gütersachrechts **auf inlandsbezogene Rechtsbeziehungen zu Dritten**, wenn Eheleute beteiligt sind, für die **ausländisches Güterrecht** gilt.

2   Die Norm setzt zunächst voraus, dass die **güterrechtlichen Verhältnisse der in Betracht kommenden Ehegatten ausländischem Recht unterliegen.** Sie verweist dann **im Einzelnen** auf

- die Regelung zur drittschützenden Funktion des **Güterrechtsregisters** in § 1412 BGB (Art. 16 Abs. 1 EGBGB). Hier muss als weitere Voraussetzung hinzu kommen, dass mindestens ein Ehegatte seinen gewöhnlichen Aufenthalt im Inland hat oder hier ein Gewerbe betreibt;
- die Regelung zur »**Schlüsselgewalt**« in § 1357 BGB (Art. 16 Abs. 2 1. Alt. EGBGB). Hierzu ist zusätzlich Voraussetzung, dass das fragliche Rechtsgeschäft im Inland vorgenommen wurde;
- die Regelung in § 1362 BGB zu den **Eigentumsvermutungen** bei Zwangsvollstreckung in Ehegatten gehörende bewegliche Sachen (Art. 16 Abs. 2 Alt. 2 EGBGB). Hier ist zusätzlich Voraussetzung, dass die sich die betreffenden Sachen im Inland befinden;
- die Regelung in §§ 1431, 1456 BGB zur **Zustimmungsfreiheit** bei Rechtsgeschäften, die ein Ehegatte im Rahmen eines von ihm allein betriebenen Erwerbsgeschäfts vornimmt (Art. 16 Abs. 2 3. Alt.). Hier ist weitere Voraussetzung, dass das Erwerbsgeschäft im Inland betrieben wird.

3   Die deutschen Vorschriften sind sinngemäß anzuwenden, soweit sie für gutgläubige Dritte günstiger sind als das fremde Recht. Es gilt also das **Günstigkeitsprinzip**, das von Amts wegen zu beachten ist.[1] Günstiger ist das Recht, nach dem im Einzelfall das Rechtsgeschäft oder die Vollstreckungshandlung wirksam ist.[2] Der gute Glaube wird nicht schon dadurch ausgeschlossen, dass der Dritte weiß, dass der Ehegatte Ausländer ist.

Art. 17 EGBGB   Scheidung

(1) [1]Die Scheidung unterliegt dem Recht, das im Zeitpunkt des Eintritts der Rechtshängigkeit des Scheidungsantrags für die allgemeinen Wirkungen der Ehe maßgebend ist. [2]Kann die Ehe hiernach nicht geschieden werden, so unterliegt die Scheidung dem deutschen Recht, wenn der die Scheidung begehrende Ehegatte in diesem Zeitpunkt Deutscher ist oder dies bei der Eheschließung war.

(2) Eine Ehe kann im Inland nur durch ein Gericht geschieden werden.

(3) [1]Der Versorgungsausgleich unterliegt dem nach Absatz 1 Satz 1 anzuwendenden Recht; er ist nur durchzuführen, wenn danach deutsches Recht anzuwenden ist und ihn das Recht eines der Staaten kennt, denen die Ehegatten im Zeitpunkt des Eintritts der Rechtshängigkeit des Scheidungsantrags angehören. [2]Im Übrigen ist der Versorgungsausgleich auf Antrag eines Ehegatten nach deutschem Recht durchzuführen,

1. wenn der andere Ehegatte in der Ehezeit eine inländische Versorgungsanwartschaft erworben hat oder
2. wenn die allgemeinen Wirkungen der Ehe während eines Teils der Ehezeit einem Recht unterlagen, das den Versorgungsausgleich kennt,

soweit seine Durchführung im Hinblick auf die beiderseitigen wirtschaftlichen Verhältnisse auch während der nicht im Inland verbrachten Zeit der Billigkeit nicht widerspricht.

---

1   OLG Celle IPRax 1993, 96; jurisPK/*Ludwig* Rn. 40.
2   NK/*Sieghörtner* Rn. 17; jurisPK/*Ludwig* Rn. 41.

A. Geltungsbereich

Für Scheidungen ab 21.06.2012 gilt die VO Nr. 1259/2010 vom 20.12.2010 zur Durchführung **1** einer Verstärkten Zusammenarbeit im Bereich des auf die **Ehescheidung und Trennung ohne Auflösung des Ehebandes** anzuwendenden Rechts (**Rom III**); dazu Anh. nach Art. 17 EGBGB. Art. 17 soll durch das AnpG zur Rom III-VO auf die Scheidungsfolgen beschränkt werden.[1] In der Fassung des Regierungsentwurfs soll die Vorschrift lauten:

Art. 17 EGBGB   Besondere Scheidungsfolgen; Entscheidung durch Gericht

(1) Vermögensrechtliche Scheidungsfolgen, die nicht von anderen Vorschriften dieses Abschnitts erfasst sind, unterliegen dem nach der Verordnung (EU) Nr. 1259/2010 auf die Scheidung anzuwendenden Recht.

(2) Eine Ehe kann im Inland nur durch ein Gericht geschieden werden.

(3) Der Versorgungsausgleich unterliegt dem nach der Verordnung (EU) Nr. 1259/2010 auf die Scheidung anzuwendenden Recht; er ist nur durchzuführen, wenn danach deutsches Recht anzuwenden ist und ihn das Recht eines der Staaten kennt, denen die Ehegatten im Zeitpunkt des Eintritts der Rechtshängigkeit des Scheidungsantrags angehören. Im Übrigen ist der Versorgungsausgleich auf Antrag eines Ehegatten nach deutschem Recht durchzuführen, wenn einer der Ehegatten in der Ehezeit ein Anrecht bei einem inländischen Versorgungsträger erworben hat und soweit die Durchführung des Versorgungsausgleichs im Hinblick auf die beiderseitigen wirtschaftlichen Verhältnisse während der gesamten Ehezeit der Billigkeit entspricht.

Art. 17 enthält in der geplanten Neufassung durch das AnpG zwei unterschiedliche Kollisionsnormen. **Abs. 1** normiert nur noch das **Scheidungsfolgenstatut**, während **Abs. 3**[2] die Anknüpfung des **Versorgungsausgleichs** regelt. Je nach Anknüpfungsgegenstand – Scheidungsfolgenstatut oder Versorgungsausgleich – ist daher auf den jeweils einschlägigen Absatz abzustellen.

Gegenüber Art. 17 Abs. 1 EGBGB **vorrangige völkerrechtliche Vereinbarung** ist das Niederlas **2** sungsabkommen zwischen dem Deutschen Reich und dem Kaiserreich Persien vom 17.02.1929[3] – dort Art. 8 Abs. 3 –, welches im Verhältnis zum **Iran** zu beachten ist. Danach erfolgt die

---

1 Entwurf eines Gesetzes zur Anpassung der Vorschriften des Internationalen Privatrechts an die Verordnung (EU) Nr. 1259/2010 und zur Änderung anderer Vorschriften des Internationalen Privatrechts, BR-Drucks 468/12. – Dazu *Kohler/Pintens* FamRZ 2012, 1425 f.
2 Letzte Änderung durch Art. 20 des Gesetzes zur Strukturreform des Versorgungsausgleichs (VaStRefG) vom 03.04.2009 (BGBl. I, S. 700).
3 RGBl. 1930 II 1006; die Weitergeltung des Abkommens ist nach dem 2. Weltkrieg mit Wirkung vom 04.11.1954 bestätigt worden (Bek. v. 15.08.1955, BGBl. II, S. 829).

Anknüpfung des Scheidungsstatuts, soweit beide Eheleute iranische Staatsangehörige sind, an die gemeinsame iranische Staatsangehörigkeit.[4] Anders ist es jedoch bei Doppelstaatern[5]; und bei Flüchtlingen.[6] Für die Regelung in Art. 17 Abs. 2 EGBGB sowie für das Versorgungsausgleichsstatut gilt dies nicht.[7] Ansonsten gibt es keine weiteren internationalen Regelungen, die die Vorschrift verdrängen würden.[8]

3   (zur Zeit nicht besetzt)

B. Besondere Scheidungsfolgen

I. Anwendungsbereich des Scheidungsfolgenstatuts

3a   »Scheidung« i.S.v. Art. 17 Abs. 1 EGBGB umfasst nicht nur das im deutschen Sachrecht (§§ 1564 ff. BGB) als einzige Möglichkeit der Auflösung einer gescheiterten Ehe bereit gestellte Rechtsinstitut. Auch **Eheauflösungen ausländischen Rechts**, die durch Vertrag,[9] Verstoßung (Talaq)[10] oder Übergabe des Scheidebriefs (Get)[11] erfolgen, fallen hierunter. Die Regelung des Art. 17 gilt auch für schwächere Formen der Ehetrennung, insb. die in etlichen Rechtsordnungen[12] vorgesehene gerichtliche **Trennung ohne Auflösung des Ehebandes**.[13]

3b   Das Scheidungsfolgenstatut in der Neufassung durch das AnpG betrifft die **Ehescheidung und die Trennung ohne Auflösung des Ehebandes** i.S. der Rom III-VO.

3c   Die Scheidungsfolgen unterliegen dem nach der Verordnung (EU) Nr. 1259/2010 auf die Scheidung anzuwendenden Recht, soweit sie **nicht von anderen Vorschriften** dieses Abschnitts erfasst sind. Insoweit kommen die Art. 15 EGBGB (Güterrecht) und Art. 17a EGBGB (Ehewohnung und Haushaltsgegenstände) in Betracht.

II. Umfang des Scheidungsfolgenstatuts

4   Gegenständlich betrifft Art. 17 Abs. 1 EGBGB-RegEntw. die bei Auslandsbezug zu beantwortende Frage, welche Rechtsordnung auf die **Scheidungsfolgen** anzuwenden ist. Die Vorschrift bezieht sich lediglich auf **vermögensrechtliche Scheidungsfolgen**.

5   (zur Zeit nicht besetzt)

6   (zur Zeit nicht besetzt)

7   Nach traditioneller Auffassung umfasst das Scheidungsstatut auch die **Wirkungen einer Ehescheidung**. Angesichts spezieller Kollisionsnormen für bestimmte mit der Scheidung verbundene Auswirkungen (Güterrechtsstatut – Art. 15 EGBGB –, Namensstatut – Art. 10 Abs. 1 und 2 EGBGB –, Versorgungsausgleichsstatut – Art. 17 Abs. 3 EGBGB –, nachehelicher Unterhalt –

---

4   BGH NJW 2005, 81. – Zum iranischen Scheidungsrecht *Yassari* FamRZ 2002, 1088.
5   BVerfG FamRZ 2007, 615; OLG Hamm FamRZ 2012, 1498.
6   AG Leverkusen FamRZ 2008, 1758.
7   BGH FamRZ 2005, 1666 = NJW-RR 2005, 1449.
8   Das Haager Übereinkommen zur Regelung des Geltungsbereichs der Gesetze auf dem Gebiet der Ehescheidung vom 12.06.1902 (RGBl. 1904, 231) ist von Deutschland mit Wirkung zum 01.06.1934 gekündigt worden.
9   JM NRW IPRax 1982, 25 (Thailand).
10 Dazu OLG München NJW-RR 2012, 454 = StAZ 2012, 181; *Andrae* NJW 2008, 1730.
11 BGH FamRZ 2008, 1409; *Coester-Waltjen*, FS Kühne 2009, 669 (675 f.).
12 Z. B. Italien, Dänemark, Polen.
13 BGH NJW 1976, 2109; FamRZ 1987, 793; vgl. auch Art. 1 Abs. 1 Buchst. a VO (EG) Nr. 2201/2003.

EuUnthVO –, Sorgestatut – Art. 21 EGBGB[14] –) ist der Anwendungsbereich von Art. 17 Abs. 1 EGBGB jedoch insoweit **eingeschränkt**. Das Scheidungsstatut wirkt sich mittelbar auch auf den Versorgungsausgleich aus. Die Zuweisung von im Ausland gelegener Ehewohnung und im Ausland befindlichem Hausrat nach Scheidung ist richtigerweise dem Scheidungsstatut zuzuordnen[15] – für die Zuweisung im Inland befindlichen Hausrats und hier gelegener Ehewohnung gilt als Spezialnorm Art. 17a EGBGB. Der Anspruch auf Ersatz des immateriellen Schadens nach Scheidung nach türkischem Recht wurde dem Scheidungsstatut unterworfen.[16]

Keine Anwendung findet Art. 17 Abs. 1 EGBGB auf die Auflösung **sonstiger Partnerschaften**. 8 Für die Eingetragene Lebenspartnerschaft gilt Art. 17a Abs. 1 Satz 1 4. Alt. EGBGB. Beim Verlöbnis ist Art. 13 Abs. 1 EGBGB entsprechend anzuwenden.[17]

Die für jede Scheidung relevante **Vorfrage**, ob überhaupt eine **wirksame Ehe** vorliegt, ist **selbstän-** 9 **dig** nach Art. 13 EGBGB (ggf. i.V.m. Art. 11 Abs. 1 EGBGB)[18] **anzuknüpfen**.

III. Anknüpfung

Soweit das Niederlassungsabkommen zwischen dem Deutschen Reich und dem Kaiserreich Per- 10 sien vom 17.02.1929 nicht eingreift (s. oben Rdn. 2), ergibt sich das Scheidungsfolgenstatut nach der geplanten Neufassung durch das AnpG aus der Verweisung auf die Rom III-VO. Danach ist zunächst das Vorliegen einer **Rechtswahl** zu prüfen (Art. 5 ff.). Ist keine Rechtswahl gegeben, erfolgt die Ermittlung des Scheidungsstatuts **nach objektiven Kriterien** (Art. 8 ff.). Verwiesen wird auf das nach der Verordnung (EU) Nr. 1259/2010 auf die Scheidung **anzuwendende Recht**. Ist die Scheidung bereits erfolgt, so könnte man auf das tatsächlich angewendete Recht abstellen.[19] Allerdings hat man bislang für den Versorgungsausgleich auf das anzuwendende, nicht das tatsächlich angewendete Recht abgestellt (s. Rdn. 19). Eine gleiche Anknüpfung der einzelnen Scheidungsfolgen ist erstrebenswert.

(zur Zeit nicht besetzt) 11-16

IV. Verfahrensfragen

1. Internationale Zuständigkeit (Ehesachen)

Für die **internationale Zuständigkeit** in Scheidungs- und Trennungsverfahren gilt vorrangig die 17 **Brüssel IIa VO** (EG) Nr. 2201/2003). Siehe dort Art. 3, 4–7, 17.[20] Die einzelnen nebeneinander stehenden Zuständigkeiten gehen vom gewöhnlichen Aufenthalt sowie der gemeinsamen Staatsangehörigkeit aus (Art. 3). Bei mehrfacher Staatsangehörigkeit kann die Zuständigkeit auf eine von ihnen, die nicht die effektive zu sein braucht, gestützt werden.[21] Soweit Art. 6, 7 Brüssel IIa-VO dies zulassen,[22] ist nachrangig § 98 FamFG maßgebend.[23]

---

14 Zu Art. 21 EGBGB ggf. vorangehenden supranationalen Regelwerken s. Art. 21 EGBGB Rdn. 5d, 5e.
15 Str. – s. näher Art. 17a EGBGB Rdn. 3.
16 OLG Karlsruhe NJW-RR 2003, 725.
17 BGH NJW 1959, 529 – in Bezug genommen in BGH FamRZ 1996, 601.
18 S. dazu Art. 13 EGBGB Rdn. 9, 12.
19 Vgl. zu den Scheidungsfolgen Gruber IPRax 2012, 381 (383).
20 SBW/*A. Baetge* § 98 FamFG Rn. 5 ff.
21 EuGH FamRZ 2009, 1571 – C-168/08 – Hadadi – krit. Anm. *Kohler*.
22 Vgl. EuGH FamRZ 2008, 128.
23 *Althammer* IPRax 2009, 381 (382 f.); SBW/*A. Baetge* § 98 FamFG Rn. 13.

2. Anerkennung

18 Für die Anerkennung im Ausland ergangener Scheidungsurteile, die seit dem 01.03.2005 in einem Mitgliedstaat der Brüssel IIa VO – vom 01.03.2001 bis zum 28.02.2005 einem Mitgliedstaat der VO (EG) Nr. 1347/2000 (»Brüssel II«) – ergangen und rechtskräftig geworden sind, gilt Art. 21 Brüssel IIa VO. Danach werden diese Urteile in allen Mitgliedstaaten ohne förmliche Nachprüfung anerkannt. Dies gilt ebenso für Entscheidungen zur Trennung ohne Auflösung des Ehebandes. Das Anerkennungsverfahren nach § 107 FamFG findet nicht statt (Art. 21 Abs. 2 Brüssel IIa VO).[24] Für andere Scheidungsurteile bzw. behördliche Entscheidungen[25] gelten die §§ 108, 109 FamFG;[26] auch verbleibt es bei § 107 FamFG, der eine Entscheidung der Landesjustizverwaltung oder des OLG verlangt.[27] Bei behördlicher Mitwirkung an einer Privatscheidung (insbes. Registrierung) kann ebenfalls ein Anerkennungsverfahren stattfinden.[28]

C. Scheidungsmonopol der inländischen Gerichte

18a In Überlagerung evtl. anderer Regelungen des nach der Rom III-VO berufenen Sachrechts schreibt Art. 17 **Abs. 2** EGBGB für das Inland ausnahmslos die **Scheidung durch ein staatliches Gericht** vor. Auch wenn das verwiesene Recht, welches im Übrigen für die Voraussetzungen der Scheidung anwendbar bleibt, eine andere Scheidungsmöglichkeit (durch eine Religionsinstanz, durch Vertrag oder auf anderem Wege) vorsieht, ist diese im Inland nicht möglich und, wenn trotzdem durchgeführt, unwirksam.[29] Da es sich um die Durchführung inländischer Scheidungen handelt, wird Abs. 2 nicht von der Rom III-VO berührt.

D. Versorgungsausgleich

I. Anknüpfung des Versorgungsausgleichs

1. Versorgungsausgleich von Amts wegen

19 Art. 17 **Abs. 3** EGBGB ist Grundlage für die Durchführung des Versorgungsausgleichs. Die Vorschrift soll durch das AnpG zur Rom III-VO geändert werden (s. oben Rdn. 1). Der Versorgungsausgleich unterliegt dem nach der Verordnung (EU) Nr. 1259/2010 **auf die Scheidung anzuwendenden Recht** (Abs. 3 Satz 1 Hs. 1). Insoweit kommt es auf das **Scheidungsstatut** an. Etwaige Rück- und Weiterverweisungen sind nicht zu beachten.

Im Übrigen ist zwischen Art. 17 Abs. 3 Satz 1 und Satz 2 der Vorschrift zu unterscheiden: Bei Anwendbarkeit von **Satz 1** erfolgt ein **von Amts wegen durchzuführender Versorgungsausgleich**. Hingegen ist der sich aus Satz 2 ergebende »regelwidrige« Versorgungsausgleich nur **auf Antrag** eines Ehegatten durchzuführen. Er muss nicht im Verbundverfahren, sondern kann auch später im isolierten Verfahren durchgeführt werden.[30] Satz 1 ist vorrangig gegenüber Satz 2.

Zur Durchführung des Versorgungsausgleichs von Amts wegen nach Satz 1 kommt es nach der Neufassung über eine **Anknüpfung an das im konkreten Fall nach der** Rom III-VO **berufene,**

---

24 *Hau* FamRZ 2009, 821 (825).
25 OLG Schleswig NJW-RR 2008, 1390: norweg Fylkesmann.
26 Überblicke bei SBW/*D.Baetge* § 109 FamFG Rn. 4 ff.; MüKoBGB/*Winkler von Mohrenfels* Art. 17 EGBGB Rn. 366 ff.
27 *Heiderhoff* StAZ 2009, 328 ff.; *Klinck* FamRZ 2009, 744.
28 OLG München NJW-RR 2012, 454 = StAZ 2012, 181; *Althammer* IPRax 2009, 381 (386); SBW/ *D.Baetge* § 107 FamFG Rn. 7; Hoppenz/*Hohloch* § 107 FamFG Rn. 7.
29 *Coester-Waltjen*, FS Kühne 2009, 669 (678) m.w.N.
30 BGH FamRZ 2007, 996.

d.h. anzuwendende, nicht das tatsächlich angewendete, Recht.[31] Das aus Art. 17 Abs. 1 Satz 1 EGBGB abzuleitende Scheidungsstatut bestimmt somit grds. zugleich das Versorgungsausgleichstatut. Ist deutsches Recht anwendbar, so können bei funktioneller Gleichwertigkeit auch ausländische Anwartschaften nach § 1587 BGB berücksichtigt werden.[32]

Abs. 3 Satz 1 EGBGB trägt den Schwierigkeiten Rechnung, die sich aus der engen Verzahnung 20 des (zivilrechtlichen) Instituts des Versorgungsausgleichs mit dem (öffentlich-rechtlich ausgestalteten) Sozialversicherungsrecht ergeben. Wenn ein deutsches Gericht beispielsweise niederländisches Recht auf den Versorgungsausgleich anwenden würde, könnte es die bei einem niederländischen Sozialversicherungsträger erworbenen Anrechte nicht öffentlich-rechtlich ausgleichen, selbst wenn das niederländische Recht dies vorsieht.[33] Umgekehrt könnte ein ausländisches Gericht nicht einen öffentlich-rechtlichen Versorgungsausgleich für deutsche Anrechte anordnen; ein deutsches Gericht könnte auf die Anrechte bei deutschen Rentenversicherungsträgern weiterhin zugreifen. Daher wird die tatsächliche Durchführung des Versorgungsausgleichs nur für den Fall angeordnet, dass nach Abs. 3 Satz 1 Hs. 1 **deutsches Sachrecht zur Anwendung** gelangt (Alt. 1) und zusätzlich das Heimatrecht eines der Ehegatten den Versorgungsausgleich kennt (Alt. 2).

Der Versorgungsausgleich ist gem. Art. 17 Abs. 3 Satz 1 **2. Hs.** EGBGB **ausgeschlossen, wenn das Heimatrecht nicht mindestens einer der Ehegatten den Versorgungsausgleich kennt.** Hierbei ist es wichtig, den Begriff des Versorgungsausgleichs richtig zu qualifizieren, und zwar so, wie er sich seinem Gehalt nach aus dem deutschen Recht ergibt.[34] Nach der Rspr. ist ein Versorgungsausgleich dann materiell bekannt, wenn der Kerngehalt des betreffenden Rechtsinstituts mit den wesentlichen Strukturmerkmalen des deutschen Versorgungsausgleichs vergleichbar ist. Hierfür ist es grundsätzlich ausreichend, wenn das ausländische Rechtsinstitut einen mit dem schuldrechtlichen Versorgungsausgleich (§§ 1587f ff. BGB) vergleichbaren Ausgleichsmechanismus vorsieht.[35] Nur ähnliche ausländische Rechtsinstitute (Geschiedenenrenten, Volksrenten o.ä.) reichen nicht aus.

Weil Art. 17 Abs. 3 EGBGB insb. den angemessenen Ausgleich deutscher Versorgungsanrechte sicherstellen möchte, muss das berufene Sachrecht auch einen mit dem deutschen Recht strukturell vergleichbaren Ausgleich »ausländischer «(d.h. auch deutscher) Versorgungsanrechte vorsehen.[36]

Ein dem deutschen Versorgungsausgleich wirklich adäquates Institut kennen möglicherweise einige Gliedstaaten der USA und Kanada.[37] Das niederländische Recht kennt keinen Versorgungsausgleich i.S.v. Art. 17 Abs. 3 EGBGB.[38] In der Schweiz ist seit dem 01.01.2000 ein mit dem deutschen Recht zwar nicht kompatibler, jedoch in der Struktur durchaus vergleichbarer Versorgungsausgleich eingeführt worden.[39] Ansonsten ist wohl davon auszugehen, dass keine weitere ausländische Rechtsordnung den Versorgungsausgleich kennt.

Verweist Abs. 3 Satz 1 Hs. 1 auf ein **ausländisches Recht**, das die Verweisung annimmt, so kann 21 ein Versorgungsausgleich nicht nach Art. 17 Abs. 3 Satz 1 durchgeführt werden. Abs. 3 Satz 1 Hs. 2 hindert die Durchführung eines Versorgungsausgleichs nach ausländischem Recht, auch wenn ihn dieses kennt.

---

31 Zu Art. 17 Abs. 3 a.F. EGBGB OLG Zweibrücken FuR 2000, 425 (426); OLG Celle FamRZ 2007, 1566; MüKoBGB/*Winkler von Mohrenfels* Art. 17 EGBGB Rn. 217.
32 *Rieck* FPR 2011, 498; *Reinhard* FamRZ 2007, 866: Österreich; BGH FamRZ 2008, 770: Niederlande.
33 Vgl. Staudinger/*Mankowski* Art. 17 EGBGB Rn. 404 ff.
34 *Finger* FF 2002, 154 (156).
35 BGH FamRZ 2009, 677 = NJW-RR 2009, 795.
36 BGH FamRZ 2009, 677 = NJW-RR 2009, 795.
37 Vgl. *Hohloch,* Internationales Scheidungs- und Scheidungsfolgenrecht, S. 82/83 Rn. 247–250 m.w.N. sowie *Paetzold* in Rahm/Künkel, Handbuch des Familiengerichtsverfahrens VIII Rn. 987 und 998; OLG München FamRZ 2000, 165.
38 BGH FamRZ 2009, 677 = NJW-RR 2009, 795.
39 *Reusser* FamRZ 2001, 595 (599 ff.).

21a   Maßgeblicher **Zeitpunkt ist der Eintritt der Rechtshängigkeit des Scheidungsantrags** (Abs. 3 Satz 1 Hs. 2). Der Zeitpunkt ist wegen des beabsichtigten Gleichlaufs mit dem Scheidungsstatut ebenso zu bestimmen wie nach der Rom III-VO, s. dazu Art. 17 EGBGB Anh. Rdn. 21.

2. Versorgungsausgleich auf Antrag

22   Bei Nichtanwendbarkeit von Art. 17 Abs. 3 Satz 1 EGBGB kommt der »regelwidrige«, **nur auf Antrag** eines Ehegatten **durchzuführende** Versorgungsausgleich nach Art. 17 Abs. 3 **Satz 2** EGBGB in Betracht. Ein Versorgungsausgleich in Anwendung deutschen Rechts ist dann durchzuführen, wenn eine der beiden in Satz 2 normierten **Zusatzvoraussetzungen** vorliegt. Dann sind auch Vereinbarungen nach §§ 6 ff. VersAusglG (früher § 1587o Abs. 1 BGB) möglich.[40] Die Form von Vereinbarungen unterliegt Art. 11 Abs. 1 EGBGB. Allerdings gilt nur Geschäftsrecht, wenn das Ortsrecht keinen Versorgungsausgleich kennt.[41]

22a   Vorausgesetzt wird, dass der andere Ehegatte in der Ehezeit eine **inländische Versorgungsanwartschaft**, d.h. ein Anrecht bei einem inländischen Versorgungsträger, erworben hat (Abs. 3 Satz 2 Alt. 1).

23   Das gilt allerdings nach Art. 17 Abs. 3 Satz 2 Hs. 2 EGBGB nur, wenn die Durchführung des Versorgungsausgleichs im Hinblick auf die beiderseitigen wirtschaftlichen Verhältnisse während der gesamten Ehezeit der Billigkeit entspricht. Diese **Billigkeitsklausel** ist eine eng gefasste Ausnahmeregelung und nicht deckungsgleich mit derjenigen in § 27 VersAusglG (früher § 1587c BGB). Sie ist vielmehr im Kontext mit dem gegebenen Auslandsbezug zu sehen, so dass die hier geregelte Frage der Unbilligkeit auch nur aus besonderen auslandsbezogenen Umständen abzuleiten ist. Hauptsächlicher Anlass zur Prüfung ist ein wirtschaftliches Gefälle zwischen Deutschland und dem Staat, in welchem der ausgleichsberechtigte Ehegatte lebt. Geboten ist dann eine differenzierte Gegenüberstellung der finanziellen Verhältnisse der in verschiedenen Ländern lebenden Ehegatten.[42] Von Bedeutung ist beispielsweise die Tatsache, dass gem. § 113 Abs. 3 SGB VI die Rente an den nicht deutschen Berechtigten im Ausland nur in Höhe von 70% ausgezahlt wird. Zu berücksichtigen sind vor Allem – aber nicht nur – die unterschiedlichen Lebenshaltungskosten in den beiden Ländern. Unter Umständen kann ins Gewicht fallen, dass dem im Ausland lebenden geschiedenen Ehepartner ggf. eine gesetzliche Krankenversicherung fehlt.[43] Eine lange Trennungszeit schließt den Versorgungsausgleich noch nicht aus.[44]

3. Besondere Fälle

24   Ist eine Ehe im Ausland geschieden worden, ohne dass dort der Versorgungsausgleich durchgeführt wurde, wäre dieser jedoch nach deutschem Recht von Amts wegen vorzunehmen gewesen, ist er in einem **selbständigen Verfahren** nachträglich durchzuführen. Maßgebend ist hierbei nicht, welches Scheidungsstatut im ausländischen Urteil angewandt wurde, sondern nach welchem Recht die Ehe aus deutscher Sicht hätte geschieden werden müssen.[45]

25   Auch bei **Eheaufhebung** kommt, wie sich sachrechtlich aus § 1318 Abs. 3 BGB ergibt, ggf. ein Versorgungsausgleich in Betracht. Kollisionsnorm hierzu ist ebenfalls Art. 17 Abs. 3 EGBGB mit der grundsätzlichen Anknüpfung an das – in diesem Falle hypothetische – Scheidungsstatut

40   OLG Bamberg FamRZ 2002, 1120.
41   OLG Köln FamRZ 2009, 1589; OLG Schleswig FamRZ 2012, 132.
42   Vgl. BGH FamRZ 2000, 418; OLG Karlsruhe FamRZ 1989, 399 (400); OLG Frankfurt FamRZ 1990, 417 und FamRZ 2000, 163; OLG Celle FamRZ 1991, 204 (205); OLG Düsseldorf NJW-RR 1993, 1414. Siehe ferner BGH FamRZ 2007, 366: Kürzung auch bei Leistung an Berechtigte im Ausland.
43   BGH FamRZ 2000, 418.
44   OLG Stuttgart FamRZ 2008, 1759.
45   BGH FamRZ 1993, 798.

(Abs. 1 Satz 1). Zwar enthält das EGBGB insoweit keine ausdrückliche Verweisung, sie ist jedoch dem Kontext mit § 1318 BGB zu entnehmen.[46]

4. Übergangsregelung

Bei der Anpassung der IPR-Vorschriften an die Rom III-VO soll eine **Übergangsvorschrift** als Art. 229 § 29 EGBGB eingefügt werden. Danach ist in Verfahren über den Versorgungsausgleich, die vor der Reform eingeleitet worden sind, Art. 17 Abs. 3 in der bis zu diesem Zeitpunkt geltenden Fassung weiter anzuwenden.   25a

II. Internationale Zuständigkeit (Versorgungsausgleich)

Auf die internationale Zuständigkeit in Versorgungsausgleichsverfahren ist die Brüssel IIa VO nicht anwendbar.[47] Die **internationale Zuständigkeit für das Scheidungsverfahren** erstreckt sich auch auf das damit **im Verbund stehende Versorgungsausgleichsverfahren** (§§ 98 Abs. 2, 137 Abs. 2 FamFG).[48] Im Übrigen besteht eine deutsche Zuständigkeit für selbstständige Versorgungsausgleichsverfahren (§ 102 FamFG).[49]   26

Die internationale Zuständigkeit für das **Eheaufhebungsverfahren** erstreckt sich auch auf ein daraus folgendes Versorgungsausgleichsverfahren (§ 98 Abs. 2 FamFG). Im Übrigen findet § 102 FamFG Anwendung.[50]   27

Anhang zu Art. 17 EGBGB

Verordnung (EU) Nr. 1259/2010 des Rates vom 20. Dezember 2010 zur Durchführung einer Verstärkten Zusammenarbeit im Bereich des auf die Ehescheidung und Trennung ohne Auflösung des Ehebandes anzuwendenden Rechts

DER RAT DER EUROPÄISCHEN UNION —

gestützt auf den Vertrag über die Arbeitsweise der Europäischen Union, insbesondere auf Artikel 81 Absatz 3,

gestützt auf den Beschluss 2010/405/EU des Rates vom 12. Juli 2010 über die Ermächtigung zu einer Verstärkten Zusammenarbeit im Bereich des auf die Ehescheidung und Trennung ohne Auflösung des Ehebandes anzuwendenden Rechts [ABl. L 189 vom 22.7.2010, S. 12],

auf Vorschlag der Europäischen Kommission,

nach Zuleitung des Entwurfs des Gesetzgebungsakts an die nationalen Parlamente,

---

46 Vgl. *Finger* IntFamR/*Finger* Art. 17 EGBGB Rn. 126.
47 BGH NJW-RR 2009, 795.
48 *Hau* FamRZ 2009, 821 (823); SBW/*A. Baetge* § 98 FamFG Rn. 5.
49 *Althammer* IPRax 2009, 381 (384); SBW/*A. Baetge* § 98 FamFG Rn. 5.
50 Noch zum alten Recht OLG Karlsruhe FamRZ 2010, 147 abl. Anm. *Gottwald.*

nach Stellungnahme des Europäischen Parlaments,

nach Stellungnahme des Europäischen Wirtschafts- und Sozialausschusses,

gemäß einem besonderen Gesetzgebungsverfahren,

in Erwägung nachstehender Gründe:

(1) Die Union hat sich zum Ziel gesetzt, einen Raum der Freiheit, der Sicherheit und des Rechts, in dem der freie Personenverkehr gewährleistet ist, zu erhalten und weiterzuentwickeln. Zum schrittweisen Aufbau eines solchen Raums muss die Union im Bereich der justiziellen Zusammenarbeit in Zivilsachen, die einen grenzüberschreitenden Bezug aufweisen, Maßnahmen erlassen, insbesondere wenn dies für das reibungslose Funktionieren des Binnenmarkts erforderlich ist.

(2) Nach Artikel 81 des Vertrags über die Arbeitsweise der Europäischen Union fallen darunter auch Maßnahmen, die die Vereinbarkeit der in den Mitgliedstaaten geltenden Kollisionsnormen sicherstellen sollen.

(3) Die Kommission nahm am 14. März 2005 ein Grünbuch über das anzuwendende Recht und die gerichtliche Zuständigkeit in Scheidungssachen an. Auf der Grundlage dieses Grünbuchs fand eine umfassende öffentliche Konsultation zu möglichen Lösungen für die Probleme statt, die bei der derzeitigen Sachlage auftreten können.

(4) Am 17. Juli 2006 legte die Kommission einen Vorschlag für eine Verordnung zur Änderung der Verordnung (EG) Nr. 2201/2003 des Rates [Verordnung (EG) Nr. 2201/2003 des Rates vom 27. November 2003 über die Zuständigkeit und die Anerkennung und Vollstreckung von Entscheidungen in Ehesachen und in Verfahren betreffend die elterliche Verantwortung und zur Aufhebung der Verordnung (EG) Nr. 1347/2000 (ABl. L 338 vom 23.12.2003, S. 1)] im Hinblick auf die Zuständigkeit in Ehesachen und zur Einführung von Vorschriften betreffend das anwendbare Recht in diesem Bereich vor.

(5) Auf seiner Tagung vom 5./6. Juni 2008 in Luxemburg stellte der Rat fest, dass es keine Einstimmigkeit für diesen Vorschlag gab und es unüberwindbare Schwierigkeiten gab, die damals und in absehbarer Zukunft eine einstimmige Annahme unmöglich machen. Er stellte fest, dass die Ziele der Verordnung unter Anwendung der einschlägigen Bestimmungen der Verträge nicht in einem vertretbaren Zeitraum verwirklicht werden können.

(6) In der Folge teilten Belgien, Bulgarien, Deutschland, Griechenland, Spanien, Frankreich, Italien, Lettland, Luxemburg, Ungarn, Malta, Österreich, Portugal, Rumänien und Slowenien der Kommission mit, dass sie die Absicht hätten, untereinander im Bereich des anzuwendenden Rechts in Ehesachen eine Verstärkte Zusammenarbeit zu begründen. Am 3. März 2010 zog Griechenland seinen Antrag zurück.

(7) Der Rat hat am 12. Juli 2010 den Beschluss 2010/405/EU über die Ermächtigung zu einer Verstärkten Zusammenarbeit im Bereich des auf die Ehescheidung und Trennung ohne Auflösung des Ehebandes anzuwendenden Rechts erlassen.

(8) Gemäß Artikel 328 Absatz 1 des Vertrags über die Arbeitsweise der Europäischen Union steht eine Verstärkte Zusammenarbeit bei ihrer Begründung allen Mitgliedstaaten offen, sofern sie die in dem hierzu ermächtigenden Beschluss gegebenenfalls festgelegten Teilnahmevoraussetzungen erfüllen. Dies gilt auch zu jedem anderen Zeitpunkt, sofern sie neben den genannten Voraussetzungen auch die in diesem Rahmen bereits erlassenen Rechtsakte beachten. Die Kommission und die an einer Verstärkten Zusammenarbeit teilnehmenden Mitgliedstaaten stellen sicher, dass die Teilnahme möglichst vieler Mitgliedstaaten gefördert wird. Diese Verordnung sollte in allen ihren Teilen verbindlich sein und gemäß den Verträgen unmittelbar nur in den teilnehmenden Mitgliedstaaten gelten.

(9) Diese Verordnung sollte einen klaren, umfassenden Rechtsrahmen im Bereich des auf die Ehescheidung und Trennung ohne Auflösung des Ehebandes anzuwendenden Rechts in den teilnehmenden Mitgliedstaaten vorgeben, den Bürgern in Bezug auf Rechtssicherheit, Berechenbarkeit und Flexibilität sachgerechte Lösungen garantieren und Fälle verhindern, in denen ein Ehegatte alles daran setzt, die Scheidung zuerst einzureichen, um sicherzugehen, dass sich das Verfahren nach einer Rechtsordnung richtet, die seine Interessen seiner Ansicht nach besser schützt.

(10) Der sachliche Anwendungsbereich und die Bestimmungen dieser Verordnung sollten mit der Verordnung (EG) Nr. 2201/2003 im Einklang stehen. Er sollte sich jedoch nicht auf die Ungültigerklärung einer Ehe erstrecken.

Diese Verordnung sollte nur für die Auflösung oder die Lockerung des Ehebandes gelten. Das nach den Kollisionsnormen dieser Verordnung bestimmte Recht sollte für die Gründe der Ehescheidung und Trennung ohne Auflösung des Ehebandes gelten.

Vorfragen wie die Rechts- und Handlungsfähigkeit und die Gültigkeit der Ehe und Fragen wie die güterrechtlichen Folgen der Ehescheidung oder der Trennung ohne Auflösung des Ehebandes, den Namen, die elterliche Verantwortung, die Unterhaltspflicht oder sonstige mögliche Nebenaspekte sollten nach den Kollisionsnormen geregelt werden, die in dem betreffenden teilnehmenden Mitgliedstaat anzuwenden sind.

(11) Um den räumlichen Geltungsbereich dieser Verordnung genau abzugrenzen, sollte angegeben werden, welche Mitgliedstaaten sich an der Verstärkten Zusammenarbeit beteiligen.

(12) Diese Verordnung sollte universell gelten, d. h. kraft ihrer einheitlichen Kollisionsnormen sollte das Recht eines teilnehmenden Mitgliedstaats, eines nicht teilnehmenden Mitgliedstaats oder das Recht eines Drittstaats zur Anwendung kommen können.

(13) Für die Anwendung dieser Verordnung sollte es unerheblich sein, welches Gericht angerufen wird. Soweit zweckmäßig, sollte ein Gericht als gemäß der Verordnung (EG) Nr. 2201/2003 angerufen gelten.

(14) Um den Ehegatten die Möglichkeit zu bieten, das Recht zu wählen, zu dem sie einen engen Bezug haben, oder um, in Ermangelung einer Rechtswahl, dafür zu sorgen, dass dieses Recht auf ihre Ehescheidung oder Trennung ohne Auflösung des Ehebandes angewendet wird, sollte dieses Recht auch dann zum Tragen kommen, wenn es nicht das Recht eines teilnehmenden Mitgliedstaats ist. Ist das Recht eines anderen Mitgliedstaats anzuwenden, könnte das mit der Entscheidung 2001/470/EG des Rates vom 28. Mai 2001 über die Einrichtung eines Europäischen Justiziellen Netzes für Zivil- und Handelssachen [ABl. L 174 vom 27.6.2001, S. 25] eingerichtete Netz den Gerichten dabei helfen, sich mit dem ausländischen Recht vertraut zu machen.

(15) Eine erhöhte Mobilität der Bürger erfordert gleichermaßen mehr Flexibilität und mehr Rechtssicherheit. Um diesem Ziel zu entsprechen, sollte diese Verordnung die Parteiautonomie bei der Ehescheidung und Trennung ohne Auflösung des Ehebandes stärken und den Parteien in gewissen Grenzen die Möglichkeit geben, das in ihrem Fall anzuwendende Recht zu bestimmen.

(16) Die Ehegatten sollten als auf die Ehescheidung oder Trennung ohne Auflösung des Ehebandes anzuwendendes Recht das Recht eines Landes wählen können, zu dem sie einen besonderen Bezug haben, oder das Recht des Staates des angerufenen Gerichts. Das von den Ehegatten gewählte Recht muss mit den Grundrechten vereinbar sein, wie sie durch die Verträge und durch die Charta der Grundrechte der Europäischen Union anerkannt werden.

(17) Für die Ehegatten ist es wichtig, dass sie vor der Rechtswahl auf aktuelle Informationen über die wesentlichen Aspekte sowohl des innerstaatlichen Rechts als auch des Unionsrechts und der Verfahren bei Ehescheidung und Trennung ohne Auflösung des Ehebandes zugreifen

können. Um den Zugang zu entsprechenden sachdienlichen, qualitativ hochwertigen Informationen zu gewährleisten, werden die Informationen, die der Öffentlichkeit auf der durch die Entscheidung 2001/470/EG des Rates eingerichteten Website zur Verfügung stehen, regelmäßig von der Kommission aktualisiert.

(18) Diese Verordnung sieht als wesentlichen Grundsatz vor, dass beide Ehegatten ihre Rechtswahl in voller Sachkenntnis treffen. Jeder Ehegatte sollte sich genau über die rechtlichen und sozialen Folgen der Rechtswahl im Klaren sein. Die Rechte und die Chancengleichheit der beiden Ehegatten dürfen durch die Möglichkeit einer einvernehmlichen Rechtswahl nicht beeinträchtigt werden. Die Richter in den teilnehmenden Mitgliedstaaten sollten daher wissen, dass es darauf ankommt, dass die Ehegatten ihre Rechtswahlvereinbarung in voller Kenntnis der Rechtsfolgen schließen.

(19) Regeln zur materiellen Wirksamkeit und zur Formgültigkeit sollten festgelegt werden, so dass die von den Ehegatten in voller Sachkenntnis zu treffende Rechtswahl erleichtert und das Einvernehmen der Ehegatten geachtet wird, damit Rechtssicherheit sowie ein besserer Zugang zur Justiz gewährleistet werden. Was die Formgültigkeit anbelangt, sollten bestimmte Schutzvorkehrungen getroffen werden, um sicherzustellen, dass sich die Ehegatten der Tragweite ihrer Rechtswahl bewusst sind. Die Vereinbarung über die Rechtswahl sollte zumindest der Schriftform bedürfen und von beiden Parteien mit Datum und Unterschrift versehen werden müssen. Sieht das Recht des teilnehmenden Mitgliedstaats, in dem beide Ehegatten zum Zeitpunkt der Rechtswahl ihren gewöhnlichen Aufenthalt haben, zusätzliche Formvorschriften vor, so sollten diese eingehalten werden. Beispielsweise können derartige zusätzliche Formvorschriften in einem teilnehmenden Mitgliedstaat bestehen, in dem die Rechtswahlvereinbarung Bestandteil des Ehevertrags ist. Haben die Ehegatten zum Zeitpunkt der Rechtswahl ihren gewöhnlichen Aufenthalt in verschiedenen teilnehmenden Mitgliedstaaten, in denen unterschiedliche Formvorschriften vorgesehen sind, so würde es ausreichen, dass die Formvorschriften eines dieser Mitgliedstaaten eingehalten werden. Hat zum Zeitpunkt der Rechtswahl nur einer der Ehegatten seinen gewöhnlichen Aufenthalt in einem teilnehmenden Mitgliedstaat, in dem zusätzliche Formvorschriften vorgesehen sind, so sollten diese Formvorschriften eingehalten werden.

(20) Eine Vereinbarung zur Bestimmung des anzuwendenden Rechts sollte spätestens bei Anrufung des Gerichts geschlossen und geändert werden können sowie gegebenenfalls sogar im Laufe des Verfahrens, wenn das Recht des Staates des angerufenen Gerichts dies vorsieht. In diesem Fall sollte es genügen, wenn die Rechtswahl vom Gericht im Einklang mit dem Recht des Staates des angerufenen Gerichts zu Protokoll genommen wird.

(21) Für den Fall, dass keine Rechtswahl getroffen wurde, sollte diese Verordnung im Interesse der Rechtssicherheit und Berechenbarkeit und um zu vermeiden, dass ein Ehegatte alles daran setzt, die Scheidung zuerst einzureichen, um sicherzugehen, dass sich das Verfahren nach einer Rechtsordnung richtet, die seine Interessen seiner Ansicht nach besser schützt, harmonisierte Kollisionsnormen einführen, die sich auf Anknüpfungspunkte stützen, die einen engen Bezug der Ehegatten zum anzuwendenden Recht gewährleisten. Die Anknüpfungspunkte sollten so gewählt werden, dass sichergestellt ist, dass die Verfahren, die sich auf die Ehescheidung oder die Trennung ohne Auflösung des Ehebandes beziehen, nach einer Rechtsordnung erfolgen, zu der die Ehegatten einen engen Bezug haben.

(22) Wird in dieser Verordnung hinsichtlich der Anwendung des Rechts eines Staates auf die Staatsangehörigkeit als Anknüpfungspunkt verwiesen, so wird die Frage, wie in Fällen der mehrfachen Staatsangehörigkeit zu verfahren ist, weiterhin nach innerstaatlichem Recht geregelt, wobei die allgemeinen Grundsätze der Europäischen Union uneingeschränkt zu achten sind.

(23) Wird das Gericht angerufen, damit eine Trennung ohne Auflösung des Ehebandes in eine Ehescheidung umgewandelt wird, und haben die Parteien keine Rechtswahl getroffen, so sollte

das Recht, das auf die Trennung ohne Auflösung des Ehebandes angewendet wurde, auch auf die Ehescheidung angewendet werden. Eine solche Kontinuität würde den Parteien eine bessere Berechenbarkeit bieten und die Rechtssicherheit stärken. Sieht das Recht, das auf die Trennung ohne Auflösung des Ehebandes angewendet wurde, keine Umwandlung der Trennung ohne Auflösung des Ehebandes in eine Ehescheidung vor, so sollte die Ehescheidung in Ermangelung einer Rechtswahl durch die Parteien nach den Kollisionsnormen erfolgen. Dies sollte die Ehegatten nicht daran hindern, die Scheidung auf der Grundlage anderer Bestimmungen dieser Verordnung zu beantragen

(24) In bestimmten Situationen, in denen das anzuwendende Recht eine Ehescheidung nicht zulässt oder einem der Ehegatten aufgrund seiner Geschlechtszugehörigkeit keinen gleichberechtigten Zugang zu einem Scheidungs- oder Trennungsverfahren gewährt, sollte jedoch das Recht des angerufenen Gerichts maßgebend sein. Der Ordre-public-Vorbehalt sollte hiervon jedoch unberührt bleiben.

(25) Aus Gründen des öffentlichen Interesses sollte den Gerichten der teilnehmenden Mitgliedstaaten in Ausnahmefällen die Möglichkeit gegeben werden, die Anwendung einer Bestimmung des ausländischen Rechts zu versagen, wenn ihre Anwendung in einem konkreten Fall mit der öffentlichen Ordnung (Ordre public) des Staates des angerufenen Gerichts offensichtlich unvereinbar wäre. Die Gerichte sollten jedoch den Ordre-public-Vorbehalt nicht mit dem Ziel anwenden dürfen, eine Bestimmung des Rechts eines anderen Staates auszuschließen, wenn dies gegen die Charta der Grundrechte der Europäischen Union und insbesondere gegen deren Artikel 21 verstoßen würde, der jede Form der Diskriminierung untersagt.

(26) Wird in der Verordnung darauf Bezug genommen, dass das Recht des teilnehmenden Mitgliedstaats, dessen Gericht angerufen wird, Scheidungen nicht vorsieht, so sollte dies so ausgelegt werden, dass im Recht dieses teilnehmenden Mitgliedstaats das Rechtsinstitut der Ehescheidung nicht vorhanden ist. In solch einem Fall sollte das Gericht nicht verpflichtet sein, aufgrund dieser Verordnung eine Scheidung auszusprechen.

Wird in der Verordnung darauf Bezug genommen, dass nach dem Recht des teilnehmenden Mitgliedstaats, dessen Gericht angerufen wird, die betreffende Ehe für die Zwecke eines Scheidungsverfahrens nicht als gültig angesehen wird, so sollte dies unter anderem so ausgelegt werden, dass im Recht dieses teilnehmenden Mitgliedstaats eine solche Ehe nicht vorgesehen ist. In einem solchen Fall sollte das Gericht nicht verpflichtet sein, eine Ehescheidung oder eine Trennung ohne Auflösung des Ehebandes nach dieser Verordnung auszusprechen.

(27) Da es Staaten und teilnehmende Mitgliedstaaten gibt, in denen die in dieser Verordnung geregelten Angelegenheiten durch zwei oder mehr Rechtssysteme oder Regelwerke erfasst werden, sollte es eine Vorschrift geben, die festlegt, inwieweit diese Verordnung in den verschiedenen Gebietseinheiten dieser Staaten und teilnehmender Mitgliedstaaten Anwendung findet oder inwieweit diese Verordnung auf verschiedene Kategorien von Personen dieser Staaten und teilnehmender Mitgliedstaaten Anwendung findet.

(28) In Ermangelung von Regeln zur Bestimmung des anzuwendenden Rechts sollten Parteien, die das Recht des Staates wählen, dessen Staatsangehörigkeit eine der Parteien besitzt, zugleich das Recht der Gebietseinheit angeben, das sie vereinbart haben, wenn der Staat, dessen Recht gewählt wurde, mehrere Gebietseinheiten umfasst und jede Gebietseinheit ihr eigenes Rechtssystem oder eigene Rechtsnormen für Ehescheidung hat.

(29) Da die Ziele dieser Verordnung, nämlich die Sicherstellung von mehr Rechtssicherheit, einer besseren Berechenbarkeit und einer größeren Flexibilität in Ehesachen mit internationalem Bezug und damit auch die Erleichterung der Freizügigkeit in der Europäischen Union, auf Ebene der Mitgliedstaaten allein nicht ausreichend verwirklicht werden können und daher wegen ihres Umfangs und ihrer Wirkungen besser auf Unionsebene zu erreichen sind, kann die Union im Einklang mit dem in Artikel 5 des Vertrags über die Europäische Union niedergeleg-

ten Subsidiaritätsprinzip gegebenenfalls im Wege einer Verstärkten Zusammenarbeit tätig werden. Entsprechend dem in demselben Artikel genannten Verhältnismäßigkeitsprinzip geht diese Verordnung nicht über das für die Erreichung dieser Ziele erforderliche Maß hinaus.

(30) Diese Verordnung wahrt die Grundrechte und achtet die Grundsätze, die mit der Charta der Grundrechte der Europäischen Union anerkannt wurden, namentlich Artikel 21, wonach jede Diskriminierung insbesondere wegen des Geschlechts, der Rasse, der Hautfarbe, der ethnischen oder sozialen Herkunft, der genetischen Merkmale, der Sprache, der Religion oder der Weltanschauung, der politischen oder sonstigen Anschauung, der Zugehörigkeit zu einer nationalen Minderheit, des Vermögens, der Geburt, einer Behinderung, des Alters oder der sexuellen Ausrichtung verboten ist. Bei der Anwendung dieser Verordnung sollten die Gerichte der teilnehmenden Mitgliedstaaten diese Rechte und Grundsätze achten —

HAT FOLGENDE VERORDNUNG ERLASSEN:

Kapitel I   Anwendungsbereich, Verhältnis zur Verordnung (EG) Nr. 2201/2003, Begriffsbestimmungen und universelle Anwendung
Vor Art. 1

A. Europäische Scheidungsregelung

1   Für Scheidungen gilt ab 21.06.12 die EU-VO Nr. 1259/2010 vom 20.12.10 zur Durchführung einer Verstärkten Zusammenarbeit im Bereich des auf die Ehescheidung u Trennung ohne Auflösung des Ehebandes anzuwendenden Rechts (Rom-III) (Art. 21).[1] Das deutsche Anpassungsgesetz bestimmt, was von der bisherigen nationalen Regelung in Art. 17 EGBGB Bestand hat. An der verstärkten Zusammenarbeit nehmen teil Belgien, Bulgarien, Deutschland, Frankreich, Italien, Lettland, Litauen (beantragt), Luxemburg, Malta, Österreich, Portugal, Rumänien, Slowenien, Spanien u Ungarn. Die universell anwendbare Verordnung gilt für die Ehescheidung und die Trennung ohne Auflösung des Ehebandes. Das anzuwendende Recht wird in erster Linie durch Rechtswahl bestimmt (Art. 5 der VO). Dazu ist eine deutsche Ausführungsbestimmung in Art. 46d EGBGB ergangen. Hilfsweise kommt es zu einer objektiven Anknüpfung nach Art. 8 VO, die vom gewöhnlichen Aufenthalt ausgeht.

2   Die VO geht zurück auf ein Grünbuch und einen nachfolgenden VO-Entwurf.[2] Da eine Einigung innerhalb der EU nicht möglich war, nutzte man die Möglichkeit der sog. Verstärkten Zusammenarbeit (vgl. Art. 326 ff. AEUV), an der nur ein Teil der Mitgliedstaaten teilnimmt.

B. Anknüpfung der Scheidung

3   Die universell anwendbare Verordnung gilt für die Ehescheidung und die Trennung ohne Auflösung des Ehebandes. Das anzuwendende Recht wird in erster Linie durch Rechtswahl bestimmt (Art. 5 der VO). Dazu ist eine deutsche Ausführungsbestimmung in Art. 46d EGBGB ergangen. Hilfsweise kommt es zu einer objektiven Anknüpfung nach Art. 8 VO, die vom gewöhnlichen Aufenthalt ausgeht.

---

1   ABl. EU 2010 L 343/10. – S. *Becker* NJW 2011, 1543; *Finger* FuR 2011, 61; FuR 2011, 313; *Nietham-mer-Jürgens* FPR 2011, 440; *Helms* FamRZ 2011, 1765.
2   Dazu *Wagner* StAZ 2007, 101 ff.; *Kohler* FPR 2008, 193 ff.; *Kohler* FamRZ 2008, 1673 ff.

C. Allgemeine Fragen

Die Anknüpfung von Vorfragen, wie die nach dem Bestehen einer Ehe, ist nicht geregelt (siehe 4
ErwGrd. 10). Sie dürfte grds selbstständig erfolgen.[3]

D. Internationales Verfahrensrecht

Für die **internationale Zuständigkeit** gelten die Regeln der unberührt gebliebenen Brüssel IIa-VO 5
(Art. 2) sowie die auch sonst eingreifenden Vorschriften (s. oben Art. 17 EGBGB Rdn. 17).

Für die **Anerkennung von Entscheidungen** greifen die Regeln der Brüssel IIa-VO sowie die auch 6
sonst geltenden Vorschriften ein (s. oben Art. 17 EGBGB Rdn. 18).

Artikel 1   Anwendungsbereich

(1) Diese Verordnung gilt für die Ehescheidung und die Trennung ohne Auflösung des Ehebandes in Fällen, die eine Verbindung zum Recht verschiedener Staaten aufweisen.

(2) Diese Verordnung gilt nicht für die folgenden Regelungsgegenstände, auch wenn diese sich
nur als Vorfragen im Zusammenhang mit einem Verfahren betreffend die Ehescheidung oder
Trennung ohne Auflösung des Ehebandes stellen:

a) die Rechts- und Handlungsfähigkeit natürlicher Personen,

b) das Bestehen, die Gültigkeit oder die Anerkennung einer Ehe,

c) die Ungültigerklärung einer Ehe,

d) die Namen der Ehegatten,

e) die vermögensrechtlichen Folgen der Ehe,

f) die elterliche Verantwortung,

g) Unterhaltspflichten,

h) Trusts und Erbschaften.

Die VO gilt für die **Ehescheidung u die Trennung ohne Auflösung des Ehebandes** (Ehetrennung) 7
in Fällen, die eine Verbindung zum Recht verschiedener Staaten aufweisen (z.B. unterschiedliche
Staatsangehörigkeit; Abs. 1), dagegen nicht für die Scheidungsfolgen. Zur Scheidung und Auflösung der Ehe gehören auch die dafür jeweils maßgeblichen Gründe (ErwGrd. 10). Bislang nahm
man an, dass das Scheidungsstatut auch bestimmt, ob mit dem Scheidungsurteil ein **Schuldaus-
spruch** zu verbinden ist.[1] Das dürfte auch nach der Rom III-VO gelten.

Der **Begriff der Ehe** ist verordnungsautonom zu verstehen. Erfasst wird sowohl die heterosexuelle,
als auch die in einigen Mitgliedstaaten (Belgien, Portugal, Spanien) zulässige homosexuelle Ehe.[2]
Die VO erfasst auch die **Privatscheidung** durch rechtsgeschäftliche Erklärung.[3] Dagegen gilt die
VO nicht für die **registrierte Lebenspartnerschaft**.[4]

---

3 Gruber IPRax 2012, 381 (388 f.); *Rudolf* ÖJZ 2012, 101 (102 f.). – Vgl. Erman/*Hohloch* Anh Art. 17
   EGBGB 1 Rn. 10.

1 BGH FamRZ 1987, 793 (795).

2 *Helms* FamRZ 2011, 1765 (1766); *Traar* ÖJZ 2011, 805 (807 f.); *Rudolf* ÖJZ 2012, 101 (102); NK/*Gruber* Anh. Art. 17 EGBGB Rn. 3.– Anders *Pietsch* NJW 2012, 1768.

3 *Helms* FamRZ 2011, 1765 (1766); *Traar* ÖJZ 2011, 805 (807).– A.A. NK/*Gruber* Rn. 5.

4 *Rudolf* ÖJZ 2012, 101 (102); NK/*Gruber* Rn. 4.

8   Die VO gilt nicht für einige Regelungsgegenstände, auch wenn diese sich nur als Vorfragen im Zusammenhang mit einem Verfahren betreffend die Ehescheidung oder Trennung ohne Auflösung des Ehebandes stellen,

9   Ausgenommen sind die **Rechts- u Handlungsfähigkeit** natürlicher Personen (Abs. 2 Buchst. a). Insoweit bleibt es bei Art. 7 EGBGB.

10 Die VO gilt ferner nicht für das **Bestehen, die Gültigkeit oder die Anerkennung einer Ehe** (Abs. 2 Buchst. b), Hierfür gilt nationales IPR, s Art. 13 EGBGB Rdn. 4. Nicht erfasst wird auch die **Ungültigerklärung einer Ehe** (Abs. 2 Buchst. c; ErwGrd. 10). Dazu gehört auch die Feststellung einer Nichtehe.[5] Insofern greift nationales IPR ein, s. Art. 13 EGBGB Rdn. 14.

11 Nicht in den Anwendungsbereich fällt der **Name der Ehegatten** (Abs. 2 Buchst. d). Hierfür bleibt es beim nationalen IPR, s. Art. 10 EGBGB Rdn. 4 ff.

12 Die VO gilt auch nicht für die **vermögensrechtlichen Folgen der Ehe** (Abs. 2 Buchst. e). Insoweit ist eine eigene VO geplant. Einstweilen gilt noch nationales IPR, s Art. 15 EGBGB. Entsprechendes gilt für die Hausrats- und Wohnungsverteilung nach Art. 17a EGBGB.[6] **Die deutsche Regelung des Versorgungsausgleichs in Art. 17 Abs. 3 EGBGB soll durch das AnpG neu gefasst werden.**

13 Nicht erfasst wird die **elterliche Verantwortung** (Abs. 2 Buchst. f). Hierfür gilt das KSÜ (s. Art. 21 EGBGB Anh. 2) u. nationales IPR, s. Art. 21 EGBGB Rdn. 2. Für **Unterhaltspflichten** (Abs. 2 Buchst. g) gilt die EU-UnthVO u das HaagUnthProt, s. Art. 18 EGBGB Anh. 1, 2. Trusts u Erbschaften sind ebenfalls ausgeschlossen (Abs. 2 Buchst. h).

Artikel 2   Verhältnis zur Verordnung (EG) Nr. 2201/2003

(1) Diese Verordnung lässt die Anwendung der Verordnung (EG) Nr. 2201/2003 unberührt.

Artikel 3   Begriffsbestimmungen

Für die Zwecke dieser Verordnung bezeichnet der Begriff:

1. »teilnehmender Mitgliedstaat« einen Mitgliedstaat, der auf der Grundlage des Beschlusses 2010/405/EU des Rates vom 12. Juli 2010 oder auf der Grundlage eines gemäß Artikel 331 Absatz 1 Unterabsatz 2 oder 3 des Vertrags über die Arbeitsweise der Europäischen Union angenommenen Beschlusses an der Verstärkten Zusammenarbeit im Bereich des auf die Ehescheidung und Trennung ohne Auflösung des Ehebandes anzuwendenden Rechts teilnimmt;
2. »Gericht« alle Behörden der teilnehmenden Mitgliedstaaten, die für Rechtssachen zuständig sind, die in den Anwendungsbereich dieser Verordnung fallen.

14 Der Begriff »teilnehmender Mitgliedstaat« bezeichnet einen Mitgliedstaat, der auf der Grundlage des Beschlusses 2010/405/EU des Rates vom 12. Juli 2010 oder auf der Grundlage eines gemäß Art. 331 Abs. 1 UAbs. 2 oder 3 AEUV angenommenen Beschlusses an der Verstärkten Zusammenarbeit im Bereich des auf die Ehescheidung und Trennung ohne Auflösung des Ehebandes anzuwendenden Rechts teilnimmt (Nr. 1).

15 »Gerichte« sind alle Behörden der teilnehmenden Mitgliedstaaten, die für Rechtssachen zuständig sind, die in den Anwendungsbereich dieser Verordnung fallen (Nr. 2).

---

5   *Rudolf* ÖJZ 2012, 101 (102); Erman/*Hohloch* Anh Art. 17 EGBGB 1 Rn. 4.
6   Erman/*Hohloch* Anh Art. 17 EGBGB 1 Rn. 7.

Artikel 4   Universelle Anwendung

Das nach dieser Verordnung bezeichnete Recht ist auch dann anzuwenden, wenn es nicht das Recht eines teilnehmenden Mitgliedstaats ist.

Nach dem Grundsatz der universellen Anwendung des Art. 4 kann auch das Recht nicht teilnehmender EU-Staaten u sonstiger Drittstaaten zur Anwendung kommen (ErwGrd. 12). Daher werden auch Bezüge zu Nicht-EU-Staaten erfasst.[1]   **16**

Kapitel II   Einheitliche Vorschriften zur Bestimmung des auf die Ehescheidung und Trennung ohne Auflösung des Ehebandes anzuwendenden Rechts

Artikel 5   Rechtswahl der Parteien

(1) Die Ehegatten können das auf die Ehescheidung oder die Trennung ohne Auflösung des Ehebandes anzuwendende Recht durch Vereinbarung bestimmen, sofern es sich dabei um das Recht eines der folgenden Staaten handelt:

a) das Recht des Staates, in dem die Ehegatten zum Zeitpunkt der Rechtswahl ihren gewöhnlichen Aufenthalt haben, oder

b) das Recht des Staates, in dem die Ehegatten zuletzt ihren gewöhnlichen Aufenthalt hatten, sofern einer von ihnen zum Zeitpunkt der Rechtswahl dort noch seinen gewöhnlichen Aufenthalt hat, oder

c) das Recht des Staates, dessen Staatsangehörigkeit einer der Ehegatten zum Zeitpunkt der Rechtswahl besitzt, oder

d) das Recht des Staates des angerufenen Gerichts.

(2) Unbeschadet des Absatzes 3 kann eine Rechtswahlvereinbarung jederzeit, spätestens jedoch zum Zeitpunkt der Anrufung des Gerichts, geschlossen oder geändert werden.

(3) Sieht das Recht des Staates des angerufenen Gerichts dies vor, so können die Ehegatten die Rechtswahl vor Gericht auch im Laufe des Verfahrens vornehmen. In diesem Fall nimmt das Gericht die Rechtswahl im Einklang mit dem Recht des Staates des angerufenen Gerichts zu Protokoll.

Die Ehegatten können das auf die Ehescheidung oder die Ehetrennung anzuwendende Recht durch Vereinbarung bestimmen (Abs. 1).[1] Es muss sich jedoch um das Recht eines von vier genannten Staaten handeln. Teilweise wird angenommen, dass keine konkludente Rechtswahl möglich ist.[2] Es überzeugt jedenfalls nicht, die Entscheidung hierüber dem gewählten Recht zu überlassen.[3]   **17**

Gewählt werden kann das Recht des Staates, in dem die Ehegatten zum Zeitpunkt der Rechtswahl ihren **gewöhnlichen Aufenthalt** haben (Abs. 1 Buchst. a). Der gewöhnliche Aufenthalt ist VO-autonom[4] und möglichst in Einklang mit der Brüssel IIa-VO[5] auszulegen, s.a. Art. 5 EGBGB   **18**

---

1 *Helms* FamRZ 2011, 1765.
1 Vgl. mit Formulierungsvorschlag *Süß* ZNotP 2011, 282 (287 f.).
2 *Helms* FamRZ 2011, 1765 (1768). Anders Gruber IPRax 2012, 381 (387).
3 So aber *Traar* ÖJZ 2011, 805 (811); *Rudolf* ÖJZ 2012, 101 (104).
4 Erman/*Hohloch* Anh Art. 17 EGBGB 5 Rn. 4.
5 *Traar* ÖJZ 2011, 805 (808 f.).

Rdn. 5. Der spätere Wegfall schadet nicht.[6] Zeitpunkt der Rechtswahl ist i.d.R. der Zeitpunkt der Willensübereinstimmung.[7] – Vereinbart werden kann auch das Recht des Staates, in dem die Ehegatten zuletzt ihren gewöhnlichen Aufenthalt hatten, sofern einer von ihnen zum Zeitpunkt der Rechtswahl dort noch seinen gewöhnlichen Aufenthalt (ohne Unterbrechung) hat (Art. 5 Abs. 1 Buchst. b).

19 Wählbar ist ferner das Recht des Staates, dessen **Staatsangehörigkeit** einer der Ehegatten zum Zeitpunkt der Rechtswahl besitzt (Abs. 1 Buchst. c). Zum Staatsangehörigkeitsbesitz s. Art. 5 EGBGB Rdn. 1. Bei mehrfacher Staatsangehörigkeit kann auch in Übereinstimmung mit der Zuständigkeit nach der Brüssel IIa-VO die nicht effektive gewählt werden (vgl. ErwGrd 22 und 15).[8] Bei Staatenlosigkeit wird man auf den aktuellen gewöhnlichen Aufenthalt abstellen.[9]

20 Gewählt werden kann auch das Recht des Staates des angerufenen Gerichts (**lex fori**) (Abs. 1 Buchst. d). Da kein Zeitpunkt genannt wird, ist dies ist schon vorsorglich vor Verfahrenseinleitung möglich.[10] Die Rechtswahl muss sich aber auf eine bestimmte Gerichtsbarkeit beziehen.[11] Für spätere Verfahren in anderen Mitgliedstaaten dürfte sie keine Bedeutung haben.[12]

21 Unbeschadet des Absatzes 3 kann eine Rechtswahlvereinbarung jederzeit, spätestens jedoch zum **Zeitpunkt** der Anrufung des Gerichts (vgl. dazu Art. 16 Brüssel IIa-VO, Art. 9 UnthVO), geschlossen oder (auch mehrfach) geändert werden (Abs. 2). In Deutschland ist Anrufung bei Anhängigkeit anzunehmen, wenn der Antragsteller alles für eine alsbaldige Zustellung erforderliche getan hat.[13] Bei der Privatscheidung muss die Rechtswahl vor Vornahme erfolgen.[14]

22 Sieht das Recht des Staates des angerufenen Gerichts dies vor, so können die Ehegatten die Rechtswahl vor Gericht auch **im Laufe des bereits eröffneten Verfahrens** vornehmen (Abs. 3 Satz 1). In diesem Fall nimmt das Gericht die Rechtswahl im Einklang mit dem Recht des Staates des angerufenen Gerichts zu Protokoll. Der deutsche AusfG-Entw. sieht eine solche Rechtswahl vor.

Artikel 6   Einigung und materielle Wirksamkeit

(1) Das Zustandekommen und die Wirksamkeit einer Rechtswahlvereinbarung oder einer ihrer Bestimmungen bestimmen sich nach dem Recht, das nach dieser Verordnung anzuwenden wäre, wenn die Vereinbarung oder die Bestimmung wirksam wäre.

(2) Ergibt sich jedoch aus den Umständen, dass es nicht gerechtfertigt wäre, die Wirkung des Verhaltens eines Ehegatten nach dem in Absatz 1 bezeichneten Recht zu bestimmen, so kann sich dieser Ehegatte für die Behauptung, er habe der Vereinbarung nicht zugestimmt, auf das Recht des Staates berufen, in dem er zum Zeitpunkt der Anrufung des Gerichts seinen gewöhnlichen Aufenthalt hat.

---

6 *Rudolf* ÖJZ 2012, 101 (103); NK/*Gruber* Anh Art. 17 EGBGB Rn. 10.
7 *Traar* ÖJZ 2011, 805 (809).
8 *Helms* FamRZ 2011, 1765 (1770); *Traar* ÖJZ 2011, 805 (809 f.); Erman/*Hohloch* Anh Art. 17 EGBGB 5 Rn. 7. A.A. *Finger* FuR 2011, 61 (65); Gruber IPRax 2012, 381 (385 f.: effektive Staatsangehörigkeit). Unentschieden NK/*Gruber* Anh Art. 17 EGBGB Rn. 11.– Vgl. auch EuGH FamRZ 2009, 1571.
9 Erman/*Hohloch* Anh Art. 17 EGBGB 5 Rn. 8. – Ebenso bei anerkannten Flüchtlingen Gruber IPRax 2012, 381 (386).
10 *Basedow*, FS Posch 2011, 17 (22 f.); *Rudolf* ÖJZ 2012, 101 (103); Erman/*Hohloch* Anh Art. 17 EGBGB 5 Rn. 9.
11 *Helms* FamRZ 2011, 1765 (1767).
12 *Traar* ÖJZ 2011, 805 (810).
13 Erman/*Hohloch* Anh Art. 17 EGBGB 5 Rn. 10.
14 *Helms* FamRZ 2011, 1765 (1768).

Äußeres Zustandekommen u. materielle Wirksamkeit einer Rechtswahlvereinbarung oder einer   23
ihrer Bestimmungen bestimmen sich nach dem Recht, das nach der VO anzuwenden wäre, wenn
die Vereinbarung oder die Bestimmung wirksam wäre (Abs. 1). Es kommt daher auf das gewählte
Recht an.[1] Gemeint sind insbes. die Regeln für das Zustandekommen und die Willensmängel.[2]
Ob das gewählte Recht die Rechtswahl als solche akzeptiert, dürfte hingegen nicht von Bedeutung
sein.

Ergibt sich aus den Umständen, dass es nicht gerechtfertigt wäre, die **Wirkung des Verhaltens**   24
eines Ehegatten nach dem in Abs. 1 bezeichneten Recht zu bestimmen, so kann sich dieser Ehegatte für die Behauptung, er habe der Vereinbarung nicht zugestimmt, auf das Recht des Staates
berufen, in dem er zum Zeitpunkt der Anrufung des Gerichts seinen gewöhnlichen Aufenthalt hat
(Abs. 2; ähnlich Art. 10 Abs. 2 Rom I-VO).

Artikel 7   Formgültigkeit

(1) Die Rechtswahlvereinbarung nach Artikel 5 Absätze 1 und 2 bedarf der Schriftform, der
Datierung sowie der Unterzeichnung durch beide Ehegatten. Elektronische Übermittlungen,
die eine dauerhafte Aufzeichnung der Vereinbarung ermöglichen, erfüllen die Schriftform.

(2) Sieht jedoch das Recht des teilnehmenden Mitgliedstaats, in dem beide Ehegatten zum Zeit-
punkt der Rechtswahl ihren gewöhnlichen Aufenthalt hatten, zusätzliche Formvorschriften für
solche Vereinbarungen vor, so sind diese Formvorschriften anzuwenden.

(3) Haben die Ehegatten zum Zeitpunkt der Rechtswahl ihren gewöhnlichen Aufenthalt in ver-
schiedenen teilnehmenden Mitgliedstaaten und sieht das Recht beider Staaten unterschiedliche
Formvorschriften vor, so ist die Vereinbarung formgültig, wenn sie den Vorschriften des Rechts
eines dieser Mitgliedstaaten genügt.

(4) Hat zum Zeitpunkt der Rechtswahl nur einer der Ehegatten seinen gewöhnlichen Aufenthalt
in einem teilnehmenden Mitgliedstaat und sind in diesem Staat zusätzliche Formanforderungen
für diese Art der Rechtswahl vorgesehen, so sind diese Formanforderungen anzuwenden.

Die Rechtswahlvereinbarung nach Art. 5 Abs. 1 u. 2 bedarf der **Schriftform**, der Datierung sowie   25
der Unterzeichnung durch beide Ehegatten (Abs. 1). Die Schriftform ist verordnungsautonom zu
verstehen. Eine Unterschrift ist erforderlich. Das Erfordernis der Eigenhändigkeit wird zT dem
Recht des gewöhnlichen Aufenthalts der Ehegatten unterworfen.[1] – Elektronische Übermittlungen, die eine dauerhafte Aufzeichnung der Vereinbarung ermöglichen, erfüllen die Schriftform
(Abs. 1 Satz 2).

Sieht jedoch das Recht des teilnehmenden Mitgliedstaats, in dem beide Ehegatten zum Zeitpunkt   26
der Rechtswahl ihren gewöhnlichen Aufenthalt hatten, zusätzliche Formvorschriften für solche
Vereinbarungen vor, so sind diese Formvorschriften anzuwenden (Abs. 2). Verlangt werden kann
etwa die notarielle Form.

Dementsprechend sieht der deutsche AnpGEntw. in Art. 46d EGBGB vor, dass eine Rechtswahl-   27
vereinbarung nach Art. 5 der VO notariell zu beurkunden ist, wenn mindestens ein Ehegatte zum
Zeitpunkt der Rechtswahl seinen gewöhnlichen Aufenthalt im Inland hat. Vorgesehen werden
kann auch, dass die Ehegatten die Rechtswahl auch noch im Laufe des gerichtlichen Verfahrens
bis zum Schluss der letzten mündlichen Verhandlung vornehmen können.

---

1 Dazu *Pfütze* ZEuS 2011, 35 ff.
2 *Traar* ÖJZ 2011, 805 (810).
1 Erman/*Hohloch* Anh Art. 17 EGBGB 7 Rn. 2.

28 Haben die Ehegatten zum Zeitpunkt der Rechtswahl ihren gewöhnlichen Aufenthalt in verschiedenen teilnehmenden Mitgliedstaaten u sieht das Recht beider Staaten unterschiedliche Formvorschriften vor, so gilt die mildere Form.[2] Die Vereinbarung ist formgültig, wenn sie den Vorschriften des Rechts eines dieser Mitgliedstaaten genügt (Abs. 3).

29 Hat zum Zeitpunkt der Rechtswahl nur ein Ehegatte seinen gewöhnlichen Aufenthalt in einem teilnehmenden Mitgliedstaat u stellt dieser Staat zusätzliche Formanforderungen für diese Art der Rechtswahl auf, so sind diese Formanforderungen anzuwenden (Abs. 4). Hat keiner der Ehegatten seinen gewöhnlichen Aufenthalt in einem teilnehmenden Mitgliedstaat, so gilt die Grundregel des Abs. 1.[3]

Artikel 8   In Ermangelung einer Rechtswahl anzuwendendes Recht

Mangels einer Rechtswahl gemäß Artikel 5 unterliegen die Ehescheidung und die Trennung ohne Auflösung des Ehebandes:

a) **dem Recht des Staates, in dem die Ehegatten zum Zeitpunkt der Anrufung des Gerichts ihren gewöhnlichen Aufenthalt haben, oder anderenfalls**
b) **dem Recht des Staates, in dem die Ehegatten zuletzt ihren gewöhnlichen Aufenthalt hatten, sofern dieser nicht vor mehr als einem Jahr vor Anrufung des Gerichts endete und einer der Ehegatten zum Zeitpunkt der Anrufung des Gerichts dort noch seinen gewöhnlichen Aufenthalt hat, oder anderenfalls**
c) **dem Recht des Staates, dessen Staatsangehörigkeit beide Ehegatten zum Zeitpunkt der Anrufung des Gerichts besitzen, oder anderenfalls**
d) **dem Recht des Staates des angerufenen Gerichts**

30 Fehlt eine Wahl des anzuwendenden Rechts gem. Art. 5, so kommt es nach Art. 8 für Ehescheidung u -trennung zu einer vierstufigen objektiven Anknüpfung.

31 In erster Linie entscheidet das Recht des Staates, in dem die Ehegatten zum Zeitpunkt der Anrufung des Gerichts (vgl. Art. 16 Brüssel IIa-VO[1]) ihren **gewöhnlichen Aufenthalt** haben (Buchst. a). Der Begriff des gewöhnlichen Aufenthalts ist verordnungsautonom auszulegen,[2] s.a. Art. 5 EGBGB Rdn. 5 ff. Es kommt auf den tatsächlichen Lebensmittelpunkt der Ehegatten an. Außer der Anwesenheit im Aufenthaltsstaat ist eine nicht genau festgelegte Dauer Voraussetzung.[3] Bei der Privatscheidung ist maßgeblicher Zeitpunkt die Abgabe der Willenserklärung.[4]

32 Hilfsweise entscheidet das Recht des Staates, in dem die Ehegatten **zuletzt ihren gewöhnlichen Aufenthalt** hatten(Art. 8 Buchst. b). Vorausgesetzt wird jedoch, dass der Aufenthalt nicht vor mehr als einem Jahr vor Anrufung des Gerichts endete u einer der Ehegatten zum Zeitpunkt der Anrufung des Gerichts dort noch seinen gewöhnlichen Aufenthalt hat.

33 Ferner kommt es hilfsweise auf das Recht des Staates an, dessen **Staatsangehörigkeit** beide Ehegatten zum Zeitpunkt der Anrufung des Gerichts besitzen (Buchst. c). Bei mehrfacher Staatsangehö-

---

2 *Helms* FamRZ 2011, 1765 (1769); Erman/*Hohloch* Anh Art. 17 EGBGB 7 Rn. 4.
3 Erman/*Hohloch* Anh Art. 17 EGBGB 7 Rn. 6.
1 NK/*Gruber* Anh. Art. 17 EGBGB Rn. 16.
2 *Helms* FamRZ 2011, 1765 (1769); Erman/*Hohloch* Anh Art. 17 EGBGB 8 Rn. 2.
3 *Helms* FamRZ 2011, 1765 (1769 f.).
4 *Helms* FamRZ 2011, 1765 (1766).

rigkeit entscheidet, da es um die engste Verbindung geht, die effektive Staatsangehörigkeit iS des Art. 5 Abs. 1 Satz 1 EGBGB.[5]

An letzter Stelle kommt es auf das Recht des Staates des angerufenen Gerichts (**lex fori**) an (Art. 8   34 Buchst. d).

Artikel 9   Umwandlung einer Trennung ohne Auflösung des Ehebandes in eine Ehescheidung

(1) Bei Umwandlung einer Trennung ohne Auflösung des Ehebandes in eine Ehescheidung ist das auf die Ehescheidung anzuwendende Recht das Recht, das auf die Trennung ohne Auflösung des Ehebandes angewendet wurde, sofern die Parteien nicht gemäß Artikel 5 etwas anderes vereinbart haben.

(2) Sieht das Recht, das auf die Trennung ohne Auflösung des Ehebandes angewendet wurde, jedoch keine Umwandlung der Trennung ohne Auflösung des Ehebandes in eine Ehescheidung vor, so findet Artikel 8 Anwendung, sofern die Parteien nicht gemäß Artikel 5 etwas anderes vereinbart haben.

Bei Umwandlung einer Ehetrennung in eine Ehescheidung folgt das Scheidungsstatut dem Ehe-   35 trennungsstatut, sofern die Parteien nicht gem. Art. 5 etwas anderes vereinbart haben (Abs. 1). Gemeint ist das tatsächlich angewendete Recht.[1]– Kennt jedoch das Recht, das auf die Ehetrennung angewendet wurde, keine Umwandlung der Ehetrennung in eine Ehescheidung, so findet Art. 8 Anwendung. Es kommt also zu einer objektiven Anknüpfung (Abs. 2 Alt. 1). Anderes gilt nur bei einer Vereinbarung gem. Art. 5 (Abs. 2 Alt. 2). Ist nach einer Ehetrennung und einer späteren Aufenthaltsänderung ein anderes Recht maßgeblich, das (wie z.B. das deutsche) keine Ehetrennung kennt, so steht Art. 9 einem Scheidungsantrag nach dieser Rechtsordnung nicht entgegen (ErwGrd. 23).[2]

Artikel 10   Anwendung des Rechts des Staates des angerufenen Gerichts

Sieht das nach Artikel 5 oder Artikel 8 anzuwendende Recht eine Ehescheidung nicht vor oder gewährt es einem der Ehegatten aufgrund seiner Geschlechtszugehörigkeit keinen gleichberechtigten Zugang zur Ehescheidung oder Trennung ohne Auflösung des Ehebandes, so ist das Recht des Staates des angerufenen Gerichts anzuwenden.

Sieht das nach Art. 5 oder Art. 8 anzuwendende Recht keine Ehescheidung vor, so ist nach der   36 speziellen Vorbehaltsklausel des Art. 10 das Recht des Staates des angerufenen Gerichts anzuwenden (Alt 1). Für die Ehetrennung gilt das nicht.[1] Die Vorschrift greift dann ein, wenn das anzuwendende Recht die Ehescheidung überhaupt nicht kennt.[2]

---

5 *Helms* FamRZ 2011, 1765 (1770); Basedow FS Pintens I, 2012, 135 (145 f.); *Rudolf* ÖJZ 2012, 101 (104 f.); Erman/*Hohloch* Anh Art. 17 EGBGB 8 Rn. 4.
1 Gruber IPRax 2012, 381 (388); *Traar* ÖJZ 2011, 805 (812).
2 *Traar* ÖJZ 2011, 805 (812).
1 Erman/*Hohloch* Anh Art. 17 EGBGB 10 Rn. 1.
2 *Traar* ÖJZ 2011, 805 (812); NK/*Gruber* Anh. Art. 17 EGBGB Rn. 20.

Die lex fori greift auch ein, wenn das anwendbare Recht einem der Ehegatten aufgrund seiner Geschlechtszugehörigkeit keinen gleichberechtigten Zugang zur Ehescheidung oder Ehetrennung gewährt (Alt. 2). Fraglich ist, ob ein Verstoß nur dann vorliegt, wenn der Ehefrau überhaupt kein Scheidungsrecht zusteht.[3] Ungeklärt ist auch, ob eine abstrakt-generelle Prüfung zu erfolgen hat oder ob es – was trotz der weiten Formulierung vorzugswürdig ist auf das konkrete Ergebnis ankommt.[4] Eine Rechtswahlbeschränkung spricht Art. 10 nicht aus.

Artikel 11   Ausschluss der Rück- und Weiterverweisung

Unter dem nach dieser Verordnung anzuwendenden Recht eines Staates sind die in diesem Staat geltenden Rechtsnormen unter Ausschluss derjenigen des Internationalen Privatrechts zu verstehen.

37   Unter dem nach der VO anzuwendenden Recht eines Staates sind die dort geltenden Rechtsnormen unter Ausschluss derjenigen des IPR zu verstehen. **Rück- u. Weiterverweisung** sind ausgeschlossen. Das gilt – obwohl rechtspolitisch angreifbar – auch bei einer Verweisung auf das Recht eines nicht teilnehmen EU-Staats oder eines sonstigen Drittstaats.[1]

Artikel 12   Öffentliche Ordnung (Ordre public)

Die Anwendung einer Vorschrift des nach dieser Verordnung bezeichneten Rechts kann nur versagt werden, wenn ihre Anwendung mit der öffentlichen Ordnung (Ordre public) des Staates des angerufenen Gerichts offensichtlich unvereinbar ist.

38   Die Anwendung einer Vorschrift des nach der VO bezeichneten Rechts kann nur versagt werden, wenn ihre Anwendung mit dem ordre public des Staates des angerufenen Gerichts offensichtlich unvereinbar ist. Hierauf kann auch die Unzulässigkeit einer inländischen Privatscheidung gestützt werden[1] (vgl. auch Art. 17 Abs. 2 EGBGB). Eine Erschwerung der Scheidung genügt dagegen nicht.[2] Vgl. Art. 6 EGBGB Rdn. 8.

Artikel 13   Unterschiede beim nationalen Recht

Nach dieser Verordnung sind die Gerichte eines teilnehmenden Mitgliedstaats, nach dessen Recht die Ehescheidung nicht vorgesehen ist oder die betreffende Ehe für die Zwecke des Scheidungsverfahrens nicht als gültig angesehen wird, nicht verpflichtet, eine Ehescheidung in Anwendung dieser Verordnung auszusprechen.

39   Nach der VO sind die Gerichte eines teilnehmenden Mitgliedstaats, nach dessen Recht die Ehescheidung (überhaupt) nicht vorgesehen ist (Alt 1) oder die betreffende Ehe für die Zwecke des

---

3 So wohl Erman/*Hohloch* Anh Art. 17 EGBGB 10 Rn. 2.
4 Für letzteres Gruber IPRax 2012, 381 (391); *Helms* FamRZ 2011, 1765 (1771 f.); NK/*Gruber* Anh. Art. 17 EGBGB Rn. 21.
1 *Traar* ÖJZ 2011, 805 (813); Erman/*Hohloch* Anh Art. 17 EGBGB 11 Rn. 2.
1 *Zu Artikel 12 Traar* ÖJZ 2011, 805 (807).
2 *Helms* FamRZ 2011, 1765 (1771).

Scheidungsverfahrens nicht als gültig angesehen wird (Alt 2), nicht verpflichtet, eine Ehescheidung in Anwendung dieser VO auszusprechen. Nach der Zulassung der Ehescheidung auch in Malta hat Alt. 1 ihre Bedeutung verloren.[1]

Abgelehnt werden kann auch die Scheidung einer **gleichgeschlechtlichen Ehe**. In Deutschland **40** wird teilweise von der Anwendung der Alt. 1 abgesehen,[2] nach a.A. kommt weiterhin Art. 17b EGBGB zur Anwendung.[3]

Artikel 14   Staaten mit zwei oder mehr Rechtssystemen – Kollisionen hinsichtlich der Gebiete

Umfasst ein Staat mehrere Gebietseinheiten, von denen jede ihr eigenes Rechtssystem oder ihr eigenes Regelwerk für die in dieser Verordnung geregelten Angelegenheiten hat, so gilt Folgendes:

a) **Jede Bezugnahme auf das Recht dieses Staates ist für die Bestimmung des nach dieser Verordnung anzuwendenden Rechts als Bezugnahme auf das in der betreffenden Gebietseinheit geltende Recht zu verstehen;**
   jede Bezugnahme auf den gewöhnlichen Aufenthalt in diesem Staat ist als Bezugnahme auf den gewöhnlichen Aufenthalt in einer Gebietseinheit zu verstehen;
b) **jede Bezugnahme auf die Staatsangehörigkeit betrifft die durch das Recht dieses Staates bezeichnete Gebietseinheit oder, mangels einschlägiger Vorschriften, die durch die Parteien gewählte Gebietseinheit oder, mangels einer Wahlmöglichkeit, die Gebietseinheit, zu der der Ehegatte oder die Ehegatten die engste Verbindung hat bzw. haben.**

Für Staaten, welche mehrere Gebietseinheiten umfassen, von denen jede ihr eigenes Rechtssystem **41** oder ihr eigenes Regelwerk für die in der VO geregelten Angelegenheiten hat, konkretisiert die VO die Anknüpfungspunkte. Jede Bezugnahme, d.h. Verweisung auf das Recht dieses **Mehrrechtsstaates** ist für die Bestimmung des anzuwendenden Rechts als Bezugnahme auf das in der betreffenden Gebietseinheit geltende Recht zu verstehen (Buchst. a), z.B. England innerhalb des Vereinigten Königreichs. Befinden sich die gewöhnlichen Aufenthalte der Ehegatten in unterschiedlichen Gebietseinheiten, so dürfte es auf die engste Beziehung ankommen.[1]

Die Bezugnahme auf den gewöhnlichen Aufenthalt in diesem Staat ist als Bezugnahme auf den **42** **gewöhnlichen Aufenthalt** in einer Gebietseinheit zu verstehen (Buchst. b). – Jede Bezugnahme auf die **Staatsangehörigkeit** betrifft die durch das interlokale Kollisionsrecht dieses Staates bezeichnete Gebietseinheit oder, mangels einschlägiger Vorschriften, die durch die Parteien gewählte Gebietseinheit oder, mangels einer Wahlmöglichkeit, die Gebietseinheit, zu der der Ehegatte oder die Ehegatten die engste Verbindung hat bzw. haben (Buchst. c). Im Rahmen einer Gesamtabwägung kann zB auf Herkunft und Sprache abgestellt werden.[2]

---

1 *zu Artikel 13 Helms* FamRZ 2011, 1765 (1771).
2 *Gruber* IPRax 2012, 381 (390).
3 *Helms* FamRZ 2011, 1765 (1766). Wohl auch NK/*Gruber* Anh. Art. 17 EGBGB Rn. 28.
1 *Traar* ÖJZ 2011, 805 (813).
2 Erman/*Hohloch* Anh Art. 17 EGBGB 14 Rn. 3.

Artikel 15   Staaten mit zwei oder mehr Rechtssystemen – Kollisionen hinsichtlich der betroffenen Personengruppen

In Bezug auf einen Staat, der für die in dieser Verordnung geregelten Angelegenheiten zwei oder mehr Rechtssysteme oder Regelwerke hat, die für verschiedene Personengruppen gelten, ist jede Bezugnahme auf das Recht des betreffenden Staates als Bezugnahme auf das Rechtssystem zu verstehen, das durch die in diesem Staat in Kraft befindlichen Vorschriften bestimmt wird. Mangels solcher Regeln ist das Rechtssystem oder das Regelwerk anzuwenden, zu dem der Ehegatte oder die Ehegatten die engste Verbindung hat bzw. haben.

43   Verfügt ein Staat für die in der VO geregelten Angelegenheiten über zwei oder mehr Rechtssysteme oder Regelwerke, die für verschiedene Personengruppen gelten (personale Rechtsspaltung insbes aufgrund Religionszugehörigkeit), so ist jede Bezugnahme auf das Recht dieses Staates als Bezugnahme auf das Rechtssystem zu verstehen, das durch das interpersonelle Kollisionsrecht dieses Staates bestimmt wird (Satz 1). Mangels solcher Regeln ist das Rechtssystem oder das Regelwerk anzuwenden, zu dem der Ehegatte oder die Ehegatten die engste Verbindung hat bzw. haben (15 Satz 2). Dies gilt insbes für religiöses Recht.

Artikel 16   Nichtanwendung dieser Verordnung auf innerstaatliche Kollisionen

Ein teilnehmender Mitgliedstaat, in dem verschiedene Rechtssysteme oder Regelwerke für die in dieser Verordnung geregelten Angelegenheiten gelten, ist nicht verpflichtet, diese Verordnung auf Kollisionen anzuwenden, die allein zwischen diesen verschiedenen Rechtssystemen oder Regelwerken auftreten.

44   Ein teilnehmender Mitgliedstaat, in dem verschiedene Rechtssysteme oder Regelwerke für die in Rom III-VO geregelten Angelegenheiten gelten (z.B. Spanien), ist nicht verpflichtet, die VO auf innerstaatliche Kollisionen anzuwenden, die allein zwischen diesen verschiedenen Rechtssystemen oder Regelwerken auftreten.

Kapitel III   Sonstige Bestimmungen

Artikel 17   Informationen der teilnehmenden Mitgliedstaaten

(1) Die teilnehmenden Mitgliedstaaten teilen bis spätestens zum 21. September 2011 der Kommission ihre nationalen Bestimmungen, soweit vorhanden, betreffend Folgendes mit:

a) die Formvorschriften für Rechtswahlvereinbarungen gemäß Artikel 7 Absätze 2 bis 4, und
b) die Möglichkeit, das anzuwendende Recht gemäß Artikel 5 Absatz 3 zu bestimmen.

Die teilnehmenden Mitgliedstaaten teilen der Kommission alle späteren Änderungen dieser Bestimmungen mit.

(2) Die Kommission macht die nach Absatz 1 übermittelten Informationen auf geeignetem Wege, insbesondere auf der Website des Europäischen Justiziellen Netzes für Zivil- und Handelssachen, öffentlich zugänglich.

45   Zur Erleichterung der Anwendung der VO hatten die teilnehmenden Mitgliedstaaten der Kommission bestimmte Informationen bezüglich ihrer nationalen Bestimmungen zu liefern. Dabei

ging es um die Formvorschriften für Rechtswahlvereinbarungen gem. Artikel 7 Absätze 2, 4 (Abs. 1 Buchstabe a). Ferner war die Möglichkeit, das anzuwendende Recht gem. Artikel 5 Absatz 3 zu bestimmen mitzuteilen (Abs. 1 Buchstabe b). Die teilnehmenden Mitgliedstaaten der Kommission haben alle späteren Änderungen dieser Bestimmungen mitzuteilen

Die Kommission hat die Informationen, insbesondere auf der Website des Europäischen Justiziel-   46
len Netzes für Zivil- und Handelssachen öffentlich zugänglich zu machen (Abs. 2).

Artikel 18   Übergangsbestimmungen

(1) Diese Verordnung gilt nur für gerichtliche Verfahren und für Vereinbarungen nach Artikel 5, die ab dem 21. Juni 2012 eingeleitet beziehungsweise geschlossen wurden.

Eine Rechtswahlvereinbarung, die vor dem 21. Juni 2012 geschlossen wurde, ist ebenfalls wirksam, sofern sie die Voraussetzungen nach den Artikeln 6 und 7 erfüllt.

(2) Diese Verordnung lässt Rechtswahlvereinbarungen unberührt, die nach dem Recht eines teilnehmenden Mitgliedstaats geschlossen wurden, dessen Gerichtsbarkeit vor dem 21. Juni 2012 angerufen wurde.

Für die zeitliche Anwendbarkeit kommt es auf die **Verfahrenseinleitung** (i.S. von Art. 16 Brüssel   47
IIa-VO[1]) bzw die Rechtswahlvereinbarung an (Abs. 1 UAbs. 1).

Zuvor abgeschlossene Vereinbarungen können nach Art. 18 Abs. 1 UAbs. 2 sowie nach dem bis-   48
herigen nationalen Recht wirksam sein (Abs. 2).

Artikel 19   Verhältnis zu bestehenden internationalen Übereinkommen

(1) Unbeschadet der Verpflichtungen der teilnehmenden Mitgliedstaaten gemäß Artikel 351 des Vertrags über die Arbeitsweise der Europäischen Union lässt diese Verordnung die Anwendung internationaler Übereinkommen unberührt, denen ein oder mehrere teilnehmende Mitgliedstaaten zum Zeitpunkt der Annahme dieser Verordnung oder zum Zeitpunkt der Annahme des Beschlusses gemäß Artikel 331 Absatz 1 Unterabsatz 2 oder 3 des Vertrags über die Arbeitsweise der Europäischen Union angehören und die Kollisionsnormen für Ehescheidung oder Trennung ohne Auflösung des Ehebandes enthalten.

(2) Diese Verordnung hat jedoch im Verhältnis zwischen den teilnehmenden Mitgliedstaaten Vorrang vor ausschließlich zwischen zwei oder mehreren von ihnen geschlossenen Übereinkommen, soweit diese Bereiche betreffen, die in dieser Verordnung geregelt sind.

Das deutsch-iranische Abkommen (dazu oben Art. 17 EGBGB Rdn. 2) findet weiterhin Anwen-   49
dung.[1] Zweiseitige Abkommen mit EU-Staaten hat Deutschland nicht abgeschlossen.

---

1 So auch *Traar* ÖJZ 2011, 805 (808); *Rudolf* ÖJZ 2012, 101 (102).
1 *Helms* FamRZ 2011, 1765 (1767); vgl. Art. 19 Abs. 1 VO.

Artikel 20   Revisionsklausel

(1) Die Kommission legt dem Europäischen Parlament, dem Rat und dem Europäischen Wirtschafts- und Sozialausschuss spätestens zum 31. Dezember 2015 und danach alle fünf Jahre einen Bericht über die Anwendung dieser Verordnung vor. Dem Bericht werden gegebenenfalls Vorschläge zur Anpassung dieser Verordnung beigefügt.

(2) Die teilnehmenden Mitgliedstaaten übermitteln der Kommission zu diesem Zweck sachdienliche Angaben betreffend die Anwendung dieser Verordnung durch ihre Gerichte.

Kapitel IV   Schlussbestimmungen

Artikel 21   Inkrafttreten und Geltungsbeginn

Diese Verordnung tritt am Tag nach ihrer Veröffentlichung im Amtsblatt der Europäischen Union in Kraft.

Sie gilt ab dem 21. Juni 2012, mit Ausnahme des Artikels 17, der ab dem 21. Juni 2011 gilt.

Für diejenigen teilnehmenden Mitgliedstaaten, die aufgrund eines nach Artikel 331 Absatz 1 Unterabsatz 2 oder Unterabsatz 3 des Vertrags über die Arbeitsweise der Europäischen Union angenommenen Beschlusses an der Verstärkten Zusammenarbeit teilnehmen, gilt diese Verordnung ab dem in dem betreffenden Beschluss angegebenen Tag.

Diese Verordnung ist in allen ihren Teilen verbindlich und gilt gemäß den Verträgen unmittelbar in den teilnehmenden Mitgliedstaaten.

50   Die Verordnung ist am Tag nach ihrer Veröffentlichung im Amtsblatt der Europäischen Union in Kraft getreten (Satz 1). Sie gilt ab dem 21.06.2012, mit Ausnahme des Art. 17 (Informationen der teilnehmenden Mitgliedstaaten), der bereits ab dem 21.6. 2011 gilt.

Art. 17a EGBGB   Ehewohnung und Haushaltsgegenstände

Die Nutzungsbefugnis für die im Inland belegene Ehewohnung und die im Inland befindlichen Haushaltsgegenstände sowie damit zusammenhängende Betretungs-, Näherungs- und Kontaktverbote unterliegen den deutschen Sachvorschriften.

A.

1   Die Vorschrift wurde vom 11.12.2001 mit Wirkung vom 01.01.2002 ins EGBGB eingefügt.[1] Sie regelt kollisionsrechtlich die **Zuweisung von Ehewohnung und Haushaltsgegenständen**, allerdings nur, **soweit diese sich im Inland befinden** (einseitige Kollisionsnorm).[2] Sie ist über Art. 17b Abs. 2 Satz 1 Alt. 2 EGBGB bei eingetragener Lebenspartnerschaft entsprechend anzuwenden. Darüber hinaus erfasst sie **Betretungs-, Näherungs- und Kontaktverbote** i.S.d. GewSchG. Auch

---

1   Durch das »Gesetz zur Verbesserung des zivilrechtlichen Schutzes bei Gewalttaten und Nachstellungen sowie zur Erleichterung der Überlassung der Ehewohnung bei Trennung (Gewaltschutzgesetz – GewSchG)«, BGBl. I, S. 3513.
2   BT-Drucks. 14/5429 S. 36/37.

eine Anwendung auf die nichteheliche Lebensgemeinschaft ist möglich,[3] freilich wird teilweise ein Vorrang der Rom II-VO geltend gemacht.[4]

Gegenüber Art. 17a EGBGB vorrangige völkerrechtliche Vereinbarung ist das Niederlassungsabkommen zwischen dem Deutschen Reich und dem Kaiserreich Persien vom 17.02.1929[5] – dort Art. 8 Abs. 3 –, welches im Verhältnis zum **Iran** zu beachten ist. Danach erfolgt die Anknüpfung des Zuweisungsstatuts, soweit beide Eheleute iranische Staatsangehörige sind, an die gemeinsame iranische Staatsangehörigkeit. In diesem Falle ist das iranische Sachrecht berufen, welches Vorschriften zur Wohnung enthält.[6] Weitere staatsvertragliche Regelungen, die Art. 17a EGBGB verdrängen würden, gibt es nicht.

Soweit ein Eigentumsübergang stattfindet, unterliegt er nach Art. 43 EGBGB der lex rei sitae.[7] **2** Art. 17a EGBGB gilt nur während **bestehender Ehe**. Nach Ehescheidung handelt es sich um eine Scheidungsfolge i.S.d. Art. 17 EGBGB.[8] Im Anwendungsbereich von Art. 17a EGBGB erfolgt die **Verweisung ausnahmslos und unmittelbar ins deutsche Sachrecht**. Insoweit ist der frühere Streit zum Zuweisungsstatut seit dem 01.01.2002 gegenstandslos geworden.

B. Zuweisung im Ausland befindlicher Gegenstände

Ist die Wohnung **im Ausland** belegen oder sind die Haushaltsgegenstände dort befindlich, ist **3** **Art. 17a EGBGB nicht anwendbar**. Insoweit gibt es weder auf staatsvertraglicher Ebene – mit Ausnahme im Verhältnis zum Iran (s.o. Rdn. 1) – noch im innerstaatlich kodifizierten Recht spezielle Kollisionsnormen. Eine allseits anerkannte Zuordnung zu einem bestimmten Statut hat sich bislang nicht gebildet; die Frage ist vielmehr **äußerst strittig**. Es gibt Tendenzen sowohl zur Anwendung der lex rei sitae, als auch zur Heranziehung der lex fori, zur Zuordnung beim Unterhaltsstatut und zur Subsumtion unter das Ehewirkungsstatut (Art. 14 EGBGB), ggf. nach Scheidung in Verbindung mit Art. 17 Abs. 1 EGBGB.

Richtig dürfte sein: Haushaltsgegenstände- und Wohnungszuteilung sind nicht unterhaltsrechtlich zu qualifizieren,[9] da es dabei nicht nur um die Sicherstellung des Lebensbedarfs, sondern auch um ganz andere Gesichtspunkte geht: Eigentumsverhältnisse, Kindeswohl, persönliche und berufliche Bedürfnisse. **Während des Getrenntlebens** sind daher **das Ehewirkungsstatut** (Art. 14 EGBGB),[10] **bei Scheidung das Scheidungsstatut** (Art. 17 Abs. 1 EGBGB)[11] als die für die allgemeinen Folgen von Ehe/Ehescheidung normierten Anknüpfungen maßgebend. Soweit die nach Art. 14 EGBGB/ 17 Abs. 1 EGBGB berufene Rechtsordnung die Verweisung annimmt und eine funktionsadäquate Regelung kennt, ist letztere anzuwenden.

Soweit im Einzelfall das Ehewirkungsstatut (Art. 14 EGBGB)/Scheidungsstatut (Art. 17 Abs. 1 **4** EGBGB) zu einer Rechtsordnung führt, die **keine den § 1568a f. BGB entsprechende** oder ähnliche Regelung kennt – was in etlichen Rechtsordnungen der Fall ist[12] –, kann u.U. nach Art. 6

3 *Henrich*, FS Kropholler 2008, 305 (318); Staudinger/*Mankowski* (11) Rn. 27.
4 *Breidenstein* FamFR 2012, 172 ff.
5 RGBl. II 1930, S. 1006; die Weitergeltung des Abkommens ist nach dem 2. Weltkrieg mit Wirkung vom 04.11.1954 bestätigt worden (Bek. v. 15.08.1955, BGBl. II, S. 829).
6 OLG Celle FamRZ 1990, 656 (657).
7 NK/*Gruber* Art. 17a EGBGB Rn. 12; Palandt/*Thorn* Art. 17a EGBGB Rn. 2.
8 Erman/*Hohloch* Art. 17 EGBGB Rn. 9; Staudinger/*Mankowski* (2011) Rn 16; anders Palandt/*Thorn* Rn. 1, 2.
9 Ebenso OLG Stuttgart FamRZ 1990, 1354; OLG Frankfurt FamRZ 1991, 1190.
10 OLG Hamm FamRZ 1990, 54 (55); MüKoBGB/*Winkler von Mohrenfels* Art. 17a EGBGB Rn. 13; Palandt/*Thorn* Art. 17a EGBGB Rn. 3; Rauscher/*Andrae* HUntStProt Art. 1 Rn. 3.
11 OLG Stuttgart FamRZ 1997, 1085; OLG Karlsruhe FamRZ 1997, 33; MüKoBGB/*Winkler von Mohrenfels* Art. 17a EGBGB Rn. 13; Palandt/*Thorn* Art. 17a EGBGB Rn. 3.
12 Z.B. im türkischen Recht: OLG Karlsruhe IPRax 2001, 51.

EGBGB zu prüfen sein, ob die Nichtdurchführung von Haushaltsgegenständeteilung und Wohnungszuweisung gegen den deutschen **ordre public** verstößt. Dies dürfte allerdings auf seltene Ausnahmefälle beschränkt sein. Denn bei im Ausland belegener Wohnung und dort befindlichem Hausrat wird kaum die erforderliche Inlandsbeziehung[13] anzunehmen sein;[14] zudem kann eine Zuweisung mit sachenrechtlicher Wirkung ohnehin nicht nach deutschem Recht erfolgen (Art. 43 EGBGB).

C. Verfahrensrecht

5   Die internationale Zuständigkeit für die Haushaltsgegenständeteilung oder Wohnungszuweisung ist nicht besonders geregelt. Die europäischen Zuständigkeitsvorschriften finden keine Anwendung.[15] Die deutsche internationale Zuständigkeit in Ehesachen erstreckt sich aber auch auf Folgesachen (§ 98 Abs. 2 FamFG). Im Übrigen folgt die internationale Zuständigkeit den Regeln über die örtliche Zuständigkeit (§ 105 i.V.m. § 201 FamFG).[16] Für die Anerkennung kommen bilaterale Staatsverträge,[17] sonst § 108 f. FamFG in Betracht.[18]

Art. 17b EGBGB   Eingetragene Lebenspartnerschaft

(1) [1]Die Begründung, die allgemeinen und die güterrechtlichen Wirkungen sowie die Auflösung einer eingetragenen Lebenspartnerschaft unterliegen den Sachvorschriften des Register führenden Staates. [2]Auf die erbrechtlichen Folgen der Lebenspartnerschaft ist das nach den allgemeinen Vorschriften maßgebende Recht anzuwenden; begründet die Lebenspartnerschaft danach kein gesetzliches Erbrecht, so findet insoweit Satz 1 entsprechende Anwendung. [3]Der Versorgungsausgleich unterliegt dem nach Satz 1 anzuwendenden Recht; er ist nur durchzuführen, wenn danach deutsches Recht anzuwenden ist und das Recht eines der Staaten, denen die Lebenspartner im Zeitpunkt der Rechtshängigkeit des Antrags auf Aufhebung der Lebenspartnerschaft angehören, einen Versorgungsausgleich zwischen Lebenspartnern kennt. [4]Im Übrigen ist der Versorgungsausgleich auf Antrag eines Lebenspartners nach deutschem Recht durchzuführen, wenn der andere Lebenspartner während der Lebenspartnerschaftszeit eine inländische Versorgungsanwartschaft erworben hat, soweit die Durchführung des Versorgungsausgleichs im Hinblick auf die beiderseitigen wirtschaftlichen Verhältnisse auch während der nicht im Inland verbrachten Zeit der Billigkeit nicht widerspricht.

(2) [1]Artikel 10 Abs. 2 und Artikel 17a gelten entsprechend. [2]Unterliegen die allgemeinen Wirkungen der Lebenspartnerschaft dem Recht eines anderen Staates, so ist auf im Inland befindliche bewegliche Sachen § 8 Abs. 1 des Lebenspartnerschaftsgesetzes und auf im Inland vorgenommene Rechtsgeschäfte § 8 Abs. 2 des Lebenspartnerschaftsgesetzes in Verbindung mit § 1357 des Bürgerlichen Gesetzbuchs anzuwenden, soweit diese Vorschriften für gutgläubige Dritte günstiger sind als das fremde Recht.

(3) Bestehen zwischen denselben Personen eingetragene Lebenspartnerschaften in verschiedenen Staaten, so ist die zuletzt begründete Lebenspartnerschaft vom Zeitpunkt ihrer Begründung an für die in Absatz 1 umschriebenen Wirkungen und Folgen maßgebend.

---

13 Vgl. BGH FamRZ 1993, 316.
14 MüKoBGB/*Winkler von Mohrenfels* Art. 17a EGBGB Rn. 15.
15 MüKoBGB/*Winkler von Mohrenfels* Art. 17a EGBGB Rn. 17.
16 *Althammer* IPRax 2009, 381 (385 f.); *Koritz* FPR 2010, 572 (573); SBW/*A.Baetge* § 105 FamFG Rn. 6.
17 MüKoBGB/*Winkler von Mohrenfels* Art. 17a EGBGB Rn. 26.
18 MüKoBGB/*Winkler von Mohrenfels* Art. 17a EGBGB Rn. 27.

(4) Die Wirkungen einer im Ausland eingetragenen Lebenspartnerschaft gehen nicht weiter als nach den Vorschriften des Bürgerlichen Gesetzbuchs und des Lebenspartnerschaftsgesetzes vorgesehen.

A. Geltungsbereich

Die Vorschrift wurde am 01.08.2001 durch das LPartG eingefügt und mit Wirkung vom 1 01.01.2005 durch Einfügung von Abs. 1 Satz 3 und 4 aktualisiert. Abs. 1 wurde mit Wirkung vom 01.09.2009 (Versorgungsausgleich)[1] und vom 18.06.2011 (Unterhalt)[2] angepasst. Eine weitere Änderung des Abs. 1 Satz 4 soll 2012 durch das AnpG zur Rom III-VO erfolgen.[3] Art. 17b Abs. 1 Satz 4 wird danach wie folgt gefasst:

> »Im Übrigen ist der Versorgungsausgleich auf Antrag eines Lebenspartners nach deutschem Recht durchzuführen, wenn einer der Lebenspartner während der Zeit der Lebenspartnerschaft ein Anrecht bei einem inländischen Versorgungsträger erworben hat, soweit die Durchführung des Versorgungsausgleichs insbesondere im Hinblick auf die beiderseitigen wirtschaftlichen Verhältnisse während der gesamten Zeit der Lebenspartnerschaft der Billigkeit nicht widerspricht.«

Für **registrierte** Lebensgemeinschaften von **gleichgeschlechtlichen** Partnern wurden mit Art. 17b EGBGB die meisten hier einschlägigen materiell-rechtlichen Anknüpfungsgegenstände normiert. Verfahrensrechtliche Regelungen finden sich im neu eingeführten § 103 FamFG (s.u. Rdn. 29). Demgegenüber vorrangige staatsvertragliche Regelungen gibt es nicht.

Als Sonderregelung für registrierte Lebensgemeinschaften gleichgeschlechtlicher Partner ist 2 Art. 17b **auf andere nichteheliche Lebensformen nicht anwendbar.** Für diese verbleibt es bei der bisherigen – umstrittenen – Rechtslage,[4] s. dazu Art. 13 Rdn. 16. Andere wollen hingegen Art. 17b auf **registrierte heterosexuelle Lebensgemeinschaften** entweder unmittelbar[5] oder analog[6] anwenden. Hingegen ist der Anwendungsbereich der Norm nicht auf die Eingetragene Lebenspartnerschaft i.S. des deutschen Sachrechts (§ 1 LPartG) beschränkt; Art. 17b erfasst als allseitige Kollisionsnorm auch mit der Eingetragenen Lebenspartnerschaft vergleichbare Rechtsinstitute ausländischen Rechts.[7]

Eine eigenständige deutsche Kollisionsnorm für im Ausland eingegangene **gleichgeschlechtliche** 3 **Ehen** (z.B. Belgien, Niederlande, Spanien) ist nicht vorhanden. Die Anknüpfung einer solchen Ehe, die nach einigen Rechtsordnungen möglich ist, ist umstritten. Wenn man »Ehe« nicht wei-

---

1 BGBl. I 2009, S. 700.
2 BGBl. I 2011, S. 898.
3 Entwurf eines Gesetzes zur Anpassung der Vorschriften des Internationalen Privatrechts an die Verordnung (EU) Nr. 1259/2010 und zur Änderung anderer Vorschriften des Internationalen Privatrechts, BR-Drucks 468/12.
4 jurisPK/*Röthel* Rn. 9; NK/*Gebauer* Art. 17b EGBGB Rn. 18.
5 NK/*Gebauer* Art. 17b EGBGB Rn. 8.
6 *Wagner* IPRax 2001, 281 (292); *Schaal* ZNotP 2009, 290 (297 f.); Palandt/*Thorn* Rn. 1.
7 *Wagner* IPRax 2001, 281; differenzierend *Henrich,* FS Kropholler 2008, 305 ff.

tergehend funktional auslegt,[8] fehlt eine eigene Norm für die (volle) gleichgeschlechtliche Ehe. Die Wirksamkeit einer solchen im Ausland eingegangenen Ehe unterliegt nach einer Auffassung lediglich Art. 17b EGBGB,[9] nach a.A. analog Art. 13 Abs. 1 dem (oft restriktiveren) Heimatrecht;[10] für die Form gilt Art. 11.

4 Der **sachliche Anwendungsbereich** umfasst neben dem Erbrecht (Art. 17b Abs. 1 Satz 2 EGBGB) die familienrechtlichen Anknüpfungsgegenstände Begründungsstatut (Art. 17b Abs. 1 Satz 1 1. Alt. EGBGB), allgemeines Wirkungsstatut (Art. 17b Abs. 1 Satz 1 2. Alt. EGBGB), Güterrechtsstatut (Art. 17b Abs. 1 Satz 1 3. Alt. EGBGB), Auflösungsstatut (Art. 17a Abs. 1 Satz 1 4. Alt. EGBGB), Namensstatut (Art. 17b Abs. 2 Satz 1 1. Alt. EGBGB), Statut zu Wohnungszuweisung und Hausratsteilung (Art. 17b Abs. 2 Satz 1 2. Alt. EGBGB) sowie – seit dem 01.01.2005 – das Statut zum Versorgungsausgleich (Art. 17b Abs. 1 Satz 3 und 4 EGBGB).

B. Begründung der Lebenspartnerschaft

5 Nach Art. 17b **Abs. 1 Satz 1 1. Alt.** EGBGB bestimmen sich die **materiell-rechtlichen Voraussetzungen** der Begründung einer eingetragenen Lebenspartnerschaft i.S.d. Vorschrift (o. Rdn. 1) nach dem **Recht des Register führenden Staats**. In Durchbrechung des sonst geltenden Grundsatzes der selbständigen Anknüpfung von Formfragen ist darüber hinaus auch das Statut zur **Form** der Begründung in gleicher Weise geregelt.[11] Diese Verweisung zu Voraussetzungen und Form der Partnerschaftsbegründung führt aufgrund ausdrücklicher Bestimmung im Normtext (Abs. 1 Satz 1 a.E.) **unmittelbar in die Sachvorschriften** des Rechts des Registrierungsstaats – keine Gesamtverweisung i.S.v. Art. 4 Abs. 1 Satz 1 EGBGB.[12]

Vorfragen, z.B. Bestehen einer Ehe oder anderen Lebenspartnerschaft (vgl. § 1 Abs. 2 Nr. 1 LPartG), Minderjährigkeit (vgl. § 1 Abs. 2 Nr. 1 LPartG), Verwandtschaft (vgl. § 1 Abs. 2 Nr. 2 und 3 LPartG), sind an Hand der für diese Gegenstände maßgeblichen Kollisionsnormen **selbständig anzuknüpfen** (s. vor Art. 3 Rdn. 26 f.).[13]

Das Begründungsstatut in Art. 17b Abs. 1 Satz 1 1. Alt. EGBGB ist auch maßgeblich für die Frage der **Wirksamkeit** einer ggf. fehlerhaft begründeten Lebenspartnerschaft.

C. Allgemeine Wirkungen der Lebenspartnerschaft

6 Art. 17b **Abs. 1 Satz 1 2. Alt.** EGBGB regelt die Anknüpfung der rechtlichen **Wirkungen** einer wirksam begründeten Lebenspartnerschaft (Wirkungsstatut). Anknüpfungsgegenstand sind die persönlichen Rechtsbeziehungen der Lebenspartner zueinander und die Auswirkungen der Lebenspartnerschaft im Rechtsverkehr (z.B. die Qualität der Zugehörigkeit zur Familie des anderen Partners – vgl. § 11 LPartG). Für einige besondere Wirkungen der Lebenspartnerschaft gibt es Spezialnormen, die in ihrem Anwendungsbereich der Vorschrift vorgehen: Namensstatut (Art. 17b Abs. 2 Satz 1, 10 Abs. 2 EGBGB), Unterhaltsstatut (EuUnthVO), Versorgungsausgleichsstatut (Art. 17b Abs. 1 Satz 3 und 4 EGBGB) sowie das Statut zu Wohnungszuweisung und Hausratsteilung (Art. 17b Abs. 2 Satz 1 2. Alt. i.V.m. Art. 17a EGBGB) sind besonders normiert. Güter-

---

8 So jurisPK/*Röthel* Rn. 13
9 BFH IPRax 2006, 287; KG FamRZ 2011, 1525; OLG München FamRZ 2011, 1526; OLG Zweibrücken FamRZ 2011, 1526; AG Münster StAZ 2010, 211; *Andrae* StAZ 2011, 97 (102 f.); *Mankowski/Höffmann* IPRax 2011, 247 (250 f.); *Wiggerich* FamRZ 2012, 1116 (1117); MüKo/*Coester* Rn. 146; Staudinger*Mankowski* (2011) Art. 13 Rn. 177a mwN; vgl. auch VG Berlin StAZ 2010, 372.
10 Palandt/*Thorn* Rn. 1. – Unentschieden Köln StAZ 2010, 264; AG Köln StAZ 2010, 114.
11 BT-Drucks. 14/3751 S. 60.
12 NK/*Gebauer* Art. 17b EGBGB Rn. 21.
13 NK/*Gebauer* Art. 17b EGBGB Rn. 22.

rechtsstatut (Art. 17b Abs. 1 Satz 1 3. Alt. EGBGB) und Auflösungsstatut (Art. 17b Abs. 1 Satz 1 4. Alt. EGBGB) sind in der Vorschrift gesondert benannt, jedoch inhaltlich gleichartig geregelt.

Die **Anknüpfung** zum Wirkungsstatut führt wie beim Begründungsstatut zum **Recht des Register führenden Staats**. Eine Rechtswahl ist nicht möglich.[14] Die Verweisung erfolgt aufgrund ausdrücklicher Bestimmung im Normtext (Abs. 1 Satz 1 a.E.) **unmittelbar in die Sachvorschriften** des Rechts des Registrierungsstaats – keine Gesamtverweisung i.S.v. Art. 4 Abs. 1 Satz 1 EGBGB.

Haben die Lebenspartner nachträglich ihre Lebenspartnerschaft in einem weiteren Staat registrieren lassen, endet der Gleichlauf zum Begründungsstatut: Nach Art. 17b **Abs. 3** EGBGB sind bei **Mehrfachregistrierung** der Lebenspartnerschaft in verschiedenen Staaten nur die **Sachvorschriften des Staats der letzten Registrierung** maßgebend. Für die allgemeinen Wirkungen der Lebenspartnerschaft bedeutet dies dann einen Statutenwechsel.

Ist Wirkungsstatut eine fremde Rechtsordnung, kann sich daraus ein weiterer Umfang der Wirkungen einer nach diesem Recht registrierten Lebenspartnerschaft ergeben als im deutschen Recht vorgesehen. Nach Art. 17b **Abs. 4** EGBGB gehen dann die Wirkungen im Inland nur so weit, wie es dem deutschen Sachrecht entspricht (»**Kappungsregelung**«[15]). 7

D. Güterrecht

Ein EU VO-Vorschlag zum Güterrecht eingetragener Partnerschaften vom März 2011 liegt vor.[16] 8 Nach geltendem Recht bestimmt sich das Güterrechtsstatut gem. Art. 17b **Abs. 1 Satz 1 3. Alt.** EGBGB im Gleichlauf zum Begründungsstatut nach dem **Recht des Register führenden Staats**. Diese Verweisung erfolgt aufgrund ausdrücklicher Bestimmung im Normtext (Abs. 1 Satz 1 a.E.) **unmittelbar in die Sachvorschriften** des Rechts des Registrierungsstaats. Die Regel über den Vorrang des Einzelstatuts (Art. 3a Abs. 3 EGBGB) findet Anwendung.[17]

Da somit keine Gesamtverweisung i.S.v. Art. 4 Abs. 1 Satz 1 EGBGB erfolgt, kann an sich kein späterer Statutenwechsel eintreten. Das Güterrechtsstatut ist grds. unwandelbar, bezogen auf den Zeitpunkt der Begründung der Lebenspartnerschaft. Eine Rechtswahl im eigentlichen Sinne[18] ist zu keinem Zeitpunkt möglich. Dennoch kann es zum Statutenwechsel kommen, wenn nämlich die Lebenspartner nachträglich ihre Lebenspartnerschaft in einem weiteren Staat registrieren lassen: Nach Art. 17b Abs. 3 EGBGB sind bei **Mehrfachregistrierung** der Lebenspartnerschaft in verschiedenen Staaten nur die **Sachvorschriften des Staats der letzten Registrierung** maßgebend. Eine solche weitere Registrierung kommt faktisch einer Rechtswahl gleich.

Ist Güterrechtsstatut eine fremde Rechtsordnung, kann sich daraus ggf. ein weiterer Umfang der 9 güterrechtlichen Wirkungen einer nach diesem Recht registrierten Lebenspartnerschaft ergeben als im deutschen Recht vorgesehen. Nach Art. 17b **Abs. 4** EGBGB gehen dann die Wirkungen im Inland nur so weit, wie es dem deutschen Sachrecht entspricht (»**Kappungsregelung**«).

Die Wirkung bestimmter **drittschützender Vorschriften** des deutschen Gütersachrechts erstreckt 10 sich gem. Art. 17b **Abs. 2 Satz 2** EGBGB auf inlandsbezogene Rechtsbeziehungen zu Dritten, wenn Lebenspartner beteiligt sind, für die ausländisches Güterrecht gilt. Die Vorschrift verweist auf:

---

14 jurisPK/*Röthel* Rn. 26.
15 So *Wagner* IPRax 2001, 281 (291).
16 Dazu *Buschbaum/Simon* GPR 2011, 262 ff., 305 ff.; *Kohler/Pintens* FamRZ 2011, 1433 (1437 f.); *Martiny* IPRax 2011, 437 ff.
17 NK/*Gebauer* Art. 17b EGBGB Rn. 32.
18 Vgl. dazu Art. 4 EGBGB Rdn. 7.

– die Regelung in §§ 8 Abs. 1 LPartG, 1362 BGB zu den **Eigentumsvermutungen** bei Zwangsvollstreckung in Lebenspartnern gehörende bewegliche Sachen (Art. 17b Abs. 2 Satz 2 1. Alt. EGBGB). Hier ist zusätzlich Voraussetzung, dass sich die betreffenden Sachen im Inland befinden;

– die Regelung zur »**Schlüsselgewalt**« in §§ 8 Abs. 2 LPartG, 1357 BGB (Art. 17b Abs. 2 Satz 2 2. Alt. EGBGB). Hierzu ist zusätzlich Voraussetzung, dass das fragliche Rechtsgeschäft im Inland vorgenommen wurde. Art. 16 Abs. 1 EGBGB findet keine Entsprechung, sollte aber analog herangezogen werden.[19]

11 Zur **internationalen Zuständigkeit** für Güterrechtsverfahren von Lebenspartnern gibt es keine unionsrechtlichen oder staatsvertraglichen Regelungen: Die Brüssel IIa VO (VO (EG) Nr. 2201/2003) hat nur Ehesachen zum Gegenstand, alle anderen Familiensachen sowie Lebenspartnerschaftssachen werden von ihr nicht erfasst. Auch das LugÜ nimmt familienrechtliche Rechtsinstitute – mit Ausnahme der Unterhaltsansprüche – von seinem Anwendungsbereich aus.[20] Nach dem somit anwendbare nationalen deutschen Recht besteht eine Zuständigkeit für Folgesachen (§ 103 Abs. 2 FamFG). Im Übrigen folgt die internationale Zuständigkeit den Regeln über die örtliche Zuständigkeit (§ 105 FamFG).

E. Auflösung der Lebenspartnerschaft

12 Das **Statut für die Auflösung** der Lebenspartnerschaft bestimmt sich gem. Art. 17b **Abs. 1 Satz 1 4. Alt.** EGBGB wie beim Begründungsstatut nach dem **Recht des Register führenden Staats.** Diese Verweisung erfolgt aufgrund ausdrücklicher Bestimmung im Normtext (Abs. 1 Satz 1 a.E.) **unmittelbar in die Sachvorschriften** des Rechts des Registrierungsstaats – keine Gesamtverweisung i.S.v. Art. 4 Abs. 1 Satz 1 EGBGB. Als Auflösung kommt insbes. eine einverständliche Aufhebung in Betracht. Auch eine Umsetzung einer Partnerschaft in eine Ehe ist erfasst.[21]

Haben die Lebenspartner nachträglich ihre Lebenspartnerschaft in einem weiteren Staat registrieren lassen, endet der Gleichlauf mit dem Begründungsstatut, da nach Art. 17b **Abs. 3** EGBGB bei **Mehrfachregistrierung** der Lebenspartnerschaft in verschiedenen Staaten nur die **Sachvorschriften des Staats der letzten Registrierung** maßgebend sind. Für die Auflösung der Lebenspartnerschaft ist in solchen Fällen das letztgenannte Recht berufen.

13 (zur Zeit nicht besetzt)

14 Für die **internationale Zuständigkeit** für Verfahren auf Aufhebung (Auflösung) der Lebenspartnerschaft gibt es keine unionsrechtliche oder staatsvertragliche Regelung. Weder die Brüssel IIa VO noch das LugÜ sind einschlägig.[22] Nationale Rechtsgrundlage ist § 103 FamFG.[23] Danach sind die deutschen Gerichte zuständig, wenn alternativ

– ein Lebenspartner **Deutscher** ist oder bei der Registrierung der Lebenspartnerschaft war (§ 103 Abs. 1 Nr. 1 FamFG);

– ein Lebenspartner seinen **gewöhnlichen Aufenthalt im Inland** hat (§ 103 Abs. 1 Nr. 2 FamFG);

– die Lebenspartnerschaft **vor einem deutschen Standesbeamten begründet** worden ist (§ 103 Abs. 1 Nr. 3 FamFG).

---

19 *Andrae* IntFamR § 9 Rn. 39.
20 *Wagner* IPRax 2001, 281.
21 Vgl. KG StAZ 2012, 107 (Niederlande).
22 Vgl. *Wagner* IPRax 2001, 281; *Helms* FamRZ 2002, 1593 (1594) m.w.N.
23 *Althammer* IPRax 2009, 381 (384 f.); *Hau* FamRZ 2009, 821 (823).

Diese Zuständigkeit der deutschen Gerichte ist nach § 106 FamFG nicht ausschließlich, d.h. die von einem anderen Staat nach seinem Recht beanspruchte internationale Zuständigkeit steht der Anerkennung einer dort ergangenen Entscheidung nicht von vornherein entgegen.

Die **Anerkennung** einer im Ausland erfolgten Auflösung (Aufhebung) der registrierten Lebens- 15 partnerschaft richtet sich, soweit eine gerichtliche oder behördliche Entscheidung vorliegt, nach §§ 108, 109 FamFG, wie sich aus § 109 Abs. 3 FamFG ergibt. Ein besonderes Verfahren zur Fest-stellung der Anerkennung ist nicht vorgeschrieben. § 107 FamFG gilt hier nicht.[24] Stellt sich in einem Verfahren die Vorfrage der Anerkennungsfähigkeit, ist darüber inzidenter zu entscheiden. Für die Anerkennung einer Auflösung durch Rechtsgeschäft gilt Art. 17b Abs. 1 Satz 1 Alt. 4 EGBGB.[25] Ist deutsches Recht anwendbar, so ist eine Auflösung durch eine im Ausland abgege-bene bloße Privaterklärung nicht möglich.[26]

F. Unterhalt

Für das **Unterhaltsstatut** gilt das Haager Unterhaltsprotokoll (s. Art. 18 aF Anh. 2). Wegen der ab 16 18.06.2011 eingreifenden EuUntVO (s. Art. 18 aF Anh. 1) ist die Verweisung auf den aufgehobe-nen Art. 18 EGBGB gestrichen worden.

(zur Zeit nicht besetzt) 17-20

Die **internationale Zuständigkeit** für Unterhaltsverfahren, welche Verpflichtungen aus einer 21 Lebenspartnerschaft zum Gegenstand haben, ergibt sich in gleicher Weise wie für andere Unter-haltspflichten aus einem gestuften System unionsrechtlicher und internationaler Rechtsquellen sowie nachrangig aus dem nationalen Recht. Einschlägige Rechtsgrundlagen sind seit 18.06.2011 die EuUntVO (Art. 3 ff), LugÜ (Art. 2 und 5) sowie nationales Recht (§§ 105, 232 FamFG). Für die **Anerkennung von ausl. Unterhaltstiteln** gelten die auch sonst maßgeblichen Vorschriften, im nationalen Recht §§ 108, 109 Abs. 4 Nr. 1, 112 Nr. 1 FamFG.

(zur Zeit nicht besetzt) 22

G. Lebenspartnerschaftsname

Zum **Statut** für die Anknüpfung eines **gemeinsamen Namens** der Lebenspartner (»Lebenspartner- 23 schaftsname« – vgl. § 3 LPartG) verweist Art. 17b **Abs. 2 Satz 1 1. Alt.** EGBGB auf die entspre-chende Anwendung der für den Ehenamen maßgeblichen Kollisionsnorm in Art. **10 Abs. 2** EGBGB. S. dazu Art. 10 EGBGB Rdn. 7 ff. Bei Beurkundung im Ausland greift § 42 Abs. 2 PStG ein.

Soweit danach ein Lebenspartnerschaftsname nicht zulässig ist oder nicht gewählt wird, richtet sich die Namensführung der Lebenspartner in unmittelbarer Anwendung von Art. 10 Abs. 1 EGBGB nach dem jeweiligen Heimatrecht.

H. Wohnungszuweisung und Haushaltsgegenständeteilung

Zum **Statut** für Haushaltsgegenständeteilung und Wohnungszuweisung verweist Art. 17b **Abs. 2** 24 **Satz 1 Alt. 2** EGBGB auf die entsprechende Anwendung von Art. **17a** EGBGB. S. dazu Art. 17a EGBGB Rdn. 1–4.

---

24 *Althammer* IPRax 2009, 381 (386); SBW/*D. Baetge* § 107 FamFG Rn. 2.
25 *Wagner* IPRax 2001, 281; SBW/*A. Baetge* § 103 FamFG Rn. 5 ff.
26 jurisPK/*Röthel* Rn. 29; MüKo/*Coester* Rn. 39.

Die **internationale Zuständigkeit** für Verfahren zur Haushaltsgegenständeteilung oder Wohnungszuweisung ist weder im Unionsrecht noch in Staatsverträgen geregelt; § 103 Abs. 2 FamFG gilt auch für Verbundverfahren bei Auflösung der Lebenspartnerschaft. Im Übrigen folgt die internationale Zuständigkeit den Regeln über die örtliche Zuständigkeit (§ 105 FamFG).

I. Versorgungsausgleich

25 Grundlage für das **Statut** zur Durchführung des Versorgungsausgleichs ist Art. 17b **Abs. 1 Satz 3 und 4** EGBGB. Hierbei ist genau zu unterscheiden zwischen Satz 3 und Satz 4 der Vorschrift: Bei Anwendbarkeit von Art. 17b Abs. 1 **Satz 3** ergibt sich ein **von Amts wegen durchzuführender Versorgungsausgleich**. Hingegen ist der sich aus Satz 4 ergebende »regelwidrige« Versorgungsausgleich nur auf Antrag eines Lebenspartners durchzuführen. Satz 3 ist vorrangig gegenüber Satz 4.

26 Zur Durchführung des Versorgungsausgleichs von Amts wegen nach Satz 3 kommt es über eine **Anknüpfung an das im konkreten Fall nach Art. 17b Abs. 1 Satz 1 EGBGB berufene**, d.h. anzuwendende, nicht tatsächlich angewendete,[27] **Auflösungsstatut**. Allerdings ist der Versorgungsausgleich nur durchzuführen, wenn **deutsches Recht anwendbar** ist (Abs. 1 Satz 3 **Hs. 2 Alt. 1** EGBGB). Der Versorgungsausgleich ist dennoch **ausgeschlossen**, wenn das **Heimatrecht nicht mindestens einer der Lebenspartner den Versorgungsausgleich kennt** (Abs. 1 Satz 3 **Hs. 2 Alt. 2** EGBGB). Diese Ausnahme kommt naturgemäß nicht in Betracht, soweit deutsches Recht Auflösungsstatut und einer der Lebenspartner Deutscher ist; der Versorgungsausgleich ist dann immer von Amts wegen durchzuführen.

Probleme bereitet die Vorschrift bei Lebenspartnerschaften mit lediglich nichtdeutschen Partnern oder bei nichtdeutschem Auflösungsstatut. Hierbei ergibt sich die Frage, inwieweit das in Betracht kommende ausländische Statut oder Heimatrecht der Lebenspartner den Versorgungsausgleich für Lebenspartnerschaften kennt. Hierfür ist wichtig, den Begriff des Versorgungsausgleichs richtig zu qualifizieren, und zwar so, wie er sich seinem Gehalt nach aus dem deutschen Recht ergibt.[28]

27 Bei Nichtanwendbarkeit von Art. 17b Abs. 1 Satz 3 EGBGB kommt der »regelwidrige«, **nur auf Antrag** eines Lebenspartners **durchzuführende** Versorgungsausgleich nach Art. 17b Abs. 1 **Satz 4** EGBGB in Betracht. Ein Versorgungsausgleich in Anwendung deutschen Rechts ist dann durchzuführen, wenn der andere Lebenspartner während der Lebenspartnerschaftszeit eine Versorgungsanwartschaft in Deutschland erworben hat. Das gilt allerdings nach Art. 17b Abs. 1 Satz 4 2. Hs. EGBGB-RegE nur, wenn die Durchführung des Versorgungsausgleichs unter Berücksichtigung der beiderseitigen wirtschaftlichen Verhältnisse während der gesamten Zeit der Lebenspartnerschaft der Billigkeit entspricht.[29]

28 Ist eine Lebenspartnerschaft im Ausland aufgelöst worden, ohne dass dort der Versorgungsausgleich durchgeführt wurde, wäre dieser jedoch nach deutschem Recht von Amts wegen vorzunehmen gewesen, ist er in einem **selbständigen Verfahren** nachträglich durchzuführen. Die dahingehende Rechtsprechung des BGH zur Auslandsscheidung[30] gilt auch hier.

28a Bei der Anpassung der IPR-Vorschriften an die Rom III-VO soll eine Übergangsvorschrift als Art. 229 § 29 EGBGB eingefügt worden. Danach ist in Verfahren über den Versorgungsausgleich, die vor der Reform eingeleitet worden sind, Art. 17b Abs. 1 Satz 4 in der bis zu diesem Zeitpunkt geltenden Fassung weiter anzuwenden.

---

27 Vgl. OLG Zweibrücken FuR 2000, 425 (426).
28 Vgl. *Finger* FF 2002, 154 (156).
29 Zur gleichlautenden Billigkeitsklausel für Ehen s. Art. 17 EGBGB Rdn. 22.
30 BGH FamRZ 1993, 798.

Für die **internationale Zuständigkeit** besteht nach dem insoweit anwendbaren nationalen deut- 29
schen Recht eine Zuständigkeit für Folgesachen (§ 103 Abs. 2 FamFG). Im Übrigen gilt § 102
FamFG entsprechend (§ 103 Abs. 3 FamFG).

Art. 18 EGBGB

(aufgehoben)

A. Unterhaltsstatut

Art. 18 EGBGB ist zum 18.06.2011 aufgehoben worden.[1] Nunmehr kommen gem. Art. 3 Nr. 2 1
nur noch europäisches Verordnungsrecht und völkerrechtliche Vereinbarungen zur Anwendung.
Im Verhältnis zum **Iran** gilt für die Anknüpfung des Unterhalts das deutsch-iranische Niederlassungsabk. vom 17.02.1929,[2] nach welchem bei gleicher Staatsangehörigkeit von Unterhaltsberechtigtem und -verpflichtetem allein an deren Staatsangehörigkeit angeknüpft wird (Art. 8 Abs. 3).
Das **Haager Üb** über das auf Unterhaltsverpflichtungen ggü. Kindern anzuwendende Recht vom
24.10.1956 (BGBl. 1961 II 1013 – HKÜ –) gilt im Verhältnis zu China (Macau) und Liechtenstein bzgl. des Unterhalts für noch nicht 21-jährige Kinder.

Mit einer größeren Zahl von Staaten war für Deutschland am 01.04.87 das **Haager Üb über das** 2
auf Unterhaltpflichten anzuwendende Recht vom 02.10.1973 (BGBl. 86 II S 837 – HUÜ –) in
Kraft getreten. Die in diesem Üb geregelten Anknüpfungspunkte waren inhaltlich identisch mit
der innerstaatlichen Regelung, die am 01.09.1986 mit der Neufassung von Art. 18 EGBGB in
Kraft getreten war. Es hat noch Bedeutung für Japan, die Schweiz und die Türkei (s. Art. 18
EGBGB Anh. 2 Rdn. 28).

Das **Haager Protokoll** über das auf Unterhaltspflichten anzuwendende Recht von 2007 (Haa- 3
gUntProt) und das Haager Übk. zur internationalen Durchsetzung von Kindesunterhalt und
anderen familienrechtlichen Unterhaltsansprüchen von 2007 sind an sich noch nicht in Kraft
getreten.[3] Das HaagUntProt wird jedoch ab 18.6. 2011 in der EU angewendet (s. Anh. 2 Rdn. 1).
Die EU-Verordnung Nr. 4/2009 vom 18.12.08 über die Zuständigkeit, das anwendbare Recht, die
Anerkennung und Vollstreckung von Entscheidungen und die Zusammenarbeit in Unterhaltssachen (EuUntVO) findet ab 18.06. 2011 Anwendung (s. Anh. 1 Rdn. 1). Die VO regelt neben der
internationalen Zuständigkeit auch das anwendbare Recht. Für letzteres wird allerdings für die
daran gebundenen Mitgliedstaaten nur auf das Haager Protokoll verwiesen, Art. 15.[4]– Weitere
Verfahrensfragen sind im neugefassten Auslandsunterhaltsgesetz (AUG) geregelt.[5]

B. Verfahrensrecht

Die Regelung der **internationalen Zuständigkeit** für Unterhaltsverfahren – unabhängig davon, ob 4
das Verfahren als Folgesache oder isoliert betrieben wird –, einschließlich von Verfahren zur einstweiligen Anordnung (§ 49 FamFG) sowie des Vereinfachten Verfahrens nach §§ 249 ff FamFG
ergibt sich aus dem Unionsrecht und Staatsverträgen sowie nachrangig aus dem nationalen Recht.
Einschlägige Rechtsgrundlagen sind seit 18.06.2011 die EuUntVO – Art. 3 bis 8 (i.V.m. §§ 25 ff
AUG), LugÜ – Art. 2 und 5, – deutsches Recht. Dies verlangt für jedes Unterhaltsverfahren die

---

1 Art. 12 G v 23.5.2011, BGBl 2011 I 898.
2 RGBl 1930 II 1006; BGBl 1955 II S 829.
3 *Janzen* FPR 2008, 218.
4 Dazu Rauscher/*Andrae* EG-Unterhalts-Verordnung Art. 15 Rn. 13 ff.
5 *Andrae* NJW 2011, 2545; *Heger/Selg* FamRZ 2011, 1101.

vorrangige Prüfung, ob das konkrete Verfahren in den Anwendungsbereich der EuUntVO fällt. Ist das nicht der Fall, so kommt das LugÜ in Betracht. Nur wenn auch dessen Anwendungsbereich nicht greift, ist auf das autonome Recht zurückzugreifen. S. § 98 Absatz 2 FamFG (Folgesachen); i.Ü. gilt § 105 FamFG.[6]

5 Die **Anerkennung ausl. Unterhaltstitel** erfolgt in der EU ab 18.06.2011 nach der EuUntVO (i.V.m. §§ 30 ff AUG). Im übrigen kann sie unter den Vertragsstaaten nach dem HUVollstrÜ 1973 (BGBl. 1986 II S 826) erfolgen. Früher konnte die Anerkennung wahlweise auch auf die EuGVO,[7] das EuGVÜ (für Altfälle) und das LugÜ (insb. für Altfälle) gestützt werden. Darüber hinaus kommen weitere völkerrechtliche Vereinbarungen in Betracht. Nach nationalem Recht gilt § 108 FamFG.[8]

6 Die **Abänderung eines bestehenden Unterhaltstitels** erfolgt, auch wenn es sich um ein anzuerkennendes ausl. Unterhaltsurteil handelt, nach § 228 FamFG.[9] Das Abänderungsstatut – also die Frage, welche Rechtsordnung den Maßstab für die Abänderung ergibt – entspricht dem Unterhaltsstatut (vgl. Art. 11 lit b HaagUntProt »Unterhalt für die Vergangenheit«). Näher BGH NJW 2012, 384 krit. Anm. *Riegner* FamFR 2012, 54 ff. Demnach richtet sich nach einem Statutenwechsel die Abänderung nach dem aktuellen Unterhaltsstatut.[10]

Anhang 1 zu Art. 18 EGBGB

Verordnung (EG) Nr. 4/2009 des Rates vom 18. Dezember 2008 über die Zuständigkeit, das anwendbare Recht, die Anerkennung und Vollstreckung von Entscheidungen und die Zusammenarbeit in Unterhaltssachen

18. Dezember 2008

DER RAT DER EUROPÄISCHEN UNION —

gestützt auf den Vertrag zur Gründung der Europäischen Gemeinschaft, insbesondere auf Artikel 61 Buchstabe c und Artikel 67 Absatz 2,

auf Vorschlag der Kommission,

nach Stellungnahme des Europäischen Parlaments,

nach Stellungnahme des Europäischen Parlaments vom 13. Dezember 2007 (noch nicht im Amtsblatt veröffentlicht)

und Stellungnahme des Europäischen Parlaments vom 4. Dezember 2008 infolge erneuter Anhörung (noch nicht im Amtsblatt veröffentlicht),

nach Stellungnahme des Europäischen Wirtschafts- und Sozialausschusses,

nach Stellungnahme des Europäischen Wirtschafts- und Sozialausschusses nach nicht obligatorischer Anhörung (ABl. C 185 vom 08.08.2006, S. 35),

---

6 *Althammer* IPRax 2009, 382; *Hau* FamRZ 2009, 822 f.; SBW/*A.Baetge* § 105 FamFG Rn. 8.
7 OLG Brandenburg FamRZ 2008, 1758.
8 SBW/*D.Baetge* § 108 FamFG Rn. 5.
9 Vgl. BGH FamRZ 1983, 806.
10 OLG Köln FamRZ 2005, 534.

in Erwägung nachstehender Gründe:

(1) Die Gemeinschaft hat sich zum Ziel gesetzt, einen Raum der Freiheit, der Sicherheit und des Rechts, in dem der freie Personenverkehr gewährleistet ist, zu erhalten und weiterzuentwickeln. Zur schrittweisen Schaffung eines solchen Raums erlässt die Gemeinschaft unter anderem Maßnahmen im Bereich der justiziellen Zusammenarbeit in Zivilsachen mit grenzüberschreitenden Bezügen, soweit dies für das reibungslose Funktionieren des Binnenmarkts erforderlich ist.

(2) Nach Artikel 65 Buchstabe b des Vertrags betreffen solche Maßnahmen unter anderem die Förderung der Vereinbarkeit der in den Mitgliedstaaten geltenden Kollisionsnormen und der Vorschriften zur Vermeidung von Kompetenzkonflikten.

(3) Die Gemeinschaft hat hierzu unter anderem bereits folgende Maßnahmen erlassen: die Verordnung (EG) Nr. 44/2001 des Rates vom 22. Dezember 2000 über die gerichtliche Zuständigkeit und die Anerkennung und Vollstreckung von Entscheidungen in Zivil- und Handelssachen (ABl. L 12 vom 16.01.2001, S. 1), die Entscheidung 2001/470/EG des Rates vom 28. Mai 2001 über die Einrichtung eines Europäischen Justiziellen Netzes für Zivil- und Handelssachen (ABl. L 174 vom 27.06.2001, S. 25), die Verordnung (EG) Nr. 1206/2001 des Rates vom 28. Mai 2001 über die Zusammenarbeit zwischen den Gerichten der Mitgliedstaaten auf dem Gebiet der Beweisaufnahme in Zivil- oder Handelssachen (ABl. L 174 vom 27.06.2001, S. 1), die Richtlinie 2003/8/EG des Rates vom 27. Januar 2003 zur Verbesserung des Zugangs zum Recht bei Streitsachen mit grenzüberschreitendem Bezug durch Festlegung gemeinsamer Mindestvorschriften für die Prozesskostenhilfe in derartigen Streitsachen (ABl. L 26 vom 31.01.2003, S. 41), die Verordnung (EG) Nr. 2201/2003 des Rates vom 27. November 2003 über die Zuständigkeit und die Anerkennung und Vollstreckung von Entscheidungen in Ehesachen und in Verfahren betreffend die elterliche Verantwortung (ABl. L 338 vom 23.12.2003, S. 1), die Verordnung (EG) Nr. 805/2004 des Europäischen Parlaments und des Rates vom 21. April 2004 zur Einführung eines europäischen Vollstreckungstitels für unbestrittene Forderungen (ABl. L 143 vom 30.04.2004, S. 15) sowie die Verordnung (EG) Nr. 1393/2007 des Europäischen Parlaments und des Rates vom 13. November 2007 über die Zustellung gerichtlicher und außergerichtlicher Schriftstücke in Zivil- oder Handelssachen in den Mitgliedstaaten (Zustellung von Schriftstücken) (ABl. L 324 vom 10.12.2007, S. 79).

(4) Der Europäische Rat hat auf seiner Tagung vom 15. und 16. Oktober 1999 in Tampere den Rat und die Kommission aufgefordert, besondere gemeinsame Verfahrensregeln für die Vereinfachung und Beschleunigung der Beilegung grenzüberschreitender Rechtsstreitigkeiten unter anderem bei Unterhaltsansprüchen festzulegen. Er hat ferner die Abschaffung der Zwischenmaßnahmen gefordert, die notwendig sind, um die Anerkennung und Vollstreckung einer in einem anderen Mitgliedstaat ergangenen Entscheidung, insbesondere einer Entscheidung über einen Unterhaltsanspruch, im ersuchten Staat zu ermöglichen.

(5) Am 30. November 2000 wurde ein gemeinsames Maßnahmenprogramm der Kommission und des Rates zur Umsetzung des Grundsatzes der gegenseitigen Anerkennung gerichtlicher Entscheidungen in Zivil- und Handelssachen (ABl. C 12 vom 15.01.2001, S. 1) verabschiedet. Dieses Programm sieht die Abschaffung des Exequaturverfahrens bei Unterhaltsansprüchen vor, um die Wirksamkeit der Mittel, die den Anspruchsberechtigten zur Durchsetzung ihrer Ansprüche zur Verfügung stehen, zu erhöhen.

(6) Am 4. und 5. November 2004 hat der Europäische Rat auf seiner Tagung in Brüssel ein neues Programm mit dem Titel »Haager Programm zur Stärkung von Freiheit, Sicherheit und Recht in der Europäischen Union (nachstehend das »Haager Programm« genannt) (ABl. C 53 vom 03.03.2005, S. 1) angenommen.

(7) Der Rat hat auf seiner Tagung vom 2. und 3. Juni 2005 einen Aktionsplan des Rates und der Kommission (ABl. C 198 vom 12.08.2005, S. 1) angenommen, mit dem das Haager Pro-

gramm in konkrete Maßnahmen umgesetzt wird und in dem die Annahme von Vorschlägen zur Unterhaltspflicht als notwendig erachtet wird.

(8) Im Rahmen der Haager Konferenz für Internationales Privatrecht haben die Gemeinschaft und ihre Mitgliedstaaten an Verhandlungen teilgenommen, die am 23. November 2007 mit der Annahme des Übereinkommens über die internationale Geltendmachung der Unterhaltsansprüche von Kindern und anderen Familienangehörigen (nachstehend das »Haager Übereinkommen von 2007« genannt) und des Protokolls über das auf Unterhaltspflichten anzuwendende Recht (nachstehend das »Haager Protokoll von 2007« genannt) abgeschlossen wurden. Daher ist diesen beiden Instrumenten im Rahmen der vorliegenden Verordnung Rechnung zu tragen.

(9) Es sollte einem Unterhaltsberechtigten ohne Umstände möglich sein, in einem Mitgliedstaat eine Entscheidung zu erwirken, die automatisch in einem anderen Mitgliedstaat ohne weitere Formalitäten vollstreckbar ist.

(10) Um dieses Ziel zu erreichen, sollte ein gemeinschaftliches Rechtsinstrument betreffend Unterhaltssachen geschaffen werden, in dem die Bestimmungen über Kompetenzkonflikte, Kollisionsnormen, die Anerkennung, Vollstreckbarkeit und die Vollstreckung von Entscheidungen sowie über Prozesskostenhilfe und die Zusammenarbeit zwischen den Zentralen Behörden zusammengeführt werden.

(11) Der Anwendungsbereich dieser Verordnung sollte sich auf sämtliche Unterhaltspflichten erstrecken, die auf einem Familien-, Verwandtschafts-, oder eherechtlichen Verhältnis oder auf Schwägerschaft beruhen; hierdurch soll die Gleichbehandlung aller Unterhaltsberechtigten gewährleistet werden. Für die Zwecke dieser Verordnung sollte der Begriff »Unterhaltspflicht« autonom ausgelegt werden.

(12) Um den verschiedenen Verfahrensweisen zur Regelung von Unterhaltsfragen in den Mitgliedstaaten Rechnung zu tragen, sollte diese Verordnung sowohl für gerichtliche Entscheidungen als auch für von Verwaltungsbehörden ergangene Entscheidungen gelten, sofern jene Behörden Garantien insbesondere hinsichtlich ihrer Unparteilichkeit und des Anspruchs der Parteien auf rechtliches Gehör bieten. Diese Behörden sollten daher sämtliche Vorschriften dieser Verordnung anwenden.

(13) Aus den genannten Gründen sollte in dieser Verordnung auch die Anerkennung und Vollstreckung gerichtlicher Vergleiche und öffentlicher Urkunden sichergestellt werden, ohne dass dies das Recht einer der Parteien eines solchen Vergleichs oder einer solchen Urkunde berührt, solche Instrumente vor einem Gericht des Ursprungsmitgliedstaats anzufechten.

(14) In dieser Verordnung sollte vorgesehen werden, dass der Begriff »berechtigte Person« für die Zwecke eines Antrags auf Anerkennung und Vollstreckung einer Unterhaltsentscheidung auch öffentliche Aufgaben wahrnehmende Einrichtungen umfasst, die das Recht haben, für eine unterhaltsberechtigte Person zu handeln oder die Erstattung von Leistungen zu fordern, die der berechtigten Person anstelle von Unterhalt erbracht wurden. Handelt eine öffentliche Aufgaben wahrnehmende Einrichtung in dieser Eigenschaft, so sollte sie Anspruch auf die gleichen Dienste und die gleiche Prozesskostenhilfe wie eine berechtigte Person haben.

(15) Um die Interessen der Unterhaltsberechtigten zu wahren und eine ordnungsgemäße Rechtspflege innerhalb der Europäischen Union zu fördern, sollten die Vorschriften über die Zuständigkeit, die sich aus der Verordnung (EG) Nr. 44/2001 ergeben, angepasst werden. So sollte der Umstand, dass ein Antragsgegner seinen gewöhnlichen Aufenthalt in einem Drittstaat hat, nicht mehr die Anwendung der gemeinschaftlichen Vorschriften über die Zuständigkeit ausschließen, und auch eine Rückverweisung auf die innerstaatlichen Vorschriften über die Zuständigkeit sollte nicht mehr möglich sein. Daher sollte in dieser Verordnung festgelegt werden, in welchen Fällen ein Gericht eines Mitgliedstaats eine subsidiäre Zuständigkeit ausüben kann.

(16) Um insbesondere Fällen von Rechtsverweigerung begegnen zu können, sollte in dieser Verordnung auch eine Notzuständigkeit (forum necessitatis) vorgesehen werden, wonach ein Gericht eines Mitgliedstaats in Ausnahmefällen über einen Rechtsstreit entscheiden kann, der einen engen Bezug zu einem Drittstaat aufweist. Ein solcher Ausnahmefall könnte gegeben sein, wenn ein Verfahren sich in dem betreffenden Drittstaat als unmöglich erweist, beispielsweise aufgrund eines Bürgerkriegs, oder wenn vom Kläger vernünftigerweise nicht erwartet werden kann, dass er ein Verfahren in diesem Staat einleitet oder führt. Die Notzuständigkeit kann jedoch nur ausgeübt werden, wenn der Rechtsstreit einen ausreichenden Bezug zu dem Mitgliedstaat des angerufenen Gerichts aufweist, wie beispielsweise die Staatsangehörigkeit einer der Parteien.

(17) In einer zusätzlichen Zuständigkeitsvorschrift sollte vorgesehen werden, dass – außer unter besonderen Umständen – ein Verfahren zur Änderung einer bestehenden Unterhaltsentscheidung oder zur Herbeiführung einer neuen Entscheidung von der verpflichteten Person nur in dem Staat eingeleitet werden kann, in dem die berechtigte Person zu dem Zeitpunkt, zu dem die Entscheidung ergangen ist, ihren gewöhnlichen Aufenthalt hatte und in dem sie weiterhin ihren gewöhnlichen Aufenthalt hat. Um eine gute Verknüpfung zwischen dem Haager Übereinkommen von 2007 und dieser Verordnung zu gewährleisten, sollte diese Bestimmung auch für Entscheidungen eines Drittstaats, der Vertragspartei jenes Übereinkommens ist, gelten, sofern das Übereinkommen zwischen dem betreffenden Staat und der Gemeinschaft in Kraft ist, und in dem betreffenden Staat und in der Gemeinschaft die gleichen Unterhaltspflichten abdeckt.

(18) Für die Zwecke der Anwendung dieser Verordnung sollte vorgesehen werden, dass der Begriff »Staatsangehörigkeit« in Irland durch den Begriff »Wohnsitz« ersetzt wird; gleiches gilt für das Vereinigte Königreich, sofern diese Verordnung in diesem Mitgliedstaat nach Artikel 4 des Protokolls über die Position des Vereinigten Königreichs und Irlands, das dem Vertrag über die Europäische Union und dem Vertrag zur Gründung der Europäischen Gemeinschaft beigefügt ist, anwendbar ist.

(19) Im Hinblick auf eine größere Rechtssicherheit, Vorhersehbarkeit und Eigenständigkeit der Vertragsparteien sollte diese Verordnung es den Parteien ermöglichen, den Gerichtsstand anhand bestimmter Anknüpfungspunkte einvernehmlich zu bestimmen. Um den Schutz der schwächeren Partei zu gewährleisten, sollte eine solche Wahl des Gerichtsstands bei Unterhaltspflichten gegenüber einem Kind, das das 18. Lebensjahr noch nicht vollendet hat, ausgeschlossen sein.

(20) In dieser Verordnung sollte vorgesehen werden, dass für die Mitgliedstaaten, die durch das Haager Protokoll von 2007 gebunden sind, die in jenem Protokoll enthaltenen Bestimmungen über Kollisionsnormen gelten. Hierzu sollte eine Bestimmung aufgenommen werden, die auf das genannte Protokoll verweist. Die Gemeinschaft wird das Haager Protokoll von 2007 rechtzeitig abschließen, um die Anwendung dieser Verordnung zu ermöglichen. Um der Möglichkeit Rechnung zu tragen, dass das Haager Protokoll von 2007 nicht für alle Mitgliedstaaten gilt, sollte hinsichtlich der Anerkennung, der Vollstreckbarkeit und der Vollstreckung von Entscheidungen zwischen den Mitgliedstaaten, die durch das Haager Protokoll von 2007 gebunden sind und jenen, die es nicht sind, unterschieden werden.

(21) Es sollte im Rahmen dieser Verordnung präzisiert werden, dass diese Kollisionsnormen nur das auf die Unterhaltspflichten anzuwendende Recht bestimmen; sie bestimmen nicht, nach welchem Recht festgestellt wird, ob ein Familienverhältnis besteht, das Unterhaltspflichten begründet. Die Feststellung eines Familienverhältnisses unterliegt weiterhin dem einzelstaatlichen Recht der Mitgliedstaaten, einschließlich ihrer Vorschriften des internationalen Privatrechts.

(22) Um die rasche und wirksame Durchsetzung einer Unterhaltsforderung zu gewährleisten und missbräuchlichen Rechtsmitteln vorzubeugen, sollten in einem Mitgliedstaat ergangene

Unterhaltsentscheidungen grundsätzlich vorläufig vollstreckbar sein. Daher sollte in dieser Verordnung vorgesehen werden, dass das Ursprungsgericht die Entscheidung für vorläufig vollstreckbar erklären können sollte, und zwar auch dann, wenn das einzelstaatliche Recht die Vollstreckbarkeit von Rechts wegen nicht vorsieht und auch wenn nach einzelstaatlichem Recht ein Rechtsbehelf gegen die Entscheidung eingelegt wurde oder noch eingelegt werden könnte.

(23) Um die mit den Verfahren gemäß dieser Verordnung verbundenen Kosten zu begrenzen, wäre es zweckdienlich, so umfassend wie möglich auf die modernen Kommunikationstechnologien zurückzugreifen, insbesondere bei der Anhörung der Parteien.

(24) Die durch die Anwendung der Kollisionsnormen gebotenen Garantien sollten es rechtfertigen, dass Entscheidungen in Unterhaltssachen, die in einem durch das Haager Protokoll von 2007 gebundenen Mitgliedstaat ergangen sind, ohne weiteres Verfahren und ohne jegliche inhaltliche Prüfung im Vollstreckungsmitgliedstaat in den anderen Mitgliedstaaten anerkannt werden und vollstreckbar sind.

(25) Alleiniger Zweck der Anerkennung einer Unterhaltsentscheidung in einem Mitgliedstaat ist es, die Durchsetzung der in der Entscheidung festgelegten Unterhaltsforderung zu ermöglichen. Sie bewirkt nicht, dass dieser Mitgliedstaat das Familien-, Verwandtschafts-, eherechtliche oder auf Schwägerschaft beruhende Verhältnis anerkennt, auf der die Unterhaltspflichten, die Anlass zu der Entscheidung gegeben haben, gründen.

(26) Für Entscheidungen, die in einem nicht durch das Haager Protokoll von 2007 gebundenen Mitgliedstaat ergangen sind, sollte in dieser Verordnung ein Verfahren zur Anerkennung und Vollstreckbarerklärung vorgesehen werden. Dieses Verfahren sollte sich an das Verfahren und die Gründe für die Verweigerung der Anerkennung anlehnen, die in der Verordnung (EG) Nr. 44/ 2001 vorgesehen sind. Zur Beschleunigung des Verfahrens und damit die berechtigte Person ihre Forderung rasch durchsetzen kann, sollte vorgesehen werden, dass die Entscheidung des angerufenen Gerichts außer unter außergewöhnlichen Umständen innerhalb bestimmter Fristen ergehen muss.

(27) Ferner sollten die Formalitäten für die Vollstreckung, die Kosten zulasten des Unterhaltsberechtigten verursachen, so weit wie möglich reduziert werden. Hierzu sollte in dieser Verordnung vorgesehen werden, dass der Unterhaltsberechtigte nicht verpflichtet ist, über eine Postanschrift oder einen bevollmächtigten Vertreter im Vollstreckungsmitgliedstaat zu verfügen, ohne damit im Übrigen die interne Organisation der Mitgliedstaaten im Bereich der Vollstreckungsverfahren zu beeinträchtigen.

(28) Zur Begrenzung der mit den Vollstreckungsverfahren verbundenen Kosten sollte keine Übersetzung verlangt werden, außer wenn die Vollstreckung angefochten wird, und unbeschadet der Vorschriften für die Zustellung der Schriftstücke.

(29) Um die Achtung der Grundsätze eines fairen Verfahrens zu gewährleisten, sollte in dieser Verordnung vorgesehen werden, dass ein Antragsgegner, der nicht vor dem Ursprungsgericht eines durch das Haager Protokoll von 2007 gebundenen Mitgliedstaats erschienen ist, in der Phase der Vollstreckung der gegen ihn ergangenen Entscheidung die erneute Prüfung dieser Entscheidung beantragen kann. Der Antragsgegner sollte diese erneute Prüfung allerdings innerhalb einer bestimmten Frist beantragen, die spätestens ab dem Tag laufen sollte, an dem in der Phase des Vollstreckungsverfahrens seine Vermögensgegenstände zum ersten Mal ganz oder teilweise seiner Verfügung entzogen wurden. Dieses Recht auf erneute Prüfung sollte ein außerordentliches Rechtsbehelf darstellen, das dem Antragsgegner, der sich in dem Verfahren nicht eingelassen hat, gewährt wird, und das nicht die Anwendung anderer außerordentlicher Rechtsbehelfe berührt, die nach dem Recht des Ursprungsmitgliedstaats bestehen, sofern diese Rechtsbehelfe nicht mit dem Recht auf erneute Prüfung nach dieser Verordnung unvereinbar sind.

(30) Um die Vollstreckung einer Entscheidung eines durch das Haager Protokoll von 2007 gebundenen Mitgliedstaats in einem anderen Mitgliedstaat zu beschleunigen, sollten die Gründe für eine Verweigerung oder Aussetzung der Vollstreckung, die die verpflichtete Person aufgrund des grenzüberschreitenden Charakters der Unterhaltspflicht geltend machen könnte, begrenzt werden. Diese Begrenzung sollte nicht die nach einzelstaatlichem Recht vorgesehenen Gründe für die Verweigerung oder Aussetzung beeinträchtigen, die mit den in dieser Verordnung angeführten Gründen nicht unvereinbar sind, wie beispielsweise die Begleichung der Forderung durch die verpflichtete Person zum Zeitpunkt der Vollstreckung oder die Unpfändbarkeit bestimmter Güter.

(31) Um die grenzüberschreitende Durchsetzung von Unterhaltsforderungen zu erleichtern, sollte ein System der Zusammenarbeit zwischen den von den Mitgliedstaaten benannten Zentralen Behörden eingerichtet werden. Diese Behörden sollten die berechtigten und die verpflichteten Personen darin unterstützen, ihre Rechte in einem anderen Mitgliedstaat geltend zu machen, indem sie die Anerkennung, Vollstreckbarerklärung und Vollstreckung bestehender Entscheidungen, die Änderung solcher Entscheidungen oder die Herbeiführung einer Entscheidung beantragen. Sie sollten ferner erforderlichenfalls Informationen austauschen, um die verpflichteten und die berechtigten Personen ausfindig zu machen und soweit erforderlich deren Einkünfte und Vermögen festzustellen. Sie sollten schließlich zusammenarbeiten und allgemeine Informationen auszutauschen sowie die Zusammenarbeit zwischen den zuständigen Behörden ihres Mitgliedstaats fördern.

(32) Eine nach dieser Verordnung benannte Zentrale Behörde sollte ihre eigenen Kosten tragen, abgesehen von speziell festgelegten Ausnahmen, und jeden Antragsteller unterstützen, der seinen Aufenthalt in ihrem Mitgliedstaat hat. Das Kriterium für das Recht einer Person auf Unterstützung durch eine Zentrale Behörde sollte weniger streng sein als das Anknüpfungskriterium des »gewöhnlichen Aufenthalts«, das sonst in dieser Verordnung verwendet wird. Das Kriterium des »Aufenthalts« sollte jedoch die bloße Anwesenheit ausschließen.

(33) Damit sie die unterhaltsberechtigten und -verpflichteten Personen umfassend unterstützen und die grenzüberschreitende Durchsetzung von Unterhaltsforderungen optimal fördern können, sollten die Zentralen Behörden gewisse personenbezogene Daten einholen können. Diese Verordnung sollte daher die Mitgliedstaaten verpflichten sicherzustellen, dass ihre Zentralen Behörden Zugang zu solchen Angaben bei den öffentlichen Behörden oder Stellen, die im Rahmen ihrer üblichen Tätigkeiten über die betreffenden Angaben verfügen, erhalten. Es sollte jedoch jedem Mitgliedstaat überlassen bleiben, die Modalitäten für diesen Zugang festzulegen. So sollte ein Mitgliedstaat befugt sein, die öffentlichen Behörden oder Verwaltungen zu bezeichnen, die gehalten sind, der Zentralen Behörde die Angaben im Einklang mit dieser Verordnung zur Verfügung zu stellen, gegebenenfalls einschließlich der bereits im Rahmen anderer Regelungen über den Zugang zu Informationen benannten öffentlichen Behörden oder Verwaltungen. Bezeichnet ein Mitgliedstaat öffentliche Behörden oder Verwaltungen, sollte er sicherstellen, dass seine Zentrale Behörde in der Lage ist, Zugang zu den gemäß dieser Verordnung erforderlichen Angaben, die im Besitz jener Behörden oder Verwaltungen sind, zu erhalten. Die Mitgliedstaaten sollten ferner befugt sein, ihrer Zentralen Behörde den Zugang zu den erforderlichen Angaben bei jeder anderen juristischen Person zu ermöglichen, die diese besitzt und für deren Verarbeitung verantwortlich ist.

(34) Im Rahmen des Zugangs zu personenbezogenen Daten sowie deren Verwendung und Weiterleitung ist es angebracht, die Anforderungen der Richtlinie 95/46/EG des Europäischen Parlaments und des Rates vom 24. Oktober 1995 zum Schutz natürlicher Personen bei der Verarbeitung personenbezogener Daten und zum freien Datenverkehr (ABl. L 281 vom 23.11.1995, S. 31), wie sie in das einzelstaatliche Recht der Mitgliedstaaten umgesetzt ist, zu beachten.

(35) Es ist angebracht, die spezifischen Bedingungen für den Zugang zu personenbezogenen Daten, deren Verwendung und Weiterleitung für die Anwendung dieser Verordnung festzulegen. In diesem

Zusammenhang wurde die Stellungnahme des Europäischen Datenschutzbeauftragten (ABl. C 242 vom 07.10.2006, S. 20) berücksichtigt. Die Benachrichtigung der von der Datenerhebung betroffenen Person sollte im Einklang mit dem einzelstaatlichen Recht erfolgen. Es sollte jedoch die Möglichkeit vorgesehen werden, diese Benachrichtigung zu verzögern, um zu verhindern, dass die verpflichtete Person ihre Vermögensgegenstände transferiert und so die Durchsetzung der Unterhaltsforderung gefährdet.

(36) Angesichts der Verfahrenskosten sollte eine sehr günstige Regelung der Prozesskostenhilfe vorgesehen werden, nämlich die uneingeschränkte Übernahme der Kosten in Verbindung mit Verfahren betreffend Unterhaltspflichten gegenüber Kindern, die das 21. Lebensjahr noch nicht vollendet haben, die über die Zentralen Behörden eingeleitet wurden. Folglich sollten die aufgrund der Richtlinie 2003/8/EG bestehenden Vorschriften über die Prozesskostenhilfe in der Europäischen Union durch spezifische Vorschriften ergänzt werden, mit denen ein besonderes System der Prozesskostenhilfe in Unterhaltssachen geschaffen wird. Dabei sollte die zuständige Behörde des ersuchten Mitgliedstaats befugt sein, in Ausnahmefällen die Kosten bei einem unterlegenen Antragsteller, der eine unentgeltliche Prozesskostenhilfe bezieht, beizutreiben, sofern seine finanziellen Verhältnisse dies zulassen. Dies wäre insbesondere bei einer vermögenden Person, die wider Treu und Glauben gehandelt hat, der Fall.

(37) Darüber hinaus sollte für andere als die im vorstehenden Erwägungsgrund genannten Unterhaltspflichten allen Parteien die gleiche Behandlung hinsichtlich der Prozesskostenhilfe bei der Vollstreckung einer Entscheidung in einem anderen Mitgliedstaat garantiert werden. So sollten die Bestimmungen dieser Verordnung über die Weitergewährung der Prozesskostenhilfe so ausgelegt werden, dass sie eine solche Hilfe auch einer Partei gewähren, die beim Verfahren zur Herbeiführung oder Änderung einer Entscheidung im Ursprungsmitgliedstaat keine Prozesskostenhilfe erhalten hat, die aber später im selben Mitgliedstaat im Rahmen eines Antrags auf Vollstreckung der Entscheidung in den Genuss der Prozesskostenhilfe gekommen ist. Gleichermaßen sollte eine Partei, die berechtigterweise ein unentgeltliches Verfahren vor einer der in Anhang X aufgeführten Verwaltungsbehörden in Anspruch genommen hat, im Vollstreckungsmitgliedstaat in den Genuss der günstigsten Prozesskostenhilfe oder umfassendsten Kosten- und Gebührenbefreiung kommen, sofern sie nachweisen kann, dass sie diese Vergünstigungen auch im Ursprungsmitgliedstaat erhalten hätte.

(38) Um die Kosten für die Übersetzung von Beweisunterlagen zu reduzieren, sollte das angerufene Gericht unbeschadet der Verteidigungsrechte und der für die Zustellung der Schriftstücke geltenden Vorschriften die Übersetzung dieser Unterlagen nur verlangen, wenn sie tatsächlich notwendig ist.

(39) Um die Anwendung dieser Verordnung zu erleichtern, sollte eine Verpflichtung für die Mitgliedstaaten vorgesehen werden, der Kommission die Namen und Kontaktdaten ihrer Zentralen Behörden sowie sonstige Informationen mitzuteilen. Diese Informationen sollten Praktikern und der Öffentlichkeit durch eine Veröffentlichung im Amtsblatt der Europäischen Union oder durch Ermöglichung des elektronischen Zugangs über das mit der Entscheidung 2001/470/EG eingerichtete Europäische Justizielle Netz für Zivil- und Handelssachen bereitgestellt werden. Darüber hinaus sollte die Verwendung der in dieser Verordnung vorgesehenen Formblätter die Kommunikation zwischen den Zentralen Behörden erleichtern und beschleunigen und die elektronische Vorlage von Ersuchen ermöglichen.

(40) Die Beziehung zwischen dieser Verordnung und den bilateralen Abkommen oder multilateralen Übereinkünften in Unterhaltssachen, denen die Mitgliedstaaten angehören, sollte geregelt werden. Dabei sollte vorgesehen werden, dass die Mitgliedstaaten, die Vertragspartei des Übereinkommens vom 23. März 1962 zwischen Schweden, Dänemark, Finnland, Island und Norwegen über die Geltendmachung von Unterhaltsansprüchen sind, dieses Übereinkommen weiterhin anwenden können, da es günstigere Bestimmungen über die Anerkennung und die Vollstreckung enthält als diese Verordnung. Was künftige bilaterale Abkommen in Unterhaltssa-

chen mit Drittstaaten betrifft, sollten die Verfahren und Bedingungen, unter denen die Mitgliedstaaten ermächtigt wären, in ihrem eigenen Namen solche Abkommen auszuhandeln und zu schließen, im Rahmen der Erörterung eines von der Kommission vorzulegenden Vorschlags zu diesem Thema festgelegt werden.

(41) Die Berechnung der in dieser Verordnung vorgesehenen Fristen und Termine sollte nach Maßgabe der Verordnung (EWG, Euratom) Nr. 1182/71 des Rates vom 3. Juni 1971 zur Festlegung der Regeln für die Fristen, Daten und Termine (ABl. L 124 vom 08.06.1971, S. 1) erfolgen.

(42) Die zur Durchführung dieser Verordnung erforderlichen Maßnahmen sollten nach Maßgabe des Beschlusses 1999/468/EG des Rates vom 28. Juni 1999 zur Festlegung der Modalitäten für die Ausübung der der Kommission übertragenen Durchführungsbefugnisse erlassen (ABl. L 184 vom 17.07.1999, S. 23) werden.

(43) Insbesondere sollte die Kommission die Befugnis erhalten, alle Änderungen der in dieser Verordnung vorgesehenen Formblätter nach dem in Artikels 3 des Beschlusses 1999/468/EG genannten Beratungsverfahren des zu erlassen. Für die Erstellung der Liste der Verwaltungsbehörden, die in den Anwendungsbereich dieser Verordnung fallen, sowie der Liste der zuständigen Behörden für die Bescheinigung von Prozesskostenhilfe sollte die Kommission die Befugnis erhalten, das Verwaltungsverfahren nach Artikel 4 jenes Beschlusses anzuwenden.

(44) Diese Verordnung sollte die Verordnung (EG) Nr. 44/2001 ändern, indem sie deren auf Unterhaltssachen anwendbare Bestimmungen ersetzt. Vorbehaltlich der Übergangsbestimmungen dieser Verordnung sollten die Mitgliedstaaten bei Unterhaltssachen, ab dem Zeitpunkt der Anwendbarkeit dieser Verordnung die Bestimmungen dieser Verordnung über die Zuständigkeit, die Anerkennung, die Vollstreckbarkeit und die Vollstreckung von Entscheidungen und über die Prozesskostenhilfe anstelle der entsprechenden Bestimmungen der Verordnung (EG) Nr. 44/2001 anwenden.

(45) Da die Ziele dieser Verordnung, nämlich die Schaffung eines Instrumentariums zur effektiven Durchsetzung von Unterhaltsforderungen in grenzüberschreitenden Situationen und somit zur Erleichterung der Freizügigkeit der Personen innerhalb der Europäischen Union, auf Ebene der Mitgliedstaaten nicht hinreichend verwirklicht und daher aufgrund des Umfangs und der Wirkungen dieser Verordnung besser auf Gemeinschaftsebene erreicht werden können, kann die Gemeinschaft im Einklang mit dem in Artikel 5 des Vertrags niedergelegten Subsidiaritätsprinzip tätig werden. Entsprechend dem in demselben Artikel genannten Grundsatz der Verhältnismäßigkeit geht diese Verordnung nicht über das für die Erreichung dieser Ziele erforderliche Maß hinaus.

(46) Gemäß Artikel 3 des dem Vertrag über die Europäische Union und dem Vertrag zur Gründung der Europäischen Gemeinschaft beigefügten Protokolls über die Position des Vereinigten Königreichs und Irlands hat Irland mitgeteilt, dass es sich an der Annahme und Anwendung dieser Verordnung beteiligen möchte.

(47) Gemäß den Artikeln 1 und 2 des dem Vertrag über die Europäische Union und dem Vertrag zur Gründung der Europäischen Gemeinschaft beigefügten Protokolls über die Position des Vereinigten Königreichs und Irlands beteiligt sich das Vereinigte Königreich nicht an der Annahme dieser Verordnung, und ist weder durch diese gebunden noch zu ihrer Anwendung verpflichtet. Dies berührt jedoch nicht die Möglichkeit für das Vereinigte Königreich, gemäß Artikel 4 des genannten Protokolls nach der Annahme dieser Verordnung mitzuteilen, dass es die Verordnung anzunehmen wünscht.

(48) Gemäß den Artikeln 1 und 2 des dem Vertrag über die Europäische Union und dem Vertrag zur Gründung der Europäischen Gemeinschaft beigefügten Protokolls über die Position Dänemarks beteiligt sich Dänemark nicht an der Annahme dieser Verordnung und ist weder

durch diese gebunden noch zu ihrer Anwendung verpflichtet, unbeschadet der Möglichkeit für Dänemark, den Inhalt der an der Verordnung (EG) Nr. 44/2001 vorgenommenen Änderungen gemäß Artikel 3 des Abkommens vom 19. Oktober 2005 zwischen der Europäischen Gemeinschaft und dem Königreich Dänemark über die gerichtliche Zuständigkeit und die Anerkennung und Vollstreckung von Entscheidungen in Zivil- und Handelssachen (ABl. L 299 vom 16.11.2005, S. 62) anzuwenden.

HAT FOLGENDE VERORDNUNG ERLASSEN:

1   Die Verordnung (EG) Nr. 4/2009 über die Zuständigkeit, das anwendbare Recht, die Anerkennung und Vollstreckung von Entscheidungen und die Zusammenarbeit in Unterhaltssachen (**EuUntVO**) ist am 10.01.2009 im Amtsblatt der Europäischen Union veröffentlicht worden[1] und am 30.01.2009 in Kraft getreten.[2] Die Verordnung zielt darauf ab, die **unionsweite Durchsetzung von Unterhaltsansprüchen** zu erleichtern.[3] Ergänzende Vorschriften enthält das nationale Ausführungsrecht[4], in Deutschland das **Auslandsunterhaltsgesetz (AUG)**.[5]

2   Die EuUntVO ist eine »**gemischte Verordnung**«;[6] sie enthält Regeln über die Zuständigkeit (Art. 3 ff.), das anwendbare Recht (Art. 15) sowie die Anerkennung und Vollstreckung von in anderen Mitgliedstaaten ergangenen Unterhaltsentscheidungen (Art. 16 ff.) und öffentlichen Urkunden (Art. 48). Geregelt wird auch der Zugang zum Recht (Art. 44 ff.) sowie die Zusammenarbeit der Zentralen Behörden (Art. 49 ff.). Erfasst werden auch öffentliche Aufgaben wahrnehmende Einrichtungen (Art. 64). Die Verordnung ist auf sämtliche Unterhaltsforderungen anwendbar, die auf einem Familien-, Verwandtschafts- oder eherechtlichen Verhältnis oder auf Schwägerschaft beruhen.

3   Die EuUnthVO kann sich auf die unionsrechtliche Kompetenz für die justizielle Zusammenarbeit stützen (Art. 67 i.V.m. Art. 81 AEUV).[7] Sie ist **verordnungsautonom auszulegen**, dh ohne Rückgriff auf nationale Rechtsbegriffe.[8] Besondere Bedeutung haben der systematische Zusammenhang mit anderen Verordnungen sowie der Zweck der Unterhaltsdurchsetzung.[9] Dabei dominiert der Schutz des Unterhaltsberechtigten als typischerweise schwächere Partei[10]. Die **Fristberechnung** richtet sich nach der VO Nr. 1182/1971.[11]

---

1   Verordnung (EG) Nr. 4/2009 des Rates vom 18.12.2008 über die Zuständigkeit, das anwendbare Recht, die Anerkennung und Vollstreckung von Entscheidungen und die Zusammenarbeit in Unterhaltssachen, ABl. EU 2009 L 7/1 mit Berichtigung in ABl. EU 2011 L 131/26.– Dazu Durchführungsverordnung (EU) Nr. 1142/2011 der Kommission vom 10.11.2011 zur Festlegung der Anhänge X und XI der Verordnung (EG) Nr. 4/2009, ABl. EU 2011 L 293/24.

2   *Mansell/Thorn/Wagner* IPRax 2010, 1 (6 f.).

3   Näher *Beaumont* RabelsZ 73 (2009), 509 ff.; *Hess*, in: C. Schmidt (Hrsg.), Internationale Unterhaltsrealisierung, 2011, S. 27 ff.; *Geimer/Schütze/Reuß* Art. 1 VO Nr. 4/2009 Rn. 10 ff.

4   Z.B. in England und Wales Civil Jurisdiction and Judgments (Maintenance) Regulations 2011, SI 2011 No. 1484.

5   Gesetz zur Geltendmachung von Unterhaltsansprüchen im Verkehr mit ausländischen Staaten (Auslandsunterhaltsgesetz – AUG) vom 23.5.2011, BGBl. 2011 I S. 898.– Dazu Amtl. Begr. BR- Drucks 854/10 S. 48 ff.; *Andrae* NJW 2011, 2545 ff.; *Heger/Selg* FamRZ 2011, 1101 ff.; *Niethammer-Jürgens* FamRBInt 2011, 60 ff.; *Geimer/Schütze/Hilbig/Picht/Reuß* VO Nr. 4/2009 Einl. Rn. 34 ff.; *Veith*, Das neue Auslands-Unterhaltsrecht, 2011, S. 27 ff.

6   *Heger* ZKJ 2010, 52 (54).

7   Vgl. ErwGrd. 2

8   *Saenger/Dörner* vor EuUnthVO Rn. 12; *Geimer/Schütze/Hilbig/Picht/Reuß* VO Nr. 4/2009 Einl. Rn. 19.

9   *Gruber* IPRax 2010, 128 (129).

10   *Geimer/Schütze/Hilbig/Picht/Reuß* VO Nr. 4/2009 Einl. Rn. 16.

11   Verordnung (EWG, Euratom) Nr. 1182/71 des Rates vom 3. Juni 1971 zur Festlegung der Regeln für die Fristen, Daten und Termine, ABl. EG 1971 L 124/1.

Die EuUnthVO ist auch mit den einschlägigen Haager Konventionen abgestimmt worden bzw baut darauf auf.[12] Das gilt in erster Linie für das das Verfahren regelnde und noch nicht in Kraft getretene **Haager Unterhaltsübereinkommen von 2007**[13] (HUÜ 2007), das die Anerkennung und Vollstreckbarerklärung sowie die behördliche Zusammenarbeit regelt. Die Verordnung nimmt in Art. 15 Bezug auf das **Haager Protokoll** über das auf Unterhaltspflichten anwendbare Recht aus dem Jahr 2007 und integriert dieses in die Verordnung.[14] Die Gemeinschaft wird das Haager Protokoll rechtzeitig ratifizieren, um die Anwendung der Verordnung zu ermöglichen.[15] Um der Möglichkeit Rechnung zu tragen, dass das Haager Protokoll nicht für alle Mitgliedstaaten gilt, unterscheidet die Verordnung hinsichtlich der Anerkennung, der Vollstreckbarkeit und der Vollstreckung von Entscheidungen zwischen solchen Mitgliedstaaten, die durch das Haager Protokoll gebunden sind (Abschnitt 1, Art. 17 ff.), und jenen, die es nicht sind (insbes. Großbritannien) (Abschnitt 2, Art. 23 ff.).

Im Hinblick auf die gerichtliche Zuständigkeit ermöglicht die Verordnung den Parteien die **einvernehmliche Forumswahl** anhand bestimmter objektiver Anknüpfungspunkte. Um den Schutz der schwächeren Partei zu gewährleisten, ist eine solche Wahl des Gerichtsstands bei Unterhaltspflichten gegenüber einem Kind, das das 18. Lebensjahr noch nicht vollendet hat, aber ausgeschlossen. Eine derartige Gerichtsstandsvereinbarung bedarf (nur) der Schriftform. Elektronische Übermittlungen, die eine dauerhafte Aufzeichnung der Vereinbarung ermöglichen, erfüllen die Schriftform (Art. 4 Abs. 2).

Die Verordnung regelt auch die Anerkennung und Vollstreckung **gerichtlicher Vergleiche und** **6** **öffentlicher Urkunden** nach dem Muster der Brüssel I-VO. Als öffentliche Urkunde gilt ein Schriftstück, das als öffentliche Urkunde im Ursprungsmitgliedstaat förmlich errichtet oder eingetragen worden ist und dessen Beweiskraft sich auf die Unterschrift und den Inhalt der öffentlichen Urkunde bezieht und durch eine Behörde oder eine andere hierzu ermächtigte Stelle festgestellt worden ist (Art. 2 Abs. 3). Gleichgestellt ist eine mit einer Verwaltungsbehörde des Ursprungsmitgliedstaats geschlossene oder von ihr beglaubigte Unterhaltsvereinbarung.

Ein Problem von großer praktischer Bedeutung sind – oftmals kostspielige – **Übersetzungen.**[16] **7** Die EuUnthVO enthält eine eigene Sprachenregelung für die Zentralen Behörden (Art. 59), setzt aber in großem Umfang auf mehrsprachige Formulare. Sie verlangt Übersetzungen nur noch für die Anfechtung der Vollstreckung (Art. 20 Abs. 2) sowie bei der Zustellung der Schriftstücke (Art. 11). Unbeschadet der Art. 20 (Vollstreckungsunterlagen), 28 (Antrag auf Vollstreckbarerklärung) und 40 (»Durchsetzung«) kann das angerufene Gericht für Beweisunterlagen, die in einer anderen Sprache als der Verfahrenssprache vorliegen, nur dann eine Übersetzung verlangen, wenn es der Ansicht ist, dass dies für die von ihm zu erlassende Entscheidung oder für die Wahrung der Verteidigungsrechte notwendig ist (Art. 66). Für die Beweisunterlagen sollen die Gerichte daher nur tatsächlich erforderliche Übersetzungen verlangen.[17]

---

12 Siehe ErwGrd. 8.– Näher *Beaumont* RabelsZ 73 (2009), 509 ff.; *Janzen,* FPR 2008, 218 ff.; *Hess*, § 7 Rn. 99 ff.; *ders.,* in: C. Schmidt (Hrsg.), S. 27, 28 ff.; Geimer/Schütze/*Hilbig/Picht/Reuß* VO Nr. 4/2009 Einl. Rn. 8 ff.

13 Haager Übereinkommens vom 23.11.2007 über die internationale Geltendmachung der Unterhaltsansprüche von Kindern und anderen Familienangehörigen. Siehe dazu Beschluss des Rates vom 31.03.2011 über die Unterzeichnung des Haager Übereinkommens vom 23.11.2007 über die internationale Geltendmachung der Unterhaltsansprüche von Kindern und anderen Familienangehörigen im Namen der Europäischen Union (ABl. EU 2011 L 93/9). Ratifiziert hat bislang nur Norwegen. Eine deutsche Ratifikation ist beabsichtigt (RegEntw. BR-Drucks. 311/12).

14 Rauscher/*Andrae* EG-UnterhaltsVO Art. 15 Rn. 13 ff.

15 *Mansel/Thorn/Wagner* IPRax 2010, 1 (12 f.).

16 Vgl. ErwGrd. 28.

17 ErwGrd. 38.

8 Die Verordnung ist seit **dem 18.06.2011 anwendbar** (s. Art. 75). Frühestens sollte sie ab dem Tag der Anwendbarkeit des Haager Protokolls in der Europäischen Union anwendbar sein.[18] Diese Alternative ist jedoch nicht zum Tragen gekommen. Im **Verhältnis der Mitgliedstaaten unterein-ander** hat die EuUntVO Vorrang vor Übereinkommen und Vereinbarungen, die sich auf Bereiche, die in der VO geregelt sind, erstrecken und denen Mitgliedstaaten angehören (Art. 69 Abs. 2).[19]

Kapitel I Anwendungsbereich und Begriffsbestimmungen

Art. 1 Anwendungsbereich

(1) Diese Verordnung findet Anwendung auf Unterhaltspflichten, die auf einem Familien-, Verwandtschafts-, oder eherechtlichen Verhältnis oder auf Schwägerschaft beruhen.

(2) In dieser Verordnung bezeichnet der Begriff »Mitgliedstaat« alle Mitgliedstaaten, auf die diese Verordnung anwendbar ist.

9 Die Verordnung findet Anwendung auf **Unterhaltspflichten**, die auf einem Familien-, Verwandtschafts-, oder eherechtlichen Verhältnis oder auf Schwägerschaft beruhen (Abs. 1). Der Begriff der Unterhaltspflicht ist autonom auszulegen.[1] Unterhaltsansprüche werden von »berechtigten Personen« (Art. 2 Abs. 1 Nr. 10) gegenüber »verpflichteten Personen« (Art. 2 Abs. 1 Nr. 11) geltend gemacht. Der nicht näher definierte Begriff der Unterhaltspflicht, der den Haager Konventionen entstammt und mit diesen abgestimmt werden sollte, ist einheitlich und autonom auszulegen.[2] Dabei kann auch auf die Rechtsprechung des EuGH zu EuGVÜ und EuGVO zurückgegriffen werden.[3] Der EuGH hat sich mehrfach zum Unterhaltsbegriff geäußert.[4] Entscheidend ist, dass Bedürfnisse des Unterhaltsberechtigten gedeckt werden sollen und dies von der Leistungsfähigkeit des Verpflichteten abhängt.[5] Die EuUnthVO gilt nicht nur für laufende Leistungen; auch eine einmalige Abfindung wird erfasst.[6]

10 Um eine Gleichbehandlung aller Unterhaltsberechtigten zu erreichen, werden **Unterhaltsstreitig-keiten in einem weiten Sinne** erfasst (vgl. ErwGrd. 11). Darunter fallen in erster Linie Verfahren über das Bestehen und den Umfang von Ansprüchen des Unterhaltsberechtigten. Auch vom Berechtigten oder Verpflichteten eingeleitete Abänderungsverfahren gehören dazu (zu Art. 8 s. unten Rdn. 30). Gegen Unterhaltsansprüche gerichtete Klagen werden ebenfalls erfasst. Dazu gehört etwa die negative Feststellungsklage.[7] Auch aus einem wirklichen oder vermeintlichen

---

18 Dazu *Gruber* IPRax 2010, 128 (131 f.).

19 *Heger* ZKJ 2010, 52 (53).

1 ErwGrd. 11; *Gruber* IPRax 2010, 128 (129 f.); Rauscher/*Andrae* EG-UnterhaltsVO Art. 1 Rn. 22 ff.

2 ErwGrd. 11; *Gruber* IPRax 2010, 128 (129 f.); *Heger/Selg* FamRZ 2011, 1101 (1103); Rauscher/*Andrae* Art. 1 EG-UntVO Rn. 22 ff.

3 *M. Weber* ÖJZ 2011, 947 (948); Saenger/*Dörner* vor EuUnthVO Rn. 13, Geimer/Schütze/*Reuß* Art. 1 VO Nr. 4/2009 Rn. 20.

4 EuGH 6.3.1980, Rs. 120/79 – de Cavel II, Slg. 1980, 731 = IPRax. 1981, 19 m. Aufs. *Hausmann* (5); EuGH 27.2.1997 Rs. C-220/95 (van den Boogard), Slg. 1997 I-1147 = IPRax 1999, 35 m. Aufs. *Weller* (14).

5 *M. Weber* ÖJZ 2011, 947 (948).

6 *M. Weber* ÖJZ 2011, 947 (948 f.); Saenger/*Dörner* Art. 1 EuUnthVO Rn. 1; Geimer/Schütze/*Reuß* Art. 1 VO Nr. 4/2009 Rn. 25. – Ebenso schon zur Brüssel I-VO EuGH 27.2.1997 Rs. C-220/95 (van den Boogard), Slg. 1997 I-1147 = IPRax 1999, 35 m. Aufs. *Weller* (14).

7 *Hau* FamRZ 2010, 516 (518); *Conti*, Grenzüberschreitende Durchsetzung von Unterhaltsansprüchen in Europa, 2011, S. 76 f.; Geimer/Schütze/*Reuß* Art. 1 VO Nr. 4/2009 Rn. 34.

Unterhaltsverhältnis erwachsende bereicherungsrechtliche Rückzahlungsansprüche werden wegen der fließenden Übergänge zum Unterhaltsrecht erfasst.[8]

Die Unterhaltspflicht muss ihre Grundlage in **einem der in Abs. 1 genannten Verhältnisse**, näm- **11** lich Familie, Verwandtschaft, eherechtliches Verhältnis und Schwägerschaft, haben. Das Bestehen von Familienverhältnissen richtet sich weiterhin nach dem Kollisionsrecht der einzelnen Mitgliedstaaten.[9] Die Einordnung einzelner Verhältnisse kann schwierig sein. Verwandtschaftliche Beziehungen bestehen vor allem im Eltern-Kind-Verhältnis, gegebenenfalls mit wechselseitigen Ansprüchen. Eine Zahlvaterschaft genügt.[10] Ansprüche der nichtehelichen Mutter aufgrund von Schwangerschaft, Geburt oder wegen Kindesbetreuung sind gleichfalls eingeschlossen.[11] Auch Ansprüche, die nach deutschem Unterhaltsrecht nicht bestehen, wie unter Geschwistern, sind eingeschlossen.[12] Entsprechendes gilt für Unterhaltspflichten unter Verschwägerten.

Eherechtliche Ansprüche umfassen vor allem den Familienunterhalt. Auch der Trennungsunter- **12** halt und der nacheheliche Unterhalt gehören dazu. Zum Unterhalt gehört ferner die einmalige Zahlung nach einer Ehescheidung nach französischem Recht (compensatoire) sowie die einmalige Zahlung nach italienischem Recht.[13] Entschließt man sich nicht dazu, Ansprüche aus einer gleichgeschlechtlichen Ehe hierher zu zählen, so werden sie jedenfalls als familienrechtliche Ansprüche erfasst.[14]

Der **Begriff des Familienverhältnisses** wird von der Verordnung nicht näher definiert. Man **13** könnte ihn als bloßen Oberbegriff verstehen, dem keine selbständige Bedeutung zukommt. Ihm dürfte jedoch eine eigene Bedeutung beizumessen sein.[15] Der Begriff ist nach einigen funktional iS der jeweiligen lex fori[16], nach anderen aber – was vorzugswürdig ist – einheitlich und autonom,[17] zu verstehen. Ansprüche aus **eingetragenen Lebenspartnerschaften**[18] und bloß faktischen, aber genügend verfestigten, **nichtehelichen Lebensgemeinschaften**[19] sind ebenfalls eingeschlossen. Erfasst werden auch Unterhaltsansprüche des Pflegekinds gegen seine Pflegeeltern.[20] Das **Bestehen von Familienverhältnissen** richtet sich weiterhin nach dem Kollisionsrecht der einzelnen Mitgliedstaaten (ErwGrd. 21).

Die gesetzliche Unterhaltspflicht kann durch eine **vertragliche Vereinbarung** festgesetzt, konkreti- **14** siert oder bestätigt worden sein.[21] Vertragliche Verpflichtungen zu Unterhaltsleistungen, welche

---

8   *Gruber* IPRax 2010, 128 (131); Fasching/Konecny/*Fucik*, Kommentar zu den Zivilprozeßgesetzen, Band 5,2, 2. Aufl., Wien, 2010, Art. 1 EuUVO Rn. 4; Zöller/*Geimer* Art. 1 EG-VO Rn. 6; Geimer/Schütze/*Reuß* Art. 1 VO Nr. 4/2009 Rn. 23.– Anders Saenger/*Dörner* Art. 1 EuUnthVO Rn. 4. Vgl. für Abänderungsverfahren auch Amtl. Begr. zum AUG, BR-Drucks 854/10 S. 57, *Veith*, S. 33 f.
9   ErwGrd. 21.
10 Rauscher/*Andrae* Art. 1 EG-UntVO Rn. 7.– Anders Geimer/Schütze/*Reuß* Art. 1 VO Nr. 4/2009 Rn. 43.
11 *Conti*, S. 59 f.; Saenger/*Dörner* Art. 1 EuUnthVO Rn. 1.
12 *Heger/Selg* FamRZ 2011, 1101 (1103).
13 OLG Stuttgart NJW-RR 1994, 135; *M. Weber* ÖJZ 2011, 947 (949); Bamberger/Roth/*Heiderhoff* Art. 18 EGBGB Anh. Rn. 25..
14 Geimer/Schütze/*Reuß* Art. 1 VO Nr. 4/2009 Rn. 36.
15 *Hilbig* GPR 2011, 310 ff.
16 *Hilbig* GPR 2011, 310 (312); Rauscher/*Andrae* Art. 1 EG-UntVO Rn. 17.
17 *M. Weber* ÖJZ 2011, 947 (953); Saenger/*Dörner* Art. 1 EuUnthVO Rn. 1; Geimer/Schütze/*Reuß* Art. 1 VO Nr. 4/2009 Rn. 44.
18 *Heger/Selg* FamRZ 2011, 1101 (1103); *Hilbig* GPR 2011, 310 (313 f.); *M. Weber* ÖJZ 2011, 947 (954); Bamberger/Roth/*Heiderhoff* Art. 18 EGBGB Anh. Rn. 33; Geimer/Schütze/*Reuß* Art. 1 VO Nr. 4/2009 Rn. 49.
19 *Gruber* IPRax 2010, 128 (130); *Hilbig* GPR 2011, 310 (315 f.); *M. Weber* ÖJZ 2011, 947 (954); Geimer/Schütze/*Reuß* Art. 1 VO Nr. 4/2009 Rn. 48, 49.
20 Saenger/*Dörner* Art. 1 EuUnthVO Rn. 1; Geimer/Schütze/*Reuß* Art. 1 VO Nr. 4/2009 Rn. 49.
21 *M. Weber* ÖJZ 2011, 947 (950); Geimer/Schütze/*Reuß* Art. 1 VO Nr. 4/2009 Rn. 27.

allein auf Vertrag beruhen, ohne dass ein gesetzlicher Anspruch besteht, sind nicht per se ausgeschlossen;[22] die EuUnthVO verlangt lediglich, dass eine Familienbeziehung besteht.[23] Nicht erfasst wird eine güterrechtliche Vermögensauseinandersetzung, -verteilung oder -übertragung. Güterrechtliche Ansprüche sind ausgeschlossen.[24] Dies zwingt vor allem angesichts des umfassenden financial relief des englischen Rechts zu einer Aufspaltung des jeweiligen Inhalts des Anspruchs bzw. der Entscheidung.[25]

15 Die EuUnthVO ist in allen ihren Teilen verbindlich und gilt gemäß dem Vertrag zur Gründung der Europäischen Gemeinschaft[26] **unmittelbar in den Mitgliedstaaten**. Das sind alle Mitgliedstaaten, auf die die EuUnthVO anwendbar ist (Abs. 2). Dazu gehören infolge eines opt-in **Irland**[27] und das **Vereinigte Königreich**,[28] aber aufgrund einer bilateralen Vereinbarung auch **Dänemark**.[29] Allerdings gilt Kap. III (anwendbares Recht) nicht für Dänemark und das Vereinigte Königreich sowie Kap. VII (Zentrale Behörden) nicht für Dänemark.[30]

Art. 2   Begriffsbestimmungen

(1) Im Sinne dieser Verordnung bezeichnet der Begriff

1. »Entscheidung« eine von einem Gericht eines Mitgliedstaats in Unterhaltssachen erlassene Entscheidung ungeachtet ihrer Bezeichnung wie Urteil, Beschluss, Zahlungsbefehl oder Vollstreckungsbescheid, einschließlich des Kostenfestsetzungsbeschlusses eines Gerichtsbediensteten. Für die Zwecke der Kapitel VII und VIII bezeichnet der Begriff »Entscheidung« auch eine in einem Drittstaat erlassene Entscheidung in Unterhaltssachen;

2. »gerichtlicher Vergleich« einen von einem Gericht gebilligten oder vor einem Gericht im Laufe eines Verfahrens geschlossenen Vergleich in Unterhaltssachen;

3. »öffentliche Urkunde«

   a) ein Schriftstück in Unterhaltssachen, das als öffentliche Urkunde im Ursprungsmitgliedstaat förmlich errichtet oder eingetragen worden ist und dessen Beweiskraft

      i) sich auf die Unterschrift und den Inhalt der öffentlichen Urkunde bezieht und

      ii) durch eine Behörde oder eine andere hierzu ermächtigte Stelle festgestellt worden ist; oder

---

22 So aber *M. Weber* ÖJZ 2011, 947 (950); Saenger/*Dörner* Art. 1 EuUnthVO Rn. 1; Geimer/Schütze/*Reuß* Art. 1 VO Nr. 4/2009 Rn. 27.

23 *Conti,* S. 50; Prütting/Helms/*Hau* § 110 FamFG Anh. Rn. 7.

24 *Heger/Selg* FamRZ 2011, 1101 (1103); Geimer/Schütze/*Reuß* Art. 1 VO Nr. 4/2009 Rn. 24.

25 BGH IPRax 2011, 187 m. Aufs. *Heiderhoff,* 156 = FamRZ 2009, 1659.

26 Art. 72 UA 3 und Art. 249 Abs. 2 EGV. Nunmehr Art. 288 Abs. 2 AEUV.

27 ErwGrd. 46. – Siehe Rauscher/*Andrae* EG-UntVO Art. 1 Rn. 48 ff.; Geimer/Schütze/*Reuß* Art. 1 VO Nr. 4/2009 Rn. 54.

28 *G. Smith* IFL 2011, 187 (188); Mansel/*Thorn/Wagner* IPRax 2010, 1 (6); *Bartl,* Die neuen Rechtsinstrumente zum IPR des Unterhalts auf internationaler und europäischer Ebene, 2012, S. 28. Vgl. ErwGrd. 47; Rauscher/*Andrae* EG-UntVO Art. 1 Rn. 48 ff. – Entscheidung der Kommission vom 8.6. 2009 zum Wunsch des Vereinigten Königreichs auf Annahme der VO (EG) Nr. 4/2009 des Rates über die Zuständigkeit, das anwendbare Recht, die Anerkennung und Vollstreckung von Entscheidungen und die Zusammenarbeit in Unterhaltssachen (Bekannt gegeben unter Aktenzeichen K(2009) 4427), ABl. 2009 L 149/73). Die Angaben in ErwGrd. 47 sind überholt.

29 Siehe Abkommen zwischen der Europäischen Gemeinschaft und dem Königreich Dänemark über die gerichtliche Zuständigkeit und die Anerkennung und Vollstreckung von Entscheidungen in Zivil- und Handelssachen (ABl. EU 2009 L 149/80).– Dazu Mansel/*Thorn/Wagner* IPRax 2010, 1 (7); *Conti,* S. 62; Saenger/*Dörner* vor EuUnthVO Rn. 9. Vgl. ErwGrd. 48 sowie Rauscher/*Andrae* EG-UntVO Art. 1 Rn. 50 ff.

30 Saenger/*Dörner* Art. 1 EuUnthVO Rn. 5; Geimer/Schütze/*Reuß* Art. 1 VO Nr. 4/2009 Rn. 55.

    b) eine mit einer Verwaltungsbehörde des Ursprungsmitgliedstaats geschlossene oder von ihr beglaubigte Unterhaltsvereinbarung;

4. »Ursprungsmitgliedstaat« den Mitgliedstaat, in dem die Entscheidung ergangen, der gerichtliche Vergleich gebilligt oder geschlossen oder die öffentliche Urkunde ausgestellt worden ist;

5. »Vollstreckungsmitgliedstaat« den Mitgliedstaat, in dem die Vollstreckung der Entscheidung, des gerichtlichen Vergleichs oder der öffentlichen Urkunde betrieben wird;

6. »ersuchender Mitgliedstaat« den Mitgliedstaat, dessen Zentrale Behörde einen Antrag nach Kapitel VII übermittelt;

7. »ersuchter Mitgliedstaat« den Mitgliedstaat, dessen Zentrale Behörde einen Antrag nach Kapitel VII erhält;

8. »Vertragsstaat des Haager Übereinkommens von 2007« einen Vertragsstaat des Haager Übereinkommens vom 23. November 2007 über die internationale Geltendmachung der Unterhaltsansprüche von Kindern und anderen Familienangehörigen (nachstehend »Haager Übereinkommen von 2007« genannt), soweit dieses Übereinkommen zwischen der Gemeinschaft und dem betreffenden Staat anwendbar ist;

9. »Ursprungsgericht« das Gericht, das die zu vollstreckende Entscheidung erlassen hat;

10. »berechtigte Person« jede natürliche Person, der Unterhalt zusteht oder angeblich zusteht;

11. »verpflichtete Person« jede natürliche Person, die Unterhalt leisten muss oder angeblich leisten muss.

(2) Im Sinne dieser Verordnung schließt der Begriff »Gericht« auch die Verwaltungsbehörden der Mitgliedstaaten mit Zuständigkeit in Unterhaltssachen ein, sofern diese Behörden ihre Unparteilichkeit und das Recht der Parteien auf rechtliches Gehör garantieren und ihre Entscheidungen nach dem Recht des Mitgliedstaats, in dem sie ihren Sitz hat,

i) vor Gericht angefochten oder von einem Gericht nachgeprüft werden können und

ii) eine mit einer Entscheidung eines Gerichts zu der gleichen Angelegenheit vergleichbare Rechtskraft und Wirksamkeit haben.

Die betreffenden Verwaltungsbehörden sind in Anhang X aufgelistet. Dieser Anhang wird auf Antrag des Mitgliedstaats, in dem die betreffende Verwaltungsbehörde ihren Sitz hat, nach dem Verwaltungsverfahren des Artikels 73 Absatz 2 erstellt und geändert.

(3) Im Sinne der Artikel 3, 4 und 6 tritt der Begriff »Wohnsitz« in den Mitgliedstaaten, die diesen Begriff als Anknüpfungspunkt in Familiensachen verwenden, an die Stelle des Begriffs »Staatsangehörigkeit«.

Im Sinne des Artikels 6 gilt, dass Parteien, die ihren »Wohnsitz« in verschiedenen Gebietseinheiten desselben Mitgliedstaats haben, ihren gemeinsamen »Wohnsitz« in diesem Mitgliedstaat haben.

Art. 2 enthält **Legaldefinitionen** für wichtige Begriffe der EuUntVO. »**Entscheidung**« ist eine von   16 einem mitgliedstaatlichen Gericht in einer Unterhaltssache erlassene Entscheidung ungeachtet ihrer Bezeichnung wie Urteil, Gericht Beschluss, Zahlungsbefehl oder Vollstreckungsbescheid, einschl. des Kostenfestsetzungsbeschlusses eines Gerichtsbediensteten (Abs. 1 Nr. 1). Erfasst werden aber lediglich solche Entscheidungen, welche in der Sache entscheiden. Dazu gehört auch ein negatives Feststellungsurteil.[1] Nicht abgedeckt sind jedoch bloße Prozessabweisungen.[2] Entscheidungen, welche ihrerseits über die Anerkennung oder Vollstreckbarerklärung einer ausländischen

---

1 *Gruber* IPRax 2010, 128 (136); Saenger/*Dörner* Art. 16 EuUnthVO Rn. 2.

2 Zöller/*Geimer* Art. 16 EG-VO Rn. 2.

Entscheidung befunden haben, werden ebenfalls nicht nach EuUnthVO anerkannt.[3] Auch hier wird kein sog. Doppelexequatur zugelassen. Behördliche Entscheidungen, welche den Verpflichteten unabhängig von einem Unterhaltsverhältnis zu einer Erstattung an den Staat heranziehen, werden nicht erfasst.[4]

17 «Gerichtlicher Vergleich« ist ein von einem Gericht gebilligter außergerichtlicher Vergleich (Anwaltsvergleich) oder vor einem Gericht im Laufe eines Verfahrens geschlossener Vergleich (Prozessvergleich) in Unterhaltssachen (Abs. 1 Nr. 2).

18 »Öffentliche Urkunde« ist ein Schriftstück in Unterhaltssachen, das als öffentliche Urkunde im Ursprungsmitgliedstaat förmlich errichtet oder eingetragen worden ist und das Beweiskraft besitzt (Abs. 1 Nr. 3 Buchst. a). Die Beweiskraft muss sich (i) auf die Unterschrift und den Inhalt der öffentlichen Urkunde beziehen sowie (ii) durch eine Behörde oder eine andere hierzu ermächtigte Stelle festgestellt worden sein. Eine öffentliche Urkunde ist auch eine mit einer Verwaltungsbehörde des Ursprungsmitgliedstaats geschlossene oder von ihr beglaubigte Unterhaltsvereinbarung (Abs. 1 Nr. 3 Buchst. b). In Deutschland gehören hierzu Jugendamtsurkunden (vgl. § 59 Abs. 1 Nr. 3, 4, 9, § 60 SGB VIII).[5] Deutsche notarielle Unterhaltsvereinbarungen werden ebenfalls erfasst.[6] Ausländische notarielle Urkunden können auch von einem Notar für vollstreckbar erklärt werden (§ 35 Abs. 3 AUG).

19 Vertragsstaaten des noch nicht in Kraft getretenen **Haager Übereinkommens von 2007** sind solche Vertragsstaaten, für die dieses Übereinkommen zwischen der Gemeinschaft und dem betreffenden Staat anwendbar ist (Abs. 1 Nr. 8).

20 »Berechtigte Person« ist jede natürliche Person, der Unterhalt zusteht oder angeblich zusteht (Art. 2 Abs. 1 Nr. 10 EuUnthVO). Auch Regressansprüche Privater zählen zu den Unterhaltsstreitigkeiten.[7] Das gleiche gilt, wie der EuGH bereits für die Brüssel I-VO klargestellt hatte,[8] für Regressansprüche öffentlicher Einrichtungen, soweit sie ursprüngliche Unterhaltsansprüche durchsetzen wollen[9] (vgl. Art. 64). Erfasst wird insbes. ein gesetzlicher Übergang von Unterhaltsforderungen. Nach deutschem Sachrecht kann der Rückgriff insbes auf § 33 SGB II[10], § 94 SGB XII, § 37 BAföG sowie § 7 UVG[11] gestützt werden. Beim Unterhaltsrückgriff überträgt der leistende Träger häufig die auf ihn kraft Gesetzes übergegangene Unterhaltsforderung auf den ursprünglich Berechtigten zurück, der dann wieder Inhaber des Anspruchs ist und ihn treuhänderisch geltend macht. Die hM sieht ihn, da es nicht auf die endgültige Lastenverteilung ankommt, zutreffend als »Berechtigten« i.S. der EuUnthVO an.[12] Nicht erfasst werden hingegen eigene Kostenerstattungsansprüche öffentlicher Stellen, die auf besonderen Befugnissen und nicht auf dem Unterhaltsverhältnis beruhen.[13]

21 »Verpflichtete Person« ist jede natürliche Person, die tatsächlich oder angeblich Unterhalt leisten muss (Abs. 1 Nr. 11), also der Unterhaltspflichtige.

---

3 Zöller/*Geimer* Art. 16 EG-VO Rn. 2.
4 Geimer/Schütze/*Reuß* Art. 1 VO Nr. 4/2009 Rn. 6.
5 *Heger/Selg* FamRZ 2011, 1101 (1103); Geimer/Schütze/*Reuß* Art. 2 VO Nr. 4/2009 Rn.5.
6 Geimer/Schütze/*Reuß* Art. 2 VO Nr. 4/2009 Rn. 5.
7 *M. Weber* ÖJZ 2011, 947 (950 f.); Geimer/Schütze/*Reuß* Art. 1 VO Nr. 4/2009 Rn. 30.
8 EuGH, 14. 11. 2002 – Rs C-271/00 (Gemeente Steenbergen/Luc Baten), Slg. 2002, I-10489 = IPRax 2004, 237 m. Aufs. *Martiny* (195) = ZZP Int 7 (2002) 317 m. Anm. *Rauscher*.
9 ErwGrd. 14. Ebenso *Hau* FamRZ 2010, 516 (518); *Conti*, S. 60; Zöller/*Geimer* Art. 1 EG-VO Rn. 6; Geimer/Schütze/*Reuß* Art. 1 VO Nr. 4/2009 Rn. 30.
10 Dazu *Kuntze* FPR 2011, 166 (169 ff.).
11 Amtl. Begr. BR-Drucks 854/10 S. 57, *Veith*, S. 33.
12 *Kuntze* FPR 2011, 166 (170).– Zweifelnd *Hau*, in: *Coester-Waltjen*/Lipp/Schumann/Veit (Hrsg.), Europäisches Unterhaltsrecht, 2010, S. 57, 76 f.; *Conti*, S. 194.
13 Wendl/Dose/*Dose* § 9 Rn. 610.

Martiny

In den Mitgliedstaaten werden Unterhaltsstreitigkeiten in unterschiedlichen Verfahren entschie- 22
den. Daher schließt »Gericht« auch Verwaltungsbehörden mit Zuständigkeit in Unterhaltssachen
ein, sofern diese Behörden unparteilich sind und das Recht der Parteien auf rechtliches Gehör
garantiert ist. Ferner wird vorausgesetzt, dass die behördlichen Entscheidungen (i) vor Gericht
angefochten oder von einem Gericht nachgeprüft werden können und (ii) eine mit einer Entscheidung eines Gerichts zu der gleichen Angelegenheit vergleichbare Rechtskraft und Wirksamkeit
haben (Abs. 2). Die betreffenden Verwaltungsbehörden sind in Anh. X der VO aufgelistet.[14] Dazu
gehört etwa auch die Unterhaltsfestsetzung durch die britische Child Maintenance and Enforce-
ment Commission (CMEC).[15]

Nach Abs. 3 tritt im Sinne der Art. 3, 4 und 6 der **Begriff »Wohnsitz«** in den Mitgliedstaaten, die 23
diesen Begriff als Anknüpfungspunkt in Familiensachen verwenden, an die Stelle des Begriffs
»Staatsangehörigkeit«. Dies bezieht sich insb. auf das Vereinigte Königreich.[16] Die nach Abs. 2
zuständigen Behörden werden in Anh. X genannt.[17]

Kapitel II   Zuständigkeit

Art. 3   Allgemeine Bestimmungen

Zuständig für Entscheidungen in Unterhaltssachen in den Mitgliedstaaten ist

a) das Gericht des Ortes, an dem der Beklagte seinen gewöhnlichen Aufenthalt hat, oder
b) das Gericht des Ortes, an dem die berechtigte Person ihren gewöhnlichen Aufenthalt hat,
oder
c) das Gericht, das nach seinem Recht für ein Verfahren in Bezug auf den Personenstand
zuständig ist, wenn in der Nebensache zu diesem Verfahren über eine Unterhaltssache zu
entscheiden ist, es sei denn, diese Zuständigkeit begründet sich einzig auf der Staatsangehörigkeit einer der Parteien, oder
d) das Gericht, das nach seinem Recht für ein Verfahren in Bezug auf die elterliche Verantwortung zuständig ist, wenn in der Nebensache zu diesem Verfahren über eine Unterhaltssache
zu entscheiden ist, es sei denn, diese Zuständigkeit beruht einzig auf der Staatsangehörigkeit
einer der Parteien.

Die EuUntVO räumt als allgemeine Zuständigkeit in Unterhaltssachen **mehrere Zuständigkeiten** 24
ein. Dies gilt – vorbehaltlich des Art. 8 – auch für die Klage eines Unterhaltspflichtigen[1] sowie für
einen Anspruch auf Unterhaltsrückzahlung.[2] In bestimmtem Umfang sind Gerichtsstandsvereinbarungen zulässig (Art. 4). Auch eine rügelose Einlassung wirkt – in gleicher Weise wie nach
Art. 24 Brüssel I-VO – zuständigkeitsbegründend (Art. 5). Hilfsweise kann eine Auffangzuständigkeit nach Art. 6 bzw. eine Notzuständigkeit nach Art. 7 in Betracht kommen. Die Zuständigkeits-

---

14 Dieser Anh. wird auf Antrag des Mitgliedstaats, in dem die betreffende Verwaltungsbehörde ihren Sitz
    hat, erstellt und geändert (Art. 2 Abs. 2).
15 Durchführungsverordnung (EU) Nr. 1142/2011 Art. 1 Anh. I. – Siehe auch *G. Smith,* IFL 2011, 187,
    189.
16 Vgl. ErwGrd. 18; näher zum domicile Rauscher/*Andrae* EG-UnterhaltsVO Art. 2 Rn. 20 ff.
17 Siehe Durchführungsverordnung (EU) Nr. 1142/2011 vom 10.11.2011, ABl. EU 2011 L 293/24.
 1 *Gruber* IPRax 2010, 128 (130); *Hau* FamRZ 2010, 516 (518).
 2 *Gruber* IPRax 2010, 128 (131).

regeln der EuUntVO sind auch dann anwendbar, wenn der Beklagte seinen gewöhnlichen Aufenthalt außerhalb der EU hat.[3] Reine Inlandsfälle werden jedoch nicht erfasst.[4]

25 Die Zuständigkeitsordnung der EuUnthVO lässt – anders als die Brüssel IIa-VO – **keinen Raum für eine nationale Regelung der internationalen Zuständigkeit.**[5] Die nationalen Vorschriften kommen nicht – auch nicht subsidiär – zur Anwendung.[6] Eine Ausnahme bilden lediglich die einstweiligen Maßnahmen nach Art. 14. Die Zuständigkeitsregeln der EuUnthVO regeln grundsätzlich **doppelfunktional** die internationale und die örtliche Zuständigkeit.[7]

26 Die allgemeine Zuständigkeit in Unterhaltssachen kann wahlweise auf mehrere Gründe gestützt werden. Zuständig ist das Gericht des Ortes, an dem der **Beklagte seinen gewöhnlichen Aufenthalt** hat (Buchst. a). Dies gilt auch für öffentliche Aufgaben wahrnehmende Einrichtungen.[8] Im Interesse prozessualer Waffengleichheit kann Beklagter nicht nur der Unterhaltsverpflichtete, sondern auch der Unterhaltsberechtigte sein.[9] Auf den Wohnsitz kommt es nicht an.[10] Der Begriff des gewöhnlichen Aufenthalts ist einheitlich und autonom auszulegen.[11] Zu prüfen ist, wo sich der Daseinsmittelpunkt, der Schwerpunkt der familiären und sozialen Bindungen befindet.[12] Teilweise wird angenommen, dass eine Person mehrere gewöhnliche Aufenthalte haben kann.[13] Aus Buchst. a folgt auch die örtliche Zuständigkeit.[14] Nach § 28 AUG besteht allerdings eine Zuständigkeitskonzentration beim Familiengericht, das für den Sitz des OLG zuständig ist, in dessen Bezirk sich der gewöhnliche Aufenthalt befindet.[15] Dies wird als bloße gerichtsorganisatorische Maßnahme angesehen.

27 Eine Zuständigkeit des Gerichts des Ortes, an dem die **berechtigte Person** ihren **gewöhnlichen Aufenthalt** hat, besteht ebenfalls (Buchst. b). Das gilt auch dann, wenn sich der gewöhnliche Aufenthalt des Beklagten in einem Nichtmitgliedstaat befindet.[16] Der gewöhnliche Aufenthalt des Kindes leitet sich nicht von dem seiner Eltern ab.[17] Ein Studierender, der sich mehrere Jahre am Studienort aufhält und im Aufenthaltsstaat auch sozial eingebunden ist, kann dort seinen gewöhnlichen Aufenthalt begründet haben.[18] Daraus folgt auch die örtliche Zuständigkeit.[19] Nach § 28 AUG besteht ebenfalls eine Zuständigkeitskonzentration. Beispielsweise muss ein in Darmstadt lebendes Kind vor dem AG Frankfurt a.M. klagen.[20]

28 Die EuUnthVO stellt die Einrichtung zwar teilweise dem Berechtigten gleich, spart aber die internationale Zuständigkeit aus. Dem Antragsberechtigten auch eine **Rückgriff nehmende öffentliche**

---

3 ErwGrd. 15; *Kohler/Pintens* FamRZ 2009, 1529 (1530); *Mansel/Thorn/Wagner* IPRax 2010, 1 (7); Rauscher/*Andrae* EG-UnterhaltsVO vor Art. 3 Rn. 2.

4 *Gruber* IPRax 2010, 128 (132 f.).

5 ErwGrd. 15.

6 OLG Düsseldorf 25.04.2012 – II-8 UF 59/12, 8 UF 59/12 (juris); Fasching/Konecny/*Fucik* Art. 2 EuUVO Rn. 14; Zöller/*Geimer* Art. 3 EG-VO Rn. 13.

7 Geimer/Schütze/*Reuß* Art. 3 VO Nr. 4/2009 Rn. 1.

8 Geimer/Schütze/*Reuß* Art. 1 VO Nr. 4/2009 Rn. 32.

9 *Conti,* S. 76 ff.; Geimer/Schütze/*Reuß* Art. 1 VO Nr. 4/2009 Rn. 34.

10 *Mansel/Thorn/Wagner* IPRax 2010, 1 (7); *Gruber* IPRax 2010, 128 (132).

11 *Hau* FamRZ 2010, 516; *Conti,* S. 69; Geimer/Schütze/*Reuß* Art. 3 VO Nr. 4/2009 Rn. 18.

12 OLG Düsseldorf 25.04.2012 – II-8 UF 59/12, 8 UF 59/12 (juris).– Näher Rauscher/*Andrae* EG-UnterhaltsVO Art. 3 Rn. 29.

13 Rauscher/*Andrae* Art. 3 EG-UntVO Rn. 22.– Anders Geimer/Schütze/*Reuß* Art. 3 VO Nr. 4/2009 Rn. 22.

14 *Gruber* IPRax 2010, 128 (132).

15 Dazu *Andrae* NJW 2011, 2545, 2546.

16 *Mansel/Thorn/Wagner* IPRax 2010, 1 (7).

17 Rauscher/*Andrae* Art. 3 EG-UntVO Rn. 34; Geimer/Schütze/*Reuß* Art. 3 VO Nr. 4/2009 Rn. 21.

18 *Conti,* S. 70 f.

19 *Gruber* IPRax 2010, 128 (132).

20 OLG Frankfurt a.M. FamRZ 2012, 1508 = JAmt 2012, 42 Anm. *C. Schmidt.*

Einrichtung gleichzustellen, ist daher fraglich.[21] Es dürfte auch nicht möglich sein, den Gerichtsstand einem privaten Regressgläubiger, auf den die Unterhaltsforderung übergegangen ist, zuzugestehen.[22] Gleiches wird für die Unterhaltsrückforderung angenommen.[23]

Ferner werden im Interesse der Verfahrenskonzentration für Statussachen Annex- bzw. Verbundzuständigkeiten eingeräumt. Zuständig ist das Gericht, das nach seinem Recht, d.h. nach Unionsrecht oder nationalem Recht,[24] für ein Verfahren in Bezug auf den »**Personenstand**« zuständig ist, wenn in der Nebensache über eine Unterhaltssache zu entscheiden ist (Buchst. c). Das gilt freilich dann nicht, wenn diese Zuständigkeit – wie in Deutschland etwa nach §§ 98 Abs. 1 Nr. 1, 100 Nr. 1 FamFG – einzig auf der Staatsangehörigkeit einer der Parteien beruht. Haben alle Parteien die Staatsangehörigkeit des Forums, dürfte – da keine Diskriminierung droht – die Einschränkung nicht entgegenstehen.[25] Diese Annexzuständigkeit gilt etwa für eine Unterhaltssache im Zusammenhang mit einer Ehescheidung (§ 25 Abs. 1 Nr. 1 AUG), der Auflösung einer Lebenspartnerschaft, einer Trennung von Tisch und Bett oder einer Vaterschaftsfeststellung (§ 25 Abs. 1 Nr. 2 AUG).[26] Auch der bloße Trennungsunterhalt im Scheidungsverfahren wird erfasst.[27] Die Zuständigkeit für die Ehesache kann auf Art. 3 ff. Brüssel IIa-VO gestützt werden. Auf diese Zuständigkeit kann sich auch der Unterhaltspflichtige,[28] nicht jedoch ein Regressgläubiger[29] berufen. In Deutschland wird die örtliche Zuständigkeit in den Fällen des Art. 3 Buchst. c EuUnthVO von § 26 AUG geregelt.[30]

29

Zuständig ist schließlich auch das Gericht, das nach seinem Recht für ein Verfahren in Bezug auf die **elterliche Verantwortung** zuständig ist, wenn in der Nebensache zu diesem Verfahren über eine Unterhaltssache zu entscheiden ist, es sei denn, diese Zuständigkeit beruht – wie in Deutschland etwa nach § 104 Nr. 1 FamFG – einzig auf der Staatsangehörigkeit einer der Parteien (Buchst. d). Auf diese Weise kann eine Verknüpfung mit einer Sorgerechtsregelung erreicht werden.[31] Dies bezieht sich nicht nur auf Verfahren nach der Brüssel IIa-VO[32] (vgl. Art. 1 Abs. 2, Art. 2 Nr. 7, Art. 8 ff. Brüssel IIa-V), sondern auch nach dem KSÜ[33] sowie nach nationalem Recht[34] (vgl. §§ 99, 100, 104 FamFG). Auf diese Zuständigkeit kann sich auch der Unterhalts-

30

---

21 Verneinend *Hau* FamRZ 2010, 516 (518 f.); *Kuntze* FPR 11, 166 (170 f.); Wendl/Dose/*Dose* § 9 Rn. 643; *Hess*, in: C. Schmidt (Hrsg.), S. 27, 30; *Conti*, S. 192 ff.; Prütting/Helms/*Hau* § 110 FamFG Anh. Rn. 40; Saenger/*Dörner* Art. 3 EuUnthVO Rn. 5. – Anders Geimer/Schütze/*Reuß* Art. 1 VO Nr. 4/2009 Rn. 32, Art. 3 VO Nr. 4/2009 Rn. 28 (aber gestützt auf den gewöhnlichen Aufenthaltsort des originär Berechtigten). – Näher Rauscher/*Andrae* EG-UnterhaltsVO Art. 3 Rn. 43 ff.

22 Prütting/Helms/*Hau* § 110 FamFG Anh. Rn. 42. – Anders, aber gestützt auf den gewöhnlichen Aufenthalt des originär Berechtigten Geimer/Schütze/*Reuß* Art. 1 VO Nr. 4/2009 Rn. 33.

23 *Hau*, in: Coester-Waltjen/Lipp/Schumann/Veit (Hrsg.), S. 57, 77; Geimer/Schütze/*Reuß* Art. 3 VO Nr. 4/2009 Rn. 28.

24 *Hau*, in: Coester-Waltjen/Lipp/Schumann/Veit (Hrsg.), S. 57 (63); Geimer/Schütze/*Reuß* Art. 3 VO Nr. 4/2009 Rn. 31.

25 *Hau*, in: Coester-Waltjen/Lipp/Schumann/Veit (Hrsg.), S. 57, 63; Rauscher/*Andrae* Art. 3 EG-UntVO Rn. 48; Geimer/Schütze/*Reuß* Art. 3 VO Nr. 4/2009 Rn. 31.

26 *Hau* FamRZ 2010, 516 (516); Wendl/Dose/*Dose* § 9 Rn. 649; Rauscher/*Andrae* EG-UntVO Art. 3 Rn. 47.

27 *Hau*, in: Coester-Waltjen/Lipp/Schumann/Veit (Hrsg.), S. 57 (63); Wendl/Dose/*Dose* § 9 Rn. 649; Geimer/Schütze/*Reuß* Art. 3 VO Nr. 4/2009 Rn. 31.

28 *Conti*, S. 77 f.

29 Geimer/Schütze/*Reuß* Art. 3 VO Nr. 4/2009 Rn. 30.

30 Krit. dazu *Andrae* NJW 2011, 2545 (2546 f.).

31 Näher *Gruber* IPRax 2010, 128 (132); Rauscher/*Andrae* EG-UntVO Art. 3 Rn. 51 ff.

32 Zöller/*Geimer* Art. 3 EG-VO Rn. 12.

33 Zöller/*Geimer* Art. 3 EG-VO Rn. 12.

34 Zöller/*Geimer* Art. 3 EG-VO Rn. 12.

pflichtige,[35] nicht jedoch ein Regressgläubiger[36] berufen. Aus ihr ergibt sich auch die örtliche Zuständigkeit.

31 Eine Zuständigkeitsregelung für die **Streitgenossenschaft**, wie sie Art. 6 Nr. 1 EuGVO kennt, fehlt. Das ist zu bedauern, da hierfür – z.B. bei einer Klage gegen beide Elternteile – durchaus ein Bedürfnis bestehen kann.[37] Es bleibt jedoch bei den allgemeinen Zuständigkeitsregeln.[38]

Eine eigenständige Regelung für den **Widerantrag** bzw. die Widerklage wie nach Art. 6 Nr. 3 Brüssel I-VO fehlt gleichfalls.[39] Es wird zwar angenommen, dass sie erhoben werden kann, wenn das Gericht des Erstantrags nach den Vorschriften der EuUnthVO zuständig ist,[40] doch darf auf diese Weise nicht der Schutz des Unterhaltsberechtigten unterlaufen werden.[41]

32 Die für die Zuständigkeit maßgebenden Tatsachen müssen im Zeitpunkt der Rechtshängigkeit der Klage vorliegen.[42] Eine Regelung für die perpetuatio fori kennt die EuUnthVO nicht. Sie kann jedoch – ebenso wie nach der EuGVO – eintreten.[43]

Art. 4 Gerichtsstandsvereinbarungen

(1) Die Parteien können vereinbaren, dass das folgende Gericht oder die folgenden Gerichte eines Mitgliedstaats zur Beilegung von zwischen ihnen bereits entstandenen oder künftig entstehenden Streitigkeiten betreffend Unterhaltspflichten zuständig ist bzw. sind:

a) ein Gericht oder die Gerichte eines Mitgliedstaats, in dem eine der Parteien ihren gewöhnlichen Aufenthalt hat;

b) ein Gericht oder die Gerichte des Mitgliedstaats, dessen Staatsangehörigkeit eine der Parteien besitzt;

c) hinsichtlich Unterhaltspflichten zwischen Ehegatten oder früheren Ehegatten
   i) das Gericht, das für Streitigkeiten zwischen den Ehegatten oder früheren Ehegatten in Ehesachen zuständig ist, oder
   ii) ein Gericht oder die Gerichte des Mitgliedstaats, in dem die Ehegatten mindestens ein Jahr lang ihren letzten gemeinsamen gewöhnlichen Aufenthalt hatten.

Die in den Buchstaben a, b oder c genannten Voraussetzungen müssen zum Zeitpunkt des Abschlusses der Gerichtsstandsvereinbarung oder zum Zeitpunkt der Anrufung des Gerichts erfüllt sein.

Die durch Vereinbarung festgelegte Zuständigkeit ist ausschließlich, sofern die Parteien nichts anderes vereinbaren.

(2) Eine Gerichtsstandsvereinbarung bedarf der Schriftform. Elektronische Übermittlungen, die eine dauerhafte Aufzeichnung der Vereinbarung ermöglichen, erfüllen die Schriftform.

---

35 *Conti*, S. 77 f.; Rauscher/*Andrae* EG-UntVO Art. 3 Rn. 10.
36 Geimer/Schütze/*Reuß* Art. 3 VO Nr. 4/2009 Rn. 33.
37 Siehe *Hau*, in: Coester-Waltjen/Lipp/Schumann/Veit (Hrsg.), S. 57 (66 f.); Geimer/Schütze/*Reuß* Art. 1 VO Nr. 4/2009 Rn. 13, Art. 3 VO Nr. 4/2009 Rn. 4.
38 Wendl/Dose/*Dose* § 9 Rn. 647.
39 Für analoge Anwendung Rauscher/*Andrae* vor Art. 3 EG-UntVO Rn. 10.
40 *Conti*, S. 79.
41 Prütting/Helms/*Hau* § 110 FamFG Anh. Rn. 69.– Vgl. auch Wendl/Dose/*Dose* § 9 Rn. 645.
42 *Hau* FamRZ 2010, 516 (518); Geimer/Schütze/*Reuß* Art. 3 VO Nr. 4/2009 Rn. 10.– Einen Eintritt bis zur letzten mündlichen Verhandlung lässt genügen Wendl/Dose/*Dose* § 9 Rn. 659.
43 Wendl/Dose/*Dose* § 9 Rn. 659; Rauscher/*Andrae* Art. 3 EG-UntVO Rn. 12; Zöller/*Geimer* Art. 3 EG-VO Rn. 1; Geimer/Schütze/*Reuß* Art. 3 VO Nr. 4/2009 Rn. 10.

(3) Dieser Artikel gilt nicht bei einer Streitigkeit über eine Unterhaltspflicht gegenüber einem Kind, das noch nicht das 18. Lebensjahr vollendet hat.

(4) Haben die Parteien vereinbart, dass ein Gericht oder die Gerichte eines Staates, der dem am 30. Oktober 2007 in Lugano unterzeichneten Übereinkommen über die gerichtliche Zuständigkeit und die Anerkennung und Vollstreckung von Entscheidungen in Zivil- und Handelssachen (ABl. L 339 vom 21. 12. 2007, S. 3) (nachstehend »Übereinkommen von Lugano« genannt) angehört und bei dem es sich nicht um einen Mitgliedstaat handelt, ausschließlich zuständig sein soll bzw. sollen, so ist dieses Übereinkommen anwendbar, außer für Streitigkeiten nach Absatz 3.

Gerichtsstandsvereinbarungen sind nur **beschränkt möglich** (Abs. 1).[1] Im Interesse größerer 33
Rechtssicherheit gibt die EuUnthVO auch dem Parteiwillen für die Forumswahl Raum. Die Parteien können daher ähnlich wie nach Art. 23 Brüssel I-VO vereinbaren, dass ein bestimmtes Gericht oder bestimmte Gerichte eines Mitgliedstaats zur Beilegung von zwischen ihnen bereits entstandenen oder erst künftig entstehenden Streitigkeiten betreffend Unterhaltspflichten zuständig ist bzw. sind (Abs. 1). Die vereinbarte Zuständigkeit ist ausschließlich, sofern die Parteien nichts anderes vereinbaren (Abs. 1 UA 3). Es genügt, wenn sich das gewählte Gericht anhand objektiver Kriterien durch Auslegung ermitteln lässt.[2] Wird nur die Zuständigkeit der Gerichte eines Landes gewählt, nach dessen Recht aber keine örtliche Zuständigkeit besteht, so ist die Vereinbarung nicht unwirksam. Zwar wäre denkbar, Art. 3 analog heranzuziehen,[3] doch dürfte eher nach einer Abhilfe nach nationalem Recht zu suchen sein.[4]

Für eine Gerichtsstandsvereinbarung stehen nur einzelne aufgrund objektiver Anknüpfungspunkte 34
bestimmte Gerichte, zu denen ein sachlicher Bezug besteht, als forum prorogatum zur Auswahl.
In erster Linie kommt ein Gericht oder die Gerichte eines Mitgliedstaats, in dem eine der Parteien ihren **gewöhnlichen Aufenthalt** hat, in Betracht (Abs. 1 Buchst. a). Der gewöhnliche Aufenthalt ist hier ebenso wie in Art. 3 zu verstehen. Ferner können ein Gericht oder die Gerichte des Mitgliedstaats, dessen **Staatsangehörigkeit** eine der Parteien besitzt, vereinbart werden (Abs. 1 Buchst. b). Auch hier ist nicht klargestellt, wie bei mehrfacher Staatsangehörigkeit zu verfahren ist. Im Interesse der Rechtssicherheit ist ebenso wie bei der Brüssel IIa-VO[5] die Beziehung zu einer der Staatsangehörigkeiten, die nicht die effektive sein muss, ausreichend.[6]

Für die **Unterhaltspflichten zwischen Ehegatten oder früheren Ehegatten** werden mehrere zusätz- 35
liche[7] Möglichkeiten genannt (Abs. 1 Buchst. c). Insoweit das Gericht, das für Streitigkeiten zwischen den Ehegatten oder früheren Ehegatten **in Ehesachen zuständig** ist, kann vereinbart werden (Buchst. c, i). Vereinbart werden können auch ein Gericht oder die Gerichte des Mitgliedstaats, in dem die Ehegatten mindestens ein Jahr lang ihren letzten gemeinsamen gewöhnlichen Aufenthalt hatten (ii). Die UnterhVO nennt auch den **maßgeblichen Zeitpunkt**. Die nach Buchst. a, b oder c erforderlichen Voraussetzungen müssen zum Zeitpunkt des Abschlusses der Gerichtsstandsvereinbarung oder der Anrufung des Gerichts erfüllt sein (Abs. 1 UA 2).

---

1 Formulierungsvorschlag bei *Süß* ZNotP 2011, 282 f.
2 *Saenger/Dörner* Art. 4 EuUnthVO Rn. 2; Geimer/Schütze/*Reuß* Art. 4 VO Nr. 4/2009 Rn. 13.
3 Rauscher/*Andrae* Art. 4 EG-UntVO Rn. 11.
4 Für eine analoge Heranziehung des § 27 AUG Geimer/Schütze/*Reuß* Art. 4 VO Nr. 4/2009 Rn. 3.
5 EuGH, 16.7.2009 Rs C-168/08 (Hadadi./. Mesko), Slg. 2009, I-6871 = FamRZ 2009, 1571 m. Anm. *Kohler,* 1574 = IPRax 2010, 66 m. Aufs. *Hau* (50) u Aufs. *Dilger* (54).
6 *Gruber* IPRax 2010, 128 (133); Saenger/*Dörner* Art. 4 EuUnthVO Rn. 5; Zöller/*Geimer* Art. 3 EG-VO Rn. 7, Art. 4 EG-VO Rn. 1. – Anders Geimer/Schütze/*Reuß* Art. 4 VO Nr. 4/2009 Rn. 43.
7 *Gruber* IPRax 2010, 128 (133); Rauscher/*Andrae* Art. 4 EG-UntVO Rn. 42; Geimer/Schütze/*Reuß* Art. 4 VO Nr. 4/2009 Art. 4 Rn. 26. – Anders *Bartl,* S. 70 f.

36   Ebenso wie in Art. 23 Brüssel I-VO werden die Voraussetzungen für die materielle Wirksamkeit und das Zustandekommen der Vereinbarung nicht genannt. Es ist jedoch anzunehmen, dass insofern auch für die EuUnthVO ungeschriebenes Unionsrecht gilt.[8] Danach ist bei Einhaltung der Formerfordernisse grds. von einer Wirksamkeit der Vereinbarung auszugehen. Nicht von der EuUnthVO erfasst ist jedoch die Frage der Geschäftsfähigkeit, die sich weiterhin nach nationalem IPR richtet.[9] Gleiches gilt für die Frage der Stellvertretung.[10] Letztere wird allerdings wiederum vom Haager UnthProt erfasst.

37   Eine Gerichtsstandsvereinbarung bedarf (nur) der **Schriftform**. Elektronische Übermittlungen, die eine dauerhafte Aufzeichnung der Vereinbarung ermöglichen, erfüllen die Schriftform (Abs. 2). Bloß einseitige Bestätigungen reichen nicht aus.[11] Es muss aber keine einheitliche Urkunde vorliegen.[12] Eine Sonderregelung besteht für das Verhältnis zum Luganer Übereinkommen. Haben die Parteien vereinbart, dass ein Gericht eines Staates, der dem Lugano Übereinkommen angehört und bei dem es sich nicht um einen Mitgliedstaat handelt, ausschließlich zuständig sein soll, so haben die Zuständigkeitsvorschriften dieses Übereinkommens Vorrang, außer für Streitigkeiten nach Abs. 3, d.h. den Minderjährigenunterhalt (Abs. 4). Bei der Vereinbarung der ausschließlichen Zuständigkeit eines anderen drittstaatlichen Gerichts ist die derogierende Wirkung einer solchen Gerichtsstandsvereinbarung am spiegelbildlich heranzuziehenden Art. 4 zu messen.[13]

38   Um den Schutz der schwächeren Partei zu gewährleisten, ist eine Wahl des Gerichtsstands bei Unterhaltspflichten gegenüber einem **Kind unter 18 Jahren unwirksam** (Abs. 3).[14] Sie bleibt es grds. auch nach Eintritt der Volljährigkeit.[15] Ein entsprechender Schutz für geschäftsunfähige Erwachsene fehlt;[16] eine generelle Inhaltskontrolle ist nicht vorgesehen.[17]

Art. 5   Durch rügelose Einlassung begründete Zuständigkeit

Sofern das Gericht eines Mitgliedstaats nicht bereits nach anderen Vorschriften dieser Verordnung zuständig ist, wird es zuständig, wenn sich der Beklagte auf das Verfahren einlässt. Dies gilt nicht, wenn der Beklagte sich einlässt, um den Mangel der Zuständigkeit geltend zu machen.

39   Auch eine rügelose Einlassung wirkt zuständigkeitsbegründend (vgl. Art. 24 Brüssel I-VO). Das Gericht wird zuständig, wenn sich der Beklagte auf das Verfahren einlässt, insbes. Klageabweisung beantragt oder Verfahrenseinwände erhebt (Satz 1).[1] Dies gilt nicht, wenn er sich lediglich einlässt, um den Mangel der Zuständigkeit zu rügen (Satz 2). Die Zuständigkeitsbegründung durch rüge-

---

8   Saenger/*Dörner* Art. 4 EuUnthVO Rn. 10; Zöller/*Geimer* Art. 4 EG-VO Rn. 2.

9   Saenger/*Dörner* Art. 4 EuUnthVO Rn. 10; Zöller/*Geimer* Art. 4 EG-VO Rn. 2.

10   Saenger/*Dörner* Art. 4 EuUnthVO Rn. 10; Zöller/*Geimer* Art. 4 EG-VO Rn. 2.

11   *Gruber* IPRax 2010, 128 (133); Fasching/Konecny/*Fucik* Art. 4 EuUVO Rn. 2.

12   *Lipp* FS Pintens I, 2012, 847 (862); Prütting/Helms/*Hau* § 110 FamFG Anh. Rn. 48.

13   Prütting/Helms/*Hau* § 110 FamFG Anh. Rn. 52.; Rauscher/*Andrae* Art. 4 EG-UntVO Rn. 70; Geimer/Schütze/*Reuß* Art. 4 VO Nr. 4/2009 Rn. 16.– Für völlige Nichtanwendung der EuUnthVO *Conti*, S. 99 f.

14   Vgl. ErwGrd. 19. – Auf die Geschäftsfähigkeit kommt es nicht an; *Lipp* FS Pintens I, 2012, 847 (861 f.).

15   Geimer/Schütze/*Reuß* Art. 4 VO Nr. 4/2009 Rn. 30. – Differenzierend Rauscher/*Andrae* Art. 4 EG-UntVO Rn. 49.

16   Siehe *Gruber* IPRax 2010, 128 (133).

17   Für eine Zulässigkeit nach unionsrechtlichen Maßstäben Geimer/Schütze/*Reuß* Art. 4 VO Nr. 4/2009 Rn. 33 ff.

1   Geimer/Schütze/*Hilbig* Art. 5 VO Nr. 4/2009 Rn. 8; Geimer/Schütze/*Reuß* Art. 5 VO Nr. 4/2009 Rn. 6.

lose Einlassung ist auch entgegen einer Gerichtsstandsvereinbarung möglich.[2] Keine der Parteien braucht einen gewöhnlichen Aufenthalt in einem Mitgliedstaat zu haben.[3] Die Beschränkung des Art. 4 Abs. 3 für Kinder gilt hier nicht.[4]

Art. 6   Auffangzuständigkeit

Ergibt sich weder eine Zuständigkeit eines Gerichts eines Mitgliedstaats gemäß der Artikel 3, 4 und 5 noch eine Zuständigkeit eines Gerichts eines Staates, der dem Übereinkommen von Lugano angehört und der kein Mitgliedstaat ist, gemäß der Bestimmungen dieses Übereinkommens, so sind die Gerichte des Mitgliedstaats der gemeinsamen Staatsangehörigkeit der Parteien zuständig.

Die EuUnthVO lässt keine nationale »Restzuständigkeit« mehr zu,[1] räumt jedoch eine **subsidiäre**   40 **Auffangzuständigkeit** ein (Art. 6). Ergibt sich nämlich weder eine Zuständigkeit eines Gerichts eines Mitgliedstaats gem. Art. 3, 4 und 5 noch eine Zuständigkeit in einem Nichtmitgliedstaat, der dem Lugano-Übereinkommen angehört, nach den Bestimmungen dieses Übereinkommens, so besteht die Auffangzuständigkeit.[2] Dann sind die Gerichte des Staats der **gemeinsamen Staatsangehörigkeit** der Parteien zuständig. Im Interesse der Rechtssicherheit ist bei mehrfacher Staatsangehörigkeit ebenso wie bei der Brüssel IIa-VO[3] die Beziehung zu einer der Staatsangehörigkeiten ausreichend.[4] Auf die effektive Staatsangehörigkeit kommt es nicht an.[5] In Deutschland besteht eine ausschließlich örtliche Zuständigkeit des AG Pankow-Weißensee (§ 27 AUG).[6]

Besitzt der prozessführungsberechtigte Elternteil keine oder eine andere Staatsangehörigkeit als das Kind, für das Unterhalt verlangt wird, so genügt, wenn das Kind und der unterhaltspflichtige Elternteil die gleiche Staatsangehörigkeit besitzen.[7] Für Mitgliedstaaten, die dem Domizilprinzip folgen, gilt eine Sonderregel. Parteien, die ihren »Wohnsitz« in verschiedenen Gebietseinheiten desselben Mitgliedstaats haben, haben ihren gemeinsamen »Wohnsitz« in diesem Staat (Art. 2 Abs. 3 UAbs. 2).

Art. 7   Notzuständigkeit (forum necessitatis)

Ergibt sich keine Zuständigkeit eines Gerichts eines Mitgliedstaats gemäß der Artikel 3, 4, 5 und 6, so können die Gerichte eines Mitgliedstaats in Ausnahmefällen über den Rechtsstreit entscheiden, wenn es nicht zumutbar ist oder es sich als unmöglich erweist, ein Verfahren in einem Drittstaat, zu dem der Rechtsstreit einen engen Bezug aufweist, einzuleiten oder zu führen.

---

2 *Conti,* S. 110; Saenger/*Dörner* Art. 4 EuUnthVO Rn. 12; Geimer/Schütze/*Reuß* Art. 5 VO Nr. 4/2009 Rn. 11.
3 *Conti,* S. 111.
4 Geimer/Schütze/*Reuß* Art. 5 VO Nr. 4/2009 Rn. 3.
1 Krit. dazu *Conti,* S. 117 ff.
2 Näher *Gruber* IPRax 2010, 128 (134).
3 Zu Art. 3 Buchst. b Brüssel IIa-VO siehe EuGH, 16.7.2009 Rs C-168/08 (Hadadi./. Mesko), Slg. 2009, I-6871 = FamRZ 2009, 1571 m. Anm. *Kohler,* 1574 = IPRax 2010, 66 m. Aufs. *Hau* (50) u Aufs. *Dilger* (54).
4 *Gruber* IPRax 2010, 128 (133); Zöller/*Geimer* Art. 3 EG-VO Rn. 7, Art. 6 EG-VO Rn. 2.
5 Saenger/*Dörner* Art. 6 EuUnthVO Rn. 2; Rauscher/*Andrae* EG-UntVO Art. 6 Rn. 9; Geimer/Schütze/*Reuß* Art. 6 VO Nr. 4/2009 Rn. 6.
6 Dazu *Heger/Selg* FamRZ 2011, 1101 (1105).
7 Fasching/Konecny/*Fucik* Art. 6 EuUVO Rn. 2; Zöller/*Geimer* Art. 6 EG-VO Rn. 2. – Anders Geimer/ Schütze/*Reuß,* in: Art. 6 VO Nr. 4/2009 Rn. 6.

Der Rechtsstreit muss einen ausreichenden Bezug zu dem Mitgliedstaat des angerufenen Gerichts aufweisen.

41   Zur Vermeidung einer Rechtsschutzlücke kann ausnahmsweise eine Notzuständigkeit (forum necessitatis) bestehen.[1] Unter den in der Vorschrift genannten Voraussetzungen soll wegen der Universalität der Zuständigkeitsregeln ein negativer internationaler Kompetenzkonflikt vermieden werden.[2] Ergibt sich nämlich keine internationale Zuständigkeit eines mitgliedstaatlichen Gerichts gem. Art. 3, 4, 5 und 6, so dürfen die Gerichte eines Mitgliedstaats in Ausnahmefällen über den Rechtsstreit entscheiden. Es handelt sich um keine Ermessensentscheidung.[3] Vorausgesetzt wird, dass es **nicht zumutbar ist oder es sich als unmöglich erweist**, ein Verfahren in einem Drittstaat (Nichtmitgliedstaat der VO), zu dem der Rechtsstreit einen engen Bezug aufweist (z.B. gewöhnlicher Aufenthalt oder Verbundzuständigkeit), einzuleiten oder zu führen (Art. 7 UA 1). Beispiele dafür sind etwa Bürgerkriege, die keine geordnete Verfahrensführung mehr zulassen,[4] aber auch eine exorbitant lange Verfahrensdauer.[5] Ferner muss der Rechtsstreit, was im Einzelfall zu prüfen ist, einen **ausreichenden Bezug** zu dem Mitgliedstaat des angerufenen Gerichts aufweisen (UA 2). Dafür kann die Staatsangehörigkeit mindestens einer Partei, der gewöhnliche Aufenthalt oder die Belegenheit von Vermögen sprechen.[6] In Deutschland besteht eine **ausschließliche örtliche Zuständigkeit** des AG Pankow-Weißensee (§ 27 AUG). Teilweise wird für eng und unmittelbar mit dem Unterhalt zusammenhängende Fragen noch mit einer besonderen ungeschriebenen Attraktionszuständigkeit (vis attractiva alimentorum) argumentiert.[7]

Art. 8   Verfahrensbegrenzung

(1) Ist eine Entscheidung in einem Mitgliedstaat oder einem Vertragsstaat des Haager Übereinkommens von 2007 ergangen, in dem die berechtigte Person ihren gewöhnlichen Aufenthalt hat, so kann die verpflichtete Person kein Verfahren in einem anderen Mitgliedstaat einleiten, um eine Änderung der Entscheidung oder eine neue Entscheidung herbeizuführen, solange die berechtigte Person ihren gewöhnlichen Aufenthalt weiterhin in dem Staat hat, in dem die Entscheidung ergangen ist.

(2) Absatz 1 gilt nicht,

a) wenn die gerichtliche Zuständigkeit jenes anderen Mitgliedstaats auf der Grundlage einer Vereinbarung nach Artikel 4 zwischen den Parteien festgelegt wurde;

b) wenn die berechtigte Person sich aufgrund von Artikel 5 der gerichtlichen Zuständigkeit jenes anderen Mitgliedstaats unterworfen hat;

c) wenn die zuständige Behörde des Ursprungsstaats, der dem Haager Übereinkommen von 2007 angehört, ihre Zuständigkeit für die Änderung der Entscheidung oder für das Erlassen einer neuen Entscheidung nicht ausüben kann oder die Ausübung ablehnt; oder

d) wenn die im Ursprungsstaat, der dem Haager Übereinkommen von 2007 angehört, ergangene Entscheidung in dem Mitgliedstaat, in dem ein Verfahren zur Änderung der Entscheidung oder Herbeiführung einer neuen Entscheidung beabsichtigt ist, nicht anerkannt oder für vollstreckbar erklärt werden kann.

---

1 Dazu ErwGrd. 16. – Näher *Gruber* IPRax 2010, 128 (134 f.); *Hau* FamRZ 2010, 516 (517).

2 Rauscher/*Andrae* EG-UnterhaltsVO Art. 7 Rn. 2.

3 *Hau* FamRZ 2010, 516 (517); Saenger/*Dörner* Art. 7 EuUnthVO Rn. 4; Geimer/Schütze/*Reuß* Art. 7 VO Nr. 4/2009 Rn. 8 (in der Regel).

4 ErwGrd. 16.

5 Saenger/*Dörner* Art. 7 EuUnthVO Rn. 2.

6 ErwGrd. 16; *Ancel/Muir Watt*, Rev. crit. dr. int. pr. 99 (2010), 457 (483); *Conti*, S. 120.

7 Geimer/Schütze/*Reuß* Art. 1 VO Nr. 4/2009 Rn. 22.

Abänderungsverfahren sollen möglichst im Ursprungsstaat konzentriert werden.[1] Daher will Art. 8   **42**
im Interesse des Berechtigten mit Hilfe einer perpetuatio jurisdictionis[2] (»Verfahrensbegrenzung«)
die Einleitung konkurrierender Verfahren in anderen Staaten verhindern.[3] Ist nämlich eine Entscheidung in einem Mitgliedstaat oder einem Vertragsstaat des HUÜ 2007 ergangen, in dem der
Berechtigte seinen gewöhnlichen Aufenthalt hat, so kann der **Verpflichtete kein Verfahren in
einem anderen Mitgliedstaat einleiten**, um eine Änderung der Entscheidung oder eine neue Entscheidung herbeizuführen. Dies gilt entsprechend für gerichtliche Vergleiche und öffentliche
Urkunden (vgl. Art. 48).[4] Die Festschreibung der Zuständigkeit für Abänderungsverfahren gilt
freilich nicht für den Berechtigten.[5] Diese »negative Zuständigkeitsregel«[6] wird ebenfalls nach
Art. 10 von Amts wegen beachtet.[7] Allerdings ist eine vorbehaltlose Einlassung nach Art. 5 möglich. Die Beweislast für die Begrenzungsvoraussetzungen trifft diejenige Partei, die sich darauf
beruft.[8] Die Einschränkung gilt allerdings nur, solange der Berechtigte seinen gewöhnlichen Aufenthalt weiterhin im ursprünglichen Entscheidungsstaat hat (Abs. 1). Die Aufgabe des Aufenthalts
in Deutschland beseitigt daher die Beschränkung.[9]

Vom Grundsatz des Abs. 1 bestehen vier Ausnahmen. Keine Verfahrenskonzentration erfolgt   **43**
dann, wenn die gerichtliche Zuständigkeit jenes anderen Mitgliedstaats auf der Grundlage einer
Gerichtsstandsvereinbarung zwischen den Parteien festgelegt wurde (Abs. 2 Buchst. a). Gleiches
gilt, wenn der Berechtigte sich durch rügelose Einlassung der gerichtlichen Zuständigkeit jenes
anderen Mitgliedstaats unterworfen hat (Abs. 2 Buchst. b). Zur Vermeidung negativer Kompetenzkonflikte besteht auch dann kein Hindernis, wenn die zuständige Behörde des Ursprungsstaats,
der dem HUÜ 2007 angehört, ihre Zuständigkeit für die Änderung der Entscheidung oder für
den Erlass einer neuen Entscheidung nicht ausüben kann oder die Ausübung ablehnt (Abs. 2
Buchst. c). Ausgenommen ist schließlich der Fall, dass die im Ursprungsstaat, der dem HUÜ 2007
angehört, ergangene Entscheidung in dem Mitgliedstaat, in dem ein Verfahren zur Änderung der
Entscheidung oder Herbeiführung einer neuen Entscheidung beabsichtigt ist, nicht anerkannt
oder nicht für vollstreckbar erklärt werden kann (Abs. 2 Buchst. d).

Art. 9   Anrufung eines Gerichts

Für die Zwecke dieses Kapitels gilt ein Gericht als angerufen

a) **zu dem Zeitpunkt, zu dem das verfahrenseinleitende Schriftstück oder ein gleichwertiges
Schriftstück bei Gericht eingereicht worden ist, vorausgesetzt, dass der Kläger es in der Folge
nicht versäumt hat, die ihm obliegenden Maßnahmen zu treffen, um die Zustellung des
Schriftstücks an den Beklagten zu bewirken, oder**
b) **falls die Zustellung an den Beklagten vor Einreichung des Schriftstücks bei Gericht zu bewirken ist, zu dem Zeitpunkt, zu dem die für die Zustellung verantwortliche Stelle das Schriftstück erhalten hat, vorausgesetzt, dass der Kläger es in der Folge nicht versäumt hat, die ihm
obliegenden Maßnahmen zu treffen, um das Schriftstück bei Gericht einzureichen.**

---

1 Dazu *Gruber* IPRax 2010, 128 (135); *Hau* FamRZ 2010, 516 (518).
2 So *Gruber* IPRax 2010, 128 (135); *Hau* FamRZ 2010, 516 (518).
3 Vgl. ErwGrd. 17. – Dazu auch *Beaumont* RabelsZ 73 (2009), 509 (536); *Bartl*, S. 65 f.
4 OLG Düsseldorf 25.04.2012 II-8 UF 59/12, 8 UF 59/12 (juris); *Hau* FamRZ 2010, 516 (518); Wendl/
   Dose/*Dose* § 9 Rn. 166; Fasching/Konecny/*Fucik* Art. 8 EuUVO Rn. 2; Saenger/*Dörner* Art. 8 EuUnthVO
   Rn. 2; Zöller/*Geimer* Art. 8 EG-VO Rn. 2.
5 Geimer/Schütze/*Reuß* Art. 8 VO Nr. 4/2009 Rn. 7.
6 So *Janzen* FPR 2008, 218 (220 f.); Prütting/Helms/*Hau* § 110 FamFG Anh. Rn. 65.
7 Saenger/*Dörner* Art. 10 EuUnthVO Rn. 1. – Anders Fasching/Konecny/*Fucik* Art. 8 EuUVO Rn. 5; Gei-
   mer/Schütze/*Reuß* Art. 8 VO Nr. 4/2009 Rn. 3.
8 Fasching/Konecny/*Fucik* Art. 8 EuUVO Rn. 5; Rauscher/*Andrae* Art. 8 EG-UntVO Rn. 18.
9 OLG Düsseldorf 25.04.2012 – II-8 UF 59/12, 8 UF 59/12 (juris).

44   Die EuUnthVO legt autonom fest, wann ein Gericht als angerufen gilt. Das ist der Zeitpunkt, zu dem das verfahrenseinleitende Schriftstück oder ein gleichwertiges Schriftstück **bei Gericht einge-reicht** worden ist, durch das der Verfahrensgegner erstmals Kenntnis vom Verfahren erlangt und in die Lage versetzt wird, seine Rechte im Verfahren wahrzunehmen.[1] Verlangt wird allerdings, dass der Kläger anschließend nicht versäumt hat, die ihm obliegenden Maßnahmen zu treffen, um die Zustellung des Schriftstücks an den Beklagten zu bewirken (Buchst. a). Falls die Zustellung an den Beklagten vor Einreichung des Schriftstücks bei Gericht zu bewirken ist, liegt Anrufung dann vor, wenn die für die Zustellung verantwortliche Stelle das Schriftstück erhalten hat, vorausgesetzt, dass der Kläger es in der Folge nicht versäumt hat, die notwendigen Maßnahmen zu treffen, um das Schriftstück bei Gericht einzureichen (Buchst. b).

Art. 10   Prüfung der Zuständigkeit

Das Gericht eines Mitgliedstaats, das in einer Sache angerufen wird, für die es nach dieser Ver-ordnung nicht zuständig ist, erklärt sich von Amts wegen für unzuständig.

45   Die Zuständigkeit nach Art. 3 ff. sowie der Hinderungsgrund des Art. 8 (»Verfahrensbegrenzung«) sind zu prüfen. Ist das angerufene Gericht nicht nach der EuUnthVO zuständig, so erklärt sich **von Amts wegen für unzuständig.** Dies kommt freilich nur dann zum Tragen, wenn sich der Beklagte überhaupt nicht eingelassen hat; er kann sich nämlich nach Art. 5 einlassen und damit eine internationale Zuständigkeit begründen.[1] Die amtswegige Prüfung ändert nichts daran, dass im Übrigen der Beibringungsgrundsatz gilt.[2]

Art. 11   Prüfung der Zulässigkeit

(1) Lässt sich ein Beklagter, der seinen gewöhnlichen Aufenthalt im Hoheitsgebiet eines ande-ren Staates als des Mitgliedstaats hat, in dem das Verfahren eingeleitet wurde, auf das Verfahren nicht ein, so setzt das zuständige Gericht das Verfahren so lange aus, bis festgestellt ist, dass es dem Beklagten möglich war, das verfahrenseinleitende Schriftstück oder ein gleichwertiges Schriftstück so rechtzeitig zu empfangen, dass er sich verteidigen konnte oder dass alle hierzu erforderlichen Maßnahmen getroffen wurden.

(2) Anstelle des Absatzes 1 dieses Artikels findet Artikel 19 der Verordnung (EG) Nr. 1393/2007 Anwendung, wenn das verfahrenseinleitende Schriftstück oder ein gleichwertiges Schriftstück nach Maßgabe jener Verordnung von einem Mitgliedstaat in einen anderen zuzustellen war.

(3) Sind die Bestimmungen der Verordnung (EG) Nr. 1393/2007 nicht anwendbar, so gilt Arti-kel 15 des Haager Übereinkommens vom 15. November 1965 über die Zustellung gerichtlicher und außergerichtlicher Schriftstücke im Ausland in Zivil- und Handelssachen, wenn das verfah-renseinleitende Schriftstück oder ein gleichwertiges Schriftstück nach Maßgabe dieses Überein-kommens ins Ausland zu übermitteln war.

---

1   Vgl. Geimer/Schütze/*Reuß* Art. 11 VO Nr. 4/2009 Rn. 7.
1   Fasching/Konecny/*Fucik* Art. 10 EuUVO Rn. 1; Rauscher/*Andrae* Art. 10 EG-UntVO Rn. 6; Geimer/ Schütze/*Reuß* Art. 10 VO Nr. 4/2009 Rn. 3.
2   Saenger/*Dörner* Art. 10 EuUnthVO Rn. 1; Geimer/Schütze/*Reuß* Art. 10 VO Nr. 4/2009 Rn. 3.

Nach Art. 11 wird die »Zulässigkeit«, womit die Gewährung effektiven rechtlichen Gehörs 46 gemeint ist, geprüft.[1] Primär ist Art. 19 EuZustVO, der auch gegenüber Dänemark gilt, anzuwenden.[2] Anstelle von Art. 11 Abs. 1 EuUnthVO findet nämlich **Art. 19 EuZustVO** Anwendung, wenn das verfahrenseinleitende Schriftstück oder ein gleichwertiges Schriftstück nach Maßgabe jener Verordnung von einem Mitgliedstaat in einen anderen, also z.B. nach Österreich, zuzustellen war (Abs. 2 EuUnthVO). Für die Zustellung gilt daher grds. die Zustellungsverordnung. Ist sie jedoch nicht anwendbar, so greift Art. 15 des Haager ZustellungsÜbk 1965 ein, wenn das verfahrenseinleitende Schriftstück oder ein gleichwertiges Schriftstück nach Maßgabe dieses Übereinkommens ins Ausland, etwa in die Schweiz, zu übermitteln war (Abs. 3). Abs. 1 kommt nur als Auffangtatbestand außerhalb des geographischen Anwendungsbereichs von EuZustVO und Haager ZustellungsÜbk 1965 in Frage.[3]

Lässt sich ein Beklagter mit gewöhnlichem Aufenthalt in einem anderen Staat als dem Mitgliedstaat der Verfahrenseinleitung, auf das Verfahren nicht ein (d.h. er tritt weder im Verfahren auf, noch macht er die Unzuständigkeit geltend)[4], so setzt das zuständige Gericht das Verfahren gegebenenfalls aus. Die **Aussetzung erfolgt von Amts wegen** so lange, bis festgestellt ist, dass es dem Beklagten möglich war, das verfahrenseinleitende Schriftstück oder ein gleichwertiges Schriftstück so rechtzeitig zu empfangen, dass er sich verteidigen konnte oder dass alle hierzu erforderlichen Maßnahmen getroffen wurden (Abs. 1).

Art. 12 Rechtshängigkeit

(1) Werden bei Gerichten verschiedener Mitgliedstaaten Verfahren wegen desselben Anspruchs zwischen denselben Parteien anhängig gemacht, so setzt das später angerufene Gericht das Verfahren von Amts wegen aus, bis die Zuständigkeit des zuerst angerufenen Gerichts feststeht.

(2) Sobald die Zuständigkeit des zuerst angerufenen Gerichts feststeht, erklärt sich das später angerufene Gericht zugunsten dieses Gerichts für unzuständig.

Die EuUnthVO regelt – ebenso wie Art. 27 Brüssel I-VO – auch die **Rechtshängigkeit für Verfah-** 48 **ren in den Mitgliedstaaten.** Werden bei mehreren Gerichten Verfahren wegen desselben Anspruchs zwischen denselben Parteien anhängig gemacht, so setzt das später angerufene Gericht (vgl. Art. 9), dem **Prioritätsprinzip** entsprechend, das Verfahren von Amts wegen aus, bis die Zuständigkeit des zuerst angerufenen Gerichts feststeht (Abs. 1). Die Auslegung der Vorschrift sollte die gleiche sein wie nach der Brüssel I-VO. Von demselben Anspruch ist auszugehen, wenn die Klagen auf derselben Grundlage beruhen und denselben Gegenstand haben (Streitgegenstand).[1] Nach der Kernpunkttheorie des EuGH steht ein negativer Feststellungsantrag einer späteren Unterhaltsleistungsklage entgegen.[2]

---

1 *Fucik* iFamZ 2009, 245 (247).
2 Geimer/Schütze/*Reuß* Art. 11 VO Nr. 4/2009 Rn. 2.
3 Fasching/Konecny/*Fucik* Art. 11 EuUVO Rn. 1; Zöller/*Geimer* Art. 11 EG-VO Rn. 1.
4 Saenger/*Dörner* Art. 10 EuUnthVO Rn. 1.– Anders Fasching/Konecny/*Fucik* Art. 8 EuUVO Rn. 5; Geimer/Schütze/*Reuß* Art. 8 VO Nr. 4/2009 Rn. 3.
1 EuGH, 8.12.1987, Rs. 144/86 – (Gubisch/Palumbo), Slg. 1987 4861; Wendl/Dose/*Dose* § 9 Rn. 662; Geimer/Schütze/*Reuß* Art. 12 VO Nr. 4/2009 Rn. 9.
2 *Gruber* IPRax 2010, 128 (135); Geimer/Schütze/*Reuß* Art. 12 VO Nr. 4/2009 Rn. 6; Prütting/Helms/*Hau* § 110 FamFG Anh. Rn. 74.– Vgl. EuGH, 6.12.1994, Rs. C-406/92 – (Tatry/Macief Rataj), Slg. 1994, I-5439.

49   Ein Hauptsacheverfahren in einem Mitgliedstaat macht ein **Verfahren auf einstweiligen Rechts-schutz in einem anderen Verfahren** nicht unzulässig.[3] Gleiches gilt für den umgekehrten Fall. Das Kriterium der Parteiidentität macht dann Schwierigkeiten, wenn Verfahren wegen des gleichen Anspruchs unter verschiedenen Parteien geltend gemacht werden. Insbesondere ist zu entscheiden, wie Verfahren mit den jeweiligen Rechtsvorgängern bzw. Rechtsnachfolgern anzusehen sind. Ein verschiedener Anspruch wird geltend gemacht, wenn in den jeweiligen Verfahren für unterschied-liche Zeiträume Unterhalt verlangt wird.[4] Die Grenzen zwischen Ehegatten- und Geschiedenen-unterhalt sowie zwischen Ehegatten-/Familienunterhalt und Kindesunterhalt werden in den ein-zelnen Unterhaltsrechten verschieden gezogen. Da es zu Überschneidungen bzw. Ungereimtheiten kommen kann, wenn diese Ansprüche jeweils unterschiedlich erhoben worden sind, wird befür-wortet, hier gegebenenfalls von einem einheitlichen Anspruch auszugehen.[5] Sobald die Zuständig-keit des zuerst angerufenen Gerichts feststeht, erklärt sich das später angerufene Gericht zugunsten dieses Gerichts für unzuständig (Abs. 2).

50   Nicht geregelt wird die **Rechtshängigkeit in Bezug auf in Nichtmitgliedstaaten** (z.B. in der Schweiz) rechtshängige Verfahren. Weitgehend wird angenommen, dass hier die außerhalb der Verordnung eingreifenden Staatsverträge und Regeln des nationalen IZPR gelten.[6] In Deutschland kommt damit nach h.M. bei positiver Anerkennungsprognose § 261 Abs. 3 ZPO analog zur Anwendung.[7] Andere wollen die Regelung der EuUnthVO entsprechend anwenden.[8] Dagegen spricht jedoch, dass die Frage außerhalb des Anwendungsbereichs der Verordnung liegt und ihre Lösung auf Mitgliedstaaten zugeschnitten ist.

Art. 13   Aussetzung wegen Sachzusammenhang

(1) Sind bei Gerichten verschiedener Mitgliedstaaten Verfahren, die im Zusammenhang stehen, anhängig, so kann jedes später angerufene Gericht das Verfahren aussetzen.

(2) Sind diese Verfahren in erster Instanz anhängig, so kann sich jedes später angerufene Gericht auf Antrag einer Partei auch für unzuständig erklären, wenn das zuerst angerufene Gericht für die betreffenden Verfahren zuständig ist und die Verbindung der Verfahren nach sei-nem Recht zulässig ist.

(3) Verfahren stehen im Sinne dieses Artikels im Zusammenhang, wenn zwischen ihnen eine so enge Beziehung gegeben ist, dass eine gemeinsame Verhandlung und Entscheidung geboten erscheint, um zu vermeiden, dass in getrennten Verfahren widersprechende Entscheidungen ergehen könnten.

51   Eine Aussetzung des Verfahrens wegen Sachzusammenhangs (Konnexität) kann erfolgen, wenn zwischen den Verfahren eine so **enge Beziehung** besteht, dass eine gemeinsame Verhandlung und Entscheidung geboten erscheint, um zu vermeiden, dass widersprechende Entscheidungen ergehen könnten (Abs. 3). Das kann bei Ansprüchen mehrerer Unterhaltsberechtigter, aber etwa auch bei einem Sorgerechtsverfahren, der Fall sein.[1]

---

3   Geimer/Schütze/*Reuß* Art. 12 VO Nr. 4/2009 Rn. 8.
4   Zöller/*Geimer* Art. 12 EG-VO Rn. 2.
5   Fasching/Konecny/*Fucik* Art. 12 EuUVO Rn. 2; Zöller/*Geimer* Art. 12 EG-VO Rn. 2.–
6   *Hau*, in: Coester-Waltjen/Lipp/Schumann/Veit (Hrsg.), S. 57 (69); *Nademleinsky* EFZ 2011, 130 (132); Geimer/Schütze/*Reuß* Art. 12 VO Nr. 4/2009 Rn. 1.
7   Zöller/*Geimer* Art. 12 EG-VO Rn. 4.
8   Dies erwägen *Kohler/Pintens*, FamRZ 2009, 1529 (1530)
1   Rauscher/*Andrae* Art. 13 EG-UntVO Rn. 1, 2; Geimer/Schütze/*Reuß* Art. 13 VO Nr. 4/2009 Rn. 4.

Sind bei Gerichten verschiedener Mitgliedstaaten Verfahren, die im Zusammenhang stehen, 52
anhängig, so kann jedes **später angerufene Gericht** das Verfahren aussetzen (Abs. 1). Die Aussetzung kann von Amts wegen erfolgen.[2] Sind diese Verfahren in erster Instanz anhängig, so kann
sich jedes später angerufene Gericht auf Antrag einer Partei auch für unzuständig erklären, wenn
das zuerst angerufene Gericht für die betreffenden Verfahren zuständig ist und die Verbindung der
Verfahren nach seinem Recht zulässig ist (Abs. 2), vgl. § 113 Abs. 1 Satz 2, § 147 ZPO.

Art. 14   Einstweilige Maßnahmen einschließlich Sicherungsmaßnahmen

**Die im Recht eines Mitgliedstaats vorgesehenen einstweiligen Maßnahmen einschließlich sol-
cher, die auf eine Sicherung gerichtet sind, können bei den Gerichten dieses Staates auch dann
beantragt werden, wenn für die Entscheidung in der Hauptsache das Gericht eines anderen
Mitgliedstaats aufgrund dieser Verordnung zuständig ist.**

Für einstweilige Maßnahmen wird teilweise auf **nationales Recht** abgestellt, da bei dem für das 53
Hauptsacheverfahren zuständigen Gericht die im mitgliedstaatlichen Recht vorgesehenen einstweiligen Maßnahmen beantragt werden können[1] (vgl. §§ 246 ff. FamFG). Einstweilige Maßnahmen, einschl. solcher, die auf eine Sicherung gerichtet sind, können bei den Gerichten dieses Staates aber auch dann beantragt werden, wenn für die Entscheidung in der Hauptsache das Gericht
eines anderen Mitgliedstaats nach der EuUnthVO zuständig ist. Entsprechendes gilt, wenn das
Hauptverfahren noch nicht anhängig ist[2]. Fraglich ist, ob die nationalen Zuständigkeitsregeln ausgeschlossen sind.[3]

Der **Begriff der einstweiligen Maßnahme** ist verordnungsautonom auszulegen.[4] In Deutschland 54
kommt eine ganze Reihe solcher Maßnahmen in Betracht.[5] Dies sind vor allem Leistungsverfügungen.[6] Aber auch bloße Sicherungsverfügungen, dh. Verfügungsverbote bzw. –beschränkungen,
gegen den In Anspruch Genommenen werden erfasst.[7] Die einstweilige Maßnahme braucht keinem Verfahren zu entstammen, dessen Hauptsache ein Unterhaltsanspruch ist. Es kann sich etwa
auch um ein Ehescheidungs- oder Abstammungsverfahren handeln.[8]

Eine Regelung für **Parallelverfahren auf einstweiligen Rechtsschutz** in verschiedenen Mitglied- 55
staaten besteht nicht. Für die Rechtsschutzgewährung wäre es eine große Belastung, wenn insoweit unterschiedliche nationale Regeln angewendet würden. Daher wird eine analoge Anwendung
von Art. 20 Abs. 2 Brüssel IIa-VO befürwortet (Außerkrafttreten der früheren Anordnung).[9]

---

2   *Conti,* S. 130; Geimer/Schütze/*Reuß* Art. 13 VO Nr. 4/2009 Rn. 8.
1   *Conti,* S. 132.
2   *Conti,* S. 133.
3   So *Hau,* in: Coester-Waltjen/Lipp/Schumann/Veit (Hrsg.), S. 57, 77 f.– Anders Rauscher/*Andrae/Schim-
    rick* Art. 14 EG-UntVO Rn. 7; Geimer/Schütze/*Reuß* Art. 14 VO Nr. 4/2009 Rn. 7, 10.
4   *Conti,* S. 134; Geimer/Schütze/*Reuß* Art. 14 VO Nr. 4/2009 Rn. 4.
5   Näher zu den einzelnen Konstellationen Wendl/Dose/*Dose* § 9 Rn. 673 f.; *Conti,* S. 133 f.
6   *Conti,* S. 135; Geimer/Schütze/*Reuß* Art. 14 VO Nr. 4/2009 Rn. 6 (mit Einschränkungen). – Anders wohl
    Hess, in: C. Schmidt (Hrsg.), S. 27 (31 f.).
7   Zöller/*Geimer* Art. 14 EG-VO Rn. 1.
8   Fasching/Konecny/*Fucik* Art. 14 EuUVO Rn. 2; Rauscher/*Andrae* Art. 14 EG-UntVO Rn. 6.
9   Fasching/Konecny/*Fucik* Art. 14 EuUVO Rn. 4; Rauscher/*Andrae* Art. 14 EG-UntVO Rn. 10; Zöller/*Gei-
    mer* Art. 14 EG-VO Rn. 2.

Kapitel III   Anwendbares Recht

Art. 15   Bestimmung des anwendbaren Rechts

Das auf Unterhaltspflichten anwendbare Recht bestimmt sich für die Mitgliedstaaten, die durch das Haager Protokoll vom 23. November 2007 über das auf Unterhaltspflichten anzuwendende Recht (nachstehend »Haager Protokoll von 2007« genannt) gebunden sind, nach jenem Protokoll.

56   Art. 15 verzichtet auf eine eigene kollisionsrechtliche Aussage und verweist lediglich auf das **Haager Protokoll** von 2007 (dazu Anh. 2 zu Art. 18 a.F. EGBGB).[1] Das auf Unterhaltspflichten anwendbare Recht bestimmt sich für die Mitgliedstaaten, die durch das Haager Protokoll gebunden sind, nach diesem Protokoll. Folglich ist in diesen Mitgliedstaaten das anwendbare Recht nach dem HaagUntProt. zu bestimmen. Für die Ermittlung des Inhalts des ausländischen Rechts gelten die allgemeinen Grundsätze (s. vor Art. 3 EGBGB Rdn. 30).[2]

57   Das Haager Protokoll regelt die **objektive Anknüpfung** von Unterhaltsansprüchen (Art. 3 ff.). Es gewährt den Parteien aber auch die Möglichkeit der **Wahl des anwendbaren Rechts.** Für die Form einer solchen Wahl trifft Art. 8 des Protokolls mit dem Verweis auf die Schriftform nur eine Mindestbestimmung. Die Mitgliedstaaten sind danach frei, zum Schutz der schwächeren Partei und zur Sicherstellung der gebotenen umfassenden Rechtsaufklärung über die weit reichenden Folgen, die mit einer solchen Wahl verbunden sind, weitergehende Formvorschriften, wie etwa die öffentliche Beurkundung, vorzusehen. Näher Art. 18 EGBGB Anh. 2.

Kapitel IV   Anerkennung, Vollstreckbarkeit und Vollstreckung von Entscheidungen

Art. 16   Geltungsbereich dieses Kapitels

(1) Dieses Kapitel regelt die Anerkennung, die Vollstreckbarkeit und die Vollstreckung der unter diese Verordnung fallenden Entscheidungen.

(2) Abschnitt 1 gilt für Entscheidungen, die in einem Mitgliedstaat, der durch das Haager Protokoll von 2007 gebunden ist, ergangen sind.

(3) Abschnitt 2 gilt für Entscheidungen, die in einem Mitgliedstaat, der nicht durch das Haager Protokoll von 2007 gebunden ist, ergangen sind.

(4) Abschnitt 3 gilt für alle Entscheidungen.

58   Die Art. 16 – 43 (Kap. 4) regeln die **Anerkennung, die Vollstreckbarkeit und die Vollstreckung** der unter die EuUnthVO fallenden Entscheidungen. »**Ursprungsmitgliedstaat**« ist der Mitgliedstaat, in dem die anzuerkennende oder zu vollstreckende Entscheidung ergangen, der gerichtliche Vergleich gebilligt oder geschlossen oder die öffentliche Urkunde ausgestellt worden ist (Art. 2

---

1   ErwGrd. 20. – Näher *Mansel/Thorn/Wagner* IPRax 2010, 1 (7).

2   Zum ausländischen Unterhaltsrecht s. *Dose,* in: Wendl/Dose § 9 Rn. 100 ff. (Belgien, Bosnien-Herzegowina, Dänemark, England und Wales, Finnland, Frankreich, Griechenland, Irland, Italien, Kroatien, Montenegro, Niederlande, Norwegen, Österreich, Polen, Portugal, Rumänien, Schottland, Schweden, Schweiz, Serbien, Slowenien, Spanien, Tschechische Republik, Türkei, Ungarn und Vereinigte Staaten von Amerika (USA)).

Abs. 1 Nr. 4 EuUnthVO). Die Verordnung folgt dabei, ohne dass dies ausdrücklich angeordnet wird, dem **Prinzip der Wirkungserstreckung.**[1]

Nicht unmittelbar einleuchtend unterscheidet die Regelung danach, **welches Kollisionsrecht im**   59 **Ursprungsstaat gilt.**[2] Insoweit besteht ein duales oder zweispuriges System.[3] Allerdings ist das Maß des Vertrauens unter den Mitgliedstaaten größer, wenn es sich um Vertragsstaaten des Haager Protokolls von 2007 handelt. Dann sollte nämlich aufgrund des einheitlichen Kollisionsrechts dasselbe Unterhaltsstatut angenommen und möglichst auch ein gleiches materiell-rechtliches Ergebnis erzielt werden[4]. Insofern erfolgt eine Schlechterstellung.

Aufgrund der Verordnung wird die in einem Mitgliedstaat ergangene Entscheidung (s. Art. 2   60 Abs. 1 Nr. 1) im Verhältnis zwischen den **EU-Mitgliedstaaten, die an das Haager Protokoll gebunden** sind,[5] automatisch anerkannt, ohne dass es hierfür eines besonderen Verfahrens bedarf und ohne dass die Anerkennung angefochten werden kann (Abs. 1, Art. 17 ff.). Abschn. 1 (Art. 17 ff.) der VO gilt für Entscheidungen, die in einem Mitgliedstaat des Haager Protokolls ergangen sind (Art. 16 Abs. 2). Ein solcher Verzicht auf ein Exequaturverfahren wird auch für die Revision der Brüssel I-VO angestrebt.[6] Zugleich kann zwischen diesen Staaten eine für vollstreckbar erklärte Entscheidung ohne eine zusätzliche Vollstreckbarerklärung in dem anderen Mitgliedstaat durchgesetzt werden. Die Art. 16 ff. erfassen auch Entscheidungen, welche Unterhaltsansprüche verneinen[7] oder zur Unterhaltsrückzahlung verpflichten.[8]

Abschn. 2 (Art. 23 ff.) gilt für Entscheidungen, die in einem **Nichtmitgliedstaat des Haager Pro-**   61 **tokolls von 2007** ergangen sind (Abs. 3). Für Entscheidungen, die in einem nicht durch das Haager Protokoll gebundenen Mitgliedstaat ergangen sind (insbes. Großbritannien), ist in Anlehnung an die Brüssel I-Verordnung ein vereinfachtes »Zwischenverfahren« (aber mit ordre public-Kontrolle) zur Anerkennung und Vollstreckbarerklärung vorgesehen (Abs. 2, Art. 23 ff.).[9] Die gemeinsamen Bestimmungen kommen stets zur Anwendung (Abs. 4). Als berechtigte Person gilt auch eine öffentliche Aufgaben wahrnehmende Einrichtung (Art. 64).

Abschn. 3 (Art. 39 – 48) der VO enthält **gemeinsame Bestimmungen,** welche für alle mitglied-   62 staatlichen Entscheidungen gelten und stets zur Anwendung kommen (Art. 16 Abs. 4). Als berechtigte Person gilt auch eine öffentliche Aufgaben wahrnehmende Einrichtung (Art. 64).

Die **Abänderbarkeit ausländischer Unterhaltsentscheidungen** ist nicht gesondert geregelt (s. dazu   63 Art. 18 a.F. EGBGB Rdn. 6). Anzustreben ist eine einheitliche Haltung der Mitgliedstaaten.[10]

---

1 *Conti,* S. 155; Geimer/Schütze/*Hilbig* Art. 17 VO Nr. 4/2009 Rn. 22 ff.
2 Dazu ErwGrd. 20. Krit *Kohler/Pintens,* FamRZ 2009, 1529, 1530.
3 So *Beaumont* RabelsZ 73 (2009), 509 (538 f.); *Hess,* § 7 Rn. 104; Fasching/Konecny/*Fucik* Art. 16 EuUVO Rn. 1 (»zwei Korridore«); Geimer/Schütze/*Hilbig* Art. 16 VO Nr. 4/2009 Rn. 5.
4 Siehe *Heger* ZKJ 2010, 52 (54 f.).
5 Dazu näher *Gruber* IPRax 2010, 128 (135 ff.); Rauscher/*Andrae* EG-UnterhaltsVO Art. 16 Rn. 12.
6 Geimer/Schütze/*Hilbig* Art. 17 VO Nr. 4/2009 Rn. 4.
7 *Gruber* IPRax 2010, 128 (136); Prütting/Helms/*Hau* § 110 FamFG Anh. Rn. 83.
8 *Gruber* IPRax 2010, 128 (136); Fasching/Konecny/*Fucik* Art. 17 EuUVO Rn. 3.
9 ErwGrd. 26.– Näher zu den Abweichungen zur Brüssel I-VO Rauscher/*Andrae* vor Art. 23 EG-UntVO Rn. 16.
10 Rauscher/*Andrae* HUntStProt Einl. Rn. 29 ff.

Abschnitt 1   In einem Mitgliedstaat, der durch das Haager Protokoll von 2007 gebunden ist, ergangene Entscheidungen

Art. 17   Abschaffung des Exequaturverfahrens

(1) Eine in einem Mitgliedstaat, der durch das Haager Protokoll von 2007 gebunden ist, ergangene Entscheidung wird in einem anderen Mitgliedstaat anerkannt, ohne dass es hierfür eines besonderen Verfahrens bedarf und ohne dass die Anerkennung angefochten werden kann.

(2) Eine in einem Mitgliedstaat, der durch das Haager Protokoll von 2007 gebunden ist, ergangene Entscheidung, die in diesem Staat vollstreckbar ist, ist in einem anderen Mitgliedstaat vollstreckbar, ohne dass es einer Vollstreckbarerklärung bedarf.

64   Entscheidungen aus Ursprungsmitgliedstaaten (s. Art. 2 Abs. 1 Nr. 4), die durch das Haager Protokoll von 2007 gebunden sind, werden bevorzugt behandelt. Eine solche Entscheidung wird in einem anderen Mitgliedstaat **ex lege anerkannt**, ohne dass es hierfür eines besonderen Verfahrens bedarf und ohne dass die Anerkennung angefochten werden kann (Abs. 1).[1] Nicht entscheidend ist der Anerkennungsstaat. Dementsprechend benötigen Entscheidungen aus den VO-Mitgliedstaaten (zB Deutschland) im Vereinigten Königreich kein Exequatur.[2] Nach Art. 22 hat die Unterhaltsentscheidung keine Auswirkungen auf das Bestehen eines Familienverhältnisses (s. ErwGrd. 25).

65   Auch ein **selbstständiges Anerkennungsverfahren** ist nicht vorgesehen und dürfte ausgeschlossen sein.[3] Voraussetzung ist, dass es sich um eine Entscheidung i.S. der EuUnthVO handelt. Für die **Vollstreckung ist das Exequatur ebenfalls abgeschafft** worden.[4]. Eine in einem Mitgliedstaat des HaagUnthProt 2007 ergangene Entscheidung, die in diesem Staat vollstreckbar ist, ist in einem anderen Mitgliedstaat vollstreckbar, ohne dass es einer Vollstreckbarerklärung bedarf (Abs. 2). Der Verzicht auf eine Vollstreckungsklausel wird von § 30 Abs. 1 AUG bekräftigt.[5] Inländische Titel können für die Vollstreckung im EU-Ausland ergänzt werden.[6]

66   Eine im Ursprungsmitgliedstaat vollstreckbare Entscheidung ist in einem anderen Mitgliedstaat **vollstreckbar**, ohne dass es einer Vollstreckbarerklärung bedarf. Auch eine ordre public-Prüfung ist nicht möglich,[7] lediglich eine Nachprüfung gem. Art. 19 im Ursprungsstaat.[8] Entspricht der ausländische Titel zB bei Indexierung oder bloßer Nennung gesetzlicher Zinsen nicht dem Bestimmtheitserfordernis des deutschen Vollstreckungsrechts, so kann ein eigenes, gerichtliches Konkretisierungsverfahren nach § 34 AUG stattfinden.[9]

67   In Unterhaltssachen macht des Öfteren der **Rechtsnachfolger** des in der ausländischen Entscheidung genannten Gläubigers die Anerkennung geltend oder betreibt die Vollstreckung. Will der Rechtsnachfolger die Zwangsvollstreckung in Deutschland betreiben, so muss er den Titel im Ursprungsstaat umschreiben lassen.[10] Entsprechendes gilt, wenn der Gläubiger gegen den Rechts-

---

1   Dazu ErwGrd. 9, 24.
2   *Gruber* IPRax 2010, 128 (138); *G. Smith* IFL 2011, 187 (193); Prütting/Helms/*Hau* § 110 FamFG Anh. Rn. 111.
3   Fasching/Konecny/*Fucik* Art. 23 EuUVO Rn. 2.
4   ErwGrd. 24.
5   Dazu *Andrae* NJW 2011, 2545 (2547); Geimer/Schütze/*Hilbig* Art. 41 VO Nr. 4/2009 Rn. 19 f.
6   Zu § 71 AUG siehe *Andrae* NJW 2011, 2545, 2548.
7   *Nademleinsky* EFZ 2011, 130 (133); *Bartl,* S. 77 ff.; *Conti,* S. 160 ff.; Geimer/Schütze/*Hilbig* Art. 17 VO Nr. 4/2009 Rn. 36; Saenger/*Dörner* vor Art. 17 EuUnthVO Rn. 1.
8   *Heger* ZKJ 2010, 52 (54); *Andrae* NJW 2011, 2545, 2547.
9   *Andrae* NJW 2011, 2545 (2548); *Heger/Selg* FamRZ 2011, 1101, 1108); Wendl/Dose/*Dose* § 9 Rn. 695; Geimer/Schütze/*Hilbig* Art. 20 VO Nr. 4/2009 Rn. 75 ff.
10 *Andrae* NJW 2011, 2545 (2548); Zöller/*Geimer* Art. 17 EG-VO Rn. 9.

nachfolger des Schuldners aus dem Titel vorgehen will.[11] Die Zwangsvollstreckung kann erst dann beginnen, wenn die Entscheidung, aus der sich die Rechtsnachfolge ergibt, dem Schuldner zugestellt worden ist (§ 750 Abs. 2 ZPO). Der nach Art. 20 Abs. 1 Buchst. b) vorzulegende Auszug reicht als Nachweis der Rechtsnachfolge nicht aus.[12]

Die Anerkennung von **Maßnahmen des einstweiligen Rechtsschutzes** ist nicht gesondert geregelt.   68
Sie fallen jedenfalls dann unter Art. 17, wenn sie in einem kontradiktorischen Verfahren ergangen sind. Die Möglichkeit nachträglichen rechtlichen Gehörs reicht aus.[13] Die **Abänderbarkeit ausländischer Unterhaltsentscheidungen** ist ebenfalls nicht gesondert geregelt. Anzustreben ist eine einheitliche Haltung der Mitgliedstaaten, die freilich erst noch entwickelt werden muss.[14]

Art. 18   Sicherungsmaßnahmen

Eine vollstreckbare Entscheidung umfasst von Rechts wegen die Befugnis, alle auf eine Sicherung gerichteten Maßnahmen zu veranlassen, die im Recht des Vollstreckungsmitgliedstaats vorgesehen sind.

Eine ausländische vollstreckbare Entscheidung gibt auch die Befugnis, alle auf eine **Sicherung (auf**   69
die Vollstreckung selbst) gerichteten Maßnahmen zu veranlassen, die im Recht des Vollstreckungsmitgliedstaats vorgesehen sind. Dementsprechend kann in Deutschland etwa eine Arrestpfändung beantragt werden.[1]

Art. 19   Recht auf Nachprüfung

(1) Ein Antragsgegner, der sich im Ursprungsmitgliedstaat nicht auf das Verfahren eingelassen hat, hat das Recht, eine Nachprüfung der Entscheidung durch das zuständige Gericht dieses Mitgliedstaats zu beantragen, wenn

a) ihm das verfahrenseinleitende Schriftstück oder ein gleichwertiges Schriftstück nicht so rechtzeitig und in einer Weise zugestellt worden ist, dass er sich verteidigen konnte, oder

b) er aufgrund höherer Gewalt oder aufgrund außergewöhnlicher Umstände ohne eigenes Verschulden nicht in der Lage gewesen ist, Einspruch gegen die Unterhaltsforderung zu erheben,

es sei denn, er hat gegen die Entscheidung keinen Rechtsbehelf eingelegt, obwohl er die Möglichkeit dazu hatte.

(2) Die Frist für den Antrag auf Nachprüfung der Entscheidung beginnt mit dem Tag, an dem der Antragsgegner vom Inhalt der Entscheidung tatsächlich Kenntnis genommen hat und in der Lage war, entsprechend tätig zu werden, spätestens aber mit dem Tag der ersten Vollstreckungsmaßnahme, die zur Folge hatte, dass die Vermögensgegenstände des Antragsgegners ganz oder teilweise dessen Verfügung entzogen wurden. Der Antragsgegner wird unverzüglich tätig, in jedem Fall aber innerhalb einer Frist von 45 Tagen. Eine Verlängerung dieser Frist wegen weiter Entfernung ist ausgeschlossen.

---

11 Zöller/*Geimer* Art. 17 EG-VO Rn. 9.

12 Amtl. Begr. BR-Drucks 854/10 S. 84, *Veith*, S. 79; Zöller/*Geimer* Art. 17 EG-VO Rn. 9.

13 Fasching/Konecny/*Fucik* Art. 16 EuUVO Rn. 2; Rauscher/*Andrae* EG-UntVO Art. 16 Rn. 4; Zöller/*Geimer* Art. 16 EG-VO Rn. 2.

14 Rauscher/*Andrae* HUntStProt Einl. Rn. 29 ff.

 1 Näher Rauscher/*Andrae/Schimrick* Art. 18 EG-UntVO Rn. 4; Geimer/Schütze/*Hilbig* Art. 18VO Nr. 4/ 2009 Rn. 13.

(3) Weist das Gericht den Antrag auf Nachprüfung nach Absatz 1 mit der Begründung zurück, dass keine der Voraussetzungen für eine Nachprüfung nach jenem Absatz erfüllt ist, bleibt die Entscheidung in Kraft.

Entscheidet das Gericht, dass eine Nachprüfung aus einem der in Absatz 1 genannten Gründe gerechtfertigt ist, so wird die Entscheidung für nichtig erklärt. Die berechtigte Person verliert jedoch nicht die Vorteile, die sich aus der Unterbrechung der Verjährungs- oder Ausschlussfristen ergeben, noch das Recht, im ursprünglichen Verfahren möglicherweise zuerkannte Unterhaltsansprüche rückwirkend geltend zu machen.

70 Für die verfahrenseinleitende Phase räumt die EuUnthVO dem Schuldner ein eigenes **Recht auf »Nachprüfung« im Ursprungsstaat** ein, welches das nationale Recht überlagert und ergänzt.[1] Es steht auch in ursprünglich rein innerstaatlichen Verfahren ohne Auslandsberührung zur Verfügung, wenn der Antragsgegner seinen Aufenthalt zwischen Entscheidung und Vollstreckung in einen anderen Mitgliedstaat verlegt hat.[2] Zwar ist die Gesetzgebungskompetenz der Union für reine Inlandsfälle bezweifelt worden,[3] für sie spricht jedoch, dass Unterhaltsstreitigkeiten durch Aufenthaltswechsel und -vollstreckung leicht eine internationale Dimension erhalten können.[4] In Deutschland ist das **Gericht, welches die Entscheidung erlassen hat,** zuständig (§ 70 Abs. 1 Satz 1 AUG).[5] Andere außerordentliche Rechtsbehelfe, die nach dem Recht des Ursprungsstaates statthaft sind, werden durch das Recht auf Nachprüfung nicht verdrängt.[6]

71 Ein Antragsgegner, der sich im **Ursprungsmitgliedstaat** nicht auf das Verfahren eingelassen hat, kann eine Nachprüfung der Entscheidung durch das **zuständige Gericht dieses Mitgliedstaats** beantragen (Abs. 1). Voraussetzung dafür ist, dass ihm das verfahrenseinleitende Schriftstück oder ein gleichwertiges Schriftstück mangelhaft, dh. nach europäischem oder nationalem Recht **nicht so rechtzeitig und in einer Weise zugestellt** worden ist, dass er sich in der tatsächlich zur Verfügung stehenden Zeit verteidigen konnte (Abs. 1 Buchst. a). Ferner kann er geltend machen, dass er aufgrund **höherer Gewalt** oder aufgrund außergewöhnlicher Umstände ohne eigenes Verschulden nicht in der Lage war, Einspruch gegen die Unterhaltsforderung zu erheben (Abs. 1 Buchst. b).

72 Kein Recht auf erneute Prüfung besteht allerdings, wenn der Antragsgegner gegen die Entscheidung **keinen Rechtsbehelf** eingelegt hat, obwohl er die Möglichkeit dazu hatte (Abs. 1). In Deutschland kann der Schuldner gegen einen Versäumnisbeschluss Einspruch einlegen (§ 338 ZPO) bzw. Wiedereinsetzung beantragen (§ 113 Abs. 1 Satz 2 FamFG, § 233 ZPO).[7] Bei Vorliegen eines zweiten Versäumnisbeschlusses kann Beschwerde erhoben werden (§ 345 ZPO). Nur dann, wenn von diesen Rechtsbehelfen unverschuldet kein Gebrauch gemacht wurde, kommt eine Nachprüfung in Betracht.[8]

73 Die Frist für den Nachprüfungsantrag beginnt mit **tatsächlicher Kenntnis** vom Inhalt der Entscheidung. Sie beginnt aber spätestens mit der ersten Vollstreckungsmaßnahme aufgrund deren die Vermögensgegenstände des Antragsgegners ganz oder teilweise dessen Verfügung tatsächlich entzogen wurden (Abs. 2). Der Antragsgegner muss »unverzüglich« tätig werden, in jedem Fall

---

1 Siehe ErwGrd. 29. – Geimer/Schütze/*Hilbig* Art. 19 VO Nr. 4/2009 Rn. 9.
2 *Gsell/Netzer* IPRax 2010, 403; *Heger*ZKJ 2010, 52 (55); Geimer/Schütze/*Hilbig* Art. 19 VO Nr. 4/2009 Rn. 11; Saenger/*Dörner* vor Art. 17 EuUnthVO Rn. 3; Zöller/*Geimer* Art. 19 EG-VO Rn. 1.
3 *Gsell/Netzer* IPRax 2010, 403.
4 Zöller/*Geimer* Art. 17 EG-VO Rn. 4.
5 Dazu *Heger/Selg* FamRZ 2011, 1101 (1111).
6 ErwGrd. 20 S. 3. Ebenso *Gruber* IPRax 2010, 128, 138); Fasching/Konecny/*Fucik* Art. 17 EuUVO Rn. 1.
7 Geimer/Schütze/*Hilbig* Art. 19 VO Nr. 4/2009 Rn. 43.
8 Amtl. Begr. zum AUG *Veith* S. 127; Zöller/*Geimer* Art. 9 EG-VO Rn. 5.

aber innerhalb von 45 Tagen. Weist das Gericht den Nachprüfungsantrag mit der Begründung zurück, dass die Voraussetzungen für eine Nachprüfung nicht erfüllt sind, bleibt die Entscheidung in Kraft (Abs. 3). Gegen die Zurückweisung des Nachprüfungsantrags sieht die EuUnthVO keinen Rechtsbehelf vor; sie ist unanfechtbar.[9]

Befindet das Gericht, dass eine Nachprüfung aus einem der in Abs. 1 genannten Gründe gerecht- 74
fertigt ist, so wird die **Entscheidung »für nichtig erklärt«**. Eine solche Erklärung erfolgt in Deutschland jedoch nicht; das Verfahren wird lediglich in die Lage zurückversetzt, in der es sich vor Eintritt der Versäumnis befand.[10] Der Berechtigte verliert jedoch nicht die Vorteile, die sich aus der Unterbrechung der Verjährungs- oder Ausschlussfristen ergeben. Das gilt ebenso für das Recht, im ursprünglichen Verfahren möglicherweise zuerkannte Unterhaltsansprüche rückwirkend geltend zu machen. Solange nicht über den Nachprüfungsantrag entschieden wurde, kann eine bereits eingeleitete Zwangsvollstreckung fortgesetzt werden,[11] allerdings kann ihre Aussetzung beantragt werden (s. Art. 21). Der Schuldner kann eine einstweilige Einstellung der Zwangsvollstreckung beantragen.[12]

Art. 20   Schriftstücke zum Zwecke der Vollstreckung

(1) Für die Vollstreckung einer Entscheidung in einem anderen Mitgliedstaat legt der Antragsteller den zuständigen Vollstreckungsbehörden folgende Schriftstücke vor:

a) eine Ausfertigung der Entscheidung, die die für ihre Beweiskraft erforderlichen Voraussetzungen erfüllt,

b) einen Auszug aus der Entscheidung, den die zuständige Behörde des Ursprungsmitgliedstaats unter Verwendung des in Anhang I vorgesehenen Formblatts erstellt hat;

c) gegebenenfalls ein Schriftstück, aus dem die Höhe der Zahlungsrückstände und das Datum der Berechnung hervorgehen;

d) gegebenenfalls eine Transskript oder eine Übersetzung des Inhalts des in Buchstabe b genannten Formblatts in die Amtssprache des Vollstreckungsmitgliedstaats oder – falls es in diesem Mitgliedstaat mehrere Amtssprachen gibt – nach Maßgabe des Rechts dieses Mitgliedstaats in die Verfahrenssprache oder eine der Verfahrenssprachen des Ortes, an dem die Vollstreckung betrieben wird, oder in eine sonstige Sprache, für die der Vollstreckungsmitgliedstaat erklärt hat, dass er sie zulässt. Jeder Mitgliedstaat kann angeben, welche Amtssprache oder Amtssprachen der Organe der Europäischen Union er neben seiner oder seinen eigenen für das Ausfüllen des Formblatts zulässt.

(2) Die zuständigen Behörden des Vollstreckungsmitgliedstaats können vom Antragsteller nicht verlangen, dass dieser eine Übersetzung der Entscheidung vorlegt. Eine Übersetzung kann jedoch verlangt werden, wenn die Vollstreckung der Entscheidung angefochten wird.

(3) Eine Übersetzung aufgrund dieses Artikels ist von einer Person zu erstellen, die zur Anfertigung von Übersetzungen in einem der Mitgliedstaaten befugt ist.

Eigene Mindeststandards zur Wahrung des rechtlichen Gehörs im Erststaat hat die EuUnthVO 75
nicht eingeführt.[1] Allerdings hat der Antragsteller für die Vollstreckung einer Entscheidung in

---

9 Fasching/Konecny/*Fucik* Art. 19 EuUVO Rn. 10; Rauscher/*Andrae* Art. 19 EG-UntVO Rn. 23.
10 Siehe § 70 Abs. 3 AUG; Zöller/*Geimer* Art. 19 EG-VO Rn. 6. – Krit. Geimer/Schütze/*Hilbig* Art. 19 VO Nr. 4/2009 Rn. 55.
11 Zöller/*Geimer* Art. 19 EG-VO Rn. 3.
12 Siehe § 70 Abs. 1 S. 2 AUG iVm §§ 707, 719 Abs. 1 ZPO. Dazu ABegr. *Veith* S. 127.
1 Dazu krit. *Hess,* § 7 Rn. 105; Geimer/Schütze/*Hilbig* Art. 17 VO Nr. 4/2009 Rn. 18.

einem anderen Mitgliedstaat der zuständigen Vollstreckungsbehörde eine **Reihe von abschließend aufgeführten Schriftstücken** vorzulegen. Die VO nennt eine Ausfertigung der Entscheidung, die die für ihre Beweiskraft (gemeint ist Echtheit[2] erforderlichen Voraussetzungen erfüllt (Abs. 1 Buchst. a). Ferner geht es um einen Auszug aus der Entscheidung, den die zuständige Behörde des Ursprungsmitgliedstaats erstellt hat[3] (Abs. 1 Buchst. b). Gegebenenfalls gehört dazu auch ein Schriftstück, aus dem die Höhe der Zahlungsrückstände und das Datum der Berechnung hervorgehen (Abs. 1 Buchst. c).

76   Vorzulegen ist gegebenenfalls eine **Transkription oder Übersetzung** des Inhalts des in Buchst. b genannten Formblatts in die Amtssprache des Vollstreckungsmitgliedstaats (Abs. 1 Buchst. d). Jeder Mitgliedstaat kann angeben, welche Amtssprachen er neben seiner eigenen für das Ausfüllen des Formblatts zulässt. Deutschland hat keine solche Erklärung abgegeben. Vielmehr ist eine deutsche Übersetzung erforderlich (§ 30 Abs. 3 AUG).[4] Dies kommt vor allem bei handschriftlichen Ergänzungen im Formblatt in Betracht.[5]

77   Eine **deutsche Übersetzung** der ausländischen Entscheidung kann nach Ermessen (z.B. bei Titelkollision[6]) vom Antragsteller erst dann verlangt werden, wenn die Vollstreckung der Entscheidung angefochten wird (Abs. 2).[7] Die Übersetzung ist von einer Person zu erstellen, die zur Anfertigung von Übersetzungen in einem der Mitgliedstaaten befugt ist (Art. 20 Abs. 3, § 30 Abs. 3 AUG).

Art. 21   Verweigerung oder Aussetzung der Vollstreckung

(1) Die im Recht des Vollstreckungsmitgliedstaats vorgesehenen Gründe für die Verweigerung oder Aussetzung der Vollstreckung gelten, sofern sie nicht mit der Anwendung der Absätze 2 und 3 unvereinbar sind.

(2) Die zuständige Behörde des Vollstreckungsmitgliedstaats verweigert auf Antrag der verpflichteten Person die Vollstreckung der Entscheidung des Ursprungsgerichts insgesamt oder teilweise, wenn das Recht auf Vollstreckung der Entscheidung des Ursprungsgerichts entweder nach dem Recht des Ursprungsmitgliedstaats oder nach dem Recht des Vollstreckungsmitgliedstaats verjährt ist, wobei die längere Verjährungsfrist gilt.

Darüber hinaus kann die zuständige Behörde des Vollstreckungsmitgliedstaats auf Antrag der verpflichteten Person die Vollstreckung der Entscheidung des Ursprungsgerichts insgesamt oder teilweise verweigern, wenn die Entscheidung mit einer im Vollstreckungsmitgliedstaat ergangenen Entscheidung oder einer in einem anderen Mitgliedstaat oder einem Drittstaat ergangenen Entscheidung, die die notwendigen Voraussetzungen für ihre Anerkennung im Vollstreckungsmitgliedstaat erfüllt, unvereinbar ist.

Eine Entscheidung, die bewirkt, dass eine frühere Unterhaltsentscheidung aufgrund geänderter Umstände geändert wird, gilt nicht als unvereinbare Entscheidung im Sinne des Unterabsatzes 2.

(3) Die zuständige Behörde des Vollstreckungsmitgliedstaats kann auf Antrag der verpflichteten Person die Vollstreckung der Entscheidung des Ursprungsgerichts insgesamt oder teilweise aus-

---

2   Geimer/Schütze/*Hilbig* Art. 20 VO Nr. 4/2009 Rn. 10 m.w.N.
3   Unter Verwendung von Formblatt Anh. I: Auszug aus einer Entscheidung/einem gerichtlichen Vergleich, die/der keinem Anerkennungs- und Vollstreckbarerklärungsverfahren unterliegt (näher zum Formblatt Geimer/Schütze/*Hilbig* Art. 20 VO Nr. 4/2009 Rn. 22 ff.). Das Formblatt soll nach der Ordnungsvorschrift des § 30 Abs. 2 AUG mit dem Titel untrennbar verbunden werden, siehe *Andrae* NJW 2011, 2545 (2547).
4   Vgl. die Parallelvorschriften in §§ 1083, 1094, 1108 ZPO.
5   Amtl. Begründung, *Veith* S. 79.
6   Geimer/Schütze/*Hilbig* Art. 20 VO Nr. 4/2009 Rn. 15.
7   *Hoff/Schmidt* JAmt 2011, 433 (437).

setzen, wenn das zuständige Gericht des Ursprungsmitgliedstaats mit einem Antrag auf Nachprüfung der Entscheidung des Ursprungsgerichts nach Artikel 19 befasst wurde.

Darüber hinaus setzt die zuständige Behörde des Vollstreckungsmitgliedstaats auf Antrag der verpflichteten Person die Vollstreckung der Entscheidung des Ursprungsgerichts aus, wenn die Vollstreckbarkeit im Ursprungsmitgliedstaat ausgesetzt ist.

Die ausländische Entscheidung kann nur im Ursprungsstaat angegriffen werden. Es gelten jedoch   78
die im Recht des Vollstreckungsmitgliedstaats vorgesehenen **Gründe für die Verweigerung oder Aussetzung der Vollstreckung**, sofern diese nicht der EuUnthVO widersprechen (Abs. 1). Die Einzelheiten regelt daher das nationale Recht.[1] Der Schuldner kann Einwendungen nach nationalem Recht vorbringen (siehe §§ 765a-767, 775, 776 und 793 ZPO),[2] insbes., dass er erfüllt hat.[3] Der Schuldnerschutz in der Zwangsvollstreckung, insbes. bezüglich Unpfändbarkeitsgrenzen, richtet sich weiterhin nach nationalem Vollstreckungsrecht.[4] In Deutschland ist das AG als Vollstreckungsgericht zuständig (§ 31 Abs. 1 AUG). Seine örtliche Zuständigkeit ergibt sich aus § 31 Abs. 1 Satz 2 AUG, § 764 Abs. 2 ZPO. Für materielle Vollstreckungseinwände, dh rechtsvernichtende und –hemmende Einwendungen (insbes. Erfüllung) gegen den ausländischen Unterhaltstitel stellt das deutsche Recht ein besonderes familiengerichtliches Verfahren zur Verfügung (§ 66 AUG i.V.m. § 767 ZPO). Es ist jedoch zweifelhaft, wieweit diese Regelung den unionsrechtlichen Anforderungen entspricht.[5]

In Bezug auf die unionsrechtlichen Verweigerungsgründe Verjährung und Titelkollision lehnt die   79
zuständige Behörde des Vollstreckungsmitgliedstaats auf Antrag des Verpflichteten – also nicht von Amts wegen – die Vollstreckung der Ausländischen Entscheidung insgesamt oder teilweise ab (Abs. 2). **Titelverjährung** kann eingewendet werden, wenn das Recht auf Vollstreckung der Ausländischen Entscheidung entweder nach der Rechtsordnung des Ursprungsmitgliedstaats oder nach der des Vollstreckungsmitgliedstaats verjährt ist, wobei die längere Verjährungsfrist gilt (Abs. 2 UA 1). Gegen den amtsgerichtlichen Beschluss ist sofortige Beschwerde (§ 793 ZPO) statthaft (§ 31 Abs. 2 AUG).[6] Das vereinfachte Verfahren verdrängt das nationale Recht. Bei Vollstreckungsverjährung ist daher kein Vollstreckungsabwehrantrag nach § 767 ZPO notwendig.[7] Der Schuldner trägt Darlegungs- und Beweislast.[8]

Entsprechendes gilt für den Fall der **Titelkollision**. Hier ist die ausländische Entscheidung mit einer   80
im Vollstreckungsmitgliedstaat ergangenen Entscheidung oder einer in einem anderen Mitgliedstaat oder einem Drittstaat ergangenen und anzuerkennenden Entscheidung unvereinbar (Abs. 2 UA 2). Bei divergierenden, d.h. sich in den Rechtsfolgen gegenseitig ausschließenden Entscheidungen[9] ist keine Rangfolge vorgegeben, welche der Entscheidungen Vorrang genießt. Das Prioritätsprinzip gilt

---

1 Dazu *Heger/Selg* FamRZ 2011, 1101 (1107); Geimer/Schütze/*Hilbig* Art. 21 VO Nr. 4/2009 Rn. 64.
2 Saenger/*Dörner* vor Art. 17 EuUnthVO Rn. 5; Zöller/*Geimer* Art. 17 EG-VO Rn. 5, 15 f. – Zu §§ 775, 776 ZPO siehe § 32 AUG, zu § 767 ZPO siehe § 66 AUG.
3 ErwGrd. 30; *Heger* ZKJ 2010, 52 (55).
4 ErwGrd. 30.
5 *Hess*, in: C. Schmidt (Hrsg.), S. 27 (34 f.). – Für Vereinbarkeit Geimer/Schütze/*Hilbig* Art. 21 VO Nr. 4/2009 Rn. 70 ff. Siehe EuGH 13. 10. 2011 – C-139/10 (Prism Investments/van der Meer), EuZW 2011, 869 zust. Anm. *Bach* = IPRax 2012, 357 krit. Aufs. *R. Wagner*, 326 = NJW 2011, 3506. Dazu *Meller-Hannich* GPR 2012, 90 ff.
6 Geimer/Schütze/*Hilbig* Art. 21 VO Nr. 4/2009 Rn. 20; Zöller/*Geimer* Art. 21 EG-VO Rn. 3.
7 Amtl. Begründung; Zöller/*Geimer* Art. 17 EG-VO Rn. 13.
8 Gebauer/Wiedmann/*Bittmann* Kap. 36 Rn. 123.
9 Rauscher/*Andrae* Art. 21 EG-UntVO Rn. 17; Geimer/Schütze/*Hilbig* Art. 21 VO Nr. 4/2009 Rn. 26.

nicht.[10] Die EuUnthVO gibt keine feste Regel vor. Es besteht richterliches Ermessen.[11] In bestimmten Fällen wird für die Beachtung der späteren Entscheidung plädiert.[12] Eine Entscheidung, die bewirkt, dass eine frühere Unterhaltsentscheidung aufgrund geänderter Umstände geändert wird, gilt nicht als unvereinbare Entscheidung iSd UA 2 (Abs. 2 UA 3). Die spätere Abänderung ändert nichts an Wirksamkeit und Vollstreckbarkeit der früheren Entscheidung.[13]

81   Zwar hat die Anerkennung von Unterhaltsentscheidungen **keine Auswirkungen auf Statusverhältnisse** (Art. 22). Allerdings hindern widersprechende Statusentscheidungen die Vollstreckung von auf dem Status beruhenden Unterhaltsentscheidungen.[14] Das gilt auch, wenn etwa die Anerkennung einer Ehescheidung oder eines Vaterschaftsurteils abgelehnt worden ist.[15]

82   Aufgrund der unionsrechtlichen Aussetzungsgründe kann ferner auf Antrag eine ermessensgebundene Aussetzung verlangt werden,[16] wenn das zuständige Gericht des Ursprungsmitgliedstaats mit einem **Nachprüfungsantrag nach Art. 19** befasst ist (Abs. 3 UA 1). Eine Aussetzung im Vollstreckungsmitgliedstaat kann schließlich dann beantragt werden, wenn die Vollstreckbarkeit im Ursprungsmitgliedstaat ausgesetzt wurde (Abs. 3 UA 2 EuUnthVO).[17] In Deutschland ergeht die Entscheidung über die Aussetzung durch einstweilige Anordnung (§ 31 Abs. 3 AUG).

83   Nicht geregelt ist der Fall, dass der Schuldner im Ursprungsstaat **Wiedereinsetzung** beantragt oder gegen die zu vollstreckende Entscheidung einen Rechtsbehelf oder ein Rechtsmittel eingelegt hat. Diese Lücke ist daher vom nationalen Recht auszufüllen.[18] Nach deutschem Recht kann eine einstweilige Einstellung der Zwangsvollstreckung vor dem AG beantragt werden (§ 33 AUG).[19]

Art. 22   Keine Auswirkung auf das Bestehen eines Familienverhältnisses

Die Anerkennung und Vollstreckung einer Unterhaltsentscheidung aufgrund dieser Verordnung bewirkt in keiner Weise die Anerkennung von Familien-, Verwandtschafts-, oder eherechtlichen Verhältnissen oder Schwägerschaft, die der Unterhaltspflicht zugrunde liegen, die zu der Entscheidung geführt hat.

84   Die ausländische Unterhaltsentscheidung hat **keine Statuswirkungen**, d.h. Auswirkungen auf das Bestehen eines Familienverhältnisses.[1] Dementsprechend bedeutet die vorbehaltlose Anerkennung und Vollstreckung einer Unterhaltsentscheidung nicht zugleich auch die Anerkennung eines ihr

---

10   Zöller/*Geimer* Art. 21 EG-VO Rn. 2.

11   Rauscher/*Andrae* Art. 21 EG-UntVO Rn. 18; Geimer/Schütze/*Hilbig* Art. 21 VO Nr. 4/2009 Rn. 31.

12   Rauscher/*Andrae/Schimrick* Art. 21 EG-UntVO Rn. 19. Vgl. auch Geimer/Schütze/*Hilbig* Art. 21 VO Nr. 4/2009 Rn. 33.

13   Wendl/Dose/*Dose* § 9 Rn. 681.

14   Geimer/Schütze/*Hilbig* Art. 21 VO Nr. 4/2009 Rn. 29, 34; Rauscher/*Andrae/Schimrick* Art. 21 EG-UntVO Rn. 2; Zöller/*Geimer* Art. 21 EG-VO Rn. 2. – Ein inländisches Statusverfahren hindert nicht die Anerkennung eines ausländischen Unterhaltsurteils, OLG Frankfurt a.M. FamRZ 2012, 1508 = JAmt 2012, 42 Anm. *C. Schmidt.*

15   Geimer/Schütze/*Hilbig* Art. 21 VO Nr. 4/2009 Rn. 29.

16   Fasching/Konecny/*Fucik* Art. 21 EuUVO Rn. 8.

17   Für Entbehrlichkeit des Antrags, wenn im Ursptrungsstaat von Amts wegen ausgesetzt wurde, Rauscher/*Andrae/Schimrick* Art. 21 EG-UntVO Rn. 32 f. – Dagegen Geimer/Schütze/*Hilbig* Art. 21 VO Nr. 4/2009 Rn. 53 f.

18   ErwGrd. 30; Zöller/*Geimer* Art. 17 EG-VO Rn. 17 f.

19   Zweifel an der Verordnungskonformität bei Geimer/Schütze/*Hilbig* Art. 21 VO Nr. 4/2009 Rn. 83. – Eine Einstellung der Zwangsvollstreckung kann auch nach § 32 AUG iVm §§ 775, 776 ZPO verlangt werden; dazu Geimer/Schütze/*Hilbig* Art. 21 VO Nr. 4/2009 Rn. 76 ff.

1   Dazu ErwGrd. 25. Ähnlich Art. 19 Abs. 2 HUÜ 2007.

zugrundeliegenden Statusverhältnisses oder einer Statusentscheidung. Dies gilt insbesondere für Ehe, Ehescheidung, Kindschaft und Adoption, aber auch die Schwägerschaft. Nach der EuUnthVO wird die Statusentscheidung auch dann nicht anerkannt, wenn im Ursprungsstaat die Unterhaltsentscheidung auch das Statusverhältnis umfasst.[2] Das gilt für den Status selbst, aber auch für andere Rechtsfragen, z.B. erbrechtlicher Art. Umgekehrt darf für die Anerkennung einer Annexunterhaltsentscheidung keine inzidente Anerkennung der zugrundeliegenden Statusentscheidung verlangt werden.[3]

Abschnitt 2 In einem Mitgliedstaat, der nicht durch das Haager Protokoll von 2007 gebunden ist, ergangene Entscheidungen

Art. 23 Anerkennung

(1) Die in einem Mitgliedstaat, der nicht durch das Haager Protokoll von 2007 gebunden ist, ergangenen Entscheidungen werden in den anderen Mitgliedstaaten anerkannt, ohne dass es hierfür eines besonderen Verfahrens bedarf.

(2) Bildet die Frage, ob eine Entscheidung anzuerkennen ist, als solche den Gegenstand eines Streites, so kann jede Partei, welche die Anerkennung geltend macht, in dem Verfahren nach diesem Abschnitt die Feststellung beantragen, dass die Entscheidung anzuerkennen ist.

(3) Wird die Anerkennung in einem Rechtsstreit vor dem Gericht eines Mitgliedstaats, dessen Entscheidung von der Anerkennung abhängt, verlangt, so kann dieses Gericht über die Anerkennung entscheiden.

Für **nicht durch das Haager Protokoll von 2007 gebundene Mitgliedstaaten** enthalten die Art. 23   85
ff. eigene Bestimmungen über die Anerkennung und Vollstreckbarerklärung.[1] Deutsche Durchführungsbestimmungen finden sich in §§ 30 ff. AUG. Dies bezieht sich auf das Vereinigte Königreich und Dänemark.[2] Diese Regeln gelten auch für Altfälle (Art. 75 Abs. 2).[3]

Auch diese Entscheidungen werden in den anderen Mitgliedstaaten **automatisch anerkannt**, ohne   86
dass es hierfür eines besonderen Verfahrens bedarf (Abs. 1). Bildet die Frage, ob eine Entscheidung anzuerkennen ist, als solche den Gegenstand eines Streites, so kann ein **selbstständiges Anerkennungsfeststellungsverfahren** eingeleitet werden (Abs. 2; § 55 Abs. 1 AUG). Wird die Anerkennung in einem Rechtsstreit vor dem Gericht eines Mitgliedstaats, dessen Entscheidung von der Anerkennung abhängt, verlangt, so kann dieses Gericht **inzidenter über die Anerkennung** entscheiden (Abs. 3).

Zur Anwendung kommen ferner die **gemeinsamen Bestimmungen** der Art. 39 ff.   87

Art. 24 Gründe für die Versagung der Anerkennung

(1) Eine Entscheidung wird nicht anerkannt,

a) wenn die Anerkennung der öffentlichen Ordnung (ordre public) des Mitgliedstaats, in dem sie geltend gemacht wird, offensichtlich widersprechen würde. Die Vorschriften über die Zuständigkeit gehören nicht zur öffentlichen Ordnung (ordre public);

---

2 Saenger/*Dörner* vor Art. 17 EuUnthVO Rn. 7; Zöller/*Geimer* Art. 17 EG-VO Rn. 23.
3 Geimer/Schütze/*Hilbig* Art. 22 VO Nr. 4/2009 Rn. 6.
1 Dazu ErwGrd. 26 ff. – Siehe *Gruber* IPRax 2010, 128 (138).
2 *Heger* ZKJ 2010, 52 (55 f.); Prütting/Helms/*Hau* § 110 FamFG Anh. Rn. 111.
3 Vgl. OLG München FamRZ 2012, 1512.

b) wenn dem Antragsgegner, der sich in dem Verfahren nicht eingelassen hat, das verfahrenseinleitende Schriftstück oder ein gleichwertiges Schriftstück nicht so rechtzeitig und in einer Weise zugestellt worden ist, dass er sich verteidigen konnte, es sei denn, der Antragsgegner hat gegen die Entscheidung keinen Rechtsbehelf eingelegt, obwohl er die Möglichkeit dazu hatte;

c) wenn sie mit einer Entscheidung unvereinbar ist, die zwischen denselben Parteien in dem Mitgliedstaat, in dem die Anerkennung geltend gemacht wird, ergangen ist;

d) wenn sie mit einer früheren Entscheidung unvereinbar ist, die in einem anderen Mitgliedstaat oder in einem Drittstaat zwischen denselben Parteien in einem Rechtsstreit wegen desselben Anspruchs ergangen ist, sofern die frühere Entscheidung die notwendigen Voraussetzungen für ihre Anerkennung in dem Mitgliedstaat erfüllt, in dem die Anerkennung geltend gemacht wird.

Eine Entscheidung, die bewirkt, dass eine frühere Unterhaltsentscheidung aufgrund geänderter Umstände geändert wird, gilt nicht als unvereinbare Entscheidung im Sinne der Buchstaben c oder d.

88 Abs. 1 nennt (ähnlich wie Art. 34 EuGVO) abschließend **vier Anerkennungshindernisse**. Nicht anerkannt wird insbesondere dann, wenn die Anerkennung der **öffentlichen Ordnung** (ordre public) des Mitgliedstaats, in dem sie geltend gemacht wird, offensichtlich widersprechen würde (Buchst. a). Die statthaften, zulässigen und zumutbaren Rechtsbehelfe des Erststaates müssen ausgeschöpft worden sein.[1] Die Folgen einer von ihm verweigerten Blutuntersuchung muss der Unterhaltspflichtige tragen.[2] Vorschriften über die Zuständigkeit gehören nicht zum ordre public. Eine Prüfung der Zuständigkeit des Erstgerichts findet ohnehin nicht statt.

89 Auch das **rechtliche Gehör bei der Verfahrenseinleitung** wird geschützt. Ein Nichtanerkennungsgrund ist dementsprechend, wenn dem Antragsgegner, der sich in dem Verfahren nicht eingelassen hat (zB lediglich vorgebracht hat, dass er sich nicht ausreichend am Verfahren beteiligen konnte[3], das verfahrenseinleitende Schriftstück oder ein gleichwertiges Schriftstück nicht so rechtzeitig und in einer Weise zugestellt worden ist, dass er sich verteidigen konnte. Kein Anerkennungshindernis besteht aber, wenn der Antragsgegner gegen die Entscheidung keinen Rechtsbehelf eingelegt hat, obwohl er die Möglichkeit dazu hatte (Abs. 1 Buchst. b). Auf die Ordnungsmäßigkeit der Zustellung kommt es nicht an.[4]

90 Die Entscheidung wird ferner dann nicht anerkannt, wenn sie mit einer **Entscheidung unvereinbar ist**, die zwischen denselben Parteien in dem Mitgliedstaat, in dem die Anerkennung geltend gemacht wird, ergangen ist (Abs. 1 Buchst. c).

91 Einen weiteren Fall der **Titelkollision enthält** Abs. 1 Buchst. d. Danach steht der Anerkennung einer Entscheidung entgegen, wenn sie mit einer früheren Entscheidung unvereinbar ist, die in **einem anderen Mitgliedstaat oder in einem Drittstaat** zwischen denselben Parteien in einem Rechtsstreit wegen desselben Anspruchs ergangen ist, sofern die frühere Entscheidung die notwendigen Voraussetzungen für ihre Anerkennung erfüllt. Eine Entscheidung, die eine frühere Unterhaltsentscheidung aufgrund geänderter Umstände abändert, gilt – ähnlich wie nach Art. 21 Abs. 2 UAbs. 3 – nicht als unvereinbare Entscheidung iS der Buchst. c oder d.

---

1 OLG Frankfurt a.M. FamRZ 2012 1508 = JAmt 2012, 42 Anm. *C. Schmidt*.
2 OLG Stuttgart FamRZ 2012, 1510.
3 Prütting/Helms/*Hau* § 110 FamFG Anh. Rn. 122.
4 *Heger/Selg* FamRZ 2011, 1101 (1110); Wendl/Dose/*Dose* § 9 Rn. 689.

Art. 25   Aussetzung des Anerkennungsverfahrens

Das Gericht eines Mitgliedstaats, vor dem die Anerkennung einer Entscheidung geltend gemacht wird, die in einem Mitgliedstaat ergangen ist, der nicht durch das Haager Protokoll von 2007 gebunden ist, setzt das Verfahren aus, wenn die Vollstreckung der Entscheidung im Ursprungsmitgliedstaat wegen der Einlegung eines Rechtsbehelfs einstweilen eingestellt ist.

Die Aussetzung erfolgt nach nationalem Recht.   92

Art. 26   Vollstreckbarkeit

Eine Entscheidung, die in einem Mitgliedstaat ergangen ist, der nicht durch das Haager Protokoll von 2007 gebunden ist, die in diesem Staat vollstreckbar ist, wird in einem anderen Mitgliedstaat vollstreckt, wenn sie dort auf Antrag eines Berechtigten für vollstreckbar erklärt worden ist.

Entscheidungen aus Nichtmitgliedstaaten des HaagUnthProt 2007 werden in anderen Mitglied-   93
staaten vollstreckt, wenn sie dort auf Antrag eines Berechtigten für vollstreckbar – und sei es auch nur vorläufig[1] – erklärt worden sind. In diesem Exequaturverfahren wird der Titel in Deutschland nach §§ 36, 40 AUG mit der Vollstreckungsklausel versehen.

Art. 27   Örtlich zuständiges Gericht

(1) Der Antrag auf Vollstreckbarerklärung ist an das Gericht oder an die zuständige Behörde des Vollstreckungsmitgliedstaats zu richten, das beziehungsweise die der Kommission von diesem Mitgliedstaat gemäß Artikel 71 notifiziert wurde.

(2) Die örtliche Zuständigkeit wird durch den Ort des gewöhnlichen Aufenthalts der Partei, gegen die die Vollstreckung erwirkt werden soll, oder durch den Ort, an dem die Vollstreckung durchgeführt werden soll, bestimmt.

Der Antrag auf Vollstreckbarerklärung ist an das Gericht oder an die zuständige Behörde des Voll-   94
streckungsmitgliedstaats zu richten. Die örtliche Zuständigkeit wird durch den Ort des gewöhnlichen Aufenthalts der Partei, gegen die die Vollstreckung erwirkt werden soll, oder durch den Ort, an dem die Vollstreckung durchgeführt werden soll, bestimmt (Abs. 2). Für Deutschland sieht § 35 AUG eine Zuständigkeitskonzentration vor (AG [FamG gem. § 23b GVG, § 111 Nr. 8 Fam-FG[1]] am Sitz des OLG).[2]

Art. 28   Verfahren

(1) Dem Antrag auf Vollstreckbarerklärung sind folgende Schriftstücke beizufügen:

a) eine Ausfertigung der Entscheidung, die die für ihre Beweiskraft erforderlichen Voraussetzungen erfüllt,

b) einen durch das Ursprungsgericht unter Verwendung des Formblatts in Anhang II erstellten Auszug aus der Entscheidung, unbeschadet des Artikels 29;

---

1 Geimer/Schütze/*Hilbig* Art. 26 VO Nr. 4/2009 Rn. 2.
1 OLG Frankfurt a.M. JAmt 2012, 42 Anm. *C. Schmidt*.
2 Im Bezirk des KG das AG Pankow-Weißensee.

c) gegebenenfalls eine Transskript oder eine Übersetzung des Inhalts des in Buchstabe b genannten Formblatts in die Amtssprache des Vollstreckungsmitgliedstaats oder – falls es in diesem Mitgliedstaat mehrere Amtssprachen gibt – nach Maßgabe des Rechts dieses Mitgliedstaats – in die oder eine der Verfahrenssprachen des Ortes, an dem der Antrag gestellt wird, oder in eine sonstige Sprache, die der Vollstreckungsmitgliedstaat für zulässig erklärt hat. Jeder Mitgliedstaat kann angeben, welche Amtssprache oder Amtssprachen der Organe der Europäischen Union er neben seiner oder seinen eigenen für das Ausfüllen des Formblatts zulässt.

(2) Das Gericht oder die zuständige Behörde, bei dem beziehungsweise bei der der Antrag gestellt wird, kann vom Antragsteller nicht verlangen, dass dieser eine Übersetzung der Entscheidung vorlegt. Eine Übersetzung kann jedoch im Rahmen des Rechtsbehelfs nach Artikel 32 oder Artikel 33 verlangt werden.

(3) Eine Übersetzung aufgrund dieses Artikels ist von einer Person zu erstellen, die zur Anfertigung von Übersetzungen in einem der Mitgliedstaaten befugt ist.

95 Die nach Art. 28 für die Vollstreckbarerklärung erforderlichen Schriftstücke sind nahezu identisch mit denen des Art. 20. Zu den einem Antrag auf Vollstreckbarerklärung beizufügenden Schriftstücken gehört eine Ausfertigung der Entscheidung, welche die für ihre Beweiskraft erforderlichen Voraussetzungen erfüllt (Abs. 1 Buchst. a).[1] Erforderlich ist auch ein vom Ursprungsgericht erstellter Auszug aus der Entscheidung (Abs. 1 Buchst. b).[2] Beizufügen ist gegebenenfalls ein Transkript oder eine Übersetzung des Inhalts des in Art. 29 Buchst. b EuUnthVO genannten Formblatts in die Amtssprache des Vollstreckungsmitgliedstaats (Buchst. c). Jeder Mitgliedstaat kann angeben, welche Amtssprache er neben seiner oder seinen eigenen für das Ausfüllen des Formblatts zulässt. Das ist in Deutschland nicht der Fall.

96 Das Gericht, bei dem der Antrag gestellt wird, kann vom Antragsteller grds. keine Übersetzung der Entscheidung verlangen. Eine Übersetzung kann jedoch im Rahmen des Rechtsbehelfs nach Art. 32 oder Art. 33 nach Ermessen verlangt werden (Abs. 2). Sie ist von einer Person zu erstellen, die zur Anfertigung von Übersetzungen in einem der Mitgliedstaaten befugt ist (Abs. 3).

Art. 29 Nichtvorlage des Auszugs

(1) Wird der Auszug nach Artikel 28 Absatz 1 Buchstabe b nicht vorgelegt, so kann das Gericht oder die zuständige Behörde eine Frist bestimmen, innerhalb deren er vorzulegen ist, oder sich mit einem gleichwertigen Schriftstück begnügen oder von der Vorlage des Auszugs befreien, wenn es eine weitere Klärung nicht für erforderlich hält.

(2) In dem Fall nach Absatz 1 ist auf Verlangen des Gerichts oder der zuständigen Behörde eine Übersetzung der Schriftstücke vorzulegen. Die Übersetzung ist von einer Person zu erstellen, die zur Anfertigung von Übersetzungen in einem der Mitgliedstaaten befugt ist.

97 Wird kein Auszug nach Art. 28 Abs. 1 Buchst. b (Formblatt II) vorgelegt, so hat das Gericht mehrere Möglichkeiten: eine Frist bestimmen, innerhalb deren er vorzulegen ist, oder sich mit einem gleichwertigen Schriftstück begnügen oder von der Vorlage des Auszugs befreien, wenn es eine weitere Klärung nicht für erforderlich hält (Abs. 1). Auf Verlangen des Gerichts ist eine Übersetzung der Schriftstücke vorzulegen (Abs. 2). Im Vollstreckungsmitgliedstaat dürfen im Vollstreck-

---

1 Ausstellung in Deutschland gem. § 71 Abs. 1 Nr. 1 AUG.
2 Unter Verwendung des Formblatts Anh. II.

barerklärungsverfahren keine nach dem Streitwert abgestuften Stempelabgaben oder Gebühren erhoben werden (Art. 38).

Art. 30 Vollstreckbarerklärung

Sobald die in Artikel 28 vorgesehenen Förmlichkeiten erfüllt sind, spätestens aber 30 Tage nachdem diese Förmlichkeiten erfüllt sind, es sei denn, dies erweist sich aufgrund außergewöhnlicher Umstände als nicht möglich, wird die Entscheidung für vollstreckbar erklärt, ohne dass eine Prüfung gemäß Artikel 24 erfolgt. Die Partei, gegen die die Vollstreckung erwirkt werden soll, erhält in diesem Abschnitt des Verfahrens keine Gelegenheit, eine Erklärung abzugeben.

Sobald die in Art. 28 vorgesehenen Förmlichkeiten der Antragstellung erfüllt sind, spätestens aber 98 nach 30 Tage, wird die ausländische Entscheidung für vollstreckbar erklärt, ohne dass eine Prüfung der Anerkennungshindernisse erfolgt (Satz 1). Eine Ausnahme von dieser neu eingeführten Frist für die Exequaturentscheidung besteht nur dann, wenn sich ihre Einhaltung aufgrund außergewöhnlicher Umstände als nicht möglich erweist. Es handelt sich um ein **ex parte-Verfahren** (vgl. § 38 AUG). Die Partei, gegen die die Vollstreckung erwirkt werden soll, erhält daher in diesem Verfahrensabschnitt keine Gelegenheit, eine Erklärung abzugeben (Satz 2).[1] Zu Anspruchsmehrheit und Teilvollstreckung s. Art. 37.

Art. 31 Mitteilung der Entscheidung über den Antrag auf Vollstreckbarerklärung

(1) Die Entscheidung über den Antrag auf Vollstreckbarerklärung wird dem Antragsteller unverzüglich in der Form mitgeteilt, die das Recht des Vollstreckungsmitgliedstaats vorsieht.

(2) Die Vollstreckbarerklärung und, soweit dies noch nicht geschehen ist, die Entscheidung werden der Partei, gegen die die Vollstreckung erwirkt werden soll, zugestellt.

Die Entscheidung über den Antrag wird dem Antragsteller unverzüglich in der Form mitgeteilt, 99 die das Recht des Vollstreckungsmitgliedstaats vorsieht (Abs. 1), in Deutschland eine beglaubigte Abschrift (§ 42 AUG). Die Vollstreckbarerklärung und, soweit noch nicht geschehen, die Entscheidung werden dem Vollstreckungsgegner zugestellt (Abs. 2).

Art. 32 Rechtsbehelf gegen die Entscheidung über den Antrag

(1) Gegen die Entscheidung über den Antrag auf Vollstreckbarerklärung kann jede Partei einen Rechtsbehelf einlegen.

(2) Der Rechtsbehelf wird bei dem Gericht eingelegt, das der betreffende Mitgliedstaat der Kommission nach Artikel 71 notifiziert hat.

(3) Über den Rechtsbehelf wird nach den Vorschriften entschieden, die für Verfahren mit beiderseitigem rechtlichen Gehör maßgebend sind.

(4) Lässt sich die Partei, gegen die die Vollstreckung erwirkt werden soll, in dem Verfahren vor dem mit dem Rechtsbehelf des Antragstellers befassten Gericht nicht ein, so ist Artikel 11 auch dann anzuwenden, wenn die Partei, gegen die die Vollstreckung erwirkt werden soll, ihren gewöhnlichen Aufenthalt nicht im Hoheitsgebiet eines Mitgliedstaats hat.

---

1 Dazu Wendl/Dose/*Dose* § 9 Rn. 685.

(5) Der Rechtsbehelf gegen die Vollstreckbarerklärung ist innerhalb von 30 Tagen nach ihrer Zustellung einzulegen. Hat die Partei, gegen die die Vollstreckung erwirkt werden soll, ihren gewöhnlichen Aufenthalt im Hoheitsgebiet eines anderen Mitgliedstaats als dem, in dem die Vollstreckbarerklärung ergangen ist, so beträgt die Frist für den Rechtsbehelf 45 Tage und beginnt von dem Tage an zu laufen, an dem die Vollstreckbarerklärung ihr entweder in Person oder in ihrer Wohnung zugestellt worden ist. Eine Verlängerung dieser Frist wegen weiter Entfernung ist ausgeschlossen.

100   Gegen die Entscheidung über den Antrag auf Vollstreckbarerklärung kann **jede Partei einen Rechtsbehelf einlegen** (Abs. 1). In Deutschland ist das **Oberlandesgericht** zuständig (§ 43 Abs. 1 AUG). Es kommt nunmehr zu einem **streitigen Verfahren**; es wird nach den Vorschriften für Verfahren mit beiderseitigem rechtlichem Gehör entschieden (Abs. 3). Das ist in Deutschland die Beschwerde. Lässt sich die Partei, gegen die die Vollstreckung erwirkt werden soll, in dem Rechtsbehelfsverfahren nicht ein, so ist für die Prüfung der Zulässigkeit Art. 11 auch dann anzuwenden, wenn die Partei, gegen die die Vollstreckung erwirkt werden soll, ihren gewöhnlichen Aufenthalt nicht in einem Mitgliedstaat hat (Abs. 4).

101   Der Rechtsbehelf gegen die Vollstreckbarerklärung ist innerhalb einer **Regelfrist von 30 Tagen nach Zustellung** einzulegen. Hat die Partei, gegen die die Vollstreckung erwirkt werden soll, ihren gewöhnlichen Aufenthalt nicht im Staat der Vollstreckbarerklärung, so beträgt die Frist 45 Tage. Sie beginnt von dem Tage an zu laufen, an dem die Vollstreckbarerklärung ihr entweder in Person oder in ihrer Wohnung zugestellt worden ist. Eine Fristverlängerung wegen weiter Entfernung ist ausgeschlossen (Abs. 5). Eine Beschwerdefrist für den Antragsteller ist nicht vorgesehen. In Deutschland wird auf § 63 Abs. 1 FamFG zurückgegriffen.[1]

Art. 33   Rechtsmittel gegen die Entscheidung über den Rechtsbehelf

Die über den Rechtsbehelf ergangene Entscheidung kann nur im Wege des Verfahrens angefochten werden, das der betreffende Mitgliedstaat der Kommission nach Artikel 71 notifiziert hat.

102   Rechtsmittel gegen die Entscheidung über den Rechtsbehelf ist in Deutschland die Rechtsbeschwerde zum BGH (§§ 46 ff. AUG).

Art. 34   Versagung oder Aufhebung einer Vollstreckbarerklärung

(1) Die Vollstreckbarerklärung darf von dem mit einem Rechtsbehelf nach Artikel 32 oder Artikel 33 befassten Gericht nur aus einem der in Artikel 24 aufgeführten Gründe versagt oder aufgehoben werden.

(2) Vorbehaltlich des Artikels 32 Absatz 4 erlässt das mit einem Rechtsbehelf nach Artikel 32 befasste Gericht seine Entscheidung innerhalb von 90 Tagen nach seiner Befassung, es sei denn, dies erweist sich aufgrund außergewöhnlicher Umstände als nicht möglich.

(3) Das mit einem Rechtsbehelf nach Artikel 33 befasste Gericht erlässt seine Entscheidung unverzüglich.

---

1 *Heger/Selg* FamRZ 2011, 1101 (1109).

Die Vollstreckbarerklärung darf von dem mit einem Rechtsbehelf nach Art. 32 (Entscheidung   **103** über den Antrag) oder Art. 33 EuUnthVO (Entscheidung über den Rechtsbehelf) befassten Gericht nur aus einem der in Art. 24 aufgeführten Gründe versagt oder aufgehoben werden (Abs. 1). Das deutsche Ausführungsrecht (§ 44 Abs. 1 AUG. Ebenso § 12 AVAG) gestattet dem Schuldner gleichwohl, mit der gegen die Zulassung der Zwangsvollstreckung richtenden Beschwerde, auch materiell-rechtliche Einwendungen gegen den Anspruch selbst insoweit geltend zu machen, als die Gründe, auf denen sie beruhen, erst nach Entscheidungserlass entstanden sind (z.B. Erfüllung). Zwar ist die Vereinbarkeit mit dem Unionsrecht verteidigt worden.[1] Der EuGH hat jedoch dem Recht des Vollstreckungsstaates keine zusätzlichen Verweigerungsgründe zugestanden.[2] Daher dürfte die deutsche Regelung dem Unionsrecht widersprechen.[3]

Das mit einem Rechtsbehelf nach Art. 32 befasste Gericht erlässt seine Entscheidung **innerhalb**   **104** **von 90 Tagen** nach seiner Befassung, es sei denn, dies erweist sich aufgrund außergewöhnlicher Umstände als nicht möglich (Abs. 2). Das über einen Rechtsbehelf nach Art. 33 entscheidende Gericht erlässt seine Entscheidung **unverzüglich** (Abs. 3). Das deutsche Recht lässt Einwendungen gegen die Forderung zu (§ 44 AUG). Eine Aufhebung des § 44 AUG und die Geltendmachung von Einwendungen im Beschwerdeverfahren (§ 59a AUG) sieht ein Regierungsentwurf vor (BR-Drucks. 311/12). Dabei geht es insbesondere um Einwendungen, welche erst nach dem Erlass der Entscheidung entstanden sind.[4]

Art. 35   Aussetzung des Verfahrens

Das mit einem Rechtsbehelf nach Artikel 32 oder Artikel 33 befasste Gericht setzt auf Antrag der Partei, gegen die die Vollstreckung erwirkt werden soll, das Verfahren aus, wenn die Vollstreckung der Entscheidung im Ursprungsmitgliedstaat wegen der Einlegung eines Rechtsbehelfs einstweilen eingestellt ist.

Zur Vermeidung sich widersprechender Entscheidungen besteht eine **Aussetzungsbefugnis** des   **105** mit einem Rechtsbehelf nach Art. 32 (Entscheidung über den Antrag) oder Art. 33 (Entscheidung über den Rechtsbehelf) befassten Gerichts. Es setzt auf Antrag der Partei, gegen die die Vollstreckung erwirkt werden soll, das Verfahren aus, wenn die Vollstreckung der ausländischen Entscheidung im Ausland einstweilen eingestellt ist.

Art. 36   Einstweilige Maßnahmen einschließlich Sicherungsmaßnahmen

(1) Ist eine Entscheidung nach diesem Abschnitt anzuerkennen, so ist der Antragsteller nicht daran gehindert, einstweilige Maßnahmen einschließlich solcher, die auf eine Sicherung gerichtet sind, nach dem Recht des Vollstreckungsmitgliedstaats in Anspruch zu nehmen, ohne dass es einer Vollstreckbarerklärung nach Artikel 30 bedarf.

(2) Die Vollstreckbarerklärung umfasst von Rechts wegen die Befugnis, solche Maßnahmen zu veranlassen.

---

1 *Heger/Selg* FamRZ 2011, 1101 (1110).
2 Siehe zu Art. 45 Brüssel I-VO und zum niederländischen Recht EuGH 13.10.2011 – C-139/10 (Prism Investments/van der Meer), EuZW 2011, 869 zust. Anm. *Bach* = IPRax 2012, 357 krit. Aufs. *R. Wagner*, 326 = NJW 2011, 3506. – Dazu *Meller-Hannich* GPR 2012, 90 ff.
3 *Meller-Hannich* GPR 2012, 90 (94). – Vgl. auch Prütting/Helms/*Hau* § 110 FamFG Anh. Rn. 146.
4 Für die Berücksichtigung einer unstreitigen Erfüllung, Wendl/Dose/*Dose* § 9 Rn. 688.

(3) Solange die in Artikel 32 Absatz 5 vorgesehene Frist für den Rechtsbehelf gegen die Voll-streckbarerklärung läuft und solange über den Rechtsbehelf nicht entschieden ist, darf die Zwangsvollstreckung in das Vermögen der Partei, gegen die die Vollstreckung erwirkt werden soll, nicht über Maßnahmen zur Sicherung hinausgehen.

106   Ist eine Entscheidung nach Abschn. 1 (Art. 23 ff.) EuUnthVO anzuerkennen, so kann der Antrag-steller auch **einstweilige Maßnahmen** einschl. solcher, die auf eine Sicherung gerichtet sind, nach dem Recht des Vollstreckungsmitgliedstaats beantragen (Abs. 1). Die Vollstreckbarerklärung umfasst die Befugnis, solche Maßnahmen zu veranlassen (Abs. 2). Solange die Frist für den Rechtsbehelf gegen die Vollstreckbarerklärung läuft und solange darüber nicht entschieden ist, darf die Zwangsvollstreckung in das Vermögen des Vollstreckungsschuldners nicht über Siche-rungsmaßnahmen hinausgehen (Abs. 3). In Deutschland in § 49 AUG umgesetzt.

Art. 37   Teilvollstreckbarkeit

(1) Ist durch die Entscheidung über mehrere mit dem Antrag geltend gemachte Ansprüche erkannt worden und kann die Vollstreckbarerklärung nicht für alle Ansprüche erteilt werden, so erteilt das Gericht oder die zuständige Behörde sie für einen oder mehrere dieser Ansprüche.

(2) Der Antragsteller kann beantragen, dass die Vollstreckbarerklärung nur für einen Teil des Gegenstands der Entscheidung erteilt wird.

107   Betrifft die Entscheidung **mehrere Ansprüche** und kann die Vollstreckbarerklärung nicht für alle erteilt werden, so erteilt das Gericht sie für einen oder mehrere dieser Ansprüche (Abs. 1).[1] Der Antragsteller kann eine **Teilvollstreckbarerklärung** nur für einen Teil des Gegenstands der Ent-scheidung beantragen (Abs. 2).

Art. 38   Keine Stempelabgaben oder Gebühren

Im Vollstreckungsmitgliedstaat dürfen im Vollstreckbarerklärungsverfahren keine nach dem Streitwert abgestuften Stempelabgaben oder Gebühren erhoben werden.

Abschnitt 3   Gemeinsame Bestimmungen

Art. 39   Vorläufige Vollstreckbarkeit

Das Ursprungsgericht kann die Entscheidung ungeachtet eines etwaigen Rechtsbehelfs für vor-läufig vollstreckbar erklären, auch wenn das innerstaatliche Recht keine Vollstreckbarkeit von Rechts wegen vorsieht.

108   Die EuUnthVO verlangt keine formelle Rechtskraft der erststaatlichen Entscheidung, sondern trifft eine eigenständige Regelung bezüglich der vorläufigen Vollstreckbarkeit.[1] Das Ursprungsge-

---

1   Siehe §§ 40, 41 AUG.
1   Siehe ErwGrd. 22

richt kann seine Entscheidung ungeachtet eines etwaigen Rechtsbehelfs nach seinem Ermessen[2] auch von Amts wegen[3] für **vorläufig vollstreckbar erklären**, selbst wenn das innerstaatliche Recht keine Vollstreckbarkeit von Rechts wegen vorsieht. Da nach deutschem Recht anstelle einer vorläufigen Vollstreckbarkeit eine Anordnung der sofortigen Wirksamkeit erfolgt (§ 116 Abs. 3 Satz 3 FamFG), dürfte dies ausreichen.[4] Ein Umsetzungsbedarf aufgrund der VO besteht nicht[5]. In Anbetracht seines Zwecks wird angenommen, dass Art. 39 keine Anwendung auf Entscheidungen findet, die z.B. Unterhaltsansprüche verneinen oder zur Unterhaltsrückzahlung verurteilen.[6] Den Schadensersatz bei ungerechtfertigter Zwangsvollstreckung regelt § 69 AUG.

Art. 40   Durchsetzung einer anerkannten Entscheidung

(1) Eine Partei, die in einem anderen Mitgliedstaat eine im Sinne des Artikel 17 Absatz 1 oder des Abschnitt 2 anerkannte Entscheidung geltend machen will, hat eine Ausfertigung der Entscheidung vorzulegen, die die für ihre Beweiskraft erforderlichen Voraussetzungen erfüllt.

(2) Das Gericht, bei dem die anerkannte Entscheidung geltend gemacht wird, kann die Partei, die die anerkannte Entscheidung geltend macht, gegebenenfalls auffordern, einen vom Ursprungsgericht erstellten Auszug unter Verwendung des Formblatts in Anhang I beziehungsweise in Anhang II vorzulegen.

Das Ursprungsgericht erstellt diesen Auszug auch auf Antrag jeder betroffenen Partei.

(3) Gegebenenfalls übermittelt die Partei, die die anerkannte Entscheidung geltend macht, eine Transskript oder eine Übersetzung des Inhalts des in Absatz 2 genannten Formblatts in die Amtssprache des betreffenden Mitgliedstaats oder – falls es in diesem Mitgliedstaat mehrere Amtssprachen gibt – nach Maßgabe der Rechtsvorschriften dieses Mitgliedstaats – in die oder eine der Verfahrenssprachen des Ortes, an dem die anerkannte Entscheidung geltend gemacht wird, oder in eine sonstige Sprache, die der betreffende Mitgliedstaat für zulässig erklärt hat. Jeder Mitgliedstaat kann angeben, welche Amtssprache oder Amtssprachen der Organe der Europäischen Union er neben seiner oder seinen eigenen für das Ausfüllen des Formblatts zulässt.

(4) Eine Übersetzung aufgrund dieses Artikels ist von einer Person zu erstellen, die zur Anfertigung von Übersetzungen in einem der Mitgliedstaaten befugt ist.

Eine Partei, die in einem anderen Mitgliedstaat eine iSd Art. 17 Abs. 1 oder des Abschn. 2 (Art. 23   **109** ff.) anerkannte Entscheidung lex lege oder im Exequaturverfahren geltend machen will,[1] hat eine **Ausfertigung der Entscheidung vorzulegen**, welche die für ihre Beweiskraft erforderlichen Voraussetzungen erfüllt (Abs. 1). Das Gericht kann die Partei, die die anerkannte Entscheidung geltend macht, gegebenenfalls auffordern, einen vom Ursprungsgericht erstellten Auszug vorzule-

---

2 *Gruber* IPRax 2010, 128 (138); Saenger/*Dörner* vor Art. 39 EuUnthVO Rn. 1; Geimer/Schütze/*Hilbig* Art. 39 VO Nr. 4/2009 Rn. 9 (unter Einbeziehung des grenzüberschreitenden Bezugs). – Anders Gebauer/ Wiedmann/*Bittmann* Kap. 36 Rn. 185.

3 *Conti* S. 183.

4 Zöller/*Geimer* Art. 39 EG-VO Rn. 3.

5 Geimer/Schütze/*Hilbig* Art. 39 VO Nr. 4/2009 Rn. 15; Zöller/*Geimer* Art. 39 EG-VO Rn. 3.

6 *Gruber* IPRax 2010, 128 (138); Zöller/*Geimer* Art. 39 EG-VO Rn. 2; Geimer/Schütze/*Hilbig* Art. 39 VO Nr. 4/2009 Rn. 5.

1 Die deutsche Fassung der Überschrift des Art. 40 EuUntVO spricht irreführend von »Durchsetzung«, näher Gebauer/Wiedmann/*Bittmann* Kap. 36 Rn. 166; *Conti*, S. 184

gen (Abs. 2).[2] In Deutschland ist die Stelle zuständig, die für die Ausstellung der vollstreckbaren Ausfertigung zuständig ist (§ 71 AUG). Das Ursprungsgericht erstellt diesen Auszug auch auf Antrag jeder betroffenen Partei.

110   Gegebenenfalls übermittelt die die anerkannte Entscheidung geltend machende Partei eine **Transkription oder Übersetzung** des Inhalts des in Abs. 2 genannten Formblatts in die Amts- bzw. Verfahrenssprachen des Ortes, an dem die anerkannte Entscheidung geltend gemacht wird (Abs. 3). Jeder Mitgliedstaat kann angeben, welche Amtssprachen er zulässt. Übersetzungen sind nur von befugten Personen zu erstellen (Abs. 4).

Art. 41   Vollstreckungsverfahren und Bedingungen für die Vollstreckung

(1) Vorbehaltlich der Bestimmungen dieser Verordnung gilt für das Verfahren zur Vollstreckung der in einem anderen Mitgliedstaat ergangenen Entscheidungen das Recht des Vollstreckungsmitgliedstaats. Eine in einem Mitgliedstaat ergangene Entscheidung, die im Vollstreckungsmitgliedstaat vollstreckbar ist, wird dort unter den gleichen Bedingungen vollstreckt wie eine im Vollstreckungsmitgliedstaat ergangene Entscheidung.

(2) Von der Partei, die die Vollstreckung einer Entscheidung beantragt, die in einem anderen Mitgliedstaat ergangen ist, kann nicht verlangt werden, dass sie im Vollstreckungsmitgliedstaat über eine Postanschrift oder einen bevollmächtigten Vertreter verfügt, außer bei den Personen, die im Bereich der Vollstreckungsverfahren zuständig sind.

111   Für das Verfahren zur Vollstreckung gilt, soweit die Verordnung nicht entgegensteht, das **Recht des Vollstreckungsmitgliedstaats**, also deutsches Recht.[1] Eine nicht genügend bestimmte ausländische Entscheidung kann im Exequaturverfahren oder nach § 34 AUG ergänzt werden.[2] Eine in einem Mitgliedstaat ergangene Entscheidung, die im Vollstreckungsmitgliedstaat vollstreckbar ist, wird dort unter den gleichen Bedingungen vollstreckt wie eine im Vollstreckungsmitgliedstaat ergangene Entscheidung (Abs. 1). Allerdings sind die zusätzlichen Verweigerungs- und Aussetzungsgründe des Art. 21 zu beachten.

112   Von der Partei, die die Vollstreckung bzw. Vollstreckbarerklärung einer ausländischen Entscheidung beantragt, kann nicht verlangt werden, dass sie im Vollstreckungsmitgliedstaat über eine **Zustelladresse oder einen bevollmächtigten Vertreter** verfügt (Abs. 2).

Art. 42   Verbot der sachlichen Nachprüfung

Eine in einem Mitgliedstaat ergangene Entscheidung darf in dem Mitgliedstaat, in dem die Anerkennung, die Vollstreckbarkeit oder die Vollstreckung beantragt wird, in der Sache selbst nicht nachgeprüft werden.

---

2   Auszug aus einer Entscheidung/einem gerichtlichen Vergleich in Unterhaltssachen nach Formblatt Anh. I (keinem Anerkennungs- und Vollstreckbarerklärungsverfahren unterliegend) bzw. Anh. II (einem Anerkennungs- und Vollstreckbarerklärungsverfahren unterliegend).

1   *Heger* ZKJ 2010, 52 (55). – Besondere Vorschriften finden sich insbes. in §§ 30 ff., §§ 66 ff. AUG sowie in § 65 AUG i.V.m. § 120 FamFG i.V.m. §§ 704 ff., §§ 750 ff. ZPO.

2   Näher Geimer/Schütze/*Hilbig* Art. 41 VO Nr. 4/2009 Rn. 9.

Die ausländische Entscheidung darf in der Sache selbst nicht nachgeprüft werden. Das **Verbot der**   113
révision au fond gilt gleichermaßen für exequaturbedürftige wie für nicht exequaturbedürftige
Entscheidungen.[1] Es bezieht sich sowohl auf die kollisionsrechtliche als auch auf die sachrechtliche
Beurteilung. Steht die Entscheidung zu der Unpfändbarkeitsregelung des Vollstreckungsstaates im
Widerspruch, so kann dies lediglich im Rahmen der Zwangsvollstreckung vorgebracht werden.[2]

Art. 43   Kein Vorrang der Eintreibung von Kosten

**Die Eintreibung von Kosten, die bei der Anwendung dieser Verordnung entstehen, hat keinen
Vorrang vor der Geltendmachung von Unterhaltsansprüchen.**

Die Eintreibung von Verfahrenskosten, die bei der Anwendung der EuUnthVO entstehen, hat   115
keinen Vorrang vor der Geltendmachung von Unterhaltsansprüchen. Sie tritt allerdings auch nicht
zurück;[1] Gleichrangigkeit ist zulässig.[2]

Kapitel V   Zugang zum Recht

Art. 44   Anspruch auf Prozesskostenhilfe

**(1) Die an einem Rechtsstreit im Sinne dieser Verordnung beteiligten Parteien genießen nach
Maßgabe der in diesem Kapitel niedergelegten Bedingungen effektiven Zugang zum Recht in
einem anderen Mitgliedstaat, einschließlich im Rahmen von Vollstreckungsverfahren und
Rechtsbehelfen.**

**In den Fällen gemäß Kapitel VII wird der effektive Zugang zum Recht durch den ersuchten
Mitgliedstaat gegenüber jedem Antragsteller gewährleistet, der seinen Aufenthalt im ersuchenden Mitgliedstaat hat.**

**(2) Um einen solchen effektiven Zugang zu gewährleisten, leisten die Mitgliedstaaten Prozess-
kostenhilfe im Einklang mit diesem Kapitel, sofern nicht Absatz 3 gilt.**

**(3) In den Fällen gemäß Kapitel VII ist ein Mitgliedstaat nicht verpflichtet, Prozesskostenhilfe
zu leisten, wenn und soweit die Verfahren in diesem Mitgliedstaat es den Parteien gestatten, die
Sache ohne Prozesskostenhilfe zu betreiben, und die Zentrale Behörde die nötigen Dienstleistungen unentgeltlich erbringt.**

**(4) Die Voraussetzungen für den Zugang zu Prozesskostenhilfe dürfen nicht enger als diejeni-
gen, die für vergleichbare innerstaatliche Fälle gelten, sein.**

**(5) In Verfahren, die Unterhaltspflichten betreffen, wird für die Zahlung von Verfahrenskosten
keine Sicherheitsleistung oder Hinterlegung gleich welcher Bezeichnung auferlegt.**

Die an einem Unterhaltsrechtsstreit beteiligten Parteien, d.h. grds. Berechtigter und Verpflichte-   115
ter,[1] sollen effektiven Zugang zum Recht in einem anderen Mitgliedstaat, auch i.R.v. Vollstre-

---

1   Näher Geimer/Schütze/*Hilbig* Art. 42 VO Nr. 4/2009 Rn. 3 ff.
2   *Conti*, S. 186.
1   So aber Saenger/*Dörner* vor Art. 39 EuUnthVO Rn. 2.
2   Fasching/Konecny/*Fucik* Art. 43 EuUVO Rn. 2; Geimer/Schütze/*Hilbig* Art. 43 VO Nr. 4/2009 Rn. 5.
1   Prütting/Helms/*Hau* § 110 FamFG Anh. Rn. 156.

ckungsverfahren und Rechtsbehelfen haben (Abs. 1). Die EuUnthVO enthält daher über die unionsrechtlichen Regeln der grenzüberschreitenden Prozesshilfe hinaus besondere Vorschriften für die Unterhaltsdurchsetzung.[2] Die §§ 20 ff. AUG regeln die Einzelheiten für die **Verfahrenshilfe nach deutschem Recht.**[3]

116   Nach Kap. VII (Zusammenarbeit der Zentralen Behörden nach Art. 49 ff., insbes. Art. 56) wird der effektive Zugang zum Recht durch den ersuchten Mitgliedstaat gegenüber jedem Antragsteller gewährleistet, der seinen Aufenthalt, der kein »gewöhnlicher« Aufenthalt sein muss,[4] im ersuchenden Mitgliedstaat hat. Die Mitgliedstaaten leisten **Prozesskostenhilfe**, sofern nicht Abs. 3 gilt, d.h. es sich um nicht kostenpflichtige Verfahren handelt (Abs. 2). Die Voraussetzungen für die Gewährung von Prozesskostenhilfe dürfen nicht enger sein als diejenigen, die für vergleichbare innerstaatliche Fälle gelten (Art. 44 Abs. 4). In Verfahren, die Unterhaltspflichten betreffen, wird für die Zahlung von Verfahrenskosten keine Sicherheitsleistung oder Hinterlegung gleich welcher Bezeichnung auferlegt (Abs. 5). Ein Mitgliedstaat ist nicht verpflichtet, Prozesskostenhilfe zu leisten, wenn und soweit die Verfahren in diesem Mitgliedstaat es den Parteien gestatten, die Sache ohne »Prozesskostenhilfe« (gemeint ist, ohne Prozesskosten[5]) zu betreiben, und die Zentrale Behörde die nötigen Dienstleistungen unentgeltlich erbringt (Abs. 3).

Art. 45   Gegenstand der Prozesskostenhilfe

Nach diesem Kapitel gewährte Prozesskostenhilfe ist die Unterstützung, die erforderlich ist, damit die Parteien ihre Rechte in Erfahrung bringen und geltend machen können und damit sichergestellt werden kann, dass ihre Anträge, die über die Zentralen Behörden oder direkt an die zuständigen Behörden übermittelt werden, in umfassender und wirksamer Weise bearbeitet werden. Sie umfasst soweit erforderlich Folgendes:

a) eine vorprozessuale Rechtsberatung im Hinblick auf eine außergerichtliche Streitbeilegung;
b) den Rechtsbeistand bei Anrufung einer Behörde oder eines Gerichts und die rechtliche Vertretung vor Gericht;
c) eine Befreiung von den Gerichtskosten und den Kosten für Personen, die mit der Wahrnehmung von Aufgaben während des Prozesses beauftragt werden, oder eine Unterstützung bei solchen Kosten;
d) in Mitgliedstaaten, in denen die unterliegende Partei die Kosten der Gegenpartei übernehmen muss, im Falle einer Prozessniederlage des Empfängers der Prozesskostenhilfe auch die Kosten der Gegenpartei, sofern die Prozesskostenhilfe diese Kosten umfasst hätte, wenn der Empfänger seinen gewöhnlichen Aufenthalt im Mitgliedstaat des angerufenen Gerichts gehabt hätte;
e) Dolmetschleistungen;
f) Übersetzung der vom Gericht oder von der zuständigen Behörde verlangten und vom Empfänger der Prozesskostenhilfe vorgelegten Schriftstücke, die für die Entscheidung des Rechtsstreits erforderlich sind;
g) Reisekosten, die vom Empfänger der Prozesskostenhilfe zu tragen sind, wenn das Recht oder das Gericht des betreffenden Mitgliedstaats die Anwesenheit der mit der Darlegung des Falles des Empfängers befassten Personen bei Gericht verlangen und das Gericht entscheidet, dass die betreffenden Personen nicht auf andere Weise zur Zufriedenheit des Gerichts gehört werden können.

---

2   Vgl. Richtlinie 2002/8/EG des Rates vom 27.01.2003 zur Verbesserung des Zugangs zum Recht bei Streitsachen mit grenzüberschreitendem Bezug durch Festlegung gemeinsamer Mindestvorschriften für die Prozesskostenhilfe in derartigen Streitsachen, ABl. EG.2003 L 26/41.
3   Dazu *Andrae* NJW 2011, 2545 (2550).
4   Rauscher/*Andrae* Art. 44 EG-UntVO Rn. 9; Geimer/Schütze/*Picht* Art. 44 VO Nr. 4/2009 Rn. 3.
5   Geimer/Schütze/*Picht* Art. 44 VO Nr. 4/2009 Rn. 5.

Die **Gewährung von Prozesskostenhilfe** wird in Art. 45–47 näher geregelt.[1] Prozesskostenhilfe ist **117** die zur Rechtsdurchsetzung erforderliche Unterstützung (Satz 1). Der Umfang der Prozesskostenhilfe wird in Art. 45 näher festgelegt. Sie umfasst, soweit erforderlich, eine vorprozessuale Rechtsberatung im Hinblick auf eine außergerichtliche Streitbeilegung (Satz 2 Buchst. a). Ferner wird Rechtsbeistand bei Anrufung einer Behörde oder eines Gerichts sowie die rechtliche Vertretung vor Gericht gewährleistet (Buchst. b).

Außerdem erfolgt eine Befreiung von den **Gerichtskosten** und den Kosten für Personen, die mit **118** der Wahrnehmung von Aufgaben während des Prozesses beauftragt werden, oder eine Unterstützung bei solchen Kosten (Buchst. c). In Mitgliedstaaten, in denen die unterliegende Partei die Kosten der Gegenpartei zu übernehmen hat, sind bei einer Prozessniederlage des Prozesskostenhilfeempfängers auch die Kosten der Gegenpartei abgedeckt, sofern die Prozesskostenhilfe diese Kosten umfasst hätte, wenn der Empfänger seinen gewöhnlichen Aufenthalt im Staat des angerufenen Gerichts gehabt hätte (Buchst. d). Die Prozesskostenhilfe nach Satz 2 Buchst. a – d fällt dem Staat zur Last, in dem der Berechtigte seinen gewöhnlichen Aufenthalt hat.[2]

Ferner werden genannt **Dolmetscherleistungen** (Satz 2 Buchst. e), die Übersetzung der vom **119** Gericht oder von der zuständigen Behörde verlangten und vom Prozesskostenhilfeempfänger vorgelegten Schriftstücke, die für die Entscheidung des Rechtsstreits erforderlich sind (Buchst. f). Hinzu kommen Reisekosten, die vom Prozesskostenhilfeempfänger zu tragen sind, wenn eine Anwesenheit der mit der Darlegung des Falles des Empfängers befassten Personen bei Gericht verlangt wird (Buchst. g). Die Prozesskostenhilfe nach Satz 2 Buchst. e–g wird vom Gerichtsstaat getragen.[3]

Art. 46 Unentgeltliche Prozesskostenhilfe bei Anträgen auf Unterhaltsleistungen für Kinder, die über die Zentralen Behörden gestellt werden

(1) Der ersuchte Mitgliedstaat leistet unentgeltliche Prozesskostenhilfe für alle von einer berechtigten Person nach Artikel 56 gestellten Anträge in Bezug auf Unterhaltspflichten aus einer Eltern-Kind-Beziehung gegenüber einer Person, die das 21. Lebensjahr noch nicht vollendet hat.

(2) Ungeachtet des Absatzes 1 kann die zuständige Behörde des ersuchten Mitgliedstaats in Bezug auf andere Anträge als solche nach Artikel 56 Absatz 1 Buchstaben a und b die Gewährung unentgeltlicher Prozesskostenhilfe ablehnen, wenn sie den Antrag oder einen Rechtsbehelf für offensichtlich unbegründet erachtet.

Der ersuchte Mitgliedstaat leistet »unentgeltliche«, d.h. **bedürftigkeitsunabhängige Prozesskos** **120** **tenhilfe** für alle von einem Berechtigten nach Art. 56 gestellten Anträge (also nicht für Direktanträge) in Bezug auf Unterhaltspflichten aus einer Eltern-Kind-Beziehung gegenüber einer Person, die das 21. Lebensjahr noch nicht vollendet hat (Abs. 1).[1] Insoweit erfolgt daher die Unterhaltsdurchsetzung daher kostenfrei. Die Unabhängigkeit von den wirtschaftlichen Verhältnissen wird von § 22 Abs. 1 AUG bekräftigt.[2]

Allerdings kann die zuständige Behörde des ersuchten Mitgliedstaats in Bezug auf Anträge nach **121** Art. 56 Abs. 1 Buchst. c bis f die Gewährung unentgeltlicher Prozesskostenhilfe **ablehnen**, wenn sie

---

1 Näher *Gruber* IPRax 2010, 128 (139); *Andrae* NJW 2011, 2545 (2550 f.).
2 Geimer/Schütze/*Picht* Art. 45 VO Nr. 4/2009 Rn. 5.
3 Geimer/Schütze/*Picht* Art. 45 VO Nr. 4/2009 Rn. 5.
1 Dazu ErwGrd. 36.– Entspricht Art. 15 HUÜ 2007. Dazu *Beaumont* RabelsZ 73 (2009), 509 (516 ff.).
2 Dazu krit. *Andrae* NJW 2011, 2545 (2550 f.).

den Antrag oder einen Rechtsbehelf für offensichtlich unbegründet erachtet (Abs. 2). Dies wird in § 22 Abs. 2 AUG konkretisiert. Eine Kostenerstattung ist auch nach Art. 67 möglich. Die zuständige Behörde des ersuchten Mitgliedstaats kann nämlich von einer unterliegenden Partei, die Prozesskostenhilfe erhält, in Ausnahmefällen und wenn deren finanzielle Verhältnisse es zulassen, die Erstattung der Kosten verlangen. Gemeint ist insbes. eine bösgläubige, reiche Partei.[3]

Art. 47   Fälle, die nicht unter Artikel 46 fallen

(1) In Fällen, die nicht unter Artikel 46 fallen, kann vorbehaltlich der Artikel 44 und 45 die Gewährung der Prozesskostenhilfe gemäß dem innerstaatlichen Recht insbesondere von den Voraussetzungen der Prüfung der Mittel des Antragstellers oder der Begründetheit des Antrags abhängig gemacht werden.

(2) Ist einer Partei im Ursprungsmitgliedstaat ganz oder teilweise Prozesskostenhilfe oder Kosten- und Gebührenbefreiung gewährt worden, so genießt sie ungeachtet des Absatzes 1 in jedem Anerkennungs-, Vollstreckbarerklärungs- oder Vollstreckungsverfahren hinsichtlich der Prozesskostenhilfe oder der Kosten- und Gebührenbefreiung die günstigste oder umfassendste Behandlung, die das Recht des Vollstreckungsmitgliedstaats vorsieht.

(3) Hat eine Partei im Ursprungsmitgliedstaat ein unentgeltliches Verfahren vor einer in Anhang X aufgeführten Verwaltungsbehörde in Anspruch nehmen können, so hat sie ungeachtet des Absatzes 1 in jedem Anerkennungs-, Vollstreckbarerklärungs- oder Vollstreckungsverfahren Anspruch auf Prozesskostenhilfe nach Absatz 2. Zu diesem Zweck muss sie ein von der zuständigen Behörde des Ursprungsmitgliedstaats erstelltes Schriftstück vorgelegen, mit dem bescheinigt wird, dass sie die wirtschaftlichen Voraussetzungen erfüllt, um ganz oder teilweise Prozesskostenhilfe oder Kosten- und Gebührenbefreiung in Anspruch nehmen zu können.

Die für die Zwecke dieses Absatzes zuständigen Behörden sind in Anhang XI aufgelistet. Dieser Anhang wird nach dem Verwaltungsverfahren des Artikels 73 Absatz 2 erstellt und geändert.

122   In Fällen, die nicht unter Art. 46 fallen (Anträge für Kinder über die Zentrale Behörde), d.h. Unterhaltsberechtigte über 21 Jahre, Unterhaltspflichten nicht aus einer Eltern-Kind-Beziehung sowie Direktanträge kann die Gewährung der Prozesskostenhilfe gemäß dem **innerstaatlichen Recht** insbesondere von einer der Prüfung der **Mittel des Antragstellers** oder der **Begründetheit des Antrags** abhängig gemacht werden (Abs. 1).

123   Zugunsten einer Partei, der im Ursprungsmitgliedstaat ganz oder teilweise Prozesskostenhilfe oder Kosten- und Gebührenbefreiung gewährt worden ist, gilt der **Grundsatz der Kontinuität der Prozesskostenhilfe**.[1] Nach dem Meistbegünstigungsgrundsatz genießt sie ex lege die günstigste oder umfassendste Behandlung, die das Recht des Vollstreckungsmitgliedstaats vorsieht (Abs. 2). Sie kann allerdings auch nach dem nationalen Recht des ersuchten Staates erstmals Prozesskostenhilfe beantragen, z.B. nach § 115 ZPO.[2] Die nach Abs. 3 zuständigen Behörden werden in Anh. XI genannt.

---

3   Siehe ErwGrd. 36; *Beaumont* RabelsZ 73 (2009), 509 (533 f.). Vgl. auch Amtl. Begr. BR-Drucks. 854/10 S. 70 zu § 22 Abs. 3 AUG, *Veith*, S. 71.

1   Fasching/Konecny/*Fucik* Art. 47 EuUVO Rn. 4.

2   Fasching/Konecny/*Fucik* Art. 47 EuUVO Rn. 4; Rauscher/*Andrae* Art. EG-UntVO Rn. 9.

In einigen Mitgliedstaaten kann eine Partei einen Titel in einem **unentgeltlichen Verwaltungsver-** **124** **fahren** erlangt haben[3]. Sie hat dann ebenfalls in jedem Anerkennungs-, Vollstreckbarerklärungs- oder Vollstreckungsverfahren Anspruch auf Prozesskostenhilfe. Dafür muss sie ein Schriftstück vorlegen, das bescheinigt, dass sie die wirtschaftlichen Voraussetzungen dafür erfüllt (Abs. 3). Die Partei kann allerdings auch nach dem nationalen Recht des ersuchten Staates Prozesskostenhilfe beantragen.[4] Die nach Abs. 3 zuständigen Behörden werden in Anh. XI genannt.[5]

Kapitel VI Gerichtliche Vergleiche und öffentliche Urkunden

Art. 48 Anwendung dieser Verordnung auf gerichtliche Vergleiche und öffentliche Urkunden

(1) Die im Ursprungsmitgliedstaat vollstreckbaren gerichtlichen Vergleiche und öffentlichen Urkunden sind in einem anderen Mitgliedstaat ebenso wie Entscheidungen gemäß Kapitel IV anzuerkennen und in der gleichen Weise vollstreckbar.

(2) Die Bestimmungen dieser Verordnung gelten, soweit erforderlich, auch für gerichtliche Vergleiche und öffentliche Urkunden.

(3) Die zuständige Behörde des Ursprungsmitgliedstaats erstellt auf Antrag jeder betroffenen Partei einen Auszug des gerichtlichen Vergleichs oder der öffentlichen Urkunde unter Verwendung, je nach Fall, der in den Anhängen I und II oder in den Anhängen III und IV vorgesehenen Formblätter.

Entsprechend der Regelung für öffentliche Urkunden in der EuVTVO sieht auch die Unterhalts- **125** verordnung vor, dass die im Ursprungsmitgliedstaat vollstreckbaren **gerichtlichen Vergleiche** (s. Art. 2 Abs. 1 Nr. 2) und **öffentlichen Urkunden** (s. Art. 2 Abs. 1 Nr. 3) in einem anderen Mitgliedstaat ebenso wie Entscheidungen nach Art. 16 ff. anzuerkennen und in der gleichen Weise vollstreckbar sind. Deren Anfechtbarkeit richtet sich weiterhin nach dem Recht des Ursprungsstaates.[1] Unter **Anerkennung** ist zu verstehen, dass ihnen die Rechtswirkungen des Ursprungsstaates zukommen.[2] Bezüglich der Anerkennung ipso iure und der Anerkennungshindernisse kommt es darauf an, ob Ursprungsland ein Vertragsstaat des HUÜ ist.[3] Die Vollstreckung bzw die Notwendigkeit einer Vollstreckbarerklärung hängt gleichfalls davon ab, ob der Ursprungsstaat durch das Haager Unterhaltsübereinkommen 2007 gebunden ist.[4] Auch andere Bestimmungen der EuUnthVO gelten, soweit erforderlich, gleichfalls für ausländische gerichtliche Vergleiche und öffentliche Urkunden (Abs. 2).

Die zuständige Behörde des Ursprungsmitgliedstaats **erstellt auf Antrag der betroffenen Partei** **126** **einen Auszug** des gerichtlichen Vergleichs oder der öffentlichen Urkunde unter Verwendung, je

---

3 Aufgeführt in Anh. X. Siehe Durchführungsverordnung (EU) Nr. 1142/2011 vom 10.11.2011, ABl. EU 2011 L 293/24.

4 Fasching/Konecny/*Fucik* Art. 47 EuUVO Rn. 4; Rauscher/*Andrae* Art. EG-UntVO Rn. 12. – Die nach Art. 47 Abs. 3 EuUnthVO zuständigen Behörden sind in Anh. XI der VO aufgelistet. Dieser Anh. wird nach dem Verwaltungsverfahren des Art. 73 Abs. 2 EuUnthVO erstellt und geändert. Siehe Durchführungsverordnung (EU) Nr. 1142/2011 vom 10.11.2011, ABl. EU 2011 L 293/24.

5 Siehe Durchführungsverordnung (EU) Nr. 1142/2011 vom 10.11.2011, ABl. EU 2011 L 293/24.

1 ErwGrd. 13.

2 Geimer/Schütze/*Picht* Art. 48 VO Nr. 4/2009 Rn. 6.

3 Saenger/*Dörner* Art. 48 EuUnthVO Rn. 1; Geimer/Schütze/*Picht* Art. 48 VO Nr. 4/2009 Rn. 7.

4 Geimer/Schütze/*Picht* Art. 48 VO Nr. 4/2009 Rn. 9.

nach Fall, der in den Anh. I und II (gerichtliche Vergleiche) oder in den Anhängen III und IV (öffentliche Urkunden) vorgesehenen Formblätter (Art. 48 Abs. 3). In Deutschland ist die Stelle zuständig, die für die Ausstellung der vollstreckbaren Ausfertigung zuständig ist (§ 71 AUG).

Kapitel VII   Zusammenarbeit der zentralen Behörden

Art. 49   Bestimmung der Zentralen Behörden

(1) Jeder Mitgliedstaat bestimmt eine Zentrale Behörde, welche die ihr durch diese Verordnung übertragenen Aufgaben wahrnimmt.

(2) Einem Mitgliedstaat, der ein Bundesstaat ist, einem Mitgliedstaat mit mehreren Rechtssystemen oder einem Mitgliedstaat, der aus autonomen Gebietseinheiten besteht, steht es frei, mehrere Zentrale Behörden zu bestimmen, deren räumliche und persönliche Zuständigkeit er festlegt. Macht ein Mitgliedstaat von dieser Möglichkeit Gebrauch, so bestimmt er die Zentrale Behörde, an die Mitteilungen zur Übermittlung an die zuständige Zentrale Behörde in diesem Staat gerichtet werden können. Wurde eine Mitteilung an eine nicht zuständige Zentrale Behörde gerichtet, so hat diese die Mitteilung an die zuständige Zentrale Behörde weiterzuleiten und den Absender davon in Kenntnis zu setzen.

(3) Jeder Mitgliedstaat unterrichtet die Kommission im Einklang mit Artikel 71 über die Bestimmung der Zentralen Behörde oder der Zentralen Behörden sowie über deren Kontaktdaten und gegebenenfalls deren Zuständigkeit nach Absatz 2.

127   Die praktische Anwendung der EuUntVO unterstützen zentrale Behörden der Mitgliedstaaten. Dies ist in Deutschland das **Bundesjustizamt**, das als Justizverwaltung tätig wird (§ 4 AUG).[1] Die Verordnung unterscheidet zwischen dem »ersuchenden Mitgliedstaat«, dessen Zentrale Behörde einen Antrag nach Kap. VII übermittelt und dem »ersuchten Mitgliedstaat«, dessen Zentrale Behörde den Antrag erhält (Art. 2 Abs. 1 Nr. 6, 7 EuUnthVO). Die Behandlung ein- und ausgehender Ersuchen sowie die Zusammenarbeit der Behörden werden in den Art. 49 ff. näher geregelt.

128   In Kap. 7 geht es um die Bestimmung der Zentralen Behörden (Art. 49), ihre allgemeinen und besonderen Aufgaben (Art. 50, 51), Vollmachten (Art. 52), Ersuchen um Durchführung besonderer Maßnahmen (Art. 53), Kosten der Zentralen Behörde (Art. 54), die Übermittlung von Anträgen (Art. 55), zur Verfügung stehende Anträge (Art. 56), den Inhalt des Antrags (Art. 57), die Übermittlung, Entgegennahme und Bearbeitung der Anträge und Fälle durch die Zentralen Behörden (Art. 58), die Sprachenregelung (Art. 59), Zusammenkünfte der Behörden (Art. 60), den Zugang der Zentralen Behörden zu Informationen (Art. 61), die Weiterleitung und Verwendung der Informationen (Art. 62) sowie die Benachrichtigung der von der Erhebung der Informationen betroffenen Person (Art. 63).

129   Soweit **mehrere Zentrale Behörden** bestehen, ist dies der Kommission mitzuteilen (Abs. 2, 3).

---

1 Bundesamt für Justiz – Zentrale Behörde (Auslandsunterhalt), 53094 Bonn. – http://www.bundesjustizamt.de/. – Dazu *Andrae* NJW 2011, 2545 (2549).

Art. 50   Allgemeine Aufgaben der Zentralen Behörden

(1) Die Zentralen Behörden

a) arbeiten zusammen, insbesondere durch den Austausch von Informationen, und fördern die Zusammenarbeit der zuständigen Behörden ihrer Mitgliedstaaten, um die Ziele dieser Verordnung zu verwirklichen;

b) suchen, soweit möglich, nach Lösungen für Schwierigkeiten, die bei der Anwendung dieser Verordnung auftreten.

(2) Die Zentralen Behörden ergreifen Maßnahmen, um die Anwendung dieser Verordnung zu erleichtern und die Zusammenarbeit untereinander zu stärken. Hierzu wird das mit der Entscheidung 2001/470/EG eingerichtete Europäische Justizielle Netz für Zivil- und Handelssachen genutzt.

Die Zentralen Behörden **arbeiten zusammen**, insbesondere durch den Austausch von Informationen (Abs. 1 Buchst. a). Sie helfen bei Anwendungsschwierigkeiten (Abs. 1 Buchst. b). Sie ergreifen Maßnahmen, um die Anwendung der EuUnthVO zu erleichtern und die Zusammenarbeit untereinander zu stärken. Hierzu wird das Europäische Justizielle Netz für Zivil- und Handelssachen genutzt (Abs. 2). Für die Gestaltung der Zusammenarbeit kommt es allerdings Letztlich darauf an, ob die Zentrale Behörde über genügend Ressourcen verfügt und im jeweiligen Mitgliedstaat effektiv arbeiten kann.

130

Art. 51   Besondere Aufgaben der Zentralen Behörden

(1) Die Zentralen Behörden leisten bei Anträgen nach Artikel 56 Hilfe, indem sie insbesondere

a) diese Anträge übermitteln und entgegennehmen;

b) Verfahren bezüglich dieser Anträge einleiten oder die Einleitung solcher Verfahren erleichtern.

(2) In Bezug auf diese Anträge treffen die Zentralen Behörden alle angemessenen Maßnahmen, um

a) Prozesskostenhilfe zu gewähren oder die Gewährung von Prozesskostenhilfe zu erleichtern, wenn die Umstände es erfordern;

b) dabei behilflich zu sein, den Aufenthaltsort der verpflichteten oder der berechtigten Person ausfindig zu machen, insbesondere in Anwendung der Artikel 61, 62 und 63;

c) die Erlangung einschlägiger Informationen über das Einkommen und, wenn nötig, das Vermögen der verpflichteten oder der berechtigten Person einschließlich der Belegenheit von Vermögensgegenständen zu erleichtern, insbesondere in Anwendung der Artikel 61, 62 und 63;

d) gütliche Regelungen zu fördern, um die freiwillige Zahlung von Unterhalt zu erreichen, wenn angebracht durch Mediation, Schlichtung oder ähnliche Mittel;

e) die fortlaufende Vollstreckung von Unterhaltsentscheidungen einschließlich der Zahlungsrückstände zu erleichtern;

f) die Eintreibung und zügige Überweisung von Unterhalt zu erleichtern;

g) unbeschadet der Verordnung (EG) Nr. 1206/2001 die Beweiserhebung, sei es durch Urkunden oder durch andere Beweismittel, zu erleichtern;

h) bei der Feststellung der Abstammung Hilfe zu leisten, wenn dies zur Geltendmachung von Unterhaltsansprüchen notwendig ist;

i) Verfahren zur Erwirkung notwendiger vorläufiger Maßnahmen, die auf das betreffende Hoheitsgebiet beschränkt sind und auf die Absicherung des Erfolgs eines anhängigen Unterhaltsantrags abzielen, einzuleiten oder die Einleitung solcher Verfahren zu erleichtern;

j) unbeschadet der Verordnung (EG) Nr. 1393/2007 die Zustellung von Schriftstücken zu erleichtern.

(3) Die Aufgaben, die nach diesem Artikel der Zentralen Behörde übertragen sind, können in dem vom Recht des betroffenen Mitgliedstaats vorgesehenen Umfang von öffentliche Aufgaben wahrnehmenden Einrichtungen oder anderen der Aufsicht der zuständigen Behörden dieses Mitgliedstaats unterliegenden Stellen wahrgenommen werden. Der Mitgliedstaat teilt der Kommission gemäß Artikel 71 die Bestimmung solcher Einrichtungen oder anderen Stellen sowie deren Kontaktdaten und Zuständigkeit mit.

(4) Dieser Artikel und Artikel 53 verpflichten eine Zentrale Behörde nicht zur Ausübung von Befugnissen, die nach dem Recht des ersuchten Mitgliedstaats ausschließlich den Gerichten zustehen.

131 Außer den allgemeinen kennt die EuUnthVO noch zwei – nicht abschließend aufgeführte[1] – Arten von **besonderen** in Art. 51 aufgezählten, **Aufgaben.** Die Zentralen Behörden leisten bei Anträgen nach Art. 56 Hilfe, indem sie insbesondere solche Anträge übermitteln und entgegennehmen (Abs. 1 Buchst. a), ferner, indem sie Verfahren bezüglich dieser Anträge einleiten oder die Einleitung solcher Verfahren unterstützen (Abs. 1 Buchst. b).

132 Ferner treffen die Behörden »angemessene« Maßnahmen, um dort, wo erforderlich, Prozesskostenhilfe zu gewähren oder deren Gewährung zu erleichtern (Abs. 2 Buchst. a). Zum Maßnahmenkatalog der Zentralen Behörde gehört außerdem die Ermittlung des Aufenthaltsorts des Verpflichteten oder des Berechtigten (Abs. 2 Buchst. b).[2] Zu ihren Aufgaben gehört auch die Ermittlung von Einkommen und, wenn nötig, des Vermögens des Verpflichteten oder des Berechtigten einschl. der Belegenheit von Vermögensgegenständen, insbesondere in Anwendung der Art. 61, 62 und 63, d.h. vor allem Anfragen bei den nationalen Stellen (Abs. 2 Buchst. c).[3] Ferner fördern die Zentralen Behörden gütliche Regelungen (Mediation, Schlichtung oder ähnliche Mittel) (Abs. 2 Buchst. d).

133 Die Zentralen Behörden haben auch die **fortlaufende Vollstreckung** von Unterhaltsentscheidungen einschl. der Zahlungsrückstände sowie die Eintreibung und zügige Überweisung von Unterhalt zu erleichtern (Abs. 2 Buchst. e, f).[4] Außerdem haben sie unbeschadet der EuBewVO die **Beweiserhebung**, sei es durch Urkunden oder durch andere Beweismittel (z.B. Zeugen), zu erleichtern (Abs. 2 Buchst. g). Ferner sollen sie bei der **Abstammungsfeststellung** Hilfe leisten, wenn dies zur Geltendmachung von Unterhaltsansprüchen notwendig ist (Abs. 2 Buchst. h).

134 Zu den Aufgaben gehören außerdem Verfahren zur **Erwirkung vorläufiger Maßnahmen**, die auf das betreffende Hoheitsgebiet beschränkt sind und auf die Absicherung des Erfolgs eines anhängigen Unterhaltsantrags abzielen, einzuleiten oder die Einleitung solcher Verfahren zu erleichtern (Abs. 2 Buchst. i). Die Behörden sollen ferner unbeschadet der anwendbaren EuZustVO die Zustellung von Schriftstücken erleichtern (Abs. 2 Buchst. j), allerdings wohl nicht selbst die gerichtliche Zustellung übernehmen.[5]

---

1 Geimer/Schütze/*Picht* Art. 51 VO Nr. 4/2009 Rn. 2.
2 Dazu *Andrae* NJW 2011, 2545 (2550).
3 Siehe dazu *Andrae* NJW 2011, 2545 (2550).
4 Zur Überweisung eingezogener Unterhaltsbeträge § 5 Abs. 5 AUG.
5 *Fucik* iFamZ 2009, 245 (250).

Die besonderen Aufgaben einer Zentralen Behörde können nach nationalem Recht **delegiert** wer- 135
den (Abs. 3). Der Mitgliedstaat teilt der Kommission solche Stellen mit. In Deutschland ist eine
Beleihung möglich.[6] Art. 51 und 53 verpflichten eine Zentrale Behörde nicht zur Ausübung von
Befugnissen, die nach dem Recht des ersuchten Mitgliedstaats ausschließlich den Gerichten zustehen (Abs. 4); sie kann dann nur bei der Einleitung eines Gerichtsverfahrens behilflich sein.[7]

Art. 52   Vollmacht

**Die Zentrale Behörde des ersuchten Mitgliedstaats kann vom Antragsteller eine Vollmacht
nur verlangen, wenn sie in seinem Namen in Gerichtsverfahren oder in Verfahren vor anderen Behörden tätig wird, oder um einen Vertreter für diese Zwecke zu bestimmen.**

Soweit die Zentrale Behörde des ersuchten Mitgliedstaats nicht kraft Gesetzes Vertretungsmacht 136
für den Antragsteller besitzt (vgl. § 5 Abs. 4 AUG), muss sie grds. vom Antragsteller **ausdrücklich
oder konkludent rechtsgeschäftlich bevollmächtigt** werden.[1] Die Behörde kann eine Vollmacht
nur dann verlangen, wenn sie für den Antragsteller in seinem Namen in Verfahren tätig wird, oder
um einen Vertreter für diese Zwecke zu bestimmen.

Art. 53   Ersuchen um Durchführung besonderer Maßnahmen

(1) Eine Zentrale Behörde kann unter Angabe der Gründe eine andere Zentrale Behörde auch dann
ersuchen, angemessene besondere Maßnahmen nach Artikel 51 Absatz 2 Buchstaben b, c, g, h, i
und j zu treffen, wenn kein Antrag nach Artikel 56 anhängig ist. Die ersuchte Zentrale Behörde
trifft, wenn sie es für notwendig erachtet, angemessene Maßnahmen, um einem potenziellen
Antragsteller bei der Einreichung eines Antrags nach Artikel 56 oder bei der Feststellung behilflich
zu sein, ob ein solcher Antrag gestellt werden soll.

(2) Im Falle eines Ersuchens hinsichtlich besonderer Maßnahmen im Sinne des Artikels 51
Absatz 2 Buchstaben b und c holt die ersuchte Zentrale Behörde die erbetenen Informationen
ein, erforderlichenfalls in Anwendung von Artikel 61. Informationen nach Artikel 61 Absatz 2
Buchstaben b, c und d dürfen jedoch erst eingeholt werden, wenn die berechtigte Person eine
Ausfertigung einer zu vollstreckenden Entscheidung, eines zu vollstreckenden gerichtlichen Ver-
gleichs oder einer zu vollstreckenden öffentlichen Urkunde, gegebenenfalls zusammen mit dem
Auszug nach den Artikeln 20, 28 oder 48, vorlegt.

Die ersuchte Zentrale Behörde übermittelt die eingeholten Informationen an die ersuchende
Zentrale Behörde. Wurden diese Informationen in Anwendung von Artikel 61 eingeholt, wird
dabei nur die Anschrift des potenziellen Antragsgegners im ersuchten Mitgliedstaat übermittelt.
Im Rahmen eines Ersuchens im Hinblick auf die Anerkennung, die Vollstreckbarkeitserklärung
oder die Vollstreckung wird dabei im Übrigen nur angegeben, ob überhaupt Einkommen oder
Vermögen der verpflichteten Person in diesem Staat bestehen.

Ist die ersuchte Zentrale Behörde nicht in der Lage, die erbetenen Informationen zur Verfügung
zu stellen, so teilt sie dies der ersuchenden Zentralen Behörde unverzüglich unter Angabe der
Gründe mit.

---

6 Siehe § 4 Abs. 3 AUG sowie *Hess*, in: C. Schmidt (Hrsg.), S. 27 (36); *Hoff/Schmidt* JAmt 2011, 433 (435
   f.) zum Deutschen Institut für Jugendhilfe und Familienrecht (DIJuF) e. V.
7 Rauscher/*Andrae* Art. 51 EG-UntVO Rn. 27.
1 Geimer/Schütze/*Picht* Art. 52 VO Nr. 4/2009 Rn. 2.

(3) Eine Zentrale Behörde kann auf Ersuchen einer anderen Zentralen Behörde auch besondere Maßnahmen in einem Fall mit Auslandsbezug treffen, der die Geltendmachung von Unterhaltsansprüchen betrifft und im ersuchenden Mitgliedstaat anhängig ist.

(4) Die Zentralen Behörden verwenden für Ersuchen nach diesem Artikel das in Anhang V vorgesehene Formblatt.

137   Eine Zentrale Behörde kann eine andere Zentrale Behörde auch dann ersuchen, angemessene besondere Maßnahmen nach Art. 51 Abs. 2 Buchst. b, c, g, h, i und j zu treffen, wenn (**noch**) **kein Antrag nach Art. 56** gestellt wurde. Die ersuchte Behörde kann einem potenziellen Antragsteller bei der Einreichung eines Antrags nach Art. 56 oder bei der Feststellung behilflich sein, ob ein solcher Antrag gestellt werden soll (Abs. 1).

138   Wird um eine **Aufenthalts-, Einkommens- oder Vermögensermittlung** (Art. 51 Abs. 2 Buchst. b, c) ersucht, so holt die Behörde die erbetenen Informationen ein, erforderlichenfalls in Anwendung von Art. 61, der Zugang zu Informationen ermöglicht. Informationen über Einkommen, Arbeitgeber und Vermögen des Verpflichteten (Art. 61 Abs. 2 UA 1 Buchst. b, c, d) dürfen jedoch erst dann eingeholt werden, wenn der Berechtigte eine Ausfertigung einer zu vollstreckenden Entscheidung, eines gerichtlichen Vergleichs oder einer öffentlichen Urkunde, gegebenenfalls zusammen mit dem Auszug nach den Art. 20, 28 oder 48, vorlegt (Abs. 2 UA 1).

139   Die **ersuchte Zentrale Behörde übermittelt die eingeholten Informationen** an die ersuchende Behörde. Wurden diese Informationen nach Art. 61 eingeholt, wird dabei nur die Anschrift des potenziellen Antragsgegners übermittelt. Geht es um die Anerkennung, die Vollstreckbarkeitserklärung oder die Vollstreckung wird dabei im Übrigen nur angegeben, ob überhaupt Einkommen oder Vermögen des Verpflichteten in diesem Staat bestehen (Abs. 2 UA 2). Ist die ersuchte Zentrale Behörde nicht in der Lage, die erbetenen Informationen zu liefern, so teilt sie dies unter Angabe der Gründe unverzüglich mit (Abs. 2 UA 3).

140   Eine Zentrale Behörde kann auf Ersuchen einer anderen Zentralen Behörde auch besondere Maßnahmen in einem Fall treffen, in dem ein **Unterhaltsverfahren im ersuchenden Mitgliedstaat** anhängig ist (Abs. 3. Gemeint sind Fälle, in denen noch nicht nach Art. 56 vorgegangen werden kann.[1] Die Behörden verwenden für ihre Ersuchen das vorgesehene Formblatt[2] (Abs. 4).

Art. 54   Kosten der Zentralen Behörde

(1) Jede Zentrale Behörde trägt die Kosten, die ihr durch die Anwendung dieser Verordnung entstehen.

(2) Die Zentralen Behörden dürfen vom Antragsteller für ihre nach dieser Verordnung erbrachten Dienstleistungen keine Gebühren erheben, außer für außergewöhnliche Kosten, die sich aus einem Ersuchen um besondere Maßnahmen nach Artikel 53 ergeben.

Für die Zwecke dieses Absatzes gelten die Kosten im Zusammenhang mit der Feststellung des Aufenthaltsorts der verpflichteten Person nicht als außergewöhnlich.

(3) Die ersuchte Zentrale Behörde kann sich die außergewöhnlichen Kosten nach Absatz 2 nur erstatten lassen, wenn der Antragsteller im Voraus zugestimmt hat, dass die Dienstleistungen mit einem Kostenaufwand in der betreffenden Höhe erbracht werden.

---

1   Geimer/Schütze/*Picht* Art. 53 VO Nr. 4/2009 Rn. 16.
2   Anh. V (Ersuchen um Durchführung besonderer Maßnahmen).

Grundsätzlich trägt jede Zentrale Behörde die Kosten selbst, die ihr durch die Anwendung der   141
EuUnthVO entstehen, also ihren Personal- und Sachaufwand (Abs. 1).[1] Anwalts- und Gerichts-
kosten sind allerdings nicht abgedeckt.[2] Die Behörden dürfen vom Antragsteller für ihre Dienstleistungen keine Gebühren erheben, außer für – ermessensgebundene – außergewöhnliche Kosten,
die sich aus einem Ersuchen um besondere Maßnahmen nach Art. 53 ergeben (Abs. 2). Die
Erstattung außergewöhnlicher Kosten darf nur verlangt werden, wenn der Antragsteller im
Voraus zugestimmt hat, dass die Dienstleistungen mit einem Kostenaufwand in der betreffenden
Höhe erbracht werden (Abs. 3). Die Kosten für die Feststellung des Aufenthaltsorts des Verpflichteten gelten als nicht außergewöhnlich.

Art. 55 Übermittlung von Anträgen über die Zentralen Behörden

**Anträge nach diesem Kapitel sind über die Zentrale Behörde des Mitgliedstaats, in dem der Antrag-
steller seinen Aufenthalt hat, bei der Zentralen Behörde des ersuchten Mitgliedstaats zu stellen.**

Anträge nach Kap. VII, d.h. nach Art. 56, sind über die **Zentrale Behörde des Mitgliedstaats, in**   142
dem der Antragsteller seinen Aufenthalt – der kein »gewöhnlicher Aufenthalt« zu sein braucht[1]
– hat, bei der Zentralen Behörde des ersuchten Mitgliedstaats zu stellen. Auf diese Weise können
die Behörden dann die grenzüberschreitende Unterhaltsdurchsetzung betreiben.[2] Der Unterhaltsberechtigte kann sich auch selbst mit einem sog. Direktantrag an die Gerichte und Behörden eines
anderen Mitgliedstaats wenden.[3]

Art. 56 Zur Verfügung stehende Anträge

**(1) Eine berechtigte Person, die Unterhaltsansprüche nach dieser Verordnung geltend machen
will, kann Folgendes beantragen:**

a) Anerkennung oder Anerkennung und Vollstreckbarerklärung einer Entscheidung;
b) Vollstreckung einer im ersuchten Mitgliedstaat ergangenen oder anerkannten Entscheidung;
c) Herbeiführen einer Entscheidung im ersuchten Mitgliedstaat, wenn keine Entscheidung vorliegt, einschließlich, soweit erforderlich, der Feststellung der Abstammung;
d) Herbeiführen einer Entscheidung im ersuchten Mitgliedstaat, wenn die Anerkennung und
   Vollstreckbarerklärung einer Entscheidung, die in einem anderen Staat als dem ersuchten
   Mitgliedstaat ergangen ist, nicht möglich ist;
e) Änderung einer im ersuchten Mitgliedstaat ergangenen Entscheidung;
f) Änderung einer Entscheidung, die in einem anderen Staat als dem ersuchten Mitgliedstaat
   ergangen ist.

**(2) Eine verpflichtete Person, gegen die eine Unterhaltsentscheidung vorliegt, kann Folgendes
beantragen:**

a) Anerkennung einer Entscheidung, die die Aussetzung oder Einschränkung der Vollstreckung
   einer früheren Entscheidung im ersuchten Mitgliedstaat bewirkt;
b) Änderung einer im ersuchten Mitgliedstaat ergangenen Entscheidung;

---

1 Dazu ErwGrd. 32. Entsprechend Art. 8 HUÜ 2007.
2 Geimer/Schütze/*Picht* Art. 54 VO Nr. 4/2009 Rn. 3.
1 So ErwGrd. 32. – Dazu Geimer/Schütze/*Picht* Art. 55 VO Nr. 4/2009 Rn. 2.
2 *Hess*, in: C. Schmidt (Hrsg.), S. 27, 36.
3 Geimer/Schütze/*Picht* Art. 55 VO Nr. 4/2009 Rn. 5.

c) Änderung einer Entscheidung, die in einem anderen Staat als dem ersuchten Mitgliedstaat ergangen ist.

(3) Bei Anträgen nach diesem Artikel werden der Beistand und die Vertretung nach Artikel 45 Buchstabe b durch die Zentrale Behörde des ersuchten Mitgliedstaats entweder unmittelbar oder über öffentliche Aufgaben wahrnehmende Einrichtungen oder andere Stellen oder Personen geleistet.

(4) Sofern in dieser Verordnung nichts anderes bestimmt ist, werden Anträge gemäß den Absätzen 1 und 2 nach dem Recht des ersuchten Mitgliedstaats behandelt und unterliegen den in diesem Mitgliedstaat geltenden Zuständigkeitsvorschriften.

143   Ein **Berechtigter,** der Unterhaltsansprüche geltend machen will, kann eine Reihe von Anträgen stellen, die in Abs. 1 abschließend aufgezählt werden. Antragsberechtigt sind auch öffentliche Einrichtungen, nicht aber sonstige Regressgläubiger.[1] Beantragt werden kann insbes. die **Anerkennung und/oder Vollstreckbarerklärung** einer Entscheidung (Buchst. a) sowie die **Vollstreckung** einer im ersuchten Mitgliedstaat ergangenen oder anerkannten Entscheidung (Buchst. b). »Entscheidung« ist auch eine in einem Drittstaat erlassene Unterhaltsentscheidung (Art. 2 Abs. 1 Nr. 1). Verlangt werden kann ferner das **Herbeiführen einer Entscheidung,** d.h. eine Verfahrenseinleitung im ersuchten Mitgliedstaat, wenn noch keine Entscheidung vorliegt, einschl., soweit erforderlich, der Feststellung der Abstammung (Buchst. c). Desgleichen kann eine Entscheidung im ersuchten Staat herbeigeführt werden, wenn die Anerkennung und Vollstreckbarerklärung einer drittstaatlichen Entscheidung nicht möglich ist (Buchst. d). Ferner kann die **Abänderung** einer im ersuchten Mitgliedstaat oder in einem anderen Staat (auch einem Drittstaat[2]) ergangenen Entscheidung verlangt werden (Buchst. e, f).

144   Ein **Verpflichteter,** gegen den eine Unterhaltsentscheidung vorliegt, kann zu seiner Verteidigung Mehreres beantragen (Abs. 2). Dazu gehört die **Anerkennung** einer vollstreckungsbeschränkenden mitgliedstaatlichen oder drittstaatlichen Entscheidung, welche die Aussetzung oder Einschränkung der Vollstreckung einer früheren Entscheidung im ersuchten Mitgliedstaat bewirkt (Abs. 2 Buchst. a), außerdem die Änderung einer im ersuchten Mitgliedstaat oder in einem anderen Staat ergangenen Entscheidung (Abs. 2 Buchst. b, c). Nicht erfasst ist allerdings eine erstmalige Feststellung, dass keine Unterhaltspflicht besteht (negative Feststellungsklage).[3]

145   Bei Anträgen nach Art. 56 werden der **Beistand und die Vertretung** nach Art. 45 Buchst. b durch die Zentrale Behörde des ersuchten Mitgliedstaats entweder unmittelbar oder über öffentliche Aufgaben wahrnehmende Einrichtungen oder andere Stellen geleistet (Abs. 3). Die Anträge werden grds. nach dem Recht des ersuchten Staats behandelt und unterliegen den dort geltenden Zuständigkeitsvorschriften (Abs. 4).

Art. 57   Inhalt des Antrags

(1) Für Anträge nach Artikel 56 ist das in Anhang VI oder in Anhang VII vorgesehene Formblatt zu verwenden.

---

1 Rauscher/*Andrae* Art. 56 EG-UntVO Rn. 2; Fasching/Konecny/*Fucik* Art. 56 EuUVO Rn. 2; Geimer/Schütze/*Picht* Art. 56 VO Nr. 4/2009 Rn. 2.
2 Rauscher/*Andrae* Art. 56 EG-UntVO Rn. 15; Geimer/Schütze/*Picht* Art. 56 VO Nr. 4/2009 Rn. 14.
3 *Hau,* in: Coester-Waltjen/Lipp/Schumann/Veit (Hrsg.), S. 57 (74); Fasching/Konecny/*Fucik* Art. 56 EuUVO Rn. 3; Rauscher/*Andrae* Art. 56 EG-UntVO Rn. 14.

(2) Anträge nach Artikel 56 müssen mindestens folgende Angaben enthalten:

a) eine Erklärung in Bezug auf die Art. des Antrags oder der Anträge;
b) den Namen und die Kontaktdaten des Antragstellers, einschließlich seiner Anschrift und seines Geburtsdatums;
c) den Namen und, sofern bekannt, die Anschrift sowie das Geburtsdatum des Antragsgegners;
d) den Namen und das Geburtsdatum jeder Person, für die Unterhalt verlangt wird;
e) die Gründe, auf die sich der Antrag stützt;
f) wenn die berechtigte Person den Antrag stellt, Angaben zu dem Ort, an dem die Unterhaltszahlungen geleistet oder an den sie elektronisch überwiesen werden sollen;
g) den Namen und die Kontaktdaten der Person oder Stelle in der Zentralen Behörde des ersuchenden Mitgliedstaats, die für die Bearbeitung des Antrags zuständig ist.

(3) Für die Zwecke des Absatzes 2 Buchstabe b kann die persönliche Anschrift des Antragstellers im Falle familiärer Gewalt durch eine andere Anschrift ersetzt werden, sofern das innerstaatliche Recht des ersuchten Mitgliedstaats nicht vorschreibt, dass der Antragsteller für die Zwecke des Verfahrens seine persönliche Anschrift angibt.

(4) Wenn angebracht und soweit bekannt, muss der Antrag außerdem Folgendes enthalten:

a) Angaben über die finanziellen Verhältnisse der berechtigten Person;
b) Angaben über die finanziellen Verhältnisse der verpflichteten Person, einschließlich des Namens und der Anschrift des Arbeitgebers der verpflichteten Person, sowie Art. und Belegenheit der Vermögensgegenstände der verpflichteten Person;
c) alle anderen Angaben, die es gestatten, den Aufenthaltsort des Antragsgegners ausfindig zu machen.

(5) Dem Antrag sind alle erforderlichen Angaben oder schriftlichen Belege einschließlich gegebenenfalls Unterlagen zum Nachweis des Anspruchs des Antragstellers auf Prozesskostenhilfe beizufügen. Anträgen nach Artikel 56 Absatz 1 Buchstaben a und b und Absatz 2 Buchstabe a sind je nach Fall nur die in den Artikeln 20, 28 oder 48 oder die in Artikel 25 des Haager Übereinkommens von 2007 aufgeführten Schriftstücke beizufügen.

Der Inhalt der Anträge nach Art. 56 wird durch das zu benutzende Formblatt bestimmt[1] (Abs. 1;   146
§§ 8 Abs. 1, 14 Abs. 1 AUG). Zu den **erforderlichen Mindestangaben** des Antrags gehören eine Erklärung in Bezug auf die Art des Antrags (Abs. 2 Buchst. a), ferner Name und Kontaktdaten des Antragstellers (einschl. Anschrift und Geburtsdatum; Buchst. b). Anzugeben sind auch Name und, sofern bekannt, Anschrift sowie Geburtsdatum des Antragsgegners (Buchst. c), außerdem Name und Geburtsdatum jeder Person, für die Unterhalt verlangt wird (Buchst. d). Ferner die Gründe, auf die sich der Antrag stützt (Buchst. e).

Stellt der **Berechtigte den Antrag**, ist der Ort, an dem Unterhaltszahlungen zu leisten oder an den   147
sie elektronisch überwiesen werden sollen, anzugeben (Abs. 4 Buchst. f). Schließlich sind Namen und Kontaktdaten der Person oder Stelle in der Zentralen Behörde des ersuchenden Mitgliedstaats, die für die Bearbeitung des Antrags zuständig ist, zu nennen (Buchst. g). Bei familiärer Gewalt kann die persönliche Anschrift des Antragstellers durch eine andere Anschrift ersetzt werden, sofern das innerstaatliche Recht des ersuchten Staats dies zulässt (Abs. 3).

Wenn angebracht und soweit bekannt, muss der Antrag außerdem **Angaben über die finanziellen**   148
Verhältnisse des Berechtigten und des Verpflichteten enthalten (Abs. 4 Buchst. a, b). Hinzu kommen Name und Anschrift des **Arbeitgebers** sowie Art und Belegenheit der **Vermögensgegenstände**

---

1 Anträge nach Anh. VI (Anerkennung, Vollstreckbarerklärung oder Vollstreckung einer Unterhaltsentscheidung) oder Anh. VII (Herbeiführung oder Änderung einer Unterhaltsentscheidung).

des Verpflichteten. Gegebenenfalls sind Angaben zum Ausfindig machen des **Aufenthaltsorts des Antragsgegners** erforderlich (Buchst. c).

149 Dem Antrag sind alle **erforderlichen Angaben oder schriftlichen Belege** zum Nachweis des Anspruchs des Antragstellers auf Prozesskostenhilfe beizufügen. Ferner sind bestimmte Schriftstücke beizufügen (Abs. 5). Eine weitere Konkretisierung enthält § 14 AUG.

Art. 58   Übermittlung, Entgegennahme und Bearbeitung der Anträge und Fälle durch die Zentralen Behörden

(1) Die Zentrale Behörde des ersuchenden Mitgliedstaats ist dem Antragsteller behilflich, sicherzustellen, dass der Antrag alle Schriftstücke und Angaben umfasst, die nach Kenntnis dieser Behörde für seine Prüfung notwendig sind.

(2) Nachdem sich die Zentrale Behörde des ersuchenden Mitgliedstaats davon überzeugt hat, dass der Antrag den Erfordernissen dieser Verordnung entspricht, übermittelt sie ihn der Zentralen Behörde des ersuchten Mitgliedstaats.

(3) Innerhalb von 30 Tagen ab dem Tag des Eingangs des Antrags bestätigt die ersuchte Zentrale Behörde den Eingang des Antrags unter Verwendung des in Anhang VIII vorgesehenen Formblatts, benachrichtigt die Zentrale Behörde des ersuchenden Mitgliedstaats über die ersten Maßnahmen, die zur Bearbeitung des Antrags getroffen wurden oder werden, und fordert gegebenenfalls die von ihr für notwendig erachteten zusätzlichen Schriftstücke oder Angaben an. Innerhalb derselben Frist von 30 Tagen teilt die ersuchte Zentrale Behörde der ersuchenden Zentralen Behörde den Namen und die Kontaktdaten der Person oder Dienststelle mit, die damit beauftragt ist, Fragen im Hinblick auf den Stand des Antrags zu beantworten.

(4) Innerhalb von 60 Tagen nach der Empfangsbestätigung unterrichtet die ersuchte Zentrale Behörde die ersuchende Zentrale Behörde über den Stand des Antrags.

(5) Die ersuchende und die ersuchte Zentrale Behörde unterrichten einander

a) über die Person oder Dienststelle, die für einen bestimmten Fall zuständig ist;
b) über den Stand des Verfahrens

und beantworten Auskunftsersuchen rechtzeitig.

(6) Die Zentralen Behörden behandeln einen Fall so zügig, wie es eine sachgemäße Prüfung seines Gegenstands zulässt.

(7) Die Zentralen Behörden benutzen untereinander die schnellsten und effizientesten Kommunikationsmittel, die ihnen zur Verfügung stehen.

(8) Eine ersuchte Zentrale Behörde kann die Bearbeitung eines Antrags nur ablehnen, wenn offensichtlich ist, dass die Voraussetzungen dieser Verordnung nicht erfüllt sind. In diesem Fall unterrichtet die betreffende Zentrale Behörde die ersuchende Zentrale Behörde umgehend unter Verwendung des in Anhang IX vorgesehenen Formblatts über die Gründe für ihre Ablehnung.

(9) Die ersuchte Zentrale Behörde kann einen Antrag nicht allein deshalb ablehnen, weil zusätzliche Schriftstücke oder Angaben erforderlich sind. Die ersuchte Zentrale Behörde kann die ersuchende Zentrale Behörde jedoch auffordern, solche zusätzlichen Schriftstücke oder Angaben zu übermitteln. Geschieht dies nicht innerhalb von 90 Tagen oder einer von der ersuchten Zentralen Behörde gesetzten längeren Frist, so kann diese Behörde beschließen, die Bearbeitung des Antrags zu beenden. In diesem Fall unterrichtet sie die ersuchende Zentrale Behörde unter Verwendung des in Anhang IX vorgesehenen Formblatts.

Zur Verfahrensbeschleunigung hilft die ersuchende Zentrale Behörde dem Antragsteller dabei, **150** dass sein Antrag i.S. des Art. 56 **alle notwendigen Schriftstücke und Angaben** umfasst (Abs. 1). Ein sich in Deutschland aufhaltender Antragsteller hat seinen Antrag zunächst zur **Vorprüfung an das zuständige AG** zu übersenden. Dies ist das Gericht am Sitz des OLG, in dessen Bezirk der Antragsteller seinen gewöhnlichen Aufenthalt hat (§ 7 Abs. 1 AUG).[1]

Entspricht der Antrag den Erfordernissen, so übermittelt ihn die ersuchende Zentrale Behörde der **151** ersuchten Zentralen Behörde (Abs. 2). Diese bestätigt den **Antragseingang** innerhalb von 30 Tagen.[2] Sie benachrichtigt die ersuchende Behörde und fordert gegebenenfalls zusätzliche Angaben an. Innerhalb derselben Frist teilt die ersuchte Behörde der ersuchenden Behörde den Namen und die Kontaktdaten des damit Beauftragten mit (Abs. 3). Innerhalb von 60 Tagen nach der Empfangsbestätigung **unterrichtet die ersuchte Behörde** die ersuchende Behörde über den Stand des Antrags (Abs. 4).

Die beiden Zentralen Behörden unterrichten einander über die zuständige **Person oder Dienst- 152 stelle** (Abs. 5 Buchst. a) sowie über den Stand des Verfahrens (Abs. 5 Buchst. b) und beantworten Auskunftsersuchen rechtzeitig. Sie behandeln einen Fall so zügig, wie es eine sachgemäße Prüfung zulässt (Abs. 6). Sie benutzen untereinander die schnellsten und effizientesten Kommunikations- mittel, die ihnen zur Verfügung stehen (Abs. 7).

Eine ersuchte Zentrale Behörde kann die **Bearbeitung eines Antrags nur ablehnen**, wenn offen- **153** sichtlich ist, dass die Voraussetzungen der EuUnthVO nicht erfüllt sind. Sie unterrichtet dann die ersuchende Zentrale Behörde umgehend über die Gründe für ihre Ablehnung[3] (Abs. 8). Die bloße Unbegründetheit des gestellten Antrags genügt dafür nicht.[4] Die ersuchte Zentrale Behörde darf einen Antrag nicht allein deshalb ablehnen, weil zusätzliche Schriftstücke oder Angaben erforder- lich sind (Abs. 9). Sie kann jedoch zusätzliche Schriftstücke oder Angaben bei der ersuchenden Zentrale Behörde anfordern. Geschieht die Übermittlung nicht innerhalb von 90 Tagen oder einer gesetzten längeren Frist, so kann die ersuchte Behörde die Bearbeitung des Antrags beenden. Davon unterrichtet sie die ersuchende Zentrale Behörde.[5]

Art. 59   Sprachenregelung

(1) Das Formblatt für das Ersuchen oder den Antrag ist in der Amtssprache des ersuchten Mit- gliedstaats oder, wenn es in diesem Mitgliedstaat mehrere Amtssprachen gibt, der Amtssprache oder einer der Amtssprachen des Ortes, an dem sich die betreffende Zentrale Behörde befindet, oder in einer sonstigen Amtssprache der Organe der Europäischen Union, die der ersuchte Mit- gliedstaat für zulässig erklärt hat, auszufüllen, es sei denn, die Zentrale Behörde dieses Mitglied- staats verzichtet auf eine Übersetzung.

(2) Unbeschadet der Artikel 20, 28, 40 und 66 werden die dem Formblatt für das Ersuchen oder den Antrag beigefügten Schriftstücke nur dann in die gemäß Absatz 1 bestimmte Sprache übersetzt, wenn eine Übersetzung für die Gewährung der beantragten Hilfe erforderlich ist.

(3) Die sonstige Kommunikation zwischen den Zentralen Behörden erfolgt in der nach Absatz 1 bestimmten Sprache, sofern die Zentralen Behörden nichts anderes vereinbaren.

---

1 Dazu *Andrae* NJW 2011, 2545 (2549). – Zum amtsgerichtlichen Vorprüfungsverfahren siehe §§ 7,9 AUG.
2 Unter Verwendung von Formblatt Anh. VIII: Empfangsbestätigung für einen Antrag.
3 Unter Verwendung von Formblatt Anh. IX: Ablehnung oder Einstellung der Bearbeitung eines Antrags.
4 Fasching/Konecny/*Fucik* Art. 58 EuUVO Rn. 8; Geimer/Schütze/*Picht* Art. 58 VO Nr. 4/2009 Rn. 7.
5 Unter Verwendung von Formblatt Anh. IX: Ablehnung oder Einstellung der Bearbeitung eines Antrags.

154 Bezüglich der Sprache ist zwischen dem **Formblatt** für das Ersuchen bzw. dem Antrag, den jeweiligen Beilagen und der weiteren Kommunikation zu unterscheiden. Das Formblatt ist in der Amtssprache des ersuchten Mitgliedstaats, der Amtssprache oder einer der Amtssprachen des Ortes, an dem sich die betreffende Zentrale Behörde befindet, oder in einer sonstigen Amtssprache der Organe der Europäischen Union, die der ersuchte Mitgliedstaat für zulässig erklärt hat, auszufüllen, es sei denn, die Zentrale Behörde dieses Mitgliedstaats verzichtet auf eine Übersetzung (Abs. 1; vgl. § 10 AUG). Unbeschadet der Vorrang genießenden Art. 20 (Vollstreckung), 28 (Vollstreckbarerklärungsverfahren), 40 (»Durchsetzung«) und 66 (Beweisunterlagen) werden die dem Formblatt für das Ersuchen oder den Antrag beigefügten Schriftstücke nur dann in die gem. Art. 59 Abs. 1 bestimmte Sprache übersetzt, wenn eine Übersetzung nach Ansicht der ersuchten Behörde im Einzelfall erforderlich ist (Abs. 2).[1]

155 Die **sonstige Kommunikation** zwischen den Zentralen Behörden erfolgt in der nach Abs. 1 bestimmten Sprache, sofern die Zentralen Behörden nichts anderes vereinbaren, z.B. Benutzung der englischen Sprache (Abs. 3).

Art. 60

(vom Abdruck wird abgesehen)

Art. 61   Zugang der Zentralen Behörden zu Informationen

(1) Nach Maßgabe dieses Kapitels und abweichend von Artikel 51 Absatz 4 setzt die ersuchte Zentrale Behörde alle geeigneten und angemessenen Mittel ein, um die Informationen gemäß Absatz 2 einzuholen, die erforderlich sind, um in einem bestimmten Fall den Erlass, die Änderung, die Anerkennung, die Vollstreckbarerklärung oder die Vollstreckung einer Entscheidung zu erleichtern.

Die Behörden oder Verwaltungen, die im Rahmen ihrer gewöhnlichen Tätigkeit im ersuchten Mitgliedstaat über die Informationen nach Absatz 2 verfügen und für ihre Verarbeitung im Sinne der Richtlinie 95/46/EG verantwortlich sind, stellen diese Informationen vorbehaltlich der Beschränkungen, die aus Gründen der nationalen oder öffentlichen Sicherheit gerechtfertigt sind, der ersuchten Zentralen Behörde auf Anfrage in den Fällen, in denen die ersuchte Zentrale Behörde keinen direkten Zugang zu diesen Informationen hat, zur Verfügung.

Die Mitgliedstaaten können die Behörden oder Verwaltungen bestimmen, die geeignet sind, der ersuchten Zentralen Behörde die Informationen nach Absatz 2 zur Verfügung zu stellen. Nimmt ein Mitgliedstaat eine solche Bestimmung vor, so achtet er darauf, dass er die Behörden und Verwaltungen so auswählt, dass seine Zentrale Behörde Zugang zu den erforderlichen Informationen gemäß diesem Artikel erhält.

Andere juristische Personen, die im ersuchten Mitgliedstaat über die Informationen nach Absatz 2 verfügen und für ihre Verarbeitung im Sinne der Richtlinie 95/46/EG verantwortlich sind, stellen diese Informationen der ersuchten Zentralen Behörde auf Anfrage zur Verfügung, wenn sie nach dem Recht des ersuchten Mitgliedstaats dazu befugt sind.

Die ersuchte Zentrale Behörde leitet die so erlangten Informationen erforderlichenfalls an die ersuchende Zentrale Behörde weiter.

---

1 Fasching/Konecny/*Fucik* Art. 59 EuUVO Rn. 4; Rauscher/*Andrae* Art. 59 EG-UntVO Rn. 7. – Zu Übersetzung § 10 AUG siehe *Andrae* NJW 2011, 2545 (2549).

(2) Bei den Informationen im Sinne dieses Artikels muss es sich um solche handeln, über die die Behörden, Verwaltungen oder Personen nach Absatz 1 bereits verfügen. Diese Informationen sind angemessen und erheblich und gehen nicht über das Erforderliche hinaus; sie betreffen Folgendes:

a) Anschrift der verpflichteten oder der berechtigten Person,
b) Einkommen der verpflichteten Person,
c) Nennung des Arbeitgebers der verpflichteten Person und/oder der Bankverbindung(en) der verpflichteten Person und
d) Vermögen der verpflichteten Person.

Zur Herbeiführung oder Änderung einer Entscheidung kann die ersuchte Zentrale Behörde nur die Angaben nach Buchstabe a anfordern.

Für die Anerkennung, Vollstreckbarerklärung oder Vollstreckung einer Entscheidung kann die ersuchte Zentrale Behörde alle Angaben nach Unterabsatz 1 anfordern. Die Angaben nach Buchstabe d können jedoch nur dann angefordert werden, wenn die Angaben nach den Buchstaben b und c nicht ausreichen, um die Vollstreckung der Entscheidung zu ermöglichen.

Die ersuchte Zentrale Behörde kann **Informationsanfragen stellen**, um die erforderlichen Informationen zu den persönlichen und Vermögensverhältnissen der Parteien zu beschaffen, den Erlass, die Änderung, die Anerkennung, die Vollstreckbarerklärung oder die Vollstreckung einer Entscheidung zu erleichtern (Abs. 1 UA 1). Dies dürfte die Unterhaltsdurchsetzung erheblich erleichtern. Da es sich hierbei auch um **geschützte personenbezogene Daten** handelt, trifft die EuUnthVO einige Differenzierungen und enthält auch Beschränkungen.[1] Die Behörden oder Verwaltungen, die im Rahmen ihrer gewöhnlichen Tätigkeit über die Informationen nach Abs. 2 verfügen und für ihre Verarbeitung iS der Datenschutzrichtlinie verantwortlich sind (z.B. Rentenversicherungsträger), stellen diese Informationen vorbehaltlich der Beschränkungen, die aus Gründen der nationalen oder öffentlichen Sicherheit gerechtfertigt sind, der ersuchten Zentralen Behörde auf Anfrage in den Fällen, in denen die ersuchte Behörde keinen direkten Zugang zu diesen Informationen hat, zur Verfügung (Abs. 1 UA 2).   156

Die Mitgliedstaaten bestimmen die Behörden, die geeignet sind, der ersuchten Zentralen Behörde die erforderlichen Informationen zur Verfügung zu stellen (Abs. 1 UA 3). Das ist in Deutschland in den §§ 15, 16 AUG geschehen.[2] Andere juristische Personen, die im ersuchten Mitgliedstaat über die verlangten Informationen verfügen, stellen diese Informationen der ersuchten Zentralen Behörde zur Verfügung, wenn sie nach dem Recht des ersuchten Mitgliedstaats dazu befugt sind (Abs. 1 UA 4). Die ersuchte Zentrale Behörde leitet die Informationen erforderlichenfalls an die ersuchende Behörde weiter (Abs. 1 UA 5).   157

Bei den Informationen muss es sich um solche handeln, über die die Behörden, Verwaltungen oder Personen bereits verfügen. Diese Informationen müssen dem **Verhältnismäßigkeitsgrundsatz** entsprechen,[3] d.h. angemessen und erheblich sein und nicht über das Erforderliche hinausgehen (Abs. 2). Sie betreffen die Anschrift des Verpflichteten oder des Berechtigten (Abs. 2 UA 1 Buchst. a; § 16 AUG), ferner das Einkommen des Verpflichteten (Abs. 2 UA 1 Buchst. b). Außerdem gehören dazu sein Arbeitgeber, seine Bankverbindung und sein Vermögen (Abs. 2 UA 1 Buchst. c, d).   158

---

1 Siehe ErwGrd. 35 ff. sowie Richtlinie 95/46/EG vom 24.10.1995 zum Schutz natürlicher Personen bei der Verarbeitung personenbezogener Daten und zum freien Datenverkehr (ABl. EG 1995 L 281/31), in Deutschland im Datenschutzgesetz umgesetzt.
2 Dazu *Andrae* NJW 2011, 2545 (2550); *Hess*, in: C. Schmidt (Hrsg.), S. 27 (35 f.).
3 Geimer/Schütze/*Picht* Art. 61 VO Nr. 4/2009 Rn. 20.

159   Zur **Herbeiführung oder Änderung einer Entscheidung** kann die ersuchte Zentrale Behörde nur die **Angaben zur Anschrift** (Buchst. a) anfordern (Abs. 2 UA 2). Für die **Anerkennung, Vollstreckbarerklärung** oder Vollstreckung einer Entscheidung kann die ersuchte Zentrale Behörde **alle Angaben** nach UA 1 anfordern. Die Angaben zum Vermögen des Verpflichteten (Buchst. d; § 17 AUG) können jedoch nur dann angefordert werden, wenn die Angaben zu Einkommen, Arbeitgeber und Bankverbindung (Buchst. b und c) nicht ausreichen, um die Vollstreckung der Entscheidung zu ermöglichen (Abs. 1 UA 3).[4]

Art. 62   Weiterleitung und Verwendung der Informationen

(1) Die Zentralen Behörden leiten die in Artikel 61 Absatz 2 genannten Informationen innerhalb ihres Mitgliedstaats je nach Fall an die zuständigen Gerichte, die für die Zustellung von Schriftstücken zuständigen Behörden und die mit der Vollstreckung einer Entscheidung betrauten zuständigen Behörden weiter.

(2) Jede Behörde oder jedes Gericht, der/dem Informationen aufgrund von Artikel 61 übermittelt wurden, darf diese nur zur Erleichterung der Durchsetzung von Unterhaltsforderungen verwenden.

Mit Ausnahme der Informationen, die sich einzig darauf beziehen, ob eine Anschrift, Einkommen oder Vermögen im ersuchten Mitgliedstaat bestehen, dürfen, vorbehaltlich der Anwendung von Verfahrensregeln vor einem Gericht, die Informationen nach Art. 61 Absatz 2 nicht der Person gegenüber offen gelegt werden, die die ersuchende Zentrale Behörde angerufen hat.

(3) Jede Behörde, die eine ihr aufgrund von Artikel 61 übermittelte Information bearbeitet, bewahrt diese nur so lange auf, wie es für die Zwecke, für die die Information übermittelt wurde, erforderlich ist.

(4) Jede Behörde, die ihr aufgrund von Artikel 61 übermittelte Informationen bearbeitet, gewährleistet die Vertraulichkeit dieser Informationen nach Maßgabe des innerstaatlichen Rechts.

160   Die ersuchte Zentrale Behörde leitet die in Art. 61 Abs. 2 genannten Informationen innerhalb ihres eigenen Mitgliedstaats an die zuständigen Gerichte, die für die Zustellung von Schriftstücken und die mit der Vollstreckung einer Entscheidung betrauten zuständigen Behörden weiter (Abs. 1). Behörden und Gerichte, denen Informationen übermittelt wurden, dürfen diese nur zur Erleichterung der Unterhaltsdurchsetzung verwenden (Abs. 2). Mit Ausnahme der Informationen, die sich darauf beziehen, ob eine Anschrift, Einkommen oder Vermögen im ersuchten Mitgliedstaat bestehen, dürfen, vorbehaltlich der Anwendung von Verfahrensregeln vor einem Gericht, die Informationen **nicht der Person gegenüber offen gelegt werden**, die die ersuchende Zentrale Behörde angerufen hat (Abs. 2 UA 2). Die Adresse selbst erfährt der Antragsteller von der Behörde nicht.[1]

161   Jede Behörde, die eine ihr aufgrund von Art. 61 übermittelte Information bearbeitet, **bewahrt diese nur so lange** auf, wie es für die Zwecke, für die die Information übermittelt wurde, erforderlich ist (Abs. 3). Ferner gewährleistet sie die **Vertraulichkeit** dieser Informationen nach Maßgabe des innerstaatlichen Rechts (Abs. 4).

---

4 Näher *Andrae* NJW 2011, 2545 (2550).
1 Fasching/Konecny/*Fucik* Art. 62 EuUVO Rn. 3; Geimer/Schütze/*Picht* Art. 62 VO Nr. 4/2009 Rn. 4.

Art. 63 Benachrichtigung der von der Erhebung der Informationen betroffenen Person

(1) Die Benachrichtigung der von der Erhebung der Informationen betroffenen Person über die Übermittlung dieser Informationen in Teilen oder ihrer Gesamtheit erfolgt gemäß dem innerstaatlichen Recht des ersuchten Mitgliedstaats.

(2) Falls diese Benachrichtigung die Gefahr birgt, die wirksame Geltendmachung des Unterhaltsanspruchs zu beeinträchtigen, kann sie um höchstens 90 Tage ab dem Tag, an dem die Informationen der ersuchten Zentralen Behörde übermittelt wurden, aufgeschoben werden.

Die Benachrichtigung der von den Informationen betroffenen Person über die Übermittlung von Informationen in Teilen oder ihrer Gesamtheit erfolgt nach dem innerstaatlichen Recht des ersuchten Mitgliedstaats (Abs. 1; § 18 Abs. 2 AUG). Falls diese Benachrichtigung die Gefahr birgt, die wirksame Geltendmachung des Unterhaltsanspruchs zu beeinträchtigen, kann sie um höchstens 90 Tage aufgeschoben werden (Abs. 2). 162

Kapitel VIII Öffentliche Aufgaben wahrnehmende Einrichtungen

Art. 64 Öffentliche Aufgaben wahrnehmende Einrichtungen als Antragsteller

(1) Für die Zwecke eines Antrags auf Anerkennung und Vollstreckbarerklärung von Entscheidungen oder für die Zwecke der Vollstreckung von Entscheidungen schließt der Begriff »berechtigte Person« eine öffentliche Aufgaben wahrnehmende Einrichtung, die für eine unterhaltsberechtigte Person handelt, oder eine Einrichtung, der anstelle von Unterhalt erbrachte Leistungen zu erstatten sind, ein.

(2) Für das Recht einer öffentliche Aufgaben wahrnehmenden Einrichtung, für eine unterhaltsberechtigte Person zu handeln oder die Erstattung der der berechtigten Person anstelle von Unterhalt erbrachten Leistung zu fordern, ist das Recht maßgebend, dem die Einrichtung untersteht.

(3) Eine öffentliche Aufgaben wahrnehmende Einrichtung kann die Anerkennung und Vollstreckbarerklärung oder Vollstreckung folgender Entscheidungen beantragen:

a) einer Entscheidung, die gegen eine verpflichtete Person auf Antrag einer öffentliche Aufgaben wahrnehmenden Einrichtung ergangen ist, welche die Bezahlung von Leistungen verlangt, die anstelle von Unterhalt erbracht wurden;
b) einer zwischen einer berechtigten und einer verpflichteten Person ergangenen Entscheidung, soweit der der berechtigten Person Leistungen anstelle von Unterhalt erbracht wurden.

(4) Die öffentliche Aufgaben wahrnehmende Einrichtung, welche die Anerkennung und Vollstreckbarerklärung einer Entscheidung geltend macht oder deren Vollstreckung beantragt, legt auf Verlangen alle Schriftstücke vor, aus denen sich ihr Recht nach Absatz 2 und die Erbringung von Leistungen an die berechtigte Person ergeben.

Auch öffentliche Aufgaben wahrnehmende Einrichtungen können für die Unterhaltsdurchsetzung und den -rückgriff als Antragsteller auftreten. Solche Einrichtungen, die unterstützend tätig werden und/oder Fürsorgeleistungen mit Unterhaltsfunktion erbringen, haben Anspruch auf die gleichen Dienste und die gleiche Prozesskostenhilfe wie eine berechtigte Person (ErwGrd. 14). Für **Anträge auf Anerkennung und Vollstreckbarerklärung** von Entscheidungen oder für die Zwecke der Vollstreckung von Entscheidungen schließt der Begriff »berechtigte Person« iSd Art. 2 Abs. 1 163

Nr. 10 eine öffentliche Aufgaben wahrnehmende Einrichtung ein, die stellvertretend für eine unterhaltsberechtigte Person handelt, oder eine vorleistende Einrichtung, der anstelle von Unterhalt erbrachte Leistungen vom Verpflichteten zu erstatten sind (Abs. 1). Da die internationale Zuständigkeit nicht genannt wird, steht der Einrichtung lediglich der Gerichtsstand des Art. 3 Buchst. a, nicht aber der Buchst. b–d zur Verfügung (dazu oben Rdn. 28).

164   Für das Recht der öffentlichen Einrichtung, für eine unterhaltsberechtigte Person zu handeln oder die Erstattung dem Berechtigten anstelle von Unterhalt erbrachten **Leistung zu fordern**, ist die Rechtsordnung maßgebend, dem die Einrichtung untersteht (Abs. 2). Diese Kollisionsnorm entspricht der Regelung für das anwendbare Recht in Art. 10 HaagUnthProt 2007 (s. Anh. 2). Erfasst werden insbes. der Übergang von Unterhaltsansprüchen, die Entstehung von Ersatzansprüchen sowie die Aktivlegitimation.[1]

165   Eine öffentliche Aufgaben wahrnehmende Einrichtung kann die **Anerkennung und Vollstreckbarerklärung oder Vollstreckung bestimmter Entscheidungen beantragen** (Abs. 3). Dazu gehört eine Entscheidung, die gegen einen Unterhaltspflichtigen auf Antrag der Einrichtung ergangen ist, welche die Bezahlung von Unterhaltsersatzleistungen verlangt (Abs. 3 Buchst. a). Hierbei kann es sich um übergegangene Unterhaltsansprüche oder originär entstandene Ersatzansprüche handeln.[2] Vollstreckbar ist auch eine zwischen Unterhaltsberechtigtem und Unterhaltsverpflichtetem ergangene Entscheidung, soweit dem Berechtigten Leistungen anstelle von Unterhalt erbracht wurden (Abs. 3 Buchst. b). »Entscheidung« ist auch eine in einem Drittstaat erlassene Unterhaltsentscheidung (Art. 2 Abs. 1 Nr. 1). Ein erstmaliges Erstreiten einer Unterhaltsentscheidung oder eine Abänderungsklage dürften hingegen nicht von Abs. 1 abgedeckt sein.[3] Allerdings können im Zusammenhang mit dem Unterhaltsrückgriff auch künftige Leistungen verlangt werden.[4]

166   Die öffentliche Einrichtung **legt auf Verlangen alle Schriftstücke vor**, aus denen sich ihr Recht nach Abs. 2 und die Erbringung von Leistungen an den Berechtigten ergeben (Abs. 4).

Kapitel IX   Allgemeine Bestimmungen und Schlussbestimmungen

Art. 65   Legalisation oder ähnliche Förmlichkeiten

Im Rahmen dieser Verordnung bedarf es weder der Legalisation noch einer ähnlichen Förmlichkeit.

167   Die allgemeinen Bestimmungen und Schlussbestimmungen beschäftigen sich mit der Legalisation oder ähnliche Förmlichkeiten (Art. 65), der Übersetzung der Beweisunterlagen (Art. 66), der Kostenerstattung (Art. 67), dem Verhältnis zu anderen Rechtsinstrumenten der Gemeinschaft (Art. 68) sowie zu bestehenden internationalen Übereinkommen und Vereinbarungen (Art. 69). Sie enthalten ferner Übergangsbestimmungen (Art. 75) und eine Regelung des Inkrafttretens (Art. 76).

---

1   Geimer/Schütze/*Hilbig* Art. 64 VO Nr. 4/2009 Rn. 6.
2   Rauscher/*Andrae* Art. 64 EG-UntVO Rn. 9; Geimer/Schütze/*Hilbig* Art. 64 VO Nr. 4/2009 Rn. 12.
3   *Bartl*, S. 32; Geimer/Schütze/*Hilbig* Art. 64 VO Nr. 4/2009 Rn. 18. – Anders Rauscher/*Andrae* Art. 64 EG-UntVO Rn. 5.
4   Geimer/Schütze/*Hilbig* Art. 64 VO Nr. 4/2009 Rn. 14.

Art. 66   Übersetzung der Beweisunterlagen

Unbeschadet der Artikel 20, 28 und 40 kann das angerufene Gericht für Beweisunterlagen, die in einer anderen Sprache als der Verfahrenssprache vorliegen, nur dann eine Übersetzung von den Parteien verlangen, wenn es der Ansicht ist, dass dies für die von ihm zu erlassende Entscheidung oder für die Wahrung der Verteidigungsrechte notwendig ist.

Art. 67   Kostenerstattung

Unbeschadet des Artikels 54 kann die zuständige Behörde des ersuchten Mitgliedstaats von der unterliegenden Partei, die unentgeltliche Prozesskostenhilfe aufgrund von Artikel 46 erhält, in Ausnahmefällen und wenn deren finanzielle Verhältnisse es zulassen, die Erstattung der Kosten verlangen.

Art. 68   Verhältnis zu anderen Rechtsinstrumenten der Gemeinschaft

(1) Vorbehaltlich des Artikels 75 Absatz 2 wird mit dieser Verordnung die Verordnung (EG) Nr. 44/2001 dahin gehend geändert, dass deren für Unterhaltssachen geltende Bestimmungen ersetzt werden.

(2) Diese Verordnung tritt hinsichtlich Unterhaltssachen an die Stelle der Verordnung (EG) Nr. 805/2004, außer in Bezug auf Europäische Vollstreckungstitel über Unterhaltspflichten, die in einem Mitgliedstaat, der nicht durch das Haager Protokoll von 2007 gebunden ist, ausgestellt wurden.

(3) Im Hinblick auf Unterhaltssachen bleibt die Anwendung der Richtlinie 2003/8/EG vorbehaltlich des Kapitels V von dieser Verordnung unberührt.

(4) Die Anwendung der Richtlinie 95/46/EG bleibt von dieser Verordnung unberührt.

Art. 68 klärt das **Verhältnis zu anderen Rechtsinstrumenten** der Gemeinschaft. Außer auf Übergangsfälle des Art. 75 Abs. 2 findet die (in ihrem Text unverändert gebliebene) **Verordnung (EG) Nr. 44/2001 (Brüssel I)** keine Anwendung mehr (Abs. 1). Ihre für Unterhaltssachen geltenden Bestimmungen werden durch die EuUntVO »ersetzt«, d.h. verdrängt.   168

Die EuUntVO tritt hinsichtlich Unterhaltssachen an die Stelle der Verordnung (EG) Nr. 805/2004 über den **Europäischen Vollstreckungstitel** (Abs. 2), die folglich nicht mehr genutzt werden kann.[1]. Dies gilt nur nicht in Bezug auf Europäische Vollstreckungstitel über Unterhaltspflichten, die in einem Mitgliedstaat, der nicht durch das Haager Protokoll von 2007 gebunden ist, ausgestellt wurden. Das hat für unbestrittene Unterhaltstitel aus dem Vereinigten Königreich Bedeutung.[2] Sie können weiterhin nach der EuVTVO vollstreckt werden.[3]   169

Die **EuMahnVO** bleibt von der EuUnthVO an sich unberührt.[4] Die EuMahnVO erfasst jedoch lediglich Unterhaltsvereinbarungen, welche Unterhaltsverpflichtungen konkretisieren sowie solche auf rein vertraglicher Grundlage (vgl. Art. 2 Abs. 2 Buchst. d Nr. 1 EuMahnVO).[5]   170

---

1   Geimer/Schütze/*Hilbig* Art. 16 VO Nr. 4/2009 Rn. 7.
2   *Hess*, § 7 Rn. 106.
3   *Hess*, in: C. Schmidt (Hrsg.), S. 27 (33); Geimer/Schütze/*Hilbig* vor 23 Art. VO Nr. 4/2009.
4   Geimer/Schütze/*Picht* Art. 68 VO Nr. 4/2009 Rn. 9.
5   Saenger/*Dörner* vor EuUntVO Rn. 6.

171 Im Hinblick auf Unterhaltssachen bleibt die Anwendung der Richtlinie 2003/8/EG über die **Prozesskostenhilfe** vorbehaltlich des Kapitels V (Art. 44 ff.) von der EuUntVO unberührt (Abs. 3). Entsprechendes gilt für die **Datenschutzrichtlinie 95/46/EG** (Abs. 4)

Art. 69 Verhältnis zu bestehenden internationalen Übereinkommen und Vereinbarungen

(1) Diese Verordnung berührt nicht die Anwendung der Übereinkommen und bilateralen oder multilateralen Vereinbarungen, denen ein oder mehrere Mitgliedstaaten zum Zeitpunkt der Annahme dieser Verordnung angehören und die die in dieser Verordnung geregelten Bereiche betreffen, unbeschadet der Verpflichtungen der Mitgliedstaaten gemäß Artikels 307 des Vertrags.

(2) Ungeachtet des Absatzes 1 und unbeschadet des Absatzes 3 hat diese Verordnung im Verhältnis der Mitgliedstaaten untereinander jedoch Vorrang vor Übereinkommen und Vereinbarungen, die sich auf Bereiche, die in dieser Verordnung geregelt sind, erstrecken und denen Mitgliedstaaten angehören.

(3) Diese Verordnung steht der Anwendung des Übereinkommens vom 23. März 1962 zwischen Schweden, Dänemark, Finnland, Island und Norwegen über die Geltendmachung von Unterhaltsforderungen durch die ihm angehörenden Mitgliedstaaten nicht entgegen, da dieses Übereinkommen in Bezug auf die Anerkennung, die Vollstreckbarkeit und die Vollstreckung von Entscheidungen Folgendes vorsieht:

a) vereinfachte und beschleunigte Verfahren für die Vollstreckung von Entscheidungen in Unterhaltssachen und
b) eine Prozesskostenhilfe, die günstiger ist als die Prozesskostenhilfe nach Kapitel V dieser Verordnung.

Die Anwendung des genannten Übereinkommens darf jedoch nicht bewirken, dass dem Antragsgegner der Schutz nach den Artikeln 19 und 21 dieser Verordnung entzogen wird.

172 Art. 69 betrifft das Verhältnis zu bestehenden internationalen Übereinkommen und Vereinbarungen. Die EuUntVO berührt nicht die **Anwendung der Übereinkommen und bilateralen oder multilateralen Vereinbarungen,** denen ein oder mehrere Mitgliedstaaten zum Zeitpunkt der Annahme dieser Verordnung angehören und die die in dieser Verordnung geregelten Bereiche betreffen, unbeschadet der Verpflichtungen der Mitgliedstaaten gem. Art. 307 des EG-Vertrags, nunmehr Art. 351 EUV (Abs. 1). Im Verhältnis zu Drittstaaten sind dementsprechend weiter anzuwenden das Haager Unterhaltsvollstreckungsübereinkommen von 1958,[1] das Haager Unterhaltsvollstreckungsübereinkommen von 1973, das New Yorker Übereinkommen von 1956[2] sowie (nach Inkrafttreten) das Haager Unterhaltsübereinkommen von 2007.[3] Im Verhältnis zur Schweiz, zu Norwegen und Island bleibt es bei der Maßgeblichkeit des Luganer Übereinkommens für die internationale Zuständigkeit sowie für die Anerkennung und Vollstreckung.[4]

173 Im **Verhältnis der Mitgliedstaaten untereinander** hat die Verordnung **Vorrang** vor Übereinkommen und Vereinbarungen, die sich auf Bereiche, die in dieser Verordnung geregelt sind, erstrecken

---

1 Fasching/Konecny/*Fucik* Art. 69 EuUVO Rn. 2; Saenger/*Dörner* vor EuUnthVO Rn. 10; Geimer/Schütze/ *Picht* Art. 69 VO Nr. 4/2009 Rn. 8.
2 Fasching/Konecny/*Fucik* Art. 69 EuUVO Rn. 2; Saenger/*Dörner* vor EuUnthVO Rn. 10.
3 Fasching/Konecny/*Fucik* Art. 69 EuUVO Rn. 2; Saenger/*Dörner* vor EuUnthVO Rn. 10.
4 Fasching/Konecny/*Fucik* Art. 69 EuUVO Rn. 2; Saenger/*Dörner* vor EuUnthVO Rn. 8, 10.

(Abs. 2). Die VO hat folglich Vorrang vor Haager Übereinkommen[5] soweit nicht wieder auf diese verwiesen wird. Dies gilt auch für das Haager Unterhaltsübereinkommen von 2007.[6] Das für das Unterhaltsstatut maßgebliche HaagUntProt. hat unter den Mitgliedstaaten Vorrang.[7]

Ein Vorrang inter partes besteht für das Nordische Unterhaltsübereinkommen von 1962, d.h. das **174** Übereinkommen vom 23.3.1962 zwischen **Schweden, Dänemark, Finnland, Island und Norwegen** über die Geltendmachung von Unterhaltsforderungen.[8] Die EuUnthVO steht der Anwendung des Übereinkommens von 1962 zwischen Schweden, Dänemark, Finnland, Island und Norwegen durch die ihm angehörenden Mitgliedstaaten nicht entgegen (Art. 69 Abs. 3). Dieses Übereinkommen enthält nämlich in Bezug auf die Anerkennung, die Vollstreckbarkeit und die Vollstreckung von Entscheidungen vereinfachte und beschleunigte Verfahren für die Vollstreckung von Unterhaltsentscheidungen (Art. 69 Abs. 3 Buchst. a) sowie eine Prozesskostenhilfe, die günstiger ist als die Prozesskostenhilfe nach Kap. V der EuUnthVO (Art. 69 Abs. 3 Buchst. b). Die Anwendung des Nordischen Übereinkommens darf jedoch nicht bewirken, dass dem Antragsgegner der Schutz nach den Art. 19 (Recht auf Nachprüfung) und Art. 21 (Verweigerung oder Aussetzung der Vollstreckung) der EuUnthVO entzogen wird.

Künftige **bilaterale Vereinbarungen mit Drittstaaten** sind möglich.[9] Bei Abkommen der Mitglied- **175** staaten sind die Restriktionen des Unionsrechts zu beachten.[10]

Art. 75 Übergangsbestimmungen

(1) Diese Verordnung findet vorbehaltlich der Absätze 2 und 3 nur auf nach dem Datum ihrer Anwendbarkeit eingeleitete Verfahren, gebilligte oder geschlossene gerichtliche Vergleiche und ausgestellte öffentliche Urkunden Anwendung.

(2) Kapitel IV Abschnitte 2 und 3 findet Anwendung auf

a) Entscheidungen, die in den Mitgliedstaaten vor dem Tag des Beginns der Anwendbarkeit dieser Verordnung ergangen sind und deren Anerkennung und Vollstreckbarerklärung nach diesem Zeitpunkt beantragt wird;

b) Entscheidungen, die nach dem Tag des Beginns der Anwendbarkeit dieser Verordnung in Verfahren, die vor diesem Zeitpunkt eingeleitet wurden, ergangen sind, soweit diese Entscheidungen für die Zwecke der Anerkennung und Vollstreckung in den Anwendungsbereich der Verordnung (EG) Nr. 44/2001 fallen.

Die Verordnung (EG) Nr. 44/2001 gilt weiterhin für die am Tag des Beginns der Anwendbarkeit dieser Verordnung laufenden Anerkennungs- und Vollstreckungsverfahren.

Die Unterabsätze 1 und 2 geltend sinngemäß auch für in den Mitgliedstaaten gebilligte oder geschlossene gerichtliche Vergleiche und ausgestellte öffentliche Urkunden.

---

5 Mit Ausnahme von reinen Privatvergleichen, die Art. 21 des Haager Unterhaltsvollstreckungsübereinkommens von 1973 unterfallen, Rauscher/*Andrae* Art. 69 EG-UntVO Rn. 5; Geimer/Schütze/*Picht* Art. 69 VO Nr. 4/2009 Rn. 9.

6 *Gruber* IPRax 2010, 128 (129); Geimer/Schütze/*Picht* Art. 69 VO Nr. 4/2009 Rn. 10.

7 Rauscher/*Andrae* EG-UnterhaltsVO Art. 19 Rn. 3.

8 Siehe ErwGrd. 40.

9 ErwGrd. 40. – Siehe Verordnung (EG) Nr. 664/2009 des Rates vom 7. Juli 2009 zur Einführung eines Verfahrens für die Aushandlung und den Abschluss von Abkommen zwischen Mitgliedstaaten und Drittstaaten, die die Zuständigkeit und die Anerkennung und Vollstreckung von Urteilen und Entscheidungen in Ehesachen, in Fragen der elterlichen Verantwortung und in Unterhaltssachen sowie das anwendbare Recht in Unterhaltssachen betreffen, ABl. EU 2009 L 200/46.

10 Geimer/Schütze/*Picht* Art. 69 VO Nr. 4/2009 Rn. 13 ff.

(3) Kapitel VII über die Zusammenarbeit zwischen Zentralen Behörden findet auf Ersuchen und Anträge Anwendung, die ab dem Tag des Beginns der Anwendung dieser Verordnung bei der Zentralen Behörde eingehen.

176 Die EuUnthVO findet **ab dem 18.6.2011**, d.h. für ab dem Datum ihrer Anwendbarkeit eingeleitete Verfahren, gebilligte oder geschlossene gerichtliche Vergleiche und ausgestellte öffentliche Urkunden Anwendung (Art. 75 Abs. 1).[1] Die »Einleitung« ist verordnungsautonom i.S.d. Art. 9 zu verstehen.[2] Kap. VII über die Zusammenarbeit zwischen Zentralen Behörden (Art. 49 ff.) findet auf Ersuchen und Anträge Anwendung, die ab dem Tag des Beginns der Anwendung der EuUnthVO bei der Zentralen Behörde eingehen (Abs. 3).

177 Die Regeln über die **Anerkennung, Vollstreckbarerklärung und Vollstreckung** in Kap. IV Abschn. 2 und 3 (Art. 23 ff., 39 ff.), also für Nichtvertragsstaaten des HUÜ 2007, finden auch in bestimmten **Altfällen** Anwendung. Dies gilt für Entscheidungen, die in den Mitgliedstaaten vor dem Tag des Beginns der Anwendbarkeit der EuUnthVO nach nationalem Verfahrensrecht[3] ergangen sind und deren Anerkennung und Vollstreckbarerklärung nach diesem Zeitpunkt beantragt wird (Abs. 2 Buchst. a).[4] Das gleiche gilt für Entscheidungen, die nach diesem Stichtag in Verfahren, die vor diesem Zeitpunkt eingeleitet wurden, ergangen sind, soweit diese Entscheidungen für die Zwecke der Anerkennung und Vollstreckung in den Anwendungsbereich der Brüssel I-VO fallen (Abs. 2 Buchst. b).

178 Die Brüssel I-VO gilt weiterhin für die am Tag des Beginns der Anwendbarkeit der EuUnthVO laufenden Anerkennungs- und Vollstreckungsverfahren. Die Art. 75 Abs. 2 UA 1 und 2 gelten sinngemäß auch für in den Mitgliedstaaten gebilligte oder geschlossene **gerichtliche Vergleiche** und ausgestellte **öffentliche Urkunden**. Die UnthVO erfasst daher auch vor dem Stichtag geschlossene Vergleiche bzw. errichtete öffentliche Urkunden.

Art. 76   Inkrafttreten

Diese Verordnung tritt am zwanzigsten Tag nach ihrer Veröffentlichung im Amtsblatt der Europäischen Union in Kraft.

Artikel 2 Absatz 2, Artikel 47 Absatz 3, Artikel 71, 72 und 73 gelten ab dem 18. September 2010.

Diese Verordnung findet, mit Ausnahme der in Unterabsatz 2 genannten Vorschriften, ab dem 18. Juni 2011 Anwendung, sofern das Haager Protokoll von 2007 zu diesem Zeitpunkt in der Gemeinschaft anwendbar ist. Anderenfalls findet diese Verordnung ab dem Tag des Beginns der Anwendbarkeit jenes Protokolls in der Gemeinschaft Anwendung.

Diese Verordnung ist in allen ihren Teilen verbindlich und gilt gemäß dem Vertrag zur Gründung der Europäischen Gemeinschaft unmittelbar in den Mitgliedstaaten.

---

1 Das »nach« in der ursprünglichen deutschen Fassung ist in »ab« berichtigt worden (ABl. EU 2011 L 131/26), *Heger/Selg* FamRZ 2011, 1101 (1103).
2 Prütting/Helms/*Hau* § 110 FamFG Anh. Rn. 183.
3 Rauscher/*Andrae* Art. 69 EG-UntVO Rn. 10; Geimer/Schütze/*Picht* Art. 75, 76 VO Nr. 4/2009 Rn. 9.
4 Maßgeblicher Zeitpunkt ist der Antragseingang beim Exequaturgericht, OLG Karlsruhe JAmt 2012, 110 (111) Anm. *Hess* = FamRZ 2012, 660.

Die EuUnthVO ist am 30.01.2009, nämlich am zwanzigsten Tag nach ihrer Veröffentlichung im 179
Amtsblatt, **in Kraft getreten** (Art. 76 Abs. 1 UA 1).[1] Einzelne Vorschriften, die Mitteilungspflichten der Mitgliederstaaten festlegen, gelten bereits ab dem 18.09.2010.[2]

Die EuUnthVO findet, mit Ausnahme der in Art. 76 UA 2 genannten Vorschriften, **ab dem** 180
18.06.2011 Anwendung, sofern das HaagUnthProt 2007 zu diesem Zeitpunkt in der Gemeinschaft anwendbar ist.[3] Anderenfalls findet die EuUnthVO ab dem Tag des Beginns der Anwendbarkeit des Protokolls in der Gemeinschaft Anwendung. Da die EU dieses Protokoll nach ihrem
Beitritt zum Haager Unterhaltsprotokoll für die Mitgliedstaaten für vorläufig anwendbar erklärt
hat,[4] war auch der Weg für die Verordnung frei.

Anhang 2 zu Art. 18 EGBGB

Haager Protokoll über das auf Unterhaltspflichten anzuwendende Recht

vom 23. November 2007

Die Unterzeichnerstaaten dieses Protokolls

– in dem Wunsch, gemeinsame Bestimmungen über das auf Unterhaltspflichten anzuwendende
Recht festzulegen, in dem Wunsch, das Haager Übereinkommen vom 24. Oktober 1956 über das
auf Unterhaltsverpflichtungen gegenüber Kindern anzuwendende Recht und das Haager Übereinkommen vom 2. Oktober 1973 über das auf Unterhaltspflichten anzuwendende Recht zu
modernisieren, in dem Wunsch, allgemeine Regeln in Bezug auf das anzuwendende Recht zu entwickeln, die das Haager Übereinkommen vom 23. November 2007 über die internationale Geltendmachung der Unterhaltsansprüche von Kindern und anderen Familienangehörigen ergänzen
können –

**haben beschlossen, zu diesem Zweck ein Protokoll zu schließen, und die folgenden Bestimmun-
gen vereinbart:**

A. Neufassung der Haager Unterhaltsübereinkommen

Das Haager Protokoll über das auf Unterhaltspflichten anzuwendende Recht von 2007[1] und das 1
Haager Übereinkommen zur internationalen Durchsetzung von Kindesunterhalt und anderen
familienrechtlichen Unterhaltsansprüchen von 2007[2] sind als solche noch nicht in Kraft getreten.[3]

---

1 Geimer/Schütze/*Picht* Art. 75, 76 VO Nr. 4/2009 Rn. 1.
2 Art. 2 Abs. 2, Art. 47 Abs. 3, Art. 71, 72 und 73.
3 Dazu *Gruber* IPRax 2010, 128 (131 f.).
4 Siehe Art. 3 Beschluss des Rates 2009/941/EG vom 30. 11. 2009 über den Abschluss des Haager Protokolls
  vom 23. 11. 2007 über das auf Unterhaltspflichten anzuwendende Recht durch die Europäische Gemeinschaft, ABl. EU 2009 L 331/17. Dazu *Mankowski* FamRZ 2010, 1487.
1 Protokoll über das auf Unterhaltspflichten anzuwendende Recht vom 23.11. 2007, ABl. EU 2009 L 331/19.
2 Dazu *Duncan* Yb. PIL 10 (2008), 313 ff. Eine deutsche Ratifikation ist beabsichtigt (RegEntw. BR-
  Durcks. 311/12). Siehe *Kohler/Pintens* FamRZ 2012, 1425 (1439).
3 Beschluss des Rates vom 30. November 2009 über den Abschluss des Haager Protokolls vom 23. November 2007 über das auf Unterhaltspflichten anzuwendende Recht durch die Europäische Gemeinschaft,
  ABl. EU 2009 L 331/17; vgl. *Janzen* FPR 2008, 218; *Kohler/Pintens* FamRZ 2009, 1529 ff.

Das HaagUntProt ist jedoch aufgrund Ratsbeschluss vom 30.11.09[4] in der EU als **sekundäres Unionsrecht vorläufig direkt anwendbar** (Art. 3 Nr. 1 lit c EGBGB).[5] Dem HaagUntProt. sind nicht die einzelnen Mitgliedstaaten, sondern ist die EG als solche beigetreten.[6] Den Beitritt der EU, die die Außenkompetenz besitzt[7], zum HaagUntProt und die Verweisung auf das Protokoll in Art. 15 EuUntVO hat Art. 24 HaagUnthProt ermöglicht. Das materielles Kollisionsrecht enthaltende Haager Protokoll gilt grds. für alle Mitgliedstaaten, u.a. für Deutschland, Frankreich und Polen, nicht aber für das Vereinigte Königreich und Dänemark.

1a Art. 15 EuUntVO verweist auf die Regelung des HaagUntProt. (s. Anh. 1 Rdn. 56). Inhaltlich handelt es sich vor allem um eine Modernisierung des Haager Übereinkommens vom 02.10.1973 über das auf Unterhaltpflichten anzuwendende Recht, das in Deutschland früher in Art. 18 EGBGB umgesetzt wurde.[8] Bezüglich des Verfahrens wird das Haager Protokoll ergänzt durch das Haager Übereinkommen vom 23.11.2007 über die internationale Geltendmachung der Unterhaltsansprüche von Kindern und anderen Familienangehörigen. Trotz der Bezeichnung als »Protokoll« handelt es sich um ein eigenständiges Übereinkommen.[9]

B. Anknüpfungen im Haager Unterhaltsprotokoll

2 Das HaagUntProt. regelt die auf familienrechtlichen Beziehungen beruhende Unterhaltpflicht. Dabei geht es um die Deckung des Lebensbedarfs, die sich im Allgemeinen an der Bedürftigkeit des Berechtigten und der Leistungsfähigkeit des Verpflichteten orientiert.[10] Grundsätzlich werden alle Unterhaltsverpflichtungen erfasst. Doch bestehen Unterschiede je nach Schutzbedürftigkeit des Unterhaltsberechtigten.[11] Grundsatzanknüpfung ist der gewöhnliche Aufenthalt des Unterhaltsberechtigten (Art. 3 HaagUntProt.). Allerdings bestehen spezielle Anknüpfungen und eine kollisionsrechtliche Einrede ist nach Art. 6 zulässig. Besonders schutzbedürftige Berechtigte können sich auf Sonderregeln stützen (Art. 4 HaagUntProt.). Grundsätzlich gilt das Recht des gewöhnlichen Aufenthalts auch für den Unterhaltsanspruch des geschiedenen Ehegatten (Art. 3 HaagUntProt.). In beschränktem Umfang ist Rechtswahl zulässig (Art. 7, 8 HaagUntProt.), die grds. Vorrang vor der objektiven Anknüpfung beansprucht.[12] Das Unterhaltsstatut regelt grds. alle mit dem Unterhaltsanspruch zusammenhängenden Fragen (Art. 11 HaagUntProt.).

Art. 1 Anwendungsbereich

(1) Dieses Protokoll bestimmt das auf solche Unterhaltpflichten anzuwendende Recht, die sich aus Beziehungen der Familie, Verwandtschaft, Ehe oder Schwägerschaft ergeben, einschließlich der Unterhaltpflichten gegenüber einem Kind, ungeachtet des Familienstands seiner Eltern.

(2) Die in Anwendung dieses Protokolls ergangenen Entscheidungen lassen die Frage des Bestehens einer der in Absatz 1 genannten Beziehungen unberührt.

---

4 ABl EU 2009 L 331/17; vgl. *Janzen* FPR 2008, 218; *Kohler/Pintens* FamRZ 2009, 1529 ff.
5 *Andrae* GPR 2010, 199; *Mansel/Thorn/Wagner* IPRax 2011, 1 (12 f.).
6 Näher Rauscher/*Andrae* EG-UnterhaltsVO Art. 15 Rn. 13 ff.
7 *Andrae* GPR 2010, 197 ff; *Heger* ZKJ 2010, 56.
8 *Conti* FamRBInt 2011, 62; Rauscher/*Andrae* HUntStProt Einl. Rn. 9 f.
9 *Bonomi* Yb. PIL 10 (2008), 333 (336); Rauscher/*Andrae* HUntStProt Einl. Rn. 6.
10 Rauscher/*Andrae* HUntStProt Art. 1 Rn. 10.
11 Näher *Bonomi* Yb. PIL 10 (2008), 333 (340 f.).
12 Rauscher/*Andrae* HUntStProt Art. 8 Rn. 3.

Abs. 1 bestimmt den **sachlichen Anwendungsbereich**. Es geht um das auf solche Unterhaltspflich- **3** ten anzuwendende Recht, die sich aus bestimmten Beziehungen ergeben (vgl. auch Art. 1 Abs. 1 UnthVO). Umfasst werden gesetzliche Unterhaltspflichten, wobei es auf die Art der Unterhaltsgewährung (Barunterhalt, Betreuungsunterhalt, Sonderbedarf) nicht ankommt. Andersartige Unterhaltsersatzansprüche ausl. Rechts fallen ebenfalls hierunter, so zB der Entschädigungsanspruch des geschiedenen Ehegatten nach Art. 174 Abs. 1 türk. ZGB.[1] Die Morgengabe islamischen Rechts wird als Vereinbarung über die finanzielle Absicherung der Frau nach Scheidung zT unterhaltsrechtlich qualifiziert, s. aber Art. 14 Rdn. 4.[2] Als Bestandteil der gesetzlichen Unterhaltspflicht bestimmen sich auch deren Geltendmachung vorbereitende Ansprüche und Gestaltungsrechte nach dem Unterhaltsstatut. **Ansprüche mit Hilfsfunktion** sind unterhaltsrechtlich zu qualifizieren.[3] Dies gilt insb. für Auskunftsansprüche[4] und die Unterhaltsbestimmung nach § 1612 II BGB.

Die gesetzliche Unterhaltspflicht muss sich aus Beziehungen der Familie, Verwandtschaft, Ehe oder Schwägerschaft ergeben einschl. der Unterhaltspflicht ggü einem nichtehelichen Kind. Genannt werden Beziehungen der **Familie,** was weit auszulegen ist.[5] Erfasst wird auch der Unterhaltsanspruch der ledigen Mutter gg den Vater ihres Kindes.[6] Von **Verwandtschaft** spricht man dann, wenn die Personen voneinander oder einer dritten Person abstammen.[7] Grundsätzlich werden alle Unterhaltsverpflichtungen abgedeckt, auch solche, die nicht überall bestehen, wie der Verwandtenunterhalt.[8] Dazu gehören etwa auch Unterhaltsansprüche der Eltern oder Großeltern.[9] Vor allem werden **Unterhaltspflichten gegenüber einem Kind**, ungeachtet des Familienstands seiner Eltern, erfasst (Abs. 1).

Bei den Unterhaltsansprüchen von **Ehegatten und ehemaligen Ehegatten** ist Art. 5 zu beachten. **Ehe** umfasst auch die fehlerhafte oder nichtige Ehe.[10] Genannt wird auch die **Schwägerschaft**, bei der es um Beziehungen eines Ehegatten zu den Verwandten des anderen Ehegatten geht.[11] Angesichts des weiten Anwendungsbereichs des Art. 1 können allerdings »Verteidigungsmittel« nach Art. 6 in Betracht kommen.[12] Das Protokoll lässt die Anwendung auf **gleichgeschlechtliche Lebenspartner** offen. Staaten, die solche Beziehungen nicht anerkennen, ist es gestattet, das Protokoll nicht anzuwenden.[13] Aus deutscher Sicht kommt eine familienrechtliche Einordnung in Betracht.[14] Entsprechendes gilt für die gleichgeschlechtliche Ehe.[15] Auf etwaige Unterhaltsansprüche während Bestehens einer **nichtehelichen Lebensgemeinschaft** kann das Haager Prot. ebenfalls angewendet werden.[16]

---

1 OLG Stuttgart FamRZ 2012, 999 (nicht dagegen der Schmerzensgeldanspruch nach Art. 174 Abs. 2 türk. ZGB); Bamberger/Roth/*Heiderhoff* Art. 18 EGBGB Anh. Rn. 25.

2 Zur Ketubbah-Vereinbarung jüdischen Rechts vgl. OLG Düsseldorf FamRZ 2002, 1118.

3 Rauscher/*Andrae* HUntStProt Art. 1 Rn. 13, Art. 11 Rn. 4

4 Eschenbruch/Klinkhammer/*Dörner* Kap 7 Rn. 46 m.w.N. – Zu Qualifikation und Anpassung bei fehlenden Ansprüchen, Bamberger/Roth/*Heiderhoff* Art. 18 EGBGB Anh. Rn. 30.

5 Näher *Hilbig* GPR 2011, 310 ff.; Rauscher/*Andrae* HUntStProt Art. 1 Rn. 4 ff.

6 Vgl. BGH FamRZ 2011, 97 Anm. *Eichel* FamRZ 2011, 99 f.

7 Rauscher/*Andrae* HUntStProt Art. 1 Rn. 3.

8 *Bonomi* Yb. PIL 10 (2008), 333 (339).

9 *Bonomi* Yb. PIL 10 (2008), 333 (338).

10 Rauscher/*Andrae* HUntStProt Art. 1 Rn. 3.

11 Rauscher/*Andrae* HUntStProt Art. 1 Rn. 3.

12 Rauscher/*Andrae* HUntStProt Einl. Rn. 25–28.

13 *Bonomi* Yb. PIL 10 (2008), 333 (339 f.).

14 *Gruber* IPRax 2010, 128 (130); Bamberger/Roth/*Heiderhoff* Art. 18 EGBGB Anh. Rn. 33; Rauscher/*Andrae* HUntStProt Art. 1 Rn. 7.

15 *Andrae* StAZ 2011, 97 (103).

16 Bamberger/Roth/*Heiderhoff* Art. 18 EGBGB Anh. Rn. 35 f.; Palandt/*Thorn* EGBGB HUntProt Rn. 7.

3a Erfasst werden auch **Unterhaltsvereinbarungen**, soweit sie sich auf gesetzliche Unterhaltspflichten beziehen.[17] Solche Vereinbarungen – auch der Unterhaltsverzicht – konkretisieren oder modifizieren lediglich die gesetzliche Unterhaltspflicht.[18] Diese unterfallen daher dem Unterhaltsstatut. Dasselbe gilt für gerichtliche Vergleiche solchen Inhalts[19] sowie die Gläubigeranfechtung von Unterhaltsvereinbarungen.[20]

Der Anwendungsbereich des Unterhaltsstatuts umfasst auch die Verpflichtung zur Zahlung eines **Prozesskostenvorschusses**. Diese Qualifikation ist inzwischen hM.[21] Besteht also im Einzelfall nach dem maßgebenden ausl. Unterhaltsstatut keine Prozesskostenvorschusspflicht, kann diese auch nicht hilfsweise aus dem deutschen Recht hergeleitet werden.

Fraglich ist, ob die Zuweisung von **Ehewohnung und Haushaltsgegenständen** dem Unterhaltsstatut zuzuordnen ist. Im Verhältnis zum Iran ist auch insoweit vorrangig Art. 8 Abs. 3 des deutsch-iranischen Niederlassungsabk vom 17.2.29 (s. dazu Art. 17a Rdn. 2). Seit dem 01.01.2002 ist Art. 17a spezielle Kollisionsnorm für das Zuweisungsstatut, wenn Haushaltsgegenstände und Ehewohnung im Inland belegen sind. Soweit sie sich im Ausland befinden, bleibt die Rechtslage umstritten (s. Art. 17a Rdn. 3 f.).

4 Die **Anknüpfung der Vorfrage** einer für die Unterhaltsbeziehung erforderlichen Familienbeziehung (insbes. der Abstammung) wird vom Übereinkommen nicht geregelt. Für Ansprüche auf Kindesunterhalt kommt eine unselbständige Anknüpfung nach den Kollisionsnormen des jeweiligen Unterhaltsstatuts in Frage.[22] Für andere Ansprüche kann jedenfalls dort, wo das Unterhaltsstatut durch Rechtswahl bestimmt worden ist, wohl nur eine selbständige Anknüpfung in Betracht kommen.[23]

5 Nach Abs. 2 lassen die in Anwendung des HaagUntProt. ergangenen **Entscheidungen** die Frage des Bestehens einer der in Abs. 1 genannten familienrechtlichen Beziehungen unberührt. Liegt bereits eine ausländische Entscheidung zum Bestehen eines Statusverhältnisses vor, so richtet sich ihre Beachtlichkeit, insb. ihre Anerkennung, nach den Regeln des Internationalen Verfahrensrechts.[24]

Art. 2 Universelle Anwendung

Dieses Protokoll ist auch anzuwenden, wenn das darin bezeichnete Recht dasjenige eines Nichtvertragsstaats ist.

6 Dem **Grundsatz der universellen Anwendung** entsprechend ist das Protokoll auch anzuwenden, wenn das darin bezeichnete Recht das eines Nichtvertragsstaats ist (ebenso Art. 2 HÜÜ 1973).[1] Es genügt daher, wenn der Staat des angerufenen Gerichts Vertragsstaat ist.[2]

---

17 *Bonomi* Yb. PIL 10 (2008), 333 (340); weiter gehend Rauscher/*Andrae* HUntStProt Art. 1 Rn. 8 f.
18 Vgl. *Süß* ZNotP 2011, 282 (283 ff.).
19 Eschenbruch/Klinkhammer/*Dörner* Kap 7 Rn 44 m.w.N.
20 OLG Schleswig OLGR 2004, 226.
21 Palandt/*Thorn* Rn. 17 m.w.N.
22 OLG Frankfurt FamRZ 2012, 1501; Rauscher/*Andrae* HUntStProt Art. 1 Rn. 18, Art. 4 Rn. 23 f.– Anders *Solomon,* FS Spellenberg 2010, 355 (368 f.); Bamberger/Roth/*Heiderhoff* Art. 18 EGBGB Anh. Rn. 117; NK/*Gruber* Anh. Art. 18 EGBGB Art. 1 Rn. 6. Allg für unselbständige Anknüpfung Palandt/*Thorn* EGBGB HUntProt. Rn. 9. Unentschieden *Arnold* IPRax 2012, 311 (313 f.).
23 Rauscher/*Andrae* HUntStProt Art. 1 Rn. 17, Art. 4 Rn. 23.
24 Rauscher/*Andrae* HUntStProt Art. 1 Rn. 15.
 1 *Bonomi* Yb. PIL 10 (2008), 333 (340).
 2 Rauscher/*Andrae* HUntStProt Art. 2 Rn. 1.

Art. 3 Allgemeine Regel in Bezug auf das anzuwendende Recht

(1) Soweit in diesem Protokoll nichts anderes bestimmt ist, ist für Unterhaltspflichten das Recht des Staates maßgebend, in dem die berechtigte Person ihren gewöhnlichen Aufenthalt hat.

(2) Wechselt die berechtigte Person ihren gewöhnlichen Aufenthalt, so ist vom Zeitpunkt des Aufenthaltswechsels an das Recht des Staates des neuen gewöhnlichen Aufenthalts anzuwenden.

Art. 3 enthält – ebenso wie Art. 4 Abs. 1 HUÜ 1973 – die allgemeine Regel in Bezug auf das anzu-   7
wendende Recht. Grundsätzlich ist für Unterhaltspflichten das Recht des Staates maßgebend, in dem die berechtigte Person ihren **gewöhnlichen Aufenthalt** hat (Abs. 1). Der gewöhnliche Aufenthalt ist nach den allgemeinen Grundsätzen zu bestimmen (vgl. Art. 5 EGBGB Rdn. 5 ff.). Vorrangige besondere Regeln enthalten die Art. 4 (bestimmte Berechtigte), Art. 5 (Ehegatten und frühere Ehegatten). Ferner ist in bestimmtem Umfang Rechtswahl zulässig (Art. 7, 8).[1]

Berechtigter und Verpflichteter sind grds. ebenso wie in Art. 2 Nr. 10, 11 EuUntVO zu verstehen.[2]

Der nicht näher definierte gewöhnliche Aufenthalt ist wie in Art. 3 EuUntVO und in den anderen Haager Konventionen zu verstehen.[3] Auch hier zielt er auf den Daseinsmittelpunkt der betreffenden Person ab.[4] Dafür ist die Rspr. des EuGH heranzuziehen.[5] Der gewöhnliche Aufenthalt eines Kindes ist selbstständig zu bestimmen.[6]

Wechselt die berechtigte Person ihren gewöhnlichen Aufenthalt, so ist vom Zeitpunkt des Aufenthaltswechsels an das Recht des Staates des neuen gewöhnlichen Aufenthalts anzuwenden (Abs. 2); es kommt zu einem **Statutenwechsel**.[7] Entscheidend ist der gewöhnliche Aufenthalt in dem Zeitraum, für den Unterhalt verlangt wird.[8]

Art. 4 Besondere Regeln zugunsten bestimmter berechtigter Personen

(1) Die folgenden Bestimmungen sind anzuwenden in Bezug auf Unterhaltspflichten

a) der Eltern gegenüber ihren Kindern,
b) anderer Personen als der Eltern gegenüber Personen, die das 21. Lebensjahr noch nicht vollendet haben, mit Ausnahme der Unterhaltspflichten aus den in Artikel 5 genannten Beziehungen, und
c) der Kinder gegenüber ihren Eltern.

(2) Kann die berechtigte Person nach dem in Artikel 3 vorgesehenen Recht von der verpflichteten Person keinen Unterhalt erhalten, so ist das am Ort des angerufenen Gerichts geltende Recht anzuwenden.

(3) Hat die berechtigte Person die zuständige Behörde des Staates angerufen, in dem die verpflichtete Person ihren gewöhnlichen Aufenthalt hat, so ist ungeachtet des Artikels 3 das am Ort des angerufenen Gerichts geltende Recht anzuwenden. Kann die berechtigte Person jedoch

---

1 Rauscher/*Andrae* HUntStProt Art. 3 Rn. 4 f.
2 Rauscher/*Andrae* HUntStProt Art. 3 Rn. 6.
3 Rauscher/*Andrae* HUntStProt Art. 3 Rn. 8.
4 Rauscher/*Andrae* HUntStProt Art. 3 Rn. 9.
5 Bamberger/Roth/*Heiderhoff* Art. 18 EGBGB Anh. Rn. 41.
6 Rauscher/*Andrae* HUntStProt Art. 3 Rn. 10.
7 Vgl. OLG Jena FamRZ 2010, 1364.
8 Rauscher/*Andrae* HUntStProt Art. 3 Rn. 13.

nach diesem Recht von der verpflichteten Person keinen Unterhalt erhalten, so ist das Recht des Staates des gewöhnlichen Aufenthalts der berechtigten Person anzuwenden.

(4) Kann die berechtigte Person nach dem in Artikel 3 und in den Absätzen 2 und 3 vorgesehenen Recht von der verpflichteten Person keinen Unterhalt erhalten, so ist gegebenenfalls das Recht des Staates anzuwenden, dem die berechtigte und die verpflichtete Person gemeinsam angehören.

8   Art. 4 enthält besondere Regeln, nämlich eine gestufte Anknüpfung zugunsten bestimmter privilegierter Unterhaltsberechtigter. Inhaltlich weicht die Vorschrift teilweise von der Aufenthaltsanknüpfung des Art. 3 HaagUntProt. ab und strebt dabei ein Gleichgewicht zwischen der Maßgeblichkeit der lex fori und dem Günstigkeitsprinzip an.[1]

Dies gilt für Unterhaltspflichten der **Eltern gegenüber ihren Kindern** (Abs. 1 Buchst. a). Erfasst sind Adoptiv-, nicht aber Stiefeltern.[2] Ferner gilt das HaagUntProt. für Unterhaltspflichten **anderer Personen** als der Eltern gegenüber Personen, die das 21. Lebensjahr noch nicht vollendet haben, mit Ausnahme der Unterhaltspflichten aus den in Art. 5 (Ehegatten) genannten Beziehungen (Abs. 1 Buchst. b). Dazu gehören insb. Stiefeltern. Besonders geregelt sind auch die Verpflichtungen der **Kinder gegenüber ihren Eltern** (Abs. 1 Buchst. c). Diese Aufzählung ist abschließend.[3]

9   Kann der Unterhaltsberechtigte nach dem in Art. 3 vorgesehenen Recht des Aufenthaltsortes von der verpflichteten Person keinen Unterhalt erhalten, so gilt das am Ort des angerufenen Gerichts geltende Recht. Im Interesse des favor creditoris ist die **lex fori** anzuwenden (Abs. 2).[4] Bei einer negativen Feststellungsklage des Verpflichteten wird eine analoge Anwendung vorgeschlagen, wonach das Recht anzuwenden ist, nach dem der Berechtigte eine Unterhaltsleistung hätte verlangen können.[5]

Hat der Unterhaltsberechtigte die zuständige Behörde des Staates angerufen, in dem der **Unterhaltspflichtige seinen gewöhnlichen Aufenthalt** hat, so ist ungeachtet des Art. 3 das am Ort des angerufenen Gerichts geltende Recht anzuwenden. Auch dann gilt also die lex fori, da der Unterhaltsberechtigte ja dieses Forum gesucht hatte.[6] Kann der Unterhaltsberechtigte jedoch nach diesem Recht von der verpflichteten Person **keinen Unterhalt erhalten**, so ist das Recht des Staates des **gewöhnlichen Aufenthalts der berechtigten Person** anzuwenden (Abs. 3). Dies dürfte auch bei einem Unterhaltsverlangen einer öffentliche Aufgaben wahrnehmenden Einrichtung gelten.[7] Das Günstigkeitsprinzip kommt dann zur Geltung, wenn nach dem primär anwendbaren Recht für die betreffende Familienbeziehung (z.B. Stiefkindschaft) überhaupt keine Unterhaltsverpflichtung besteht.[8] Gleiches gilt, wenn rechtliche Voraussetzungen wie Altersgrenzen nicht erfüllt sind.[9] Nicht genügen dürfte jedoch lediglich eine andere Bewertung bezüglich Bedürftigkeit und/oder Leistungsfähigkeit.[10] Schon bislang verlangte man, dass das an sich berufene fremde Recht dem Anspruchsteller (»Berechtigten«) einen Unterhaltsanspruch überhaupt versagt;[11] es muss also fest-

---

1   Näher Rauscher/*Andrae* HUntStProt Art. 4 Rn. 2 ff.
2   Rauscher/*Andrae* HUntStProt Art. 4 Rn. 9.
3   *Bonomi* Yb. PIL 10 (2008), 333 (346).
4   *Bonomi* Yb. PIL 10 (2008), 333 (343).
5   *Arnold* IPRax 2012, 311 (314 f.).
6   OLG Frankfurt FamRZ 2012, 1501; *Bonomi* Yb. PIL 10 (2008), 333 (344 f.).
7   Bamberger/Roth/*Heiderhoff* Art. 18 EGBGB Anh. Rn. 49.– Vgl. aber Rauscher/*Andrae* HUntStProt Art. 4 Rn. 14.
8   Rauscher/*Andrae* HUntStProt Art. 4 Rn. 17, 19.
9   Rauscher/*Andrae* HUntStProt Art. 4 Rn. 17.
10 Bamberger/Roth/*Heiderhoff* Art. 18 EGBGB Anh. Rn. 53 f.; Rauscher/*Andrae* HUntStProt Art. 4 Rn. 18, 21.
11 OLG Hamm NJW-RR 2010, 74.

stehen, dass nach dem fremden Recht aus der konkreten familienrechtlichen Beziehung zum Anspruchsgegner überhaupt keine Unterhaltsleistung verlangt werden kann.[12]

Erst an letzter Stelle kommt es auf die **gemeinsame Staatsangehörigkeit** an. Kann der Unterhaltsberechtigte nach dem in Art. 3 und in den Abs. 2 und 3 vorgesehenen Recht von der verpflichteten Person keinen Unterhalt erhalten, so ist gegebenenfalls das Recht des Staates anzuwenden, dem die Unterhaltsberechtigter und -verpflichteter **gemeinsam angehören** (Abs. 4). Zu diesem Staat braucht nicht die engste Verbindung zu bestehen.[13] Bei Mehrstaatern wird teilweise auf die effektive Staatsangehörigkeit abgestellt,[14] vielfach lässt man auch eine nichteffektive genügen.[15]

Art. 5 Besondere Regel in Bezug auf Ehegatten und frühere Ehegatten

In Bezug auf Unterhaltspflichten zwischen Ehegatten, früheren Ehegatten oder Personen, deren Ehe für ungültig erklärt wurde, findet Artikel 3 keine Anwendung, wenn eine der Parteien sich dagegen wendet und das Recht eines anderen Staates, insbesondere des Staates ihres letzten gemeinsamen gewöhnlichen Aufenthalts, zu der betreffenden Ehe eine engere Verbindung aufweist. In diesem Fall ist das Recht dieses anderen Staates anzuwenden.

Ehegatten und frühere Ehegatten können eine Rechtswahl nach Art. 8 treffen. Art. 5 enthält eine **10**
besondere Ausweichklausel für die objektive Anknüpfung. Ob eine eheliche Beziehung besteht, ist eine selbständig anzuknüpfende kollisionsrechtliche Vorfrage (Erstfrage).[1] Soweit eine Entscheidung dazu vorliegt, richtet sich ihre Anerkennung nach den Regeln des internationalen Verfahrensrechts.[2] Für die Unterhaltspflicht zwischen Ehegatten und früherem Ehegatten und ebenfalls auf Unterhaltspflichten zwischen Personen, deren Ehe für ungültig erklärt wurde, findet das grds. maßgebliche Recht des gewöhnlichen Aufenthaltsorts des Berechtigten (Art. 3) in bestimmten Situationen keine Anwendung. Damit sollen insb. Fälle erfasst werden, in denen die Ehe nach einem anderen Recht (etwa dem gemeinsamen Heimatrecht im Heimatstaat) gelebt wurde.[3] Verlangt wird, dass eine der Parteien sich dagegen wendet, also eine **Einrede** erhebt.[4] Ferner ist erforderlich, dass das Recht eines anderen Staates, insb. des Staates ihres letzten gemeinsamen gewöhnlichen Aufenthalts, zu der betreffenden Ehe eine »engere Verbindung« aufweist. Dann ist das Recht dieses anderen Staates anzuwenden. Andere Gesichtspunkte dürften nur eine geringe Rolle spielen.[5] Die Anknüpfung nach Art. 5 dürfte grds. unwandelbar sein.[6] Die Anknüpfung an das Scheidungsstatut nach Art. 8 HUÜ 1973 wurde aufgegeben.

---

12 OLG Oldenburg NJW-RR 1996, 1220; OLG Hamm FamRZ 1998, 25; OLG Nürnberg NJW-RR 2010, 1306.
13 Rauscher/*Andrae* HUntStProt Art. 4 Rn. 15.
14 Palandt/*Thorn* EGBGB HUntProt Rn. 15
15 *Andrae* GPR 2010, 196 (203); *Helms* FS Pintens I, 2012, 681 (695 f.); Bamberger/Roth/*Heiderhoff* Art. 18 EGBGB Anh. Rn. 58; MüKo/*Siehr* Art. 18 EGBGB Anh. I Rn. 132.
1 Rauscher/*Andrae* HUntStProt Art. 5 Rn. 20, 22.
2 Rauscher/*Andrae* HUntStProt Art. 5 Rn. 20 f.
3 *Boele-Woelki/Mom* FPR 2010, 487 f; *Bonomi* Yb. PIL 10 (2008), 333 (346 ff.).
4 OLG Köln FamRZ 2012, 1509; Palandt/*Thorn* EGBGB HUntProt Rn. 21; Rauscher/*Andrae* HUntStProt Art. 5 Rn. 11 f.
5 Rauscher/*Andrae* HUntStProt Art. 5 Rn. 17.
6 Bamberger/Roth/*Heiderhoff* Art. 18 EGBGB Anh. Rn. 67.

10a   Staaten, welche die **gleichgeschlechtliche Lebenspartnerschaft** anerkennen, können Art. 5 insoweit anwenden.[7] Dazu gehört Deutschland.[8] Dies ist auch für die **gleichgeschlechtliche Ehe** anzunehmen.[9]

Art. 6   Besondere Mittel zur Verteidigung

**Außer bei Unterhaltspflichten gegenüber einem Kind, die sich aus einer Eltern-Kind-Beziehung
ergeben, und den in Artikel 5 vorgesehenen Unterhaltspflichten kann die verpflichtete Person
dem Anspruch der berechtigten Person entgegenhalten, dass für sie weder nach dem Recht des
Staates des gewöhnlichen Aufenthalts der verpflichteten Person noch gegebenenfalls nach dem
Recht des Staates, dem die Parteien gemeinsam angehören, eine solche Pflicht besteht.**

11   Außer bei Unterhaltspflichten gegenüber einem Kind, die sich aus einer Eltern-Kind-Beziehung
ergeben, und den in Art. 5 vorgesehenen Unterhaltspflichten (Ehegatten und ehemalige Ehegatten) bestehen besondere »**Mittel zur Verteidigung**«. Kind ist auch hier das Adoptivkind, nicht
aber das Stiefkind.[1] Der Unterhaltsverpflichtete kann dem Anspruch des Unterhaltsberechtigten
entgegenhalten, dass für ihn weder nach dem Recht des Staates des **gewöhnlichen Aufenthalts der
verpflichteten Person** noch gegebenenfalls nach dem Recht des Staates, dem die Parteien **gemeinsam angehören**, eine solche Pflicht (zB ggü **Verwandten in der Seitenlinie und Verschwägerten**)
besteht. Ob es hier auf die effektive Staatsangehörigkeit ankommt, ist str.[2] Es handelt sich um eine
kollisionsrechtliche Einrede.[3] Dies entspricht weitgehend dem Art. 7 HUÜ für **Verwandte in der
Seitenlinie** und **Verschwägerte**. Art. 6 kann ganz generell bei einer Anknüpfung nach Art. 4 zum
Zuge kommen.[4]

Art. 7   Wahl des anzuwendenden Rechts für die Zwecke eines einzelnen Verfahrens

**(1) Ungeachtet der Artikel 3 bis 6 können die berechtigte und die verpflichtete Person allein für
die Zwecke eines einzelnen Verfahrens in einem bestimmten Staat anzuwendende Recht bestimmen.**

**(2) Erfolgt die Rechtswahl vor der Einleitung des Verfahrens, so geschieht dies durch eine von
beiden Parteien unterschriebene Vereinbarung in Schriftform oder erfasst auf einem Datenträger, dessen Inhalt für eine spätere Einsichtnahme zugänglich ist.**

12   Eine Wahl des anzuwendenden Rechts, nämlich der lex fori, für die **Zwecke eines einzelnen Verfahrens** ist zulässig.[1] Die Vereinbarung kann sich auf alle Unterhaltssachen beziehen;[2] sie entfaltet
aber lediglich für dieses Verfahren Wirkungen.[3] Im Zweifel dürfte eine Rechtswahl dahingehend

---

7 *Bonomi* Yb. PIL 10 (2008), 333 (339, 350).
8 Bamberger/Roth/*Heiderhoff* Art. 18 EGBGB Anh. Rn. 63; Rauscher/*Andrae* HUntStProt Art. 5 Rn. 9.
9 *Andrae* GPR 2010, 202; Palandt/*Thorn* EGBGB HUntProt Rn. 19.
1 Rauscher/*Andrae* HUntStProt Art. 6 Rn. 4.
2 So Erman/*Hohloch* Art. 18aF Rn. 16, 17; Palandt/*Thorn* EGBGB HUntProt Rn. 24; aA Rauscher/*Andrae*
   HUntStProt Art. 6 Rn. 9.
3 Rauscher/*Andrae* HUntStProt Art. 6 Rn. 6.
4 Krit. dazu Rauscher/*Andrae* HUntStProt Art. 4 Rn. 8.
1 Formulierungsvorschlag bei *Süß* ZNotP 2011, 282 (286 f.).
2 Rauscher/*Andrae* HUntStProt Art. 7 Rn. 2.
3 *Bonomi* Yb. PIL 10 (2008), 333 (351 f.); Rauscher/*Andrae* HUntStProt Art. 7 Rn. 15.

auszulegen sein.[4] Ungeachtet der Art. 3 bis 6 können Unterhaltsberechtigter und -verpflichteter das anzuwendende Recht bestimmen (Abs. 1). Geschäftsfähigkeit, ggf. gesetzliche Vertretungsmacht des Erklärenden sind erforderlich.[5] Eine konkludente Rechtswahl genügt nicht.[6] Sie muss sich zudem auf ein bestimmtes Recht beziehen.[7]

Die Rechtswahl im Prozess ist **formlos**.[8] Erfolgt die Rechtswahl vor der Einleitung des Verfahrens, so geschieht dies durch eine von beiden Parteien unterschriebene Vereinbarung in **Schriftform**. Es genügt auch ein Datenträger, dessen Inhalt für eine spätere Einsichtnahme zugänglich ist (Abs. 2).

Art. 8 Wahl des anzuwendenden Rechts

(1) Ungeachtet der Artikel 3–6 können die berechtigte und die verpflichtete Person jederzeit eine der folgenden Rechtsordnungen als das auf eine Unterhaltspflicht anzuwendende Recht bestimmen:

a) das Recht eines Staates, dem eine der Parteien im Zeitpunkt der Rechtswahl angehört;

b) das Recht des Staates, in dem eine der Parteien im Zeitpunkt der Rechtswahl ihren gewöhnlichen Aufenthalt hat;

c) das Recht, das die Parteien als das auf ihren Güterstand anzuwendende Recht bestimmt haben, oder das tatsächlich darauf angewandte Recht;

d) das Recht, das die Parteien als das auf ihre Ehescheidung oder Trennung ohne Auflösung der Ehe anzuwendende Recht bestimmt haben, oder das tatsächlich auf diese Ehescheidung oder Trennung angewandte Recht.

(2) Eine solche Vereinbarung ist schriftlich zu erstellen oder auf einem Datenträger zu erfassen, dessen Inhalt für eine spätere Einsichtnahme zugänglich ist, und von beiden Parteien zu unterschreiben.

(3) Absatz 1 findet keine Anwendung auf Unterhaltspflichten betreffend eine Person, die das 18. Lebensjahr noch nicht vollendet hat, oder einen Erwachsenen, der aufgrund einer Beeinträchtigung oder der Unzulänglichkeit seiner persönlichen Fähigkeiten nicht in der Lage ist, seine Interessen zu schützen.

(4) Ungeachtet des von den Parteien nach Absatz 1 bestimmten Rechts ist das Recht des Staates, in dem die berechtigte Person im Zeitpunkt der Rechtswahl ihren gewöhnlichen Aufenthalt hat, dafür maßgebend, ob die berechtigte Person auf ihren Unterhaltsanspruch verzichten kann.

(5) Das von den Parteien bestimmte Recht ist nicht anzuwenden, wenn seine Anwendung für eine der Parteien offensichtlich unbillige oder unangemessene Folgen hätte, es sei denn, dass die Parteien im Zeitpunkt der Rechtswahl umfassend unterrichtet und sich der Folgen ihrer Wahl vollständig bewusst waren.

Art. 8 erlaubt eine **beschränkte Wahl des anzuwendenden Rechts**. Die Rechtswahl kann durch   13 Unterhaltsberechtigten und -verpflichteten jederzeit erfolgen.[1] Für das auf eine Unterhaltspflicht anzuwendende Recht können die vier Möglichkeiten des Abs. 1 genutzt werden, in denen im Zeit-

---

4   Rauscher/*Andrae* HUntStProt Art. 7 Rn. 10.

5   Rauscher/*Andrae* HUntStProt Art. 7 Rn. 4.

6   *Lipp* FS Pintens I, 2012, 847 (855); Rauscher/*Andrae* HUntStProt Art. 7 Rn. 6.

7   Rauscher/*Andrae* HUntStProt Art. 7 Rn. 7 f.; Palandt/*Thorn* EGBGB HUntProt Rn. 26.

8   Bamberger/Roth/*Heiderhoff* Art. 18 EGBGB Anh. Rn. 77; Rauscher/*Andrae* HUntStProt Art. 7 Rn. 12.

1   Formulierungsvorschlag bei *Süß* ZNotP 2011, 282 (285 f.).

punkt der Rechtswahl eine hinreichende Nähebeziehung besteht.[2] Gewählt werden kann das Recht eines **Staates, dem eine der Parteien im Zeitpunkt der Rechtswahl angehört** (Abs. 1 Buchst. a). Bei mehrfacher Staatsangehörigkeit wird man schon aus Praktikabilitätsgründen eine genügen lassen.[3] Auch das Recht des Staates, in dem eine der Parteien **im Zeitpunkt der Rechtswahl ihren gewöhnlichen Aufenthalt** hat, darf vereinbart werden (Abs. 1 Buchst. b).

14   Weitere Wahlmöglichkeiten stehen **Ehegatten** und **geschiedenen Ehegatten** offen.[4] Erfasst werden auch nichtige und vernichtbare Ehen.[5] Andere Lebensgemeinschaften können auch hier ggf. gleichgestellt werden (s. Rdn. 3).[6] Für sie besteht Rechtswahlfreiheit im Hinblick auf das Recht, das die Parteien als das auf ihren **Güterstand** anzuwendende Recht wirksam[7] gewählt haben, oder das tatsächlich darauf angewandte Recht (Abs. 1 Buchst. c). Mangels kollisionsrechtlicher Vereinheitlichung gilt für die güterrechtliche Rechtswahl das Kollisionsrecht der lex fori.[8] Schließlich kann vereinbart werden das Recht, das die Parteien als das auf ihre **Ehescheidung oder Trennung** ohne Auflösung der Ehe anzuwendende Recht bestimmt haben, oder das tatsächlich auf diese Ehescheidung oder Trennung angewandte Recht (Abs. 1 Buchst. d). Auch insoweit können andere Lebensgemeinschaften gleichgestellt werden.[9]

15   Die **Wirksamkeit der Rechtswahl** unterliegt dem gewählten Recht.[10] Sie hat **schriftlich** zu erfolgen oder ist auf einem Datenträger zu erfassen, dessen Inhalt für eine spätere Einsichtnahme zugänglich ist, und von beiden Parteien zu unterschreiben (Abs. 2). Die Vereinbarung muss sich auf ein bestimmtes Recht beziehen; eine generelle Wahl lediglich des jeweiligen Recht eines beliebigen Forums genügt nicht[11]. Allerdings ist eine konkludente Rechtswahl zulässig, wenn sie hinreichend bestimmt ist.[12] Die Vereinbarung kann »jederzeit«, also auch vor Verfahrenseinleitung erfolgen.[13] Eine einmal erfolgte Rechtswahl bleibt bis zu ihrer Aufhebung oder Abänderung wirksam.[14] Die Aufhebung oder Änderung unterliegt den gleichen Anforderungen wie die ursprüngliche Rechtswahl.[15]

16   Zum Schutz bestimmter Unterhaltsberechtigter findet Abs. 1 keine Anwendung auf Unterhaltspflichten betreffend eine Person, die **das 18. Lebensjahr noch nicht vollendet** hat, oder einen Erwachsenen, der aufgrund einer **Beeinträchtigung** oder der Unzulänglichkeit seiner persönlichen Fähigkeiten nicht in der Lage ist, seine Interessen zu schützen (Abs. 3). Letzteres entspricht Art. 1 Abs. 1 ErwSÜ.[16]

17   Besonderer Schutz wird vor einem **Verzicht** gewährt. Ungeachtet des von den Parteien nach Abs. 1 bestimmten Rechts ist das Recht des Staates, in dem die berechtigte Person im Zeitpunkt der Rechtswahl ihren gewöhnlichen Aufenthalt hat, dafür maßgebend, ob sie auf ihren Unterhaltsanspruch verzichten kann (Abs. 4).[17] Dies gilt für einen materiellrechtlichen Verzicht auf Unterhalt.[18]

---

2   Rauscher/*Andrae* HUntStProt Art. 8 Rn. 7.
3   Palandt/*Thorn* EGBGB HUntProt Rn. 30; Rauscher/*Andrae* HUntStProt Art. 8 Rn. 8.
4   *Bonomi* Yb. PIL 10 (2008), 333 (354 f.).
5   Rauscher/*Andrae* HUntStProt Art. 8 Rn. 10.
6   Palandt/*Thorn* EGBGB HUntProt Rn. 30; Rauscher/*Andrae* HUntStProt Art. 8 Rn. 10.
7   *Gruber,* FS Spellenberg, 2010, 177 (191).
8   Rauscher/*Andrae* HUntStProt Art. 8 Rn. 12.
9   Rauscher/*Andrae* HUntStProt Art. 8 Rn. 13.
10   *Lipp* FS Pintens I, 2012, 847 (857); Erman/*Hohloch* Art. 18 aF EGBGB Rn. 25.
11   *Andrae* GPR 2010, 201.
12   Bamberger/Roth/*Heiderhoff* Art. 18 EGBGB Anh. Rn. 84; Rauscher/*Andrae* HUntStProt Art. 8 Rn. 6.
13   *Bonomi* Yb. PIL 10 (2008), 333 (353).
14   *Bonomi* Yb. PIL 10 (2008), 333 (353).
15   *Lipp* FS Pintens I, 2012, 847 (857). – Rauscher/*Andrae* HUntStProt Art. 8 Rn. 4.
16   Näher Rauscher/*Andrae* HUntStProt Art. 8 Rn. 19.
17   Dagegen für den Zeitpunkt der Verzichterklärung NK/*Gruber* Anh. Art. 18 EGBGB Art. 8 Rn. 10.
18   *Bonomi* Yb. PIL 10 (2008), 333 (356).

Die Bestimmung kommt aber auch dann analog zur Anwendung, wenn bereits in der Wahl des keinen Unterhalt gewährenden Rechts ein Verzicht liegt.[19]

Eine besondere Ausweichklausel enthält Abs. 5 Hs. 1.[20] Das von den Parteien bestimmte Recht ist **18** nicht anzuwenden, wenn seine Anwendung für eine der Parteien offensichtlich **unbillige oder unangemessene Folgen** hätte. Insoweit wird man das objektiv anwendbare und das gewählte Recht zu vergleichen haben.[21] Anderes gilt nur dann, wenn die Parteien im Zeitpunkt der Rechtswahl umfassend unterrichtet und sich der Folgen ihrer Wahl vollständig bewusst waren, d.h. davon Kenntnis hatten.[22]

Art. 9 »Wohnsitz« anstelle von »Staatsangehörigkeit«

Ein Staat, der den Begriff des »Wohnsitzes« als Anknüpfungspunkt in Familiensachen kennt, kann das Ständige Büro der Haager Konferenz für Internationales Privatrecht davon unterrichten, dass für die Zwecke der Fälle, die seinen Behörden vorgelegt werden, in Artikel 4 der Satzteil »dem die berechtigte und die verpflichtete Person gemeinsam angehören« durch »in dem die berechtigte und die verpflichtete Person gemeinsam ihren Wohnsitz haben« und in Artikel 6 der Satzteil »dem die Parteien gemeinsam angehören« durch »in dem die Parteien gemeinsam ihren Wohnsitz haben« ersetzt wird, wobei »Wohnsitz« so zu verstehen ist, wie es in dem betreffenden Staat definiert wird.

Die Vorschrift hat für Staaten Bedeutung, welche den »Wohnsitz« oder das »domicile« als **19** Anknüpfungspunkt verwenden.[1]

Art. 10 Öffentliche Aufgaben wahrnehmende Einrichtungen

Für das Recht einer öffentliche Aufgaben wahrnehmenden Einrichtung, die Erstattung einer der berechtigten Person anstelle von Unterhalt erbrachten Leistung zu verlangen, ist das Recht maßgebend, dem diese Einrichtung untersteht.

Art. 10 betrifft den **Unterhaltsrückgriff** durch öffentliche Aufgaben wahrnehmende Einrichtun **20** gen. Die sind öffentliche Behörden oder gemeinnützige Einrichtungen, welche Fürsorgeleistungen im öffentlichen Interesse erbringen wie Unterhaltsvorschusskassen, Sozialhilfeträger sowie ggf. auch privatrechtlich organisierte gemeinnützige Einrichtungen.[1] Die Beziehung zwischen dem **Unterhaltsberechtigten und der Einrichtung** richtet sich nach internationalem Sozialrecht.[2] Für das »Ob« eines Rückgriffsanspruchs der **Einrichtung gegen den Unterhaltspflichtigen** (Rückgriffs- oder Erstattungsstatut) ist maßgeblich ist das Recht, dem diese Einrichtung untersteht.[3] Das ist im Allgemeinen das Recht an ihrem Sitz.[4] Sowohl abgeleitete (z.B. Legalzession) als auch

---

19 *Bonomi* Yb. PIL 10 (2008), 333 (356); Bamberger/Roth/*Heiderhoff* Art. 18 EGBGB Anh. Rn. 88; Palandt/*Thorn* EGBGB HUntProt. Rn. 32.
20 *Bonomi* Yb. PIL 10 (2008), 333 (357).
21 Rauscher/*Andrae* HUntStProt Art. 8 Rn. 25.
22 Rauscher/*Andrae* HUntStProt Art. 8 Rn. 25.
 1 Näher Rauscher/*Andrae* HUntStProt Art. 9 Rn. 1 ff.
 1 Rauscher/*Andrae* HUntStProt Art. 10 Rn. 2.
 2 *Martiny* IPRax 2004, 195 (198); Rauscher/*Andrae* HUntStProt Art. 10 Rn. 3.
 3 *Kuntze* FPR 2011, 166 (167); Rauscher/*Andrae* HUntStProt Art. 10 Rn. 3.
 4 Rauscher/*Andrae* HUntStProt Art. 10 Rn. 6.

selbständige Erstattungsansprüche werden erfasst,[5] in Deutschland etwa § 94 SGB XII. Das Erstattungsstatut bestimmt über Voraussetzungen und Höhe.[6] Zu beachten ist aber auch das sog. Begrenzungsstatut. Das Unterhaltsstatut bestimmt den **Umfang der Erstattungspflicht der verpflichteten Person** (Art. 11 Buchst. f).[7] Der Regress soll den Umfang der Unterhaltsverpflichtung nicht erweitern. Soweit sozialrechtliche Normen einen Verzicht des Unterhaltsberechtigten auf seinen Anspruch ausschließen, handelt es sich um eine sozialrechtliche Eingriffsnorm.[8] Eine analoge Anwendung des Art. 10 auf die Rückgriffsansprüche Privater kommt nicht in Betracht.[9]

Art. 11   Geltungsbereich des anzuwendenden Rechts

Das auf die Unterhaltspflicht anzuwendende Recht bestimmt insbesondere,

a) **ob, in welchem Umfang und von wem die berechtigte Person Unterhalt verlangen kann;**
b) **in welchem Umfang die berechtigte Person Unterhalt für die Vergangenheit verlangen kann;**
c) **die Grundlage für die Berechnung des Unterhaltsbetrags und für die Indexierung;**
d) **wer zur Einleitung des Unterhaltsverfahrens berechtigt ist, unter Ausschluss von Fragen der Prozessfähigkeit und der Vertretung im Verfahren;**
e) **die Verjährungsfristen oder die für die Einleitung eines Verfahrens geltenden Fristen;**
f) **den Umfang der Erstattungspflicht der verpflichteten Person, wenn eine öffentliche Aufgaben wahrnehmende Einrichtung die Erstattung der der berechtigten Person anstelle von Unterhalt erbrachten Leistungen verlang**

21 Art. 11 umschreibt den Geltungsbereich des anzuwendenden Rechts (ähnlich Art. 10 HUÜ 1973). Die Aufzählung ist nicht abschließend.[1] Das auf die Unterhaltspflicht anzuwendende Recht bestimmt insbes. ob, **in welchem Umfang** und **von wem** die berechtigte Person Unterhalt verlangen kann (Buchst. a). Dazu gehören die Voraussetzungen (Bedürftigkeit, Selbstbehalt, Leistungsfähigkeit) und Höhe[2] und die sachrechtlichen Abänderungsvoraussetzungen.[3] Umfasst werden ferner die Dauer[4] sowie die Möglichkeiten von Vereinbarungen[5] und Verzicht.[6] Das gilt auch für den Rang mehrerer Unterhaltsberechtigter und -verpflichteter.[7]

Das Unterhaltsstatut regelt ferner, in welchem Umfang die berechtigte Person **Unterhalt für die Vergangenheit** verlangen kann (Buchst. c).[8]

---

5 *Martiny* IPRax 2004, 195 (199); Rauscher/*Andrae* HUntStProt Art. 10 Rn. 4.
6 Rauscher/*Andrae* HUntStProt Art. 10 Rn. 8.
7 Rauscher/*Andrae* HUntStProt Art. 10 Rn. 3, 9.
8 *Martiny* IPRax 2004, 195 (200); Rauscher/*Andrae* HUntStProt Art. 10 Rn. 10.
9 Bamberger/Roth/*Heiderhoff* Art. 18 EGBGB Anh. Rn. 109.
1 Rauscher/*Andrae* HUntStProt Art. 11 Rn. 1.
2 Rauscher/*Andrae* HUntStProt Art. 11 Rn. 6.
3 Palandt/*Thorn* EGBGB HUntProt Rn. 39.
4 Rauscher/*Andrae* HUntStProt Art. 11 Rn. 16 ff.
5 Rauscher/*Andrae* HUntStProt Art. 11 Rn. 9.
6 Rauscher/*Andrae* HUntStProt Art. 11 Rn. 10 ff.
7 OLG Düsseldorf FamRZ 2001, 919 (920); *Martiny* FS Jayme 2004, 575; Rauscher/*Andrae* HUntStProt Art. 11 Rn. 2.
8 Rauscher/*Andrae* HUntStProt Art. 11 Rn. 20.

Das für die Unterhaltspflicht maßgebliche Recht bestimmt auch die Grundlage für die **Berechnung des Unterhaltsbetrags** und für die **Indexierung** (Buchst. b). Dazu gehört auch eine Anpassung des Mindestunterhalts nach § 1612a BGB[9] sowie die Währung.[10]

Nach dem Unterhaltsstatut richtet sich ferner, wer zur **Einleitung des Unterhaltsverfahrens berechtigt ist (Klageberechtigung)**, unter Ausschluss von Fragen der Prozessfähigkeit und der Vertretung im Verfahren (Buchst. d). Davon wird auch die **gesetzliche Vertretung des Kindes** im Prozess sowie die Prozessstandschaft nach § 1629 Abs. 2 Satz 2, Abs. 3 Satz 1 BGB erfasst.[11]

Dem Unterhaltsstatut unterliegen außerdem die **Verjährungsfristen** oder die für die Einleitung eines Verfahrens geltenden Fristen (Buchst. e).

Schließlich begrenzt das Unterhaltsstatut den **Umfang der Erstattungspflicht der verpflichteten Person**, wenn eine öffentliche Aufgaben wahrnehmende Einrichtung die Erstattung der der berechtigten Person anstelle von Unterhalt erbrachten nach Art. 10 Leistungen verlangt (Art. 11 Buchst. f),[12] s. Art. 10 Rdn. 20. Der **Rückgriff Privater** gegen andere Unterhaltspflichtige ist nicht geregelt. Der Rückgriff des Inanspruchgenommenen richtet sich nach dem für seine Unterhaltspflicht maßgeblichen Recht.[13] Leistet anstelle des eigentlichen Unterhaltsschuldners ein Dritter Unterhalt, so gilt für den Rückgriff subsidiär Verpflichteter das für ihre Unterhaltspflicht maßgebliche Unterhaltsstatut.[14]

Das nach lit. a berufene Recht umfasst auch den »Umfang«, also die **Höhe des geschuldeten Unterhalts**. Dies gilt zunächst unabhängig davon, ob die Parteien sich im selben oder in verschiedenen Staaten aufhalten. Soweit das berufene Sachrecht einen solchen Sachverhalt bei der Unterhaltsbemessung berücksichtigt, bleibt es auch insoweit bei der Maßgeblichkeit dieses Rechts. Dies gilt uneingeschränkt, wenn deutsches Recht berufen ist, da nach diesem die Höhe des Unterhalts sich grds nach den Umständen des Einzelfalls richtet, nicht an starre gesetzliche Vorgaben gebunden ist und Bedürftigkeit einerseits und Leistungsfähigkeit andererseits zwingende Maßstäbe sind. Bei Maßgeblichkeit ausl. Rechts ist für die Unterhaltsberechnung das ausländische Recht maßgeblich, wenngleich in der Gerichtspraxis aus Gründen der Vereinfachung auch dann häufig zusätzlich[15] oder ausschließlich bzw nahezu ausschließlich die deutschen Grundsätze herangezogen werden.[16]   21a

Art. 12   Ausschluss der Rückverweisung

Der Begriff »Recht« im Sinne dieses Protokolls bedeutet das in einem Staat geltende Recht mit Ausnahme des Kollisionsrechts.

Rück- und Weiterverweisung sind stets ausgeschlossen. Dies gilt allerdings nicht bei der Anknüpfung von Vorfragen.[1]   22

---

9 Vgl. Rauscher/*Andrae* HUntStProt Art. 11 Rn. 21.
10 Palandt/*Thorn* EGBGB HUntProt Rn. 39.
11 Palandt/*Thorn* EGBGB HUntProt Rn. 42; Rauscher/*Andrae* HUntStProt Art. 11 Rn. 23; vgl. BGH FamRZ 1992, 426; AG Berlin-Schönefeld FamRZ 2010, 1566.
12 Rauscher/*Andrae* HUntStProt Art. 11 Rn. 26.
13 Näher Rauscher/*Andrae* HUntStProt Art. 10 Rn. 13.
14 Unter Hinweis auf Art. 15 Rom I-VO u Art. 19 Rom II-VO Palandt/*Thorn* EGBGB HUntProt Rn. 36; vgl. *Martiny*, FS Jayme I 2004, 575 (585 ff.).
15 ZB OLG Zweibrücken FamRZ 2004, 729: Russland.
16 ZB OLG Hamm FamRZ 2005, 369: Polen; AG Leverkusen FamRZ 2004, 727: Polen.
1 Rauscher/*Andrae* HUntStProt Art. 12 Rn. 2.

Art. 13   Öffentliche Ordnung (ordre public)

Von der Anwendung des nach diesem Protokoll bestimmten Rechts darf nur abgesehen werden, soweit seine Wirkungen der öffentlichen Ordnung (ordre public) des Staates des angerufenen Gerichts offensichtlich widersprechen.

23   Art. 13 betrifft die öffentliche Ordnung (ordre public). Die Anwendung ausländischen Rechts darf nur dann abgelehnt werden, soweit seine Wirkungen dem ordre public des Staates des angerufenen Gerichts offensichtlich widersprechen. Auch hier kommt es auf den Einzelfall an,[1] vgl. Art. 6 EGBGB Rdn. 4. Der ordre public greift noch nicht ein, wenn das maßgebliche Recht einem geschiedenen Ehegatten Unterhalt in weiteren Fällen versagt oder in geringerem Ausmaß zubilligt, als dies nach deutschem Recht der Fall ist. Vielmehr muss das an sich anzuwendende Recht auch für besondere Härtefälle keine dem deutschen Recht vergleichbare Anspruchsgrundlage bereithalten.[2] Dies kommt vor allem dann in Betracht, wenn der anspruchstellende Ehegatte gemeinsame minderjährige Kinder betreut oder wegen schwerer Erkrankung nicht mehr in der Lage ist, selbst seinen Lebensunterhalt sicherzustellen.[3]

Art. 14   Bemessung des Unterhaltsbetrags

Bei der Bemessung des Unterhaltsbetrags sind die Bedürfnisse der berechtigten Person und die wirtschaftlichen Verhältnisse der verpflichteten Person sowie etwaige der berechtigten Person anstelle einer regelmäßigen Unterhaltszahlung geleistete Entschädigungen zu berücksichtigen, selbst wenn das anzuwendende Recht etwas anderes bestimmt.

24   Art. 14 über die Bemessung des Unterhaltsbetrags ist eine **international einheitliche materiellrechtliche Sachnorm**, die vor allem dann eingreift, wenn die wirtschaftlichen Verhältnisse im Aufenthaltsland von Berechtigtem und Verpflichtetem unterschiedlich sind[1] (vgl. Art. 11 Abs. 2 HUÜ 1973). Dies zu berücksichtigen ist in erster Linie Sache des anzuwendenden Rechts.[2] Geschieht dies, so ist für eine Korrektur über den Art. 14 des Protokolls kein Raum.[3]

24a Eine besondere sachrechtliche Problematik ergibt sich nach deutschem Recht bei einem Aufenthalt des Verpflichteten und des Unterhaltsberechtigten in unterschiedlichen Ländern mit **erheblichem wirtschaftlichen Gefälle**. Dabei ist auf die Bedürfnisse des Berechtigten und die Erwerbs- und Vermögensmöglichkeiten des Verpflichteten abzustellen. Dies bedeutet bei im Vergleich zum Aufenthaltsstaat des Berechtigten höheren Einkommensverhältnissen des in Deutschland lebenden Verpflichteten zum einen ein Anspruch des Berechtigten auf angemessene Teilhabe an dem gehobenen Lebensstandard des Verpflichteten,[4] zum anderen aber auch die Berücksichtigung von geringeren Lebenshaltungskosten, geringerem Lohnniveau und niedrigerem sozialen Gefüge im Aufenthaltsstaat des Berechtigten. Hierbei finden mehrere Methoden (zT gleichzeitig) Anwendung.[5] Eher selten wird der Bedarf **einzelfallorientiert** ermittelt. Teilw. werden Abschläge nach der

---

1   Rauscher/*Andrae* HUntStProt Art. 13 Rn. 4. – Beispiele bei Palandt/*Thorn* EGBGB HUntProt. Rn. 47.
2   BGH FamRZ 1991, 925.
3   BGH aaO; OLG Hamm FamRZ 1999, 1162; OLG Zweibrücken FamRZ 2000, 32.
1   Rauscher/*Andrae* HUntStProt Art. 14 Rn. 1.
2   Palandt/*Thorn* EGBGB HUntProt Rn. 48.
3   Rauscher/*Andrae* HUntStProt Art. 14 Rn. 12; vgl. OLG Hamm FamRZ 2003, 1855: Russland.
4   BGH FamRZ 1987, 682: Polen.
5   Näher *Motzer* FamRBint 2010, 93 ff; s.a. *Gora* ZKJ 2008, 455 insb zu Polen.

Ländergruppeneinteilung des Bundesfinanzministeriums vorgenommen.[6] Andere gehen von der Verbrauchergeldparität und dem Devisenkurs aus.[7] Zunächst wird nach den Einkommensverhältnissen des Vaters der Unterhalt für ein in Deutschland lebendes gleichaltriges Kind aus der Unterhaltstabelle zu ermitteln. Hiervon wird sodann ein Abschlag vorgenommen, dessen Höhe aus einem Vergleich der sog. **Verbrauchergeldparität** mit dem Devisenkurs sowie der Berücksichtigung der allg. wirtschaftlichen Verhältnisse im Aufenthaltsstaat als pauschaler Prozentsatz oder Bruchteil zu bestimmen ist. »Verbrauchergeldparität« bedeutet den vom statistischen Bundesamt veröffentlichten (Statistisches Bundesamt, Preise, Fachserie 17, Reihe 10, Int. Vergleich der Preise für die Lebensführung) Euro-Betrag, der erforderlich ist, um in Deutschland die gleiche Warenmenge zu kaufen, welche im Ausland für eine bestimmte dortige Geldeinheit aufzuwenden ist. Beim Ehegattenunterhalt ist dementspr. zu verfahren. Schließlich findet auch eine Bedarfskorrektur nach einer **preisniveaubezogenen Kaufkraftdifferenz** statt.[8]

Art. 15   Nichtanwendung des Protokolls auf innerstaatliche Kollisionen

(1) Ein Vertragsstaat, in dem verschiedene Rechtssysteme oder Regelwerke für Unterhaltspflichten gelten, ist nicht verpflichtet, die Regeln dieses Protokolls auf Kollisionen anzuwenden, die allein zwischen diesen verschiedenen Rechtssystemen oder Regelwerken bestehen.

(2) Dieser Artikel ist nicht anzuwenden auf Organisationen der regionalen Wirtschaftsintegration.

Art. 16   In räumlicher Hinsicht nicht einheitliche Rechtssysteme

(1) Gelten in einem Staat in verschiedenen Gebietseinheiten zwei oder mehr Rechtssysteme oder Regelwerke in Bezug auf in diesem Protokoll geregelte Angelegenheiten, so ist

a) jede Bezugnahme auf das Recht eines Staates gegebenenfalls als Bezugnahme auf das in der betreffenden Gebietseinheit geltende Recht zu verstehen;

b) jede Bezugnahme auf die zuständigen Behörden oder die öffentliche Aufgaben wahrnehmenden Einrichtungen dieses Staates gegebenenfalls als Bezugnahme auf die zuständigen Behörden oder die öffentliche Aufgaben wahrnehmenden Einrichtungen zu verstehen, die befugt sind, in der betreffenden Gebietseinheit tätig zu werden;

c) jede Bezugnahme auf den gewöhnlichen Aufenthalt in diesem Staat gegebenenfalls als Bezugnahme auf den gewöhnlichen Aufenthalt in der betreffenden Gebietseinheit zu verstehen;

d) jede Bezugnahme auf den Staat, dem die Parteien gemeinsam angehören, als Bezugnahme auf die vom Recht dieses Staates bestimmte Gebietseinheit oder mangels einschlägiger Vorschriften als Bezugnahme auf die Gebietseinheit zu verstehen, zu der die Unterhaltspflicht die engste Verbindung aufweist;

e) jede Bezugnahme auf den Staat, dem eine Partei angehört, als Bezugnahme auf die vom Recht dieses Staates bestimmte Gebietseinheit oder mangels einschlägiger Vorschriften als Bezugnahme auf die Gebietseinheit zu verstehen, zu der die Person die engste Verbindung aufweist.

---

6 ZB OLG Koblenz FamRZ 2002, 56: Russland; OLG Koblenz FamRZ 2007, 417: Philippinen; OLG Koblenz FamRZ 2007, 1592: Ecuador; OLG Zweibrücken FamRZ 2004, 729: Russland.
7 BGH FamRZ 1987, 682: Polen; KG FamRZ 2002, 1057; OLG Nürnberg FamRZ 1997, 1355: Polen.
8 OLG Hamm FamRZ 2005, 369: Polen.

(2) Hat ein Staat zwei oder mehr Gebietseinheiten mit eigenen Rechtssystemen oder Regelwerken für die in diesem Protokoll geregelten Angelegenheiten, so gilt zur Bestimmung des nach diesem Protokoll anzuwendenden Rechts Folgendes:

a) Sind in diesem Staat Vorschriften in Kraft, die das Recht einer bestimmten Gebietseinheit für anwendbar erklären, so ist das Recht dieser Einheit anzuwenden;

b) fehlen solche Vorschriften, so ist das Recht der in Absatz 1 bestimmten Gebietseinheit anzuwenden.

(3) Dieser Artikel ist nicht anzuwenden auf Organisationen der regionalen Wirtschaftsintegration.

25   Art. 16 betrifft in räumlicher Hinsicht nicht einheitliche Rechtssysteme, also territorial gespaltene Mehrrechtsstaaten. Gelten in einem Staat in verschiedenen Gebietseinheiten **zwei oder mehr Rechtssysteme** oder Regelwerke für dem Unterhaltsprotokoll unterfallende Angelegenheiten, so ist zu bestimmen, auf welche es jeweils ankommt.

Jede Bezugnahme auf das **Recht eines Staates** ist gegebenenfalls als Bezugnahme auf das in der betreffenden Gebietseinheit geltende Recht zu verstehen (Abs. 1 Buchst. a). Bezüglich der **zuständigen Behörden** kommt es auf diejenigen an, die befugt sind, in der betreffenden Gebietseinheit tätig zu werden (Abs. 1 Buchst. b).

Soweit der **gewöhnliche Aufenthalt** entscheidet, ist auf den gewöhnlichen Aufenthalt in der betreffenden Gebietseinheit abzustellen (Abs. 1 Buchst. c). Der Staat, dem die Parteien **gemeinsam angehören**, bezieht sich auf die vom Recht dieses Staates bestimmte Gebietseinheit oder mangels einschlägiger Vorschriften als Bezugnahme auf die Gebietseinheit, zu der die **Unterhaltspflicht die engste Verbindung** aufweist (Abs. 1 Buchst. d). Jede Bezugnahme auf den **Staat, dem eine Partei angehört**, ist als Bezugnahme auf die vom Recht dieses Staates bestimmte Gebietseinheit zu verstehen. Bei Fehlen einschlägiger Vorschriften kommt es auf die Gebietseinheit an, zu der die Person die engste Verbindung aufweist (Abs. 1 Buchst. e). Bei mehrfacher Staatsangehörigkeit dürfte eine genügen.[1]

26   Abs. 2 hat Vorrang vor Abs. 1 Buchst. c–e.[2] Die Vorschrift betrifft den Fall, dass ein Staat zwei oder mehr Gebietseinheiten mit eigenen Rechtssystemen oder Regelwerken für Unterhaltsfragen besitzt. Sind in diesem Staat **Vorschriften in Kraft**, die das Recht einer bestimmten Gebietseinheit für anwendbar erklären, so ist das Recht dieser Einheit anzuwenden (Abs. 2 Buchst. a). Fehlen solche Vorschriften des Gesamtstaates, so ist das Recht der in Abs. 1 bestimmten Gebietseinheit maßgeblich (Abs. 2 Buchst. b). Art. 16 ist nicht anzuwenden auf Organisationen der regionalen Wirtschaftsintegration (Abs. 3).

Art. 17   Hinsichtlich der betroffenen Personengruppen nicht einheitliche Rechtssysteme

Hat ein Staat für in diesem Protokoll geregelte Angelegenheiten zwei oder mehr Rechtssysteme oder Regelwerke, die für verschiedene Personengruppen gelten, so ist zur Bestimmung des nach dem Protokoll anzuwendenden Rechts jede Bezugnahme auf das Recht des betreffenden Staates als Bezugnahme auf das Rechtssystem zu verstehen, das durch die in diesem Staat in Kraft befindlichen Vorschriften bestimmt wird.

---

1   Rauscher/*Andrae* HUntStProt Art. 16 Rn. 8.
2   Rauscher/*Andrae* HUntStProt Art. 16 Rn. 1, 7.

Art. 17 betrifft die interpersonelle Rechtsspaltung. Maßgeblich ist das **interpersonelle Kollisions-** 27 **recht** der Rechtsordnung, auf die verwiesen wird.[1]

Art. 18 Koordinierung mit den früheren Haager Übereinkommen über Unterhalts-pflichten

Im Verhältnis zwischen den Vertragsstaaten ersetzt dieses Protokoll das Haager Übereinkommen vom 2. Oktober 1973 über das auf Unterhaltspflichten anzuwendende Recht und das Haager Übereinkommen vom 24. Oktober 1956 über das auf Unterhaltsverpflichtungen gegenüber Kindern anzuwendende Recht.

Im Verhältnis zwischen den Vertragsstaaten ersetzt das Haager Protokoll das **Haager Übereinkom-** 28 **men vom 02.10.1973** über das auf Unterhaltspflichten anzuwendende Recht (HUÜ 1973).[1] Im Hinblick auf die Einführung durch EU-Recht nimmt man jedoch an, dass das HUÜ 1973 auch gegenüber Nichtvertragsstaaten des HaagUntProt. ersetzt worden ist.[2] Eine Ersetzung ist auch für das Haager Übereinkommen vom 24.10.1956 über das auf **Unterhaltsverpflichtungen gegenüber Kindern** anzuwendende Recht (HUÜ 1956) erfolgt,[3] s. Art. 18 EGBGB a.F. Rdn. 1, 2.

Art. 19 Koordinierung mit anderen Übereinkünften

(1) Dieses Protokoll lässt internationale Übereinkünfte unberührt, denen Vertragsstaaten als Vertragsparteien angehören oder angehören werden und die Bestimmungen über im Protokoll geregelte Angelegenheiten enthalten, sofern die durch eine solche Übereinkunft gebundenen Staaten keine gegenteilige Erklärung abgeben.

(2) Absatz 1 gilt auch für Einheitsrecht, das auf besonderen Verbindungen insbesondere regionaler Art. zwischen den betroffenen Staaten beruht.

Art. 19 gibt Spezialübereinkommen Vorrang. Die Vorschrift wird jedoch durch Art. 19 EuUntVO 29 sowie den Beschluss zum Beitritt der EG modifiziert.[1] Art. 8 Abs. 3 des deutsch-iranischen Niederlassungsabkommens hat Vorrang.[2]

Art. 20 Einheitliche Auslegung

Bei der Auslegung dieses Protokolls ist seinem internationalen Charakter und der Notwendigkeit, seine einheitliche Anwendung zu fördern, Rechnung zu tragen.

Das HaagUntProt ist möglichst einheitlich auszulegen.[1] Infolge des Beitritts der EU zum Haag- 30 UntProt ist es Bestandteil des Unionsrechts. Der EuGH eine Auslegungskompetenz nach Art. 201 AEUV (ex-Art. 234 Abs. 1 Buchst. b EGV).[2]

---

1 Rauscher/*Andrae* HUntStProt Art. 17 Rn. 1.
1 Rauscher/*Andrae* HUntStProt Art. 18 Rn. 1.
2 Bamberger/Roth/*Heiderhoff* Art. 18 EGBGB Anh. Rn. 6.
3 MüKoBGB/*Siehr* Art. 18 EGBGB Anh. I Rn. 13.
1 Rauscher/*Andrae* HUntStProt Art. 19 Rn. 2.
2 Rauscher/*Andrae* HUntStProt Art. 19 Rn. 5.
1 Näher Rauscher/*Andrae* HUntStProt Art. 20 Rn. 1 ff.
2 Rauscher/*Andrae* HUntStProt Einl. Rn. 17.

Art. 22   Übergangsbestimmungen

Dieses Protokoll findet keine Anwendung auf Unterhalt, der in einem Vertragsstaat für einen Zeitraum vor Inkrafttreten des Protokolls in diesem Staat verlangt wird.

31   Wegen der Änderung des maßgeblichen Kollisionsrechts beansprucht das Übereinkommen keine Rückwirkung; insofern bleibt es beim bisherigen Kollisionsrecht.[1] Liegt bereits eine Unterhaltsentscheidung vor, so wird ihr Bestand jedoch nicht berührt.[2] Die intertemporale Regelung des Art. 22 wird jedoch teilweise durch die Erklärung anlässlich des Beitritts durch die EU modifiziert. Danach findet das HaagUntProt. in bestimmtem Umfang auf am 18.06.2011 bereits eingeleitete Unterhaltsverfahren Anwendung.[3]

Art. 23   Unterzeichnung, Ratifikation und Beitritt

(1) Dieses Protokoll liegt für alle Staaten zur Unterzeichnung auf.

(2) Dieses Protokoll bedarf der Ratifikation, Annahme oder Genehmigung durch die Unterzeichnerstaaten.

(3) Dieses Protokoll steht allen Staaten zum Beitritt offen.

(4) Die Ratifikations-, Annahme-, Genehmigungs- oder Beitrittsurkunden werden beim Ministerium für Auswärtige Angelegenheiten des Königreichs der Niederlande, dem Verwahrer dieses Protokolls, hinterlegt.

Art. 24   Organisationen der regionalen Wirtschaftsintegration

(1) Eine Organisation der regionalen Wirtschaftsintegration, die ausschließlich von souveränen Staaten gebildet wird und für einige oder alle in diesem Protokoll geregelten Angelegenheiten zuständig ist, kann das Protokoll ebenfalls unterzeichnen, annehmen, genehmigen oder ihm beitreten. Die Organisation der regionalen Wirtschaftsintegration hat in diesem Fall die Rechte und Pflichten eines Vertragsstaats in dem Umfang, in dem sie für Angelegenheiten zuständig ist, die im Protokoll geregelt sind.

(2) Die Organisation der regionalen Wirtschaftsintegration notifiziert dem Depositar bei der Unterzeichnung, der Annahme, der Genehmigung oder dem Beitritt schriftlich die in diesem Protokoll geregelten Angelegenheiten, für die ihr von ihren Mitgliedstaaten die Zuständigkeit übertragen wurde. Die Organisation notifiziert dem Depositar umgehend schriftlich jede Veränderung ihrer Zuständigkeit gegenüber der letzten Notifikation nach diesem Absatz.

(3) Eine Organisation der regionalen Wirtschaftsintegration kann bei der Unterzeichnung, der Annahme, der Genehmigung oder dem Beitritt nach Artikel 28 erklären, dass sie für alle in diesem Protokoll geregelten Angelegenheiten zuständig ist und dass die Mitgliedstaaten, die ihre Zuständigkeit in diesem Bereich der Organisation der regionalen Wirtschaftsintegration übertragen haben, aufgrund der Unterzeichnung, der Annahme, der Genehmigung oder des Beitritts der Organisation durch das Protokoll gebunden sein werden.

---

1   OLG Köln FamRZ 2012, 1509; Rauscher/*Andrae* HUntStProt Art. 22 Rn. 1.
2   Rauscher/*Andrae* HUntStProt Art. 22 Rn. 3.
3   OLG Celle FamRBint 2012, 56 (LS) Anm. *Conti/Bißmaier* = FamRZ 2012, 1501 (LS). – Näher Rauscher/ *Andrae* EG-UnterhaltsVO Art. 15 Rn. 19 ff.

(4) Für das Inkrafttreten dieses Protokolls zählt eine von einer Organisation der regionalen Wirtschaftsintegration hinterlegte Urkunde nicht, es sei denn, die Organisation der regionalen Wirtschaftsintegration gibt eine Erklärung nach Absatz 3 ab.

(5) Jede Bezugnahme in diesem Protokoll auf einen »Vertragsstaat« oder »Staat« gilt gegebenenfalls gleichermaßen für eine Organisation der regionalen Wirtschaftsintegration, die Vertragspartei des Protokolls ist. Gibt eine Organisation der regionalen Wirtschaftsintegration eine Erklärung nach Absatz 3 ab, so gilt jede Bezugnahme im Protokoll auf einen »Vertragsstaat« oder »Staat« gegebenenfalls gleichermaßen für die betroffenen Mitgliedstaaten der Organisation.

Art. 24 hat den Beitritt der EG (nunmehr EU), die die Außenkompetenz besitzt,[1] zum HaagUnt-Prot und die Verweisung auf das Protokoll in Art. 15 EuUntVO ermöglicht. Vgl. auch Art. 3 Nr. 1 Buchst. c. **32**

Art. 25 Inkrafttreten

(1) Dieses Protokoll tritt am ersten Tag des Monats in Kraft, der auf einen Zeitabschnitt von drei Monaten nach der Hinterlegung der zweiten Ratifikations-, Annahme-, Genehmigungs- oder Beitrittsurkunde nach Artikel 23 folgt.

(2) Danach tritt dieses Protokoll wie folgt in Kraft:

a) für jeden Staat oder jede Organisation der regionalen Wirtschaftsintegration nach Artikel 24, der oder die es später ratifiziert, annimmt oder genehmigt oder ihm später beitritt, am ersten Tag des Monats, der auf einen Zeitabschnitt von drei Monaten nach Hinterlegung seiner oder ihrer Ratifikations-, Annahme-, Genehmigungs- oder Beitrittsurkunde folgt;

b) für die Gebietseinheiten, auf die das Protokoll nach Artikel 26 erstreckt worden ist, am ersten Tag des Monats, der auf einen Zeitabschnitt von drei Monaten nach der in jenem Artikel vorgesehenen Notifikation folgt.

Art. 26 Erklärungen in Bezug auf nicht einheitliche Rechtssysteme

(1) Ein Staat, der aus zwei oder mehr Gebietseinheiten besteht, in denen für die in diesem Protokoll geregelten Angelegenheiten unterschiedliche Rechtssysteme gelten, kann bei der Unterzeichnung, der Ratifikation, der Annahme, der Genehmigung oder dem Beitritt nach Artikel 28 erklären, dass das Protokoll auf alle seine Gebietseinheiten oder nur auf eine oder mehrere davon erstreckt wird; er kann diese Erklärung durch Abgabe einer neuen Erklärung jederzeit ändern.

(2) Jede derartige Erklärung wird dem Verwahrer unter ausdrücklicher Bezeichnung der Gebietseinheiten notifiziert, auf die das Protokoll angewendet wird.

(3) Gibt ein Staat keine Erklärung nach diesem Artikel ab, so erstreckt sich das Protokoll auf sein gesamtes Hoheitsgebiet.

(4) Dieser Artikel ist nicht anzuwenden auf Organisationen der regionalen Wirtschaftsintegration.

---

1 *Heger* ZKJ 2010, 52 (56).

Art. 27   Vorbehalte

Vorbehalte zu diesem Protokoll sind nicht zulässig.

Art. 19 EGBGB   Abstammung

(1) ¹Die Abstammung eines Kindes unterliegt dem Recht des Staates, in dem das Kind seinen gewöhnlichen Aufenthalt hat. ²Sie kann im Verhältnis zu jedem Elternteil auch nach dem Recht des Staates bestimmt werden, dem dieser Elternteil angehört. ³Ist die Mutter verheiratet, so kann die Abstammung ferner nach dem Recht bestimmt werden, dem die allgemeinen Wirkungen ihrer Ehe bei der Geburt nach Artikel 14 Abs. 1 unterliegen; ist die Ehe vorher durch Tod aufgelöst worden, so ist der Zeitpunkt der Auflösung maßgebend.

(2) Sind die Eltern nicht miteinander verheiratet, so unterliegen Verpflichtungen des Vaters gegenüber der Mutter auf Grund der Schwangerschaft dem Recht des Staates, in dem die Mutter ihren gewöhnlichen Aufenthalt hat.

A.   Geltungsbereich

1   Die Vorschrift ist mit der Kindschaftsrechtsreform am 01.07.1998 in Kraft getreten. Sie regelt die kollisionsrechtliche Frage des rechtlichen Feststehens der **Abstammung von Mutter und Vater** und gilt dabei – in Abkehr von der früheren Rechtslage – **einheitlich für innerhalb wie für außerhalb einer Ehe geborene Kinder.** In Übereinstimmung mit dem reformierten Sachrecht kennt sie den Begriff der »Ehelichkeit« nicht, sondern betrifft ausschließlich die Frage, wer Mutter und Vater eines Kindes sind. Soweit fremdes Recht in Betracht kommt und dieses noch den Unterschied zwischen ehelichen und nichtehelichen Kindern kennt, ist bei der Anwendung von Art. 19 EGBGB »Ehelichkeit« i.S. eines solchen Rechts als Abstammung von dem in Betracht kommenden Mann zu verstehen. Art. 19 EGBGB hat die Feststellung des Bestehens von Abstammung im Rechtssinne zum Gegenstand, während Art. 20 EGBGB deren Beseitigung durch Anfechtung regelt.

Art. 19 greift auch bei gleichgeschlechtlicher Elternschaft ein, insbes. bei der Geburt eines Kindes innerhalb einer ehelichen oder nichtehelichen Beziehung zweier Frauen.[1]

Gegenüber Art. 19 Abs. 1 EGBGB vorrangige völkerrechtliche Vereinbarung ist das **Niederlassungsabkommen zwischen dem Deutschen Reich und dem Kaiserreich Persien** vom 17.02.1929[2] – Art. 8 Abs. 3 –, welches im Verhältnis zum **Iran** zu beachten ist. Danach erfolgt die Anknüpfung

---

1   OLG Celle FamRZ 2011, 1518; *Helms* StAZ 2012, 2 (7).
2   RGBl. 1930 II 1006; die Weitergeltung des Abkommens ist nach dem 2. Weltkrieg mit Wirkung vom 04.11.1954 bestätigt worden (Bek. v. 15.08.1955, BGBl. II, S. 829).

des Abstammungsstatuts an die iranische Staatsangehörigkeit des Kindes, falls dieses nicht auch Deutscher ist.

Weitere supranationale Regelungen gibt es lediglich zu begrenzten Teilbereichen: Das **Römische CIEC-Übereinkommen** über die Erweiterung der Zuständigkeit der Behörden, vor denen nicht-eheliche Kinder anerkannt werden können, vom 14.09.1961[3] betrifft Adressat und Form der Erklärung von Vaterschaftsanerkenntnissen (unten Rdn. 13). Das **Brüsseler CIEC-Übereinkommen** über die Feststellung der mütterlichen Abstammung nichtehelicher Kinder vom 12.09.1962[4] enthält Erleichterungen zum Nachweis und zur Anerkennung der Mutterschaft. Beide Übereinkommen betreffen nur außerhalb einer Ehe geborene Kinder (unten Rdn. 11).

Art. 19 **Abs. 2** EGBGB wird weitgehend verdrängt durch die **vorrangigen unionsrechtlichen und** **2** **staatsvertraglichen Regelungen** zum Unterhaltsstatut (vgl. Art. 18 a.F. Anh. 2 EGBGB Rdn. 3).[5] Das Unionsrecht geht Art. 19 Abs. 2 EGBGB insoweit vor, als es um Verpflichtungen des Vaters zur Leistung von Unterhalt an die Mutter eines außerhalb einer Ehe geborenen Kindes geht,[6] im Sinne des deutschen Rechts also Ansprüche aus § 1615l Abs. 1 Satz 1, Abs. 2 und 3 EGBGB. Nicht unterhaltsrechtlich zu qualifizieren und damit Art. 19 Abs. 2 GBGB zuzuordnen sind Ansprüche aus Tot- und Fehlgeburt sowie bei Tod der Mutter infolge der Schwangerschaft oder der Entbindung – im deutschen Recht §§ 1615m und 1615n BGB – sowie die Verpflichtung zur Erstattung der Kosten, die infolge der Schwangerschaft oder der Entbindung entstehen – im deutschen Recht § 1615l Abs. 1 Satz 2 BGB. Im insoweit verbleibenden Anwendungsbereich des Art. 19 Abs. 2 EGBGB ist Anknüpfungspunkt der gewöhnliche Aufenthalt der Kindesmutter.[7] Dies gilt auch bei gleichgeschlechtlicher Elternschaft für den Anspruch gegen den anderen weiblichen Teil der Beziehung.

B. Geburt des Kindes seit dem 01.07.1998

I. Anknüpfung

Da für die Beurteilung der Abstammung eines Kindes grds. auf den Zeitpunkt der Geburt abzu- **3** stellen ist,[8] kommt Art. 19 EGBGB in seiner heutigen Fassung uneingeschränkt nur für seit dessen Inkrafttreten am 01.07.1998 geborene Kinder zur Anwendung. Für davor geborene Kinder ergibt sich aus Art. 224 § 1 Abs. 1 EGBGB nicht nur in sachrechtlicher, sondern auch in kollisionsrecht-licher Hinsicht[9] die grundsätzliche Anwendbarkeit des bisherigen Rechts.[10]

Art. 19 Abs. 1 EGBGB enthält insgesamt vier untereinander gleichwertige Alternativen zur **4** Bestimmung des **Abstammungsstatuts**.

Grundsatzanknüpfung ist **Abs. 1 Satz 1**: Danach ist allein abzustellen auf den **gewöhnlichen Auf-enthalt des Kindes**.[11] Diese Anknüpfung ist **wandelbar**, d.h. maßgebend ist der jeweilige Zeit-punkt, in welchem die Abstammung festgestellt werden soll. Der Zeitpunkt der Geburt kommt

---

3 BGBl. II 1965, S. 19; abgedruckt bei *Finger* IntFamR 7.2; Staudinger/*Henrich* (2008) Vorbem. Art. 19 EGBGB Rn. 2 ff.

4 BGBl. II 1965, S. 23; abgedruckt bei *Finger* IntFamR 7.3; Staudinger/*Henrich* (2008) Vorbem. Art. 19 EGBGB Rn. 16 ff.– Das Übk. gilt für Deutschland im Verhältnis zu den Niederlanden, der Schweiz, der Türkei, Griechenland, Luxemburg und Spanien.

5 S. dazu Art. 18 a.F. EGBGB Rdn. 3.

6 Vgl. Erman/*Hohloch* Art. 19 EGBGB Rn. 26; Staudinger/*Henrich* (2008) Art. 19 EGBGB Rn. 101 m.w.N.

7 Staudinger/*Henrich* (2008) Art. 19 EGBGB Rn. 103.

8 Vgl. BGH FamRZ 1987, 583.

9 Palandt/*Thorn* Art. 19 EGBGB Rn. 3 a.E.

10 S. u. Rdn. 15–19.

11 Zum Begriff s. Art. 21 EGBGB Rdn. 5.

zwar in Betracht, bei späterem Aufenthaltswechsel des Kindes und danach erst erfolgender Klärung der Abstammung wird jedoch in die Rechtsordnung des neuen Aufenthalts verwiesen. Eine unter dem alten Statut erfolgte Abstammungsbegründung ist als wohlerworbenes Recht anzusehen und überdauert daher einen Statutenwechsel.[12]

5   Weitere **Anknüpfungen** ergeben sich aus Abs. 1 Satz 2 und 3. Nach **Satz 2** kann die Abstammung von der Mutter nach deren Heimatrecht, die Abstammung vom Vater nach dessen Heimatrecht bestimmt werden; Anknüpfungspunkt ist die **Staatsangehörigkeit**[13] **des jeweiligen Elternteils**. Hierbei sind die Besonderheiten zu beachten, welche sich für Staatenlose, Flüchtlinge, anerkannte Asylberechtigte, Volksdeutsche, Aussiedler und Spätaussiedler ergeben.[14] Besitzt der Elternteil mehrere Staatsangehörigkeiten, ist die Vorrangregelung des **Art. 5 Abs. 1 Satz 1 und 2 EGBGB zu beachten**.[15]

Das Statut nach Satz 2 ist **wandelbar**, d.h. nach einem Staatsangehörigkeitswechsel des Elternteils ist bei danach erfolgender Abstammungsfeststellung an die neue Staatsangehörigkeit anzuknüpfen.

6   Daneben ist nach Satz 3 die Feststellung der Abstammung eines von einer verheirateten Frau geborenen Kindes sowohl im Verhältnis zur Mutter als auch im Verhältnis zum Vater zusätzlich über das **gesetzliche Ehewirkungsstatut** des Art. 14 Abs. 1 EGBGB als Anknüpfungsinstrument möglich. Diese Vorschrift ist dabei **modifiziert zu lesen**, da sie **unwandelbar** auf den **Zeitpunkt der Geburt des Kindes** zu beziehen ist. War der Ehemann vorher verstorben, ist der Zeitpunkt seines Todes maßgebend (Satz 3 2. Hs.). Für die in der Stufenleiter des Art. 14 Abs. 1 Nr. 1–3 bereit gestellten Anknüpfungspunkte bedeutet das eine teilweise eingeschränkte Anwendbarkeit:

Nr. 1 ist nur dann maßgebend, wenn bei der Geburt des Kindes (Tod des Ehemannes) beide Ehegatten dieselbe Staatsangehörigkeit besitzen. Auch hierbei sind die Besonderheiten zu beachten, welche sich für Staatenlose, Flüchtlinge, anerkannte Asylberechtigte, Volksdeutsche, Aussiedler und Spätaussiedler ergeben. Haben die Ehegatten eine gemeinsame Staatsangehörigkeit, besitzt jedoch einer von ihnen (oder beide) eine weitere Staatsangehörigkeit, ist ebenfalls die Vorrangregelung des Art. 5 Abs. 1 Satz 1 und 2 EGBGB zu beachten.

Bei Nr. 2 ist für deren zweite Alternative zu beachten, dass »zuletzt« der Zeitpunkt der Geburt des Kindes (Zeitpunkt des Todes des Ehemanns) ist.

Ansonsten ist nach Nr. 3 unter Würdigung der zum Zeitpunkt der Geburt gegebenen Umstände auf die engste Verbindung beider Ehegatten zu einem Staat abzustellen.

7   Für die Konkurrenz der alternativen Anknüpfungen gilt das **Günstigkeitsprinzip**. Im Interesse weitest gehender Verhinderung ungeklärter Abstammung ist im Einzelfall die beliebige Heranziehung derjenigen Alternative möglich, die zur positiven Feststellung einer Abstammung führt. Grundsatz- und Zusatzanknüpfungen sind insoweit **gleichwertige** Alternativen.[16]

Das dem Günstigkeitsprinzip zugrunde liegende Ziel, dem Kind nach Möglichkeit zur Feststellung einer Abstammung zu verhelfen, hat einen weiteren Aspekt: Bei Anwendung der Anknüpfungen in Abs. 1 Satz 1, 2 und 3 ist bei einer Verweisung auf fremdes Recht dieser zwar grds. als Gesamtverweisung i.S.v. Art. 4 Abs. 1 Satz 1 EGBGB anzusehen, jedoch ist mit Hinblick auf dessen 2. Hs. im Einzelfall **zu prüfen, ob die** im verwiesenen Kollisionsrecht anzutreffende

---

12   jurisPK/*Gärtner* Art. 19 EGBGB Rn. 43 = Anders OLG Hamm FamRZ 2012, 1504.

13   Zum Begriff Art. 5 EGBGB Rdn. 1.

14   S. dazu Art. 5 EGBGB Rdn. 2–4.

15   jurisPK/*Gärtner* Art. 19 EGBGB Rn. 47.

16   BGH FamRZ 2006, 1745; BayObLG FamRZ 2002, 686 (687); OLG Frankfurt FamRZ 2002, 688 (689); OLG Schleswig FamRZ 2003, 781; OLG Nürnberg FamRZ 2005, 1697; OLG Celle StAZ 2007, 82; OLG München FamRZ 2012, 1503. – Dagegen für Vorrang des Satz 1 *Dethloff* IPRax 2005, 326 (329); *Andrae* IntFamR § 5 Rn. 27 ff. Unentschieden jurisPK/*Gärtner* Art. 19 EGBGB Rn. 62.

Annahme, Rück- oder Weiterverweisung zu einer positiven Feststellung der Abstammung führt.
Dies erfordert in jedem solchen Falle auch die Ermittlung und Prüfung des Sachrechts der nach
Art. 19 Abs. 1 Satz 2 oder 3 EGBGB verwiesenen Rechtsordnung. Ist danach die Abstammung zu
klären, ist eine evtl. Rück- oder Weiterverweisung durch das Kollisionsrecht des betreffenden
Staats nicht zu beachten.[17]

Bei Anwendung der Anknüpfungen in Abs. 1 Satz 1, 2 und 3 ist die Verweisung auf fremdes
Recht zwar grds als Gesamtverweisung iS von Art. 4 Abs. 1 Satz 1 anzusehen. Doch dürfen im
Hinblick auf dessen 2. Hs Rück- oder Weiterverweisung zu **keiner Beschränkung des Kreises der
anzuwendenden Rechtsordnungen** führen.[18]

Im Rahmen der Anknüpfung über das gesetzliche Ehewirkungsstatut nach Art. 19 Abs. 1 Satz 3 **8**
i.V.m. 14 Abs. 1 EGBGB kann sich die Frage der **Wirksamkeit der mütterlichen Ehe** ergeben.
Diese Vorfrage ist **selbständig anzuknüpfen,**[19] d.h. zur materiellen Wirksamkeit nach Art. 13
Abs. 1 EGBGB,[20] zur Formwirksamkeit nach Art. 13 Abs. 3 und 11 Abs. 1 EGBGB.[21]

Da die Abstammung nach jeder der Alternativen in Art. 14 Abs. 1 Satz 1 bis 3 EGBGB positiv **9**
festgestellt werden kann, ist es im Einzelfall möglich, dass in konsequenter Anwendung des Günstigkeitsprinzips auf der Grundlage unterschiedlicher Sachrechte **zwei (oder mehrere) Väter** festzustellen wären. Zur Vermeidung dieses widersinnigen Ergebnisses ist zunächst zu prüfen, ob bereits
eine positive Feststellung der Vaterschaft durch gerichtliche Entscheidung erfolgt ist. Diese verdrängt dann das sonst zusätzlich in Betracht kommende Recht.[22] Liegt eine Feststellung der Vaterschaft nicht vor, muss diese aber nunmehr im Wege der Anerkennung, im Kindschaftsprozess oder
im Rahmen anderer Zusammenhänge geklärt werden, ist auch für die Frage, welcher der mehreren in Betracht kommenden Väter den Vorrang hat und somit alleine Vater ist, vom **Günstigkeitsprinzip** auszugehen.

Hierzu wird überwiegend vertreten, dass der früher eintretenden Vaterschaft gegenüber der späte- **10**
ren der Vorzug zu geben ist[23] – **Prioritätsprinzip**. Das Prioritätsprinzip versagt jedoch dann, wenn
sich bereits bei der Geburt mehrere Väter aus alternativen Anknüpfungen ergeben.[24] Dies ist beispielsweise der Fall, wenn nach einer Alternative der (bisherige) Ehemann als Vater feststeht, hingegen nach einer anderen ein Dritter, der das Kind bereits vor der Geburt anerkannt hat (vgl.
§ 1594 Abs. 4 BGB). Hier kann nur die wahrscheinlichere Vaterschaft die für das Kind günstigere
sein (**Vaterschaftswahrheit bzw. -wahrscheinlichkeit**).[25] Die Auffassung, dass die Vaterschaft des
vor der Geburt Anerkennenden die wahrscheinlichere ist,[26] ist fragwürdig.[27] Dem **Günstigkeitsprinzip** entsprechend sollte dem die Feststellung betreibenden Kind – bei Minderjährigkeit dem
gesetzlichen Vertreter – die **Wahl der maßgebenden Rechtsordnung** überlassen bleiben.[28] Sofern

---

17 NK/*Benicke* Rn. 14.
18 OLG Celle FamRZ 2011, 1518; MüKo/*Klinkhardt* Rn. 21.
19 Vgl. BGH NJW 1965, 1129 sowie FamRZ 1981, 651.
20 Zur gleichgeschlechtlichen Ehe OLG Celle FamRZ 2011, 1518.
21 S. dazu Art. 13 EGBGB Rdn. 11 ff.
22 Vgl. Palandt/*Thorn* Art. 19 EGBGB Rn. 6.
23 BayObLG FamRZ 2002, 686; OLG Frankfurt FamRZ 2002, 688; OLG Hamm FamRZ 2009, 126;
    Palandt/*Thorn* Art. 19 EGBGB Rn. 6; Erman/*Hohloch* Art. 19 EGBGB Rn. 17; MüKoBGB/*Klinkhardt*
    Art. 19 EGBGB Rn. 14.
24 *Helms* StAZ 2009, 293 (294).
25 Dazu für den Fall des § 1599 Abs. 2 BGB, KG FPR 2011, 410 = FamRZ 2011, 1518 (LS).– Vgl. auch
    AG Osnabrück FamRZ 2008, 1771.
26 So wohl BayObLG FamRZ 2002, 686.
27 Zur Scheinvaterschaft OLG Celle StAZ 2007, 82.
28 Ähnlich Erman/*Hohloch* Art. 19 EGBGB Rn. 18; Palandt/*Thorn* Art. 19 EGBGB Rn. 6, dagegen für
    gewöhnlichen Aufenthalt des Kindes *Andrae* IntFamR § 5 Rn. 21. Für Maßstab des Art. 20 EGBGB
    Frank StAZ 2009, 65. Nur für die Abstammungswahrheit NK/Benicke Rn. 28.

das Abstammungsstatut in anderen Zusammenhängen (z.B. bei erbrechtlichen Fragestellungen) relevant ist, dürfte bei bislang nicht betriebener Klärung darauf abzustellen sein, welche Vaterschaft aus Sicht der **Interessenlage des Kindes** Vorrang hat.

II. Mutterschaft

11 Die kollisionsrechtliche Regelung zur Feststellung der Mutterschaft ergibt sich uneingeschränkt aus Art. 19 Abs. 1 EGBGB mit den oben aufgezeigten Alternativen und Prinzipien. Dem Abstammungsstatut unterliegt die Frage, auf wen es bei Leihmutterschaft ankommt.[29] Das **Brüsseler CIEC-Übereinkommen** vom 12.09.1962[30] enthält zwar Regelungen zum Nachweis und zur Anerkennung der Mutterschaft. Bei diesen handelt es sich jedoch nicht um Kollisionsrecht, sondern lediglich um materielles und formelles Sachrecht. Für die Rechtsanwendung in der Bundesrepublik Deutschland ist das Übereinkommen letztlich ohne praktische Bedeutung: Die im Übereinkommen vorgesehene Möglichkeit, die Anerkennung der Mutterschaft bei auf fremdem Recht beruhender Notwendigkeit vor der zuständigen Behörde jedes Vertragsstaats erklären zu können, ist durch § 27 Abs. 2 PStG innerstaatlich umgesetzt.

III. Vaterschaft

12 Für die Anknüpfung der ex-lege-Vaterschaft des Ehemannes der Mutter gelten die oben dargestellten Grundsätze. Die nicht statusändernde Klärung der Abstammung nach § 1598a BGB dürfte ebenfalls von Art. 19 erfasst werden.[31]

Die Vaterschaft hinsichtlich des **von einer nicht verheirateten Mutter geborenen Kindes** kann sich aus gerichtlicher Feststellung oder aus wirksamer Anerkennung ergeben. Bei **gerichtlicher Feststellung** bestimmt sich das anwendbare materielle Recht nach den vorstehend dargelegten Anknüpfungen des Art. 19 Abs. 1 EGBGB.

13 Auch die Zulässigkeit sowie die sonstigen materiellen Wirksamkeitsvoraussetzungen einer **Vaterschaftsanerkennung** bestimmen sich nach den in Art. 19 Abs. 1 EGBGB geregelten Alternativen. Kollisionsnorm zum selbständig anzuknüpfenden **Formstatut** ist in seinem Anwendungsbereich vorrangig Art. 4 des **Römischen CIEC-Übereinkommens** über die Erweiterung der Zuständigkeit der Behörden, vor denen nichteheliche Kinder anerkannt werden können, vom 14.09.1961.[32] Danach kann jeder Staatsangehörige eines Vertragsstaats[33] in jedem beliebigen Vertragsstaat die Anerkennungserklärung in der Form öffentlich beurkunden lassen, die das **Ortsrecht** vorschreibt. Dies ist in allen anderen Vertragsstaaten anzuerkennen. Nach Art. 5 des Übereinkommens bedürfen Ausfertigungen oder Auszüge aus behördlichen Urkunden über Anerkennungserklärungen im Verhältnis der Vertragsstaaten untereinander keiner Legalisation.

Bei Beurkundung in einem nicht zu den Vertragsstaaten des Römischen CIEC-Übereinkommens gehörenden Staat (Drittstaat) sowie für die Anerkennungserklärung des Angehörigen eines Drittstaats gilt **Art. 11 Abs. 1 EGBGB**. Hierbei stellt sich die Frage, ob bei Anwendbarkeit deutschen materiellen Sachrechts die in § 1597 Abs. 1 BGB vorgeschriebene öffentliche Beurkundung als reine Formvorschrift zu qualifizieren oder wegen der Tragweite der Anerkennungserklärung auch materiell-rechtliche Voraussetzung ist. Wäre Letzteres der Fall, würde die im Ausland erfolgte Beurkundung nur bei Gleichwertigkeit der Urkundsperson anzuerkennen sein, was z.B. für den

---

29 OLG Stuttgart NJW-RR 2012, 389.
30 BGBl. II 1965, S. 23; abgedruckt in *Finger* IntFamR 7.3 und in *Jayme/Hausmann* Nr. 51.
31 jurisPK/*Gärtner* Art. 20 Rn. 19.
32 BGBl. II 1965, S. 19; abgedruckt in *Finger* IntFamR 7.2 und in *Jayme/Hausmann* Nr. 50.
33 Vertragsstaaten sind – neben Deutschland – Belgien, Frankreich, Griechenland, Italien, die Niederlande, Portugal, die Schweiz, Spanien und die Türkei.

US-amerikanischen »notary public« zu verneinen ist.[34] Nach überwiegender Meinung[35] ist anzunehmen, dass die Vorschrift lediglich **Formcharakter** hat – ansonsten würden der kollisionsrechtliche Grundsatz der selbständigen Anknüpfung der Form sowie das dem Kindesinteresse dienende Günstigkeitsprinzip durch unnötige Formstrenge konterkariert. Die Wahrung der nach Art. 11 Abs. 1 EGBGB alternativ zulässigen **Ortsform** ist daher ausreichend.

Bei Anerkennung auf der Grundlage einer anderen Rechtsordnung als dem Heimatrecht des Kindes ist zusätzlich **Art. 23 EGBGB** zu beachten. Danach unterliegen die Notwendigkeit und die Erteilung einer Zustimmungserklärung des Kindes und/oder einer Person, zu der das Kind in einem familienrechtlichen Verhältnis steht, kumulativ dem Heimatrecht des Kindes (Zusatzanknüpfung). Falls es zum Wohle des Kindes aus besonderen Gründen erforderlich ist, bestimmt sich dies nach deutschem Sachrecht (Art. 23 Satz 2 EGBGB).[36] **14**

C. Geburt des Kindes vor dem 01.07.1998 – jedoch seit dem 01.09.1986 –

Bis zum Inkrafttreten der Kindschaftsrechtsreform war auch kollisionsrechtlich zwischen ehelichen und nichtehelichen Kindern zu unterscheiden: Art. 19 Abs. 1 EGBGB i.d.F. des Gesetzes zur Neuregelung des Internationalen Privatrechts vom 25.07.1986[37] regelte die eheliche Kindschaft, Art. 20 Abs. 1 EGBGB dieser Fassung die nichteheliche Kindschaft. Diese Normen sind inhaltlich nicht deckungsgleich mit der heutigen Regelung in Art. 19 Abs. 1 EGBGB; sie galten seit dem 01.09.1986. Bis zum 31.08.1986 fand sich – davon wieder abweichend – die Normierung des Abstammungsstatuts in Art. 18 EGBGB a.F. Da für die Beurteilung der Abstammung eines Kindes grds. auf den Zeitpunkt der Geburt abzustellen ist,[38] muss für vor dem 01.07.1998 geborene Kinder in jedem Einzelfall **intertemporal** geprüft werden, inwieweit neues oder altes Recht zur Anwendung kommt. Übergangsregelung dazu ist sowohl in sachrechtlicher als auch in kollisionsrechtlicher Hinsicht[39] **Art. 224 § 1 Abs. 1 EGBGB.** Soweit die Geburt des Kindes vor dem 01.09.1986 liegt, ist darüber hinaus Art. 220 Abs. 1 EGBGB heranzuziehen.[40] **15**

Nach Art. 224 § 1 Abs. 1 EGBGB richtet sich die Abstammung eines vor dem 01.07.1998 geborenen Kindes nach den bisherigen Vorschriften, kollisionsrechtlich also nach Art. 19 Abs. 1 und 20 Abs. 1 EGBGB i.d.F. des Gesetzes zur Neuregelung des internationalen Privatrechts vom 25.07.1986. Dies gilt allerdings nur für bis zu diesem Zeitpunkt geklärte Abstammungsverhältnisse. Wenn hingegen die Vaterschaft für ein vor dem 01.07.1998 außerhalb einer Ehe geborenes Kind bis dahin nicht anerkannt oder festgestellt war, ist neues Recht – d.h. Art. 19 Abs. 1 EGBGB in seiner heutigen Fassung – maßgeblich.[41]

Das vom 01.09.1986 bis zum 30.06.1998 geltende Kollisionsrecht knüpfte die eheliche Kindschaft grds. über das gesetzliche Ehewirkungsstatut – Art. 14 Abs. 1 EGBGB – der Mutter an (Art. 19 Abs. 1 Satz 1 EGBGB damaliger Fassung). Alternativ möglich war bei gemischt-nationaler Ehe die Anknüpfung an die jeweilige Staatsangehörigkeit der Ehegatten (Satz 2, 3). Hierbei galt das Günstigkeitsprinzip. **16**

Die nichteheliche Kindschaft wurde grds. an die Staatsangehörigkeit der Mutter angeknüpft (Art. 20 Abs. 1 Satz 1 EGBGB damaliger Fassung). Alternativ möglich waren Anknüpfungen an

34 S. dazu mit weiteren Beispielen Palandt/*Thorn* Art. 11 Rn. 7 m.w.N.
35 OLG Stuttgart FamRZ 1990, 559 (560); OLG Hamm StAZ 1991, 193 (195); Staudinger/*Henrich* (2008) Art. 19 EGBGB Rn. 68.
36 S. dazu OLG Frankfurt FamRZ 1997, 241.
37 BGBl. I, S. 1142.
38 Vgl. BGH FamRZ 1987, 583.
39 OLG Hamm FamRZ 2005, 291 m.w.N.; Palandt/*Thorn* Art. 19 EGBGB Rn. 3 a.E.
40 S. dazu u. Rdn. 18 f.
41 BayObLG FamRZ 2000, 699 (700).

die Staatsangehörigkeit des Vaters wie auch an den gewöhnlichen Aufenthalt des Kindes (Satz 3). Auch hier galt das Günstigkeitsprinzip.

17 Für Kinder, die vor dem 03.10.1990 im Gebiet der ehemaligen **DDR** geboren wurden, gilt übergangsrechtlich **Art. 234 § 7 EGBGB**. Danach haben vor dem Beitritt getroffene Regelungen zu Ehelichkeitsanfechtungen und Vaterschaftsanerkennungen Fortgeltung. Für nach dem Beitritt betriebene Verfahren oder Maßnahmen dieser Art. gilt jedoch das bundesdeutsche Recht.[42]

D. Geburt des Kindes vor dem 01.09.1986

18 Bis zum 01.09.1986 wurde zur Anknüpfung des Abstammungsstatuts unwandelbar auf den Zeitpunkt der Geburt abgestellt. Nach der mit dem Gesetz zur Neuregelung des internationalen Privatrechts vom 25.07.1986 normierten **Übergangsregelung** in **Art. 220 Abs. 1 EGBGB** bleibt das alte Recht für vor dem 01.09.1986 abgeschlossene Vorgänge weiterhin maßgeblich. Deshalb **beurteilt sich die Abstammung vor dem 01.09.1986 geborener Kinder nach altem Recht**.[43]

19 Das **vor dem 01.09.1986 geltende Recht** zum Abstammungsstatut war nur zum Teil kodifiziert und unterschied zwischen ehelicher und nichtehelicher Abstammung:

Die eheliche Abstammung war gem. Art. 18 Abs. 1 EGBGB a.F. an die Staatsangehörigkeit des Ehemannes der Mutter anzuknüpfen. Dies wurde für verfassungsrechtlich unbedenklich erachtet.[44]

Die nichteheliche Abstammung von der Mutter wurde an deren Staatsangehörigkeit angeknüpft.[45] Die Abstammung vom Vater folgte dem Unterhaltsstatut, wenn das danach maßgebliche Recht eine mit Statuswirkung verbundene Feststellung der Vaterschaft als Voraussetzung für die Unterhaltspflicht vorsah.[46] Ansonsten war – wandelbar – an die Staatsangehörigkeit des Vaters anzuknüpfen.[47]

E. Allgemeine Fragen

19a **Vorfragen** sind selbständig anzuknüpfen,[48] s. oben Rdn. 8 sowie vor Art. 3 Rdn. 26 f. – Für die Bestimmung des **gewöhnlichen Aufenthalts** gelten die allgemeinen Regeln, s. Art. 5 Rdn. 5 ff. Gleiches gilt für die Staatsangehörigkeit, s. Art. 5 Rdn. 2 ff. Die Verweisungen sind an sich Gesamtverweisungen iSd Art. 4. Doch bestehen wegen des Günstigkeitsprinzips Besonderheiten, s. oben Rdn. 8–10.

F. Verfahrensfragen

20 Die **internationale Zuständigkeit** richtet sich mangels vorgehender supranationaler Regelungen nach § 100 i.V.m. § 169 FamFG.[49] Danach reicht es aus, wenn eine der Parteien – auch – Deutscher ist (Nr. 1) oder ihren gewöhnlichen Aufenthalt im Inland hat (Nr. 2).

20a Teilweise wird unter Berufung auf den Anwendungsvorrang des Unionsrechts angenommen, dass eine ausl. Eintragung der Elternschaft anzuerkennen ist und der Anknüpfung nach Art. 19 vor-

---

42 BGH FamRZ 1997, 876.
43 BGH FamRZ 1987, 583 sowie FamRZ 1994, 1027.
44 BGH FamRZ 1984, 576 sowie FamRZ 1986, 98.
45 BayObLG FamRZ 1983, 948.
46 Vgl. BGH FamRZ 1973, 257 sowie FamRZ 1979, 793.
47 Vgl. BGH FamRZ 1986, 665.
48 BGH FamRZ 1965, 311 (312); Erman/*Hohloch* Art. 19 EGBGB Rn. 6; Palandt/*Thorn* Art. 19 EGBGB Rn. 8.– Anders *Helms* StAZ 2012, 2 (7); Staudinger/*Henrich* (2008) Art. 19 EGBGB Rn. 34.
49 SBW/*A.Baetge* § 100 FamFG Rn. 2.

geht.[50] Dementsprechend wäre dann eine in Frankreich erfolgte Vaterschaftsanerkennung eines Kindes ohne weiteres in ein deutsches Geburtenregister einzutragen;[51] vgl. vor Art. 3 Rdn. 21a, Art. 10 Rn 3.

Für die **Anerkennung einer ausländischen Feststellungsentscheidung** bestehen bilaterale Abkommen mit Belgien,[52] Griechenland,[53] Italien,[54] der Schweiz[55] und Spanien.[56] Diese enthalten übereinstimmend die grundsätzliche Anerkennungspflicht mit jeweils unterschiedlichen Einschränkungen.[57] Soweit solche Einschränkungen weiter gehen als das autonome Anerkennungsrecht, kann auf Letzteres zurückgegriffen werden, wenn dieses sich im Vergleich zum Abkommensrecht nach Lage des Falles als anerkennungsfreudiger erweist.[58] Im Übrigen gelten für die Anerkennung §§ 108, 109 FamFG, zuvor § 328 Abs. 1 Nr. 1 bis 4 ZPO.[59] Eine Verbürgung der Gegenseitigkeit ist in Kindschaftssachen nicht notwendig (vgl. § 109 Abs. 4, 112 FamFG). Eine förmliche Anerkennung nach § 108 Abs. 2 FamFG ist möglich.[60]   21

Art. 20 EGBGB Anfechtung der Abstammung

[1]**Die Abstammung kann nach jedem Recht angefochten werden, aus dem sich ihre Voraussetzungen ergeben.** [2]**Das Kind kann die Abstammung in jedem Fall nach dem Recht des Staates anfechten, in dem es seinen gewöhnlichen Aufenthalt hat.**

A. Anknüpfung

Die Vorschrift ist mit der Kindschaftsrechtsreform am 01.07.1998 in Kraft getreten. Sie regelt die   1 kollisionsrechtliche Frage des auf die Anfechtung der Abstammung anwendbaren Rechts (Anfechtungsstatut). Dies umfasst die **Anfechtung der Abstammung von Mutter und Vater**, die Art. der Geltendmachung, die Anfechtungsberechtigung, die Anfechtungsgründe und die Anfechtungsfrist. Entsprechend dem reformierten Sachrecht wird dabei **nicht zwischen »ehelicher« und »nichtehelicher« Abstammung unterschieden.** Soweit allerdings das auf die Anfechtung anwendbare Recht eine solche Unterscheidung noch kennt, ist dem zu folgen und die Vorfrage der Ehelichkeit nach diesem Recht festzustellen. Das Anfechtungsstatut gilt für die Voraussetzungen der Anfechtung, etwa die Länge der Anfechtungsfrist.[1]

Die Vorschrift enthält mehrere **Alternativen zur Anknüpfung**, die untereinander **gleichwertig**   2 sind. Dem Anfechtungsberechtigten, insb. dem Kind, sollen im Interesse der Abstammungswahrheit alle Anfechtungsmöglichkeiten zur Verfügung stehen, die sich aus den in Betracht kommenden Rechtsordnungen ergeben. Ein die Anfechtung einschränkendes Statut hat daher keinen Vorrang gegenüber anderen alternativ berufenen Statuten, die die Anfechtung erleichtert zulassen.[2]

---

50 Dazu *Nordmeier* StAZ 2011, 129.– Vgl. auch *Helms* StAZ 2012, 2 (7).
51 KG NJW 2011, 535; abl *Mansel/Thorn/Wagner* IPRax 2011, 1 (7 ff.).
52 Abkommen vom 30.06.1958 (BGBl. II 1959, S. 766): *Finger* IntFamR 8.5.3.
53 Vertrag vom 04.11.1961 (BGBl. II 1963, S. 110): *Finger* IntFamR 8.5.6.
54 Abkommen vom 09.03.1936 (RGBl. II 1937, S. 145): *Finger* IntFamR 8.5.2.
55 Abkommen vom 02.11.1929 (RGBl. II 1930, S. 1066): *Finger* IntFamR 8.5.1.
56 Vertrag vom 14.11.1983 (BGBl. II 1987, S. 35): *Finger* IntFamR 8.5.11.
57 Im jeweiligen Abkommen mit: Belgien Art. 3, Griechenland Art. 2, Italien Art. 3 und 4, Schweiz Art. 3, Spanien Art. 7.
58 BGH FamRZ 1987, 580.
59 OLG Hamm FamRZ 2004, 102.
60 *Klinck* FamRZ 2009, 746.
 1 OLG Hamburg FamRZ 2012, 568.
 2 OLG Karlsruhe FamRZ 2000, 107; LG Saarbrücken StAZ 2005, 18 m.w.N.

Zum evtl. ordre-public-Verstoß bei Ausschluss der Anfechtung durch das berufene Recht s. Art. 6 EGBGB Rdn. 10, 11.

3   Anzuknüpfen ist nach Satz 1 im Gleichlauf zu den in Art. 19 Abs. 1 Satz 1 bis 3 EGBGB für die Bestimmung des Abstammungsstatuts zur Verfügung stehenden Anknüpfungen.[3] Hier kann jede Alternative gewählt werden, ohne dass es darauf ankommt, nach welcher im konkreten Fall die Abstammung tatsächlich festgestellt worden ist.

Nach Satz 2 kann zusätzlich und ohne weitere Voraussetzungen an den gewöhnlichen Aufenthalt des Kindes angeknüpft werden. Dies gilt gerade auch dann, wenn sich aus dem nach Art. 19 Abs. 1 Satz 1 EGBGB für die Abstammung berufenen Recht des Aufenthaltsstaats keine Abstammung ergibt.[4] Die Anknüpfung ist **wandelbar**, d.h. nach einem Aufenthaltswechsel des Kindes ist bei danach erfolgender Anfechtung an den neuen Aufenthalt anzuknüpfen.

4   Schwierigkeiten bereitet das sog. **qualifizierte Vaterschaftsanerkenntnis** eines Dritten nach § 1599 Abs. 2 BGB, das zu einem scheidungsakzessorischen Statuswechsel von der scheinehelichen zur anerkannten nichtehelichen Kindschaft führt. Die Vaterschaftsanerkennung durch den Dritten soll dem Abstammungsstatut des Art. 19 EGBGB unterliegen; die Vorfrage, ob alle Voraussetzungen für die wirksame Anfechtung vorlagen, soll dagegen dem Anfechtungsstatut des Art. 20 EGBGB folgen.[5]

5   Die Anfechtung der Abstammung – zuvor: Anfechtung der Ehelichkeit und Anfechtung der Anerkennung der Vaterschaft – war bis zum Inkrafttreten der Kindschaftsrechtsreform am 01.07.1998 inhaltlich anders als nunmehr in Art. 20 EGBGB geregelt. Dies ist jedoch für nach der Reform betriebene Anfechtungsverfahren auch hinsichtlich **vor dem 01.07.1998 geborener Kinder** ohne Bedeutung, da sich die Anfechtung auch bezüglich dieser Kinder gem. Art. 224 § 1 Abs. 2–4 EGBGB[6] nach den neuen Vorschriften richtet, d.h. nach Art. 20 EGBGB in seiner heutigen Fassung.

6   Für Kinder, die vor dem 03.10.1990 im Gebiet der ehemaligen **DDR** geboren wurden, gilt übergangsrechtlich **Art. 234 § 7 EGBGB**. Danach haben vor dem Beitritt getroffene Regelungen zu Ehelichkeitsanfechtungen und Vaterschaftsanerkennungen Fortgeltung. Für nach dem Beitritt betriebene Verfahren gilt jedoch das bundesdeutsche Recht.[7]

B. Allgemeine Fragen

6a   **Vorfragen** sind selbständig anzuknüpfen, s. vor Art. 3 Rdn. 26 f. – Die in Art. 20 1 und 2 zur Verfügung gestellten Anknüpfungen sind grds **Gesamtverweisungen** i.S.v. Art. 4 Abs. 1 Satz 1. Jedoch ist im Hinblick auf das gesetzgeberische Ziel, die Anfechtung i.R.d. in Betracht kommenden Rechtsordnungen weitgehend zu ermöglichen, nach Art. 4 Abs. 1 Satz 1 Hs 2 im Einzelfall zu prüfen, ob die im verwiesenen Kollisionsrecht anzutreffende Annahme, Rück- oder Weiterverweisung zur Ermöglichung der Anfechtung führt. Dies erfordert in jedem solchen Falle auch die Ermittlung und Prüfung des Sachrechts der nach Art. 20 S. 2 verwiesenen Rechtsordnung. Ist danach die Anfechtung möglich, ist eine evtl. Rück- oder Weiterverweisung durch das Kollisionsrecht des betreffenden Staats nicht zu beachten.[8]

---

3   S. dazu Art. 19 EGBGB Rdn. 4–6.
4   *Henrich* FamRZ 1998, 1401 (1403).
5   BGH FamRZ 2012, 616 krit. Anm. *Helms* = NJW-RR 2012, 449.
6   Die Vorschrift gilt sowohl in sachrechtlicher als auch kollisionsrechtlicher Hinsicht, OLG Stuttgart FamRZ 2001, 246 (248).
7   BGH FamRZ 1997, 876 sowie FamRZ 1999, 778.
8   Vgl. OLG Nürnberg FuR 2005, 470; OLG Hamburg FamRZ 2012, 568; Erman/*Hohloch* Rn. 4.

C. Verfahrensfragen

Die **internationale Zuständigkeit** richtet sich mangels vorgehender unionsrechtlicher und staats- 7
vertraglicher Regelungen nach § 100 FamFG.[9] Danach reicht es aus, wenn eine der Parteien Deutscher ist (Nr. 1) oder ihren gewöhnlichen Aufenthalt im Inland hat (Nr. 2).

Im **Anfechtungsverfahren** bestimmt sich die Frage der gesetzlichen Vertretung des minderjährigen 8
Kindes in selbständiger Anknüpfung nach Art. 21 EGBGB.[10]

Hinsichtlich der **Anerkennung** einer ausländischen Anfechtungsentscheidung gilt dasselbe wie zur 9
Anerkennung einer Feststellungsentscheidung – s. dazu Art. 19 EGBGB Rdn. 21.

Art. 21 EGBGB Wirkungen des Eltern-Kind-Verhältnisses

**Das Rechtsverhältnis zwischen einem Kind und seinen Eltern unterliegt dem Recht des Staates,
in dem das Kind seinen gewöhnlichen Aufenthalt hat.**

Anh. 1: Haager Minderjährigenschutzabkommen

Anh. 2: Haager Kinderschutzübereinkommen

Anh. 3: Haager Kindesentführungsübereinkommen

A. Geltungsbereich

Die Norm gilt gleichermaßen für in einer Ehe wie auch für außerhalb einer Ehe geborene Kinder. 1
Die frühere, auch kollisionsrechtliche Differenzierung zwischen ehelichen und nichtehelichen
Kindern ist mit der Kindschaftsrechtsreform 1998 entfallen. Auch für Kinder, deren Heimatrecht
noch zwischen ehelichen und nichtehelichen Kindern unterscheidet, ist unterschiedslos von
Art. 21 EGBGB auszugehen.

Die Vorschrift regelt einerseits das Statut für die sich **ex lege ergebenden Rechtsverhältnisse** hinsichtlich der Personen- und Vermögenssorge (Sorgeinhaber? Umfang der Sorge? Gesetzliche Vertretung?). S. dazu u. Rdn. 4 ff.

Für die Anknüpfung dieses ex-lege-Rechtsverhältnisses gibt es nur in geringem Umfang vorrangige
staatsvertragliche Regelungen. So geht im Verhältnis zum **Iran** bilateral das Niederlassungsabkom-

---

9 *Althammer* IPRax 2009, 381 (383); SBW/*A. Baetge* § 100 FamFG Rn. 1.
10 S. dazu Art. 21 EGBGB Rdn. 4–6.

men zwischen dem Deutschen Reich und dem Kaiserreich Persien vom 17.02.1929[1] vor, nach dessen Art. 8 Abs. 3 für iranische Kinder an deren Staatsangehörigkeit anzuknüpfen ist. Dies gilt allerdings nicht für Kinder, die außer der iranischen Staatsangehörigkeit auch die deutsche besitzen (z.B. aus gemischt-nationaler Ehe);[2] für diese verbleibt es bei Art. 21 EGBGB. Im Übrigen wird Art. 21 EGBGB lediglich partiell durch das HKiEntÜ und die VO (EG) Nr. 2201/2003 verdrängt: Bei internationaler Kindesentführung ist zum Vorliegen eines Entführungsfalls erforderlich, dass das Verbringen oder Zurückbehalten des Kindes »widerrechtlich« ist. Nach Art. 3 Abs. 1 Buchst. a HKiEntÜ und Art. 2 Nr. 11 VO (EG) Nr. 2201/2003 bestimmt sich das für die Widerrechtlichkeit maßgebliche Sorgestatut ausschließlich nach dem Recht des Landes, in dem das Kind unmittelbar vor der als Entführung in Betracht kommenden Handlung seinen gewöhnlichen Aufenthalt hatte. Im Hinblick auf den Vorrang des HKiEntÜ (vgl. Anh. 3 zu Art. 21 EGBGB Rdn. 1 ff.) und der VO (EG) Nr. 2201/2003 (s. dazu Art. 21 EGBGB Rdn. 9, 11) ist insoweit ist eine anderweitige Anknüpfung über Art. 21 EGBGB – oder das KSÜ – nicht zulässig.

2   Art. 21 EGBGB ist auch – soweit anwendbar – autonome Kollisionsnorm für die Frage des auf die **gerichtliche** oder behördliche **Regelung der elterlichen Sorge** anwendbaren materiellen Rechts u. Rdn. 32 ff. In diesem Bereich wird die Norm allerdings u.U. verdrängt durch gem. Art. 3 Nr. 2 EGBGB **vorrangige völkerrechtliche Verträge**, welche zwar in erster Linie die internationale Zuständigkeit für solche Maßnahmen betreffen, zum Teil aber auch auf das Statut zur materiellen Sorgeregelung übergreifen. Hierbei handelt es sich um das KSÜ[3] und das HKiEntÜ.[4] Die VO (EG) Nr. 2201/2003 geht nicht vor, da sie nur die internationale Zuständigkeit regelt, während die kollisionsrechtliche Frage des in den der VO unterfallenden Verfahren anzuwendenden materiellen Rechts nicht in ihren Anwendungsbereich fällt. Die evtl. Anwendbarkeit dieser supranationalen Regelungen ist in jedem Falle gerichtlicher Regelung der elterlichen Sorge vorab zu prüfen.

3   (zur Zeit nicht besetzt)

B. Rechtsverhältnis Eltern-Kind

I. Bereich des Eltern-Kind-Verhältnisses

4   In den Anwendungsbereich der Norm fallen alle familienrechtlichen Verhältnisse zwischen Eltern[5] und Kind, welche sich unmittelbar aus dem Gesetz ergeben, ohne dass dazu eine vorangehende gerichtliche Regelung erforderlich ist. Hierunter fällt vor allem die Frage, wer kraft Gesetzes **Inhaber der elterlichen Sorge** ist und welchen Umfang dieses Sorgerecht hat. Dies schließt die Frage ein, inwieweit die Inhaberschaft Sorgeerklärungen (§ 1626a Abs. 1 Nr. 1 BGB) voraussetzt. Zum Umfang des Sorgerechts gehören das Recht zur Aufenthaltsbestimmung, das Recht zur Umgangsbestimmung, ebenso das Ruhen der elterlichen Sorge und die Beistandschaft nach § 1712 ff. BGB (s. § 1717 BGB). Die Vorschrift gilt insb. für das Recht der **gesetzlichen Vertretung** sowie dessen evtl. Beschränkung durch Vertretungsausschlüsse (im deutschen Sachrecht: §§ 1795, 181 BGB)[6] oder die **Notwendigkeit gerichtlicher Genehmigungen** von Rechtsgeschäften (im deutschen Sachrecht: §§ 1643, 1821, 1822 u.a. BGB); hierzu ist allerdings umstritten, ob solche Genehmigungen evtl. unter den Begriff »Schutzmaßnahme« i.S.d. KSÜ fallen – s. dazu näher Anh. 2 zu Art. 21 EGBGB Rdn. 5.

---

1   RGBl. II 1930 1006; die Weitergeltung des Abkommens ist nach dem 2. Weltkrieg mit Wirkung vom 04.11.1954 bestätigt worden (Bek. v. 15.08.1955, BGBl. II, S. 829).
2   BGH FamRZ 1986, 345 (346).
3   Text und Erläuterungen Anh. 2 zu Art. 21 EGBGB.
4   Text und Erläuterungen Anh. 3 zu Art. 21 EGBGB.
5   Für die Rechtsverhältnisse zu einem Vormund oder Pfleger gilt Art. 24 EGBGB.
6   OLG München FamRZ 2012, 1505.

Art. 21 EGBGB gilt für alle zur elterlichen Sorge in Betracht kommenden Regelungsgegenstände. **4a**
Erfasst werden damit sämtliche Formen umfassender oder teilweiser Sorgezuweisung, -beschränkung oder -entziehung (i.S.v. §§ 1628, 1629 Abs. 2 Satz 3 i.V.m. 1796, 1632 Abs. 4, 1666–1667, 1671, 1672, 1674, 1678 Abs. 2, 1680 Abs. 2 und 3, 1684 Abs. 3 und 4, 1687 Abs. 2, 1687a, 1687b Abs. 3, 1688 Abs. 3 und 4 BGB, 9 Abs. 3 LPartG). Auch die Regelung des Umgangs der Eltern mit dem Kinde (§ 1623 Abs. 3 BGB) als Teil des Kindeswohls und der Personensorge – vgl. § 1626 Abs. 3 BGB – gehört zum Geltungsbereich von Art. 21 EGBGB.[7] Im Hinblick auf den so verstandenen personensorgebezogenen Charakter des Umgangsrechts gilt dies ebenfalls für das Umgangsrecht Dritter (§ 1685 BGB).

Die Unterhaltsbestimmung nach § 1612 Abs. 2 BGB unterfällt im Hinblick auf ihren unterhaltsrechtlichen Schwerpunkt[8] nicht dem Statut des Art. 21 EGBGB, sondern dem Unterhaltsstatut (EuUnthVO bzw Haager Unterhaltsprotokoll), die Ersetzung der Zustimmung zur Einbenennung nach § 1618 Satz 4 BGB wegen ihrer vorwiegend namensrechtlichen Bedeutung dem Namensstatut (Art. 10 EGBGB). Die Ergänzungspflegschaft (§ 1909 BGB) richtet sich nach Art. 24 Abs. 1 Satz 1 EGBGB.[9]

Nicht unter Art. 21 EGBGB fallen im Hinblick auf spezialgesetzliche Regelungen das Unterhaltsstatut (EuUnthVO), die Abstammung und deren Anfechtung (Art. 19, 20 EGBGB), der Name (Art. 10 EGBGB) sowie die Adoption (Art. 22 EGBGB). Für die auf Antrag kraft Gesetzes eintretende Beistandschaft gilt als Spezialnorm § 1717 BGB, wonach es lediglich auf den gewöhnlichen Aufenthalt im Inland ankommt.[10]

II. Anknüpfung

Einziger **Anknüpfungspunkt** in Art. 21 EGBGB ist der **gewöhnliche Aufenthalt des Kindes**. Auf **5** die Staatsangehörigkeit darf nicht abgestellt werden, auch nicht bei einem im Ausland lebenden deutschen Kind. Dies gilt auch für einstweilige Maßnahmen. Nur wenn die Anwendung des Aufenthaltsrechts zu einem nach deutschem Rechtsverständnis völlig untragbaren Ergebnis führt, kann beim Vorliegen der engen Voraussetzungen des Art. 6 EGBGB auf das deutsche Recht zurückgegriffen werden. Die ausschließliche Anknüpfung an den gewöhnlichen Aufenthalt des Kindes gilt unabhängig davon, ob das Kind aus einer Ehe stammt oder nicht. Dies gilt auch, wenn das Heimatrecht des Kindes noch zwischen ehelichen und nichtehelichen Kindern unterscheidet.

Zum Begriff des gewöhnlichen Aufenthalts s. Art. 5 EGBGB Rdn. 5. Für **Minderjährige** gilt dazu ergänzend, dass ihr gewöhnlicher Aufenthalt sich nicht automatisch vom Wohnsitz oder Aufenthalt des Sorgeinhabers ableitet; er ist vielmehr selbständig zu ermitteln.[11] Auszugehen ist dabei zunächst vom Willen des Sorgeinhabers; dieser bestimmt grds. den Aufenthalt des Minderjährigen (Art. 5 Abs. 3 EGBGB). Wird der Minderjährige ohne oder gegen den Willen des Allein- oder Mitinhabers der Sorge ins Ausland verbracht (**Kindesentführung**), kann der neue Aufenthalt nicht von vornherein als auf Dauer angelegt angesehen werden, so dass ein Wechsel des gewöhnlichen Aufenthalts nicht sofort eintritt. Dies gilt auf jeden Fall, solange die Möglichkeit besteht, dass der (Mit-) Sorgeinhaber die Rückführung des Minderjährigen durchsetzt. Kommt es allerdings zu einer gefestigten sozialen Einbindung in die Lebensverhältnisse am neuen Aufenthaltsort, ist von

---

7 Ebenso Palandt/*Thorn* Art. 21 EGBGB Rn. 5.
8 Der Schwerpunkt, das Gepräge, welches das Rechtsverhältnis durch seine Ausgestaltung erfahren hat, ist entscheidendes Qualifikationsmerkmal (BGH FamRZ 1980, 29).
9 H.M: Soergel/*Kegel* BGB Bd. 10 (1996) Art. 24 EGBGB Rn. 11; Staudinger/*Henrich* (2002) Art. 20 EGBGB Rn. 81; Palandt/*Thorn* Art. 24 EGBGB Rn. 3.
10 Vgl. BGH FamRZ 1990, 1103 zur Amtspflegschaft alten Rechts.
11 BGH FamRZ 2005, 1540 sowie FamRZ, 1997, 1070.

nun an dort der gewöhnliche Aufenthalt gegeben;[12] davon dürfte i.d.R. nicht vor Ablauf eines Jahres auszugehen sein.[13]

III. Regelung der elterlichen Verantwortung

5a **Deutsche Kollisionsnorm** zur Frage des auf die familiengerichtliche Regelung der elterlichen Sorge anwendbaren Rechts ist Art. 21 EGBGB. Zu ihrem Geltungsbereich s.o. Rdn. 2.

Die Vorschrift ist jedoch nur anwendbar, soweit nicht staatsvertragliche Regelungen vorgehen. **Vorrangig** gegenüber Art. 21 EGBGB sind, was das materiell-rechtliche Statut zur gerichtlichen Sorgeregelung betrifft, im jeweiligen Anwendungsbereich das **HKiEntÜ**, nachrangig dazu das **KSÜ** sowie das Niederlassungsabkommen zwischen dem Deutschen Reich und dem Kaiserreich **Persien** vom 17.02.1929.

Die kollisionsrechtliche Frage nach dem anzuwendenden materiellen Recht fällt nicht in den Anwendungsbereich der verfahrensrechtlichen **VO (EG) Nr. 2201/2003**. Auch in Verfahren, für welche sich die internationale Zuständigkeit aus der VO ergibt, ist das Sorgeregelungsstatut nach dem KSÜ zu bestimmen (s. Anh. 2 Rdn. 16). Für das MSA war die Frage streitig;[14] teilweise wurde die Anwendbarkeit des autonomen Rechts, also Art. 21 EGBGB, angenommen.[15]

5b Das **HKiEntÜ** geht im Rahmen seines Anwendungsbereichs[16] dem KSÜ vor (Art. 50 KSÜ). In Art. 12, 13 und 20 normiert es die materiellen Voraussetzungen zur Entscheidung über die Rückgabe des Kindes, so dass insoweit nationales Sachrecht nicht zur Anwendung kommen kann. Das HKiEntÜ enthält damit nicht nur die Kollisionsnorm hinsichtlich der Voraussetzungen für die Rückgabeentscheidung, indem es für diesen Bereich die Anwendbarkeit des nationalen Rechts ausschließt; es enthält zugleich die einschlägigen Sachnormen.- Siehe dazu im Einzelnen Anh. 3 zu Art. 21 EGBGB Rdn. 9 ff., 24 ff.

5c Soweit das HKiEntÜ nicht eingreift, also kein Kindesentführungsfall vorliegt, jedoch der Anwendungsbereich des **KSÜ** gegeben ist, ergibt sich das Sorgeregelungsstatut über Art. 15 KSÜ aus der Anknüpfung an die internationale Zuständigkeit: Das nach dem KSÜ international zuständige Gericht wendet sein eigenes Sachrecht an (**Gleichlaufprinzip**). Mittelbar bedeutet dies die Anknüpfung an den gewöhnlichen Aufenthalt des Minderjährigen. In den Art. 16 ff. wird ohnehin auf den gewöhnlichen Aufenthalt abgestellt.

5d Kommt eine Sorgeregelung für einen **iranischen** Minderjährigen in Betracht, geht als bilaterales Abkommen das Niederlassungsabkommen zwischen dem Deutschen Reich und dem Kaiserreich Persien vom 17.02.1929 vor. Nach dessen Art. 8 Abs. 3 ist Anknüpfungspunkt die iranische Staatsangehörigkeit des Kindes Dies gilt allerdings nicht für Kinder, die außer der iranischen Staatsangehörigkeit auch die deutsche besitzen (z.B. aus gemischt-nationaler Ehe); für diese verbleibt es – je nach gewöhnlichem Aufenthalt des Kindes – bei Art. 15 ff. KSÜ oder Art. 21 EGBGB.[17] Als Regelung in einem völkerrechtlichen Vertrag verweist Art. 8 Abs. 3 des Niederlassungsabkommens unmittelbar in die Sachnormen des iranischen Rechts – keine Gesamtverweisung.

---

12 Vgl. BGH FamRZ 1981, 135; OLG Hamm NJW-RR 1997, 5; OLG Düsseldorf FamRZ 1999, 112; OLG Karlsruhe NJW-RR 1999, 1383.
13 Vgl. Art. 12 Abs. 1 HKiEntÜ sowie BGH FamRZ 2005, 1540.
14 *Jayme/Kohler* IPRax 2000, 454 (458).
15 Im Ergebnis ebenso *Jayme/Kohler* IPRax 2000, 454 (458), *Puszkajler* IPRax 2001, 81 (82), Palandt/*Thorn* Anh. zu EGBGB Art. 24 Rn. 16 und *Schulz* FPR 2004, 299 (301); a.A. AG Leverkusen FamRZ 2002, 1636.
16 S. dazu oben Rdn. 9 sowie Anh. 4 zu Art. 21 EGBGB Rdn. 1 f.
17 Vgl. BGH NJW 1973 sowie FamRZ 1997, 1070.

Bei Anwendung der iranischen Sachnormen ergibt sich eine besondere Problematik im Hinblick darauf, dass die einschlägigen Vorschriften entsprechend islamischem Rechtsverständnis ungleiche Regelungen zur Sorge für Jungen und Mädchen enthalten, welche zudem die Mutter in erheblichem Maße gegenüber dem Vater benachteiligen. Hierzu ist im Einzelfall zu prüfen, ob das deutsche Gericht davon in Anwendung von Art. 6 EGBGB wegen Verstoßes gegen den inländischen ordre public abweichen kann.[18]

Wenn keines der völkerrechtlichen Übereinkommen (HKiEntÜ, KSÜ oder deutsch-iranisches 5e Niederlassungsabkommen) eingreift, erfolgt die Anknüpfung über die autonome Kollisionsnorm des **Art. 21 EGBGB**. Einziger Anknüpfungspunkt ist hier der gewöhnliche Aufenthalt des Minderjährigen (zum Begriff s.o. Rdn. 5). Auf die Staatsangehörigkeit darf nicht abgestellt werden, auch nicht bei einem im Ausland lebenden deutschen Kind. Dies gilt auch für einstweilige Maßnahmen. Nur wenn die Anwendung des Aufenthaltsrechts zu einem nach deutschem Rechtsverständnis völlig untragbaren Ergebnis führt, kann beim Vorliegen der engen Voraussetzungen des Art. 6 EGBGB auf das deutsche Recht zurückgegriffen werden.

Die ausschließliche Anknüpfung an den gewöhnlichen Aufenthalt des Kindes gilt seit der Kindschaftsrechtsreform 1998 völlig unabhängig davon, ob das Kind aus einer Ehe stammt oder nicht. Dies gilt auch, wenn das Heimatrecht des Kindes noch zwischen ehelichen und nichtehelichen Kindern unterscheidet.

D. Allgemeine Fragen

Vorfragen sind selbständig anzuknüpfen,[19] s. vor Art. 3 Rdn. 26 f. Dies gilt für das Bestehen eines 6 Eltern-Kind-Verhältnisses, insb. durch Abstammung.[20] Auch die Minderjährigkeit ist selbständig festzustellen und zwar nach Art. 7.[21] Die Anknüpfung an den gewöhnlichen Aufenthalt ist **Gesamtverweisung** i.S.v. Art. 4 Abs. 1 EGBGB.[22]

E. Verfahrensfragen

I. Internationale Zuständigkeit

In gerichtlichen Verfahren, welche die umfassende oder teilweise Sorgezuweisung, -beschränkung 7 oder -entziehung (Beispielskatalog oben Rdn. 2) oder die Umgangsregelung – nach neuerer Diktion: die »elterliche Verantwortung« – zum Gegenstand haben, ist bei Auslandsbezug, insb. bei Beteiligung von ausländischen Staatsangehörigen oder Aufenthalt eines Beteiligten im Ausland, von Amts wegen vorab die internationale Zuständigkeit des deutschen Familiengerichts zu prüfen. Die kollisionsrechtliche Regelung hierzu ergibt sich nicht aus einer einheitlichen Norm, sondern aus einem **gestuften System supranationaler Rechtsquellen** und nachrangig aus dem autonomen Recht. Einschlägige Rechtsgrundlagen sind:

– Verordnung (EG) Nr. 2201/2003 vom 27.11.2003 über die Zuständigkeit und die Anerkennung und Vollstreckung von Entscheidungen in Ehesachen und in Verfahren betreffend die elterliche Verantwortung und zur Aufhebung der VO (EG) 1347/2000[23]– **VO (EG) Nr. 2201/ 2003** (»Brüssel IIa«) – (Art. 8 ff.),

---

18 Vgl. dazu näher BGH FamRZ 1993, 316; OLG Düsseldorf FamRZ 2003, 379; OLG Bremen NJW-RR 1992, 1288 und NJW-RR 2000, 3; Art. 6 EGBGB Rdn. 7; *Rausch* NJW 1994, 2120 (2125).
19 *Dutta* StAZ 2010, 193 (200).
20 jurisPK/*Gärtner* Rn. 69.
21 jurisPK/*Gärtner* Rn. 71; MüKo/*Klinkhardt* Rn. 12
22 So mit Recht juris/Gärtner Rn. 51; Palandt/*Thorn* Art. 21 EGBGB Rn. 1 – str. –.
23 ABl EG 2003 L 338/1.

– Haager Übereinkommen über die zivilrechtlichen Aspekte internationaler Kindesentführung vom 25.10.1968 – **HKiEntÜ** – (Art. 12 und 16),

– Haager Übereinkommen über die Zuständigkeit, das anzuwendende Recht, die Anerkennung, Vollstreckung und Zusammenarbeit auf dem Gebiet der elterlichen Verantwortung und der Maßnahmen zum Schutz von Kindern vom 19.10.1996 – **KSÜ** – (Art. 5–14) (hat das MSA ersetzt),

– **Nationales Recht.**

Dieses gestufte System erfordert für jedes Sorge- oder Umgangsregelungsverfahren die vorrangige Prüfung, ob der konkrete Verfahrensgegenstand in den Anwendungsbereich des HKiEntÜ fällt. Im Übrigen ist der Anwendungsbereich der Brüssel IIa-VO zu prüfen. Bei Unanwendbarkeit der VO kommt das KSÜ in Betracht. Nur wenn auch dessen Anwendungsbereich nicht greift, ist die autonome Regelung in §§ 113, 99 FamFG einschlägig.

Auch im **Verhältnis zum Iran** gelten für die internationale Zuständigkeit zur Sorgeregelung nur die vorgenannten Rechtsgrundlagen; das Niederlassungsabkommen zwischen dem Deutschen Reich und dem Kaiserreich Persien vom 17.02.1929 enthält in Art. 8 Abs. 3 lediglich materiell-rechtliches Kollisionsrecht.[24]

1. VO (EG) Nr. 2201/2003

8 Seit **01.03.2005** greift die – auch als »**Brüssel IIa**« bekannte[25] – **Verordnung (EG) Nr. 2201/2003** über die Zuständigkeit und die Anerkennung und Vollstreckung von Entscheidungen in Ehesachen und in Verfahren betreffend die elterliche Verantwortung ein.[26] Deren Anwendungsbereich erfasst in weitem Umfang Verfahren, welche die elterliche Verantwortung betreffen.

9 Unter den EU-Mitgliedstaaten beansprucht die Brüssel IIa VO für von ihr geregelte Bereiche **Vorrang** gegenüber dem (inzwischen ersetzten) **MSA** (Art. 60 Buchst. a VO), dem **KSÜ** (Art. 61 VO),[27] dem **ESÜ** (Art. 60 Buchst. d VO)[28] sowie dem **HKiEntÜ** (Art. 60 Buchst. e VO).[29]

10 Für die **elterliche Verantwortung** i.S. des Art. 1 Abs. 1 Buchst. b und Abs. 2 finden sich Zuständigkeitsvorschriften in den Art. 8 ff. Dazu gehören insb. Sorge- und Umgangsrecht.[30] Erfasst werden auch Vormundschaft und Pflegschaft,[31] Vertretung,[32] und Vermögenssorge.[33] Auch die Unterbringung[34] wird fällt in den Anwendungsbereich. Dies gilt sogar für die sofortige Inobhutnahme und Unterbringung des Kindes im Rahmen des dem öffentlichen Recht unterliegenden Kinderschutzes.[35] Die **allgemeine Zuständigkeit** steht den Gerichten des Mitgliedstaats zu in dem das Kind zum Zeitpunkt der Antragstellung seinen **gewöhnlichen Aufenthalt** hat (Art. 8 Abs. 1). Dafür

---

24 BGH FamRZ 1993, 316.

25 Die »Brüssel IIa«-VO wird im Ausland häufig als »Brussels IIbis« bezeichnet.

26 Verordnung (EG) Nr. 2201/2003 des Rates vom 27.11.2003 über die Zuständigkeit und die Anerkennung und Vollstreckung von Entscheidungen in Ehesachen und in Verfahren betreffend die elterliche Verantwortung und zur Aufhebung der VO (EG) 1347/2000. Die seit dem 01.03.2001 anwendbar gewesene VO (EG) Nr. 1347/2000 ist am 28.02.2005 außer Kraft getreten.

27 Staudinger/*Pirrung* Vorbem. Art. 19 EGBGB Rn. G 194.

28 Staudinger/*Pirrung* Vorbem. Art. 19 EGBGB Rn. C 214.

29 Siehe Anh. 4 Rdn. 3.

30 SBW/*A. Baetge* § 99 FamFG Rn. 5. Näher MüKoBGB/*Siehr* Art. 19 EGBGB Anh. I Rn. 47 ff.

31 Näher MüKoBGB/*Siehr* Art. 19 EGBGB Anh. I Rn. 51.

32 Dazu MüKoBGB/*Siehr* Art. 19 EGBGB Anh. I Rn. 52.

33 Näher MüKoBGB/*Siehr* Art. 19 EGBGB Anh. I Rn. 54.

34 Siehe näher MüKoBGB/*Siehr* Art. 19 EGBGB Anh. I Rn. 53.

35 EuGH FamRZ 2009, 125 – C-435/0 – »C« = IPRax 2008, 509 m. Aufs. *Gruber* (490); *Dutta* FamRZ 2008, 835 ff.

kommt es auf die tatsächlichen Umstände des Einzelfalles an.[36] Der Aufenthalt muss Ausdruck einer gewissen Integration in das soziale und familiäre Umfeld sein.[37] Eine bestimmte Aufenthaltsdauer ist nicht vorgeschrieben.[38]

Die Aufrechterhaltung der Zuständigkeit des früheren gewöhnlichen Aufenthaltsortes des Kindes bei einem **rechtmäßigen Umzug** regelt Art. 9 Abs. 1, der sich aber nur auf die Abänderung von Umgangsregelungen bezieht.[39] Art. 10 betrifft die Zuständigkeit in Fällen von **Kindesentführung**. Bei widerrechtlichem Verbringen oder Zurückhalten eines Kindes bleiben die Gerichte des Mitgliedstaats, in dem das Kind unmittelbar vor dem widerrechtlichen Verbringen oder Zurückhalten seinen gewöhnlichen Aufenthalt hatte, grds. weiterhin zuständig.[40]

Eine eigene Vorschrift regelt die Zuständigkeit für die Rückgabe des Kindes und das Verfahren (Art. 11).[41]

Unter bestimmten Voraussetzungen ist eine **Vereinbarung über die Zuständigkeit** möglich (Art. 12). Bei Nichtfeststellbarkeit des gewöhnlichen Aufenthalts ist eine Zuständigkeit aufgrund der **Anwesenheit des Kindes** gegeben (Art. 13). Soweit sich aus Art. 8 bis 13 keine Zuständigkeit eines Gerichts eines Mitgliedstaats ergibt, bestimmt sich die Zuständigkeit in jedem Mitgliedstaat nach dem Recht dieses Staates (**Restzuständigkeit** nach Art. 14). Art. 15 lässt ausnahmsweise eine Verweisung an ein Gericht zu, das den Fall besser beurteilen kann.

2. Haager Kindesentführungsübereinkommen[42]

Der **partielle Vorrang des HKiEntÜ** gegenüber der (Brüssel IIa) VO (EG) Nr. 2201/2003 ergibt sich differenziert geregelt aus Art. 10, 60 Buchst. e der VO: Der Vorrang des HKiEntÜ gilt, was die internationale Zuständigkeit anbetrifft, grds. nicht mehr im Verhältnis der Mitgliedstaaten der VO untereinander, wohl aber nach wie vor im Verhältnis zu den anderen Vertragsstaaten des Übereinkommens;[43] für die Anordnung der Rückgabe entführter Kinder verbleibt es bei der Anwendbarkeit von Art. 12 und 13 HKiEntÜ auch im Verhältnis der Mitgliedstaaten untereinander. Die **Nachrangigkeit des KSÜ** ergibt sich aus Art. 50 KSÜ. Die Subsidiarität der Kollisionsnormen des EGBGB beruht auf dem Grundsatz des Vorrangs internationaler Regelungen vor dem nationalen deutschen Recht (vgl. Art. 3 Nr. 2 EGBGB). | 11

Der **Anwendungsbereich** des HKiEntÜ bestimmt sich gegenständlich nach Art. 1 HKiEntÜ: Gegenstand des Übereinkommens sind die widerrechtliche Verbringung eines Kindes von einem Vertragsstaat in einen anderen **Vertragsstaat** (dazu unten Anh. 3 Rdn. 7 ff.) sowie das widerrechtliche Zurückhalten eines Kindes in einem Vertragsstaat, in welchen es rechtmäßig aus einem anderen Vertragsstaat – z.B. im Wege vereinbarten Umgangs – gelangt ist. Die Definition der Widerrechtlichkeit i.S.d. HKiEntÜ findet sich in Art. 3 des Übereinkommens (S. dazu Anh. 3 zu Art. 21 EGBGB Rdn. 7 ff.) | 12

---

36 EuGH FamRZ 2009, 843 – C-523/07 – »A«. – Dazu *Pirrung* FS Kühne 2009, 843 (851 ff.). Zum Säugling EuGH 22. 12. 2010 – C-497/10 PPU – Mercredi/Chaffe, FamRZ 2011, 617 Anm. *Henrich* = IPRax 2012, 340 m. Aufs. *Siehr*, 316; m. Aufs. *Mankowski* GPR 2011, 209; *Mansel/Thorn/Wagner* IPRax 2012, 1 (20 f.).
37 OLG Stuttgart NJW 2012, 2043.
38 MüKoBGB/*Siehr* Art. 21 EGBGB Anh. I Rn. 30.
39 MüKoBGB/*Siehr* Art. 21 EGBGB Anh. I Rn. 81 ff.
40 Näher MüKoBGB/*Siehr* Art. 21 EGBGB Anh. I Rn. 33 ff.
41 Dazu *Völker* FamRZ 2010, 157 (158 ff.).
42 Text und Erläuterungen Anh. 3 zu Art. 21 EGBGB.
43 SBW/*A.Baetge* § 99 FamFG Rn. 21.

In diesem Rahmen fallen in den sachlichen Anwendungsbereich des HKiEntÜ Entscheidungen zur **Regelung der elterlichen Sorge** sowie die **Rückgabeentscheidung**, die nach der Entführung getroffen werden sollen (Art. 12 und 16 HKiEntÜ).

Entscheidungen zur Regelung des Umgangs mit einem entführten Kind können, wie sich zumindest mittelbar aus Art. 21 HKiEntÜ ergibt,[44] auch **im Zufluchtsstaat** beantragt werden; insoweit fallen sie in den sachlichen Anwendungsbereich des HKiEntÜ. Für den Herkunftsstaat gilt dies jedoch nicht; seine hierfür einschlägigen autonomen Zuständigkeitsregelungen werden nicht verdrängt. In Deutschland verbleibt es daher für die internationale Zuständigkeit zur Umgangsregelung bezüglich eines ins Ausland entführten Kindes bei der Anwendbarkeit der Brüssel IIa-VO, ist diese nicht anwendbar, des KSÜ.[45]

Der persönliche Anwendungsbereich des HKiEntÜ betrifft Kinder vor Vollendung des 16. Lebensjahres (Art. 4 Satz 2 HKiEntÜ). Für 16- und 17-Jährige gilt das Übereinkommen nicht, insoweit ist die VO (EG) Nr. 2201/2003 maßgeblich, ist diese nicht anwendbar, gilt das KSÜ bzw. § 109 Abs. 1 FamFG (s.u.).

3. Haager Minderjährigenschutzabkommen

13 Das Haager Minderjährigenschutzabkommen (MSA) ist zum 1.1.2011 vom Haager Kinderschutzübereinkommen (KSÜ) abgelöst worden (s. Art. 21 EGBGB Anh. 1 Rdn. 2).

14-16 (zur Zeit nicht besetzt)

4. Haager Kinderschutzübereinkommen

17 Das Haager Übereinkommen vom 19.10.1996 über die Zuständigkeit, das anzuwendende Recht, die Anerkennung, Vollstreckung und Zusammenarbeit auf dem Gebiet der elterlichen Verantwortung und der Maßnahmen zum Schutz von Kindern (KSÜ)[46] gilt unter den **Vertragsstaaten** (dazu unten Anh. 2 Rdn. 1).[47] Das KSÜ gilt für Schutzmaßnahmen (Art. 3) für Kinder bis zur Vollendung des 18. Lebensjahrs (Art. 2). Im Verhältnis zwischen den Vertragsstaaten **ersetzt das KSÜ das MSA** (Art. 51). Es ist am 01.01.2011 für Deutschland in Kraft getreten.[48] Für die Durchführung greifen die Bestimmungen des IntFamRVG ein (§ 1 Nr. 2 IntFamRVG).

Inhaltlich stimmt das KSÜ, was die internationale Zuständigkeit (Art. 5 ff.) für die Anordnung von Schutzmaßnahmen (u.a. elterliche Verantwortung, Vormundschaft und Pflegschaft) über Minderjährige sowie deren gegenseitige Anerkennung (Art. 23 ff.) anbetrifft, weitestgehend mit der **Brüssel IIa VO** überein. Die Brüssel IIa VO beansprucht jedoch Vorrang (Art. 61 der VO).[49] Darüber hinaus regelt es auch die Frage des anzuwendenden materiellen Rechts.

5. Nationales Recht

17a Das Gesetz zur Aus- und Durchführung bestimmter Rechtsinstrumente auf dem Gebiet des internationalen Familienrechts (IntFamRVG)[50] dient der **Durchführung einzelner Verordnungen und**

---

44 OLG Bamberg FamRZ 1999, 951, 953.
45 Palandt/*Thorn* Anh. zu Art. 24 EGBGB Rn. 87.
46 BGBl. II 2009, S. 603; dazu Gesetz vom 25.06.09, BGBl. II 2009, S. 602; Text und Erläuterungen Anh. 3 zu Art. 21 EGBGB.
47 http://www.hcch.net/bzw. Fundstellennachweis BGBl. B 2012.
48 BGBl 2010 II 1527; vgl. *Mansel/Thorn/R. Wagner* IPRax 2011, 1 (12); *Schulz* FamRZ 2011, 156; *Wagner/Janzen* FPR 2011, 110.
49 SBW/*A.Baetge* § 99 FamFG Rn. 14.
50 *Gesetz zur Aus- und Durchführung bestimmter Rechtsinstrumente auf dem Gebiet des internationalen Familienrechts (IntFamRVG) vom 26.01.2005, BGBl. I, S. 162. Zuletzt geändert durch Art. 7 des Gesetzes vom 23.05.2011 (BGBl. I S. 898).*

Übereinkommen. Dabei handelt es sich um die Brüssel IIa-VO, das Haager Kinderschutzüberein-kommen (dazu Art. 21 EGBGB Anh. 2), das Haager Kindesentführungsübereinkommen (dazu Art. 21 EGBGB Anh. 3) sowie das Europäische Sorgerechtsübereinkommen (§ 1). Geregelt wird zunächst die **Stellung der deutschen Zentralen Behörde (Bundesamt für Justiz; §§ 3 ff. Int-FamRVG).**[51] Es folgen Bestimmungen über die **örtliche Gerichtszuständigkeit und die Verfah-renskonzentration** (§§ 10 ff. IntFamRVG). Das Verfahren folgt, soweit keine Spezialregelungen eingreifen, dem FamFG (§ 14 IntFamRVG). Ein eigener Abschnitt betrifft Sorgeverhältnisse (§§ 16 ff. IntFamRVG). Geregelt wird ferner das Verfahren nach dem Kindesentführungsüberein-kommen (§§ 37 ff. IntFamRVG) sowie die grenzüberschreitende Unterbringung (§§ 45 ff. Int-FamRVG).

Bei Nichteingreifen der o. dargestellten supranationalen Regelungen ist **autonome Vorschrift** für die internationale Zuständigkeit in Sorgeverfahren **§ 99 FamFG.** Sie kann allerdings nicht immer schon dann herangezogen werden, wenn sich aus dem HKiEntÜ, der VO (EG) und dem KSÜ keine Zuständigkeit im Inland ergibt. Führt die Anwendung der genannten supranationalen Rege-lungen im Einzelfall zum Ausschluss der inländischen Zuständigkeit, ist insoweit auch die Anwendbarkeit des autonomen Rechts ausgeschlossen; es verbleibt dann bei der Unzuständigkeit der deutschen Gerichte. § 99 FamFG ist nur anwendbar, wenn keines der supranationalen Regel-werke in seinem spezifischen Anwendungsbereich greift.[52]   **18**

Anknüpfungspunkte in § 99 FamFG sind nach Abs. 1 alternativ die Staatsangehörigkeit und der gewöhnliche Aufenthalt des Kindes Die deutschen Gerichte sind nach Abs. 1 zuständig, wenn das Kind seinen gewöhnlichen Aufenthalt im Inland hat (Abs. 1 Nr. 2) oder wenn es deutscher Staats-angehöriger ist (Abs. 1 Nr. 1). Bei Mehrstaatern reicht die deutsche Staatsangehörigkeit aus, auf die effektive kommt es nicht an.[53]   **19**

Darüber hinaus, wenn also das Kind weder Deutscher ist noch seinen gewöhnlichen Aufenthalt im Inland hat, sind die deutschen Gerichte nach Abs. 1 Nr. 3 zuständig, soweit das Kind der Für-sorge durch ein deutsches Gericht bedarf. Hierzu ist ein konkretes Fürsorgebedürfnis Vorausset-zung.

▶ **Beispiel:**

Bestellung eines Ergänzungspflegers für ein in den USA[54] lebendes Kind, welches nicht die deutsche Staatsangehörigkeit hat, zur Wahrnehmung seiner Rechte bei der Auseinandersetzung eines deutschem Recht unterfallenden Nachlasses, an dem ein Elternteil beteiligt ist.

II. Anerkennung ausländischer Sorgeentscheidungen

Eine im Ausland ergangene Entscheidung zur elterlichen Sorge, zu Teilbereichen der elterlichen Sorge oder zum Umgang ist im Inland mit gleicher Wirkung wie eine entsprechende inländische Entscheidung anzuerkennen, sofern die Voraussetzungen des nachfolgend dargestellten gestuften Systems supranationaler und autonomer Rechtsgrundlagen vorliegen.   **20**

Einschlägig sind in dieser Reihenfolge:

– Verordnung (EG) Nr. 2201/2003 vom 27.11.2003 – **VO (EG) Nr. 2201/2003** –
– Luxemburger europäisches Übereinkommen über die Anerkennung und Vollstreckung von Entscheidungen über das Sorgerecht für Kinder und die Wiederherstellung des Sorgerechtsver-hältnisses vom 20.05.1980 – **ESÜ** –[55] (dazu unten Rdn. 24 ff.).
– **Nationales Recht** (§ 109 Abs. 1 FamFG).

---

51 Bundesamt für Justiz – Zentrale Behörde für internationale Sorgerechtskonflikte, Adenauerallee 99 – 103, 53113 Bonn.– http://www.bundesjustizamt.de
52 SBW/*A. Baetge* § 99 FamFG Rn. 22.
53 Für Zurückhaltung bei Mehrstaatigkeit Hoppenz/*Hohloch* § 99 FamG Rn. 5 m.w.N.
54 Die USA sind weder Vertragsstaat des KSÜ noch Mitgliedstaat der VO (EG).
55 BGBl. II 1990, S. 220; abgedruckt in *Finger* IntFamR 7.10.

Dies bedeutet im Einzelfall die vorrangige Feststellung, ob der Staat, dessen Gericht/Behörde die Entscheidung erlassen hat (Ursprungsstaat), Mitgliedstaat der VO (EG) Nr. 2201/2003 ist. Ist dies nicht der Fall, kommt es darauf an, ob der Ursprungsstaat zu den Vertragsstaaten des ESÜ gehört. Für alle anderen Ursprungsstaaten sind § 109 Abs. 1 FamFG einschlägig.

1. VO (EG) Nr. 2201/2003

21 In einem Mitgliedstaat der Brüssel IIa-VO ergangene Entscheidungen zur elterlichen Sorge – ein Fall der »elterlichen Verantwortung« – werden in allen Mitgliedstaaten grds. ohne weitere Nachprüfung anerkannt: Art. 21 Abs. 1 VO (EG) Nr. 2201/2003. Abweisende Entscheidungen fallen nicht in den Anwendungsbereich von Art. 21 VO;[56] für diese bleibt es bei den Regeln des autonomen Kollisionsrechts, § 109 Abs. 1 FamFG.

Die Anerkennung von in den Anwendungsbereich der VO (EG) fallenden Entscheidungen aus anderen Mitgliedstaaten setzt kein förmliches Anerkennungsverfahren im Inland voraus, sie sind »automatisch«[57] anzuerkennen.

Jedoch hat jeder Verfahrensbeteiligte, der ein Interesse daran hat, zur Klarstellung der möglicherweise zweifelhaften Anerkennungsfähigkeit das Recht, diese positiv oder negativ feststellen zu lassen (Art. 21 Abs. 3 VO (EG) Nr. 2201/2003). Das hierzu statthafte Anerkennungsverfahren ist Familiensache i.S.d. § 23b Abs. 1 Nr. 11 GVG. Zuständig ist gem. Art. 29 VO (EG) Nr. 2201/2003, §§ 10, 12 IntFamRVG,[58] das AG – FamG – am Sitz des OLG, in dessen Bezirk sich das Kind aufhält, hilfsweise das Bedürfnis der Fürsorge besteht.[59] Diese örtliche Zuständigkeit gilt unabhängig davon, ob die Ehesache anderweitig anhängig ist oder nicht. Für das Verfahren gelten die Vorschriften des FamFG (§ 14 Nr. 2 IntFamRVG). Rechtsmittel gegen die Entscheidung des FamG ist die befristete Beschwerde zum OLG (§§ 32, 24 IntFamRVG i.V.m. Art. 21 Abs. 3, 33 VO (EG) Nr. 2201/2003).

Wird ein inländisches Gericht mit der **Vorfrage** einer anzuerkennenden Sorgerechtsentscheidung, die in einem Mitgliedstaat der VO (EG) ergangen ist, konfrontiert, muss es gem. Art. 21 Abs. 4 VO (EG) Nr. 2201/2003 über die Anerkennung selbst entscheiden; die Formulierung »kann« in Abs. 4 ist lediglich als Entscheidungsermächtigung zu verstehen.

22 Zu den **Förmlichkeiten** der für die Anerkennung notwendigen Nachweise gelten Art. 37 bis 39, 52 VO (EG) Nr. 2201/2003.

23 Die lediglich ausnahmsweise in Betracht kommende **Nichtanerkennung** von in einem Mitgliedstaat ergangenen Sorgerechtsentscheidungen kann nur auf die im abschließenden Katalog des Art. 23 VO (EG) Nr. 2201/2003 normierten Gründe gestützt werden.

2. Europäisches Sorgerechtsübereinkommen

24 Ist die Entscheidung zur elterlichen Sorge in einem **Vertragsstaat ergangen**,[60] richtet sich die Anerkennung materiell-rechtlich nach Art. 7, 9, 10 ESÜ, verfahrensrechtlich nach Art. 13 bis 16

---

56 *Kohler* NJW 2001, 10 (13).
57 *Kohler* NJW 2001, 10 (12); SBW/*D. Baetge* vor § 107 FamFG Rn. 3.
58 Dazu SBW/*D. Baetge* § 10 IntFamRVG Rn. 1.
59 Für den Bezirk des KG ist dies das Familiengericht Pankow/Weißensee.
60 Vertragsstaaten des ESÜ sind außer Deutschland: Belgien, Bulgarien, Dänemark, Estland, Finnland, Frankreich, Griechenland, Irland, Island, Italien, Lettland, Liechtenstein, Litauen, Luxemburg, Malta, Mazedonien, Moldau, Montenegro, Niederlande, Norwegen, Österreich, Polen, Portugal, Rumänien, Schweden, die Schweiz, Serbien, Slowakei, Spanien, Tschechische Republik, Türkei, Ukraine, Ungarn, Vereinigtes Königreich und Zypern. – Übersicht bei Staudinger/*Pirrung* Vorbem. Art. 19 EGBGB Rn. D 14.

ESÜ i.V.m. dem IntFamRVG.[61] In den gegenständlichen **Anwendungsbereich** des ESÜ fallen alle Entscheidungen über die Personensorge und den Umgang (Art. 1 Buchst. c, 11 ESÜ). In persönlicher Hinsicht gilt das Übereinkommen nur für Kinder unter 16 Jahren (Art. 1 Buchst. a ESÜ). Die **Brüssel IIa VO** beansprucht Vorrang (Art. 60 Buchst. d VO). Zum Verhältnis zum KSÜ s. Anh. 2 zu Art. 21 EGBGB Rdn. 40. Zum Verhältnis zum HKiEntÜ s. Anh. 3 zu Art. 21 EGBGB Rdn. 41.

Art. 7 ESÜ normiert den Grundsatz, dass Sorgerechtsentscheidungen, die in einem Vertragsstaat **25** (Ursprungsstaat) ergangen sind, regelmäßig in jedem anderen Vertragsstaat anerkannt werden. Nur beim Vorliegen bestimmter Gründe, die in Art. 9 und 10 ESÜ abschließend geregelt sind, darf die Anerkennung versagt werden.

Nichtanerkennungsgründe sind danach:

– Unterlassene oder verspätete Zustellung des verfahrenseinleitenden Schriftstücks an den Antragsgegner (Art. 10 Abs. 1 i.V.m. Art. 9 Abs. 1 Buchst. a. ESÜ).
– Unter bestimmten Voraussetzungen die mangelnde Aufenthaltsbezogenheit der vom Ursprungsstaat in Anspruch genommenen Zuständigkeit (Art. 10 Abs. 1 i.V.m. Art. 9 Abs. 1 Buchst. b ESÜ). Verfassungsrechtlichen Bedenken bzgl. dieser Regelung bestehen nicht.[62]
– Unvereinbarkeit mit einer früheren Entscheidung, die im Inland oder einem Drittstaat ergangen ist (Art. 10 Abs. 1 i.V.m. Art. 9 Abs. 1 Buchst. c, 10 Abs. 1 Buchst. d ESÜ).
– Ordre-public-Verstoß (Art. 10 Abs. 1 Buchst. a ESÜ).
– Änderung der Verhältnisse, welche die frühere Entscheidung offensichtlich nicht mehr dem Kindeswohl entsprechen lässt (Art. 10 Abs. 1 Buchst. b ESÜ). Eine solche Änderung der Verhältnisse kommt nur dann in Betracht, wenn ein gewisser Zeitablauf vorliegt oder wenn der Aufenthaltsort des Kindes auf Grund eines zulässigen Verbringens gewechselt hat.[63]
– Inländische Staatsangehörigkeit des Kindes und gewöhnlicher Aufenthalt des Kindes im Inland zum Zeitpunkt der Einleitung des Verfahrens im anderen Staat (Ursprungsstaat) beim Hinzukommen weiterer Umstände (Art. 10 Abs. 1 Buchst. c ESÜ).[64]

Auf keinen Fall darf eine inhaltliche Nachprüfung erfolgen (Art. 9 Abs. 3 ESÜ). Dies betrifft auch in der Entscheidung festgestellte Tatsachen, soweit sie für die Beurteilung der Zuständigkeit nach § 9 Abs. 1 Buchst. b ESÜ bedeutsam sind.[65]

Die in Art. 7 ESÜ normierte Anerkennung bedarf keines besonderen **Anerkennungsverfahrens. 26** Aus Art. 7 ESÜ ergibt sich die unmittelbare Geltung der in einem Vertragsstaat ergangenen Sorgerechtsentscheidung im Inland. Allerdings kann von dem an der Anerkennung interessierten Elternteil ein gesondertes Verfahren zur Anerkennung betrieben werden. Rechtsgrundlagen hierfür sind §§ 10, 32 IntFamRVG; das Verfahren setzt einen dahingehenden Antrag voraus Ein besonderes Rechtsschutzinteresse ist nicht erforderlich.[66] Der Antrag kann ohne Einschaltung der zentralen Behörde – des Bundesjustizamts – gestellt werden.[67] **Zuständig** ist nach §§ 10, 12 IntFamRVG das Familiengericht am Sitz des OLG, in dessen Bezirk das Kind sich aufhält, hilfsweise das Bedürfnis der Fürsorge besteht. Diese örtliche Zuständigkeit gilt unabhängig davon, ob die Ehesache anderweitig anhängig ist oder nicht. Dem Antrag sind die in Art. 13 Buchst. b–d ESÜ genannten Schriftstücke, erforderlichenfalls nebst Übersetzung, beizufügen; einer Legalisation oder ähnlichen Förmlichkeit (z.B. Apostille) bedarf es nicht (Art. 16 ESÜ). Der Antrag muss die Art. 13 Buchst. e und f ESÜ genannten Angaben enthalten.

---

61 SBW/*D. Baetge* § 107 FamFG Rn. 19.
62 BGH FamRZ 1998, 1507.
63 S. OLG Karlsruhe FamRZ 1999, 946 (947).
64 Zur Problematik bei deutsch/französischen Kindern OLG Celle FamRZ 1998, 110.
65 OLG Koblenz FamRZ 1998, 966 (967).
66 OLG Bremen FamRZ 1997, 107 (108); AG Halle/Westfalen FamRZ 2001, 362.
67 OLG Koblenz FamRZ 1998, 966.

Unabhängig von §§ 26, 159 FamFG ergibt aus Art. 15 Abs. 1 ESÜ die Verpflichtung des Familiengerichts, vor einer auf die Änderung der Verhältnisse (Art. 10 Abs. 1 Buchst. b ESÜ) gestützten Entscheidung über die Nichtanerkennung das Kind anzuhören und geeignete Ermittlungen anzustellen.

Rechtsmittel gegen eine im Anerkennungsverfahren ergangene Entscheidung ist die sofortige Beschwerde zum OLG (§§ 32, 24 IntFamRVG).

3. Nationales Recht

27 Soweit weder die VO (EG) Nr. 2201/2003 noch das ESÜ einschlägig sind, richtet sich die Anerkennungsfähigkeit nach § 109 Abs. 1 FamFG. Die Vorschrift regelt die inhaltlichen Voraussetzungen hierfür; besondere verfahrensrechtliche Normen gibt es dazu nicht. Dies bedeutet, dass ein förmliches Anerkennungsverfahren nicht erforderlich, aber möglich ist (§ 108 Abs. 2 FamFG).[68] Die ggf. sich stellende Vorfrage der Anerkennungsfähigkeit einer ausländischen Sorgerechtsentscheidung ist in jedem gerichtlichen und behördlichen Verfahren unter Anwendung von § 109 Abs. 1 FamFG selbständig zu prüfen.[69]

Inhaltlich geht die Norm von dem Grundsatz aus, dass die ausländische Entscheidung anzuerkennen ist, wenn dem nicht konkrete Gründe entgegen stehen – die Anerkennung ist der Grundsatz, die Nichtanerkennung die Ausnahme.

28 Die **Gründe der Nichtanerkennung** sind in § 109 Abs. 1 Nr. 1 bis 4 FamFG abschließend geregelt.

Anhang 1 zu Art. 21 EGBGB

Haager Übereinkommen über die Zuständigkeit der Behörden und das anzuwendende Recht auf dem Gebiet des Schutzes von Minderjährigen

Vom 5. Oktober 1961 (BGBl. II S. 217)

1 Vertragsstaaten des **Haager Minderjährigenschutzabk.** (MSA) sind neben Deutschland Frankreich, Italien, Lettland, Litauen, Luxemburg, die Niederlande, Österreich, Polen, Portugal, die Schweiz, Spanien und die Türkei (http://www.hcch.net/). Nach dem MSA sind die Gerichte bzw Behörden des Vertragsstaats für Maßnahmen zum Schutz eines minderjährigen Kindes zuständig, in dem sich das Kind gewöhnlich aufhält (Art. 13 I MSA); dazu näher Voraufl. Art. 21 EGBGB Anh II.

2 Neben dem MSA ist das **nationale IPR** in Bezug auf Schutzmaßnahmen für Minderjährige **nicht mehr anwendbar**. Das MSA ist zum 01.01.2011 **durch das KSÜ ersetzt worden** (s. Art. 21 Anh. 2 EGBGB Rdn. 1). Teilw. verdrängt wurde zuvor schon das MSA durch die Brüssel IIa VO.[1] Diese geht vor, soweit es sich um die Zuständigkeit und Anerkennung von Entscheidungen über die elterliche Verantwortung »zwischen den Mitgliedstaaten« handelt (Art. 60 lit a Brüssel IIa VO). Daraus wird geschlossen, dass der Vorrang nicht für schweizerische und türkische Minderjährige gilt.[2] In seinem sachlichen Anwendungsbereich ging dem MSA auch das **Haager Kindesentführungsübk** (Art. 34 HKÜ) vor, s. Anh. 3 zu Art. 21.

---

68 SBW/*D. Baetge* § 108 FamFG Rn. 7 ff.
69 OLG Oldenburg FamFR 2012, 307 (LS) Anm. *Strohal* = ZKJ 2012, 357.
 1 Vgl. EuGH FamRZ 2008, 1729.
 2 *Andrae* IntFamR § 6 Rn. 19. – Nur für die Anerkennung Palandt/ *Thorn* Art. 24 Anh Rn. 7.

Anhang 2 zu Art. 21 EGBGB

Haager Übereinkommen vom 19. Oktober 1996 über die Zuständigkeit, das anzuwendende Recht, die Anerkennung, Vollstreckung und Zusammenarbeit auf dem Gebiet der elterlichen Verantwortung und der Maßnahmen zum Schutz von Kindern

vom 19.10.1996

Übereinkommen über die Zuständigkeit, das anzuwendende Recht,

die Anerkennung, Vollstreckung und Zusammenarbeit auf dem Gebiet der elterlichen Verantwortung und der Maßnahmen zum Schutz von Kindern

Die Unterzeichnerstaaten dieses Übereinkommens –

in der Erwägung, dass der Schutz von Kindern im internationalen Bereich verbessert werden muss;

in dem Wunsch, Konflikte zwischen ihren Rechtssystemen in Bezug auf die Zuständigkeit, das anzuwendende Recht, die Anerkennung und Vollstreckung von Maßnahmen zum Schutz von Kindern zu vermeiden;

eingedenk der Bedeutung der internationalen Zusammenarbeit für den Schutz von Kindern;

bekräftigend, dass das Wohl des Kindes vorrangig zu berücksichtigen ist;

angesichts der Notwendigkeit, das Übereinkommen vom 5. Oktober 1961 über die Zuständigkeit der Behörden und das anzuwendende Recht auf dem Gebiet des Schutzes von Minderjährigen zu überarbeiten;

in dem Wunsch, zu diesem Zweck unter Berücksichtigung des Übereinkommens der Vereinten Nationen vom 20. November 1989 über die Rechte des Kindes gemeinsame Bestimmungen festzulegen –

haben die folgenden Bestimmungen vereinbart

Kapitel I Anwendungsbereich des Übereinkommens

Art. 1 Ziel des Übereinkommens

(1) Ziel dieses Übereinkommens ist es,

a) den Staat zu bestimmen, dessen Behörden zuständig sind, Maßnahmen zum Schutz der Person oder des Vermögens des Kindes zu treffen;

b) das von diesen Behörden bei der Ausübung ihrer Zuständigkeit anzuwendende Recht zu bestimmen;

c) das auf die elterliche Verantwortung anzuwendende Recht zu bestimmen;

d) die Anerkennung und Vollstreckung der Schutzmaßnahmen in allen Vertragsstaaten sicherzustellen;

e) die zur Verwirklichung der Ziele dieses Übereinkommens notwendige Zusammenarbeit zwischen den Behörden der Vertragsstaaten einzurichten.

(2) Im Sinn dieses Übereinkommens umfasst der Begriff »elterliche Verantwortung« die elterliche Sorge und jedes andere entsprechende Sorgeverhältnis, das die Rechte, Befugnisse und Pflichten der Eltern, des Vormunds oder eines anderen gesetzlichen Vertreters in Bezug auf die Person oder das Vermögen des Kindes bestimmt.

1   Das Haager Übereinkommen vom 19.10.1996 über die Zuständigkeit, das anzuwendende Recht, die Anerkennung, Vollstreckung und Zusammenarbeit auf dem Gebiet der elterlichen Verantwortung und der Maßnahmen zum Schutz von Kindern (KSÜ)[1] gilt unter den **Vertragsstaaten**.[2] Eine Entscheidung des Rates vom 05.06.2008 hat einige EU-Mitgliedstaaten – darunter Deutschland – ermächtigt, das KSÜ zu ratifizieren oder ihm beizutreten).[3] Das KSÜ gilt für Schutzmaßnahmen (Art. 3) für Kinder bis zur Vollendung des 18. Lebensjahrs (Art. 2). Im Verhältnis zwischen den Vertragsstaaten ersetzt das KSÜ das MSA (Art. 51). Der 1.1. 2011, der Tag, an dem das KSÜ nach seinem Art. 61 Abs. 2 für Deutschland in Kraft getreten ist, ist im BGBl. bekannt gemacht worden.[4] Art. 53 stellt klar, dass das KSÜ **keine Rückwirkung** beansprucht. Für die Beurteilung von vor Inkrafttreten begründeten Sorgerechtsverhältnissen gilt Art. 16 Abs. 2, 3 analog.[5] Für die Durchführung greifen die Bestimmungen des IntFamRVG ein (§ 1 Nr. 2 IntFamRVG).

Inhaltlich stimmt das KSÜ, was die internationale Zuständigkeit (Art. 5 ff.) für die Anordnung von Schutzmaßnahmen (u.a. elterliche Verantwortung, Vormundschaft und Pflegschaft) über Minderjährige sowie deren gegenseitige Anerkennung (Art. 23 ff.) anbetrifft, weitestgehend mit der Brüssel IIa VO überein. Darüber hinaus regelt es auch die Frage des anzuwendenden materiellen Rechts. Hierfür gilt grds. der **Gleichlauf zur internationalen Zuständigkeit**, die ihrerseits i.d.R. an den gewöhnlichen Aufenthalt des Kindes anknüpft (Art. 15 ff. i.V.m. 5 ff. KSÜ).[6] Das KSÜ ist universell anwendbar (Art. 20).

2   Für das Verhältnis zur Brüssel IIa-VO gilt ein grundsätzlicher **Vorrang der VO**.[7] Die Verordnung ist anwendbar, wenn das betreffende Kind seinen gewöhnlichen Aufenthalt im Hoheitsgebiet eines Mitgliedstaats hat (Art. 61 Buchst. a Brüssel IIa-VO). In Fragen der Anerkennung und der Vollstreckung einer von dem zuständigen Gericht eines Mitgliedstaats ergangenen Entscheidung im Hoheitsgebiet eines anderen Mitgliedstaats, auch wenn das betreffende Kind seinen gewöhnlichen Aufenthalt im Hoheitsgebiet eines Drittstaats hat, der Vertragspartei des KSÜ ist (Art. 61 Buchst. b Brüssel IIa-VO). Das **HKÜ** hat gegenüber dem KSÜ Vorrang (Art. 50 KSÜ).

---

1 BGBl. II 2009, S. 603; dazu Ges. vom 25.06.09, BGBl. II 2009, S. 602.
2 Vertragsstaaten sind (mit dem Datum des Inkrafttretens): Albanien (01.04.2007), Armenien (01.05.2008), Australien (01.07.2003), Bulgarien (01.02.2007), Dänemark (01.10.2011), Dominikanische Republik (01.10.2010), Ecuador (01.11.2003), Estland (01.06.2003), Finnland (01.03.2011), Frankreich (01.02.2011), Griechenland (01.06.2012), Irland (01.01.2011), Kroatien (01.01.2010), Lettland (01.04.2003), Litauen (01.09.2004), Luxemburg (01.12.2010), Malta (01.01.2012), Marokko (01.12.2002), Monaco (01.01.2002), Montenegro (01.01.2013), Niederlande (01.05.2011), Österreich (01.04.2011), Polen (01.11.2010), Portugal (01.07.2011), Rumänien (01.01.2011), Schweiz (01.07.2009), Slowakei (01.01.2002), Slowenien (01.02.2005), Spanien (01.01.2011), Tschechische Republik (01.01.2002), Ukraine (01.02.2008), Ungarn (01.05.2006), Uruguay (01.03.2010), Zypern (01.11.2010); Nachw. bei http://www.hcch.net/; siehe auch Staudinger/*Pirrung* Vorbem. Art. 19 EGBGB Rn. G 13.
3 ABl. EU 2008 L 251/36; Staudinger/*Pirrung* (2009) Vorbem. Art. 19 EGBGB Rn. G 12.
4 BGBl 2010 II 1527; vgl. *Mansel/Thorn/R. Wagner* IPRax 2011, 1 (12); *Schulz* FamRZ 2011, 156; *Wagner/Janzen* FPR 2011, 110.
5 *Rauscher* NJW 2011, 2332 (2333).– Anders BGH NJW 2011, 2360 = FamRZ 2011, 796 Anm. *Völker*, FamRZ 2011, 801 = Anm. *Coester* FF 2011, 285.
6 Staudinger/*Pirrung* Vorbem. Art. 19 EGBGB Rn. G 99.
7 *Wagner/Janzen* FPR 2011, 110 (111 ff.); Staudinger/*Pirrung* Vorbem. Art. 19 EGBGB Rn. G 8.

Abs. 1 nennt die Zielsetzung des Übereinkommens. Dabei geht es nicht nur um die Bestimmung 3
des auf **die elterliche Verantwortung anzuwendenden Rechts,** sondern vor allem um die **verfahrensrechtlichen Voraussetzungen** der internationalen Zuständigkeit, der Anerkennung von Entscheidungen und die internationale Zusammenarbeit der Behörden.

Abs. 2 definiert die **elterliche Verantwortung.** Sie umfasst die **elterliche Sorge und jedes andere
entsprechende Sorgeverhältnis,** das die Rechte, Befugnisse und Pflichten der Eltern, des Vormunds oder eines anderen gesetzlichen Vertreters in Bezug auf die Person oder das Vermögen des Kindes bestimmt. Erfasst wird mithin die Vormundschaft, aber auch die Pflegschaft des deutschen Rechts. Dies wird im Einzelnen in Art. 3 erläutert.

Art. 2 Kinder für die das Übereinkommen gilt

**Dieses Übereinkommen ist auf Kinder von ihrer Geburt bis zur Vollendung des 18. Lebensjahrs
anzuwenden.**

Art. 2 KSÜ lässt den Status als Kind mit der Vollendung **des 18. Lebensjahrs** enden. Auf die Volljährigkeit kommt es nicht an. 4

Art. 3 Schutzmaßnahmen

**Die Maßnahmen, auf die in Artikel 1 Bezug genommen wird, können insbesondere Folgendes
umfassen:**

a) **die Zuweisung, die Ausübung und die vollständige oder teilweise Entziehung der elterlichen
Verantwortung sowie deren Übertragung;**
b) **das Sorgerecht einschließlich der Sorge für die Person des Kindes und insbesondere des
Rechts, den Aufenthalt des Kindes zu bestimmen, sowie das Recht zum persönlichen
Umgang einschließlich des Rechts, das Kind für eine begrenzte Zeit an einen anderen Ort als
den seines gewöhnlichen Aufenthalts zu bringen;**
c) **die Vormundschaft, die Pflegschaft und entsprechende Einrichtungen;**
d) **die Bestimmung und den Aufgabenbereich jeder Person oder Stelle, die für die Person oder
das Vermögen des Kindes verantwortlich ist, das Kind vertritt oder ihm beisteht;**
e) **die Unterbringung des Kindes in einer Pflegefamilie oder einem Heim oder seine Betreuung
durch Kafala oder eine entsprechende Einrichtung;**
f) **die behördliche Aufsicht über die Betreuung eines Kindes durch jede Person, die für das
Kind verantwortlich ist;**
g) **die Verwaltung und Erhaltung des Vermögens des Kindes oder die Verfügung darüber.**

Art. 3 KSÜ zählt die Materien auf, auf die das KSÜ anwendbar ist. Die Aufzählung ist nicht 5
abschließend.[1] Erfasst wird die Zuweisung, die Ausübung und die vollständige oder teilweise Entziehung der **elterlichen Verantwortung** sowie deren Übertragung (Buchst. a).

Genannt wird ferner das **Sorgerecht** einschließlich der Sorge für die Person des Kindes und insb. des Rechts, den Aufenthalt des Kindes zu bestimmen, sowie das Recht zum persönlichen Umgang einschließlich des Rechts, das Kind für eine begrenzte Zeit an einen anderen Ort als den seines gewöhnlichen Aufenthalts zu bringen (Buchst. b).

---

1 Staudinger/*Pirrung* Vorbem. Art. 19 EGBGB Rn. G 25.

Abgedeckt sind auch die **Vormundschaft**,[2] einschließlich der gesetzlichen Vormundschaft[3] sowie die **Pflegschaft**[4] und entsprechende Einrichtungen des ausländischen Rechts (Buchst. c).

Ferner gilt das KSÜ für die Bestimmung und den Aufgabenbereich jeder Person oder Stelle, die für die **Person oder das Vermögen des Kindes verantwortlich** ist, das Kind vertritt oder ihm beisteht (Buchst. d). Dazu gehört auch der Beistand.[5]

Das KSÜ gilt auch für die **Unterbringung** des Kindes in einer Pflegefamilie oder einem Heim oder seine Betreuung durch Kafala (Pflegekindschaft islamischen Rechts) oder eine entsprechende Einrichtung (Buchst. e).

Erfasst wird ferner die **behördliche Aufsicht über die Betreuung** eines Kindes durch jede Person, die für das Kind verantwortlich ist (Buchst. f).

Auch die Verwaltung und Erhaltung des Vermögens des Kindes oder die Verfügung darüber – mithin die **Vermögenssorge** –[6] fällt unter das Übereinkommen (Buchst. g). Dazu gehört auch eine gerichtliche Genehmigung im Rahmen der Vermögenssorge.[7]

Art. 4   Ausgeschlossene Bereiche

Dieses Übereinkommen ist nicht anzuwenden

a) auf die Feststellung und Anfechtung des Eltern-Kind-Verhältnisses;
b) auf Adoptionsentscheidungen und Maßnahmen zur Vorbereitung einer Adoption sowie auf die Ungültigerklärung und den Widerruf der Adoption;
c) auf Namen und Vornamen des Kindes;
d) auf die Volljährigerklärung;
e) auf Unterhaltspflichten;
f) auf trusts und Erbschaften;
g) auf die soziale Sicherheit;
h) auf öffentliche Maßnahmen allgemeiner Art in Angelegenheiten der Erziehung und Gesundheit;
i) auf Maßnahmen infolge von Straftaten, die von Kindern begangen wurden;
j) auf Entscheidungen über Asylrecht und Einwanderung.

6   Art. 4 KSÜ zählt die Materien auf, für die das KSÜ nicht maßgeblich ist. Die Aufzählung ist abschließend.[1] Das Übereinkommen ist nicht anzuwenden auf Statusfragen wie die Feststellung und Anfechtung des **Eltern-Kind-Verhältnisses** (Buchst. a) sowie Fragen des **Adoptionsrechts** (Buchst. b).[2] Nicht erfasst werden auch **namensrechtliche Fragen** (Buchst. c). Das KSÜ gilt auch nicht für die **Volljährigerklärung** (Buchst. d). Gleichfalls nicht abgedeckt werden **Unterhaltspflichten** (Buchst. e), für die die EuUntVO bzw. Haager Übereinkommen eingreifen. Das Übereinkommen greift ferner nicht ein für **trusts und Erbschaften** (Buchst. f). Schließlich werden nicht erfasst die **soziale Sicherheit** (Buchst. g), **öffentliche Maßnahmen** allgemeiner Art in Angelegenheiten der Erziehung und Gesundheit (Buchst. h), Maßnahmen infolge von **Straftaten** (Buchst. i) sowie auf Entscheidungen über **Asylrecht und Einwanderung** (Buchst. j).

---

2   Staudinger/*Pirrung* Vorbem. Art. 19 EGBGB Rn. G 28.
3   Bamberger/Roth/*Heiderhoff* Art. 24 EGBGB Rn. 17.
4   Staudinger/*Pirrung* Vorbem. Art. 19 EGBGB Rn. G 28.
5   Staudinger/*Pirrung* Vorbem. Art. 19 EGBGB Rn. G 29.
6   Staudinger/*Pirrung* Vorbem. Art. 19 EGBGB Rn. G 32.
7   Staudinger/*Pirrung* Vorbem. Art. 19 EGBGB Rn. G 32.
1   Staudinger/*Pirrung* Vorbem. Art. 19 EGBGB Rn. G 33.
2   Dazu *Schulz* FamRZ 2011, 156 f.

Kapitel II Zuständigkeit

Art. 5 Behörden am gewöhnlichen Aufenthalt des Kindes

(1) Die Behörden, seien es Gerichte oder Verwaltungsbehörden, des Vertragsstaats, in dem das Kind seinen gewöhnlichen Aufenthalt hat, sind zuständig, Maßnahmen zum Schutz der Person oder des Vermögens des Kindes zu treffen.

(2) Vorbehaltlich des Artikels 7 sind bei einem Wechsel des gewöhnlichen Aufenthalts des Kindes in einen anderen Vertragsstaat die Behörden des Staates des neuen gewöhnlichen Aufenthalts zuständig.

Aus Abs. 1 ergibt sich eine **Aufenthaltszuständigkeit.** Die Ermittlung des gewöhnlichen Aufenthalts des Kindes folgt den gleichen Grundsätzen wie bei der Brüssel IIa-VO. Abs. 2 betrifft den Aufenthaltswechsel. Es kommt auf den **jeweiligen Aufenthaltsort** an. Eine perpetuatio fori gibt es nicht.[1] Bei widerrechtlichem Verbringen und Zurückhalten besteht ein Vorbehalt zugunsten von Art. 7.   7

Art. 6 Flüchtlingskinder

(1) Über Flüchtlingskinder und Kinder, die infolge von Unruhen in ihrem Land in ein anderes Land gelangt sind, üben die Behörden des Vertragsstaats, in dessen Hoheitsgebiet sich die Kinder demzufolge befinden, die in Artikel 5 Absatz 1 vorgesehene Zuständigkeit aus.

(2) Absatz 1 ist auch auf Kinder anzuwenden, deren gewöhnlicher Aufenthalt nicht festgestellt werden kann.

Für **Flüchtlingskinder** besteht eine besondere Zuständigkeit, die lediglich vom schlichten Aufenthalt ausgeht.   8

Art. 7 Widerrechtliches Verbringen und Zurückhalten

(1) Bei widerrechtlichem Verbringen oder Zurückhalten des Kindes bleiben die Behörden des Vertragsstaats, in dem das Kind unmittelbar vor dem Verbringen oder Zurückhalten seinen gewöhnlichen Aufenthalt hatte, so lange zuständig, bis das Kind einen gewöhnlichen Aufenthalt in einem anderen Staat erlangt hat und

a) jede sorgeberechtigte Person, Behörde oder sonstige Stelle das Verbringen oder Zurückhalten genehmigt hat, oder
b) das Kind sich in diesem anderen Staat mindestens ein Jahr aufgehalten hat, nachdem die sorgeberechtigte Person, Behörde oder sonstige Stelle seinen Aufenthaltsort kannte oder hätte kennen müssen, kein während dieses Zeitraums gestellter Antrag auf Rückgabe mehr anhängig ist und das Kind sich in seinem neuen Umfeld eingelebt hat.

---

1 *Schulz* FamRZ 2011, 156 (158 f.); *Siehr* RabelsZ 62 (1998), 464 (478); Staudinger/*Pirrung* Vorbem. Art. 19 EGBGB Rn. G 48.

(2) Das Verbringen oder Zurückhalten eines Kindes gilt als widerrechtlich, wenn

a) dadurch das Sorgerecht verletzt wird, das einer Person, Behörde oder sonstigen Stelle allein oder gemeinsam nach dem Recht des Staates zusteht, in dem das Kind unmittelbar vor dem Verbringen oder Zurückhalten seinen gewöhnlichen Aufenthalt hatte, und

b) dieses Recht im Zeitpunkt des Verbringens oder Zurückhaltens allein oder gemeinsam tatsächlich ausgeübt wurde oder ausgeübt worden wäre, falls das Verbringen oder Zurückhalten nicht stattgefunden hätte.

Das unter Buchstabe a genannte Sorgerecht kann insbesondere kraft Gesetzes, aufgrund einer gerichtlichen oder behördlichen Entscheidung oder aufgrund einer nach dem Recht des betreffenden Staates wirksamen Vereinbarung bestehen.

(3) Solange die in Absatz 1 genannten Behörden zuständig bleiben, können die Behörden des Vertragsstaats, in den das Kind verbracht oder in dem es zurückgehalten wurde, nur die nach Artikel 11 zum Schutz der Person oder des Vermögens des Kindes erforderlichen dringenden Maßnahmen treffen.

9 Die Vorschrift des Art. 7 KSÜ dürfte nur selten praktische Bedeutung erlangen. Zum einen hat das **HKiEntÜ Vorrang** (s. Rdn. 38). Dieses wird wiederum durch die **Brüssel IIa-VO ergänzt** (s. Rdn. 40). Eine eigene Zuständigkeitsregelung für den Entführungsfall findet sich in Art. 10, 11 Brüssel IIa-VO:

10 **Widerrechtliches Verbringen oder Zurückhalten** wird von Abs. 2 erfasst. Es kommt darauf an, ob (Buchst. a) dadurch das gesetzliche oder auf andere Weise zuerkannte Sorgerecht verletzt wird, das einer Person, Behörde oder sonstigen Stelle allein oder gemeinsam nach dem Recht des Staates zusteht, in dem das Kind unmittelbar vor dem Verbringen oder Zurückhalten seinen gewöhnlichen Aufenthalt hatte. Ferner wird verlangt, dass dieses Recht im Zeitpunkt des Verbringens oder Zurückhaltens allein oder gemeinsam **tatsächlich ausgeübt** wurde (Buchst. b).

11 Nach Abs. 1 kommt es zu einer **Fortdauer der bisherigen Zuständigkeit** bis das Kind einen gewöhnlichen Aufenthalt in einem anderen Staat erlangt hat und alternativ zwei Voraussetzungen vorliegen. Entweder muss das Verbringen oder Zurückhalten genehmigt worden sein (Buchst. a). Ferner entfällt die Zuständigkeit, wenn sich das Kind sich im Zufluchtsstaat mindestens ein Jahr aufgehalten hat (Buchst. b). Letzteres setzt jedoch voraus, dass die weiteren in Buchst. b genannten Umstände vorliegen.

12 Nach Abs. 3 besteht nur eine beschränkte Zuständigkeit der **Behörden anderer Vertragsstaaten.**

Art. 8   forum non conveniens

(1) Ausnahmsweise kann die nach Artikel 5 oder 6 zuständige Behörde eines Vertragsstaats, wenn sie der Auffassung ist, dass die Behörde eines anderen Vertragsstaats besser in der Lage wäre, das Wohl des Kindes im Einzelfall zu beurteilen,

– entweder diese Behörde unmittelbar oder mit Unterstützung der Zentralen Behörde dieses Staates ersuchen, die Zuständigkeit zu übernehmen, um die Schutzmaßnahmen zu treffen, die sie für erforderlich hält,

– oder das Verfahren aussetzen und die Parteien einladen, bei der Behörde dieses anderen Staates einen solchen Antrag zu stellen.

(2) Die Vertragsstaaten, deren Behörden nach Absatz 1 ersucht werden können, sind

a) ein Staat, dem das Kind angehört,

b) ein Staat, in dem sich Vermögen des Kindes befindet,

c) ein Staat, bei dessen Behörden ein Antrag der Eltern des Kindes auf Scheidung, Trennung, Aufhebung oder Nichtigerklärung der Ehe anhängig ist,

d) ein Staat, zu dem das Kind eine enge Verbindung hat.

(3) Die betreffenden Behörden können einen Meinungsaustausch aufnehmen.

(4) Die nach Absatz 1 ersuchte Behörde kann die Zuständigkeit anstelle der nach Artikel 5 oder 6 zuständigen Behörde übernehmen, wenn sie der Auffassung ist, dass dies dem Wohl des Kindes dient.

In beschränktem Umfang erkennt Art. 8 KSÜ das **forum non conveniens** an. Die Behörden eines 13 anderen Vertragsstaates können nämlich befasst werden, wenn die nach Art. 5 oder 6 zuständige Behörde der Auffassung ist, dass die Behörde eines anderen Vertragsstaats besser in der Lage wäre, das Wohl des Kindes im Einzelfall zu beurteilen.[1] Das Verfahren bei grenzüberschreitender Abgabe regelt § 13a IntFamRVG.

Art. 9 forum conveniens

(1) Sind die in Artikel 8 Absatz 2 genannten Behörden eines Vertragsstaats der Auffassung, dass sie besser in der Lage sind, das Wohl des Kindes im Einzelfall zu beurteilen, so können sie

– entweder die zuständige Behörde des Vertragsstaats des gewöhnlichen Aufenthalts des Kindes unmittelbar oder mit Unterstützung der Zentralen Behörde dieses Staates ersuchen, ihnen zu gestatten, die Zuständigkeit auszuüben, um die von ihnen für erforderlich gehaltenen Schutzmaßnahmen zu treffen,

– oder die Parteien einladen, bei der Behörde des Vertragsstaats des gewöhnlichen Aufenthalts des Kindes einen solchen Antrag zu stellen.

(2) Die betreffenden Behörden können einen Meinungsaustausch aufnehmen.

(3) Die Behörde, von welcher der Antrag ausgeht, darf die Zuständigkeit anstelle der Behörde des Vertragsstaats des gewöhnlichen Aufenthalts des Kindes nur ausüben, wenn diese den Antrag angenommen hat.

Art. 9 KSÜ betrifft das sog. **forum conveniens.** Hier können Behörden eines anderen Vertragsstaa- 14 tes darum ersuchen, dass sie die notwendigen Schutzmaßnahmen treffen.[1] Das Verfahren bei grenzüberschreitender Abgabe regelt § 13a IntFamRVG.

Art. 10 Scheidungsgerichtsstand

(1) Unbeschadet der Artikel 5 bis 9 können die Behörden eines Vertragsstaats in Ausübung ihrer Zuständigkeit für die Entscheidung über einen Antrag auf Scheidung, Trennung, Aufhebung oder Nichtigerklärung der Ehe der Eltern eines Kindes, das seinen gewöhnlichen Aufenthalt in einem anderen Vertragsstaat hat, sofern das Recht ihres Staates dies zulässt, Maßnahmen zum Schutz der Person oder des Vermögens des Kindes treffen, wenn

a) einer der Eltern zu Beginn des Verfahrens seinen gewöhnlichen Aufenthalt in diesem Staat und ein Elternteil die elterliche Verantwortung für das Kind hat und

---

1 Dazu *Siehr* RabelsZ 62 (1998), 464 (480 ff.); *Schulz* FamRZ 2011, 156 (158).
1 Dazu *Siehr* RabelsZ 62 (1998), 464, 482 f.

b) die Eltern und jede andere Person, welche die elterliche Verantwortung für das Kind hat, die Zuständigkeit dieser Behörden für das Ergreifen solcher Maßnahmen anerkannt haben und diese Zuständigkeit dem Wohl des Kindes entspricht.

(2) Die in Absatz 1 vorgesehene Zuständigkeit für das Ergreifen von Maßnahmen zum Schutz des Kindes endet, sobald die stattgebende oder abweisende Entscheidung über den Antrag auf Scheidung, Trennung, Aufhebung oder Nichtigerklärung der Ehe endgültig geworden ist oder das Verfahren aus einem anderen Grund beendet wurde.

15 Art. 10 KSÜ enthält eine Ausnahme zugunsten des **Scheidungsgerichtsstandes.** Es handelt sich um einen konkurrierenden Gerichtsstand.[1] Abs. 2 weicht von der Brüssel IIa-VO ab.[2]

Art. 11   Dringende Fälle

(1) In allen dringenden Fällen sind die Behörden jedes Vertragsstaats, in dessen Hoheitsgebiet sich das Kind oder ihm gehörendes Vermögen befindet, zuständig, die erforderlichen Schutzmaßnahmen zu treffen.

(2) Maßnahmen nach Absatz 1, die in Bezug auf ein Kind mit gewöhnlichem Aufenthalt in einem Vertragsstaat getroffen wurden, treten außer Kraft, sobald die nach den Artikeln 5 bis 10 zuständigen Behörden die durch die Umstände gebotenen Maßnahmen getroffen haben.

(3) Maßnahmen nach Absatz 1, die in Bezug auf ein Kind mit gewöhnlichem Aufenthalt in einem Nichtvertragsstaat getroffen wurden, treten in jedem Vertragsstaat außer Kraft, sobald dort die durch die Umstände gebotenen und von den Behörden eines anderen Staates getroffenen Maßnahmen anerkannt werden.

Art. 12   Vorläufige räumlich beschränkte Maßnahmen

(1) Vorbehaltlich des Artikels 7 sind die Behörden eines Vertragsstaats, in dessen Hoheitsgebiet sich das Kind oder ihm gehörendes Vermögen befindet, zuständig, vorläufige und auf das Hoheitsgebiet dieses Staates beschränkte Maßnahmen zum Schutz der Person oder des Vermögens des Kindes zu treffen, soweit solche Maßnahmen nicht mit den Maßnahmen unvereinbar sind, welche die nach den Artikeln 5 bis 10 zuständigen Behörden bereits getroffen haben.

(2) Maßnahmen nach Absatz 1, die in Bezug auf ein Kind mit gewöhnlichem Aufenthalt in einem Vertragsstaat getroffen wurden, treten außer Kraft, sobald die nach den Artikeln 5 bis 10 zuständigen Behörden eine Entscheidung über die Schutzmaßnahmen getroffen haben, die durch die Umstände geboten sein könnten.

(3) Maßnahmen nach Absatz 1, die in Bezug auf ein Kind mit gewöhnlichem Aufenthalt in einem Nichtvertragsstaat getroffen wurden, treten in dem Vertragsstaat außer Kraft, in dem sie getroffen worden sind, sobald dort die durch die Umstände gebotenen und von den Behörden eines anderen Staates getroffenen Maßnahmen anerkannt werden.

---

1 *Siehr* RabelsZ 62 (1998), 464 (483 f.); Staudinger/*Pirrung* Vorbem. Art. 19 EGBGB Rn. G 72.
2 Dazu *Schulz* FamRZ 2011, 156 (157 f.).

Art. 13   Zuständigkeitskonflikte

(1) Die Behörden eines Vertragsstaats, die nach den Artikeln 5 bis 10 zuständig sind, Maßnahmen zum Schutz der Person oder des Vermögens des Kindes zu treffen, dürfen diese Zuständigkeit nicht ausüben, wenn bei Einleitung des Verfahrens entsprechende Maßnahmen bei den Behörden eines anderen Vertragsstaats beantragt worden sind, die in jenem Zeitpunkt nach den Artikeln 5 bis 10 zuständig waren, und diese Maßnahmen noch geprüft werden.

(2) Absatz 1 ist nicht anzuwenden, wenn die Behörden, bei denen Maßnahmen zuerst beantragt wurden, auf ihre Zuständigkeit verzichtet haben.

Art. 14   Fortdauer der Maßnahmen

Selbst wenn durch eine Änderung der Umstände die Grundlage der Zuständigkeit wegfällt, bleiben die nach den Artikeln 5 bis 10 getroffenen Maßnahmen innerhalb ihrer Reichweite so lange in Kraft, bis die nach diesem Übereinkommen zuständigen Behörden sie ändern, ersetzen oder aufheben.

Kapitel III   Anzuwendendes Recht

Art. 15   Auf Schutzmaßnahmen anwendbares Recht

(1) Bei der Ausübung ihrer Zuständigkeit nach Kapitel II wenden die Behörden der Vertragsstaaten ihr eigenes Recht an.

(2) Soweit es der Schutz der Person oder des Vermögens des Kindes erfordert, können sie jedoch ausnahmsweise das Recht eines anderen Staates anwenden oder berücksichtigen, zu dem der Sachverhalt eine enge Verbindung hat.

(3) Wechselt der gewöhnliche Aufenthalt des Kindes in einen anderen Vertragsstaat, so bestimmt das Recht dieses anderen Staates vom Zeitpunkt des Wechsels an die Bedingungen, unter denen die im Staat des früheren gewöhnlichen Aufenthalts getroffenen Maßnahmen angewendet werden.

Die Art. 15 ff. KSÜ bestimmen das auf Schutzmaßnahmen (s. dazu Art. 3) **anwendbare Recht**. Sie   16
finden auch dann Anwendung, wenn die internationale Zuständigkeit nach der Brüssel IIa-VO bestimmt worden ist.[1] Bei der Ausübung ihrer Zuständigkeit nach Art. 5 ff. wenden die Behörden der Vertragsstaaten ihr eigenes Recht an (Abs. 1). Es gilt der **Gleichlaufgrundsatz** zwischen Zuständigkeit und anwendbarem Recht.[2] Es kommt zur Anwendung der lex fori.[3] Die Zuständigkeit ergibt sich regelmäßig aus dem **gewöhnlichen Aufenthalt**, in einigen Fällen auch aus dem bloßen Aufenthalt des Kindes. Im Scheidungsverfahren kommt es nicht auf das für die Scheidung maßgebliche Recht, sondern unmittelbar auf das innerstaatliche (Sach-) Recht des Scheidungsstaates an (vgl. Art. 10 KSÜ).[4]

---

1   *Andrae* IPRax 2006, 82 (87 f.); *Wagner/Janzen* FPR 2011, 110 (112 f.); Palandt/*Thorn* Anh. Art 24 EGBGB Rn. 14; Staudinger/*Pirrung* Vorbem. Art. 19 EGBGB Rn. G 101. – Nach a.A. ist dagegen Art 21 EGBGB anzuwenden (Rauscher/*Rauscher* Brüssel IIa-VO Art 8 Rn. 21 f f.).
2   *Siehr* RabelsZ 62 (1998), 464 (487); Staudinger/*Pirrung* Vorbem. Art. 19 EGBGB Rn. G 100 f.
3   Staudinger/*Pirrung* Vorbem. Art. 19 EGBGB Rn. G 100 f.
4   Staudinger/*Pirrung* Vorbem. Art. 19 EGBGB Rn. G 101.

17 Soweit es der Schutz der Person oder des Vermögens des Kindes erfordert, können die Behörden ausnahmsweise das Recht eines anderen Staates anwenden oder berücksichtigen, zu dem der Sachverhalt eine **enge Verbindung** hat (Abs. 2). Es handelt sich um eine allgemeine Ausweichklausel.[5] Die engere Verbindung richtet sich nach den Umständen des Einzelfalls. In Betracht kommt etwa ein Wechsel des Aufenthalts bei bevorstehender Rückkehr in den Heimatstaat.[6] An die Erforderlichkeit ist ein strenger Maßstab anzulegen.[7]

18 Wechselt der gewöhnliche Aufenthalt des Kindes in einen anderen Vertragsstaat, so bestimmt das Recht dieses anderen Staates vom Zeitpunkt des Wechsels an die Bedingungen, unter denen die im Staat des früheren gewöhnlichen Aufenthalts getroffenen Maßnahmen angewendet werden (Abs. 3). Bei Wechsel in einen Drittstaat gilt die Bestimmung nicht.[8]

Art. 16   Elterliche Verantwortung kraft Gesetzes

(1) Die Zuweisung oder das Erlöschen der elterlichen Verantwortung kraft Gesetzes ohne Einschreiten eines Gerichts oder einer Verwaltungsbehörde bestimmt sich nach dem Recht des Staates des gewöhnlichen Aufenthalts des Kindes.

(2) Die Zuweisung oder das Erlöschen der elterlichen Verantwortung durch eine Vereinbarung oder ein einseitiges Rechtsgeschäft ohne Einschreiten eines Gerichts oder einer Verwaltungsbehörde bestimmt sich nach dem Recht des Staates des gewöhnlichen Aufenthalts des Kindes in dem Zeitpunkt, in dem die Vereinbarung oder das einseitige Rechtsgeschäft wirksam wird.

(3) Die elterliche Verantwortung nach dem Recht des Staates des gewöhnlichen Aufenthalts des Kindes besteht nach dem Wechsel dieses gewöhnlichen Aufenthalts in einen anderen Staat fort.

(4) Wechselt der gewöhnliche Aufenthalt des Kindes, so bestimmt sich die Zuweisung der elterlichen Verantwortung kraft Gesetzes an eine Person, die diese Verantwortung nicht bereits hat, nach dem Recht des Staates des neuen gewöhnlichen Aufenthalts.

19 Die Zuweisung oder das Erlöschen der elterlichen Verantwortung (Art. 1 Abs. 2 KSÜ) kraft Gesetzes ohne Einschreiten eines Gerichts oder einer Verwaltungsbehörde bestimmt sich nach dem Recht des Staates des **gewöhnlichen Aufenthalts des Kindes** (Abs. 1). Anders als nach Art. 3 MSA kommt es nicht auf das Heimatrecht an. Hierbei handelt es sich grds. um eine Sachnormverweisung (Art. 21 KSÜ).

20 Abs. 2 betrifft die Zuweisung (insbes. das Bestehen) oder das Erlöschen (die Beendigung) der elterlichen Verantwortung durch eine **Vereinbarung oder ein einseitiges Rechtsgeschäft** ohne Einschreiten eines Gerichts oder einer Verwaltungsbehörde. Diese bestimmt sich nach dem Recht des Staates des gewöhnlichen Aufenthalts des Kindes in dem Zeitpunkt, in dem die Vereinbarung oder das einseitige Rechtsgeschäft wirksam wird (Abs. 2). Dieses Recht bestimmt auch über den Zeitpunkt der Wirksamkeit.[1] Erfasst wird u.a. die Sorgeerklärung nach deutschem Recht (§ 1626a

---

5 Staudinger/*Pirrung* Vorbem. Art. 19 EGBGB Rn. G 102.
6 Staudinger/*Pirrung* Vorbem. Art. 19 EGBGB Rn. G 104.
7 Staudinger/*Pirrung* Vorbem. Art. 19 EGBGB Rn. G 103.
8 *Siehr* RabelsZ 62 (1998), 464 (489); Staudinger/*Pirrung* Vorbem. Art. 19 EGBGB Rn. G 105.
1 Vgl. allgemein Staudinger/*Pirrung* Vorbem. Art. 19 EGBGB Rn. G 109.

I Nr. 1 BGB).[2] Eine vorgeburtliche Sorgeerklärung kann erst mit Geburt wirken.[3] Ist eine behördliche Überprüfung notwendig, so gilt Art. 15 KSÜ.[4]

Die elterliche Verantwortung nach dem Recht des Staates des gewöhnlichen Aufenthalts des Kindes besteht nach dem **Wechsel des gewöhnlichen Aufenthalts** in einen anderen Staat fort (Abs. 3). Dies gilt auch für ein Mitsorgerecht.[5]   **21**

Wechselt der gewöhnliche Aufenthalt des Kindes, so bestimmt sich eine **neue (zusätzliche) Zuweisung** der elterlichen Verantwortung kraft Gesetzes an eine Person, die diese Verantwortung nicht bereits hat (z.B. ein nichtehelicher Vater), nach dem Recht des Staates des neuen gewöhnlichen Aufenthalts (Abs. 4). Bei Erwerb des Sorgerechts kommt es daher zu einem Statutenwechsel.[6] Bei Nichtvertragsstaaten ist Art. 21 Abs. 2 zu beachten,[7] s. Rdn. 29.   **22**

Art. 17   Ausübung

Die Ausübung der elterlichen Verantwortung bestimmt sich nach dem Recht des Staates des gewöhnlichen Aufenthalts des Kindes. Wechselt der gewöhnliche Aufenthalt des Kindes, so bestimmt sie sich nach dem Recht des Staates des neuen gewöhnlichen Aufenthalts.

Die **Ausübung der elterlichen Verantwortung** umfasst etwa die Erforderlichkeit einer familiengerichtlichen Genehmigung für ein Rechtsgeschäft des Kindes.[1] Die Ausübung bestimmt sich nach dem Recht des gewöhnlichen Aufenthalts des Kindes (Satz 1). Wechselt der gewöhnliche Aufenthalt des Kindes, so kommt es zu einem Statutenwechsel.[2]   **23**

Art. 18   Entzug, Änderung

Durch Maßnahmen nach diesem Übereinkommen kann die in Artikel 16 genannte elterliche Verantwortung entzogen oder können die Bedingungen ihrer Ausübung geändert werden.

Schutzmaßnahmen nach Art. 1 KSÜ können die in Art. 16 genannte elterliche Verantwortung (Art. 1 Abs. 2) **entziehen**. Dabei kann es sich um einen vollständigen oder nur teilweisen Entzug handeln.[1] Die Schutzmaßnahme kann sich auch darauf beschränken, lediglich die Bedingungen ihrer Ausübung zu **ändern**.   **24**

---

2 *Wagner/Janzen* FPR 2011, 110 (112); *Rauscher* NJW 2011, 2332 (2333); Staudinger/*Pirrung* Vorbem. Art. 19 EGBGB Rn. G 109.
3 KG FamRZ 2011, 1516.
4 Staudinger/*Pirrung* Vorbem. Art. 19 EGBGB Rn. G 109.
5 *Schulz* FamRZ 2011, 156 (159).
6 *Siehr* RabelsZ 62 (1998), 464 (489); *Dutta* StAZ 2010, 193 (201); *Wagner/Janzen* FPR 2011, 110 (112); Staudinger/*Pirrung* Vorbem. Art. 19 EGBGB Rn. G 111.
7 *Siehr* RabelsZ 62 (1998), 464 (490 f.).
1 Staudinger/*Pirrung* Vorbem. Art. 19 EGBGB Rn. G 112.
2 Vgl. Staudinger/*Pirrung* Vorbem. Art. 19 EGBGB Rn. G 112.
1 Vgl. Staudinger/*Pirrung* Vorbem. Art. 19 EGBGB Rn. G 113.

Art. 19   Schutz Dritter

(1) Die Gültigkeit eines Rechtsgeschäfts zwischen einem Dritten und einer anderen Person, die nach dem Recht des Staates, in dem das Rechtsgeschäft abgeschlossen wurde, als gesetzlicher Vertreter zu handeln befugt wäre, kann nicht allein deswegen bestritten und der Dritte nicht nur deswegen verantwortlich gemacht werden, weil die andere Person nach dem in diesem Kapitel bestimmten Recht nicht als gesetzlicher Vertreter zu handeln befugt war, es sei denn, der Dritte wusste oder hätte wissen müssen, dass sich die elterliche Verantwortung nach diesem Recht bestimmte.

(2) Absatz 1 ist nur anzuwenden, wenn das Rechtsgeschäft unter Anwesenden im Hoheitsgebiet desselben Staates geschlossen wurde.

25   Abs. 1 betrifft die **Gültigkeit eines Rechtsgeschäfts** zwischen einem Dritten und einer anderen Person, die als gesetzlicher Vertreter zu handeln befugt wäre (ähnlich Art. 13 Rom I-VO). Für die Befugnis des gesetzlichen Vertreters kommt es an sich auf das für die elterliche Verantwortung maßgebliche Recht an. Grundsätzlich kann die Gültigkeit aber nicht allein deswegen bestritten und der Dritte nicht nur deswegen verantwortlich gemacht werden, weil die andere Person nach dem gem. Art. 15 ff. bestimmten Recht nicht als gesetzlicher Vertreter zu handeln befugt war. Anderes gilt nur dann, wenn der Dritte wusste oder hätte wissen müssen, dass sich die elterliche Verantwortung nach diesem Recht bestimmte. Insoweit kommt es auf den guten Glauben des Dritten an.[1] Vgl. auch Art. 40 KSÜ.

26   Absatz 1 ist nur anzuwenden, wenn das Rechtsgeschäft von Personen geschlossen wird, die sich **im Gebiet desselben Staates aufhielten** (Abs. 2). Es genügt also die hypothetische Handlungsbefugnis des Vertreters nach Geschäftsortsrecht.[2]

Art. 20   Allseitige Anwendung

Dieses Kapitel ist anzuwenden, selbst wenn das darin bestimmte Recht das eines Nichtvertragsstaats ist.

27   Die Art. 15–22 KSÜ sind anzuwenden, selbst wenn das darin bestimmte Recht das eines Nichtvertragsstaats ist. Das Übereinkommen ist **loi uniforme**.[1]

Art. 21   Rück- und Weiterverweisung

(1) Der Begriff »Recht« im Sinne dieses Kapitels bedeutet das in einem Staat geltende Recht mit Ausnahme des Kollisionsrechts.

(2) Ist jedoch das nach Artikel 16 anzuwendende Recht das eines Nichtvertragsstaats und verweist das Kollisionsrecht dieses Staates auf das Recht eines anderen Nichtvertragsstaats, der sein eigenes Recht anwenden würde, so ist das Recht dieses anderen Staates anzuwenden. Betrachtet sich das Recht dieses anderen Nichtvertragsstaats als nicht anwendbar, so ist das nach Artikel 16 bestimmte Recht anzuwenden.

---

1 Staudinger/*Pirrung* Vorbem. Art. 19 EGBGB Rn. G 114.
2 So Staudinger/*Pirrung* Vorbem. Art. 19 EGBGB Rn. G 116.
1 Staudinger/*Pirrung* Vorbem. Art. 19 EGBGB Rn. G 118.

Der Begriff »Recht« im Sinne der Art. 15 ff. KSÜ bedeutet das in einem Staat geltende Recht mit   28
Ausnahme des Kollisionsrechts bedeutet (Abs. 1). **Rück- und Weiterverweisung** sind **grds. ausgeschlossen.**[1]

Ist das nach Art. 16 KSÜ auf die elterliche Verantwortung kraft Gesetzes anzuwendende Recht das   29
eines Nichtvertragsstaats, so ist zu unterscheiden. Ist dieses Recht nach dessen Kollisionsrecht,
anzuwenden, so bleibt es dabei.[2] Verweist das Kollisionsrecht dieses Staates hingegen auf das
Recht eines anderen **Nichtvertragsstaats, der sein eigenes Recht anwenden würde,** so ist diese
Verweisung beachtlich (Abs. 2 Satz 1). Es kommt zu einer einmaligen Weiterverweisung; das
Recht dieses anderen Staates ist anzuwenden. Betrachtet sich allerdings das **Recht dieses anderen
Nichtvertragsstaats als nicht anwendbar,** so ist das nach Art. 16 bestimmte Recht anzuwenden
(Abs. 2 Satz 1).

Art. 22   Ordre public

**Die Anwendung des in diesem Kapitel bestimmten Rechts darf nur versagt werden, wenn sie
der öffentlichen Ordnung (ordre public) offensichtlich widerspricht, wobei das Wohl des Kindes
zu berücksichtigen ist.**

Art. 22 KSÜ enthält eine **Vorbehaltsklausel.** Die Anwendung des nach Art. 16 ff. anzuwendenden   30
Rechts darf nur bei einem offensichtlichem Verstoß gegen den ordre public unterbleiben. Bei der
Annahme eines ordre public-Verstoßes ist das Kindeswohl zu berücksichtigen.[1] Eine Einzelfallprüfung hat stattzufinden. Zugrundezulegen ist nicht der Inhalt des ausländischen Rechtssatzes als
solcher, sondern das konkrete Ergebnis.[2]

Kapitel IV   Anerkennung und Vollstreckung

Art. 23   Anerkennungsversagungsgründe

**(1) Die von den Behörden eines Vertragsstaats getroffenen Maßnahmen werden kraft Gesetzes
in den anderen Vertragsstaaten anerkannt.**

(2) Die Anerkennung kann jedoch versagt werden,

**a) wenn die Maßnahme von einer Behörde getroffen wurde, die nicht nach Kapitel II zuständig
war;**

**b) wenn die Maßnahme, außer in dringenden Fällen, im Rahmen eines Gerichts oder Verwal-
tungsverfahrens getroffen wurde, ohne dass dem Kind die Möglichkeit eingeräumt worden
war, gehört zu werden, und dadurch gegen wesentliche Verfahrensgrundsätze des ersuchten
Staates verstoßen wurde;**

**c) auf Antrag jeder Person, die geltend macht, dass die Maßnahme ihre elterliche Verantwor-
tung beeinträchtigt, wenn diese Maßnahme, außer in dringenden Fällen, getroffen wurde,
ohne dass dieser Person die Möglichkeit eingeräumt worden war, gehört zu werden;**

**d) wenn die Anerkennung der öffentlichen Ordnung (ordre public) des ersuchten Staates offen-
sichtlich widerspricht, wobei das Wohl des Kindes zu berücksichtigen ist;**

---

1 Staudinger/*Pirrung* Vorbem. Art. 19 EGBGB Rn. G 119.
2 Vgl. Staudinger/*Pirrung* Vorbem. Art. 19 EGBGB Rn. G 120.
1 Dazu *Bock* NJW 2012, 122 (125 f.).
2 Staudinger/*Pirrung* Vorbem. Art. 19 EGBGB Rn. G 121.

e) wenn die Maßnahme mit einer später im Nichtvertragsstaat des gewöhnlichen Aufenthalts des Kindes getroffenen Maßnahme unvereinbar ist, sofern die spätere Maßnahme die für ihre Anerkennung im ersuchten Staat erforderlichen Voraussetzungen erfüllt;

f) wenn das Verfahren nach Artikel 33 nicht eingehalten wurde.

31 Die Art. 23 ff. KSÜ enthalten Anerkennungsregeln. Unter EU-Mitgliedstaaten ist jedoch die Anerkennungsreglung in **Art. 21 ff. Brüssel IIa-VO** vorrangig anzuwenden.[1] Das ergibt sich aus Art. 61 Buchst. b Brüssel IIa-VO. Danach ist die VO für die Anerkennung und Vollstreckung einer von dem zuständigen Gericht eines Mitgliedstaats ergangenen Entscheidung im Hoheitsgebiet eines anderen Mitgliedstaats maßgeblich, auch wenn das betreffende Kind seinen gewöhnlichen Aufenthalt im Hoheitsgebiet eines Drittstaats hat, der Vertragspartei des KSÜ ist.

32 Art. 23 KSÜ sieht eine **automatische Anerkennung** vor (Abs. 1). Abs. 2 nennt ferner einige **Anerkennungshindernisse**, nämlich Unzuständigkeit (Buchst. a), Verletzung des rechtlichen Gehörs des Kindes (Buchst. b), Nichtanhörung von Trägern der elterlichen Verantwortung (Buchst. c), Verstoß gegen den ordre public (Buchst. d), Unvereinbarkeit mit einer drittstaatlichen Entscheidung (Buchst. e) sowie die Nichtbeachtung des Art. 33 KSÜ, der die grenzüberschreitende Unterbringung betrifft (Buchst. e).

33 Ferner finden sich Bestimmungen über das **Anerkennungsverfahren** (Art. 24 KSÜ), Tatsachenfeststellungen (Art. 25), die Vollstreckbarerklärung (Art. 26), das Nachprüfungsverbot (Art. 27) und die Vollstreckung (Art. 28). Für die deutsche örtliche Zuständigkeit ist § 10 IntFamRVG zu beachten.

Art. 24 Anerkennungsverfahren

Unbeschadet des Artikels 23 Absatz 1 kann jede betroffene Person bei den zuständigen Behörden eines Vertragsstaats beantragen, dass über die Anerkennung oder Nichtanerkennung einer in einem anderen Vertragsstaat getroffenen Maßnahme entschieden wird. Das Verfahren bestimmt sich nach dem Recht des ersuchten Staates.

33a Die örtliche Zuständigkeit ergibt sich aus § 10 IntFamRVG.

Art. 25 Tatsachenfeststellungen

Die Behörde des ersuchten Staates ist an die Tatsachenfeststellungen gebunden, auf welche die Behörde des Staates, in dem die Maßnahme getroffen wurde, ihre Zuständigkeit gestützt hat.

Art. 26 Vollstreckbarerklärung

(1) Erfordern die in einem Vertragsstaat getroffenen und dort vollstreckbaren Maßnahmen in einem anderen Vertragsstaat Vollstreckungshandlungen, so werden sie in diesem anderen Staat auf Antrag jeder betroffenen Partei nach dem im Recht dieses Staates vorgesehenen Verfahren für vollstreckbar erklärt oder zur Vollstreckung registriert.

(2) Jeder Vertragsstaat wendet auf die Vollstreckbarerklärung oder die Registrierung ein einfaches und schnelles Verfahren an.

---

1 *Dutta* StAZ 2010, 193 (195); Staudinger/*Pirrung* Vorbem. Art. 19 EGBGB Rn. G 122.

(3) Die Vollstreckbarerklärung oder die Registrierung darf nur aus einem der in Artikel 23 Absatz 2 vorgesehenen Gründe versagt werden.

Die örtliche Zuständigkeit ergibt sich aus § 10 IntFamRVG.   33b

Art. 27 Nachprüfungsverbot

Vorbehaltlich der für die Anwendung der vorstehenden Artikel erforderlichen Überprüfung darf die getroffene Maßnahme in der Sache selbst nicht nachgeprüft werden.

Art. 28 Vollstreckung

Die in einem Vertragsstaat getroffenen und in einem anderen Vertragsstaat für vollstreckbar erklärten oder zur Vollstreckung registrierten Maßnahmen werden dort vollstreckt, als seien sie von den Behörden dieses anderen Staates getroffen worden. Die Vollstreckung richtet sich nach dem Recht des ersuchten Staates unter Beachtung der darin vorgesehenen Grenzen, wobei das Wohl des Kindes zu berücksichtigen ist.

Eine Herausgabevollstreckung kann auch aus einer ausländischen Sorgerechtsentscheidung erfolgen.[1]   33c

Kapitel V Zusammenarbeit

Art. 29 Zentrale Behörde

(1) Jeder Vertragsstaat bestimmt eine Zentrale Behörde, welche die ihr durch dieses Übereinkommen übertragenen Aufgaben wahrnimmt.

(2) Einem Bundesstaat, einem Staat mit mehreren Rechtssystemen oder einem Staat, der aus autonomen Gebietseinheiten besteht, steht es frei, mehrere Zentrale Behörden zu bestimmen und deren räumliche und persönliche Zuständigkeit festzulegen. Macht ein Staat von dieser Möglichkeit Gebrauch, so bestimmt er die Zentrale Behörde, an welche Mitteilungen zur Übermittlung an die zuständige Zentrale Behörde in diesem Staat gerichtet werden können.

Die Art. 29 ff. regeln die **Zusammenarbeit der Zentralen Behörden.**[1] Dazu gehört die Pflicht zur   34
Zusammenarbeit (Art. 30), Mitteilungen, Vermittlung, Aufenthaltsermittlung (Art. 31), der Bericht über die Lage des Kindes (Art. 32), die grenzüberschreitende Unterbringung (Art. 33), die Erteilung konkreter Auskünfte (Art. 34). Ferner werden geregelt Durchführungshilfe, Umgangsrecht (Art. 35), die schwere Gefahr (Art. 36), gefährdende Informationen (Art. 37), Kosten (Art. 38) und Vereinbarungen zwischen Vertragsstaaten (Art. 39).

---

1 Zu § 33 IntFamRVG s. *Schulz* FamRZ 2011, 156 (160).
1 Dazu *Schulz* FamRZ 2011, 156 (160 f.).

Art. 30   Pflicht zur Zusammenarbeit

(1) Die Zentralen Behörden arbeiten zusammen und fördern die Zusammenarbeit der zuständigen Behörden ihrer Staaten, um die Ziele dieses Übereinkommens zu verwirklichen.

(2) Im Zusammenhang mit der Anwendung dieses Übereinkommens treffen sie die geeigneten Maßnahmen, um Auskünfte über das Recht ihrer Staaten sowie die in ihren Staaten für den Schutz von Kindern verfügbaren Dienste zu erteilen.

Art. 31   Mitteilungen, Vermittlung, Aufenthaltsermittlung

Die Zentrale Behörde eines Vertragsstaats trifft unmittelbar oder mit Hilfe staatlicher Behörden oder sonstiger Stellen alle geeigneten Vorkehrungen, um

a) die Mitteilungen zu erleichtern und die Unterstützung anzubieten, die in den Artikeln 8 und 9 und in diesem Kapitel vorgesehen sind;

b) durch Vermittlung, Schlichtung oder ähnliche Mittel gütliche Einigungen zum Schutz der Person oder des Vermögens des Kindes bei Sachverhalten zu erleichtern, auf die dieses Übereinkommen anzuwenden ist;

c) auf Ersuchen der zuständigen Behörde eines anderen Vertragsstaats bei der Ermittlung des Aufenthaltsorts des Kindes Unterstützung zu leisten, wenn der Anschein besteht, dass das Kind sich im Hoheitsgebiet des ersuchten Staates befindet und Schutz benötigt.

Art. 32   Bericht über die Lage des Kindes

Auf begründetes Ersuchen der Zentralen Behörde oder einer anderen zuständigen Behörde eines Vertragsstaats, zu dem das Kind eine enge Verbindung hat, kann die Zentrale Behörde des Vertragsstaats, in dem das Kind seinen gewöhnlichen Aufenthalt hat und in dem es sich befindet, unmittelbar oder mit Hilfe staatlicher Behörden oder sonstiger Stellen

a) einen Bericht über die Lage des Kindes erstatten;

b) die zuständige Behörde ihres Staates ersuchen zu prüfen, ob Maßnahmen zum Schutz der Person oder des Vermögens des Kindes erforderlich sind.

Art. 33   Grenzüberschreitende Unterbringung

(1) Erwägt die nach den Artikeln 5 bis 10 zuständige Behörde die Unterbringung des Kindes in einer Pflegefamilie oder einem Heim oder seine Betreuung durch Kafala oder eine entsprechende Einrichtung und soll es in einem anderen Vertragsstaat untergebracht oder betreut werden, so zieht sie vorher die Zentrale Behörde oder eine andere zuständige Behörde dieses Staates zu Rate. Zu diesem Zweck übermittelt sie ihr einen Bericht über das Kind und die Gründe ihres Vorschlags zur Unterbringung oder Betreuung.

(2) Die Entscheidung über die Unterbringung oder Betreuung kann im ersuchenden Staat nur getroffen werden, wenn die Zentrale Behörde oder eine andere zuständige Behörde des ersuchten Staates dieser Unterbringung oder Betreuung zugestimmt hat, wobei das Wohl des Kindes zu berücksichtigen ist.

Art. 34   Erteilung konkreter Auskünfte

(1) Wird eine Schutzmaßnahme erwogen, so können die nach diesem Übereinkommen zuständigen Behörden, sofern die Lage des Kindes dies erfordert, jede Behörde eines anderen Vertragsstaats, die über sachdienliche Informationen für den Schutz des Kindes verfügt, ersuchen, sie ihnen mitzuteilen.

(2) Jeder Vertragsstaat kann erklären, dass Ersuchen nach Absatz 1 seinen Behörden nur über seine Zentrale Behörde zu übermitteln sind.

Art. 35   Durchführungshilfe, Umgangsrecht

(1) Die zuständigen Behörden eines Vertragsstaats können die Behörden eines anderen Vertragsstaats ersuchen, ihnen bei der Durchführung der nach diesem Übereinkommen getroffenen Schutzmaßnahmen Hilfe zu leisten, insbesondere um die wirksame Ausübung des Rechts zum persönlichen Umgang sowie des Rechts sicherzustellen, regelmäßige unmittelbare Kontakte aufrechtzuerhalten.

(2) Die Behörden eines Vertragsstaats, in dem das Kind keinen gewöhnlichen Aufenthalt hat, können auf Antrag eines Elternteils, der sich in diesem Staat aufhält und der ein Recht zum persönlichen Umgang zu erhalten oder beizubehalten wünscht, Auskünfte oder Beweise einholen und Feststellungen über die Eignung dieses Elternteils zur Ausübung des Rechts zum persönlichen Umgang und die Bedingungen seiner Ausübung treffen. Eine Behörde, die nach den Artikeln 5 bis 10 für die Entscheidung über das Recht zum persönlichen Umgang zuständig ist, hat vor ihrer Entscheidung diese Auskünfte, Beweise und Feststellungen zuzulassen und zu berücksichtigen.

(3) Eine Behörde, die nach den Artikeln 5 bis 10 für die Entscheidung über das Recht zum persönlichen Umgang zuständig ist, kann das Verfahren bis zum Vorliegen des Ergebnisses des in Absatz 2 vorgesehenen Verfahrens aussetzen, insbesondere wenn bei ihr ein Antrag auf Änderung oder Aufhebung des Rechts zum persönlichen Umgang anhängig ist, das die Behörden des Staates des früheren gewöhnlichen Aufenthalts des Kindes eingeräumt haben.

(4) Dieser Artikel hindert eine nach den Artikeln 5 bis 10 zuständige Behörde nicht, bis zum Vorliegen des Ergebnisses des in Absatz 2 vorgesehenen Verfahrens vorläufige Maßnahmen zu treffen.

Art. 36   Schwere Gefahr

Ist das Kind einer schweren Gefahr ausgesetzt, so benachrichtigen die zuständigen Behörden des Vertragsstaats, in dem Maßnahmen zum Schutz dieses Kindes getroffen wurden oder in Betracht gezogen werden, sofern sie über den Wechsel des Aufenthaltsorts in einen anderen Staat oder die dortige Anwesenheit des Kindes unterrichtet sind, die Behörden dieses Staates von der Gefahr und den getroffenen oder in Betracht gezogenen Maßnahmen.

Art. 37   Gefährdende Informationen

Eine Behörde darf nach diesem Kapitel weder um Informationen ersuchen noch solche erteilen, wenn dadurch nach ihrer Auffassung die Person oder das Vermögen des Kindes in Gefahr geraten könnte oder die Freiheit oder das Leben eines Familienangehörigen des Kindes ernsthaft bedroht würde.

Art. 38   Kosten

(1) Unbeschadet der Möglichkeit, für die erbrachten Dienstleistungen angemessene Kosten zu verlangen, tragen die Zentralen Behörden und die anderen staatlichen Behörden der Vertragsstaaten die Kosten, die ihnen durch die Anwendung dieses Kapitels entstehen.

(2) Jeder Vertragsstaat kann mit einem oder mehreren anderen Vertragsstaaten Vereinbarungen über die Kostenaufteilung treffen.

Art. 39   Vereinbarungen zwischen Vertragsstaaten

Jeder Vertragsstaat kann mit einem oder mehreren anderen Vertragsstaaten Vereinbarungen treffen, um die Anwendung dieses Kapitels in ihren gegenseitigen Beziehungen zu erleichtern. Die Staaten, die solche Vereinbarungen getroffen haben, übermitteln dem Verwahrer dieses Übereinkommens eine Abschrift.

Kapitel VI   Allgemeine Bestimmungen

Art. 40   Bescheinigung

(1) Die Behörden des Vertragsstaats, in dem das Kind seinen gewöhnlichen Aufenthalt hat oder in dem eine Schutzmaßnahme getroffen wurde, können dem Träger der elterlichen Verantwortung oder jedem, dem der Schutz der Person oder des Vermögens des Kindes anvertraut wurde, auf dessen Antrag eine Bescheinigung über seine Berechtigung zum Handeln und die ihm übertragenen Befugnisse ausstellen.

(2) Die Richtigkeit der Berechtigung zum Handeln und der Befugnisse, die bescheinigt sind, wird bis zum Beweis des Gegenteils vermutet.

(3) Jeder Vertragsstaat bestimmt die für die Ausstellung der Bescheinigung zuständigen Behörden.

35   Die allgemeinen Bestimmungen des KSÜ betreffen Bescheinigungen (Art. 40), den Datenschutz (Art. 41), die Vertraulichkeit (Art. 42), den Verzicht auf Legalisation (Art. 43), die Bezeichnung der Behörden (Art. 44) sowie Empfänger von Erklärungen (Art. 45). Ferner wird geregelt die Unanwendbarkeit auf innerstaatliches Kollisionsrecht (Art. 46), die Verweisung bei Mehrrechtsstaaten (Art. 47), interlokal anwendbares Recht (Art. 48), interpersonales Kollisionsrecht (Art. 49), der Vorrang des Kindesentführungsübereinkommens (Art. 50). Weitere Bestimmungen betreffen die Ersetzung von Übereinkommen (Art. 51), eine Entkoppelungsklausel (Art. 52), die zeitliche Anwendung (Art. 53), die Sprache bei Mitteilungen (Art. 54), Vorbehalte zum Vermögensschutz (Art. 55) sowie das Inkrafttreten (Art. 61).

Art. 41   Datenschutz

Die nach diesem Übereinkommen gesammelten oder übermittelten personenbezogenen Daten dürfen nur für die Zwecke verwendet werden, zu denen sie gesammelt oder übermittelt wurden.

Art. 42 Vertraulichkeit

Behörden, denen Informationen übermittelt werden, stellen nach dem Recht ihres Staates deren vertrauliche Behandlung sicher.

Art. 43 Legalisation

Die nach diesem Übereinkommen übermittelten oder ausgestellten Schriftstücke sind von jeder Legalisation oder entsprechenden Förmlichkeit befreit.

Art. 44 Bezeichnung der Behörden

Jeder Vertragsstaat kann die Behörden bestimmen, an die Ersuchen nach den Artikeln 8, 9 und 33 zu richten sind.

Art. 45 Empfänger von Erklärungen

(1) Die nach den Artikeln 29 und 44 bestimmten Behörden werden dem Ständigen Büro der Haager Konferenz für Internationales Privatrecht mitgeteilt.

(2) Die Erklärung nach Artikel 34 Absatz 2 wird gegenüber dem Verwahrer dieses Übereinkommens abgegeben.

Art. 46 Unanwendbarkeit auf innerstaatliches Kollisionsrecht

Ein Vertragsstaat, in dem verschiedene Rechtssysteme oder Gesamtheiten von Regeln für den Schutz der Person und des Vermögens des Kindes gelten, muss die Regeln dieses Übereinkommens nicht auf Kollisionen anwenden, die allein zwischen diesen verschiedenen Rechtssystemen oder Gesamtheiten von Regeln bestehen.

Art. 46 KSÜ stellt klar, dass die Regeln des KSÜ nicht für Rechtskollisionen innerhalb von **Mehr-**   36
rechtsstaaten gelten. Für Deutschland hat die Bestimmung keine Bedeutung.[1]

Art. 47 Verweisung bei Mehrrechtsstaaten

Gelten in einem Staat in Bezug auf die in diesem Übereinkommen geregelten Angelegenheiten zwei oder mehr Rechtssysteme oder Gesamtheiten von Regeln in verschiedenen Gebietseinheiten, so ist jede Verweisung

1. auf den gewöhnlichen Aufenthalt in diesem Staat als Verweisung auf den gewöhnlichen Aufenthalt in einer Gebietseinheit zu verstehen;
2. auf die Anwesenheit des Kindes in diesem Staat als Verweisung auf die Anwesenheit des Kindes in einer Gebietseinheit zu verstehen;
3. auf die Belegenheit des Vermögens des Kindes in diesem Staat als Verweisung auf die Belegenheit des Vermögens des Kindes in einer Gebietseinheit zu verstehen;

---

1 Staudinger/*Pirrung* Vorbem. Art. 19 EGBGB Rn. G 185.

4. auf den Staat, dem das Kind angehört, als Verweisung auf die von dem Recht dieses Staates bestimmte Gebietseinheit oder, wenn solche Regeln fehlen, als Verweisung auf die Gebietseinheit zu verstehen, mit der das Kind die engste Verbindung hat;

5. auf den Staat, bei dessen Behörden ein Antrag auf Scheidung, Trennung, Aufhebung oder Nichtigerklärung der Ehe der Eltern des Kindes anhängig ist, als Verweisung auf die Gebietseinheit zu verstehen, bei deren Behörden ein solcher Antrag anhängig ist;

6. auf den Staat, mit dem das Kind eine enge Verbindung hat, als Verweisung auf die Gebietseinheit zu verstehen, mit der das Kind eine solche Verbindung hat;

7. auf den Staat, in den das Kind verbracht oder in dem es zurückgehalten wurde, als Verweisung auf die Gebietseinheit zu verstehen, in die das Kind verbracht oder in der es zurückgehalten wurde;

8. auf Stellen oder Behörden dieses Staates, die nicht Zentrale Behörden sind, als Verweisung auf die Stellen oder Behörden zu verstehen, die in der betreffenden Gebietseinheit handlungsbefugt sind;

9. auf das Recht, das Verfahren oder die Behörde des Staates, in dem eine Maßnahme getroffen wurde, als Verweisung auf das Recht, das Verfahren oder die Behörde der Gebietseinheit zu verstehen, in der diese Maßnahme getroffen wurde;

10. auf das Recht, das Verfahren oder die Behörde des ersuchten Staates als Verweisung auf das Recht, das Verfahren oder die Behörde der Gebietseinheit zu verstehen, in der die Anerkennung oder Vollstreckung geltend gemacht wird.

Art. 48   Interlokal anwendbares Recht

Hat ein Staat zwei oder mehr Gebietseinheiten mit eigenen Rechtssystemen oder Gesamtheiten von Regeln für die in diesem Übereinkommen geregelten Angelegenheiten, so gilt zur Bestimmung des nach Kapitel III anzuwendenden Rechts Folgendes:

a) Sind in diesem Staat Regeln in Kraft, die das Recht einer bestimmten Gebietseinheit für anwendbar erklären, so ist das Recht dieser Einheit anzuwenden;

b) fehlen solche Regeln, so ist das Recht der in Artikel 47 bestimmten Gebietseinheit anzuwenden.

37 Art. 47 KSÜ präzisiert die **Verweisung bei Mehrrechtsstaaten**. Art. 48 regelt sodann das **interlokal anwendbare Recht**. Erfasst werden Staaten mit zwei oder mehr Gebietseinheiten mit eigenen Rechtssystemen oder Gesamtheiten von Regeln für die im KSÜ geregelten Angelegenheiten. Dazu gehört etwa das Vereinigte Königreich. Zur Bestimmung des nach Art. 15 ff. anzuwendenden Rechts enthält das Übereinkommen zwei Regeln. Sind in dem Mehrrechtsstaat Regeln in Kraft, die das Recht einer bestimmten Gebietseinheit für anwendbar erklären, so ist das Recht dieser Einheit anzuwenden (Buchst. a). Solche Regeln fehlen jedoch häufig (so etwa im Vereinigten Königreich). Dann ist das Recht der in Art. 47 bestimmten Gebietseinheit anzuwenden (Buchst. b).

Art. 49   Interpersonales Kollisionsrecht

Hat ein Staat zwei oder mehr Rechtssysteme oder Gesamtheiten von Regeln, die auf verschiedene Personengruppen hinsichtlich der in diesem Übereinkommen geregelten Angelegenheiten anzuwenden sind, so gilt zur Bestimmung des nach Kapitel III anzuwendenden Rechts Folgendes:

a) Sind in diesem Staat Regeln in Kraft, die bestimmen, welches dieser Rechte anzuwenden ist, so ist dieses anzuwenden;

b) fehlen solche Regeln, so ist das Rechtssystem oder die Gesamtheit von Regeln anzuwenden, mit denen das Kind die engste Verbindung hat.

Art. 50   Vorrang des Kindesentführungsübereinkommens

Dieses Übereinkommen lässt das Übereinkommen vom 25. Oktober 1980 über die zivilrechtlichen Aspekte internationaler Kindesentführung im Verhältnis zwischen den Vertragsparteien beider Übereinkommen unberührt. Einer Berufung auf Bestimmungen dieses Übereinkommens zu dem Zweck, die Rückkehr eines widerrechtlich verbrachten oder zurückgehaltenen Kindes zu erwirken oder das Recht zum persönlichen Umgang durchzuführen, steht jedoch nichts entgegen.

Art. 50 KSÜ betrifft die **Kindesentführung**. Unter den Vertragsstaaten beider Übereinkommen   38
gibt Art. 50 dem Haager Kindesentführungsübereinkommen (dazu Anh. 3 nach Art. 21 EGBGB)
Vorrang.[1] In Bezug auf die unterschiedlichen Altersgrenzen beider Übereinkommen besteht für
über 16-jährige ein Konflikt.[2]

Art. 51   Ersetzung von Übereinkommen

Im Verhältnis zwischen den Vertragsstaaten ersetzt dieses Übereinkommen das Übereinkommen vom 5. Oktober 1961 über die Zuständigkeit der Behörden und das anzuwendende Recht auf dem Gebiet des Schutzes von Minderjährigen und das am 12. Juni 1902 in Den Haag unterzeichnete Abkommen zur Regelung der Vormundschaft über Minderjährige, unbeschadet der Anerkennung von Maßnahmen, die nach dem genannten Übereinkommen vom 5. Oktober 1961 getroffen wurden.

Im Verhältnis zwischen den KSÜ-Vertragsstaaten ersetzt dieses Übereinkommen das **MSA**.[1] Maß-   39
nahmen, die nach dem MSA (dazu Anh. 1 nach Art. 21 EGBGB) getroffen wurden, werden weiterhin anerkannt. Für die Anerkennung gilt Art. 7 KSÜ.[2]

Art. 52   Entkoppelungsklausel

(1) Dieses Übereinkommen lässt internationale Übereinkünfte unberührt, denen Vertragsstaaten als Vertragsparteien angehören und die Bestimmungen über die im vorliegenden Übereinkommen geregelten Angelegenheiten enthalten, sofern die durch eine solche Übereinkunft gebundenen Staaten keine gegenteilige Erklärung abgeben.

(2) Dieses Übereinkommen lässt die Möglichkeit unberührt, dass ein oder mehrere Vertragsstaaten Vereinbarungen treffen, die in Bezug auf Kinder mit gewöhnlichem Aufenthalt in einem der Staaten, die Vertragsparteien solcher Vereinbarungen sind, Bestimmungen über die in diesem Übereinkommen geregelten Angelegenheiten enthalten.

(3) Künftige Vereinbarungen eines oder mehrerer Vertragsstaaten über Angelegenheiten im Anwendungsbereich dieses Übereinkommens lassen im Verhältnis zwischen solchen Staaten und anderen Vertragsstaaten die Anwendung der Bestimmungen des Übereinkommens unberührt.

---

1 Staudinger/*Pirrung* Vorbem. Art. 19 EGBGB Rn. G 189.
2 Staudinger/*Pirrung* Vorbem. Art. 19 EGBGB Rn. G 189.
1 Staudinger/*Pirrung* Vorbem. Art. 19 EGBGB Rn. G 190.
2 Staudinger/*Pirrung* Vorbem. Art. 19 EGBGB Rn. G 190.

(4) Die Absätze 1 bis 3 gelten auch für Einheitsrecht, das auf besonderen Verbindungen insbesondere regionaler Art zwischen den betroffenen Staaten beruht.

40 Art. 52 KSÜ klärt das Verhältnis zu weiteren internationalen Übereinkommen und anderen Regelungen. Die **Brüssel IIa VO** hat unter den EU-Mitgliedstaaten Vorrang (Art. 61 VO).[1] Das **ESÜ** bleibt für das Verhältnis von Nicht-EU-Staaten an sich unberührt, kommt jedoch nur noch hilfsweise zur Anwendung.[2]

Art. 53 Zeitliche Anwendung

(1) Dieses Übereinkommen ist nur auf Maßnahmen anzuwenden, die in einem Staat getroffen werden, nachdem das Übereinkommen für diesen Staat in Kraft getreten ist.

(2) Dieses Übereinkommen ist auf die Anerkennung und Vollstreckung von Maßnahmen anzuwenden, die getroffen wurden, nachdem es im Verhältnis zwischen dem Staat, in dem die Maßnahmen getroffen wurden, und dem ersuchten Staat in Kraft getreten ist.

41 Art. 53 stellt klar, dass das KSÜ **keine Rückwirkung** beansprucht.

Art. 54 Sprache bei Mitteilungen

(1) Mitteilungen an die Zentrale Behörde oder eine andere Behörde eines Vertragsstaats werden in der Originalsprache zugesandt; sie müssen von einer Übersetzung in die Amtssprache oder eine der Amtssprachen des anderen Staates oder, wenn eine solche Übersetzung nur schwer erhältlich ist, von einer Übersetzung ins Französische oder Englische begleitet sein.

(2) Ein Vertragsstaat kann jedoch einen Vorbehalt nach Artikel 60 anbringen und darin gegen die Verwendung des Französischen oder Englischen, jedoch nicht beider Sprachen, Einspruch erheben.

Art. 55 Vorbehalte zum Vermögensschutz

(1) Ein Vertragsstaat kann sich nach Artikel 60

a) die Zuständigkeit seiner Behörden vorbehalten, Maßnahmen zum Schutz des in seinem Hoheitsgebiet befindlichen Vermögens eines Kindes zu treffen;
b) vorbehalten, die elterliche Verantwortung oder eine Maßnahme nicht anzuerkennen, soweit sie mit einer von seinen Behörden in Bezug auf dieses Vermögen getroffenen Maßnahme unvereinbar ist.

(2) Der Vorbehalt kann auf bestimmte Vermögensarten beschränkt werden.

---

1 Staudinger/*Pirrung* Vorbem. Art. 19 EGBGB Rn. G 194.
2 Staudinger/*Pirrung* Vorbem. Art. 19 EGBGB Rn. G 193.

Art. 61 Inkrafttreten

(1) Dieses Übereinkommen tritt am ersten Tag des Monats in Kraft, der auf einen Zeitabschnitt von drei Monaten nach der in Artikel 57 vorgesehenen Hinterlegung der dritten Ratifikations-, Annahme- oder Genehmigungsurkunde folgt.

(2) Danach tritt dieses Übereinkommen in Kraft

a) für jeden Staat, der es später ratifiziert, annimmt oder genehmigt, am ersten Tag des Monats, der auf einen Zeitabschnitt von drei Monaten nach Hinterlegung seiner Ratifikations-, Annahme-, Genehmigungs- oder Beitrittsurkunde folgt;

b) für jeden Staat, der ihm beitritt, am ersten Tag des Monats, der auf einen Zeitabschnitt von drei Monaten nach Ablauf der in Artikel 58 Absatz 3 vorgesehenen Frist von sechs Monaten folgt;

c) für die Gebietseinheiten, auf die es nach Artikel 59 erstreckt worden ist, am ersten Tag des Monats, der auf einen Zeitabschnitt von drei Monaten nach der in jenem Artikel vorgesehenen Notifikation folgt.

Das KSÜ ist am 01.01.2002 für die damaligen Vertragsstaaten in Kraft getreten (s. Rdn. 1). Für die übrigen Vertragsstaaten richtet sich das Inkrafttreten nach ihrer Ratifikation bzw. ihrem Beitritt. **42**

Anhang 3 zu Art. 21 EGBGB

Übereinkommen über die zivilrechtlichen Aspekte internationaler Kindesentführung

Vom 25. Oktober 1980 (BGBl. 1990 II S. 206, 207, 1991 II S. 329)

Die Unterzeichnerstaaten dieses Übereinkommens –

in der festen Überzeugung, dass das Wohl des Kindes in allen Angelegenheiten des Sorgerechts von vorrangiger Bedeutung ist;

in dem Wunsch, das Kind vor den Nachteilen eines widerrechtlichen Verbringens oder Zurückhaltens international zu schützen und Verfahren einzuführen, um seine sofortige Rückgabe in den Staat seines gewöhnlichen Aufenthalts sicherzustellen und den Schutz des Rechts zum persönlichen Umgang mit dem Kind zu gewährleisten –

haben beschlossen, zu diesem Zweck ein Übereinkommen zu schließen, und haben die folgenden Bestimmungen vereinbart:

A. Anwendungsbereich des HKiEntÜ

1 Das Übereinkommen ist am 01.12.1990 für die Bundesrepublik Deutschland in Kraft getreten. Die Zahl der **Vertragsstaaten** ist groß und hat kontinuierlich zugenommen.[1] Hierzu gehören u.a. die EU-Länder sowie – in Europa – Bosnien-Herzegowina, Jugoslawien, Kroatien, Mazedonien, Norwegen, die Schweiz und Weißrussland. Wichtige Vertragsstaaten sind weiterhin die USA, Kanada, Israel, Australien, Neuseeland und Südafrika, außerdem die meisten spanischsprachigen Staaten in Mittel- und Südamerika. Auch die Türkei ist – seit dem 01.08.2000 – Vertragsstaat. Nichtvertragsstaaten sind bis auf wenige Ausnahmen vor allem die Länder Afrikas und Asiens, insb. die islamischen Staaten.

In seinem Anwendungsbereich ist das HKiEntÜ **partiell vorrangig gegenüber der VO (EG) Nr. 2201/2003** – s. u. Rdn. 3 – und uneingeschränkt vorrangig gegenüber dem KSÜ (Art. 50 KSÜ).[2]

2 Der **gegenständliche** Anwendungsbereich bestimmt sich nach Art. 1 HKiEntÜ: Gegenstand des Übereinkommens sind die widerrechtliche Verbringung eines Kindes von einem Vertragsstaat in einen anderen Vertragsstaat sowie das widerrechtliche Zurückhalten eines Kindes in einem Vertragsstaat, in welchen es rechtmäßig aus einem anderen Vertragsstaat – z.B. im Wege vereinbarten Umgangs – gelangt ist. Die Definition der Widerrechtlichkeit i.S.d. HKiEntÜ findet sich in Art. 3 des Übereinkommens.

In diesem Rahmen fallen in den **sachlichen** Anwendungsbereich des HKiEntÜ Entscheidungen zur Regelung der elterlichen Sorge sowie die Rückgabeentscheidung, die nach der Entführung getroffen werden sollen (Art. 12 und 16 HKiEntÜ).

Entscheidungen zur Umgangsregelung werden nur eingeschränkt vom sachlichen Anwendungsbereich des HKiEntÜ erfasst. S. dazu näher u. Rdn. 36 ff.

Der **persönliche** Anwendungsbereich des HKiEntÜ betrifft Kinder vor Vollendung des 16. Lebensjahres (Art. 4 Satz 2 HKiEntÜ). Für 16- und 17-Jährige gilt das Übereinkommen nicht. Bei Entführung dieser älteren Jugendlichen gilt kollisionsrechtlich die VO (EG) Nr. 2201/2003 in ihrem Anwendungsbereich, soweit diese nicht anwendbar ist, das KSÜ.

3 Seit dem **01.03.2005** ist die – auch als »**Brüssel IIa**« bekannte[3] – **Verordnung (EG) Nr. 2201/2003** auf Verfahren betreffend die elterliche Verantwortung anwendbar. In Bezug auf das HKiEntÜ, **welches grds. weiter anwendbar bleibt,** enthält die Brüssel IIa-VO **teils abweichende, teils ergänzende Regelungen.**[4]

Art. 60 Buchst. e VO (EG) Nr. 2201/2003 erklärt **im Verhältnis der Mitgliedstaaten der VO** den Vorrang der VO gegenüber dem HKiEntÜ, was sich bei der abweichenden Regelung zur internationalen Zuständigkeit in Art. 10 VO (EG) Nr. 2201/2003 auswirkt. Wie sich jedoch aus Art. 11 Abs. 1 VO (EG) Nr. 2201/2003 und ErwGrd. 17 der VO ergibt, bleiben Anträge und Entschei-

---

1 Vertragsstaaten sind u.a. die USA, Kanada, fast alle europäischen Staaten (einschließlich Russland), die Türkei, die meisten spanisch-sprachigen Staaten in Mittel- und Südamerika, Israel, Australien, Neuseeland. Nichtvertragsstaaten sind vor allem die Länder Afrikas (Vertragsstaaten sind Burkina Faso, Simbabwe, Südafrika) und Asiens (Vertragsstaaten: Armenien, Singapur, Thailand, Turkmenistan, Usbekistan), insb. die meisten islamischen Staaten (außer Marokko); Auflistung bei *Finger* IntFamR 7.9 sowie in Palandt/*Thorn* Anh. zu EGBGB Art. 24 Rn. 59; Staudinger/*Pirrung* Vorbem. Art. 19 EGBGB Rn. D 14. Diese Auflistungen können allerdings keinen Anspruch auf Vollständigkeit erheben, da die Zahl der Vertragsstaaten stetig zunimmt. Der aktuelle Stand lässt sich erfragen beim Bundesamt für Justiz, Bonn, oder auf der Website der Haager Konferenz für Internationales Privatrecht abrufen: http://www.hcch.net/e/authorities/caabduct.html.
2 *Wagner/Janzen* FPR 2011, 110 1(11).
3 Im Ausland wird statt »Brüssel IIa« häufig »Brussels IIbis« verwendet.
4 *Völker* FamRZ 2010, 157 (158 ff.).

Martiny

dungen auf der Grundlage des HKiEntÜ weiterhin möglich; Art. 2 Nr. 11 und Art. 11 Abs. 2 bis 8 der VO enthalten hierfür ergänzende Regelungen zur Definition der Widerrechtlichkeit und zum Verfahren.

Im Verhältnis zu allen **anderen Vertragsstaaten des HKiEntÜ** genießt die VO (EG) Nr. 2201/ 2003 keinen Vorrang.

B. IntFamRVG

Die **innerstaatliche Konkretisierung** der sich aus dem HKiEntÜ ergebenden Zuständigkeiten und   4
Verfahren ergibt sich für Deutschland aus dem Gesetz zur Aus- und Durchführung bestimmter Rechtsinstrumente auf dem Gebiet des internationalen Familienrechts (Internationales Familien-rechtsverfahrensgesetz – IntFamRVG –) vom 26.01.2005,[5] in Kraft getreten am 01.03.2005. Das IntFamRVG hat das bis dahin geltende SorgeRÜbkAG abgelöst.

Soweit erforderlich wird in den folgenden Erläuterungen auf einschlägige Regelungen des Int-FamRVG hingewiesen.

Kapitel I   Anwendungsbereich des Übereinkommens

Art. 1   HaagKindEnfÜbk

Ziel dieses Übereinkommens ist es,

a) **die sofortige Rückgabe widerrechtlich in einen Vertragsstaat verbrachter oder dort zurückge-haltener Kinder sicherzustellen und**
b) **zu gewährleisten, dass das in einem Vertragsstaat bestehende Sorgerecht und Recht zum per-sönlichen Umgang in den anderen Vertragsstaaten tatsächlich beachtet wird.**

Art. 2   HaagKindEnfÜbk

Die Vertragsstaaten treffen alle geeigneten Maßnahmen, um in ihrem Hoheitsgebiet die Ziele des Übereinkommens zu verwirklichen. Zu diesem Zweck wenden sie ihre schnellstmöglichen Verfahren an.

Das HKiEntÜ hat in erster Linie das Ziel, bei Kindesentführung von einem Vertragsstaat in einen   5
anderen die **sofortige Rückgabe des Kindes** sicher zu stellen (Art. 1 Buchst. a). Zu diesem Zwecke will das Übereinkommen verhindern, dass die Kindesentführung nachträglich durch den Staat, in welchem das Kind sich widerrechtlich aufhält, im Wege einer das Sorgerecht abändernden Ent-scheidung legitimiert wird. Das Übereinkommen normiert die Vermutung, dass die sofortige Rückführung an den bisherigen Aufenthaltsort dem Kindeswohl grds. am besten entspricht. Nur bei Vorliegen besonderer Voraussetzungen kann diese Vermutung widerlegt werden. Das BVerfG sieht dies in gleicher Weise und hat in einer Reihe von Entscheidungen[1] die **Vereinbarkeit des HKiEntÜ mit dem GG** bestätigt. Danach sind Gründe für die Richtigkeit der Vermutung:

---

5 BGBl. I 2005, S. 162.
1 BVerfG FamRZ 1997, 1269; FamRZ 1999, 85; FamRZ 1999, 641; FamRZ 1999, 1053; NJW 1999, 3621; ebenso BGH FamRZ 2000, 1502 = FuR 2001, 139.- Dazu näher *Völker* FamRZ 2010, 157 (160 ff.).

- Erhaltung der Kontinuität der Lebensbedingungen des Kindes bei Rückführung
- Bessere Berücksichtigung der Elterninteressen bei Aufrechterhaltung der ursprünglichen Sorgerechtsentscheidung, womit vermieden wird, dass ein Elternteil aus der rechtswidrigen Entführung einen faktischen Vorteil zieht
- Generalpräventive Wirkung der Rückführungsanordnung.

6   Weiteres Ziel des HKiEntÜ ist die Anerkennung des im Vertragsstaat des gewöhnlichen Aufenthalts des Kindes bestehenden Sorgerechts und des dort geregelten Rechts zum persönlichen Umgang durch die übrigen Vertragsstaaten (Art. 1 Buchst. b). Die Regelung zur internationalen Durchsetzung des Umgangsrechts findet sich in Art. 21 HKiEntÜ; s. dazu u. Rdn. 36–38.

Art. 3   HaagKindEnfÜbk

Das Verbringen oder Zurückhalten eines Kindes gilt als widerrechtlich, wenn

a) dadurch das Sorgerecht verletzt wird, das einer Person, Behörde oder sonstigen Stelle allein oder gemeinsam nach dem Recht des Staates zusteht, in dem das Kind unmittelbar vor dem Verbringen oder Zurückhalten seinen gewöhnlichen Aufenthalt hatte, und
b) dieses Recht im Zeitpunkt des Verbringens oder Zurückhaltens allein oder gemeinsam tatsächlich ausgeübt wurde oder ausgeübt worden wäre, falls das Verbringen oder Zurückhalten nicht stattgefunden hätte.

Das unter Buchstabe a genannte Sorgerecht kann insbesondere kraft Gesetzes, auf Grund einer gerichtlichen oder behördlichen Entscheidung oder auf Grund einer nach dem Recht des betreffenden Staates wirksamen Vereinbarung bestehen.

Art. 4   HaagKindEnfÜbk

Das Übereinkommen wird auf jedes Kind angewendet, das unmittelbar vor einer Verletzung des Sorgerechts oder des Rechts zum persönlichen Umgang seinen gewöhnlichen Aufenthalt in einem Vertragsstaat hatte. Das Übereinkommen wird nicht mehr angewendet, sobald das Kind das 16. Lebensjahr vollendet hat.

Art. 5   HaagKindEnfÜbk

Im Sinn dieses Übereinkommens umfasst

a) das »Sorgerecht« die Sorge für die Person des Kindes und insbesondere das Recht, den Aufenthalt des Kindes zu bestimmen;
b) das »Recht zum persönlichen Umgang« das Recht, das Kind für eine begrenzte Zeit an einen anderen Ort als seinen gewöhnlichen Aufenthaltsort zu bringen.

7   Ohne den im Titel des HKiEntÜ enthaltenen **Begriff »internationale Kindesentführung«** zu nennen, normieren Art. 3–5 die Voraussetzungen für dessen Vorliegen. Nur wenn diese gegeben sind, finden die sonstigen Regelungen des Übereinkommens Anwendung. Dabei bedeutet »internationale« Entführung, dass das Kind über Staatsgrenzen hinweg, d.h. von Vertragsstaat zu Vertragsstaat, verbracht worden ist oder nicht zurückgegeben wird. Die reine Inlandsentführung – also eine Entführung innerhalb Deutschlands, wobei die Staatsangehörigkeit der Beteiligten keine Rolle spielt – fällt nicht in den Anwendungsbereich des HKiEntÜ.

Die Feststellung eines Entführungsfalles erfordert mehrere Schritte: 8

Auszugehen ist zunächst vom **gewöhnlichen Aufenthalt des Kindes** unmittelbar vor der als Entführung in Betracht kommenden Handlung (Art. 4). Dieser muss in einem Vertragsstaat liegen. Der gewöhnliche Aufenthalt ist autonom und einheitlich zu bestimmen.[1] Der Aufenthalt des Kindes ist selbständig zu ermitteln.[2] Nach dem EuGH ist unter »gewöhnlicher Aufenthalt« in Art. 8 und 10 Brüssel IIa-VO der Ort zu verstehen, an dem eine gewisse Integration des Kindes in ein soziales und familiäres Umfeld zu erkennen ist. Bei einem Säugling, der in einen anderen Mitgliedstaat verbracht wurde und der sich dort mit seiner Mutter erst seit einigen Tagen befindet, sind u. a. zum einen die Dauer, die Regelmäßigkeit und die Umstände des Aufenthalts sowie die Gründe für diesen Aufenthalt und den Umzug der Mutter zu berücksichtigen und zum anderen, insbesondere wegen des Alters des Kindes, die geografische und familiäre Herkunft der Mutter sowie die familiären und sozialen Bindungen der Mutter und des Kindes in dem betreffenden Staat. Es kommt auf alle tatsächlichen Umstände des Einzelfalls an.[3] – Zum Begriff des gewöhnlichen Aufenthalts s. auch Art. 5 EGBGB Rdn. 5 und Art. 21 EGBGB Rdn. 5. Rück- und Weiterverweisung sind zu beachten.[4]

Zur weiterhin erforderlichen Widerrechtlichkeit des Verbringens oder Zurückhaltens ist sodann darauf abzustellen, wer **Inhaber des Sorgerechts** i.S.d. Übereinkommens zum vorgenannten Zeitpunkt war und ob dessen Wille dem Aufenthaltswechsel entgegensteht. Das Sorgerecht kann auf Gesetz, einer Gerichtsentscheidung oder einer Vereinbarung beruhen. Elterliche Vereinbarungen sind beachtlich.[5]

Sorgerecht bedeutet dabei die das Recht zur Aufenthaltsbestimmung beinhaltende Personensorge (Art. 5 Buchst. a). Hierfür reicht das **Mitsorgerecht** aus (Art. 3 Abs. 1 Buchst. b), so dass das Verbringen oder Zurückhalten des Kindes durch einen Elternteil gegen den Willen des anderen Elternteils grds. auch bei gemeinsamer Sorge widerrechtlich ist.[6] Ein **gemeinsames Aufenthaltsbestimmungsrecht**[7] oder die Verletzung eines Ausreiseverbots[8] genügt. Das bloße Umgangsrecht wird nach h.M. nicht als Sorgerecht im Sinne der Kindesentführungskonvention geschützt.[9] Zur Rechtslage bei getrennt lebenden Eltern mit gemeinsamer Sorge s. u. Rdn. 10.

Inhaber des Sorgerechts i.S.v. Art. 3 Abs. 1 Buchst. a kann ggf. ein Gericht sein;[10] dies ist u.a. der Fall, wenn es die Aufenthaltsveränderung von seiner Zustimmung abhängig gemacht hat.[11]

Das **Statut** der materiellen Sorgeinhaberschaft bestimmt sich nach Art. 3 Abs. 1 Buchst. a. Danach ist einziger Anknüpfungspunkt der gewöhnliche Aufenthalt des Kindes unmittelbar vor der als Entführung in Betracht kommenden Handlung. Der mit der Entführung verbundene Aufenthaltswechsel lässt das so begründete Statut unberührt. Diese Regelung ist lex specialis gegenüber

---

1 OLG Frankfurt FamRZ 2006, 883; OLG Saarbrücken FamRZ 2011, 1235.
2 OLG Frankfurt FamRZ 2006, 883.
3 EuGH 22. 12. 2010 – C-497/10 PPU – Mercredi/Chaffe, FamRZ 2011, 617 Anm. *Henrich* m. Aufs. *Mankowski* GPR 2011, 209; *Mansel/Thorn/Wagner* IPRax 2012, 1 (20 f.).
4 Staudinger*Pirrung* Vorbem Art. 19 EGBGB Rn. D 27
5 OLG Stuttgart FamRZ 1996, 688 (Australien); *Finger* JR 2009, 441 (443).
6 OLG Düsseldorf FamRZ 2008, 1775. – BVerfG FamRZ 1997, 1269 sogar für den Fall, dass das Personensorgerecht des widersprechenden Elternteils auf Grund nationaler Besonderheiten (hier: argentinisches Recht) weniger ausgeprägt ist als das des entführenden Elternteils.
7 Vgl. BVerfG FamRZ 1997, 1269 f.
8 *Henrich* FS Hahne, 2012, 87 (91 ff.).
9 OLG Stuttgart FamRZ 2001, 645; NK/*Gruber* Art. 3 HKÜ Rn. 3; Staudinger/*Pirrung* Vorbem. Art. 19 EGBGB Rn. D 30.
10 OLG München NJW-RR 2005, 158.
11 *Holl* IPRax 2001, 185 (186) m.w.N.

allen anderen Kollisionsnormen zum Sorgestatut; insoweit werden insb. das KSÜ und Art. 21 EGBGB verdrängt.

9   Schließlich muss ein **Verbringen** des Kindes vorliegen, d.h. ein Handeln, mit welchem der faktische Aufenthalt des Kindes gegen den Willen des Sorgeinhabers vom Vertragsstaat des gewöhnlichen Aufenthalts (»Herkunftsstaat«) in einen anderen Vertragsstaat (»Zufluchtsstaat«) verlegt wird.

Ein weiterer Entführungsfall ist das **Zurückhalten** des Kindes. Dies liegt vor, wenn das Kind zunächst auf Grund nicht rechtswidriger Umstände in einen anderen Vertragsstaat (»Zufluchtsstaat«) als denjenigen seines gewöhnlichen Aufenthalts (»Herkunftsstaat«) gelangt ist, dann aber dieser Aufenthalt im »Zufluchtsstaat« in Folge einer Veränderung der vorgegebenen tatsächlichen Situation rechtswidrig wird.[12]

▶ **Beispiel 1:**

Das Kind ist im Wege vereinbarten oder gerichtlich angeordneten Umgangs vorübergehend in den »Zufluchtsstaat« gelangt.

▶ **Beispiel 2:**

Der im »Herkunftsstaat« wohnende Sorgeinhaber war – etwa durch Erkrankung – vorübergehend verhindert die Sorge auszuüben, weswegen das Kind vorläufig zum anderen Elternteil in den »Zufluchtsstaat« gekommen war.

Zurückhalten ist ein einmaliges Handeln, kein Dauerzustand.[13] Das Zurückhalten beginnt mit dem Zeitpunkt, in welchem der rechtmäßige Aufenthalt im anderen Staat durch die Veränderung der tatsächlichen Situation seine Grundlage verliert. Dies ist im ersten Beispiel der für die Beendigung des Umgangs festgelegte Zeitpunkt oder, falls keine Festlegung erfolgt ist, die Entscheidung des Sorgeberechtigten zur Beendigung weiteren Aufenthalts, im zweiten Beispiel die Beendigung der Verhinderung des Sorgeinhabers.

Hingegen liegt kein Zurückhalten vor, wenn das Kind seinen gewöhnlichen Aufenthalt in einem Vertragsstaat hat, nun aber die elterliche Sorge durch eine anzuerkennende Entscheidung dem in einem anderen Vertragsstaat lebenden Elternteil übertragen wird. Das Verweigern der Herausgabe durch den bisher sorgeberechtigten Elternteil ist in diesem Falle kein »Zurückhalten«, kein Entführungsfall;[14] das HKiEntÜ ist hier nicht anwendbar.

10   Zusätzliche Voraussetzung für die Annahme eines Entführungsfalls i.S.d. HKiEntÜ ist, dass der mit dem Verbringen oder Zurückhalten nicht einverstandene (Mit-) Sorgeinhaber im Zeitpunkt des Verbringens oder Zurückhaltens die Sorge auch **tatsächlich ausgeübt** hat (Art. 3 Abs. 1 Buchst. b). Problematisch ist dies vor Allem, wenn die Eltern getrennt leben und der mitsorgeberechtigte Elternteil, bei dem das Kind nicht lebt, der Aufenthaltsveränderung durch den betreuenden Elternteil widerspricht. Die Auffassung, dass in solchen Fällen i.d.R. davon auszugehen sei, das Kind stehe nur unter der tatsächlichen Sorgeausübung desjenigen Elternteils, bei dem es auch wohnt, wobei die bloße Wahrnehmung des Umgangsrechts dem nicht entgegenstehen soll,[15] dürfte in dieser Allgemeinheit nicht zutreffen. Richtigerweise muss zur fehlenden Ausübung der Mitsorge festgestellt werden, dass der fragliche Elternteil sich überhaupt nicht mehr um sein Kind kümmert und seine Rechte und Pflichten nicht, auch nicht hin und wieder oder in Ansätzen im

---

12   OLG Frankfurt FamRZ 1997, 1100; OLG Hamm FamRZ 1999, 948.
13   Staudinger/*Pirrung* Vorbem. Art. 19 EGBGB Rn. D 23.
14   OLG Düsseldorf FamRZ 1994, 181 (182); OLG Karlsruhe DAVorm 1998, 253 = FamRZ 1998, 385 (LS); österr OGH IPRax 2001, 177.
15   In diesem Sinne OLG Düsseldorf FamRZ 1994, 181; Palandt/*Thorn* Anh. zu Art. 24 EGBGB Rn. 65.

Umfang eines Umgangsrechts, wahrnimmt.[16] Denn bei Trennung der Eltern kann das Kind zwangsläufig nur bei einem Elternteil wohnen, was jedoch keineswegs typischerweise zur Folge hat, dass der andere nicht mehr aktiv an der Sorge teilnimmt. Das HKiEntÜ geht zudem, wie sich aus Art. 13 Abs. 1 Buchst. a ergibt, von der Vermutung aus, dass ein Mitsorgeinhaber diese auch tatsächlich ausgeübt hat.

Die **Widerrechtlichkeit** liegt nach Art. 3 in der Sorgerechtsverletzung. Sie folgt unmittelbar aus   11
dem HKiEntÜ, nicht aus dem anwendbaren Recht der elterlichen Verantwortung.[17] Eine konkludente Zustimmung zum Verbringen ist möglich.[18]

Die Anwendbarkeit des HKiEntÜ kommt nur in Betracht, solange das betroffene Kind das   12
16. Lebensjahr noch nicht vollendet hat. Auf 16- und 17-Jährige ist das Übereinkommen nicht
anwendbar. Dies gilt auch dann, wenn die Entführung selbst noch vor Vollendung des 16. Lebensjahres stattgefunden hat, jedoch bis zu diesem Zeitpunkt keine Rückführung erfolgt ist. Bei Entführung dieser älteren Jugendlichen ist kollisionsrechtlich in ihrem Anwendungsbereich die VO
(EG) Nr. 2201/2003 berufen, soweit diese nicht anwendbar ist, das KSÜ.

Kapitel II   Zentrale Behörden

Art. 6   HaagKindEnfÜbk

**Jeder Vertragsstaat bestimmt eine zentrale Behörde, welche die ihr durch dieses Übereinkom-
men übertragenen Aufgaben wahrnimmt.**

**Einem Bundesstaat, einem Staat mit mehreren Rechtssystemen oder einem Staat, der aus auto-
nomen Gebietskörperschaften besteht, steht es frei, mehrere zentrale Behörden zu bestimmen
und deren räumliche Zuständigkeit festzulegen. Macht ein Staat von dieser Möglichkeit
Gebrauch, so bestimmt er die zentrale Behörde, an welche die Anträge zur Übermittlung an die
zuständige zentrale Behörde in diesem Staat gerichtet werden können.**

Art. 7   HaagKindEnfÜbk

**Die zentralen Behörden arbeiten zusammen und fördern die Zusammenarbeit der zuständigen
Behörden ihrer Staaten, um die sofortige Rückgabe von Kindern sicherzustellen und auch die
anderen Ziele dieses Übereinkommens zu verwirklichen.**

Insbesondere treffen sie unmittelbar oder mit Hilfe anderer alle geeigneten Maßnahmen, um

a) **den Aufenthaltsort eines widerrechtlich verbrachten oder zurückgehaltenen Kindes ausfindig
  zu machen;**
b) **weitere Gefahren von dem Kind oder Nachteile von den betroffenen Parteien abzuwenden,
  indem sie vorläufige Maßnahmen treffen oder veranlassen;**

---

16 OLG Dresden FamRZ 2002, 1136; OLG Hamm FamRZ 2004, 1513; OLG Rostock NJW-RR 2001,
   1448; KG FamRZ 1996, 691 (692); OLG Stuttgart FamRZ 1996, 688 (689); OLG Nürnberg FamRZ
   2010, 1575; AG Mannheim FamRZ 1997, 1101; *Henrich* FS Hahne, 2012, 87 (94 f.); *Weitzel* DAVorm
   2000, 1059 (1063); MüKoBGB/*Siehr* Art. 19 EGBGB Anh. II Rn. 37.
17 Staudinger/*Pirrung* Vorbem. Art. 19 EGBGB Rn. D 33. – Zur Bescheinigung nach Art. 15 *Pietsch* FamRZ
   2009, 1730.
18 OLG Nürnbrtg FamRZ 2009, 240; OLG Stuttgart FamRZ 2009, 2017; OLG Saarbrücken FamRZ
   2011, 1235.

c) die freiwillige Rückgabe des Kindes sicherzustellen oder eine gütliche Regelung der Angelegenheit herbeizuführen;

d) soweit zweckdienlich Auskünfte über die soziale Lage des Kindes auszutauschen;

e) im Zusammenhang mit der Anwendung des Übereinkommens allgemeine Auskünfte über das Recht ihrer Staaten zu erteilen;

f) ein gerichtliches oder behördliches Verfahren einzuleiten oder die Einleitung eines solchen Verfahrens zu erleichtern, um die Rückgabe des Kindes zu erwirken sowie gegebenenfalls die Durchführung oder die wirksame Ausübung des Rechts zum persönlichen Umgang zu gewährleisten;

g) soweit erforderlich die Bewilligung von Prozesskosten- und Beratungshilfe, einschließlich der Beiordnung eines Rechtsanwalts, zu veranlassen oder zu erleichtern;

h) durch etwa notwendige und geeignete behördliche Vorkehrungen die sichere Rückgabe des Kindes zu gewährleisten;

i) einander über die Wirkungsweise des Übereinkommens zu unterrichten und Hindernisse, die seiner Anwendung entgegenstehen, soweit wie möglich auszuräumen.

13 Die in jedem Vertragsstaat zu bestellende zentrale Behörde soll für die zügige und unkomplizierte Durchführung des Übereinkommens, insb. die sofortige Rückgabe von Kindern sorgen. Mit den zentralen Behörden der anderen Vertragsstaaten verkehrt sie unmittelbar; umständliche Rechtshilfeersuchen auf diplomatischem Wege finden nicht statt.

Für die Praxis von entscheidender Bedeutung ist das Recht und die Pflicht der zentralen Behörde im »Herkunftsstaat«, den Antrag auf Rückführung entgegenzunehmen und unmittelbar an die zentrale Behörde des »Zufluchtsstaats« weiterzuleiten. Diese hat das Recht und die Pflicht, dort das erforderliche Rückgabeverfahren einzuleiten (Abs. 2 Buchst. f). Das Verfahren ist geregelt in Art. 8 ff. HKiEntÜ, im Inland ergänzt durch §§ 4 ff. IntFamRVG.

Zentrale Behörde für die Bundesrepublik Deutschland ist das Bundesjustizamt (§ 3 Abs. 1 IntFamRVG). Es gilt gem. § 6 Abs. 2 IntFamRVG als bevollmächtigt, im Namen des Antragstellers gerichtlich oder außergerichtlich tätig zu werden.

Wer zentrale Behörde in den übrigen Vertragsstaaten ist, ergibt sich aus der innerstaatlichen Bestimmung des jeweiligen Staats. Dies wird im BGBl. II bekannt gemacht.[1]

Kapitel III   Rückgabe von Kindern

Art. 8   HaagKindEnfÜbk

Macht eine Person, Behörde oder sonstige Stelle geltend, ein Kind sei unter Verletzung des Sorgerechts verbracht oder zurückgehalten worden, so kann sie sich entweder an die für den gewöhnlichen Aufenthalt des Kindes zuständige zentrale Behörde oder an die zentrale Behörde eines anderen Vertragsstaats wenden, um mit deren Unterstützung die Rückgabe des Kindes sicherzustellen.

Der Antrag muss enthalten

a) Angaben über die Identität des Antragstellers, des Kindes und der Person, die das Kind angeblich verbracht oder zurückgehalten hat;

---

1 Der aktuelle Stand lässt sich erfragen bei: Bundesamt für Justiz – Zentrale Behörde – Adenauerallee 90–103, 53113 Bonn oder auf der Website der Haager Konferenz für Internationales Privatrecht: http://www.hcch.net/e/authorities/caabduct.html.

b) das Geburtsdatum des Kindes, soweit es festgestellt werden kann;

c) die Gründe, die der Antragsteller für seinen Anspruch auf Rückgabe des Kindes geltend macht;

d) alle verfügbaren Angaben über den Aufenthaltsort des Kindes und die Identität der Person, bei der sich das Kind vermutlich befindet.

Der Antrag kann wie folgt ergänzt oder es können ihm folgende Anlagen beigefügt werden:

e) eine beglaubigte Ausfertigung einer für die Sache erheblichen Entscheidung oder Vereinbarung;

f) eine Bescheinigung oder eidesstattliche Erklärung (Affidavit) über die einschlägigen Rechtsvorschriften des betreffenden Staates; sie muss von der zentralen Behörde oder einer sonstigen zuständigen Behörde des Staates, in dem sich das Kind gewöhnlich aufhält, oder von einer dazu befugten Person ausgehen;

g) jedes sonstige für die Sache erhebliche Schriftstück.

Art. 9   HaagKindEnfÜbk

Hat die zentrale Behörde, bei der ein Antrag nach Artikel 8 eingeht, Grund zu der Annahme, dass sich das Kind in einem anderen Vertragsstaat befindet, so übermittelt sie den Antrag unmittelbar und unverzüglich der zentralen Behörde dieses Staates; sie unterrichtet davon die ersuchende zentrale Behörde oder gegebenenfalls den Antragsteller.

Art. 10   HaagKindEnfÜbk

Die zentrale Behörde des Staates, in dem sich das Kind befindet, trifft oder veranlasst alle geeigneten Maßnahmen, um die freiwillige Rückgabe des Kindes zu bewirken.

Art. 11   HaagKindEnfÜbk

In Verfahren auf Rückgabe von Kindern haben die Gerichte oder Verwaltungsbehörden eines jeden Vertragsstaats mit der gebotenen Eile zu handeln.

Hat das Gericht oder die Verwaltungsbehörde, die mit der Sache befasst sind, nicht innerhalb von sechs Wochen nach Eingang des Antrags eine Entscheidung getroffen, so kann der Antragsteller oder die zentrale Behörde des ersuchten Staates von sich aus oder auf Begehren der zentralen Behörde des ersuchenden Staates eine Darstellung der Gründe für die Verzögerung verlangen. Hat die zentrale Behörde des ersuchten Staates die Antwort erhalten, so übermittelt sie diese der zentralen Behörde des ersuchenden Staates oder gegebenenfalls dem Antragsteller.

Ziel des Rückgabeverfahrens ist die Anordnung der sofortigen Rückgabe des Kindes durch das zuständige Gericht/die zuständige Behörde des »Zufluchtsstaats« (**Rückgabeentscheidung**), s. Rdn. 21.   14

A. Verfahrenseinleitung

Das **Recht zur Antragstellung** hat nach Art. 8 Abs. 1 HKiEntÜ der von der Entführung betroffene Elternteil. Darüber hinaus ist antragsberechtigt jede Behörde oder sonstige Stelle, welcher innerstaatlich die Interessen des Kindes anvertraut sind, also der Vormund, der zur Aufenthaltsbestimmung berechtigte Pfleger, das Jugendamt.   15

Der Antragsteller kann sich im gerichtlichen Verfahren des »Zufluchtsstaats« von der dortigen **zentralen Behörde** vertreten lassen. Er kann dort auch selbst den Antrag stellen und das Verfahren persönlich betreiben (Art. 29 HKiEntÜ).

Ist Deutschland »Zufluchtsstaat«, **gilt** das **Bundesamt für Justiz** als zentrale Behörde bei Antragstellung über diesen **als bevollmächtigt** (§ 6 Abs. 2 IntFamRVG). Das Verfahren kann vom Antragsteller aber auch im eigenen Namen betrieben werden.

16 Der **Inhalt des Antrags** ist in Art. 8 Abs. 2 vorgeschrieben, Ergänzungen sind zulässig (Art. 8 Abs. 3). Hierfür gibt es – bei widerrechtlicher Entführung aus Deutschland in einen anderen Vertragsstaat – Antragsformulare, die beim Bundesamt für Justiz angefordert werden können.

Im weiteren **Verfahrensablauf** übermittelt die Zentrale Behörde des »Herkunftsstaats« den Antrag auf direktem Wege ohne Verzögerung an die Zentrale Behörde des »Zufluchtsstaats« (Art. 9, 11). Diese reicht den Antrag beim zuständigen Gericht/der zuständigen Behörde ein und versucht ggf. eine gütliche Einigung, um die freiwillige Rückgabe des Kindes zu erreichen. Gelingt Letzteres, ist das gerichtliche Verfahren erledigt.

B. Gerichtliche Zuständigkeit

17 Die internationale Zuständigkeit für Rückführungsanträge ergibt sich aus Art. 12 Abs. 1 HKiEntÜ. Ausschließlich zuständig sind die Gerichte des Vertragsstaats, in welchen das Kind widerrechtlich verbracht worden ist oder wo es zurückgehalten wird (»Zufluchtsstaat«). Hieran hat sich auch seit Anwendbarkeit der VO (EG) Nr. 2201/2003 nichts geändert.

Ist ein Kind von Deutschland ins Ausland entführt worden, richtet sich die dortige sachliche und örtliche Zuständigkeit nach dem innerstaatlichen Recht des »Zufluchtsstaats«.

Hinsichtlich nach **Deutschland** gelangter Kinder regeln §§ 11–13 IntFamRVG die **sachliche** und **örtliche** Zuständigkeit: Zuständig ist das AG als Familiengericht, in dessen Bezirk ein OLG seinen Sitz und das Kind sich beim Eingang des Antrags bei der zentralen Behörde aufgehalten hat (§ 10 Nr. 1 IntFamRVG), hilfsweise wo das Bedürfnis der Fürsorge besteht (§ 10 Nr. 2 IntFamRVG). Dies gilt völlig unabhängig davon, ob anderweitig die Ehesache anhängig ist oder nicht.[1] Die Landesregierungen sind ermächtigt, abweichend davon die Zuständigkeit eines anderen Familiengerichts des OLG-Bezirks oder, falls es in dem Land mehrere Oberlandesgerichte gibt, die Zuständigkeit eines Familiengerichts für alle oder mehrere OLG-Bezirke zu begründen (§ 6 Abs. 2 Satz 3 IntFamRVG).

C. Gerichtliches Verfahren, Rechtsmittel

18 Für das Verfahren des Gerichts gilt – in gleicher Weise wie für behördliche Verfahren nach dem HKiEntÜ – das **Beschleunigungsgebot** der Art. 2, 11 HKiEntÜ: Die Vermutung, dass die sofortige Rückführung an den bisherigen Aufenthaltsort dem Kindeswohl grds. am besten entspricht,[2] sowie die Intention des HKiEntÜ zu vermeiden, dass durch die Entführung vollendete Tatsachen geschaffen werden,[3] erfordern eine schnellstmögliche Entscheidung. Das Verfahren ist besonders eilbedürftig.[4] Da eine besondere Kindeswohlprüfung ohne Vorliegen besonderer Umstände nicht

---

1 Die Zuständigkeitskonzentration auf die wenigen Amtsgerichte, in deren Bezirk ein OLG liegt, ermöglicht eine beschleunigte Anwendung des HKiEntÜ durch spezialisierte Richter (BT-Drucks. 14/33 S. 5 ff.; *Rausch* FF 1999, 180; *Weitzel* DAVorm 2000, 1059 (1068).
2 BVerfG FamRZ 1999, 85.
3 BVerfG FamRZ 1997, 1269 (1270).
4 BVerfG FamRZ 1999, 1053 (1054 f.); FamRZ 1977, 1269 (1270).

stattfinden darf,[5] sind unnötige Verfahrenshandlungen zu unterlassen. Die **Anhörung des Kindes** ist nicht geboten.[6] Anderes kann bei gegenläufigen Entführungen in Betracht kommen.[7] Die Einholung von **Sachverständigengutachten** findet grds. nicht statt.[8]

Auf das Verfahren sind nach § 14 Nr. 2 IntFamRVG die Vorschriften des **FamFG** anzuwenden. Die daraus resultierende Flexibilität ist zur **Beschleunigung** zu nutzen. Das Beschleunigungsgebot des Art. 11 Abs. 1 HKiEntÜ wird durch Art. 11 Abs. 3 Brüssel IIa VO noch verschärft.[9]

Die **Rückgabeanordnung ist** als **Endentscheidung**, nicht als einstweilige Anordnung zu erlassen. Einstweilige Anordnungen können nach § 15 IntFamRVG lediglich flankierend ergehen, um Gefahren für das Kind abzuwehren oder eine Beeinträchtigung der Interessen der Beteiligten zu vermeiden, insb. um das Wegschaffen des Kindes zu verhindern und die Rückgabe zu sichern.[10]

Im Sonderfall **gegenläufiger Rückführungsanträge**, bei welchem eine nähere Kindeswohlprüfung stattzufinden hat (s.u. Rdn. 21), ist dem Kind, dessen Alter und Reife eine Wahrnehmung seiner eigenen Verfahrensrechte nicht erlaubt, stets gem. § 158 FamFG ein Verfahrensbeistand beizuordnen.[11]

Die Rückgabeentscheidung wird erst mit ihrer Rechtskraft wirksam, jedoch kann das Gericht die **sofortige Wirksamkeit** der Entscheidung anordnen (§ 40 Abs. 3 IntFamRVG: Zuständigkeit des Beschwerdegerichts).

Rechtsmittel gegen die vom AG erlassene Rückgabeentscheidung ist die sofortige Beschwerde **19** zum OLG, die binnen einer Frist von zwei Wochen einzulegen ist (§§ 40 Abs. 2 IntFamRVG, 63 FamFG). **Beschwerdeberechtigt** sind nur der Antragsgegner, das mindestens 14 Jahre alte Kind persönlich und das beteiligte Jugendamt (§ 40 Abs. 2 Satz 3 IntFamRVG). Die Beschwerdeberechtigung und das Beschwerderecht Minderjähriger ergeben sich aus §§ 59 und 60 FamFG.

Eine während des Rechtsmittelverfahrens erfolgte Rückführung des Kindes in den Herkunftsstaat führt zur Unzulässigkeit der Beschwerde, d.h. Erledigung der Hauptsache.[12] Eine Fortsetzung des Beschwerdeverfahrens zur Feststellung der Rechtswidrigkeit der Rückführungsanordnung kommt nicht in Betracht.[13]

Die Beschwerdeentscheidung des OLG ist endgültig, eine **Rechtsbeschwerde** findet nicht statt (§ 40 Abs. 2 Satz 4 IntFamRVG). Die an sich noch mögliche Verfassungsbeschwerde dürfte, nachdem inzwischen die mit dem HKiEntÜ zusammenhängenden verfassungsrechtlichen Fragen durch das BVerfG geklärt sind, kaum erfolgversprechend sein.[14]

Fraglich ist, ob eine rechtskräftige Rückführungsentscheidung nachträglich entsprechend § 166 **20** FamFG **abgeändert** werden kann, wenn nach Rechtskraft, aber vor Vollstreckung neue schwer wiegende Umstände eingetreten sind, aus denen sich die greifbare Gefahr einer schweren seelischen oder körperlichen Gefährdung des Kindes und damit eine Unvereinbarkeit der Rückgabe mit dem Kindeswohl ergibt.[15] Hieran ist zu denken, wenn nachträglich besondere Umstände ein-

---

5 BVerfG FamRZ 1997, 1269 (1270).
6 BVerfG FamRZ 1999, 58.
7 *Völker* FamRZ 2010, 157 (163) m.w.N.
8 OLG Hamm FamRZ 1999, 948 (949); *Staudinger* IPRax 2000, 194 (198 f.); *Völker* FamRZ 2010, 157 (165 f.).
9 Dazu *Völker* FamRZ 2010, 157 (158).
10 S. dazu *Weitzel* DAVorm 2000, 1059 (1067); OLG Dresden FamRZ 2003, 468.
11 BVerfG FamRZ 1999, 85; *Völker* FamRZ 2010, 157 (164); im Normalfall des einseitigen Rückführungsantrags dürfte dies die Ausnahme sein.
12 OLG München FamRZ 2005, 1002; OLG Koblenz FamRZ 2004, 1512.
13 OLG Koblenz FamRZ 2004, 1512.
14 Näher *Völker* FamRZ 2010, 157 (160 ff.).
15 So OLG Karlsruhe NJW 2000, 3361.

getreten sind, welche, wären sie vor Erlass der Rückgabeentscheidung eingetreten, gem. Art. 13 Abs. 1 Buchst. b HKiEntÜ zur Ablehnung der Rückgabe des Kindes geführt hätten. Unter dem Gesichtspunkt des in besonderen Ausnahmefällen, wie sie in Art. 13 HKiEntÜ geregelt sind, der Rückführung entgegenstehenden Kindeswohls wird eine dahingehende analoge Anwendung von § 166 FamFG im Ansatz nicht zu verneinen sein. Dies kann jedoch, um das Ziel des HKiEntÜ, die sofortige Rückführung sicher zu stellen, nicht zu konterkarieren, nur dann gerechtfertigt sein, wenn nachträglich eingetretene besonders schwer wiegende Umstände evident vorliegen. Die bloße Behauptung des Antragsgegners ohne präsente und stichhaltige Beweismittel oder ohne amtswegige Kenntnis kann für die Einleitung eines Abänderungsverfahrens analog § 166 FamFG nicht ausreichen. Ansonsten würde die Möglichkeit eines solchen Abänderungsverfahrens faktisch ein weiteres Rechtsmittel darstellen, was mit den Zielen des HKiEntÜ unvereinbar ist.

Art. 12   HaagKindEnfÜbk

Ist ein Kind im Sinn des Artikels 3 widerrechtlich verbracht oder zurückgehalten worden und ist bei Eingang des Antrags bei dem Gericht oder der Verwaltungsbehörde des Vertragsstaats, in dem sich das Kind befindet, eine Frist von weniger als einem Jahr seit dem Verbringen oder Zurückhalten verstrichen, so ordnet das zuständige Gericht oder die zuständige Verwaltungsbehörde die sofortige Rückgabe des Kindes an.

Ist der Antrag erst nach Ablauf der in Absatz 1 bezeichneten Jahresfrist eingegangen, so ordnet das Gericht oder die Verwaltungsbehörde die Rückgabe des Kindes ebenfalls an, sofern nicht erwiesen ist, dass das Kind sich in seine neue Umgebung eingelebt hat.

Hat das Gericht oder die Verwaltungsbehörde des ersuchten Staates Grund zu der Annahme, dass das Kind in einen anderen Staat verbracht worden ist, so kann das Verfahren ausgesetzt oder der Antrag auf Rückgabe des Kindes abgelehnt werden.

21   Die Norm regelt einerseits die internationale **Zuständigkeit für die Rückgabeentscheidung** – s. dazu o. Rdn. 17 –, und andererseits im Zusammenhang mit Art. 13 und 20 die materiellen **Voraussetzungen zur Entscheidung** über die Rückgabe des Kindes, so dass insoweit nationales Sachrecht nicht zur Anwendung kommen kann. Das HKiEntÜ enthält damit nicht nur die Kollisionsnorm hinsichtlich der Voraussetzungen für die Rückgabeentscheidung, indem es für diesen Bereich die Anwendbarkeit des nationalen Rechts ausschließt; es enthält zugleich die einschlägigen Sachnormen.

Danach gilt ausgehend von der Vermutung, dass die sofortige Rückführung an den bisherigen Aufenthaltsort dem Kindeswohl grds. am besten entspricht, für das entscheidungsbefasste Gericht der **Grundsatz**, dass **die sofortige Rückgabe ohne besondere Kindeswohlprüfung unverzüglich anzuordnen** ist. Die vom BVerfG entwickelten strengen Anforderungen zum Schutz des Kindeswohls in Sorgerechtsangelegenheiten finden auf Entscheidungen nach dem HKiEntÜ grds. keine Anwendung.[1] Denn die Rückgabeentscheidung betrifft nicht selbst das Sorgerecht, sondern soll erst die Voraussetzungen dafür schaffen, dass das international zuständige Gericht über das Sorgerecht entscheiden kann und diese Entscheidung auch in anderen Vertragsstaaten tatsächlich beachtet wird (vgl. Art. 1 Buchst. b HKiEntÜ). Nur soweit im Einzelfall auf Grund besonderer Umstände das Überwiegen des Kindeswohls in Betracht kommt, ist dies nach Art. 13, 20 HKiEntÜ näher zu prüfen[2] – s. dazu unten Rdn. 23 ff. Allerdings hat der Europäische Gerichtshof für Menschenrechte eine das Rückführungsbegehren nach dem Haager Kindesentführungsüber-

---

1   BVerfG FamRZ 1997, 1269 (1270).
2   BVerfG FamRZ 1997, 1269 (1270).

einkommen beschränkende zusätzliche Kindeswohl-Prüfung nach der EMRK verlangt.[3] Dies kommt vor allem für Verfahren langer Dauer in Betracht. Dem kann hier aber nur am Rande nachgegangen werden[4].

Alleinige Ausnahme zum grundsätzlichen Ausschluss der besonderen Kindeswohlprüfung ist der **Sonderfall gegenläufiger Rückführungsanträge:** Wenn das Kind von den in verschiedenen Vertragsstaaten lebenden Elternteilen jeweils eigenmächtig hin und her entführt worden ist, haben die Eltern zu erkennen gegeben, dass sie vornehmlich ihre eigenen Interessen durchsetzen wollen und die Interessen des Kindes hintenansetzen. Dann ist es verfassungsrechtlich geboten, konkret das Kindeswohl an Hand von Art. 13 HKiEntÜ zu prüfen.[5]

Nach Art. 12 Abs. 1 ist **einzige Voraussetzung** für die Anordnung der sofortigen Rückgabe **das** 22 **Vorliegen eines widerrechtlichen Verbringens oder Zurückhaltens i.S.d. Art. 3 HKiEntÜ** – s. dazu o. Rdn. 8–12.

Dies gilt uneingeschränkt, wenn die Entführung zum Zeitpunkt der Antragstellung noch nicht länger als ein Jahr zurückliegt (Art. 12 Abs. 1). Die Jahresfrist ist gewahrt, wenn der Antrag innerhalb des Jahres beim zuständigen Gericht eingeht; Eingang bei der zentralen Behörde reicht nicht.[6]

Bei Überschreitung der vorgenannten Jahresfrist ist weitere Voraussetzung, dass das Kind sich nicht inzwischen im »Zufluchtsstaat« eingelebt hat (Art. 12 Abs. 2). **Einleben** bedeutet volle Integration in die neue Umgebung, d.h. in das neue familiäre, soziale und ggf. kulturelle Umfeld.[7] Die Prüfung dieser weiteren Voraussetzung ist – entgegen der missverständlichen Formulierung in Abs. 2: »sofern nicht erwiesen ist« – im Interesse des Kindeswohls amtswegig durchzuführen.

Art. 13 HaagKindEnfÜbk

(1) Ungeachtet des Artikels 12 ist das Gericht oder die Verwaltungsbehörde des ersuchten Staates nicht verpflichtet, die Rückgabe des Kindes anzuordnen, wenn die Person, Behörde oder sonstige Stelle, die sich der Rückgabe des Kindes widersetzt, nachweist,

a) dass die Person, Behörde oder sonstige Stelle, der die Sorge für die Person des Kindes zustand, das Sorgerecht zur Zeit des Verbringens oder Zurückhaltens tatsächlich nicht ausgeübt, dem Verbringen oder Zurückhalten zugestimmt oder dieses nachträglich genehmigt hat oder

b) dass die Rückgabe mit der schwerwiegenden Gefahr eines körperlichen oder seelischen Schadens für das Kind verbunden ist oder das Kind auf andere Weise in eine unzumutbare Lage bringt.

Das Gericht oder die Verwaltungsbehörde kann es ferner ablehnen, die Rückgabe des Kindes anzuordnen, wenn festgestellt wird, dass sich das Kind der Rückgabe widersetzt und dass es ein Alter und eine Reife erreicht hat, angesichts deren es angebracht erscheint, seine Meinung zu berücksichtigen.

---

3 EGMR Große Kammer 6.7.2010 – Beschwerde Nr. 41615/07: Neulinger und Shuruk./. Schweiz, [2011] 1 FLR 122 (International Child Abduction Database [INCADAT] HC/E/1323]). Siehe auch EGMR 13.12.2011 – Nr. 27853/09 : X. v. Latvia, FamRZ 2012, 692 Anm. *Henrich*.

4 Zur Auswirkung auf die Anwendung der Brüssel IIa-VO s. EuGH 5.10.2010 – C-400/10 PPU (J.McB./.L.E.), FamRZ 2011, 272 (LS) = ZEuP 2011, 901 Anm. *Pirrung*.

5 BVerfGE 99, 145 = FamRZ 1999, 85; NJW 1999, 3621; BVerfG FamRZ 2005, 1657; *Völker* FamRZ 2010, 157 (162 ff.).

6 OLG Bamberg FamRZ 1995, 305; OLG Hamm FamRZ 1998, 385.

7 OLG Düsseldorf FamRZ 1999, 113.

Bei Würdigung der in diesem Artikel genannten Umstände hat das Gericht oder die Verwaltungsbehörde die Auskünfte über die soziale Lage des Kindes zu berücksichtigen, die von der zentralen Behörde oder einer anderen zuständigen Behörde des Staates des gewöhnlichen Aufenthalts des Kindes erteilt worden sind.

23 Die Norm enthält – neben der ordre public Klausel in Art. 20 HKiEntÜ – die nur in besonderen Fällen in Betracht kommende Rechtsgrundlage zum Ausschluss der nach Art. 12 HKiEntÜ im Regelfall ohne nähere Prüfung des Kindeswohls anzuordnenden sofortigen Rückführung. Insoweit besteht ein Entscheidungsspielraum.[1] Die **Ablehnung der Rückgabe ist jedoch Ausnahme** und nur beim Vorliegen **ungewöhnlich schwer wiegender Beeinträchtigung des Kindeswohls**, die sich als besonders erheblich, konkret und aktuell darstellen, gerechtfertigt.[2] Als Ausnahmeklausel ist Art. 13 restriktiv auszulegen.[3] Die Zwecke des Übereinkommens, die Lebensbedingungen für das Kind zu verstetigen, eine sachnahe Sorgerechtsentscheidung am ursprünglichen Aufenthaltsort sicher zu stellen und Kindesentführungen allgemein entgegenzuwirken, machen die Anordnung der sofortigen Rückführung grds. zumutbar. Deswegen **reicht nicht schon jede Härte zur Anwendung der Ausnahmeklausel.**[4] **Härten für den entführenden Elternteil** begründen i.d.R. keinen relevanten Nachteil;[5] die mit der Trennung von dem entführenden Elternteil verbundenen Beeinträchtigungen des Kindeswohls können meist dadurch vermieden werden, dass der entführende Elternteil gemeinsam mit dem Kind zurückkehrt. Führt die Rückkehr für den entführenden Elternteil zu staatlichen Sanktionen, sind diese als Folge der rechtswidrigen Entführung hinzunehmen.[6] Dies gilt grds. auch bei drohender Strafverfolgung.[7]

Bei der Prüfung, ob ein Ausnahmetatbestand vorliegt, darf **nicht** – wie sonst bei Entscheidungen über das Sorgerecht – Maßstab sein, welcher Elternteil zur Betreuung und Erziehung **besser geeignet ist**; Sorgerechtskriterien können für eine ausnahmsweise Versagung der Rückführung keine Rolle spielen.[8] Die Sorgerechtsentscheidung ist den dafür nach Art. 16 HKiEntÜ zuständigen Gerichten des »Herkunftsstaats« vorbehalten.

24 **Einzelne Versagungsgründe** werden in Art. 13 Abs. 1 und 2 genannt. Ein **tatsächliches Nichtausüben** des Sorgerechts durch den widersprechenden Sorgeinhaber zum Zeitpunkt der Entführung (Abs. 1 Buchst. a 1. Alt.) lässt bereits die Widerrechtlichkeit des Verbringens oder Zurückbehaltens entfallen – s.o. Rdn. 10. Die Erwähnung dieses schon in Art. 3 Abs. 1 Buchst. a HKiEntÜ normierten Gegentatbestands in Art. 13 zeigt, dass die tatsächliche Ausübung vermutet wird und das Gegenteil erwiesen sein muss.

25 Die **Zustimmung oder nachträgliche Genehmigung** der Entführung durch den Sorgeinhaber (Abs. 1 Buchst. a Alt. 2) beseitigt die Widerrechtlichkeit der Entführung ebenfalls. Ein danach in der Geltendmachung der Rückführung zu sehender Widerruf ist unbeachtlich. Die Zustimmung kann konkludent erfolgen.[9]

26 Eine **schwerwiegende Gefahr körperlicher oder seelischer Schäden** für das Kind oder Verbringen in eine unzumutbare Lage (Abs. 1 Buchst. b) ist ein weiterer Versagungsgrund. Hier kommt vor

---

1 Staudinger/*Pirrung* Vorbem. Art. 19 EGBGB Rn. D 75.
2 BVerfG FamRZ 1999, 631 (632); OLG Hamm FamRZ 2005, 1702; Überblick bei *Völker* FamRZ 2010, 157 (161 ff.).
3 OLG Frankfurt/M FamRZ 1996, 689; OLG Hamm FamRZ 1999, 948 und FamRZ 2000, 370.
4 BVerfG FamRZ 1999, 85; FamRZ 1999, 641 (642).
5 *Finger* JR 2009, 441 (445).
6 BVerfG FamRZ 1999, 85; FamRZ 1999, 641 (642); *Völker* FamRZ 2010, 157 (161); zur Abgabe eines »undertaking« nach common law durch den entführenden Elternteil als Ablehnungsgrund *Mäsch* FamRZ 2002, 1069.
7 Nachw. bei *Völker* FamRZ 2010, 157 (161).
8 OLG Bamberg FamRZ 2000, 372; OLG Hamm FamRZ 2000, 370.
9 OLG Zweibrücken FamRZ 2010, 913.

allem in Betracht, dass das Kind nach der Rückführung misshandelt oder missbraucht oder unter völlig unzureichender Ernährung oder dem Fehlen dringend notwendiger medizinischer Behandlung leiden wird. Auch die Rückkehr in ein Kriegsgebiet muss in aller Regel als ungewöhnlich schwer wiegende Gefährdung angesehen werden. Gleiches gilt bei schwerer Suchtmittelabhängigkeit des antragstellenden Elternteils.[10] Die Gefahr einer solchen ungewöhnlich schwer wiegenden Beeinträchtigung des Kindeswohls muss konkret und aktuell sein. Ihre Annahme muss durch Tatsachen begründet sein, bloße Befürchtungen reichen nicht. Nicht ausreichend ist, das Kind vor den in einem Vertragsstaat allgemein herrschenden Lebensbedingungen (Luftverschmutzung o.ä.) bewahren zu wollen.[11]

Fraglich ist, inwieweit die Trennung eines Kleinkinds von der Mutter als schwer wiegender Härtegrund anzusehen ist. Bei einem Säugling ist dies in aller Regel anzunehmen. Bei einem 16-Monate alten Kind muss mehr hinzukommen, etwa die Drohung des Vaters, das Kind von der Mutter zu trennen, wenn sie mit dem Kind zurückkehrt.[12] Bei einem bald drei Jahre alten Kind wurde teilweise die schwer wiegende Gefährdung verneint,[13] teilweise aber auch bejaht.[14]

Die Verweigerungsgründe werden durch die Brüssel IIa-VO weiter eingeschränkt. Nach Art. 11 **27** Abs. 4 Brüssel IIa VO kann ein Gericht die Rückgabe eines Kindes aufgrund von Art. 13 Buchst. b HKiEntÜ nicht verweigern, wenn nachgewiesen ist, dass **angemessene Vorkehrungen** getroffen wurden, um den Schutz des Kindes nach seiner Rückkehr zu gewährleisten. Hierzu gehören sog. **undertakings.** Dies sind Zusagen, die eine Partei dem Gericht macht, um dem Gericht und/oder dem Antragsgegner ein Entgegenkommen zu ermöglichen. Dazu kann etwa die Zusage der Gewährung einer Wohnung, von Unterhalt oder die Rücknahme eines Strafantrages gehören.[15] In Betracht kommen auch sog. **safe harbour orders** (Aussetzung strafprozessualer Maßnahmen, Aufhebung von Haftbefehlen) sowie sog. **mirror orders**, d.h. spiegelbildlichen Entscheidungen im Staat des bisherigen gewöhnlichen Aufenthalts.[16]

Bei einem **Widersetzen des Kindes** bei hinreichendem Alter und hinreichender Reife kann die **28** Rückgabe verweigert werden (Abs. 2). Nicht jede vom betroffenen Kind geäußerte Ablehnung der Rückkehr steht dieser entgegen. Auch hier ist restriktive Auslegung geboten, um nicht die Ziele des Übereinkommens zu konterkarieren. Die Vorschrift gibt dem Kind weder das Recht noch die Pflicht zur Wahl zwischen den Eltern; der Erfolg einer Entführung kann nicht allein vom Kindeswillen abhängen.[17] Deshalb schreibt die Norm als Zusatzvoraussetzung vor, dass das **Kind hinreichend alt und reif** sein muss, damit seine Ablehnung berücksichtigt werden kann. In einer Gesamtschau sind daher zu würdigen das Alter und die Reife des Kindes, seine Fähigkeit, die Tragweite seiner Entscheidung zu erkennen, und eine mögliche Beeinflussung durch den entführenden Elternteil. Als Regel dürfte davon auszugehen sein, dass bei Kindern unter 8 bis 10 Jahren noch nicht von der notwendigen Reife ausgegangen werden kann.[18] Eine starre Altersgrenze ist der Vorschrift allerdings nicht zu entnehmen.[19]

---

10 OLG Hamm FamRZ 2000, 948 (949).
11 OLG Rostock NJW-RR 2001, 1448 (1449).
12 OLG München FamRZ 1998, 386.
13 OLG Bamberg FamRZ 2000, 371.
14 Wenig überzeugend OLG Rostock NJW-RR 2001, 1448 (1449).
15 *Völker* FamRZ 2010, 157, 159.
16 *Völker* FamRZ 2010, 157, 159.
17 So mit Recht *Weitzel* DAVorm 2000, 1059 (1064 f.); OLG Dresden FamRZ 2002, 1136.
18 Vgl. OLG Frankfurt/M FamRZ 1996, 689 (691); OLG Hamm FamRZ 1999, 948; OLG Düsseldorf FamRZ 1999, 949; OLG München DAVorm 2000, 1157 (1159); OLG Karlsruhe FuR 2006, 222; OLG Nürnberg FamRZ 2007, 1588; AG Hamm FamRZ 2011, 1257 (Entgenstehender Wille von fast Zwölfjähriger beachtlich); Palandt/*Thorn* Anh. zu EGBGB Art. 24 Rn. 79; *Weitzel* DAVorm 2000, 1060 (1064).
19 BVerfG FamRZ 1999, 1053.

Art. 15 HaagKindEnfÜbk

Bevor die Gerichte oder Verwaltungsbehörden eines Vertragsstaats die Rückgabe des Kindes anordnen, können sie vom Antragsteller die Vorlage einer Entscheidung oder sonstigen Bescheinigung der Behörden des Staates des gewöhnlichen Aufenthalts des Kindes verlangen, aus der hervorgeht, dass das Verbringen oder Zurückhalten widerrechtlich im Sinn des Artikels 3 war, sofern in dem betreffenden Staat eine derartige Entscheidung oder Bescheinigung erwirkt werden kann. Die zentralen Behörden der Vertragsstaaten haben den Antragsteller beim Erwirken einer derartigen Entscheidung oder Bescheinigung soweit wie möglich zu unterstützen.

29 Voraussetzung für die Rückgabeentscheidung ist die Feststellung, dass ein widerrechtliches Verbringen oder Zurückhalten vorliegt. Dies muss zur Überzeugung des für den Erlass der Rückführungsanordnung zuständigen Gerichts im Zufluchtsstaat feststehen. Die die Widerrechtlichkeit ergebenden Umstände haben sich jedoch im Herkunftsstaat ereignet. Von daher ist deren Feststellung durch das Gericht des Zufluchtsstaats u.U. nicht unproblematisch. Zur Vereinfachung des Verfahrens und zur Vermeidung ggf. zeitraubender Ermittlungen ermöglicht die Vorschrift die **Feststellung und Bescheinigung der Widerrechtlichkeit durch das sachnähere Gericht im Herkunftsstaat.**[1] Eine solche Bescheinigung ist dann Entscheidungsgrundlage für das Gericht des Zufluchtsstaats, welches die darin enthaltene Feststellung ohne weitere Sachprüfung übernehmen kann.[2] Unklar ist, inwieweit das Gericht des Zufluchtsstaats an die Widerrechtlichkeitsbescheinigung gebunden ist.[3] Eine förmliche Bindungswirkung besteht nicht.[4] Jedenfalls ohne konkrete Anhaltspunkte für deren Unrichtigkeit ist die Bescheinigung dem Verfahren aber ohne weitere Prüfung zugrunde zu legen.

30 Für die **Erteilung der Widerrechtlichkeitsbescheinigung** in Deutschland ist gem. § 41 IntFamRVG das mit der Ehesache befasste Familiengericht zuständig, sonst das Familiengericht, in dessen Bezirk das Kind seinen letzten gewöhnlichen Aufenthalt hatte, hilfsweise in dessen Bezirk das Bedürfnis der Fürsorge auftritt. Hier gilt also nicht die Zuständigkeitskonzentration wie für die Rückgabeentscheidung.[5] Die Entscheidung ist zu begründen.

Art. 16 HaagKindEnfÜbk

Ist den Gerichten oder Verwaltungsbehörden des Vertragsstaats, in den das Kind verbracht oder in dem es zurückgehalten wurde, das widerrechtliche Verbringen oder Zurückhalten des Kindes im Sinn des Artikels 3 mitgeteilt worden, so dürfen sie eine Sachentscheidung über das Sorgerecht erst treffen, wenn entschieden ist, dass das Kind auf Grund dieses Übereinkommens nicht zurückzugeben ist, oder wenn innerhalb angemessener Frist nach der Mitteilung kein Antrag nach dem Übereinkommen gestellt wird.

31 Die Vorschrift ist einer der Eckpunkte des HKiEntÜ für die Behandlung von Kindesentführungsfällen. Sie **hindert die Gerichte des Zufluchtsstaats an einer Sachentscheidung über das Sorgerecht** und belässt die Befugnis dazu bei den Gerichten des Herkunftsstaats. Damit soll sichergestellt werden, dass der in der Entführung liegende Rechtsbruch nicht durch ein im Zufluchtsstaat

---

1 Näher zur Bescheinigung *Pietsch* FamRZ 2009, 1730 ff.
2 OLG Hamm FamRZ 2000, 370.
3 S. OLG Hamm FamRZ 2000, 370 m.w.N.
4 OLG Stuttgart FamRZ 2001, 645.– Anders KG FamRZ 1997, 1098; OLG Hamm FamRZ 2000, 370 (regelmäßige Bindung).
5 S.o. Rdn. 17.

betriebenes Verfahren zum Sorgerecht und die dabei evtl. erfolgende Sorgerechtsänderung nachträglich legitimiert wird. Der Zweck des Übereinkommens, die sofortige Rückführung des Kindes zu gewährleisten, könnte durch ein solches Verfahren ausgehebelt werden, was vermieden werden soll.

Die **Sperrwirkung** des Art. 16 gilt nicht nur für Verfahren, die das Sorgerecht insgesamt zum Gegenstand haben, sondern auch für solche, bei denen es nur um das Aufenthaltsbestimmungsrecht geht.[1] Sie bedeutet, dass ausschließlich die Gerichte des Herkunftsstaats als die am Ort des gewöhnlichen Aufenthalts des Kindes sachnäheren Institutionen für ein Sorgeverfahren international zuständig sind. Für die Gerichte des Zufluchtsstaats stellt dies ein absolutes Verfahrens- und Entscheidungsverbot dar. Laufende Sorgerechtsverfahren sind auszusetzen, neue Sorgerechtsanträge sind unzulässig.[2]

Voraussetzung für die Sperre ist, dass das widerrechtliche Verbringen oder Zurückhalten des Kindes den Gerichten oder Behörden des Zufluchtsstaats förmlich mitgeteilt worden ist. Wird innerhalb einer angemessenen Frist nach der Mitteilung kein Rückführungsantrag gestellt, entfällt die Sperrwirkung. Die Frist dürfte auf keinen Fall mit weniger als drei Monaten als angemessen anzusetzen sein.

Die **Dauer der Sperre** reicht nach dem Wortlaut der Vorschrift bis zur Ablehnung des Rückführungsantrags. Nicht klar geregelt ist, wann die Sperre bei stattgebender Entscheidung endet. Nach dem Sinn des Übereinkommens dauert sie jedenfalls so lange, wie der Antragsteller deren Vollzug nachdrücklich betreibt und die Verzögerung der Rückgabe im Wesentlichen auf verzögerte Bearbeitung durch die Vollstreckungsorgane oder auf Versuchen des Entführers beruht, die Vollstreckung zu vereiteln.[3]   32

Im Verhältnis der Mitgliedstaaten der **VO (EG) Nr. 2201/2003** gilt als lex specialis **Art. 10 der VO.** Die Norm weicht inhaltlich zum Teil von Art. 16 HKiEntÜ ab, entspricht jedoch dem in Art. 16 HKiEntÜ enthaltenen Grundsatz, dass den Gerichten des Zufluchtsstaats die internationale Zuständigkeit für eine Sachentscheidung über das Sorgerecht entzogen wird und den Gerichten des Herkunftsstaats belassen bleibt. Art. 10 der VO normiert indes die Ausnahmen zu diesem Grundsatz detaillierter und macht eine förmliche Mitteilung des widerrechtlichen Verbringens oder Zurückhaltens entbehrlich.

Art. 17   HaagKindEnfÜbk

Der Umstand, dass eine Entscheidung über das Sorgerecht im ersuchten Staat ergangen oder dort anerkennbar ist, stellt für sich genommen keinen Grund dar, die Rückgabe eines Kindes nach Maßgabe dieses Übereinkommens abzulehnen; die Gerichte oder Verwaltungsbehörden des ersuchten Staates können jedoch bei der Anwendung des Übereinkommens die Entscheidungsgründe berücksichtigen.

Im Zufluchtsstaat, dessen Gerichte nach Art. 12 HKiEntÜ die Rückgabe anzuordnen haben, kann   33
u.U. eine Sorgerechtsentscheidung ergangen oder, wenn in einem Drittstaat ergangen, anzuerkennen sein, welche das Sorgerecht anders regelt als der Herkunftsstaat. Die Annahme eines Entführungsfalls i.S.v. Art. 3 HKiEntÜ könnte dann anders zu beurteilen sein als nach dem Recht des Herkunftsstaats. Diese Kollision löst Art. 17 dahingehend, dass **für die Widerrechtlichkeit der Entführung nur das Recht des Herkunftsstaats maßgeblich** ist. Jedoch können die Entschei-

---

1 OLG Hamm FamRZ 2000, 373.
2 *Weitzel* DAVorm 2000, 1060 (1065) m.w.N.
3 BGH FamRZ 2000, 1502 = FuR 2001, 139; OLG Stuttgart FamRZ 2000, 374.

dungsgründe der anderweitigen Sorgerechtsregelung bei der Prüfung der Versagungsgründe nach Art. 13, 20 HKiEntÜ berücksichtigt werden.

Art. 19   HaagKindEnfÜbk

Eine auf Grund dieses Übereinkommens getroffene Entscheidung über die Rückgabe des Kindes ist nicht als Entscheidung über das Sorgerecht anzusehen.

34   Die nach Art. 12 HKiEntÜ getroffene Rückgabeentscheidung hat zum Verfahrensgegenstand lediglich die Verpflichtung zur sofortigen Rückführung. Schon wegen der fehlenden internationalen Zuständigkeit des »Zufluchtsstaats« zur Sorgerechtsregelung (s. Art. 16 HKiEntÜ) enthält sie keinen Ausspruch über das Sorgerecht.

Art. 20   HaagKindEnfÜbk

Die Rückgabe des Kindes nach Artikel 12 kann abgelehnt werden, wenn sie nach den im ersuchten Staat geltenden Grundwerten über den Schutz der Menschenrechte und Grundfreiheiten unzulässig ist.

35   Neben Art. 12 Abs. 2 und 13 HKiEntÜ ist Art. 20 die einzige Rechtsgrundlage zur Ablehnung eines Rückführungsantrags, wenn die Voraussetzungen zur Anordnung der Rückgabe nach Art. 12 Abs. 1 vorliegen und nicht bereits Art. 12 Abs. 2 und 13 der Rückgabeentscheidung entgegenstehen. Letzteres zeigt, dass der Regelungsbereich des Art. 20 nichts mit der Frage zu befürchtender körperlicher oder seelischer Schäden oder der sonstigen in Art. 12 Abs. 2, 13 geregelten Versagungsgründe zu tun hat. Hier kann nur ein anderer Sachverhalt relevant sein, welcher die **Rückgabeanordnung als mit den innerstaatlichen Grundfreiheiten und dem Schutz der Menschenrechte aus innerstaatlicher Sicht unvereinbar** erscheinen lässt.

Dazu sind nur wenige, besonders gelagerte Ausnahmefälle denkbar. Die Verletzung von Art. 6 Abs. 2, 11, 16 Abs. 2, 103 Abs. 1 GG kommt bei zutreffender Anwendung der Bestimmungen des HKiEntÜ grds. nicht in Betracht.[1] Zu denken wäre etwa an den Fall eines nach Deutschland entführten 12-jährigen Mädchens, bezüglich dessen bei Rückführung mit dem Zwang zur vorzeitigen Verheiratung oder Totalverschleierung gerechnet werden muss, dem das Kind neutral ggü. steht. Soweit hier Art. 13 Abs. 1 Buchst. b HKiEntÜ nicht greifen sollte, könnte Unvereinbarkeit mit Art. 1 Abs. 1, Art. 2, Art. 3 Abs. 2 GG vorliegen – jedoch dürfte ein solcher Fall kaum praxisrelevant sein, da die (radikal-) islamischen Länder keine Vertragsstaaten sind. Die Bedeutung der Vorschrift für die Praxis ist gering.

Kapitel IV   Recht zum persönlichen Umgang

Art. 21   HaagKindEnfÜbk

Der Antrag auf Durchführung oder wirksame Ausübung des Rechts zum persönlichen Umgang kann in derselben Weise an die zentrale Behörde eines Vertragsstaats gerichtet werden wie ein Antrag auf Rückgabe des Kindes.

Die zentralen Behörden haben auf Grund der in Artikel 7 genannten Verpflichtung zur Zusammenarbeit die ungestörte Ausübung des Rechts zum persönlichen Umgang sowie die Erfüllung

---

1   BVerfG NJW 1996, 3145. – Näher *Völker* FamRZ 2010, 157 (160 ff.).

aller Bedingungen zu fördern, denen die Ausübung dieses Rechts unterliegt. Die zentralen Behörden unternehmen Schritte, um soweit wie möglich alle Hindernisse auszuräumen, die der Ausübung dieses Rechts entgegenstehen.

Die zentralen Behörden können unmittelbar oder mit Hilfe anderer die Einleitung eines Verfahrens vorbereiten oder unterstützen mit dem Ziel, das Recht zum persönlichen Umgang durchzuführen oder zu schützen und zu gewährleisten, dass die Bedingungen, von denen die Ausübung dieses Rechts abhängen kann, beachtet werden.

Ziel des HKiEntÜ ist neben der Rückführung entführter Kinder (Art. 1 Buchst. a) und der Beachtung des in einem Vertragsstaat stehenden Sorgerechts (Art. 1 Buchst. b 1. Alt.) auch die **Gewährleistung, dass das in einem Vertragsstaat bestehende Umgangsrecht auch in den anderen Vertragsstaaten beachtet wird** (Art. 1 Buchst. b Alt. 2). Die Konkretisierung dieser Gewährleistung findet sich in Art. 21. Sie hat zwei Aspekte: die »Durchführung«, d.h. Begründung durch erstmaligen oder abändernden Erlass einer Umgangsregelung, wie auch die »wirksame Ausübung«, d.h. Durchsetzung einer bestehenden Umgangsregelung.   36

Für den erstmaligen oder abändernden **Erlass einer Umgangsregelung** stellt Art. 21 die Möglichkeit (»kann«) zur Verfügung, die Verfahrensregelungen des HKiEntÜ (Art. 7, 8 ff.), insb. die Einschaltung der zentralen Behörden, zu nutzen. Die **internationale Zuständigkeit** zur Entscheidung über die Umgangsregelung ist der Norm allerdings nicht zu entnehmen. Nach einer Ansicht ergibt sich die Zuständigkeit mittelbar aus Art. 21 HKiEntÜ,[1] nach a.A. aus Art. 8 ff. VO (EG) Nr. 2201/2003, im Verhältnis zur Schweiz und zur Türkei aus Art. 1 MSA.[2] Der erstgenannten Ansicht nach wären sowohl die Gerichte des gewöhnlichen Aufenthalts des Kindes als auch diejenigen am Aufenthalt des Antragstellers zuständig, der zweiten Ansicht nach grds. nur die Gerichte am gewöhnlichen Aufenthalt des Kindes. Nur letzteres kann richtig sein, da Art. 21 HKiEntÜ keine Regelung zur gerichtlichen Zuständigkeit enthält, lediglich die Inanspruchnahme der zentralen Behörden und das Verfahren nach dem HKiEntÜ sicherstellen soll, um dem in einem anderen Vertragsstaat als dem Aufenthaltsstaat des Kindes lebenden Antragsteller das Verfahren zu erleichtern, und nicht auf Entführungsfälle beschränkt ist. Eine solchermaßen zur gerichtlichen Zuständigkeit schweigende Vorschrift kann die eindeutige Regelung der VO (EG) Nr. 2201/2003 nicht verdrängen.   37

Die Bestimmung des auf die Umgangsregelung **anzuwendenden materiellen Rechts** ist in Art. 21 HKiEntÜ nicht geregelt. Eine entsprechende Anwendung von Art. 3 Buchst. a HKiEntÜ[3] führt zur Gesamtverweisung auf die Rechtsordnung des gewöhnlichen Aufenthalts des Kindes. Für in Deutschland lebende Kinder bedeutet dies die kollisionsrechtliche Prüfung nach Art. 21 EGBGB bzw. des KSÜ (s. dazu Art. 21 EGBGB Rdn. 4a).   38

Zur **Durchsetzung eines bereits geregelten Umgangsrechts** stellt Art. 21 das Instrumentarium des HKiEntÜ zur Verfügung. Der Antragsteller ist jedoch nicht darauf angewiesen, dieses zu nutzen; Art. 21 enthält keine ausschließliche Regelung zur internationalen Durchsetzung des Umgangs. Die Möglichkeit der Anerkennung und Vollstreckung einer in einem anderen Staat ergangenen Umgangsentscheidung im Aufenthaltsstaat des Kindes auf der Grundlage der dort sonst geltenden Rechtsnormen zur Anerkennung[4] bleibt als Alternative unbenommen.[5]   39

---

1 OLG Bamberg FamRZ 1999, 951.
2 Vgl. Palandt/*Thorn* Anh. zu EGBGB Art. 24 Rn. 87.
3 So Palandt/*Thorn* Anh. zu EGBGB Art. 24 Rn. 87; Staudinger/*Pirrung* Vorbem. Art. 19 EGBGB Rn. D 88.
4 In Deutschland je nach Anwendbarkeit Art. 21 ff. VO (EG) Nr. 2201/2003, Art. 7 ff. ESÜ oder § 109 Abs. 1 FamFG (s. dazu Art. 21 EGBGB Rdn. 20 ff.).
5 OLG Bamberg FamRZ 1999, 951.

Soweit von Art. 21 HKiEntÜ Gebrauch gemacht wird, kann die Durchsetzung der Umgangsregelung wie ein Anspruch auf Rückführung geltend gemacht werden. Die Art. 7, 8 ff. HKiEntÜ sind entsprechend anzuwenden. Für die gerichtliche Zuständigkeit in Deutschland gelten nach §§ 10 ff. IntFamRVG dieselben Regelungen wie für das Rückführungsverfahren, insb. auch die Zuständigkeitskonzentration (s.o. Rdn. 17 ff. – mit Ausnahme der internationalen Zuständigkeit).

Formulare für den Antrag auf Durchführung des Rechts zum persönlichen Umgang sind beim Bundesamt für Justiz zu beziehen.

Art. 29   HaagKindEnfÜbk

Dieses Übereinkommen hindert Personen, Behörden oder sonstige Stellen, die eine Verletzung des Sorgerechts oder des Rechts zum persönlichen Umgang im Sinn des Artikels 3 oder 21 geltend machen, nicht daran, sich unmittelbar an die Gerichte oder Verwaltungsbehörden eines Vertragsstaats zu wenden, gleichviel ob dies in Anwendung des Übereinkommens oder unabhängig davon erfolgt.

40   Der die Rückgabe oder das Umgangsrecht geltend machende Antragsteller ist nicht zwingend darauf verwiesen, das Instrumentarium des HKiEntÜ in Anspruch zu nehmen. Unbenommen bleibt die Möglichkeit, selbst in den Zufluchtsstaat nachzueilen und dort nach dessen innerstaatlichem Verfahrens- und Sachrecht das Rückführungs-/Umgangsbegehren zu betreiben. Dies ist dann zu empfehlen, wenn auf diesem Wege Zeit gewonnen und dadurch das Entstehen von Ausschlussgründen nach Art. 12 Abs. 2, 13 Abs. 2 HKiEntÜ verhindert werden kann.

Art. 34   HaagKindEnfÜbk

Dieses Übereinkommen geht im Rahmen seines sachlichen Anwendungsbereichs dem Übereinkommen vom 5. Oktober 1961 über die Zuständigkeit der Behörden und das anzuwendende Recht auf dem Gebiet des Schutzes von Minderjährigen vor, soweit die Staaten Vertragsparteien beider Übereinkommen sind. Im übrigen beschränkt dieses Übereinkommen weder die Anwendung anderer internationaler Übereinkünfte, die zwischen dem Ursprungsstaat und dem ersuchten Staat in Kraft sind, noch die Anwendung des nichtvertraglichen Rechts des ersuchten Staates, wenn dadurch die Rückgabe eines widerrechtlich verbrachten oder zurückgehaltenen Kindes erwirkt oder die Durchführung des Rechts zum persönlichen Umgang bezweckt werden soll.

41   Das (inzwischen durch das KSÜ ersetzte) **MSA**[1] wird durch das HKiEntÜ verdrängt (Art. 34 Satz 1). Zum partiellen **Vorrang der VO (EG) Nr. 2201/2003** s.o. Rdn. 3. Das **ESÜ**[2] wird nicht verdrängt (Art. 34 Satz 2), es konkurriert mit dem HKiEntÜ. Der Antragsteller hat die Wahl, eine Rückführungsanordnung oder Umgangsdurchsetzung im Wege des HKiEntÜ oder des ESÜ zu betreiben. Wegen der zum Teil engeren Voraussetzungen des ESÜ dürfte i.d.R. das HKiEntÜ vorzuziehen sein; dem entspricht die verfahrensrechtliche Vermutung in § 37 IntFamRVG, wonach ein Rückgabeersuchen im Zweifel nach dem HKiEntÜ zu behandeln ist.[3]

---

1   Anh. 1 zu Art. 21 EGBGB.
2   Art. 21 EGBGB Rdn. 24 ff.
3   *Finger* JR 2009, 441 (446).

Art. 22 EGBGB Annahme als Kind

(1) [1]Die Annahme als Kind unterliegt dem Recht des Staates, dem der Annehmende bei der Annahme angehört. [2]Die Annahme durch einen oder beide Ehegatten unterliegt dem Recht, das nach Artikel 14 Abs. 1 für die allgemeinen Wirkungen der Ehe maßgebend ist.

(2) Die Folgen der Annahme in Bezug auf das Verwandtschaftsverhältnis zwischen dem Kind und dem Annehmenden sowie den Personen, zu denen das Kind in einem familienrechtlichen Verhältnis steht, unterliegen dem nach Absatz 1 anzuwendenden Recht.

(3) [1]In Ansehung der Rechtsnachfolge von Todes wegen nach dem Annehmenden, dessen Ehegatten oder Verwandten steht der Angenommene ungeachtet des nach den Absätzen 1 und 2 anzuwendenden Rechts einem nach den deutschen Sachvorschriften angenommenen Kind gleich, wenn der Erblasser dies in der Form einer Verfügung von Todes wegen angeordnet hat und die Rechtsnachfolge deutschem Recht unterliegt. [2]Satz 1 gilt entsprechend, wenn die Annahme auf einer ausländischen Entscheidung beruht. [3]Die Sätze 1 und 2 finden keine Anwendung, wenn der Angenommene im Zeitpunkt der Annahme das achtzehnte Lebensjahr vollendet hatte.

A. Geltungsbereich

Die Vorschrift regelt die Frage des auf die Durchführung einer Adoption anwendbaren materiellen Rechts Sie gilt sowohl für die Annahme Minderjähriger als auch für die Adoption Volljähriger. Umfasst werden die **Voraussetzungen** der Annahme und der **Umfang** des Annahmeverhältnisses. Die Kafala wird lediglich von Art. 3 Buchst. e KSÜ (Art. 21 EGBGB Anh. 2) erfasst.[1] 1

Auch die **Wirkungen** der Annahme richten sich nach dem Adoptionsstatut (Art. 22 **Abs. 2** EGBGB). Im **Erbrecht** gilt indes nach Art. 22 Abs. 3 EGBGB die Besonderheit, dass die Wirkungen einer Minderjährigenadoption hinsichtlich der Erbfolge nach dem Annehmenden, seinem Ehegatten oder einem mit ihm Verwandten auch bei fremdem Adoptionsstatut deutschem Sachrecht unterliegen, wenn der Erblasser dies von Todes wegen verfügt hat. Für den **Erwerb der deutschen Staatsangehörigkeit** (§ 6 Satz 1 StAG) genügt die Gleichwertigkeit der ausländischen Adoption.[2]

Für die **namensrechtlichen Wirkungen** gilt dies allerdings nicht, da insoweit **Art. 10 EGBGB als** 2 **spezielle Kollisionsnorm vorrangig** ist. Zur Anknüpfung des Namensstatuts ist nach Art. 10 Abs. 1 EGBGB einzig auf die Staatsangehörigkeit der betreffenden Person abzustellen: Wenn die Adoption einen Staatsangehörigkeitserwerb zur Folge hat, richtet sich die Namensführung nach der neu erworbenen Staatsangehörigkeit, ansonsten ist die unverändert gebliebene Staatsangehörigkeit hierfür maßgeblich. Dies bedeutet bei einer im Inland ausgesprochenen oder hier anzuerkennenden Adoption eines Ausländers die Maßgeblichkeit des einschlägigen deutschen Sachrechts (§ 1757 BGB) nur dann, wenn der Angenommene zum Zeitpunkt des Annahmeantrags das 18. Lebensjahr noch nicht vollendet hat, da bei Annahme durch einen Deutschen gem. § 6 StAG nur dann ein automatischer Erwerb der deutschen Staatsangehörigkeit stattfindet. Ansonsten ist § 1757 BGB selbst dann nicht anwendbar, wenn im Übrigen deutsches Recht Adoptionsstatut ist.

---

1 NK/*Benicke* Art. 22 EGBGB Rn. 4.
2 Näher NK/*Benicke* Art. 22 EGBGB Rn. 32 ff.

Die Anknüpfung der Vorfrage für den familienrechtlichen Status im Rahmen der Namensfrage dürfte unselbstständig erfolgen.[3]

Die **Aufhebung einer Adoption** richtet sich nach h.M. nach dem Adoptionsstatut.[4] Maßgeblicher Zeitpunkt ist wegen der Unwandelbarkeit der Adoption das Wirksamwerden der Adoption,[5] nicht der Zeitpunkt der Aufhebung.[6]

3   Gegenüber Art. 22 EGBGB vorrangige **völkerrechtliche Vereinbarung** ist das Niederlassungsabkommen zwischen dem Deutschen Reich und dem Kaiserreich Persien vom 17.02.1929[7] – dort Art. 8 Abs. 3 –, welches im Verhältnis zum **Iran** zu beachten ist. Danach erfolgt die Anknüpfung des Adoptionsstatuts, soweit Annehmender und Angenommener iranische Staatsangehörige sind, an die gemeinsame iranische Staatsangehörigkeit.

Mit Wirkung vom 01.03.2002 ist das »Haager Übereinkommen vom 29.05.1993 über den Schutz von Kindern und die Zusammenarbeit auf dem Gebiet der internationalen Adoption« (**HIntAdÜ**) für die Bundesrepublik Deutschland in Kraft getreten[8]. Diese Übereinkunft gilt, wie sich aus Art. 3 HIntAdÜ ergibt, grds. nur für die Annahme Minderjähriger und greift nur partiell in das autonome Kollisionsrecht ein. Sie enthält kein generell vereinheitlichtes IPR zur Adoption, sondern überlässt die Bestimmung der für die Voraussetzungen der Adoption berufenen Rechtsordnung grds. dem innerstaatlichen Kollisionsrecht, verdrängt also Art. 22 EGBGB insoweit nicht. Allerdings richtet sich die Beurteilung der Adoptionsfähigkeit des Kindes und der Gültigkeit benötigter Zustimmungen nach dem Sachrecht, welches durch die Kollisionsnormen des Heimatstaats – dessen Behörden hierfür gem. Art. 4 HIntAdÜ primär verantwortlich sind – berufen wird. Das für die Prüfung der Adoptionsfähigkeit des Annehmenden maßgebliche Recht bestimmt sich hingegen nach dem Kollisionsrecht des Aufnahmestaats, dessen Behörden diese Beurteilung gem. Art. 5 HIntAdÜ obliegt. Hingegen sind **Anerkennung** und **Wirkungen** einer in einem anderen Vertragsstaat durchgeführten Adoption durch **Art. 23–27 HIntAdÜ vorrangig** geregelt,[9] s. dazu u. Rdn. 9

Daneben enthält das HIntAdÜ vereinheitlichte **Sachvorschriften** zur grenzüberschreitenden Adoptionsvermittlung, zur Zusammenarbeit der beteiligten Vertragsstaaten und zu einem abgestimmten Vorschaltverfahren, welches der Entscheidung über die Adoption vorauszugehen hat.

Ergänzend zum HIntAdÜ sind am 01.01.2002 das »Gesetz zur Ausführung des Haager Übereinkommens vom 29. Mai 1993 über den Schutz von Kindern und die Zusammenarbeit auf dem Gebiet der internationalen Adoption (Adoptionsübereinkommens-Ausführungsgesetz – AdÜbAG)«[10] und das »Gesetz über Wirkungen der Annahme als Kind nach ausländischem Recht (Adoptionswirkungsgesetz – AdWirkG)«[11] in Kraft getreten. Das **AdÜbAG** enthält Regelungen über die Zentralen Behörden, die internationale Adoptionsvermittlung und die im HIntAdÜ (Art. 23 und 27 Abs. 2) vorgesehenen Bescheinigungen über das Zustandekommen einer Adoption oder einer Umwandlungsentscheidung. Das **AdWirkG** normiert das Anerkennungs- und Wirkungsfeststellungsverfahren hinsichtlich im Ausland ergangener oder auf ausländischem Recht

---

3   BayObLG IPRax 1987, 192 (195); NK/*Benicke* Art. 22 EGBGB Rn. 26.– Anders *Henrich* IPRax 1998, 98.
4   jurisPK/*Behrentin* Rn. 57; Palandt/*Thorn* Rn. 4.
5   OLG Hamm FamRZ 1996, 435; jurisPK/*Behrentin* Rn. 57.
6   Dagegen für den Zeitpunkt der Aufhebung aus nachträglichen Gründen, NK/*Benicke* Rn. 13.
7   RGBl. 1930 II S. 1006; die Weitergeltung des Abkommens ist nach dem 2. Weltkrieg mit Wirkung vom 04.11.1954 bestätigt worden (Bek. v. 15.08.1955, BGBl. II, S. 829).
8   Zu den 87 Vertragsstaaten siehe Rdn. 10.
9   MüKoBGB/*Kinkhardt* Rn. 90.
10   BGBl. I 01, S. 2950; abgedruckt in *Finger* IntFamR 7.13 A.
11   BGBl. I 01, S. 2953; abgedruckt in *Finger* IntFamR 7.13 D.

beruhender Adoptionsentscheidungen. Es gilt nur für Minderjährigenadoptionen, ist aber nicht auf in einem Vertragsstaat des HIntAdÜ durchgeführte Adoptionen beschränkt.[12]

B. Anknüpfung

Zur Anknüpfung ist **auf die Person des/der Annehmenden abzustellen**, das Personalstatut sowie   4
der Aufenthalt des Angenommenen sind ohne Bedeutung. Hierbei kommt es **unwandelbar** auf
den **Zeitpunkt der Adoption** an.

Abs. 1 Satz 1 und Satz 2 der Norm regeln die Anknüpfung unterschiedlich für verheiratete und   5
für unverheiratete Annehmende; sie schließen sich gegenseitig aus Ist der **Annehmende unverheiratet (Satz 1)**, ist einzig an seine Staatsangehörigkeit[13] anzuknüpfen. Dabei sind die Besonderheiten zu beachten, welche sich für Staatenlose, Flüchtlinge, anerkannte Asylberechtigte, Volksdeutsche, Aussiedler und Spätaussiedler ergeben.[14] Besitzt der Annehmende mehrere Staatsangehörigkeiten, ist die Vorrangregelung des Art. 5 Abs. 1 Satz 1 und 2 EGBGB zu beachten.

Bei **Annahme durch Ehegatten (Satz 2)** erfolgt die Anknüpfung über das gesetzliche Ehewir-   6
kungsstatut des Art. 14 Abs. 1 EGBGB als Anknüpfungsinstrument. Diese Vorschrift ist dabei so
zu lesen, dass sie unwandelbar auf den Zeitpunkt der Adoption bezogen wird. Eine Anwendung
des Satz 2 auf die gemeinsame Adoption durch registrierte Lebenspartner wird im Hinblick auf
Art. 17 Abs. 4 EGBGB (noch) abgelehnt.[15]

Art. 22 Abs. 1 Satz 2 i.V.m. Art. 14 Abs. 1 **Nr. 1 1. Alt.** EGBGB ist maßgebend, wenn bei der
Annahme beide Ehegatten **dieselbe Staatsangehörigkeit** besitzen. Haben die Ehegatten eine
gemeinsame Staatsangehörigkeit, besitzt jedoch einer von ihnen (oder beide) eine weitere Staatsangehörigkeit, ist die Vorrangregelung des Art. 5 Abs. 1 Satz 1 und 2 EGBGB zu beachten.

Art. 22 Abs. 1 Satz 2 i.V.m. Art. 14 Abs. 1 **Nr. 1 Alt. 2** EGBGB knüpft an die **letzte gemeinsame
Staatsangehörigkeit** an, falls einer der Ehegatten diese noch besitzt. Die 2. Alt. ist subsidiär zur 1.
Alt. Primär ist an eine bestehende gemeinsame Staatsangehörigkeit anzuknüpfen; nur wenn eine
solche fehlt, ist zu prüfen, ob ein Ehegatte noch eine frühere gemeinsame Staatsangehörigkeit
besitzt.[16]

Art. 22 Abs. 1 Satz 2 i.V.m. Art. 14 Abs. 1 **Nr. 2** EGBGB enthält als Anknüpfungspunkt den
gemeinsamen gewöhnlichen Aufenthalt der Ehegatten. Alternativen dabei sind – vorrangig – der
bei Annahme noch aktuelle gemeinsame gewöhnliche Aufenthalt und – nachrangig – der **letzte
gemeinsame gewöhnliche Aufenthalt**. »Gemeinsamer« gewöhnlicher Aufenthalt in einem Staat ist
auch dann gegeben, wenn die Ehegatten an verschiedenen Orten, jedoch im selben Staat getrennt
leben. Zum Vorliegen der zweiten Alternative ist zusätzlich erforderlich, dass einer der Ehegatten
zum Zeitpunkt der Adoption seinen gewöhnlichen Aufenthalt noch im Staat des letzten gemeinsamen gewöhnlichen Aufenthalts hat. Hat er ihn zwischenzeitlich aufgegeben und erst später wieder
dort begründet, kann nach Nr. 2 nicht angeknüpft werden. Vielmehr ist Voraussetzung, dass der
Ehegatte seinen gewöhnlichen Aufenthalt im Staat des beiderseits letzten gemeinsamen gewöhnlichen Aufenthalts ununterbrochen beibehalten hat.[17]

Art. 22 Abs. 1 Satz 2 i.V.m. Art. 14 Abs. 1 **Nr. 3** EGBGB ist heranzuziehen, wenn weder eine
gemeinsame Staatsangehörigkeit (Nr. 1) noch ein gemeinsamer gewöhnlicher Aufenthalt (i.S.d.

---

12 S. näher u. Rdn. 11.
13 Zum Begriff Art. 5 EGBGB Rdn. 1.
14 S. dazu Art. 5 EGBGB Rdn. 2–4.
15 NK/*Benicke* Art. 22 EGBGB Rn. 55.
16 BGH FamRZ 1994, 435.
17 BGH FamRZ 1993, 798.

Nr. 2) vorliegt. Dann ist das Recht des Staates berufen, mit dem die Ehegatten zum Zeitpunkt der Annahme auf andere Weise am **engsten verbunden** sind.[18]

C. Allgemeine Fragen

6a **Vorfragen** sind selbständig anzuknüpfen, s. vor Art. 3 Rdn. 26 f. Soweit es auf die **Staatsangehörigkeit** ankommt, gelten die allgemeinen Regeln. Dabei sind die Besonderheiten zu beachten, welche sich für Staatenlose, Flüchtlinge, anerkannte Asylberechtigte, Volksdeutsche, Aussiedler und Spätaussiedler ergeben (s. dazu Art. 5 Rdn. 2 ff.). Haben die Ehegatten eine gemeinsame Staatsangehörigkeit, besitzt jedoch einer von ihnen (oder beide) eine weitere Staatsangehörigkeit, ist die Vorrangregelung des Art. 5 Abs. 1 Satz 1 und 2 zu beachten.

7 Die Anknüpfungen in Art. 22 Abs. 1 Satz 1 sowie in Satz 2 i.V.m. Art. 14 Abs. 1 Nr. 1 und 2 EGBGB sind **Gesamtverweisung** i.S.v. Art. 4 Abs. 1 EGBGB.[19] Die Verweisung erfolgt unmittelbar in die dortige Regelung zum Adoptionsstatut (nicht zum Ehewirkungsstatut).

Art. 22 Abs. 1 Satz 2 i.V.m. Art. 14 Abs. 1 Nr. 3 EGBGB (engste Verbundenheit) führt unmittelbar in das Sachrecht der verwiesenen Rechtsordnung (Sachnormverweisung).[20]

8 Führt die Anknüpfung über Art. 22 EGBGB zur Berufenheit ausländischen Rechts, kann u.U. Art. 6 EGBGB dessen Anwendbarkeit entgegenstehen. Untragbar können Adoptionshindernisse nach dem Adoptionsstatut,[21] Adoptionsverbote[22], aber auch weniger strenge Voraussetzungen der Adoption[23] sein. Bei hinreichendem Inlandsbezug kommt ein **ordre-public-Verstoß** vor Allem dann in Betracht, wenn das berufene Recht überhaupt keine Adoption kennt[24] oder ein nicht am Kindeswohl orientiertes Adoptionsverbot vorsieht, so z.B. wegen eigener ehelicher Abkömmlinge der Annehmenden.[25]

D. Internationale Zuständigkeit

9 Für die internationale Zuständigkeit für Adoptionsverfahren existieren keine staatsvertraglichen Regelungen; auch das HIntAdÜ regelt sie nicht.[26] Maßgeblich ist § 101 FamFG. Danach sind deutsche Gerichte zuständig, wenn der Annehmende, ein annehmender Ehegatte oder das anzunehmende Kind Deutscher ist oder seinen gewöhnlichen Aufenthalt im Inland hat.[27] Die deutsche Staatsangehörigkeit reicht bei Mehrstaatigkeit auch dann, wenn sie nicht die effektive ist.[28]

---

18 S. dazu Art. 14 EGBGB Rdn. 15.
19 S. dazu Art. 4 EGBGB Rdn. 3.
20 Palandt/ *Thorn* Art. 14 EGBGB Rn. 3.
21 jurisPK/ *Behrentin* Rn. 76 f.
22 jurisPK/ *Behrentin* Rn. 79 ff.
23 BR/ *Heiderhoff* Rn. 52; jurisPK/ *Behrentin* Rn. 83.
24 OLG Schleswig FamRZ 2008, 1102.
25 OLG Schleswig NJW-RR 2001, 1372.
26 *Staudinger/ Winkelsträter* FamRBint 2006, 10.
27 *Althammer* IPRax 2009, 381 (384); SBW/ *A. Baetge* § 101 FamFG Rn. 5 ff.
28 Keidel/ *Engelhardt* FamFG § 101 Rn. 4; NK/ *Benicke* Art. 22 EGBGB Rn. 66..

E. Anerkennung

Soweit die Adoption in einem **Vertragsstaat des HIntAdÜ** ergangen ist,[29] ergibt sich nach dessen **10**
Art. 23 ihre **automatische Anerkennung** im Inland, wenn der Entscheidungsstaat eine Bescheinigung über ihr Zustandekommen in Übereinstimmung mit dem Übk erteilt hat. Nach § 9 AdÜbkAG kann zum Nachweis der Echtheit der Bescheinigung deren Bestätigung bei der Bundeszentralstelle für Auslandsadoption beantragt werden.[30] Einziger Grund für die Nichtanerkennung ist, dass die Adoption dem inländischen ordre public offensichtlich widerspricht (so bei völliger Missachtung des HIntAdÜ im Erststaat[31]), wobei das Wohl des Kindes zu berücksichtigen ist (Art. 24 HIntAdÜ, Art. 6). Nach Art. 26 HIntAdÜ umfasst die Anerkennung die Wirkungen der Adoption im gleichen Umfang, wie sie sich aus dem vom Entscheidungsstaat angewandten Recht ergeben. Sofern sich nach inländischem Recht für das Kind günstigere Bestimmungen ergeben, bleiben diese unberührt (Art. 26 Abs. 3 HIntAdÜ). Daneben besteht die Anerkennungsmöglichkeit nach § 108 FamFG weiter.[32] Andere nehmen freilich eine abschließende, das Günstigkeitsprinzip ausschließende Sonderregelung an.[33]

Ist die Adoption in einem **Nichtvertragsstaat** des HIntAdÜ ergangen, richtet sich die Anerken- **11**
nung im Inland nach § 108 FamFG.[34] Sie kann am deutschen ordre public scheitern (§ 109 Abs. 1 Nr. 4 FamFG).[35] Das kommt insbes. bei fehlender Kindesanhörung und unterlassener oder völlig unzureichender Kindeswohlprüfung in Betracht.[36] Eine gemeinschaftliche Adoption durch gleichgeschlechtliche Paare ist nicht mehr ordre public-widrig.[37] Fehlende Zustimmung der Eltern des Kindes kann hingegen die Anerkennung ausschließen.[38]

Im **Anerkennungsverfahren** nach dem AdWirkG kann die Anerkennungsfähigkeit einer im Aus- **12**
land ergangenen Adoption positiv oder negativ festgestellt werden. Dieses Verfahren gilt sowohl für nach Art. 23 HIntAdÜ als auch für nach § 108 FamFG anzuerkennende Adoptionen, allerdings nicht, wenn der Angenommene zur Zeit der Annahme das 18. Lebensjahr vollendet hatte (§ 1 Satz 2 AdWirkG), also nur für die Minderjährigenadoption. Zur Statthaftigkeit des Anerkennungsverfahrens ist es unerheblich, ob die fragliche Annahme in einem Vertragsstaat oder einem Nichtvertragsstaat des HIntAdÜ erfolgt ist. Das Verfahren setzt einen Antrag voraus (§ 2 AdWirkG); antragsbefugt sind die Annehmenden, das angenommene Kind, jeder bisherige Elternteil sowie der Standesbeamte und bei Geburt des Kindes im Ausland die nach § 36 Abs. 2

---

29 Außer Deutschland sind Vertragsstaaten Albanien, Andorra, Armenien, Aserbeidschan, Australien, Belarus, Belgien, Belize, Bolivien, Brasilien, Bulgarien, Burkina Faso, Burundi, Chile, China, Costa Rica, Dänemark, Dominikanische Republik, Ecuador, El Salvador, Estland, Finnland, Frankreich, Georgien, Griechenland, Guinea, Guatemala, Indien, Irland, Island, Israel, Italien, Kambodscha, Kanada, Kap Verde, Kasachstan, Kenia, Kolumbien, Kuba, Lettland, Liechtenstein, Litauen, Luxemburg, Madagaskar, Mali, Malta, Mauritius, Mexiko, Moldau, Monaco, Mongolei, Montenegro, Neuseeland, Niederlande, Norwegen, Österreich, Panama, Paraguay, Peru, Philippinen, Polen, Portugal, Ruanda, Rumänien, San Marino, Schweden, Schweiz, Senegal, Seychellen, Slowakei, Slowenien, Spanien, Sri Lanka, Suriname, Thailand, Togo, Tschechien, Türkei, Ungarn, Uruguay, USA, Venezuela, Vereinigtes Königreich, Vietnam und Zypern. – Auflistung: http://www.hcch.net.
30 Bundeszentralstelle für Auslandsadoption – Adenauer Allee 99–103, 53113 Bonn; http:// www.bundesjustizamt.de
31 OLG Hamm StAZ 2010, 368; LG Berlin JAmt 2010, 85 zust. *Weitzel*.
32 AG Hamm StAZ 2012, 54 (Türkei); *Staudinger* FamRBint 2007, 45.– Krit. *Weitzel* NJW 2008, 186 (188); *ders.* FamRZ 2010, 50 (51).
33 So NK/*Benicke* Art. 22 EGBGB Rn. 80 m.w.N.
34 Keidel/*Zimmermann* FamFG § 108 Rn. 20 ff.
35 *Weitzel* JAmt 2009, 421 m.w.N. (Haiti); NK/*Benicke* Art. 22 EGBGB Rn. 92 ff..
36 OLG Düsseldorf StAZ 2012, 175 (Russl.); OLG Frankfurt a. M. FamRZ 2012, 659 (LS)(Ghana); jurisPK/*Behrentin* Rn. 117 ff.
37 jurisPK/*Behrentin* Rn. 123; NK/*Benicke* Rn. 94.
38 jurisPK/*Behrentin* Rn. 126.

PStG zuständige Berliner Verwaltungsbehörde (§ 4 AdWirkG). Zuständig ist das FamG am Sitz des OLG, in Berlin das AG Schöneberg (§ 5 Abs. 1 AdWirkG). Im Übrigen kommt das Verfahren nach § 108 Abs. 2 FamFG in Betracht.[39]

Sind die Wirkungen der anzuerkennenden Auslandsadoption schwächer als diejenigen des deutschen Sachrechts, kann nach § 3 AdWirkG ein **Umwandlungsausspruch** durch das nach § 5 Abs. 1 AdWirkG zuständige FamG erwirkt werden. Hierdurch erhält das Kind die Rechtsstellung eines nach deutschem Sachrecht angenommenen Kindes.

Art. 23 EGBGB   Zustimmung

[1]**Die Erforderlichkeit und die Erteilung der Zustimmung des Kindes und einer Person, zu der das Kind in einem familienrechtlichen Verhältnis steht, zu einer Abstammungserklärung, Namenserteilung oder Annahme als Kind unterliegen zusätzlich dem Recht des Staates, dem das Kind angehört.** [2]**Soweit es zum Wohl des Kindes erforderlich ist, ist statt dessen das deutsche Recht anzuwenden.**

A. Zustimmungserfordernis

1   Für bestimmte, den **personenstandsrechtlichen Status betreffende Rechtsgeschäfte** normieren das deutsche und das ausländische Sachrecht spezielle **Zustimmungserfordernisse**. Zur Wahrung der bei statusrelevanten Vorgängen (Abstammung, Namenserteilung, Adoption) typischen Interessen der Beteiligten unterwirft Art. 23 die Notwendigkeit und die Erteilung einer Zustimmungserklärung des Kindes sowie einer Person, zu der das Kind in einem familienrechtlichen Verhältnis steht, kumulativ dem Heimatrecht des Kindes (**Zusatzanknüpfung an die Staatsangehörigkeit des Kindes**). Die Folgen einer fehlenden Zustimmung richten sich nach hM nach dem verletzten Recht, z.B. dem Heimatrecht des Kindes.[1]

2   (zur Zeit nicht besetzt)

B. Abstammung

3   Nach dem BGB bedarf die von einem beschränkt geschäftsfähigen minderjährigen Mann erklärte **Vaterschaftsanerkennung** der Zustimmung seines gesetzlichen Vertreters (§ 1596 Abs. 1 Satz 2 i.V.m. Satz 1). Darüber hinaus ist stets die Zustimmung der Mutter des Kindes erforderlich (§ 1595 Abs. 1), bei beschränkter Geschäftsfähigkeit der Mutter auch die Zustimmung ihres gesetzlichen Vertreters (§ 1596 Abs. 1 Satz 4 i.V.m. Satz 1 u. 2). Bei fehlender Sorge der Mutter bedarf es zudem der Zustimmung des Kindes (§ 1595 Abs. 2). Ist das Kind geschäftsunfähig oder noch nicht 14 Jahre alt, bedarf es stattdessen der Zustimmung seines gesetzlichen Vertreters (§ 1596 Abs. 2 Satz 1). Hat das beschränkt geschäftsfähige Kind das 14. Lebensjahr vollendet, muss es persönlich zustimmen und bedarf dazu der Zustimmung seines gesetzlichen Vertreters (§ 1596 Abs. 2 Satz 2 Hs. 2).

4   Diese Zustimmungserfordernisse gelten immer dann, wenn – unabhängig von der Staatsangehörigkeit des Kindes – deutsches Recht gem. Art. 19 als Abstammungsstatut berufen ist. In diesem Falle ist Art. 23 nur dann von Bedeutung, falls das Heimatrecht des nichtdeutschen Kindes weitergehende Zustimmungserfordernisse kennt. Führt die Anknüpfung über Art. 19 zur Berufung fremden Rechts, ist **Art. 23 in zweierlei Hinsicht zu beachten:** Sind Abstammungsstatut und Hei-

---

39 *Althammer* IPRax 2009, 381 (387).
 1 jurisPK/*Behrentin* Rn. 12; Staudinger/*Henrich* Rn. 25.

matrecht des Kindes nicht identisch, bestimmen sich zusätzliche Zustimmungserfordernisse grds. nach Letzterem. Im Hinblick auf Art. 23 Satz 2 ist jedoch zu prüfen, ob das Wohl des Kindes statt des ggf. nichtdeutschen Heimatrechts die Anwendung der deutschen Sachnormen hinsichtlich der Zustimmungserfordernisse gebietet.[2]

C. Namenserteilung

Das deutsche Sachrecht kennt die Namenserteilung durch einen Elternteil (§ 1617a Abs. 2) sowie durch den Ehegatten eines Elternteils (§ 1618). Sie bedürfen der Zustimmung des anderen Elternteils (§§ 1617a Abs. 2 Satz 2 Hs. 1, 1618 Satz 4 Hs. 1) sowie unter bestimmten Voraussetzungen auch der Zustimmung des Kindes (§§ 1617a Abs. 2 Satz 2 Hs. 2, 1618 Satz 3 Hs. 2). Das Namensstatut bestimmt sich über Art. 10 – zur Zusatzanknüpfung nach Art. 23 vgl. oben Rdn. 3. **5**

D. Adoption

Nach dem BGB bedarf die Annahme Minderjähriger der Einwilligung des zu adoptierenden Kindes (vgl. i.E. § 1746) sowie der Einwilligungen der Eltern des Kindes (vgl. i.E. §§ 1747, 1748). Zur Adoption eines verheirateten Minderjährigen oder Volljährigen ist die Einwilligung seines Ehegatten erforderlich (§§ 1749 Abs. 2, 1767 Abs. 2 Satz 1). Das Adoptionsstatut bestimmt sich über Art. 22 – zur Zusatzanknüpfung nach Art. 23 vgl. oben Rdn. 3. Die Anwendung deutschen Rechts anstelle des Heimatrechts des Kindes nach Satz 2 kommt insb. dann in Betracht, wenn das Heimatrecht des Kindes anders als § 1748 BGB keine Möglichkeit vorsieht, die verweigerte Einwilligung seines Vaters zu ersetzen, und das Kind sich auf Dauer in der Obhut seiner mit einem deutschen Staatsangehörigen wiederverheirateten Mutter in Deutschland aufhält.[3] **6**

E. Allgemeine Fragen

Die Anknüpfung von **Vorfragen** ist str (s. vor Art. 3 Rdn. 26 f.). Das Bestehen eines familienrechtlichen Verhältnisses ist unselbständig nach dem Zustimmungsstatut anzuknüpfen.[4] Wer gesetzlicher Vertreter ist, ist hingegen selbständig nach Art. 21 oder Art. 24 zu bestimmen.[5] **7**

Soweit an die **Staatsangehörigkeit** angeknüpft wird, sind die Besonderheiten zu beachten, welche sich für Staatenlose, Flüchtlinge, anerkannte Asylberechtigte, Volksdeutsche, Aussiedler und Spätaussiedler ergeben; dazu Art. 5 Rdn. 2 ff. Besitzt das Kind mehrere Staatsangehörigkeiten, gilt die Vorrangregelung in Art. 5 Abs. 1 Satz 2. **8**

Nach dem Sinn der Zusatzanknüpfung handelt es sich um eine **Sachnormverweisung**.[6] Falls es zum Wohle des nichtdeutschen Kindes aus besonderen Gründen erforderlich ist, bestimmen sich die Zustimmungserfordernisse gem. Satz 2 nach deutschem Sachrecht. **9**

---

2 Dazu OLG Frankfurt FamRZ 1997, 241.
3 BayObLG FamRZ 2002, 1282.
4 Bamberger/Roth/*Heiderhoff* Rn. 11; MüKo/*Klinkhardt* Rn. 7 mwN.
5 OLG Nürnberg FamRZ 2001, 573; jurisPK/*Behrentin* Rn. 15.– Anders Bamberger/Roth/*Heiderhoff* Rn. 10; MüKo/*Klinkhardt* Rn. 9; Staudinger*Henrich* Rn. 10.
6 BayObLG FamRZ 1988, 868; FG Prax 2005, 65; OLG München StAZ 2008, 13; LG Bielefeld FamRZ 1989, 1339; Palandt/*Thorn* Rn. 2 m.w.N. auch zur Gegenmeinung, die ebenfalls mit dem Sinn der Verweisung argumentiert.

Art. 24 EGBGB Vormundschaft, Betreuung und Pflegschaft

(1) ¹Die Entstehung, die Änderung und das Ende der Vormundschaft, Betreuung und Pfleg-schaft sowie der Inhalt der gesetzlichen Vormundschaft und Pflegschaft unterliegen dem Recht des Staates, dem der Mündel, Betreute oder Pflegling angehört. ²Für einen Angehörigen eines fremden Staates, der seinen gewöhnlichen Aufenthalt oder, mangels eines solchen, seinen Auf-enthalt im Inland hat, kann ein Betreuer nach deutschem Recht bestellt werden.

(2) Ist eine Pflegschaft erforderlich, weil nicht feststeht, wer an einer Angelegenheit beteiligt ist, oder weil ein Beteiligter sich in einem anderen Staat befindet, so ist das Recht anzuwenden, das für die Angelegenheit maßgebend ist.

(3) Vorläufige Maßregeln sowie der Inhalt der Betreuung und der angeordneten Vormundschaft und Pflegschaft unterliegen dem Recht des anordnenden Staates.

A. Anwendungsbereich

1 Der Anwendungsbereich der Norm erfasst die Vormundschaft über Minderjährige, die rechtliche Betreuung Volljähriger sowie die Pflegschaft für Minderjährige, Volljährige und unbekannte Betei-ligte. Die in manchen Rechtsordnungen anzutreffende »Vormundschaft« von Eltern oder Eltern-teilen entspricht funktional der elterlichen Sorge i.S.d. deutschen Rechts und fällt unter das Sorge-statut (Art. 21 EGBGB). Für die Beistandschaft des Jugendamts (§ 1712 ff. BGB) gilt als spezielle einseitige Kollisionsnorm § 1717 BGB. Zu Prozesspflegschaft (§ 57 ZPO) zum Verfahrensbeistand und zur Verfahrenspflegschaft (§§ 158, 276, 297 Abs. 5, 317 f., 419 FamFG s.u. Rdn. 21, 22, 25.

2 Der **sachliche** Anwendungsbereich betrifft Entstehung, Änderung, Ende und Inhalt der vorgenannten Rechtsinstitute sowie diesen vorausgehende vorläufige Maßregeln. Art. 24 EGBGB normiert die Anknüpfung dieser Anwendungsfelder nicht einheitlich, sondern differenziert. **Ent-stehung** begreift die materiell-rechtlichen Voraussetzungen sowohl für die gerichtliche oder behördliche Anordnung der genannten Maßnahmen als auch für einen ex-lege-Eintritt von (Amts-) Vormundschaft oder Pflegschaft. **Änderung** umfasst alle Vorgänge, die die Veränderung der rechtlichen Qualität einer bereits bestehenden und weiter bestehen bleibenden Maßnahme zum Gegenstand haben, insb. die Erweiterung der Aufgabenkreise des Vormunds/Betreuers/Pfle-gers und die spätere Anordnung oder Erweiterung eines Einwilligungsvorbehalts. **Ende** bedeutet die gerichtliche oder behördliche Aufhebung wie auch das ex-lege-Erlöschen einer bestehenden Maßnahme. Entlassung oder sonstiges Ausscheiden aus dem Amt bei weiter bestehender Vor-mundschaft, Betreuung oder Pflegschaft ist nicht deren »Ende«, vielmehr ein Fall ihres »Inhalts«. Die zu Entstehung, Änderung und Ende übereinstimmend geregelte Anknüpfung richtet sich für

alle Maßnahmen grds. nach Abs. 1 Satz 1. Zur Betreuung ergibt sich eine Alternativanknüpfung aus Abs. 1 Satz 2, bestimmte Fälle der Pflegschaft unterliegen spezieller Regelung in Abs. 2.

Inhalt von Vormundschaft, Betreuung oder Pflegschaft bedeutet die Gesamtheit der Normen, **3** welche die Auswahl, Bestellung und Entlassung des Vormunds/Betreuers/Pflegers sowie die Rechtsbeziehungen zwischen ihm und dem Betroffenen zum Gegenstand haben. Letzteres betrifft insb. die Vertretungsmacht des Vormunds/Betreuers/Pflegers, seine Amtspflichten, seine Überwachung durch das FamG/VormG und die Frage seiner Haftung gegenüber dem Betroffenen. Die Anknüpfung hierzu ist differenziert geregelt für einerseits gesetzliche Vormundschaft und Pflegschaft in Abs. 1 Satz 1 und andererseits angeordnete Vormundschaft und Pflegschaft sowie Betreuung in Abs. 3.

Vorläufige Maßregeln sind Maßnahmen, die vor dem Eintritt von Vormundschaft, Betreuung **4** oder Pflegschaft zum Schutz des Betroffenen oder unbekannter Beteiligter erforderlich werden, insb. vorläufige Pflegschaft nach § 1909 Abs. 3 BGB, Bestellung eines vorläufigen Betreuers nach §§ 300 ff. FamFG, vorläufige Unterbringung nach § 331 ff. FamFG. Die Anknüpfung hierzu findet sich in Abs. 3.

Fraglich ist, inwieweit **gerichtliche Genehmigungen** in den Anwendungsbereich der Vorschrift **5** fallen. Hier ist zu unterscheiden zwischen einerseits der Erforderlichkeit solcher Genehmigung (Genehmigungsbedürftigkeit) und andererseits der einzelfallbezogenen Prüfung von Wohl und Wille des Schützlings (Genehmigungsfähigkeit). Umstritten ist, welchem Statut die **Genehmigungsbedürftigkeit** zuzuordnen ist. Art. 24 EGBGB ist hierfür unmittelbar nichts zu entnehmen, insb. umfasst der Begriff »Inhalt« der gesetzlichen Vormundschaft (Abs. 1 Satz 1), der Betreuung oder der angeordneten Vormundschaft und Pflegschaft (Abs. 3) nicht zwingend die Genehmigungsbedürftigkeit von Rechtsgeschäften und Rechtshandlungen. In der Literatur wird dazu vereinzelt vertreten, für die Genehmigungsbedürftigkeit gelte das auf das Rechtsgeschäft selbst anwendbare Recht[1] oder das Geschäftsfähigkeitsstatut.[2] Die h.M. begreift Genehmigungsbedürftigkeit zu Recht als Beschränkung der gesetzlichen Vertretungsmacht[3] und ordnet sie daher dem Vertretungsstatut, d.h. dem für die gesetzliche Vertretung berufenen Recht zu.[4] Da die gesetzliche Vertretung durch den Vormund/Betreuer/Pfleger zum Inhalt des Rechtsinstituts gehört, fällt die Erforderlichkeit betreuungsgerichtlicher Genehmigung in den Anwendungsbereich von Art. 24 EGBGB.

Die materiell-rechtlichen Voraussetzungen der **Genehmigungsfähigkeit** gehören, da sie die **6** gerichtliche Aufsicht über den Vormund/Betreuer/Pfleger betreffen, zum Inhalt von Vormundschaft/Betreuung/Pflegschaft und unterfallen daher Art. 24 EGBGB. Hingegen ist die **Vorfrage** der Wirksamkeit des betreffenden Rechtsgeschäfts selbstständig anhand des jeweiligen Geschäftsstatuts anzuknüpfen.

B. Verhältnis zu unionsrechtlichen und staatsvertraglichen Regeln

Zur Anknüpfung von Vormundschaft, Betreuung und Pflegschaft existieren mehrere ggü. dem **7** nationalen Recht vorrangige Rechtsquellen. Deren Anwendungsbereiche sind unterschiedlich kongruent zu Art. 24 EGBGB, so dass dieser nicht umfassend, sondern lediglich teilweise und mit unterschiedlichem Geltungsbereich verdrängt wird. Zu differenzieren ist zwischen bilateral weitgehender Verdrängung im Verhältnis zum Iran (s.u. Rdn. 8), partiellem Vorrang von als loi uniforme

---

1 Staudinger/*Hausmann* Art. 7 EGBGB Rn. 45.
2 *von Bar* Internationales Privatrecht 2. Band Rn. 42.
3 BayObLG FamRZ 1990, 1132; Palandt/*Diederichsen* § 1828 BGB Rn. 3; *Klüsener* Rpfleger 1981, 461.
4 BGH DNotZ 2004, 152; OLG Stuttgart NJW-RR 1996, 1288.

konzipierten Rechtsinstrumenten zum Minderjährigenschutz (s.u. Rdn. 9 ff.), dem Erwachsenenschutz sowie der Pflegschaft über Volljährige oder unbekannte Beteiligte (s.u. Rdn. 14).

I. Bilaterale Regelung im Verhältnis zum Iran

8   Im Verhältnis zum Iran ist als vorrangige völkerrechtliche Vereinbarung das deutsch-iranische Niederlassungsabkommen vom 17.02.1929[5] zu beachten. Nach dessen Art. 8 Abs. 3 bleiben die Angehörigen der Vertragsstaaten ihren heimischen Gesetzen unterworfen. Nach Nr. 2 des Schlussprotokolls werden vom Abk. u.a. »Vormundschaft und Pflegschaft sowie Entmündigung« umfasst, wobei an die Stelle der Entmündigung die Betreuung getreten ist. Bezüglich iranischer Staatsangehöriger führt die Anknüpfung ins iranische Sachrecht. Dies gilt indes nicht für Personen, die außer der iranischen Staatsangehörigkeit auch die deutsche oder eine andere besitzen oder bezüglich derer zum Personalstatut aufgrund besonderer Regelungen an ihren gewöhnlichen Aufenthalt anzuknüpfen ist.[6] Für diese verbleibt es bei Art. 24 EGBGB, soweit diesem nicht – für Vormundschaft und Pflegschaft über Minderjährige – andere Rechtsinstrumente vorgehen. Zur **Betreuung** ist jedoch die spezielle Regelung in Art. 24 Abs. 2 EGBGB – d.h. alternative Berufung des deutschen Rechts bei Inlandsaufenthalt – auch auf einen iranischen Staatsangehörigen, der sich im Inland aufhält, anwendbar. Art. 8 Abs. 3 Satz 2 des deutsch-iranischen Abk. gestattet den Vertragsstaaten eine solche Ausnahmeregelung.

II. Vormundschaft und Pflegschaft über Minderjährige

9   Das **Haager Abkommen zur Regelung der Vormundschaft über Minderjährige** vom 12.06.2002[7] ist für Deutschland mit Wirkung zum 01.06.09 gekündigt worden.[8] Das **Vormundschaftsabkommen mit Österreich** ist mit Wirkung vom 01.07.2003 gekündigt worden und daher nicht mehr zu beachten.

10   Das **Haager Übereinkommen über die Zuständigkeit der Behörden und das anzuwendende Recht auf dem Gebiet des Schutzes von Minderjährigen** (MSA) ist am 17.09.1971 für die Bundesrepublik Deutschland in Kraft getreten (Art. 21 EGBGB Anh. 1), aber durch das KSÜ ersetzt worden, s. Rdn. 11, 13.

11   **Seit dem 01.03.2005** ist die **Brüssel IIa VO** (VO (EG) Nr. 2201/2003) für alle Mitgliedstaaten der EU anwendbar (Ausnahme Dänemark, Art. 2 Nr. 3 der VO). Wie sich aus Art. 1 Abs. 1 Buchst. b, Abs. 2 Brüssel IIa VO ergibt, erfasst sie unter dem Oberbegriff »elterliche Verantwortung« alle Schutzmaßnahmen i.S.d. MSA und ist mit diesem umfassenden Anwendungsbereich im Verhältnis ihrer Mitgliedstaaten vorrangig ggü. dem MSA (Art. 60 Buchst. a der VO). Dies gilt insb. auch für die Vormundschaft, die Pflegschaft und entspr. Rechtsinstitute (Art. 1 Abs. 2 Buchst. b der VO). Auch staatliche (behördliche) Schutzmaßnahmen (z.B. Inobhutnahme, Unterbringung) werden erfasst;[9] Da der Vorrang der VO gegenüber dem MSA lediglich im Verhältnis der o.g. Mitgliedstaaten gilt, besteht er allerdings nicht im Verhältnis zu den Vertragsstaaten des **MSA**, die keine Mitgliedstaaten der VO sind – dies sind **nur noch die Schweiz, die Türkei und Macao.**[10]

12   Der sachliche Anwendungsbereich der Brüssel IIa VO betrifft die internationale Zuständigkeit sowie die Anerkennung und Vollstreckung von in diesen Verfahren ergangenen Entscheidungen. Hingegen ist die Frage des **anzuwendenden materiellen Rechts** in der VO nicht geregelt.

---

5   RGBl. II 1930, S. 1006; BGBl. II 1955, S. 829.
6   BGH FamRZ 1986, 345.
7   RGBl. 1904, S. 240.
8   Staudinger/*Pirrung* Vorbem. Art. 19 EGBGB Rn. C 207.
9   EuGH FamRZ 2008, 125; *Dutta* FamRZ 2008, 835; *Pirrung*, FS Kropholler 2008, 399 (409).
10 Staudinger/*Pirrung* Vorbem. Art. 19 EGBGB Rn. C 211.

Fraglich ist daher, ob in Verfahren, für welche sich die internationale Zuständigkeit aus der Brüssel IIa VO ergibt, das Statut für Vormundschaft und Pflegschaft über Minderjährige nach dem – an sich vorrangigen – KSÜ oder unmittelbar über Art. 24 EGBGB anzuknüpfen ist; s. dazu Art. 21 EGBGB Rdn. 5a.

Das Haager Übereinkommen über die Zuständigkeit, das anzuwendende Recht, die Anerkennung, Vollstreckung und Zusammenarbeit auf dem Gebiet der elterlichen Verantwortung und Maßnahmen zum Schutz von Kindern vom 19.10.1996 (**KSÜ**) ist auch für Deutschland in Kraft getreten (s. Art. 21 EGBGB Anh. 2 Rdn. 1). Inhaltlich stimmt das KSÜ, was die internationale Zuständigkeit für die Anordnung von Vormundschaft und Pflegschaft über Minderjährige sowie deren gegenseitige Anerkennung anbetrifft, weitestgehend mit der Brüssel IIa VO überein. Darüber hinaus regelt es auch die Frage des anzuwendenden materiellen Rechts, und zwar grds. im Gleichlauf zur internationalen Zuständigkeit, die ihrerseits i.d.R. an den gewöhnlichen Aufenthalt des Kindes anknüpft (Art. 15 ff. i.V.m. 5 ff. KSÜ). | 13

III. Betreuung und Pflegschaft über Volljährige oder unbekannte Beteiligte

Das **Haager Übereinkommen über den internationalen Schutz von Erwachsenen vom 13.01.2000 (ErwSÜ)** ist am 01.01.2009 in Kraft getreten. Vertragsstaaten sind außer Deutschland[11], Estland, Finnland, Frankreich, die Schweiz, die Tschechische Republik und das Vereinigte Königreich (beschränkt auf Schottland). Das Übereinkommen soll den grenzüberschreitenden Schutz von Erwachsenen (d.h. Personen über 18 Jahren, Art. 2), die aufgrund einer Beeinträchtigung oder Unzulänglichkeit ihrer persönlichen Fähigkeiten nicht in der Lage sind, ihre Interessen zu schützen, sicherstellen. International zuständig sind insb. die Behörden am gewöhnlichen Aufenthaltsort des Erwachsenen (Art. 5), ggf. auch die des Heimatstaats (Art. 7). Dem Gleichlaufprinzip entsprechend wenden die Behörden auf Schutzmaßnahmen ihr eigenes Recht an (Art. 13). Zu den Schutzmaßnahmen gehören Betreuung und Einwilligungsvorbehalt (vgl. Art. 3, 4), nicht hingegen kraft Gesetzes eintretende Erwachsenenschutzvorschriften wie die Geschäftsunfähigkeit.[12] Die Vertretungsmacht für den Erwachsenen aufgrund Vorsorgevollmacht richtet sich mangels Rechtswahl nach dem Recht seines gewöhnlichen Aufenthalts (Art. 15). Ansonsten existiert lediglich das **deutsch-iranische Abk.**, welches für Betreuungen keine praktische Bedeutung hat (s.o. Rdn. 8). | 14

Das Gesetz zur Ausführung des Haager Übereinkommens über den internationalen Schutz von Erwachsenen (Erwachsenenschutzübereinkommens-Ausführungsgesetz; ErwSÜAG) enthält **Ausführungsbestimmungen** für das Haager Übereinkommen über den internationalen Schutz von Erwachsenen von 2000 (ErwSÜ).[13] Zentrale Behörde i.S. des Art. 28 ErwSÜ ist das **Bundesamt für Justiz** (§ 1).[14] Für die sachliche und örtliche Zuständigkeit erfolgt eine **Zuständigkeitskonzentration**.[15] Zuständig ist das Betreuungsgericht, in dessen Bezirk ein Oberlandesgericht seinen Sitz hat (§ 6 Abs. 1). Auch für andere Betreuungssachen kommt es zu einer Zuständigkeitskonzentration (§ 7). | 14a

---

11 BGBl. II 2007, S. 323.

12 *Helms* FamRZ 2008, 1995, 1999.

13 Gesetz zur Ausführung des Haager Übereinkommens vom 13.01.2000 über den internationalen Schutz von Erwachsenen vom 17.03.2007, geändert durch Art. 46 Gesetz v. 17.12.2008, BGBl. I, S. 2586; das Gesetz ist gem. Bek. v. 12.12.2008; BGBl. 2009 II, S. 39 mit Wirkung vom 01.01.2009 in Kraft getreten.– Näher *Röthel/Woitge* IPRax 2010, 409 ff.

14 Bundesamt für Justiz – Zentrale Behörde für internationale Erwachsenenschutzangelegenheiten, Adenauerallee 99 – 103, 53113 Bonn.– http://www.bundesjustizamt.de

15 *Röthel/Woitge* IPRax 2010, 409 (411 ff.).

C. Anknüpfung

I. Vormundschaft

1. Entstehung, Änderung, Ende

15 Anknüpfungspunkt für Entstehung, Änderung und Ende von Vormundschaft über Minderjährige ist die **Staatsangehörigkeit des Minderjährigen** (Abs. 1 Satz 1). Dabei sind die Besonderheiten zu beachten, welche sich für Staatenlose, Flüchtlinge, anerkannte Asylberechtigte, Volksdeutsche, Aussiedler und Spätaussiedler ergeben.[16] Besitzt der Minderjährige mehrere Staatsangehörigkeiten, gilt die Vorrangregelung in Art. 5 Abs. 1 Satz 1 u. 2.

16 Die Anknüpfung nach Abs. 1 Satz 1 ist **Gesamtverweisung** i.S.v. Art. 4 Abs. 1 EGBGB. Rück- und Weiterverweisung sind daher zu beachten. Bei Maßgeblichkeit deutschen Rechts kommt ggf. hinsichtlich im Ausland befindlichen Vermögens des Minderjährigen Vermögensspaltung (**Einzelstatut**) in Betracht. Art. 3a Abs. 2 EGBGB respektiert Regelungen ausländischen Kollisionsrechts, welches bestimmte Gegenstände (insb. Immobilien), die sich im dortigen Hoheitsgebiet befinden, zwingend den Sachnormen des eigenen Rechts unterwerfen. Dies gilt auch für das Vormundschaftsstatut.[17] Für die sonstigen Bestandteile des Mündelvermögens verbleibt es bei der Anwendbarkeit des deutschen Sachrechts.

2. Inhalt

17 **Kraft Gesetzes eingetretene Vormundschaft** für Kinder mit gewöhnlichem Aufenthalt im Ausland sowie für ausländische Kinder miteinander verheirateter Eltern mit gewöhnlichem Aufenthalt im Inland findet ihre Regelung in **Abs. 1 Satz 1**. Das auf ihren Inhalt anzuwendende Recht bestimmt sich wie das Entstehen dieser Vormundschaft nach der Staatsangehörigkeit des Minderjährigen. Für die **gesetzliche Amtsvormundschaft** über Kinder nicht miteinander verheirateter Eltern mit gewöhnlichem Aufenthalt im Inland gilt als spezielle einseitige Kollisionsnorm § 1791c BGB.[18]

18 Ist **Vormundschaft angeordnet worden**, unterliegt ihr Inhalt gem. **Abs. 3** dem Recht des Staates, dessen Gericht/Behörde die Vormundschaft angeordnet hat. Ist also ein Anordnungsbeschluss im Inland ergangen, richtet sich das Weitere stets nach deutschem Recht (§§ 1775 ff.). Lediglich für Beendigung und Aufhebung der Vormundschaft (§§ 1882, 1884) verbleibt es bei der Anknüpfung nach Abs. 1.

3. Vorläufige Maßregeln

19 Nach **Abs. 3 Alt. 1** unterliegen vorläufige Maßregeln dem Recht des anordnenden Staates. »Vorläufige Maßregeln« sind Entscheidungen, die erforderlichenfalls schon vor der Bestellung eines Vormunds oder bei dessen Verhinderung zu treffen sind. Hierunter fallen die Bestellung eines Ersatzpflegers nach § 1909 Abs. 3, das selbstständige Eingreifen des VormG nach § 1846 sowie die familiengerichtliche Genehmigung einer vorläufigen Unterbringung eines Minderjährigen (§§ 151 Nr. 6 und 7, 167, 331 ff. FamFG).

---

16 Dazu Art. 5 EGBGB Rdn. 2–4.
17 Palandt/*Thorn* Art. 24 EGBGB Rn. 1.
18 Bamberger/Roth/*Heiderhoff* Art. 24 EGBGB Rn. 17.

II. Pflegschaft

1. Pflegschaft für Minderjährige

Hier kommen in Betracht die **Ergänzungspflegschaft** i.S.v. § 1909 Abs. 1, Abs. 2 BGB,[19] die **20** **Ersatzpflegschaft** i.S.v. § 1909 Abs. 3 BGB und die **Pflegschaft für eine Leibesfrucht**. Für die Anknüpfung des Statuts dieser Pflegschaften gelten dieselben kollisionsrechtlichen Vorschriften wie für die Vormundschaft – s.o. Rdn. 16 ff.

Hingegen erfolgt die Bestellung eines **Prozesspflegers** als Notvertreter für einen nicht prozessfähi- **21** gen, gesetzlich nicht vertretenen Beklagten durch das Prozessgericht (§ 57 ZPO) lediglich im Interesse des Klägers. Sie ist keine Fürsorgemaßnahme für den prozessunfähigen Beklagten und daher weder als Pflegschaft i.S.v. Art. 24 noch als Schutzmaßnahme i.S.d. KSÜ zu qualifizieren. Für sie gilt die lex fori.

Die Bestellung eines **Verfahrensbeistands** (§§ 158, 317 FamFG) erfolgt im Interesse des Minder- **22** jährigen. Der Verfahrenspfleger ist indes nicht selbst gesetzlicher Vertreter und schließt die Eltern nicht von ihrer gesetzlichen Vertretung aus. Die materiell-rechtlichen Vorschriften über die Pflegschaft (§§ 1915, 1793 ff. BGB) sind auf die Verfahrenspflegschaft nicht anzuwenden.[20] Hieraus ergibt sich, dass sie in erster Linie der Gewährleistung eines dem betroffenen Minderjährigen gegenüber fairen Verfahrens dient und deshalb verfahrensrechtlicher Natur ist. Sie ist daher nicht als materiell-rechtliche Pflegschaft i.S.v. Art. 24 zu qualifizieren. Für sie gilt die lex fori.

2. Pflegschaft für Volljährige

Zur Pflegschaft über Volljährige ergeben sich aus Art. 24 EGBGB unterschiedliche Anknüpfungen **23** zu den verschiedenen Pflegschaftsarten. Abs. 2 Alt. 1 regelt die **Pflegschaft für unbekannte Beteiligte** (§ 1913 BGB) dahingehend, dass deren Statut dem der Angelegenheit folgt. Dasselbe gilt nach Abs. 2 Alt. 2 für die **Abwesenheitspflegschaft** bei bekanntem Aufenthalt (§ 1911 Abs. 2 BGB), sofern sich der Abwesende im Ausland befindet. Im Wege teleologischer Reduktion wird allerdings für die allgemeine Abwesenheitspflegschaft eine Anknüpfung nach Abs. 1 vorgeschlagen.[21] Bei bekanntem Aufenthalt im Inland ist sie zu Entstehung, Änderung und Ende gem. Abs. 1 Satz 1 an die Staatsangehörigkeit des Betroffenen anzuknüpfen. Ihr Inhalt unterliegt gem. Abs. 3 Alt. 2 dem Recht des anordnenden Staates.

Für die **Nachlasspflegschaft** gilt im Hinblick auf ihren Charakter als vorläufige Maßnahme gem. **24** Abs. 3 Alt. 1 in jeder Hinsicht das Recht des anordnenden Staates.[22]

Prozesspflegschaft (§ 57 ZPO) und Verfahrenspflegschaft (§§ 276, 297 Abs. 5, 317, 318, 419 **25** FamFG) sind verfahrensrechtlich zu qualifizieren und unterfallen nicht Art. 24 EGBGB (s.o. Rdn. 21, 22). Für sie gilt die lex fori.

III. Betreuung

1. Begriff

Die deutsche »rechtliche Betreuung« findet begrifflich und inhaltlich nur wenig deckungsgleiche **26** Entsprechung im Ausland. Der Betreuung am Nächsten kommen die »Sachwalterschaft« des österreichischen Rechts, die »sauvegarde de justice« des franz. Rechts sowie »bewind« (betr. Vermögenssorge) und »mentorschap« (betr. Personensorge) des niederländischen Rechts. Etliche Staa-

---

19 BayObLG FamRZ 1968, 105; LG Berlin FamRZ 1971, 320; Bamberger/Roth/*Heiderhoff* Art. 24 EGBGB Rn. 34.– Anders MüKoBGB/*Klinkhardt* Art. 21 EGBGB Rn. 47.

20 Keidel/*Budde* § 276 FamFG Rn. 10 m.w.N.

21 jurisPK/*Röthel* Rn. 52; MüKo/*Klinkhardt* Rn. 53.

22 Bamberger/Roth/*Heiderhoff* Art. 24 EGBGB Rn. 36; Staudinger/*Kropholler* Rn. 17.

ten hingegen kennen nach wie vor Vormundschaft über – entmündigte – Volljährige. Gemeinsam ist diesen Rechtsinstituten die hoheitliche Fürsorge für Volljährige, die ihre eigenen Angelegenheiten selbst nicht erledigen können, mit Regelungen zur gesetzlichen Vertretung solcher Personen. Alle diese Rechtsformen unterfallen dem kollisionsrechtlichen Begriff »Betreuung« in Art. 24 EGBGB.

2. Anordnung, Änderung, Ende

27 **Abs. 1** enthält **zwei alternative Anknüpfungen.** Nach Satz 1 ist Anknüpfungspunkt die **Staatsangehörigkeit** des Betroffenen. Besitzt der Betroffene mehrere Staatsangehörigkeiten, greift die Vorrangregelung des Art. 5 Abs. 1 Satz 1 u. 2 EGBGB. Ist also für einen im Ausland lebenden Deutschen im Inland Betreuung anzuordnen, ist deutsches Recht anzuwenden. Kommt hingegen Betreuung für einen im Inland lebenden Ausländer ist Betracht, führt diese Anknüpfungsalternative in das Heimatrecht des Betroffenen. Es kommt zu einer Gesamtverweisung i.S.v. Art. 4 Abs. 1 EGBGB.

28 Eine unmittelbare Anwendung deutschen Rechts ist möglich, wenn der Betroffene zwar kein Deutscher ist, jedoch seinen **gewöhnlichen Aufenthalt im Inland** hat (Abs. 1 Satz 2). Hat der Betroffene weder im In- noch im Ausland einen gewöhnlichen Aufenthalt, reicht sein schlichter Aufenthalt im Inland. Verlässt der ausländische Betroffene, für den gem. Abs. 1 Satz 2 Betreuung in Anwendung deutschen Rechts angeordnet worden ist, Deutschland, wird die angeordnete Betreuung nicht gegenstandslos; sie entfällt erst mit Aufhebung der Betreuerbestellung[23].

3. Inhalt

29 Ist Betreuung angeordnet worden, unterliegen ihr Umfang und ihre Wirkungen gem. **Abs. 3 Alt. 2** dem **Recht des Staates, dessen Gericht/Behörde die Betreuung angeordnet hat.** Dies gilt insb. für die Geschäftsfähigkeit, die gesetzliche Vertretung, den angeordneten Einwilligungsvorbehalt, die Fürsorge und Aufsicht des Betreuungsgerichts, die Vergütung, Haftung und Entlassung des Betreuers.

4. Vorläufige Maßregeln, Unterbringung

30 Nach **Abs. 3 Alt. 1** unterliegen vorläufige Maßregeln dem **Recht des anordnenden Staates**, unabhängig davon, welches Recht nach Abs. 1 zur Anordnung der Betreuung berufen ist. **Vorläufige Maßregeln** sind Entscheidungen, die ggf. vor der eigentlichen Betreuerbestellung zu treffen sind. Hierunter fallen Maßnahmen nach §§ 300 ff. FamFG, d.h. die Bestellung eines vorläufigen Betreuers und die Anordnung eines vorläufigen Einwilligungsvorbehalts, sowie einstweilige Maßnahmen bei Fehlen oder Verhinderung eines Betreuers (§§ 1908i Abs. 1, 1846). Gleiches gilt für die betreuungsgerichtliche Genehmigung einer **vorläufigen Unterbringungsmaßnahme** (§§ 331 ff. FamFG). Die endgültige Unterbringungsentscheidung (§§ 323, 329, 421 FamFG) dürfte nicht von Abs. 3 Alt. 1 erfasst werden[24] (vgl. Abs. 3 Alt. 2 »Inhalt« der Betreuung), so dass das Recht des Staates berufen ist, der die Betreuung angeordnet hat.

IV. Allgemeine Fragen.

31 Für die Anordnung von Vormundschaft ist Voraussetzung, dass der Minderjährige nicht unter elterlicher Sorge steht (§ 1773 BGB). Die dahingehenden **Vorfragen** sind selbstständig anzuknüpfen, dh zur Minderjährigkeit nach Art. 7, zur elterlichen Sorge nach Art. 21. Hierbei ist ggf. eine im Ausland ergangene Entscheidung zur elterlichen Sorge anzuerkennen – s. dazu Art. 21 Rdn. 20 ff.

---

23 BayObLGZ 2001, 324.
24 So aber wohl MüKoBGB/*Klinkhardt* Art. 24 EGBGB Rn. 8.

Zur Anordnung von Betreuung ist u.a. die Volljährigkeit des Betroffenen erforderlich. Die Vorfrage ist selbstständig anzuknüpfen, also nach Art. 7.[25] Dies gilt auch, soweit evtl. Geschäftsunfähigkeit des volljährigen Betroffenen – etwa bei der sog. Zwangsbetreuung – als Vorfrage von Bedeutung sein sollte. **32**

Soweit es auf die **Staatsangehörigkeit** ankommt, ist Art. 5 zu beachten. Dabei geht es um die Besonderheiten für Staatenlose, Flüchtlinge, anerkannte Asylberechtigte, Volksdeutsche, Aussiedler und Spätaussiedler ergeben (dazu Art. 5 Rdn. 3 f). Besitzt der Minderjährige mehrere Staatsangehörigkeiten, gilt die Vorrangregelung in Art. 5 Abs. 1 Satz 1 u 2. **32a**

Die Anknüpfung nach Abs. 1 Satz 1 ist **Gesamtverweisung** iSv Art. 4 Abs. 1. Rück- und Weiterverweisung sind daher zu beachten.[26] **32b**

Bei Maßgeblichkeit deutschen Rechts kommt ggf. hinsichtlich im Ausland befindlichen Vermögens des Minderjährigen **Vermögensspaltung (Einzelstatut)** in Betracht. Art. 3a Abs. 2 respektiert Regelungen ausl. Kollisionsrechts, welches bestimmte Gegenstände (insb. Immobilien), die sich im dortigen Hoheitsgebiet befinden, zwingend den Sachnormen des eigenen Rechts unterwerfen. Dies gilt auch für das Vormundschaftsstatut.[27] Für die sonstigen Bestandteile des Mündelvermögens verbleibt es bei der Anwendbarkeit des deutschen Sachrechts. **32c**

D. Verfahrensrecht

I. Internationale Zuständigkeit

Die maßgeblichen Regeln für die internationale Zuständigkeit für die Anordnung und Durchführung von **Vormundschaft und Pflegschaft über Minderjährige** finden sich in mehreren Rechtsinstrumenten und nachrangig im nationalen Recht. Einschlägige Rechtsgrundlagen sind: – Art. 8 ff. Brüssel IIa VO, – Art. 5 – 14 KSÜ, – § 99 FamFG. **33**

Die internationale Zuständigkeit für **Maßnahmen des Erwachsenenschutzes** richtet sich in erster Linie nach dem gewöhnlichen Aufenthaltsort des Erwachsenen (Art. 5 ErwSÜ), subsidiär auch nach der Staatsangehörigkeit (Art. 7)[28]. In Deutschland ist das BetreuungsG am Sitz des OLG zuständig (§ 6 ErwSÜAG)[29]. Zentrale Behörden (in Deutschland Bundesamt für Justiz) arbeiten nach Art. 28 ff. ErwSÜ zusammen. Das **deutsch-iranische Niederlassungsabk** (s.o. Rdn. 8) enthält keine Regelung der internationalen Zuständigkeit[30]. Die Brüssel IIa-VO und das KSÜ gelten nur für Minderjährige. Maßgebliche **nationale Norm** ist **§ 104 FamFG**.[31] Nach § 104 FamFG sind alternative Anknüpfungspunkte die Staatsangehörigkeit sowie der gewöhnliche Aufenthalt des Betroffenen.[32] Bei Doppelstaatern/Mehrstaatern reicht die deutsche Staatsangehörigkeit zur inländischen Zuständigkeit, auf die effektive Staatsangehörigkeit kommt es nicht an[33]. Darüber hinaus sind die deutschen Gerichte nach § 104 Abs. 1 Satz 2 FamFG zuständig, soweit ein konkretes deutsches Fürsorgebedürfnis besteht. **34**

---

25 BR/*Heiderhoff* Rn. 9.
26 jurisPK/*Röthel* Rn. 35
27 Palandt/*Thorn* Rn. 1
28 *Helms* FamRZ 2008, 1995 (1996 f.
29 Näher *Wagner* IPRax 2007, 11.
30 BGH FamRZ 1993, 316.
31 *Althammer* IPRax 2009, 381 (385).
32 SBW/*A.Baetge* § 104 FamFG Rn. 16 ff.
33 SBW/*A.Baetge* § 104 FamFG Rn. 17.– S. bereits BGH FamRZ 1997, 1070.

II. Anerkennung

35 Eine im Ausland zur **Vormundschaft** oder Pflegschaft über einen Minderjährigen ergangene Entscheidung ist im Inland anzuerkennen, wenn die Voraussetzungen nach Unionsrecht, Staatsvertrag oder nationalem Recht vorliegen. Einschlägig sind: – 21 ff., 40 ff. Brüssel IIa VO, – Luxemburger europäisches Übereinkommen über die Anerkennung und Vollstreckung von Entscheidungen über das Sorgerecht für Kinder und die Wiederherstellung des Sorgerechtsverhältnisses (ESÜ), – Haager Kinderschutzübereinkommen (KSÜ), – Haager Erwachsenenschutzübereinkommen (ErwSÜ), – nationales Recht (§§ 108 Abs. 1, 109 FamFG). S. Art. 21 EGBGB Rdn. 20 ff.

36 Entscheidungen zu **Betreuung** und Pflegschaft über Volljährige können unter den Vertragsstaaten nach Art. 22 ErwSÜ anerkannt werden. Etliche ausländische Staaten haben die Kompetenz für Maßnahmen betreuungsrechtlichen Charakters Behörden zugewiesen. Ein spezielles Verfahren zur Feststellung der Anerkennungsfähigkeit ausländischer Entscheidungen zu Betreuung und Pflegschaft über Volljährige gibt es nicht; eine förmliche Anerkennung ist aber nach § 108 Abs. 2 FamFG möglich.[34] Die Vorfrage der Anerkennungsfähigkeit hat das mit der Sache befasste Gericht selbstständig zu prüfen.

37 **Bilaterale Abkommen**, die die gegenseitige Anerkennung von Entscheidungen betreuungsrechtlichen Charakters zum Gegenstand haben, gibt es mit Belgien, Griechenland, der Schweiz und Spanien. Sie enthalten übereinstimmend die grundsätzliche Anerkennungspflicht mit jeweils unterschiedlichen Voraussetzungen. Auf das nationale Anerkennungsrecht (§§ 108 Abs. 1, 109 FamFG) kann zurückgegriffen werden, wenn dieses sich im Vergleich zum Abkommensrecht nach Lage des Falles als anerkennungsfreundlicher erweist[35]. Davon ist i.d.R. auszugehen, so dass für die Praxis eine Prüfung dieser Abk. nicht erforderlich ist. Sonstige einschlägige supranationale Regelungen gibt es nicht.

38 Nationale Rechtsgrundlage für die Anerkennung ausländischer Entscheidungen zu Betreuung sowie Pflegschaft über Volljährige ist **§ 108 Abs. 1 FamFG**.[36] Neben bestimmten Formalverstößen gem. § 109 Abs. 1 FamFG (Nr. 1–3) kann ein ordre-public-Verstoß der Anerkennung entgegenstehen (§ 109 Abs. 1 Nr. 4 FamFG). Dies kommt bei Betreuungsentscheidungen insb. dann in Betracht, wenn der Betroffene im Verfahren nicht angehört worden war. Hat das ausländische Gericht Erwachsenenvormundschaft mit Entmündigung angeordnet, steht dies nicht von vornherein der Anerkennung entgegen – jedoch hat der Vormund lediglich die Stellung eines Betreuers für alle Angelegenheiten und mit Einwilligungsvorbehalt[37]. Ein ordre-public-Verstoß ist dann anzunehmen, wenn das Wohl oder der Wille des Betreuten grob missachtet worden ist. Maßstab ist hier vor allem Art. 2 Abs. 1 GG[38]. Eine förmliche Anerkennung nach § 108 Abs. 2 FamFG ist möglich.[39]

---

34 Anders noch BGH FamRZ 1989, 378; OLG Bamberg FamRZ 2000, 1098.
35 BGH FamRZ 1987, 580.
36 Keidel/*Zimmermann* FamFG § 108 Rn. 28, 31.
37 MüKo BGB/*Klinkhardt* Art. 24 EGBGB Rn. 41 m.w.N.
38 Vgl. BGH NJW 1993, 848.
39 *Klinck* FamRZ 2009, 741 (747).

Anhang zu Art. 24 EGBGB

Haager Übereinkommen über den internationalen Schutz von Erwachsenen

Vom 13. Januar 2000 (BGBl. 2007 II S. 323, BGBl. 2009 II S. 39)

(Übersetzung)

Die Unterzeichnerstaaten dieses Übereinkommens -

in der Erwägung, dass es erforderlich ist, bei internationalen Sachverhalten den Schutz von Erwachsenen sicherzustellen, die aufgrund einer Beeinträchtigung oder der Unzulänglichkeit ihrer persönlichen Fähigkeiten nicht in der Lage sind, ihre Interessen zu schützen;

in dem Wunsch, Konflikte zwischen ihren Rechtssystemen in Bezug auf die Zuständigkeit, das anzuwendende Recht, die Anerkennung und Vollstreckung von Maßnahmen zum Schutz von Erwachsenen zu vermeiden;

eingedenk der Bedeutung der internationalen Zusammenarbeit für den Schutz von Erwachsenen;

bekräftigend, dass das Wohl des Erwachsenen und die Achtung seiner Würde und Selbstbestimmung vorrangig zu berücksichtigen sind -

haben die folgenden Bestimmungen vereinbart:

A. Anwendungsbereich des ErwSÜ

Das Übereinkommen ist nach der Ratifikation durch drei Staaten am 01.01.2009 **in Kraft** getre- **1** ten (Art. 57 Abs. 1 ErwSÜ).[1] Das ErwSÜ ist von Deutschland am 07.04.2007 ratifiziert worden.[2] Derzeit haben auch Estland, Finnland, Frankreich, die Schweiz, die Tschechische Republik und das Vereinigte Königreich (beschränkt auf Schottland) das Übereinkommen ratifiziert.[3]

Die Kollisionsregeln des ErwSÜ haben nach Art. 3 Nr. 2 EGBGB **Vorrang vor den unvereinheit-** **2** **lichten Kollisionsregeln** des deutschen Rechts. Dies wird in Art. 13 Abs. 1 ErwSÜ präzisiert, s. Rdn. 41. Der Vorrang der verfahrensrechtlichen Bestimmungen ergibt sich aus § 97 Abs. 1 FamFG. In verfahrensrechtlicher Hinsicht gilt das Erwachsenenschutzübereinkommens-Ausführungsgesetz (ErwSÜAG).[4] Das Ausführungsgesetz hat Vorrang vor dem FamFG, s. § 97 Abs. 2 FamFG.

Das ErwSÜ bezweckt den Schutz von Erwachsenen, die aufgrund von Beeinträchtigungen oder **3** von Unzulänglichkeiten ihrer persönlichen Fähigkeiten nicht in der Lage sind, ihre Interessen selbst zu vertreten. Strukturell weist das ErwSÜ starke **Parallelen zum KSÜ** auf.[5] Dabei betrifft es nur **internationale Sachverhalte**[6], bei denen es in erster Linie darum geht, Konflikte zwischen den Rechtssystemen der Vertragsstaaten in Bezug auf die Zuständigkeit, das anzuwendende Recht, die Anerkennung und Vollstreckung von Maßnahmen zum Schutz von Erwachsenen zu vermeiden.

---

1 Bek. v. 12.12.2008, BGBl. 2009 II, S. 39.
2 Gesetz vom 17.03. 2007, BGBl. II, S. 323; vgl. hierzu auch *Wagner* IPRax 2007, 11 ff.
3 Bek. v. 12.12.2008, BGBl. 2009 II, S. 39; vgl. hierzu: http://www.hcch.net/index.
4 Gesetz zur Ausführung des Haager Übereinkommens vom 13. Januar 2000 über den internationalen Schutz von Erwachsenen Gesetz vom 17.03.2007, BGBl. II 2007, S. 323 ff.
5 Bericht *Lagarde* Nr. 4 (deutsche Übersetzung des Berichts abgedruckt in BT-Drucks. 16/3250); *Wagner* IPRax 2007, 11 (12).
6 Bericht *Lagarde* Nr. 10.

Nicht vom Übereinkommen erfasst werden also Sachverhalte mit reinem Inlandsbezug.[7] Wann ein internationaler Sachverhalt vorliegt, lässt das ErwSÜ offen. Allerdings sollten an das Vorliegen eines Auslandsbezugs keine allzu hohen Anforderungen gestellt werden.[8] Ein internationaler Sachverhalt dürfte jedenfalls immer dann anzunehmen sein, wenn der Erwachsene einem anderen Staat angehört oder sich sein gewöhnlicher Aufenthalt im Ausland befindet.[9] Es genügt auch, wenn sein zu verwaltendes Vermögen im Ausland liegt.[10]

4 Gem. Art. 1 Abs. 2 regelt das Übereinkommen nicht nur die Zuständigkeit von Behörden für Schutzmaßnahmen (Buchst. a), sondern auch das von diesen Behörden bei der Ausübung ihrer Zuständigkeit anzuwendende Recht (Buchst. b), sowie das auf die Vertretung eines Erwachsenen anzuwendende Recht (Buchst. c), die Anerkennung und Vollstreckung der Schutzmaßnahmen in allen Vertragsstaaten und die Zusammenarbeit zwischen den Behörden der Vertragsstaaten, um die Ziele des Übereinkommens sicherzustellen. Insofern behandelt das ErwSÜ dieselben Themenkomplexe wie das KSÜ.[11]

5 Der **persönliche Anwendungsbereich** des ErwSÜ erfasst Erwachsene, die aufgrund einer Beeinträchtigung oder der Unzulänglichkeit ihrer persönlichen Fähigkeiten nicht in der Lage sind, ihre Interessen zu schützen. Irrelevant für die Anwendung des ErwSÜ ist hingegen, ob die erwachsene Person urteilsfähig oder entmündigt ist.[12] Unerheblich ist auch, ob der Erwachsene die Staatsangehörigkeit eines Vertragsstaates besitzt.[13] Es bedarf lediglich einer aufgrund von physischen oder psychischen Unzulänglichkeiten vermittelten Hilfsbedürftigkeit.[14] Nicht unter den persönlichen Anwendungsbereich soll sog. Verschwender fallen, es sei denn die Verschwendungssucht tritt im Zusammenhang mit anderen Faktoren auf, die auf eine allgemeine Hilfsbedürftigkeit hinweisen.[15]

6 Den **Rechtsbegriff** »Erwachsener« definiert das Übereinkommen in Art. 2 ErwSÜ selbst. Danach ist ein »Erwachsener« eine Person, die das 18. Lebensjahr vollendet hat. Das Übereinkommen schließt damit lückenlos an Art. 2 KSÜ an, der vorsieht, dass bis zur Vollendung des 18. Lebensjahres das KSÜ heranzuziehen ist.[16] Selbst wenn der Erwachsene nach dem Recht des Forumstaates nach Vollendung des 18. Lebensjahres noch nicht mündig ist, gilt dennoch Art. 2 Abs. 1 ErwSÜ. Im umgekehrten Falle, in dem der Erwachsene bereits vor Vollendung des 18. Lebensjahres nach dem Recht des Forumstaates erwachsen ist, ist hingegen nicht das ErwSÜ, sondern das KSÜ heranzuziehen.[17]

Art. 2 Abs. 2 ErwSÜ stellt allerdings klar, dass das ErwSÜ auch auf solche Maßnahmen Anwendung findet, die hinsichtlich eines nunmehr Erwachsenen zu einem Zeitpunkt getroffen worden sind, an dem dieser das 18. Lebensjahr noch nicht vollendet hatte.

Wann die Anwendbarkeit des ErwSÜ endet, ist nicht geregelt. Aus der Zielsetzung des Übereinkommens ergibt sich jedoch, dass dieses nur zu **Lebzeiten des Betroffenen** Anwendung findet.[18]

---

7 *Guttenberger,* Das Haager Übereinkommen über den internationalen Schutz von Erwachsenen (2004) S. 62.

8 *Guttenberger,* S. 62; Staudinger/*von Hein* (2008) Vorbem. Art. 24 EGBGB Rn. 28.

9 *Siehr* RabelsZ 64 (2000), 722; *Guttenberger,* S. 63; Staudinger/*von Hein* (2008) Vorbem. Art. 24 EGBGB Rn. 28.

10 *Baetge* RabelsZ 70 (2006) 819 (820); Staudinger/*von Hein* (2008) Vorbem. Art. 24 EGBGB Rn. 28; anders *Siehr* RabelsZ 64 (2000), 715 (722); *Wagner* IPRax 2007, 11 (13).

11 Bericht *Lagarde* Nr. 5.

12 *Siehr* RabelsZ 64 (2000), 715 (721).

13 *Helms* FamRZ 2008, 1995.

14 *Siehr* RabelsZ 64 (2000), 715 (721); *Guttenberger* S. 60 f.

15 Bericht *Lagarde* Nr. 9; *Siehr* RabelsZ 64 (2000), 715 (721).

16 *Guttenberger* S. 57.

17 *Siehr* RabelsZ 64 (2000), 715 (721); vgl. auch Bericht *Lagarde* Nr. 15.

18 *Guttenberger* S. 58.

So stellen beispielsweise **postmortale Vollmachten**, deren Zweck die Verwaltung des Nachlasses ist, keine Maßnahmen des Erwachsenenschutzes dar und fallen aus diesem Grunde nicht unter den Anwendungsbereich des Übereinkommens.[19]

Der **sachliche Anwendungsbereich** ergibt sich aus den Art. 1 i.V.m. Art. 3, 4 ErwSÜ. Soweit es   7 um eine Schutzmaßnahme i.S.v. Art. 1 Abs. 2 Buchst. a geht, wird der Rechtsbegriff durch Art. 3 konkretisiert. Danach können Schutzmaßnahmen insb. **Entscheidungen über die Handlungsfähigkeit** und die Einrichtung eines Schutzordnung umfassen (Buchst. a). Dazu gehört auch die Betreuung mit Einwilligungsvorbehalt,[20] nicht hingegen ein kraft Gesetzes geltender Erwachsenenschutz wie die Geschäftsunfähigkeit.[21] Ferner sind zu nennen die Unterstellung des Erwachsenen unter den Schutz eines Gerichts oder einer Verwaltungsbehörde (Buchst. b); die Vormundschaft, die Pflegschaft[22] und die entsprechenden Einrichtungen (Buchst. c); die Bestimmung und den Aufgabenbereich jeder Person oder Stelle, die für die Person oder das Vermögen des Erwachsenen verantwortlich ist, den Erwachsenen vertritt oder ihm beisteht (Buchst. d); die Unterbringung des Erwachsenen in einer Einrichtung oder an einem anderen, dem Erwachsenen schutzleistenden Ort (Buchst. e); die Verwaltung, Erhaltung und die Verfügung über das Vermögen des Erwachsenen (Buchst. f) bzw. die Erlaubnis eines bestimmten Einschreitens zum Schutz der Person oder des Vermögens des Erwachsenen (Buchst. g). Es handelt sich hierbei um eine beispielhafte Aufzählung.[23] Diese ist **nicht abschließend**,[24] worauf bereits die Verwendung der Formulierung »insbesondere« hinweist.[25] Es wurde absichtlich auf die Aufnahme nationaler Rechtsinstitute in den Katalog des Art. 3 ErwSÜ verzichtet, um ein Ausufern dieser Bestimmung zu verhindern.[26] So fällt beispielsweise auch die **Betreuung nach §§ 1896 ff. BGB** unter den Begriff der Schutzmaßnahme,[27] obwohl sie in Art. 3 ErwSÜ nicht explizit genannt wird.

Nach Art. 4 ErwSÜ werden bestimmte **Materien nicht vom Anwendungsbereich des ErwSÜ**   8 **erfasst**, s. Anhang zu Art. 24 EGBGB Rdn. 12 ff. Hierbei handelt es sich um eine abschließende Regelung.[28] Danach ist das ErwSÜ gerade im Familien- und Erbrecht, namentlich auf Unterhaltspflichten (Buchst. a) auf das Eingehen, die Ungültigkeitserklärung und die Auflösung einer Ehe oder einer eheähnlichen Beziehung bzw. Trennung (Buchst. b) auf den Güterstand der Ehe oder einer vergleichbaren Regelung für eheähnliche Beziehungen (Buchst. c) bzw. auf Trusts und Erbschaften (Buchst. d) nicht anwendbar. Darüber hinaus findet das ErwSÜ auch keine Anwendung auf die soziale Sicherheit (Buchst. e) öffentliche Maßnahmen allgemeiner Art in Gesundheitsangelegenheiten (Buchst. f) sowie solche, die hinsichtlich einer Person infolge ihrer Straftaten ergriffen wurden. Ferner nicht auf Entscheidungen über Asylrecht und Einwanderung soweit auf Maßnahmen, die allein auf die Wahrung der öffentlichen Sicherheit gerichtet sind.[29]

Nach Art. 4 Abs. 2 ErwSÜ berühren die in Abs. 1 ausgeschlossenen Materien jedoch nicht die **Vertretungsmacht einer Person**, für den Erwachsenen zu handeln. D.h., ein nach Art. 7, 13 ErwSÜ

---

19 Bericht *Lagarde* Nr. 16 (allerdings will dieser wohl einige Ausnahmen in Bezug auf Dauerschuldverhältnisse, wie z.B. auf einen Mietvertrag des Erwachsenen, zulassen).
20 *Guttenberger* S. 65; Staudinger/*von Hein* (2008) Vorbem. Art. 24 EGBGB Rn. 44.
21 *Helms* FamRZ 2008, 1995 (1999).
22 Für Erfassung der Ergänzungspflegschaft Staudinger/*von Hein* (2008) Vorbem. Art. 24 EGBGB Rn. 47; anders *Siehr* RabelsZ 64 (2000), 715 (721).
23 Staudinger/*von Hein* (2008) Vorbem. Art. 24 EGBGB Rn. 37.
24 *Helms* FamRZ 2008, 1995; *Siehr* RabelsZ 64 (2000), 715,(726); *Wagner* IPRax 2007, 11 (12).
25 *Guttenberger* S. 65; Bericht *Lagarde* Nr. 29.
26 Vgl. *Siehr* RabelsZ 64 (2000), 715 (727); *Wagner* IPRax 2007, 11 (12); zu den einzelnen nationalen Regelungen in Europa vgl. *Röthel* FamRZ 2004, 999 ff.
27 *Röthel/Woitge* IPRax 2010, 409 (410); Staudinger/*von Hein* (2008) Vorbem. Art. 24 EGBGB Rn. 44; vgl. auch Bericht *Lagarde* Nr. 18.
28 *Guttenberger* S. 67; *Helms* FamRZ 2008, 1995.
29 Näheres zu den einzelnen Ausschlustatbeständen unter Art. 4 ErwSÜ.

ernannter Betreuer kann den betroffenen Erwachsenen auch in einem nach Art. 4 Abs. 1 Buchst. a ErwSÜ ausgeschlossenen Unterhaltsprozess vertreten.[30]

9 Das ErwSÜ besitzt keine allgemeinen Regeln zur **Eingrenzung des räumlichen Anwendungsbereichs.** Vielmehr variiert die räumliche Reichweite und wird von den betreffenden Vorschriften selbst festgelegt.[31] So knüpft beispielsweise Art. 5 Abs. 1 ErwSÜ an den gewöhnlichen Aufenthalt des Betroffenen in einem bestimmten Vertragsstaat an.

10 Der **zeitliche Anwendungsbereich** des ErwSÜ ist in Art. 50 Abs. 1 ErwSÜ geregelt, s. Anhang zu Art. 24 EGBGB Rdn. 88.

B. Internationales Zuständigkeit nach dem ErwSÜ

11 Die Staatsangehörigkeit des Erwachsenen spielt, abgesehen von der Heimatzuständigkeit nach Art. 7 ErwSÜ und der Hilfszuständigkeit gem. Art. 8 ErwSÜ, keine Rolle. Wichtigster Anknüpfungspunkt ist der **gewöhnliche Aufenthalt des Erwachsenen.**[32] Nach der Intention des Übereinkommens sind die Behörden und Gerichte am gewöhnlichen Aufenthalt primär zuständig (vgl. Art. 5 Abs. 1 ErwSÜ).[33] Daneben gibt es eine konkurrierende Zuständigkeit der Heimatbehörden (Art. 7 ErwSÜ) und der Behörden des Staates, in dem Vermögen des Erwachsenen belegen ist (Art. 9 Abs. 1 ErwSÜ). Letztere sind der Aufenthaltszuständigkeit dahingehend untergeordnet, dass die Aufenthaltsbehörden, sofern sie denn tätig werden, »stets das erste oder letzte Wort« haben.[34] Zusätzlich gibt es noch eine angetragene oder erbetene Zuständigkeit (Art. 8 ErwSÜ), eine Eilzuständigkeit (Art. 10 ErwSÜ) sowie eine Zuständigkeit für einstweilige Anordnungen (Art. 11 ErwSÜ).

Kapitel I   Anwendungsbereich des Übereinkommens

Art. 1   ErwSÜbk

(1) Dieses Übereinkommen ist bei internationalen Sachverhalten auf den Schutz von Erwachsenen anzuwenden, die aufgrund einer Beeinträchtigung oder der Unzulänglichkeit ihrer persönlichen Fähigkeiten nicht in der Lage sind, ihre Interessen zu schützen.

(2) Sein Ziel ist es,

a) den Staat zu bestimmen, dessen Behörden zuständig sind, Maßnahmen zum Schutz der Person oder des Vermögens des Erwachsenen zu treffen;

b) das von diesen Behörden bei der Ausübung ihrer Zuständigkeit anzuwendende Recht zu bestimmen;

c) das auf die Vertretung des Erwachsenen anzuwendende Recht zu bestimmen;

d) die Anerkennung und Vollstreckung der Schutzmaßnahmen in allen Vertragsstaaten sicherzustellen;

e) die zur Verwirklichung der Ziele dieses Übereinkommens notwendige Zusammenarbeit zwischen den Behörden der Vertragsstaaten einzurichten.

---

30 *Siehr* RabelsZ 64 (2000), 715 (728).
31 Bericht *Lagarde* Nr. 17.
32 *Siehr* RabelsZ 64 (2000), 715 (722).
33 Staudinger/*von Hein* (2008) Vorbem. Art. 24 EGBGB Rn. 73.
34 *Siehr* RabelsZ 64 (2000), 715 (728); *Röthel/Woitge* IPRax 2010, 409 (410).

Art. 2 ErwSÜbk

(1) Im Sinn dieses Übereinkommens ist ein Erwachsener eine Person, die das 18. Lebensjahr vollendet hat.

(2) Dieses Übereinkommen ist auch auf Maßnahmen anzuwenden, die hinsichtlich eines Erwachsenen zu einem Zeitpunkt getroffen worden sind, in dem er das 18. Lebensjahr noch nicht vollendet hatte.

Art. 3 ErwSÜbk

Die Maßnahmen, auf die in Artikel 1 Bezug genommen wird, können insbesondere Folgendes umfassen:

a) die Entscheidung über die Handlungsunfähigkeit und die Einrichtung einer Schutzordnung;
b) die Unterstellung des Erwachsenen unter den Schutz eines Gerichts oder einer Verwaltungsbehörde;
c) die Vormundschaft, die Pflegschaft und entsprechende Einrichtungen;
d) die Bestimmung und den Aufgabenbereich jeder Person oder Stelle, die für die Person oder das Vermögen des Erwachsenen verantwortlich ist, den Erwachsenen vertritt oder ihm beisteht;
e) die Unterbringung des Erwachsenen in einer Einrichtung oder an einem anderen Ort, an dem Schutz gewährt werden kann;
f) die Verwaltung und Erhaltung des Vermögens des Erwachsenen oder die Verfügung darüber;
g) die Erlaubnis eines bestimmten Einschreitens zum Schutz der Person oder des Vermögens des Erwachsenen.

Art. 4 ErwSÜbk

(1) Dieses Übereinkommen ist nicht anzuwenden

a) auf Unterhaltspflichten;
b) auf das Eingehen, die Ungültigerklärung und die Auflösung einer Ehe oder einer ähnlichen Beziehung sowie die Trennung;
c) auf den Güterstand einer Ehe oder vergleichbare Regelungen für ähnliche Beziehungen;
d) auf Trusts und Erbschaften;
e) auf die soziale Sicherheit;
f) auf öffentliche Maßnahmen allgemeiner Art in Angelegenheiten der Gesundheit;
g) auf Maßnahmen, die hinsichtlich einer Person infolge ihrer Straftaten ergriffen wurden;
h) auf Entscheidungen über Asylrecht und Einwanderung;
i) auf Maßnahmen, die allein auf die Wahrung der öffentlichen Sicherheit gerichtet sind.

(2) Absatz 1 berührt in den dort erwähnten Bereichen nicht die Berechtigung einer Person, als Vertreter des Erwachsenen zu handeln.

Die in Art. 4 genannten **Ausschlusstatbestände** beruhen auf unterschiedlichen Überlegungen. So 12 werden beispielsweise die in Art. 4 Abs. 1 Buchst. a genannten **Unterhaltspflichten** vom Haager Unterhaltsprotokoll 2007 bzgl. des anwendbaren Rechts erfasst. Darüber hinaus regelt die die EuUntVO bzw. das Luganer Übereinkommen die internationale Zuständigkeit für Unterhaltsverpflichtungen. Andere Ausschlusstatbestände wurden wiederum in Art. 4 ErwSÜ aufgenommen, weil der Grundsatz, dass das Recht des Gerichtsstaates zur Anwendung gelangen soll, für diese

Rechtsgebiete ungeeignet erschien.[1] Dies gilt insb. für die Bereiche, die zumindest Berührungs-punkte mit dem öffentlichen Recht aufweisen, wie beispielsweise Maßnahmen der sozialen Sicher-heit, des Strafrechts oder bzgl. der Einwanderung.[2]

13 Das ErwSÜ findet auch auf das Eingehen, die Ungültigkeitserklärung, die Auflösung einer **Ehe oder eheähnlichen Beziehung** sowie deren Trennung keine Anwendung (vgl. Abs. 1 Buchst. b). Da der Ausschluss z.B. auch das Eingehen einer Ehe umfasst, ist das ErwSÜ nicht heranzuziehen, soweit es um die Frage geht, ob eine Person mit einer geistigen Behinderung eine Ehe schließen darf oder nicht bzw. ob das spätere Auftreten einer solchen die Ungültigkeitserklärung oder Auflö-sung der Ehe begründen kann.[3] Aufgrund der Formulierung »eheähnliche Beziehung« werden alle amtlich anerkannten hetero- oder homosexuelle Bindungsformen vom Anwendungsbereich des ErwSÜ ausgeschlossen, wie beispielsweise die **eingetragene Partnerschaft**.[4]

14 Der Ausschlusstatbestand des Abs. 1 Buchst. d bezieht sich neben **Erbschaften** auch auf die Fragen des Internationalen Privatrechts, die sich im Zusammenhang mit **Trusts** ergeben. Der Ausschluss ist auf die Bestimmungen hinsichtlich der Wirkungsweise von Trusts beschränkt auszulegen.[5]

15 Der Ausschluss der **sozialen Sicherheit ist** weit zu verstehen ist und geht über das hinaus, was in den Bestimmungen der Vertragsstaaten unter dem Rechtsbegriff im engeren Sinne zu verstehen ist. Doch fällt die Bestimmung eines Vertreters des fürsorgebedürftigen Erwachsenen, der auch zur Entgegennahme der Sozialversicherungsleistungen befugt sein soll, in den Anwendungsbereich des ErwSÜ, soweit die Sozialversicherungsregelungen keine besonderen Bestimmungen vorsehen.[6]

16 Bei Abs. 1 Buchst. f ist zu differenzieren.[7] Maßnahmen »allgemeiner Art in **Angelegenheiten der Gesundheit**« sind öffentlich rechtliche Maßnahmen, die zum Schutz einer Vielzahl von Menschen und zur Bekämpfung allgemeiner Gesundheitsgefahren erlassen werden.[8] Ausgeschlossen werden also solche ärztlichen und sicherheitspolitischen Maßnahmen, die aus allgemeinen Erwägungen heraus getroffen werden, wie beispielsweise Impfungen oder Sicherheitsverwahrungen.[9] Maßnah-men aus fürsorglichen Gründen zum Schutz der Gesundheit des Einzelnen, wie beispielsweise eine Sterilisation oder ein Schwangerschaftsabbruch, sind hingegen vom Anwendungsbereich des ErwSÜ gedeckt.[10]

17 Gem. Abs. 1 Buchst. g sind auch **strafrechtliche Sanktionen** vom Anwendungsbereich des ErwSÜ ausgeschlossen. Gemeint sind Maßnahmen, welche Folge von Straftaten sind, die von dem fürsor-gebedürftigen Erwachsenen begangen wurden.[11] Dafür genügt, dass der Erwachsene eine strafbare Handlung begangen hat. Irrelevant hierfür ist hingegen, ob er aufgrund einer krankhaften seeli-schen Störung strafrechtlich (nicht) verfolgt werden kann.[12]

18 Abs. 1 Buchst. h schließt einschlägige Entscheidungen, die z.B. die **Asylgewährung oder Aufent-haltsgenehmigung** betreffen, vom Anwendungsbereich des ErwSÜ aus.[13] Der Schutz und die Ver-

---

1 Bericht *Lagarde* Nr. 31.
2 Vgl. Bericht *Lagarde* Nr. 31.
3 Bericht *Lagarde* Nr. 34.
4 Bericht *Lagarde* Nr. 33; Staudinger/*von Hein* (2008) Vorbem. Art. 24 EGBGB Rn. 55.
5 Bericht *Lagarde* Nr. 37.
6 Bericht *Lagarde* Nr. 39.
7 Bericht *Lagarde* Nr. 40.
8 Bericht *Lagarde* Nr. 40.
9 *Guttenberger* S. 74.
10 *Guttenberger* S. 74; vgl. Staudinger/*von Hein* (2008) Vorbem. Art. 24 EGBGB Rn. 63.
11 Bericht *Lagarde* Nr. 43.
12 Bericht *Lagarde* Nr. 43.
13 Bericht *Lagarde* Nr. 44.

tretung eines fürsorgebedürftigen Erwachsenen, der beispielsweise Asyl begehrt, sind hingegen vom Anwendungsbereich des Übereinkommens umfasst.[14]

Der Ausschlusstatbestand des Abs. 1 Buchst. i betrifft in erster Linie Maßnahmen zur **Unterbringung von Erwachsenen**, die aufgrund ihrer geistigen Störung zu einer Gefahr für Dritte werden, sprich die Maßnahme der Zwangsunterbringung, die vor allem auch im Interesse der öffentlichen Sicherheit angeordnet wurde.[15]   **19**

Kapitel II   Zuständigkeit

Art. 5   ErwSÜbk

(1) **Die Behörden, seien es Gerichte oder Verwaltungsbehörden, des Vertragsstaats, in dem der Erwachsene seinen gewöhnlichen Aufenthalt hat, sind zuständig, Maßnahmen zum Schutz der Person oder des Vermögens des Erwachsenen zu treffen.**

(2) **Bei einem Wechsel des gewöhnlichen Aufenthalts des Erwachsenen in einen anderen Vertragsstaat sind die Behörden des Staates des neuen gewöhnlichen Aufenthalts zuständig.**

Die Zuständigkeit der Behörden zur Ergreifung von Schutzmaßnahmen ist in Art. 5–12 ErwSÜ geregelt. Hierbei normiert Art. 5 ErwSÜ eine **Primärzuständigkeit** der Gerichte oder Verwaltungsbehörden des Vertragsstaates, in dem der Erwachsene seinen gewöhnlichen Aufenthalt hat (Art. 5 Abs. 1 ErwSÜ). Siehe zur Zuständigkeitskonzentration §§ 6, 7 ErwSÜAG.   **20**

Allerdings findet sich im ErwSÜ keine Definition des »gewöhnlichen Aufenthalts«.[1] Insoweit bleibt es beim herkömmlichen Rechtsbegriff als dem tatsächlichen Mittelpunkt der Lebensführung einer Person (vgl. Art. 5 EGBGB Rdn. 5).[2] Probleme können hier in erster Linie bei der Frage entstehen, ob der Erwachsene **mehrere gewöhnliche Aufenthalte** haben kann.[3] Gerade bei älteren Leuten findet man ab und an diese »zugvogelhafte Lebensgestaltung«: Sommer im Norden, in der Heimatstadt, Winter im Süden am Feriensitz.[4] Hier erscheint es angezeigt, soweit sich kein einziger gewöhnlicher Aufenthalt ermitteln lässt, dort einen gewöhnlichen Aufenthalt anzunehmen, an dem der Erwachsene nach seinem eigenen Lebensrhythmus gerade weilt.[5] Voraussetzung ist hierfür allerdings, dass sich ein zeitlich begrenzter oder saisonbedingt wiederkehrender Lebensmittelpunkt lokalisieren lässt.   **21**

Die **Zuständigkeit** nach Art. 5 Abs. 2 **ändert sich** mit jedem Wechsel des gewöhnlichen Aufenthaltes des Erwachsenen. Es fehlt allerdings an einer Regelung hinsichtlich der Frage, wann bei einem anhängigen Verfahren der gewöhnliche Aufenthalt im Entscheidungsstaat gegeben sein muss. Richtig erscheint es, eine **perpetuatio fori** zu vermeiden[6] und die Zuständigkeit und damit auch   **22**

---

14 Bericht *Lagarde* Nr. 44.
15 Bericht *Lagarde* Nr. 45.
1 *Guttenberger* S. 90.
2 *Helms* FamRZ 2008, 1995 (1996); *Wagner* IPRax 2007, 11 (13); *Röthel/Woitge* IPRax 2010, 409 (410).
3 *Siehr* RabelsZ 64 (2000), 715 (729); *Guttenberger* S. 91.
4 *Siehr* RabelsZ 64 (2000), 715 (729); *Guttenberger* S. 91.
5 *Siehr* RabelsZ 64 (2000), 715 (730); a.A. *Guttenberger* S. 91, der davon ausgeht, dass es sich bei der Frage des doppelten gewöhnlichen Aufenthalts um ein theoretisches Problem handele, da sich in der Praxis immer ein gewöhnlicher Aufenthalt festlegen lasse.
6 Bericht *Lagarde* Nr. 51; *Helms* FamRZ 2008, 1995 (1996); Staudinger/*von Hein* (2008) Vorbem. Art. 24 EGBGB Rn. 76.

den gewöhnlichen Aufenthalt im Zeitpunkt der Entscheidung zu verlangen.[7] Schließlich wird mit dem Wechsel des gewöhnlichen Aufenthalts der Staat des neuen Aufenthalts wegen der Anwesenheit der Erwachsenen als besser geeignet angesehen wird, über die Frage zu entscheiden, ob und ggfs. welche Maßnahmen zum Schutz des Erwachsenen getroffen werden müssen.

Art. 6   ErwSÜbk

(1) Über Erwachsene, die Flüchtlinge sind oder die infolge von Unruhen in ihrem Land in ein anderes Land gelangt sind, üben die Behörden des Vertragsstaats, in dessen Hoheitsgebiet sich die Erwachsenen demzufolge befinden, die in Artikel 5 Absatz 1 vorgesehene Zuständigkeit aus.

(2) Absatz 1 ist auch auf Erwachsene anzuwenden, deren gewöhnlicher Aufenthalt nicht festgestellt werden kann.

23   Art. 6 ErwSÜ gilt für **Flüchtlinge** sowie Erwachsene, die infolge von Unruhen in ihrem Land in ein anderes Land gelangt sind. Hier üben grds. die Behörden des Vertragsstaates die Zuständigkeit aus, in dem sich der Erwachsene tatsächlich befindet, d.h. der gewöhnliche Aufenthalt wird durch den **schlichten Aufenthalt** ersetzt. Flüchtlinge oder Personen, die infolge von Unruhen in ihrem Land in ein anderes gelangt sind, haben zwar des Öfteren sämtliche Beziehungen zu dem Staat, aus welchem sie geflohen oder aus dem sie entkommen sind, abgebrochen, konnten oder wollten in ihrem Zufluchtsstaat noch keinen gewöhnlichen Aufenthalt begründen.[1] Der Begriff »Flüchtling« ist nach Art. 1 A Nr. 2 des Genfer UN-Abkommens über die Rechtsstellung der Flüchtlinge von 1951[2] und Art. 1 des Genfer Protokolls über die Rechtsstellung der Flüchtlinge von 1967[3] zu bestimmen.[4]

24   Abs. 2 erstreckt diese Anwesenheitszuständigkeit auch auf Personen, deren **gewöhnlicher Aufenthalt nicht ermittelt** werden kann. Er stellt aber keinen Auffangtatbestand dar.[5] Diese Anknüpfung soll nämlich nicht dazu dienen, Unsicherheiten bei der Bestimmung des gewöhnlichen Aufenthalts, die aufgrund eines Statutenwechsels auftreten können (gewöhnlicher Aufenthalt noch am alten oder schon am neuen Wohnort begründet?), entgegenzuwirken.[6] Solange feststeht, dass ein Erwachsener irgendwo einen gewöhnlichen Aufenthalt hat, ist Abs. 2 nicht heranzuziehen.[7]

25   Nur dann, wenn ein gewöhnlicher Aufenthalt **tatsächlich nicht ermittelt werden kann**, greift Abs. 2 ein. Dieser stellt klar, dass Abs. 1 auch dann zur Anwendung gelangt, wenn der gewöhnliche Aufenthalt eines Erwachsenen im Sinne des Übereinkommens nicht festgestellt werden kann. Hier dürften dann die Behörden des Vertragsstaates, in dem sich der Erwachsene tatsächlich befindet, tätig werden.

Art. 7   ErwSÜbk

(1) Die Behörden eines Vertragsstaats, dem der Erwachsene angehört, sind zuständig, Maßnahmen zum Schutz der Person oder des Vermögens des Erwachsenen zu treffen, wenn sie der Auf-

---

7   *Siehr* RabelsZ 64 (2000), 715 (729).
1   Bericht *Lagarde* Nr. 54; vgl. auch *Guttenberger* S. 94; *Siehr* RabelsZ 64 (2000), 715 (730).
2   BGBl. II 54, S. 619.
3   BGBl. II 70, S. 194.
4   Vgl. *Guttenberger* S. 94.
5   Bericht *Lagarde* Nr. 55.
6   *Siehr* RabelsZ 64 (2000), 715 (730).
7   Bericht *Lagarde* Nr. 55.

fassung sind, dass sie besser in der Lage sind, das Wohl des Erwachsenen zu beurteilen, und nachdem sie die nach Artikel 5 oder Artikel 6 Absatz 2 zuständigen Behörden verständigt haben; dies gilt nicht für Erwachsene, die Flüchtlinge sind oder die infolge von Unruhen in dem Staat, dem sie angehören, in einen anderen Staat gelangt sind.

(2) Diese Zuständigkeit darf nicht ausgeübt werden, wenn die nach Artikel 5, Artikel 6 Absatz 2 oder Artikel 8 zuständigen Behörden die Behörden des Staates, dem der Erwachsene angehört, unterrichtet haben, dass sie die durch die Umstände gebotenen Maßnahmen getroffen oder entschieden haben, dass keine Maßnahmen zu treffen sind, oder ein Verfahren bei ihnen anhängig ist.

(3) Die Maßnahmen nach Absatz 1 treten außer Kraft, sobald die nach Artikel 5, Artikel 6 Absatz 2 oder Artikel 8 zuständigen Behörden die durch die Umstände gebotenen Maßnahmen getroffen oder entschieden haben, dass keine Maßnahmen zu treffen sind. Diese Behörden haben die Behörden, die in Übereinstimmung mit Absatz 1 Maßnahmen getroffen haben, entsprechend zu unterrichten.

Nach Art. 7 ErwSÜ sind auch die Behörden des Vertragsstaates zuständig, dessen **Staatsangehörig-** **keit der Erwachsene** besitzt. Voraussetzung hierfür ist, dass der Heimatstaat des fürsorgebedürftigen Erwachsenen ein **Vertragsstaat** ist. Eine Ausnahme macht Abs. 1 Hs. 2 jedoch für Erwachsene, die **Flüchtlinge** sind oder die infolge von Unruhen in dem Staat, dem sie angehören, in einen anderen Staat gelangt sind. Heimatstaat darf vielmehr nicht der Staat sein, aus dem der Erwachsene geflohen ist. | 26

Schwierigkeiten können sich auch im Zusammenhang mit **Mehrstaatern**, d.h. Personen, die mehr als nur eine Staatsangehörigkeit besitzen, ergeben. Man könnte daran denken, nur die Zuständigkeit des Staates der effektiven Staatsangehörigkeit zuzulassen, um so konkurrierende Zuständigkeiten zu vermeiden. Dagegen spricht jedoch, dass es häufig schwierig ist, die effektive Staatsangehörigkeit zu ermitteln.[1] Aus diesem Grunde kann **jeder Heimatstaat** die Zuständigkeit gem. Abs. 1 in Anspruch nehmen.[2] Bei einem Flüchtling oder einem Erwachsenen, der infolge von Unruhen aus seinem Heimatstaat in einen anderen Staat gelangt, bei dem es sich um einen Mehrstaater handelt, ist Abs. 1 deshalb dahingehend auszulegen, dass die Behörden eines Staates, dem der Erwachsene angehört und den er nicht verlassen musste, die in Abs. 1 genannte Zuständigkeit ausüben können.[3] | 27

Die in Art. 7 ErwSÜ genannten Behörden sind nur dann zuständig, wenn sie der Auffassung sind, sie seien **besser in der Lage**, das Wohl des Erwachsenen zu beurteilen und sie die nach Art. 5 oder 6 Abs. 2 ErwSÜ zuständigen Behörden, d.h. die Behörden des gewöhnlichen Aufenthalts bzw. der tatsächlichen Anwesenheit, darüber informiert haben. Zwar dürften die Behörden des gewöhnlichen Aufenthaltsstaates grds. besser zum Schutz des Erwachsenen geeignet sein. Anderes kann aber in Fällen gelten, in denen der Betroffene seinen Heimatstaat gerade vor kurzem verlassen hat oder eine baldige Rückkehr dorthin plant.[4] | 28

Bevor die Behörden des Heimatstaates jedoch tätig werden, sind die Behörden des Vertragsstaates, denen der Erwachsene angehört, von den anderen Behörden zu informieren (Art. 7 Abs. 3 ErwSÜ).

---

1 *Guttenberger* S. 104.
2 Bericht *Lagarde* Nr. 57; *Helms* FamRZ 2008, 1995 (1997); Staudinger/*von Hein* (2008) Vorbem. Art. 24 EGBGB Rn. 86.
3 Bericht *Lagarde* Nr. 58.
4 *Guttenberger* S. 105.

29 Die Zuständigkeit darf gem. Abs. 2 dann nicht ausgeübt werden, wenn die Behörden des gewöhnlichen oder des tatsächlichen Aufenthaltsortes des Erwachsenen (Art. 5 und 6 Abs. 2 ErwSÜ) bzw. die Behörden nach Art. 8 ErwSÜ die Behörden des Staates, dem der Erwachsene angehört, **unterrichtet haben**, dass sie die gebotenen Maßnahmen bereits getroffen oder entschieden haben, dass keine Maßnahmen zu treffen sind oder ein Verfahren bei ihnen anhängig ist (Art. 7 Abs. 2 ErwSÜ). Abzustellen ist hierbei auf die Unterrichtung durch die nach Art. 5, 6 Abs. 2 bzw. 8 ErwSÜ zuständigen Behörden, allein ihre Kenntnis von den Maßnahmen der Heimatstaatbehörden genügt nicht.[5]

30 Darüber hinaus treten die von den **Behörden des Heimatstaates angeordneten Maßnahmen** außer Kraft, sobald die nach Art. 5, 6 Abs. 2 bzw. 8 ErwSÜ vorrangig zuständigen Behörden entsprechende Maßnahmen getroffen oder sich aufgrund der Umstände gegen selbige entschieden haben. Insoweit ist die Heimatzuständigkeit subsidiär.[6] Im Gegensatz zu Art. 7 Abs. 2 ErwSÜ kommt es hier für den für die Subsidiarität maßgeblichen Zeitpunkt nicht auf die Unterrichtung der Heimatbehörden, sondern allein auf die Anordnung der kollidierenden vorrangigen Maßnahmen durch die nach Art. 5, 6 Abs. 2 bzw. Abs. 8 ErwSÜ zuständigen Behörden an. Allerdings sind die Heimatbehörden über solche Maßnahmen der Aufenthalts-, Anwesenheits- oder Auftragsbehörden sind zu informieren. Hierbei handelt es sich nur um eine reine Ordnungsvorschrift,[7] die Rechtsklarheit schaffen und der Zusammenarbeit der beteiligten Vertragsstaaten dienen soll.[8]

Art. 8 ErwSÜbk

(1) Die nach Artikel 5 oder 6 zuständigen Behörden eines Vertragsstaats können, wenn sie der Auffassung sind, dass es dem Wohl des Erwachsenen dient, von Amts wegen oder auf Antrag der Behörden eines anderen Vertragsstaats die Behörden eines der in Absatz 2 genannten Staaten ersuchen, Maßnahmen zum Schutz der Person oder des Vermögens des Erwachsenen zu treffen. Das Ersuchen kann sich auf den gesamten Schutz oder einen Teilbereich davon beziehen.

(2) Die Vertragsstaaten, deren Behörden nach Absatz 1 ersucht werden können, sind

a) ein Staat, dem der Erwachsene angehört;
b) der Staat, in dem der Erwachsene seinen vorherigen gewöhnlichen Aufenthalt hatte;
c) ein Staat, in dem sich Vermögen des Erwachsenen befindet;
d) der Staat, dessen Behörden schriftlich vom Erwachsenen gewählt worden sind, um Maßnahmen zu seinem Schutz zu treffen;
e) der Staat, in dem eine Person, die dem Erwachsenen nahe steht und bereit ist, seinen Schutz zu übernehmen, ihren gewöhnlichen Aufenthalt hat;
f) hinsichtlich des Schutzes der Person des Erwachsenen der Staat, in dessen Hoheitsgebiet sich der Erwachsene befindet.

(3) Nimmt die nach den Absätzen 1 und 2 bezeichnete Behörde die Zuständigkeit nicht an, so behalten die Behörden des nach Artikel 5 oder 6 zuständigen Vertragsstaats die Zuständigkeit.

31 Die Behörden des Vertragsstaates des gewöhnlichen (Art. 5 ErwSÜ) bzw. des tatsächlichen Aufenthalts (Art. 6 ErwSÜ) des Erwachsenen können gem. Art. 8 ErwSÜ Behörden eines der in Abs. 2 genannten **anderen Staaten** von Amts wegen (ansonsten auch auf Antrag der Behörden eines anderen Vertragsstaates) **ersuchen**, Maßnahmen zum Schutz der Person oder des Vermögens zu

---

5 Bericht *Lagarde* Nr. 62.
6 *Siehr* RabelsZ 64 (2000), 715 (732).
7 *Guttenberger* S. 109; vgl. auch Bericht *Lagarde* Nr. 64.
8 *Guttenberger* S. 109.

treffen, wenn sie der Ansicht sind, dass dies dem Wohl des Erwachsenen dient. Diese Möglichkeit steht nur den Behörden des gewöhnlichen Aufenthalts des Erwachsenen bzw. des nach Art. 6 ErwSÜ zuständigen Vertragsstaates, nicht jedoch den Behörden des Heimatstaates des Erwachsenen zu.[1]

Zu den in Absatz 2 genannten Vertragsstaaten gehört der Staat, dem der **Erwachsene angehört** **32** (Buchst. a). Zu nennen sind ferner der Staat des **vorherigen gewöhnlichen Aufenthalts** (Buchst. b); der Staat, in dem das **Vermögen des Erwachsenen belegen** ist (Buchst. c); der Staat, dessen Behörden vom **Erwachsenen gewählt worden sind** (Buchst. d) und der Staat, in dem eine dem Erwachsenen **nahe stehende Person**, die bereits ist seinen Schutz zu übernehmen, ihren gewöhnlichen Aufenthalt hat (Buchst. e). Gem. Art. 8 Abs. 2 Buchst. f ErwSÜ kann hinsichtlich des Schutzes der Person des Erwachsenen auch der Vertragsstaat ersucht werden, in dessen Hoheitsgebiet er sich **tatsächlich befindet** Es handelt sich hierbei um einen abschließenden Katalog.[2]. Sind die nach Art. 5 oder 6 ErwSÜ zuständigen Behörden der Ansicht, einer der in den Abs. 2 genannten Staaten könne den Schutz besser sicherstellen, so können sie ein entsprechendes Übernahmeersuchen an den betreffenden Staat richten. Hierbei handelt es sich nicht um einen Fall der konkurrierenden Zuständigkeit, vielmehr wird die ersuchte Behörde, soweit sie das Ersuchen positiv bescheidet, anstelle der nach Art. 5, 6 Abs. 2 ErwSÜ eigentlich zuständigen Behörden tätig.

Voraussetzung ist, dass es sich bei dem ersuchten Staat um einen **Vertragsstaat** handelt. Im Verhältnis zu **Nichtvertragsstaaten** richtet sich die Zuständigkeit auch weiterhin nach den autonomen Vorschriften. Sind die Behörden des Nichtvertragsstaats danach zuständig, liegt ein Fall der konkurrierenden Zuständigkeit vor.

Die angetragene und erbetene Zuständigkeit des Art. 8 ErwSÜ setzt eine gute Zusammenarbeit **33** voraus. Um eine solche zu gewährleisten, wurden Regelungen in Kapitel V (Art. 28–57 ErwSÜ) bzgl. der internationalen Zusammenarbeit getroffen.

Soweit die nach Art. 8 ErwSÜ ersuchte Behörde die **Zuständigkeit nicht annimmt**, verbleibt es bei der Zuständigkeit der Behörden des gewöhnlichen Aufenthalts nach Art. 5 oder 6 ErwSÜ. Hierunter fällt nicht nur eine ausdrückliche, sondern auch eine stillschweigende Ablehnung, indem die nach Art. 8 ErwSÜ ersuchte Behörde einfach nicht auf das Ersuchen antwortet.[3]

Art. 9   ErwSÜbk

Die Behörden eines Vertragsstaats, in dem sich Vermögen des Erwachsenen befindet, sind zuständig, Maßnahmen zum Schutz dieses Vermögens zu treffen, soweit sie mit den Maßnahmen vereinbar sind, die von den nach den Artikeln 5 bis 8 zuständigen Behörden getroffen wurden.

Soweit es um Schutzmaßnahmen für das Vermögen geht, können diese auch von den Behörden **34** des Vertragsstaates erlassen werden, in dem sich das **Vermögen befindet**, wenn der Erwachsene seinen gewöhnlichen Aufenthalt in einem anderen Vertragsstaat hat. Die Zuständigkeit beschränkt sich insofern auf Schutzmaßnahmen für das in diesem Vertragsstaat belegene Vermögen.[1] Allerdings müssen diese Schutzmaßnahmen mit den von den Behörden des gewöhnlichen Aufenthaltes, den von letzteren nach Art. 8 ErwSÜ ersuchten Behörden bzw. nach den Behörden des Vertragsstaates, denen der Erwachsene angehört, vereinbar sein.

---

1 Bericht *Lagarde* Nr. 66.
2 *Guttenberger* S. 99.
3 Bericht *Lagarde* Nr. 74; *Helms* FamRZ 2008, 1995 (1997).
1 *Siehr* RabelsZ 64 (2000), 715 (734).

Art. 10 ErwSÜbk

(1) In allen dringenden Fällen sind die Behörden jedes Vertragsstaats, in dessen Hoheitsgebiet sich der Erwachsene oder ihm gehörendes Vermögen befindet, zuständig, die erforderlichen Schutzmaßnahmen zu treffen.

(2) Maßnahmen nach Absatz 1, die in Bezug auf einen Erwachsenen mit gewöhnlichem Aufenthalt in einem Vertragsstaat getroffen wurden, treten außer Kraft, sobald die nach den Artikeln 5 bis 9 zuständigen Behörden die durch die Umstände gebotenen Maßnahmen getroffen haben.

(3) Maßnahmen nach Absatz 1, die in Bezug auf einen Erwachsenen mit gewöhnlichem Aufenthalt in einem Nichtvertragsstaat getroffen wurden, treten in jedem Vertragsstaat außer Kraft, sobald dort die durch die Umstände gebotenen und von den Behörden eines anderen Staates getroffenen Maßnahmen anerkannt werden.

(4) Die Behörden, die nach Absatz 1 Maßnahmen getroffen haben, haben nach Möglichkeit die Behörden des Vertragsstaats des gewöhnlichen Aufenthalts des Erwachsenen von den getroffenen Maßnahmen zu unterrichten.

35   Art. 10 ErwSÜ betrifft **Eilmaßnahmen**; es handelt sich um eine subsidiäre Zuständigkeit.[1] Danach sind in **dringenden Fällen** die Behörden jedes Vertragsstaates, in dem sich der Erwachsene oder ihm gehörendes Vermögen befindet, zuständig, um die erforderlichen Schutzmaßnahmen zu treffen. Es geht um Ausnahmesituationen, in denen der Zustand, würde ihm nur auf gewöhnlichem Wege nach den Art. 5–9 ErwSÜ abgeholfen, möglicherweise einen unersetzlichen Schaden für die Person des fürsorgebedürftigen Erwachsenen oder dessen Vermögen herbeiführen würde.[2] Die »Dinglichkeit« ist dabei eng auszulegen.[3]

36   Nach Abs. 4 haben die Behörden, die eine solche Eilmaßnahme getroffen haben, nach Möglichkeit die Behörden des gewöhnlichen Aufenthaltsortes des Erwachsenen von der getroffenen **Maßnahme zu informieren**, soweit es sich hierbei um einen Vertragsstaat handelt. Die Formulierung »nach Möglichkeit« zeigt, dass es sich hier um eine Ordnungsvorschrift handelt. Die Unterrichtungspflicht besteht erst nach Anordnung der Eilmaßnahme.[4] Es handelt sich hierbei um eine **konkurrierende Zuständigkeit** zu derjenigen der Behörden des gewöhnlichen Aufenthalts des fürsorgebedürftigen Erwachsenen.[5]

37   Die getroffenen Eilmaßnahmen **treten außer Kraft**, sobald die nach Art. 5–9 ErwSÜ zuständigen Behörden, d.h. solche des gewöhnlichen Aufenthaltsortes, diejenigen des Heimatstaates, die nach Art. 8 ErwSÜ ersuchten Behörden bzw. die Behörden des Vertragsstaates, in dem sich das Vermögen befindet, die durch die Umstände gebotenen Maßnahmen getroffen haben (Abs. 2).

38   Abs. 3 betrifft Eilmaßnahmen, die in Bezug auf einen Erwachsenen mit gewöhnlichem Aufenthalt in einem **Nichtvertragsstaat** getroffen wurden. Während i.R.v. Art. 10 Abs. 2 ErwSÜ grds. davon auszugehen ist, dass spätere Maßnahmen durch die nach Art. 5 bis 9 ErwSÜ zuständigen Behörden in allen Vertragsstaaten anzuerkennen sind, wird in Art. 10 Abs. 3 ErwSÜ das Außerkrafttreten einer Eilmaßnahme von der Anerkennung der späteren Fürsorgemaßnahme der Behörden des Nichtvertragsstaates abhängig gemacht. Die Eilmaßnahmen treten also nur dann außer Kraft, wenn die durch die Umstände gebotenen und von den Behörden des Nichtvertragsstaats getroffe-

---

1 *Guttenberger* S. 113.
2 *Helms* FamRZ 2008, 1995 (1997); *Guttenberger* S. 114.
3 Bericht *Lagarde* Nr. 78; *Helms* FamRZ 2008, 1995 (1997 f.).
4 *Guttenberger* S. 115.
5 Bericht *Lagarde* Nr. 78.

nen Maßnahmen anerkannt werden. Die Anerkennung von Maßnahmen, die von Behörden eines Nichtvertragsstaates getroffen wurden, richtet sich nach dem innerstaatlichen Recht der einzelnen betroffenen Vertragsstaaten,[6] in Deutschland nach §§ 108, 109 FamFG.[7]

Art. 11 ErwSÜbk

(1) Ausnahmsweise sind die Behörden des Vertragsstaats, in dessen Hoheitsgebiet sich der Erwachsene befindet, nach Verständigung der nach Artikel 5 zuständigen Behörden zuständig, zum Schutz der Person des Erwachsenen auf das Hoheitsgebiet dieses Staates beschränkte Maßnahmen vorübergehender Art zu treffen, soweit sie mit den Maßnahmen vereinbar sind, die von den nach den Artikeln 5 bis 8 zuständigen Behörden bereits getroffen wurden.

(2) Maßnahmen nach Absatz 1, die in Bezug auf einen Erwachsenen mit gewöhnlichem Aufenthalt in einem Vertragsstaat getroffen wurden, treten außer Kraft, sobald die nach den Artikeln 5 bis 8 zuständigen Behörden eine Entscheidung über die Schutzmaßnahmen getroffen haben, die durch die Umstände geboten sein könnten.

Art. 11 ErwSÜ gestattet den Behörden des Vertragsstaates, in dem sich der Erwachsene tatsächlich   39
befindet, in Ausnahmefällen[1] zum Schutz der Person **Maßnahmen vorübergehender Art** zu treffen, allerdings nur nach Verständigung mit der nach Art. 5 ErwSÜ zuständigen Behörde des Vertragsstaates des gewöhnlichen Aufenthalts des Erwachsenen. Die vorläufigen Maßnahmen sind territorial auf das Hoheitsgebiet des anordnenden Staates beschränkt. Diese Maßnahmen müssen allerdings mit den bereits von den nach Art. 5 bis 8 ErwSÜ zuständigen Behörden getroffenen Maßnahmen vereinbar sein. Außerdem treten sie außer Kraft, sobald die vorrangig zuständigen Behörden eine Entscheidung über die möglicherweise gebotenen Schutzmaßnahmen getroffen haben (Abs. 2).

Art. 12 ErwSÜbk

Selbst wenn durch eine Änderung der Umstände die Grundlage der Zuständigkeit wegfällt, bleiben vorbehaltlich des Artikels 7 Absatz 3 die nach den Artikeln 5 bis 9 getroffenen Maßnahmen innerhalb ihrer Reichweite so lange in Kraft, bis die nach diesem Übereinkommen zuständigen Behörden sie ändern, ersetzen oder aufheben.

Art. 12 ErwSÜ beschäftigt sich mit der Frage, was mit den bereits angeordneten Maßnahmen bei   40
Änderung der Umstände geschieht. Die nach Art. 5 bis 9 ErwSÜ getroffenen Maßnahmen bleiben innerhalb ihrer Reichweite so lange **in Kraft**, bis die nunmehr nach diesem Übereinkommen zuständigen Behörden diese ändern, ersetzen oder aufheben. Art. 12 ErwSÜ erfasst jedoch nicht die Maßnahmen, die auf der Grundlage des Art. 10 und Art. 11 ErwSÜ getroffen wurden.[1] Für Maßnahmen der nach Art. 7 Abs. 1 ErwSÜ zuständigen Heimatbehörden ist er hingegen heranzuziehen.[2] Er berührt allerdings die Regelung des Art. 7 Abs. 3 ErwSÜ nicht. Werden Maßnahmen nach Art. 7 Abs. 3 ErwSÜ getroffen, so treten die vorher nach Art. 7 Abs. 1 ErwSÜ von den Heimatbehörden getroffenen Maßnahmen außer Kraft.

---

6 Bericht *Lagarde* Nr. 81.
7 Staudinger/*von Hein* (2008) Vorbem. Art. 24 EGBGB Rn. 123.
1 Bericht *Lagarde* Nr. 84.
1 Bericht *Lagarde* Nr. 87; Staudinger/*von Hein* (2008) Vorbem. Art. 24 EGBGB Rn. 137.
2 Bericht *Lagarde* Nr. 87.

Kapitel III   Anzuwendendes Recht

Art. 13   ErwSÜbk

(1) Bei der Ausübung ihrer Zuständigkeit nach Kapitel II wenden die Behörden der Vertragsstaaten ihr eigenes Recht an.

(2) Soweit es der Schutz der Person oder des Vermögens des Erwachsenen erfordert, können sie jedoch ausnahmsweise das Recht eines anderen Staates anwenden oder berücksichtigen, zu dem der Sachverhalt eine enge Verbindung hat.

41   Die Frage des auf Schutzmaßnahmen anwendbaren Rechts wird in den Art. 13–21 ErwSÜ geregelt. Dabei gilt der Grundsatz des Art. 13 Abs. 1 ErwSÜ, wonach die Behörden der Vertragsstaaten ihr eigenes Recht, d.h. die **lex fori anwenden** (Gleichlaufgrundsatz). Insoweit folgt das ErwSÜ dem System des KSÜ.[1]

42   Die Kollisionsregeln des ErwSÜ finden dann Anwendung, wenn eine Behörde eines Vertragsstates zuständig ist. Die nationalen Kollisionsnormen treten dann zurück (oben Rdn. 2). Dementsprechend kommen die nationalen Kollisionsregeln dann zur Anwendung, wenn keine Zuständigkeit eines Vertragsstaates besteht.[2] Folglich findet Art. 24 EGBGB regelmäßig weiterhin Anwendung, wenn der Betroffene seinen gewöhnlichen Aufenthalt in einem Nichtvertragsstaat hat.[3]

43   Von Grundsatz der Maßgeblichkeit der lex fori macht das ErwSÜ nur **wenige Ausnahmen**.[4] Soweit es zum Schutz der Person oder des Vermögens des Erwachsenen erforderlich ist, kann auch ausnahmsweise das Recht eines anderen Staates angewandt oder berücksichtigt werden. Notwendig hierfür ist allerdings eine **enge Verbindung** der anderen Rechtsordnung mit dem Sachverhalt (Art. 13 Abs. 2 ErwSÜ). Unerheblich ist hierbei, ob der betreffende Staat ein Vertragsstaat des ErwSÜ ist (Art. 18 ErwSÜ). Diese Ausweichklausel ermöglicht es den Behörden und Gerichten, z.B. die ausländische Herkunft des Erwachsenen zu berücksichtigen und ihre Maßnahmen mit denen des Heimatstaates zu koordinieren.[5]

44   Soweit es um die **inländische Durchsetzung** einer im Ausland getroffenen Maßnahme geht, richten sich die Bedingungen dieser Durchsetzung nach inländischem Recht (Art. 14 ErwSÜ).

45   Gem. Art. 15 ErwSÜ besteht die Möglichkeit, eine **Vorsorgevollmacht** per Rechtswahl einem ausländischen Recht zu unterstellen Rdn. 14.

46   Art. 17 ErwSÜ stellt eine **Schutzvorschrift für den ausländischen Rechtsverkehr** dar und beschränkt insoweit den Grundsatz der lex fori.

Art. 14   ErwSÜbk

Wird eine in einem Vertragsstaat getroffene Maßnahme in einem anderen Vertragsstaat durchgeführt, so bestimmt das Recht dieses anderen Staates die Bedingungen, unter denen sie durchgeführt wird.

---

1 *Siehr* RabelsZ 64 (2000) 715 (736); Staudinger/*von Hein* (2008) Vorbem. Art. 24 EGBGB Rn. 140.
2 *Siehr* RabelsZ 64 (2000) 715 (736); *Oberhammer/Graf/Slonina* ZfRV 2009, 22; Staudinger/*von Hein* (2008) Vorbem. Art. 24 EGBGB Rn. 143.
3 Öst. OGH iFamZ 2009, 380 (381).
4 *Wagner* IPRax 2007, 11 (13).
5 *Siehr*, RabelsZ 64 (2000), 715 (737).

Soweit es um die **Durchführung** einer in einem anderen Vertragsstaat getroffenen Maßnahmen im   47
Inland geht, bestimmt das Recht des Staates, in dem die Maßnahme durchgeführt werden soll, die
Bedingungen, unter denen sie durchgeführt wird. Für die Begriffsbestimmung »Bedingungen,
unter denen sie durchgeführt wird« empfiehlt sich eine weite Auslegung.[1]

Art. 15   ErwSÜbk

(1) Das Bestehen, der Umfang, die Änderung und die Beendigung der von einem Erwachsenen
entweder durch eine Vereinbarung oder ein einseitiges Rechtsgeschäft eingeräumten Vertretungsmacht, die ausgeübt werden soll, wenn dieser Erwachsene nicht in der Lage ist, seine Interessen zu schützen, werden vom Recht des Staates bestimmt, in dem der Erwachsene im Zeitpunkt der Vereinbarung oder des Rechtsgeschäfts seinen gewöhnlichen Aufenthalt hatte, es sei
denn, eines der in Absatz 2 genannten Rechte wurde ausdrücklich schriftlich gewählt.

(2) Die Staaten, deren Recht gewählt werden kann, sind

a) ein Staat, dem der Erwachsene angehört;
b) der Staat eines früheren gewöhnlichen Aufenthalts des Erwachsenen;
c) ein Staat, in dem sich Vermögen des Erwachsenen befindet, hinsichtlich dieses Vermögens.

(3) Die Art und Weise der Ausübung einer solchen Vertretungsmacht wird vom Recht des Staates bestimmt, in dem sie ausgeübt wird.

Art. 15 ErwSÜ enthält eine **selbständige Kollisionsnorm**,[1] die dann zur Anwendung kommt,   48
wenn in einem Vertragsstaat die in den Art. 15 ff. geregelten Fragen zu beantworten sind.[2] Dabei
geht es um das anwendbare Recht in Bezug auf das Bestehen, den Umfang, die Änderung bzw. die
Beendigung der von einem Erwachsenen entweder durch eine Vereinbarung oder durch einseitiges
Rechtsgeschäft eingeräumten **Vertretungsmacht**, die ausgeübt werden soll, wenn dieser Erwachsene nicht in der Lage ist, seine Interessen zu schützen, d.h. um das Institut der **Vorsorgevollmacht**. Das ErwSÜ enthält kein sachrechtliches Einheitsrecht für dieses Rechtsinstitut,[3] sondern
setzt die Existenz einer solchen Institution voraus. Seine Anwendung hängt nicht vom gewöhnlichen Aufenthalt des Betroffenen ab.[4] Reine **Betreuungs- und Patientenverfügungen** fallen nicht
unter Art. 15 ErwSÜ, weil hier regelmäßig nur der eigene Wille der Betroffenen zum Ausdruck
kommt, einem Dritten jedoch keine Vertretungsmacht eingeräumt wird.[5] Etwas anderes gilt für
flankierende Patientenverfügungen, in denen festgelegt wird, wer Entscheidungen hinsichtlich
bestimmter medizinischer Maßnahmen treffen darf und soll.[6]

Das auf die Vorsorgevollmacht anwendbare Recht ist nach Abs. 1 grds. das Recht des Staates, in   49
dem der Erwachsene zum **Zeitpunkt der Vereinbarung** oder der Vornahme des einseitigen Rechtsgeschäfts seinen **gewöhnlichen Aufenthalt** hatte. Diese Verweisung ist unwandelbar;[7] sie gilt auch
dann, wenn das anwendbare Recht das eines Nichtvertragsstaates ist.[8] Sie steht jedoch unter dem

---

1 Bericht *Lagarde* Nr. 94.
1 *Helms* FamRZ 2008, 1995 (1999).
2 *Wedemann* FamRZ 2010, 785 (787) m.w.N.
3 *Siehr* RabelsZ 64 (2000), 715 (739); rechtsvergleichend Staudinger/*von Hein* (2008) Vorbem. Art. 24
   EGBGB Rn. 164 ff.
4 *Helms* FamRZ 2008, 1995 (1999); Staudinger/*von Hein* (2008) Vorbem. Art. 24 EGBGB Rn. 145, 170.
5 *Helms* FamRZ 2008, 1995 (1999); Bamberger/Roth/*Heiderhoff* Art. 24 EGBGB Rn. 47.
6 *Wedemann* FamRZ 2010, 785 (786); NK/*Benicke* Art. 24 Anh. IV Rn. 9.
7 *Wedemann* FamRZ 2010, 785 (788).
8 *Guttenberger*, S. 154.– Anders Bamberger/Roth/*Heiderhoff* Art. 24 EGBGB Rn. 49.

Vorbehalt, dass keines der in Absatz 2 genannten **Rechte gewählt** wurde. Die Rechtswahl muss ausdrücklich und schriftlich erfolgen, so dass die Annahme einer stillschweigenden Rechtswahl nicht in Betracht kommt.[9] Außerdem ist die Rechtswahl auf einige wenige Rechtsordnungen beschränkt.[10] Zu den Staaten, deren Recht nach Art. 15 Abs. 1 gewählt werden kann, zählen der Staat, dem der **Erwachsene angehört** (Buchst. a); der Staat des **früheren gewöhnlichen Aufenthalts des Erwachsenen** (Buchst. b) und der Staat, in dem **Vermögen des Erwachsenen belegen** ist, allerdings kann letzteres nur in Bezug auf das dort belegene Vermögen gewählt werden. Dem Erwachsenen ist es hierbei gestattet, mehr als ein Recht für die Vorsorgevollmacht zu wählen, indem er das anwendbare Recht für bestimmte Teilbereiche der Vollmacht festlegt.[11]

50 Der **Umfang der Vorsorgevollmacht** wird mit Ausnahme von Art. 15 Abs. 2 Buchst. c nicht geregelt und bleibt dem anwendbaren Recht überlassen.[12] Gleiches gilt für die Bedingungen der Ausübung einer solchen Vollmacht und deren Erlöschen. Die Art und Weise der Ausübung einer Vertretungsmacht nach Abs. 1 unterliegt dem Recht des Staates, in welchem sie ausgeübt wird (Abs. 3). Der Begriff »Art und Umfang der Ausübung« ist hierbei enger zu verstehen als der des »Umfangs« der Vollmacht für den Fall der Handlungsunfähigkeit.[13] Erfasst sind insb. gerichtliche Genehmigungserfordernisse vor einem Tätigwerden des Bevollmächtigten.[14] Nach a.A. soll Abs. 1 zur Anwendung kommen[15] oder ein Schutz über Art. 20 (international zwingendes Recht) oder Art. 21 (ordre public) durchgesetzt werden.[16]

51 Wird eine Vertretungsmacht nicht so ausgeübt, dass der Schutz der Person oder des Vermögens des Erwachsenen ausreichend gewährleistet ist, so kommt die Schutzvorschrift des Art. 16 ErwSÜ in Betracht.

Art. 16 ErwSÜbk

Wird eine Vertretungsmacht nach Artikel 15 nicht in einer Weise ausgeübt, die den Schutz der Person oder des Vermögens des Erwachsenen ausreichend sicherstellt, so kann sie durch Maßnahmen einer nach diesem Übereinkommen zuständigen Behörde aufgehoben oder geändert werden. Bei der Aufhebung oder Änderung dieser Vertretungsmacht ist das nach Artikel 15 maßgebliche Recht so weit wie möglich zu berücksichtigen.

52 Wird eine Vorsorgevollmacht nicht in einer Weise ausgeübt, die einen ausreichenden Schutz des Erwachsenen gewährleistet, so kann sie von jeder nach dem ErwSÜ zuständigen Behörde durch Schutzmaßnahmen abgeändert oder aufgehoben werden (Satz 1), allerdings hat sie zunächst eine schlechte oder unzureichende Ausübung der Vertretungsmacht festzustellen.[1] Hierbei ist das nach Art. 15 ErwSÜ maßgebliche Recht nicht anzuwenden, sondern nur soweit wie möglich zu berücksichtigen (Satz 2).

---

9 Bericht *Lagarde* Nr. 101; *Siehr* RabelsZ 64 (2000), 715 (740).
10 Bericht *Lagarde* Nr. 102.
11 Bericht *Lagarde* Nr. 102.
12 *Siehr* RabelsZ 64 (2000), 715 (740).
13 Bericht *Lagarde* Nr. 99, 106; vgl. auch *Helms* FamRZ 2008, 1995 (2000).
14 juris-PK/*Röthel* Rn. 72.
15 Staudinger/*von Hein* (2008) Vorbem. Art. 24 EGBGB Rn. 200 ff.
16 *Wedemann* FamRZ 2010, 785 (789).
 1 Bericht *Lagarde* Nr. 108.

Art. 17 ErwSÜbk

(1) Die Gültigkeit eines Rechtsgeschäfts zwischen einem Dritten und einer anderen Person, die nach dem Recht des Staates, in dem das Rechtsgeschäft abgeschlossen wurde, als Vertreter des Erwachsenen zu handeln befugt wäre, kann nicht allein deswegen bestritten und der Dritte nicht nur deswegen verantwortlich gemacht werden, weil die andere Person nach dem in diesem Kapitel bestimmten Recht nicht als Vertreter des Erwachsenen zu handeln befugt war, es sei denn, der Dritte wusste oder hätte wissen müssen, dass sich diese Vertretungsmacht nach diesem Recht bestimmte.

(2) Absatz 1 ist nur anzuwenden, wenn das Rechtsgeschäft unter Anwesenden im Hoheitsgebiet desselben Staates geschlossen wurde.

Art. 17 ErwSÜ trifft eine besondere Regelung für Rechtsgeschäfte zwischen einem **Dritten und** 53
dem Vertreter des Erwachsenen. Voraussetzung ist, dass diese unter Anwesenden im Hoheitsgebiet desselben Staates geschlossen wurden. Danach kann die Gültigkeit des Rechtsgeschäfts nicht allein deshalb bestritten werden, weil die andere Person nach dem gem. Art. 13 ff. bestimmten Recht nicht die notwendige Vertretungsmacht besaß.

Abs. 1 gilt nicht für Rechtsgeschäfte unter Abwesenden, wie Art. 17 Abs. 2 ErwSÜ deutlich macht, 54
indem er fordert, dass das **Rechtsgeschäft unter Anwesenheit** im Hoheitsgebiet desselben Staates geschlossen worden sein müsse. Nach seinem Wortlaut findet Art. 17 Abs. 1 ErwSÜ auch nur für die Fallgestaltungen Anwendung, in denen der Dritte mit dem scheinbaren Vertreter verhandelt hat. Der Dritte muss zwar in einem **Vertragsstaat,**[1] nicht jedoch in seinem eigenen Aufenthaltsstaat gehandelt haben.[2]

Nicht geregelt wird der Fall, in dem der Dritte **mit dem Erwachsenen** verhandelt hat, ohne zu 55
wissen, dass dieser zu diesem Zeitpunkt nicht mehr befugt war, seine eigenen Angelegenheiten zu verwalten. Letzterer Sachverhalt fällt unter Art. 13 Rom I-VO.[3]

Eine Ausnahme von Art. 17 ErwSÜ soll nur dann gemacht werden, wenn der Dritte **wusste oder** 56
hätte wissen müssen, dass sich die Vertretungsmacht nach diesem Recht bestimmte (vgl. Art. 17 Abs. 1 a.E. ErwSÜ). In diesem Fall ist der Dritte nicht schutzwürdig. Grundgedanke des Art. 17 ErwSÜ ist der Schutz desjenigen Dritten, der mit dem Vertreter eines Erwachsenen i.S.d. Übereinkommens verhandelt hat und sich dabei auf das Ortsrecht verlässt.[4]

Art. 18 ErwSÜbk

Dieses Kapitel ist anzuwenden, selbst wenn das darin bestimmte Recht das eines Nichtvertragsstaats ist.

Nach Art. 18 ErwSÜ ist das nach den Art. 13–21 bestimmte Recht auch dann auf den Sachverhalt 57
anzuwenden, wenn dieses das **Recht eines Nichtvertragsstaates** ist. Grundsätzlich genügt daher, wenn der Staat des Gerichtsorts Vertragsstaat ist.[1] Anderes gilt, wenn sich das Übereinkommen, wie beispielsweise in Art. 14 ErwSÜ, ausdrücklich auf das Recht eines Vertragsstaates bezieht.[2]

---

1 Ausführlich hierzu *Siehr* RabelsZ 64 (2000), 715 (741).– Vgl. auch *Röthel/Woitge* IPRax 2010, 409 (413).
2 *Siehr* RabelsZ 64 (2000), 715 (741).
3 Vgl. Bericht *Lagarde* Nr. 110 zu Art. 11 EVÜ.
4 *Siehr* RabelsZ 64 (2000), 715 (741).
1 *Röthel/Woitge* IPRax 2010, 409 (410).
2 Bericht *Lagarde* Nr. 111.

Art. 19   ErwSÜbk

Der Begriff »Recht« im Sinn dieses Kapitels bedeutet das in einem Staat geltende Recht mit Ausnahme des Kollisionsrechts.

58   Art. 19 ErwSÜ macht deutlich, dass es sich stets um **Sachnormverweisungen** handelt. Eine Rück- bzw. Weiterverweisung ist somit nicht zu prüfen.

Art. 20   ErwSÜbk

Dieses Kapitel steht den Bestimmungen des Rechts des Staates, in dem der Erwachsene zu schützen ist, nicht entgegen, deren Anwendung unabhängig vom sonst maßgebenden Recht zwingend ist.

59   Art. 20 ErwSÜ stellt eine Öffnungsklausel dar und ermöglicht die Durchsetzung **international zwingenden Rechts** des Gerichtsstaates, das unabhängig vom, d.h. ggfs. auch gegen das sonst maßgebliche Recht durchzusetzen ist (»lois d' application immédiate«). Art. 20 ErwSÜ wurde in erster Linie mit Blick auf den medizinischen Bereich in das Übereinkommen aufgenommen, ist aber darauf grds. nicht beschränkt.[1]

Art. 21   ErwSÜbk

Die Anwendung des in diesem Kapitel bestimmten Rechts darf nur versagt werden, wenn sie der öffentlichen Ordnung (ordre public) offensichtlich widerspricht.

Kapitel IV   Anerkennung und Vollstreckung

Art. 22   ErwSÜbk

(1) Die von den Behörden eines Vertragsstaats getroffenen Maßnahmen werden kraft Gesetzes in den anderen Vertragsstaaten anerkannt.

(2) Die Anerkennung kann jedoch versagt werden,

a) wenn die Maßnahme von einer Behörde getroffen wurde, die nicht aufgrund oder in Über- einstimmung mit Kapitel II zuständig war;

b) wenn die Maßnahme, außer in dringenden Fällen, im Rahmen eines Gerichts- oder Verwal- tungsverfahrens getroffen wurde, ohne dass dem Erwachsenen die Möglichkeit eingeräumt worden war, gehört zu werden, und dadurch gegen wesentliche Verfahrensgrundsätze des ersuchten Staates verstoßen wurde;

c) wenn die Anerkennung der öffentlichen Ordnung (ordre public) des ersuchten Staates offen- sichtlich widerspricht, oder ihr eine Bestimmung des Rechts dieses Staates entgegensteht, die unabhängig vom sonst maßgebenden Recht zwingend ist;

---

1 Bericht *Lagarde* Nr. 113.

d) wenn die Maßnahme mit einer später in einem Nichtvertragsstaat, der nach den Artikeln 5 bis 9 zuständig gewesen wäre, getroffenen Maßnahme unvereinbar ist, sofern die spätere Maßnahme die für ihre Anerkennung im ersuchten Staat erforderlichen Voraussetzungen erfüllt;

e) wenn das Verfahren nach Artikel 33 nicht eingehalten wurde.

Die Art. 22–27 ErwSÜ regeln die Anerkennung und Vollstreckung ausländischer Maßnahmen. **60** Auch hier lehnt sich das ErwSÜ stark an die Regelung des KSÜ (Art. 23 ff.) an.[1] Bei Änderung der Umstände ist eine Abänderung möglich.[2] Nach Art. 22 Abs. 1 werden Maßnahmen **ohne weiteres kraft Gesetzes** anerkannt, so dass sich zumindest bzgl. der Anerkennung der Maßnahme ein besonderes Verfahren grds. erübrigt. Die Anerkennungsvorschrift des Art. 22 ErwSÜ betrifft allerdings nur Maßnahmen **anderer Vertragsstaaten**, wobei diese so anzuerkennen sind, wie sie in dem Vertragsstaat, in dem sie erlassen wurden, bestehen.[3] Die Anerkennung von Maßnahmen eines Nichtvertragsstaates (beispielsweise im Rahmen des Art. 11 Abs. 3 ErwSÜ) richtet sich nach den nationalen Anerkennungsvorschriften.[4]

Für die Anerkennung der Maßnahme muss diese **nachgewiesen werden**, wobei sich ein Nachweis **61** regelmäßig aus einem schriftlichen Dokument der Herkunftsbehörde ergibt.[5] In dringenden Fällen kann auch ein Nachweis durch Telefax oder E-Mail genügen.[6]

Nach Abs. 2 kann die Anerkennung jedoch aus verschiedenen Gründen versagt werden, unter **62** anderem, wenn die Maßnahme von einer nach Art. 5 ff. **unzuständigen Behörde** getroffen wurde (Abs. 2 Buchst. a ErwSÜ). Der Grund für die Nichtanerkennung ist von der Partei geltend zu machen, der die betreffende Maßnahme entgegengehalten wird.[7]

Auch die **Nichtgewährung rechtlichen Gehörs** ist ein Anerkennungshindernis, wenn eine Maß- **63** nahme in einem Gerichts- oder Verwaltungsverfahren getroffen wurde und dem Erwachsenen nicht die Möglichkeit geben wurde, gehört zu werden und dadurch gegen wesentliche Verfahrensgrundsätze des ersuchten Staates verstoßen wurde (Abs. 2 Buchst. b). Letzteres gilt jedoch nicht in dringenden Fällen.

Darüber hinaus erfolgt auch dann keine Anerkennung, wenn diese der **öffentlichen Ordnung** des ersuchten Staates offensichtlich widerspricht oder ihr eine Bestimmung des Rechts dieses Staates entgegensteht, die unabhängig vom sonst maßgebenden Recht zwingend ist (Abs. 2 Buchst. c).

Ein weiterer Grund ist die **Unvereinbarkeit mit anderen Maßnahmen**. Nicht anerkannt wird, **64** wenn eine Maßnahme, die mit einer später in einem Nichtvertragsstaat, der nach den Art. 5 bis 9 zuständig gewesen wäre, getroffenen Maßnahme unvereinbar ist, sofern die spätere Maßnahme die für ihre Anerkennung im ersuchten Staat erforderlichen Voraussetzungen erfüllt (Abs. 2 Buchst. d).

Schließlich steht auch die **Nichteinhaltung** des nach Art. 33 ErwSÜ für die Unterbringung **erfor- 65 derlichen Verfahrens** der Anerkennung entgegen (Abs. 2 Buchst. e).

---

1 *Siehr* RabelsZ 64 (2000), 715 (743).
2 *Röthel/Woitge* IPRax 2010, 409 (410).
3 Bericht *Lagarde* Nr. 116.
4 *Guttenberger*, S. 118.
5 Bericht *Lagarde* Nr. 116.
6 Bericht *Lagarde* Nr. 117.
7 Bericht *Lagarde* Nr. 116.

Art. 23   ErwSÜbk

Unbeschadet des Artikels 22 Absatz 1 kann jede betroffene Person bei den zuständigen Behörden eines Vertragsstaats beantragen, dass über die Anerkennung oder Nichtanerkennung einer in einem anderen Vertragsstaat getroffenen Maßnahme entschieden wird. Das Verfahren bestimmt sich nach dem Recht des ersuchten Staates.

66 Obwohl die von einer ausländischen Behörde getroffene Maßnahme ipso iure anerkannt wird, kann ein Antrag auf **Festellung der Anerkennung oder Nichtanerkennung** der getroffenen Maßnahme gestellt werden (Art. 23 Satz 1 ErwSÜ). Art. 23 ErwSÜ dient dazu, in Zweifelsfällen Klarheit zu schaffen.[1] Das Verfahren hinsichtlich einer solchen Anerkennung oder Nichtanerkennung richtet sich nach dem Recht des Staates, in dem eine solche beantragt wurde (Art. 23 Satz 2 ErwSÜ).

Die **sachliche und örtliche Zuständigkeit** für das **Anerkennungsverfahren** ergibt sich aus § 6 Abs. 1 ErwSÜAG. Dieser enthält auch eine Zuständigkeitskonzentration.[2] Danach ist das Betreuungsgericht, in dessen Bezirk ein OLG seinen Sitz hat für den Bezirk dieses OLG u.a. sachlich zuständig für die Feststellung der Anerkennung oder Nichtanerkennung einer in einem anderen Vertragsstaat getroffenen Maßnahme (vgl. Art. 23 ErwSÜ) und deren Vollstreckbarerklärung (Art. 25 ErwSÜ). Die Zuständigkeit wird bei einem Betreuungsgericht für jeden Bezirk eines OLG konzentriert, um so eine möglichst einheitliche Rechtsprechung zu gewährleisten.[3] Für den Bezirk des Kammergerichts ist das AG Schöneberg in Berlin zuständig. Allerdings ermächtigt § 6 Abs. 2 die Landesregierungen die Zuständigkeit abweichend von Absatz 1 durch Rechtsverordnung einem anderen Betreuungsgericht des OLG-Bezirks zuzuweisen. Die Landesregierungen können diese Verordnungsermächtigung nach Satz 1 auf die Landesjustizverwaltungen übertragen.

67 Die **örtliche Zuständigkeit** für das Verfahren ist in § 6 Abs. 3 ErwSÜAG geregelt. Danach ist das Betreuungsgericht, in dessen Zuständigkeitsbereich der Betroffene im Zeitpunkt der Antragsstellung seinen gewöhnlichen Aufenthalt hat, für die Anerkennungsfeststellung (vgl. Art. 23 ErwSÜ) und die Vollstreckbarkeitserklärung (vgl. Art. 25 ErwSÜ) örtlich zuständig. Soweit ein solcher im Inland nicht gegeben oder nicht feststellbar ist, ist das Betreuungsgericht zuständig, in dessen Zuständigkeitsbereich das Bedürfnis der Fürsorge hervortritt. Im Übrigen ist das zuständige Betreuungsgericht im Bezirk des KG örtlich zuständig. Hierbei handelt es sich um eine Auffangzuständigkeit.[4] § 7 ErwSÜAG trifft eine Regelung hinsichtlich einer Zuständigkeitskonzentration für andere Betreuungssachen bei dem Betreuungsgericht am Sitz des OLG.

68 **Allgemeine Verfahrensvorschriften** für die Anerkennungsfeststellung und Vollstreckbarkeitserklärung in Deutschland sind in den §§ 8 f. ErwSÜAG zu finden. Danach kommen in Verfahren nach Art. 23 und 25 ErwSÜ die Regelungen des Buches 1 des FamFG zur Anwendung. Darüber hinaus sind die §§ 275, 276, 297 Abs. 5, 308, 309 und 311 FamFG analog heranzuziehen. Letzteres gilt auch für § 278 Abs. 3 bis 5 FamFG.

Im Übrigen enthält § 8 Abs. 2 ErwSÜAG spezielle Regeln für die **Anhörung des Betroffenen**. Dieser ist persönlich anzuhören, wenn es sich bei der anzuerkennenden oder für vollstreckbar zu erklärenden Maßnahme um eine im Inland vorzunehmende Unterbringung i.S.d. § 312 FamFG, eine Untersuchung des Gesundheitszustandes, eine Heilbehandlung oder einen ärztlichen Eingriff i.S.d. § 1904 BGB oder eine im Inland vorzunehmende Sterilisation handelt. In allen anderen Fällen soll das Gericht den Betroffenen persönlich anhören (§ 8 Abs. 2 Satz 2 ErwSÜAG). Die zwin-

---

1 *Helms* FamRZ 2008, 1995 (2001).
2 *Röthel/Woitge* IPRax 2010, 409 (412).– S. auch BT-Drucks. 16/3251 S. 13.
3 BT-Drucks. 16/3251 S. 13.
4 BT-Drucks. 16/3251 S. 13.

gende Anhörung soll dazu dienen, abzuklären, ob ein Anerkennungshindernis i.S.d. Art. 22 Abs. 2 ErwSÜ vorliegt.[5]

Die Vorschrift des § 8 Abs. 3 ErwSÜAG betrifft die Anhörung der im Inland zuständigen **Betreuungsbehörde** bzw. die Anhörung Dritter. Letztere liegt im Ermessen des Gerichts. Die Anhörung der im Inland zuständigen Betreuungsbehörde kann hingegen auf Verlangen des Betroffenen erfolgen, oder aber wenn diese zur Aufklärung des Sachverhalts beiträgt.

Die Bestimmung des § 8 Abs. 4 bis 7 ErwSÜAG trifft Aussagen hinsichtlich des **Gerichtsbeschlusses.** Dieser ist zu begründen und dem Betroffenen, und, falls ein solcher bestellt ist, dem Betreuer oder einer Person mit vergleichbaren Aufgaben bekannt zu machen. Soweit der Beschluss die Anerkennung oder Vollstreckbarkeitserklärung einer Unterbringung im Inland enthält, ist der Beschluss darüber hinaus auch dem Leiter der Einrichtung bekannt zu machen, in der der Betroffene untergebracht werden soll. Die §§ 288 und 326 FamFG sind entsprechend heranzuziehen.

Der Gerichtsbeschluss kann mit der **sofortigen Beschwerde** angegriffen werden. Die §§ 303 **69** und 305 FamFG gelten entsprechend. Der Beschluss wird erst mit seiner Rechtskraft wirksam. Allerdings hat das Gericht die Möglichkeit bei Gefahr in Verzug, die sofortige Wirksamkeit des Beschlusses anzuordnen (§ 8 Abs. 7 ErwSÜAG). Bei Gefahr in Verzug kann das Gericht allerdings die sofortige Wirksamkeit des Beschluss anordnen.

Nach § 9 ErwSÜAG ist die Feststellung über die Anerkennung oder Nichtanerkennung für die Gerichte und Verwaltungsbehörden bindend.

Art. 24   ErwSÜbk

Die Behörde des ersuchten Staates ist an die Tatsachenfeststellungen gebunden, auf welche die Behörde des Staates, in dem die Maßnahme getroffen wurde, ihre Zuständigkeit gestützt hat.

Die Behörden sind bei der Überprüfung der Anerkennungszuständigkeit an die Tatsachenfeststellungen des entscheidenden Gerichts gebunden.[1,2]   **70**

Art. 25   ErwSÜbk

(1) Erfordern die in einem Vertragsstaat getroffenen und dort vollstreckbaren Maßnahmen in einem anderen Vertragsstaat Vollstreckungshandlungen, so werden sie in diesem anderen Staat auf Antrag jeder betroffenen Partei nach dem im Recht dieses Staates vorgesehenen Verfahren für vollstreckbar erklärt oder zur Vollstreckung registriert.

(2) Jeder Vertragsstaat wendet auf die Vollstreckbarerklärung oder die Registrierung ein einfaches und schnelles Verfahren an.

(3) Die Vollstreckbarerklärung oder die Registrierung darf nur aus einem der in Artikel 22 Absatz 2 vorgesehenen Gründe versagt werden.

---

5 BT-Drucks. 16/3251 S. 15.
1 zu Art. 24 Bericht *Lagarde* Nr. 126.
2 *Siehr* RabelsZ 64 (2000), 715 (744).

71   Soweit keine weiteren Vollstreckungshandlungen notwendig sind, genügt für das Wirksamwerden der Maßnahme die Anerkennung gem. Art. 22 Abs. 1 ErwSÜ.[1] Art. 25 ErwSÜ betrifft den Fall, dass die in einem Vertragsstaat getroffenen und dort vollstreckbaren Maßnahmen **Vollstreckungs-handlungen** in einem anderen Vertragsstaat erforderlichen machen. Voraussetzung hierfür ist ein Antrag einer betroffenen Partei »nach dem im Recht dieses Staates vorgesehenen Verfahren«. Die Vollstreckbarkeitserklärung oder Registrierung kann gem. Art. 25 Abs. 3 ErwSÜ jedoch nur versagt werden, wenn einer der Versagungsgründe des Art. 22 Abs. 2 ErwSÜ vorliegt.

72   Das **Verfahren der Vollstreckbarkeitserklärung** oder Registrierung zur Vollstreckung richtet sich nach dem Recht des ersuchten Staates (Art. 25 Abs. 1 ErwSÜ). Jeder Vertragsstaat ist zwar verpflichtet, hierfür ein einfaches und schnelles Verfahren zur Verfügung zu stellen (Art. 25 Abs. 2 ErwSÜ), hat jedoch hinsichtlich der Wahl der Mittel freie Hand.[2]

In Deutschland ist das Verfahren der Anerkennungsfeststellung und Vollstreckbarerklärung in den §§ 8 ff. ErwSÜAG geregelt. Für die Vollstreckbarkeitserklärung einer in einem anderen Vertragsstaat getroffenen Maßnahme nach Art. 25 des ErwSÜ kann hinsichtlich der sachlichen und örtlichen Zuständigkeit auf die Ausführungen zu Art. 23 ErwSÜbk verwiesen werden, s. Anhang zu Art. 24 EGBGB Rdn. 66 ff. Im Übrigen gilt § 10 ErwSÜAG. Danach erfolgt die Vollstreckbarkeitserklärung eines Titels aus einem anderen Vertragsstaat, der dort vollstreckbar ist und im Inland Vollstreckungshandlungen erfordert, auf Antrag, indem er ohne weitere Förmlichkeiten mit einer Vollstreckungsklausel versehen wird. Erteilt das Gericht die Vollstreckungsklausel, so kann damit gem. Art. 27 ErwSÜ unmittelbar die Zwangsvollstreckung betrieben werden.

Art. 26   ErwSÜbk

Vorbehaltlich der für die Anwendung der vorstehenden Artikel erforderlichen Überprüfung darf die getroffene Maßnahme in der Sache selbst nicht nachgeprüft werden.

73   Eine inhaltliche Nachprüfung der ausländischen Entscheidung (**révision au fond**) bei der Frage der Anerkennung, Vollstreckbarkeit bzw. der Registrierung ist den Gerichten verboten.

Art. 27   ErwSÜbk

Die in einem Vertragsstaat getroffenen und in einem anderen Vertragsstaat für vollstreckbar erklärten oder zur Vollstreckung registrierten Maßnahmen werden dort vollstreckt, als seien sie von den Behörden dieses anderen Staates getroffen worden. Die Vollstreckung richtet sich nach dem Recht des ersuchten Staates unter Beachtung der darin vorgesehenen Grenzen.

74   Nach S. 1 sollen ausländische Entscheidungen in den anderen Vertragsstaaten so vollstreckt werden, als handele es sich hierbei um im Vollstreckungsstaat erlassene Maßnahmen. In der Praxis kann es zu Anpassungsproblemen kommen, da es große Unterschiede zwischen den einzelnen nationalen Schutzmaßnahmen der Vertragsstaaten gibt. So dürfte es schwierig werden, eine ausländische Entmündigung und Bevormundung, die das deutsche Recht nicht (mehr) vorsieht, so zu behandeln, als sei sie dort ausgesprochen worden.[1]

---

1   Bericht *Lagarde* Nr. 126.
2   Bericht *Lagarde* Nr. 126.
1   *Siehr* RabelsZ 64 (2000), 715 (745).

Kapitel V   Zusammenarbeit

Art. 28   ErwSÜbk

(1) Jeder Vertragsstaat bestimmt eine Zentrale Behörde, welche die ihr durch dieses Überein-kommen übertragenen Aufgaben wahrnimmt.

(2) Einem Bundesstaat, einem Staat mit mehreren Rechtssystemen oder einem Staat, der aus autonomen Gebietseinheiten besteht, steht es frei, mehrere Zentrale Behörden zu bestimmen und deren räumliche und persönliche Zuständigkeit festzulegen. Macht ein Staat von dieser Möglichkeit Gebrauch, so bestimmt er die Zentrale Behörde, an welche Mitteilungen zur Über-mittlung an die zuständige Zentrale Behörde in diesem Staat gerichtet werden können.

Die Art. 28–35 ErwSÜ regeln die **Zusammenarbeit der Vertragsstaaten**, die notwendig ist, um   75
die Ziele des Übereinkommens zu verwirklichen. Nach Abs. 1 hat jeder Vertragsstaat eine Zentrale Behörde zu bestimmen, welche die ihr durch das ErwSÜ übertragenen Aufgaben wahrnimmt. Bundesstaaten und Mehrrechtsstaaten dürfen gem. Art. 28 Abs. 2 Satz 1 ErwSÜ mehr als eine Zentrale Behörde benennen.

Das ErwSÜAG bestimmt für Deutschland das **Bundesamt für Justiz** als einzige Zentrale Behörde (§ 1). Die §§ 2 ff. ErwSÜAG regeln die Übersetzung der ein- und ausgehenden Ersuchen. Die Maßnahmen, die die Zentrale Behörde ergreifen kann, sind in § 4 ErwSÜAG geregelt. Gem. § 4 Abs. 1 ErwSÜAG kann die Zentrale Behörde unmittelbar mit allen zuständigen Stellen im In- und Ausland, d.h. ohne Einhaltung von Dienstwegen,[1] verkehren. Außerdem wird der Zentralen Behörde die Befugnis eingeräumt, die Polizeibehörden im Wege der Amtshilfe einzuschalten oder auch eine Halterabfrage an das Kraftfahrt-Bundesamt zu richten (§ 4 Abs. 3 Satz 1 und 2 ErwSÜAG). Gem. § 4 Abs. 3 Satz 3 ErwSÜAG kann die Zentrale Behörde zudem eine Ausschrei-bung zur Aufenthaltsbestimmung an das Bundeskriminalamt und die Speicherung eines Suchver-merks im Zentralregister veranlassen. Die Tätigkeit der Zentralen Behörde gilt als Verwaltungsver-fahren (§ 5 ErwSÜAG), so dass sich die Rechtsbehelfe gegen die Maßnahmen des Bundesamtes nach den §§ 23 ff. EGGVG richten.

Art. 29   ErwSÜbk

(1) Die Zentralen Behörden arbeiten zusammen und fördern die Zusammenarbeit der zuständi-gen Behörden ihrer Staaten, um die Ziele dieses Übereinkommens zu verwirklichen.

(2) Im Zusammenhang mit der Anwendung dieses Übereinkommens treffen sie die geeigneten Maßnahmen, um Auskünfte über das Recht ihrer Staaten sowie die in ihren Staaten für den Schutz von Erwachsenen verfügbaren Dienste zu erteilen.

Die Art. 29–31 ErwSÜ betreffen (allgemeine) Kooperations- und Informationspflichten (Art. 29   76
ErwSÜ). Darüber hinaus sollen die Zentralen Behörden die Kommunikation auf allen Gebieten des ErwSÜ durch alle Verwendung aller Kommunikationsmittel erleichtern (Art. 30 Buchst. a ErwSÜ) und auf Ersuchen der zuständigen Behörde eines anderen Vertragsstaats diese bei der Ermittlung des Aufenthalts des Erwachsenen unterstützen (Art. 30 Buchst. b ErwSÜ). Art. 31 ErwSÜ betrifft die außergerichtliche Streitbeilegung auf dem Gebiet des Erwachsenenschutzes.[1]

---

1 BT-Drucks. 16/3251 S. 12.– Vgl. *Röthel/Woitge* IPRax 2010, 409 (411).
1 zu Art. 29 *Siehr* RabelsZ 64 (2000), 715 (747).

Art. 30 ErwSÜbk

Die Zentrale Behörde eines Vertragsstaats trifft unmittelbar oder mithilfe staatlicher Behörden oder sonstiger Stellen alle geeigneten Vorkehrungen, um

a) auf jedem Weg die Mitteilungen zwischen den zuständigen Behörden bei Sachverhalten, auf die dieses Übereinkommen anzuwenden ist, zu erleichtern;

b) auf Ersuchen der zuständigen Behörde eines anderen Vertragsstaats bei der Ermittlung des Aufenthaltsorts des Erwachsenen Unterstützung zu leisten, wenn der Anschein besteht, dass sich der Erwachsene im Hoheitsgebiet des ersuchten Staates befindet und Schutz benötigt.

Art. 31 ErwSÜbk

Die zuständigen Behörden eines Vertragsstaats können unmittelbar oder durch andere Stellen die Anwendung eines Vermittlungs- oder Schlichtungsverfahrens oder den Einsatz ähnlicher Mittel zur Erzielung gütlicher Einigungen zum Schutz der Person oder des Vermögens des Erwachsenen bei Sachverhalten anregen, auf die dieses Übereinkommen anzuwenden ist.

Art. 32 ErwSÜbk

(1) Wird eine Schutzmaßnahme erwogen, so können die nach diesem Übereinkommen zuständigen Behörden, sofern die Lage des Erwachsenen dies erfordert, jede Behörde eines anderen Vertragsstaats, die über sachdienliche Informationen für den Schutz des Erwachsenen verfügt, ersuchen, sie ihnen mitzuteilen.

(2) Jeder Vertragsstaat kann erklären, dass Ersuchen nach Absatz 1 seinen Behörden nur über seine Zentrale Behörde zu übermitteln sind.

(3) Die zuständigen Behörden eines Vertragsstaats können die Behörden eines anderen Vertragsstaats ersuchen, ihnen bei der Durchführung der nach diesem Übereinkommen getroffenen Schutzmaßnahmen Hilfe zu leisten.

77 Die nach dem ErwSÜ zuständigen Behörden und Gerichte können, wenn es die Lage des Erwachsenen erfordert, jede Behörde eines anderen Vertragsstaats um für den Schutz des Erwachsenen **sachdienliche Informationen ersuchen**. Das Ersuchen ist nur dann zulässig, wenn es die Lage des fürsorgebedürftigen Erwachsenen erfordert; hiermit soll der unkontrollierten Sammlung von Informationen entgegengewirkt werden.[1] Hieraus lässt sich allerdings keine Verpflichtung der ersuchten Behörde, die erbetenen Informationen tatsächlich mitzuteilen, herleiten.[2]

Grds. kann die zuständige Behörde sich mit dem Ersuchen um Information an jede Behörde eines anderen Vertragsstaats wenden,[3] es sei denn der Vertragsstaat hat eine Erklärung abgegeben, wonach die Ersuchen nach Abs. 1 nur über seine Zentrale Behörde zu übermitteln sind (Art. 32 Abs. 2 ErwSÜ).

Mitgeteilte persönliche Daten sind vertraulich zu behandeln (Art. 40 ErwSÜ) und dürfen nur für das Schutzverfahren verwendet werden (Art. 39 ErwSÜ). Gem. Art. 32 Abs. 3 ErwSÜ sollen sich die Vertragsstaaten gegenseitig bei der Durchführung der nach dem ErwSÜ getroffenen Schutzmaßnahmen helfen.

---

1 Bericht *Lagarde* Nr. 135.
2 Bericht *Lagarde* Nr. 135.
3 Bericht *Lagarde* Nr. 135.

Art. 33 ErwSÜbk

(1) Erwägt die nach den Artikeln 5 bis 8 zuständige Behörde die Unterbringung des Erwachsenen in einer Einrichtung oder an einem anderen Ort, an dem Schutz gewährt werden kann, und soll er in einem anderen Vertragsstaat untergebracht werden, so zieht sie vorher die Zentrale Behörde oder eine andere zuständige Behörde dieses Staates zurate. Zu diesem Zweck übermittelt sie ihr einen Bericht über den Erwachsenen und die Gründe ihres Vorschlags zur Unterbringung.

(2) Die Entscheidung über die Unterbringung kann im ersuchenden Staat nicht getroffen werden, wenn sich die Zentrale Behörde oder eine andere zuständige Behörde des ersuchten Staates innerhalb einer angemessenen Frist dagegen ausspricht.

Eine **Einweisung in ausländische Heime** ist nur bei der Hinzuziehung der Zentralen Behörde 78
oder einer anderen zuständigen Behörde des Staates, in dem der Erwachsene untergebracht werden soll, zulässig. Dieser ist ein Bericht über den Erwachsenen zu übermitteln, in dem auch die Gründe für die Unterbringung dargelegt werden. Art. 33 ErwSÜ führt damit ein obligatorisches Kontrollverfahren ein.[1] Nur wenn die Zentrale Behörde des um Unterbringung ersuchten Staates nicht innerhalb einer angemessenen Frist widerspricht, ist die Unterbringung zulässig (Abs. 2). Die Nichtanerkennung führt zur Versagung der Anerkennung der Unterbringungsmaßnahme gem. Art. 22 Abs. 2 Buchst. e.

Nach deutschem Recht ist das Betreuungsverfahren für das Konsultationsverfahren i.S.d. Art. 33 79
ErwSÜ bei einer beabsichtigten Unterbringung eines betreuungsbedürftigen Erwachsenen im Inland zuständig (vgl. § 6 Abs. 1 Nr. 3 ErwSÜAG).[2] § 12 Abs. 1 ErwSÜAG enthält eine nicht abschließende **Auflistung von Gründen**, aufgrund derer sich deutsche Gerichte gegen eine Unterbringung im Inland aussprechen sollten.[3] § 12 Abs. 2 ErwSÜAG betrifft den Fall, dass die Unterbringung mit einem Freiheitsentzug für den Erwachsenen verbunden ist und enthält weitere Widerspruchsgründe. Eine freiheitsentziehende Unterbringung i.S.d. § 12 Abs. 2 ErwSÜAG ist anzunehmen, »wenn der Betroffene gegen seinen Willen oder bei Willenlosigkeit in einem räumlich begrenzten Bereich eines geschlossenen Krankenhauses oder eines Teiles einer solchen Einrichtung für eine gewisse Dauer festgehalten und sein Aufenthalt ständig überwacht und die Kontaktaufnahme mit anderen Personen außerhalb des Bereichs eingeschränkt wird«.[4] Nach § 8 Abs. 3 ErwSÜAG betrifft die persönliche Anhörung des Betroffenen und stellt diese ins Ermessen des Gerichts.

Art. 34 ErwSÜbk

Ist der Erwachsene einer schweren Gefahr ausgesetzt, so benachrichtigen die zuständigen Behörden des Vertragsstaats, in dem Maßnahmen zum Schutz dieses Erwachsenen getroffen wurden oder in Betracht gezogen werden, sofern sie über den Wechsel des Aufenthaltsorts in einen anderen Staat oder die dortige Anwesenheit des Erwachsenen unterrichtet sind, die Behörden dieses Staates von der Gefahr und den getroffenen oder in Betracht gezogenen Maßnahmen.

---

1 Bericht *Lagarde* Nr. 138.
2 Dazu *Röthel/Woitge* IPRax 2010, 409 (413).
3 BT-Drucks. 16/3251 S. 16.
4 BT-Drucks. 16/3251 S. 17.

80 Art. 34 ErwSÜ betrifft Maßnahmen, die die zuständigen Behörden eines Vertragsstaates getroffen haben, um den Erwachsenen **vor einer schweren Gefahr zu schützen.** Danach sollen sie, wenn sie über einen Aufenthaltswechsel des Erwachsenen in einen anderen Staat oder dessen dortige Anwesenheit informiert sind, dessen Behörden von der Gefahr und den getroffenen oder in Betracht gezogenen Maßnahmen unterrichten. Da Art. 34 ErwSÜ nur von dem Aufenthalt in einem anderen Staat spricht, gilt diese Informationspflicht auch dann, wenn sich der Erwachsene in einem Nichtvertragsstaat aufhält.[1]

Art. 35 ErwSÜbk

Eine Behörde darf nach diesem Kapitel weder um Informationen ersuchen noch solche erteilen, wenn dadurch nach ihrer Auffassung die Person oder das Vermögen des Erwachsenen in Gefahr geraten könnte oder die Freiheit oder das Leben eines Familienangehörigen des Erwachsenen ernsthaft bedroht würde.

Art. 36 ErwSÜbk

(1) Unbeschadet der Möglichkeit, für die erbrachten Dienstleistungen angemessene Kosten zu verlangen, tragen die Zentralen Behörden und die anderen staatlichen Behörden der Vertragsstaaten die Kosten, die ihnen durch die Anwendung dieses Kapitels entstehen.

(2) Jeder Vertragsstaat kann mit einem oder mehreren anderen Vertragsstaaten Vereinbarungen über die Kostenaufteilung treffen.

81 Die mit der Durchführung der Zusammenarbeit **entstehenden Kosten** haben grds. die Zentralen Behörden bzw. die anderen staatlichen Behörden des Vertragsstaats selbst zu tragen (Abs. 1). Der Ausdruck »staatliche Behörden« erfasst nur die Verwaltungsbehörden, nicht jedoch die Gerichte der Vertragsstaaten, so dass **Gerichtskosten**, allgemeine Verfahrenskosten und auch Anwaltskosten nicht unter den Tatbestand des Art. 36 ErwSÜ fallen.[1]

Art. 37 ErwSÜbk

Jeder Vertragsstaat kann mit einem oder mehreren anderen Vertragsstaaten Vereinbarungen treffen, um die Anwendung dieses Kapitels in ihren gegenseitigen Beziehungen zu erleichtern. Die Staaten, die solche Vereinbarungen getroffen haben, übermitteln dem Verwahrer dieses Übereinkommens eine Abschrift.

Kapitel VI Allgemeine Bestimmungen

Art. 38 ErwSÜbk

(1) Die Behörden des Vertragsstaats, in dem eine Schutzmaßnahme getroffen oder eine Vertretungsmacht bestätigt wurde, können jedem, dem der Schutz der Person oder des Vermögens des Erwachsenen anvertraut wurde, auf dessen Antrag eine Bescheinigung über seine Berechtigung zum Handeln und die ihm übertragenen Befugnisse ausstellen.

---

1 Bericht *Lagarde* Nr. 140.
1 zu Art. 36 Bericht *Lagarde* Nr. 142.

(2) Bis zum Beweis des Gegenteils wird vermutet, dass die bescheinigte Berechtigung zum Handeln und die bescheinigten Befugnisse vom Ausstellungsdatum der Bescheinigung an bestehen.

(3) Jeder Vertragsstaat bestimmt die für die Ausstellung der Bescheinigung zuständigen Behörden.

Die allgemeinen Bestimmungen des ErwSÜ fassen einige allgemeine Fragen der Anwendung der 82 Konvention zusammen. Art. 38 ErwSÜ beginnt mit Bescheinigungen (zur Ausstellung § 13 ErwSÜAG)[1]. Andere Fragen sind Datenschutz (Art. 39), Vertraulichkeit (Art. 40), Legalisation (Art. 41), Bezeichnung der Behörden (Art. 42), Empfänger von Erklärungen (Art. 43). Die Reichweite der Konvention betrifft die Unanwendbarkeit auf innerstaatliches Kollisionsrecht (Art. 44). Es folgen die Verweisung bei Mehrrechtsstaaten (Art. 45), interlokal anwendbares Recht (Art. 46), interpersonelles Kollisionsrecht (Art. 47), die Ersetzung von Übereinkommen (Art. 48) und eine Entkoppelungsklausel (Art. 49). Schließlich sind geregelt die zeitliche Anwendung (Art. 50), die Sprache bei Mitteilungen (Art. 51), eine Erklärung zu Gebietseinheiten (Art. 55), Vorbehaltserklärungen (Art. 56) und das Inkrafttreten (Art. 57).

Art. 39   ErwSÜbk

Die nach diesem Übereinkommen gesammelten oder übermittelten personenbezogenen Daten dürfen nur für die Zwecke verwendet werden, zu denen sie gesammelt oder übermittelt wurden.

Art. 40   ErwSÜbk

Behörden, denen Informationen übermittelt werden, stellen nach dem Recht ihres Staates deren vertrauliche Behandlung sicher.

Art. 41   ErwSÜbk

Die nach diesem Übereinkommen übermittelten oder ausgestellten Schriftstücke sind von jeder Legalisation oder entsprechenden Förmlichkeit befreit.

Art. 42   ErwSÜbk

Jeder Vertragsstaat kann die Behörden bestimmen, an die Ersuchen nach den Artikeln 8 und 33 zu richten sind.

Art. 43   ErwSÜbk

(1) Die nach den Artikeln 28 und 42 bestimmten Behörden werden dem Ständigen Büro der Haager Konferenz für Internationales Privatrecht spätestens bei der Hinterlegung der Ratifikations-, Annahme-, Genehmigungs- oder Beitrittsurkunde mitgeteilt. Jede Änderung wird dem Ständigen Büro ebenfalls mitgeteilt.

---

1 Siehe *Röthel/Woitge* IPRax 2010, 409 (413).

(2) Die Erklärung nach Artikel 32 Absatz 2 wird gegenüber dem Verwahrer dieses Übereinkommens abgegeben.

Art. 44 ErwSÜbk

Ein Vertragsstaat, in dem verschiedene Rechtssysteme oder Gesamtheiten von Regeln für den Schutz der Person und des Vermögens des Erwachsenen gelten, muss die Regeln dieses Übereinkommens nicht auf Kollisionen anwenden, die allein zwischen den verschiedenen Rechtssystemen oder Gesamtheiten von Regeln bestehen.

83 In zahlreichen Staaten, wie beispielsweise im Vereinigten Königreich, in Spanien oder den USA, ist der Erwachsenenschutz **regional unterschiedlich geregelt**.[1] Darüber hinaus gibt es auch Staaten, deren Rechtsordnung – auch bzgl. des Erwachsenenschutzes – **interpersonell gespalten** ist, d.h., dass die betreffenden Vorschriften nur für bestimmte Volksgruppen gelten.[2] Mit dieser Problematik befassen sich die Art. 44 ff. ErwSÜ. Gem. Art. 44 ErwSÜ sind die Staaten nicht verpflichtet, das ErwSÜ auf ihre interlokalen bzw. interpersonellen Konflikte anzuwenden.[3] Die Art. 45, 46 ErwSÜ konkretisieren für die Mehrrechtsstaaten gewisse Anknüpfungspunkte, Rechtsordnungen bzw. Behördenorganisationen. So ist beispielsweise gem. Art. 45 Buchst. a ErwSÜ eine Verweisung auf den gewöhnlichen Aufenthalt in einem Mehrrechtsstaat als Verweisung auf den gewöhnlichen Aufenthalt in der betreffenden Gebietseinheit zu verstehen. Art. 47 ErwSÜ betrifft Staaten mit interlokal gespaltenen Rechtsordnungen.[4]

Art. 45 ErwSÜbk

Gelten in einem Staat in Bezug auf die in diesem Übereinkommen geregelten Angelegenheiten zwei oder mehr Rechtssysteme oder Gesamtheiten von Regeln in verschiedenen Gebietseinheiten, so ist jede Verweisung

a) **auf den gewöhnlichen Aufenthalt in diesem Staat als Verweisung auf den gewöhnlichen Aufenthalt in einer Gebietseinheit zu verstehen;**
b) **auf die Anwesenheit des Erwachsenen in diesem Staat als Verweisung auf die Anwesenheit des Erwachsenen in einer Gebietseinheit zu verstehen;**
c) **auf die Belegenheit des Vermögens des Erwachsenen in diesem Staat als Verweisung auf die Belegenheit des Vermögens des Erwachsenen in einer Gebietseinheit zu verstehen;**
d) **auf den Staat, dem der Erwachsene angehört, als Verweisung auf die von dem Recht dieses Staates bestimmte Gebietseinheit oder, wenn solche Regeln fehlen, als Verweisung auf die Gebietseinheit zu verstehen, mit welcher der Erwachsene die engste Verbindung hat;**
e) **auf den Staat, dessen Behörden vom Erwachsenen gewählt worden sind, als Verweisung auf die Gebietseinheit zu verstehen, wenn der Erwachsene die Behörden dieser Gebietseinheit gewählt hat;**
auf die Gebietseinheit, mit welcher der Erwachsene die engste Verbindung hat, zu verstehen, wenn der Erwachsene die Behörden des Staates gewählt hat, ohne eine bestimmte Gebietseinheit innerhalb des Staates anzugeben;

---

1 *Siehr* RabelsZ 64 (2000), 715 (724).
2 *Siehr* RabelsZ 64 (2000), 715 (724).
3 Bericht *Lagarde* Nr. 154.
4 Bericht *Lagarde* Nr. 158.

f) auf das Recht eines Staates, mit dem der Sachverhalt eine enge Verbindung hat, als Verweisung auf das Recht der Gebietseinheit zu verstehen, mit welcher der Sachverhalt eine enge Verbindung hat;

g) auf das Recht, das Verfahren oder die Behörde des Staates, in dem eine Maßnahme getroffen wurde, als Verweisung auf das Recht, das Verfahren oder die Behörde der Gebietseinheit zu verstehen, in der diese Maßnahme getroffen wurde;

h) auf das Recht, das Verfahren oder die Behörde des ersuchten Staates als Verweisung auf das Recht, das Verfahren oder die Behörde der Gebietseinheit zu verstehen, in der die Anerkennung oder Vollstreckung geltend gemacht wird;

i) auf den Staat, in dem eine Schutzmaßnahme durchzuführen ist, als Verweisung auf die Gebietseinheit zu verstehen, in der die Maßnahme durchzuführen ist;

j) auf Stellen oder Behörden dieses Staates, die nicht Zentrale Behörden sind, als Verweisung auf die Stellen oder Behörden zu verstehen, die in der betreffenden Gebietseinheit handlungsbefugt sind.

Art. 46 ErwSÜbk

Hat ein Staat zwei oder mehr Gebietseinheiten mit eigenen Rechtssystemen oder Gesamtheiten von Regeln für die in diesem Übereinkommen geregelten Angelegenheiten, so gilt zur Bestimmung des nach Kapitel III anzuwendenden Rechts Folgendes:

a) Sind in diesem Staat Regeln in Kraft, die das Recht einer bestimmten Gebietseinheit für anwendbar erklären, so ist das Recht dieser Einheit anzuwenden;

b) fehlen solche Regeln, so ist das Recht der in Artikel 45 bestimmten Gebietseinheit anzuwenden.

Art. 47 ErwSÜbk

Hat ein Staat zwei oder mehr Rechtssysteme oder Gesamtheiten von Regeln, die auf verschiedene Personengruppen hinsichtlich der in diesem Übereinkommen geregelten Angelegenheiten anzuwenden sind, so gilt zur Bestimmung des nach Kapitel III anzuwendenden Rechts Folgendes:

a) Sind in diesem Staat Regeln in Kraft, die bestimmen, welches dieser Rechte anzuwenden ist, so ist dieses anzuwenden;

b) fehlen solche Regeln, so ist das Rechtssystem oder die Gesamtheit von Regeln anzuwenden, mit denen der Erwachsene die engste Verbindung hat.

Art. 48 ErwSÜbk

Im Verhältnis zwischen den Vertragsstaaten ersetzt dieses Übereinkommen das am 17. Juli 1905 in Den Haag unterzeichnete *Abkommen über die Entmündigung und gleichartige Fürsorgemaßregeln.*

Art. 48 ErwSÜ betrifft das Verhältnis zwischen ErwSÜ und **Haager Entmündigungsabkommen** 84
von 1905.[1] Gehörten beide Staaten zunächst dem Entmündigungsabkommen an und sind nun Vertragsstaaten des ErwSÜ, ist das ErwSÜ vorrangig anzuwenden. Hingegen gilt weiterhin das

---

1 Haager Abkommen über die Entmündigung und gleichartige Fürsorgemaßregeln vom 17.07.1905, RGBl 1912 463.

Haager Entmündigungsabkommen zwischen einem Vertragsstaat des Entmündigungsabkommens, der das ErwSÜ unterzeichnet hat, und den anderen Vertragsstaaten des Haager Entmündigungsabkommens, die nicht Vertragsstaaten des ErwSÜ geworden sind.[2] Da Deutschland das Haager Entmündigungsabkommen im Jahre 1992 gekündigt hat, hat Art. 48 ErwSÜ für die Bundesrepublik nur geringe Bedeutung.[3]

Art. 49   ErwSÜbk

(1) Dieses Übereinkommen lässt andere internationale Übereinkünfte unberührt, denen Vertragsstaaten als Vertragsparteien angehören und die Bestimmungen über die in diesem Übereinkommen geregelten Angelegenheiten enthalten, sofern die durch eine solche Übereinkunft gebundenen Staaten keine gegenteilige Erklärung abgeben.

(2) Dieses Übereinkommen lässt die Möglichkeit unberührt, dass ein oder mehrere Vertragsstaaten Vereinbarungen treffen, die in Bezug auf Erwachsene mit gewöhnlichem Aufenthalt in einem der Staaten, die Vertragsparteien solcher Vereinbarungen sind, Bestimmungen über in diesem Übereinkommen geregelte Angelegenheiten enthalten.

(3) Künftige Vereinbarungen eines oder mehrerer Vertragsstaaten über Angelegenheiten im Anwendungsbereich dieses Übereinkommens lassen im Verhältnis zwischen solchen Staaten und anderen Vertragsstaaten die Anwendung der Bestimmungen dieses Übereinkommens unberührt.

(4) Die Absätze 1 bis 3 gelten auch für Einheitsrecht, das auf besonderen Verbindungen insbesondere regionaler Art zwischen den betroffenen Staaten beruht.

85   Art. 49 regelt das **Verhältnis zu allen anderen internationalen Staatsverträgen.** Gem. Abs. 1 genießen grds. internationale Übereinkünfte über Fragen des Erwachsenenschutzes, die zeitlich vor dem ErwSÜ geschlossen wurden, Vorrang. Dies gilt jedoch gem. Abs. 1 Hs. 2 nicht, wenn die Staaten des älteren Staatsvertrages eine entsprechende Erklärung abgegeben haben. Der Vorrang des älteren Staatsvertrages gilt jedoch nur soweit, wie dessen Vorschriften mit denen des ErwSÜ kollidieren.[1]

86   Abs. 2 und 3 betreffen **künftige Staatsverträge** von einem oder mehreren Vertragsstaaten, wobei Abs. 3 auch Staatsverträge auf dem Gebiet des Erwachsenenschutzes erfasst, die ein Vertragsstaat des ErwSÜ mit Nichtvertragsstaaten geschlossen hat. Zwar wird den Vertragsstaaten auch weiterhin die Möglichkeit des Abschlusses solcher Staatsverträge zugestanden, allerdings hat das ErwSÜ grds. vor derartigen Staatsverträgen Vorrang.[2] Eine Ausnahme gilt gem. Abs. 2 für später geschlossene Staatsverträge, die ein Vertragsstaat des ErwSÜ mit anderen Vertragsstaaten oder auch Nichtvertragsstaaten schließt, soweit diese sich nur auf Personen beziehen, die in den betroffenen Staaten ihren gewöhnlichen Aufenthalt haben.[3]

87   Abs. 4 betrifft **Einheitsrecht.**

---

2 *Guttenberger,* S. 80; vgl. auch Bericht *Lagarde* Nr. 159.
3 *Guttenberger,* S. 80.
1 *Guttenberger,* S. 81.
2 Bericht *Lagarde* Nr. 163.
3 *Guttenberger,* S. 82; Staudinger/*von Hein* (2008) Vorbem. Art. 24 EGBGB Rn. 353.

Art. 50   ErwSÜbk

(1) Dieses Übereinkommen ist nur auf Maßnahmen anzuwenden, die in einem Staat getroffen werden, nachdem das Übereinkommen für diesen Staat in Kraft getreten ist.

(2) Dieses Übereinkommen ist auf die Anerkennung und Vollstreckung von Maßnahmen anzuwenden, die getroffen wurden, nachdem es im Verhältnis zwischen dem Staat, in dem die Maßnahmen getroffen wurden, und dem ersuchten Staat in Kraft getreten ist.

(3) Dieses Übereinkommen ist ab dem Zeitpunkt seines Inkrafttretens in einem Vertragsstaat auf die Vertretungsmacht anzuwenden, die zuvor unter Bedingungen erteilt wurde, die denen des Artikels 15 entsprechen.

Das ErwSÜ gilt nur für Schutzmaßnahmen, die **nach Inkrafttreten** des ErwSÜ im anordnenden   **88** Staat getroffen wurden (Abs. 1). Auch die Anerkennung und Vollstreckung einer Schutzmaßnahme im Sinne des Übereinkommens braucht nur nach Inkrafttreten des ErwSÜ zwischen dem anordnenden Staat und dem um Anerkennung und Vollstreckung ersuchten Staat erfolgen (Abs. 2). Auf die Altersvorsorgevollmacht ist das ErwSÜ allerdings auch dann anzuwenden, wenn diese Vollmacht vor Inkrafttreten des ErwSÜ erteilt worden ist, diese aber den Bedingungen des Art. 15 ErwSÜ entspricht (Art. 50 Abs. 3 ErwSÜ).

Art. 51   ErwSÜbk

(1) Mitteilungen an die Zentrale Behörde oder eine andere Behörde eines Vertragsstaats werden in der Originalsprache zugesandt; sie müssen von einer Übersetzung in die Amtssprache oder eine der Amtssprachen des anderen Staates oder, wenn eine solche Übersetzung nur schwer erhältlich ist, von einer Übersetzung ins Französische oder Englische begleitet sein.

(2) Ein Vertragsstaat kann jedoch einen Vorbehalt nach Artikel 56 anbringen und darin gegen die Verwendung des Französischen oder Englischen, jedoch nicht beider Sprachen, Einspruch erheben.

Art. 51 ErwSÜ regelt, in welcher Sprache Mitteilungen zwischen den Behörden abgefasst sein   **89** müssen und in welche diese zu übersetzen sind.[1] Nach Abs. 1 ist die Mitteilung in der **Originalsprache** zuzusenden und in die oder zumindest eine der Amtssprachen anderen Staates zu übersetzen. Nur wo dies auf Schwierigkeiten stößt, ist eine **Übersetzung** ins Englische oder Französische anzufügen. Allerdings kann ein Vertragsstaat gem. Art. 56 einen Vorbehalt anbringen und darin gegen die Verwendung des Französischen oder Englischen Einspruch erheben.

Deutschland hat gem. Art. 51 Abs. 2, 56 ErwSÜ einen **Vorbehalt** gegen die Verwendung der fran-   **90** zösischen Sprache eingelegt,[2] so dass Mitteilungen, soweit sie nach Art. 51 Abs. 1 ErwSÜ nicht in die oder eine der Amtssprachen des anderen Staates übersetzt werden können, ins Englische zu übersetzen sind.

---

1 Bericht *Lagarde* Nr. 169.
2 Bek. v. 12.12.2008, BGBl. II 2009, S. 39.

Art. 55   ErwSÜbk

(1) Ein Staat, der aus zwei oder mehr Gebietseinheiten besteht, in denen für die in diesem Übereinkommen behandelten Angelegenheiten unterschiedliche Rechtssysteme gelten, kann bei der Unterzeichnung, der Ratifikation, der Annahme, der Genehmigung oder dem Beitritt erklären, dass das Übereinkommen auf alle seine Gebietseinheiten oder nur auf eine oder mehrere davon erstreckt wird; er kann diese Erklärung durch Abgabe einer neuen Erklärung jederzeit ändern.

(2) Jede derartige Erklärung wird dem Verwahrer unter ausdrücklicher Bezeichnung der Gebietseinheiten notifiziert, auf die dieses Übereinkommen angewendet wird.

(3) Gibt ein Staat keine Erklärung nach diesem Artikel ab, so ist dieses Übereinkommen auf sein gesamtes Hoheitsgebiet anzuwenden.

Art. 56   ErwSÜbk

(1) Jeder Staat kann spätestens bei der Ratifikation, der Annahme, der Genehmigung oder dem Beitritt oder bei Abgabe einer Erklärung nach Artikel 55 den in Artikel 51 Absatz 2 vorgesehenen Vorbehalt anbringen. Weitere Vorbehalte sind nicht zulässig.

(2) Jeder Staat kann den von ihm angebrachten Vorbehalt jederzeit zurücknehmen. Die Rücknahme wird dem Verwahrer notifiziert.

(3) Die Wirkung des Vorbehalts endet am ersten Tag des dritten Kalendermonats nach der in Absatz 2 genannten Notifikation.

Art. 57   ErwSÜbk

(1) Dieses Übereinkommen tritt am ersten Tag des Monats in Kraft, der auf einen Zeitabschnitt von drei Monaten nach der in Artikel 53 vorgesehenen Hinterlegung der dritten Ratifikations-, Annahme- oder Genehmigungsurkunde folgt.

(2) Danach tritt dieses Übereinkommen in Kraft

a) für jeden Staat, der es später ratifiziert, annimmt oder genehmigt, am ersten Tag des Monats, der auf einen Zeitabschnitt von drei Monaten nach Hinterlegung seiner Ratifikations-, Annahme-, Genehmigungs- oder Beitrittsurkunde folgt;

b) für jeden Staat, der ihm beitritt, am ersten Tag des Monats, der auf einen Zeitabschnitt von drei Monaten nach Ablauf der in Artikel 54 Absatz 3 vorgesehenen Frist von sechs Monaten folgt;

c) für die Gebietseinheiten, auf die es nach Artikel 55 erstreckt worden ist, am ersten Tag des Monats, der auf einen Zeitabschnitt von drei Monaten nach der in jenem Artikel vorgesehenen Notifikation folgt.

91 Das Übereinkommen ist am 01.01.2009 in Kraft getreten, s. oben Rdn. 1.

Dritter Unterabschnitt Durchführung der Verordnung (EU) Nr. 1259/2010

Artikel 46d EGBGB Rechtswahl

(1) Eine Rechtswahlvereinbarung nach Artikel 5 der Verordnung (EU) Nr. 1259/2010 ist notariell zu beurkunden, wenn mindestens ein Ehegatte zum Zeitpunkt der Rechtswahl seinen gewöhnlichen Aufenthalt im Inland hat (Artikel 7 Absätze 2 bis 4 dieser Verordnung).

(2) Die Ehegatten können die Rechtswahl nach Absatz 1 auch noch im Laufe des gerichtlichen Verfahrens bis zum Schluss der letzten mündlichen Verhandlung vornehmen. § 127a des Bürgerlichen Gesetzbuchs gilt entsprechend.

Die Vorschrift, die durch das AnpG zur Rom III-VO eingeführt werden soll,[1] dient zur Ausführung der Verordnung zur Durchführung einer Verstärkten Zusammenarbeit im Bereich des auf die Ehescheidung und Trennung ohne Auflösung des Ehebandes anzuwendenden Rechts (Verordnung (EU) Nr. 1259/2010; Rom III-Verordnung), s. Art. 17 EGBGB Anh.   1

Abs. 1 trifft eine nähere Bestimmung zur **Form der Rechtswahlvereinbarung**. Eine Rechtswahlvereinbarung nach Art. 5 Rom III-VO ist notariell zu beurkunden, wenn mindestens ein Ehegatte zum Zeitpunkt der Rechtswahl seinen gewöhnlichen Aufenthalt im Inland hat (Art. 7 Abs. 2 bis 4 Rom III-VO). Der Begriff des gewöhnlichen Aufenthalts ist verordnungsautonom auszulegen, s. Art. 17 EGBGB Anh. Rdn. 18.   2

Abs. 2 stellt klar, bis zu welchem **Zeitpunkt** die in Ausführung des Art. 5 Abs. 3 Rom III-VO zugelassene Rechtswahl getroffen werden kann. Die Ehegatten können die Rechtswahl nach Abs. 1 auch noch im Laufe des gerichtlichen Verfahrens bis zum Schluss der letzten mündlichen Verhandlung vornehmen (Abs. 2 Satz 1). § 127a BGB gilt entsprechend (Abs. 2 Satz 2).   3

Art. 47 EGBGB Vor- und Familiennamen

(1) [1]Hat eine Person nach einem anwendbaren ausländischen Recht einen Namen erworben und richtet sich ihr Name fortan nach deutschem Recht, so kann sie durch Erklärung gegenüber dem Standesamt

1. aus dem Namen Vor- und Familiennamen bestimmen,
2. bei Fehlen von Vor- oder Familiennamen einen solchen Namen wählen,
3. Bestandteile des Namens ablegen, die das deutsche Recht nicht vorsieht,
4. die ursprüngliche Form eines nach dem Geschlecht oder dem Verwandtschaftsverhältnis abgewandelten Namens annehmen,
5. eine deutschsprachige Form ihres Vor- oder ihres Familiennamens annehmen; gibt es eine solche Form des Vornamens nicht, so kann sie neue Vornamen annehmen.

[2]Ist der Name Ehename, so kann die Erklärung während des Bestehens der Ehe nur von beiden Ehegatten abgegeben werden.

(2) Absatz 1 gilt entsprechend für die Bildung eines Namens nach deutschem Recht, wenn dieser von einem Namen abgeleitet werden soll, der nach einem anwendbaren ausländischen Recht erworben worden ist.

(3) § 1617c des Bürgerlichen Gesetzbuchs gilt entsprechend.

---

1 Entwurf eines Gesetzes zur Anpassung der Vorschriften des Internationalen Privatrechts an die Verordnung (EU) Nr. 1259/2010 und zur Änderung anderer Vorschriften des Internationalen Privatrechts, BR-Drucks. 468/12.

(4) Die Erklärungen nach den Absätzen 1 und 2 müssen öffentlich beglaubigt oder beurkundet werden.

A. Zweck der Namensangleichung

1 Abs. 1 betrifft die **Namensangleichung nach Statutenwechsel** (vgl. Art. 10 EGBGB Rdn. 5), der auch durch Rechtswahl eintreten kann.[1] In Abs. 2 geht es um die **Namensbildung bei abgeleiteten Namen** nach deutschem Recht. Da der Statutenwechsel wegen des Grundsatzes der Namenskontinuität zu keiner Namensänderung führt (s. Art. 10 EGBGB Rdn. 5), wird eine beschränkte sachrechtliche Namenswahl gestattet, um eine Anpassung an die Umwelt sowie eine soziale Integration ohne eine öffentlich-rechtliche Namensänderung zu ermöglichen.[2] Art. 47 EGBGB ist am 24.05.2007 **in Kraft** getreten.[3] Er gilt aber auch für Altfälle.[4] Für **Vertriebene und Spätaussiedler** sowie deren Ehegatten und Abkömmlinge, die Deutsche i.S.d. Art. 116 Abs. 1 GG sind, gilt § 94 BVFG, der teilweise als lex specialis angesehen wird,[5] daneben fort. Danach kann die Erklärung zur Namensführung wahlweise vor dem Bundesverwaltungsamt oder dem Standesbeamten abgegeben werden.[6]

2 Art. 47 EGBGB ist eine namensrechtliche **Sachnorm**,[7] die sich in einem eigenen dritten Kapitel des EGBGB findet. Die sachrechtliche Namensangleichung ist nur entfernt mit der kollisionsrechtlichen Angleichung (Anpassung) verwandt. Der zuvor nach ausländischem Recht gebildete Name wird nach dem deutschen Folgestatut »angeglichen«, d.h. verändert.

3 Es handelt sich um eine **Gestaltungserklärung ohne Fristbeschränkung** im Rahmen des Abs. 1 Satz 1 Nr. 1–5.[8] Die Namenserklärung wirkt ex nunc.[9] Die Behörde ist auf eine Rechtsprüfung beschränkt.[10] Die Wahl ist nicht auf Fälle notwendiger Namensangleichung nach Nr. 1, 2 beschränkt. Nr. 3–5 gestatten darüber hinaus **auch weitere freiwillige Änderungen.**

B. Folgen des Statutenwechsels

4 Art. 47 EGBGB geht von einem rechtsgültigen Namenserwerb nach ausländischem Recht aus.[11] Die Wahl nach Art. 47 EGBGB setzt einen vorangegangenen (Eingangs-) **Statutenwechsel** voraus; ein Wohnsitzwechsel genügt nicht. Art. 5 Abs. 1 Satz 2 EGBGB bewirkt, dass der Name von Deutsch-Ausländern, die ihren Aufenthalt nach Deutschland verlegen, von vornherein deutschem Recht unterliegt.[12] Die Registrierung eines abweichenden Namens im Ausland steht nicht entgegen. Die Namensangleichung nach Art. 47 EGBGB dient nicht der Vermeidung hinkender Namensführung.[13]

---

1 OLG Frankfurt a.M. StAZ 2012, 50.
2 Vgl. BT-Drucks. 16/1831 S. 78 f.
3 Vgl. Art. 5 Personenstandsrechtsreformgesetz, BGBl. 07 I, S. 122 i.V.m. BVFGÄndG, BGBl. 07 I, S. 748.
4 OLG München NJW-RR 2008, 1680; AG München StAZ 2009, 147; *Henrich* StAZ 2007, 203 f.
5 Erman/*Hohloch* Rn. 4; MüKoBGB/*Birk* Art. 47 EGBGB Rn. 74.
6 BT-Drucks. 16/1831, 78 f; Palandt/*Thorn* Art. 47 EGBGB Rn. 3 f.
7 *Mäsch* IPRax 2008, 17; MüKoBGB/*Birk* Art. 47 EGBGB Rn. 3.
8 *Mäsch* IPRax 2008, 17 (22); PWW/*Mörsdorf-Schulte* Art. 47 EGBGB Rn. 22.
9 *Hepting* StAZ 2008, 161 (163); MüKoBGB/*Birk* Art. 47 EGBGB Rn. 19.
10 PWW/*Mörsdorf-Schulte* Art. 47 EGBGB Rn. 4; ähnlich *Mäsch* IPrax 2008, 17 (18); anders *Henrich* StAZ 2007, 197 (198 f.).
11 MüKoBGB/*Birk* Art. 47 EGBGB Rn. 7.
12 Vgl. *Henrich* StAZ 2007, 197 (199.
13 *Hepting* StAZ 2008, 161 (163).

Kommt es zu einem **erneuten Statutenwechsel, so** kann der ursprüngliche Name wieder **aufleben,** 5
wenn das neue Statut diese Gestaltung zulässt.[14] Ein Statutenwechsel vom ausländischen zurück
zum deutschen Recht lässt ein neues Wahlrecht entstehen.[15] Im Übrigen kann das Wahlrecht nur
einmal ausgeübt werden. Ein Widerruf ist nicht vorgesehen.[16]

Wurde keine Namenswahl vorgenommen, so erfolgt die in den Fällen der Nr. 1 und 2 notwendige 6
Namensanpassung durch den Rechtsanwender (Standesamt).[17] Entspricht der ausländische Name
der deutschen Namensbildung, so bleibt es in den Fällen des Abs. 1 Nr. 3–5 beim bisherigen
Namen.[18]

C. Einzelne Erklärungsmöglichkeiten

I. Bestimmung eines Vor- und Familiennamens (Abs. 1 Satz 1 Nr. 1)

Besteht der bisherige Name nicht aus Vor- und Familiennamen, so kann bestimmt werden, **wel-** 7
cher Name Vor- und welcher Name Familienname sein soll (sog. Sortiererklärung).[19] Dies
kommt bei mehrgliedrigen Namensketten in Betracht.[20] Insofern ist der Namensträger aber nicht
völlig frei. Hat ein Namensbestandteil bereits im Ausgangsstatut eine dem Vor- oder Nachnamen
vergleichbare Funktion, so ist dies bei der Wahl zu beachten.[21] Ein Name, der den Generationen-
zusammenhang erkennen lässt, entspricht einem deutschen Familiennamen. Dagegen ist ein
geschlechtsspezifischer Rufname ein Vorname.[22] Frei ist die Wahl bei insoweit unspezifischen
Eigen-, Bei- oder Mittelnamen sowie ggf. bei Namenszusätzen. Kommt kein Namensbestandteil
als Familienname infrage, so kann eine Ergänzung nach Nr. 2 in Betracht kommen (s. Rdn. 8).

II. Wahl eines Vor- oder Familiennamens (Abs. 1 Satz 1 Nr. 2)

Eingliedrige Namen müssen ergänzt werden, damit Vor- und Familiennamen entstehen. Nach 8
Abs. 1 Satz 1 Nr. 2 obliegt dies dem Namensträger (sog. **Ergänzungserklärung**). Maßgeblich ist, ob
der vorhandene Name Funktionen hat, die dem deutschen **Familien- oder Vornamen entsprechen,**
oder ob er insoweit unspezifisch ist. Eigennamen, die nicht von Eltern übernommen und nicht an
Kinder weitergegeben werden, sind eher als Vornamen anzusehen.[23] Der gewählte Familienname
muss auf Personen hindeuten, zu denen gewichtige soziale Beziehungen (Elternteil oder naher Verwandter) bestehen.[24] Die Lösung, eingliedrige ausländische Namen stets als Familiennamen zu
behandeln und insofern nur die Wahl eines (zusätzlichen) Vornamens zuzulassen,[25] findet im Gesetz
keine Stütze.[26] Der bisherige alleinige Eigenname kann als Familienname gewählt werden.[27]

---

14 Jauss StAZ 2006, 240; PWW/*Mörsdorf-Schulte* Art. 47 EGBGB Rn. 7.
15 *Henrich* StAZ 2007, 197 (203); PWW/*Mörsdorf-Schulte* Art. 47 EGBGB Rn. 7.
16 MüKoBGB/*Birk* Art. 47 EGBGB Rn. 16.
17 *Henrich* StAZ 2007, 197 (199); Staudinger/*Hepting* Art. 10 EGBGB Rn. 159 f.; anders Palandt/*Thorn*
    Art. 47 EGBGB Rn. 5.
18 OLG München NJW-RR 2008, 1680. Krit. Wiegelmann FamRB 2009, 9 f.
19 BAnz Nr. 155 v. 21.08.2007 S. 7279.
20 MüKoBGB/*Birk* Art. 47 EGBGB Rn. 22.
21 Zu unterschiedlich vorgeprägten Namen *Hepting* StAZ 2008, 161 (167).
22 *Henrich* StAZ 2007, 197 (199). – Für Zulassung als Familienname aber MüKoBGB/*Birk* Art. 47 EGBGB
    Rn. 28.
23 BayObLG StAZ 2000, 235 (236).
24 *Mäsch* IPRax 2008, 17 (19).
25 So *Hepting* StAZ 2008, 161 (171 f.).
26 MüKoBGB/*Birk* Art. 47 EGBGB Rn. 30; PWW/*Mörsdorf-Schulte* Art. 47 EGBGB Rn. 10.
27 AG Hamburg StAZ 2012, 112.

9   Teilweise sind nach ausländischem Recht neben dem Eigennamen **Namenszusätze** vorhanden. Wieweit diese sich als Vor- oder Familienname eignen und damit zur Anwendbarkeit von Nr. 1 statt Nr. 2 führen können, ist umstritten.[28] Es wird danach unterschieden, ob sie als Hinweis auf die Abstammung (z.B. Ben, Bin, Ibn, -dóttir, -son) oder Zugehörigkeit zu einer Volks- oder religiösen Gruppe (z.B. Kaur, Singh) verstehen oder nur als Adels-, Bildungs- oder religiöser Titel (z.B. Begum, Mirza) anzusehen sind. Wegen der fließenden Übergänge und des Bestimmungsrechts des Namensträgers will man diesem im Zweifelsfall die Einordnung überlassen. So kommt **auch bei mehrgliedrigen Namen** eine Ergänzung nach Nr. 2 in Betracht, wenn der Namensträger dies einem Vorgehen nach Nr. 1 vorzieht.[29]

III. Ablegen von Namensbestandteilen (Abs. 1 Satz 1 Nr. 3)

10   Vom deutschen Recht nicht vorgesehene Namensbestandteile können nach Nr. 3 abgelegt werden (sog. **Ablege-Erklärung**). Die dem deutschen Recht entsprechenden Vor- und Familiennamen sind zunächst festzulegen. Allerdings ist die Wahl nach Nr. 1 und 2 vorrangig. Abgelegt werden können nur danach übrig bleibende Namensbestandteile.[30] Dabei handelt es sich i.d.R. um Zwischennamen (z.B. Vatersname[31]). Legt sie der Namensträger nicht ab, so muss er (ggf. der Rechtsanwender), sie als weitere Vornamen[32] bzw. je nach Funktion zu einem dem Ehenamen vorangestellten Geburtsnamen wählen.[33]

IV. Annahme der Namensgrundform (Abs. 1 Satz 1 Nr. 4)

11   Der sprachlichen Anpassung von Familiennamen dient Nr. 4. Eine geschlechtsspezifische (z.B. Kowalska) oder eine verwandtschaftsspezifische (z.B. Olafsdóttir, bin Ibrahim) Form kann nach Nr. 4 durch die Grundform ersetzt werden (sog. **Ursprungserklärung**). Soweit es keine geschlechtsneutrale Form gibt, ist die Wahl der männlichen oder weiblichen Form zu gestatten.[34] Ein auf Sohn- oder Tochterverhältnis hinweisender Verwandtschaftszusatz kann abgelegt werden.[35] Ohne die Erklärung nach Nr. 4 bleibt es beim Namen in seiner übernommenen Form.[36] Wird von ihm nach deutschem Recht ein Ehe- oder Kindesname abgeleitet, nimmt dieser ohnehin die Grundform an,[37] wenn ohne weiteres eine Form als Grundform angesehen werden kann. Dies ist nicht stets die männliche Form.[38]

V. Deutschsprachige Form von Vor- oder Familiennamen (Abs. 1 Satz 1 Nr. 5)

12   Die sog. **Eindeutschungserklärung** ermöglicht es, Vor- oder Familiennamen in der deutschsprachigen, insbes. wieder in der ursprünglichen deutschen Form zu führen.[39] Nach einer engen Auslegung besitzen eine »deutschsprachige Form« i.S.d. Nr. 5 **nur Namen, die in der Vergangenheit konkret von einem deutschen Namen abgeleitet,** aber insb. durch Transliteration oder Transkription verän-

---

28   Näher *Hepting* StAZ 2008, 161 (169 f.).

29   Vgl. PWW/*Mörsdorf-Schulte* Art. 47 EGBGB Rn. 11.

30   PWW/*Mörsdorf-Schulte* Art. 47 EGBGB Rn. 12; vgl. *Mäsch* IPRax 2008, 17 (20).

31   Zum Ablegen OLG Frankfurt a.M. StAZ 2012, 50.

32   BGH StAZ 1971, 250; OLG Rostock StAZ 1994, 288; OLG Hamm StAZ 1998, 259.

33   OLG Nürnberg StAZ 2012, 182 (Beibehalten bulgar. Vatersnamens); *Henrich* StAZ 2007, 197 (201); PWW/*Mörsdorf-Schulte* Art. 47 EGBGB Rn. 12; für Ablegen *Hepting* StAZ 2008, 161 (172 f.).

34   *Hepting* StAZ 2008, 161 (173); MüKoBGB/*Birk* Art. 47 EGBGB Rn. 36.

35   MüKoBGB/*Birk* Art. 47 EGBGB Rn. 37.

36   *Hepting* StAZ 2008, 161 (173) m.w.N.

37   OLG Hamm StAZ 1986, 10; LG Oldenburg StAZ 1992, 143; PWW/*Mörsdorf-Schulte* Art. 47 EGBGB Rn. 13.

38   LG Berlin StAZ 2000, 109 (110) (UdSSR).

39   *Mäsch* IPRax 2008, 17 (21); PWW/*Mörsdorf-Schulte* Art. 47 EGBGB Rn. 14.

dert wurden.[40] Dagegen stellt eine großzügigere Auslegung nicht auf die Herkunft ab. Die Wiederannahme der ursprünglichen Form zielt vor allem auf die Schreibweise ab. Zulässig ist das Weglassen von Lauten und dem Deutschen unbekannten diakritischen Zeichen (z.B. Akzenten).[41]

Die **Übersetzung von Familiennamen ins Deutsche** (z.B. »Krejci« in »Schneider«, »Carpenter« in   13
»Zimmermann«) wird nicht genannt (anders § 94 Abs. 1 Nr. 5 BVFG). Angesichts des engeren
Wortlauts, der Entstehungsgeschichte und des begrenzten Zwecks der des Art. 47 EGBGB ist sie
nicht zulässig.[42] Eine Privilegierung der Träger begrifflicher (übersetzbarer) Namen wäre auch
sachlich nicht gerechtfertigt.[43]

Für **Vornamen** ist grds. ebenfalls keine Übersetzung zulässig.[44] Ist allerdings eine Rückkehr zum
deutschen Familiennamen möglich, so strahlt dies auf den Vornamen aus und erlaubt dessen
gleichzeitige Eindeutschung. Eine Übersetzbarkeit von Vornamen ist bei einer inhaltlicher Übereinstimmung vor einem gemeinsamen kulturellen Hintergrund (insbes. christliche Namenspatronen) gegeben. Die Wahl neuer Vornamen ist mangels deutschsprachiger Form zulässig.[45] Da es
sich um keinen in Deutschland üblichen Vornamen handeln muss, kann auch ein bislang bereits
als zweiter Vorname geführter Namen nunmehr als alleiniger Vorname angenommen werden.[46] –
Eine Übersetzung ausländischer **Adelstitel** wird teilweise für möglich gehalten.[47]

Der Namensträger kann zwischen den Erklärungen nach Abs. 1 Satz 1 Nr. 5 und derjenigen nach   14
§ 94 Abs. 1 Satz 1 Nr. 3 BVFG **wählen**.[48] Gegenüber einer Änderung durch Hoheitsakt nach § 3a
NÄG dürften sie vorrangig sein.[49]

D. Ehename (Abs. 1 Satz 2)

Die Namenswahl in Bezug auf den Ehenamen kann nach Abs. 1 Satz 2 nur von **beiden Ehegatten**   15
erklärt werden. Ehename ist der von beiden Ehegatten geführte Familienname.[50] Die Erklärungsmöglichkeiten nach Abs. 1 Nr. 1–5 können genutzt werden. – Zum anwendbaren Recht s. Art. 10
Rdn. 4 ff.

E. Bildung eines abgeleiteten Namens nach Abs. 2

Auch bei der sog. **Namensableitung** von **Ehe-** bzw. **Kindesnamen** kann eine Angleichung erfol-   16
gen. Abs. 2 gibt dem Namensträger hier die gleichen Gestaltungsmöglichkeiten wie Abs. 1. Wird
ein nach deutschem Namensrecht gebildeter Name von einem ausländischen Namen abgeleitet, so
können die betroffenen Ehegatten oder Lebenspartner bzw. das betroffene Kind für ihren Namen
die in Abs. 1 Satz 1 Nr. 1 bis 5 vorgesehene Bestimmung treffen.

---

40 *Mäsch* IPrax 2008, 17 (21); Vorauflage.
41 OLG München StAZ 2009, 205 = FamRZ 2009, 1630.
42 Ablehnend OLG München StAZ 2009, 205 = FamRZ 2009, 1630; *Mäsch* IPRax 2008, 17 (21); *Hepting*
   StAZ 2008, 175; anders *Henrich* StAZ 2007, 197 (203). – Unentschieden MüKoBGB/*Birk* Art. 47
   EGBGB Rn. 53.
43 *Mäsch* IPRax 2008, 17 (20); PWW/*Mörsdorf-Schulte* Art. 47 EGBGB Rn. 14.
44 *Hepting* StAZ 2008, 161 (175); PWW/*Mörsdorf-Schulte* Art. 47 EGBGB Rn. 15; anders *Mäsch* IPRax
   2008, 17 (21 f.); MüKoBGB/*Birk* Art. 47 EGBGB Rn. 45.
45 *Hepting* StAZ 2008, 161 (175); MüKoBGB/*Birk* Art. 47 EGBGB Rn. 47.
46 OLG Bremen StAZ 2012, 18.
47 Palandt/*Thorn* Art. 47 EGBGB Rn. 6.
48 OLG München StAZ 2009, 205 = FamRZ 2009, 1630; Palandt/*Thorn* Rn. 3; PWW/*Mörsdorf-Schulte*
   Rn. 16; dagegen für Vorrang des BVFG *Mäsch* IPRax 2008, 17 (21).
49 PWW/*Mörsdorf-Schulte* Art. 47 EGBGB Rn. 16; a.A. *Mäsch* IPRax 2008, 17 (21).
50 MüKoBGB/*Birk* Art. 47 EGBGB Rn. 54.

F. Auswirkung auf den Namen von Ehegatten und Kindern (Abs. 3)

17 Die Namensbestimmung nach Abs. 1 oder 2 wirkt gem. Abs. 3 i.V.m. § 1617c BGB ohne weiteres für den abgeleiteten Name eines **Kindes** bis zur **Vollendung des fünften Lebensjahres.**[51] Ein **älteres Kind** muss sich der Namensgebung entsprechend § 1617c BGB anschließen.[52] Auch das volljährige **Kind** kann **eine Anschließungserklärung** abgeben.[53]

G. Verfahrensrecht

18 Die Erklärung ist **gegenüber dem Standesamt** am Wohnsitz oder gewöhnlichen Aufenthalt des Erklärenden abzugeben, hilfsweise vor dem Standesamt I in Berlin (gem. § 43 Abs. 2 PStG). Nach Abs. 4 bedarf die Erklärung der öffentlichen **Beglaubigung** oder Beurkundung, die auch kostenlos vom Standesbeamten vorgenommen werden kann (gem. § 43 Abs. 1 PStG).

Art. 220 EGBGB   Übergangsvorschrift zum Gesetz vom 25. Juli 1986 zur Neuregelung des Internationalen Privatrechts

(1) Auf vor dem 1. September 1986 abgeschlossene Vorgänge bleibt das bisherige Internationale Privatrecht anwendbar.

(2) Die Wirkungen familienrechtlicher Rechtsverhältnisse unterliegen von dem in Absatz 1 genannten Tag an den Vorschriften des Zweiten Kapitels des Ersten Teils.

(3) [1]Die güterrechtlichen Wirkungen von Ehen, die nach dem 31. März 1953 und vor dem 9. April 1983 geschlossen worden sind, unterliegen bis zum 8. April 1983

1. dem Recht des Staates, dem beide Ehegatten bei der Eheschließung angehörten, sonst
2. dem Recht, dem die Ehegatten sich unterstellt haben oder von dessen Anwendung sie ausgegangen sind, insbesondere nach dem sie einen Ehevertrag geschlossen haben, hilfsweise
3. dem Recht des Staates, dem der Ehemann bei der Eheschließung angehörte.

[2]Für die Zeit nach dem 8. April 1983 ist Artikel 15 anzuwenden. [3]Dabei tritt für Ehen, auf die vorher Satz 1 Nr. 3 anzuwenden war, an die Stelle des Zeitpunkts der Eheschließung der 9. April 1983. [4]Soweit sich allein aus einem Wechsel des anzuwendenden Rechts zum Ablauf des 8. April 1983 Ansprüche wegen der Beendigung des früheren Güterstands ergeben würden, gelten sie bis zu dem in Absatz 1 genannten Tag als gestundet. [5]Auf die güterrechtlichen Wirkungen von Ehen, die nach dem 8. April 1983 geschlossen worden sind, ist Artikel 15 anzuwenden. [6]Die güterrechtlichen Wirkungen von Ehen, die vor dem 1. April 1953 geschlossen worden sind, bleiben unberührt; die Ehegatten können jedoch eine Rechtswahl nach Artikel 15 Abs. 2 und 3 treffen.

A. Allgemeine Übergangsregelung

1 Auf vor dem 01.09.1986 abgeschlossene Vorgänge bleibt nach Abs. 1 das bisherige Internationale Privatrecht anwendbar.

---

51 MüKoBGB/*Birk* Art. 47 EGBGB Rn. 65.
52 MüKoBGB/*Birk* Art. 47 EGBGB Rn. 66.
53 MüKoBGB/*Birk* Art. 47 EGBGB Rn. 68; PWW/*Mörsdorf-Schulte* Art. 47 EGBGB Rn. 18; anders *Mäsch* IPRax 2008, 17 (21).

Durch das am 01.09.1986 in Kraft getretene Gesetz zur Neuregelung des Internationalen Privatrechts vom 25.07.1986[1] wurden u.a. die bis dahin für das internationale Familienrecht einschlägigen Vorschriften[2] des EGBGB aufgehoben und durch eine Neukodifizierung ersetzt, die nicht nur einen größeren Umfang, sondern zum Teil auch sachliche Änderungen gebracht hat.

Art. 220 Abs. 1 EGBGB enthält die grundsätzliche Übergangsregelung für unwandelbare Anknüpfungen, Art. 220 Abs. 2 EGBGB diejenige für wandelbare familienrechtliche Rechtsverhältnisse. Stichtag ist der 01.09.1986. **2**

B. Güterrechtsstatut – Altehen

Die güterrechtlichen Wirkungen von Ehen unterliegen im Hinblick auf die erst nach einer Entscheidung des Bundesverfassungsgerichts eingeführte Gleichberechtigung der Geschlechter je nach Zeitpunkt unterschiedlichen Regeln. Dabei werden unterschieden Ehen, die vor dem und solche, die nach dem 31.03.1953 (bzw. 01.04.1953) und vor dem 09.04.1983 geschlossen worden sind, ferner solche, die nach dem 08.04.1083 geschlossen worden sind. **3**

Im Hinblick auf die **Unwandelbarkeit des Güterrechtsstatuts** und die in Art. 220 Abs. 1 EGBGB für unwandelbare Statute normierte grundsätzliche Anwendbarkeit des bis dahin geltenden Rechts müsste für **vor dem 01.09.1986 geschlossene Ehen** (»Altehen«) zur kollisionsrechtlichen Ermittlung der güterrechtlichen Verhältnisse auf das alte Recht zurückgegriffen werden. Dies ist problematisch, denn Art. 15 EGBGB a.F. hatte für das Güterrecht lediglich an die Staatsangehörigkeit des Ehemannes angeknüpft. Das BVerfG[3] hat diese Anknüpfung in Art. 15 EGBGB a.F. mit am 09.04.1983 eingetretener Gesetzeskraft für verfassungswidrig erklärt. Nach Art. 117 Abs. 1 GG war gleichheitswidriges vorkonstitutionelles Recht jedoch schon am 01.03.1953 außer Kraft getreten. Bis zur Entscheidung des BVerfG hatten sich mangels gesetzgeberischer Tätigkeit erhebliche Meinungsverschiedenheiten und Unklarheiten ergeben; die Rechtsprechung war uneinheitlich. Nach der Entscheidung des BVerfG war die Rechtslage offen. Erst mit der am 01.09.1986 in Kraft getretenen IPR-Reform hat der Gesetzgeber zur Beseitigung dieser Rechtsunsicherheit für vor dem 01.09.1986 geschlossene Ehen in Art. 220 Abs. 3 EGBGB eine **mit Rückwirkung anzuwendende Kollisionsnorm** für nunmehr vorzunehmende Anknüpfungen zum Güterrechtsstatut geschaffen. Daraus ergibt sich eine **nach unterschiedlichen Eheschließungszeitpunkten differenzierende Regelung:** **4**

Für **vor dem 01.04.1953 geschlossene Ehen** verbleibt es nach Art. 220 Abs. 3 Satz 6 EGBGB zur Anknüpfung des Güterrechtsstatuts bei **Art. 15 EGBGB a.F.** Alleiniger Anknüpfungspunkt ist die Staatsangehörigkeit des Mannes zum Zeitpunkt der Eheschließung. Nachträgliche Rechtswahl unter Einhaltung der in Art. 15 Abs. 2 und 3 EGBGB n.F. normierten Voraussetzungen ist möglich. **5**

Für **Ehen, die zwischen dem 01.04.1953 und dem 08.04.1983 geschlossen worden sind**, gilt die besondere Anknüpfungsleiter des Art. 220 Abs. 3 Satz 1 EGBGB: **6**

Nr. 1 der Anknüpfungsleiter stellt auf eine **gemeinsame Staatsangehörigkeit** zum Zeitpunkt der Eheschließung ab.

Nr. 2 enthält in der dort anzutreffenden Anknüpfung an das Recht, »dem die Ehegatten sich unterstellt haben oder von dessen Anwendung sie ausgegangen sind«, der Sache nach eine **form-** **7**

---

1 BGBl. I, S. 1142.
2 Die bis zum 31.08.1986 geltenden Vorschriften des EGBGB sind abgedruckt bei *Jayme/Hausmann*, Internationales Privat- und Verfahrensrecht, bis zu 9. Aufl.
3 Beschl vom 22.02.1983 (FamRZ 1983, 562 = NJW 1983, 1968), bekannt gemacht am 08.04.1983 (BGBl. 1983 I, S. 525).

freie und konkludent mögliche Rechtswahl. Mit dieser Regelung wollte der Gesetzgeber Vermögensdispositionen, welche die Ehegatten im Vertrauen auf ihre Gültigkeit getätigt haben, unter Gesichtspunkten des Vertrauensschutzes in verfassungskonformer[4] Weise legalisieren.[5] Die Vorschrift ist daher großzügig auszulegen, um den Rückgriff auf Nr. 3 mit der dort verbliebenen gleichheitswidrigen Anknüpfung so weit wie möglich zu vermeiden.

Anhaltspunkte zur Annahme einer Rechtswahl nach der Tatbestandsalternative des sich »Unterstellens« sind Vermögenserwerb in den Rechtsformen einer bestimmten Rechtsordnung, dauernder Aufenthalt und Erwerbstätigkeit in einem Staat, Ort der Eheschließung, Inanspruchnahme von Behörden und Gerichten eines Staats – entscheidend ist, ob die Ehegatten ihre Vermögensverhältnisse bewusst[6] einer bestimmten Rechtsordnung zugeordnet haben.[7] Die Tatbestandsalternative des »Ausgehens von der Anwendung eines Rechts« liegt vor, wenn die Ehegatten schlicht das Heimatrecht des Ehemannes als kollisionsrechtlich berufen angesehen haben, ohne dass für sie weitere Gesichtspunkte zur Maßgeblichkeit dieser Rechtsordnung bestimmend waren.[8]

8   **Nr. 3** steht als Hilfstatbestand zur Verfügung, wenn über Nr. 1 oder Nr. 2 keine Anknüpfung möglich ist. Dann ist die **Staatsangehörigkeit des Mannes** zum Zeitpunkt der Eheschließung maßgeblich. Für den Zeitraum bis zur Gesetzeskraft der Entscheidung des BVerfG, mit welcher die Verfassungswidrigkeit einer solchen Anknüpfung festgestellt wurde,[9] muss das hingenommen werden. Für den Zeitraum nach dem 08.04.1983 gelten Art. 220 Abs. 3 Satz 2–4 EGBGB (s.u. Rdn. 9).

9   Art. 220 Abs. 3 Satz 2 EGBGB schreibt für Ehen, die zwischen dem 01.04.1953 und dem 08.04.1983 geschlossen wurden, für die Zeit nach dem 08.04.1983 eine **Neuanknüpfung** unter Anwendung von Art. 15 EGBGB n.F. vor. Dies führt ggf. zu einem Statutenwechsel. Bei der Neuanknüpfung ist, wenn bisher die Staatsangehörigkeit des Ehemannes maßgebend war, auf die Verhältnisse am 09.04.1953 abzustellen (Satz 3).

Ist jedoch eine Rechtswahl der Eheleute i.S.v. Art. 220 Abs. 3 Satz 1 Nr. 2 EGBGB festzustellen (s.o. Rdn. 6), bleibt nach der Rechtsprechung des BGH[10] deren Wirkung auch über den 08.04.1983 hinaus bestehen, so dass dann nicht mehr über Art. 220 Abs. 3 Satz 2 EGBGB erneut anzuknüpfen ist. Das BVerfG hat dies hinsichtlich der Alternative des »Ausgehens« und die aus ihr folgende Berufung des Heimatrechts des Ehemannes für unvereinbar mit Art. 3 Abs. 2 GG angesehen.[11] Dies bedeutet für die letztgenannte Konstellation, dass es für den Zeitraum ab dem 09.04.1983 bei der Neuanknüpfung gem. Art. 220 Abs. 3 Satz 2 EGBGB nach Art. 15 EGBGB n.F. verbleibt. Hinsichtlich der Alternative des sich »Unterstellens« gilt das Verdikt des BVerfG nicht; insoweit bleibt die Rechtsprechung des BGH zum Bestehenbleiben der Rechtswahl über den 08.04.1983 hinaus weiterhin maßgeblich.

10   Für **Ehen, die nach dem 08.04.1983 geschlossen worden sind,** gilt rückwirkend **Art. 15 EGBGB n.F.** (Art. 220 **Abs. 3 Satz 5** EGBGB).

---

4 BVerfG FamRZ 1988, 920.
5 Vgl. BGH FamRZ 1987, 679.
6 *Henrich* FamRZ 2003, 362.
7 Vgl. BGH FamRZ 1993, 289; OLG Karlsruhe IPRax 1990, 122 ff; OLG Düsseldorf FamRZ 1995, 1587 (1588); OLG Köln FamRZ 1996, 1479.
8 Vgl. Sachverhalt BVerfG FamRZ 2003, 361.
9 08. April 1983 – S.o. Rdn. 4.
10 BGH FamRZ 1993, 289 (291 f.).
11 BVerfG FamRZ 2003, 361.

Nichteheliche Lebensgemeinschaft

A. Übersicht

I. Geschichte der nichtehelichen Lebensgemeinschaft

1   Die nichteheliche Lebensgemeinschaft hat in den vergangenen Jahren allgemeine gesellschaftliche Akzeptanz gefunden und ist immer mehr an die Stelle der Ehe getreten oder dient ihrer Vorbereitung. So hat sich die Zahl derjenigen Paare, die in der Bundesrepublik Deutschland unverheiratet zusammenleben, in den Jahren zwischen 1991 und 2007 von 1.393.000 auf ca. 2.400.000[1] erhöht. Damit lebt nahezu jedes 10. Paar (10 %) nichtehelich zusammen, während dies 1991 nur bei jedem 15. Paar (7 %) der Fall war. Das Durchschnittsalter nichtehelicher Lebenspartnerinnen betrug 2007 37,7 Jahre, das der entsprechenden Männer 40,3 Jahre, womit es deutlich unter dem von Ehefrauen (52,1 Jahre) und Ehemännern (54,9 Jahre) liegt.[2] In 28 % der Lebensgemeinschaften wird mindestens ein minderjähriges Kind groß gezogen[3] und im Jahr 2010 lebten 8,6 % aller Familien mit minderjährigen Kindern in nichtehelichen Lebensgemeinschaften gegenüber 4,8 % im Jahr 1996.[4] Bereits diese Zahlen belegen die zwischenzeitliche gesellschaftliche Akzeptanz der nichtehelichen Lebensgemeinschaft. Dabei scheint sie in den neuen Bundesländern noch mehr als in den alten zur weithin üblichen und in großem Umfang an die Stelle der Ehe getretenen Form des Zusammenlebens von Mann und Frau geworden zu sein. Dort lebt sogar jedes 8. Paar (12 %) nichtehelich zusammen. In rund 50 % der nichtehelichen Lebensgemeinschaften sind dort minderjährige Kinder zu betreuen.[5]

2   Nicht wenige Menschen sehen in der Akzeptanz dieser Lebensform die Institution der Ehe als solche gefährdet. Hiermit ist zumeist auch ein gewisser Kulturpessimismus verbunden, der sich darauf gründet, dass Ehe und Familie als einer der Grundpfeiler des Staates gesehen werden. Dabei ist die obligatorische Zivilehe gerade erst etwas mehr als 120 Jahre alt. Andererseits sind selbst dem Alten Testament Nebenformen des Zusammenlebens zwischen Mann und Frau nicht unbekannt, hatte doch Abraham neben Sarah noch die Hagar, die ihm seinen Sohn Ismael gebar.

3   Im Römischen Reich gab es als reguläre Form der Ehe das »Matrimonium«, das durch religiös sakramentalen Akt geschlossen wurde. Daneben aber bestanden weitere Formen des Zusammenlebens von Mann und Frau, insbesondere das bis in das Mittelalter bestehende Konkubinat, das als eine zweite und rechtlich mindere Eheform, als legitima coniunctio, verstanden wurde.[6]

4   Auch im germanischen Recht gab es außer dem Matrimonium die sog. Friedel-Ehe. Während die Frau im Matrimonium der vollen Gewalt des Mannes unterstand, blieb sie in der Friedel-Ehe wie ihr Vermögen in der eigenen Sippe. In der Kebsehe lebte schließlich ein freier Mann mit einer Unfreien zusammen.

5   Nach vollendeter Christianisierung war das Konkubinat durchaus noch anerkannt. So wurde im Konzil von Toledo im Jahre 400 beschlossen, dass zwar derjenige von den Sakramenten ausgeschlossen war, der eine Konkubine **neben** einer Ehefrau hatte, nicht aber derjenige, der eine statt einer Ehefrau hatte. Erst im Konzil von Trient 1545–1569 wurde die Ehe als einzige rechtmäßige Form des Zusammenlebens anerkannt und das Konkubinat verboten.

---

1   Statistisches Bundesamt FamRZ 2008, 2086.
2   Statistisches Bundesamt FamRZ 2008, 2086.
3   Statistisches Bundesamt FamRZ 2008, 2086.
4   Quelle: Statistisches Bundesamt
5   BT-Drucks. 13/4899.
6   Kaser, Das römische Privatrecht, 12. Aufl. § 78.

II. Definition

Die **nichteheliche Lebensgemeinschaft** wird vielfach auch als **faktische Lebensgemeinschaft**   6
bezeichnet.[7] Nach dem Inkrafttreten des LPartG sei der Begriff der nichtehelichen Lebensgemeinschaft zu eng, weil die Ehe gleichgeschlechtlichen Partnern nicht zur Verfügung steht, eine unterschiedliche Behandlung umfassender gleichgeschlechtlicher und homosexueller Partnerschaften
aber nicht zu rechtfertigen sei.[8]

Sie wird zwar in einigen Gesetzen ausdrücklich erwähnt, so in §§ 7 Abs. 3 Nr. 3 b SGB II, 20
SGB XII, §§ 5 Abs. 3 und 6 Abs. 3 BErzGG, doch fehlt es gleichwohl an einer gesetzlichen Definition des Begriffes der nichtehelichen oder faktischen Lebensgemeinschaft. Die Rechtsprechung
definiert sie im allgemeinen als eine **heterosexuelle Beziehung, die auf unbestimmte Dauer angelegt ist, sich durch innere Bindungen der Partner zueinander auszeichnet und neben sich keine
weiteren Lebensgemeinschaften gleicher Art zulässt.**[9] Weiter muss zu erwarten sein, dass die **Bindungen der Partner zueinander so eng sind, dass sie auch in den Not- und Wechselfällen des
Lebens füreinander einstehen und Verantwortung übernehmen.**[10] Die nichteheliche Lebensgemeinschaft wird deshalb in Abgrenzung zur bloßen Haushalts- und Wirtschaftsgemeinschaft als
Verantwortungs- und Einstehensgemeinschaft bezeichnet.[11] Diese Definition bildet auch den
Hintergrund für die Einbeziehung des Lebensgefährten in neuere gesetzliche Vorschriften, wie
etwa § 563 Abs. 2 S. 4 BGB, in denen von Personen die Rede ist, die mit dem »Mieter einen auf
Dauer angelegten gemeinsamen Haushalt führen«.

Demnach weist die nichteheliche oder eheähnliche Lebensgemeinschaft weitgehende Ähnlichkei-   7
ten mit der Ehe auf, unterscheidet sich von dieser aber durch den Mangel an Form.[12] Darüber
hinaus ist nur die Ehe diejenige rechtlich verfasste Paarbeziehung zwischen Mann und Frau, in der
die gegenseitige Solidarität nicht nur faktisch gelebt wird, sondern auch rechtlich eingeklagt werden kann.[13]

Der **Unterschied zur Ehe** ist damit in der Regel offenkundig. Solange eine Ehe in der nach   8
§§ 1310 ff. BGB vorgesehenen Form nicht geschlossen ist, kann allenfalls eine nichteheliche
Lebensgemeinschaft gegeben sein. Ist die Eheschließung im Ausland erfolgt, so beurteilt sich ggf.
nach dem Eheschließungsstatut, ob eine wirksame Ehe vorliegt, oder ob von einer nichtehelichen
Lebensgemeinschaft auszugehen ist. Wegen der Einzelheiten hierzu wird auf die Erläuterungen zu
Art. 13 EGBGB verwiesen.

Angesichts der genannten Definition der nichtehelichen Lebensgemeinschaft sind zahlreiche wei-   9
tere Formen menschlichen Zusammenlebens nicht unter diesen Begriff zu subsumieren. Das gilt
etwa für die **Wohngemeinschaften**, in denen mehrere Personen gemeinsam eine Wohnung gemietet haben, sich die Gemeinsamkeiten jedoch auf die Nutzung und Verwaltung der Wohnung
beschränken, oder für **Verwandtengemeinschaften**, die – anders als die nichteheliche Lebensgemeinschaft – durchaus andere Gemeinschaften neben sich dulden. **Homosexuelle Gemeinschaften** werfen schließlich zwar dieselben Probleme auf wie nichteheliche Lebensgemeinschaften, doch
fehlt es ihnen an dem für letztere erforderlichen Zusammenleben zwischen einem Mann und einer
Frau. Mindestens aber seit dem Inkrafttreten des LPartG ist die Gleichstellung der nichtehelichen
Lebensgemeinschaft mit der nicht eingetragenen Lebenspartnerschaft geboten.[14] Für eingetragene
Lebenspartnerschaften gelten ohnehin die Vorschriften des LPartG.

---

7 Löhnig FuR 2008, 521; Staudinger/Löhnig Anh. zu §§ 1297 ff. Rn. 10.
8 Staudinger/Löhnig Anh. zu §§ 1297 ff. Rn. 10.
9 BVerfG FamRZ 1993, 164; FamRZ 2004, 1950; BGH FamRZ 1993, 533; BSG FamRZ 1993, 1315.
10 BVerfG FamRZ 1993, 164.
11 Grziwotz FamRZ 1994, 1217.
12 OLG Düsseldorf FamRZ 1981, 1077.
13 BVerfG FamRZ 2007, 529, 531.
14 Vgl. oben Rdn. 6; Schulz FamRZ 2007, 593, 594.

10 In den bereits genannten **sozialrechtlichen Vorschriften** wird der Begriff der nichtehelichen Lebensgemeinschaft weiter gefasst, um auf diese Weise eine Benachteiligung der Ehe gegenüber anderen Lebensgemeinschaften im Hinblick auf die Gewährung staatlicher Leistungen zu verhindern. Hier reicht im Allgemeinen das Bestehen einer reinen Wohn- und Wirtschaftsgemeinschaft[15] aus, um die gesetzlich bestimmten Folgen nichtehelichen Zusammenlebens auszulösen. Zwar kann z.B. von dem Bestehen einer sozialrechtlichen **Bedarfsgemeinschaft** auch nur ausgegangen werden, wenn eine nichteheliche Lebensgemeinschaft im Sinne der genannten Definition besteht,[16] doch kann aus dem Gesamtbild der Gemeinschaft nach außen auch auf innere Bindungen geschlossen werden,[17] etwa aus der Betreuung eines gemeinsamen Kindes[18] oder der Dauer des Zusammenlebens.[19]

11 Anders als die Rechtsprechung sprechen die genannten sozialrechtlichen Normen nicht von der nichtehelichen Lebensgemeinschaft, sondern der »**eheähnlichen Gemeinschaft**«. § 7 SGB II, der die Voraussetzungen für den Bezug der Grundsicherung für Arbeit Suchende regelt, spricht dagegen allgemeiner von der **Bedarfsgemeinschaft**, zu der nach Abs. 3 außer im Haushalt lebenden Ehegatten auch diejenigen Personen gehören, die mit dem Hilfsbedürftigen in einem gemeinsamen Haushalt so zusammen leben, dass nach verständiger Würdigung der wechselseitige Wille anzunehmen ist, Verantwortung füreinander zu tragen und füreinander einzustehen. Dieser Wille wird nach § 7 Abs. 3a SGB II vermutet, wenn die Partner alternativ länger als 1 Jahr zusammen leben, mit einem gemeinsamen Kind zusammen leben, Kinder oder Angehörige im Haushalt versorgen oder befugt sind, über Einkommen oder Vermögen des anderen zu verfügen. Es erscheint sinnvoll, diese Kriterien allgemein bei der Frage nach dem Bestehen einer nichtehelichen Lebensgemeinschaft zu Grunde zu legen, weil dadurch eine hinreichend klare Abgrenzung zu anderen Formen des Zusammenlebens möglich ist.

12 Indem das Bestehen einer nichtehelichen Lebensgemeinschaft sozialrechtlich zur Folge hat, dass die im Gesetz vorgesehenen Leistungen bei Leistungsfähigkeit des Partners nicht beansprucht werden können, wird faktisch die Verpflichtung begründet, den nicht leistungsfähigen und deshalb eigentlich von Sozialleistungen abhängigen Partner zu unterhalten, während zivilrechtlich – abgesehen vom Fall des § 1615l BGB – ein Unterhaltsanspruch innerhalb der nichtehelichen Lebensgemeinschaft gerade nicht besteht. Das kollidiert unter Umständen mit dem Grundsatz, dass im Fall des Zusammenlebens eines Unterhaltpflichtigen mit einem Partner oder einer Partnerin unter Rückgriff auf § 20 Abs. 3 SGB II die Ziffer 22.1 bzw. 22.2 der unterhaltsrechtlichen Leitlinien der Oberlandesgerichte eine Reduzierung des Selbstbehalts um jeweils 10 % vorgenommen werden kann.[20] Der Grund dafür ist darin zu sehen, dass sich aus dem Zusammenleben und den damit verbundenen Kompensationseffekten Ersparnisse ergeben. Hiervon kann jedoch nicht mehr ausgegangen werden, wenn der Partner oder die Partnerin nicht mindestens in der Lage ist, den eigenen Bedarf zu decken, weil der Unterhaltsschuldner andernfalls eine Reduzierung seines eigenen Selbstbehalts hinnehmen müsste, seine Partnerin aber zugleich eine Minderung der ihr zustehenden Sozialleistungen.

13 Anhand der unterschiedlichen möglichen **Motive** für die Begründung einer nichtehelichen Lebensgemeinschaft können verschiedene Formen des nichtehelichen Zusammenlebens voneinander unterschieden werden. Neben der vorehelichen Lebensgemeinschaft, die als Vorstufe zur Ehe gesehen wird (Probeehe), gibt es die Quasi-Ehe, die auf Dauer angelegt ist, ohne dass eine spätere Eheschließung ausgeschlossen wäre, die institutionalisierte nichteheliche Lebensgemeinschaft, in

---

15 BSG FamRZ 1988, 1261; BVerwG FamRZ 1991, 327.
16 BVerfG FamRZ 2004, 1950.
17 LSG BadWürtbg NJW 2006, 2349; LSG NRW NJW 2005, 2253.
18 LSG BadWürtbg ASR 2006, 28.
19 SG Düsseldorf JAmt 2005, 415: 3 Jahre; LSG BadWürtbg ASR 2006, 28: u.U. auch weniger als 3 Jahre; LSG Berlin NJ 2006, 239: Bei Betreuung gemeinsamen Kindes auch weniger als 1 Jahr.
20 Vgl nur: BGH FamRZ 2010, 802; FamRZ 2009, »762; FamRZ 2008, 594.

der die spätere Eheschließung – gleich aus welchen Gründen – abgelehnt wird, die freie Partnerschaft, in der die Partner ohne den Willen zu einer längerfristigen Bindung zusammen leben und gegenseitige Verpflichtungen jeder Art ablehnen, sowie die nacheheliche Lebensgemeinschaft, in der eine Eheschließung aus rechtlichen Gründen noch nicht möglich ist oder nach Eheerfahrung und Scheidung generell abgelehnt wird.[21] Dieser Versuch einer Typologie zeigt, dass die Vielfalt der Motive für die Bevorzugung dieser Lebensform gegenüber der Ehe, durch den Begriff der nichtehelichen Lebensgemeinschaft nur unzureichend erfasst ist. Gründe, die die Partner veranlassen können, von einer Eheschließung abzusehen, können im Übrigen sein:

– die Partner möchten sich vor der Eheschließung auch im Alltag näher kennenlernen,
– die Ehe wird wegen negativer Erfahrungen mit einer gescheiterten Ehe abgelehnt,
– die Ehe wird von den Partnern oder einem von ihnen als überholte gesellschaftliche Lebensform abgelehnt,
– durch das Absehen von der Eheschließung werden finanzielle Vorteile erhalten, z.B. Renten-, oder Unterhaltsansprüche,
– die Eheschließung ist aus rechtlichen Gründen (noch) nicht möglich.[22]

Die nichteheliche Lebensgemeinschaft ist kein **Verlöbnis**, da es ihr an dem für § 1297 BGB erforderlichen Eheversprechen fehlt. Das gilt auch für die sog. Probeehe, da sich auch in dieser die Partner gerade noch keine endgültige Klarheit darüber verschafft haben, ob ihre Partnerschaft in eine Ehe einmünden wird. Auch hier fehlt es also an dem gegenseitigen Versprechen, künftig die Ehe miteinander einzugehen, das das förmliche Verlöbnis voraussetzt. Man hält sich vielmehr die Möglichkeit offen, sich späterhin zu trennen, ggf. auch unverehelicht zusammen zu bleiben. Eine – wenn auch nicht einklagbare – Verpflichtung zur Eheschließung[23] soll gerade nicht begründet werden. **15**

Andererseits schließen Verlöbnis und nichteheliche Lebensgemeinschaft sich nicht aus Ziehen Partner zusammen, die die spätere Eheschließung vereinbart haben, so besteht zwischen ihnen vielmehr gleichzeitig ein Verlöbnis und eine nichteheliche Lebensgemeinschaft.[24] Im Falle einer Trennung konkurrieren dann möglicherweise die von der Rechtsprechung entwickelten Grundsätze über die Rückabwicklung von Zuwendungen mit Ansprüchen aus § 1301 BGB, wobei die Rechtsprechung in derartigen Fällen dahin zu tendieren scheint, auch hier § 1301 BGB nicht anzuwenden.[25] **16**

Da die **Dauer des nichtehelichen Zusammenlebens** Rückschlüsse auf die Tiefe der bestehenden Bindungen und die Ernsthaftigkeit der Partnerschaft zulässt, kommt dem Zeitfaktor eine erhebliche – zumindest indizielle – Bedeutung zu. So wird in der Literatur auch die Auffassung vertreten, dass – ähnlich wie in anderen Rechtsordnungen – erst ab einer bestimmten Zeitdauer von einer nichtehelichen Lebensgemeinschaft im engeren Sinne ausgegangen werden könne.[26] Diese Auffassung lässt sich aber mit der genannten Begriffsbestimmung nicht vereinbaren, weil ein lang dauerndes Zusammenleben zwar auf eine intensive Beziehung schließen lässt, ein erst kurzes Zusammenleben andererseits aber nicht zwingend gegen eine eheähnliche Bindung spricht. Deshalb ist stets eine Einzelfallprüfung vorzunehmen. Eine nichteheliche Lebensgemeinschaft kann danach unter Umständen auch nach einem erst sehr kurzen Zusammenleben angenommen werden, wenn festgestellt werden kann, dass die Partnerschaft mit dem festen Ziel begründet worden ist, einen Dauerzustand zu schaffen.[27] **17**

---

21 Haumsann/Hohloch S. 54.
22 Hausmann/Hohloch S. 54.
23 RG JW 1917, 848.
24 Staudinger/Strätz Anh. zu §§ 1297 ff. Rn. 32.
25 Grziwotz FamRZ 1999, 413 m.w.N.
26 Vgl: Goetz FamRZ 1985, 987, 991.
27 Schreiber Rn. 12 m.w.N.

18 Häufig schwierig zu ermitteln ist der eigentliche **Beginn der nichtehelichen Lebensgemeinschaft**, weil es – anders als bei der Ehe – keinen nach außen sichtbaren Akt des Entstehens gibt. Die äußeren Formen des Zusammenlebens, wie die Begründung einer gemeinsamen Wohnung oder das gemeinsame Wirtschaften schaffen zwar Indizien, lassen allein aber noch keinen sicheren Schluss auf den schließlich maßgeblichen Willen der Partner zu einer auf Dauer angelegten und durch innere Bindungen ausgezeichneten Partnerschaft zu. Gleichwohl wird es in der Regel zulässig sein, von äußeren Umständen auch auf die innere Einstellung der Partner zueinander zu schließen.[28] Klarere Abgrenzungskriterien schafft § 7 Abs. 3, Abs. 3 a SGB II (s.o. Rdn. 10).

19 Die **Landesverfassungen einiger Bundesländer**[29] haben auch andere Formen des Zusammenlebens als die der Ehe in das Verfassungsrecht integriert. Insbesondere die Verfassungen der Länder Sachsen-Anhalt, Sachsen und Thüringen sehen in jeder »häuslichen Gemeinschaft«, in der Kinder erzogen werden, schutz- und förderungswürdige Gebilde, was wohl auch dem Umstand Rechnung trägt, dass die nichteheliche Lebensgemeinschaft dort – wie dargestellt – weitaus verbreiteter als in den westlichen Bundesländern ist.

20 Andererseits stößt es nicht auf **verfassungsrechtliche Bedenken**, dass dem Beamten anlässlich der Niederkunft seiner nichtehelichen Lebensgefährtin Sonderurlaub versagt wird,[30] oder dass dem Angestellten aus dem gleichen Grunde nicht die nach § 52 Abs. 2 BAT für die Niederkunft der Ehefrau zustehenden zwei bezahlten Freistellungstage eingeräumt werden.[31] Wenn das Gesetz im übrigen im Sozialrecht die nichteheliche Lebensgemeinschaft erwähnt, so beinhaltet dies keine gesetzliche Anerkennung dieser Lebensform, sondern dient – wie dargestellt – nur dem Zweck, eine Benachteiligung der Ehe zu verhindern.

III. Rechtsvergleichung

21 Nichteheliche Lebensgemeinschaften sind in einigen Staaten mehr oder weniger umfassend rechtlich ausgestaltet und anerkannt und werden durchweg nicht mehr als sittenwidrig oder unmoralisch angesehen. Teilweise gibt es umfassende gesetzliche Regelungen, so etwa in **Bolivien, Ecuador, Guatemala, Honduras** und **Mexiko**, auf den **Philippinen** oder im früheren **Jugoslawien**. In anderen Ländern sind Einzelfragen gesetzlich geregelt: So gibt es in **Schweden** und **Italien** die Möglichkeit, wie seit 1998 auch in Deutschland das Recht der elterlichen Sorge für ein gemeinsames Kind beiden Partnern der nichtehelichen Lebensgemeinschaft einzuräumen.[32] In **Israel** erhält das aus einer nichtehelichen Lebensgemeinschaft stammende Kind den Namen seines mit der Mutter zusammenlebenden Vaters.[33] In **Österreich** gibt es spezielle mietrechtliche Vorschriften für die nichteheliche Lebensgemeinschaft, wobei nach § 14 des österreichischen Mietrechtsgesetzes eine nichteheliche Lebensgemeinschaft erst angenommen werden kann, wenn die Partner wenigstens drei Jahre zusammengelebt haben. Auch wiederum **Schweden** kennt Regelungen über die Behandlung der gemeinsamen Wohnung. Erbrechtliche Regelungen existieren dagegen in **Portugal** und in **Israel**. Die **französische Verfassung** enthält keine dem Art. 6 Abs. 1 GG vergleichbare Regelung, weshalb die nichteheliche Lebensgemeinschaft im Sozialrecht und in der Verwaltungsgerichtsbarkeit als der Ehe gleichwertig anerkannt wird.[34] Die Auseinandersetzung erfolgt nach der obergerichtlichen Rechtsprechung auch dort nach Gesellschaftsrecht, wobei der dafür erforderliche Rechtsbindungswille der Partner durch die in vielen Städten gegebene Möglichkeit der Regis-

---

28 BVerfG NJW 1993, 643, 646, OLG Hamm NJW-RR 1999, 1233; OLG Saarbrücken NJW-RR 2009, 449 im Fall gemeinsamen Erwerbs einer Immobilie.
29 Vgl. etwa Art. 24 Abs. 2 S. 1 Landesverfassung Sachsen-Anhalt.
30 BVerfG NJW 1998, 2043.
31 BVerfG NJW 1998, 2043.
32 Vgl. im Einzelnen: Staudinger/Strätz Anh. zu §§ 1297 ff. Rn. 11 ff. m.w.N.
33 Staudinger/Strätz Anh. zu §§ 1297 ff. Rn. 14.
34 Trimbach/El Alami NJW 1996, 57, 60.

trierung und Ausstellung eines Konkubinatsscheins (Certificat de Concubinage) erbracht werden kann.[35] Bereits mit Gesetz vom 09.01.1993 besteht in **Frankreich** im Übrigen die Möglichkeit der Ausübung der gemeinsamen elterlichen Sorge auch für nicht miteinander verheiratete Paare. Die Möglichkeit einer Registrierung besteht auch nach **dänischem, norwegischem, isländischem** und **niederländischen Recht**.[36]

Die Tatsache, dass in einigen Ländern Regelungen über die nichteheliche Lebensgemeinschaft 22 existieren, die in der Bundesrepublik Deutschland fehlen, beinhaltet die Gefahr, dass dann, wenn ein Deutscher oder eine Deutsche mit einer Partnerin oder einem Partner aus einem anderen Land eine nichteheliche Lebensgemeinschaft begründet, die Partnerschaft betreffende Rechtsfragen in dessen Heimatland anders beurteilt werden als in Deutschland. Insoweit dürften im Ausland bestehende, in Deutschland wegen Art. 6 GG jedoch unterbliebene Begünstigungen nicht gegen Art. 6 EGBGB (**ordre public**) verstoßen.[37]

B. Rechtslage während des Bestehens der nichtehelichen Lebensgemeinschaft

I. Beziehungen zwischen den Partnern

1. Partnerschaftsverträge und vermögensrechtliche Beziehungen

Die nichteheliche Lebensgemeinschaft unterliegt heute keinem strafrechtlichen Verbot mehr. Das 23 Zusammenleben wird auch dann nicht mehr als generell **sittenwidrig** angesehen, wenn einer der Partner noch verheiratet ist.[38] Deshalb ist es den Partnern auch unbenommen, **Partnerschaftsverträge** zu vereinbaren, mit denen sie ihr Zusammenleben gestalten wollen. Derartige Vereinbarungen verstoßen solange nicht gegen die guten Sitten, wie sich nicht einzelne Regelungen als sittenwidrig erweisen.[39] Das gilt auch für **Verfügungen von Todes** wegen zu Gunsten des jeweiligen Partners,[40] solange mit diesen nicht der ausschließliche Zweck verfolgt wird, den Ehegatten oder Kinder aus einer noch bestehenden Ehe zu benachteiligen.[41] Denn das Erbrecht wird vom Grundsatz der Testierfreiheit beherrscht, so dass der Wille des Erblassers erst in den Bestimmungen über das Pflichtteilsrechts seine Grenzen findet.[42] Die neuere Rechtsprechung des BGH scheint der Testierfreiheit sogar noch größeres Gewicht einzuräumen, indem sie zwar nicht ausdrücklich, so aber doch im Ergebnis auch solche Erbeinsetzungen nicht mehr als sittenwidrig verworfen hat, die ganz offensichtlich das Ziel hatten, die gesetzlichen Erben auszuschalten.[43] Wegen der Wirksamkeit von Erbeinsetzungen vgl. im Übrigen unten Rdn 197 ff.

Auch **Unterhaltsverträge** begegnen keinen rechtlichen Bedenken.[44] Allerdings ist die Unverbindlichkeit und die damit verbundene Möglichkeit der jederzeitigen Beendigung der Partnerschaft ohne Einhaltung bestimmter Fristen eines der maßgeblichen Unterscheidungsmerkmale zwischen der Ehe und der nichtehelichen Lebensgemeinschaft. Deshalb sind Regelungen untersagt, durch die etwa die Lösung der Partnerschaft verhindert oder über Gebühr erschwert wird.[45] Die **Grenzziehung** ist dabei nicht unproblematisch, weil andererseits die Vereinbarung von Unterhalts- und

---

35 Trimbach/El Alami NJW 1996, 57, 60.
36 Verschraegen FamRZ 2000, 65 ff.
37 BVerfG FamRZ 1971, 414; für das israelische Erbrecht: BayObLG FamRZ 1977, 490.
38 BGH FamRZ 1991, 168, 169.
39 BGH FamRZ 1991, 168; OLG Hamm FamRZ 1988, 618; OLG Karlsruhe FamRZ 1989, 866.
40 OLG Düsseldorf FamRZ 2009, 545.
41 BGH FamRZ 1969, 323.
42 OLG Düsseldorf FamRZ 2009, 545.
43 BGH FamRZ 2010, 277; FamRZ 2010, 542.
44 BGH FamRZ 1986, 145.
45 Vgl. OLG Hamm FamRZ 1988, 618 für den Fall der Vereinbarung einer unangemessenen Abfindung für den Fall einseitiger Trennung.

Abfindungsansprüchen für den Fall der Trennung dann zulässig ist, wenn sie sich als angemessener Ausgleich der beiderseitigen Interessen darstellen.[46] Die **Grenze zur Sittenwidrigkeit** der Vereinbarung ist deshalb nur dann überschritten, wenn in der getroffenen Regelung eine Sanktion mit **Vertragsstrafencharakter** für den Fall der Trennung zu sehen ist.[47] Im Übrigen begegnen Partnerschaftsverträge unter sittlichen Gesichtspunkten insbesondere dann keinen Bedenken, wenn sie dem wirtschaftlich schwächeren Partner das finanzielle Risiko einer Weiterführung der gemeinsamen Beziehung abnehmen sollen.[48]

24 Umstritten ist, ob die Partner ihr geplantes Zusammenleben und die wirtschaftlichen Folgen des Scheiterns der Gemeinschaft dann in einem Partnerschaftsvertrag vereinbaren können, wenn eine der Parteien zum Zeitpunkt des Vertragsschlusses noch **verheiratet** ist. Durch die Vereinbarung einer Abfindung kann auf den noch verheirateten Partner ein erheblicher Druck dahingehend ausgeübt werden, die Ehe nicht fortzusetzen, wodurch seine Selbstbestimmung eingeschränkt würde. Das ist aber nur dann der Fall, wenn die Abfindung der Höhe nach eine so erhebliche wirtschaftliche Belastung des Zahlungspflichtigen darstellt, dass sie Druck auf seine Entschließungsfreiheit in persönlichen Angelegenheiten auszuüben vermag.[49]

25 Vertraglich regeln lässt sich auch eine **Altersvorsorge** zugunsten des wirtschaftlich schwächeren Partners. Dadurch können allerdings keine Anrechte aus der gesetzlichen Rentenversicherung oder der Beamtenpension übertragen werden, weil diese nicht zur Disposition der Rentenberechtigten stehen. Zulässig ist aber die Vereinbarung eines **schuldrechtlichen Versorgungsausgleichs**, die Leistung **freiwilliger Beiträge in der gesetzlichen Rentenversicherung** oder der **Abschluss einer Lebensversicherung** zu Gunsten des Partners.[50]

26 Schließen die Partner einer nichtehelichen Lebensgemeinschaft miteinander eine Vereinbarung für den Fall der Trennung, so finden auf diese die Vorschriften etwa für das **eheliche Güterrecht** oder den **scheidungsrechtlichen Versorgungsausgleich** keine entsprechende Anwendung. Derartige Regelungen stellen auch **keine formbedürftige Schenkung** (§§ 516, 518 BGB) dar. Denn erfolgte das Zahlungsversprechen gerade im Hinblick auf die bestehende Lebensgemeinschaft und das beabsichtigte weitere Zusammenleben der Parteien, ist sie der Sache nach eine **unbenannte Zuwendung**.[51] Daraus folgt, dass derartige Vereinbarungen auch **formlos** möglich sind, weshalb auch die nur handschriftliche Zahlungszusage für den Fall der Trennung wirksam ist.[52]

27 Bestehen keine vertraglichen Abreden, so ist weder das **Eherecht** noch das **Verlöbnisrecht** analog anzuwenden. Im Falle von Streitigkeiten ist deshalb in jedem Einzelfall festzustellen, ob vertragliche oder gesetzliche Ansprüche gegeben sind. Aus der Begründung eines gemeinsamen Hausstandes kann auch nicht der Schluss auf einen konkludent geschlossenen umfassenden Kooperationsvertrag zwischen den Partnern gezogen werden, durch den gar noch beiderseitige umfassende Rechte und Pflichten analog zum Eherecht abgeleitet werden. Denn durch den nur faktischen Zusammenschluss zweier Menschen zu einer Lebensgemeinschaft wird gerade keine Rechtsgemeinschaft begründet.[53]

28 Die für die nichteheliche Lebensgemeinschaft charakteristische **Unverbindlichkeit** prägt für die Zeit ihres Bestehens auch die vermögensrechtlichen Beziehungen der Partner zueinander. Innerhalb der Gemeinschaft gibt es die zwei voneinander **getrennten Vermögensmassen** der beiden Partner. Jeder Partner hat die volle Freiheit, jederzeit mit Dritten Verträge zu schließen, ohne dass

---

46 Hausmann/Hohloch Kap. 1 Rn. 10.
47 OLG Hamm, NJW 1988, 2474.
48 OLG Köln FamRZ 2001, 1608.
49 OLG HammFamRZ 2000, 95.
50 Vgl. auch MüKo/Wellenhofer nach § 1302 Rn. 54.
51 BGH FamRZ 1995, 1060; FamRZ 1997, 933.
52 OLG Köln FamRZ 2001, 1608.
53 Vgl. BGH FuR 1998, 56.

Weinreich

er in seiner **Verfügungsmacht** – etwa entsprechend § 1365 BGB – eingeschränkt wäre. Insoweit gilt ähnliches wie zwischen Eheleuten, die für sich die Gütertrennung vereinbart haben.

Zwar scheint das **Gesellschaftsrecht** einen denkbaren Rahmen für die vermögensrechtlichen   29
Beziehungen der Partner zueinander zu bieten, doch fehlt es den Partnern der nichtehelichen
Lebensgemeinschaft an dem für die Annahme eines Gesellschaftsvertrages erforderlichen Rechtsbindungswillen. Allein der Umstand, dass sich ein Mann und eine Frau in dieser unverbindlichen
Lebensform zusammengeschlossen haben, begründet nicht die Annahme, dass sie sich den verbindlichen Regeln des Gesellschaftsrechts unterstellen wollten.[54] Da im Falle der generellen Einordnung der nichtehelichen Lebensgemeinschaft als Innengesellschaft bei ihrer Auseinandersetzung gem. §§ 730 ff. BGB ein dem Zugewinnausgleich ähnlicher Vermögensausgleich stattfände,
würde dies dem Willen der Beteiligten vermutlich auch nicht entsprechen. Dem steht nicht entgegen, dass auch die Regeln über das Gesellschaftsrecht im Einzelfall als Anspruchsgrundlage für
vermögensrechtliche Ansprüche im Rahmen der Auseinandersetzung der Lebensgemeinschaft
Anwendung finden.

2. Unterhaltspflichten

Gegenseitige **Unterhaltspflichten** bestehen zwischen den Partnern der nichtehelichen Lebensge-   30
meinschaft – abgesehen vom Fall des § 1615l BGB – nicht. Weder § 1361 BGB noch §§ 1569 ff.
BGB sind direkt oder analog anwendbar. Dementsprechend besteht unter den Partnern auch
keine **Prozesskostenvorschusspflicht**, da § 1360a Abs. 4 BGB gerade eine gesetzliche Unterhaltspflicht voraussetzt und überdies keine analoge Anwendung findet.[55]

Möglich und zulässig ist aber der Abschluss eines **Vertrages**, mit dem die Verpflichtung zur Unter-   31
haltszahlung übernommen wird. Im Rahmen der Auslegung eines derartigen Vertrages mag es
angemessen erscheinen, die Regelungen der §§ 1570 ff. BGB mit heranzuziehen. Bei der Annahme
einer konkludent geschlossenen **Unterhaltsvereinbarung** ist jedoch Zurückhaltung geboten. So ist
insbesondere das **Vertrauen auf die Fortdauer** faktisch gewährter Unterhaltsleistungen angesichts
der beiden Partnern gegebenen Möglichkeit, die nichteheliche Lebensgemeinschaft jederzeit zu
beenden, nicht schützenswert. Leistet ein Partner seiner bedürftigen Lebenspartnerin tatsächlich
Unterhalt, so kann er diese Aufwendungen nach § 33a EStG von seinem zu versteuernden Einkommen abziehen, soweit der Partnerin mit Rücksicht auf die Unterhaltsleistungen öffentliche
Mittel gekürzt worden sind.[56] Unterhaltsleistungen an die mittellose Partnerin sind ohne Berücksichtigung der so genannten Opfergrenze steuerlich abziehbar.[57]

Allerdings begründet § 1615l BGB, der durch das Schwangeren- und FamilienhilfeänderungsG   32
vom 21.08.1995 erheblich erweitert und die Reform des Unterhaltsrecht zum 01.01.2008 noch
einmal dem Ehegattenunterhalt angenähert worden ist, einen gesetzlichen **Unterhaltsanspruch
der Kindesmutter** gegen den mit ihr nicht verheirateten Vater des gemeinsamen Kindes. Wegen
der Einzelheiten hierzu wird auf die Erläuterungen zu § 1615l BGB verwiesen.

3. Versicherungsrecht

Soweit ein Versicherer einen versicherten Schaden reguliert, gehen die Schadensersatzansprüche   33
gem. § 86 Abs. 1 VVG grundsätzlich auf ihn über. Die im alten § 67 Abs. 2 VVG a.F. vorgesehene
Beschränkung des Regressausschlusses auf in häuslicher Gemeinschaft lebende Familienangehörige
wurde nicht mehr als zeitgerecht angesehen.[58] Nach neuerer Rechtsprechung des BGH zum alten

---

54 BGH NJW 1980, 1520; OLG München FamRZ 1980, 239.
55 Staudinger/Löhnig Anh. zu §§ 1297 ff. Rn. 262.
56 BFH FamRZ 2004, 1642.
57 BFH FamRB 2009, 13.
58 BT-Drucks. 16/3945 S. 82.

Recht fand diese Norm deshalb auf die nichteheliche Lebensgemeinschaft entsprechende Anwendung.[59] Nach § 86 Abs. 3 VVG n.F. ist der Anspruchsübergang nach der jetzt geltenden Rechtslage schon von Gesetzes wegen ausgeschlossen, wenn sich der Ersatzanspruch des Versicherungsnehmers gegen eine Person richtet, mit der er bei Eintritt des Schadens in häuslicher Gemeinschaft lebt, was in Rahmen nichtehelicher Lebensgemeinschaften gerade der Fall ist Der Übergang ist nur dann nicht ausgeschlossen, wenn der Angehörige den Schaden vorsätzlich verursacht hat.

II. Haftung

1. Haftung gegenüber Dritten

a) Vertretung

34   Die nichteheliche Lebensgemeinschaft ist wie die Ehe durch **gemeinsames Wirtschaften** geprägt. Dabei kann jeder Partner grundsätzlich nur sich selbst **rechtsgeschäftlich verpflichten**, weshalb er regelmäßig auch nur allein für von ihm begründete Verbindlichkeiten haftet. Eine **(Mit-) Verpflichtung des anderen Partners** ist nur dann möglich, wenn hierfür ein **Zurechnungstatbestand** erfüllt ist.

35   Dieser kann nicht in § 1357 BGB gesehen werden. Die für Ehegatten begründete Möglichkeit der Mitverpflichtung im Rahmen der so genannten **Schlüsselgewalt** für Geschäfte, die der Deckung des Lebensbedarfs der Familie dienen (§ 1357 BGB), gilt als spezielle Norm des Eherechts ausdrücklich nur für die Ehe und findet auf die nichteheliche Lebensgemeinschaft auch keine analoge Anwendung.[60] Denn die Möglichkeit, den anderen Partner ohne weiteres zu verpflichten, widerspricht dem Wesen der nichtehelichen Lebensgemeinschaft, die keine Rechtsgemeinschaft ist und sein will. Überdies reiht sich die Norm des § 1357 BGB ein in die Vorschriften über die allgemeinen Ehewirkungen. Sie ist letztlich eine der Ausformungen wechselseitiger Verpflichtungen und Berechtigungen innerhalb der Ehe als Unterhaltsgemeinschaft. Da die nichteheliche Lebensgemeinschaft sich von der Ehe aber gerade dadurch unterscheidet, dass es gesetzliche Unterhaltspflichten zwischen den Partnern nicht gibt, verbietet sich auch deshalb eine analoge Anwendung dieser Norm auf sie.[61]

36   Eine Verpflichtung des jeweils nicht handelnden Partners kommt somit nur im Falle ausdrücklicher Vollmachtserteilung und des **Handelns im fremden Namen** gem. § 164 BGB in Betracht. Wusste der Dritte davon, dass sein Geschäftspartner in einer nichtehelichen Lebensgemeinschaft lebt, so kann dabei an die Möglichkeit einer Verpflichtung des nicht handelnden Partners über die Grundsätze der **Duldungs- oder Anscheinsvollmacht** gedacht werden. Das hat dann den Regeln der Vertretungsmacht entsprechend zur Folge, dass jeweils nur der vertretene, nicht der handelnde Partner berechtigt und verpflichtet wird (§ 164 Abs. 1 BGB).

37   Hinsichtlich des **Umfangs** einer nicht ausdrücklich erteilten **Vollmacht** kann daran gedacht werden, § 1357 BGB analog heranzuziehen, die Annahme einer Duldungs- und Anscheinsvollmacht also auf solche Geschäfte zu beschränken, die zur angemessenen Deckung des Lebensbedarfs der Partner getätigt werden. Hierzu rechnen aber gewiss nicht der Abschluss eines Vertrages zum Bau eines Wohnhauses,[62] die Aufnahme eines Darlehens zur Finanzierung eben dieses Bauvorhabens[63] oder auch nur die Anmietung eines Ferienappartements.[64]

---

59 BGH FamRZ 2009, 1133; OLG Nürnberg OLGR 2009, 352.
60 Staudinger/Löhnig Anh. zu §§ 1297 ff. BGB Rn. 26; Hausmann/Hohloch S. 81.
61 OLG Hamm FamRZ 1989, 616.
62 BGH FamRZ 1989, 35.
63 LG Aachen FamRZ 1989, 1176.
64 LG Flensburg NJW 1973, 1085.

Zieht ein Partner seinen Lebensgefährten als **Erfüllungsgehilfen** hinzu, so haftet er gem. § 278 38
BGB für dessen Verschulden. Hatte ein Partner im Betrieb des anderen eine weisungsgebundene
Stellung inne, so kommt auch eine Haftung des Betriebsinhabers für den anderen nach § 831
BGB in Betracht.[65]

b) Bürgschaft

Verbürgt sich ein Partner der nichtehelichen Lebensgemeinschaft für Verbindlichkeiten des ande- 39
ren, so findet die **Rechtsprechung zur Bürgschaft finanziell überforderter Ehegatten** in der Regel
entsprechende Anwendung.[66] Voraussetzung dafür ist allerdings, dass dem Gläubiger die enge persönliche Bindung zwischen Schuldner und Bürgen überhaupt bekannt ist. Denn innerhalb einer
nichtehelichen Lebensgemeinschaft ist in gleicher Weise wie unter Ehegatten die Gefahr begründet, dass der Bürge eine über die eigene Leistungsfähigkeit hinausgehende Verpflichtung übernimmt. Der Umstand, dass Hauptschuldner und Bürge für ihre persönliche Beziehung auf das
rechtliche Band der Ehe verzichtet haben, erleichtert dem Partner die freie Willensentscheidung
nicht.

2. Haftung der Partner untereinander

Die nichteheliche Lebensgemeinschaft ist durch die enge persönliche Verbundenheit der Partner 40
zueinander geprägt. Aus diesem Grunde ist allgemein anerkannt, dass die Partner der nichtehelichen Lebensgemeinschaft einander nur für Vorsatz oder grobe Fahrlässigkeit haften. Begründet
wird diese allgemeine **Haftungsbegrenzung**, die alle Angelegenheiten des Zusammenlebens und
den Bereich der Deliktshaftung umfasst, entweder mit der Annahme einer stillschweigenden Vereinbarung über eine Haftungsbegrenzung im Rahmen des § 277 BGB[67] oder mit dem allgemeinen, aus den §§ 1664, 1359, 708 BGB abgeleiteten Rechtsgedanken, nach dem im Bereich enger
persönlicher Verbundenheit mit Nachlässigkeiten und Fehlern des anderen zu rechnen ist.[68] Die
Partner suchen einander ebenso selbst aus wie Ehegatten, weshalb sie sich auf dessen gewöhnliche
Nachlässigkeiten einstellen können.

Werden Gegenstände, die im Alleineigentum nur eines Partners stehen, im Haushalt gemeinsam 41
genutzt und dabei zerstört oder beschädigt, so kann hinsichtlich der Haftung des schädigenden
Partners darüber hinaus daran gedacht werden, dass zwischen den Lebensgefährten ein **Leihverhältnis** besteht, in dessen Rahmen gleichfalls gem. § 599 BGB die Haftung auf Fälle von Vorsatz
und grobe Fahrlässigkeit begrenzt ist.

Diese **Haftungsbeschränkung auf Vorsatz oder grobe Fahrlässigkeit** gilt allerdings nicht im **Stra- 42
ßenverkehr**. Denn für individuelle Fehler und Nachlässigkeiten ist hier kein Raum.[69] Anders als
ein Ehegatte ist der Partner einer nichtehelichen Lebensgemeinschaft auch nicht wegen der aus
§ 1353 BGB folgenden Verpflichtung zur ehelichen Lebensgemeinschaft daran gehindert, seinen
Schadensersatzanspruch während des Zusammenlebens durchzusetzen.[70]

Allerdings hat das OLG Karlsruhe[71] auch für am Straßenverkehr teilnehmende Partner der nicht- 43
ehelichen Lebensgemeinschaft die Haftung auf Vorsatz oder grobe Fahrlässigkeit beschränkt, während das OLG Celle[72] in einem Einzelfall die stillschweigende Vereinbarung eines Haftungsaus-
schlusses für eine Gefälligkeitsfahrt angenommen hat. Mit Rücksicht darauf, dass die Anwendung

---

65 Hausmann/Hohloch S. 82.
66 BGH FuR 2003, 464; BGH FamRZ 1997, 481; KG KGR 2005, 29; Bauer FuR 2003, 481, 487.
67 OLG Oldenburg NJW 1986, 2259; OLG Karlsruhe FamRZ 1992, 940.
68 Staudinger/Löhnig Anh. zu §§ 1297 ff. BGB Rn. 56 m.w.N.
69 BGHZ 46, 313; 53, 352; 63, 51, 57.
70 Vgl. für Ehegatten: BGH NJW 1988, 1208.
71 OLG Karlsruhe FamRZ 1992, 940.
72 OLG Celle FamRZ 1992, 941.

der für Eheleute aus § 1359 BGB folgenden Haftungsbeschränkung im Bereich des Straßenverkehrs nach allgemeiner Meinung ausgeschlossen ist, begegnet diese Rechtsprechung einigen Bedenken.

44   Die **Haftungsbegrenzung** greift naturgemäß auch dann nicht, wenn die Partner sich wie Dritte gegenüberstehen, also über das normale Zusammenleben hinaus ein Rechtsverhältnis zueinander begründen. Das kann etwa dann der Fall sein, wenn zwischen ihnen unabhängig von der Lebensgemeinschaft ein Arbeitsverhältnis besteht oder sie sonst rechtlich miteinander verbunden sind. Auch begründet die nichteheliche Lebensgemeinschaft keinen Deliktsschutz und etwa auch keinen Rechtfertigungsgrund für Körperverletzungen,[73] weshalb im Falle der Verletzung eines durch § 823 BGB geschützten Rechtsguts – von der oben genannten Haftungsbegrenzung abgesehen – Schadensersatzansprüche uneingeschränkt beansprucht werden können.

45   Haben die Partner schließlich gegenseitig den **Gebrauch empfängnisverhütender Mittel** vereinbart und hält ein Partner diese Vereinbarung nicht ein, so dass es zur Geburt eines gemeinsamen Kindes kommt, begründet dieser Umstand weder vertragliche noch deliktische Schadensersatzansprüche der Partner untereinander, da diese Abrede einer rechtsgeschäftlichen Regelung nicht zugänglich ist.[74]

III. Gemeinsame Kinder

46   Mit dem am 01.07.1998 in Kraft getretenen Kindschaftsrecht ist das Abstammungsrecht neu gestaltet worden. Die frühere Unterscheidung zwischen ehelicher und nichtehelicher Abstammung ist zugunsten einer einheitlichen Regelung aufgegeben worden. Die Abstammung ist einheitlich in den §§ 1591 ff. BGB geregelt. Aus den früheren nichtehelichen Kindern sind diejenigen **Kinder geworden, deren Eltern nicht miteinander verheiratet sind.**

47   Auch das **Verfahren** ist ein einheitliches. Das Familiengericht ist für alle Abstammungs- und Kindschaftssachen sowie alle sich aus der Verwandtschaft ergebenden Unterhaltsansprüche zuständig, gleich, ob die Eltern verheiratet sind oder nicht (§§ 23 a Abs. 1 Nr. 1 GVG, 111 FamFG). Wegen der Ausgestaltung des Sorgerechts wird auf die Ausführungen zu Rdn. 48 ff. sowie zu §§ 1626 Abs. 3, 1683 verwiesen.

1. Sorgerecht

48   Sind die **Eltern nicht miteinander verheiratet** sind, steht die elterliche Sorge nach § 1626a Abs. 2 BGB der Mutter alleine zu. Das bedeutet, dass der Kindesvater das Recht der elterlichen Sorge – von dem Ausnahmefall der subsidiären Alleinsorge (vgl. Rdn. 51) abgesehen – nicht gegen oder ohne die Kindesmutter erhalten kann. Dieser Umstand beinhaltet eine nicht zu rechtfertigende Ungleichbehandlung der nicht verheirateten Kindesväter gegenüber den verheirateten, die gegen Art. 14 EMRK in Verbindung mit Art. 8 EMRK verstößt. Die entsprechende Feststellung des EuGH in seiner Entscheidung vom 03.12.2009[75] begründet Handlungsbedarf des Gesetzgebers,[76] zumal ihr das Bundesverfassungsgericht mit seiner Entscheidung vom 3.12.2009[77] gefolgt ist. Bis zu einer gesetzlichen Neuregelung hat das Familiengericht der Vorgabe des Bundesverfassungsgerichts folgend den Eltern auf Antrag eines der Elternteile die elterliche Sorge oder einen Teil davon gemeinsam zu übertragen, wenn zu erwarten ist, dass dies dem Kindeswohl entspricht. Auch dann, wenn die Eltern nicht miteinander verheiratet sind oder waren, ist dem Vater die elterliche Sorge sogar allein zu übertragen, wenn eine gemeinsame elterliche Sorge nicht in

---

73 OLG Koblenz NJW-RR 1995, 24.
74 BGH FamRZ 1986, 773.
75 EGMR FamRZ 2010, 103.
76 Zu den Konsequenzen: Löhnig FamRZ 2010, 338.
77 BVerfG FamRZ 2010, 103.

Betracht kommt und dies dem Kindeswohl entspricht. Auch § 1672 Abs. 1, der die Übertragung der Alleinsorge für ein nichteheliches Kind von der Zustimmung der Mutter abhängig macht, stellt nach Auffassung des Bundesverfassungsgerichts nämlich einen schwerwiegenden und nicht gerechtfertigten Eingriff in das Elternrecht des Vaters dar. Da andererseits aber die Übertragung der alleinigen elterlichen Sorge auf den Vater wiederum das Elternrecht der Mutter berührt und ein Wechsel des Kindes vom Haushalt der Mutter in den des Vaters dem Bedürfnis des Kindes nach Stabilität und Kontinuität widersprechen könnte, kommt ein Sorgerechtswechsel nur dann in Betracht, wenn sich zur Wahrung der Rechte des Vaters keine anderen Möglichkeiten ergeben, wenn also nicht die Anordnung der gemeinsamen elterlichen Sorge als das weniger einschneidende Mittel möglich ist.

Besteht einmal die gemeinsame elterliche Sorge, so ergeben sich im Falle der **Trennung der Partner der nichtehelichen Lebensgemeinschaft** keine Abweichungen gegenüber der Situation, die im Falle der Trennung oder Scheidung von Eheleuten besteht. Hier wie dort regelt § 1671 BGB, dass **die gemeinsame Sorge fortbesteht**, solange nicht ein Elternteil die Übertragung der Alleinsorge auf sich beantragt hat. Nach § 1671 Abs. 2 BGB ist diesem Antrag sodann stattzugeben, wenn der andere Elternteil zustimmt und dasjenige Kind, das das 14. Lebensjahr vollendet hat, der Übertragung der Alleinsorge nicht widerspricht (§ 1671 Abs. 2 Nr. 1 BGB). Stimmt der andere Elternteil nicht zu, so ist dem den Antrag stellenden Partner das alleinige Sorgerecht dann einzuräumen, wenn zu erwarten ist, dass sowohl die Aufhebung der gemeinsamen Sorge als auch die Übertragung der Alleinsorge auf gerade diesen Elternteil dem **Wohl des Kindes** am besten entspricht. Es reicht somit nicht aus, dass die Übertragung der elterlichen Sorge auf den Antragsteller dem Kindeswohl entspricht. Auch die Aufhebung der gemeinsamen Sorge muss die bessere der in Betracht kommenden Alternativen sein. **49**

Selbst aber dann, wenn eine Sorgeerklärung nach § 1626a Abs. 1 Nr. 1 BGB unterblieben ist, hat der Kindesvater die Möglichkeit, im Falle der Trennung der nichtehelichen Lebensgemeinschaft die alleinige Sorge über das gemeinsame Kind eingeräumt zu bekommen. Nach § 1672 Abs. 1 BGB kann das FamG ihm die Alleinsorge nämlich dann übertragen, wenn die Kindesmutter dem zustimmt und diese Maßnahme dem Wohl des Kindes dient. **50**

Der Kindesvater kann schließlich auch dann die **subsidiäre Alleinsorge** eingeräumt bekommen, wenn er mit der Mutter nicht verheiratet war oder ist. Ist nämlich der sorgeberechtigte Elternteil verstorben, ist ihm das Sorgerecht entzogen worden oder ruht die elterliche Sorge aus tatsächlichen Gründen, so kann der andere Elternteil – mithin der Kindesvater – auch an seine Stelle treten, wenn es sich bei ihm nicht um den Ehegatten handelt. Voraussetzung dafür ist entweder, dass die Eltern die Sorge gemeinsam ausgeübt haben (§ 1680 Abs. 1, Abs. 3 BGB), oder dass der Verstorbene die Alleinsorge nach § 1671 oder § 1672 Abs. 2 BGB übertragen bekommen hat und die Übertragung der elterlichen Sorge auf den überlebenden Elternteil nicht dem Kindeswohl widerspricht (§ 1680 Abs. 2 S. 1 BGB). Bei originärer Alleinsorge der Kindesmutter nach § 1626a Abs. 2 BGB kann das Gericht die elterliche Sorge dem Kindesvater dann übertragen, wenn diese Regelung dem Kindeswohl dient (§ 1680 Abs. 2 S. 2 BGB). **51**

2. Umgangsrecht

In § 1626 Abs. 3 BGB stellt das Gesetz an sehr zentraler Stelle im Zusammenhang mit der Definition der elterlichen Sorge fest, dass zum Wohl des Kindes das Recht zum Umgang mit beiden Elternteilen gehört. Das Umgangsrecht selbst ist in § 1684 BGB normiert, wobei mit dem **Recht des Kindes zum Umgang** das **Recht und auch die Pflicht der Eltern zum Umgang** korrespondieren. **52**

Das Kriterium der Ehe oder Ehelichkeit stellt kein Tatbestandsmerkmal im Rahmen des § 1684 BGB dar. Deshalb gilt diese Norm uneingeschränkt auch für Kinder, deren Eltern nicht miteinander verheiratet sind oder waren. **53**

IV. Nichteheliche Lebensgemeinschaft und Dritte

1. Auswirkungen der nichtehelichen Lebensgemeinschaft auf den Unterhaltsanspruch

54   Die Begründung einer nichtehelichen Lebensgemeinschaft berührt vorrangig das Verhältnis zwischen den Partnern dieser Gemeinschaft und deren Ehegatten. So kann das Bestehen einer »verfestigten Lebensgemeinschaft« den Unterhaltsanspruch des getrennt lebenden oder bereits geschiedenen Ehegatten gem. § 1579 Nr. 2 BGB ausschließen oder begrenzen. Wegen der Einzelheiten wird auf die Ausführungen zu § 1579 verwiesen.

2. Haftung Dritter im Falle der Tötung oder Verletzung eines Partners

55   Wird einer der Partner der nichtehelichen Lebensgemeinschaft durch einen Dritten getötet, so besteht kein Anspruch des hinterbliebenen Partners gegen den Dritten aus § 844 Abs. 2 BGB wegen **Entziehung des Unterhalts**, da im Rahmen der nichtehelichen Lebensgemeinschaft gesetzliche Unterhaltspflichten – von der Ausnahme des § 1615l BGB abgesehen – nicht bestehen. Das gilt auch dann, wenn die Partner die Absicht hatten, später die Ehe zu schließen. Da die Partner der nichtehelichen Lebensgemeinschaft einander auch nicht kraft Gesetzes zu Leistungen im Haushalt oder Gewerbe verpflichtet sind, gilt dasselbe im Falle der Tötung oder Verletzung auch für Ansprüche nach § 845 BGB.[78]

56   Der unfallbedingte Verlust der Fähigkeit, seine Arbeitsleistung im Haushalt zu erbringen stellt nach der Rechtsprechung, da Arbeitsleistung im Haushalt Erwerbstätigkeit sein kann,[79] den **Verlust oder die Einschränkung der Erwerbsfähigkeit** i.S. § 843 Abs. 1 BGB dar. Die Hausarbeit ist aber nicht schon die Betätigung der Arbeitskraft als solche, sondern nur die für andere in Erfüllung einer gesetzlich geschuldeten Unterhaltsverpflichtung.[80] Da eine gesetzliche Unterhaltspflicht im Rahmen einer nichtehelichen Lebensgemeinschaft jedoch gerade nicht besteht, begründet der Verlust der Fähigkeit zur Haushaltsführung in ihr keinen Erwerbsschaden i.S. § 842 Abs. 1 BGB.[81] Ein eigener Anspruch des Partners nach § 823 Abs. 1 kann aber unter Umständen dann bestehen, wenn dieser selbst durch das Geschehen in seiner Gesundheit verletzt ist, wenn er also etwa einen Schockschaden erlitten hat.

57   Die Witwe, die nach der Tötung ihres Ehemannes gegen den Schädiger einen Anspruch nach § 844 BGB hat, verliert ihren Anspruch dann, wenn sie wieder heiratet. Jedenfalls wird ihr Anspruch auf die auch nach der Eheschließung verbliebene Versorgungslücke reduziert. Geht sie dagegen nur eine nichteheliche Lebensgemeinschaft ein, berührt dieser Umstand ihren Schadensersatzanspruch konsequenterweise nicht.[82]

58   Erstattungsfähig sind im Rahmen der Schadensersatzverpflichtung des Schädigers aus einem Verkehrsunfall im Falle der Verletzung eines Partners einer nichtehelichen Lebensgemeinschaft auch die **Fahrtkosten des Lebensgefährten oder der Lebensgefährtin**, die für **Krankenhausbesuche** durch den Partner entstanden sind. Begründet wird dies damit, dass durch die Besuche von Personen, die dem Geschädigten nahe stehen, der Heilungsverlauf gefördert wird und dass diese positive Wirkung nicht vom Verwandtschaftsgrad abhängen kann.[83]

---

78 OLG Celle NZV 2009, 400; OLG Nürnberg FamRZ 2005, 2069; Palandt/Brudermüller Einf. vor § 1297 Rn. 26; a.A.: Staudinger/Löhnig Anh. zu §3 1297 ff. Rn. 250.
79 BGH NJW 1974, 41.
80 BGH NJW 1974, 41.
81 OLG Nürnberg FamRZ 2005, 2069: dazu Löhnig FamRZ 2005, 2030 ff.
82 MüKo/Wellenhofer nach § 1302 Rn. 31.
83 LG Münster NJW 1998, 1801; Pardey ZfS 2007, 243; a.A.: LG Oldenburg ZfS 1989, 45, das allein auf das fehlende Verwandtschaftsverhältnis abstellt.

3. Krankheit des Lebenspartners

Ist ein Lebensgefährte krank, so besteht für Ärzte und Pflegepersonal die **ärztliche Schweige-** 59
pflicht – anders als gegenüber Ehegatten – auch gegenüber einem langjährigen Lebenspartner.[84]
Etwas Anderes gilt allerdings in dem Fall, in dem der Arzt feststellt, dass sein Patient an Aids
erkrankt ist. In diesem Fall gebietet die vorzunehmende Güterabwägung es, angesichts der für die
Lebensgefährtin des Patienten bestehenden Lebensgefahr deren Rechtsgut Leben gegenüber dem
Geheimhaltungsinteresse des Erkrankten den Vorzug einzuräumen, weshalb sich der Arzt in dieser
Konstellation nicht auf seine Schweigepflicht berufen kann.[85]

Unterliegt ein Partner der Betreuung, so ist die Beschwerdebefugnis des anderen im Falle der mög- 60
lichen Beteiligung als Person des Vertrauens gemäß § 274 Abs. 4 Nr. 1 FamFG in § 303 Abs. 2
Nr. 2 FamFG geregelt.

V. Wohnung

1. Aufnahme eines Partners in eine Mietwohnung

Haben beide Partner der nichtehelichen Lebensgemeinschaft den **Mietvertrag** über die gemeinsam 61
bewohnte Wohnung abgeschlossen, so sind sie dem Vermieter gegenüber **Gesamtschuldner** der zu
zahlenden Miete. Dass derartige Mietverträge gegen die guten Sitten verstoßen und deshalb nichtig sind, wird heute nicht mehr vertreten.

Nimmt einer der Partner, der Mieter der Wohnung ist, den anderen mit bei sich auf, so stellt dies 62
eine **selbständige Gebrauchsüberlassung** i.S.d. § 553 BGB dar.[86] Insbesondere ist davon auszugehen, dass der in die Wohnung aufgenommene Partner dort nicht als jederzeit ausquartierbarer
Besucher leben, sondern nach dem Willen beider mit selbständigem Mitgebrauch ausgestattet sein
soll. Ist die Gebrauchsüberlassung unbefugt, so kann sie ggf. auch die Kündigung des Mietvertrages rechtfertigen.

Der Lebensgefährte ist Dritter im Sinne des § 553 BGB. Denn Dritter ist jede Person, die nicht 63
Partei des Mietvertrages ist mit Ausnahme der Familie des Mieters, für die wegen ihrer engen,
unter dem ausdrücklichen Schutz des Art. 6 GG stehenden persönlichen Beziehungen nach dem
Sinn und Zweck der Norm etwas Anderes gilt. Durch die Reform des Mietrechts zum 01.09.2001
ist die Stellung des Lebensgefährten zwar gestärkt worden, indem etwa § 563 BGB nunmehr ausdrücklich den Eintritt des Partners in den Mietvertrag nach dem Tod des Mieters vorsieht, doch
besteht zwischen den von den beiden Normen erfassten Fallgestaltungen ein erheblicher Unterschied in tatsächlicher Hinsicht.[87]

Daraus folgt, dass der Mieter ohne Erlaubnis des Vermieters nach wie vor nicht berechtigt ist, den 64
Gebrauch der Mietsache dem Lebensgefährten als einem Dritten zu überlassen (§ 540 Abs. 1
BGB). Nach § 553 Abs. 1 BGB steht dem Mieter, der ein berechtigtes Interesse an der Aufnahme
des Dritten in seine Wohnung hat aber ein Anspruch auf Erteilung der Erlaubnis gegen den Mie-
ter zu. Diese kann der Vermieter nur dann versagen, wenn in der Person des Dritten ein wichtiger
Grund vorliegt, der Wohnraum übermäßig belegt würde, oder die Überlassung ihm aus sonstigen
Gründen nicht zugemutet werden kann (§ 553 BGB).[88] Um dem Vermieter die Möglichkeit zur
Prüfung zu geben, ob in der Person des Lebensgefährten ein wichtiger Grund zu Versagung der
Genehmigung vorliegt, ist der Mieter zur Auskunft über ihn verpflichtet, also zur Angabe von

---

84 Grziwotz FamRZ 2003, 1418, 1421.
85 OLG Frankfurt MDR 1999, 1444.
86 BGH FamRZ 1985, 42; OLG Hamm FamRZ 1983, 273.
87 BGH FamRZ 2004, 91.
88 BGH FamRZ 2004, 91.

Namen, Geburtsdatum, letzter Anschrift und eventuell ausgeübtem Beruf.[89] Tendenzschutzerwägungen kirchlicher Einrichtungen werden als nicht erheblich angesehen.[90]

65 Eine Vertragsklausel, die dem Mieter ein nichteheliches Zusammenleben verbietet, unwirksam, § 553 Abs. 3 BGB.

66 Duldet der Vermieter einmal die Aufnahme des Partners in die Wohnung, so belegt dies in der Regel die **Zumutbarkeit** dieses Zustandes i.S.d. § 553 Abs. 2 BGB, so dass nach Ablauf einer längeren Frist auf diesen Umstand die Kündigung nicht mehr gestützt werden kann.

67 Was für den Mieter gilt, gilt erst recht für den Inhaber eines **dinglichen Wohnrechts**. Dieser ist gem. § 1093 Abs. 2 BGB befugt, auch seine Familie mit aufzunehmen. Der BGH[91] hat diese Vorschrift auf die nichteheliche Lebensgemeinschaft analog angewandt. Voraussetzung ist allerdings, dass das Verhältnis auf Dauer angelegt ist.

68 Ist der in die Wohnung aufgenommene Partner jedoch nicht Mit- oder Untermieter geworden, so hat er gegenüber dem anderen kein eigenständiges **Besitzrecht** an der Wohnung.[92] Ein solches könnte allenfalls aus einem Leihvertrag abgeleitet sein, doch bedarf es zur Annahme eines Leihverhältnisses besonderer Umstände, die noch nicht allein in dem Umstand gesehen werden können, dass sich zwei Partner zu einer Lebensgemeinschaft zusammen geschlossen haben. Dieser rein tatsächliche Vorgang begründet keinen Rechtsbindungswillen.[93] Nach Beendigung der Partnerschaft kann somit der Eigentümer oder Mieter die Herausgabe der Wohnung an sich beanspruchen, ohne dass es einer Kündigung bedürfte oder der andere auch nur ein Zurückbehaltungsrecht wegen eigener Zahlungsansprüche hätte.[94]

69 Der an der Wohnung Berechtigte hat aber kein **Selbsthilferecht**, so dass er seinerseits auf die Erhebung der **Räumungsklage** angewiesen ist, gegen die dem Nichtmieter ggf. **Räumungsschutz** gem. § 721 Abs. 5 ZPO zusteht.

70 Begehrt der Vermieter die Beendigung des Mietverhältnisses, so hat er die **Kündigung** gegenüber beiden Partnern auszusprechen, wenn beide Mieter sind.[95] Andernfalls reicht die Kündigung gegenüber seinem Vertragspartner. Ist der Lebensgefährte sodann als Untermieter anzusehen, so wird durch die wirksame Kündigung des Hauptmietverhältnisses gem. § 546 Abs. 2 BGB auch das Untermietverhältnis beendet.

71 Hat einer der Lebensgefährten, der Mitmieter ist, die Wohnung zum Zeitpunkt der Kündigung durch den Vermieter bereits verlassen und mit dem Vermieter über die Beendigung des Mietverhältnisses mit ihm verhandelt, so kann sich der in der Wohnung verbliebene Lebensgefährte nicht darauf berufen, dass die nur ihm gegenüber ausgesprochene Kündigung des Mietvertrages unwirksam sei, weil andererseits der frühere Mitbewohner gegen ihn einen Anspruch auf Kündigung des Mietverhältnisses gehabt hätte.[96]

2. Aufnahme eines Partners in die eigene Wohnung

72 Ist es der Eigentümer selbst, der einen Partner in eine nichteheliche Lebensgemeinschaft aufnehmen möchte, und will er mit dieser Begründung die Kündigung einer an Dritte vermieteten Woh-

---

89 LG Berlin WE 2006, 81; PWW/Riecke § 553 Rn. 6.
90 OLG Hamm NJW 1992, 513.
91 BGH FamRZ 1982, 774.
92 Staudinger/Strätz Anh. zu §§ 1297 ff. Rn. 188; OLG Braunschweig DtZ 1997, 163; a.A.: Palandt/Brudermüller Einl. vor § 1297 Rn. 20.
93 BGH FamRZ 2008, 1404.
94 OLG Hamm NJW 1986, 728.
95 BGH NJW 2005, 1715.
96 BGH NJW 2005, 1715.

nung aussprechen, so ist anerkannt, dass auch dieser Entschluss das Recht des Vermieters zur **Eigenbedarfskündigung** i.S.d. § 573 Abs. 2 Nr. 2 S. 1 BGB begründen kann. Denn als billigenswert ist insoweit jeder ernsthafte und vernünftige Eigenbedarf anzusehen, zu dem auch der Wunsch zählt, gemeinsam mit einem Partner nichtehelich in einer Wohnung zusammen leben zu können.[97]

VI. Prozessuale Fragen

1. Zeugnisverweigerungsrecht

Die Partner einer nichtehelichen Lebensgemeinschaft sind miteinander nicht verlobt noch stehen 73
sie sonst zueinander in einer engen persönlichen Beziehung i.S.d. § 383 ZPO oder § 52 StPO.[98]
Aus diesem Grunde steht ihnen in einem den anderen Partner betreffenden Rechtsstreit wohl kein
Zeugnisverweigerungsrecht zu. Im einzelnen ist das jedoch streitig. Es wird auch die Auffassung
vertreten, dass der Gesetzgeber die auch in einer nichtehelichen Lebensgemeinschaft auftretende
Konfliktsituation nicht bedacht habe, weshalb die Vorschriften über die Zeugnisverweigerungsrechte analog anzuwenden seien.[99] Diese Auffassung begegnet zum einen wegen der nur ungenauen Begriffsbestimmung der nichtehelichen Lebensgemeinschaft aus Gründen der Rechtssicherheit erheblichen Bedenken. Daneben hat der Gesetzgeber die zahlreichen Gesetzesänderungen der
vergangenen Jahre nicht zum Anlass genommen, das Gesetz im Hinblick auf das Aussageverweigerungsrecht zu ändern, was für eine bewusste Entscheidung gegen ein Aussageverweigerungsrecht
innerhalb der nichtehelichen Lebensgemeinschaft spricht.

Im übrigen ist der Partner der nichtehelichen Lebensgemeinschaft auch kein Angehöriger im 74
Sinne des § 157 StGB, so dass die in dieser Norm vorgesehene Möglichkeit der **Strafmilderung
bei Aussagedelikten** zugunsten eines Angehörigen nicht greift, solange die Partner nichtehelich
zusammenleben.[100]

2. Zustellungen

Nach § 178 Abs. 1 ZPO kann eine Zustellung dann, wenn der Zustellungsempfänger in seiner 75
Wohnung nicht angetroffen wird, an einen erwachsenen Familienangehörigen, eine in seiner
Wohnung beschäftigte Person oder einen erwachsenen ständigen Mitbewohner erfolgen. Der
Begriff des ständigen Mitbewohners umfasst gerade auch unverheiratete Paare, weshalb sich der
bisher herrschende Streit, ob der nichtehelich zusammenlebende Partner ein familienangehöriger
Hausgenosse im Sinne des § 181 ZPO a.F. ist, erledigt hat.

3. PKH/VKH

Das Bestehen einer nichtehelichen Lebensgemeinschaft wirkt sich auf die Gewährung von **PKH** 76
oder **VKH** nicht aus. Zwar erscheint es erwägenswert, dem vermögenslosen Partner die Leistungen des anderen – etwa den Wert der Haushaltsführung – als Einkommen zuzurechnen.[101] Denn
nach § 115 ZPO gehören zum Einkommen alle Einkünfte in Geld oder Geldeswert, ohne Rücksicht darauf, ob hierauf ein Rechtsanspruch besteht oder nicht.[102] Andererseits werden die im Rahmen der nichtehelichen Lebensgemeinschaft dem anderen Partner erbrachten Leistungen aber
auch nicht als Abzüge anerkannt, da der zu § 114 ZPO bestehenden Tabelle über Einkommens-

---

97 OLG Karlsruhe FamRZ 1982, 599 m. Anm. Bosch.
98 Vgl. BayObLG NJW 1986, 202.
99 Staudinger/Löhnig Anh. zu § 1297 BGB Rn. 263 m.w.N.
100 Fischer, StGB 59. Aufl., § 157 Rn. 9 m.w.N.; vgl. auch: Müller-Christmann Jus 1997, 922, 924.
101 So: OLG Hamm FamRZ 1984, 399, 400; OLG Koblenz FamRZ 1987, 612; OLG Köln FamRZ 1995,
     372 für den Fall, dass tatsächlich Leistungen erbracht werden.
102 Prütting/Gehrlein/Völker/Zempel § 115 Rn 7.

grenzen nur gesetzliche Unterhaltspflichten zugrunde gelegt sind.[103] Aus diesem Grunde findet weder eine Anrechnung der Einkünfte des Partners statt – etwa in analoger Anwendung der §§ 7 Abs. 3 Nr. 3b SGB II, 20 SGB XII –, noch kann dem Partner der Gemeinschaft Prozesskostenhilfe mit der Begründung verweigert werden, er müsse sich so behandeln lassen, als habe er gegen seinen Partner einen Anspruch auf Prozesskostenvorschuss.[104]

4. Zwangsvollstreckung

77   Gem § 1362 Abs. 1 BGB wird zugunsten der Gläubiger eines Ehegatten vermutet, dass die im Besitz eines oder beider Ehegatten befindlichen beweglichen Sachen dem jeweiligen Schuldner gehören. Diese **Eigentumsvermutung** gilt gem. § 739 ZPO auch im Falle der Zwangsvollstreckung gegen einen Ehegatten, nicht jedoch – auch nicht entsprechend – innerhalb der nichtehelichen Lebensgemeinschaft.[105] Ebenso erfolgen Leistungen an den Partner der nichtehelichen Lebensgemeinschaft nicht in Erfüllung einer gesetzlichen Unterhaltspflicht. Aus diesem Grunde führen diese Leistungen – anders als Unterhaltsleistungen an den Ehegatten – nicht zu einer Erhöhung der Pfändungsfreigrenzen nach § 850c ZPO oder auch nur zur Berücksichtigung als besonderer Umstand im Sinne des § 765a ZPO.[106]

78   Wird aus einem **Titel auf Räumung von Wohnraum** vollstreckt, so ist zu differenzieren: Ist der Wohnraum an beide Partner vermietet oder ist ein Partner der nichtehelichen Lebensgemeinschaft später mit Zustimmung des Vermieters in die Wohnung aufgenommen worden, so ist er Mitbesitzer, weshalb die **Herausgabevollstreckung** dann auch einen Vollstreckungstitel gegen beide Partner voraussetzt.[107] Von Mitbesitz kann allerdings nur dann ausgegangen werden, wenn sich dieser aus den Umständen klar und eindeutig ergibt.[108] Ist dagegen von der alleinigen Sachherrschaft nur eines der Partner auszugehen, so genügt der Räumungstitel allein gegen diesen. Das wird insbesondere dann der Fall sein, wenn der Partner ohne oder gar gegen den Willen des Vermieters in die Wohnung aufgenommen wurde und dort auch erst kurze Zeit gelebt hat.

79   An den Partner der nichtehelichen Lebensgemeinschaft geleistete Unterhaltsbeiträge führen nicht zu einer Erhöhung der pfändungsfreien Arbeitseinkommen nach § 850c Abs. 1 S. 2 ZPO oder nach § 850f Abs. 1 c ZPO, da beide Normen einen gesetzlichen Unterhaltsanspruch voraussetzen, der gerade – außerhalb des § 1615 S. 2 BGB – nicht besteht.

79a   Nach § 133 Abs. 2 InsO sind entgeltlich geschlossene Verträge, durch die die Insolvenzgläubiger unmittelbar benachteiligt werden, anfechtbar, wenn diese mit einer dem Schuldner nahe stehenden Person geschlossen werden. Der Kreis der in diesem Sinne nahe stehenden Personen ist in § 138 InsO umschrieben. Danach gehören dazu der Ehegatte, der Lebenspartner und Verwandte des Ehegatten oder Lebenspartners. Da die Norm also auf die rechtsverbindliche Schließung einer Ehe oder Lebenspartnerschaft abstellt, kann sie sich somit nicht auf nur faktische Lebensgemeinschaften erstrecken, weshalb nichteheliche Partner des Schuldners nicht zu den ihm nahe stehenden Personen im Sinne dieser Norm zählen.[109] Dabei ist allerdings darauf hinzuweisen, dass sogleich etwas anderes dann gilt, wenn beide in häuslicher Gemeinschaft leben, weil § 138 Nr. 3 InsO die mit dem Schuldner in häuslicher Gemeinschaft lebenden Personen in den Kreis der nahe stehenden Personen mit einbezieht.

---

103   OLG Köln FamRZ 1988, 306; Zöller/Philippi § 115 Rn. 8; a.A.: OLG Stuttgart FamRZ 2005, 1183 bei Berücksichtigung besonderer Lasten in Folge des Zusammenlebens mit einem nichtehelichen Kind und dessen Mutter.
104   OLG Köln FamRZ 1988, 306, 307; OLG Karlsruhe JurBüro 2004, 382; BAG FamRZ 2006, 1117.
105   BGH FamRZ 2007, 457 mit Anm. Löhnig = JZ 2007 m Anm. Roth; Würdinger FamRZ 2007, 1856.
106   LG Osnabrück RPfl 1999, 34.
107   KG NJW-RR 1994, 713.
108   BGH FamRZ 2008, 1174.
109   BGH FamRZ 2011, 885.

5. Verjährung

Nach § 207 BGB ist die Verjährung von Ansprüchen zwischen Ehegatten gehemmt, solange die 80
Ehe besteht. Dasselbe gilt beispielsweise auch für die Verjährung von Ansprüchen zwischen
Lebenspartnern für die Dauer des Bestehens der Lebenspartnerschaft und Eltern und Kindern für
die Zeit der Minderjährigkeit der Kinder (§ 207 Abs. 1 S. 2 Nr. 1 und 2 BGB). Der Sinn dieser
Regelung besteht darin, den auf gegenseitige Rücksichtnahme gegründeten Familienfrieden vor
Störungen durch die klageweise Geltendmachung von Ansprüchen zu bewahren.[110] Obwohl der
Bundesrat in seiner Stellungnahme zum Schuldrechtsmodernisierungsgesetz, mit dem auch die
Verjährungsvorschriften umfassend neu geregelt worden sind, angeregt hat, den neuen § 207 BGB
auch auf ehe- und familienähnliche Verhältnisse auszudehnen, weil die Interessenlage in diesen
Verhältnissen denen innerhalb der Ehe vergleichbar sei,[111] ist von einer derartigen Ausdehnung
bewusst abgesehen worden. Zur Begründung ist darauf verwiesen worden, dass ehe- oder familienähnliche Verhältnisse nicht mit einem besonderen rechtlichen Rahmen ausgestattet seien. Es wird
also davon auszugehen sein, dass allein das Bestehen einer nichtehelichen Lebensgemeinschaft
nicht dazu führt, dass die Verjährung von zwischen den Partnern bestehenden Ansprüchen
gehemmt ist.

C. Auflösung der nichtehelichen Lebensgemeinschaft

I. Beendigungsfreiheit

Wesentliches Merkmal der nichtehelichen Lebensgemeinschaft ist deren **Unverbindlichkeit**. Jeder 81
Partner kann sich jederzeit ohne Angabe von Gründen und ohne Einhaltung einer Kündigungsfrist aus ihr entfernen. Aus diesem Grunde sind Vereinbarungen, durch die die Auflösung unmöglich gemacht oder – etwa durch Vertragsstrafen oder hohe Abfindungsversprechen – wesentlich
erschwert wird unwirksam. Auch ein Vertrauensschutz wie im Rahmen einer Verlobung (vgl.
§§ 1298–1301 BGB) wird nicht gewährt. Deshalb kann aus der Auflösung der Gemeinschaft als
solcher ein **Schadensersatzanspruch** nicht hergeleitet werden. Etwas anderes gilt allerdings dann,
wenn schädigende Handlungen im Zusammenhang mit der Trennung begangen werden.

Nur in besonders gelagerten Ausnahmefällen kommt eine **Schadensersatzpflicht** desjenigen in 82
Betracht, der die nichteheliche Lebensgemeinschaft einseitig verlässt. So wurde in der Rechtsprechung ein Anspruch wegen vorsätzlicher sittenwidriger Schädigung gem. § 826 BGB dem Grunde
nach bejaht, wenn ein Partner bei der Entgegennahme einer Zuwendung bereits entschlossen war,
den anderen zu verlassen.[112] Auch wird man erwarten dürfen, dass die Trennung nicht zur Unzeit
erfolgt, etwa unmittelbar vor dem Examen, der Niederkunft oder nach dem Eintritt einer schweren Erkrankung.[113] Aber auch in diesen Fällen kann der Schadensersatz nicht auf das Erfüllungsin-
teresse, sondern stets nur auf den tatsächlich erlittenen Vermögensschaden gehen.

II. Auseinandersetzung

Wird eine nichteheliche Lebensgemeinschaft beendet, so werden hiervon die **Beziehungen der** 83
Partner zu Dritten nicht berührt. Bestehende Mietverträge bleiben ebenso unangetastet wie die
Eigentumsverhältnisse an während des Zusammenlebens genutzten Sachen. Von Bedeutung ist die
Auflösung deshalb in erster Linie für das Verhältnis der Partner zueinander. Bestehen – wie wohl
zumeist – keine ausdrücklichen vertraglichen Regelungen, so sind Ausgleichsansprüche wegen der
dem Partner erbrachten Leistungen grundsätzlich ausgeschlossen, weil die nichteheliche Lebensge-

---

110 BGHZ 76, 295.
111 BT-Drucks. 14/6857, S. 9.
112 OLG Celle NJW 1983, 1065.
113 Staudinger/Löhnig Anh. zu § 1297 Rn. 69 ff; a.A.: Diederichsen NJW 1983, 1017, 1021.

meinschaft keine umfassende Rechtsgemeinschaft ist.[114] Im Übrigen erfolgt kein Ausgleich lediglich gemeinschaftsbezogener Leistungen.

84 Einen allgemeinen **Anspruch auf Vermögensausgleich** gibt es nicht. Insbesondere sind naturgemäß die Regeln über den Zugewinnausgleich nicht – auch nicht analog – anwendbar. Denn die
Privatrechtsordnung gesteht in Übereinstimmung mit Art. 6 I GG nur den Partnern einer rechtsgültigen Ehe im Falle deren Beendigung Rechte am Vermögen des anderen oder Ausgleichsansprüche zu. Sie sieht in diesen Regelungen die natürliche Konsequenz der von den Eheleuten eingegangenen personen- und vermögensrechtlichen Bindungen, die bei der jederzeit aufhebbaren
nichtehelichen Lebensgemeinschaft fehlen.[115]

85 Ansprüche kommen somit nur im **Einzelfall** in Betracht. Dies führt allerdings zu einer erheblichen Benachteiligung des wirtschaftlich schwächeren Partners, die noch dadurch verschärft wird,
dass auch Ansprüche auf Unterhalt oder eine Altersversorgung nicht bestehen.

1. Verrechnungsverbot

86 Die nichteheliche Lebensgemeinschaft stellt sich als eine Verbindung zweier Menschen dar, die
durch die zueinander bestehenden persönlichen Beziehungen geprägt ist. Ihr entscheidendes
Merkmal ist die **Unverbindlichkeit.** Der Umstand, dass die Gemeinschaft von den persönlichen
Beziehungen geprägt wird, führt zu der Annahme, dass im Bereich der Gemeinschaft rechtliche
Bindungen und rechtlich verbindliche Geschäfte in aller Regel nicht gewollt sind, sondern die
Ausnahme darstellen.[116] Die **persönlichen Beziehungen** zueinander stehen darüber hinaus auch
derart im Vordergrund, dass sie das die Gemeinschaft betreffende **vermögensmäßige Handeln** der
Partner bestimmen. Deshalb besteht nicht nur in persönlicher, sondern auch in wirtschaftlicher
Hinsicht grundsätzlich **keine Rechtsgemeinschaft.** Haben die Partner nicht etwas anderes
bestimmt, so werden dementsprechend weder persönliche noch wirtschaftliche Leistungen gegeneinander aufgerechnet.[117] Sie werden während des Zusammenlebens von demjenigen erbracht, der
dazu gerade in der Lage ist. Dies geschieht aus Gründen der **Solidarität**, nicht in Erfüllung einer
Rechtspflicht, da der nichtehelichen Lebensgemeinschaft – wie im übrigen auch der Ehe – Vorstellungen fremd sind, Leistungen im gemeinsamen Interesse könnten ohne besondere Vereinbarung die Verpflichtung auslösen, Gegenleistungen, Wertersatz oder Entschädigungen zu beanspruchen.[118]

87 Für Leistungen, die ein Partner im Rahmen der nichtehelichen Lebensgemeinschaft erbracht hat,
hat er nach deren Beendigung somit in der Regel gegen den anderen keinen Ausgleichsanspruch,
zumal anzunehmen ist, dass dieser gleichwertige Leistungen anderer Art erbracht haben dürfte.
Nur im **Ausnahmefall** kommt ein Ausgleich nach **gesellschafts- oder gemeinschaftsrechtlichen
Grundsätzen**, wegen **Zweckverfehlung nach Bereicherungsrecht** oder nach den **Grundsätzen des
Wegfalls der Geschäftsgrundlage** in Betracht (vgl. Rdn. 126 ff.) Im Übrigen ist nach einzelnen
Vermögenspositionen zu differenzieren.

2. Wohnung

88 Von der Problematik der Duldung des Partners der nichtehelichen Lebensgemeinschaft in der
Mietwohnung durch den Vermieter zu trennen ist die Frage, was mit der gemeinsam bewohnten
Wohnung nach der Auflösung der Gemeinschaft zu geschehen hat. Allgemein anerkannt ist, dass

---

114 BGH NJW 1980, 1520.
115 OLG Frankfurt FamRZ 1982, 265; OLG Saarbrücken FamRZ 1979, 796, 797.
116 BGH FamRZ 2008, 247; FamRZ 1983, 1213; OLG Düsseldorf FamRZ 1997, 1110.
117 BGH FamRZ 1983, 791.
118 BGH FamRZ 1983, 1213.

weder § 1361b BGB noch § 1568a BGB (analoge) Anwendung finden.[119] Denn ein Getrenntleben im Sinne der genannten Vorschriften gibt es nach der Trennung der Partner einer nichtehelichen Lebensgemeinschaft nicht.

Hinsichtlich der Behandlung der Wohnung nach der Trennung ist zu unterscheiden zwischen   **89** dem Fall, dass nur ein Partner Mieter ist und demjenigen, dass beide gemeinsam Mieter sind.

a) Nur ein Partner ist Mieter

Ist nur ein Partner Mieter der gemeinsam bewohnten Wohnung, so hat der in die Wohnung auf- **90** genommene Partner diese auf Verlangen zu räumen, da er gegenüber dem anderen über die Been-digung der nichtehelichen Lebensgemeinschaft hinaus kein eigenständiges Recht zum Besitz hat.[120] Insbesondere wird durch die Aufnahme des Partners regelmäßig kein (Unter-) Mietverhält-nis begründet, weshalb auch die Mieterschutzbestimmungen nicht anwendbar sind.[121] Auch die Annahme eines Leihverhältnisses scheidet regelmäßig jedenfalls solange aus, als nicht ausnahms-weise tatsächliche Anhaltspunkte erkennen lassen, dass die Partner die unentgeltliche Gebrauchs-überlassung rechtlich bindend regeln wollten. Allerdings steht dem Mieter hierbei kein **Selbsthil-ferecht** zu. Er ist vielmehr auf die Räumungsklage angewiesen, gegen die der Nichtmieter ggf. **Räumungsschutz** gem. § 721 ZPO geltend machen kann.

Einstweilige Verfügungen des Mieters gegen seinen Partner, durch die eine Weiternutzung der   **91** Wohnung untersagt werden soll, sind im allgemeinen nicht zulässig.

Wird der Nichtmieter trotz des Erfordernisses der Räumungsklage eigenmächtig vor die Tür   **92** gesetzt, so kann er nach herrschender Meinung **Besitzschutzansprüche** gem. § 861 BGB geltend machen.[122]

b) Beide Partner sind Mieter

Sind dagegen beide Partner gemeinsam Mieter der von der nichtehelichen Lebensgemeinschaft   **93** genutzten Wohnung, so müssen sie auch gemeinsam das zwischen ihnen und dem Vermieter bestehende **Mietverhältnis** beenden. Verlässt ein Partner einfach die Wohnung, so haftet er weiter-hin als Gesamtschuldner auf Zahlung der Miete. Er hat weder die Möglichkeit einer nur einseiti-gen Kündigung, noch besteht auch nur die Möglichkeit, ohne Mitwirkung des anderen einen **Aufhebungsvertrag** mit dem Vermieter zu schließen.

Lässt sich eine Einigung nicht erzielen und beanspruchen beide Partner der nichtehelichen   **94** Lebensgemeinschaft die Wohnung nach der Trennung für sich, so findet § 1568a BGB weder unmittelbar noch analog Anwendung (vgl. oben Rdn. 87). In diesem Fall bleibt mithin nur die Möglichkeit der **gemeinsamen Kündigung** durch beide Partner. Weigert sich sodann einer der Partner, an der Kündigung mitzuwirken, so finden nach allgemeiner Meinung die **Vorschriften des Gesellschaftsrechts** Anwendung.[123] Danach kann jeder Partner der nichtehelichen Lebensge-meinschaft das dem gemeinsamen Mietvertrag zugrundeliegende **Gesellschaftsverhältnis** jederzeit ohne wichtigen Grund kündigen oder dessen Aufhebung verlangen.[124] Beide Partner sind deshalb verpflichtet, an der Kündigung der Wohnung als der für die Beendigung des Gesellschaftsverhält-nisses erforderlichen Maßnahme mitzuwirken.[125] Das gilt auch für den Partner, der die Wohnung

---

119 OLG Hamm FamRZ 2005, 2085; Staudinger/Weinreich Rn. 16 vor §§ 1568a und b.
120 Staudinger/Löhnig Anh. zu §§ 1297 ff. Rn. 204; Hausmann/Hohloch I Rn. 158; a.A.: Palandt/Bruder-müller Einf. vor § 1297 BGB Rn. 20.
121 Hausmann/Hohloch I Rn. 158.
122 AG Kiel, NJW-RR 2001, 154; Staudinger/Löhnig Anh. zu § 1297 BGB Rn. 204 m.w.N.
123 Staudinger/Löhnig Anh. zu § 1297 BGB Rn. 196.
124 LG Karlsruhe FamRZ 1995, 94.
125 OLG Düsseldorf FamRZ 2008, 154; FamRZ 1993, 575, 576; LG Berlin ZMR 2002, 751.

für sich behalten möchte. Er muss ggf. versuchen, eine Einigung mit dem Vermieter zu erzielen. Verweigert der Partner seine Mitwirkung an der **Kündigung** des Mietverhältnisses, ist er ggf. auf Abgabe der gemeinsamen **Kündigungserklärung** zu verklagen, wobei die Kündigungserklärung gem. § 894 ZPO mit Rechtskraft der Entscheidung als abgegeben gilt. Sinnvoll erscheint es, schon in den Mietvertrag die Klausel aufzunehmen, dass die durch einen der Partner ausgesprochene Kündigung auch für und gegen den jeweils anderen gilt.

95 Nach Beendigung des Mietverhältnisses steht es dem Vermieter als Folge der **Vertragsfreiheit** sodann frei, die Wohnung einem von beiden Partnern neu zu vermieten oder sie keinem von beiden mehr zu überlassen.

96 Folge der Anwendung **gesellschaftsrechtlicher Grundsätze** ist weiter, dass auch die aus Anlass der Kündigung entstehenden Kosten zwischen den Partnern zu teilen sind. Dazu zählen auch die Kosten für eine erforderlich werdende Renovierung.

97 Da die Partner gegenüber dem Vermieter hinsichtlich des Mietzinses **Gesamtschuldner** sind, sind sie nach § 426 Abs. 1 S. 1 BGB im **Innenverhältnis** grundsätzlich zu gleichen Teilen verpflichtet, soweit nicht etwas anderes bestimmt ist. Verlässt ein Partner die gemeinsam gemietete Wohnung einseitig und trägt der andere nichts dazu bei, das Mietverhältnis zu beenden, gibt er vielmehr zu erkennen, dass er die Wohnung allein weiter nutzen möchte, so ist er im Innenverhältnis verpflichtet, die Miete auch allein zu tragen[126]. Insoweit besteht zugunsten desjenigen Partners, der die Wohnung verlassen hat, ein **Freistellungsanspruch**, weil sich nunmehr aus den Umständen des Falles eine anderweitige Bestimmung i.S.d. § 426 Abs. 1 BGB ergibt.[127] Dasselbe gilt dann, wenn die nichtehelichen Lebenspartner gemeinsam einen Mietvertrag abschließen, nach der daran anschließenden Trennung der Partner aber nur einer in die Wohnung einzieht. Auch dann besteht im Innenverhältnis kein **Ausgleichsanspruch** nach § 426 Abs. 1 BGB; die Miete hat vielmehr derjenige Partner allein zu tragen, der die Wohnung übernimmt.[128] Etwas Anderes gilt dann, wenn ein befristeter Mietvertrag im Hinblick auf eine baldige Heirat abgeschlossen worden ist und es den Partnern nach der Trennung nicht möglich ist, vorzeitig aus dem Vertrag entlassen zu werden. Dann tragen beide das Risiko der Beteiligung an den unvermeidbar zu hohen Kosten.[129]

c) Wohnung im Eigentum eines Partners

98 Leben die Partner der nichtehelichen Lebensgemeinschaft in einer Wohnung, die im Alleineigentum eines der Partner steht, so ist entscheidend, ob zwischen den Partnern ein **Mietverhältnis** begründet worden ist. Indiz für die Annahme eines Mietverhältnisses kann ggf. die regelmäßige Mietzahlung sein, doch steht das Unterlassen von Zahlungen der Annahme eines Mietverhältnisses auch nicht zwingend entgegen. Denn Mietzahlungen können durch gleichwertige Gegenleistungen anderer Art ersetzt worden sein.

99 Sprechen die Umstände des Einzelfalles dafür, dass ein Mietverhältnis besteht, so ist dieses auch nach mietrechtlichen Vorschriften aufzulösen, also durch den Eigentümer zu kündigen. Besteht dagegen kein Mietverhältnis, gelten die Regeln, die auch zwischen dem Alleinmieter und dem Nichtmieter Anwendung finden.

d) Gewaltschutzgesetz

100 Unabhängig davon, wer an der Wohnung berechtigt ist, gilt jedoch etwas Anderes dann, wenn ein Partner der nichtehelichen Lebensgemeinschaft **Opfer einer vorsätzlichen und widerrechtlichen Körper-, Gesundheits- oder Freiheitsverletzung** durch den Anderen geworden ist. Dann gilt nach

---

126 OLG Köln FamRZ 2003, 199.
127 OLG Düsseldorf FamRZ 1998, 739, 740; OLG Köln FamRZ 2003, 199.
128 LG Koblenz FamRZ 2000, 95.
129 OLG Dresden FamRZ 2003, 158.

§ 2 GewSchG, der stets dann Anwendung findet, wenn das Opfer mit dem Täter einen **auf Dauer angelegten Haushalt** führt, der Grundsatz, dass nach Gewalttaten im häuslichen Bereich das Opfer in der Wohnung bleiben kann, der Täter hingegen zu weichen hat. Wer **Eigentümer** oder **Mieter** der Wohnung ist, hat auf den Anspruch auf Zuweisung der Wohnung keinen Einfluss, ist jedoch bei der Frage der **Dauer der Alleinnutzung** zu berücksichtigen. Wegen der Einzelheiten wird auf die Ausführungen zu den §§ 1 und 2 GewSchG verwiesen.

e) Wohnung bei Tod eines Partners

Endet die nichteheliche Lebensgemeinschaft nicht durch die Trennung der Parteien, sondern durch den **Tod eines Partners**, wird das Mietverhältnis gemäß § 563a BGB mit den überlebenden Mietern fortgesetzt, wenn mehrere Personen gemeinsam Mieter waren. Die Fortsetzung des Mietverhältnisses ist somit nicht nur auf den Ehegatten als Mitmieter beschränkt. Auch der überlebende Partner der nichtehelichen Lebensgemeinschaft kann problemlos allein in das bestehende Mietverhältnis eintreten. Nach § 563a Abs. 2 BGB hat der Partner allerdings auch die Möglichkeit, das Mietverhältnis innerhalb einer Frist von 1 Monat nach Kenntnis vom Tod des Mitmieters mit der gesetzlichen Frist zu kündigen, will er es nicht allein fortsetzen. Nach § 563a Abs. 3 BGB sind abweichende Vereinbarungen zum Nachteil der Mieter schließlich unwirksam. **106**

Auch der Kreis derjenigen Personen, die beim Tod des Alleinmieters als **Sonderrechtsnachfolger** in das bestehende Mietverhältnis eintreten können, ist durch § 563 BGB gegenüber früherer Rechtslage erweitert worden. Danach können der **Ehegatte** und der **Lebenspartner** (§ 563 Abs. 1 BGB), im **Haushalt des Mieters lebende Kinder des verstorbenen Mieters** (§ 563 Abs. 2 S. 1 BGB) und **andere Familienangehörige**, die mit dem Mieter einen **gemeinsamen Haushalt** führen, in das Mietverhältnis eintreten, sofern dies nicht bereits durch den Ehegatten oder den Lebenspartner geschehen ist (§ 563 Abs. 2 S. 3 BGB). Schließlich gilt dasselbe »für Personen, die mit dem Mieter einen auf Dauer angelegten gemeinsamen Haushalt führen«. Mit dieser Formulierung hat der Gesetzgeber vorrangig an die Partner nichtehelicher Lebensgemeinschaften, aber auch an nicht eingetragene gleichgeschlechtliche Partner und ältere Menschen, die sich ihr gegenseitiges Füreinandereinstehen durch gegenseitige Vollmachten dokumentieren, gedacht.[130] Schon von Gesetzes wegen stehen die Partner nichtehelicher Lebensgemeinschaften insoweit also Eheleuten gleich. **107**

3. Haushaltsgegenstände

a) Miteigentum

Auch hinsichtlich der **Verteilung der Haushaltsgegenstände** findet § 1568b BGB bei der Auflösung der nichtehelichen Lebensgemeinschaft keine unmittelbare oder analoge Anwendung.[131] Daraus folgt, dass gem. § 985 BGB jeder sein jeweiliges Eigentum herausverlangen kann. Besteht dagegen Miteigentum, so ist dieses nach den **Vorschriften über die Gemeinschaft** auseinanderzusetzen. Können die Partner keine Einigung erzielen, erfolgt vorrangig Teilung in Natur (§ 752 BGB). Ist auch diese nicht möglich, muss das Miteigentum nach den Vorschriften des Pfandverkaufs versteigert und der Versteigerungserlös geteilt werden (§§ 753 Abs. 1, 1235 Abs. 1, 383 Abs. 2 BGB). Eine Herausgabe kann dagegen nicht verlangt werden. Verweigert ein Partner seine Mitwirkung an der Auflösung des Miteigentums, so ist gegen ihn auf Duldung des Verkaufs nach den Vorschriften über den Pfandverkauf, Herausgabe an den Gerichtsvollzieher und Einwilligung der Aufteilung des Erlöses zu klagen. Dabei wird regelmäßig vom **Grundsatz der Halbteilung** auszugehen sein. Selbst dann, wenn die Anschaffung des jeweiligen Hausratsgegenstandes von nur einem Partner bezahlt worden ist, kann nämlich angenommen werden, dass der andere einen eigenen und im Zweifel gleichwertigen Beitrag für die Gemeinschaft geleistet hat. Das zwischen den Partnern bestehende **Verrechnungsverbot** steht einer anderweitigen Verteilung entgegen. **108**

---

130 BT-Drucks. 14/3751, S. 43.
131 Staudinger/Weinreich vor §§ 1568a und b Rn 168; OLG Hamm NJW-RR 2005, 1168.

b) Feststellung der Eigentumsverhältnisse

109   Problematisch wird es im Einzelfall sein, die erforderlichen **Feststellungen zum Eigentum** zu treffen. Dabei trifft denjenigen, der sich auf sein Eigentum beruft und Herausgabe verlangt, die volle Darlegungs- und Beweislast. Wegen des im Zivilrecht geltenden **Abstraktionsprinzips**, nach dem das dingliche Rechtsgeschäft losgelöst vom zugrunde liegenden schuldrechtlichen Grundgeschäft zu sehen ist, ist zum Nachweis des Eigentums mithin nicht der Nachweis der schuldrechtlichen Berechtigung, sondern der Übereignung von demjenigen zu führen, der Alleineigentum für sich behauptet.

110   Sind die **Haushaltsgegenstände** bereits mit in die Partnerschaft eingebracht worden, so verbleiben sie im Alleineigentum dessen, der sie mitgebracht hat. Denn für die Feststellung des (Mit-) eigentumsübergangs an den Partner bedarf es einer von einem entsprechenden Willen getragenen Besitzaufgabehandlung des bisherigen Eigentümers, weil die nichteheliche Lebensgemeinschaft noch kein **Besitzmittlungsverhältnis** im Sinne der §§ 930, 868 BGB begründet.[132]

111   Dasselbe gilt für Gegenstände, die dazu dienen, eingebrachte Sachen zu ersetzen. Unabhängig davon, dass die **Surrogationsvorschrift** des § 1370 BGB ohnehin keine Gültigkeit mehr hat, spricht innerhalb der nichtehelichen Lebensgemeinschaft eine gewisse Vermutung dafür, dass die anstelle zerstörter oder verloren gegangener Haushaltsgegenstände, den einer der Partner mit in die Gemeinschaft eingebracht hat, angeschafften Gegenstände, in das Alleineigentum desjenigen Partners fallen sollen, dem die zu ersetzende Sache gehörte.

112   Im Alleineigentum stehen im Zweifel auch diejenigen Gegenstände, die von Dritten **geschenkt** oder **ererbt** worden sind. Hier ist davon auszugehen, dass der Zuwendende sie jeweils dem ihm besonders nahestehenden Partner hat geben wollen.

113   Bei allen anderen Gegenständen, also denjenigen, die während des Bestehens der nichtehelichen Lebensgemeinschaft angeschafft worden sind, ist zu untersuchen, an wen das Eigentum übergehen sollte (§§ 929 ff. BGB). Dabei wird es demjenigen, der die Übereignung vornimmt, kaum darauf ankommen, an wen er Eigentum überträgt, weshalb sich das Geschäft für ihn als »**Geschäft für den, den es angeht**« darstellt. Abzustellen ist deshalb – sofern nicht etwa ein Fall der Vertretung vorliegt – auf die Willensrichtung desjenigen, an den übereignet werden soll. Dessen zum Zeitpunkt der Übereignung bestehender Wille ist somit zu klären.[133]

114   Der Wille, Alleineigentum zu erwerben, wird dabei häufig nicht nachweisbar sein und in der Praxis zumeist auch nicht bestanden haben, da der Erwerber vom längerfristigen Fortbestand der Gemeinschaft ausgegangen sein dürfte. **Indizien**, die auf einen entsprechenden Willen hindeuten, sind allenfalls die jeweilige **Anwesenheit beim Kauf**,[134] die **Mitwirkung an der Kaufentscheidung** oder die Frage, wer den **Erwerb finanziert** hat. Dem letzteren Gesichtspunkt kann andererseits aber auch nur eingeschränkte Bedeutung zukommen, da der andere Partner – zum Beispiel durch die Haushaltsführung – entsprechende Gegenleistungen erbracht haben wird.[135]

115   Gerade bei bereits lang andauernden Partnerschaften wird der Wille der Partner regelmäßig dahin gehen, **gemeinsames Eigentum** zu begründen. Selbst dann, wenn einer der Partner über kein eigenes Einkommen verfügt, wird der Gesichtspunkt des gemeinsamen Gehörens im Vordergrund stehen.[136] Die starken persönlichen Bindungen der Partner zueinander führen dazu, dass jedenfalls in Bezug auf Gegenstände des gemeinsamen täglichen Gebrauchs von zumeist geringerem Wert

---

132   OLG Düsseldorf OLGR 1993, 124.
133   BGH FamRZ 1991, 923 für die gleiche Situation bei Ehegatten.
134   OLG Hamm FamRZ 2003, 529, wonach das gemeinsame Auftreten als Käufer beim Erwerb eines Wohnmobils zum Erwerb von Miteigentum führt.
135   OLG Düsseldorf MDR 1999, 233.
136   LG Aachen FamRZ 1983, 61.

nicht sauber zwischen »Mein« und »Dein« getrennt wird. Haushaltsgegenstände werden für den gemeinsamen Haushalt angeschafft und von dem bezahlt, der den Erwerb gerade tätigt.[137]

Etwas anderes gilt allerdings bei **höherwertigeren Gegenständen**. Auch hochwertige und teure 116 Gegenstände, die als **gehobene Konsumgüter** durchaus noch als Haushaltssachen i.S.d. § 1568b BGB zu qualifizieren sein mögen, können sich für den einzelnen als so bedeutsam darstellen, dass in diesen Fällen nicht mehr ohne weiteres davon ausgegangen werden kann, dass der Erwerber dem anderen Partner Miteigentum hat einräumen wollen. Der hier verwandte Begriff der Haushaltsgegenstände ist somit nicht zwingend identisch mit dem entsprechenden Begriff der §§ 1361a, 1568b BGB.

Beteiligt sich ein Partner im Rahmen des Erwerbs an der Finanzierung, so spricht dies klar für den 117 gemeinsamen Willen, Miteigentum zu begründen. Dementsprechend wird der Partner mit der Zahlung seines Anteils Miteigentümer, wenn beide zuvor vereinbart haben, dass der Kaufpreis von beiden anteilig zu tragen ist.[138]

Lassen sich die Eigentumsverhältnisse schließlich letztlich nicht klären, so greift die **Beweisregel** 118 **des § 1006 BGB**. Da die Hausratsgegenstände regelmäßig von beiden Partnern genutzt worden sein dürften, bestand insoweit auch Mitbesitz. Mitbesitz begründet nach dieser Vorschrift aber die Vermutung des Bestehens von Miteigentum im Sinne des § 1008 BGB.[139] Besaß ein Partner den fraglichen Gegenstand aber schon zum Zeitpunkt der Begründung der Gemeinschaft, so spricht die Vermutung des § 1006 Abs. 2 BGB für den Fortbestand des Alleineigentums dieses Partners.[140]

4. Kraftfahrzeug

a) Alleineigentum

Das **Kraftfahrzeug** ist eines jener höherwertigen Konsumgüter, bei deren Erwerb es den Partnern 119 im Zweifel auf die Eigentumsverhältnisse angekommen sein dürfte, und bei denen nicht ohne weiteres von dem beiderseitigen Willen zur Begründung von Miteigentum ausgegangen werden kann. Da eine **Herausgabe des Kraftfahrzeugs** nur dann in Betracht kommt, wenn das Eigentum desjenigen, der den Wagen herausverlangt, feststeht, müssen somit auch hier die Eigentumsverhältnisse – ggf. anhand von Indizien – geklärt werden. Besteht **Miteigentum**, so scheidet eine Herausgabe wiederum aus, während eine Auseinandersetzung nach den Regeln der Gemeinschaft, also – wie beim Hausrat – durch Versteigerung und Teilung des Erlöses (§§ 753 Abs. 1, 1235 Abs. 1, 383 Abs. 2 BGB) zu erfolgen hat.

Wurde das Kraftfahrzeug von einem Partner mit in die nichteheliche Lebensgemeinschaft einge- 120 bracht, so besteht an ihm **Alleineigentum**. Dasselbe wird regelmäßig für den aus eigenen Mitteln finanzierten Ersatzwagen gelten.

Ob der während des Bestehens der Gemeinschaft erworbene Wagen im Alleineigentum eines Part- 121 ners steht, ist anhand der bei dem **Erwerb abgegebenen Erklärungen** festzustellen. Treten beide Partner beim Kauf des Kraftfahrzeugs gegenüber dem Verkäufer als Käufer auf, so erwerben sie Miteigentum zu gleichen Anteilen, ohne dass es darauf ankommt, welchen Anteil jeder von ihnen zum Kaufpreis beizutragen hat.[141] Im Übrigen können verschiedene Umstände indizielle Bedeutung haben und Rückschlüsse auf die Willensrichtung beim Eigentumserwerb zulassen. So kann von Bedeutung sein, wer im **Kaufvertrag** als Erwerber und/oder im **Fahrzeugbrief** oder -schein als Halter vermerkt ist. Es kann geprüft werden, wer den Wagen ausgesucht, wer ihn bezahlt und wer

---

137 Hausmann/Hohloch D Rn 109.
138 OLG Köln FamRZ 1996, 614.
139 BGH NJW 1993, 935.
140 OLG Düsseldorf MDR 1999, 233.
141 OLG Hamm FamRZ 2003, 529.

die **laufenden Kosten** für Fahrzeugsteuer und Haftpflichtversicherung sowie die anfallenden Reparaturen getragen hat. Indizwirkung wird auch dem Umstand zukommen, dass er möglicherweise nur von einem Partner **überwiegend benutzt** worden ist oder von dem anderen – zum Beispiel mangels Führerschein – gar nicht genutzt werden konnte. Alle Indizien sind aber auch vor dem Hintergrund zu sehen, ob die Partnerschaft zum Zeitpunkt des Erwerbs noch stabil war oder sich bereits vor der Auflösung befand.

b) Miteigentum

122   Wurde das Kraftfahrzeug gemeinsam genutzt, so befand es sich im Mitbesitz, was wiederum gem. § 1006 BGB die **Miteigentumsvermutung** begründete. Weisen allerdings deutliche Kriterien auf das Alleineigentum nur eines Partners hin, so kann die gemeinsame Nutzung unter Umständen auch nur als »rechtlich bedeutungslose Begleiterscheinung« des Zusammenlebens anzusehen sein.[142]

c) Finanzierung des Kraftfahrzeugs durch einen Partner

123   Wurde das Kraftfahrzeug schließlich zum Alleineigentum des einen Partners erworben, aber mit Geld finanziert, das der andere ihm durch die Aufnahme eines entsprechenden Kredits zur Verfügung gestellt hat, so entsteht zwischen beiden Partnern ein **Auftragsverhältnis**. In dessen Rahmen besteht gem. § 670 BGB ein **Aufwendungsersatzanspruch**, wobei die zu erstattenden Aufwendungen in den von dem Nichteigentümer zu leistenden Ratenzahlungen bestehen. Aufwendungsersatz wird aber nur für diejenigen Raten geschuldet, die nach der Trennung fällig und bezahlt worden sind, da die während des Bestehens der nichtehelichen Lebensgemeinschaft geleisteten Ratenzahlungen wegen des **Verrechnungsverbots** ebenso wenig erstattet verlangt werden können wie andere für die Lebensgemeinschaft erbrachte Leistungen.[143]

124   Wurde das Kraftfahrzeug allerdings von beiden Partnern genutzt, so konnte ein Auftragsverhältnis nicht entstehen, weil das Darlehen dann auch im eigenen Namen aufgenommen worden ist, was der Annahme eines Auftragsverhältnisses entgegensteht.[144]

5. Rückgewähr von Leistungen

a) Ersatz für Leistungen nur im Ausnahmefall

125   Leistungen oder Zuwendungen jeder Art, die während des Zusammenlebens erbracht worden sind, können wegen des oben dargestellten **Verrechnungsverbots** nur in Ausnahmefällen ersetzt verlangt werden. In keinem Fall besteht dabei ein Ausgleichsanspruch für solche Leistungen, die das tägliche Zusammenleben ermöglicht haben. Darunter fallen zum Beispiel **Tätigkeiten im gemeinsamen Haushalt**. Bestehen nämlich enge persönliche Beziehungen, so finden diese Art Dienstleistungen des einen für den anderen in der Regel schon allein durch die besondere Art des dabei gegebenen Gemeinschaftsverhältnisses ihre Abgeltung. In einem solchen Verhältnis werden wechselseitige Leistungen allein im Hinblick darauf erbracht, dass auch der andere seinen wie auch immer gearteten Beitrag leistet; **Bezahlung** wird von vornherein nicht erwartet.[145]

126   Das gilt in der Regel auch für zugunsten des Partners erbrachte **Pflegeleistungen**,[146] und sogar dann, wenn der Partner das Zusammenleben mit **Krediten** finanziert hat.[147] Hat ein Partner zum Beispiel **Handwerksarbeiten** für das Haus des anderen in Auftrag gegeben, so stellt auch dies

---

142   OLG Celle NJW 1983, 1065.
143   BGH FamRZ 1981, 530.
144   OLG Oldenburg FamRZ 1986, 465.
145   OLG München FamRZ 1980, 239, 240.
146   OLG Frankfurt FamRZ 1982, 265.
147   BGH FamRZ 1983, 1213; OLG Oldenburg NJW 1986, 1817.

einen Beitrag zum täglichen Zusammenleben dar, weshalb er die Kosten hierfür sogar dann tragen muss, wenn sie ihm erst nach der Trennung in Rechnung gestellt werden.[148]

Gehen die erbrachten Leistungen dagegen weit über das Maß dessen hinaus, was im Rahmen des Zusammenlebens in einer nichtehelichen Lebensgemeinschaft üblich ist, so können ausnahmsweise Ausgleichsansprüche begründet sein, wobei die Anspruchsgrundlage im **Gesellschaftsrecht**, im **Bereicherungsrecht**, im **Institut der Störung Geschäftsgrundlage (§ 313 BGB)**, im **Dienstvertragsrecht** oder im **Auftragsrecht** gefunden werden können. **Schenkungen** können schließlich unter Umständen noch nach § 530 BGB widerrufen werden.   127

Mit der neueren Rechtsprechung ist für die Vermögensauseinandersetzung im Falle der Beendigung der nichtehelichen Lebensgemeinschaft wie folgt vorzugehen: 128

1. Voraussetzung eines jeden Ausgleichsanspruchs ist, dass die erbrachten Leistungen objektiv wesentlich waren und insbesondere über bloße Gefälligkeiten und das hinausgehen, was zum täglichen Zusammenleben notwendig ist.
2. Haben die Partner beabsichtigt, einen – wenn auch nur wirtschaftlich – gemeinsamen Wert zu schaffen und kann festgestellt werden, dass sie wenigstens schlüssig eine Einigung über das Zustandekommen einer Innengesellschaft erzielt haben, so sind **vorrangig gesellschaftsrechtliche Ansprüche** zu prüfen.
3. Haben die Partner keinen gemeinschaftlichen Wert schaffen wollen, kann aber eine konkrete Zweckabrede etwa dahingehend festgestellt werden, dass der Zuwendende an dem erworbenen Vermögenswert langfristig partizipieren kann, kommen **Rückabwicklungsansprüche aus ungerechtfertigter Bereicherung** (§ 812 Abs. 2 S. 2 Alt. 2 BGB) in Betracht.
4. Kann auch eine Zweckabrede nicht festgestellt werden, sind letztlich noch Ansprüche wegen **Wegfalls der Geschäftsgrundlage** (§ 313 BGB) zu prüfen.

Damit ist die Anwendbarkeit der bislang dominierenden gesellschaftsrechtlichen Ausgleichsansprüche eingeschränkt worden, während andererseits im Gegenzug die sonstigen Ausgleichsmechanismen denen zwischen Ehegatten angeglichen worden sind.   129

b) Gesellschaftsrecht

Die generelle Einordnung der nichtehelichen Lebensgemeinschaft unter die Vorschriften der §§ 705 ff. BGB und ihre allgemeine Qualifizierung als **Gesellschaft bürgerlichen Rechts** wird in Rechtsprechung und Literatur zu Recht abgelehnt.[149] Da die Partner durch die Ablehnung der Eheschließung gerade zum Ausdruck bringen, dass sie ihr Zusammenleben insgesamt keiner rechtlichen Ordnung unterwerfen wollen, scheidet die Annahme einer rechtsgeschäftlichen Bindung in Form einer **Innengesellschaft** aus. Die generelle Auseinandersetzung nach §§ 730 ff. BGB würde im übrigen dazu führen, dass es zwischen den Partnern einen dem Zugewinnausgleich ähnlichen Vermögensausgleich gäbe, der aber dem Willen der Beteiligten nicht entspricht.   130

aa) Anwendung von Gesellschaftsrecht nur im Einzelfall

Diese generelle Ablehnung steht aber der Anwendung gesellschaftsrechtlicher Normen im **Einzelfall** nicht entgegen. Verfolgen die Partner der nichtehelichen Lebensgemeinschaft nämlich mit dem **Erwerb von Vermögensgegenständen** oder der **Beteiligung am Unternehmen** des anderen im Innenverhältnis den über die Lebensgemeinschaft hinausgehenden Zweck, einen wirtschaftlichen Wert zu schaffen, den sie für die Dauer ihrer Partnerschaft gemeinsam nutzen wollen und der ihnen nach ihrer Vorstellung gemeinsam gehören soll, werden die gesellschaftsrechtlichen Vorschriften über die Auseinandersetzung entsprechend angewandt.[150] Anders als noch bis zum Jahr   131

---

148 BGH FamRZ 1983, 349.
149 BGH NJW 1980, 1520; Hausmann/Hohloch IV Rn. 54.
150 BGHZ 77, 55; BGH FamRZ 1992, 408.

2005 reicht für die Anwendung gesellschaftsrechtlicher Vorschriften allerdings nicht mehr die bloße Feststellung einer nur konkludent getroffenen Absprache in Bezug auf die Schaffung eines gemeinsamen Wertes, auf die nach einer Gesamtwürdigung aller in Betracht zu ziehenden Umstände auch schon aus der Wesentlichkeit des Beitrages eines Partners geschlossen werden konnte.[151]

132   Nach der jetzt aktuellen Rechtsprechung des BGH setzt die Annahme einer nach gesellschaftsrechtlichen Grundsätzen zu beurteilenden Zusammenarbeit einen zumindest **schlüssig zustande gekommenen Vertrag** voraus. Eine rein faktische Willensübereinstimmung wird nicht mehr als ausreichend erachtet. Indizien für einen Vertrag können sich aber etwa aus der Planung, dem Umfang und der Dauer der Zusammenarbeit ergeben.[152] Es ist allerdings nach wie vor nicht von Bedeutung, ob die Partner sich darüber bewusst waren, dass ihre Beziehung als Innengesellschaft eingeordnet werden konnte.[153] Auch in diesen Fällen ist aber nicht vom Bestehen einer Gesellschaft auszugehen. Es werden lediglich gesellschaftsrechtliche Grundsätze zur Auflösung einer im Einzelfall als ungerecht angesehenen Situation angewandt.[154]

133   Stets kann sich die Anwendung gesellschaftsrechtlicher Vorschriften aber nur auf **einzelne Gegenstände** beziehen.[155] Außerdem muss es sich bei dem zugewandten Vorteil um einen **objektiv wesentlichen** Beitrag geleistet haben. Andernfalls würde der Beitrag nicht über dasjenige hinausgegangen sein, was für die Verwirklichung der bloßen Gemeinschaft und des Zusammenlebens ohnehin zu erwarten ist. Auch wird der Rechtsbindungswille bei solchen Leistungen, die sich als nicht objektiv wesentlich herausstellen, kaum feststellbar sein. Der Anspruch entsteht in jedem Fall erst mit der **Auflösung der Innengesellschaft**, wobei der maßgebliche Stichtag nicht ohne weiteres der Tag der Trennung, sondern derjenige ist, an die die Partner ihre Zusammenarbeit tatsächlich eingestellt haben.[156]

134   Wegen des zwischen den Partnern grundsätzlich geltenden **Abrechnungsverbots** kann es im Einzelfall problematisch sein, die Schwelle zum objektiv wesentlichen Beitrag zu bestimmen. Ob ausnahmsweise die Anwendung gesellschaftsrechtlicher Normen gerechtfertigt ist oder nicht, lässt sich daher nur im Einzelfall entscheiden. Die Frage der Wesentlichkeit hängt maßgeblich von der Art des geschaffenen Vermögenswertes, aber auch den finanziellen Verhältnissen der Partner in der konkreten Lebenssituation ab.[157] Verneint worden ist die objektive Wesentlichkeit etwa in einem Fall, in dem ein Partner auf ein von dem anderen zur Finanzierung der in dessen Alleineigentum stehenden Immobilie aufgenommenes Darlehen Zins- und Tilgungsleistungen erbracht hat, die Leistungen aber denjenigen Betrag nicht wesentlich überstiegen, der für die Anmietung vergleichbaren Wohnraums aufzuwenden gewesen wäre.[158]

135   Zu dem Erfordernis objektiver Wesentlichkeit muss subjektiv die Absicht beider Partner hinzutreten, sich einen gemeinschaftlichen Wert zu schaffen. Nicht erforderlich dafür ist die Begründung einer formaldinglichen Zuordnung, die vielmehr in den Hintergrund treten kann.[159] Notwendig ist allein, dass die Partner mit dem Erwerb des Vermögensgegenstandes die Absicht verfolgt haben, den geschaffenen Wert für die Dauer der Partnerschaft gemeinsam zu nutzen. Überdies müssen sie die Vorstellung gehabt haben, der Vermögenswert werde ihnen bei **wirtschaftlicher Betrachtung**

---

151   So noch BGH FamRZ 2003, 1542.
152   BGH FamRZ 2008, 247; FamRZ 2008, 1822, 1824; FamRZ 2006, 607 m. Anm. Kogel FamRZ 2006, 1177.
153   OLG Schleswig FamRZ 2002, 96.
154   BGH FamRZ 1992, 408.
155   BGH FamRZ 1989, 599.
156   BGH FamRZ 2006, 607.
157   BGH NJW-RR 1996, 1473.
158   OLG Bremen FamRZ 2012, 463.
159   BGH FuR 1998, 56, 57 = FamRZ 1997, 1533.

gemeinsam gehören.[160] Deshalb steht der Umstand, dass ein Partner Alleineigentümer an der von beiden genutzten Immobilie ist, der Annahme gesellschaftsrechtlicher Ansprüche nicht entgegen,[161] wenn nur die Gesamtwürdigung der Umstände des Falles zu dem Ergebnis führt, die Partner hätten die Schaffung eines wirtschaftlich gemeinsames Wertes beabsichtigt.

Handelt es sich bei den Leistungen des Partners um fortlaufende, etwa **Zuwendungen, die der Alters- oder Krankenversorgung dienen**, und die jederzeit frei widerruflich sind, so kommt ein Ausgleich nicht in Betracht. Das gilt insbesondere dann, wenn sie auch nach dem Scheitern der nichtehelichen Lebensgemeinschaft weiterhin erbracht werden. Denn hier hatte der leistende Partner jederzeit die freie Entscheidung, die Zahlungen einzustellen. Leistete er sodann aus eigenem Antrieb weiter, kann er im nachhinein keinen Ausgleich beanspruchen.[162]   **136**

bb) Bau eines gemeinsamen Hauses

Ein Ausgleich über die Vorschriften für die BGB-Gesellschaft kommt für verschiedene Lebenssachverhalte in Betracht. Am häufigsten sind sie in dem Fall angewandt worden, in dem auf dem Grundstück eines Partners ein Haus errichtet wurde, an dessen Bau oder Erwerb sich der andere mit **Geld- oder Arbeitsleistungen** beteiligt hat.[163] Die Annahme der für einen Ausgleich nach gesellschaftsrechtlichen Regeln erforderlichen Absicht, sich einen gemeinschaftlichen Wert zu schaffen, folgt dabei allerdings noch nicht allein daraus, das ein Partner das Grundstück erwirbt und der andere zu den Erwerbskosten beiträgt,[164] scheitert jedoch andererseits auch nicht daran, dass ein Partner unter Verwendung wesentlicher Beiträge des anderen Alleineigentum an dem bis dahin gemeinschaftlichen Grundstück erwirbt.[165] Es kommt somit – wie auch sonst – nicht entscheidend auf die dingliche Zuordnung, sondern auf die **Absicht der Partner** an, das geschaffene Vermögen fortan auch gemeinsam zu nutzen. Diese Absicht kann sich aus **ausdrücklichen Absprachen**, aus **Äußerungen** insbesondere des dinglich berechtigten Partners gegenüber Dritten oder aus sonstigen **Umständen des Einzelfalles** ergeben. Zu diesen zählen die finanziellen Verhältnisse der Partner ebenso wie die Bedeutung des vom Partner geleisteten Beitrages.[166] Dient die Immobilie allerdings allein der Befriedigung des Wohnbedarfs der Partner, so wird kein Zweck verfolgt, der über die Verwirklichung der nichtehelichen Lebensgemeinschaft hinausgeht, weshalb in diesen Fällen auf einen konkludent zustande gekommen Gesellschaftsvertrag regelmäßig nicht wird geschlossen werden können.[167]   **137**

Voraussetzung für das Bestehen eines Anspruchs ist weiter, dass die Früchte der erbrachten Leistungen bei Auflösung der Gesellschaft beim anderen Ehegatten in Gestalt eines **messbaren Vermögensvorteils** noch vorhanden sind.[168] Das wird insbesondere beim Einsatz von Arbeitskraft häufig schwierig festzustellen sein. Reine Handlangertätigkeiten beim Aufbau des Familienheimes führen zumeist weder zu einem verbliebenen messbaren Vermögensvorteil noch stellen sie einen objektiv wesentlichen Beitrag dar.[169]   **137a**

160 BGH FamRZ 1993, 939.
161 KG FamRZ 2010, 46.
162 BGH FamRZ 1996, 1141.
163 Vgl. etwa: BGH FamRZ 1999, 1580, 1582; FamRZ 1992, 408; OLG Schleswig FamRZ 2003, 96; grundlegend: Milzer FamRZ 2008, 1621.
164 BGH NJW 1983, 2375.
165 BGH NJW 1992, 906; KG FamRZ 2010, 46.
166 BGH NJW – RR 1996, 1473; NJW-RR 1993, 774.
167 OLG Bremen FamRZ 2012, 463.
168 OLG Schleswig FamRZ 2002, 884.
169 OLG Schleswig FamRZ 2002, 884.

cc) Aufbau eines gemeinsamen Unternehmens

138 Als weiterer Anwendungsfall für einen Ausgleich nach den Vorschriften des Gesellschaftsrechts ist der des **gemeinsamen Unternehmensaufbaus** zu nennen. Denn was für den Erwerb von Grundstücken und die Errichtung von Wohnhäusern gilt, hat zumindest ebensolche Berechtigung, wenn die Partner durch beiderseitige Arbeit, finanzielle Aufwendungen oder sonstige Leistungen ein gewerbliches Unternehmen aufbauen oder betreiben und als gemeinsamen Wert betrachten und behandeln.[170] Auch hier muss der Beitrag desjenigen, der nicht formal berechtigt ist, objektiv wesentlich gewesen sein, so dass im Falle nur gelegentlicher Aushilfe oder einer nur kurzfristigen Mitarbeit die Anwendung des Gesellschaftsrechts ausgeschlossen ist. Unerheblich ist in diesem Zusammenhang allerdings, ob der Beitrag über das hinaus geht, was ein Ehegatte unter ähnlichen Verhältnissen üblicherweise im Rahmen der ehelichen Lebensgemeinschaft zum Betrieb des anderen beigetragen haben würde. Denn Ehegatten sind – anders als Partner einer nichtehelichen Lebensgemeinschaft – von Gesetzes wegen dazu verpflichtet, durch ihre Arbeit und ihr Vermögen die Familie angemessen zu unterhalten (§ 1353 Abs. 2 BGB). Derartige Verpflichtungen bestehen im Rahmen einer nichtehelichen Lebensgemeinschaft nicht, so dass die Abgrenzung eher zu Gefälligkeitshandlungen zu suchen ist.[171]

139 Daneben setzt die Annahme einer Innengesellschaft voraus, dass die Partner faktisch **gleichrangig** im Unternehmen mitgewirkt haben, da ein **Über- und Unterordnungsverhältnis** dem Charakter einer Innengesellschaft fremd ist. Damit scheidet auch eine Kollision mit etwaigen **arbeitsrechtlichen Vorschriften** aus, die wiederum nur dann in Betracht zu ziehen sind, wenn ein arbeitsrechtliches Über- und Unterordnungsverhältnis gegeben war.

140 Diese **faktische Gleichrangigkeit** muss sich nach außen in geeigneter Weise – etwa gegenüber Mitarbeitern oder Geschäftspartnern – manifestiert haben. Auch hier gilt aber, dass die formale Berechtigung nicht von entscheidender Bedeutung ist.

141 Bejaht wurde ein Ausgleich nach gesellschaftsrechtlichen Normen etwa bei einem über 17 Jahre dauernden gemeinsamen Aufbau eines Hotelbetriebes bei ständigem und weit reichendem Arbeitseinsatz beider Partner[172] oder der unentgeltlichen Überlassung von Werkstatträumen zum Betrieb eines Unternehmens und der 14jährigen Mitarbeit hierin.[173]

dd) Abwicklung nach Gesellschaftsrecht

142 Liegen die Voraussetzungen für die Anwendung gesellschaftsrechtlicher Vorschriften vor, so erfolgt die **Auseinandersetzung nach §§ 730 ff. BGB**, wobei der Umstand, dass das Gesellschaftsrecht nur analoge Anwendung findet, dazu führt, dass auch die Abwicklung nicht streng den Vorgaben der §§ 730 ff. BGB folgen muss. Insbesondere können die Partner ihre jeweiligen Ansprüche – anders als im Falle der Auseinandersetzung einer Gesellschaft nach §§ 730, 735 BGB – isoliert geltend machen.[174] Die Höhe der zu zahlenden Abfindung richtet sich nach dem Wert des aufzuteilenden Vermögens im Zeitpunkt der Auseinandersetzung.[175]

143 Zur Vereinfachung kann sich der Ausgleichsberechtigte auch darauf beschränken, gem. § 733 Abs. 2 BGB die **Erstattung seiner Einlagen** zu verlangen. Zwar regelt § 733 Abs. 2 Satz 3 BGB, dass für Dienstleistungen kein Ersatz verlangt werden kann, doch ist für die Auflösung der nichtehelichen Lebensgemeinschaft anerkannt, dass der jeweilige Partner den Wert seiner Einlagen auch dann erstattet verlangen kann, wenn diese in werk- oder dienstvertragsähnlichen Leistungen

---

170 BGH FamRZ 1997, 1533; BGH FamRZ 1982, 1065.
171 BGH FamRZ 1982, 1065, 1066.
172 OLG Hamm NJW 1980, 1530.
173 BGH FamRZ 1982, 1065.
174 OLG Schleswig FamRZ 2002, 96, 97.
175 BGH FamRZ 1983, 791, 792.

bestanden haben.[176] Voraussetzung ist allerdings, dass sich diese als bleibender Wert niedergeschlagen haben. Sie sind dann ebenso wie sonstige Einlagen ihrem Wert nach zu erstatten.

Haben die Partner ein Unternehmen gemeinsam betrieben, so ist für den Tag der Beendigung der **144** Lebensgemeinschaft eine **Bilanz** zu erstellen. Von dem sich nach Abzug der Verbindlichkeiten und der Rückerstattung der Einlagen errechnenden Überschuss steht gem. § 738 Abs. 1 Satz 2 BGB jedem der Partner ein seinem Anteil entsprechender Betrag als Geldforderung zu. War der Einsatz von Arbeit oder Vermögen etwa gleichwertig, so ist der Überschuss zu halbieren. Eine schematische Halbteilung ist dagegen nicht angebracht. Unterschiedliche Beteiligung am Unternehmen ist durch unterschiedliche Quotierung angemessen zu berücksichtigen.[177]

Eine Beteiligung an Fehlbeträgen scheidet als Folge der Anwendung gesellschaftsrechtlicher Nor- **145** men regelmäßig aus. Denn § 735 BGB, nach dem die Mitgesellschafter entsprechend ihren jeweiligen Anteilen auch für **Fehlbeträge** aufzukommen haben, findet nur ausnahmsweise beim Vorliegen besonderer Umstände Anwendung.[178]

c) Bereicherungsrechtliche Ansprüche

aus § 812 Abs. 1 Satz 1 Alt. 1 BGB scheiden als mögliche Anspruchsgrundlage für Rückgewähran- **146** sprüche jeder Art aus; denn die nichteheliche Lebensgemeinschaft ist ein rein tatsächliches Verhältnis und kann schlechterdings nicht Rechtsgrund für erbrachte Leistungen sein. Das ist allgemeine Meinung in Rechtsprechung und Literatur.[179]

Nach der bislang herrschenden Rechtsprechung schieden nach dem Scheitern der nichtehelichen **147** Lebensgemeinschaft auch Ansprüche aus § 812 Abs. 1 Satz 2 Alt. 2 BGB wegen **Verfehlung einer Zweckabrede** aus,[180] weil zwischen den Partnern einer nichtehelichen Lebensgemeinschaft keine Rechtsgemeinschaft bestehe und der Zuwendungsempfänger nicht davon ausgehen könne, dass die Zuwendung unter dem Vorbehalt der Rückforderung für den Fall des Scheiterns der Gemeinschaft stehe. Andernfalls werde die Zweckabrede dem Willen der Partner zur jederzeitigen Beendbarkeit der Partnerschaft zuwider laufen.[181]

Nach der jetzt aktuellen Rechtsprechung des BGH können Rückgewähransprüche hinsichtlich sol- **148** cher Leistungen, die während des Bestehens der nichtehelichen Lebensgemeinschaft erbracht worden sind, jetzt auch auf ungerechtfertigte Bereicherung nach § 812 Abs. 1 S. 1 Alt. 2 BGB gestützt werden. Insoweit hat der BGH seine bisherige Rechtsprechung ausdrücklich aufgegeben.[182]

Ausgleichsansprüche wegen Zweckverfehlung bestehen danach dann, wenn der mit der Leistung **149** bezweckte Erfolg nicht eingetreten ist. Dazu ist es erforderlich, dass mit dem Leistungsempfänger im Hinblick auf den Leistungszweck eine **Willensübereinstimmung** erzielt worden ist. Allein einseitige Vorstellungen reichen dazu nicht aus,[183] während die erforderliche Willenübereinstimmung auch dann angenommen werden kann, wenn der eine Teil mit seiner Leistung einen bestimmten Erfolg bezweckt und der andere dies erkennt, die Leistung entgegen nimmt und dabei nicht widerspricht.[184] Eine **Zweckabrede** kann vorliegen, wenn die Partner zwar keine gemeinsamen Vermögenswerte haben schaffen wollen, der eine aber das Vermögen des anderen in der Erwar-

---

176 BGH FamRZ 1985, 1232; Staudinger/Strätz Anh. zu §§ 1297 ff. BGB Rn. 82.
177 BGH FamRZ 1982, 1065, 1066.
178 OLG Nürnberg FamRZ 2000, 97.
179 Hausmann/Hohloch IV Rn. 128; für gescheiterte Ehen BGH FamRZ 1982, 910.
180 BGH FamRZ 2004, 96; noch offen lassend BGH FamRZ 2008, 247.
181 OLG Köln NJW-RR 1996, 518.
182 BGH FamRZ 2009, 849; FamRZ 2008, 1822; FamRZ 2008, 1828.
183 BGH FamRZ 2009, 849.
184 BGH FamRZ 1992, 160, 161.

tung vermehrt hat, an dem erworbenen Gegenstand langfristig partizipieren zu können.[185] Deshalb steht auch der Annahme einer Zweckabrede nicht entgegen, dass die Immobilie, in die investiert wird, im Alleineigentum des anderen Partners steht und – anders als im Rahmen der Prüfung gesellschaftsrechtlicher Ansprüche – dass mit der Errichtung eines Eigenheims nur der Wohnbedarf der Gemeinschaft gedeckt und damit letztlich deren Unterhaltsbedarf gedeckt werden sollte.[186] Voraussetzung ist nur, dass eine Zweckabrede dahingehend festgestellt werden kann, dass beispielsweise der leistende Partner die Absicht verfolgt hat, in der Immobilie des anderen, in die er investiert, dauerhaft wohnen bleiben zu können.

Die **Darlegungs- und Beweislast** für die den geltend gemachten Bereicherungsanspruch stützenden Tatsachen hat derjenige, der sich auf das Bestehen des Anspruchs beruft, wobei ihm für negative Umstände die Grundsätze der sekundären Darlegungslast helfen.[187]

d) Störung der Geschäftsgrundlage

150 Bis zum Jahr 2008 ging die Rechtsprechung noch davon aus, dass durch den rein tatsächlichen Zusammenschluss zweier Menschen zu einer nichtehelichen Lebensgemeinschaft keine Rechtsgemeinschaft begründet wird, so dass – solange sie ihre Beziehung nicht besonders regeln – das Scheitern der nichtehelichen Lebensgemeinschaft nicht die Geschäftsgrundlage für innerhalb der Gemeinschaft erbrachte Leistungen entfallen lässt.[188]

151 Auch diese Rechtsprechung hat der BGH mit dem Wandel der Zuständigkeiten innerhalb des Gerichts ausdrücklich aufgegeben. Nach der aktuellen, seit 2008 geltenden Rechtsprechung kommen nach der Beendigung einer nichtehelichen Lebensgemeinschaft wegen wesentlicher Beiträge eines Partners, mit denen ein Vermögenswert von erheblicher wirtschaftlicher Bedeutung geschaffen worden ist, dessen Alleineigentümer aber der andere Partner ist, ausdrücklich auch Ansprüche wegen Wegfalls der Geschäftsgrundlage (§ 313) in Betracht.[189]

152 Begründet wird dies damit, dass die persönlichen Beziehungen auch in der Ehe im Vordergrund stehen und das vermögensmäßige Handeln bestimmen, ohne dass daraus hinsichtlich überobligationsmäßiger Leistungen auf das Fehlen einer Rechtsgemeinschaft geschlossen würde. Außerdem vermöge auch das Argument nicht zu überzeugen, dass der leistende Partner einer nichtehelichen Lebensgemeinschaft das Risiko des Scheiterns der Gemeinschaft bewusst in Kauf genommen habe, weil er nicht auf ihren Bestand habe vertrauen dürfen. Soweit ein Partner auf den Bestand der Partnerschaft vertraue, sei er angesichts der hohen Ehescheidungsraten nicht weniger schutzwürdig als ein Ehegatte.[190]

153 Danach ist jetzt in jedem Einzelfall zu prüfen, ob ein Ausgleichsverlangen auch wegen Wegfalls der Geschäftsgrundlage begründet sein kann. Das gilt ausdrücklich auch für Ansprüche nach dem Scheitern **anderer Formen gemeinschaftlichen Wirtschaftens**, etwa von verwitweten Geschwistern, sonstigen Verwandten oder auch nur Freunden. Auf einen sexuellen Bezug kommt es nicht an.[191]

154 In Betracht kommen Ansprüche wegen Wegfalls der Geschäftsgrundlage konkret dann, wenn die Partner keine gemeinschaftlichen Vermögenswerte haben schaffen wollen und auch eine Zweckabrede nicht feststellbar ist. Hinzukommen muss, dass die Zuwendung der Ausgestaltung der nicht-

---

185 BGH FamRZ 2008, 1822, 1826.
186 BGH FamRZ 2011, 1563.
187 BGH FamRZ 2009, 849 mit Anm. Grziwotz.
188 BGH FamRZ 2004, 94; FuR 1998, 56; FamRZ 1996, 1141.
189 BGH FamRZ 2008, 1822; OLG Düsseldorf FamRZ 2009, 1219; zu den Auswirkungen: von Proff NJW 2008, 3266.
190 BGH FamRZ 1991, 168, 170.
191 BGH FamRZ 2008, 1822.

ehelichen Lebensgemeinschaft hat dienen sollen und dass ihr die Vorstellung oder Erwartung zu Grunde lag, die Gemeinschaft werde Bestand haben. Nach wie vor nicht ausgeglichen werden danach aber solche Leistungen, die im Rahmen des täglichen Zusammenlebens erbracht worden sind, wobei es gleichgültig ist, ob der Beitrag zu den laufenden Kosten oder durch größere Einmalzahlungen erfolgt ist, da derjenige, der nur gelegentlich und dann größere Beiträge leistet nicht besser gestellt werden soll, als derjenige, dessen Aufwendungen den täglichen Bedarf decken.[192] Deshalb ist die Finanzierung eines Urlaubs nicht anders zu behandeln als die des laufenden Haushalts.

Arbeitsleistungen sind schon begrifflich keine Zuwendungen. Das gilt auch dann, wenn durch sie   155
das Vermögen des Partners vermehrt worden ist.[193] Das bedeutet aber nicht sogleich, dass wegen Arbeitsleistungen kein Ausgleich beansprucht werden kann. Denn Arbeitsleistungen stellen ebenso wie die Übertragung von Vermögensgegenständen geldwerte Leistungen dar. Deshalb hat der BGH im Fall des Scheiterns einer Ehe einen Ausgleichsanspruch für solche Arbeitsleistungen bejaht, die über Gefälligkeiten weit hinausgingen. Für diesen Fall hat er einen stillschweigend abgeschlossenen **Kooperationsvertrag** angenommen, dessen Geschäftsgrundlage durch das Scheitern der Ehe entfallen ist.[194] Diese Rechtsprechung ist im Fall des Scheiterns einer nichtehelichen Lebensgemeinschaft mit heranzuziehen, weshalb ein Ausgleichsanspruch bestehen kann, wenn Arbeitsleistungen erbracht worden sind, die weit über Gefälligkeiten und das hinaus gehen, was das tägliche Zusammenleben fordert. Erforderlich ist allerdings weiter, dass die Arbeitsleistungen zu einem messbaren und noch vorhandenen Vermögensvorteil des anderen geführt haben.

Ein korrigierender Eingriff wegen Wegfalls der Geschäftsgrundlage ist sowohl hinsichtlich der Ver-   156
mögenszuwendungen als auch im Hinblick auf Arbeitsleistungen nur dann und insoweit möglich, als dem Partner, der die Leistung erbracht hat, die **Aufrechterhaltung der durch die Leistung geschaffenen Vermögensverhältnisse nach Treue und Glauben nicht zuzumuten** ist. Insoweit kann auf den Maßstab zurückgegriffen werden, der für den Ausgleich von Zuwendungen unter Ehegatten gilt, die im Güterstand der Gütertrennung gelebt haben.[195] Danach kommt ein Ausgleich nur wegen solcher Leistungen in Betracht, denen nach den jeweiligen Verhältnissen erhebliche Bedeutung zukommt. Dabei sind die Gesamtumstände des Falles, der Zweck der Zuwendung und die Tatsache zu berücksichtigen, inwieweit dieser Zweck bereits erreicht worden ist.[196] Bei der Abwägung ist zu berücksichtigen, dass der leistende Partner es einmal für richtig gehalten hat, dem anderen die Leistung unentgeltlich zu erbringen.[197] Ob und inwieweit ein Anspruch besteht hängt deshalb insbesondere von Art und Umfang der erbrachten Leistungen sowie der Höhe der dadurch bedingten und noch vorhandenen Vermögensmehrung ab. Den Einkommens- und Vermögensverhältnissen kommt dagegen eine eher untergeordnete Bedeutung zu. Diese können zwar dazu geführt haben, dass der eine der Partner mehr als der andere zu den Kosten der Lebensführung beiträgt, doch ist eine damit verbundene Vermögensmehrung des anderen nicht zwangsläufig beizubehalten.[198]

Geht es um den Ausgleich von Arbeitsleistungen, muss obendrein beachtet werden, dass für diese   157
keine Bezahlung, sondern nur eine angemessene Beteiligung an dem gemeinsam Erarbeiteten verlangt werden kann.[199] Der Ausgleichsanspruch ist einerseits begrenzt durch den Betrag, um den das Vermögen des Zuwendungsempfängers im Zeitpunkt des Wegfalls der Geschäftsgrundlage

---

192 BGH FamRZ 2008, 247; FamRZ 2008, 1822.
193 BGH FamRZ 1994, 1167; FamRZ 1982, 910.
194 BGH FamRZ 2011, 1563; FamRZ 1982, 910.
195 BGH FamRZ 1997, 933; OLG Düsseldorf FamRZ 2009, 1219, 1220.
196 BGH FamRZ 2008, 1822.
197 BGH FamRZ 2011, 1563.
198 BGH FamRZ 2011, 1563.
199 BGH FamRZ 1982, 910.

noch vermehrt ist und andererseits durch die ersparten Kosten, die durch die Beauftragung einer Arbeitskraft entstanden wären.[200]

e) Beendigung der nichtehelichen Lebensgemeinschaft durch Tod

158 Besonderheiten gelten dann, wenn die nichteheliche Lebensgemeinschaft durch den Tod eines Partners endet. In diesem Fall ist danach zu differenzieren, ob der Zuwendende gestorben ist, ober der Zuwendungsempfänger.

158a Auch in diesen Fällen gilt, dass ein Ausgleich wegen solcher Leistungen, die der Aufrechterhaltung des Zusammenlebens, insbesondere dem laufenden Unterhalt gedient haben,[201] nicht in Betracht kommt. Dasselbe gilt für Dienstleistungen im Haushalt, Pflegedienste oder auch die Zahlung der laufenden Miete für die gemeinsame Wohnung sowie für Zahlungen, die ein Partner auf ein Darlehen geleistet hat, das der Finanzierung des gemeinsamen PKW oder für Ausbauarbeiten am Haus aufgenommen worden sind.[202] Die Leistungen müssen vielmehr auch hier weit über das hinausgehen, was im Rahmen des Zusammenlebens üblich ist.[203]

158b Haben die Partner mit dem Erwerb eines Vermögensgegenstandes sodann die Absicht verfolgt, einen gemeinschaftlichen Wert zu schaffen, der von ihnen für die Dauer der Partnerschaft nicht nur gemeinsam genutzt, sondern ihnen nach ihrer Vorstellung – wenn auch nur wirtschaftlich – gemeinsam gehören sollte, so kommt wie im Fall der Trennung der Partner ein Ausgleich nach -den **Regeln über die bürgerlich – rechtliche Gesellschaft** in Betracht, der sich gegen die Erben des Verstorbenen zu richten hat. Hat dieser seiner Partnerin in mehreren Teilakten das gesamte Eigentum an der einstmals ihm allein gehörenden Immobilie zugewandt und sich im Gegenzug zu seiner eigenen Absicherung ein eigenes lebenslanges Wohnrecht sowie einen Rückübertragungsanspruch für den Fall des Scheiterns der nichtehelichen Lebensgemeinschaft einräumen lassen, so spricht dies gegen die Absicht, sich einen gemeinsamen Vermögenswert zu schaffen.[204]

158c Bereicherungsrechtliche Ansprüche wegen Zweckverfehlung (§ 812 Abs. 1 S. 2 Alt. 2) oder wegen Wegfalls der Geschäftsgrundlage (§ 313) bestehen im Fall des Todes des zuwendenden Partners regelmäßig nicht. Denn auch dann, wenn festgestellt werden kann, dass eine Zweckabrede dahingehend getroffen worden ist, dass der Verstorbene sich die lebenslange Nutzung des Vermögensgegenstandes – etwa das lebenslange Wohnen in der geschenkten Immobilie – hat sichern wollen, oder wenn diese Sicherung Geschäftsgrundlage der Zuwendung war, kann im Fall der Beendigung der nichtehelichen Lebensgemeinschaft durch den Tod des Zuwendenden gerade positiv festgestellt werden, dass sich dieser Zweck bzw. diese Zweckabrede erfüllt hat. Denn der Zuwendende hat den Vermögenswert zeit seines Lebens – wie vereinbart bzw. vorgestellt – mit nutzen können.[205]

158d Ist es dagegen der Zuwendungsempfänger, wegen dessen Tod die nichteheliche Lebensgemeinschaft beendet wird, gilt etwas anderes. In diesem Fall muss der Zuwendende möglicherweise erleben, dass er von der weiteren Nutzung des Vermögenswertes ausgeschlossen ist, weil dieser an die Erben des Verstorbenen gegangen ist. Bestand aber die Zweckabrede, das Vermögen bis zum Ende des Lebens des Zuwendenden gemeinsam weiter zu nutzen, so ist der mit der Leistung verfolgte Zweck gerade nicht eingetreten. Lag der Zuwendung eine entsprechende Erwartung zu Grunde, so ist diese Grundlage durch den Tod des Zuwendungsempfängers nunmehr entfallen, weshalb in beiden Fällen Ansprüche gegen dessen Erben bestehen können.[206] Auch hier gilt aber, dass der

---

200 BGH FamRZ 2008, 1822.
201 OLG Naumburg FamRZ 2010, 474.
202 BGH FamRZ 2010, 277, 281.
203 BGH FamRZ 2009, 849.
204 BGH FamRZ 2010, 277; dazu Weinreich FPR 2010, 379.
205 BGH FamRZ 2010, 277; FamRZ 2010, 849;
206 BGH FamRZ 2010, 277, 280.

Zweck durch die jedenfalls zeitweise Nutzung teilweise erfüllt ist, was die Höhe des verbleibenden Anspruchs berührt.

e) Dienstvertrag

Wiederholt sind während des Bestehens der nichtehelichen Lebensgemeinschaft erbrachte Dienst- **159** leistungen auch nach den **Regeln des Dienstvertragsrechts** abgegolten worden. Dienstleistungen werden in einer nichtehelichen Lebensgemeinschaft in mannigfaltiger Form erbracht, etwa in Form der **Haushaltsführung, der Kindererziehung** und -betreuung, als **Pflegeleistung oder als Mitarbeit im Betrieb** des anderen. Haben die Partner ein Beschäftigungsverhältnis ausdrücklich vereinbart, so ergeben sich keine Besonderheiten. Insbesondere steht die nichteheliche Lebensgemeinschaft der Zulässigkeit einer derartigen Vereinbarung nicht entgegen.[207]

Schon dann, wenn ein Partner es in vertraglich verbindlicher Form übernimmt, den anderen in **160** Zukunft zu pflegen, verlassen die Parteien jedoch den rechtlich unverbindlichen Rahmen der nichtehelichen Lebensgemeinschaft. Leistungen, die in Erfüllung dieser Vereinbarung erbracht werden, stellen eine echte Gegenleistung dar, wenn ihnen eine Verpflichtung des zu Pflegenden gegenübersteht.[208]

Probleme ergeben sich insbesondere dann, wenn – wie wohl zumeist – ausdrückliche Vereinbarun- **161** gen fehlen. In der Regel ist in diesen Fällen anzunehmen, dass Dienstleistungen im Rahmen einer nichtehelichen Lebensgemeinschaft nicht zum Zwecke des Gelderwerbs, sondern wegen der einander zu erbringenden Solidarität altruistisch vorgenommen werden.

Tatsächliche – auch für einen kleinen Familienbetrieb – erbrachte **Arbeitsleistungen** sprechen **162** somit für sich genommen noch nicht dafür, dass sie auf der Grundlage eines (**stillschweigenden**) **Arbeitsvertrages** getätigt wurden, wobei vorrangig auch der Umstand gegen die Annahme eines Arbeitsvertrages spricht, dass der Lohn nicht sogleich, sondern erst nach Beendigung der Gemeinschaft eingefordert wird.[209]

Das Bestehen eines Anstellungsverhältnisses kann aber andererseits auch aus den **Umständen des** **163** **Falles** gefolgert werden. Hat ein Unternehmer für seine Partnerin nämlich jahrelang **Rentenversicherungsbeiträge** gezahlt und ein an sie gezahltes Gehalt als **Betriebsausgaben** steuerlich abgesetzt, so hat er ggf. zu beweisen, dass mit der Partnerin nur ein **Scheinarbeitsverhältnis** bestand, aus dem ein Lohnzahlungsanspruch nicht folgt.[210]

Insbesondere solche **Leistungen, die das tägliche Zusammenleben** ermöglichen, können nicht **164** ausgeglichen werden. Dazu zählen die Hausarbeit und die Betreuung der Kinder des anderen Partners, aber auch die Krankenpflege. Insoweit steht auch das Abrechnungsverbot der Annahme einer Ausgleichspflicht nach dienstvertraglichen Regeln entgegen, da anzunehmen ist, dass der durch die Dienstleistung Begünstigte einen anderen entsprechenden Beitrag für die Gemeinschaft geleistet haben wird.[211]

Etwas anderes gilt dann, wenn die Dienstleistung im Hinblick darauf erbracht worden ist, dass der **165** durch sie Begünstigte es übernommen hat, einen **Ausgleich durch eine materielle Zukunftssicherung** des Leistenden herzustellen. Diese materielle Zukunftssicherung kann etwa in dem **Versprechen einer späteren Heirat**, einer späteren **Beteiligung an einem Unternehmen** oder der **späteren Erbeinsetzung** gesehen werden. Erbringt ein Partner Dienstleistungen in der auf einer derartigen Zusage beruhenden Erwartung, so gilt eine Vergütung für den Fall des Fehlschlagens der Erwar-

---

207 Staudinger/Löhnig Anh. zu §§ 1297 ff. Rn. 123 m.w.N.
208 OLG Köln FamRZ 1997, 1113.
209 LAG Köln MDR 1999, 1331.
210 OLG Bremen FamRZ 1999, 227.
211 OLG Köln FamRZ 1997, 1113.

tung als vereinbart (**zweckverfehlte Dienstleistung**).[212] Gem. §§ 611, 612 BGB kann sodann die jeweils angemessene Vergütung gezahlt verlangt werden.

166   Die Zuwendung braucht dafür zwar nicht sicher versprochen zu sein, darf aber auch nicht nur auf einer einseitigen Erwartung beruhen. Letztlich wird die auf zumindest vagen Zusicherungen basierende Erwartung jedoch nur schwer festzustellen sein, weil derartige Vergütungserwartungen mit dem Wesen der unverbindlichen nichtehelichen Lebensgemeinschaft nur schwer zu vereinbaren sind.[213]

167   Die **Verjährungsfrist** für die Geltendmachung der Vergütung beträgt nur drei Jahre (§ 195 BGB), was die Durchsetzung eines Vergütungsanspruchs weiter erschwert. Hierzu wird allerdings die Meinung vertreten, dass die Forderung stillschweigend bis zum Zugang derjenigen Erklärung gestundet ist, mit der das Fehlschlagen der Erwartung erkennbar wird.[214]

f) Auftrag

168   Bei der Prüfung von Rückabwicklungsansprüchen nach Beendigung einer nichtehelichen Lebensgemeinschaft sind auch Ansprüche aus einem **Auftrags- oder Geschäftsbesorgungsverhältnis** beziehungsweise aus Geschäftsführung ohne Auftrag in Erwägung zu ziehen. Diese Ansprüche kommen generell nicht in Betracht, wenn die Leistungen im unmittelbaren Zusammenhang mit der Lebensgemeinschaft gestanden haben.[215] Standen sie dagegen mit ihr in keinem unmittelbaren Zusammenhang, so ist wiederholt Auftragsrecht auf Rückabwicklungsansprüche angewandt worden. Ein Beispiel hierfür ist der Fall, dass ein Partner dem anderen Geld für die Anschaffung eines in seinem Alleineigentum stehenden PKW oder sonstiger Vermögensgegenstände zur Verfügung gestellt und hierfür ein Darlehen aufgenommen hat. Im Verhältnis zwischen beiden Partnern ist das Darlehen in Erfüllung eines Auftrages bedient worden, was gem. § 670 BGB einen **Aufwendungsersatzanspruch**, keinen Anspruch auf Rückübertragung,[216] begründet. Da der Wagen während des Zusammenlebens jedoch gemeinsam genutzt wurde, war es auch im eigenen Interesse aufgenommen worden, weshalb der Anspruch nur wegen der nach der Trennung fällig werdenden Raten, nicht wegen der bereits vorher zu leistenden gegeben sein kann.[217] Stand der angeschaffte und von nur einem Partner finanzierte Gegenstand im Miteigentum beider Partner, so erfolgte die Darlehensaufnahme wiederum im eigenen Interesse, weshalb die Annahme eines Auftragsverhältnisses generell ausscheidet. In diesem Fall kann auch für die erst nach der Trennung fällig werdenden Raten kein Ausgleich verlangt werden. Eine Auseinandersetzung kann dann nur über die Auflösung des Miteigentums, also nach Gemeinschaftsrecht erfolgen.[218]

169   Ein Aufwendungsersatzanspruch nach Auftragsrecht kann weiter dann bestehen, wenn mit dem von einem Partner aufgenommenen **Darlehen** Schulden des anderen beglichen werden,[219] wobei jedoch im Einzelfall zu prüfen ist, ob die Zuwendung nicht einer Schenkung gleichkommt, was spätere Ersatzansprüche ausschließt.[220]

170   Aufwendungsersatzansprüche wurden schließlich noch im Falle der **Übernahme einer Bürgschaft** für den Partner bejaht. Zwischen dem Bürgen und dem Hauptschuldner besteht nämlich zumeist ein Rechtsverhältnis, auf Grund dessen das Bürgschaftsversprechen gegeben wird. Das Verspre-

---

212   BAG Betrieb 1965, 1562.
213   So auch: Haussleiter/Schulz § 8 Rn. 29.
214   BAG NJW 1978, 444.
215   BGH FamRZ 1983, 349; OLG Oldenburg NJW 1986, 1817, 1818.
216   OLG Oldenburg NdsRPfl 2010, 214.
217   OLG Saarbrücken FamRZ 1998, 738; OLG Celle NJW 1983, 1065; OLG Oldenburg FamRZ 1986, 465.
218   OLG Oldenburg FamRZ 1986, 465.
219   OLG Frankfurt NJW 1985, 810.
220   OLG Karlsruhe FamRZ 1986, 1095.

chen kann schenkungsgleich gegeben worden sein, doch wird es in der Regel ein Auftragsverhältnis zur Grundlage haben.[221] In diesem Fall eröffnet § 670 BGB im Falle der Inanspruchnahme des Bürgen nach Beendigung der nichtehelichen Lebensgemeinschaft wiederum einen **Rückgriffsanspruch** gegen den Hauptschuldner. Das gilt allerdings nur dann, wenn der Kredit ausschließlich im Interesse des Hauptschuldners aufgenommen wurde. Diente die Kreditaufnahme dagegen gemeinschaftlichen Zwecken, so kommt eine Inanspruchnahme aus dem Innenverhältnis nur teilweise in Betracht oder scheidet völlig aus.[222]

Der sich aus dem Innenverhältnis möglicherweise ergebende **Aufwendungsersatzanspruch** steht neben demjenigen aus der Hauptforderung, der gem. § 774 BGB im Falle der Zahlung durch den Bürgen auf diesen übergeht. Dass dem Bürgen somit zwei Anspruchsgrundlagen zur Seite stehen, kann für ihn durchaus von Bedeutung sein, da der Schuldner dem Aufwendungsersatzanspruch nach herrschender Meinung nicht die Einwendungen aus dem übergegangenen Rechtsverhältnis entgegenhalten kann.[223] Aus dem Innenverhältnis zwischen Bürgen und Hauptschuldner kann sich schließlich darüber hinaus auch ein Schadensersatzanspruch ergeben, wenn etwa der Hauptschuldner nicht alles unternommen hat, um den Bürgen vor einer Inanspruchnahme zu bewahren.

172

g) Schenkungswiderruf

aa) Schenkung

Ein **Schenkungswiderruf** über § 530 BGB kommt nur in Betracht, wenn die Zuwendung eine Schenkung i.S.d. § 516 BGB dargestellt hat. Das wird vielfach nicht der Fall sein. **Beiträge, die der gemeinsamen Lebensführung dienen**, also etwa die Zurverfügungstellung von Konsumgütern, stellen regelmäßig keine Schenkung dar. Eine Schenkung kann deshalb nur bei Zuwendungen angenommen werden, die dem Empfänger ausschließlich allein zugute gekommen sind und die über das zur Verwirklichung der nichtehelichen Lebensgemeinschaft Erforderliche hinausgingen. Aber auch bei Leistungen, durch die diese Voraussetzungen erfüllt werden, wird der Rechtsgrund häufig nicht in einer Schenkung, sondern einer Zweckvereinbarung – etwa im Sinne des Gesellschaftsrechts – zu sehen sein. Deshalb ist eine Schenkung auch dann nicht angenommen worden, wenn aus den Mitteln des verdienenden Partners der nichtehelichen Lebensgemeinschaft ein Hausgrundstück erworben worden ist, jedoch beide Partner als Miteigentümer eingetragen wurden. Ähnlich wie unter Eheleuten haben auch derartige Zuwendungen ihren Rechtsgrund zumeist nicht in einer Schenkung.

173

Generell kann festgestellt werden, dass im Zweifel nicht vom Vorhandensein des Schenkungswillens ausgegangen werden kann,[224] weshalb richtigerweise anzunehmen ist, dass derjenige, der sich auf Schenkung beruft, die Beweislast für das Vorliegen der Voraussetzungen einer Schenkung trägt.

174

Sind sich aber beide Partner über die **Unentgeltlichkeit der Zuwendung** einig und besteht Einigkeit auch darüber, dass die **Zuwendung endgültig und unabhängig vom Bestand der nichtehelichen Lebensgemeinschaft** sein soll, so liegt eine eigentliche Schenkung vor. Eine derartige Schenkung innerhalb einer auf Dauer angelegten und von inneren Bindungen getragenen Partnerschaft ist nach heute allgemeiner Auffassung – wenn nicht besondere Umstände hinzutreten – auch nicht sittenwidrig,[225] so dass dem Widerruf auch nicht etwa die Kenntnis von der vermeintlichen Sittenwidrigkeit entgegengehalten werden kann (§§ 531 Abs. 2, 817 S. 2 BGB).[226]

175

---

221 PWW/Brödermann § 774 Rn. 16.
222 OLG Celle NJW 1983, 1063.
223 PWW/Brödermann § 774 Rn. 18.
224 MüKo/Wellenhofer nach § 1302 Rn. 59.
225 BGH FamRZ 1980, 664, 665.
226 So noch BGH FamRZ 1970, 19, 23.

bb) Widerrufsvoraussetzungen in der nichtehelichen Lebensgemeinschaft

176   Liegen die Voraussetzungen einer Schenkung vor, so kommt gem. § 530 BGB ein Widerruf im Falle **groben Undanks durch eine schwere Verfehlung** gegenüber dem Schenker oder einem nahen Angehörigen in Betracht. Dabei begründet jedoch allein die **Auflösung der nichtehelichen Lebensgemeinschaft als solche** und die Zuwendung zu einem neuen Partner den Widerruf nicht.[227] Diese Möglichkeit haben sich die Partner der nichtehelichen Lebensgemeinschaft durch das Eingehen einer rechtlich unverbindlichen Beziehung gerade bewusst vorbehalten. Es müssen vielmehr weitere Umstände – echte Verfehlungen des Beschenkten – hinzutreten. Derartige Umstände können in **Bedrohungen oder körperlichen Misshandlungen**, aber auch in **grundlosen Strafanzeigen**, im **grundlosen Anschwärzen** gegenüber dem Arbeitgeber oder in **schwerwiegenden Beleidigungen** zu sehen sein. Sogar eine nicht grundlose Strafanzeige kann unter Umständen den Vorwurf groben Undanks begründen. Denn im Rahmen der aus § 242 BGB folgenden Leistungstreuepflicht und innerhalb des Schenkungsverhältnisses schuldet der Beschenkte dem Schenkenden Dankbarkeit. Diese Verpflichtung schränkt das jedem Staatsbürger grundsätzlich zustehende Anzeigerecht erheblich ein. Eine bloßstellende Mitteilung an den Arbeitgeber oder eine möglicherweise noch auf zweifelhafte Verdachtsmomente gestützte Strafanzeige lässt die geschuldete Dankbarkeit zumindest dann vermissen, wenn der Beschenkte damit nur allgemeine staatsbürgerliche Rechte wahrnimmt, die seine eigenen Belange nicht berühren.[228]

177   In der Rechtsprechung wurden die Voraussetzungen für einen Schenkungswiderruf auch in Fällen bejaht, in denen der Beschenkte noch wertvolle Geschenke entgegennahm, als er innerlich bereits fest entschlossen war, sich von seinem Partner zu trennen,[229] oder in denen der Beschenkte zum Zeitpunkt der Zuwendung heimlich bereits eine neue Beziehung begründet hatte, die er auch fortzusetzen gedachte.[230]

cc) Pflicht- und Anstandsschenkungen

178   Nicht widerrufen werden können gem. § 534 BGB sog. **Pflicht- und Anstandsschenkungen.** Hierbei handelt es sich um solche, durch die einer sittlichen Pflicht oder einer auf den Anstand zu nehmenden Rücksicht entsprochen wird. Zu den Anstandsschenkungen zählen die gebräuchlichen **Gelegenheitsgeschenke**, etwa zu **Weihnachten** oder zu **Geburtstagen** oder aus **sonstigen Anlässen**. Welche Schenkung einer sittlichen Pflicht entsprach, ist unter anderem vom Vermögen und der Lebensstellung der Beteiligten abhängig. Innerhalb einer nichtehelichen Lebensgemeinschaft wird dieser Vorschrift aber erheblich mehr Bedeutung zukommen als in einer Ehe. Gerade in einem von gegenseitigen Rechten und Pflichten freigehaltenen Verhältnis wird der Schenker nämlich eher einer sittlichen Pflicht entsprechen, wenn er dem Beschenkten durch seine Zuwendung eine eigene unabhängige finanzielle Grundlage verschafft. Dem Sicherungszweck kommt in der nichtehelichen Lebensgemeinschaft eine größere Bedeutung zu als in der Ehe, in der für den Fall ihres Scheiterns – etwa über den Zugewinn- oder Versorgungsausgleich – eine Absicherung gegeben ist.

179   Die Vorschriften über die **Verlobung**, nämlich die §§ 1298, 1301 BGB, finden auf die nichteheliche Lebensgemeinschaft auch keine analoge Anwendung. Denn Geschenke unter Verlobten werden typischerweise im Hinblick auf die spätere Eheschließung gemacht, während es an einer entsprechenden Erwartung bei solchen Zuwendungen fehlt, die im Hinblick auf das gegenwärtige Zusammenleben der Partner erbracht werden.[231] Das gilt auch für die sog. **Probeehe**, da auch in dieser nicht davon ausgegangen werden kann, dass die erwartete Ehe der Hauptbeweggrund für

---

227   OLG Karlsruhe FamRZ 1986, 1095.
228   BGH FamRZ 1991, 168, 170.
229   OLG Celle NJW 1983, 1065.
230   OLG Hamm NJW 1978, 224.
231   BGH FamRZ 2005, 1151.

die Zuwendung gewesen ist, was aber für einen Rückgewähranspruch nach Verlöbnisrecht erforderlich wäre.[232]

6. Vermögen

a) Miteigentum

Wie **gemeinsames Vermögen** der Partner einer nichtehelichen Lebensgemeinschaft aufzulösen ist, bestimmt sich danach, welcher Art das Vermögen ist. **180**

Besteht an dem jeweiligen Vermögensgegenstand **Miteigentum**, so ist dieses nach den **Vorschriften über die Gemeinschaft** (§§ 741 ff. BGB) aufzulösen. Gem § 749 BGB kann jeder Partner jederzeit die Aufhebung der Gemeinschaft verlangen. Diese erfolgt zunächst durch Teilung in Natur (§ 752 BGB). Scheidet die Teilung mangels Teilbarkeit des Vermögensgegenstandes aus, so erfolgt sie durch Verkauf und Teilung des Verkaufserlöses gem. § 753 BGB. Können die Partner sich über die Durchführung des Verkaufs nicht einigen, so erfolgt dieser nach den Regeln über den Pfandverkauf durch den Gerichtsvollzieher (§§ 753 Abs. 1, 1233, 383 Abs. 3 BGB). **181**

Handelt es sich bei dem Vermögen um **Immobilienvermögen**, so hat ggf. die **Teilungsversteigerung** gem. §§ 180 ff. ZVG zu erfolgen. **182**

b) Bankguthaben

Besteht das Vermögen dagegen aus **Bankguthaben**, so ist danach zu differenzieren, wer Inhaber der Bankkonten ist. **183**

War nur ein Partner der nichtehelichen Lebensgemeinschaft **Kontoinhaber** und hat er dem anderen **Vollmacht** zur Verfügung über sein Konto gegeben, so erlischt diese in dem Zeitpunkt, in dem die Trennung endgültig ist.[233] Da die Vollmacht jedoch ausdrücklich durch Erklärung der Bank gegenüber abgegeben worden ist, bleibt sie nach außen solange wirksam, bis dieser das Erlöschen der Vollmacht angezeigt wurde (§ 170 BGB). Daraus folgt zugleich, dass Abhebungen durch den Partner faktisch nach wie vor möglich sind. Da diese Kontoverfügungen aber intern nicht mehr durch eine Vollmacht gedeckt sind, stellen sie einen Missbrauch einer rechtsgeschäftlich eingeräumten Befugnis zur Vermögensverfügung dar (§ 266 Abs. 1 StGB), weshalb sie Schadensersatzansprüche nach § 823 Abs. 2 BGB auslösen können. **184**

Berechtigt an dem Kontoguthaben ist in jedem Fall – gleich, ob es sich um Spar- oder Girokonten handelt – der jeweilige **Kontoinhaber**. Das gilt unabhängig davon, aus wessen Vermögen die Einzahlungen stammen. Ist das Kontoguthaben auf Einzahlungen des Nichtinhabers zurückzuführen, handelt es sich gar um dessen Gehaltszahlungen, so wird angenommen, dass es sich bei diesen Einzahlungen um Beiträge für die nichteheliche Lebensgemeinschaft gehandelt hat, weshalb eine Rückzahlung auch dann nicht in Betracht kommt.[234] Das gilt selbst dann, wenn die Partner im Rahmen der Daseinsvorsorge Rücklagen gebildet haben. **185**

Nur in Ausnahmefällen kommen insoweit Ausgleichsansprüche in Betracht. Befindet sich auf dem Konto nämlich ein vom Bestand der nichtehelichen Lebensgemeinschaft unabhängiges größeres Vermögen, das der gemeinsamen Altersversorgung dienen sollte, so kann an gesellschaftsrechtliche Ausgleichsansprüche gedacht werden. Gegebenenfalls mag im Einzelfall auch anzunehmen sein, dass der Kontoinhaber das Vermögen des anderen treuhänderisch verwaltet hat, was Herausgabeansprüche nach § 670 BGB begründen könnte. **186**

---

232 OLG Oldenburg FamRZ 1996, 287.
233 BGH FamRZ 1988, 476, 478 für den Fall der Trennung von Eheleuten.
234 OLG Frankfurt FamRZ 1982, 265.

187   Sind beide Partner Inhaber des Kontos, haben sie also ein so genanntes »Oder-Konto« geführt, sind sie im Hinblick auf das Guthaben **Gesamtgläubiger** (§ 428 BGB). Das führt dazu, dass gem. § 430 BGB im Zweifel anzunehmen ist, dass beide je zur Hälfte berechtigt sind. Etwas anderes gilt nur dann, wenn eine andere Verteilung ausdrücklich vereinbart worden ist. Diese Vereinbarung kann aber nicht darin gesehen werden, dass beide Partner unterschiedliche Beiträge geleistet haben. Für die Annahme jeweils gleicher Berechtigung kommt es vielmehr weder auf die Herkunft der Mittel noch darauf an, aus welchen Gründen das Gemeinschaftskonto errichtet wurde.[235] Daraus folgt, dass jedenfalls bis zur Trennung beide Partner zu jeweils gleichen Teilen am Guthaben berechtigt sind. Wer jedoch mehr als die Hälfte des Guthabens für sich verwendet hat, schuldet solange, wie die Lebensgemeinschaft intakt ist, keinen Ausgleich, weil vor der Trennung erbrachte Leistungen solche für die Gemeinschaft sind und gegenseitige Beiträge nicht abgerechnet werden.

188   Zu dem **Stichtag der Beendigung** der nichtehelichen Lebensgemeinschaft ist das Guthaben zwischen den Partnern zu gleichen Anteilen aufzuteilen (§§ 430, 742 BGB).[236] Hat jetzt ein Partner bereits vollständig oder zu mehr als der Hälfte über das Guthaben verfügt, um es dem anderen zu entziehen, so hat er die Hälfte des am Stichtag ohne die Abhebung vorhandenen Vermögens zu erstatten, weil diese Verfügung nicht mehr der Lebensgemeinschaft zugute kommen sollte.

189   Dasselbe gilt für den Fall, dass die Gemeinschaft durch den Tod eines Partners endet. Denn die Einrichtung eines **Oder–Kontos** beinhaltet nicht zugleich die stillschweigende Vereinbarung, dass beim Tode eines Partners dem anderen das gesamte Restguthaben zusteht.[237]

7. Schulden

a) Gesamtschuldnerausgleich

190   Ebenso wie Eheleute werden auch Partner einer nichtehelichen Lebensgemeinschaft Kreditgebern – also insbesondere Banken – gegenüber häufig als **Gesamtschuldner** für solche Verbindlichkeiten haften, die während ihres Zusammenlebens begründet worden sind. Gemäß § 426 Abs. 1 S. 2 BGB haften beide Partner intern dann je zur Hälfte, solange nichts anderes zwischen ihnen vereinbart worden ist. Dabei kann diese abweichende Vereinbarung ausdrücklich oder konkludent getroffen worden sein, sich aber auch aus den Umständen des Einzelfalles oder der Natur der Sache ergeben.

191   Für die **Zeit des Zusammenlebens** folgt aus dem die nichteheliche Lebensgemeinschaft beherrschenden Grundsatz, dass persönliche und wirtschaftliche Leistungen nicht abgerechnet werden, dass auch gemeinschaftliche Schulden grundsätzlich im Interesse des Zusammenlebens begründet wurden und je nach Leistungsfähigkeit oder nach Vereinbarung von dem einen oder anderen Teil getilgt werden, ohne dass hierfür ein Ausgleich geschuldet wird.[238] Denn eine Ausgleichsflicht nach Kopfteilen, wie sie § 426 Abs. 1 als Regelfall vorsieht, wird den tatsächlichen Verhältnissen innerhalb der nichtehelichen Lebensgemeinschaft nicht gerecht.[239] Das bedeutet, dass auch nach der Trennung für zuvor geleistete Tilgungsbeiträge ein Ausgleich nicht beansprucht werden kann. Das gilt ohnehin für solche Leistungen, die nicht über das hinausgehen, was das tägliche Zusammenleben erst ermöglicht,[240] aber eben auch für darüber hinausgehende Beiträge. Insoweit gilt ähnliches wie zwischen Eheleuten, für die der **Gesamtschuldnerausgleich durch die eheliche**

---

235   BGH FamRZ 1990, 370, 371 für die gleiche Situation bei Eheleuten.
236   OLG Celle FamRZ 1982, 63.
237   OLG Celle FamRZ 1982, 63.
238   BGH FamRZ 1980, 664.
239   BGH FamRZ 2010, 277.
240   Einschränkend: Grziwotz FamRZ 2010, 282.

Lebensgemeinschaft überlagert ist, wobei der genannte Grundsatz allerdings dann keine Anwendung findet, wenn die Partner eine besondere Ausgleichsregelung getroffen haben.[241]

Da Zahlungen für die Gemeinschaft nach der Trennung nicht mehr erbracht werden können, 192 ändert sich dies mit der **Endgültigkeit der Trennung** sogleich. Nunmehr kann für die nach der Trennung fällig werdenden Raten gem. § 426 BGB eine anteilige Beteiligung verlangt werden. Dabei setzt die Ausgleichspflicht ohne besondere vorherige Geltendmachung ein.[242] Maßgeblich ist allerdings nicht der Zeitpunkt der Leistung, sondern der der Entstehung der Forderung. Ist die Gesamtschuld, wie etwa eine Mietschuld, bereits während des Bestehens der nichtehelichen Lebensgemeinschaft entstanden, wird sie aber erst nach der Trennung von einem der Partner allein erfüllt, so besteht ein Ausgleichsanspruch nicht. Denn dieser entsteht bereits mit der Begründung der Gesamtschuld und damit schon während der Dauer des Zusammenlebens.[243] Dem Umstand, dass allein die Zahlung später erfolgt, kommt keine besondere Bedeutung zu.

Zum **Haftungsanteil** bestimmt § 426 Abs. 1 S. 1 BGB zwar, dass die Haftung zu gleichen Teilen 193 der Regelfall ist, doch kann sich aus den Umständen des Einzelfalls auch eine davon abweichende interne Haftungsverteilung ergeben. So wird derjenige, der den mit dem Darlehen finanzierten Gegenstand nach der Trennung übernimmt, intern auch die Belastungen allein tragen müssen. Sind mit dem Kredit die Schulden eines Partners abgelöst worden, so wird es angemessen sein, diesen im Innenverhältnis auch allein haften zu lassen. Stellte die Schuldentilgung dagegen ein Geschenk des einen Partners zugunsten des anderen dar, so wird der die Schenkung vornehmende Partner die Verbindlichkeiten auch nach der Trennung allein tragen müssen.[244] Wurde mit dem Kredit jedoch der laufende Bedarf der nichtehelichen Lebensgemeinschaft gedeckt, so haften die Partner, die beide gleichmäßig hiervon profitiert haben, auch nach der Trennung je zur Hälfte, wobei wiederum anderes gelten kann, wenn ein Partner ohne eigenes Einkommen ist. Wegen erst zukünftig fällig werdender Forderungen besteht ggf. ein Freistellungsanspruch.[245]

b) Einzelschulden

Hat ein Partner Verbindlichkeiten allein in seinem Namen begründet, so können diese die **Mithaft** des anderen nicht auslösen. Etwas anderes gilt – wie dargestellt – allenfalls dann, wenn die Darlehensaufnahme erfolgte, um mit dem Geld Altverbindlichkeiten des anderen Partners abzulösen. Dann kann für die nach der Trennung fällig werdenden Darlehensraten ein **Aufwendungsersatzanspruch** aus Auftrag oder Geschäftsführung ohne Auftrag gem. § 670 BGB begründet sein (vgl. oben Rdn. 169). 194

c) Gegenseitige Darlehen

Häufig wird nach der Trennung der nichtehelichen Lebensgemeinschaft ein zuvor dem anderen 195 gewährtes Vermögen mit der Begründung zurückverlangt, bei der Zuwendung habe es sich um ein Darlehen gehandelt, wogegen der Begünstigte einwendet, die Zahlung sei schenkweise erfolgt. In all diesen Fällen muss derjenige, der Rückzahlung verlangt und damit die Darlehensvereinbarung behauptet, sowohl den Nachweis für diese Vereinbarung als auch den der Zahlung erbringen. Behauptet also der durch die Zuwendung Begünstigte etwa, das Geld sei ihm einseitig zur eigenen Vermögensbildung **geschenkt** worden oder habe eine **Gegenleistung** für sonstige für die nichteheliche Lebensgemeinschaft erbrachte Leistungen dargestellt, so hat derjenige, der die Rückzahlung

241 OLG Saarbrücken FamRZ 1998, 738.
242 OLG Celle OLGR 2000, 25.
243 BGH FamRZ 2010, 542.
244 OLG Karlsruhe FamRZ 1986, 1095.
245 OLG Koblenz FamRZ 1999, 789.

beansprucht, diesen Einwand zu widerlegen.[246] In einer funktionierenden Gemeinschaft wird es an einer ausdrücklichen Rückzahlungsabrede ohnehin oft fehlen.

196   Voraussetzung für die Fälligkeit des Rückzahlungsanspruchs ist gem. § 488 Abs. 3 die **Kündigung** des Darlehens, wobei diese allerdings in einer **Rückzahlungsklage** gesehen werden kann.

III. Erbrecht

197   Endet die nichteheliche Lebensgemeinschaft durch den Tod eines der Partner so bestehen gesetzliche Erbansprüche des überlebenden nicht. Insbesondere scheidet eine analoge Anwendung der Vorschriften der §§ 1931, 1932, 1371 BGB aus, so dass der gesamte Nachlass des Verstorbenen auch dann dessen gesetzlichen Erben anfällt, wenn darin wesentliche wirtschaftliche Werte des überlebenden Partners enthalten sind.[247] Damit kann ein Erbanspruch des überlebenden Partners nur aufgrund einer **Verfügung von Todes wegen** bestehen. Zu bedenken ist aber, dass der überlebende Partner wegen der mit dem Tod des anderen verbundenen Beendigung der nichtehelichen Lebensgemeinschaft gegen dessen Erben unter Umständen **schuldrechtliche Ausgleichsansprüche** haben kann. Soweit diese ihn ihrerseits auf Leistung von Ausgleichszahlungen in Anspruch nehmen, wird dem häufig der durch Auslegung zu ermittelnde Wille der Partner entgegen stehen.

198   **Testamente**, durch die die Partner der nichtehelichen Lebensgemeinschaft bedacht werden, verstoßen nach heute allgemeiner Meinung regelmäßig nicht gegen die guten Sitten (§ 138 BGB). Insoweit hat sich seit den 70-er Jahren ein erheblicher **Beurteilungswandel** vollzogen. Während die frühere Rechtsprechung[248] noch davon ausging, dass Zuwendungen im Rahmen eines Geliebtentestamentes im Zweifel eine Belohnung für geschlechtliche Hingabe darstellen, was gem. § 138 Abs. 1 BGB ihre Nichtigkeit wegen Verstoßes gegen die guten Sitten zur Folge hatte, hat die neuere Rechtsprechung diese Vermutung aufgegeben. Nach wie vor gilt zwar, dass eine Zuwendung, die ausschließlich den Zweck verfolgt, geschlechtliche Hingabe zu belohnen oder zu fördern, zur Nichtigkeit der Verfügung führt,[249] doch hat derjenige, der sich auf die Sittenwidrigkeit des Testamentes beruft, diese Zweckbestimmung zu beweisen.[250] Da ein derartiger Beweis regelmäßig nicht zu führen sein wird, scheitern testamentarische Zuwendungen an den Partner der nichtehelichen Lebensgemeinschaft im Allgemeinen nicht mehr an § 138 BGB. Angesichts der in § 1 ProstG zum Ausdruck gekommenen gesetzlichen Wertung – die Vorschrift regelt, dass eine rechtswirksame Forderung begründet wird, wenn sexuelle Handlungen gegen ein vorher vereinbartes Entgelt vorgenommen werden – kann man ohnehin Zweifel daran haben, ob diese Rechtsprechung noch aufrecht erhalten werden kann.[251] Im Falle langjährigen Zusammenlebens ist sogar schon eine moralische Verpflichtung zur Unterhalts- und Alterssicherung angenommen worden.[252]

199   Als zweiter die Unwirksamkeit des »Geliebtentestamentes« begründender Gesichtspunkt kann unter Umständen die mit der Erbeinsetzung verbundene Benachteiligung von Familienangehörigen gesehen werden. Das Erbrecht wird aber von dem Grundsatz der Testierfreiheit beherrscht, der seinerseits unter dem Schutz der Erbrechtsgarantie des Grundgesetzes steht. Deshalb wird der Wille des Erblassers grundsätzlich auch nicht durch moralische Pflichten gegenüber ihm nahe stehende Personen, noch durch das der gesetzlichen Erbfolge zu Grunde liegende sittliche Prinzip begrenzt. Nur in besonders schwerwiegenden Ausnahmefällen, wenn die durch das Testament zum Ausdruck gekommene Gesinnung des Testators eine besonders familienfeindliche ist, kann im Einzelfall die Sittenwidrigkeit und damit Nichtigkeit der letztwilligen Verfügung zu Gunsten

---

246   BGH FamRZ 1987, 676, 678.
247   OLG Saarbrücken NJW 1979, 2050; OLG Frankfurt FamRZ 1981, 253.
248   Vgl. BGH NJW 1964, 764.
249   BGHZ 53, 375; 77, 59; 112, 262.
250   BGHZ 53, 379.
251   Vgl dazu OLG Düsseldorf FGPrax 2009, 25.
252   BGH FamRZ 1983, 53, 55.

des nicht nichtehelichen Partners angenommen werden.[253] Eine möglicherweise vorhandene Ehefrau sowie Kinder dürfen nicht zu sehr benachteiligt werden. Um diese Feststellung treffen zu können, bedarf es einer genauen Abwägung der Umstände des Einzelfalls, wobei die Dauer der Lebensgemeinschaft und der Ehe, die Verhältnisse während der Ehe und die Versorgung eventuell vorhandener Kinder gegeneinander abzuwägen sind.[254] Auch die mit dem Testament verbundene **Benachteiligung von Familienangehörigen** führt nicht als solche zur Annahme der Sittenwidrigkeit. Hinzukommen muss vielmehr noch die durch das Testament zum Ausdruck gekommene familienfeindliche Gesinnung des Testators.[255] Eine möglicherweise vorhandene Ehefrau sowie Kinder dürfen nicht zu sehr benachteiligt werden. Um diese Feststellung treffen zu können, bedarf es einer genauen Abwägung der Umstände des Einzelfalles, wobei die Dauer der Lebensgemeinschaft und der Ehe, die Verhältnisse während der Ehe und die Versorgung eventuell vorhandener Kinder gegeneinander abzuwägen sind.[256]

Verschlossen ist den Partnern die Möglichkeit der **Errichtung eines gemeinschaftlichen Testamentes**, da dieses nach dem ausdrücklichen Wortlaut des Gesetzes nur von Eheleuten errichtet werden kann.[257] Ein gleichwohl errichtetes Testament kann aber ggf. in ein einseitiges Testament **umgedeutet** werden,[258] sofern nur die Formerfordernisse erfüllt sind und festgestellt werden kann, dass der Wille des Erblassers dahin ging, den anderen ggf. auch ohne wechselseitige Begünstigung zum Erben einzusetzen. Diese Voraussetzung ist zum Beispiel dann erfüllt, wenn eine von beiden Partnern geplante wechselseitige Erbeinsetzung nicht zustande kommt, weil der überlebende Partner die Regelung nicht unterschrieben hat. Kann jetzt festgestellt werden, dass der Erblasser die Erbeinsetzung auch ohne entsprechende Verfügung des anderen vorgenommen hätte, so ist die von ihm eigenhändig geschriebene und unterschriebene Erklärung eines »gemeinschaftlichen Testamentes« als einseitiges wirksam.[259] Wollten die gemeinsam testierenden Partner der nichtehelichen Lebensgemeinschaft dagegen die Erbfolge im Verhältnis zueinander unter beiderseitigem Ausschluss der gesetzlichen Erbfolge regeln, so ist vom Verhältnis der Wechselbezüglichkeit der Erbeinsetzungen auszugehen, das eine Umdeutung in wirksame Einzeltestamente ausschließt.[260] **200**

Streitig ist, ob die **Beendigung der nichtehelichen Lebensgemeinschaft** die Wirksamkeit der letztwilligen Verfügung berührt. Während § 2077 **Abs. 1 BGB**, demzufolge die Verfügung unwirksam ist, wenn die Ehe vor dem Tod des Erblassers beendet worden ist, keine Anwendung findet, weil die nichteheliche Lebensgemeinschaft nicht der Ehe gleichzustellen ist, wird die Auffassung vertreten, dass § 2077 **Abs. 2 BGB**, demzufolge die gleiche Wirkung für den Fall der Beendigung des Verlöbnisses vor Eintritt des Erbfalls vorgesehen ist, analog anzuwenden sei.[261] Die herrschende Meinung lehnt auch diese Analogie indessen ab.[262] Daraus folgt, dass nicht der testamentarisch bedachte Lebensgefährte nach Eintritt des Erbfalles beweisen muss, dass der Erblasser die Verfügung auch für den Fall der Beendigung der Gemeinschaft getroffen haben würde (§ 2077 Abs. 3 BGB), sondern die gesetzlichen Erben den Nachweis zu führen haben, dass der Wille des Erblassers bei Errichtung des Testamentes dahin ging, den Partner nur für den Fall zu bedenken, dass die nichteheliche Gemeinschaft bis zum Tode fortbesteht. Um Probleme bei der Regelung des **201**

---

253 BayObLG FamRZ 2002, 915; OLG Frankfurt FamRZ 1979, 347; PWW/Ahrens § 138 Rn 103.
254 BGH NJW 1970, 1273, OLG Düsseldorf FGPrax 2009, 25.
255 OLG Frankfurt FamRZ 1979, 347; MüKo/Wellenhofer nach § 1302, Rn. 49.
256 BGH NJW 1970, 1273, 1275.
257 Zur Verfassungskonformität dieser Regelung: BVerfG NJW 1989, 1986.
258 OLG Braunschweig NJW-RR 2005, 1027; LG Berlin FamRZ 2004, 405.
259 BGH NJW-RR 1987, 1410.
260 OLG Hamm FamRZ 1997, 55.
261 MüKo/Wellenhofer nach § 1302 Rn. 5; Meier/Scherling, DRiZ 1979, 296, 299.
262 OLG Celle FamRZ 2004, 80; BayObLG FamRZ 1983, 1226; MüKo/Leipold § 2077, Rn. 11; Palandt/Edenhofer § 2077 Rn. 2; Staudinger/Löhnig Anh. zu §§ 1297 ff. Rn. 160.

Nachlasses zu vermeiden, sollten im Falle der Errichtung von Testamenten vorsorglich Unwirksamkeitsklauseln mit aufgenommen werden.

202 Hat der verstorbene Partner der nichtehelichen Lebensgemeinschaft den anderen während des Zusammenlebens mit Zuwendungen bedacht, derentwegen eine Rückabwicklung nicht in Betracht kommt, wird zu prüfen sein, ob Pflichtteilsergänzungsansprüche der gesetzlichen Erben bestehen. § 2325 Abs. 1 gibt nämlich dem Erben einen derartigen Anspruch, wenn der Erblasser zu Lebzeiten Dritten Schenkungen hat zukommen lassen. Der Erbe kann dann als Ergänzung seines Pflichtteils den Betrag verlangen, um den sich sein Pflichtteil erhöht, wenn das verschenkte Vermögen hinzu gerechnet würde. Dabei ist es unter Eheleuten unerheblich, ob die Vermögenszuwendung eine echte Schenkung im Sinne § 516 war, oder ob es sich um eine ehebedingte Zuwendung gehandelt hat. Denn ehebedingte Zuwendungen sind in erbrechtlicher Sicht den Schenkungen gleichgestellt.[263] Dann besteht aber kein Anlass, sie unter Partnern der nichtehelichen Lebensgemeinschaft anders zu behandeln.[264]

---

263 BGH NJW 1992, 564.
264 Von Proff NJW 2010, 980, 982.

Lebenspartnerschaftsgesetz – LPartG

Gesetz über die Eingetragene Lebenspartnerschaft (Lebenspartnerschaftsgesetz – LPartG)

Vom 16. Februar 2001 (BGBl. I S. 266)[1]
Zuletzt geändert durch Artikel 7 des Gesetzes vom 6. Juli 2009 (BGBl. I S. 1696)

Einleitung

Das Gesetz zur Beendigung der Diskriminierung gleichgeschlechtlicher Gemeinschaften oder [1] Lebenspartnerschaftsgesetz vom 16.02.2001 (BGBl I S. 266) ist am 01.08.2001 in Kraft getreten. Mit seinen Entscheidungen vom 17.07.2002 hat das Bundesverfassungsgericht die Normenkontrollanträge der Länder Bayern, Sachsen und Thüringen verworfen.[1] Zur Begründung hat es ausgeführt, dass dem Institut der Ehe durch die Einrichtung eines ihm nahe kommenden Instituts keine Nachteile drohten. Das Gleichheitsgebot werde nicht dadurch verletzt, dass nichtehelichen Lebensgemeinschaften der Zugang zur Rechtsform der eingetragenen Lebenspartnerschaft verwehrt werde.

Während das Bundesverfassungsgericht zunächst eine Gleichstellung der eingetragenen Lebens- [2] partnerschaft mit der Ehe für zulässig erklärt, andererseits aber deren Schlechterstellung in Teilbereichen für gleichfalls verfassungskonform angesehen hat,[2] hat es in späteren Entscheidungen eine Schlechterstellung gegenüber der Ehe nur noch dann für verfassungskonform angesehen, wenn hinreichend gewichtige Gründe diese zu rechtfertigen vermögen.[3] Insofern ist – nicht zuletzt auch auf Grund von Vorgaben des EuGHMR, der eine Diskriminierung aus sexuellen Gründen wiederholt für unzulässig erklärt hat[4] – mittlerweile eine weitgehende Gleichstellung von Ehe und eingetragener Lebenspartnerschaft erfolgt.

Durch das am 01.01.2005 in Kraft getretene Gesetz zur Überarbeitung des Lebenspartnerschafts- [3] gesetzes vom 29.10.2004 ist die Lebenspartnerschaft weiter an das Institut der Ehe herangeführt worden.[5] Durch diese Neuregelung sind überdies zahlreiche Ungereimtheiten des LPartG entfallen, während Verfechter der Gleichstellung der Lebenspartnerschaft mit der Ehe ihr Ziel noch nicht als erreicht ansehen. Unterschiede zur Ehe bestehen im Wesentlichen im Bereich der Adoption von Kindern, im Steuerrecht und hinsichtlich der Versorgung.

Das LPartG begründet das eigenständige und außerhalb des BGB angesiedelte **Rechtsinstitut der** [4] **eingetragenen Lebenspartnerschaft** gleichgeschlechtlicher Partner. Es regelt deren rechtliche Beziehungen zueinander für die Dauer des Bestehens ihrer Partnerschaft über unterhaltsrechtliche, namensrechtliche und vermögensrechtliche Fragen bis hin zur Regelung sorgerechtlicher Befugnisse. Dem überlebenden Lebenspartner wird ein gesetzliches Erbrecht eingeräumt und es werden Regelungen für die Trennung der Partner sowie die Aufhebung der Gemeinschaft geschaffen. Das Verfahren bestimmt sich nach den §§ 269 ff. FamFG, über die im Wesentlichen dieselben Vor-

---

1 Artikel 1 des Gesetzes zur Beendigung der Diskriminierung gleichgeschlechtlicher Gemeinschaften: Lebenspartnerschaften vom 16. Februar 2001 (BGBl. I S. 266).
1 BVerfG FamRZ 2002, 1169.
2 BVerfG FamRZ 2002, 1169.
3 BVerfG FamRZ 2010, 1525.
4 Vgl etwa: EuGHMR FamRZ 2011, 2049; FamRZ 2008, 845; FamRZ 2007, 1529; FamRZ 2003, 149.
5 Zu den Änderungen im Einzelnen Finger FuR 2005, 5.

schriften zur Anwendung kommen, die auch die gleich gelagerten Verfahren zwischen Eheleuten regeln. Gemäß §§ 23a Abs. 1 Nr. 1 GVG, 111 Nr. 11 FamFG ist die Zuständigkeit der Familiengerichte gegeben.

5 Im materiellen Recht sind aus dem Kernbereich der Ehe beispielsweise die **Verpflichtung zur partnerschaftlichen Lebensgemeinschaft** (§ 2 LPartG), die Schaffung der Möglichkeit, einen **gemeinsamen Lebenspartnerschaftsnamen** zu tragen (§ 3 LPartG), die **Unterhaltsverpflichtung** (§§ 5, 12, 16 LPartG), die Regelungen zum **Zugewinnausgleich** (§ 6 Abs. 2 LPartG), das **gesetzliche Erbrecht** des überlebenden Partners (§ 10 LPartG) sowie die Regelung, dass auch die Lebenspartnerschaft nur durch **gerichtliches Urteil** aufgehoben werden kann (§ 15 LPartG) übernommen worden.

6 Wie die Ehe ist auch die Lebenspartnerschaft grundsätzlich eine auf **Lebenszeit** geschlossene Partnerschaft, anders als in der Ehe jedoch zwischen zwei Menschen gleichen Geschlechts. Sie liegt nur dann vor, wenn die Personen vor der zuständigen Behörde gegenseitig, persönlich und bei gleichzeitiger Anwesenheit erklären, eine soclhe Partnerschaft führen zu wollen. Wie Eheleute sind auch die Partner einander zur Fürsorge und Unterstützung verpflichtet. Aufgelöst werden kann die Lebenspartnerschaft wie die Ehe nur durch gerichtliche Entscheidung (§ 15 LPartG).

7 Steuerrechtlich ist eine vollständige Gleichstellung bislang nicht erfolgt, wenngleich gesetzliche Änderungen zu einer deutlichen Annäherung geführt haben. So ist mit dem Jahressteuergesetz 2010[6] eine Gleichstellung hinsichtlich der Möglichkeiten der Steuerklassenwahl erfolgt. Diese Gleichstellung gilt wegen der Entscheidung des Bundesverfassungsgerichts vom 21.07.2010[7] rückwirkend zum 01.08.2001. Im selben Gesetz ist auch die Angleichung der Regeln über die Steuerbefreiung von Ehegatten im Rahmen der Grunderwerbsteuer (§ 3 Nr. 4 bis 7 GrEStG) vorgenommen worden. Schließlich hat die Reform des Erbschafts- und Schenkungssteuerrechts zum 01.01.2009[8] zu einer Gleichstellung von Ehegatten und Lebenspartnern hinsichtlich des Erbschaftssteuerfreibetrages von 500.000 € und der Gewährung des besonderen Versorgungsfreibetrages geführt. Noch nicht geändert sind die §§ 26 Abs. 1 Satz 1, 26b EStG, weshalb die Lebenspartner noch keinen Anspruch auf steuerliche Zusammenveranlagung haben.[9]

8 Gleichgestellt sind die Lebenspartner den Ehegatten in der Hinterbliebenenversorgung, in der Mitversicherung im Rahmen der Krankenversicherung, im Bereich der Altersversorgung, der Beihilfe und soweit es den Sozialzuschlag für Kinder, den Ortszuschlag, den Familienzuschlag und die Zusatzversorgung betrifft.[10]

Abschnitt 1   Begründung der Lebenspartnerschaft

§ 1   Form und Voraussetzungen

(1) ¹Zwei Personen gleichen Geschlechts, die gegenüber dem Standesbeamten persönlich und bei gleichzeitiger Anwesenheit erklären, miteinander eine Partnerschaft auf Lebenszeit führen zu wollen (Lebenspartnerinnen oder Lebenspartner), begründen eine Lebenspartnerschaft. Die Erklärungen können nicht unter einer Bedingung oder Zeitbestimmung abgegeben werden.

(2) ¹Der Standesbeamte soll die Lebenspartner einzeln befragen, ob sie eine Lebenspartnerschaft begründen wollen. ²Wenn die Lebenspartner diese Frage bejahen, soll der Standesbeamte erklären, dass die Lebenspartnerschaft nunmehr begründet ist. ³Die Begründung der Lebenspartnerschaft kann in Gegenwart von bis zu zwei Zeugen erfolgen.

---

6 BGBl I S. 1768.
7 BVerfG FamRZ 2010, 1525.
8 BGBl I 2008, S. 3018.
9 FG Niedersachsen FamRZ 2005, 1252 (LS).
10 Vgl im Einzelnen. Grziwotz FamRZ 2012, 261, 265.

(3) [1]Eine Lebenspartnerschaft kann nicht wirksam begründet werden

1. mit einer Person, die minderjährig oder verheiratet ist oder bereits mit einer anderen Person eine Lebenspartnerschaft führt;
2. zwischen Personen, die in gerader Linie miteinander verwandt sind;
3. zwischen vollbürtigen und halbbürtigen Geschwistern;
4. wenn die Lebenspartner bei der Begründung der Lebenspartnerschaft darüber einig sind, keine Verpflichtungen gemäß § 2 begründen zu wollen.

(4) [1]Aus dem Versprechen, eine Lebenspartnerschaft zu begründen, kann nicht auf Begründung der Lebenspartnerschaft geklagt werden. [2]§ 1297 Abs. 2 und die §§ 1298 bis 1302 des Bürgerlichen Gesetzbuchs gelten entsprechend.

A. Allgemeines

Nach § 1 können Personen gleichen Geschlechts eine Lebenspartnerschaft begründen, wenn sie gegenseitig persönlich und bei gleichzeitiger Anwesenheit erklären, miteinander eine **Partnerschaft auf Lebenszeit** führen zu wollen. Dabei begründet Abs. 1 die Legaldefinition des Begriffs der Lebenspartnerschaft, die im Rechtssinne erst mit ihrer **Registrierung** entsteht. Die Form der Begründung ist der der Eheschließung angeglichen (§ 1310 BGB). Nach § 1 Abs. 4 LPartG besteht auch für Lebenspartner die Möglichkeit einer Verlobung. Gleichgeschlechtlichkeit bestimmt sich nicht allein nach den äußeren Geschlechtsmerkmalen, sondern auch nach der psychischen Konstitution und der selbst empfundenen Geschlechtlichkeit.[1]   1

B. Entstehen der Lebenspartnerschaft

I. Begründung durch Eintragung

Die Lebenspartnerschaft wird durch die übereinstimmende Erklärung beider gleichgeschlechtlicher Partnerinnen oder Partner dahingehend begründet, eine Lebenspartnerschaft auf Lebenszeit eingehen zu wollen.   2

Die Erklärung ist **bedingungs- und befristungsfeindlich** und **gegenseitig** und **persönlich** vor der **zuständigen Behörde** abzugeben. Dies ist seit dem 01.01.2009 – vorbehaltlich der Länderöffnungsklausel des § 23 – das Standesamt (§§ 17, 11 PStG).   3

Anders als bei der Eheschließung beschränkt sich die Rolle der zuständigen Behörde nach § 1 Abs. 1 LPartG auf die eines Zeugen. Streitig ist, ob der Standesbeamte in Missbrauchsfällen das Recht hat, seine Mitwirkung an der Begründung der Lebenspartnerschaft zu verweigern, wenn etwa offenkundig ist, dass die Partner Verpflichtungen nach § 2 nicht begründen wollen, weil die Registrierung allein deshalb geschieht, um eine Aufenthaltserlaubnis in Deutschland zu erlangen. Zwar enthält § 1 Abs. 2 Nr. 4 eine dem § 1314 Abs. 5 BGB vergleichbare Regelung, doch regelt das Gesetz die Möglichkeit der Verweigerung der Mitwirkung nicht ausdrücklich. Hieraus wird abgeleitet, dass es diese Möglichkeit der Behörde nicht gibt.[2] Die mittlerweile wohl herrschende Meinung sieht aber keinen Grund, die Lebenspartner anders zu behandeln als Eheleute, woraus abgeleitet wird, dass die Behörde auch hier berechtigt ist, ihre Mitwirkung an der Registrierung zu verweigern.[3]   4

Durch die Änderung des Gesetzes zum 01.01.2005 ist das frühere Erfordernis entfallen, dass die Lebenspartner als weitere Voraussetzung für die wirksame Begründung der Lebenspartnerschaft   5

---

1 BVerfG FamRZ 2011, 452 zu Transsexuellen.
2 Finger MDR 2001, 199, 200.
3 Palandt/Brudermüller § 1 LPartG Rn. 5, AnwKomm/Rind, § 1 LPartG Rn. 44.

eine Erklärung über ihren Vermögensstand abgeben müssen. Die Übertragung des ehelichen Güterrechts auf die Lebenspartnerschaft ließ diese Begründungsvoraussetzung entbehrlich werden.

II. Begründungshindernisse (Abs. 2)

6 Zwischen bestimmten Personen können eingetragene Lebenspartnerschaften – ähnlich wie auch Ehen – nicht wirksam begründet werden. Ein Verstoß gegen die **Begründungshindernisse** führt zur **Unwirksamkeit** der Partnerschaft ex tunc. Anders als nach § 1310 Abs. 3 BGB bei der Eheschließung erfolgt dann, wenn trotz des Hindernisses eine Eintragung erfolgt, auch keine Heilung des Mangels durch die Registrierung.[4]

7 1. Die Begründung einer Lebenspartnerschaft ist ausgeschlossen im Falle der Beteiligung **minderjähriger Personen**. Dasselbe gilt für Personen, die **verheiratet** sind oder solche, die mit einer dritten Person eine **Lebenspartnerschaft** führen (Abs. 2 Nr. 1).

8 2. Eine Lebenspartnerschaft kann nicht eingetragen werden zwischen Personen, die in **gerader Linie miteinander verwandt** sind (Abs. 2 Nr. 2). Diese Regelung entspricht weitgehend der des Ehehindernisses des § 1307 S. 1 BGB.

9 3. Dasselbe gilt für **vollbürtige** und **halbbürtige Geschwister** (Abs. 2 Nr. 3).

10 4. Schließlich kann eine Lebenspartnerschaft dann nicht wirksam begründet werden, wenn die Partner sich bei der Begründung darüber einig sind, **keine Verpflichtungen gem. § 2** begründen zu wollen (Abs. 2 Nr. 4). Diese Regelung, die die Fälle der so genannten **Scheinpartnerschaft** erfasst, entspricht dem Eheaufhebungsgrund des § 1314 Abs. 2 Nr. 5 BGB.

11 Nach § 1306 BGB begründet auch die bestehende Lebenspartnerschaft ein Ehehindernis.

C. Verlöbnis (Abs. 3)

12 Nach Abs. 3 kann aus dem Versprechen, eine Lebenspartnerschaft zu begründen, nicht auf Begründung der Lebenspartnerschaft geklagt werden. Indem Abs. 3 S. 2 auf §§ 1297 Abs. 2 und 1298 bis 1302 BGB verweist, findet das **Recht des Verlöbnisses** auf die Lebenspartnerschaft uneingeschränkte Anwendung, so dass auf die Kommentierung zu §§ 1297 ff. BGB verwiesen werden kann. Das gilt auch für die Regelungen über die Rückgewähr von Geschenken aus Anlass des Verlöbnisses (§ 1301 BGB) und der Ersatzpflicht bei Rücktritt (§ 1298).

Abschnitt 2   Wirkungen der Lebenspartnerschaft

§ 2   Partnerschaftliche Lebensgemeinschaft

[1]**Die Lebenspartner sind einander zu Fürsorge und Unterstützung sowie zur gemeinsamen Lebensgestaltung verpflichtet. Sie tragen füreinander Verantwortung.**

A. Wesensmerkmale der Lebenspartnerschaft

1 Die §§ 2 bis 11 LPartG begründen die Ausgestaltung des Rechtsverhältnisses der Partner zueinander, soweit sie nicht in anderen Normen, etwa dem BGB erfolgt.

---

4 BT-Drucks. 14/3751 S. 36.

§ 2 verpflichtet die Partner der eingetragenen Lebenspartnerschaft zu **Fürsorge** und **Unterstützung** **2** sowie zur **gemeinsamen Lebensgestaltung**. Dabei wird die Lebenspartnerschaft wie die Ehe (§ 1353 BGB) als »**Einstehens- und Verantwortungsgemeinschaft**« gesehen.[1] Anders als die Ehe verpflichtet sie aber weder zur **häuslichen Gemeinschaft**[2] noch zur **Geschlechtsgemeinschaft**. Die Lebensgestaltung als solche bleibt den Partnern überlassen, wobei auch die Lebenspartnerschaft wie die Ehe jedoch auf **Lebenszeit** angelegt ist.[3]

Gleichwohl scheint der Gesetzgeber davon ausgegangen zu sein, dass auch die Lebenspartner **3** regelmäßig in häuslicher Gemeinschaft leben und einen gemeinsamen Haushalt führen, was daraus abgeleitet werden kann, dass in § 12 LPartG ein spezieller Unterhaltstatbestand für den Fall des Getrenntlebens und in § 13 LPartG zur Verteilung der Haushaltsgegenstände bei Getrenntleben enthalten sind.

B. Die Lebensgestaltungsgemeinschaft

Die **Pflicht zur Fürsorge und Unterstützung** entspricht etwa der Beistandspflicht im Rahmen der **4** ehelichen Lebensgemeinschaft oder des Eltern – Kind – Verhältnisses.[4] Deshalb dürfte die Begründung einer eingetragenen Lebenspartnerschaft auch eine wechselseitige **Garantenstellung** im Sinne des StGB begründen. Wie Eheleute sind auch Lebenspartner einander zu **gegenseitiger Rücksichtnahme** verpflichtet.[5]

Gem § 270 Abs. 1 FamFG sind in Lebenspartnerschaftssachen die für Verfahren auf Scheidung, **5** Feststellung des Bestehens oder Nichtbestehens einer Ehe oder auf Herstellung des ehelichen Lebens geltenden Vorschriften entsprechend anwendbar. Diese Regelung ist nicht mehr als eine Verweisung auf die Verfahrensvorschriften, nicht dagegen die Eröffnung einer **Klage auf Herstellung des partnerschaftlichen Lebens**.[6]

Ebenso wie in der Ehe ist auch in der Lebenspartnerschaft im Verhältnis zwischen den Partnern **6** das **Deliktsrecht** uneingeschränkt anwendbar. Gem § 4 LPartG ist die Haftung bei der Erfüllung der sich aus dem lebenspartnerschaftlichen Verhältnis ergebenden Pflichten jedoch – wie gemäß § 1359 BGB in der Ehe – auf **Vorsatz und grobe Fahrlässigkeit** beschränkt.

Wie bei der Ehe der räumlich gegenständliche Bereich der Ehe als geschütztes Rechtsgut i.S.d. **7** § 823 Abs. 1 BGB anerkannt ist, ist zu erwarten, dass die Rechtsprechung auch ein deliktisch geschütztes **Recht auf Schutz des räumlich gegenständlichen Bereichs der Lebenspartnerschaft** anerkennen wird.

§ 3 Lebenspartnerschaftsname

(1) [1] Die Lebenspartner können einen gemeinsamen Namen (Lebenspartnerschaftsnamen) bestimmen. [2]Zu ihrem Lebenspartnerschaftsnamen können die Lebenspartner durch Erklärung gegenüber dem Standesamt den Geburtsnamen oder den zur Zeit der Erklärung über die Bestimmung des Lebenspartnerschaftsnamens geführten Namen eines der Lebenspartner bestimmen. [3]Die Erklärung über die Bestimmung des Lebenspartnerschaftsnamens soll bei der Begründung der Lebenspartnerschaft erfolgen. [4]Wird die Erklärung später abgegeben, muss sie öffentlich beglaubigt werden.

---

1 BT-Drucks. 14, 3751, S. 36.
2 AG Holzminden FamRZ 2005, 983.
3 Dethlof NJW 2001, 2598, 2600.
4 Schwab FamRZ 2001, 385, 390.
5 BT-Drucks. 13, 3751, S. 16.
6 Schwab FamRZ 2001, 385, 391.

(2) ¹Ein Lebenspartner, dessen Name nicht Lebenspartnerschaftsname wird, kann durch Erklärung gegenüber dem Standesamt dem Lebenspartnerschaftsnamen seinen Geburtsnamen oder den zur Zeit der Erklärung über die Bestimmung des Lebenspartnerschaftsnamens geführten Namen voranstellen oder anfügen. ²Dies gilt nicht, wenn der Lebenspartnerschaftsname aus mehreren Namen besteht. ³Besteht der Name eines Lebenspartners aus mehreren Namen, so kann nur einer dieser Namen hinzugefügt werden. ⁴Die Erklärung kann gegenüber dem Standesamt widerrufen werden; in diesem Fall ist eine erneute Erklärung nach Satz 1 nicht zulässig. ⁵Die Erklärung und der Widerruf müssen öffentlich beglaubigt werden.

(3) ¹Ein Lebenspartner behält den Lebenspartnerschaftsnamen auch nach der Beendigung der Lebenspartnerschaft. ²Er kann durch Erklärung gegenüber dem Standesamt seinen Geburtsnamen oder den Namen wieder annehmen, den er bis zur Bestimmung des Lebenspartnerschaftsnamens geführt hat, oder dem Lebenspartnerschaftsnamen seinen Geburtsnamen oder den bis zur Bestimmung des Lebenspartnerschaftsnamens geführten Namen voranstellen oder anfügen. ³Absatz 2 gilt entsprechend.

(4) Geburtsname ist der Name, der in die Geburtsurkunde eines Lebenspartners zum Zeitpunkt der Erklärung gegenüber dem Standesamt einzutragen ist.

A. Allgemeines

1 Das Namensrecht der Lebenspartnerschaft ist nahezu genauso geregelt wie das der Ehe. Auch Lebenspartner haben die Möglichkeit, einen **gemeinsamen Lebenspartnerschaftsnamen** anzunehmen. Wenn § 1355 BGB für die Ehe regelt, dass die Eheleute einen gemeinsamen Namen haben »sollen«, während Lebenspartner ihn nach Abs. 1 haben »können«, so ist der Unterschied eher gradueller Art Im Übrigen entspricht der § 3 der Norm des § 1355 BGB.

B. Die namensrechtlichen Alternativen

2 Insgesamt bestehen für die Partner folgende Alternativen:

1. Sie können einen **gemeinsamen Namen** haben, wozu einer der **Geburtsnamen** der Partner oder der von einem Partner bei der Namensbestimmung tatsächlich getragene Name, etwa ein Ehename – gewählt werden kann.
2. Derjenige Partner, dessen Name nicht zum Lebenspartnerschaftsnamen gewählt wird, kann diesem **seinen bisherigen Namen voranstellen** oder **anfügen (unechter Doppelname)**, wobei allerdings Namen, die aus mehr als zwei zusammengesetzten Namen bestehen nicht zulässig sind.

3 Nach der **Beendigung der Lebenspartnerschaft** bestehen folgende Alternativen:

1. Jeder Partner kann den Lebenspartnerschaftsnamen fortführen.
2. Die Lebenspartner können den Namen wieder annehmen, den sie vor der Begründung der Lebenspartnerschaft geführt haben.
3. Die Lebenspartner können dem Lebenspartnerschaftsnamen ihren Geburtsnamen oder den vor der Namensbestimmung tatsächlich geführten Namen anfügen oder voranstellen.

4 Als **Geburtsname** gilt nach Abs. 4 derjenige Name, den die Partner bei Begründung der Lebenspartnerschaft gehabt haben, weshalb dies auch ein früherer Lebenspartnerschaftsname oder ein Ehename i.S.d. § 1355 BGB sein kann.

C. Formales

Die Erklärungen zum Lebenspartnerschaftsnamen sind gegenüber dem zuständigen **Standesamt** 5
bei Begründung der Lebenspartnerschaft abzugeben. Sie können aber auch später erfolgen, bedürfen dann aber der **öffentlichen Beglaubigung.**

Wegen der **Übergangsregelung** verweist die Norm auf Art. 229 § 13 EGBGB. 6

§ 4 Umfang der Sorgfaltspflicht

**Die Lebenspartner haben bei der Erfüllung der sich aus dem lebenspartnerschaftlichen Verhält-
nis ergebenden Verpflichtungen einander nur für diejenige Sorgfalt einzustehen, welche sie in
eigenen Angelegenheiten anzuwenden pflegen.**

Entsprechend der Regel des § 1359 BGB wird der Haftungsmaßstab zwischen den Partnern auf 1
die **eigenübliche Sorgfalt** abgesenkt, weshalb sie gem. § 277 BGB nur für **Vorsatz und grobe
Fahrlässigkeit** haften. Dies gilt – entsprechend der ständigen Rechtsprechung für die Ehe[1] bei
gemeinsamer **Teilnahme am Straßenverkehr** nicht.[2] Eine ausdrückliche Regelung hielt der Gesetzgeber für entbehrlich.

§ 5 Verpflichtung zum Lebenspartnerschaftsunterhalt

[1]**Die Lebenspartner sind einander verpflichtet, durch ihre Arbeit und mit ihrem Vermögen die
partnerschaftliche Lebensgemeinschaft angemessen zu unterhalten.** [2]**§ 1360 Satz 2, die
§§ 1360a, 1360b und 1609 des Bürgerlichen Gesetzbuchs gelten entsprechend.**

A. Allgemeines

Zu den wichtigsten sich aus der Lebenspartnerschaft ergebenden Pflichten rechnet die zum wech- 1
selseitigen Unterhalt. Wegen der näheren Ausgestaltung verweist das Gesetz auf §§ 1360 S. 2
und 1360a bis 1360b BGB. Durch die eingefügte Inbezugnahme auf § 1360 S. 2 BGB wird klargestellt, dass ein Partner seiner Unterhaltspflicht auch dadurch genügen kann, dass er den gemeinsamen Haushalt führt, weshalb das Modell der »Hausmann-« oder »Hausfrauenpartnerschaft«
auch dem LPartG bekannt ist.

B. Zeitliche Geltung

Der Unterhaltsanspruch nach § 5 LPartG endet dann, wenn der nach § 12 LPartG einsetzt, nach 2
dem der Unterhalt im Falle des Getrenntlebens geschuldet wird. Angesichts des Umstandes, dass
die Lebenspartner nicht in häuslicher Gemeinschaft miteinander leben müssen, kann mit dem
Getrenntleben nur diejenige Phase gemeint sein, die der Aufhebung der Lebenspartnerschaft
vorangeht, in der also einer der Partner erklärt hat, die Lebenspartnerschaft nicht fortsetzen zu
wollen, während im Falle einvernehmlichen Getrenntlebens ohne Absicht der Aufhebung der
Lebenspartnerschaft Unterhalt nach § 5 LPartG geschuldet wird.[1]

---

1 BGHZ 53, 352; 61, 101.
2 BT-Drucks. 14, 3751, S. 37.
1 HK-LPartG/Kemper § 5 Rn. 6; Büttner FamRZ 2001, 1105, 1107.

C. Maß des Unterhalts

3   Die Norm verweist ausdrücklich auf §§ 1360a und b BGB, woraus abgeleitet werden kann, dass sich das Maß des zu leistenden Unterhalts nach dem bemisst, was zur **Deckung der Haushaltskosten** in der Lebenspartnerschaft und zur **Befriedigung der persönlichen Bedürfnisse** der Partner erforderlich ist.

4   Zu den persönlichen Bedürfnissen rechnen insb. auch die **Kosten für medizinisch notwendige ärztliche Behandlungen**[2] und für eine bereits begonnene, aber noch nicht beendete **Ausbildung**[3] sowie auch die **Kosten von Liebhabereien** in angemessenem Umfang.[4]

5   Aus der Verweisung auf § 1360a BGB kann weiter gefolgert werden, dass zwischen den nicht getrennt lebenden Partnern auch ein Anspruch auf Zahlung eines angemessenen **Taschengeldes** besteht. Dieser Anspruch besteht stets dann, wenn ein Partner über kein eigenes Einkommen verfügt oder wenn sein Einkommen seinen Taschengeldbedarf nicht zu decken vermag und resultiert aus der Unterstützungspflicht im konkreten Einzelfall.[5] Er ist insb. deshalb von Bedeutung, weil er Dritten, die Forderungen gegen den nicht erwerbstätigen Partner haben, **Vollstreckungsmöglichkeiten** gegen diesen bietet.

6   Weitere Folge aus der Verweisung auf § 1360a BGB, mithin auch auf dessen Abs. 4, ist die, dass die Partner in persönlichen Angelegenheiten die Leistung von **Prozesskostenvorschuss** beanspruchen können. Das wiederum hat zur Folge, dass die sich aus dem Gesetz ergebende Vorschusspflicht nicht anders als bei Eheleuten öffentliche Hilfen wie die Prozess- oder Verfahrenskostenhilfe verdrängt.

7   Im Übrigen kann wegen weiterer Einzelheiten auf die Ausführungen zu den §§ 1360a und b BGB verwiesen werden. Die **Rangverhältnisse** regeln sich nach § 1609 BGB, vgl. dazu auch § 16 Rdn. 1 ff.

§ 6   Güterstand

[1]**Die Lebenspartner leben im Güterstand der Zugewinngemeinschaft, wenn sie nicht durch Lebenspartnerschaftsvertrag (§ 7) etwas anderes vereinbaren.** [2]**§ 1363 Abs. 2 und die §§ 1364 bis 1390 des Bürgerlichen Gesetzbuchs gelten entsprechend.**

1   Nach § 1 Abs. 1 S. 3 LPartG a.F. konnte eine Lebenspartnerschaft nur dann wirksam begründet werden, wenn die Partner zum Zeitpunkt der Erklärungen vor der zuständigen Behörde eine Erklärung über ihren Vermögensstand abgegeben hatten. Dabei hatten sie die Möglichkeit, zur Regelung ihrer vermögensrechtlichen Verhältnisse entweder einen Lebenspartnerschaftsvertrag abzuschließen, der der notariellen Beurkundung bedurfte, oder den Vermögensstand der Ausgleichsgemeinschaft zu vereinbaren, der weitgehend dem der Zugewinngemeinschaft wesensgleich war.

2   Seit dem 01.01.2005 ist nunmehr das **eheliche Güterrecht** auf die Lebenspartnerschaft übertragen. Auch Lebenspartner leben somit im gesetzlichen Güterstand der **Zugewinngemeinschaft**, wenn sie nicht ihre güterrechtlichen Verhältnisse durch notariell zu beurkundenden Vertrag anderweitig regeln § 7.

---

2   BGH NJW 1985, 1394.
3   BGH NJW 1985, 803.
4   BGH NJW 1983, 1113.
5   Büttner FamRZ 2001, 1105, 1106.

Da auch die §§ 1364 bis 1390 BGB ausdrücklich in Bezug genommen sind, gilt speziell auch 3
§ 1365 BGB mit der darin enthaltenen **Zustimmungsbedürftigkeit für Gesamtvermögensgeschäfte.** Dasselbe gilt für § 1371 BGB mit den besonderen Regeln zum Zugewinnausgleich im
Todesfall. Das erstaunt deshalb, weil der Sinn und Zweck der Regelung des § 1371 Abs. 1 BGB
gerade darin gesehen wird, der Hausfrauen- oder Zugewinnehe Rechnung zu tragen. Beides hat
jedoch die Normvorstellung zur Lebenspartnerschaft gerade nicht geprägt.

Wegen der Geltung der Norm für vor dem 01.01.2005 begründete Lebenspartnerschaften vgl. 4
§ 21 Abs. 1 und 2.

§ 7 Lebenspartnerschaftsvertrag

[1]**Die Lebenspartner können ihre güterrechtlichen Verhältnisse durch Vertrag (Lebenspartnerschaftsvertrag) regeln.** [2]**Die §§ 1409 bis 1563 des Bürgerlichen Gesetzbuchs gelten entsprechend.**

Die Lebenspartner sind wie Eheleute frei, ihre vermögensrechtlichen Verhältnisse durch Vertrag, 1
den **Lebenspartnerschaftsvertrag** (§ 7 LPartG) zu regeln. Dieser Vertrag bedarf zu seiner Wirksamkeit der Form des Ehevertrages, was aus der Verweisung auf die §§ 1409 und 1411 BGB in
folgt.

Anders als vor dem 01.01.2005 kann der Lebenspartnerschaftsvertrag auch ins **Güterrechtsregis-** 2
ter eingetragen werden, was aus der Verweisung auf § 1412 BGB folgt.

§ 8 Sonstige vermögensrechtliche Wirkungen

(1) [1]**Zu Gunsten der Gläubiger eines der Lebenspartner wird vermutet, dass die im Besitz eines
Lebenspartners oder beider Lebenspartner befindlichen beweglichen Sachen dem Schuldner
gehören.** [2]**Im Übrigen gilt § 1362 Abs. 1 Satz 2 und 3 und Abs. 2 des Bürgerlichen Gesetzbuchs
entsprechend.**

(2) **§ 1357 des Bürgerlichen Gesetzbuchs gilt entsprechend.**

A. Eigentumsvermutung

Abs. 1 entspricht der Regelung des § 1362 BGB. Zugunsten der Gläubiger eines der Lebenspart- 1
ner wird danach vermutet, dass die im Besitz eines der Lebenspartner oder beider befindlichen
beweglichen Sachen dem jeweiligen Schuldner gehören. Damit sollen Manipulationen der
Lebenspartner im Falle des Vollstreckungszugriffs durch Gläubiger verhindert werden.

Die Vermutung erstreckt sich aber wie bei Eheleuten nur auf **bewegliche Sachen,** wobei auch hier 2
durch die Bezugnahme auf § 1362 Abs. 1 S. 2 und 3 und Abs. 2 des BGB Ausnahmen gelten. Sie
gilt danach nicht, wenn die Lebenspartner **getrennt leben** und sich die Sachen im Besitz desjenigen Partners befinden, der nicht Schuldner ist (§ 1362 Abs. 1 S. 2 BGB). Weiter gilt sie nicht für
ausschließlich zum **persönlichen Gebrauch** eines Lebenspartners bestimmte Sachen, für die im
Gegenteil vermutet wird, dass sie in dessen **Alleineigentum** stehen (§ 1362 Abs. 3 BGB). Andererseits stehen **Inhaberpapiere** und **Orderpapiere,** die mit Blankoindossament versehen sind, den
beweglichen Sachen gleich (§ 1362 Abs. 1 S. 3 BGB).

B. Schlüsselgewalt

3 Abs. 2 verweist auf § 1357 BGB und damit auf die in dieser Norm geregelte so genannte **Schlüsselgewalt**, die somit auch innerhalb der eingetragenen Lebenspartnerschaft gilt. Damit ist jeder Partner berechtigt, **Geschäfte zur angemessenen Deckung des lebenspartnerschaftlichen Lebensbedarfs** auch mit Wirkung für und gegen den anderen Partner zu tätigen.

§ 9 Regelungen in Bezug auf Kinder eines Lebenspartners

(1) [1]Führt der allein sorgeberechtigte Elternteil eine Lebenspartnerschaft, hat sein Lebenspartner im Einvernehmen mit dem sorgeberechtigten Elternteil die Befugnis zur Mitentscheidung in Angelegenheiten des täglichen Lebens des Kindes. [2]§ 1629 Abs. 2 Satz 1 des Bürgerlichen Gesetzbuchs gilt entsprechend.

(2) Bei Gefahr im Verzug ist der Lebenspartner dazu berechtigt, alle Rechtshandlungen vorzunehmen, die zum Wohl des Kindes notwendig sind; der sorgeberechtigte Elternteil ist unverzüglich zu unterrichten.

(3) Das Familiengericht kann die Befugnisse nach Absatz 1 einschränken oder ausschließen, wenn dies zum Wohl des Kindes erforderlich ist.

(4) Die Befugnisse nach Absatz 1 bestehen nicht, wenn die Lebenspartner nicht nur vorübergehend getrennt leben.

(5) [1]Der Elternteil, dem die elterliche Sorge für ein unverheiratetes Kind allein oder gemeinsam mit dem anderen Elternteil zusteht, und sein Lebenspartner können dem Kind, das sie in ihren gemeinsamen Haushalt aufgenommen haben, durch Erklärung gegenüber dem Standesamt ihren Lebenspartnerschaftsnamen erteilen. [2]§ 1618 Satz 2 bis 6 des Bürgerlichen Gesetzbuchs gilt entsprechend.

(6) [1]Nimmt ein Lebenspartner ein Kind allein an, ist hierfür die Einwilligung des anderen Lebenspartners erforderlich. [2]§ 1749 Abs. 1 Satz 2 und 3 sowie Abs. 3 des Bürgerlichen Gesetzbuchs gilt entsprechend.

(7) [1]Ein Lebenspartner kann ein Kind seines Lebenspartners allein annehmen. [2]Für diesen Fall gelten § 1743 Satz 1, § 1751 Abs. 2 und 4 Satz 2, § 1754 Abs. 1 und 3, § 1755 Abs. 2, § 1756 Abs. 2, § 1757 Abs. 2 Satz 1 und § 1772 Abs. 1 Satz 1 Buchstabe c des Bürgerlichen Gesetzbuchs entsprechend.

A. Allgemeines

1 § 9 LPartG regelt in seinen Abs. 1 bis 4 die sorgerechtlichen Befugnisse des Lebenspartners. Hat nämlich ein Lebenspartner ein minderjähriges Kind mit in die eingetragene Lebenspartnerschaft gebracht und übt er für dieses Kind das **alleinige Sorgerecht** aus, so hat sein Lebenspartner im Einvernehmen mit ihm die Befugnis zur Mitentscheidung in Angelegenheiten des täglichen Lebens des Kindes.

2 Die Regelung entspricht dem gleichzeitig in Kraft getretenen § 1687b BGB, der für Stiefelternteile in Ehen gilt, während vergleichbare Regelungen für nichteheliche Lebensgemeinschaften fehlen.

3 Die zum 01.01.2005 neu eingeführten Abs. 5–7 regeln die Möglichkeit der Einbenennung eines Kindes sowie der Kindesadoption.

B. Sorgerechtliche Befugnisse

I. Voraussetzungen

Das aus § 9 LPartG folgende so genannte **kleine Sorgerecht** setzt stets voraus, dass der in der   4
Lebenspartnerschaft lebende Elternteil der **allein sorgeberechtigte** ist. Besteht die **gemeinsame
elterliche Sorge** mit dem früheren Ehegatten fort, ist § 9 nicht anwendbar, weil andernfalls in dessen Elternrecht eingegriffen würde.

Die Regelung des § 9 ist sehr unklar. Zum einen lässt sie nämlich nicht erkennen, wann das nach   5
Abs. 1 S. 1 erforderliche **Einvernehmen** herzustellen ist. Nach dem Wortlaut des Gesetzes kann es
sich um ein **einmal erklärtes Einvernehmen** handeln, dass nur durch eine Entscheidung des Familiengerichts nach § 9 Abs. 3 LPartG wieder eingeschränkt werden kann, oder aber um ein solches
Einvernehmen, das vor jeder einzelnen Entscheidung gesondert herzustellen ist. Angesichts der
Tatsache, dass fortwährende Streitigkeiten zwischen den Partnern aus Gründen des Kindeswohls
mit dieser Maßnahme verhindert werden sollten,[1] ist der erstgenannten Interpretation der Vorrang
einzuräumen.[2]

II. Mitentscheidung

Unklar ist auch die Bedeutung des **Begriffs der Mitentscheidung**. Er dürfte wohl nicht dahin zu   6
verstehen sein, dass in Angelegenheiten des tägliches Lebens nunmehr ein gemeinsames Sorgerecht
dergestalt besteht, dass der Elternteil nicht mehr als alleiniger gesetzlicher Vertreter gilt und sich
stets der Zustimmung des Lebenspartners versichern müsste. Richtigerweise ist der Begriff dahingehend auszulegen, dass der Lebenspartner in Angelegenheiten des täglichen Lebens eine **Mitent-
scheidungsbefugnis** hat, die von dem sorgeberechtigten Elternteil abgeleitet ist und etwa mit einer
Unterbevollmächtigung zu vergleichen ist.[3]

Mit dem Begriff der **Angelegenheiten des täglichen Lebens** wird auf die Legaldefinition des   7
§ 1687 Abs. 1 S. 3 BGB verwiesen, nach der Angelegenheiten des täglichen Lebens in der Regel
solche Entscheidungen sind, die **häufig vorkommen und die keine schwer abzuändernden Auswirkungen auf die Entwicklung des Kindes** haben.

Die Mitwirkungsbefugnis endet gem. Abs. 4 dann, wenn die Lebenspartner nicht nur vorüberge-   8
hend voneinander getrennt leben.

III. Notfallkompetenz (Abs. 2)

Abs. 2 begründet eine Notfallkompetenz des Lebenspartners für alle Rechtshandlungen, die bei   9
Gefahr im Verzug zum **Wohl des Kindes** notwendig sind. Die Norm setzt voraus, dass dem Kind
Schaden droht, wenn eine Rechtshandlung unterbleibt, die zu seinem Wohl erforderlich ist. In
diesen Fällen ist der Lebenspartner des allein sorgeberechtigten Elternteils allein entscheidungsbe-
fugt. Er hat den sorgeberechtigten Elternteil jedoch unverzüglich über die Gefahr und die getroffenen Maßnahmen zu unterrichten. Das Notsorgerecht ist nicht davon abhängig, dass der Lebenspartner das kleine Sorgerecht nach § 9 Abs. 1 LPartG eingeräumt bekommen hat

C. Einbenennung und Adoption

Nach Abs. 5 besteht die Möglichkeit, dem in den mit dem Lebenspartner geführten gemeinsamen   10
Haushalt aufgenommenen Kind des einen der Partner den **Lebenspartnerschaftsnamen** zu geben.

---

1 BT-Drucks. 14/3751, S. 38.
2 Schwab FamRZ 2001, 385, 394.
3 Hk-LPartG/Kemper § 9 Rn. 10.

Möglich ist es auch, den Lebenspartnerschaftsnamen dem bislang vom Kind geführten Namen voranzustellen oder anzufügen, was aus der Verweisung auf § 1618 S. 2 BGB folgt. Wegen der Voraussetzungen verweist die Norm im Übrigen auf § 1618 S. 3 ff., weshalb insoweit auf die Ausführungen hierzu verwiesen werden kann.

11 Die Abs. 6 und 7 regeln **Adoptionsfragen**. Dabei gibt Abs. 7 die Möglichkeit der **Stiefkindadoption**. Danach besteht die Möglichkeit, dass ein Lebenspartner ein Kind seines Partners allein adoptiert. Hinsichtlich dieses Kindes besteht somit bereits ein Eltern – Kind Verhältnis, während der jeweils andere dieses Verhältnis durch alleinige Adoption begründet. Wegen der Adoptionsvoraussetzungen wird auf die allgemeinen Regelndes Adoptionsrechts verwiesen.

12 Nicht zugelassen ist die Möglichkeit, das Stiefkind dann zu adoptieren, wenn es von dem Lebenspartner bereits adoptiert worden war. Insoweit hätte es einer Änderung des § 1742 BGB bedurft.[4]

13 Abs. 6 regelt, dass ein Lebenspartner die **Einwilligung** des anderen benötigt, will er ein Kind **allein adoptieren**. Diese Regelung entspricht der des § 1749 für Ehegatten, auf die verwiesen wird.

14 Nicht gegeben ist die Möglichkeit, dass die Lebenspartner ein Kind gemeinsam adoptieren.

15 Zusammenfassend ergeben sich für die Lebenspartner somit folgende Möglichkeiten:

1. Ist einer der Lebenspartner Inhaber der elterlichen Sorge für ein Kind, so kann diesem unter den Voraussetzungen des § 1618 BGB der Lebenspartnerschaftsname allein oder mit seinem bislang geführten erteilt werden, § 9 Abs. 5.
2. Einer der Lebenspartner kann ggf. allein ein Kind adoptieren, benötigt hierzu jedoch die Einwilligung des anderen, § 9 Abs. 6.
3. Ist einer der Lebenspartner Inhaber der elterlichen Sorge für ein Kind, so kann der andere dies annehmen, sofern die Adoptionsvoraussetzungen erfüllt sind, mit der Folge, dass nunmehr beide Partner die elterliche Sorge für das Kind besitzen.

§ 10   Erbrecht

(1) [1]Der überlebende Lebenspartner des Erblassers ist neben Verwandten der ersten Ordnung zu einem Viertel, neben Verwandten der zweiten Ordnung oder neben Großeltern zur Hälfte der Erbschaft gesetzlicher Erbe. [2]Treffen mit Großeltern Abkömmlinge von Großeltern zusammen, so erhält der Lebenspartner auch von der anderen Hälfte den Anteil, der nach § 1926 des Bürgerlichen Gesetzbuchs den Abkömmlingen zufallen würde. [3]Zusätzlich stehen ihm die zum lebenspartnerschaftlichen Haushalt gehörenden Gegenstände, soweit sie nicht Zubehör eines Grundstücks sind, und die Geschenke zur Begründung der Lebenspartnerschaft als Voraus zu. [4]Ist der überlebende Lebenspartner neben Verwandten der ersten Ordnung gesetzlicher Erbe, so steht ihm der Voraus nur zu, soweit er ihn zur Führung eines angemessenen Haushalts benötigt. [5]Auf den Voraus sind die für Vermächtnisse geltenden Vorschriften anzuwenden. [6]Gehört der überlebende Lebenspartner zu den erbberechtigten Verwandten, so erbt er zugleich als Verwandter. [7]Der Erbteil, der ihm aufgrund der Verwandtschaft zufällt, gilt als besonderer Erbteil.

(2) [1] Sind weder Verwandte der ersten noch der zweiten Ordnung noch Großeltern vorhanden, erhält der überlebende Lebenspartner die ganze Erbschaft. [2]Bestand beim Erbfall Gütertrennung und sind als gesetzliche Erben neben dem überlebenden Lebenspartner ein oder zwei Kinder des Erblassers berufen, so erben der überlebende Lebenspartner und jedes Kind zu gleichen Teilen; § 1924 Abs. 3 des Bürgerlichen Gesetzbuchs gilt auch in diesem Fall.

---

4 OLG Hamm MDR 2010, 449.

(3) [1]Das Erbrecht des überlebenden Lebenspartners ist ausgeschlossen, wenn zur Zeit des Todes des Erblassers

1. die Voraussetzungen für die Aufhebung der Lebenspartnerschaft nach gegeben waren und der Erblasser die Aufhebung beantragt oder ihr zugestimmt hatte oder

2. der Erblasser einen Antrag nach gestellt hatte und dieser Antrag begründet war.

[2]In diesen Fällen gilt § 16 entsprechend.

(4) Lebenspartner können ein gemeinschaftliches Testament errichten. Die §§ 2266 bis 2272 des Bürgerlichen Gesetzbuchs gelten entsprechend.

(5) Auf eine letztwillige Verfügung, durch die der Erblasser seinen Lebenspartner bedacht hat, ist § 2077 des Bürgerlichen Gesetzbuchs entsprechend anzuwenden.

(6) [1]Hat der Erblasser den überlebenden Lebenspartner durch Verfügung von Todes wegen von der Erbfolge ausgeschlossen, kann dieser von den Erben die Hälfte des Wertes des gesetzlichen Erbteils als Pflichtteil verlangen. [2]Die Vorschriften des Bürgerlichen Gesetzbuchs über den Pflichtteil gelten mit der Maßgabe entsprechend, dass der Lebenspartner wie ein Ehegatte zu behandeln ist.

(7) Die Vorschriften des Bürgerlichen Gesetzbuchs über den Erbverzicht gelten entsprechend.

A. Gesetzliches Erbrecht

Das Erbrecht der Partner einer eingetragenen Lebenspartnerschaft ist in § 10 dem der Ehegatten angeglichen.[1] 1

Solange die Lebenspartnerschaft im Zeitpunkt des Todes eines Lebenspartners noch besteht, ist 2
der überlebende Lebenspartner dessen gesetzlicher Erbe und zwar nach Abs. 1 neben Verwandten der ersten Ordnung zu **einem Viertel** und neben Verwandten der zweiten Ordnung oder neben Großeltern **zur Hälfte**. Abs. 1 S. 2 entspricht dem § 1931 Abs. 1 S. 2 BGB, so dass dann, wenn ein Großelternteil verstorben ist und dessen Abkömmlinge an seine Stelle treten würden (§ 1926 Abs. 3 BGB) der auf diese Abkömmlinge entfallende Anteil auf den überlebenden Lebenspartner fällt. Sind keine Verwandten der ersten und der zweiten Ordnung vorhanden, so ist der Lebenspartner nach Abs. 2 S. 1 **Alleinerbe** des Verstorbenen.

Neben seinem gesetzlichen Erbteil kann der Lebenspartner die zum **lebenspartnerschaftlichen** 3
Haushalt gehörenden Gegenstände und die **Geschenke zur Begründung der Partnerschaft** als Voraus beanspruchen. Neben den Abkömmlingen des Erblassers ist dieses Anrecht gem. Abs. 1 S. 3 jedoch auf diejenigen Gegenstände beschränkt, die der überlebende Lebenspartner zur angemessenen Führung seines eigenen Haushalts benötigt.

Wie bei Ehegatten beeinflusst der Güterstand die Erbquote des überlebenden Lebenspartners 4
erheblich. Da § 6 auch auf § 1371 BGB verweist, erhöht sich der gesetzliche Erbteil des überlebenden Lebenspartners um $^1/_4$ der Erbschaft.[2] Im Falle der **Enterbung** oder **Ausschlagung des Erbes** gelten dem entsprechend auch die Abs. 2 und 3 des § 1371 BGB. Bestand zwischen den Lebenspartnern im Zeitpunkt des Todes Gütertrennung und sind gesetzliche Erben neben dem Lebenspartner ein oder zwei Kinder des Erblassers, so bestimmt Abs. 2 S. 2 ebenso wie § 1931 Abs. 4 BGB für Eheleute, dass der überlebende Lebenspartner und jedes Kind je zu gleichen Teilen erben.

---

1 Zu Gestaltungsmöglichkeiten vgl. Dickhuth-Harrach FamRZ 2005, 1139.
2 Schwab FamRZ 2001, 385, 395; Grziwotz DNotZ 2001, 280.

B. Ausschluss des Erbrechts

5   Ähnlich wie bei Eheleuten ist das Erbrecht des überlebenden Lebenspartners nicht erst mit der Aufhebung der Lebensgemeinschaft, sondern bereits dann ausgeschlossen, wenn zur Zeit des Todes des Erblassers bereits die **Voraussetzungen für die Aufhebung der Lebenspartnerschaft** gegeben waren und der Erblasser der **Aufhebung zugestimmt** oder sie **beantragt** hatte (Abs. 3 Nr. 1) oder der Erblasser einen **Antrag auf Aufhebung der Lebenspartnerschaft** nach § 15 Abs. 2 Nr. 3, also auf Aufhebung der Lebenspartnerschaft wegen **unzumutbarer Härte**, gestellt hatte (Abs. 3 Nr. 2) und dieser begründet war. Die Verweisung auf § 16 LPartG hat dann zur Folge, dass der im Falle der Aufhebung bestehende **nachpartnerschaftliche Unterhaltsanspruch** gegen die Erben fortbesteht, sofern der überlebende Lebenspartner gegenüber dem anderen unterhaltsberechtigt gewesen wäre.

C. Gemeinschaftliches Testament

6   Wie Eheleute haben auch die Partner einer eingetragenen Lebenspartnerschaft die Möglichkeit der Errichtung eines **gemeinschaftlichen Testamentes**. Insoweit gelten die §§ 2266 bis 2273 BGB entsprechend (Abs. 4). Das heißt, dass sie nicht nur in der erleichterten privatschriftlichen Form des § 2267 BGB testieren, sondern auch wechselseitige Verfügungen treffen können, an die sie erbrechtlich gebunden sind.

D. Erlöschen der letztwilligen Verfügungen

7   Mit der Auflösung der Lebensgemeinschaft durch den Tod eines der Lebenspartner oder die Aufhebung der Lebenspartnerschaft nach § 15 LPartG endet nicht nur das gesetzliche Erbrecht. Nach Abs. 4 erlöschen auch letztwillige Verfügungen zu Gunsten des Lebenspartners, wobei der **Zeitpunkt des Unwirksamwerdens** wegen der Verweisung auf § 2077 BGB auf diejenige Zeit vor verlagert wird, zu der der Erblasser die Aufhebung der Lebenspartnerschaft verlangen konnte und den entsprechenden Antrag gestellt hat. Die Verweisung auf § 2077 Abs. 3 BGB stellt klar, dass ein hiervon abweichender Wille des Erblassers dem jedoch vorgeht.

E. Pflichtteilsanspruch

8   Nach Abs. 6 hat der überlebende Lebenspartner, der durch Verfügung von Todes wegen von der Erbschaft ausgeschlossen worden ist, einen Pflichtteilsanspruch in Höhe der **Hälfte des Wertes des gesetzlichen Erbteils**. Die Regelungen der §§ 2303 ff. BGB gelten mit der Maßgabe entsprechend, dass an die Stelle der dort genannten Ehegatten der Lebenspartner tritt (Abs. 6 Satz 2).

§ 11   Sonstige Wirkungen der Lebenspartnerschaft

(1) **Ein Lebenspartner gilt als Familienangehöriger des anderen Lebenspartners, soweit nicht etwas anderes bestimmt ist.**

(2) ¹**Die Verwandten eines Lebenspartners gelten als mit dem anderen Lebenspartner verschwägert.** ²**Die Linie und der Grad der Schwägerschaft bestimmen sich nach der Linie und dem Grad der sie vermittelnden Verwandtschaft.** ³**Die Schwägerschaft dauert fort, auch wenn die Lebenspartnerschaft, die sie begründet hat, aufgelöst wurde.**

Durch die Regelung des § 11 wird der Lebenspartner rechtlich in den Kreis der **Familienangehöri-** 1
gen einbezogen. Das hat Konsequenzen insb., aber keineswegs nur zivilrechtlicher Art So gehört
der Lebenspartner zu den Angehörigen im Sinne der §§ 530 und 541b Abs. 1 S. 1 BGB.

Die Einschränkung in Abs. 1 bezieht sich auf Regelungsbereiche, in denen der Begriff des Angehö- 2
rigen gesondert definiert ist, wie etwa in § 11 Abs. 1 Nr. 1 StGB.

Durch Abs. 2 wird die **Schwägerschaft** mit den Verwandten des Lebenspartners in gleicher Weise 3
geregelt wie die des Ehegatten.

Verwandtschaft und Schwägerschaft begründen auch **Aussageverweigerungsrechte** (vgl. §§ 383 4
Abs. 1 Nr. 2 a ZPO, 52 Abs. 1 Nr. 2 a StPO).

Abschnitt 3   Getrenntleben der Lebenspartner

§ 12   Unterhalt bei Getrenntleben

[1]Leben die Lebenspartner getrennt, so kann ein Lebenspartner von dem anderen den nach den
Lebensverhältnissen und den Erwerbs- und Vermögensverhältnissen der Lebenspartner angemessenen Unterhalt verlangen. [2]Die §§ 1361 und 1609 des Bürgerlichen Gesetzbuchs gelten
entsprechend.

Leben die Lebenspartner voneinander getrennt, so kann ein Lebenspartner von dem anderen den 1
nach den Erwerbs- und Vermögensverhältnissen der Lebenspartner angemessenen Unterhalt verlangen. Während das Gesetz in seiner ursprünglichen Fassung noch die Regelung enthielt, dass
der nicht erwerbstätige Lebenspartner darauf verwiesen werden kann, seinen Unterhalt durch
eigene Erwerbstätigkeit zu verdienen, soweit dies von ihm unter Berücksichtigung der persönlichen und wirtschaftlichen Verhältnisse sowie der Dauer der Lebenspartnerschaft erwartet werden
konnte, verweist § 12 jetzt unmittelbar auf § 1361 BGB, so dass die Lebenspartner auch hinsichtlich des Trennungsunterhaltsanspruchs den Ehegatten gleich stehen. Frühere Unstimmigkeiten
sind durch die Reform ausgeräumt.

Wegen der Ausgestaltung des Unterhaltsanspruchs kann somit uneingeschränkt auf § 1361 BGB 2
verwiesen werden. Insb. besteht nunmehr auch ein Anspruch auf Vorsorgeunterhalt (§ 1361 Abs. 1
S. 2 BGB).

Der Anspruch nach § 12 entsteht mit der Trennung und endet mit der Rechtskraft des Aufhe- 3
bungsurteils nach § 15. Über die Verweisung auf § 1361 Abs. 4 BGB in Verbindung mit §§ 1613
Abs. 1, 1360a Abs. 3 BGB kann Unterhalt auch für die Vergangenheit beansprucht werden.

Wegen des Begriffs der Trennung kann auf § 15 Abs. 5 sowie § 1567 BGB verwiesen werden. Sie 4
ist gegeben, wenn zwischen den Lebenspartnern keine häusliche Gemeinschaft mehr besteht und
ein Lebenspartner sie erkennbar auch nicht herstellen will (§ 1567 BGB). Anders als Eheleute
(§ 1353 BGB) sind die Lebenspartner einander allerdings nicht zur häuslichen Gemeinschaft verpflichtet. Deshalb setzt der Unterhaltsanspruch dann ein, wenn die Partner voneinander getrennt
leben und einer der Partner den **Willen erklärt hat, die Partnerschaft nicht mehr fortsetzen zu
wollen.**[1] Es muss die **innere Distanzierung** von der gemeinsamen Lebensgestaltung nach **außen
erkennbar** werden. Haben die Partner nie in einem Haushalt zusammen gelebt, reicht die
genannte Erklärung zur Auslösung des Unterhaltsanspruchs aus.

---

1 Büttner FamRZ 2001, 1005, 1107.

5   Über die Verweisung auf § 1361 Abs. 4 BGB in Verbindung mit §§ 1613 Abs. 1, 1360a Abs. 3 BGB kann Unterhalt auch für die Vergangenheit beansprucht werden. Der in Bezug genommene § 1610a BGB regelt die Vermutung unterhaltsrechtlicher Bedarfserfüllung von **Sozialleistungen** auch für die eingetragene Lebenspartnerschaft.

6   Wegen der Rangverhältnisse verweist die Norm unmittelbar auf § 1609 BGB.

§ 13   Verteilung der Haushaltsgegenstände bei Getrenntleben

(1) [1]Leben die Lebenspartner getrennt, so kann jeder von ihnen die ihm gehörenden Haushaltsgegenstände von dem anderen Lebenspartner herausverlangen. [2]Er ist jedoch verpflichtet, sie dem anderen Lebenspartner zum Gebrauch zu überlassen, soweit dieser sie zur Führung eines abgesonderten Haushalts benötigt und die Überlassung nach den Umständen des Falles der Billigkeit entspricht.

(2) [1]Haushaltsgegenstände, die den Lebenspartnern gemeinsam gehören, werden zwischen ihnen nach den Grundsätzen der Billigkeit verteilt. [2]Das Gericht kann eine angemessene Vergütung für die Benutzung der Haushaltsgegenstände festsetzen.

(3) Die Eigentumsverhältnisse bleiben unberührt, sofern die Lebenspartner nichts anderes vereinbaren.

1   Die Norm entspricht der des § 1361a BGB, in Abs. 2 jedoch unvollständig. Die Regelung ist jedoch ergänzend dahin gehend auszulegen, dass das Gericht nicht nur die Nutzungsvergütung festsetzen, sondern darüber hinaus im Streitfall auch die Nutzung als solche regeln kann.[1]

2   Da es sich auch hier nur um eine vorübergehende Regelung für die Dauer des Getrenntlebens handelt, bleiben die Eigentumsverhältnisse unberührt, sofern nicht die Lebenspartner etwas anderes vereinbaren (Abs. 3).

§ 14   Wohnungszuweisung bei Getrenntleben

(1) [1]Leben die Lebenspartner voneinander getrennt oder will einer von ihnen getrennt leben, so kann ein Lebenspartner verlangen, dass ihm der andere die gemeinsame Wohnung oder einen Teil zur alleinigen Benutzung überlässt, soweit dies auch unter Berücksichtigung der Belange des anderen Lebenspartners notwendig ist, um eine unbillige Härte zu vermeiden. [2]Eine unbillige Härte kann auch dann gegeben sein, wenn das Wohl von im Haushalt lebenden Kindern beeinträchtigt ist. [2]Steht einem Lebenspartner allein oder gemeinsam mit einem Dritten das Eigentum, das Erbbaurecht oder der Nießbrauch an dem Grundstück zu, auf dem sich die gemeinsame Wohnung befindet, so ist dies besonders zu berücksichtigen; Entsprechendes gilt für das Wohnungseigentum, das Dauerwohnrecht und das dingliche Wohnrecht.

(2) [1]Hat der Lebenspartner, gegen den sich der Antrag richtet, den anderen Lebenspartner widerrechtlich und vorsätzlich am Körper, der Gesundheit oder der Freiheit verletzt oder mit einer solchen Verletzung oder der Verletzung des Lebens widerrechtlich gedroht, ist in der Regel die gesamte Wohnung zur alleinigen Benutzung zu überlassen. [2]Der Anspruch auf Wohnungsüberlassung ist nur dann ausgeschlossen, wenn keine weiteren Verletzungen und widerrechtlichen Drohungen zu besorgen sind, es sei denn, dass dem verletzten Lebenspartner das weitere Zusammenleben mit dem anderen wegen der Schwere der Tat nicht zuzumuten ist.

---

1   Palandt/Brudermüller § 13 Rn. 2.

(3) [1]Wurde einem Lebenspartner die gemeinsame Wohnung ganz oder zum Teil überlassen, so hat der andere alles zu unterlassen, was geeignet ist, die Ausübung dieses Nutzungsrechts zu erschweren oder zu vereiteln. [2]Er kann von dem nutzungsberechtigten Lebenspartner eine Vergütung für die Nutzung verlangen, soweit dies der Billigkeit entspricht.

(4) Ist ein Lebenspartner aus der gemeinsamen Wohnung ausgezogen, um getrennt zu leben und hat er binnen sechs Monaten nach seinem Auszug eine ernstliche Rückkehrabsicht dem anderen Lebenspartner gegenüber nicht bekundet, so wird unwiderleglich vermutet, dass er dem in der gemeinsamen Wohnung verbliebenen Lebenspartner das alleinige Nutzungsrecht überlassen hat.

Die Norm ist mit dem Inkrafttreten des **Gesetzes zur Verbesserung des zivilrechtlichen Schutzes** 1 **bei Gewalttaten und Nachstellungen sowie zur Erleichterung der Überlassung der Ehewohnung bei Trennung vom 11.12.2001** (BGBl I S. 3513) geändert worden. Die Voraussetzungen für die Überlassung der Wohnung wurden dergestalt herabgesenkt, dass statt der bis dahin erforderlichen schweren Härte nunmehr nur noch die **Unbilligkeit** verlangt wird. Überdies wird dem Aspekt vorangegangener **Gewaltanwendung** besonderes Gewicht verliehen.

Die Norm ist identisch mit § 1361b BGB in der jetzt geltenden Fassung, weshalb wegen weiterer 2 Erläuterungen auf diese verwiesen werden kann.

Abschnitt 4   Aufhebung der Lebenspartnerschaft

§ 15   Aufhebung der Lebenspartnerschaft

(1) [1]Die Lebenspartnerschaft wird auf Antrag eines oder beider Lebenspartner durch richterliche Entscheidung aufgehoben.

(2) [1]Das Gericht hebt die Lebenspartnerschaft auf, wenn

1. die Lebenspartner seit einem Jahr getrennt leben und
   a) beide Lebenspartner die Aufhebung beantragen oder der Antragsgegner der Aufhebung zustimmt oder
   b) nicht erwartet werden kann, dass eine partnerschaftliche Lebensgemeinschaft wieder hergestellt werden kann,
2. ein Lebenspartner die Aufhebung beantragt und die Lebenspartner seit drei Jahren getrennt leben,
3. die Fortsetzung der Lebenspartnerschaft für den Antragsteller aus Gründen, die in der Person des anderen Lebenspartners liegen, eine unzumutbare Härte wäre.

[2]Das Gericht hebt die Lebenspartnerschaft ferner auf, wenn bei einem Lebenspartner ein Willensmangel im Sinne des § 1314 Abs. 2 Nr. 1 bis 4 des Bürgerlichen Gesetzbuchs vorlag; § 1316 Abs. 1 Nr. 2 des Bürgerlichen Gesetzbuchs gilt entsprechend.

(3) Die Lebenspartnerschaft soll nach Absatz 2 Satz 1 nicht aufgehoben werden, obwohl die Lebenspartner seit mehr als drei Jahren getrennt leben, wenn und solange die Aufhebung der Lebenspartnerschaft für den Antragsgegner, der sie ablehnt, aufgrund außergewöhnlicher Umstände eine so schwere Härte darstellen würde, dass die Aufrechterhaltung der Lebenspartnerschaft auch unter Berücksichtigung der Belange des Antragstellers ausnahmsweise geboten erscheint.

(4) Die Aufhebung nach Absatz 2 Satz 2 ist bei einer Bestätigung der Lebenspartnerschaft ausgeschlossen; § 1315 Abs. 1 Nr. 3 und 4 und § 1317 des Bürgerlichen Gesetzbuchs gelten entsprechend.

(5) [1]Die Lebenspartner leben getrennt, wenn zwischen ihnen keine häusliche Gemeinschaft besteht und ein Lebenspartner sie erkennbar nicht herstellen will, weil er die lebenspartnerschaftliche Gemeinschaft ablehnt. [2]§ 1567 Abs. 1 Satz 2 und Abs. 2 des Bürgerlichen Gesetzbuchs gilt entsprechend.

A. Allgemeines

1   Die Aufhebung der eingetragenen Lebenspartnerschaft, die an die Stelle der Scheidung der Ehe tritt, wird durch § 15 LPartG geregelt. Dabei könnte der **Begriff der »Aufhebung«** Verwirrung stiften. Die Aufhebung der Lebenspartnerschaft stellt das Pendant zur Ehescheidung dar. Andererseits ist eine analoge Regelung zu der der Aufhebung der Ehe in Abs. 2 S. 2 und Abs. 4 enthalten.

2   Die Aufhebungsvoraussetzungen sind weitgehend an die Voraussetzungen der Ehescheidung angeglichen.

B. Aufhebungsvoraussetzungen

3   Wie die Ehe kann auch die eingetragene Lebenspartnerschaft nur durch **gerichtliche Entscheidung** aufgehoben werden. Hierzu ist der **Antrag** eines oder beider Lebenspartner erforderlich.

4   Voraussetzung für die Aufhebung der Lebenspartnerschaft ist daneben, dass

a) die Lebenspartner seit mindestens einem Jahr getrennt leben und entweder beide Partner die Aufhebung beantragen, oder nur einer sie beantragt, dann jedoch nicht erwartet werden kann, dass eine partnerschaftliche Lebensgemeinschaft wieder hergestellt werden kann.

b) oder dass ein Partner die Aufhebung beantragt und die Lebenspartner seit mehr als drei Jahren getrennt leben.

5   Wie auch nach § 1565 Abs. 2 BGB kennt das Gesetz in Abs. 2 Nr. 3 eine Härtefallregelung, wobei sich die unzumutbare Härte hier wie dort aus dem Fortbestand des äußeren Bandes der Lebenspartnerschaft ergeben muss. Allein der Umstand, dass sich ein Partner einem anderen zuwendet begründet die Annahme eines Härtefalls nicht.[1]

6   Nach dem neu geschaffenen Abs. 2 S. 2 kann die Lebenspartnerschaft auch im Falle von Willensmängeln der §§ 1314 Abs. 2 Nr. 1 bis 4 BGB aufgehoben werden, mithin dann, wenn sich ein Lebenspartner bei Begründung der Lebenspartnerschaft im Zustand der Bewusstlosigkeit oder vorübergehender Störung der Geistestätigkeit befand, wenn ein Lebenspartner bei Begründung der Lebenspartnerschaft nicht gewusst hat, dass es sich um eine solche handelt, wenn ein Lebenspartner durch arglistige Täuschung über solche Umstände zur Begründung der Lebenspartnerschaft bewegt worden ist, die ihn bei Kenntnis der Sachlage und richtiger Würdigung des Wesens der Lebenspartnerschaft von deren Eingehung abgehalten hätten oder wenn schließlich ein Lebenspartner widerrechtlich oder durch Drohungen zur Begründung der Lebenspartnerschaft bestimmt worden ist.

7   Unverständlich ist, dass der praktisch wichtigste Fall der Aufhebung nach § 1314 Abs. 2 Nr. 5 BGB (Einigkeit, dass eine Verpflichtung nach § 1353 BGB bzw. hier 2 LPartG nicht begründet werden soll) nicht in Bezug genommen worden ist. Hieraus kann geschlossen werden, dass dann die allgemeinen Regelungen (§§ 116 ff. BGB) gelten mit der allerdings für die Beteiligten höchst

---

1   AG Holzminden FamRZ 2005, 983.

unerfreulichen Folge, dass die Lebenspartnerschaft als von Anfang an unwirksam gilt.[2] Das gilt selbst dann, wenn die Partner später in partnerschaftlicher Lebensgemeinschaft miteinander gelebt haben. Denn der Begründungsfehler ist nicht heilbar, weshalb sogar die Erben eines verstorbenen Partners noch die Unwirksamkeit der Partnerschaft geltend machen können.[3]

Die Härteregelung des Abs. 3 entspricht der nach § 1568 2. Alt. BGB. Wegen des Begriffs der **8** schweren Härte kann auf die Ausführungen zu dieser Norm verwiesen werden.

§ 16 Nachpartnerschaftlicher Unterhalt

[1]Nach der Aufhebung der Lebenspartnerschaft obliegt es jedem Lebenspartner, selbst für seinen Unterhalt zu sorgen. [2]Ist er dazu außerstande, hat er gegen den anderen Lebenspartner einen Anspruch auf Unterhalt nur entsprechend den §§ 1570 bis 1586b und 1609 des Bürgerlichen Gesetzbuchs.

Die Norm regelt den nachpartnerschaftlichen Unterhalt, also denjenigen, der für die Zeit nach der **1** Rechtskraft der Aufhebung der Lebenspartnerschaft geschuldet wird. Während nach der ursprünglichen Fassung des § 16 ein nachpartnerschaftlicher Unterhalt nur ausnahmsweise dann geschuldet wurde, wenn von einem Lebenspartner wegen seines Alters, wegen Krankheit oder Gebrechen eine Erwerbstätigkeit nicht erwartet werden konnte, verweist die seit dem 01.01.2005 geltende Fassung der Norm auf die §§ 1570 ff. BGB, weshalb auch insoweit eine Gleichstellung der Lebenspartnerschaft mit der Ehe erfolgt ist.

Die Norm findet auch Anwendung, wenn die Partnerschaft wegen Willensmängeln aufgehoben **2** wird (§ 15 Abs. 2 Nr. 3), da insoweit nicht zwischen diesem und den anderen Aufhebungsgründen differenziert wird.

Wegen der Ausgestaltung des Unterhaltsanspruchs kann im Übrigen auf die Kommentierung zu **3** den §§ 1570 ff. BGB verwiesen werden.

Wegen der Rangverhältnisse verweist die Norm unmittelbar auf § 1609 BGB, weshalb auch inso- **4** weit eine Gleichstellung der Lebenspartnerschaft mit der Ehe erfolgt ist. Der Nachrang des Unterhaltsanspruchs des Lebenspartners gegenüber demjenigen von Kindern, Ehegatten sowie nicht verheirateten Vätern oder Müttern nach § 1615l BGB, den der bisherige § 16 vorsah, ist durch diese Bezugnahme beseitigt. Unterhaltsansprüche des Lebenspartners fallen damit entweder unter § 1609 Nr. 2 oder 3 BGB. Nach der Möglichkeit der Stiefkindadoption nach § 9 Abs. 7 steht der Lebenspartner somit im Range dem Kinder betreuenden Ehegatten gleich. Wegen Einzelheiten zur Rangproblematik wird im Übrigen auf die Ausführungen zu § 1609 BGB verwiesen.

§ 17 Behandlung der gemeinsamen Wohnung und der Haushaltsgegenstände anlässlich der Aufhebung der Lebenspartnerschaft

Für die Behandlung der gemeinsamen Wohnung und der Haushaltsgegenstände anlässlich der Aufhebung der Lebenspartnerschaft gelten die §§ 1568a und 1568b des Bürgerlichen Gesetzbuchs entsprechend.

---

2 Finger MDR 2005, 121, 122; Palandt/Brudermüller § 15 Rn. 7; a.A.: Staudinger/Voppel 15 Rn 28.
3 Zur Problematik vgl. Stüber FamRZ 2005, 574, 575.

1   Durch Art. 7 des Gesetzes zur Änderung des Zugewinnausgleichs- und Vormundschaftsrechts vom 06.07.2009 (BGBl I 1696) sind die bisherigen §§ 17 bis 19 aufgehoben worden. Stattdessen verweist § 17 in seiner jetzigen Form wegen der Behandlung der gemeinsamen Wohnung und der Haushaltsgegenstände anlässlich der Aufhebung der Lebenspartnerschaft unmittelbar auf §§ 1568a und b BGB, die somit entsprechende Anwendung finden.

2   Das Verfahren bestimmt sich nach §§ 270 Abs. 1, 200 ff. FamFG.

§§ 18, 19

aufgehoben durch Art. 7 des Gesetzes zur Änderung des Zugewinnausgleichs- und Vormundschaftsrechts vom 06.07.2009 (BGBl I 1696).

§ 20   Versorgungsausgleich

(1) Wird eine Lebenspartnerschaft aufgehoben, findet in entsprechender Anwendung des Versorgungsausgleichsgesetzes ein Ausgleich von im In- oder Ausland bestehenden Anrechten (§ 2 Abs. 1 des Versorgungsausgleichsgesetzes) statt, soweit sie in der Lebenspartnerschaftszeit begründet oder aufrechterhalten worden sind.

(2) Als Lebenspartnerschaftszeit gilt die Zeit vom Beginn des Monats, in dem die Lebenspartnerschaft begründet worden ist, bis zum Ende des Monats, der dem Eintritt der Rechtshängigkeit des Antrages auf Aufhebung der Lebenspartnerschaft vorausgeht.

(3) Schließen die Lebenspartner in einem Lebenspartnerschaftsvertrag (§ 7) Vereinbarungen über den Versorgungsausgleich, so sind die §§ 6 bis 8 des Versorgungsausgleichsgesetzes entsprechend anzuwenden.

(4) Die Absätze 1 bis 3 sind nicht anzuwenden, wenn die Lebenspartnerschaft vor dem 1. Januar 2005 begründet worden ist und die Lebenspartner eine Erklärung nach § 21 Abs. 4 nicht abgegeben haben.

1   Nach § 20 sind die während der Dauer der Lebenspartnerschaft begründeten Anrechte auf eine Altersversorgung zwischen den Partnern auszugleichen. Die Berechnungszeit legt Abs. 2 ebenso fest wie § 3 Abs. 1 VersAusglG für die Ehe. Danach beginnt die Lebenspartnerschaftszeit mit Beginn des Monats, in dem die Lebenspartnerschaft begründet worden ist. Sie endet mit dem Ende desjenigen Monats, der dem Eintritt der Rechtshängigkeit des Antrages auf Aufhebung der Lebenspartnerschaft vorausgeht.

2   Im Übrigen gelten die Regelungen des VersAusglG.

3   Treffen die Partner Vereinbarungen zum Versorgungsausgleich, sind die Regelungen der §§ 6–8 VersAusglG entsprechend anzuwenden. Dieser Regelung entspricht dem § 1408 Abs. 2 BGB.

4   Abs. 4 schützt diejenigen Lebenspartner, die die Lebenspartnerschaft vor dem 01.01.2005 begründet und keine Erklärung nach § 21 Abs. 4 abgegeben haben. Für diese findet ein Versorgungsausgleich nicht statt.

Abschnitt 5   Übergangsvorschriften

§ 21   Übergangsvorschrift zum Gesetz zur Überarbeitung des Lebenspartnerschaftsrechts

(weggefallen)

§ 22   Abgabe von Vorgängen

[1]Die bis zum Inkrafttreten dieses Gesetzes nach Landesrecht für die Begründung der Lebenspartnerschaft zuständigen Stellen haben die bei ihnen entstandenen Vorgänge einer jeden Lebenspartnerschaft an das Standesamt abzugeben, das nach § 17 des Personenstandsgesetzes für die Entgegennahme der Erklärungen der Lebenspartner zuständig gewesen wäre. [2]Sind danach mehrere Standesämter zuständig, so sind die Unterlagen an das Standesamt, in dessen Bezirk beide Lebenspartner ihren Wohnsitz oder ihren gewöhnlichen Aufenthalt haben, abzugeben; haben die Lebenspartner keinen gemeinsamen Wohnsitz oder gewöhnlichen Aufenthalt, so ist das Standesamt zuständig, in dessen Bezirk einer der Lebenspartner seinen Wohnsitz oder seinen gewöhnlichen Aufenthalt hat. [3]Verbleiben auch danach noch mehrere Zuständigkeiten, so ist die abgebende Behörde bei der Wahl unter den zuständigen Standesämtern frei. [4]Der Standesbeamte des danach zuständigen Standesamts hat die in § 17 in Verbindung mit den §§ 15, 16 des Personenstandsgesetzes bezeichneten Angaben unter Hinweis auf die Behörde, vor der die Lebenspartnerschaft begründet worden ist, in ein gesondertes Lebenspartnerschaftsregister einzutragen.

Abschnitt 6   Länderöffnungsklausel

§ 23   Abweichende landesrechtliche Zuständigkeiten

(1) [1]Landesrechtliche Vorschriften, welche am 1. Januar 2009 bestehen und abweichend von den Vorschriften der §§ 1, 3 und 9 bestimmen, dass die jeweiligen Erklärungen nicht gegenüber dem Standesbeamten, sondern gegenüber einer anderen Urkundsperson oder einer anderen Behörde abzugeben sind, und bestehende Regelungen für die Beurkundung und Dokumentation solcher Erklärungen bleiben unberührt. [2]Das Personenstandsgesetz findet insoweit keine Anwendung. [3]Durch die landesrechtliche Regelung ist sicherzustellen, dass die Beurkundungen fortlaufend dokumentiert werden und Mitteilungspflichten, die das Personenstandsgesetz voraussetzt, erfüllt werden. [4]Die Abgabe von Vorgängen nach Maßgabe von § 22 entfällt.

(2) [1]Die Länder können auch nach dem 31. Dezember 2008 abweichend von den Vorschriften der §§ 1, 3 und 9 bestimmen, dass die jeweiligen Erklärungen nicht gegenüber dem Standesbeamten, sondern gegenüber einer anderen Urkundsperson oder einer anderen Behörde abzugeben sind. [2]Das Personenstandsgesetz findet nach Inkrafttreten der landesrechtlichen Regelung insoweit keine Anwendung mehr. [3]Durch die landesrechtliche Regelung ist jedoch sicherzustellen, dass ein Lebenspartnerschaftsregister eingerichtet wird, das gemäß den §§ 16, 17 des Personenstandsgesetzes fortzuführen ist. [4]Die Länder können auch die Zuständigkeit für die Fortführung von Beurkundungen sowie die Abgabe von Vorgängen regeln, die bis zum Inkrafttreten der landesrechtlichen Regelung angefallen sind.

(3) [1]Die nach den Absätzen 1 und 2 zuständigen Behörden sind berechtigt, personenbezogene Daten von Amts wegen an öffentliche Stellen des Bundes, der Länder und der Kommunen zu übermitteln, wenn die Kenntnis dieser Daten zur Ergänzung und Berichtigung sowie zur Fortführung von Unterlagen dieser Stellen im Rahmen ihrer Aufgaben erforderlich ist. [2]Soweit nach

Absatz 2 das Personenstandsgesetz nach Inkrafttreten der landesrechtlichen Regelung insoweit keine Anwendung mehr findet, wird das Bundesministerium des Innern ermächtigt, im Benehmen mit dem Bundesministerium der Justiz und mit Zustimmung des Bundesrates durch Rechtsverordnung das Weitere zu regeln.

Gewaltschutzgesetz – GewSchG

§ 1 Gerichtliche Maßnahmen zum Schutz vor Gewalt und Nachstellungen

(1) [1]Hat eine Person vorsätzlich den Körper, die Gesundheit oder die Freiheit einer anderen Person widerrechtlich verletzt, hat das Gericht auf Antrag der verletzten Person die zur Abwendung weiterer Verletzungen erforderlichen Maßnahmen zu treffen. [2]Die Anordnungen sollen befristet werden; die Frist kann verlängert werden. [3]Das Gericht kann insbesondere anordnen, dass der Täter es unterlässt,

1. die Wohnung der verletzten Person zu betreten,
2. sich in einem bestimmten Umkreis der Wohnung der verletzten Person aufzuhalten,
3. zu bestimmende andere Orte aufzusuchen, an denen sich die verletzte Person regelmäßig aufhält,
4. Verbindung zur verletzten Person, auch unter Verwendung von Fernkommunikationsmitteln, aufzunehmen,
5. Zusammentreffen mit der verletzten Person herbeizuführen,

soweit dies nicht zur Wahrnehmung berechtigter Interessen erforderlich ist.

(2) [1]Absatz 1 gilt entsprechend, wenn

1. eine Person einer anderen mit einer Verletzung des Lebens, des Körpers, der Gesundheit oder der Freiheit widerrechtlich gedroht hat oder
2. eine Person widerrechtlich und vorsätzlich
    a) in die Wohnung einer anderen Person oder deren befriedetes Besitztum eindringt oder
    b) eine andere Person dadurch unzumutbar belästigt, dass sie ihr gegen den ausdrücklich erklärten Willen wiederholt nachstellt oder sie unter Verwendung von Fernkommunikationsmitteln verfolgt.

[2]Im Falle des Satzes 1 Nr. 2 Buchstabe b liegt eine unzumutbare Belästigung nicht vor, wenn die Handlung der Wahrnehmung berechtigter Interessen dient.

(3) In den Fällen des Absatzes 1 Satz 1 oder des Absatzes 2 kann das Gericht die Maßnahmen nach Absatz 1 auch dann anordnen, wenn eine Person die Tat in einem die freie Willensbestimmung ausschließenden Zustand krankhafter Störung der Geistestätigkeit begangen hat, in den sie sich durch geistige Getränke oder ähnliche Mittel vorübergehend versetzt hat.

A. Allgemeines

Das zum 01.01.2002 in Kraft getretene Gesetz zum zivilrechtlichen Schutz vor Gewalttaten und Nachstellungen – **Gewaltschutzgesetz** – dient dem **präventiven zivilrechtlichen Schutz** der Personen, die Opfer von Gewalttaten, Bedrohungen oder Nachstellungen geworden sind. Es ist Teil weiterer Maßnahmen zur Bekämpfung von Gewalt gegen Frauen und Kinder und steht in einer Linie mit dem Gesetz zur Ächtung von Gewalt in der Erziehung vom 02.11.2000[1] und dem Kin- **1**

---

1 BGBl I S. 1479.

derrechtsverbesserungsgesetz vom 09.04.2002.[2] Der geschützte Personenkreis beschränkt sich dabei nicht auf **verheiratete** oder **geschiedene Ehegatten** sondern erfasst mit § 1 grundsätzlich jede Person auch außerhalb des sozialen Nahbereichs und mit § 2 alle, die von einem anderen im häuslichen Bereich vorsätzlich und widerrechtlich an Körper, Gesundheit oder Freiheit verletzt oder in entsprechender Weise mit sonstigem Übel bedroht oder belästigt werden. Geschützt sind damit auch **Lebenspartner** oder **nichteheliche Lebensgefährten** sowie sonstige Personen, die in Verantwortungsgemeinschaft füreinander einen gemeinsamen Haushalt führen, insbesondere also auch zusammen lebende ältere Menschen.[3] Eine Bindung durch ein familienrechtliches oder familienähnliches Verhältnis ist nicht erforderlich.[4] Üben **Eltern** Gewalt gegen **Kinder** aus, ist vorrangig an Maßnahmen nach §§ 1666, 1666a BGB zu denken, während das GewSchG Anwendung finden kann, wenn die Eltern ihrerseits Opfer von Gewalt durch die Kinder sind. Da § 1 auch über den sozialen Nahbereich hinaus Anwendung findet, bietet er etwa Opfern von Belästigungen wie dem so genannten »**Stalking**« Schutz (§ 1 Abs. 2 Satz 1 Nr. 2 b).

2   Abgesehen von den **Strafvorschriften** des § 4 ist das GewSchG dem **Recht der unerlaubten Handlungen** zuzuordnen. Nach dem Willen des Gesetzgebers ist es vorrangig verfahrensrechtlicher Natur und stellt den Geschädigten ein eigenes Verfahren zur Verfügung, um ihre materiellrechtlichen Ansprüche zügig durchsetzen zu können. Es normiert nur die gerichtliche **Befugnis zu Schutzanordnungen**, während die Anspruchsgrundlage hierfür in §§ 823 Abs. 1, 1004 Abs. 1 BGB analog zu sehen ist.[5]

3   Gewaltschutzsachen fallen seit dem Inkrafttreten des FamFG am 01.09.2009 uneingeschränkt in die Zuständigkeit des Familiengerichts (§§ 23a Abs. 1 Satz 1 GVG, 111 Nr. 6, 210 FamFG). Die frühere Aufteilung der Zuständigkeit zwischen den Zivil- und den Familiengerichten ist damit entfallen. § 210 FamFG definiert die Gewaltschutzsachen einheitlich als Verfahren nach den §§ 1 und 2 GewSchG.

B. Eingriffsvoraussetzungen

4   Das GewSchG gilt für jede natürliche Person als Opfer von Gewalt oder deren Androhung. Eine besondere – gar familienrechtlichte – Beziehung zwischen Opfer und Täter ist nicht erforderlich.[6] Das Gesetz ist auch nicht auf den häuslichen Bereich beschränkt und erfasst auch Gewalttaten im sozialen Nahbereich außerhalb der häuslichen Gemeinschaft.

5   Hinsichtlich der **Rechtsgutsverletzungen** hat der Gesetzgeber auf § 823 Abs. 1 zurückgegriffen, weshalb wegen der Bedeutung der genannten Rechtsgüter auf die dazu ergangene Rechtsprechung zurückgegriffen werden kann. Demnach ist eine **Körper- oder Gesundheitsverletzung** in jedem unbefugten Eingriff in die körperliche Befindlichkeit zu sehen. Die Verletzung ist also eine Störung der körperlichen, geistigen oder seelischen Lebensvorgänge, wobei die Körperverletzung eher auf die äußere Integrität, die Gesundheitsverletzung eher auf innere Funktionen bezogen ist.[7] Ob es hierzu durch physische oder psychische Einwirkungen des Täters kommt, ist unerheblich. Eine Gesundheitsverletzung kann auch darin bestehen, dass durch eine beliebige Einwirkung des Täters auf das Opfer bei diesem eine psychische Erkrankung hervorgerufen wird, ohne dass diese organisch vermittelt sein muss.[8] Geschützt ist also nicht nur die physische Integrität; das Gesetz bietet

---

2 BGBl I S. 1239.
3 BT-Drucks. 14/3751 S. 43.
4 OLG Köln FF 2010, 80.
5 BT-Drucks. 14/5429 S. 28.
6 OLG Köln FF 2010, 80.
7 PWW/Schaub § 823 Rn. 22.
8 OLG Bamberg FamRZ 2012, 459.

auch Schutz vor psychischen Beeinträchtigungen.[9] Der Begriff der Gewalt ist insgesamt sehr weit gefasst, weshalb auch nächtliche Telefonbelästigungen ebenso hierunter fallen kann wie die gesundheitsbeeinträchtigenden Folgen des Stalking.[10] Geschlechtsverkehr mit einem minderjährigen Kind ist eine Körper- und Gesundheitsverletzung.[11]

Die **Verletzung der Freiheit** liegt in der Entziehung der körperlichen Bewegungsfreiheit, etwa **6** durch Einsperren oder die Nötigung zu einem bestimmten Handeln. Dazu rechnet auch die nur kurzzeitige Entziehung der körperlichen Bewegungsfreiheit.[12]

Nach Abs. 2 Satz 1 ist die **widerrechtliche Drohung mit einer Verletzung** der in Abs. 1 genannten **7** Rechtsgüter, das **widerrechtliche und vorsätzliche Eindringen in die Wohnung oder das befriedete Besitztum** des Opfers der Verletzung als solcher gleichgestellt. Dasselbe gilt für den Fall der **unzumutbaren Belästigung** durch **Nachstellen** und das **Verfolgen unter Einsatz von Fernkommunikationsmitteln.** Eine Drohung muss nicht ausdrücklich erfolgen. Sie kann auch schlüssig oder verdeckt ausgedrückt werden. Tatbestandsmäßig sind aber nur ernsthafte Drohungen, die auch den Tatbestand der §§ 240, 241 StGB erfüllen,[13] weshalb bloße Verwünschungen, Beschimpfungen oder Prahlereien nicht ausreichen.[14] Der Drohende muss unter Würdigung der Gesamtumstände des Falles den Eindruck der Ernstlichkeit erweckt haben und die Ankündigung gewalttätigen Verhaltens muss aus der Sicht eines objektiven Durchschnittsmenschen ernst zu nehmen gewesen sein.[15] Es reicht aus, wenn das Wohl der im Haushalt lebenden Kinder beeinträchtigt ist.[16]

Unter **Nachstellen** versteht man das **Verfolgen, Überwachen und Beobachten** des Opfers, die häufige **demonstrative Anwesenheit** des Täters, den unerwünschten **Versuch der Aufnahme körperlicher oder verbaler Kontakte** und das wiederholte **Anrufen,** Senden von **Briefen, Faxen, E-Mails** oder **SMS.**[17] Nachstellen setzt stets ein wiederholtes Verhalten voraus, weshalb die erste Verfolgung PP nicht sogleich Schutzanordnungen auslösen kann. Die nur zweimalige Beobachtung aus einer Entfernung von mehr als 500 m reicht deshalb für Maßnahmen nach dem GewSchG nicht aus.[18]

Wegen des Begriffs des Eindringens kann auf die Rechtsprechung zum Straftatbestand des Hausfriedensbruchs (§ 123 StGB) verwiesen werden. Geschäftsräume werden durch die Norm nicht erfasst.[19]

Das GewSchG dient nicht der Verhinderung anderer als der in ihm genannten Verhaltensweisen im persönlichen Nahbereich,Das gilt selbst dann, wenn diese unerwünscht sind. Nicht durch das GewSchG geschützt sind deshalb z.B. das Elternrecht[20] sowie das allgemeine Persönlichkeitsrecht.[21] Für den Schutz der anderen von §§ 823 Ab. 1 und 2 erfassten Rechtsgüter gelten jedoch die Grundsätze der analogen Anwendung des Unterlassungsanspruchs nach § 1004. Verletzungen

---

9 OLG Hamm FamRZ 2012, 645 (LS).
10 PWW/Schaub § 823 Rn. 28; Keiser NJW 2007, 3387.
11 OLG Karlsruhe FamRZ 2012, 460.
12 OLG Brandenburg NJW-RR 2006, 220 (10 Minuten).
13 OLG Bremen MDR 2010, 746.
14 Zu einschränkend: OLG Rostock FamRZ 2007, 10 und FamRZ 2007, 921, wonach der Tatbestand der Nötigung vom Tatbestand des § 1 Abs 1 GewSchG nicht umfasst sei.
15 OLG Bremen MDR 2010, 746.
16 OLG Brandenburg FamFR 2010, 449.
17 Haussleiter/Schulz Kap. 10 Rn. 17.
18 OLG Koblenz NJW-RR 2010, 660.
19 BT-Drs 14/5429 S. 529.
20 OLG Bamberg FamRZ 2012, 459.
21 OLG Karlsruhe FamRZ 2012, 460; OLG Rostock FamRZ 2007, 921; aA: Grziwotz NJW 2002, 873.

etwa des allgemeinen Persönlichkeitsrechts kann somit nach Deliktsrecht mit Schadensersatz und Unterlassungsansprüchen begegnet werden.[22]

8   Der Täter muss **vorsätzlich** und **widerrechtlich** gehandelt, mithin den rechtswidrigen Erfolg mindestens billigend in Kauf genommen haben. Dabei ist auch zu prüfen, ob die Schuldfähigkeit vorzuverlagern ist (actio libera in causa). Danach kann der Täter auch dann schuldhaft gehandelt haben, wenn er zwar im Zeitpunkt der Tat schuldunfähig war, diesen Zustand jedoch – z.B. durch den Abbruch einer notwendigen medikamentösen Behandlung – schuldhaft herbeigeführt hat. Zur Annahme schuldhaften Verhaltens in dem Fall muss der Täter aber in dem Bewusstsein gehandelt haben, im Zustand der Schuldunfähigkeit bestimmte schädigende Handlungen zu begehen. Allein das Bewusstsein, im Zustand der Schuldunfähigkeit nicht konkret vorhersehbare Schädigungshandlungen zu begehen, reicht nicht.[23]

Ist die **Schuldfähigkeit** vorübergehend als Folge des Genusses geistiger Getränke oder ähnlicher Mittel beeinträchtigt, so gilt Abs. 3. Danach sind Maßnahmen auch dann möglich, wenn der Täter sich etwa durch **Alkohol oder andere Drogen** in einen seine freie Willensbestimmung ausschließenden Zustand versetzt hat. Im Falle **dauernder** oder **vorübergehender beispielsweise krankheitsbedingter Schuldunfähigkeit** können **Unterlassungsansprüche** nur auf §§ 823, 1004 BGB gestützt werden.[24] Handelt der Täter fahrlässig, so kommen nur **Schadensersatzansprüche nach den allgemeinen Regeln** in Betracht.[25]

9   Als Folge des präventiven Charakters des GewSchG kommen Maßnahmen nur in Betracht, wenn **Wiederholungsgefahr** besteht (»zur Abwendung weiterer Verletzungen«, § 1 Abs. 1 Satz 1). Diese wird durch die Verwirklichung des Tatbestandes des § 1 Abs. 1 und 2 GewSchG indiziert[26] so dass es dem Täter obliegt, die tatsächliche Vermutung des Bestehens der Wiederholungsgefahr auszuräumen. An die Widerlegung der indiziell anzunehmenden Wiederholungsgefahr sind hohe Anforderungen zu stellen.[27] So kann nicht schon allein aus dem Umstand, dass die Tat bereits längere Zeit zurück liegt, ohne weiteres auf eine mangelnde Wiederholungsgefahr geschlossen werden.[28] Abzulehnen ist deshalb auch die Auffassung des OLG Saarbrücken, nach der für die Annahme der Wiederholungsgefahr bei tätlichen Angriffen im außerhäuslichen Bereich zusätzlich zur Erstbegehung konkrete Anhaltspunkte für eine konfliktbelastete Täter – Opfer – Beziehung festgestellt werden müssen.[29] Fehlen diese Anhaltspunkte, wird dem Täter vielmehr unschwer der Nachweis der fehlenden Wiederholungsgefahr gelingen. Droht erst die **Erstbegehung**, so wird auf die Rechtsprechung zu § 1004 BGB zurückgegriffen werden können,[30] für den anerkannt ist, dass er auch bei drohender Erstbeeinträchtigung greift.[31]

10   Schutzanordnungen dürfen dann nicht erlassen werden, wenn die zu unterlassenden Handlungen zur **Wahrnehmung der berechtigten Interessen des Täters** erforderlich waren (Abs. 1 Satz 3). Das wäre etwa dann der Fall, wenn das Kontaktverbot der Ausübung des Umgangsrechts des Täters entgegenstehen würde oder wenn der Täter sich aus beruflichen Gründen an einem bestimmten Ort aufhalten muss. Die berechtigten Interessen sind vom Täter schlüssig und substantiiert darzulegen und ggf. zu beweisen.

22 OLG Hamm FamFR 2012, 576.
23 OLG Celle FamRZ 2012, 456.
24 Palandt/Brudermüller § 1 Rn. 5.
25 OLG Bamberg FamRZ 2012, 456.
26 OLG Hamm FamRZ 2012, 880; OLG Jena FamRZ 2007, 601.
27 OLG Celle FamRZ 2009, 1751.
28 OLG Celle FamRZ 2009, 1751.
29 OLG Saarbrücken NJW-RR 2006, 747.
30 Löhring/Sachs Rn. 88.
31 PWW/Englert § 1004 Rn. 7.

C. Die Maßnahmen im Einzelnen

Sind die Voraussetzungen des § 1 erfüllt, so hat das Gericht einen **weiten Spielraum** in Betracht **11** kommender Maßnahmen, ist aber an den **Antrag des Opfers** gebunden. Der Katalog des Abs. 1 Satz 3 stellt keine abschließende Regelung dar (»insbesondere«). Die Auswahlmöglichkeiten des Gerichts sind andererseits aber auch nicht unbegrenzt. So bietet das GewSchG keine Grundlage, den Täter zur Aufgabe seiner Wohnung zu verpflichten, was dann nahe liegen könnte, wenn er nach dem Verlassen der gemeinsamen Wohnung Räumlichkeiten in unmittelbarer Nähe dazu anmietet.[32] Zu treffen ist diejenige Maßnahme, durch die die **Wiederholungsgefahr** am ehesten ausgeräumt werden kann, wobei stets der **Grundsatz der Verhältnismäßigkeit** zu beachten ist.[33] Von mehreren in Betracht kommenden ist das am wenigsten in die Rechte des Täters eingreifende zu wählen.

Als eine Folge des Grundsatzes der Verhältnismäßigkeit sind die Maßnahmen in der Regel zu **12** **befristen,**[34] wobei die gesetzte Frist auf Antrag verlängert werden kann. Das gilt wegen des Gebotes, die Hauptsache nicht vorweg zu nehmen, insbesondere für im Wege einstweilige Anordnung erlasseneer Gewaltschutzregelungen.[35] Bei der Befristung ist darauf abzustellen, welcher Zeitraum erforderlich ist, um der Gefahr weiterer Rechtsverletzungen entgegen zu wirken. Dabei sind auf die Schwere und Häufigkeit der bisherigen Übergriffe zu berücksichtigen. Je geringer deren Intensität, umso kürzer ist in der Regel auch die Dauer der Schutzanordnung zu bemessen. Andererseits kann bei besonders schwerwiegenden Taten (z.B. Tötungs- oder Sexualdelikte) oder schon wiederholten Gewalttaten auch längerfristige Schutzmaßnahmen[36] getroffen oder von der Befristung auch ganz abgesehen werden. Wenn das Sicherheitsbedürfnis es gebietet, kann die Frist auf entsprechenden Antrag **verlängert** werden (Abs. 1 Satz 2). Zulässig ist es, eine vorläufige Maßnahme bis zur Beendigung des Hauptsacheverfahrens zu befristen.[37]

Das **Betretungsverbot** hinsichtlich der Wohnung des Opfers (Abs. 1 Nr. 1) ergänzt die auf **13** § 1361b oder § 2 gestützte Wohnungszuweisung. Dabei ist es unerheblich, auf welchen Rechtsbeziehungen die Nutzung der Wohnung beruht. Leben Täter und Opfer zwar in einem gemeinsamen Haushalt zusammen, führen sie aber keinen gemeinsamen auf Dauer angelegten Haushalt, so kommt zwar keine Maßnahme nach § 2, wohl aber ein Betretensverbot in Betracht. Unter Eheleuten gelten die Vorschriften des Familienrechts im Übrigen als leges speciales.

Ergänzend zum Betretungsverbot kommt das **Verbot** in Betracht, **sich in der Nähe der Wohnung** **14** **des Opfers aufzuhalten** (Abs. 1 Nr. 2). In diesen Fällen hat das Gericht die Besonderheiten der örtlichen Verhältnisse zu beachten[38] und den zu meidenden Bereich genau zu bestimmen.

Daneben besteht die Möglichkeit, das **Verbot** auszusprechen, **bestimmte Orte aufzusuchen, an** **15** **denen sich das Opfer regelmäßig aufhält** (Abs. 1 Nr. 3). Hierzu rechnen unter anderem der Arbeitsplatz des Opfers, Schule oder Kindergarten der Kinder oder Freizeitstätten. Auch hier sind genaue Bezeichnungen der Orte erforderlich, wobei auch eine Beschränkung auf bestimmte Tageszeiten in Betracht kommt.

Durch das **Kontaktverbot** (Abs. 1 Nr. 4) kann jede Form der Kontaktaufnahme untersagt werden. **16** Hierzu zählen außer der persönlichen Kommunikation durch Ansprechen oder Telefonieren auch die mittelbare durch Übersenden von Post, durch Telefax, E-Mails oder SMS, insbesondere aber auch das so genannte Stalking.

---

32 OLG Karlsruhe FamRZ 2012, 455.
33 OLG Stuttgart FamRZ 2004, 876.
34 OLG Jena FamFR 2012, 236; OLG Celle FamRZ 2009, 1751.
35 OLG Saarbrücken FamRZ 2011, 1087; FamRZ 2010, 1810.
36 OLG Jena FamFT 2012, 236; OLG Saarbrücken FamRZ 2010, 1810.
37 OLG Naumburg FamRG 2003, 216.
38 BT-Drucks. 14/5429 S. 29.

17   Das **Verbot des Zusammentreffens mit der verletzten Person** (Abs. 1 Nr. 5) stellt schließlich einen Auffangtatbestand dar. Durch ihn kann eine Abstandszone zwischen Täter und Opfer auch für zufällige Zusammentreffen geschaffen werden. Sofern es gleichwohl zu einem Zusammentreffen kommt, hat der Täter sich zu entfernen.[39]

D. Verfahren

18   Das Verfahren richtet sich nach dem FamFG. Zuständig ist stets das Familiengericht und zwar örtlich primär dasjenige, in dessen Bezirk die Tat begangen wurde (§ 211 Nr. 1 FamFG), sodann dasjenige, in dessen Bezirk der gemeinsame Aufenthalt der Beteiligten ist (§ 211 Nr. 2 FamFG) oder schließlich dasjenige, in dessen Bezirk der Antragsgegner seinen gewöhnlichen Aufenthalt hat (§ 211 Nr. 3 FamFG). Befindet sich ein Kind in dem Haushalt, ist das Jugendamt auf seinen Antrag zu beteiligen (§ 212 FamFG), das in Verfahren nach § 2 angehört werden soll und dem Entscheidungen nach § 2 mitzuteilen sind, sofern sich Kinder in der Wohnung befinden. Dem Jugendamt steht gegebenenfalls ein eigenes Beschwerderecht zu.

19   Schutzmaßnahmen nach dem GewSchG setzen einen **Antrag des Opfers** voraus. Hat sich der Täter bereits in einem Vergleich zur Unterlassung derjenigen Handlungen verpflichtet, die Gegenstand des Verfahrens nach dem GewSchG sind, so fehlt das **Rechtsschutzinteresse** für dieses Verfahren nicht, da nur eine Entscheidung nach § 1 Grundlage einer Bestrafung nach § 4 sein kann.[40] Eben weil **Vergleiche** nicht Grundlage einer Sanktion nach § 4 sein können, soll das Gericht auf sie in Gewaltschutzverfahren nach dem in § 36 Abs. 1 Satz 2 FamFG zum Ausdruck gekommenen Intentionen nicht hinwirken. Hat das Familiengericht einen Sachverhalt vorgetragen bekommen, der zwar Maßnahmen nach dem GewSchG z.B. wegen fehlender Schuldfähigkeit nicht rechtfertigt, aber Grundlage eines Unterlassungsanspruchs nach §§ 823, 1004 sein könnte, so ist es trotz hierfür grundsätzlich fehlender Zuständigkeit berechtigt, auch hierüber zu entscheiden. Das folgt aus der auf § 17 Abs. 2 Satz 1 GVG basierenden rechtswegüberschreitenden Sach- und Entscheidungskompetenz.[41]

20   Haben sich die Parteien nach Anordnung einer Maßnahme nach dem GewSchG **wieder versöhnt**, so hat die den Antrag stellende Partei den Titel herauszugeben. Sie darf ihn nicht für den Fall behalten, dass sie beabsichtigen sollte, innerhalb der Frist des § 1 Abs. 1 Satz 2 noch einmal zu vollstrecken.[42]

21   Der **Geschäftswert** für das Hauptsacheverfahren beträgt in der Regel 2.000 € (§ 49 FamGKG) und soll für einstweilige Anordnungen in der Regel auf die Hälfte reduziert werden.[43] Bei Maßnahmen sowohl nach § 1 als auch nach § 2 sind die Werte zu addieren.[44]

22   Die **Möglichkeiten einstweiligen Rechtsschutzes** bestimmen sich nach § 214 FamFG. Danach kann das Gericht durch einstweilige Anordnung eine vorläufige Regelung sowohl nach § 1 als auch nach § 2 treffen. Ist eine Tat im Sinne des § 1 begangen worden oder ist auf Grund konkreter Umstände mit der Begehung einer solchen Tat zu rechnen, so liegt in der Regel ein Bedürfnis für ein sofortiges Tätigwerden vor.

23   Die **Zwangsvollstreckung** folgt gem. §§ 95, 96 FamFG den Regeln der ZPO, hier den §§ 885 Abs. 1, 888 Abs. 1, 890 ZPO. Entscheidungen nach dem GewSchG werden zwar gem. § 216 Abs. 1 Satz 1 FamFG erst mit ihrer Rechtskraft wirksam, doch soll das Gericht die sofortige Wirk-

---

39 Haussleiter/Schulz Kap. 10 Rn. 9.
40 LG Kassel FamRZ 2006, 561.
41 OLG Celle FamRZ 2012, 456; OLG Frankfurt FamRZ 2010, 1812.
42 KG FamRZ 2006, 49.
43 Schulte-Bunert/Weinreich/Keske § 49 FamGKG Rn. 6.
44 OLG Nürnberg FamRZ 2008, 1468.

samkeit anordnen. Überdies hat es auch die Möglichkeit, zum Schutz des Opfers die Zulässigkeit der Vollstreckung vor der Zustellung des Beschlusses in der Gewaltschutzsache an den Antragsgegner anzuordnen (§ 216 Abs. 2 FamFG).

§ 2 Überlassung einer gemeinsam genutzten Wohnung

(1) Hat die verletzte Person zum Zeitpunkt einer Tat nach § 1 Abs. 1 Satz 1, auch in Verbindung mit Abs. 3, mit dem Täter einen auf Dauer angelegten gemeinsamen Haushalt geführt, so kann sie von diesem verlangen, ihr die gemeinsam genutzte Wohnung zur alleinigen Benutzung zu überlassen.

(2) [1]Die Dauer der Überlassung der Wohnung ist zu befristen, wenn der verletzten Person mit dem Täter das Eigentum, das Erbbaurecht oder der Nießbrauch an dem Grundstück, auf dem sich die Wohnung befindet, zusteht oder die verletzte Person mit dem Täter die Wohnung gemietet hat. [2]Steht dem Täter allein oder gemeinsam mit einem Dritten das Eigentum, das Erbbaurecht oder der Nießbrauch an dem Grundstück zu, auf dem sich die Wohnung befindet, oder hat er die Wohnung allein oder gemeinsam mit einem Dritten gemietet, so hat das Gericht die Wohnungsüberlassung an die verletzte Person auf die Dauer von höchstens sechs Monaten zu befristen. [3]Konnte die verletzte Person innerhalb der vom Gericht nach Satz 2 bestimmten Frist anderen angemessenen Wohnraum zu zumutbaren Bedingungen nicht beschaffen, so kann das Gericht die Frist um höchstens weitere sechs Monate verlängern, es sei denn, überwiegende Belange des Täters oder des Dritten stehen entgegen. [4]Die Sätze 1 bis 3 gelten entsprechend für das Wohnungseigentum, das Dauerwohnrecht und das dingliche Wohnrecht.

(3) Der Anspruch nach Absatz 1 ist ausgeschlossen,

1. wenn weitere Verletzungen nicht zu besorgen sind, es sei denn, dass der verletzten Person das weitere Zusammenleben mit dem Täter wegen der Schwere der Tat nicht zuzumuten ist oder
2. wenn die verletzte Person nicht innerhalb von drei Monaten nach der Tat die Überlassung der Wohnung schriftlich vom Täter verlangt oder
3. soweit der Überlassung der Wohnung an die verletzte Person besonders schwer wiegende Belange des Täters entgegenstehen.

(4) Ist der verletzten Person die Wohnung zur Benutzung überlassen worden, so hat der Täter alles zu unterlassen, was geeignet ist, die Ausübung dieses Nutzungsrechts zu erschweren oder zu vereiteln.

(5) Der Täter kann von der verletzten Person eine Vergütung für die Nutzung verlangen, soweit dies der Billigkeit entspricht.

(6) [1]Hat die bedrohte Person zum Zeitpunkt einer Drohung nach § 1 Abs. 2 Satz 1 Nr. 1, auch in Verbindung mit Abs. 3, einen auf Dauer angelegten gemeinsamen Haushalt mit dem Täter geführt, kann sie die Überlassung der gemeinsam genutzten Wohnung verlangen, wenn dies erforderlich ist, um eine unbillige Härte zu vermeiden. [2]Eine unbillige Härte kann auch dann gegeben sein, wenn das Wohl von im Haushalt lebenden Kindern beeinträchtigt ist. [3]Im Übrigen gelten die Absätze 2 bis 5 entsprechend.

A. Allgemeines

1 § 2 regelt den Anspruch auf Überlassung der Wohnung und setzt den Grundsatz »**Der Täter geht, das Opfer bleibt**« hinsichtlich von Gewalttaten im häuslichen Bereich um.[1] Danach kann das Opfer einer vorsätzlichen und widerrechtlichen Körper-, Gesundheits- oder Freiheitsverletzung von dem Täter, mit dem es einen auf Dauer angelegten gemeinsamen Haushalt führt, verlangen, die Wohnung fortan allein zu nutzen. Die der gemeinsamen Nutzung der Wohnung zu Grunde liegenden Rechtsverhältnisse, schuld- und sachenrechtliche Positionen an ihr, haben zwar grundsätzlich keinen Einfluss auf den Nutzungsanspruch, sind aber bei der Frage der Dauer der alleinigen Nutzungsberechtigung zu berücksichtigen. Schützenswerte Belange des Täters können über den Ausschlusstatbestand des § 2 Abs. 3 Nr. 3 berücksichtigt werden.[2]

2 Anders als § 1 enthält § 2 eine echte **materiellrechtliche Anspruchsgrundlage**.[3] Eine solche war bislang in § 1361b BGB nur für den Fall der Trennung von Eheleuten gegeben.

B. Anspruchsgrundlagen

3 § 2 unterscheidet zwei Fallkonstellationen:

1. Eine **vollendete Gewalttat**, die schon für sich allein einen Überlassungsanspruch auslöst, wenn Täter und Opfer einen auf Dauer angelegten gemeinsamen Haushalt führen.
2. Eine **widerrechtliche Drohung** mit einer Verletzung des Lebens, des Körpers, der Gesundheit oder Freiheit, die einen Überlassungsanspruch dann auslöst, wenn die Überlassung erforderlich ist, um eine **unbillige Härte** zu vermeiden.

Wegen des Gewaltbegriffs als solchem verweist die Norm auf § 1 Abs. 1 Satz 1.

I. Gewalttat

1. Vollendete Gewalt (Abs. 1)

4 Im Falle einer vollendeten Gewalttat i.S.d. § 1 Abs. 1 Satz 1, also im Falle der vorsätzlichen und widerrechtlichen Verletzung des Körpers, der Gesundheit oder Freiheit des Opfers, besteht, sofern Täter und Opfer einen gemeinsamen auf Dauer angelegten Haushalt führen, ohne weitere Voraussetzungen der Anspruch auf Überlassung der Wohnung an das Opfer zur alleinigen Nutzung. Indem auch § 1 Abs. 3 in Bezug genommen ist, gilt dies auch dann, wenn der Täter die Tat in einem die freie Willensbestimmung ausschließenden Zustand krankhafter Störung der Geistestätigkeit begangen hat, in den er sich durch geistige Getränke oder ähnliche Mittel versetzt hat.

---

1 Schumacher FamRZ 2002, 645, 655.
2 BT-Drucks. 14/5429 S. 30.
3 BT-Drucks. 14/5429 S. 19.

Unerheblich ist, worin die Ursachen für die Verschlechterung der Beziehungen der zusammen lebenden Personen und deren Auseinandersetzungen zu sehen sind.[4]

2. Angedrohte Gewalt (Abs. 6)

Der Anspruch auf Überlassung der Wohnung zur alleinigen Nutzung besteht auch dann, wenn 5 der Täter mit einer Verletzung von Leben, Körper, Gesundheit oder Freiheit widerrechtlich gedroht hat (§ 1 Abs. 2 Satz 1 Nr. 1).[5] In diesem Fall besteht der Anspruch allerdings nicht stets, sondern nur dann, wenn die Überlassung der Wohnung erforderlich ist, um eine unbillige Härte für das Opfer zu vermeiden. Diese kann auch dann gegeben sein, wenn das **Wohl der im Haushalt lebenden Kinder** beeinträchtigt ist.[6] Es reicht schon die Drohung allein; die Ursachen der Konflikte im täglichen Zusammenleben sind dagegen unbeachtlich.[7] Wegen des Begriffs der unbilligen Härte im Übrigen wird auf die Ausführungen zu § 1361b BGB verwiesen.

3. Führen eines auf Dauer angelegten gemeinsamen Haushalts

Weitere Voraussetzung der Überlassung der Wohnung ist, dass Täter und Opfer zum Tatzeitpunkt 6 einen **auf Dauer angelegten gemeinsamen Haushalt** geführt haben. Dabei muss die Tat keinen Bezug zur Wohnung haben, sich also insbesondere nicht in ihr ereignet haben.[8] Der Begriff ist dem Mietrecht entnommen, nach dessen § 563 Abs. 2 Satz 3 BGB diejenige Person nach dem Tode des Wohnungsmieters das Recht zum Eintritt in das Mietverhältnis hat, die mit diesem einen auf Dauer angelegten gemeinsamen Haushalt geführt hat. Hierunter fallen in erster Linie Partner **nichtehelicher Lebensgemeinschaften** sowie **nicht eingetragene Lebenspartner**, doch soll nach den Intentionen des Gesetzgebers dasselbe für dauerhaft **zusammenlebende alte Menschen** gelten, die sich ihr gegenseitiges Füreinanderstehen zum Beispiel durch gegenseitige Vollmachten dokumentieren.[9] Darüber hinaus findet das GewSchG auch Anwendung auf **Ehegatten** und **eingetragene Lebenspartner**.

Nicht in den Schutz des GewSchG einbezogen sind mehr oder weniger **lose Verbindungen** von 7 Personen, die ohne innere Bindungen zueinander primär den gemeinsamen Wunsch haben, ihre Wohnbedürfnisse preiswert und angenehm zu befriedigen, wie etwa **Wohngemeinschaften**. Das gilt selbst dann, wenn sie einen gemeinsamen Haushalt führen.[10]

Ein gemeinsamer Haushalt setzt weder einen gemeinsamen Mietvertrag über die Wohnung noch 8 eine sonstige gemeinsame Berechtigung an ihr voraus. Wer Eigentümer oder Mieter der Wohnung ist wird erst bei der Gestaltung des Rechtsverhältnisses berücksichtigt.

4. Ausschluss des Anspruchs (Abs. 3)

Nach Abs. 3 ist der Anspruch ausgeschlossen, wenn 9

a) **Wiederholungsgefahr** nicht besteht (Abs. 3 Nr. 1),
b) der Anspruch **verwirkt** ist (Abs. 3 Nr. 2) oder
c) die Täterinteressen überwiegen (Abs. 3 Nr. 3).

---

4 OLG Schleswig NJW-RR 2004, 156.
5 Zu einschränkend OLG Rostock FamRZ 2007, 921.
6 OLG Brandenburg FamFR 2010,, 449.
7 OLG Schleswig NJW-RR 2004, 156.
8 Löhnig/Sachs Rn. 135.
9 BT-Drucks. 14/3751 S. 43.
10 Palandt/Brudermüller § 2 Rn. 2; a.A. Schumacher FamRZ 2002, 645, 650.

a) Keine Wiederholungsgefahr

10   Wegen des präventiven Charakters der Norm ist der Anspruch ausgeschlossen, wenn keine weiteren Gewalttaten zu besorgen sind, mithin keine **Wiederholungsgefahr** besteht. Durch die Gesetzesformulierung ist sichergestellt, dass die **Beweislast** insoweit beim Täter liegt. Er hat darzulegen und ggf. zu beweisen, dass keine weiteren Verletzungshandlungen zu besorgen sind.[11] Dabei sind an die Widerlegung der Vermutung hohe Anforderungen zu stellen.[12]

11   Auch ohne Wiederholungsgefahr besteht der Überlassungsanspruch allerdings dann, wenn dem Opfer angesichts der **Schwere der vollendeten Gewalttat** ein weiteres Zusammenleben mit dem Täter nicht zuzumuten ist. Beispiele wären etwa eine Vergewaltigung, schwere Körperverletzung oder gar versuchte Tötung des Opfers.[13] Zu beachten sind insoweit auch die **Belange im Haushalt lebender Kinder,** deren Wohl durch das Miterleben von Gewalt regelmäßig beeinträchtigt wird.[14]

b) Verwirkung

12   Der Anspruch ist **verwirkt,** wenn das Opfer nicht innerhalb einer **Frist von 3 Monaten** vom Täter schriftlich die Überlassung der Wohnung verlangt. Mit dieser Frist soll einerseits innerhalb eines angemessenen Zeitraums nach dem Vorfall Klarheit über die Nutzungsverhältnisse geschaffen werden. Andererseits hat das Opfer ausreichend Zeit, sich über seine Vorstellungen für die künftige Lebensgestaltung einschließlich der Befriedigung der Wohnverhältnisse klar zu werden.[15] Die Frist läuft auch dann, wenn das Opfer aus der gemeinsamen Wohnung geflüchtet ist, nicht aber dann, wenn der Täter unbekannten Aufenthalts oder wenn das schriftliche Verlangen dem Opfer sonst weder möglich noch zumutbar ist.[16] Der **Nachweis** des rechtzeitigen Zugangs des schriftlichen Verlangens ist vom Opfer zu führen,[17] wobei die fristgerechte gerichtliche Zustellung eines Antrages als »stärkste Form« des schriftlichen Verlangens ausreicht.[18]

c) Überwiegen der Täterinteressen

13   **Schwerwiegende Interessen des Täters** können der Überlassung der Wohnung an das Opfer unter Umständen entgegenstehen. Hierzu rechnen etwa die **Behinderung** oder **schwerwiegende Erkrankung** des Täters und die damit verbundene unzureichende oder unzumutbare Möglichkeit der Beschaffung von Ersatzwohnraum. Zu berücksichtigen sind auch die **Belange von Kindern des Täters,** für die das Opfer nicht sorgeberechtigt ist. Durch die Formulierung des Gesetzes (»soweit«) sollen in jedem Fall flexible Lösungen ermöglicht werden, die den Interessen aller Beteiligten gerecht werden. Aus diesem Grunde kommt, sofern dadurch ausreichender Schutz gewährleistet ist, auch die nur **teilweise** Überlassung der Wohnung an das Opfer in Betracht. Denkbar ist auch eine von Abs. 2 unabhängige **Befristung** der Überlassung.[19]

---

11   BT-Drucks. 14/5429 S. 31.
12   OLG Celle FamRZ 2009, 1751; OLG Jena FamRZ 2007, 1337; OLG Brandenburg NJW-RR 2006, 220.
13   OLG Brandenburg FamFR 2010, 449.
14   Palandt/Brudermüller § 2 Rn. 15.
15   BT-Drucks. 14/5429 S. 31.
16   Haussleiter/Schulz Kap. 10 Rn. 40.
17   Palandt/Brudermüller § 2 Rn. 7.
18   Haussleiter/Schulz Kap. 10 Rn. 37.
19   BT-Drucks. 14/5429 S. 42.

C. Rechtsfolge: Überlassung der Wohnung

I. Wohnungsüberlassung und Befristung

Hinsichtlich des Inhalts des Anspruchs auf Wohnungsüberlassung ist zwischen verschiedenen **14** dinglichen und obligatorischen Rechtslagen an der Wohnung zu differenzieren. Dabei werden hinsichtlich dinglicher Rechtspositionen das Grundeigentum, das Erbbaurecht, der Nießbrauch, das Wohnungseigentum, das Dauerwohnrecht und das dingliche Wohnrecht gleich behandelt (Abs. 2 Satz 4). Die unterschiedliche Regelung ist Folge des grundgesetzlich gebotenen und auch in diesem Verfahren geltenden Grundsatzes der Verhältnismäßigkeit. In bestehende Rechtsverhältnisse wird –ähnlich wie bei § 1361b BGB – nicht eingegriffen. Daraus folgt, dass der der Wohnung verwiesene (Mit-) Mieter seinen Status als Mieter nicht verliert und deshalb von dem Vermieter aus dem Mietvertrag in Anspruch genommen werden kann.[20] Eine Grundlage für die Verpflichtung des Täters, eine in der Nähe des Opfers gelegene Wohnung aufzugeben, bietet das GewSchG nicht.[21]

1. Das Opfer ist an der Wohnung allein berechtigt

Da § 2 Befristungen nur für den Fall vorsieht, in dem der Täter gemeinsam mit dem Opfer an der **15** Wohnung dinglich oder obligatorisch berechtigt ist, kann das Gericht die Wohnung im Falle der **Alleinberechtigung des Opfers** unbefristet und damit auch endgültig zur alleinigen Nutzung überlassen. Dasselbe gilt, wenn das Opfer gemeinsam mit einem **Dritten** an der Wohnung berechtigt ist. Allerdings soll auch das Opfer den nur mitbesitzenden Täter nicht ohne weiteres im Wege der **Selbsthilfe** aus der Wohnung weisen können.[22]

2. Täter und Opfer sind an der Wohnung gemeinsam berechtigt

Sind Täter und Opfer gemeinsam Eigentümer der Wohnung oder deren Mieter, so ist die Woh- **16** nungsüberlassung nach Abs. 2 Satz 1 zu **befristen**. Dabei wird **keine Höchstdauer** genannt. Im Einzelfall ist deshalb zu entscheiden, wie den Umständen des Einzelfalles, insbesondere den Möglichkeiten der Auflösung zu Grunde liegender Rechtsverhältnisse (Kündigung des Mietvertrages, Teilungsversteigerung betreffend das Miteigentum) am ehesten Rechnung getragen werden kann.[23]

3. Der Täter ist allein an der Wohnung berechtigt

Ist der Täter allein oder mit einem Dritten an der Wohnung berechtigt, so ist die Wohnungsüber- **17** lassung an das Opfer nach Abs. 2 Satz 1 **zwingend auf maximal 6 Monate zu befristen**. In diesen Fällen geht es nur darum, dem Opfer ausreichend Zeit zu geben, sich eine Ersatzwohnung zu beschaffen. Bei der Fristbestimmung ist somit vorrangig auf die Verhältnisse am örtlichen Wohnungsmarkt des Opfers abzustellen.

Unter besonderen Umständen ist nach Abs. 2 Satz 3 eine **Verlängerung** der Frist um höchstens **18** weitere 6 Monate möglich, wenn es dem Opfer innerhalb der zuvor bestimmten Frist nicht möglich war, sich angemessenen Wohnraum zu zumutbaren Bedingungen zu verschaffen und wenn überwiegende Belange des Täters oder eines Dritten dem nicht entgegen stehen. Geboten ist hier also eine **Abwägung der beiderseitigen Interessen**.

---

20 AG Ludwigsburg WuM 2004, 608.
21 OLG Karlsruhe FamRZ 2012, 455.
22 BT-Drucks. 14/5429 S. 19.
23 BT-Drucks. 14/5492 S. 31.

II. Beeinträchtigungs- und Vereitelungsverbot (Abs. 4)

19 Im Falle der Überlassung der Wohnung an die verletzte Person hat der Täter alles zu unterlassen, was die **Ausübung des Nutzungsrechts erschweren oder vereiteln** könnte. Hierzu zählt etwa die **Kündigung** des der Nutzung zu Grunde liegenden Mietverhältnisses. Streitig ist, ob die Norm eine Grundlage für ein Veräußerungsverbot darstellt. Während dessen Zulässigkeit nach den Vorstellungen des Gesetzgebers außer Frage steht,[24] wird andererseits argumentiert, dass die Norm keine hinreichende Grundlage für ein Veräußerungsverbot gibt.[25] Ein derartiges Verbot darf allerdings in keinem Fall weiter gehen, als dies der Zweck der Sicherung der Nutzung der Wohnung erfordert. So stände einem Verkauf nichts entgegen, wenn der Besitzübergang erst nach Beendigung der befristeten Nutzung erfolgen soll. Ein gerichtlich angeordnetes Veräußerungsverbot stellt ein Verbot i.S.d. § 136 BGB dar, beinhaltet mithin ein **relatives Veräußerungsverbot** mit der Folge, dass es Wirksamkeit nur gegenüber dem geschützten Opfer entfaltet.

20 Da mit den Regeln des GewSchG nicht in die **Rechte Dritter** eingegriffen werden kann, ist auch das Recht etwa des Vermieters zur Kündigung des Mietverhältnisses wegen Zahlungsverzuges nicht von dem Erschwerungsverbot des Abs. 4 beeinträchtigt. Die Rechtsposition der Beteiligten gegenüber Dritten soll nicht verbessert werden.[26]

21 Zu den begleitenden Maßnahmen nach Abs. 4 gehören auch solche Anordnungen, die auch nach § 1 Abs. 1 getroffen werden können. Dabei ist jedoch zu beachten, dass die Strafandrohung des § 4 ausdrücklich nur solche Maßnahmen erfasst, die auf § 1 gestützt sind, nicht auch solche, die ihre Grundlage in § 2 Abs. 4 haben.

III. Nutzungsvergütung (Abs. 5)

22 Soweit dies der **Billigkeit** entspricht, kann der Täter von dem Opfer als Gegenleistung für die Nutzung der Wohnung eine Vergütung verlangen. Die Regelung entspricht der des § 1361b Abs. 3 Satz 2 BGB, so dass auf die Ausführungen dazu verwiesen werden kann. Die Nutzungsvergütung wird regelmäßig dann nicht zu leisten sein, wenn die Nutzung der Wohnung bereits unterhaltsrechtlich Berücksichtigung gefunden hat, während Zahlung regelmäßig beansprucht werden kann, wenn der Täter allein oder mit einem Dritten an der Wohnung berechtigt ist. Der Antrag auf Nutzungsvergütung kann auch noch nach der Beendigung des Zuweisungsverfahrens gestellt werden.[27]

IV. Verfahren

23 Für Gewaltschutzverfahren ist nach dem Inkrafttreten des FamFG ausschließlich das **Familiengericht** zuständig (§§ 23a Abs. 1 Nr. 1 GVG, 111 Nr. 6, 210 FamFG). Die **örtliche Zuständigkeit** folgt aus § 211 FamFG. Danach ist vorrangig dasjenige Gericht zuständig, in dessen Bezirk die Tat begangen wurde. Daneben besteht die Zuständigkeit des Gerichts, in dessen Bezirk sich die gemeinsame Wohnung der Beteiligten befindet oder in dessen Bezirk der Antragsgegner seinen gewöhnlichen Aufenthalt hat. Zu beteiligen ist auf seinen Antrag des Jugendamt, sofern ein Kind im Haushalt lebt (§ 212 FamFG). Der **Wert** der Hauptsache beläuft sich nach § 49 Abs. 1 FamGKG auf 3.000 €, der einer einstweiligen Anordnung in der Regel auf 1.500 €.[28]

24 **Einstweiliger Rechtsschutz** ist gemäß § 214 FamFG in Form der einstweiligen Anordnung gegeben. Die einstweilige Anordnung kann nach § 214 Abs. 2 FamFG, wenn dies gesondert angeord-

---

24 BT-Drucks. 14/5429 S. 21.
25 So zu § 1361b BGB: Brudermüller FamRZ 2003, 1705; Finger FuR 2006, 241.
26 BT-Drucks. 14/5492 S. 42.
27 OLG Hamm FamRZ 2006, 50.
28 Schulte-Bunert/Weinreich/Keske § 49 FamGKG Rn. 6.

net wird, schon vor ihrer Zustellung an den Antragsgegner vollstreckt werden, wodurch erneute Gewalt durch den Täter verhindert werden soll.

Die **Vollstreckung** erfolgt nach §§ 95, 96 FamFG, die ihrerseits auf die ZPO verweisen. **25**

§ 3 Geltungsbereich, Konkurrenzen

(1) Steht die verletzte oder bedrohte Person im Zeitpunkt einer Tat nach § 1 Abs. 1 oder Abs. 2 Satz 1 unter elterlicher Sorge, Vormundschaft oder unter Pflegschaft, so treten im Verhältnis zu den Eltern und zu sorgeberechtigten Personen an die Stelle von §§ 1 und 2 die für das Sorgerechts-, Vormundschafts- oder Pflegschaftsverhältnis maßgebenden Vorschriften.

(2) Weiter gehende Ansprüche der verletzten Person werden durch dieses Gesetz nicht berührt.

A. Allgemeines

§ 3 stellt in Abs. 1 klar, dass das GewSchG bei Anwendung von Gewalt durch Erwachsene gegen **1** in ihrem Haushalt lebende Kinder keine Anwendung findet. Abs. 2 regelt die Konkurrenzen dahingehend, dass weitergehende Ansprüche der verletzten Person nicht berührt werden.

B. Gewalt im Generationenverhältnis

Nach Abs. 1 findet das GewSchG keine Anwendung, wenn die **verletzte oder bedrohte Person** im **2** Zeitpunkt der Tat unter **elterlicher Sorge**, **Vormundschaft** oder unter **Pflegschaft** stand. In diesen Fällen treten im Verhältnis zu den Eltern und zu sorgeberechtigten Personen an die Stelle der §§ 1 und 2 die für das Sorgerechts-, Vormundschafts- oder Pflegschaftsverhältnis maßgebenden Vorschriften. Das heißt, dass im Eltern – Kind – Bereich ausschließlich die familienrechtlichen Vorschriften über die elterliche Sorge und den Umgang sowie das Kinder- und Jugendhilferecht des § 3 SGB VIII gelten.

Üben mithin **Eltern Gewalt gegen ihre Kinder** aus, so können Maßnahmen nur nach § 1666 **3** BGB unter den dort genannten Voraussetzungen ergriffen werden. Bei Vormundschaft und Pflegschaft gelten die Vorschriften der §§ 1837 Abs. 2, 1886 und 1915 Abs. 1 BGB als leges speciales. Kinder haben demnach auch kein eigenes Antragsrecht nach dem GewSchG.[1]

Durch die Neufassung des § 1666a BGB wurde klargestellt, dass ein mit dem Kind im selben **4** Haushalt zusammen lebender **Dritter**, beispielsweise der neue Partner der Kindesmutter, der das Kindeswohl gefährdet, aus der Wohnung gewiesen werden kann.[2] Da in diesem Fall kein Sorgerechtsverhältnis besteht und Abs. 1 somit die Anwendung der Vorschriften des GewSchG nicht ausschließt, kann hier ggf. sowohl nach §§ 1, 2 GewSchG als auch nach § 1666 BGB vorgegangen werden.[3] Das kann unter Umständen deshalb bedeutsam sein, weil zwar das GewSchG eine schnellere Vollstreckbarkeit ermöglicht, andererseits aber stets einen Antrag voraussetzt, während Maßnahmen nach § 1666 BGB auch von Amts wegen ergriffen werden können.

Wird die **Gewalt durch das Kind gegen seine Eltern**, den Vormund oder Pfleger ausgeübt, sind **5** nach § 3 Abs. 1 die Vorschriften der §§ 1 und 2 wiederum anwendbar.[4] Die **Unterstützungspflicht** des Jugendamtes folgt aus § 42 Abs. 3 SGB VIII.

---

1 KG FPR 2004, 267.
2 Janzen FamRZ 2002, 785, 787.
3 OLG Karlsruhe FamRZ 2012, 460.
4 BT-Drucks. 14/5428 S. 32.

C. Konkurrenzen (Abs. 2)

6 Das GewSchG schließt weitergehende Ansprüche des Opfers wegen einer Gewalttat nicht aus. Hierzu zählen insbesondere **Ansprüche auf Schadensersatz** (§§ 823 ff. BGB) oder auch auf vorläufige Alleinnutzung der Ehewohnung nach **§ 1361b BGB**. Eheleute können daher im Verhältnis zueinander ggf. die Überlassung der Ehewohnung sowohl nach § 2 GewSchG als auch nach § 1361b BGB verlangen.[5]

§ 4 Strafvorschriften

[1]Wer einer bestimmten vollstreckbaren Anordnung nach § 1 Abs. 1 Satz 1 oder 3, jeweils auch in Verbindung mit Abs. 2 Satz 1, zuwiderhandelt, wird mit Freiheitsstrafe bis zu einem Jahr oder mit Geldstrafe bestraft. [2]Die Strafbarkeit nach anderen Vorschriften bleibt unberührt.

---

5 S.o. § 1361b Rn. 62; so auch: Haussleiter/Schulz Kap. 10 Rn. 46; a.A.: Brudermüller FamRZ 2003, 1705, 1707.

Einkommensteuergesetz (EStG)[1]

§ 10 Art der Aufwendungen

(1) [1]Sonderausgaben sind die folgenden Aufwendungen, wenn sie weder Betriebsausgaben noch Werbungskosten sind oder wie Betriebsausgaben oder Werbungskosten behandelt werden:

1. Unterhaltsleistungen an den geschiedenen oder dauernd getrennt lebenden unbeschränkt einkommensteuerpflichtigen Ehegatten, wenn der Geber dies mit Zustimmung des Empfängers beantragt, bis zu 13.805 Euro im Kalenderjahr. [2]Der Höchstbetrag nach Satz 1 erhöht sich um den Betrag der im jeweiligen Veranlagungszeitraum nach Absatz 1 Nummer 3 für die Absicherung des geschiedenen oder dauernd getrennt lebenden unbeschränkt einkommensteuerpflichtigen Ehegatten aufgewandten Beiträge. [1] Der Antrag kann jeweils nur für ein Kalenderjahr gestellt und nicht zurückgenommen werden. Die Zustimmung ist mit Ausnahme der nach § 894 Absatz 1 der Zivilprozessordnung als erteilt geltenden bis auf Widerruf wirksam. Der Widerruf ist vor Beginn des Kalenderjahres, für das die Zustimmung erstmals nicht gelten soll, gegenüber dem Finanzamt zu erklären. Die Sätze 1 bis 5 gelten für Fälle der Nichtigkeit oder der Aufhebung der Ehe entsprechend;

1a. auf besonderen Verpflichtungsgründen beruhende, lebenslange und wiederkehrende Versorgungsleistungen, die nicht mit Einkünften in wirtschaftlichem Zusammenhang stehen, die bei der Veranlagung außer Betracht bleiben, wenn der Empfänger unbeschränkt einkommensteuerpflichtig ist. [2]Dies gilt nur für

   a) Versorgungsleistungen im Zusammenhang mit der Übertragung eines Mitunternehmeranteils an einer Personengesellschaft, die eine Tätigkeit im Sinne der §§ 13, 15 Absatz 1 Satz 1 Nummer 1 oder des § 18 Absatz 1 ausübt,

   b) Versorgungsleistungen im Zusammenhang mit der Übertragung eines Betriebs oder Teilbetriebs, sowie

   c) Versorgungsleistungen im Zusammenhang mit der Übertragung eines mindestens 50 Prozent betragenden Anteils an einer Gesellschaft mit beschränkter Haftung, wenn der Übergeber als Geschäftsführer tätig war und der Übernehmer diese Tätigkeit nach der Übertragung übernimmt.

   Satz 2 gilt auch für den Teil der Versorgungsleistungen, der auf den Wohnteil eines Betriebs der Land- und Forstwirtschaft entfällt;[2]

1b. Ausgleichszahlungen im Rahmen des Versorgungsausgleichs nach den §§ 20, 21, 22 und 26 des Versorgungsausgleichsgesetzes, §§ 1587f, 1587g, 1587i des Bürgerlichen Gesetzbuchs und § 3a des Gesetzes zur Regelung von Härten im Versorgungsausgleich[3], soweit die ihnen zu Grunde liegenden Einnahmen bei der ausgleichspflichtigen Person der Besteuerung unterliegen, wenn die ausgleichsberechtigte Person unbeschränkt einkommensteuerpflichtig ist;[4]

2. a) Beiträge zu den gesetzlichen Rentenversicherungen oder landwirtschaftlichen Alterskassen sowie zu berufsständischen Versorgungseinrichtungen, die den gesetzlichen Rentenversicherungen vergleichbare Leistungen erbringen;

---

1 Das Kapitel wurde bis zur 3. Aufl. von Rechtsanwalt Pedro Schöppe-Fredenburg, Regensburg bearbeitet.

1 § 10 Absatz 1 Nummer 1 Satz 2 EStG eingefügt durch Artikel 1 des Bürgerentlastungsgesetzes Krankenversicherung vom 16. Juli 2009 (BGBl. I S. 1959), anzuwenden ab dem Veranlagungszeitraum 2010

2 § 10 Absatz 1 Nummer 1a EStG in der Fassung des Artikels 1 des Jahressteuergesetzes 2008 (JStG 2008) vom 20. Dezember 2007 (BGBl. I S. 3150) – siehe Anwendungsvorschrift § 52 Absatz 23g EStG 2009

3 Müsste lauten: §§ 25 und 26 des Versorgungsausgleichsgesetzes

4 § 10 Absatz 1 Nummer 1b EStG in der Fassung des Artikels 1 des Jahressteuergesetzes 2010 (JStG 2010) vom 8. Dezember 2010 (BGBl. I S. 1768), siehe auch Anwendungsvorschrift § 52 Absatz 34c EStG 2009

b) Beiträge des Steuerpflichtigen zum Aufbau einer eigenen kapitalgedeckten Altersversorgung, wenn der Vertrag nur die Zahlung einer monatlichen auf das Leben des Steuerpflichtigen bezogenen lebenslangen Leibrente nicht vor Vollendung des 60. Lebensjahres oder die ergänzende Absicherung des Eintritts der Berufsunfähigkeit (Berufsunfähigkeitsrente), der verminderten Erwerbsfähigkeit (Erwerbsminderungsrente) oder von Hinterbliebenen (Hinterbliebenenrente) vorsieht; Hinterbliebene in diesem Sinne sind der Ehegatte des Steuerpflichtigen und die Kinder, für die er Anspruch auf Kindergeld oder auf einen Freibetrag nach § 32 Absatz 6 hat; der Anspruch auf Waisenrente darf längstens für den Zeitraum bestehen, in dem der Rentenberechtigte die Voraussetzungen für die Berücksichtigung als Kind im Sinne des § 32 erfüllt; die genannten Ansprüche dürfen nicht vererblich, nicht übertragbar, nicht beleihbar, nicht veräußerbar und nicht kapitalisierbar sein und es darf darüber hinaus kein Anspruch auf Auszahlungen bestehen.[5]

[2]Zu den Beiträgen nach den Buchstaben a und b ist der nach § 3 Nummer 62 steuerfreie Arbeitgeberanteil zur gesetzlichen Rentenversicherung und ein diesem gleichgestellter steuerfreier Zuschuss des Arbeitgebers hinzuzurechnen. Beiträge nach § 168 Absatz 1 Nummer 1b oder 1c oder nach § 172 Absatz 3 oder 3a des Sechsten Buches Sozialgesetzbuch werden abweichend von Satz 2 nur auf Antrag des Steuerpflichtigen hinzugerechnet;[6]

3. Beiträge zu
   a) Krankenversicherungen, soweit diese zur Erlangung eines durch das Zwölfte Buch Sozialgesetzbuch bestimmten sozialhilfegleichen Versorgungsniveaus erforderlich sind. [2]Für Beiträge zur gesetzlichen Krankenversicherung sind dies die nach dem Dritten Titel des Ersten Abschnitts des Achten Kapitels des Fünften Buches Sozialgesetzbuch oder die nach dem Sechsten Abschnitt des Zweiten Gesetzes über die Krankenversicherung der Landwirte festgesetzten Beiträge. Für Beiträge zu einer privaten Krankenversicherung sind dies die Beitragsanteile, die auf Vertragsleistungen entfallen, die, mit Ausnahme der auf das Krankengeld entfallenden Beitragsanteile, in Art, Umfang und Höhe den Leistungen nach dem Dritten Kapitel des Fünften Buches Sozialgesetzbuch vergleichbar sind, auf die ein Anspruch besteht; § 12 Absatz 1d des Versicherungsaufsichtsgesetzes in der Fassung der Bekanntmachung vom 17. Dezember 1992 (BGBl. 1993 I S. 2), das zuletzt durch Artikel 4 und 6 Absatz 2 des Gesetzes vom 17. Oktober 2008 (BGBl. I S. 1982) geändert worden ist, gilt entsprechend. Wenn sich aus den Krankenversicherungsbeiträgen nach Satz 2 ein Anspruch auf Krankengeld oder ein Anspruch auf eine Leistung, die anstelle von Krankengeld gewährt wird, ergeben kann, ist der jeweilige Beitrag um 4 Prozent zu vermindern;
   b) gesetzlichen Pflegeversicherungen (soziale Pflegeversicherung und private Pflege-Pflichtversicherung).

[2]Als eigene Beiträge des Steuerpflichtigen werden auch die vom Steuerpflichtigen im Rahmen der Unterhaltsverpflichtung getragenen eigenen Beiträge im Sinne des Buchstaben a oder des Buchstaben b eines Kindes behandelt, für das ein Anspruch auf einen Freibetrag nach § 32 Absatz 6 oder auf Kindergeld besteht. Hat der Steuerpflichtige in den Fällen des Absatzes 1 Nummer 1 eigene Beiträge im Sinne des Buchstaben a oder des Buchstaben b zum Erwerb einer Krankenversicherung oder gesetzlichen Pflegeversicherung für einen geschiedenen oder dauernd getrennt lebenden unbeschränkt einkommensteuerpflichtigen Ehegatten geleistet, dann werden diese abweichend von Satz 1 als eigene Beiträge des geschiedenen oder dauernd getrennt lebenden unbeschränkt einkommensteuerpflichtigen Ehegatten behandelt. Beiträge, die für nach Ablauf des Veranlagungszeitraums beginnende Beitragsjahre geleistet werden und in der Summe das Zweieinhalbfache der auf den Veranla-

---

5   zur Anwendung des § 10 Absatz 1 Nummer 2 Buchstabe b Satz 1 EStG für Vertragsabschlüsse nach dem 31. Dezember 2011 siehe Anwendungsvorschrift § 52 Absatz 24 Satz 1 EStG 2009
6   § 10 Absatz 1 Nummer 2 Satz 3 EStG angefügt durch Artikel 1 des Jahressteuergesetzes 2008 (JStG 2008) vom 20. Dezember 2007 (BGBl. I S. 3150)

gungszeitraum entfallenden Beiträge überschreiten, sind in dem Veranlagungszeitraum anzusetzen, für den sie geleistet wurden; dies gilt nicht für Beiträge, soweit sie der unbefristeten Beitragsminderung nach Vollendung des 62. Lebensjahrs dienen;[7] [8]

3a. Beiträge zu Kranken- und Pflegeversicherungen, soweit diese nicht nach Nummer 3 zu berücksichtigen sind; Beiträge zu Versicherungen gegen Arbeitslosigkeit, zu Erwerbs- und Berufsunfähigkeitsversicherungen, die nicht unter Nummer 2 Satz 1 Buchstabe b fallen, zu Unfall- und Haftpflichtversicherungen sowie zu Risikoversicherungen, die nur für den Todesfall eine Leistung vorsehen; Beiträge zu Versicherungen im Sinne des § 10 Absatz 1 Nummer 2 Buchstabe b Doppelbuchstabe bb bis dd in der am 31. Dezember 2004 geltenden Fassung, wenn die Laufzeit dieser Versicherungen vor dem 1. Januar 2005 begonnen hat und ein Versicherungsbeitrag bis zum 31. Dezember 2004 entrichtet wurde; § 10 Absatz 1 Nummer 2 Satz 2 bis 6 und Absatz 2 Satz 2 in der am 31. Dezember 2004 geltenden Fassung ist in diesen Fällen weiter anzuwenden;[9]

4. gezahlte Kirchensteuer; dies gilt nicht, soweit die Kirchensteuer als Zuschlag zur Kapitalertragsteuer oder als Zuschlag auf die nach dem gesonderten Tarif des § 32d Absatz 1 ermittelte Einkommensteuer gezahlt wurde;[10]

5. zwei Drittel der Aufwendungen, höchstens 4.000 Euro je Kind, für Dienstleistungen zur Betreuung eines zum Haushalt des Steuerpflichtigen gehörenden Kindes im Sinne des § 32 Absatz 1, welches das 14. Lebensjahr noch nicht vollendet hat oder wegen einer vor Vollendung des 25. Lebensjahres eingetretenen körperlichen, geistigen oder seelischen Behinderung außerstande ist, sich selbst zu unterhalten. ²Dies gilt nicht für Aufwendungen für Unterricht, die Vermittlung besonderer Fähigkeiten sowie für sportliche und andere Freizeitbetätigungen. ³Ist das zu betreuende Kind nicht nach § 1 Absatz 1 oder Absatz 2 unbeschränkt einkommensteuerpflichtig, ist der in Satz 1 genannte Betrag zu kürzen, soweit es nach den Verhältnissen im Wohnsitzstaat des Kindes notwendig und angemessen ist. ⁴Voraussetzung für den Abzug der Aufwendungen nach Satz 1 ist, dass der Steuerpflichtige für die Aufwendungen eine Rechnung erhalten hat und die Zahlung auf das Konto des Erbringers der Leistung erfolgt ist;[11]

6. (weggefallen)

---

7 § 10 Absatz 1 Nummer 3 Satz 4 EStG angefügt durch Artikel 1 des Jahressteuergesetzes 2010 (JStG 2010) vom 8. Dezember 2010 (BGBl. I S. 1768), erstmals anzuwenden für den Veranlagungszeitraum 2011 – siehe Anwendungsvorschrift § 52 Absatz 24 Satz 3 EStG 2009

8 § 10 Absatz 1 Nummer 3 EStG in der Fassung des Artikels 1 des Bürgerentlastungsgesetzes Krankenversicherung vom 16. Juli 2009 (BGBl. I S. 1959), anzuwenden ab dem Veranlagungszeitraum 2010

9 § 10 Absatz 1 Nummer 3a EStG angefügt durch Artikel 1 des Bürgerentlastungsgesetzes Krankenversicherung vom 16. Juli 2009 (BGBl. I S. 1959), anzuwenden ab dem Veranlagungszeitraum 2010

10 § 10 Absatz 1 Nummer 4 EStG in der Fassung des Artikels 1 des Jahressteuergesetzes 2010 (JStG 2010) vom 8. Dezember 2010 (BGBl. I S. 1768), erstmals anzuwenden ab dem Veranlagungszeitraum 2011 – siehe Anwendungsvorschrift § 52 Absatz 24a Satz 1 EStG 2009. Zur Anwendung auf Kapitalerträge, die nach dem 31. Dezember 2008 zufließen und auf die § 51a Absatz 2b bis 2d anzuwenden ist, siehe Anwendungsvorschrift § 52a Absatz 7 EStG 2009

11 § 10 Absatz 1 Nummer 5 EStG eingefügt durch Artikel 1 des Steuervereinfachungsgesetzes 2011 vom 1. November 2011 (BGBl. I S. 2131), anzuwenden ab dem Veranlagungszeitraum 2012 – siehe Anwendungsvorschrift § 52 Absatz 1 EStG 2009 und Artikel 18 Absatz 1 des Steuervereinfachungsgesetzes 2011. Gilt auch für Kinder, die wegen einer vor dem 1. Januar 2007 in der Zeit ab Vollendung des 25. Lebensjahres und vor Vollendung des 27. Lebensjahres eingetretenen körperlichen, geistigen oder seelischen Behinderung außerstande sind, sich selbst zu unterhalten – siehe Anwendungsvorschrift § 52 Absatz 24a Satz 2 EStG 2009.

7. Aufwendungen für die eigene Berufsausbildung bis zu 6.000 Euro im Kalenderjahr.[12] ²Bei Ehegatten, die die Voraussetzungen des § 26 Absatz 1 Satz 1 erfüllen, gilt Satz 1 für jeden Ehegatten. Zu den Aufwendungen im Sinne des Satzes 1 gehören auch Aufwendungen für eine auswärtige Unterbringung. § 4 Absatz 5 Satz 1 Nummer 5 und 6b, § 9 Absatz 1 Satz 3 Nummer 4 und 5 und Absatz 2 sind bei der Ermittlung der Aufwendungen anzuwenden;[13]

8. (weggefallen)[14]

9. 30 Prozent des Entgelts, höchstens 5.000 Euro, das der Steuerpflichtige für ein Kind, für das er Anspruch auf einen Freibetrag nach § 32 Absatz 6 oder auf Kindergeld hat, für dessen Besuch einer Schule in freier Trägerschaft oder einer überwiegend privat finanzierten Schule entrichtet, mit Ausnahme des Entgelts für Beherbergung, Betreuung und Verpflegung. ²Voraussetzung ist, dass die Schule in einem Mitgliedstaat der Europäischen Union oder in einem Staat belegen ist, auf den das Abkommen über den Europäischen Wirtschaftsraum Anwendung findet, und die Schule zu einem von dem zuständigen inländischen Ministerium eines Landes, von der Kultusministerkonferenz der Länder oder von einer inländischen Zeugnisanerkennungsstelle anerkannten oder einem inländischen Abschluss an einer öffentlichen Schule als gleichwertig anerkannten allgemein bildenden oder berufsbildenden Schul-, Jahrgangs- oder Berufsabschluss führt. Der Besuch einer anderen Einrichtung, die auf einen Schul-, Jahrgangs- oder Berufsabschluss im Sinne des Satzes 2 ordnungsgemäß vorbereitet, steht einem Schulbesuch im Sinne des Satzes 1 gleich. Der Besuch einer Deutschen Schule im Ausland steht dem Besuch einer solchen Schule gleich, unabhängig von ihrer Belegenheit. Der Höchstbetrag nach Satz 1 wird für jedes Kind, bei dem die Voraussetzungen vorliegen, je Elternpaar nur einmal gewährt.[15]

(2) [16] ¹Voraussetzung für den Abzug der in Absatz 1 Nummer 2, 3 und 3a bezeichneten Beträge (Vorsorgeaufwendungen) ist, dass sie

1. nicht in unmittelbarem wirtschaftlichen Zusammenhang mit steuerfreien Einnahmen stehen; steuerfreie Zuschüsse zu einer Kranken- oder Pflegeversicherung stehen insgesamt in unmittelbarem wirtschaftlichen Zusammenhang mit den Vorsorgeaufwendungen im Sinne des Absatzes 1 Nummer 3,

2. a) an Versicherungsunternehmen, die ihren Sitz oder ihre Geschäftsleitung in einem Mitgliedstaat der Europäischen Gemeinschaft oder einem anderen Vertragsstaat des Europäischen Wirtschaftsraums haben und das Versicherungsgeschäft im Inland betreiben dürfen, und Versicherungsunternehmen, denen die Erlaubnis zum Geschäftsbetrieb im Inland erteilt ist,

   b) an berufsständische Versorgungseinrichtungen,

---

12 § 10 Absatz 1 Nummer 7 Satz 1 EStG in der Fassung des Artikels 2 des Beitreibungsrichtlinie-Umsetzungsgesetzes vom 7. Dezember 2011 (BGBl. I S. 2592, erstmals anzuwenden Veranlagungszeiträume ab 2012 – siehe Anwendungsvorschrift § 52 Absatz 24a Satz 3 EStG 2009

13 § 10 Absatz 1 Nummer 7 Satz 4 EStG in der Fassung des Artikels 1 des Gesetzes zur Fortführung der Gesetzeslage 2006 bei der Entfernungspauschale vom 20. April 2009 (BGBl. I S. 774) – siehe Anwendungsvorschrift § 52 Absatz 24a EStG 2009

14 § 10 Absatz 1 Nummer 8 EStG aufgehoben durch Artikel 1 des Familienleistungsgesetzes vom 22. Dezember 2008 (BGBl. I S. 2955)

15 § 10 Absatz 1 Nummer 9 EStG in der Fassung des Artikels 1 des Jahressteuergesetzes 2009 (JStG 2009) vom 19. Dezember 2008 (BGBl. I S. 2794) – siehe Anwendungsvorschrift § 52 Absatz 24a Satz 1 EStG 2009; zur Anwendung bei noch nicht bestandskräftigen Veranlagungen vor 2008 siehe Anwendungsvorschrift § 52 Absatz 24a Satz 2 EStG 2009

16 § 10 Absatz 2 EStG in der Fassung des Artikels 1 des Bürgerentlastungsgesetzes Krankenversicherung vom 16. Juli 2009 (BGBl. I S. 1959), anzuwenden ab dem Veranlagungszeitraum 2010

c) an einen Sozialversicherungsträger oder
d) an einen Anbieter im Sinne des § 80

geleistet werden.

Vorsorgeaufwendungen nach Absatz 1 Nummer 2 Buchstabe b werden nur berücksichtigt, wenn

1. die Beiträge zugunsten eines Vertrags geleistet wurden, der nach § 5a des Altersvorsorgever-träge-Zertifizierungsgesetzes zertifiziert ist, wobei die Zertifizierung Grundlagenbescheid im Sinne des § 171 Absatz 10 der Abgabenordnung ist, und
2. der Steuerpflichtige gegenüber dem Anbieter in die Datenübermittlung nach Absatz 2a ein-gewilligt hat. [17]

Vorsorgeaufwendungen nach Absatz 1 Nummer 3 werden nur berücksichtigt, wenn der Steuer-pflichtige gegenüber dem Versicherungsunternehmen, dem Träger der gesetzlichen Kranken- und Pflegeversicherung oder der Künstlersozialkasse in die Datenübermittlung nach Absatz 2a eingewilligt hat; die Einwilligung gilt für alle sich aus dem Versicherungsverhältnis ergebenden Zahlungsverpflichtungen als erteilt, wenn die Beiträge mit der elektronischen Lohnsteuerbe-scheinigung (§ 41b Absatz 1 Satz 2) oder der Rentenbezugsmitteilung (§ 22a Absatz 1 Satz 1 Nummer 5) übermittelt werden. [18]

(2a) [19] ¹Der Steuerpflichtige hat in die Datenübermittlung nach Absatz 2 gegenüber der über-mittelnden Stelle schriftlich einzuwilligen, spätestens bis zum Ablauf des zweiten Kalenderjah-res, das auf das Beitragsjahr (Kalenderjahr, in dem die Beiträge geleistet worden sind) folgt; übermittelnde Stelle ist bei Vorsorgeaufwendungen nach Absatz 1 Nummer 2 Buchstabe b der Anbieter, bei Vorsorgeaufwendungen nach Absatz 1 Nummer 3 das Versicherungsunternehmen, der Träger der gesetzlichen Kranken- und Pflegeversicherung oder die Künstlersozialkasse. Die Einwilligung gilt auch für die folgenden Beitragsjahre, es sei denn, der Steuerpflichtige wider-ruft diese schriftlich gegenüber der übermittelnden Stelle. Der Widerruf muss vor Beginn des Beitragsjahres, für das die Einwilligung erstmals nicht mehr gelten soll, der übermittelnden Stelle vorliegen. Die übermittelnde Stelle hat bei Vorliegen einer Einwilligung

1. nach Absatz 2 Satz 2 Nummer 2 die Höhe der im jeweiligen Beitragsjahr geleisteten und erstatteten Beiträge nach Absatz 1 Nummer 2 Buchstabe b und die Zertifizierungsnummer,
2. nach Absatz 2 Satz 3 die Höhe der im jeweiligen Beitragsjahr geleisteten und erstatteten Bei-träge nach Absatz 1 Nummer 3, soweit diese nicht mit der elektronischen Lohnsteuerbe-scheinigung oder der Rentenbezugsmitteilung zu übermitteln sind,

unter Angabe der Vertrags- oder Versicherungsdaten, des Datums der Einwilligung und der Identifikationsnummer (§ 139b der Abgabenordnung) nach amtlich vorgeschriebenem Daten-

---

17 Zur Anwendung des § 10 Absatz 2 Satz 2 Nummer 2 EStG in der Fassung des Artikels 1 des Bürgerent-lastungsgesetzes Krankenversicherung vom 16. Juli 2009 (BGBl. I S. 1959) für Verträge, bei denen das Versicherungsverhältnis vor dem 1. Januar 2011 bestanden hat, siehe Anwendungsvorschrift § 52 Absatz 24 Satz 2 EStG 2009

18 § 10 Absatz 2 Satz 3 EStG in der Fassung des Artikels 1 des Jahressteuergesetzes 2010 (JStG 2010) vom 8. Dezember 2010 (BGBl. I S. 1768), erstmals anzuwenden für die Übermittlung der Daten des Veranla-gungszeitraums 2011 – siehe Anwendungsvorschrift § 52 Absatz 24 Satz 4 EStG 2009. Zur Anwendung des § 10 Absatz 2 Satz 3 EStG in der Fassung des Artikels 1 des Bürgerentlastungsgesetzes Krankenversi-cherung vom 16. Juli 2009 (BGBl. I S. 1959) für Verträge, bei denen das Versicherungsverhältnis vor dem 1. Januar 2011 bestanden hat, siehe Anwendungsvorschrift § 52 Absatz 24 Satz 2 EStG 2009. § 10 Absatz 2 Satz 4 und 5 EStG aufgehoben durch Artikel 2 des Beitreibungsrichtlinie-Umsetzungsgesetzes vom 7. Dezember 2011 (BGBl. I S. 2592), anzuwenden für Veranlagungszeiträume ab 2011 – siehe Arti-kel 25 Absatz 4 des Beitreibungsrichtlinie-Umsetzungsgesetzes.

19 § 10 Absatz 2a EStG angefügt durch Artikel 1 des Bürgerentlastungsgesetzes Krankenversicherung vom 16. Juli 2009 (BGBl. I S. 1959), anzuwenden ab dem Veranlagungszeitraum 2010

satz durch Datenfernübertragung an die zentrale Stelle (§ 81) bis zum 28. Februar des dem Beitragsjahr folgenden Kalenderjahres zu übermitteln; sind Versicherungsnehmer und versicherte Person nicht identisch, sind zusätzlich die Identifikationsnummer und das Geburtsdatum des Versicherungsnehmers anzugeben. [20] § 22a Absatz 2 gilt entsprechend. Wird die Einwilligung nach Ablauf des Beitragsjahres, jedoch innerhalb der in Satz 1 genannten Frist abgegeben, sind die Daten bis zum Ende des folgenden Kalendervierteljahres zu übermitteln. Stellt die übermittelnde Stelle fest, dass

1. die an die zentrale Stelle übermittelten Daten unzutreffend sind oder
2. der zentralen Stelle ein Datensatz übermittelt wurde, obwohl die Voraussetzungen hierfür nicht vorlagen,

ist dies unverzüglich durch Übermittlung eines Datensatzes an die zentrale Stelle zu korrigieren oder zu stornieren. Ein Steuerbescheid ist zu ändern, soweit

1. Daten nach den Sätzen 4, 6 oder Satz 7 vorliegen oder
2. eine Einwilligung in die Datenübermittlung nach Absatz 2 Satz 2 Nummer 2 oder nach Absatz 2 Satz 3 nicht vorliegt

und sich hierdurch eine Änderung der festgesetzten Steuer ergibt. [21] Die übermittelnde Stelle hat den Steuerpflichtigen über die Höhe der nach den Sätzen 4, 6 oder Satz 7 übermittelten Beiträge für das Beitragsjahr zu unterrichten. § 150 Absatz 6 der Abgabenordnung gilt entsprechend. Das Bundeszentralamt für Steuern kann die bei Vorliegen der Einwilligung nach Absatz 2 Satz 3 zu übermittelnden Daten prüfen; die §§ 193 bis 203 der Abgabenordnung sind sinngemäß anzuwenden. Wer vorsätzlich oder grob fahrlässig eine unzutreffende Höhe der Beiträge im Sinne des Absatzes 1 Nummer 3 übermittelt, haftet für die entgangene Steuer. Diese ist mit 30 Prozent des zu hoch ausgewiesenen Betrags anzusetzen.

(3) [22] ¹Vorsorgeaufwendungen nach Absatz 1 Nummer 2 Satz 2 sind bis zu 20.000 Euro zu berücksichtigen. Bei zusammenveranlagten Ehegatten verdoppelt sich der Höchstbetrag. Der Höchstbetrag nach Satz 1 oder 2 ist bei Steuerpflichtigen, die

---

20 § 10 Absatz 2a Satz 4 EStG in der Fassung des Artikels 1 des Jahressteuergesetzes 2010 (JStG 2010) vom 8. Dezember 2010 (BGBl. I S. 1768), erstmals anzuwenden für die Übermittlung der Daten des Veranlagungszeitraums 2011 – siehe Anwendungsvorschrift § 52 Absatz 24 Satz 4 EStG 2009
21 § 10 Absatz 2a Satz 8 EStG in der Fassung des Artikels 2 des Beitreibungsrichtlinie-Umsetzungsgesetzes vom 7. Dezember 2011 (BGBl. I S. 2592), gilt auch für den Veranlagungszeitraum 2011 sowie für den Veranlagungszeitraum 2010, soweit am 14. Dezember 2011 noch keine erstmalige Steuerfestsetzung erfolgt ist – siehe Anwendungsvorschrift § 52 Absatz 24 Satz 5 EStG 2009
22 **Entscheidung des Bundesverfassungsgerichts**
Vom 27. März 2008 (BGBl. I S. 540)
Aus dem Beschluss des Bundesverfassungsgerichts vom 13. Februar 2008 – 2 BvL 1/06 – wird die Entscheidungsformel veröffentlicht:
1. § 10 Absatz 1 Nr. 2 Buchstabe a in Verbindung mit § 10 Absatz 3 Einkommensteuergesetz in der für den Veranlagungszeitraum 1997 geltenden Fassung und alle nachfolgenden Fassungen einschließlich der zum 1. Januar 2005 durch das Alterseinkünftegesetz vom 5. Juli 2004 (BGBl. I S. 1427) in Kraft getretenen Nachfolgevorschrift des § 10 Absatz 1 Nr. 3 Buchstabe a in Verbindung mit § 10 Absatz 4 Einkommensteuergesetz sind mit Artikel 1 Absatz 1 in Verbindung mit Artikel 20 Absatz 1, Artikel 3 Absatz 1 und Artikel 6 Absatz 1 des Grundgesetzes unvereinbar, soweit nach Maßgabe der Gründe der Sonderausgabenabzug die Beiträge zu einer privaten Krankheitskostenversicherung (Vollversicherung) und einer privaten Pflegepflichtversicherung nicht ausreichend erfasst, die dem Umfang nach erforderlich sind, um dem Steuerpflichtigen und seiner Familie eine sozialhilfegleiche Kranken- und Pflegeversorgung zu gewährleisten.

1. Arbeitnehmer sind und die während des ganzen oder eines Teils des Kalenderjahres
   a) in der gesetzlichen Rentenversicherung versicherungsfrei oder auf Antrag des Arbeitgebers von der Versicherungspflicht befreit waren und denen für den Fall ihres Ausscheidens aus der Beschäftigung auf Grund des Beschäftigungsverhältnisses eine lebenslängliche Versorgung oder an deren Stelle eine Abfindung zusteht oder die in der gesetzlichen Rentenversicherung nachzuversichern sind oder
   b) nicht der gesetzlichen Rentenversicherungspflicht unterliegen, eine Berufstätigkeit ausgeübt und im Zusammenhang damit auf Grund vertraglicher Vereinbarungen Anwartschaftsrechte auf eine Altersversorgung erworben haben, oder[23]
2. Einkünfte im Sinne des § 22 Nummer 4 erzielen und die ganz oder teilweise ohne eigene Beitragsleistung einen Anspruch auf Altersversorgung erwerben,

um den Betrag zu kürzen, der, bezogen auf die Einnahmen aus der Tätigkeit, die die Zugehörigkeit zum genannten Personenkreis begründen, dem Gesamtbeitrag (Arbeitgeber- und Arbeitnehmeranteil) zur allgemeinen Rentenversicherung entspricht. Im Kalenderjahr 2005 sind 60 Prozent der nach den Sätzen 1 bis 3 ermittelten Vorsorgeaufwendungen anzusetzen. Der sich danach ergebende Betrag, vermindert um den nach § 3 Nummer 62 steuerfreien Arbeitgeberanteil zur gesetzlichen Rentenversicherung und einen diesem gleichgestellten steuerfreien Zuschuss des Arbeitgebers, ist als Sonderausgabe abziehbar. Der Prozentsatz in Satz 4 erhöht sich in den folgenden Kalenderjahren bis zum Kalenderjahr 2025 um je 2 Prozentpunkte je Kalenderjahr. Beiträge nach § 168 Absatz 1 Nummer 1b oder 1c oder nach § 172 Absatz 3 oder 3a des Sechsten Buches Sozialgesetzbuch vermindern den abziehbaren Betrag nach Satz 5 nur, wenn der Steuerpflichtige die Hinzurechnung dieser Beiträge zu den Vorsorgeaufwendungen nach § 10 Absatz 1 Nummer 2 Satz 3[24] beantragt hat.

---

2. Der Gesetzgeber ist verpflichtet, spätestens mit Wirkung zum 1. Januar 2010 eine Neuregelung zu treffen. Bis zu diesem Zeitpunkt bleiben § 10 Absatz 3 Einkommensteuergesetz sowie die Nachfolgeregelungen, insbesondere § 10 Absatz 4 Einkommensteuergesetz in der Fassung des Artikel 1 Nr. 7 des Alterseinkünftegesetzes vom 5. Juli 2004 (BGBl. I S. 1427), zuletzt geändert durch Artikel 1 Nr. 5 des Jahressteuergesetzes 2008 vom 20. Dezember 2007 (BGBl. I S. 3150) weiter anwendbar.
3. In Ermangelung einer Neuregelung sind ab dem Veranlagungszeitraum 2010 Beiträge zu einer privaten Krankheitskostenversicherung (Vollversicherung) und zur privaten Pflegepflichtversicherung bei der Einkommensteuer in vollem Umfang als Sonderausgaben abzugsfähig.

Die vorstehende Entscheidungsformel hat gemäß § 31 Absatz 2 des Bundesverfassungsgerichtsgesetzes Gesetzeskraft.

23 § 10 Absatz 3 Satz 3 Nummer 1 EStG in der Fassung des Artikels 1 des Bürgerentlastungsgesetzes Krankenversicherung vom 16. Juli 2009 (BGBl. I S. 1959), anzuwenden ab dem Veranlagungszeitraum 2010
24 Müsste lauten: Absatz 1 Nummer 2 Satz 3

(4) [25, 26] ¹Vorsorgeaufwendungen im Sinne des Absatzes 1 Nummer 3 und 3a können je Kalenderjahr insgesamt bis 2.800 Euro abgezogen werden. Der Höchstbetrag beträgt 1.900 Euro bei Steuerpflichtigen, die ganz oder teilweise ohne eigene Aufwendungen einen Anspruch auf vollständige oder teilweise Erstattung oder Übernahme von Krankheitskosten haben oder für deren Krankenversicherung Leistungen im Sinne des § 3 Nummer 9, 14, 57 oder 62 erbracht werden. Bei zusammen veranlagten Ehegatten bestimmt sich der gemeinsame Höchstbetrag aus der Summe der jedem Ehegatten unter den Voraussetzungen von Satz 1 und 2 zustehenden Höchstbeträge. Übersteigen die Vorsorgeaufwendungen im Sinne des Absatzes 1 Nummer 3 die nach den Sätzen 1 bis 3 zu berücksichtigenden Vorsorgeaufwendungen, sind diese abzuziehen und ein Abzug von Vorsorgeaufwendungen im Sinne des Absatzes 1 Nummer 3a scheidet aus.

(4a) [27] ¹Ist in den Kalenderjahren 2005 bis 2019 der Abzug der Vorsorgeaufwendungen nach Absatz 1 Nummer 2 Buchstabe a, Absatz 1 Nummer 3 und Nummer 3a in der für das Kalenderjahr 2004 geltenden Fassung des § 10 Absatz 3 mit folgenden Höchstbeträgen für den Vorwegabzug

Kalenderjahr	Vorwegabzug fur den Steuerpflichtigen	Vorwegabzug im Fall der Zusammenveranlagung von Ehegatten
2005	3.068	6.136
2006	3.068	6.136
2007	3.068	6.136
2008	3.068	6.136
2009	3.068	6.136

25 Entscheidung des Bundesverfassungsgerichts
Vom 27. März 2008 (BGBl. I S. 540)
Aus dem Beschluss des Bundesverfassungsgerichts vom 13. Februar 2008 – 2 BvL 1/06 – wird die Entscheidungsformel veröffentlicht:
1. § 10 Absatz 1 Nr. 2 Buchstabe a in Verbindung mit § 10 Absatz 3 Einkommensteuergesetz in der für den Veranlagungszeitraum 1997 geltenden Fassung und alle nachfolgenden Fassungen einschließlich der zum 1. Januar 2005 durch das Alterseinkünftegesetz vom 5. Juli 2004 (BGBl. I S. 1427) in Kraft getretenen Nachfolgevorschrift des § 10 Absatz 1 Nr. 3 Buchstabe a in Verbindung mit § 10 Absatz 4 Einkommensteuergesetz sind mit Artikel 1 Absatz 1 in Verbindung mit Artikel 20 Absatz 1, Artikel 3 Absatz 1 und Artikel 6 Absatz 1 des Grundgesetzes unvereinbar, soweit nach Maßgabe der Gründe der Sonderausgabenabzug die Beiträge zu einer privaten Krankheitskostenversicherung (Vollversicherung) und einer privaten Pflegepflichtversicherung nicht ausreichend erfasst, die dem Umfang nach erforderlich sind, um dem Steuerpflichtigen und seiner Familie eine sozialhilfegleiche Kranken- und Pflegeversorgung zu gewährleisten.
2. Der Gesetzgeber ist verpflichtet, spätestens mit Wirkung zum 1. Januar 2010 eine Neuregelung zu treffen. Bis zu diesem Zeitpunkt bleiben § 10 Absatz 3 Einkommensteuergesetz sowie die Nachfolgeregelungen, insbesondere § 10 Absatz 4 Einkommensteuergesetz in der Fassung des Artikel 1 Nr. 7 des Alterseinkünftegesetzes vom 5. Juli 2004 (BGBl. I S. 1427), zuletzt geändert durch Artikel 1 Nr. 5 des Jahressteuergesetzes 2008 vom 20. Dezember 2007 (BGBl. I S. 3150) weiter anwendbar.
3. In Ermangelung einer Neuregelung sind ab dem Veranlagungszeitraum 2010 Beiträge zu einer privaten Krankheitskostenversicherung (Vollversicherung) und zur privaten Pflegepflichtversicherung bei der Einkommensteuer in vollem Umfang als Sonderausgaben abzugsfähig.

Die vorstehende Entscheidungsformel hat gemäß § 31 Absatz 2 des Bundesverfassungsgerichtsgesetzes Gesetzeskraft.
26 § 10 Absatz 4 EStG in der Fassung des Artikels 1 des Bürgerentlastungsgesetzes Krankenversicherung vom 16. Juli 2009 (BGBl. I S. 1959), anzuwenden ab dem Veranlagungszeitraum 2010
27 § 10 Absatz 4a EStG in der Fassung des Artikels 1 des Bürgerentlastungsgesetzes Krankenversicherung vom 16. Juli 2009 (BGBl. I S. 1959), anzuwenden ab dem Veranlagungszeitraum 2010

2010	3.068	6.136
2011	2.700	5.400
2012	2.400	4.800
2013	2.100	4.200
2014	1.800	3.600
2015	1.500	3.00
2016	1.200	2.400
2017	900	1.800
2018	600	1.200
2019	300	600

zuzüglich des Erhöhungsbetrags nach Satz 3 günstiger, ist der sich danach ergebende Betrag anstelle des Abzugs nach Absatz 3 und 4 anzusetzen. Mindestens ist bei Anwendung des Satzes 1 der Betrag anzusetzen, der sich ergeben würde, wenn zusätzlich noch die Vorsorgeaufwendungen nach Absatz 1 Nummer 2 Buchstabe b in die Günstigerprüfung einbezogen werden würden; der Erhöhungsbetrag nach Satz 3 ist nicht hinzuzurechnen. Erhöhungsbetrag sind die Beiträge nach Absatz 1 Nummer 2 Buchstabe b, soweit sie nicht den um die Beiträge nach Absatz 1 Nummer 2 Buchstabe a und den nach § 3 Nummer 62 steuerfreien Arbeitgeberanteil zur gesetzlichen Rentenversicherung und einen diesem gleichgestellten steuerfreien Zuschuss verminderten Höchstbetrag nach Absatz 3 Satz 1 bis 3 überschreiten; Absatz 3 Satz 4 und 6 gilt entsprechend.

(4b) [28] ¹Erhält der Steuerpflichtige für die von ihm für einen anderen Veranlagungszeitraum geleisteten Aufwendungen im Sinne des Satzes 2 einen steuerfreien Zuschuss, ist dieser den erstatteten Aufwendungen gleichzustellen. ²Übersteigen bei den Sonderausgaben nach Absatz 1 Nummer 2 bis 3a die im Veranlagungszeitraum erstatteten Aufwendungen die geleisteten Aufwendungen (Erstattungsüberhang), ist der Erstattungsüberhang mit anderen im Rahmen der jeweiligen Nummer anzusetzenden Aufwendungen zu verrechnen. ³Ein verbleibender Betrag des sich bei den Aufwendungen nach Absatz 1 Nummer 3 und 4 ergebenden Erstattungsüberhangs ist dem Gesamtbetrag der Einkünfte hinzuzurechnen.

(5) [29] ¹Durch Rechtsverordnung wird bezogen auf den Versicherungstarif bestimmt, wie der nicht abziehbare Teil der Beiträge zum Erwerb eines Krankenversicherungsschutzes im Sinne des Absatzes 1 Nummer 3 Buchstabe a Satz 3 durch einheitliche prozentuale Abschläge auf die zugunsten des jeweiligen Tarifs gezahlte Prämie zu ermitteln ist, soweit der nicht abziehbare Beitragsteil nicht bereits als gesonderter Tarif oder Tarifbaustein ausgewiesen wird.

---

28 § 10 Absatz 4b EStG eingefügt durch Artikel 1 des Steuervereinfachungsgesetzes 2011 vom 1. November 2011 (BGBl. I S. 2131), anzuwenden ab dem Veranlagungszeitraum 2012 – siehe Anwendungsvorschrift § 52 Absatz 1 EStG 2009 und Artikel 18 Absatz 1 des Steuervereinfachungsgesetzes 2011

29 § 10 Absatz 5 EStG in der Fassung des Artikels 1 des Bürgerentlastungsgesetzes Krankenversicherung vom 16. Juli 2009 (BGBl. I S. 1959), anzuwenden ab dem Veranlagungszeitraum 2010; zur Anwendung des § 10 Absatz 5 EStG in der am 31. Dezember 2009 geltenden Fassung siehe Anwendungsvorschrift § 52 Absatz 24b EStG 2009

A. § 10 Abs. 1 Nr. 1 EStG (Sonderausgaben) – Begrenztes Realsplitting

I. Sonderausgabenabzug des Ehegattenunterhalts (begrenztes Realsplitting)

1. Vorbemerkung

1 Sonderausgaben sind private Ausgaben, die nicht in wirtschaftlichem Zusammenhang mit einer der sieben Einkunftsarten stehen und daher weder Betriebsausgaben noch Werbungskosten sind.[30]

Grundsätzlich gilt im Einkommensteuerrecht, dass Aufwendungen für die private Lebensführung bei der Ermittlung des Einkommens nicht abgezogen werden dürfen, § 12 EStG.[31] Diese Vor-

---

30 Kuckenburg/Perleberg-Kölbel Unterhaltseinkommen B Rn. 68; Schmidt/Heinicke, EStG § 10 Rn. 1; Meyer, SteuerStud 2011, 25.
31 Engels Steuerrecht für die familienrechtliche Praxis Rn. 908; Frotscher, EStG § 12 Rz 14 ff.

schrift beinhaltet ein Abzugsverbot mit Ausnahmevorbehalt.[32] Durch den Abzug von Sonderausgaben wird dieser Grundsatz durchbrochen. Als Sonderausgaben können allerdings nur Aufwendungen abgezogen werden, die auf einer eigenen Verpflichtung des Steuerpflichtigen beruhen und von ihm selbst entrichtet worden sind.[33]

Die Sonderausgaben sind abschließend, d.h. enumerativ in den §§ 10 bis 10c EStG, aufgezählt.

Man unterscheidet hierbei zwischen unbeschränkt und beschränkt abzugsfähigen Sonderausgaben.

Zu den **unbeschränkt abzugsfähigen Sonderausgaben** gehören auf besonderen Verpflichtungsgründen beruhende, lebenslange und wiederkehrende Versorgungsleistungen gem. § 10 Abs. 1 Nr. 1a EStG, bestimmte Zahlungen i.R.d. Versorgungsausgleichs gem. § 10 Abs. 1 Nr. 1b EStG sowie die gezahlte Kirchensteuer gem. § 10 Abs. 1 Nr. 4 EStG.

Beschränkt abzugsfähige Sonderausgaben sind jene, die entweder Vorsorgeaufwendungen darstellen oder nicht.

Vorsorgeaufwendungen sind hier Altersvorsorgeaufwendungen, § 10 Abs. 1 Nr. 2 EStG, sonstige Vorsorgeaufwendungen, § 10 Abs. 1 Nr. 3 und Nr. 3a EStG sowie zusätzliche Altersvorsorgebeiträge wie die sog. Riester-Beiträge, § 10a EStG.

Beschränkt abzugsfähige Sonderausgaben ohne Vorsorgecharakter sind Unterhaltsleistungen an bestimmte Ehegatten, Aufwendungen für die eigene Berufsausbildung, Kinderbetreuungskosten und Zuwendungen wie Spenden und Mitgliedsbeiträge.

Sonderausgaben werden vom Gesamtbetrag der Einkünfte abgezogen, wie die nachstehende Systematik zeigt:

	Einkünfte aus Land- und Forstwirtschaft gem. § 13 EStG	
+	Einkünfte aus Gewerbebetrieb gem. § 15 EStG	
+	Einkünfte aus selbständiger Arbeit gem. § 18 EStG	
+	Einkünfte aus nichtselbständiger Arbeit gem. § 19 EStG	
+	Einkünfte aus Kapitalvermögen gem. § 20 EStG	
+	Einkünfte aus Vermietung und Verpachtung gem. § 21 EStG	
+	sonstige Einkünfte im Sinne des § 22 EStG	
=	**Summe der Einkünfte gem. § 2 Abs. 2 EStG**	
−	Altersentlastungsbetrag nach § 24a EStG	
−	Entlastungsbetrag für Alleinerziehende nach § 24b EStG	
−	Freibetrag für Land- und Forstwirte nach § 13 Abs. 3 EStG	
	Hinzurechnungsbetrag gem. § 52 Abs. 3 Satz 3 EStG sowie § 8 Abs. 5 Satz 2 AlG	
=	**Gesamtbetrag der Einkünfte nach § 2 Abs. 3 EStG**	
−	Verlustabzug nach § 10d EStG	
−	Sonderausgaben nach §§ 10, 10a, 10b, 10c EStG	
−	außergewöhnliche Belastungen nach §§ 33–33 b EStG	
−	sonstige Abzugsbeträge wie z.B. nach § 7 FördG	
	zuzurechnendes Einkommen gem. § 15 Abs. 1 AStG	
=	**Einkommen nach § 2 Abs. 4 EStG**	
−	Freibeträge für Kinder nach §§ 31, 32 Abs. 6 EStG	
−	Härteausgleich nach § 46 Abs. 3 EStG, § 70 EStDV	
=	**zu versteuerndes Einkommen nach § 2 Abs. 5 EStG**	

---

32 Söhn StuW 1985, 401.
33 Hinweise zur Einkommensteuer unter EStH 10.1, abzugsberechtigte Personen.

2   Ehegattenunterhaltszahlungen sind begünstigte Aufwendungen und somit zum Sonderausgaben-abzug zugelassen. § 10 Abs. 1 Nr. 1 EStG entspricht verfassungsrechtlichen Grundsätzen und insbesondere auch dem EU-Recht.[34]

Es spielt keine Rolle, ob die Unterhaltszahlungen freiwillig oder aufgrund gesetzlicher Verpflichtung erbracht werden. Der Unterhaltsschuldner kann die Vorteile des begrenzten Realsplittings erst und nur dann in Anspruch nehmen, wenn er die Unterhaltspflichten anerkannt hat, freiwillig erfüllt oder rechtskräftig verurteilt ist.[35] Es muss sich auch nicht um laufende oder einmalige Leistungen handeln.[36] Auch **Sachleistungen** können berücksichtigt werden. Hierzu zählt auch der Mietwert einer unentgeltlich überlassenen Wohnung. Abziehbar sind dabei Aufwendungen für Strom, Heizung, Wasser, Abwasser und Müll.[37] Befindet sich die Wohnung im Miteigentum des geschiedenen oder getrennt lebenden Ehepartners, kann der Ehepartner, der die Wohnung überlässt, neben dem Mietwert seines Miteigentumsanteils auch die von ihm aufgrund der Unterhaltsvereinbarung getragenen verbrauchsunabhängigen Kosten, nunmehr nicht umlagefähige Kosten nach § 556 Abs. 1 BGB, §§ 1, 2 BetrKV, für den Miteigentumsanteil des anderen Partners als Sonderausgaben abziehen.[38] Unschädlich ist, wenn die Miete aus Mitteln des Unterhaltsschuldners gezahlt und mit dem Barunterhalt verrechnet wird.[39] Dies stellt sich z.B. dann als vorteilhaft dar, wenn der Unterhaltsschuldner die Gebäude-AfA steuermindernd in Anspruch nimmt. Bei der Berechnung des Mietzinses muss allerdings die Grenze von 66 % nach § 21 Abs. 2 EStG beachtet werden!

Bei **Zahlungen an ein gemeinsames Kind** handelt es sich nicht um Ehegattenunterhalt, selbst wenn diese Zahlungen den geschiedenen Ehepartner von dessen Unterhaltspflicht gegenüber dem Kind befreien.[40]

Mit Einführung des Unterhaltsrechtsänderungsgesetzes ab 01.01.2008 wird die Anwendung des steuerlichen Realsplittings nicht mehr von größerer Bedeutung sein. Auf Grund der Rangänderungen gem. § 1609 BGB im Rahmen der Leistungsfähigkeit werden Unterhaltsansprüche ab der zweiten Rangstufe seltener, wenn überhaupt nicht mehr, erfüllt.[41]

Diese Ungleichbehandlung könnte gegen Art. 3 GG verstoßen, da einkommensstärkere Bevölkerungsgruppen im Hinblick auf die Erfüllung der Unterhaltsansprüche der zweiten Rangklasse das steuerliche Realsplitting durchführen können und damit bevorzugt werden.[42] Für die Anrechnung der Sonderausgaben beim Unterhaltsschuldner ist der Nachweis zu verlangen, dass der Unterhaltsschuldner die Leistungen für sich – nicht für den Ehepartner oder seine Kinder – aus eigenen Mitteln erbracht hat.

Anwaltsgebühren, die aufgewendet werden, um die Zustimmung zum Realsplitting zu erlangen, sind lediglich Nebenkosten zum Sonderausgabenabzug, die selbst nicht abzugsfähige Sonderausgaben sind.[43]

---

34   BFH/NV 2007, 1528; EUGH DStR 2005, 1265.
35   Kleffmann FuR 2008, 17, 21; BGH FuR 2008, 297, 298; Hahne FF 2009, 226; Melchers FuR 2008, 524, 526; a.A. OLG Nürnberg FuR 2008, 512, 513; BFH BFH/NV 1989, 779: keine Übernahme von Schulden.
36   FG Schleswig-Holstein StE 2008, 627.
37   Engels Steuerrecht für die familienrechtliche Praxis Rn. 921.
38   BFH BFH/NV 2000, 1286.
39   BFH BStBl II 1996, 214
40   BFH BFH/NV 2000, 841.
41   Borth FamRZ 2006, 813; Hütter FamRZ 2006, 1577.
42   Borth Unterhaltsrechtsänderungsgesetz Rn. 258.
43   BFH BFH/NV 1999, 673.

2. Voraussetzungen des Sonderausgabenabzugs

Folgende Tatbestände müssen für den Sonderausgabenabzug erfüllt sein: 3

- Sowohl Unterhaltsverpflichtete als auch Unterhaltsberechtigte müssen geschieden oder dauernd getrennt lebende Ehepartner sein.[44] Gleichgestellt sind Unterhaltsleistungen in Fällen der Nichtigkeit oder Aufhebung der Ehe.
- Der Unterhaltsberechtigte muss unbeschränkt einkommensteuerpflichtig sein.[45]
- Der Unterhaltsverpflichtete beantragt den Sonderausgabenabzug und
- der Unterhaltsberechtigte stimmt diesem Antrag zu.

3. Abzugsbeträge

Als Sonderausgabe im Rahmen des sog. begrenzten Realsplittings kann der Unterhaltsverpflichtete 4 im Kalenderjahr Unterhaltszahlungen **bis zu 13.805 €** (entspricht 1.150,42 € mtl.)[46] abziehen, § 10 Abs. 1 Nr. 1 Satz 1 EStG. Durch die Anwendung des Bürgerentlastungsgesetzes[47] erhöht sich der genannte Betrag um die im jeweiligen Veranlagungszeitraum für die Absicherung des geschiedenen oder dauernd getrennt lebenden Ehegatten aufgewandten Beiträge zur Kranken- und Pflegeversicherung, vgl. hierzu weiter unten zu § 10 Abs. 1 Nr. 3, 3a, Abs. 4 Sätze 1 bis 3 EStG, Rdn. 29.

Übersteigen Unterhaltsleistungen den Betrag von 13.805 € im Kalenderjahr, sind diese vom Abzug ausgeschlossen. Die übersteigenden Beträge können dann auch nicht als außergewöhnliche Belastung berücksichtigt werden, vgl. hierzu weiter unten zu § 33a EStG.

Wird an **mehrere Unterhaltsberechtigte** Ehegattenunterhalt geleistet, werden die Aufwendungen bis zum Höchstbetrag von 13.805 € je unterhaltsberechtigtem Empfänger abgezogen, R 10.2 Abs. 3 EStR[48]. Nicht übertragen werden können nicht ausgeschöpfte Beträge.

▶ **Beispiel:**

M zahlt in 2012 an seine geschiedene Ehefrau F1 11.000 €, an seine dauernde getrennt lebende Ehefrau F2 17.000 €. M kann lediglich 11.000 € + 13.805 € = 24.805 €, nicht aber 2 × 13.805 € abziehen.

4. Korrelation des Sonderausgabenabzugs

Wird der Sonderausgabenabzug in Anspruch genommen, hat der Unterhaltsberechtigte die 5 gezahlten Unterhaltsrenten nach § 22 Abs. 1 Nr. 1 EStG als sonstige Einkünfte zu versteuern, vgl. hierzu weiter unten zu § 22 Abs. 1 Nr. 1 EStG.

▶ **Praktischer Hinweis:**

Regelmäßig ist der Unterhaltsberechtigte darauf hinzuweisen. Gleiches gilt für etwaig entstehende Steuerberatungskosten.

5. Antrag und Rücknahme der Erklärungen

Der Antrag ist als rechtsgestaltende Erklärung bedingungsfeindlich. Er kann der Höhe nach 6 begrenzt werden. Antrag und Zustimmung zum begrenzten Realsplitting können nicht zurückge-

---

44 BGH FamRZ 2008, 40, 41.
45 Zur umfassenderen Erläuterung vgl. FA-FamR/Kuckenburg/Perleberg-Kölbel 13. Kap. Rn. 13 ff.
46 Ab 1986 18.000 DM, ab 1990 27.000 DM und ab 2002 unverändert 13.805 €.
47 BGBl. I 2009, 1959.
48 R 10.2 Abs. 3 EStR.

nommen oder nachträglich beschränkt werden. Gleiches gilt selbst dann, wenn beide Ehegatten den Antrag stellen.[49]

6. Änderung von Steuerbescheiden, § 175 Abs. 1 AO

7   Der Antrag kann selbst noch nach Bestandskraft der eigenen und der Steuerfestsetzung gegen den Empfänger gestellt werden. Der Bescheid ist dann aufzuheben und zu ändern.[50]

7. Nichteheliche Lebensgemeinschaft/Partnerschaft

8   Für die nichteheliche Lebensgemeinschaft gilt die steuerliche Entlastungsmöglichkeit nicht, insoweit kommt nur eine Berücksichtigung als außergewöhnliche Belastungen nach § 33a EStG in Betracht.[51]

Anderer Auffassung ist Benkelberg,[52] mit starken Argumenten für den Fall, dass ein Kind aus der Verbindung hervorgeht. Insoweit kann die Mutter gesetzlich unterhaltsberechtigt sein, § 1615l BGB. Dies ist im Hinblick auf die durch das Unterhaltsrechtsänderungsgesetzes erfolgten Änderungen nicht mehr von Bedeutung, weil die Rechte der nicht verheirateten Mutter gestärkt worden sind. Unterhaltspflichtige, die alles ausschöpfen wollen, sollten trotz aller Bedenken den Sonderausgabenabzug beantragen und gegebenenfalls Einspruch gegen den Einkommensteuerbescheid einlegen. Das Steuerrecht wird mitunter durch verfassungsgerichtliche Entscheidungen beeinflusst.

Für die registrierte Partnerschaft gilt nichts anderes. Hier zeichnen sich aber gesetzgeberische Initiativen zugunsten einer Ausweitung der steuerlichen Abzugsmöglichkeit ab.

8. Unbeschränkte Einkommensteuerpflicht desUnterhaltsempfängers/Auslandsbezug

8a   Unterhaltszahlungen an nicht unbeschränkt einkommensteuerpflichtige Empfänger, die ihren Wohnsitz oder gewöhnlichen Aufenthalt in einem EU/EWR-Staat haben, können seit 1996 als Sonderausgaben abzugsfähig sein. Dies ist jedoch nur unter der Voraussetzung möglich, dass die Besteuerung der Unterhaltsleistung beim Unterhaltsberechtigten durch eine Bescheinigung der zuständigen ausländischen Steuerbehörde nachgewiesen wird, § 1a Abs. 1 Nr. 1 EStG.[53] Wenn der Empfänger seinen Wohnsitz oder gewöhnlichen Aufenthalt nicht in der EU hat, kommt der Sonderausgabenabzug nur dann in Betracht, wenn das jeweilige Doppelbesteuerungsabkommen eine entsprechende Regelung enthält.[54]

II. Familienrechtliche Probleme

1. Zustimmung

a) Zustimmungspflicht

9   Weil die finanzielle Belastung des Unterhaltspflichtigen gemindert wird, ist der Unterhaltsberechtigte grundsätzlich zur Zustimmung verpflichtet, was als **unterhaltsrechtliche Nebenpflicht** angesehen wird. Sie ergibt sich aus § 1353 Abs. 1 Satz 2 BGB i.V.m. § 242 BGB. Die Zustimmungspflicht ist Ausfluss des zwischen den geschiedenen oder getrennt lebenden Ehegatten bestehenden

---

49 BFH BStBl II 2000, 218.
50 § 175 Abs. 1 Nr. 2 AO; BFH BStBl. II 1989, 957 (Ereignis, das steuerliche Wirkung für die Vergangenheit hat).
51 Büttner FamRZ 2000, 782.
52 Benkelberg FuR 1999, 301.
53 Hinweise zum Einkommensteuergesetz EStH 10.2, nicht unbeschränkt einkommensteuerpflichtiger Empfänger.
54 Vgl. hierzu auch Hillmer ZFE 2007, 376, 381.

Unterhaltsverhältnisses, um die finanziellen Lasten einerseits zu mindern und andererseits die eigenen Interessen zu beachten.[55]

Die Höhe des Realsplittingvorteils kann überschlägig einer Übersichtstabelle entnommen werden[56]. Dies entbindet den anwaltlichen Berater allerdings nicht von einer eigenen steuerrechtlichen Überprüfung im Einzelfall.

Die Finanzverwaltung muss und darf nicht prüfen, ob die Verweigerung oder Unterlassung der Zustimmung rechtsmissbräuchlich ist.[57]

Schon mit Urteil vom 23.03.1983[58] hat der BGH grundlegend entschieden, dass eine Zustimmungspflicht des Unterhaltsberechtigten besteht, wenn er von finanziellen Nachteilen, die sich aus der Gestaltung ergeben, freigestellt wird. Die Zustimmung kann Zug um Zug gegen eine bindende Erklärung verlangt werden, durch die sich der Unterhaltsverpflichtete zur Freistellung von finanziellen Nachteilen verpflichtet. Eine entsprechende Verpflichtungserklärung für sonstige Nachteile kann nur gegen Darlegung verlangt werden, worin diese Nachteile im Einzelfall substantiiert bestehen.[59]

Wenn die Unterhaltszahlungen an den jeweiligen Träger der Sozialhilfe geleistet worden sind, ist gleichfalls der Unterhaltsempfänger zustimmungspflichtig.[60]

b) Widerruf

Der Steuerpflichtige muss sich für jedes Veranlagungsjahr für den Abzug als Sonderausgaben oder 10 außergewöhnliche Belastung i.S.d. § 33a Abs. 1 EStG entscheiden.

Im Gegensatz hierzu gilt beim Unterhaltsberechtigten die Zustimmung bis auf Widerruf. Eine blanko erteilte Zustimmung gilt auch für die Folgejahre, wenn sie nicht rechtzeitig widerrufen oder der Höhe nach beschränkt wird.[61] Wenn die Zustimmung zum Realsplitting irgendwann im Laufe eines Kalenderjahres widerrufen wird, wirkt die Zustimmung bis zum Ablauf des Kalenderjahres fort. Frühestens ab Beginn des nachfolgenden Kalenderjahres entfällt die Wirkung.[62]

Auf Grund der nachehelichen Solidarität und aus dem Rechtsgedanken des § 1353 Abs. 1 Satz 2 BGB i.V.m. § 242 BGB ergibt sich die Obliegenheit des Unterhaltsschuldners mitzuteilen, wenn er den Sonderausgabenabzug auch im Folgejahr vornimmt. Ferner hat er zu erklären, welche Vorteile er erzielt, wenn die Zustimmungserklärung bis auf Widerruf erklärt wird.

Ein Widerruf kann gegenüber dem Wohnsitz-FA des Unterhaltsempfängers und gegenüber dem Wohnsitz-FA des Unterhaltleistenden vorgenommen werden[63]. Erst mit Zugang bei dem Finanzamt wird der Widerruf der Zustimmung wirksam. Beim Widerruf im Laufe des Kalenderjahres wirkt die Zustimmung bis zum Ablauf des Kalenderjahres fort und seine Wirkung entfällt frühestens ab Beginn des nachfolgenden Kalenderjahres.[64]

---

55 BGH FamRZ 1983, 576; BGH FamRZ 2010, 717, 718; m. Anm. Schlünder/Geißler FamRZ 2010, 801; m. Anm. Engels FF 2010, 255.
56 Tabellarische Bestimmung des Realsplittingvorteils FamRB 2012, 65-63.
57 BFH FamRZ 1991, 125.
58 BGH FamRZ 1983, 576.
59 Diese Darlegung ist wegen der steuerrechtlichen und sozialrechtlichen Verflechtungen auch für den Rechtsberater mitunter nur mit größerem Aufwand möglich.
60 OLG Köln FamRZ 2001, 1569.
61 BFH/NV 2008, 792.
62 BFH/NV 2007, 903.
63 BFH BStBl. II 2003, 803.
64 BFH BFH/NV 2007, 903.

▶ **Praktischer Hinweis:**

Aus Sicherheitsgründen sollte der Unterhaltsberechtigte seine Zustimmung lediglich auf ein Kalenderjahr beschränken, weil er ansonsten auch für die Folgezeit Einkommensteuervorauszahlungen entrichten muss, selbst wenn die Unterhaltsleistung sich ermäßigt oder entfällt[65].

Widerruft der Unterhaltsempfänger seine Zustimmung:

Der Steuerbescheid des Unterhaltleistenden ist wegen neuer Tatsachen nach § 173 Abs. 1 Nr. 1 AO zu ändern. Dies gilt ebenso, wenn der Widerruf der Zustimmung den vertraglichen Vereinbarungen zwischen den geschiedenen Ehegatten widersprechen oder missbräuchlich sein sollte[66].

▶ **Hinweis:**

Wird der Widerruf beschränkt oder versäumt, kann eine nachteilige Berücksichtigung vermieden werden, wenn die Unterhaltsbeteiligten übereinstimmend eine sog. »0«-Meldung abgeben. Die Durchführung des Sonderausgabenabzugs entfällt[67].

c) Obliegenheit, den Realsplittingvorteil zu nutzen

11   Nach Ansicht des BGH obliegt es dem Unterhaltsschuldner, mögliche Steuervorteile aus dem Realsplitting zu nutzen[68].

Dies gilt aber soweit sich die Verpflichtung aus einem Anerkenntnis oder einer rechtskräftigen Verurteilung ergibt, bzw. diese freiwillig erfüllt wird.[69]

Da die steuerlichen Voraussetzungen des Realsplittings eine tatsächliche Unterhaltszahlung, § 11 Abs. 2 Satz 1 EStG, in dem jeweiligen Steuerjahr erfordern, muss der Unterhaltspflichtige im Rahmen des steuerlichen Realsplittings deshalb nur die feststehenden Unterhaltsbeträge von seinem steuerlich relevanten Einkommen absetzen.

Da entsprechend dem In-Prinzip[70] die Unterhaltszahlungen steuerlich nur für die Jahre berücksichtigt werden dürfen, in denen sie tatsächlich erbracht worden sind – unerheblich ist der Zeitraum, den die Leistungen wirtschaftlich betreffen (»Für- Prinzip«), – darf das Gericht nach Ansicht des BGH im Rahmen von Unterhaltsverfahren, in denen die Unterhaltsverpflichtung festgelegt wird, nicht im Wege einer vorweggenommenen fiktiven Berechnung des Realsplittingvorteils von dem neu zu berechnenden Unterhalt ausgehen. Hinzu kommt, dass sich im Rahmen der Rechtsmittelinstanz der Unterhaltsanspruch noch ändern kann und der Unterhaltspflichtige Gefahr läuft, eine Steuernachzahlung leisten zu müssen, wenn sich seine Unterhaltszahlungen an den Berechtigten – z.B. auf einen Abänderungsantrag hin – nachträglich verringern, weil er dann nicht mehr einen so hohen Realsplittingvorteil beanspruchen kann.[71]

Ein etwaiger Realsplittingvorteil ist auf der Grundlage des **fiktiv nach der Grundtabelle** bemessenen Einkommens zu bestimmen.[72] Dies gilt besonders auch deshalb, weil der Unterhaltsanspruch bei Wiederheirat des Unterhaltspflichtigen nun wieder ohne dessen Splittingvorteil aus der neuen

---

65   Kogel FamRB 2008, 277.
66   BFH BStBl. II 2003, 803.
67   Engels, Steuerrecht für die familienrechtliche Praxis, Rn 932.
68   BGH FamRZ 2007, 793 797= FuR 2007, 276, 277.
69   BGH FuR 2007, 270, 276; FamRZ 2007, 793, 797; auch bei Trennungsunterhalt OLG Brandenburg FamRZ 2009, 1837, 1838.
70   BGH FamRZ 2003, 744; FuR 2007, 271; Kuckenburg/Perleberg-Kölbel Unterhaltseinkommen B Rn. 717.
71   BGH FuR 2008, 298, 299.
72   BGH FamRZ 2007, 1234 = FuR 2007, 367 ff., FuR 2008, 297.

Ehe fiktiv berechnet wird. Somit ist auch der Realsplittingvorteil auf der Grundlage dieses fiktiv nach der Grundtabelle bemessenen Einkommens zu berechnen.[73]

d) Auskunftsanspruch

Um die Voraussetzungen überprüfen zu können, ob sich die Durchführung des begrenzten Real-   **12**
splittings rechnet, steht dem Unterhaltspflichtigen ein Auskunftsanspruch hinsichtlich der zu erwartenden Nachteile zu.[74] Die einschlägigen Tatsachen sind dem Unterhaltspflichtigen vom Unterhaltsberechtigten konkret darzulegen, damit er die Einzeltatsachen zuverlässig abschätzen kann.

e) Beschränkung der Zustimmung

Der Unterhaltsgläubiger kann seine Zustimmung der Höhe nach auf den Betrag der tatsächlich   **13**
erbrachten Unterhaltsrenten beschränken.[75] Werden die Höhe der erbrachten Unterhaltsleistungen bestritten oder über die steuerliche Anerkennungsfähigkeit der Leistungen besteht Streit, ist der Unterhaltsgläubiger zur Zustimmung verpflichtet.[76] Es ist Sache des Finanzamtes, über die steuerliche Berücksichtigung von Unterleistungen zu entscheiden.

f) Form

Voraussetzungen der Zustimmung sind   **14**

- eine rechtsverbindliche Freistellungsverpflichtung in schriftlicher Form hinsichtlich aller steuerlichen und sonstigen Nachteile,[77] und
- ein Hinweis des Auffordernden, entweder den Vordruck Anlage U zu unterschreiben oder die Zustimmung direkt gegenüber dem Finanzamt zu erklären.

Der Anwalt des Unterhaltsberechtigten sollte die Zustimmung nur gegen ausdrückliche Verpflichtung zum »Nachteilsausgleich ohne wenn und aber« empfehlen.

Die Zustimmungserklärung sollte daher nur Zug um Zug gegen Abgabe einer Erklärung erfolgen, wenn alle finanziellen Nachteile, d.h. steuerliche und sonstige Nachteile ausgeglichen werden.[78]

▶ **Praktischer Hinweis:**

Entgegen langläufiger Meinung besteht kein Anspruch, die Anlage U zu unterschreiben.[79] Wird trotzdem die Unterschriftsleistung unter der Anlage U gefordert, ist dies unrichtig. Ein insofern gestellter Antrag wäre unschlüssig. Vielmehr muss klargestellt werden, dass die Zustimmung auch beim Finanzamt direkt erteilt werden kann und keine Anlage U hierfür notwendig ist. Wenn die Erklärung direkt beim Finanzamt abgegeben wird, muss der Unterhaltsberechtigte den Unterhaltspflichtigen hiervon in Kenntnis setzen, damit dieser seine Steuerangelegenheiten korrekt und zeitgerecht bearbeiten kann. Dem Unterhaltspflichtigen ist eine Kopie der Zustimmungserklärung zu übergeben. Sollte letzteres nicht der Fall sein, hat der Unterhaltsberechtigte Veranlassung zum Zustimmungsantrag gegeben.[80] Zur Vermeidung einer gerichtlichen Auseinandersetzung sollte mit der Gegenseite eine Vereinbarung getroffen wer-

---

73 BVerfG 25.1.2011 – 1 BvR 918/10, FamRZ 2011, 437 entgegen BGH FamRZ 2010, 111; hierzu: Perleberg-Kölbel FuR 2011, 309
74 OLG Köln FamRZ 1999, 31.
75 OLG Köln FamRZ 1986, 1111; OLG Hamm FamRZ 1990, 1244.
76 OLG Hamm FamRZ 1990, 1004; BGH FamRZ 1998, 953; OLG Bremen FamRZ 2001, 1371.
77 OLG Hamm FamRZ 2001, 98, OLG Frankfurt FamRB 2006, 303.
78 BGH FamRZ 1983, 576.
79 BGH FamRZ 1998, 954; OLG Karlsruhe FamRZ 2004, 960; OLG Brandenburg ZFE 2008, 150.
80 OLG Karlsruhe FamRZ 2004, 960.

den, in der sich diese verpflichtet, konkret bezeichnete Nachteile auszugleichen, wie steuerliche, sozialversicherungsrechtliche und die übrigen finanziellen Nachteile. Hierzu zählen auch die Kosten eines Steuerberaters.

g) Muster

15 Schreiben zur Zustimmung von Seiten des Unterhaltsschuldners[81]

▶ **[Anrede, übliche Einleitung]**
In obiger Angelegenheit wird Ihre Mandantin gebeten, binnen 14 Tagen ab Zugang dieses Schreibens für den Veranlagungszeitraum X dem begrenzten Realsplitting zuzustimmen. Dies kann zweckmäßigerweise durch Übersendung der unterschriebenen Anlage U zur Einkommensteuererklärung geschehen, aber auch durch eine anderweitige an das Finanzamt gerichtete schriftliche Zustimmungserklärung. Unser Mandant stellt Ihre Mandantin von allen aus dem begrenzten Realsplitting resultierenden steuerlichen und sonstigen Nachteilen frei.
[Übliche Grußformel]

h) Risikobelehrung des auf Zustimmung zum begrenzten Realsplitting gem. § 10 EStG in Anspruch genommenen Ehegatten

15a Schreiben des Unterhaltsgläubigers auf Zustimmung[82]

▶ An das Finanzamt
Identifikationsnummer
[Anrede, übliche Einleitung]
Ich stimme nur bzgl. des Veranlagungszeitraumes X dem begrenzten Realsplitting gem. § 10 Abs. 1 Nr. 1 EStG zu. Diese Erklärung gilt entgegen § 10 Abs. 1 Nr. 1 Satz 1 EStG daher ausdrücklich nicht für die Folgejahre. Vorsorglich wird für die Veranlagungszeiträume ab Y der Widerruf erklärt.
Die Zustimmung wird nur dem Grunde nach erteilt und enthält kein Anerkenntnis, im Veranlagungszeitraum bestimmte Unterhaltsbeträge in bar oder in Natur erhalten zu haben.
[Übliche Grußformel]

Die Vorteile des begrenzten Realsplittings können im laufenden Unterhaltsverfahren geltend gemacht werden. So können schwer abschätzbare Konsequenzen, wie die dann beginnende Sozialversicherungspflicht, vermieden werden.[83]

2. Nachteile

16 Die Zustimmung setzt voraus, dass dem Zustimmenden keine Nachteile entstehen bzw. alle steuerlichen, sozialrechtlichen und sonstigen wirtschaftlichen Nachteile ausgeglichen werden.[84] Die Nachteile sind erst auszugleichen mit ihrer Entstehung.[85]

Mit einer Gegenforderung kann gegenüber dem Anspruch auf Nachteilsausgleich nicht aufgerechnet werden. Nach Ansicht des BGH scheidet nämlich eine Aufrechnung aus, weil es sich bei dem Anspruch auf Nachteilsausgleich um einen unterhaltsähnlichen Anspruch handelt.[86]

---

81 Entnommen aus FormB FA-FamR/Melchers Kap. 8 Rn. 24.
82 Entnommen aus FormB FA-FamR/Melchers Kap. 8 Rn. 30; Musterformulierung ferner bei Kogel, FamRB 2008, 277, 281.
83 Melchers FuR 2008, 524, 528 mit Musteranträgen.
84 BGH FamRZ 1983, 576; ZFE 2005, 289.
85 Wever Vermögensauseinandersetzung der Ehegatten außerhalb des Güterrechts Rn. 813.
86 BGH NJW 1997, 1441.

a) Steuerliche Nachteile

Steuerliche Nachteile können sich hinsichtlich der **Einkommensteuern, des Solidaritätszuschlages** 17
und der Kirchensteuer ergeben, weil die Abzugsfähigkeit des Leistenden mit der Versteuerung
beim Empfänger in Korrelation steht. Es handelt sich demnach um eine Steuerbelastung oder
Steuermehrbelastung. Gegebenenfalls resultiert daraus auch eine Verpflichtung zu Einkommensteuervorauszahlungen.[87] Steuerliche Nachteile entstehen immer dann, wenn die Unterhaltsleistung das steuerliche Existenzminimum nach § 32 a EStG in der Höhe von 7.834 €/15.668 € bzw.
ab dem Veranlagungszeitraum 2010 8.004 €/16.008 € überschreitet.[88] **Steuervorauszahlungen**
werden dann als Nachteil angesehen, wenn bereits hieraus finanzielle Nachteile erwachsen, da sich
diese generell erst mit der endgültigen Steuerfestsetzung verwirklichen.[89]

Bei fehlender Vereinbarung besteht kein Ausgleichsanspruch der auf Grund der Zusammenveranlagung mit dem neuen Ehepartner entstandenen Nachteile.[90]

b) Sonstige Nachteile

Durch den Sonderausgabenabzug entstehen beim Unterhaltsgläubiger echte steuerliche Einkünfte. 18
Es können daher als Folge des Realsplittings nicht nur steuerliche Nachteile entstehen, sondern
durch Überschreitung von maßgeblichen Einkommensgrenzen kann es zu Kürzungen oder gar
zum Wegfall von Leistungen kommen. So findet man im Sozialbereich Fälle beim Erziehungsgeld
und z.B. bei Gebührenermäßigungen nach einzelnen Kindergartensatzungen.[91]

▶ **Praktischer Hinweis – Haftungsfalle:**

Als Haftungsfalle zu bezeichnen ist der Verlust der Familienkrankenhilfe, wenn der mitversicherte Ehegatte Unterhaltsleistungen bezieht, die der Unterhaltsschuldner als Sonderausgaben
absetzt. Die Unterhaltsleistungen werden dem Einkommen des Unterhaltsgläubigers gem. § 16
SGB IV zugeschlagen. Die Mitversicherung endet gem. § 10 Abs. 1 Nr. 5 SGB V bereits in der
Trennungszeit, wenn die Gesamteinkünfte des Unterhaltsgläubigers 1/7 der monatlichen
Bezugsgröße (derzeit 350 €, bzw. für geringfügig Beschäftigte 400 €) übersteigen.[92] Innerhalb
einer Ausschlussfrist von drei Monaten ab rechtskräftiger Scheidung kann der aus der Familienversicherung ausgeschiedene Ehegatte eine freiwillige Versicherung in der GKV beantragen.[93]
Bei Überschreitung der angesprochenen monatlichen Bezugsgrößen besteht die Möglichkeit
auch während der Trennungszeit, wenn die genannten Einkommensgrenzen durch die Unterhaltszahlung überschritten werden. Wenn die Krankenversicherungen – wenn auch wohl selten – die Höhe der Unterhaltszahlungen und damit auch die Berechtigung zur Familienversicherung einer Überprüfung unterziehen, entfällt die Mitgliedschaft rückwirkend in dem
Zeitpunkt, in dem die Voraussetzungen zur Mitgliedschaft in der Familienversicherung objektiv nicht mehr gegeben waren![94] Wenn der Unterhaltsberechtigte neben zusätzlichen Einkünften noch Unterhalt bezieht, kann naturgemäß der Beitrag in der Krankenkasse steigen.[95]

---

87 OLG Frankfurt FamRB 2006, 303; AG Biedenkopf FamRZ 2009, 607.
88 www.bundesfinanzministerium.de/nn_53988/DE/BMF__Startseite/Service/Glossar/F/005__Freibe-
trag.html.
89 OLG Frankfurt FuR 2007, 430 ff.
90 BGH FamRZ 2010, 717 m. Anm. Schlünder/Geißler FamRZ 2010, 801; Engels FF 2010, 255; BGH
FuR 2010, 347; FamRB 2010, 144 m. Anm. Christ 145.
91 Kogel FamRB 2008, 277, 279; Butz-Seidl FuR 1996, 108, 111.
92 BSG FamRZ 1994, 1239 m. Anm. Weychardt; OLG Nürnberg FamRZ 2004, 1967; Conradis FamRB
2007, 304; Wever Vermögensauseinandersetzung der Ehegatten außerhalb des Güterrechts Rn. 809;
Kundler ZFE 2006, 86.
93 BSG FamRZ 1994, 1239; OLG Nürnberg FamRZ 2004, 1967; Kogel FamRB 2008, 277, 279.
94 Mleczko ZFE 2006, 128.
95 So zutreffend Kogel FamRB 2008, 277, 280.

Steuerberaterkosten können im Einzelfall auszugleichen sein, wenn dem Unterhaltsberechtigten die Zustimmung ohne die Aufwendung der jeweiligen Kosten zugemutet werden kann. Die Inanspruchnahme eines Steuerberaters ist notwendig, wenn in einer sog. Hausfrauenehe die Unterhaltsberechtigte niemals vorher eine Steuererklärung selbst gefertigt und insbesondere keinerlei Kenntnisse insofern hat. Auch der oft gehörte Hinweis auf die doch angebliche Hilfestellung durch die Finanzämter geht fehl, weil diese Behörden keine allgemeinen Beratungs- und Auskunftspflichten haben, sondern nur die sich aus § 89 AO ergebenen Fürsorge- und Betreuungspflichten.

Es ist Sache der Beteiligten, sich zu informieren.[96] § 89 AO will die Hilfe der Angehörigen der steuerberatenden Berufe nicht ersetzen.[97] Es besteht nach § 89 Abs. 2 AO kein Anspruch auf Erteilung von Auskünften materiellen Rechts.[98] Soweit § 151 AO den § 89 AO ergänzt, wonach Steuererklärungen zu Protokoll im Finanzamt abzugeben sind, ist dies nur bedeutsam bei allein stehenden oder gebrechlichen Steuerpflichtigen.[99] Jede professionelle Beratung durch einen Rechtsanwalt oder Steuerberater hat den Vorteil, dass eingehend auf alle Aspekte des Steuerpflichtigen eingegangen werden kann. Der Berater haftet zudem für falsche Auskünfte.[100]

3. Sicherheitsleistung/Zurückbehaltungsrecht

19 Wenn konkrete Anhaltspunkte die Gefahr begründen, dass der Unterhaltsschuldner zum Nachteilsausgleich nicht bereit oder in der Lage ist, z.B. bei laufenden Zwangsvollstreckungsmaßnahmen, Insolvenzantrag oder Abgabe der eidesstattlichen Versicherung, kann der Unterhaltsberechtigte seine Zustimmung von der Leistung einer Sicherheitsleistung in Höhe der zu erwartenden Nachteile abhängig machen.[101] Ihm steht ein Zurückbehaltungsrecht zu.[102]

4. Keine Teilhabe an Steuerersparnis

20 Konsequenterweise kann der Unterhaltsberechtigte seine Zustimmung nicht davon abhängig machen, gar an der Steuerersparnis des Unterhaltsschuldners teilzuhaben. Da er nach Eintritt der Steuerersparnis und damit der erhöhten Leistungsfähigkeit eine höhere Unterhaltsrente bezieht, hat er keinen Anteil an der Steuerersparnis und kann demgemäß insofern seine Zustimmung nicht davon abhängig machen.[103]

Wenn er nicht mehr unterhaltsberechtigt ist, kann er mangels Profit an der Ersparnis seine Zustimmung nicht verweigern.[104] Auch kommt es nicht darauf an, ob der laufende Unterhalt gezahlt wird. Insofern besteht kein Zurückbehaltungsrecht gegenüber dem Anspruch auf Zustimmung.[105]

5. Verletzung der Zustimmungspflicht/Schadensersatz

21 Der Unterhaltspflichtige kann gegen den unterhaltsberechtigten Ehegatten Antrag auf Zustimmung erheben, wenn der Unterhaltsberechtigte sich pflichtwidrig weigert. Insofern gleichen sich

---

96 Pump/Leibner/Kurella AO Komm. § 89 Rn. 8.
97 Pump/Leibner/Kurella AO Komm. § 89 Rn. 11.
98 Pump/Leibner/Kurella AO Komm. § 89 Rn. 17.
99 Pump/Leibner/Kurella AO Komm. § 89 Rn. 46.
100 Pump/Leibner/Kurella AO Komm. § 89 Rn. 49.
101 Kleffmann FuR 2008, 124, 127; OLG Schleswig ZFE 2007, 38.
102 BGH FamRZ 1983, 576; verneinend allerdings OLG Zweibrücken für den Fall, dass der Unterhaltsschuldner seine Pflicht zum Nachteilsausgleich immer erst nach Inanspruchnahme gerichtlicher Hilfe erbracht hat; OLG Zweibrücken FamRZ 2006, 791 = FamRB 2006, 177 m. Anm. Roessink.
103 BGH FamRZ 1983, 576, 577; BGH FamRZ 1985, 1232, 1233; OLG Köln FamRZ 1986, 1111.
104 OLG Bremen OLG-Report 2001, 103.
105 OLG Hamm FamRZ 1991, 832; OLG Stuttgart FamRZ 2001, 1370.

die Folgerungen mit der Verweigerung der Mitwirkung bei der Zusammenveranlagung. Auch kann das mutwillige Hinwegsetzen über die Vermögensinteressen Verwirkungsfolgen auslösen[106]

Gleiches macht schadensersatzpflichtig.[107] Wegen des Aufrechnungsverbots für Unterhaltsansprüche gem. §§ 394 BGB, 850b ZPO ist eine Verrechnung der Schadensersatzforderung mit der Unterhaltsforderung nicht möglich.[108]

Der Unterhaltsschuldner muss zur Vermeidung eines Schadens nicht den Antrag auf Zustimmung rechtshängig machen: Er verzichtet auf den Abzug von Sonderausgaben und macht Schadensersatzansprüche geltend. Ein Schadensersatzanspruch versteht sich ferner von selbst, wenn bei der Leistungsfähigkeit, d.h. bei der Berechnung der Unterhaltsansprüche Steuervorteile durch das begrenzte Realsplitting berücksichtigt worden sind, dann aber der Unterhaltsberechtigte pflichtwidrig seine Zustimmung nicht erteilt.[109]

6. Verjährung des Anspruchs des Unterhaltsberechtigten

Die Verjährung auf Ausgleich steuerrechtlicher Nachteile des Unterhaltsberechtigten beginnt mit Kenntnis von den den Anspruch begründenden Umständen, § 199 Abs. 1 Nr. 2 BGB. In der Regel hat der Unterhaltsberechtigte Kenntnis erst nach Zustellung des Steuerbescheids.[110]   **22**

Es gilt die **3-jährige Verjährungsfrist** gem. § 195 BGB.[111] Die Sonderverjährungsfrist von 30 Jahren für familienrechtliche Ansprüche gem. § 197 Abs. 1 Nr. 2 BGB ist abgeschafft![112] Bei Ansprüchen zwischen Ehegatten während bestehender Ehe ist stets auf die geltende **Verjährungshemmung** gem. § 207 Abs. 1 BGB hinzuweisen.[113]

§ 1585 b Abs. 3 BGB ist weder unmittelbar noch entsprechend auf den Anspruch eines Ehegatten auf Freistellung von Steuernachteilen infolge der Zustimmung zum begrenzten Realsplitting anwendbar.[114]

7. Zuständigkeiten und Streitwert

Schon während der bis 31.08.2009 bestehenden Rechtlage waren die Familiengerichte zuständig.[115] Nach dem Inkrafttreten des FamFG am 01.01.2009 hat sich nichts geändert. Stets ist für Fragen des Realsplittings das **Familiengericht** zuständig. Es handelt sich nämlich um eine Familiensache i.S. der §§ 111 Nr. 8, 231 Abs. 1 Nr. 2 FamFG. Das gilt gem. Art. 5 Nr. 2 EuGVVO auch für die internationale Zuständigkeit: Ein Antrag auf Ausgleich der Nachteile ist eine unterhaltsrechtliche Streitigkeit.[116]   **23**

Ist ein Antrag auf Zustimmung zu dem begrenzten Realsplitting notwendig, gilt diese öffentlich rechtliche Willenserklärung mit der rechtskräftigen Verurteilung gem. § 894 ZPO als abgegeben.[117]

---

106 OLG Frf/M. v. 03.04.2009 – 1 UF 218/08 www.hefam.de.
107 BGH FamRZ 1988, 820 = NJW 1988, 2886.
108 BGH FamRZ 1988, 820 = NJW 1988, 2886.
109 OLG Köln FamRZ 1986, 1111.
110 OLG Saarbrücken FamRZ 2009, 1905.
111 Wever Vermögensauseinandersetzung der Ehegatten außerhalb des Güterrechts Rn. 815 a.E.
112 Gesetz zur Änderung des Erb- und Verjährungsrechts BGBl I 2009, S. 3142.
113 Zuvor § 204 BGB a.F.
114 BGH FamRZ 2005, 1162.
115 Vgl. § 23 b Abs. 1 Satz 2 Nr. 6 GVG a.F.
116 BGH FamRZ 2008, 40.
117 BGH FamRZ 1998, 953, 954.

Der **Streitwert** des Zustimmungsanspruches richtet sich nach Meinung des OLG München[118] nach der erstrebten Steuerersparnis des Unterhaltspflichtigen und nicht nach dem Aufwand für die Zustimmungserklärung.

▶ **Musterantrag:**[119]

Antrag auf Zustimmung zum begrenzten Realsplitting
Die Antragsgegnerin wird verpflichtet, gegenüber dem Finanzamt… zu der Identifikations-/ Steuernummer… zu erklären:
»Ich stimme für den Veranlagungszeitraum X dem begrenztem Realsplitting nach § 10 Abs. 1 Nr. 1 EStG zu«.

B. § 10 Abs. 1 Nr. 1a EStG, Versorgungsleistungen

24 Nach § 10 Abs. 1 Nr. 1a Satz 1 EStG sind Sonderausgaben die auf besonderen Verpflichtungsgründen beruhenden Renten und dauernden Lasten, folglich Versorgungsleistungen. Mit dem Jahressteuergesetz 2008 wurden die Voraussetzungen des Sonderausgabenabzugs gem. § 10 Abs. 1 Nr. 1a EStG für Renten und dauernde Lasten, die auf einem besonderen Verpflichtungsgrund beruhen, geändert und eingeschränkt. Es werden jetzt nur noch bestimmte Vermögensübertragungen gegen Versorgungsleistungen begünstigt und im Gegenzug damit **korrespondierender Leistungen** zum Sonderausgabenabzug zugelassen. Dieser Abzugstatbestand ist auf Versorgungsleistungen begrenzt, die als private Versorgungsrente vom Übernehmer eines Vermögens geleistet werden. Auch in diesem Falle korrespondieren die Versorgungsbezüge als Einkünfte in der Sphäre des jeweiligen Empfängers. Sie unterliegen daher der Steuer nach § 22 Nr. 1, Nr. 1a bis Nr. 1c EStG. Nach wie vor ist Hauptanwendungsfall das Altenteil in der Landwirtschaft. Hier werden in sachlichem Zusammenhang mit einem Übergabevertrag des Hofes Geld-, Natural- und/oder Sachleistungen erbracht.[120] Von diesen Fällen sind die Fälle zu unterscheiden, die lediglich den Kaufpreisanspruch in Raten erfüllen. Zur Berechnung wird auf die Checkliste von finanztip verwiesen.[121]

Voraussetzungen:

1. Empfänger des Vermögens sind

– Abkömmlinge,
– gesetzlich erbberechtigte Verwandte des Übergebers,
– nahe stehende Dritte z.B. Schwiegerkinder, Neffen und Nichten und
– familienfremde Dritte

2. Empfänger der Vermögensleistungen sind

– der Übergeber,
– dessen Ehepartner,
– die gesetzlich erb- und pflichtteilsberechtigen Abkömmlinge des Übergebers,
– Lebenspartner einer eingetragenen Lebenspartnerschaft und
– Eltern des Übergebers, wenn der Übergeber das übergebene Vermögen seinerseits von den Eltern im Wege der Vermögensübertragung gegen Versorgungsleistungen erhalten hat.

---

118 OLG-Rp München 1995, 72; OLG Fkf/Main v. 03.04.2009 – 1 UF 218/08, www.hefam.de.
119 Weiterer Antragsvorschlag bei Melchers FamRB 2010, 2021.
120 BFH E 156, 225; BStBl. II 1992, 78.
121 www.finanztip.de/recht/steuerrecht/sonderausgaben-checkliste.htm.

3. Versorgungsvertrag, der die gegenseitigen Rechte und Pflichten klar und eindeutig rechtswirksam definiert mit dem Inhalt:

– Umfang des Vermögens
– Höhe der Versorgungsleistungen
– Art und Weise der Zahlungen[122]

Die Vereinbarungen müssen zu Beginn des durch den Vertrag begründeten Rechtsverhältnisses oder bei Änderung der Verhältnisses für die Zukunft getroffen werden. **Änderungen** sind steuerlich nur unter bestimmten Voraussetzungen zulässig, z.B. bei verändertem Versorgungsinteresse oder wirtschaftlicher Leistungsfähigkeit des Verpflichteten.[123]

Die in sachlichem Zusammenhang mit der Übertragung von Vermögen im Wege der vorweggenommenen Erbfolge zugesagten privaten Versorgungsrenten sind nur dann Sonderausgaben und werden den wiederkehrenden Bezügen i.S.v. § 22 Nr. 1 Satz 1 EStG zugeordnet, wenn die Leistungen auch wie **vereinbart** erbracht werden.

Auf einen fehlenden **Rechtsbindungswillen** der Parteien kann dann geschlossen werden, wenn der Vollzug der im Versorgungsvertrag eingegangenen Verpflichtungen durch willkürliche Aussetzung und anschließende Wiederaufnahme der Zahlungen, darüber hinaus auch durch Schwankungen in der Höhe des Zahlbetrags, die nicht durch Änderungen der Verhältnisse gerechtfertigt sind, gekennzeichnet ist. Dies hat die Versagung des Sonderausgabenabzugs gem. § 10 Abs. 1 Nr. 1a EStG beim Leistenden und andererseits die fehlende Steuerbarkeit der wiederkehrenden Bezüge beim Leistungsempfänger gem. § 22 Nr. 1 Satz 1 EStG zur Folge.[124]

Von Bedeutung ist insbesondere auch die **Betriebsübertragung gegen Versorgungsleistungen**. Wenn der Vater seinen Betrieb auf seinen Sohn überträgt, liegt eine begünstigte Versorgungsleistung vor. Demgemäß kann der Sohn die Rente an seinen Vater in voller Höhe als Sonderausgabe abziehen. Es muss betont werden, dass der ganze Betrieb übertragen werden muss. Bei der Übertragung von GmbH-Anteilen ist zu beachten, dass steuerbegünstigt nur eine Übertragung von 50 % des Stammkapitals der GmbH ist **und** der Sohn die Geschäftsführertätigkeit übernimmt.[125]

Zahlt ein Unterhaltschuldner z.B. an seine Eltern Versorgungsleistungen, so ist diese Zahlung von seinen Einkünften bei der Ermittlung des **Unterhaltseinkommens** in Abzug zu bringen.[126]

C. § 10 Abs. 1 Nr. 1b EStG, Schuldrechtlicher Versorgungsausgleich

Ab dem Veranlagungszeitraum 2008 gibt es einen eigenständigen Abzugstatbestand für Leistungen aufgrund eines schuldrechtlichen Versorgungsausgleichs. Diese Leistungen sind danach als Sonderausgaben abzugsfähig[127], soweit die ihnen zugrunde liegenden Einnahmen beim Ausgleichsverpflichteten der Steuer unterliegen. Auch hier korrespondiert die Steuerpflicht beim Leistungsempfänger gem. § 22 Nr. 1c EStG.[128] Diese Regelungen neutralisieren die ausgleichs-   25

---

122 BFH BStBl. II 1992, 1020.
123 S. zur Steuerschädlichkeit BFH BStBl. II 2005, 434; zu Vertragsanpassungen BFH BStBl. II 2008, 16 (Umzug des Versorgungsbedürftigen in ein Pflegeheim); BStBl. II 2004, 826 (mangelnder Rechtsbindungswille bei Wertsicherungsklausel).
124 BFH DStRE 2011, 279-281; JurionRS 2010, 30880
125 Zu diesem Problemkreis ausführlich Kratzsch NWB 2010, 1964; Grün NWB 2010, 1751.
126 OLG Hamm FamRZ 2009, 981 (insofern leider nicht abgedruckt) Volltext unter **www.familienrecht-deutschland.de/Neueste** Rechtsprechung zum neuen Unterhalt.
127 Schon zum alten Recht BFH BStBl. II 2007, 749.
128 Schmidt/Weber-Grellet EStG § 22 Rn. 119.

pflichtige und die ausgleichsberechtigte Person aufgrund des auch hier herrschenden **Korrespondenzprinzips**.[129]

▶ **Beispiel**

Der Ausgleichsverpflichtete A bezieht im Jahr 2012 (Versorgungsbeginn 01.01.2012) eine Beamtenpension in der Höhe von 20.000 €. Die Ausgleichsberechtigte B erhält eine Ausgleichsrente in Höhe von 10.000 €.
Lösung:
Nach Abzug der Freibeträge für Versorgungsbezüge gem. § 19 Abs. 2 EStG in Höhe von 2.964 € wird ein Betrag in Höhe von 17.036 € bei A der Besteuerung zugrunde gelegt. A kann einen Betrag in Höhe von 8.518 € (= 50 %) als Sonderausgaben geltend machen. B hat einen Betrag in Höhe von 8.416 € (= 8.518 € – 102 € Werbungskostenpauschbetrag) nach § 22 Nr. 1c EStG zu versteuern.[130]

Da die **Sozialversicherungsrente** lediglich mit dem Ertragsanteil besteuert wird, ist der Abzug von Sonderausgaben nur mit dem Ertragsanteil möglich. Sind hingegen Versorgungsbezüge, z.B. eine **Betriebsrente**, voll zu versteuern, kann der Verpflichtete den Ausgleichsbetrag als Sonderausgabe voll abziehen und eine Besteuerung beim Empfänger korrespondiert.[131]

Bei dem Empfänger einer Rente aus dem schuldrechtlichen Versorgungsaugleich spielen die Grundsätze zum Nachteilsausgleich im Gegensatz zum Unterhalt keine Rolle.[132]

§ 10 Abs. 1 Nr. 1b EStG berührt nur Fälle des **schuldrechtlichen Versorgungsausgleichs**. Eine analoge Anwendung der Vorschrift auf andere Vereinbarungen findet nicht statt.[133]

§ 20 VersAusglG[134] gleicht im Wesentlichen der Regelung des § 1587g Abs. 1, 2 BGB a.F. Gem. § 20 Abs. 1 VersAusglG werden nur laufende Leistungen ausgeglichen und nicht gar Anwartschaften.[135]

D. § 10 Abs. 1 Nr. 3, 3a EStG, Bürgerentlastungsgesetz ab 2010

I. Vorbemerkung

26 Das »Bürgerentlastungsgesetz Krankenversicherung« vom 16.07.2009[136] sieht **ab Veranlagungszeitraum 2010** die Berücksichtigung von Aufwendungen für Krankenversicherungen und gesetzliche Pflegeversicherungen, soweit diese existenznotwendig sind, als Sonderausgaben vor.

Dies gilt sowohl für Beiträge zur gesetzlichen als auch für Beiträge zu einer privaten Krankenversicherung. Nach § 10 Abs. 1 Nr. 3 i.V.m. Abs. 4 EStG sind nun Aufwendungen für eine Basiskranken- und Pflegeversicherung in vollem Umfang als Sonderausgaben abzugsfähig. Der Gesetzgeber hat damit die Vorgaben des Bundesverfassungsgerichts in der Entscheidung vom 13.02.2008[137]

---

129 Borth Versorgungsausgleich Rn. 686.
130 BMF-Schreiben vom 09.04.2010 mit zahlreichen weiteren Beispielen, einsehbar unter www.bundesfinanzministerium.de.
131 Engels Steuerrecht für die familienrechtlichen Praxis 1081.
132 Wever Vermögensauseinandersetzung der Ehegatten außerhalb des Güterrechts Rn. 515 (Fn. 151); AG Bergisch Gladbach FamRZ 2008, 1867 m. Anm. Borth.
133 Noch zu § 1587f BGB a.F. FG Hamburg EFG 2010, 42.
134 In Kraft getreten am 01.09.2009, BGBl I 2009, 700.
135 Borth Versorgungsausgleich Rn. 666; zu möglichen Haftungsfallen: Perleberg-Kölbel ZFE 2011, 7 und zu Zahlungen zur Abfindung des schuldrechtlichen Versorgungsausgleichs als Werbungskosten: BFH FamRB 2011, 12.
136 BGBl. I 2009, 1959.
137 BVerfG NJW 2008, 1868.

umgesetzt, wonach die vorgenannten Beiträge zum Existenzminimum gehören und daher steuermindernd zu berücksichtigen sind. Die Neuregelung soll die Steuerpflichtigen um rund 9,3 Milliarden Euro jährlich entlasten[138].

II. Unterscheidungen

Die übrigen in der bisherigen **bis zum Veranlagungszeitraum 2009** geltende Fassung des § 10 **27**
Abs. 1 Nr. 3 EStG genannten Versicherungen, sind nunmehr ab Veranlagungszeitraum 2010 in
§ 10 Abs. 1 Nr. 3a EStG aufgeführt. Erfasst werden damit wie bisher Arbeitslosen-, Erwerbsunfähigkeits-, Berufsunfähigkeits-, Unfall-, Haftpflicht- und Risikolebensversicherungen sowie
bestimmte Kapitallebensversicherungen. Ebenfalls hierher gehören Kranken- und Pflegeversicherungen, soweit sie über eine Absicherung auf Sozialhilfeniveau hinausgehen.

Zu unterscheiden ist zwischen gesetzlich Versicherten und privat Versicherten.

Beitragszahler, die in der **gesetzlichen Krankenversicherung** versichert sind, können grundsätzlich
die von ihnen aufgewendeten Beiträge zur Krankenversicherung und Pflegeversicherung als Sonderausgaben abziehen. Ist in den Beiträgen ein Anspruch auf Krankengeld mit abgedeckt, werden
die Beiträge zur gesetzliche Krankenversicherung um 4 % gekürzt.

Beiträge für eine **private Krankenversicherung** können abgezogen werden, soweit diese einem
Basiskrankenversicherungsschutz dienen. Nicht abziehbar sind daher Beitragsanteile, die einen
über die medizinische Grundversorgung hinausgehenden Versicherungsschutz finanzieren, wie
z.B. Beiträge für eine Chefarztbehandlung oder ein Einzelzimmer im Krankenhaus.

III. Höhe der Abzüge, § 10 Abs. 4 Sätze 1 bis 3

Vorsorgeaufwendungen i.S.v. § 10 Abs. 1 Nr. 3 und 3a EStG können nach § 10 Abs. 4 Sätze 1 **28**
bis 3 EStG in Höhe von **2.800 €** bei privat Versicherten, **1.900 €** bei gesetzlich Versicherten und
entsprechend bei Zusammenveranlagung in Höhe von **5.600 €/3.800 €** je Kalenderjahr abgezogen
werden.

Übersteigen die Vorsorgeaufwendungen für die Kranken- und Pflegeversicherung im Sinne des
§10 Abs. 1 Nr. 3 EStG die nach § 10 Abs. 4 Sätzen 1 bis 3 EStG zu berücksichtigen Beträge von
2.800 € bzw. 1.900 €, bzw. bei Zusammenveranlagung 5.600 €/3.800 €, sind diese abzuziehen,
und ein Abzug von weiteren Vorsorgeaufwendungen im Sinne des § 10 Abs. 1 Nr. 3a EStG scheidet aus.[139]

Solche Vorsorgeaufwendungen sind z.B. Beiträge für eine Unfall-, Haftpflicht-, Arbeitslosen-,
Erwerbs-, Berufsunfähigkeit- und Risikoversicherung. Diese können sich dann nicht mehr auswirken.

Die vollständige Absetzbarkeit von Kranken- und Pflegeversicherungsbeiträgen wird dadurch aber
nicht gekappt.

▶ **Beispiel**

M ist selbstständig und zahlt einen freiwilligen Beitrag zur gesetzlichen KV i.H.v. 7.900 € und
zur PV i.H.v. 820 €, also insgesamt **8.720 €**. Anspruch auf Krankengeld besteht nicht. Die
sonstigen Vorsorgeaufwendungen betragen 3.600 €.

---

138 **www.bundesregierung.de** Nachrichten vom 10.07.2009.
139 Zur Verfassungsbeschwerde siehe Verfahren vor dem BVerfG 2 BvR 598/12, unter www.bundesverfassungsgericht.de

Lösung

Beiträge zur KV	*7.900 €*
+ Beiträge zur PV	*820 €*
+ Sonstige Vorsorge	*3.600 €*
Gesamt	**12.320 €**
Aber höchstens	*2.800 €*
Mindestens aber Basis-KV und PV	*8.720 €*
Anzusetzen folglich	**8.720 €**

Die Absetzbarkeit gilt für Beiträge des Steuerpflichtigen zu einer Krankenversicherung für sich selbst, seinen Ehepartner, für den Lebenspartner und jedes Kind, für das ein Anspruch auf Kindergeld oder Kinderfreibetrag besteht.

Die Kinderfreibeträge sind nach dem Wachstumsbeschleunigungsgesetz[140] für jedes Kind ab 01.01.2010 von 6.024 € auf 7.008 € angehoben worden[141].

Nach § 39 b EStG sind Vorsorgeaufwendungen bereits im **Lohnsteuerverfahren** zu berücksichtigen. Das Unterhaltseinkommen kann daher zeitnaher berechnet werden.

IV. Auswirkungen auf den Abzug von Unterhaltsleistungen als Sonderausgaben (begrenztes Realsplitting)

29   Nach § 10 Abs. 1 Nr. 1 Satz 2 EStG erhöht sich der in § 10 Abs. 1 Nr. 1 Satz 1 EStG abzugsfähige Höchstbetrag an Sonderausgaben für Unterhaltszahlungen an den geschiedenen oder dauernd getrennt lebenden, unbeschränkt einkommensteuerpflichtigen Ehegatten in Höhe von 13.805 € (**begrenztes Realsplitting**) um den Betrag, der im jeweiligen Veranlagungszeitraum für die Absicherung des geschiedenen oder dauernd getrennt lebenden Ehegatten aufgewandten Beiträge zur Kranken- und Pflegeversicherung gezahlt wird.[142]

Der Unterhaltsberechtigte kann diese Beiträge im Fall der Versteuerung der Unterhaltseinkünfte i.S.v. § 22 Abs. 1 Nr. 1 EStG (sonstige Einkünfte) seinerseits als Sonderausgabe abziehen[143] vgl. hierzu weiter unten zu § 22 EStG.

▶ **Beispiel**

Unterhaltsschuldner S erbringt in 2012 an seine geschiedene Ehefrau F, die unbeschränkt einkommensteuerpflichtig ist, Unterhaltsleistungen in Höhe von monatlich 1.200 €. Darüber hinaus zahlt er für sie Beiträge zur Kranken- und Pflegeversicherung in Höhe von 3.000 €.

Lösung

Bei F stellen die empfangenen Unterhaltsleistungen sonstige Einkünfte im Sinne des § 22 Nr. 1a EStG dar, und zwar bis zur Höhe des Betrages, der beim S. als Sonderausgaben nach § 10 Abs. 1 Nr. 1 EStG abgezogen werden kann. Dies sind höchstens 13.805 € zuzüglich der Beiträge für Kranken und Pflegeversicherung in Höhe von 3.000 €, gesamt also 16.805 €. Da sich die Unterhaltszahlungen auf 17.400 € belaufen (1.200 € x 12 Monate + 3.000 €), sind von F 16.805 € als steuerpflichtige Einnahmen in 2012 zu betrachten.

Hiervon können ein Werbungskostenpauschbetrag in Höhe von 102 € sowie Sonderausgaben nach § 10 Abs. 1 Nr. 3 EStG in Höhe von hier 3.000 € abgezogen werden, so dass sich bei F ein zu versteuerndes Einkommen in Höhe von 13.703 € ergibt (16.805 € – 102 € – 3.000 €).

---

140   Gesetz zur Beschleunigung des Wirtschaftswachstums (Wachstumsbeschleunigungsgesetz – WaBeG), Gesetz v. 22.12.2009, BGBl. I 2009, 3950.
141   www.bundesfinanzministerium.de.
142   Christ FamRB 2010, 84; Plewka NJW 2009, 3410, 3411; Perleberg-Kölbel FuR 2010, 18, 19.
143   FA-FamR Kuckenburg/Perleberg-Kölbel 13. Kap. Rn. 109, 218 ff.

E. Kinderbetreuungskosten, § 10 Abs. 1 Nr. 5

I. Einführung

Ab VZ 2012[144] werden nach dem Steuervereinfachungsgesetz 2011[145] Kinderbetreuungskosten   **29a**
einheitlich als Sonderausgaben iSd § 10 Abs. 1 Nr. 5 EStG behandelt. Erwerbsbedingte und nicht
erwerbsbedingte Kinderbetreuungskosten werden nicht mehr unterschieden. Auf persönliche
Anspruchsvoraussetzungen, wie z. B. Erwerbstätigkeit oder Ausbildung der Kindeseltern, kommt
es nicht mehr an.

II. Berechtigte Kinder

Betreuungskosten für Kinder im Sinne des § 32 Abs. 2 EStG können ab der Geburt bis zur Vollen-   **29b**
dung des 14. Lj. berücksichtigt werden. Ferner gelten die Regelungen für Kinder, die wegen einer
vor Vollendung des 25. Lj. eingetretenen körperlichen, geistigen oder seelischen Behinderung
außerstande sind, sich selbst zu unterhalten sowie für Kinder, die wegen einer vor dem 01.
01.2007 in der Zeit ab Vollendung des 25. Lj. und vor Vollendung des 27. Lj. eingetretenen körperlichen, geistigen oder seelischen Behinderung außerstande sind, sich selbst zu unterhalten, § 52
Abs. 24a Satz 2 EStG.[146]

▶ **Hinweis:**

Stiefkinder und Enkelkinder sind keine Kinder i.S.d. § 32 Abs. 1 EStG.

III. Dienstleistungen zur Betreuung

Unter Betreuung versteht man die behütende oder beaufsichtigende Betreuung. Eine persönliche   **29c**
Fürsorge für das Kind muss der Dienstleistung erkennbar zugrunde liegen.

IV. Aufwendungen

Aufwendungen werden berücksichtigt für   **29d**

- eine Unterbringung von Kindern in Kindergärten, Kindertagesstätten, Kinderhorten, Kinder-
  heimen und Kinderkrippen sowie bei Tagesmüttern, Wochenmüttern und in Ganztagespflege-
  stellen,
- eine Beschäftigung von Kinderpflegern und Kinderpflegerinnen oder -schwestern, Erziehern
  und Erzieherinnen,
- eine Beschäftigung von Hilfen im Haushalt, soweit sie ein Kind betreuen[147] und
- eine Beaufsichtigung des Kindes bei Erledigung seiner häuslichen Schulaufgaben[148].

---

144 Siehe zur Rechtslage bis VZ 2011 FA-FamR Kuckenburg/Perleberg-Kölbel 13. Kap. Rn 212 ff.; §§ 4 f.
     und 9 Abs. 5 Satz 1 EStG i.d.F. des Gs zur steuerlichen Förderung von Wachstum und Beschäftigung
     v. 26.04.2006, BGBl. I 2006, 1091, ist hinsichtlich der enthaltenen Beschränkung des Abzugs nicht ver-
     fassungswidrig: BFH v. 09.02.2012 – III R 67/09, unter www.bundesfinanzhof.de
145 BGBl. I 2011, 2131.
146 Näheres hierzu im BMF-Schreiben vom 14.03.2012 – IV C4 – S 2221/07/0012 :012, www.bundesfi-
     nanzministerium.de.
147 Zur Berechnung der Abgaben: Haushaltsscheckrechner unter www.minijob-zentrale.de/.../Haushalts-
     scheckrechner/Formular2012/...
148 BFH BStBl II, 1979, 142.

V. Fremdvergleich mit der Kinderbetreuung durch Angehörige

29e Den Leistungen müssen klare und eindeutige Vereinbarungen zu Grunde liegen. Diese müssen zivilrechtlich wirksam zustande gekommen sein, inhaltlich dem zwischen Fremden Üblichen entsprechen und tatsächlich so auch durchgeführt werden. Die Betreuungsleistungen dürfen nicht auf familienrechtlicher Grundlage unentgeltlich erbracht werden. Nicht zu berücksichtigen sind daher Aufwendungen für eine Mutter, die zusammen mit dem gemeinsamen Kind im Haushalt des Steuerpflichtigen lebt.[149] Gleiches gilt für die eheähnliche Lebensgemeinschaft oder die Lebenspartnerschaft. Ebenso wenig können Leistungen an eine Person anerkannt werden, die für das betreute Kind Anspruch auf einen Freibetrag nach § 32 Abs. 6 EStG oder auf Kindergeld hat.

VI. Art der Aufwendungen

29f In Betracht kommen Ausgaben in Geld oder Geldeswert (Wohnung, Kost, Waren, sonstige Sachleistungen) für Dienstleistungen zur Betreuung eines Kindes einschließlich der Erstattungen an eine betreuende Person (z. B. Fahrtkosten). Die Leistungen sind im Einzelnen in der Rechnung oder im Vertrag aufzuführen.

Bei einer ansonsten unentgeltlich erbrachten Betreuung wird ein Fahrtkostenersatz als Aufwendung nur dann anerkannt, wenn hierüber eine Rechnung erstellt wird. Aufwendungen für Fahrten des Kindes zur Betreuungsperson fallen nicht darunter,[150]

Gehaltsreduzierungen, die z.B. dadurch entstehen, dass der Steuerpflichtige seine Arbeitszeit zugunsten der Betreuung seines Kindes kürzt, stellen keine Aufwendungen dar. Aufwendungen sind auch nicht die Ausgaben für Unterricht (z. B. Schulgeld, Nachhilfe oder Fremdsprachenunterricht), die Vermittlung besonderer Fähigkeiten (z. B. Musikunterricht, Computerkurse), für sportliche und andere Freizeitbetätigungen (z. B. Mitgliedschaft in Sportvereinen oder anderen Vereinen, Tennis- oder Reitunterricht) oder für die Verpflegung des Kindes.[151]

VII. Beschränkt Steuerpflichtige

29g Nach § 50 Abs. 1 Satz 3 EStG gibt es keinen Abzug von Kinderbetreuungskosten bei beschränkt Steuerpflichtigen.

VIII. Haushaltszugehörigkeit

29h Ein Kind gehört zum Haushalt des jeweiligen Elternteils, in dessen Wohnung es dauerhaft lebt oder mit dessen Einwilligung es vorübergehend auswärtig untergebracht ist. Auch in Fällen, in denen dieser Elternteil mit dem Kind in der Wohnung seiner Eltern oder Schwiegereltern oder in Wohngemeinschaft mit anderen Personen lebt, ist das Tatbestandsmerkmal der Haushaltszugehörigkeit gegeben. Diese erfordert eine Verantwortung für das materielle (Versorgung, Unterhaltsgewährung) und immaterielle Wohl (Fürsorge, Betreuung) des Kindes. Eine Heimunterbringung ist unschädlich, wenn die Wohnverhältnisse in der Familienwohnung die speziellen Bedürfnisse des Kindes berücksichtigen und es sich im Haushalt dieses Elternteils regelmäßig aufhält[152]. Bei nicht zusammenlebenden Elternteilen ist grundsätzlich die Meldung des Kindes maßgebend. Ein Kind kann ausnahmsweise zum Haushalt des Elternteils gehören, bei dem es nicht gemeldet ist, wenn der Elternteil dies nachweist oder glaubhaft macht. Die Zahlung des Kindergeldes an einen

---

149 BFH BStBl II 1998, 187.
150 BFH BStBl II 1987, 167.
151 BFH BStBl II 1987, 490.
152 BFH BStBl II 2002, 244.

Elternteil ist ein weiteres **Indiz** für die Zugehörigkeit des Kindes zu dessen Haushalt. In Ausnahmefällen kann ein Kind auch zu den Haushalten beider getrennt lebender Elternteile gehören[153].

IX. Berechtigter Personenkreis

Zum Abzug von Kinderbetreuungskosten ist grundsätzlich nur der Elternteil berechtigt, der auch   29i
tatsächlich für die Betreuungsaufwendungen aufkommt[154] und zu dessen Haushalt das Kind
gehört. Trifft dieser Sachverhalt auf beide Elternteile zu, kann jeder Elternteil seine tatsächlichen
Aufwendungen grundsätzlich nur bis zur Höhe des hälftigen Abzugshöchstbetrages geltend
machen.

X. Höhe der Abzugsbeträge

Der Höchstbetrag beläuft sich auch bei einem Elternpaar, das entweder gar nicht oder nur zeit-   29k
weise zusammengelebt hat, auf **4.000 €** je Kind für das gesamte Kalenderjahr. Eine Aufteilung auf
die Zeiträume des gemeinsamen Haushalts bzw. der getrennten Haushalte ist nicht zulässig.
Haben beide Elternteile entsprechende Aufwendungen getragen, sind diese bei jedem Elternteil
grundsätzlich nur bis zu einem Höchstbetrag von **2.000 €** zu berücksichtigen.

Bei dem Höchstbetrag handelt es sich um einen Jahresbetrag. Eine zeitanteilige Aufteilung findet
auch dann nicht statt, wenn für das Kind nicht im gesamten Kalenderjahr Betreuungskosten angefallen sind.

▶ **Beispiel:**[155]

Das Kind eines verheirateten Elternpaares geht von Januar bis Juni 2012 in den Kindergarten.
Die Sommermonate von Juli bis zu seiner Einschulung Ende August 2012 verlebt es bei seinen
Großeltern. Ab der Einschulung geht es nachmittags in den Kinderhort. Den Eltern sind 2012
Kinderbetreuungskosten in Höhe von insgesamt 3.600 € entstanden. Davon können sie im
Beispiel 2/3 der Aufwendungen, also 2.400,00 €, als Sonderausgaben geltend machen. Es fin-
det keine zeitanteilige Kürzung statt.

XI. Beschränkte Steuerpflicht

Ist das zu betreuende Kind nicht unbeschränkt einkommensteuerpflichtig, ist der Höchstbetrag zu   29l
kürzen, soweit es nach den **Verhältnissen im Wohnsitzstaat** des Kindes notwendig und angemessen ist. Die für die einzelnen Staaten in Betracht kommenden Kürzungen ergeben sich aus der
Ländergruppeneinteilung, die durch BMF-Schreiben bekannt gemacht wird[156].

XII. Nachweis

Der Abzug von Kinderbetreuungskosten setzt nach § 10 Abs. 1 Nr. 5 Satz 4 EStG voraus, dass der   29m
Steuerpflichtige für die Aufwendungen eine Rechnung erhält und die Zahlung auf das Konto des
Erbringers der Leistung erfolgt. Die Rechnung sowie die Zahlungsnachweise sind nur auf Verlangen des Finanzamts vorzulegen. Es muss sich um keine Rechnung im Sinne des Umsatzsteuerge-
setzes handeln. Einer **Rechnung** stehen gleich:

– bei einem sozialversicherungspflichtigen Beschäftigungsverhältnis oder einem Minijob der zwischen dem Arbeitgeber und dem Arbeitnehmer abgeschlossene schriftliche (Arbeits-)Vertrag,

---

153 BFH BStBl II 2008, 762; BFH BStBl II 2011, 30.
154 BFH BStBl II 2011, 450.
155 Nach BMF-Schreiben vom 14.03.2012 – IV C 4-S 2221/07/0012:012, www.bundefinazministerium.de
156 Zuletzt durch BMF-Schreiben vom 04.10 2011, BStBl I 2011, 961.

– bei Au-pair-Verhältnissen ein Au-pair-Vertrag, aus dem ersichtlich ist, dass ein Anteil der Gesamtaufwendungen auf die Kinderbetreuung entfällt,

– bei der Betreuung in einem Kindergarten oder Hort der Bescheid des öffentlichen oder privaten Trägers über die zu zahlenden Gebühren,

– eine Quittung, z. B. über Nebenkosten zur Betreuung, wenn die Quittung genaue Angaben über die Art und die Höhe der Nebenkosten enthält. Ansonsten sind Nebenkosten nur zu berücksichtigen, wenn sie in den Vertrag oder die Rechnung aufgenommen worden sind.

XIII. Zahlungsarten

29n Die Zahlung auf das Konto des Erbringers der Leistung erfolgt in der Regel durch Überweisung. Auch Zahlungen per Dauerauftrag Einzugsermächtigung oder im Wege des Online-Bankings, können in Verbindung mit dem Kontoauszug, der die Abbuchung ausweist, anerkannt werden. Das gilt auch bei Übergabe eines Verrechnungsschecks oder der Teilnahme am Electronic-Cash-Verfahren bzw. elektronischen Lastschriftverfahren.

XIV. Keine Barzahlung

29o Die Aufwendungen dürfen nicht als Barzahlungen einschließlich Baranzahlungen oder Barteilzahlungen sowie durch Barschecks vorgenommen werden. Auf eine ordnungsgemäße Buchung kommt es für die Anerkennung nicht an. Eine abgekürzte Zahlweise von dem Konto eines Dritten ist zulässig (sog. abgekürzter Zahlungsweg).

XV. Zuordnung der Aufwendungen

29p 1. **Bei verheirateten Eltern**, die zusammenveranlagt werden, kommt es für die steuerliche Anerkennung nicht darauf an, welcher Elternteil die Aufwendungen geleistet hat oder ob sie von beiden getragen worden sind.

Werden Eltern im VZ 2012 noch getrennt veranlagt, sind die Sonderausgaben demjenigen Elternteil zuzurechnen, der die Aufwendungen getragen hat. Trifft dies auf beide Elternteile zu, kann jeder seine tatsächlichen Aufwendungen grundsätzlich nur bis zur Höhe des hälftigen Abzugshöchstbetrages geltend machen. Etwas anderes gilt, wenn die Ehegatten einvernehmlich gegenüber dem Finanzamt eine anderweitige Aufteilung des Höchstbetrages wählen. Abweichend davon können die Kinderbetreuungskosten aus Billigkeitsgründen auf übereinstimmenden Antrag der Ehegatten von diesen jeweils zur Hälfte abgezogen werden. Der Abzug ist dabei bei jedem Ehegatten auf den hälftigen Abzugshöchstbetrag beschränkt.

Werden ab VZ 2013 Eltern einzeln veranlagt, sind nach § 26a Abs. 2 Satz 1 EStG Sonderausgaben demjenigen Ehegatten zuzurechnen, der die Aufwendungen wirtschaftlich getragen hat, vgl. § 26 Rn 1 ff. Trifft dies auf beide Ehegatten zu, kann jeder seine tatsächlichen Aufwendungen grundsätzlich bis zur Höhe des hälftigen Abzugshöchstbetrages geltend machen.

2. **Bei nicht verheirateten, dauernd getrennt lebenden oder geschiedenen Eltern** ist derjenige Elternteil zum Abzug von Kinderbetreuungskosten berechtigt, der die Aufwendungen getragen hat[157] und zu dessen Haushalt das Kind gehört. Trifft dies auf beide Elternteile zu, kann jeder seine tatsächlichen Aufwendungen grundsätzlich nur bis zur Höhe des hälftigen Abzugshöchstbetrages geltend machen. Etwas anderes gilt, wenn die Eltern einvernehmlich eine abweichende Aufteilung des Abzugshöchstbetrages wählen und dies gegenüber dem Finanzamt anzeigen. Wenn von den Eltern nur ein Elternteil den Vertrag (z. B. mit der Kindertagesstätte) abschließt und das Ent-

---

157 BFH BStBl II 2011, 450.

gelt von seinem Konto zahlt, kann dieses weder vollständig noch anteilig dem anderen Elternteil als von ihm getragener Aufwand zugerechnet werden.[158]

XVI. Ausschluss weiterer Abzüge

Erfüllen Kinderbetreuungskosten grundsätzlich die Voraussetzungen für einen Abzug als Sonderausgaben, kommt für diese Aufwendungen eine Steuerermäßigung nach § 35a EStG nicht in Betracht. Auf den tatsächlichen Abzug als Sonderausgaben kommt es dabei nicht an. Dies gilt sowohl für das nicht abziehbare Drittel der Aufwendungen, als auch für die Aufwendungen, die den Höchstbetrag von 4.000 € je Kind übersteigen.

29q

▶ **Hinweis:**

> Handelt es sich um Kinderbetreuungskosten, die **bis einschließlich VZ 2011** nach § 9c EStG wie Betriebsausgaben oder Werbungskosten abgezogen werden konnten, kann die Neuregelung Auswirkungen haben, soweit außersteuerliche Rechtsnormen an steuerliche Einkommensbegriffe anknüpfen, wie z. B. § 14 Abs. 1 Wohngeldgesetz. Diese Auswirkungen können durch den mit dem Steuervereinfachungsgesetz 2011 eingefügten § 2 Abs. 5a Satz 2 EStG vermieden werden: »Knüpfen außersteuerliche Rechtsnormen an die Begriffe »Einkünfte«, »Summe der Einkünfte« oder »Gesamtbetrag der Einkünfte« an, mindern sich für deren Zwecke diese Größen um die nach § 10 Abs. 1 Nr. 5 EStG abziehbaren Kinderbetreuungskosten«. Auch hier wird nicht mehr unterschieden, ob die Kinderbetreuungskosten erwerbsbedingt oder nicht erwerbsbedingt angefallen sind.

Nachteil ab 2012: Bei gewerblich tätigen Unternehmern wirken sich die Aufwendungen für Betreuungsleistungen nicht mehr auf den Gewinn aus.

F. Schulgeldkosten, § 10 Abs. 1 Nr. 9

Die Neuregelung des § 10 Abs. 1 Nr. 9 EStG gilt durch das Gesetz v. 19.02.2008, BGB I 2008, 2794 für den Abzug von Kosten für Schulgeld als Sonderausgabe. Sie gilt nicht für schweizerische Privatschulen. Die Schweiz ist weder Mitglied der EU noch des EWR. Ein Anspruch auf Gleichbehandlung ergibt sich auch nicht aus dem Freizügigkeitsabkommen zwischen der Europäischen Gemeinschaft und der Schweiz vom 21.06.1999.[159] Dessen Schutzbereich gewährt keinen vergleichbaren umfassenden Schutz vor Diskriminierung grenzüberschreitender Sachverhalte.[160] Der BFH hat wegen der Eindeutigkeit der Rechtslage davon abgesehen, die Rechtsfragen dem EuGH zur Entscheidung vorzulegen. In zwei Urteilen[161] hatte der EuGH zuvor bereits entschieden, dass es gegen die Dienstleistungsfreiheit verstößt, wenn ein Staat Schuldgeldzahlungen an inländische Schulen zum Sonderausgabenabzug zulässt, Zahlungen an Privatschulen in anderen Mitgliedstaaten jedoch nicht. Daraufhin hat der Gesetzgeber mit § 10 Abs. 1 Nr. 9 EStG durch das Jahressteuergesetz 2009 rückwirkend die Abziehbarkeit von Schulgeldzahlungen für in der Europäischen Union (EU) oder im Europäischen Wirtschaftsraum (EWR) ansässige Privatschulen eingeführt.

29r

Ein Abzug ist auf **30 %**, max. **5.000 €**, der Aufwendungen für Schulgeldzahlungen an Schulen in privater Trägerschaft pro Kind und Elternpaar beschränkt.

---

158 BFH BStBl II 2011, 450.
159 BGBl II 2001, 811.
160 BFH v. 09.05.2012 – X R 3/11, www.bundesfinanzhof.de.
161 EuGH v. 11.09.2007 (Rs. C-76/05 – Schwarz und Gootjes-Schwarz und Rs. C-318/05 – Kommission gegen Deutschland), www.curia.europa.eu/juris oder www.eur-lex.europa.eu.

§ 22   Arten der sonstigen Einkünfte

¹Sonstige Einkünfte sind

1. Einkünfte aus wiederkehrenden Bezügen, soweit sie nicht zu den in § 2 Absatz 1 Nummer 1 bis 6 bezeichneten Einkunftsarten gehören; § 15b ist sinngemäß anzuwenden. [1] ²Werden die Bezüge freiwillig oder auf Grund einer freiwillig begründeten Rechtspflicht oder einer gesetzlich unterhaltsberechtigten Person gewährt, so sind sie nicht dem Empfänger zuzurechnen; dem Empfänger sind dagegen zuzurechnen
   a) Bezüge, die von einer Körperschaft, Personenvereinigung oder Vermögensmasse außerhalb der Erfüllung steuerbegünstigter Zwecke im Sinne der §§ 52 bis 54 der Abgabenordnung gewährt werden, und [2]
   b) Bezüge im Sinne des § 1 der Verordnung über die Steuerbegünstigung von Stiftungen, die an die Stelle von Familienfideikommissen getreten sind, in der im Bundesgesetzblatt Teil III, Gliederungsnummer 611-4-3, veröffentlichten bereinigten Fassung. [3]
   Zu den in Satz 1 bezeichneten Einkünften gehören auch
   a) Leibrenten und andere Leistungen,
      aa) die aus den gesetzlichen Rentenversicherungen, den landwirtschaftlichen Alterskassen, den berufsständischen Versorgungseinrichtungen und aus Rentenversicherungen im Sinne des § 10 Absatz 1 Nummer 2 Buchstabe b erbracht werden, soweit sie jeweils der Besteuerung unterliegen. ²Bemessungsgrundlage für den der Besteuerung unterliegenden Anteil ist der Jahresbetrag der Rente. Der der Besteuerung unterliegende Anteil ist nach dem Jahr des Rentenbeginns und dem in diesem Jahr maßgebenden Prozentsatz aus der nachstehenden Tabelle zu entnehmen:

Jahr des Rentenbeginns	Besteuerungsanteil in %
bis 2005	50
ab 2006	52
2007	54
2008	56
2009	58
2010	60
2011	62
2012	64
2013	66
2014	68
2015	70
2016	72
2017	74

---

1 § 22 Nummer 1 Satz 1 zweiter Halbsatz EStG angefügt durch Artikel 1 des Gesetzes zur Beschränkung der Verlustverrechnung im Zusammenhang mit Steuerstundungsmodellen vom 22. Dezember 2005 (BGBl. I S. 3683) – siehe Anwendungsvorschrift § 52 Absatz 38 Satz 2 EStG 2009.
2 § 22 Nummer 1 Satz 2 Buchstabe a EStG in der Fassung des Artikels 1 des Jahressteuergesetzes 2009 (JStG 2009) vom 19. Dezember 2008 (BGBl. I S. 2794), anzuwenden ab dem Veranlagungszeitraum 2009.
3 § 22 Nummer 1 Satz 2 EStG in der Fassung des Artikels 1 des Jahressteuergesetzes 2009 (JStG 2009) vom 19. Dezember 2008 (BGBl. I S. 2794) – siehe Anwendungsvorschrift § 52 Absatz 38 Satz 1 EStG 2009.

Perleberg-Kölbel

2018	76
2019	78
2020	80
2021	81
2022	82
2023	83
2024	84
2025	85
2026	86
2027	87
2028	88
2029	89
2030	90
2031	91
2032	92
2033	93
2034	94
2035	95
2036	96
2037	97
2038	98
2039	99
2040	100

Der Unterschiedsbetrag zwischen dem Jahresbetrag der Rente und dem der Besteuerung unterliegenden Anteil der Rente ist der steuerfreie Teil der Rente. Dieser gilt ab dem Jahr, das dem Jahr des Rentenbeginns folgt, für die gesamte Laufzeit des Rentenbezugs. Abweichend hiervon ist der steuerfreie Teil der Rente bei einer Veränderung des Jahresbetrags der Rente in dem Verhältnis anzupassen, in dem der veränderte Jahresbetrag der Rente zum Jahresbetrag der Rente steht, der der Ermittlung des steuerfreien Teils der Rente zugrunde liegt. Regelmäßige Anpassungen des Jahresbetrags der Rente führen nicht zu einer Neuberechnung und bleiben bei einer Neuberechnung außer Betracht. Folgen nach dem 31. Dezember 2004 Renten aus derselben Versicherung einander nach, gilt für die spätere Rente Satz 3 mit der Maßgabe, dass sich der Prozentsatz nach dem Jahr richtet, das sich ergibt, wenn die Laufzeit der vorhergehenden Renten von dem Jahr des Beginns der späteren Rente abgezogen wird; der Prozentsatz kann jedoch nicht niedriger bemessen werden als der für das Jahr 2005;

bb) die nicht solche im Sinne des Doppelbuchstaben aa sind und bei denen in den einzelnen Bezügen Einkünfte aus Erträgen des Rentenrechts enthalten sind. [2]Dies gilt auf Antrag auch für Leibrenten und andere Leistungen, soweit diese auf bis zum 31. Dezember 2004 geleisteten Beiträgen beruhen, welche oberhalb des Betrags des Höchstbeitrags zur gesetzlichen Rentenversicherung gezahlt wurden; der Steuerpflichtige muss nachweisen, dass der Betrag des Höchstbeitrags mindestens zehn Jahre überschritten wurde; soweit hiervon im Versorgungsausgleich übertragene Rentenanwartschaften betroffen sind, gilt § 4 Absatz 1 und 2 des Versorgungsausgleichsgesetzes entsprechend. [4] Als Ertrag des Rentenrechts gilt für die gesamte Dauer des Rentenbezugs der Unterschiedsbetrag zwischen dem Jahresbetrag der Rente und dem Betrag, der sich bei gleichmäßiger Verteilung des Kapitalwerts der Rente auf ihre voraussichtliche Laufzeit ergibt; dabei ist der Kapitalwert nach dieser Laufzeit zu berechnen. Der Ertrag des Rentenrechts (Ertragsanteil) ist aus der nachstehenden Tabelle zu entnehmen:

Bei Beginn der Rente vollendetes Lebensjahr des Renten- berechtigten	Ertragsanteil in %
0 bis 1	59
2 bis 3	58
4 bis 5	57
6 bis 8	56
9 bis 10	55
11 bis 12	54
13 bis 14	53
15 bis 16	52
17 bis 18	51
19 bis 20	50
21 bis 22	49
23 bis 24	48
25 bis 26	47
27	46
28 bis 29	45
30 bis 31	44
32	43
33 bis 34	42
35	41
36 bis 37	40
38	39
39 bis 40	38
41	37
42	36
43 bis 44	35
45	34
46 bis 47	33

---

4   § 22 Nummer 1 Satz 3 Buchstabe a Doppelbuchstabe bb Satz 2 EStG in der Fassung des Artikels 1 des Jahressteuergesetzes 2010 (JStG 2010) vom 8. Dezember 2010 (BGBl. I S. 1768), anzuwenden ab dem Veranlagungszeitraum 2010.

48	32
49	31
50	30
51 bis 52	29
53	28
54	27
55 bis 56	26
57	25
58	24
59	23
60 bis 61	22
62	21
63	20
64	19
65 bis 66	18
67	17
68	16
69 bis 70	15
71	14
72 bis 73	13
74	12
75	11
76 bis 77	10
78 bis 79	9
80	8
81 bis 82	7
83 bis 84	6
85 bis 87	5
88 bis 91	4
92 bis 93	3
94 bis 96	2
ab 97	1

Die Ermittlung des Ertrags aus Leibrenten, die vor dem 1. Januar 1955 zu laufen begonnen haben, und aus Renten, deren Dauer von der Lebenszeit mehrerer Personen oder einer anderen Person als des Rentenberechtigten abhängt, sowie aus Leibrenten, die auf eine bestimmte Zeit beschränkt sind, wird durch eine Rechtsverordnung bestimmt;

b) Einkünfte aus Zuschüssen und sonstigen Vorteilen, die als wiederkehrende Bezüge gewährt werden;

1a. Einkünfte aus Unterhaltsleistungen, soweit sie nach § 10 Absatz 1 Nummer 1 vom Geber abgezogen werden können;

1b. Einkünfte aus Versorgungsleistungen, soweit beim Zahlungsverpflichteten die Voraussetzungen für den Sonderausgabenabzug nach § 10 Absatz 1 Nummer 1a erfüllt sind;[5]

1c. Einkünfte aus Ausgleichszahlungen im Rahmen des Versorgungsausgleichs nach den §§ 20, 21, 22 und 26 des Versorgungsausgleichsgesetzes, §§ 1587f, 1587g, 1587i des Bürgerlichen Gesetzbuchs und § 3a des Gesetzes zur Regelung von Härten im Versorgungsausgleich[6], soweit bei der ausgleichspflichtigen Person die Voraussetzungen für den Sonderausgabenabzug nach § 10 Absatz 1 Nummer 1b erfüllt sind;[7]

2. Einkünfte aus privaten Veräußerungsgeschäften im Sinne des § 23;

3. Einkünfte aus Leistungen, soweit sie weder zu anderen Einkunftsarten (§ 2 Absatz 1 Satz 1 Nummer 1 bis 6) noch zu den Einkünften im Sinne der Nummern 1, 1a, 2 oder 4 gehören, z.B. Einkünfte aus gelegentlichen Vermittlungen und aus der Vermietung beweglicher Gegenstände. [2]Solche Einkünfte sind nicht einkommensteuerpflichtig, wenn sie weniger als 256 Euro im Kalenderjahr betragen haben. Übersteigen die Werbungskosten die Einnahmen, so darf der übersteigende Betrag bei Ermittlung des Einkommens nicht ausgeglichen werden; er darf auch nicht nach § 10d abgezogen werden. Die Verluste mindern jedoch nach Maßgabe des § 10d die Einkünfte, die der Steuerpflichtige in dem unmittelbar vorangegangenen Veranlagungszeitraum oder in den folgenden Veranlagungszeiträumen aus Leistungen im Sinne des Satzes 1 erzielt hat oder erzielt; § 10d Absatz 4 gilt entsprechend. [8]Verluste aus Leistungen im Sinne des § 22 Nummer 3 in der bis zum 31. Dezember 2008 anzuwendenden Fassung können abweichend von Satz 3 auch mit Einkünften aus Kapitalvermögen im Sinne des § 20 Absatz 1 Nummer 11 ausgeglichen werden. Sie mindern abweichend von Satz 4 nach Maßgabe des § 10d auch die Einkünfte, die der Steuerpflichtige in den folgenden Veranlagungszeiträumen aus § 20 Absatz 1 Nummer 11 erzielt;[9]

4. Entschädigungen, Amtszulagen, Zuschüsse zu Kranken- und Pflegeversicherungsbeiträgen, Übergangsgelder, Überbrückungsgelder, Sterbegelder, Versorgungsabfindungen, Versorgungsbezüge, die auf Grund des Abgeordnetengesetzes oder des Europaabgeordnetengesetzes, sowie vergleichbare Bezüge, die auf Grund der entsprechenden Gesetze der Länder gezahlt werden, und die Entschädigungen, das Übergangsgeld, das Ruhegehalt und die Hinterbliebenenversorgung, die auf Grund des Abgeordnetenstatuts des Europäischen Parlaments von der Europäischen Union gezahlt werden. [10] [2]Werden zur Abgeltung des durch das Mandat veranlassten Aufwandes Aufwandsentschädigungen gezahlt, so dürfen die durch das Mandat veranlassten Aufwendungen nicht als Werbungskosten abgezogen werden. Wahlkampfkosten zur Erlangung eines Mandats im Bundestag, im Europäischen Parlament oder im Parlament eines Landes dürfen nicht als Werbungskosten abgezogen werden. Es gelten entsprechend

---

5   § 22 Nummer 1b EStG in der Fassung des Artikels 1 des Jahressteuergesetzes 2010 (JStG 2010) vom 8. Dezember 2010 (BGBl. I S. 1768), anzuwenden ab dem Veranlagungszeitraum 2010.

6   Müsste lauten: §§ 25 und 26 des Versorgungsausgleichsgesetzes.

7   § 22 Nummer 1c EStG in der Fassung des Artikels 1 des Jahressteuergesetzes 2010 (JStG 2010) vom 8. Dezember 2010 (BGBl. I S. 1768), anzuwenden ab dem Veranlagungszeitraum 2010.

8   § 22 Nummer 3 Satz 4 zweiter Halbsatz EStG angefügt durch Artikel 1 des Jahressteuergesetzes 2007 (JStG 2007) vom 13. Dezember 2006 (BGBl. I S. 2878), auch anzuwenden in den Fällen, in denen am 1. Januar 2007 die Feststellungsfrist noch nicht abgelaufen ist – siehe Anwendungsvorschrift § 52 Absatz 38 Satz 2 EStG 2009.

9   § 22 Nummer 3 Sätze 5 und 6 EStG angefügt durch Artikel 1 des Jahressteuergesetzes 2009 (JStG 2009) vom 19. Dezember 2008 (BGBl. I S. 2794), anzuwenden ab dem Veranlagungszeitraum 2009 und letztmals anzuwenden für den Veranlagungszeitraum 2013 – siehe Anwendungsvorschrift § 52a Absatz 10a EStG 2009.

10   § 22 Nummer 4 Satz 1 EStG in der Fassung des Artikels 1 des Jahressteuergesetzes 2009 (JStG 2009) vom 19. Dezember 2008 (BGBl. I S. 2794), anzuwenden ab dem Veranlagungszeitraum 2009.

a) für Nachversicherungsbeiträge auf Grund gesetzlicher Verpflichtung nach den Abgeordnetengesetzen im Sinne des Satzes 1 und für Zuschüsse zu Kranken- und Pflegeversicherungsbeiträgen § 3 Nummer 62,

b) für Versorgungsbezüge § 19 Absatz 2 nur bezüglich des Versorgungsfreibetrags; beim Zusammentreffen mit Versorgungsbezügen im Sinne des § 19 Absatz 2 Satz 2 bleibt jedoch insgesamt höchstens ein Betrag in Höhe des Versorgungsfreibetrags nach § 19 Absatz 2 Satz 3 im Veranlagungszeitraum steuerfrei,

c) für das Übergangsgeld, das in einer Summe gezahlt wird, und für die Versorgungsabfindung § 34 Absatz 1,

d) für die Gemeinschaftssteuer, die auf die Entschädigungen, das Übergangsgeld, das Ruhegehalt und die Hinterbliebenenversorgung auf Grund des Abgeordnetenstatuts des Europäischen Parlaments von der Europäischen Union erhoben wird, § 34c Absatz 1; dabei sind die im ersten Halbsatz genannten Einkünfte für die entsprechende Anwendung des § 34c Absatz 1 wie ausländische Einkünfte und die Gemeinschaftssteuer wie eine der deutschen Einkommensteuer entsprechende ausländische Steuer zu behandeln;[11] [12]

5. Leistungen aus Altersvorsorgeverträgen, Pensionsfonds, Pensionskassen und Direktversicherungen. [2]Soweit die Leistungen nicht auf Beiträgen, auf die § 3 Nummer 63, § 10a oder Abschnitt XI angewendet wurde, nicht auf Zulagen im Sinne des Abschnitts XI, nicht auf Zahlungen im Sinne des § 92a Absatz 2 Satz 4 Nummer 1 und des § 92a Absatz 3 Satz 9 Nummer 2, nicht auf steuerfreien Leistungen nach § 3 Nummer 66 und nicht auf Ansprüchen beruhen, die durch steuerfreie Zuwendungen nach § 3 Nummer 56 oder die durch die nach § 3 Nummer 55b Satz 1 oder § 3 Nummer 55c steuerfreie Leistung aus einem neu begründeten Anrecht erworben wurden,

a) ist bei lebenslangen Renten sowie bei Berufsunfähigkeits-, Erwerbsminderungs- und Hinterbliebenenrenten Nummer 1 Satz 3 Buchstabe a entsprechend anzuwenden,

b) ist bei Leistungen aus Versicherungsverträgen, Pensionsfonds, Pensionskassen und Direktversicherungen, die nicht solche nach Buchstabe a sind, § 20 Absatz 1 Nummer 6 in der jeweils für den Vertrag geltenden Fassung entsprechend anzuwenden,

c) unterliegt bei anderen Leistungen der Unterschiedsbetrag zwischen der Leistung und der Summe der auf sie entrichteten Beiträge der Besteuerung; § 20 Absatz 1 Nummer 6 Satz 2 gilt entsprechend. [13]

In den Fällen des § 93 Absatz 1 Satz 1 und 2 gilt das ausgezahlte geförderte Altersvorsorgevermögen nach Abzug der Zulagen im Sinne des Abschnitts XI als Leistung im Sinne des Satzes 2. [14] Als Leistung im Sinne des Satzes 1 gilt auch der Verminderungsbetrag nach § 92a Absatz 2 Satz 5 und der Auflösungsbetrag nach § 92a Absatz 3 Satz 5. Der Auflösungsbetrag nach § 92a Absatz 2 Satz 6 wird zu 70 Prozent als Leistung nach Satz 1 erfasst. Tritt nach dem Beginn der Auszahlungsphase zu Lebzeiten des Zulageberechtigten der Fall des § 92a Absatz 3 Satz 1 ein, dann ist

---

11 § 22 Nummer 4 Satz 4 Buchstabe d EStG angefügt durch Artikel 1 des Jahressteuergesetzes 2009 (JStG 2009) vom 19. Dezember 2008 (BGBl. I S. 2794), anzuwenden ab dem Veranlagungszeitraum 2009.

12 zu den »Besonderen Anwendungsregeln aus Anlass der Herstellung der Einheit Deutschlands« siehe § 57 Absatz 5 EStG 2009.

13 § 22 Nummer 5 Satz 2 EStG in der Fassung des Artikels 2 des Beitreibungsrichtlinie-Umsetzungsgesetzes vom 7. Dezember 2011 (BGBl. I S. 2592), anzuwenden ab dem Veranlagungszeitraum 2011 – siehe Artikel 25 Absatz 4 des Beitreibungsrichtlinie-Umsetzungsgesetzes und auch Anwendungsvorschrift § 52 Absatz 38 Satz 4 EStG 2009.

14 § 22 Nummer 5 Satz 3 EStG eingefügt durch Artikel 2 des Beitreibungsrichtlinie-Umsetzungsgesetzes vom 7. Dezember 2011 (BGBl. I S. 2592), anzuwenden für Veranlagungszeiträume ab 2011 – siehe Artikel 25 Absatz 4 des Beitreibungsrichtlinie-Umsetzungsgesetzes.

a) innerhalb eines Zeitraums bis zum zehnten Jahr nach dem Beginn der Auszahlungsphase das Eineinhalbfache,

b) innerhalb eines Zeitraums zwischen dem zehnten und 20. Jahr nach dem Beginn der Auszahlungsphase das Einfache

des nach Satz 5 noch nicht erfassten Auflösungsbetrags als Leistung nach Satz 1 zu erfassen; § 92a Absatz 3 Satz 9 gilt entsprechend mit der Maßgabe, dass als noch nicht zurückgeführter Betrag im Wohnförderkonto der noch nicht erfasste Auflösungsbetrag gilt. [15] Bei erstmaligem Bezug von Leistungen, in den Fällen des § 93 Absatz 1 sowie bei Änderung der im Kalenderjahr auszuzahlenden Leistung hat der Anbieter (§ 80) nach Ablauf des Kalenderjahres dem Steuerpflichtigen nach amtlich vorgeschriebenem Vordruck den Betrag der im abgelaufenen Kalenderjahr zugeflossenen Leistungen im Sinne der Sätze 1 bis 6 je gesondert mitzuteilen. In den Fällen des § 92a Absatz 2 Satz 10 erster Halbsatz erhält der Steuerpflichtige die Angaben nach Satz 7 von der zentralen Stelle (§ 81). Werden dem Steuerpflichtigen Abschluss- und Vertriebskosten eines Altersvorsorgevertrages erstattet, gilt der Erstattungsbetrag als Leistung im Sinne des Satzes 1. [16] In den Fällen des § 3 Nummer 55a richtet sich die Zuordnung zu Satz 1 oder Satz 2 bei der ausgleichsberechtigten Person danach, wie eine nur auf die Ehezeit bezogene Zuordnung der sich aus dem übertragenen Anrecht ergebenden Leistung zu Satz 1 oder Satz 2 bei der ausgleichspflichtigen Person im Zeitpunkt der Übertragung ohne die Teilung vorzunehmen gewesen wäre. [17] Dies gilt sinngemäß in den Fällen des § 3 Nummer 55 und 55e.

A. Einkünfte aus Unterhaltsleistungen gem. § 22 Nr. 1a EStG

1 Unterhaltsleistungen sind sonstige Einkünfte im Sinne des § 22 Nr. 1a EStG.

Der Empfänger der Unterhaltsleistungen kann von seinen Einnahmen eventuell entstandene Werbungskosten abzuziehen, mindestens jedoch einen Werbungskostenpauschbetrag in Höhe von 102 €, § 9a Satz 1 Nr. 3 EStG.

▶ **Beispiel:**

Unterhaltsschuldner S erbringt in 2012 an seine geschiedene Ehefrau F, die unbeschränkt einkommensteuerpflichtig ist, Unterhaltsleistungen in Höhe von monatlich 1.200 €.

---

15 § 22 Nummer 5 Satz 7 EStG in der Fassung des Artikels 1 des Jahressteuergesetzes 2010 (JStG 2010) vom 8. Dezember 2010 (BGBl. I S. 1768), anzuwenden ab dem Veranlagungszeitraum 2010.

16 § 22 Nummer 5 Satz 10 EStG angefügt durch Artikel 1 des Jahressteuergesetzes 2009 (JStG 2009) vom 19. Dezember 2008 (BGBl. I S. 2794), anzuwenden ab dem Veranlagungszeitraum 2009.

17 § 22 Nummer 5 Satz 11 EStG angefügt durch Artikel 1 des Jahressteuergesetzes 2010 (JStG 2010) vom 8. Dezember 2010 (BGBl. I S. 1768).

Lösung:

Bei F stellen die empfangenen Unterhaltsleistungen sonstige Einkünfte im Sinne des § 22 EStG dar, und zwar bis zur Höhe des Betrages, der beim S als Sonderausgabe abgezogen werden kann. Dies sind höchstens 13.805 €.

Da die Unterhaltszahlungen 14.400 € ausmachen (1.200 € x 12 Monate) sind von F 13.805 € als steuerpflichtige Einnahmen zu betrachten. Hiervon kann ein Werbungskostenpauschbetrag gem. § 9a Satz 1 Nr. 3 EStG in Höhe von 102 € abgezogen werden, so dass sich bei F Einkünfte in Höhe von 13.703 € ergeben (13.805 € ./. 102 €).

Dies gilt jedoch nur, wenn die Unterhaltsleistungen von S. als Sonderausgaben im Rahmen des Realsplittings gem. § 10 Abs. 1 Nr. 1 EStG abgezogen werden.

▶ **Praktischer Hinweis:**

Ab dem Veranlagungszeitraum 2010 erhöhte sich durch die Anwendung des Bürgerentlastungsgesetzes[18] der genannte Betrag von 13.805 € um die im jeweiligen Veranlagungszeitraum für die Absicherung des geschiedenen oder dauernd getrennt lebenden Ehegatten aufgewandten Beiträge zur Kranken- und Pflegeversicherung, vgl. hierzu weiter oben zu § 10 Abs. 1 Nr. 3, 3a, Abs. 4 Sätze 1 bis 3 EStG, Rdn. 26 ff.

Aufgrund des **Korrespondenzprinzips** muss der empfangene Unterhaltsgläubiger die tatsächlich erbrachten Unterhaltsleistungen versteuern. Es kommt daher nicht darauf an, ob der Unterhaltsgläubiger in seiner Steuererklärung einen niedrigeren Betrag angibt. Es ist auf die tatsächliche Leistung abzustellen.[19] Ob die vom Unterhaltsgläubiger zu erstattende Einkommensteuer unter den Tatbestand des § 22 Nr. 1a EStG, damit zu den Unterhaltsleistungen, zu subsumieren ist, ist für den Fall der vorherigen Vereinbarung zu bejahen.[20]

B. Einkünfte aus Versorgungsleistungen, § 22 Nr. 1 b EStG

Einkünfte aus Versorgungsleistungen sind regelmäßig nur wiederkehrende Leistungen auf die Lebenszeit des Empfängers. Die Leistungen auf eine Höchstzeit, wie abgekürzte Leibrenten oder dauernde Lasten oder Leistungen auf eine Mindestlaufzeit, wie verlängerte Leibrenten oder dauernde Lasten, sind stets **in Korrelation mit dem Austausch einer Gegenleistung** zu sehen.[21] Es kommt nicht darauf an, dass die wiederkehrenden Leistungen sich steuermindernd auswirken.

Versorgungsleistungen sind beim Empfänger in vollem Umfang nach § 22 Nr. 1b EStG steuerpflichtig, beim Geber handelt es sich um Sonderausgaben nach § 10 Abs. 1 Nr. 1a EStG, vgl. hierzu unter oben § 10 Abs. 1 Nr. 1a EStG, Rdn. 24.

▶ **Praktischer Hinweis:**

Eine Versteuerung nach §§ 22 Nr. 1 Satz 3 Buchst. a EStG beim Empfänger mit dem Ertragsanteil und 10 Abs. 1 Nr. 1a Satz 2 EStG beim Geber als Sonderausgaben findet statt, wenn und soweit die Vertragsparteien die Abänderbarkeit ausdrücklich ausschließen und der **Vertrag vor 2008** abgeschlossen worden ist.

Soll in **nach 2007 geschlossenen Verträgen** nicht begünstigtes Vermögen, wie z.B. Grundvermögen gegen wiederkehrende Leistungen, übertragen werden, handelt es sich um teilentgeltliche Rechtsgeschäfte, die mit ihrem Barwert zu Anschaffungskosten zu berücksichtigen sind. Der in den einzelnen Zahlungen enthaltene Zinsanteil ist nur zu berücksichtigen, wenn er als Werbungs-

---

18 BGBl. I 2009, 1959.
19 Schmidt/Weber-Grellet EStG § 22 Rn. 90.
20 BFH FamRZ 2008, 888 = FuR 2008, 555; FG Schleswig-Holstein StE 2008, 627.
21 BFH BStBl. II 2002, 650.

kosten/Betriebsausgaben oder sonst ausdrücklich zum Abzug zugelassen wird. Bei dem Übertragenden des Vermögens führt dies zu einem Veräußerungsgeschäft.

C. Einkünfte aus dem schuldrechtlichen Versorgungsausgleich, § 22 Nr. 1c EStG

3 Aufgrund des auch hier herrschenden Korrespondenzprinzips sind Ausgleichszahlungen infolge eines schuldrechtlichen Versorgungsausgleichs als sonstige Einkünfte i.S.v. § 22 EStG zu versteuern, wenn der Ausgleichsverpflichtete sie als Sonderausgaben abzieht.[22]

Da die Sozialversicherungsrente lediglich mit dem Ertragsanteil besteuert wird, ist der Abzug von Sonderausgaben nur mit dem Ertragsanteil möglich. Sind hingegen Versorgungsbezüge, z.B. eine Betriebsrente, voll zu versteuern, kann der Verpflichtete dies voll abziehen und eine Besteuerung beim Empfänger korrespondiert.

D. Einkünfte aus privaten Veräußerungsgeschäften, § 22 Nr. 2 EStG

§ 23 EStG   Private Veräußerungsgeschäfte

(1) [1]Private Veräußerungsgeschäfte (§ 22 Nummer 2) sind
1. Veräußerungsgeschäfte bei Grundstücken und Rechten, die den Vorschriften des bürgerlichen Rechts über Grundstücke unterliegen (z.B. Erbbaurecht, Mineralgewinnungsrecht), bei denen der Zeitraum zwischen Anschaffung und Veräußerung nicht mehr als zehn Jahre beträgt. [2]Gebäude und Außenanlagen sind einzubeziehen, soweit sie innerhalb dieses Zeitraums errichtet, ausgebaut oder erweitert werden; dies gilt entsprechend für Gebäudeteile, die selbständige unbewegliche Wirtschaftsgüter sind, sowie für Eigentumswohnungen und im Teileigentum stehende Räume. [3]Ausgenommen sind Wirtschaftsgüter, die im Zeitraum zwischen Anschaffung oder Fertigstellung und Veräußerung ausschließlich zu eigenen Wohnzwecken oder im Jahr der Veräußerung und in den beiden vorangegangenen Jahren zu eigenen Wohnzwecken genutzt wurden;
2. Veräußerungsgeschäfte bei anderen Wirtschaftsgütern, bei denen der Zeitraum zwischen Anschaffung und Veräußerung nicht mehr als ein Jahr beträgt. [2]Ausgenommen sind Veräußerungen von Gegenständen des täglichen Gebrauchs. [3]Bei Wirtschaftsgütern im Sinne von Satz 1, aus deren Nutzung als Einkunftsquelle zumindest in einem Kalenderjahr Einkünfte erzielt werden, erhöht sich der Zeitraum auf zehn Jahre.

[2]Als Anschaffung gilt auch die Überführung eines Wirtschaftsguts in das Privatvermögen des Steuerpflichtigen durch Entnahme oder Betriebsaufgabe. [3]Bei unentgeltlichem Erwerb ist dem Einzelrechtsnachfolger für Zwecke dieser Vorschrift die Anschaffung oder die Überführung des Wirtschaftsguts in das Privatvermögen durch den Rechtsvorgänger zuzurechnen. [4]Die Anschaffung oder Veräußerung einer unmittelbaren oder mittelbaren Beteiligung an einer Personengesellschaft gilt als Anschaffung oder Veräußerung der anteiligen Wirtschaftsgüter. [5]Als Veräußerung im Sinne des Satzes 1 Nummer 1 gilt auch
1. die Einlage eines Wirtschaftsguts in das Betriebsvermögen, wenn die Veräußerung aus dem Betriebsvermögen innerhalb eines Zeitraums von zehn Jahren seit Anschaffung des Wirtschaftsguts erfolgt, und
2. die verdeckte Einlage in eine Kapitalgesellschaft.

(2) Einkünfte aus privaten Veräußerungsgeschäften der in Absatz 1 bezeichneten Art sind den Einkünften aus anderen Einkunftsarten zuzurechnen, soweit sie zu diesen gehören.

---

22 Engels Steuerrecht für die familienrechtlichen Praxis 1081.

(3) ¹Gewinn oder Verlust aus Veräußerungsgeschäften nach Absatz 1 ist der Unterschied zwischen Veräußerungspreis einerseits und den Anschaffungs- oder Herstellungskosten und den Werbungskosten andererseits. ²In den Fällen des Absatzes 1 Satz 5 Nummer 1 tritt an die Stelle des Veräußerungspreises der für den Zeitpunkt der Einlage nach § 6 Absatz 1 Nummer 5 angesetzte Wert, in den Fällen des Absatzes 1 Satz 5 Nummer 2 der gemeine Wert. ³In den Fällen des Absatzes 1 Satz 2 tritt an die Stelle der Anschaffungs- oder Herstellungskosten der nach § 6 Absatz 1 Nummer 4 oder § 16 Absatz 3 angesetzte Wert. ⁴Die Anschaffungs- oder Herstellungskosten mindern sich um Absetzungen für Abnutzung, erhöhte Absetzungen und Sonderabschreibungen, soweit sie bei der Ermittlung der Einkünfte im Sinne des § 2 Absatz 1 Satz 1 Nummer 4 bis 7 abgezogen worden sind. ⁵Gewinne bleiben steuerfrei, wenn der aus den privaten Veräußerungsgeschäften erzielte Gesamtgewinn im Kalenderjahr weniger als 600 Euro betragen hat. ⁶In den Fällen des Absatzes 1 Satz 5 Nummer 1 sind Gewinne oder Verluste für das Kalenderjahr, in dem der Preis für die Veräußerung aus dem Betriebsvermögen zugeflossen ist, in den Fällen des Absatzes 1 Satz 5 Nummer 2 für das Kalenderjahr der verdeckten Einlage anzusetzen. ⁷Verluste dürfen nur bis zur Höhe des Gewinns, den der Steuerpflichtige im gleichen Kalenderjahr aus privaten Veräußerungsgeschäften erzielt hat, ausgeglichen werden; sie dürfen nicht nach § 10d abgezogen werden. ⁸Die Verluste mindern jedoch nach Maßgabe des § 10d die Einkünfte, die der Steuerpflichtige in dem unmittelbar vorangegangenen Veranlagungszeitraum oder in den folgenden Veranlagungszeiträumen aus privaten Veräußerungsgeschäften nach Absatz 1 erzielt hat oder erzielt; § 10d Absatz 4 gilt entsprechend. ⁹Verluste aus privaten Veräußerungsgeschäften, auf die § 23 in der bis zum 31. Dezember 2008 geltenden Fassung anzuwenden ist, können abweichend von Satz 7 auch mit Einkünften aus Kapitalvermögen im Sinne des § 20 Absatz 2 in der Fassung des Artikels 1 des Gesetzes vom 14. August 2007 (BGBl. I S. 1912) ausgeglichen werden. ¹⁰Sie mindern abweichend von Satz 8 nach Maßgabe des § 10d auch die Einkünfte, die der Steuerpflichtige in den folgenden Veranlagungszeiträumen aus § 20 Absatz 2 in der Fassung des Artikels 1 des Gesetzes vom 14. August 2007 (BGBl. I S. 1912) erzielt.

I. Definition

Fallen bei der Veräußerung von Wirtschaftgütern innerhalb bestimmter Fristen Wertsteigerungen an, unterliegen diese als private Veräußerungsgeschäfte (früher sog. Spekulationsgeschäfte) der Besteuerung, wenn diese im Privatvermögen (nicht im Betriebsvermögen) gehalten werden. 3a

II. Persönlicher Geltungsbereich

Erwerber und Veräußerer müssen dieselbe Person sein, d.h., es muss eine sog. Personenidentität vorliegen. Veräußerungsvorgänge sind den Ehegatten getrennt zuzurechnen. 3b

III. Sachlicher Geltungsbereich

Das angeschaffte und das veräußerte Wirtschaftsgut müssen identisch sein. 3c

Eine Ausnahme gilt bei Grundstücken: Wird ein unbebautes Grundstück angeschafft, bebaut und innerhalb der maßgeblichen Frist veräußert, ist Gegenstand der Veräußerung auch das darauf errichtete Gebäude oder Gebäudeteil.

IV. Veräußerung

Hierunter fallen Kaufvertrag, Tauschvertrag, verbindliches Verkaufsangebot, soweit kein Widerruf 3d
mehr möglich ist und auch die Zwangsversteigerung. Ebenso kommt es bei Übertragung eines Grundstücks aus dem Privatvermögen in das Gesellschaftsvermögen einer Mitunternehmerschaft, z.B. einer KG, oder in das Vermögen einer Kapitalgesellschaft gegen Gewährung von Gesell-

schaftsrechten zu einem Veräußerungsvorgang. Bei Einlage eines Wirtschaftguts in das Betriebsvermögen gilt eine **Veräußerungsfiktion**, wenn die Veräußerung aus dem Betriebsvermögen innerhalb von 10 Jahren seit der Anschaffung oder eine verdeckte Einlage in eine Kapitalgesellschaft vorgenommen worden ist. Der maßgebliche Zeitpunkt kann z.B. bei einem bindenden Veräußerungsangebot, das mit sofortigem Nutzungsübergang verbunden ist, vorverlagert werden. Bei behördlichen Genehmigungen bzw. Zustimmungen Dritter (z.B. § 12 WEG) und vormundschafts-, gerichtlichen oder nachlassgerichtlichen Genehmigungen tritt die Bindung und somit der objektive Veräußerungstatbestand erst mit Entgegennahme dieser Genehmigung ein.

▶ **Hinweis:**

Bei einer Rückabwicklung entfallen z.B. die Wirkungen des § 23 EStG rückwirkend dann, wenn das Rechtsgeschäft vor Besitzübergang oder Grundbuchumschreibung oder der Vertrag infolge eines gesetzlichen Rücktrittsrechts aufgehoben wird. Ein inzwischen erfolgter Eigentumswechsel ist unschädlich. Es handelt sich hierbei um ein rückwirkendes Ereignis iSd § 175 Abs. 1 Nr. 2 AO. Steuerbescheide sind aufzuheben oder zu ändern. Im Jahr der Rückabwicklung darf keine Abschreibung mehr in Anspruch genommen werden. In einer Rückabwicklung als Folge von Vertragsstörungen liegt allerdings keine »Veräußerung«.[23]

V. Fristen

3e Zwischen dem Zeitpunkt der Anschaffung (auch Entnahme/Überführung in das Privatvermögen) und dem Zeitpunkt der Veräußerung muss ein zeitlicher Zusammenhang bestehen. Es gelten folgende Fristen:

10 Jahre bei Grundstücken und Grundstücksrechten, § 23 Abs. 1 Nr. 1 EStG

1 Jahr für andere Wirtschaftsgüter, § 23 Abs. 1 Nr. 2 Satz 1 EStG

Der Zeitraum von 1 Jahr erhöht sich auf 10 Jahre, wenn aus der Nutzung des Wirtschaftsgutes mindestens in einem Kalenderjahr Einkünfte erzielt werden, § 23 Abs. 1 Nr. 2 Satz 2 EStG.

▶ **Hinweis:**

Bei Erbschaften oder unentgeltlichen Erwerben kommt es bei der Berechnung der Fristen auf den Zeitpunkt der Anschaffung durch den Erblasser oder Schenkenden an.

VI. Ermittlung des Veräußerungsgewinns[24]

3f Der Veräußerungsgewinn ergibt sich aus dem Verkaufspreis nach Abzug der Anschaffungskosten und den Kosten der Veräußerung (Werbungskosten).

Die Anschaffungskosten sind bei Kaufverträgen ab dem 31.07.1995 bzw. in Herstellungsfällen ab dem 31.12.1998 zuvor um die in Anspruch genommenen **Abschreibungen, erhöhten Absetzungen und Sonderabschreibungen** zu mindern.

▶ **Hinweis:**
Bei Immobilien in den neuen Bundesländern kommt es daher häufiger zu einer Besteuerung von Veräußerungsgewinnen, selbst wenn der tatsächliche Verkaufserlös weit unter den historischen Anschaffungskosten liegen sollte!

---

23 BFH, 27.06.2006 – IX R 47/04, DStRE 2006, 1835.
24 siehe zur Bewertung und latenter Steuer FA-FamR Kuckenberg/Perleberg-Kölbel 13. Kap, Rn. 81 ff. BGH FamRZ 2011, 1367, Kleffmann FuR 2011, 381; Vogel NJW 2011, 3337, Büte FuR 2012, 413; Klein FPR 2012, 324.

Es gibt **keinen Freibetrag**. Die Einkommensteuer sieht lediglich eine Freigrenze für Veräußerungsgewinne von weniger als 600,00 € pro Kalenderjahr vor, d.h. bei einem Veräußerungsgewinn von z.B. 601,00 € ist der gesamte Betrag der Besteuerung zu unterwerfen.

Verluste aus privaten Veräußerungsgeschäften können nur mit Gewinnen aus anderen privaten Veräußerungsgeschäften desselben Veranlagungszeitraums verrechnet werden, nicht aber mit sonstigen Einkunftsarten, § 23 Abs. 3 Satz 8 und Satz 9 EStG.

VII. Sonderfall Grundstücksübertragungen

Gewinne aus privaten Grundstücksveräußerungsgeschäften unterlagen nach der bis zum 31.12.1998 geltenden Rechtslage der ESt, wenn der Zeitraum zwischen der Anschaffung und der Veräußerung weniger als 2 Jahre betrug. Ab dem Veranlagungszeitraum 1999 wurde der Zeitraum für sog. Spekulationsgeschäfte rückwirkend um 8 Jahre verlängert. Hierzu wurde das Bundesverfassungsgericht[25] angerufen, das die **rückwirkende Verlängerung der Spekulationsfrist bei Grundstücksveräußerungsgeschäften** auf 10 Jahre teilweise für verfassungswidrig hielt. Die Verlängerung der Spekulationsfrist für bereits nach altem Recht erworbene Grundstücke verstieß danach als echte Rückwirkung gegen die Grundsätze des Vertrauensschutzes und war nichtig, soweit in einem Veräußerungsgewinn Wertsteigerungen erfasst waren, die bis zur Verkündung des Steuerentlastungsgesetzes 1999/2000/2002 am 31.03.1999 entstanden waren. `3g`

Die **entgeltliche Übertragung** von Grundstücken führt demnach zu einem steuerpflichtigen Veräußerungsgewinn, wenn sie innerhalb der Spekulationsfrist von 10 Jahren erfolgt, § 23 Abs. 1 Nr. 1 EStG.

Eine **Ausnahme** gilt für Wirtschaftsgüter i.S.v. § 23 Abs. 1 Nr. 1 Satz 3 EStG, d.h. für Grundstücke, die zu eigenen Wohnzwecken genutzt werden. Die Nutzung muss entweder ununterbrochen zwischen der Anschaffung und der Veräußerung oder zumindest im Jahr der Veräußerung und den beiden vorangegangenen Jahren ausschließlich zu eigenen Wohnzwecken vorgenommen worden sein, um keine Steuerpflicht auszulösen. Diese Nutzungsart wird angenommen, wenn die Wohnung vom Steuerpflichtigen allein (auch nur teilweise, z.B. i.R. einer doppelten Haushaltsführung), mit Angehörigen oder gemeinsam mit einem Dritten genutzt wird. Eine entsprechende Nutzung stellt auch die unentgeltliche Nutzungsüberlassung an ein Kind dar, für das Anspruch auf Kindergeld oder Freibetrag nach § 32 Abs. 6 EStG besteht.[26] Unschädlich ist auch ein Leerstand vor der Veräußerung, wenn diese noch im Jahr der Nutzungsbeendigung erfolgt.[27] Der erforderlichen eigenen Wohnnutzung steht nicht entgegen, dass der Eigentümer das Objekt gemeinsam mit Familienangehörigen oder Dritten nutzt, sofern die Dritten unentgeltlich wohnen. Dem Eigentümer müssen jedoch Räume verbleiben, die den Wohnungsbegriff erfüllen. Die Nutzung des häuslichen Arbeitszimmers erfüllt nicht das Tatbestandsmerkmal der »Nutzung zu eigenen Wohnzwecken«. Die unentgeltliche Überlassung ausschließlich an andere Angehörige (z.B. den Ehegatten) ist ebenfalls keine Nutzung zu eigenen Wohnzwecken, auch wenn diese unterhaltsberechtigt sind.[28] `3h`

Zieht demnach der Eigentümer-Ehegatte bei der Trennung aus und verbleibt der andere in der Wohnung, ohne Eigentümer zu sein, liegt keine Nutzung mehr zu eigenen Wohnzwecken vor.[29]

---

25 BVerfG, 07.07.2010 – 2 BVL 14/02 Absatz-Nr. 54 ff., unter www.bundesverfassungsgericht.de.
26 BFH BStBl. II 1994, 544.
27 OFD München, DStR 2001, 1298.
28 Gem. BMF BStBl. 2000 I, S. 1383 ff. Rn. 22 muss allerdings jeder Ehegatte in der Lage sein, einen selbstständigen Haushalt zu führen, vgl. auch Krause, Das Familienheim bei Trennung und Scheidung, 2006 Kap 7 Rn. 40 ff.
29 Für den Fall, dass der andere Ehegatte zusammen mit einem kindergeldberechtigten Kind im Gebäude verbleibt: Wälzholz, FamRB 2002, 384.

Sind **beide Ehegatten Miteigentümer** und zieht nur einer aus, muss die Nutzung zu eigenen Wohnzwecken für jeden Miteigentümer getrennt beurteilt werden.

Steuervermeidungsstrategien und Haftungshinweise:

Ist die Zehn-Jahresfrist noch nicht abgelaufen, sollten folgende Überlegungen angestellt werden:

Zieht der Eigentümerehegatte i.R.d Trennung aus dem Familienheim aus, sollte noch im gleichen Jahr eine Übertragung erfolgen.[30] Es ist hierbei darauf zu achten, dass im Jahr des Auszugs auch das wirtschaftliche Eigentum (Besitzübergang, Nutzen und Lasten) übergeht.[31] Dies gilt auch für den Fall, dass der Ehegatten-Eigentümer die Immobilie an den anderen Ehegatten überträgt.

Kommt es erst im Folgejahr der Nutzung zu einer Übertragung, muss im Hinblick auf den zu versteuernden Veräußerungsgewinn in der Auseinandersetzungsvereinbarung der Ehegatten die Aufteilung eines Veräußerungsgewinnes vorbehalten bleiben. Aus der Sicht des Veräußerers ist dann keine allgemeine Ausgleichsklausel in die Vereinbarung mit aufzunehmen. Es liegt ein Beratungsfehler vor![32] Ausgleichszahlungen oder Verrechnungen iR des Zugewinnausgleichs sind jedoch nicht steuerschädlich.[33]

Der Eigentümerehegatte kann, wenn er die Wohnung nicht allein oder mit Angehörigen oder Dritten weiter nutzt, die Nutzung einem Kind unentgeltlich überlassen. Für dieses Kind muss aber ein Anspruch auf Kindergeld oder ein Freibetrag nach § 32 Abs. 6 EStG bestehen; siehe hierzu § 32 Rdn. 1 ff.

Steuernachteile bei anschließender Veräußerung sollen für den Miteigentümer vermeidbar sein, wenn er im eigenen bzw. gemeinsamen Grundbesitz vom Ehepartner getrennt i.S.v. § 1567 Abs. 1 Satz 2 BGB lebt.[34] Hierbei sind allerdings strenge Anforderungen zu erfüllen.

Da dem Veräußerungsvorgang stets der Buchwert (Anschaffungskosten abzgl. Abschreibungen) zugrunde gelegt wird, werden in Folge der Übertragung stille Reserven aufgedeckt, die der Versteuerung unterfallen. Liegt der Veräußerungspreis dann unter dem tatsächlichen Verkehrswert, sollte er in einen entgeltlichen und einen unentgeltlichen Teil aufgespalten werden.[35]

3i Für die **Berechnung des Zugewinnausgleichs** wurde seit längerem, ähnlich wie bei der Unternehmensbewertung zum Zwecke des Zugewinns[36], gefordert, auch einen Ausgleich für die latente Steuerlast zu berücksichtigen. Dieser Ansicht hat sich nun der BGH[37] angeschlossen. Aus Gründen der Gleichbehandlung ist es geboten, eine latente individuelle Steuerlast auch bei der Bewertung bei Grundstücken dann zu berücksichtigen, wenn deren Veräußerung – bezogen auf die Verhältnisse am Stichtag und ungeachtet einer bestehenden Veräußerungsabsicht – eine Steuerpflicht auslösen würde. Eine Bewertung, die auf den am Markt erzielbaren Preis abstellt, hat daher die mit einer Veräußerung zwangsläufig verbundene steuerliche Belastung wertmindernd mit einzubeziehen.[38] Für eine stichtagsbezogene Wertermittlung kommt es nicht darauf an, welche Ertragsteu-

---

30 Vgl. Wälzholz, FamRB 2002, 382; Kogel, FamRZ 2003, 808; Arens, FPR 2003, 426.
31 Münch, Die Scheidungsimmobilie, 416 ff., Rn 1012.
32 Kogel MDR 2002, 1227.
33 Engels FF 2004, 286.
34 Gem. BMF BStBl. I 2000, 1383 ff. Rn. 22 muss jeder Ehegatte aber in der Lage sein, einen selbstständigen Haushalt zu führen, Krause, Das Familienheim bei Trennung und Scheidung, Kap. 7 Rn. 40 ff.
35 BFH NJW 2002, 382, 383.
36 BGH FamRZ 2003, 860; FamRZ 2005, 1817; FamRZ 2006, 387; FamRZ 2007, 793; FamRZ 2011, 622 und 1367.
37 BGH FamRZ 2011, 1367.
38 BGH FamRZ 2011, 1367; Kuckenburg FuR 2012, 278.

ern bei einem künftigen Veräußerungsfall tatsächlich anfallen würden. Vielmehr ist die bei unterstellter Veräußerung zum Stichtag entstehende Steuerlast maßgebend. Das erfordert eine Berücksichtigung der steuerrechtlich relevanten tatsächlichen und rechtlichen Verhältnisse bezogen auf diesen Zeitpunkt.[39]

Sind beide Ehegatten gemeinsam Eigentümer der Immobilie und zieht nur ein Ehegatte aus, ist folglich nur sein Anteil mit der »Spekulationsteuer« behaftet, wenn die Veräußerung bzw. Übertragung nicht rechtzeitig steuerneutral vollzogen wird. Der Anteil des anderen Ehegatten, der die Immobilie weiter nutzt, ist u.U. steuerfrei. Dies ist der Fall, wenn eine Veräußerung im Jahr der Nutzungsaufgabe oder nach Ablauf der Zehnjahresfrist erfolgt. Im Rahmen der Vereinbarung sollte daher ein Vorbehalt zum Ausgleich der hälftigen Steuern[40] berücksichtigt werden.[41]

Ebenso ist zu bedenken, dass mit der Versteuerung des Veräußerungsgewinns durch einen Ehegatten an den anderen Ehegatten ein höherer Steuervorteil infolge einer erhöhten Abschreibung korrespondieren kann.[42] Die historischen Anschaffungskosten bleiben weiter für den erwerbenden Ehegatten maßgeblich![43]

Ferner sind im Rahmen der Vertragsgestaltung Überlegungen mit einzubeziehen, ob nicht zunächst nur ein bindendes Angebot abgegeben werden sollte. Auch an die Vereinbarung eines Vorkaufsrechts oder den Abschluss eines Vertrages, zu dem noch eine Genehmigung zur Wirksamkeit aussteht, ist zu denken.[44]

§ 26 Veranlagung von Ehegatten[1]

(1) [1]Ehegatten können zwischen der Einzelveranlagung (§ 26a) und der Zusammenveranlagung (§ 26b) wählen, wenn

1. beide unbeschränkt einkommensteuerpflichtig im Sinne des § 1 Absatz 1 oder 2 oder des § 1a sind,
2. sie nicht dauernd getrennt leben und
3. bei ihnen die Voraussetzungen aus den Nummern 1 und 2 zu Beginn des Veranlagungszeitraums vorgelegen haben oder im Laufe des Veranlagungszeitraums eingetreten sind.

[2]Hat ein Ehegatte in dem Veranlagungszeitraum, in dem seine zuvor bestehende Ehe aufgelöst worden ist, eine neue Ehe geschlossen und liegen bei ihm und dem neuen Ehegatten die Voraussetzungen des Satzes 1 vor, bleibt die zuvor bestehende Ehe für die Anwendung des Satzes 1 unberücksichtigt.

(2) [1]Ehegatten werden einzeln veranlagt, wenn einer der Ehegatten die Einzelveranlagung wählt. [2]Ehegatten werden zusammen veranlagt, wenn beide Ehegatten die Zusammenveranlagung wählen. [3]Die Wahl wird für den betreffenden Veranlagungszeitraum durch Angabe in der Steuererklärung getroffen. [4]Die Wahl der Veranlagungsart innerhalb eines Veranlagungszeitraums kann nach Eintritt der Unanfechtbarkeit des Steuerbescheids nur noch geändert werden, wenn

---

39 BGH FamRZ 2011, 622.
40 Schon Büte FuR 2003, 364 und Kogel FamRZ 2003, 808.
41 Kritisch noch hierzu, weil die Steuerverhaftung nach Ablauf der Zehn-Jahresfrist herausfällt: Engels FF 2004, 287.
42 Hierzu näher Münch, Die Scheidungsimmobilie, Rn 957, 958.
43 Krauß, Überlassungsverträge in der Praxis, Rn. 2860 ff.
44 Hierzu näher Münch, Die Scheidungsimmobilie, Rn 965.
1 § 26 EStG in der Fassung des Artikels 1 des Steuervereinfachungsgesetzes 2011 vom 1. November 2011 (BGBl. I S. 2131), erstmals anzuwenden für den Veranlagungszeitraum 2013 – siehe Anwendungsvorschrift § 52 Absatz 68 Satz 1 EStG 2009.

1. ein Steuerbescheid, der die Ehegatten betrifft, aufgehoben, geändert oder berichtigt wird und
2. die Änderung der Wahl der Veranlagungsart der zuständigen Finanzbehörde bis zum Eintritt der Unanfechtbarkeit des Änderungs- oder Berichtigungsbescheids schriftlich oder elektronisch mitgeteilt oder zur Niederschrift erklärt worden ist und
3. der Unterschiedsbetrag aus der Differenz der festgesetzten Einkommensteuer entsprechend der bisher gewählten Veranlagungsart und der festzusetzenden Einkommensteuer, die sich bei einer geänderten Ausübung der Wahl der Veranlagungsarten ergeben würde, positiv ist. [2]Die Einkommensteuer der einzeln veranlagten Ehegatten ist hierbei zusammenzurechnen.

(3) Wird von dem Wahlrecht nach Absatz 2 nicht oder nicht wirksam Gebrauch gemacht, so ist eine Zusammenveranlagung durchzuführen.

§ 26a   Einzelveranlagung von Ehegatten[1]

(1) [1]Bei der Einzelveranlagung von Ehegatten sind jedem Ehegatten die von ihm bezogenen Einkünfte zuzurechnen. [2]Einkünfte eines Ehegatten sind nicht allein deshalb zum Teil dem anderen Ehegatten zuzurechnen, weil dieser bei der Erzielung der Einkünfte mitgewirkt hat.

(2) [1]Sonderausgaben, außergewöhnliche Belastungen und die Steuerermäßigung nach § 35a werden demjenigen Ehegatten zugerechnet, der die Aufwendungen wirtschaftlich getragen hat. [2]Auf übereinstimmenden Antrag der Ehegatten werden sie jeweils zur Hälfte abgezogen. [3]Der Antrag des Ehegatten, der die Aufwendungen wirtschaftlich getragen hat, ist in begründeten Einzelfällen ausreichend. [4]§ 26 Absatz 2 Satz 3 gilt entsprechend.

(3) Die Anwendung des § 10d für den Fall des Übergangs von der Einzelveranlagung zur Zusammenveranlagung und von der Zusammenveranlagung zur Einzelveranlagung zwischen zwei Veranlagungszeiträumen, wenn bei beiden Ehegatten nicht ausgeglichene Verluste vorliegen, wird durch Rechtsverordnung der Bundesregierung mit Zustimmung des Bundesrates geregelt.

§ 26b   Zusammenveranlagung von Ehegatten

Bei der Zusammenveranlagung von Ehegatten werden die Einkünfte, die die Ehegatten erzielt haben, zusammengerechnet, den Ehegatten gemeinsam zugerechnet und, soweit nichts anderes vorgeschrieben ist, die Ehegatten sodann gemeinsam als Steuerpflichtiger behandelt.

---

1 § 26a EStG in der Fassung des Artikels 1 des Steuervereinfachungsgesetzes 2011 vom 1. November 2011 (BGBl. I S. 2131), erstmals anzuwenden für den Veranlagungszeitraum 2013 – siehe Anwendungsvorschrift § 52 Absatz 68 Satz 1 EStG 2009.

A. Wahlrecht der Veranlagung, § 26 Abs. 1 EStG

Einführung:

1

Bis einschließlich VZ 2012 waren im Einkommensteuergesetz folgende sieben Veranlagungs- und Tarifvarianten normiert:

– Einzelveranlagung mit Grundtarif,
– Witwen-Splitting,
– Sonder-Splitting im Trennungsjahr,
– Zusammenveranlagung mit Ehegatten-Splitting,
– getrennte Veranlagung mit Grundtarif,
– besondere Veranlagung mit Grundtarif oder
– besondere Veranlagung mit Witwen-Splitting.

Grundsätzlich sind Steuerpflichtige einzeln zu veranlagen, § 25 Abs. 1 EStG.

Die Einkommensteuer wird nach Ablauf des Kalenderjahres- also dem Veranlagungszeitraum- nach dem Einkommen festgesetzt, dass der Steuerpflichtige in diesem Veranlagungszeitraum bezogen hat. Auf die Einzelveranlagung ist grundsätzlich die Grundtabelle gem. § 32a Abs. 1 Satz 2 EStG anzuwenden.

Eine Einzelveranlagung hat zu erfolgen für

– ledige Steuerpflichtige,
– verwitwete Steuerpflichtige,
– geschiedene Steuerpflichtige,
– Ehepartner, bei denen einer oder beide nicht unbeschränkt steuerpflichtig ist bzw. sind und
– Ehepartner, die dauernd getrennt leben.

Gem. § 26 Abs. 1 EStG haben Ehepartner bis einschließlich VZ 2012 jedes Jahr bei Abgabe der Steuererklärung die Wahl zwischen der Zusammenveranlagung gem. § 26b EStG, der getrennten Veranlagung gem. § 26a EStG und im Jahr der Heirat auch der besonderen Veranlagung gem. § 26c EStG unter folgenden Voraussetzungen:

– Beide Ehepartner sind unbeschränkt steuerpflichtig i.S.v. § 1 Abs. 1, des Abs. 2 oder des § 1a EStG, d.h. haben ihren Wohnsitz oder gewöhnlichen Aufenthalt im Bundesgebiet.
– Sie sind miteinander verheiratet.
– Sie leben nicht das ganze Jahr über dauernd getrennt[1]

und

---

1 Zum Versöhnungsversuch während der Trennung: Grobshäuser NWB 2011, 2316.

– die Voraussetzungen liegen zusammen zu irgendeinem Zeitpunkt im Veranlagungszeitraum vor.

Es genügt ein Tag in dem diese Voraussetzungen erfüllt sein müssen! Ansonsten ist die Einzelveranlagung gem. § 25 EStG durchzuführen!

Ehepartner, die sich im Laufe eines Kalenderjahres trennen, werden für das Trennungsjahr letztmalig wie Eheleute behandelt. Sie haben noch die Wahl zwischen der Zusammenveranlagung und der getrennten Veranlagung.

Als Motiv für eine getrennte Veranlagung im Trennungsjahr könnte zunächst sein, dass ein Ehepartner nicht möchte, dass der andere Ehepartner Kenntnis von seinen finanziellen Belangen erhält. Darüber hinaus könnte auch der Wunsch eines Ehepartners auftreten, dass die Finanzen bereits im Trennungsjahr separiert werden.[2]

Partner einer eingetragenen Lebenspartnerschaft[3] können nicht zwischen den verschiedenen Veranlagungsformen wählen. Sie werden stets einzeln veranlagt.[4] Auch der grundgesetzlich garantierte Gleichheitsgrundsatz gem. Art. 3 GG ist nicht verletzt, da der Regelungszusammenhang für nicht verheiratete Paare und Paare einer eingetragenen Lebenspartnerschaft nicht in allen Fällen zu einer höheren Besteuerung führt. Die genannten Partner können etwaig entstandene Unterhaltsaufwendungen nach § 33a EStG geltend machen. Auch soll nach Ansicht des Bundesverfassungsgerichts keine Diskriminierung vorliegen, was nicht unbedenklich sein könnte.[5] Partner einer eingetragenen Lebenspartnerschaft haben daher keinen Anspruch auf Durchführung einer Zusammenveranlagung zur Einkommensteuer unter Anwendung des Splittingtarifs.[6] Derzeit sind beim BVerfG[7] zwei Beschwerden anhängig. Der BFH[8] ist nicht von der Verfassungswidrigkeit überzeugt und gewährt deshalb keine Aufhebung der Vollziehung bei abgelehnter Zusammenveranlagung.

I. Rechtslage ab VZ 2013

1a Nach dem Steuervereinfachungsgesetz 2011[9] gibt es ab VZ 2013 folgende vier Veranlagungsarten:

– Einzelveranlagung
– Verwitweten-Splitting
– »Sonder-Splitting« im Trennungsjahr und
– Zusammenveranlagung mit Ehegatten-Splitting

Statt einer getrennten Veranlagung muss ab VZ 2013 eine Einzelveranlagung nach § 26a EStG erfolgen. Sonderausgaben, außergewöhnliche Belastungen und die Steuerermäßigung nach § 35a EStG (gemeinsame Zurechnung bei Zusammenveranlagung) werden dabei den Ehegatten jeweils zur Hälfte zugerechnet.

Die freie steueroptimale Zuordnung bestimmter Konten nach § 26a EStG entfällt. Übereinstimmend können Ehegatten aber eine Zurechnung entsprechend der tatsächlichen wirtschaftlichen Belastung nach dem sog. »Prinzip der Individualbesteuerung« beantragen. Beim Abzug der außergewöhnlichen Belastungen nach § 33 EStG wird die zumutbare Belastung nach dem Gesamtbetrag der Einkünfte eines jeden Ehegatten bestimmt und nicht wie bisher, bei der getrennten Veranlagung, nach dem Gesamtbetrag der Einkünfte beider Ehegatten.

---

2 Weingran/Sambale NWB 2010, 848.
3 Schuler-Harms FPR 2012, 297: zur verfassungsrechtlichen Problematik.
4 BFH/NV 2006, 1966.
5 BVerfG 2 BvR 288/07; BFH/NV 2007, 636.
6 BFH v. 26.01.2006 – III R 51/05, ww.bundesfinanzhof.de
7 BVerfG – 2 BvR 909/06 und – 2 BvR 288/07.
8 BFH v. 23.04.2012 – III B 187/11, www.2.nwb.de News zum Steuerrecht v. 25.06.2012.
9 BGBl. I 2011, 2131.

Weil es ab VZ 2004 keinen Haushaltsfreibetrag mehr gibt, musste § 26c EStG entfallen.

Das sog. »Witwensplitting« nach § 32a Abs. 6 Satz 1 Nr. 1 EStG, wonach bislang in dem Jahr des Todesfalls bei einer Wiederheirat die Wahl der besonderen Veranlagung erreicht werden konnte, bleibt durch die Wahl der Einzelveranlagung erhalten.

Die einmal getroffene Wahl der Veranlagungsart innerhalb eines Veranlagungszeitraums wird ab Zugang der Steuererklärung beim Finanzamt bindend, § 26 Abs. 2 EStG.

▶ **Praktischer Hinweis:**

Die Steuererklärung wird aber dann geändert, wenn
   - ein Steuerbescheid der Ehegatten aufgehoben, geändert oder berichtigt wird,
   - die Wahländerung der Finanzbehörde bis zur Unanfechtbarkeit des Änderungs-oder Berichtigungsbescheids schriftlich erklärt bzw. mitgeteilt wird

oder
   - sich eine positive Differenz aus dem Wechsel ergibt, § 26 Abs. 2 EStG.

In bestimmten Fällen der Ehegatten-Veranlagung wird der Tarif gemindert. Die **Tarifminderung** nach § 32e EStG soll gewährleisten, dass keine Schlechterstellung von Ehegatten im Vergleich zu zwei unverheirateten Partnern eintritt, wenn der aufgrund der nun bindenden Erklärung nach § 26 Abs. 2 EStG mindestens einer der beiden Einkommensteuerbescheide der einzeln veranlagten Ehegatten geändert oder berichtigt werden muss. Diese Rechtsfolge ergibt sich aus Art. 6 GG[10].

II. Rechtslage bis VZ 2012

Da sich familienrechtliche Probleme im Zusammenhang mit den Veranlagungsarten häufig erst später zeigen, ist die Rechtslage zu § 26a und § 26c EStG bis einschließlich VZ 2012 aufzuzeigen. **1b**

B. Getrennte Veranlagung, § 26a EStG

Nach § 26 Abs. 2 EStG erfolgt bis VZ 2012 die getrennte Veranlagung, wenn einer der Ehepartner die getrennte Veranlagung wählt. **2**

Dies gilt dann nicht, wenn der Ehepartner, der die getrennte Veranlagung wählt, keine eigenen Einkünfte erzielt hat oder wenn seine Einkünfte so gering sind, dass keine Einkommensteuerfestsetzung stattfindet bzw. seine Einkünfte keinem Steuerabzug zu unterwerfen sind.[11] Bei einer getrennten Veranlagung ist die **Grundtabelle** anzuwenden, § 32a Abs. 1 Satz 2 EStG.

Die Steuern der Ehepartner werden in getrennten Steuerbescheiden festgesetzt.

Es tritt keine Gesamtschuldnerschaft der Ehepartner ein, wie dies bei der Zusammenveranlagung die Folge ist.

C. Besondere Veranlagung im Jahr der erneuten Eheschließung, § 26c EStG

Nach § 26c EStG kann bis VZ 2012 eine besondere Veranlagung bei erneuter Eheschließung erfolgen. **3**

Sie wird durchgeführt, wenn die vier oben genannten Voraussetzungen des § 26 Abs. 1 Satz 1 EStG vorliegen und beide Ehepartner sie wählen.

---

10 BVerfG v. 03.11.1982 – 1 BvR 1104/79, BStBl. II 1982, 717; v. 07.10.2003 – 1 BvR 246/93 und 1 BvR 2298/94, FamRZ 2003, 1821 m. Anm. Schürmann FamRZ 2003, 1825.
11 R 26 Abs. 3 EStR 2005.

Die Ehepartner werden bei der besonderen Veranlagung nach § 26c Abs. 1 Satz 1 EStG so behandelt, als hätten sie die Ehe nie geschlossen.

Sie werden – ebenso wie bei der getrennten Veranlagung – wie zwei Einzelpersonen behandelt.

Grundsätzlich wird in diesem Fall das Einkommen nach der **Grundtabelle** versteuert.

Allerdings kann bei Verwitweten und Geschiedenen ggf. die **Splittingtabelle** angewendet werden gem. § 32a Abs. 6 Nr. 2 EStG.

Es muss – ebenso wie bei den anderen Veranlagungsarten – stets geprüft werden, welche Veranlagungsart für welchen Ehepartner am günstigsten ist!

▶ **Beispiel:**

M war bis April 2011 mit F1 verheiratet. F1 ist verstorben.
Am 08.11.2012 heiratet M die F2. Beide Eheleute wählen für den Veranlagungszeitraum der Eheschließung, also 2012, die besondere Veranlagung.
Lösung:
M und F2 sind so zu behandeln, als ob sie die Ehe nie geschlossen hätten, § 26c Abs. 1 Satz 1 EStG.
Wie bei der getrennten Veranlagung werden sie wie zwei Einzelpersonen behandelt.
Im Gegensatz zur getrennten Veranlagung, bei der die Grundtabelle für beide Einzelpersonen anzuwenden wäre, wird bei der besonderen Veranlagung das Einkommen des M als ehemals verwitwete Person nach der Splittingtabelle gem. § 32a Abs. 6 Nr. 1 EStG versteuert. Für das Einkommen der F2 als ehemals ledige Person wird die Grundtabelle herangezogen.

D. Zusammenveranlagung, § 26 b EStG

I. Voraussetzungen

4   Eine Zusammenveranlagung ist möglich, wenn die Ehepartner mindestens einen Tag im Kalenderjahr zusammengelebt haben und die weiteren Voraussetzungen vorliegen. Im anderen Falle ist nur die Einzelveranlagung möglich. Diese Art der Veranlagung bleibt **auch ab VZ 2013** erhalten, sodass die nachstehenden Ausführungen entsprechend zu beachten sind.

Ein **dauerndes Getrenntleben** wird angenommen, wenn die Lebens- und Wirtschaftsgemeinschaft der Ehepartner auf Dauer nicht mehr besteht[12]. Bei einem Versöhnungsversuch nach längerem Getrenntleben kann es erneut zu einer ehelichen Lebens- und Wirtschaftsgemeinschaft kommen.[13] Das dauernde Getrenntleben wird dann unterbrochen und eine Zusammenveranlagung kann wieder gewählt werden[14]. Ein gemeinsamer Urlaub ist aber noch kein **Versöhnungsversuch**[15]. Das FG Nürnberg verlangt hierfür ein Zusammenleben von über einem Monat[16]. Auch soll ein Zusammenleben von mindestens drei bis vier Wochen genügen.[17]

---

12 R 26 Abs. 1 EStR 2008.
13 Grobshäuser NWB 2011, 2316.
14 Hessisches FG EFG 1988, 639.
15 FG Köln EFG 1993, 379.
16 FG Nürnberg DStRE 2005, 938.
17 Hausmann FamRZ 2002, 1612, 1613; Johannsen/Henrich/Büttner § 1361 Rn. 141.

Liegen die weiteren unter Rdn. 1 vorgenannten Voraussetzungen vor, haben die Ehepartner nach § 26 Abs. 2 EStG die Wahl, sich für die Zusammenveranlagung zu entscheiden. Die Zusammenveranlagung müssen beide Ehepartner wählen. Verweigert einer der Ehepartner dem anderen die Zustimmung zur günstigen Zusammenveranlagung, kann der allein oder höher verdienende Ehepartner die Zusammenveranlagung allein beantragen.

Dies gilt jedoch nur, wenn der andere Ehepartner weder positive noch negative Einkünfte erzielt oder seine positiven Einkünfte so gering sind, dass davon kein Steuerabzug während des Jahres vorgenommen wird und keine Einkommensteuer festgesetzt werden kann[18]. Etwas anderes würde dem **Schikaneverbot** gem. § 226 BGB widersprechen.[19]

Haben die Eheleute keine gemeinsame Anschrift mehr, muss eine gesonderte Ausfertigung des Bescheides an jeden Ehegatten zugestellt werden. Im anderen Falle wird der Bescheid nicht wirksam gem. §§ 122, 124 AO. Es gibt keine ausdrückliche oder konkludente Bevollmächtigung der Ehepartner untereinander zum Empfang des Steuerbescheides mehr.[20] Nicht dauernd getrennt lebende Ehepartner mit **Wohnsitzen in zwei verschiedenen Mitgliedstaaten der EU** dürfen hinsichtlich der Zusammenveranlagung nicht schlechter gestellt werden als ausschließlich in einem Mitgliedstaat wohnende und erwerbstätige Ehepartner.[21]

Partner einer eingetragenen Lebenspartnerschaft haben keinen Anspruch auf Durchführung einer Zusammenveranlagung zur Einkommensteuer unter Anwendung des Splittingtarifs.[22] Derzeit sind beim BVerfG zwei Beschwerden anhängig.[23]

II. Rechtsfolge der Zusammenveranlagung

Bei einer Zusammenveranlagung gem. § 26 b EStG werden die Einkünfte der Ehepartner getrennt[24] ermittelt und anschließend zu einem gemeinsamen Gesamtbetrag der Einkünfte zusammengerechnet. Grundsätzlich verdoppeln sich alle Frei- und Pauschbeträge. Die Sonderausgaben werden für beide Ehepartner gemeinsam berechnet. Die Höchstbeträge für die Vorsorgeaufwendungen sowie der Sonderausgaben-Pauschbetrag verdoppeln sich ebenfalls gegenüber einer Einzelveranlagung. Auch bei den außergewöhnlichen Belastungen gibt es eine gemeinsame Ermittlung, wobei sich die zumutbare Belastung nach dem gemeinsamen Gesamtbetrag der Einkünfte richtet. Bei den Sonderausgaben und außergewöhnlichen Belastungen spielt es keine Rolle, welcher Ehepartner die Aufwendungen getragen hat. Das zu versteuernde Einkommen wird folglich gemeinsam ermittelt. Die Einkommensteuer wird der **Splittingtabelle** entnommen.

Von der Summe der Einkünfte an bis zum zu versteuernden Einkommen bilden die Ehepartner eine Einheit. Es erfolgt dann keine gesonderte Ermittlung mehr.[25]

▶ **Beispiel**

Ehemann M erzielt 2012 als Arbeitnehmer Einnahmen in Höhe von 54.000 €, Ehefrau F dagegen in Höhe von 50.000 €.

---

18 R 26 Abs. 3 Satz 4 EStR 2008.
19 Schmidt/Seeger EStG § 26 Rn. 22; BFH FamRZ 2008, 888: Verstoß gegen Treu und Glauben; Engels Steuerrecht für die familienrechtliche Praxis Rn. 145 unter Hinweis auf § 1353 BGB.
20 Schmidt/Seeger EStG § 26b Rn. 16; die alte Rechtslage ist aufgegeben worden: BFH BStBl. II 1987, 836.
21 EuGH DStR 2007, 232.
22 BFH v. 26. Januar 2006 – III R 51/05, www.bundesfinanzhof.de.
23 BVerfG – 2 BvR 909/06 und – 2 BvR 288/07.
24 R 26b Abs. 1 EStR und H 26b (gesonderte Ermittlung der Einkünfte EStH).
25 R 26 b Abs. 1 EStR 2005 und H 26 b (gesonderte Ermittlung der Einkünfte EStH).

Lösung
Die Summe der Einkünfte wird wie folgt ermittelt:
Einkünfte aus nichtselbständiger Arbeit (§ 19)

	Ehemann	Ehefrau	gesamt
Ehemann:			
Einnahmen	54.000 €		
- Arbeitnehmer-Pauschbetrag		-1.000 €[26]	53.000 €
Ehefrau:			
Einnahmen	50.000 €		
- Arbeitnehmer-Pauschbetrag		-1.000 €	49.000 €
= Summe der Einkünfte			**102.000 €**

Die Einkünfte werden erst für jeden Ehepartner gesondert ermittelt (53.000 €/49.000 €)

und anschließend zusammengerechnet (102.000 €).

Ab der »Summe der Einkünfte« an bis zum »zu versteuernden Einkommen« bilden die Ehepartner eine Einheit, d.h. von der »Summe der Einkünfte« an erfolgt keine gesonderte Ermittlung mehr.

Die Splittingtabelle wird angewendet.

▶ **Praktischer Hinweis:**

Der Splittingtarif beträgt das Zweifache des Steuertarifs, der sich für die Hälfte des gemeinsam zu versteuernden Einkommens der Ehepartner ergibt.
Eine Zusammenveranlagung lohnt sich dann, wenn nur ein Ehepartner Einkünfte erzielt oder wenn die Einkünfte der Ehepartner unterschiedlich hoch sind, weil nach dem Steuertarif die Steuerbelastung mit steigendem Einkommen überproportional ansteigt und bei einer Zusammenveranlagung jedem Ehepartner die Hälfte des gemeinsam zu versteuernden Einkommens zugerechnet wird.

Bei einer Zusammenveranlagung sind die Ehepartner hinsichtlich der Steuerschuld **Gesamtschuldner** i.S.v. § 44 Abs. 1 AO. § 44 AO entspricht dem Begriff des Gesamtschuldners in § 421 BGB.[27] Es steht im Ermessen der Finanzbehörde, welchen Gesamtschuldner sie wegen der Steuerschuld in Anspruch nimmt. Gemeinsam veranlagte Ehepartner haben die Möglichkeit, die **Aufteilung der Gesamtschuld** zu beantragen, § 44 Abs. 2 Satz 4 AO i.V.m. § 268 AO, vgl. Rdn. 13 ff. Der Antrag bewirkt, dass die Gesamtschuld für Zwecke der Vollstreckung in Teilschulden aufgespalten wird, d.h. soweit sie auf die jeweiligen Einkünfte der Ehepartner entfallen.[28]

Nach § 155 Abs. 3 Satz 1 AO ist es im Fall der Zusammenveranlagung von Ehepartnern zulässig, zusammengefasste Steuerbescheide zu erlassen. Es handelt sich um zwei Bescheide, die nur aus Zweckmäßigkeitsgründen zusammen gefasst sind. Der **zusammengefasste Bescheid** beinhaltet mehrere Einzelfallregelungen, d.h. um in einem Bescheid äußerlich zusammengefasste inhaltsgleiche Steuerfestsetzungen gegenüber mehreren Steuerpflichtigen, die die gleiche steuerliche Leistung schulden.[29] Jeder Gesamtschuldner kann die Steuerfestsetzung selbstständig anfechten und gegen

---

26 Ab 2011 von 920 € durch das Steuervereinfachungsgesetz für 2011/2012 auf 1.000 € angehoben worden.
27 Pump/Leibner/Holzkämper AO § 44 Rn. 1.
28 BFH BStBl. II 2002, 214.
29 BFH/NV 1991, 3.

die Einspruchsentscheidung selbst klagen. Der Zusammenveranlagungsbescheid ist kein einheitlicher Verwaltungsakt, sondern es liegen mehrere selbstständige Verwaltungsakte vor.[30]

Kein **Anfechtungsrecht** steht dem Ehepartner bezüglich der Einkünfte des anderen Ehepartners zu, die in einem Grundlagenbescheid festgestellt werden, § 180 Abs. 1 Nr. 2a AO. Ansonsten könnte der nicht vom Grundlagenbescheid betroffene Ehepartner den Bescheid in weiterem Umfang anfechten als derjenige, gegen den er gerichtet ist, § 352 AO.[31]

Dabei wird davon ausgegangen, dass die Ehepartner sich mit der Abgabe einer gemeinsamen Steuererklärung gegenseitig auch für die Entgegennahme bzw. Zustellung des Einkommensteuerbescheides bevollmächtigt haben.

Dies gilt jedoch dann nicht, wenn die Steuererklärung nicht von beiden Ehepartnern unterschrieben wird.

E. Wahländerung – widersprüchliche Wahl, § 26 Abs. 2 EStG

Nach § 26 Abs. 2 EStG sind die Ehepartner grundsätzlich nur dann getrennt/ab 2013 einzeln zu veranlagen, wenn einer der Ehepartner die Zusammenveranlagung und der andere Ehepartner die getrennte Veranlagung bzw. Einzelveranlagung wählt. **6**

Dies gilt allerdings nicht, wenn der Ehepartner, der die getrennte Veranlagung bzw. Einzelveranlagung gewählt hat, keine eigenen Einkünfte erzielt hat oder wenn seine Einkünfte so gering sind, dass keine Einkommensteuerfestsetzung stattfindet bzw. seine Einkünfte keinem Steuerabzug zu unterwerfen sind.[32] In diesem Fall ist auch keine Einzelveranlagung möglich. Die Ehepartner sind zusammen zu veranlagen.

F. Konkludente Wahl, § 26 Abs. 3 EStG

Nach § 26 Abs. 3 EStG wird unterstellt, dass die Ehepartner die Zusammenveranlagung wählen, wenn keine dieser Erklärungen abgegeben werden. Da die Wahl des Splittingtarifs in der Regel für den Steuerpflichtigen wirtschaftlich günstiger ist, hat die Finanzbehörde die Zusammenveranlagung auch ohne Antrag durchzuführen.[33] **7**

G. Familienrechtliche Probleme bei der Zusammenveranlagung

I. Zustimmungsverpflichtung

Nach ständiger Rechtsprechung des BGH[34] ergibt sich aus dem Wesen der Ehe die für beide Ehepartner aus § 1353 Abs. 1 Satz 2 BGB abzuleitende Verpflichtung, die finanziellen Lasten des anderen Teils nach Möglichkeit zu vermindern, soweit dies ohne Verletzung eigener Interessen möglich ist.[35] Ein Ehepartner ist daher dem anderen gegenüber verpflichtet, in eine von diesem gewünschte Zusammenveranlagung zur Einkommensteuer einzuwilligen, wenn **8**

---

30 Pump/Leibner/Danelsing AO § 155 Rn. 53.
31 Vgl. zu der Feststellung von Besteuerungsgrundlagen Pump/Leibner/Perleberg-Kölbel AO §§ 179 ff.; 180 Abs. 1 Nr. 2a.
32 R 26 Abs. 3 EStR 2005.
33 Johannsen/Henrich/Büttner § 1361 Rn. 141.
34 U.a. BGH FamRZ 2002, 1024, 1025 m. Anm. Bergschneider; BGH FamRZ 2003, 1454, 1455; BGH FamRZ 2005, 182, 183; BGH FamRZ 2007, 1229 m. Anm. Engels.
35 Johannsen/Henrich/Büttner § 1361 Rn. 141; Engels Steuerrecht für die familienrechtliche Praxis Rn. 145.

– sich dadurch die Steuerschuld des anderen Ehepartners verringert und
– der auf Zustimmung in Anspruch genommene keiner zusätzlichen steuerlichen Belastung ausgesetzt wird, die er nach den gegebenen Umständen im Innenverhältnis nicht zu tragen hat.

1. Verringerung der Steuerschuld

9   Die Zustimmung führt zu einer Änderung der Einkommenssituation auf beiden Seiten. Es können höhere Erstattungen oder geringere Nachzahlungen folgen.[36]

In der Regel betreffen in einer Doppelverdienerehe die Vorteile der Zusammenveranlagung oft nur die Seite des besser verdienenden Ehepartners. Die Zusammenveranlagung hat für den anderen Ehepartner oft eine Reduzierung des Steuererstattungsanspruchs zur Folge, wenn er die Steuerklasse V hat.[37]

2. Keine zusätzliche steuerliche Belastung für den Zustimmungspflichtigen

10 Ein Ehepartner hat die steuerliche Belastung im Innenverhältnis zu tragen, wenn die Ehepartner eine Vereinbarung, auch konkludent, über eine bestimmte Aufteilung ihrer Steuerschulden, z.B. durch die Wahl der Steuerklassen III und V, getroffen haben[38]. Schließlich haben beide Ehepartner aufgrund dieser einvernehmlich getroffenen steuerlichen Situation gemeinsam gewirtschaftet.

Der Ehepartner, der die Steuerklasse V hatte, kann später für diesen Veranlagungszeitraum keine getrennte Veranlagung bzw. Einzelveranlagung durchführen und die Zustimmung von der Zahlung der Steuererstattung abhängig machen. Dies gilt generell auch für Zeiträume nach Trennung. Schließlich hat der BGH zutreffend festgestellt, dass in der Steuerklassenwahl III/V eine anderweitige Bestimmung i.S.d. § 426 Abs. 1 Satz 1 BGB begründet worden ist.[39]

Wird **kein Trennungsunterhalt** gezahlt, besteht für den Ehepartner mit der ungünstigeren Steuerklasse kein Grund mehr, seine damit verbundenen Nachteile hinzunehmen.[40] Er kann die Zustimmung zur Zusammenveranlagung dann von einem **Nachteilsausgleich** abhängig machen. Haben die Ehepartner noch gemeinsam im Trennungsjahr gewirtschaftet, könnte hinsichtlich dieser Zeit nach Trennung teilweise ein Nachteilsausgleich mit einer monatsbezogenen zeitanteiligen Quote gegeben sein.[41] Dies gilt generell insbesondere bei gleicher Einkommenssituation. Hat sich diese aber deutlich geändert, käme eine Schätzung gem. § 287 ZPO in Betracht.[42]

Jeder Ehepartner hat schließlich nach dem allgemeinen Grundsatz nur für die Steuern aufzukommen, die auf sein Einkommen entfallen.

Nach Ansicht des BGH[43] ist ein Ehepartner selbst dann verpflichtet, dem Antrag auf Zusammenveranlagung zuzustimmen, wenn er während der Zeit des Zusammenlebens **steuerliche Verluste** erwirtschaftet hat, die er im Wege des Verlustvortrags gem. 10 d EStG in einem späteren Veranlagungszeitraum zur Verminderung seiner eigenen Steuerlast einsetzen könnte[44].

Ein **Verlustabzug** nach § 10 d EStG kommt dann in Betracht, wenn Verluste nicht im Wege des Verlustausgleiches ausgeglichen werden. Sie können als Verlustrücktrag vom Gesamtbetrag der

---

36 Engels Steuerrecht für die familienrechtlichen Praxis Rn. 214.
37 Wever Vermögensauseinandersetzung der Ehegatten außerhalb des Güterrechts Rn. 790.
38 BGH FamRZ 2007, 1229 m. Anm. Engels = BGH NJW 2007, 2554.
39 BGH FamRZ 2007, 1229; FamRZ 2002, 1024.
40 BGH FamRZ 2007, 1229 m. Anm. Engels = BGH NJW 2007, 2554.
41 Wever Vermögensauseinandersetzung der Ehegatten außerhalb des Güterrechts Rn. 791a.
42 Engels Steuerrecht für die familienrechtlichen Praxis Rn. 254 mit Berechnungsbeispiel; Arens FF 2007, 255 (Anm.).
43 BGH FamRZ 2007, 1229 m. Anm. Engels = BGH NJW 2007, 2554.
44 BGH, FamRZ 2010, 269, 271; zuvor noch offen gelassen BGH FamRZ 2003, 1454.

Einkünfte des unmittelbar vorangegangenen Veranlagungszeitraums oder als Verlustvortrag in den folgenden Veranlagungszeiträumen abgezogen werden. Hierbei sind jeweils Höchstbeträge zu beachten, § 10d Abs. 1 u. 2 EStG. Durch einen **Verlustausgleich** werden positive Einkünfte mit negativen Einkünften eines Veranlagungsjahres saldiert. Dies führt zu einer Minderung der Summe der Einkünfte gem. § 2 Abs. 2 EStG[45] und geringerer Steuerlast im Veranlagungsjahr.

Nach Ansicht des Bundesgerichtshofs ist Voraussetzung, dass die Ehepartner mit Rücksicht auf eine zu erwartende geringere Steuerbelastung die zur Verfügung stehenden Mittel für ihren Lebensunterhalt oder eine Vermögensbildung verwendet haben, an der beide Ehepartner partizipieren.

Erst ab Trennung kann eine Zustimmung zur Zusammenveranlagung von einer Kompensation der steuerlichen und sonstigen Nachteile abhängig gemacht werden.

Für den **Insolvenzfall** hat der BGH inzwischen entschieden, dass der Insolvenzverwalter die Zustimmung nicht von einem Ausgleich für die Nutzung eines dem anderen Ehepartner zustehenden Verlustabzugs an die Insolvenzmasse abhängig machen darf.[46] Allerdings muss der Ehepartner den Insolvenzverwalter iHa § 10d Abs. 2 EStG von etwaigen künftigen Nachteilen freistellen.[47]

Die steuerlichen Nachteile sind fiktiv zu berechnen und von dem die Zustimmung verlangenden Ehepartner auszugleichen. Hierbei spielt auch eine Rolle, ob nach der Trennung noch Unterhalt an den zustimmungspflichtigen Ehepartner gezahlt wird. In diesem Fall partizipiert der Zustimmungsverpflichtete am Gesamteinkommen, das auch von Steuererstattungen geprägt wird.

II. Schadenersatz

Eine schuldhafte Verweigerung der Zustimmung führt zum Schadenersatz.[48] Schaden ist der Teilbetrag der steuerlichen Besserstellung bei Zusammenveranlagung, der dem Unterhaltsschuldner im Innenverhältnis zum Unterhaltsgläubiger zugestanden hätte.[49]   **11**

III. Zuständigkeit

Streitigkeiten im Hinblick auf eine gemeinsame steuerliche Veranlagung sind ab 01.09.2009   **12**
Familiensachen nach §§ 111 Nr. 10, 266 Abs. 1 FamFG. Sie fallen nach § 23a Abs. 1 Nr. 1 GVG in die sachliche Zuständigkeit der Familiengerichte[50].

IV. Aufteilung von Steuerschulden und Steuererstattungen

1. Steuerrechtliche Probleme

a) Antrag nach § 268 ff. AO

Auf Antrag kann die Gesamtschuld für die Zwecke der Vollstreckung aufgeteilt und die Vollstreckung gegen den jeweiligen Gesamtschuldner auf dessen Anteil an der Gesamtschuld beschränkt werden.   **13**

---

45 Vgl. zum Verlustausgleich und Verlustabzug näher Kuckenburg/Perleberg-Kölbel Unterhaltseinkommen unter B. 530 ff. u. 547 ff.
46 BGH FamRZ 2011, 210 m. Anm. *Schlünder/Geißler* FamRZ 2011, 211; BGH NJW 2011, 2725.
47 BGH FamRZ 2011, 210 mAnm. Schlünder/Geißler FamRZ 2011, 211; BGH NJW 2011, 2725; FA-InSR Perleberg-Kölbel, 21. Kap. Rn. 152.
48 BGH FamRZ 1988, 1430 = NJW 1988, 2032; LG Frankfurt/M. FamRZ 2002, 669; zur Frage, ob die Verletzung der Zustimmungspflicht zu einer Verwirkung von Unterhaltsansprüchen führen kann, vgl. OLG Celle FamRZ 1994, 1324.
49 LG Köln NJW RR 1990, 140; Beispiel bei Engels Steuerrecht für die familienrechtlichen Praxis Rn. 213.
50 Vgl. hierzu auch FA-FamR/Kuckenburg/Perleberg-Kölbel, 7. Aufl. 13. Kap. Rn. 212 ff.

Jegliche Verwirklichung der Gesamtschuld über den auf den jeweiligen Ehepartner entfallenden Anspruch hinaus ist dann ausgeschlossen. Nach Aufteilung einer Steuerschuld ist auch die Aufrechnung des Finanzamtes gem. § 226 AO gegenüber einem Ehepartner unzulässig, soweit auf ihn kein Rückstand mehr entfällt. Die Aufteilung der Steuergesamtschuld berührt nicht die Gesamtschuldnerschaft in Bezug auf den aufgeteilten Gesamtbetrag. Die Aufteilung wird in einzelne **Teilschuldverhältnisse** umgewandelt.[51] Unter Hinweis auf Art. 6 Abs. 1 GG sollen die Vorschriften der Aufteilung der Steuerschuld eine Benachteiligung von zusammen veranlagten Ehepartnern verhindern. Diese verfassungsrechtliche Norm gebietet den Schutz eines Ehepartners, der seinen Ausgleichsanspruch gegen seinen Ehepartner wegen Insolvenz oder Vermögenslosigkeit nicht realisieren kann.[52]

Die §§ 268 bis 280 AO regeln die Beschränkung der Vollstreckung abschließend.

Im Unterschied zur Aufteilung eines Einkommensteuererstattungsanspruchs nach § 37 Abs. 2 AO erfolgt die Aufteilung einer Gesamtschuld nur auf Antrag und nicht von Amts wegen.[53]

Der **Antrag** ist an das zuständige Finanzamt schriftlich zu stellen oder zur Niederschrift zu erklären, § 269 Abs. 1 AO. Jeder Gesamtschuldner ist nach § 268 AO antragsberechtigt.

Nach § 91 AO ist aber dem anderen Gesamtschuldner vor Erteilung des Bescheides rechtliches Gehör zu gewähren. Bereits vor Fälligkeit des Steuerbescheides kann der Antrag gem. § 220 AO gestellt werden, jedoch frühestens nach Bekanntgabe des Leistungsgebotes, §§ 254, 269 Abs. 2 Satz 1 AO.

Ein vor Bekanntgabe des Leistungsverbotes gestellter Antrag ist unzulässig. Er wird durch die spätere Bekanntgabe des Leistungsgebotes auch nicht nachträglich wirksam. Ein erneuter Antrag muss gestellt werden.[54]

Wenn sich die für die Aufteilung erforderlichen Angaben nicht aus der Steuererklärung ergeben, müssen sie im Antrag aufgeführt werden, § 269 Abs. 2 Satz 3 AO.

Unzulässig ist ein Antrag nach vollständiger Tilgung der rückständigen Steuern, § 269 Abs. 2 Satz 2 AO.

Gleiches ist anzunehmen, wenn das Finanzamt mit der Gesamtschuld gegen Steuererstattungsansprüche gem. § 226 AO aufrechnet[55] oder wenn durch Eintritt der Zahlungsverjährung die Gesamtschuld erlischt, §§ 47, 228 bis 232 AO. Eine sonstige Befristung ist nicht gegeben, § 269 AO.

Der Antrag kann somit noch gestellt werden, wenn die Vollziehung des Einkommensteuerbescheides nach vollständiger Tilgung des geschuldeten Steuerbetrages gem. § 361 Abs. 2 Satz 3 AO oder § 69 Abs. 2 Satz 7 FGO ganz oder teilweise wieder aufgehoben wird und die Sorge besteht, dass das Finanzamt den aufgrund der Aufhebung der Vollziehung ausgezahlten Betrag erneut einfordert, soweit der Rechtsstreit in der Hauptsache für die Gesamtschuldner endgültig erfolglos geblieben ist.[56]

b) Zuständigkeit

14   Örtlich zuständig ist gem. § 19 Abs. 1 Satz 1 AO für natürliche Personen das Finanzamt, in dessen Bezirk der Steuerpflichtige seinen Wohnsitz oder in Ermangelung eines Wohnsitzes seinen gewöhnlichen Aufenthalt hat, **sog. Wohnsitz-Finanzamt.**

---

51   BFH BStBl. II 1988, 406.
52   BFH NV 1989, 755.
53   BFH BStBl. II 1976, 572.
54   A.A. FG Hamburg EFG 2004, 703.
55   BFH BStBl II 1991, 493.
56   BFH/NV 1989, 755.

Ausnahme:

Haben sich die Ehepartner zwischenzeitlich getrennt und sind zum Zeitpunkt der Antragstellung verschiedene Finanzämter für die Besteuerung zuständig, hat grundsätzlich das mit der Sache zuerst befasste Finanzamt die einheitliche Entscheidung gegenüber allen Beteiligten zu treffen, § 25 Satz 1 AO.

c) Rechtsfolge

Bei einem wirksamen Antrag muss das Finanzamt ohne Ermessensspielraum i.S.v. § 5 AO auftei- 15 len: Daher ist die **Vollstreckung** des dem Aufteilungsantrag zugrunde liegenden Anspruchs aus dem Steuerschuldverhältnis nur noch eingeschränkt möglich. Vollstreckungsmaßnahmen dürfen nur bis zur unanfechtbaren Entscheidung durchgeführt werden, als dies zur Sicherung des Anspruchs erforderlich ist, § 277 AO.

Zulässig bleiben jedoch bloße (Forderungs-) Pfändungen nach § 309 AO oder die Eintragung einer Zwangssicherungshypothek nach § 322 AO i.V.m. §§ 864 bis 871 ZPO.

Unzulässig ist demgegenüber die Verwertung gepfändeter beweglicher Sachen nach § 296 AO und eine Einziehung einer gepfändeten Forderung nach § 314 AO. Auch ist die Zwangsversteigerung eines Grundstücks nach § 322 AO i.V.m. § 869 ZPO und §§ 15 bis 145a ZVG unzulässig. Der zu sichernde Anspruch betrifft nämlich nicht allein den festzustellenden Aufteilungsanteil, sondern die Gesamtschuld.

Hinausgeschoben wird nicht die Verpflichtung zur Zahlung. Es entstehen weiterhin **Säumniszuschläge** gem. § 240 AO und ggf. auch **Vollstreckungskosten** wie Gebühren und Auslagen gem. §§ 337 ff. AO.

Zahlungen nach Antragstellung werden dem Schuldner angerechnet, der sie geleistet hat oder für den sie geleistet worden sind, § 276 Abs. 6 Satz 1 AO. Wenn sich hierdurch eine Überzahlung gegenüber dem Aufteilungsbetrag ergibt, so ist der überzahlte Betrag nach § 276 Abs. 6 Satz 2 AO zu erstatten.

Werden **Vorauszahlungen auf die Einkommensteuer** zusammen veranlagter Eheleute, ohne die ausdrückliche Bestimmung zu treffen, dass mit der Zahlung nur die Steuerschuld des Leistenden beglichen werden soll, angerechnet, müssen die Überzahlungen beiden Eheleuten zu gleichen Teilen erstattet werden. Dies gilt auch, wenn über das Vermögen des anderen Ehepartners das Insolvenzverfahren eröffnet worden ist.[57]

Wenn die Eheleute bereits dauernd getrennt leben, ist ein nachträglicher Antrag auf getrennte Veranlagung möglich.[58] Unschädlich ist in der **Insolvenz**, ob bereits an den Insolvenzverwalter geleistet worden ist. Der Erstattungsanspruch erlischt nur insoweit, als er gerade jenem Ehepartner zustand. Das Finanzamt hat einen Rückerstattungsanspruch.[59]

Der Zeitpunkt der Antragstellung bestimmt den Aufteilungsstichtag und damit auch die Höhe der aufzuteilenden Beträge. Werden vom Antrag rückständige Vorauszahlungen betroffen, erstreckt sich der Antrag kraft Gesetzes auch auf die weiteren im gleichen Veranlagungszeitraum fällig werdenden Vorauszahlungen und Abschlagszahlungen, § 272 Abs. 1 Satz 2 AO.

Es bedarf dann keiner Aufteilung späterer Vorauszahlungen, wenn diese freiwillig entrichtet werden, § 279 Abs. 1 Satz 2 AO. Das Finanzamt hat nach Eingang des Antrages den aufzuteilenden rückständigen Betrag festzustellen, §§ 88, 90 und 91 AO.

---

57 BFH v. 30.09.2008, VII R 18/08, www.bundesfinanzhof.de.
58 Richtlinie 25 der Einkommensteuerrichtlinien; letztlich auch BFH, Urt. v. 26.02.2010, Az. 15 K 4327/06.
59 BFH, Urt. v. 06.02.1996, BStBl. 1997, 112.

Wird der **Antrag vor Einleitung der Vollstreckung**, die gem. § 276 Abs. 5 AO mit der Ausfertigung der Rückstandsanzeige beginnt, gestellt, so ist die im Zeitpunkt des Eingangs des Antrags geschuldete Steuer nach § 276 Abs. 1 AO aufzuteilen. Auf die Fälligkeit kommt es nicht an. Aus diesem Grund hindert auch die Aussetzung der Vollziehung gem. § 361 AO, § 69 FGO nicht den Aufteilungsantrag.

Bei **Antragstellung nach Einleitung der Vollstreckung** ist die im Zeitpunkt der Einleitung der Vollstreckung geschuldete Steuer aufzuteilen, § 276 Abs. 2 AO.

In die Aufteilung einzubeziehen sind nach Ermittlung der rückständigen Steuer auch die Steuerabzugsbeträge wie z.B. einbehaltene Lohnsteuer, Kirchensteuer, Kapitalertragsteuer und getrennt festgesetzte Vorauszahlungen wie z.B. Säumniszuschläge, Zinsen und Verspätungszuschläge, § 276 Abs. 4 AO. Nach § 275 Satz 1 AO sind aufzuteilende Beträge auf volle Euro nach unten im Gegensatz zum Unterhaltsrecht abzurunden.

Wechseln dagegen Ehepartner nach Aufteilung der Gesamtschuld und vor Einleitung der Vollstreckung nach § 278 Abs. 2 AO von der Zusammenveranlagung zu einer getrennten Veranlagung, berührt dies den zu vollstreckenden Steueranspruch grundsätzlich nicht. Weder der auf § 278 Abs. 2 AO gestützte Verwaltungsakt noch die darauf begründeten Vollstreckungsmaßnahmen sind aufzuheben.[60]

Nach § 274 AO können Gesamtschuldner gemeinschaftlich einen **besonderen Aufteilungsmaßstab vorschlagen**. Die Tilgung der rückständigen Steuer muss sichergestellt sein Bei fehlender Gefährdung, muss das Finanzamt diesem Vorschlag folgen. Fehlt ein entsprechender Vorschlag oder kann das Finanzamt dem Vorschlag nicht folgen, wird der Aufteilungsmaßstab nach §§ 270 bis 273 AO ermittelt.

Zur Festlegung des Aufteilungsmaßstabes wird gem. § 270 AO auf der Grundlage des Zusammenveranlagungsbescheides eine **fiktive getrennte Veranlagung** gem. § 26a EStG durchgeführt.

Aufteilungsmaßstab ist das Verhältnis der sich insgesamt ergebenden Steuer zu der auf den betreffenden Gesamtschuldner entfallenden Steuer. Im Rahmen dieser getrennten Veranlagung sind jedem Ehepartner die Besteuerungsgrundlagen zuzurechnen, die er in seiner Person verwirklicht hat.

Die tatsächlichen und rechtlichen Feststellungen sind für den Ansatz maßgebend, die der Steuerfestsetzung bei der Zusammenveranlagung zugrunde gelegt worden sind. Es erfolgt keine Neuberechnung der im Rahmen der Zusammenveranlagung festgesetzten Steuer. Die festgesetzte Einkommensteuer wird nur in dem Umfang fällig, in dem in der Anrechnungsverfügung eine Abschlusszahlung ausgewiesen wird.[61]

Geschätzte Besteuerungsgrundlagen gem. § 162 AO, die auf der Zusammenveranlagung beruhen, sind bei der fiktiven getrennten Veranlagung auch dann zu berücksichtigen, wenn sie sich zwischenzeitlich als falsch herausgestellt haben.

▶ **Praktischer Hinweis:**

Der auf jeden Gesamtschuldner entfallende Teilbetrag wird nach folgender Verhältnisrechnung ermittelt:

$$\text{Aufteilungsanteil} = \frac{\text{Steuer des Ehegatten bei getrennter Veranlagung} \times \text{aufzuteilender Teilbetrag}}{\text{aus der Zusammenveranlagung : Summe der Steuerbeträge beider Ehegatten aus der getrennten Veranlagung}}$$

---

60 Hierzu BFH BStBl II 2002, 214.
61 BFH BStBl II 2001, 133.

d) Missbräuchlicher Aufteilungsantrag

Ein missbräuchlicher Aufteilungsantrag und ein Wechsel der Veranlagung nach unentgeltlichen 16
Vermögensverschiebungen zwischen den Ehepartnern sind unzulässig.

Die sich aus der Zusammenveranlagung ergebende Gesamtschuld wird zwar durch die Aufteilung
für die Zwecke der Vollstreckung in Teilschulden aufgespalten. Bei aufgeteilter Gesamtschuld
begründet aber § 278 Abs. 2 Satz 1 AO im Falle unentgeltlicher Vermögensverschiebungen eine
dem Anfechtungsgrund des § 3 Abs. 1 Nr. 4 AnfG a.F. entsprechende gesetzliche Duldungspflicht
des Zuwendungsempfängers für den auf den Zuwendenden entfallenden Anteil an der Steuerschuld. Inhaltlich entspricht der Bescheid nach § 278 Abs. 2 AO einem Duldungsbescheid i.S.v.
§ 191 AO. In der Anfechtung der Vermögensübertragung und in der Bestimmung des Betrages,
bis zu dessen Höhe der Zuwendungsempfänger die Vollstreckung dulden muss, liegt dann die
Regelung des Bescheides.

e) Steuererstattungen[62]

Übersteigen Vorauszahlungen die festgesetzte Jahressteuer, hat das Finanzamt den Unterschiedsbe- 17
trag zu erstatten, § 36 Abs. 4 Satz 2 EStG. Mit BMF-Schreiben vom 30.01.2012 unter – IV A 3-
S 0062/10007-13[63] – wurde der Anwendungserlass zu § 37 AO (AEAO zu § 37) neu gefasst und
unter – IV A 3 - S 0160/11/10001 –[64] ausführliche Regelungen zur Bestimmung des Erstattungsanspruchs bei Ehepartnern sowie zur Reihenfolge der Anrechnung von Steuerzahlungen unter
Berücksichtigung der BFH-Rechtsprechung aufgestellt.

Nach § 37 Abs. 2 Satz 1 AO ist der Steuerpflichtige erstattungsberechtigt, auf dessen Rechnung
die Zahlung bewirkt worden ist. Zusammenveranlagte Ehepartner werden hinsichtlich ihres
Erstattungsanspruchs gegenüber dem Finanzamt **weder Gesamtgläubiger i.S.d. § 428 BGB noch
Mitgläubiger i.S.d. § 432 BGB**.[65] § 37 AO geht davon aus, dass während intakter Ehe die Erstattung an nur einen Ehepartner vom anderen Ehepartner gebilligt wird.[66] Ehepartner bevollmächti-
gen sich gegenseitig durch ihre beiderseitigen Unterschriften auf der Steuererklärung nicht nur
zum Empfang des Steuerbescheids, sondern auch zum Empfang etwaiger Erstattungsbeträge. § 36
Abs. 4 Satz 3 EStG beinhaltet hier eine widerlegbare gesetzliche Vermutung.

Wenn Ehepartner inzwischen **getrennt leben** oder **geschieden** sind oder wenn **dem Finanzamt aus** 17a
sonstigen Umständen bekannt ist, dass ein Ehepartner mit der Erstattung an den anderen nicht
einverstanden ist, ist diese Annahme nicht gerechtfertigt.[67] Will das Finanzamt mit Abgabenrück-
ständen eines der beiden Ehepartner aufrechnen oder wird der Erstattungsanspruch nur eines der
beiden Ehepartner abgetreten, gepfändet oder verpfändet, ist die **materielle Erstattungsfähigkeit**
zu prüfen. Dies gilt selbst dann, wenn die Ehepartner übereinstimmend davon ausgehen, dass der
steuerliche Erstattungsanspruch ihnen gemeinsam zusteht.[68] Zahlt das Finanzamt aufgrund des
gegenüber einem Ehepartner ergangenen Pfändungs- und Überweisungsbeschlusses auch den auf
den anderen Ehepartner entfallenden Erstattungsbetrag an den Pfändungsgläubiger aus, kann es
von diesem die Rückzahlung dieses gezahlten Betrages verlangen. Die Leistung erfolgte ohne
Rechtsgrund.[69]

---

62 Vgl. näher Perleberg-Kölbel FuR 2012, 297.
63 www.bundesfinanzministerium.de.
64 www.bundesfinanzministerium.de.
65 BFH BFH/NV, 1078.
66 BFH BStBl II, 719.
67 BFH BStBl II, 719, und BStBl II, 442.
68 BFH BFH/NV 1992, 145.
69 BFH BStBl II, 436.

Ermittlung

Bei zusammenveranlagten Ehepartnern steht ein Erstattungsanspruch dem Ehepartner zu, auf dessen Rechnung die Zahlung bewirkt worden ist.[70] Dies gilt auch in Fällen des Verlustabzugs nach § 10d EStG.[71] Unerheblich ist, auf wessen Einkünften die festgesetzten Steuern beruhen. Solange die Ehe besteht und die Ehepartner nicht dauernd getrennt leben, kann das Finanzamt davon ausgehen, dass derjenige Ehepartner, der auf die gemeinsame Steuerschuld zahlt, mit seiner Zahlung auch die Steuerschuld des anderen Ehepartners begleichen will.[72] Das gilt auch für den Insolvenzfall.[73] Für die Beurteilung der Tilgungsabsicht ist nicht von Bedeutung, ob die Ehepartner sich später trennen oder einer der Ehepartner nachträglich die getrennte Veranlagung beantragt. Erheblich ist allein, wie sich die Umstände dem Finanzamt zum Zeitpunkt der Zahlung darstellten.[74] Bei Vorauszahlungen ohne Tilgungsbestimmung wird davon ausgegangen, dass sich der Ehepartner, der auf einen Vorauszahlungsbescheid Zahlungen vornimmt, damit auch die zu erwartende Einkommensteuer beider Ehepartner begleichen will.[75]

17b Aufteilung

Übersteigen die anzurechnenden Steuerabzugsbeträge die geleisteten Vorauszahlungen und die sonstigen Zahlungen die festgesetzten Steuerbeträge, muss das Finanzamt für jeden Ehepartner die anzurechnenden Steuerabzugsbeträge sowie die mit individueller Tilgungsbestimmung geleisteten Vorauszahlungen und sonstigen Zahlungen ermitteln. Zugleich sind alle Zahlungen festzustellen, die beiden Ehepartnern gemeinsam zuzurechnen sind.

Steuerabzugsbeträge

Hinsichtlich einbehaltener Steuerabzugsbeträge wie der Lohn- und Kapitalertragsteuer ist der Ehepartner erstattungsberechtigt, von dessen Einnahmen die Abzugsteuer einbehalten worden ist.[76] Diese Steuer ist letztlich für seine Rechnung an das Finanzamt abgeführt worden.[77] Sind für beide Ehepartner Steuerabzugsbeträge einbehalten und keine Vorauszahlungen geleistet worden, ist die Aufteilung des Erstattungsanspruchs im Verhältnis des jeweiligen Steuerabzugs des Ehepartners zum Gesamtabzug durchzuführen.[78]

Vorauszahlungen mit Tilgungsbestimmung

Konnte das Finanzamt bei Zahlung erkennen, dass der leistende Ehepartner nur seine eigene Steuerschuld tilgen wollte, ist dieser allein erstattungsberechtigt. Eine Tilgungsbestimmung muss dabei nicht »ausdrücklich« vorgenommen werden. Sie kann sich vielmehr aus den Umständen des Einzelfalls ergeben, z.B. durch die Angabe des eigenen Namens im Feld »Verwendungszweck« einer Überweisung.[79] Eine spätere »Interpretation« durch den zahlenden Ehepartner ist nicht relevant. Ist dem Finanzamt das dauernde Getrenntleben der Ehepartner bekannt, ist davon auszugehen, dass der zahlende Ehepartner nur auf eigene Rechnung leisten will.[80]

---

70 BFH BStBl 2009 II, 38 m.w.N.
71 BFH BStBl II, 162, und BStBl 1991 II, 47.
72 BFH BStBl 2006 II, 453, m.w.N.
73 BFH BStBl 2009 II, 38.
74 BFH BStBl II, 742.
75 BFH BStBl II, 607.
76 BFH BStBl 1983 II, 162.
77 BFH BStBl II, 719.
78 BFH BStBl II, 520.
79 BFH BStBl 1990 II, 41.
80 BFH BStBl 1990 II, 41.

Vorauszahlungen ohne Tilgungsbestimmung:

Vorauszahlungen aufgrund eines an beide Ehepartner gemeinsam gerichteten Vorauszahlungsbescheids ohne individuelle Tilgungsbestimmung sind zunächst auf die festgesetzten Steuern beider Ehepartnern anzurechnen.[81] Ein nach der Anrechnung der »gemeinsamen« Vorauszahlungen verbleibender Überschuss ist nach Köpfen an die Ehepartner auszukehren. Vorauszahlungen ohne individuelle Tilgungsbestimmung aufgrund eines nur an einen Ehepartner gerichteten Vorauszahlungsbescheids werden nur diesem Ehepartner zugeordnet.

Anrechnung bei Überzahlungen   17c

Bei Erstattungen infolge Überzahlungen sind die nachstehenden Fälle zu unterscheiden:

1. Wenn ausschließlich Steuerabzugsbeträge einbehalten und Zahlungen geleistet worden sind, die individuell den Ehepartnern zuzurechnen sind, hat eine Aufteilung des Erstattungsanspruchs im Verhältnis der Summe der jeweiligen Steuerabzugsbeträge und Zahlungen jeder Ehepartner zur Summe der Steuerabzugsbeträge und Zahlungen beider Ehepartner zu erfolgen.
2. Sind ausschließlich Vorauszahlungen aufgrund eines an beide Ehepartner gemeinsam gerichteten Vorauszahlungsbescheids ohne Tilgungsbestimmungen geleistet worden, muss eine Aufteilung des Erstattungsanspruchs nach Köpfen vorgenommen werden.
3. Sind für die Ehepartner sowohl Steuerabzugsbeträge einbehalten und/oder Zahlungen geleistet worden, die individuell zuzurechnen sind, als auch Vorauszahlungen aufgrund eines an beide Ehepartner gemeinsam gerichteten Vorauszahlungsbescheids ohne Tilgungsbestimmungen geleistet worden, ist zunächst für jeden Ehepartner die Summe der bei ihm anzurechnenden Zahlungen zu ermitteln und anschließend der Erstattungsanspruch der Ehepartner im Verhältnis der Summe der bei dem einzelnen Ehepartner zuzurechnenden Zahlungen zur Summe aller Zahlungen aufzuteilen.

Bei getrennter Veranlagung/Einzelveranlagung gilt: 17d

Werden Ehepartner getrennt veranlagt (ab VJ 2013 Einzelveranlagung, §§ 26a EStG, 52 Abs. 68 EStG!), sind bei Erstattungen infolge Überzahlungen die nachstehenden Fälle zu unterscheiden:

1. Sind ausschließlich Steuerabzugsbeträge einbehalten und Zahlungen geleistet worden, die individuell zuzurechnen sind, müssen bei jedem Ehepartner die jeweiligen Steuerabzugsbeträge und Zahlungen angerechnet werden.
2. Sind ausschließlich Vorauszahlungen aufgrund eines an beide Ehepartner gemeinsam gerichteten Vorauszahlungsbescheids ohne Tilgungsbestimmung geleistet worden und deren Summe übersteigt die Summe der in den getrennten Veranlagungen festgesetzten Einkommensteuerbeträge, ist der Erstattungsbetrag, der bei getrennten Veranlagungen die festgesetzten Einkommensteuerbeträge übersteigt, nach Köpfen aufzuteilen.
3. Sind für die Ehepartner sowohl Steuerabzugsbeträge einbehalten und/oder Zahlungen geleistet worden, die individuell zuzurechnen sind, als auch Vorauszahlungen aufgrund eines an beide Ehepartner gemeinsam gerichteten Vorauszahlungsbescheids **ohne Tilgungsbestimmungen** geleistet worden. ist wie folgt vorzugehen: Lösung:
   Zuerst sind von den gegen die Ehepartner getrennt festgesetzten Einkommensteuerbeträgen jeweils die anzurechnenden Steuerabzugsbeträge abzuziehen.
   Danach sind von diesen Sollbeträgen jeweils die Vorauszahlungen abzuziehen, die der einzelne Ehepartner mit individueller Tilgungsbestimmung geleistet hat, und
   die für jeden Ehepartner danach individuell verbleibenden Beträge zu ermitteln.
   Die aufgrund eines gegen beide Ehepartner gerichteten Vorauszahlungsbescheids geleisteten »gemeinsamen« Vorauszahlungen ohne individuelle Tilgungsbestimmung werden nun zunächst auf die Steuern beider Ehepartner maximal bis zum vollständigen »Verbrauch« aufgeteilt.

---

81 BFH BStBl II, 607.

Der danach verbleibende Restbetrag ist nach Köpfen auszukehren.

Nachzahlungsüberhang:

Wenn keine individuelle Tilgungsbestimmung vorgenommen worden ist, muss wie folgt aufgeteilt und zugeordnet werden:

Zuerst sind von den gegen die Ehepartner getrennt festgesetzten Einkommensteuerbeträge jeweils die anzurechnenden Steuerabzugsbeträge abzuziehen.

Danach sind von diesen Sollbeträgen jeweils die (Vor-aus-)Zahlungen abzuziehen, die der einzelne Ehepartner mit individueller Tilgungsbestimmung geleistet hat und die für jeden Ehepartnern danach individuell verbleibenden Beträge zu ermitteln.

Die (aufgrund eines gegen beide Ehepartner gerichteten Vorauszahlungsbescheids) geleisteten »gemeinsamen« Vorauszahlungen ohne individuelle Tilgungsbestimmung werden nun nach Köpfen – allerdings maximal bis zum vollständigen »Verbrauch« aufgeteilt, ein danach verbleibender Restbetrag ist dem Ehepartner mit der höheren Zwischensumme allein zuzurechnen.

▶ **Hinweis:**

Der vom BMF vorgegebene steuerrechtliche Leitfaden ist für die familienrechtlich Bearbeitung nur Grundlage der Berechnung im ersten Schritt.

17e Danach muss im zweiten Schritt eine Aufteilung der Steuererstattungen im Innenverhältnis vorgenommen werden, die sich allein nach zivilrechtlichen Maßstäben richtet: Nach der Familienrechtsprechung[82] hat die Aufteilung eines nach Trennung fällig werdenden **Erstattungsanspruchs zusammenveranlagter Ehegatten** grundsätzlich unter entsprechender Heranziehung des § 270 AO auf der Grundlage einer fiktiven getrennten Veranlagung (Einzelveranlagung ab 2013) zu erfolgen. Diese Vorgehensweise ist einkommensteuerkonform, weil die konkret steuerrechtliche Situation der Ehegatten auf diese Weise berücksichtigt wird. Sie kommt insbesondere zur Anwendung, wenn nach einer Trennung kein Ehegattenunterhalt gezahlt wird und es infolge der ungünstigen Steuerklassenwahl des ausgleichsberechtigten Ehepartners beim ausgleichspflichtigen Ehepartner zu einem Erstattungsanspruch kommt.

f) Steuernachforderungen[83]

18 Oft fordert die Finanzbehörde noch Steuernachzahlungen für Veranlagungszeiträume, in denen die Eheleute noch zusammengelebt haben (auch für das Trennungsjahr). Steuernachzahlungen kommen häufig auch noch infolge von geänderten Einkommensteuerbescheiden vor, z.B. nach Betriebsprüfungen gem. § 193 ff. AO oder bei einer Neuveranlagung infolge der Nichtvornahme von Investitionen i.R. der Regelung zum Investitionsabzugsverfahren nach § 7g EStG. Der Jahressteuerbescheid nimmt dabei den Vorauszahlungsbescheid in seinen Regelungsgehalt mit auf, wobei die durch Steuerabzug erhobene Einkommensteuer wie z.B. die Lohnsteuer und Vorauszahlungen auf die Einkommensteuer angerechnet werden. Eine Abschlusszahlung ist zu leisten, wobei der Unterschiedsbetrag innerhalb eines Monats nach Bekanntgabe des Bescheides oder, bei verspäteter Abgabe der Steuererklärung, innerhalb eines Monats nach Abgabe der Steuererklärung, zu zahlen ist. Bei einer Zusammenveranlagung sind die Ehepartner hinsichtlich der Steuerschuld Gesamtschuldner i.S.v. § 44 Abs. 1 AO. § 44 AO entspricht dem Begriff des Gesamtschuldners in § 421 BGB.[84] Es steht im Ermessen der Finanzbehörde, welchen Gesamtschuldner sie wegen der Steuerschuld in Anspruch nimmt. Gemeinsam veranlagte Ehepartner haben die Möglichkeit, die Gesamtschuld aufteilen zu lassen, § 44 Abs. 2 Satz 4 AO i.V.m. § 268 AO, vgl. hierzu Rn 13 ff.

§ 155 Abs. 3 Satz 1 AO sieht für den Fall der Zusammenveranlagung vor, einen zusammengefassten Steuerbescheid zu erlassen. Es handelt sich aber um zwei Bescheide, die nur aus Zweckmäßig-

---

82 BGH FamRZ 2006, 1178
83 Vgl. näher Perleberg-Kölbel FuR 2012, 297.
84 Pump/Leibner/Holzkämper AO § 44 Rn. 1.

keitsgründen zusammen gefasst sind. Dieser Bescheid beinhaltet mehrere Einzelfallregelungen, d.h. um in einem Bescheid äußerlich zusammengefasste inhaltsgleiche Steuerfestsetzungen gegenüber mehreren Steuerpflichtigen, die die gleiche steuerliche Leistung schulden.[85] Jeder Gesamtschuldner kann für sich beanspruchen, die Steuerfestsetzung selbstständig anzufechten und gegen die Einspruchsentscheidung zu klagen. Bei dem Zusammenveranlagungsbescheid handelt es sich um keinen einheitlichen Verwaltungsakt, sondern es liegen mehrere selbstständige Verwaltungsakte vor.[86] Kein Anfechtungsrecht steht dem Ehepartner bezüglich der Einkünfte des anderen Ehepartners zu, die in einem Grundlagenbescheid festgestellt werden, § 180 Abs. 1 Nr. 2a AO. Ansonsten könnte der nicht vom Grundlagenbescheid betroffene Ehepartner den Bescheid in weiterem Umfang anfechten als derjenige, gegen den er gerichtet ist, § 352 AO; vgl. auch Rdn. 5 ff.[87]

2. Familienrechtliche Probleme

a) Aufteilungsmaßstäbe

Das Problem betrifft nur den VZ, in denen die Eheleute noch zusammen zur ESt veranlagen werden. Die Wahl der Zusammenveranlagung ist nach § 26 Abs. 1 EStG letztmals für das Jahr, in dem das dauernde Getrenntleben beginnt, zulässig.[88]   **19**

Bezahlt ein Ehepartner Steuerschulden, kommt es grds. zu einem **Ausgleichsanspruch** nach § 426 BGB wenn keine **anderweitige Bestimmung** vorliegt. Diese hat Vorrang,[89] weil Ausgleichsansprüche der Disposition der Gesamtschuldner unterliegen. Auch ausdrückliche oder stillschweigend geschlossene Vereinbarungen unter Ehepartnern zählen zu den anderweitigen Bestimmungen i.S.d. § 426 Abs.1 Satz 1 HS 2 BGB.[90] Sie können sich ebenso aus einer ständigen Übung wie z.B. dem ständigen Begleichen der Steuerschulden während des Zusammenlebens, ergeben.[91] Liegt keine anderweitige Bestimmung i.S.d. § 426 Abs. 1 Satz 1 BGB vor, kommen folgende Möglichkeiten der Aufteilung in Betracht:

- Hälftige Aufteilung[92]
- Aufteilung nach dem Verhältnis der im Veranlagungszeitraum auf die gemeinsame Steuerschuld jeweils tatsächlich gezahlten Steuern[93]
- Aufteilung nach dem Verhältnis der Steuerbeträge, die sich bei fiktiver getrennter Veranlagung ergeben[94]

Generell besteht infolge einer **familienrechtlichen Überlagerung**[95] kein Ausgleichsanspruch für Veranlagungszeiträume des Zusammenlebens. Steuerzahlungen, die im Verlauf der ehelichen Lebensgemeinschaft an das Finanzamt gezahlt worden sind, müssen selbst dann nicht ausgeglichen werden, wenn diese für den anderen Ehepartner im Rahmen einer getrennten Veranlagung vorgenommen worden sind. Steuerzahlungen sind Kosten der allgemeinen Lebensführung nach § 12 EStG, die nach einer Zahlung nicht mehr für den Familienunterhalt zur Verfügung stehen. Der Grundsatz der nachehelichen Solidarität gem. § 1353 BGB verbietet in diesem Fall nachträgliche Korrekturen.

---

85 BFH/NV 1991, 3.
86 Pump/Leibner/Danelsing AO § 155 Rn. 53.
87 Vgl. zu der Feststellung von Besteuerungsgrundlagen Pump/Leibner/Perleberg-Kölbel AO §§ 179 ff.; 180 Abs. 1 Nr. 2a.
88 *Weingran/Sambale* NWB 2010, 848 ff.
89 BGH FamRZ 2007, 1229; Pasche, FPR 2012, 312.
90 BGH FamRZ 1990, 374.
91 BGH FamRZ 2006, 1178.
92 OLG Celle OLG-Report 2000, 9.
93 OLG Düsseldorf FamRZ 1993, 70; OLG Hamm FamRZ 2001, 98.
94 BGH FamRZ 2006, 1178; FamRZ 2007, 1229; Pasche, FPR 2012, 312.
95 BGH FamRZ 2007, 1229; *Wever* Vermögensauseinandersetzungen der Ehegatten außerhalb des Güterrechts, Rn. 772.

Die **Lohnsteuerklassenwahl III und V** ist eine anderweitige Bestimmung i.S.d. § 426 Abs.1 Satz 1 BGB.[96] Ein Mehrbetrag, der nach der Steuerklasse V im Vergleich zur Besteuerung bei getrennter Veranlagung geleistet worden ist, darf deshalb nur verlangt werden, wenn sich die Ehepartner die Rückforderung für den Fall der Trennung ausdrücklich vorbehalten.[97] Der auszugleichende Betrag beschränkt sich dann auf die Summe der Nachforderung.

Für **Veranlagungszeiträume nach Trennung** ist allerdings zu differenzieren: Mit Scheitern der Ehe tritt eine grundlegende Veränderung der Verhältnisse ein.[98] Partizipiert der Unterhaltsberechtigte mit der ungünstigeren Steuerklasse an dem Gesamteinkommen durch den Trennungsunterhalt, ist er keiner zusätzlichen Belastung ausgesetzt, die auszugleichen ist, weil sowohl Steuerzahlungen als auch Steuererstattungen[99] bereits in die Unterhaltsbemessung eingeflossen sind. Erhält der Ehegatte mit der ungünstigeren Steuerklasse keinen Trennungsunterhalt, muss er seine steuerlichen Nachteile nicht ohne einen Ausgleich akzeptieren. Letztlich muss er nach dem allgemeinen Grundsatz nur für die Steuern aufkommen, die auf sein Einkommen entfallen.[100] Der Ausgleichsanspruch ist fiktiv nach getrennter Veranlagung festzustellen.

▶ **Praktischer Hinweis:**

Der Ausgleichsanspruch wird nicht durch die Vorschriften über den Zugewinnausgleich verdrängt: Er besteht vielmehr neben dem Ausgleichsanspruch und ist am Stichtag in die Zugewinnausgleichsbilanz einzustellen. Naturgemäß können noch nicht getilgte Steuerschulden in der jeweils auf ihn entfallenden Quote bei jedem Ehepartner als Verbindlichkeit im Endvermögen aufgeführt werden.[101]

b) Steuererstattungen

20 Aufteilungen von Steuererstattungen bestimmen sich im Innenverhältnis auch nach zivilrechtlichen Maßstäben.[102] Liegt keine gesonderte vertragliche Vereinbarung über die Aufteilung der zu erwartenden Steuerrückzahlungen vor, sind auch hier die Maßstäbe zur Aufteilung von Steuerschulden maßgeblich. Nach der familienrechtlichen Rechtsprechung[103] hat die Aufteilung eines nach Trennung fällig werdenden Erstattungsanspruchs zusammenveranlagter Ehegatten grds. unter entsprechender Heranziehung des § 270 AO auf der Grundlage einer fiktiven getrennten Veranlagung zu erfolgen. Diese Aufteilung allein führt nach Ansicht des BGH im Hinblick auf die konkrete steuerrechtliche Situation insbesondere dann zu einem einkommensteuerkonformen Ergebnis, wenn nach einer Trennung kein Unterhalt gezahlt wird und es infolge der ungünstigen Steuerklassewahl des ausgleichsberechtigten Ehepartners beim ausgleichspflichtigen Ehepartner zu einem Erstattungsanspruch kommt[104].

---

96 BGH FamRZ 2007, 1229.
97 BGH FamRZ 2007, 1229.
98 BGH FamRZ 2006, 1178.
99 Nach dem In-Prinzip: BGH FamRZ 2003, 744.
100 BGH FamRZ 2006, 1178 m. Anm. *Wever* FamRZ 2006, 1181 = FamRB 2006, 302 m. Anm. *Christ*; BGH FamRZ 2007, 1229.
101 Zur Berücksichtigung und Bewertung in der Zugewinnausgleichsbilanz: Kuckenburg/Perleberg-Kölbel FPR 2012, 306.
102 Klein/Perleberg-Kölbel, FamVermR Kap. 2 Rn 1103.
103 BGH FamRZ 2006, 1178.
104 BGH FamRZ 2006, 1178.

▶ **Prüfungsreihenfolge:**

Liegt eine ausdrückliche oder konkludente Vereinbarung vor?

Wenn ja	→	Aufteilung nach Vereinbarung.
Wenn nein	→	Liegt eine anderweitige Bestimmung i.S.v. § 426 Abs. 1 Satz 1 Hs. 2 BGB vor?
Wenn nein	→	Aufteilung nach der Höhe der beiderseitigen Einkünfte.

Aufteilungsmaßstab:

– Heranziehung des § 270 AO, d.h. einkommensteuerkonforme Aufteilung auf Grundlage fiktiver getrennter Veranlagung
– Beschränkung auf Steuerzahlungen/Steuererstattungen nach der Trennung wegen familienrechtlicher Überlagerung

Zur schrittweisen Berechnung wird auf den Praxishinweis von Soyka verwiesen.[105]

c) Zuständigkeit

Für einen Ausgleichanspruch aus einem Gesamtschuldverhältnis ist der Familienrechtsweg gegeben. Zuständig ist gem. § 266 Abs. 1 Nr. 3 FamFG ist das Familiengericht, da es sich um eine sonstige Familiensache i.S.d. §§ 111 Nr. 10, 266 FamFG handelt.[106]   **21**

d) Sonderproblem Steuererstattungen und Steuerschulden im Zugewinnausgleich

Nach der Rechtsprechung des BGH[107] darf es keine zweifache Teilhabe an einem Vermögens-   **21a**
wert über den Zugewinn und den Unterhalt geben, wobei das Problem lediglich bei einer Konkurrenz zwischen Zugewinnausgleich und Unterhalt auftreten kann, d.h., wenn beim Unterhalt auch der Vermögensstamm herangezogen werden muss. Seine Rechtsprechung setzt der BGH[108] im Kontext zur Anrechnung der latenten Steuerlast bei der Unternehmensbewertung und dem Zugewinnausgleich fort, indem die latente Steuerlast ein Abzugsposten der Zugewinnposition »Unternehmen« bildet. Steuererstattungsansprüche und Steuerverbindlichkeiten sowie etwaige familienrechtliche Ansprüche wegen Nachteilsausgleich sind dem Zugewinn und nicht dem Unterhalt zuzurechnen.[109] Auch nach der jüngeren Entscheidung des OLG Dresden[110] unterliegen Steuererstattungsansprüche, die vor dem für die Berechnung des Zugewinns maßgeblichen Stichtag entstanden sind, dem Zugewinnausgleich. Das Verbot der Doppelverwertung verhindert eine nochmalige Anrechnung beim Unterhalt bei zufällig späterem und damit nach dem Stichtag für den Zugewinnausgleich einzuordnenden Zahlungszufluss oder Zahlungsabfluss. Der Entscheidung des OLG Dresden ist zu folgen. Die Einstellung der Vermögenspositionen in die

---

105 Soyka FuR 2006, 260 f. zum Urteil des BGH FamRZ 2006, 1178; vgl. auch Anm. Wever, FamRZ 2006, 1181. Allgemein zu diesem Problemkreis: Quernheim/Hamdan, Risiken der einkommensteuerlichen Zusammenveranlagung von Ehegatten, ZFE 2006, 7 ff.; Linnertz/Weitze, Steuervorauszahlung und Scheidung – Scheidungsfalle § 37 AO, ZFE 2004, 228 ff.; Arens, Interne Verteilung von Einkommensteuer-Erstattungen unter getrennt lebenden oder geschiedenen Ehegatten, NJW 1996, 704 ff.; Christ, Aufteilung von Steuererstattungen unter Eheleuten, FamRB 2007, 23.
106 Johannsen/Henrich/Büttner § 1361 Rn. 141.
107 BGH FPR 2008, 318 m Anm. Horn= NJW 2008, 1221 = FuR 2008, 295 m Anm. Kuckenburg FuR 2008, 270.
108 BGH FamRZ 2011, 622 und 1367 m. Anm. Kuckenburg FuR 2011, 512 und 515.
109 BGH NJW-RR 1986, 1325; Palandt/Brudermüller, § 1374, Rn 19; so schon OLG Hamburg FamRZ 1983, 168; OLG Düsseldorf FamRZ 1984, 699; OLG München FamRZ 1984, 1096.
110 OLG Dresden FamRZ 2011, 113 f.

Zugewinnausgleichsbilanz hat nach den Grundsätzen familienrechtlicher Aufteilung zu erfolgen[111].

▶ **Praktischer Hinweis:**

Steuervorauszahlungen entstehen mit Beginn des Kalendervierteljahrs, in dem die Vorauszahlungen zu entrichten sind, § 37 Abs. 1 Satz 2 EStG. Die Entrichtung und damit Fälligkeit der Vorauszahlungen ergibt sich aus § 37 Abs. 1 Satz 1 EStG, wonach der Steuerpflichtige die Vorauszahlungen am 10.3., 10.6., 10.9. und 10.12. eines Kalenderjahres zu entrichten hat. Somit entstehen die Einkommensteuervorauszahlungen zu Beginn eines jeden Kalendervierteljahres (1.1., 1.4., 1.7., 1.10.) und können in die Zugewinnausgleichsbilanz entsprechend ihrer Entstehung unter die Passiva eingestellt werden!

V. Splittingvorteil bei Wiederheirat und Kindesunterhalt

22 Die Zusammenveranlagung brachte bis 1958 für Ehepaare bei Anwendung der Grundtabelle progressionsbedingte Nachteile. Deshalb wurde 1958 die Tarifvorschrift des § 32a Abs. 5 EStG eingeführt. Durch den Splittingtarif sollten Ehepaare bei Beibehaltung der Zusammenveranlagung wieder entlastet werden.

Das sog. **Splittingverfahren** findet sich in der Tarifanwendungsvorschrift des § 32a Abs. 5 EStG[112] wieder. Die von den Ehepartnern zu zahlende Einkommensteuer beträgt danach das Zweifache des Steuerbetrags, der sich für die Hälfte ihres gemeinsam zu versteuernden Einkommens ergibt. Bei der Ermittlung des gemeinsam zu versteuernden Einkommens werden die Einkünfte der Ehepartner zunächst getrennt ermittelt und anschließend zu einem gemeinsamen Gesamtbetrag der Einkünfte zusammengerechnet. Nach Abzug eines etwaigen Verlustvortrags, der Sonderausgaben, der außergewöhnlichen Belastungen usw., ergibt sich das von den Ehepartnern zu versteuernde Einkommen, wobei die festzusetzende Einkommensteuer der Splittingtabelle entnommen wird. Die Halbierung des Gesamteinkommens zur Berechnung der tariflichen Steuer nimmt dabei die zuvor erfolgte Addition der Einkommen zum Gesamteinkommen zurück. Jeder Ehepartner wird fiktiv hinsichtlich der ihm zuzurechnenden Hälfte des gemeinsamen Einkommens nach der Grundtabelle versteuert. Aus dieser fiktiven Mittelung des Gesamteinkommens leitet sich der Begriff des sog. Splitting-Verfahrens ab. Es entsteht bei diesem Verfahren ein Splittingeffekt und die Steuerbelastung wird somit über die Einkommensteuerveranlagung festgestellt.

Der sog. (wiedererlangte) Splittingvorteil des Unterhaltspflichtigen aus neuer Ehe beschäftigt die Gerichte regelmäßig, wobei der Streit zunächst mit der Entscheidung des BVerfG[113] vom 07.10.2003 als beendet galt. Nach Ansicht des BverfG kam der Splittingvorteil aus neuer Ehe dem geschiedenen Ehegatten bei der Bedarfsbestimmung nicht zugute. Anders wurde dies beim Realsplittingvorteil gesehen, weil dieser auf der Unterhaltslast aus der früheren Ehe beruht. Unter Aufgabe der älteren Rechtsprechung[114] hatte der BGH dann 2010[115] entschieden, dass im Wege der Dreiteilung bei einer Unterhaltspflicht gegenüber einem geschiedenen Ehegatten und einem neuen Ehegatten von dem tatsächlich erzielten Einkommen des Unterhaltsschuldners ausgegangen werden muss. Die daraufhin ergangene Entscheidung des Bundesverfassungsgerichts v.

---

111 Näheres Kuckenburg/Perleberg-Kölbel FPR 2012, 306.
112 Eingeführt durch das Steuerrechtsänderungsgesetz 1958.
113 BVerfG 07.10.2003 – 1 BvR 246/93 und 2298/94 FuR 2003, 507 = FamRZ 2003, 1821 m. Anm. Schürmann 2003, 1825; Ewers FamRZ 2003, 1913, Weychardt FamRZ 2004, 353; Schöppe-Fredenburg FuR 2003, 487; Kuckenburg/Perleberg-Kölbel FuR 2004, 160 ff.
114 BGH FamRZ 2005, 1817, 1819; FamRZ 2007, 793, 796; FamRZ 2007, 1232, 1233.
115 BGH FamRZ 2010, 111, 112.

21.01.2011[116] zur Verfassungswidrigkeit der vom Bundesgerichtshof entwickelten **Dreiteilungsmethode** i.R. der Bedarfsprüfung geht zunächst von folgender Überlegung aus:

»Bezieht die Rechtsprechung bei der Bedarfsermittlung auch Entwicklungen nach Rechtskraft der Scheidung mit ein und geht insofern von den Verhältnissen zum Zeitpunkt der Geltendmachung des Unterhaltsanspruchs aus, muss bei den berücksichtigten Veränderungen zumindest ein gewisser Bezug zu den »ehelichen Verhältnissen« vorhanden sein, damit die Rechtsprechung noch vom Wortlaut des § 1578 Abs. 1 Satz 1 BGB gedeckt ist. Dies kann bei Entwicklungen angenommen werden, die einen Anknüpfungspunkt in der Ehe finden, also gleichsam in ihr angelegt waren, oder die, wie bei einer unvorhersehbaren nachehelichen Einkommensverringerung auf Seiten des Unterhaltspflichtigen, soweit sie nicht vorwerfbar herbeigeführt wurde, bei Fortbestand der Ehe auch deren Verhältnisse geprägt hätten. Ein Bezug zu den »ehelichen Lebensverhältnissen« lässt sich jedoch nicht mehr bei Veränderungen herstellen, die gerade nicht auf die Ehe zurückzuführen sind, weil sie nur und erst dadurch eintreten konnten, dass die Ehe geschieden worden ist, wie dies bei Unterhaltspflichten gegenüber dem neuen Ehepartner, die bei erneuter Heirat eintreten, der Fall ist. Dabei führt die Bedarfsermittlung im Wege der Dreiteilung des in den beiden Unterhaltsverbänden insgesamt erzielten Einkommens zur völligen Loslösung von den »ehelichen Lebensverhältnissen«, weil hierdurch der Unterhaltsbedarf des geschiedenen Ehepartners auch noch von der Einkommenssituation des nachfolgenden Ehepartners abhängt. Es überschreitet die Grenzen des Wortlauts von § 1578 Abs. 1 Satz 1 BGB, derartige nachehelichen Änderungen, die nicht ehe-, sondern scheidungsbedingt sind, also die Auflösung der Ehe voraussetzen, in die Bestimmung des Unterhaltsbedarfs eines geschiedenen Ehegatten einzubeziehen.«

Hieraus resultiert, dass das Unterhaltseinkommen des geschiedenen Unterhaltsverpflichteten bei Wiederheirat ohne **Steuervorteil aus der neuen Ehe** fiktiv nach der Grundtabelle berechnet werden muss. Erst infolge der Scheidung und erneuter Eheschließung des Unterhaltspflichtigen entsteht ein Splittingvorteil durch eine Zusammenveranlagung mit dem neuen Partner. Dieser Steuervorteil ist allein scheidungs- und nicht mehr ehebezogen und daher nicht mehr bedarfsprägend. Darüber hinaus dürfte eine Ausweitung des Schutzbereichs der Art. 3 GG und Art. 6 GG infolge der Dreiteilungsmethode bei der Bedarfsbemessung auch nicht verfassungskonform sein, sofern damit indirekt der Vorteil des Ehegattensplittings über die Bedarfsberechnung auch dem geschiedene Ehepartner zugutekommt. Der Halbteilungsgrundsatz im Steuerrecht wird dann nicht mehr gewährleistet, was auf folgenden Überlegungen beruht: **22a**

Nach der Entscheidung des Bundesverfassungsgerichts vom 03.11.19821 BvR 1104/79[117] entspricht das Splittingverfahren dem Grundsatz der Besteuerung nach der Leistungsfähigkeit, wobei davon ausgegangen wird, dass zusammenlebende Ehepartner eine Gemeinschaft des Erwerbs und des Verbrauchs bilden, in der ein Ehepartner an den Einkünften und Lasten des anderen wirtschaftlich jeweils zur Hälfte teilhat. Dieser Halbteilungsgrundsatz als Ausbildung des Gleichheitsgrundsatzes nach Art. 3 GG verlangt, dass Ehepartner mit gleichem Gesamteinkommen auch steuerlich gleich belastet werden. Auf den individuellen Anteil am Gesamteinkommen kommt es nicht an.

Nach Ansicht des BVerfG wird mit dem Splittingverfahren an die wirtschaftliche Realität der intakten Durchschnittsehe angeknüpft, in der ein Transfer steuerlicher Leistungsfähigkeit zwischen den Partnern stattfindet. Die Zusammenveranlagung ist verfassungskonform und das Splittingverfahren steht im Einklang mit Art. 6 Abs. 1 GG. Dieser Artikel verpflichtet den Staat, die Familiengemeinschaft sowohl im immateriell-persönlichen als auch im materiell-wirtschaftlichen Bereich als eigenständig und selbstverantwortlich zu respektieren. Im Einklang mit diesen Grundsätzen lässt das Splittingverfahren den Ehepartnern die freie Wahl. Entweder erwirtschaftet einer der Partner allein ein möglichst hohes Familieneinkommen und engagiert sich deshalb vollständig

---

116 BVerfG FamRZ 2011, 437.
117 BVerfGE 61, 319 (345) = BStBl II 1982, 717.

in seinem Beruf, während der andere Partner den Haushalt führt, oder beide Partner sind sowohl im Haushalt als auch im Beruf tätig, sodass beide ihre Berufstätigkeit entsprechend beschränken. Das Ehegattensplitting ist damit keine beliebig veränderbare Steuervergünstigung, sondern eine an dem Schutzgebot des Art. 6 Abs. 1 GG und der wirtschaftlichen Leistungsfähigkeit der Ehepaare gem. Art. 3 Abs. 1 GG orientierte sachgerechte Besteuerung.

22b Der Splittingvorteil aus der neuen Ehe hat somit keinen Bezug zu den ehelichen Verhältnissen der vorangegangenen Ehe. Der (erneute) steuerliche Vorteil tritt nur infolge einer Wiederheirat ein. Er prägt deshalb nicht den Bedarf des geschiedenen unterhaltsberechtigten Ehepartners. Das Unterhaltseinkommen des wiederverheirateten Ehepartners ist daher fiktiv unter Berücksichtigung des Sonderausgabenabzugs nach § 10 Abs. 1 Nr. 1 EStG (Realsplittingvorteil)[118] nach der **Grundtabelle** zu berechnen. Allein dieser Steuervorteil resultiert aus der geschiedenen Ehe. Unterhaltszahlungen an den Ehepartner sind begünstigte Aufwendungen und somit zum Sonderausgabenabzug zugelassen. § 10 Abs. 1 Nr. 1 EStG entspricht verfassungsrechtlichen Grundsätzen und dem EU-Recht.[119] Eine andere Betrachtungsweise hält einer verfassungsrechtlichen Überprüfung im Hinblick auf den Schutz der neuen Ehe und dem gebotenen steuerlichen Halbteilungsgrundsatz nicht stand. Steuerliche Vorteile, die in Konkretisierung des Schutzauftrags aus Art. 6 Abs. 1 GG gesetzlich allein der bestehenden Ehe eingeräumt werden, dürfen nicht wieder durch die Gerichte entzogen und an die geschiedene Ehe weitergegeben werden dürften.[120] Nur so wird gewährleistet, dass zusammenlebende Ehepartner eine Gemeinschaft des Erwerbs und des Verbrauchs bilden, in der ein Ehepartner an den Einkünften und Lasten des anderen wirtschaftlich jeweils zur Hälfte teilhat.[121] Wenn ein geschiedener und ein neuer Ehegatte nach § 1609 BGB gleichrangig sind, beanstandet der BGH[122] nicht, dass im Rahmen der Leistungsfähigkeit des Unterhaltspflichtigen eine Billigkeitsabwägung in Form einer Dreiteilung vorgenommen wird.

Kinder hängen im Gegensatz zu Ehepartnern von der jeweiligen unterhaltsrechtlichen **Leistungsfähigkeit** des Barunterhaltspflichtigen und nicht von eheprägenden Verhältnissen ab. Der Splittingvorteil ist daher beim Kindesunterhalt zu berücksichtigen. Ansonsten würden Kinder aus der aktuellen Eher von den tatsächlichen Lebensverhältnissen profitieren, während die Kinder aus der geschiedenen Ehe nur nach einem geringeren Nettoeinkommen unterhaltsberechtigt wären. Das würde gegen den Gleichheitsgrundsatz aus Art. 3 Abs. 1 GG verstoßen.[123] Wenn Kindesunterhalt zu zahlen ist, erfordert dies folglich eine Berechnung von zwei verschiedenen Bemessungsgrundlagen.

Eine Beschränkung ergibt sich dann, wenn der Steuervorteil der aktuellen Ehe nicht allein auf dem Einkommen des Unterhaltsverpflichteten beruht. Der Splittingvorteil ist dann anteilig auf die Eheleute der aktuellen Ehe aufzuteilen. Der Ehepartner aus der aktuellen Ehe ist schließlich den Kindern aus der vorausgegangenen Ehe nicht zur Zahlung von Unterhalt verpflichtet. Entsprechendes hat für Kinder zu gelten, die außerhalb einer Ehe geboren werden.

VI. Sonderfall Zusammenveranlagung in der Insolvenz

22c In der Insolvenz wird das Veranlagungswahlrecht generell durch den Insolvenzverwalter ausgeübt.[124] Dieser Grundsatz gilt, obwohl das Veranlagungswahlrecht eines Ehepartners an die vom GG geschützte Existenz der Ehe anknüpft.[125] Das Veranlagungswahlrecht ist kein Vermögensge-

118 Zur Höhe unter Berücksichtigung des Bürgerentlastungsgesetzes Krankenversicherung: Perleberg-Kölbel FuR 2010, 18.
119 BFH/NV 2007, 1528; EUGH DStR 2005, 1265.
120 BVerfG FamRZ 2003, 1821.
121 BVerfGE 61, 319 (345) = BStBl II 1982, 717.
122 BGH FamRZ 2012, 281.
123 BGH FamRZ 2005, 1817, BGH FamRZ 2007, 282; BGH FamRZ 2008, 2189
124 BGH NZI 2007, 455, bestätigt durch OFD Frankfurt DB 2011, 2520.
125 BFH ZInsO 2011, 1263 m. Hinw. auf BFH NJW 2007, 2556 = JurionRS 2011, 15951.

genstand und somit kein »Vermögensanspruch« i.S.v. § 38 InsO. Ein Anspruch auf Zustimmung richtet sich gegen den Insolvenzverwalter. Der Schuldner selbst darf die geforderte Erklärung nicht mehr abzugeben.[126] Der Anspruch aus § 1353 Abs. 1 BGB stellt keine Insolvenzforderung dar, die – ggf. nach Umrechnung, § 45 InsO – zur Tabelle angemeldet und festgestellt werden müsste, §§ 174 ff. InsO. Es handelt sich vielmehr um einen höchstpersönlichen Vermögenswert, der dem nicht von der Insolvenz betroffenen Ehegatten zusteht. Er verbleibt »in der Ehe und wandert nicht zu den Gläubigern eines Ehegatten«.[127] Der Insolvenzverwalter darf die Zustimmung auch nicht von einem Ausgleich für die Nutzung eines dem anderen Ehepartner zustehenden Verlustabzugs an die Insolvenzmasse abhängig machen.[128] Allerdings muss der Ehepartner den Insolvenzverwalter iHa § 10d Abs. 2 EStG von etwaigen künftigen Nachteilen freistellen.[129]

§ 31 Familienleistungsausgleich

[1]Die steuerliche Freistellung eines Einkommensbetrags in Höhe des Existenzminimums eines Kindes einschließlich der Bedarfe für Betreuung und Erziehung oder Ausbildung wird im gesamten Veranlagungszeitraum entweder durch die Freibeträge nach § 32 Absatz 6 oder durch Kindergeld nach Abschnitt X bewirkt. [2]Soweit das Kindergeld dafür nicht erforderlich ist, dient es der Förderung der Familie. [3]Im laufenden Kalenderjahr wird Kindergeld als Steuervergütung monatlich gezahlt. [4]Bewirkt der Anspruch auf Kindergeld für den gesamten Veranlagungszeitraum die nach Satz 1 gebotene steuerliche Freistellung nicht vollständig und werden deshalb bei der Veranlagung zur Einkommensteuer die Freibeträge nach § 32 Absatz 6 vom Einkommen abgezogen, erhöht sich die unter Abzug dieser Freibeträge ermittelte tarifliche Einkommensteuer um den Anspruch auf Kindergeld für den gesamten Veranlagungszeitraum; bei nicht zusammenveranlagten Eltern wird der Kindergeldanspruch im Umfang des Kinderfreibetrags angesetzt. [5]Satz 4 gilt entsprechend für mit dem Kindergeld vergleichbare Leistungen nach § 65.[1] [6]Besteht nach ausländischem Recht Anspruch auf Leistungen für Kinder, wird dieser insoweit nicht berücksichtigt, als er das inländische Kindergeld übersteigt.

---

126 BGH FamRZ 2007, 1320; FamRZ 2011, 210; NJW 2011, 2725.
127 *Schlünder/Geißler* in Anm. zu BGH 18.11.2010 – IX ZR 240, 07, FamRZ 2011, 210.
128 BGH FamRZ 2011, 210 m. Anm. *Schlünder/Geißler* FamRZ 2011, 211; BGH NJW 2011, 2725.
129 BGH FamRZ 2011, 210 m. Anm. Schlünder/Geißler FamRZ 2011, 211; BGH NJW 2011, 2725
 1 Entscheidung des Bundesverfassungsgerichts
   Vom 12. November 2009 (BGBl. I S. 3785)
   Aus dem Beschluss des Bundesverfassungsgerichts vom 13. Oktober 2009 – 2 BvL 3/05 – wird die Entscheidungsformel veröffentlicht:
   § 31 Satz 5 und § 36 Absatz 2 Satz 1 des Einkommensteuergesetzes in der Fassung des Gesetzes zur Familienförderung vom 22. Dezember 1999 (BGBl. I S. 2552) sind mit dem Grundgesetz vereinbar, soweit danach bei Steuerpflichtigen, deren Einkommen gemäß § 31 Satz 4 des Einkommensteuergesetzes um die Freibeträge des § 32 Absatz 6 des Einkommensteuergesetzes gemindert wurde, die tarifliche Einkommensteuer auch in den Fällen um die Hälfte des gezahlten Kindergeldes zu erhöhen ist, in denen eine Anrechnung des Kindergeldes auf den Unterhalt nach § 1612b Absatz 5 des Bürgerlichen Gesetzbuchs in der Fassung des Gesetzes zur Ächtung der Gewalt in der Erziehung und zur Änderung des Kindesunterhaltsrechts vom 2. November 2000 (BGBl. I S. 1479) ganz oder teilweise unterblieben ist.
   Die vorstehende Entscheidungsformel hat gemäß § 31 Absatz 2 des Bundesverfassungsgerichtsgesetzes Gesetzeskraft.

§ 32   Kinder, Freibeträge für Kinder[1]

(1) Kinder sind

1. im ersten Grad mit dem Steuerpflichtigen verwandte Kinder,
2. Pflegekinder (Personen, mit denen der Steuerpflichtige durch ein familienähnliches, auf längere Dauer berechnetes Band verbunden ist, sofern er sie nicht zu Erwerbszwecken in seinen Haushalt aufgenommen hat und das Obhuts- und Pflegeverhältnis zu den Eltern nicht mehr besteht).[2]

(2) [1]Besteht bei einem angenommenen Kind das Kindschaftsverhältnis zu den leiblichen Eltern weiter, ist es vorrangig als angenommenes Kind zu berücksichtigen. [2]Ist ein im ersten Grad mit dem Steuerpflichtigen verwandtes Kind zugleich ein Pflegekind, ist es vorrangig als Pflegekind zu berücksichtigen.

(3) Ein Kind wird in dem Kalendermonat, in dem es lebend geboren wurde, und in jedem folgenden Kalendermonat, zu dessen Beginn es das 18. Lebensjahr noch nicht vollendet hat, berücksichtigt.

(4) [1]Ein Kind, das das 18. Lebensjahr vollendet hat, wird berücksichtigt, wenn es

1. noch nicht das 21. Lebensjahr vollendet hat, nicht in einem Beschäftigungsverhältnis steht und bei einer Agentur für Arbeit im Inland als Arbeitsuchender gemeldet ist oder
2. noch nicht das 25. Lebensjahr vollendet hat und
   a) für einen Beruf ausgebildet wird oder
   b) sich in einer Übergangszeit von höchstens vier Monaten befindet, die zwischen zwei Ausbildungsabschnitten oder zwischen einem Ausbildungsabschnitt und der Ableistung des gesetzlichen Wehr- oder Zivildienstes, einer vom Wehr- oder Zivildienst befreienden Tätigkeit als Entwicklungshelfer oder als Dienstleistender im Ausland nach § 14b des Zivildienstgesetzes oder der Ableistung eines freiwilligen Dienstes im Sinne des Buchstaben d liegt, oder
   c) eine Berufsausbildung mangels Ausbildungsplatzes nicht beginnen oder fortsetzen kann oder
   d) ein freiwilliges soziales Jahr oder ein freiwilliges ökologisches Jahr im Sinne des Jugendfreiwilligendienstegesetzes oder einen Freiwilligendienst im Sinne des Beschlusses Nr. 1719/2006/EG des Europäischen Parlaments und des Rates vom 15. November 2006 zur Einführung des Programms »Jugend in Aktion« (ABl. EU Nr. L 327 S. 30) oder einen anderen Dienst im Ausland im Sinne von § 14b des Zivildienstgesetzes oder einen entwicklungspolitischen Freiwilligendienst »weltwärts« im Sinne der Richtlinie des Bundesministeriums für wirtschaftliche Zusammenarbeit und Entwicklung vom 1. August 2007 (BAnz. 2008 S. 1297) oder einen Freiwilligendienst aller Generationen im Sinne von § 2 Absatz 1a des Siebten Buches Sozialgesetzbuch oder einen Internationalen Jugendfreiwilligendienst im Sinne der Richtlinie des Bundesministeriums für Familie, Senioren, Frauen und Jugend vom 20. Dezember 2010 (GMBl S. 1778) oder einen Bundesfreiwilligendienst im Sinne des Bundesfreiwilligendienstgesetzes leistet oder[34]

---

1 Siehe Anwendungsvorschrift § 52 Absatz 40 Sätze 10 und 11 EStG 2009.
2 Siehe Anwendungsvorschrift § 52 Absatz 40 Satz 1 EStG 2009.
3 § 32 Absatz 4 Satz 1 Nummer 2 Buchstabe d EStG in der Fassung des Artikels 2 des Beitreibungsrichtlinie-Umsetzungsgesetzes vom 7. Dezember 2011 (BGBl. I S. 2592), anzuwenden ab dem Veranlagungszeitraum 2011 – siehe Artikel 25 Absatz 4 des Beitreibungsrichtlinie-Umsetzungsgesetzes; zur Anwendung älterer Fassungen siehe Anwendungsvorschrift § 52 Absatz 40 Sätze 2 bis 6 EStG 2009.
4 § 32 Absatz 4 Satz 1 Nummer 2 EStG in der Fassung des Artikels 1 des Steueränderungsgesetzes 2007 vom 19. Juli 2006 (BGBl. I S. 1652) – siehe Anwendungsvorschrift § 52 Absatz 40 Satz 7 EStG 2009.

3. wegen körperlicher, geistiger oder seelischer Behinderung außerstande ist, sich selbst zu unterhalten; Voraussetzung ist, dass die Behinderung vor Vollendung des 25. Lebensjahres eingetreten ist. [5]

[2]Nach Abschluss einer erstmaligen Berufsausbildung und eines Erststudiums wird ein Kind in den Fällen des Satzes 1 Nummer 2 nur berücksichtigt, wenn das Kind keiner Erwerbstätigkeit nachgeht. [3]Eine Erwerbstätigkeit mit bis zu 20 Stunden regelmäßiger wöchentlicher Arbeitszeit, ein Ausbildungsdienstverhältnis oder ein geringfügiges Beschäftigungsverhältnis im Sinne der §§ 8 und 8a des Vierten Buches Sozialgesetzbuch sind unschädlich. [6]

(5) [1]In den Fällen des Absatzes 4 Satz 1 Nummer 1 oder Nummer 2 Buchstabe a und b wird ein Kind, das

1. den gesetzlichen Grundwehrdienst oder Zivildienst geleistet hat, oder
2. sich anstelle des gesetzlichen Grundwehrdienstes freiwillig für die Dauer von nicht mehr als drei Jahren zum Wehrdienst verpflichtet hat, oder
3. eine vom gesetzlichen Grundwehrdienst oder Zivildienst befreiende Tätigkeit als Entwicklungshelfer im Sinne des § 1 Absatz 1 des Entwicklungshelfer-Gesetzes ausgeübt hat,

für einen der Dauer dieser Dienste oder der Tätigkeit entsprechenden Zeitraum, höchstens für die Dauer des inländischen gesetzlichen Grundwehrdienstes oder bei anerkannten Kriegsdienstverweigerern für die Dauer des inländischen gesetzlichen Zivildienstes über das 21. oder 25. Lebensjahr hinaus berücksichtigt. [7] [2]Wird der gesetzliche Grundwehrdienst oder Zivildienst in einem Mitgliedstaat der Europäischen Union oder einem Staat, auf den das Abkommen über den Europäischen Wirtschaftsraum Anwendung findet, geleistet, so ist die Dauer dieses Dienstes maßgebend. [3]Absatz 4 Satz 2 und 3 gilt entsprechend. [8]

(6) [1]Bei der Veranlagung zur Einkommensteuer wird für jedes zu berücksichtigende Kind des Steuerpflichtigen ein Freibetrag von 2.184 Euro für das sächliche Existenzminimum des Kindes (Kinderfreibetrag) sowie ein Freibetrag von 1.320 Euro für den Betreuungs- und Erziehungs- oder Ausbildungsbedarf des Kindes vom Einkommen abgezogen. [9] [2]Bei Ehegatten, die nach den §§ 26, 26b zusammen zur Einkommensteuer veranlagt werden, verdoppeln sich die Beträge nach Satz 1, wenn das Kind zu beiden Ehegatten in einem Kindschaftsverhältnis steht. [3]Die Beträge nach Satz 2 stehen dem Steuerpflichtigen auch dann zu, wenn

1. der andere Elternteil verstorben oder nicht unbeschränkt einkommensteuerpflichtig ist oder
2. der Steuerpflichtige allein das Kind angenommen hat oder das Kind nur zu ihm in einem Pflegekindschaftsverhältnis steht.

[4]Für ein nicht nach § 1 Absatz 1 oder 2 unbeschränkt einkommensteuerpflichtiges Kind können die Beträge nach den Sätzen 1 bis 3 nur abgezogen werden, soweit sie nach den Verhältnissen seines Wohnsitzstaates notwendig und angemessen sind. [5]Für jeden Kalendermonat, in dem die Voraussetzungen für einen Freibetrag nach den Sätzen 1 bis 4 nicht vorliegen, ermäßigen sich

---

5 § 32 Absatz 4 Satz 1 Nummer 3 EStG in der Fassung des Artikels 1 des Steueränderungsgesetzes 2007 vom 19. Juli 2006 (BGBl. I S. 1652) – siehe Anwendungsvorschrift § 52 Absatz 40 Satz 8 EStG 2009.
6 § 32 Absatz 4 Satz 2 und 3 EStG in der Fassung des Artikels 1 des Steuervereinfachungsgesetzes 2011 vom 1. November 2011 (BGBl. I S. 2131), anzuwenden ab dem Veranlagungszeitraum 2012 – siehe Anwendungsvorschrift § 52 Absatz 1 EStG 2009 und Artikel 18 Absatz 1 des Steuervereinfachungsgesetzes 2011.
7 § 32 Absatz 5 Satz 1 EStG in der Fassung des Artikels 1 des Steueränderungsgesetzes 2007 vom 19. Juli 2006 (BGBl. I S. 1652) – siehe Anwendungsvorschrift § 52 Absatz 40 Satz 9 EStG 2009.
8 § 32 Absatz 5 Satz 3 EStG in der Fassung des Artikels 1 des Steuervereinfachungsgesetzes 2011 vom 1. November 2011 (BGBl. I S. 2131), anzuwenden ab dem Veranlagungszeitraum 2012 – siehe Anwendungsvorschrift § 52 Absatz 1 EStG 2009 und Artikel 18 Absatz 1 des Steuervereinfachungsgesetzes 2011.
9 § 32 Absatz 6 Satz 1 EStG in der Fassung des Artikels 1 des Wachstumsbeschleunigungsgesetzes vom 22. Dezember 2009 (BGBl. I S. 3950), anzuwenden ab dem Veranlagungszeitraum 2010.

die dort genannten Beträge um ein Zwölftel. [6]Abweichend von Satz 1 wird bei einem unbeschränkt einkommensteuerpflichtigen Elternpaar, bei dem die Voraussetzungen des § 26 Absatz 1 Satz 1 nicht vorliegen, auf Antrag eines Elternteils der dem anderen Elternteil zustehende Kinderfreibetrag auf ihn übertragen, wenn er, nicht jedoch der andere Elternteil, seiner Unterhaltspflicht gegenüber dem Kind für das Kalenderjahr im Wesentlichen nachkommt oder der andere Elternteil mangels Leistungsfähigkeit nicht unterhaltspflichtig ist. [7]Eine Übertragung nach Satz 6 scheidet für Zeiträume aus, in denen Unterhaltsleistungen nach dem Unterhaltsvorschussgesetz gezahlt werden. [10] [8]Bei minderjährigen Kindern wird der dem Elternteil, in dessen Wohnung das Kind nicht gemeldet ist, zustehende Freibetrag für den Betreuungs- und Erziehungs- oder Ausbildungsbedarf auf Antrag des anderen Elternteils auf diesen übertragen, wenn bei dem Elternpaar die Voraussetzungen des § 26 Absatz 1 Satz 1 nicht vorliegen. [9]Eine Übertragung nach Satz 8 scheidet aus, wenn der Übertragung widersprochen wird, weil der Elternteil, bei dem das Kind nicht gemeldet ist, Kinderbetreuungskosten trägt oder das Kind regelmäßig in einem nicht unwesentlichen Umfang betreut. [10]Die den Eltern nach den Sätzen 1 bis 9 zustehenden Freibeträge können auf Antrag auch auf einen Stiefelternteil oder Großelternteil übertragen werden, wenn dieser das Kind in seinen Haushalt aufgenommen hat oder dieser einer Unterhaltspflicht gegenüber dem Kind unterliegt. [11]Die Übertragung nach Satz 10 kann auch mit Zustimmung des berechtigten Elternteils erfolgen, die nur für künftige Kalenderjahre widerrufen werden kann. [11]

A. Unterscheidungen

I. Vorbemerkung steuerliche Entlastung und Förderung

1   Durch den Kinderfreibetrag und den Betreuungsfreibetrag nach § 32 Abs. 6 EStG einerseits und das Kindergeld nach §§ 62ff. EStG andererseits wird im Wege des Familienleistungsausgleichs ein Einkommensbetrag des Steuerpflichtigen in Höhe des Existenzminimums eines Kindes zur Betreuung, Erziehung oder Ausbildung freigestellt. Durch Beschluss des Bundestages vom

---

10 § 32 Absatz 6 Sätze 6 und 7 EStG in der Fassung des Artikels 1 des Steuervereinfachungsgesetzes 2011 vom 1. November 2011 (BGBl. I S. 2131), anzuwenden ab dem Veranlagungszeitraum 2012 – siehe Anwendungsvorschrift § 52 Absatz 1 EStG 2009 und Artikel 18 Absatz 1 des Steuervereinfachungsgesetzes 2011.

11 § 32 Absatz 6 Sätze 8 bis 11 EStG angefügt durch Artikel 1 des Steuervereinfachungsgesetzes 2011 vom 1. November 2011 (BGBl. I S. 2131), anzuwenden ab dem Veranlagungszeitraum 2012 – siehe Anwendungsvorschrift § 52 Absatz 1 EStG 2009 und Artikel 18 Absatz 1 des Steuervereinfachungsgesetzes 2011.

02.06.1995[12] wurde der Bundesregierung aufgegeben, alle zwei Jahre einen Bericht über das Existenzminimum von Kindern und Familien zu erstatten. Der 8. Bericht für 2012[13] geht von einem Regelbedarfsniveau bei Alleinstehenden von 4 488 € (374 € pro Monat), bei Ehepaaren von 8 064 € (672 € pro Monat) und Kindern vom 2.988 € aus. Daher erhöht sich bei Kindern im Alter bis unter 6 Jahren der Regelbedarf von 215 € pro Monat im Jahr 2011 auf 219 € pro Monat für 2012. Der Bedarf für Kinder von 6 bis 14 Jahren beträgt 251 € pro Monat und 287 € für Kinder von 14 bis unter 18 Jahre. Für 2012 ergibt sich daraus für den Bildungs- und Teilhabebedarf ein durchschnittlich zu berücksichtigender Betrag in Höhe von 228 € (19 € pro Monat).

Lebensalter des Kindes	Anzahl der Lebensjahre	Betrag pro Monat	Anzahl x Betrag
Bis unter 6	6	219	1 314
Von 6 bis unter 14	8	251	2 008
Von 14 bis unter 18	4	287	1 148
Summe für Kinder bis unter 18 Jahren			4 470
Durchschnittswert je Kind (Summe/18)			249

Zwischen Kindergeld und Freibeträgen erfolgt unter Berücksichtigung zivilrechtlicher Ausgleichsansprüche und ausländischen Kindergeldes eine sog. Günstigerprüfung von Amts wegen durch das Finanzamt im Rahmen der Einkommensteuerveranlagung. Diese Prüfung wird ab VZ 2004 infolge des Steueränderungsgesetzes 2003 auf den Anspruch selbst und nicht auf das tatsächlich gezahlte Kindergeld bezogen, § 31 Sätze 4, 6 u. 7 u. § 36 Abs. 2 Satz 1 EStG.[14]

II. Kinder

§ 32 EStG unterteilt Kindern in fünf Gruppen

2

– Kinder unter 18 Jahren, § 32 Abs. 3 EStG,
– Kinder von 18 bis 20 Jahren, § 32 Abs. 4 Satz 1 Nr. 1 EStG,
– Kinder von 18 bis 24 Jahren, § 32 Abs. 4 Satz 1 Nr. 2 EStG,
– Kinder, die behindert sind, § 32 Abs. 4 Satz 1 Nr. 3 EStG und
– Kinder über 21 bzw. über 25 Jahren, § 32 Abs. 5 EStG.

Zu berücksichtigende Kinder sind leibliche Kinder, Adoptivkinder[15] und Pflegekinder,[16] die der Stpfl in seinen Haushalt aufgenommen hat und mindestens zu einem nicht unwesentlichen Teil[17] auf seine Kosten unterhält. Beim noch nicht schulpflichtigen Kind ist das Obhut- und Pflegeverhältnis zu einem allein erziehenden Elternteil i.d.R.[18] zugunsten eines Pflegeverhältnisses nach einem Jahr durchbrochen. Eine mindestens zweijährige Zeitspanne wird für noch schulpflichtige Kinder zitiert.[19]

---

12 BT-Drucks. 13/1558 und amtliches Protokoll der 42. Sitzung des Bundestages vom 02.06.1995.
13 BT-Drucks. 17/5550.
14 Neufassung der Dienstanweisung zur Durchführung des Familienleistungsausgleich BStBl. I 2009, 1030, Änderung der DA-FamEStG, BMF-Schreiben v. 12.07.2011, BStBl. I 2011, 716 sowie Kindergeld-Merkblatt 2012, www.arbeitsagentur.de.
15 § 32 Abs. 1 Nr. 1 EStG: »... im ersten Grad mit dem Stpfln verwandte Kinder«.
16 § 32 Abs. 1 Nr. 2 EStG fordert ferner ein familienähnliches, auf längere Dauer berechnetes Band sowie Nichtbestehen des Obhut- und Pflegeverhältnisses zu den leiblichen Eltern.
17 BFH FamRZ 2004, 2003, 1388 (mindestens 20 %).
18 BFH NJW 1996, 1846.
19 Plewka/Söffing NJW 1996, 1943 mit Hinweis auf BFH BStBl II 1996, 63.

III. Einkommen des volljährigen Kindes, Rechtslage bis VZ 2011

3 In den beiden ersten Fallgruppen wurde ein Kind bis einschließlich 2011 nicht steuerlich berücksichtigt, wenn es eigene Einkünfte und Bezüge[20] über 7.680 €[21] im Kalenderjahr hatte. Der Betrag erhöhte sich ab VZ 2010 auf 8.004 €[22] (strikte Grenze, kein Freibetrag). Selbst bei nur geringer Überschreitung entfiel der Anspruch auf das Kindergeld in voller Höhe.[23] Mit dem Konjunkturpaket II[24], das rückwirkend zum 01.01.2009 in Kraft getreten ist und den Grundfreibetrag auf 7.843,00 € und ab 01.10.2009 auf 8.004,00€ erhöht hat, war der Betrag zunächst nicht verändert worden, weil sich die Einkünfte- und Bezügegrenze an dem Existenzminimum eines Erwachsenen orientieren. Nach dem 7. Existenzminimumbericht der Bundesregierung vom 21.11.2008 belief sich das in 2010[25] für einen Alleinstehenden steuerfrei zu stellendes Existenzminimum auf 7.656,00 € und damit unter dem Betrag von 7.680,00€. Es bestand daher kein Grund, Eltern im Rahmen des Familienausgleichs zu entlasten. Nach dem 8. Existenzminimumbericht der Bundesregierung für 2012 erhöht sich der Betrag auf 8.064,00 €.[26]

Darstellung der 2012 steuerfrei zu stellenden sächlichen Existenzminima und der entsprechenden einkommensteuerlichen Freibeträge (in Euro)

	Alleinstehende	Ehepaare	Kinder
Regelsatz	4 448	8 064	2 988
Bildung und Teilhabe	–	–	228
Kosten der Unterkunft	2 724	4 344	876
Heizkosten	684	864	180
sächliches Existenzminimum	7 896	13 272	4 272
steuerlicher Freibetrag	8 004	16 009	4 368

Für jeden Monat, in dem es an einer Berücksichtigungsfähigkeit fehlt, (wenn die Voraussetzungen an keinem Tag des Monats vorliegen) ermäßigte sich der Grenzwert um 1/12. Einkünfte und Bezüge, die auf diese Monate (Kürzungsmonate) entfielen, blieben aber außer Ansatz. Lagen die Voraussetzungen für die Berücksichtigung des Kindes nur für einen Teil des Monats vor, waren auch nur die auf diesen Teil entfallenden Einkünfte und Bezüge schädlich. Das galt z.B. für den Übergangsmonat, in dem noch eine Ausbildung und schon eine Erwerbstätigkeit erfolgten.

4 **Entwicklung des Grenzwertes unter Berücksichtigung des StSenkG:**

1996 + 1997	1998	1999	2000	2001	2002	2003 + 2004	2005 – 2009	2010
DM	DM	DM	DM	DM	€	€	€	€
12.000	12.360	13.020	13.500	14.040	7.188	7.428	7.680	8.004

---

20 Für besondere Ausbildungszwecke bestimmte Bezüge bleiben außer Betracht, entsprechendes gilt für Einkünfte, die für solche Zwecke verwandt werden.

21 1996 12.000,00 DM; § 52 XXII a EStG sah für 1997 eine Erhöhung auf 12.360,00 DM vor, die durch das JStG 1997 ausgesetzt wurde, auch insoweit gelten 12.000 DM. Ab 1997 neu für Kinder im Ausland: Kürzung der Grenze nach den Verhältnissen des Wohnsitzstaates. Wert 2001 14.040,00 DM.

22 www.bundesfinanzministerum.de.

23 BVerfG v. 27.07.2010, 2 BvR 2122/09, unter www.bundesverfassungsgericht.de.

24 BGBl I 2009, 416.

25 Bericht über die Höhe des Existenzminimums von Erwachsenen und Kindern für das Jahr 2010, www.bundesfinanzministerium.de.

26 BT-Drucks. 17/5550.

▶ **Beispiel:**

Ein **volljähriges** Kind (unter 25) ist im Januar und Februar 2011 noch mit Monatseinkünften von je 1.500 € berufstätig. Im März 2011 beginnt es ein Studium, daneben erzielt es vom 1.3. bis 31.12. 4.500 € Einkünfte. Die Grenze der schädlichen Einkünfte und Bezüge reduziert sich um 2/12 von 8.004 € auf 6.670 €. Die Einkünfte für Januar und Februar bleiben außer Betracht, diejenigen für März bis Dezember in Höhe von 4.500 € überschreiten 6.670 € nicht und sind somit unschädlich.

Der BFH[27] hat dann entschieden, dass bei der Ermittlung des Jahresgrenzbetrages für schädliche Einkünfte und Bezüge des Kindes besondere Ausbildungskosten gem. § 32 Abs. 4 Satz 3 EStG unabhängig davon abzugsfähig sind, ob sie aus den Einkünften und Bezügen bezahlt werden. Besondere Ausbildungskosten waren danach solche tatsächlichen Aufwendungen, die bei der Einkunftsermittlung als Werbungskosten zu berücksichtigen gewesen wären. Der ausbildungsbedingte Mehrbedarf für ein Zusatzstudium im Ausland minderte die Einkünfte und Bezüge des Kindes entweder gem. § 9 Abs. 1 Satz 1 EStG als Werbungskosten, wenn es sich um Fortbildungskosten handelte, sonst gem. § 32 Abs. 4 Satz 3 EStG. Ein erhöhter Lebensbedarf im Ausland war in beiden Fällen regelmäßig nicht zu berücksichtigen.

IV. Rechtslage ab 2012 durch Steuervereinfachungsgesetz 2011[28]

Ab 2012 entfällt die Einkommensüberprüfung bei volljährigen Kindern unter 25 Jahren für Kindergeld und Kinderfreibeträge. Eltern bekommen auch dann weiter Kindergeld, wenn ihr Kind während seiner ersten Berufsausbildung oder seines Erststudiums hinzuverdient. Einschränkungen ergeben sich erst, wenn sich eine zweite Ausbildung anschließt. In diesem Fall besteht der Anspruch nur noch bis zum 25. Lebensjahr, wenn das Kind nicht mehr als 20 Wochenstunden regelmäßig arbeitet. Der Zugang zum Kindergeld und zur Gewährung des Freibetrages für volljährige Kinder wird erleichtert. § 32 Abs. 4 Satz 2 bis 10 EStG werden gestrichen und die Sätze 2 bis 3 wie ebenso § 2 Abs. 2 Satz 2 bis 3 BKGG eingefügt.

▶ **Hinweis:**

Weil die Einkommensermittlung bei volljährigen Kindern wegfällt, wird ab 2012 auch der Ausbildungsfreibetrag nicht mehr um Einkünfte und Bezüge sowie Ausbildungsbeihilfen gekürzt und Kapitalerträge des Kindes werden nicht mehr als Einkünfte und Bezüge erfasst. Näheres regelt das BMF-Schreiben vom 07.12.2011.[29]

V. Vergleichsberechnung/Günstigerprüfung

Bei der Veranlagung zur ESt ist **Kind für Kind**, beginnend mit dem ältesten in absteigender Altersreihenfolge, zu berechnen, ob die einkommensteuerliche Entlastung durch Abzug der Kinder- und Betreuungsfreibeträge nach § 32 Abs. 6 EStG niedriger oder höher ist als das gewährte Kindergeld. Ein Kind, das im Kalenderjahr ausscheidet oder hinzukommt, wird im angebrochenen Monat voll berücksichtigt. Wenn sich dadurch die Rangordnung ändert, muss die Vergleichsberechnung auf das volle Jahr vorgenommen werden. **Bis VZ 2006** galt das Monatsprinzip nach §§ 32 Abs. 6, 71 EStG. **Ab VZ 2007** erfolgt die Günstigerprüfung auf das gesamte Jahr bezogen.

Verrechenbar ist bis auf die Fälle eines zivilrechtlichen Ausgleichsanspruches zum Kindergeld nur tatsächlich bezahltes Kindergeld. Ist dieses verfristet oder verwirkt, erfolgt keine Verrechnung.[30]

---

27 BStBl II 2001, 491; BFHE 193, 444.
28 BGBl. I 2011, 2131.
29 www.bundesfinanzministerium.de; BStBl I 2011, 1243.
30 Schmidt/Loschelder, EStG, § 31 Rn. 30.

Wird Kindergeld erst nachträglich bezahlt, wird es dann unter Abänderung auch eines bestandskräftigen ESt-Bescheides verrechnet, § 175 Abs. 1 Nr. 2 AO. Verrechnet wird Kindergeld nur in entsprechendem Umfang. Steht dem Stpfl im Grundsatz nur ein halber Kinderfreibetrag zu (Regelfall bei ganzjährig dauernd getrennt lebenden oder geschiedenen oder nicht miteinander verheirateten Eltern), wird auch nur die Hälfte des Kindergeldes verrechnet. Einem bestehenden zivilrechtlichen Ausgleichsanspruch gleich steht der direkte Kindergeldbezug. Der Ausgleichsanspruch mindert umgekehrt das verfügbare Kindergeld beim Kindergeldempfänger.

Ist die steuerliche Entlastung aus dem (halben) Kinderfreibetrag bzw. den Freibeträgen des § 32 Abs. 6 EStG niedriger als das (halbe) Kindergeld,[31] wird der Kinderfreibetrag für die Festsetzung der ESt[32] (nur für diese) endgültig nicht berücksichtigt. Es bleibt dann beim geleisteten Kindergeld, von dem aber nie etwas zurückgezahlt werden muss.[33] Ein Überhang dient der Familienförderung. **Ab VZ 2004** zählt der Kindergeldanspruch, nicht die Kindergeldzahlung.

6a   Ist die steuerliche Entlastung aus dem (halben) Kinderfreibetrag höher als der (halbe) Kindergeldanspruch, kommen die Kinderfreibeträge auch bei der Berechnung der ESt an Bedeutung. Die Günstigerprüfung die im Rahmen der **Lohnsteuererklärung/Lohnsteuerausgleichs** durchgeführt wird, stellt fest, ob der Kinderfreibetrag zusammen mit dem Freibetrag für Betreuungs-, Erziehungs- und Ausbildungsbedarf eine Steuerersparnis bewirkt. Wenn die Freibeträge für den Steuerzahler günstiger als das Kindergeld sind, hat das Finanzamt sie zu erstatten.[34]

▶ **Beispiel**[35]:

M und F haben 2012 ein zu versteuerndes Einkommen ohne Freibeträge für Kinder in Höhe von 65.000 € bezogen. Für den minderjährigen Sohn S. haben sie 2.208 € Kindergeld erhalten. Unter Berücksichtigung von Pauschbeträgen für Werbungskosten, Vorsorgeaufwendungen, Sonderausgaben und Kindergeld von 2.208 € ergibt die Günstigerprüfung unter Berücksichtigung des Kindesfreibetrages von 7008 € (Kinderfreibetrag und BEA-Freibetrag, s. Rdn. 6) einen Erstattungsbetrag in Höhe von 1.861 €.[36]

1. Unterscheidungen Kinderfreibetrag und Freibetrag für den Betreuungs,- Erziehungs- und Ausbildungsbedarf, § 32 Abs. 6 EStG

a) Kinderfreibetrag

7   Der Kinderfreibetrag orientiert sich im Anschluss an die Rechtsprechung des Bundesverfassungsgerichts seit 1996 am Existenzminimum und steht grundsätzlich **jedem Elternteil** zur Hälfte zu. Der Kinderfreibetrag beträgt **ab VZ 2010**[37] **2.184 €**.

b) Freibetrag für den Betreuungs- und Erziehung- oder Ausbildungsbedarf

7a   Neben dem Kinderfreibetrag wird in § 32 Abs. 6 EStG ein weiterer Freibetrag je Elternteil für den Betreuungs- und Erziehung- oder Ausbildungsbedarf (BEA-Freibetrag) in Höhe von jährlich 1.320 € geregelt.

---

31 Das ist der statistisch sicher häufigste Fall.
32 Nur für diese, anders bei den Annex- oder Zuschlagsteuern.
33 § 31 Satz 2 EStG. Soweit Kindergeld zur Freistellung des Existenzminimums nicht erforderlich ist, verbleibt es zur Förderung der Familie.
34 Arbeitshilfe unter www.abgabenrechner.de.
35 Kuckenburg/Perleberg-Kölbel B Rn. 670.
36 Steuerrechner online www.n-heydorn.de/steuern.html
37 Gesetz zur Beschleunigung des Wirtschaftswachstums (Wachstumsbeschleunigungsgesetz – WaBeG), G. v. 22.12.2009, BGBl. I 2009, 3950; bis einschl. VZ 2009 betrug der Kinderfreibetrag 6.034,00 €.

c) Verdoppelung

Bei der **Zusammenveranlagung beider Elternteile** und in bestimmten Übertragungsfällen verdoppeln sich die Beträge. Gleiches gilt, wenn der andere Elternteil verstorben[38], oder nicht unbeschränkt einkommensteuerpflichtig ist, der Stpfl das Kind alleine angenommen hat oder das Kind ausschließlich bei ihm Pflegekind ist. Der **Kinderfreibetrag** beträgt **ab VZ 2010**[39] **2.184 €** und verdoppelt sich im Falle der Zusammenveranlagung der Eltern jährlich auf **4.368 €**. **7b**

▶ **Hinweis:**

Durch die Erhöhung des Kinderfreibetrages hat sich wegen der Anknüpfung in § 1612a Abs. 1 Satz 2 BGB auch der Mindestunterhalt minderjähriger Kinder erhöht. An dem doppelten Kinderfreibetrag in Höhe von 4.368,00 € orientiert sich der Mindestunterhalt für Kinder in der zweiten Altersgruppe der Düsseldorfer Tabelle (4.386,00 € : 12 = 364 € (6 – 11 Jahre; 100 %). Weil der am Kinderfreibetrag orientierte Mindestunterhalt die darin gesicherten Festbeträge aktuell erheblich übersteigt, bedarf es der Übergangsregelung in § 36 Nr. 4 EGZPO[40] nicht mehr.

Der **BEA-Freibetrag** beläuft sich auf 1.320,00 €. Im Falle der Zusammenveranlagung von Ehegatten verdoppelt sich dieser Betrag auf **2.640 €**, § 32 Abs. 6 Satz 2 EStG. Der Kinderfreibetrag und der BEA-Freibetrag betragen bei Zusammenveranlagung insgesamt **7.008,00 €** (4.368,00 € + 2.640,00 €). Seit 1996 gilt das **Monatsprinzip**, § 32 Abs. 6 Satz 5 EStG, das dem früher maßgeblichen Jahresprinzip gewichen ist. Hierfür ist es unschädlich, dass die Freibeträge nun seit dem Familienförderungsgesetz ab dem VZ 2000 mit Jahreswerten im Gesetz stehen.

d) Übertragung von Kinderfreibeträgen

Auf **Antrag** eines Elternteils kann der dem anderen Elternteil zustehende Kinderfreibetrag bei **unbeschränkter Steuerpflicht** auf den beantragenden Elternteil übertragen werden, wenn er seiner Unterhaltspflicht gegenüber dem Kind für das Kalenderjahr im Wesentlichen nachkommt oder der andere Elternteil nicht unterhaltspflichtig ist. Für die Zeiträume, in denen Unterhaltsleistungen nach dem Unterhaltsvorschussgesetz gezahlt werden, § 32 Abs. 6 Sätze 6 und 7 EStG scheidet eine Übertragung aus. **8**

Der Elternteil, der ein minderjähriges Kind in Obhut hat, kommt seiner **Unterhaltsverpflichtung** durch die Pflege und Erziehung des Kindes nach, § 1606 Abs. 3 BGB, R 32.13 Abs. 2 Satz 2 EStR. Der andere Elternteil ist demgegenüber zur Zahlung von Unterhaltsrenten verpflichtet, wenn er leistungsfähig ist. Das Kind muss bedürftig sein. Die Unterhaltsverpflichtung gegenüber einem volljährigen Kind ist grundsätzlich durch Zahlung von Barunterhalt zu erfüllen. Bei der Prüfung, ob der Unterhaltsschuldner seiner Verpflichtung nachkommt, ist der durch Urteil oder Vereinbarung festgelegte Betrag heranzuziehen. Soweit die Höhe der Unterhaltsrente nicht bestimmt worden ist, ist sie unter Anwendung der Düsseldorfer Tabelle zu bestimmen. Im Wesentlichen kommt ein Elternteil seiner Barunterhaltsverpflichtung gegenüber seinem Kind nach, wenn er sie in Höhe von **mindestens zu 75 %** erfüllt. Maßgebend ist hier der Zeitraum, für den die Zahlungen bestimmt sind[41].

---

38 Gleichbehandelt werden nach EStR 2001, 181 Fälle, in denen Wohnsitz oder Aufenthalt des anderen Elternteils nicht zu ermitteln sind oder ein Kindsvater amtlich nicht feststellbar ist.

39 Gesetz zur Beschleunigung des Wirtschaftswachstums (Wachstumsbeschleunigungsgesetz – WaBeG), G. v. 22.12.2009, BGBl. I 2009, 3950; bis einschl. VZ 2009 betrug der Kinderfreibetrag 6.034,00 €.

40 Gesetz zur Änderung des Unterhaltsrechts v. 21.12.2007, BGBl. I 2007, 3189.

41 BFH BStBl II 1993, 397.

▶ **Hinweis:**

> Erfolgte bei der steuerlichen Veranlagung eines Elternteils auf dessen Antrag hin eine Übertragung des dem anderen Elternteil zustehenden Freibetrages, muss der Steuerbescheid nach § 175 AO geändert werden, wenn der andere Elternteil nachträglich seiner Unterhaltsverpflichtung für das betroffene Jahr nachkommt und sich gegen die vorgenommene Übertragung wendet. Hat die Verpflichtung nicht ganzjährig bestanden, ist für die Beurteilung, ob und inwieweit sie erfüllt worden ist, auf den Verpflichtungszeitraum abzustellen, R 32.13 Abs. 3 EStR.

Elternteile, die **mangels finanzieller Leistungsfähigkeit** nicht unterhaltspflichtig sind, werden steuerlich so behandelt, als wären sie ihrer Unterhaltsverpflichtung nachkommen. Es erfolgt dann keine Übertragung auf den anderen Elternteil, weil der Elternteil nicht zur Leistung von Unterhalt verpflichtet ist[42]. Auch wenn Eltern wegen eigener ausreichender Einkünfte des Kindes nicht zum Unterhalt verpflichtet sind, bleibt es selbst dann beim **Halbteilungsgrundsatz**, wenn das Kind im Haushalt des einen Elternteils lebt und der andere Elternteil keinen Unterhalt zahlt[43].

Bei **Vereinbarung** einer Unterhaltsfreistellung darf keine Übertragung vorgenommen werden[44]. Wenn ein Elternteil den anderen Elternteil von der Unterhaltsverpflichtung gegenüber einem gemeinsamen Kind gegen ein, den geschätzten Unterhaltsansprüchen des Kindes entsprechendes Entgelt, freistellt und den vollen Unterhalt bestreitet, liegt darin gleichzeitig auch eine Unterhaltserfüllung des freigestellten Elternteils mit der Folge, dass dieser seinen Anspruch auf einen halben Freibetrag behält[45].

Gleichzeitig mit dem Antrag muss dargelegt werden, dass der andere Elternteil seiner Unterhaltsverpflichtung nicht nachgekommen ist oder keine Verpflichtung bestanden hat.

9   Das FA des anderen Elternteils muss nach der Übertragung auf den anderen Elternteil einen bereits erlassenen Steuerbescheid unter Rückgängigmachung des bereits gewährten Freibetrags ändern. Beantragt der andere Elternteil eine Herabsetzung der gegen ihn festgesetzten Steuer mit der Begründung, die Voraussetzungen lägen nicht vor, so ist der Elternteil, auf den zunächst der halbe Freibetrag übertragen worden war, zum Verfahren hinzuzuziehen, § 174 Abs. 4 und 5 AO. Obsiegt der andere Elternteil, erhält dieser wiederum seinen halben **Freibetrag zurückübertragen** und der Steuerbescheid des Elternteils, auf den zunächst der Freibetrag übertragen worden war, muss berichtigt werden, § 174 Abs. 4 AO; R 32.13 Abs. 4 EStR.

Bei der **Übertragung auf Stief- bzw. Großeltern** nach § 32 Abs. 6 Satz 10 EStG gibt unterschiedliche Varianten zur Obhut und Unterhaltsverpflichtungen. Bei Aufnahme im Haushalt muss das Kind dort eine persönliche Betreuung erfahren. Es darf sich dort nicht nur zeitweise aufhalten. Ein Kind, das sich z.B. wechselweise im Haushalt der leiblichen Eltern und der Großeltern aufhält, gilt nicht als in den Haushalt der Großeltern aufgenommen. Nicht Voraussetzung ist, dass zu dem Stiefelternteil oder den Großeltern ein Pflegekindschaftsverhältnis begründet worden ist. Pflegeeltern haben bereits einen gesetzlichen Anspruch auf den Kinderfreibetrag, § 32 Abs. 1 Satz 1 Nr. 2 EStG. Eine Übertragung in **Pflegekindschaftsfällen** von den leiblichen Eltern auf Pflegeeltern ist nicht möglich, weil die leiblichen Eltern selbst keinen Anspruch auf einen Freibetrag mehr haben, § 32 Abs. 2 Satz 2 EStG.

Zusammenveranlagte Eltern können den »vollen« Freibetrag übertragen. Bei nicht zusammenveranlagten Eltern kann jeder Elternteil nur seinen halben Freibetrag auf Stiefelternteile oder Großeltern übertragen.

---

42   BFH BStBl II 1998, 329.
43   BFH BFH/NV 1998, 689.
44   BFH BFH/NV 2005, 343.
45   BFH BStBl II 1997, 21.

▶ **Praktischer Hinweis:**

Eine Übertragung des Freibetrages auf die Großeltern/Großelternteile, die das Kind in ihren Haushalt aufgenommen haben, empfiehlt sich, wenn die Großeltern ihr Einkommen mit einem höheren Grenzsteuersatz versteuern und die aus dem Freibetrag erwachsende Steuerersparnis höher ausfällt als die Kindergeldzahlung. Lebt ein Kind im gemeinsamen Haushalt von Eltern und Großeltern, wird das Kindergeld vorrangig einem Elternteil gezahlt. Eine Zahlung an einen Großelternteil hat jedoch zu erfolgen, wenn der Elternteil auf seinen Vorrang schriftlich gegenüber dem FA verzichtet, § 64 Abs. 2 Satz 5 EStG. Zu Gunsten der im selben Haushalt lebenden Großeltern kann sich so ein höherer Gesamtkindergeldbetrag ergeben. Eine **optimale Steuerersparnis** könnte erreicht werden, wenn zusätzlich auch noch die Übertragung des Kinderfreibetrags vorgenommen wird.

Bei einem **Stiefkind** handelt es sich um ein im ersten Grad mit dem Ehegatten verwandten Kind, d.h., ein Kind aus einer früheren Ehe oder das nicht eheliche Kind aus einer früheren/anderen Beziehung. Kinder des Ehegatten werden nur berücksichtigt, wenn sie in den Haushalt des mit ihm Verheirateten aufgenommen werden. Die Übertragung erfolgt stets nur auf einen Stiefelternteil, nicht auf die Stiefeltern. Stirbt der leibliche Elternteil oder wird die Ehe geschieden bzw. aufgelöst und verbleibt das Kind im Haushalt des bisherigen Stiefelternteils, ist das Kind bezüglich des Kindergeldes ohne weitere Prüfung als Pflegekind zu berücksichtigen, § 63 Abs. 1 Nr. 2 EStG i.V.m. Nr. 63.2.3 der Neufassung der Dienstanweisung zur Durchführung des Familienleistungsausgleichs[46].

10

Neben der freiwilligen Übertragung besteht die Möglichkeit der Übertragung von Eltern/Elternteilen auf Stief-/oder Großeltern, wenn die Eltern ihrer Unterhaltsverpflichtung nicht im Wesentlichen nachkommen.

In den Fällen der Eintragung eines »vollen« Kinderfreibetrags sowie der Freibetrags-Übertragung erfolgt keine **Pflichtveranlagung** mehr, weil sich Kinderfreibeträge auf die Lohnsteuerberechnung nicht mehr auswirken können. Ist aus anderen Gründen eine Pflichtveranlagung durchzuführen oder kommt es zu einer Antragsveranlagung, wird der Freibetrag nicht gewährt. Die sich im Lohnsteuerabzugsverfahren ergebenden Vorteile bezüglich Solidaritätszuschlag und Kirchensteuer werden rückgängig gemacht.

Die Übertragung kann dazu führen, dass auch weitere Kind bezogene Entlastungen bei der zustimmenden Person entfallen, z.B. der Entlastungsbetrag für Alleinerziehende, der Ausbildungsfreibetrag, die Übertragung des dem Kind zustehenden Behinderten-Pauschbetrags und die Ermäßigung von Zuschlagsteuern wie Solidaritätszuschlag und Kirchensteuer. Auch verändert sich ggf. der Prozentsatz der zumutbaren Belastung bei den außergewöhnlichen Belastungen.

▶ **Hinweis:**

Wird der Freibetrag auf Großeltern zu übertragen, ist der Steuerbescheid der Eltern zu ändern, § 175 Abs. 1 Satz 1 AO, wenn nicht nur die Zustimmung zur Übertragung nach Eintritt der Bestandskraft erteilt, sondern auch der Antrag auf Übertragung erst nach diesem Zeitpunkt gestellt worden ist[47]. Die Übertragung kann grundsätzlich bereits im Lohnsteuerabzugsverfahren vorgenommen werden, § 39 Abs. 3a EStG.

Die Zustimmung zur Übertragung ist **gerichtlich durchsetzbar.**[48]

---

46 DA-FamEStG – BStBl I 2004, 760.
47 BFH v. 10.10.1996 – III R 94/93; DB 1997, 309; BFH/NV 1997, 104.
48 BGH v. 03.04.1996 – XII ZR 86/95; NJW 1996, 1894 sowie BFH, 25.07.1997 – VI R 107/96, BStBl II 1998, 329.

e) Übertragungen von BEA-Freibeträgen

11 **Bis VZ 2011** erfolgte die Übertragung des Freibetrags für den BEA Freibetrags allein auf Antrag des Elternteils, bei dem das Kind gemeldet war. Auf eine Verletzung von Unterhaltspflichten des anderen Elternteils kam es nicht an. Eine Übertragung der Freibeträge für Kinder auf einen Stief- oder Großelternteil war nur möglich, wenn dieser das Kind in seinen Haushalt aufgenommen hatte.

Ab VZ 2012[49] ist eine Übertragung des BEA-Freibetrages auf einseitigen **Antrag** des betreuenden Elternteils ausgeschlossen, wenn der barunterhaltspflichtige Elternteil Kinderbetreuungskosten trägt oder das Kind regelmäßig in einem nicht unwesentlichen Umfang betreut, § 32 Abs. 6 Satz 8-9 EStG. Auf diese Weise wird dem Umstand Rechnung getragen, dass in zunehmendem Maße in Trennungsfällen beide Elternteile den Betreuungs- und Erziehungsbedarf ihres Kindes sicherstellen. Der andere Elternteil kann in diesem Fall der Übertragung des BEA-Freibetrages widersprechen. Eine Übertragung des BEA-Freibetrages auf einseitigen Antrag des betreuenden Elternteils kommt folglich nicht mehr in Betracht, wenn der barunterhaltspflichtige Elternteil die Kinderbetreuungskosten trägt oder das Kind regelmäßig in einem nicht unwesentlichen Umfang betreut.

Eine Übertragung der Freibeträge für Kinder auf einen Stief- oder Großelternteil ist jetzt auch möglich, wenn Großeltern, z. B. mangels Leistungsfähigkeit eines oder beider Elternteile, eine Unterhaltsverpflichtung gegenüber ihren Enkelkindern haben, § 32 Abs. 6 Sätze 10-11 EStG.

Wird der Kinderfreibetrag übertragen, erfolgt von Amts wegen auch die Übertragung des Freibetrags für den Betreuungs- und Erziehungs- oder Ausbildungsbedarf, R 32.13 Abs. 4 EStR.

Die Übertragung des BEA-Freibetrages auf einen Elternteil, bei dem das Kind gemeldet ist, verstößt nicht gegen das GG. Der Gesetzgeber darf typisierend davon ausgehen, dass ein derartiges Kind dort umfassend betreut wird und der Betreuungsaufwand höher ist als der des barunterhaltspflichtigen Elternteils. Diese Betreuungsleistung ist nach dem BFH höher zu gewichten als etwa die Bezahlung von Nachhilfestunden oder Musikunterricht durch den Barunterhalt leistenden Elternteil. [50]

f) Auslandsberührung

12 Für den Kinderfreibetrag und den BEA Freibetrag ist bei Kindern im Ausland eine Notwendigkeits- und Angemessenheitsprüfung nach den Verhältnissen des Wohnsitzstaates vorzunehmen. Dies kann zu einer Kürzung der Freibeträge führen, § 32 Abs. 6 Satz 4 EStG.

§ 33a   Außergewöhnliche Belastung in besonderen Fällen

(1) [1] [1]Erwachsen einem Steuerpflichtigen Aufwendungen für den Unterhalt und eine etwaige Berufsausbildung einer dem Steuerpflichtigen oder seinem Ehegatten gegenüber gesetzlich unterhaltsberechtigten Person, so wird auf Antrag die Einkommensteuer dadurch ermäßigt, dass die Aufwendungen bis zu 8.004 Euro im Kalenderjahr vom Gesamtbetrag der Einkünfte abgezogen werden. [2]Der Höchstbetrag nach Satz 1 erhöht sich um den Betrag der im jeweiligen Veranlagungszeitraum nach § 10 Absatz 1 Nummer 3 für die Absicherung der unterhaltsberechtigten Person aufgewandten Beiträge; dies gilt nicht für Kranken- und Pflegeversicherungsbeiträge, die bereits nach § 10 Absatz 1 Nummer 3 Satz 1 anzusetzen sind. [3]Der gesetzlich unter-

---

49 § 52 Abs. 1 EStG.
50 BFH v. 27.10.2011 – III R 42/07, Jurion-ID: 4K3041089; www2.nwb.de.
 1 § 33a Absatz 1 EStG in der Fassung des Artikels 1 des Bürgerentlastungsgesetzes Krankenversicherung vom 16. Juli 2009 (BGBl. I S. 1959), anzuwenden ab dem Veranlagungszeitraum 2010.

haltsberechtigten Person gleichgestellt ist eine Person, wenn bei ihr zum Unterhalt bestimmte inländische öffentliche Mittel mit Rücksicht auf die Unterhaltsleistungen des Steuerpflichtigen gekürzt werden. [4]Voraussetzung ist, dass weder der Steuerpflichtige noch eine andere Person Anspruch auf einen Freibetrag nach § 32 Absatz 6 oder auf Kindergeld für die unterhaltene Person hat und die unterhaltene Person kein oder nur ein geringes Vermögen besitzt. [5]Hat die unterhaltene Person andere Einkünfte oder Bezüge, so vermindert sich die Summe der nach Satz 1 und Satz 2 ermittelten Beträge um den Betrag, um den diese Einkünfte und Bezüge den Betrag von 624 Euro im Kalenderjahr übersteigen, sowie um die von der unterhaltenen Person als Ausbildungshilfe aus öffentlichen Mitteln oder von Förderungseinrichtungen, die hierfür öffentliche Mittel erhalten, bezogenen Zuschüsse; zu den Bezügen gehören auch steuerfreie Gewinne nach den §§ 14, 16 Absatz 4, § 17 Absatz 3 und § 18 Absatz 3, die nach § 19 Absatz 2 steuerfrei bleibenden Einkünfte sowie Sonderabschreibungen und erhöhte Absetzungen, soweit sie die höchstmöglichen Absetzungen für Abnutzung nach § 7 übersteigen. [2] Ist die unterhaltene Person nicht unbeschränkt einkommensteuerpflichtig, so können die Aufwendungen nur abgezogen werden, soweit sie nach den Verhältnissen des Wohnsitzstaates der unterhaltenen Person notwendig und angemessen sind, höchstens jedoch der Betrag, der sich nach den Sätzen 1 bis 5 ergibt; ob der Steuerpflichtige zum Unterhalt gesetzlich verpflichtet ist, ist nach inländischen Maßstäben zu beurteilen. [6]Werden die Aufwendungen für eine unterhaltene Person von mehreren Steuerpflichtigen getragen, so wird bei jedem der Teil des sich hiernach ergebenden Betrags abgezogen, der seinem Anteil am Gesamtbetrag der Leistungen entspricht.

(2) [3] [1]Zur Abgeltung des Sonderbedarfs eines sich in Berufsausbildung befindenden, auswärtig untergebrachten, volljährigen Kindes, für das Anspruch auf einen Freibetrag nach § 32 Absatz 6 oder Kindergeld besteht, kann der Steuerpflichtige einen Freibetrag in Höhe von 924 Euro je Kalenderjahr vom Gesamtbetrag der Einkünfte abziehen. [2]Für ein nicht unbeschränkt einkommensteuerpflichtiges Kind mindert sich der vorstehende Betrag nach Maßgabe des Absatzes 1 Satz 6. [3]Erfüllen mehrere Steuerpflichtige für dasselbe Kind die Voraussetzungen nach Satz 1, so kann der Freibetrag insgesamt nur einmal abgezogen werden. [4]Jedem Elternteil steht grundsätzlich die Hälfte des Abzugsbetrags nach den Sätzen 1 und 2 zu. [5]Auf gemeinsamen Antrag der Eltern ist eine andere Aufteilung möglich.

(3) [4] [1]Für jeden vollen Kalendermonat, in dem die in den Absätzen 1 und 2 bezeichneten Voraussetzungen nicht vorgelegen haben, ermäßigen sich die dort bezeichneten Beträge um je ein Zwölftel. [2]Eigene Einkünfte und Bezüge der unterhaltenen Person oder des Kindes, die auf diese Kalendermonate entfallen, vermindern die nach Satz 1 ermäßigten Höchstbeträge und Freibeträge nicht. [3]Als Ausbildungshilfe bezogene Zuschüsse mindern nur die zeitanteiligen Höchstbeträge und Freibeträge der Kalendermonate, für die die Zuschüsse bestimmt sind.

(4) In den Fällen der Absätze 1 und 2 kann wegen der in diesen Vorschriften bezeichneten Aufwendungen der Steuerpflichtige eine Steuerermäßigung nach § 33 nicht in Anspruch nehmen.

---

2 § 33a Absatz 1 Satz 5 EStG in der Fassung des Artikels 1 des Steuervereinfachungsgesetzes 2011 vom 1. November 2011 (BGBl. I S. 2131), anzuwenden ab dem Veranlagungszeitraum 2012 – siehe Anwendungsvorschrift § 52 Absatz 1 EStG 2009 und Artikel 18 Absatz 1 des Steuervereinfachungsgesetzes 2011.

3 § 33a Absatz 2 EStG in der Fassung des Artikels 1 des Steuervereinfachungsgesetzes 2011 vom 1. November 2011 (BGBl. I S. 2131), anzuwenden ab dem Veranlagungszeitraum 2012 – siehe Anwendungsvorschrift § 52 Absatz 1 EStG 2009 und Artikel 18 Absatz 1 des Steuervereinfachungsgesetzes 2011.

4 § 33a Absatz 3 EStG in der Fassung des Artikels 1 des Familienleistungsgesetzes vom 22. Dezember 2008 (BGBl. I S. 2955), anzuwenden ab dem Veranlagungszeitraum 2009.

A. Abzug von Unterhaltsaufwendungen nach § 33a EStG/Alternative zum Realsplitting

I. Unterhaltsaufwendungen

1. Vorbemerkung

1 Unter die besonderen außergewöhnlichen Belastungen fallen auch die Unterhaltsaufwendungen nach § 33a Abs. 1 EStG. Die steuerliche Abzugsmöglichkeit von Unterhaltszahlungen nach § 33a Abs. 1 EStG besteht alternativ zum Realsplitting, vgl. oben Realsplitting oben § 10 Abs. 1 Nr. 1 EStG, Rdn. 1 ff.

Es ist daher zu prüfen, ob § 33a EStG oder das Realsplitting Anwendung findet.

Zu prüfende Eckpunkte sind:

- hohe Progression des Unterhaltsgläubigers
- bedeutender Ausgleich des Nachteils, wie z.B. im Falle der Krankenversicherung
- erforderlich streitiges Verfahren wegen der Zustimmung
- Unterhaltsgläubiger hat seinen Wohnsitz im nicht begünstigten Ausland.
- Unterhaltsgläubiger lebt im Ausland.

2. Unterhaltsaufwendungen

2 Unter Unterhaltsaufwendungen versteht man **typische** Unterhaltsaufwendungen d.h. das, was Menschen üblicherweise zum Leben benötigen. Dabei ist der einkommensteuerrechtliche Begriff des Unterhalts enger als der zivilrechtliche des § 1610 Abs. 2 BGB.[5] Der Unterhaltsgläubiger muss dem Grunde nach unterhaltsberechtigt sein. Eine etwaige Verpflichtung auf Grund ausländischen Rechts ist ungenügend.[6]

So sind typische Unterhaltsaufwendungen jene Aufwendungen für Ernährung, Kleidung und Wohnung[7], Kindergarten- und Krankenversicherungsbeiträge[8] und die unentgeltliche Wohnungsüberlassung.

Auch die Aufwendungen für eine gehobene Lebensführung gehören hierzu.

Ferner:

- Aufwendungen für die Erstattung von Krankenversicherungsbeiträgen an den geschiedenen Ehepartner

---

5 BFH BStBl. II 1981, 31.
6 Zum türkischen Recht BVerfG FamRZ 2005, 1813.
7 BFH BStBl III 1966, 534; BFH FamRZ 1990, 740.
8 St. Rechtsprechung z.B. BFH/NV 1998, 1352 m.w.N.; BFH FamRZ 2008, 2024 m. Anm. Schlünder/ Geißler FamRZ 2008, 2111.

- Aufwendungen für die Rückzahlung von Sozialhilfeleistungen, die der Ehepartner während des Scheidungsverfahrens in Anspruch genommen hat
- Zins- und Tilgungsleistungen auf ein Wohnungsbaudarlehen für das Einfamilienhaus des geschiedenen Partners
- Leistungen für die Unterbringung des Ehepartners im Altenheim, wenn die Unterbringung allein wegen des Alters erfolgt
- Aufwendungen für die krankheits- oder behinderungsbedingte Heimunterbringung
- Kapitalabfindungen, mit denen eine Unterhaltsverpflichtung abgelöst wird, jedoch beschränkt auf das Jahr der Zahlung
- Aufwendungen zur Durchsetzung der Scheidung im Wege der Unterhaltsvereinbarung
- kreditfinanzierte Unterhaltsleistungen im Zeitpunkt der Zahlung
- Fahrtkosten für erforderliche Besuche bei einer Betreuungs- bzw. Pflegebedürftigkeit

Hingegen sind keine typischen Unterhaltsaufwendungen jene Aufwendungen für die Anschaffung von wertvolleren Haushaltsgegenständen[9], Wiederbeschaffung von Hausrat und z.B. Aufwendungen infolge von Krankheit.[10]

II. Voraussetzungen für den Höchstbetragsabzug vom Gesamtbetrag der Einkünfte

1. Unterhaltsberechtigte

Hierunter fallen Eheleute, z.B. auch bei Grenzpendlern im Nicht EU- oder EWR-Raum, der 3 getrennt lebende Ehegatte, der geschiedene Ehegatte, die Eltern, die Kinder, die Großeltern, die Enkelkinder, nicht eheliche Kinder, für ehelich erklärte Kinder, Adoptivkinder und die Mutter eines nicht ehelichen Kindes. Diesen Personen gleich gestellt ist der nicht eheliche Lebenspartner, soweit bei ihm zum Unterhalt bestimmte öffentliche Mittel wie z.B. Sozialhilfe, Arbeitslosenhilfe gekürzt werden.

Keine gesetzliche Verpflichtung besteht gegenüber Geschwistern.

Weder der Unterhaltsverpflichtete als Steuerpflichtiger noch eine andere Person darf einen Anspruch auf den Kinderfreibetrag oder Kindergeld besitzen.

2. Bedürftigkeit

Unter Bedürftigkeit wird verstanden, wenn die Unterhaltsberechtigten keine oder nur geringe eigene 4 Einkünfte und Bezüge haben und auch kein oder nur ein geringes eigenes Vermögen besitzen.

In der Regel wird ein **Vermögen** bis zu einem gemeinen Wert, d.h. Verkehrswert von **15.500 €**, als geringfügig angesehen.[11]

Ein angemessenes Hausgrundstück im Sinne des § 90 Abs. 2 Nr. 8 SGB XII, das vom Unterhaltsberechtigten bewohnt wird, bleibt als so genanntes »**Schonvermögen**« außer Betracht[12]. Gleiches gilt für eine angemessene selbst genutzte Eigentumswohnung.[13]

Unter Bezügen sind alle Einnahmen in Geld oder Geldeswert, die nicht im Rahmen der einkommensteuerrechtlichen Einkunftsermittlung erfasst werden, also nicht steuerbare sowie grundsätzlich steuerfreie Einnahmen gemeint.[14]

---

9 BFH BStBl. II 1991, 73, 340.
10 BFH BStBl. II 1991, 62.
11 R 33a.1 Abs. 2 Satz 2 EStR 2005.
12 R 33a. Abs. 2 Nr. 2 EStR 2005, H 33a.1, geringes Vermögen, EStH.
13 BFH/NV 2006, 1069.
14 DA – Fam EStG 63.4.2.3 Abs. 1 = Dienstanweisung zur Durchführung des steuerlichen Familienausgleichs nach dem X. Abschnitt des EStG.

Hierzu zählen:

- die Teile von Leibrenten, die den Besteuerungsanteil nach § 22 Nr. 1 Satz 3 Buchstabe a Doppelbuchstabe aa EStG übersteigen, der so genannte Rentenfreibetrag
- Renten aus der gesetzlichen Unfallversicherung
- Wehrsold nach § 3 Nr. 5 EStG
- Versorgungsfreibetrag inkl. Zuschlag nach § 19 Abs. 2 EStG
- Sparerfreibetrag nach § 20 Abs. 4 EStG
- Zuschüsse eines Trägers der gesetzlichen Rentenversicherung zu den Aufwendungen eines Rentners für seine Krankenversicherung
- Wohngeld nach dem Wohngeldgesetz, § 3 Nr. 58 EStG
- pauschal besteuerte Bezüge nach § 40a EStG
- die nach § 3 Nr. 40 und Nr. 40a EStG steuerfrei bleibenden Beträge

3. Höchstbetrag

5   Ab 2010 erhöht sich der in § 33a Abs. 1 Satz 1 EStG neu festgelegte Betrag für Unterhaltsaufwendungen für unterhaltsberechtigte Personen auf **8.004 €** (von Veranlagungszeitraum 2004 bis 2009: 7.680 €) nach § 33a Abs. 1 Satz 2 EStG (**außergewöhnliche Belastung in besonderen Fällen**) und um die notwendig und tatsächlich erbrachte Aufwendungen für die oben dargestellte Krankenversicherung und Pflegeversicherung nach § 10 Abs. 1 Nr. 3 Satz 1 EStG, vgl. hierzu oben § 10 Abs. 1 Nr. 3, 3a EStG, Bürgerentlastungsgesetz.

4. Verminderung des abziehbaren Höchstbetrages

6   Erhält der Unterhaltsberechtigte eigene Einkünfte und Bezüge, die zur Bestreitung des Unterhalts bestimmt oder geeignet sind, vermindert sich der Höchstbetrag entsprechend

§ 33a Abs. 1 Satz 4 EStG um

- den Betrag, um den diese Einkünfte und Bezüge den Betrag von 624 € im Kalenderjahr übersteigen (anrechnungsfreier Betrag = Karenzbetrag)

sowie

- die von der unterhaltenen Person als Ausbildungshilfe aus öffentlichen Mitteln bezogenen Zuschüsse in vollem Umfang, und zwar ohne Berücksichtigung des anrechnungsfreien Betrages von 624 €.

Anzurechnen sind nur eigene Einkünfte und Bezüge der unterhaltsberechtigten Person, soweit sie auf den Unterhaltszeitraum fallen, § 33a Abs. 4 Satz 2 EStG.

▶ **Beispiel:**

Unterhaltsschuldner S. zahlt im Kalenderjahr 2012 an seine von ihm getrennt lebende Ehefrau F Unterhalt in Höhe von jährlich 8.004 €.
F hat eigene Einkünfte und Bezüge in Höhe von 1.000 €.
Lösung
Die abziehbare außergewöhnliche Belastung wird bei S. wie folgt ermittelt:

ungekürzter Höchstbetrag	*8.004 €*
Einkünfte und Bezüge der F	*1.000 €*
übersteigen den anrechnungsfreien Betrag von	*- 624 €*
um (= anzurechnende Einkünfte und Bezüge)	*- 376 €*
gekürzter Höchstbetrag (8.004 € – 376 €)	*7.628 €*
abziehbare außergewöhnliche Belastung	***7.628 €***

Variante

Für den Fall, dass S. darüber hinaus Kosten für eine Basiskrankenversicherung und Pflegeversicherung für F in Höhe von 2.500 € gezahlt hat, könnte er weitere 2.500 € als außergewöhnliche Belastung i.S.v. § 33a Abs. 1 Satz 1 und 2 EStG berücksichtigen lassen.

Liegen innerhalb eines Jahres für einige Kalendermonate die Voraussetzungen für eine außergewöhnliche Belastung nicht vor, ermäßigt sich der Höchstbetrag in Höhe von 8.004 € ab dem Veranlagungszeitraum 2011 (von Veranlagungszeitraum 2004 bis 2009: 7.680 €) und der anrechnungsfreie Betrag von 624 € um je 1/12 für jeden vollen Kalendermonat, § 33a Abs. 3 Satz 1 EStG.

5. Vereinfachungsgründe

Aus Vereinfachungsgründen sind bei der Feststellung der anrechenbaren Bezüge als Kostenpauschale insgesamt 180 € im Kalenderjahr abzuziehen, wenn nicht höhere Aufwendungen, die im Zusammenhang mit dem Zufluss der entsprechenden Einnahmen stehen, nachgewiesen oder glaubhaft gemacht werden.[15]   7

6. Zahlungen mit Auslandsbezug

Wird Unterhalt an Personen geleistet, die ihren Wohnsitz im Ausland haben, können diese nur   8
insoweit abgezogen worden, als sie nach den Verhältnissen des Wohnsitzstaates der unterhalten Person notwendig und angemessen sind.

Hierbei wird allerdings die gesetzliche Unterhaltsverpflichtung nach inländischen Maßstäben beurteilt.[16]

Der BFH[17] hält generell Unterhaltszahlungen an Schwiegereltern, die in der Türkei leben, als außergewöhnliche Belastungen abziehbar.

7. Mehrere Unterhaltsverpflichtete

Erfüllen mehrere Steuerpflichtige die Voraussetzung für einen Freibetrag nach § 33a Abs. 1 EStG   9
und tragen sie gemeinsam zu dem Unterhalt und/oder einer etwaigen Berufsausbildung derselben Person bei, so wird bei jedem der Teil des sich hieraus ergebenden Betrages abgezogen, der seinem Anteil am Gesamtbetrag der Leistungen entspricht.[18]

8. Versteuerung beim Unterhaltsberechtigten

Die Unterhaltsleistungen, die als eine außergewöhnliche Belastung berücksichtigt werden, sind   10
von den Unterhaltsberechtigten nicht zu versteuern.

---

15 Schmidt/Loschelder EStG § 33a Rn. 32.
16 § 33a Abs. 1 Satz 6 EStG.
17 BFH v. 27.07.2011 – VI R 13/10,, www.bundesfinanzhof.de.
18 § 33a Abs. 1 Satz 5 EStG; Anhang 2, II, EStH.

§ 39e Verfahren zur Bildung und Anwendung der elektronischen Lohnsteuerabzugsmerkmale[1]

(1) [1]Das Bundeszentralamt für Steuern bildet für jeden Arbeitnehmer grundsätzlich automatisiert die Steuerklasse und für die bei den Steuerklassen I bis IV zu berücksichtigenden Kinder die Zahl der Kinderfreibeträge nach § 38b Absatz 2 Satz 1 als Lohnsteuerabzugsmerkmale (§ 39 Absatz 4 Satz 1 Nummer 1 und 2); für Änderungen gilt § 39 Absatz 2 entsprechend. [2]Soweit das Finanzamt Lohnsteuerabzugsmerkmale nach § 39 bildet, teilt es sie dem Bundeszentralamt für Steuern zum Zweck der Bereitstellung für den automatisierten Abruf durch den Arbeitgeber mit. [3]Lohnsteuerabzugsmerkmale sind frühestens bereitzustellen mit Wirkung von Beginn des Kalenderjahres an, für das sie anzuwenden sind, jedoch nicht für einen Zeitpunkt vor Beginn des Dienstverhältnisses.

(2) [1]Das Bundeszentralamt für Steuern speichert zum Zweck der Bereitstellung automatisiert abrufbarer Lohnsteuerabzugsmerkmale für den Arbeitgeber die Lohnsteuerabzugsmerkmale unter Angabe der Identifikationsnummer sowie für jeden Steuerpflichtigen folgende Daten zu den in § 139b Absatz 3 der Abgabenordnung genannten Daten hinzu:

1. rechtliche Zugehörigkeit zu einer steuererhebenden Religionsgemeinschaft sowie Datum des Eintritts und Austritts,
2. melderechtlichen Familienstand sowie den Tag der Begründung oder Auflösung des Familienstands und bei Verheirateten die Identifikationsnummer des Ehegatten,
3. Kinder mit ihrer Identifikationsnummer.

[2]Die nach Landesrecht für das Meldewesen zuständigen Behörden (Meldebehörden) haben dem Bundeszentralamt für Steuern unter Angabe der Identifikationsnummer und des Tages der Geburt die in Satz 1 Nummer 1 bis 3 bezeichneten Daten und deren Änderungen im Melderegister mitzuteilen. [3]In den Fällen des Satzes 1 Nummer 3 besteht die Mitteilungspflicht nur, wenn das Kind mit Hauptwohnsitz oder alleinigem Wohnsitz im Zuständigkeitsbereich der Meldebehörde gemeldet ist und solange das Kind das 18. Lebensjahr noch nicht vollendet hat. [4]Sofern die Identifikationsnummer noch nicht zugeteilt wurde, teilt die Meldebehörde die Daten unter Angabe des Vorläufigen Bearbeitungsmerkmals nach § 139b Absatz 6 Satz 2 der Abgabenordnung mit. [5]Für die Datenübermittlung gilt § 6 Absatz 2a der Zweiten Bundesmeldedatenübermittlungsverordnung vom 31. Juli 1995 (BGBl. I S. 1011), die zuletzt durch Artikel 1 der Verordnung vom 11. März 2011[2] (BGBl. I S. 325) geändert worden ist, in der jeweils geltenden Fassung entsprechend.

(3) [1]Das Bundeszentralamt für Steuern hält die Identifikationsnummer, den Tag der Geburt, Merkmale für den Kirchensteuerabzug und die Lohnsteuerabzugsmerkmale des Arbeitnehmers nach § 39 Absatz 4 zum unentgeltlichen automatisierten Abruf durch den Arbeitgeber nach amtlich vorgeschriebenem Datensatz bereit (elektronische Lohnsteuerabzugsmerkmale). [2]Bezieht ein Arbeitnehmer nebeneinander von mehreren Arbeitgebern Arbeitslohn, sind für jedes weitere Dienstverhältnis elektronische Lohnsteuerabzugsmerkmale zu bilden. [3]Haben Arbeitnehmer im Laufe des Kalenderjahres geheiratet, gilt für die automatisierte Bildung der Steuerklassen Folgendes:

1. Steuerklasse III ist zu bilden, wenn die Voraussetzungen des § 38b Absatz 1 Satz 2 Nummer 3 Buchstabe a Doppelbuchstabe aa vorliegen;

---

1 § 39e EStG in der Fassung des Artikels 2 des Beitreibungsrichtlinie-Umsetzungsgesetzes vom 7. Dezember 2011 (BGBl. I S. 2592), anzuwenden ab dem Veranlagungszeitraum 2012 – siehe Artikel 25 Absatz 1 des Beitreibungsrichtlinie-Umsetzungsgesetzes. Haben Ehegatten im Laufe des Kalenderjahres geheiratet, ist § 52 Absatz 52 EStG 2009 zu beachten.
2 Müsste lauten: vom 1. März 2011.

2. für beide Ehegatten ist Steuerklasse IV zu bilden, wenn die Voraussetzungen des § 38b Absatz 1 Satz 2 Nummer 4 vorliegen.

[4]Das Bundeszentralamt für Steuern führt die elektronischen Lohnsteuerabzugsmerkmale des Arbeitnehmers zum Zweck ihrer Bereitstellung nach Satz 1 mit der Wirtschafts-Identifikationsnummer (§ 139c der Abgabenordnung) des Arbeitgebers zusammen.

(4) [1]Der Arbeitnehmer hat jedem seiner Arbeitgeber bei Eintritt in das Dienstverhältnis zum Zweck des Abrufs der Lohnsteuerabzugsmerkmale mitzuteilen,

1. wie die Identifikationsnummer sowie der Tag der Geburt lauten,
2. ob es sich um das erste oder ein weiteres Dienstverhältnis handelt (§ 38b Absatz 1 Satz 2 Nummer 6) und
3. ob und in welcher Höhe ein nach § 39a Absatz 1 Satz 1 Nummer 7 festgestellter Freibetrag abgerufen werden soll.

[2]Der Arbeitgeber hat bei Beginn des Dienstverhältnisses die elektronischen Lohnsteuerabzugsmerkmale für den Arbeitnehmer beim Bundeszentralamt für Steuern durch Datenfernübertragung abzurufen und sie in das Lohnkonto für den Arbeitnehmer zu übernehmen. [3]Für den Abruf der elektronischen Lohnsteuerabzugsmerkmale hat sich der Arbeitgeber zu authentifizieren und seine Wirtschafts-Identifikationsnummer, die Daten des Arbeitnehmers nach Satz 1 Nummer 1 und 2, den Tag des Beginns des Dienstverhältnisses und etwaige Angaben nach Satz 1 Nummer 3 mitzuteilen. [4]Zur Plausibilitätsprüfung der Identifikationsnummer hält das Bundeszentralamt für Steuern für den Arbeitgeber entsprechende Regeln bereit. [5]Der Arbeitgeber hat den Tag der Beendigung des Dienstverhältnisses unverzüglich dem Bundeszentralamt für Steuern durch Datenfernübertragung mitzuteilen. [6]Beauftragt der Arbeitgeber einen Dritten mit der Durchführung des Lohnsteuerabzugs, hat sich der Dritte für den Datenabruf zu authentifizieren und zusätzlich seine Wirtschafts-Identifikationsnummer mitzuteilen. [7]Für die Verwendung der elektronischen Lohnsteuerabzugsmerkmale gelten die Schutzvorschriften des § 39 Absatz 8 und 9 sinngemäß.

(5) [1]Die abgerufenen elektronischen Lohnsteuerabzugsmerkmale sind vom Arbeitgeber für die Durchführung des Lohnsteuerabzugs des Arbeitnehmers anzuwenden, bis

1. ihm das Bundeszentralamt für Steuern geänderte elektronische Lohnsteuerabzugsmerkmale zum Abruf bereitstellt oder
2. der Arbeitgeber dem Bundeszentralamt für Steuern die Beendigung des Dienstverhältnisses mitteilt.

[2]Sie sind in der üblichen Lohnabrechnung anzugeben. [3]Der Arbeitgeber ist verpflichtet, die vom Bundeszentralamt für Steuern bereitgestellten Mitteilungen und elektronischen Lohnsteuerabzugsmerkmale monatlich anzufragen und abzurufen.

(6) [1]Gegenüber dem Arbeitgeber gelten die Lohnsteuerabzugsmerkmale (§ 39 Absatz 4) mit dem Abruf der elektronischen Lohnsteuerabzugsmerkmale als bekannt gegeben. [2]Einer Rechtsbehelfsbelehrung bedarf es nicht. [3]Die Lohnsteuerabzugsmerkmale gelten gegenüber dem Arbeitnehmer als bekannt gegeben, sobald der Arbeitgeber dem Arbeitnehmer den Ausdruck der Lohnabrechnung mit den nach Absatz 5 Satz 2 darin ausgewiesenen elektronischen Lohnsteuerabzugsmerkmalen ausgehändigt oder elektronisch bereitgestellt hat. [4]Die elektronischen Lohnsteuerabzugsmerkmale sind dem Steuerpflichtigen auf Antrag vom zuständigen Finanzamt mitzuteilen oder elektronisch bereitzustellen. [5]Wird dem Arbeitnehmer bekannt, dass die elektronischen Lohnsteuerabzugsmerkmale zu seinen Gunsten von den nach § 39 zu bildenden Lohnsteuerabzugsmerkmalen abweichen, ist er verpflichtet, dies dem Finanzamt unverzüglich mitzuteilen. [6]Der Steuerpflichtige kann beim zuständigen Finanzamt

1. den Arbeitgeber benennen, der zum Abruf von elektronischen Lohnsteuerabzugsmerkmalen berechtigt ist (Positivliste) oder nicht berechtigt ist (Negativliste). [2]Hierfür hat der Arbeitgeber dem Arbeitnehmer seine Wirtschafts-Identifikationsnummer mitzuteilen. [3]Für die Verwendung der Wirtschafts-Identifikationsnummer gelten die Schutzvorschriften des § 39 Absatz 8 und 9 sinngemäß; oder
2. die Bildung oder die Bereitstellung der elektronischen Lohnsteuerabzugsmerkmale allgemein sperren oder allgemein freischalten lassen.

[7]Macht der Steuerpflichtige von seinem Recht nach Satz 6 Gebrauch, hat er die Positivliste, die Negativliste, die allgemeine Sperrung oder die allgemeine Freischaltung in einem bereitgestellten elektronischen Verfahren oder nach amtlich vorgeschriebenem Vordruck dem Finanzamt zu übermitteln. [8]Werden wegen einer Sperrung nach Satz 6 einem Arbeitgeber, der Daten abrufen möchte, keine elektronischen Lohnsteuerabzugsmerkmale bereitgestellt, wird dem Arbeitgeber die Sperrung mitgeteilt und dieser hat die Lohnsteuer nach Steuerklasse VI zu ermitteln.

(7) [1]Auf Antrag des Arbeitgebers kann das Betriebsstättenfinanzamt zur Vermeidung unbilliger Härten zulassen, dass er nicht am Abrufverfahren teilnimmt. [2]Dem Antrag eines Arbeitgebers ohne maschinelle Lohnabrechnung, der ausschließlich Arbeitnehmer im Rahmen einer geringfügigen Beschäftigung in seinem Privathaushalt im Sinne des § 8a des Vierten Buches Sozialgesetzbuch beschäftigt, ist stattzugeben. [3]Der Arbeitgeber hat dem Antrag unter Angabe seiner Wirtschafts-Identifikationsnummer ein Verzeichnis der beschäftigten Arbeitnehmer mit Angabe der jeweiligen Identifikationsnummer und des Tages der Geburt des Arbeitnehmers beizufügen. [4]Der Antrag ist nach amtlich vorgeschriebenem Vordruck jährlich zu stellen und vom Arbeitgeber zu unterschreiben. [5]Das Betriebsstättenfinanzamt übermittelt dem Arbeitgeber für die Durchführung des Lohnsteuerabzugs für ein Kalenderjahr eine arbeitgeberbezogene Bescheinigung mit den Lohnsteuerabzugsmerkmalen des Arbeitnehmers (Bescheinigung für den Lohnsteuerabzug) sowie etwaige Änderungen. [6]Diese Bescheinigung sowie die Änderungsmitteilungen sind als Belege zum Lohnkonto zu nehmen und bis zum Ablauf des Kalenderjahres aufzubewahren. [7]Absatz 5 Satz 1 und 2 sowie Absatz 6 Satz 3 gelten entsprechend. [8]Der Arbeitgeber hat den Tag der Beendigung des Dienstverhältnisses unverzüglich dem Betriebsstättenfinanzamt mitzuteilen.

(8) [1]Ist einem nach § 1 Absatz 1 unbeschränkt einkommensteuerpflichtigen Arbeitnehmer keine Identifikationsnummer zugeteilt, hat das Wohnsitzfinanzamt auf Antrag eine Bescheinigung für den Lohnsteuerabzug für die Dauer eines Kalenderjahres auszustellen. [2]Diese Bescheinigung ersetzt die Verpflichtung und Berechtigung des Arbeitgebers zum Abruf der elektronischen Lohnsteuerabzugsmerkmale (Absätze 4 und 6). [3]In diesem Fall tritt an die Stelle der Identifikationsnummer das lohnsteuerliche Ordnungsmerkmal nach § 41b Absatz 2 Satz 1 und 2. [4]Für die Durchführung des Lohnsteuerabzugs hat der Arbeitnehmer seinem Arbeitgeber vor Beginn des Kalenderjahres oder bei Eintritt in das Dienstverhältnis die nach Satz 1 ausgestellte Bescheinigung für den Lohnsteuerabzug vorzulegen. [5]§ 39c Absatz 1 Satz 2 bis 5 ist sinngemäß anzuwenden. [6]Der Arbeitgeber hat die Bescheinigung für den Lohnsteuerabzug entgegenzunehmen und während des Dienstverhältnisses, längstens bis zum Ablauf des jeweiligen Kalenderjahres, aufzubewahren.

(9) Ist die Wirtschafts-Identifikationsnummer noch nicht oder nicht vollständig eingeführt, tritt an ihre Stelle die Steuernummer der Betriebsstätte oder des Teils des Betriebs des Arbeitgebers, in dem der für den Lohnsteuerabzug maßgebende Arbeitslohn des Arbeitnehmers ermittelt wird (§ 41 Absatz 2).

(10) Die beim Bundeszentralamt für Steuern nach Absatz 2 Satz 1 gespeicherten Daten können auch zur Prüfung und Durchführung der Einkommensbesteuerung (§ 2) des Steuerpflichtigen für Veranlagungszeiträume ab 2005 verwendet werden.

Übersicht: Elektronische Lohnsteuerkarte ab 2012

2012 wurde die Lohnsteuerkarte durch ein elektronisches System namens »Elster Lohn II« ersetzt.　1

Die lohnsteuerlichen Merkmale der Arbeitnehmer werden nur noch über dieses elektronische System erfasst und für den Arbeitgeber zum Abruf bereitgestellt, § 39e EStG.[3]

Die Lohnsteuerkarte 2010 war die letzte in Papierform. Künftig ruft der Arbeitgeber mithilfe der ihm von seinem Arbeitnehmer mitgeteilten Daten (Steuer-Identifikationsnummer und Geburtsdatum) die für den Lohnsteuerabzug benötigten Daten bei der Finanzverwaltung ab. Diese Daten werden in der sog. ELStAM-Datenbank ELStAM (Elektronische Lohnsteuerabzugsmerkmale) beim Bundeszentralamt für Steuern zentral verwaltet. Die Identifikationsnummer war bereits 2008 flächendeckend eingeführt worden und von der Geburt des Steuerpflichtigen an lebenslang gültig.

Für das Jahr 2011 gab es keine neue Lohnsteuerkarte. Da die ELStAM-Datenbank erst ab 2012 vollumfänglich zur Verfügung stehen sollte, behielt die Lohnsteuerkarte 2010 ihre Gültigkeit und zwar einschließlich der eingetragenen Freibeträge.

Das BMF hat mit Schreiben vom 06.12.2011[4] mitgeteilt, dass sich das elektronische neue Abrufverfahren ELSTAM verzögert und frühestens 2013 startet. Die Lohnsteuerkarte 2010 bzw. die vom Finanzamt ausgestellte Bescheinigung für den Lohnsteuerabzug 2011 und die darauf eingetragenen Lohnsteuerabzugsmerkmale (auch Freibeträge) behalten auch im VZ 2012 ihre Gültigkeit. Einen möglicherweise zu hohen Freibetrag hat der Arbeitnehmer nicht anzuzeigen. Zwingend bekanntgeben muss er aber eine Trennung vom Ehepartner oder den Wegfall von Kinderfreibeträgen.

Zur Vereinfachung, z.B. bei Ausbildungsdienstverhältnissen, hat der Arbeitgeber auch ohne diese Bescheinigung für den Lohnsteuerabzug 2011 die Lohnsteuerklasse I zugrunde zu legen.

Angaben

Wichtig für die Lohnabrechnung sind folgende Daten:　2

- Steuerklasse (mit Steuerklassenkombination, siehe § 39f Rdn. 2 ff.)
- Kinderfreibetrag (zur Ermittlung der Kirchensteuer und des Solidaritätszuschlags)
- Freibetrag, der bei der LSt-Berechnung abzuziehen ist
- Religionszugehörigkeit (zur Ermittlung der Kirchensteuer)
- Geburtsdatum

§ 39f Faktorverfahren anstelle Steuerklassenkombination III/V[1]

(1) [1]Bei Ehegatten, die in die Steuerklasse IV gehören (§ 38b Absatz 1 Satz 2 Nummer 4), hat das Finanzamt auf Antrag beider Ehegatten nach § 39a anstelle der Steuerklassenkombination III/V (§ 38b Absatz 1 Satz 2 Nummer 5) als Lohnsteuerabzugsmerkmal jeweils die Steuerklasse IV in Verbindung mit einem Faktor zur Ermittlung der Lohnsteuer zu bilden, wenn der

---

3 Fassung aufgrund des Gesetzes zur verbesserten steuerlichen Berücksichtigung von Vorsorgeaufwendungen (Bürgerentlastungsgesetz Krankenversicherung) vom 16.07.2009, BGBl. I 2009, S. 1959.
4 IV C 5 – 2363/07/002-03 unter www.bundesfinanzministerium.de
1 § 39f EStG eingefügt durch Artikel 1 des Jahressteuergesetzes 2009 (JStG 2009) vom 19. Dezember 2008 (BGBl. I S. 2794), erstmals anzuwenden für den Lohnsteuerabzug 2010 – siehe Anwendungsvorschrift § 52 Absatz 52 EStG 2009.

Faktor kleiner als 1 ist.[2] Der Faktor ist Y:X und vom Finanzamt mit drei Nachkommastellen ohne Rundung zu berechnen. [2]»Y« ist die voraussichtliche Einkommensteuer für beide Ehegatten nach dem Splittingverfahren (§ 32a Absatz 5) unter Berücksichtigung der in § 39b Absatz 2 genannten Abzugsbeträge. [3]»X« ist die Summe der voraussichtlichen Lohnsteuer bei Anwendung der Steuerklasse IV für jeden Ehegatten. [4]In die Bemessungsgrundlage für Y werden jeweils neben den Jahresarbeitslöhnen der ersten Dienstverhältnisse zusätzlich nur Beträge einbezogen, die nach § 39a Absatz 1 Satz 1 Nummer 1 bis 6 als Freibetrag ermittelt und als Lohnsteuerabzugsmerkmal gebildet werden könnten; Freibeträge werden neben dem Faktor nicht als Lohnsteuerabzugsmerkmal gebildet.[3] In den Fällen des § 39a Absatz 1 Satz 1 Nummer 7 sind bei der Ermittlung von Y und X die Hinzurechnungsbeträge zu berücksichtigen; die Hinzurechnungsbeträge sind zusätzlich als Lohnsteuerabzugsmerkmal für das erste Dienstverhältnis zu bilden.[4] Arbeitslöhne aus zweiten und weiteren Dienstverhältnissen (Steuerklasse VI) sind im Faktorverfahren nicht zu berücksichtigen.

(2) Für die Einbehaltung der Lohnsteuer vom Arbeitslohn hat der Arbeitgeber Steuerklasse IV und den Faktor anzuwenden.

(3) [5] § 39 Absatz 6 Satz 3 und 5 gilt sinngemäß. § 39a ist anzuwenden mit der Maßgabe, dass ein Antrag nach amtlich vorgeschriebenem Vordruck (§ 39a Absatz 2) nur erforderlich ist, wenn bei der Faktorermittlung zugleich Beträge nach § 39a Absatz 1 Satz 1 Nummer 1 bis 6 berücksichtigt werden sollen.

(4) [6] Das Faktorverfahren ist im Programmablaufplan für die maschinelle Berechnung der Lohnsteuer (§ 39b Absatz 6) zu berücksichtigen.

---

2 § 39f Absatz 1 Sätze 1, 5 und 6 EStG in der Fassung des Artikels 2 des Beitreibungsrichtlinie-Umsetzungsgesetzes vom 7. Dezember 2011 (BGBl. I S. 2592), anzuwenden ab dem Veranlagungszeitraum 2012 – siehe Artikel 25 Absatz 1 des Beitreibungsrichtlinie-Umsetzungsgesetzes.

3 § 39f Absatz 1 Sätze 1, 5 und 6 EStG in der Fassung des Artikels 2 des Beitreibungsrichtlinie-Umsetzungsgesetzes vom 7. Dezember 2011 (BGBl. I S. 2592), anzuwenden ab dem Veranlagungszeitraum 2012 – siehe Artikel 25 Absatz 1 des Beitreibungsrichtlinie-Umsetzungsgesetzes.

4 § 39f Absatz 1 Sätze 1, 5 und 6 EStG in der Fassung des Artikels 2 des Beitreibungsrichtlinie-Umsetzungsgesetzes vom 7. Dezember 2011 (BGBl. I S. 2592), anzuwenden ab dem Veranlagungszeitraum 2012 – siehe Artikel 25 Absatz 1 des Beitreibungsrichtlinie-Umsetzungsgesetzes.

5 § 39f Absätze 3 und 4 EStG in der Fassung des Artikels 2 des Beitreibungsrichtlinie-Umsetzungsgesetzes vom 7. Dezember 2011 (BGBl. I S. 2592), anzuwenden ab dem Veranlagungszeitraum 2012 – siehe Artikel 25 Absatz 1 des Beitreibungsrichtlinie-Umsetzungsgesetzes.

6 § 39f Absätze 3 und 4 EStG in der Fassung des Artikels 2 des Beitreibungsrichtlinie-Umsetzungsgesetzes vom 7. Dezember 2011 (BGBl. I S. 2592), anzuwenden ab dem Veranlagungszeitraum 2012 – siehe Artikel 25 Absatz 1 des Beitreibungsrichtlinie-Umsetzungsgesetzes.

A. Lohnsteuerklassenwahl im Steuerrecht

I. Vorbemerkung

Die Einkommensteuer wird bei Einkünften aus nichtselbstständiger Arbeit durch Abzug vom Arbeitslohn erhoben. Es handelt sich um ein Steuerabzugsverfahren, das auch als Lohnsteuer bezeichnet wird. Die Lohnsteuer ist eine besondere Erhebungsform der Einkommensteuer auf Einkünfte aus nichtselbstständiger Arbeit nach §§ 2 Abs. 1 Nr. 4, 19 EStG. Sie entsteht nach § 38 Abs. 2 Satz 2 EStG in dem Zeitpunkt, in dem der Arbeitslohn dem Arbeitnehmer zufließt. Bei Veranlagung zur Einkommensteuer gem. § 46 EStG wird nach § 36 Abs. 2 Nr. 2 EStG die einbehaltene Lohnsteuer auf die Einkommensteuerschuld angerechnet. Das Lohnsteuerabzugsverfahren ist folglich seinem Wesen nach eine an der Quelle erhobene Vorauszahlung auf die mit Ablauf des jeweiligen Kalenderjahres entstehende Einkommensteuerschuld des Arbeitnehmers[7]. 1

Der Arbeitgeber behält nach § 38 Abs. 3 EStG für Rechnung des Arbeitnehmers bei jeder Lohnzahlung die Lohnsteuer vom Arbeitslohn. Dies erfolgt unabhängig davon, ob der Arbeitnehmer zur Einkommensteuer veranlagt wird oder nicht.

Unbeschränkt steuerpflichtige Arbeitnehmer werden für die Durchführung des Lohnsteuerabzugs in die Steuerklassen nach § 38b EStG[8] eingeteilt, wobei der Steuerabzug nach Maßgabe der Steuerkarte erfolgt. Auf dieser wird die Steuerklasse eingetragen.

Während die Steuerklassenkombination IV/IV davon ausgeht, dass Ehepartner etwa gleich viel verdienen, kann die Steuerklassenkombination III/V bei stärker differierenden Einkommen der Ehepartner einen niedrigeren zusammengerechneten Lohnsteuerabzug bewirken. Der besser verdienende Ehegatte wählt die Steuerklasse III, der andere die Steuerklasse V. Diese Kombination kann bei der späteren Veranlagung zur Einkommensteuer allerdings zu Nachzahlungen führen und im Jahr des Trennungseintritts Abrechnungsprobleme bei dem internen Steuerausgleich unter den Ehepartnern hervorrufen.

Um dem Jahresergebnis möglichst nahe zu kommen, steht **ab 2010** den Ehepartnern neben den zwei Steuerklassenkombinationen IV/IV und III/V das Faktorverfahren zur Auswahl.

II. Faktorverfahren[9]

Zusätzlich zu den Steuerklassenkombinationen III/V bzw. IV/IV haben Ehepartner ab 01.01.2010 eine dritte mögliche Kombinationsmöglichkeit. Sie können auf der Lohnsteuerkarte jeweils die Steuerklasse IV in Verbindung mit einem Faktor eintragen lassen: 2

IV-Faktor/IV-Faktor

Wird das Faktorverfahren gewählt, haben die Ehepartner dem Finanzamt am Jahresbeginn die voraussichtlichen Jahresarbeitslöhne mitzuteilen. Auf dieser Basis wird die voraussichtliche Höhe der gemeinsamen Einkommensteuer nach Splittingtarif und auch die voraussichtliche Höhe des Lohnsteuerabzugs in der Steuerklasse IV ermittelt.[10] Diese beiden Werte werden ins Verhältnis gesetzt. Das Ergebnis ist der »Faktor«, den das Finanzamt auf den Lohnsteuerkarten der Ehepartner jeweils neben der Angabe »Steuerklasse IV« einträgt.[11]

---

7 Perleberg-Kölbel FuR 2005, 307.
8 www.gesetze-im-internet.de/estg.
9 § 39f EStG eingefügt durch Art. 1 des Jahressteuergesetzes 2009 vom 19.12.2008 BGBl. I 2008 S. 2794, erstmals anzuwenden für den Veranlagungszeitraum 2010 – siehe Anwendungsvorschrift § 52 Abs. 52 EStG 2009.
10 Bißmaier FamRZ 2009, 1451, 1454.
11 Faktorberechnungen online unter www.abgabenrechner.de/fb2010.

Mit diesem zusätzlichen Faktor bei Steuerklasse IV wird erreicht, dass bei dem jeweiligen Ehepartner mindestens die ihm persönlich zustehenden Abzugsbeträge beim Lohnsteuerabzug, wie der Grundfreibetrag, die Vorsorgepauschale, der Sonderausgaben-Pauschbetrag und der Kinderfreibetrag nach § 32 Abs. 6 EStG berücksichtigt werden. Der Vorteil des Splitting-Tarifs wird damit schon beim monatlichen Lohnsteuerabzug auf beide Ehepartner verteilt. Der Nettolohn erhöht sich.

III. Antragsverfahren

3   Voraussetzung ist ein gemeinsamer Antrag[12] der Ehepartner **bis spätestens zum 30.11. eines Kalenderjahres** beim Finanzamt unter Vorlage der Lohnsteuerkarten beider Ehepartner und unter Angabe der voraussichtlichen Arbeitslöhne des Kalenderjahres.

Das Faktorverfahren ist nicht Pflicht und kein endgültiges Verfahren. Ehepartner haben aber für den Veranlagungszeitraum eine Steuererklärung abzugeben, aufgrund derer das Finanzamt die genaue Einkommensteuer ermittelt.

B. Außersteuerliche Wirkungen des Faktorverfahrens

4   Das Faktorverfahren wirkt sich nicht nur steuerlich aus. Auch außersteuerliche Gründe können für die Option des Faktorverfahrens sprechen. Der Nettoarbeitslohn bildet z.B. die Grundlage für das Arbeitslosengeld und für die weiteren Leistungen der Agentur für Arbeit, wie Unterhalts-, Überbrückungs-, Kurzarbeiter- und Insolvenzgeld.[13] Wenn Ehepartner in näherer Zukunft Nachwuchs und den Bezug von Elterngeld planen, kann das Faktorverfahren zu einiger Bedeutung erwachsen. Dabei muss zunächst betont werden, dass unter dem Einkommen des § 2 Abs. 1 BEEG nicht das Nettoeinkommen i.S. des Einkommensteuergesetzes zu verstehen ist. Gem. 2 Abs. 7 BEEG wird das Einkommen nach Abzug der auf Grundlage der gewählten Steuerklasse monatlich anfallenden Lohnsteuer nebst Sozialabgaben ermittelt.[14] Da das Elterngeld bis zur Höhe von 67%[15] des Einkommens gezahlt wird, ergibt sich aus dem Wechsel zur Steuerklasse IV/IV mit Hilfe des Faktorverfahrens ein höherer Elterngeldanspruch.[16]

C. Familienrechtliche Auswirkungen des Faktorverfahrens

I. Ehegattenunterhalt

5   Naturgemäß ändern sich im Falle des Scheiterns der Ehe grundsätzlich die Verhältnisse[17]. Wird kein Trennungsunterhalt gezahlt, besteht z.B. für den Ehegatten mit der ungünstigeren Steuerklasse kein Grund mehr, seine damit verbundenen Nachteile hinzunehmen. Jeder Ehepartner hat vielmehr nach dem allgemeinen Grundsatz nur für die Steuern aufzukommen, die auf sein Einkommen entfallen.[18]

Ehepartner wählen während ihres zusammenlebens meist die Steuerklassenkombination III/V mit dem Ziel, mehr Geldmittel zur gemeinsamen Verwendung zur Verfügung zu haben. Dies ist oft günstiger als die Wahl der Steuerklasse IV/IV. Dies führt nach Ansicht des BGH bis zur Trennung

---

12 Ein amtlicher Vordruck ist nicht erforderlich.
13 Zum Insolvenzgeld Perleberg-Kölbel FuR 2009, 562.
14 BSG DStR 2009, 2263, 2264.
15 bei Geschwisterbonus, s. im Einzelnen: Elterngeldrechner unter www.elterngeld.net.
16 Hosser FamRZ 2010, 951, 952.
17 BGH FamRZ 2006, 1178.
18 BGH FamRZ 2007, 1799.

zu keiner Korrektur der relativ hohen steuerlichen Belastung bei dem Ehepartner mit der Steuerklasse V, wenn die Ehepartner noch gemeinsam gewirtschaftet haben.[19]

Wählen Ehepartner im Trennungsjahr das Faktorverfahren, werden die steuerlichen Abzüge bereits monatlich in der voraussichtlichen Höhe nach dem Splittingtarif vorgenommen. Eine Korrektur mit fiktiver Berechnung der Steuerlast nach Trennung wird obsolet. Auch stellt sich die Frage des Nachteilsausgleichs als Voraussetzung für die Zustimmung zur Zusammenveranlagung gem. § 26b EStG noch im Trennungsjahr nicht mehr[20]. Zudem muss kein gemeinsames Wirtschaften in den Monaten vor der Trennung dargelegt und bewiesen werden. Das Faktorverfahren bewirkt somit eine nicht unerhebliche Streitvermeidung oder Streitbeilegung.

Durch das Faktorverfahren erhöht sich bereits das monatliche Gesamteinkommen des Unterhaltspflichtigen und des neuen Ehepartners. Eine Berechnung des Splittingvorteils und somit des tatsächlich erzielten Einkommens zeigt sich bereits im Faktorverfahren.

II. Kindesunterhalt

Es gilt die unterhaltsrechtliche Obliegenheit, Steuervorteile, die in zumutbarer Weise erzielt werden können, wahrzunehmen. Das Unterhaltseinkommen darf nicht durch unnötig hohe gesetzliche Abzüge geschmälert werden.[21] Alle dem Unterhaltsschuldner zustehenden Freibeträge sind auf der Lohnsteuerkarte zur Vermeidung einer fiktiven Steuerberechnung zu erfassen.[22] Ein Splittingvorteil kann zudem auch deshalb nicht unberücksichtigt bleiben, weil dies zu einer Ungleichbehandlung der Kinder aus erster und späterer Ehe führen würde. Während die Kinder der aktuellen Ehe von den tatsächlichen Lebensverhältnissen profitieren, wären die Kinder, die aus der geschiedenen Ehe hervorgegangen sind, nur nach dem geringeren Nettoeinkommen unterhaltsberechtigt. Die würde zu einer Ungleichbehandlung und zu einem Verstoß gegen Art. 3 Abs. 1 GG führen.[23]

Der unterhaltspflichtige Ehepartner hat daher das Faktorverfahren zu wählen. Zu überprüfen ist aber, ob der Ehepartner des Unterhaltspflichtigen, der auch die Steuerklasse III wählen könnte, hierdurch Nachteile erleidet. Dies könnte z.B. dann der Fall sein, wenn für den eigenen Lebensunterhalt geringere Beträge zur Verfügung stehen. Schließlich ist der neue Ehepartner den Kindern aus einer früheren Beziehung nicht unterhaltspflichtig.

▶ **Praktischer Hinweis:**

Der Faktor als ein die Steuern mindernder Multiplikator bewirkt, dass bei Ehepartnern mit der Steuerklasse IV nicht mehr Lohnsteuer einbehalten wird als erforderlich. Dies führt u.a. zur Streitvermeidung bei Ehepartnern im Trennungsjahr und zu einer aktuellen Berechnung von Bedarf und Leistungsfähigkeit beim Unterhalt.

Die Frage, ob das Faktorverfahren vorzuziehen ist, lässt sich nur im Einzelfall und nur nach Prüfung der jeweiligen persönlichen Verhältnisse der Mandanten entscheiden. Soll z.B. erreicht werden, dass sich die Lohnsteuerbelastung nach dem Verhältnis ihrer Arbeitsentgelte richtet, sollte das Faktorverfahren bevorzugt werden.

---

19 So bereits schon BGH FamRZ 2002, 1024 m. Anm. Bergschneider FamRZ 2002, 1181.
20 Zur Zusammenveranlagung Perleberg-Kölbel FuR 2010, 254.
21 BGH FamRZ 1983, 576; OLG Bamberg FamRZ 1987, 1031.
22 OLG Bamberg FamRZ 1987, 1031.
23 BGH FamRZ 2005, 1817; 2007, 282, 285; 2008, 2189.

III. Familienunterhalt

6a Wird im Insolvenzfall Liquidität für den Familienunterhalt benötigt, ist zu prüfen, welche Steuer-klassenkombination (III/V oder IV/IV) bei dem nicht von der Insolvenz betroffenen Ehepartner[24] den geringsten monatlichen Steuerabzug zulässt. Eine Hilfe bietet hierbei ein Vergleichsrechner.[25] Bei einer bevorstehenden Insolvenz des Arbeitgebers oder einer Familienplanung bietet sich u.U. wegen der Erhöhung des monatlichen Nettoeinkommens das Faktorverfahren an.[26]

§ 62   Anspruchsberechtigte[1]

(1) Für Kinder im Sinne des § 63 hat Anspruch auf Kindergeld nach diesem Gesetz, wer

1. im Inland einen Wohnsitz oder seinen gewöhnlichen Aufenthalt hat oder
2. ohne Wohnsitz oder gewöhnlichen Aufenthalt im Inland
   a) nach § 1 Absatz 2 unbeschränkt einkommensteuerpflichtig ist oder
   b) nach § 1 Absatz 3 als unbeschränkt einkommensteuerpflichtig behandelt wird.

(2) [2] Ein nicht freizügigkeitsberechtigter Ausländer erhält Kindergeld nur, wenn er

1. eine Niederlassungserlaubnis besitzt,
2. eine Aufenthaltserlaubnis besitzt, die zur Ausübung einer Erwerbstätigkeit berechtigt oder berechtigt hat, es sei denn, die Aufenthaltserlaubnis wurde
   a) nach § 16 oder § 17 des Aufenthaltsgesetzes erteilt,
   b) nach § 18 Absatz 2 des Aufenthaltsgesetzes erteilt und die Zustimmung der Bundesagen-tur für Arbeit darf nach der Beschäftigungsverordnung nur für einen bestimmten Höchst-zeitraum erteilt werden,
   c) nach § 23 Absatz 1 des Aufenthaltsgesetzes wegen eines Krieges in seinem Heimatland oder nach den §§ 23a, 24, 25 Absatz 3 bis 5 des Aufenthaltsgesetzes erteilt
   oder
3. eine in Nummer 2 Buchstabe c genannte Aufenthaltserlaubnis besitzt und
   a) sich seit mindestens drei Jahren rechtmäßig, gestattet oder geduldet im Bundesgebiet auf-hält und
   b) im Bundesgebiet berechtigt erwerbstätig ist, laufende Geldleistungen nach dem Drit-ten Buch Sozialgesetzbuch bezieht oder Elternzeit in Anspruch nimmt.

---

24 FA-FamR/Perleberg-Kölbel 18. Kap. Rn. 167.
25 Vergleichsrechner unter **http://www.bundesfinanzministerium.de** unter der Rubrik »Wirtschaft und Ver-waltung/Steuern«.
26 Perleberg-Kölbel FuR 2010, 451, 453.
1 zur erstmaligen Anwendung des § 62 EStG siehe Anwendungsvorschrift § 52 Absatz 61 EStG 2009.
2 siehe Anwendungsvorschrift § 52 Absatz 61a EStG 2009.

A. Einführung

Seit 1996 gelten die §§ 62–78 EStG im Fall der unbeschränkten Einkommensteuerpflicht und in 1
Sonderfällen.[3] Es gelten Sonderregelungen[4] und Einschränkungen[5] für Ausländer.

Das Kindergeld nach dem EStG und dessen Familienleistungsausgleich haben Vorrang vor dem Kindergeldanspruch nach dem BKGG. In Konkurrenzfällen gilt **ab VZ 2002** die geänderte Fassung des § 2 Abs. 4 BKGG und § 63 Abs. 1 EStG. Wenn nach beiden Gesetzen ein Anspruch besteht, ist derjenige berechtigt, der das Kind in seinen Haushalt aufgenommen hat. Lebt das Kind nicht im Haushalt eines Elternteils, ist entscheidend, wer den höheren Unterhalt bezahlt. Für jedes berechtigende Kind erhält ohne Ausnahme nur ein Berechtigter eine Leistung. Nach der **zum 01.01.2008 in Kraft getretenen Neuregelung** des § 1612b Abs. 1 BGB ist das Kindergeld jetzt zweckgebunden.[6] Es ist zur Deckung des Barbedarfs des Kindes zur Hälfte zu verwenden, wenn ein Elternteil seine Unterhaltspflicht durch die Betreuung erfüllt, im Übrigen in voller Höhe.[7]

I. Obhutsfälle

Bei mehreren Berechtigten hat derjenige Vorrang, der das Kind in seinen Haushalt aufgenommen 2
hat, § 64 Abs. 2 Satz 1 EStG.

▶ **Beispiel:**

Ehefrau F trennt sich am 03.04. von Ehemann M, der bisher das Kindergeld bezieht: F nimmt
das Kind in ihre neue Inlandswohnung mit. Frühestens[8] ab 01.05. ist F vorrangig kindergeldberechtigt.

II. Kind im Haushalt mehrerer Berechtigter

Lebt das Kind im gemeinsamen Haushalt[9] von mehreren Berechtigten, nämlich von Eltern, von 3
einem Elternteil und dessen Ehegatten, Pflegeeltern oder Großeltern, haben diese untereinander
den Kindergeldberechtigten zu bestimmen. Gegebenenfalls entscheidet das Familiengericht auf
Antrag desjenigen, der ein berechtigtes Interesse aufzeigt. Bei gemeinsamem Haushalt von einem
Elternteil und Großeltern sind Großeltern nachrangig, es sei denn, der Elternteil verzichtet auf
seinen Vorrang.

III. Kind nicht im Haushalt eines Berechtigten

Lebt das Kind nicht im Haushalt eines Berechtigten (z.B. Student mit eigener Wohnung), erhält der- 4
jenige das Kindergeld, der Unterhalt zahlt. Wird der Unterhalt von mehreren gezahlt, erhält derjenige
das Kindergeld, der die höchste Unterhaltsrente zahlt. Bei gleich hohen Unterhaltsrenten oder wenn
keiner der Berechtigten Unterhalt zahlt, bestimmen die Berechtigten untereinander.

---

3 Unbeschränkt Stpfl. nach § 1 Abs. 2 EStG aufgrund eines Dienstverhältnisses zu einer inländischen juristischen Person des öffentlichen Rechts mit bestimmten Auslandsvorgaben sowie auf Antrag Personen nach § 1 Abs. 3 EStG mit bestimmten Inlandseinkünften unter Beachtung weiterer Voraussetzungen.

4 Voraussetzung ist nach § 62 Abs. 2 EStG mindestens eine Aufenthaltsberechtigung oder Aufenthaltserlaubnis; *Hillmer* ZFE 2010, 369, 370.

5 Ausländischer Arbeitnehmer, der zur vorübergehenden Dienstleistung ins Inland entsandt ist, Ausnahmen aber bei seinem Ehegatten möglich.

6 Vorschrift neugefasst durch das Gesetz zur Änderung des Unterhaltsrechts vom 21.12.2007, BGBl. I 2007, 3189.

7 Vgl. näher zur Entwicklung Dose FamRZ 2007, 1289.

8 Einzelheiten ergeben sich aus den Dienstanweisungen der Finanzverwaltung, zur Durchführung des Familienleistungsgleichs, www.bzst.de.

9 § 64 Abs. 2 EStG.

B. Rechtsweg/Zuständigkeiten

5   Auf Antrag bestimmt das **Familiengericht** den Anspruchsberechtigten. Die Bestimmung des Kindergeldberechtigten nach § 64 Abs. 2 Satz 3 EStG **ab 01.09.2009** ist eine Unterhaltssache iSd § 231 Abs. 2 FamFG. Da diese unter den Katalog der **Familienstreitsachen** nach § 112 Nr. 1 FamFG fällt, handelt es sich um eine Familiensache der freiwilligen Gerichtsbarkeit.

Für die Entscheidung über den Antrag auf Bestimmung des Kindergeldberechtigten ist der **Rechtspfleger** zuständig, § 25 Nr. 2a RPflG. Da durch die Entscheidung des Rechtspflegers der Verfahrensgegenstand erledigt wird, handelt es sich bei dieser Entscheidung um eine Endentscheidung nach § 38 Abs. 1 FamFG. Gegen die Endentscheidung ist gemäß § 11 Abs. 1 RPflG, § 58 Abs. 1 FamFG das Rechtsmittel der **Beschwerde** zulässig[10]. Der Beschwerdewert von 600 € muss erreicht und der Antragsteller durch die erstinstanzliche Entscheidung beschwert sein, § 64 Abs. 1, Abs. 2, § 65 Abs. 1, § 63 Abs. 1, § 61 Abs. 1 FamFG, § 59 Abs. 1 FamFG, § 64 Abs. 2 Satz 4 EStG.

Die Frist zur Einlegung der Beschwerde beträgt **einen Monat**, § 63 Abs. 1 FamFG.

C. Fälle des sog. Rest-Kindergeldes

I. Kindergeld nach dem BKGG

6   Das Bundeskindergeldgesetz (BKGG) gilt in der Fassung vom 28.01.2009[11].

Es regelt das Kindergeld als Sozialleistung[12] in Fällen, die nicht unter den X. Abschnitt des EStG fallen, also um **Sonderfälle mit Auslandsberührung** (z.B. Entwicklungshelfer) und Fälle, in denen Kinder für sich selbst Kindergeld benötigen, z.B. Vollwaisen im Inland, die nicht bei einer anderen Person zu berücksichtigen sind. Die Regelungen entsprechen denen des EStG.

II. Kindergeld für EU-Bürger mit Beschäftigung in Deutschland

7   Nach der Verordnung Nr. 1408/711 über die Anwendung der Systeme der sozialen Sicherheit auf Wanderarbeitnehmer unterliegt ein Arbeitnehmer grds. den Rechtsvorschriften des Mitgliedstaats, in dem er einer abhängigen Beschäftigung nachgeht. Entsandte Arbeitnehmer oder Saisonarbeitnehmer unterliegen jedoch weiterhin den sozialrechtlichen Vorschriften des Mitgliedstaats, in dem sie normalerweise beschäftigt sind, und nicht denen des Mitgliedstaats, in dem sie tatsächlich einer Beschäftigung nachgehen. Nach den Entscheidungen des EuGH[13] hindert das Unionsrecht einen Mitgliedstaat nicht daran, entsandten Arbeitnehmern oder Saisonarbeitnehmern, für die er dem Grundsatz nach nicht zuständig ist, Familienleistungen zu gewähren. Ist dies der Fall, verletzt eine nationale Regelung, die diese Leistungen ausschließt, wenn in einem anderen Staat eine vergleichbare Leistung zu zahlen wäre, die Freizügigkeit der Arbeitnehmer. Eine Antikumulierungsregel des nationalen Rechts – soweit sie offenbar nicht zu einer Kürzung des Betrags der Leistung für Kinder wegen einer vergleichbaren Leistung in einem anderen Staat, sondern zu deren Ausschluss führt – kann einen erheblichen Nachteil darstellen, der faktisch eine weitaus größere Zahl Wanderarbeitnehmer als sesshafte Arbeitnehmer beeinträchtigt. Ein solcher Nachteil ist dann

---

10   KG RPfleger 2010, 664.

11   Geändert durch das JSt-Ergänzungsgesetz 1996 vom 18.12.1995, neu gefasst i.d. Bek. v. 28.01.2009, BGBl 2009 I, 142, das zuletzt durch Artikel 9 des Gesetzes vom 7. Dezember 2011 (BGBl. I S. 2592) geändert worden ist.

12   Auch hier ist die Bundesanstalt für Arbeit mit der Bezeichnung »Familienkasse« zuständig, jedoch nicht als Finanzbehörde, sondern auf Weisung des Bundesministeriums für Arbeit und Soziales. Es werden Bundesmittel verwandt.

13   EuGH, Urt. v. 12.06.2012 – Rs. C-611/1 FamRZ 2012, 1466 curia.europa.eu; Hudzinski und C-612/ 10; Wawrzyniak, EuGH Pressemitteilung v. 13.06.2012, www2.nwb.de v. 13.06.2012.

nicht hinzunehmen, wenn diese Arbeitnehmer z.B. in Deutschland unbeschränkt einkommensteuerpflichtig waren und daher einen Anspruch auf diese Leistungen haben. Unterschiede zwischen den Systemen der sozialen Sicherheit der Mitgliedstaaten ändern daran nichts.

§ 63 Kinder

(1) [1]Als Kinder werden berücksichtigt

1. Kinder im Sinne des § 32 Absatz 1,
2. vom Berechtigten in seinen Haushalt aufgenommene Kinder seines Ehegatten,
3. vom Berechtigten in seinen Haushalt aufgenommene Enkel.

[2]§ 32 Absatz 3 bis 5 gilt entsprechend. [3]Kinder, die weder einen Wohnsitz noch ihren gewöhnlichen Aufenthalt im Inland, in einem Mitgliedstaat der Europäischen Union oder in einem Staat, auf den das Abkommen über den Europäischen Wirtschaftsraum Anwendung findet, haben, werden nicht berücksichtigt, es sei denn, sie leben im Haushalt eines Berechtigten im Sinne des § 62 Absatz 1 Nummer 2 Buchstabe a. [4]Kinder im Sinne von § 2 Absatz 4 Satz 2 des Bundeskindergeldgesetzes werden nicht berücksichtigt.

(2) Die Bundesregierung wird ermächtigt, durch Rechtsverordnung, die nicht der Zustimmung des Bundesrates bedarf, zu bestimmen, dass einem Berechtigten, der im Inland erwerbstätig ist oder sonst seine hauptsächlichen Einkünfte erzielt, für seine in Absatz 1 Satz 3 erster Halbsatz bezeichneten Kinder Kindergeld ganz oder teilweise zu leisten ist, soweit dies mit Rücksicht auf die durchschnittlichen Lebenshaltungskosten für Kinder in deren Wohnsitzstaat und auf die dort gewährten dem Kindergeld vergleichbaren Leistungen geboten ist.

A. Anwendungsbereich

Der Kreis der Kinder ist zentral in § 32 Abs. 1 EStG bestimmt, vgl. § 32 Rdn. 2 ff.   1

Die Regelungen in § 32 Abs. 4 und Abs. 5 EStG über volljährige Kinder und deren Einkünfte und Bezüge gelten entsprechend. Berücksichtigt werden zusätzlich die vom Berechtigten in den Haushalt aufgenommene Kinder seines Ehegatten[1] oder Enkel.[2] Ausschlussgrund beim Kind ist[3] das Fehlen eines gewöhnlichen Aufenthaltes oder Wohnsitzes im Inland, einem Mitgliedstaat der europäischen Union oder des Abkommens über den europäischen Wirtschaftsraum. Vom Ausschluss gibt es Ausnahmen.[4]

Bei **Heirat** des volljährigen Kindes entfällt der Kindergeldanspruch der Eltern grundsätzlich nach   2
Ende des Heiratsmonats, da der Ehegatte des Kindes vorrangig unterhaltspflichtig ist und das Kind dadurch eigene Bezüge hat. Der bestehende Kindergeldanspruch bis einschließlich Heiratsmonat bleibt erhalten, die Unterhaltsleistungen des Ehegatten sind insoweit in die Grenzbetragsberechnung nicht einzubeziehen.[5]

---

1 § 63 Abs. 1 Satz 1 Nr. 2 EStG.
2 § 63 Abs. 1 Satz 1 Nr. 3 EStG.
3 § 63 Abs. 1 Satz 3 EStG.
4 Fälle des § 62 Abs. 1 Nr. 2a EStG Dienstverhältnis inländische jur. Person des öffentlichen Rechts und Ermächtigung der Bundesregierung zu einer Rechtsverordnung gem. § 63 Abs. 2 EStG.
5 FF 2000, 134 mit Hinweis auf BFH-Rspr. vom März 2000.

B. Verordnungsermächtigung

3 Regelungen zur Zahlung von Kindergeld an Berechtigte, die im Inland erwerbstätig sind oder hier Einkünfte erzielen, deren Kinder aber weder ihren Wohnsitz oder gewöhnlichen Aufenthalt hier oder in einem EU-/EWR-Staat haben, liegen derzeit nicht vor.

§ 64   Zusammentreffen mehrerer Ansprüche

(1) Für jedes Kind wird nur einem Berechtigten Kindergeld gezahlt.

(2) [1] [1]Bei mehreren Berechtigten wird das Kindergeld demjenigen gezahlt, der das Kind in seinen Haushalt aufgenommen hat. [2]Ist ein Kind in den gemeinsamen Haushalt von Eltern, einem Elternteil und dessen Ehegatten, Pflegeeltern oder Großeltern aufgenommen worden, so bestimmen diese untereinander den Berechtigten. [3]Wird eine Bestimmung nicht getroffen, so bestimmt das Familiengericht auf Antrag den Berechtigten. [2] [4]Den Antrag kann stellen, wer ein berechtigtes Interesse an der Zahlung des Kindergeldes hat. Lebt ein Kind im gemeinsamen Haushalt von Eltern und Großeltern, so wird das Kindergeld vorrangig einem Elternteil gezahlt; es wird an einen Großelternteil gezahlt, wenn der Elternteil gegenüber der zuständigen Stelle auf seinen Vorrang schriftlich verzichtet hat.

(3) [3] [1]Ist das Kind nicht in den Haushalt eines Berechtigten aufgenommen, so erhält das Kindergeld derjenige, der dem Kind eine Unterhaltsrente zahlt. [2]Zahlen mehrere Berechtigte dem Kind Unterhaltsrenten, so erhält das Kindergeld derjenige, der dem Kind die höchste Unterhaltsrente zahlt. [3]Werden gleich hohe Unterhaltsrenten gezahlt oder zahlt keiner der Berechtigten dem Kind Unterhalt, so bestimmen die Berechtigten untereinander, wer das Kindergeld erhalten soll. [4]Wird eine Bestimmung nicht getroffen, so gilt Absatz 2 Satz 3 und 4 entsprechend.

§ 65   Andere Leistungen für Kinder[1]

(1) [1]Kindergeld wird nicht für ein Kind gezahlt, für das eine der folgenden Leistungen zu zahlen ist oder bei entsprechender Antragstellung zu zahlen wäre:

1. Kinderzulagen aus der gesetzlichen Unfallversicherung oder Kinderzuschüsse aus den gesetzlichen Rentenversicherungen,
2. Leistungen für Kinder, die im Ausland gewährt werden und dem Kindergeld oder einer der unter Nummer 1 genannten Leistungen vergleichbar sind,
3. Leistungen für Kinder, die von einer zwischen- oder überstaatlichen Einrichtung gewährt werden und dem Kindergeld vergleichbar sind.

[2]Soweit es für die Anwendung von Vorschriften dieses Gesetzes auf den Erhalt von Kindergeld ankommt, stehen die Leistungen nach Satz 1 dem Kindergeld gleich. [3]Steht ein Berechtigter in einem Versicherungspflichtverhältnis zur Bundesagentur für Arbeit nach § 24 des Dritten Buches Sozialgesetzbuch oder ist er versicherungsfrei nach § 28 Nummer 1 des Dritten Buches Sozialgesetzbuch oder steht er im Inland in einem öffentlich-rechtlichen Dienst-

---

1 zur Anwendung des § 64 Absatz 2 und 3 EStG für Steuerpflichtige in dem in Artikel 3 des Einigungsvertrages genannten Gebiet siehe Anwendungsvorschrift § 78 Absatz 5 EStG 2009.
2 § 64 Absatz 2 Satz 3 EStG in der Fassung des Artikels 90 des FGG-Reformgesetzes vom 17. Dezember 2008 (BGBl. I S. 2586), anzuwenden ab dem Veranlagungszeitraum 2009 – korrigiert durch Berichtigung der Bekanntmachung der Neufassung des EStG vom 8. Dezember 2009 (BGBl. I S. 3862).
3 zur Anwendung des § 64 Absatz 2 und 3 EStG für Steuerpflichtige in dem in Artikel 3 des Einigungsvertrages genannten Gebiet siehe Anwendungsvorschrift § 78 Absatz 5 EStG 2009.
1 zur erstmaligen Anwendung des § 65 EStG siehe Anwendungsvorschrift § 52 Absatz 61 EStG 2009.

oder Amtsverhältnis, so wird sein Anspruch auf Kindergeld für ein Kind nicht nach Satz 1 Nummer 3 mit Rücksicht darauf ausgeschlossen, dass sein Ehegatte als Beamter, Ruhestandsbeamter oder sonstiger Bediensteter der Europäischen Gemeinschaften für das Kind Anspruch auf Kinderzulage hat.

(2) [2] Ist in den Fällen des Absatzes 1 Satz 1 Nummer 1 der Bruttobetrag der anderen Leistung niedriger als das Kindergeld nach § 66, wird Kindergeld in Höhe des Unterschiedsbetrags gezahlt, wenn er mindestens 5 Euro beträgt.

§ 66   Höhe des Kindergeldes, Zahlungszeitraum

(1) [1]Das Kindergeld beträgt monatlich für erste und zweite Kinder jeweils 184 Euro, für dritte Kinder 190 Euro und für das vierte und jedes weitere Kind jeweils 215 Euro. [1] [2]Darüber hinaus wird für jedes Kind, für das im Kalenderjahr 2009 mindestens für einen Kalendermonat ein Anspruch auf Kindergeld besteht, für das Kalenderjahr 2009 ein Einmalbetrag in Höhe von 100 Euro gezahlt. [2]

(2) Das Kindergeld wird monatlich vom Beginn des Monats an gezahlt, in dem die Anspruchsvoraussetzungen erfüllt sind, bis zum Ende des Monats, in dem die Anspruchsvoraussetzungen wegfallen. [3]

§ 67   Antrag

[1]Das Kindergeld ist bei der zuständigen Familienkasse schriftlich zu beantragen. [2]Den Antrag kann außer dem Berechtigten auch stellen, wer ein berechtigtes Interesse an der Leistung des Kindergeldes hat.

§ 74   Zahlung des Kindergeldes in Sonderfällen

(1) [1]Das für ein Kind festgesetzte Kindergeld nach § 66 Absatz 1 kann an das Kind ausgezahlt werden, wenn der Kindergeldberechtigte ihm gegenüber seiner gesetzlichen Unterhaltspflicht nicht nachkommt. [2]Kindergeld kann an Kinder, die bei der Festsetzung des Kindergeldes berücksichtigt werden, bis zur Höhe des Betrags, der sich bei entsprechender Anwendung des § 76 ergibt, ausgezahlt werden. [3]Dies gilt auch, wenn der Kindergeldberechtigte mangels Leistungsfähigkeit nicht unterhaltspflichtig ist oder nur Unterhalt in Höhe eines Betrags zu leisten

---

2 **Entscheidung des Bundesverfassungsgerichts**
   Vom 22. September 2004 (BGBl. I S. 2570)
   Aus dem Beschluss des Bundesverfassungsgerichts vom 8. Juni 2004 – 2 BvL 5/00 – wird die Entscheidungsformel veröffentlicht:
   § 65 Absatz 2 des Einkommensteuergesetzes in den seit dem 1. Januar 1996 geltenden Fassungen ist mit dem Grundgesetz vereinbar, soweit eine Teilkindergeldregelung für die Fälle der Grenzgänger nicht vorgesehen ist, die eine Leistung beziehen, die in den Anwendungsbereich des § 65 Absatz 1 Satz 1 Nummer 2 des Einkommensteuergesetzes fällt.
   Die vorstehende Entscheidungsformel hat gemäß § 31 Absatz 2 des Bundesverfassungsgerichtsgesetzes Gesetzeskraft.

1 § 66 Absatz 1 Satz 1 EStG in der Fassung des Artikels 1 des Wachstumsbeschleunigungsgesetzes vom 22. Dezember 2009 (BGBl. I S. 3950), anzuwenden ab dem Veranlagungszeitraum 2010.

2 § 66 Absatz 1 Satz 2 EStG angefügt durch Artikel 1 des Gesetzes zur Sicherung von Beschäftigung und Stabilität in Deutschland vom 2. März 2009 (BGBl. I S. 416), anzuwenden ab dem Veranlagungszeitraum 2009.

3 zur letztmaligen Anwendung des ehemaligen § 66 Absatz 3 EStG siehe Anwendungsvorschrift § 52 Absatz 62 EStG 2009.

braucht, der geringer ist als das für die Auszahlung in Betracht kommende Kindergeld. [4]Die Auszahlung kann auch an die Person oder Stelle erfolgen, die dem Kind Unterhalt gewährt.

(2) [1]Für Erstattungsansprüche der Träger von Sozialleistungen gegen die Familienkasse gelten die §§ 102 bis 109 und 111 bis 113 des Zehnten Buches Sozialgesetzbuch entsprechend.

§ 75   Aufrechnung

(1) Mit Ansprüchen auf Rückzahlung von Kindergeld kann die Familienkasse gegen Ansprüche auf laufendes Kindergeld bis zu deren Hälfte aufrechnen, wenn der Leistungsberechtigte nicht nachweist, dass er dadurch hilfebedürftig im Sinne der Vorschriften des Zwölften Buches Sozialgesetzbuch über die Hilfe zum Lebensunterhalt oder im Sinne der Vorschriften des Zweiten Buches Sozialgesetzbuch über die Leistungen zur Sicherung des Lebensunterhalts wird.

(2) Absatz 1 gilt für die Aufrechnung eines Anspruchs auf Erstattung von Kindergeld gegen einen späteren Kindergeldanspruch eines mit dem Erstattungspflichtigen in Haushaltsgemeinschaft lebenden Berechtigten entsprechend, soweit es sich um laufendes Kindergeld für ein Kind handelt, das bei beiden berücksichtigt werden kann oder konnte.

§ 76   Pfändung

[1]Der Anspruch auf Kindergeld kann nur wegen gesetzlicher Unterhaltsansprüche eines Kindes, das bei der Festsetzung des Kindergeldes berücksichtigt wird, gepfändet werden. [2]Für die Höhe des pfändbaren Betrags gilt:

1. Gehört das unterhaltsberechtigte Kind zum Kreis der Kinder, für die dem Leistungsberechtigten Kindergeld gezahlt wird, so ist eine Pfändung bis zu dem Betrag möglich, der bei gleichmäßiger Verteilung des Kindergeldes auf jedes dieser Kinder entfällt. Ist das Kindergeld durch die Berücksichtigung eines weiteren Kindes erhöht, für das einer dritten Person Kindergeld oder dieser oder dem Leistungsberechtigten eine andere Geldleistung für Kinder zusteht, so bleibt der Erhöhungsbetrag bei der Bestimmung des pfändbaren Betrags des Kindergeldes nach Satz 1 außer Betracht;
2. der Erhöhungsbetrag nach Nummer 1 Satz 2 ist zugunsten jedes bei der Festsetzung des Kindergeldes berücksichtigten unterhaltsberechtigten Kindes zu dem Anteil pfändbar, der sich bei gleichmäßiger Verteilung auf alle Kinder, die bei der Festsetzung des Kindergeldes zugunsten des Leistungsberechtigten berücksichtigt werden, ergibt.

A. Pfändungsschutz

1 Der Anspruch auf Kindergeld kann nur wegen gesetzlicher Unterhaltsansprüche eines Kindes, das bei der Festsetzung des Kindergeldes berücksichtigt wird, gepfändet werden, § 76 Satz 1 StGB. Mit Rückzahlungsansprüchen darf die Familienkasse gegen Kindergeld nur bis zu dessen Hälfte[1] aufrechnen, soweit der Berechtigte nicht hilfebedürftig wird. Die Finanzbehörde darf den Kindergeldanspruch nicht pfänden![2].

2 § 76 EStG ist eine **Sonderregelung**, die eine bevorrechtigte Vollstreckung in das Kindergeld gestattet. Nur dem Kindergeldbbegünstigten ist ein Zugriff erlaubt. Eine gleichlautende Regelung bei den Sozialleistungen findet sich in § 54 Abs. 5 Satz 1 SGB I.

---

1 Das deckt sich mit der sozialrechtlichen Verrechnung nach § 51 Abs. 2 SGB I.
2 Schmidt/*Weber-Grellet*, EStG § 76 Rn. 1.

I. Unterscheidungen

Es sind 3 Fälle zu unterscheiden: 2a

1. Ein Zahlkind vollstreckt bei Vorhandensein weiterer Zahlkinder

▶ **Beispiel:**   3

Schuldner S hat 4 Zahlkinder, für die er 2x jeweils 184 €, 1 x 190 € und 1 x 215 € erhält.

Der Betrag in Höhe von 773 € ist hier durch 4 zu teilen, sodass jedes Kind 193,25 € vollstrecken kann.

2. Ein Zahlkind vollstreckt bei Vorhandensein weiterer Zählkinder

▶ **Beispiel**   4

S hat neben den 4 Zahlkindern 2 weitere Zählkinder, für die die Kindesmutter Kindergeld erhält.

Zwar erhält S für die 4 Zahlkinder aufgrund des Zählkindervorteils einen höheren Betrag in Höhe von 1.203 € : 6 = 200,50 € (2 x 184 € + 1 x 190 € + 3 x 215 € : 6); es verbleibt aber wie in Beispiel 1 bei einem für das jeweilige Zählkind vollstreckbaren Betrag in Höhe von 193,25 €. Die Berechnung des pfändbaren Betrags richtet sich auch in diesem Fall nur nach den Zahlkindern.

3. Ein Zählkind vollstreckt bei Vorhandensein weiterer Zahl- und Zählkinder

▶ **Beispiel**   5

Für den Fall, dass eines der beiden Zählkinder vollstreckt, kann es nur in den Erhöhungsbetrag aufgrund des Zählkindervorteils vollstrecken.

Dieser beträgt 7,25 € und errechnet sich aus der Differenz zwischen 200,50 € – 193,25 €.[3]

B. Abtretung und Verpfändung

1. Abtretung

Ein noch nicht erfüllter Kindergeldanspruch kann nach § 46 AO abgetreten werden. Zur Wirk-   6
samkeit bedarf es einer **Anzeige** an die Familienkasse. Abtretungsempfänger und die Höhe des abgetretenen Betrags sind ebenso wie der Abtretungsgrund anzugeben, Tz. 76 Abs. 3 DA-FamEStG. § 400 BGB ist zu beachten, wobei wegen § 76 EStG eine Abtretung nur wegen gesetzlicher Unterhaltsansprüche eines Zahl- oder Zählkinds erfolgen darf, Tz. 76.2 Abs. 2 DA-FamEStG.

2. Verpfändung

Eine Verpfändung des Kindergeldanspruchs ist zulässig, § 46 Abs. 1 AO. Im Hinblick auf § 1274   7
Abs. 2 BGB ist eine Verpfändung nur wie bei der Abtretung zulässig. An **dritte Personen** darf der Anspruch nicht verpfändet werden, Tz 76.2 Abs. 4 DA-FamEStG.

---

3 Ausführlich Schuschke/Walker/Kessal-Wulf ZPO § 850d, Anhang, Rn. 22 ff.

Gebührenwerte/Gegenstandswerte – in alphabetischer Reihenfolge –

AUSEINANDERSETZUNG EINER BRUCHTEILSGEMEINSCHAFT

1 Wert des Anteils an der Bruchteilsgemeinschaft.[1]

AUSKUNFTSANSPRUCH

2 Interesse des Antragstellers an der Vorbereitung des Hauptanspruches, auch wenn der Hauptanspruch nicht beziffert und deshalb nach § 42 Abs. 1 FamGKG geschätzt worden ist. Dabei ist auf das Interesse des Antragstellers an der Auskunftserteilung zu Beginn der Instanz abzustellen, wie dieses aus seinen Vorstellungen[2] ersichtlich ist. Dieses Interesse wird von der Rechtsprechung in unterschiedlicher Höhe, meist mit 1/10 bis 1/4 des Wertes des Leistungsanspruches angenommen.[3]

3 Das Abwehrinteresse des auf Auskunft in Anspruch Genommenen wird mit dem Aufwand an Zeit und Kosten bestimmt, der für ihn mit der Auskunftserteilung und Rechnungslegung verbunden ist.[4]

BEGRENZTES REALSPLITTING

4 Gem. § 42 Abs. 1 FamGKG Betrag der erstrebten Steuerersparnis.[5]

BESTIMMUNG EINES ELTERNTEILS ALS BEZUGSBERECHTIGTEN FÜR KINDERGELD

4a 300 €, kann unter besonderen Umständen erhöht werden.[6]

EHESCHEIDUNG

I. Nettoeinkommen

5 Das dreifache monatliche Nettoeinkommen beider Ehegatten gem. § 43 Abs. 2 FamGKG. Darunter sind bei Lohn- und Gehaltsempfängern die Einkünfte zu verstehen, die den Parteien nach Abzug der Steuern und Sozialabgaben ausbezahlt werden.[7] Dazu gehören auch Steuerrückzahlungen, Renten, Übergangsgeld, Arbeitslosengeld, Krankengeld, Ausbildungsbeihilfen, es sei denn letztere werden darlehensweise gewährt. Elterngeld ist anzurechnen, soweit es den Freibetrag von 300 € übersteigt.[8] Abzusetzen sind auch Aufwendungen für private oder freiwillige öffentliche Krankenversicherung.[9] Erhöhte Werbungskosten können als notwendige Aufwendungen abgesetzt werden.[10] Naturalleistungen des Arbeitgebers wie z.B. ein für private Nutzung zur Verfügung

1 OLG Frankfurt JurBüro 1979, 1195.
2 Es ist also für die Verfahrenswertfestsetzung wichtig, dass entsprechender Sachvortrag hierüber erfolgt!
3 BGH FamRZ 1997, 546; Schneider/Herget Rn. 6947 ff.
4 BGH NJW 1995, 664; FamRZ 2007, 1461.
5 OLG München OLGR 1995, 72.
6 FA-FamR/Keske Kap. 17 Rn. 35.
7 KG KostRsp. GKG § 12 Nr. 2, Schneider/Hergeth Rn. 7134 ff.
8 *Scholz* FamRZ 2007, 7.
9 OLG Bamberg JurBüro 1978, 1056.
10 Schneider/Herget Rn. 7163 ff.

gestellter PKW oder mietfreies Wohnen sind mit ihrem Geldwert dem Einkommen hinzuzurechnen.[11] Weihnachts- und Urlaubsgeld sind anteilig zu berücksichtigen.[12]

Bei Selbständigen und Freiberuflichen sind häufig Schätzungen veranlasst,[13] wobei auf den Lebenszuschnitt abzustellen ist. Steuerbescheide und Auskünfte von Steuerberatern sind oft keine zuverlässigen Informationen. Vorsorgeaufwendungen und Werbungskosten sind abzuziehen, nicht jedoch Sonderausgaben.[14] Kindergeld wird teilweise einkommenserhöhend,[15] teilweise nicht berücksichtigt.[16] Bei Selbständigen und freiberuflich Tätigen ist ebenfalls das dreifache Monatsnettoeinkommen anzusetzen.[17]

II. Unterhaltsfreibeträge

Für jedes unterhaltsberechtigte Kind ist ein Freibetrag abzuziehen, der überwiegend mit 250 € pro Monat in Ansatz gebracht wird.[18]   **6**

III. Schulden

Die Rechtsprechung über Berücksichtigung von Schulden ist uneinheitlich. Von Nichtberücksich-   **7**
tigung der Schulden bis hin zur prozentualen Anrechnung wird jede denkbare Ansicht vertreten.[19] Eigene Meinung: Schulden bleiben in Bezug auf das dreimonatige Nettoeinkommen der Parteien unberücksichtigt, da sie der Vermögensbildung und dem Konsum dienen, so dass deren Berücksichtigung, also Abzug entsprechender Kreditraten vom Nettoeinkommen, zu dem absurden Ergebnis führen würde, dass der Verfahrenswert der Ehescheidung sparsamer Parteien wesentlich höher ausfiele als der einer Ehescheidung von verschwenderisch lebenden Parteien. Die angemessene Korrektur ist ausschließlich bei der Berücksichtigung von Vermögen vorzunehmen – s.u. Rdn. 10.

IV. ALGII

Sozialhilfe bleibt unberücksichtigt.[20] Arbeitslosenhilfe zählt zum Einkommen.[21]   **8**

V. Einsatzzeitpunkt der Wertberechnung

Gem. §§ 43 Abs. 2, 34 Satz 1 FamGKG ist für die Wertberechnung das in den letzten drei Mona-   **9**
ten vor Einreichung des Scheidungsantrags erzielte Nettoeinkommen beider Ehegatten oder Lebenspartner maßgeblich. Grundsätzlich wirkt sich eine während des Scheidungsverfahrens ein-

---

11 OLG Köln JurBüro 1969, 1191.
12 OLG Hamm JurBüro 1979, 249.
13 FA-FamR/Keske Kap. 17 Rn. 21.
14 Schneider/Herget Rn. 7163 ff.
15 Z. B. OLG Karlsruhe FamRZ 2008, 2052.
16 Z. B. OLG Nürnberg FamRZ 2006, 3229.
17 OLG Frankfurt JurBüro 1977, 701.
18 Übersicht Zöller/Herget § 3 Rn. 16; OLG Karlsruhe JurBüro 1998, 420; FA-FamR/Keske Kap. 1 Rn. 65 m.w.N.
19 Siehe hierzu Zöller/Herget § 3 Rn. 16 und Schneider/Herget Rn. 1290 ff. jeweils mit Darstellung der verschiedenen in der Rspr. vertretenen Auffassungen.
20 OLG Karlsruhe FamRZ 2002, 1135; OLG Nürnberg FamRZ 1997, 35; OLG Bremen JurBüro 1992, 113 m. Anm. Schneider; OLG München JurBüro 1979, 1539.
21 Dresden FamRZ 2002, 1640; OLG Düsseldorf FamRZ 1994, 250; a.A. OLG Bremen JurBüro 1992, 113 m. Anm. Schneider.

tretende Verbesserung oder Verschlechterung[22] der Einkünfte nicht aus, allerdings kann sich eine unmittelbar vor Einreichung des Antrags eintretende oder sich für die Zukunft konkret abzeichnende Veränderung der finanziellen Verhältnisse berücksichtigt werden.[23]

VI. Vermögen

10 Vermögen wird überwiegend mit 5 Prozent[24] im Verfahrenswert berücksichtigt, jedoch werden vom Vermögen vorab die bestehenden Schulden und Freibeträge für beide Ehegatten und minderjährige Kinder abgezogen, allerdings in unterschiedlicher Höhe, in den OLG Bezirken München und Nürnberg beispielsweise mit 60 000 € pro Ehegatte und 30 000 € pro minderjährigem Kind.[25]

VII. Mindest-/Höchstverfahrenswert

11 MindestVerfahrenswert: 2 000 € gem. § 43 Abs. 2 FamGKG.

Die beiden Parteien bewilligte ratenfreie Verfahrenskostenhilfe oder die Auferlegung nur geringer Raten ist allenfalls ein Indiz für beengte wirtschaftliche Verhältnisse, führt aber nach überwiegender Rechtsprechung nicht zur Herabsetzung des Verfahrenswerts auf den Mindestverfahrenswert.[26]

12 Höchstverfahrenswert 1 Million € gem. § 43 Abs. 1 FamGKG.

VIII. Wechselseitige Scheidungsanträge

13 Einheitlicher Verfahrenswert gem. § 39 Abs. 1 Satz 3 FamGKG, also keine Addition. Anders, wenn die Scheidungsanträge in verschiedenen Verfahren anhängig gemacht werden.[27]

IX. Rechtsmittel

14 Maßgeblich sind die Verhältnisse zum Zeitpunkt der Einlegung des Rechtsmittels gem. § 34 Satz 1 FamGKG. Sind die Einkommensverhältnisse der Ehegatten zu diesem Zeitpunkt höher als in erster Instanz, erhöht sich der Verfahrenswert nicht, da der Wert des Rechtsmittels gem. § 40 Abs. 2 FamGKG den der ersten Instanz nicht übersteigen darf. Verfahrenswert der Berufung gegen abgewiesenen Scheidungsantrag ist nur der Verfahrenswert der Scheidungssache ohne Berücksichtigung der (gegenstandslos gewordenen) Folgesachen, weil mit Abweisung des Scheidungsantrags die Folgesachen gegenstandslos geworden sind. Streitig ist, ob der Verfahrenswert einer Berufung gegen Scheidungsausspruch mit hilfsweisen Angriff auch der Folgesachen deren Verfahrenswert erfasst.[28]

EHEWOHNUNG

I. Zuweisung der Ehewohnung nach Scheidung oder Aufhebung einer Lebenspartnerschaft

15 4 000 € gem. § 48 Abs. 1 1. Hs. FamGKG. Gilt für Folgesache und isoliertes Verfahren.

---

22 Düsseldorf KoRsp GKG § 12 Nr. 108.
23 OLG Zweibrücken FamRZ 2002, 255.
24 Z.B. OLG Koblenz JurBüro 1979, 1675; OLG Nürnberg JurBüro 1989, 1723; Übersicht bei Schneider/Herget Rn. 1315 ff.
25 Zu den Vermögensfreibeträgen siehe Schneider/Herget Rn. 1119 ff.
26 BVerfG FamRZ 2006, 24; OLG München FamRZ 2002, 683.
27 Lappe Rn. 21.
28 Dafür z.B. OLG Hamm FamRZ 1997, 41; dagegen z.B. OLG Koblenz JurBüro 1987, 1200.

II. Zuweisung der Ehewohnung für die Dauer des Getrenntlebens

3 000 € gem. § 48 Abs. 1 2. Hs. FamGKG. Für Nutzungsentschädigung, die von dem in der Ehe- 16
wohnung verbliebenen Ehegatten gefordert wird, ist der Wert gem. § 42 Abs. 1 FamGKG nach
billigem Ermessen zu bestimmen.[29]

III. Einstweilige Anordnung auf Zuweisung der Ehewohnung

1 500 € für die vorläufige Nutzung während des Getrenntlebens gem. §§ 41, 48 Abs. 1 FamGKG. 17

2 000 € für die Zuweisung nach Scheidung gem. §§ 41, 48 Abs. 1 FamGKG.

EIDESSTATTLICHE VERSICHERUNG

Im Verhältnis zum Auskunftsanspruch (Stufenantrag) kein eigener Gegenstandswert.[30] Wird nur 18
Abgabe der eidesstattlichen Versicherung geltend gemacht (weil Auskunft erteilt oder Auskunftsanspruch erledigt), ist der Wert mit der Hälfte[31] oder einem Drittel[32] des Auskunftsanspruchs
anzusetzen.

I. Verbund

Der Wert einer jeden Kindschaftssache im Verbund beträgt 1/5 der Ehesache, höchstens aber 3 19
000 € gem. § 44 Abs. 2 FamFG. Dies gilt auch wenn mehrere Kinder betroffen sind. Gem. § 44
Abs. 3 FamGKG kann hiervon nach oben oder unten abgewichen werden, wenn die genannten
Werte nach den besonderen Umständen des Einzelfalles unbillig wären.

Ist die elterliche Sorge Folgesache und wird sie als selbständige Familiensache fortgeführt, erhöht 19a
sich der Wert gem. § 45 FamGKG auf 3 000 €.

II. Isoliertes Verfahren betreffend Übertragung oder Entziehung der elterlichen Sorge

3 000 € gem. § 45 FamGKG. Erhöhung oder Herabsetzung bei Unbilligkeit gem. § 45 Abs. 3 20
FamGKG möglich. Unbilligkeit, die zu einer Erhöhung des Wertes führt, kann sich u.a. aus dem
besonderen Umfang und der Schwierigkeit des Verfahrens und/oder aus den Vermögensverhältnissen der Beteiligten ergeben.[33] Unbilligkeit, die zu einer Herabsetzung des Wertes führt, kann sich
u.a. aus übereinstimmendem Antrag der Beteiligten ergeben. Sind mehrere Kinder in einem Verfahren betroffen, erhöht sich der Wert gem. § 45 Abs. 2 Satz 2 FamGKG nicht. Ist ein Verfahren
hochstreitig und muss ein Gutachten eingeholt werden, wird regelmäßig eine Erhöhung angebracht sein.[34] Werden in einem Verfahren mehrere Verfahrensgegenstände (z.B. Entziehung der
elterlichen Sorge und Umgang) behandelt, werden die Werte zusammengerechnet.[35]

---

29 Bei Manuskriptabgabe war hierzu noch keine aktuelle Rechtsprechung bekannt. Nach altem Recht wurde
in solchen Fällen entweder der 3 ½ -fache Jahresbetrag gem. §§ 48 GKG, 9 ZPO oder der Jahresbetrag
gem. § 41 GKG angesetzt.
30 LG Frankfurt JurBüro 1973, 766.
31 OLG München Beschluss vom 22.07.1993 – 16 WF 796/93.
32 OLG Bamberg FamRZ 1997, 40.
33 KG FamRZ 2006, 438.
34 OLG Frankfurt FuR 1999, 437.
35 OLG Frankfurt FamRZ 2001, 1388.

III. Einstweilige Anordnung

21 Gem. § 41 FamGKG wird einheitlich für alle Verfahren wegen einer einstweiligen Anordnung der hälftige Verfahrenswert der Hauptsache angesetzt. Dieser kann je nach Bedeutung des einstweiligen Rechtsschutzes erhöht oder reduziert werden.[36]

22 Werden mehrere Anordnungen in einem Verfahren getroffen, sind die Werte gem. §§ 33 Abs. 1, 39 Abs. 1 Satz 1 FamGKG zusammenzurechnen.

ERSETZUNG DER EINWILLIGUNG IN EINE GENETISCHE ABSTAMMUNGSUNTERSUCHUNG UND ANORDNUNG DER DULDUNG EINER PROBEENTNAHME

22a 1000 € gem. § 47 Abs. 1 2. Alt. FamGKG

FESTSTELLUNG DER VATERSCHAFT

23 2 000 € gem. § 47 Abs. 1 1. Alt. FamGKG. Wird mit einem solchen Antrag zugleich ein unterhaltsrechtlicher Anspruch geltend gemacht, keine Zusammenrechnung der Werte. Vielmehr ist gem. § 33 Abs. 1 Satz 2 FamGKG nur der höher zu bewertende Anspruch maßgeblich.[37] Erhöhung oder Reduzierung des Wertes im Einzelfall gem. § 47 Abs. 2 FamGKG möglich.

FESTSTELLUNG DER WIRKSAMKEIT ODER UNWIRKSAMKEIT DER VATERSCHAFTSANERKENNUNG

24 2 000 € gem. § 47 Abs. 1 1. Alt. FamGKG. Erhöhung oder Reduzierung des Wertes im Einzelfall gem. § 47 Abs. 2 FamGKG möglich.

GEWALTSCHUTZSACHEN NACH DEM GewSchG

I. Schutzanordnungen gem. § 1 GewSchG

25 2.000 € gem. § 49 Abs. 1 FamGKG

II. Wohnungszuweisung gem. § 2 GewSchG

25a 3.000 € gem. § 49 Abs. 1 FamGKG

Werden Anordnungen gem. § 1 und § 2 GewSchG in einem Verfahren beantragt, sind die Werte zusammenzurechnen.[38]

III. Einstweilige Anordnung

25b Hälfte des Wertes der Hauptsache gem. § 41 FamGKG. Wenn in einem EA-Verfahren sowohl Anordnungen gem. § 1 als auch § 2 GewSchG beantragt werden, sind die Werte zusammenzurechnen.[39]

---

36 FA-FamR/Keske Kap. 17 Rn. 9.
37 OLG Naumburg FamRZ 2008, 1645; OLG Düsseldorf FamRZ 1996, 501; OLG Karlsruhe FamRZ 1995, 492.
38 OLG Nürnberg FamRZ 2008, 352.
39 OLG Nürnberg FamRZ 2008, 352.

GÜTERGEMEINSCHAFT

I. Auseinandersetzungsverfahren

Gem. § 42 Abs. 1 FamGKG ist der Wert des auf den Ehegatten bei der Auseinandersetzung entfallenden Teils des Gesamtguts maßgeblich.[40]

26

II. Aufhebung

Bei einem Verfahren auf Aufhebung der Gütergemeinschaft ist nach der Rechtsprechung des BGH der hälftige Wert des Anteils des Antragstellers am Gesamtgut anzusetzen.[41] Richtiger erscheint es, diesen Wert nicht schematisch, sondern ihn wie das OLG Düsseldorf[42] konkret mit dem Betrag anzusetzen, der dem begehrten Anteil des Antragstellers entspricht, da dieser Betrag über (oder auch unter) der Hälfte des eigentlichen Anteils des Antragstellers an der Gütergemeinschaft liegen kann.

27

III. Vermittlungsverfahren gem. § 373 FamFG

Der Wert bestimmt sich nach dem Wert des auseinanderzusetzenden Vermögens gem. § 116 Abs. 5 Satz 1 KostO ohne Abzug von Verbindlichkeiten – § 118 Abs. 3 KostO.[43]

27a

HAUSHALTSSACHEN

I. Benutzung

2000 € gem. § 48 Abs. 2 2. Hs. FamGKG

28

II. Verteilung

3 000 € gem. § 48 Abs. 2 1. Hs. FamGKG. Erhöhung bei besonders wertvollem Hausrat und Herabsetzung bei nahezu wertlosem Hausrat möglich.[44] Herabsetzung auch dann möglich, wenn Streit nur noch über einen geringeren Teil des Hausrates geführt wird.[45]

29

III. Einstweilige Anordnung

1 500 € für die vorläufige Nutzung während des Getrenntlebens gem. §§ 41, 48 Abs. 1 FamGKG.

30

2 000 € für die Zuweisung nach Scheidung gem. §§ 41, 48 Abs. 1 FamGKG.

31

KINDESHERAUSGABE

I. Verbund

Der Wert einer jeden Kindschaftssache im Verbund beträgt 1/5 der Ehesache, höchstens aber 3.000 € gem. § 44 Abs. 2 FamFG. Dies gilt auch wenn mehrere Kinder betroffen sind. Gem. § 44

32

---

40 BGH NJW 1975, 1415.
41 BGH NJW 1973, 50.
42 OLG Düsseldorf FamRZ 2007, 572.
43 Wertbestimmung nach Kostenordnung, da keine Familiensache.
44 BT-Drucks. 16/6308, 307.
45 Klein FuR 1997, 242.

Abs. 3 FamGKG kann hiervon nach oben oder unten abgewichen werden, wenn die genannten Werte nach den besonderen Umständen des Einzelfalles unbillig wären.

II. Isoliertes Verfahren

33 3 000 € gem. § 45 FamGKG. Erhöhung oder Herabsetzung bei Unbilligkeit gem. § 45 Abs. 3 FamGKG möglich. Unbilligkeit, die zu einer Erhöhung des Wertes führt, kann sich u.a. aus dem besonderen Umfang und der Schwierigkeit des Verfahrens und/oder aus den Vermögensverhältnissen der Beteiligten ergeben.[46] Herabsetzung des Wertes kann angezeigt sein, wenn Herausgabe nur zur Vollziehung einer Sorgerechtsregelung dient.[47] Sind mehrere Kinder in einem Verfahren betroffen, erhöht sich der Wert gem. § 45 Abs. 2 Satz 2 FamGKG nicht. Werden in einem Verfahren mehrere Verfahrensgegenstände (z.B. Herausgabe des Kindes und Umgang) behandelt, werden die Werte zusammengerechnet.[48]

III. Einstweilige Anordnung

33a Gem. § 41 FamGKG wird einheitlich für alle Verfahren wegen einer einstweiligen Anordnung der hälftige Verfahrenswert der Hauptsache angesetzt. Dieser kann je nach Bedeutung des einstweiligen Rechtsschutzes erhöht oder reduziert werden.[49]

UMGANGSREGELUNG

I. Verbund

34 Der Wert einer jeden Kindschaftssache im Verbund beträgt 1/5 der Ehesache, höchstens aber 3.000 € gem. § 44 Abs. 2 FamFG. Dies gilt auch wenn mehrere Kinder betroffen sind. Gem. § 44 Abs. 3 FamGKG kann hiervon nach oben oder unten abgewichen werden, wenn die genannten Werte nach den besonderen Umständen des Einzelfalles unbillig wären.

II. Isoliertes Verfahren

35 3 000 € gem. § 45 FamGKG. Erhöhung oder Herabsetzung bei Unbilligkeit gem. § 45 Abs. 3 FamGKG möglich. Unbilligkeit, die zu einer Erhöhung des Wertes führt, kann sich u.a. aus dem besonderen Umfang und der Schwierigkeit des Verfahrens und/oder aus den Vermögensverhältnissen der Beteiligten ergeben.[50] Unbilligkeit, die zu einer Herabsetzung des Wertes führt, kann sich u.a. aus übereinstimmendem Antrag der Beteiligten ergeben. Sind mehrere Kinder in einem Verfahren betroffen, erhöht sich der Wert gem. § 45 Abs. 2 Satz 2 FamGKG nicht. Werden in einem Verfahren mehrere Verfahrensgegenstände (z.B. Umgang und elterliche Sorge) behandelt, werden die Werte zusammengerechnet.[51] Anordnung einer Umgangspflegschaft erhöht den Wert nicht.[52]

---

46 KG FamRZ 2006, 438.
47 FA-FamR/Keske Kap. 17 Rn. 308 m.w.N.
48 OLG Frankfurt FamRZ 2001, 1388.
49 Hartmann Rn. 3.
50 KG FamRZ 2006, 438.
51 OLG Frankfurt FamRZ 2001, 1388.
52 BT-Drucks 16/6308, 346.

III. Einstweilige Anordnung

Gem. § 41 FamGKG wird einheitlich für alle Verfahren wegen einer einstweiligen Anordnung der **36** hälftige Verfahrenswert der Hauptsache angesetzt. Dieser kann je nach Bedeutung des einstweiligen Rechtsschutzes erhöht oder reduziert werden.[53]

Werden mehrere Anordnungen in einem Verfahren getroffen, sind die Werte gem. §§ 33 Abs. 1, **37** 39 Abs. 1 Satz 1 FamGKG zusammenzurechnen.

UNTERHALT

I. Ehegatte

1. Laufender Unterhalt

Gem. § 51 Abs. 1 Satz 1 FamGKG der Jahresbetrag des geforderten Unterhalts (= Unterhalt für die **38** ersten zwölf Monate nach Einreichung des Antrags), es sei denn, es wird Unterhalt für einen kürzeren Zeitraum gefordert, dann ist letzterer maßgeblich. Sind die geltend gemachten Unterhaltsansprüche in den einzelnen Jahren verschieden hoch, ist vom höchsten Jahresbetrag auszugehen.[54]

Wird Trennungsunterhalt beantragt und tritt Rechtskraft des Scheidungsbeschlusses vor Ablauf **39** von zwölf Monaten ein, gilt als Verfahrenswert der Betrag, der dem monatlichen Unterhalt ab Antragseinreichung bis zur Rechtskraft des Scheidungsbeschlusses entspricht. Da Trennungsunterhalt und nachehelicher Unterhalt jeweils selbst ständige Ansprüche sind, müssen die jeweiligen Verfahrenswerte zusammengezählt werden, wenn beide Ansprüche in einem Verfahren geltend gemacht werden.

2. Rückständiger Unterhalt

Rückstände, die neben dem laufenden Unterhalt gefordert werden, sind gem. § 51 Abs. 2 **40** FamGKG in Höhe des Gesamtrückstandes dem Verfahrenswert hinzuzurechnen. Dazu zählt auch der Unterhalt für den Monat der Antragseinreichung, wenn er in diesem Monat schon fällig war.[55] Ein VKH-Gesuch steht dem Hauptantrag gleich, wenn der Hauptantrag alsbald nach der Entscheidung über das PKH-Gesuch oder über eine alsbald dagegen eingereichte Beschwerde eingereicht wird – § 51 Abs. 2 S. 2 FamGKG.

3. Stufenantrag

Der Verfahrenswert ist einheitlich nach dem höchsten Wert der mit dem Stufenantrag geltend **41** gemacht und mit ihr verbundenen Ansprüche festzusetzen – § 38 FamGKG. Der Leistungsanspruch ist ausnahmslos der höherwertige Anspruch, da die Ansprüche auf Auskunftserteilung und gegebenenfalls eidesstattliche Versicherung den Zahlungsanspruch nur vorbereiten, so dass der erwartete Leistungsanspruch stets die Obergrenze für die anderen Ansprüche bildet.[56] Solange über den Zahlungsanspruch nicht erkannt ist, muss er geschätzt werden, wobei auf die Erwartungen des Antragstellers zu Beginn der Instanz abzustellen ist und zwar unabhängig davon, ob er den Stufenantrag nach Auskunftserteilung zurücknimmt oder nicht weiterbetreibt.[57] Wird der Leistungsantrag beziffert, ist der bezifferte Wert maßgeblich.[58]

---

53 Hartmann Rn. 3.
54 OLG München NJW 1974, 370.
55 OLG Naumburg FuR 2004, 379.
56 Schneider/Herget Rn. 5051.
57 OLG Bremen OLGR Bremen 1998, 192; OLG Celle FamRZ 1997, 99; OLG Bamberg FamRZ 1994, 640; siehe hierzu auch FA-FamR/Keske Kap. 17 Rn. 53.
58 Schneider/Herget Rn. 4261 f.

4. Unterhaltsabfindung

42 Der Jahresbetrag des laufenden Unterhalts, ggf. zuzüglich Rückstand gem. § 51 Abs. 1 und 2 FamGKG, also **nicht** der Abfindungsbetrag (auch nicht für die Vergleichsgebühr!).[59]

5. Unterhaltsverzicht

43 Überwiegend früher 3 600 DM, seit Einführung des EURO häufig 1 800 €.[60] Dies entspricht, wenn man den monatlichen Unterhalt bezogen auf ein Jahr zu Grunde legt, einem monatlichen Ehegattenunterhalt von 150 €, was sehr niedrig erscheint. Berücksichtigt man ferner die weitreichende Bedeutung eines Unterhaltsverzichts, erscheint eine deutliche Erhöhung des Verfahrenswerts über 1 800 € hinaus angebracht. Sinnvoll erscheint mir, auch insoweit gem. § 51 FamGKG vom Jahresbetrag des sich rechnerisch ergebenden monatlichen Unterhalts auszugehen und nur, wenn aktuell kein Unterhalt geschuldet ist, einen Verzicht mit einem Betrag von mindestens 2 400 € anzusetzen.

6. Einstweilige Anordnung

44 Der 6-fache beantragte Monatsbetrag gem. § 41 FamGKG. Ist der Zeitraum, für den Unterhalt gefordert wird, kürzer, dann ist letzterer maßgeblich.

II. Kindesunterhalt

1. Bestimmung des Unterhalts (Naturalunterhalt)

45 3000 € gem. § 42 Abs. 3 FamGKG

2. Dynamischer Kinderunterhalt

46 Wird dynamischer Kindesunterhalt geltend gemacht, ist für den Verfahrenswert des laufenden Unterhalts gem. § 51 Abs. 1 Satz 2 FamGKG das 12-fache des Mindestunterhalts anzusetzen, der für das Alter des Kindes zum Zeitpunkt der Einreichung des Antrags maßgeblich war.[61] Angerechnetes Kindergeld reduziert den Verfahrenswert entsprechend.[62]

3. Freistellung vom Kindesunterhalt

47 Der Wert ist über § 42 Abs. 1 FamGKG (Auffangtatbestand) gem. § 51. Abs. 1 und 2 FamGKG zu berechnen. Wird der andere Elternteil nur von möglichen Kinderunterhaltsansprüchen freigestellt, ist nur ein Bruchteil des vollen Werts anzusetzen.[63]

4. Laufender Unterhalt

48 Gem. § 51 Abs. 1 Satz 1 FamGKG der Jahresbetrag des geforderten Unterhalts (= Unterhalt für die ersten zwölf Monate nach Einreichung des Antrags), es sei denn, es wird Unterhalt für einen kürzeren Zeitraum gefordert, dann ist letzterer maßgeblich. Sind die geltend gemachten Unterhaltsansprüche in den einzelnen Jahren verschieden hoch, ist vom höchsten Jahresbetrag auszugehen.[64]

59 OLG Düsseldorf JurBüro 1992, 51.
60 Zöller/Herget § 3 Rn. 16.
61 OLG Köln FamRZ 2002, 684.
62 OLG München FamRZ 2005, 1766; OLG Köln FamRZ 2002, 684.
63 Enders FuR 1999, 397.
64 OLG München NJW 1974, 370.

Wird im Laufe des Prozesses der Anspruch erhöht, wirkt sich dies auf den Verfahrenswert nicht 49 aus, soweit die Erhöhung einen Zeitraum betrifft, der sich erst an die ersten zwölf Monate nach Verfahrenseinleitung anschließt.[65]

5. Rückständiger Unterhalt

Rückstände, die neben dem laufenden Unterhalt gefordert werden, sind gem. § 51 Abs. 2 50 FamGKG in Höhe des Gesamtrückstandes dem Verfahrenswert hinzuzurechnen. Dazu zählt auch der Unterhalt für den Monat der Antragseinreichung, wenn er in diesem Monat schon fällig war.[66] Ein VKH-Gesuch steht dem Hauptantrag gleich, wenn der Hauptantrag alsbald nach der Entscheidung über das PKH-Gesuch oder über eine alsbald dagegen eingereichte Beschwerde eingereicht wird – § 51 Abs. 2 S. 2 FamGKG.

6. Stufenantrag

Für diese gelten die Ausführungen gem. Rdn. 41. Maßgebend ist Zeitpunkt des Eingangs des Stu- 51 fenantrags, nicht die Bezifferung des Antrags.[67]

7. Einstweilige Anordnung

Jeweils der 6-fache beantragte Monatsbetrag gem. § 41 FamGKG   51a

VATERSCHAFTSANFECHTUNG/VATERSCHAFTSFESTSTELLUNG

2 000 € gem. § 47 Abs. 1 1. Alt. FamGKG. Erhöhung oder Reduzierung des Wertes im Einzelfall 52 gem. § 47 Abs. 2 FamGKG möglich. Wird mit einem Antrag auf Feststellung der Vaterschaft zugleich ein Unterhaltsanspruch geltend gemacht, keine Zusammenrechnung der Werte. Vielmehr ist gem. § 33 Abs. 1 Satz 2 FamGKG nur der höher zu bewertende Anspruch maßgeblich.[68]

VERFAHRENSKOSTENVORSCHUSS

Der geforderte Betrag gem. § 35 FamGKG, auch wenn VKV mit einstweiliger Anordnung geltend 52a gemacht wird, da solche Leistungsverfügungen meist endgültigen Charakter haben und ein Hauptsacheverfahren überflüssig machen.[69]

VERMITTLUNGSVERFAHREN GEM. § 165 FamFG

3 000 €. Es gelten die gleichen Werte wie für das Hauptsacheverfahren.[70]   53

---

65 OLG München OLG-Rp 2000, 73.
66 OLG Naumburg FuR 2004, 379.
67 Hartmann § 17 GKG Rn. 52.
68 OLG Naumburg FamRZ 2008, 1645; OLG Düsseldorf FamRZ 1996, 501; OLG Karlsruhe FamRZ 1995, 492.
69 OLG Schleswig SCHlHA 1978, 22.
70 OLG Nürnberg FamRB 2006, 174.

VERSORGUNGSAUSGLEICH

I. Ausgleichsverfahren 1. Instanz

54 Gem. § 50 Abs. 1 FamGKG für **jedes** Anrecht, das gem. § 2 VersAusglG ausgleichsfähig ist,[71] 10 % des in drei Monaten von beiden Ehegatten oder Lebenspartnern erzielten Nettoeinkommens. Das Einkommen ist nicht um Freibeträge für minderjährige Kinder zu reduzieren, auch nicht um Schulden und/oder Werbungskosten. Anzusetzen sind aber nur Einkünfte aus Erwerbstätigkeit oder als Ersatz dafür Krankengeld, gesetzliche oder private Altersversorgung und Arbeitslosengeld nach SGB III, da Erwerbseinkommen und damit auch die genannten Ersatzleistungen vom Gesetzgeber ausdrücklich als Indikator für den Erwerb von Rentenanwartschaften und deren Umfang bezeichnet werden.[72] Nicht für die Wertfestsetzung heranzuziehen sind somit Vermögens-einkünfte, Mieteinkünfte, Unterhalt und subsidiäre Sozialleistungen.

Bei Verfahren, die erst nach der Scheidung durchgeführt werden, erhöht sich der Wert auf 20 % des in drei Monaten von beiden Ehegatten oder Lebenspartnern erzielten Nettoeinkommens. Der Wert beträgt gem. § 50 Abs. 1 Satz 2 FamGKG insgesamt mindestens 1 000 €. Auch bei Kapital-abfindung gem. § 23 VersAusglG bleibt es bei der hier dargestellten Wertfestsetzung.

Gem. § 50 Abs. 3 FamGKG kann unter Billigkeitsgesichtspunkten im Einzelfall ein höherer oder niedrigerer Wert angesetzt werden.

II. Ausgleichsverfahren 2. Instanz

55 Grundsätzlich ist der Wert mit dem der ersten Instanz gleich, da er sich ebenfalls nach § 50 FamGKG bemisst.

56 In 2. Instanz kann es zur Erhöhung des Werts der 1. Instanz kommen, wenn ein Anrecht zusätz-lich berücksichtigt wird. Wird dagegen ein in 1. Instanz berücksichtigtes Anrecht in 2. Instanz nicht mehr berücksichtigt, weil es zu Unrecht in die Berechnung mit einbezogen war, kommt es auf den Prüfungsumfang an. Es kann dann auch zu einer Reduzierung des Werts kommen, was ebenfalls möglich ist, wenn eine auf einzelne Anrechte beschränkte Teilanfechtung erfolgt.[73]

III. Anpassungsverfahren

57 Da ein solches erst nach der Scheidung möglich ist, ist gem. § 50 Abs. 1 Satz 1 2. Hs. FamGKG der Wert von 20 % des in drei Monaten von beiden Ehegatten oder Lebenspartnern erzielten Net-toeinkommens anzusetzen.

IV. Auskunftsverfahren

58 500 € gem. § 50 Abs. 2 FamGKG

ZUGEWINNAUSGLEICH ZWISCHEN EHEGATTEN UND LEBENSPARTNERN

I. Normalfall

59 Gem. § 35 FamGKG der geltend gemachte Betrag.

---

71 Damit scheiden Anrechte, die noch verfallbar sind, aus!
72 BT-Drucks. 343/08 S. 262.
73 FA-FamR/Keske Kap. 17 Rn. 114 f.

Schwolow

II. Widerantrag

Die Verfahrenswerte von Antrag und Widerantrag zum Zugewinn sind zusammenzurechnen, wenn nicht nur um die Vermögenszugehörigkeit ein- und desselben Gegenstandes gestritten wird.[74]   60

III. Stundung

Gem. § 3 ZPO der Wert des Stundungsinteresses. Dieser wird mit einem Bruchteil von einem Fünftel bis zu einem Sechstel der Forderung angesetzt.[75]   61

IV. Übertragung von Gegenständen

Wert des zu übertragenden Gegenstandes, streitig ob in voller Höhe oder mit einem Bruchteil.[76]   62

V. Vorzeitige Aufhebung der Zugewinngemeinschaft

Verfahrenswert ist in der Regel ein Viertel des erwarteten Betrages.[77] Das betrifft aber nur ein Verfahren, mit dem durch einen Gestaltungsantrag die Vorverlegung des Fälligkeitszeitpunkts und im Übrigen erst einmal nichts Weiteres geregelt wird.[78] Wird der Anpruch beziffert, gilt Rdn. 59.   63

Bei gleichzeitigem Antrag auf vorzeitigen Zugewinausgleich und Zahlung der Ausgleichsforderung sind die Werte dieser verschiedenen Verfahrensgegenstände zusammenzurechnen.[79]   64

VI. Arrest

Wert gem. § 42 Abs. 1 FamGKG nach dem Sicherungsinteresse zu schätzen.   65

---

74 OLG Stuttgart FamRZ 2006, 1055, OLG Köln FamRZ 2001, 1386; 1997, 41; OLG Bamberg FamRZ 1995, 492; OLG Karlsruhe NJW 1976, 247.
75 OLG Karlsruhe KostRspr. § 3 ZPO Nr. 35.
76 Voller Wert: OLG Frankfurt MDR 1990, 58; Bruchteil: OLG Schleswig SchlHA 79, 58.
77 Schneider/Herget Rn. 9117 ff.
78 Schneider Hergeth Rn. 9121.
79 OLG Nürnberg FamRZ 1998, 685; a.A. FA-FamR/Keske Kap. 17 Rn. 71, danach darf in entsprechender Anwendung von § 33 Abs. 1 Satz 1, 39 Abs. 1 FamGKG nur der höhere Wert berücksichtigt werden.

Stichwortverzeichnis

Paragrafen ohne Gesetzesangabe beziehen sich auf das BGB. Magere Nummern bezeichnen die Randziffer.

- Sozialversicherungsbeiträge **Vor § 1372** 102
Ehegattenpflichtteil
- Entziehung des - **§ 1371** 32
Ehegattenschutzklausel § 1568 7
Ehegattenselbstbehalt § 1361 58; **§ 1581** 8, 17
- angemessener - **Vor §§ 1360 bis 1360b** 100;
  § 1361 81; **§ 1603** 8
- Ermittlung des - **§ 1581** 22
- pauschaler - **§ 1361** 59
Ehegatten-Splitting § 1361 25
Ehegattenunterhalt
- Abzug des Kindesunterhalts **Einkommenser-
  mittlung** 188
- Additionsmethode **§ 1578** 195
- Anrechnungsmethode **§ 1578** 192
- Anspruchsgrundlagen **Vor §§ 1360 bis
  1360b** 47
- Anwendungsbereiche der Unterhaltstatbestände
  Vor §§ 1360 bis 1360b 49
- Auswirkungen der Kindergeldanrechnung auf
  den Unterhaltsanspruch des Kindes
  § 1612b 73
- Bemessung **Vor §§ 1360 bis 1360b** 79;
  § 1578 163
- Berechnungsmethoden **§ 1578** 190
- Beschränkung oder Versagung des Unterhalts
  wegen grober Unbilligkeit **§ 1579**
- Deckungsmvermutung bei schadensbedingten
  Mehraufwendungen **§ 1578a**
- Differenzmethode **§ 1578** 194
- Eheliche Lebensverhältnisse **Vor §§ 1360 bis
  1360b** 65, 79; **§ 1578** 6
- Einkommen aus unzumutbarer Erwerbstätigkeit
  Einkommensermittlung 157
- Einkommensermittlung **Einkommensermitt-
  lung** 1
- Ermittlung des Bedarfs **Vor §§ 1360 bis
  1360b** 64
- Erwerbsobliegenheit im Mangelfall **Einkom-
  mensermittlung** 18
- fortwirkende Unterhaltsverantwortung
  § 1578b 35
- geringfügige Einkommensdifferenzen **Vor
  §§ 1360 bis 1360b** 79
- Grundsatz der Halbteilung **§ 1578** 164
- Halbteilungsgrundsatz **Vor §§ 1360 bis
  1360b** 14
- Herabsetzung **§ 1579** 1
- Herabsetzung und zeitliche Begrenzung des
  Unterhalts wegen Unbilligkeit **§ 1578b**
- Karriereentwicklung **Vor §§ 1360 bis
  1360b** 79
- Katalog der Verwirkungstatbestände
  § 1579 16
- Kosten der Titulierung **Vor §§ 1360 bis
  1360b** 164
- Lebensbedarf **Vor §§ 1360 bis 1360b** 79;
  § 1578 105

- Maß des - **§ 1578**
- Mehrbedarf **§ 1578** 154
- Rangfolge **§ 1606** 1
- Rangkonkurrenzen **Vor §§ 1360 bis 1360b** 97
- Schuldnerrang im - **§ 1584** 1
- Selbstbehalt **Vor §§ 1360 bis 1360b** 94
- Sonderbedarf **§ 1578** 158
- Spiegelbildprinzip **Vor §§ 1360 bis 1360b** 13
- Surrogatsformen **Vor §§ 1360 bis 1360b** 79
- Symmetriegrundsatz **Vor §§ 1360 bis
  1360b** 13
- Unterhaltstatbestände des - **Vor §§ 1360 bis
  1360b** 46
- Verbindlichkeiten **Einkommensermitt-
  lung** 183
- für die Vergangenheit **§ 1613** 2a
- Vermögensbildende Aufwendungen **Einkom-
  mensermittlung** 183
- Versagung **§ 1579** 1
- Verwirkung **§ 1579**
- Verwirkung des - **§ 1684** 46
- Vorsorgeunterhalt **§ 1578** 110
- Zahlung des – aus dem Gesamtgut **§ 1420** 5
- zeitliche Begrenzung **§ 1579** 1
- zeitliches Abgrenzungskriterium der Unterhalts-
  tatbestände **Vor §§ 1360 bis 1360b** 48
Ehegattenveranlagung § 26 EStG
**Ehegattenzuschlag für Schwerbeschädigte Ein-
  kommensermittlung** 71
Ehegeschäftsunfähigkeit § 1314 7
Ehegleiche Lebensgemeinschaft § 1579 132
Ehehindernis § 1309 15
- aufschiebendes - **§ 1309** 15
- Eheschließung unter Verletzung eines -
  § 1308 3
Eheleute
- Außenverhältnis **§ 1361** 136
- Innenverhältnis **§ 1361** 136
Eheliche Gesinnung § 1565 6
Eheliche Lebensgemeinschaft § 1353; § 1360 8
- Ablehnung der **§ 1361** 17
- Beginn **§ 1360** 8
- Beseitigungsanspruch **§ 1353** 43
- Betreuung gemeinsamer Kinder **§ 1353** 15
- Doppelverdienerehe **§ 1360** 31
- Ende **§ 1360** 8
- Gesamtschuld während des Bestehens der -
  Vor § 1372 26
- Gestaltung der - **§ 1360** 20
- Haushaltsführungsehe **§ 1360** 24
- häusliche Gemeinschaft **§ 1353** 8
- Hausmannrechtsprechung **§ 1353** 16
- Herbeiführung einer Schwangerschaft
  § 1353 46
- Lebenszeitehe **§ 1353** 4
- Nichterwerbstätigenehe **§ 1360** 33
- Pflicht zur Funktionsteilung **§ 1353** 14

- Voraussetzungen für den Schutz durch das -
§ 1412 12
- zuständiges Registergericht § 1558
Güterrechtsspaltung Art. 15 EGBGB 22
Güterrechtsstatut Art. 15 EGBGB 17
Güterstand
- Beendigung des - § 1371 1
- Beendigung des - durch Beschluss § 1384 14
- Beendigung des – durch Tod § 1371 1
- Einfluss des - § 1583
- Einfluss des – auf den Verwandtenunterhalt
§ 1604
- gesetzlicher - § 1363 1
- Lebenspartnerschaft § 6 LPartG
- vertragliche Änderung des § 1363 6
Gütertrennung Vor § 1372 1, 7
- Altehen (Auslandsbezug) Art. 15 EGBGB 19
- Beendigung der – durch Ehevertrag
§ 1414 12
- Begriff Vor §§ 1363 ff. 14
- durch Ehevertrag § 1414 4
- Eintritt der - § 1363 6; § 1388; § 1414
- IPR Art. 15 EGBGB 1
- Schutz Dritter Art. 16 EGBGB 1
- Vertriebene und Flüchtlinge Art. 15
EGBGB 20
- Wesen der - § 1414 2, 7
Gutglaubensschutz
- bei absoluter Verfügungsbeschränkung
§ 1365 3
Gymnasium § 1603 105

Haager Kinderschutzübereinkommen Art. 21
EGBGB 17
Haager Kindesentführungsübereinkommen
Art. 21 EGBGB 11; Anh. 3 zu Art. 21 EGBGB
Haager Minderjährigenschutzabkommen Art. 21
EGBGB 13
Haager Protokoll über das auf Unterhaltspflichten
anzuwendende Recht Anh. 2 zu Art. 18
EGBGB
Haager Übereinkommen über den internationalen
Schutz von Erwachsenen Anh. zu Art. 24
EGBGB
Haager Übereinkommen über die zivilrechtlichen
Aspekte internationaler Kindesentführung vom
25.10.1980 Anh. 3 zu Art. 21 EGBGB
Haager Übereinkommen vom 19.10.1996 über
die Zuständigkeit, das anzuwendende Recht,
die Anerkennung, Vollstreckung und Zusammenarbeit auf dem Gebiet der elterlichen Verantwortung und der Maßnahmen zum Schutz
von Kindern Anh. 2 zu Art. 21 EGBGB
Haftung
- anteilige - § 1606 25
- beschränkte - § 1664
- der Eltern als Gesamtschuldner § 1664 10
- zum Familienunterhalt § 1360a 23

- nichteheliche Lebensgemeinschaft NELG 34
- verschärfte – des Bereicherungsschuldners Vor
§§ 1360 bis 1360b 227
Haftung des Ehegatten oder Lebenspartners
§ 1608
- Darlegungs- und Beweislast § 1608 10
Haftung des Gesamtguts § 1438; § 1460
Haftungsanteil NELG 193
Haftungsausschluss § 1359 14
Haftungsbegrenzung
- Deliktsschutz NELG 44
- in der nichteheliche Lebensgemeinschaft
NELG 40
Haftungsbeschränkung
- keine Auswirkung auf Mithaftende § 1629a 8
- Vermutung zum Gläubigerschutz § 1629a 9
- Voraussetzungen § 1629a 3
- Wirkungen § 1629a 6
Haftungserleichterung § 1359 11
Haftungskollision
- Auflösung einer – § 1586a 8
Haftungsquoten
- Ermittlung der - § 1610 57
Haftungsvereinbarungen § 1359 13
Halbanrechnung
- Grundsatz der - § 1612b 60
Halbteilung
- Grundsatz der - § 1372 1
Halbteilungsgrundsatz Vor §§ 1360 bis
1360b 14, 106; § 1360a 66; § 1578 47; Vor § 1
VersAusglG 38; § 1 VersAusglG 2
- Beachtung des – im Rahmen der Leistungsfähig-
keit Vor §§ 1360 bis 1360b 39c
- Unterhaltsanspruch nach § 1615l BGB
§ 1615l 19
- Verletzung des § 1577 62
- Verstoß gegen - § 1361 114
Handeln im fremden Namen NELG 36
Handwerksarbeiten
- Rückgewähr von - NELG 126
Härtefälle im Versorgungsausgleich
- beide Eheleute sind Beamte § 27 Vers-
AusglG 13
- Finanzierung einer Ausbildung § 27 Vers-
AusglG 18
- In-Prinzip § 27 VersAusglG 16
- Kindererziehungszeiten § 27 VersAusglG 19
- kurze Ehedauer § 27 VersAusglG 23
- lange Trennungszeit § 27 VersAusglG 24
- Nachentrichtung von Beiträgen für den anderen
Ehegatten § 27 VersAusglG 16
- persönliche Umstände § 27 VersAusglG 20
- persönliches Fehlverhalten § 27 Vers-
AusglG 26
- phasenverschobene Ehe § 27 VersAusglG 17
- Sozialversicherungsbeiträge § 27 Vers-
AusglG 15
- Steuern § 27 VersAusglG 14